Keidel
FamFG

FamFG

Kommentar zum Gesetz über das Verfahren
in Familiensachen und in den
Angelegenheiten der freiwilligen Gerichtsbarkeit

begründet von

Dr. h. c. Theodor Keidel †

herausgegeben von

Helmut Engelhardt   **Werner Sternal**

17., überarbeitete Auflage von

Lutz Budde
Vorsitzender Richter
am OLG Hamm

Helmut Engelhardt
Richter am
OLG Hamm

Dr. Michael Giers
Direktor des
AG Neustadt a. Rbge.

Dr. Jörn Heinemann
Notar
in Neumarkt/Opf.

Dr. Ulrich Meyer-Holz
Richter am
OLG Celle

Werner Sternal
Richter am
OLG Köln

Albrecht Weber
Richter am
OLG Karlsruhe

Prof. Dr. Walter Zimmermann
Vizepräsident des LG Passau a. D.
Honorarprofessor an der Universität
Regensburg

Verlag C. H. Beck München 2011

Zitiervorschlag: Keidel/*Bearbeiter*

Verlag C. H. Beck im Internet:
beck.de

ISBN 978 3 406 61787 4

© 2011 Verlag C. H. Beck oHG
Wilhelmstraße 9, 80 801 München
Satz, Druck und Bindung: Druckerei C. H. Beck Nördlingen
(Adresse wie Verlag)

Gedruckt auf säurefreiem, alterungsbeständigem Papier
(hergestellt aus chlorfrei gebleichtem Zellstoff)

Vorwort zur 17. Auflage

In seiner Rezension zur Vorauflage schrieb *Dr. Oliver Vossius* in der NJW (2009, 3355), das Stahlskelett stehe bereit, um das Baumaterial aufzunehmen. Reichlich Baumaterial gab es in der Tat seit Herausgabe der 16. Auflage, die gleichzeitig mit Inkrafttreten des FamFG im September 2009 erschienen war. Es galt, sich mit der seither erschienenen Rechtsprechung und Literatur, insbesondere den zahlreichen Konkurrenzprodukten, auseinanderzusetzen und diese einzuarbeiten. Natürlich hat auch der Gesetzgeber seinen Beitrag geleistet, weil auch er noch kräftig an dem Gesetz bastelt. So waren die Änderungen auf Grund

– des Gesetzes zur Umsetzung der geänderten Bankenrichtlinie und der geänderten Kapitaladäquanzrichtlinie vom 19. 11. 2010 (BGBl. I 1592) in § 375,
– des Restrukturierungsgesetzes vom 9. 12. 2010 (BGBl. I 1900) in § 375 und
– des Gesetzes zur Modernisierung des Benachrichtigungswesens in Nachlasssachen durch Schaffung des Zentralen Registers bei der Bundesnotarkammer und zur Fristverlängerung nach der Hofraumverordnung (BGBl. I 2255) in der Kommentierung zu § 347

zu berücksichtigen. Zu schaffen gemacht hat uns aber auch das geplante Mediationsgesetz, das nach Art. 12 der „Richtlinie 2008/52/EG des Europäischen Parlaments und Rates vom 20. 5. 2008 über bestimmte Aspekte der Mediation in Zivil- und Handelssachen" bereits vor dem 20. 5. 2011 europaweit hätte in Kraft treten sollen. Da die Verabschiedung dieses Gesetzes unmittelbar bevorsteht, haben wir uns im Interesse der Leser entschlossen, den Regierungsentwurf vom 1. 4. 2011 (s. BT-Drs. 17/5335) in die Kommentierung einzuarbeiten (betroffen sind die §§ 23, 36a [neu eingefügte Vorschrift], 81, 135, 150, 155 und 156), aber durch *Kursivschrift* kenntlich zu machen, dass die jeweilige Änderung noch nicht Gesetz ist. Genauso wurde verfahren bei den §§ 261, 264 und 269 hinsichtlich des Regierungsentwurfs zur Umsetzung des deutsch-französischen Abkommens vom 4. 2. 2010 über den Güterstand der Wahl-Zugewinngemeinschaft (BR-Drs. 67/11).

Man sieht, um beim Bild von Stahlskelett und Baumaterial zu bleiben, ein Kommentar zu einem aktuellen Rechtsgebiet funktioniert in der Tat wie ein Bauwerk, das die Bauherren auf Trab hält, da es stets gewartet werden muss. Wie bei jedem Bauwerk gibt es aber auch bei der Herstellung eines Buches viele Helfer, die namentlich nicht nach außen in Erscheinung treten. Bei ihnen, den Mitarbeitern des Lektorats und der Nördlinger Buchdruckerei, möchten wir uns an dieser Stelle ganz herzlich für die jederzeitige Unterstützung und zügige Bearbeitung bedanken.

Emsdetten/Pulheim, den 1. August 2011   Helmut Engelhardt
                                                                        Werner Sternal

Inhaltsübersicht

Inhaltsverzeichnis	XI
Bearbeiterverzeichnis	XXIII
Abkürzungsverzeichnis	XXV
Änderungsnachweis zum FamFG	XLV

Einleitung ... 1

Buch 1. Allgemeiner Teil

Abschnitt 1. Allgemeine Vorschriften	39
Abschnitt 2. Verfahren im ersten Rechtszug	283
Abschnitt 3. Beschluss	470
Abschnitt 4. Einstweilige Anordnung	568
Abschnitt 5. Rechtsmittel	607
Unterabschnitt 1 Beschwerde	607
Unterabschnitt 2 Rechtsbeschwerde	798
Abschnitt 6. Verfahrenskostenhilfe	875
Abschnitt 7. Kosten	908
Abschnitt 8. Vollstreckung	957
Unterabschnitt 1 Allgemeine Vorschriften	957
Unterabschnitt 2 Vollstreckung von Entscheidungen über die Herausgabe von	967
Unterabschnitt 3 Vollstreckung nach der Zivilprozessordnung	991
Abschnitt 9. Verfahren mit Auslandsbezug	1002
Unterabschnitt 1 Verhältnis zu völkerrechtlichen Vereinbarungen und Rechtsakten der Europäischen Gemeinschaft	1002
Unterabschnitt 2 Internationale Zuständigkeit	1006
Unterabschnitt 3 Anerkennung und Vollstreckbarkeit ausländischer Entscheidungen	1039

Buch 2. Verfahren in Familiensachen

Abschnitt 1 Allgemeine Vorschriften	1083
Abschnitt 2 Verfahren in Ehesachen; Verfahren in Scheidungssachen und Folgesachen	1137
Unterabschnitt 1 Verfahren in Ehesachen	1137
Unterabschnitt 2 Verfahren in Scheidungssachen und Folgesachen	1164
Abschnitt 3. Verfahren in Kindschaftssachen	1221
Abschnitt 4. Verfahren in Abstammungssachen	1317
Abschnitt 5. Verfahren in Adoptionssachen	1352
Abschnitt 6. Verfahren in Ehewohnungs- und Haushaltssachen	1387
Abschnitt 7. Verfahren in Gewaltschutzsachen	1405
Abschnitt 8. Verfahren in Versorgungsausgleichssachen	1415
Abschnitt 9. Verfahren in Unterhaltssachen	1442
Unterabschnitt 1 Besondere Verfahrensvorschriften	1442
Unterabschnitt 2 Einstweilige Anordnung	1519
Unterabschnitt 3 Vereinfachtes Verfahren über den Unterhalt Minderjähriger	1513
Abschnitt 10. Verfahren in Güterrechtssachen	1557
Abschnitt 11. Verfahren in sonstigen Familiensachen	1568
Abschnitt 12. Verfahren in Lebenspartnerschaftssachen	1578

Inhaltsübersicht

Buch 3. Verfahren in Betreuungs- und Unterbringungssachen

Abschnitt 1. Verfahren in Betreuungssachen 1583
Abschnitt 2. Verfahren in Unterbringungssachen 1715
Abschnitt 3. Verfahren in betreuungsrechtlichen Zuweisungssachen 1779

Buch 4. Verfahren in Nachlass- und Teilungssachen

Abschnitt 1. Begriffsbestimmung; örtliche Zuständigkeit 1785
Abschnitt 2. Verfahren in Nachlasssachen 1823
Unterabschnitt 1 Allgemeine Bestimmungen 1823
Unterabschnitt 2 Verwahrung von Verfügungen von Todes wegen 1853
Unterabschnitt 3 Eröffnung von Verfügungen von Todes wegen 1866
Unterabschnitt 4 Erbscheinsverfahren; Testamentsvollstreckung 1897
Unterabschnitt 5 Sonstige verfahrensrechtliche Regelungen 1961
Abschnitt 3. Verfahren in Teilungssachen 1991

Buch 5. Verfahren in Registersachen, unternehmensrechtliche Verfahren

Abschnitt 1. Begriffsbestimmung 2059
Abschnitt 2. Zuständigkeit 2106
Abschnitt 3. Registersachen 2125
Unterabschnitt 1 Verfahren 2125
Unterabschnitt 2 Zwangsgeldverfahren 2182
Unterabschnitt 3 Löschungs- und Auflösungsverfahren 2221
Unterabschnitt 4 Ergänzende Vorschriften für das Vereinsregister 2281
Abschnitt 4. Unternehmensrechtliche Verfahren 2286

Buch 6. Verfahren in weiteren Angelegenheiten der freiwilligen Gerichtsbarkeit 2319

Buch 7. Verfahren in Freiheitsentziehungssachen 2329

Buch 8. Verfahren in Aufgebotssachen

Abschnitt 1. Allgemeine Verfahrensvorschriften 2381
Abschnitt 2. Aufgebot des Eigentümers von Grundstücken, Schiffen und Schiffsbauwerken 2393
Abschnitt 3. Aufgebot des Gläubigers von Grund- und Schiffspfandrechten sowie des Berechtigten sonstiger dinglicher Rechte 2398
Abschnitt 4. Aufgebot von Nachlassgläubigern 2407
Abschnitt 5. Aufgebot der Schiffsgläubiger 2418
Abschnitt 6. Aufgebot zur Kraftloserklärung von Urkunden 2420

Buch 9. Schlussvorschriften 2439

Sonstige Vorschriften

Art. 111 FGG-ReformG 2503
Art. 112 FGG-ReformG 2507
Hinweise zum FamGKG 2509
Abdruck des FamGKG 2517

Sachverzeichnis 2547

Inhaltsverzeichnis

Bearbeiterverzeichnis XXIII
Abkürzungsverzeichnis XXV
Änderungsnachweis zum FamFG XLV

Einleitung 1

Buch 1. Allgemeiner Teil
Abschnitt 1. Allgemeine Vorschriften 39

§ 1 Anwendungsbereich 39
§ 2 Örtliche Zuständigkeit 66
§ 3 Verweisung bei Unzuständigkeit 77
§ 4 Abgabe an ein anderes Gericht 92
§ 5 Gerichtliche Bestimmung der Zuständigkeit 103
§ 6 Ausschließung und Ablehnung der Gerichtspersonen 116
§ 7 Beteiligte 129
§ 8 Beteiligtenfähigkeit 141
§ 9 Verfahrensfähigkeit 144
§ 10 Bevollmächtigte 153
§ 11 Verfahrensvollmacht 162
§ 12 Beistand 170
§ 13 Akteneinsicht 174
§ 14 Elektronische Akte; elektronisches Dokument 193
§ 15 Bekanntgabe; formlose Mitteilung 198
§ 16 Fristen 222
§ 17 Wiedereinsetzung in den vorigen Stand 231
§ 18 Antrag auf Wiedereinsetzung 242
§ 19 Entscheidung über die Wiedereinsetzung 246
§ 20 Verfahrensverbindung und -trennung 248
§ 21 Aussetzung des Verfahrens 250
§ 22 Antragsrücknahme; Beendigungserklärung 268
§ 22 a Mitteilungen an die Familien- und Betreuungsgerichte 279

Abschnitt 2. Verfahren im ersten Rechtszug 283

§ 23 Verfahrenseinleitender Antrag 283
§ 24 Anregung des Verfahrens 300
§ 25 Anträge und Erklärungen zur Niederschrift der Geschäftsstelle .. 303
§ 26 Ermittlung von Amts wegen 310
§ 27 Mitwirkung der Beteiligten 335
§ 28 Verfahrensleitung 339
§ 29 Beweiserhebung 346
§ 30 Förmliche Beweisaufnahme 364
§ 31 Glaubhaftmachung 394
§ 32 Termin 397
§ 33 Persönliches Erscheinen der Beteiligten 410
§ 34 Persönliche Anhörung 417
§ 35 Zwangsmittel 429
§ 36 Vergleich 445
§ 36 a Außergerichtliche Konfliktbeilegung; Mediation 459
§ 37 Grundlage der Entscheidung 465

Inhaltsverzeichnis

Abschnitt 3. Beschluss 470
§ 38 Entscheidung durch Beschluss.. 470
§ 39 Rechtsbehelfsbelehrung 487
§ 40 Wirksamwerden 490
§ 41 Bekanntgabe des Beschlusses 505
§ 42 Berichtigung des Beschlusses 512
§ 43 Ergänzung des Beschlusses 520
§ 44 Abhilfe bei Verletzung des Anspruchs auf rechtliches Gehör 524
§ 45 Formelle Rechtskraft 538
§ 46 Rechtskraftzeugnis 548
§ 47 Wirksam bleibende Rechtsgeschäfte 551
§ 48 Abänderung und Wiederaufnahme 554

Abschnitt 4. Einstweilige Anordnung 568
§ 49 Einstweilige Anordnung 568
§ 50 Zuständigkeit 574
§ 51 Verfahren 578
§ 52 Einleitung des Hauptsacheverfahrens 587
§ 53 Vollstreckung 591
§ 54 Aufhebung oder Änderung der Entscheidung 593
§ 55 Aussetzung der Vollstreckung 597
§ 56 Außerkrafttreten 598
§ 57 Rechtsmittel 602

Abschnitt 5. Rechtsmittel 607
Unterabschnitt 1 Beschwerde 607
§ 58 Statthaftigkeit der Beschwerde 607
Anhang zu § 58 630
I. Rechtsbehelfe im FamFG-Verfahren 630
II. Rechtsschutz gegen Justizverwaltungsakte 634
III. Rechtsschutz gegen unanfechtbare Entscheidungen 638
IV. Rechtsschutz bei überlangen Verfahren 643
§ 59 Beschwerdeberechtigte 648
§ 60 Beschwerderecht Minderjähriger 679
§ 61 Beschwerdewert; Zulassungsbeschwerde 684
§ 62 Statthaftigkeit der Beschwerde nach Erledigung der Hauptsache 693
§ 63 Beschwerdefrist 706
§ 64 Einlegung der Beschwerde 719
§ 65 Beschwerdebegründung 738
§ 66 Anschlussbeschwerde 744
§ 67 Verzicht auf die Beschwerde; Rücknahme der Beschwerde 750
§ 68 Gang des Beschwerdeverfahrens 756
§ 69 Beschwerdeentscheidung 783

Unterabschnitt 2 Rechtsbeschwerde 798
§ 70 Statthaftigkeit der Rechtsbeschwerde 798
§ 71 Frist und Form der Rechtsbeschwerde 812
§ 72 Gründe der Rechtsbeschwerde 825
§ 73 Anschlussrechtsbeschwerde 841
§ 74 Entscheidung über die Rechtsbeschwerde 844
§ 74 a Zurückweisungsbeschluss 867
§ 75 Sprungrechtsbeschwerde 869

Abschnitt 6. Verfahrenskostenhilfe 875
§ 76 Voraussetzungen 875
§ 77 Bewilligung 897

§ 78 Beiordnung eines Rechtsanwalts 898
§ 79 (entfallen)

Abschnitt 7. Kosten 908
§ 80 Umfang der Kostenpflicht.. 908
§ 81 Grundsatz der Kostenpflicht 915
§ 82 Zeitpunkt der Kostenentscheidung 935
§ 83 Kostenpflicht bei Vergleich, Erledigung und Rücknahme 937
§ 84 Rechtsmittelkosten... 942
§ 85 Kostenfestsetzung.. 951

Abschnitt 8. Vollstreckung... 957
Unterabschnitt 1 Allgemeine Vorschriften 957
§ 86 Vollstreckungstitel... 957
§ 87 Verfahren; Beschwerde 962
Unterabschnitt 2 Vollstreckung von Entscheidungen über die Herausgabe von Personen und die Regelung des Umgangs 967
§ 88 Grundsätze 967
§ 89 Ordnungsmittel 970
§ 90 Anwendung unmittelbaren Zwanges 977
§ 91 Richterlicher Durchsuchungsbeschluss 980
§ 92 Vollstreckungsverfahren 983
§ 93 Einstellung der Vollstreckung 985
§ 94 Eidesstattliche Versicherung 989
Unterabschnitt 3 Vollstreckung nach der Zivilprozessordnung 991
§ 95 Anwendung der Zivilprozessordnung.. 991
§ 96 Vollstreckung in Verfahren nach dem Gewaltschutzgesetz und in Wohnungszuweisungssachen.. 998
§ 96 a Vollstreckung in Abstammungssachen 1000

Abschnitt 9. Verfahren mit Auslandsbezug 1002
Unterabschnitt 1 Verhältnis zu völkerrechtlichen Vereinbarungen und Rechtsakten der Europäischen Gemeinschaft 1002
§ 97 Vorrang und Unberührtheit 1002
Unterabschnitt 2 Internationale Zuständigkeit 1006
§ 98 Ehesachen; Verbund von Scheidungs- und Folgesachen................... 1006
§ 99 Kindschaftssachen... 1013
§ 100 Abstammungssachen 1028
§ 101 Adoptionssachen 1029
§ 102 Versorgungsausgleichssachen 1031
§ 103 Lebenspartnerschaftssachen 1032
§ 104 Betreuungs- und Unterbringungssachen; Pflegschaft für Erwachsene 1034
§ 105 Andere Verfahren 1037
§ 106 Keine ausschließliche Zuständigkeit 1039
Unterabschnitt 3 Anerkennung und Vollstreckbarkeit ausländischer Entscheidungen.. 1039
§ 107 Anerkennung ausländischer Entscheidungen in Ehesachen............ 1039
§ 108 Anerkennung anderer ausländischer Entscheidungen 1052
§ 109 Anerkennungshindernisse.. 1068
§ 110 Vollstreckbarkeit ausländischer Entscheidungen............................ 1076

Inhaltsverzeichnis

Buch 2. Verfahren in Familiensachen

Abschnitt 1. Allgemeine Vorschriften 1083

§ 111 Familiensachen 1083
§ 112 Familienstreitsachen 1097
§ 113 Anwendung von Vorschriften der Zivilprozessordnung 1098
§ 114 Vertretung durch einen Rechtsanwalt; Vollmacht 1107
§ 115 Zurückweisung von Angriffs- und Verteidigungsmitteln 1112
§ 116 Entscheidung durch Beschluss; Wirksamkeit 1113
§ 117 Rechtsmittel in Ehe- und Familienstreitsachen 1117
§ 118 Wiederaufnahme 1126
§ 119 Einstweilige Anordnung und Arrest 1126
§ 120 Vollstreckung 1129

Abschnitt 2. Verfahren in Ehesachen; Verfahren in Scheidungssachen und Folgesachen 1137

Unterabschnitt 1 Verfahren in Ehesachen 1137
§ 121 Ehesachen 1137
§ 122 Örtliche Zuständigkeit 1139
§ 123 Abgabe bei Anhängigkeit mehrerer Ehesachen 1142
§ 124 Antrag 1143
§ 125 Verfahrensfähigkeit 1146
§ 126 Mehrere Ehesachen; Ehesachen und andere Verfahren 1147
§ 127 Eingeschränkte Amtsermittlung 1149
§ 128 Persönliches Erscheinen der Ehegatten 1151
§ 129 Mitwirkung der Verwaltungsbehörde oder dritter Personen 1155
§ 130 Säumnis der Beteiligten 1157
§ 131 Tod eines Ehegatten 1160
§ 132 Kosten bei Aufhebung der Ehe 1162

Unterabschnitt 2 Verfahren in Scheidungssachen und Folgesachen 1164
§ 133 Inhalt der Antragsschrift 1164
§ 134 Zustimmung zur Scheidung und zur Rücknahme; Widerruf 1166
§ 135 Außergerichtliche Streitbeilegung über Folgesachen 1168
§ 136 Aussetzung des Verfahrens 1170
§ 137 Verbund von Scheidungs- und Folgesachen 1172
§ 138 Beiordnung eines Rechtsanwalts 1182
§ 139 Einbeziehung weiterer Beteiligter und dritter Personen 1185
§ 140 Abtrennung 1186
§ 141 Rücknahme des Scheidungsantrags 1192
§ 142 Einheitliche Endentscheidung; Abweisung des Scheidungsantrags 1195
§ 143 Einspruch 1200
§ 144 Verzicht auf Anschlussrechtsmittel 1201
§ 145 Befristung von Rechtsmittelerweiterung und Anschlussrechtsmittel 1203
§ 146 Zurückverweisung 1208
§ 147 Erweiterte Aufhebung 1209
§ 148 Wirksamwerden von Entscheidungen in Folgesachen 1211
§ 149 Erstreckung der Bewilligung von Prozesskostenhilfe 1213
§ 150 Kosten in Scheidungssachen und Folgesachen 1215

Abschnitt 3. Verfahren in Kindschaftssachen 1221

§ 151 Kindschaftssachen 1221
§ 152 Örtliche Zuständigkeit 1231
§ 153 Abgabe an das Gericht der Ehesache 1235
§ 154 Verweisung bei einseitiger Änderung des Aufenthalts des Kindes 1238
§ 155 Vorrang- und Beschleunigungsgebot 1240

§ 156 Hinwirken auf Einvernehmen	1244
§ 157 Erörterung der Kindeswohlgefährdung; einstweilige Anordnung	1251
§ 158 Verfahrensbeistand	1254
§ 159 Persönliche Anhörung des Kindes	1270
§ 160 Anhörung der Eltern	1277
§ 161 Mitwirkung der Pflegeperson	1282
§ 162 Mitwirkung des Jugendamts	1284
§ 163 Fristsetzung bei schriftlicher Begutachtung; Inhalt des Gutachtenauftrags; Vernehmung des Kindes	1288
§ 164 Bekanntgabe der Entscheidung an das Kind	1291
§ 165 Vermittlungsverfahren	1292
§ 166 Abänderung und Überprüfung von Entscheidungen und gerichtlich gebilligten Vergleichen	1297
§ 167 Anwendbare Vorschriften bei Unterbringung Minderjähriger	1299
§ 168 Beschluss über Zahlungen des Mündels	1304
§ 168 a Mitteilungspflichten des Standesamts	1316

Abschnitt 4. Verfahren in Abstammungssachen ... 1317

§ 169 Abstammungssachen	1317
§ 170 Örtliche Zuständigkeit	1320
§ 171 Antrag	1321
§ 172 Beteiligte	1326
§ 173 Vertretung eines Kindes durch einen Beistand	1328
§ 174 Verfahrensbeistand	1329
§ 175 Erörterungstermin; persönliche Anhörung	1330
§ 176 Anhörung des Jugendamts	1332
§ 177 Eingeschränkte Amtsermittlung; förmliche Beweisaufnahme	1333
§ 178 Untersuchungen zur Feststellung der Abstammung	1335
§ 179 Mehrheit von Verfahren	1340
§ 180 Erklärungen zur Niederschrift des Gerichts	1341
§ 181 Tod eines Beteiligten	1342
§ 182 Inhalt des Beschlusses	1343
§ 183 Kosten bei Anfechtung der Vaterschaft	1344
§ 184 Wirksamkeit des Beschlusses; Ausschluss der Abänderung; ergänzende Vorschriften über die Beschwerde	1345
§ 185 Wiederaufnahme des Verfahrens	1346

Abschnitt 5. Verfahren in Adoptionssachen ... 1352

§ 186 Adoptionssachen	1352
§ 187 Örtliche Zuständigkeit	1356
§ 188 Beteiligte	1358
§ 189 Fachliche Äußerung einer Adoptionsvermittlungsstelle	1361
§ 190 Bescheinigung über den Eintritt der Vormundschaft	1362
§ 191 Verfahrensbeistand	1363
§ 192 Anhörung der Beteiligten	1365
§ 193 Anhörung weiterer Personen	1366
§ 194 Anhörung des Jugendamts	1367
§ 195 Anhörung des Landesjugendamts	1369
§ 196 Unzulässigkeit der Verbindung	1371
§ 197 Beschluss über die Annahme als Kind	1371
§ 198 Beschluss in weiteren Verfahren	1378
§ 199 Anwendung des Adoptionswirkungsgesetzes	1384

Abschnitt 6. Verfahren in Ehewohnungs- und Haushaltssachen ... 1387

§ 200 Ehewohnungssachen, Haushaltssachen	1387
§ 201 Örtliche Zuständigkeit	1392

Inhaltsverzeichnis

§ 202 Abgabe an das Gericht der Ehesache 1393
§ 203 Antrag 1394
§ 204 Beteiligte 1395
§ 205 Anhörung des Jugendamts in Wohnungszuweisungssachen 1397
§ 206 Besondere Vorschriften in Haushaltssachen 1398
§ 207 Erörterungstermin 1401
§ 208 Tod eines Ehegatten 1401
§ 209 Durchführung der Entscheidung, Wirksamkeit 1402

Abschnitt 7. Verfahren in Gewaltschutzsachen 1405

§ 210 Gewaltschutzsachen 1405
§ 211 Örtliche Zuständigkeit 1407
§ 212 Beteiligte 1408
§ 213 Anhörung des Jugendamts 1408
§ 214 Einstweilige Anordnung 1410
§ 215 Durchführung der Endentscheidung 1412
§ 216 Wirksamkeit; Vollstreckung vor Zustellung 1412
§ 216 a Mitteilung von Entscheidungen 1413

Abschnitt 8. Verfahren in Versorgungsausgleichssachen 1415

§ 217 Versorgungsausgleichssachen 1415
§ 218 Örtliche Zuständigkeit 1416
§ 219 Beteiligte 1418
§ 220 Verfahrensrechtliche Auskunftspflicht 1419
§ 221 Erörterung, Aussetzung 1422
§ 222 Durchführung der externen Teilung 1426
§ 223 Antragserfordernis für Ausgleichsansprüche nach der Scheidung 1428
§ 224 Entscheidung über den Versorgungsausgleich 1429
§ 225 Zulässigkeit einer Abänderung des Wertausgleichs bei der Scheidung . 1433
§ 226 Durchführung einer Abänderung des Wertausgleichs bei der Scheidung 1436
§ 227 Sonstige Abänderungen 1437
§ 228 Zulässigkeit der Beschwerde 1438
§ 229 Elektronischer Rechtsverkehr zwischen den Familiengerichten und den Versorgungsträgern 1439
§ 230 (*weggefallen*)

Abschnitt 9. Verfahren in Unterhaltssachen 1442

Unterabschnitt 1 Besondere Verfahrensvorschriften 1442

§ 231 Unterhaltssachen 1442
§ 232 Örtliche Zuständigkeit 1449
§ 233 Abgabe an das Gericht der Ehesache 1453
§ 234 Vertretung eines Kindes durch einen Beistand 1455
§ 235 Verfahrensrechtliche Auskunftspflicht der Beteiligten 1455
§ 236 Verfahrensrechtliche Auskunftspflicht Dritter 1461
§ 237 Unterhalt bei Feststellung der Vaterschaft 1465
§ 238 Abänderung gerichtlicher Entscheidungen 1467
§ 239 Abänderung von Vergleichen und Urkunden 1495
§ 240 Abänderung von Entscheidungen nach den §§ 237 und 253 1506
§ 241 Verschärfte Haftung 1509
§ 242 Einstweilige Einstellung der Vollstreckung 1510
§ 243 Kostenentscheidung 1513
§ 244 Unzulässiger Einwand der Volljährigkeit 1517
§ 245 Bezifferung dynamisierter Unterhaltstitel zur Zwangsvollstreckung im Ausland 1518

Unterabschnitt 2 Einstweilige Anordnung 1519

§ 246 Besondere Vorschriften für die einstweilige Anordnung 1519

§ 247 Einstweilige Anordnung vor Geburt des Kindes.................................... 1523
§ 248 Einstweilige Anordnung bei Feststellung der Vaterschaft 1526

Unterabschnitt 3 Vereinfachtes Verfahren über den Unterhalt Minderjähriger...
§ 249 Statthaftigkeit des vereinfachten Verfahrens 1530
§ 250 Antrag.. 1534
§ 251 Maßnahmen des Gerichts.. 1539
§ 252 Einwendungen des Antragsgegners 1541
§ 253 Festsetzungsbeschluss... 1545
§ 254 Mitteilungen über Einwendungen 1548
§ 255 Streitiges Verfahren... 1550
§ 256 Beschwerde.. 1552
§ 257 Besondere Verfahrensvorschriften 1554
§ 258 Sonderregelungen für maschinelle Bearbeitung.................................. 1555
§ 259 Formulare... 1555
§ 260 Bestimmung des Amtsgerichts.. 1556

Abschnitt 10. Verfahren in Güterrechtssachen.. 1557
§ 261 Güterrechtssachen 1557
§ 262 Örtliche Zuständigkeit 1562
§ 263 Abgabe an das Gericht der Ehesache.. 1564
§ 264 Verfahren nach den §§ 1382 und 1383 des Bürgerlichen Gesetzbuchs 1564
§ 265 Einheitliche Entscheidung 1566

Abschnitt 11. Verfahren in sonstigen Familiensachen 1568
§ 266 Sonstige Familiensachen 1568
§ 267 Örtliche Zuständigkeit 1576
§ 268 Abgabe an das Gericht der Ehesache.. 1577

Abschnitt 12. Verfahren in Lebenspartnerschaftssachen 1578
§ 269 Lebenspartnerschaftssachen 1578
§ 270 Anwendbare Vorschriften 1581

Buch 3. Verfahren in Betreuungs- und Unterbringungssachen

Abschnitt 1. Verfahren in Betreuungssachen 1583
§ 271 Betreuungssachen.. 1583
§ 272 Örtliche Zuständigkeit 1583
§ 273 Abgabe bei Änderung des gewöhnlichen Aufenthalts....................... 1587
§ 274 Beteiligte.. 1591
§ 275 Verfahrensfähigkeit... 1597
§ 276 Verfahrenspfleger 1599
§ 277 Vergütung und Aufwendungsersatz des Verfahrenspflegers 1607
§ 278 Anhörung des Betroffenen 1613
§ 279 Anhörung der sonstigen Beteiligten, der Betreuungsbehörde und des gesetzlichen Vertreters.. 1620
§ 280 Einholung eines Gutachtens... 1622
§ 281 Ärztliches Zeugnis; Entbehrlichkeit eines Gutachtens..................... 1629
§ 282 Vorhandene Gutachten des Medizinischen Dienstes der Krankenversicherung 1630
§ 283 Vorführung zur Untersuchung 1633
§ 284 Unterbringung zur Begutachtung 1636
§ 285 Herausgabe einer Betreuungsverfügung oder der Abschrift einer Vorsorgevollmacht 1639
§ 286 Inhalt der Beschlussformel 1639
§ 287 Wirksamwerden von Beschlüssen 1642
§ 288 Bekanntgabe 1645

Inhaltsverzeichnis

§ 289 Verpflichtung des Betreuers	1648
§ 290 Bestellungsurkunde	1651
§ 291 Überprüfung der Betreuerauswahl	1652
§ 292 Zahlungen an den Betreuer	1653
§ 293 Erweiterung der Betreuung oder des Einwilligungsvorbehalts	1654
§ 294 Aufhebung und Einschränkung der Betreuung oder des Einwilligungsvorbehalts	1658
§ 295 Verlängerung der Betreuung oder des Einwilligungsvorbehalts	1660
§ 296 Entlassung des Betreuers und Bestellung eines neuen Betreuers	1662
§ 297 Sterilisation	1664
§ 298 Verfahren in Fällen des § 1904 des Bürgerlichen Gesetzbuchs	1669
§ 299 Verfahren in anderen Entscheidungen	1674
§ 300 Einstweilige Anordnung	1675
§ 301 Einstweilige Anordnung bei gesteigerter Dringlichkeit	1682
§ 302 Dauer der einstweiligen Anordnung	1684
§ 303 Ergänzende Vorschriften über die Beschwerde	1685
§ 304 Beschwerde der Staatskasse	1696
§ 305 Beschwerde des Untergebrachten	1697
§ 306 Aufhebung des Einwilligungsvorbehalts	1698
§ 307 Kosten in Betreuungssachen	1701
§ 308 Mitteilung von Entscheidungen	1705
§ 309 Besondere Mitteilungen	1710
§ 310 Mitteilungen während einer Unterbringung	1712
§ 311 Mitteilungen zur Strafverfolgung	1713

Abschnitt 2. Verfahren in Unterbringungssachen 1715

§ 312 Unterbringungssachen	1715
§ 313 Örtliche Zuständigkeit	1718
§ 314 Abgabe der Unterbringungssache	1722
§ 315 Beteiligte	1725
§ 316 Verfahrensfähigkeit	1727
§ 317 Verfahrenspfleger	1727
§ 318 Vergütung und Aufwendungsersatz des Verfahrenspflegers	1730
§ 319 Anhörung des Betroffenen	1730
§ 320 Anhörung der sonstigen Beteiligten und der zuständigen Behörde	1734
§ 321 Einholung eines Gutachtens	1735
§ 322 Vorführung zur Untersuchung; Unterbringung zur Begutachtung	1737
§ 323 Inhalt der Beschlussformel	1738
§ 324 Wirksamwerden von Beschlüssen	1741
§ 325 Bekanntgabe	1745
§ 326 Zuführung zur Unterbringung	1746
§ 327 Vollzugsangelegenheiten	1748
§ 328 Aussetzung des Vollzugs	1751
§ 329 Dauer und Verlängerung der Unterbringung	1754
§ 330 Aufhebung der Unterbringung	1758
§ 331 Einstweilige Anordnung	1760
§ 332 Einstweilige Anordnung bei gesteigerter Dringlichkeit	1765
§ 333 Dauer der einstweiligen Anordnung	1766
§ 334 Einstweilige Maßregeln	1769
§ 335 Ergänzende Vorschriften über die Beschwerde	1771
§ 336 Einlegung der Beschwerde durch den Betroffenen	1774
§ 337 Kosten in Unterbringungssachen	1774
§ 338 Mitteilung von Entscheidungen	1777
§ 339 Benachrichtigung von Angehörigen	1778

Abschnitt 3. Verfahren in betreuungsgerichtlichen Zuweisungssachen 1779
§ 340 Betreuungsgerichtliche Zuweisungssachen... 1779
§ 341 Örtliche Zuständigkeit 1782

Buch 4. Verfahren in Nachlass- und Teilungssachen

Abschnitt 1. Begriffsbestimmung; örtliche Zuständigkeit 1785
§ 342 Begriffsbestimmung 1785
§ 343 Örtliche Zuständigkeit 1788
§ 344 Besondere örtliche Zuständigkeit.. 1811

Abschnitt 2. Verfahren in Nachlasssachen 1823
Unterabschnitt 1 Allgemeine Bestimmungen 1823
§ 345 Beteiligte 1823
Unterabschnitt 2 Verwahrung von Verfügungen von Todes wegen 1853
§ 346 Verfahren bei besonderer amtlicher Verwahrung 1853
§ 347 Mitteilung über die Verwahrung *(Fassung bis 31. 12. 2011)*............ 1858
§ 347 Mitteilung über die Verwahrung *(Fassung ab 1. 1. 2012)* 1862
Unterabschnitt 3 Eröffnung von Verfügungen von Todes wegen 1866
§ 348 Eröffnung von Verfügungen von Todes wegen durch das Nachlassgericht 1866
§ 349 Besonderheiten bei der Eröffnung von gemeinschaftlichen Testamenten und Erbverträgen 1885
§ 350 Eröffnung der Verfügung von Todes wegen durch ein anderes Gericht 1892
§ 351 Eröffnungsfrist für Verfügungen von Todes wegen............................ 1894
Unterabschnitt 4 Erbscheinsverfahren; Testamentsvollstreckung................ 1897
§ 352 Entscheidung über Erbscheinsanträge 1897
§ 353 Einziehung oder Kraftloserklärung von Erbscheinen....................... 1935
§ 354 Sonstige Zeugnisse... 1943
§ 355 Testamentsvollstreckung.. 1951
Unterabschnitt 5 Sonstige verfahrensrechtliche Regelungen...................... 1961
§ 356 Mitteilungspflichten... 1961
§ 357 Einsicht in eine eröffnete Verfügung von Todes wegen; Ausfertigung eines Erbscheins oder anderen Zeugnisses 1962
§ 358 Zwang zur Ablieferung von Testamenten.. 1971
§ 359 Nachlassverwaltung 1976
§ 360 Bestimmung einer Inventarfrist 1981
§ 361 Eidesstattliche Versicherung.. 1983
§ 362 Stundung des Pflichtteilsanspruchs 1987

Abschnitt 3. Verfahren in Teilungssachen 1991
§ 363 Antrag... 1991
§ 364 Pflegschaft für abwesende Beteiligte 2007
§ 365 Ladung... 2011
§ 366 Außergerichtliche Vereinbarung.. 2015
§ 367 Wiedereinsetzung... 2026
§ 368 Auseinandersetzungsplan; Bestätigung... 2029
§ 369 Verteilung durch das Los... 2038
§ 370 Aussetzung bei Streit... 2040
§ 371 Wirkung der bestätigten Vereinbarung und Auseinandersetzung; Vollstreckung 2043
§ 372 Rechtsmittel... 2051
§ 373 Auseinandersetzung einer Gütergemeinschaft.................................. 2055

Inhaltsverzeichnis

Buch 5. Verfahren in Registersachen, unternehmensrechtliche Verfahren

Abschnitt 1. Begriffsbestimmung ... 2059

§ 374 Registersachen ... 2059
§ 375 Unternehmensrechtliche Verfahren ... 2077

Abschnitt 2. Zuständigkeit ... 2106

§ 376 Besondere Zuständigkeitsregelungen ... 2106
§ 377 Örtliche Zuständigkeit ... 2113

Abschnitt 3. Registersachen ... 2125

Unterabschnitt 1 Verfahren ... 2125
§ 378 Antragsrecht der Notare ... 2125
§ 379 Mitteilungspflichten der Behörden ... 2130
§ 380 Beteiligung der berufsständischen Organe; Beschwerderecht ... 2134
§ 381 Aussetzung des Verfahrens ... 2145
§ 382 Entscheidung über Eintragungsanträge ... 2154
§ 383 Bekanntgabe; Anfechtbarkeit ... 2162
§ 384 Von Amts wegen vorzunehmende Eintragungen ... 2167
§ 385 Einsicht in die Register ... 2172
§ 386 Bescheinigungen ... 2176
§ 387 Ermächtigungen ... 2178

Unterabschnitt 2 Zwangsgeldverfahren ... 2182
§ 388 Androhung ... 2182
§ 389 Festsetzung ... 2198
§ 390 Verfahren bei Einspruch ... 2202
§ 391 Beschwerde ... 2209
§ 392 Verfahren bei unbefugtem Firmengebrauch ... 2213

Unterabschnitt 3 Löschungs- und Auflösungsverfahren ... 2221
§ 393 Löschung einer Firma ... 2221
§ 394 Löschung vermögensloser Gesellschaften und Genossenschaften ... 2228
§ 395 Löschung unzulässiger Eintragungen ... 2241
§ 396 (*weggefallen*)
§ 397 Löschung nichtiger Gesellschaften und Genossenschaften ... 2258
§ 398 Löschung nichtiger Beschlüsse ... 2265
§ 399 Auflösung wegen Mangels der Satzung ... 2272

Unterabschnitt 4 Ergänzende Vorschriften für das Vereinsregister ... 2281
§ 400 Mitteilungspflichten ... 2281
§ 401 Entziehung der Rechtsfähigkeit ... 2283

Abschnitt 4. Unternehmensrechtliche Verfahren ... 2286

§ 402 Anfechtbarkeit ... 2286
§ 403 Weigerung des Dispacheurs ... 2289
§ 404 Aushändigung von Schriftstücken; Einsichtsrecht ... 2293
§ 405 Termin; Ladung ... 2296
§ 406 Verfahren im Termin ... 2303
§ 407 Verfolgung des Widerspruchs ... 2308
§ 408 Beschwerde ... 2312
§ 409 Wirksamkeit; Vollstreckung ... 2315

Buch 6. Verfahren in weiteren Angelegenheiten der freiwilligen Gerichtsbarkeit ... 2319

§ 410 Weitere Angelegenheiten der freiwilligen Gerichtsbarkeit ... 2319
§ 411 Örtliche Zuständigkeit ... 2323
§ 412 Beteiligte ... 2324
§ 413 Eidesstattliche Versicherung ... 2325
§ 414 Unanfechtbarkeit ... 2326

Buch 7. Verfahren in Freiheitsentziehungssachen ... 2329

§ 415 Freiheitsentziehungssachen ... 2329
§ 416 Örtliche Zuständigkeit ... 2331
§ 417 Antrag ... 2334
§ 418 Beteiligte ... 2340
§ 419 Verfahrenspfleger ... 2343
§ 420 Anhörung; Vorführung ... 2346
§ 421 Inhalt der Beschlussformel ... 2351
§ 422 Wirksamwerden von Beschlüssen ... 2352
§ 423 Absehen von der Bekanntgabe ... 2356
§ 424 Aussetzung des Vollzugs ... 2356
§ 425 Dauer und Verlängerung der Freiheitsentziehung ... 2359
§ 426 Aufhebung ... 2363
§ 427 Einstweilige Anordnung ... 2365
§ 428 Verwaltungsmaßnahme; richterliche Prüfung ... 2369
§ 429 Ergänzende Vorschriften über die Beschwerde ... 2373
§ 430 Auslagenersatz ... 2375
§ 431 Mitteilung von Entscheidungen ... 2379
§ 432 Benachrichtigung von Angehörigen ... 2380

Buch 8. Verfahren in Aufgebotssachen

Abschnitt 1. Allgemeine Verfahrensvorschriften ... 2381

§ 433 Aufgebotssachen ... 2381
§ 434 Antrag; Inhalt des Aufgebots ... 2383
§ 435 Öffentliche Bekanntmachung ... 2385
§ 436 Gültigkeit der öffentlichen Bekanntmachung ... 2386
§ 437 Aufgebotsfrist ... 2386
§ 438 Anmeldung nach dem Anmeldezeitpunkt ... 2387
§ 439 Erlass des Ausschließungsbeschlusses; Beschwerde; Wiedereinsetzung und Wiederaufnahme ... 2388
§ 440 Wirkung einer Anmeldung ... 2390
§ 441 Öffentliche Zustellung des Ausschließungsbeschlusses ... 2391

Abschnitt 2. Aufgebot des Eigentümers von Grundstücken, Schiffen und Schiffsbauwerken ... 2393

§ 442 Aufgebot des Grundstückseigentümers; örtliche Zuständigkeit ... 2393
§ 443 Antragsberechtigter ... 2395
§ 444 Glaubhaftmachung ... 2395
§ 445 Inhalt des Aufgebots ... 2395
§ 446 Aufgebot des Schiffseigentümers ... 2397

Abschnitt 3. Aufgebot des Gläubigers von Grund- und Schiffspfandrechten sowie des Berechtigten sonstiger dinglicher Rechte ... 2398

§ 447 Aufgebot des Grundpfandrechtsgläubigers, örtliche Zuständigkeit ... 2398
§ 448 Antragsberechtigter ... 2399
§ 449 Glaubhaftmachung ... 2400
§ 450 Besondere Glaubhaftmachung ... 2401
§ 451 Verfahren bei Ausschluss mittels Hinterlegung ... 2403

Inhaltsverzeichnis

§ 452 Aufgebot des Schiffshypothekengläubigers; örtliche Zuständigkeit 2404
§ 453 Aufgebot des Berechtigten bei Vormerkung, Vorkaufsrecht, Reallast 2405

Abschnitt 4. Aufgebot von Nachlassgläubigern 2407
§ 454 Aufgebot von Nachlassgläubigern; örtliche Zuständigkeit 2407
§ 455 Antragsberechtigter 2409
§ 456 Verzeichnis der Nachlassgläubiger 2411
§ 457 Nachlassinsolvenzverfahren 2412
§ 458 Inhalt des Aufgebots; Aufgebotsfrist 2412
§ 459 Forderungsanmeldung 2413
§ 460 Mehrheit von Erben 2414
§ 461 Nacherbfolge 2415
§ 462 Gütergemeinschaft 2416
§ 463 Erbschaftskäufer 2416
§ 464 Aufgebot der Gesamtgutsgläubiger 2416

Abschnitt 5. Aufgebot der Schiffsgläubiger 2418
§ 465 Aufgebot der Schiffsgläubiger 2418

Abschnitt 6. Aufgebot zur Kraftloserklärung von Urkunden 2420
§ 466 Örtliche Zuständigkeit 2420
§ 467 Antragsberechtigter 2423
§ 468 Antragsbegründung 2424
§ 469 Inhalt des Aufgebots 2425
§ 470 Ergänzende Bekanntmachung in besonderen Fällen 2425
§ 471 Wertpapiere mit Zinsscheinen 2425
§ 472 Zinsscheine für mehr als vier Jahre 2426
§ 473 Vorlegung der Zinsscheine 2427
§ 474 Abgelaufene Ausgabe der Zinsscheine 2428
§ 475 Anmeldezeitpunkt bei bestimmter Fälligkeit 2428
§ 476 Aufgebotsfrist 2428
§ 477 Anmeldung der Rechte 2429
§ 478 Ausschließungsbeschluss 2429
§ 479 Wirkung des Ausschließungsbeschlusses 2430
§ 480 Zahlungssperre 2432
§ 481 Entbehrlichkeit des Zeugnisses nach § 471 Abs. 2 2434
§ 482 Aufhebung der Zahlungssperre 2434
§ 483 Hinkende Inhaberpapiere 2435
§ 484 Vorbehalt für die Landesgesetzgebung 2436

Buch 9. Schlussvorschriften 2439
§ 485 Verhältnis zu anderen Gesetzen 2439
§ 486 Landesrechtliche Vorbehalte; Ergänzungs- und Ausführungsbestimmungen .. 2440
– Abdruck landesrechtlicher Ergänzungs- und Ausführungsbestimmungen – 2441
§ 487 Nachlassauseinandersetzung; Auseinandersetzung einer Gütergemeinschaft ... 2497
§ 488 Verfahren vor landesgesetzlich zugelassenen Behörden 2498
§ 489 Rechtsmittel 2500
§ 490 Landesrechtliche Aufgebotsverfahren 2500
§ 491 Landesrechtliche Vorbehalte bei Verfahren zur Kraftloserklärung von Urkunden 2501

Sonstige Vorschriften
Art. 111 FGG-ReformG 2503
Art. 112 FGG-ReformG 2507
Hinweise zum FamGKG 2509
Abdruck des FamGKG 2517

Sachverzeichnis 2547

Bearbeiterverzeichnis

Lutz Budde § 62, §§ 271–341, 415–432

Helmut Engelhardt §§ 45–48, 97–106, 151–199, 485–491, Art. 111, 112 FGG-RG

Dr. Michael Giers §§ 49–57, 86–96 a, 200–216 a, 243–270, 410–414, 466–484

Dr. Jörn Heinemann §§ 374–409

Dr. Ulrich Meyer-Holz §§ 32–34, 36–44, 58–61, 70–75, 238–242

Werner Sternal Einleitung, §§ 1–5, 13–31, 63–69

Albrecht Weber §§ 111–150, 217–237

Dr. Walter Zimmermann §§ 6–12, 35, 76–85, 107–110, 342–373, 433–465, Einführung FamGKG

Abkürzungsverzeichnis

Zeitschriften werden zitiert mit Band oder Jahr und Seite oder Nummer der Entscheidung.

a. A.	anderer Ansicht
a. E.	am Ende
a. F.	alte Fassung
a. M.	anderer Meinung
AbgG	Gesetz über die Rechtsverhältnisse der Mitglieder des Deutschen Bundestages vom 21. 2. 1996 (Abgeordnetengesetz)
ABl.	Amtsblatt
AcP	Archiv für zivilistische Praxis
AdoptG	Gesetz für die Annahme als Kind und zur Änderung anderer Vorschriften – Adoptionsgesetz – v. 2. 7. 1976
AdÜbAG	Gesetz zur Ausführung des Haager Übereinkommens v. 29. 5. 1993 über den Schutz von Kindern und die Zusammenarbeit auf dem Gebiet der internationalen Adoption (Adoptionsübereinkommens-Ausführungsgesetz) v. 5. 11. 2001
AdVermiG	Gesetz über die Vermittlung der Annahme als Kind – Adoptionsvermittlungsgesetz – v. 22. 12. 2001-
AdWirkG	Gesetz über Wirkungen der Annahme als Kind nach ausländischem Recht (Adoptionswirkungsgesetz) v. 5. 11. 2001
AEUV	Vertrag über die Arbeitsweise der Europäischen Union
AG	Aktiengesellschaft (zugleich auch Zeitschrift); Ausführungsgesetz oder Amtsgericht
AGBGB	Ausführungsgesetz zum Bürgerlichen Gesetzbuch
AGG	Allgemeines Gleichbehandlungsgesetz v. 14. 8. 2006
AgrarR	Agrarrecht, Zeitschrift für das Recht der Landwirtschaft
AHK	Alliierte Hohe Kommission
AKG	Gesetz zur allgemeinen Regelung durch den Krieg und den Zusammenbruch des Deutschen Reiches entstandener Schäden (Allgemeines Kriegsfolgengesetz) v. 5. 11. 1957
AktG	Aktiengesetz v. 6. 9. 1965
AktO	Aktenordnung
Alt.	Alternative
ÄndAbk	Änderungsabkommen
ÄndG	Änderungsgesetz
Anh.	Anhang
Anm.	Anmerkung
Anwalt	Der Anwalt (Zeitschrift)
AnwBl.	Anwaltsblatt
AO	Anordnung
AöR	Archiv des öffentlichen Rechts
ArbGG	Arbeitsgerichtsgesetz v. 2. 7. 1979
ArchÖffR (AöR)	Archiv für öffentliches Recht
Arndt/Lerch/Sandkühler	Arndt/Lerch/Sandkühler, Bundesnotarordnung, Kommentar, 6. Aufl., 2008
Arnold/Meyer-Stolte (Bearbeiter)	Arnold/Meyer-Stolte, Rechtspflegergesetz, 7. Aufl., 2009
Art.	Artikel
Assenmacher/Mathias	Assenmacher/Mathias, Kostenordnung, Kommentar, 16. Aufl., 2008

Abkürzungsverzeichnis

AsylVfG	Asylverfahrensgesetz
AuAS	Ausländer- und asylrechtlicher Rechtsprechungsdienst (Zeitschrift)
AufenthG	Gesetz über den Aufenthalt, die Erwerbstätigkeit und die Integration von Ausländern im Bundesgebiet v. 3. 7. 2004
Aufl.	Auflage
AUG	Auslandsunterhaltsgesetz v. 19. 12. 1986
AV	Allgemeine Verfügung
AVAG	Gesetz zur Ausführung zwischenstaatlicher Verträge und zur Durchführung von Verordnungen der Europäischen Gemeinschaft auf dem Gebiet der Anerkennung und Vollstreckung in Zivil- und Handelssachen (Anerkennungs- und Vollstreckungsausführungsgesetz) v. 19. 2. 2001.
AVO	Ausführungsverordnung
AWG	Außenwirtschaftsgesetz v. 28. 4. 1961
Bad.	Baden
Bad.-Württ.	Baden-Württemberg
Bad.-Württ. UBG	Gesetz über die Unterbringung psychisch Kranker i. d. F. v. 2. 12. 1991
BadNotZ	Badische Notariatszeitung
BadRPrax	Badische Rechtspraxis
BadRspr.	BadRPrax Badische Rechtspraxis (Zeitschrift)
BaFin	Bundesanstalt für Finanzdienstleistungsaufsicht
BAG	Bundesarbeitsgericht
Bahrenfuss (Bearbeiter)	Bahrenfuss, FamFG, Kommentar, 2009
Bamberger/Roth (Bearbeiter)	Bamberger/Roth, Kommentar zum Bürgerlichen Gesetzbuch, 3. Aufl., 2011
BAnz.	Bundesanzeiger
Bärmann	Bärmann, Freiwillige Gerichtsbarkeit und Notarrecht, 1968
Bärmann (Bearbeiter)	Bärmann, Wohnungseigentumsgesetz, Kommentar, 11. Aufl., 2011
Barnstedt/Steffen	Barnstedt/Steffen, Gesetz über das gerichtliche Verfahren in Landwirtschaftssachen, 7. Aufl., 2005
Bassenge/Roth	Bassenge/Roth, FamFG/RPflG, Kommentar, 12. Aufl., 2009
Bauer/Bork/Klie/Rink	Bauer/Bork/Klie/Rink, Heidelberger Kommentar zum Betreuungs- und Unterbringungsrecht, Loseblattausgabe
Bauer/v. Oefele (Bearbeiter)	Bauer/v. Oefele, Grundbuchordnung, Kommentar, 2. Aufl., 2006
BauGB	Baugesetzbuch i. d. F. der Bek v. 27. 8. 1997
Baumbach/Hartmann	Baumbach/Lauterbach/Albers/Hartmann, Zivilprozessordnung, Kurzkommentar, 68. Aufl., 2010
Baumbach/Hopt (Bearbeiter)	Baumbach/Hopt, Handelsgesetzbuch, Kurzkommentar, 34. A., 2010
Baumbach/Hueck (Bearbeiter)	Baumbach/Hueck, GmbH-Gesetz, 19. Aufl., 2009
Baumgärtel (Bearbeiter)	Baumgärtel/Laumen/Prütting, Handbuch der Beweislast im Privatrecht, 3. Aufl., 2010
Baur	Baur, Freiwillige Gerichtsbarkeit, 1. Buch Allgemeines Verfahrensrecht, 1955
Baur/Wolf	Baur/Wolf, Grundbegriffe der freiwilligen Gerichtsbarkeit 2. Aufl., 1980

Abkürzungsverzeichnis

BaWüAGBtG	Gesetz zur Ausführung des Betreuungsgesetzes und zur Anpassung des Landesrechts v. 10. 11. 1991
BayUnterbrG	Gesetz über die Unterbringung psychisch Kranker und deren Betreuung v. 5. 4. 1992
Bay.	Bayern
BayAGBtG	Gesetz zur Ausführung des Gesetzes zur Reform des Rechts der Vormundschaft und Pflegschaft für Volljährige v. 27. 12. 1991
BayBS	Bereinigte Sammlung des bayerischen Landesrechts
BayBS ErgB	Bereinigte Sammlung des bayerischen Landesrechts, Ergänzungsband
BayBSVJu	Bereinigte Sammlung der bayerischen Justizverwaltungsvorschriften
Bayerlein (Bearbeiter)	Bayerlein, Praxishandbuch Sachverständigenrecht, 4. Aufl., 2008
BayNotV	Mitteilungen des Bayerischen Notarvereins (1. 1924–10. 1933, 5; dann: Bayerische Notarzeitschrift)
BayNotZ	Bayerische Notarzeitschrift, Zeitschrift für das Notariat in
BayObLG	Bayerisches Oberstes Landesgericht, auch alte amtliche Sammlung
BayObLGSt	Entscheidungen des BayObLG in Strafsachen
BayObLGZ	Entscheidungen des BayObLG in Zivilsachen
BayStA	Das Bayerische Standesamt (Zeitschrift)
BayVBl.	Bayerische Verwaltungsblätter (Zeitschrift)
BayVerfGH	Bayer. Verfassungsgerichtshof
BayVerfGE	Entscheidungen des bayerischen Verfassungsgerichtshofs
BB	Der Betriebsberater (Zeitschrift)
BBG	Bundesbeamtengesetz i. d. F. v. 27. 2. 1985
BDG	Bundesdisziplinargesetz v. 9. 7. 2001
BDSG	Bundesdatenschutzgesetz v. 14. 1. 2003
BeckOK (Bearbeiter)	Beck'scher Online Kommentar
Beck'sches Notarhandbuch (Bearbeiter)	Beck'sches Notarhandbuch, 5. Aufl., 2009
BeckRS	Elektronische Entscheidungsdatenbank in beck-online
BEEG	Bundeselterngeld und Erziehungszeitgesetz v. 5. 12. 2005
BEG	Bundesgesetz zur Entschädigung für Opfer der nationalsozialistischen Verfolgung – Bundesentschädigungsgesetz – i. d. F. v. 14. 9. 1965
Bek.	Bekanntmachung
Bengel/Reimann	Bengel/Reimann, Handbuch der Testamentsvollstreckung, 4. Aufl., 2010
Bergerfurth	Bergerfurth, Der Ehescheidungsprozess und die anderen Eheverfahren, 15. Aufl., 2006
BerHG	Beratungshilfegesetz vom 18. 6. 1980
BerlPsychKG	Berlin, Gesetz für psychisch Kranke v. 8. 3. 1985
BErzGG	Bundeserziehungsgeldgesetz v. 9. 2. 2004
betr.	betreffend
Betr. (DB)	Der Betrieb (Zeitschrift)
BetrVG	Betriebsverfassungsgesetz v. 25. 9. 2001
BeurkG	Beurkundungsgesetz v. 28. 8. 1969
Beuthin	Beuthin, Genossenschaftsgesetz, Kommentar, 15. Aufl., 2011
BFH	Bundesfinanzhof, auch Sammlung der Entscheidungen u. Gutachten des Bundesfinanzhofs
BGB	Bürgerliches Gesetzbuch v. 2. 1. 2002
BGBl.	Bundesgesetzblatt, ab 1951 mit I = Teil I; mit II = Teil II; mit III = Teil III

Abkürzungsverzeichnis

BGH	Bundesgerichtshof
BGH GrZS	Bundesgerichtshof Großer Senat in Zivilsachen
BGHSt	Entscheidungen des BGH in Strafsachen
BGHZ	Entscheidungen des BGH in Zivilsachen
Bienwald (Bearbeiter)	Bienwald/Sonnenfeld/Hoffmann, Betreuungsrecht, Kommentar, 5. Aufl., 2011
BinSchG (BSchG)	Gesetz betreffend die privaten Verhältnisse der Binnenschifffahrt i. d. F. v. 15. 6. 1898
Binz (Bearbeiter)	Binz/Dörndorfer/Petzold/Zimmermann, Gerichtskostengesetz, Justizvergütungs- und -entschädigungsgesetz, 2. Aufl. 2009
BJS (Bearbeiter)	Bork/Jacoby/Schwab, FamFG-Kommentar, 2009
BKAG	Gesetz über das Bundeskriminalamt und die Zusammenarbeit des Bundes und der Länder in kriminalpolizeilichen Angelegenheiten v. 7. 7. 1997
BKGG	Bundeskindergeldgesetz i. d. F. v. 2. 1. 2002
BMI	Bundesminister des Innern
BMinG	Gesetz über die Rechtsverhältnisse der Mitglieder der Bundesregierung vom 2. 3. 1974 (Bundesministergesetz)
BMJ	Bundesminister der Justiz
BNotO	Bundesnotarordnung v. 24. 2. 1961
Böhmer/Coester	Böhmer/Coester, Das gesamte Familienrecht, Loseblattausgabe 1997 ff.
Boos (Bearbeiter)	Boos/Fischer/Schulze-Mattler, Kreditwesengesetz, 3. Aufl., 2008
Borth	Versorgungsausgleich in anwaltlicher und familiengerichtlicher Praxis, 5. Auflage 2010
BPolG	Gesetz über die Bundespolizei v. 19. 10. 1994
BR	Bundesrat
BRAGO	Bundesgebührenordnung für Rechtsanwälte v. 26. 7. 1957
BRAK-Mitt.	Mitteilungen der Bundesrechtsanwaltskammer
BRAO	Bundesrechtanwaltsordnung v. 1. 8. 1959
BR-Drs.	Bundesratsdrucksache
Brehm	Brehm, Freiwillige Gerichtsbarkeit, Kurzlehrbuch, 4. Aufl., 2009
Brem. (brem.)	Bremen
BremAGFGG	Bremen, AusfG z. Gesetz ü. d. Angelegenheiten d. freiwilligen Gerichtsbarkeit v. 12. 5. 1964
BremPsychKG	Bremen, Gesetz über Hilfen und Schutzmaßnahmen bei psychischen Krankheiten v. 19. 12. 2000
Brox/Walker	Brox/Walker, Erbrecht, 24. Aufl., 2010
BRRG	Beamtenrechtsrahmengesetz i. d. F. v. 27. 2. 1985
Bruck/Möller (Bearbeiter)	Bruck/Möller, Großkommentar zum Versicherungsvertragsgesetz, 9. Aufl. 2008
Brüssel IIa-VO	Verordnung (EG) Nr. 2201/2003 v. 27. 11. 2003 über die Zuständigkeit und die Anerkennung und Vollstreckung von Entscheidungen in Ehesachen und in Verfahren betreffend die elterliche Verantwortung
BSG	Bundessozialgericht
BSHG	Bundessozialhilfegesetz i. d. F. v. 23. 3. 1994
BStBl.	Bundessteuerblatt
BT	Bundestag
BtÄndG	Betreuungsrechtsänderungsgesetz v. 25. 6. 1998
BtBG	Betreuungsbehördengesetz v. 12. 9. 1990
BT-Drs.	Bundestagsdrucksache
BtG	Betreuungsgesetz v. 12. 9. 1990

Abkürzungsverzeichnis

BtPrax	Betreuungsrechtliche Praxis, Zeitschrift
Bülow/Böckstiegel (Bearbeiter)	Bülow/Böckstiegel/Geimer/Schütze, Der internationale Rechtsverkehr in Zivil- und Handelssachen, Loseblattausgabe
Bumiller/Harders	Bumiller/Harders, FamFG, Freiwillige Gerichtsbarkeit, 9. A., 2009
BVerfG	Bundesverfassungsgericht
BVerfGE	Entscheidungen des Bundesverfassungsgerichts
BVerfGG	Bundesverfassungsgerichtsgesetz i. d. f. v. 11. 8. 1993
BVerfGK	Sammlung der Kammerentscheidung des Bundesverfassungsgerichts
BVerwG	Bundesverwaltungsgericht
BVerwGE	Entscheidungen des Bundesverwaltungsgerichts
BVFG	Bundesvertriebenengesetz i. d. F. v. 2. 6. 1993
BVormVG	Berufsvormündervergütungsgesetz v. 25. 6. 1998
BWahlG	Bundeswahlgesetz v. 23. 7. 1993
BWNotZ	Mitteilungen aus der Praxis, Zeitschrift für das Notariat in Baden-Württemberg (früher WürttNotV)
Cirullies	Cirullies, Vollstreckung in Familiensachen, 2009
DA	Allgemeine Verwaltungsvorschrift zum Personenstandsgesetz (Dienstanweisung für die Standesämter und ihre Aufsichtsbehörden) v. 27. 7. 2000
Dallmayer/Eickmann	Dallmayer/Eickmann, Rechtspflegergesetz, 2. Aufl., 2011
Damrau/Zimmermann	Damrau/Zimmermann, Betreuungsgesetz, Kommentar, 4. A., 2010
DAVorm	Der Amtsvormund, Rundbrief d. Deutschen Instituts für Vormundschaftswesen (Zeitschrift)
DB	Der Betrieb (Zeitschrift)
DBR	Das Deutsche Bundesrecht (Gesetzessammlung)
DDR	ehem. Deutsche Demokratische Republik
Demharter	Demharter, Grundbuchordnung, Kommentar, 27. Aufl., 2010
Dernburg	Dernburg, Deutsches Erbrecht, 1905
DFG	Deutsche Freiwillige Gerichtsbarkeit (Zeitschrift)
DGVZ	Deutsche Gerichtsvollzieher-Zeitung (Jahr u. Seite)
DieJ	Die Justiz, Amtsblatt des Bad.-Württ. Justizministeriums
Diss.	Dissertation
Dittmann (Bearbeiter)	Dittmann/Reimann/Bengel, Testament und Erbvertrag, 5. Aufl., 2006
DJ	Deutsche Justiz
DJZ	Deutsche Juristenzeitung
DNotI-Report	Informationsdienst des Deutschen Notarinstituts (Zeitschrift)
DNotZ	Deutsche Notarzeitschrift
DÖD	Der öffentliche Dienst (Zeitschrift)
DONot	Dienstordnung für Notarinnen und Notare
Dose	Dose, Einstweiliger Rechtsschutz in Familiensachen, 3. Aufl., 2010
DÖV	Die öffentliche Verwaltung (Zeitschrift)
Dreier (Bearbeiter)	Dreier, Grundgesetz, 2. Aufl., 2004 ff.
DRiG	Deutsches Richtergesetz i. d. F. v. 19. 4. 1972
DRiZ	Deutsche Richterzeitung
DRspr	Deutsche Rechtsprechung, Entscheidungssammlung und Aufsatzhinweise
DStR	Deutsches Steuerrecht (Zeitschrift)

Abkürzungsverzeichnis

DtZ	Deutsch-deutsche Rechtszeitschrift
DVBl	Deutsches Verwaltungsblatt
DVO	Durchführungsverordnung
DWE	Der Wohnungseigentümer (Zeitschrift)
EBAO	Einforderungs- und Beitreibungsordnung
EG	Europäischen Gemeinschaft; Einführungsgesetz
EG	Einführungsgesetz
EGAktG	Einführungsgesetz zum Aktengesetz v. 6. 9. 1965
EGBGB	Einführungsgesetz zum BGB i. d. F. v. 21. 9. 1994
EGGVG	Einführungsgesetz zum Gerichtsverfassungsgesetz v. 27. 1. 1877
EGHGB	Einführungsgesetz zum Handelsgesetzbuch v. 10. 5. 1897
EGInsO	Einführungsgesetz zur Insolvenzordnung v. 5. 10. 1994
EGMR	Europäischer Gerichtshof für Menschenrechte
EGStGB	Einführungsgesetz zum Strafgesetzbuch v. 2. 3. 1974
EGV	Vertrag zur Gründung der Europäischen Gemeinschaft v. 25. 3. 1957
EGZPO	Einführungsgesetz zur Zivilprozessordnung v. 30. 1. 1877
EheG	Ehegesetz (Kontrollratsgesetz Nr. 16) v. 20. 2. 1946
EheRG	Erstes Gesetz zur Reform des Ehe- u. Familienrechts v. 14. 6. 1976
EheschlRG	Eheschließungsrechtsgesetz v. 4. 5. 1998
EHUG	Gesetz über elektronische Handelsregister und Genossenschaftsregister sowie das Unternehmensregister v. 10. 11. 2006
EinigungsV	Einigungsvertrag v. 31. 8. 1990
Einl.	Einleitung
Eisenberg	Eisenberg, Jugendgerichtsgesetz, JGG, 14. Aufl., 2010
EMRK	Europäische Menschenrechtskonvention
ErbbauRG	Gesetz über das Erbbaurecht v. 15. 1. 1919
ErbStDV	Erbschaftsteuer-Durchführungsverordnung i. d. F. v. 8. 9. 1998
ErbStG	Erbschaftsteuergesetz v. 27. 2. 1997
ErgG	Ergänzungsgesetz
Erman (Bearbeiter)	Erman, Handkommentar zum BGB, 12. Aufl., 2008
ErwSÜ	Haager Übereinkommen über den internationalen Schutz Erwachsener vom 13. 1. 2000
EStG	Einkommensteuergesetz v. 19. 12. 2002
ESÜ (ESorgeÜ)	Europäisches Übereinkommen v. 20. 5. 1980 über die Anerkennung und Vollstreckung von Entscheidungen über das Sorgerecht für Kinder und die Wiederherstellung des Sorgeverhältnisses
EuBVO (EuBeweisaufnahmeVO)	Verordnung (EG) Nr. 1206/2000 des Rates v. 28. 5. 2001 über die Zusammenarbeit zwischen den Gerichten der Mitgliedstaaten auf dem Gebiet der Beweisaufnahme in Zivil- oder Handelssachen
EuEheVO	Verordnung (EG) Nr. 1347/2000 des Rates v. 29. 5. 2000 über die Zuständigkeit und die Anerkennung und Vollstreckung von Entscheidungen und in Verfahren betreffend die elterliche Verantwortung für die gemeinsamen Kinder der Ehegatten
EuGH	Gerichtshof der Europäischen Gemeinschaft
EuGHE	Entscheidungen des Gerichtshofes der Europäischen Gemeinschaften
EuGRZ	Europäische Grundrechte, Zeitschrift

Abkürzungsverzeichnis

EuGVÜ	Übereinkommen über die gerichtliche Zuständigkeit und die Vollstreckung gerichtlicher Entscheidungen in Zivil- und Handelssachen v. 27. 9. 1968
EuGVVO	Verordnung (EG) Nr. 44/2001 v. 22. 12. 2000 über die gerichtliche Zuständigkeit und die Anerkennung und Vollstreckung von Entscheidungen in Zivil- und Handelssachen
EuMahnVO	Verordnung (EG) Nr. 1896/2006 des Europäischen Parlaments und des Rates zur Einführung des Europäischen Mahnverfahrens v. 12. 12. 2006
EuRAG	Gesetz über die Tätigkeit europäischer Rechtsanwälte in Deutschland v. 9. 3. 2000
EUB	Vertrag über die Europäische Union
EuVTVO	Verordnung (EG) Nr. 805/2004 des Europäischen Parlaments und des Rates zur Einführung eines europäischen Vollstreckungstitels für unbestrittene Forderungen vom 21. April 2004
EuZustVO	Verordnung (EG) Nr. 1393/2007 v. 13. 11. 2007 über die Zustellung gerichtlicher und außergerichtlicher Schriftstücke in Zivil- oder Handelssachen in den Mitgliedstaaten.
EuZW	Europäische Zeitschrift für Wirtschaftsrecht
e. V.	eingetragener Verein
EWIG-AG	Gesetz zur Ausführung der EWG-VO über die EWIV v. 14. 4. 1988
EWR	Europäischer Wirtschaftsraum
Eyermann (Bearbeiter)	Eyermann, VwGO, Kommentar, 13. Aufl., 2010
Eylmann/Vaasen	Eylmann/Vaasen, Bundesnotarordnung, Beurkundungsgesetz, Kommentar, 3. Aufl., 2011
FamFG	Gesetz über das Verfahren in Familiensachen und in den Angelegenheiten der freiwilligen Gerichtsbarkeit v. 17. 12. 2008
FamFR	Familienrecht und Familienverfahrensrecht (Zeitschrift)
FamG	Familiengericht
FamGKG	Gesetz über Gerichtskosten in Familiensachen v. 17. 12. 2008
FamNamRG	Familiennamensrechtsgesetz v. 16. 12. 1993
FamRÄndG	Familienrechtsänderungsgesetz v. 11. 8. 1961
FamRB	Familienrechtsberater (Zeitschrift)
FamRBint	Familienrechtsberater international (Zeitschrift)
FamRefK (Bearbeiter)	Familienrechtsreformkommentar, 1998
FamRZ	Ehe und Familie im privaten und öffentlichen Recht, Zeitschrift für das gesamte Familienrecht
FamVerf (Bearbeiter)	Eckebrecht/Große-Boymann/Gutjahr/Paul/von Swieykowski/Trzaska/Weidemann, Verfahrenshandbuch Familiensachen, 2. Aufl., 2010
Fehrenbacher	Fehrenbacher, Registerpublizität und Haftung im Zivilrecht, 2004
Ferid	Ferid, Internationales Privatrecht, 3. Aufl., 1986
Ferid/Firsching	Ferid/Firsching, Internationales Erbrecht, Loseblatt
Feuerich/Braun	Feuerich/Braun, Kommentar zur Bundesrechtsanwaltsordnung, 7. Aufl., 2008
FEVG (FreihEntzG)	Gesetz über das gerichtliche Verfahren bei Freiheitsentziehungen v. 29. 6. 1956
FF	Forum Familien- und Erbrecht (Zeitschrift)
FG	Freiwillige Gerichtsbarkeit
FG	Finanzgericht
FGB	Familiengesetzbuch der DDR v. 20. 12. 1965

Abkürzungsverzeichnis

FGG	Reichsgesetz über die Angelegenheiten der freiwilligen Gerichtsbarkeit v. 17. 5. 1898
FGG-RG	Gesetz zur Reform des Verfahrens in Familiensachen und in Angelegenheiten der freiwilligen Gerichtsbarkeit v. 17. 12. 2008
FGO	Finanzgerichtordnung v. 6. 10. 1965
FGPrax	Praxis der Freiwilligen Gerichtsbarkeit (Zeitschrift)
Firsching/Dodegge	Firsching/Dodegge, Familienrecht, , 2. Halbband: Das Betreuungsrecht sowie andere Rechtsgebiete der freiwilligen Gerichtsbarkeit, 7. Aufl., 2010
Firsching/Graf	Firsching/Graf, Nachlassrecht, 9. Aufl., 2008
Firsching/Schmid	Firschinf/Schmid, Familienrecht, 1. Halbband: Familiensachen, 7. Aufl., 2010
FlurbG	Flurbereinigungsgesetz i. d. F. v. 16. 3. 1976
Fölsch	Fölsch, Das neue FamFG in Familiensachen, 2. Aufl., 2009
FPR	Familie, Partnerschaft, Recht (Zeitschrift)
Fröschle (Bearbeiter)	Fröschle, Praxiskommentar Betreuungs- und Unterbringungsverfahren, 2. Aufl. 2010
Frowein/Peuckert	Frowein/Peuckert, Europäische Menschenrechtskonvention, 3. Aufl., 2009
FS für Beitzke	Sandrock, Festschrift für Günther Beitzke zum 70. Geburtstag am 26. April 1979, 1979
FS für Bosch	Gaul/Habscheid/Mikat, Festschrift für Friedrich Wilhelm Bosch, 1976
FS für Ferid	Heldrich/Henrich/Sonnenberger, Festschrift für Murad Ferid zum 70. Geburtstag, 1978
FS für Heinitz	Lüttger/Blei/Hanau, Festschrift für Ernst Heinitz zum 70. Geburtstag am 1. Januar 1972, 1972
FS für Lange	Medicus/Mertens/Nörr, Festschrift für Hermann Lange zum 70. Geburtstag am 24. Januar 1992, 1992
FS für Schlosser	Bachmann/Breidenbach/Coester-Waltjen/Heß/Nelle/Wolf, Grenzüberschreitungen. Beiträge zum Internationalen Verfahrensrecht und zur Schiedsgerichtsbarkeit. Festschrift für Peter Schlosser zum 70. Geburtstag, 2005
FS für Spellenberg	Bernreuther/Freitag/Leible/Sippel/Wanitzek, Festschrift für Ulrich Spellenberg zum 70. Geburtstag, 2010
FS für Wiedemann	Wank/Hirte/Frey, Festschrift für Herbert Wiedemann zum 70. Geburtstag, 2002
FuR	Familie und Recht (Zeitschrift)
G	Gesetz
GBl.	Gesetzblatt
GBMaßnG	Gesetz über Maßnahmen auf dem Gebiet des Grundbuchwesens v. 20. 12. 1963
GBO	Grundbuchordnung i. d. F. v. 26. 5. 1994
GBVfg.	Allgemeine Verfügung über die Einrichtung und Führung des Grundbuchs i. d. F. v. 24. 1. 1995
GebrauchsMG	Gebrauchsmustergesetz v. 28. 8. 1986
Geiger (Bearbeiter)	Geiger/Kahn/Kotzur, EUV/EGV Vertrag über die Europäische Union und Vertrag über die Arbeitsweise der Europäischen Union, Kommentar, 5. Aufl., 2010
Geimer	Geimer, Internationales Zivilprozessrecht, 6. Auflage 2009
Geimer/Schütze	Geimer/Schütze, Internationale Urteilsanerkennung, Kommentar, 1971 ff.
Geimer/Schütze	Europäisches Zivilverfahrensrecht, 3. Aufl., 2010

Abkürzungsverzeichnis

GenG	Gesetz, betr. die Erwerbs- und Wirtschaftsgenossenschaften i. d. F. v. 19. 8. 1994
GenRegVO	VO über das Genossenschaftsregister v. 22. 11. 1923
Germelmann (Bearbeiter)	Germelmann/Matthes/Prütting/Müller-Glöge, ArbGG, 7. A., 2009
Gernhuber/Coester-Waltjen	Gernhuber/Coester-Waltjen, Lehrbuch des Familienrechts, 6. Aufl., 2010
Gerold/Schmidt	Gerold/Schmidt, Rechtsanwaltsvergütungsgesetz: RVG, 19. A., 2010
GeschmacksMG	Geschmacksmustergesetz v. 11. 1. 1876
GewO	Gewerbeordnung i. d. F. v. 1. 1. 1987
GewSchG	Gesetz zur Verbesserung des zivilgerichtlichen Schutzes bei Gewalttaten und Nachstellungen sowie zur Erleichterung der Überlassung der Ehewohnung bei Trennung (Gewaltschutzgesetz) v. 11. 12. 2001
GG	Grundgesetz für die Bundesrepublik Deutschland v. 23. 5. 1949
ggf	gegebenenfalls
Gießler/Soyka	Gießler/Soyka, Vorläufiger Rechtsschutz in Familiensachen, 5. Aufl., 2010
GmbHG	Gesetz, betr. die Gesellschaft mit beschränkter Haftung v. 20. 4. 1892
GmbH-Rdsch	Rundschau für GmbH (Zeitschrift)
GMBl.	Gemeinsames Ministerialblatt der Bundesminister des Innern
GmS-OGB	Gemeinsamer Senat der obersten Gerichtshöfe des Bundes
Göppinger/Börger	Göppinger/Börger, Vereinbarungen anlässlich der Ehescheidung, 9. Aufl., 2009
Göppinger/Wax (Bearbeiter)	Göppinger/Wax, Unterhaltsrecht, 9. Aufl., 2008
Graba	Die Abänderung von Unterhaltstiteln, 4. Aufl., 2011
Graf-Schlicker (Bearbeiter)	Graf-Schlicker, InsO, Kommentar zur Insolvenzordnung, 2. Aufl., 2010
GrdstVG	Grundstücksverkehrsgesetz v. 28. 7. 1961
Gregor	Gregor, Erbscheinsverfahren, 4. Aufl., 2008
Groß	Groß, Kapitalmarktrecht: Kommentar zum Börsengesetz, zur Börsenzulassungs-Verordnung, zum Wertpapierprospektgesetz und zum Verkaufsprospektgesetz, 4. Aufl., 2009
Großkomm AktG	Großkommentar zum Aktiengesetz, 3. Aufl., 1971 ff., herausgg. von Barz u. A.
Großkomm HGB	Großkommentar zum Handelsgesetzbuch, 3. Aufl., 1967 ff., herausgg. v. Brüggemann u. A.
Gruchot (Gruch.)	Beiträge zur Erläuterung des Deutschen Rechts, begr. von Gruchot
GRUR	Gewerblicher Rechtsschutz u. Urheberrecht (Zeitschrift)
GRUR-RR	Gewerblicher Rechtsschutz und Urheberrecht – Rechtsprechungsreport (Zeitschrift)
GS	Gesetzsammlung
GVBl.	Gesetz- und Verordnungsblatt
GVG	Gerichtsverfassungsgesetz i. d. F. v. 9. 5. 1975
GVGA	Geschäftsanweisung f. Gerichtsvollzieher (aktuelle Fassung gültig ab 2003)
GVKostG	Gesetz über die Kosten des Gerichtsvollziehers v. 19. 4. 2001
GVO	Grundstücksverkehrsordnung v. 20. 12. 1993

Abkürzungsverzeichnis

Habscheid	Habscheid, Freiwillige Gerichtsbarkeit, 7. Aufl., 1983
Hachenburg (Bearbeiter)	Hachenburg/Ulmer, GmbH-Gesetz, 8. Aufl., 1992 ff.
Hailbronner/Renner	Hailbronner/Renner, Staatsangehörigkeitsrecht, Kommentar, 5. Aufl., 2010
Halbs.	Halbsatz
HandwO	Handwerksordnung v. 24. 9. 1998
HansOLG	Hanseatisches Oberlandesgericht
HansRGZ	Hanseatische Rechts- und Gerichtszeitung
Hartmann	Hartmann, Kostengesetze, 41. Aufl., 2011
HausratsVO (HausrVO)	Verordnung über die Behandlung der Ehewohnung und des Hausrats – Sechste Durchführungsverordnung zum Ehegesetz – v. 21. 10. 1944
Haußleiter (Bearbeiter)	Haußleiter, FamFG, Kommentar, 2011
Hay	Hay, Internationales Privat- und Zivilverfahrensrecht, 4. Aufl., 2010
Hb.	Halbband
HBÜ	Haager Übereinkommen über die Beweisaufnahme im Ausland in Zivil- und Handelssachen v. 18. 3. 1970
HB-VP (Bearbeiter)	Verfahrenspflegschaft für Kinder und Jugendliche. Ein Handbuch für die Praxis, 2002
Henrich	Henrich, Internationales Familienrecht, 2. Aufl., 2002
HessFEVG	Gesetz über die Entziehung der Freiheit geisteskranker, geistesschwacher, rauschgift- oder alkoholsüchtiger Personen v. 19. 5. 1952
Hess	Hessen
HessGVBl. Teil II	Sammlung des bereinigten hessischen Landesrechts
Hettrich (Bearbeiter)	Hettrich/Pöhlmann/Gräser/Röhrich, Genossenschaftsgesetz, Kommentar, 2. Aufl., 2001
Heymann (Bearbeiter)	Heymann, Handelsgesetzbuch, Kommentar, 2. Aufl., 1995 ff.
HGB	Handelsgesetzbuch v. 10. 5. 1897
HinterlO	Hinterlegungsordnung v. 10. 3. 1937
HK-BUR (Bearbeiter)	Heidelberger Kommentar zum Betreuungs- und Unterbringungsrecht (Loseblattausgabe)
HK-FamFG (Bearbeiter)	Friederici/Kemper, Familienverfahrensrecht, 2009
HKÜ	Haager Übereinkommen über die zivilrechtlichen Aspekte internationaler Kindesentführung v. 25. 10. 1980
HK-ZPO	Saenger, Zivilprozessordnung, Handkommentar, 4. Aufl., 2011
h. M.	herrschende Meinung
HmbPsychKG	Hamburger Gesetz über Hilfen und Schutzmaßnahmen bei psychischen Krankheiten v. 27. 9. 1995
HöfeO	Höfeordnung i. d. F. v. 26. 7. 1976
HöfeVfO	Verfahrensordnung für Höfesachen v. 29. 3. 1976
Holzhauer/Reinicke	Holzhauer/Reinicke, Betreuungsrecht, 1993
Horndasch/Viefhues (Bearbeiter)	Horndasch/Viefhues, FamFG, Kommentar zum Familienverfahrensrecht, 2. Aufl., 2010
HRegGebV	Verordnung über Gebühren in Handels-, Partnerschafts- und Genossenschaftsregistersachen
HRR	Höchstrichterliche Rechtsprechung (Sammlung)
HRV	Handelsregisterverfügung v. 12. 8. 1937
Hüffer	Hüffer, Aktiengesetz, Kommentar, 9. Aufl., 2010
Hügel (Bearbeiter)	Hügel, Grundbuchordnung, 2. Aufl., 2010
Huhn/v. Schuckmann	Huhn/v. Schuckmann, Beurkundungsgesetz und ergänzende Vorschriften, 5. Aufl., 2009

Abkürzungsverzeichnis

HypKrlosErklG	Gesetz über die Kraftloserklärung von Hypotheken-, Grundschuld- und Rentenschuldbriefen in besonderen Fällen
HZPrÜbK	Haager Übereinkommen über den Zivilprozess
HZÜ	Haager Übereinkommen über die Zustellung gerichtlicher und außergerichtlicher Schriftstücke im Ausland in Zivil- und Handelssachen v. 15. 11. 1965
HZÜ	Haager Übereinkommen über die Zustellung gerichtlicher und außergerichtlicher Schriftstücke im Ausland in Zivil- und Handelssachen
i. d. F.	in der Fassung
i. S.	im Sinne
idR	in der Regel
IfSG	Gesetz zur Verhütung und Bekämpfung von Infektionskrankheiten beim Menschen (Infektionsschutzgesetz) v. 20. 7. 2000
IHK	Industrie- und Handelskammer
InfAuslR	Informationsbrief Ausländerrecht (Zeitschrift)
InsO	Insolvenzordnung v. 5. 10. 1994
IntFamRVG	Internationales Familienrechtsverfahrensgesetz, Gesetz zur Aus- und Durchführung bestimmter Rechtsinstitute auf dem Gebiet des internationalen Familienrechts v. 26. 1. 2005
InvG	Investmentgesetz v. 15. 12. 2003
InVo	Insolvenz und Vollstreckung (Zeitschrift)
IPG	Gutachten zum internationalen und ausländischen Privatrecht, 1968 ff.
IPR	Internationales Privatrecht
IPRax	Praxis des internationalen Privat- und Verfahrensrechts (Zeitschrift)
IPRG	Gesetz zur Neuregelung des internationalen Privatrechts v. 25. 7. 1986
IPRspr.	Die deutsche Rechtsprechung auf dem Gebiet des internationalen Privatrechts, 1952 ff.
iVm. (i. V. m.)	in Verbindung mit
IZVR	internationales Zivilverfahrensrecht
JA	Jugendamt; auch Juristische Arbeitsblätter (Zeitschrift)
JAmt	Das Jugendamt (Zeitschrift)
Jansen	Jansen FGG, 3. Aufl., 2005 f.
Jarass/Pieroth	Jarass/Pieroth, Grundgesetz, Kommentar, 11. Aufl., 2011
Jayme/Hausmann	Jayme/Hausmann, Internationales Privat- und Verfahrensrecht, Textausgabe, 15. Aufl., 2010
JBeitrO	Justizbeitreibungsordnung v. 11. 3. 1937
JBl.	Justizblatt
JBlSaar	Justizblatt des Saarlandes
JFG	Jahrbuch für Entscheidungen in Angelegenheiten der freiwilligen Gerichtsbarkeit usw.
JG	Jugendgericht
JGG	Jugendgerichtsgesetz i. d. F. v. 11. 12. 1974
JM	Justizminister(ium)
JMBl.	Justizministerialblatt
Johannsen/Henrich (Bearbeiter)	Johannsen/Henrich, Familienrecht, 5. Aufl., 2010
JR	Juristische Rundschau
JuMiG	Justizmitteilungsgesetz v. 18. 6. 1997
Jura	Juristische Ausbildung (Zeitschrift seit 1979)

Abkürzungsverzeichnis

JurBüro	Das juristische Büro (Zeitschrift)
Jürgens	Jürgens, Betreuungsrecht, Kommentar, 4. Aufl., 2010
JuMiG	Justizmitteilungsgesetz und Gesetz zur Änderung kostenrechtlicher Vorschriften und anderer Gesetze (JuMiG) vom 18. 6. 1997
Jurgeleit (Bearbeiter)	Jurgeleit, Betreuungsrecht, Handkommentar, 2. Aufl., 2010
jurisPK (Bearbeiter)	juris Praxiskommentar
JuS	Juristische Schulung (Zeitschrift)
JVEG	Justizvergütungs- und -entschädigungsgesetz v. 5. 5. 2004
JVKostO	Justizverwaltungskostenordnung v. 14. 2. 1940
JW	Juristische Wochenschrift
JZ	Juristenzeitung (ab 1951)
Kalthoener/Büttner/Wrobel-Sachs	Kalthoener/Büttner/Wrobel-Sachs, Prozesskostenhilfe und Beratungshilfe, 5. Aufl., 2010
KapCoRiLiG	Kapitalgesellschaften- und Co-Richtlinie-Gesetz v. 24. 2. 2000
KastrG	Gesetz über die freiwillige Kastration und andere Behandlungsmethoden v. 15. 8. 1969
KEHE (Bearbeiter)	Kuntze/Ertl/Herrmann/Eickmann, Grundbuchrecht, Kommentar, 6. Aufl., 2006
Kersten/Bühling	Kersten/Bühling, Formularbuch und Praxis der Freiwilligen Gerichtsbarkeit, 23. Aufl., 2010
KG	Kammergericht, Kommanditgesellschaft
KGaA	Kommanditgesellschaft auf Aktien
KGJ	Jahrbuch für Entscheidungen des KG
KindPrax	Kindschaftsrechtliche Praxis (Zeitschrift)
KindRG	Kindschaftsrechtsreformgesetz v. 16. 12. 1997
KindUFV	Kindesunterhalt-Formularverordnung vom 19. 6. 1998
KindUG	Kindesunterhaltsgesetz v. 6. 4. 1998
Kipp/Coing	Kipp/Coing, Erbrecht, 14. Aufl., 1990
Kissel/Mayer	Kissel/Mayer, Gerichtsverfassungsgesetz, Kommentar, 6. Aufl., 2010
KJHG	Kinder- und Jugendhilfegesetz v. 26. 6. 1990
Knittel	Knittel, Betreuungsgesetz, Kommentar (Loseblatt)
Knöringer	Knöringer, Freiwillige Gerichtsbarkeit, 5. Aufl., 2010
Koller/Roth/Morck	Koller/Roth/Morck, Handelsgesetzbuch, 6. Aufl., 2007
Kollhosser/Bork/Jacoby	Kollhosser/Bork/Jacoby, Freiwillige Gerichtsbarkeit, Rechtsfälle in Frage und Antwort, 2. Aufl., 2002
Kölner Komm. (Bearbeiter)	Kölner Kommentar zum Aktiengesetz, herausgegeb. von W. Zöllner, 2. Aufl., 1986 ff.
KonsularG	Konsulargesetz v. 11. 9. 1974
Kopp/Ramsauer	Kopp/Ramsauer, Verwaltungsverfahrensgesetz, 11. Aufl., 2010
Kopp/Schenke	Kopp/Schenke, Verwaltungsgerichtsordnung, Kommentar, 17. Aufl., 2011
Korintenberg (Bearbeiter)	Korintenberg/Lappe/Bengel/Reimann, Kostenordnung, 18. Aufl., 2010
Koritz	Koritz, Das neue FamFG, 2009
KostÄndG	Gesetz zur Änderung und Ergänzung kostenrechtlicher Vorschriften v. 26. 7. 1957
KostO	Kostenordnung v. 26. 7. 1957
KostVfg.	Kostenverfügung v. 1. 3. 1976
Krafka	Krafka, Einführung in das Registerrecht, 2. Aufl., 2008
Krafka/Willer/Kühn	Krafka/Willer, Registerrecht, 8. Aufl., 2010

Abkürzungsverzeichnis

KRG	Kontrollratsgesetz
Kroiß/Seiler	Kroiß/Seiler, Das neue FamFG, 2. Aufl., 2009
Kropholler	Kropholler, Europäisches Zivilprozessrecht, 9. Aufl., 2011
Kropholler IPR	Kropholler, Internationales Privatrecht, 6. Aufl. 2006
KSÜ	Haager Übereinkommen über die Zuständigkeit, das anzuwendende Recht, die Anerkennung, Vollstreckung und Zusammenarbeit auf dem Gebiet der elterlichen Verantwortung und der Maßnahmen zum Schutz von Kindern v. 19. 10. 1996
KTS	Zeitschrift für Konkurs-, Treuhand- und Schiedsgerichtswesen
KV	Kostenverzeichnis
KVFamGKG	Kostenverzeichnis zu § 3 Abs. 2 FamGKG
KWG	Gesetz über das Kreditwesen i. d. F. v. 22. 1. 1996
LAG	Lastenausgleichsgesetz i. d. F. v. 2. 6. 1993, auch Landesarbeitsgericht
Lange/Kuchinke	Lange/Kuchinke, Erbrecht, 5. Aufl., 2001
Lange/Wulff/Lüdtke-Handjery	Lange/Wulf/Lüdtke-Handjery, Höfeordnung für die Länder Hamburg, Niedersachsen, Nordrhein-Westfalen u. Schleswig-Holstein, 10. Aufl., 2001
Lange/Wulff/Lüdtke-Handjery	Lange/Wulff/Lüdtke-Handjery, Landpachtrecht, Kommentar, 5. Aufl., 2006
LDG	Landbeschaffungsgesetz
Lechner/Zuck	Lechner/Zuck, Bundesverfassungsgerichtsgesetz, Kommentar, 6. Aufl., 2011
Leibholz/Rink/Hesselberger	Grundgesetz für die Bundesrepublik Deutschland, Kommentar an Hand der Rechtsprechung des Bundesverfassungsgerichts (Loseblattausgabe)
Lettau	Gegenstand und Statthaftigkeit der Beschwerde in Familiensachen und Angelegenheiten der freiwilligen Gerichtsbarkeit, 2010
Lfg.	Lieferung
LFGG	Landesgesetz über die freiwillige Gerichtsbarkeit (Bad.-Württ.) v. 12. 2. 1975
LG	Landgericht
Linke	Linke, Internationales Zivilprozessrecht, 5. Aufl., 2011
Lipp/Schumann/Veit	Lipp/Schumann/Veit, Reform des familiengerichtlichen Verfahrens, 2009
LJKG	Landesjustizkostengesetz (Bad.-Württ.) i. d. F. v. 25. 3. 1975
LöschG	Gesetz über die Auflösung und Löschung von Gesellschaften und Genossenschaften vom 8. 10. 1934
Löwe/Rosenberg	Löwe/Rosenberg, Strafprozessordnung, Großkommentar, 26. Aufl., 2006 ff.
LPachtVG	Gesetz über die Anzeige und Beanstandung von Landpachtverträgen – Landpachtverkehrsgesetz – v. 8. 11. 1985
LPartG	Gesetz zur Beendigung der Diskriminierung gleichgeschlechtlicher Gemeinschaften: Lebenspartnerschaften v. 16. 2. 2001
Ls.	Leitsatz
Lüderitz/Dethloff	Lüderitz/Dethloff, Familienrecht (Kurzlehrbuch), 29. Aufl., 2009
LuftFgzG	Gesetz über Rechte an Luftfahrzeugen
LugÜ	Lugano-Übereinkommen über die gerichtliche Zusammenarbeit etc. v. 16. 9. 1988

Abkürzungsverzeichnis

Lutter/Hommelhoff	Lutter/Hommelhoff, GmbH-Gesetz, Kommentar, 17. Aufl., 2009
LV	Landesverfügung oder Landesverordnung
LwAnpG	Gesetz über die strukturelle Anpassung der Landwirtschaft an die soziale und ökologische Marktwirtschaft in der Deutschen Demokratischen Republik v. 2. 7. 1991
LwG	Landwirtschaftsgericht
LwVG	Gesetz über das gerichtliche Verfahren in Landwirtschaftssachen v. 21. 7. 1953
MABl.	Ministerialamtsblatt der bayer. inneren Verwaltung
MarkenG	Markengesetz v. 25. 10. 1994
Marschner/Volckart/Lesting	Marschner/Volckart/Lesting, Freiheitsentziehung und Unterbringung, 5. Aufl., 2010
Maunz (Bearbeiter)	Maunz/Schmidt-Bleibtreu/Klein/Ulsamer, Bundesverfassungsgerichtsgesetz, Kommentar, Loseblattausgabe
Maunz/Dürig (Bearbeiter)	Maunz/Dürig, Grundgesetz, Loseblattkommentar
MDR	Monatsschrift für Deutsches Recht
MedR	Medizinrecht (Zeitschrift)
Meikel (Bearbeiter)	Meikel, Grundbuchrecht, 10. Aufl., 2008
Meilicke (Bearbeiter)	Meilicke/Graf von Westphalen/Hoffmann/Lenz/Wolff, Partnerschaftsgesellschaftsgesetz: PartGG, 2. Aufl., 2006
Melchior	Melchior, Rundbriefe zur Abschiebungshaft
Meyer-Ladewig	Meyer-Ladewig, EMRK, Kommentar zur Europäischen Menschenrechtskonvention, 2. Aufl. 2006
Michalski (Bearbeiter)	Michalski, GmbH, 2. Aufl. 2009 ff.
MinBl.	Ministerialblatt
MitbestERgG	Gesetz zur Ergänzung des Gesetzes über die Mitbestimmung der Arbeitnehmer in den Aufsichtsräten und Vorständen der Unternehmen des Bergbaus und der Eisen und Stahl erzeugenden Industrie v. 7. 8. 1956
MitbestG	Gesetz über die Mitbestimmung der Arbeitnehmer v. 4. 5. 1976
MitbestG 1951	Gesetz über die Mitbestimmung der Arbeitnehmer in den Aufsichtsräten und Vorständen der Unternehmen des Bergbaus und der Eisen und Stahl erzeugenden Industrie v. 21. 5. 1951
MittBayNot.	Mitteilungen des Bayerischen Notarvereins, der Notarkasse Bayern und der Landesnotarkammer Bayern, s. auch BayNotV
MittRhNotK	Mitteilungen der Rheinischen Notarkammer (Zeitschrift)
MiZi	Anordnung über Mitteilungen in Zivilsachen
Monse	Monse, Die gerichtliche Verhandlung über die Dispache, 1920
MRK	Konvention zum Schutz der Menschenrechte und Grundfreiheiten v. 4. 11. 1950
MRRG	Melderechtsrahmengesetz (MRRG) i. d. F. v. 24. 6. 1994
MSA	Übereinkommen über die Zuständigkeit und das anzuwendende Recht auf dem Gebiet des Schutzes Minderjähriger v. 5. 10. 1961
MünchKommBGB (Bearbeiter)	Münchener Kommentar zum Bürgerlichen Gesetzbuch, 5. Aufl., 2006 ff.
MünchKommHGB (Bearbeiter)	Münchener Kommentar zum Handelsgesetzbuch, 2. Aufl. 2008 ff.
MünchKommInsO (Bearbeiter)	Kirchhof/Lwowski/Stürner, Münchener Kommentar zur InsO, 2. Aufl., 2007 ff.

Abkürzungsverzeichnis

MünchKommZPO (Bearbeiter)	Münchener Kommentar zur ZPO, 3. Aufl., 2008 ff.
	Ergänzungsband zum FamFG, 2009
Musielak (Bearbeiter)	Musielak, Zivilprozessordnung, Kommentar, 8. Aufl. 2011
Musielak/Borth	Familiengerichtliches Verfahren, 1. und 2. Buch FamFG, 2. Aufl., 2011
mwN	mit weiteren Nachweisen
n. F.	Neue Fassung
NachlG	Nachlassgericht
Nagel/Gottwald	Nagel/Gottwald, Internationales Zivilprozessrecht, Kommentar, 6. Aufl., 2007
NamÄndG	Gesetz über Änderung von Familien- und Vornamen v. 5. 1. 1938
Nds.	Niedersachsen
NdsFGG	Niedersächsisches Gesetz über die freiwillige Gerichtsbarkeit v. 24. 2. 1971
NdsPsychKG	Niedersächsisches Gesetz über Hilfen für psychisch Kranke u. Schutzmaßnahmen v. 16. 6. 1997
NdsRpfl.	Niedersächsische Rechtspflege
NEhelG	Gesetz über die Rechtsstellung der nichtehelichen Kinder v. 19. 8. 1969
Nitzinger	Das Betreuungsrecht im internationalen Privatrecht, 1998
NJ	Neue Justiz (Zeitschrift)
NJOZ	Neue Juristische Online-Zeitschrift
NJW	Neue Juristische Wochenschrift
NJWE-FER	NJW-Entscheidungsdienst Familien- und Erbrecht
NJWE-MietR	NJW-Entscheidungsdienst Miet- und Wohnungsrecht
NJW-RR	NJW-Rechtsprechungs-Report Zivilrecht, ab 1986
NRW (auch NW)	Nordrhein-Westfalen
NRW Psych KG	Gesetz über Hilfen und Schutzmaßnahmen bei psychischen Krankheiten v. 17. 12. 1999
NStZ	Neue Zeitschrift für Strafrecht
NStZ-RR	NStZ – Rechtsprechungsreport
NVwZ	Neue Zeitschrift für Verwaltungsrecht
NVwZ-RR	NVwZ – Rechtsprechungsreport
NWB	Neue Wirtschafts-Briefe für Steuer- und Wirtschaftsrecht
NZA	Neue Zeitschrift für Arbeitsrecht
NZBau	Neue Zeitschrift für Baurecht und Vergaberecht
NZG	Neue Zeitschrift für Gesellschaftsrecht
NZI	Neue Zeitschrift für das Recht der Insolvenz und Sanierung
NZM	Neue Zeitschrift für Miet- und Wohnungsrecht
NZS	Neue Zeitschrift für Sozialrecht
Oberloskamp	Oberloskamp: Vormundschaft, Pflegschaft und Beistandschaft für Minderjährige, 3. Aufl., 2010
Oelkers	Internationales Betreuungsrecht, 1996
OGH	Oberster Gerichtshof für die Britische Zone, auch Sammlung der Entscheidungen in Zivilsachen
OHG	Offene Handelsgesellschaft
OLG	Oberlandesgericht
OLGE	Entscheidungssammlung der Oberlandesgerichte (hrsgg. von Mugdan, 1900–1928)
OLG-NL	OLG-Rechtsprechung Neue Länder (Zeitschrift)
OLGR	OLG-Report (Zeitschrift)

Abkürzungsverzeichnis

OLGVertrÄndG	Gesetz zur Änderung des Rechts der Vertretung durch Rechtsanwälte vor den Oberlandesgerichten (OLG Vertretungs-Änderungsgesetz – OLGVertrÄndG) vom 23. 7. 2002
OLGZ	Entscheidungen der Oberlandesgerichte in Zivilsachen (1965–1994; ab 1995: FGPrax)
Otto/Klüsener/Killmann	Otto/Klüsener/Killmann, Die FGG-Reform: Das neue Kostenrecht, 2008
OVG	Oberverwaltungsgericht
PachtKredG	Pachtkreditgesetz v. 5. 8. 1951
Palandt/Bearbeiter	Palandt, Kurzkommentar zum BGB, 70. Aufl., 2011
PartGG	Partnerschaftsgesellschaftsgesetz v. 25. 7. 1994
PatAO	Patentanwaltsordnung v. 7. 9. 1966
PatG	Patentgesetz i. d. F. v. 16. 12. 1980
Pawlowski/Schmid	Freiwillige Gerichtsbarkeit, Lehrbuch 1993
PfandBG	Pfandbriefgesetz v. 22. 5. 2005
Pikart/Henn	Pikart/Henn, Lehrbuch der Freiwilligen. Gerichtsbarkeit, 1963
Piller/Hermann	Piller/Hermann, Justizverwaltungsvorschriften, 1994 ff.
PKH	Prozesskostenhilfe
PKH-VO	Prozesskostenhilfevordruckverordnung v. 17. 10. 1994
Plank (Bearbeiter)	Planck, Kommentar zum BGB nebst Einführungsgesetz, 4. Aufl., 1913 ff.
Pöhlmann/Fandrich/Bloehs	Pöhlmann/Fandrich/Bloehs, Genossenschaftsgesetz, 3. Aufl., 2007
Prölss/Schmidt/Sasse	Prölss/Schmidt/Sasse, Versicherungsaufsichtsgesetz, Kommentar,
Prütting/Helms (Bearbeiter)	Prütting/Helms, FamFG, Kommentar, 2009
PStG	Personenstandsgesetz v. 19. 2. 2007
PStV	Verordnung zur Ausführung des Personenstandsgesetzes in der Fassung der Bekanntmachung v. 22. 11. 2008
PsychKG	Gesetz über Hilfen und Schutzmaßnahmen bei psychischen Krankheiten (Nordrh.-Westfalen) v. 17. 12. 1999
PublG	Gesetz über die Rechnungslegung von bestimmten Unternehmen und Konzernen v. 15. 8. 1969
Rabe	Rabe, Seehandelsrecht, Fünftes Buch des Handelsgesetzbuches mit Nebenvorschriften und Internationalen Übereinkommen, 4. Aufl., 2000
RabelsZ	Zeitschrift für ausländisches und internationales Privatrecht
RAK	Rechtsanwaltskammer
Rauscher	Rauscher, Familienrecht, 2. Aufl., 2008
RBerG	Gesetz zur Verhütung von Mißbräuchen auf dem Gebiet der Rechtsberatung v. 13. 12. 1935
RdA	Recht der Arbeit (Zeitschrift)
RdErl.	Runderlass
RDG	Gesetz über außergerichtliche Rechtsdienstleistungen v. 12. 12. 2007
RdJB (RdJ)	Recht der Jugend und des Bildungswesen (Zeitschrift)
RdL	Recht der Landwirtschaft (Zeitschrift)
Recht	Zeitschrift „Das Recht"
Redeker/von Oertzen	Redeker/von Oertzen, Verwaltungsgerichtsordnung, Kommentar, 15. Aufl., 2010

Abkürzungsverzeichnis

RefiRegV	Verordnung über die Form des Refinanzierungsregisters nach dem Kreditwesengesetz sowie die Art und Weise der Aufzeichnung v. 18. 12. 2006
REG	Rückerstattungsgesetz v. 19. 7. 1957
RegBl.	Regierungsblatt
RegG	Registergericht
RegVBG	Registerverfahrensbeschleunigungsgesetz v. 20. 12. 1993
Reichert	Reichert, Handbuch des Vereins- u. Verbandsrechts, 12. Aufl., 2009
REIT-G	Gesetz über deutsche Immobilien-Aktiengesellschaften mit börsennotierten Anteilen v. 28. 5. 2007
RelKEG (RKEG)	Gesetz über die religiöse Kindererziehung v. 15. 7. 1921
RG	Reichsgericht, auch Reichsgesetz
RGBl.	Reichsgesetzblatt, I = Teil I, II = Teil II
RGRK (Bearbeiter)	BGB, Kommentar, herausgegeben von Reichsgerichtsräten und Bundesrichtern, 12. Aufl., 1974 ff.
RGSt	Entscheidungen des Reichsgerichts in Strafsachen
RGZ	Entscheidungen des Reichsgerichts in Zivilsachen
RheinNotK	Niederschriften über die Notarkammersitzungen der Rheinischen Notarkammer, ab 1. 1. 1961 MittRhNotK
Rh-Pf.	Rheinland-Pfalz
Rh-PfUntG	Landesgesetz über die Unterbringung von Geisteskranken und Suchtkranken v. 19. 2. 1959
Richardi	Die Anerkennung und Vollstreckung ausländischer Akte der freiwilligen Gerichtsbarkeit unter besonderer Berücksichtigung des autonomen Rechts, Diss., 1991
Richter/Hammel	Richter/Hammel, Baden-Württembergisches Landesgesetz über die freiwillige Gerichtsbarkeit und andere Vorschriften des Landesrechts, 4. Aufl., 1996
Ring/Grziwotz/Westphal	Ring/Grziwotz/Westphal, Systematischer Praxiskommentar GmbH-Recht, 2009
RIW	Recht der Internationalen Wirtschaft (Zeitschrift), 1954–1957, dann AWD
RJA	Reichsjustizamt, Entscheidungssammlung in Angelegenheiten der Freiw. Gerichtsbarkeit
RJM	Reichsminister(ium) der Justiz
RMBl	Reichsministerialblatt
RMdI	Reichsminister des Innern
Rn	Randnummer
RNotZ	Rheinische Notar-Zeitschrift
Röchling (Bearbeiter)	Röchling, Handbuch Anwalt des Kindes, 2. Aufl., 2009
Rohs/Wedewer	Rohs/Wedewer, Kostenordnung, Loseblattsammlung
Rosenberg/Schwab/Gottwald	Rosenberg/Schwab/Gottwald, Zivilprozessrecht, 17. Aufl., 2010
Roth-Stielow	Roth-Stielow, Adoptionsgesetz, Adoptionsvermittlungsgesetz, 1983
RpflBl	Rechtspflegerblatt
Rpfleger	Der Deutsche Rechtspfleger (Zeitschrift)
RPflG	Rechtspflegergesetz v. 5. 11. 1969
RpflJb	Rechtspfleger-Jahrbuch (1936–1943/44; 1953 ff.)
Rspr.	Rechtsprechung
RuP	Recht und Psychiatrie (Zeitschrift)
RuStAG	Reichs- und Staatsangehörigkeitsgesetz v. 22. 7. 1913
RVG	Rechtsanwaltsvergütungsgesetz v. 5. 5. 2004

Abkürzungsverzeichnis

RVO	Reichsversicherungsordnung i. d. F v. 15. 12. 1924
RzW	Rechtsprechung zum Wiedergutmachungsrecht
s.	siehe
S. a.	Siehe auch
SachenRBerG	Sachenrechtsbereinigungsgesetz v. 21. 9. 1994
Sachs (Bearbeiter)	Sachs, Grundgesetz, Kommentar, 5. Aufl., 2009
Salgo (Bearbeiter)	Salgo/Zenz/Fegert/Bauer/Weber/Zitelmann, Verfahrensbeistandschaft, 2. Aufl., 2010
Sammelbl.	Sammelblatt für Rechtsvorschriften des Bundes und der Länder
SBW/(Bearbeiter)	Schulte-Bunert/Weinreich, FamFG Kommentar, 2. Aufl., 2009
ScheckG	Scheckgesetz v. 14. 8. 1933
Schiedermair/Wollenschläger	Schiedermair/Wollenschläger, Handbuch des Ausländerrechts, (Loseblattausgabe) 1980
Schippel (Bearbeiter)	Schippel, Bundesnotarordnung, Kommentar, 8. Aufl., 2008
Schlegelberger	Schlegelberger, Gesetz über die Angelegenheiten der Freiwilligen Gerichtsbarkeit, 7. Aufl., 1956
Schlegelberger HGB (Bearbeiter)	Schlegelberger, Handelsgesetzbuch, Kommentar von Gessler/Hefermehl/Hildebrandt/Schröder, 5. Aufl., 1973 ff.
SchlH	Schleswig-Holstein
SchlHPsychKG	Gesetz für psychisch Kranke v. 14. 1. 2000
SchlHA	Schleswig-Holsteinische Anzeigen
Schlüter	Schlüter, Erbrecht, Kurzlehrbuch, 16. Aufl., 2007
Schmidt-Bleibtreu/Klein	Schmidt-Bleibtreu/Klein, Kommentar zum Grundgesetz, 12. Aufl., 2011
Schmitt/Hörtnagl/Statz	Schmitt/Hörtnagl/Statz, Umwandlungsgesetz, Umwandlungssteuergesetz: UmwG, UmwStG, 5. Aufl., 2009,
Schneider/Wolf	Schneider/Wolf, AnwaltKommentar RVG, 5. Aufl., 2011
Scholz (Bearbeiter)	Scholz, GmbHG, 10. Aufl., 2006 ff.
Schöner/Stöber	Schöner/Stöber, Grundbuchrecht, 14. Aufl., 2008
Schönfelder	Schönfelder, Deutsche Gesetze (Loseblatt-Textsammlung)
SchRG	Gesetz über Rechte an eingetragenen Schiffen und Schiffsbauwerken v. 15. 11. 1940
SchRegO	Schiffsregisterordnung v. 4. 7. 1980
SchRegDVO	Verordnung zur Durchführung der Schiffsregisterverordnung v. 24. 11.
SchRegVfg	Schiffsregisterverfügung
Schulte-Bunert	Schulte-Bunert, Das neue FamFG, 2. Aufl., 2009
Schurig	Schurig, Internationales Privatrecht, 9. Aufl., 2004 mit Nachtrag 2004
SchVG	Schuldverschreibungsgesetz v. 31. 7. 2009
Schwab (Bearbeiter)	Schwab, Handbuch des Scheidungsrechts, 6. Aufl., 2010
SCE	Europäische Genossenschaft
SCE-AusführungsG	Gesetz zur Ausführung der EG-VO über das Statut der Europäischen Genossenschaft v. 14. 8. 2006
SE	Europäische Gesellschaft
SE-AusführungsG	Gesetz zur Ausführung der VO (EG) Nr. 3157/2001 des Rates v. 8. 10. 2001 über das Statut der Europäischen Gesellschaft (SE) v. 22. 12. 2004
Semler/Stengel (Bearbeiter)	Semler/Stengel, Umwandlungsgesetz: UmwG mit Spruchverfahrensgesetz, 2. Aufl., 2007
SeuffA	Seufferts Archiv für Entscheidungen oberster Gerichte

Abkürzungsverzeichnis

SeuffBl.	Seufferts Blätter für Rechtsanwendung
SGB	Sozialgesetzbuch (Teile I–XII)
SGG	Sozialgerichtsgesetz i. d. F. v. 23. 9. 1975
Siehr	Siehr, Internationales Privatrecht, 3. Aufl., 2001
SigG	Gesetz über Rahmenbedingungen für elektronische Signaturen (Signaturgesetz) v. 16. 5. 2001
SJZ	Südd. Juristenzeitung (ab 1. 1. 1951 Juristenzeitung)
Soergel (Bearbeiter)	Bürgerliches Gesetzbuch nebst Einführungsgesetz u. Nebengesetzen begründet von Soergel, neu herausgegeben von Siebert; 13. Aufl., 2000 ff.
SorgeRG	Gesetz zur Neuregelung des Rechts der elterlichen Sorge vom 18. 7. 1979
SorgeRÜbk	Europäisches Übereinkommen über die Anerkennung und Vollstreckung von Entscheidungen über das Sorgerecht für Kinder und die Wiederherstellung des Sorgeverhältnisses vom 20. 5. 1980
SorgeRÜbkAG	Sorgerechtsübereinkommens-Ausführungsgesetz v. 5. 4. 1990
SortenSchG	Sortenschutzgesetz v. 19. 12. 1997
SpruchG	Gesetz über das gesellschaftsrechtliche Spruchverfahren v. 12. 6. 2003
SpuRt	Zeitschrift für Sport und Recht
StAG	Gesetz zur Regelung von Fragen der Staatsangehörigkeit v. 22. 2. 1955
2. StAG	Zweites Gesetz zur Regelung von Fragen der Staatsangehörigkeit v. 17. 5. 1956
StAnz	Staatsanzeiger
Staub (Bearbeiter)	Staub, Großkommentar zum HGB, 5. Aufl., 2008 ff., herausgegeben von Canaris u. A.
Staudinger (Bearbeiter)	Staudinger, Komm. zum BGB,
StAZ	Das Standesamt (Zeitschrift)
Stein/Jonas (Bearbeiter)	Stein/Jonas, bearbeitet von Schlosser u. a., Kommentar zur Zivilprozessordnung, 22. Aufl., 2005 ff.
Stelkens/Bonk/Sachs	Stelkens/Bonk/Sachs, Verwaltungsverfahrensgesetz, 7. Aufl., 2008
StGB	Strafgesetzbuch i. d. F. v. 13. 11. 1998
Stöber	Stöber, Handbuch zum Vereinsrecht, 10. Aufl., 2011
Stöber	Stöber, Zwangsversteigerungsgesetz, 18. Aufl., 2009
StPO	Strafprozessordnung i. d. F. v. 7. 4. 1987
StV	Strafverteidiger (Zeitschrift)
Szagunn/Haug (Bearbeiter)	Szagunn/Haug, KWG, 6. Aufl., 1997
TestG	Gesetz über die Errichtung von Testamenten und Erbverträgen v. 31. 7. 1938
Thomas/Putzo	Thomas/Putzo, ZPO mit Nebengesetzen, erläutert von Reichold, Hüßtege und Seiler, 32. Aufl., 2011
ThUG	Gesetz zur Therapierung und Unterbringung psychisch gestörter Gewalttäter (Therapieunterbringungsgesetz) v. 22. 12. 2010
TranspR	Transportrecht (Zeitschrift)
TSG	Transsexuellengesetz v. 10. 9. 1980
TV	Testamentsvollstrecker
u. U.	unter Umständen
UÄndG (UnterhaltsÄndG)	Gesetz zur Änderung des Unterhaltsrechts v. 21. 12. 2007
UBGG	Gesetz über Unternehmensbeteiligungsgesellschaften v. 9. 9. 1998

Abkürzungsverzeichnis

UdG	Urkundsbeamter der Geschäftsstelle
ÜG	Übernahmegesetz
UmwG	Umwandlungsgesetz v. 28. 10. 1994
UnterbrG	Unterbringungsgesetz v. 5. 4. 1992 (Bayern)
UrhG	Gesetz über Urheberrechte und verwandte Schutzrechte (Urheberrechtsgesetz) v. 9. 9. 1965
URV	Unternehmensregisterverordnung v. 26. 2. 2007
UVG	Unterhaltsvorschussgesetz v. 17. 7. 2007
UZwG	Gesetz über den unmittelbaren Zwang bei Ausübung öffentlicher Gewalt durch Vollzugsbeamte des Bundes v. 10. 3. 1961
VAG	Gesetze über die Beaufsichtigung der Versicherungsunternehmen i. d. F. v. 17. 12. 1992
VAHRG	Gesetz zur Regelung von Härten im Versorgungsausgleich vom 21. 2. 1983
VAÜG	Versorgungsausgleichs-Überleitungsgesetz v. 25. 7. 1991
VAwMG	Gesetz über weitere Maßnahmen auf dem Gebiet des Versorgungsausgleichs v. 8. 12. 1986
VBVG	Gesetz über die Vergütung von Vormündern und Betreuern v. 21. 4. 2005
VereinsG	Gesetz zur Regelung des öffentlichen Vereinsrechts v. 5. 8. 1964
VermG	Gesetz zur Regelung offener Vermögensfragen v. 9. 2. 2005
Verf.	Verfahren
VerfG	Verfassungsgerichtshof
VerschÄndG	Gesetz zur Änderung von Vorschriften des Verschollenheitsgesetzes v. 15. 1. 1951
VerschG	Verschollenheitsgesetz i. d. F. v. 15. 1. 1951
VersR	Versicherungsrecht (Zeitschrift)
VerwArch	Verwaltungsarchiv
Vfg.	Verfügung
VG	Vormundschaftsgericht
VGH	Verwaltungsgerichtshof
VGHG	Gesetz über den Verfassungsgerichtshof des Landes NRW v. 14. 12. 1989
vgl.	vergleiche
VHG	VertragshilfeG v. 26. 3. 1952
VO	Verordnung
von Hoffmann/Thorn	von Hoffmann/Thorn, Internationales Privatrecht, 9. Aufl., 2007
von Mangoldt/Klein	von Mangoldt/Klein, Das Bonner Grundgesetz, Kommentar, 6. Aufl., 2010
von Münch	von Münch/Kunig, Grundgesetz-Kommentar 5. Aufl., 2000 ff.
von Waldstein/Holland	von Waldstein/Holland, Binnenschifffahrtsrecht, 5. Aufl., 2007
Vorb.	Vorbemerkung/en
VRS	Verkehrsrechts-Sammlung
VRV	Vereinsregisterverordnung v. 10. 2. 1999
VV	Vergütungsverzeichnis
VVaG	Versicherungsverein auf Gegenseitigkeit
VVG	Gesetz über den Versicherungsvertrag v. 23. 11. 2007
VwGO	Verwaltungsgerichtsordnung v. 19. 3. 1991
VwVfG	Verwaltungsverfahrensgesetz v. 25. 5. 1976
Wagenitz/Bornhofen	Wagenitz/Bornhofen, Handbuch des Eheschließungsrechts, 1998
Waldner	Waldner, Der eingetragene Verein, 19. Aufl., 2010

Abkürzungsverzeichnis

Warn	Warneyer, Die Rechtsprechung des Bundesgerichtshofes in Zivilsachen, 1962 ff.
WE	Wohnungseigentum, Zeitschrift
WEG	Gesetz über Wohnungseigentum und Dauerwohnrecht v. 15. 3. 1951
Weingärtner	Weingärtner, Notarrecht, 9. Aufl., 2009
Wendl (Bearbeiter)	Wendl/Staudigl, Das Unterhaltsrecht in der familienrichterlichen Praxis, 7. Aufl., 2008 (die 8. Aufl. 2011 konnte nicht mehr berücksichtigt werden)
Wever	Wever, Vermögensauseinadersetzung der Ehegatten außerhalb des Güterrechts, 5. Aufl., 2009
WG	Wiedergutmachung
Wieczorek/Schütze (Bearbeiter)	Wieczorek/Schütze, ZPO und Nebengesetze, Komm. 3. Aufl., 1994 ff.
Wiesner	Wiesner, Sozialgesetzbuch VIII, Kinder- und Jugendhilfe, 3. Aufl., 2006
Winkler	Winkler, Beurkundungsgesetz, Kommentar, 16. Aufl., 2008
Winkler TV	Winkler, Testamentsvollstrecker, 20. Aufl., 2010
wistra	Zeitschrift für Wirtschafts- und Steuerstrafrecht
WM	Wertpapier-Mitteilungen, Wirtschafts-, Wertpapier- und Bankrecht
Wöhrmann	Wöhrmann, Grundstücksverkehrsgesetz mit Kommentar, 1963
Wöhrmann/Stöcker	Wöhrmann/Stöcker, Das Landwirtschaftserbrecht mit ausführlicher Erläuterung der Höfeordnung, 7. Aufl., 2004
WpflG	Wehrpflichtgesetz i. d. F. v. 6. 5. 1983
WPO	Wirtschaftsprüfungsordnung v. 5. 11. 1975
WpÜG	Wertpapiererwerbs- und Übernahmegesetz v. 20. 12. 2001
WRP	Wettbewerb in Recht und Praxis (Zeitschrift)
WÜD	Wiener Übereinkommen über die diplomatischen Beziehungen v. 18. 4. 1961
WÜK	Wiener Übereinkommen über die konsularischen Beziehungen v. 24. 4. 1963
WuM	Wohnungswirtschaft und Mietrecht, Zeitschrift
Württ.	Württemberg
WürttJ	Jahrbücher der württembergischen Rechtspflege
WürttNotV	Zeitschrift des Württ. Notarvereins (jetzt BWNotZ)
WürttRpflZ	Württ. Zeitschrift für Rechtspflege und Verwaltung
WürttZ	Zeitschrift für die Freiw. Gerichtsbarkeit in Württemberg
ZBlFG	Zentralblatt für die Freiw. Gerichtsbarkeit
ZBlJR	Zentralblatt für Jugendrecht
ZErb	Zeitschrift für Steuer- und Erbrechtspraxis
ZEV	Zeitschrift für Erbrecht und Vermögensnachfolge
ZFdG	Gesetz über das Zollkriminalamt und die Zollfahndungsämter v. 16. 8. 2002
ZFE	Zeitschrift für Familien- und Erbrecht
ZfG	Zeitschrift für das gesamte Genossenschaftswesen (Band u. Seite)
ZfIR	Zeitschrift für Immobilienrecht
ZfJ	Zentralblatt für Jugendrecht und Jugendwohlfahrt
ZfRV	Zeitschrift für Rechtsvergleichung
ZfSH	Zeitschrift für Sozialhilfe
ZGB (DDR)	Zivilgesetzbuch der Deutschen Demokratischen Republik vom 19. 6. 1975
ZGR	Zeitschrift für Unternehmens- und Gesellschaftsrecht

Abkürzungsverzeichnis

ZHR	Zeitschrift für das gesamte Handelsrecht und Wirtschaftsrecht
Zimmermann	Zimmermann, Das neue FamFG, 2009
Zimmermann Erbschein	Erbschein und Erbscheinsverfahren, 2. Aufl., 2007
Zimmermann Nachlasspflegschaft	Nachlasspflegschaft, 2. Aufl., 2009
Zimmermann Prozesskostenhilfe	Zimmermann, Prozesskostenhilfe, 3. Aufl., 2007
Zimmermann ZPO	Zimmermann, ZPO, 9. Aufl., 2011
ZInsO	Zeitschrift für das gesamte Insolvenzrecht
ZIP	Zeitschrift für Wirtschaftsrecht
ZKJ	Zeitschrift für Kindschaftsrecht und Jugendhilfe
ZMR	Zeitschrift für Miet- und Raumrecht
ZNotP	Zeitschrift für die Notarpraxis
Zöller (Bearbeiter)	Zivilprozessordnung mit GVG und Nebengesetzen, 28. Aufl., 2010
ZPO	Zivilprozessordnung i. d. F. v. 12. 9. 1950
ZPO-RG	Gesetz zur Reform des Zivilprozesses (Zivilprozessreformgesetz) v. 27. 7. 2001
ZRHO	Rechtshilfeordnung für Zivilsachen v. 19. 10. 1956
ZRP	Zeitschrift für Rechtspolitik
ZS	Zivilsenat
ZustDG	EG-Zustellungsdurchführungsgesetz v. 9. 7. 2001
ZustErgG	ZuständigkeitsergänzungsG v. 7. 8. 1952
ZustRG	Gesetz zur Reform des Verfahrens bei Zustellungen im gerichtlichen Verfahren (Zustellungsreformgesetz) v. 25. 6. 2001
ZVG	Gesetz über die Zwangsversteigerung und Zwangsverwaltung i. d. F. v. 20. 5. 1898
ZWE	Zeitschrift für Wohnungseigentum
ZZP	Zeitschrift für deutschen Zivilprozess

Gesetz über das Verfahren in Familiensachen und in den Angelegenheiten der freiwilligen Gerichtsbarkeit (FamFG)

Vom 17. Dezember 2008
(BGBl. I S. 2586)

Zuletzt geändert durch Art. 3 zur Modernisierung des Benachrichtigungswesens in Nachlasssachen durch Schaffung des Zentralen Testamentsregisters bei der Bundesnotarkammer und zur Fristverlängerung nach der HofraumVO vom 22. 12. 2010
(BGBl. I S. 2255)

Lfd. Nr.	Änderndes Gesetz	Datum	Fundstelle	Betroffen	Hinweis
1.	Art. 7 G zur Umsetzung der Beteiligungs-RL	12. 3. 2009	BGBl. I S. 470	§ 375	
2.	Art. 2 G zur Strukturreform des Versorgungsausgleichs	3. 4. 2009	BGBl. I S. 700	Inhaltsübersicht, §§ 114, 137, 142, 219, 220, 221, 222, 223, 224, 225, 226, 227, 228, 229, 230	
3.	Art. 3 G zur Änd. des Zugewinnausgleichs- und Vormundschaftsrechts	6. 7. 2009	BGBl. I S. 1696	Inhaltsübersicht, §§ 57, 96, 109, 111, 133, 137, Buch 2 Abschn. 6 Überschr., §§ 200, 202, 203, 204, 205, 206, 209, 269	
4.	Art. 4 Abs. 8 des Gesetzes zur Reform der Sachaufklärung in der Zwangsvollstreckung	29. 7. 2009	BGBl. I S. 2258	§ 35 Abs. 3, § 89 Abs. 3, § 91 Abs. 2, § 94	Diese Änderungen treten erst zum 1. 1. 2013 in Kraft.
5.	Art. 2 des Dritten Gesetzes zur Änderung des Betreuungsrechts	29. 7. 2009	BGBl. I S. 2286	Inhaltsübersicht, § 287 neuer Abs. 3, § 298 (Neufassung)	
6.	Art. 8 G zur Modernisierung von Verfahren im anwaltlichen und notariellen Berufsrecht zur Errichtung einer Schlichtungsstelle der Rechtsanwaltschaft sowie zur Änderung der VwGO, der FGO und sonstiger kostenrechtlicher Vorschriften	30. 7. 2009	BGBl. I S. 2449	Inhaltsübersicht; § 9 Abs. 3, § 10 Abs. 2 und 4, § 46, § 55 Abs. 1, § 64 Abs. 2, § 66, § 67 Abs. 4, § 70 Abs. 3, § 73, § 99 Abs. 1, § 104 Abs. 1, § 112, § 113 Abs. 1, § 144 Abs. 3, § 117 Abs. 1, 2 und 5, § 125 Abs. 2, § 149, § 158 Abs. 7, § 187, § 233, § 242, § 253 Abs. 2, § 255	

Lfd. Nr.	Änderndes Gesetz	Datum	Fund-stelle	Betroffen	Hinweis
7.	Art. 2 des Gesetzes zur Neuregelung der Rechtsverhältnisse bei Schuldverschreibungen aus Gesamtimmissionen und zur verbesserten Durchsetzbarkeit von Ansprüchen von Anlegern aus Falschberatung	31. 7. 2009	BGBl. I S. 2512	Abs. 1, § 269 Abs. 2, § 270 Abs. 1, § 375, § 378, § 402 § 375 (neue Nr. 16), § 376 Abs. 1 und 2	geänd. mWv. 5. 8. 2009
8.	Art. 8 G zur Umsetzung der geänd. BankenRL und der geänd. Kapitaladäquanz RL	19. 11. 2010	BGB. I S. 1592	§ 375	geänd. mWv 25. 11. 2010
9.	Art. 11 RestrukturierungsG	9. 12. 2010	BGBl. I S. 1900	§ 375	geänd. mWv 1. 1. 2011
10.	Art. 3 G zur Modernisierung des Benachrichtigungswesens in Nachlasssachen durch Schaffung des Zentralen Testamentsregisters bei der Bundesnotarkammer und zur Fristverlängerung nach der HofraumVO	22. 12. 2010	BGBl. I S. 2255	§ 347	geänd. mWv 1. 1. 2012

Einleitung

Übersicht

	Rn
I. Überblick über die Entstehung des FamFG	1
1. Entstehungsgeschichte des FGG	1
2. Weitere Bemühungen um Rechtsvereinheitlichung	4
3. Erweiterung des Anwendungsbereichs der FGG	6
a) Privatrechtlicher Bereich	6
b) Öffentlich-rechtlicher Bereich	8
4. Gesamtreform des Rechts der freiwilligen Gerichtsbarkeit	9
5. Der Weg zum FamFG	11
II. Inhalt und Aufbau des FamFG	16
1. Übersicht	16
2. Allgemeiner Teil (§§ 1–110)	18
3. Verfahren in Familiensachen (§§ 111–270)	20
4. Weitere Verfahrensgegenstände (§§ 271 ff.)	22
III. Ziele des FamFG	26
1. Grundsatz	26
2. Zusammenfassung der verfahrensrechtlichen Regelungen	28
3. Einheitliche Gesetzessprache	29
4. Beteiligtenbegriff	30
5. Bekanntgabe; Aufklärung des Sachverhalts; Beschleunigung des Verfahrens	31
6. Vergleich	32
7. Einheitliche Entscheidungsform; Rechtsbehelfsbelehrung	33
8. Einstweiliger Rechtsschutz	34
9. Änderung des Rechtsmittelsystems	35
10. Schaffung des „Großen Familiengerichts"	37
11. Schaffung des Betreuungsgerichts	38
IV. Weitere Vorschriften betreffend Angelegenheiten der freiwilligen Gerichtsbarkeit	39
1. Bundesnotarordnung	39
2. Beurkundungsgesetz	45
3. Dienstordnung für Notarinnen und Notare	50
4. Grundbuchordnung	53
5. Personenstandsgesetz	55
6. Landwirtschaftsverfahrensgesetz	57
7. Kostenordnung	58
V. Verhältnis des FamFG zum Bundes- und Landesrecht	63
VI. Organe in Verfahren nach dem FamFG	65
1. Gerichte	65
2. Gerichtspersonen	67
3. Überblick über das Rechtspflegerrecht	75
a) Stellung des Rechtspflegers	75
b) Aufgaben des Rechtspflegers	77
c) Erledigung von Aufgaben	83
d) Vorlage an den Richter	84
e) Zuständigkeitsüberschreitung	89
f) Anfechtung von Entscheidungen	93
4. Urkundsbeamte der Geschäftsstelle	97
5. Notar	102
6. Konsularbeamte	103
7. Jugendämter	106
8. Betreuungsbehörden	107
9. Standesämer	108
10. Bürgermeister	109
11. Post	110
12. Landesrechtliche Zuständigkeiten	111
a) Staatliche Notariate in Baden-Württemberg	111
b) Gemeindebehörden	112
c) Vermessungsbehörden	113
VII. Schrifttum	114

I. Überblick über die Entstehung des FamFG[1]

1. Entstehungsgeschichte des FGG

1 Das Verfahren in Angelegenheiten der freiwilligen Gerichtsbarkeit (siehe dazu § 1 Rn 10) regelten vor dem 1. 1. 1900 im Wesentlichen Landesgesetze. Die einheitliche Gestaltung des bürgerlichen Rechts durch Schaffung eines Bürgerlichen Gesetzbuchs ließ es jedoch als wünschenswert erscheinen, auch das Verfahren in den Angelegenheiten der freiwilligen Gerichtsbarkeit einheitlich zu regeln. Dasselbe Bedürfnis bestand als Folge der Revision des Handelsgesetzbuchs auf dem Gebiet des Handelsrechts. Zunächst sollte eine Regelung nur insoweit erfolgen, als sie zur einheitlichen Durchführung der Vorschriften der beiden erwähnten Gesetze erforderlich war.[2] Es empfahl sich aber bald, bei dieser Gelegenheit auch das Verfahren für diejenigen Angelegenheiten der freiwilligen Gerichtsbarkeit zu ordnen, welche durch andere Reichsgesetze den Gerichten übertragen und bis dahin nach den vielfach voneinander abweichenden landesgesetzlichen Vorschriften zu erledigen waren.

2 Ein vom Reichsjustizamt erarbeiteter Entwurf, der außer den familienrechtlichen Angelegenheiten und den Vormundschaftssachen noch weitere Angelegenheiten und das Verfahren bei Errichtung von gerichtlichen und notariellen Urkunden behandelte und in einem einleitenden Abschnitt allgemeine, für alle durch Reichsgesetz den Gerichten übertragene Angelegenheiten geltende Vorschriften enthielt, wurde 1897 dem Reichstag vorgelegt und anschließend einer Kommission von 21 Mitgliedern überwiesen, die jedoch an dessen Grundzügen keine wesentlichen Veränderungen mehr vornahm.

3 Mit den in der Kommission vorgeschlagenen kleineren Änderungen wurde dieser Entwurf als Gesetz vom Reichstag angenommen und am 17. 5. 1898 im Reichsgesetzblatt veröffentlicht.[3] Gleichzeitig hatte eine Reihe anderer, in dem Gesetz angeführter Reichsgesetze eine neue Paraphierung erhalten. Um die Verweisung mit der neuen Paraphierung in Einklang zu bringen, wurde das Gesetz durch Bekanntmachung vom 20. 5. 1898[4] mit den entsprechenden Änderungen erneut veröffentlicht.[5] Das Gesetz trat gleichzeitig mit dem BGB, der ZPO und der GBO zum 1. 1. 1900 in Kraft und wurde im Laufe der Zeit vielfach geändert.[6] Das FGG galt nach Maßgabe des Einigungsvertrages ab dem 3. 10. 1990 auch in den neuen Bundesländern.[7] Das Gesetz sah im Allgemeinen Teil nur 34 Paragraphen vor, so dass viele Verfahrensfragen – insbesondere auch die Verfahrensgrundrechte – nicht geregelt waren.

2. Weitere Bemühungen um Rechtsvereinheitlichung

4 Gleichzeitig mit der Verabschiedung des FGG forderte der Reichstag eine **Vereinheitlichung des Kostenwesens** in Angelegenheiten der freiwilligen Gerichtsbarkeit und des Notariatswesens. Dieser Forderung entsprach der Gesetzgeber aber erst viel später. Erst im Jahre 1935 kam es durch die Verordnung über die Kosten in Angelegenheiten der freiwilligen Gerichtsbarkeit und der Zwangsvollstreckung in das unbewegliche Vermögen (Kostenordnung),[8] die vom Reichsjustizminister als gesetzesvertretende Verordnung mit Wirkung vom 1. 4. 1936 erlassen wurde, zu einer entsprechenden Regelung der Gerichtskosten, die sich jedoch im Wesentlichen auf die im FGG selbst geregelten Angelegenheiten bezog, und zur Regelung der Kosten der Notare. Die Kosten der Rechtsanwälte in Angelegenheiten der freiwilligen Gerichtsbarkeit wurden erstmals durch die Bundesgebühren-

---

[1] Zur Geschichte der freiwilligen Gerichtsbarkeit und der Entstehung des FGG s. auch Bärmann § 1; Habscheid § 3; Pikart/Henn S. 9; Schmidt 15. A. Einl. FGG Rn 1.
[2] Einleitung der Denkschrift zum Entwurf des BGB, Verh. des Reichstages 1895/97 Anl. Bd. 1 S. 605, und zum Entwurf des HGB, Verh. des Reichstages 1985/97 Anl. Bd. 6 S. 3142.
[3] RGBl. S. 189.
[4] RGBl. S. 369, 771.
[5] Zum Inhalt und Aufbau des FGG s. Schmidt 15. A. Einl FGG Rn 13.
[6] Ein Überblick über die Änderungen wichtiger Vorschriften des FGG liefert Schmidt 15. A. Einl FGG Rn 8–11.
[7] Zur Entwicklung der freiwilligen Gerichtsbarkeit in der früheren DDR s. Schmidt 15. A. Einl FGG Rn 12.
[8] V. 25. 11. 1935 (RGBl. I S. 1371).

ordnung für Rechtsanwälte (BRAGO) vom 16. 7. 1957[9] einheitlich geregelt (vgl. §§ 63, 64, 112, 118 BRAGO). Zudem wurden im Jahr 1935 die **Grundbuchordnung** neu gefasst[10] und 1940 die **Schiffsregisterordnung** erlassen.

Zeitgleich erfolgte die **Vereinheitlichung des Notariatswesens** durch die Reichsnotarordnung (RNotO) vom 13. 2. 1937,[11] die ebenfalls im Verordnungswege erlassen wurde und die Einführung des freiberuflichen Nur-Notariats in ganz Deutschland vorsah, wozu es flächendeckend dann allerdings infolge des Ausbruchs des 2. Weltkriegs nicht mehr kam.[12] Die RNotO übernahm Vorschriften und Einrichtungen der verschiedenen Landesnotarordnungen und berücksichtigte auch Reformvorschläge, die auf den Notartagen gemacht worden waren.[13] Die RNotO löste die äußerst vielgestaltigen Notariatsverfassungen ab, die sich in den ehemaligen Ländern des Deutschen Reiches entwickelt und rund 15 verschiedene Typen umfasst hatten.

3. Erweiterung des Anwendungsbereiches des FGG

a) Privatrechtlicher Bereich. Über den klassischen Bereich – Vormundschafts-, Nachlass-, Registersachen sowie Urkundswesen – hinaus wurde der Anwendungsbereich des Verfahrensrechts der freiwilligen Gerichtsbarkeit im Laufe der Jahre ständig erweitert. Insbesondere in Sachen, in denen der Richter rechtsgestaltend tätig werden musste, sowie in Fällen, in denen staatliche Daseinsvorsorge wegen ihrer besonderen Bedeutung dem Richter anvertraut wurde,[14] eignete sich die Elastizität des FGG-Verfahrens und die freiere Stellung des Richters besser als die förmlichen Verfahrensregelungen nach der ZPO. So waren es beispielsweise sowohl nach dem 1. Weltkrieg als auch nach dem 2. Weltkrieg Fragen der Währungsumstellung, der Entschuldung und Vertragshilfe, die im Verfahren der freiwilligen Gerichtsbarkeit entschieden werden sollten.[15]

Während viele dieser Gesetze formell[16] oder praktisch aufgehoben worden sind, sind andere Zuständigkeiten der freiwilligen Gerichtsbarkeit zunächst aufrechterhalten (z. B. nach § 13 Abs. 1 HausratsVO)[17] oder neu begründet worden (beispielsweise in Wohnungseigentumssachen nach § 43 Abs. 1 WEG a. F.;[18] in Verfahren, die den Versorgungsausgleich[19] und den Zugewinnausgleich[20] betreffen; in Verfahren betreffend die Wohnung und den Haushalt sowie die Stundung nach §§ 1382, 1383 BGB in Lebenspartnerschaftssachen). Das FGG wurde zuletzt auf zahlreiche Tätigkeiten, die unterschiedlichen Charakter besitzen und die in den verschiedensten Bereichen des Rechts ihren Ursprung haben, angewendet.[21]

b) Öffentlich-rechtlicher Bereich. Zudem wurde der Anwendungsbereich der Vorschriften des FGG auch auf öffentlich-rechtliche Streitsachen ausgedehnt. Zunächst waren es insbesondere die Landwirtschaftsgerichte, die im Rahmen des Verkehrs mit landwirtschaftlichen Grundstücken in entsprechender Anwendung des FGG über die Rechtmäßigkeit von Verwaltungsentscheidungen der Landwirtschaftsbehörden zu entscheiden hatten.[22] Daneben wurde die Verfahrensordnung der freiwilligen Gerichtsbarkeit auch auf andere

---

[9] BGBl. I S. 861/907.
[10] RGBl. I S. 1065.
[11] RGBl. I S. 191.
[12] Arndt/Lerch/Sandkühler Einl. Rn 12.
[13] Arndt/Lerch/Sandkühler Einl. Rn 10.
[14] Bärmann § 1 IV 3.
[15] Bärmann § 1 IV 3; Habscheid § 3 II 4.
[16] Art. 8 REinhG v. 12. 9. 1950 (BGBl. I S. 455).
[17] Die HausratsVO ist nunmehr aufgehoben durch Art. 2 des Gesetzes zur Änderung des Zugewinnausgleichs- und Vormundschaftsrechts vom 6. 7. 2009 (BGBl. I S. 1696, 1698).
[18] Die Verfahren nach dem WEG sind durch Gesetz zur Änderung des Wohnungseigentumsgesetzes und anderer Gesetze v. 26. 3. 2007 (BGBl. I S. 370) mit Wirkung vom 1. 7. 2007 der Zivilgerichtsbarkeit zugewiesen worden.
[19] Nunmehr geregelt durch das Gesetz zur Strukturreform des Versorgungsausgleichs v. 3. 4. 2009 (BGBl. I S. 700).
[20] Nunmehr geregelt durch das Gesetz zur Änderung des Zugewinnausgleichs- und Vormundschaftsrechts.
[21] Siehe dazu die Übersichten bei Amelung 13. A. § 1 FGG Rn 38–110 b; Schmidt 15. A. § 1 FGG Rn 52–111.
[22] Bärmann § 1 IV 4.

öffentlichen Streitsachen für anwendbar erklärt, z. B. in Verfahren über Anträge auf gerichtliche Entscheidung in Zulassungssachen der Rechtsanwälte vor dem Anwaltsgerichtshof oder dem Anwaltssenat des BGH nach den §§ 40 Abs. 4, 42 Abs. 6 BRAO;[23] in Verfahren zur Anfechtung von Verwaltungsakten nach der BNotO gem. § 111 Abs. 4 BNotO;[24] in Verfahren zur Anfechtung von Justizverwaltungsakten nach § 23 EGGVG, soweit darüber nach § 25 Abs. 1 EGGVG ein Zivilsenat des OLG entscheidet (§ 29 Abs. 2 EGGVG).

4. Gesamtreform des Rechts der freiwilligen Gerichtsbarkeit

9   Das FGG war von vornherein als Rahmengesetz ohne kodifizierenden Charakter konzipiert und enthielt anders als die ZPO weder eine umfassende Verfahrensordnung noch detaillierte Regelungen einzelner Angelegenheiten der freiwilligen Gerichtsbarkeit. Weiterhin war das Gesetz an einer hoheitlichen Verwaltungstätigkeit ausgerichtet und von einem obrigkeitsstaatlichen Geist geprägt. Zudem hatte der Gesetzgeber durch die Schaffung zahlreicher Einzelgesetze zu einer Rechtszersplitterung beigetragen. Daher wurde bereits in den 50er und 60er Jahren des letzten Jahrhunderts über eine Reform des Gesetzes nachgedacht. Erste Änderungsvorschläge finden sich in dem „Weißbuch", das im Jahre 1961 die Kommission zur Vorbereitung einer Reform der Zivilgerichtsbarkeit vorgelegte. Im Jahre 1964 erfolgte dann im Rahmen der Vorbereitungen für eine Gesamtreform der Zivilgerichtsbarkeit auch die Einsetzung einer Kommission zur Ausarbeitung von Gesetzesvorschlägen, die auf der Grundlage der Empfehlungen in dem Weißbuch ein Gesamtsystem mit festen Verfahrensgrundsätzen erarbeiten sollte.

10 Die Kommission legte 1977 einen „Entwurf für eine Verfahrensordnung für die freiwillige Gerichtsbarkeit (FrGO)" vor,[25] der vom BMJ veröffentlicht wurde.[26] Dieser sah eine umfassende Novellierung vor. Das als Rahmengesetz konzipierte FGG sollte in eine geschlossene Verfahrensordnung überführt werden. Schon im Rahmen der damaligen Diskussionen wurde der Vorschlag gemacht, das unübersichtliche Nebeneinander der Bestimmungen der ZPO und des FGG in den familiengerichtlichen Verfahren durch eine Integration dieses Verfahrens in die Verfahrensordnung für die freiwillige Gerichtsbarkeit zu beseitigen. Dies fand indes innerhalb der Kommission keine Mehrheit. Aber auch der vorgelegte Entwurf, zu dem die Landesjustizverwaltungen 1979 Stellung genommen haben, wurde nicht in das Gesetzgebungsverfahren eingebracht. In der Folgezeit wurde dann Überlegungen hinsichtlich einer Überarbeitung des FGG angestellt, die schließlich zur Schaffung des Betreuungsgesetzes[27] und zur Modifizierung von Vorschriften des FGG führten, ohne indes das Verfahren der freiwilligen Gerichtsbarkeit insgesamt zu reformieren.

5. Der Weg zum FamFG[28]

11 Im Jahre 1977 trat ein neues Ehe- und Familienrecht in Kraft,[29] das im Wesentlichen durch neue Regelungen für die Trennung und Scheidung von Ehegatten und für deren eheliche Kinder gekennzeichnet war und das Familiengericht neu einführte. Eine einheitli-

---

[23] Auf diese Verfahren finden nunmehr aufgrund der Neuregelung in dem Gesetz zur Modernisierung von Verfahren im anwaltlichen und notariellen Berufsrecht, zur Errichtung einer Schlichtungsstelle der Rechtsanwaltschaft sowie zur Änderung sonstiger Vorschriften) die Vorschriften der VwVfg des Bundes und der Länder sowie die VwGO Anwendung.

[24] Auf diese Verfahren finden seit der Neuregelung in dem Gesetz zur Modernisierung von Verfahren im anwaltlichen und notariellen Berufsrecht, zur Errichtung einer Schlichtungsstelle der Rechtsanwaltschaft sowie zur Änderung sonstiger Vorschriften) die Vorschriften der VwVfg des Bundes und der Länder sowie die VwGO Anwendung.

[25] BMJ Bericht der Kommission für das Recht der freiwilligen Gerichtsbarkeit Köln 1977.

[26] Vgl. zu dem Reformvorhaben z. B. Arnold Rpfleger 1979, 161; ders. Rpfleger 1979, 241; Firsching, FS für Beitzke, 982; Kollhosser ZZP 93, 265; Kuntze ZRP 1980, 15; Winkler DNotZ 1979, 452; Zimmermann Rpfleger 1982, 85; Rpfleger 1980, 209.

[27] Gesetz v. 16. 12. 1990 (BGBl. I S. 2002).

[28] Zu der Historischen Entwicklung des Ehe- und Familienrecht siehe die umfangreichen Darstellungen bei MünchKommBGB/Koch Einl. vor § 1297 Rn 1–183, sowie bei Rauscher Rn 70–100 c. Zu der geschichtlichen Entwicklung des bisherigen Familienverfahrensrechts siehe die Darstellung bei MünchKommZPO/Rauscher Einl Rn 66–189.

[29] Gesetz v. 14. 6. 1976 (BGBl. I S. 1421).

I. Überblick über die Entstehung des FamFG

che Verfahrensordnung für alle Familiensachen wurde indes nicht geschaffen. In der Folgezeit erfolgte eine Erweiterung der Zuständigkeit des Familiengerichts. Im Jahre 1998 wurde durch die Reform des Kindschaftsrechts[30] die familiengerichtliche Zuständigkeit um vormundschaftsgerichtliche Verfahren für nichteheliche Kinder und auf alle auf Ehe und Verwandtschaft beruhenden gesetzlichen Unterhaltsansprüche erweitert. Weitere Zuständigkeiten erhielt das Familiengericht durch das LPartG[31] sowie das GewSchG.[32] Der primäre Standort des Familienverfahrensrechts in der ZPO und die teilweise Verweisung auf das FGG mit Weiterverweisungen auf andere Verfahrensordnungen führten in der Praxis zu einer Unübersichtlichkeit der jeweils maßgeblichen Rechtslage sowie der anzuwendenden Norm.

Um das Nebeneinander der Anwendung der Bestimmungen der ZPO sowie des FGG und die gegenseitigen Verweisungen in den gerichtlichen Verfahren in Familiensachen, aber auch um die Rechtszersplitterung in anderen Angelegenheiten der freiwilligen Gerichtsbarkeit zu beseitigen, und um für den Rechtsuchenden eine Übersichtlichkeit herzustellen, begannen im Jahre 2000 im Bundesministerium der Justiz Vorarbeiten für eine Reform des FGG. Drei Workshops unter Beteiligung von Richtern, Rechtspflegern und Wissenschaftlern befassten sich mit einer Analyse der Probleme im Verfahren der freiwilligen Gerichtsbarkeit und im familiengerichtlichen Verfahren. Aufgrund der Ergebnisse dieser Workshops erstellte das Bundesministerium der Justiz einen umfangreichen Problemkatalog, in dem die unterschiedlichen Lösungsvorschläge aufgezeigt wurden. 2003 wurden dann zwei Arbeitsgruppen eingesetzt, die Einzelheiten einer Reform des Familienverfahrensrechts mit dem Ziel einer einheitlichen, das gesamte Verfahren betreffenden Verfahrensordnung erörtern sollten. Auf der Grundlage der Ergebnisse der Arbeitsgruppen erfolgte im Jahre 2005 die Vorlage eines „Referentenentwurfs eines Gesetzes über das Verfahren in Familiensachen und in den Angelegenheiten der freiwilligen Gerichtsbarkeit (FamFG)", der im Jahre 2006 um Regelungen zu den Nachlass- und Aufgebotssachen ergänzt wurde.

Das Bundeskabinett beschloss am 10. 5. 2007 die grundlegende Reform der familienrechtlichen Verfahren sowie der Angelegenheiten der freiwilligen Gerichtsbarkeit. Die ursprünglich im Referentenentwurf geplante Einführungen eines vereinfachten Scheidungsverfahrens, das für kinderlose Ehen eine Scheidung ohne anwaltliche Vertretung nach vorhergehender Einigung über Unterhalt, Ehewohnung und Hausrat ermöglichen sollte,[33] war nicht mehr im Kabinettentwurf enthalten, da die Vorbehalte im Bundestag zu groß waren. Nachdem der Bundesrat in seiner Stellungnahme[34] zur geplanten Reform Änderungswünsche vorbrachte, legte die Bundesregierung im September 2007 den Gesetzesentwurf nebst Gegenäußerung dem Bundestag vor.

Dort fand am 11. 10. 2007 die erste Beratung des Gesetzesentwurfes (FGG-Reformgesetz)[35] statt. Dieser wurde an den Rechtsausschuss und den Ausschuss für Familie, Senioren, Frauen und Jugend weiterverwiesen. Bei den im Februar 2008 im Rechtsausschuss durchgeführten beiden öffentlichen Anhörungen fand der Gesetzesvorschlag bei den Sachverständigen breite Zustimmung. Am 27. 6. 2008 erfolgte die 2. und 3. Lesung des Gesetzesentwurfes in der Fassung der Beschlussempfehlung des Rechtsausschusses.[36] Dieser wurde unter Berücksichtigung eines Änderungsantrages eines Abgeordneten[37] von dem Bundestag angenommen. Der Bundesrat stimmte am 19. 9. 2008 unter Berücksichtigung der Empfehlungen seiner Ausschüsse[38] dem vom Bundestag verabschiedeten Gesetz zu.[39]

Die Veröffentlichung des am 17. 12. 2008 verkündeten FGG-Reformgesetzes im Bundesgesetzblatt erfolgte am 22. 12. 2008;[40] das Gesetz trat am 1. 9. 2009 in Kraft (Art. 112

---

[30] Gesetz v. 16. 12. 1997 (BGBl. I S. 2942).
[31] BGBl. 2001 I S. 266.
[32] BGBl. I S. 3513.
[33] Dazu kritisch Bergerfurth FF 2005, 178; Rakete-Dombek FF 2005, 293.
[34] BR-Drs. 309/07.
[35] BT-Drs. 16/6308.
[36] BT-Drs. 16/9733.
[37] BT-Drs. 16/9831.
[38] BR-Drs. 617/1/08.
[39] BR-Drs. 617/08 (B).
[40] BGBl. I S. 2586.

Einl. 15a

FGG-RG); zugleich trat das FGG und das 6. und 9. Buch der ZPO außer Kraft. Zur Übergangsvorschrift siehe Art. 111 FGG-RG und die dortigen Erläuterungen. Bereits **vor seinem Inkrafttreten** hat das Reformgesetz durch acht Gesetze zahlreiche Änderungen erfahren:
– durch Art. 7 des Gesetzes zur Umsetzung der Beteiligungsrichtlinie vom 12. 3. 2009;[41]
– durch Art. 2 des Gesetzes zur Strukturreform des Versorgungsausgleichs (VAStrRefG) vom 3. 4. 2009;[42]
– durch Art. 14 des Gesetzes zur Modernisierung des Bilanzrechts vom 25. 5. 2009;[43]
– durch Art. 3 des Gesetzes zur Änderung des Zugewinnausgleichs- und Vormundschaftsrechts (Güterrechtsreformgesetz) v. 6. 7. 2009;[44]
– durch Art. 4 Abs. 8 des Gesetzes zur Reform der Sachaufklärung in der Zwangsvollstreckung vom 29. 7. 2009; die das FamFG betreffenden Änderungen treten erst mit Wirkung vom **1. 1. 2013** in Kraft;[45]
– durch Art. 2 des Dritten Gesetzes zur Änderung des Betreuungsrechts vom 29. 7. 2009;[46]
– durch Art. 8 des Gesetzes zur Modernisierung von Verfahren im anwaltlichen und notariellen Berufsrecht, zur Errichtung einer Schlichtungsstelle der Rechtsanwaltschaft sowie zur Änderung sonstiger Vorschriften vom 30. 7. 2009;[47]
– durch Art. 2 des Gesetzes zur Neuregelung der Rechtsverhältnisses bei Schuldverschreibungen aus Gesamtemissionen und zur verbesserten Durchsetzbarkeit von Ansprüchen von Anlegern aus Falschberatung vom 31. 7. 2009.[48]

15a **Seit dem Inkrafttreten** des Reformgesetzes ist das FamFG geändert worden:
– durch Art. 8 des Gesetzes zur Umsetzung der geänderten Bankenrichtlinie und der geänderten Kapitaladäquanzrichtlinie vom 19. 11. 2010;[49]
– durch Art. 3 des Gesetzes zur Modernisierung des Benachrichtigungswesens in Nachlasssachen durch Schaffung des Zentralen Testamentsregisters bei der Bundesnotarkammer und zur Fristverlängerung nach der Hofraumverordnung vom 22. 12. 2010;[50] die Änderung des § 347 FamFG tritt zum **1. 1. 2012** in Kraft;
– geplant sind weitere Änderungen durch Art. 4 des Gesetzes zur Förderung der Mediation und anderer Verfahren der außergerichtlichen Konfliktbeilegung. Vorgesehen ist die Einführung eines § 36 a (Außergerichtliche Konfliktbeilegung; Mediation) sowie entsprechende Anpassungen der §§ 23, 135, 155, 156;[51]
– eine Änderung der §§ 261, 264, 269 sieht das Gesetz zu dem Abkommen vom 4. 2. 2010 zwischen der Bundesrepublik Deutschland und der Französischen Republik über den Güterstand der Wahl-Zugewinngemeinschaft vor;[52]
– weiterhin ist vom BMJ[53] eine Änderung des § 375 Nr. 3 FamFG durch das geplante Gesetz zur Einführung einer Rechtsmittelbelehrung im Zivilprozess angedacht (Stand April 2011), um hierdurch die Zuständigkeit für die Bestellung von Nachtragsliquidatoren für wegen Vermögenslosigkeit gelöschte GmbHs auf den Rechtspfleger zu verlagern. Ob und wann ein entsprechendes Gesetz in Kraft tritt, steht derzeit noch nicht fest;
– zudem sieht der Referentenentwurf des BMJ zur Reform des Seehandelsrechts (Stand: Mai 2011) eine Änderung des § 375 Nr. 2 und § 402 sowie eine Aufhebung des § 403 sowie § 404 Abs. 2 S. 2 vor. Ob und wann das Gesetz in Kraft, steht derzeit noch nicht fest.

---

[41] BGBl. I S. 470.
[42] BGBl. I S. 700.
[43] BGBl. I S. 1102.
[44] BGBl. I S. 1696.
[45] BGBl. I S. 2258.
[46] BGBl. I S. 2286.
[47] BGBl. I S. 2449.
[48] BGBl. I S. 2512.
[49] BGBl. I S. 1592.
[50] BGBl. I S. 2255.
[51] BR-Drs. 60/11; BT-Drs. 17/5335.
[52] BR-Drs. 67/11.
[53] Schreiben vom 27. 4. 2011.

I. Überblick über die Entstehung des FamFG **15b Einl.**

Art. 4 des Referentenentwurf eines **Gesetzes zur Einführung einer Rechtsbehelfs-** 15b
belehrung im Zivilprozess (Stand 15. 6. 2011)[54] sieht weitere Änderungen des FamFG
vor. Diese sind klarstellender sowie redaktioneller Art bzw. betreffen Änderungen aus Anlass
der aktuellen Rechtsprechung.
So sollen in **§ 35 Abs. 4 S. 2** (Art. 4 Nr. 2 RefE) die dort genannten §§ 891, 892
hinsichtlich der bislang fehlenden Gesetzesangabe „ZPO" ergänzt werden. In **§ 174 S. 2**
und **§ 191 S. 2** (Art. 4 Nr. 8 RefE) werden jeweils die Angaben „Abs. 3 bis 7" gelten
entsprechend in „Abs. 3 bis 8" korrigiert. Hierdurch soll klargestellt werden, dass auch in
Abstammungs- und Adoptionssachen dem Verfahrensbeistand keine Kosten auferlegt werden
können. Mit der vorgesehenen Änderung der Angabe „§ 1901a BGB" durch
„§ 1901c BGB" in **§ 285** (Art. 4 Nr. 11 RefE) beabsichtigt der Gesetzgeber eine Berichtigung
der von ihm übersehenen Verschiebung der früher in § 1901a BGB enthaltenen
Regelung durch das 3. BtÄndG vom 29. 7. 2009[55] (siehe dazu auch § 285 Fn. 1). Zudem
soll **§ 410 Nr. 3** (Art. 4 Nr. 16 RefE) eine sprachliche Korrektur erfahren.
Die Ergänzung zu **§ 39** (Art. 4 Nr. 3 RefE) sieht vor, dass eine Belehrung über die
Möglichkeit der Einlegung einer Sprungrechtsbeschwerde (§ 75) nicht erforderlich ist (siehe
dazu auch § 39 Rn 5). Ihre Zulässigkeitsvoraussetzungen sind nach Auffassung des Gesetzgebers
so eng, dass es sich um ein in der Praxis eher fernliegendes Rechtsmittel handelt.
Insoweit würde eine Belehrung mit umfangreichen Ausführungen überfrachtet und damit
für den Adressaten der Belehrung schwer lesbar und verständlich sein.
Die vorgesehene Änderung des **§ 57** (Art. 4 Nr. 4 RefE) greift die in der Rechtsprechung
und Literatur umstrittene Frage auf,[56] ob einstweilige Anordnungen über die Genehmigung
bzw. Anordnung der freiheitsentziehenden Unterbringung Minderjähriger wie bei
Volljährigen mit der Beschwerde gem. §§ 58 ff. anfechtbar ist (siehe dazu eingehend § 57
Rn 6a). Es soll entsprechend der wohl h. M. die Möglichkeit einer Anfechtung eröffnet
werden, wobei nicht erforderlich sein soll, dass die Entscheidung aufgrund mündlicher
Erörterung (§ 32) ergangen ist.
In der Praxis war das Problem aufgetaucht, ob bei gerichtlichen Genehmigungsverfahren
im Sinne von § 63 Abs. 2 Nr. 2 FamFG bei Einlegung einer etwaigen Sprungrechtsbeschwerde
(§ 75) die Zwei-Wochen-Frist des § 63 Abs. 2 Nr. 2 oder die Monatsfrist des
§ 71 Abs. 1 S. 2 gilt (siehe dazu auch § 63 Rn 14b).[57] Dieses Problem soll durch eine
Änderung des **§ 75 Abs. 2** (Art. 4 Nr. 5 RefE) behoben werden. Künftig sollen für die
Einlegung der Sprungrechtsbeschwerde die in § 63 vorgesehenen Fristen maßgebend sein.
Damit gilt in Genehmigungsverfahren für die Einlegung dieses Rechtsmittels die verkürzte
Beschwerdefrist. Entsprechend kann in diesen Verfahren unmittelbar nach Ablauf der
Zwei-Wochen-Frist bei einer fehlenden Einlegung eines Rechtsmittels die Rechtskraft
bescheinigt werden.
In **§ 81 Abs. 3** (Art. 4 Nr. 6 RefE) soll nunmehr klargestellt werden, dass minderjährigen
Beteiligten nur in Kindschaftssachen (§ 151), die ihre Person betreffen, keine Kosten
auferlegt werden können. Demgegenüber gilt die Regelung nicht für Kindschaftssachen,
die das Vermögen des Minderjährigen betreffen bzw. für Abstammungssachen (§ 169). In
diesen Verfahren können auch einem Minderjährigen die Verfahrenskosten auferlegt werden.
Mit der vorgesehenen Änderung des **§ 145** (Art. 4 Nr. 7 RefE) soll die bisher nicht
erfolgte Anpassung dieser Vorschrift an die im FamFG benutzte Terminologie und die
Erfordernisse einer Bekanntgabe vorgenommen werden. Die Beschwerdebegründung in
Ehesachen und Familienstreitsachen muss nicht förmlich zugestellt werden, da § 117 Abs. 2
FamFG nicht auf § 521 Abs. 1 ZPO verweist (vgl. dazu auch § 117 Rn 13 sowie § 145
Rn 11). Vielmehr reicht, was nunmehr ausdrücklich klargestellt werden soll, eine Bekannt-

---

[54] Veröffentlicht im Internet unter „ www.bmj.de/SharedDocs/Downloads/DE/pdfs/RefE_Gesetz_zur_Einfuehrung_einer_Rechtsbehelfsbelehrung_im_Zivilprozess".
[55] BGBl. I S. 2286.
[56] Bejahend OLG Celle FGPrax 2010, 163; OLG Frankfurt JAmt 2010, 88; OLG Naumburg FamRZ 2011, 132 LS = BeckRS 2010, 23751; MünchKommZPO/Soyka § 57 FamFG Rn 3; verneinend: OLG Koblenz NJW 2010, 880 = FamRZ 2010, 908; Zöller/Philippi § 167 FamFG Rn 11.
[57] Vgl. dazu Heggen FGPrax 2011, 51.

gabe nach § 15 Abs. 2 aus. Insoweit kann die Frist für die Erweiterung des Rechtsmittels oder für eine Anschließung durch eine Zustellung nach §§ 166 ff. ZPO oder durch eine Aufgabe zur Post ausgelöst werden. Da in Familiensachen der freiwilligen Gerichtsbarkeit eine Begründung des Rechtsmittels nicht vorgeschrieben ist, tritt, wie zusätzlich durch die beabsichtigte Neuregelung in § 145 Abs. 1 S. 2 klargestellt werden soll, an die Stelle der Bekanntgabe der Rechtsmittelbegründung die Bekanntgabe des Schriftsatzes, mit dem das Rechtsmittel eingelegt wurde. Ab diesem Zeitpunkt berechnet sich die Frist für die Erweiterung des Rechtsmittels oder die Anschließung an das Rechtsmittel.

Die geplanten Ergänzungen zu **§ 278** sowie **§ 283 Abs. 3** (Art. 4 Nr. 9 und 10 RefE) tragen der Rechtsprechung des Bundesverfassungsgerichts Rechnung. Dieses hatte im Beschluss vom 21. 8. 2009[58] ausgeführt, dass § 68 b Abs. 3 S. 1 FGG, der die Vorführung zur Untersuchung des Betroffenen regelte, keine taugliche Rechtsgrundlage für das gewaltsame Öffnen und Betreten der Wohnung zum Zwecke der Vorführung zu einer Begutachtung in einer Betreuungssache darstellt. Diese vom Verfassungsgericht aufgestellten Grundsätze gelten entsprechend für die nunmehr im FamFG in § 278 Abs. 5 geregelte Vorführung zur Anhörung und für die in § 283 vorgesehene Möglichkeit einer Vorführung zur Untersuchung.

Daher soll **§ 278** künftig ein Abs. 6 sowie ein Abs. 7 angefügt werden. Abs. 6 übernimmt die bereits in § 283 Abs. 2 vorhandene Regelung für das Anhörungsverfahren. Danach darf die Behörde nur dann Gewalt anwenden, wenn das Gericht dies aufgrund einer ausdrücklichen Entscheidung angeordnet hat. Zudem sieht das Gesetz nunmehr die Möglichkeit der Hinzuziehung der polizeilichen Vollzugsorgane vor. Durch Abs. 7 S. 1 wird klargestellt, dass ein gewaltsames Öffnen, Betreten und Durchsuchen der Wohnung gegen den Willen des Betroffenen nur erfolgen darf, wenn das Gericht dies ausdrücklich zum Zwecke der Vorführung zur Anhörung anordnet. Bei Gefahr im Verzuge kann eine entsprechende Anordnung durch die zuständige Behörde erfolgen (Abs. 7 S. 2). Abs. 7 S. 3 trägt dem Zitiergebot des Art. 19 Abs. 1 S. 2 GG Rechnung.

§ 283 Abs. 3 S. 1 bestimmt, dass gerichtliche Betretungs- und Durchsuchungsanordnungen nur zu dem Zweck des Auffindens des Betroffenen erfolgen dürfen, um diesen zu einer Untersuchung vorzuführen. Grundsätzlich ist der Betroffene vor der Anordnung persönlich anzuhören (Abs. 3 S. 2). Wie bei § 278 Abs. 7 S. 2 sieht auch § 283 Abs. 3 S. 3 die Möglichkeit einer entsprechenden Anordnung durch die zuständige Behörde bei Gefahr im Verzuge vor. In diesem Falle kann von einer persönlichen Anhörung des Betroffenen abgesehen werden. Zudem trägt Abs. 3 S. 4 dem Zitiergebot des Art. 19 Abs. 1 S. 2 GG Rechnung.

Die vorgesehenen Änderungen der **§ 319** und **§ 326** (Art. 4 Nr. 12 und 13 RefE) übertragen die aufgrund der Rechtsprechung des BVerfG erforderlichen Änderungen auf die Verfahren in Unterbringungssachen.

Die geplante Neufassung des **§ 376 Abs. 2 S. 1** (Art. 4 Nr. 14 RefE) dient der nachträglichen Klarstellung der Ermächtigungsregelung. Insoweit sind durch die fehlerhaften Änderungsbefehle zu dieser Vorschrift in Art. 2 Nr. 2 des Gesetzes zur Neuregelung der Rechtsverhältnisse bei Schuldverschreibungen ... vom 31. 7. 2009[59] sowie in Art. 10 des Gesetzes zur Umsetzung der geänderten Bankrichtlinie ... vom 19. 11. 2010[60] Unklarheiten über die Wirksamkeit der Änderungen entstanden. Mit der weiterhin vorgesehenen Änderung der Überschrift des **§ 383** (Art. 4 Nr. 15 RefE) sowie dessen Wortlaut will der Gesetzgeber deutlich machen, dass für die Benachrichtigung über Registereintragungen eine formlose Mitteilung nach § 15 Abs. 3 genügt (zur jetzigen Rechtslage siehe § 383 Rn 3 bis 9).

Die in dem Referentenentwurf enthaltenen Änderungen des FamFG sollen nach **Art. 13 S. 2 RefE** am ersten Tag des auf die Verkündung folgenden Monats in Kraft treten. Es bleibt abzuwarten, ob und wann diese Änderungsvorschläge tatsächlich Gesetz werden und in Kraft treten.

---

[58] FamRZ 2009, 1814; siehe dazu auch Schmidt-Recla/Diener FamRZ 2010, 696.
[59] BGBl. I S. 2512.
[60] BGBl. I S. 1592, 1612.

Weitere von der Praxis und der Rechtsprechung geforderten Änderungen des FamFG **15c** hat der Gesetzgeber bisher in dem Gesetzesentwurf noch nicht aufgegriffen. Eines der wichtigsten und in der Praxis kaum lösbaren Probleme ist die Frage der Beteiligten in Register-, insbesondere Vereinsregistersachen. Beteiligte in solchen Verfahren sind diejenigen, deren Recht durch das Verfahren unmittelbar betroffen wird und diejenigen, die auf Grund des FamFG oder eines anderen Gesetzes von Amts wegen oder auf Antrag zu beteiligen sind (vgl. § 7). Damit kann bei Publikumsgesellschaften bzw. bei Massenvereinen die Beteiligung einer Vielzahl von Personen erforderlich sein.[61] Außerdem bietet es sich im Hinblick auf die Rechtsprechung des BGH[62] an, § 18 dahingehend klarstellend zu ergänzen, dass die Frist zur Nachholung der versäumten Rechtsbeschwerdebegründung einen Monat beträgt. Zudem wird von der Praxis eine Einschränkung der Regelung des **§ 40 Abs. 2** für betreuungsrechtliche Genehmigung bei Gefahr im Verzug bzw. Geschäften des täglichen Lebens gewünscht. In der Rechtsprechung[63] und Literatur ist umstritten, welche Rechtsmittelfrist bei Ablehnung des Erlasses einer einstweiligen Anordnung gilt (vgl. dazu § 63 Rn 14a m. w. N. in Fn. 17). Zudem besteht in der Rechtsprechung[64] Streit darüber, ob die Einlegung der Beschwerde beim Beschwerdegericht zulässig ist, wenn das Verfahren dort bereits anhängig ist (vgl. dazu § 64 Rn 4a).

In **§ 113 Abs. 1** S. 2 erscheint ein Hinweis auf § 495a ZPO sinnvoll, da gelegentlich Verfahren mit einem Streitwert von bis zu 600 € anhängig werden. Ferner schließt § 113 Abs. 1 S. 1 auch die Mitteilungspflicht nach § 22a für Ehesachen und Familienstreitsachen aus. Hierbei dürfte es sich um einen redaktionellen Fehler handeln (vgl. dazu § 22a Rn 2). **§ 114 Abs. 2 Nr. 2** ist bisher hinsichtlich der Möglichkeit der Vertretung eines Beteiligten durch das Jugendamt ungenau gefasst. Insoweit kommt neben der Vertretung als Beistand auch eine solche als Vormund oder Ergänzungspfleger in Betracht. Zudem wird teilweise aus Kostengründen in **§ 158** eine Regelung favorisiert, wonach die Fallpauschale dem Verfahrensbeistand nur für das erste Kind zusteht. Bei der Vertretung mehrerer Kinder soll es nur zu einer Erhöhung der Pauschale kommen.

Es bleibt abzuwarten, ob im Laufe des Gesetzgebungsverfahrens der von der Praxis schon seit einiger Zeit angemahnte weitere Änderungsbedarf noch umgesetzt wird.

II. Inhalt und Aufbau des FamFG

1. Übersicht

Das FamFG ist in 9 Bücher gegliedert, die zum größten Teil jeweils in Abschnitte **16** unterteilt sind. Der Gesetzgeber hat sich dabei der klassischen Kodifikationstechnik bedient. Ähnlich wie in anderen Gesetzen enthält das 1. Buch (§§ 1 bis 110) allgemeine vor die Klammer gezogene Regelungen; die weiteren Bücher enthalten Vorschriften für besondere Verfahrensarten; im letzten Buch sind die Schlussbestimmungen geregelt. Der Aufbau des zweiten bis achten Buches ist im Wesentlichen gleich. Jeweils wird zunächst der Verfahrensgegenstand gesetzlich definiert, anschließend folgen Bestimmungen über die örtliche Zuständigkeit und die Verfahrenbeteiligten. Anschließend werden Besonderheiten für das jeweilige Verfahren geregelt, wie z. B. die beschleunigte Durchführung des Verfahrens (so z. B. § 155 FamFG), die Notwendigkeit einer persönlichen Anhörung bzw. die Durchführung einer mündlichen Verhandlung, der jeweilige Eintritt der Rechtskraft oder die Ausgestaltung des einstweiligen Rechtsschutzes.

Vorschriften zu der sachlichen Zuständigkeit der Gerichte in Angelegenheiten der **17** freiwilligen Gerichtsbarkeit sowie in Familiensachen finden sich nicht im FamFG sondern im GVG (z. B. §§ 23a, 71, 119, 133 GVG). Durch die in Art. 21 FGG-RG erfolgte Änderung des § 2 EGGVG wird zudem klargestellt, dass künftig die Regelungen des GVG auch in Familiensachen und in Angelegenheiten der freiwilligen Gerichtsbarkeit unmittelbar gelten.

---

[61] S. dazu Nedden-Boeger, FGPrax 2010, 3; Holzer § 1 Rn 13 und § 7 Rn 5; OLG Köln Beschl. v. 8.12.2010 2 Wx 193/10 zum Umfang der Beteiligung bei der Bestellung eines Notvorstandes.
[62] FGPrax 2010, 154.
[63] Vgl. OLG Zweibrücken FGPrax 2011, 50 = FamRZ 2011, 497.
[64] Vgl. OLG Dresden FGPrax 2011, 103.

2. Allgemeiner Teil (§§ 1–110)

18 Der Allgemeine Teil enthält die „vor die Klammer gezogenen" Verfahrensvorschriften. Er gilt nicht nur für die in den weiteren Büchern des FamFG näher geregelten Verfahren (zur Ausnahmen siehe § 113), sondern nach § 1 für alle Angelegenheiten der freiwilligen Gerichtsbarkeit, soweit diese durch Bundesgesetz den Gerichten zugewiesen sind (siehe dazu § 1 Rn 4). Viele der in §§ 1 bis 110 aufgenommenen Regelungen sind nicht neu, sondern entsprechen den bisherigen Bestimmungen in den §§ 1 bis 34 FGG bzw. den von der Rechtsprechung bzw. Literatur für die Angelegenheiten der freiwilligen Gerichtsbarkeit bzw. den Familiensachen entwickelten Grundsätzen.

19 Das erste Buch ist in neun Abschnitte unterteilt. Der erste Abschnitt (§§ 1 bis 22 a) enthält „quasi doppelt vor die Klammer gezogen" allgemeine Vorschriften über Zuständigkeit, Ausschließung und Ablehnung der Gerichtspersonen, Beteiligte, Beteiligten- sowie Verfahrensfähigkeit, Bevollmächtigte, Aktenführung, Bekanntgabe, Fristen, Wiedereinsetzung, Verfahrensverbindung/-trennung, Aussetzung sowie Beendigung des Verfahrens. Im zweiten (§§ 23 bis 37) und dritten Abschnitt (§§ 38 bis 48) sind Regelungen über die Einleitung des Verfahrens, dessen Ablauf im ersten Rechtszug sowie über den Beschluss als die maßgebliche Entscheidungsform enthalten. Die weiteren Abschnitte regeln die Einstweilige Anordnung (§§ 49 bis 57), die Rechtsmittel (§§ 58 bis 75), die Verfahrenskostenhilfe (§§ 76 bis 79), die Kostenentscheidung (§§ 80 bis 85) sowie die Vollstreckung (§§ 86 bis 96 a). Der letzte Abschnitt des ersten Buches (§§ 97 bis 110) befasst sich mit den Verfahren mit Auslandsbezug.

3. Verfahren in Familiensachen (§§ 111–270)

20 Das in zwölf Abschnitte unterteilte 2. Buch regelt das gesamte Verfahren in Familiensachen. Insoweit werden entsprechend dem Ziel der Neuregelung die früher teilweise im FGG sowie teilweise in der ZPO geregelten Verfahren in einem einzigen Buch zusammengefasst. Ergänzend hierzu hat der Gesetzgeber das „große Familiengericht" geschaffen (vgl. § 23 a Abs. 1 Nr. 1 GVG). Dieses ist nunmehr umfassend für alle Rechtsstreitigkeiten in den in § 111 beschriebenen Familiensachen einschließlich sämtlicher Zivilrechtsstreitigkeiten zuständig, die eine besondere Nähe zu familienrechtlich geregelten Rechtsverhältnissen oder mit deren Auflösung aufweisen (vgl. § 266). Zudem sind dem Familiengericht nunmehr die bisher vom Vormundschaftsgericht erledigten Aufgaben übertragen worden, soweit sie Angelegenheiten von Minderjährigen (Vormundschaft, Pflegschaft, Adoption) betreffen.

21 Der 1. Abschnitt des 2. Buches (§§ 111 bis 120) fasst allgemeine Bestimmungen, die für alle Familiensachen gelten, zusammen, wobei § 113 für Ehesachen (definiert in § 121) und Familienstreitsachen (definiert in § 112) eine Verweisung auf die §§ 1 bis 494 a ZPO enthält. Die weiteren Abschnitte regeln dann die einzelnen Verfahrensgegenstände, nämlich die Ehesachen (§§ 121 bis 132), die Scheidungs- und Folgesachen (§§ 133 bis 150), die Kindschaftssachen (§§ 151 bis 168 a), die Abstammungssachen (§§ 168 bis 185), die Adoptionssachen (§§ 186 bis 199), die Ehewohnungs- und Haushaltssachen (§§ 200 bis 209), die Gewaltschutzsachen (§§ 210 bis 216 a), die Versorgungsausgleichssachen (§§ 217 bis 230) und die Unterhaltssachen (§§ 231 bis 260), die Güterrechtssachen (§§ 261 bis 265), die sonstigen Familiensachen (§§ 266 bis 268) und die Lebenspartnerschaftssachen (§§ 269, 270).

4. Weitere Verfahrensgegenstände (§§ 270 ff.)

22 Das dritte Buch befasst sich jeweils in gesonderten Abschnitten mit den Verfahren in Betreuungssachen (§§ 271 bis 311), in Unterbringungssachen (§§ 312 bis 339) sowie in betreuungsrechtlichen Zuweisungssachen (§§ 340, 341). Diese Tätigkeiten, die bisher von dem nunmehr aufgelösten Vormundschaftsgericht erledigt wurden, sind soweit es sich nicht um Kindschaftssachen nach § 151 handelt, den bei den AG neu gebildeten Betreuungsgerichten (§ 23 c GVG) zugewiesen.

23 Im vierten Buch (§§ 341 bis 373) werden die Nachlass- und Teilungssachen geregelt, insbesondere die örtliche und sachliche Zuständigkeit der Nachlassgerichte, die Besonderheiten hinsichtlich der Verwahrung von Verfügung von Todes wegen, des Erbscheinsverfahrens sowie der Testamentsvollstreckung sowie der amtlichen Vermittlung der Nachlass- und Gütergemeinschaftsauseinandersetzung. Zudem sind verfahrensrechtliche Vorschriften über die Nachlassverwaltung, Bestimmung einer Inventarfrist, Eidesstattliche Versicherung und Stundung des Pflichtteilsanspruchs aufgenommen worden, die vormals im BGB enthalten waren.

Das fünfte Buch (§§ 374 bis 409) hat die Registersachen und die unternehmensrechtlichen Verfahren zum Inhalt. Es werden die bisher im siebten und achten Abschnitt des FGG enthaltenen Regelungen zusammengefasst und Bestimmungen über die Zuständigkeit und das Verfahren für die Führung des Handels-, Genossenschafts-, Partnerschafts-, Vereins- und Güterrechtsregister sowie über sonstige Verrichtungen aufgrund des HGB, des AktG, des UmwG, des GmbHG, des GenG und anderer wirtschaftsrechtlicher Gesetze getroffen. Insoweit sieht das Gesetz keine grundlegenden Änderungen zum bisherigen Recht vor.

Das sechste Buch (§§ 410 bis 414) behandelt das Verfahren in weiteren Angelegenheiten der freiwilligen Gerichtsbarkeit, nämlich die eidesstattliche Versicherung, die Untersuchung und Verwahrung von Sachen und den Pfandverkauf. Diese waren früher in den §§ 163 bis 166 FGG geregelt. Im siebten Buch (§§ 415 bis 432) sind die bisher im FEVG enthaltenen Vorschriften für die Freiheitsentziehungssachen in das FamFG aufgenommen worden. Das achte Buch (§§ 433 bis 484) übernimmt das bislang in den §§ 946 bis 1024 ZPO geregelte Aufgebotsverfahren und weist diese nunmehr der freiwilligen Gerichtsbarkeit zu. Das letzte, neunte Buch (§§ 485 bis 491) enthält Schlussbestimmungen, vor allem landesrechtliche Vorbehalte auf dem Gebiete der freiwilligen Gerichtsbarkeit.

III. Ziele des FamFG

1. Grundsatz

Die Gesetzesbegründung[65] benennt mit der Reform verfolgten Ziele schlagwortartig:
– Ausbau der gegenwärtig lückenhaften Regelung des FGG zu einer zusammenhängenden Verfahrensordnung;
– rechtsstaatliche Ausgestaltung des Verfahrens mit dem Ziel, die durch die Verfassung und die Rechtsprechung begründeten Verfahrensgrundrechte ausdrücklich zu regeln;
– Koordinierung mit den anderen Verfahrensordnungen, um Übersichtlichkeit und Rechtssicherheit zu garantieren;
– anwenderfreundlicher Gesetzesaufbau; anwenderfreundliche Gesetzessprache;
– Stärkung der konfliktvermeidenden und konfliktlösenden Elemente im familiengerichtlichen Verfahren;
– Beschleunigung von Verfahren über das Umgangs- und Sorgerecht;
– Verstärkung der Beteiligungs- und Mitwirkungsrechte betroffener Kinder;
– effizientere Gestaltung der Durchsetzung von Entscheidungen zum Sorgerecht, zur Kindesherausgabe und zu dem Umgangsrecht;
– Einführung eines von der Hauptsache unabhängigen einstweiligen Rechtsschutzes;
– Einführung des „Großen Familiengerichts".

Ergänzt werden die Vorschriften im FamFG durch das Gesetz über Gerichtskosten in Familiensachen (FamGKG) vom 17. 12. 2008.[66] Die Gerichtskosten (Gebühren und Auslagen) in allen familiengerichtlichen Verfahren richten sich nunmehr einheitlich nach diesem Gesetz und zwar unabhängig davon, ob es sich um Ehesachen (§ 121) oder Familienstreitsachen (§ 112) oder Familiensachen der freiwilligen Gerichtsbarkeit handelt. Das FamGKG orientiert sich in seiner Systematik an der des GKG. Eine Modernisierung der Kostenregelungen für die Gerichte im Bereich der freiwilligen Gerichtsbarkeit ist für die 17. Legislaturperiode geplant.[67]

---

[65] BT-Drs. 16/6308 S. 164.
[66] BGBl. I. S. 2586.
[67] Vgl. Pressemitteilung des BMJ v. 10. 2. 2009.

2. Zusammenfassung der verfahrensrechtlichen Regelungen

28 Das FamFG führte zu einer vollständigen Neuordnung des Rechts der freiwilligen Gerichtsbarkeit sowie des Familienverfahrensrechts vor, um die – so der Gesetzgeber[68] – wenig transparente Gesetzeslage zu beseitigen. Das FGG wurde abgelöst und die verfahrensrechtlichen Vorschriften des familiengerichtlichen Verfahrens aus dem FGG, der ZPO, der HausratsVO, dem VAHRG sowie weiteren Gesetzen wurden in einem Gesetz, dem FamFG, zusammengefasst. Dabei blieb die Grundstruktur des familiengerichtlichen Verfahrens einschließlich des Verbundprinzips erhalten. Es wird weiterhin zwischen den familienrechtlichen Angelegenheiten der freiwilligen Gerichtsbarkeit, den ZPO-Familiensachen, nämlich den Familienstreitsachen (§ 112), sowie den Ehesachen (§ 121) differenziert. Insoweit wird kein einheitliches Verfahren für alle Familiensachen geschaffen. Zwar gelten im Ausgangspunkt die Vorschriften des ersten Buches des FamFG für alle Familiensachen. Die Verfahren in Ehe- und Familienstreitsachen werden indes durch die Verweisungsregelung in § 113 weitgehend den Bestimmungen der ZPO unterstellt. Damit bleibt das (unübersichtliche) Nebeneinander von Regelungen aus verschiedenen Verfahrensordnungen aufrechterhalten.[69] Ebenso hat die gesetzliche Neuregelung die bisher bestehende Vermengung von materiellem und formellem Recht nur teilweise beseitigt. so enthalten die materiellen Gesetze weiterhin Verfahrensvorschriften, die eigentlich in das FamFG gehören, z. B. die Regelungen über den Erbschein bzw. das Testamentsvollstreckerzeugnis in §§ 2353 ff. BGB.

3. Einheitliche Gesetzessprache

29 Ausdruck des gesetzgeberischen Ziels einer anwenderfreundlichen Gesetzessprache ist die Verwendung einer einheitlichen Terminologie im FamFG. Für alle Verfahren werden nunmehr einheitliche Begriffe verwendet. So heißt es stets Beteiligte statt Parteien, Antrag statt Klage, Antragsteller statt Kläger, Verfahren statt Prozess. Eine Ausnahme besteht für die Kostenhilfe. Diese heißt aufgrund der Verweisung in § 113 Abs. 1 S. 2 FamFG auf §§ 114 ff. ZPO in Ehe- und Familienstreitsachen weiterhin Prozesskostenhilfe statt Verfahrenskostenhilfe.

4. Beteiligtenbegriff

30 Einen Schwerpunkt des FamFG bilden die Regelungen über den Verfahrensbeteiligten. Das Gesetz enthält in § 7 eine Definition des Beteiligtenbegriffs. Daneben wird im zweiten bis neunten Buch für die im FamFG näher geregelten Angelegenheiten im Einzelnen bestimmt, wer in dem jeweiligen Verfahren zu beteiligen ist. Das FamFG knüpft dabei die Beteiligung an die Antragstellung oder die von Amts wegen oder auf Antrag erfolgte Hinzuziehung durch das Gericht (siehe dazu die Erläuterungen zu § 7). Der Beteiligtenbegriff ist Anknüpfungspunkt vieler weiterer Regelungen, insbesondere hinsichtlich der Mitwirkungs-, Beteiligungs- und Anhörungsrechte bzw. -pflichten. Hierdurch soll die Sachaufklärung in der ersten Instanz gefördert und den Beteiligten rechtliches Gehör gewährt werden. So besteht beispielsweise nach §§ 34, 37 die Verpflichtung, die Beteiligten im Verfahren schriftlich bzw. mündlich anzuhören und ihnen Gelegenheit zur Stellungnahme zu den für die Entscheidung maßgeblichen Tatsachen und Beweisergebnisse zu geben, sofern die Entscheidung diese in ihren Rechten beeinträchtigt.

5. Bekanntgabe; Aufklärung des Sachverhalts; Beschleunigung des Verfahrens

31 Im FamFG findet sich in § 15 nunmehr eine Regelung darüber, welche Dokumente bekannt zu geben sind. Zudem sind Bestimmungen über die Art der Bekanntgabe aufgenommen worden. Durch die förmliche Zustellung soll eine möglichst zuverlässige Übermittlung der Dokumente gewährleistet werden. Die daneben vorgesehene Möglichkeit

---

[68] BT-Drs. 16/6308 S. 1.
[69] Zur Systematik siehe Fölsch FF/FamFG spezial 2009, 1/3.

einer Aufgabe zur Post soll das Gericht in die Lage versetzten, eine kostengünstige und effiziente Bekanntgabe durchzuführen.

Weiterhin räumt das FamFG der Aufklärung des Sachverhalts im Wege einer Beweiserhebung einen höheren Stellenwert ein. Zwar besteht weiterhin für das Gericht die Möglichkeit, nach pflichtgemäßem Ermessen zwischen dem Frei- und dem Strengbeweis zu wählen (§§ 29, 30). Hierdurch soll das Verfahren so flexibel wie möglich gestaltet werden. Indes sieht das Gesetz für bestimmte Verfahren, die eine „besondere hohe Richtigkeitsgewähr der Tatsachenfeststellungen"[70] voraussetzen, eine förmliche Beweisaufnahme vor, z. B. in Abstammungssachen (s. § 177 Abs. 2), Betreuungssachen (s. § 280 Abs. 1) und Unterbringungssachen (s. § 321 Abs. 1). Darüber hinaus soll immer dann eine förmliche Beweisaufnahme durchgeführt werden, wenn das Gericht seine Entscheidung maßgeblich auf die Feststellung dieser Tatsache stützen will und die Richtigkeit von einem Beteiligten ausdrücklich bestritten wird (§ 30 Abs. 3). Zudem hat das Gericht die Beteiligten zu hören (vgl. § 34) und ihnen Gelegenheit zur Stellungnahme zu geben (vgl. z. B. § 37). Ferner sieht das Gesetz die Möglichkeit von getrennten Anhörungen in Familiensachen, Betreuungs- und Unterbringungssachen vor (vgl. z. B. §§ 155, 165). Auch kann die Anhörung eines Kindes besonders gestaltet werden (vgl. §§ 128 I S. 2, 159 Abs. 4).

Ein weiterer wesentlicher Punkt ist die Beschleunigung von Umgangs- und Sorgerechtsverfahren durch die Einführung einer obligatorischen Monatsfrist zur Durchführung des Termins (§ 155 Abs. 2 S. 2). Zudem soll nach der Intention des Gesetzgebers in dem ersten Termin nach dem Vorbild des Cochemer Modells eine Einigung der Eltern über das Sorge- und Umgangsrecht erzielt werden (§ 156). Hinzu kommt die obligatorische Fristbestimmung im Falle der Einholung eines schriftlichen Sachverständigengutachtens. Weiterhin kann das Gericht anordnen, dass der Sachverständige auf ein Einvernehmen zwischen den Eltern hinwirken soll.

6. Vergleich

In § 36 ist nunmehr ausdrücklich die Möglichkeit einer Beendigung des Verfahrens durch Vergleich zugelassen. Der Abschluss eines Vergleichs zur Niederschrift des Gerichts ist grundsätzlich immer dann möglich, wenn die Beteiligten über den Gegenstand des Verfahrens verfügen können. Hierbei richtet sich die Verfügungsbefugnis nach materiellem Recht. Eine Sonderregelung besteht für Kindschaftssachen. Gemäß § 156 Abs. 2 können in den Verfahren über den Umgang oder die Herausgabe eines Kindes die Beteiligten einen Vergleich schließen, der zu seiner Gültigkeit aber der Billigung durch das Gericht bedarf.

7. Einheitliche Entscheidungsform; Rechtsbehelfsbelehrung

Das FamFG kennt für Endentscheidungen nur noch den Beschluss als einheitliche Entscheidungsform (§ 38). Dieser tritt auch in den Verfahren, die ansonsten weiterhin im Wesentlichen nach den Vorschriften der ZPO abgewickelt werden, nämlich den Ehe- und Familienstreitsachen, an die Stelle des Urteils. Der Beschluss muss, von bestimmten Ausnahmen abgesehen, stets eine Begründung enthalten. Zudem ist er mit einer Rechtsbehelfsbelehrung zu versehen (§ 39).

8. Einstweiliger Rechtsschutz

Vollständig neu geregelt ist im FamFG die Möglichkeit, in allen Familiensachen und den Angelegenheiten der freiwilligen Gerichtsbarkeit eine selbstständige einstweilige Anordnung zu erlassen (§§ 49 ff.). Der einstweilige Rechtsschutz ist – wie bei dem Arrest und der einstweiligen Verfügung der ZPO – nicht mehr von einer bereits eingeleiteten Hauptsache bzw. von einem diesbezüglichen Antrag auf Verfahrenskostenhilfe abhängig. Damit soll den Beteiligten für eilbedürftige Sachverhalte ein einfaches und schnelles Verfahren mit geringen formalen Hürden zur Verfügung gestellt werden.

---

[70] BT-Drs. 16/6308 S. 166.

9. Änderung des Rechtsmittelsystems

35 Auch das Rechtsmittelsystem wurde grundlegend geändert. Nunmehr gibt es für alle im FamFG geregelten Verfahren einheitlich nur noch ein befristetes Rechtsmittel. Mit der Beschwerde nach §§ 58 ff. sind künftig alle im ersten Rechtszug erlassenen Endentscheidungen der AG und LG anfechtbar. Dagegen können Neben- oder Zwischenentscheidungen, soweit das Gesetz eine Anfechtung ausdrücklich vorsieht, mit einem anderen Rechtsmittel, nämlich der sofortigen Beschwerde nach Maßgabe der §§ 567 bis 572 ZPO angefochten werden. Mit dieser Differenzierung des Rechtsmittels sind unterschiedliche Beschwerdefristen (§ 63 einerseits: in der Regel ein Monat nach schriftlicher Bekanntgabe; § 569 Abs. 1 S. 1 ZPO andererseits: 14 Tage ab Zustellung der Entscheidung) und abweichende Regelungen hinsichtlich des Gerichts, bei dem das Rechtsmittel eingelegt werden kann (§ 64 einerseits: Einlegung nur bei dem Ausgangsgericht; § 569 Abs. 1 S. 1 ZPO anderseits: sowohl bei dem Ausgangs- als auch bei dem Beschwerdegericht), verbunden. Dies widerspricht eindeutig dem Reformziel des Gesetzgebers, eine anwenderfreundliche Verfahrensordnung zu schaffen.

36 Weggefallen ist die bisher im FGG bestehende weitere Beschwerde zum OLG. Stattdessen kann nunmehr nach näherer Maßgabe des § 70 die Rechtsbeschwerde zum BGH erhoben werden. Trotz der mehrfachen eindeutigen Vorgaben des EGMR[71] hat der Gesetzgeber in dem FamFG bis Juli 2011 keinen Rechtsbehelf für den Fall der Untätigkeit aufgenommen (vgl. zum Rechtsschutz bei überlangen Verfahren Anh. zu § 58 Rn 65).

10. Schaffung des „Großen Familiengerichts"

37 Zudem hat das FamFG mit der Erweiterung der Zuständigkeit der Familiengerichte durch die Schaffung des „Großen Familiengerichts" die Zersplitterung der Zuständigkeit der Familien-, Vormundschafts- sowie der Zivilgerichte für familienrechtlichen Streitigkeit beseitigt. Die Familiengerichte sind nunmehr zusätzlich für die Vormund- und Pflegschaften Minderjähriger (§ 151 Abs. 1 Nr. 4, Nr. 5), für die Verfahren betreffend die freiheitsentziehende Unterbringung Minderjähriger (§ 151 Nr. 6, Nr. 7), für die Adoptionssachen (§ 186), für die Gewaltschutzsachen (§ 210), auch soweit sie bisher in die Zuständigkeit der Zivilrichter fielen, sowie – unabhängig von dem Streitwert – für zivilrechtliche Streitigkeiten, die eine besondere Nähe zu familienrechtlich geregelten Rechtsverhältnissen oder einem engen Zusammenhang mit der Auflösung eines solchen Rechtsverhältnisses aufweisen (§ 266), so beispielsweise Gesamtschuldnerausgleich zwischen den Ehegatten oder die Streitigkeiten über die Rückgewähr von ehebedingten Zuwendungen, zuständig. Diese Zuständigkeit gilt auch bei Lebenspartnerschaftssachen (§ 269 Abs. 2). Daneben besitzt das Familiengericht eine Zuständigkeit für Verfahren nach dem Gesetz über die religiöse Kindererziehung (§§ 2 Abs. 3, 3 Abs. 2, 7 RelKErzG) sowie für Entscheidungen über die Bestimmung des Kindergeldbezugsberechtigten (§§ 3 Abs. 2 S. 3 BKGG, 64 Abs. 2 S. 3 EStG).[72]

11. Schaffung des Betreuungsgerichts

38 Die bisher bestehenden Vormundschaftsgerichte wurden aufgelöst. Deren Aufgaben wurden, soweit diese nicht auf die Familiengerichte übergegangen sind (siehe Rn 37), dem neu geschaffenen Betreuungsgericht (§ 23 c GVG) übertragen. Diese sind im Wesentlichen zuständig für die Betreuungen und Pflegschaften in Bezug auf Erwachsene.

IV. Weitere Vorschriften betreffend Angelegenheiten der freiwilligen Gerichtsbarkeit

1. Bundesnotarordnung

39 Die Bundesnotarordnung (BNotO) vom 24. 2. 1961,[73] die allerdings in Baden-Württemberg nicht gilt,[74] beschreibt die Aufgaben der Notare als Beurkundungstätigkeit und

---

[71] Z. B. EGMR NJW 2006, 2389; NJW 2001, 2694.
[72] S. a. Borth FamRZ 2007, 1925/1927; Kretschmar/Meysen FPR 2009, 1; Wever FF/FamFG spezial 2009, 13.
[73] BGBl. I S. 97; zur Entstehungsgeschichte des BNotO: Arndt/Lerch/Sandkühler Einl. Rn 15; Schippel/Bracker Überblick vor § 1.
[74] Art. 138 GG; §§ 114 Abs. 2 S. 1, 115 S. 1 BNotO.

IV. Gerichtsbarkeit

andere Tätigkeiten auf dem Gebiet der vorsorgenden Rechtspflege. Mit der Beurkundung, die hier in demselben Sinn zu verstehen ist wie in § 1 BeurkG,[75] nehmen die Notare als wichtigste nichtrichterliche Behörde der freiwilligen Gerichtsbarkeit[76] in alleiniger Zuständigkeit eine Aufgabe im Bereich der vorsorgenden Rechtspflege wahr,[77] die zu den klassischen Bereichen der freiwilligen Gerichtsbarkeit gehört.[78] Die Beurkundungszuständigkeit der Notare erstreckt sich nach § 20 Abs. 1 BNotO auf Beurkundungen jeder Art, und zwar sowohl von Rechtsgeschäften (z. B. von Grundstückskaufverträgen nach § 311 b BGB oder öffentlichen Testamenten nach § 2232 BGB) als auch von sonstigen Rechtshandlungen (z. B. Versammlungsbeschlüssen nach § 130 AktG oder Wechselprotesten nach Art. 79 WG).

Zu den weiteren **Aufgaben der Notare** gehört nach § 20 Abs. 2 BNotO die Entgegennahme von Auflassungen auf Grund von § 925 BGB, die Bildung von Teilhypotheken- oder Teilgrundschuldbriefen auf Grund der §§ 1145 Abs. 1 S. 2, 1192 Abs. 1 BGB, nach § 20 Abs. 3 BNotO die Durchführung freiwilliger Versteigerungen, nach § 20 Abs. 4 BNotO die Durchführung des Vermittlungsverfahrens auf Grund der §§ 87 ff. des Sachenrechtsbereinigungsgesetzes vom 21. 9. 1994,[79] nach § 20 Abs. 5 BNotO die Vermittlung von Nachlass- und Gesamtgutauseinandersetzungen, die Aufnahme von Nachlassverzeichnissen und Nachlassinventaren und die Durchführung von Nachlass-Sicherungsverfahren, soweit sie diese Aufgaben nach Landesrecht wahrnehmen dürfen.

Nach § 21 BNotO sind die Notare weiter zuständig für die Ausstellung von Bescheinigungen über rechtserhebliche Umstände, die sich aus dem Handelsregister oder einem ähnlichen Register ergeben, beispielsweise über die Registereintragung einer juristischen Person oder über die Vertretungsberechtigung ihrer Organe. Aus § 22 BNotO ergibt sich eine notarielle Zuständigkeit für die Abnahme von Eiden und die Aufnahme eidesstattlicher Versicherungen, durch die tatsächliche Behauptungen oder eine Aussage gegenüber einer öffentlichen Behörde oder einem Gericht glaubhaft gemacht werden sollen.

Die Wahrnehmung sämtlicher vorstehend bezeichneter Aufgaben des Notars fällt nach § 10 a Abs. 2 BNotO unter den Begriff der **Urkundstätigkeit.** Zu den anderen Aufgaben der Notare auf dem Gebiet der vorsorgenden Rechtspflege gehört nach § 24 Abs. 1 BNotO vornehmlich ihre betreuende Tätigkeit in Grundbuch- und Registersachen.[80] In diesem Bereich ist der Notar auch zur Vertretung der Beteiligten vor Gericht berechtigt (§ 24 Abs. 1 S. 2 BNotO), darf jedoch nicht als Verfahrensbevollmächtigter eines Beteiligten gegen andere Beteiligte mit gegensätzlichen Interessen tätig werden.[81]

In Grundbuchsachen (§ 15 GBO) und in Registersachen (§ 374) gilt der Notar, der die zur Eintragung erforderlichen Erklärungen beurkundet oder beglaubigt hat, auch als ermächtigt, die Eintragung im Namen des Antragstellers zu beantragen (§ 378); die **gesetzliche Vollmachtsvermutung** erstreckt sich auch auf das Rechtsmittelverfahren.[82] Zur betreuenden Tätigkeit der Notare gehört auch die Verwahrung von Geld und Wertgegenständen, für die sie nach § 23 BNotO zuständig sind.

Der Notar ist als Träger eines öffentlichen Amtes nach § 15 Abs. 1 S. 1 BNotO verpflichtet, dem Ersuchen eines Beteiligten auf Vornahme einer Amtshandlung zu entsprechen, es sei denn, diese wäre mit seinen Amtspflichten nicht vereinbar, weil damit erkennbar unerlaubte oder unredliche Zwecke verfolgt werden (§ 14 Abs. 2 BNotO).[83] Lehnt der Notar die Vornahme einer Amtshandlung ab, so kann dagegen nach **§ 15 Abs. 2 BNotO** nicht nur dann eine befristete Beschwerde eingelegt werden, wenn er eine Urkundstätigkeit nach den §§ 20–22 BNotO ohne ausreichenden Grund verweigert, sondern auch dann, wenn er eine Betreuungstätigkeit nach den §§ 23, 24 BNotO, deren Übernahme an sich in

---

[75] Schippel/Bracker § 1 Rn 4.
[76] Habscheid § 9 II 1.
[77] Habscheid § 6 I 1; Winkler Einl. Rn 27.
[78] S. a. Habscheid § 6 I, III; Winkler, Einl. Rn 28.
[79] BGBl. I S. 2457.
[80] Habscheid § 6 III 2; § 9 II 2.
[81] BGHZ 51, 301.
[82] Demharter § 15 Rn 3, 20.
[83] Winkler Einl Rn 31.

seinem Ermessen steht, nicht ordnungsgemäß abwickelt.[84] Das Beschwerdeverfahren richtet sich nach dem FamFG. Zu den näheren Einzelheiten siehe § 58 Rn 80.

2. Beurkundungsgesetz

45 Das von den Notaren – nach § 64 BeurkG auch von den Notaren in Baden-Württemberg, obwohl für sie die BNotO nicht gilt – bei Beurkundungen zu beachtende Verfahren ist durch das Beurkundungsgesetz (BeurkG) vom 28. 8. 1969[85] geregelt. Das Beurkundungsgesetz knüpft an die Beurkundungszuständigkeit der Notare nach § 20 Abs. 1 BNotO an und hält daneben **Beurkundungszuständigkeiten anderer Stellen**, z.B. der AG,[86] der Konsularbeamten[87] oder der Jugendämter gemäß § 59 SGB VIII[88] nur im begrenzten Umfang aufrecht.

46 Soweit dem **AG** die Vornahme von Beurkundungen vorbehalten ist, sind für das Beurkundungsverfahren nach § 1 Abs. 2 BeurkG die Vorschriften des BeurkG anwendbar, die jedoch, soweit Regelungslücken bestehen, durch die Vorschriften des FamFG ergänzt werden.[89] Die Urkundssachen sind nach § 3 Nr. 1 f RPflG im vollen Umfang den **Rechtspflegern** übertragen. Steht die Errichtung von Urkunden im engen Zusammenhang mit der Durchführung eines gerichtlichen Verfahrens, ergibt sich die Zuständigkeit des Rechtspflegers oder Richters nach der allgemeinen Abgrenzung zwischen deren Tätigkeitsbereichen. Hiernach ist der Rechtspfleger nach § 3 Nr. 2 c RPflG beispielsweise für die Beurkundung einer Vereinbarung betr. eine Nachlassauseinandersetzung nach § 366 zuständig (siehe auch § 366 Rn 38), während die Beurkundung einer Dispache nach § 406 dem Richter vorbehalten ist (§ 17 Nr. 3 RPflG).

47 Das Beurkundungsgesetz gliedert sich in sechs Abschnitte. Die ersten vier Abschnitte (§§ 1–54 BeurkG) enthalten eine zusammenhängende Regelung des Beurkundungsverfahrens. Aus dem ersten Abschnitt ergeben sich Regeln über den Anwendungsbereich des Beurkundungsgesetzes (§§ 1, 2 BeurkG) und allgemeine Vorschriften, die gleichermaßen für alle Arten der Beurkundung gelten (§ 3 BeurkG: Verbot der Mitwirkung des Notars an einer Beurkundung aus persönlichen Gründen; § 4 BeurkG: Ablehnung der Beurkundung aus sachlichen Gründen; § 5 BeurkG Urkundssprache). Im zweiten Abschnitt finden sich Vorschriften über die Beurkundung von Willenserklärungen (§§ 6–26 BeurkG) einschließlich der besonderen Vorschriften für die Beurkundung einer Verfügung von Todes wegen (§§ 27–35 BeurkG). Der dritte Abschnitt (§§ 36–43 BeurkG) enthält Vorschriften über sonstige Beurkundungen, insbesondere auch über die Beglaubigung von Unterschriften und Abschriften.

48 Der vierte Abschnitt (§§ 44–54 BeurkG) befasst sich mit der Behandlung notarieller Urkunden nach deren Errichtung und eröffnet in **§ 54 Abs. 1 BeurkG** die Möglichkeit der Beschwerde gegen die Versagung bestimmter Amtshandlungen des Notars, etwa die Ablehnung der Erteilung einer Vollstreckungsklausel nach § 52 BeurkG), einer Amtshandlung nach § 45 BeurkG (Aushändigung der vom Notar verwahrten Urschrift), nach § 46 BeurkG (Ersetzung der Urschrift) oder nach § 51 BeurkG (Erteilung einer Ausfertigung oder Abschrift und Gewährung der Einsichtnahme), über die nach § 54 Abs. 2 BeurkG die §§ 58 ff. FamFG gelten (siehe dazu § 58 Rn 80).

49 Der sechste Abschnitt des Gesetzes (§§ 55–71 BeurkG) enthält Schlussvorschriften, die sich insbesondere auf das Verhältnis des Beurkundungsgesetzes zu konkurrierendem Bundes- und Landesrecht beziehen und übergangsrechtliche Fragen in Bezug auf Urkunden behandeln, die vor Inkrafttreten des Beurkundungsgesetzes errichtet worden sind und dessen Anforderungen nicht genügen. Zudem enthalten die §§ 54 a bis 54 e BeurkG gesetzliche Regelungen, die sich auf das notarielle Verwahrungsgeschäft (§ 23 BNotO) beziehen.[90]

---

[84] BayObLG FGPrax 2000, 79; OLG Hamm FGPrax 1996, 199.
[85] BGBl. I S. 1513.
[86] Winkler § 1 Rn 39.
[87] Winkler § 1 Rn 40.
[88] Winkler § 1 Rn 46.
[89] Winkler § 1 Rn 63 noch zum FGG.
[90] Zu den Grundzügen der Regelung siehe Brambring FGPrax 1998, 201/203.

IV. Gerichtsbarkeit

3. Dienstordnung für Notarinnen und Notare

Grundlage für die Amtsführung der Notare ist neben den gesetzlichen Vorschriften, **50** insbesondere der BNotO und des BeurkG, die Dienstordnung für Notarinnen und Notare (DONot).[91] Sie ist eine einheitlich von den Justizverwaltungen der einzelnen Bundesländer vereinbarte und erlassene Verwaltungsvorschrift, deren Beachtung jedoch Amtspflicht der Notare ist.[92] Die nach Erlass des Beurkundungsgesetzes am 1. 8. bzw. 1. 9. 1970 in Kraft getretene Dienstordnung ist nach Änderungen zum 1. 1. bzw. 1. 2. 1975 und zum 1. 1. bzw. 1. 2. 1985[93] zum 1. 9. 2001 neu gefasst worden.[94]

Die Dienstordnung[95] enthält Vorschriften zur Regelung des laufenden Betriebes der **51** Kanzlei eines Notars. U. a. finden sich Regeln über die Gestaltung und Anbringung eines Amts- und Namensschildes (§ 3 DONot). Aus § 5 DONot ergibt sich eine systematische und zusammenfassende Übersicht über alle von einem Notar zu führenden Bücher, Verzeichnisse, Akten und Übersichten und die dafür geltenden Aufbewahrungsfristen. In § 6 DONot wird der Grundsatz hervorgehoben, dass alle Unterlagen papiergebunden zu führen sind, dass dabei zwar eine EDV-Unterstützung zulässig ist, aber nur der Ausdruck der erfassten Daten den Anforderungen des notariellen Dienstrechts genügt und Gegenstand der Überprüfung der Amtsführung durch die Aufsichtsbehörden ist. § 17 DONot enthält nähere Regelungen, die bei der EDV gestützten Führung von Büchern und Verzeichnissen zu beachten sind.

§ 8 DONot enthält Regelungen für die Führung der Urkundenrolle und betont aus- **52** drücklich, dass alle Eintragungen zeitnah, spätestens 14 Tage nach der Beurkundung in ununterbrochener Reihenfolge vorzunehmen sind. Die §§ 10–12 DONot enthalten ins Einzelne gehende Vorschriften über die Führung des Verwahrungs- und Massenbuchs. Jede Einnahme und jede Ausgabe ist nach § 10 Abs. 2 DONot noch am Tage, an dem sie erfolgt ist, sowohl im Verwahrungsbuch als auch im Massenbuch einzutragen. Bei bargeldlosem Zahlungsverkehr sind die Eintragungen unter dem Datum des Eingangs der Kontoauszüge noch am Tage ihres Eingangs vorzunehmen. Nach § 15 DONot ist die Einhaltung von Mitwirkungsverboten des Notars nach dem Beurkundungsgesetz, z. B. nach § 3 BeurkG, zu dokumentieren. Aus den §§ 28 bis 31 DONot ergeben sich Einzelheiten, die bei der Herstellung notarieller Urkunden zu beachten sind. § 32 DONot bestimmt, dass jährliche Amtsprüfungen des Notars durch die Aufsichtsbehörde zu erfolgen haben.

4. Grundbuchordnung

Das **formelle Grundbuchrecht** ist ein Teilgebiet der freiwilligen Gerichtsbarkeit (vgl. **53** § 23a Abs. 2 Nr. 8 GVG). Es bleibt eigenständig in der Grundbuchordnung[96] geregelt. Durch das FamFG ergeben sich keine grundlegenden Veränderungen. Die GBO trat, soweit sie die Anlegung des Grundbuches betraf, zusammen mit dem FGG und dem BGB zum 1. 1. 1900 in Kraft. Dagegen traten die Regelungen, die das Eintragungsverfahren in die angelegten Grundbücher betrafen, erst zu dem Zeitpunkt in Kraft, der für den jeweiligen Grundbuchbezirk landesrechtlich bestimmt wurde (Art. 186 Abs. 1, 189 EGBGB).[97] Mit der Grundbuchreform von 1935[98] wurde das Grundbuchwesen mit Wirkung ab dem 1. 4. 1936 vereinheitlicht. Eine weitere umfassende Änderung insbesondere im Hinblick auf die Einrichtung eines EDV-unterstützten Grundbuches erfuhr die GBO im Jahre 1993 durch das Registerverfahrensbeschleunigungsgesetz.[99]

---

[91] Siehe dazu Starke in Beck'sches Notar-Handbuch, L Rn 1; Winkler, Einl. Rn 36.
[92] BGH DNotZ 1980, 181.
[93] Winkler Einl. Rn 36.
[94] Siehe dazu Mihn/Bettendorf DNotZ 2001, 22; zu den ergänzenden Änderungen, die in fast allen Bundesländern erlassen und verkündet worden sind, s. Bettendorf/Wegerhoff DNotZ 2005, 484.
[95] Zuletzt geändert worden in Jahre 2007; das Datum der Bekanntmachung in den einzelnen Ländern mit Fundstelle ergibt sich aus der Übersicht vor der DONot auf der Homepage der Bundesnotarkammer (http://www.bnotk.de).
[96] V. 3. 4. 1897 (RGBl. S. 139) i. d. F. v. 20. 5. 1898 (RGBl. S. 574).
[97] Zur Geschichte der GBO: Demharter FGPrax 1997, 5; Stewing Rpfleger 1989, 445.
[98] VO v. 5. 8. 1935 (RGBl. I S. 1065).
[99] G. v. 20. 12. 1993 (BGBl. I S. 2182). Zu den weiteren Änderungen nach der Neufassung der GBO s. Demharter Einleitung Rn 37–81.

54 Die GBO ergänzt das im BGB enthaltene materielle Grundstücksrecht und regelt die Einrichtung, die Führung der Grundbücher und ferner das Verfahren, das zu einer Eintragung im Grundbuch als öffentliches Buch über die Rechtsverhältnisse am Grundbesitz führt. Regelung zum formellen Grundbuchrecht finden sich zudem u. a. in der VO zur Durchführung der Grundbuchordnung (Grundbuchverfügung – GBV),[100] in der VO über die Anlegung und Führung der Wohnungs- und Teileigentumsgrundbücher (Wohnungsgrundbuchverfügung – WGV),[101] in der Verordnung über die Anlegung und Führung von Gebäudegrundbüchern (Gebäudegrundbuchverfügung – GGV),[102] in dem Grundbuchbereinigungsgesetz (GBBerG),[103] in der Verordnung über die Wiederherstellung zerstörter oder abhanden gekommener Grundbücher und Urkunden,[104] in dem Gesetz über Maßnahmen auf dem Gebiete des Grundbuchwesens (GBMaßnG),[105] in weiteren Sondervorschriften für die neuen Bundesländer[106] sowie in den landesrechtlichen Bestimmungen und Vorschriften über die geschäftliche Behandlung der Grundbuchsachen.[107]

5. Personenstandsgesetz

55 **Personenstand** ist das familienrechtliche Verhältnis einer Person zu einer anderen, wie es durch Geburt, Vaterschaftsanerkennung und -feststellung, Adoption, Vaterschaftsanfechtung, Eheschließung, Eheauflösung, Tod und Todeserklärung begründet sind. Die §§ 69, 70 FGG sind durch § 71 PStG a. F.[108] mit Wirkung vom 1. 7. 1938 außer Kraft gesetzt worden. Die Zuständigkeit der Gerichte und das gerichtliche Verfahren in Personenstandssachen sind seit diesem Zeitpunkt im PStG geregelt.[109] Das Personenstandsgesetz ist im Jahre 1957 und zuletzt durch Gesetz vom 19. 2. 2007[110] umfassend geändert und neu gefasst worden. Das neue Gesetz will vor allem die elektronischen Möglichkeiten der Registerführung und der Kommunikation mit den Beteiligten und den Behörden nützen.[111] Es gilt in der jetzigen Fassung seit dem 1. 1. 2009. Zum PStG, welches durch Art. 12 FGG-RG nur geringfügige Veränderungen erfahren hat, ist die VO zur Ausführung des Personenstandsgesetzes (PStV) vom 22. 11. 2008 erlassen worden.[112]

56 Die Gerichte der freiwilligen Gerichtsbarkeit (in erster Instanz das AG) sind **Kontrollorgan für die Tätigkeit des Standesbeamten.** Hinsichtlich des gerichtlichen Verfahrens enthalten die §§ 48 ff. PStG einige Vorschriften. Im Übrigen finden die Regelungen des FamFG Anwendung (§ 51 Abs. 1 PStG). Gerichtliche Personenstandssachen sind keine Familiensachen, sondern Angelegenheit der freiwilligen Gerichtsbarkeit. Während der Standesbeamte (Beamter der Kommunalverwaltung) in den gerichtlichen Verfahren grundsätzlich nicht formell oder materiell Beteiligter ist, legt das PStG für die Standesamtsaufsicht eine Antragsbefugnis sowie – unabhängig von den Voraussetzungen des § 59 FamFG – eine allgemeine Beschwerdebefugnis fest (§ 53 Abs. 2 PStG).

6. Landwirtschaftsverfahrensgesetz

57 Für den Bereich der Landwirtschaft gab es nach dem Inkrafttreten des FGG kein einheitliches Verfahrensrecht. Vielmehr waren die Angelegenheiten auf Grund der Vorbehalte in den §§ 59 ff. EGBGB weiterhin landesrechtlich unterschiedlich geregelt. Eine reichseinheitliche Regelung wurde erstmals im Jahre 1940 mit der Reichspachtschutzord-

---

[100] V. 24. 1. 1995 (BGBl. I S. 114); abgedruckt bei Demharter Anhang 1.
[101] V. 24. 1. 1995 (BGBl. I S. 134); abgedruckt bei Demharter Anhang 2.
[102] V. 15. 7. 1994 (BGBl. I S. 1606); abgedruckt bei Demharter Anhang 3.
[103] V. 20. 12. 1993 (BGBl. I S. 2182/2192); abgedruckt bei Demharter Anhang 4.
[104] V. 26. 7. 1940 (RGBl. I S. 1048; BGBl. III 315–1–4); abgedruckt bei Demharter Anhang 5.
[105] V. 20. 12. 1963 (BGBl. I S. 986); abgedruckt bei Demharter Anhang 6.
[106] S. die Übersicht bei Schöner/Stöber Rn 32 a.
[107] S. die Übersicht bei Schöner/Stöber Rn 32.
[108] G v. 3. 11. 1937.
[109] Zu dem gerichtlichen Verfahren in Personenstandssachen siehe ausführlich Sternal 15. A. Vorb § 71 FGG Rn 1–78.
[110] BGBl. I S. 122.
[111] Vgl. Bornhofer StAZ 2007, 33; Gaaz FamRZ 2007, 1057.
[112] BGBl. I S. 2263.

IV. Gerichtsbarkeit   58–61 **Einl.**

nung[113] geschaffen, die hinsichtlich des Verfahrens auf die Vorschriften des FGG verwies. Nach dem 2. Weltkrieg wurde das Verfahren und die Zuständigkeiten in Grundstücksverkehrssachen, Pachtsachen sowie Anerbensachen zunächst erneut durch die Länder geregelt. Mit dem Inkrafttreten des Gesetzes über das gerichtliche Verfahren in Landwirtschaftssachen[114] (LwVG) am 1. 10. 1953 erfolgte eine einheitliche Verfahrensregelung hinsichtlich bestimmter, in § 1 aufgezählter Angelegenheiten des Landwirtschaftsrechts. Das Gesetz, welches durch Art. 43 FGG-RG in nicht unerheblichem Umfange geändert wird, regelt im Wesentlichen die Einrichtung von Landwirtschaftsgerichten, deren Zuständigkeiten und Besetzung sowie teilweise die Ausgestaltung des Verfahrens. Soweit das Gesetz keine eigenständigen Vorschriften enthält, wird ergänzend auf das FamFG verwiesen (§ 9 LwVG).

7. Kostenordnung

Das Gesetz über die Kosten in Angelegenheiten der freiwilligen Gerichtsbarkeit (Kostenordnung – KostO)[115] in der Fassung vom 26. 7. 1957[116] regelt in seinem Ersten Teil (§§ 1–139) die Erhebung der **Gerichtskosten** (Gebühren und Auslagen) **im Verfahren der freiwilligen Gerichtsbarkeit,** die nach § 1 KostO mangels anderweitiger bundesrechtlicher Regelungen nur nach diesem Gesetz erhoben werden dürfen. Seine Vorschriften beziehen sich insbesondere auf die im FamFG selbst geregelten Angelegenheiten, soweit nicht das FamGKG Anwendung findet (siehe Rn 27), aber auch auf Verfahren, die außerhalb des FamFG geregelt sind, z. B. das Verfahren in Beurkundungssachen (§§ 36–59 KostO) oder das Verfahren in Grundbuchsachen (§§ 60–78 KostO).   58

In den landesrechtlichen Angelegenheiten der freiwilligen Gerichtsbarkeit haben die Länder auch für das Kostenrecht eine eigene Gesetzgebungskompetenz, wenn die KostO insoweit keine Gebührenvorschriften enthält oder das Geschäft ausdrücklich gebührenfrei stellt.[117] Darüber hinaus gilt Landesrecht nur, soweit das Bundesrecht es ausdrücklich zulässt,[118] beispielsweise in § 11 Abs. 2 S. 2 KostO für landesrechtliche Vorschriften, durch die eine persönliche oder sachliche Befreiung von Gebühren gewährt wird.[119]   59

Der Bundesjustizminister und die Landesjustizverwaltungen haben zu den Kostengesetzen teilweise Ausführungsvorschriften erlassen, u. a. die Kostenverfügung vom 1. 3. 1976, die zum 1. 4. 1976 bundeseinheitlich in Kraft getreten und mehrfach geändert worden ist.[120] Das Rechtsmittelverfahren nach § 14 Abs. 3 bis 9 KostO ist, wenn es um den Ansatz von Kosten in einer Angelegenheit der freiwilligen Gerichtsbarkeit geht, selbst ein Verfahren der freiwilligen Gerichtsbarkeit.[121] Die gesamte Kostenordnung soll in der 17. Legislaturperiode grundlegend neu gefasst werden.[122]   60

Die **Kosten der Notare** sind im 2. Teil der KostO (§§ 140–157) geregelt. Im Übrigen werden die Kosten für die Amtstätigkeit der Notare auf Grund der §§ 20–24 BNotO nach § 141 KostO in entsprechender Anwendung des 1. Teils der KostO berechnet, soweit der 2. Teil keine Sondervorschriften enthält. Eine Sonderregelung besteht insoweit nach den §§ 142, 143 KostO.[123] Für die Kostenberechnung der Notare sind nach § 143 Abs. 1 KostO die dort im Einzelnen bezeichneten Vorschriften des 1. Teils der KostO nicht anwendbar. Sie berechnen ihre Kosten unter Berücksichtigung von § 154 KostO. Einwendungen gegen ihre Kostenberechnung sind im Verfahren nach § 156 KostO geltend zu machen (siehe dazu § 58 Rn 86).   61

---

[113] RGBl. I S. 1065.
[114] G v. 21. 7. 1953 (BGBl. I S. 667).
[115] Zur Entstehungsgeschichte der KostO s. Korintenberg/Reimann Einf Rn 1; Rohs/Wedewer/Waldner Einl. vor § 1 Rn 1.
[116] BGBl. I S. 960.
[117] Korintenberg/Lappe § 1 Rn 8; § 158 Rn 3.
[118] Korintenberg/Lappe § 1 Rn 8.
[119] Zu der Gerichtskostenbefreiung siehe die umfassende Übersicht bei Korintenberg/Hellstab Anh C.
[120] Abgedruckt bei Hartmann Teil VII, Abschnitt A; siehe auch Korintenberg/Hellstab Anh D.
[121] BayObLGZ 1981, 264; KG OLGZ 1979, 156; Habscheid § 38 I 2.
[122] Pressemitteilung des BMJ v. 10. 2. 2009.
[123] Siehe dazu Korintenberg/Bengel/Tiedtke §§ 142, 143 Rn 1.

Einl. 62–66

62 Der 2. Teil der KostO ist nicht anwendbar, soweit die Notare in Baden-Württemberg Aufgaben des Grundbuchamts, des Nachlass- oder Betreuungsgerichts wahrnehmen. Für deren Tätigkeit werden Kosten nach dem 1. Teil der KostO (§§ 1–139 KostO) bzw. die §§ 158 ff. KostO erhoben.[124] Soweit die Kosten für die Tätigkeit der Amts- und Bezirksnotare in Baden-Württemberg zur Staatskasse erhoben werden, entscheidet nach § 142 KostO das AG ihres Amtssitzes über eine Erinnerung gegen ihren Kostenansatz (§ 14 Abs. 2 KostO)[125] und nimmt nach § 31 KostO die Festsetzung des Geschäftswerts vor.

V. Verhältnis des FamFG zum Bundes- und Landesrecht

63 Das Verhältnis des FamFG zu den übrigen Gesetzen ist in § 485 durch Bezugnahme auf Art. 50 EGBGB geregelt; hiernach bleiben die Vorschriften der Reichs- bzw. nunmehr Bundesgesetze auch, soweit sie Verfahrensvorschriften in Angelegenheiten der freiwilligen Gerichtsbarkeit enthalten, in Kraft; sie sind nur insoweit außer Kraft getreten, als sich aus den Vorschriften des FGG bzw. nunmehr des FamFG ihre Aufhebung ergibt. Zu den weiteren Einzelheiten wird auf die Erläuterung zu § 485 verwiesen. Nach § 486 Abs. 2 bleibt dem Landesgesetzgeber der Erlass von Ausführungs- oder Ergänzungsvorschriften zum FamFG vorbehalten. Hiervon haben die Länder teilweise Gebrauch gemacht. Zu den Einzelheiten siehe die Ausführungen zu § 486 sowie die dort auszugsweise abgedruckten landesrechtlichen Vorschriften.

64 Schließlich ergeben sich aus dem FamFG die notwendigen Verfahrensvorschriften zur Durchführung von Bundesgesetzen. Der Landesgesetzgebung sind in § 486 Abs. 1 abweichende Bestimmungen für das Verfahren auf den Rechtsgebieten gestattet, die durch das EGBGB der Gesetzgebung der Länder vorbehalten worden sind (von Bedeutung für die freiwillige Gerichtsbarkeit sind vor allem noch Art. 137, 140, 147, 148 EGBGB). Darüber hinaus ist es der Landesgesetzgebung durch §§ 487, 488 erlaubt, mit der Wahrnehmung der dort genannten Angelegenheiten an Stelle der bundesrechtlich zuständigen Gerichte andere Behörden zu betrauen; deren Verfahren richtet sich jedoch ebenfalls nach den allgemeinen Vorschriften des FamFG (§ 488 Abs. 1). Zu den weiteren Einzelheiten siehe die Erläuterung zu §§ 486 bis 489.

VI. Organe in Verfahren nach dem FamFG

1. Gerichte

65 Die Familiensachen sowie die Angelegenheiten der freiwilligen Gerichtsbarkeit sind u. a. den Gerichten übertragen. Die Verfassung der Gerichte bestimmt sich nach dem GVG (siehe auch § 1 Rn 5). Die tätig werdenden Gerichte sind daher grundsätzlich die ordentlichen Gerichte, also AG, LG, OLG sowie der BGH (§ 12 GVG). Zur sachlichen Zuständigkeit der Gerichte siehe § 3 Rn 19 ff. Die im Verfahren der freiwilligen Gerichtsbarkeit sowie in Familiensachen entscheidenden Gerichtsabteilungen, Kammern und Senate, sind Teil der ordentlichen Gerichte mit einer besonderen, grundsätzlich ausschließlichen Zuständigkeit. Für ihre Besetzung ist das GVG maßgebend, soweit nicht Sondervorschriften bestehen, wie z. B. für die Landwirtschaftsgerichte.

66 Eine eigene Abteilung des AG und damit einen Spezialspruchkörper bilden die Familiengerichte (§ 23 b Abs. 1 GVG), die für die Familiensachen nach § 111 FamFG zuständig sind (vgl. § 23 a Abs. 1 Nr. 1 GVG; zu den Einzelheiten s. § 111 Rn 34 ff.), sowie die Betreuungsgerichte (§ 23 c Abs. 1 GVG), deren Zuständigkeit die Betreuungssachen (§§ 271 ff. FamFG), die Unterbringungssachen (§§ 312 ff.) und die betreuungsgerichtlichen Zuweisungssachen (§§ 340 f.) umfasst.

---

[124] Zu der Problematik der Gebühren der Notare in Baden-Württemberg unter Beachtung der Rechtsprechung des EuGH zur EG-Gesellschaftssteuerrichtlinie siehe Korintenberg/Bengel/Tiedtke Vor § 140 Rn 1.
[125] OLG Karlsruhe FGPrax 2007, 146.

VI. Organe in Verfahren nach dem FamFG   67–74 **Einl.**

2. Gerichtspersonen

Als Gerichtspersonen werden in Familiensachen sowie in Angelegenheiten der freiwilligen Gerichtsbarkeit tätig: 67
- **Berufsrichter,**[126] die die Befähigung zum Richteramt nach den §§ 5–7 DRiG erworben 68 haben und nach § 8 DRiG als Richter auf Lebenszeit (§ 10 DRiG), als Richter auf Probe (§ 12 DRiG) oder als Richter kraft Auftrags (§ 13 DRiG) berufen werden. Weist ein Gesetz eine Aufgabe dem Gericht zu, ist bei Fehlen einer anderweitigen Regelung stets der Richter zuständig;
- **ehrenamtliche Richter,**[127] die keine Richter im Sinne von § 8 DRiG sind, aber wie 69 diese bei ihrer richterlichen Tätigkeit unabhängig sind (§ 45 Abs. 1 DRiG) und an der Entscheidung mit gleichen Rechten und Pflichten wie die Berufsrichter mitwirken. Im Bereich der freiwilligen Gerichtsbarkeit sind ehrenamtliche Richter tätig:
  – als **Beisitzer in den Kammern für Handelssachen** (§§ 93 ff. GVG); sie führen nach § 45 a DRiG die Bezeichnung „Handelsrichter".
  – in den in § 1 LwVG aufgeführten **Landwirtschaftssachen** als Beisitzer beim AG, beim OLG und beim BGH (vgl. § 2 Abs. 2 LwVG).
- **Referendare,**[128] soweit sie mit der Wahrnehmung einzelner richterlicher Geschäfte 70 unter Aufsicht eines Richters betraut werden dürfen.
- **Rechtspfleger,**[129] deren Rechtsstellung als Organe der ordentlichen Gerichtsbarkeit 71 durch das Rechtspflegergesetz (RPflG) geregelt ist (zu den Einzelheiten siehe Rn 75 bis 96).
- **Urkundsbeamte der Geschäftsstelle,**[130] deren Rechtsstellung durch § 153 GVG und 72 § 26 RPflG geregelt ist. Zu den Einzelheiten siehe Rn 97 bis 101. Die Länder sind durch § 153 Abs. 4 GVG ermächtigt, Ausführungsvorschriften zu erlassen, die sich teilweise in Gesetzen, teilweise in Verwaltungsvorschriften finden.
- **Gerichtsvollzieher,** hinsichtlich deren Rechtsstellung und Aufgaben sich das GVG in 73 § 154 auf eine Grundsatzregelung beschränkt,[131] während es die Regelung der Einzelheiten ihrer Dienst- und Geschäftsverhältnisse, soweit sie im Landesdienst tätig sind, den Landesjustizverwaltungen überlässt. Sie ist durch die Gerichtsvollzieherordnung (GVO)[132] und die Geschäftsanweisung für Gerichtsvollzieher (GVGA)[133] erfolgt. Die GVGA gilt mit weiteren Änderungen in der seit dem 1. 5. 1999 geltenden Fassung. Es handelt sich hierbei um Verwaltungsvorschriften der Justizverwaltungen, die die vom Gerichtsvollzieher bei seiner Amtstätigkeit zu beachtenden gesetzlichen Vorschriften erläutern, die aber nur insoweit verbindlich sind, wie sie mit dem Gesetz in Einklang stehen.[134]
- **Justizwachtmeister,** denen im Verfahren der freiwilligen Gerichtsbarkeit nach § 15 74 Abs. 2 S. 1 FamFG i. V. m. 168 Abs. 1 ZPO die Vornahme von Amts wegen vorzunehmender Zustellungen und deren Beurkundung obliegt. Dagegen sind sie grundsätzlich nicht zur Anwendung von unmittelbaren Zwang nach § 90 berechtigt,[135] da sie keine Vollstreckungsbeamten im Sinne dieser Vorschrift sind.[136] Nach Bundesrecht (§ 154 GVG) sind Vollstreckungsbeamte vielmehr ausschließlich die Gerichtsvollzieher, sofern das Landesrecht nicht ausdrücklich weitere Vollstreckungsbeamte bestimmt.[137]

---

[126] Rosenberg/Schwab/Gottwald § 23 Rn 2.
[127] Rosenberg/Schwab/Gottwald § 23 Rn 28.
[128] Vgl. Kissel/Mayer § 10 Rn 1.
[129] Rosenberg/Schwab/Gottwald § 25 Rn 1.
[130] Rosenberg/Schwab/Gottwald § 25 Rn 7.
[131] Vgl. dazu Rosenberg/Schwab/Gottwald § 26 Rn 1.
[132] Der aktuelle Stand findet sich in Schönfelder, Deutsche Gesetze, Ergänzungsband, Nr. 109 a.
[133] Der aktuelle Stand findet sich in Schönfelder, Deutsche Gesetze, Ergänzungsband, Nr. 109.
[134] OLG Hamm DGVZ 1977, 40.
[135] So auch Bassenge/Roth/Gottwald § 90 Rn 9; a. A. Bumiller/Harders § 90 Rn 5.
[136] Schüler DGVZ 1977, 133.
[137] So beispielsweise kann nach Art. 19 Abs. 1 HessFGG das Gericht auch einen Gerichtswachtmeister beauftragen.

3. Überblick über das Rechtspflegerrecht

75 **a) Stellung des Rechtspflegers.** Durch § 9 RPflG ist im Gesetz ausdrücklich die sachliche Unabhängigkeit des Rechtspflegers hervorgehoben worden, obwohl diese – anders als die des Richters – nicht ausdrücklich durch die Verfassung (Art. 97 GG) garantiert ist. Die sachliche Unabhängigkeit des Rechtspflegers bedeutet, dass er seine Entscheidungen frei von Weisungen Dritter, allein dem Gesetz verpflichtet, nach seiner eigenen Überzeugung zu treffen hat.[138] Insoweit obliegt es auch dem Rechtspfleger, an der schwierigen Aufgabe der Rechtsfortfindung durch Rechtsfortbildung mitzuwirken. Daher muss er sich bei seiner Arbeit stets bewusst machen, ob nach § 5 Abs. 1 Nr. 1 RPflG Anlass besteht, eine Sache dem Richter vorzulegen, damit dieser ggf. nach Art. 100 GG eine verfassungsgerichtliche Entscheidung über die Gültigkeit eines Gesetzes herbeiführen kann.

76 Umstritten ist die Frage, inwieweit der Rechtspfleger Richter im Sinne der Art. 92, 101 Abs. 1 S. 2 GG ist.[139] De lege lata ist der Rechtspfleger nicht als Richter im Sinne dieser Vorschriften anzusehen, weil ihm die persönliche Unabhängigkeit fehlt, die für den Status eines hauptamtlich und planmäßig angestellten Richters nach Art. 97 Abs. 2, 98 GG unerlässlich ist;[140] ob er zum Rechtspfleger-Richter werden kann, muss der Gesetzgeber entscheiden. Nach seinem gegenwärtigen Status übt der Rechtspfleger öffentliche Gewalt im Sinne der Rechtsweggarantie des Art. 19 Abs. 4 GG aus.[141] Die allgemeine – über § 34 hinausgehende – Verpflichtung des Rechtspflegers, vor seiner Entscheidung die Betroffenen zu hören, ergibt sich deshalb nicht aus Art. 103 Abs. 1 GG, der nach Ansicht des BVerfG nur im Verfahren vor dem Richter einen Anspruch auf Gewährung des rechtlichen Gehörs begründet, sondern aus dem rechtsstaatlichen Grundsatz eines fairen Verfahrens.[142]

77 **b) Aufgaben des Rechtspflegers.** Durch das Rechtspflegergesetz (RPflG) vom 5. 11. 1969,[143] das durch das Dritte Gesetz zur Änderung des Rechtspflegergesetzes und anderer Gesetze vom 6. 8. 1998[144] grundlegend reformiert und durch Art. 23 FGG-RG geändert worden ist, sind dem Rechtspfleger zahlreiche Geschäfte vornehmlich im Bereich der freiwilligen Gerichtsbarkeit aber auch auf dem Gebiet der Familiensachen übertragen worden, die sich aus § 3 Nr. 1 a–h, Nr. 2 a–d RPflG, §§ 14–17 RPflG, § 3 Nr. 3 b i. V. m. § 21 Nr. 1, 2 RPflG (Festsetzungsverfahren), § 3 Nr. 3 e i. V. m. § 24 Abs. 1 Nr. 1 a, Abs. 2 Nr. 1 RPflG (Aufnahme von Erklärungen), § 3 Nr. 3 f i. V. m. § 24 a RPflG (Beratungshilfe), 3 Nr. 3 g i. V. m. § 25 RPflG (Familiensachen) und § 3 Nr. 3 h i. V. m. § 25 a RPflG (Verfahrenskostenhilfe) ergeben. Zu den Einzelheiten siehe Rn 78 bis 82.

78 *aa) Vollübertragung.* Die richterlichen Geschäfte in den unter **§ 3 Nr. 1 a–h RPflG** bezeichneten FamFG-Angelegenheiten sind dem Rechtspfleger voll übertragen, d. h. es besteht ausschließlich dessen funktionelle Zuständigkeit **(Vollübertragung)**.[145] Hierbei handelt es sich um
- die Vereinssachen nach den §§ 29, 37, 55 bis 79 BGB sowie nach §§ 374 bis 409 FamFG (§ 3 **Nr. 1 a** RPflG),
- die weiteren Angelegenheiten nach § 410 FamFG sowie §§ 84 Abs. 2, 189 VVG (§ 3 **Nr. 1 b** RPflG),
- die Aufgebotssachen nach §§ 433 ff. FamFG (§ 3 **Nr. 1 c** RPflG),
- die Pachtkreditsachen im Sinne des Pachtkreditgesetzes (§ 3 **Nr. 1 d** RPflG),
- die Güterrechtsregistersachen nach den §§ 1558 bis 1563 BGB sowie nach §§ 374 bis 409 FamFG, auch i. V. m. § 7 LPartG (§ 3 **Nr. 1 e** RPflG),

---
[138] Bassenge/Roth/Roth § 9 RPflG Rn 3.
[139] Bassenge/Roth/Roth Vor § 1 RPflG Rn 8.
[140] Maunz/Dürig/Herzog Art. 92 Rn 74, 82.
[141] Bundesverfassungsrichter Böhmer in seinem dissenting vote (BVerfGE 49, 228/241) zu dem Beschluss des BVerfG vom 27. 1. 1978 (BVerfGE 49, 220).
[142] BVerfGE 101, 397 = FGPrax 2000, 103; für die unmittelbare Anwendung von Art. 103 Abs. 1 GG: Bassenge/Roth/Roth Vor § 1 RPflG Rn 12 ff. m. w. N.
[143] BGBl. I S. 2065.
[144] BGBl. I S. 2030.
[145] Dallmayer/Eickmann § 3 Rn 12.

VI. Organe in Verfahren nach dem FamFG 79–80 **Einl.**

– die Urkundssachen (§ 3 **Nr. 1 f** RPflG), soweit dafür noch eine gerichtliche Zuständigkeit besteht,[146]
– die Verschollenheitssachen (§ 3 **Nr. 1 g** RPflG) und
– die Grundbuch-, Schiffsregister- und Schiffsbauregistersachen sowie die Sachen des Registers für Pfandrechte an Luftfahrzeugen (§ 3 **Nr. 1 h** RPflG).

bb) Vorbehaltsübertragung. Darüber hinaus besteht nach § 3 **Nr. 2 a–d RPflG** in weiteren 79
FamFG-Angelegenheiten nach dem FamFG, nämlich
– in Kindschafts- und Adoptionssachen sowie in entsprechenden Lebenspartnerschaftssachen nach den §§ 151, 186 und 269 FamFG (§ 3 **Nr. 2 a** RPflG),
– in Betreuungssachen sowie betreuungsgerichtlichen Zuweisungssachen nach den §§ 271 und 304 FamFG (§ 3 **Nr. 2 b** RPflG),
– in Nachlass- und Teilungssachen nach § 342 FamFG (§ 3 **Nr. 2 c** RPflG) und
– in Handels-, Genossenschafts- und Partnerschaftssachen sowie unternehmensrechtlichen Verfahren nach den §§ 374, 375 FamFG (§ 3 **Nr. 2 d**)
eine Zuständigkeit des Rechtspflegers, es sei denn, dass dem Richter nach § 14 RPflG für die Kindschafts- und Adoptionssachen, nach § 15 RPflG für die Betreuungssachen und die betreuungsgerichtlichen Zuweisungssachen, nach § 16 für die Nachlass- und Teilungssachen bzw. nach § 17 RPflG für die Registersachen und unternehmensrechtlichen Verfahren innerhalb dieser Sachgebiete die Bearbeitung einzelner Geschäfte vorbehalten ist (**Vorbehaltsübertragung**).[147] Insoweit sind nach § 19 RPflG die Landesregierungen ermächtigt, durch Rechtsverordnung im Gesetz näher geregelte Richtervorbehalte ganz oder teilweise aufzuheben.

Von dieser Möglichkeit haben die Landesjustizverwaltungen teilweise Gebrauch gemacht. 79a
Baden-Württemberg hat mit § 1 der VO vom 3. 12. 2004[148] die in § 17 Nr. 1 und Nr. 2 b RPflG bestimmten Richtervorbehalte aufgehoben. In **Bayern** sind mit VO vom 15. 3. 2006[149] die Richtervorbehalte des § 14 Abs. 1 Nr. 4 aufgehoben worden, soweit diese sich auf die Bestellungen eines Ergänzungsbetreuers und die Bestellung eines neuen Betreuers beziehen, sofern diese wegen Todes des bisherigen Betreuer erforderlich wird. **Hessen** hat mit VO vom 29. 10. 2008[150] die Richtervorbehalte in Nachlasssachen aufgehoben. In **Mecklenburg-Vorpommern** sind durch VO vom 11. 12. 2007[151] die Richtervorbehalte in nachlassgerichtlichen Verfahren aufgehoben worden. **Niedersachsen** hat mit § 16 h der VO vom 22. 1. 1998[152] in größerem Umfang von der Ermächtigung Gebrauch gemacht; ebenso **Rheinland-Pfalz** mit VO vom 15. 5. 2008.[153] **Thüringen** hat mit VO vom 20. 10. 2009[154] die in § 17 Nr. 1 und Nr. 2 b RPflG bestimmten Richtervorbehalte aufgehoben.

In Zweifelsfällen spricht in diesen Fällen eine Vermutung für die Zuständigkeit des 80
Rechtspflegers.[155] Soweit dem Richter nach den §§ 14–17 RPflG die Erledigung bestimmter Verfahren vorbehalten ist, darf er sich nicht auf deren abschließende Entscheidung beschränken, sondern muss selbst alle Verrichtungen vornehmen, die diese vorbereiten.[156] Die Übertragung der eine abschließende Entscheidung vorbereitenden Maßnahmen auf den Rechtspfleger wird bei solchen Geschäften durch das RPflG nicht gedeckt.[157] Dem Rechtspfleger darf deshalb auch nicht die Durchführung einer Beweisaufnahme zur Vorbereitung einer richterlichen Entscheidung übertragen werden.[158]

---

[146] Vgl. Winkler § 1 Rn 30.
[147] Dallmayer/Eickmann § 3 Rn 13.
[148] GBl. 919.
[149] GVBl. 170.
[150] GVBl. 927.
[151] GVOBl. 2008, 2.
[152] GVBl. 1998, 66.
[153] GVBl. 81.
[154] GVBl. 426.
[155] BayObLG Rpfleger 1982, 423; Rpfleger 1974, 328; Bassenge/Roth/Roth § 3 RPflG Rn 24.
[156] Bassenge/Roth/Roth § 3 RPflG Rn 24.
[157] OLG München Rpfleger 1980, 226 mit Anm. Eickmann Rpfleger 1980, 480; Dallmeyer/Eickmann § 3 Rn 14.
[158] BayObLG BWNotZ 1994, 14; OLG München Rpfleger 1980, 226 mit Anm. Eickmann Rpfleger 1980, 480.

81 cc) *Einzelübertragung.* Des Weiteren besteht nach § 3 Nr. 3 RPflG eine Zuständigkeit des Rechtspflegers durch **Einzelübertragung** für die Vornahme einzelner Amtsgeschäfte in Verfahren, für deren Bearbeitung im Übrigen der Richter funktionell zuständig ist.[159]

Für den Bereich des FamFG kommt hier einmal die Zuständigkeit des Rechtspflegers nach § 3 Nr. 3 b i. V. m. § 21 Nr. 1 RPflG für die Durchführung der Kostenfestsetzung nach den §§ 103 ff. ZPO in Betracht, die sowohl in FamFG-Angelegenheiten (§ 85 FamFG) als auch in besonderen Verfahren, z. B. in Landwirtschaftssachen (§ 45 Abs. 2 LwVG) entsprechend anwendbar sind. Außerdem obliegt dem Rechtspfleger nach § 3 Nr. 3 b i. V. m. § 21 Nr. 2 RPflG die Festsetzung der Vergütung für einen Verfahrensbevollmächtigten der Beteiligten nach § 11 RVG.

82 Nach § 3 Nr. 3 e i. V. m. § 24 Abs. 1 Nr. 1 a, Abs. Nr. 1 RPflG besteht eine Zuständigkeit des Rechtspflegers zur Aufnahme von Erklärungen. Weiterhin gehört zu den Aufgaben des Rechtspflegers nach § 3 Nr. 3 f i. V. m. § 24 a RPflG die Entscheidung über Anträge auf Gewährung von Beratungshilfe sowie die Erledigung der dem AG nach § 3 Abs. 2 BerHG zugewiesenen Geschäfte.

Schließlich hat der Rechtspfleger nach **§ 3 Nr. 3 g** i. V. m. § 25 RPflG Aufgaben in Familiensachen einschließlich der entsprechenden Lebenspartnerschaftssachen sowie nach § 3 Nr. 3 h i. V. m. § 25 a RPflG im Rahmen der Verfahrenskostenhilfe wahrzunehmen.

83 c) **Erledigung der Aufgaben.** Zur Erledigung der ihm übertragenen Geschäfte kann der Rechtspfleger grundsätzlich alle Maßnahmen treffen, die sich aus dem einschlägigen Verfahrensrecht ergeben. (§ 4 Abs. 1 RPflG). Ausgenommen sind: die Anordnung einer Beeidigung, die Abnahme eines Eides, die Anordnung oder Abnahme einer eidesgleichen Bekräftigung nach § 484 ZPO (§ 4 Abs. 2 Nr. 1 RPflG) und die Androhung oder Anordnung von Freiheitsentziehungen, insbesondere also von Ordnungshaft (§ 4 Abs. 2 Nr. 2 RPflG). Hält der Rechtspfleger eine Maßnahme im Sinne des § 4 Abs. 2 Nr. 1 oder Nr. 2 RPflG für geboten, so muss er die Sache dem Richter (§ 28 RPflG) vorlegen (§ 4 Abs. 3 RPflG).

84 d) **Vorlage nach § 5 RPflG.** Die Vorlagepflichten des Rechtspflegers an den Richter beschränken sich auf zwei Fälle:

(1) Nach § 5 Abs. 1 Nr. 1 RPflG muss der Rechtspfleger dem nach § 28 RPflG zuständigen Richter ein ihm übertragenes Geschäft vorlegen, wenn dessen weitere Bearbeitung nach Art. 100 GG die **Einholung einer Entscheidung des BVerfG** (vgl. dazu § 21 Rn 47) oder eines **LVerfG** erfordert, weil eine Vorlage an diese Gerichte zum Kernbereich der rechtsprechenden Gewalt gehört, die nach Art. 92 GG den Richtern anvertraut ist.[160] Die Vorlagepflicht des Rechtspflegers nach Abs. 1 Nr. 2 besteht auch, wenn in einer Rechtssache zweifelhaft ist, ob eine Regel des Völkerrechts Bestandteil des Bundesrechts ist und ob sie unmittelbare Rechte und Pflichten für den Einzelnen erzeugt.[161] Entsprechendes gilt für eine Vorlage an den EuGH nach Art. 267 AEUV (vgl. dazu § 21 Rn 60–67).

(2) Nach § 5 Abs. 1 Nr. 2 RPflG besteht eine Vorlagepflicht des Rechtspflegers, wenn zwischen dem von ihm zu bearbeitenden Geschäft und einem weiteren, von einem Richter zu bearbeitenden Geschäft ein so enger Zusammenhang besteht, dass die getrennte Erledigung dieser Geschäfte nicht sachdienlich ist. Schließlich hat der Rechtspfleger nach § 5 Abs. 2 RPflG eine Vorlagemöglichkeit wenn die Bearbeitung eines übertragenen Geschäfts die Anwendung ausländischen Rechts erfordert.

85 Erachtet der Rechtspfleger die im Gesetz vorgesehenen Voraussetzungen für gegeben, so ist er zur Vorlegung verpflichtet („hat"). Dies erfolgt durch einfache Verfügung, für die keine Mitteilungspflicht an die Beteiligten besteht, die aber zweckmäßigerweise kurz begründet wird.[162] Eine ihm vorgelegte Sache braucht der Richter nach **§ 5 Abs. 3 RPflG** nur solange zu bearbeiten, wie er es für erforderlich hält.[163] Eine Sache, die ihm nach § 5 Abs. 1 Nr. 1 RPflG vorgelegt worden ist, kann er deshalb sofort an den Rechtspfleger zurückgeben, wenn er die Einholung einer verfassungsgerichtlichen Entscheidung nach

---

[159] Dallmayer/Eickmann § 3 Rn 15.
[160] BVerfG NJW 1982, 2178; NJW 1981, 674.
[161] Bassenge/Roth/Roth § 5 RPflG Rn 5.
[162] Bassenge/Roth/Roth § 5 RPflG Rn 2.
[163] Bassenge/Roth/Roth § 5 RPflG Rn 10.

Art. 100 GG oder einer Vorlage nach Art. 267 AEUV nicht für erforderlich hält; er kann die Sache dem Rechtspfleger aber auch nach Einholung der verfassungsgerichtlichen Entscheidung zur weiteren Bearbeitung in eigener Zuständigkeit zurückgeben.

Ebenso kann er eine ihm nach **§ 5 Abs. 2 RPflG** vorgelegte Sache sofort an den Rechtspfleger zurückgeben, wenn nach seiner Auffassung die Anwendung ausländischen Rechts nicht in Betracht kommt. Selbst wenn er die Auffassung des Rechtspflegers über die Anwendung ausländischen Rechts teilt, darf er sich aber auch darauf beschränken, die sich daraus ergebenden Rechtsfragen zu beantworten, ohne die Sache selbst abschließend zu bearbeiten.[164] Legt der Rechtspfleger dem Richter eine Sache nach § 5 Abs. 1 Nr. 2 RPflG wegen des engen Zusammenhangs mit einem von diesem zu bearbeitenden Geschäfts vor, so kann der Richter die Übernahme wegen fehlenden Sachzusammenhangs ablehnen; die Ablehnung der Übernahme ist unanfechtbar. Bejaht der Richter dagegen den Zusammenhang der von ihm zu bearbeitenden Sache mit dem Geschäft des Rechtspflegers, so hat er die gesamte Angelegenheit nach § 6 RPflG in eigener Zuständigkeit zu bearbeiten.

Der Richter kann seinerseits die Vorlage einer von dem Rechtspfleger bearbeiteten Sache im Hinblick auf den engen Zusammenhang mit einem von ihm wahrzunehmenden Geschäft nach § 6 RPflG aber nicht erzwingen.[165] Hat der Richter dem Rechtspfleger eine ihm nach § 5 RPflG vorgelegte Sache zurückgegeben, so ist dieser an die ihm dabei mitgeteilte Rechtsauffassung in dem zur Vorlage führenden Verfahren gebunden;[166] diese Bindung schließt eine erneute Vorlage an den Richter jedenfalls ohne Veränderung der dem Verfahren zugrunde liegenden Tatsachen aus.[167] Ein **Verstoß gegen die Vorlegungspflicht** macht die Erledigung des Geschäfts durch den Rechtspfleger nicht unwirksam (§ 8 Abs. 3 RPflG).

Bei Streit oder Ungewissheit darüber, ob ein Geschäft vom Richter oder Rechtspfleger zu bearbeiten ist (Streit über die funktionelle Zuständigkeit im Einzelfall) entscheidet der Richter (§ 28) durch unanfechtbaren Beschluss (**§ 7 RPflG**). Bei Streit über die Voraussetzungen der Vorlagepflicht ist § 7 RPflG aber nicht anwendbar.[168]

e) **Zuständigkeitsüberschreitung.** Die Folgen der Zuständigkeitsüberschreitung regelt § 8 RPflG in folgender Weise: Eine Zuständigkeitsüberschreitung durch den Richter berührt die Wirksamkeit des von ihm zu Unrecht bearbeiteten Geschäfts nicht und führt auch nicht zu dessen Anfechtbarkeit (**§ 8 Abs. 1 RPflG**).[169] Hat der Rechtspfleger ein Geschäft wahrgenommen, dessen Wahrnehmung ihm der Richter nach dem RPflG übertragen konnte, z.B. die Erteilung eines Erbscheins nach § 16 Abs. 2 RPflG,[170] so ist das Geschäft nicht deshalb unwirksam, weil die Übertragung unterblieben ist[171] oder deren Voraussetzungen im Einzelfall nicht vorgelegen haben (**§ 8 Abs. 2 RPflG**).

Hat der Rechtspfleger einen Erbschein auf Grund gesetzlicher Erbfolge nach deutschem Recht erteilt, so ist dieser nicht unrichtig, auch wenn für die Entscheidung über dessen Erteilung an sich der Richter zuständig gewesen wäre, weil ein Beteiligter das Vorliegen eines Testaments behauptet hatte. Dem Rechtspfleger hätte nämlich auch in diesem Fall die Erteilung des Erbscheins unter den Voraussetzungen des § 16 Abs. 2 RPflG übertragen werden dürfen.[172]

Ein Geschäft ist auch nicht deshalb unwirksam, weil der Rechtspfleger es entgegen § 5 Abs. 1 RPflG nicht dem Richter vorgelegt hat (**§ 8 Abs. 3 RPflG**). In diesem Fall unterliegt aber der vom Rechtspfleger erteilte Erbschein der Anfechtung, wie sich aus dem unterschiedlichen Wortlaut von § 8 Abs. 1, Abs. 5 RPflG einerseits und § 8 Abs. 3 RPflG andererseits und auch daraus ergibt, dass ein Entzug des gesetzlichen Richters durch ein nichtrichterliches Organ erfolgt ist, obwohl grundsätzlich sogar die Entscheidung durch

---

[164] Bassenge/Roth/Roth § 5 RPflG Rn 10.
[165] Vgl. Bassenge/Roth/Roth § 6 RPflG Rn 1.
[166] Bassenge/Roth/Roth § 5 RPflG Rn 10.
[167] BGH WM 1968, 1374; Bassenge/Roth/Roth § 5 RPflG Rn 10.
[168] Bassenge/Roth/Roth § 7 RPflG Rn 2.
[169] Bassenge/Roth/Roth § 8 RPflG Rn 2.
[170] Bassenge/Roth/Roth § 16 RPflG Rn 11.
[171] Vgl. dazu Bassenge/Roth/Roth § 16 RPflG Rn 11.
[172] BayObLG FamRZ 1997, 1370.

einen unzuständigen Richter verfahrensfehlerhaft ist und aus diesem Grunde mit Erfolg angefochten werden kann.[173]

92 Hat aber der Rechtspfleger ein Geschäft des Richters wahrgenommen, das ihm nach dem RPflG weder übertragen worden ist noch übertragen werden konnte, so ist dieses unwirksam **(8 Abs. 4 S. 1 RPflG)**.[174] Die Entscheidung ist nichtig; sie ist nicht verbindlich und entfaltet keine Rechtswirkungen.[175] Da diese gleichwohl existent ist, muss sie aufgehoben werden. Eine Überprüfung durch das Beschwerdegericht scheitert nicht an dem Ausschluss der Zuständigkeitsrüge nach § 65 Abs. 4. Hiervon erfasst wird grundsätzlich auch die Prüfung der funktionellen Zuständigkeit (siehe dazu § 65 Rn 18).[176] Gemeint ist die funktionellen Zuständigkeit im Sinne der Verfahrenszuständigkeit (z. B. Entscheidung durch die Zivilabteilung anstelle des Familiengerichts). Demgegenüber unterliegt die Überschreitung der funktionellen Zuständigkeit durch den Rechtspfleger der Aufhebung das Rechtsmittelgericht unabhängig von ihrer inhaltlichen Richtigkeit.[177] Die Unwirksamkeit eines Geschäfts nach § 8 Abs. 4 S. 1 RPflG tritt aber dann nicht ein, wenn es dem Rechtspfleger durch eine Entscheidung nach **§ 7 RPflG** vom Richter zugewiesen worden ist (§ 8 Abs. 4 S. 2 RPflG). Das von dem Rechtspfleger auf Grund der fehlerhaften Zuweisung vorgenommene Geschäft ist allerdings anfechtbar.[178]

92 a Schließlich wird die Wirksamkeit eines Geschäfts des **Urkundsbeamten der Geschäftsstelle** nicht dadurch berührt, dass es der Rechtspfleger wahrgenommen hat **(§ 8 Abs. 5 RPflG)**. Die Entscheidung des Rechtspflegers kann wegen der Kompetenzüberschreitung nicht mit Erfolg angefochten werden.[179] Im Übrigen richtet sich die Anfechtung auch in diesem Fall nach § 11 Abs. 2 RPflG und nicht nach den für die Anfechtung der Geschäfte des Urkundsbeamten der Geschäftsstelle geltenden Vorschriften.[180] Überschreitet der Urkundsbeamte der Geschäftsstelle seine Zuständigkeit, indem er Aufgaben des Rechtspflegers oder sogar des Richters wahrnimmt, so führt dies zur Unwirksamkeit.[181] Die Unwirksamkeit kann mit der Erinnerung nach § 573 ZPO geltend geamcht wirden, über die der Rechtspfleger entscheidet.

93 **f) Anfechtung der Entscheidungen.** Nach § 11 Abs. 1 RPflG ist gegen Entscheidungen des Rechtspflegers das nach dem allgemeinen Verfahrensrecht zulässige Rechtsmittel gegeben; das ist im Verfahren der freiwilligen Gerichtsbarkeit die befristete Beschwerde nach §§ 58 ff. oder die sofortige Beschwerde in entsprechender Anwendung der §§ 567 bis 572 ZPO. Zu den Einzelheiten siehe die Erläuterungen zu § 58. Bei einer Unanfechtbarkeit einer Entscheidung nach dem allgemeinen Verfahrensrecht unterliegt die Entscheidung des Rechtspflegers der befristeten Erinnerung nach § 11 Abs. 2 RPflG. Zu den näheren Einzelheiten wird auf die Ausführungen im Anhang zu § 58 Rn 2 verwiesen. Die Entscheidung des Richters nach § 11 Abs. 2 S. 3 RPflG soll ausnahmsweise mit der Folge ihrer Aufhebung angefochten werden können, wenn sie auf der irrigen Annahme der Unanfechtbarkeit der Rechtspflegerentscheidung beruht.[182]

94 Trotz ihrer **Unanfechtbarkeit** ist gegen die in § 11 Abs. 3 RPflG genannten Entscheidungen eine Erinnerung nach § 11 Abs. 2 RPflG ausgeschlossen.[183] Zu beachten ist jedoch,

---

[173] Dallmayer in Dallmayer/Eickmann § 8 Rn 28, 31; Arnold/Meyer-Stolte/Herrmann § 5 Rn 8; a. A.: Eickmann in Dallmayer/Eickmann § 5 Rn 3; Bassenge/Roth/Roth § 5 RPflG Rn 3.
[174] Bassenge/Roth/Roth § 8 RPflG Rn 4.
[175] BGH MDR 2010, 1422; NJW-RR 2005, 1299; OLG Düsseldorf FGPrax 2011, 158; OLG München MDR 2001, 236; Bassenge/Roth/Roth § 8 RPflG Rn 4.
[176] So auch Haußleiter § 65 Rn 3; Holzer/Netzer § 65 Rn 21; Musielak/Borth § 66 Rn 4; Prütting/Helms/Abramenko § 65 Rn 20; Zöller/Heßer § 513; Zöller/Feskorn § 65 FamFG Rn 8.
[177] BGH MDR 2010, 1422; NJW-RR 2005, 1299; OLG Düsseldorf FGPrax 2011, 158.
[178] OLG Frankfurt NJW 1973, 289; Bassenge/Roth/Roth § 7 RPflG Rn 3, § 8 RPflG Rn 4.
[179] Bassenge/Roth/Roth § 8 RPflG Rn 5.
[180] BayObLG FGPrax 1997, 13; Rpfleger 1982, 172; KG Rpfleger 1972, 54; a. A.: OLG Hamm Rpfleger 1989, 319; Bassenge/Roth/Roth § 8 RPflG Rn 5.
[181] KG FGPrax 1999, 189; OLG Hamm NJW-RR 1987, 957; OLG Frankfurt Rpfleger 1991, 12; a. A. OLG Zweibrücken FamRZ 2003, 1942; NJW-RR 1997, 593; jew. für die Erteilung einer Vollstreckungsklausel.
[182] So Bassenge/Roth/Roth § 11 RPflG Rn 43; Schmidt FGPrax 1999, 206.
[183] Siehe dazu im Einzelnen Bassenge/Roth/Roth § 11 RPflG Rn 15 ff.

dass eine unzulässige Erinnerung gegen eine Eintragung im Grundbuch oder Schiffsregister häufig in eine Beschwerde mit dem Ziel der Eintragung eines Amtswiderspruchs oder der Vornahme einer Amtslöschung nach § 53 GBO oder § 56 SchRegO umgedeutet werden kann, die der Abhilfemöglichkeit durch den Rechtspfleger unterliegt. Dadurch und durch die Regelung des § 71 Abs. 2 GBO wird gegen die Entscheidung des Rechtspflegers in Grundbuch und Schiffsregistersachen die Möglichkeit einer richterlichen Überprüfung eröffnet, die den Anforderungen des Art. 19 Abs. 4 GG genügt.[184]

Ebenso muss die Erinnerung gegen die Erteilung eines Erbscheins, eines Testamentsvollstreckerzeugnisses oder eines Zeugnisses über die Fortsetzung einer Gütergemeinschaft ggf. in einen Antrag auf deren Einziehung umgedeutet werden. Auch gegen die in § 11 Abs. 3 RPflG nicht aufgeführten Verfügungen im Verfahren nach § 388, im Verfahren nach §§ 393 ff. sowie gegen bereits vollzogene Eintragungen im Handels-, Genossenschafts-, Vereins-, Partnerschafts- und Güterrechtsregister sowie im Register für Pfandrechte an Luftfahrzeugen ist trotz deren Unanfechtbarkeit die Erinnerung nach § 11 Abs. 2 RPflG ausgeschlossen.[185]

Gegen eine Verfügung nach § 388 ist ausschließlich der **Einspruch** zulässig; erst gegen dessen Verwerfung und die Festsetzung eines Zwangsgeldes, für die der Rechtspfleger nach § 3 Abs. 2 lit. d zuständig ist, ist die Beschwerde nach § 11 Abs. 1 RPflG i. V. m. § 381 FamFG möglich. Gegen die Ankündigung einer beabsichtigten Löschung ist lediglich Widerspruch zulässig; erst gegen die den **Widerspruch** zurückweisende Verfügung des Rechtspflegers ist die Beschwerde nach § 393 Abs. 3 S. 2 oder § 395 Abs. 3 i. V. m. § 393 Abs. 3 S. 2 gegeben. Eine unzulässige Erinnerung gegen eine Registereintragung kann ggf. in eine Anregung auf Durchführung eines Amtslöschungsverfahrens umgedeutet werden.[186] Im Verfahren auf Bewilligung von Beratungshilfe ist § 11 Abs. 3 RPflG nach § 24a Abs. 2 RPflG nicht anwendbar.[187]

4. Urkundsbeamte der Geschäftsstelle

Zu den Aufgaben des Urkundsbeamten der Geschäftsstelle im Rahmen seiner gerichtsverfassungsrechtlich verankerten Stellung als Organ der Rechtspflege gehören im FamFG-Verfahren u. a. die Bekanntmachung und Zustellung gerichtlicher Verfügungen nach § 15 Abs. 2 S. 1 FamFG i. V. m. § 168 ZPO, die Erteilung von Rechtskraftzeugnissen nach § 46, die Gewährung der nach § 13 bewilligten Akteneinsicht sowie die Erteilung und Beglaubigung von Abschriften aus den Akten, die Ladung der Beteiligten zu gerichtlichen Terminen, die Erteilung von Ausfertigungen gerichtlich verwahrter Urkunden nach § 48 BeurkG.[188] Der Urkundsbeamte ist nach den §§ 25, 64 Abs. 2 auch zur Aufnahme von Anträgen und Erklärungen zuständig.

§ 36b RPflG ermächtigt die Landesregierungen, durch Rechtsverordnung den Urkundsbeamten der Geschäftsstelle als weitere Aufgaben im Bereich der freiwilligen Gerichtsbarkeit die Geschäfte bei der Annahme von Testamenten und Erbverträgen zur amtlichen Verwahrung nach den §§ 346, 347 zu übertragen, die bisher nach § 3 Nr. 2 lit. b RPflG dem Rechtspfleger oblagen. Von dieser Ermächtigung ist teilweise von den Ländern Gebrauch gemacht worden.[189]

---

[184] BayObLG Rpfleger 1992, 147 mit Anm. Meyer-Stolte.
[185] Vgl. Bassenge/Roth/Roth § 11 RPflG Rn 15.
[186] OLG Hamm OLGZ 1967, 471; Bassenge/Roth/Roth § 11 RPflG Rn 18.
[187] Zu den Möglichkeiten einer Anfechtung der nach § 4 BerHG ergehenden Entscheidung s. Bassenge/Roth/Roth § 24a RPflG Rn 7.
[188] Bärmann § 6 V 3.
[189] Baden-Württemberg durch VO vom 27. 11. 2002 (GBl. 492); Bayern durch § 6 der VO vom 1. 2. 2005 (GVBl. 40); Bremen durch VO vom 22. 3. 2006 (GBL. 193); Hamburg durch VO vom 18. 5. 2005 (GVBl. 200); Hessen durch VO vom 8. 10. 2003 (GVBl. I S. 290) begrenzt bis zum 31. 12. 2009; Niedersachsen durch VO vom 4. 7. 2005 (GVBl. 223); Rheinland-Pfalz durch § 2 der VO vom 15. 5. 2008 (GVBl. 81); Sachsen-Anhalt durch VO vom 22. 9. 2004 (GVBl. 724); Thüringen durch VO vom 27. 5. 2003 (GVBl. 319) i. V. m. VO vom 10. 3. 2008 (GVBl. 66), die VO tritt mit Ablauf des 31. 3. 2013 außer Kraft.

99 Umfassende Aufgaben hat der Urkundsbeamte der Geschäftsstelle auch bei der Bearbeitung der **Register-** und **Grundbuchsachen**. In Handelsregistersachen obliegt es ihm nach § 8 HRV die Eintragungsverfügung des Richters oder Rechtspflegers, aus der sich nach § 27 HRV der Wortlaut der vorzunehmenden Eintragung ergeben muss, auszuführen, die Eintragung zu unterschreiben und die angeordneten Bekanntmachungen auszuführen. Außerdem hat er Berichtigungsvermerke nach § 17 Abs. 2 HRV vorzunehmen und zu unterschreiben. Nach § 29 HRV obliegt ihm weiter die Erteilung von Abschriften der Registereintragungen und der zum Register eingereichten Schriftstücke, die Erteilung und Beglaubigung von Zeugnissen und Bescheinigungen sowie von Ausdrucken nach § 9 Abs. 4, 5 HGB oder nach § 32 GBO sowie die Eintragung der Eröffnung des Insolvenzverfahrens im Register. Schließlich ist er für die Vorlage des Registers und der dazu eingereichten Schriftstücke auf der Geschäftsstelle nach § 10 HRV verantwortlich.

100 Entsprechende Aufgaben wie bei der Führung des Handelsregisters obliegen dem Urkundsbeamten der Geschäftsstelle bei der Führung des Genossenschaftsregisters,[190] des Vereinsregisters,[191] des Partnerschaftsregisters[192] sowie des Güterrechtsregisters.[193] sowie für die Erteilung von Ausdrucken und Bescheinigungen aus dem Unternehmensregister (§ 9 Abs. 5 HGB). Die Aufgaben des Urkundsbeamten der Geschäftsstelle in Grundbuchsachen ergeben sich aus den §§ 12 c, 44 Abs. 1, 56 Abs. 2 GBO.[194]

101 Gegen die **Weigerung des Urkundsbeamten**, Anträge und Erklärungen der Verfahrensbeteiligten zu Protokoll der Geschäftsstelle aufzunehmen, ist in entsprechender Anwendung des § 573 Abs. 1 ZPO die **Erinnerung** möglich (vgl. § 25 Rn 23). Über Anträge auf Änderung der Entscheidungen des Urkundsbeamten der Geschäftsstelle befindet im Rahmen seiner Zuständigkeit der Rechtspfleger;[195] in Grundbuchsachen der Richter (§ 12 c Abs. 4 GBO, str.).[196]

5. Notar

102 Neben den Gerichten nehmen die Notare wichtige Aufgaben der freiwilligen Gerichtsbarkeit wahr. Zur Beschreibung der Rechtsstellung der Notare und ihrer Aufgaben wird auf die Darstellung zu der Bundesnotarordnung, dem Beurkundungsgesetz sowie der Dienstordnung für Notarinnen und Notare (Rn 39) Bezug genommen.

6. Konsularbeamte

103 Nach § 2 des Gesetzes über die Konsularbeamten, ihre Aufgaben und Befugnisse (KonsularG) vom 11. 9. 1974,[197] welches durch Art. 20 des FGG-RG geändert worden ist, wirken diese im Rahmen der ihnen übertragenen konsularischen Aufgaben bei der Erledigung von Familiensachen sowie Angelegenheiten der freiwilligen Gerichtsbarkeit, insbesondere durch Beurkundungen, mit.[198] Diese Tätigkeit setzt bei Berufskonsularbeamten, die keine Befähigung zum Richteramt haben, nach § 19 KonsularG, bei Honorarkonsularbeamten nach § 24 KonsularG in jedem Fall allerdings eine besondere Ermächtigung durch das Auswärtige Amt voraus, die auf die Wahrnehmung bestimmter Aufgaben beschränkt werden kann. Nach § 10 Abs. 1 Nr. 1 KonsularG sind Konsularbeamte u. a. befugt, vor ihnen abgegebene Willenserklärungen und eidesstattliche Versicherungen zu beurkunden, wobei sie nach § 11 KonsularG letztwillige Verfügungen nur dann beurkunden sollen,

---

[190] Krafka/Willer/Kühn Rn 1866.
[191] Krafka/Willer/Kühn Rn 2106.
[192] Krafka/Willer/Kühn Rn 2030.
[193] Krafka/Willer/Kühn Rn 2309.
[194] Demharter § 12 c Rn 4.
[195] Bassenge/Roth/Roth § 4 RPflG Rn 17.
[196] Demharter § 12 c Rn 11; Hügel/Kral § 12 c Rn 23; Bauer/von Oefele/Budde § 71 Rn 3; KEHE/Eickmann § 12 c Rn 16; Meikel/Böttcher § 12 Rn 83; a. A. Zuständigkeit des Rechtspflegers: OLG Düsseldorf FGPrax 2011, 57; OLG München FGPrax 2011, 68; OLG Rostock FGPrax 2010, 180; OLG Schleswig Beschl. v. 12. 1. 2011 2 W 234/10 = BeckRS 2011, 01850; Schönke/Stöber Rn 47; Bauer/von Oefele/Maaß § 12 c Rn 18.
[197] BGBl. I S. 2317.
[198] S. dazu Bindseil DNotZ 1993, 5; Geimer DNotZ 1978, 3.

wenn der Erblasser Deutscher ist. Nach § 10 Abs. 1 Nr. 2 KonsularG obliegt ihnen auch die Beglaubigung von Unterschriften und Handzeichen sowie von Abschriften.

Für das von den Konsularbeamten bei einer Beurkundung zu beachtende Verfahren gilt nach § 10 Abs. 3 KonsularG im Wesentlichen das Beurkundungsgesetz. Die von ihnen aufgenommenen Urkunden, die nach § 10 Abs. 3 Nr. 1 KonsularG auf Verlangen auch in einer ausländischen Sprache errichtet werden können, stehen den Urkunden eines deutschen Notars gleich (§ 10 Abs. 2 KonsularG). Über die Beurkundungstätigkeit hinaus sind Konsularbeamte unter den in § 11 Abs. 3 KonsularG näher geregelten Voraussetzungen zur Eröffnung letztwilliger Verfügung berechtigt und nehmen auch insoweit Aufgaben der freiwilligen Gerichtsbarkeit wahr; das gilt auch, soweit sie nach § 12 Nr. 2 KonsularG zur Abnahme eidesstattlicher Versicherungen im Rahmen der Beantragung eines Erbscheins, eines Testamentsvollstreckerzeugnisses oder eines Zeugnisses über die Fortsetzung der Gütergemeinschaft berechtigt sind.

Soweit Konsularbeamte nach Maßgabe des § 8 KonsularG befugt sind, Anträge auf Beurkundung der Geburt oder des Todes eines Deutschen entgegenzunehmen, wenn sich der Personenstandsfall im Ausland ereignet und den Antrag mit den vorgelegten Unterlagen dem nach § 36 Abs. 2 PStG zuständigen Standesamt zu übersenden, gilt das FamFG nach § 1 FamFG jedoch nicht, da die Konsuln insoweit nach § 2 KonsularG eine Personenstandsangelegenheit des Standesbeamten wahrnehmen und damit als Behörde tätig werden.

7. Jugendämter

Jugendämter dürfen nach den §§ 59, 60 SGB VIII in den dort im Einzelnen bezeichneten Fällen neben den Notaren oder sonstigen zuständigen Stellen Beurkundungen vornehmen, insbesondere die Beurkundung eines Vaterschaftsanerkenntnisses nach § 1592 Nr. 2 BGB, der dazu erforderlichen Zustimmungserklärungen der Mutter und des Kindes nach § 1595 BGB sowie eines gesetzlichen Vertreters des Mannes, der Mutter und des Kindes nach § 1596 BGB oder die Beurkundung einer – ggf. vollstreckbaren – Verpflichtung zur Unterhaltszahlung an Unterhaltsberechtigte, die das 21. Lebensjahr noch nicht vollendet haben.[199] Darüber hinaus obliegt den Jugendämtern in dem Verfahren vor dem Familiengericht nach § 50 Abs. 1 SGB VIII eine umfassende Verpflichtung zur Unterstützung in allen die Sorge für die Person eines Kindes oder Jugendlichen betreffenden Angelegenheiten. Es hat in Kindschaftssachen (vgl. § 62), Abstammungssachen (vgl. § 176), Adoptionssachen (vgl. § 194), Ehewohnungssachen (vgl. § 205) und Gewaltschutzsachen (vgl. § 213) mitzuwirken und u. a. geeignete Personen oder Vereine für die Bestellung zum Vormund oder Pfleger (§ 53 Abs. 1 SGB VIII) vorzuschlagen.

8. Betreuungsbehörden

Die Betreuungsbehörden sind befugt, Unterschriften auf Vorsorgevollmachten oder Betreuungsverfügungen zu beglaubigen (§ 6 Abs. 2 BetreuungsbehördenG). Zudem obliegt ihnen die Mitwirkung im Betreuungsverfahren (vgl. § 279).

9. Standesämter

Standesämtern obliegt nach § 1 Abs. 2 PStG ausschließlich die Beurkundung des Personenstandes. Zudem sind sie für eine Reihe weiterer Beurkundungen bzw. Beglaubigungen zuständig (vgl. §§ 34 ff. PStG), ohne dass auch insoweit eine Bindung an die Vorschriften des Beurkundungsgesetzes besteht.[200]

10. Bürgermeister

Die Bürgermeister sind nach § 2249 bzw. § 2266 BGB für die Beurkundung von Nottestamenten zuständig.[201]

---

[199] Vgl. auch Winkler § 1 Rn 46.
[200] Winkler § 58 Rn 6.
[201] S. a. Winkler § 1 Rn 51.

11. Post

110 Die Bediensteten der Post (vgl. die Definition in § 168 Abs. 1 S. 2 ZPO) obliegt nach § 176 ZPO die Ausführung von Zustellungen und deren Beurkundung nach § 182 ZPO.

12. Landesrechtliche Zuständigkeiten

111 **a) Staatliche Notariate in Baden-Württemberg.** Zur Zuständigkeit der staatlichen Notariate in Baden-Württemberg zur Wahrnehmung von Angelegenheiten der freiwilligen Gerichtsbarkeit, die nach Bundesrecht den Gerichten übertragen sind, wird auf die Ausführungen in der 15. Auflage[202] verwiesen. Für das Verfahren der staatlichen Notariate gelten nach § 5 Abs. 1 Bad.-WürttLFGG[203] die Vorschriften des FamFG sowie des GVG, soweit nicht das Landrecht anderes bestimmt. Ergänzend sind die §§ 6–11 Bad.-Württ-LFGG anwendbar (§ 5 Abs. 2 Bad.-WürttLFGG).

112 **b) Gemeindebehörden.** Einzelne Aufgaben aus dem Bereich der freiwilligen Gerichtsbarkeit sind auf Grund Landesrechts in verschiedenen Bundesländern den Kommunalbehörden übertragen, z. B. den Ortsgerichten nach den §§ 13 ff. des Hess-OrtsgerichtsG,[204] die Beglaubigung von Unterschriften und Abschriften, die Aufnahme von Nachlassinventaren und Maßnahmen der Nachlasssicherung, den Gemeinden nach den Art. 10 ff. NdsFGG[205] Maßnahmen der vorläufigen Nachlasssicherung, den Ratsschreibern nach den §§ 3 Abs. 3, 32 Bad.-WürttLFGG[206] die Vornahme bestimmter, im Gesetz im Einzelnen bezeichneter Beurkundungen.

113 **c) Vermessungsbehörden.** Die Vorstände der Vermessungsbehörde oder die von ihnen beauftragten Beamten dürfen, sofern landesrechtliche Vorschriften dies vorsehen, Anträge auf Vereinigung oder Teilung von Grundstücken beurkunden und beglaubigen (vgl. § 61 Abs. 1 Nr. 6 BeurkG).

VII. Schrifttum[207]

114 Die nachfolgende Übersicht über das zum FamFG erschienenen Schrifttum soll einen weiteren Einstieg in die Regelungen des Gesetzes ermöglichen sowie Gelegenheit geben, einen Überblick über die im FamFG geregelten einzelnen Angelegenheiten zu gewinnen. Es wurde insbesondere aktuelle Literatur mit Bezug zur Praxis berücksichtigt. Das Verzeichnis erhebt keinen Anspruch auf Vollständigkeit.

1. Kommentare zum FamFG sowie FamGKG (Auswahl)

115 *Bahrenfuss*, FamFG – Gesetz über das Verfahren in Familiensachen und in den Angelegenheiten der freiwilligen Gerichtsbarkeit, 2009.
Bassenge/Roth, Gesetz über das Verfahren in Familiensachen und in den Angelegenheiten der freiwilligen Gerichtsbarkeit/Rechtspflegergesetz, 12. Aufl., 2009.
Binz/Dörndorfer/Petzold/Zimmermann, GKG, FamGKG, JVEG, 2. Aufl., 2009.
Bork/Jacoby/Schwab, FamFG, 2009.
Bumiller/Harders, FamFG, Freiwillige Gerichtsbarkeit, 10. Aufl., 2011.
Friederici/Kemper, Familienverfahrensrecht, 2009.
Hahne/Munzig, Beck'scher Online-Kommentar FamFG, Stand 1. 8. 2010.
Haußleiter, FamFG, 2011.
Holzer, FamFG Kommentar zu dem Gesetz über das Verfahren in Familiensachen und in den Angelegenheiten der freiwilligen Gerichtsbarkeit, 2011.

---

[202] Schmidt 15. A Einl. FGG Rn 15.
[203] Gesetz v. 12. 2. 1975 (BadWürttGBl. S. 116) in der Fassung vom 14. 8. 2010; abgedruckt bei § 486 Rn 4.
[204] Gesetz v. 6. 7. 1952 (GVBl. S. 124) i. d. F. v. 2. 4. 1980 (GVBl. I. S. 114), zuletzt geändert durch Art. 9 des Gesetzes vom 26. 3. 2010 (GVBl. I S. 114, 115); abgedruckt bei § 486 Rn 10.
[205] Gesetz v. 24. 2. 1971 (NdsGVBl. S. 43) in der Fassung des Art. 3 des Gesetzes vom 8. 12. 2010 (GVBl. 553); abgedruckt bei § 486 Rn 12.
[206] Gesetz v. 12. 2. 1975 (BadWürttGBl. S. 116) in der Fassung vom 14. 8. 2010; abgedruckt bei § 486 Rn 4.
[207] Eine umfangreiche Übersicht über das Schrifttum zum FGG sowie den einzelnen Angelegenheiten der freiwilligen Gerichtsbarkeit findet sich bei Schmidt 15. A. Einl FGG Rn 73–101.

VII. Schrifttum

Horndasch/Viefhues, Kommentar zum Familienverfahrensrecht, 2. Aufl. 2011.
Meyer, Gerichtskosten der streitigen Gerichtsbarkeiten und des Familienverfahrens, 12. Aufl., 2011.
Meysen, Das Familienverfahrensrecht – FamFG, 2009.
Münchener Kommentar zur Zivilprozessordnung, Band 4, FamFG, 2009.
Musielak/Borth, Familiengerichtliches Verfahren, 1. und 2. Buch FamFG, 2. Aufl. 2011.
Otto/Klüsener/Killmann, Die FGG-Reform: Das neue Kostenrecht, 2009.
Prütting/Helms, FamFG, 2009.
Schneider/Wolf/Volpert, Familiengerichtskostengesetz, 2009.
Schulte-Bunert/Weinreich, FamFG, 2. Aufl. 2010.

2. Handbücher, Lehrbücher, Übersichten (kleine Auswahl)

Brehm, Freiwillige Gerichtsbarkeit, 4. Aufl., 2009.
Dodegge/Roth, Betreuungsrecht, 3. Aufl., 2010.
Dosse, Einstweiliger Rechtsschutz in Familiensachen, 3. Aufl. 2010.
Eckebrecht/Große-Boymann/Gutjahr/Paul/Schael/v. Swieykowski-Trzaska/Weidemann, Verfahrenshandbuch Familiensachen, 2010.
Engelhardt, FamFG, Synopse zum FGG-Reformgesetz, 2. Aufl., 2010.
Firsching/Graba, Familienrecht, 1. Halbband, 7. Aufl., 2010.
Fölsch, Das neue FamFG in Familiensachen, 2. Aufl., 2009.
Garbe/Ulrich, Prozesse in Familiensachen, 2. Aufl., 2009.
Gernhuber/Coester-Waltjen, Familienrecht, Lehrbuch des Familienrechts, 6. Aufl., 2010.
Gießler/Soyka, Vorläufiger Rechtsschutz in Familiensachen, 5. Aufl., 2010.
Heinemann, FamFG für Notare mit Erläuterungen und Musterformulierungen, 2009.
Hoppenz, Familiensachen, 9. Aufl., 2009.
Johannsen/Henrich, Familienrecht, 5. Aufl., 2010.
Jürgens, Betreuungsrecht, 4. Aufl., 2010.
Jurgeleit, Betreuungsrecht, 2. Aufl., 2010.
Jurgeleit, FamFG, Handbuch des gesamten Rechts der Freiwilligen Gerichtsbarkeit, 2010.
Kemper, FamFG – FGG – ZPO, 2009.
Koritz, Das neue FamFG, 2009.
Krafka/Willer/Kühn, Registerrecht, 8. Aufl., 2010.
Krenzler/Borth, Anwaltshandbuch Familienrecht, 2010.
Kroiß/Seiler, Das neue FamFG, 2. Aufl., 2009.
Luthin/Koch, Handbuch des Unterhaltsrechts, 11. Aufl, 2010.
Marschner/Volckart/Lesting, Freiheitsentziehung und Unterbringung, 5. Aufl., 2010.
Meyer-Seitz/Frantzioch/Ziegler, Die FGG-Reform: Das neue Verfahrensrecht, 2009.
Probst, Betreuungs- und Unterbringungsverfahren, 2. Aufl., 2010.
Rahm/Künkel, Handbuch des Familiengerichtsverfahrens, Loseblattsammlung, Stand 2010.
Rossmann, Taktik im neuen familienrechtlichen Verfahren, 2. Aufl., 2011.
Rossmann/Viefhues, Taktik im Unterhaltsrecht, 1. Aufl., 2010.
Schneider, Gebühren in Familiensachen, 2010.
Schlünder/Nickel, Das familiengerichtliche Verfahren, 2009.
Schulte-Bunert, Das neue FamFG, 2. Aufl., 2009.
Schwab, Handbuch des Scheidungsrechts, 6. Aufl., 2010.
Zimmermann, Das neue FamFG, 2009.

3. Zeitschriftenbeiträge (Auswahl)

a) Gesamtes FamFG

Bahrenfuss, Die Reform des FGG, SchlHA 2007, 80.
Bergmann, Verfahrensrechtliche Änderungen, FPR 2009, 232.
Bolkart, Die Reform des Verfahrens in Familiensachen und in den Angelegenheiten der freiwilligen Gerichtsbarkeit, MittBayNot 2009, 268.
Borth, Die Reform des Verfahrens in Familiensachen, FamRZ 2007, 1925.

Borth, Einführung in das Gesetz zur Reform des Verfahrens in Familiensachen und in den Angelegenheiten der freiwilligen Gerichtsbarkeit v. 17. 12. 2008 (FGG-ReformG), FamRZ 2009, 157.
Büte, Das Gesetz zur Reform des Verfahrens in Familiensachen und in den Angelegenheiten der freiwilligen Gerichtsbarkeit (FamFG), FuR 2008, 537.
Büte, Checkliste der wichtigsten Änderungen durch das FamFG, FuR 2008, 251.
Carstensen, „Webfehler" im neuen FamFG, SchlHA 2009, 142.
Giers, Die Rechtsprechung zum FamFG: Einstweilige Anordnung, Vollstreckung und einzelne Verfahren in Familiensachen, FGPrax 2011, 1.
Hartmann, Neues Familienverfahren und ZPO, NJW 2009, 321.
Heinemann, Die Reform der freiwilligen Gerichtsbarkeit durch das FamFG und ihre Auswirkungen auf die notarielle Praxis, DNotZ 2009, 6.
Jacoby, Der Regierungsentwurf für ein FamFG, FamRZ 2007, 1703.
Maas, Der Entwurf für ein „Gesetz zur Reform des Verfahrens in Familiensachen und in den Angelegenheiten der freiwilligen Gerichtsbarkeit" – ein gelungener Versuch einer umfassenden Verfahrensreform?, ZNotP 2006, 282.
Meyer-Seitz/Kröger/Heiter, Auf dem Weg zu einem modernen Familienverfahrensrecht – die familienverfahrensrechtlichen Regelungen im Entwurf eines FamFG, FamRZ 2005, 1403.
Kuntze, Referentenentwurf eines FGG-Reformgesetzes, FGPrax 2005, 185.
Rohlfing, Entwurf eines Gesetzes über das Verfahren in Familiensachen und in den Angelegenheit der freiwilligen Gerichtsbarkeit (FamFG-Entwurf), ErbR 2008, 144.
Rossmann, Die Entwicklung der Rechtsprechung zum FamFG, ZFE 2010, 298; ZFE 2011, 57.
Rüntz/Viefhues, Erste Erfahrungen aus der Praxis mit dem FamFG, FamRZ 2010, 1285.
Streicher, Rechtsprechungsübersicht zum FamFG, FamRZ 2011, 509.
Vogel, (Offene) Rechtsfrage zum FamFG im Rahmen des Art. 1 FGG-RG, FF 2011, 51.

118 b) Allgemeiner Teil

Abicht, Zustimmung zu notariellen Urkunden, RNotZ 2010, 493.
Abramenko, Die Anhörungsrüge nach dem neuen FamFG: Praktische Probleme und Lösungen, FGPrax 2009, 198.
Abramenko, Rechtsprechungsübersicht zum erstinstanzlichen Verfahren und den Rechtsmitteln nach dem FamFG, FGPrax 2010, 217.
Althammer, Verfahren mit Auslandsbezug nach dem neuen FamFG, IPRax 2009, 381.
Beller, Die Vorschriften des FamFG zur internationalen Zuständigkeit, ZFE 2010, 52.
Brehm, Der Allgemeine Teil des Referentenentwurfs eines Gesetzes zur Reform des Verfahrens in Familiensachen und in den Angelegenheiten der freiwilligen Gerichtsbarkeit (FamFG), FPR 2006, 401.
Büte, Verfahrenskostenhilfe, Anwaltszwang und Ausnahmen, FPR 2009, 10.
Büte, Zuständigkeitsregelungen im Gesetz zur Reform des Verfahrens in Familiensachen und in den Angelegenheiten der freiwilligen Gerichtsbarkeit (FamFG), FuR 2009, 121.
Büte, Verfahrenskostenhilfe und Anwaltsbeiordnung im Kindschaftsverfahren, FPR 2011, 17.
Büttner, Verfahrenskostenhilfe im neuen FamFG, FF 2009, 242.
Dörndorfer, Vollstreckung nach dem FamFG, JurBüro 2011, 4.
van Els, Verhältnis von Hauptverfahren zum Eilverfahren, FPR 2008, 406.
Fölsch, FamFG-Zuständigkeiten im Hauptsachebeschwerdeverfahren, NJW 2010, 3352.
Fölsch, Die Statthaftigkeit der Rechtsbeschwerde in FamFG-Verfahrenskostenhilfesachen, FamRZ 2011, 260.
Heggen, Die Rechtsmittelfrist bei einer Sprungrechtsbeschwerde gegen eine gerichtliche Genehmigung, FGPrax 2011, 51.
Giers, Die Neuregelung der einstweiligen Anordnung durch das FamFG, FGPrax 2009, 47.
Giers, Die Vollstreckung nach dem Entwurf zum FamFG, FGPrax 2006, 195.
Giers, Die Vollstreckung nach dem FamFG – Ausblick, FPR 2008, 441.
Gießler, Das einstweilige Anordnungsverfahren, FPR 2006, 421.
Götsche, Einstweilige Anordnungen nach dem FamFG, ZFE 2009, 124.
Götsche, Die neue Verfahrenskostenhilfe nach dem FamFG, FamRZ 2009, 383.

VII. Schrifttum

Götsche, Anwaltszwang nach dem FamFG, FamRB 2009, 162.
Götz, Die Rechtsbehelfsbelehrung nach § 39 FamFG, FPR 2011, 1.
Gottschalk, Prüfungsumfang im Rahmen der Vollstreckung einer Umgangsregelung, FPR 2008, 417.
Gutjahr, Reform des Verfahrensrechts in Familiensachen durch das FamFG – Rechtsmittel in Familiensachen, FPR 2006, 433.
Hammer, Was ist Gewalt im Rahmen der Zwangsvollstreckung nach § 33 II FGG, FPR 2008, 413.
Hau, Das Internationale Zivilverfahrensrecht im FamFG, FamRZ 2009, 821.
Heiter, Verfahrensfähigkeit des Kindes in personenbezogenen Verfahren nach dem FamFG, FamRZ 2009, 85.
Holzer, Der Beteiligtenbegriff in der freiwilligen Gerichtsbarkeit, ZNotP 2009, 122.
Kemper, Das Verfahren in der ersten Instanz nach dem FamFG, FamRB 2008, 345.
Keske, Rechtsmittel gegen Kostenentscheidung, FPR 2010, 339.
Keske, Kostenrechtliche Auswirkungen der Anwendung neuen Rechts auf Altverfahren.
Klein, Reform des einstweiligen Rechtsschutzes – Strukturen der Neuordnung des vorläufigen Rechtsschutzes in Familiensachen, FuR 2009, 241.
Klinck, Das neue Verfahren zur Anerkennung ausländischer Entscheidungen nach § 108 II S. 1 FamFG, FamRZ 2009, 741.
Krause, Das Rechtsmittel nach dem 1. 9. 2009 in Familiensachen und Angelegenheiten der freiwilligen Gerichtsbarkeit, FPR 2010, 76.
Kretzschmar/Meysen, Reform des Familienverfahrensrechts, FPR 2009, 1.
Litzenburger, Die Genehmigung von Rechtsgeschäften nach dem FamFG – eine Zwischenbilanz aus der Sicht der notariellen Praxis, RNotZ 2010, 32.
Maurer, Die Rechtsmittel in Familiensachen nach dem FamFG, FamRZ 2009, 465.
Maurer, Zur Anwendung des § 48 Abs. 1 FamFG in Familiensachen, FamRZ 2009, 1792.
Milzer, Ungewollte Fernwirkungen des § 75 FamFG, MittBayNot 2011, 112.
Müther, Die Beschwerdeeinlegung beim unzuständigen Gericht nach dem FamFG, FamRZ 2010, 1952.
Nedden-Boeger, Die Anwendung des Allgemeinen Teils des FamFG in Registersachen und in unternehmensrechtlichen Verfahren, FGPrax 2010, 1.
Reinken, Einführung in den Allgemeinen Teil des FamFG, ZFE 2009, 164.
Schneider, Kostenfestsetzungsverfahren in Familiensachen, FPR 2010, 343.
Schlünder, Die Vollstreckung nach dem FamFG, FamRZ 2009, 1636.
Schürmann, Die einstweilige Anordnung nach dem FamFG, FamRB 2008, 375.
Schürmann, Die Rechtsmittel nach dem FamFG, FamRB 2009, 24.
Schürmann, Verfahrenskostenhilfe nach dem FamFG, FamRB 2009, 58.
Socha, Probleme des einstweiligen Rechtsschutzes nach dem FamFG am Beispiel der Kindschaftssachen, FamRZ 2010, 947.
Völker, Die Ablehnung des Sachverständigen im ZPO-/FGG-/FamFG-Verfahren, FPR 2008, 287.
Vogel, Probleme mit dem neuen Rechtsmittel der befristeten Beschwerde beim iudex a quo, FPR 2011, 4.
Vorwerk, Einstweilige Anordnung, Beschluss, Rechtsmittel und Rechtsmittelbelehrung nach dem FGG-RG, FPR 2009, 8.
Vorwerk, Die neuen Rechtsmittel im FamFG, FF 2010, 297.
Waller, Zur verfassungskonformen Auslegung des neuen § 78 Abs. 2 FamFG in Sorge- und Umgangsverfahren., FF 2010, 50.
Zimmermann, Die Kostenentscheidung im FamFG, FamRZ 2009, 377.
Zimmermann, Die Beteiligten im neuen FamFG, FPR 2009, 5.

c) Familiensachen

Altrogge, Recht des Kindes auf Umgang mit dem umgangsunwilligen Elternteil, FPR 2008, 410.
Bahrenfuss, Aktuelle Reformbestrebungen im Familienrecht, SchlHA 2008, 109.

Balloff, Die Rolle des Sachverständigen in Kindschaftssachen nach neuem Recht, FPR 2006, 415.
Bäumel, Anwendung des neuen Rechts für Haushaltsgegenstände auf Altfälle, FPR 2010, 88.
Bergmann, Vollstreckungsfragen beim Versorgungsausgleich, FPR 2008, 434.
Bergmann, Verfahrensrechtliche Änderungen, FPR 2009, 232.
Bergner, Der reformierte Versorgungsausgleich, NJW 2009, 1233.
Bißmaier, FamFG: Einstweilige Anordnungen in Unterhaltssachen, JAmt 2010, 209
Bömelburg, Das Verfahren zur Abänderung von Unterhaltstiteln nach dem FamFG, FF 2010, 96.
Borth, Die Reform des Verfahrens in Familiensachen, FamRZ 2007, 1925.
Borth, Das Gesetz zur Strukturreform des Versorgungsausgleichs, FamRZ 2009, 7
Breuers, Das neue Verfahrensrecht in Familiensachen – offene Fragen, ZFE 2010, 84.
Bruns, Die Zuständigkeiten des Familiengerichts nach dem FamFG, FamFR 2009, 105
Bruns, Die Verfahrenskostenhilfe in Familiensachen, FamFR 2009, 33.
Bruns, Rechtsmittel gegen einstweilige Anordnung zur Genehmigung der mit Freiheitsentziehung verbundenen Unterbringung eines minderjährigen Kindes, FamFR 2010, 100.
Bruns, Der einstweilige Rechtsschutz in Familiensachen ab dem 1. 9. 2009 – Praxisleitfaden, FamRB 2009, 8.
Bruns, Die Beteiligten in Familienverfahren, NJW 2009, 2797.
Büte, Anwendung des neuen Güterrechts auf Altfälle, FPR 2010, 87.
Büte, Ehewohnungssachen nach neuem Recht, FPR 2010, 537.
Burger, Die sonstigen Familiensachen nach dem FamFG, FamRZ 2009, 1017.
Coester, Verfahren in Kindschaftssachen, FF 2009, 269.
Diehl, Vollstreckung nach dem Gewaltschutzgesetz und andere Vollstreckungsmaßnahmen im Beisein des Kindes, FPR 2008, 426.
Dressler, Zur Notwendigkeit der Bestellung eines Ergänzungspflegers in Abstammungssachen nach dem FamFG, Rpfleger 2010, 297.
Eckebrecht, Zwangsvollstreckung in Verfahren der Freiwilligen Gerichtsbarkeit – Ehewohnung und Hausrat, FPR 2008, 436.
Finger, Verspätet angebrachte Anträge für Folgesachen im Entscheidungsverbund nach § 137 FamFG, MDR 2010, 544.
Finke, Die Kostenentscheidung in Familiensachen nach dem FamFG im Überblick, FPR 2010, 331.
Flügge, Grenzen der Pflicht zur gemeinsamen Sorge im Persönlichkeitsrecht des Sorgenden – Zugleich eine Anmerkung zur geplanten FGG-Reform, FPR 2008, 135.
Fölsch, Familienstreitsachen – Ehesachen – fG-Familiensachen, FamFG spezial 2009, 2.
Fölsch, Die Familiensachen im FamFG nach dem FGG-Reformgesetz, SchlHA 2009, 35.
Giers, Die Vollstreckung familienrechtlicher Entscheidung nach dem FamFG, FPR 2006, 438.
Giers, Die Durchsetzung von Umgangsregelungen, FamRB 2007, 341.
Giers, Die Vollstreckung in Familiensachen ab dem 1. 9. 2009, FamRB 2009, 87.
Giers, Die Neuregelung des Rechts der Ehewohnungs-, Haushalts- und Gewaltschutzsachen, FGPrax 2009, 193.
Giers, Vollstreckung in Ehewohnungs- und Haushaltssachen nach dem FamFG, FPR 2010, 564.
Götsche, Verfahrenskostenhilfe in Versorgungsausgleichssachen nach neuem Recht, ZFE 2009, 368.
Götsche, Verfahrenskostenhilfe in Kindschaftssachen, ZFE 2010, 100.
Götz, Verfahren bei Kindeswohlgefährdung, FF/FamFG spezial 2009, 20.
Götz/Brudermüller, Wohnungszuweisungs- und Hausratssachen – Das neue Verfahren nach §§ 200 ff. FamFG mit Ausblick auf §§ 1568 a, 1568 b BGB, FPR 2009, 38.
Götz/Brudermüller, Die „Rechtsnachfolger" der Hausratsverordnung, FamRZ 2009, 1261.
Groß, Systematik der Kostenregelungen für Familiensachen im FamFG, Verfahrenskostenhilfe, Anwaltszwang, FPR 2006, 430.
Harm, Der Verfahrenspfleger nach FamFG im Amte der Verfahrensstandschaft, NJW 2009, 2655.

Heilmann, Welche verfahrensrechtliche Folgen hat der (unterbliebene) Antrag auf Beteiligung in Kindschaftssachen?, FamRZ 2010, 1391.
Heinemann, Auswirkungen des § 266 Abs. 1 FamFG auf Verfahren in Miet- und Wohnungseigentumssachen, MDR 2009, 1026.
Heiß, Zuständigkeit des Familiengerichts für sonstige Familiensachen nach § 266 I Nr. 3 FamFG, FamFR 2010, 292.
Heistermann, Eilverfahren im Sorge- und Umgangsrecht nach dem FamFG, FF 2009, 281.
Heiter, Das Verfahren in Abstammungssachen im Entwurf eines FamFG, FPR 2006, 417.
Helms, Das neue Verfahren zur Klärung der leiblichen Abstammung, FamRZ 2008, 1033.
Hennenmann, Die Umsetzung des Vorrangs- und Beschleunigungsgrundsatzes, FPR 2009, 17.
Hoffmann, Verfahrenskostenhilfe in Verfahren zur Ersetzung der elterlichen Einwilligung in eine Adoption, FamRZ 2010, 1394.
Hohloch, Wohnungszuweisung und Schutzanordnung bei Gewaltanwendung – insbesondere Vollstreckung, FPR 2008, 430.
Hoppenz, Die Frist für Folgesachenanträge nach § 137 II FamFG, FPR 2011, 23.
Horndasch, Das neue Verfahren in Kindschaftssachen nach dem FamFG, ZFE 2009, 52.
Hütter/Kodal, Die Grundlinien des Familienstreitverfahrens, insbesondere des Unterhaltsverfahrens, FamRZ 2009, 917.
Jaeger, Verfahren in Kindschaftssachen, FPR 2006, 410.
Jungbauer, Der Scheidungsantrag nach dem neuen FamFG in der Praxis, JurBüro 2009, 453.
Kemper, Die Reform des Versorgungsausgleichs rückt näher, ZFE 2008, 404.
Kemper, Die allgemeinen Vorschriften für das Verfahren in Familiensachen – Übersicht über die Regelungen des ersten Abschnitts des zweiten Buchs des FamFG, FamRB 2009, 53.
Kemper, Der neue Versorgungsausgleich, ZFE 2009, 204.
Keuter, Vertretung Minderjähriger in Kindschaftssachen des FamFG, NJW 2010, 1851.
Kindermann, Die Abänderung von Unterhaltstiteln, FF/FamFG spezial 2009, 18.
Klein, Der Auskunftsanspruch nach § 235 FamFG, FPR 2011, 9.
Koritz, Internationale Zuständigkeit und Anknüpfungsregeln nach Internationalem Privatrecht für Haushalts- und Ehewohnungssachen, FPR 2010, 572.
Krause, Die Kosten in Familiensachen nach dem FamFG, FamRB 2009, 123.
Krause, Das Verfahren in Kindschaftssachen nach dem FamFG, FamRB 2009, 156.
Krause, Das Verfahren in Abstammungssachen nach dem FamFG, FamRB 2009, 180.
Kühner, Das Verfahren in Ehe-, Scheidungs- und Folgesachen nach dem FamFG, FamRB 2009, 82.
Leutheuser-Schnarrenberger, Belastung der Familiengerichte durch die FGG-Reform, FPR 2009, 42.
Löhnig, Das Scheidungsverbundverfahren in der ersten Instanz nach dem FamFG, FamRZ 2009, 737.
Menne, Neues FamFG: Zur pauschalisierten Entschädigung des Verfahrensbeistandes im kommenden Recht, ZKJ 2008, 461.
Menne, Der Verfahrensbeistand im neuen FamFG, ZKJ 2009, 68.
Meysen, Neuerungen im zivilrechtlichen Kinderschutz, NJW 2008, 2673.
Müller, Beteiligung des Verfahrenspfleger bzw. des Umgangspflegers an der Herausgabe des Kindes, FPR 2008, 425.
Philippi, Das Verfahren in Scheidungssachen und Folgesachen nach neuem Recht, FPR 2006.
Prenzlow, Das Ende der qualifizierten Interessenvertretung für Kinder – Verfahrenspflegschaft vor dem Aus!, ZKJ 2008, 343.
Prenzlow, Der zukünftige Verfahrensbeistand: Argumente für eine fallbezogene Vergütung, ZKJ 2008, 464.
Raack, Erwartungen an den Verfahrenspfleger aus der Sicht des Richters, ZKJ 2009, 75.
Rakete-Dombek, Das neue Verfahren in Scheidungs- und Folgesachen, FPR 2009, 16.
Rasch, Verfahren in Unterhaltssachen, FPR 2006, 426.
Rasche, Beschleunigte Kindschaftssachen?, FF 2009, 192.
Rausch, Familiensachen mit Auslandsbezug vor und nach dem FamFG, FPR 2006, 441.
Reinhardt, FamFG und Adoption, JAmt 2009, 162.

Röhling, Das Gesetz zur Erleichterung familiengerichtlicher Maßnahmen bei Gefährdung des Kindeswohls, FamRZ 2008, 1495.
Roessink, Das Verfahren in Unterhaltssachen nach dem FamFG, FamRB 2009, 123.
Rossmann, Das neue Unterhaltsverfahren nach dem FamFG, ZFE 2008, 245.
Rossmann, Einstweilige Unterhaltsanordnung – Anspruchsvoraussetzungen und Rechtsschutz, ZFE 2010, 86.
Ruland, Der neue Versorgungsausgleich – eine kritische Analyse, NJW 2009, 2781.
Salgo, Wie man aus einer ungünstigen Situation eine das Wohl des Kindes gefährdende machen kann – Grenzen der Staatsintervention zur Durchsetzung des Umgangsrechts, FPR 2008, 401.
Schael, Die Terminologie in Familienstreitsachen nach der bevorstehenden Reform des Familienverfahrensrechts, FamRZ 2009, 7.
Schael, Minderjährige und ihre formelle Beteiligung in Verfahren über Kindschaftssachen nach dem FamFG, FamRZ 2009, 265.
Schael, Die Statthaftigkeit von Beschwerde und sofortige Beschwerde nach dem neuen FamFG, FPR 2009, 8.
Schlünder, Analoge Anwendung von § 241 FamFG auf die einstweilige Anordnung, FamRZ 2010, 2038.
Schmid, Das Beschleunigungs- und Vorrangsgebot – erste Erfahrungen in der Praxis, FPR 2011, 5.
Schneider, Bekanntgabe und Zustellungen in Familiensachen, Rpfleger 2011, 1.
Schulte-Bunert, Vollstreckung von familiengerichtlichen Entscheidungen in Angelegenheiten der elterlichen Sorge nach § 33 FGG, FPR 2008, 397.
Schürmann, Das FamFG-Verfahren in Unterhaltssachen, FuR 2009, 130.
Schwab, Neues im Familienrecht – Ein Zwischenbericht, FamRZ 2009, 1.
Stein, Haftungsfallen im neuen Familienrecht, FamFR 2010, 316.
Stößer, Das neue Verfahren in Kindschaftssachen, FamRZ 2009, 656.
Stößer, Das neue Verfahren in Abstammungssachen nach dem FamFG, FamRZ 2009, 923.
Stötzel, Verfahrensbeistand und Umgangspfleger – Aufgaben und Befugnisse, FPR 2009, 27.
Strasser, Vorsicht Falle! Keine Wiedereinsetzung bei anwaltlicher Fristversäumnis trotz fehlerhafter Rechtsbehelfsbelehrung durch das Gericht, FamFR 2010, 338.
Trenczek, Familiengerichtliches Verfahren und Mitwirkung der Jugendhilfe nach dem FGG-Reformgesetz, ZKJ 2009, 97.
Wever, Das Große Familiengericht nach dem FamFG, FF/FamFG spezial 2009, 13.
Zimmermann, Gewaltanwendung gegen das Kind, den herausgabepflichtigen Elternteil und sonstige Dritte bei Vorliegen eines Herausgabebeschlusses, FPR 2008, 420.

120 d) Betreuungs- und Unterbringungssachen

Beermann, Die Änderungen in Betreuungs- und Unterbringungssachen durch das FamFG, ZFE 2008, 453.
Diekmann, Neue Verfahrensvorschriften in Betreuungssachen nach dem FamFG – ein Überblick, BtPrax 2009, 149.
Fröschle, Beteiligte und Beteiligung am Betreuungs- und Unterbringungsverfahren nach dem FamFG, BtPrax 2009, 155.
Schmidt-Recla, Zwangsmittel im Betreuungs- und Unterbringungsverfahrensrecht, FamRZ 2010, 696.
Sorg, Wesentliche Änderungen in Betreuungssachen nach dem FGG-Reformgesetz, BWNotZ 2009, 90.
Sorg, Der Aufgabenkreis Vermögenssorge und die betreuungsgerichtlichen Genehmigungen in der Vermögensverwaltung, BWNotZ 2010, 107.
Zimmermann, Das Unterbringungsverfahren im FamFG, Betreuungsmanagement 2009, 67.

121 e) Nachlass- und Teilungssachen

Boeckh, Allgemeine Verfahrensgrundsätze im Erbscheinsverfahren nach der FG-Reform, NJ 2010, 493.

Fröhler, Das Verfahren in Nachlass- und Teilungssachen nach dem neu geschaffenen FamFG, BWNotZ 2008, 183.
Heinemann, Erbausschlagung: neue Zuständigkeiten durch das FamFG, ZErb 2008, 293.
Heinemann, Das neue Nachlassverfahrensrecht nach dem FamFG, ZFE 2009, 8.
Kroiß, Das neue Nachlassverfahrensrecht, ZErb 2008, 300.
Kroiß, Die Rechtsmittel im nachlassgerichtlichen Verfahren nach dem FamFG, ZEV 2009, 224.
Maluche, Auswirkungen des FamFG auf die Testamentsvollstreckung, ZEV 2010, 551.
Schaal, Internationale Zuständigkeit deutscher Nachlassgerichte nach der geplanten FGG-Reform, BWNotZ 2007, 154.
Zimmermann, Das neue Nachlassverfahren nach dem FamFG, ZEV 2009, 53.
Zimmermann, Die Testamentsvollstreckung im FamFG, ZErb 2009, 86.

f) Registersachen und unternehmensrechtliche Verfahren

Heinemann, Das Verfahren in Registersachen und das unternehmensrechtliche Verfahren nach dem FamFG, FGPrax 2009, 1.
Jänig/Leißring, FamFG: Neues Verfahrensrecht für Streitigkeit in AG und GmbH, ZIP 2010, 110.
Krafka, Die gesellschafts- und registerrechtliche Bedeutung des geplanten FamFG, GPrax 2007, 51.
Krafka, Registerrechtliche Neuerungen durch das FamFG, NZG 2009, 650.
Nedden-Boeger, Die Ungereimtheiten der FGG-Reform – eine kritische Bestandsaufnahme aus registerrechtlicher Sicht, FGPrax 2009, 144.

g) Freiheitsentziehungssachen

Jennissen, Die Neuregelung des Freiheitsentziehungsverfahrens im FamFG – Licht und Schatten, FGPrax 2009, 93.

h) Sonstige Verfahren; FamGKG; FGG-RG

Böhringer, Auswirkungen des FamFG auf das Grundbuchverfahren, BWNotZ 2010, 2.
Böttcher, Das Grundbuchverfahren nach dem FamFG, Rpfleger 2011, 53.
Breuers, Die Übergangsregelung des FGG-RG für Bestandsverfahren – Anmerkungen zur Auslegungshilfe des BMJ v. 21. 7. 2009, ZFE 2009, 378.
Burschel, Übergangsprobleme – Die Regelung des Art. 111 FGG-RG, FamFR 2010, 193.
Elden, Die Übergangsvorschrift im FGG-RG, FamFR 2010, 147.
Enders, Gegenstandswert und Anwaltsgebühren in Familiensachen nach dem neuen FGG-Reformgesetz, JurBüro 2009, 281; JurBüro 2009, 337; JurBüro 2009, 400; JurBüro 2009, 617.
Friederici, Stichtag 1. 9. 2010: Ende der Übergangsprobleme?, FF 2010, 293.
Giers, Übergangsrecht im Vollstreckungsrecht, FPR 2010, 74.
Götsche, Das Übergangsrecht zur Reform des Versorgungsausgleichs, ZFE 2010, 295
Groß, Überblick über das aktuelle Kostenrecht nach dem FamGKG – Was ist neu, was bleibt?, FPR 2010, 305.
Hartmann, Familienverfahren – Altrecht oder Neurecht, NJW 2009, 2655.
Kemper, Das Übergangsrecht des FGG-Reformgesetzes, FPR 2010, 69
Maass, Neues Verfahren bei der Notarkostenbeschwerde nach der FGG-Reform – Kennt das neue Rechtsmittelverfahren nach § 156 Abs. 3–5 KostO die „Sprungrechtsbeschwerde"?, ZNotP 2010, 333.
Müller-Rabe, Anwaltsgebühren nach der FGG-Reform, NJW 2010, 2009.
Regler, Die Notarbeschwerde nach § 15 Abs. 2 BNotO – Änderungen durch das Gesetz über das Verfahren in Familiensachen und in Angelegenheiten der freiwilligen Gerichtsbarkeit (FamFG), MittBayNot 2010, 261.
Rieck, Die Verfahrenswerte in Familiensachen nach dem FamGKG, NJW 2009, 3334.
Schael, Selbstständige Familiensachen i. S. von Art. 112 IV 2 FGG-RG, FamFR 2010, 1.
Schneider, Festsetzung des Verfahrenswerts nach dem FamGKG, ZAP 2009, 553.

Schneider, Terminsgebühr bei Entscheidung ohne gerichtlichen Termin oder bei Abschluss eines schriftlichen Vergleichs in Familiensachen der freiwilligen Gerichtsbarkeit, FamFR 2011, 25.

Schwamb, Der Versorgungsausgleich als selbstständige Familiensache im Übergangsrecht (Art. 111 IV 2 FGG-RG) – ein ungelöstes Problem, FamFR 2010, 483.

Sonnenfeld, Übergangsrecht bei Bestandsverfahren, FPR 2010, 65.

Thiel, Der neue Auffangtatbestand § 42 FamGKG, FPR 2010, 319.

Thiel, Abweichung vom Regelverfahrenswert – Werterhöhung – Wertherabsetzung, FPR 2010, 323.

Türck-Brocker, Die Verfahrenswerte in Versorgungsausgleichssachen in Haushalts- und Ehewohnungssachen sowie in Güterrechtssachen, FPR 2010, 308.

Vogel, Verfahrenswerte in Kindschafts- und Abstammungssachen, FPR 2010, 313.

Vogel, Offene Rechtsfragen zum ausgesetzten und wieder aufgenommenen Versorgungsausgleichsverfahren, FPR 2011, 31.

Volpert, Die Gerichtskostenvorauszahlungspflicht im familiengerichtlichen Verfahren, FPR 2010, 327.

Volpert, Kosten im familiengerichtlichen Verfahren nach der Reform, ZFE 2009, 423; ZFE 2010, 58.

Wilsch, Aspekte des FGG-Reformgesetzes in der grundbuchamtlichen Praxis, FGPrax 2009, 243.

Witte, Die Wertvorschriften im einstweiligen Anordnungsverfahren, FPR 2010, 316.

Gesetz über das Verfahren in Familiensachen und in den Angelegenheiten der freiwilligen Gerichtsbarkeit (FamFG)

Buch 1. Allgemeiner Teil

Abschnitt 1. Allgemeine Vorschriften

Anwendungsbereich

1 Dieses Gesetz gilt für das Verfahren in Familiensachen sowie in den Angelegenheiten der freiwilligen Gerichtsbarkeit, soweit sie durch Bundesgesetz den Gerichten zugewiesen sind.

Übersicht

	Rn
I. Normzweck	1
II. Anwendungsbereich des FamFG	2
1. Familiensachen	2
2. Angelegenheiten der freiwilligen Gerichtsbarkeit	4
a) Allgemeines	4
b) Zuweisung an die Gerichte	5
c) Zuweisung durch Bundesgesetz	6
d) Tätigkeit von Behörden	7
3. Geltung in landesrechtlichen Angelegenheiten	8
III. Freiwillige Gerichtsbarkeit	10
1. Begriff	10
a) Freiwillige Gerichtsbarkeit im materiellen Sinne	10
b) Freiwillige Gerichtsbarkeit im formellen Sinne	13
2. Freiwillige Gerichtsbarkeit als Rechtsprechung	19
3. Freiwillige Gerichtsbarkeit und Schiedsgerichtsbarkeit	23
4. Wesentliche Angelegenheiten der freiwilligen Gerichtsbarkeit	24
IV. Verfahrensarten der freiwilligen Gerichtsbarkeit	30
1. Grundsatz	30
2. Privatrechtliche Streitsachen	33
a) Begriff	33
b) Einzelne Verfahren	34
c) Besonderheiten des Verfahrens	36
3. Öffentlich-rechtliche Streitsachen	41
a) Begriff	41
b) Übersicht	42
c) Besonderheiten des Verfahrens	44
V. Rechtsweg und Verfahrenszuständigkeit	46
1. Verhältnis freiwillige Gerichtsbarkeit zur streitigen Gerichtsbarkeit	46
2. Rechtswegverweisung	48
a) Gesetzliche Grundlagen	48
b) Verweisungen von Angelegenheiten der freiwilligen Gerichtsbarkeit	50
3. Verweisung (§ 17 a Abs. 2 GVG)	51
a) Grundsatz	51
b) Bindungswirkung	54
c) Verfahren nach Verweisung	56
d) Rechtsfolgen einer unrichtigen Verweisung	58
4. Vorabentscheidung (§ 17 a Abs. 3 GVG)	60
5. Verfahren	61
6. Rechtsmittel	63
7. Prüfungsbeschränkung (§ 17 a Abs. 5 GVG)	67
8. Rechtswegverweisung in Nebenverfahren	68
9. Kosten der Rechtswegverweisung	70

	Rn
VI. Bindungswirkung von Entscheidungen	72
1. Bindungswirkung der Entscheidungen der FamFG-Gerichte	72
2. Bindung der FamFG-Gerichte an die Entscheidung anderer Stellen	78
3. Aussetzung des Verfahrens wegen Vorgreiflichkeit	81
VII. Exterritorialität (Prozessuale Immunität)	82
1. Begriff und Rechtsfolgen der Exterritorialität	82
2. Exterritorialität nach deutschem Recht	83
a) Allgemeines	83
b) Exterritorialität diplomatischer Missionen	85
c) Immunität konsularischer Vertretungen	87
d) Sonstige Gerichtsbefreite	89
e) NATO-Streitkräfte	93

I. Normzweck

1   § 1 beschreibt entsprechend der bisherigen Regelung in § 1 FGG den Anwendungsbereich des Gesetzes. Er unterwirft nunmehr ausdrücklich alle **Familiensachen** den Regelungen des FamFG. Einziges Kriterium ist dabei die Sachnähe des Familiengerichts. Damit wird eines der wichtigsten Ziele der FGG-Reform umgesetzt, die Schaffung einer einheitlichen Verfahrensordnung für alle familiengerichtlichen Verfahren (vgl. Einl. Rn 28). Zudem erklärt § 1 das FamFG für die **Angelegenheiten der freiwilligen Gerichtsbarkeit** für anwendbar, die durch Bundesgesetz den Gerichten zugewiesen sind. Wie bereits im FGG fehlt indes weiterhin eine allgemeine Definition, was Angelegenheiten der freiwilligen Gerichtsbarkeit sind.

Zu der Übergangsregelung siehe Art. 111 FGG-RG und die dortigen Erläuterungen.

II. Anwendungsbereich des FamFG

1. Familiensachen

2   Das FamFG findet nach § 1 zunächst Anwendung auf alle Familiensachen. Der Begriff der Familiensachen ist in § 111 definiert. Dies sind die dort enumerativ aufgezählten Verfahrensgegenstände, nämlich Ehesachen (Nr. 1), Kindschaftssachen (Nr. 2), Abstammungssachen (Nr. 3), Adoptionssachen (Nr. 4), Ehewohnungs- und Haushaltssachen (Nr. 5), Gewaltschutzsachen (Nr. 6), Versorgungsausgleichssachen (Nr. 7), Unterhaltssachen (Nr. 8), Güterrechtssachen (Nr. 9), sonstige Familiensachen (Nr. 10) und Lebenspartnerschaftssachen (Nr. 11), die vor die ordentlichen Gerichte gehören (§§ 13 GVG, 2 EGGVG). Die Verfahrensgegenstände werden dann jeweils in der ersten Vorschrift des entsprechenden Abschnitts im Einzelnen beschrieben. Zu den Einzelheiten siehe die Erläuterungen zu § 111 sowie zu den einzelnen Familiensachen.

3   Hinsichtlich der für das Verfahren maßgeblichen Vorschriften unterscheidet das FamFG zwischen den Ehesachen, Familienstreitsachen sowie den sonstigen Familiensachen der freiwilligen Gerichtsbarkeit. Auf die Familiensachen der freiwilligen Gerichtsbarkeit (s. § 111 Rn 6) finden die Verfahrensvorschriften des FamFG uneingeschränkt Anwendung; dagegen gelten in Ehesachen und Familienstreitsachen statt der §§ 2 bis 37, 40 bis 45, 46 S. 1 und S. 2, 47 und 48 sowie 76 bis 96 FamFG die §§ 1 bis 494a ZPO (vgl. § 113 Abs. 1). Zu den Einzelheiten wird auf die Erläuterungen zu § 113 verwiesen.

2. Angelegenheiten der freiwilligen Gerichtsbarkeit

4   **a) Allgemeines.** Das FamFG ist auf alle Angelegenheiten der freiwilligen Gerichtsbarkeit anwendbar, soweit sie durch Bundesgesetz den Gerichten zugewiesen sind. Aus der Verwendung des Begriffs „soweit" folgt, dass abweichende Bestimmungen, die in Bundesgesetzen oder in auf Grund bundesgesetzlicher Ermächtigung geltenden Landesgesetzen getroffen worden sind (vgl. wegen der Aufrechterhaltung bestehender Gesetze § 485 FamFG i. V. m. Art. 50 EGBGB) oder künftig in solchen Gesetzen getroffen werden, gegenüber den Regelungen des FamFG vorrangig sind. Dabei ist es nicht notwendig, dass die Anwendung des FamFG in dem anderen Gesetz ausdrücklich ausgeschlossen ist. Vielmehr geht jede Sonderregelung, die mit den Vorschriften des FamFG nicht im Einklang

steht, vor. So gelten beispielsweise die Bestimmungen des FamFG für Grundbuchsachen, soweit die GBO nicht besondere Vorschriften enthält oder die Anwendung der Vorschriften mit dem Wesen des Grundbuchverfahrens nicht vereinbar ist.[1]

b) Zuweisung an die Gerichte. § 1 spricht die Angelegenheiten der freiwilligen Gerichtsbarkeit an, die durch Bundesgesetz „den Gerichten zugewiesen" sind. Es bedarf keiner ausdrücklichen Zuweisung, vielmehr genügt eine allgemeine Zuweisung an ein Gericht, so z. B. in § 132 Abs. 2 S. 2 BGB die Zuweisung an das Amtsgericht. Das FamFG enthält keine eigenen Vorschriften über die Gerichtsverfassung. Vielmehr finden aufgrund der Neufassung des § 2 EGGVG die Vorschriften des GVG auch unmittelbar für Familiensachen und die Angelegenheiten der freiwilligen Gerichtsbarkeit Anwendung.[2] Somit gelten z. B. die §§ 21 e ff. GVG für die Geschäftsverteilung, die §§ 156 ff. GVG für die Rechtshilfe, die §§ 169 ff. GVG für die Öffentlichkeit, die §§ 176 ff. GVG für die Sitzungspolizei, die §§ 185 ff. GVG für die Dolmetscher. Mit den „Gerichten" im Sinne des § 1 sind die durch das GVG geschaffenen **Gerichte der ordentlichen Gerichtsbarkeit** gemeint, nämlich die Amtsgerichte, Landgerichte, Oberlandesgerichte und der Bundesgerichtshof (vgl. § 12 GVG).

c) Zuweisung durch Bundesgesetz. Die Anwendung der Vorschriften des FamFG wird zudem durch § 1 auf die durch Bundesgesetz zugewiesenen Angelegenheiten der freiwilligen Gerichtsbarkeit beschränkt. Unter einem Bundesgesetz ist nach § 485 FamFG i. V. m. Art. 2 EGBGB jede bundesrechtliche Rechtsnorm zu verstehen, also jedes geltende oder künftig zu erlassende formelle Gesetz des Bundes, jede Rechtsverordnung und Gewohnheitsrecht (vgl. § 485 Rn 2).[3] Die freiheitsentziehende Unterbringung nach den Landesgesetzen (PsychKG, UnterbrG) ist durch Bundesgesetz (§ 312 Nr. 3) als Angelegenheit der freiwilligen Gerichtsbarkeit ausdrücklich den Gerichten zugewiesen.[4] Zu den einzelnen durch Bundesgesetz den Gerichten zugewiesenen Verfahrensgegenständen siehe Rn 24.

d) Tätigkeit von Behörden. Ohne Einfluss ist es für die Anwendbarkeit des FamFG, wenn Angelegenheiten der freiwilligen Gerichtsbarkeit, die bundesgesetzlich den Gerichten überwiesen sind, auf Grund eines Vorbehalts von der Landesgesetzgebung anderen als gerichtlichen Behörden übertragen sind (§ 488 Abs. 1). Insoweit gelten – mit Ausnahme der §§ 6, 15 Abs. 2, 25, 41 Abs. 1 und 46 – die Verfahrensvorschriften des FamFG. Dagegen sind die Bestimmungen des FamFG unanwendbar, soweit bundesrechtlich Angelegenheiten der freiwilligen Gerichtsbarkeit anderen Beamten oder Behörden (z. B. dem **Standesamt**, dem **Jugendamt**, dem **Notar** oder dem **Patentamt**) übertragen sind; es sei denn, dass die Anwendung des FamFG ausdrücklich gesetzlich angeordnet wird.

3. Geltung in landesrechtlichen Angelegenheiten

§ 486 Abs. 1 erlaubt es den Ländern, in den durch das EGBGB der landesgesetzlichen Regelung vorbehaltenen Angelegenheiten der freiwilligen Gerichtsbarkeit, die sich insbesondere aus den Art. 137, 140, 147 und 148 EGBGB ergeben, das gerichtliche Verfahren abweichend zu regeln. Die meisten Bundesländer haben jedoch in diesen Angelegenheiten bisher auf die Vorschriften des FGG verwiesen;[5] so z. B. Baden-Württemberg durch § 5 LFGG, Bayern durch Art. 34 AGGVG, Bremen durch § 1 AGFGG, Hessen durch Art. 1 LFGG, in den ehemals preußischen Gebieten der alten Bundesländer durch Art. 1, 6 PrFGG. Die Länder haben mittlerweile teilweise entsprechende Regelungen für das FamFG getroffen. So werden beispielsweise in §§ 72, 76 Justizgesetz NRW[6] die §§ 1–48, 58 Abs. 2, 59–63 Abs. 1, 63 Abs. 4, 64–69, 76–79 FamFG für anwendbar erklärt und in § 5 Abs. 1 Bad.-WürttLFGG[7] die Vorschriften des FamFG, soweit das Landesrecht nichts anderes bestimmt. Zu den Einzelheiten siehe die Ausführungen bei § 486.

---

[1] BayObLG Rpfleger 1988, 478; Demharter § 1 Rn 27.
[2] BT-Drs. 16/6308 S. 318.
[3] Zum Gesetzesbegriff vgl. Palandt/Thorn Art. 2 EGBGB Rn 1.
[4] Zimmermann Rn 3.
[5] Siehe dazu die Übersicht bei Jansen/von König Band III Anh. I.
[6] Vom 26. 1. 2010, GVBl.NW 2010, 29; abgedruckt bei § 486 Rn 13.
[7] Gesetz v. 12. 2. 1975 (BadWürttGBl. S. 116) in der Fassung vom 14. 8. 2010; abgedruckt bei § 486 Rn 4.

9 Weitere Vorbehalte für landesrechtliche Regelungen in Verfahren der freiwilligen Gerichtsbarkeit ergeben sich aus § 487. Insoweit sind nach § 185 Abs. 2 FGG und nunmehr **§ 485 FamFG** auch landesrechtliche Regelungen aus der Zeit vor Erlass des FGG in Kraft geblieben und konnten auch neu erlassen werden. Diese gelten mit dem Inkrafttreten des FamFG fort. Darüber hinaus sind die Länder lediglich befugt, Vorschriften zur Ausführung und Ergänzung des FamFG zu erlassen, soweit es eine Materie nicht erschöpfend regelt. Soweit der Landesgesetzgeber nach § 200 FGG bzw. nunmehr **§ 486 Abs. 2 FamFG** zum Erlass solcher Vorschriften befugt ist, sind nach § 185 FGG i. V. m. Art. 1 Abs. 2 EGBGB vor dem 1. 1. 1900 erlassene landesrechtliche Vorschriften, die dem FGG nicht widersprachen, auch in Kraft geblieben; diese sind nunmehr für den Anwendungsbereich des FamFG weiterhin zu beachten (§ 485 FamFG i. V. m. Art. 1 Abs. 2 EGBGB).

III. Freiwillige Gerichtsbarkeit

1. Begriff[8]

10 **a) Freiwillige Gerichtsbarkeit im materiellen Sinne.** Die Bezeichnung „freiwillige Gerichtsbarkeit" geht auf das römische Recht zurück, das (D I, 16, 2 pr) zwischen der „iurisdictio contentiosa" und der „iurisdictio voluntaria" unterschied.[9] Nach dem Wortsinn steht die freiwillige Gerichtsbarkeit damit im Gegensatz zur **streitigen Gerichtsbarkeit**. Andererseits gibt diese Bezeichnung aber kaum etwas dafür her, um den Gegenstand der Verfahren abstrakt zu bestimmen, für die das FamFG heute – neben den Familiensachen – gilt. Einerseits gibt es im Bereich der freiwilligen Gerichtsbarkeit im Gegensatz zum Zivilprozess, in dem der Kläger den Beklagten regelmäßig vor ein Gericht zwingt, zahlreiche Fälle, in denen die Beteiligten gleichlaufende Interessen haben und sich einverständlich an ein Organ der freiwilligen Gerichtsbarkeit wenden, beispielsweise um einen Vertrag beurkunden oder eine Eintragung in einem Register vornehmen zu lassen. Andererseits gehören zur freiwilligen Gerichtsbarkeit auch Angelegenheiten, in denen sich die Beteiligten in Verfahren, die ohne ihr Zutun von Amts wegen eingeleitet werden, mit gegensätzlichen Interessen und gegensätzlichen Rechtsbehauptungen und Rechtsschutzzielen gegenüberstehen oder in denen tiefgreifende Eingriffe in ihre Rechte erfolgen.[10]

11 Das gilt nicht nur für die echten Streitverfahren, sondern durchaus auch für Verfahren, die dem klassischen Bereich der freiwilligen Gerichtsbarkeit zuzurechnen sind;[11] so beispielsweise das Verfahren zur Regelung der elterlichen Sorge nach § 1671 BGB, in dem die geschiedenen Eheleute im Einzelfall heftig mit jeweils entgegengesetztem Interesse darüber streiten, wem das Sorgerecht für die gemeinsamen Kinder übertragen werden soll; das Verfahren zur Entziehung der elterlichen Sorge nach § 1666 BGB oder zur Anordnung der Betreuung nach § 1896 BGB; das Erbscheinsverfahren, in dem mehrere Beteiligte die Stellung eines Alleinerben des Erblassers für sich in Anspruch nehmen.

12 Ebenso wenig wie sich aus der Bezeichnung „freiwillige Gerichtsbarkeit" eine befriedigende Bestimmung des Gegenstandes der Verfahren ergibt, die materiell Angelegenheiten der freiwilligen Gerichtsbarkeit sind, konnten zahlreiche Versuche befriedigen, das Wesen der freiwilligen Gerichtsbarkeit **umfassend zu definieren.** Der Begriff der „Freiwilligkeit" ist kein geeignetes Mittel für die Bestimmung des Wesens der freiwilligen Gerichtsbarkeit. Auch der Gedanke der Rechtsfürsorge beschreibt nicht umfassend den Anwendungsbereich der freiwillige Gerichtsbarkeit. Eine Zusammenstellung dieser verschiedenen Versuche findet sich bei *Bärmann*,[12] der zutreffend hervorhebt, alle Definitionen krankten daran, dass sie jeweils nur für einen bestimmten Bereich der freiwilligen Gerichtsbarkeit zuträfen.[13] Eine brauchbare Definition der freiwilligen Gerichtsbarkeit im materiellen Sin-

---

[8] Vgl. hierzu z. B.: Bärmann § 5; Baur § 1; Brehm § 1 Rn 1; Habscheid § 4.
[9] Habscheid § 4 I 1.
[10] Brehm § 1 Rn 22; Habscheid § 4 I 2.
[11] Pawlowski/Smid Rn 2 weisen zutreffend darauf hin, dass ein Verfahren der freiwilligen Gerichtsbarkeit nicht deswegen Streitverfahren sei, weil die Beteiligten darin gegensätzliche Ziele verfolgen.
[12] § 5 I; vgl. auch Baur § 1; Habscheid § 4 II.
[13] § 5 I 5.

ne wird sich angesichts der Vielgestaltigkeit der Sachen, die im Verfahren der freiwilligen Gerichtsbarkeit zu behandeln sind, deshalb kaum finden lassen.[14]

b) Freiwillige Gerichtsbarkeit im formellen Sinne. Für die Bedürfnisse der Praxis genügt es jedoch festzulegen, was freiwillige Gerichtsbarkeit im formellen Sinne ist,[15] zumal insoweit nahezu für deren gesamten Bereich eine eindeutige und die verschiedenartigen Sachen umfassende Definition möglich ist. Eine Angelegenheit der freiwilligen Gerichtsbarkeit liegt dann vor, wenn sie **dem Verfahren der freiwilligen Gerichtsbarkeit unterstellt** ist:[16]

(1) Diese Unterstellung erfolgt teilweise dadurch, dass im Gesetz ein Organ der freiwilligen Gerichtsbarkeit (siehe dazu Einleitung Rn 65 ff.) – zumeist in Vorschriften des materiellen Rechts – **ausdrücklich für zuständig erklärt wird,** eine bestimmte Angelegenheit zu bearbeiten. So sind beispielsweise das Betreuungsgericht (§ 23 c GVG) u. a. für Betreuungssachen nach § 1897 BGB oder Pflegschaftssachen nach den §§ 1909 ff. BGB, das Familiengericht u. a. für Entscheidungen nach § 1632 BGB oder nach § 1666 BGB bei missbräuchlicher Ausübung der elterlichen Sorge, das Nachlassgericht u. a. für die Entgegennahme der Erklärung der Erbausschlagung nach § 1945 BGB, die Entgegennahme der Anfechtungserklärung nach § 2081 BGB oder für das Erbscheinsverfahren nach 2353 BGB, das Registergericht u. a. für die Führung des Handelsregisters nach § 8 HGB oder das Verfahren nach § 37 HGB bei unzulässigem Firmengebrauch zuständig; den Notaren (§§ 1 BNotO, 1 BeurkG) ist beispielsweise die Beurkundung von Grundstückskaufverträgen nach § 313 BGB, von öffentlichen Testamenten nach § 2232 BGB und von Erbverträgen nach § 2276 BGB oder die Entgegennahme von Auflassungserklärungen nach § 925 BGB übertragen.

(2) In anderen Fällen werden die Vorschriften des FamFG für die Bearbeitung einer Sache dadurch anwendbar, dass dieses Verfahren ausdrücklich **als Angelegenheit der freiwilligen Gerichtsbarkeit bezeichnet** wird, z. B. in § 13 VerschG.

(3) Weiterhin erfolgt eine Zuweisung von Sachen zur freiwilligen Gerichtsbarkeit auch dadurch, dass der Gesetzgeber bestimmt, sie seien **im Verfahren der freiwilligen Gerichtsbarkeit zu entscheiden** oder auf das Verfahren sei das FamFG unmittelbar bzw. sinngemäß anzuwenden (vgl. z.B. § 89 Abs. 2 AsylVfG; § 106 AufenthG; § 3 BeratungshilfeG; §§ 15 Abs. 2, 78 f Abs. 1 BNotO; § 29 Abs. 3 EGGVG;[17] § 9 LwVG; § 51 Abs. 1 PStG; § 17 Abs. 1 SpruchG; § 3 ThUG; § 4 Abs. 1 TSG; § 138 Abs. 2 UrhG; § 13 VerschG).

(4) Daneben bleiben einige wenige Fällen, in denen eine Angelegenheit vom AG zu erledigen ist, **ohne dass ausdrücklich bestimmt** wird, in welchem Verfahren dies geschehen soll.[18] Sowohl die Bewilligung der öffentlichen Zustellung einer Willenserklärung nach § 132 Abs. 2 BGB,[19] die Bewilligung der öffentlichen Bekanntmachung bei Kraftloserklärung einer Vollmachtsurkunde nach § 176 BGB[20] oder die Bestellung eines Sachverständigen nach den §§ 84 Abs. 2, 189 i. V. m. 84 Abs. 2 VVG[21] haben ohne dahingehende ausdrückliche Bestimmung im Verfahren der freiwilligen Gerichtsbarkeit zu erfolgen, weil die entsprechenden gerichtlichen Entscheidungen eindeutig jedenfalls nicht unmittelbar dem im Zivilprozesswege zu verfolgenden Zweck dienen, subjektive private Rechte eines Einzelnen durchzusetzen.[22]

Schließlich kann es auch einzelne Fälle geben, in denen ein gerichtliches Verfahren **kraft Sachzusammenhangs** als Verfahren der freiwilligen Gerichtsbarkeit zu behandeln ist. Dies

---
[14] Habscheid § 4 III 4; Pawlowski/Smid Rn 6; Prütting/Helms/Prütting § 1 Rn 3.
[15] Brehm § 1 Rn 5.
[16] Brehm § 1 Rn 5; Prütting/Helms/Prütting § 1 Rn 3.
[17] Bei dem einschränkenden Verweis auf §§ 71–74 FamFG dürfte es sich um ein Redaktionsversehen handeln, da mit der Neuregelung durch das FGG-RG keine sachliche Änderung geplant war; vgl. MünchKomm-ZPO/Pabst § 1 FamFG Rn 26.
[18] Vgl. Brehm § 1 Rn 8.
[19] OLG Köln Beschl. v. 6. 12. 2010 16 Wx 88/10 = BeckRS 2011, 06753; a. A. BeckOK/Wendtland § 132 BGB Rn 7; Erman/Palm § 132 Rn 3; MünchKommBGB/Einsele § 132 Rn 3 (ZPO-Verfahren).
[20] Erman/Palm § 176 Rn 3; MünchKommBGB/Schramm § 176 Rn 4.
[21] Bruck/Möller/Sieg § 64 Rn 23 zu § 64 VVG a. F.
[22] Zu den Aufgaben des Zivilprozesses: Rosenberg/Schwab/Gottwald § 1 Rn 5.

galt beispielsweise früher für den materiellrechtlichen Auskunftsanspruch nach § 1587 e Abs. 1 BGB, der einen engen Bezug zum Versorgungsausgleich ausweist. Ein entsprechender Rückgriff ist nun nicht mehr erforderlich, da aufgrund der Regelung in § 217 Verfahren, die den Versorgungsausgleich betreffen, Versorgungsausgleichssachen sind.[23]

2. Freiwillige Gerichtsbarkeit als Rechtsprechung[24]

19 Unter dem Blickwinkel des Art. 92 GG stellt sich die Frage, ob die freiwillige Gerichtsbarkeit als Rechtsprechung anzusehen ist, weil nur die rechtsprechende Gewalt dem Richter anvertraut ist. Das BVerfG hat bereits in seinem Beschluss v. 6. 2. 1967[25] darauf hingewiesen, es sei durchaus zweifelhaft, inwieweit die freiwillige Gerichtsbarkeit ihrem sachlichen Gehalt nach Rechtsprechung im materiellen Sinne sei. Es könne aber nicht nur derjenige als Richter angesehen werden, der Rechtsprechung im materiellen Sinne ausübe. Soweit die Wahrnehmung von Aufgaben der freiwilligen Gerichtsbarkeit keine Rechtsprechung i. d. S. von Art. 92 GG sei, sei sie deswegen zwar nicht von Verfassungs wegen den Gerichten vorbehalten. Gleichwohl sei der Gesetzgeber weder durch den Grundsatz der Gewaltenteilung noch durch Art. 92 GG daran gehindert, solche Aufgaben den Gerichten zu übertragen. Das sei für die freiwillige Gerichtsbarkeit durch deren Übertragung an die Zivilgerichte geschehen.

20 Auch in späteren Entscheidungen[26] hat das BVerfG daran festgehalten, die Beantwortung der Frage, ob eine **gerichtliche Tätigkeit als Rechtsprechung** einzuordnen sei, hänge im Wesentlichen von deren verfassungsrechtlicher, traditioneller oder durch den Gesetzgeber vorgenommenen Qualifizierung ab. Nicht alle Aufgaben der Gerichte seien Rechtsprechung im materiellen Sinne, für die nach Art. 20 Abs. 2, 92 GG ausnahmslos der Richter zuständig sei. Der Gesetzgeber sei nicht gehindert, noch weitere Aufgaben den Gerichten zu übertragen, wenn sie nicht von Verfassungs wegen einer anderen Gewalt vorbehalten seien. Das sei für die Angelegenheiten der freiwilligen Gerichtsbarkeit nicht ersichtlich.

21 Das verfassungsrechtliche Schrifttum[27] teilt die Ansicht des BVerfG. Obwohl teilweise ausdrücklich hervorgehoben wird, es handele sich bei der Tätigkeit der Gerichte der freiwilligen Gerichtsbarkeit zumindest in deren klassischem Anwendungsbereich um „Verwaltungstätigkeit in justitieller Form",[28] werden keine Bedenken dagegen erhoben, diese grundsätzlich als Rechtsprechung im Sinne von Art. 92 GG anzusehen. Das hat einmal die Konsequenz, dass auch im Verfahren der freiwilligen Gerichtsbarkeit uneingeschränkt das Grundrecht des **Art. 103 Abs. 1 GG** gilt. Zum anderen muss ein Gericht im Verfahren der freiwilligen Gerichtsbarkeit nach **Art. 100 GG** verfahren, wenn es um die Verfassungswidrigkeit nachkonstitutionellen Rechts, die Vereinbarkeit von Landesrecht mit Bundesrecht oder die Klärung von Zweifeln über die innerstaatliche Tragweite von Völkerrechtsregeln geht (vgl. § 21 Rn 47).[29] Einer Verwaltungsbehörde steht demgegenüber weder das Recht noch die Pflicht zur Anrufung des BVerfG oder eines LVerfG zu.[30] Für das Verfahren der freiwilligen Gerichtsbarkeit gilt im Hinblick auf seine Zugehörigkeit zur Rechtsprechung im formellen Sinn auch **Art. 101 Abs. 1 S. 2 GG,** der regelt, dass der in diesem Verfahren tätig werdende Richter als unbeteiligter Dritter entscheiden muss, der nach Art. 97 Abs. 1 GG weisungsfrei und nach Art. 97 Abs. 2 GG persönlich unabhängig ist.[31]

22 Aus der Zuordnung der freiwilligen Gerichtsbarkeit zur Rechtsprechung im IX. Abschnitt des GG lässt sich indes nicht entnehmen, dass auf diesem Gebiet nur Richter tätig werden dürfen. Zwar ist nach Art. 92 GG die Ausübung der rechtsprechenden Gewalt den Richtern vorbehalten. Insoweit ergibt sich nach der Rechtsprechung des BVerfG aus der

---

[23] Brehm § 1 Rn 9.
[24] Vgl. dazu Bärmann § 5, 4; Brehm § 1 Rn 26; Habscheid § 5.
[25] BVerfGE 21, 139/144 = NJW 1967, 1123.
[26] BVerfGE 76, 100/106 = NJW 1988, 405; BVerfGE 64, 175/179 = NJW 1983, 2812.
[27] Maunz/Dürig/Herzog Art. 92 Rn 58.
[28] Maunz/Dürig/Herzog Art. 92 Rn 53.
[29] BVerfGE 63, 131 = NJW 1983, 1179; Schmidt-Bleibtreu/Müller-Terpitz Art. 100 Rn 7 m. w. N.
[30] Schmidt-Bleibtreu/Müller-Terpitz Art. 100 Rn 4.
[31] BVerfGE 21, 139/145 = NJW 1967, 1123.

Verfassung selbst eine Reihe von Kompetenzen, die unbestreitbar zur Rechtsprechung im materiellen Sinn gehören und ausschließlich von Richtern wahrgenommen werden dürfen.[32] Jedoch ist streitig und entzieht sich einer befriedigenden Definition, was darüber hinaus zur Rechtsprechung im materiellen Sinn gehört.[33] Jedenfalls wird man zumindest die gerichtlichen Tätigkeiten als Rechtsprechung im materiellen Sinn ansehen müssen, bei denen eine „Streitentscheidung" erfolgt.[34] Das trifft indes für weite Gebiete der freiwilligen Gerichtsbarkeit, insbesondere für die Register- und Grundbuchsachen nicht zu. Bei diesen handelt es sich zwar um „Rechtsprechungssachen kraft Herkommens",[35] also um Rechtsprechung im formellen Sinn, aber nicht um Rechtsprechung im materiellen Sinn von Art. 92 Abs. 1 GG. Soweit die Gerichte solche Aufgaben wahrnehmen, üben sie keine Rechtsprechung im engeren Sinn, sondern eine Tätigkeit im Rahmen der Rechtspflege aus, die verschiedenen Rechtspflegeorganen, u. a. auch **Rechtspflegern** und **Notaren** obliegt,[36] aber auch von dritter Seite erledigt werden könnte.[37]

3. Freiwillige Gerichtsbarkeit und Schiedsgerichtsbarkeit

Die Vereinbarung einer schiedsrichterlichen Entscheidung (§ 1030 Abs. 1 ZPO) wird im **Verfahren der freiwilligen Gerichtsbarkeit** insoweit für zulässig erachtet, als es sich um privatrechtliche Streitsachen handelt, in denen die Beteiligten über den Gegenstand des Streits verfügen können.[38] Dem steht weder entgegen, dass es sich bei der Zuständigkeit der Gerichte der freiwilligen Gerichtsbarkeit um eine ausschließliche Zuständigkeit handelt, noch dass es auch in den echten Streitsachen der freiwilligen Gerichtsbarkeit häufig um den Erlass rechtsgestaltender Entscheidungen geht.[39] Nachdem die Wohnungseigentumssachen aus dem Bereich der freiwilligen Gerichtsbarkeit herausgenommen worden sind, spielen indes Schiedsgerichtsvereinbarungen im Verfahren der freiwilligen Gerichtsbarkeit praktisch keine nennenswerte Rolle. Von Schiedsvereinbarungen sind die Schiedsgutachterabrede sowie Güte- und Schlichtungsvereinbarungen[40] zu unterscheiden, die in echten Streitsachen der freiwilligen Gerichtsbarkeit gleichfalls grundsätzlich zulässig sind, indes ebenfalls in der Praxis keine Bedeutung haben. **Familiensachen** sind grundsätzlich schiedsfähig, soweit sie vermögensrechtlicher Natur sind, wie Ehegattenunterhalts-, Güterrechts- und Haushaltsstreitigkeiten. Ein Schiedsverfahren kommt nur für die Zeit nach Rechtskraft in Betracht.[41] Solange die Scheidungssache anhängig ist, sind die Regeln über den Verbund zwingend.[42] Gleiches gilt für den Versorgungsausgleich, da über diesen von Amts wegen im Verbund zu entscheiden ist (§ 137 Abs. 2).

4. Wesentlichen Angelegenheiten der freiwilligen Gerichtsbarkeit[43]

Eine abschließende Aufzählung der Angelegenheiten der freiwilligen Gerichtsbarkeit ist wegen der Vielzahl der (teilweise sehr unterschiedlichen) Angelegenheiten an dieser Stelle nicht möglich. Zu den Angelegenheiten zählen auf jeden Fall die in **§ 23 a Abs. 2 Nr. 1 bis Nr. 10 GVG** enumerativ aufgezählten Verfahrensgegenstände, nämlich

---

[32] BVerfGE 22, 49/78 = NJW 1967, 1219.
[33] Schmidt-Bleibtreu/Hopfauf Art. 92 Rn 3.
[34] Habscheid § 5 II 2.
[35] Habscheid § 5 II 4.
[36] BayObLG Rpfleger 1992, 146; Habscheid § 4 IV 2; § 5 III.
[37] Zu der Diskussion der Verlagerung der Handelsregisterführung auf die Industrie- und Handelskammer vgl. Krafka/Willer/Kühn Rn 9 m. w. N. in Fn 8.
[38] BGHZ 6, 248/253; BayObLGZ 2000, 279/284 (keine schiedsrichterliche Entscheidung im Erbscheinsverfahren); BayObLGZ 1999, 255/267 (Ersetzung der nach einem fürstlichen Hausgesetz erforderlichen Zustimmung zur Eheschließung); BayObLGZ 1978, 294/298 (Verfahren nach § 166 Abs. 3 HGB); OLG Koblenz NJW-RR 1990, 1374 (Verfahren nach § 51 a GmbHG).
[39] Habscheid ZZP 66, 188; ders 1972, 225/227.
[40] Vgl. hierzu allgemein Rosenberg/Schwab/Gottwald § 171 Rn 8.
[41] Haußleiter/Gomille § 1 Rn 18; a. A. Huber SchiedsVZ 2004, 280/283; Schmitz RNotZ 2003, 581/611.
[42] BGH NJW 1991, 1616 = FamRZ 1991, 687; Haußleiter/Gomille § 1 Rn 18.
[43] Zu weiteren Angelegenheiten der freiwilligen Gerichtsbarkeit, die nur eine unwesentliche oder keine Bedeutung mehr haben, s. a. Schmidt 15. A. § 1 FGG Rn 52; Amelung 13. A. § 1 FGG Rn 38–110 b.

- die Betreuungssachen (§ 271 FamFG), die Unterbringungssachen (§ 312 FamFG) sowie die betreuungsgerichtlichen Zuweisungssachen (§ 340 FamFG), § 23 a Abs. 2 Nr. 1 GVG;
- die Nachlass- und Teilungssachen (§ 342 FamFG), § 23 a Abs. 2 Nr. 2 GVG;
- die Registersachen (§ 374 FamFG), § 23 a Abs. 2 Nr. 3 GVG;
- die unternehmensrechtlichen Verfahren (§ 375 FamFG), § 23 a Abs. 2 Nr. 4 GVG;
- die weiteren Angelegenheiten nach § 410 FamFG, § 23 a Abs. 2 Nr. 5 GVG;
- die Freiheitsentziehungssachen (§ 415 FamFG), § 23 a Abs. 2 Nr. 6 GVG;
- die Aufgebotssachen (§ 433 FamFG), § 23 a Abs. 2 Nr. 7 GVG;
- die Grundbuchsachen, § 23 a Abs. 2 Nr. 8 GVG;
- die Verfahren nach § 1 Nr. 1, Nr. 2 bis Nr. 6 LwVG, § 23 a Abs. 2 Nr. 9 GVG;
- die Schiffsregistersachen, § 23 a Abs. 2 Nr. 10 GVG.

25 Diese Auflistung ist indes nicht abschließend, wie bereits der missverständlich formulierte § 23 a Abs. 2 Nr. 11 GVG zeigt. Vielmehr gibt es noch eine **Vielzahl von weiteren Angelegenheiten,** beispielsweise:
- die Verfahren in den dem LG in erster Instanz nach dem AktG bzw. dem EGAktG zugewiesenen Angelegenheiten (vgl. § 71 Abs. 2 Nr. 4 GVG):
  – die gerichtliche Entscheidung über die Zusammensetzung des Aufsichtsrats nach §§ 98, 99 AktG;
  – die gerichtliche Entscheidung über das Auskunftsrecht eines Aktionärs nach den §§ 131, 132 AktG;
  – die gerichtliche Entscheidung über die abschließenden Feststellungen der Sonderprüfer nach §§ 258, 260 AktG;
  – die gerichtliche Entscheidung über die Bestellung eines Vertragsprüfers nach § 293 c AktG;
  – die gerichtliche Entscheidung über die Bestellung eines Sonderprüfers nach § 315 AktG;
  – die gerichtliche Entscheidung über die Zusammensetzung des Aufsichtsrats bei einer GmbH oder bergrechtlichen Gewerkschaft nach § 27 EGAktG;
  – das Verfahren nach § 81 GenG;
- das erstinstanzliche Verfahren vor dem LG nach den §§ 51 a, 51 b GmbHG zur Entscheidung über das Auskunfts- und Einsichtsrecht eines Gesellschafters;
- das Verfahren vor dem LG nach § 324 HGB bei Streitigkeit zwischen Abschlussprüfer und Gesellschaft;
- das Verfahren vor dem LG am Sitz des Bundesamtes (= LG Bonn) nach § 335 HGB über die Festsetzung eines Ordnungsgeldes;
- das Verfahren nach § 43 Abs. 2, Abs. 3 KWG;
- das Verfahren vor dem LG nach § 26 SE-Ausführungsgesetz;
- das Verfahren vor dem LG nach § 10 UmwG;
- das Verfahren vor dem LG nach dem SpruchG;
- das Verfahren nach § 47 Abs. 2 VAG;
- das Verfahren nach §§ 84 Abs. 1, 189 VVG;
- das Verfahren vor dem LG nach §§ 39 a, 39 b Wertpapiererwerbs- und ÜbernahmeG;

26
- das Beschwerdeverfahren nach den §§ 19, 25 Abs. 1, 26 Abs. 4 des Staatsangehörigkeitsgesetzes (StAG);
- das Verfahren aus § 15 Abs. 2 des 1. Gesetzes zur Regelung von Fragen der Staatsangehörigkeit (1. StAngRegG);
- das Verfahren aus § 9 Abs. 2 des Gesetzes zur Regelung von Fragen der Staatsangehörigkeit (2. StAngRegG);
- das Verfahren nach §§ 3 Abs. 2 S. 2 Bundeskindergeldgesetz (BKGG), 64 Abs. 2 S. 2 EStG: Bestimmung des Bezugsberechtigten unter mehreren Kindergeldberechtigten;
- die Entscheidungen des Familiengerichts nach § 112 BGB;
- die Entscheidungen des Familiengerichts nach § 2 Abs. 1 NamÄndG;[44]
- die Entscheidungen des Familiengerichts nach den §§ 2 Abs. 3, 3 Abs. 2, 7 des Gesetzes über die religiöse Kindererziehung (RelKErzG);[45]

---

[44] Vgl. OLG Düsseldorf ZKJ 2011, 66 = BeckRS 2010, 28907.
[45] Vgl. Johannsen/Henrich/Büte § 151 FamFG Rn 2; MünchKommBGB/Huber Anhang nach § 1631.

Anwendungsbereich   27, 28 § 1

- das Verfahren in Personenstandssachen nach den §§ 48, 49 des Personenstandsgesetzes (PStG);
- die Entscheidung des Familiengerichts nach § 16 Abs. 3 VerschG;[46]
- Verfahren betreffend die Verwahrung von Akten, Büchern und Verzeichnissen eines **27**
Notars bei Abwesenheit oder Verhinderung (vgl. § 45 BNotO), bei Erlöschen seines Amtes (vgl. § 51 BNotO) oder bei vorläufiger Amtsenthebung (vgl. § 55 BNotO); die Erteilung von Ausfertigungen und Abschriften von Urkunden eines abwesenden oder verhinderten Notars (vgl. § 45 Abs. 4 BNotO), die gerichtliche Entscheidung (des LG) bei Verweigerung der Urkundstätigkeit und sonstiger Amtsverweigerung nach § 15 BNotO, die gerichtliche Entscheidung (des LG) gegen die Ablehnung der Erteilung einer Vollstreckungsklausel nach § 54 des Beurkundungsgesetzes (BeurkG),[47] und die weiteren dort bezeichneten Entscheidungen im Anschluss an eine Beurkundung, vgl. §§ 45, 46 BeurkG; die Tätigkeit der Bundesnotarkammer als Registerbehörde für das zentrale Vorsorge- und Testamentsregister (§§ 78 Abs. 2, 78 a bis 78 f BNotO);
- das gerichtliche Verfahren zur Änderung oder Aufhebung von Sicherheiten für Forderungen aus Schuldverschreibungen nach § 77 des Gesetzes zur Ausführung des Abkommens v. 27. 2. 1953 über deutsche Auslandsschulden v. 24. 8. 1953;
- das Verfahren nach den §§ 4, 5 des Gesetzes über Rechtsberatung und Vertretung für Bürger mit geringem Einkommen (BerHG);
- die Bewilligung der öffentlichen Zustellung einer Willenserklärung nach § 132 Abs. 2 BGB;[48]
- die Bewilligung der öffentlichen Bekanntmachung bei Kraftloserklärung einer Vollmachtsurkunde nach § 176 Abs. 2 BGB;[49]
- die Bestellung eines Vertreters für den Grundstückseigentümer zur Entgegennahme der Kündigung einer Hypothek nach § 1141 Abs. 2 BGB, einer Grundschuld nach § 1192 BGB oder Rentenschuld nach § 1200 BGB;[50]
- das Verfahren zur Ersetzung der Zustimmung des Grundstückseigentümers zur Veräußerung oder Belastung eines Erbbaurechts oder zur Zwangsvollstreckung in ein Erbbaurecht nach § 7 Abs. 3 ErbbauRG;[51]
- das Verfahren nach den §§ 2, 11, 12, 14 Abs. 2 des Gesetzes über Maßnahmen auf dem Gebiet des Grundbuchwesens;
- das Verfahren betr. den Kostenansatz nach § 14 KostO,[52] die Festsetzung des Geschäfts- **28**
wertes nach § 31 KostO,[53] die Festsetzung der Rechnungsgebühren nach § 139 KostO, das Verfahren bei Zurückbehaltung eingereichter Urkunden nach § 10 KostO und das Verfahren nach § 156 KostO betr. Einwendungen gegen die Kostenberechnung des Notars nach den §§ 141 ff. KostO;[54] das Verfahren bei der Anfechtung von Verwaltungsakten, die im Bereich der Justizverwaltung beim Vollzug von Kostengesetzen ergehen, nach § 30 a EGGVG;
- das Verfahren nach dem § 1 Nr. 1, Nr. 2 bis 6 des Gesetzes über das gerichtliche Verfahren in Landwirtschaftssachen (LwVG);
- das Verfahren vor dem OLG nach den §§ 8 Abs. 3, 9 Abs. 2 des Gesetzes über die Mitbestimmung der Arbeitnehmer in den Aufsichtsräten und Vorständen des Bergbaus und der Eisen und Stahl erzeugenden Industrie vom 21. 5. 1951;
- das Verfahren betreffend die Verwahrung von Inventarverpfändungsverträgen nach den §§ 2, 15, 16 des Pachtkreditgesetzes;
- das Verfahren nach § 89 Abs. 2 des Sachenrechtsbereinigungsgesetzes (SachenRBerG);

---
[46] Vgl. Johannsen/Henrich/Büte, § 151 FamFG Rn 2.
[47] Zum Beschwerdeverfahren bei Ablehnung der Erteilung einer weiteren Ausfertigung einer notariellen Urkunde s. a. BayObLG FGPrax 2000, 42.
[48] OLG Köln Beschl. v. 6. 12. 2010 16 Wx 88/10 = BeckRS 2011, 06753; Brehm § 1 Rn 8, 11; a. A. BeckOK/Wendtland § 132 BGB Rn 7; Erman/Palm § 132 BGB Rn 3; Verfahren nach der ZPO.
[49] Brehm § 1 Rn 8, 11; Palandt/Ellenberger § 176 Rn 1.
[50] Erman/Wenzel § 1141 Rn 5; Palandt/Bassenge § 1141 Rn 1.
[51] Palandt/Bassenge § 7 ErbbauRG Rn 8.
[52] Vgl. KG OLGZ 1979, 156/158.
[53] BayObLG DNotZ 1989, 300.
[54] BayObLGZ 1955, 102; Korintenberg/Bengel/Tiedtke § 156 Rn 47.

Sternal   47

- das Verfahren nach dem Therapieunterbringungsgesetz[55] (§ 3 ThUG);
- das Verfahren nach den §§ 2, 4, 9 zur Änderung der Vornamen und der Geschlechtszugehörigkeit in besonderen Fällen vom 10. 9. 1980 (Transsexuellengesetz);[56]
- die gerichtlichen Verfahren über die Zustimmung zur Erteilung der Auskunft über die Verwendung von Verkehrsdaten nach den §§ 101 Abs. 9 UrhG, 140b Abs. 9 PatG, 24b Abs. 9 GebrauchsMG, 19 Abs. 9 MarkenG, 46 Abs. 9 GeschmacksMG, 37 Abs. 9 SortenSchG;
- das Verfahren vor dem OLG nach § 138 Abs. 2 S. 5 UrhG bei Ablehnung der Registrierung anonymer und pseudonymer Werke durch das Patentamt;
- das Aufgebotsverfahren bei Todeserklärungen und das Verfahren bei Feststellung der Todeszeit nach den §§ 13, 40 des Verschollenheitsgesetzes (VerschG); für Verschollenheitsfälle aus Anlass des Krieges 1939 bis 1945 gelten ausschließlich die Art. 2 bis 4 des Gesetzes zur Änderung von Vorschriften des Verschollenheitsrechts vom 15. 1. 1951, die jedoch die allgemeinen Verfahrensbestimmungen unberührt lassen (Art. 2 § 8 VerschÄndG).

29 **In folgenden Gesetzen** findet sich, zum Teil unabhängig davon, ob die Voraussetzungen für die Anordnung einer Betreuung oder Pflegschaft nach bürgerlichem Recht vorliegen, eine Grundlage für die Anordnung entsprechender Maßnahmen oder die Bestellung eines besonderen Vertreters durch das Familien- oder Betreuungsgericht:[57]
- in § 81 Abgabenordnung (AO);
- in § 207 Baugesetzbuch (BauGB);
- in § 3 Bundesdisziplinargesetz (BDG) i. V. m. § 16 VwVfG sowie in § 85 Abs. 2 der Wehrdisziplinarordnung und in den entsprechenden Vorschriften der Disziplinarordnungen der Länder;
- in § 29a Landbeschaffungsgesetz (LBG);
- in § 17 Sachenrechtsbereinigungsgesetz (SachenRBerG);
- in § 15 SGB X;
- in § 292 Abs. 2 und in § 443 Abs. 3 Strafprozessordnung (StPO);[58]
- in § 16 Verwaltungsverfahrensgesetz (VwVfG) und in den entsprechenden Verwaltungsverfahrensgesetzen der Länder.

IV. Verfahrensarten der freiwilligen Gerichtsbarkeit

1. Grundsatz

30   Für den Anwendungsbereich des FGG wurde zwischen folgenden Verfahrensarten der freiwilligen Gerichtsbarkeit unterschieden:[59]
- **Angelegenheiten der Rechtsfürsorge,** zu denen zum klassischen Bereich der freiwilligen Gerichtsbarkeit die Vormundschafts-, Betreuungs-, Nachlass- und Registersachen sowie die Urkundstätigkeit zählen. Diese lassen sich in **Amtsverfahren** (vgl. dazu § 23 Rn 5) und **Antragsverfahren** (vgl. dazu § 23 Rn 7) unterscheiden.
- Echte **Streitsachen der freiwilligen Gerichtsbarkeit,** die sich in privatrechtliche (siehe dazu Rn 33) und öffentlich-rechtliche Streitsachen (siehe dazu Rn 41) einteilen lassen.

31   Diese von der Rechtsprechung und Literatur entwickelte Unterscheidung gilt weiterhin für das FamFG. Auch wenn die Unterscheidung der Verfahrensarten wegen der detaillierten Ausgestaltung des Verfahrens im FamFG und der teilweisen Übernahme von Verfahrensregelungen aus ZPO (so z. B. § 27 Mitwirkungspflicht der Beteiligten, § 28 Hinweispflicht des Gerichts, § 36 Abschluss eines Vergleichs, § 48 Wiederaufnahme des Verfahrens) an Bedeutung verloren hat, weisen die echten Streitsachen der freiwilligen Gerichtsbarkeit

---

[55] Gesetz vom 22. 12. 2010 (BGBl. I S. 2300, 2305).
[56] Vgl. BVerfG NJW 1993, 1517; NJW 1982, 2061, Palandt/Ellenberger § 1 Rn 11.
[57] Bei Erman/Saar vor § 1909 Rn 16 findet sich eine ausführliche Übersicht über die Zulässigkeit der Anordnung einer Betreuung, Pflegschaft oder die Bestellung eines besonderen Vertreters, die ihre gesetzliche Grundlage nicht in den §§ 1896 oder 1909 ff. BGB findet.
[58] BayObLGZ 1963, 257.
[59] Bärmann § 4; Lindacher JuS 1978, 569.

Anwendungsbereich 32–34 § 1

weiterhin Besonderheiten gegenüber den sonstigen Angelegenheiten auf, die es rechtfertigen, die Differenzierung nicht völlig aufzugeben.[60]

Von den Streitsachen der freiwilligen Gerichtsbarkeit sind die im FamFG gesetzlich geregelten **Familienstreitsachen** zu unterscheiden. Dies sind nach § 112 folgende Familiensachen: 32

- **Unterhaltssachen** nach § 231 Abs. 1 und Lebenspartnerschaftssachen nach § 269 Abs. 1 Nr. 7 und Nr. 8 (§ 112 Nr. 1);
- **Güterrechtssachen** nach § 261 Abs. 1 und Lebenspartnerschaftssachen nach § 269 Abs. 1 Nr. 9 (§ 112 Nr. 2);
- **sonstige Familiensachen** nach § 266 Abs. 1 und Lebenspartnerschaftssachen nach § 269 Abs. 2 (§ 112 Nr. 3).

Es handelt sich hierbei im Wesentlichen um die bisherigen ZPO-Familiensachen. Auf diese Verfahren sind die §§ 2 bis 37, 40 bis 45, 46 S. 1 und S. 2, 47 und 48 sowie 76 bis 96 nicht anwendbar (§ 113 Abs. 1 S. 1). Stattdessen gelten die §§ 1 bis 494a ZPO (§ 113 Abs. 1 S. 2) sowie die Vorschriften über den Urkunden- und Wechselprozess und über das Mahnverfahren (§ 113 Abs. 2). Zu den Einzelheiten wird auf die Erläuterungen zu § 112 und zu § 113 verwiesen.

2. Privatrechtliche Streitsachen

a) Begriff. Bei den privatrechtlichen Streitsachen der freiwilligen Gerichtsbarkeit handelt es sich um Verfahren, in denen das Gericht materiell rechtskräftig über subjektiv private Rechte von Verfahrensbeteiligten entscheidet, die sich mit entgegengesetzten Interessen gegenüberstehen, selbst wenn sie das Gericht einverständlich anrufen und keine streitige Verhandlung stattfindet.[61] Das Gericht übernimmt insoweit die Rolle einer neutralen Streitentscheidungsinstanz. Die Beteiligten können regelmäßig über den Verfahrensgegenstand verfügen. Bei den subjektiven Privatrechten der Beteiligten, die Gegenstand des Verfahrens sind, kann es sich wie im Zivilprozess um Leistungsansprüche, z. B. nach § 18 Abs. 2 HöfeO, oder um Gestaltungsrechte,[62] z. B. nach den §§ 1365 Abs. 2, 1369 Abs. 2, 1382, 1383 BGB oder nach den §§ 200 ff. FamFG, handeln. 33

b) Einzelne Verfahren. Zu den privatrechtlichen Streitsachen der freiwilligen Gerichtsbarkeit zählen beispielsweise folgende Verfahren: 34

- das Verfahren betr. die Ermächtigung einer Minderheit der Vereinsmitglieder zur Einberufung der Mitgliederversammlung des Vereins nach **§ 37 BGB;**[63]
- das Verfahren betr. die Ersetzung der Zustimmung des Vormundes zum Eintritt des Minderjährigen in ein Dienst- oder Arbeitsverhältnis nach **§ 113 Abs. 3 BGB;**[64] zur Ersetzung der Zustimmung des Betreuers in einem entsprechenden Fall (vgl. **§ 1903 Abs. 2 BGB i. V. m. § 113 Abs. 3 BGB);**[65]
- das Verfahren betreffend die Regelung der Art des Pfandverkaufs nach **§ 1246 Abs. 2 BGB** (§ 410 Nr. 4 FamFG);[66]
- das Verfahren betreffend die Zustimmung zur Eheschließung Minderjähriger bei Widerspruch des Personensorgeberechtigten **(§ 1303 Abs. 3 BGB);**
- das Verfahren betreffend die Zustimmung des gesetzlichen Vertreters zur Bestätigung einer aufhebbaren Ehe **(§ 1315 Abs. 1 S. 3 BGB);**
- das Verfahren betreffend die Aufhebung einer Beschränkung oder einer Ausschließung des Rechts eines Ehegatten, Geschäfte mit Wirkung für den anderen Ehegatten zu besorgen (vgl. **§ 1357 Abs. 2 BGB);**[67]

---

[60] A. A. anscheinend Bumiller/Harders § 1 Rn 13.
[61] BGH FamRZ 1983, 44; BayObLG FamRZ 1989, 886; Bärmann § 4 II; Habscheid § 7 V 1.
[62] Bärmann AcP 154, 373/384; Habscheid § 7 I.
[63] BayObLGZ 1986, 459/465.
[64] Jansen/von König/von Schuckmann Vor §§ 8–18 Rn 54.
[65] Erman/Palm § 108 Rn 10, § 133 Rn 20.
[66] Palandt/Bassenge § 1246 Rn 2.
[67] Erman/Gamillscheg § 1357 Rn 21; Habscheid § 7 I 1.

- das Verfahren betreffend die Ersetzung der Zustimmung des einen Ehegatten zu einem Rechtsgeschäft des anderen Ehegatten nach **§ 1365 Abs. 2 BGB** oder nach **§ 1369 Abs. 2 BGB**;[68] vgl. auch §§ 1426, 1430, 1452, 1487 BGB;
- das Verfahren in Angelegenheiten des Zugewinnausgleichs nach den **§§ 1382 oder 1383 BGB**;[69] das Verfahren nach den § 6 S. 2 LPartG i. V. m. §§ 1382, 1383 BGB;
- das Verfahren betreffend die Art der Unterhaltsgewährung nach **§ 1612 Abs. 2 BGB**;[70]
- das Verfahren betreffend die Einwilligung zur Einbenennung (**§ 1618 S. 4 BGB**);
- das Verfahren zur Zustimmung zur Abweichung von Anordnungen des Schenkers (**§§ 1803, Abs. 3 S. 2, 1917 Abs. 3 S. 2 BGB**);
- das Verfahren in Angelegenheiten des **Versorgungsausgleichs** nach dem Versorgungsausgleichsgesetz (VersAusglG) i. V. m. §§ 217 ff. FamFG;[71]
- das Verfahren zur Entscheidung von Meinungsverschiedenheiten zwischen mehreren Testamentsvollstreckern nach **§ 2224 Abs. 1 BGB** bzw. zur Entlassung eines Testamentsvollstreckers nach **§ 2227 BGB**;[72]
- das Verfahren zur Stundung des Pflichtteilsanspruchs nach **§ 2331 a Abs. 2 BGB** sowie des Erbersatzanspruchs des nichtehelichen Kindes nach den **§§ 1934 b Abs. 2 BGB a. F., 2331 a Abs. 2 BGB** jeweils i. V. m. § 1382 Abs. 4 BGB;[73]

35
- das Verfahren über die religiöse Kindererziehung nach den **§§ 2, 7 RelKErzG**;[74]
- die Regelung der Verhältnisse an der **Ehewohnung und den Haushaltssachen** nach den §§ 200 ff. FamFG bzw. das Verfahren betr. die Regelung der Rechtsverhältnisse an der gemeinsamen Wohnung und am Haushalt der Lebenspartner;
- das Verfahren betr. Streitigkeiten nach **§ 8 Abs. 2 S. 3 LPachtVG** (vgl. § 1 Nr. 1 LwVG),[75] soweit Verfahrensgrundlage die in § 1 Nr. 1 LwVG genannten Pachtschutzbestimmungen des BGB sind;[76] betr. die Zuweisung eines Grundstücks nach **§ 13 GrdstVG**;[77]
- das Verfahren betr. Versorgungsstreitigkeiten aus dem Anerbenrecht (vgl. **§ 1 Nr. 5 LwVG**);[78]
- das Verfahren betr. die Feststellung nach **§ 11 HöfeVfO**, soweit diese privatrechtliche Rechtsbeziehungen zwischen den Beteiligten betrifft (vgl. § 1 Nr. 5 LwVG);[79]
- das Verfahren auf der Grundlage von **§ 65 LwAnpG**;[80]
- das Verfahren nach **§ 7 Abs. 3 ErbbauRG**;
- das Verfahren über die Anträge nach den **§§ 147**,[81] **166 Abs. 3**,[82] **590 HGB**;
- das Verfahren vor dem LG, in dem eine Zuständigkeit des Gerichts der freiwilligen Gerichtsbarkeit nach dem **AktG**,[83] dem **GmbHG**, dem **SE-AusführungsG**, dem **UmwG**, dem **SpruchG**, dem **Wertpapiererwerbs- und ÜbernahmeG** begründet ist;
- das Beschwerdeverfahren nach **§ 156 KostO**;[84]
- das Verfahren nach **§ 403 FamFG** bei Weigerung des Dispacheurs zur Aufmachung der Dispache;[85]

---

[68] Erman/Gamillscheg § 1365 Rn 24; § 1369 Rn 10; Habscheid § 7 I 1.
[69] Erman/Gamillscheg § 1382 Rn 9; Habscheid § 7 I 1.
[70] BayObLG FamRZ 1989, 886.
[71] BGH FamRZ 1983, 44; NJW 1980, 2418 = FamRZ 1980, 989.
[72] Jansen/von König/von Schuckmann Vor §§ 8–18 Rn 54.
[73] Erman/Schlüter § 2331 a Rn 6; § 1934 b Rn 18.
[74] Jansen/von König/von Schuckmann Vor §§ 8–18 Rn 54.
[75] Barnstedt/Steffen § 9 Rn 72.
[76] Barnstedt/Steffen § 9 Rn 73.
[77] Barnstedt/Steffen § 9 Rn 76.
[78] Barnstedt/Steffen § 9 Rn 77.
[79] Barnstedt/Steffen § 9 Rn 78; das Verfahren zur Erteilung eines Hoffolgezeugnisses nach § 18 Abs. 2 S. 3 HöfeO ist ebenso wenig wie das Erbscheinsverfahren nach den §§ 2353 ff. BGB eine echte Streitsache (Barnstedt/Steffen § 9 Rn 81).
[80] BGH DtZ 1994, 109; NJW 1993, 857.
[81] Baumbach/Hopt § 147 Rn 4.
[82] BayObLG NJW-RR 1995, 299; NJW-RR 1988, 547; OLG Hamm OLGZ 1970, 195/196.
[83] BayObLGZ 1996, 234/241 für das Verfahren nach den §§ 132 Abs. 3, 99 Abs. 1 AktG.
[84] BayObLG Rpfleger 1980, 316.
[85] Jansen/von König/von Schuckmann Vor §§ 8–18 Rn 54.

- das Verfahren nach § 410 Nr. 3 FamFG betr. die Vergütung des nach den §§ 432, 1217, 1281 und 2039 BGB bestellten Verwahrers;[86]
- das Verfahren nach § 410 Nr. 4 FamFG betreffend die Regelung des Pfandverkaufs nach § 1246 Abs. 2 BGB;
- das Verfahren nach den §§ 1, 2 GewSchG.

c) Besonderheiten des Verfahrens. Das FamFG enthält keine besonderen Regelungen für echte Streitsachen der freiwilligen Gerichtsbarkeit. Vielmehr gelten uneingeschränkt die allgemeinen Verfahrensvorschriften. So sieht § 22 Abs. 1 die Möglichkeit einer Antragsrücknahme und § 36 eines Vergleichsabschlusses vor. Zur Schließung von weiterhin bestehenden Regelungslücken können die **Vorschriften der ZPO** herangezogen werden, wenn das FamFG keine einschlägigen Regelungen enthält und die Grundsätze des Verfahrensrechts der freiwilligen Gerichtsbarkeit dem nicht entgegenstehen.[87] Dabei ist stets zu berücksichtigen, dass nach dem Willen des Gesetzgebers bestimmte privatrechtliche Streitigkeiten im Verfahren der freiwilligen Gerichtsbarkeit entschieden werden sollen. Das verbietet es, unbeschadet etwaiger Sonderregelungen außerhalb des FamFG die im Verfahren der freiwilligen Gerichtsbarkeit geltenden allgemeinen Verfahrensgrundsätze durch zivilprozessuale Regelungen zu ersetzen.[88] Das gilt insbesondere für den Grundsatz der Amtsermittlung und die sich daraus ergebenden Folgen sowie für die gerichtliche Zuständigkeit, die Zulässigkeit von Rechtsmitteln und den Instanzenzug.

Daher gibt es auch in echten Streitsachen der freiwilligen Gerichtsbarkeit keine formelle Beweislast.[89] Deshalb findet auch in diesen Sachen kein Versäumnisverfahren statt.[90] Ein **Anerkenntnis** oder ein **Verzicht** des Antragsgegners berechtigt das Gericht nicht, in entsprechender Anwendung der §§ 307 oder 306 ZPO eine Sachentscheidung ohne eigene Sachprüfung zu erlassen.[91] Ein Anerkenntnis kann aber als Zugeständnis der anspruchsbegründenden Tatsachen angesehen werden und eine weitere Sachaufklärung entbehrlich machen.[92] Bei bloßem **Schweigen zu gegnerischen Behauptungen** muss geklärt werden, ob darin ein Nichtbestreiten liegen soll.[93] Aus dem Nichtbestreiten des Sachvortrages eines gegnerischen Verfahrensbeteiligten kann unter Umständen auf dessen Richtigkeit geschlossen werden; das Gleiche gilt auch für ein Geständnis.[94] Wegen der trotzdem auch in echten Streitsachen bestehenden Amtsermittlungspflicht[95] kann das Gericht aber gleichwohl Anlass haben, auch eine von den Beteiligten als unstreitig bezeichnete Tatsache auf deren Richtigkeit zu überprüfen.[96]

Entsprechend anwendbar sind in Streitsachen der freiwilligen Gerichtsbarkeit im Einzelfall beispielsweise die **§§ 66 ff. ZPO** für die Beurteilung der Voraussetzungen der Streitverkündung (siehe dazu auch § 45 Rn 29) und der Nebenintervention.[97] Die Interventionswirkung, die sich durch Streitverkündung in einem Verfahren der freiwilligen Gerichtsbarkeit ergibt, ist auch in einem Verfahren vor einem Gericht eines anderen Gerichtszweiges oder einer anderen Rechtswegzuständigkeit, somit also auch in einem Zivilprozess zu beachten.[98] Umgekehrt gilt die Interventionswirkung einer in einem Zivilprozess erfolgten Streitverkündung auch in einem nachfolgenden Verfahren der freiwilligen Gerichtsbarkeit.[99]

---

[86] Jansen/von König/von Schuckmann Vor §§ 8–18 Rn 54.
[87] Bärmann § 4 III 3; Habscheid § 7 III; Jansen/von König/von Schuckmann Vor §§ 8–18 Rn 59.
[88] Habscheid § 7 III; Jansen/von König/von Schuckmann Vor §§ 8–18 Rn 59; Lindacher JuS 1978, 579.
[89] BayObLG Rpfleger 1988, 477.
[90] Habscheid § 21 I 2.
[91] BayObLG WuM 1996, 661.
[92] BayObLG WE 1989, 209; Habscheid § 19 II 1.
[93] BayObLGZ 1971, 217/220.
[94] BayObLG NJW-RR 1997, 971; Habscheid § 19 II 1.
[95] Habscheid § 19 II 1; Jansen/von König/von Schuckmann Vor §§ 8–18 Rn 59.
[96] BayObLG NJW-RR 1997, 971.
[97] BGH NJW 2007, 3065; BayObLG FGPrax 2002, 37; OLG Hamm FGPrax 1995, 229 = NJW-RR 1996, 335; OLG Schleswig FGPrax 1999, 237.
[98] Jansen/von König/von Schuckmann Vor §§ 8–18 Rn 66.
[99] OLG Hamm FGPrax 1995, 229 = NJW-RR 1996, 335.

39 In echten Streitsachen wird im Schrifttum teilweise die entsprechende Anwendung der **§§ 239, 240 ZPO** befürwortet.[100] Die Rechtsprechung folgt dieser Auffassung nicht.[101] Durch den Tod oder der Eröffnung des Insolvenzverfahrens geht die Rechtsstellung des bisherigen Beteiligten ohne Weiteres auf dessen Rechtsnachfolger bzw. auf den Insolvenzverwalter über. Wer das ist, bestimmt sich nach dem materiellen Recht, das von dem Gericht von Amts wegen zu prüfen und zu ermitteln ist.[102] Weiterhin in Betracht kommen kann **§ 251 ZPO** (s. auch § 21 Rn 42) bei einem übereinstimmenden Antrag der Verfahrensbeteiligten auf Ruhen des Verfahrens, **§ 254 ZPO** für ein stufenweise durchzuführendes Verfahren,[103] **§ 256 ZPO** in den Verfahren, in denen Feststellungsentscheidungen nicht ausdrücklich vorgesehen sind,[104] die **§§ 263, 264 ZPO** bei Antragsänderungen, insbesondere auch bei Antragserweiterungen bis zur Entscheidung über die Erstbeschwerde,[105] **§ 265 ZPO** bei Veräußerung der Streitsache und die im ZPO-Verfahren entwickelten Grundsätze über die gewillkürte Prozessstandschaft,[106] des **§ 287 ZPO** zur Schätzung des Anspruchs,[107] des **§ 295 ZPO** betreffend die Heilung eines Verfahrensmangels durch Rügeverzicht,[108] des **§ 301 ZPO**[109] oder des **§ 304 ZPO**[110] für die Beurteilung der Zulässigkeit einer Teil- oder einer Zwischenentscheidung über den Grund des Anspruchs, **§ 308 Abs. 1 ZPO** für die Beurteilung der Bindung des Gerichts an die gestellten Anträge, **§ 322 Abs. 1 ZPO** für die materielle Rechtskraft[111] sowie **§ 322 Abs. 2 ZPO** bei Aufrechnung mit einer Gegenforderung.

40 In privatrechtlichen Streitsachen der freiwilligen Gerichtsbarkeit gilt allgemein das **„Verbot der reformatio in peius"**. Die Entscheidungen erwachsen in **materielle Rechtskraft**.[112] Eine mündliche Verhandlung ist zum Teil gesetzlich vorgeschrieben, davon abgesehen für eine effektive Gestaltung des Verfahrens darüber hinaus häufig empfehlenswert. Obwohl die mündliche Verhandlung im Verfahren der freiwilligen Gerichtsbarkeit grundsätzlich nicht öffentlich ist (vgl. § 32 Rn 23),[113] ist in den privatrechtlichen Streitsachen, in denen zivilrechtliche Ansprüche im Sinne des Art. 6 Abs. 1 S. 1 EMRK geltend gemacht werden, nach dieser Vorschrift aber öffentlich zu verhandeln (vgl. § 32 Rn 25)[114] und die Entscheidung nach Art. 6 Abs. 1 S. 2 EMRK auch öffentlich zu verkünden.

3. Öffentlich-rechtliche Streitsachen[115]

41 **a) Begriff.** Ein öffentlich-rechtliches Streitverfahren der freiwilligen Gerichtsbarkeit liegt vor, wenn ein Gericht der freiwilligen Gerichtsbarkeit materiell rechtskräftig über subjektive öffentliche Rechte zwischen Privaten und öffentlich-rechtlichen Körperschaften oder Behörden[116] sowie über Streitigkeiten zwischen öffentlich rechtlichen Körper-

---

[100] Bärmann § 14 IV; Brehm § 2 Rn 8.
[101] BGH FamRZ 2009, 872; OLG Zweibrücken FGPrax 2000, 66 = NJW-RR 2000, 815; jew. betr. Tod; OLG Köln FGPrax 2002, 264; FGPrax 2001, 214; OLG Naumburg, NJW-RR 2004, 1349 = FamRZ 2004, 1800 betr. Insolvenzverfahren; einschränkend für Antragsverfahren: Jansen/von König/von Schuckmann vor §§ 8–18 Rn 37.
[102] BGH FamRZ 2009, 872.
[103] OLG Bamberg FamRZ 1980, 811; OLG Düsseldorf NJW-RR 1987, 1163; OLG Hamm FamRZ 1980, 64.
[104] BGH NJW 1984, 610; NJW 1982, 387; BayObLG MDR 1984, 495; KG OLGZ 1979, 28/30; OLG Bremen NJW-RR 2007, 725.
[105] OLG Düsseldorf FGPrax 1999, 132; OLG Zweibrücken WE 1999, 32.
[106] BayObLG NZM 2000, 289; NJW-RR 1991, 531; KG NZM 1998, 580.
[107] BayObLG NJW 2002, 1453.
[108] BGH NJW-RR 2000, 1664.
[109] BGH FamRZ 1983, 38; OLG Stuttgart FamRZ 1983, 443.
[110] BGH MDR 1956, 404; OLG Celle NdsRpfl. 1964, 103; OLG Köln DWE 1994, 110.
[111] BGH NJW 2009, 677; NJW-RR 2007, 578; NJW 1982, 1646; OLG Celle NJW 2009, 602.
[112] BGH NJW 1964, 863; BayObLG NJW-RR 1994, 1425; NJW-RR 1988, 547; OLG Frankfurt OLGZ 1980, 76.
[113] OLG Frankfurt NJW-RR 1998, 937; OLG Hamm FGPrax 1996, 142 = FamRZ 1996, 1356.
[114] BGH WM 1994, 313 für Verfahren nach § 65 LwAnpG.
[115] Baumgärtel Rpfleger 1978, 285; Brehm § 2 Rn 11.
[116] Bärmann § 4 III, § 51; Brehm § 2 Rn 11; Habscheid § 8; Jansen/von König/von Schuckmann Vor §§ 8–18 Rn 70.

schaften zur Klärung öffentlich-rechtlicher Rechtsverhältnisse entscheidet.[117] Da in den öffentlich-rechtlichen Streitsachen dem gerichtlichen Verfahren im Regelfall ein Verwaltungsakt vorausgeht, entsprechen die Verfahren den Anfechtungs-, Verpflichtungs- oder Feststellungsklagen nach der VwGO;[118] sie sind ein Spiegelbild zum Verwaltungsstreitverfahren.[119]

b) Übersicht. Zu den öffentlich-rechtlichen Streitsachen gehören u. a. folgende Verfahren:[120]

- das Verfahren zur Anfechtung von Bescheiden der Landesjustizverwaltung über die **Anerkennung ausländischer Entscheidungen in Ehesachen** nach § 107;[121]
- das Verfahren zur **Anfechtung von Justizverwaltungsakten,** die von den Justizbehörden auf dem Gebiet des bürgerlichen Rechts, einschließlich des Handelsrechts, des Zivilprozessrechts und der freiwilligen Gerichtsbarkeit erlassen worden sind, nach den §§ 23 ff. EGGVG;[122]
- das Verfahren zur Anfechtung von Verwaltungsakten, die im Bereich der Justizverwaltung beim Vollzug der Kostengesetze ergangen sind, nach **§ 30 a EGGVG;**[123]
- das Verfahren nach § 1 Nr. 1 LwVG i. V. m. §§ 8 ff. des Gesetzes über die **Anzeige und Beanstandung von Landpachtverträgen** (LPachtVG) durch die zuständige Behörde;[124]
- das Verfahren nach **§ 1 Nr. 2 LwVG** i. V. m. **§ 22** des Gesetzes über Maßnahmen zur Verbesserung der Agrarstruktur und zur Sicherung land- und forstwirtschaftlicher Betriebe **(GrdVStG)** bei Versagung der Genehmigung der rechtsgeschäftlichen Veräußerung land- und forstwirtschaftlicher Grundstücke durch die zuständige Behörde.[125]

Nicht zu den öffentlich-rechtlichen Streitsachen gehören die Freiheitsentziehungssachen und die Unterbringungssachen. In diesen Verfahren entscheidet das Gericht auf Antrag der zuständigen Verwaltungsbehörde unmittelbar über die Freiheitsentziehung bzw. Unterbringung des Betroffenen; anders als in den öffentlich-rechtlichen Streitsachen geht der Entscheidung des Gerichts kein Verwaltungsakt der zuständigen Behörde voraus, über dessen Rechtmäßigkeit im gerichtlichen Verfahren zu befinden wäre.[126]

c) Besonderheiten des Verfahrens. Die Behandlung öffentlich-rechtlicher Streitsachen richtet sich nach spezialgesetzlichen Regelungen sowie den Verfahrensvorschriften des FamFG. Angesichts der Regelungsdichte dieser Vorschriften bedarf es nunmehr hinsichtlich der Notwendigkeit eines Antrages, der Bindung des Gerichts an die Anträge, der Möglichkeit einer Antragsrücknahme oder der vergleichsweise Beendigung des Verfahrens keines Rückgriffs mehr auf die VwGO. Ebenfalls nicht anwendbar ist § 80 VwGO. Die Frage, inwieweit einem Antrag auf gerichtliche Entscheidung aufschiebende Wirkung zukommt oder Anlass besteht, die Vollziehung des angefochtenen Verwaltungsaktes auszusetzen, bestimmt sich vielmehr ausschließlich nach den Vorschriften des FamFG. Auch für eine entsprechende Anwendung der Vorschrift des § 113 Abs. 1 S. 4 VwGO, nach der ein sog. Fortsetzungsfeststellungsantrag mit dem Ziel des Ausspruches zulässig ist, der angefochtene Verwaltungsakt sei rechtswidrig gewesen, wenn dieser sich während des gerichtlichen Verfahrens erledigt hat, ist in den öffentlich-rechtlichen Streitverfahren grundsätzlich kein Raum. Für das Verfahren nach den §§ 23 ff. EGGVG sieht § 28 Abs. 1 S. 4 EGGVG eine besondere Regelung vor.

---

[117] Bärmann § 4 III 2; Habscheid § 8 vor I.
[118] Bärmann § 4 III 1 b; Habscheid § 8 I 1–3; Jansen/von König/von Schuckmann Vor §§ 8–18 Rn 79.
[119] Habscheid § 8 I.
[120] Die Verfahren betreffend die Anfechtung von Verwaltungsakten nach §§ 111 BNotO, 37 ff., 223 BRAO, 33 ff., 184 PatAO sind durch das Gesetz zur Modernisierung von Verfahren in anwaltlichen und notariellen Berufsrecht, zur Errichtung einer Schlichtungsstelle der Rechtsanwaltschaft sowie zur Änderung sonstiger Vorschriften nunmehr als Verwaltungsstreitigkeit ausgestaltet.
[121] Habscheid § 8 I 1 b.
[122] Habscheid § 8 I 1 a; vgl. auch Zöller/Lückemann § 23 EGGVG Rn 12.
[123] Vgl. dazu Korintenberg/Lappe, Zusatz zu § 14 KostO.
[124] Vgl. auch Barnstedt/Steffen § 1 Rn 7.
[125] Vgl. auch Barnstedt/Steffen § 1 Rn 91.
[126] Habscheid § 8 II 3; Zimmermann Rpfleger 1978, 291.

45 Die Entscheidungen in öffentlich-rechtlichen Streitsachen der freiwilligen Gerichtsbarkeit können **materiell rechtskräftig** werden.[127] Das ist im Einzelnen entschieden für die ein Verfahren nach den §§ 23 ff. EGGVG beendende Entscheidung des OLG,[128] für die Endentscheidung des OLG in einem Verfahren nach Art. 7 § 1 FamRÄndG a. F. (= nunmehr § 107; vgl. insoweit auch § 107 Abs. 9),[129] für die abschließende gerichtliche Entscheidung in einem Genehmigungsverfahren nach dem Grundstückverkehrsgesetz[130] oder in einem Pachtschutzverfahren.[131]

V. Rechtsweg und Verfahrenszuständigkeit

1. Verhältnis freiwillige Gerichtsbarkeit zur streitigen Gerichtsbarkeit

46 Ob es sich bei der Abgrenzung der Angelegenheiten der freiwilligen Gerichtsbarkeit von denen der „streitigen" Zivilgerichtsbarkeit um eine Frage der Zulässigkeit des Rechtswegs,[132] der sachlichen Zuständigkeit,[133] der gesetzlichen Geschäftsverteilung[134] oder lediglich der Zuordnung unter die Zuständigkeit verschiedener zum Bereich der ordentlichen Gerichtsbarkeit gehöriger Gerichte mit unterschiedlicher Verfahrensordnung handelt,[135] war im Anwendungsbereich des FGG umstritten. Eine gesetzliche Bestimmung fehlte. Mit der Zuordnung zum Rechtsweg konnte die Abgrenzungsfrage deshalb nicht gelöst werden, weil sowohl die „streitige" Zivilgerichtsbarkeit als auch die freiwillige Gerichtsbarkeit der ordentlichen Gerichtsbarkeit angehören, wie § 13 GVG klarstellt. Der Unterschied zwischen beiden war auch nicht zutreffend mit dem Begriff der sachlichen Zuständigkeit zu bestimmen, der zur Klärung der Frage dient, welches Gericht in erster Instanz die Sache zu behandeln hat.[136] Aus dem Begriff der gesetzlichen Geschäftsverteilung folgte lediglich, dass für die Bearbeitung bestimmter Angelegenheiten eigene Spruchkörper eingerichtet werden müssen.[137]

47 Ein zuverlässiges **Abgrenzungskriterium** kann letztlich nur darin gefunden werden, welcher Verfahrensordnung innerhalb der ordentlichen Gerichtsbarkeit die gerichtliche Behandlung einer Angelegenheit zugewiesen ist; es handelt sich also um eine **Frage der Verfahrenszuständigkeit** innerhalb des Zivilrechtsweges.[138] Die Tauglichkeit dieses Begriffs für eine Abgrenzung zwischen freiwilliger Gerichtsbarkeit und Zivilgerichtsbarkeit erweist sich gerade für jene Angelegenheiten, die nach ihrem Regelungscharakter keine so bedeutsamen Unterschiede erkennen lassen, dass nicht der Gesetzgeber ihre prozessuale Behandlung auch den Normen der ZPO hätte unterstellen können.[139] Das sind die sogenannten privatrechtlichen Streitsachen der freiwilligen Gerichtsbarkeit (s. Rn 33), bei denen auch zivilprozessuale Vorschriften zumindest teilweise entsprechende Anwendung finden (vgl. Rn 36 bis 40).[140]

2. Rechtswegverweisung

48 **a) Gesetzliche Grundlagen.** Die Frage, wie bei Zweifeln oder Streit über den zulässigen Rechtsweg zu verfahren ist, wird durch die **§§ 17 bis 17 b GVG** geregelt. Der Anwendungsbereich dieser Vorschriften erstreckt sich nach § 2 EGGVG auf die ordentliche einschließlich der freiwilligen Gerichtsbarkeit und kraft besonderer gesetzlicher Regelung

---

[127] BayObLG DÖV 1989, 168; BayObLGZ 1967, 218/229; Bärmann § 22 III 1; Habscheid § 8 III 2, § 28 IV 1.
[128] BGH NJW 1994, 1950.
[129] BayObLGZ 1967, 217/218; OLG München NJW 1962, 2013.
[130] BGH AgrarR 1980, 160 (zweifelnd); Barnstedt/Steffen § 30 Rn 21, 24.
[131] OLG Oldenburg NdsRpfl. 1954, 199; Barnstedt/Steffen § 30 Rn 23.
[132] BGH JZ 1956, 327 mit Anm. Keidel; BGHZ 10, 155/162.
[133] BGHZ 13, 324/327; BGHZ 12, 254/257.
[134] BGHZ 71, 264/270; Diederichsen ZZP 91, 402.
[135] BGHZ 78, 57/63; BGHZ 40, 1/6; Baur § 2 B III 5.
[136] BGH MDR 1978, 824.
[137] Kissel/Mayer § 21 e Rn 87.
[138] BGH NJW 1995, 2891; NJW 1980, 2466; Bärmann § 6 II 2.
[139] BGH NJW 1995, 2891; NJW 1980, 2466.
[140] Habscheid § 7 III 1.

in den für sie geltenden Verfahrensgesetzen auch auf die Verwaltungs-, Finanz-, Sozial- und Arbeitsgerichtsbarkeit (vgl. §§ 173 VwGO, 155 FGO, 202 SGG und 48 ArbGG). Somit werden Rechtswegstreitigkeiten zwischen Gerichten dieser fünf Gerichtszweige einheitlich nach den §§ 17 bis 17 b GVG entschieden. Eine Sondervorschrift für die Rechtswegverweisung in Landwirtschaftssachen findet sich in § 12 Abs. 2 LwVG.

Für das interne Verhältnis zwischen bürgerlichen Rechtsstreitigkeiten, Familiensachen **49** und Angelegenheiten der freiwilligen Gerichtsbarkeit untereinander sind über **§ 17 a Abs. 6 GVG** die Regelungen in § 17 a Abs. 1 bis 5 GVG entsprechend anzuwenden; darüber hinaus sind § 17 b Abs. 1, Abs. 2 S. 1 ebenfalls entsprechend anwendbar.[141] Ein familiengerichtliches Verfahren, das eine echte Streitsachen oder eine Antragssache der freiwilligen Gerichtsbarkeit ist, ist vom Prozessgericht an das Familiengericht zu verweisen; eine formlose Abgabe scheidet aus.[142] Auch umgekehrt muss ein fälschlich bei dem AG als Gericht der freiwilligen Gerichtsbarkeit, ggf. der Abteilung für Familiensachen, anhängig gemachtes Verfahren, dessen Bearbeitung dem Prozessgericht obliegt, nach § 17 a Abs. 2 GVG an dieses verwiesen werden. Gleiches gilt beispielsweise auch zwischen den Familien- und Betreuungsgerichten. Soweit eine Entscheidung zur Zuständigkeit nach § 17 a Abs. 6 GVG vorliegt, mit der das angerufene Gericht seine Zuständigkeit verneint und das Verfahren an das von ihm als zuständig angesehene Gericht bindend verwiesen hat, kommt eine Überprüfung der Zuständigkeit im Verfahren nach § 5 FamFG bzw. in Ehe- und Familiensachen nach § 113 Abs. 1 FamFG i. V. m. § 36 ZPO nicht in Betracht.[143] Ein Streit darüber, ob beim selben AG für die Bearbeitung die Abt. 1 oder 2 des Familiengerichts oder des Nachlassgerichts etc. zuständig ist, wird vom **Präsidium** entschieden (§ 21 e GVG).

b) Verweisung von Angelegenheiten der freiwilligen Gerichtsbarkeit. Bei Ver- **50** weisung von Verfahren der freiwilligen Gerichtsbarkeit ist stets zu beachten, dass sie nur in Betracht kommen kann, wenn sie mit deren besonderer Ausgestaltung zu vereinbaren ist. Unter diesem Gesichtspunkt begegnet die Verweisung **echter Streitsachen,** seien sie privatrechtlicher oder öffentlichrechtlicher Natur, keinen Bedenken.[144] Nachdem der Anwendungsbereich des GVG und damit auch der §§ 17 a ff. GVG auf Verfahren der freiwilligen Gerichtsbarkeit erweitert worden ist, kommt grundsätzlich auch eine Verweisung in **Antragsverfahren** (§ 23) in Betracht.[145] Ausgeschlossen ist weiterhin eine Verweisung in **Amtsverfahren** (§ 24).[146] Es fehlt an einem das Verfahren einleitenden Antrag, der in allen anderen Gerichtsbarkeiten vorausgesetzt wird. Ein Amtsverfahren kann auch nicht einem anderen Gericht „aufgedrängt" werden. Vielmehr ist es einzustellen, wenn das Gericht, das es eingeleitet hat, oder das Beschwerdegericht später seine mangelnde Verfahrenszuständigkeit feststellt.[147] Kann ein Verfahren der freiwilligen Gerichtsbarkeit sowohl auf Antrag als auch von Amts wegen eingeleitet werden, richtet sich die Verweisungsmöglichkeit nach der Art der Einleitung des konkreten Verfahrens.[148]

3. Verweisung (§ 17 a Abs. 2 GVG)

a) Grundsatz. Stellt ein Gericht fest, dass seine Verfahrenszuständigkeit für das bei ihm **51** anhängig gemachte Verfahren fehlt, so darf es den gestellten Antrag nach § 17 a Abs. 2 S. 1 GVG nicht abweisen, sondern es muss sich nach Anhörung der Beteiligten für unzuständig erklären und das Verfahren, soweit eine Verweisung überhaupt in Betracht kommt, an das nach seiner Ansicht zuständige Gericht verweisen (zum Verfahren siehe Rn 61). Ob der beschrittene Rechtsweg zulässig ist, ist auf Grund des gestellten Antrages und des zu seiner

---

[141] Kissel/Mayer § 17 Rn 53; MünchKommZPO/Pabst Vor §§ 2–5 FamFG Rn 10 spricht sich für die entsprechende Anwendbarkeit der §§ 17–17 b GVG aus.
[142] MünchKommZPO/Pabst § 3 FamFG Rn 31.
[143] OLG Hamm NJW 2010, 2740 = FamRZ 2010, 2089 unter Aufgabe der früheren abweichenden Rechtsprechung; OLG München FamRZ 2010, 2090.
[144] Bahrenfuss § 1 Rn 21; Kissel/Mayer § 17 Rn 54.
[145] Bahrenfuss § 1 Rn 21; Kissel/Mayer § 17 Rn 54.
[146] Bahrenfuss § 1 Rn 20; Kissel/Mayer § 17 Rn 54; MünchKommZPO/Pabst § 3 FamFG Rn 26; Musielak/Borth § 3 Rn 11.
[147] Kissel/Mayer § 17 Rn 54.
[148] Kissel/Mayer § 17 Rn 54.

Begründung vorgetragenen Sachverhaltes zu prüfen.[149] Bei dieser Prüfung haben materielle Anspruchsgrundlagen allerdings außer Betracht zu bleiben, für die der beschrittene Rechtsweg zwar zulässig wäre, die nach dem vorgetragenen Sachverhalt aber offensichtlich nicht gegeben sind.[150] Maßgeblicher Beurteilungszeitpunkt ist in Verfahren der freiwilligen Gerichtsbarkeit der Zeitpunkt der Anhängigkeit; in Zivilprozessen ist die Rechtshängigkeit entscheidend. Der Grundsatz der perpetuatio fori gilt nur rechtswegerhaltend. Ansonsten sind bis zur letzten Tatsacheninstanz alle Umstände zu berücksichtigen, welche eine zunächst bestehende Unzulässigkeit des Rechtswegs beseitigen.[151] Eine Verweisung kann auch noch in der Rechtsbeschwerde- oder Revisionsinstanz ohne entsprechende Verfahrensrüge durch Beschluss oder Urteil erfolgen, wenn die Vorinstanz die Klage bzw. das Verfahren von Amts wegen als unzulässig abgewiesen hat.[152] Str. ist, ob eine Verweisung in einen anderen Rechtsweg nach § 17a GVG in einem isolierten Prozesskosten- bzw. Verfahrenskostenhilfeverfahren möglich ist.[153]

52 Das Problem der **Teilverweisung** kann sich nur stellen, wenn in einem Verfahren mehrere selbstständige prozessuale Ansprüche geltend gemacht werden.[154] Hier ist die Zulässigkeit des Rechtsweges für jeden der geltend gemachten prozessualen Ansprüche gesondert zu prüfen und gegebenenfalls nach Verfahrenstrennung eine Teilverweisung an die Gerichte des für die einzelnen Ansprüche zulässigen Rechtsweges vorzunehmen, weil sonst der Manipulation der Rechtswegzuständigkeit durch eine beliebige Anspruchshäufung Tor und Tür geöffnet wäre.[155]

53 Bei einer **hilfsweisen Begründung** eines Anspruches bestimmt sich der zulässige Rechtsweg nach der Hauptbegründung. Das dafür zuständige Gericht hat gegebenenfalls auch über die Hilfsbegründung zu entscheiden.[156] Eine Weiter- oder Rückverweisung kann in Betracht kommen, wenn ein Haupt- und ein Hilfsanspruch geltend gemacht werden und sich der Hauptanspruch als unbegründet erweist.[157] Zu der streitigen Frage, inwieweit sich die Prüfungsbefugnis des nach § 17a Abs. 2 S. 1 GVG zuständigen Gerichts auch auf eine Aufrechnungsforderung erstreckt, wird auf die einschlägige Kommentierung zu § 17 GVG verwiesen.[158]

54 b) **Bindungswirkung.** Nach § 17a Abs. 1 GVG ist die Entscheidung eines mit der Sache befassten Gerichts über die Zulässigkeit des Rechtsweges bindend. Bei einer (rechtskräftigen) Entscheidung über den Rechtsweg darf sich kein anderes Gericht mit der Rechtswegzuständigkeit nicht weiter befassen. Dies gilt auch für die (interne) Verfahrenszuständigkeit zwischen Bürgerlichen Rechtsstreitigkeit, Familiensachen und Angelegenheiten der freiwilligen Gerichtsbarkeit.[159] Für ein Bestimmungsverfahren nach § 5 FamFG besteht kein Raum.[160] Das Gericht, an das verwiesen worden ist, ist an die Verweisung, die nicht nur **abdrängenden,** sondern auch **aufdrängenden Charakter** hat,[161] gebunden (§ 17a Abs. 2 S. 3 GVG), soweit es um die Zulässigkeit des Rechtsweges geht.[162] Insoweit scheidet eine **Weiterverweisung** an ein Gericht eines anderen Rechtswegs auch dann aus, wenn der Verweisungsbeschluss offensichtlich unrichtig war.[163] Erst recht ist eine Rückverweisung

---
[149] BGH NJW 1996, 3012; BVerwG NJW 1993, 2330.
[150] BGH NJW 1992, 1757; BVerwG NJW 1993, 2330; Zöller/Lückemann § 17 GVG Rn 8.
[151] Kissel/Mayer § 17 Rn 9.
[152] BGH NJW-RR 2005, 721 Verfahren betr. Einwendungen gegen eine Notarkostenrechnung.
[153] Verneinend OLG Karlsruhe MDR 2007, 1390; OLG Stuttgart Beschl. v. 10. 1. 2011 13 W 69/10 = FamRB 2011, 143; Musielak/Wittschier § 17 GVG Rn 3; Zöller/Geimer § 114 Rn 22; Zöller/Lückemann vor §§ 17–17b GVG Rn 12; offen gelassen BGH NJW-RR 2010, 209; wohl a. A. OLG München FamRZ 2010, 2090.
[154] BGH NJW 1991, 1686; Zöller/Lückemann § 17 GVG Rn 6.
[155] BGH NJW 1991, 1686.
[156] Baumbach/Hartmann § 17 GVG Rn 7; Zöller/Lückemann § 17 GVG Rn 7.
[157] OVG Münster NVwZ 1994, 735; Zöller/Lückemann § 17a GVG Rn 13a.
[158] Baumbach/Hartmann § 17 GVG Rn 7; Kissel/Mayer § 17 Rn 52; Zöller/Lückemann § 17 GVG Rn 10.
[159] OLG Hamm FamRZ 2011, 658.
[160] OLG Hamm FamRZ 2011, 658; NJW 2010, 2740 = FamRZ 2010, 2089; jew. unter Aufgabe seiner gegenteiligen früheren Rechtsprechung FamRZ 2010, 920.
[161] Kissel/Mayer § 17 Rn 37; Zöller/Lückemann § 17a GVG Rn 12.
[162] OLG Köln NJW-RR 2003, 429.
[163] Kissel/Mayer § 17 Rn 39, 46; Zöller/Lückemann § 17a GVG Rn 13.

unzulässig; sie entfaltet jedoch gleichwohl Bindungswirkung nach § 17a Abs. 2 S. 3 GVG, wenn der Rückverweisungsbeschluss rechtskräftig geworden ist.[164] Eine Rechtswegverweisung entfaltet indes keine Bindungswirkung hinsichtlich der örtlichen oder sachlichen Zuständigkeit. Insoweit ist eine Weiterverweisung möglich.[165]

Die Bindungswirkung darf nicht dadurch unterlaufen werden, dass das Gericht, an das die Sache verwiesen worden ist, sich seinerseits für unzuständig erklärt und das zunächst höhere Gericht um Bestimmung der Zuständigkeit angeht.[166] Eine weitergehende Einschränkung der Bindungswirkung eines Verweisungsbeschlusses nach § 17a GVG unter Heranziehung der zu § 281 ZPO ergangenen Rechtsprechung[167] ist nicht gerechtfertigt, weil der nach § 17a Abs. 2 GVG ergehende Verweisungsbeschluss im Gegensatz zu einem Verweisungsbeschluss nach § 281 ZPO selbstständig anfechtbar[168] und es gerade Sinn der Vorschrift ist, Zuständigkeitsstreitigkeiten nicht ausufern zu lassen. Eine Durchbrechung der gesetzlichen Bindungswirkung ist allenfalls bei „extremen Verstößen" denkbar, etwa wenn sich die Verweisungsentscheidung bei der Auslegung und Anwendung der Zuständigkeitsnormen so weit von dem diese beherrschenden verfassungsrechtlichen Grundsatz des gesetzlichen Richters (Art. 101 Abs. 1 S. 2 GG) entfernt hat, dass sie schlechthin nicht mehr zu rechtfertigen ist, d. h. wenn sie unverständlich und offenbar unhaltbar ist.[169]

c) Verfahren nach Verweisung. Nach Rechtskraft des Verweisungsbeschlusses wird das Verfahren mit Eingang der Akten bei dem als zuständig bezeichneten Gericht anhängig (§ 17b Abs. 1 GVG). Die Rechtshängigkeit bleibt bestehen. Das Verfahren vor dem verweisenden und dem aufnehmenden Gericht bildet eine einheitliche Instanz, so dass bereits vorgenommene Prozesshandlungen der Beteiligten oder der Parteien und des Gerichts wirksam bleiben, wenn das von dem aufnehmenden Gericht anzuwendende Verfahrensrecht nicht entgegensteht.[170] § 17 Abs. 2 GVG eröffnet eine rechtswegüberschreitende Sachkompetenz. Danach entscheidet das Gericht des zulässigen Rechtswegs das Verfahren unter allen in Betracht kommenden rechtlichen Gesichtspunkten, sofern der zu ihm beschrittene Rechtsweg für einen Antragsgrund zulässig ist.[171]

Trotz Rechtskraft des Verweisungsbeschlusses ist das Gericht, an das die Sache verwiesen worden ist, nicht gehindert, diese aus Gründen der örtlichen, sachlichen oder funktionellen Zuständigkeit oder im Hinblick auf die Verfahrenszuständigkeit an ein **Gericht desselben Rechtswegs weiterzuverweisen.**[172] Hiernach kann z. B. das Zivilgericht, an das ein Rechtsstreit vom Verwaltungsgericht verwiesen worden ist, bei fehlender Verfahrenszuständigkeit auch an das Gericht der freiwilligen Gerichtsbarkeit weiterverweisen, weil beide zur ordentlichen Gerichtsbarkeit gehören und die Bindungswirkung des Verweisungsbeschlusses des Verwaltungsgerichts durch die Weiterverweisung nicht berührt wird.

d) Rechtsfolgen einer unrichtigen Verweisung. Das Gericht, an das die Sache verwiesen wird, bearbeitet diese nach den von ihm anzuwendenden Verfahrensgesetzen.[173] Das ist dann unproblematisch, wenn die Verweisung an das Gericht erfolgt, das für die Entscheidung über den geltend gemachten materiellen Anspruch tatsächlich zuständig ist. Schwierigkeiten können jedoch dann entstehen, wenn die Verweisung der Sache fälschlich erfolgt ist, z. B. ein Verfahren, in dem sachlich ein Amtshaftungsanspruch gegen einen Notar geltend gemacht wird, von der Zivilkammer des LG an das Beschwerdegericht zur Weiterbehandlung im Verfahren der freiwilligen Gerichtsbarkeit nach § 15 BNotO abgegeben wird.[174]

---

[164] BGH MDR 2000, 598 unter Zurückweisung der Ansicht, in solchen Fällen sei das zuständige Gericht in entsprechender Anwendung des § 36 Abs. 1 Nr. 6 ZPO zu bestimmen.
[165] OLG Hamm FamRZ 2011, 658.
[166] BVerwG NJW 1995, 1692.
[167] Baumbach/Hartmann § 281 Rn 38; Zöller/Greger § 281 Rn 17; a. A. OLG Köln NZM 1999, 319.
[168] BGH MDR 2011, 253; NJW 2003, 2990; NJW-RR 2002, 713.
[169] BGH MDR 2011, 253; NJW 2003, 2990; NJW-RR 2002, 713. BVerwG NJW 1992, 361; OLG Köln NZM 1999, 319; Zöller/Lückemann § 17a GVG Rn 13.
[170] Kissel/Mayer § 17 Rn 43.
[171] Zöller/Lückemann § 17 GVG Rn 5 m. w. N.
[172] BAG NJW 1996, 742; NJW 1994, 1815; OLG Karlsruhe MDR 1995, 88.
[173] OLG Hamm NJW-RR 1999, 684.
[174] BGH NJW 1990, 1733; NJW 1990, 1734; OLG Hamm DNotZ 1991, 686.

Hier erfolgt grundsätzlich eine Bearbeitung der Sache im Verfahren der freiwilligen Gerichtsbarkeit.[175] Durch die Verweisung ergibt sich indes eine Änderung der Stellung des Notars. Während dieser im Zivilprozess Partei des Prozesses ist und ihm damit auch Kosten des Rechtsstreits auferlegt werden können, nimmt er im Verfahren nach § 15 BNotO die Stellung der ersten Instanz ein, der keine Kosten auferlegt werden können.[176]

59 Insoweit muss versucht werden, verfahrensrechtliche Probleme, die sich durch eine irrige Verweisung ergeben können, dadurch zu vermeiden, dass diejenige Verfahrensart gewählt wird, die dem im Verfahren verfolgten Rechtsschutzziel am ehesten gerecht wird.[177] Das erfordert eventuell die vorsichtige Abwandlung einzelner Vorschriften der an sich zur Anwendung kommenden Verfahrensordnung.[178] Dagegen ist der Auffassung nicht zu folgen, bei irriger Verweisung bleibe die Verfahrensordnung anwendbar, die für die Entscheidung über den geltend gemachten materiellen Anspruch bei dessen richtiger rechtlicher Qualifizierung gelte, die also die ZPO weiterhin uneingeschränkt für anwendbar hält, wenn das Prozessgericht einen Rechtsstreit irrtümlich an ein Gericht der freiwilligen Gerichtsbarkeit verwiesen hat.[179] Dadurch würde die sich aus § 17a Abs. 1 GVG ergebende Bindungswirkung der Verweisung praktisch unterlaufen und der Streit über den zulässigen Rechtsweg durch einen Streit über die anwendbare Verfahrensordnung abgelöst werden.[180] Auf jeden Fall hat eine irrige Verweisung auf die Anwendung des materiellen Rechts keine Auswirkungen.

4. Vorabentscheidung nach § 17a Abs. 3 GVG

60 Bejaht das angerufene Gericht des ersten Rechtszuges die Zulässigkeit des beschrittenen Rechtsweges, so kann es – nach Gewährung rechtlichen Gehörs (siehe Rn 61) – dies später in den Gründen seiner Entscheidung zur Hauptsache ausdrücklich aussprechen oder dadurch, dass es überhaupt eine solche Entscheidung trifft, konkludent zum Ausdruck bringen.[181] Nach pflichtgemäßem Ermessen ist das Gericht jedoch verpflichtet, nach § 17a Abs. 3 GVG eine Vorabentscheidung über die Zulässigkeit des Rechtsweges zu treffen, wenn die Rechtslage objektiv zweifelhaft ist.[182] Eine solche Vorabentscheidung ist zwingend, wenn ein Verfahrensbeteiligter die Zulässigkeit des Rechtsweges rügt.[183]

5. Verfahren

61 Sowohl der Verweisungsbeschluss nach § 17a Abs. 2 GVG als auch die Vorabentscheidung nach § 17a Abs. 3 GVG ergehen nach **Anhörung der Beteiligten,** die in § 17a Abs. 2 S. 1 GVG ausdrücklich vorgeschrieben ist, in jedem Fall aber nach Art. 103 Abs. 1 GG erfolgen müsste. Im Regelfall genügt auch in Verfahren, in denen eine mündliche Verhandlung vorgeschrieben ist, die Gewährung der Möglichkeit zur schriftlichen Stellungnahme (§ 17a Abs. 4 S. 1 GVG).[184] Jedoch kann im Einzelfall, insbesondere bei nicht anwaltlich vertretenen, wenig schriftgewandten Beteiligten, die Verpflichtung zur Gewährung ausreichenden rechtlichen Gehörs und effektiven Rechtsschutzes eine mündliche Anhörung oder sogar die Durchführung einer freigestellten mündlichen Verhandlung gebieten. Wenn die Verweisung an mehrere Gerichte in Betracht kommt, muss der Kläger bzw. Antragsteller auch aufgefordert werden, von dem ihm nach § 17a Abs. 2 S. 2 GVG zustehenden Wahlrecht Gebrauch zu machen.

62 Sowohl der Verweisungsbeschluss nach § 17a Abs. 2 GVG als auch die Vorabentscheidung nach § 17a Abs. 3 GVG sind schriftlich zu begründen (§ 17a Abs. 4 S. 2 GVG) und

---

[175] OLG Hamm DNotZ 1991, 686; vgl. auch OLG Frankfurt FGPrax 1996, 33.
[176] Zu den dem Notar entstandenen Kosten der Verweisung des Rechtsstreits siehe OLG Köln FGPrax 2007, 285.
[177] BVerwG 1967, 2128; OLG Hamm DNotZ 1991, 686.
[178] Gummer DNotZ 1990, 688.
[179] Heintzmann FamRZ 1983, 957.
[180] Lückemann DNotZ 1988, 688/693.
[181] BGH NJW 1994, 387; Zöller/Lückemann § 17a GVG Rn 5.
[182] Baumbach/Hartmann § 17a Rn 15; Zöller/Lückemann § 17a GVG Rn 5.
[183] BAG NJW 1997, 1026; Baumbach/Hartmann § 17a GVG Rn 15; Zöller/Lückemann § 17a GVG Rn 6.
[184] Baumbach/Hartmann § 17a GVG Rn 15.

müssen im Hinblick darauf, dass sie nach § 17 a Abs. 4 S. 3 GVG der befristeten Anfechtung unterliegen, den Verfahrensbeteiligten bzw. Parteien nach Maßgabe der von dem entscheidenden Gericht anzuwendenden Verfahrensordnung, z. B. nach §§ 41, 15 FamFG oder § 329 Abs. 3 ZPO zugestellt bzw. förmlich bekannt gemacht werden.[185] Bei unterbliebener Zustellung beginnt die Beschwerdefrist – in entsprechender Anwendung der §§ 517, 548 ZPO, 63 Abs. 3 S. 2 FamFG – 5 Monate nach der Verkündung bzw. Erlass des Beschlusses.

6. Rechtsmittel

Der Verweisungsbeschluss oder die Vorabentscheidung können mit dem Rechtsmittel nach näherer Maßgabe der von dem entscheidenden Gericht anzuwendenden Verfahrensordnung angefochten werden; bei Entscheidung im zivilprozessualen Verfahren also mit der **sofortigen Beschwerde** nach § 567 Abs. 1 Nr. 1 ZPO. Dieses Rechtsmittel gilt ebenfalls bei einer Entscheidung durch ein Gericht der freiwilligen Gerichtsbarkeit oder ein Familiengericht.[186] Bei der Rechtswegentscheidung handelt es sich um eine Zwischenentscheidung, für deren Anfechtung das FamFG eine entsprechende Anwendung der §§ 567 bis 572 ZPO vorsieht. Sofern das Gericht (fehlerhaft) in der Hauptsache entscheidet, ohne eine Vorabentscheidung über die Zulässigkeit des Rechtswegs zu treffen, kann nur das gegen die Sachentscheidung statthafte Rechtsmittel eingelegt werden.[187]

Während im Gesetz (§ 17 b Abs. 1 S. 1 GVG) ausdrücklich bestimmt ist, dass die Abgabe einer Sache an das im Verweisungsbeschluss bestimmte Gericht erst nach dessen Rechtskraft erfolgen darf, ist nicht näher geregelt, ob auch die **Rechtskraft einer Vorabentscheidung** nach § 17 a Abs. 3 GVG vor Fortsetzung des Verfahrens in der Hauptsache abzuwarten ist. In diesem Fall dürfte eine Aussetzung des Verfahrens geboten sein.[188] Ansonsten können sich erhebliche rechtliche Schwierigkeiten ergeben, wenn im Verfahren zur Hauptsache vor Rechtskraft der Vorabentscheidung eine Endentscheidung ergeht, die Vorabentscheidung im Beschwerdeverfahren später aber abgeändert wird.[189] Lehnt das Instanzgericht eine Aussetzung des Verfahrens in der Hauptsache trotzdem ab, so kann dagegen nach § 252 ZPO sofortige Beschwerde erhoben werden, soweit diese Vorschrift unmittelbar oder zumindest entsprechend anwendbar ist. Im Verfahren der freiwilligen Gerichtsbarkeit ist die Ablehnung der Aussetzung eine anfechtbare Zwischenentscheidung (vgl. § 21 Abs. 3 FamFG).

Gegen die **Entscheidung des Beschwerdegerichts** findet nach § 17 a Abs. 4 S. 4 GVG die weitere Beschwerde an einen obersten Gerichtshof des Bundes statt, wenn diese von einem oberen Landesgericht (z. B. OLG, OVG, LAG, LSG) erlassen und von diesem zugelassen worden ist. Eine Zulassung kann auch von dem LG als Beschwerdegericht erfolgen.[190] Die weitere Beschwerde gegen die Entscheidung des Beschwerdegerichts ist als Rechtsbeschwerde ausgestaltet. Die Zulassung der weiteren Beschwerde ist in jedem Fall nach § 17 a Abs. 4 S. 5 GVG bindend; also auch dann, wenn das obere Landesgericht bzw. das LG[191] nicht als Beschwerde- sondern als Berufungsgericht eine Entscheidung nach § 17 a Abs. 2 GVG oder nach § 17 a Abs. 3 GVG erlassen hat,[192] weil das Eingangsgericht verabsäumt hatte, eine Vorabentscheidung nach § 17 a Abs. 2 GVG oder Abs. 3 GVG zu treffen oder weil eine Veränderung des Streitgegenstandes eine solche Entscheidung erforderlich gemacht hat.[193]

Die Voraussetzungen für die **Zulassung der Rechtsbeschwerde** ergeben sich aus § 17 a Abs. 4 S. 5 GVG.[194] Eine Zulassung der Rechtsbeschwerde darf nur dann erfolgen, wenn die Frage der Zulässigkeit des Rechtswegs im Beschwerdeverfahren nach § 17 a Abs. 4 S. 4 GVG im Hinblick auf § 545 Abs. 1 ZPO überhaupt nachprüfbar ist. Die

---

[185] BAG MDR 1993, 57; Bahrenfuss § 1 Rn 22; Baumbach/Hartmann § 17 a GVG Rn 15.
[186] So auch Fölsch § 2 Rn 9.
[187] Vgl. auch OLG Frankfurt NJW 2008, 3796.
[188] Bahrenfuss § 1 Rn 24; Kissel/Mayer § 17 a Rn 34.
[189] Kissel/Mayer § 17 a Rn 34.
[190] BGH NJW 2003, 2913; Bahrenfuss § 1 Rn 23; a. A. Zöller/Lückemann § 17 a GVG Rn 16 a.
[191] BGH NJW 2001, 2913.
[192] BGH NJW 1993, 388; Zöller/Lückemann § 17 a GVG Rn 16.
[193] BGH NJW 1996, 591; NJW 1993, 1799.
[194] Vgl. dazu im Einzelnen Kissel/Mayer § 17 Rn 26.

Möglichkeit der Erhebung einer Nichtzulassungsbeschwerde sieht das Gesetz in § 17a Abs. 4 GVG nicht vor.[195]

7. Prüfungsbeschränkung (§ 17 a Abs. 5 GVG)

67 § 17 a Abs. 5 GVG verbietet es dem Rechtsmittelgericht, bei Anfechtung der Entscheidung zur Hauptsache die Zulässigkeit des beschrittenen Rechtsweges zu überprüfen.[196] Dieser Ausschluss der Prüfung, ob der beschrittene Rechtsweg zulässig ist, ist grundsätzlich dann gerechtfertigt, wenn entweder das Verfahren nach § 17a Abs. 2 GVG bzw. nach § 17 a Abs. 3 GVG ordnungsgemäß durchgeführt worden ist oder aber das erstinstanzliche Gericht seine Zuständigkeit in der Entscheidung zur Hauptsache zulässigerweise ausdrücklich oder stillschweigend – durch die Sachentscheidung – bejaht hat.[197]

8. Rechtswegverweisung in Nebenverfahren

68 Nicht anwendbar sind die §§ 17 bis 17b GVG im isolierten **Verfahrens-** oder **Prozesskostenhilfeverfahren**.[198] Das mit den Vorschriften verfolgte Ziel, Rechtswegstreitigkeiten unabhängig von der Entscheidung in der Hauptsache in einem Vorabverfahren zu erledigen, lässt sich ohnehin nicht erreichen, weil die im Verfahrenskostenhilfen- oder PKH-Verfahren getroffene Entscheidung über die Rechtswegzuständigkeit im Hauptsacheverfahren nicht verbindlich ist.[199] Hinzu kommt, dass im Hinblick darauf, dass die Bewilligung von Verfahrens- oder Prozesskostenhilfe lediglich eine „hinreichende" Erfolgsaussicht voraussetzt, diese zumindest in Zweifelsfällen nicht mit der Begründung versagt werden darf, der beschrittene Rechtsweg sei unzulässig.[200] Im Verfahrenskostenhilfe- oder PKH-Verfahren sollen schwierige, bisher nicht eindeutig geklärte Rechtsfragen nicht abschließend entschieden werden, sondern ihre Zweifelhaftigkeit lässt die Rechtsverfolgung bzw. Rechtsverteidigung im Hauptsacheverfahren hinreichend Erfolg versprechend erscheinen.[201] Hiernach ist ein Verfahrenskostenhilfe- oder PKH-Verfahren entscheidungsreif, ohne dass eine zweifelhafte Rechtswegzuständigkeit zuvor abschließend geklärt werden müsste.

69 Im Arrestverfahren, im Verfahren der einstweiligen Verfügung sowie in anderen Verfahren des vorläufigen Rechtsschutzes, so auch im Verfahren der **einstweiligen Anordnung** (§§ 49 ff. FamFG), sind die §§ 17 bis 17b GVG entsprechend anwendbar.[202] Die besondere Eilbedürftigkeit dieser Verfahren erfordert es, dass sowohl negative Kompetenzkonflikte als auch Verzögerungen vermieden werden, die sich dadurch ergeben könnten, dass vor einer Entscheidung in der Sache die Frage des zulässigen Rechtsweges ggf. durch verschiedene Gerichte in mehreren Instanzen geklärt werden müsste.[203] § 17 a Abs. 5 GVG steht der Anwendung dieser Vorschrift im Verfahren des vorläufigen Rechtsschutzes nicht entgegen. Als Entscheidung in der Hauptsache im Sinne dieser Vorschrift ist die abschließende Sachentscheidung im Verfahren des vorläufigen Rechtsschutzes anzusehen.[204] Auch im Verfahren des vorläufigen Rechtsschutzes, in denen der Rechtsmittelzug grundsätzlich bei den oberen Landesgerichten endet, ist bei entsprechender Zulassung die Beschwerde nach § 17a Abs. 4 S. 4 GVG an den BGH zulässig.[205]

---

[195] Kissel/Mayer § 17 Rn 26.
[196] BGH NJW 1991, 1686; BayObLG NJW-RR 2004, 2; OLG Frankfurt FGPrax 1996, 33.
[197] BGH NJW 2008, 3572.
[198] BGH FamRZ 1991, 1172; OLG Karlsruhe OLGR 2007, 912.
[199] BGH NJW-RR 1992, 59; BAG NJW 1993, 751.
[200] VGH Baden-Württemberg NJW 1995, 1916.
[201] Baumbach/Hartmann § 114 Rn 100.
[202] Kissel/Mayer § 17 Rn 6.
[203] OVG Münster NJW 1994, 1020.
[204] Baumbach/Hartmann § 17 a GVG Rn 4 mit weiteren Hinweisen.
[205] BGH NJW-RR 2005, 142; Thomas/Putzo/Hüßtege § 17 a GVG Rn 20; a. A.: OLG Hamburg GRUR 1993, 776.

Anwendungsbereich

9. Kosten der Rechtswegverweisung

Die kostenrechtlichen Folgen einer Rechtswegverweisung ergeben sich aus § 17 b **70** **Abs. 2 GVG**. Danach gilt der Grundsatz, dass die vor dem zunächst angegangenen Gericht entstandenen Kosten als Teil der Kosten bei dem Gericht behandelt werden, an das die Sache verwiesen wird. Danach bestimmt sich nach der Kostenordnung oder dem FamGKG, welche Gerichtskosten entstanden sind, wenn vom Prozessgericht eine Sache an das Gericht der freiwilligen Gerichtsbarkeit bzw. an das Familiengericht verwiesen wird.[206] Im umgekehrten Fall der Verweisung vom Gericht der freiwilligen Gerichtsbarkeit an ein allgemeines Zivilgericht erfolgt die Erhebung der gesamten Gerichtskosten des Verfahrens nach dem Gerichtskostengesetz.[207] § 17 b Abs. 2 S. 2 GVG, wonach auch dem siegreichen Kläger oder Antragsteller die Mehrkosten aufzuerlegen sind, findet in Familiensachen und in Angelegenheiten der freiwilligen Gerichtsbarkeit keine Anwendung (§ 17 b Abs. 3 GVG). Vielmehr liegt die Auferlegung von Mehrkosten im Ermessen des Gerichts.[208]

Bei einer Beschwerdeentscheidung gegen eine nach § 17 a GVG getroffenen Entschei- **71** dung über den Rechtsweg ist wegen deren eigenständigen Charakters stets eine **Kostenentscheidung** geboten.[209] Der Gegenstandswert für ein Beschwerdeverfahren ist auf einen Bruchteil des Hauptsachewertes festzusetzen, weil es im Hinblick darauf, dass die Unzulässigkeit des beschrittenen Rechtsweges nicht mehr zur Klage- bzw. Antragsabweisung führen kann, nicht gerechtfertigt erscheint, das Interesse des Beschwerdeführers, das von ihm angerufene Gericht solle die Sache entscheiden, mit seinem Interesse an einer Hauptsacheentscheidung gleichzusetzen.[210] Angemessen erscheint eine Wertfestsetzung auf $^1/_3$ bis $^1/_5$ des Hauptsachewertes.

VI. Bindungswirkung von Entscheidungen

1. Bindungswirkung der Entscheidungen der FamFG-Gerichte

Die rechtsgestaltenden Entscheidungen der FamFG-Gerichte, die von diesen im Rahmen **72** ihrer Zuständigkeit erlassen werden, sind für andere Gerichte und Behörden – auch solche der freiwilligen Gerichtsbarkeit selbst – ohne besondere Vorschrift bindend.[211] Dies gilt z. B. für die Bestellung eines Vormunds,[212] Betreuers,[213] Pflegers oder eines Vereinsvorstandes,[214] die Ernennung eines Testamentsvollstreckers,[215] die Entscheidung nach § 1612 Abs. 2 BGB,[216] die Anordnung nach § 1671 BGB,[217] das Adoptionsdekret nach § 1752 BGB,[218] die vormundschaftsgerichtliche Entscheidung nach § 1757 BGB[219] oder die gerichtliche Todeserklärung,[220] ferner für rechtsbegründende Eintragungen in das Handels-, Genossenschafts-, Partnerschafts-, Vereins- oder Güterrechtsregister.

Bei **rechtsgestaltenden Entscheidungen** ist die Bindungswirkung, die nur soweit wie **73** die Gestaltungswirkung reicht, durch Auslegung zu ermitteln.[221] Z. B. erstreckt sich die Gestaltungswirkung einer namensbildenden Entscheidung des Familiengerichts nach § 1757 BGB nur darauf, welchen Namen der Anzunehmenden künftig führt. Dagegen unterliegt

---

[206] Hartmann § 4 GKG Rn 8.
[207] Hartmann § 4 GKG Rn 10.
[208] BT-Drs. 16/6308 S. 318.
[209] BGH NJW 1993, 2541; OLG Rostock JurBüro 2009, 265; a. A. OLG Köln NJW-RR 1993, 639 bei erfolgreichem Rechtsmittel.
[210] BGH NJW 1998, 2057; NJW 1998, 909; BayObLG FGPrax 1998, 138.
[211] BGH NJW 1964, 1855; BayObLG FamRZ 1985, 201; Bärmann § 23, 2; Habscheid § 29 II 1, 2.
[212] BGH NJW 1964, 1855; BGH NJW 1961, 22.
[213] BayObLG FGPrax 1997, 67.
[214] BGHZ 24, 47/51; KG OLGZ 1965, 332/334.
[215] BGHZ 41, 23/29; KG DNotZ 1955, 649; OLG Karlsruhe FGPrax 1996, 64.
[216] BGH NJW 1981, 574 = FamRZ 1981, 250.
[217] BayObLG FamRZ 1968, 267.
[218] BayObLG FamRZ 1986, 1042; FamRZ 1985, 201.
[219] BayObLG FamRZ 1994, 775; FamRZ 1985, 201; OLG Celle StAZ 1979, 323; OLG Hamm Rpfleger 1983, 353; OLG Karlsruhe FGPrax 1997, 144.
[220] BSG FamRZ 1960, 440.
[221] BayObLG FamRZ 1985, 1082; OLG Karlsruhe FGPrax 1997, 144.

es nicht der richterlichen Entscheidung, sondern ergibt sich unmittelbar aus dem Gesetz, ob der bestimmte Name Geburts- oder Familien-/Ehename ist. Der Standesbeamte ist deswegen nicht gehindert, den vom Familiengericht bestimmten Namen des geschiedenen Anzunehmenden, der aus dem Familiennamen seiner Adoptiveltern und seinem früheren Ehenamen gebildet ist, als Geburtsnamen nach den §§ 1767 Abs. 2, 1757 Abs. 1 S. 1 BGB zu behandeln und entsprechend im Geburtenbuch einzutragen, selbst wenn er in dem Beschluss als „Familienname" im Sinne von Ehenamen bezeichnet ist. Auch in gerichtlichen Verfahren nach § 49 Abs. 2 PStG ist das Gericht an den Ausspruch des Familiengerichts, bei dem von ihm bestimmten Namen handele es sich um den Familiennamen des Anzunehmenden im Sinne von Ehenamen, nicht gebunden. Es ist deshalb nicht an der Entscheidung gehindert, der vom Familiengericht bestimmte Name sei der Geburtsname des Adoptierten.

74   Die Bindungswirkung einer rechtsgestaltenden Entscheidung der freiwilligen Gerichtsbarkeit besteht auch gegenüber Verwaltungsbehörden und -gerichten.[222] Keine bindende Wirkung haben rein verfahrensrechtliche Entscheidungen, z. B. die Ablehnung eines Genehmigungsantrags oder die Zurückweisung eines Antrags auf Erlass einer sonstigen Verfügung,[223] ferner lediglich feststellende Entscheidungen, z. B. über die Gültigkeit eines Testaments im Erbscheinsverfahren,[224] oder deklaratorische Eintragungen in öffentliche Register, z. B. Handelsregistereintragungen, die auf Grund von § 39 GmbHG erfolgt sind.[225] Soweit keine Bindungswirkung der Entscheidung des Gerichts der freiwilligen Gerichtsbarkeit wegen fehlender Gestaltungswirkung oder fehlender materieller Rechtskraft besteht, ist zumindest deren **Tatbestandswirkung** zu beachten.[226]

75   Die im Verfahren der freiwilligen Gerichtsbarkeit ergehenden Entscheidungen, die Bindungswirkung entfalten sollen, sind allerdings darauf zu überprüfen, ob sie nach Maßgabe des Verfahrensrechts wirksam geworden oder ob sie etwa nichtig sind.[227] Grundsätzlich ist auch im Bereich der freiwilligen Gerichtsbarkeit davon auszugehen, dass fehlerhafte Entscheidungen, die gegen verfahrensrechtliche Vorschriften verstoßen oder das materielle Recht verletzen, nicht nichtig, sondern nur anfechtbar sind.[228] Eine Verletzung materiellrechtlicher Vorschriften kann nur dann zur Nichtigkeit der darauf beruhenden Entscheidung führen, wenn sich diese Rechtsfolge, z. B. im Fall des § 1780 oder § 2201 BGB, eindeutig aus einer gesetzlichen Vorschrift oder der Gesetzessystematik ergibt.[229]

76   Wann im Einzelnen **Nichtigkeit** anzunehmen ist, beurteilt sich im Hinblick darauf, dass in den Verfahren der freiwilligen Gerichtsbarkeit Rechtsprechung im formellen Sinne ausgeübt wird, nach den Grundsätzen, die für fehlerhafte Urteile entwickelt worden sind.[230] Hiernach sind nichtig u. a. Entscheidungen gegenüber Gerichtsfreien[231] oder solche Entscheidungen, die eine Rechtsfolge aussprechen, die ihrer Art nach dem geltenden Recht unbekannt ist,[232] oder die aus tatsächlichen Gründen keine ihrem sachlichen Inhalt entsprechende Wirkung haben können, die z. B. unverständlich oder widerspruchsvoll sind, oder die ein Rechtsverhältnis gestalten sollen, das nicht mehr besteht.[233]

77   Stellt sich in einem Rechtsstreit heraus, dass eine rechtsgestaltende und damit bindende Entscheidung der freiwilligen Gerichtsbarkeit möglicherweise anfechtbar ist, so darf der Prozessrichter darüber nicht einfach hinweggehen, sondern muss ggf. eine Entscheidung des zuständigen Gerichts der freiwilligen Gerichtsbarkeit herbeiführen und den Rechtsstreit in entsprechender Anwendung des § 148 ZPO aussetzen.[234]

---

[222] Bärmann § 23, 2; Habscheid § 29 II 1, 2.
[223] OLG München RdL 1954, 148; Baur § 2 B VI 3 a, aa.
[224] BayObLG 1958, 329/333; Bärmann § 15 IV 2 c; Baur § 2 B VI 3 a, bb; Habscheid § 19 V 4 c, bb; § 29 II 4.
[225] Lutter/Hommelhoff § 39 Rn 1.
[226] Habscheid § 29 II 4.
[227] BGH NJW 1964, 1855; BayObLG FamRZ 1985, 1082; FamRZ 1985, 201; OLG Hamm OLGZ 1973, 186/188.
[228] BayObLG FamRZ 1994, 775; BayObLZ 1986, 459/465; Habscheid § 25 I 1.
[229] BayObLG FamRZ 1985, 201.
[230] BayObLGZ 1986, 459/465 (für echte Streitsachen); Habscheid § 25 I 3.
[231] Habscheid § 25 II 2 a.
[232] Habscheid § 25 II 2 a.
[233] Habscheid § 25 II 2 d, 2 e.
[234] BGH NJW 1964, 1855.

2. Bindung der FamFG-Gerichte an die Entscheidung anderer Stellen

Eine Bindungswirkung besteht umgekehrt auch für die FamFG-Gerichte. Diese sind zunächst ihrerseits an formell rechtskräftige Gestaltungsurteile der Zivilgerichte und rechtsgestaltende Entscheidungen anderer Gerichte der freiwilligen Gerichtsbarkeit gebunden,[235] wie z. B. an ein Urteil auf Nichtigerklärung einer Gesellschaft für das Verfahren nach §§ 397, 398 oder in einer Grundbuchsache an eine Entscheidung des Nachlassgerichts, wie z. B. Bestellung eines Nachlasspflegers oder Erteilung einer Genehmigung.[236] Ein Schiedsspruch ist im Verfahren der freiwilligen Gerichtsbarkeit (Registerverfahren), selbst wenn er rechtsgestaltende Wirkung hat, allerdings nur dann zu beachten, wenn er rechtskräftig für vollstreckbar erklärt worden ist.[237]

Leistungs- und Feststellungsurteile der Prozessgerichte entfalten für die Gerichte der freiwilligen Gerichtsbarkeit nur im Rahmen ihrer Rechtskraft Bindungswirkung.[238] Eine Sonderregelung enthält z. B. § 16 HGB. Auch an rechtswirksame – selbst fehlerhafte – Verwaltungsakte[239] der Verwaltungsbehörden sind die FamFG-Gerichte gebunden, soweit diese Gestaltungswirkung haben.[240] So sind die Entscheidungen der Verwaltungsbehörden über die Einbürgerung, die Ausweisung und Abschiebung[241] sowie über ein Aufenthaltsverbot[242] für das Gericht bindend. In den Verfahren nach § 64 Abs. 2, 3 EStG bzw. § 3 Abs. 2 S. 2 BKGG zur Bestimmung des Kindergeldberechtigten besteht eine Bindung der Gerichte an die Entscheidung der Familienkasse, dass mehrere Anspruchsberechtigte vorhanden sind.[243] Gleiches gilt für rechtskräftige Entscheidungen der Verwaltungsgerichte im Umfang der Rechtskraft.[244]

Im Übrigen ist auch im Verfahren der freiwilligen Gerichtsbarkeit die **Tatbestandswirkung** eines rechtswirksamen Verwaltungsaktes zu beachten.[245]

3. Aussetzung des Verfahrens wegen der Vorgreiflichkeit

§ 21 Abs. 1 sieht die Möglichkeit einer Aussetzung des Verfahrens vor, wenn die Entscheidung des Gerichts ganz oder zum Teil von dem Bestehen oder Nichtbestehen eines Rechtsverhältnisses abhängt, das den Gegenstand eines anderen Verfahrens bildet oder von einer Verwaltungsbehörde festzustellen ist. Zu den Einzelheiten siehe die Erläuterungen zu § 21. Für Versorgungsausgleichssachen sieht § 221 in Abs. 2 sowie Abs. 3 Sonderregelungen vor; insoweit wird auf die Kommentierung zu § 221 verwiesen.

VII. Die Exterritorialität (Prozessuale Immunität)

1. Begriff und Rechtsfolgen der Exterritorialität

Bestimmte natürliche und juristische Personen sind wegen ihrer besonderen Eigenschaft oder Tätigkeit von der Gerichtsbarkeit – meist eines anderen Staates – befreit. Man nennt dies Exterritorialität (vgl. § 20 GVG), auch Exemtion oder (prozessuale) Immunität (vgl. § 183 Abs. 3 ZPO).[246] Wer **in Deutschland** uneingeschränkt Exterritorialität genießt, ist der deutschen Gerichtsbarkeit nicht unterworfen.[247] Dies ist als Verfahrenshindernis in jeder Lage des Verfahrens von Amts wegen zu beachten.[248] Bei Vorliegen der Immunität darf

---

[235] BayObLG NJW-RR 1988, 547; Rpfleger 1981, 401; Bärmann § 15 IV 2 a; Habscheid § 19 V 4 c, bb.
[236] OLG Köln RNotZ 2011, 43
[237] BayObLG Rpfleger 1984, 329.
[238] BayObLG NJW-RR 1988, 547; NJW-RR 1988, 547; OLG Zweibrücken 1984, 385, 386; Habscheid § 19 V 4 c, bb.
[239] BGHZ 24, 386/391.
[240] Bärmann § 15 IV 1; Habscheid § 19 V 4 a.
[241] BGH NJW 1986, 3024; NJW 1981, 517; BayObLG NVwZ 1992, 300.
[242] BayObLGZ 1974, 162/163; BayObLGZ 1974, 72/75.
[243] OLG Hamm NJWE-FER 1997, 191.
[244] BayObLG NJW 1993, 1083; Bärmann § 15 VI 2.
[245] BGH NJW 1986, 3024; NJW 1981, 517; BayObLG NVwZ 1992, 300.
[246] Vgl. Baumbach/Hartmann Vor §§ 18–20 GVG Rn 2.
[247] Zur Vollstreckung in ein diplomatisch genutztes Grundstück s. BVerfG WM 2006, 2084; KG Rpfleger 2010, 658; OLG Köln FGPrax 2004, 100; LG Bonn NJW-RR 2009, 1316.
[248] BVerfGE 46, 342/367 = NJW 1978, 209.

keinerlei gerichtliche Tätigkeit gegen den Begünstigten entfaltet werden. Gerichtliche Maßnahmen und Entscheidungen, welche die uneingeschränkte Exterritorialität verletzen, sind nichtig.[249] Zulässig ist aber die Anfechtung von Entscheidungen, wenn es um die Frage geht, ob Immunität besteht oder nicht.[250] Die Immunität hindert indes nicht, dass die hiervon betroffenen natürliche oder juristische Person als Antragsteller gerichtlichen Rechts vor den Gerichten in Deutschland in Anspruch nimmt.[251] Ob **Deutsche im Ausland** das Recht der Exterritorialität genießen, beurteilt sich nach dem Völkerrecht, nach bestehenden Staatsverträgen sowie nach dem innerstaatlichen Recht des betreffenden Staates.

2. Exterritorialität nach deutschem Recht

83 **a) Allgemeines.** Nach deutschem Recht beurteilt sich die Exterritorialität nach den §§ 18 bis 20 GVG und den dort in Bezug genommenen Übereinkommen. Für die Mitglieder **diplomatischer Missionen** ist für die Befreiung von der inländischen Gerichtsbarkeit das Wiener Übereinkommen über diplomatische Beziehungen (WÜD) vom 18. 4. 1961[252] maßgebend, wie sich aus § 18 S. 1 GVG ergibt. Dies gilt grundsätzlich auch dann, wenn der Entsendestaat nicht Vertragspartei des WÜD ist (§ 18 S. 2 GVG).

84 **Konsularische Vertretungen** sind nach Maßgabe des Wiener Übereinkommens über konsularische Beziehungen (WÜK) vom 24. 4. 1963[253] von der deutschen Gerichtsbarkeit befreit (§ 19 Abs. 1 GVG). Die deutsche Gerichtsbarkeit erstreckt sich ferner nicht auf Repräsentanten anderer Staaten und deren Begleitung, die sich auf amtliche Einladung der Bundesrepublik Deutschland im Geltungsbereich des GVG aufhalten (§ 20 Abs. 1 GVG). Die Gerichtsfreiheit kann sich schließlich aus den allgemeinen Regeln des Völkerrechts, auf Grund völkerrechtlicher Vereinbarungen oder aus sonstigen Rechtsvorschriften ergeben (§ 20 Abs. 2 GVG).

85 **b) Exterritorialität diplomatischer Missionen.**[254] Von der deutschen Gerichtsbarkeit sind grundsätzlich befreit (Art. 31 Abs. 1, Art. 37 WÜD):
- der Missionschef und die Mitglieder des diplomatischen Personals der Mission;
- deren nichtdeutsche Familienangehörige, wenn sie in deren Hausstand leben;
- nichtdeutsche Mitglieder des Verwaltungs- und technischen Personals der Mission und die zu ihrem Hausstand gehörenden Familienmitglieder; die nichtdeutschen Mitglieder des dienstlichen Hauspersonals der Mission, sofern diese Personen nicht ständig in der Bundesrepublik Deutschland ansässig sind und sofern in Ausübung ihrer dienstlichen Tätigkeit begangene Handlungen in Betracht kommen;
- Diplomaten und ihre Familienangehörigen auf der Durchreise (Art. 40 WÜD).

Unverletzlich sind stets die Räume der Mission, die darin befindlichen Gegenstände, die Beförderungsmittel, das Gepäck sowie die Privatwohnung des Diplomaten (Art. 22 Abs. 3, Art. 24, 27, 30 WÜD).

86 Alle diese Personen sind jedoch **nicht gerichtsbefreit**, wenn es sich um folgende Gegenstände handelt (Art. 32 Abs. 1, Art. 37 WÜD):
- dingliche Klagen in Bezug auf privates, in Deutschland gelegenes unbewegliches Vermögen, es sei denn, dass die an sich gerichtsbefreiten Personen dieses im Auftrag des Entsendestaates für die Zwecke der Mission in Besitz haben;[255]
- Klagen in Nachlasssachen, wenn die genannten Personen als Testamentsvollstrecker, Verwalter, Erbe oder Vermächtnisnehmer in privater Eigenschaft beteiligt sind;
- Klagen im Zusammenhang mit einer beruflichen oder gewerblichen Tätigkeit, welche der an sich Gerichtsbefreite neben seiner amtlichen Tätigkeit ausübt.

---

[249] BayObLGZ 1971, 303/304; OLG München FamRZ 1972, 211.
[250] BayObLGZ 1971, 303/304; OLG München FamRZ 1972, 211.
[251] BGH FGPrax 2011, 121 = FamRZ 2011, 788 für die Anerkennung eines ausländischen Scheidungsurteils in einem Verfahren nach §§ 107, 109 FamFG.
[252] BGBl. 1964 II S. 957.
[253] BGBl. 1969 II S. 1585.
[254] Vgl. hierzu eingehend Kissel/Mayer § 18 Rn 1; sowie BVerfG WM 2006, 1316; KG Rpfleger 2010, 658; OLG Köln FGPrax 2004, 100; LG Bonn NJW-RR 2009, 1316.
[255] Zur Vollstreckung in ein diplomatisch genutztes Grundstück s. BVerfG WM 2006, 2084; KG Rpfleger 2010, OLG Köln FGPrax 2004, 100; LG Bonn NJW-RR 2009, 1316.

Anwendungsbereich 87–93 § 1

Der Begriff „Klagen" ist ausdehnend dahin auszulegen, dass auch eine Beteiligung an einem entsprechenden Verfahren der freiwilligen Gerichtsbarkeit genügt, in Nachlasssachen schlechthin sowie bei gewerblicher Betätigung in Handelsregistersachen.

c) Immunität konsularischer Vertretungen.[256] Konsularbeamte und Bedienstete des Verwaltungs- und technischen Personals unterliegen wegen Handlungen, die sie in Wahrnehmung konsularischer Aufgaben vorgenommen haben, nicht der deutschen Gerichtsbarkeit (§ 19 GVG; Art. 43 Abs. 1 WÜK).[257] Die zum Haushalt eines Konsularbeamten oder eines Mitglieds des Verwaltungs- und technischen Personals gehörenden Familienangehörigen sind nicht befreit. Honorarkonsularbeamte besitzen in aller Regel die deutsche Staatsangehörigkeit oder sind in Deutschland ständig ansässig; sie genießen Immunität lediglich wegen ihrer in Wahrnehmung konsularischer Aufgaben vorgenommenen Amtshandlungen (Art. 71 Abs. 1 WÜK). 87

Unverletzlich sind Räume des Konsulats (Art. 31 WÜK), weiter Archive und Schriftstücke und mit Einschränkung Kuriergepäck (Art. 33, 35 WÜK). 88

d) Sonstige Gerichtsbefreite. Die deutsche Gerichtsbarkeit erstreckt sich nicht auf Repräsentanten anderer Staaten und deren Begleitung, die sich auf **amtliche Einladung** in Deutschland aufhalten (§ 20 Abs. 1 GVG). Solche Repräsentanten anderer Staaten können sein die Staatsoberhäupter,[258] Chefs und Minister von ausländischen Regierungen.[259] 89

Immunität genießen nach den allgemeinen Regeln des Völkerrechts (Art. 25 GG, § 20 Abs. 2 GVG) ausländische Staaten und die für sie **handelnden Organe,** soweit der nach deutschem Recht zu prüfende Bereich hoheitlicher Betätigung in Betracht kommt.[260] Die Befreiung erstreckt sich somit nicht auf die privatwirtschaftliche Betätigung, welche der ausländische Staat unmittelbar selbst oder durch besondere Unternehmen ausübt oder ausüben lässt.[261] Gerichtsbefreit sind grundsätzlich auch Sonderbotschafter.[262] Die deutsche Gerichtsbarkeit erstreckt sich schließlich auch nicht auf die **Besatzungen ausländischer Kriegsschiffe** und anderer hoheitlichen Zwecken dienender Staatsschiffe und **Luftfahrzeuge,** solange sie sich an Bord befinden oder mit Erlaubnis der deutschen Behörden in geschlossenen Abteilungen im Lande befinden.[263] 90

Aufgrund völkerrechtlicher Vereinbarungen (vgl. § 20 Abs. 2 GVG) sind die **Leiter verschiedener überstaatlicher und zwischenstaatlicher Organisationen** und ihre Stellvertreter, die Vertretungen dieser Organisationen in Deutschland sowie die Mitglieder dieser Vertretungen von der deutschen Gerichtsbarkeit befreit;[264] so z. B. die Vereinten Nationen (BGBl. 1980 II S. 141), der Europarat (BGBl. 1954 II S. 493), Sonderorganisationen der UNO (BGBl. 1954 II S. 639; 1957 II S. 469; 1964 II S. 187; 1985 II S. 837), die Weltraumorganisation (BGBl. 1980 II S. 766), die Atomenergiekommission (BGBl. 1960 II S. 1993),[265] Euratom (BGBl. 1957 II S. 1212), Eurocontrol (BGBl. 1962 II S. 2274) sowie Europol[266] (BGBl. 1997 II S. 2150, 2170).[267] 91

Das Europäische Übereinkommen über die an Verfahren vor der **Europäischen Kommission** und dem **Europäischen Gerichtshof für Menschenrechte** teilnehmenden Personen v. 6. 5. 1969 (BGBl. 1977 II S. 1446) gewährt diesen in einigen Beziehungen Befreiung von der Gerichtsbarkeit. 92

e) NATO-Streitkräfte. Die Rechtsverhältnisse der NATO-Streitkräfte und ihrer Angehörigen bestimmen sich nach dem NATO-Truppenstatut (BGBl. 1961 II S. 1183, 1190) 93

---

[256] Vgl. hierzu eingehend Kissel/Mayer § 19 Rn 1; s. a. Baumbach/Hartmann § 19 GVG Rn 1.
[257] Vgl. auch BayObLG NJW 1974, 431.
[258] Kissel/Mayer § 20 Rn 11.
[259] Kissel/Mayer § 20 Rn 12.
[260] BVerfG NJW 1983, 2766; BGH NJW 1979, 1101; LG Hamburg NJW 1986, 3034; Geiger NJW 1987, 1124 m. w. N.; Kissel/Mayer § 20 Rn 3.
[261] BGHZ 18, 1; OLG Frankfurt NJW 1981, 2650 mit Anm. Albert IPRax 1983, 55.
[262] BGH NJW 1984, 2048; OLG Düsseldorf MDR 1986, 779/780.
[263] Kissel/Mayer § 20 Rn 12.
[264] Habscheid ZZP 110 (1997), 269.
[265] Vgl. dazu BayObLG FamRZ 1972, 212.
[266] Kissel/Mayer § 20 Rn 19 m. w. N. in FN 52.
[267] S. auch das Europol-Immunitätengesetz vom 19. 5. 1998 (BGBl. 1998 II S. 974).

samt Zusatzabkommen v. 3. 8. 1959 (BGBl. 1961 II S. 1183, 1219) in der Fassung des Änderungsabkommens v. 18. 3. 1993 (BGBl. 1994 II S. 2598)[268] sowie weiteren Zusatzvereinbarungen und völkerrechtlichen Verträgen. Das zum Änderungsabkommen ergangene Ratifikationsgesetz v. 28. 9. 1994 (BGBl. II S. 2594) ist am 29. 3. 1998 (BGBl. II S. 1691) in Kraft getreten.

94 Die NATO-Truppen, die im Gebiet der Bundesrepublik Deutschland stationiert sind, sind als Organe der Entsendestaaten bei der Erfüllung ihrer Verteidigungsaufgaben von der deutschen Gerichtsbarkeit befreit.[269] Insoweit unterliegen die Mitglieder der Truppe für Ansprüche aus Diensthandlungen nicht der deutschen Gerichtsbarkeit (Art. VIII Abs. 5 g NATO-Truppenstatut). Im Übrigen sind die Mitglieder der Truppe oder eines zivilen Gefolges sowie deren Angehörige in nichtstrafrechtlichen Angelegenheiten in vollem Umfang der deutschen Gerichtsbarkeit unterworfen (Art. VIII Abs. 9 NATO-Truppenstatut). Die Ausübung der Zivilgerichtsbarkeit wird lediglich dadurch beschränkt, dass nach Art. VIII Abs. 5 g NATO-Truppenstatut ein Mitglied einer Truppe oder eines zivilen Gefolges der Zwangsvollstreckung aus einem Urteil nicht unterworfen werden darf, das in dem Aufnahmestaat in einer aus der Ausübung des Dienstes herrührenden Angelegenheit gegen das Truppenmitglied ergangen ist.

Örtliche Zuständigkeit

2 (1) **Unter mehreren örtlich zuständigen Gerichten ist das Gericht zuständig, das zuerst mit der Angelegenheit befasst ist.**

(2) **Die örtliche Zuständigkeit eines Gerichts bleibt bei Veränderung der sie begründenden Umstände erhalten.**

(3) **Gerichtliche Handlungen sind nicht deswegen unwirksam, weil sie von einem örtlich unzuständigen Gericht vorgenommen worden sind.**

Übersicht

	Rn
I. Normzweck	1
II. Anwendungsbereich	2
III. Vorgriffszuständigkeit (Abs. 1)	5
1. Grundsatz	5
2. Konkurrierende örtliche Zuständigkeit	9
3. Zuständiges Gericht	14
a) Allgemeines	14
b) Maßgeblicher Zeitpunkt	15
IV. Wirkung des Befassens	17
1. Alleinzuständigkeit	17
2. Einheitliche Angelegenheit	20
a) Grundsatz	20
b) Beispiele für eine einheitliche Angelegenheit	21
c) Beispiele für verschiedene Angelegenheiten	23
V. Streit über den Eintritt der Wirkungen des Abs. 1	27
VI. Fortdauer der Zuständigkeit (Abs. 2)	28
VII. Handlung des örtlich unzuständigen Gerichts (Abs. 3)	30
1. Grundsatz	30
2. Handlungen	32
3. Gerichtliche Handlungen	35
4. Wirksamkeit der Handlungen	36
5. Sondervorschriften	37
VIII. Kosten und Gebühren	38

---

[268] Burkhardt/Granow NJW 1995, 424; Geimer Rn 820.
[269] BGH NJW 1970, 1416/1417; Kissel/Mayer § 20 Rn 21.

Örtliche Zuständigkeit 1–6 § 2

I. Normzweck

§ 2 enthält entgegen der missverständlichen Fassung der amtlichen Überschrift keine 1 inhaltliche Bestimmung der örtlichen Zuständigkeit, sondern befasst sich mit Einzelfragen bei Zuständigkeitsproblemen. Die Vorschrift wird durch die §§ 3, 4 und 5 ergänzt. Die örtliche Zuständigkeit ist jeweils bei den einzelnen Angelegenheit im Besonderen Teil geregelt (vgl. § 3 Rn 4). **Abs. 1** regelt in weitgehender Übereinstimmung mit § 4 FGG die Vorgriffszuständigkeit, wenn zwei (oder mehr) Gerichte erster Instanz in derselben Angelegenheit örtlich zuständig sind. Im öffentlichen Interesse und im Interesse der Beteiligten (§ 7) sollen eine Doppelbehandlung und widersprechende Entscheidungen dadurch vermieden werden, dass die alleinige Zuständigkeit eines der konkurrierenden Gerichte begründet wird. Abweichend von dem bisher in § 4 FGG gewählten Anknüpfungszeitpunkt der ersten Tätigkeit des Gerichts in der Sache, wird nunmehr in Übernahme der Regelung aus § 43 Abs. 1 2. Halbs. FGG auf das Gericht abgestellt, das sachlich als erstes mit der Angelegenheit befasst ist. Hierdurch soll zudem eine höhere Transparenz gegenüber den Beteiligten geschaffen werden.[1] **Abs. 2** regelt, dass ein nachträglicher Wegfall der die Zuständigkeit begründenden Umstände aus Gründen der Verfahrensökonomie nicht eine einmal begründete örtliche Zuständigkeit berührt (perpetuatio fori).[2] **Abs. 3** greift die bisher in § 7 FGG enthaltende Regelung über die Wirksamkeit der von einem örtlich nicht dazu legitimierten Gericht vorgenommenen Handlungen auf und überträgt sie auf das FamFG.[3] Es sollen zum einen die Beteiligten geschützt werden (Vertrauenstatbestand), um Unzuträglichkeiten vorzubeugen; zum anderen soll Rechtssicherheit geschaffen werden.

II. Anwendungsbereich

§ 2 findet auf alle FamFG-Verfahren Anwendung (§ 1), mit Ausnahme der **Ehesachen** 2 (§ 121) sowie der **Familienstreitsachen** (§ 112); für diese gelten nach § 113 Abs. 1 S. 2 die maßgeblichen Vorschriften der ZPO entsprechend und somit § 261 Abs. 1, Abs. 3 ZPO. Nicht anwendbar ist Abs. 1 auf die örtliche Zuständigkeit in Registersachen und unternehmensrechtlichen Verfahren, § 377 Abs. 4.

Soweit nach Landesrecht für die Durchführung des Verfahrens andere als gerichtliche 3 Behörden zuständig sind (§ 488 Abs. 1), ist § 2 im Verhältnis der Behörden zueinander und zu den Gerichten anwendbar. In den landesgesetzlich geregelten Angelegenheiten der freiwilligen Gerichtsbarkeit kann der Landesgesetzgeber die entsprechende Geltung des FamFG und somit auch des § 2 vorschreiben. Zu den Einzelheiten siehe die Ausführungen bei § 486.

Zu der Übergangsregelung siehe die Ausführungen zu Art. 111 FGG-RG. 4

III. Vorgriffszuständigkeit (Abs. 1)

1. Grundsatz

Abs. 1 ist nur bei **konkurrierender örtlicher Zuständigkeit** (siehe dazu § 3 Rn 4 ff.) 5 mehrerer Gerichte, nicht dagegen bei anderen konkurrierenden Zuständigkeiten heranzuziehen.[4] Erklären mehrere Gerichte ihre sachliche Zuständigkeit, hat eine Zuständigkeitsbestimmung nach § 5 Abs. 1 Nr. 3 zu erfolgen. Bei einer konkurrierenden internationalen Zuständigkeit ist in Streitverfahren § 261 Abs. 3 Nr. 1 ZPO entsprechend heranzuziehen; in Fürsorgeverfahren kann ein deutsches Gericht auch dann tätig werden, wenn bereits ein ausländisches Gericht mit der Angelegenheit befasst ist,[5] beispielsweise ebenfalls eine Betreuung einrichten. Für die konkurrierende Rechtswegzuständigkeit gilt § 17 Abs. 1 S. 2 GVG; diese Bestimmung ist analog bei einer konkurrierenden Verfahrenszuständigkeit heranzuziehen.[6]

Die Anwendbarkeit des § 2 Abs. 1 setzt zwei oder mehrere an sich örtlich für denselben 6 Verfahrensgegenstand zuständige Gerichte voraus; nicht genügend ist ein sachlicher Zusam-

---
[1] BT-Drs. 16/6308 S. 175.
[2] BGH NJW-RR 1993, 1091; OLG Köln FamRZ 1998, 958.
[3] BT-Drs. 16/6308 S. 175.
[4] KG OLGZ 1970, 96/105 für § 4 FGG.
[5] MünchKommZPO/Pabst § 2 FamFG Rn 25.
[6] MünchKommZPO/Pabst § 2 FamFG Rn 26.

menhang. Keine Anwendung findet Abs. 1, wenn das von einem Beteiligten angerufene Gericht unzuständig ist. Die irrtümliche Annahme der eigenen örtlichen Zuständigkeit reicht ebenfalls nicht;[7] in diesem Fall muss das örtlich unzuständige Gericht die Sache an das örtlich zuständige Gericht abgeben.[8] Die Vorgriffszuständigkeit findet auch im Verfahren der einstweiligen Anordnung bei einer konkurrierenden Zuständigkeit zwischen dem Gericht der Hauptsache nach § 50 Abs. 1 S. 1 und dem Eilgericht nach § 50 Abs. 2 Anwendung.

7 Weiterhin ist Abs. 1 einschlägig, wenn die die örtliche Zuständigkeit begründenden, noch nicht aufgeklärten Tatsachen mit den für die Sachentscheidung maßgebenden zusammenfallen (sog. **doppelrelevante Tatsachen**), so dass die Zuständigkeit eines jeden Gerichts gegeben ist, das nach den verschiedenen Möglichkeiten der Sachentscheidung in Betracht kommen kann.[9] Dieser Fall ist z. B. gegeben, wenn bei der Annahme eines Kindes dessen Staatsangehörigkeit streitig ist und sich damit die Frage stellt, ob sich die örtliche Zuständigkeit des Familiengerichts nach § 187 (Zuständigkeit am gewöhnlichen Aufenthalt der Annehmenden oder eine der Annehmenden) oder nach § 5 Abs. 1 AdWirkG (Zuständigkeitskonzentration des Gerichts am Sitz des OLG) richtet.

8 **Unanwendbar** ist die Zuständigkeitsregel in Abs. 1, soweit das Gesetz die **örtliche Zuständigkeit** in einer bestimmten Rangfolge ausschließlich vorschreibt (wie z. B. in §§ 122, 201, 218, 272); in diesem Fall hat das nachrangige Gericht die Angelegenheit an das vorrangige Gericht abzugeben. Ebenfalls findet Abs. 1 keine Anwendung, wenn das AG Schöneberg in Berlin als Auffanggericht zuständig ist (z. B. nach § 122 Nr. 6 für Ehesachen, § 170 Abs. 3 für Abstammungssachen, § 187 Abs. 5 für Adoptionssachen, § 218 Nr. 5 für Versorgungsausgleichssachen, § 270 Abs. 1 i. V. m. § 122 Nr. 6 bzw. § 187 Abs. 5 bzw. § 218 Nr. 5 in Lebenspartnerschaftssachen, § 272 Abs. 1 Nr. 4 für Betreuungssachen, § 313 Abs. 1 Nr. 4 für Unterbringungssachen, § 343 Abs. 2 S. 1 für Nachlasssachen); § 5 Abs. 1 S. 2 AdWirkG i. V. m. § 187 Abs. 5 für Adoptionsverfahren). Dieses Gericht kann in den gesetzlich ausdrücklich vorgesehenen Fällen aus wichtigen Gründen die Sache an ein anderes Gericht abgeben (so z. B. nach §§ 187 Abs. 5 S. 2, 343 Abs. 2 S. 2).

2. Konkurrierende örtliche Zuständigkeit

9 Voraussetzung ist eine konkurrierende örtliche Zuständigkeit mehrerer Gerichte. Eine solche Zuständigkeitskonkurrenz kann sich aus verschiedenen Gründen ergeben. Knüpft beispielsweise das Gesetz für die örtliche Zuständigkeit noch an den **Wohnsitz** an, so kann ein **Doppelwohnsitz** (vgl. § 7 Abs. 2 BGB) eine mehrfache Zuständigkeit begründen.[10] Berufssoldaten und Soldaten auf Zeit haben einen gesetzlichen Wohnsitz am Standort (§ 9 Abs. 1 BGB); daneben können sie einen gewählten Wohnsitz haben.[11] Gem. § 11 S. 1 BGB teilt ein minderjähriges Kind den Wohnsitz der Eltern oder des personensorgeberechtigten Elternteils; der doppelte Wohnsitz seiner Eltern oder eines Elternteils erstreckt sich auch auf das Kind.[12] Neben dem abgeleiteten gesetzlichen Wohnsitz kann der personensorgeberechtigte Elternteil auch einen weiteren gewillkürten Wohnsitz für das Kind begründen.[13] Ebenso kann der **gewöhnliche Aufenthaltsort** an mehreren Orten gleichzeitig bestehen[14] und damit, soweit dieses Kriterium zuständigkeitsbegründend ist, die örtliche Zuständigkeit mehrerer Gerichte auslösen.[15]

10 In **Adoptionssachen** gemäß § 186 Nr. 1 bis 3 können zwei Familiengerichte zuständig sein, wenn die annehmenden Ehegatten verschiedene Wohnsitze haben (vgl. § 187

---

[7] OLG Oldenburg NJW-RR 1992, 1533 (Vorrangzuständigkeit des Registergerichts des bisherigen Vereinssitzes für die Eintragung der Verlegung des Vereinssitzes).
[8] BayObLGZ 1968, 233/240.
[9] BayObLG NJW 1966, 356.
[10] Vgl. Palandt/Ellenberger § 7 Rn 13.
[11] BVerwG MDR 1960, 1041.
[12] Vgl. zum Doppelwohnsitz eines Kindes: z. B. BGH NJW-RR 1994, 322; NJW-RR 1992, 578; BayObLG FamRZ 1999, 100; FamRZ 1997, 833; OLG Brandenburg FGPrax 2003, 129; OLG Frankfurt FamRZ 1996, 1351; OLG Hamm FamRZ 1997, 1294; OLG Nürnberg FamRZ 1998, 314.
[13] BayObLG NJWE-FER 1997, 256.
[14] BayObLG FamRZ 1980, 833; KG NJW 1988, 649; SBW/Schöpflin § 2 Rn 31.
[15] Bumiller/Harders § 2 Rn 2.

Abs. 1).[16] In **Gewaltschutzsachen** (§ 210) ist nach Wahl des Antragstellers sowohl das Familiengericht, in dessen Bezirk die Tat begangen wurde (§ 211 Nr. 1), als auch jenes, in dessen Bezirk sich die gemeinsame Wohnung des Antragstellers und des Antragsgegners befindet (§ 211 Nr. 2), örtlich zuständig. Ferner kann auch das Familiengericht angerufen werden, in dessen Bezirk der Antragsgegner seinen gewöhnlichen Aufenthalt hat (§ 211 Nr. 3). Eine Zuständigkeitskonkurrenz kann dadurch entstehen, dass der Antragsteller gleichzeitig bei verschiedenen Gerichten einen Antrag stellt. Bei zeitlich gestuften Anträgen führt dagegen eine getroffene Wahl zu einer Bindung des Antragstellers an das zuerst angerufene Gericht,[17] so dass ein Rückgriff auf § 2 Abs. 1 nicht erforderlich ist.

In **Betreuungssachen** kann eine konkurrierende örtliche Zuständigkeit bestehen, wenn **10a** für einen Betroffenen, der im Inland keinen gewöhnlichen Aufenthalt hat, an mehreren Orten im Inland eine Ersatzzuständigkeit (§ 272 Abs. 1 Nr. 3) aufgrund eines Bedürfnisses der Fürsorge z. B. wegen der Notwendigkeit zur Regelung von Grundstücksangelegenheiten in Betracht kommt.[18]

In **Nachlasssachen** kann eine konkurrierende örtliche Zuständigkeit der Gerichte **11** bestehen, in deren Bezirk der Erblasser zur Zeit des Erbfalls einen Wohnsitz begründet hatte (§ 343 Abs. 1).[19] Gleiches gilt, wenn der Erblasser Ausländer ist und er zur Zeit des Erbfalls im Inland weder Wohnsitz noch Aufenthalt hatte; in diesem Fall ist jedes Gericht für den gesamten Nachlass örtlich zuständig, in dessen Bezirk sich Nachlassgegenstände befinden (§ 343 Abs. 3). Zudem kann sich im Falle einer Ausschlagung der Erbschaft (§ 1945 Abs. 1 BGB) oder der Anfechtung der Ausschlagung (§ 1955 BGB) eine örtliche Zuständigkeitskonkurrenz zwischen dem nach § 343 und dem nach § 344 Abs. 7 S. 1 zuständigen Gericht ergeben.[20] Die in **§ 344 Abs. 7 S. 2** enthaltene Übersendungsverpflichtung an das zuständige Nachlassgericht spricht indes gegen die Anwendung des § 2 Abs. 1. Vielmehr bleibt das nach § 343 örtlich maßgebliche Gericht (ausschließlich) zuständig, auch wenn ein nach § 344 Abs. 7 zuständiges Gericht bereits zuvor eine Ausschlagungs- oder Anfechtungserklärung entgegengenommen hat.[21]

Bei Sitzverlegung einer **Personenhandelsgesellschaft** über die Grenzen eines Gerichts- **12** bezirks kommt eine örtliche Zuständigkeitskonkurrenz zwischen den Registergerichten des bisherigen und des neuen Sitzes in Betracht.[22] Bei Sitzverlegung eines Vereins ist zwar nach h. M. das Registergericht am bisherigen Vereinssitz zuständig;[23] eine andere Auffassung befürwortet eine sinngemäße Anwendung der Regelungen über die Sitzverlegung von Handelsgesellschaften (§ 13 h Abs. 2 HGB, § 45 Abs. 2 AktG). Auch bei Sitzverlegung unter gleichzeitiger Verschmelzung[24] sowie bei in zwei Handelsregistern eingetragenem **Doppelsitz** einer Gesellschaft[25] können verschiedene Gerichte örtlich zuständig sein. **§ 377 Abs. 4** schließt indes ausdrücklich eine Anwendung des § 2 Abs. 1 für Verfahren in Registersachen sowie unternehmensrechtliche Verfahren aus. Vielmehr hat bei einem Zuständigkeitsstreit eine Zuständigkeitsbestimmung in entsprechender Anwendung des § 5 zu erfolgen. Dagegen findet bei konkurrierenden Gerichten in Spruchverfahren § 2 Abs. 1 Anwendung (vgl. § 2 Abs. 1 S. 2 SpruchG).

In **Aufgebotsverfahren** kommen im Fall der Gesamthaftung mehrerer in verschiedenen **13** Gerichtsbezirken belegener Grundstücke konkurrierende Zuständigkeiten (vgl. § 466 Abs. 2) in Betracht; siehe dazu auch Rn 20 a, 27. Im Verfahren der **Beratungshilfe** können Zuständigkeitskonkurrenzen auftreten, wenn der Antragsteller in mehreren Amtsgerichts-

---

[16] KG FGPrax 1995, 71 für das Adoptionsaufhebungsverfahren bei getrennten Wohnsitzen.
[17] Jansen/Müther § 4 Rn 1.
[18] OLG München FamRZ 2011, 399.
[19] BayObLG FamRZ 1995, 680; Rpfleger 1985, 66.
[20] Heinemann Zerb 2008, 294/295.
[21] So auch Heinemann Zerb 2008, 294/296.
[22] KG DB 1997, 221.
[23] BayObLG NJW-RR 1996, 938; KG NJW-RR 1992, 509; OLG Brandenburg FGPrax 1998, 28; OLG Köln OLGR 1991, 69; OLG Oldenburg NJW-RR 1992, 1533; OLG Schleswig NJW-RR 1994, 1404; OLG Stuttgart Rpfleger 1997, 312.
[24] Für die ausschließliche Zuständigkeit des Registergerichts am Sitz der übernehmenden Gesellschaft: OLG Hamm FGPrax 1995, 43 m. w. N.
[25] KG Rpfleger 1991, 510 m. w. N.; Katschinski ZIP 1997, 620/625.

bezirken seinen allgemeinen Gerichtsstand hat (§ 4 Abs. 1 S. 1 BerHG)[26] oder ein Rechtssuchender im Inland keinen allgemeinen Gerichtsstand besitzt und das Bedürfnis für eine Beratung an mehreren Orten auftritt (§ 4 Abs. 1 S. 2 BerHG).

3. Zuständiges Gericht

14   a) **Allgemeines.** Von mehreren **örtlich zuständigen Gerichten** gebührt im Interesse der Verfahrensökonomie demjenigen der Vorzug, das zeitlich als erstes mit derselben Angelegenheit[27] **befasst** wird (§ 2 Abs. 1). Dies gilt auch, wenn an mehreren Orten die Ersatzzuständigkeit wegen des Bedürfnisses der Fürsorge besteht.[28] Umfang und Bedeutung der Befassung sind unerheblich[29]; ebenfalls ist – anders als noch bei § 4 FGG – bereits ein Tätigwerden des Gerichts nicht erforderlich. Unerheblich ist auch ein Vorbehalt des Gerichts hinsichtlich der Prüfung der endgültigen Zuständigkeit.[30]

15   b) **Maßgeblicher Zeitpunkt.** Maßgeblicher Zeitpunkt für die Bestimmung der Zuständigkeit ist derjenige, in dem das Gericht mit der Angelegenheit **erstmals** befasst wird. Dies ist bei **Antragsverfahren** der Zeitpunkt, zu dem bei dem Gericht ein Antrag mit dem Ziel dortiger Erledigung eingeht.[31] Auf die Vollständigkeit des Antrages kommt es nicht an; es genügt auch ein Verfahrenskostenhilfegesuch. Nicht ausreichend ist die Einreichung eines Antrages zur Weiterleitung an ein anderes Gericht.[32] In **Amtsverfahren** liegt ein Befassen in dem Zeitpunkt vor, in welchem das Gericht von Umständen Kenntnis erhält, die eine Verpflichtung zum Tätigwerden auslösen.[33] Soweit in Amtsverfahren ein „Antrag" (= Anregung i. S. d. § 24 Abs. 1) eingeht, ist dieser Zeitpunkt entscheidend. Ein **Befassen** kann auch in der Entgegennahme von Erklärungen liegen, die vor dem Gericht oder gegenüber dem Gericht abzugeben sind.[34] Die Befassung endet mit dem Abschluss des Verfahrens (z. B. durch Entscheidung, Antragsrücknahme). Daher wird bei einer Antragsrücknahme (§ 22) ein neues Verfahren bei einem anderen Gericht nicht durch § 2 Abs. 1 ausgeschlossen (vgl. Rn 23).[35]

16   Ein Befassen mit der Angelegenheit ist für den Zuständigkeitsvorrang aber nur dann maßgebend, wenn das angegangene Gericht zum Zeitpunkt des Befassens **überhaupt örtlich zuständig** ist und die für die Zuständigkeit entscheidenden Umstände (wie z. B. Wohnsitz oder Aufenthalt) in dem Zeitpunkt vorliegen, in dem das Gericht mit der Sache befasst wird. Daher wird eine Zuständigkeit nicht durch die Aufnahme eines zur Weiterleitung an ein anderes Gericht bestimmten Antrags (vgl. § 25 Abs. 2, Abs. 3) begründet;[36] ebenso wenig, wenn das Gericht lediglich einen als Anregung aufzufassenden „Antrag" (vgl. § 24 Abs. 1) entgegennimmt und anschließend an das örtlich zuständige Gericht übersendet.

IV. Wirkung des Befassens

1. Alleinzuständigkeit

17   Das Befassen eines zuständigen Gerichts begründet dessen Alleinzuständigkeit für dieselbe Angelegenheit (siehe dazu Rn 20 ff.) und schließt im Anwendungsbereich des § 2 die Zuständigkeit anderer Gerichte aus.[37] Diese werden unzuständig. Sie haben ihre Tätigkeit

---

[26] Maßgebend ist der Gerichtsstand im Zeitpunkt des Antragseingangs: BayObLG JurBüro 1995, 366; KG FGPrax 2009, 92; OLG Hamm FGPrax 2008, 278 (unter Aufgabe der gegenteiligen früheren Rechtsprechung in Rpfleger 1995, 365); OLG Zweibrücken JurBüro 1998, 197.
[27] BayObLG NZG 2002, 96/97.
[28] OLG München FamRZ 2011, 399.
[29] BGH NJW-RR 1993, 1091; BayObLG FamRZ 1985, 533.
[30] MünchKommZPO/Pabst § 2 FamFG Rn 15.
[31] BGH NJW-RR 1993, 1091 zu § 45 Abs. 3 FGG; OLG Hamm Beschl. v. 24. 2. 2011 II-2 SAF 2/11 = FamFRZ 2011, 209; FGPrax 2006, 222; BJS/Jacoby § 2 Rn 3; Prütting/Helms/Prütting § 2 Rn 20.
[32] BayObLG 1992, 123; MünchKommZPO/Pabst § 2 FamFG Rn 16.
[33] OLG Hamm FGPrax 2006, 222; OLG Frankfurt NJW-RR 1998, 367; BJS/Jacoby § 2 Rn 3; Prütting/ Helms/Prütting § 2 Rn 20.
[34] Bumiller/Harders § 2 Rn 6.
[35] BJS/Jacoby § 2 Rn 4.
[36] BayObLGZ 1984, 289/291.
[37] BayObLG FamRZ 1985, 533; BayObLGZ 1983, 223/227.

einzustellen; etwaige weitere Handlung bleiben wirksam (§ 2 Abs. 3). Das Verfahren ist an das allein zuständige Gericht zu verweisen (§ 3), dem auch die Akten zum Verbleib zu übersenden sind.[38] Die Vorrangzuständigkeit des zuerst befassten Gerichts bleibt bis zur Beendigung des Verfahrens bestehen, selbst wenn sich die die Zuständigkeit begründenden Verhältnisse ändern (Abs. 2, siehe auch Rn 28 f.). Abs. 1 schließt indes nicht die **Abgabebefugnis** des Gerichts aus wichtigem Grund (§§ 4, 273, 314) bzw. **Abgabeverpflichtung** des Gerichts in einer Kindschaftssache (§ 153) bzw. in einer Ehewohnungs- und Haushaltssache (§ 202) bei Rechtshängigkeit einer Ehesache aus.

Die Vorgriffszuständigkeit kann nicht von den Beteiligten durch eine Vereinbarung ausgeschlossen werden. So können beispielsweise die Eltern eines Kindes nicht rechtswirksam vereinbaren, dass für eine Kindschaftssache (§ 151) die örtliche Zuständigkeit eines von mehreren in Betracht kommenden Gerichten ausgeschlossen werden soll.[39]   18

Die **Handlungen und Verrichtungen** örtlich unzuständiger Gerichte in derselben Angelegenheit bleiben nach Abs. 3 wirksam (s. Rn 30 ff.); das nach Abs. 1 zuständige Gericht kann indes Entscheidungen eines anderen Gerichts nach § 48 Abs. 1 ändern, wenn dies sachlich geboten ist. Ein von einem unzuständigen Gericht erteilter Erbschein ist trotz seiner Wirksamkeit nach Abs. 3 unrichtig und muss eingezogen werden. Die Einziehung obliegt dem Gericht, welches ihn erteilt hat.[40]   19

2. Einheitliche Angelegenheit

a) **Grundsatz.** Voraussetzung für eine Alleinzuständigkeit des zuerst befassten Gerichts nach Abs. 1 ist, dass es sich um eine **einheitliche Angelegenheit** handelt. Dagegen besteht keine Vorgriffszuständigkeit bei verschiedenen Angelegenheiten, selbst wenn zwischen ihnen ein sachlicher Zusammenhang besteht.[41] Eine eigene Angelegenheit im Sinne dieser Vorschrift ist jede Sache, die Gegenstand eines selbstständigen Verfahrens sein kann.[42] Es ist in jedem Einzelfall zu fragen, ob nach Sinn und Zweck die gleichzeitige Durchführung mehrerer Verfahren in Betracht kommt. Anhaltspunkte können die einzelnen im Besonderen Teil des FamFG aufgeführten Verfahren liefern. Die Tätigkeit eines Gerichts in einem Verfahren der einstweiligen Anordnung (§§ 49 ff.) und eine sich daran anschließende Hauptsache (vgl. § 52) sind unterschiedliche Angelegenheiten; insoweit wird keine Vorgriffszuständigkeit im Sinne des § 2 Abs. 1 begründet.   20

Problematisch ist, ob es sich bei einem **Aufgebotsverfahren** für Hypotheken-, Grund- und Rentenschuldbriefe im Fall der Gesamthaftung mehrerer in verschiedenen Gerichtsbezirken belegener Grundstücke um eine einheitliche Angelegenheit handelt.[43] § 466 Abs. 2 bestimmt insoweit eine ausschließliche örtliche Zuständigkeit des Gerichts der jeweils belegenen Sache. Da das FamFG eine § 36 Abs. 1 Nr. 4 ZPO entsprechende, den dinglichen Gerichtsstand betreffende Vorschrift nicht enthält, findet § 2 Abs. 2 entsprechende Anwendung; zur Bestimmung des Gerichtsstands siehe Rn 27.   20a

b) **Beispiele für eine einheitliche Angelegenheit.** Einheitliche Verfahren sind beispielsweise die Führung einer Vormundschaft, Pflegschaft oder Betreuung als Ganzes, so dass die verschiedenen gerichtlichen Verrichtungen dazu dieselbe Angelegenheit betreffen. In **Unterbringungssachen** (§§ 312 ff.) oder **Freiheitsentziehungssachen** (§§ 415 ff.) wird bei einer Entscheidung über die Fortdauer der Unterbringung oder Freiheitsentziehung kein selbstständiges Verfahren eingeleitet.[44]   21

In **Nachlasssachen** ist das Erbscheinsverfahren (Erteilung und Einziehung) eine einheitliche Angelegenheit im Sinne von Abs. 1.[45] Die Erteilung weiterer Ausfertigungen eines Erbscheins ist keine neue Angelegenheit im Sinne des Abs. 1, sondern nur eine mit der   22

---

[38] BayObLG FamRZ 1985, 533; Rpfleger 1981, 112.
[39] A. A. OLG München Rpfleger 1968, 227.
[40] BayObLG Rpfleger 1981, 112; Rpfleger 1977, 210; OLG Hamm OLGZ 1972, 352/353.
[41] Bahrenfuss § 2 Rn 3; Prütting/Helms/Prütting § 2 Rn 24.
[42] BayObLG FamRZ 1985, 533; KG OLGZ 1994, 73/74; OLG Frankfurt NJW-RR 1998, 367.
[43] Zweifelnd OLG München FGPrax 2011, 156.
[44] OLG Zweibrücken FGPrax 2000, 212.
[45] BayObLGZ 1984, 289/292; KG OLGZ 1994, 73/74 m. w. N.; OLGZ 1994, 563/564 (jeweils zu § 5).

früheren Tätigkeit zusammenhängende nachlassgerichtliche Verrichtung.[46] Mehrere Erbscheinsanträge nach demselben Erblasser betreffen grundsätzlich eine einheitliche Angelegenheit.[47] Abweichendes kann bei einer Nachlassspaltung gelten, wenn sich die Erbscheinsanträge auf verschiedene Nachlassgegenstände beziehen.[48] Eine einheitliche Angelegenheit besteht auch für die gesamte Tätigkeit in Bezug auf die Führung der Nachlasspflegschaft, die Nachlassverwaltung oder die Vermittlung der Auseinandersetzung desselben Nachlasses. Auch einzelne Verrichtungen des Nachlassgerichts können so ineinander übergreifen, dass sie als einheitliche Angelegenheit anzusehen sind;[49] so z. B. die Testamentsablieferung und -eröffnung, die Benachrichtigung der Beteiligten und die Ermittlung der Erben,[50] die Auseinandersetzung desselben Nachlasses.[51] Als einheitliche Sache ist auch das Zustimmungsverfahren zu Verfügungen über zwei Höfe in einem Testament anzusehen.[52] Die Entscheidung über die Feststellung des Fiskuserbrechts und die Entscheidung über die Aufhebung eines darüber gefassten Beschlusses betreffen dieselbe Angelegenheit.[53]

23   c) **Beispiele für verschiedene Angelegenheiten.** Bei **Antragsverfahren** liegen regelmäßig verschiedene Angelegenheiten vor, wenn nach Rücknahme des Antrags (§ 22 Abs. 1) dieser bei einem anderen Gericht erneut gestellt wird.[54]

24   In **Ehe- oder Kindschaftssachen** sind einzelne Sachen selbstständige Angelegenheiten, auch wenn sie dasselbe Kind, dieselbe Ehe betreffen.[55] Verschiedene Angelegenheiten sind beispielsweise das Verfahren über die elterliche Sorge nach Scheidung der Eltern und das Änderungsverfahren (§§ 1671, 1696 BGB).[56] Ebenfalls stellt das Überprüfungs- und Abänderungsverfahren bei einer Ergänzungspflegschaft (§§ 166 FamFG, 1696 BGB) ein neues selbstständiges Verfahren gegenüber der ursprünglichen Anordnung dar.[57] Das **Adoptionsaufhebungsverfahren** ist keine Fortsetzung des Annahmeverfahrens, sondern eine selbstständige Adoptionsverrichtung, die nach Abschluss des Adoptionsverfahrens beginnt.[58]

25   In **Nachlasssachen** können einzelne Verrichtungen des Nachlassgerichts selbst dann verschiedene Angelegenheiten sein, wenn diese sich auf denselben Nachlass oder dieselbe letztwillige Verfügung beziehen;[59] so z. B. die Testamentseröffnung sowie die Verrichtungen bei besonderer amtlicher Verwahrung eines Testaments,[60] die Entgegennahme der Erbausschlagungserklärung und des Antrags auf Setzung einer Inventarfrist nach § 1994 BGB, die Erteilung eines Testamentsvollstreckerzeugnisses und eines Erbscheins,[61] die Entgegennahme einer Ausschlagungserklärung und die Erteilung eines Erbscheins.[62] Gleiches gilt für ein abgeschlossenes Nachlassverfahren und einen späteren Antrag auf Erteilung eines Erbscheins, der den Antragsteller als Nacherben des Erblassers ausweist.[63] Im Falle der Nachlassspaltung sind die Erteilung eines gegenständlich auf den im Inland befindlichen

---

[46] KG OLGZ 1993, 293/294; einschränkend: OLG Köln FGPrax 1996, 226 für einen Streit, ob ein neuer Erbschein oder nur eine weitere Ausfertigung beantragt wird.
[47] OLG Stuttgart FGPrax 2011, 50.
[48] OLG Brandenburg FGPrax 2006, 221 = FamRZ 2006, 1862.
[49] KG Rpfleger 1969, 391.
[50] BayObLGZ 1954, 213; OLG Hamm JMBl.NW 1957, 318.
[51] Prütting/Helms/Prütting § 2 Rn 26.
[52] BayObLGZ 1954, 213.
[53] KG OLGZ 1994, 73/75.
[54] KG Rpfleger 1970, 134.
[55] OLG Frankfurt FGPrax 1995, 112 für vormundschaftsgerichtliche Genehmigung der Veräußerung eines Grundstücks.
[56] KG OLGR 1999, 131.
[57] BayObLG FamRZ 2001, 775.
[58] KG FGPrax 1995, 71.
[59] BayObLGZ 1954, 213; KG Rpfleger 1959, 54.
[60] Eröffnet das verwahrende Nachlassgericht vor Einleitung des Erbscheinsverfahrens ein Testament, so wird hierdurch keine Vorgriffszuständigkeit für das Erbscheinsverfahren begründet. S. a. BayObLGZ 1994, 346/350; OLG Frankfurt Rpfleger 1998, 26.
[61] KG Rpfleger 1969, 391.
[62] LG Berlin Rpfleger 1971, 318.
[63] OLG Hamm JMBl.NW 1957, 149.

unbeweglichen und die Erteilung eines gegenständlich auf den inländischen beweglichen Nachlass beschränkten Erbscheins jeweils verschiedene Angelegenheiten.[64]

In **unternehmensrechtlichen Verfahren** sind verschiedene Verrichtungen nach § 375 jeweils selbstständige Angelegenheiten. Die einzelnen Spruchverfahren sind zwar verschiedene Verrichtungen, wegen der in § 2 Abs. 1 S. 2 SpruchG angeordneten erweiterten Anwendung des § 2 Abs. 1 FamFG genügt aber ausnahmsweise ein sachlicher Zusammenhang.

V. Streit über den Eintritt der Wirkungen des Abs. 1

Streiten sich Gerichte darüber, ob die Wirkungen des Abs. 1 eingetreten sind, so ist nach § 5 bzw. in den Ehesachen (§ 121) und Familienstreitsachen (§ 112) nach § 36 Abs. 1 Nr. 6 ZPO (§ 113 Abs. 1 S. 2) zu verfahren. Kann nicht festgestellt werden, welches von zwei streitenden Gerichten in der Angelegenheit zuerst befasst worden ist oder steht fest, dass keines der beteiligten Gerichte mit der Angelegenheit befasst worden ist, so kann im Verfahren nach § 5 das Gericht nach Zweckmäßigkeitsgesichtspunkten bestimmt werden.[65] In einem **Aufgebotsverfahren** für Hypotheken-, Grund- und Rentenschuldbriefe im Fall der Gesamthaftung mehrerer in verschiedenen Gerichtsbezirken belegener Grundstücke ist der Gerichtsstand bei einem Zuständigkeitsstreit in entsprechender Anwendung des § 5 Abs. 1 Nr. 3 oder 4 zu bestimmen, da § 5 unmittelbar keine dem § 36 Abs. 1 Nr. 4 ZPO entsprechende Regelung enthält (siehe auch § 466 Rn 13).[66]

VI. Fortdauer der Zuständigkeit (Abs. 2)

Eine Veränderung der die Zuständigkeit begründenden Umstände hat gemäß Abs. 2 keinen Einfluss auf die örtliche Zuständigkeit des mit der Angelegenheit befassten Gerichts **(perpetuatio fori)**.[67] Dies gilt unabhängig davon, ob sich die sie begründenden Tatsachen,[68] die maßgeblichen Normen[69] oder aber die obergerichtliche Rechtsprechung[70] nach dem maßgebenden Zeitpunkt ändern. Maßgeblich für das Bestehen der Zuständigkeit ist der Zeitpunkt des erstmaligen Befassens mit der Angelegenheit im Sinne des Abs. 1 (siehe dazu Rn 14–16). Es muss sich jedoch um dieselbe Angelegenheit handeln (vgl. dazu Rn 20). Eine einmal begründete Zuständigkeit bleibt auch nach Aufnahme eines ausgesetzten (§ 21; s. § 21 Rn 31) bzw. eines abgetrennten und wieder aufgenommenen Verfahrens bestehen.[71] Es besteht jedoch die Möglichkeit, nach § 4 bzw. nach besonderen Regelungen (z.B. §§ 123, 153, 202, 233, 263, 268, 273, 314 FamFG; § 87c Abs. 2 SGB VIII; §§ 15 Abs. 2 S. 2, 15b S. 2, 15c VerschG; § 12 LwVG) die Sache aus wichtigem Grund an das nunmehr zuständige Gericht abzugehen (zu den Einzelheiten siehe § 4 Rn 6 ff.).

Der Grundsatz der perpetuatio fori gilt entsprechend für die **sachliche Zuständigkeit**[72] und in eingeschränktem Maße auch für die **internationale Zuständigkeit** (siehe dazu § 97 Rn 8). Die Fortdauer der **Rechtswegzuständigkeit** folgt aus § 17 Abs. 1 S. 1 GVG; diese Bestimmung gilt entsprechend für die Fortdauer der **Verfahrenszuständigkeit**.[73]

Zum Fortbestand der Zuständigkeit in Verbundverfahren siehe die Ausführung bei § 233 Rn 4. § 2 Abs. 2 gilt nicht, wenn bei Verfahrensbeginn keine Zuständigkeit bestand. Insoweit müssen nachträgliche Änderungen der zuständigkeitsbegründenden Umstände

---

[64] OLG Brandenburg FGPrax 2006, 221.
[65] BayObLGZ 1983, 223/228; KG FGPrax 1995, 71; OLGZ 1969, 493/494.
[66] So auch Bumiller/Harders § 466 Rn 2; Prütting/Helms/Maass §§ 442 bis 445 Rn 6; § 466 Rn 2; a.A. analoge Anwendbarkeit des § 36 Abs. 1 Nr. 4 ZPO: OLG München FGPrax 2011, 156; Bassenge/Roth/A. Walter § 466 FamFG Rn 5; Baumbach/Hartmann § 466 FamFG Rn 3.
[67] OLG Köln FGPrax 2010, 318 für Freiheitsentziehungssachen.
[68] BGH NJW-RR 1993, 1091.
[69] BayObLGZ 1977, 175.
[70] Bumiller/Harders § 2 Rn 10.
[71] KG FamRZ 2011, 319; OLG Brandenburg Beschl. v. 2.11.2010 9 AR 9/10 = BeckRS 2010, 28565; OLG Bremen Beschl. v. 31.3.2011 4 AR 3/11 = BeckRS 2011, 09875; OLG Frankfurt Beschl v. 6.9.2010 6 UFH 5/10 = BeckRS 2010, 25626; OLG Jena Beschl. v. 1.3.2011 11 SA 1/11 = BeckRS 2011, 05157; jew. für ein Versorgungsausgleichsverfahren.
[72] MünchKommZPO/Pabst § 2 FamFG Rn 36; Prütting/Helms/Prütting § 2 Rn 31.
[73] MünchKommZPO/Pabst § 2 FamFG Rn 35.

(z. B. der Eintritt der Zuständigkeit aufgrund einer Verlegung des Wohnsitzes oder Aufenthaltsortes) beachtet werden.[74] Der **Grundsatz der Kontinuität** der einmal wirksam begründeten Zuständigkeit findet ebenfalls keine Anwendung, soweit ein Nachlassgericht in den alten Bundesländern vor der Wiederherstellung der deutschen Einheit in entsprechender Anwendung des § 73 Abs. 2, Abs. 3 FGG a. F. im Erbscheinsverfahren als interlokal und örtlich zuständiges Gericht tätig geworden ist. Die Zuständigkeit für weitere nachlassgerichtliche Tätigkeiten bestimmt sich jetzt nach § 343 FamFG.[75] Eine Ausnahme besteht im Falle der Erteilung einer weiteren Ausfertigung des Erbscheins, da es sich hierbei nicht um eine weitere selbstständige Verrichtung handelt.[76]

VII. Handlung des örtlich unzuständigen Gerichts (Abs. 3)

1. Grundsatz

30 Abs. 3 bestimmt ausdrücklich, dass **gerichtliche Handlungen** eines **örtlich unzuständigen Gerichts** wirksam sind (vgl. Rn 36). Damit wird für die betroffenen Beteiligten Rechtssicherheit geschaffen. Nichtigkeit kann nur dann ausnahmsweise angenommen, wenn dieser Handlung ein derart schwerer, offen zutage liegender Mangel anhaftet, dass es bei Berücksichtigung der Belange der Rechtssicherheit und des Rechtsfriedens vom Standpunkt der Gerechtigkeit aus schlechthin unerträglich wäre, die so zustande gekommene Handlung als eine mit staatlicher Autorität ausgestatteten, in einem rechtsförmlichen Verfahren gefundene verbindliche Handlung anzuerkennen und gelten zu lassen.[77] Dies ist beispielsweise Fall, wenn es an jeder gesetzlichen Grundlage fehlt, die gerichtliche Handlung eine der Rechtsordnung unbekannte Rechtsfolge ausspricht oder sie keine Rechtswirkungen erzeugt.[78]

30a Für den Fall der **sachlichen Unzuständigkeit** des handelnden Gerichts (z. B. Entscheidung des LG statt des AG oder umgekehrt; Entscheidung der KfH statt der Zivilkammer des LG oder umgekehrt) wurde bereits zu § 7 FGG die Auffassung vertreten, dass diese Bestimmung bei Verstößen gegen die sachliche Zuständigkeit entsprechende Anwendung findet.[79] Das Gesetz hat zwar für die sachliche Unzuständigkeit keine dem § 2 Abs. 3 entsprechende Regelung im GVG bzw. im FamFG aufgenommen. Aus den Gesetzesmaterialien lässt sich nicht gesetzgeberische Wertung entnehmen, dass gerichtliche Handlungen eines sachlich unzuständiges Gerichts grundsätzlich unwirksam sind. Daher kann aus Gründen des Vertrauensschutzes weiterhin für den Fall einer sachlichen Unzuständigkeit des handelnden Gerichts § 2 Abs. 3 entsprechend herangezogen werden.[80] Entsprechend sind die gerichtlichen Handlungen wirksam; eine Überprüfung der sachlichen Zuständigkeit im Rahmen der Endentscheidung scheidet wegen der Beschränkung der Zuständigkeitsprüfung nach § 65 Abs. 4 aus (vgl. § 65 Rn 18).[81] Die insoweit in der Vorauflage (§ 2 Rn 34) vertretene abweichende Auffassung wird aufgegeben.

30b Zu Verstößen gegen die **funktionelle Zuständigkeit** im Verhältnis zwischen Richter, Rechtspfleger und Urkundsbeamten der Geschäftsstelle sieht § 8 RPflG eine besondere Regelung vor; zu den Einzelheiten siehe Einleitung Rn 89 ff. Bei den sonstigen Verstößen gegen die funktionelle Zuständigkeit (z. B. bei einer Erteilung des Erbscheins durch das Nachlassgericht anstelle des zuständigen Landwirtschaftsgerichts) ist aus Gründen des Vertrauensschutzes entsprechend der früheren h. M. zu § 7 FGG[82] § 2 Abs. 3 entsprechend heranzuziehen; eine Überprüfung des Mangels im Rahmen des Beschwerdeverfahrens schei-

---

[74] MünchKommZPO/Pabst § 2 FamFG Rn 32.
[75] KG OLGZ 1992, 287; OLG Bremen DtZ 1994, 252; jew. für die Erteilung eines Erbscheins; KG OLGZ 1993, 15 für die Einziehung eines Erbscheins; OLG Köln FGPrax 1996, 226 für den Streit, ob die Erteilung eines neuen Erbscheins oder einer weiteren Ausfertigung erforderlich ist.
[76] KG OLGZ 1993, 293; einschränkend OLG Köln FGPrax 1996, 226 für einen Streit, ob ein neuer Erbschein oder nur eine weitere Ausfertigung beantragt wird.
[77] BayObLGZ 1986, 459.
[78] Prütting/Helms/Prütting § 2 R 43 f.
[79] Vgl. z. B. OLG Brandenburg FGPrax 2000, 103; sowie die Nachweise bei Zimmermann 15. A. § 7 FGG Rn 9, 26.
[80] Bahrenfuss § 2 Rn 10; MünchKommZPO/Pabst § 2 FamFG Rn 60.
[81] A. A. Bumiller/Harders § 2 Rn 25.
[82] S. dazu die Nachweise bei Zimmermann 15. A. § 7 FGG Rn 26 b.

det i. d. R. aus (vgl. § 65 Abs. 4). Die Überschreitung der funktionellen Zuständigkeit durch den Rechtspfleger unterliegt ausnahmsweise der Überprüfung durch das Rechtsmittelgericht (vgl. Einl. Rn 92; § 65 Rn 18).[83] Bei einer funktionellen Unzuständigkeit im Rechtsmittelzug (Entscheidung des LG als Beschwerdegericht anstelle des OLG) unterliegt die Entscheidung der Anfechtung, da §§ 65 Abs. 4, 72 Abs. 2 ausschließlich auf das Gericht des ersten Rechtszuges abstellt.

Auch bei Verstößen gegen die **internationale Zuständigkeit** (siehe § 3 Rn 29) ist § 2 Abs. 3 entsprechend anzuwenden.[84] Die Entscheidung ist indes anfechtbar, da § 65 Abs. 4 FamFG insoweit keine Beschränkung der Zuständigkeitsprüfung vorsieht (vgl. § 65 Rn 18). **30c**

Hinsichtlich der **Rechtswegzuständigkeit** enthalten die §§ 17–17 b GVG abschließende Regelungen; insoweit bedarf es keines Rückgriffs auf § 2 Abs. 3. Für die **Verfahrenszuständigkeit** wird in § 17 Abs. 6 GVG auf § 17 Abs. 1 bis 5 GVG verwiesen. Nimmt das Gericht insoweit seine Zuständigkeit fehlerhaft an, so sind die gerichtlichen Handlungen dennoch wirksam;[85] eine Überprüfung in Rechtsmittelverfahren scheidet aus (§ 17 a Abs. 5 GVG). **30d**

Um keinen Fall des Abs. 3, sondern des Abs. 2 handelt es sich, wenn sich infolge der **Veränderung der tatsächlichen Verhältnisse** oder der maßgeblichen Vorschriften die Zuständigkeit des mit der Angelegenheit befassten Gerichts ändert. Abs. 3 ist ebenfalls nicht anwendbar, wenn ein Bundesbürger vor der Wiedervereinigung ein Grundstück in der DDR geerbt hatte und nicht – wie erforderlich – vor dem staatlichen Notariat der DDR, sondern vor einem Nachlassgericht im Bundesgebiet die Ausschlagung der Erbschaft erklärt hatte.[86] **31**

2. Handlungen

Unter einer gerichtlichen Handlungen ist die Erledigung aller amtlichen Aufgaben (z. B. Erteilung eines Erbscheins, Registereintragungen) und damit eine **positive Tätigkeit des Gerichts** zu verstehen.[87] Darunter fallen sowohl verfahrensrechtliche Willenserklärungen, wie Verfügungen, Anordnungen, Verrichtungen, Maßnahmen, Maßregeln, Entscheidungen, Beschlüsse, als auch rein tatsächliche Handlungen, wie beispielsweise die Ausstellung eines Erbscheins,[88] eines Testamentsvollstreckerzeugnisses oder die Vornahme einer Registereintragung. **32**

Nicht erfasst werden bereits nach dem Wortlaut des Abs. 3 Handlungen, die dem Gericht gegenüber vorzunehmen sind, also ein **passives Tätigwerden**, wie die **bloße Entgegennahme von Erklärungen**[89] (so z. B. einer Erbausschlagung nach § 1945 BGB; einer Anfechtung einer Ausschlagung nach § 1955 BGB; einer Anfechtung einer letztwilligen Verfügung nach § 2081 BGB; einer Annahme oder Ablehnung des Amtes des Testamentsvollstreckers nach § 2202 Abs. 2 BGB; einer Anzeige nach §§ 2146, 2384 BGB). Da § 2 Abs. 3 das Vertrauen der Beteiligten in die Zuständigkeit des tätigwerdenden Gerichts schützt, gilt dieser allgemeiner Grundsatz auch für die Wirksamkeit einer gegenüber einem **örtlich unzuständigen Gericht** abgegebenen Erklärung. Die fehlerhafte Annahme der Zuständigkeit soll nicht zu Lasten eines Beteiligten gehen.[90] Daher muss § 2 Abs. 3 analog herangezogen werden, wobei zu differenzieren ist:[91] **33**

- **Erklärt das Gericht seine Unzuständigkeit** und **nimmt die Erklärung** (z. B. eine Erbausschlagung) **nicht an** oder **gibt sie zurück**, so entfaltet sie keine Wirkung.[92] In diesem Falle wird nicht der Anschein der Zuständigkeit erweckt, so dass es keines Ver-

---

[83] OLG Düsseldorf FGPrax 2011, 158.
[84] Bahrenfuss § 2 Rn 11; MünchKommZPO/Pabst § 2 FamFG Rn 57.
[85] MünchKommZPO/Pabst § 2 FamFG Rn 51; siehe dort auch Rn 53 sowie Rn 55 zur Problematik der Wirksamkeit in einem klassischen Fürsorgeverfahren der freiwilligen Gerichtsbarkeit (z. B. Erteilung eines Erbscheins durch Prozessgericht).
[86] BayObLG FamRZ 1996, 765; Lorenz ZEV 1994, 146. Dagegen soll nach BGH WM 1997, 1145, § 7 FGG Anwendung finden, wenn eine Testamentsanfechtung gegenüber einem interlokal unzuständigen Nachlassgericht erfolgte.
[87] Bärmann § 6 IV; Baur § 7 IV; Habscheid § 13 I 2; Prütting/Helms/Prütting § 2 Rn 35.
[88] Boeckh NJ 2010, 493.
[89] Prütting/Helms/Prütting § 2 Rn 36; Bahrenfuss § 2 Rn 9.
[90] MünchKommZPO/Pabst § 2 FamFG Rn 41.
[91] S. Heinemann ZErB 2008, 293 für § 2 FamFG; Bärmann § 6 IV; Baur § 7 IV; Habscheid § 13 I 2; Jansen/Müther § 7 Rn 6; jew. für § 7 FGG.

trauensschutzes bedarf. Bei einem drohenden Fristablauf kann das angegangene Gericht im Rahmen seiner Fürsorgepflicht zur Weiterleitung im normalen Geschäftsgang an das zuständige Gericht verpflichtet sein (vgl. § 17 Rn 28; § 64 Rn 41); in diesem Falle wird die Erklärung erst mit Eingang bei dem zuständigen Gericht wirksam (vgl. § 25 Abs. 3);[93] u. U. besteht die Möglichkeit einer Wiedereinsetzung nach §§ 17 ff.

- **Erkennt das Gericht seine Unzuständigkeit** und **bleibt untätig,** ohne die entgegengenommene Erklärung zurückzugeben, so ist die Erklärung in entsprechender Anwendung des § 2 Abs. 3 wirksam.[94] Der Betroffene darf darauf vertrauen, dass das Gericht seiner Pflicht zur Prüfung der örtlichen Zuständigkeit und zum entsprechenden Tätigwerden nachkommt.
- **Erkennt das Gericht seine Unzuständigkeit** und gibt es die **Erklärung an das zuständige weiter,** so ist sie entsprechend § 2 Abs. 3 wirksam und zwar gemäß § 25 Abs. 3 erst mit dem Eingang bei dem zuständigen Gericht.[95] U. U. besteht die Möglichkeit einer Wiedereinsetzung nach §§ 17 ff.
- **Erkennt das angegangene Gericht seine Unzuständigkeit nicht** und betätigt es sich **als das zuständige Gericht,** so sind die Erklärung und auch die weiteren gerichtlichen Handlungen nach § 2 Abs. 3 wirksam.[96] Denn das Gericht ist in diesem Fall in einer Weise tätig geworden, die das Vertrauen der Beteiligten dahin begründen konnte, das Gericht habe seine Zuständigkeit geprüft und bejaht. Diese Grundsätze gelten auch für die Abgabe erbrechtlicher Gestaltungserklärungen (z. B. Testamentsanfechtungen) gegenüber einem unzuständigen Nachlassgericht.[97]
- Wird die Erklärung vor einem **vom örtlich zuständigen Gericht ersuchten Gericht** abgegeben, ist die Erklärung wirksam.[98]

34 Diese Grundsätze finden entsprechende Anwendung für die Entgegennahme von Erklärungen durch das **sachlich unzuständige Gericht**.[99] Eine entsprechende Anwendung der Grundsätze wird teilweise auch für die Niederlegung von Urkunden vertreten. Weist ein Gericht ein Dokument zur Niederlegung trotz seiner Unzuständigkeit nicht zurück, so soll die Niederlegung nach § 2 Abs. 3 analog wirksam sein.[100]

3. Gerichtliche Handlungen

35 Abs. 3 bezieht sich nur auf **gerichtliche Handlungen.** Dies sind zunächst Handlungen des **Richters** sowie des Richterkollegiums. Auf die vom **Rechtspfleger** kraft Übertragung durch §§ 1, 3, 14 ff. RPflG vorgenommenen Handlungen gilt diese Vorschrift entsprechend.[101] Auf Handlungen des **Urkundsbeamten der Geschäftsstelle** ist Abs. 3 nicht anwendbar;[102] für diesen gelten gesetzliche Sondervorschriften. So ist in § 4 S. 2 HRV eine entsprechende Anwendung der §§ 5 bis 8 RPflG und damit letztlich des § 2 Abs. 3 FamFG auf den Urkundsbeamten in Registerangelegenheiten bestimmt; § 1 GenRegV erklärt für die Tätigkeit in Genossenschaftsregistersachen die für das Handelsregister geltenden Vorschriften anwendbar; ebenso sehen § 12 c Abs. 3 S. 2 GBO bzw. § 2 Abs. 4 S. 2 SchRegO

---

[92] Bumiller/Harders § 2 Rn 14; MünchKommZPO/Pabst § 2 FamFG Rn 41; Prütting/Helms/Prütting § 2 Rn 37; SBW/Schöpflin § 2 Rn 11.
[93] Bumiller/Harders § 2 Rn 15; a. A. BGH FGPrax 1998, 220.
[94] Bumiller/Harders § 2 Rn 14; MünchKommZPO/Pabst § 2 FamFG Rn 44; SBW/Schöpflin § 2 Rn 12; Prütting/Helms/Prütting § 2 Rn 37; a. A. Bahrenfuss § 2 Rn 9.
[95] Bumiller/Harders § 2 Rn 15; SBW/Schöpflin § 2 Rn 11; Jansen/Müther § 7 Rn 7; a. A. Fristwahrung mit Eingang beim unzuständigen Gericht: BGH FGPrax 1998, 220; MünchKommZPO/Pabst § 2 FamFG Rn 43; Prütting/Helms/Prütting § 2 Rn 37.
[96] BGH NJW 1962, 491; BayObLG FamRZ 1998, 924; FamRZ 1994, 1354; Bahrenfuss § 2 Rn 9; Bumiller/Harders § 2 Rn 16; MünchKommZPO/Pabst § 2 FamFG Rn 44; SBW/Schöpflin § 2 Rn 11.
[97] BGH FamRZ 1977, 786; BayObLG NJW-RR 1994, 967; Bumiller/Harders § 2 Rn 16 für § 2 FamFG; a. A. der Vorlagebeschluss des KG OLGZ 1976, 167.
[98] BayObLGZ 1952, 291; Bumiller/Harders § 2 Rn 16.
[99] MünchKommZPO/Pabst § 2 FamFG Rn 61; die in der Vorauflage vertretene gegenteilige Ansicht wird nicht aufrecht erhalten.
[100] MünchKommZPO/Pabst § 2 FamFG Rn 45.
[101] Für unmittelbare Anwendbarkeit: MünchKommZPO/Pabst § 2 FamFG Rn 41.
[102] A. A. Friederici/Kemper/Friederici § 2 Rn 10; MünchKommZPO/Pabst § 2 FamFG Rn 39.

ausdrücklich vor, dass Handlungen des örtlich unzuständigen Urkundsbeamten der Geschäftsstelle nicht unwirksam sind. Fehlt es an einer gerichtlichen Handlung, so erzeugt diese keine Rechtswirkungen.[103] § 2 Abs. 3 findet keine Anwendung; u. U. besteht die Möglichkeit der Anfechtung zu Beseitigung eines nach außen wirkenden Rechtsscheins.[104]

4. Wirksamkeit der Handlung

Wirksam sind die Handlungen eines örtlich unzuständigen Gerichts sowohl in erster als auch in der Beschwerdeinstanz;[105] unerheblich ist, ob eine ausschließliche oder konkurrierende Zuständigkeit besteht. Abs. 3 begründet indes weder eine Zuständigkeit des handelnden Gerichts noch wird der Verstoß gegen die Zuständigkeitsvorschriften geheilt. Daher findet § 2 Abs. 1 keine Anwendung;[106] zudem scheidet eine Überprüfung der Zuständigkeit des handelnden Gerichts im Rahmen einer **Anfechtung** der gerichtlichen Handlung aus, obwohl die örtliche Zuständigkeit nicht zur Disposition der Beteiligten steht und in jeder Instanz von Amts wegen zu beachten ist (s. § 3 Rn 4). Weder die befristete Beschwerde (vgl. § 65 Abs. 4) noch die Rechtsbeschwerde (vgl. § 72 Abs. 2) können darauf gestützt werden, dass das Gericht des ersten Rechtszuges seine Zuständigkeit zu Unrecht angenommen hat. Ein von einem örtlich unzuständigen Gericht erlassener Beschluss kann nicht in einem **Änderungsverfahren** (§ 48) ausschließlich wegen des Zuständigkeitsmangels aufgehoben werden.[107] Daher kann ein Erbschein nicht allein deshalb eingezogen werden, weil ihn das unzuständige Gericht erlassen hat. Hat ein Verein durch Satzungsänderung eine Sitzverlegung beschlossen, wird die Sitzverlegung mit der Eintragung in das Vereinsregister auch dann wirksam, wenn das Registergericht für die Eintragung örtlich nicht zuständig war.[108] Zur amtswegigen Löschung einer unzulässigen Registereintragung siehe § 395.

36

5. Sondervorschriften

Gemäß § 11 Abs. 3 BNotO berührt die Überschreitung des Amtsbereichs des **Notars** nicht die Gültigkeit der Amtshandlung. Dies gilt selbst dann, wenn der Notar die Amtshandlung außerhalb des Landes vornimmt, in dem er bestellt ist. Ferner bestimmt § 2 BeurkG, dass eine Beurkundung nicht deshalb unwirksam ist, weil der Notar sie außerhalb seines Amtsbezirks oder des Landes vorgenommen hat, in dem er zum Notar bestellt ist.

37

VIII. Kosten und Gebühren

Zu den Kosten und Gebühren des erstinstanzlichen Verfahrens siehe die Ausführungen zu § 32 Rn 54 ff.

38

Verweisung bei Unzuständigkeit

3 (1) ¹Ist das angerufene Gericht örtlich oder sachlich unzuständig, hat es sich, sofern das zuständige Gericht bestimmt werden kann, durch Beschluss für unzuständig zu erklären und die Sache an das zuständige Gericht zu verweisen. ²Vor der Verweisung sind die Beteiligten anzuhören.

(2) ¹Sind mehrere Gerichte zuständig, ist die Sache an das vom Antragsteller gewählte Gericht zu verweisen. ²Unterbleibt die Wahl oder ist das Verfahren von Amts wegen eingeleitet worden, ist die Sache an das vom angerufenen Gericht bestimmte Gericht zu verweisen.

(3) ¹Der Beschluss ist nicht anfechtbar. ²Er ist für das als zuständig bezeichnete Gericht bindend.

---

[103] MünchKommZPO/Pabst § 2 FamFG Rn 40.
[104] BayObLG NJW 1969, 195; MünchKommZPO/Pabst § 2 FamFG Rn 40.
[105] BayObLGZ 1959, 182; Jansen/Müther § 7 Rn 12.
[106] Friederici/Kemper/Friederici § 2 Rn 11; MünchKommZPO/Pabst § 2 FamFG Rn 48.
[107] OLG Schleswig SchlHA 1956, 242.
[108] BayObLG NJW-RR 1996, 938.

(4) **Die im Verfahren vor dem angerufenen Gericht entstehenden Kosten werden als Teil der Kosten behandelt, die bei dem im Beschluss bezeichneten Gericht anfallen.**

Übersicht

	Rn
I. Normzweck	1
II. Anwendungsbereich	2
III. Örtliche Zuständigkeit	4
1. Grundsatz	4
2. Anknüpfungskriterien für die örtliche Zuständigkeit	5
a) Allgemeines	5
b) Wohnsitz; gewöhnlicher Aufenthalt	7
c) Einzelnen Zuständigkeitsregelungen	11
3. Zuständigkeitskonzentration	18
IV. Sachliche Zuständigkeit	19
1. Allgemeines	19
2. Sachliche Zuständigkeit im Einzelnen	20
a) Gesetzliche Regelungen	20
b) Amtsgericht	22
c) Landgericht	23
d) Oberlandesgericht	26
e) Bundesgerichtshof	28
V. Internationale Zuständigkeit	29
VI. Verweisung bei fehlender örtlicher oder sachlicher Zuständigkeit (Abs. 1)	32
1. Allgemeines	32
2. Verweisung wegen Unzuständigkeit	33
3. Gewährung des rechtlichen Gehörs (Abs. 1 S. 2)	35
4. Verfahren bei der Verweisung	36
a) Entscheidung	36
b) Bindungswirkung (Abs. 3 S. 2)	37
c) Zuständigkeitskonkurrenz (Abs. 2)	38
VII. Streit über die Zuständigkeit	39
VIII. Zuständigkeitsvereinbarung	40
IX. Rechtsmittel (Abs. 3 S. 1)	41
X. Kosten und Gebühren (Abs. 4)	42

I. Normzweck

1 § 3 bestimmt das Verfahren, wenn das angerufene Gericht bereits zu Beginn des Verfahrens **örtlich oder sachlich unzuständig** ist. **Abs. 1** übernimmt mit der Verweisungsmöglichkeit die Regelung aus § 17 a Abs. 2 S. 1 GVG für die Verfahren in Familiensachen und in den Angelegenheiten der freiwilligen Gerichtsbarkeit (§ 1) und dient damit der Angleichung der Verfahrensordnungen. Zugleich soll durch eine Anhörung der Beteiligten dem Anspruch auf Gewährung des rechtlichen Gehörs Rechnung getragen werden.[1] **Abs. 2** greift die Regelung in § 17 a Abs. 2 S. 2 GVG auf. Für den Fall, dass mehrere Gerichte **örtlich oder sachlich zuständig** sind, wird dem Antragsteller ein Wahlrecht eingeräumt. Macht er hiervon keinen Gebrauch oder ist das Verfahren von Amts wegen eingeleitet worden, so kann das unzuständige Gericht die Entscheidung treffen, an welches Gericht die Verweisung erfolgt. Zur Beschleunigung des Verfahrens sowie zur Vermeidung von Zwischenstreitigkeiten[2] schließt **Abs. 3** die Möglichkeit einer Anfechtung des Verweisungsbeschlusses aus und ordnet zugleich eine Bindungswirkung des Verweisungsbeschlusses an. **Abs. 4** übernimmt die Regelung aus anderen Verfahrensordnungen und stellt klar, dass auch im Falle einer Verweisung über die vor dem ursprünglich angerufenen Gericht entstandenen Kosten erst im Rahmen der Endentscheidung befunden wird.

---

[1] BT-Drs. 16/6308 S. 175.
[2] BT-Drs. 16/6308 S. 175.

Verweisung bei Unzuständigkeit 2–6 § 3

II. Anwendungsbereich

§ 3 findet auf alle FamFG-Verfahren Anwendung (§ 1), mit Ausnahme der **Ehesachen** 2
(§ 121) und **Familienstreitsachen** (§ 112); für diese gelten nach § 113 Abs. 1 S. 2 die
maßgeblichen Vorschriften der ZPO entsprechend und somit § 281 ZPO. Trotz der missverständlichen Formulierung in Abs. 1 S. 1 „angerufenes Gericht" findet die Vorschrift
sowohl auf Antrags- als auch Amtsverfahren Anwendung, wie Abs. 2 S. 2 ausdrücklich
klarstellt. Eine ergänzende Regelung enthält § 137 Abs. 4 für den Verbund von Scheidungs-
und Folgesachen. Zudem kann in Kindschaftssachen nach § 154 das zuständige Gericht die
Sache an das Gericht des früheren gewöhnlichen Aufenthaltsorts verweisen, wenn ein
Elternteil den Aufenthalt des Kindes ohne vorherige Zustimmung des anderen geändert hat.

Soweit nach Landesrecht für die Durchführung des Verfahrens andere als gerichtliche 3
Behörden zuständig sind (§ 488 Abs. 1), ist § 3 im Verhältnis der Behörden zueinander und zu
den Gerichten anwendbar. In den landesgesetzlich geregelten Angelegenheiten der freiwilligen Gerichtsbarkeit kann der Landesgesetzgeber die entsprechende Geltung des FamFG und
somit auch des § 3 vorschreiben. Zu den Einzelheiten siehe die Ausführungen bei § 486.

Zu der Übergangsregelung siehe die Ausführungen zu Art. 111 FGG-RG.

III. Örtliche Zuständigkeit

1. Grundsatz

Die Vorschriften über die **örtliche Zuständigkeit** regeln, welches von mehreren 4
sachlich zuständigen Gerichten (sonstigen Behörden) im Einzelnen zur Entscheidung, zu
einem Tätigwerden berechtigt und verpflichtet ist.[3] Sie sind zwingendes Recht und von
Amts wegen in jeder Instanz zu beachten.[4] Die örtliche Zuständigkeit ist im FamFG nicht
allgemein geregelt, sondern bestimmt sich nach den besonderen, die einzelnen Angelegenheiten regelnden Vorschriften in diesem Gesetz bzw. in Spezialgesetzen. Sie richtet sich
nach den Verhältnissen, die zum Zeitpunkt der **erstmaligen Befassung** durch das Gericht
bestanden haben (siehe dazu § 2 Rn 15). Ein nachträglicher Wegfall der Umstände berührt
nicht die einmal begründete örtliche Zuständigkeit **(perpetuatio fori)**; zu den Einzelheiten siehe § 2 Rn 28.[5] Zur Exterritorialität (Prozessuale Immunität) s. § 1 Rn 82 ff. Eine
Vereinbarung der Beteiligten über die örtliche Zuständigkeit kommt nicht in Betracht
(siehe dazu Rn 40).

2. Anknüpfungskriterien für die örtliche Zuständigkeit

a) **Allgemeines.** Der Allgemeine Teil und der Besondere Teil des FamFG sowie die 5
sonstigen Gesetze enthalten nähere Bestimmungen für einzelne Verfahren bzw. Angelegenheiten. Insoweit sehen die Gesetze teilweise **ausschließliche** (z. B. in den Familiensachen)
bzw. teilweise **konkurrierende Zuständigkeiten** vor. Wegen der Unterschiedlichkeit der
geregelten Angelegenheiten wird für die Bestimmung der örtlichen Zuständigkeit an verschiedene Kriterien angeknüpft:[6] z. B. an den **allgemeinen Gerichtsstand,** den **gewöhnlichen Aufenthaltsort,** den **Wohnsitz** eines Beteiligten oder den Ort der gemeinsamen
Wohnung, an **die Lage** eines Grundstücks (§§ 1 Abs. 1 S. 2, 6 Abs. 1 S. 2 GBO) oder
einer Hofstelle (§ 10 LwVG), an **den Ort,** wo sich die Sache befindet oder wo eine
Verpflichtung zu erfüllen ist, an den Ort der Urkundserrichtung, an den Ort der Handelsniederlassung, des Betriebssitzes, des **Sitzes der Gesellschaft,** des Ausstellers von Wertpapieren oder an den Ort, wo das Fürsorgebedürfnis hervortritt.[7]

Die im FamFG geregelten Angelegenheiten knüpfen für die örtliche Zuständigkeit 6
vornehmlich an den **gewöhnlichen Aufenthaltsort** an (z. B. in den §§ 88 Abs. 1,
98–104, 122, 152 Abs. 2, 154, 170, 187, 201 Nr. 3, Nr. 4, 211 Nr. 3, 218 Nr. 2 bis 4,
232 Abs. 1 Nr. 2, 262 Abs. 2, 267 Abs. 2, 272 Abs. 1 Nr. 2, 313 Abs. 1 Nr. 2, 377 Abs. 3,

---
[3] Vgl. Baur § 7 I; Habscheid § 11 II, Prütting/Helms/Prütting § 2 Rn 10; Rosenberg/Schwab/Gottwald § 34.
[4] BayObLG FamRZ 2002, 108; OLG Düsseldorf FamRZ 1978, 681; OLG Hamm FamRZ 1966, 242.
[5] BGH NJW-RR 1993, 1091; OLG Köln FamRZ 1998, 958.
[6] Baur § 7 II; Habscheid § 11 II.
[7] BayObLG FGPrax 1996, 145.

Sternal

416; zu den Einzelheiten siehe Rn 8). Zudem ordnet das Gesetz für bestimmte Angelegenheiten (für Kindschaftssachen in § 152 Abs. 1; für Ehewohnungs- und Haushaltssachen in § 201 Nr. 1; für Unterhaltssachen in § 218 Nr. 1; für Güterrechtssachen in § 262 Abs. 1; für sonstige Familiensachen in § 267 Abs. 1; für Betreuungssachen in § 272; für Unterbringungssachen in § 313; für betreuungsgerichtlichen Zuweisungssachen in § 341 i. V. m. § 272; für Freiheitsentziehungssachen in § 416) eine **bestimmte Rangfolge** der örtlichen Zuständigkeit an, wobei bei einer Anhängigkeit einer Ehesache stets das insoweit befasste Gericht auch für weitere Angelegenheiten örtlich vorrangig zuständig ist. Zudem besteht für bestimmte Angelegenheiten (z. B. für Abstammungssachen in § 122 Nr. 6; für Adoptionssachen in § 187 Abs. 5; für Versorgungsausgleichssachen in § 218 Abs. 5; für Betreuungssachen in § 272 Abs. 1 Nr. 4; für Unterbringungssachen in § 313 Abs. 1 Nr. 4; für betreuungsgerichtliche Zuweisungssachen in § 341 i. V. m. § 272 Abs. 1 Nr. 4; für Nachlasssachen in § 343 Abs. 2) eine subsidiäre Auffangzuständigkeit des **AG Schöneberg in Berlin**. Für Adoptionssachen und Nachlasssachen sieht das Gesetz weiterhin eine **Verweisungsmöglichkeit aus wichtigen Gründen** vor (§§ 187 Abs. 5 S. 2, 343 Abs. 2 S. 2).

7   b) **Wohnsitz; gewöhnlicher Aufenthalt.** Wo eine Person ihren **Wohnsitz** hat, folgt aus den §§ 7 bis 9, 11 BGB. Der Wohnsitz wird begründet durch die tatsächliche Niederlassung, verbunden mit dem Willen, den freigewählten Ort zu einem dauernden räumlichen Mittelpunkt der Lebensverhältnisse zu machen (**Domizilwille**). Eine polizeiliche (ordnungsbehördliche) Anmeldung ist für die Begründung oder Aufhebung des Wohnsitzes weder erforderlich noch ausreichend;[8] sie kann aber ein Indiz für den Willen zur Wohnsitzbegründung sein.[9] Ein inländischer Wohnsitz wird nicht durch ein vorübergehendes Auslandsstudium aufgegeben.[10] Ein längerer Aufenthalt eines Kindes in einer Jugendhilfeeinrichtung und ein vorläufiger Entzug des Aufenthaltsbestimmungsrechts der Eltern, müssen nicht zum Wegfall des Wohnsitzes des Kindes bei seinen Eltern führen.[11] Hielt sich der Erblasser zurzeit des Erbfalls in einem Hospiz oder Pflegeheim auf, so kann der Ort, an dem sich das Hospiz befindet, der für die örtliche Zuständigkeit nach § 343 Abs. 1 maßgebliche Wohnsitz des Erblassers sein.[12]

8   Der **gewöhnliche Aufenthalt** einer Person ist dort, wo der Schwerpunkt ihrer Bindungen und damit ihr Daseinsmittelpunkt besteht.[13] Ein rechtsgeschäftlicher Begründungswille ist nicht erforderlich („faktischer Wohnsitz").[14] Maßgeblich sind vor allem objektive, tatsächliche Elemente. Voraussetzung ist das rein tatsächliche Zustandsverhältnis einer Person zu einem bestimmten Ort oder zu einer bestimmten Region. Hält sich die Person regelmäßig an mehreren Orten auf, kommt es auf den Schwerpunkt der Lebensführung an. Dieses ist unter Berücksichtigung zeitlicher und sozialer Aspekte zu ermitteln; für den Schwerpunkt kann beispielsweise das Vorliegen einer Wohnung oder Schlafstelle sprechen. Ein vorübergehender Aufenthaltswechsel lässt den bisherigen gewöhnlichen Aufenthalt nicht entfallen.[15] Bei einem wechselnden Aufenthalt ohne zeitliche und sozialen Bindungen an einen bestimmten Ort (etwa bei Landstreichern) besteht möglicherweise kein gewöhnlicher Aufenthalt in einem Gerichtsbezirk.[16] Zudem muss der Aufenthalt von gewisser Dauer sein oder zumindest auf eine gewisse Dauer angelegt sein. Es besteht zwar in zeitlicher Hinsicht für die Annahme eines gewöhnlichen Aufenthalts keine Mindestfrist; regelmäßig wird jedoch eine Frist von sechs Monaten gefordert.[17] So begründet bei einem mehrfachen Wechsel des

---

[8] BayObLGZ 1987, 463/465; BayObLGZ 1985, 158/161; OLG Düsseldorf FGPrax 2002, 75 = FamRZ 2002, 1128; MünchKommBGB/Schmitt § 7 Rn 25; Palandt/Ellenberger § 7 Rn 7, 13.
[9] BGH NJW-RR 1990, 506; BayObLG NJW-RR 1989, 263.
[10] OLG Frankfurt FamRZ 2009, 796 mit Anm. v. Gottwald.
[11] KG FamRZ 2008, 1532; a. A. OLG Köln FamRZ 1995, 859 für den Aufenthalt in einer Pflegefamilie.
[12] OLG Düsseldorf FGPrax 2009, 271 für Pflegeheim; FGPrax 2002, 75 = FamRZ 2002, 1128 für Hospiz.
[13] EuGH FamRZ 2011, 617; FamRZ 2009, 843; BGH FamRZ 2002, 1182.
[14] MünchKommBGB/Schmitt § 7 Rn 13; Palandt/Ellenberger § 7 Rn 3.
[15] BGH FamRZ 1993, 798; zum Wohnsitz bei einem vorübergehenden Auslandsstudium siehe BGH FamRZ 2009, 796.
[16] Vgl. OLG Köln FGPrax 2006, 162.
[17] Prütting/Helms/Prütting § 2 Rn 12.

Aufenthaltsorts innerhalb eines Jahres ein erst seit 4 Wochen bestehender Aufenthalt im Ausland noch keinen gewöhnlichen Aufenthalt i. S. d. Art. 21 EGBGB.[18] Ein unfreiwilliger Aufenthalt (Krankenhaus,[19] Untersuchungshaft, Zeugenschutzprogramm) begründet noch nicht einen neuen gewöhnlichen Aufenthalt; dies gilt selbst bei einer längeren Dauer.[20] Eine Ausnahme besteht dann, wenn eine Rückkehr an den bisherigen Aufenthaltsort ausgeschlossen ist, z. B. wegen einer Aufgabe der Wohnung[21], einer Unterbringung in einem Hospiz[22] oder einer zu erwartenden Abschiebung.[23] Ein Kind hat seinen gewöhnlichen Aufenthalt bei dem Elternteil, in dessen Obhut es sich befindet.[24]

Exterritoriale Deutsche und im **Ausland beschäftigte deutsche Angehörige des öffentlichen Dienstes** behalten stets ihren letzten inländischen Wohnsitz, wenn es gesetzlich auf den Wohnsitz ankommt. Insoweit findet § 15 Abs. 1 S. 1 ZPO entsprechende Anwendung. Dies gilt auch dann, wenn der Wohnsitz inzwischen aufgegeben oder ein neuer im Ausland begründet worden ist. Wenn eine Person einen solchen inländischen Wohnsitz nicht hatte, wird dieser am Sitz der Bundesregierung, nunmehr Berlin,[25] fingiert (§ 15 Abs. 1 S. 2 ZPO). Diese Grundsätze sind auch dann heranzuziehen, soweit das Gesetz nunmehr statt auf den Wohnsitz auf den gewöhnlichen Aufenthalt abstellt. Insoweit kommt es auf den letzten gewöhnlichen Aufenthalt im Inland bzw. auf den fingierten gewöhnlichen Aufenthalt am Sitz der Bundesregierung an.

Berufssoldaten und **Soldaten auf Zeit** haben einen von ihrem Willen unabhängigen gesetzlichen Wohnsitz am Standort (§ 9 Abs. 1 S. 1 BGB). Als Wohnsitz eines solchen Soldaten, der im Inland keinen Standort hat, gilt der letzte inländische Standort (§ 9 Abs. 1 S. 2 BGB). Standort ist der Ort, in dem der Truppenteil, dem der Soldat angehört, seine regelmäßige Unterkunft hat.[26] Auf Wehrpflichtige findet diese Regelung keine Anwendung (§ 9 Abs. 2 BGB).

c) Einzelne Zuständigkeitsregelungen. Die örtliche Zuständigkeit des Eingangsgerichts wird im **Allgemeinen Teil des FamFG** an verschiedenen Stellen näher bestimmt, so in
- § 50 für die einstweilige Anordnung (konkurrierende Zuständigkeit; Anknüpfungskriterien: Gericht der Hauptsache; AG, bei dem ein Bedürfnis für ein Tätigwerden bekannt wird oder sich die Sache oder Person befindet, auf die sich die einstweilige Anordnung bezieht);
- § 54 Abs. 3 S. 1, S. 2 für die Aufhebung einer einstweiligen Anordnung (ausschließliche Zuständigkeit; Anknüpfungskriterium: Gericht, dass die einstweilige Anordnung erlassen oder an das das Verfahren nach Erlass abgegeben oder verwiesen worden ist);
- § 88 Abs. 1 für die Vollstreckung von Entscheidungen über die Herausgabe von Personen und die Regelung des Umgangs (ausschließliche Zuständigkeit; Anknüpfungskriterium: gewöhnlicher Aufenthaltsort);
- § 108 Abs. 3 S. 1 für Anerkenntnis ausländischer Entscheidungen (ausschließliche Zuständigkeit mit Vorrang; Anknüpfungskriterien: gewöhnlicher Aufenthalt, Feststellungsinteresse, Fürsorgebedürfnis);
- § 110 Abs. 3 S. 1 für die Vollstreckbarkeitserklärung ausländischer Entscheidungen (konkurrierende Zuständigkeit; Anknüpfungskriterien: allgemeiner Gerichtsstand, besonderer Gerichtsstand des Vermögens nach § 23 ZPO).

Der **Besondere Teil des FamFG** sieht eine Vielzahl von Regelungen über die örtliche Zuständigkeit vor, so beispielsweise in

---

[18] OLG Schleswig OLGR 2005, 744 = Beck RS 2005, 30364170.
[19] BayObLG NJW 1993, 670; OLG Karlsruhe FamRZ 1996, 1341; OLG Stuttgart FamRZ 1997, 438.
[20] BayObLG NJW 1993, 670; OLG Karlsruhe FamRZ 1996, 1341; jew. für einen Krankenhausaufenthalt von zwei Jahren.
[21] OLG München FGPrax 2006, 213; FamRZ 2006, 1562; OLG Zweibrücken FamRZ 2007, 1833.
[22] OLG Köln FGPrax 2007, 84.
[23] OLG Koblenz FamRZ 1998, 756.
[24] BT-Drs. 16/6308 S. 226.
[25] Bekanntmachung vom 22. 7. 1999 über die Sitzentscheidung der Bundesregierung (BGBl. I S. 1725).
[26] Palandt/Ellenberger § 9 Rn 1.

- § 122 für Ehesachen (ausschließliche Zuständigkeit in Rangfolge; Anknüpfungskriterien: gewöhnlicher Aufenthalt, subsidiär AG Schöneberg in Berlin);
- § 152 für Kindschaftssachen (teilweise Zuständigkeitskonzentration; Anknüpfungskriterien: Anhängigkeit der Ehesache, gewöhnlicher Aufenthalt, Fürsorgebedürfnis, Eilzuständigkeit);
- § 170 für Abstammungssachen (ausschließliche Zuständigkeit; Anknüpfungskriterien: gewöhnlicher Aufenthalt, subsidiär AG Schöneberg in Berlin);
- § 187 für Adoptionssachen (ausschließliche Zuständigkeit; Anknüpfungskriterien: gewöhnlicher Aufenthalt, subsidiär AG Schöneberg in Berlin);
- § 199 FamFG i. V. m. § 5 AdWirkG für Adoptionen nach ausländischen Recht (ausschließliche Zuständigkeit entsprechend der Regelung in § 187 Abs. 1, 2 und 4 FamFG);
- § 201 für Ehewohnungs- und Haushaltssachen (ausschließliche Zuständigkeit in Rangfolge; Anknüpfungskriterium: Anhängigkeit der Ehesache, gemeinsame Wohnung, gewöhnlicher Aufenthalt);
- § 211 für Gewaltschutzsachen (ausschließliche Wahlzuständigkeit; Anknüpfungskriterien: Tatort, Wohnung, gewöhnlicher Aufenthalt);
- § 218 für Versorgungsausgleichssachen (ausschließliche Zuständigkeit in Rangfolge; Anknüpfungskriterien: Anhängigkeit der Ehesache, gewöhnlicher Aufenthalt, subsidiär AG Schöneberg in Berlin);
- § 232 für Unterhaltssachen (teilweise Zuständigkeitskonzentration, Wahlzuständigkeit; Anknüpfungskriterien: Anhängigkeit der Ehesache oder des Unterhaltsverfahrens, gewöhnlicher Aufenthalt);
- § 237 Abs. 2 für den Unterhalt bei Feststellung der Vaterschaft (ausschließliche Zuständigkeit; Anknüpfungskriterium: Anhängigkeit des Vaterschaftsfeststellungsverfahrens);
- § 248 Abs. 2 für einstweilige Anordnungen bei Feststellung der Vaterschaft (ausschließliche Zuständigkeit; Anknüpfungskriterium: Anhängigkeit des Vaterschaftsfeststellungsverfahrens);
- § 262 für Güterrechtssachen (teilweise Zuständigkeitskonzentration; Anknüpfungskriterien: Anhängigkeit der Ehesache, gewöhnlicher Aufenthalt);
- § 267 für sonstige Familiensachen (teilweise Zuständigkeitskonzentration; Anknüpfungskriterien: Anhängigkeit der Ehesache, gewöhnlicher Aufenthalt);
- § 272 für Betreuungssachen (ausschließliche Zuständigkeit in vorgeschriebener Rangfolge; Anknüpfungskriterien: Anhängigkeit eines Betreuungsverfahrens, gewöhnlicher Aufenthalt, Fürsorgebedürfnis, subsidiär AG Schöneberg in Berlin);
- § 313 für Unterbringungssachen (ausschließliche Zuständigkeit in vorgeschriebener Rangfolge; Anknüpfungskriterien: Anhängigkeit eines Betreuungsverfahrens, gewöhnlicher Aufenthalt, Fürsorgebedürfnis, subsidiär AG Schöneberg in Berlin);
- § 341 i. V. m. § 272 für betreuungsgerichtliche Zuweisungssachen (ausschließliche Zuständigkeit in vorgeschriebener Rangfolge; Anknüpfungskriterien: Anhängigkeit eines Betreuungsverfahrens, gewöhnlicher Aufenthalt, Fürsorgebedürfnis, subsidiär AG Schöneberg in Berlin);
- § 343 für Nachlasssachen (konkurrierende Zuständigkeit; Anknüpfungskriterien: vorrangig Wohnsitz des Erblassers, subsidiär AG Schöneberg in Berlin, Ort der Nachlassgegenstände);[27]
- § 344 Abs. 1 für die besondere amtliche Verwahrung von Testamenten (konkurrierende Zuständigkeit; Anknüpfungskriterien: Amtssitz Notar, Sitz des Bürgermeisters, jedes Gericht);
- § 344 Abs. 2 für die erneute amtliche Verwahrung eines gemeinschaftlichen Testaments (konkurrierende Zuständigkeit; Anknüpfungskriterien: zuständiges Nachlassgericht für den Erstverstorbenen, jedes Gericht);
- § 344 Abs. 3 für die amtliche Verwahrung von Erbverträgen (konkurrierende Zuständigkeit wie § 344 Abs. 1 bzw. Abs. 2);
- § 344 Abs. 4 für die Sicherung des Nachlasses (konkurrierende Zuständigkeit; Anknüpfungskriterium: Fürsorgebedürfnis);

---

[27] Zur örtlichen Zuständigkeit bei Nachlassspaltung siehe OLG Brandenburg FGPrax 2006, 221.

- § 344 Abs. 5 für die Auseinandersetzung des Gesamtguts einer Gütergemeinschaft (konkurrierende Zuständigkeit; Anknüpfungskriterien: Gericht für die Auseinandersetzung des Nachlasses, Gericht nach § 122);
- § 344 Abs. 6 für die Eröffnung einer Verfügung von Todes wegen (konkurrierende Zuständigkeit; Anknüpfungskriterium: Gericht, bei dem die Verfügung verwahrt wird);
- § 344 Abs. 7 für die Zuständigkeit des Nachlassgerichts für die Entgegennahme von Ausschlagungs- und Anfechtungserklärungen nach §§ 1945, 1955 BGB (konkurrierende Zuständigkeit; Anknüpfungskriterium: Wohnsitz); für die Verwahrung des Originals der Erbausschlagungserklärung ist indes das Nachlassgericht am Wohnsitz des Erblassers zum Zeitpunkt des Todes zuständig;[28]
- § 373 Abs. 1 i. V. m. § 344 Abs. 5 für die Auseinandersetzung einer Gütergemeinschaft (ausschließliche Zuständigkeit in Rangfolge; Anknüpfungskriterium: Gericht nach § 122);
- §§ 376, 377 Abs. 1 für Registersachen und unternehmensrechtliche Verfahren (ausschließliche Zuständigkeit; Anknüpfungskriterium: Niederlassung des Einzelkaufmanns, Sitz der Gesellschaft soweit gesetzlich nichts anderes bestimmt ist);
- § 377 Abs. 2 für die Aufmachung einer Dispache (ausschließliche Zuständigkeit; Anknüpfungskriterium: zuständiges Gericht für die Verteilung der Havereischäden);
- § 377 Abs. 3 für Güterrechtseintragungen (konkurrierende Zuständigkeit; Anknüpfungskriterium: gewöhnlicher Aufenthalt);
- § 411 Abs. 1 für weitere Angelegenheiten der freiwilligen Gerichtsbarkeit nach § 410 Nr. 1 (konkurrierende Zuständigkeit; Anknüpfungskriterien: Erfüllung der Verpflichtung, Wohnsitz, gewöhnlicher Aufenthalt);
- § 411 Abs. 2 für weitere Angelegenheiten der freiwilligen Gerichtsbarkeit nach § 410 Nr. 2 (konkurrierende Zuständigkeit; Anknüpfungskriterium: Lage der Sache; Vereinbarung der Beteiligten);
- § 411 Abs. 3 für weitere Angelegenheiten der freiwilligen Gerichtsbarkeit nach § 410 Nr. 3 (ausschließliche Zuständigkeit; Anknüpfungskriterium: Lage der Sache);
- § 411 Abs. 4 für weitere Angelegenheiten der freiwilligen Gerichtsbarkeit nach § 410 Nr. 4 (ausschließliche Zuständigkeit; Anknüpfungskriterium: Aufbewahrung des Pfandgegenstandes);
- § 416 für Freiheitsentziehungsverfahren (teilweise ausschließliche Zuständigkeit; Anknüpfungskriterien: Ort der Einrichtung, gewöhnlicher Aufenthalt, Fürsorgebedürfnis); § 30 Abs. 2 S. 4 IfSG verweist auf die §§ 415 ff. und damit für die örtliche Zuständigkeit auf § 416;[29] gleiches gilt teilweise für die **Landespolizeigesetze** für die richterliche Entscheidung über die Zulässigkeit und Fortdauer einer Freiheitsentziehung (z. B. in § 36 Abs. 2 PolG NW,[30] § 33 Abs. 2 HSOG[31]);
- § 442 Abs. 2 für Aufgebot des Grundstückseigentümers (ausschließliche Zuständigkeit; Anknüpfungskriterium: Lage des Grundstücks);
- § 446 Abs. 2 für Aufgebot des Schiffseigentümers (ausschließliche Zuständigkeit; Anknüpfungskriterium: registerführendes Gericht);
- § 447 Abs. 2 für Aufgebot des Grundpfandrechtsgläubigers (ausschließliche Zuständigkeit; Anknüpfungskriterium: Lage des Grundstücks);
- § 452 Abs. 2 für Aufgebot des Schiffshypothekengläubigers (ausschließliche Zuständigkeit; Anknüpfungskriterium: registerführendes Gericht);
- § 453 Abs. 1 i. V. m. § 447 Abs. 2 bzw. § 452 Abs. 2 für das Aufgebot des Berechtigten bei Vormerkung, Vorkaufsrecht, Reallast (ausschließliche Zuständigkeit; Anknüpfungskriterien: Lage des Grundstücks bzw. registerführendes Gericht);
- § 454 Abs. 2 für Aufgebot von Nachlassgläubigern (ausschließliche Zuständigkeit; Anknüpfungskriterien: zuständiges Nachlassgericht, Gericht am Sitz der Nachlassbehörde);
- § 465 Abs. 2 für Aufgebot der Schiffsgläubiger (konkurrierende Zuständigkeit; Anknüpfungskriterien: Heimathafen, Heimatort);

---

[28] OLG Bremen FamRZ 2011, 1091; OLG Celle FGPrax 2010, 192; OLG Hamburg FGPrax 2010, 238.
[29] Vgl. auch OLG Köln FGPrax 2010, 318.
[30] Vgl. auch OLG Köln FGPrax 2009, 189; OLG Hamm, NJW 2006, 2707.
[31] Vgl. auch OLG Frankfurt, NJW 2006, 3443.

- **§ 466 Abs. 1** für das Aufgebot zur Kraftloserklärung von Urkunden (konkurrierende Zuständigkeit; Anknüpfungskriterien: Erfüllungsort, allgemeiner Gerichtsstand);
- **§ 466 Abs. 2** für das Aufgebot zur Kraftloserklärung von Urkunden über ein im Grundbuch eingetragenes Recht (ausschließliche Zuständigkeit; Anknüpfungskriterium: Lage des Grundstücks).

Zu den Einzelheiten siehe die Anmerkungen zu den jeweiligen Vorschriften.

17   Für die örtliche Zuständigkeit für Verfahren nach Art. 21 Abs. 1 und Art. 48 Abs. 1 der **VO (EG) Nr. 2201/2003,** nach dem **ESÜ** sowie für die Zwangsvollstreckung nach Art. 41 und 42 der VO (EG) Nr. 2201/2003 siehe § 10 IntFamRVG, sowie zur Zuständigkeitskonzentration §§ 12, 13 IntFamRVG; zur örtlichen Zuständigkeit nach dem **HKÜ** siehe § 11 IntFamRVG und zur Zuständigkeitskonzentration §§ 12, 13 IntFamRVG; zur örtlichen Zuständigkeit des Gerichts in **Personenstandssachen** siehe § 50 Abs. 2 PStG; in **Therapieunterbringungssachen** siehe § 4 Abs. 2 ThUG (ausschließliche Zuständigkeit des Gerichts, in dessen Bezirk das Bedürfnis der Therapieunterbringung besteht bzw. des Gerichts, in dessen Bezirk die Einrichtung liegt, in der die Sicherungsverwahrung vollstreckt wird); in **Verschollenheitssachen** siehe § 15, 15 a, 15 b VerschG und für **Justizverwaltungsakte** siehe § 25 Abs. 2 EGGVG. Weitere Regelungen über die örtliche Zuständigkeit enthalten § 2 Abs. 1 S. 1 SpruchG für **Spruchverfahren;** § 26 Abs. 1 SE-AusführungsG für die gerichtliche Entscheidung über die **Zusammensetzung des Verwaltungsrates;** §§ 101 Abs. 9 S. 2 UrhG, 140 b Abs. 9 S. 2 PatG, 24 b Abs. 9 S. 2 GebrauchsMG, 19 Abs. 9 S. 2 MarkenG, 46 Abs. 9 S. 2 GeschmacksMG, 37 b Abs. 9 S. 2 SortenSchG, jeweils für die gerichtliche Entscheidung über eine gerichtliche Entscheidung über die Erteilung einer **Auskunft über Verkehrsdaten.** Zur örtlichen Zuständigkeit eines **Notars** siehe § 11 Abs. 1 BNotO; zur örtlichen Zuständigkeit des Beschwerdegerichts bei der Tätigkeit der Bundesnotarkammer als Registerbehörde für das **zentrale Vorsorge-** und **Testamentsregister** siehe § 78 Abs. 2 S. 2 BNotO.

3. Zuständigkeitskonzentration

18   Das FamFG ermächtigt in einzelnen Angelegenheiten die Landesregierung bzw. die Landesjustizverwaltung, durch Rechtsordnung die örtliche Zuständigkeit bei einzelnen Gerichten zu konzentrieren (so z. B. in § 376 Abs. 2 für dort näher aufgeführte Registersachen und unternehmensrechtliche Verfahren). Daneben sieht § 23 d GVG eine Ermächtigung der Landesregierung bzw. der Landesjustizverwaltungen vor, durch Rechtsverordnung einem AG für die Bezirke mehrerer AG die Familiensachen sowie die Handelssachen und die Angelegenheiten der freiwilligen Gerichtsbarkeit ganz oder teilweise zu übertragen. Eine weitere Konzentrationsermächtigung enthält § 71 Abs. 4 GVG für die den Landgerichten gemäß § 71 Abs. 2 Nr. 4 GVG zugewiesenen Angelegenheiten. § 4 Abs. 3 Nr. 2 GerOrgG[32] sieht für Rheinland-Pfalz eine Zuständigkeitskonzentration des **OLG Zweibrücken** für alle Beschwerden in Angelegenheiten der freiwilligen Gerichtsbarkeit mit Ausnahme der Freiheitsentziehungssachen sowie der von den Betreuungsgerichten entschiedenen Sachen (§ 119 Abs. 1 Nr. 1 b GVG) vor.

IV. Sachliche Zuständigkeit

1. Allgemeines

19   Die Vorschriften über die sachliche Zuständigkeit legen fest, welche Gerichte oder sonstigen Behörden allgemein zur Behandlung bestimmter Rechtsangelegenheiten berufen sind. Im engeren Sinne wird unter sachlicher Zuständigkeit die **Zuständigkeit der Gerichte** (sonstigen Behörden) **in erster Instanz** verstanden.[33] Sachlich zuständig sind in FamFG-Verfahren nach bundesrechtlichen Vorschriften die Gerichte (AG, LG bzw. ausnahmsweise OLG), Notare und andere als gerichtliche Behörden; s. die Vorbehalte zugunsten der Landesgesetze in § 488 FamFG bzw. Art. 147 EGBGB. Ein Mangel der sachlichen Zuständigkeit des Gerichts (Entscheidung des AG statt des LG) macht eine Handlung in ent-

---
[32] In der Fassung vom 9. 7. 2010 (GVBl. S. 195).
[33] Bärmann § 6 I; Baur § 6 I 1; Habscheid § 11 I 1; Prütting/Helms/Prütting § 2 Rn 7.

sprechender Anwendung des § 2 Abs. 3 nicht unwirksam (vgl. dazu § 2 Rn 30 a). Eine **Zuständigkeitsvereinbarung** ist nicht möglich (siehe dazu Rn 40).

2. Sachliche Zuständigkeit im Einzelnen

a) Gesetzliche Regelungen. Die sachliche Zuständigkeit für die einzelnen Angelegenheiten ist vornehmlich im GVG, in einigen Fällen in weiteren Sondergesetzen (z. B. § 15 Abs. 2 BNotO; § 54 BeurkG; § 78 Abs. 2 BNotO; § 156 Abs. 1 KostO; § 4 Abs. 1 ThUG[34]) geregelt; teils ist sie zudem ergänzender landesgesetzlicher Vorschriften vorbehalten. So können die Länder beispielsweise aufgrund des über **§ 486 Abs. 1 FamFG** anwendbaren Art. 147 EGBGB in Nachlass- und Betreuungssachen die Aufgaben auch anderen Stellen übertragen. Hiervon hat nur Baden-Württemberg Gebrauch gemacht. Das FamFG hingegen enthält keine allgemeine Regelung über die sachliche Zuständigkeit; vereinzelt finden sich Bestimmungen im Allgemeinen Teil. So ist gemäß **§ 50 Abs. 1 S. 1** für den Erlass einer einstweiligen Anordnung das Gericht zuständig, dass jeweils für die Entscheidung der Hauptsache im ersten Rechtszuge zuständig wäre. Ist eine Hauptsache bereits anhängig, ist das erstinstanzliche oder zweitinstanzliche Gericht zuständig, dass zu diesem Zeitpunkt mit der Sache beschäftigt ist **(§ 50 Abs. 1 S. 2)**. Daneben besteht in besonders dringlichen Fällen die sachliche Zuständigkeit des AG (vgl. **§ 50 Abs. 2**). Zur sachlichen Zuständigkeit für die Aufhebung oder Abänderung einer einstweiligen Anordnung siehe **§ 54. § 107 Abs. 5** sieht für die Entscheidung gegen den ablehnenden Antrag der Landesjustizverwaltung über die Anerkennung ausländischer Entscheidung in Ehesachen die Zuständigkeit des OLG vor.

Eine Sondervorschrift enthält **§ 19 LwVG** über die Zuständigkeit des Gerichts in Landwirtschaftssachen der freiwilligen Gerichtsbarkeit, vor dem ein Vergleich über genehmigungsbedürftige Rechtsgeschäfte abgeschlossen worden ist, zur Erteilung der Genehmigung an Stelle der sonst zuständigen Behörde oder des sonst zuständigen Gerichts.[35] Ein Streit der Beteiligten über die Wirksamkeit des Vergleichs ist im anhängigen Verfahren zu entscheiden.[36]

b) Amtsgericht. Für die den Gerichten gemäß § 23 a Abs. 2 GVG zugewiesenen Angelegenheiten der freiwilligen Gerichtsbarkeit und für alle Familiensachen besteht die **erstinstanzielle Zuständigkeit** des **AG,** soweit das Gesetz nicht ausdrücklich eine andere sachliche Zuständigkeit vorsieht (siehe dazu Rn 23, 26). Innerhalb des AG sind die Aufgaben teilweise durch gesonderte Abteilungen wahrzunehmen. Das GVG schreibt in § 23 b Abs. 1 GVG die Bildung von Familiengerichten und in § 23 c Abs. 1 GVG von Betreuungsgerichten vor. Keine ausdrücklichen Vorgaben enthält das GVG für die Einrichtung von Nachlassgerichten, Registergerichten, Grundbuchämtern etc. vor. § 23 a Abs. 1 S. 2 GVG stellt klar, das es sich bei der Zuständigkeit des AG für Familiensachen um eine ausschließliche Zuständigkeit handelt. Das AG ist z. B. zuständig gemäß
- § 23 a Abs. 1 Nr. 1 GVG für **Familiensachen** (zuständig ist das Familiengericht, § 23 b GVG);
- § 23 a Abs. 1 Nr. 2 GVG i. V. m. Abs. 2 Nr. 1 für **Betreuungssachen, Unterbringungssachen** sowie **betreuungsgerichtlichen Zuweisungssachen** (zuständig ist das Betreuungsgericht, § 23 c Abs. 1 GVG); in Württemberg werden die Aufgaben des Betreuungsgerichts, soweit diesem nicht dem AG vorbehalten sind, von dem Notariat wahrgenommen (§§ 36, 37 Bad.-WürttLFGG;[37]
- § 23 a Abs. 1 Nr. 2 GVG i. V. m. Abs. 2 Nr. 2 für **Nachlass- und Teilungssachen;**[38] in **Baden-Württemberg** werden die Aufgaben des Nachlassgerichts durch das Notariat wahrgenommen (§§ 1 Abs. 2, 38, 13 ff. 17 Bad.-WürttLFGG,[39] Art. 147 EGBGB; in

---
[34] Gesetz vom 22. 12. 2010 (BGBl. I S. 2300, 2305).
[35] Barnstedt/Steffen § 19 Rn 19.
[36] OLG Frankfurt AgrarR 1992, 111.
[37] Abgedruckt bei § 486 Rn 4.
[38] Vgl. zur Zuständigkeit des Nachlassgerichts in Bayern zur Entgegennahme eines Antrags auf amtliche Inventaraufnahme OLG München FamRZ 2008, 2310.
[39] Vom 12. 2. 1975 (GBl. 1975, S. 116) i. d. F. des Gesetzes vom 29. 7. 2010 (GBl. S. 555); abgedruckt bei § 486 Rn 4.

§ 3 23, 24   Abschnitt 1. Allgemeine Vorschriften

Hamburg, Niedersachsen, Nordrhein-Westfalen und Schleswig-Holstein ist das Landwirtschaftsgericht zuständig, soweit die **HöfeO** Anwendung findet (§ 18 Abs. 1 HöfeO);
- § 23a Abs. 1 Nr. 2 GVG i. V. m. Abs. 2 Nr. 3 für **Registersachen;**
- § 23a Abs. 1 Nr. 2 GVG i. V. m. Abs. 2 Nr. 4 für **unternehmensrechtliche Verfahren** nach § 375 FamFG;
- § 23a Abs. 1 Nr. 2 GVG i. V. m. Abs. 2 Nr. 5 für **weitere Angelegenheiten der freiwilligen Gerichtsbarkeit nach § 410 FamFG;**
- § 23a Abs. 1 Nr. 2 GVG i. V. m. Abs. 2 Nr. 6 für **Freiheitsentziehungssachen** nach § 415 FamFG;
- § 23a Abs. 1 Nr. 2 GVG i. V. m. Abs. 2 Nr. 7 für **Aufgebotssachen;**
- § 23a Abs. 1 Nr. 2 GVG i. V. m. Abs. 2 Nr. 8 für **Grundbuchsachen;**
- § 23a Abs. 1 Nr. 2 GVG i. V. m. Abs. 2 Nr. 9 für **Landwirtschaftssachen** nach § 1 Nr. 1 und 2 bis 6 LwVG (funktionell zuständig ist das Landwirtschaftsgericht);
- § 23a Abs. 1 Nr. 2 GVG i. V. m. Abs. 2 Nr. 10 für **Schifffahrtsregistersachen;**
- § 23a Abs. 1 Nr. 2 GVG i. V. m. Abs. 2 Nr. 11 für sonstige Angelegenheiten, soweit sie durch Bundesgesetz den Gerichten zugewiesen sind; so z. B. **§ 50 Abs. 1 PStG** für die gerichtlichen Verfahren nach §§ 48, 49 PStG.

23   c) **Landgericht.** Eine **erstinstanzliche Zuständigkeit** des **LG** besteht für bestimmte Verfahren. Zum Teil handelt es sich hierbei um Handelssachen (§ 95 Abs. 2 Nr. 2 GVG), für die beim Landgericht in erster Instanz statt der Zivilkammer die Kammer für Handelssachen zuständig ist, sofern eine solche bei dem LG gebildet wurde (§ 93 GVG). Das LG ist beispielsweise zuständig nach
- § 71 Abs. 2 Nr. 4a GVG i. V. m. **§ 324 HGB** für die gerichtliche Entscheidung über Meinungsverschiedenheiten zwischen Kapitalgesellschaft und Abschlussprüfer;
- **§ 51b GmbHG** i. V. m. **§ 132 AktG** für die gerichtliche Entscheidung über das Auskunfts- und Einsichtsrecht;
- § 71 Abs. 2 Nr. 4b GVG i. V. m. **§§ 98, 99 AktG** für die gerichtliche Entscheidung über die Zusammensetzung des Aufsichtsrats;
- § 71 Abs. 2 Nr. 4b GVG i. V. m. **§ 132 AktG** für die gerichtliche Entscheidung über das Auskunftsrecht;
- § 71 Abs. 2 Nr. 4b GVG i. V. m. **§ 142 AktG** für die gerichtliche Bestellung eines Sonderprüfers;
- § 71 Abs. 2 Nr. 4b GVG i. V. m. **§ 145 AktG** für die gerichtliche Entscheidung über die Rechte des Sonderprüfers und über den Prüfbericht;
- § 71 Abs. 2 Nr. 4b GVG i. V. m. **§ 258 AktG** für die gerichtliche Bestellung eines Sonderprüfers wegen unzulässiger Unterbewertung;
- § 71 Abs. 2 Nr. 4b GVG i. V. m. **§ 260 AktG** für die gerichtliche Entscheidung über die abschließenden Feststellungen des Sonderprüfers;
- § 71 Abs. 2 Nr. 4b GVG i. V. m. **§ 293c AktG** für die gerichtliche Bestellung eines Vertragsprüfers;
- § 71 Abs. 2 Nr. 4b GVG i. V. m. **§ 315 AktG** für die gerichtliche Bestellung eines Sonderprüfers zur Prüfung der geschäftlichen Beziehungen;

24
- § 71 Abs. 2 Nr. 4c GVG i. V. m. **§ 26 Abs. 1** SE-AusführungsG für die gerichtliche Entscheidung über die Zusammensetzung des Verwaltungsrats;
- § 71 Abs. 2 Nr. 4d GVG i. V. m. **§ 10 UmwG** für die gerichtliche Bestellung eines Verschmelzungsprüfers;
- **§ 30 UmwG** i. V. m. § 10 UmwG für die gerichtliche Bestellung eines Prüfers für die Angemessenheit der Barabfindung;
- **§ 34 UmwG** i. V. m. § 2 Abs. 1 S. 1 SpruchG für die gerichtliche Nachprüfung der Abfindung;
- § 71 Abs. 2 Nr. 4e GVG i. V. m. **§ 2 Abs. 1 S. 1 SpruchG** für das Spruchverfahren;
- § 71 Abs. 2 Nr. 4f GVG i. V. m. **§§ 39a, 39b WpÜG** für die gerichtliche Entscheidung über den Ausschluss der Aktionäre;
- § 4 Abs. 1 S. 1 ThUG[40] für die **Therapieunterbringungssachen.**

---
[40] Gesetz vom 22. 12. 2010 (BGBl. I S. 2300, 2305).

- **§§ 101 Abs. 9 S. 2 UrhG**, 140 b Abs. 9 S. 2 PatG, 24 b Abs. 9 S. 2 GebrauchsMG, § 19 Abs. 9 S. 2 MarkenG, § 46 Abs. 9 S. 2 GeschmacksMG, § 37 b Abs. 9 S. 2 SortenschG, jeweils für die gerichtliche Entscheidung über die Erteilung einer Auskunft über Verkehrsdaten.

Zur zweitinstanzlichen Zuständigkeit des LG siehe § 68 Rn 36.

d) **Oberlandesgericht.** In wenigen Fällen besteht eine **erstinstanzliche** Zuständigkeit des OLG, so z. B. nach

- § 107 Abs. 7 FamFG für den Antrag auf gerichtliche Entscheidung bei der Anerkennung ausländischer Entscheidungen in Ehesachen;
- §§ 23, 25 EGGVG für den Antrag auf gerichtliche Entscheidung in Justizverwaltungsakten;
- § 7 Abs. 2 LwVG über die Amtsenthebung eines in einer Landwirtschaftssache tätigen ehrenamtlichen Richters des AG oder des OLG;
- § 138 Abs. 2 UrhG bei Streitigkeit über die Eintragung in das Register anonymer und pseudonymer Werke.

Zur **zweitinstanzlichen Zuständigkeit** des OLG siehe § 68 Rn 35.

e) **Bundesgerichtshof.** Der BGH ist erstinstanzlich nach § 7 Abs. 2 LwVG über die Amtsenthebung eines in einer Landwirtschaftssache tätigen ehrenamtlichen Richters des BGH in Verfahren der freiwilligen Gerichtsbarkeit zuständig. Zur Zuständigkeit des BGH in Rechtsbeschwerdeverfahren siehe § 70 Rn 4.

V. Internationale Zuständigkeit

Bei Sachverhalten mit einer Verbindung zum Recht eines ausländischen Staates (Art. 3 Abs. 1 Satz 1 EGBGB) ist für die Zuständigkeit und das Verfahren das deutsche Recht als **lex fori** maßgebend;[41] vgl. § 105. Die **internationale Zuständigkeit** ist in jeder Lage des Verfahrens[42] als selbstständige Verfahrensvoraussetzung von Amts wegen[43] zu prüfen. Sie betrifft die Frage, ob für die Entscheidung der Angelegenheit die deutsche (oder eine ausländische) Gerichtsbarkeit eröffnet ist. Die Entscheidung hierüber obliegt dem jeweils örtlich und sachlich zuständigen Gericht.[44] Ein Fehlen der internationalen Zuständigkeit des Gerichts führt nicht zu einer Unwirksamkeit der Handlung; die Unzuständigkeit kann indes im Beschwerdeverfahren überprüft werden (siehe § 2 Rn 30 c).

Regelungen über die internationale Zuständigkeit finden sich in Staatsverträgen sowie in einzelnen Vorschriften geregelt, sie ergeben sich darüber hinaus aus allgemeinen von der Rechtsprechung anerkannten Grundsätzen. Vorrangig sind die **Verordnungen der Europäischen Gemeinschaft** nunmehr der Europäischen Union zu beachten; so wird beispielsweise die internationale Zuständigkeit z. B. für Ehe- und damit zusammenhängende Kindschaftssachen durch Art. 2 VO (EG) Nr. 2201/2003. geregelt. Art. 22 EuGVVO sieht eine ausschließliche internationale Zuständigkeit für bestimmte, auch die Gerichte der freiwilligen Gerichtsbarkeit betreffende Verfahren vor, z. B. für Klagen, welche die Gültigkeit, die Nichtigkeit oder die Auflösung einer Gesellschaft oder juristischen Person oder die Gültigkeit der Beschlüsse ihrer Organe bzw. von Eintragungen in öffentlichen Register zum Gegenstand haben. Wenn nach dieser Vorschrift die internationale Zuständigkeit eines anderen Mitgliedstaates vorgesehen ist, haben sich die Gerichte von Amts wegen (Art. 25 EuGVVO) für unzuständig zu erklären.[45]

Sonderregelungen zur internationalen Zuständigkeit enthält das FamFG in den §§ 98 bis 106. Zu den weiteren Einzelheiten zur internationalen Zuständigkeit siehe dortige Erläuterungen. Die Grundsätze über die Abgabe einer Erklärung gegenüber einem örtlich un-

---

[41] BGH FamRZ 1992, 664.
[42] Zur Fortdauer der internationalen Zuständigkeit bei Doppelstaatern mit deutscher Staatsangehörigkeit s. BGH NJW 1997, 3024 = FamRZ 1997, 1070; BayObLG FamRZ 1997, 959; ablehnend KG NJW 1998, 1565.
[43] BayObLG NJW 1975, 1602; OLG Zweibrücken NJW-RR 2002, 154 = FamRZ 2002, 1146.
[44] KG FamRZ 1961, 383; OLG Frankfurt FGPrax 1995, 112.
[45] Piltz NJW 2002, 789/791.

zuständigen Gericht (vgl. § 2 Rn 33) gelten sinngemäß für die Abgabe einer Erklärung gegenüber einem international unzuständigen Gericht.

VI. Verweisung bei fehlender örtlicher oder sachlicher Zuständigkeit (Abs. 1)

1. Allgemeines

32 Das angegangene Gericht hat stets **von Amts wegen** zu prüfen, ob es zur Behandlung und Entscheidung einer Angelegenheit berufen ist. Die Zuständigkeit des Gerichts ist zwingende Verfahrensvoraussetzung. Das gilt sowohl für die **örtliche** (Abgrenzung nach dem Gerichtsbezirk), die **sachliche** (Abgrenzung nach der Art des Verfahrensgegenstandes in erster Instanz), die **funktionelle** (Abgrenzung der Rechtspflegefunktion nach dem berufenen Rechtspflegeorgan) sowie für die **internationale Zuständigkeit** (Abgrenzung der deutschen gegenüber ausländischer Gerichtsbarkeit) und für die Verfahrenszuständigen (Prozessgericht, Abteilung des Familiengerichts oder Abteilung für Angelegenheiten der freiwilligen Gerichtsbarkeit) sowie die **Zulässigkeit des Rechtswegs** (Abgrenzung der ordentlichen Gerichtsbarkeit von der Verwaltungs-, Finanz-, Arbeits- und Sozialgerichtsbarkeit). Innerhalb der (ordentlichen) Zivilgerichtsbarkeit folgt die Abgrenzung zwischen streitiger und freiwilliger Gerichtsbarkeit daraus, dass selbstständige Spruchkörper verschiedene Verfahrensordnungen anzuwenden haben. Soweit von zuständigkeitsbegründenden Tatsachen auch die Sachentscheidung abhängt (sog. **doppelrelevante Tatsachen**), sind diese nach herrschender Auffassung für die Zuständigkeitsprüfung als gegeben zu unterstellen.

32a Teilweise wird vertreten, dass das Gericht im Falle von Zweifeln oder bei Rüge der örtlichen oder sachlichen Zuständigkeit einen **Beschluss** fassen kann, in dem das Bestehen der eigenen Zuständigkeit erklärt wird. Dieser Beschluss soll entsprechend § 3 Abs. 3 S. 2 FamFG für andere Gerichte keine Bindungswirkung haben und analog § 3 Abs. 3 S. 1 FamFG unanfechtbar sein.[46] Bei Zweifeln oder Rügen hinsichtlich des **Rechtsweges** sieht § 17a Abs. 3 GVG eine entsprechende mit einem Rechtsmittel überprüfbare (vgl. § 17a Abs. 4 GVG) Vorabentscheidung vor; Gleiches gilt für die **Verfahrenszuständigkeit** (§ 17a Abs. 6 GVG i. V. m. § 17a Abs. 3 GVG).

2. Verweisung wegen Unzuständigkeit

33 Im Falle einer **örtlichen** (siehe dazu Rn 4) oder/und **sachlichen Unzuständigkeit** (siehe dazu Rn 19) des angerufenen Gerichts hat sich dieses für unzuständig zu erklären und die Sache an das zuständige Gericht zu verweisen (Abs. 1 S. 1). Die Vorschrift findet keine Anwendung bei einer Unzuständigkeit aus einem anderen Grunde; z. B. der funktionellen Zuständigkeit. In Falle eines **unzuständigen Rechtswegs** greifen die §§ 17 bis 17b GVG (siehe dazu § 1 Rn 48 ff.); bei einer fehlenden **Verfahrenszuständigkeit** sind gemäß § 17a Abs. 6 GVG die § 17a Abs. 1 bis 5 GVG entsprechend anwendbar (vgl. dazu § 1 Rn 49).[47] Bei fehlender **internationalen Zuständigkeit** (siehe dazu Rn 29) kommt eine Verweisung an ein ausländisches Gericht nicht in Betracht. Stellt das angegangene Gericht fest, dass die Angelegenheit der Gerichtshoheit eines ausländischen Staates unterliegt,[48] so darf keine Entscheidung in der Sache ergehen. Das Gericht hat sich von Amts wegen für unzuständig zu erklären.

34 Von der mit Bindungswirkung (Abs. 3 S. 2) ausgestatteten Verweisung wegen fehlender örtlicher oder sachlicher Zuständigkeit ist die **Abgabe** an ein anderes Gericht nach § 4 zu unterscheiden, die keine Bindungswirkung entfaltet; zu den Einzelheiten siehe § 4 Rn 6 ff.

---

[46] Bahrenfuss § 3 Rn 5.
[47] OLG Hamm NJW 2010, 270 = FamRZ 2010, 2089 unter Aufgabe der früheren abweichenden Entscheidung FamRZ 2010, 920; OLG München FamRZ 2010, 2090; jew. für Verhältnis Prozessgericht und Familiengericht.
[48] Zur Frage der Fortdauer der internationalen Zuständigkeit bei Mehrstaatern mit deutscher Staatsangehörigkeit s. KG NJW 1998, 1565 gegen BGH NJW 1997, 3024 = FamRZ 1997, 1070; BayObLG FamRZ 1997, 959.

3. Gewährung des rechtlichen Gehörs (Abs. 1 S. 2)

Vor einer Entscheidung über die Verweisung **sind** die Beteiligten zu hören (Abs. 1 S. 2). **35** Die Anhörung hat durch Mitteilung der für das Gericht maßgeblichen Umstände zu erfolgen, verbunden mit der Gewährung einer Frist zur Stellungnahme. Die Dauer der einzuräumenden Frist richtet sich nach dem jeweiligen Einzelfall; in besonders eilbedürftigen Fällen kann eine Frist von wenigen Tagen oder Stunden ausreichen. Im Einzelfall (z. B. Familiensachen der freiwilligen Gerichtsbarkeit) kann die Durchführung eines Termins oder einer Beweiserhebung geboten sein, wenn die Zuständigkeit nur auf diesem Wege festgestellt werden kann.[49] Die Pflicht zur Anhörung bezieht sich indes nur auf die zum Zeitpunkt der Verweisungsentscheidung **namentlich bekannten Muss-** und **Kann-Beteiligten**. Inwieweit das Gericht verpflichtet ist, im Wege der Amtsermittlung (§ 26) fehlende Anschriften der bereits bekannten Beteiligten bzw. noch nicht namentlich bekannte Muss- und Kann-Beteiligte zu ermitteln, ist anhand des Einzelfalls zu beurteilen.[50] Abzuwägen ist dabei die Dringlichkeit der zu bearbeitenden Angelegenheit mit der Schwierigkeit der Ermittlungen der weiteren Beteiligten sowie deren Anschriften. Unter Umständen ist einem Antragsteller aufzugeben, fehlende Anschriften mitzuteilen bzw. weitere Beteiligte namentlich zu benennen. Auf jeden Fall besteht keine Verpflichtung des örtlich oder sachlich unzuständigen Gerichts, vor der Verweisung von Amts wegen (§ 26) zum Zwecke der Gewährung des rechtlichen Gehörs **sämtliche Muss-** und **Kannbeteiligten** (§ 7) zu ermitteln.[51]

4. Verfahren bei der Verweisung

a) Entscheidung. Die Verweisung an das örtlich oder sachlich zuständige Gericht erfolgt **36** durch **Beschluss** (§ 38). Liegen die Voraussetzungen für eine Verfahrenstrennung vor (§ 20) und ist das Gericht für einen abtrennbaren Verfahrensteil nicht zuständig, so kann eine Teilverweisung erfolgen. Das Gericht hat sich für örtlich und/oder sachlich unzuständig zu erklären und das zuständige Gericht zu bezeichnen. Der Beschluss ist gemäß § 38 Abs. 3 S. 1, Abs. 4 grundsätzlich zu begründen; erforderlich ist die Darlegung der eigenen Unzuständigkeit sowie die Zuständigkeit des als örtlich und/oder sachlich bestimmten Gerichts.[52] Eine Rechtsbehelfsbelehrung (§ 39) ist wegen der fehlenden Anfechtbarkeit der Entscheidung (vgl. Abs. 3 S. 1) nicht erforderlich; ebenso wenig bedarf es einer Kostenentscheidung (vgl. Abs. 4). Der Beschluss muss den Beteiligten bekannt gegeben werden (§§ 40 Abs. 1, 41).[53] Der Verweisungsbeschluss kann in **Amtsverfahren** auch ohne Antrag erlassen werden;[54] ein dennoch gestellter Antrag ist als Anregung (§ 24) zu behandeln. In **Antragsverfahren** setzt die Verweisung an das zuständige Gericht im Hinblick auf die Dispositionsmaxime einen entsprechenden Antrag des Antragstellers voraus.[55] Wird nach Hinweis kein (zumindest konkludenter) Verweisungsantrag gestellt, ist der Antrag als unzulässig zu verwerfen.

b) Bindungswirkung (Abs. 3 S. 2). Die Verweisung ist grundsätzlich für das in dem **37** Verweisungsbeschluss genannte Gericht **bindend** (Abs. 3 S. 2). Daher scheidet eine Weiter- oder Zurückverweisung aus.[56] Für den Umfang und die Wirkung der Verweisung gelten im Wesentlichen die gleichen Grundsätze wie bei der Abgabe, siehe dazu § 4 Rn 37 ff.; insbesondere stellt das Verfahren vor dem verweisenden und dem aufnehmenden Gericht ein **einheitliches Verfahren** dar. Das Verfahren wird in der Lage fortgesetzt, in dem es sich vor der Verweisung befand; die früheren Verfahrenshandlungen wirken fort. Die Bindungs-

---

[49] Musielak/Borth § 3 Rn 5.
[50] Für die stets bestehende Notwendigkeit der Ermittlung der Mussbeteiligten sprechen sich Haußleiter/Gomille § 3 Rn 8; MünchKommZPO/Pabst § 3 FamFG Rn 11 aus.
[51] BT-Drs. 16/6308 S. 175; SBW/Schöpflin § 3 Rn 7; einschränkend BJS/Jacoby § 3 Rn 3.
[52] MünchKommZPO/Pabst § 3 FamFG Rn 14; a.A. Haußleiter/Gomille § 3 Rn 6; einschränkend BJS/Jacoby § 3 Rn 4 (Begründung nur geboten).
[53] A. A. BJS/Jacoby § 3 Rn 5 es genügt formlose Mitteilung.
[54] BayObLG FGPrax 1998, 103; Prütting/Helms/Prütting § 3 Rn 16.
[55] Bärmann § 6 IV 2 c; a.A. auch ohne Antrag: OLG Celle NJW 1970, 1011; Bahrenfuss § 3 Rn 4; Prütting/Helms/Prütting § 3 Rn 16; SBW/Schöpflin § 3 Rn 4.
[56] OLG Düsseldorf FGPrax 2010, 213.

wirkung reicht nur insoweit, wie das verweisende Gericht eine Zuständigkeitsentscheidung getroffen hat.[57] Der Umfang der Prüfung ist nicht nur aus dem Tenor der Entscheidung, sondern auch aus den Gründen und anderen Gesichtspunkten zu entnehmen.[58] Erfolgte die Verweisung ausschließlich wegen einer **örtlichen Unzuständigkeit,** so ist das andere Gericht hinsichtlich der sachlichen Zuständigkeit nicht gebunden; insoweit kann eine Weiterverweisung erfolgen.[59] Gleiches gilt im **umgekehrten Fall,** wenn die Verweisung ausschließlich wegen einer sachlichen Unzuständigkeit erfolgte.[60] Ebenso wenig tritt durch den Verweisungsbeschluss hinsichtlich der Verfahrenszuständigkeit (z. B. im Verhältnis Zivilgericht/Familiengericht) bzw. des Rechtswegs eine Bindungswirkung ein; insoweit kann eine Weiterverweisung nach § 17 a Abs. 2 GVG erfolgen.[61]

37 a Eine Bindungswirkung tritt ausnahmsweise in entsprechender Anwendung der zu § 281 ZPO ergangenen Rechtsprechung dann nicht, wenn die Verweisung offensichtlich gesetzwidrig ist, so dass sie **objektiv willkürlich** erscheint.[62] Eine solche Willkür ist anzunehmen, wenn dem Beschluss jede rechtliche Grundlage fehlt[63] oder die Entscheidung bei verständiger Würdigung nicht mehr nachvollziehbar erscheint und offensichtlich unhaltbar ist.[64] Dies gilt auch bei einem Beschluss, der von einer ganz überwiegenden oder fast einhelligen Rechtsauffassung abweicht,[65] auf einem Rechtsirrtum beruht bzw. ansonsten fehlerhaft ist.[66] Offensichtlich gesetzwidrig ist die Entscheidung beispielsweise, wenn sich das verweisende Gericht über eine eindeutige Zuständigkeitsvorschrift hinwegsetzt oder wenn das Gericht weder Umstände ermittelt noch darlegt, die seine Zuständigkeit in Frage stellen könnten.[67]

37 b Eine Bindungswirkung kann auch aus verfahrensrechtlichen Gründen entfallen,[68] insbesondere wenn die Verweisung unter **Versagung des rechtlichen Gehörs** (Art. 103 Abs. 1 GG) ergangen ist,[69] d. h. das Gericht den bekannten Verfahrensbeteiligten vor der Entscheidung entgegen Abs. 1 S. 2 keine Gelegenheit zur Stellungnahme gegeben hat.[70]

37 c Ebenfalls tritt keine Bindungswirkung ein, aber auch, wenn sich **das verweisende Gericht** über die örtliche Zuordnung eines gewöhnlichen Aufenthaltsorts oder Wohnsitzes zu einem bestimmten Gerichtsbezirk **irrt**.[71] In diesen Fällen kann das Gericht die Sache mit Bindungswirkung an das verweisende Gericht zurückverweisen. Bei einer offensichtlichen Falschbezeichnung des für einen bestimmten Ort zuständigen Gerichts besteht sowohl auf Antrag als auch von Amts wegen die Möglichkeit einer Berichtung des Verweisungsbeschlusses (§ 42).[72]

38 c) **Zuständigkeitskonkurrenz (Abs. 2).** Sind **mehrere Gerichte** örtlich oder sachlich zuständig, ist in **Antragsverfahren** die Sache an das vom Antragsteller gewählte Gericht zu verweisen (Abs. 2 S. 1). Trifft der Antragsteller keine Wahl, hat das angerufene Gericht nach pflichtgemäßem Ermessen zu entscheiden, an welches Gericht die Sache verwiesen wird (Abs. 2 S. 2). Dabei sind in der Regel Zweckmäßigkeitsgesichtspunkte (z. B. Orts- oder Sachnähe) entscheidend. In **Amtsverfahren** hat das Gericht die Auswahl stets nach seinem Ermessen zu treffen. Ein konkreter Verweisungsantrag eines Beteiligten ist als Anregung in die Ermessensentscheidung einzubeziehen.

---

[57] BGH NJW-RR 1998, 1219.
[58] BGH NJW-RR 1998, 1219; Bahrenfuss § 3 Rn 9.
[59] Bahrenfuss § 3 Rn 9.
[60] BGH NJW 1978, 887; KG OLGR 2000, 68.
[61] Bahrenfuss § 3 Rn 9; OLG Hamm FamRZ 2011, 658.
[62] St. Rspr. z. B. BGH NJW 2006, 847; NJW 2003, 3201; KG FamRZ 2011, 319, OLG Düsseldorf FGPrax 2010, 213; OLG Hamm FamRZ 2011, 658.
[63] Vgl. BGH NJW 1993, 1273; OLG Brandenburg Beschl. v. 2. 11. 2010 9 AR 9/10, = BeckRS 2010, 28565; OLG Frankfurt NJW-RR 2010, 1449 fehlende Auseinandersetzung mit der Frage der eigenen Zuständigkeit.
[64] BGH NJW-RR 2002, 1498; OLG Frankfurt NJW-RR 2010, 1449 = FamRZ 2010, 916.
[65] BGH NJW-RR 2002, 1498; OLG Düsseldorf FGPrax 2010, 213.
[66] BGH NJW 2003, 2990; NJW-RR 2002, 2474.
[67] BGH NJW 2006, 847; OLG Hamm FamRZ 2011, 658; OLG Jena Beschl. v. 1. 3. 2011 11 SA 1/11 = BeckRS 2011, 05157.
[68] BGH NJW 1962, 1819; KG FamRZ 2011, 319.
[69] St. Rspr. z. B. BGH NJW 2006, 847; NJW-RR 2002, 1498; OLG Düsseldorf FGPrax 2010, 213.
[70] Vgl. z. B. BGH NJW 1978, 1163 = FamRZ 1978, 402; OLG Naumburg FamRZ 2006, 1280; OLG Hamm FamRZ 2009, 442.
[71] OLG Hamm Beschl. v. 24. 2. 2011 II-2 SAF 2/11 = FamFR 2011, 209; FamRZ 2009, 442.
[72] BGH FamRZ 1997, 173; OLG Stuttgart MDR 2004, 1377.

VII. Streit über die Zuständigkeit

Kommt es zwischen Gerichten zu einem Streit über die Bindungswirkung eines Verweisungsbeschlusses und damit über die örtliche oder/und sachliche Zuständigkeit, so ist die Zuständigkeit nach § 5 Abs. 1 Nr. 4 durch das nächsthöhere gemeinsame Gericht zu bestimmen (s. dazu § 5 Rn 19 ff.). **39**

VIII. Zuständigkeitsvereinbarung

Die Beteiligten können nicht wirksam die örtliche oder sachliche Zuständigkeit eines bestimmten Gerichts vereinbaren, da ihnen die Dispositionsbefugnis über den Verfahrensgegenstand fehlt. Diese besteht auf jeden Fall nicht in Verfahren, die von Amts wegen betrieben werden. Aber auch in echten Antragsverfahren einschließlich der Streitverfahren scheidet, wie im Anwendungsbereich des FGG,[73] eine Zuständigkeitsvereinbarung aus. So entfaltet beispielsweise eine vergleichsweise Einigung der Eltern in einer Kindschaftssache auf die Zuständigkeit eines Gerichts keine Wirkungen.[74] Ebenso wenig besteht die Möglichkeit einer rügelosen Einlassung. Der Gesetzgeber hat im FamFG weder eine entsprechende eigenständige Regelung aufgenommen noch §§ 38 bis 40 ZPO für entsprechend anwendbar erklärt. Ein Ausnahme besteht in Unterhaltssachen nach § 232 Abs. 3, in Güterrechtssachen nach § 262 Abs. 2 und in sonstigen Familiensachen nach § 267 Abs. 2. Eine Möglichkeit der Prorogation sieht ausnahmsweise § 411 Abs. 2 S. 2 (Ernennung, Beeidigung und Vernehmung von Sachverständigen) vor; weitere Ausnahmen: § 344 Abs. 2 2. Halbs. (amtliche Verwahrung von Testamenten), § 84 Abs. 2 VVG (Ernennung von Sachverständigen im Rahmen der Schadensversicherung), Art. 12 Abs. 1, Abs. 3 lit. b EuEheVO (Einvernehmlichen Anerkennung der Zuständigkeit eines Gerichts durch die Ehegatten). **40**

IX. Rechtsmittel (Abs. 3 S. 1)

Der Verweisungsbeschluss des Gerichts bzw. die förmliche Ablehnung einer beantragten/angeregten Verweisung[75] unterliegen keiner Anfechtung (Abs. 3 S. 1); dies gilt auch für eine verfahrensleitende Verfügung, mit der das Gericht auf Bedenken hinsichtlich der örtlichen Zuständigkeit hinweist.[76] Auch eine grob fehlerhafte Entscheidung, z.B. bei Verletzung des rechtlichen Gehör oder bei Willkür, ist grundsätzlich aufgrund der eindeutigen Regelung in Abs. 3 S. 1 nicht anfechtbar. Die teilweise in der Literatur[77] geforderte telelogische Reduktion dieser Vorschrift ist mit dem verfassungsrechtlichen Gebot der Rechtsmittelklarheit[78] nicht vereinbar. Insoweit kann spätestens seit der Plenarentscheidung des BVerfG[79] auch nicht mehr auf die frühere Rechtsprechung zur Anfechtbarkeit des Verweisungsbeschlusses bei schwerwiegenden Verfahrensfehlern zurückgegriffen werden.[80] Im Falle der Verletzung des Anspruchs auf rechtliches Gehör (Art. 103 Abs. 1 GG) besteht die Möglichkeit einer Abhilfe nach § 44 (siehe § 44 Rn 14).[81] Bei eine Entscheidung des Rechtspflegers gilt § 11 Abs. 2 RPflG. **41**

X. Kosten und Gebühren (Abs. 4)

Der Verweisungsbeschluss ist grundsätzlich nicht mit einer Kostenentscheidung zu versehen. Die im Verfahren vor dem angegangenen unzuständigen Gericht entstandenen Kosten sind Teil der Kosten, die bei dem als zuständig angegangenen Gericht entstehen (§ 3 Abs. 4 FamFG; vgl. auch § 6 Abs. 1 FamGKG). Über diese Kosten ist erst im Rahmen der **42**

---

[73] Vgl. z.B. OLG Hamm FamRZ 1997, 1295; Jansen/Müther vor § 3 Rn 31.
[74] A.A. OLG München Rpfleger 1968, 227.
[75] OLG Oldenburg NJW-RR 1992, 828.
[76] OLG Brandenburg FamRZ 2010, 1464.
[77] MünchKommZPO/Pabst § 3 FamFG Rn 16.
[78] BVerfG NJW 2003, 1924.
[79] NJW 2003, 1924.
[80] So auch Prütting/Helms/Prütting § 3 Rn 23; a. A. MünchKommZPO/Pabst § 3 FamFG Rn 16.
[81] MünchKommZPO/Ulrici § 44 FamFG Rn 5; Musielak/Borth § 3 Rn 9; Prütting/Helms/Prütting § 3 Rn 23.

mit der Ententscheidung zu treffenden Kostenentscheidung (§ 81) nach den insoweit geltenden Grundsätzen zu befinden. Anders als bei § 281 Abs. 3 S. 2 ZPO sieht § 3 Abs. 4 FamFG nicht vor, dass das Gericht die bei einer Verweisung entstandenen Mehrkosten stets dem Antragsteller aufzuerlegen hat. Zu der Kostenerhebung bei Verweisung siehe § 4 GKG sowie § 6 FamGKG; zu den Rechtsanwaltskosten siehe §§ 20 S. 1, 15 Abs. 2 RVG.

Abgabe an ein anderes Gericht

4 ¹Das Gericht kann die Sache aus wichtigem Grund an ein anderes Gericht abgeben, wenn sich dieses zur Übernahme der Sache bereit erklärt hat. ²Vor der Abgabe sollen die Beteiligten angehört werden.

Übersicht

	Rn
I. Normzweck	1
II. Anwendungsbereich	2
1. Allgemeines	2
2. Sondervorschriften	3
III. Voraussetzungen der Abgabe	6
1. Zuständigkeit des abgebenden Gerichts	6
2. Anhängigkeit der Sache	9
3. Vorliegen eines wichtigen Grundes	11
a) Allgemeine Grundsätze	11
b) Wichtiger Grund	12
c) Maßgeblicher Zeitpunkt für die Beurteilung	16
4. Einzelfälle für das Vorliegen eines wichtigen Grundes	17
a) Kindschaftssachen	17
b) Adoptionssachen	26
c) Betreuungssachen; Unterbringungssachen	27
d) Nachlasssachen	28
e) Freiheitsentziehungssachen	28a
5. Übernahmebereitschaft des anderen Gerichts	29
6. Anhörung der Beteiligten	30
IV. Entscheidung über die Abgabe	32
1. Abgabe, Übernahme	32
2. Funktionelle Zuständigkeit	34
3. Gerichtlicher Streit über die Voraussetzungen einer Abgabe	36
V. Umfang und Wirkung der Abgabe	37
VI. Rechtsmittel	40
VII. Kosten und Gebühren	41

I. Normzweck

1 Eine einmal begründete Zuständigkeit eines Gerichts wird durch Änderung der Umstände, auf denen sie beruht, nicht berührt (vgl. auch § 2 Abs. 2); das ursprünglich angerufene Gericht behält seine Zuständigkeit. Insbesondere in Angelegenheiten, in denen der Personenbezug im Vordergrund steht, kann es bei einer nachträglichen Änderung geboten sein, ein Verfahren an ein Gericht abzugeben, in dessen Bezirk sich die von dem Verfahren maßgeblich betroffene Person mittlerweile befindet.¹ § 4 greift die bisher in §§ 46 Abs. 1 S. 1 1. Halbs., 46 Abs. 3, 65 a Abs. 1, 70 Abs. 3 FGG ausschließlich für spezielle Verfahren bestehende Abgabemöglichkeit auf und vereinfacht sowie verallgemeinert diese Regelung.² Es besteht nach S. 1 nunmehr generell die Möglichkeit, eine Sache im Falle einer Übernahmebereitschaft aus wichtigem Grund an ein anderes inländisches Gericht abzugeben. S. 2 trägt dem Anspruch auf rechtliches Gehör (Art. 103 Abs. 1 GG) Rechnung und sieht eine Anhörung der Beteiligten vor der Abgabe vor.

---
¹ BT-Drs. 16/6308 S. 175.
² BT-Drs. 16/6308 S. 175.

II. Anwendungsbereich
1. Allgemeines

§ 4 findet auf alle FamFG-Verfahren Anwendung (§ 1),[3] mit Ausnahme der **Ehesachen** (§ 121) sowie der **Familienstreitsachen** (§ 112); für diese gelten teilweise besondere Vorschriften in dem 2. Buch des FamFG (siehe Rn 3) sowie nach § 113 Abs. 1 S. 2 die §§ 1 bis 494a ZPO. Eine Vorschrift zur Abgabe existiert nicht in der ZPO, so dass in Ehe- und Familienstreitsachen eine Abgabe ausscheidet.[4] Soweit nach Landesrecht für die Durchführung des Verfahrens andere als gerichtliche Behörden zuständig sind (§ 488 Abs. 1), ist § 4 im Verhältnis der Behörden zueinander und zu den Gerichten anwendbar. In den landesgesetzlich geregelten Angelegenheiten der freiwilligen Gerichtsbarkeit kann der Landesgesetzgeber die entsprechende Geltung des FamFG und somit auch des § 4 vorschreiben. Zu den Einzelheiten siehe die Ausführungen bei § 486.

Zu der Übergangsregelung siehe die Ausführungen zu Art. 111 FGG-RG.

2. Sondervorschriften

Das FamFG sowie die Spezialgesetze sehen teilweise für die Abgabe besondere Regelungen vor, die § 4 ergänzen bzw. verdrängen. § 123 enthält für den Fall der Anhängigkeit mehrerer Ehesachen bei verschiedenen Gerichten eine Verpflichtung des Gerichts, die Sache von Amts wegen an das Gericht der Scheidungssache oder an das Gericht derjenigen Ehesache abzugeben, die zuerst rechtshängig geworden ist. Der Abgabebeschluss ist unanfechtbar und für das Gericht, an das das Verfahren abgegeben wurde, bindend. Weitere Abgabeverpflichtungen im Falle der Rechtshängigkeit einer Ehesache bestehen nach § 153 für Kindschaftssachen, § 202 für Ehewohnungs- und Haushaltssachen, § 233 für Unterhaltssachen, § 263 für Güterrechtssachen und § 268 für sonstige Familiensachen. Für Betreuungsverfahren ergänzt § 273 die Regelung in § 4 dahingehend, dass ein wichtiger Grund für eine Abgabe regelmäßig vorliegt, wenn sich der gewöhnliche Aufenthalt des Betroffenen geändert hat und die Aufgaben des Betreuers im Wesentlichen am neuen Aufenthaltsort des Betroffenen zu erfüllen sind. Eine ähnliche Regelung enthält § 314 für Unterbringungssachen. Zu den Einzelheiten siehe die Kommentierung zu den jeweiligen Vorschriften.

Die Abgabe der gesetzlichen Amtsvormundschaft des Jugendamts an ein anderes Jugendamt regelt **§ 87c Abs. 2 SGB VIII**.[5] Sobald die Mutter ihren gewöhnlichen Aufenthalt im Bezirk eines anderen Jugendamts nimmt, hat das die Amtsvormundschaft führende Jugendamt bei dem Jugendamt des anderen Bezirks die Weiterführung der Amtsvormundschaft zu beantragen. Antragsberechtigt ist auch das andere Jugendamt, jeder Elternteil und jeder, der ein berechtigtes Interesse des Kindes oder Jugendlichen geltend macht. Sie soll vom Jugendamt beantragt werden, wenn das Wohl des Kindes es erfordert. Gegen die Ablehnung des Antrags um Übernahme und gegen die Verweigerung der Abgabe kann das Familiengericht angerufen werden (§ 87c Abs. 2 S. 4 SGB VIII); örtlich zuständig ist das Familiengericht, bei dem die Vormundschaft geführt wird; die Entscheidung ist Aufgabe des Rechtspflegers (§ 3 Nr. 2a RPflG).

Weitere Sonderregelungen über die Abgabe aus wichtigem Grund enthalten die **§§ 15 Abs. 2 S. 2, 15b S. 2, 15c VerschG**[6] und **§ 12 LwVG**. Die Abgabe ist jeweils für das andere Gericht bindend (§ 15c VerschG[7] bzw. § 12 Abs. 1 S. 3 LwVG).

III. Voraussetzungen der Abgabe
1. Zuständigkeit des abgebenden Gerichts

Das örtlich und sachlich zuständige Gericht kann eine Sache **aus wichtigem Grund** an ein anderes Gericht abgeben (S. 1). Voraussetzung ist, dass das abgebende Gericht an sich zustän-

---

[3] OLG Köln FGPrax 2010, 318 für Freiheitsentziehungssachen.
[4] Prütting/Helms/Prütting § 4 Rn 8.
[5] OLG Karlsruhe DAVorm 1993, 89.
[6] OLG Celle NdsRpfl. 1965, 112; OLG München JZ 1952, 665.
[7] OLG Frankfurt StAZ 1978, 297; Traub BWNotZ 1983, 167.

dig ist oder zumindest seine Zuständigkeit bejaht hat;[8] ob diese tatsächlich gegeben ist, kann, wie sich letztlich auch aus dem in § 2 Abs. 3 zum Ausdruck kommenden Rechtsgedanken ergibt, offen bleiben.[9] Hält sich das Gericht nicht für zuständig, kommt nur eine Verweisung an das örtlich oder sachlich zuständige Gericht nach § 3 in Betracht.[10] Bei einer formlosen Abgabe entsprechend der Geschäftsverteilung an eine andere Abteilung oder an einen anderen Teil desselben Gerichts (z. B. an das Nachlassgericht, an das Betreuungsgericht, an die Kammer für Handelssachen) handelt es sich nicht um eine Abgabe i. S. d. § 4.[11]

7 § 4 findet auch Anwendung, soweit die Auffangzuständigkeit des **AG Schöneberg** in Berlin gegeben ist (vgl. § 3 Rn 6). Eine Abgabe aus wichtigem Grund setzt auch in diesem Falle eine Übernahmebereitschaft des Gerichts voraus, an das abgegeben werden soll; mit bindender Wirkung kann das AG Schöneberg in den Adoptionssachen (§ 187 Abs. 5 S. 2) sowie den Nachlasssachen (§ 343 Abs. 2 S. 2) verweisen.[12]

8 Die Abgabe kann an **jedes andere Gericht,** auch in einem anderen Bundesland, oder an eine landesgesetzlich auf Grund Art. 147 EGBGB zuständige Behörde erfolgen. Wegen einer Abgabe einer Vormundschaft an eine ausländische Behörde siehe § 99 Abs. 3 und dazu die dortigen Anmerkungen. Bei der Frage, ob das aufnehmende Gericht zum Zeitpunkt der Abgabe zuständig sein muss, ist zu differenzieren. Für Fürsorgeangelegenheiten wurde bereits im Anwendungsbereich des FGG die Notwendigkeit einer Zuständigkeit verneint.[13] Eine Änderung durch das FamFG war nicht gewollt. Entsprechend muss das aufnehmende Gericht im Zeitpunkt der Abgabe noch nicht zuständig sein; vielmehr wird seine Zuständigkeit durch die Abgabe begründet. Somit besteht beispielsweise die Möglichkeit einer frühzeitigen Abgabe im Hinblick auf eine anstehenden Aufenthaltswechsel. Demgegenüber verlangen der Schutz der Interessen des Antragsgegners sowie Rechtssicherheit in privaten und öffentlichen Streitsachen, dass das aufnehmende Gericht spätestens im Zeitpunkt der Abgabe zuständig sein muss.[14]

2. Anhängigkeit der Sache

9 Eine Sache kann nach ihrer Anhängigkeit **in jedem Verfahrensstadium** bis zu ihrem Abschluss abgegeben werden.[15] Daher kann in einem Dauerverfahren (z. B. Vormundschaft, Betreuung, Pflegschaft, Unterbringung) eine Abgabe sowohl während der Anhängigkeit einer Einzelverrichtung als auch in den Zwischenphasen erfolgen.[16] Dagegen besteht nicht die Möglichkeit, eine zu erwartende Angelegenheit bereits im Voraus abzugeben.[17] Erforderlich ist, dass das Gericht bereits mit der Sache befasst ist (vgl. dazu § 2 Rn 15) und seine Zuständigkeit für gegeben erachtet hat; eine bestimmte gerichtliche Tätigkeit muss noch nicht erfolgt sein.[18] So braucht beispielsweise weder eine Entscheidung über die Anordnung einer Vormundschaft, Pflegschaft, Betreuung[19] oder Unterbringung noch eine Bestellung eines Vormunds,[20] eines Pflegers[21] oder eines Betreuers erfolgt sein.[22] Das Gericht darf indes keine notwendige Entscheidung oder erforderliche Ermittlung des Sachverhalts im Hinblick auf eine anstehende Abgabe unterlassen.[23]

---

[8] BayObLG FamRZ 1998, 959; vgl. auch OLG Köln FGPrax 2008, 74; Prütting/Helms/Prütting § 4 Rn 11.
[9] BayObLG FamRZ 1981, 400; BayObLGZ 1958, 281; OLG Freiburg Rpfleger 1952, 493; OLG Oldenburg JZ 1951, 465; a. A. OLG Köln Rpfleger 1960, 90; OLG Neustadt MDR 1955, 493.
[10] Prütting/Helms/Prütting § 4 Rn 11.
[11] Baumbach/Hartmann § 4 FamFG Rn 4; MünchKommZPO/Pabst vor §§ 2–5 FamFG Rn 23.
[12] Das AG Schöneberg muss aber zuvor seine Zuständigkeit bejaht haben, vgl. OLG Köln FGPrax 2008, 74.
[13] BayObLG NJW-FER 1998, 136; vgl. auch MünchKommZPO/Pabst § 4 FamFG Rn 9.
[14] MünchKommZPO/Pabst § 4 FamFG Rn 10.
[15] BGH FamRZ 2011, 282.
[16] MünchKommZPO/Pabst § 4 FamFG Rn 5.
[17] BayObLGZ 1950, 171. Zu der Möglichkeit einer Zuständigkeitsbestimmung vor Anhängigkeit einer konkreten Angelegenheit s. OLG Hamm FGPrax 2006, 183.
[18] A. A. Jansen/Müller-Lukoschek § 46 Rn 3.
[19] A. A. Jansen/Müller-Lukoschek § 46 Rn 3.
[20] BayObLG NJW-RR 1988, 1034; Kumme Rpfleger 1972, 158/160; Traub BWNotZ 1983, 167.
[21] BayObLG FamRZ 1981, 400.
[22] BayObLG FamRZ 1993, 449.
[23] Vgl. BayObLG Rpfleger 1991, 110; OLG Brandenburg FamRZ 2001, 38.

Die Möglichkeit einer Abgabe ist auch noch in der **Beschwerdeinstanz** möglich. Der 10
Vollzug erfolgt indes nicht vom Beschwerdegericht zum Beschwerdegericht, sondern von
dem erstinstanzlichen Gericht zu dem erstinstanzlichen Gericht;[24] das Beschwerdegericht
darf aber auch eine Sache unmittelbar an ein ihm nicht nachgeordnetes erstinstanzliches
Gericht abgeben.[25]

3. Vorliegen eines wichtigen Grundes

a) Allgemeine Grundsätze. Ob ein wichtiger Grund für die Abgabe vorliegt, ist in erster 11
Linie von den beteiligten Gerichten, nämlich demjenigen, das abgeben will, und demjenigen,
an das abgegeben werden soll, zu prüfen; über das Verfahren bei mangelnder Einigung s.
Rn 36. Da S. 1 einen Eingriff in den Grundsatz des gesetzlichen Richters **(Art. 101 Abs. 1
S. 2 GG)** darstellt, werden wegen des unbestimmten Rechtsbegriffs „wichtiger Grund"
Bedenken hinsichtlich der Verfassungsgemäßheit des § 4 geäußert.[26] Auf jeden Fall ist an die
Annahme der Abgabevoraussetzungen und damit Ausübung des Ermessens ein hoher Maßstab zu setzen. Es müssen erhebliche Umstände vorliegen, die eine Tätigkeit eines anderen
Gerichts gebieten; allein eine Erleichterung der Erledigung des konkreten Verfahrens oder
eine Übernahmebereitschaft des anderen Gerichts reichen nicht aus.

b) Wichtiger Grund. Ein wichtiger Grund für eine Abgabe kann vor allem bei Ver- 12
fahren gegeben sein, bei denen der Personenbezug im Vordergrund steht. Die insoweit von
der bisherigen Rechtsprechung zu § 46 FGG entwickelten Grundsätze für das Vorliegen
eines wichtigen Grundes gelten weiter. Sie lassen sich auf alle Verfahren übertragen,[27]
soweit diese auf den konkreten Einzelfall passen. Stets sind die gesamten Umstände des
Einzelfalles genau zu prüfen.[28] In Verfahren, die keinen direkten Personenbezug haben (wie
z. B. unternehmensrechtliche Verfahren, Aufgebotssachen), dürfte eine Abgabe nur in
einem Ausnahmefall in Betracht kommen.

Ein wichtiger Grund kann gegeben sein, wenn durch die Abgabe im Einzelfall unter 13
Berücksichtigung des Wohls des durch das Verfahren maßgeblich Betroffenen ein Zustand
geschaffen wird, der eine **zweckmäßigere und leichtere Führung** der Angelegenheiten
ermöglicht.[29] Maßgebend ist in erster Linie das **Wohl des Betroffenen;**[30] sein Interesse
geht in der Regel den Interessen des um eine Übernahme ersuchten Gerichts vor, keine Sache
übernehmen zu müssen, die das abgebende Gericht mit weniger Aufwand erledigen
könnte,[31] wobei je nach Lage des Falles auch die Sorge für die Person oder für das Vermögen im Vordergrund stehen kann. Sofern eine Abgabe das Interesse des unmittelbaren
Betroffenen nicht verletzt,[32] können auch die **Interessen der übrigen** an dem Verfahren
Beteiligten (wie z. B. eines Vormunds, Pflegers, Betreuers etc.) aber auch das **öffentliche
Interesse** an einer möglichst einfachen, förderlichen und kostensparenden Führung der
Geschäfte berücksichtigt werden.[33] Das Interesse eines Jugendamts an einer einfachen und
kostensparenden Führung der Amtsvormundschaft ist indes nur von untergeordneter Bedeutung.[34]

---

[24] BayObLG DAVorm 1971, 677; BayObLGZ 1964, 22/28; OLG Bremen JZ 1957, 96; OLG Karlsruhe/Freiburg NJW 1958, 2073 = FamRZ 1958, 387.
[25] BayObLG DAVorm 1991, 677; BayObLGZ 1982, 261/265.
[26] So Zimmermann Rn 16 unter Hinweis auf die Stellungnahme von Vorwerk, 86. Sitzung des Rechtsausschusses vom 11. 2. 2008, der von einer „konturenlosen Fassung" des § 4 spricht.
[27] BT-Drs. 16/6308 S. 176.
[28] BayObLG FamRZ 1999, 796.
[29] St. Rspr. z. B. BayObLG NJW-RR 1988, 1034; BayObLGZ 1987, 43/44; OLG Celle DAVorm 1989, 713; OLG Köln ZBlJR 1973, 158; OLG Saarbrücken Rpfleger 1987, 500; OLG Stuttgart FamRZ 1980, 504.
[30] BayObLG Rpfleger 1991, 110; Rpfleger 1979, 264; OLG Brandenburg FGPrax 2000, 18; OLG Karlsruhe FamRZ 1990, 896; OLG Köln FGPrax 2010, 318; OLG Stuttgart DAVorm 1987, 374; Traub BWNotZ 1983, 167.
[31] OLG Köln, FGPrax 2010, 318.
[32] BayObLGZ 1985, 429/431; OLG Celle NdsRpfl. 1966, 196.
[33] BayObLG Rpfleger 1991, 110; BayObLGZ 1980, 6; OLG Saarbrücken Rpfleger 1987, 500/501; LG Stuttgart BWNotZ 1979, 124.
[34] OLG Schleswig ZBlJR 1964, 275; LG Stuttgart DAVorm 1974, 670.

14 Ebenso kann das **Interesse des Gerichts** an einer für den unmittelbar Betroffenen vorteilhafteren Erfüllung der ihm obliegenden Aufgaben mitbestimmend sein;[35] daher darf das Verfahren auch an ein Gericht abgegeben werden, das nach den Verhältnissen zum Zeitpunkt des Übernahmeverlangens für die Verrichtungen örtlich nicht zuständig wäre;[36] dagegen sind nicht die eigenen Interesse des Gerichts maßgebend, etwa an einer Entlastung; ebenso müssen die persönlichen Verhältnisse des zuständigen Richters des abzugebenden oder übernehmenden Gerichts unberücksichtigt bleiben.

15 Eine Abgabe aus wichtigem Grund scheidet aus, solange eine Einzelverrichtung beim abgebenden Gericht unerledigt anhängig und das Ergebnis dieses Verfahrens nicht absehbar ist,[37] oder wenn die Endentscheidung unmittelbar bevorsteht und der zuständige Richter des abgebenden Gerichts eine besondere Sachkunde in dem Verfahren erlangt hat.[38] Etwas anderes kann im Einzelfall gelten, z. B. wenn ein persönlicher Kontakt des Betreuungsgerichts mit dem Betreuten nicht oder nicht mehr erforderlich ist.[39]

16 **c) Maßgebender Zeitpunkt für die Beurteilung.** Für die Beurteilung, ob ein wichtiger Grund vorliegt, kommt es auf den Zeitpunkt der Entscheidung, nicht auf die künftige Entwicklung an.[40] Wenn ein wichtiger Grund für eine Übernahme der Sache spricht (z. B. ein Wechsel des ständigen Aufenthaltsorts), bildet die Möglichkeit eines künftigen Wegfalls dieses Grundes (z. B. ein weiterer Aufenthaltswechsel) keinen Ablehnungsgrund.[41]

4. Einzelfälle für das Vorliegen eines wichtigen Grundes

17 **a) Kindschaftssachen.** Bei Kindschaftssachen ist maßgebend vor allem das Wohl des Kindes,[42] wobei je nach Lage des Falles die Sorge für die Person oder für das Vermögen des Kindes im Vordergrund stehen kann. Weite Entfernung des Aufenthaltsorts des Mündels vom Wohnsitz des Vormunds ist kein wichtiger Grund, wenn eine dem Mündel verwandtschaftlich nahe stehende Person die Vormundschaft führen kann und so persönlicher Verkehr mit dem Familiengericht möglich ist.[43] Unterhaltspflegschaften sollten regelmäßig an den Wohnort des Unterhaltpflichtigen abgegeben werden.[44]

18 Schwierigkeiten bei der **Auswahl eines geeigneten Pflegers** rechtfertigen für sich allein nicht die Abgabe der Pflegschaft an das Gericht des derzeitigen Aufenthaltsortes des Pfleglings.[45] Es kann aber sinnvoll sein, schon vor der Bestellung des Vormunds (oder nach der Entlassung oder Tod des bisherigen Vormunds vor der Bestellung eines neuen Vormunds) das Verfahren aus Zweckmäßigkeitsgründen an ein anderes Gericht abzugeben, weil beispielsweise die Prüfung der Auswahl des Vormunds längere Ermittlungen und Anhörungen erfordert, die zweckmäßig von dem weiterhin mit dem Verfahren zu befassenden Gericht vorgenommen werden.

19 Liegen wichtige Gründe vor, so ist die **Übernahme der Vormundschaft** Pflicht des anderen Gerichts; die Übernahme kann nicht von der Entlassung des bisherigen Vormunds wegen weiter Entfernung vom Sitze des Gerichts abhängig gemacht,[46] aber auch nicht deshalb abgelehnt werden, weil der bestellte Vormund ungeeignet sei. Die Ablehnung der

---

[35] BayObLG Rpfleger 1991, 110; FamRZ 1981, 400; OLG Schleswig FGPrax 2006, 23 Vermeidung einer langen Reise des Richters zum Aufenthaltsort des Betroffenen zum Zwecke einer Anhörung.
[36] BayObLG FamRZ 1998, 1181.
[37] BayObLG Rpfleger 1991, 110; FamRZ 1983, 744.
[38] OLG Brandenburg FGPrax 2000, 18.
[39] Vgl. OLG Karlsruhe FamRZ 1994, 449; OLG Köln FamRZ 2001, 1543.
[40] BayObLG DAVorm 1996, 396; DAVorm 1997, 436; OLG Karlsruhe FamRZ 1990, 896; OLG Köln Rpfleger 1972, 448.
[41] OLG Karlsruhe/Freiburg Rpfleger 1956, 49.
[42] BayObLG Rpfleger 1991, 110; Rpfleger 1979, 264; OLG Brandenburg FGPrax 2000, 18; OLG Hamm FamRZ 2010, 1460; OLG Hamm FamRZ 2011, 55; OLG Karlsruhe FamRZ 1990, 896; OLG Oldenburg DAVorm 1964, 168; OLG Stuttgart DAVorm 1987, 374; Traub BWNotZ 1983, 167.
[43] OLG Freiburg ZBlJR 1953, 39.
[44] KG Rpfleger 1968, 394/395; OLG Hamm Rpfleger 1958, 189; OLG Köln JMBl.NW 1958, 200; anders bei häufigem Wohnungswechsel des Vaters, OLG Hamm ZBlJR 1956, 211.
[45] BayObLG bei Goerke Rpfleger 1981, 280/281.
[46] BayObLG FamRZ 1986, 480.

Übernahme kann ebenso wenig damit begründet werden, dass die sachlichen Voraussetzungen für die Anordnung der Vormundschaft oder Pflegschaft nicht gegeben seien,[47] oder dass das Verfahren des abgebenden Gerichts mangelhaft sei, beispielsweise wegen einer fehlenden oder mangelhaften Rechnungslegung;[48] denn wenn das Wohl des betroffenen Kindes die Übernahme der Sache gebietet, ist es nicht zulässig, die Frage der Übernahme von Gründen abhängig zu machen, die lediglich auf einem Streit der Gerichte über die zweckmäßige und ordnungsgemäße Führung der Vormundschaft durch das bisherige Gericht beruhen und mit dem Wohl des betroffenen Kindes, soweit es durch diese Frage berührt wird, nichts zu tun haben; sollten Versäumnisse vorliegen, so hat das übernehmende Gericht das Versäumte nachzuholen.

aa) Aufenthaltswechsel. Als wichtige Gründe kommen in der Regel der **Aufenthalts-** 20
wechsel – und zwar nicht nur vorübergehender, sondern dauernder[49] – des Kindes[50] und des Vormunds,[51] der Mutter, der Eltern[52] in Betracht;[53] nicht dagegen der Umstand, dass der in Aussicht genommene Vormund seinen Wohnsitz in einem anderen AG-Bezirk hat.[54] Trotz eines erfolgten Ortswechsels des betroffenen Kindes kann aber aus Gründen des Kindeswohls ein wichtiger Grund zu verneinen sein, wenn bereits die Voraussetzungen für eine abschließende Endentscheidung vorliegen.[55] Die Notwendigkeit persönlicher Verhandlungen mit dem Pfleger kann als wichtiger Grund für die Abgabe an das Wohnsitzgericht des Pflegers angesehen werden,[56] so z. B. wenn vor Aufhebung einer Pflegschaft zu prüfen ist, ob noch ein besonderes Bedürfnis für Überwachung und Betreuung besteht oder wenn die mit Vermögensverwaltung verbundene Pflegschaft eine besondere Überwachung des Pflegers erforderlich macht.[57] Ein wichtiger Grund liegt auch dann vor, wenn der Pfleger im Bezirk des für den neuen Wohnsitz des Pflegebefohlenen zuständigen Familiengerichts tätig ist und dem persönlichen Kontakt zum Gericht bei der Führung der Pflegschaft besondere Bedeutung zukommt,[58] oder wenn der Wohnort des Mündels näher beim übernehmenden Gericht liegt, der Vormund aber in keinem der Bezirke der streitenden Gerichte wohnt.[59]

Die Tatsache, dass zum Pfleglingsvermögen gehörende Grundstücke im Bezirk des abge- 21
benden Gerichts liegen, hindert die Abgabe nicht, wenn der Pfleger und der Pflegling in geringer Entfernung von dem um Übernahme gebetenen Gericht wohnen und die Verwaltung der Grundstücke keine Ortsnähe erfordert.[60] Ein Aufenthaltswechsel des unter Amtsmundschaft stehenden Kindes mit seiner Mutter stellt in der Regel einen wichtigen Grund zur Abgabe dar, wenn das für den neuen Wohnsitz oder Aufenthaltsort zuständige Jugendamt die gesetzliche Amtsvormundschaft nach § 87 c Abs. 2 SGB VIII bereits übernommen hat (vgl. hierzu unter Rn 4).[61] Demgegenüber ist ein Wechsel des Amtsvormunds infolge Änderung der Zuständigkeitsbestimmungen für die Amtsvormundschaft für sich allein kein wichtiger Grund zur Abgabe der Amtsvormundschaft.[62]

---

[47] OLG Freiburg Rpfleger 1952, 493; OLG Hamm Rpfleger 1958, 189.
[48] OLG Celle DAVorm 1987, 713; NdsRpfl. 1966, 196.
[49] OLG Hamm FamRZ 2010, 1460; OLG Karlsruhe FamRZ 1990, 896.
[50] OLG Hamm FamRZ 2011, 55; FamRZ 2010, 1460; OLG Köln FamRZ 2011, 318; OLG München Beschl. v. 21. 12. 2010 33 WF 2159/10 = BeckRS 2010, 31122.
[51] BayObLG FamRZ 1994, 1187; FamRZ 1983, 744; OLG Düsseldorf MDR 1961, 512; OLG Stuttgart DieJ 1972, 284; OLG Zweibrücken Rpfleger 1982, 146.
[52] BayObLG FamRZ 1984, 935; OLG Düsseldorf MDR 1956, 495; a. M. OLG Köln FamRZ 1996, 859; ZBlJR 1973, 156.
[53] BayObLG FamRZ 1999, 796; FamRZ 1996, 1156; OLG Saarbrücken Rpfleger 1987, 500; OLG Stuttgart DAVorm 1987, 374.
[54] BayObLG bei Plötz Rpfleger 1987, 356/358; OLG Düsseldorf MDR 1957, 47.
[55] OLG Brandenburg FGPrax 2000, 18.
[56] OLG Karlsruhe/Freiburg FamRZ 1957, 183; OLG Düsseldorf Rpfleger 1988, 483.
[57] BayObLG FamRZ 1986, 480.
[58] BayObLG FamRZ 1986, 480; FamRZ 1981, 400.
[59] BayObLG bei Goerke Rpfleger 1987, 149/150.
[60] BayObLG bei Plötz Rpfleger 1990, 197/200; BayObLG bei Plötz Rpfleger 1989, 396/399.
[61] BayObLG FamRZ 1994, 1187; OLG Zweibrücken FamRZ 1992, 1325.
[62] BayObLG DAVorm 1993, 1117.

22   bb) *Trennung der Vormundschaft bei Geschwister.* Bei einer **Vormundschaft über Geschwister** liegen gesonderte Verfahren vor, die hinsichtlich einzelner Geschwister an ein anderes Gericht abgegeben werden können.[63] Im Allgemeinen ist aber eine Trennung zu vermeiden;[64] sie darf ausnahmsweise erfolgen, wenn ein wichtiger Grund gegeben ist, z. B. bei Unterbringung eines der Kinder in einem weit entfernt gelegenen Heim.[65]

23   cc) *Freiheitsstrafe.* Eine Abgabe an das Gericht des Ortes, an dem der Mündel eine **längere Freiheitsstrafe** verbüßt, kommt in der Regel nicht in Betracht.[66] Etwas anderes gilt aber beispielsweise dann, wenn der Mündel mit der Inhaftierung seinen bisherigen ständigen Aufenthalt aufgegeben hat, oder die Haftanstalt von dem Sitz des bisher zuständigen Gerichts weit entfernt liegt.

24   dd) *Sitz des Jugendgerichts.* Gemäß § 34 JGG sollen dem Jugendrichter auch die familien- und vormundschaftsrichterlichen Erziehungsaufgaben übertragen werden. Deshalb ist in **§ 42 Abs. 1 Nr. 1 JGG** vorgesehen, dass als Jugendrichter auch der Richter örtlich zuständig ist, dem die familien- oder vormundschaftsrichterlichen Erziehungsaufgaben für den Beschuldigten obliegen. Für den Fall, dass die Anklage aus besonderen Gründen bei einem anderen als dem in § 42 Abs. 1 Nr. 1 JGG bezeichneten Gerichte erhoben ist und Jugendgericht und Familiengericht verschiedene Gerichte sind, bestimmt § 46 Abs. 1 S. 2, dass in der Regel die Vormundschaft an das Familiengericht am Sitz des Jugendgerichts abgegeben werden soll. Es soll damit auch einem Streit über die Abgabe vorgebeugt werden.[67]

25   ee) *Unterbringung.* Der Aufenthaltswechsel des Kindes **zur Unterbringung** in einem Haus außerhalb des Gerichtsbezirks des bisher tätigen Familiengerichts bildet für sich genommen noch keinen wichtigen Grund; eine Ausnahme besteht dann, wenn mit einem längeren Aufenthalt des Kindes an dem neuen Aufenthalt und damit zu rechnen ist, dass eine häufigere Anhörung des Kindes im Rahmen des weiteren Verfahrens erforderlich ist.[68] Eine isolierte Abgabe des Unterbringungsverfahrens ermöglicht § 314. Sind Vormundschaft und Unterbringungsverfahren bei verschiedenen Amtsgerichten anhängig, so muss vor einer Abgabe der Vormundschaft an ein drittes Amtsgericht geprüft werden, ob nicht wegen des Grundsatzes der einheitlichen Zuständigkeit in Vormundschaftssachen zunächst die Zusammenführung der beiden Verfahren bei einem einzigen Amtgericht geboten ist.[69]

26   b) **Adoptionssachen.** Haben der Annehmende und das Kind im Adoptionsverfahren ihren Wohnsitz in den Bezirk eines anderen Gerichts verlegt, so können wichtige Gründe für die Abgabe des Verfahrens an das Gericht des neuen Wohnortes gegeben sein.[70] Trotz Ortswechsel kann ein wichtiger Grund aus Gründen des Kindeswohls ausscheiden, wenn die Endentscheidung unmittelbar bevorsteht und der Richter des abgehenden Gerichts eine besondere Sachkunde in dem Verfahren erlangt hat.[71]

27   c) **Betreuungssachen; Unterbringungssachen.** Für Betreuungssachen (§§ 271 ff.) bestimmt § 273 ausdrücklich, dass ein wichtiger Grund vorliegt, wenn sich der gewöhnliche Aufenthalt des Betroffenen dauernd geändert hat[72] und die Aufgaben des Betreuers im Wesentlichen am neuen Aufenthaltsort zu erfüllen sind. Dies gilt auch dann, wenn einem Wechsel des Aufenthaltsortes die tatsächliche Entfernung zwischen der Heimeinrichtung und dem bisher zuständigen Gericht geringer ist als die vom Gerichtsgebäude des nunmehr zuständigen Gerichts.[73] Eine Abgabe einer Betreuungssache ist auch dann möglich, wenn eine betreute Person ohne festen Wohnsitz den Lebensmittelpunkt ohne Rück-

---

[63] BayObLG bei Plötz Rpfleger 1990, 197/200.
[64] OLG Hamm ZBlJR 1955, 84.
[65] BayObLG bei Plötz Rpfleger 1990, 197/200.
[66] BayObLG bei Goerke Rpfleger 1981, 280.
[67] Eisenberg, § 34 Rn 11.
[68] BayObLG FamRZ 1999, 796.
[69] BayObLG FamRZ 1989, 318.
[70] BayObLG FamRZ 2001, 1536; OLG Köln FamRZ 2011, 318.
[71] OLG Brandenburg FGPrax 2000, 18 = FamRZ 2000, 1295.
[72] Prütting/Helms/Prütting § 4 Rn 22.
[73] OLG Hamm FGPrax 2010, 214.

kehrabsicht in einen anderen Gerichtsbezirk verlegt.[74] Zu den Einzelheiten siehe die Erläuterungen zu § 273 Rn 3, 4.

Für Unterbringungssachen sieht § 314 eine spezielle Regelung vor. Für die Abgabe einer Unterbringungssache kommt es nicht auf einen bestimmten zeitlichen Aufenthalt des Betroffenen im Bezirk des anderen Gerichts an.[75] Zu den weiteren Einzelheiten siehe die Erläuterungen zu § 314.

d) Nachlasssachen. In Nachlasssachen kann ein wichtiger Grund für eine Abgabe vorliegen, wenn der Nachlass im Wesentlichen aus Grundbesitz besteht, die in einem anderen vom Nachlassgericht weit entfernt liegenden Gerichtsbezirk liegen.[76] 28

e) Freiheitsentziehungssachen. Ein wichtiger Grund für eine Abgabe besteht, wenn eine persönliche Anhörung des Betroffenen geboten ist bzw. kurzfristig Entscheidungen über eine Aussetzung des Vollzugs oder deren Widerruf nach § 424 zu treffen sind.[77] 28a

5. Übernahmebereitschaft des anderen Gerichts

Weitere Voraussetzung für eine Abgabe ist, dass das Gericht, an das abgegeben werden soll, **zur Übernahme der Sache bereit** ist. Die Ablehnung der Übernahme hängt jedoch nicht von seinem Belieben, sondern seiner nach pflichtgemäßem Ermessen über das Vorhandensein eines wichtigen Grundes gebildeten Anschauung ab. Die Erklärung der Bereitwilligkeit zur Übernahme ist Voraussetzung für die Abgabe, nicht Bestandteil des Abgabeaktes. Die Übernahmeerklärung muss eindeutig sein. Allein die nicht sofortige Rücksendung der zur Prüfung der Übernahmebereitschaft übersandten Akten reicht noch nicht. Das um Übernahme eines Verfahrens gebetene Gericht kann sich eine Übernahme ausschließlich zur Prüfung der Frage vorbehalten, ob die Abgabe zweckmäßig ist. Die Übernahmeerklärung ist bis zum Vollzug der Abgabe jederzeit widerruflich.[78] Die Bereitschaft zu Übernahme wie auch die Übernahme können **formlos**[79] und **stillschweigend** erklärt werden, z. B. wenn das Gericht in der Sache selbst tätig wird.[80] Ein etwa erklärter Vorbehalt wird dann gegenstandslos. 29

6. Anhörung der Beteiligten

Vor einer Abgabe der Sache an ein anderes Gericht **sollen** die Beteiligten angehört werden (S. 2). Die Entscheidung über die Anhörung steht im pflichtgemäßen Ermessen des Gerichts. Abzuwägen sind die Umstände des jeweiligen Einzelfalls. Von einer Anhörung eines Betroffenen kann abgesehen werden, wenn dieser außerstande ist, den Vorgang einer Verfahrensabgabe zu erfassen; die Bestellung eines Verfahrenspflegers kommt insoweit nicht in Betracht.[81] Ebenso kann eine Anhörung in eiligen Fällen entbehrlich sein, z. B. in Unterbringungs- und Betreuungssachen. Gleiches gilt, wenn eine Anhörung nur mit einem zu einer Verfahrensverzögerung führenden Zeitaufwand möglich ist, z. B. die Beteiligten (derzeit) nicht in der Lage sind, sich zu äußern.[82] Eine Entscheidung über die Abgabe eines Verfahrens nach § 106 Abs. 2 S. 2 AufenthG darf nach einem Kammerbeschluss des BVerfG[83] hingegen nicht ohne vorherige Anhörung des Betroffenen ausgesprochen werden. 30

Die Anhörung ist von dem abgebenden Gericht durchzuführen und kann formfrei erfolgen. Im Gegensatz zu der früheren Regelung in § 46 Abs. 1 S. 1 letzter Halbs. FGG, aber in Übereinstimmung mit § 65 a Abs. 2 FGG ist für eine Abgabe **nicht die Zustimmung der Beteiligten** erforderlich. Eine Übernahme kann auch gegen den Widerspruch 31

---

[74] OLG Köln FGPrax 2006, 162.
[75] KG FGPrax 2010, 318 = FamRZ 2010, 1844.
[76] OLG Brandenburg FGPrax 2006, 222.
[77] OLG Köln, FGPrax 2010, 318.
[78] BayObLG FamRZ 1999, 248.
[79] Prütting/Helms/Prütting § 4 Rn 22.
[80] BayObLG BtPrax 1998, 237.
[81] BayObLG FamRZ 1998, 1181; Bumiller/Harders § 4 Rn 10; a. A. OLG Brandenburg NJWE-FER 2000, 322.
[82] BT-Drs. 16/6308 S. 176.
[83] InfAuslR 2009, 249.

des Betroffenen oder eines sonstigen Beteiligten erfolgen. Die Beteiligten haben im Rahmen der Anhörung nur Gelegenheit, sich zu dem Vorliegen eines wichtigen Grundes zu äußern.

IV. Entscheidung über die Abgabe

1. Abgabe; Übernahme

32 Die Abgabe ist ein einseitiger Akt, nicht eine öffentlich-rechtliche Vereinbarung. Zum **Vollzug der Abgabe** ist die Übernahmeerklärung des übernehmenden Gerichts erforderlich,[84] wobei die Abgabe auch nach der Übernahme durch das neue Gericht erklärt werden kann. Für die Abgabe schreibt das Gericht keine bestimmte Form vor. Sie kann durch Beschluss, durch Verfügung, formlos[85] oder aber auch stillschweigend erfolgen,[86] z. B. durch Übersendung der Akten. Die Wirksamkeit einer Abgabe ist auch nicht von dem Vorliegen eines wichtigen Grundes abhängig. Die **Übernahme** ist ebenfalls an keine Form gebunden und kann konkludent erfolgen, z. B. durch Tätigwerden in der Sache.[87]

33 Das Gericht kann seine auf einer irrtümlichen Annahme der örtlichen Zuständigkeit beruhende Abgabeverfügung wieder aufheben, wenn die Sache von dem Gericht, an das es sie abgegeben hat, noch nicht übernommen worden ist; § 281 Abs. 2 ZPO ist nicht entsprechend anwendbar.[88] Jedoch sind Abgabe- und Übernahmeerklärungen nach Vollziehung der Abgabe **nicht** mehr **abänderbar**.[89] Dies gilt auch, wenn das übernehmende Gericht irrtümlich die Voraussetzungen für eine Abgabe angenommen hat.[90]

2. Funktionelle Zuständigkeit

34 Funktionell zuständig für die Entscheidung über Abgabe bzw. Übernahme eines Verfahrens ist grundsätzlich derjenige, der die Angelegenheit in der Hauptsache bearbeitet. Der **Rechtspfleger** ist in den ihm übertragenen Geschäften für die entsprechende Entscheidung zuständig (§ 4 Abs. 1 RPflG).[91] Sofern nicht die Voraussetzungen des § 5 RPflG gegeben sind, bedarf es daher keiner Vorlage an den Richter.[92] Dies gilt auch für die Ablehnung der Übernahme einer Sache;[93] eine Analogie zu § 11 RPflG scheidet aus. Eine Zuständigkeit des Rechtspflegers ist ebenfalls gegeben, wenn beim übernehmenden Gericht im Verlaufe des späteren Verfahrens noch eine dem Richtervorbehalt unterliegende Aufgabe zu erledigen ist (str. für Betreuungssachen, s. Rn 35). Der Rechtspfleger ist aber nicht befugt, gleichzeitig mit einem ihm übertragenen Geschäft ein bereits anhängiges Verfahren abzugeben, das sonstige Verrichtungen betrifft und dessen Bearbeitung dem Richtervorbehalt unterliegt.[94] Eine Abgabe oder Übernahme ist unwirksam, sofern der Rechtspfleger für die Entscheidung hierüber nicht zuständig ist (§ 8 Abs. 4 S. 2 RPflG; vgl. Einl. Rn 92).[95]

35 Streitig ist, inwieweit die vorstehenden Grundsätze für **Betreuungssachen** gelten. Teilweise wird unter Hinweis auf die im Betreuungsverfahren bestehenden laufenden Prüfungspflichten des Richters, z. B. ob eine Betreuung weiter notwendig ist (§§ 1896 ff. BGB, 15 Nr. 1 RPflG), bzw. ob Umstände bekannt geworden sind, die eine Entlassung des Betreuers erfordern (§§ 1908 b BGB, 15 Nr. 1 RPflG), die Auffassung vertreten, die Entscheidung über eine Abgabe, eine Übernahme des Verfahrens oder eine Vorlage an das obere Gericht

---

[84] BayObLG FamRZ 2000, 1443.
[85] Prütting/Helms/Prütting § 4 Rn 23.
[86] BayObLG FGPrax 1998, 145; OLG Hamm Rpfleger 1967, 147.
[87] BayObLG BtPrax 1998, 237.
[88] BayObLG FamRZ 1982, 1118.
[89] BayObLGZ 1982, 261/264; OLG Hamm FamRZ 2010, 1460.
[90] OLG Hamm FamRZ 2010, 1460.
[91] BayObLG NJW-RR 2002, 1118; FamRZ 1997, 626; KG OLGZ 1972, 104; OLG Hamm Rpfleger 1967, 147; OLG Köln FGPrax 2003, 82 = FamRZ 2003, 1477; OLG Zweibrücken FamRZ 2005, 2081.
[92] Prütting/Helms/Prütting § 4 Rn 28.
[93] BayObLG FamRZ 1971, 475; FamRZ 1969, 495; KG FamRZ 1971, 100; OLGZ 1968, 472; OLG Hamm Rpfleger 1970, 243; OLG Köln FamRZ 1976, 112.
[94] BayObLG NJW 1992, 1244; bei Plötz Rpfleger 1989, 184/187; s. a. KG FamRZ 1972, 46.
[95] BayObLG FamRZ 1993, 448; Rpfleger 1987, 455; jew. für Betreuungssachen; BayObLG NJW 1992, 1634 für Unterbringungssachen.

habe stets der Richter zu treffen.[96] Nach zutreffender Ansicht[97] ist indes zu differenzieren. Solange kein akuter Anlass zu einer Maßnahme durch den Richter besteht, obliegt die allgemeine Aufsicht über die gesamte Tätigkeit des Betreuers dem Rechtspfleger. Diesem sind auch die insoweit nach § 4 bzw. § 5 FamFG zu treffenden Entscheidungen vorbehalten. Allein der Umstand, dass bei dem um die Übernahme der Bearbeitung ersuchten Gericht künftig auch der Richter mit dem Fall befasst sein kann, macht es noch nicht erforderlich, dass in Betreuungssachen und betreuungsgerichtlichen Zuweisungssachen die Abgabe-, Übernahme- oder Vorlageentscheidung ausschließlich durch den Richter erfolgt.[98] Auch der durch das FGG-RG neu gefasste § 15 RPflG sieht keinen entsprechenden Richtervorbehalt vor. Eine Entscheidung durch den Richter ist vielmehr nur erforderlich, wenn ein dem Vorbehalt unterliegendes Verfahren konkret anhängig ist, so z. B. über die Bestellung eines Betreuers oder über eine Maßnahme nach §§ 1904, 1906 BGB.

3. Gerichtlicher Streit über die Voraussetzungen einer Abgabe

Wenn sich die Gerichte über eine Abgabe und Übernahme aus wichtigem Grund nicht einigen können, erfolgt nach § 5 Abs. 1 Nr. 5 eine Bestimmung des zuständigen Gerichts durch das nächsthöhere gemeinsame Gericht. Zu den Einzelheiten siehe § 5 Rn 26 ff. 36

V. Umfang und Wirkung der Abgabe

Die Abgabe und die Übernahme bewirken den Übergang sämtlicher die Angelegenheit betreffender Geschäfte auf das übernehmende Gericht.[99] Eine spätere Veränderung der Umstände, auf denen die Abgabe beruht, führt zu keiner Änderung.[100] Eine Sache kann in der Regel nur im Ganzen und nicht nur teilweise, etwa hinsichtlich der Verwaltung einzelner Vermögensteile, abgegeben werden. Die Abgabe erfasst indes nicht automatisch **gesonderte Verfahren,** auch wenn ein sachlicher Zusammenhang besteht, so z. B. bei einer Nachlassspaltung,[101] bei einer Vormundschaft über Geschwister. Wird eine Vormundschaft abgegeben, so sind damit nicht die gleichzeitig anhängigen weiteren Verrichtungen umfasst.[102] Da das FamFG nunmehr eine § 65 a Abs. 1 S. 3 FGG vergleichbare Regelung nicht mehr enthält, ist bei mehreren Betreuern eine isolierte Abgabe eines nur einen Betreuten betreffenden Verfahrens nicht mehr möglich; daher gehen mit der Abgabe alle Aufgabenkreise auf das übernehmende Gericht über.[103] 37

Mit der Übernahme erhält das neue Gericht **alle gesetzlichen Befugnisse und Obliegenheiten** des bisherigen Gerichts. Nur das jetzt zuständige Gericht kann beispielsweise über eine Abhilfe (vgl. § 68 Abs. 1) entscheiden oder rechtskräftige Endentscheidungen, die von dem abgebenden Gericht getroffen sind, nach § 48 ändern. Inwieweit entscheidungsreife Nebenentscheidungen (z. B. Bewilligung von Verfahrenskostenhilfe) oder entscheidungsreife weitere Endentscheidungen (z. B. Bewilligung einer Vergütung) noch von dem bisherigen Gericht zu treffen sind, kann nur für den jeweiligen Einzelfall beurteilt werden. Der Abgabe kommt im Gegensatz zur Verweisung (§ 3) **keine Bindungswirkung** zu. Daher kann das Gericht, welches zuvor die Sache selbst gemäß § 4 übernommen hatte, ebenfalls erneut abgeben; auch ist aus wichtigem Grund eine Rückabgabe möglich.[104] 38

---

[96] BayObLG FamRZ 1993, 448; KG FGPrax 1996, 98 = FamRZ 1996, 1340; OLG Düsseldorf [25. Zivilsenat] Rpfleger 1998, 103; Rpfleger 1994, 244; OLG Frankfurt FGPrax 2007, 119; NJW 1993, 669; OLG München FGPrax 2008, 67; OLG Zweibrücken FGPrax 2010, 169 mit ablehnender Anmerkung Sternal; FGPrax 2008, 210; Bassenge/Roth/Roth § 4 RPfl. Rn 7; Bumiller/Harders § 4 Rn 15; Horndasch/Viefhues/Reinken § 4 Rn 12; SBW/Schöpflin § 4 Rn 22.
[97] OLG Düsseldorf [3. Zivilsenat] Rpfleger 1994, 244; OLG Hamm FamRZ 1994, 449; OLG Köln FGPrax 2006, 72 = FamRZ 2006, 802; FamRZ 2001, 939.
[98] OLG Köln FamRZ 2001, 939.
[99] BGH FamRZ 2011, 282.
[100] OLG Oldenburg NdsRpfl. 1965, 170.
[101] Vgl. dazu OLG Brandenburg FGPrax 2006, 222; FGPrax 2006, 221.
[102] BayObLGZ 1964, 25.
[103] Ebenso Budde § 273 Rn 6.
[104] OLG Hamm FamRZ 2010, 1460 (Rückkehr des Betroffenen an früheren Wohnort).

39 Durch eine Abgabe werden die **bisherigen Entscheidungen** des abgebenden Gerichts nicht betroffen, so bleibt beispielsweise das Amt des Vormunds, Pflegers oder Betreuers unberührt. Über **Beschwerden** nach §§ 58 ff. FamFG oder nach §§ 567 ff. ZPO gegen Entscheidungen des bisherigen Gerichts hat nunmehr das dem jetzt zuständigen Gericht übergeordnete Beschwerdegericht zu befinden, auch wenn das Rechtsmittel schon vor der Abgabe oder Übernahme eingelegt, aber noch nicht beschieden war.[105] Ob im Falle einer Abgabe der Sache nach einer Endentscheidung eine Beschwerde gem. § 64 Abs. 1 noch bei dem abgebenden Gericht eingelegt werden muss,[106] erscheint im Hinblick auf die gesetzgeberische Intention, die mit dieser Regelung verfolgt wird, fraglich. Eine unnötige Verfahrensverzögerung wird nur bei der Erhebung des Rechtsmittels bei dem übernehmenden Gericht, welches nunmehr für die Abhilfeentscheidung zuständig ist, erreicht.

VI. Rechtsmittel

40 Die Gesetzesbegründung geht zwar von der Möglichkeit einer Überprüfung der Entscheidung über die Abgabe oder Nichtabgabe im Beschwerdeweg aus,[107] jedoch verweist § 4 nicht auf eine entsprechende Anwendung der §§ 567 bis 572 ZPO. Damit scheidet die Möglichkeit einer **selbstständigen Anfechtung** als Zwischenentscheidung aus.[108] Eine Überprüfung könnte damit allenfalls inzidenter im Rahmen der **Anfechtung der Endentscheidung** mit der Beschwerde in Betracht kommen (vgl. § 58 Abs. 2).[109] Nach § 65 Abs. 4 kann indes das Rechtsmittel nicht darauf gestützt werden, dass das Gericht des ersten Rechtszugs seine örtliche bzw. sachliche Zuständigkeit zu Unrecht angenommen hat. Aufgrund dieser Beschränkung der Beschwerdegründe scheidet letztlich die Möglichkeit einer Inzidentprüfung der Voraussetzungen eines wichtigen Grundes für eine Abgabe und damit der Zuständigkeit des entscheidenden Gerichts in der Regel aus.[110] Die Erhebung einer **Anhörungsrüge** gegen die Entscheidung über die Abgabe findet statt (vgl. § 44 Rn 14).[111] Eine selbstständige Anfechtung der Abgabe als gerichtliche Zwischenentscheidung im Wege der **Verfassungsbeschwerde** ist ausnahmsweise dann zuzulassen, wenn ein dringendes schutzwürdiges Interesse daran besteht, dass über die Verfassungsmäßigkeit der Zwischenentscheidung sofort erkannt wird.[112]

VII. Kosten und Gebühren

41 Mit der Abgabeentscheidung sind keine gesonderten Gerichtsgebühren verbunden. Im Falle einer Abgabe ergeht **keine Kostenentscheidung.** Vielmehr ist über die Kosten des Verfahrens einheitlich im Rahmen der mit der Endentscheidung zu treffenden Kostenentscheidung (§ 81) nach den insoweit geltenden Grundsätzen zu befinden. Dabei ist kostenmäßig das bisherige erstinstanzliche Verfahren als Teil des Verfahrens vor dem übernehmenden Gericht zu behandeln, so dass die Gebühren auch im Falle der Abgabe an ein anderes Gericht nur einmal entstehen (vgl. § 6 Abs. 1 S. 2 i. V. m. S. 1 FamGKG;), zu den Rechtsanwaltskosten siehe §§ 20 S. 1, 15 Abs. 2 RVG).

---

[105] Vgl. BayObLG FamRZ 1996, 1157.
[106] So Bumiller/Harders § 4 Rn 13.
[107] BT-Drs. 16/6308 S. 176; so auch Zöller/Geimer § 4 FamFG Rn 5, der die Abgabeentscheidung als Endentscheidung i. S. v. § 58 Abs. 1 ansieht.
[108] BGH FGPrax 2011, 100 = FamRZ 2011, 282 für die Abgabeentscheidung im Betreuungsverfahrens; Bahrenfuss § 4 Rn 8; MünchKommZPO/Pabst § 4 FamFG Rn 34; SBW/Schöpflin § 4 Rn 27; a. A. Bassenge/Roth/Gottwald § 4 Rn 6; Friederici/Kemper § 4 Rn 12; Prütting/Helms/Prütting § 4 Rn 30.
[109] Für diese Möglichkeit BGH FamRZ 2011, 282; Bahrenfuss § 4 Rn 8; Bumiller/Harders § 4 Rn 14).
[110] A. A. Bumiller/Harders § 4 Rn 14; Haußleiter/Gomille § 4 Rn 11; MünchKommZPO/Pabst § 4 FamFG Rn 35; Prütting/Helms/Prütting § 4 Rn 30; zur Möglichkeit der Überprüfung im Falle der Willkür BGH FamRZ 2011, 282.
[111] MünchKommZPO/Ulrici § 44 Rn 5.
[112] BVerfG InfAuslR 2009, 249 = BeckRS 2009 32487.

Gerichtliche Bestimmung der Zuständigkeit

5 (1) Das zuständige Gericht wird durch das nächsthöhere gemeinsame Gericht bestimmt:
1. wenn das an sich zuständige Gericht in einem einzelnen Fall an der Ausübung der Gerichtsbarkeit rechtlich oder tatsächlich verhindert ist;
2. wenn es mit Rücksicht auf die Grenzen verschiedener Gerichtsbezirke oder aus sonstigen tatsächlichen Gründen ungewiss ist, welches Gericht für das Verfahren zuständig ist;
3. wenn verschiedene Gerichte sich rechtskräftig für zuständig erklärt haben;
4. wenn verschiedene Gerichte, von denen eines für das Verfahren zuständig ist, sich rechtskräftig für unzuständig erklärt haben;
5. wenn eine Abgabe aus wichtigem Grund (§ 4) erfolgen soll, die Gerichte sich jedoch nicht einigen können.

(2) Ist das nächsthöhere gemeinsame Gericht der Bundesgerichtshof, wird das zuständige Gericht durch das Oberlandesgericht bestimmt, zu dessen Bezirk das zuerst mit der Sache befasste Gericht gehört.

(3) Der Beschluss, der das zuständige Gericht bestimmt, ist nicht anfechtbar.

Übersicht

	Rn
I. Normzweck	1
II. Anwendungsbereich	3
1. Grundsatz	3
2. Entsprechende Anwendung	5
III. Gerichtliche Zuständigkeitsbestimmung	6
1. Allgemeines	6
2. Verhältnis zu anderen Vorschriften	8
3. Streit zwischen Rechtspflegern	9
4. Streit zwischen den Beteiligten	10
IV. Verhinderung an der Ausübung der Gerichtsbarkeit (Abs. 1 Nr. 1)	11
1. Grundsatz	11
2. Verhinderung aus rechtlichen Gründen	13
3. Verhinderung aus tatsächlichen Gründen	14
V. Zuständigkeitsbestimmung wegen Ungewissheit (Abs. 1 Nr. 2)	15
1. Grundsatz	15
2. Ungewissheit	16
VI. Zuständigkeitsbestimmung bei Kompetenzkonflikt (Abs. 1 Nr. 3, Nr. 4)	19
1. Grundsatz	19
2. Streit	22
3. Verschiedene Gerichte bzw. Behörden der freiwilligen Gerichtsbarkeit	24
4. Verfahren	25
VII. Streit über die Abgabe (Abs. 1 Nr. 5)	26
1. Grundsatz	26
2. Verhältnis zur Zuständigkeitsbestimmung nach Abs. 1 Nr. 3, Nr. 4	28
VIII. Zuständiges Bestimmungsgericht (Abs. 2)	29
IX. Bestimmungsverfahren	35
1. Allgemein	35
2. Einleitung des Bestimmungsverfahrens	36
3. Prüfungsumfang	38
X. Entscheidung des Bestimmungsgerichts	42
1. Allgemein	42
2. Bestimmungsfall der Verhinderung des Gerichts (Abs. 1 Nr. 1)	43
3. Bestimmungsfall der Ungewissheit (Abs. 1 Nr. 2)	44
4. Bestimmungsfall des Streits über die Zuständigkeit (Abs. 1 Nr. 3, Nr. 4)	45
5. Bestimmung im Abgabestreit (Abs. 1 Nr. 5)	47
XI. Umfang und Wirkung der Bestimmung	48
XII. Rechtsmittel (Abs. 3)	51
XIII. Kosten und Gebühren	52

I. Normzweck

1 § 5 ergänzt die gesetzlichen Bestimmungen über die Zuständigkeit in den §§ 2 ff. Es wird unter teilweiser Übernahme der bisherigen Regelungen in § 5 FGG bzw. § 46 Abs. 2 FGG das Zuständigkeitsbestimmungsverfahren unter Angleichung an § 36 ZPO detaillierter geregelt. Bei einer Unsicherheit oder Streit über die örtliche und sachliche Zuständigkeit oder wenn das örtlich zuständige Gericht an der Ausübung der Gerichtsbarkeit gehindert ist, obliegt die Bestimmung des für die Sache zuständigen Gerichts dem nächsthöheren gemeinsamen Gericht. Hierdurch sollen im Interesse der Beteiligten sowie der Rechtssicherheit etwaige Zuständigkeitsschwierigkeiten schnell und einfach beendet werden.[1] Zugleich dient diese Vorschrift der Verfahrensökonomie, nämlich langwierige Streitigkeiten der Gerichte untereinander über die Grenzen ihrer Zuständigkeit zu vermeiden.

2 **Abs. 1 Nr. 1** übernimmt inhaltlich die Regelung in § 5 Abs. 1 S. 2 FGG; die **Nr. 2 bis 4** erweitern den bisherigen § 5 Abs. 1 S. 1 FGG, wobei sowohl die Bestimmungen in § 36 Abs. 1 Nr. 2, Nr. 5 und Nr. 5 ZPO als auch die von der Rechtsprechung und Literatur zum Verfahren der freiwilligen Gerichtsbarkeit aufgestellten Grundsätze zum positiven und negativen Kompetenzkonflikt aufgegriffen werden. **Abs. 1 Nr. 5** verallgemeinert die bisher in § 46 Abs. 2 S. 1 FGG enthaltende Regelung für alle Verfahren. **Abs. 2** stimmt mit dem § 5 Abs. 1 S. 2 2. Halbs. FGG überein und dient dazu, den BGH nicht mit Verfahren über die Bestimmung des zuständigen Gerichts zu belasten.[2] Damit das als zuständig bestimmte Gericht sich möglichst bald mit der Sache befassen kann, schließt **Abs. 3**, wie bisher § 5 Abs. 2 FGG, eine Anfechtung der Bestimmungsentscheidung ausdrücklich aus.

II. Anwendungsbereich

1. Grundsatz

3 § 5 findet grundsätzlich Anwendung auf alle FamFG-Verfahren (§ 1) mit Ausnahme der **Ehesachen** (§ 121) und **Familienstreitsachen** (§ 112); für diese gelten nach § 113 Abs. 1 S. 2 die §§ 1 bis 494a ZPO entsprechend und somit für die Zuständigkeitsbestimmung die §§ 36, 37 ZPO. Soweit nach Landesrecht für die Durchführung des Verfahrens andere als gerichtliche Behörden zuständig sind (§ 488 Abs. 1), ist § 5 im Verhältnis der Behörden zueinander und zu den Gerichten heranzuziehen. In den landesgesetzlich geregelten Angelegenheiten der freiwilligen Gerichtsbarkeit kann der Landesgesetzgeber die entsprechende Geltung des FamFG und damit auch des § 5 vorschreiben. Zu den Einzelheiten siehe die Ausführungen bei § 486. § 5 kann auch gelten, wenn ein eine Angelegenheit der freiwilligen Gerichtsbarkeit beinhaltendes Landesgesetz keine Verweisung auf das FGG bzw. nunmehr das FamFG enthält.[3]

4 In Grundbuchsachen ist § 5 über §§ 1 Abs. 2, 4 Abs. 2 S. 2 2. Halbs., 5 Abs. 1 S. 2 GBO anwendbar, wenn ein Grundstück im Bezirk mehrerer Grundbuchämter liegt, was bei einem gebuchten Grundstück auch durch nachträgliche Änderung des Grundbuchbezirks herbeigeführt werden kann;[4] § 5 kommt dagegen unmittelbar zur Anwendung, wenn etwa wegen Unklarheit der Gerichtsgrenzen unter Grundbuchämtern ein Zuständigkeitsstreit entsteht.[5]

2. Entsprechende Anwendung

5 In vereinzelten Fällen fehlt es in einer Angelegenheit der freiwilligen Gerichtsbarkeit an einem zuständigen Gericht. In diesen Fällen ist § 5 heranzuziehen, wenn ansonsten kein Rechtsschutz gewährleistet ist. So begründet bei sogenannten **Rest- bzw. Spaltgesellschaften**[6] ohne Sitz im Inland als Folge ausländischer Enteignungsmaßnahmen allein die

---

[1] BGH NJW 1978, 1163; NJW 1978, 888; jew. für den ähnlich formulierten § 36 ZPO.
[2] So BT-Drs. 13/9424 S. 46 zu dem gleichlautenden § 36 Abs. 2 ZPO.
[3] Ausdrückliche Verweisungen enthalten z. B. § 13 PsychKGBerlin, § 13 Abs. 1 PsychKGNW, § 11 Sächs-PsychKG, § 10 PsychKGSH.
[4] OLG Frankfurt Rpfleger 1979, 209; Demharter § 1 Rn 21.
[5] Demharter § 1 Rn 22.

Tatsache, dass sich Vermögen einer Spaltgesellschaft in einem bestimmten Ort in der Bundesrepublik Deutschland befindet und der Notvorstand dort seine Tätigkeit entfaltet, noch keinen Firmensitz. Ebenso wenig war eine Ersatzzuständigkeit nach den mit Wirkung vom 25. 4. 2006 aufgehobenen §§ 14, 15 ZustErgG gegeben. Bei Streit oder Ungewissheit über die örtliche Zuständigkeit kann vielmehr in entsprechender Anwendung des Abs. 1 auf Antrag ein örtlich zuständiges Gericht bestimmt werden, damit dieses die Bestellung eines Notvorstandes vornimmt[7] oder eines Notaufsichtsrates, um so die Gesellschaft in die Lage zu versetzen, einen Sitz in Deutschland zu begründen und ordentliche Organe zu berufen.[8]

III. Gerichtliche Zuständigkeitsbestimmung

1. Allgemeines

§ 5 regelt zunächst die Bestimmung der **örtlichen** Zuständigkeit. Da der Gesetzgeber mit der Neufassung der Zuständigkeitsbestimmungsvorschrift die in § 5 FGG ausdrücklich enthaltene Beschränkung auf die örtliche Zuständigkeit nicht übernommen sowie zugleich den Anwendungsbereich erweitert und an den § 36 ZPO angepasst hat, ist diese Vorschrift nunmehr auch für die Bestimmung der **sachlichen**[9] Zuständigkeit heranzuziehen. Dies gilt auch für die Bestimmung der **funktionellen**[10] Zuständigkeit[11] (z. B. Streit zwischen Nachlass- und Betreuungsgericht), soweit nicht um das Verhältnis zwischen Richter, Rechtspfleger und Urkundsbeamten der Geschäftsstelle betroffen ist. So kann eine Zuständigkeitsbestimmung in einem Streit zwischen dem Nachlass- und dem Betreuungsgericht erfolgen, wenn es nicht um die Verteilungs- und Entscheidungskompetenz des Gerichtspräsidiums, sondern um eine Auslegung gesetzlicher Zuständigkeitsvorschriften geht.[12]

Keine Anwendung findet § 5 in Antragsverfahren zur Klärung der **Verfahrenszuständigkeit** (Abgrenzung Zivilprozessgericht/Familiengericht/Gericht der freiwilligen Gerichtsbarkeit). Insoweit sind für die Zuständigkeitsbestimmung über § 17 a Abs. 6 GVG die Regelungen in § 17 a Abs. 1 bis 5 GVG heranzuziehen.[13] Für die Bestimmung des Rechtsweges gelten die §§ 17 bis 17 b GVG. Unanwendbar ist § 5 ebenfalls für die Bestimmung der **internationalen** Zuständigkeit;[14] insoweit ist eine Bestimmung durch nationale Gerichte nicht möglich.

§ 5 greift nicht ein, wenn die für das Bestimmungsverfahren zuständigen Gerichte eine **Bestimmung des örtlich zuständigen Gerichts ablehnen**. Besteht insoweit ein Zuständigkeitsstreit zwischen zwei im Bezirk verschiedener OLG gelegener AG und hat ein OLG die Bestimmung abgelehnt, so ist das OLG zur Bestimmung verpflichtet, in dessen Bezirk

---

[6] Durch die Konstruktion der Spaltgesellschaft wurde es den deutschen Gerichten ermöglicht, in Fällen entschädigungsloser Enteignungen durch ausländische Regierungen nach dem 2. Weltkrieg die im Inland befindlichen Vermögenswerte den alten Eigentümern zu erhalten (vgl. Hüffer § 14 Rn 4, § 85 Rn 4).
[7] BGH NJW-RR 2007, 1182; IPRax 1985, 342 mit Anmerkung Großfeld/Lohmann S. 324.
[8] BGH DtZ 1991, 680; DtZ 1990, 253; BayObLGZ 1985, 208/211.
[9] So auch Jansen/Müther § 5 Rn 35; Schulte-Bunert Rn 73; a. A. Bumiller/Harders § 5 Rn 4. OLG Brandenburg ZEV 2008, 289.
[10] Mit dem Begriff der „funktionellen Zuständigkeit", den das FamFG nicht bestimmt, wird hier die Zuständigkeit nach der Rechtspflegefunktion verstanden, z. B. die Tätigkeit der jeweiligen Abteilung des AG als Nachlassgericht, Betreuungsgericht, Registergericht, Landwirtschaftsgericht etc.). Daneben versteht man hierunter auch die Aufgabenverteilung unter den Rechtspflegeorganen (Einzelrichter, Kollegium, Rechtspfleger, Urkundsbeamten der Geschäftsstelle etc.). Bei der Abgrenzung Familiengericht/Zivilgericht oder Abteilung der freiwilligen Gerichtsbarkeit handelt es sich um eine Frage der Verfahrenszuständigkeit.
[11] FamVerf/Paul § 2 Rn 11; MünchKommZPO/Pabst § 5 FamFG Rn 4 für die Bestimmung jeder Zuständigkeitsart; a. A. Bahrenfuss § 5 Rn 1; Prütting/Helms/Prütting § 5 Rn 5, 9 für die analoge Anwendung des § 17 a GVG; unklar Musielak/Borth § 5 Rn 2.
[12] Vgl. auch Musielak/Heinrich § 36 Rn 3.
[13] OLG Hamm FamRZ 2011, 658; NJW 2010, 2740 = FamRZ 2010, 2089; jew. unter Aufgabe der gegenteiligen früheren Auffassung FamRZ 2010, 920; OLG München FamRZ 2010, 2090; jeweils für das Verhältnis Streitgericht und Familiengericht; Johannsen/Henrich/Althammer § 65 Rn 10; Musielak/Borth § 3 Rn 12; a. A. OLG Nürnberg FamRZ 2010, 1760; OLG Stuttgart JurBüro 2010, 549; jew. für Streit zwischen Vormundschafts-/Betreuungsgericht und Familiengericht; FamVerf/Paul § 2 Rn 11 für Streit zwischen Prozessabteilung und Familiengericht.
[14] Bahrenfuss § 5 Rn 1.

das zweite am Streit beteiligte AG seinen Sitz hat.[15] Ansonsten kann eine Überprüfung nur im Rahmen der Anfechtung der Endentscheidung erfolgen (§ 58 Abs. 2).

2. Verhältnis zu anderen Vorschriften

8   Ist für eine Angelegenheit der freiwilligen Gerichtsbarkeit einschließlich der Familiensachen der freiwilligen Gerichtsbarkeit die örtliche (Eingangs-)Zuständigkeit bei mehr als einem Gericht begründet (siehe dazu § 2 Rn 9 ff.), so legt § 2 zur Vermeidung von Doppelbehandlungen die sog. **Vorgriffszuständigkeit** fest. Eine Zuständigkeitsbestimmung nach § 5 ist erforderlich, wenn unter den Gerichten Streit darüber besteht, ob die Wirkungen des § 2 eingetreten sind.[16] Werden Ansprüche verschiedener Rechtswege geltend gemacht, greift hingegen §§ 17 bis 17b GVG ein. Zu den Einzelheiten siehe § 1 Rn 46 ff.

3. Streit zwischen Rechtspflegern

9   Auch der Rechtspfleger ist im Rahmen seiner funktionellen Zuständigkeit (§ 4 Abs. 1 RPflG) befugt, gemäß § 5 die Entscheidung des gemeinschaftlichen oberen Gerichts herbeizuführen. Sofern nicht die Voraussetzungen des § 5 RPflG gegeben sind, bedarf es vor der Durchführung des Verfahrens nach § 5 keiner Vorlage an den Richter (zu den Einzelheiten siehe § 4 Rn 34).[17] Der Rechtspfleger darf indes keine Zuständigkeitsbestimmung in einem Verfahren herbeiführen, das dem Richter vorbehalten ist.[18] Eine Zuständigkeit des Rechtspflegers zur Vorlage ist indes dann gegeben, wenn derzeit noch keine dem Richtervorbehalt unterliegende Aufgabe zu erledigen ist. Str. ist, inwieweit dieser Grundsatz in **Betreuungssachen** gilt (siehe dazu § 4 Rn 35). Nimmt der Rechtspfleger als Urkundsbeamter der Geschäftsstelle reine Verwaltungsangelegenheiten wahr (z. B. Festsetzung der Vergütung eines Verfahrenspflegers), so kann keine Zuständigkeitsbestimmung getroffen werden. Es handelt sich nicht um ein eigenständiges Verfahren, sondern um eine Verrichtung im Hauptverfahren.[19]

4. Streit zwischen den Beteiligten

10   Besteht zwischen den Beteiligten untereinander außerhalb eines anhängigen Verfahren Streit, welches Gericht zuständig ist, so ist zunächst für ein Zuständigkeitsbestimmungsverfahren nach § 5 kein Raum. Teilt das Gericht in einem anhängigen Verfahren die Meinung eines Beteiligten über die Zuständigkeit nicht, so ist gegen die die Zuständigkeit verneinende Entscheidung die befristete Beschwerde gemäß §§ 58 ff. gegeben. Nur wenn die Beteiligten verschiedene Gerichte anrufen und diese sich zueinander in der Zuständigkeitsfrage in Widerspruch setzen, besteht die Möglichkeit einer Zuständigkeitsbestimmung durch das nächsthöhere gemeinschaftliche Gericht.

IV. Verhinderung an der Ausübung der Gerichtsbarkeit (Abs. 1 Nr. 1)

1. Grundsatz

11   Abs. 1 Nr. 1 sieht eine Bestimmung der Zuständigkeit durch das nächsthöhere Gericht vor, wenn ein an sich sachlich und örtlich zuständiges Gericht aus **rechtlichen oder tatsächlichen Gründen verhindert** ist, die Gerichtsbarkeit auszuüben. Dieser Fall kann auch bei einem nach Abs. 1 Nr. 2 bis 5 bestimmten Gericht eintreten. Trotz des Wortlautes „in einem einzelnen Fall" ist auch eine allgemeine Verhinderung erfasst; es soll nur ausgeschlossen werden, dass das obere Gericht generell die Gerichtsbarkeit, die einem unter-

---

[15] BayObLG FamRZ 1958, 387.
[16] OLG Köln FGPrax 1996, 226 für den Streit über die örtliche Zuständigkeit zwischen Nachlassgerichten in den alten und neuen Bundesländern.
[17] BayObLG NJW-RR 2002, 1118; OLG Hamm OLGZ 1994, 343; OLG Köln FGPrax 2003, 82; Bahrenfuss § 5 Rn 1.
[18] BayObLG NJW-RR 2002, 1118.
[19] BayObLG NJW-RR 1997, 966; OLG Hamm FamRZ 1995, 486; OLG Naumburg FamRZ 2001, 769; OLG Oldenburg FamRZ 1999, 101.

stellten Gericht zukommt, auf ein anderes Gericht überträgt.[20] Im Fall der Verhinderung ist stets eine auf den Einzelfall abgestellte Bestimmung des nunmehr zuständigen Gerichts vorzunehmen.[21]

Bei tatsächlicher oder rechtlicher Verhinderung von **Rechtspflegern** (§ 10 RPflG) ist Abs. 1 Nr. 1 ebenfalls anzuwenden. Eine Verhinderung aller Rechtspfleger liegt aber erst vor, wenn bei dem Gericht kein Richter vorhanden ist, der die Aufgaben des Rechtspflegers wahrnehmen kann (vgl. § 8 Abs. 1 RPflG).

2. Verhinderung aus rechtlichen Gründen

Ein Gericht ist rechtlich verhindert, die Gerichtsbarkeit auszuüben, wenn die erforderliche Zahl von Richtern – einschließlich ihrer Vertreter – von der Ausübung des Richteramtes kraft Gesetzes nach § 6 Abs. 1 S. 1 FamFG i.V.m. § 41 ZPO oder nach § 6 Abs. 1 S. 2 FamFG ausgeschlossen ist oder sich der Ausübung wegen Befangenheit enthält (vgl. § 6 Abs. 1 S. 1 FamFG i.V.m. § 48 ZPO) oder wegen Befangenheit abgelehnt und die Ablehnung für begründet erklärt worden ist (§ 6 Abs. 1 S. 1 FamFG i.V.m. §§ 42 ff. ZPO),[22] weshalb das Gericht nicht mehr ordnungsgemäß besetzt ist. Ein Fall der rechtlichen Verhinderung kann auch eintreten, wenn so viele Richter in einem Verfahren als Zeugen vernommen werden sollen, dass die ordnungsgemäße Besetzung entfällt.

3. Verhinderung aus tatsächlichen Gründen

Aus tatsächlichen Gründen ist ein Gericht nicht mehr ordnungsgemäß besetzt, wenn die erforderliche Zahl von Richtern nicht mehr erreicht werden kann, weil Richterstellen durch langfristige Krankheit, Tod oder Ausscheiden aus Altersgründen vakant geworden sind und eine Wiederbesetzung noch nicht vorgenommen worden ist; ferner, weil Richter erkrankt bzw. wegen Urlaubs nicht erreichbar sind. Auch der Stillstand der Rechtspflege (z.B. wegen Naturkatastrophen) gehört hierher.

V. Zuständigkeitsbestimmung wegen Ungewissheit (Abs. 1 Nr. 2)

1. Grundsatz

Nach **Abs. 1 Nr. 2** kann eine Zuständigkeitsbestimmung durch das nächsthöhere Gericht erfolgen, wenn die **örtlichen Grenzen der Gerichtsbezirke** ungewiss sind, oder wenn **aus sonstigen tatsächlichen Gründen** ungewiss ist, welches Gericht für das Verfahren zuständig ist. Für die Bestimmung des zuständigen Gerichts ist nicht erforderlich, dass zuvor ein Gericht seine Zuständigkeit verneint hat.[23]

2. Ungewissheit

Ungewissheit über die örtliche Zuständigkeit ist gegeben, wenn eine rechtliche Beurteilung der Zuständigkeitsfrage aus tatsächlichen Gründen nicht möglich ist, weil die tatsächlichen Verhältnisse unklar sind[24] und auch durch Ermittlungen nicht aufgeklärt werden können.[25] Es genügt nicht, dass bei klarem Sachverhalt eine **rechtliche Beurteilung** lediglich schwierig und unsicher ist.[26] Eine Ausnahme ist dann anzunehmen, wenn durch eine rechtzeitige Klärung der Zuständigkeitsfrage ein erheblicher Eingriff in die Grundrechte eines Betroffenen gemindert werden kann.[27] Ungewissheit über die örtliche Zuständigkeit kann auch gegeben sein, wenn diese nur aus einer internationalen oder interlokalen Zuständigkeit hergeleitet werden kann.[28]

---

[20] Löwe/Rosenberg/Wendisch § 15 Rn 7.
[21] Löwe/Rosenberg/Wendisch § 15 Rn 7.
[22] OLG Zweibrücken OLGZ 1974, 323.
[23] OLG Hamm JMBl.NW 1959, 163.
[24] OLG Oldenburg Rpfleger 1963, 297.
[25] BayObLGZ 1952, 1; KG Rpfleger 1959, 54.
[26] OLG Oldenburg Rpfleger 1963, 297.
[27] OLG Frankfurt NJW 2006, 3443 für die Zuständigkeitsbestimmung bei polizeirechtlicher Freiheitsentziehung.
[28] KG OLGZ 1977, 178.

17 **Beispiele** für ungewisse örtliche Zuständigkeit: Der maßgebliche Wohnsitz oder gewöhnliche Aufenthaltsort einer Person ist zweifelhaft, weil durch das von ihr bewohnte Haus die Grenze zweier Gerichtsbezirke verläuft; wird auf einer solchen Grenze ein Leichnam gefunden, ist der Sterbeort und damit der Aufenthaltsort des wohnsitzlosen Erblassers zur Zeit des Erbfalls nicht zu ermitteln.[29] Zu einem nicht mehr feststellbaren Zeitpunkt ist in einem fahrenden Zug ein Findelkind zu nicht mehr feststellbarer Zeit gefunden worden.[30] Ein Fall der Ungewissheit kann auch gegeben sein, wenn über die Genehmigung eines Übergabevertrages, der Grundbesitz in mehreren AG-Bezirken betrifft, nur einheitlich entschieden werden kann und daher ungewiss ist, welches AG örtlich zuständig ist.[31]

18 **Keine Ungewissheit** besteht, wenn mehrere Gerichte sich unabhängig voneinander, ohne miteinander in Verbindung zu treten, für unzuständig oder zuständig erklärt haben; ebenso wenig, wenn die Person, der die Freiheit in einem Verfahren nach §§ 415 ff. entzogen werden soll, keinen gewöhnlichen Aufenthalt hat und auch ihr gegenwärtiger Aufenthalt nicht bekannt ist.[32] Im Fall der rechtlich gegebenen örtlichen Zuständigkeit mehrerer Gerichte ist für ein Bestimmungsverfahren nach Abs. 1 Nr. 2 kein Raum; es entscheidet vielmehr die zeitlich erste Befassung mit der Sache (§ 2 Abs. 1). Sollte auch die Vorgriffszuständigkeit nicht gegeben sein, so muss das örtlich zuständige Gericht nach Zweckmäßigkeitsgesichtspunkten bestimmt werden.[33]

VI. Zuständigkeitsbestimmung bei Kompetenzkonflikt (Abs. 1 Nr. 3, Nr. 4)

1. Grundsatz

19 Abs. 1 Nr. 3 und Nr. 4 regeln die Zuständigkeitsbestimmung im Fall des **positiven** (Abs. 1 Nr. 3) bzw. des **negativen** (Abs. 1 Nr. 4) **Kompetenzkonflikts.** Voraussetzung ist in derselben Angelegenheit ein Streit zwischen den Gerichten über die zum Zeitpunkt der Einleitung des Verfahrens gesetzlich begründete Eingangszuständigkeit. Eine Zuständigkeitsbestimmung nach § 5 Abs. 1 Nr. 3 oder Nr. 4 erfolgt auch im Falle eines Aufgebotsverfahrens zur Kraftloserklärung mehrerer Hypotheken-, Grund- und Rentenschuldbriefe im Falle einer Gesamthaftung mehrerer in verschiedenen Gerichtsbezirken belegener Grundstücke (siehe auch § 2 Rn 20 a, 27; § 466 Rn 13).[34] Kein Fall des Abs. 1 Nr. 3 liegt vor, wenn ein Gericht seine ursprüngliche Zuständigkeit nicht in Zweifel gezogen hat, indes sich aufgrund veränderter Umstände nunmehr für unzuständig hält.[35]

20 Ein **positiver Zuständigkeitsstreit** (Kompetenzkonflikt) besteht, wenn zwei oder mehrere Gerichte mit derselben Sache befasst worden sind und jedes die Zuständigkeit für sich in Anspruch nimmt, zugleich den Vorzug des anderen nicht anerkennt und somit eine Abgabe des Verfahrens an ein zuständiges Gericht unterbleibt.[36]

21 Ein **negativer Zuständigkeitsstreit** (Kompetenzkonflikt) liegt vor, wenn zwei oder mehrere Gerichte mit derselben Angelegenheit befasst sind, von denen mindestens eines örtlich zuständig ist, sich aber alle beteiligten Gerichte für unzuständig erklären[37] bzw. jedes

---

[29] BT-Drs. 16/6308 S. 176; Bahrenfuss § 5 Rn 4.
[30] Bumiller/Harders Rn 7.
[31] BayObLGZ 1956, 329; a. M. OLG Nürnberg RdL 1956, 226.
[32] OLG Hamm JMBl.NW 1957, 80.
[33] BayObLG Rpfleger 1958, 271; KG OLGZ 1969, 493; OLG Schleswig SchlHA 1959, 196.
[34] So auch Bumiller/Harders § 466 Rn 2; Prütting/Helms/Maass §§ 442 bis 445 Rn 6; § 466 Rn 2; a. A. analoge Anwendbarkeit des § 36 Abs. 1 Nr. 4 ZPO: OLG München FGPrax 2011, 156; Bassenge/Roth/ A. Walter § 466 FamFG Rn 5; Baumbach/Hartmann § 466 FamFG Rn 3.
[35] OLG Hamburg FGPrax 2010, 238.
[36] BayObLGZ 1955, 132/134; KG OLGZ 1992, 287/288; OLG Bremen FamRZ 2011, 1091 für die Verwahrung des Originals der Erbausschlagungserklärung; OLG Karlsruhe OLGZ 1966, 240/241.
[37] BayObLG FamRZ 2000, 638; OLG Frankfurt Rpfleger 1998, 26; OLG Hamm NJW-RR 1987, 835 = FamRZ 1987, 865; OLG Zweibrücken Rpfleger 1998, 428; jew. für Zuständigkeitsstreit zwischen Nachlassgerichten über die weitere Verwahrung eines gemeinschaftlichen Testaments/Erbvertrags; BayObLG FamRZ 1993, 368; BayObLGZ 1992, 277; jew. für Erbscheinserteilung zur Geltendmachung von Lastenausgleichsansprüchen bei ausländischem Erblasser; KG OLGZ 1994, 73; OLG Bremen DtZ 1994, 252; OLG Köln FGPrax 1996, 226; jew. für Streit zwischen Nachlassgerichten in den alten und neuen Bundesländern; OLG Jena FamRZ 1995, 1594 für Unterbringungsverfahren; BayObLGZ 1996, 284 für Vergütungsfestsetzung für Betreuer nach Abgabe; BayObLG JurBüro 1995, 366 für Verfahren der Beratungs-

das andere für zuständig hält.[38] Es müssen bewusst sich gegenseitig ausschließende, rechtskräftige Zuständigkeitsentscheidungen vorliegen. Es genügt nicht, dass eines der beteiligten Gerichte nur rechtliche Zweifel an seiner Zuständigkeit äußert[39] oder eines von zwei streitenden Gerichten ein drittes für zuständig erachtet.

2. Streit[40]

Streit im Sinne des Abs. 1 Nr. 3 oder Nr. 4 erfordert bewusst gegensätzliche gerichtliche Entscheidungen, die jeweils eine abschließende Stellungnahme über die örtliche Zuständigkeit enthalten. Zum Begriff des Streites gehört, dass von den beteiligten Gerichten mindestens zwei wissen, dass jeweils das andere mit der gleichen Angelegenheit befasst ist und dass jedes entweder sich allein für zuständig erachtet oder dass jedes das andere für zuständig hält. Der Streit muss sich auf eine anhängige, nicht eine erst künftig entstehende Angelegenheit beziehen.[41] Der Antrag auf Bewilligung von Verfahrenskostenhilfe begründet bereits eine Anhängigkeit.[42] Das örtlich unzuständige Gericht kann bereits in der Sache selbst tätig gewesen sein.[43] Der Streit kann auch die Wirksamkeit einer Abgabe („Verweisung") des AG Schöneberg aus wichtigen Gründen gemäß § 187 Abs. 5 S. 2 oder § 343 Abs. 2 S. 2 zum Gegenstand haben.[44]

Der Streit kann beispielsweise dadurch entstehen, weil eines der beteiligten Gerichte hinsichtlich seiner örtlichen Zuständigkeit bereits durch eine Beschwerdeentscheidung des übergeordneten LG gebunden ist.[45] Das Verfahren, das bei zwei oder mehreren Gerichten anhängig ist, darf noch nicht abgeschlossen sein.[46] Kein Streit i. S. v. Abs. 1 Nr. 3 oder 4 liegt vor, wenn ein Gericht seine (ursprüngliche) Eingangszuständigkeit nicht in Zweifel zieht und sich nur auf Grund nachträglich veränderter Umstände für unzuständig hält. Dieser Fall ist in § 2 Abs. 2 eindeutig geregelt. Es kann insoweit aber eine Abgabe nach § 4 und daraus folgend ein Streit nach § 5 Abs. 1 Nr. 5 in Betracht kommen.

3. Verschiedene Gerichte bzw. Behörden der freiwilligen Gerichtsbarkeit

Der Streit muss zwischen verschiedenen Gerichten oder zwischen Behörden in Angelegenheiten der freiwilligen Gerichtsbarkeit untereinander oder mit Gerichten[47] bestehen. Abs. 1 Nr. 3 oder Nr. 4 ist auch anwendbar, wenn die Beschwerdegerichte sich über die örtliche Zuständigkeit nicht einigen können.[48] Nicht zulässig ist das Bestimmungsverfahren nach Abs. 1 Nr. 3 oder Nr. 4 bei einem Streit zwischen einer amtsgerichtlichen Zweigstelle und dem Hauptgericht,[49] zwischen verschiedenen Abteilungen desselben Betreuungs-, Familien-, Nachlass- oder Registergerichts,[50] bei Streitigkeiten zwischen dem Einzelrichter und dem Kollegialorgan, bei Meinungsverschiedenheiten über die örtliche Zuständigkeit zwischen dem Rechtspfleger und dem Richter desselben Gerichts.[51]

---

hilfe; OLG Frankfurt FGPrax 1995, 112 für vormundschaftsgerichtliche Genehmigung; OLG Frankfurt FamRZ 1996, 1351 für Maßnahmen nach § 1666 BGB; BayObLG FamRZ 1999, 100 für elterliche Sorge nach dem Tod des sorgeberechtigten Elternteils bei Doppelwohnsitz des Kindes; OLG Frankfurt FGPrax 2008, 164 für Streit zwischen Registergerichten.

[38] BayObLG FamRZ 1985, 533.
[39] OLG Hamm RdL 1957, 267.
[40] OLG Hamm FGPrax 1995, 43.
[41] OLG Hamm Rpfleger 1969, 19.
[42] Prütting/Helms/Prütting § 5 Rn 19.
[43] OLG Frankfurt Rpfleger 1958, 314.
[44] Z. B. BayObLGZ DtZ 1991, 381; KG FGPrax 1995, 61; OLG Frankfurt FamRZ 1998, 34.
[45] BayObLGZ 1981, 153/154; OLG Karlsruhe OLGZ 1966, 240/241.
[46] BayObLG Rpfleger 1988, 483.
[47] Z. B. Streit eines Notars mit einem Nachlassgericht wegen der Zuständigkeit zur Nachlassauseinandersetzung; vgl. BayObLGZ 1983, 101/104.
[48] OLG Düsseldorf FGPrax 2007, 245.
[49] Diese sind unselbständige Bestandteile des Hauptgerichts; KG OLGZ 1974, 424.
[50] Hier muss das Präsidium entscheiden, vgl. § 21 e GVG.
[51] Ein Vorlage an den Richter kommt selten in Betracht (s. § 5 Abs. 1 RPflG). Davon zu unterscheiden ist ein funktioneller Kompetenzkonflikt zwischen Rechtspfleger und Richter, den gemäß § 7 RPflG der Richter entscheidet.

4. Verfahren

25 Die streitbeteiligten Gerichte müssen über die Zuständigkeit **rechtskräftig** entschieden haben; eine bloße Stellungnahme zu der Frage der Zuständigkeit genügt nicht. Eine solche Entscheidung kann in Form einer bindenden Verweisung (vgl. §§ 3, 154, 187 Abs. 5 S. 2, 343 Abs. 2 S. 2), aber auch in einer ausdrücklichen Unzuständigkeitserklärung (z. B. bei einem Streit über die Bindungswirkung des Verweisungsbeschlusses, vgl. § 3 Abs. 3 S. 2)[52] bzw. in der ausdrücklichen Ablehnung der Übernahme[53] oder in einer nicht mehr anfechtbaren Ablehnung der Verfahrenskostenhilfe oder in einem Beschluss, in dem sich das Gericht ausdrücklich für zuständig erklärt hat (vgl. § 3 Rn 2), liegen.[54] Eine bloße Übersendung der Akten reicht nicht.[55] Im Einzelfall kann ausreichen, wenn verschiedene mit der Sache befassten Gerichte oder Abteilungen desselben Gerichts ihre Kompetenz leugnen und die Unzuständigkeitserklärungen den Verfahrensbeteiligten zumindest bekannt gemacht worden sind.[56] Zur Bindungswirkung eines Verweisungsbeschlusses siehe § 3 Rn 37.

VII. Streit über die Abgabe (Abs. 1 Nr. 5)

1. Grundsatz

26 Nach Abs. 1 Nr. 5 kann eine Zuständigkeitsbestimmung durch das nächsthöhere Gericht über eine Abgabe einer Angelegenheit aus wichtigem Grund (§§ 4, 273, 314) erfolgen, wenn sich die Gerichte über die Abgabe und Übernahme nicht einigen.[57] Eine Entscheidung des nächsthöheren Gerichts setzt stets voraus,

- dass das Verfahren schon bei dem abgebenden Gericht **anhängig** ist (siehe § 4 Rn 9),
- dass das andere Gericht **zu der Übernahme gehört** worden ist und dass dieses sich geäußert hat (siehe § 4 Rn 29),[58]
- dass den Beteiligten, soweit dies geboten ist (vgl. § 4 Rn 30), Gelegenheit zur **Stellungnahme** eingeräumt wurde und[59]
- dass der **Gerichtswechsel noch nicht vollzogen** ist.

27 Hat ein Gericht eine gemäß § 4 abgegebene Sache übernommen, so ist für ein Zuständigkeitsstreit gemäß § 5 Abs. 1 Nr. 5 kein Raum mehr;[60] selbst wenn sich nachträglich herausstellen sollte, dass kein wichtiger Grund vorlag, die Gründe weggefallen sind oder gegen § 4 verstoßen worden ist.[61] Eine Überprüfung kann allenfalls im Rahmen der Anfechtung der Endentscheidung erfolgen (vgl. dazu aber § 4 Rn 40).

2. Verhältnis zur Zuständigkeitsbestimmung nach Abs. 1 Nr. 3 bzw. Nr. 4

28 Die Entscheidung eines Abgabestreits durch das gemeinschaftliche obere Gericht gemäß **Abs. 1 Nr. 5** setzt voraus, dass das abgebende Gericht seine gesetzliche Eingangszuständigkeit nicht bestreitet und lediglich für das weitere Verfahren die Übernahme durch ein anderes Gericht aus wichtigem Grund (§ 4 S. 1) für zweckmäßig hält, weil sich nach Einleitung des noch anhängigen Verfahrens die tatsächlichen oder rechtlichen Voraussetzungen der Zuständigkeit geändert haben.[62] Bei der Verneinung der Zuständigkeit für ein Folgeverfahren findet bei einem Zuständigkeitsstreit **Abs. 1 Nr. 4** Anwendung.[63] Die Verbindung eines Verfah-

---

[52] OLG Brandenburg FamRZ 2010, 2019; zur Bindungswirkung vgl. z. B. BGH NJW 2006, 847.
[53] OLG Brandenburg FamRZ 2011, 56.
[54] BGH NJW 1994, 1416; NJW-RR 1994, 706; jew. für die Ablehnung von PKH.
[55] OLG Bremen Beschl. v. 31. 3. 2011 4 AR 3/11 = BeckRS 2011, 09875; OLG Köln NZI 2000, 75.
[56] OLG Brandenburg FamRZ 2011, 56; OLG Hamm FamRZ 2010, 920.
[57] OLG Köln FGPrax 2003, 82 betr. die Bestellung eines Nachlasspflegers.
[58] BayObLG DAVorm 1996, 398; Rpfleger 1996, 344; OLG Karlsruhe FamRZ 1996, 498.
[59] Vgl. BayObLG DAVorm 1994, 520; BayObLGZ 1993, 7/8; OLG München JZ 1952, 346; OLG Freiburg Rpfleger 1952, 493.
[60] BayObLG FGPrax 1998, 145; Rpfleger 1974, 216.
[61] BayObLG FamRZ 2000, 1443; FGPrax 1998, 145; OLG Karlsruhe/Freiburg FamRZ 1966, 243; Schreieder BtPrax 1998, 203, 204; a. A. OLG Karlsruhe FamRZ 1993, 446 für den Anwendungsbereich des Art. 9 § 5 Abs. 2 BtG.
[62] OLG Köln FamRZ 1998, 958.
[63] OLG Zweibrücken FGPrax 2000, 212.

rens nach Abs. 1 Nr. 4 mit einem Verfahren nach Abs. 1 Nr. 5 ist zulässig, z. B. wenn dem gemeinschaftlichen oberen Gericht ein Streit über die örtliche Zuständigkeit unterbreitet wird und das vorlegende Gericht vorsorglich ein Übernahmeverlangen gestellt hat.

VIII. Zuständiges Bestimmungsgericht (Abs. 2)

Zur Bestimmung des zuständigen Gerichts ist das **nächst höhere gemeinsame Gericht** vorgesehen. Abzustellen ist dabei nicht auf den Gerichtsaufbau,[64] sondern auf das nach dem GVG in der konkreten Verfahrensart im Rechtsmittelzug nächst höhere gemeinsame Gericht.[65] Ist das nächste gemeinsame übergeordnete Gericht der **BGH,** so ist für die AG und LG, die sich in den Bezirken verschiedener OLG befinden, an Stelle des BGH dasjenige **OLG** zur Bestimmung berufen, zu dessen Bezirk das zuerst mit der Sache befasste Gericht gehört. Die Zuständigkeit des OLG besteht auch, wenn der Zuständigkeitskonflikt erstmals auf der Ebene des OLG entsteht.[66] 29

Zuständig für die Bestimmung ist damit 30
- das **LG** für die AG im selben LG-Bezirk in Freiheitsentziehungssachen und in den von den Betreuungsgerichten entschiedenen Sachen;[67]
- das **OLG** für die AG im OLG-Bezirk in den sonstigen Verfahren der freiwilligen Gerichtsbarkeit und in Familiensachen der freiwilligen Gerichtsbarkeit, sowie für die AG im OLG-Bezirk, die sich in verschiedenen LG-Bezirken befinden; weiterhin ist das OLG zuständig für die in seinem Bezirk sowie in unterschiedlichen befindlichen LG erster und zweiter Instanz;
- der **BGH** bei einer (kaum vorkommenden) Verhinderung eines **OLG** im Falle des Abs. 1 Nr. 1.[68]

Maßgebend ist das **Prioritätsprinzip**; und zwar auch dann, wenn das zuerst mit der Sache befasste Gericht nicht mehr am Streit beteiligt ist[69] oder dann, wenn sich das zuerst befasste Gericht zunächst **irrtümlich** für zuständig hielt.[70] Ist ein angerufenes Gericht für die Zuständigkeitsbestimmung nicht zuständig, so kann die Weiterleitung eines Gerichtsstandsbestimmungsverfahrens im Wege der **nicht** bindenden Abgabe erfolgen.[71] War noch **kein** Gericht mit der Sache befasst oder lässt sich nicht feststellen, welches Gericht zuerst mit der Angelegenheit befasst war, so ist das OLG für die Entscheidung zuständig, das mit dem Bestimmungsverfahren zuerst befasst worden ist.[72] 31

Mit der Sache befasst sein bedeutet weniger als ein Tätigwerden, vielmehr ist dieses Merkmal wie in § 2 Abs. 1 zu verstehen (siehe dazu § 2 Rn 15). Im **Amtsverfahren** ist ein Gericht mit der Sache befasst, wenn es amtlich von Tatsachen Kenntnis erlangt, die Anlass zu gerichtlichen Maßnahmen, z. B. zur Einleitung einer Pflegschaft für Abwesende (§ 1911 BGB), sein können.[73] 32

Im **Antragsverfahren** ist ein Gericht mit einer Sache befasst, wenn bei ihm ein Antrag mit dem Ziel der Erledigung durch dieses Gericht eingegangen ist.[74] Es genügt nicht, dass ein AG lediglich als Beurkundungsgericht tätig geworden[75] oder dass bei ihm ein Antrag mit der Bitte um Weiterleitung an das zuständige Gericht eingereicht worden ist.[76] Wird jedoch ein Gericht ersucht, Verfahrenskostenhilfe für ein noch anhängig zu machendes 33

---

[64] So aber MünchKommZPO/Pabst § 5 FamFG Rn 15; SBW/Schöpflin § 5 Rn 13.
[65] BGH FamRZ 1989, 195; NJW 1988, 2739; Haußleiter/Gomille § 5 Rn 14.
[66] BGH NJW-RR 1999, 1081.
[67] So auch Haußleiter/Gomille § 5 Rn 14; a. A. Bumiller/Harder § 5 Rn 12; MünchKommZPO/Pabst § 5 FamFG Rn 16; das LG ist für alle Verfahren zuständig, sofern die AG in seinem Bezirk ihren Sitz haben.
[68] Stein/Jonas/Roth § 36 Rn 10.
[69] KG Rpfleger 1972, 173.
[70] BayObLG Rpfleger 1988, 483.
[71] BayObLGZ 2003, 215; a. A. OLG München NJW 2007, 163 bindende Verweisung.
[72] BayObLGZ 1986, 433; OLG Frankfurt, FamRZ 1999, 25; OLG Hamm JMBl.NW 1960, 204; Bumiller/Harders § 5 Rn 15.
[73] OLG Frankfurt FamRZ 1998, 34.
[74] BayObLGZ 1994, 346/348; BayObLGZ 1983, 26/27; KG OLGZ 1994, 563/564; OLG Hamburg FGPrax 2010, 238.
[75] KG OLGZ 1994, 563/565; OLGZ 1992, 287/289; OLG Hamm JMBl.NW 1959, 175.
[76] BayObLGZ 1992, 123/124; KG KGR 1994, 130/131.

Verfahren zu bewilligen, so ist dieses Gericht nach dem Zweck des § 5 mit einem Antrag befasst. Eine Antragsrücknahme und die Stellung des gleichen Antrags bei einem anderen Gericht ändert nichts daran, dass das zuerst angegangene Gericht mit der Sache befasst war.[77]

34 Wird erstmals bei einem Nachlassgericht ein Erbscheinsantrag gestellt, so ist dieses Gericht auch dann erstmals mit der Sache befasst, wenn zuvor ein anderes Gericht eine andere nachlassgerichtliche Verrichtung (z. B. Testamentseröffnung) vorgenommen hat.[78] Mehrere Nachlassgerichte können auf Grund desselben Erbfalls befasst sein, wenn mehrere Miterben nach einem Erblasser, der keinen Wohnsitz oder Aufenthalt im Inland hatte, Lastenausgleichsansprüche bei mehreren Ausgleichsämtern geltend machen.[79] Bei der Prüfung, welches Gericht zuerst mit der Sache befasst war, ist die Tätigkeit des Staatlichen Notariats der ehemaligen DDR einzubeziehen; seine Tätigkeit ist dem an seine Stelle getretenen AG als erstmalige Befassung mit der Sache zuzurechnen.[80]

IX. Bestimmungsverfahren

1. Allgemein

35 Das gerichtliche Bestimmungsverfahren ist nicht Teil der Justizverwaltung, sondern gehört zur Rechtsprechung (Art. 92 GG);[81] deshalb ist der Grundsatz der Gewährung des rechtlichen Gehörs (Art. 103 Abs. 1 GG) auch im Bestimmungsverfahren zu beachten. Allen Beteiligten ist die Entscheidung oder die Stellungnahme des Gerichts über die Abgabe oder die Ablehnung der Übernahme mitzuteilen. Das Bestimmungsverfahren ist kein Rechtsmittelverfahren, sondern ein besonderes Verfahren, in dem das nächsthöhere gemeinsame Gericht jeweils als Tatsachengericht für eine bestimmte Angelegenheit das örtlich zuständige Gericht mit bindender Wirkung festlegt. Sofern die beabsichtigte Verneinung der Zuständigkeit im Ergebnis zu einer Rechtsschutzverweigerung für den Betroffenen führen würde, kann ausnahmsweise die Zuständigkeit bereits **vor Anhängigkeit der Sache** bestimmt werden.[82]

2. Einleitung des Bestimmungsverfahrens

36 Das Bestimmungsverfahren wird eingeleitet:
- auf **Anrufen** (Aktenvorlage) eines am Zuständigkeitsstreit beteiligten Gerichts oder eines Gerichts, das die Zuständigkeit als ungewiss erachtet oder von noch vorhandenen Mitgliedern des verhinderten Gerichts (zur funktionellen Zuständigkeit s. Rn 9 sowie § 4 Rn 34). Eine von einem Beteiligten erhobene Rüge der Unzuständigkeit steht einer gerichtlichen Bestimmung der Zuständigkeit nicht entgegen.[83] Die Entscheidung kann auch erfolgen, wenn das nächst höhere Gericht irrigerweise nach § 5 angerufen wurde;[84]
- auf **Antrag eines Beteiligten** im Sinne des § 7. Der Antrag kann schriftlich oder zur Niederschrift der Geschäftsstelle gestellt werden (siehe dazu § 25). In Fall des **Abs. 1 Nr. 5** scheidet eine Gerichtsstandsbestimmung auf Antrag eines Beteiligten aus.[85] Diese Personen haben nur die Möglichkeit, die Abgabeentscheidung im Rahmen der Anfechtung der Endentscheidung überprüfen zu lassen (vgl. § 4 Rn 40).

---

[77] BayObLG FamRZ 1964, 311. Das gilt jedenfalls in Amtsverfahren, die auch auf Antrag eingeleitet werden können.
[78] BayObLGZ 1994, 346/348; KG Rpfleger 1959, 54.
[79] BayObLGZ 1992, 277/279.
[80] KG OLGZ 1994, 73/74.
[81] Stein/Jonas/Schumann § 36 Rn 1; Wieczorek/Schütze/Hausmann § 36 Rn 4 (Rechtspflege); Zöller/Vollkommer § 36 Rn 7.
[82] OLG Hamm Beschl. v. 30. 12. 2010 II-2 Sdb (FamS) Zust. 34/10 = FamFR 2001, 135; FGPrax 2009, 35; FGPrax 2006, 183.
[83] BGH NJW 1984, 739.
[84] BayObLGZ 1961, 285/287; OLG Oldenburg NdsRpfl. 1965, 170.
[85] Vgl. auch Bumiller/Harders § 5 Rn 16.

- von **Amts wegen,** wenn das dafür zuständige Gericht von dem Streit über die örtliche Zuständigkeit, von deren aufgetretener Ungewissheit oder von der Verhinderung an der Ausübung der Gerichtsbarkeit Kenntnis erhält.[86]

Die **Vorlage durch ein Gericht** ist nur dann ordnungsgemäß, wenn die für die Zuständigkeit und das evtl. Erfordernis einer gerichtlichen Tätigkeit maßgebenden tatsächlichen Verhältnisse (z. B. Wohnsitz, tatsächlicher Aufenthaltsort, Tod des Erblassers usw.) von dem mit der Sache befassten Gericht geklärt sind.[87] Im Falle der Vorlage nach Abs. 1 Nr. 5 müssen die Umstände ausreichend ermittelt worden sein, die für das Vorliegen eines wichtigen Grundes für eine Abgabe sprechen.[88] Das zur Bestimmung berufene Gericht kann die Sache entweder zur Nachholung der erforderlichen Ermittlungen zurückgeben[89] oder – da es Tatsachengericht ist – diese selbst aufklären (§ 26). Eine Vorlage ist nicht zulässig, wenn das Verfahren, auf das sich die Vorlage bezieht, sachlich bereits in der Hauptsache erledigt ist.[90] 37

3. Prüfungsumfang

Das bestimmende Gericht prüft nur die Voraussetzungen des Bestimmungsverfahrens (z. B. die Vorlegungsbefugnis),[91] nicht dagegen die Verfahrensvoraussetzungen des Hauptverfahrens (z. B. die Beteiligtenfähigkeit, die Erfolgsaussicht[92]). Es muss allerdings für das Bestimmungsverfahren ein schutzwürdiges Interesse an der Bestimmung des zuständigen Gerichts vorliegen. Dieses fehlt, wenn das Hauptverfahren abgeschlossen bzw. erledigt ist[93] oder aber das zweite Gericht die abgegebene Sache übernommen hat. 38

Wird die tatsächliche oder rechtliche Verhinderung geltend gemacht **(Abs. 1 Nr. 1),** so prüft das bestimmende Gericht, ob eine solche tatsächlich vorhanden ist. 39

Bei Streit oder Ungewissheit über die Zuständigkeit **(Abs. 1 Nr. 3, Nr. 4)** ist zu prüfen: 40
- Ob ein zuerst mit der Sache befasstes Gericht vorhanden ist, dessen Vorgriff die örtliche Zuständigkeit eines anderen Gerichts ausschließt (vgl. § 2 Abs. 1).[94]
- Ob nicht in der Angelegenheit eine Sonderzuständigkeit (vgl. § 3 Rn 11 ff.) besteht.
- Ob nicht ausnahmsweise eine bindende Verweisung vorliegt (vgl. § 3 Rn 32 ff.).
- Ausnahmsweise, ob eine internationale Zuständigkeit gegeben ist, nämlich dann, wenn eine örtliche Zuständigkeit nur aus einer vorhandenen internationalen Zuständigkeit hergeleitet werden kann[95] oder umgekehrt, weil schon jetzt mit Sicherheit feststeht, dass keine inländische internationale Zuständigkeit begründet ist, und deshalb eine Bestimmung des zuständigen Gerichts abzulehnen ist;[96] ansonsten prüft nicht das bestimmende, sondern das nach § 5 bestimmte Gericht die internationale Zuständigkeit.[97]
- Ob rechtskräftige Entscheidungen der streitenden Gerichte über die Zuständigkeit vorliegen.

Bei einer Prüfung der Voraussetzungen des **Abs. 1 Nr. 5** braucht das nächsthöhere Gericht nicht zu prüfen, ob das abgebende Gericht tatsächlich zuständig ist; für die Entscheidung über die Abgabe an ein anderes Gericht durch das gemeinschaftliche obere Gericht genügt es, wenn sich das abgebende Gericht für zuständig hält.[98] 41

---

[86] OLG Frankfurt NJW 2006, 3443; OLG Hamm FGPrax 2006, 183; OLG Köln, FGPrax 2009, 189.
[87] BayObLG Rpfleger 1996, 344; OLG Frankfurt FamRZ 1998, 34/35; OLG Karlsruhe BtPrax 1995, 184.
[88] BayObLG FamRZ 1996, 1156; KG FGPrax 1996, 98.
[89] BayObLGZ 1987, 463/464.
[90] OLG Hamm FGPrax 2009, 35.
[91] BayObLG NJW-RR 2002, 1118 für die Befugnis des Rechtspflegers.
[92] BGH WM 1963, 81.
[93] OLG Hamm FGPrax 2009, 35.
[94] Z. B. BayObLGZ 1984, 289/291; BayObLGZ 1983, 101/104.
[95] BayObLG FamRZ 1978, 63; KG FamRZ 1969, 611; OLG München Rpfleger 1971, 68.
[96] BayObLG FamRZ 1978, 63; OLG Stuttgart DieJ 1970, 14.
[97] BayObLGZ 1983, 26/28.
[98] BayObLG FamRZ 1998, 959.

X. Entscheidung des Bestimmungsgerichts

1. Allgemein

42 Die Entscheidung über die Zuständigkeit ergeht durch die Kammer oder den Senat, nicht durch den Vorsitzenden oder den Einzelrichter. Für einen bestehenden Kompetenzkonflikt zweier Familiengerichte ist der Familiensenat des OLG zuständig.[99] Das Bestimmungsgericht entscheidet durch **Beschluss** (§ 38).[99a] Dieser ist, obwohl er keiner Anfechtung unterliegt (Abs. 3), nach § 38 Abs. 3 S. 1 zu begründen. Eine Rechtsbehelfsbelehrung ist nicht erforderlich, da kein Rechtsmittel statthaft ist (vgl. Rn 51). Im Einzelfall kann es sich indes anbieten, auf die Unanfechtbarkeit der Entscheidung hinzuweisen. Liegen die Voraussetzungen für eine Bestimmung des zuständigen Gerichts nicht vor, so ist die Sache an das Gericht zurückzureichen, das als letztes hiermit befasst war; ein ausdrücklich gestellter Bestimmungsantrag eines Beteiligten ist zurückzuweisen. Die Entscheidung kann lauten: *„Zuständig ist das Amtsgericht X"* oder: *„Die Bestimmung des zuständigen Gerichts wird abgelehnt"*. Die Möglichkeit einer **Divergenzvorlage** an den BGH besteht – anders als nach § 36 Abs. 3 ZPO – nicht.

2. Bestimmungsfall der Verhinderung des Gerichts (Abs. 1 Nr. 1)

43 Im Fall der Verhinderung eines Gerichts (Abs. 1 Nr. 1) wird dessen Gerichtsgewalt vom bestimmenden Gericht einem anderen übertragen. Dies ist in jeder Lage des Verfahrens und in allen Instanzen zulässig.[100] Die Übertragung kann das gesamte Verfahren, aber auch nur einzelne Verfahrenshandlungen – z. B. die Entscheidung über die Ablehnung aller Richter eines Gerichts – betreffen.[101]

3. Bestimmungsfall der Ungewissheit (Abs. 1 Nr. 2)

44 Ist Bestimmungsfall die Ungewissheit (§ 5 Abs. 1 Nr. 2) hinsichtlich der örtlichen Zuständigkeit, so wählt das obere Gericht aus mehreren an sich möglicherweise zuständigen Gerichten nach Zweckmäßigkeitsgesichtspunkten[102] ein zuständiges Gericht aus, sofern nicht auch hier ausnahmsweise eine Vorgriffszuständigkeit (§ 2 Abs. 1) gegeben ist. Die Bestimmung eines dritten Gerichts ist möglich, aber in der Regel nicht zweckmäßig. In jedem Fall muss das Bestimmungsgericht – wie im Fall des Streites über die örtliche Zuständigkeit – die Grenzen seiner Bestimmungsbefugnis beachten.

4. Bestimmungsfall des Streits über die Zuständigkeit (Abs. 1 Nr. 3, Nr. 4)

45 Den Zuständigkeitsstreit (Abs. 1 Nr. 3, Nr. 4) entscheidet das bestimmende Gericht auf Grund der für die Zuständigkeit maßgebenden gesetzlichen Bestimmungen. Bei einem Verweisungsbeschluss ist dies regelmäßig das Gericht, an das die erste bindende Verweisung erging (§ 3 Abs. 3 S. 2).[103] Eine unzulässige Rückverweisung ist unbeachtlich. Dem Verweisungsbeschluss kommt auch dann Bindungswirkung zu, wenn er sachlich unrichtig ist oder auf Verfahrensmängel beruht. Die Bindungswirkung entfällt nur dann, wenn die Verweisung ohne die gesetzliche Grundlage erfolgt, sie also willkürlich ist[104] oder eine Verletzung des rechtlichen Gehörs vorliegt[105] (siehe § 3 Rn 37). Sind mehrere Gerichte örtlich zuständig, hat die Zuständigkeitsbestimmung nach Zweckmäßigkeitsgesichtspunkten zu erfolgen.[106] Glei-

---

[99] OLG Brandenburg, FamRZ 2010, 2019; OLG Düsseldorf FamRZ 1977, 725.
[99a] OLG Bremen Beschl. v. 31. 3. 2011 4 AR 3/11 = BeckRS 2011, 09875.
[100] Vgl. zum vergleichbaren § 15 StPO BGHSt. 22, 250.
[101] Löwe/Rosenberg/Wendisch § 15 StPO Rn 14.
[102] OLG Hamm JMBl.NW 1959, 163; Rpfleger 1959, 283.
[103] BayObLG NJW 2003, 366; OLG Düsseldorf FGPrax 2010, 213; OLG Frankfurt NJW-RR 2002, 1481; OLG Köln NJW-RR 2002, 426.
[104] St. Rspr. z. B. BGH NJW 2003, 3201; NJW-RR 2002, 1498; KG NJW-RR 2000, 500; OLG Düsseldorf FGPrax 2010, 213.
[105] St. Rspr. z. B. BGH NJW 2006, 847; NJW-RR 2002, 1498; BayObLG NJW 2003, 306; OLG Düsseldorf FGPrax 2010, 213.
[106] OLG Hamm OLGZ 1984, 268; OLG Köln OLGR 1994, 9 für die nachträgliche Bewilligung von Beratungshilfe.

ches gilt, wenn nicht festgestellt werden kann, welches der streitenden Gerichte in der Sache zuerst tätig geworden ist, oder feststeht, dass keines von ihnen in der Sache tätig wurde.[107]

Kommt das bestimmende Gericht zu dem Ergebnis, dass keines der streitenden Gerichte zuständig ist, so kann es ein drittes, nicht am Streit beteiligtes Gericht bestimmen, wenn dem bestimmenden Gericht auch die Zuständigkeit für das dritte Gericht zukommt.[108] Dies ist einmal bei allen, dem bestimmenden Gericht unterstellten Gerichten der Fall. Es trifft dies auch zu, wenn die erweiterte Zuständigkeit Platz greift, weil das Obergericht an Stelle des BGH entscheidet.[109] Das dritte Gericht ist vorher zu hören. **46**

5. Bestimmungsfall im Abgabestreit (Abs. 1 Nr. 5)

Haben zwei Gerichte die Übernahme abgelehnt und bittet das abgebende Gericht, das zuletzt ersuchte zur Übernahme anzuweisen, so kann das übergeordnete Gericht auch das zuerst ersuchte zur Übernahme verpflichten.[110] Dagegen kann ein noch nicht angegangenes drittes Gericht nicht zur Übernahme verpflichtet werden.[111] **47**

XI. Umfang und Wirkung der Bestimmung

Die Entscheidung des Obergerichts wird mit der Bekanntgabe an das Gericht, das zur Übernahme angewiesen wird, wirksam. Bis zu diesem Zeitpunkt bleibt das Verfahren bei dem zunächst befassten Gericht anhängig; diese ist z. B. für Eilentscheidungen zuständig.[112] Die Bestimmung des zuständigen Gerichts und damit des zuständigen Richters ist konstitutiv. Es wird damit der gesetzliche Richter im Sinne des Art. 101 Abs. 2 S. 2 GG festgelegt. Die Bestimmung des zuständigen Gerichts ist für sämtliche am Abgabestreit beteiligten Gerichte **bindend**,[113] auch wenn das Bestimmungsgericht fehlerhaft entschieden haben sollte.[114] Die Bindungswirkung des Bestimmungsbeschlusses besteht nicht nur gegenüber den am Streit beteiligten Gerichten oder unter den Gerichten, deren örtliche Zuständigkeit unklar war, sondern für alle inländischen Gerichte, und zwar solange das Verfahren, das zu dem Bestimmungsbeschluss geführt hat, anhängig ist.[115] Ausnahmsweise kann die Bindungswirkung entfallen, wenn das bestimmende Gericht gegen den Grundsatz der Gewährung des rechtlichen Gehörs (Art. 103 Abs. 1 GG) verstoßen hat. Die Erhebung einer **Anhörungsrüge** ist nicht möglich, da es sich bei der Bestimmungsentscheidung um eine der Endentscheidung vorausgehende Entscheidung handelt (§ 44 Abs. 1 S. 2; siehe § 44 Rn 14).[116] **48**

Den am Bestimmungsverfahren weiter beteiligten Gerichten sowie den Beteiligten des Verfahrens wird der Beschluss ebenfalls bekanntgegeben. An das bestimmte Gericht sind die Akten des nicht mehr zuständigen Gerichts abzugeben. Das bestimmte Gericht hat nunmehr die Sache weiter aufzuklären und eine Entscheidung zu treffen. Bereits ergangene Entscheidungen des nicht mehr zuständigen Gerichts sind wirksam (vgl. § 2 Abs. 3), können aber nach Maßgabe des § 48 geändert werden. **49**

Für die Entscheidung über Beschwerden gegen Entscheidungen des zuvor tätigen Gerichts ist nunmehr das dem bestimmten Gericht übergeordnete Rechtsmittelgericht zuständig, auch für eine Entscheidung nach § 62.[117] Ein nicht erledigtes Beschwerdeverfahren geht auf das dem bestimmten Gericht vorgesetzte Rechtsmittelgericht über.[118] Ist der **50**

---

[107] BayObLGZ 1983, 223/228; KG FGPrax 1995, 71; OLG Hamm OLGZ 1984, 268/272.
[108] BGH FamRZ 1997, 171; FamRZ 1988, 492; jew. für § 36 Abs. 1 Nr. 6 ZPO.
[109] OLG Karlsruhe FamRZ 1957, 183; Rpfleger 1956, 71.
[110] BayObLGZ 1986, 433/435; OLG Karlsruhe/Freiburg FamRZ 1957, 183; Schreieder BtPrax 1998, 203, 205.
[111] BayObLG Rpfleger 1996, 244; BayObLGZ 1986, 433/435; OLG Köln FamRZ 1996, 859; Schreieder BtPrax 1998, 203/205.
[112] Prütting/Helms/Prütting § 5 Rn 38.
[113] BayObLG FGPrax 1998, 145; KG FGPrax 2006, 280; OLG Köln FGPrax 2006, 72.
[114] BayObLGZ 1986, 433/435; Schreieder BtPrax 1998, 203, 208.
[115] BayObLGZ 1955, 132.
[116] A. A. MünchKommZPO/Ulrici § 44 Rn 5.
[117] OLG Düsseldorf FGPrax 2007, 245.
[118] BayObLGZ 1985, 296.

Bestimmungsbeschluss wirksam geworden, so kann die Beschwerde gegen Endentscheidungen des vorher tätigen Gerichts – in Abweichung von § 64 Abs. 1 – nur noch bei dem neuen Gericht eingelegt werden, da das frühere Gericht infolge der Bestimmung seine Zuständigkeit und damit auch die Abhilfebefugnis verloren hat.[119]

XII. Rechtsmittel (Abs. 3)

51 Die Entscheidung, durch die das zuständige Gericht bestimmt wird, unterliegt nach § 5 Abs. 3 keiner Anfechtung; dies gilt auch dann, wenn das LG entschieden hat. Gegen den zurückweisenden Beschluss sieht das Gesetz ebenfalls kein Rechtsmittel vor,[120] insbesondere werden auch für den Fall einer Entscheidung durch das LG nicht §§ 567 ff. ZPO für entsprechend anwendbar erklärt. Eine Überprüfung ist damit allenfalls innerhalb der Anfechtung der **Endentscheidung** möglich (vgl. § 58 Abs. 2). Zum Umfang der Überprüfungsmöglichkeit durch das Beschwerdegericht siehe aber § 65 Rn 16; zur Möglichkeit der Erhebung einer Anhörungsrüge siehe § 44 Rn 16.

XIII. Kosten und Gebühren

52 In dem Bestimmungsverfahren nach § 5 ergeht **keine Kostenentscheidung**. Dies gilt, wie sich aus § 82 ergibt, auch, wenn ein Antrag eines Beteiligten auf Zuständigkeitsbestimmung zurückgenommen oder zurückgewiesen wird.[121] Für das Bestimmungsverfahren fallen keine gesonderten Gerichtskosten an. Die Tätigkeit eines Rechtsanwalts ist nach § 15 RVG mit der für die Hauptsache vorgesehenen Vergütung abgegolten, da das Verfahren zum Rechtszug der Hauptsache gehört (§ 19 Abs. 1 S. 2 Nr. 3 RVG).

Ausschließung und Ablehnung der Gerichtspersonen

6 (1) ¹Für die Ausschließung und Ablehnung der Gerichtspersonen gelten die §§ 41 bis 49 der Zivilprozessordnung entsprechend. ²Ausgeschlossen ist auch, wer bei einem vorausgegangenen Verwaltungsverfahren mitgewirkt hat.

(2) **Der Beschluss, durch den das Ablehnungsgesuch für unbegründet erklärt wird, ist mit der sofortigen Beschwerde in entsprechender Anwendung der §§ 567 bis 572 der Zivilprozessordnung anfechtbar.**

Übersicht

	Rn
I. Normzweck; Anwendungsbereich	1
II. Ablehnbare (bzw. ausgeschlossene) Personen	2
III. Ausschluss von der Ausübung des Richteramtes (§ 41 ZPO)	3
1. Grundsätze	3
a) Allgemeines	3
b) Wesen der Ausschließung	4
c) Beschwerdeverfahren	7
d) Sache	8
e) Vorbefasstheit	9
2. Ausschließungsgründe	10
a) § 41 Nr. 1 ZPO	10
b) § 41 Nr. 2 ZPO	11
c) § 41 Nr. 2a ZPO	12
d) § 41 Nr. 3 ZPO	13
e) § 41 Nr. 4 ZPO	14
f) § 41 Nr. 5 ZPO	15
g) § 41 Nr. 6 ZPO	16
h) § 41 Nr. 7 ZPO	16 a
3. Folgen der Ausschließung	17

---

[119] A. A. Bumiller/Harders § 5 Rn 21 bei dem Gericht, das die anzufechtende Entscheidung erlassen hat.
[120] Prütting/Helms/Prütting § 5 Rn 40.
[121] A. A. BGH NJW-RR 1987, 757; BayObLG NJW-RR 2000, 141; jew. für das Verfahren nach § 36 ZPO, wenn es kein Hauptsacheverfahren gibt oder nur eines, in dem der Rechtsanwalt, der die Bestimmung beantragt, nicht Verfahrensbevollmächtigter ist.

	Rn
IV. Ablehnung einer Gerichtsperson (§ 42 ZPO)	18
1. Voraussetzung der Ablehnung	18
a) Antrag	18
b) Bestimmte Angaben der abgelehnten Gerichtsperson	19
c) Rechtzeitigkeit	20
d) Begründetheit des Antrags	21
e) Keine entgegenstehende Rechtskraft	22
f) Rechtsschutzbedürfnis	23
2. Begründetheit	24
3. Beispiele	25
V. Verlust des Ablehnungsrechts (§ 43 ZPO)	38
VI. Ablehnungsgesuch (§ 44 ZPO)	40
VII. Entscheidung über das Ablehnungsgesuch (§ 45 ZPO)	42
1. Ablehnung beim Kolligialgericht (LG, KfH, OLG, BGH)	42
2. Ablehnung eines Richters beim AG	46
3. Ablehnung eines Rechtspflegers	50
VIII. Entscheidung und Rechtsmittel (§ 46 ZPO; § 6 Abs. 2 FamFG)	51
1. Verfahren	51
2. Entscheidung und Rechtsmittel	52
a) Stattgabe	52
b) Ablehnung des Antrages	53
3. Beschwerdeverfahren	55
IX. Unaufschiebbare Amtshandlungen (§ 47 ZPO)	57
X. Selbstablehnung; Ablehnung von Amts wegen (§ 48 ZPO)	61
XI. Urkundsbeamte (§ 49 ZPO)	63

I. Normzweck; Anwendungsbereich

Die Regelung entspricht dem früheren § 6 FGG. § 6 gilt für alle Angelegenheiten des **1** FamFG, soweit nicht in Sondervorschriften etwas Anderes bestimmt ist. Das bedeutet, dass § 6 in Ehesachen und Familienstreitsachen wegen § 113 Abs. 1 nicht anwendbar ist (hier gilt die ZPO und damit die §§ 41 ff. ZPO unmittelbar), in anderen Familiensachen schon. In Landwirtschaftssachen gilt § 6 ebenfalls (§ 9 LwVG). Im Grundbuchrecht finden sich entsprechende Regelungen in § 81 Abs. 2 GBO sowie § 11 GBO. Vgl. ferner § 89 Abs. 2 SchiffsRegO. § 6 beseitigt durch Verweisung auf §§ 41 bis 49 ZPO bisherige Unterschiede zwischen der Ablehnung in Verfahren der freiwilligen Gerichtsbarkeit und im Zivilprozess (z. B. Grad der Verwandtschaft in § 6 Nr. 3 FGG einerseits, § 41 Nr. 3 ZPO andererseits), die nicht nachvollziehbar waren.

II. Ablehnbare (bzw. ausgeschlossene) Personen

§ 6 bezeichnet als ablehnbar (im Gegensatz zu § 41 ZPO) die „Gerichtspersonen". Da- **2** runter fallen **Richter** (aller Instanzen, auch ersuchte Richter), ehrenamtliche Richter[1] (wie Handelsrichter), **Rechtspfleger** (wegen § 10 RPflG), Urkundsbeamte der Geschäftsstelle (wegen § 49 ZPO; siehe dazu §§ 4 Abs. 2 HRV, 4 Abs. 4 AVO GBO). **Sachverständige** können nach § 30 Abs. 1 FamFG i. V. m. § 406 ZPO abgelehnt werden (s. § 30 Rn 101 ff.).[2] Der Streit kann ihnen nicht verkündet werden (§ 72 ZPO); geschieht es trotzdem und treten sie bei, sind sie nicht ausgeschlossen.[3] **Dolmetscher** sind nach § 191 GVG ablehnbar. **Notare** sind nach § 6 BeurkG ausgeschlossen. Über Ausschließung und Ablehnung eines Notars im Landesdienst (Baden-Württemberg) vgl. § 5 Abs. 1, 2 Bad.-Württ.LFGG[4] (es entscheidet das LG, § 6 Abs. 1 Bad.-Württ.LFGG).[5] Wenn ein Notar in Baden-Württemberg ein Testament oder einen Erbvertrag beurkundet hat, kann er ihn nicht später als

---
[1] BT-Drucks. 16/6308 S. 176.
[2] Dazu Leipold DS 2008, 218; Völker FPR 2008, 287.
[3] BGH NJW-RR 2006, 1221.
[4] In der Fassung vom 1. 9. 2009, Text bei § 486 Rn 4.
[5] In der Fassung vom 1. 9. 2009, Text bei § 486 Rn 4.

Nachlassrichter auslegen[6] (dort sind die Notariate Nachlassgerichte). Für öffentliche Beurkundungen, soweit hierfür der Richter (Rechtspfleger) noch zuständig ist (z. B. §§ 62, 63 BeurkG), gilt § 6 nicht, vielmehr sind gemäß § 1 Abs. 2 BeurkG die §§ 3, 4, 6, 7, 26 BeurkG maßgebend. **Gerichtsvollzieher** kann man nicht ablehnen;[7] ebenso nicht Verfahrenspfleger des Betroffenen (§ 276),[8] Verfahrensbeistände des Kindes (§ 158)[9] Mitarbeiter des Jugendamtes[10] oder Umgangspfleger des Kindes (§ 1684 Abs. 3 BGB),[11] weil diese trotz Bestellung durch das Gericht keine Gerichtspersonen sind. Hierzu vgl. aber § 41 Nr. 4 ZPO (Rn 14).

III. Ausschluss von der Ausübung des Richteramtes (§ 41 ZPO)

§ 41 ZPO

Ein Richter ist von der Ausübung des Richteramtes kraft Gesetzes ausgeschlossen:
1. in Sachen, in denen er selbst Partei ist oder bei denen er zu einer Partei in dem Verhältnis eines Mitberechtigten, Mitverpflichteten oder Regresspflichtigen steht;
2. in Sachen seines Ehegatten, auch wenn die Ehe nicht mehr besteht;
2 a. in Sachen seines Lebenspartners, auch wenn die Lebenspartnerschaft nicht mehr besteht;
3. in Sachen einer Person, mit der er in gerader Linie verwandt oder verschwägert, in der Seitenlinie bis zum dritten Grad verwandt oder bis zum zweiten Grad verschwägert ist oder war;
4. in Sachen, in denen er als Prozessbevollmächtigter oder Beistand einer Partei bestellt oder als gesetzlicher Vertreter einer Partei aufzutreten berechtigt ist oder gewesen ist;
5. in Sachen, in denen er als Zeuge oder Sachverständiger vernommen ist;
6. in Sachen, in denen er in einem früheren Rechtszuge oder im schiedsrichterlichen Verfahren bei dem Erlass der angefochtenen Entscheidung mitgewirkt hat, sofern es sich nicht um die Tätigkeit eines beauftragten oder ersuchten Richters handelt,
7. in Sachen, in denen er an einem Mediationsverfahren oder einem anderen Verfahren der außergerichtlichen Konfliktbeilegung mitgewirkt hat.

1. Grundsätze

3   a) **Allgemeines. Gerichtspersonen** (Rn 2), nicht nur „Richter", wie § 41 ZPO formuliert, sind in den Fällen des § 41 ZPO ausgeschlossen.

4   b) **Wesen der Ausschließung.** Die Ausschließung der Gerichtsperson von der Ausübung des Richteramts in den vom Gesetz aufgezählten Fällen kraft Gesetzes bedeutet:

5   • für den Richter (Rechtspfleger) und die sonstigen Gerichtspersonen das **Gebot,** sich in diesen Fällen **der Amtsausübung zu enthalten.** Wenn dies nicht geschieht, ist die Ablehnung der Gerichtsperson durch Beteiligte in entsprechender Anwendung des § 42 Abs. 1 ZPO zulässig. Bestehen Zweifel über das Vorliegen eines Ausschließungsgrundes, so hat das Gericht in entsprechender Anwendung des § 48 2. Halbs. ZPO zu entscheiden. Handelt es sich um einen Rechtspfleger, so entscheidet der Richter (§ 10 S. 2 i. V. m. § 28 RPflG); handelt es sich um einen Richter, so ergibt sich das für die Entscheidung zuständige Gericht aus § 45 ZPO in entsprechender Anwendung.

6   • Handlungen der ausgeschlossenen Gerichtsperson sind **nicht kraft Gesetzes unwirksam** (zum Grundbuchrecht vgl. § 11 GBO). Die Beteiligten haben das Recht, die Handlungen des ausgeschlossenen Richters, wenn sie sich als Endentscheidungen im Sinne des § 38 darstellen, mit der befristeten Beschwerde (§§ 58 ff.) bzw. im Falle des § 11 Abs. 2 RPflG mit Erinnerung anzufechten. Hier kann die nicht selbständig angreifbare Handlung (z. B. ein Beweisbeschluss, eine Beweisaufnahme) mit überprüft werden (§ 58 Abs. 2 FamFG). War aber die Entscheidung über die Ablehnung nach § 6 Abs. 2 anfechtbar und wurde die Anfechtung unterlassen, ist die Handlung auch nicht mehr über § 58 Abs. 2 überprüfbar.[12] War die Entscheidung überhaupt unanfechtbar (wie im Falle des § 46

---

[6] OLG Karlsruhe NJW-RR 1989, 1095.
[7] BGH NJW-RR 2005, 149, s. dazu § 155 GVG.
[8] Bumiller/Harders § 6 Rn 2.
[9] OLG Celle FGPrax 2003, 128.
[10] OLG Celle Beschl. v. 25. 2. 2011 10 WF 48/11 = BeckRS 2011, 04658.
[11] OLG Karlsruhe FamRZ 2005, 1571.
[12] BT-Drucks. 16/6308 S. 204.

Abs. 2 ZPO), dann darf sie auch nicht über § 58 Abs. 2 in der Beschwerdeinstanz nachgeprüft werden. Im Übrigen ist bei rechtskräftigen Entscheidungen § 579 Nr. 2 ZPO entsprechend anzuwenden (vgl. § 48 Abs. 2).

c) Beschwerdeverfahren. Die Verletzung des § 6 Abs. 1 bildet im Beschwerdeverfahren einen **selbstständigen Anfechtungsgrund.** Wenn auch das der anfechtbaren Entscheidung vorausgegangene Verfahren (Ermittlungen, Beweiserhebungen) nicht unwirksam ist, muss das Beschwerdegericht die Entscheidung des ausgeschlossenen Richters (Rechtspflegers) doch stets aufheben, auch wenn sie sich sachlich als richtig erweist;[13] eine Zurückverweisung kommt unter den Voraussetzungen des § 69 Abs. 1 S. 2 und S. 3 in Betracht (vgl. dazu § 69 Rn 13). Denn im Zweifel ist nicht nur die Entscheidung, sondern auch das vorangegangene Verfahren von der Unparteilichkeit „infiziert". Die Rechtsbeschwerde führt im Hinblick auf § 72 Abs. 3 FamFG i. V. m. § 547 Nr. 2 ZPO stets zur Aufhebung der von einem ausgeschlossenen Richter oder unter dessen Mitwirkung erlassenen Entscheidung des Beschwerdegerichts; lag ein solcher Mangel nur im ersten Rechtszug vor, so kommt für das Rechtsbeschwerdegericht (BGH) eine Aufhebung aus diesem Grunde nur in Betracht, wenn die Gesetzesverletzung auch für die Entscheidung des Beschwerdegerichts ursächlich war.[14] 7

d) Sache. Sache im Sinne von § 41 ZPO ist jede Angelegenheit, jeder Sachverhalt, der zu einem Verfahren und einer Entscheidung Anlass gibt. Hat das Gericht eine länger dauernde Tätigkeit zu entfalten, wie in Betreuungs- und Nachlasssachen, ist Sache im Sinne des § 6 jede einzelne in den Rahmen der Gesamttätigkeit fallende Angelegenheit, welche zu einer besonderen Entscheidung Anlass gibt, also z. B. in Nachlasspflegschaftssachen die Genehmigung zu einem Rechtsgeschäft.[15] 8

e) Vorbefasstheit. Wenn eine Gerichtsperson als Organ der (Justiz-)Verwaltung ein Verwaltungsverfahren veranlasst oder dabei mitgewirkt hat, ist die Mitwirkung dieser Gerichtsperson an einem gerichtlichen Verfahren, in dem die Rechtmäßigkeit des Verwaltungshandelns überprüft werden soll, im Hinblick auf den Grundsatz der Gewaltenteilung ebenfalls ausgeschlossen (Abs. 1 S. 2); vgl. § 54 Abs. 2 VwGO. Hat z. B. der Präsident eines LG einen Notar angewiesen, wegen seiner Kostenberechnung die gerichtliche Entscheidung herbeizuführen, so ist der Präsident aus den angeführten verfassungsrechtlichen Gründen gehindert, in dem Notarkostenbeschwerdeverfahren als Richter mitzuwirken.[16] Hat der Rechtspfleger als weisungsgebundener Kostenbeamter einen Kostenansatz aufgestellt, kann er nicht über die Erinnerung hiergegen entscheiden.[17] Abs. 1 S. 2 hat auch Bedeutung in öffentlich-rechtlichen Streitsachen.[18] Nicht darunter fällt, dass ein Richter zuvor über die Verfahrenskostenhilfe zu Ungunsten eines Beteiligten entschieden hat.[19] 9

2. Ausschließungsgründe

a) § 41 Nr. 1 ZPO. Eine Gerichtsperson ist ausgeschlossen in Sachen, in denen sie selbst „Partei" (d. h. Beteiligter) ist oder bei denen sie zu einer „Partei" in dem Verhältnis eines Mitberechtigten, Mitverpflichteten oder Regresspflichtigen steht. Gemeint sind die Fälle, in denen die **Gerichtsperson selbst (formell oder materiell) Beteiligter** (vgl. § 7 FamFG ist. Mitberechtigter oder Mitverpflichteter ist, wer, ohne in der Sache selbst als Beteiligter aufzutreten oder auftreten zu können, neben einem Beteiligten von dem Verfahren unmittelbar betroffen wird. Der Nachlassrichter (Rechtspfleger) ist daher ausgeschlossen, wenn er Erbe, Miterbe, Nacherbe, Pflichtteilsberechtigter, Vermächtnisnehmer ist. Die Gerichtsperson ist ausgeschlossen als Mitglied einer beteiligten GbR, eines kleinen nichtrechtsfähigen Vereins,[20] einer OHG, Kommanditgesellschaft. Aber auch wenn 10

---

[13] Baur § 8 IV 3; a. M. Jansen/Müther § 6 Rn 25.
[14] Vgl. BGH NJW 1958, 1398; OLG Hamm Rpfleger 1969, 211.
[15] Dazu auch BayObLG MDR 1977, 763.
[16] BayObLGZ 1985, 182.
[17] BayObLG Rpfleger 1974, 391; Dallmayer/Eickmann § 10 Rn 6.
[18] Vgl. BVerwGE 52, 47; BGH FamRZ 1963, 556; VGH München BayVBl. 1985, 311.
[19] BVerwG NVwZ-RR 2009, 662.
[20] Mitgliedschaft in Massenvereinen dagegen schließt nicht aus, BVerfG NJW 1984, 1874; BGH WuM 2004, 110 (Verein mit mehreren tausend Mitgliedern); BAG AP § 41 ZPO Nr. 1 (Gewerkschaft).

ein Richter Gesellschaftsanteile an einer GmbH hält, ist er in diesem Sinn beteiligt,[21] obwohl formal nur die GmbH Beteiligte ist. Nicht mitberechtigt oder mitverpflichtet ist der Richter, der Bürger einer beteiligten Gemeinde, der Kleinaktionär einer beteiligten Publikums-Aktiengesellschaft oder Mitglied einer Massen-Genossenschaft (z. B. Volksbank) ist, sofern nicht gerade Sonderrechte des Mitglieds betroffen sind.[22] Nicht ausgeschlossen ist bei der Entscheidung über eine Beschwerde einer IHK ein ehrenamtlicher Richter, der zugleich Mitglied der IHK ist.[23] Das Verhältnis als Beteiligter, Mitberechtigter oder Mitverpflichteter muss zu der Zeit noch fortbestehen, zu der der Richter als solcher tätig werden soll.

11   b) § 41 Nr. 2 ZPO. Eine Gerichtsperson ist ausgeschlossen, in Sachen seines **Ehegatten,** auch wenn die Ehe nicht mehr besteht. „Sachen" sind die der Rn 8. Ehe der Richterin mit dem Rechtsanwalt eines Beteiligten fällt nicht unter § 41, sondern § 42.

12   c) § Nr. 2a ZPO. Eine Gerichtsperson ist ausgeschlossen in Sachen (Rn 8) ihres **Lebenspartners,** auch wenn die Lebenspartnerschaft nicht mehr besteht. Gemeint sind homosexuelle registrierte Lebenspartner (§ 1 LPartG), nicht Mann/Frau in eheähnlicher Lebensgemeinschaft.

13   d) § 41 Nr. 3 ZPO. Eine Gerichtsperson ist ausgeschlossen in Sachen (Rn 8) einer Person, mit der er in gerader Linie **verwandt oder verschwägert,** in der Seitenlinie bis zum dritten Grad verwandt oder bis zum zweiten Grad verschwägert ist oder war. Zur Verwandtschaft usw. vgl. §§ 1589 ff. BGB, 383 I Nr. 3 ZPO. In **gerader Linie verwandt:** z. B. Eltern, eheliche, nichteheliche und adoptierte Kinder, Enkel, Urenkel. In **gerader Linie verschwägert:** Schwiegereltern, Schwiegersohn, Schwiegertochter, Schwiegergroßeltern, Ehemann zum nichtehelichen Kind seiner Frau, Ehefrau zum nichtehelichen Kind des Mannes. In **Seitenlinie bis zum 3. Grad verwandt:** Schwester, Bruder, Tante, Onkel, Nichte, Neffe. In **Seitenlinie bis zum 2. Grad verschwägert:** Geschwister des Ehegatten und Ehegatten der Geschwister des Richters. Verwandtschaft zum Verfahrensbevollmächtigten genügt nicht.

14   e) § 41 Nr. 4 ZPO. Eine Gerichtsperson ist ausgeschlossen in Sachen (Rn 8), in denen er als **Verfahrensbevollmächtigter** oder Beistand eines Beteiligten bestellt oder als gesetzlicher Vertreter eines Beteiligten aufzutreten berechtigt ist oder gewesen ist. „Gewesen ist" bezieht sich auch auf den früheren Verfahrensbevollmächtigten. Bevollmächtigte vgl. § 10. Beistand: §§ 12 FamFG, 90 ZPO. Wer gesetzlicher Vertreter ist, richtet sich nach materiellem Recht (z. B. Eltern, §§ 1626 ff. BGB; Betreuer in ihrem Aufgabenkreis, § 1902 BGB; Pfleger in ihrem Wirkungskreis). Der Gesetzestext hat die neuen Vertretungsformen des Familienrechts nicht mitgemacht. Wenn schon jemand als Richter ausgeschlossen ist, der früher Anwalt des Betroffenen war, dann muss analog auch derjenige als Betreuungsrichter ausgeschlossen sein, dem der Betroffene eine Vorsorgevollmacht erteilt hat, welche der Richter akzeptiert hat. Verfahrenspfleger (§ 276) sind zwar weder gesetzliche Vertreter noch Verfahrensbevollmächtigte; sie haben aber (mindestens) dieselben Vertretungsbefugnisse wie ein Verfahrensbevollmächtigter und sind daher ebenfalls in analoger Anwendung als ausgeschlossen anzusehen.

15   f) § 41 Nr. 5 ZPO. Eine Gerichtsperson ist ausgeschlossen in Sachen (Rn 8), in denen er als **Zeuge oder Sachverständiger** vernommen ist. Die bloße Benennung als Zeuge genügt nicht, die Gerichtsperson muss schon vernommen worden sein.

16   g) § 41 Nr. 6 ZPO. Eine Gerichtsperson ist ausgeschlossen in Sachen, in denen er in einem **früheren Rechtszuge** oder im schiedsrichterlichen Verfahren bei dem Erlass der angefochtenen Entscheidung mitgewirkt hat, sofern es sich nicht um die Tätigkeit eines beauftragten oder ersuchten Richters handelt. Wer entschieden hat, darf im Rechtsmittelverfahren nicht mitwirken. Der Amtsrichter, der am Beschluss des AG (z. B. des Betreuungsgerichts) mitgewirkt hat, ist nach seiner Versetzung zum Beschwerdegericht im Beschwerdeverfahren ausgeschlossen; für das Beschwerdeverfahren darf er aber als beauftragter

---
[21] A. A. Jansen/Müther § 6 Rn 10.
[22] Jansen/Müther § 6 Rn 10.
[23] KG RJA 2, 172; KGJ 35 A, 145; Jansen/Müther § 6 Rn 10.

bzw. ersuchter Richter tätig werden. Der Amtsrichter, der im Betreuungsverfahren durch einstweilige Anordnung (§ 300) die Betreuung angeordnet hat, darf aber als Richter im Beschwerdeverfahren mitwirken, wenn nicht die einstweilige Anordnung, sondern die endgültige Anordnung der Betreuung (§ 286) angegriffen wird. Ebenso ist der Amtsrichter nicht ausgeschlossen, wenn er nur am Beweisverfahren (Anhörung des Betroffenen, Erholung des Gutachtens) mitwirkte, aber ein anderer Amtsrichter entschieden hat. Der Beschwerderichter soll nicht ausgeschlossen sein, wenn sein Ehegatte den erstinstanzlichen Beschluss erlassen hat.[24]

h) § 41 Nr. 7 ZPO. *Eine Gerichtsperson ist auch ausgeschlossen in Sachen, in denen sie an einem Mediationsverfahren (vgl. dazu die Erläuterungen zu § 36 a) oder einem anderen Verfahren der außergerichtlichen Konfliktbeilegung mitgewirkt hat.* Die Mitwirkung an diesen Verfahren ist mit der Ausübung des Amtes in Verfahren, die den gleichen Verfahrensgegenstand betreffen, unvereinbar.[25] Daher kommt eine Mitwirkung weder im Fall des Scheiterns der Konfliktbeilegung an der dann zu treffenden Entscheidung noch bei Zustandekommen einer Einigung an der Errichtung eines gerichtlichen Vergleichs (§ 36) oder gerichtlich gebilligten Vergleichs (§ 156 Abs. 2) in Betracht (vgl. auch § 36 a Rn 12–16). 16a

3. Folgen der Ausschließung

Die Ausschließung wirkt kraft Gesetz; die Beteiligten können darauf nicht verzichten; eine Heilung ist ausgeschlossen. Liegt ein Fall des § 41 ZPO vor, vermerkt der Richter dies in den Akten; an seine Stelle tritt dann der nach der Geschäftsverteilung bestimmte Vertreter. Das gilt auch für den Rechtspfleger; nur bei Zweifeln ist eine Vorlage und Entscheidung des Richters veranlasst (§§ 10 S. 2, 28 RPflG, 48 ZPO).[26] Die Beteiligten haben einen Anspruch darauf, zu erfahren, weshalb ein Austausch erfolgte.[27] Ist zweifelhaft, ob ein Fall des § 41 ZPO vorliegt, ist nach § 48 2. Alt. ZPO vorzugehen. Im Übrigen können die Beteiligten die Gerichtsperson ablehnen, § 42 Abs. 1 ZPO. Entscheidungen, an denen der ausgeschlossene Richter bzw. Rechtspfleger mitgewirkt hat, sind nicht nichtig,[28] nur anfechtbar; nach Rechtskraft der Entscheidung ist die **Nichtigkeitsklage** möglich (§§ 48 Abs. 4 FamFG, 579 Abs. 1 Nr. 2 ZPO). Verfahrenshandlungen der Beteiligten vor diesem Richter bzw. Rechtspfleger (Antragsrücknahme usw.) sind wirksam. 17

IV. Ablehnung einer Gerichtsperson (§ 42 ZPO)

§ 42 ZPO

(1) Ein Richter kann sowohl in den Fällen, in denen er von der Ausübung des Richteramts kraft Gesetzes ausgeschlossen ist, als auch wegen Besorgnis der Befangenheit abgelehnt werden.

(2) Wegen Besorgnis der Befangenheit findet die Ablehnung statt, wenn ein Grund vorliegt, der geeignet ist, Misstrauen gegen die Unparteilichkeit eines Richters zu rechtfertigen.

(3) Das Ablehnungsrecht steht in jedem Falle beiden Parteien zu.

1. Voraussetzungen der Ablehnung

a) Antrag. Der Antrag (vgl. § 23) muss von einem Beteiligten (§ 7) ausgehen. Er kann sich dabei vertreten lassen (§ 10 FamFG). Anwaltszwang besteht nicht. Der Verfahrensbevollmächtigte hat kein selbständiges Ablehnungsrecht aus eigener Person.[29] 18

b) Bestimmte Angabe der abgelehnten Gerichtsperson. Namentliche Angabe ist nicht erforderlich, zweifelsfreie Bestimmbarkeit des Richters (Rechtspflegers) genügt. Eine Zivilkammer, Zivilsenat oder das Gericht als solches sind nicht ablehnbar.[30] Die namentliche 19

---

[24] BGH NJW 2008, 1672 (lebensfremd); NJW 2004, 163; teils a. A. Feiber NJW 2004, 650.
[25] BR-Drs. 60/11 S. 29.
[26] Dallmayer/Eickmann § 10 Rn 8, 9, 16.
[27] MünchKommZPO/Gehrlein § 41 Rn 29.
[28] Vgl. BGH NJW-RR 2007, 776.
[29] OLG Karlsruhe NJW-RR 1987, 126.
[30] BGH FamRZ 2007, 1734; OLG Brandenburg FamRZ 2001, 290.

Aufzählung aller Richter macht die Kollektivablehnung noch nicht zulässig; anders aber, wenn zusätzlich eine auf die jeweilige Person bezogene Begründung beigefügt wird; dafür genügt aber z. B. nicht „wegen Zugehörigkeit zum OLG".[31] Bei entsprechender Begründung kann die Ablehnung „des Senats/der Zivilkammer" in eine Ablehnung der einzelnen Mitglieder umgedeutet werden. Ein noch gar nicht zuständiger Richter kann nicht vorsorglich abgelehnt werden.[32]

20   c) **Rechtzeitigkeit.** Die Ablehnung muss rechtzeitig erfolgen: vgl. §§ 43, 44 Abs. 4 ZPO.

21   d) **Begründung des Antrags.** Der Antrag muss begründet werden; Glaubhaftmachung § 44 ZPO.

22   e) **Keine entgegenstehende Rechtskraft.** Der geltend gemachte Ablehnungsgrund darf noch nicht verbeschieden sein; unveränderte Wiederholung ist daher unzulässig, eine solche mit neuen Gründen ist dagegen zulässig.

23   f) **Rechtsschutzbedürfnis.**[33] Dieses fehlt, wenn die Instanz mit allen Nebenentscheidungen beendet ist.[34] Missbrauch und damit Unzulässigkeit liegt vor bei Verschleppungsabsicht, sonstigen verfahrensfremden Zwecken (z. B. nur für die Öffentlichkeit bestimmt), mangelnder Ernstlichkeit, Fehlen jeder verständlichen Begründung.

2. Begründetheit

24   Begründet ist das Ablehnungsgesuch bei Ausschluss vom Richteramt nach § 41 oder Befangenheit (definiert in § 42 Abs. 2 ZPO). Nicht notwendig ist dabei tatsächliche Befangenheit, es genügt die „Besorgnis". Es kommt auf die Sicht des ablehnenden Beteiligten an.[35] Die Ablehnungsgründe müssen aber objektivierbar sein, es kommt darauf an, ob die Gründe aus der Sicht eines vernünftigen Menschen geeignet sind, Misstrauen gegen die Unparteilichkeit zu rechtfertigen.

3. Beispiele (es kommt aber auf den jeweiligen Einzelfall an):

25   **Aktenzuleitung an die Staatsanwaltschaft**[36] (z. B. wegen Verdachts des Betrugs oder der Urkundenfälschung) und Aussetzung des Verfahrens deswegen, kann Besorgnis der Befangenheit rechtfertigen, wenn sie nur aufgrund Vorbringens eines Beteiligten erfolgte;[37] andernfalls nicht.[38] Ebenso Aktenzuleitung an das Finanzamt.[39]

26   **Ausdrucksweise** des Richters kann Befangenheit begründen,[40] z. B. „das sind Kinkerlitzchen";[41] Ton der dienstlichen Äußerung;[42] „Es ist mir unmöglich, das Verfahren unbefangen weiterzuführen";[43] „unseriös, unkollegial";[44] ein Protokollvermerk, wonach die Ausführungen eines Beteiligten weitschweifig seien;[45] ungenügend aber: „lasse mich nicht verarschen";[46] Bezeichnung einer Unterhaltsberechnung als „utopisch", des Vorgehens als „tricky", des Schriftsatzes als „rabulistisch".[47] Ungenügend ist es auch (jedenfalls in Bayern),

---

[31] BGH NJW 1974, 55.
[32] OLG Zweibrücken FamRZ 2000, 1287.
[33] Dazu Günther MDR 1989, 691.
[34] BGH FamRZ 2007, 1734 (Ablehnung im Tatbestandsberichtigungsverfahren); OLG Hamm NJW 1976, 1701.
[35] BVerfG NJW 1966, 923.
[36] Knoche MDR 2000, 371.
[37] OLG Brandenburg MDR 1997, 779; OLG Frankfurt NJW-RR 1986, 1319; MDR 1984, 499; OLG Hamburg MDR 1989, 1000.
[38] KG MDR 2001, 107.
[39] OLG Hamm FamRZ 1992, 575.
[40] OLG Celle MDR 1988, 970.
[41] OLG Hamburg NJW 1992, 2036; zweifelhaft.
[42] LG Frankfurt NJW-RR 1998, 1764.
[43] OLG Karlsruhe MDR 1999, 956.
[44] LSG Niedersachsen-Bremen NJW 2010, 1630.
[45] OLG Schleswig SchlHA 1999, 103.
[46] OLG Köln MDR 1996, 1180.
[47] OLG Brandenburg FamRZ 1995, 1497; OLG Düsseldorf AnwBl 1999, 236; OLG Frankfurt NJW 2004, 621.

wenn der Richter den Sachvortrag eines Beteiligten als „Wischiwaschi" bezeichnet,[48] weil der Richter klar reden darf.

Verhalten des ablehnenden Beteiligten kann die Befangenheit des Richters nicht 27 herbeiführen; Beleidigungen gegen den Richter, Strafanzeigen, Dienstaufsichtsbeschwerden gegen ihn machen ihn nicht befangen.[49]

Freundschaft/Feindschaft mit eines Beteiligten bzw. dessen Verfahrensbevollmächtig- 28 ten kann Befangenheit begründen; Einzelfallfrage. Bloße Kollegialität (z. B. Zugehörigkeit von Beteiligten und Richter zum selben OLG) genügt nicht;[50] wohl aber die Zugehörigkeit zur selben Kammer/Senat. Dass Richter und Beteiligter im selben Rotary Club sind, soll nicht genügen;[51] auch nicht Mitgliedschaft von Richter/Beteiligter im selben Verein, falls der Verein mehrere tausend Mitglieder hat.[52] Ehe der Richterin mit dem Anwalt eines Beteiligten rechtfertigt Ablehnung;[53] ebenso Schwägerschaft;[54] ebenso, wenn der Sohn des Richters in der Kanzlei des Rechtsanwalts angestellt ist.[55] Wenn die Zivilkammer unter Mitwirkung einer Richterin entschied und deren Ehemann Mitglied des zuständigen Berufungs- oder Beschwerdesenats ist, soll das nach Meinung des BGH[56] nicht genügen. Dass Beklagter der Dienstherr des Richters ist (also das Bundesland) und der Richter des OLG erst Erprobungsrichter ist, soll nach Ansicht des BGH[57] nicht genügen.

Gesellschaftlicher Standort des Richters: i. d. R. genügen nicht Mitgliedschaft in einer 29 Partei,[58] Zugehörigkeit zu einer Religionsgemeinschaft, Mitgliedschaft in Gewerkschaft;[59] anders u. U., wenn ein besonderer Bezug zum Streitstoff besteht.

Hinweise des Richters: nicht genügt zur Ablehnung die Anregung, weitere Zeugen zu 30 benennen;[60] Vorschläge zur Formulierung eines Antrages.[61] Der Rat eines Richters, eine Beschwerde zurückzunehmen, rechtfertigt keine Befangenheit;[62] ebenso nicht der Hinweis, der Antrag sei unschlüssig, ohne Erfolgsaussicht.[63] Keine Ablehnung, wenn der Richter im Termin telefonisch im Büro des säumigen Rechtsanwalts nachfragt.[64] Der Hinweis auf **Verjährung** kann aber die Ablehnung rechtfertigen,[65] ebenso der Hinweis auf die Möglichkeit der Flucht in die Säumnis;[66] der Hinweis auf die Möglichkeit weiterer Anspruchsgrundlagen.[67]

Rechtsansichten: ihre Äußerung genügt nicht als Ablehnungsgrund,[68] wenn es sich um 31 eine vorläufige Beurteilung handelt; auch nicht Meinungsäußerungen auf Fachtagungen.[69] Wenn ein Richter die VKH ablehnt ist er nicht deswegen für die Hauptsache befangen (Rn 37).

Verfahrensfehler und unrichtige Entscheidungen des Richters geben keinen Ableh- 32 nungsgrund, wenn keine unsachliche Einstellung des Richters erkennbar ist;[70] denn Unerfahrenheit bzw. Unfähigkeit ist nicht dasselbe wie Befangenheit. Befangenheit wird aber

---

[48] OLG München NJW-RR 2010, 274.
[49] OLG Dresden FamRZ 2002, 830; OLG München NJW 1971, 384.
[50] BVerfG NJW 2004, 3550; BGH § 42 ZPO LM Nr. 2; zweifelhaft.
[51] OLG Frankfurt NJW-RR 1998, 1764; bedenklich.
[52] BGH NJW-RR 2003, 281; OLG Karlsruhe NJW-RR 1988, 1534.
[53] OLG Jena MDR 2000, 540.
[54] KG NJW-RR 2000, 1164.
[55] OLG Schleswig SchlHA 2000, 253.
[56] BGH NJW 2008, 1672; BGH NJW 2004, 163 (lebensfremd).
[57] BGH NJW-RR 2010, 433.
[58] BVerfGE 43, 128.
[59] BVerfG NJW 1984, 1874.
[60] OLG Frankfurt NJW 1976, 2025.
[61] OLG Köln NJW-RR 1993, 1277.
[62] OLG Stuttgart MDR 2000, 50.
[63] OLG Stuttgart NJW 2001, 1145.
[64] LG Berlin AnwBl 1978, 419.
[65] BGH NJW 2004, 164; a. A. BayObLG NJW 1999, 1875; KG NJW 2002, 1732.
[66] OLG München NJW 1994, 60.
[67] OLG Brandenburg NJW-RR 2009, 1224.
[68] BVerfG NVwZ 2009, 581; BayObLG NJW-RR 2000, 748; OLG Frankfurt FamRZ 1998, 1120; OLG Oldenburg NJW 2004, 3194; BAG NJW 1993, 879.
[69] BGH NJW 2002, 2396, BGH BB 1985, 2160.
[70] BayObLG WM 1993, 456; OLG Celle NdsRpfl. 1999, 341; OLG Schleswig NJW 1994, 1227.

bejaht bei einer Häufung von Verfahrensfehlern;[71] bei merkwürdiger Verfahrensweise;[72] grundloser Ablehnung, Anträge ins Protokoll aufzunehmen;[73] grundloser Verweigerung der Akteneinsicht;[74] Nichtbeachtung der Weisung des Rechtsmittelgerichts;[75] irriger Behandlung eines Ablehnungsgesuchs als rechtsmissbräuchlich.[76] Wer als Richter das rechtliche Gehör verletzt ist, ist nicht schon deswegen ausgeschlossen, an der Entscheidung über die Gehörsrüge mitzuwirken.[77]

33 **Vergleich.** Ein Vergleichsvorschlag des Richters, der für einen Beteiligten ungünstig ist, berechtigt nicht zur Ablehnung.[78] Rechtliche Meinungsäußerungen des Richters beim Vergleichsgespräch berechtigen nicht zur Ablehnung.[79]

34 **Verlegung des Termins:** Verweigerung der Verlegung aus sachlichen Gründen rechtfertigt keine Ablehnung.[80] Anders ist es nur dann, wenn erhebliche Gründe für eine Terminsverlegung offensichtlich vorliegen, die Zurückweisung des Antrags für den betreffenden Beteiligten schlichtweg unzumutbar wäre und damit deren Grundrecht auf rechtliches Gehör verletzte oder sich aus der Ablehnung der Terminsverlegung der Eindruck einer sachwidrigen Benachteiligung eines Beteiligten aufdrängt.[81] Beispiel: keine Verlegung, obwohl umfangreiches Gutachten erst 3 Tage vor dem Termin zuging.[82]

35 **Veröffentlichungen des Richters** wissenschaftlicher Art genügen nicht, wenn die Rechtsfrage abstrakt, losgelöst von einem konkreten Fall und ohne Beziehungen zum vorliegenden Verfahren behandelt wurde.[83]

36 **Verzögerliche Sachbehandlung:** Befangenheit wurde bejaht bei stark verzögernder Bearbeitung,[84] aber auch verneint.[85] Es handelt sich um eine Frage des Einzelfalls, nämlich ob aus der überlangen Dauer auf eine Unparteilichkeit gefolgert werden kann.

37 **Vorangegangene Tätigkeit** des Richters: nicht genügt, dass durch einen Beweisbeschluss oder durch einen Verfahrenskostenhilfebeschluss oder eine einstweilige Anordnung oder in einem sonstigen vorangegangenen oder ähnlichen Verfahren eine bestimmte Rechtsansicht erkennbar wurde.[86]

V. Verlust des Ablehnungsrechts (§ 43 ZPO)

§ 43 ZPO
Eine Partei kann einen Richter wegen Besorgnis der Befangenheit nicht mehr ablehnen, wenn sie sich bei ihm, ohne den ihr bekannten Ablehnungsgrund geltend zu machen, in eine Verhandlung eingelassen oder Anträge gestellt hat.

38 § 43 betrifft nicht Ablehnung wegen § 41 (Ausschluss). Der Kenntnis des Beteiligten[87] gleich steht Kenntnis des Verfahrensbevollmächtigten,[88] des gesetzlichen Vertreters. Kennen

---

[71] OLG Bamberg FamRZ 1997, 1223; OLG Karlsruhe NJW-RR 1997, 1350; OLG Schleswig SchlHA 1993, 275.
[72] OLG Hamm FamRZ 1999, 936.
[73] OLG Köln NJW-RR 1999, 288.
[74] BayObLG NJW-RR 2001, 642.
[75] OLG München MDR 2003, 1070; OLG Rostock NJW-RR 1999, 1507.
[76] OLG Köln NJW-RR 2000, 591.
[77] BVerwG NVwZ-RR 2009, 662.
[78] OLG Karlsruhe DRiZ 1982, 33.
[79] KG MDR 1999, 253; OLG Koblenz NJW-RR 2000, 1376; OLG Zweibrücken FPR 2000, 162.
[80] BayObLG MDR 1990, 343; OLG Koblenz NJW-RR 1992, 191.
[81] BGH NJW 2006, 2492; OLG Brandenburg FamRZ 2000, 897; OLG Frankfurt NJW 2008, 1328 (Urlaub des Anwalts zwingt zur Terminsverlegung); OLG Köln NJW-RR 1997, 828; OLG Naumburg NJW-RR 2002, 502; OLG Zweibrücken MDR 1999, 113.
[82] OLG Köln NJW-RR 2000, 591.
[83] Vgl. BVerfG NJW 1999, 413; NJW 1990, 2458; BGH NZG 2011, 438; OLG Köln FamRZ 2000, 896.
[84] OLG Bamberg FamRZ 2000, 1287; OLG Karlsruhe FamRZ 1999, 444.
[85] BayObLG FamRZ 1998, 1240; OLG Bamberg FamRZ 1998, 1443; OLG Dresden OLG-NL 2001, 45; OLG Düsseldorf MDR 1998, 1052.
[86] BayObLG WuM 1999, 186; OLG Hamburg NJW-RR 2002, 789; OLG Köln VersR 1980, 93; OLG München NJW 1968, 801; OLG Saarbrücken OLGZ 1976, 468.
[87] Siehe dazu OLG Saarbrücken FamRZ 2010, 484.
[88] OLG Hamburg MDR 1976, 845.

müssen genügt nicht. Ablehnungsgrund geltend machen: § 45. **Einlassen** in einer Verhandlung ist jede das Verfahren bzw. die Erledigung eines Streitpunkts dienende Handeln der Beteiligten unter Mitwirkung des Richters,[89] auch Beantworten von richterlichen Fragen,[90] Stellen von Fragen bei der Beweisaufnahme,[91] Abschluss eines Widerrufsvergleichs.[92] Entsteht der Ablehnungsgrund in der Verhandlung nach Antragstellung, muss er bis zum Schluss der mündlichen Verhandlung geltend gemacht werden.[93] Antragstellung ist schädlich; nicht darunter fallen solche auf Akteneinsicht[94] oder Sitzungspause.

Der Verlust des Ablehnungsrechts wirkt nur in dem Verfahren, in dem sich der Beteiligte eingelassen hat, nicht für andere Verfahren vor diesem Richter.[95] Ist die die Instanz abschließende Entscheidung erlassen, nicht mehr abänderbar und sind keine Nebenentscheidungen mehr zu treffen, ist eine Ablehnung nicht mehr zulässig.[96]

VI. Ablehnungsgesuch (§ 44 ZPO)

§ 44 ZPO

(1) Das Ablehnungsgesuch ist bei dem Gericht, dem der Richter angehört, anzubringen; es kann vor der Geschäftsstelle zu Protokoll erklärt werden.

(2) Der Ablehnungsgrund ist glaubhaft zu machen; zur Versicherung an Eides Statt darf die Partei nicht zugelassen werden. Zur Glaubhaftmachung kann auf das Zeugnis des abgelehnten Richters Bezug genommen werden.

(3) Der abgelehnte Richter hat sich über den Ablehnungsgrund dienstlich zu äußern.

(4) Wird ein Richter, bei dem die Partei sich in eine Verhandlung eingelassen oder Anträge gestellt hat, wegen Besorgnis der Befangenheit abgelehnt, so ist glaubhaft zu machen, dass der Ablehnungsgrund erst später entstanden oder der Partei bekanntgeworden sei.

Das Gesuch unterliegt nicht dem Anwaltszwang, § 10; es kann zurückgenommen werden. Die Gerichtsperson muss namentlich oder so bezeichnet werden, dass sie feststellbar ist. Das Gesuch muss bereits (zumindest in den Kernpunkten) die Begründung enthalten.[97] Der Ablehnungsgrund muss substantiiert sein. Ob das Gesuch zu Protokoll des Richters erklärt werden kann, ist streitig;[98] denn nach Abs. 1 kann es nur zu Protokoll der Geschäftsstelle erklärt werden.

Die Glaubhaftmachung (§ 31) des Ablehnungsgesuchs (Abs. 2) erfolgt i. d. R. durch Bezugnahme auf das „Zeugnis" der abgelehnten Gerichtsperson; dies ist die in **Abs. 3** genannte dienstliche Äußerung. Die Beteiligten müssen Gelegenheit zur Stellungnahme hierzu haben (Art. 103 Abs. 1 GG).[99] Ist umstritten, was die Gerichtsperson sagte, ist seine dienstliche Äußerung maßgebend und nicht die anwaltliche Versicherung des Anwalts.

VII. Entscheidung über das Ablehnungsgesuch (§ 45 ZPO)

§ 45 ZPO

(1) Über das Ablehnungsgesuch entscheidet das Gericht, dem der Abgelehnte angehört, ohne dessen Mitwirkung.

(2) Wird ein Richter beim AG abgelehnt, so entscheidet ein anderer Richter des AG über das Gesuch. Einer Entscheidung bedarf es nicht, wenn der Richter beim AG das Ablehnungsgesuch für begründet hält.

---

[89] OLG Koblenz MDR 1986, 60; OLG Saarbrücken FamRZ 2010, 484.
[90] OVG Bremen NJW 1985, 823.
[91] OLG Köln NJW-RR 1996, 1339.
[92] BayObLG WuM 1994, 298; OLG Frankfurt FamRZ 1991, 839.
[93] OLG Frankfurt MDR 1979, 762.
[94] BayObLG NJW-RR 2001, 642.
[95] Vgl. OLG Karlsruhe NJW-RR 1992, 571; a. A. OLG Koblenz MDR 1989, 647; MDR 1986, 60.
[96] BayObLG MDR 1993, 471.
[97] OLG Köln NJW-RR 1996, 1339.
[98] Vgl. BayObLG WuM 1994, 350; OLG Schleswig OLGR 2002, 307.
[99] BVerfG NJW 1983, 2229.

(3) Wird das zur Entscheidung berufene Gericht durch Ausscheiden des abgelehnten Mitglieds beschlussunfähig, so entscheidet das im Rechtszug zunächst höhere Gericht.

1. Ablehnung beim Kollegialgericht (LG, KfH, OLG, BGH)

42 Wenn der Einzelrichter am LG/am OLG abgelehnt wird, entscheidet die Kammer/der Senat und nicht ein anderer Einzelrichter;[100] dass Kollegen über die wechselseitigen Ablehnungen entscheiden, ist nicht akzeptabel. Wenn der Vorsitzende der KfH abgelehnt wird entscheidet der Vertreter des Vorsitzenden und die beiden Handelsrichter laut Geschäftsverteilung.[101]

43 **Bei einer Ablehnung während der Verhandlung** findet § 47 Abs. 2 ZPO Anwendung; es erfolgt vorerst keine Entscheidung über das Gesuch.

44 **Bei einer Ablehnung außerhalb der Verhandlung** entscheidet die Zivilkammer (die KfH mit den Handelsrichtern) bzw. der Senat **in neuer Besetzung** (Abs. 1), wobei an die Stelle des abgelehnten Richters dessen Vertreter laut Geschäftsverteilung tritt; hilfsweise (wenn die Vertretungsregelung des Geschäftsverteilungsplans erschöpft ist) das höhere Gericht (Absatz 3). Auch wenn der Einzelrichter des LG die Ablehnung für begründet hält, ist also eine Kammerentscheidung notwendig, die Sache kann nicht einfach mit Aktenvermerk an den Vertreter weitergegeben werden. Bei Gesamtablehnung aller Kammermitglieder kann über die Gesuche einheitlich entschieden werden.[102] Werden zugleich die Vertreter abgelehnt, ist darüber zuerst zu entscheiden.[103]

45 In **Missbrauchsfällen** entscheidet – ausnahmsweise – die Kammer/der Senat usw. in der (alten) Besetzung mit dem abgelehnten Richter, wenn das ganze Gericht als solches abgelehnt wird[104] oder sonst ein nur der Verschleppung dienendes bzw. rechtsmissbräuchliches Gesuch vorliegt;[105] denn anderenfalls könnten bestimmte Verfahren bei permanenter Wiederholung der Ablehnung wegen der zeitlichen Verzögerung durch Entscheidung in anderer Besetzung nie zu Ende gebracht werden. Wegen Art. 101 Abs. 1 S. 2 GG ist das aber auf engste Ausnahmefälle begrenzt. Missbrauch liegt vor, wenn ein nachvollziehbarer Bezug zum konkreten Verfahren fehlt.[106] Missbrauch z. B., wenn Terminsverlegung zu Recht abgelehnt wurde und nun durch die Ablehnung eine Terminsverschiebung erreicht werden soll (anders, wenn die Terminsverlegung zu Unrecht abgelehnt wurde); in sonstigen taktischen Fällen.

2. Ablehnung eines Richters am AG

46 Hält der Richter die Ablehnung für begründet, gewährt er dem Antragsgegner rechtliches Gehör, macht einen entsprechenden Aktenvermerk und gibt die Sache seinem Vertreter laut Geschäftsverteilungsplan (Abs. 2 S. 2). Der Vertreter ist daran gebunden.[107]

47 Hält der Richter die Ablehnung für **zweifelsfrei rechtsmissbräuchlich**, etwa nur der Prozessverschleppung dienend, kann er den Antrag selbst als unzulässig verwerfen[108] (oben Rn 45).

48 Hält der Richter die Ablehnung sonst für **unzulässig/unbegründet,** legt er die Akten dem Richter vor, der laut Geschäftsverteilung zur Entscheidung über den Ablehnungsantrag zuständig ist (meist der Direktor des AG), Abs. 2 S. 1; dieser entscheidet. Rechtsmittel: § 46 ZPO.

49 Bei Ablehnung während der Verhandlung gilt § 47 Abs. 2 ZPO.

---

[100] BGH NJW 2006, 2492; OLG Karlsruhe FamRZ 2006, 1555; a.A. KG NJW 2004, 2104; Fölsch SchlHA 2004, 137.
[101] OLG Schleswig SchlHA 2004, 155.
[102] OLG Hamburg MDR 1984, 512; a. A. OLG Schleswig NStZ 1981, 489: gestaffelte Einzelverbescheidung.
[103] BGH NJW 1968, 710.
[104] BGH NJW 1974, 55.
[105] BVerfG NJW-RR 2008, 512 („Gewohnheitsrecht"; Ablehnung eines Insolvenzrechtspflegers); BGH NJW 1992, 983; OLG Brandenburg FamRZ 2000, 897; OLG Frankfurt NJW 2009, 1007; OLG Köln NJW-RR 2000, 591; SächsVerfGH NJW-RR 1999, 287.
[106] BVerwG NJW 1997, 3327; vgl. § 26 a I StPO.
[107] OLG Frankfurt FamRZ 1989, 518.
[108] BVerfG NJW-RR 2008, 512; BGH NJW-RR 2005, 1226.

3. Ablehnung eines Rechtspflegers

Ebenso wie ein abgelehnter Richter kann der Rechtspfleger über das Ablehnungsgesuch kraft Gewohnheitsrechts selbst entscheiden, wenn es als missbräuchlich zu verwerfen ist.[109] So verhält es sich, wenn das Ablehnungsgesuch offensichtlich lediglich dazu dient, das Verfahren zu verschleppen, oder verfahrensfremde Ziele verfolgt. Andernfalls entscheidet der zuständige Richter (§ 10 RPflG).

VIII. Entscheidung und Rechtsmittel (§ 46 ZPO; § 6 Abs. 2 FamFG)

§ 46 ZPO

(1) Die Entscheidung über das Ablehnungsgesuch ergeht durch Beschluss.

(2) Gegen den Beschluss, durch den das Gesuch für begründet erklärt wird, findet kein Rechtsmittel, gegen den Beschluss, durch den das Gesuch für unbegründet erklärt wird, findet sofortige Beschwerde statt.

1. Verfahren

Den übrigen Beteiligten ist rechtliches Gehör zu dem Ablehnungsgesuch zu gewähren, wenn dieses begründet sein kann. Zur dienstlichen Äußerung des Richters ist dem Antragsteller Gelegenheit zur Stellungnahme zu geben,[110] jedenfalls wenn Ablehnung des Gesuchs in Frage kommt. Die Person des nachrückenden Richters muss dem Antragsteller nicht vor Erlass des Beschlusses mitgeteilt werden.[111] § 46 Abs. 2 ZPO ist ergänzt in § 6 Abs. 2 FamFG.

2. Entscheidung und Rechtsmittel

a) Stattgabe. Bei Stattgabe ergeht ein Beschluss (§ 38), ohne Kostenentscheidung, ohne Begründung (§ 38 Abs. 4 Nr. 2), da unanfechtbar, § 46 Abs. 2 ZPO. Wenn der Verfahrensgegner bzw. die übrigen Beteiligten kein rechtliches Gehör erhielt, soll entgegen dem Wortlaut eine sofortige Beschwerde statthaft sein.[112] Der Richter selbst ist nicht beschwerdeberechtigt; der Antragsteller auch nicht. Hat aber ein Rechtspfleger in Missbrauchsfällen ausnahmsweise selbst entschieden, ist die Erinnerung nach § 11 RPflG statthaft.

b) Bei Ablehnung des Antrags. Beschluss des Richters etc. in neuer Besetzung (§ 45), in den Missbrauchsfällen (Rn 45) in alter Besetzung, ohne Kostenentscheidung, mit Gründen. Zuzustellen an den Antragsteller (§ 41 Abs. 1 S. 2), den anderen Beteiligten bekannt zu geben (§ 41 Abs. 1 S. 1). Der Beschluss ist nach § 6 Abs. 2 FamFG mit sofortiger Beschwerde (Frist zwei Wochen) in entspr. Anwendung der §§ 567 bis 572 ZPO anfechtbar. Die Beschwerdeentscheidung ist mit Rechtsbeschwerde zum BGH angreifbar, aber nur, wenn die Rechtsbeschwerde vom Beschwerdegericht zugelassen wurde (§ 574 Abs. 1 Nr. 2 ZPO) und auch dann nur durch einen beim BGH zugelassenen Anwalt. Eine „weitere" Beschwerde gegen den Beschluss des LG, soweit dieses als Beschwerdegericht zuständig ist, zum OLG gibt es nicht mehr.

Wird in einem Beschwerdeverfahren ein **Richter des Beschwerdegerichts abgelehnt** ist gegen den diese Ablehnung zurückweisenden Beschluss keine Beschwerde statthaft, wie der Wortlaut von § 567 Abs. 1 ZPO zeigt. Der Beschluss ist nur mit Rechtsbeschwerde zum BGH anfechtbar, falls vom Beschwerdegericht zugelassen, § 574 Abs. 1 Nr. 2 ZPO.[113]

3. Beschwerdeverfahren

In erster und zweiter Instanz besteht kein Anwaltszwang, § 10. Mit der Beschwerde können keine neuen Ablehnungsgründe geltend gemacht werden.[114] Kostenentscheidung:

---

[109] BVerfG NJW-RR 2008, 512.
[110] BVerfG NJW 1968, 1621.
[111] BVerfG NJW 1998, 369.
[112] OLG Frankfurt MDR 1979, 940.
[113] Die a. A. BGH NJW-RR 2003, 644 betrifft noch die Rechtslage zum FGG.
[114] BayObLG MDR 1986, 60.

bei erfolgloser Beschwerde nach § 84, bei erfolgreicher Beschwerde unterbleibt die Kostenentscheidung; die Kosten sind solche des Verfahrens.[115] Die außergerichtlichen Kosten des Beschwerdeverfahrens sind erstattungsfähig.[116] **Streitwert** des Beschwerdeverfahrens: wie Hauptsache.[117] **Gebühren:** Gericht Nr. 1912 KV FamGKG bzw. Nr. 1811 KV GKG; Rechtsanwalt Nr. 3500 VV RVG.

56 Weist ein abgelehnter Richter das gegen ihn gerichtete Ablehnungsgesuch zurück und entscheidet er sodann in der Hauptsache, so entfällt für eine sofortige Beschwerde gegen die Zurückweisung des Ablehnungsgesuchs regelmäßig das **Rechtsschutzinteresse,** wenn ein Rechtsmittel in der Hauptsache statthaft ist, da in deren Rahmen auf entsprechende Rüge auch über die Ablehnung zu entscheiden ist.[118] Wird ein Richter abgelehnt und die Ablehnung als unbegründet zurückgewiesen und entscheidet anschließend der Richter (entgegen § 47 ZPO) instanzbeendigend, so ist die sofortige Beschwerde gegen die Ablehnungszurückweisung unzulässig geworden, weil sie **keine rechtliche Bedeutung** mehr hat.[119]

IX. Unaufschiebbare Amtshandlungen (§ 47 ZPO)

§ 47 ZPO

(1) Ein abgelehnter Richter hat vor Erledigung des Ablehnungsgesuchs nur solche Handlungen vorzunehmen, die keinen Aufschub gestatten.

(2) Wird ein Richter während der Verhandlung abgelehnt und würde die Entscheidung über die Ablehnung eine Vertagung der Verhandlung erfordern, so kann der Termin unter Mitwirkung des abgelehnten Richters fortgesetzt werden. Wird die Ablehnung für begründet erklärt, so ist der nach Anbringung des Ablehnungsgesuchs liegende Teil der Verhandlung zu wiederholen.

57 Unter **„Erledigung des Ablehnungsgesuchs"** versteht die h. M.[120] die rechtskräftige Erledigung; bei Zurückweisung des Ablehnungsantrags muss also der Ablauf der Beschwerdefrist (§ 569 ZPO) oder die Beschwerdeentscheidung abgewartet werden.[121] Bei Einlegung eines unstatthaften Rechtsmittels gegen die Ablehnung muss nicht gewartet werden;[122] ebenso nicht bei rechtsmissbräuchlichen Ablehnungen.[123] Auch eine eingelegte Verfassungsbeschwerde muss nicht abgewartet werden.[124] „Keinen Aufschub gestatten" z. B. Maßnahmen der Sitzungspolizei, Terminsaufhebung, einstweilige Anordnung.

58 **Entgegen der Wartepflicht vorgenommene Handlungen** sind nicht unwirksam, aber mangelhaft:
- wird die Beschwerde später zurückgewiesen, wird der Verfahrensfehler geheilt;[125]
- wird später in der Beschwerdeinstanz die Ablehnung für begründet erklärt, liegt kein Fall der §§ 547 Nr. 3, 579 I Nr. 3 ZPO vor, weil die Ablehnung noch nicht begründet erklärt „war"; es bleiben nur die gewöhnlichen Rechtsbehelfe (Beschwerde gegen die Endentscheidung usw.).

59 Bei einer **rechtsmissbräuchlichen Ablehnung** gilt § 47 Abs. 1 ZPO nicht.[126]

60 Abs. 2 behandelt einen **Sonderfall des Missbrauchs;** es soll verhindert werden, dass ein Beteiligter einen Termin, zu dem z. B. zahlreiche Zeugen erschienen sind, nach Belieben „platzen lassen" kann. § 47 Abs. 2 ZPO gilt ab Aufruf der Sache, nicht erst ab Stellen der Anträge. Eine Vertagung wäre immer erforderlich, weil die Rechtskraft des Beschlusses über die Ablehnung abgewartet werden muss. Trotz Ablehnung **kann** die Verhandlung

---

[115] OLG Frankfurt NJW-RR 1986, 740; a. A. OLG Celle Rpfleger 1983, 173.
[116] BGH NJW 2005, 2233; früher str.
[117] BGH NJW 1968, 796; OLG Koblenz NJW-RR 1998, 1222; die a. A. nimmt $1/10$ bis $1/3$ der Hauptsache an.
[118] BGH NJW-RR 2007, 411.
[119] BayObLG FamRZ 1986, 291; OLG Frankfurt NJW 1986, 1000; a. A. OLG Koblenz NJW-RR 1992, 1464.
[120] BayObLG MDR 1988, 500; OLG Karlsruhe NJW-RR 1997, 1350.
[121] OLG Koblenz NJW-RR 1992, 1464; a. A. OLG Frankfurt MDR 1992, 409.
[122] BGH ZIP 2005, 45.
[123] OLG Schleswig SchlHA 2002, 261.
[124] OLG Hamm MDR 1999, 374.
[125] KG Rpfleger 1977, 219; OLG Frankfurt OLGZ 1992, 383.
[126] OLG Hamburg NJW 1992, 1462.

Beteiligte § 7

fortgesetzt werden, d. h. die Zeugen werden vernommen. Wird letztlich die Ablehnung für begründet erklärt, ist die Zeugenvernehmung etc zu wiederholen.

X. Selbstablehnung; Ablehnung von Amts wegen (§ 48 ZPO)

§ 48 ZPO

Das für die Erledigung eines Ablehnungsgesuchs zuständige Gericht hat auch dann zu entscheiden, wenn ein solches Gesuch nicht angebracht ist, ein Richter aber von einem Verhältnis Anzeige macht, das seine Ablehnung rechtfertigen könnte, oder wenn aus anderer Veranlassung Zweifel darüber entstehen, ob ein Richter kraft Gesetzes ausgeschlossen sei.

Hält der Richter das Vorliegen von § 41 ZPO für zweifelhaft oder einen Ablehnungsgrund (§ 42 ZPO, z. B. Freundschaft mit einem Beteiligten) für gegeben, dann macht er einen entsprechenden Aktenvermerk. Die Anzeige ist den Verfahrensbeteiligten mitzuteilen und ihnen Gelegenheit zur Stellungnahme zu geben,[127] weil die Angaben des Richters falsch sein könnten, um sich das lästige Verfahren zu ersparen. Zur Entscheidung zuständiges Gericht: § 45; formlose Weitergabe der Sache an den Vertreter scheidet aus (anders, wenn die Voraussetzungen des § 41 ZPO offensichtlich vorliegen). Entscheidungsmaßstab: §§ 41, 42 ZPO. **61**

Der **stattgebende Beschluss** enthält keine Kostenentscheidung und wird den Beteiligten mitgeteilt; er ist unanfechtbar. Der ablehnende Beschluss ist nach § 6 Abs. 2 FamFG anfechtbar. **62**

XI. Urkundsbeamte (§ 49 ZPO)

§ 49 ZPO

Die Vorschriften dieses Titels sind auf den Urkundsbeamten der Geschäftsstelle entsprechend anzuwenden; die Entscheidung ergeht durch das Gericht, bei dem er angestellt ist.

Urkundsbeamte können ausgeschlossen sein und sind ablehnbar.[128] Das Gericht ist die betreffende Abteilung, Zivilkammer, Zivilsenat usw., ggf. der Einzelrichter. Ablehnung von Rechtspflegern: § 10 RPflG. **63**

Beteiligte

7 (1) In Antragsverfahren ist der Antragsteller Beteiligter.

(2) Als Beteiligte sind hinzuzuziehen:
1. diejenigen, deren Recht durch das Verfahren unmittelbar betroffen wird,
2. diejenigen, die aufgrund dieses oder eines anderen Gesetzes von Amts wegen oder auf Antrag zu beteiligen sind.

(3) Das Gericht kann von Amts wegen oder auf Antrag weitere Personen als Beteiligte hinzuziehen, soweit dies in diesem oder einem anderen Gesetz vorgesehen ist.

(4) ¹Diejenigen, die auf ihren Antrag als Beteiligte zu dem Verfahren hinzuziehen sind oder hinzugezogen werden können, sind von der Einleitung des Verfahrens zu benachrichtigen, soweit sie dem Gericht bekannt sind. ²Sie sind über ihr Antragsrecht zu belehren.

(5) ¹Das Gericht entscheidet durch Beschluss, wenn es einem Antrag auf Hinzuziehung gemäß Absatz 2 oder 3 nicht entspricht. ²Der Beschluss ist mit der sofortigen Beschwerde in entsprechender Anwendung der §§ 567 bis 572 der Zivilprozessordnung anfechtbar.

(6) Wer anzuhören ist oder eine Auskunft zu erteilen hat, ohne dass die Voraussetzungen des Absatzes 2 oder 3 vorliegen, wird dadurch nicht Beteiligter.

---
[127] BVerfG NJW 1993, 2229.
[128] BVerfG NJW 2007, 3200.

Übersicht

	Rn
I. Normzweck; Anwendungsbereich	1
II. Der Begriff des Beteiligten	3
1. Grundsatz	3
2. Beteiligter im materiellen Sinn	4
3. Beteiligter im formellen Sinn	5
4. Regelung im FamFG	7
III. Muss-Beteiligte	8
1. Grundsatz	8
2. Antragsteller	9
3. Weitere Muss-Beteiligte	10
a) Allgemeines	10
b) Unmittelbar Betroffene (Abs. 2 Nr. 1)	11
c) Erweiterungen (Abs. 2 Nr. 2)	15
d) Verfahrenspfleger	16
e) Verfahrensbeistände für Kinder	17
f) Muss-Beteiligung von Behörden und Organen	18
g) Muss-Beteiligte kraft Sonderregelung	19
4. Folgen der Nichtbeteiligung eines Muss-Beteiligten	20
IV. Kann-Beteiligte	21
1. Grundsatz	21
2. Hinzuziehungsantrag	22
3. Ermessensentscheidung	24
4. Informations- und Belehrungspflichten des Gerichts	25
5. Ermittlung der anderen Beteiligten	28
6. Hinzuziehung eines Beteiligten	29
7. Ablehnung eines Hinzuziehungsantrags	33
8. Rechtsmittel	34
V. Spezielle Vorschriften über Beteiligte	35
1. Verhältnis zu § 7	35
2. Kindschaftssachen	36
3. Abstammungssachen	37
4. Adoptionssachen	38
5. Ehewohnungs- und Haushaltssachen	39
6. Gewaltschutzsachen	40
7. Versorgungsausgleich	41
8. Betreuungssachen	42
9. Unterbringungssachen	43
10. Nachlass- und Teilungssachen	44
11. Freiheitsentziehungssachen	45
12. Weitere Angelegenheiten der freiwilligen Gerichtsbarkeit (§ 410)	46
13. Sonstige Fälle	47
VI. Nichtbeteiligte	48
VII. Rechte der Beteiligten	49
1. Überblick	49
2. Beteiligung und rechtliches Gehör	50
3. Bedeutung der Beteiligtenstellung für die Beschwerde	51
4. Bedeutung der Beteiligtenstellung für die Kostenentscheidung	53

I. Normzweck; Anwendungsbereich

1 Der Begriff des Beteiligten ist ein zentraler Begriff des FamFG und der Nebengesetze der freiwilligen Gerichtsbarkeit. Er war im FGG nicht allgemein definiert. Dadurch tauchten in seltenen Einzelfällen Schwierigkeiten auf.[1] Das versucht § 7 zu beheben.

2 § 7 ist in Ehesachen (§ 121) und Familienstreitsachen (§ 112) nicht anwendbar (§ 113 Abs. 1), in den restlichen Familiensachen sowie in Angelegenheiten der freiwilligen Gerichtsbarkeit dagegen ist § 7 einschlägig.

---
[1] Vgl. Bericht der Kommission für das Recht der freiwilligen Gerichtsbarkeit, 1977, S. 25.

II. Der Begriff des Beteiligten

1. Grundsatz

Der Zivilprozess kennt Parteien (Kläger, Beklagte). Die freiwillige Gerichtsbarkeit ist wegen des anders gelagerten Verfahrensgegenstandes anders strukturiert (was aber nicht zwingend ist, wie die Rechtsvergleichung zeigt); sie kennt statt dessen die „Beteiligten". Zweck dieses Begriffs ist es, bestimmten Personen Mitwirkungsfunktionen zu geben und anderen nicht. Ein einheitlicher Begriff des Beteiligten kann nicht gefunden werden, weil die Verfahren zu vielgestaltig sind, die auftretenden Personen und die von ihnen verfolgten Interessen zu unterschiedlich.[2] Das FGG verwandte den Begriff an den einzelnen Stellen in verschiedenem Sinn. Unter der Geltung des FGG unterschied die allgemeine Auffassung deshalb zwischen **formell** und **materiell** Beteiligten, wobei z. B. in den §§ 41, 86 bis 89 FGG der materiell Beteiligte gemeint war und in §§ 9, 13, 13 a, 15 FGG der formell Beteiligte. Diese Zweiteilung hat auch unter der Geltung des FamFG noch einen Sinn, weil sie die zwei möglichen Blickwinkel aufzeigt.

2. Beteiligter im materiellen Sinn

Beteiligter im materiellen Sinn[3] ist jede Person, deren Rechte und Pflichten durch die Regelung der Angelegenheit, also durch die zu erwartende oder bereits erlassene gerichtliche Entscheidung, unmittelbar betroffen werden oder betroffen werden können, ohne Rücksicht darauf, ob sie im Verfahren aufgetreten ist,[4] also z. B. ein Miterbe in dem durch einen anderen Miterben in Gang gesetzten Verfahren auf Ausstellung eines gemeinschaftlichen Erbscheins;[5] ein nur mittelbares Interesse begründet aber eine Beteiligung im materiellen Sinn selbst dann nicht, wenn es nicht nur ein wirtschaftliches, sondern ein rechtliches ist.[6]

3. Beteiligter im formellen Sinn

Beteiligter im formellen Sinn ist im Allgemeinen jede Person, die zur Wahrnehmung sachlicher Interessen am Verfahren teilnimmt oder zu ihm, auch eventuell zu Unrecht, zugezogen worden ist.[7] Formell beteiligt wird eine Person insbesondere durch eine Verfahrenshandlung, also durch einen Antrag oder durch Einlegung der Erinnerung, der Beschwerde, ohne Rücksicht auf ihre materielle Rechtsstellung.[8] Dieser erweiterte Personenkreis ist auch befugt, schon im ersten Rechtszug als formell Beteiligter am Verfahren teilzunehmen, um seine Interessen zu verfolgen.[9] Formell beteiligt wird auch eine Behörde, die in Wahrung der Belange der Allgemeinheit Beschwerde einlegt,[10] oder z. B. im Amtsverfahren dadurch, dass das Gericht ein Verfahren gegen eine Person einleitet. Im **Amtsverfahren** bestimmen sich im Übrigen die möglichen formell Beteiligten nach dem Kreis derer, die von der Regelung der Angelegenheit unmittelbar betroffen werden können, also der materiell Beteiligten.[11] Wird aber vom Gericht im Amts- oder Antragsverfahren eine Person als Beteiligte hinzugezogen, die in Wahrheit nicht materiell beteiligt ist, so hat sie die Stellung eines lediglich formell Beteiligten, wenn sich das Verfahren unmittelbar gegen sie richtet.[12] Personen, die durch eine Anregung ein sie selbst nicht betreffendes Amtsverfahren (z. B. nach § 1666 BGB) in Gang bringen, sind nicht formell beteiligt.

Häufig ist eine Person **formell und zugleich materiell Beteiligter,** so ein Miterbe, wenn er einen Erbscheinsantrag stellt; der andere Miterbe, der keinen Antrag stellt, ist nur materiell Beteiligter; der Vermächtnisnehmer, der (entgegen § 2353 BGB) einen Erb-

---

[2] BT-Drucks. 13/6308 S. 178.
[3] Jansen/Müther § 6 Rn 5.
[4] BGHZ 35, 296; BayObLG NJW-RR 1988, 931; KG JurBüro 1969, 73; OLG Hamm DNotZ 1955, 253.
[5] BayObLGZ 1960, 216.
[6] BayObLGZ 1966, 49/65.
[7] Jansen/Müther § 6 Rn 6.
[8] OLG Oldenburg Rpfleger 1958, 381; Baur JZ 1962, 123.
[9] KG FamRZ 1968, 472; a. M. BayObLGZ 1958, 171/175.
[10] BGH LM Nr. 2 zu § 13 a FGG; Habscheid § 14 II 1.
[11] BayObLGZ 1966, 49/66; OLG Frankfurt NJW 1968, 359.
[12] BayObLGZ 1966, 49/66; BayObLGZ 1965, 333/341.

schein beantragt, ist nur formell Beteiligter (sein Anspruch gegen den Erben auf Erfüllung des Vermächtnisses, § 2174 BGB, gilt nicht als materielle Beteiligung im Erbscheinsverfahren).

4. Regelung im FamFG

7 Das FamFG enthält die Zweiteilung formell bzw. materiell Beteiligte nicht ausdrücklich; es will sich stärker an andere Verfahrensordnungen, insbesondere die ZPO, anlehnen, die Mitwirkungsfunktionen „stärker als bisher von materiellrechtlichen Elementen" trennen und deutlicher an das „formelle Recht" anlehnen.[13] Letztlich stören den Gesetzgeber die „Mitwirkungsrechte der nicht in eigenen Rechten betroffenen Personen"; deshalb soll (zur Kosteneinsparung) die Möglichkeit der Beteiligung möglichst eingeschränkt werden. Das FamFG unterscheidet zwischen Beteiligten kraft Gesetzes (**Muss-Beteiligten**) und kraft Hinzuziehung (**Kann-Beteiligten**). In § 7 findet sich eine allgemeine Regelung; in mehr als zehn umfangreichen Beteiligungskatalogen finden sich Sonderregelungen. Die Kataloge führen dazu, dass § 7 Abs. 2 Nr. 1 oft übersehen wird, und dass das Verhältnis zueinander unklar ist. Die neue Einteilung ändert nichts daran, dass die bisherige Differenzierung in formell und materiell Beteiligte ihren Darstellungswert behält.

III. Muss-Beteiligte

1. Grundsatz

8 Das sind diejenigen Personen, die vom Gericht hinzugezogen werden **müssen**. Sie sind nicht schon durch ihre materiellrechtliche Stellung automatisch Beteiligte im Sinn des Verfahrensrechts, sondern werden erst durch den Hinzuziehungsakt des Gerichts Beteiligte im Sinn des FamFG. Werden sie nicht hinzugezogen wird ihre materiellrechtliche Stellung dadurch zunächst nicht berührt, ist aber gefährdet. Die Einschränkung in § 7 Abs. 4 „soweit sie dem Gericht bekannt sind", gilt für diesen Personenkreis nicht. Insbesondere bei Muss-Beteiligten kann das Gericht nicht schon deswegen von einer Mitteilung an die Beteiligten absehen, weil sich die Anschrift nicht aus der Akte ergibt.[14] Diese Personen und ihre Anschriften sind deshalb grundsätzlich im Rahmen der Amtsermittlung festzustellen (§ 26). Muss-Beteiligte, die ohne Hinzuziehungsakt kraft Bestellung Beteiligte wurden, sind der Verfahrensbeistand (§ 158 Abs. 3 S. 2) und der Verfahrenspfleger (§ 274 Abs. 2). Ein Muss-Beteiligter ist beschwerdeberechtigt, wenn er in seinen materiellen Rechten verletzt ist (§ 59 Abs. 1); ob er tatsächlich in erster Instanz beteiligt wurde, spielt insoweit keine Rolle. Vgl. Rn 20.

Auch wenn im konkreten Fall jemand kein Muss-Beteiligter ist, kann es geboten sein, ihn im Rahmen der Amtsermittlung (§ 26) als Auskunftsperson anzuhören bzw. zu vernehmen.[15]

2. Antragsteller

9 Der Antragsteller (§ 23) ist in Antragsverfahren zwingend Beteiligter (§ 7 Abs. 1); das ist selbstverständlich. Antragsverfahren sind nur solche, bei denen der Antrag Verfahrensvoraussetzung ist; also nicht Amtsverfahren, bei denen jemand einen „Antrag" stellt, also nur eine Anregung macht (vgl. § 24 Abs. 1). Eine Klinik, die eine Betreuung für einen Bewohner „beantragt" (§ 1896 BGB), ist deshalb kein Beteiligter in diesem Sinne. Wer einen Erbschein beantragt (§ 2353 BGB), ist zwingend (formell) Beteiligter. Der **Antragsgegner** ist nicht zwingend als Beteiligter angegeben;[16] entweder er ist wegen § 7 Abs. 2 Nr. 1 zu beteiligen, oder er kann beteiligt werden (Abs. 3; Rn 21 ff.) oder das FamFG räumt ihm keine Stellung im Verfahren ein.

---

[13] BT-Drucks. 16/6308 S. 178.
[14] Jacoby FamRZ 2007, 1703/1706.
[15] OLG Oldenburg FGPrax 2010, 99.
[16] A. A. MünchKommZPO/Pabst § 7 FamFG Rn 4: er sei über den Gesetzeswortlaut hinaus Beteiligter.

3. Weitere Muss-Beteiligte

a) Allgemeines. In Amts- oder Antragsverfahren **sind** nach Abs. 2 vom Gericht als Beteiligte hinzuzuziehen (hier besteht also kein Ermessen): 10

b) Unmittelbar Betroffene (Abs. 2 Nr. 1). Diejenigen, deren **Recht** durch das Verfahren unmittelbar betroffen wird. Die Pflicht, diese Personen zu beteiligen, folgt bereits aus Art. 103 Abs. 1 GG. In § 7 Abs. 2 Nr. 1 wird an den materiellen Beteiligtenbegriff angeknüpft. Die doppelte Einschränkung (Recht; unmittelbar) führt dazu, dass lediglich ideell interessierte Personen aus dem Kreis der Muss-Beteiligten ausgeschieden werden, aber auch eine Vielzahl anderer Personen mit an sich schützenswerten Positionen. Der Gesetzgeber will aus fiskalischen Gründen nicht nur die Zahl der Beschwerdeberechtigten möglichst gering halten, sondern auch die Zahl der Muss-Beteiligten. 11

Ein **Recht** muss betroffen sein. Recht in diesem Sinn ist jedes von der Rechtsordnung verliehene und geschützte private oder öffentliche subjektive Recht.[17] Das ist (schwer) abzugrenzen von wirtschaftlichen oder rechtlichen Interessen, von berechtigtem oder ideellem Interesse.[18] 12

Verlangt wird eine **„unmittelbare" Betroffenheit.** Unmittelbarkeit besteht nur, wenn subjektive Rechte des Einzelnen betroffen sind; eine direkte Auswirkung auf eigene materielle Positionen, nach öffentlichem oder privatem Recht geschützt, wird verlangt; es soll nicht genügen, dass lediglich ideelle, soziale oder wirtschaftliche Interessen durch den Ausgang des Verfahrens berührt werden; nicht ausreichend sollen auch rein mittelbare Auswirkungen sein.[19] Unmittelbar betroffen in seinem Erbrecht ist z. B. der gesetzliche oder testamentarische Erbe; der Vater, wenn ihm die elterliche Sorge entzogen wird; die Frau, die vor Gewalt geschützt werden muss. Bedarf ein Geschäft der Eltern für das Kind der familiengerichtlichen Genehmigung (§§ 1828 ff., 1643 Abs. 3 BGB), wirkt sich die Genehmigung zwar auf die Rechtsstellung des Vertragspartners des Kindes aus; das soll aber nur mittelbar sein, weshalb der Vertragspartner kein „Beteiligter" ist.[20] Ebenso ist es, wenn der Betreuer für den Betreuten oder der Nachlasspfleger für den unbekannten Erben handelt. Der Vermächtnisnehmer soll in seinem Recht nicht unmittelbar betroffen sein, wenn es um die Frage geht, wer Erbe (und also Schuldner des Vermächtnisnehmers) ist. Im Verfahren über die Genehmigung eines Hofübergabevertrags (HöfeO) sind die weichenden Erben in der Regel (trotz ihres Abfindungsanspruch) nicht materiell Beteiligte,[21] weil der Hofeigentümer zu Lebzeiten über sein Eigentum verfügt; dagegen sind sie Beteiligte, wenn sie aus irgendwelchen Gründen eine Rechtsposition haben, mit der sie die Übergabe verhindern können. 13

Einschränkungen. In Spezialregelungen wird das aber eingeschränkt; so ist im Erbscheinsverfahren zum Erbscheinsantrag des Testamentserben der gesetzliche Erbe nur auf seinen Antrag hinzuziehen (§ 345 Abs. 1), obwohl er doch zweifelsfrei unmittelbar betroffen ist. Stellt er keinen Antrag, kann ihn das Gericht hinzuziehen. Das Antragsrecht nützt ihm nichts, wenn er vom Verfahren nichts weiß. In zahlreichen weiteren Nachlasssachen sind die unmittelbar Betroffenen ebenfalls nicht originär Muss-Beteiligte, sondern müssen die Beteiligung beantragen (§ 345 Abs. 4 S. 3); der Unterschied liegt darin, dass die Personen vom Gericht nicht ermittelt werden müssen (§ 7 Abs. 4), also keinen Antrag stellen können. 14

c) Erweiterungen (Abs. 2 Nr. 2). Ferner sind hinzuziehen diejenigen, die aufgrund des FamFG (z. B. nach § 315 Abs. 1 Nr. 1 der Unterzubringende) oder eines anderen Gesetzes (z. B. § 92 GBO) von Amts wegen oder auf Antrag zu beteiligen sind. 15

d) Verfahrenspfleger. Verfahrenspfleger werden durch ihre Bestellung als Beteiligte zum Verfahren hinzugezogen (§§ 274 Abs. 2, 315 Abs. 2, 418 Abs. 2, 340 Nr. 1 i. V. m. 274 bei Nachlasspflegern); diese Formulierung soll bedeuten, dass ein Verfahrenspfleger durch den Bestellungsbeschluss automatisch Beteiligter wird und kein weiterer Hinzuzie- 16

---

[17] BGH NJW 1997, 1855; BayObLG Rpfleger 2003, 424.
[18] BGH NJW 1999, 3718; NJW-RR 1991, 771; BayObLG Rpfleger 2003, 424.
[19] BT-Drucks. 16/6308 S. 178.
[20] OLG Rostock NJW-RR 2006, 1229; Jacoby FamRZ 2007, 1703.
[21] OLG Oldenburg FGPrax 2010, 99; a. A. Barnstedt/Steffen, § 14 Rn 298.

hungsbeschluss notwendig ist. Merkwürdigerweise schränkt aber die Gesetzesbegründung[22] im Betreuungsrecht ein: „Sofern er nach § 276 Abs. 1 im Interesse des Betroffenen bestellt wird, ist er zugleich Beteiligter"; diese Einschränkung ist unklar.

17   e) **Verfahrensbeistände für Kinder.** Verfahrensbeistände für Kinder werden ebenfalls durch ihre Bestellung automatisch Beteiligte und sind zum Verfahren hinzu zu ziehen (§§ 158 Abs. 3 S. 2, 174, 191).

18   f) **Muss-Beteiligung von Behörden und Organen.** Bestimmte Behörden (wie das Jugendamt, §§ 162 Abs. 2, 172 Abs. 2, 212; die Betreuungsbehörde, § 274 Abs. 3; Behörde bei der Unterbringung, § 315 Abs. 3 bzw. bei einer Therapie, § 6 Abs. 3 Nr. 1, Nr. 2 ThUG; der Leiter der Therapieeinrichtung, § 6 Abs. 3 Nr. 1 ThUG) und berufsständische Organe (Registersachen, § 380 Abs. 2) können einen **Antrag** stellen, beteiligt zu werden. Mit Eingang des Antrags bei Gericht werden sie automatisch Beteiligte; ein gesonderter Beschluss ist unnötig, aber nicht verboten. Ein weiterer Hinzuziehungsakt des Gerichts ist nicht nötig. Eine irrige Ablehnung des Antrags wäre gegenstandslos.

19   g) **Muss-Beteiligte kraft Sonderregelung.** Vgl. Rn 35 ff.

4. Folgen der Nichtbeteiligung eines Muss-Beteiligten

20   Die Folgen einer Nichtbeteiligung eines Muss-Beteiligten sind im FamFG nicht geregelt. Das rechtliche Gehör (Art. 103 Abs. 1 GG) wird dadurch verletzt.[23] Das macht die Entscheidung aber nicht nichtig, sondern nur anfechtbar, falls die weiteren Voraussetzungen der §§ 58 ff. vorliegen. Legt ein übergangener Muss-Beteiligter Beschwerde ein, ist im Zuge der Abhilfeprüfung (§ 68 Abs. 1 S. 2, 3; also wegen § 68 Abs. 1 S. 2 nicht in einer Familiensache) gegebenenfalls ein Teil des Verfahrens – jetzt unter Einbeziehung des bisher übergangenen Beteiligten – zu wiederholen und erneut erstinstanzlich zu entscheiden. Erfolgt diese Abhilfeprüfung nicht ist denkbar, dass die Erstentscheidung vom Beschwerdegericht wegen des schweren Verfahrensfehlers aufgehoben und die Sache zurückverwiesen werden muss (§ 69 Abs. 1 S. 1);[24] das Beschwerdegericht kann anregen, dass ein Beteiligter dies beantragt, ohne dass es dadurch befangen wird. Ist kein Rechtsmittel gegeben, ist eine Anhörungsrüge nach § 44 denkbar. Zur Nichtbeteiligung eines Kann-Beteiligten vgl. Rn 22. Zweifelhaft ist, ob die Nichthinzuziehung eines an sich Beteiligten dazu führt, dass die Entscheidung nicht rechtskräftig wird, weil eine Bekanntmachung der Entscheidung an den Unbekannten nach § 63 Abs. 1 und 3 fehlt; siehe dazu § 63 Rn 43 bis 44 b.[25]

IV. Kann-Beteiligte

1. Grundsatz

21   Das Gericht **kann**
– von Amts wegen oder
– auf Antrag
bestimmte weitere Personen als Beteiligte hinzuziehen, soweit dies im FamFG (z. B. §§ 274 Abs. 4, 315 Abs. 4, 345) oder einem anderen Gesetz (z. B. § 88 Abs. 1 GBO) vorgesehen ist (§ 7 Abs. 3); es kann also nicht jedermann hinzugezogen werden, dessen Beteiligung das Gericht für wünschenswert hält, sondern nur die gesetzlich berechtigten Personen[26] (jedoch können sonstige Personen im Rahmen der Amtsermittlung als Zeugen vernommen werden, §§ 29, 30). Wer **unmittelbar** in seinen **Rechten** betroffen ist, fällt unter § 7 Abs. 2 Nr. 1.

---

[22] BT-Drucks. 16/6308 S. 265.
[23] BVerfG NJW 1994, 1053.
[24] OLG Köln BeckRS 2010, 28637 (Versorgungsausgleich) = FGPrax 2011, 104.
[25] Vgl. Harders DNotZ 2009, 725.
[26] Bumiller/Harders § 7 Rn 20.

2. Hinzuziehungsantrag

Der Hinzuziehungsantrag (Abs. 2, Abs. 3) kann **in jeder Instanz** gestellt werden, auch 22 noch in der Beschwerdeinstanz, in der Rechtsbeschwerde. Der Antrag muss nicht ausdrücklich gestellt sein: es genügt, dass die Auslegung ergibt, dass jemand im Verfahren mitwirken will. Eine Frist dafür besteht nicht. Legt jemand Beschwerde ein, kann darin ein (konkludent gestellter) Hinzuziehungsantrag liegen; dann muss das Erstgericht in einem Zwischenverfahren zunächst über den Hinzuziehungsantrag entscheiden.[27] Es besteht kein Anspruch darauf, dass Verfahrenshandlungen (wie Zeugenvernehmungen) wiederholt werden, wenn der Hinzuziehungsantrag erst spät gestellt wird. Wird der Antrag gestellt und erst verspätet gebilligt, kann es anders sein. Der erstmalige Hinzuziehungsantrag kann mit der Beschwerde gegen die Endentscheidung verbunden werden.[28] In diesem Fall kann das Gericht erster Instanz hierüber im Rahmen des Abhilfeverfahrens entscheiden. Zieht es im Abhilfeverfahren den Antragsteller hinzu und hilft es der Beschwerde in der Hauptsache nicht ab, so ist der Antragsteller Beteiligter des Beschwerdeverfahrens. Lehnt es hingegen die Hinzuziehung ab und hilft es der Beschwerde nicht ab, hat das Beschwerdegericht über das Rechtsmittel und über die Hinzuziehung zu befinden. Ist das erstinstanzliche Verfahren rechtskräftig abgeschlossen, fragt sich, ob noch ein Hinzuziehungsantrag zulässig ist. In der Regel wird kein Rechtsschutzbedürfnis bestehen; doch kann es im Einzelfall auch jetzt noch darauf ankommen, ob jemand Beteiligter ist oder nicht, so etwa für die Akteneinsicht (§ 13 Abs. 1 einerseits, § 13 Abs. 2 andererseits); dann wird der Antrag zulässig sein.[29]

Bei Hinzuziehung von Amts wegen ist dem Betroffenen vor Hinzuziehung **kein recht-** 23 **liches Gehör** zu gewähren. Bei Hinzuziehung auf Antrag kann es gewährt werden, muss aber nicht,[30] weil es um die Einräumung einer verfahrensrechtlichen Stellung geht, über die der Betroffene nicht disponieren kann. Der Schutz des Betroffenen vor der Weitergabe von sensiblen Daten wird durch § 13 Abs. 1 gewährleistet, wonach bei entgegenstehenden schwerwiegenden Interessen eines anderen Beteiligten oder eines Dritten die Akteneinsicht eingeschränkt werden kann (siehe dazu § 13 Rn 23).

3. Ermessensentscheidung

Die Entscheidung über die Hinzuziehung ist als **Ermessensentscheidung** ausgestaltet, 24 soweit nicht bei Antragstellung eine ausdrückliche Pflicht zur Hinzuziehung eingeräumt wird (wie teilweise in § 345). In den Fällen des § 7 Abs. 2 Nr. 1 besteht kein Ermessen.

4. Informations- und Belehrungspflichten des Gerichts

Diejenigen, die auf ihren Antrag als Beteiligte zu dem Verfahren hinzuziehen sind oder 25 hinzugezogen werden können (§ 7 Abs. 2 und 3), sind von der Einleitung des Verfahrens zu benachrichtigen, soweit sie dem Gericht bekannt sind; sie sind über ihr Antragsrecht zu belehren (§ 7 Abs. 4), damit sie einen Antrag auf Zuziehung stellen können.

In einem Antrag **soll** der Antragsteller die Personen benennen, die als Beteiligte in 26 Betracht kommen (§ 23 Abs. 1 S. 2); macht er das nicht, ist es unschädlich. Eine Abschrift des Antrags soll den anderen Beteiligten übermittelt werden (§ 23 Abs. 2); eine generelle Verpflichtung zur **Übersendung weiterer schriftlicher Erklärungen** und Beweisergebnisse an die Beteiligten gibt es im FamFG nicht.[31] Solche Schriftstücke müssen nur im Rahmen von § 37 Abs. 2 anderen Beteiligten zur Kenntnis gegeben werden. Danach darf das Gericht eine Entscheidung, die die Rechte eines Beteiligten **beeinträchtigt,** nur auf Tatsachen und Beweisergebnisse stützen, zu denen dieser Beteiligte sich äußern konnte (vgl. Art. 103 GG). Rechtsbeeinträchtigung bedeutet, dass der jeweilige Beteiligte durch die beabsichtigte Entscheidung in seiner Rechtsstellung negativ betroffen wird. Ist dies der Fall, hat das Gericht zu überprüfen, ob dem Beteiligten die tatsächlichen Grundlagen der Entscheidung (d. h. die

---

[27] LG Saarbrücken BeckRS 2010, 05418.
[28] Bumiller/Harders § 7 Rn 34.
[29] A. A. Bumiller/Harders § 7 Rn 35: Antrag ausgeschlossen.
[30] A. A. Bumiller/Harders § 7 Rn 27.
[31] So BT-Drucks. 16/6308 S. 194.

entscheidungsrelevanten Erklärungen anderer Beteiligter, Vermerke und Protokolle des Gerichts, Zeugenaussagen, erholte Gutachten) im Laufe des Verfahrens schon übermittelt worden sind. Wenn das nicht der Fall war, hat das Gericht dies vor Erlass der Entscheidung nachzuholen und dem Beteiligten eine angemessene Frist zur Stellungnahme einzuräumen.

27 Die Weitergabe von **Gutachten** über den Betroffenen in Betreuungs- und Unterbringungsverfahren oder Vermerke über Anhörungen des Kindes oder der Eltern in Sorgerechts- und Umgangsverfahren kann die Persönlichkeitsrechte dieser Verfahrensbeteiligten berühren (vgl. die Einschränkungen in § 13 Abs. 1). Gleichwohl muss das rechtliche Gehör in angemessenem Umfang gewahrt werden.

5. Ermittlung der anderen Beteiligten

28 Problematisch ist, dass die anderen beteiligten Personen nach Name und Anschrift vom Gericht nicht ermittelt werden müssen, wie Abs. 4 S. 1 klarstellt;[32] es fragt sich, ob das mit dem rechtlichen Gehör (Art. 103 Abs. 1 GG) vereinbar ist. Unter Bekanntsein wird man sowohl die funktionsmäßige Stellung („Sohn", „gesetzlicher Erbe") wie Namen und Anschrift verstehen müssen. Gibt der Antragsteller Anschriften der anderen Beteiligten an und sind diese Personen unter der angegebenen Anschrift nicht erreichbar, kann das Gericht die Anschrift selbst ermitteln oder dies dem Antragsteller aufgeben (§ 27).[33]

6. Hinzuziehung eines Beteiligten

29 Die Hinzuziehung stellt eine wichtige Entscheidung des Gerichts dar. Sie muss aber (entgegen § 38) nicht durch einen förmlichen **Beschluss** im Sinne von § 38 getroffen werden, weil das FamFG dies (aus Ersparnisgründen) nicht vorschreibt (Umkehrschluss aus § 7 Abs. 5 S. 1). Deshalb ergibt sich aus der Akte (und dem Aktendeckel) auch nicht unbedingt eindeutig, wann die Hinzuziehungsentscheidung getroffen wurde. Indem der betreffenden Person Schriftstücke zugeleitet werden oder sie zu einem Termin geladen wird, ergibt sich konkludent, dass sie vom Gericht hinzugezogen wurde. Es ist aber notwendig, **für den Dritten erkennbar zu machen,** was die Zuleitung von Schriftstücken an ihn bedeuten soll: Freibeweiserhebung? Schriftliche Zeugenaussage? Beteiligtenstellung? Ein Hinweis auf die neue verfahrensrechtliche Stellung ist deshalb (jedenfalls bei Laien) angebracht.[34] Auch in der Akte sollte, zumindest in einem Vermerk für die Geschäftsstelle, festgehalten werden, wer die Beteiligten sind. Im **Rubrum der Entscheidung** muss es ohnehin stehen (§ 38 Abs. 2 Nr. 1: „Bezeichnung der Beteiligten"). Besonders problematisch ist, wenn Schriftstücke vom Gericht in Abschrift an eine Person „zur Stellungnahme" gesandt werden, die keine beteiligungsberechtigte Person ist (Beispiel: Der Vermächtnisnehmer im Erbscheinsantrag des Erben; vgl. § 345); beauftragt der Empfänger einen Anwalt mit einer Stellungnahme, erhält er mangels Beteiligtenstellung keine Kostenerstattung nach § 81. Sollte er sich nur im Rahmen einer schriftlichen Zeugenaussage äußern, erhält er für seinen Zeitaufwand eine kleine Entschädigung nach dem JVEG.

30 Die Hinzuziehung **erstreckt sich** auch auf **Nebenverfahren** wie eine einstweilige Anordnung (trotz deren Selbständigkeit).

31 Die Hinzuziehung kann **aufgehoben** werden, etwa wenn das Gericht erkennt, dass es einen Nichtbeteiligten versehentlich hinzugezogen hat; aber auch das Ermessen kann während des Verfahrens für die Zukunft anders ausgeübt werden. Hier ist aber ein (anfechtbarer) Beschluss erforderlich, damit Rechtsklarheit besteht.

32 Gegen eine erfolgte Hinzuziehung hat weder der Betroffene (Antragsteller) noch ein anderer Beteiligter ein **Rechtsmittel;** das ergibt der Umkehrschluss aus § 7 Abs. 5 S. 2.

7. Ablehnung eines Hinzuziehungsantrags

33 Das Gericht entscheidet durch **Beschluss** (§ 38), wenn es einem Antrag auf Hinzuziehung gemäß Abs. 2 oder 3 nicht entspricht, d. h. ablehnt (§ 7 Abs. 5 S. 1). Der Beschluss ist

---

[32] BT-Drucks. 16/6308 S. 179.
[33] So BT-Drucks. 16/6308 S. 179.
[34] Bumiller/Harders § 7 Rn 31.

zu begründen und mit einer Rechtsmittelbelehrung zu versehen. Ist der Beschluss rechtskräftig, dann kann die Frage der Richtigkeit der Ablehnung der Beteiligtenstellung wegen § 58 Abs. 2 nicht mehr der Beurteilung des Beschwerdegerichts unterliegen, also nicht mehr nachgeprüft werden. Wird in einer **einheitlichen Entscheidung** sowohl ein Hinzuziehungsantrag zurückgewiesen als auch die Endentscheidung getroffen (was zulässig ist, aber nicht dem Sinn der gesetzlichen Regelung entspricht), muss wegen der unterschiedlichen Rechtsmittelfristen (ein Monat bzw. zwei Wochen) eine differenzierte Rechtsmittelbelehrung erfolgen.

8. Rechtsmittel

Der ablehnende Beschluss ist mit der **sofortigen Beschwerde** in entsprechender Anwendung der §§ 567 bis 572 ZPO anfechtbar (§ 7 Abs. 5 S. 1), also mit einer Frist von zwei Wochen. Der Beschwerde kann abgeholfen werden (§ 572 ZPO). Der Beschwerdebeschluss ist (auch in Betreuungssachen) nur bei Zulassung mit der **Rechtsbeschwerde** anfechtbar (§ 574 Abs. 1 ZPO).[35] Zu den weiteren Einzelheiten siehe die Ausführungen zu § 58. Reagiert das Gericht auf den Antrag überhaupt nicht, wird man das nach angemessener Zeit als konkludente Ablehnung auffassen müssen. Wird der Antrag gestellt und zurückgewiesen, diese Zurückweisung aber in der Beschwerde aufgehoben, sind Verfahrenshandlungen (z. B. eine Zeugenvernehmung) in der Regel zu wiederholen. Folge ist, dass ab Einlegung der Beschwerde das Verfahren nur beschränkt weiterbetrieben werden kann. Wer keine sofortige Beschwerde einlegt, sondern den Ablehnungsbeschluss rechtskräftig werden lässt, verliert die Rüge der fehlenden Hinzuziehung (§ 58 Abs. 2).

V. Spezielle Vorschriften über Beteiligte

1. Verhältnis zu § 7

Die nachfolgenden Bestimmungen verdrängen als Spezialregelungen den § 7. Die Gesetzestechnik ist aber unbefriedigend, weil sie den Eindruck erweckt, die Sonderbestimmungen seinen abschließend, was nicht zutrifft. Im Einzelnen ist das Verhältnis zweifelhaft. So ist es fraglich, ob der Ehegatte oder das Kind des Betroffenen im Betreuungsverfahren tatsächlich zu Kann-Beteiligten herabgestuft werden können (§ 274 Abs. 4), oder nicht doch ein Recht im Sinn von § 7 Abs. 2 Nr. 1 haben, weil die Ehe und die Familie unter dem besonderen Schutz der stattlichen Ordnung stehen (Art. 6 Abs. 1 GG). Bei § 345 wird man dagegen annehmen können, dass die Regelung dem Art. 14 Abs. 1 GG (Erbrecht) genügt, weil auf Antrag eine Hinzuziehung erfolgen muss.

2. Kindschaftssachen

Hier fehlen Sonderregelungen, so dass es in „Kindschaftssachen" nach jetziger Definition (§ 151) bei § 7 bleibt.[36] Somit sind in den Sorgerechtsverfahren und Umgangsverfahren die minderjährigen Kinder zwingend Beteiligte (§ 7 Abs. 2 Nr. 1). Da sie in der Regel wegen ihrer Minderjährigkeit selbst nicht verfahrensfähig sind (§ 9 Abs. 1 Nr. 1, 2, 3), müssen sie gesetzlich vertreten werden (§ 9 Abs. 2). Bei einem Interessengegensatz sind die Eltern von der Vertretung ausgeschlossen und es ist sehr umstritten, ob nun in derartigen Fällen die elterliche Sorge eingeschränkt und ein Ergänzungspfleger bestellt werden muss oder ob es genügt, wenn (ohne Einschränkung der elterlichen Sorge) dem Kind ein Verfahrensbeistand (§ 158) bestellt wird; zu den Einzelheiten siehe § 9 Rn 18. Pflegepersonen können beteiligt werden (§ 161).

3. Abstammungssachen

Hier sind Kind, Vater, Mutter, u. U. das Jugendamt Muss-Beteiligte (§ 172), ferner der Verfahrensbeistand des Kindes (§§ 174, 158 Abs. 3). Kann-Beteiligte fehlen.

---

[35] BGH NJW-RR 2011, 217.
[36] Zum Jugendamt vgl. Katzenstein FPR 2011, 20.

4. Adoptionssachen

38 Hier sind je nach Fallgestaltung der Anzunehmende und der Annehmende zu beteiligen, aber u. U. auch Eltern, Ehegatten, Verlobte, Jugendamt, Landesjugendamt (§ 188) und Verfahrensbeistand (§§ 191, 158 Abs. 3). Kann-Beteiligte fehlen. Die vorhandenen Kinder des Annehmenden (vgl. § 1769 BGB), also die künftigen „Geschwister", sind in § 188 nicht als Beteiligte genannt.[37] Sie gehören aber bei einer Volljährigenadoption zu den materiell Betroffenen im Sinn von § 7 Abs. 2 Nr. 1.[38]

5. Ehewohnungs- und Haushaltssachen

39 In Ehewohnungssachen nach § 200 Abs. 1 Nr. 2 FamFG sind „auch" der Vermieter der Wohnung, der Grundstückseigentümer, der Dritte und Personen, mit denen die Ehegatten oder einer von ihnen hinsichtlich der Wohnung in Rechtsgemeinschaft stehen, zu beteiligen (§ 204); das Jugendamt, wenn Kinder im Haushalt der Ehegatten leben und das Jugendamt einen Antrag stellt.

6. Gewaltschutzsachen

40 In Verfahren nach § 2 GewSchG ist das Jugendamt auf seinen Antrag zu beteiligen, wenn ein Kind in dem Haushalt lebt (§ 212).

7. Versorgungsausgleich

41 Zu beteiligen sind neben den Ehegatten je nach Sachlage der Versorgungsträger, sowie die Hinterbliebenen und die Erben der Ehegatten (§ 219).

8. Betreuungssachen

42 § 274 bestimmt, dass der Betroffene, der Betreuer, sofern sein Aufgabenkreis betroffen ist, und der Vorsorgebevollmächtigte sowie der Verfahrenspfleger Muss-Beteiligte sind. Die Betreuungsbehörde kann in bestimmten Teilbereichen ihre Beteiligung verlangen (§ 274 Abs. 3) und wird dann Muss-Beteiligte. Kann-Beteiligte sind in Teilbereichen die Staatskasse. Kann-Beteiligte sind ferner bestimmte Verwandte bzw. eine Vertrauensperson, aber nur in bestimmten Teilbereichen und auch nur „im Interesse des Betroffenen"; hier hat das FamFG also eine mehrfache Einschränkung vorgenommen, um die Familie vom Verfahren möglichst fern zu halten.

9. Unterbringungssachen

43 Nach § 315 sind der Betroffene, der Betreuer (ohne dass es auf seinen Aufgabenkreis ankäme) und der Vorsorgebevollmächtigte sowie der Verfahrenspfleger Muss-Beteiligte. Die zuständige Behörde (Betreuungsbehörde bei zivilrechtlicher Unterbringung; Ordnungsamt bei öffentlich-rechtlicher Unterbringung) kann immer ihre Beteiligung verlangen (§ 315 Abs. 3) und wird dann Muss-Beteiligte. Kann-Beteiligte sind ferner bestimmte Verwandte (der Kreis ist hier enger als bei § 274) sowie die Vertrauensperson, der Leiter der Einrichtung, in der der Betroffene lebt und Personen bzw. Stellen nach Landesrecht, aber alle nur „im Interesse des Betroffenen"; auch hier wird die Familie vom Verfahren möglichst fern gehalten. Die Staatskasse kann nicht beteiligt werden. Zu den Beteiligten bei einer Therapieunterbringung siehe § 6 ThUG.

10. Nachlass- und Teilungssachen

44 Hier findet sich in § 345 eine ausdifferenzierte Regelung: beim Erbscheinsantrag ist der Antragsteller Muss-Beteiligter, weitere Personen können hinzugezogen werden, so etwa gesetzliche Erben, Testamentserben; auf ihren Antrag müssen sie hinzugezogen werden.[39]

---

[37] OLG Düsseldorf BeckRS 2011, 00777.
[38] BVerfG NJW 2009, 138; NJW 1994, 1053.
[39] Siehe dazu OLG Köln FGPrax 2009, 287.

Für die Ernennung eines Testamentsvollstreckers (Fall des § 2200 BGB) und die Erteilung eines Testamentsvollstreckerzeugnisses (§ 2368 BGB) müssen die Erben nur beteiligt werden, wenn sie es beantragen (§ 345 Abs. 3). § 345 Abs. 4 nennt dann die Muss-Beteiligten in einigen Antragsverfahren (Bestellung eines Nachlasspflegers bzw. eines Nachlassverwalters; Entlassung eines Testamentsvollstreckers; Bestimmung erbrechtlicher Fristen; Inventarfrist; Abnahme eidesstattlicher Versicherungen). Die unmittelbar Betroffenen sind im Gegensatz zu § 7 Abs. 2 Nr. 1 keinesfalls Muss-Beteiligte. Schlägt ein Kind (oder ein Betreuter) die Erbschaft aus, ist es im Genehmigungsverfahren (§§ 1643 Abs. 2, 1822 Nr. 2 BGB) Beteiligter.[40]

11. Freiheitsentziehungssachen

Muss-Beteiligte sind nur der Betroffene und die antragstellende Verwaltungsbehörde, ferner der Verfahrenspfleger. Kann-Beteiligte sind bestimmte nahe Verwandte und eine Vertrauensperson (§ 418). **45**

12. Weitere Angelegenheiten der freiwilligen Gerichtsbarkeit (§ 410)

Hier enthält § 412 eine diffizile Regelung der Beteiligten. **46**

13. Sonstige Fälle

Keine speziellen Vorschriften über Beteiligte finden sich in Unterhaltssachen der freiwilligen Gerichtsbarkeit (§ 231 Abs. 2; für die anderen Unterhaltssachen gilt § 7 ohnehin nicht); sonstigen Familiensachen §§ 266 ff.; Lebenspartnerschaftssachen §§ 269 ff.; betreuungsgerichtlichen Zuweisungssachen §§ 340 ff.; Registersachen §§ 374 ff.; Aufgebotssachen §§ 433 ff. Es bleibt deshalb bei § 7; vor allem § 7 Abs. 2 Nr. 1 kann dazu führen, dass zahlreiche Personen Muss-Beteiligte sind. Am Registerverfahren formell beteiligt ist, wer den Eintragungsantrag gestellt hat oder (materiell) wer ihn hätte stellen können.[41] Diejenigen, auf die sich die Eintragung ihrem Inhalt nach bezieht, also beispielsweise der Geschäftsführer, Vorstand, Prokurist, Gesellschafter, Aktionär, sind ebenfalls materiell beteiligt, können aber ausnahmsweise dann in ihren Verfahrensrechten vorerst beschränkt werden,[42] wenn dies (wie etwa beim kriminellen Geschäftsführer, der abberufen wurde) zur Vermeidung von Schäden unabdingbar ist. Im Übrigen kann es bei registerrechtlichen und unternehmensrechtlichen Verfahren dazu kommen, dass eine große Zahl von Personen (z. B. Gesellschaftern, Aktionären) zu beteiligen sind. **47**

VI. Nichtbeteiligte

Wer nur anzuhören ist oder eine Auskunft zu erteilen hat, ohne dass die Voraussetzungen des § 7 Abs. 2 oder 3 vorliegen, wird dadurch nicht Beteiligter (§ 7 Abs. 6). Eine solche Anhörungspflicht ergibt sich z. B. aus § 380 Abs. 2 (Registerrecht). Nichtbeteiligte sind ferner Zeugen, Sachverständige, Dolmetscher; Gerichte und Behörden, deren Akten beigezogen werden; Gerichtspersonen (vgl. § 6). **48**

VII. Rechte der Beteiligten

1. Überblick

Das FamFG spricht an vielen Stellen von „Beteiligten" und räumt ihnen Rechte (und Pflichten) ein, so in § 3 Abs. 1, Abs. 4 (Anhörung der Beteiligten vor Verweisung bzw. Abgabe), § 9 Abs. 4 (Zurechnung des Verschuldens eines Beteiligten), § 10 Abs. 1 (Verfahrensbetrieb durch die Beteiligten), § 10 Abs. 2 (Vertretung der Beteiligten durch Anwälte etc.), § 12 (Beistand des Beteiligten), § 13 (Akteneinsicht für Beteiligte), § 14 Abs. 2 **49**

---

[40] OLG Brandenburg BeckRS 2010, 30464. Dazu Damrau ZErb 2011, 176.
[41] Zum Beteiligten im Vereinsregisterverfahren siehe OLG Köln Beschl. v. 8. 12. 2010 2 Wx 193/10; Waldner Rn 294.
[42] Nedden-Boeger FGPrax 2010, 1; Heinemann FGPrax 2009, 1; Ries NZG 2009, 654.

(Übermittlung der Anträge der Beteiligten), § 15 (Bekanntgabe von Schriftstücken an Beteiligte), § 22 (Antragsrücknahme etc. durch Beteiligte), § 23 (Angabe der Beteiligten im Antrag), § 25 (Anträge der Beteiligten), § 28 (Erklärungen der Beteiligten), § 30 (Stellungnahme der Beteiligten zur Beweisaufnahme), § 32 (Erörterung der Sache mit den Beteiligten), § 33 (Persönliches Erscheinen der Beteiligten), § 34 (Persönliche Anhörung des Beteiligten), § 36 (Vergleich der Beteiligten), § 37 (Äußerungsrechte der Beteiligten), § 76 (Verfahrenskostenhilfe für Beteiligte), § 81 (Kostenauferlegung auf Beteiligte) usw. Die Beschwerde steht teils jedem zu, der in seinen Rechten beeinträchtigt ist (§ 59 Abs. 1), teils aber nur den Beteiligten erster Instanz (z. B. § 303 Abs. 2).

2. Beteiligung und rechtliches Gehör

50   Da das FamFG die Zahl der Beteiligten stark beschränkt, ist zu beachten, dass auch Nicht-Beteiligte nach verfassungsrechtlichen Grundsätzen (Art. 103 Abs. 1 GG) das Recht auf Gehör haben. Art. 103 Abs. 1 GG ist auch im Verfahren der freiwilligen Gerichtsbarkeit zu beachten.[43] Das gilt – unabhängig davon, ob die Anhörung im Gesetz vorgesehen ist – auch für Verfahren, die vom Untersuchungsgrundsatz beherrscht werden.[44] Auf eine förmliche Beteiligtenstellung kommt es nicht an.[45] Der Anspruch auf rechtliches Gehör steht vielmehr jedem zu, dem gegenüber die gerichtliche Entscheidung materiellrechtlich wirkt und der deshalb von dem Verfahren rechtlich unmittelbar betroffen wird.[46]

3. Bedeutung der Beteiligtenstellung für die Beschwerde

51   Wer gegen einen Beschluss, der seinen Beteiligungsantrag ablehnt, keine Beschwerde eingelegt, kann noch mit befristeter Beschwerde gegen die Endentscheidung vorgehen (§§ 58 ff.), aber seine Nichtbeteiligung nicht als Fehler rügen (§ 58 Abs. 2). Die Beschwerde setzt aber voraus, dass der Beschwerdeführer durch die Entscheidung in seinen Rechten beeinträchtigt ist (§ 59 Abs. 1), was nicht immer der Fall ist.

52   In einigen Fällen muss die Beteiligtenstellung, wenn sie vom AG nicht freiwillig eingeräumt wird, auch deswegen mittels Beschwerde erkämpft werden, weil sonst das Beschwerderecht verloren geht. So räumt § 303 Abs. 2 im Verfahren der Bestellung eines Betreuers durch das Betreuungsgericht nur denjenigen Angehörigen ein Beschwerderecht ein, die im ersten Rechtszug beteiligt worden sind. Durch Nichtbeteiligung wird auch das Beschwerderecht abgeschnitten. Dasselbe gilt nach § 335 Abs. 1 für eine geschlossene Unterbringung und nach § 429 Abs. 2 für die sonstige Freiheitsentziehung.

4. Bedeutung der Beteiligtenstellung für die Kostenentscheidung

53   Nach § 81 Abs. 1 S. 1 kann das Gericht die Kosten des Verfahrens nach billigem Ermessen den Beteiligten ganz oder zum Teil auferlegen.

54   Wer im kostenrechtlichen Sinn Beteiligter ist, ist eigenständig zu bestimmen. Grundsätzlich ist das nur der **formell** am Verfahren Beteiligte. Einem an einer Angelegenheit nur **materiell** Beteiligten, der sich nicht selbst am Verfahren beteiligt hat, können grundsätzlich weder Kosten eines anderen Beteiligten auferlegt werden, noch kann er als erstattungsberechtigt erklärt werden; eine andere Kostenentscheidung wäre in der Regel ermessensmissbräuchlich. Die frühere Unterscheidung zwischen formeller und materieller Beteiligung wirkt hier fort und muss denjenigen schützen, der sich fern hält. Es ist nicht einzusehen, dass z. B. dann, wenn ein Erbe aufgrund Testaments einen Erbschein beantragt, der gesetzliche Erbe, der vom Nachlassgericht hinzugezogen wurde (§ 345 Abs. 1), sich aber am Verfahren **nicht** beteiligt, die Anwaltskosten des Antragstellers zu erstatten hat.

---

[43] BVerfG NJW 1994, 1053; NJW 1965, 1267.
[44] BVerfG NJW 1988, 125.
[45] BVerfG NJW 1994, 1053.
[46] BVerfG NJW 1994, 1053; NJW 1988, 1225; NJW 1982, 1635.

Beteiligtenfähigkeit

 Beteiligtenfähig sind
1. natürliche und juristische Personen,
2. Vereinigungen, Personengruppen und Einrichtungen, soweit ihnen ein Recht zustehen kann,
3. Behörden.

I. Normzweck; Anwendungsbereich

Im FGG fehlte eine allgemeine Bestimmung, wer beteiligtenfähig ist. Sie wurde deshalb in Anlehnung an die bisherige Rechtsprechung hierzu und § 61 VwGO normiert. **1**

§ 8 ist gem. § 113 Abs. 1 nicht anwendbar in Ehesachen (§ 121) und in Familienstreitsachen (§ 112); statt dessen gilt dort die ZPO unmittelbar. **2**

II. Bedeutung der Beteiligtenfähigkeit

Im Zivilprozess ist grundsätzlich parteifähig,[1] wer rechtsfähig ist (§ 50 Abs. 1 ZPO); im Verfahren der freiwilligen Gerichtsbarkeit kann diese Bestimmung nicht analog angewandt werden. Denn dieses Verfahren kennt keine Parteien, sondern Beteiligte. Hier ist die Verknüpfung Rechtsfähigkeit – Beteiligtenfähigkeit – Vermögenshaftung nicht so eng wie im Zivilprozess, weil die Verfahrensgegenstände anders gelagert sind. Wer Beteiligter ist, wird in § 7 und zahlreichen Sonderregelungen bestimmt (§ 7 Rn 35 ff.). Beteiligtenfähig ist, wem das Gesetz die Fähigkeit gibt, am Verfahren beteiligt zu sein. Ob jemand seine Rechte im Verfahren selbst ausüben kann oder vertreten werden muss, regelt die Verfahrensfähigkeit (§ 9). **3**

Die Beteiligtenfähigkeit ist in jeder Lage des Verfahrens **von Amts wegen zu prüfen;**[2] ihr Mangel macht das Verfahren oder die weitere Beteiligung des Nichtbeteiligtenfähigen unzulässig.[3] Ein Amtsverfahren wird eingestellt; in Antragsverfahren wird der Antrag eines Beteiligtenunfähigen zurückgewiesen. Der Mangel kann aber durch Genehmigung geheilt werden.[4] Die Bedeutung des Begriffs zeigt sich z.B. im Erbrecht: wenn der Erblasser „die Kirche" als Erbin eingesetzt hat, ist „die Kirche" als solche nicht beteiligtenfähig; diese Fähigkeit hat aber z.B. das Bistum (Rn 11). Ist streitig, ob ein Beteiligter beteiligtenfähig ist, ist er zunächst als beteiligtenfähig zu behandeln;[5] ist ein Antragsteller nach Ansicht des Gerichts nicht beteiligtenfähig, wird sein Antrag (nach Hinweis) zurückgewiesen (durch Rechtsmittel kann er die Frage nachprüfen lassen); sonstige Schein-Beteiligte werden nicht mehr zum Verfahren hinzugezogen (sie sind ebenfalls auf Rechtsmittel gegen die Endentscheidung angewiesen). Denkbar ist aber auch eine isolierte **Zwischenentscheidung** über die Beteiligtenfähigkeit (entsprechend §§ 280 Abs. 2, 303 ZPO). Ergeht eine Entscheidung in Verkennung der Beteiligtenunfähigkeit, kommt es auf den Einzelfall an; die Beteiligung eines Unfähigen macht die Entscheidung nicht ohne Weiteres nichtig; die gegen einen Unfähigen gerichtete Entscheidung wirkt nicht. **4**

Der Begriff „Beteiligtenfähigkeit" geht von der **Existenz eines Beteiligten** aus; existiert ein Beteiligter gar nicht (wie z.B. eine juristische Person) ist die Entscheidung gegen sie gegenstandslos.[6] Hier sind aber die Fragen Änderung der Beteiligten, Berichtigung des Rubrums und Auslegung einer Beteiligtenbezeichnung auseinander zu halten. **5**

---

[1] Über Grundfragen der Parteifähigkeit vgl. Heiderhoff ZZP 117, 375; Hess ZZP 117, 267; Wagner ZZP 117, 305.
[2] BGH NJW 2004, 2523 zur Parteifähigkeit.
[3] BT-Drucks. 16/6308 S. 180; Bärmann § 9 I 4; Jansen/von König § 13 Rn 12.
[4] BGH NJW 1969, 188.
[5] BGH NJW 2008, 528; NJW 1957, 1179.
[6] Jansen/von König § 13 Rn 12.

III. Beteiligtenfähige

1. Natürliche Personen (Nr. 1)

6   Natürliche Personen sind beteiligtenfähig (Nr. 1), d. h. jeder Mensch ab Geburt unabhängig vom Alter, bis zum Tod; § 1 BGB. Ungeborene Personen können aber z. B. erbrechtliche Positionen haben (§§ 1923 Abs. 2, 2108, 2162 Abs. 2, 2178 BGB) und sind dann (vertreten durch künftige Eltern, Pfleger etc., §§ 1912, 1913 BGB) ebenfalls beteiligtenfähig; § 8 steht nicht entgegen, weil dort kein „nur" steht. Die bloße Verschollenheit oder die Todeserklärung beenden die Rechtsfähigkeit noch nicht, somit auch nicht die Beteiligtenfähigkeit. Auch Ausländer sind beteiligtenfähig.

2. Juristische Personen des öffentlichen und privaten Rechts (Nr. 1)

7   Juristische Personen des öffentlichen und privaten Rechts sind ebenfalls beteiligtenfähig (Nr. 1), wie z. B. AG, GmbH, KGaA, genehmigte Stiftung (§ 80 BGB), Stiftungen öffentlichen Rechts, ins Vereinsregister eingetragene Vereine (§ 21 BGB; bei den Untergliederungen der großen Vereine kommt es aber darauf an, ob sie eigene Rechtsfähigkeit haben), wirtschaftliche Vereine (§ 22 BGB), die Bundesrepublik, die Länder, Gemeinden und sonstige Gebietskörperschaften, Körperschaften des öffentlichen Rechts (wie die ca. 30 anerkannten Kirchen), Anstalten des öffentlichen Rechts, Universitäten, anerkannte Religionsgesellschaften (wegen Art. 140 GG i. V. m. Art. 137 Abs. 5 WRV), Sozialversicherungsträger (§ 29 SGB VI), Jagdgenossenschaften (§ 9 BJagdG) usw.

8   Die Rechts- und Parteifähigkeit (und somit auch die Beteiligtenfähigkeit) von **ausländischen juristischen Personen** (Handelsgesellschaften) richtet sich grundsätzlich nach dem Recht ihres tatsächlichen Verwaltungssitzes;[7] bei Verwaltungssitz im Inland ist also deutsches Recht maßgebend.[8] Besonderheiten gelten im **Europarecht:** Macht eine Gesellschaft, die nach dem Recht des Mitgliedstaats gegründet worden ist, in dessen Hoheitsgebiet sie ihren satzungsmäßigen Sitz hat, in einem anderen Mitgliedstaat von ihrer Niederlassungsfreiheit Gebrauch, so ist dieser andere Mitgliedstaat nach den Art. 49 AEUV (früher Art. 43 EGV) und Art. 54 AEUV (früher Art. 48 EGV) verpflichtet, die Rechtsfähigkeit und damit die Partei(Beteiligten)fähigkeit zu achten, die diese Gesellschaft nach dem Recht ihres Gründungsstaats besitzt.[9] Ähnliches gilt bei EFTA-Staaten: Eine in dem **EFTA-Staat** Liechtenstein nach dessen Vorschriften wirksam gegründete Kapitalgesellschaft ist in einem anderen Vertragsstaat des EWR-Abkommens auf der Grundlage der darin garantierten Niederlassungsfreiheit (Art. 31 EWR) – unabhängig von dem Ort ihres tatsächlichen Verwaltungssitzes – in der Rechtsform anzuerkennen, in der sie gegründet wurde.[10]

3. Vereinigungen, Personengruppen und Einrichtungen (Nr. 2)

9   Vereinigungen, Personengruppen und Einrichtungen besitzen ebenfalls die Beteiligtenfähigkeit, soweit ihnen ein Recht zustehen kann (Nr. 2). Das ist eine schwammige Formulierung. Dazu gehört die **BGB-Gesellschaft** (§§ 705 ff. BGB), wenn sie als Außengesellschaft durch Teilnahme am Rechtsverkehr eigene Rechte und Pflichten begründet;[11] die BGB-Innengesellschaft ist weiterhin nicht rechts- und partei(beteiligten)fähig (die Abgrenzungsprobleme liegen auf der Hand); eine BGB-Gesellschaft kann nach neuerer Auffassung unter ihrer Bezeichnung ins Grundbuch eingetragen werden (Einzelheiten § 47 Abs. 2 GBO);[12] die **Wohnungseigentümergemeinschaft** im Rahmen von § 10 Abs. 5 S. 5 WEG. **Nicht rechtsfähige Vereine** konnten nach früher allgemeiner Auffassung am Verfahren der frei-

---

[7] BGH NJW 1997, 658 (str.); NJW 1986, 2194.
[8] Palandt/Thorn Art. 7 EGBGB Rn 1; str.
[9] EuGH NJW 2003, 1461; NJW 2002, 3539.
[10] BGH NJW 2005, 3351.
[11] BGH NJW-RR 2006, 42; NJW 2001, 1056; dazu Demharter Rpfleger 2001, 329; Habersack BB 2001, 477; Jauernig NJW 2001, 2231; Schmidt NJW 2001, 993; Ulmer ZIP 2001, 585; Wiedemann JZ 2001, 661; ausführlich Staudinger/Habermeier vor § 705.
[12] BGH FGPrax 2009, 6; dazu Miras GWR 2009, 78.

willigen Gerichtsbarkeit nicht als Rechtsträger teilnehmen[13] (Ausnahmen galten für Gewerkschaften, Rn 11); jedoch konnte § 50 Abs. 2 ZPO in echten Streitsachen entsprechend angewandt werden (in Familienstreitsachen gilt er wegen § 113 Abs. 1 ohnehin)[14] Als Konsequenz der vorgenannten verfehlten Rechtsprechung des BGH[15] kann der nicht rechtsfähige Verein nicht nur ins Grundbuch eingetragen werden (§ 47 Abs. 2 GBO),[16] er kann auch einen Erbscheinsantrag stellen.

Die **OHG (KG)** ist kein von den Gesellschaftern verschiedenes Rechtssubjekt; die Eigentümer des Gesellschaftsvermögens sind aber in ihrer Gesamtheit Träger der im Gesellschaftsvermögen vereinigten Rechte. Die OHG ist im Hinblick auf § 124 HGB als beteiligtenfähig anzusehen;[17] die KG nach § 161 Abs. 2 HGB; sie ist auch erbfähig und kann daher eine Erbschaft annehmen oder ausschlagen; ein Zwangsgeld-, Ordnungsgeldverfahren in Registersachen richtet sich aber nur gegen die Gesellschafter. Die Vorgesellschaft (z. B. Vor-GmbH[18]) ist beteiligtenfähig;[19] ebenso die juristische Person in Liquidation.[20] Die gelöschte Gesellschaft ist nicht mehr beteiligtenfähig; zeigt sich später noch ein Bedarf wird eine Nachliquidation durchgeführt und insoweit besteht dann wieder Beteiligtenfähigkeit.[21] Die Beteiligtenfähigkeit der Reederei (§ 493 Abs. 3 HGB) ist wohl zu bejahen.[22] Zur AG vgl. §§ 98 Abs. 2 und 104 AktG.

Für **Gewerkschaften,** auch wenn sie als nicht rechtsfähige Vereine organisiert sind, hat der BGH[23] im Zivilprozess die Parteifähigkeit bejaht; deshalb sind sie auch als beteiligtenfähig anzusehen. Eine Sondervorschrift über Aktiv- und Passivlegitimation von **Parteien** enthält § 3 ParteienG, weshalb sie als beteiligtenfähig zu erachten sind; Ortsvereine der Parteien sind meist nicht rechtsfähige Vereine und damit nicht beteiligtenfähig, sofern sie nicht ausnahmsweise im Vereinsregister eingetragen sind.[24] Diffizilitäten gibt es im **kirchlichen Bereich:** Nach Can. 368 des Codex Juris Canonici (CIC) besteht die katholische Kirche aus Teilkirchen, die vor allem die Diözesen sind. Deshalb wird den Bistümern als maßgebenden Territorialgliederungen der katholischen Kirche Rechtsfähigkeit zugebilligt.[25] Ähnliches gilt für die evangelischen Landeskirchen.[26]

4. Behörden (Nr. 3)

Behörden besitzen die Beteiligtenfähigkeit, auch wenn sie keine eigene Rechtspersönlichkeit besitzen (Nr. 3). Darunter fallen z. B. das Jugendamt, die Betreuungsbehörde (§ 274), die für die öffentlich-rechtliche Unterbringung zuständige Behörde (§ 315 Abs. 3; in der Regel das Ordnungsamt), das Standesamt und dessen Aufsichtsbehörde[27] (§ 51 PStG), die zuständige Behörde im Falle des § 1316 BGB (z. B. Bezirksregierung, Landkreis, kreisfreie Stadt); der Versorgungsträger (§ 219 Nr. 3).

---

[13] BGH NJW 1990, 186; str.; vgl. Schöpflin, Der nicht rechtsfähige Verein 2003, S. 364 ff.; a. A. KG MDR 2003, 1197; MünchKommZPO/Lindacher § 50 Rn 37. Zur inzwischen erfolgten Änderung des § 50 Abs. 2 ZPO vgl. Hadding ZGR 2006, 137; Palandt/Ellenberger vor § 21 Rn 23.
[14] Bärmann § 9 I 2; a. A. OLG Koblenz NJW 1977, 55.
[15] NJW 2001, 1056.
[16] BGH FGPrax 2009, 6 bejaht die Grundbuchfähigkeit der BGB-Gesellschaft; als Konsequenz muss das auch für den nicht eingetragenen Verein gelten.
[17] MünchKommZPO/Lindacher § 50 Rn 25.
[18] BGH NJW 2008, 2441; de Lousanoff NZG 2008, 490.
[19] Vgl. BGH NJW 1998, 1079; MünchKommZPO/Lindacher § 50 Rn 12.
[20] MünchKommZPO/Lindacher § 50 Rn 13.
[21] MünchKommZPO/Lindacher § 50 Rn 14 ff.
[22] BGH MDR 1960, 665; MünchKommZPO/Lindacher § 50 Rn 31.
[23] BGHZ 42, 210.
[24] Vgl. OLG Frankfurt MDR 1984, 1030; OLG Zweibrücken NJW-RR 1986, 181; LG Düsseldorf NJW-RR 1990, 832; Kainz NJW 1985, 2619.
[25] BGH NJW 1994, 245; zur Hohen Domkirche zu Köln: OLG Köln NJW 1995, 245; zur katholischen Pfarrpfründestiftung: OLG Zweibrücken MDR 1966, 672.
[26] Dazu Scheffler NJW 1977, 740.
[27] OLG Zweibrücken FGPrax 2010, 162.

IV. Nicht beteiligtenfähige Gebilde

13   Nicht beteiligtenfähig ist die Erbengemeinschaft;[28] es besteht kein Anlass, die problematische Rechtsprechung des BGH zur BGB-Gesellschaft (Rn 9) auszuweiten; alle Erben sind also Beteiligte. Auch der Nachlass als solcher, selbst wenn Testamentsvollstreckung oder Nachlassverwaltung angeordnet ist, ist nicht beteiligtenfähig. Die Insolvenzmasse ebenfalls nicht; für sie handelt der Insolvenzverwalter als Partei kraft Amts. Zweigniederlassungen oder Filialen eines Unternehmens, die keine eigene Rechtspersönlichkeit darstellen (anders Niederlassungen ausländischer Banken und Versicherungen in den Fällen §§ 53 Abs. 2 KWG, 106 Abs. 2 VAG). Ortsvereine der politischen Parteien sind in der Regel nicht beteiligtenfähig (Rn 11), ebenso nicht kirchliche Ordensniederlassungen.[29] Nicht beteiligungsfähig sind nicht anerkannte Religionsgesellschaften, eine Burschenschaft,[30] eine Siedlergemeinschaft,[31] Kegelclubs etc. Zum nicht rechtsfähigen Verein vgl. Rn 9.

Verfahrensfähigkeit

9 (1) **Verfahrensfähig sind**
1. die nach bürgerlichem Recht Geschäftsfähigen,
2. die nach bürgerlichem Recht beschränkt Geschäftsfähigen, soweit sie für den Gegenstand des Verfahrens nach bürgerlichem Recht als geschäftsfähig anerkannt sind,
3. die nach bürgerlichem Recht beschränkt Geschäftsfähigen, soweit sie das 14. Lebensjahr vollendet haben und sie in einem Verfahren, das ihre Person betrifft, ein ihnen nach bürgerlichem Recht zustehendes Recht geltend machen,
4. diejenigen, die aufgrund dieses oder eines anderen Gesetzes dazu bestimmt werden.

(2) **Soweit ein Geschäftsunfähiger oder in der Geschäftsfähigkeit Beschränkter nicht verfahrensfähig ist, handeln für ihn die nach bürgerlichem Recht dazu befugten Personen.**

(3) **Für Vereinigungen sowie für Behörden handeln ihre gesetzlichen Vertreter und Vorstände.**

(4) **Das Verschulden eines gesetzlichen Vertreters steht dem Verschulden eines Beteiligten gleich.**

(5) **Die §§ 53 bis 58 der Zivilprozessordnung gelten entsprechend.**

Übersicht

	Rn
I. Normzweck; Anwendungsbereich	1
II. Bedeutung der Verfahrensfähigkeit	3
III. Verfahrensfähige Personen	7
1. Geschäftsfähige Personen (Abs. 1 Nr. 1)	7
2. Beschränkt Geschäftsfähige (Abs. 1 Nr. 2)	10
3. Beschränkt Geschäftsfähige über 14 Jahre (Abs. 1 Nr. 3)	11
4. Spezielle Regelungen (Abs. 1 Nr. 4)	17
IV. Vertretung	18
1. Vertretung verfahrensunfähiger Personen (Abs. 2)	18
2. Vertretung von Behörden und Vereinigungen (Abs. 3)	20
V. Verschuldenszurechnung (Abs. 4)	22
VI. Verweisung auf §§ 53 bis 58 ZPO (Abs. 5)	23
1. Allgemeines	23
2. Verfahrensunfähigkeit bei Betreuung oder Pflegschaft (§ 53 ZPO)	24
3. Vertretung eines Kindes durch Beistand (§ 53a ZPO a. F.)	27
4. Besondere Ermächtigung zu Verfahrenshandlungen (§ 54 ZPO)	28
5. Verfahrensfähigkeit von Ausländern (§ 55 ZPO)	29

---

[28] BGH NJW 2006, 3715: sie ist nicht rechtsfähig; NJW 2002, 3389; a. A. Grunewald AcP 197 (1997), 305.
[29] RGZ 113, 127; RGZ 97, 123.
[30] OLG Koblenz NJW-RR 1993, 697.
[31] BGH NJW 1990, 186.

Verfahrensfähigkeit 1–6 § 9

	Rn
6. Prüfung von Amts wegen (§ 56 ZPO)	30
7. Besonderer Pfleger (§ 57 ZPO)	34
8. Pfleger bei herrenlosem Grundstück oder Schiff (§ 58 ZPO)	39

I. Normzweck; Anwendungsbereich

Die Verfahrensfähigkeit war im FGG nicht speziell geregelt. § 52 ZPO wurde nicht analog angewandt, sondern die Vorschriften des bürgerlichen Rechts. Der Gesetzgeber hat sich deshalb veranlasst gefühlt, eine Bestimmung zu schaffen, die die bisherige Praxis weitgehend weiterführt. Abs. 1 ist § 62 VwGO nachgebildet, Abs. 2 dem § 58 Abs. 2 FGO, Abs. 3 lehnt sich an § 62 Abs. 3 VwGO und Abs. 4 knüpft an § 22 Abs. 2 S. 2 FGG und § 51 Abs. 2 ZPO an. 1

§ 9 ist nicht anwendbar in Ehesachen und in Familienstreitsachen (§ 113 Abs. 1); statt dessen gilt dort die ZPO unmittelbar. 2

II. Bedeutung der Verfahrensfähigkeit*

Wer beteiligtenfähig ist, regelt § 8. Wer die Fähigkeit hat, Erklärungen im Verfahren wirksam vorzunehmen oder sie entgegen zu nehmen, selbst oder durch selbst bestellte Vertreter (**Verfahrensfähigkeit**),[1] ist in § 9 geregelt. Diese Fähigkeit beinhaltet die Antragstellung, Antragsänderung, Antragsrücknahme, Stellung von Beweisanträgen, Ablehnungsanträgen, einen Anwalt (oder sonstigen Vertreter) zu bevollmächtigen (und demzufolge mit ihm einen Anwaltsvertrag zu schließen[2]), die Hauptsache für erledigt zu erklären, Rechtsmittel einzulegen, zurück zu nehmen bzw. auf sie zu verzichten, Zustellungen und sonstige Bekanntmachungen entgegen zu nehmen. Die Verfahrensfähigkeit selbst begründet aber kein Antragsrecht und Beschwerderecht, sondern setzt es voraus; das Beschwerderecht kann sich z.B. aus § 59 ergeben. § 9 verleiht nur die Ausübungsfähigkeit, soweit sie sich nicht schon aus anderen Bestimmungen ergibt. Zur **Postulationsfähigkeit** vgl. § 10. 3

Die Verfahrensfähigkeit ist von der **Geschäftsfähigkeit** zu unterscheiden. Das bürgerliche Recht verlangt für die dort geregelten **Anträge** grundsätzlich volle Geschäftsfähigkeit. Soweit eine Antragstellung an das Gericht Voraussetzung der Tätigkeit des Gerichts ist, ist also das bürgerliche Recht maßgebend. Einen Erbscheinsantrag kann daher nur ein Volljähriger stellen, der Minderjährige muss vertreten werden (z.B. durch seine Eltern). Auch beim Abschluss eines Rechtsgeschäfts vor Gericht (z.B. Vergleich bei der Nachlassauseinandersetzung nach §§ 363 ff.) kommen für die Notwendigkeit gesetzlicher Vertretung die Vorschriften der §§ 104 ff. BGB über die Geschäftsfähigkeit zur Anwendung. Gibt das Gesetz für bestimmte Angelegenheiten eine Teilgeschäftsfähigkeit (z.B. §§ 112, 113 BGB), kann auch ein Minderjähriger Anträge in diesem Rahmen stellen. Die Verfahrensfähigkeit dagegen betrifft, wie schon der Name sagt, die Handlung im gerichtlichen Verfahren. Geschäftsfähige sind in der Regel verfahrensfähig (nicht z.B. im Falle des § 53 ZPO i.V.m. § 9 Abs. 5 FamFG); Verfahrensfähige sind nicht unbedingt auch geschäftsfähig, wie §§ 275, 316 zeigen (in Betreuungs- und Unterbringungssachen sind auch Geschäftsunfähige verfahrensfähig). 4

Ob Verfahrensfähigkeit vorliegt, ist **von Amts wegen zu prüfen** (§ 56 Abs. 1 ZPO i.V.m. § 9 Abs. 5 FamFG). Die Verfahrensfähigkeit ist eine Sachentscheidungsvoraussetzung und eine Voraussetzung für die Wirksamkeit der Verfahrenshandlung (Verfahrenshandlungsvoraussetzung). Anträge Verfahrensunfähiger sind deshalb grundsätzlich (aber erst nach Hinweis) als unzulässig abzuweisen. 5

Ist die **Verfahrensfähigkeit streitig,** weil z.B. die Geschäftsfähigkeit unklar ist, ist im Streit um die Verfahrensfähigkeit ein Beteiligter als verfahrensfähig zu behandeln, bis seine Verfahrensunfähigkeit festgestellt ist;[3] das gilt jedenfalls für Antragsverfahren. Den Rechten des betroffenen Beteiligten wird auf diese Weise besser Rechnung getragen. 6

---

* S. hierzu Heiter, FamRZ 2009, 85; Schael, FamRZ 2009, 265.
[1] BayObLG NJW-RR 2005, 1384; OLG Stuttgart NJW 2006, 1887.
[2] BayObLGZ 1987, 17.
[3] Jansen/von König § 13 Rn 18.

III. Verfahrensfähige Personen

1. Geschäftsfähige Personen (Abs. 1 Nr. 1)

7 Geschäftsfähige Personen sind verfahrensfähig. Maßgebend sind die Vorschriften des BGB über die Geschäftsfähigkeit (§§ 2, 104 ff. BGB),[4] so dass also grundsätzlich Personen ab dem 18. Lebensjahr verfahrensfähig sind und geschäftsunfähige Personen (§ 104 Nr. 2 BGB) nicht. Auch ein Geschäftsfähiger besitzt aber keine Verfahrensfähigkeit, wenn für ihn Betreuung angeordnet wurde mit einem Einwilligungsvorbehalt (§ 1903 BGB) für den Aufgabenkreis „gerichtliche Auseinandersetzungen".[5] Im Rahmen des § 105 a BGB kann auch ein Geschäftsunfähiger sog. Geschäfte des täglichen Lebens wirksam abschließen; ob dies eine partielle Geschäftsfähigkeit darstellt, ist unklar. Jedenfalls muss nach h. M.[6] der Geschäftsunfähige bei einem Verfahren über das Alltagsgeschäft durch einen Betreuer vertreten werden (§ 1902 BGB); ist also nicht partiell verfahrensfähig, wie etwa bei §§ 112, 113 BGB. Dass für einen Geschäftsfähigen ein Pfleger nach §§ 1911, 1913 BGB bestellt ist, nimmt ihm nicht die Geschäftsfähigkeit und somit auch nicht die Verfahrensfähigkeit,[7] weil der Pfleger als gesetzlicher Vertreter den Vertretenen nicht verdrängt. Anders ist es, wenn ein Verfahrenspfleger gem. § 57 ZPO bestellt wurde; denn dies setzt voraus, dass der Betroffene verfahrensunfähig ist.

8 Die Fähigkeit eines **Ausländers,** Verfahrenshandlungen vorzunehmen, beurteilt sich nicht danach, ob die Person nach ihrem Heimatrecht verfahrensfähig ist, sondern nach ihrer heimatrechtlichen Geschäftsfähigkeit (vgl. Art. 7 EGBGB).[8] Das wird durch § 55 ZPO, anwendbar nach § 9 Abs. 5 FamFG, erweitert (vgl. Rn 29).

9 Geschäftsfähig sind nicht nur natürliche Personen, sondern auch **juristische Personen** (§ 8 Rn 7). Sie sind daher ebenfalls verfahrensfähig, handeln aber durch ihre Vertreter. Die Verfahrensfähigkeit einer **ausländischen juristischen Person** richtet sich grundsätzlich nach dem Recht ihres Sitzes;[9] zu den Einzelheiten vgl. § 8 Rn 8.

2. Beschränkt Geschäftsfähige (Abs. 1 Nr. 2)

10 Sie sind (falls beschränkt geschäftsfähig, also nicht bei Geschäftsunfähigkeit, § 104 Nr. 2 BGB) nur verfahrensfähig, soweit sie für den Gegenstand des Verfahrens nach bürgerlichem Recht (das ist nicht nur das BGB) als geschäftsfähig anerkannt sind. Ein Handeln des gesetzlichen Vertreters ist also in diesen Fällen nicht erforderlich. Darunter fallen Minderjährige unter 18 Jahren, denen der gesetzliche Vertreter mit Genehmigung des Familiengerichts den selbständigen Betrieb eines Erwerbsgeschäfts erlaubt hat (§ 112 BGB), aber nur für solche Rechtsgeschäfte, welche der Geschäftsbetrieb mit sich bringt. Er kann z. B. Mietverträge abschließen, im Umfang der Ermächtigung Verfahren führen, Zustellungen entgegennehmen, Anträge zum Handelsregister stellen; ein Erbscheinsantrag fällt dagegen nicht darunter. Ermächtigt der gesetzliche Vertreter den Minderjährigen in Dienst oder in Arbeit zu treten, ist er ebenfalls für die diesbezüglichen Rechtsgeschäfte geschäftsfähig (§ 113 BGB). Weitere Fälle: §§ 1750 Abs. 3, 2229 Abs. 1 BGB; § 5 RelKEG.

3. Beschränkt Geschäftsfähige über 14 Jahre (Abs. 1 Nr. 3)

11 Verfahrensfähig sind ferner Personen unter 18 Jahren, soweit sie das 14. Lebensjahr vollendet haben, also Kinder, die in einem Verfahren, das ihre Person betrifft, ein ihnen nach bürgerlichem Recht zustehendes Recht geltend machen, falls sie beschränkt geschäftsfähig sind. Die selbständige Ausübung des Beschwerderechts durch das Kind regelt § 60. Eine spezielle Regelung findet sich in § 167 Abs. 3 für die Unterbringung Minderjähriger:

---

[4] BGHZ 35, 1; RGZ 145, 284.
[5] BGH FPR 2002, 460.
[6] MünchKommBGB/Schmitt § 105 a Rn 20; Palandt/Ellenberger § 105 a Rn 1.
[7] A. A. BT-Drucks. 16/6308 S. 180.
[8] BayObLG FamRZ 1964, 469 für die Fähigkeit eines entmündigten Ausländers (Österreicher), im Verfahren der freiwilligen Gerichtsbarkeit selbständig Beschwerde einzulegen. Ablehnende Anm. Lindacher FamRZ 1964, 647; vgl. KG NJW 1978, 2454 (lex fori); KG NJW 1978, 2455.
[9] Palandt/Thorn Art 7 EGBGB Rn 4.

sie sind verfahrensfähig, wenn sie das 14. Lebensjahr vollendet haben. Die Bestellung eines Verfahrensbeistandes (§ 158) ändert daran nichts.

Nach bürgerlichem Recht zustehendes Recht: z. B. die Geltendmachung des Umgangsrechts mit einem Elternteil (§ 1684 Abs. 1 BGB), Widerspruchsrecht des Kindes nach § 1671 Abs. 2 Nr. 1 BGB.[10] Kein subjektives Recht des Kindes enthalten Vorschriften, die nur Eingriffsbefugnisse des Gerichts regeln, wie Ausschluss des Umgangsrechts (§§ 1684 Abs. 4, 1685, 1631 Abs. 2, 1666 BGB).[11] Die Geltendmachung von Rechtspositionen des Verwaltungsrechts oder Verfassungsrechts fällt nicht darunter.[12]

Geltendmachung. Das Kind muss das ihm zustehende Recht **selbst** geltend machen wollen. Das ist zu unterscheiden von dem Fall, in dem der gesetzliche Vertreter namens des Kindes dessen Recht geltend macht. Maßgebend ist das **Alter,** in dem der Minderjährige die Verfahrenshandlung vornimmt oder sie ihm gegenüber vorgenommen wird.

Die **Person des Kindes** betreffende Verfahren sind die Personensorge, Umgangsrecht, Herausgabe des Kindes, Vormundschaft, Pflegschaft, Auswahl des Vormunds und die anderen Kindschaftssachen im Sinn von § 151. Dazu gehören aber auch Abstammungssachen und Adoption.[13] Die Angelegenheiten der §§ 112, 113 BGB sind in Nr. 2 speziell geregelt. Dazu gehören auch vermögensrechtliche Angelegenheiten des Minderjährigen, die sich auf seine Person auswirken, so z. B. sein Unterhalt, auch die Vergütung des Vormundes, wenn sie sich auf die Lebensführung des Kindes auswirkt.[14] **Nicht darunter fallen** z. B. Verfahren nach § 261 Abs. 2, Verfahren nach § 266 Abs. 2 (§ 1357 Abs. 2 BGB), wenn ein Ehegatte minderjährig ist;[15] die Ehewohnungs- und Haushaltssache über die Wohnung der Eltern.[16]

Antragsrecht. Im Gesetzestext heißt es: „in einem Verfahren …". Handelt es sich um ein von Amts wegen eingeleitetes Verfahren, ist der Minderjährige selbst verfahrensfähig. Die Verfahrensfähigkeit beinhaltet aber nicht das Recht, im Antragsverfahren einen Antrag auf Einleitung des Verfahrens zu stellen;[17] beantragt der volljährige Miterbe die Entlassung des Testamentsvollstreckers, ist der minderjährige Miterbe Beteiligter und als solcher im Rahmen von Abs. 1 Nr. 3 selbst verfahrensfähig; dagegen kann der minderjährige Erbe selbst nicht die Entlassung des Testamentsvollstreckers beantragen; insoweit muss er vertreten werden.

Verfahrensvollmacht. Das minderjährige Kind kann an sich weder einen Geschäftsbesorgungsvertrag mit einem Anwalt schließen noch ihm Verfahrensvollmacht erteilen; § 107 BGB ist nicht einschlägig. Weil es aber keinen Sinn hat, dem Kind die Verfahrensfähigkeit einzuräumen, ihm aber nicht die für das Verfahren erforderlichen Hilfsmittel zu geben, muss man eine beschränkte Geschäftsfähigkeit dahin annehmen, dass das Kind den Anwalt wirksam mandatieren kann;[18] zwar kann es nicht seine Eltern zur Zahlung des Honorars verpflichten, weil es nicht gesetzlicher Vertreter der Eltern ist. Das Kind kann aber selbst Verfahrenskostenhilfe (§§ 76 ff.) beantragen, wobei sich dann mittelbar die Frage der Kostentragungspflicht der Eltern stellt.

4. Spezielle Regelungen (Abs. 1 Nr. 4)

Verfahrensfähig sind in **Betreuungs- und Unterbringungsverfahren** die Betroffenen (§§ 275, 316), auch wenn sie geschäftsunfähig oder beschränkt geschäftsfähig sind. Durch Bestellung eines Betreuers oder Verfahrenspflegers ändert sich daran nichts. Für die zivilrechtliche oder öffentlich-rechtliche Unterbringung eines Kindes gibt es einen entsprechende Regelung in § 167 Abs. 3. In den sonstigen Freiheitsentziehungsverfahren (§§ 415 ff.)

---

[10] BT-Drucks. 16/0733 S. 352.
[11] Heiter FamRZ 2009, 85/87.
[12] Heiter FamRZ 2009, 85/87.
[13] Anders wohl BT-Drucks. 16/9733 S. 352.
[14] BayObLG Rpfleger 1987, 150.
[15] Heiter FamRZ 2009, 85/87.
[16] BayObLG FamRZ 1977, 467.
[17] BayObLG FamRZ 1975, 169; OLG Hamm FamRZ 1974, 29; OLG Köln FamRZ 1973, 265.
[18] BayObLG RNotZ 2003, 127; Heiter FamRZ 2009, 85/88; Jansen/Sonnenfeld § 66 Rn 16; Horndasch/Viefhues/Reinken § 9 Rn 12.

fehlt eine den §§ 275, 316 entsprechende Vorschrift, weil der betroffene Personenkreis üblicherweise nicht geschäftsunfähig ist. Doch muss auch hier Verfahrensfähigkeit Geschäftsunfähiger angenommen werden; das verlangt der Grundrechtsschutz.[19] Im Abschiebungshaftverfahren ist somit auch ein minderjähriger Ausländer verfahrensfähig.[20] Damit die geschäftsunfähigen Betroffenen ihre Verfahrensfähigkeit durchsetzen können, können diese auch wirksam eine Verfahrensvollmacht erteilen.[21] Auch der Geschäftsbesorgungsvertrag des Betroffenen mit dem Anwalt ist wirksam, denn ohne Honorar würden sie kaum einen Anwalt finden; insoweit muss man eine Teilgeschäftsfähigkeit des Betroffenen annehmen (ähnlich wie bei §§ 112, 113 BGB).[22] In **Ehesachen** ist auch eine beschränkt geschäftsfähige Person verfahrensfähig (§ 125 Abs. 1).

IV. Vertretung

1. Vertretung verfahrensunfähiger Personen (Abs. 2)

18 Soweit ein Geschäftsunfähiger oder in der Geschäftsfähigkeit Beschränkter nicht verfahrensfähig ist, handeln für ihn die nach bürgerlichem Recht dazu befugten Personen (Abs. 2). **Minderjährige eheliche Kinder** werden grundsätzlich durch beide Eltern vertreten (§ 1629 Abs. 1 S. 2 BGB); durch einen Elternteil **allein,** wenn er die elterliche Sorge allein ausübt (§ 1629 Abs. 1 S. 3 BGB); wenn der andere Elternteil verstorben ist (§ 1680 BGB); wenn bei Scheidung bzw. dauerndem Getrenntleben das Familiengericht einem Elternteil die Sorge allein übertragen hat (§ 1671 BGB); durch einen Vormund bzw. Ergänzungspfleger, wenn die Eltern wegen Insichgeschäft usw. ausgeschlossen sind oder ihnen die Vertretung vom Familiengericht entzogen wurde (§ 1629 Abs. 2 BGB). Will die allein vertretungsberechtigte Mutter als gesetzliche Vertreterin ihrer (noch nicht 14 Jahre alten) Tochter eine Erbschaft (z. B. wegen Überschuldung) ausschlagen, ist (falls ein Interessengegensatz besteht) für das Kind ein Ergänzungspfleger zu bestellen, damit der **Genehmigungsbeschluss** des FamFG nach § 40 Abs. 2 FamFG rechtskräftig werden kann; dem Pfleger ist der Beschluss nach § 41 Abs. 3 FamFG zuzustellen.[23] Ein Elternteil ist ferner von der Vertretung im Fall des § 173 (Abstammungsverfahren) ausgeschlossen.

In **Kindschaftssachen** (§ 151), wie elterlicher Sorge und Umgang, muss nicht immer die elterliche Sorge teilweise entzogen und ein Ergänzungspfleger bestellt werden; bei erheblichen Interessengegensätzen zwischen Kind und vertretungsberechtigten Eltern kann die Bestellung eines Verfahrensbeistands (vgl. § 158 Abs. 2 Nr. 1) als milderes Mittel zur Sicherung der Verfahrensrechte des Kindes ausreichen.[24] Die abweichende Meinung[25] verlangt die Bestellung eines Ergänzungspflegers, da der Verfahrensbeistand nicht gesetzlicher Vertreter sei, das Kind aber als Beteiligter gesetzlich vertreten sein müsse; dann wäre das Kind schon bei der Bestellung des Ergänzungspflegers „Beteiligter", hierbei wiederum nicht richtig vertreten, man bräuchte einen Unterpfleger usw. und es gäbe schließlich eine endlose Pflegerkette. Auch wäre die Ergänzungspflegerbestellung anfechtbar, anders als die Bestellung eines Verfahrensbeistandes (§ 158 Abs. 3 S. 4), was für den Verfahrensbeistand spricht. Die Frage ist sehr umstritten.[26]

Minderjährige, die nicht unter elterlicher Sorge stehen, werden durch einen Vormund bzw. Pfleger vertreten (§§ 1773, 1793, 1909 BGB). **Nichteheliche Kinder:** durch die Mutter, § 1626a Abs. 2 BGB; durch beide Eltern, wenn eine formgerechte Sorgeerklärung vorliegt, § 1626a Abs. 1 BGB; eventuell durch Vormund, Pfleger; zur Beistandschaft des Jugendamts vgl. § 1716 BGB und §§ 173, 234 i. V. m. § 9 Abs. 5 FamFG (sie verdrängt den

---

[19] Vgl. BVerfGE 19, 101; BVerfGE 10, 306.
[20] Kunz NJW 1982, 2705.
[21] BayObLG FamRZ 1984, 1259; OLG Schleswig FamRZ 2007, 1126: OLG Stuttgart OLGZ 1975, 74.
[22] BayObLG FamRZ 1999, 1612; Rpfleger 1988, 240.
[23] KG FamRZ 2010, 1171; dazu Sonnenfeld ZKJ 2010, 271; nach der a. A. (Litzenburger RNotZ 2009, 380, Kölmel NotBZ 2010, 2) genügt ein Verfahrensbeistand.
[24] OLG Stuttgart NJW-RR 2010, 222; OLG Koblenz FamRZ 2010, 1919; Keuter NJW 2010, 1851; FamRZ 2010, 1955; Horndasch/Viefhues/Reinken § 7 Rn 15.
[25] OLG Oldenburg NJW 2010, 1888; Prütting/Helms/Stößer § 158 Rn 25; BJS/Zorn § 158 Rn 21.
[26] Müller-Magdeburg FamFR 2009, 164 und 403; Keuter NJW 2010, 1851; Schael FamRZ 2009, 265; Heiter FamRZ 2009, 85.

Elternteil). **Betreute** werden im Rahmen des Aufgabenkreises durch den Betreuer vertreten (§§ 1896, 1902 BGB). Geschäftsunfähige Vollmachtgeber einer **Vorsorgevollmacht** werden durch den Bevollmächtigten vertreten (vgl. § 51 Abs. 3 ZPO). Erben, wenn sie unbekannt sind, werden u. U. durch einen **Nachlasspfleger** gesetzlich vertreten (§§ 1960, 1961 BGB). Ein **Testamentsvollstrecker** ist kein gesetzlicher Vertreter der Erben, sondern eine Partei kraft Amts. Dasselbe gilt für einen gerichtlich eingesetzten **Nachlassverwalter** (§§ 1975 ff. BGB), Zwangsverwalter (§ 152 ZVG), Insolvenzverwalter (§ 80 InsO).

Ausländer: § 55 ZPO. Das **ausländische Kind** wird nach Art. 21 EGBGB vertreten, bei ausländischen Personen, die unter Pflegschaft, Betreuung, Vormundschaft stehen, richtet sich die Vertretung nach Art. 24 EGBGB, jeweils mit Vorrang der Staatsverträge.

2. Vertretung von Behörden und Vereinigungen (Abs. 3)

Für Vereinigungen sowie für Behörden handeln ihre gesetzlichen Vertreter und Vorstände (Abs. 3). Der Begriff der Vereinigung ist weit zu verstehen,[27] erfasst juristische Personen des Privatrechts und des öffentlichen Rechts, auch nicht rechtsfähige Vereinigungen im Sinne von § 8 Nr. 2. Eine AG wird in der Regel durch den Vorstand vertreten (§ 78 AktG), eine GmbH durch den Geschäftsführer (§ 35 GmbHG), eine OHG durch die vertretungsberechtigten Gesellschafter (§ 125 HGB), KG und KGaA durch die persönlich haftenden Gesellschafter (§§ 161 Abs. 2, 170 HGB, 278 AktG), die BGB-Gesellschaft durch sämtliche zur Geschäftsführung berufene Gesellschafter gemeinsam (§§ 709, 714 BGB), die Stiftung des Privatrechts durch den Vorstand (§ 86 BGB), **Vereine** durch den Vorstand (§ 26 Abs. 2 BGB). Diese Organe können sich Bevollmächtigter bedienen.

Wer eine **Behörde** vertreten kann, richtet sich nach den jeweiligen Organisationsnormen. In Bayern z. B. wird die Gemeinde nach der BayGemeindeO durch den Ersten Bürgermeister vertreten (nicht durch den Gemeinderat). Behörden werden durch ihren Leiter oder dessen Vertreter oder durch einen von diesem beauftragten Sachbearbeiter vertreten; auch sie können sich eines Bevollmächtigten bedienen.

V. Verschuldenszurechnung (Abs. 4)

Die Vorschrift rechnet das Verschulden des **gesetzlichen Vertreters** dem Vertretenen zu; das hat Bedeutung z. B. bei der Wiedereinsetzung wegen Versäumung der Rechtsmittelfrist durch den gesetzlichen Vertreter. Hat der Betreuer schuldhaft eine gesetzliche Frist versäumt, geht dies zu Lasten des Betreuten; der Betreute hat aber einen Schadensersatzanspruch gegen den Betreuer (§§ 1908i, 1833 BGB), zu dessen Geltendmachung ein neuer Betreuer zu bestellen ist. § 51 Abs. 2 ZPO, der § 9 Abs. 4 entspricht, gilt nach Ansicht des BGH[28] auch für das Statusverfahren; das ist bedenklich,[29] weil der Fehler des Vertreters in den gewöhnlichen Fällen mittels Schadensersatz korrigiert werden kann, beim Statusverfahren aber nicht. Die Verschuldenszurechnung des **gewillkürten Vertreters**, z. B. des Rechtsanwalts, ist in § 11 S. 5 durch Verweisung auf § 85 Abs. 2 ZPO geregelt und nicht vom FamFG aufgegeben worden.[30] Folge ist, dass es sich der Beteiligte zurechnen lassen muss, wenn sein Rechtsanwalt, ohne beim BGH zugelassen zu sein, dort Rechtsbeschwerde einlegt, also auch keine Wiedereinsetzung vom BGH erhält. Der Ausgleich erfolgt, weil der Mandant dann einen Schadensersatzanspruch gegen seinen rechtsunkundigen Anwalt hat.

VI. Verweisung auf §§ 53 bis 58 ZPO (Abs. 5)

1. Allgemeines

Die Vorschriften, auf die verwiesen wird, betreffen nicht nur Fragen der Verfahrensfähigkeit oder gesetzlichen Vertretung. Sie werden nur analog angewandt.

---

[27] BT-Drucks. 16/6308 S. 180.
[28] BGH FamRZ 1993, 308 (Ehelichkeitsanfechtung); MünchKommZPO/Lindacher § 51 Rn 33.
[29] Bosch FamRZ 1993, 308.
[30] BGH NJW-RR 2010, 1297.

2. Verfahrensunfähigkeit bei Betreuung oder Pflegschaft (§ 53 ZPO)

§ 53 ZPO

> Wird in einem Rechtsstreit eine prozessfähige Person durch einen Betreuer oder Pfleger vertreten, so steht sie für den Rechtsstreit einer nicht prozessfähigen Person gleich.

24   Einer natürlichen Person kann vom Betreuungsgericht für bestimmte Aufgabenkreise ein **Betreuer** (§ 1896 BGB) bestellt werden (Vertretungsmacht vgl. § 1902 BGB); nach §§ 1909, 1911, 1913, 1960 BGB kann einer Person (unbekannter Erbe, unbekannter oder abwesender Beteiligter) ein **Pfleger** bestellt werden. Das wirkt sich auf die Geschäftsfähigkeit nicht aus; es gibt deshalb geschäftsfähige und geschäftsunfähige Betreute. Der Geschäftsunfähige (§ 104 Nr. 2 BGB) ist ohnehin nicht verfahrensfähig (§ 9). Der Geschäftsfähige ist trotz Betreuung verfahrensfähig. Beim Geschäftsfähigen stellt sich daher die Frage nach der Konkurrenz der Befugnisse von Betreuer und Betreutem: im Interesse der Rechtsklarheit gibt § 53 die Verfahrensführung nur dem Betreuer, falls der Streitgegenstand vom Aufgabenkreis des Betreuers gedeckt ist.[31] § 53 verlangt, dass die Person „vertreten" wird. Wenn also der geschäftsfähige Betreute ein Verfahren führt und der Betreuer nichts davon weiß oder den Betreuten in Kenntnis vom Verfahren selber machen lässt, gibt es keine Konkurrenz. Ob die Betreuung materiellrechtlich (§ 1896 BGB) zu Recht angeordnet wurde, darf das Prozessgericht nicht prüfen, es ist daran gebunden. Die **materiellrechtliche Verfügungsbefugnis** bleibt beim Geschäftsfähigen (er kann z. B. die Forderung erlassen).

25   Ist **Betreuung mit Einwilligungsvorbehalt** angeordnet für den Aufgabenkreis „gerichtliche Auseinandersetzungen" (§ 1903 BGB), ist der Betreute im betreffenden Bereich auch bei Geschäftsfähigkeit nicht verfahrensfähig.[32]

26   Stellt sich erst **im Verfahren** die Geschäftsunfähigkeit des Beteiligten heraus, kommt die Bestellung eines vorläufigen Betreuers durch einstweilige Anordnung des Betreuungsgerichts (§ 300) auf Anregung des Gerichts in Betracht.

3. Vertretung eines Kindes durch Beistand (§ 53 a a. F. ZPO)

27   § 53 a ZPO wurde durch Art. 29 Nr. 2 FGG-RG aufgehoben. Nach § 53 a war die Vertretung durch den sorgeberechtigten Elternteil ausgeschlossen, wenn ein Kind in einem Verfahren durch einen Beistand vertreten wurde. Dieser Regelungsinhalt befindet sich jetzt in § 173 (für Kindschaftssachen im Sinn des § 151) und in § 234 (für Unterhaltssachen).[33] Auf Antrag eines Elternteils kann das **Jugendamt** in dem in § 1712 BGB genannten Aufgabenbereich Beistand eines Kindes werden; die elterliche Sorge wird dadurch nicht eingeschränkt (§ 1716 BGB). Um zu verhindern, dass Jugendamt und Elternteil gegensätzliche Erklärungen abgeben, gibt § 173 dem Jugendamt den Vorrang und schließt die Vertretung durch den sorgeberechtigten Elternteil aus. Der Elternteil kann dies durch Antrag gemäß § 1715 Abs. 1 S. 1 BGB verhindern.

4. Besondere Ermächtigung zu Verfahrenshandlungen (§ 54 ZPO)

§ 54 ZPO

> Einzelne Prozesshandlungen, zu denen nach den Vorschriften des bürgerlichen Rechts eine besondere Ermächtigung erforderlich ist, sind ohne sie gültig, wenn die Ermächtigung zur Prozessführung im allgemeinen erteilt oder die Prozessführung auch ohne eine solche Ermächtigung im allgemeinen statthaft ist.

28   Die in § 54 genannten Vorschriften des bürgerlichen Rechts gibt es nicht mehr. Der gesetzliche Vertreter ist also grundsätzlich umfassend vertretungsberechtigt. Die Vorschrift betraf bei Schaffung das Verhältnis Reichsrecht/Landesrecht und ist heute gegenstandslos.[34] Für materiellrechtliche Rechtsgeschäfte (z. B. die materiellrechtliche Seite des Verfahrens-

---

[31] Vgl. Bork MDR 1991, 97.
[32] BGH FPR 2002, 460.
[33] BT-Drucks. 16/6309 S. 325.
[34] MünchKommZPO/Lindacher § 54 Rn 1.

vergleichs) sind oft Genehmigungen des Familien-, Nachlass- oder Betreuungsgerichts erforderlich (Eltern: § 1643 BGB; Vormund: §§ 1821, 1822 BGB; Betreuer: § 1908 i mit §§ 1821, 1822 BGB; Pfleger: § 1915 BGB); insbesondere zum Vergleich siehe § 1822 Nr. 12 BGB. Über allgemeine Ermächtigungen vgl. § 1825 BGB.

5. Verfahrensfähigkeit von Ausländern (§ 55 ZPO)

§ 55 ZPO

> Ein Ausländer, dem nach dem Recht seines Landes die Prozessfähigkeit mangelt, gilt als prozessfähig, wenn ihm nach dem Recht des Prozessgerichts die Prozessfähigkeit zusteht.

Die Beteiligtenfähigkeit (§ 8) von Ausländern richtet sich nach dem ausländischen Heimatrecht, ebenso die Verfahrensfähigkeit (§ 9). § 55 ZPO erweitert das im Interesse des ausländischen Beteiligten. Für die Verfahrensfähigkeit genügt es, wenn sie nach dem Heimatrecht (Art. 7 EGBGB) oder nach § 9 vorliegt. Ehefrauen, bei denen nach ihrem Heimrecht aufgrund der Ehe keine volle Verfahrensfähigkeit besteht, sind also vor deutschen Gerichten voll verfahrensfähig, ebenso Personen mit 18 bis 20 Jahren, wenn das Heimatrecht Verfahrensfähigkeit erst ab 21 Jahren zubilligt. Ist andererseits über einen Ausländer von einem deutschen Betreuungsgericht eine Betreuung mit Einwilligungsvorbehalt angeordnet worden (§§ 1896, 1903 BGB), dann ist er vor deutschen Gerichten auch dann nicht verfahrensfähig, wenn die Anordnung der Betreuung im Heimatstaat nicht anerkannt wird, so dass er dort als verfahrensfähig gälte.[35]

6. Prüfung von Amts wegen (§ 56 ZPO)

§ 56 ZPO

> (1) Das Gericht hat den Mangel der Parteifähigkeit, der Prozessfähigkeit, der Legitimation eines gesetzlichen Vertreters und der erforderlichen Ermächtigung zur Prozessführung von Amts wegen zu berücksichtigen.
>
> (2) Die Partei oder deren gesetzlicher Vertreter kann zur Prozessführung mit Vorbehalt der Beseitigung des Mangels zugelassen werden, wenn mit dem Verzuge Gefahr für die Partei verbunden ist. Das Endurteil darf erst erlassen werden, nachdem die für die Beseitigung des Mangels zu bestimmende Frist abgelaufen ist.

An die Stelle der in § 56 ZPO genannten Begriffe treten: die Beteiligtenfähigkeit (§ 8), die Verfahrensfähigkeit (§ 9); Legitimation, d. h. Nachweis der gesetzlichen Vertretung: § 9 Abs. 2 und 3; besondere Ermächtigung zur Verfahrensführung: § 54 ZPO (der ebenfalls analog anwendbar ist); § 125 Abs. 2 S. 2 FamFG (der Betreuer eines geschäftsunfähigen Ehegatten braucht für den Scheidungsantrag die Genehmigung des Familiengerichts).

Das Vorliegen aller Verfahrensvoraussetzungen (nicht nur der in § 56 ZPO genannten vier) ist grundsätzlich **von Amts wegen zu prüfen** und zwar in jeder Verfahrenslage (eine diesbezügliche Rüge kann daher nicht als verspätet zurückgewiesen werden[36]) und in jedem Rechtszug, auch in der Beschwerdeinstanz[37] und der Rechtsbeschwerdeinstanz.[38] Amtsprüfung besagt nur, dass die Prüfung von Rügen der Beteiligten unabhängig ist, nicht aber, dass ohne Anhaltspunkt von Amts wegen ermittelt wird; ergeben sich für das Gericht Zweifel, werden die Beteiligten darauf hingewiesen; eine Überprüfung ist also nur geboten, wenn hinreichende Anhaltspunkte für das Fehlen vorliegen.[39]

Bei **Zweifeln z. B. an der Geschäfts-/Beteiligtenfähigkeit** kann das Gericht deshalb von Amts wegen ein Sachverständigengutachten einholen[40] (vor Anordnung der Begut-

---

[35] MünchKommZPO/Lindacher § 55 Rn 2.
[36] BGH NJW 2004, 2523.
[37] Vgl. BGH NJW 2000, 289.
[38] Vgl. BGH NJW 1997, 658.
[39] BGH NJW 2004, 2523; dazu Engelmann/Pilger NJW 2005, 716.
[40] Vgl. BGH NJW 2000, 289; BGH NJW 1996, 1059; die Anordnung der Begutachtung hält OLG Stuttgart DieJ 2006, 402 für unanfechtbar.

achtung muss sich das Gericht einen unmittelbaren Eindruck vom Beteiligten verschaffen[41]) oder sich im Freibeweis selbst überzeugen,[42] also durch den Eindruck, den der Beteiligte im Termin macht, oder durch Einholung anderer Akten (z. B. Betreuungsverfahren; Strafverfahren). Der Beteiligte, die sich auf die **eigene** Verfahrensunfähigkeit beruft, muss Tatsachen darlegen, aus denen sich ausreichende Anhaltspunkte dafür ergeben, dass Verfahrensunfähigkeit vorliegen könnte,[43] weil nach der Lebenserfahrung grundsätzlich von Verfahrensfähigkeit auszugehen ist. **Unaufklärbarkeit:** Wenn sich auch nach Erschöpfung aller erschließbaren Erkenntnisquellen nicht klären lässt, ob der Beteiligte geschäftsunfähig war, ist der Beteiligte als nicht verfahrensfähig anzusehen.[44]

33 **§ 56 Abs. 2 ZPO.** Vorläufige Zulassung erfolgt i. d. R.[45] durch Beschluss und setzt voraus, dass eine Beseitigung des Hindernisses in absehbarer Zeit möglich ist.

7. Besonderer Pfleger (§ 57 ZPO)

§ 57 ZPO

(1) Soll eine nicht prozessfähige Partei verklagt werden, die ohne gesetzlichen Vertreter ist, so hat ihr der Vorsitzende des Prozessgerichts, falls mit dem Verzuge Gefahr verbunden ist, auf Antrag bis zu dem Eintritt des gesetzlichen Vertreters einen besonderen Vertreter zu bestellen.

(2) Der Vorsitzende kann einen solchen Vertreter auch bestellen, wenn in den Fällen des § 20 eine nicht prozessfähige Person bei dem Gericht ihres Aufenthaltsortes verklagt werden soll.

34 Ist der Verfahrensgegner nicht verfahrensfähig (vgl. § 9 Abs. 1), aber noch ohne gesetzlichen Vertreter (§ 9 Abs. 2, Abs. 3), fehlt also noch ein Betreuer, Pfleger, Vormund, Vertretungsorgan der juristischen Person usw., kann der Antragsteller zunächst dessen Bestellung im Verfahren der freiwilligen Gerichtsbarkeit (vgl. §§ 271 ff. zur Betreuung; § 340 Abs. 1 zur Pflegschaft; § 29 BGB zum Notgeschäftsführer[46]) veranlassen; ein Betreuer kann schneller durch einstweilige Anordnung bestellt werden (§ 300), so dass sehr selten ein Bedürfnis für § 57 ZPO besteht. Eine Bestellung nach § 57 ZPO ist (entgegen dem Wortlaut) auch möglich, wenn die Verfahrensunfähigkeit erst im Lauf des Verfahrens eintritt oder erkannt wird[47] oder der gesetzliche Vertreter während des Verfahrens wegfällt,[48] z. B. Tod des anwaltlich nicht vertretenen Betreuers. Das Gericht hat kein Ermessen.

35 **Die Bestellung setzt u. a. voraus:** Antrag (ohne Anwaltszwang); Gefahr für den Antragsteller, z. B. weil er eine Eilmaßnahme (z. B. einstweilige Anordnung, §§ 49 ff.) beantragen will; Glaubhaftmachung der Voraussetzungen; für das Fehlen der Beteiligtenfähigkeit muss der Antragsteller zumindest Tatsachen darlegen, aus denen sich ausreichende Anhaltspunkte für begründete Zweifel ergeben.[49] Man muss aber sehen, dass z. B. ein Betreuer erst bestellt wird, wenn ein Verfahrenspfleger (§ 276) eingesetzt und ein Sachverständigengutachten erholt ist (§ 280), da kann es nicht sein, dass für die Bestellung nach § 57 ZPO wesentlich weniger genügt; die Missbrauchsgefahr ist zu groß. Vorheriges rechtliches Gehör für den Antragsgegner ist notwendig.[50] § 57 ZPO ist nicht einschlägig, wenn die Anschrift des gesetzlichen Vertreters nicht ermittelbar ist oder wenn er abwesend ist. Der Pfleger nach § 57 ZPO darf nicht mit dem Verfahrenspfleger verwechselt werden.

36 Die Bestellung des Pflegers erfolgt durch **Beschluss** (ohne Kostenentscheidung), i. d. R. wird ein Anwalt bestellt. Die Ablehnung ist mit Beschwerde anfechtbar; für den Verfahrensvertreter ist seine Bestellung unanfechtbar, weil er keine Verpflichtung zur Übernahme hat;[51]

---

[41] OLG Rostock FamRZ 2006, 554.
[42] BGH NJW 2000, 289; OLG Frankfurt JurBüro 1976, 658.
[43] BGH NJW 1969, 1574; OLG Koblenz NJW-RR 2008, 148.
[44] BGH NJW 2000, 289; NJW 1990, 1735.
[45] Formlos, wenn kein Streit über die Zulassung besteht, OLG Rostock FamRZ 2006, 554.
[46] OLG München NZG 2008, 160; OLG Zweibrücken GmbHR 2007, 544; Kutzer ZIP 2000, 654.
[47] BGH LM Nr. 1 zu § 56 ZPO; BAG NJW 2008, 603.
[48] OLG Stuttgart MDR 1996, 198.
[49] Vgl BGH NJW 1969, 1574; NJW 1966, 2210.
[50] BSG NJW 1994, 215.
[51] MünchKommZPO/Lindacher § 57 Rn 18.

für den Antragsgegner ist sie nach einer Meinung[52] unanfechtbar, doch muss sie schon aus verfassungsrechtlichen Gründen mit Beschwerde anfechtbar sein, denn andernfalls bliebe ihm nur die Klärung durch ein Verfahren.

Stellung des Antragsgegners: er wird durch die Bestellung des Pflegers nicht aus dem Verfahren verdrängt, kann als unter Behauptung, er sei verfahrensfähig usw., weiterhin teilnehmen; dann bleibt nur, entweder die Verfahrenspflegschaft aufzuheben oder ein Sachverständigengutachten über die Verfahrensfähigkeit etc. zu erholen. 37

Stellung des Pflegers: wie ein gesetzlicher Vertreter, beschränkt auf das Verfahren. Als Anwalt kann er vom Antragsgegner eine Vergütung nach § 41 S. 1 RVG verlangen, gegen die Staatskasse hat er u. U. einen Vergütungsanspruch aus §§ 45 Abs. 1, 49 RVG; der Nichtanwalt hat einen Anspruch auf Vergütung und Auslagenersatz entsprechend § 1835 BGB und Geschäftsführung ohne Auftrag.[53] 38

8. Pfleger bei herrenlosem Grundstück oder Schiff (§ 58 ZPO)

§ 58 ZPO

(1) Soll ein Recht an einem Grundstück, das von dem bisherigen Eigentümer nach § 928 des Bürgerlichen Gesetzbuchs aufgegeben und von dem Aneignungsberechtigten noch nicht erworben worden ist, im Wege der Klage geltend gemacht werden, so hat der Vorsitzende des Prozessgerichts auf Antrag einen Vertreter zu bestellen, dem bis zur Eintragung eines neuen Eigentümers die Wahrnehmung der sich aus dem Eigentum ergebenden Rechte und Verpflichtungen im Rechtsstreit obliegt.

(2) Absatz 1 gilt entsprechend, wenn im Wege der Klage ein Recht an einem eingetragenen Schiff oder Schiffsbauwerk geltend gemacht werden soll, das von dem bisherigen Eigentümer nach § 7 des Gesetzes über Rechte an eingetragenen Schiffen und Schiffsbauwerken vom 15. November 1940 (Reichsgesetzbl I S. 1499) aufgegeben und von dem Aneignungsberechtigten noch nicht erworben worden ist.

Der bestellte Vertreter (in den Materialien[54] als Verfahrenspfleger bezeichnet) ist gesetzlicher Vertreter des künftigen Eigentümers. Antragsberechtigt sind z. B. Nachbarn, die auf Einräumung eines Notwegs klagen wollen, Inhaber von Hypotheken, Grundschulden. § 58 ZPO betrifft die Zeitspanne zwischen Eintragung des Eigentumsverzichts und des Aneignungsberechtigten als Eigentümer im Grundbuch. Zuständiges Gericht: § 24 ZPO. Zwangsvollstreckung: § 787 ZPO. 39

Bevollmächtigte

10 (1) Soweit eine Vertretung durch Rechtsanwälte nicht geboten ist, können die Beteiligten das Verfahren selbst betreiben.

(2) ¹Die Beteiligten können sich durch einen Rechtsanwalt als Bevollmächtigten vertreten lassen. ²Darüber hinaus sind als Bevollmächtigte, soweit eine Vertretung durch Rechtsanwälte nicht geboten ist, vertretungsbefugt nur
1. Beschäftigte des Beteiligten oder eines mit ihm verbundenen Unternehmens (§ 15 des Aktiengesetzes); Behörden und juristische Personen des öffentlichen Rechts einschließlich der von ihnen zur Erfüllung ihrer öffentlichen Aufgaben gebildeten Zusammenschlüsse können sich auch durch Beschäftigte anderer Behörden oder juristischer Personen des öffentlichen Rechts einschließlich der von ihnen zur Erfüllung ihrer öffentlichen Aufgaben gebildeten Zusammenschlüsse vertreten lassen;
2. volljährige Familienangehörige (§ 15 der Abgabenordnung, § 11 des Lebenspartnerschaftsgesetzes), Personen mit Befähigung zum Richteramt und die Beteiligten, wenn die Vertretung nicht im Zusammenhang mit einer entgeltlichen Tätigkeit steht;
3. Notare.

---

[52] MünchKommZPO/Lindacher § 57 Rn 18; Musielak/Weth § 57 Rn 4.
[53] LG Landau Rpfleger 2003, 691.
[54] BT-Drucks. 16/6308 S. 180.

(3) ¹Das Gericht weist Bevollmächtigte, die nicht nach Maßgabe des Absatzes 2 vertretungsbefugt sind, durch unanfechtbaren Beschluss zurück. ²Verfahrenshandlungen, die ein nicht vertretungsbefugter Bevollmächtigter bis zu seiner Zurückweisung vorgenommen hat, und Zustellungen oder Mitteilungen an diesen Bevollmächtigten sind wirksam. ³Das Gericht kann den in Absatz 2 Satz 2 Nr. 1 und 2 bezeichneten Bevollmächtigten durch unanfechtbaren Beschluss die weitere Vertretung untersagen, wenn sie nicht in der Lage sind, das Sach- und Streitverhältnis sachgerecht darzustellen.

(4) ¹Vor dem Bundesgerichtshof müssen sich die Beteiligten, außer im Verfahren über die Ausschließung und Ablehnung von Gerichtspersonen und im Verfahren über die Verfahrenskostenhilfe, durch einen beim Bundesgerichtshof zugelassenen Rechtsanwalt vertreten lassen. ²Behörden und juristische Personen des öffentlichen Rechts einschließlich der von ihnen zur Erfüllung ihrer öffentlichen Aufgaben gebildeten Zusammenschlüsse können sich durch eigene Beschäftigte mit Befähigung zum Richteramt oder durch Beschäftigte mit Befähigung zum Richteramt anderer Behörden oder juristischer Personen des öffentlichen Rechts einschließlich der von ihnen zur Erfüllung ihrer öffentlichen Aufgaben gebildeten Zusammenschlüsse vertreten lassen. ³Für die Beiordnung eines Notanwaltes gelten die §§ 78 b und 78 c der Zivilprozessordnung entsprechend.

(5) Richter dürfen nicht als Bevollmächtigte vor dem Gericht auftreten, dem sie angehören.

Übersicht

	Rn
I. Normzweck; Anwendungsbereich	1
II. Allgemeines	3
1. Selbstbetrieb des Verfahrens (Abs. 1)	3
2. Betrieb des Verfahrens durch Rechtsanwälte	4
3. Unzulässigkeit der Vertretung	7
a) Grundsatz	7
b) Ausschluss der Vertretung durch einen Bevollmächtigten	10
4. Funktionsträger, die keine Vertreter sind	15
III. Vertretung durch Anwälte	18
1. Erste Instanz und Beschwerdeinstanz	18
2. Vertretung vor dem BGH (Abs. 4)	22
IV. Vertretung durch bevollmächtigte Nichtanwälte (Abs. 2)	25
1. Grundsatz	25
2. Beschäftigte des Beteiligten	28
3. Beschäftigte eines mit dem Beteiligten verbundenen Unternehmens	29
4. Behörden, juristische Personen des öffentlichen Rechts	30
5. Volljährige Familienangehörige	31
6. Die Beteiligten	34
7. Personen mit Befähigung zum Richteramt	35
8. Notare	36
9. Ausschluss sonstiger Personen von der Vertretung	37
V. Zurückweisung von Nichtanwälten (Abs. 3)	39
1. Zurückweisung	39
2. Zwischenzeitliche Verfahrenshandlungen	40
3. Untersagung weiterer Vertretung	41

I. Normzweck; Anwendungsbereich

1 Beteiligte (vgl. § 7) wollen sich oft vertreten lassen. Ob sich Beteiligte vertreten lassen **können** und in welcher Form war bis 30. 6. 2008 nur knapp in § 13 S. 2 a. F. FGG geregelt. In Hinblick auf die Neuregelung der Rechtsberatung und Rechtsdienstleistung erfolgte dann in § 13 FGG eine umfassende Regulierung, die nun § 10 weitgehend übernimmt.

2 § 10 ist nicht anwendbar in Ehesachen und Familienstreitsachen (§ 113 Abs. 1). Für Altfälle (Stichtag 1. 9. 2009) gilt altes Recht fort (Art. 111 FGG-RG).

II. Allgemeines

1. Selbstbetrieb des Verfahrens, Abs. 1

§ 10 unterscheidet nicht zwischen der Vertretung außerhalb der Verhandlung (Beratung 3 über das Verfahren, Entwurf von Schriftsätzen für das gerichtliche Verfahren) und der Vertretung im Gerichtstermin. Grundsätzlich können die Beteiligten (vgl. § 7 und Sonderregelungen, § 7 Rn 35) bzw. ihre gesetzlichen Vertreter das Verfahren in erster und zweiter Instanz selbst betreiben (Abs. 1), also selbst Anträge stellen, Schriftsätze verfassen und einreichen, im Gerichtstermin erscheinen und sprechen, Rechtsmittel einlegen und in der Beschwerdeinstanz tätig werden und auftreten, falls sie verfahrensfähig sind; sie müssen keinen Anwalt einschalten, auch nicht für die mündliche Verhandlung vor dem AG, LG, OLG.

2. Betrieb des Verfahrens durch Rechtsanwälte

Wollen Beteiligte bzw. ihre gesetzlichen Vertreter Bevollmächtigte beauftragen, dann ist 4 das uneingeschränkt (vgl. aber Rn 10) zulässig, wenn als Bevollmächtigter ein Rechtsanwalt beschäftigt werden soll. Wollen die Beteiligten einen Nicht-Anwalt bevollmächtigen, ist das nur eingeschränkt möglich (Abs. 2), da der Gesetzgeber im Interesse der Anwaltschaft das Eindringen von Nichtanwälten in die Rechtsberatung verhindert hat. Tun die Beteiligten dies trotzdem, wird der unstatthafte Vertreter zurückgewiesen. Auch Nichtbeteiligte, wie Zeugen, können sich der Beratung eines Rechtsanwalts bei ihrer Aussage bedienen, aber bei der Aussage natürlich nicht vertreten werden.

In einigen Verfahren (unten Rn 18) besteht **Anwaltszwang**; hier muss sich der Betei- 5 ligte von einem Anwalt vertreten lassen, ob er will oder nicht (dem Beteiligten selbst fehlt die **„Postulationsfähigkeit"**; sein eigenes Handeln ist also unwirksam). Den Anwalt kann er frei wählen. Kann der Beteiligte den Anwalt nicht bezahlen, kann er **Verfahrenskostenhilfe** beantragen (§§ 76 ff.). Schaltet der Beteiligte trotz Anwaltszwang keinen Anwalt ein, ist sein Antrag unzulässig und wird zurückgewiesen. In eigener Sache, z. B. bei der eigenen Scheidung, kann sich ein Anwalt selbst vertreten. Kein Anwaltszwang besteht im Verfahren vor dem Rechtspfleger (§ 13 RPflG), z. B. für die Kostenfestsetzung, und vor dem Urkundsbeamten.

Rechtsanwalt: gemeint ist ein deutscher Rechtsanwalt; dazu gehört auch eine Rechts- 6 anwaltsgesellschaft (§ 59l BRAO), wie die Anwalts-GmbH, die Anwalts-AG und die Anwaltssozietät; dem Anwalt steht gleich ein sog. **Kammerrechtsbeistand** (§ 3 Abs. 1 Nr. 1 RDGEG). **Europäische Rechtsanwälte** sind nur unter den Voraussetzungen des Ges. v. 9. 3. 2000 (BGBl. I S. 182) gleichgestellt.

3. Unzulässigkeit der Vertretung

a) Grundsatz. Beteiligte und ihre gesetzlichen Vertreter können sich grundsätzlich in 7 jeder Lage des Verfahrens, bei der mündlichen Verhandlung mit dem Gericht wie im schriftlichen Verfahren, durch Bevollmächtigte vertreten lassen.

Auch bei **Anmeldungen** zum Handels-, Vereins- oder Güterrechtsregister ist Vertre- 8 tung grundsätzlich zulässig.[1] Seiner **Auskunftspflicht** nach §§ 1839, 1908 i BGB kann der Betreuer bzw. Pfleger auch durch einen Bevollmächtigten genügen, wenn nicht das Gericht persönliche (auch schriftliche) Auskunft verlangt.[2] Beim Verlangen nach § 37 Abs. 1 BGB können sich die Vereinsmitglieder durch einen Bevollmächtigten vertreten lassen.[3]

Die Verhandlung mit einem Vertreter ist in einem Falle, in dem Vertretung kraft 9 Gesetzes ausgeschlossen ist, ohne jede rechtliche Wirkung, weil sie nicht als Verhandlung mit dem Beteiligten gelten kann.

b) Ausschluss der Vertretung durch einen Bevollmächtigten. Nur ausnahmsweise 10 ist die Vertretung durch einen Bevollmächtigten ausgeschlossen: So ist es oft im **Erbrecht**, etwa bei der Errichtung und beim Widerruf eines Testaments (§§ 2064, 2254 BGB), Ab-

---

[1] Bumiller/Harders § 10 Rn 5; Jansen/von König § 13 Rn 39.
[2] Jansen/von König § 13 Rn 38.
[3] OLG Frankfurt Rpfleger 1973, 54.

schluss und Aufhebung eines Erbvertrags (§§ 2274, 2290 Abs. 2 BGB). Bei Abgabe der **eidesstattlichen Versicherung,** beispielsweise im Erbscheinsverfahren (§ 2356 Abs. 2 BGB), scheidet das Handeln eines Bevollmächtigten aus, weil dies eine Wissenserklärung ist (gesetzliche Vertretung ist aber zulässig).[4] Ebenso ist es bei der Eidesleistung.

11 Wenn der Betroffene auf Grund gesetzlicher Bestimmungen **persönlich anzuhören** ist, wie etwa vor Bestellung eines Betreuers (§ 278), ist Vertretung ausgeschlossen; das Erscheinen ist durch Vorführung erzwingbar; nicht erzwungen werden kann indes, dass der Betroffene etwas sagt. Wenn das Gericht in sonstigen Fällen das **persönliche Erscheinen** eines Beteiligten anordnet, dann kann er sich nicht durch einen Bevollmächtigten vertreten lassen. Diese Anordnung kann das Gericht nach seinem pflichtgemäßen Ermessen jederzeit treffen (§ 33 Abs. 1); erzwingbar ist es durch Ordnungsgeld und Vorführung (§ 33 Abs. 3). Die Anordnung hindert aber den Betroffenen nicht, dass er zur Verhandlung mit einem Bevollmächtigten erscheint oder sich im sonstigen Verlauf der Verfahren vertreten lässt.[5] Der Bevollmächtigte hat während der persönlichen Anhörung des Beteiligten die Stellung eines Beistands (§ 12).[6] Jedenfalls darf er nicht während der Anhörung ausgeschlossen werden;[7] Ausnahmen, z. B. bei Anhörung Minderjähriger, sind aber denkbar.[8] Zur Anwesenheit eines Beistandes bei der Begutachtung vgl. § 12 Rn 7.

12 Persönliches Erscheinen oder Handeln der Beteiligten unter Ausschluss einer Vertretung ist erforderlich bei der **Verpflichtung des Betreuers,** Vormunds, Pflegers usw. (§§ 1789, 1792, 1915 BGB; § 289 FamFG), bei der Leistung einer Unterschrift zur Aufbewahrung bei Gericht (z. B. §§ 12, 29, 35 HGB).

13 Ob in Fällen, in denen eine **Erklärung „nicht durch einen Vertreter"** erfolgen kann (z. B. §§ 1750 Abs. 3, 2282 Abs. 1 BGB), nur eine Vertretung in der Willensbildung ausgeschlossen ist, aber eine Vertretung in der Erklärung zulässig ist, muss jeweils besonders geprüft werden.[9] Ausgeschlossen ist Vertretung, soweit es sich um höchstpersönliche Erklärungen handelt, die nur vom Beteiligten abgegeben werden können.[10]

14 Bei Erklärungen, die neben der **Anmeldung** von den Anmeldepflichtigen persönlich abzugeben sind, etwa die Versicherung nach § 8 Abs. 2 GmbHG, scheidet Vertretung aus.

4. Funktionsträger, die keine Vertreter sind

15 **Verfahrenspfleger.** Im Betreuungs- und Unterbringungsverfahren ist dem Betroffenen in vielen Fällen vom Gericht ein Verfahrenspfleger zu bestellen (§§ 276, 317). Die Stellung des Verfahrenspflegers ist im Einzelnen unklar.[11] Manche halten ihn für einen gesetzlichen Vertreter des Betroffenen,[12] oder für einen Pfleger nach § 1915 BGB[13] oder nach § 57 ZPO.[14] Das BVerfG[15] bezeichnet ihn als Vertreter eigener Art, was zutrifft. Er wird wie ein Beteiligter zum Verfahren hinzugezogen (§ 274 Abs. 2). Da er aber auch kein Beteiligter im materiellen Sinn ist, sondern ein Interessenvertreter, können ihm selbst keine Kosten auferlegt werden (§§ 276 Abs. 7, 317 Abs. 7). Er ist kein Bevollmächtigter des Betroffenen, es sei denn, der geschäftsfähige Betroffene hat ihm rechtsgeschäftlich Vollmacht erteilt (§ 167 BGB). Andererseits ist ein Verfahrenspfleger mehr als ein Beistand; denn ihm ist die Entscheidung mitzuteilen, er kann unabhängig vom Betroffenen Rechtsmittel einlegen usw. (vgl. Kommentierung bei §§ 276, 317). Er unterliegt nicht (wie ein Pfleger) der Aufsicht des Betreuungsgerichts (usw.).[16]

---

[4] BayObLGZ 1961, 4/10; KG OLGZ 1967, 249.
[5] Baur § 12 IV 3.
[6] Bumiller/Harders § 10 Rn 4; Habscheid § 17 II 3.
[7] BayObLG Rpfleger 1980, 148; OLG Brandenburg FamRZ 1997, 428; OLG Köln OLGZ 1965, 134; Jansen/von König § 13 Rn 40.
[8] OLG Köln OLGZ 1965, 134; vgl. Findeisen, Der minderjährige Zeuge im Zivilprozess, 1992.
[9] Jansen/von König § 13 Rn 37.
[10] Bärmann § 10 II 2 b.
[11] Vgl. Zimmermann FamRZ 1990, 1308.
[12] OLG Karlsruhe FamRZ 1997, 1547.
[13] LG Münster JurBüro 1992, 695.
[14] LG München JurBüro 1993, 38.
[15] BVerfG FamRZ 2000, 1280.
[16] BayObLGZ 1993, 256.

Ein **Verfahrensbeistand** ist in einigen Fällen für minderjährige Kinder zu bestellen (§ 158); er ist weder gesetzlicher Vertreter des Kindes (§ 158 Abs. 4 S. 5) noch Verfahrensbevollmächtigter des Kindes oder seiner Eltern,[17] sondern Interessenvertreter des Kindes. Nach § 158 Abs. 3 S. 2 wird der Verfahrensbeistand „durch seine Bestellung als Beteiligter zum Verfahren hinzugezogen"; die Gesetzesbegründung[18] meint, er sei selbst Beteiligter. Trotzdem dürfen ihm keine Kosten auferlegt werden (§ 158 Abs. 8), weil er jedenfalls kein Beteiligter im materiellen Sinn ist, persönlich ebenso wenig wie ein Rechtsanwalt eines Beteiligten betroffen ist.

Vertrauensperson. In Betreuungs- und Unterbringungsverfahren kann der Betroffene eine Vertrauensperson benennen (§§ 274 Abs. 4 Nr. 1, 315 Abs. 4 Nr. 2). Sie hat in beiden Verfahren eine unterschiedlich starke Stellung. Solange der (geschäftsfähige) Betroffene seiner Vertrauensperson keine rechtsgeschäftliche Vollmacht erteilt, ist sie nicht Bevollmächtigter, aber auch nicht selbst materiell Beteiligter, kann aber vom Gericht beteiligt werden.

III. Vertretung durch Anwälte

1. Erste Instanz und Beschwerdeinstanz

§ 10 ist nicht anzuwenden in Ehesachen und Familienstreitsachen (§ 113 Abs. 1); in den restlichen Familiensachen ist § 10 somit anzuwenden. Vor dem Familiengericht (AG) und dem OLG müssen sich **die Ehegatten** in Ehesachen (§ 121) durch einen Rechtsanwalt vertreten lassen (§ 114 Abs. 1); anderes gilt bei Behörden und juristische Personen des öffentlichen Rechts (§ 114 Abs. 3 S. 1). Kein Anwaltszwang besteht in den Fällen des § 114 Abs. 4. § 114 ist allerdings missverständlich: denn in Wirklichkeit braucht nur der Antragsteller der Scheidung einen Anwalt; der Antragsgegner muss keinen Anwalt beauftragen und kann trotzdem geschieden werden. Nur in Ausnahmefällen ordnet ihm das Familiengericht, wenn er keinen Anwalt mandatiert hat, für die Scheidung (und für die Kindschaftssache als Folgesache) einen Anwalt bei (§ 138 Abs. 1), der aber nur die Stellung eines Beistandes hat (§ 138 Abs. 2); erst wenn der Antragsgegner diesem Zwangsbeistand Verfahrensvollmacht erteilt, rückt er zum Verfahrensbevollmächtigten auf.

Vor dem Familiengericht (AG) und dem OLG müssen sich **die Beteiligten** in selbständigen Familienstreitsachen (§ 112) durch einen Rechtsanwalt vertreten lassen. Im Gegensatz zu früher besteht also z. B. für ein Unterhaltsverfahren vor dem Familiengericht Anwaltszwang.[19] Anderes gilt bei Behörden und juristische Personen des öffentlichen Rechts (§ 114 Abs. 3 S. 1). Kein Anwaltszwang besteht in den Fällen des § 114 Abs. 4.

In den **übrigen Familiensachen** (vgl. § 111) besteht vor dem Familiengericht und dem OLG kein Anwaltszwang, auch nicht, wenn dort mündlich verhandelt wird. Für das Jugendamt und den Träger der Versorgungslast besteht in der ersten und zweiten Instanz kein Anwaltszwang.

In den **Verfahren der freiwilligen Gerichtsbarkeit,** also z. B. in Betreuungs- und Unterbringungssachen, Nachlass- und Teilungssachen, Registersachen und unternehmensrechtlichen Streitigkeiten, Freiheitsentziehungssachen, Aufgebotssachen und den weiteren Angelegenheiten der freiwilligen Gerichtsbarkeit (§§ 410 bis 414) besteht weder in der ersten Instanz noch in der Beschwerdeinstanz vor dem LG bzw. OLG Anwaltszwang.

2. Vertretung vor dem BGH, Abs. 4

Vor dem BGH müssen sich in Familiensachen (§ 111) die Beteiligten durch einen beim BGH zugelassenen Rechtsanwalt vertreten lassen (§ 114 Abs. 4); dies ist eine spezielle Regelung gegenüber der allgemeinen Regelung in § 10 Abs. 4. Legt gleichwohl der beim BGH nicht zugelassene zweitinstanzliche Anwalt Rechtsbeschwerde ein, und dann (aber zu spät) ein BGH-Anwalt, scheitert einen Wiedereinsetzung (§ 17) in der Regel daran, dass den zweitinstanzlichen Anwalt ein Verschulden an der Fristversäumung trifft, das dem

---

[17] BT-Drucks. 16/6308 S. 239.
[18] BT-Drucks. 16/6308 S. 239.
[19] Kritisch dazu Heinemann DNotZ 2009, 6.

Mandanten zugerechnet wird.[20] Anderes gilt für Behörden und juristische Personen des öffentlichen Rechts (§ 114 Abs. 3 S. 2). Auch in Betreuungs- und Unterbringungssachen kann die Rechtsbeschwerde, selbst wenn sie keiner Zulassung bedarf, nur durch einen BGH-Anwalt eingelegt werden.[21] Auch die Rechtsbeschwerde in Verfahrenskostenhilfesachen kann nur durch einen BGH-Anwalt eingelegt werden.[22]

23 Auch in allen anderen Verfahren (Rn 20) müssen sich die Beteiligten vor dem BGH durch einen (der rund 40) beim BGH zugelassenen Rechtsanwalt vertreten lassen (Abs. 4 S. 1). Hat der Beteiligte mindestens 5 BGH-Anwälte (namentlich nachweisbar) erfolglos um Vertretung gebeten,[23] dann kann er beim BGH die Bestellung eines Notanwalts nach §§ 78 b und 78 c ZPO beantragen (Abs. 4 S. 3). **Kein Anwaltszwang** besteht vor dem BGH, wenn ein Beteiligter beim BGH für das Verfahren vor dem BGH (z. B. für eine beabsichtigte Rechtsbeschwerde) Verfahrenskostenhilfe beantragt oder dort einen Richter ablehnen will (Abs. 4 S. 1).

24 Kein Anwaltszwang besteht für **Behörden und juristische Personen des öffentlichen Rechts**;[24] sie können sich durch ihre Juristen vertreten lassen, soweit diese Behördenvertreter das Zweite Juristische Staatsexamen bestanden haben („Volljuristen"). Vom Anwaltszwang befreit sind daher z. B. Handelskammern,[25] Handwerkskammern, als öffentlich-rechtliche Anstalten organisierte Sparkassen,[26] Träger der gesetzlichen Rentenversicherung, Jugendamt, Betreuungsbehörde, Ordnungsamt in öffentlich-rechtlichen Unterbringungssachen. Im öffentlichen Dienst beschäftige Diplom-Juristen der ehemaligen DDR werden über § 5 RDGEG den Personen mit Befähigung zum Richteramt gleichgestellt. Auch der **Bezirksrevisor** als Vertreter der Staatskasse darf (z. B. in Kostenverfahren) vor dem BGH nur vertreten, wenn er die Befähigung zum Richteramt hat, also „Volljurist" ist,[27] was bei einem Rechtspfleger sehr selten der Fall ist. **Keine Behörde** in diesem Sinn ist der Amtsarzt[28] im Unterbringungsverfahren. Diese Befreiung vom Anwaltszwang findet ihre Rechtfertigung allein darin, dass es um die Erfüllung öffentlicher Aufgaben geht. Sie **gilt deshalb nicht,** wenn die Behörde außerhalb dieses öffentlichen Aufgabenkreises auftritt (etwa wenn das Land als angeblicher Erbe einen Erbschein durchsetzen will) oder wenn sie als rechtsgeschäftlicher Vertreter auftritt (z. B. die Sparkasse als Vertreterin eines Sparkassenkunden, der einen Erbschein beantragt).

IV. Vertretung durch bevollmächtigte Nichtanwälte

1. Grundsatz

25 Allgemeine Vorschriften darüber, wer Bevollmächtigter sein kann, enthält das FamFG nicht. Es muss deshalb auf das bürgerliche Recht zurückgegriffen werden. Danach können Geschäftsunfähige nicht Verfahrensbevollmächtigte sein,[29] Minderjährige im Rahmen von § 165 BGB schon (was aber in § 10 Abs. 2 Nr. 2 zurückgenommen ist).[30] Die Bevollmächtigung einer juristischen Person ist unzulässig, ausgenommen eine RA-Gesellschaft oder die Fälle des § 10 Abs. 2; hilfsweise ist eine solche Bevollmächtigung dahin auszulegen, dass sich die Vollmacht auf die zu ihrer Vertretung berufene Person bezieht.[31]

26 Inwieweit eine erteilte Vollmacht eine Verfahrensvollmacht ist, hängt von ihrem Inhalt ab. Die „Bankvollmacht" ist keine Verfahrensvollmacht. Die **Vorsorgevollmacht** kann

---

[20] BGH NJW-RR 2010, 1297.
[21] BGH BeckRS 2010, 18418.
[22] BGH NJW-RR 2010, 1297.
[23] BGH BeckRS 2008, 21617 („mehr als 4"); BGH FamRZ 2007, 635.
[24] Das ist nicht verfassungswidrig, BGH BeckRS 2011, 04754.
[25] OLG Karlsruhe Rpfleger 1963, 204.
[26] BayObLG NJW-RR 2001, 29.
[27] BGH FGPrax 2010, 264; die anders lautende Entscheidung BGH FamRZ 2005, 1164 ist überholt.
[28] A. A. Bumiller/Harders § 10 Rn 19.
[29] BVerfG NJW 1974, 1279; Ruth ZZP 89 (1976), 450.
[30] Früher umstritten, vgl. Baur § 15 A III 1; Habscheid § 17 II 2 c.
[31] BGH RdL 1953, 75; BayObLG FamRZ 1986, 597; OLG Nürnberg DB 1977, 140; VGH Mannheim NVwZ 1983, 294; Bumiller/Harders § 10 Rn 11; a. A. BFH NJW 1979, 832.

Verfahrensvollmacht sein, wenn sie nach ihrem Inhalt zur Vertretung in gerichtlichen Verfahren bevollmächtigt.

Nichtanwälte können von einem Beteiligten bei Verfahren mit Anwaltszwang ohnehin nicht bevollmächtigt werden (allenfalls als Beistand zusätzlich hinzugezogen werden) und in den übrigen Verfahren nur in engem Rahmen (Abs. 2). Die Klärung, ob jemand vertretungsbefugt ist, erfolgt durch Freibeweis,[32] indem beispielsweise die Beziehung zum Beteiligten erfragt wird. Vertretungsbefugt sind:

2. Beschäftigte des Beteiligten

Sie sind vertretungsbefugt **(Abs. 2 Nr. 1)**. Der Begriff „Beschäftigte" ist weit auszulegen.[33] Hier sind alle Beschäftigungsverhältnisse gemeint, gleichgültig wie umfangreich oder dauerhaft sie sind. Der Mitarbeiter kann für eine natürliche Person auftreten (z.B. die Bürokraft für den selbst beteiligten Arzt), für ein Unternehmen, für eine juristische Person des privaten oder öffentlichen Rechts. Die Vertretungsbefugnis, nachgewiesen durch Vollmacht des Beteiligten (§ 11), erstreckt sich aber nur auf Angelegenheiten, in denen der Dienstherr Beteiligter ist. Der Angestellte des Mietervereins kann deshalb nicht in Angelegenheiten der Vereinsmitglieder vertreten[34] (anders wäre es bei Angelegenheiten des Mietervereins); der Bankangestellte nicht in Erbscheinsachen der Bankkunden; auch die Angestellte des Patientenschutzvereins kann nicht in einer Betreuungssache betreffend ein Mitglied das Mitglied beim Betreuungsgericht vertreten, weil der Verein selbst nicht Beteiligter ist.

3. Beschäftigte eines mit dem Beteiligten verbundenen Unternehmens

Die Mitarbeiter dürfen die Vertretung innerhalb des Unternehmensverbunds (nicht notwendig ist die Existenz eines „Konzerns") übernehmen; **Abs. 2 Nr. 1**. Eine andere Frage ist, dass dem Gericht der Unternehmensverbund im Sinne von § 15 AktG nachgewiesen werden muss; in der Regel genügen entsprechende Darlegungen des Vollmachtgebers in der vorgelegten Vollmacht.

4. Behörden, juristische Personen des öffentlichen Rechts

Dazu gehören z.B. Gebietskörperschaften wie Gemeinden, Anstalten, einschließlich der von ihnen zur Erfüllung ihrer öffentlichen Aufgaben gebildeten Zusammenschlüsse (Zweckverbände usw.); **Abs. 2 Nr. 1**. Sie können sich durch ihre Bediensteten vertreten lassen, aber auch durch Beschäftigte anderer Behörden oder juristische Personen des öffentlichen Rechts etc.

5. Volljährige Familienangehörige

Sie sind vertretungsbefugt **(Abs. 2 Nr. 2)**, können also, wenn sie bevollmächtigt sind, Schriftsätze anfertigen, unterschreiben und unter Vollmachtsvorlage beim Gericht einreichen und bei Gericht anstelle des Beteiligten oder mit ihm auftreten. Volljährigkeit: ab 18 Jahren (§ 2 BGB). Familienangehörige: Dabei wird Bezug genommen auf die **Definition des Angehörigen** in § 15 AO:

(1) Angehörige sind:
1. der Verlobte,
2. der Ehegatte,
3. Verwandte und Verschwägerte gerader Linie,
4. Geschwister,
5. Kinder der Geschwister,
6. Ehegatten der Geschwister und Geschwister der Ehegatten,
7. Geschwister der Eltern,
8. Personen, die durch ein auf längere Dauer angelegtes Pflegeverhältnis mit häuslicher Gemeinschaft wie Eltern und Kind miteinander verbunden sind (Pflegeeltern und Pflegekinder).

---

[32] BT-Drucks. 16/3655 S. 87.
[33] BT-Drucks. 16/3655 S. 87.
[34] BT-Drucks. 16/3655 S. 86; Thomas/Putzo/Hüßtege § 79 Rn 13.

(2) Angehörige sind die in Absatz 1 aufgeführten Personen auch dann, wenn
1. in den Fällen der Nummern 2, 3 und 6 die die Beziehung begründende Ehe nicht mehr besteht;
2. in den Fällen der Nummern 3 bis 7 die Verwandtschaft oder Schwägerschaft durch Annahme als Kind erloschen ist;
3. im Fall der Nummer 8 die häusliche Gemeinschaft nicht mehr besteht, sofern die Personen weiterhin wie Eltern und Kind miteinander verbunden sind.

32 Weiter ist § 11 LPartG (betrifft nur registrierte homosexuelle **Lebenspartner**) zu beachten:

(1) Ein Lebenspartner gilt als Familienangehöriger des anderen Lebenspartners, soweit nicht etwas anderes bestimmt ist.

(2) Die Verwandten eines Lebenspartners gelten als mit dem anderen Lebenspartner verschwägert. Die Linie und der Grad der Schwägerschaft bestimmen sich nach der Linie und dem Grad der sie vermittelnden Verwandtschaft. Die Schwägerschaft dauert fort, auch wenn die Lebenspartnerschaft, die sie begründet hat, aufgelöst wurde."

33 Auch hier darf die Vertretung nicht im Zusammenhang mit einer **entgeltlichen Tätigkeit** stehen. Andererseits wird auf die „Geschäftsmäßigkeit" nicht abgestellt, nicht auf die Häufigkeit des Auftretens vor Gericht. Wenn der Vater Wohnungsvermieter ist, kann er sich somit in allen Mietstreitigkeiten vom Sohn oder der Tochter vertreten lassen;[35] bezahlt er die Tochter dafür, liegt kein Fall der Nr. 2 vor, sondern ein Fall der Nr. 1 (die Tochter ist dann Beschäftigte des Vaters).

6. Die Beteiligten

34 Sie sind vertretungsbefugt **(Abs. 2 Nr. 2)**. Gemeint sind „Streitgenossen", d. h. dass sich ein Beteiligter durch einen anderen (formell oder materiell) Beteiligten des gegenständlichen Verfahrens vertreten lassen kann. Beantragen drei Miterben einen gemeinschaftlichen Erbschein, können sich z. B. zwei davon durch einen Miterben vertreten lassen. Auch hier darf die Vertretung nicht im Zusammenhang mit einer entgeltlichen Tätigkeit stehen. Wird etwas bezahlt, ergibt sich die Vertretungsbefugnis aber möglicherweise aus Nr. 1 (Beschäftigte"). Die bei Publikumskommanditgesellschaften übliche Praxis der Bevollmächtigung des persönlich haftenden Gesellschafters durch die übrigen Kommanditisten für die Registeranmeldung genügt jedenfalls dann, wenn der Vertreter keine gesonderte Vergütung für die Wahrnehmung dieser Aufgabe erhält, was im Einzelfall unklar sein kann.[36]

7. Personen mit Befähigung zum Richteramt

35 Denkbar ist, dass Richter in ihrer Freizeit aus karitativen Erwägungen Personen unterstützen. Aktive Richter dürfen aber nicht als Bevollmächtigte vor dem Gericht vertreten, dem sie angehören **(Abs. 5)**. Ein pensionierter Richter gehört keinem bestimmten Spruchkörper mehr an, fällt also nicht unter Nr. 5.[37] Betroffen sind die dem Gericht zugewiesenen Richter, am AG also auch dort im Wege der Abordnung tätige Richter am LG. Damit sollen Interessenkollisionen und der Anschein der Voreingenommenheit des Gerichts (Richter und Bevollmächtigter des Beteiligten duzen sich usw.) vermieden werden. Dabei sind alle Verfahren vor dem gesamten Gericht gemeint. Der Grundbuchrichter darf also nicht als Vertreter seiner beteiligten Mutter in einem Verfahren vor dem Betreuungsgericht auftreten. Das gilt auch für ehrenamtliche Richter; hier ist mit „Gericht" aber nur der Spruchkörper gemeint, dem der ehrenamtliche Richter zugewiesen ist. Man sollte hier § 79 Abs. 4 S. 2 ZPO analog anwenden, weil zwischen dem ehrenamtlichen Richtern und den übrigen Berufsrichtern des Gerichts in der Regel kein Kontakt besteht. Der Schöffe des Schöffengerichts und ehrenamtliche Beisitzer des Landwirtschaftsgerichts können deshalb als bevollmächtigte Vertreter vor dem Betreuungsgericht auftreten. Unter **Abs. 2 Nr. 2** fallen nicht nur Richter, sondern alle Personen mit Befähigung zum Richteramt, also erfolgreiche Absolventen der zweiten juristischen Staatsprüfung (§ 5 DRiG), daher auch in

---

[35] BT-Drucks. 16/3655 S. 88.
[36] Vgl. Krafka NZG 2009, 650.
[37] MünchKommZPO/Pabst § 10 FamFG Rn 18.

Ruhestand befindliche **ehemalige Rechtsanwälte** und Notare; Verwaltungsbeamte, die § 5 DRiG erfüllen sowie Assessoren/Wirtschaftsjuristen mit gleicher Qualifikation.

8. Notare

Notare sind nach **Abs. 2 Nr. 3** vertretungsberechtigt.[38] Nur auf Verlangen müssen sie eine Vollmacht vorlegen (§ 11 S. 4). § 15 GBO dagegen betrifft einen speziellen Bereich und vermutet (widerlegbar) eine Bevollmächtigung; ebenso § 378 (Registersachen) und § 25 SchRegO. Für Notare ohne volljuristische Ausbildung (Bezirksnotare in Baden-Württemberg) dürfte Nr. 3 ebenfalls gelten.

9. Ausschluss sonstiger Personen von der Vertretung

Nachbarn und sonstige Freunde sowie Bekannte sind nicht vertretungsbefugt (anderes gilt für die außergerichtliche Rechtsdienstleistung, § 6 RDG). Der **Vorsorgebevollmächtigte** von **verfahrensfähigen** Beteiligten genießt keine Sonderstellung, darf also nur vertreten, wenn er unter Abs. 2 fällt (vgl. § 9 Rn 18). Der **Erbenermittler** darf nicht mittels Vollmacht des ermittelten Erben diesen im Erbscheinsverfahren vertreten; das ist nicht verfassungswidrig.[39] Ebenso darf ein Inkassounternehmen nicht für einen Gläubiger einen Erbschein beantragen.[40] Die Erbenermittlung (und die Beschaffung der Personenstandsurkunden[41]) als lediglich genealogische Arbeit ist keine Rechtsdienstleistung; die bloße Hilfe bei der Vorbereitung des Erbscheinsantrags des Erben ist in der Regel erlaubte Nebenleistung nach § 5 RDG.[42]

Nicht erfasst von Abs. 2 sind **Testamentsvollstrecker** (als Partei kraft Amts sind sie selbst Beteiligte), vom Gericht eingesetzte **Nachlassverwalter** (sie sind ebenfalls Partei kraft Amts), **Nachlasspfleger** (sie sind gesetzliche Vertreter der beteiligten Erben). Nicht als Familienangehörige gilt die **heterosexuelle Lebensgefährtin bzw. der Gefährte**; wenn sich die betreffenden Personen aber als „verlobt" bezeichnen, ist die Freundin bzw. der Freund wieder vertretungsbefugter Familienangehöriger.

V. Zurückweisung von Nichtanwälten (Abs. 3)

1. Zurückweisung

Die Vertretungsbefugnis wird nicht durch Beschluss festgestellt; es wird nur im Protokoll z. B. festgehalten, dass für den Beteiligten X dessen Sohn Y erschienen ist, ausgewiesen durch Vollmacht, die zu den Akten genommen wird (vgl. § 11). Ob jemand vertretungsbefugt ist, wird im Freibeweis geklärt (vgl. § 29). Ergibt sich, dass der mit Vollmacht auftretende Vertreter nicht vertretungsbefugt ist, weil er nicht unter Abs. 2 fällt, z. B. nur ein Nachbar des Beteiligten ist, wird er daraufhin gewiesen, dass er nicht vertretungsbefugt ist und das im Protokoll festgehalten. Ist der Beteiligte selbst ebenfalls anwesend, kann der unzulässige Vertreter vom Gericht als **Beistand** zugelassen werden (§ 12 S. 3) und es wird weiterverhandelt. Ist der Beteiligte selbst nicht anwesend, muss die Verhandlung abgebrochen und verlegt werden (denn Laien kennen § 10 nicht); zum neuen Termin ist der Beteiligte wieder (unter Hinweis auf § 10) zu laden. Gibt es Streit über die Vertretungsbefugnis, muss ein förmlicher Beschluss erlassen werden, in dem der Bevollmächtigte zurückgewiesen wird (Abs. 3 S. 1). Der Beschluss (§ 38) bedarf der Begründung (zu Protokoll, falls er in der mündlichen Verhandlung ergeht) und ist als solcher **unanfechtbar** (Abs. 3 S. 1); er enthält keine Kostenentscheidung. Wird gegen die Endentscheidung Beschwerde eingelegt, unterliegt der Zurückweisungsbeschluss inzident der Beurteilung des Beschwerdegerichts (§ 58 Abs. 2); zeigt sich beim Beschwerdegericht, dass die Zurückweisung unberechtigt war, wurde in erster Instanz möglicherweise das rechtliche Gehör verletzt (und das Verfahren war verfassungsrechtlich problematisch; Art. 103 GG). Wurde in erster Instanz eine bevollmächtigte Person zur Vertretung zugelassen, obwohl das unzu-

---

[38] Dazu Reetz NotBZ 2009, 353.
[39] BVerfG NJW 2010, 3291.
[40] AG Meldorf BeckRS 2010, 27845.
[41] LG Darmstadt NJW-RR 2001, 1015 zum früheren Recht.
[42] Römermann/Kusiak ZErb 2008, 266/271.

2. Zwischenzeitliche Verfahrenshandlungen

40 Verfahrenshandlungen, die ein nicht vertretungsbefugter Bevollmächtigter bis zu seiner Zurückweisung vorgenommen hat, und Zustellungen oder Mitteilungen an diesen Bevollmächtigten, sind aus Gründen der Rechtssicherheit wirksam (Abs. 3 S. 2). Wesentlich ist, ob der Vertreter bevollmächtigt war (fehlt die Vollmacht: § 11); bestand eine Vollmacht sind die früheren Handlungen des Bevollmächtigten und die Handlung des Gerichts ihm gegenüber wirksam. Ab Erlass des Zurückweisungsbeschlusses darf an diese Person nichts mehr zugestellt[43] oder mitgeteilt werden (dies wäre unwirksam), nun wird wieder an den Beteiligten selbst oder den neu bestellten Verfahrensbevollmächtigten zugestellt etc.

3. Untersagung weiterer Vertretung

41 Das Gericht kann den in Absatz 2 S. 2 Nr. 1 und 2 bezeichneten Bevollmächtigten durch unanfechtbaren Beschluss (gegen den aber Verfassungsbeschwerde wegen Verletzung des rechtlichen Gehörs denkbar ist) die **weitere** Vertretung untersagen, wenn sie nicht in der Lage sind, das Sach- und Streitverhältnis sachgerecht darzustellen (Abs. 3 S. 3). Damit sind intellektuelle Unfähigkeit gemeint, aber auch evidente Unsachlichkeit (Beleidigungen, lautes Schreien). Rechtsanwälte und Notare als Verfahrensbevollmächtigte kann das Gericht nicht zurückweisen, auch wenn sie keinen klaren Gedanken fassen oder ausdrücken können. Den sonstigen Vertretern, insbesondere Familienangehörigen, kann durch Beschluss, dem eine Abmahnung vorausgehen muss, unanfechtbar (aber durch das Gericht aufhebbar) die weitere Vertretung untersagt werden. Das gilt nicht nur für den Vortrag in der mündlichen Verhandlung, sondern auch für den sonstigen Schriftverkehr mit dem Gericht. Wegen der Gefahr der Verletzung des rechtlichen Gehörs sollte davon nur sehr zurückhaltend Gebrauch gemacht werden; eine gewisse Unsachlichkeit und Unfähigkeit muss hingenommen werden.

Verfahrensvollmacht

§ 11
[1]Die Vollmacht ist schriftlich zu den Gerichtsakten einzureichen. [2]Sie kann nachgereicht werden; hierfür kann das Gericht eine Frist bestimmen. [3]Der Mangel der Vollmacht kann in jeder Lage des Verfahrens geltend gemacht werden. [4]Das Gericht hat den Mangel der Vollmacht von Amts wegen zu berücksichtigen, wenn nicht als Bevollmächtigter ein Rechtsanwalt oder Notar auftritt. [5]Im Übrigen gelten die §§ 81 bis 87 und 89 der Zivilprozessordnung entsprechend.

Übersicht

	Rn
I. Normzweck; Anwendungsbereich	1
II. Die Verfahrensvollmacht	3
1. Grundverhältnis	3
2. Wesen der Verfahrensvollmacht	4
3. Nachweis der Erteilung	5
4. Vollmachtsnachweis für Rechtsanwälte, Notare	6
III. Einzelerläuterungen	8
1. Einreichung und Nachreichung der Vollmacht	8
2. Mangel der Vollmacht	13
3. Verweisungen auf die ZPO	17
4. Umfang der Vollmacht (§ 81 ZPO)	18
5. Geltung für Nebenverfahren (§ 82 ZPO)	21
6. Beschränkung der Verfahrensvollmacht (§ 83 ZPO)	22
7. Mehrere Verfahrensbevollmächtigte (§ 84 ZPO)	23
8. Wirkung der Verfahrensvollmacht (§ 85 ZPO)	24

---

[43] OLG Köln Rpfleger 2011, 181.

9. Fortbestand der Verfahrensvollmacht (§ 86 ZPO) 26
10. Erlöschen der Vollmacht (§ 87 ZPO) 29
11. Vollmachtsloser Vertreter (§ 89 ZPO) 33

I. Normzweck; Anwendungsbereich

Im FGG fehlte eine allgemeine Regelung über die Verfahrensvollmacht, einen Teilbereich 1 regelte § 13 FGG; in den ZPO-Sachen galten §§ 80 ff. ZPO. Deshalb wurde § 11 eingefügt. § 11 S. 1 und 2 entsprechen wörtlich § 80 ZPO. Der Inhalt des § 88 ZPO ist leicht angepasst als S. 3 und 4 ausformuliert worden und fehlt deshalb in der Verweisungskette.

§ 11 ist nicht anzuwenden in Ehesachen und Familienstreitsachen (§ 113 Abs. 1 2 FamFG); statt dessen gilt die ZPO bzw. Sonderregelungen in §§ 113 ff, 114 Abs. 5 FamFG. Für Altfälle (Stichtag 1. 9. 2009) gilt früheres Recht fort (Art. 111 FGG-RG).

II. Die Verfahrensvollmacht

1. Grundverhältnis

Das Grundverhältnis zwischen dem Vollmachtgeber und dem Bevollmächtigten ist in der 3 Regel ein Vertrag, z. B. ein Auftrag, Dienstvertrag, Geschäftsbesorgungsvertrag nach § 675 BGB; einen Anwaltsvertrag als eigenständigen Vertragstyp kennt das BGB nicht. Aus diesem Grundverhältnis ergibt sich z. B., dass der Mandant dem Anwalt Honorar und der Anwalt dem Mandanten die Vertretung schuldet. Die Vollmacht dient zum Nachweis der Bevollmächtigung. Davon zu unterscheiden ist die Frage, ob diejenige Person, welche die Vollmacht erteilt, z. B. ein Angestellter einer Handelsgesellschaft, Vertretungsmacht hat.

2. Wesen der Verfahrensvollmacht

Die Verfahrensvollmacht ist eine **spezielle Vollmacht,** die zur Verfahrensführung im 4 Namen des Vertretenen ermächtigt; sie ist von sonstigen Vollmachten zu unterscheiden. Die Vollmacht ist vom Grundverhältnis unabhängig (abstrakt),[1] d. h. beide enden u. U. unterschiedlich (z. B. kann die Vollmacht widerrufen werden, §§ 168 S. 3, 167 Abs. 1 BGB, obwohl das Grundverhältnis fortbesteht); die Vereinbarung mit dem Mandanten (Grundverhältnis) kann den Anwalt z. B. verpflichten, ohne die Zustimmung des Mandanten einen Antrag nicht zurückzunehmen, die Vollmacht gibt dem Anwalt gleichwohl im Außenverhältnis diese Möglichkeit (§ 83 ZPO). In der anwaltlichen Praxis werden **Vordrucke** verwendet, welche die Stellung des Bevollmächtigten ausweiten. Die Vollmacht für die Scheidung muss einen speziellen Inhalt haben (§ 114 Abs. 5; „wegen Ehescheidung").

3. Nachweis der Erteilung

Die Erteilung der Vollmacht ist zu unterscheiden vom Nachweis der Erteilung (für den 5 Nachweis verlangt § 11 Schriftform; Rn 8). Eine Vollmacht wird durch einseitige empfangsbedürftige Willenserklärung (gegenüber dem Bevollmächtigten oder dem Gericht oder dem Gegner) erteilt. Die Erteilung bedarf keiner Form, ist auch mündlich, zu Protokoll, durch Telefax und durch schlüssiges Verhalten gegenüber dem Bevollmächtigten, dem Verfahrensgegner oder dem Gericht möglich und wirksam.[2] Die Erteilung ist nach hM[3] Verfahrenshandlung, der Vollmachtgeber muss daher verfahrensfähig sein (ausgenommen §§ 275, 316, wo in Betreuungssachen auch ein Geschäftsunfähiger eine Vollmacht erteilen und den Anwaltsvertrag schließen kann). Die Beiordnung eines Anwalts in Verfahrenkostenhilfe als solche begründet noch keine Vollmacht;[4] notwendig ist noch, dass der Mandant dem Verfahrenskostenhilfeanwalt Vollmacht erteilt. Ebenso ist es bei der Anwaltsbeiordnung nach § 138.

---

[1] OLG Hamm NJW 1992, 1174.
[2] BGH FamRZ 1995, 1484.
[3] Rosenberg/Schwab/Gottwald, § 55 Rn 5.
[4] BGH NJW 1987, 440.

4. Vollmachtsnachweis für Rechtsanwälte, Notare

6 Notare können grundsätzlich von den Beteiligten außer mit der Beurkundung ihrer Erklärungen mit der Besorgung ihrer weiteren Angelegenheiten betraut werden (§ 24 Abs. 1 BNotO). Rechtsanwälte und Notare müssen bevollmächtigt sein, ihre Vollmacht muss dem Gericht aber zunächst nicht vorgelegt werden (§ 11 S. 4 FamFG im Gegensatz zu § 88 Abs. 2 ZPO); der Nachweis ist erst dann erforderlich, wenn die Vollmacht bestritten wird (§ 11 S. 3). Deshalb muss der Notar z. B. keine Vollmacht des Beteiligten vorlegen, wenn er eine Genehmigung beim Betreuungs-, Familien- oder Nachlassgericht beantragt oder eine Beschwerde namens eines Beteiligten einlegt. Überschreitet der Notar als Vertreter eines Beteiligten die seiner beruflichen Tätigkeit, z. B. durch § 14 Abs. 1 BNotO, gezogenen Grenzen, etwa durch Vertretung strittiger Interessen gegen einen anderen Beteiligten, so berührt dies die Wirksamkeit seiner Verfahrenshandlungen nicht.[5]

7 **Vermutete Vollmacht des Notars.** Der Notar gilt nach **§ 15 GBO**[6] ohne Nachweis der Bevollmächtigung als ermächtigt, die Eintragung von Erklärungen in öffentliche Bücher und Register zu beantragen, wenn er die zu der Eintragung erforderlichen Erklärungen beurkundet oder beglaubigt hat. Das Bestehen der gesetzlich vermuteten Vollmacht ist formlos widerlegbar.[7] Ein eigenes Antrags- und Beschwerderecht begründet die Ermächtigung des § 15 GBO nicht.[8] Der Notar, der ermächtigt ist, die Eintragung beurkundeter Bewilligungen und Anträge herbeizuführen, muss auch als ermächtigt zur Entgegennahme von Genehmigungserklärungen gelten, die zum Vollzug der Eintragung erforderlich sind.[9] Soweit die Ermächtigung des Notars reicht, Anträge zu stellen oder Beschwerde einzulegen, ist der Antragsberechtigte kostenpflichtig (§ 2 Nr. 1 KostO).[10] Auch im **Registerrecht** wird eine Vollmacht des Notars vermutet (§ 378); für das Personenstandsrecht ist die Vermutungsregelung in § 71 FGG entfallen.[11]

III. Einzelerläuterungen

1. Einreichung und Nachreichung der Vollmacht

8 § 11 besagt nicht, dass einem Bevollmächtigten eine Handlung in Vertretung **nur** dann gestattet werden dürfte, wenn er eine schriftliche Vollmacht vorlegt; so rufen oft Familienangehörige beim Gericht wegen des Termins an, teilen Erkrankung eines Beteiligten mit. Wie bisher bleibt es möglich, dass das Gericht die Bevollmächtigung glaubt, weil sich ein Bevollmächtigter durch Sachkunde ausweist, wenn dieses Wissen ersichtlich auf einer Unterrichtung durch den Vollmachtgeber beruht.[12] Es bleibt dem Gericht unbenommen, die Nachreichung einer schriftlichen Vollmacht zu verlangen (S. 2). Die Verfahrensvollmacht ist im übrigen **schriftlich** (im Original; vgl. § 126 BGB) zu den Gerichtsakten einzureichen (S. 1). Wie im Zivilprozess (§ 160 Abs. 4, 5 ZPO) genügt es ferner, wenn der Beteiligte zu Protokoll des Gerichts dem Bevollmächtigten Vollmacht erteilt,[13] weil dies eine höherwertige Form ist. Notarielle Beurkundung ersetzt die Schriftform. Schriftform kann auch in elektronischer Form gewahrt werden (§§ 126 Abs. 3, 126a BGB). Die Schriftform wird auch gewahrt, wenn die Vollmacht mit Fax gesendet wird. Unter Geltung des FGG (§ 13 S. 3) konnte das Gericht bei Zweifeln an der Echtheit der Unterschrift eine öffentlich beglaubigte Vollmacht verlangen; das ist zwar nicht ins FamFG übernommen worden. Wenn aber Zweifel auftauchen, muss das Gericht dem nachgehen, z. B. durch Rückfrage beim Vollmachtgeber, Vorladung, Verlangen einer öffentlichen Beglaubigung des Unterschrift.

---

[5] BGH NJW 1971, 42 gegen OLG Stuttgart DNotZ 1964, 734/738; Habscheid NJW 1964, 1502; Jansen DNotZ 1964, 707/71.
[6] Dazu Klawikowski Rpfleger 2005, 13.
[7] OLG Frankfurt NJW 1984, 620.
[8] KG NJW 1959, 1086.
[9] BGH Rpfleger 1959, 219.
[10] Dazu OLG Hamm DNotZ 1952, 86.
[11] Heinemann DNotZ 2009, 6/9.
[12] OLG München NJW RzW 1966, 46; Bumiller/Harders § 12 Rn 9; Jansen/von König § 13 Rn 46.
[13] Bumiller/Harders § 12 Rn 7.

Rechtsanwälte müssen im Verfahren der freiwilligen Gerichtsbarkeit sowie im familiengerichtlichen Verfahren ihren Anträgen und Erklärungen keine schriftliche Vollmacht beifügen (S. 4). Es genügt zunächst, dass sie behaupten, bevollmächtigt zu sein; sie können sich selbst zum Verfahrensbevollmächtigten bestellen.[14]

Strengere Formvorschriften als einfache Schriftform bestehen nach § 12 HGB (Anmeldung zum Registergericht), Anfechtung der Annahme bzw. Ausschlagung einer Erbschaft (§§ 1945 Abs. 3, 1955 BGB: öffentlich beglaubigte Vollmacht).

Konsuln fremder Staaten müssen, wenn sie ihre Staatsangehörigen vertreten, in bestimmten Fällen keine Vollmacht vorlegen.[15] **Notare** vgl. Rn 6.

Untervollmacht. Der Bevollmächtigte kann, wenn nichts anderes vereinbart ist, eine andere Person bevollmächtigen, z. B. der bevollmächtigte Rechtsanwalt einen auswärtigen Anwalt für einen dortigen Beweistermin. Der Unterbevollmächtigte handelt dann im Namen (und für Rechnung) des Beteiligten, nicht des Hauptbevollmächtigten,[16] so dass, wenn der Mandant den Unterbevollmächtigten nicht bezahlt, der Hauptbevollmächtigte grundsätzlich nicht zahlungspflichtig ist.

2. Mangel der Vollmacht

Das Gericht muss beim **Auftreten von Nichtanwälten** von Amts wegen prüfen, ob eine schriftliche Vollmacht vorgelegt ist. Fehlt sie, wird der Bevollmächtigte unter Fristsetzung zur Nachreichung aufgefordert (S. 2). Der Vertretene[17] und andere Beteiligte können in jeder Lage des Verfahrens behaupten, dass der Bevollmächtigte ohne Bevollmächtigung handele (S. 3). Dann wird der Bevollmächtigte ebenfalls zur Vorlage aufgefordert.

Beim **Auftreten von Rechtsanwälten oder Notaren** als Bevollmächtigten wird nicht von Amts wegen geprüft, ob sie tatsächlich eine Vollmacht haben; anders ist es, wenn der Anwalt durch sein Verhalten selbst Zweifel an seiner Bevollmächtigung weckt.[18]

In jeder Lage des Verfahrens (auch noch in den höheren Instanzen[19]) kann der angebliche Vertretene oder ein anderer Beteiligter behaupten, dass der Anwalt bzw. Notar ohne Bevollmächtigung handle (S. 3). Dann muss das Gericht den Anwalt bzw. Notar zur Vorlage auffordern. Die Rüge ist rücknehmbar.[20] Fehlt der Nachweis der Vollmacht ist § 89 ZPO einschlägig. Ein Rechtsanwalt, der vom Betreuungsgericht zum Betreuer bestellt wurde, braucht, wenn er ein Verfahren für den Betreuten führt, keine weitere Vollmacht mehr;[21] er weist sich durch seine Bestellungsurkunde (§ 290) aus. Dasselbe gilt, wenn das Betreuungsgericht einen anwaltlichen Verfahrenspfleger oder Verfahrensbeistand bestellt hat.

Wird die **Vollmacht bestritten,** ist das Original der Vollmachtsurkunde vorzulegen; ein Telefax oder eine Fotokopie reichen dann nicht aus.[22] Wenn in einem **Urteilsrubrum** ein Anwalt als Verfahrensbevollmächtigter aufgeführt ist, beweist das nicht, dass er tatsächlich Vollmacht hatte[23] (wichtig für das Grundbuchamt); anders ist es mit einem **Verhandlungsprotokoll,** wenn im Verhandlungstermin auch der Beteiligte erschienen ist. Freilich besteht auch hier keine hundertprozentige Gewissheit, weil kein Anwalt seinen Mandanten anhand des Personalausweises überprüft.

3. Verweisungen auf die ZPO

Satz 5 verweist auf die entsprechende Anwendung der §§ 81 bis 87 und 89 ZPO. Auf § 88 ZPO ist nicht verwiesen, weil dessen Inhalt in § 11 eingebaut wurde.

---

[14] BGH NJW 2002, 1728.
[15] Z. B. § 13 des deutsch-türkischen Nachlassabkommens v. 29. 5. 1929; Art. 21 des Konsularvertrags mit Großbritannien v. 30. 7. 1956.
[16] BGH NJW-RR 2003, 51.
[17] OLG Saarbrücken NJW 1970, 1464; str.
[18] BGH NJW 2001, 2095.
[19] BGH NJW 2002, 1967.
[20] OLG Köln NJW-RR 1992, 1162.
[21] OLG Karlsruhe NJW-RR 1999, 1699.
[22] BGH NJW 1994, 2298.
[23] OLG Naumburg OLG-NL 1998, 78. Vgl. dazu aber OLG Saarbrücken OLGZ 1969, 210; Walchshöfer NJW 1973, 1102; andererseits Staudinger/Pfeifer § 925 Rn 82.

4. Umfang der Vollmacht (§ 81 ZPO)

§ 81 ZPO

Die Prozessvollmacht ermächtigt zu allen den Rechtsstreit betreffenden Prozesshandlungen, einschließlich derjenigen, die durch eine Widerklage, eine Wiederaufnahme des Verfahrens, eine Rüge nach § 321a und die Zwangsvollstreckung veranlasst werden; zur Bestellung eines Vertreters sowie eines Bevollmächtigten für die höheren Instanzen; zur Beseitigung des Rechtsstreits durch Vergleich, Verzichtleistung auf den Streitgegenstand oder Anerkennung des von dem Gegner geltend gemachten Anspruchs; zur Empfangnahme der von dem Gegner oder aus der Staatskasse zu erstattenden Kosten.

18   Die für ein Verfahren erteilte Vollmacht hat nach außen einen gesetzlich bestimmten Umfang; sie ist eine Art Generalvollmacht. Der Umfang ergibt sich aus § 81 mit Ergänzung in § 82 ZPO: die Vollmacht berechtigt z. B. zum Vergleich, zum Anerkenntnis, zur Antragsrücknahme, zur Einlegung und Rücknahme der Beschwerde, zur Bestellung von Unterbevollmächtigten und Bevollmächtigten für die höheren Instanzen; sie berechtigt zum Empfang der Kosten, aber **nicht zum Empfang der Hauptsache** (vgl. Rn 20).

19   Ferner ermächtigt die Verfahrensvollmacht zur Abgabe und Empfangnahme **materiellrechtlicher Erklärungen,** die sich auf den Streitgegenstand beziehen, wie Anfechtung, Aufrechnung, Rücktritt, Kündigung und Empfang einer Kündigung.[24] Im Außenverhältnis ist die Vollmacht nur nach § 83 ZPO beschränkbar; im Innenverhältnis zum Mandanten beliebig. § 81 ZPO gilt in Verbindung mit § 11 FamFG nicht nur, wenn einem Anwalt Verfahrensvollmacht erteilt wird, sondern auch bei Bevollmächtigung sonstiger Personen mit einer „Verfahrensvollmacht" (die im Übrigen das konkrete Verfahren angeben muss). Wer als Laie einem Verwandten eine „Vollmacht" für ein Verfahren erteilt, in dem Wissen, dass dieser die Vollmacht für ein „Verfahren" verwenden soll, nimmt in der Regel aber nicht in Kauf, dass der Verwandte Vergleiche abschließen darf, Beschwerde einlegen usw. Im übrigen stellt sich die Frage, wie das Gericht erkennen kann, dass die Vollmacht für ein „Verfahren" gedacht war und nicht nur zur außergerichtlichen Tätigkeit.

20   Die in der Praxis üblichen **Vordrucke** der Anwälte erweitern die Vollmacht über § 81 hinaus, z. B. zur Empfangnahme der Hauptsache, was für den Mandanten gefährlich ist (Möglichkeit der Unterschlagung der empfangenen Hauptsache).

5. Geltung für Nebenverfahren (§ 82 ZPO)

§ 82 ZPO

Die Vollmacht für den Hauptprozess umfasst die Vollmacht für das eine Hauptintervention, einen Arrest oder eine einstweilige Verfügung betreffende Verfahren.

21   Dazu gehören auch einstweilige Anordnungen.[25]

6. Beschränkung der Verfahrensvollmacht (§ 83 ZPO)

§ 83 ZPO

(1) Eine Beschränkung des gesetzlichen Umfanges der Vollmacht hat dem Gegner gegenüber nur insoweit rechtliche Wirkung, als diese Beschränkung die Beseitigung des Rechtsstreits durch Vergleich, Verzichtleistung auf den Streitgegenstand oder Anerkennung des von dem Gegner geltend gemachten Anspruchs betrifft.

(2) Insoweit eine Vertretung durch Anwälte nicht geboten ist, kann eine Vollmacht für einzelne Prozesshandlungen erteilt werden.

22   Der Mandant kann die Verfahrensvollmacht im **Innenverhältnis** beliebig beschränken (z. B. dass der Anwalt keinen Vergleich schließen darf). Im **Außenverhältnis** ist wie in § 83 angegeben zu differenzieren. Überschreitet der Bevollmächtigte die im Innenverhältnis vereinbarten Beschränkungen, sind seine Verfahrenshandlungen zwar im Außenverhältnis wirksam, der Bevollmächtigte macht sich aber u. U. schadensersatzpflichtig. Im Anwen-

---

[24] BGH NJW-RR 2000, 745.
[25] MünchKommZPO/von Mettenheim § 82 Rn 3.

dungsbereich des § 11 (Rn 2) ist **Abs**. 2 wichtig, da in den Verfahren der freiwilligen Gerichtsbarkeit in erster und zweiter Instanz kein Anwaltszwang besteht: der Mandant kann hier die Vollmacht auf einzelne Verfahrenshandlungen (z. B. Vertretung in einem bestimmten Termin) beschränken oder aus der Gesamtvertretung einzelnen Handlungen (z. B. einen Vergleichsschluss, Zustellungen) ausnehmen.[26] Hat der Beteiligte einen Gerichtskostenvorschuss selbst einbezahlt, verlangt er Rückzahlung an sich und untersagt Rückzahlung an seinen Bevollmächtigten, ist das wirksam und die Gerichtskasse darf nicht an den Bevollmächtigten auszahlen.[27]

7. Mehrere Verfahrensbevollmächtigte (§ 84 ZPO)

§ 84 ZPO

Mehrere Bevollmächtigte sind berechtigt, sowohl gemeinschaftlich als einzeln die Partei zu vertreten. Eine abweichende Bestimmung der Vollmacht hat dem Gegner gegenüber keine sachliche Wirkung.

Die Vorschrift betrifft z. B. die Bevollmächtigung einer Anwaltssozietät. Zugestellt werden kann an jeden Bevollmächtigten,[28] für einen Fristbeginn ist die erste maßgebend. Zeigt sich ein Rechtsanwalt bei Gericht als Vertreter an und hierauf ein zweiter Anwalt, enthält letztere nicht ohne Weiteres den Widerruf der Bestellung des früheren Bevollmächtigten;[29] es gibt dann zwei Bevollmächtigte.

8. Wirkung der Verfahrensvollmacht (§ 85 ZPO)

§ 85 ZPO

(1) Die von dem Bevollmächtigten vorgenommenen Prozesshandlungen sind für die Partei in gleicher Art verpflichtend, als wenn sie von der Partei selbst vorgenommen wären. Dies gilt von Geständnissen und anderen tatsächlichen Erklärungen, insoweit sie nicht von der miterschienenen Partei sofort widerrufen oder berichtigt werden.

(2) Das Verschulden des Bevollmächtigten steht dem Verschulden der Partei gleich.

Die vom Bevollmächtigten (im Rahmen des Umfangs der Vollmacht, §§ 81, 82 ZPO) vorgenommene Verfahrenshandlung gilt als Verfahrenshandlung des Beteiligten; unmittelbare Stellvertretung (Abs. 1 S. 1). Der miterschienene Beteiligte kann der Sachdarstellung des Bevollmächtigten widersprechen (Abs. 1 S. 2), dann gilt **seine** Darstellung. Das muss dahin verstanden werden, dass der Beteiligte auch noch nach dem Termin eine Berichtigung anbringen kann, wenn er z. B. die Erklärungen des Bevollmächtigten nicht verstanden hat. Abs. 2 regelt die Zurechung des **Verschuldens von Bevollmächtigten**, § 9 Abs. 4 dagegen die Zurechnung von gesetzlichen Vertretern. § 85 Abs. 2 ZPO[30] ist verfassungsgemäß.[31] Der Fehler des Rechtsanwalts (bzw. sonstigen Verfahrensbevollmächtigten[32]) wird dem Vertretenen zugerechnet, zum Ausgleich bleiben Schadensersatzansprüche des Beteiligten gegen den Verfahrensbevollmächtigten (der, wenn er Anwalt ist, meist versichert ist). Eine Exkulpation ist nicht möglich. Verschulden wird z. B. zugerechnet bei der Versäumung von Rechtsmittelfristen (Wiedereinsetzung[33]) und sonstigen verfahrensrechtlichen Fristen. § 85 Abs. 2 ZPO ist nach Ansicht des BGH[34] auch in Status- und Familiensachen anwendbar; dem kann man bei Statussachen nicht zustimmen,[35] weil es nicht angehen kann, dass jemand durch einen Fristfehler eines Anwalts zum Kind eines anderen gemacht wird.

---

[26] MünchKommZPO/von Mettenheim § 83 Rn 9.
[27] OLG Brandenburg NJW 2007, 1470.
[28] BGH NJW 1969, 1486.
[29] BGH FamRZ 2004, 865.
[30] Dazu Karl, Der Bevollmächtigte nach § 85 II, 1993.
[31] BVerfG NJW 2001, 814.
[32] BGH NJW-RR 2001, 427.
[33] Beispiele: BGH NJW 2010, 3585; NJW 2010, 1378; NJW 2010, 1080; NJW-RR 2010, 147.
[34] BGH FamRZ 1993, 308 (Ehelichkeitsanfechtung).
[35] Bosch FamRZ 1993, 449; Bedenken auch bei Leipold ZZP 93 (1980), 254; Stürner JZ 1986, 1091.

25 **Voraussetzungen der Zurechnung:** Wirksame Vollmacht. Daran fehlt es z. B., wenn der Mandant geschäftsunfähig war, oder wenn dem nach § 78 FamFG beigeordneten Verfahrenskostenhilfeanwalt vom Mandanten noch keine Vollmacht erteilt wurde,[36] oder wenn das Mandat (z. B. durch Kündigung) beendet ist,[37] oder wenn der Anwalt das Mandat noch nicht angenommen hatte.[38] Ferner ist ein Tätigwerden gerade des Bevollmächtigten oder seines Vertreters (z. B. des Urlaubsvertreters[39]) erforderlich. Der Fehler der unselbstständigen Hilfskräfte der Anwälte wird nicht zugerechnet, es sei denn, es liegt ein Verschulden des Anwalts bei der Auswahl, Anleitung, Überwachung usw. der Hilfskräfte vor.[40]

9. Fortbestand der Verfahrensvollmachtvollmacht (§ 86 ZPO)

§ 86 ZPO

> Die Vollmacht wird weder durch den Tod des Vollmachtgebers noch durch eine Veränderung in seiner Prozessfähigkeit oder seiner gesetzlichen Vertretung aufgehoben; der Bevollmächtigte hat jedoch, wenn er nach Aussetzung des Rechtsstreits für den Nachfolger im Rechtsstreit auftritt, dessen Vollmacht beizubringen.

26 **Halbsatz 1:** Hat ein Beteiligter wirksam Verfahrensvollmacht erteilt und wird er dann verfahrensunfähig, besteht die Vollmacht fort.[41] Ist ein Beteiligter durch einen Verfahrensbevollmächtigten vertreten und stirbt er (bzw. verliert den gesetzlichen Vertreter), wird das Verfahren grundsätzlich nicht unterbrochen, vgl. §§ 246, 241 ZPO. Im Übrigen kommt es hier auf den Verfahrensgegenstand an: stirbt der Antragsteller des Erbscheinsverfahrens, wird dessen Antragsrecht vererbt (§ 1922 BGB); stirbt der Betroffene des Betreuungsverfahrens ist das Verfahren beendet; ebenso ist es, wenn der zu entlassende Testamentsvollstrecker, Betreuer usw. während des Verfahrens stirbt. Das Gericht kann das Verfahren aussetzen, damit die Frage der Fortsetzung geklärt werden kann.

27 Die Erben können die **Vollmacht widerrufen.**

28 **Halbsatz 2:** Aussetzung vgl. § 246 ZPO. Für den Nachfolger: z. B. den Erben, den neuen gesetzlichen Vertreter. War ein Rechtsanwalt oder Notar Verfahrensbevollmächtigter, muss er die Vollmacht der Erben nur auf Rüge vorlegen (§ 11 S. 4).

10. Erlöschen der Vollmacht (§ 87 ZPO)

§ 87 ZPO

> (1) Dem Gegner gegenüber erlangt die Kündigung des Vollmachtvertrags erst durch die Anzeige des Erlöschens der Vollmacht, in Anwaltsprozessen erst durch die Anzeige der Bestellung eines anderen Anwalts rechtliche Wirksamkeit.
>
> (2) Der Bevollmächtigte wird durch die von seiner Seite erfolgte Kündigung nicht gehindert, für den Vollmachtgeber so lange zu handeln, bis dieser für Wahrnehmung seiner Rechte in anderer Weise gesorgt hat.

29 Zweck des § 87 ZPO ist, zu verhindern, dass einem Beteiligten durch einen Anwaltswechsel beim „Gegner" Nachteile entstehen. Dasselbe gilt für die Wirkung gegenüber dem Gericht.[42] Das ist auf den Zivilprozess zugeschnitten und passt für das FamFG wenig. In Amtsverfahren der freiwilligen Gerichtsbarkeit gibt es keinen Gegner in diesem Sinn. Mit „Vollmachtsvertrag" ist das Grundverhältnis zwischen Mandant und Bevollmächtigtem gemeint. Es kann nach §§ 671, 675, 627 BGB jederzeit gekündigt werden, womit auch die Vollmacht erlischt (§ 168 S. 1 BGB). Die Vollmacht kann auch isoliert widerrufen werden.

30 In **Verfahren ohne Anwaltszwangs** gilt die Vollmacht erst als erloschen, wenn der Mandant die Kündigung der Vollmacht (bzw. des Mandats) dem Gericht und den Betei-

---

[36] BGH NJW 1987, 440.
[37] BGH NJW 2008, 2713; VersR 1985, 1185.
[38] BGH FamRZ 1996, 408.
[39] OLG Stuttgart MDR 2001, 238.
[40] Beispiele: BGH NJW 2008, 2508; NJW 2007, 3497.
[41] BAG MDR 2000, 781.
[42] BGH VersR 1985, 1185; MünchKommZPO/von Mettenheim § 87 Rn 10.

ligten mitgeteilt hat. Wenn der Mandant die Kündigung nur seinem Bevollmächtigten mitteilt, genügt das nicht. In **Verfahren mit Anwaltszwang** ist **zusätzlich** die namentliche Benennung des neuen Anwalts erforderlich (durch den früheren oder den neuen Anwalt), damit der Fortgang des Verfahrens sichergestellt ist.[43] Das gilt aber nur, soweit der Anwaltszwang reicht, nicht z. B. für das Kostenfestsetzungsverfahren. Im übrigen besteht in Sachen der freiwilligen Gerichtsbarkeit in erster und zweier Instanz kein Anwaltszwang, so dass Abs. 1 S. 2 hier nicht einschlägig ist.

Bis zum genannten Zeitpunkt müssen alle Zustellungen an den bisherigen Bevollmächtigten erfolgen. Gibt der Anwalt die Zustellung nicht an den Mandanten weiter (er ist dazu verpflichtet[44]), kommt für diesen Wiedereinsetzung in Frage, denn nach Mandatsbeendigung ist der Anwalt nicht mehr Vertreter im Sinne von § 85 Abs. 2 ZPO.[45] Der Verfahrensbevollmächtigte kann bis zu diesem Zeitpunkt im Außenverhältnis auch noch aktiv vertreten,[46] z. B. ein Rechtsmittel wirksam zurücknehmen. 31

Abs. 2 betrifft den Fall, dass der Verfahrensbevollmächtigte das Mandat gekündigt (niedergelegt) hat. Abs. 2 berechtigt ihn zum weiteren Handeln, z. B. zur Rechtsmitteleinlegung, um Haftung abzuwenden, wenn er zur Unzeit gekündigt hat. 32

11. Vollmachtsloser Vertreter (§ 89 ZPO)

§ 89 ZPO

(1) Handelt jemand für eine Partei als Geschäftsführer ohne Auftrag oder als Bevollmächtigter ohne Beibringung einer Vollmacht, so kann er gegen oder ohne Sicherheitsleistung für Kosten und Schäden zur Prozessführung einstweilen zugelassen werden. Das Endurteil darf erst erlassen werden, nachdem die für die Beibringung der Genehmigung zu bestimmende Frist abgelaufen ist. Ist zu der Zeit, zu der das Endurteil erlassen wird, die Genehmigung nicht beigebracht, so ist der einstweilen zur Prozessführung Zugelassene zum Ersatz der dem Gegner infolge der Zulassung erwachsenen Kosten zu verurteilen; auch hat er dem Gegner die infolge der Zulassung entstandenen Schäden zu ersetzen.

(2) Die Partei muss die Prozessführung gegen sich gelten lassen, wenn sie auch nur mündlich Vollmacht erteilt oder wenn sie die Prozessführung ausdrücklich oder stillschweigend genehmigt hat.

Kann der Vertreter auf Verlangen des Gerichts oder auf Rüge eines anderen Beteiligten 33
(auch im Verfahren der einstweiligen Anordnung[47]) keine Vollmacht vorlegen, gibt es **verschiedene Möglichkeiten:**
- das Gericht kann vertagen;
- der Vertreter kann durch Beschluss zurückgewiesen werden (z. B. wenn er erklärt, die Vollmacht nicht beibringen zu können), wenn er den Antrag nicht zurücknimmt;
- ein Beschluss kann (auch stillschweigend) erlassen werden, wonach der Vertreter einstweilen zur Verfahrensführung zugelassen wird und ihm Frist bis zum ... zur Beibringung der Vollmacht gesetzt wird (Sicherheitsleistung, §§ 108, 109 ZPO, ist nicht üblich). Dann wird mit dem Vertreter weiterverhandelt, Zeugen vernommen usw.; die Entscheidung darf aber erst nach Ablauf der vorgenannten Frist erlassen werden.

Wird die Vollmacht bis zum Erlass der Entscheidung nicht nachgereicht, kann der 34
Vertreter durch Beschluss zurückgewiesen werden; oder es wird durch Beschluss, wobei im Rubrum der angeblich vertretene Beteiligte steht, der vom vollmachtslosen Vertreter gestellte Antrag als unzulässig abgewiesen; die Kosten des Verfahrens werden dem auferlegt, der das Auftreten des falschen Vertreters veranlasst hat (h. M.;[48] sog. **Veranlassungsprinzip**); das ist meist der Vertreter selbst,[49] kann aber auch ein Beteiligter sein. Die infolge der Zulassung erwachsenen Kosten (Abs. 1 S. 3) sind z. B. Kosten der Beweisaufnahme; sie

---

[43] BGH NJW 1975, 120.
[44] BGH NJW 1980, 999.
[45] BGH VersR 1985, 1186.
[46] BGHZ 43, 137.
[47] OLG Saarbrücken MDR 2008, 1233.
[48] MünchKommZPO/von Mettenheim § 89 Rn 14.
[49] BGH NJW-RR 2000, 1499; NJW 1983, 883.

werden dem Vertreter auferlegt. Der Schluss-Satz von Absatz 1 („auch hat er ...") ist materiellrechtlich; der Anspruch ist in einem gesonderten Verfahren zu verfolgen.

35 Die **Genehmigung** (§ 89 Abs. 2 ZPO) kann nur die gesamte Verfahrensführung umfassen, nicht einzelne Verfahrenshandlungen.[50] Sie wirkt zurück: der Mangel der Vollmacht bei Einlegung eines Rechtsmittels kann durch Genehmigung rückwirkend geheilt werden, soweit noch nicht eine das Rechtsmittel (deswegen[51]) als unzulässig verwerfende Entscheidung vorliegt.[52]

Beistand

12
[1] **Im Termin können die Beteiligten mit Beiständen erscheinen.** [2] **Beistand kann sein, wer in Verfahren, in denen die Beteiligten das Verfahren selbst betreiben können, als Bevollmächtigter zur Vertretung befugt ist.** [3] **Das Gericht kann andere Personen als Beistand zulassen, wenn dies sachdienlich ist und hierfür nach den Umständen des Einzelfalls ein Bedürfnis besteht.** [4] **§ 10 Abs. 3 Satz 1 und 3 und Abs. 5 gilt entsprechend.** [5] **Das von dem Beistand Vorgetragene gilt als von dem Beteiligten vorgebracht, soweit es nicht von diesem sofort widerrufen oder berichtigt wird.**

I. Normzweck

1 Im FGG fand sich in § 13 S. 3 nur die Regelung, dass die Beteiligten mit Beiständen erscheinen können. Das RechtsdienstleistungsG (RDG) hat § 13 FGG umfassend geändert und den Beistand in § 13 Abs. 6 FGG geregelt. Das wurde wörtlich ins FamFG übernommen. § 12 entspricht im Wesentlichen § 90 ZPO (die früheren §§ 157, 610 ZPO über den Beistand wurden aufgehoben). Der Beistand nach § 12 darf nicht mit dem Beistand nach § 1712 BGB verwechselt werden. § 53a ZPO ist durch das FGG-RG aufgehoben worden.

II. Anwendungsbereich

2 **Beistand in Familiensachen:** auch hierfür gilt grundsätzlich § 12. Diese Vorschrift ist nicht anzuwenden in Ehesachen (§ 121) und Familienstreitsachen (§ 112); statt dessen gilt gem. § 113 Abs. 1 die ZPO (§ 90) bzw. Sonderregelungen in §§ 113 ff. Eine Sondervorschrift enthält § 138 (der dem früheren § 625 ZPO entspricht). Hiernach hat das Gericht in Scheidungssachen (§ 121 Nr. 1) dem Antragsgegner, der keinen Rechtsanwalt als Bevollmächtigten bestellt, von Amts wegen zur Wahrnehmung seiner Rechte hinsichtlich des Scheidungsantrags und der Kindschaftssache einen **Rechtsanwalt** beizuordnen, wenn diese Maßnahme nach der freien Überzeugung des Gerichts zum Schutz des Antragsgegners unabweisbar erscheint. Der beigeordnete Anwalt hat die Stellung eines Beistandes (§ 138 Abs. 2).

3 Für **Altfälle** (Stichtag 1. 9. 2009) gilt früheres Recht fort. Zu den Einzelheiten siehe die Anmerkungen zu Art. 111 FGG-RG.

III. Beistand in der Verhandlung

1. Wesen und Zulässigkeit der Beistandschaft

4 Ein **Beistand unterstützt** einen Beteiligten, der **im Termin** erscheint, in diesem Gerichtstermin. Beteiligte wollen sich oft das Geld für einen Anwalt sparen, aber gleichwohl nicht allein zum Gerichtstermin erscheinen, vor allem dann nicht, wenn der Gegner durch einen Anwalt vertreten ist. Sie bringen dann Angehörige, Freunde, Bekannte mit, weil sie sich dann sicherer fühlen und sich oft selbst auch nicht ausreichend artikulieren können. Wer für einen Beteiligten Schriftsätze anfertigt und einreicht, ist kein Beistand, sondern ein Vertreter. Für einen Beistand, der die deutsche Sprache nicht beherrscht, muss das Gericht keinen Dolmetscher bestellen; das ist Sache des Beteiligten. Der Beteiligte kann auch dann

---
[50] BGH NJW 1987, 130.
[51] BGH MDR 1980, 308.
[52] BGH NJW 1984, 2149.

einen Beistand mitbringen, wenn er von einem Rechtsanwalt vertreten wird und dieser ebenfalls im Termin auftritt.[1]

Beistand ist, wer nicht an Stelle eines Beteiligten, sondern **neben** ihm im Termin auftritt; dadurch unterscheidet sich der Beistand vom Verfahrensbevollmächtigten, ferner durch das Fehlen einer Verfahrensvollmacht. Die Legitimation des Beistands beruht auf der Anwesenheit des Beteiligten und erlischt mit dessen Entfernung.[2] Wenn der Beistand nicht Deutsch versteht, muss das Gericht keinen Dolmetscher hinzuziehen.[3] Das **Recht,** mit einem Beistand zu erscheinen, gibt das Gesetz den **Beteiligten;** das sind die in § 7 und den dazugehörigen Sonderregeln (§ 7 Rn 35) genannten Personen und deren gesetzliche Vertreter. Wer beteiligtenfähig ist, sagt § 8. Soweit Minderjährige selbst Beteiligte sind (z. B. § 172 Abs. 1 Nr. 1), haben sie das Recht, Beistände zum Termin mitzubringen. Dass ihnen vom Gericht bereits ein **Verfahrensbeistand** bestellt wurde (§§ 158, 174), steht nicht entgegen; denn mit dieser vom Gericht bestellten Person muss nicht zwangsläufig ein Vertrauensverhältnis bestehen. Auch ein Geschäftsunfähiger ist beteiligtenfähig (§ 8 Nr. 1). Im Betreuungsverfahren (vgl. § 275) oder Unterbringungsverfahren (vgl. § 316) kann er Beistände im Sinne von § 12 mitbringen; aber auch eine Vertrauensperson (§ 274 Abs. 4 Nr. 1). Selbst wenn einem Betroffenen ein **Verfahrenspfleger** bestellt ist (z. B. nach §§ 276, 317) und dieser im Termin anwesend ist, kann der Betroffene einen Beistand zuziehen, weil er kein Beschwerderecht gegen die Bestellung des Verfahrenspflegers hat (§ 276 Abs. 6), dieser also möglicherweise ein Zwangspfleger ist, dem er nicht vertraut. Die vom Betroffenen ausgewählte Vertrauensperson (§ 274 Abs. 4 Nr. 1) ist entweder vom Gericht als Beteiligte einzuordnen oder sie ist als Beistand, der nach S. 3 zuzulassen ist, zu qualifizieren. Der Verfahrenspfleger oder Verfahrensbeistand ist selbst kein Beistand des Betroffenen; sie gelten kraft Gesetzes selbst als Beteiligte (vgl. § 274 Abs. 2).

Sonstige im Verfahren auftretende Personen, wie **Zeugen, Sachverständige,** Auskunftspersonen, die selbst nicht Beteiligte sind, haben kein Recht auf einen Beistand im Sinne des § 12. Soll aber gegen einen Zeugen in der mündlichen Verhandlung ein Ordnungsmittel festgesetzt werden, kann er sich eines Beistandes bedienen, weil er in diesem Verfahrenabschnitt Beteiligter ist. Ferner ist jeder Zeuge berechtigt, seine Aussage vor Gericht von der Anwesenheit seines eigenen rechtlichen Beistandes (z. B. seines Rechtsanwalts) abhängig zu machen;[4] dieser Beistand hat kein eigenes Fragerecht, er darf aber den Zeugen bei der Aussage beraten. Die Kosten werden ihm weder vom Gericht noch vom Gegner erstattet.[5] Alte, kranke, schwächliche Zeugen können eine **Begleitperson** mitbringen, deren Kosten u. U. erstattet werden (§ 7 Abs. 1 JVEG); das ist kein Beistand.

Beistand bei der Untersuchung durch den Sachverständigen. Vor allem im Betreuungsrecht kommt es vor, dass der Betroffene bei der Ladung zum Sachverständigen (§ 280) erklärt, er wolle einen Beistand mitbringen, z. B. ein Mitglied eines Patientenschutzvereins, eines Vereins psychisch Kranker usw.; zur Begründung geben die Betroffenen an, sie wollten ihre Äußerungen vor dem Gutachter beweisen können, seien misstrauisch gegen Gutachter und unsicher in ihren Antworten. Die Sachverständigen halten die Anwesenheit eines Beistandes meist für unzweckmäßig. Nach § 12 S. 1 kann der Beteiligte mit einem Beistand „erscheinen". Damit ist der Gerichtstermin gemeint.[6] Da der Sachverständige der Gehilfe des Richters ist (§§ 404, 404a ZPO), wird deshalb die Auffassung vertreten,[7] der Beistand dürfe bei der Untersuchung anwesend sein; bei Störungen durch den Beistand könne das Gericht Maßnahmen nach §§ 176, 177, 180 GVG treffen. Der Sachverständige will den Betroffenen unbeeinflusst erleben. Lehnt der Sachverständige eine Untersuchung in Anwesenheit eines Beistandes ab oder stört der „Patientenanwalt" (durch Dazwischenreden, wenn der Betroffene ungünstige Angaben macht), bleibt nur die zwangsweise Unterbringung zur Beobachtung (§ 284).

---

[1] MünchKommZPO/Pabst § 12 FamFG Rn 4; Prütting/Helms/Jennissen § 12 Rn 3.
[2] Jansen/von König § 13 Rn 32.
[3] MünchKommZPO/Pabst § 12 FamFG Rn 3.
[4] BVerfG NJW 1975, 103.
[5] Zöller/Greger § 373 Rn 12.
[6] MünchKommZPO/Pabst § 12 FamFG Rn 5.
[7] OLG Zweibrücken FGPrax 2000, 109.

8 **Kosten.** Der nach § 138 Abs. 1 vom Gericht dem Antragsgegner bestellte Beistand hat einen Vergütungsanspruch gegen den Antragsgegner (§ 39 RVG) und, wenn dieser nicht zahlt, gegen die Staatskasse (§ 45 Abs. 2 RVG). Der vom Beteiligten selbst mitgebrachte Beistand hat allenfalls einen privatrechtlichen Anspruch gegen den Beteiligten, nicht gegen die Staatskasse; seine Kosten (z. B. Fahrtkosten) können im Einzelfall zu den erstattungspflichtigen Auslagen gehören (vgl. §§ 80, 81).

2. Auftretungsbefugte Personen

9 Dies ist in Satz 2 durch Verweisung so geregelt, dass eine Umgehung von Anwälten möglichst vermieden werden soll. Zum Auftreten als Beteiligte sind nach § 10 Abs. 2 befugt:
- **Rechtsanwälte** (Abs. 2 S. 1); freilich ist kaum erkennbar, welchen Sinn es haben sollte, wenn ein Rechtsanwalt nicht als Vertreter des Beteiligten, sondern „nur" als dessen Beistand erscheint.
- **Beschäftigte des Beteiligten** oder eines mit ihm verbundenen Unternehmens.
- **Behörden** und **juristische Personen des öffentlichen Rechts** einschließlich der von ihnen zur Erfüllung ihrer öffentlichen Aufgaben gebildeten Zusammenschlüsse; hier können auch Beschäftigte der zuständigen Aufsichtsbehörde oder des kommunalen Spitzenverbandes des Landes, dem sie angehören, als Beistände auftreten.
- **Volljährige Familienangehörige.** Ausgeklammert sind also Nachbarn, Freunde, Mitglieder von „Patientenschutzvereinen" im Betreuungsrecht. Volljährige: Der 17-jährige Enkel kann also nicht Beistand der Großmutter sein, aber nach Satz 3 zugelassen werden.
- **Personen mit Befähigung zum Richteramt** („Volljuristen"), wenn die Vertretung nicht im Zusammenhang mit einer entgeltlichen Tätigkeit steht.
- die **Beteiligten** (ein Beteiligter kann also mit einem anderen Beteiligten derselben Sache als Beistand erscheinen), wenn die Vertretung nicht im Zusammenhang mit einer entgeltlichen Tätigkeit steht.
- **Notare** (Abs. 2 S. 2 Nr. 3).
- **Antidiskriminierungsverbände** nach § 23 Abs. 2 des AGG.

10 Diesen Personen, nicht aber Rechtsanwälten und Notaren, kann das Gericht allerdings den **weiteren** Vortrag untersagen; Rn 14.

3. Zulassung weiterer Personen als Beistand

11 Das Gericht kann andere Personen, also solche, die an sich nicht auftretungsbefugt sind, als Beistand zulassen, wenn dies sachdienlich ist und hierfür nach den Umständen des Einzelfalls ein Bedürfnis besteht (S. 3). So ist es z. B. oft in Betreuungs- und Unterbringungssachen. Solche Personen sind z. B. Bekannte, Nachbarn, Freunde. Die Zulassung erfordert **keinen eigenen Beschluss,** sondern erfolgt, indem diese Personen kurz nach ihrem Verhältnis zum erschienenen Beteiligten befragt werden, ihre Anwesenheit namentlich im Protokoll vermerkt wird und sie dann vortragen können. Diesen Beiständen kann nach § 10 Abs. 3 S. 1 das Wort entzogen werden.

4. Zurückweisung des Beistands

12 **a) Allgemeines.** Der Beistand kann sich im Gerichtstermin wie der Beteiligte äußern; er hat jederzeit die Befugnis, seinen Beteiligten zu beraten. Ein Beistand kann nicht deshalb zurückgewiesen werden, weil der Beteiligte ohnehin durch einen Anwalt vertreten wird; Beistand und Anwalt haben verschiedene Funktionen.

Bei der Zurückweisung ist zu unterscheiden:

13 **b) Nicht vertretungsbefugte Beteiligte.** Wegen § 10 Abs. 3 S. 1 weist das Gericht Beistände, die nicht nach Maßgabe des § 10 Abs. 2 vertretungsbefugt sind, durch unanfechtbaren Beschluss zurück (über § 58 Abs. 2 wird der Beschluss aber mittelbar nachgeprüft; auch ist Verfassungsbeschwerde möglich: Verletzung des rechtlichen Gehörs); auf ihre Fähigkeit zum sachgerechten Vortrag kommt es nicht an. Ein Ermessen besteht nicht. Die Zurückweisung bedeutet nur, dass sie schweigen müssen; den Sitzungssaal müssen sie nicht verlassen (vgl. § 170 S. 2 GVG). In Betreuungs- und Unterbringungssachen gilt der Beistand, der zurückgewiesen wurde, in der Regel jedenfalls als Vertrauensperson, so dass er anwesend bleiben darf (§ 170 S. 3 GVG).

c) Vertretungsbefugte Beteiligte. Die Verweisung in § 12 S. 4 auf § 10 Abs. 3 S. 3 bedeutet, dass das Gericht den in Abs. 2 S. 2 Nr. 1 und 2 bezeichneten Beiständen durch unanfechtbaren Beschluss den **weiteren Vortrag** untersagen kann, wenn sie nicht in der Lage sind, das Sach- und Streitverhältnis sachgerecht darzustellen (also z. B. schreien, brüllen). Es handelt sich um eine Ermessensregelung; das Ermessen ist sachgerecht auszuüben. Da das Zurückweisen eines Beistands bei ungeschickten Beteiligten dazu führt, dass sie hilflos sind, so dass das rechtliche Gehör gefährdet ist, ist das Untersagen das letzte Mittel. Das Verhalten des Beistandes ist im Protokoll zu vermerken, er ist zunächst zu verwarnen; oft ist eine Pause angebracht, damit sich alle Sitzungsteilnehmer beruhigen können. Der Beschluss muss protokolliert und begründet werden, obgleich er unanfechtbar ist; denn über § 58 Abs. 2 unterliegt er, wenn die Hauptsacheentscheidung angegriffen wird, der Beurteilung des Beschwerdegerichts (im Übrigen ist wegen Verletzung von Art. 103 GG an die Verfassungsbeschwerde zu denken). Das Untersagen des Vortrags bedeutet nicht zugleich, dass diese Personen den Sitzungssaal verlassen müssen; das richtet sich nach dem GVG.

d) Rechtsanwälten und Notaren. Rechtsanwälten und Notaren kann der Vortrag als Beistand (wenn sie als solcher erscheinen) nicht untersagt werden, auch wenn sie zum sachgerechten Vortrag nicht in der Lage sind.

e) Richter. Aktive oder im Ruhestand befindliche Richter dürfen nicht als Beistand vor dem Gericht auftreten, dem sie angehören (§ 10 Abs. 5, auf den verwiesen wird). Betroffen sind die dem Gericht zugewiesenen Richter, am AG also auch dort im Wege der Abordnung tätige Richter am LG. Damit sollen Interessenkollisionen und der Anschein der Voreingenommenheit des Gerichts (Richter und Beistand duzen sich usw.) vermieden werden. Dabei sind alle Verfahren vor dem gesamten Gericht gemeint. Der Grundbuchrichter darf also nicht als Beistand in einem Verfahren vor dem Betreuungsgericht auftreten. Das gilt auch für ehrenamtliche Richter; hier ist mit „Gericht" aber nur der Spruchkörper gemeint, dem der ehrenamtliche Richter zugewiesen ist; man sollte hier § 79 Abs. 4 S. 2 ZPO analog anwenden, weil zwischen dem ehrenamtlichen Richtern und den übrigen Berufsrichtern des Gerichts in der Regel kein Kontakt besteht. Der Schöffe des Schöffengerichts und der ehrenamtliche Beisitzer des Landwirtschaftsgerichts können deshalb als Beistand vor dem Betreuungsgericht auftreten.[8]

5. Zurechnung des Vortrags

Das von dem Beistand in der Gerichtsverhandlung mündlich Vorgetragene gilt als von dem ebenfalls anwesenden Beteiligten vorgebracht, soweit es nicht von diesem sofort widerrufen oder berichtigt wird **(Satz 5)**; das ist eine Art Duldungsvollmacht. Das ist problematisch, weil die Regelung unterstellt, dass der Beteiligte hört und versteht, was der Beistand sagt. Bei schwerhörigen Personen wird man die Regelung daher nicht anwenden können; hier muss sich der Richter durch Rückfragen rückversichern. Ebenso ist es bei Personen mit Verständnisproblemen. Das Recht des Beteiligten, in einem späteren Termin oder schriftlich (z. B. wenn er das Protokoll erhalten hat) den Vortrag des Beistandes zu berichtigen, bleibt daneben bestehen, genauso, wie der Beteiligte eigenen Vortrag später berichtigen könnte. Es handelt sich dann um Fragen der Beweiswürdigung. Was der Beistand **schriftlich einreicht** oder dem Gericht vor oder nach dem Termin am Telefon mündlich sagt wird dem Beteiligten dagegen nicht zugerechnet, weil es nicht in Anwesenheit des Beteiligten geschieht. Die Vertretungsmacht des Beistands erstreckt sich nicht auf Zustellungen und sonstige Handlungen außerhalb der mündlichen Verhandlung wie die Stellung oder die Rücknahme von Anträgen und Rechtsmitteln.

---

[8] BT-Drucks. 16/3655 S. 90 zum RDG (Änderung von § 79 ZPO).

Akteneinsicht

13 (1) Die Beteiligten können die Gerichtsakten auf der Geschäftsstelle einsehen, soweit nicht schwerwiegende Interessen eines Beteiligten oder eines Dritten entgegenstehen.

(2) ¹Personen, die an dem Verfahren nicht beteiligt sind, kann Einsicht nur gestattet werden, soweit sie ein berechtigtes Interesse glaubhaft machen und schutzwürdige Interessen eines Beteiligten oder eines Dritten nicht entgegenstehen. ²Die Einsicht ist zu versagen, wenn ein Fall des § 1758 des Bürgerlichen Gesetzbuchs vorliegt.

(3) ¹Soweit Akteneinsicht gewährt wird, können die Berechtigten sich auf ihre Kosten durch die Geschäftsstelle Ausfertigungen, Auszüge und Abschriften erteilen lassen. ²Die Abschrift ist auf Verlangen zu beglaubigen.

(4) ¹Einem Rechtsanwalt, einem Notar oder einer beteiligten Behörde kann das Gericht die Akten in die Amts- oder Geschäftsräume überlassen. ²Ein Recht auf Überlassung von Beweisstücken in die Amts- oder Geschäftsräume besteht nicht. ³Die Entscheidung nach Satz 1 ist nicht anfechtbar.

(5) ¹Werden die Gerichtsakten elektronisch geführt, gilt § 299 Abs. 3 der Zivilprozessordnung entsprechend. ²Der elektronische Zugriff nach § 299 Abs. 3 Satz 2 und Satz 3 der Zivilprozessordnung kann auch dem Notar oder der beteiligten Behörde gestattet werden.

(6) ¹Die Entwürfe zu Beschlüsse und Verfügungen, die zu ihrer Vorbereitung gelieferten Arbeiten sowie die Dokumente, die Abstimmungen betreffen, werden weder vorgelegt noch abschriftlich mitgeteilt.

(7) Über die Akteneinsicht entscheidet das Gericht, bei Kollegialgerichten der Vorsitzende.

Übersicht

	Rn
I. Normzweck	1
II. Anwendungsbereich	5
1. Grundsatz	5
2. Verhältnis zu anderen Vorschriften	7
3. Sondervorschriften	8
a) Allgemeines	8
b) Verfahrenskostenhilfeakten	9
c) Verbundverfahren	10
d) Nachlass- und Teilungssachen	11
e) Registersachen	16
f) Grundbuchverfahren	18
g) Personenstandssachen	19
h) Notariatsakten; notarielle Urkunden	20
III. Akteneinsicht für Verfahrensbeteiligte (Abs. 1)	21
1. Grundsatz	21
2. Entgegenstehendes schwerwiegendes Interesse	23
IV. Akteneinsicht für Dritte (Abs. 2)	26
1. Grundsatz	26
2. Berechtigtes Interesse	29
3. Glaubhaftmachung	32
4. Entgegenstehende schutzwürdige Interessen	33
5. Ermessensabwägung	34
6. Einzelfälle	39
a) Einsichtsrecht	39
b) Fehlendes Einsichtsrecht	42
7. Akteneinsicht bei Kindesannahme (Abs. 2 S. 2)	45
V. Akteneinsicht durch Behörden	46
1. Behörde als Beteiligte	46
2. Behörde als Dritte	47
VI. Gegenstand der Akteneinsicht	48
VII. Elektronische Akten (Abs. 5)	53

	Rn
VIII. Umfang und Ausgestaltung der Akteneinsicht	54
1. Zuständigkeit (Abs. 7)	54
2. Umfang der Akteneinsicht	55
3. Einsicht durch Bevollmächtigte	56
4. Ort und Zeit der Einsicht	58
a) Grundsatz	58
b) Überlassung an Rechtsanwälte, Notare und beteiligte Behörden (Abs. 4)	59
c) Übersendung an auswärtiges AG	60
5. Erteilung von Ausfertigung, Auszügen und Ausfertigungen (Abs. 3)	61
6. Beglaubigungen	62
7. Mikroverfilmte bzw. elektronisch gespeicherte Akten	63
IX. Rechtsmittel	64
1. Grundsatz	64
2. Entscheidung über die Akteneinsicht eines Beteiligten während eines laufenden Verfahrens	67
3. Entscheidung über die Akteneinsicht eines Beteiligten nach Abschluss des Verfahrens bzw. an einen Dritten	72
4. Behörde als Dritte	73
X. Erteilung von Auskünften, Bescheinigungen	74
XI. Kosten und Gebühren	76

I. Normzweck

Art. 103 Abs. 1 GG gewährt jedem an einem Verfahren Beteiligten einen Anspruch auf rechtliches Gehör; zugleich wird über Art. 2 Abs. 1 i. V. m. Art. 20 Abs. 3 GG (sowie die entsprechenden Vorschriften in den Verfassungen der Bundesländer) ein allgemeiner Anspruch der Verfahrensbeteiligten auf ein faires Verfahren gewährleistet. Als Ausfluss hiervon ist allgemein ein verfassungsrechtlich geschütztes **Recht auf Information** über den Verfahrensstoff sowie auf Einsicht in die Verfahrensakten anerkannt.[1] § 13 trägt diesem Gesichtspunkt Rechnung und trifft eine Regelung für die Einsicht in die Akten sowie auf Erteilung von Ausfertigungen, Auszügen und Abschriften. Die Vorschrift ersetzt den bisherigen § 34 FGG. 1

Da das Recht auf Gehör, das den Beteiligten die effektive Mitwirkung bei der Wahrheitsfindung des Gerichts ermöglichen soll, nicht eng und formal zu interpretieren ist, sieht **Abs. 1** im Grundsatz ein uneingeschränktes Akteneinsichtsrecht der Verfahrensbeteiligten vor; diese sollen sich in jedem Stadium des Verfahrens stets über den gesamten Akteninhalt unterrichten können. Das Recht besteht für alle an einem anhängigen Verfahren Beteiligten[2] unabhängig von der Glaubhaftmachung eines berechtigten Interesses.[3] Eine Einschränkung des Rechts auf Akteneinsicht besteht im Einzelfall dann, wenn schwerwiegende Interessen eines Beteiligten oder eines Dritten der Einsichtnahme in die Verfahrensakten entgegenstehen. 2

Allerdings gewährt Art. 103 Abs. 1 GG kein isoliertes Recht Dritter auf Verfahrensinformationen. Entsprechend beschränkt **Abs. 2** das Einsichtsrecht für die Personen, die an dem Verfahren nicht beteiligt sind. Diesen ist nur Einsicht in die Verfahrensakten zu gewähren, wenn und soweit sie ein berechtigtes Interesse glaubhaft machen und schutz- 3

---

[1] BVerfGE 101, 404 = FGPrax 2000, 103; BVerfGE 63, 45/50 = NJW 1983, 1043; Jarass/Pieroth Art. 103 GG Rn 11 (Recht auf Information) und Rn 15 (Akteneinsichtsrecht); Maunz/Dürig/Schmidt-Aßmann Art. 103 Abs. 1 Rn 74 (Recht auf Akteneinsicht) und Rn 9 (Recht auf faires Verfahren); von Münch/Kunig Art. 103 Rn 15 „Akteneinsicht"; Musielak/Huber § 299 ZPO Rn 1; Stein/Jonas/Leipold § 299 ZPO Rn 1; s. a. BVerfGE 89, 120/129 = NJW 1994, 1590, mit dieser Entscheidung hat das BVerfG den Anwendungsbereich des Art. 103 Abs. 1 GG auf das Verfahren vor dem Richter begrenzt, da gegen Entscheidungen des Rechtspflegers eine richterliche Kontrolle geboten ist (§§ 55, 62 FGG; Art. 19 Abs. 4 GG). Im Ergebnis macht es aber keinen Unterschied, ob der speziellere Art. 103 Abs. 1 GG oder das allgemeine Recht auf faires Verfahren maßgebend ist.

[2] Einsichtnahmerechte können über den gesetzlich geregelten Umfang hinaus direkt aus Art. 103 Abs. 1 GG folgen; vgl. Maunz/Dürig/Schmidt-Aßmann Art. 103 Abs. 1 GG Rn 74; im Ergebnis auch OLG Düsseldorf FamRZ 1997, 1361 (Akteneinsicht für den Betreuten als Beteiligten).

[3] BT-Drs. 16/6308 S. 181.

würdige Interessen eines Beteiligten oder eines Dritten nicht entgegenstehen. Insoweit hat das Gericht im Rahmen des pflichtgemäßen Ermessens unter Beachtung des Verhältnismäßigkeitsgrundsatzes die gegensätzlichen Schutzgüter zu beachten, insbesondere das Recht des durch die Akteneinsicht Betroffenen auf **informationelle Selbstbestimmung** als Bestandteil des allgemeinen Persönlichkeitsrechts (Art. 2 Abs. 1, Art. 1 Abs. 1 GG) und der Schutz privater und öffentlicher Geheimnisse. **Abs. 2 S. 2** konkretisiert und ergänzt § 1758 BGB und dient dem Schutz des Adoptionsgeheimnisses.

4 **Abs. 3** übernimmt inhaltlich die Regelung aus § 34 Abs. 1 S. 2 FGG bzw. § 78 Abs. 2 2. Halbs. FGG und erweitert das Akteneinsichtsrecht auf die Erteilung von Ausfertigungen, Auszügen und Abschriften.[4] Zudem wird den Berechtigten die Möglichkeit gegeben, eine Beglaubigung der Abschriften durch die Geschäftsstelle zu verlangen (Abs. 3 S. 2). **Abs. 4** räumt dem Gericht die Möglichkeit ein, die Verfahrensakten Rechtsanwälten, Notaren oder beteiligten Behörden zur Einsichtnahme in den Amts- oder Geschäftsräumen zu überlassen. Um unnötige Zwischenstreitigkeiten zu vermeiden,[5] schließt das Gesetz insoweit ausdrücklich eine Anfechtung der Ermessensentscheidung des Gerichts aus (Abs. 4 S. 2). In **Abs. 5** werden Bestimmungen zur Akteneinsicht bei elektronischer Aktenführung getroffen. Es wird auf die Regelung in § 299 Abs. 3 ZPO verwiesen und zugleich der Kreis der Zugriffsberechtigten um die Notare und beteiligten Behörden erweitert. Durch **Abs. 6** wird ausdrücklich klargestellt, dass keine Einsicht in die der Entscheidung vorangehenden Entwürfe gewährt werden kann. Schließlich trifft **Abs. 7** eine Aussage dazu, wer die Entscheidung über die Akteneinsicht zu treffen hat. Zur Beschleunigung des Verfahrens sieht Abs. 7 2. Alt. vor,[6] dass bei einem Kollegialgericht der Vorsitzende über ein entsprechendes Gesuch entscheidet.

II. Anwendungsbereich

1. Grundsatz

5 § 13 enthält für alle Verfahren in Familiensachen sowie in den Angelegenheiten der freiwilligen Gerichtsbarkeit im Sinne des § 1 eine allgemeine Anordnung über die Einsichtnahme in Gerichtsakten sowie die Erteilung von Abschriften. In **Ehesachen** (§ 121) sowie **Familienstreitsachen** (§ 112) treten nach § 113 Abs. 1 S. 2 anstelle des § 13 die maßgeblichen Vorschriften der ZPO und somit § 299 ZPO. Insoweit können in Ehesachen und Familienstreitsachen die Verfahrensbeteiligten nach § 299 Abs. 1 ZPO während eines laufenden Verfahrens uneingeschränkt Einsicht in die Akten nehmen. Gegen die Verweigerung der Akteneinsicht in diesen Verfahren durch den Urkundsbeamten findet die befristete Erinnerung (§ 573 ZPO) und gegen die Entscheidung des Gericht über die Erinnerung sowie gegen die Entscheidung des Vorsitzenden (vgl. § 299 Abs. 3 ZPO) die sofortige Beschwerde gem. § 567 Abs. 1 ZPO statt. Die Entscheidung über die Akteneinsicht Dritter trifft in Ehesachen und Familienstreitsachen der Vorstand des Gerichts (§ 299 Abs. 2 ZPO). Gleiches gilt für die Akteneinsicht von Beteiligten nach Abschluss des Verfahrens. Die Entscheidung des Gerichtsvorstandes nach § 299 Abs. 2 ZPO ist als Justizverwaltungsakt nach §§ 23 ff. EGGVG anfechtbar.

Zur Übergangsvorschrift siehe die Erläuterungen zu Art. 111.

6 Für **Behörden**, die landesrechtlich anstelle der Gerichte für die in § 1 genannten Angelegenheiten zuständig sind (§ 488 Abs. 1) gilt ebenfalls § 13. In den landesgesetzlich geregelten Angelegenheiten der freiwilligen Gerichtsbarkeit kann der Landesgesetzgeber die entsprechende Geltung des FamFG und somit des § 13 vorschreiben. Zu den Einzelheiten siehe die Ausführungen bei § 486.

2. Verhältnis zu anderen Vorschriften

7 § 13 geht als bereichsspezifische Regelung den Vorschriften der **Datenschutzgesetze** des Bundes und der Länder vor. Diese erfassen personenbezogene Daten von natürlichen Per-

---
[4] BT-Drs. 16/6308 S. 182.
[5] BT-Drs. 16/6308 S. 182.
[6] BT-Drs. 16/6308 S. 182.

sonen, die in elektronischen Dateien oder in Akten gesammelt sind.[7] Doch treten die Regeln der Datenschutzgesetze nach dem Subsidiaritätsprinzip (§ 1 Abs. 3 BDSG sowie den entsprechende Bestimmungen in den Datenschutzgesetzen der Bundesländer, z. B. § 2 Abs. 3 DSG NRW) bei Kollision mit bereichsspezifischen Regeln in besonderen Vorschriften zurück, soweit eine Tatbestandskongruenz besteht.[8] Eine Regelung dieser Art ist § 13, da er für die Einsicht in Gerichtsakten in FamFG-Verfahren (§ 1) sowie für Erteilung von Ausfertigungen, Auszüge und Abschriften aus ihnen bestimmte Voraussetzungen festlegt. Auch für die in § 13 nicht ausdrücklich geregelte Erteilung von Auskünften aus den Gerichtsakten sind nicht auf die Bestimmungen der Datenschutzgesetze zurückzugreifen. Vielmehr gelten nach dem Sinn und Zweck des § 13 hierfür die gleichen Voraussetzungen wie für die ausdrücklich geregelte Akteneinsicht und Erteilung von Ausfertigungen, Auszüge und Abschriften (s. Rn 61). Dagegen unterliegen die in den Berichten der Jugendämter enthaltenen personenbezogenen Daten den datenschutzrechtlichen Bestimmungen des SGB. Die Übermittlung personenbezogener Daten von Amts wegen durch die Familiengerichte und die Gerichte der freiwilligen Gerichtsbarkeit (§ 15 EGGVG) an öffentliche Stellen des Bundes oder eines Landes für andere Zwecke als die des Verfahrens ist in §§ 12 ff. EGGVG geregelt.

3. Sondervorschriften

a) **Allgemeines.** § 13 wird teilweise ergänzt und verdrängt durch spezialgesetzliche Einzelregelungen im FamFG über die Ausgestaltung des Akteneinsichtsrechts im Einzelfall (z. B. § 76 Abs. 1 FamFG i. V. m. § 117 Abs. 2 S. 2 ZPO für die Einsicht in Verfahrenskostenhilfeunterlagen; §§ 357, 366 Abs. 3, 368 Abs. 2 für Nachlass- und Teilungssachen; §§ 385, 386, 387 Abs. 2 S. 1 i. V. m. § 374 für Registersachen; §§ 459 Abs. 2, 464, 477, 482 Abs. 2, 483 für Aufgebotssachen), in anderen Verfahrensgesetzen (z. B. §§ 12, 133 GBO i. V. m. §§ 43 ff. GBVfg für Grundbuchsachen; § 62 PStG[9] i. V. m. §§ 53 ff. PStV für Personenstandssachen), im BGB (z. B. §§ 79, 1563, 1953 Abs. 3 S. 2, 1957 Abs. 2 S. 1, 2010, 2081 Abs. 2, S. 2, 2146 Abs. 2, 2228, 2384 Abs. 2) und anderen Gesetzen (z. B. § 9 HGB; § 156 GenG) mit unterschiedlichen, teils strengeren Voraussetzungen. Zudem enthält das FamFG für bestimmte Verfahren Regelungen über Mitteilungspflichten, so beispielsweise in § 22a in allen Verfahren gegenüber dem Familien- und Betreuungsgericht, in den §§ 168 Abs. 3 S. 1, 168a in Kindschaftssachen, in den §§ 176 Abs. 2 S. 1, 194 Abs. 2 S. 1, 195 Abs. 2 S. 1 in Adoptionssachen, in § 205 Abs. 2 S. 1 in Ehewohnungs- und Haushaltssachen, in den §§ 213 Abs. 2 S. 1, 216a in Gewaltschutzsachen, in den §§ 308 bis 311, 338 in Betreuungssachen, in den §§ 347, 356 in Nachlasssachen, in den §§ 379, 400 in Registersachen und in § 431 in Freiheitsentziehungssachen.

b) **Verfahrenskostenhilfeakten.** Soweit ein Beteiligter um die Gewährung von Verfahrenskostenhilfe nachsucht, erstreckt sich das Akteneinsichtsrecht der übrigen Beteiligten oder eines Dritten nicht auf die eingereichte Erklärung über die persönlichen und wirtschaftlichen Verhältnisse. Insoweit überwiegt das schutzwürdige Interesse des Antragstellers.[10] Die Erklärung und die Belege dürfen nur mit Zustimmung des antragstellenden Beteiligten zugänglich gemacht werden (§ 76 Abs. 1 FamFG i. V. m. § 117 Abs. 2 S. 2 ZPO).

c) **Verbundverfahren.** Für die im Verbund (§ 137) behandelten Folgesachen ist die Bekanntmachung von Schriftsätzen und Entscheidungen gemäß § 139 Abs. 1 eingeschränkt; außerdem ist § 299 ZPO für die Akteneinsicht und Abschriftenerteilung heranzuziehen.[11] Das bedeutet, die Beteiligten können gemäß § 299 Abs. 1 ZPO die Akten einsehen. Der Behördenleiter kann Personen, die nicht oder nicht mehr Beteiligte sind,

---

[7] Vgl. Wagner ZZP 108 (1995), 193/195 („personenbezogen" sind auch Daten aus der beruflich-geschäftlichen Sphäre). Juristische Personen und Personenmehrheiten werden nicht durch das BDSG, sondern durch verfassungsrechtliche Gewährleistung geschützt.
[8] Vgl. BGH VersR 1988, 38; Mihm NJW 1998, 1591/1592 m. w. N.; Prütting ZZP 106 (1993), 427/456; Wagner ZZP 108 (1995), 193/196.
[9] Zum rechtlichen Interesse auf Einsicht in die Personenstandsbücher OLG München NJW 2005, 1667 = FamRZ 2006, 61.
[10] BVerfG NJW 1991, 2078; BGH NJW 1984, 740; MünchKommZPO/Prütting § 299 Rn 5.
[11] Vgl. Brüggemann FamRZ 1977, 1/20; Diederichsen NJW 1977, 649/656.

gemäß § 299 Abs. 2 ZPO Akteneinsicht gewähren. Hierfür ist – abweichend von § 13 Abs. 1 – nicht nur ein „berechtigtes", sondern ein **„rechtliches" Interesse** glaubhaft zu machen. Die Entscheidung wird nicht in richterlicher Unabhängigkeit getroffen, sondern ist nach § 299 Abs. 2 ZPO Angelegenheit der Justizverwaltung mit der Folge, dass sich die Anfechtung wegen Versagung der Akteneinsicht nach § 23 Abs. 1 S. 1 EGGVG richtet.

11   **d) Nachlass- und Teilungssachen.** In Nachlasssachen gewährt § 357, der den früheren § 2264 BGB ersetzt, für bestimmte Aktenstücke bei Vorliegen eines glaubhaft gemachtem (§ 31) **rechtlichen Interesses** ein Recht auf Einsicht in eine eröffnete Verfügung von Todes wegen (§ 357 Abs. 1) und auf Erteilung einer Ausfertigung des Erbscheins (§ 357 Abs. 2). Das Gleiche gilt für die nach § 354 erteilten gerichtlichen Zeugnisse sowie für die Beschlüsse, die sich auf die Ernennung oder die Entlassung eines Testamentsvollstreckers beziehen. Diese Vorschriften sind einerseits enger als § 13, da ein berechtigtes Interesse nicht genügt und andererseits weiter insofern, als für ein Ermessen des Richters (Rechtspflegers), ob Einsicht gewährt werden soll, kein Raum mehr ist.

12   Neben § 357 findet für die Gestattung der Einsicht in Nachlassakten auch die allgemeine Regel des § 13 Abs. 1 mit dem grundsätzlichen Akteneinsichtsrecht für Verfahrensbeteiligte und § 13 Abs. 2 für die Einsicht eines Dritten mit der Voraussetzung eines berechtigten Interesses Anwendung.[12] Ein Recht nur auf Akteneinsicht gleichfalls ohne gerichtliches Ermessen besteht gemäß §§ 1953 Abs. 3, S. 2, 1957 Abs. 2 S. 2 BGB (Ausschlagungserklärung und Anfechtung), § 2010 BGB (Inventar), § 2081 Abs. 2 S. 2 BGB (Anfechtungserklärung einer letztwilligen Verfügung, § 2146 Abs. 2 BGB (Anzeige des Vorerben gegenüber Nachlassgläubigern), § 2228 BGB (Einsicht in die nach §§ 2198 Abs. 1 S. 2, 2199 Abs. 3, 2202 Abs. 2, 2226 S. 2 BGB abgegebenen Erklärungen), 2384 Abs. 2 BGB (Anzeige des Erbschaftskauf), sofern die – im Verhältnis zu § 13 strengere – Voraussetzung eines „rechtlichen" Interesses an der Akteneinsicht glaubhaft gemacht ist.

13   Daneben erfasst § 13 alle Fälle – mit Ausnahme des in § 357 Abs. 2 ausdrücklich geregelten Falls der Erteilung einer Ausfertigung eines Erbscheins – soweit die Erteilung von Abschriften in Betracht kommt. Er gilt aber auch allgemein; daher darf der Richter (Rechtspfleger) bei Glaubhaftmachung eines bloß berechtigten Interesses Einsicht gewähren.[13] In ein eröffnetes, aber noch nicht den Beteiligten verkündetes (s. § 2260 BGB) Testament kann gemäß § 13 Abs. 2 Einsicht gewährt werden. Dagegen besitzt zu seinen Lebzeiten ausschließlich der Erblasser das Recht auf Einsichtnahme in ein Testament, das noch nicht eröffnet ist und sich noch in besonderer amtlicher Verwahrung befindet (§ 34 Abs. 1 BeurkG, §§ 2248, 2249 Abs. 1, 2258 a, b BGB); gleiches gilt für die Erteilung einer Abschrift.

14   § 357 Abs. 1 ist nicht auf Erbverträge anwendbar. Der neben § 357 Abs. 1 anwendbare § 13 gewährt jedoch Einsicht in Akten, so dass nach Eröffnung – bei berechtigtem Interesse – auch Einsichtnahme in einen bei den Akten befindlichen Erbvertrag sowie in ein Eröffnungsprotokoll gestattet werden kann. In einen Erbvertrag, der sich in amtlicher Verwahrung befindet, kann jede Vertragspartei Einsicht verlangen; insoweit wird § 13 durch § 51 BeurkG verdrängt.

15   Ein Beteiligter, der im Termin zur Bestätigung einer außergerichtlichen Auseinandersetzungsvereinbarung oder eines Auseinandersetzungsplans nicht erschienen ist, hat ein Recht auf Abschrift der über vorbereitende Maßregeln oder über die Auseinandersetzung aufgenommenen Urkunde (§§ 366 Abs. 3, 368 Abs. 2). Ein Recht auf Erteilung von Ausfertigungen eines Erbscheins, Testamentsvollstreckerzeugnisses und weiterer dort aufgeführter Urkunden folgt aus § 357 Abs. 2 bei Glaubhaftmachung eines **rechtlichen Interesses**.[14]

16   **e) Registersachen.** § 13 findet für die Einsicht in Register und für die Abschriftenerteilung aus diesen keine Anwendung, wie § 385 ausdrücklich klarstellt. Insoweit bestehen vorrangige Sonderbestimmungen (für das Gebrauchsmusterregister: § 8 Abs. 5 GebrauchsMG; für das Genossenschaftsregister: § 156 GenG i. V. m. § 9 HGB, § 1 GenRegV i. V. m.

---

[12] BayObLG FGPrax 1997, 32; KG Beschl. v. 18. 1. 2011 1 W 340/10 = BeckRS 2011, 03422; FamRZ 2011, 920; FGPrax 2006, 122; OLG Bremen ZEV 1999, 322; OLG Frankfurt FGPrax 2000, 67; OLG Hamm NJW-RR 2011, 87 = FamRZ 2011, 143; OLG Schleswig OLGR 1999, 109.
[13] BayObLGZ 1954, 310/313.
[14] KG Rpfleger 1978, 140.

§§ 10, 29, 30, 30 a, 31 HRV; für das Geschmacksmusterregister: § 22 GeschmacksMG; für das Güterrechtsregister: § 1563 BGB; für das Handelsregister: § 9 HGB, §§ 10, 29, 30, 30 a, 31 HRV; für das Luftfahrzeugpfandregister: § 85 LuftFzgG, §§ 14, 15 LuftRegV; für das Partnerschaftsregister § 5 Abs. 2 PartGG i. V. m. § 9 HGB, § 1 Abs. 1 PRV i. V. m. §§ 10, 29, 30, 30 a, 31 HRV; für das Schiffsregister und Schiffsbauregister: §§ 8, 65 Abs. 2 SchRegO, §§ 64–68 SchRegDV, § 93 SchRegO i. V. m. § 133 GBO; für das Vereinsregister: § 79 BGB, §§ 16, 127, 31, 32 VRV).[15]

Nach diesen Vorschriften sind die betreffenden Register öffentlich; die Einsicht ist abweichend von § 13 jedermann **ohne Nachweis eines Interesses** gestattet.[16] Das unbeschränkte Recht auf Einsicht umfasst – abgesehen von missbräuchlicher Inanspruchnahme – auch die Durchsicht großer Teile oder des ganzen Registers, einschließlich der zu den Registerakten gereichten Schriftstücke sowie Unterlagen.[17] In gleichem Umfang besteht ein Recht auf Abschriften. Entsprechendes gilt für die Einsicht der zum Handels- und zum Genossenschaftsregister eingereichten Schriftstücke;[18] die Abschriftenerteilung von diesen ist aber an die Glaubhaftmachung eines berechtigten Interesses geknüpft. Soweit das Registergericht noch andere Akten führt, bemisst sich die Akteneinsicht und Abschriftenerteilung nach § 13 FamFG. Nach § 29 Abs. 2 HRV kann ein Antrag auf Entscheidung des Richters gestellt werden.

f) Grundbuchverfahren. Im Grundbuchverfahren wird § 13 durch §§ 12, 12 a, 12 b, 12 c GBO und §§ 43 bis 46 GBVfg verdrängt.[19] Gemäß § 12 GBO ist jedem die Einsicht in das Grundbuch gestattet, wenn er ein **berechtigtes Interesse** darlegt. Ein solches Interesse besteht, wenn ein Recht am Grundstück oder an einem Grundstücksrecht geltend gemacht wird. Aber auch ein tatsächliches, insbesondere wirtschaftliches oder ein öffentliches Interesse genügt.[20] §§ 132, 133 GBO enthalten die Voraussetzungen für das elektronische Abrufverfahren für Notare und andere Anwender, die ein berechtigtes Interesse haben, in die elektronisch geführten Grundbücher Einsicht zu nehmen.

g) Personenstandssachen. Das Recht, die Personenstandsregister zu benutzen (vgl. § 61 PStG), ergibt sich aus § 62 PStG. Diese Vorschrift geht dem § 13 FamFG vor. Zur Benutzung gehören Auskunft und Einsicht in einen Registereintrag sowie die Durchsicht mehrerer Registereinträge und die Erteilung von Personenstandsurkunden (§ 61 Abs. 1 S. 2 PStG). Das Recht auf Einsicht und Auskunft bezieht sich ausdrücklich auch auf die Sammelakten (§ 61 Abs. 1 S. 2, 2. Halbs. PStG).[21] Berechtigt zur Benutzung des Personenstandsregisters sind die Personen, auf die sich der Registereintrag bezieht, sowie deren Ehegatten, Lebenspartner, Vorfahren oder Abkömmlinge (§ 62 Abs. 1 S. 1 PStG). Andere Personen haben gemäß §§ 62 Abs. 2, Abs. 1 S. 2 PStG dieses „Recht", sofern sie ein **„rechtliches Interesse"** glaubhaft machen. Bejaht das Gericht diese Voraussetzung, so ist – abweichend von § 13 FamFG – kein Raum für eine Ermessensausübung.[22] Für Geschwister des Kindes oder des Verstorbenen reicht bezüglich der Einsicht in das Geburten- oder Sterberegister das **berechtigte Interesse** aus (§ 62 Abs. 1 S. 2 PStG). Ein **gewerblich tätiger Erbenermittler** bedarf für die Einsichtnahme einer Vollmacht von einem Miterben, Nachlassgericht oder Nachlasspfleger.[23] Grundsätzlich besteht auch kein rechtliches Interesse an der Einsicht in den Registereintrag und die Sammelakten bei einem privaten Forschungsinteresse.[24]

---

[15] S. dazu Krafka/Willer/Kühn Rn 48, 1864, 2117, 2119, 2345, 2350.
[16] BGH NJW 1989, 2818 (Mikrofilmung); OLG Hamm NJW-RR 1991, 1256; OLG Köln NJW-RR 1991, 1255; Baumbach/Hopt § 9 HGB Rn 1; HK-HGB/Ruß § 9 Rn 1.
[17] OLG Hamm FGPrax 2007, 34.
[18] Für die Vereinsregisterakten gilt dies nur für die vom Verein eingereichten Urkunden (§ 79 S. 1 BGB). Für die Einsicht in die nicht unter § 9 HGB fallenden Schriftstücke gilt § 13, Baumbach/Hopt § 9 Rn 1.
[19] BayObLG MittBayNot 1993, 210; KG DNotZ 1997, 734; OLG Düsseldorf FGPrax 1997, 90; Demharter § 12 Rn 6, 13.
[20] Siehe dazu Demharter § 12 Rn 7 m. w. N.
[21] A. A. OLG Hamm NJW-RR 2008, 82 für § 61 PStG a. F.
[22] BayObLG NJW-RR 1999, 661.
[23] OLG Frankfurt Rpfleger 2000, 161; LG Berlin FamRZ 2000, 1125.
[24] BayObLG NJW-RR 1999, 661 (Musiklexikon, Einsicht in Sterbebuch); LG Frankenthal NJW 1985, 2529 (wiss. Forschungsvorhaben, Einsicht in Heirats- und Geburtenbücher).

20 **h) Notariatsakten; notarielle Urkunden.** Über das Recht auf Einsicht in Notariatsakten und notarielle Urkunden sowie das Recht auf Erteilung von Ausfertigungen oder von beglaubigten Abschriften trifft § 51 BeurkG nähere Bestimmungen.[25] Der Anspruch ist öffentlich-rechtlicher Natur. Ein Zurückgreifen auf § 13 ist nicht zulässig, auch nicht subsidiär. Die Pflicht des Notars zur Erteilung von Urkundenabschriften (§ 51 BeurkG) geht seiner Verschwiegenheitspflicht (§ 18 BNotO) vor.[26] Str. ist, ob ein Recht auf Einsicht in die notariellen Nebenakten (vgl. § 21 DONot) besteht.[27]

III. Akteneinsicht für Verfahrensbeteiligte (Abs. 1)

1. Grundsatz

21 § 13 Abs. 1 gewährt den Beteiligten **grundsätzlich ein Recht auf Akteneinsicht.** Dieses Recht bezieht sich auf alle schriftlichen Unterlagen, die zu dem vom Gericht im Rahmen des konkreten Verfahrens zu würdigenden Verfahrensstoff gehören. Dazu gehören auch die von dem Gericht im Rahmen der Amtsermittlungen beigezogenen Beiakten (vgl. dazu Rn 48–52). Zudem besteht für die Beteiligten ein uneingeschränkter Anspruch an der Erteilung von Ausfertigungen, Auszügen und Abschriften (s. Abs. 3). Wer **Beteiligter** im Sinne dieser Vorschrift ist, bestimmt sich nach § 7 bzw. den entsprechenden Sonderregelungen (siehe dazu § 7 Rn 35 ff.). Beteiligter i. S. d. Abs. 1 sind somit stets der Antragsteller im Antragsverfahren (vgl. § 7 Abs. 1) sowie die Muss-Beteiligten (vgl. § 7 Abs. 2). Gleiches gilt für die von dem verfahrensführenden Gericht hinzugezogenen Kann-Beteiligten (vgl. § 7 Abs. 3). Da Abs. 1 nicht zwischen einem laufenden sowie einem bereits abgeschlossenen Verfahren unterscheidet, haben die früheren Verfahrensbeteiligten nach Abschluss des Verfahrens in gleichem Umfang ein Recht auf Akteneinsicht wie während des laufenden Verfahrens.[28]

22 Für die Gewährung der Akteneinsicht bedarf es **keiner Darlegung** bzw. **Glaubhaftmachung eines rechtlichen Interesses.** Dem Gericht steht bei seiner Entscheidung über die Akteneinsicht eines Verfahrensbeteiligten kein Ermessen zu.[29] Gleiches gilt für das Einsichtsrecht des Verfahrensbevollmächtigten eines Beteiligten.

2. Entgegenstehendes schwerwiegendes Interesse

23 Bei schwerwiegenden entgegenstehenden Interessen eines Beteiligten oder eines Dritten kann ausnahmsweise die Einsicht in die Akten versagt werden (Abs. 1 2. Halbs.). Zur Verweigerung der Akteneinsicht genügt nicht jedes Interesse aus der Privatsphäre oder aus dem Vermögensbereich eines Beteiligten. Vielmehr müssen im konkreten Einzelfall **besondere Umstände** vorliegen, welche die Geheimhaltung ausnahmsweise notwendig erscheinen lassen.[30] Diese können in der Intimsphäre des Betroffenen liegen; so können entgegenstehende schwerwiegende Interessen bei bei einem psychiatrischen Gutachten gegeben sein, wenn mit der Akteneinsicht erhebliche Gefahren für den betroffenen Beteiligten verbunden sind. Auch in Fällen häuslicher Gewalt kann – z. B. zur Geheimhaltung des aktuellen Aufenthaltsortes des Gewaltbetroffenen – eine Akteneinsicht nicht oder nur eingeschränkt zu gewähren sein. Weiterhin kommt eine Beschränkung der Einsichtsmöglichkeit in Betracht, wenn das Wohl eines Kindes in erheblichem Umfange gefährdet ist[31] oder wenn eine Behörde ein besonderes öffentliches Interesse besitzt, Informationsquellen nicht offen legen zu müssen.[32]

24 Da der Anspruch auf rechtliches Gehör (Art. 103 Abs. 1 GG) einschränkungslos gewährleistet ist, kommt eine **Beschränkung der Akteneinsicht** eines Verfahrensbeteiligten aus datenschutzrechtlichen Erwägungen nicht in Betracht. Insbesondere dürfen nicht die Namen von Zeugen, Auskunftspersonen, deren Aussagen vom Gericht verwertet werden

---

[25] S. hierzu Schippel/Bracker/Kanzleiter § 18 Rn 8.
[26] OLG Karlsruhe BWNotZ 2008, 35.
[27] Zum Meinungstand siehe Huhn/von Schuckmann/Preuß § 51 Rn 6.
[28] MünchKommZPO/Pabst § 13 FamFG Rn 5.
[29] BVerfGE 18, 399/405; BayObLGZ 1956, 114; KG NJW 1954, 1410; OLG Frankfurt FamRZ 1954, 73; OLG Hamm MDR 1954, 427; Maunz/Dürig/Schmidt-Aßmann Art. 103 Abs. 1 Rn 74.
[30] BayObLGZ 1956, 114; LG Berlin FamRZ 1971, 474.
[31] OLG Köln FamRZ 1998, 307; OLG Stuttgart FamRZ 1985, 525.
[32] Prütting/Helms/Jennissen § 13 Rn 20.

sollen, den Beteiligten vorenthalten werden. Ein Akteninhalt, der ausnahmsweise vor einem Beteiligten geheimzuhalten ist, darf bei einer gerichtlichen Entscheidung nicht zu dessen Nachteil verwertet werden.[33]

Verbietet das Interesse der Öffentlichkeit oder einer Person ausnahmsweise die Gewährung einer vollständigen oder teilweisen Akteneinsicht an einen Beteiligten, so ist dem Beteiligten, soweit die Kenntnis des Akteninhalts zur sachentsprechenden Rechtsverfolgung oder Rechtsverteidigung erforderlich ist, auf andere geeignete Weise, etwa durch Auszüge oder eine schriftliche bzw. mündliche Zusammenfassung,[34] **Kenntnis von dem Akteninhalt** zu geben.[35] Kann auf diese Weise das rechtliche Gehör nicht hinreichend gewährt werden, dürfen die Erkenntnisse aus den betroffenen Unterlagen nicht zur Grundlage der Entscheidung gemacht werden.

IV. Akteneinsicht für Dritte (Abs. 2)

1. Grundsatz

Personen, die nicht an dem Verfahren beteiligt sind, kann das Gericht nach Abs. 2 Einsicht in die Akten gewähren. Dazu gehören auch Kann-Beteiligte, die das Gericht nicht hinzugezogen oder deren Hinzuziehung das Gericht abgelehnt hat (vgl. § 7 Abs. 5). Es bedarf der Glaubhaftmachung eines **berechtigten Interesses** durch den Gesuchsteller. Zudem dürfen **schutzwürdige Interessen** eines **Beteiligten** oder eines **Dritten nicht entgegenstehen**. Die gleichen Voraussetzungen gelten für die Erteilung von Ausfertigungen, Auszügen und Abschriften sowie für die Erteilung von Auskünften aus den Akten. Abs. 2 findet auch Anwendung auf die Erteilung von Entscheidungsabschriften an einen Sachverständigen.[36]

Willigen die Beteiligten in die Einsichtnahme in die Verfahrensakten durch einen Dritten ein, so bedarf es keiner Glaubhaftmachung eines berechtigten Interesses. Indes besteht auch in diesem Falle kein Anspruch auf Akteneinsicht. Vielmehr ist die Einsicht nach pflichtgemäßem Ermessen zu gewähren,[37] sofern nicht schutzwürdige Interessen eines Dritten entgegenstehen.

Abs. 2 erfasst nicht die Mitteilung und **Veröffentlichung von Gerichtsentscheidungen**. Dies zählt zu den Aufgaben der rechtsprechenden Gewalt. Insoweit sind die Gerichte verpflichtet, Entscheidungen, an denen ein allgemeines Interesse besteht, in anonymisierter Form auf Antrag zur Veröffentlichung zur Verfügung zu stellen.[38] Eine Herausgabe von Entscheidungen an Dritte zu anderen Zwecken kann nach pflichtgemäßem Ermessen erfolgen, sofern ein berechtigtes Interesse glaubhaft gemacht wird.[39]

2. Berechtigtes Interesse

Der Begriff des berechtigten Interesses ist in § 13 nicht näher bestimmt; er lässt sich aber daraus ableiten, dass das Gesetz allgemein zwischen subjektiven Rechten (§ 59 Abs. 1), rechtlichen Interessen (§§ 357 FamFG, 299 Abs. 2 ZPO, 62 PStG) und berechtigten Interessen (§§ 13 Abs. 2 FamFG, 121 GBO) unterscheidet. Nach allgemeinem Verständnis ist der Begriff des rechtlichen Interesses weiter als der des (subjektiven) Rechts, aber enger als der des berechtigten Interesses.[40] Ein **rechtliches Interesse**, das sich auf ein bereits vorhandenes Recht stützen muss, ist regelmäßig dann gegeben, wenn die erstrebte Kenntnis von dem Inhalt der Akten zur Verfolgung von Rechten oder zur Abwehr von Ansprüchen erforderlich ist.[41]

---

[33] OLG Stuttgart OLGZ 1974, 362/364 (zur Behandlung vertraulicher Aktenstücke).
[34] S. a. OLG Hamm MDR 1954, 427 (Verfahren nach § 1666 BGB).
[35] BayObLGZ 1956, 114; OLG Hamm MDR 1954, 427.
[36] Jessnitzer Rpfleger 1974, 423/424.
[37] MünchKommZPO/Prütting § 299 Rn 27.
[38] Vgl. BVerwG NJW 1997, 2694.
[39] S. dazu im Einzelnen Hirte NJW 1988, 1698; Stein/Jonas/Leipold § 299 Rn 53; Zöller/Greger § 299 Rn 7.
[40] BGH NJW-RR 1994, 381.
[41] BayObLG NJW-RR 1999, 661; nach KG NJW 1988, 1738 genügt nicht das Interesse eines Dritten, durch Akteneinsicht Tatsachen zu erfahren, die es ihm erleichtern, einen Anspruch geltend zu machen, der in keinem rechtlichen Bezug zum Verfahrensgegenstand steht.

30 Demgegenüber muss sich das in Abs. 2 S. 1 vorausgesetzte **berechtigte Interesse** nicht auf ein bereits vorhandenes Recht oder auf den Verfahrensgegenstand stützen; es genügt vielmehr jedes vernünftigerweise gerechtfertigte Interesse tatsächliche, wirtschaftliche oder wissenschaftlicher Art.[42] Es ist insbesondere dann gegeben, wenn ein künftiges Verhalten des Antragstellers durch die Kenntnis vom Akteninhalt beeinflusst sein kann.[43] Ein berechtigtes Interesse wird grundsätzlich nicht durch den Verfahrensgegenstand begrenzt,[44] in dessen Akten Einsicht begehrt wird. Das berechtigte Interesse, Einsicht in die Gerichtsakten zu nehmen, kann nicht bereits deshalb verneint werden, weil derjenige, der Akteneinsicht begehrt, in dem konkreten Verfahren nicht beschwerdeberechtigt ist.[45] Auch das Interesse an der Strafverfolgung kann genügen. Kein berechtigtes Interesse liegt z. B. vor, wenn der Antragsteller sich wegen möglicher späterer Erbansprüche durch die Einsicht in Betreuungsakten über die finanziellen Verhältnisse des Betreuten informieren möchte, da der Erblasser zu Lebzeiten grundsätzlich frei über sein Vermögen verfügen kann.[46] Ein berechtigtes Interesse setzt nicht voraus, dass die Einsicht in die Akten notwendig ist, um die gewünschten Erkenntnisse zu erhalten;[47] indes ist die Möglichkeit anderweitiger Informationserlangung im Rahmen der zu treffenden Ermessensentscheidung zu berücksichtigen.[48] Befindet sich der Antragsteller bereits im Besitz erbetener Informationen und ist nicht ersichtlich, dass die Einsicht zu weiteren Erkenntnissen führen könnte, fehlt insoweit das berechtigte Interesse.[49]

31 Im Einzelfall kann auch ein **öffentlich-rechtliches Interesse** in Betracht kommen, so bei beteiligten Kirchen- und Schulbehörden, Trägern der Sozialhilfe, der Rentenversicherung. Nicht berechtigt ist ein Interesse, wenn es lediglich auf die Ermittlung einzelner, in der Akte möglicherweise enthaltener Fakten gerichtet ist.[50] Insbesondere besteht kein verfassungsrechtlicher Anspruch aus Art. 5 Abs. 3 GG auf Akteneinsicht zu Forschungszwecken.[51]

3. Glaubhaftmachung

32 Abs. 2 S. 1 verlangt nicht nur Darlegung des berechtigten Interesses, wie z. B. § 12 GBO, sondern auch dessen **Glaubhaftmachung.** Der Antragsteller muss Umstände glaubhaft machen, aus denen sich erfahrungsgemäß nach dem gewöhnlichen Lauf der Dinge ein berechtigtes Interesse ergibt; der Amtsermittlungsgrundsatz (§ 26) gilt insoweit nicht. Die bloße Möglichkeit, dass ein Missbrauch des Rechtes zur Akteneinsicht beabsichtigt ist, macht das berechtigte Interesse, das sich sonst aus den Tatsachen ergibt, nicht unglaubhaft. Für die Glaubhaftmachung reicht anstelle des Vollbeweises eine Wahrscheinlichkeitsfeststellung. Hierbei kann sich der Antragsteller aller präsenten Beweismittel bedienen. Zu den näheren Einzelheiten über Form und Mittel der Glaubhaftmachung s. die Erläuterungen zu § 31.

4. Entgegenstehende schutzwürdige Interessen

33 Bei der Entscheidung über die Gewährung von Akteneinsicht oder der Erteilung von Abschriften etc. ist auch das **Recht auf informationelle Selbstbestimmung** als Bestandteil des allgemeinen Persönlichkeitsrechts (Art. 2 Abs. 1, Art. 1 Abs. 1 GG),[52] das die Befugnis eines Verfahrensbeteiligten und eines Dritten gewährleistet, grundsätzlich selbst über

---

[42] BGH NJW-RR 1994, 381; BayObLG FamRZ 2005, 237; KG Beschl. v. 18. 1. 2011 1 W 340/10 = BeckRS 2011, 03422; FGPrax 2006, 122; OLG Frankfurt NJW-RR 1997, 581; OLG Hamm NJW-RR 2011, 87 = FamRZ 2011, 143; OLG München FGPrax 2007, 227.
[43] BayObLG NJW-RR 1998, 294; FamRZ 1985, 208; KG NJW-RR 2006, 1294.
[44] BayObLG FamRZ 2005, 237; FamRZ 1985, 208; OLG Karlsruhe FamRZ 2010, 1467.
[45] BayObLG FamRZ 1990, 430.
[46] OLG München FGPrax 2007, 227; OLGR 2006, 20.
[47] BayObLG FGPrax 1997, 32; OLG Karlsruhe FamRZ 2010, 1467.
[48] BGH NJW-RR 1994, 381; BayObLG FGPrax 1995, 72.
[49] BayObLG NJW-RR 1998, 294.
[50] OLG Hamm NJW-RR 1997, 1489.
[51] BVerwG NJW 1986, 1277.
[52] BVerfG NJW 1988, 3009; grundlegend BVerfGE 65, 1 = NJW 1984, 419.

die Preisgabe und Verwendung seiner persönlichen Daten zu bestimmen, zu beachten. Ein entgegenstehendes schützwürdiges Interesse ist nicht erforderlich, wenn die betroffene Person der Akteneinsicht durch Dritte zustimmt.

5. Ermessensabwägung

Auch bei dem Vorliegen eines berechtigten Interesses muss noch nicht Akteneinsicht gewährt oder eine Abschrift erteilt werden; vielmehr kann sie gewährt werden. Das Gericht entscheidet hierüber nach seinem **pflichtgemäßen Ermessen**.[53] Es darf sein Ermessen, ob es Akteneinsicht gewährt, erst dann ausüben, wenn es ein berechtigtes Interesse bejaht hat.[54] Abs. 2 S. 1 erfordert eine Abwägung unter Berücksichtigung aller Gegebenheiten des konkreten einzelnen Falles. Insoweit sollte vorab geklärt werden, ob die Verfahrensbeteiligten einwilligen oder an einer Geheimhaltung interessiert sind.[55]

Gegeneinander abzuwägen sind das vom Antragsteller geltend gemachte Informationsbedürfnis mit den schutzwürdigen Interessen der am Verfahren Beteiligten oder eines Dritten. Hierbei hat das Gericht zu prüfen, ob dem Interesse an der Einsicht ein gleich oder höher zu bewertendes Interesse von Verfahrensbeteiligten oder anderen Personen oder ein öffentliches Interesse, (etwa Belange des Jugendamts oder von Auskunftspersonen) an der Geheimhaltung der gesamten Akten oder einzelner Aktenteile entgegensteht.[56]

Schutzwürdige Interessen Beteiligter aus der Persönlichkeits- oder Vermögenssphäre können der beantragten Einsicht entgegenstehen.[57] Zwar muss der Einzelne auch Einschränkungen seines Rechts auf Selbstbestimmung[58] hinnehmen, etwa aus überwiegendem Allgemeininteresse. Zu berücksichtigen ist aber auch, dass die in zahlreichen der in § 1 geregelten Verfahren erforderliche Offenlegung höchstpersönlicher Daten von Verfahrensbeteiligten oft nur in der subjektiven Gewissheit erreicht werden kann, dass die Ausführungen grundsätzlich vertraulich bleiben.

Bei der **Ermessensentscheidung** sind auch gesetzgeberische Wertungen hinsichtlich bestimmter Verfahren zu berücksichtigen, die regelmäßig unter Ausschluss der Öffentlichkeit durchgeführt werden, wie z. B. die Familien- und Kindschaftssachen. Soweit Vorgänge in einer nichtöffentlichen Verhandlung mündlich erörtert wurden, kann für diese in der Regel keine Akteneinsicht stattfinden, so dass diese Teile von der Akteneinsicht ausgenommen werden können.[59] Dagegen rechtfertigt die Tatsache, dass über eine Sache öffentlich verhandelt wurde, für sich allein noch nicht die Akteneinsicht.[60] Bei Einsichtsgesuchen von Personen, die nicht am Verfahren beteiligt sind, darf nicht außer Acht gelassen werden, dass die Verfahren der freiwilligen Gerichtsbarkeit grundsätzlich nicht öffentlich geführt werden.

Die **Interessenabwägung** kann ergeben, dass bestimmte Schriftstücke oder Teile von Akten von der Einsicht ausgenommen werden, oder andere Maßnahmen, z. B. Auszüge, Auskünfte, ausreichen.[61] Die Mitteilung von Entscheidungen mit geschwärzten Namen ist zulässig, sofern auch sonstige individualisierende Merkmale unkenntlich gemacht werden.[62]

6. Einzelfälle

a) Einsichtsrecht. Ein berechtigtes Interesse zur Akteneinsicht kann im Einzelfall für wissenschaftliche Zwecke,[63] zur Vorbereitung eines strafrechtlichen Wiederaufnahmever-

---

[53] BayObLG FamRZ 1974, 44; BayObLGZ 1959, 420/425; OLG Karlsruhe FamRZ 1966, 268; OLG Stuttgart OLGZ 1974, 362.
[54] BayObLG FamRZ 1990, 1124.
[55] BayObLG Rpfleger 1985, 28.
[56] BGH NJW-RR 1994, 381; BayObLG FamRZ 2005, 237; NJW-RR 1998, 294; OLG Frankfurt FGPrax 2005, 154; OLG Hamm FamRZ 2002, 1126.
[57] BayObLG FamRZ 1998, 638.
[58] BVerfGE 65, 1 = NJW 1984, 419.
[59] KG MDR 1976, 583.
[60] Zöller/Greger § 299 Rn 6 b m. w. N.
[61] BayObLG FamRZ 2005, 237.
[62] Bahrenfuss § 13 Rn 5; Hirte NJW 1988, 1698.
[63] Prütting/Helms/Jennissen § 13 Rn 32.

fahrens[64] oder zur Geltendmachung von Amtshaftungsansprüchen[65] bejaht werden. Ein Recht auf Einsicht in **Vormundschaftsakten** kann bestehen für den nach § 60 beschwerdeberechtigten Minderjährigen; für den als Erzeuger in Anspruch Genommenen; für Nachlassgläubiger hinsichtlich bei den Vormundschaftsakten befindlichen Nachlassinventars.[66] Die am Sorgerechtsverfahren beteiligte Mutter hat ein Recht auf Akteneinsicht, welches jedoch die Preisgabe von Namen und Anschrift der Pflegeeltern ausschließen kann, sofern durch die Bekanntgabe der Identität eine Gefährdung des Kindeswohls zu besorgen ist.[67]

40 Hat der Pfleger einen vom Pflegling zugunsten eines Dritten geschlossenen Vertrag aufgelöst, so hat der Dritte regelmäßig ein berechtigtes Interesse, die **Pflegschaftsakten** einzusehen.[68] In Betreuungssachen hat der Ehepartner des Betroffenen ein Akteneinsichtsrecht, sofern er von dem ihm gegen die Bestellung eines Ergänzungsbetreuers zustehenden Beschwerderecht Gebrauch machen möchte.[69] Im Falle der betreuungsgerichtlichen Genehmigung eines Scheidungsantrages hat der am Verfahren nicht beteiligte Ehepartner ebenfalls ein Akteneinsichtsrecht.[70] Ein Betreuer hat auch nach seiner Entlassung ein berechtigtes Interesse an der Einsichtnahme in die diesen Verfahrensabschnitt betreffenden Akten;[71] ebenso der Miterbe eines Betreuten in die den Nachlass betreffenden Angaben in den Abrechnungen des Betreuers,[72] die Erben des Betroffenen zur Wahrnehmung ihrer Interessen im Nachlassverfahren[73] sowie die beschwerdeberechtigten Kinder des Betreuten.[74] Ein Vorsorgebevollmächtigter hat i. d. R. einen Anspruch auf Einsicht in die Betreuungsakten.[75]

41 Ein berechtigtes Interesse zur Einsicht in **Nachlassakten** hat, wer glaubhaft macht, als gesetzlicher oder testamentarischer Erbe,[76] als Pflichtteilsberechtigter[77] oder als Vermächtnisnehmer[78] in Betracht zu kommen; allein die Verwandtschaft zum Erblasser reicht indes nicht.[79] Ein verständiges, durch die Sachlage gerechtfertigtes Interesse können z. B. haben
– ein vom Nachlasspfleger beauftragter Erbenermittler;[80]
– ein Miterbe an Einsicht in die gesamten Nachlassakten;
– ein im Testament übergangener gesetzlicher Erbe an der Einsicht in die Nachlassakten und die darin enthaltenen letztwilligen Verfügungen zur Feststellung, ob Anlass für Einwendungen besteht;[81]
– ein Nachlassgläubiger;[82]
– ein Gläubiger einer Erbfallschuld, soweit eine beabsichtigte Rechtsverfolgung gegen den Testamentsvollstrecker durch den Inhalt der Nachlassakten beeinflusst werden kann;[83]
– ein Anerbe.

42 **b) Fehlendes Einsichtrecht.** Ein rechtliches Interesse besteht nicht für Einsicht in Nachlassakten allein wegen der Verwandtschaft mit dem Erblasser;[84] für den nur im eigenen Interes-

---

[64] BayObLG NJW-RR 1998, 294 = FamRZ 1998, 638.
[65] KG FGPrax 2006, 122.
[66] BayObLG FGPrax 1997, 32, FamRZ 1990, 1124.
[67] OLG Stuttgart Rpfleger 1985, 238; s. auch OLG Hamm MDR 1954, 427 (Verfahren nach § 1666 BGB).
[68] BayObLG Rpfleger 1985, 28.
[69] OLG Köln FGPrax 2008, 155.
[70] KG FGPrax 2006, 18 = FamRZ 2006, 433.
[71] KG OLGR 2006, 576.
[72] OLG Köln NJW-RR 1998, 438
[73] OLG Stuttgart BWNotZ 1993, 173.
[74] OLG München OLGR 2006, 576.
[75] KG FGPrax 2007, 118.
[76] LG Lübeck Rpfleger 1985, 151.
[77] LG Erfurt Rpfleger 1997, 115.
[78] BayObLG FGPrax 1995, 72.
[79] BayObLG FamRZ 2001, 170; Rpfleger 1982, 345.
[80] KG Beschl. v. 18. 1. 2011 1 W 340/10 = BeckRS 2011, 03422; FamRZ 2011, 920.
[81] BayObLGZ 1954, 310/313.
[82] BayObLG FGPrax 1995, 72; FamRZ 1990, 430.
[83] BayObLG FamRZ 1990, 1124.
[84] BayObLG Rpfleger 1984, 238; Rpfleger 1982, 345.

se tätig werdenden Erbenermittler;[85] für mutmaßliche Erben nur zur Erlangung von Aufschluss über Vermögensverhältnisse; für ein Kind auf Einsicht in Nachlassakten von Verwandten oder Verschwägerten des verstorbenen Vaters wegen Unterhaltsrückständen.[86] Angehörigen eines Betreuten ohne Beschwerdebefugnis besitzen kein Recht auf Einsicht in die Betreuungsakten;[87] gleiches gilt für einen Abkömmling, der die Einsicht zur Überwachung der Erfüllung der Rechnungslegungspflicht durch den Betreuers nutzen möchte,[88] für den potentiellen Erben[89] oder für einen nicht beteiligten Angehörigen vor der Genehmigung eines Grundstücksverkaufs.[90] Liegen nach einem eingeholten Gutachten die Voraussetzungen für die Anordnung einer Betreuung oder Unterbringung nicht vor, haben die beschwerdeberechtigten Angehörigen gegen den Widerspruch des Betroffenen i. d. R. kein Einsichtsrecht.[91]

Keine Einsichtnahme in Pflegschaftsakten eines während bestehender Ehe geborenen 43 Kindes durch den Scheinvater, der übergegangene Unterhaltsansprüche behauptet.[92] Im vormundschaftsgerichtlichen Genehmigungsverfahren besitzt ein Dritter (Vertragspartner) kein Recht auf Erteilung von Briefabschriften über Äußerungen zu einem Vertrag wegen entgegenstehender Interessen des Mündels. Kein berechtigtes Interesse, wenn sich der Antragsteller die Information in der Zwischenzeit auf anderem Weg verschafft hat und nicht ersichtlich ist, dass die Einsicht insoweit zu weiteren Erkenntnissen führen könnte.[93] Keine Einsicht besteht zu dem Zweck, sich Klarheit über die Identität einer Person zu verschaffen, die über den Antragsteller oder dessen Angehörige Nachteiliges zu den Akten erklärt hat.[94] Trotz Glaubhaftmachung eines berechtigten Interesses kann die Einsicht versagt werden, wenn die Annahme gerechtfertigt ist, dass der Gesuchsteller schikanöse oder unlautere Absichten verfolgt. Angehörige haben auch bei zu erwartender Pflegebedürftigkeit keinen Anspruch auf Grundbucheinsicht.[95]

7. Akteneinsicht bei Kindesannahme (Abs. 2 S. 2)

Abs. 2 S. 2 konkretisiert und ergänzt § 1758 BGB[96] und dient dem **Schutz des Adop-** 44 **tionsgeheimnisses.** Danach ist die Einsicht in die Akten und die Erteilung von Abschriften zu versagen, soweit der Akteninhalt geeignet ist, die Annahme und/oder deren Umstände aufzudecken (§ 1758 Abs. 1 BGB).[97] Die Regelung hat insbesondere Bedeutung für die Inkognito-Adoption (§ 1747 Abs. 2 S. 2 BGB).[98] Die Beschränkung gilt nicht nur für die Akten des Annahme- oder Aufhebungsverfahrens, sondern auch für Verfahren, in denen die Annahme oder ihre Aufhebung als Vorfrage zu prüfen ist,[99] wie z. B. dem Erbscheinseinziehungsverfahren. Abschriften von Schriftstücken, deren Inhalt ein Antragsteller kennen muss, können erteilt werden, wenn darin die Namen der Adoptiveltern unkenntlich gemacht wurden. Die Einschränkung entfällt, wenn besondere Umstände des öffentlichen Interesses dies erfordern (§ 1758 Abs. 1 BGB), z. B. zur Aufklärung und Verfolgung von Straftaten,[100] bzw. wenn die Kenntnis zwecks Wahrung des rechtlichen Gehörs (Art. 103 Abs. 1 GG) oder des fairen Verfahrens vor dem Rechtspfleger (Art. 2 Abs. 1, 20 Abs. 3 GG)[101] geboten ist;[102]

---

[85] KG Beschl. v. 18. 1. 2011 1 W 340/10 = BeckRS 2011, 03422; FamRZ 2011, 920; OLG Frankfurt FGPrax 2000, 67; OLG Hamm NJW-RR 2011, 87 = FamRZ 2011, 143; OLG Schleswig OLGR 1999, 109.
[86] BayObLG DAVorm 1982, 111.
[87] OLG München FamRZ 2006, 146.
[88] OLG München FGPrax 2007, 227.
[89] BayObLG FamRZ 2005, 1278; OLG München OLGR 2006, 62.
[90] OLG München OLGR 2006, 20.
[91] OLG Frankfurt FGPrax 2005, 154, str.
[92] BayObLG Rpfleger 1981, 281.
[93] BayObLG FamRZ 1996, 1436.
[94] OLG Karlsruhe/Freiburg OLGZ 1966, 201 (Einsicht in Adoptionsakten); ZBlJR 1963, 266.
[95] OLG Karlsruhe ZEV 2009, 42.
[96] MünchKommBGB/Maurer § 1758 Rn 2; Staudinger/Frank § 1758 Rn 8.
[97] S. hierzu MünchKommBGB/Maurer § 1758 Rn 2; Palandt/Diederichsen § 1758 Rn 1; Staudinger/Frank § 1758 Rn 6, 8.
[98] Palandt/Diederichsen § 1758 Rn 1.
[99] Z. B. BayObLG FamRZ 1991, 224.
[100] Palandt/Diederichsen § 1758 Rn 2.
[101] BVerfG NJW 2000, 1709.
[102] BayObLG FamRZ 1991, 224.

im letzteren Fall ist die Akteneinsicht durch Erteilung von Abschriften zu gewähren, auf denen Name und Anschrift der Adoptiveltern unkenntlich gemacht sind.[103]

45 Um den rechtlich geschützten Interessen des Kindes und der adoptionswilligen Pflegeeltern Rechnung zu tragen, sind diejenigen Umstände geheim zu halten, die eine **Aufdeckung ihrer Identität** ermöglichen würden. Die Einschränkung entfällt, wenn der Annehmende und das Kind – letzteres im Rahmen seiner Verfahrensfähigkeit (§ 1746 BGB),[104] andernfalls durch den gesetzlichen Vertreter (bei Interessenkollision Pflegerbestellung oder Bestellung eines Verfahrensbeistands, vgl. § 191 Rn 3) – ihre Zustimmung zur Aufdeckung geschützter Umstände erteilen. Gemäß § 1758 Abs. 1 S. 1 BGB wird der Beginn des Ausforschungsverbots auf die Erteilung der elterlichen Einwilligung (§ 1747 BGB) vorverlegt. Darüber hinaus kann das Vormundschaftsgericht anordnen, dass die Wirkungen des Abs. 1 bereits eintreten, wenn der Antrag auf Ersetzung der Einwilligung eines Elternteils gestellt wurde (§ 1758 Abs. 2 S. 2 BGB).

V. Akteneinsicht durch Behörden[105]

1. Behörden als Beteiligte

46 § 13 Abs. 1 behandelt nicht nur die Akteneinsicht durch Personen sondern sämtlicher Beteiligter. Dazu zählen auch die **am Verfahren beteiligten Behörden** (vgl. § 8 Nr. 3), z. B. das Jugendamt auf seinen Antrag hin (vgl. §§ 162, Abs. 2, 172 Abs. 2, 188 Abs. 2, 204 Abs. 2, 212) bzw. die von ihnen vertretenen Körperschaften (Anstalten). Diesen ist ebenfalls Akteneinsicht nach Maßgabe des § 13 Abs. 1 zu gewähren (z. B. Jugendämter, Industrie- und Handelskammer, Behörden in Landwirtschaftssachen, Träger der Rentenversicherung). Im Verfahrenkostenhilfeverfahren (§ 76 Abs. 1 FamFG i. V. m. § 118 ZPO) hat die **Staatskasse** ein Recht auf Akteneinsicht einschließlich der Verfahrensakten.[106]

2. Behörden als Dritte

47 Abs. 2 trifft nur eine Regelung hinsichtlich der Akteneinsicht von **Personen**. Für am Verfahren **nicht beteiligte Behörde** gilt diese Vorschrift nicht.[107] Insoweit lässt Abs. 2 andere gesetzliche Vorschriften (vgl. z. B. Art. 35 Abs. 1 GG,[108] §§ 156ff. GVG), nach denen die Behörden Akteneinsicht verlangen können, unberührt.[109] Bei der Einsicht oder der Abschriftenerteilung sind die Datenschutzgesetze und die §§ 12ff. EGGVG einzuhalten,[110] soweit nicht eine gesetzliche Mitteilungspflicht (z. B. in allen Verfahren nach § 22a, in Kindschaftssachen nach §§ 168 Abs. 3 S. 1, 168a, in Abstammungssachen nach § 176 Abs. 2 S. 1, in Adoptionssachen nach §§ 194 Abs. 2 S. 1, 195 Abs. 2 S. 1, in Ehewohnungssachen nach § 205 Abs. 2 S. 1, in Gewaltschutzsachen nach §§ 213 Abs. 2 S. 1, 216a) oder Sondervorschriften des Bundes oder der Länder bestehen. Die Akteneinsichtsrechte der Behörden werden zudem durch die verfassungsrechtlichen Grenzen beschränkt.[111] Die Entscheidung über die Gewährung der Akteneinsicht bzw. die Übersendung der Akten trifft in der Regel der Vorstand die Justizverwaltungsbehörde, nämlich der Vorstand des Gerichts (s. § 23 EGGVG).[112] Es handelt sich hierbei um einen Justizverwaltungsakt (§§ 23 ff. EGGVG).

---

[103] BayObLG FamRZ 1991, 224; OLG Karlsruhe OLGZ 1976, 201/204.
[104] Str. siehe Erman/Saar § 1758 Rn 4 es kommt entsprechend § 63 Abs. 1 PStG auf die Vollendung des 16. Lebensjahres an; MünchKommBGB/Maurer § 1758 Rn 3 Kind kann ab dem 14. Lebensjahr mit Zustimmung der Eltern und ab dem 16. Lebensjahr allein entscheiden.
[105] S. hierzu Holch ZZP 87 (1974), 14.
[106] OLG Karlsruhe JurBüro 1988, 1226; Zöller/Philippi § 118 Rn 1.
[107] MünchKommZPO/Prütting § 299 Rn 20 m. w. N. für ähnliche Regelung in § 299 Abs. 2 ZPO.
[108] KG OLGZ 1990, 289/299.
[109] BT-Drs. 16/6308 S. 181.
[110] Vgl. MünchKommZPO/Prütting § 299 Rn 33; Zöller/Greger § 299 Rn 8.
[111] OLG Hamm FGPrax 2009, 20 für die Übersendung familiengerichtlicher Akten betr. die Entziehung der elterlichen Sorge; OLG Köln NJW 1994, 1075 = FamRZ 1995, 751 für die Einsicht in Scheidungsakten.
[112] KG OLG 1990, 289/299; OLG Hamm FGPrax 2009, 20; Prütting/Helms/Jennissen § 13 Rn 18; a. M. Zöller/Greger § 299 Rn 8 (die Erteilung von Auskünften aus den Akten während der Anhängigkeit des Verfahrens ist richterliche Tätigkeit).

VI. Gegenstand der Akteneinsicht

Das Recht auf Akteneinsicht sowie auf Erteilung von Ausfertigungen, Auszügen und **48** Abschriften erstreckt sich auf die **gesamte Verfahrensakte**[113] einschließlich aller beigezogenen Unterlagen, sofern diese zur Grundlage der Entscheidung gemacht werden sollen oder gemacht worden sind.[114] Das umfasst alle in den Akten befindlichen Schriftsätze nebst Anlagen, die von dem Gericht angefertigten Niederschriften, die Urschriften der Beschlüsse und Verfügungen, amtliche Schriftstücke, Urkunden,[115] unabhängig, ob sie dauernd oder nur vorübergehend (als Beweismittel) Aktenbestandteile oder Beiakten des verfahrensführenden Gerichts sind, die bei den Gerichtsakten befindlichen Gutachten,[116] Schutzschriften und sonstige zu den Akten gereichten Unterlagen etc.

Berichte der Jugendämter, Landesjugendämter (§§ 194, 195 FamFG i. V. m. § 50 **49** Abs. 1 S. 2 SGB VIII) müssen den am Verfahren Beteiligten grundsätzlich zugänglich gemacht werden.[117] Da die Mitwirkung des Jugendamts in Verfahren vor den Familiengerichten eine Leistung nach dem Sozialgesetzbuch ist, unterliegen die darin enthaltenen personenbezogenen Daten den datenschutzrechtlichen Bestimmungen des SGB (§ 61 Abs. 1 SGB VIII i. V. m. § 35 SGB I, §§ 67 bis 85 a SGB X, §§ 61 ff. SGB VIII). Für den Schutz personenbezogener Daten im Rahmen der Tätigkeit des Jugendamts als Amtspfleger, Amtsvormund, Beistand und Gegenvormund gilt nur § 68 SGB VIII.

Kein Einsichtsrecht besteht in **Entwürfe zu Beschlüssen und Verfügungen,** die zu **50** ihrer Vorbereitung gelieferten Arbeiten (z. B. Voten) sowie die Dokumente, die Abstimmungen betreffen (**Abs. 6**). Insoweit handelt es sich um rein interne Vorgänge des Gerichts. Dazu gehören nicht dienstliche Äußerungen (§ 6 Abs. 1 FamFG i. V. m. § 44 Abs. 3 ZPO) und Selbstanzeigen im Rahmen eines Verfahrens betreffend die Ausschließung und Ablehnung der Gerichtspersonen (§ 6). Diese sind grundsätzlich den Beteiligten vor einer Entscheidung zur Kenntnis zu bringen.[118]

Die Einsicht in **beigezogene Akten anderer Gerichte und Behörden** kann nicht **51** ohne Weiteres gewährt werden, da hierüber die jeweilige aktenführende Stelle nach den für sie maßgebenden Vorschriften (vgl. z. B. § 299 ZPO, § 99 VwGO) entscheidet.[119] Verwaltungsbehörden können Einsicht in ihre Akten nach pflichtgemäßem Ermessen gestatten, sofern ein berechtigtes Interesse nachgewiesen wird.[120] Die Genehmigung zur Akteneinsicht hat das Gericht einzuholen. Beigezogene Akten dürfen jedoch nur dann bei der Entscheidung verwertet werden, wenn ihr Inhalt den Beteiligten durch Einsicht oder in sonstiger Weise (z. B. Erteilung von Ablichtungen) zugänglich gemacht und Gelegenheit zur Stellungnahme gegeben worden ist.[121] Untersagt die zuständige Behörde die Einsicht, darf das entscheidende Gericht den Inhalt nicht zum Nachteil eines Beteiligten verwenden.[122] Hinsichtlich der Pflicht der Ausländerbehörde nach § 417 Abs. 2 S. 2 zur Vorlage der Verwaltungsakte bei Beantragung der Abschiebehaft und der sich daraus ergebenden Probleme für die Verwertung des Akteninhalts bei der gerichtlichen Entscheidung s. § 417 Rn 6.

Ehescheidungsakten, die beigezogen worden sind, dürfen grundsätzlich nicht ohne **52** Einverständnis beider Parteien zur Einsicht überlassen werden.[123]

---

[113] S. a. OLG Düsseldorf NJW-RR 2000, 926 (betr. Gutachten im Insolvenzverfahren). Hat das Gericht Ablichtungen aus Akten einer anderen Stelle überlassen (z. B. psychiatrische Gutachten einem Krankenhaus), so gilt für die Einsicht in diese Unterlagen nicht § 13, vgl. BGH NJW 1985, 674.
[114] BT-Drs. 16/6308 S. 181.
[115] LG München I JurBüro 2000, 260 (alles, was als Entscheidungsgrundlage in Betracht kommt); Schneider MDR 1984, 108; auch vorübergehender Inhalt, vgl. LG Detmold Rpfleger 1999, 26.
[116] OLG Celle ZInsO 2002, 73 für Sachverständigengutachten im Insolvenzeröffnungsverfahren.
[117] S. a. LG Heidelberg ZBlJR 1966, 273 (Verweigerung der Einsicht nach Abschluss des Verfahrens).
[118] BVerfG NJW 1993, 2229; NJW 1968, 1621; Thomas/Putzo/Hüßtege § 44 Rn 3; § 46 Rn 1.
[119] BGH MDR 1973, 580.
[120] BVerwG NJW 1984, 2590; NJW 1981, 535.
[121] BVerfGE 62, 392/396; BGH MDR 1973, 580.
[122] BGH NJW 1952, 305.
[123] Vgl. BVerfGE 27, 352.

VII. Elektronische Akten (Abs. 5)

§ 299 ZPO Akteneinsicht; Abschriften

(1) ...

(2) ...

(3) Werden die Prozessakten elektronisch geführt, gewährt die Geschäftsstelle Akteneinsicht durch Erteilung eines Aktenausdrucks, durch Wiedergabe auf einem Bildschirm oder Übermittlung von elektronischen Dokumenten. Nach dem Ermessen des Vorsitzenden kann Bevollmächtigten, die Mitglied einer Rechtsanwaltskammer sind, der elektronische Zugriff auf den Inhalt der Akten gestattet werden. Bei einem elektronischen Zugriff auf den Inhalt der Akten ist sicherzustellen, dass der Zugriff nur durch den Bevollmächtigten erfolgt. Für die Übermittlung ist die Gesamtheit der Dokumente mit einer qualifizierten elektronischen Signatur zu versehen und gegen unbefugte Kenntnisnahme zu schützen.

53 Für die elektronisch geführten Akten (zu den Einzelheiten siehe § 14 Rn 5) in Familiensachen oder in den Angelegenheiten der freiwilligen Gerichtsbarkeit verweist Abs. 5 auf die entsprechende Anwendung von § 299 Abs. 3 ZPO. Insoweit wird die Akteneinsicht von der **Geschäftsstelle** durch die Erteilung eines Aktenausdrucks, durch Wiedergabe auf einem Bildschirm oder durch Übermittlung von elektronischen Dokumenten, z. B. als E-Mail, gewährt (§ 299 Abs. 3 S. 1 ZPO). Soweit neben der elektronischen Akte noch Urkunden in Papierform aufbewahrt werden (vgl. § 298a Abs. 2 S. 2 ZPO), erstreckt sich das Einsichtsrecht auch auf diese Unterlagen.[124] Nach dem Ermessen des **Vorsitzenden** kann Bevollmächtigten, die Mitglied einer Rechtsanwaltskammer sind, der elektronische Zugriff auf den Inhalt der Akten gestattet werden (vgl. § 299 Abs. 3 S. 2 ZPO); ebenso gemäß Abs. 5 S. 2 für den Notar oder eine beteiligte Behörde. Bei einem elektronischen Zugriff auf den Inhalt der Akten ist durch technisch-organisatorische Maßnahmen sicherzustellen, dass bei einer elektronischen Einsichtnahme die Berechtigung des Abfragenden zweifelsfrei feststeht (vgl. § 299 Abs. 3 S. 3 ZPO). Für die Übermittlung ist die Gesamtheit der Dokumente mit einer **qualifizierten elektronischen Signatur** zu versehen und es muss gewährleistet sein, dass eine unbefugte Einsicht Dritter während des Übertragungsvorgangs nicht möglich ist (vgl. § 299 Abs. 3 S. 4).

VIII. Umfang und Ausgestaltung der Akteneinsicht

1. Zuständigkeit (Abs. 7)

54 Eines förmlichen Antrages auf Gewährung von Akteneinsicht ist nicht erforderlich.[125] Zuständig für die Entscheidung über die Gewährung der Akteneinsicht bzw. über die Erteilung von Ausfertigungen, Auszügen und Abschriften ist das **verfahrensführende Gericht**, bei dem sich die Akten im Rechtszug befinden.[126] Die funktionelle Zuständigkeit für die Entscheidung richtet sich nach den für die jeweilige Angelegenheit geltenden Vorschriften. So ist in den ihm nach § 3 RPflG übertragenen Angelegenheiten der **Rechtspfleger** zuständig (§ 4 Abs. 1 RPflG),[127] und zwar auch dann, wenn das Verfahren bereits beendet ist.[128] Über Einsicht in Vorgänge, für die ein Richtervorbehalt besteht, entscheidet der **Richter;** bei Kollegialgerichten der **Vorsitzende** (Abs. 7 2. Halbs.). Wurde die Sache dem Einzelrichter (vgl. § 68 Abs. 4) übertragen, so entscheidet dieser auch über die Akteneinsicht. Der **Urkundsbeamte der Geschäftsstelle** bedarf der ausdrücklichen Ermächtigung des Richters (Rechtspflegers).

54a Über die Einsicht in **beigezogene Akten** entscheidet das Gericht oder die Behörde, das die Akten führt. Maßgeblich für die Gewährung der Akteneinsicht sind die jeweils geltenden Verfahrenvorschriften (§§ 78, 86 FGO; § 120 SGG; § 99 VwGO; § 299 ZPO).

---

[124] Zöller/Greger § 299 Rn 4a.
[125] OLG Köln NJW-RR 1986, 1124.
[126] OLG Köln FGPrax 2000, 46.
[127] BayObLG Rpfleger 1991, 6; Bassenge/Roth/Roth § 4 RPflG Rn 4.
[128] BayObLG Rpfleger 1982, 345; LG Lübeck Rpfleger 1985, 151.

2. Umfang der Akteneinsicht

Soweit für die Beteiligten im Verfahren vor dem Richter gemäß Art. 103 Abs. 1 GG **55** oder vor dem Rechtspfleger nach Art. 20 Abs. 3 i. V. m. Art. 2 Abs. 1 GG[129] ein Recht auf Einsicht der Akten besteht, darf es nicht durch eine Darstellung des Akteninhalts oder mündliche Unterrichtung seitens des Gerichts verkürzt werden; der Gesuchsteller darf nicht anstelle der Einsicht darauf verwiesen werden. Das Gleiche gilt, wenn von Dritten ein berechtigtes Interesse glaubhaft gemacht ist und keine besonderen Umstände im Sinne von Rn 23 ff. entgegenstehen (Abs. 2).[130] Das Recht auf Akteneinsicht umfasst auch das Recht, diese Einsicht durch selbstgefertigte Notizen oder Abschriften zu dokumentieren.[131] Dieses Recht wird nicht durch die in Abs. 3 vorgesehene Möglichkeit ausgeschlossen, Ausfertigungen, Auszüge oder Abschriften verlangen zu können.[132] Für die Anfertigung handschriftlicher Notizen oder Abschriften kann sich der Berechtigte einer Schreibhilfe[133] oder andere technische Reproduktionsgeräte (z. B. eines Fotoapparates[134]) bedienen.

3. Einsicht durch Bevollmächtigte

Die Akteneinsicht kann durch **Bevollmächtigte** ausgeübt werden, sofern nicht beson- **56** dere Gründe entgegenstehen. Auf das Gesuch eines Rechtsanwalts der Mutter eines nicht in einer Ehe geborenen Kindes zum Zweck der Klärung von Unterhaltsfragen kann allenfalls Einsicht in bestimmte Teile der Akten des Amtspflegers/Beistands, die genau bezeichnet werden müssen, gewährt werden.

Dem **anwaltschaftlichen Vertreter** eines Beteiligten ist Akteneinsicht in aller Regel zu **57** gewähren.[135] Rechtsanwälte handeln bei der Akteneinsicht nicht bloß im Auftrag ihrer Mandanten, sondern haben als Organe der Rechtspflege zugleich das Recht auf Vertraulichkeit zu Gunsten solcher Personen zu wahren, über die aus den Akten Erkenntnisse (sensible Daten) gewonnen werden. Rechtsanwälte haben die schutzwürdigen Interessen Dritter und deren Recht auf informationelle Selbstbestimmung zu beachten. Erlangt ein Rechtsanwalt oder ein Rechtsbeistand, der Mitglied einer Rechtsanwaltskammer ist, im Wege der Akteneinsicht Informationen über sensible Daten, gibt es gesetzliche Schutzvorkehrungen gegen deren Weiterverbreitung. Diese gelten jedoch nicht für Rechtsbeistände, die nicht Mitglied einer Rechtsanwaltskammer sind. Deshalb verstößt die Ablehnung eines Antrags auf Akteneinsicht und Aktenüberlassung gegenüber einem Rechtsbeistand, der nicht Mitglied einer Rechtsanwaltskammer ist, nicht gegen Art. 12 Abs. 1 oder Art. 3 Abs. 1 GG.[136] Bei Auskunfteien ist besondere Sorgfalt bei der Prüfung der Vollmacht geboten. Die Vollmacht des beurkundenden **Notars** wird in der Regel zu vermuten sein.[137]

4. Ort und Zeit der Einsicht

a) **Grundsatz.** Die Akten sind grundsätzlich in der Geschäftsstelle des aktenführenden **58** Gerichts einzusehen.[138] Die Einsicht kann regelmäßig nur während der üblichen Geschäftsstunden gestattet werden. Über eine andere Art der Einsichtnahme entscheidet das Gericht gemäß Abs. 7 nach pflichtgemäßem Ermessen.[139]

b) **Überlassung an Rechtsanwälte, Notare und beteiligten Behörden (Abs. 4).** **59** Einem **Rechtsanwalt**, einem **Notar** oder einer **beteiligten Behörde** kann das Gericht die Akten in die Amts- oder Geschäftsräume überlassen werden (Abs. 4 S. 1). Ein Anspruch

---

[129] BVerfG NJW 2000, 1709.
[130] Vgl. OLG Hamm JMBl.NW 1952, 95.
[131] OLG Schleswig SchlHA 2010, 407.
[132] BGH NJW 1989, 2818 zur Einsichtnahme in das Handelsregister.
[133] OLG Schleswig SchlHA 2010, 407.
[134] OLG Schleswig SchlHA 2010, 407.
[135] BayObLGZ 1956, 114; KG Rpfleger 1978, 253.
[136] BVerfG NJW 2002, 2307 (zu §§ 406 e, 475 StPO).
[137] S. dazu LG München I DNotZ 1971, 702.
[138] OLG Köln Rpfleger 1989, 334; Rpfleger 1983, 325.
[139] OLG Brandenburg NJW-RR 2008, 512; OLG Düsseldorf FGPrax 2008, 252; OLG Köln FGPrax 2008, 512.

hierauf besteht grundsätzlich nicht, auch nicht unter dem Gesichtspunkt der Gewährung rechtlichen Gehörs.[140] Gleichwohl sind dem vertretenden Rechtsanwalt in Ausübung des gebotenen pflichtgemessen Ermessens die Akten in seine Kanzlei auszuhändigen, sofern Akten insbesondere kurzfristig entbehrlich sind und keine Gründe gegen die Einsichtnahme in der Kanzlei (z. B. Unzuverlässigkeit des Rechtsanwalts) sprechen.[141] Bei der Ermessensentscheidung sind insbesondere die Gefahr des Verlustes von Aktenteilen oder der Erschwernis eines geordneten gerichtlichen Geschäftsablaufs gegenüber der Bequemlichkeit des Antragstellers zu berücksichtigen.[142] Dabei ist hinsichtlich der Behandlung bestimmter Akten auch eine generalisierende Betrachtungsweise zulässig.[143] Ein Recht auf Überlassung von Beweisstücken in die Amts- oder Geschäftsräume besteht nicht (Abs. 4 S. 2). **Registerakten, Nachlass- und Grundakten** können regelmäßig nicht zur Einsichtnahme in die Amts- und Geschäftsräume überlassen werden.[144] Die Entscheidung des Gerichts unterliegt nicht der Anfechtung (Abs. 4 S. 3).

60 c) **Übersendung an auswärtiges AG.** Eine **Versendung** an die Geschäftsstelle des für den Antragsteller örtlich zuständigen AG zur Einsichtnahme auf der dortigen Geschäftsstelle ist zulässig. Die Versendung zur Einsichtnahme durch Beteiligte oder andere Berechtigte steht im pflichtgemäßen Ermessen. Wie auch bei der Herausgabe nach Abs. 4 S. 1 ist zu berücksichtigen, ob die Akten jederzeit verfügbar sein müssen oder ob ihr möglicher Verlust einen unersetzlichen Nachteil bringt.[145] Es können dem Antragsteller von Originalunterlagen, die in amtlicher Verwahrung bleiben und vor Verlust geschützt werden sollen, auf seine Kosten (vgl. Abs. 3 S. 1) Kopien oder Duplikate zur Verfügung gestellt werden. Eine Versendung kommt grundsätzlich auch dann nicht in Betracht, wenn einzelne Aktenbestandteile, z. B. fachpsychiatrische Gutachten, der Geheimhaltung unterliegen.[146] U. U. kann die Einsichtnahme auf der **Geschäftsstelle eines anderes Gerichts** mit der Maßgabe einer eingeschränkten Akteneinsicht gewährt werden.[147]

5. Erteilung von Ausfertigungen, Auszügen und Abschriften (Abs. 3)

61 Die nach Abs. 1 bzw. Abs. 2 Berechtigten können sich auf ihre Kosten durch die Geschäftsstelle **Ausfertigungen, Auszüge** und **Abschriften** erteilen lassen (Abs. 3 S. 1). Die Anfertigung der Abschriften ist Sache des Urkundsbeamten der Geschäftsstelle. Das Gesetz macht die Erteilung nicht von der Darlegung eines besonderen rechtlichen Interesses des Gesuchstellers abhängig. Damit steht den Beteiligten und den sonstigen Berechtigten im Rahmen der jeweils gewährten Akteneinsicht ein nicht beschränkbarer Anspruch zu.[148] Deren Anfertigung kann von der vorherigen Zahlung der Auslagen abhängig gemacht werden. Eine mengenmäßige Beschränkung der Ausfertigungen, Auszüge oder Abschriften sieht das Gesetz nicht vor. Die Anzahl kann im Falle des Missbrauchs begrenzt werden. Es kann im Einzelfall die **Erteilung von Abschriften** in zu weit ausgedehntem Maße abgelehnt werden, wenn dem Interesse des Gesuchstellers durch Gestattung der Einsichtnahme in Aktenstücke genügend gedient ist.

6. Beglaubigungen

62 Die Berechtigten können zudem, sofern ein entsprechendes Akteneinsichtsrecht besteht, auf ihre Kosten eine Beglaubigung einer Abschrift verlangen (§ 13 Abs. 3 S. 2); es braucht kein Interesse an einer beglaubigten Abschrift glaubhaft gemacht zu werden. Zuständig für

---

[140] BVerfG Beschl. v. 26. 8. 1981, 2 BvR 637/81, HFR 1922, 77; BFH NJW 1979, 1728; NJW 1976, 1288; BayVGH BayVBl. 1980, 94.
[141] OLG Frankfurt Rpfleger 1991, 460; OLG Hamm ZIP 1990, 1369.
[142] OLG Düsseldorf FGPrax 2008, 252; OLG Köln FGPrax 2008, 71.
[143] OLG Düsseldorf FGPrax 2008, 252.
[144] OLG Düsseldorf MDR 1987, 768; OLG Köln Rpfleger 1983, 325; LG Lübeck Rpfleger 1985, 151.
[145] OLG Köln Rpfleger 1983, 325; OLG Schleswig Rpfleger 1976, 108.
[146] Vgl. OLG München OLGZ 1972, 360/363.
[147] OLG Dresden NJW 1997, 667.
[148] Zur schriftlichen Anforderung von zu kopierenden Aktenteile vgl. OLG München FamRZ 2006, 1621.

die Beglaubigung ist die Geschäftsstelle des verfahrensführenden Gerichts. Für die Form der Beglaubigung können §§ 39, 42 BeurkG entsprechend angewendet werden.

7. Mikroverfilmte bzw. elektronisch gespeicherte Akten

Soweit die Akten nach ordnungsgemäßen Grundsätzen zur Ersetzung der Urschrift auf einen Bild- oder anderen Datenträger übertragen worden sind und der schriftliche Nachweis darüber vorliegt, dass die Wiedergabe mit der Urschrift übereinstimmt (vgl. dazu § 14 Rn 16), können nach § 14 Abs. 5 von der Mikroverfilmung der Verfahrensakten oder von dem elektronischen Speichermedium **Ausfertigungen, Auszüge und Abschriften** erteilt werden.[149] Ebenso besteht für die Beteiligten oder Dritte nach Abs. 1 bzw. Abs. 2 die Möglichkeit, eine Mikroverfilmung oder elektronische Speicherung einzusehen. In der Wirkung steht eine ordnungsgemäß angefertigte Ausfertigung etc. derjenigen gleich, die von der Urschrift der Verfahrensakten erstellt wurde.[150]

IX. Rechtsmittel

1. Grundsatz

Die Entscheidung über die Akteneinsicht gemäß § 13 ist nicht Angelegenheit der Justizverwaltung, sondern wird in **richterlicher Unabhängigkeit** getroffen.[151] Das gilt – anders als nach § 299 Abs. 2 ZPO[152] – auch für die Entscheidung über Gesuche von Personen, die nicht am Verfahren beteiligt sind.[153] Damit richtet sich die Anfechtbarkeit von Entscheidungen über die Versagung, Beschränkung oder Gewährung der Akteneinsicht an einen Beteiligten (Abs. 1) oder an eine dritte Person (Abs. 2) grundsätzlich **nach den Vorschriften des FamFG**[154] und nicht entgegen der missverständlichen Formulierung in der Gesetzesbegründung[155] nach §§ 23 ff. EGGVG.[156] Zu den Rechtsmitteln bei der Verweigerung von Akteneinsicht in Ehesachen sowie Familienstreitsachen siehe Rn 5.

Keiner Anfechtung unterliegt die Entscheidung des Gerichts oder bei Kollegialgerichten des Vorsitzenden über die Gewährung bzw. Ablehnung der Überlassung der Akten an einen Rechtsanwalt, einen Notar oder an eine beteiligte Behörde in die Amts- oder Geschäftsräume (Abs. 4 S. 3). Gegen die Entscheidung des Urkundsbeamten, z. B. über die der Erteilung bzw. der Ablehnung der Erteilung von Ausfertigungen, Auszüge und Abschriften (Abs. 3), findet die **Erinnerung** nach § 573 Abs. 1 ZPO statt (siehe Einl Rn 101).

Wenn sich ein Beteiligter oder ein Dritter dagegen wendet, dass ein Gerichtsvorstand **einem anderen Gericht** oder einer **Behörde** im Wege der Rechts- oder Amtshilfe (Art. 35 Abs. 1 GG) Einsicht in die Verfahrensakten gewährt hat, kann eine gerichtliche Entscheidung nach § 23 EGGVG herbeigeführt werden; insoweit handelt es sich um einen Justizverwaltungsakt. Auf das Verfahren finden die §§ 24 ff. EGGVG Anwendung.

---

[149] Musielak/Huber § 299a Rn 1, 2; s. a. BGH NJW 1977, 1400 (Notarakten).
[150] Zum Beweiswert einer Mikrokopie s. Heuer NJW 1982, 1505.
[151] OLG Brandenburg FamRZ 2007, 1575; OLG Hamm FGPrax 2004, 141.
[152] Nach § 299 Abs. 2 ZPO entscheidet nicht der Spruchrichter, sondern der Vorstand des Gerichts (Justizverwaltung).
[153] So auch Bahrenfuss § 13 Rn 22; BJS/Jacoby § 13 Rn 13; Haußleiter/Gomille § 13 Rn 12; Jurgeleit § 1 Rn 245–247; a. A. Justizverwaltungsakt: MünchKommZPO/Pabst § 13 FamFG Rn 8; Schulte-Bunert Rn 111; SBW/Schöpflin § 13 Rn 23.
[154] So auch Bahrenfuss § 13 Rn 22; Bumiller/Harders § 13 Rn 16; BJS/Jacoby § 13 Rn 13; Jurgeleit § 1 Rn 245–247.
[155] BT-Drs. 16/6308 S. 182.
[156] So aber MünchKommZPO/Pabst § 13 FamFG Rn 8; Schulte-Bunert Rn 111; SBW/Schöpflin § 13 Rn 23, jew. für die Entscheidung über die Aktensicht an einen Dritten; Zimmermann Rn 55 für die Ablehnung der Akteneinsicht; Musielak/Borth § 13 Rn 1, 6 für die Akteneinsicht nach Abschluss des Verfahrens.

2. Entscheidung über die Akteneinsicht eines Beteiligten während eines laufenden Verfahrens

67 Bei der Entscheidung über die **Gewährung der Akteneinsicht** sowie der Erteilung von Ausfertigungen, Auszügen und Abschriften an einen Beteiligten (§ 13 Abs. 1, Abs. 3) handelt es sich um eine **Zwischenentscheidung,** die, da das Gesetz keine ausdrückliche Anfechtung vorsieht, nicht einer gesonderten Überprüfung durch ein Rechtsmittel zugänglich ist.[157] Auch Personen, die ein Interesse an der Geheimhaltung des Akteninhalts haben, können kein Rechtsmittel gegen die Gewährung der Akteneinsicht bzw. der Erteilung von Ausfertigungen, Auszügen oder Abschriften an Personen einlegen.[158]

68 Eine **gesonderte Anfechtbarkeit** der Entscheidung über die Akteneinsicht eines Beteiligten lässt sich auch nicht aus einem Umkehrschluss aus dem ausdrücklichen Ausschluss der Anfechtbarkeit der Entscheidung über die Aktenüberlassung in die Amtsgeschäfts- oder Geschäftsräume in Abs. 4 S. 2 herleiten. Hierdurch sollen nur Zwischenstreitigkeiten mit Rechtsanwälten, Notaren oder Behörden ausgeschlossen werden, die durch die Entscheidung über die Aktenübersendung nach Abs. 4 S. 1 in ihren Verfahrensrechten betroffen werden. Indes wird keine allgemeine Aussage über die Anfechtbarkeit im Übrigen getroffen.

69 Der Betroffene kann eine Verletzung seiner Rechte nur zusammen mit der Anfechtung der Hauptsacheendentscheidung mit der **Beschwerde** geltend machen.[159] Im Rahmen dieses Verfahrens überprüft das Beschwerdegericht inzident die Entscheidung über das Akteneinsichtsgesuch (vgl. § 58 Abs. 2), insbesondere unter dem Gesichtspunkt eines möglichen Verstoßes des rechtlichen Gehörs (Art. 103 Abs. 1 GG). Die Erhebung einer **Anhörungsrüge** gegen die Entscheidung über die Verweigerung, Beschränkung oder Gewährung der Akteneinsicht an einen Beteiligten findet nicht statt, da es sich hierbei um eine der Endentscheidung vorausgehende Entscheidung handelt (§ 44 Abs. 1 S. 2: vgl. hierzu § 44 Rn 14).[160]

70 Die Entscheidung des **Rechtspflegers** über die Akteneinsicht durch die Beteiligten unterliegt der befristeten Erinnerung (§ 11 Abs. 2 RPflG).

71 Eine Entscheidung des **Beschwerdegerichts im Beschwerdeverfahren** über das Akteneinsichtsrecht eines Beteiligten kann nur im Rahmen der Rechtsbeschwerde (§§ 70 ff.) gegen die Beschwerdeentscheidung überprüft werden.

3. Entscheidung über die Akteneinsicht eines Beteiligten nach Abschluss des Verfahrens bzw. eines Dritten

72 Bei einer Entscheidung über die Ablehnung oder Gewährung von Akteneinsicht an einen Beteiligten nach Abschluss des Verfahrens bzw. an **Personen, die nicht am Verfahren beteiligt** sind bzw. waren, handelt es sich nicht um eine in einem laufenden Verfahren ergehende Zwischenentscheidung. Vielmehr ergeht insoweit über den Antrag eine Endentscheidung, die einer Anfechtung im Wege der Beschwerde (§§ 58 ff.)[161] bzw. der Rechtsbeschwerde unterliegt.[162] Gegen die Gewährung der Akteneinsicht bzw. der Erteilung von Ausfertigungen, Auszügen oder Abschriften an Personen, die am Verfahren

---

[157] So auch Bahrenfuss § 13 Rn 21; Jurgeleit § 1 Rn 245 für die Ablehnung der Akteneinsicht; Schulte-Bunert Rn 111; a. A. Bumiller/Harders § 13 Rn 17 (Beschwerde nach §§ 58 ff.); Haußleiter/Gomille § 13 Rn 12 (Beschwerde nach §§ 567 ff. ZPO); Zimmermann Rn 55 Beschwerde nach § 23 EGGVG im Falle der Ablehnung der Akteneinsicht.

[158] A. A. Jurgeleit § 1 Rn 246, der eine Endentscheidung annimmt, wenn gegen die Interessesn eines Beteiligten oder eines Dritten einem Beteiligten Akteneinsicht gewährt wird.

[159] Bahrenfuss § 13 Rn 21; Prütting/Helms/Jennissen § 13 Rn 48.

[160] A. A. anscheinend Bumiller/Harders § 13 Rn 17.

[161] KG FGPrax 2011, 157; Bumiller/Harders § 13 Rn 18; BJS/Jacoby § 13 Rn 13; Haußleiter/Gomille § 13 Rn 13; Jurgeleit § 1 Rn 247; Prütting/Helms/Prütting § 13 Rn 49; einschränkend Musielak/Borth § 13 Rn 6 nur für die laufenden Verfahren; a. A. MünchKommZPO/Pabst § 13 FamFG Rn 11; Schulte-Bunert Rn 111: grundsätzlich Beschwerde nach § 23 EGGVG; Thomas/Putzo/Hüßtege § 13 FamFG Rn 12; Zimmermann Rn 55 Beschwerde nach § 23 EGGVG für den Fall der Ablehnung der Akteneinsicht; Bahrenfuss § 13 Rn 22 Beschwerde nach §§ 567 ff. ZPO.

[162] A. A. Meyer-Holz Anhang § 58 Rn 31 Beschwerde nach § 23 EGGVG.

nicht beteiligt sind, können auch Personen, die ein Interesse an der Geheimhaltung des Akteninhalts haben, ein Rechtsmittel erheben,[163] jedoch nur, solange die Einsicht nicht gewährt worden ist oder die Abschriften noch zurückzuerlangen sind.

4. Behörde als Dritte

Behörden, die nicht als Beteiligte, sondern als Dritte im Wege der Rechts- und Amtshilfe (§ 35 Abs. 1 GG) Akteneinsicht verlangen, steht gegen die Verweigerung die Dienstaufsichtsbeschwerde zu.[164] Insoweit handelt es sich bei der Entscheidung über die Akteneinsicht um einen Verwaltungsakt der Justizbehörde, dessen Anfechtung nach §§ 23 ff. EGGVG möglich ist.[165] Dieses Verfahren ist auch gegeben, wenn ein Gericht der freiwilligen Gerichtsbarkeit dem Prozessgericht die Aktenübersendung verweigert.[166] Sofern während eines laufenden Verfahrens statt des Gerichtsvorstands das Gericht (Abs. 7) über eine Übersendung der Akten entschieden hat, stellt dies keinen nach §§ 23 ff. EGGVG anfechtbaren Justizverwaltungsakt dar.[167] **73**

X. Erteilung von Auskünften, Bescheinigungen

Neben der sich aus § 13 ergebenden Verpflichtung zur Gewährung der Akteneinsicht und Erteilung von Abschriften besteht – vorbehaltlich von Sonderbestimmungen wie z. B. § 9 Abs. 4 HGB – keine rechtliche Verpflichtung des Richters, des Rechtspflegers oder der Geschäftsstelle, aus den Akten **Auskunft oder Bescheinigungen** zu erteilen.[168] Auskünfte aus Akten in FamFG-Verfahren dürfen zwar erteilt werden; sie unterliegen jedoch den Schranken, die für die Einsichtgewährung gelten. Die Erteilung von Auskünften ersetzt die Akteneinsicht grundsätzlich nicht. Auskunft über das Vorhandensein von Akten darf in der Regel nicht verweigert werden. **74**

Zu Bescheinigungen, dass bezüglich des Gegenstandes einer Registereintragung weitere Eintragungen nicht vorhanden sind, siehe z. B. §§ 386 FamFG, 9 Abs. 5, Abs. 6 HGB, 156 GenG; zu den Bescheinigungen des Notars siehe §§ 21 BNotO, 12 BeurkG. **75**

XI. Kosten und Gebühren

Die Einsicht in die Verfahrensakten und in öffentliche Register ist gebührenfrei (vgl. §§ 74, 90 KostO). Über die Kosten für die Versendung der Akten sowie die Erteilung von Abschriften und deren Beglaubigung siehe §§ 45, 55, 89, 132, 136 KostO bzw. die Nr. 2000 ff. KV FamGKG. Zur Vorschusspflicht s. § 8 KostO bzw. § 16 FamGKG. Für jede Übersendung von Akten fallen Auslagen in Höhe von 12,00 € an (§ 137 Abs. 1 Nr. 3 KostO bzw. Nr. 2003 KV FamGKG). **76**

Elektronische Akte; elektronisches Dokument

14 (1) ¹**Die Gerichtsakten können elektronisch geführt werden.** ²§ 298a Abs. 2 und 3 der Zivilprozessordnung gilt entsprechend.

(2) ¹**Die Beteiligten können Anträge und Erklärungen als elektronisches Dokument übermitteln.** ²Für das elektronische Dokument gelten § 130a Abs. 1 und 3 sowie § 298 der Zivilprozessordnung entsprechend.

(3) **Für das gerichtliche elektronische Dokument gelten die §§ 130b und 298 der Zivilprozessordnung entsprechend.**

---

[163] BayObLGZ 1967, 349.
[164] Vgl. LG München I MittBayNot. 1971, 98 (Notare).
[165] OLG Hamm FGPrax 2009, 20; KG OLGZ 1990, 298/299; Musielak/Borth § 13 Rn 6; BT-Drs. 16/6308 S. 182.
[166] BGH NJW 1990, 841; OLG Celle NdsRpfl 2000, 35; OLG Düsseldorf NJW-RR 2000, 926; OLG Hamm NJW-RR 1997, 1489; OLG Köln FamRZ 1995, 752; NJW 1994, 1075; OLG München OLGZ 1972, 360.
[167] OLG Düsseldorf FamRZ 2008, 1871.
[168] BayObLGZ 1967, 347 (Grundbuchsache).

§ 14 Abschnitt 1. Allgemeine Vorschriften

(4) ¹Die Bundesregierung und die Landesregierungen bestimmen für ihren Bereich durch Rechtsverordnung den Zeitpunkt, von dem an elektronische Akten geführt und elektronische Dokumente bei Gericht eingereicht werden können. ²Die Bundesregierung und die Landesregierungen bestimmen für ihren Bereich durch Rechtsverordnung die geltenden organisatorisch-technischen Rahmenbedingungen für die Bildung, Führung und Aufbewahrung der elektronischen Akten und die für die Bearbeitung der Dokumente geeignete Form. ³Die Landesregierungen können die Ermächtigung durch Rechtsverordnung auf die jeweils zuständige oberste Landesbehörde übertragen. ⁴Die Zulassung der elektronischen Akte und der elektronischen Form kann auf einzelne Gerichte oder Verfahren beschränkt werden.

(5) ¹Sind die Gerichtsakten nach ordnungsgemäßen Grundsätzen zur Ersetzung der Urschrift auf einen Bild- oder anderen Datenträger übertragen worden und liegt der schriftliche Nachweis darüber vor, dass die Wiedergabe mit der Urschrift übereinstimmt, so können Ausfertigungen, Auszüge und Abschriften von dem Bild- oder dem Datenträger erteilt werden. ²Auf der Urschrift anzubringende Vermerke werden in diesem Fall bei dem Nachweis angebracht.

§ 130 a ZPO Elektronisches Dokument

(1) Soweit für vorbereitende Schriftsätze und deren Anlagen, für Anträge und Erklärungen der Parteien sowie für Auskünfte, Aussagen, Gutachten und Erklärungen Dritter die Schriftform vorgesehen ist, genügt dieser Form die Aufzeichnung als elektronisches Dokument, wenn dieses für die Bearbeitung durch das Gericht geeignet ist. Die verantwortende Person soll das Dokument mit einer qualifizierten elektronischen Signatur nach dem Signaturgesetz versehen. Ist ein übermitteltes elektronisches Dokument für das Gericht zur Bearbeitung nicht geeignet, ist dies dem Absender unter Angabe der geltenden technischen Rahmenbedingungen unverzüglich mitzuteilen

(2) ...

(3) Ein elektronisches Dokument ist eingereicht, sobald die für den Empfang bestimmte Einrichtung des Gerichts es aufgezeichnet hat

§ 130 b ZPO Gerichtliches elektronisches Dokument

Soweit dieses Gesetz dem Richter, dem Rechtspfleger, dem Urkundsbeamten der Geschäftsstelle oder dem Gerichtsvollzieher die handschriftliche Unterzeichnung vorschreibt, genügt dieser Form die Aufzeichnung als elektronisches Dokument, wenn die verantwortenden Personen am Ende des Dokuments ihren Namen hinzufügen und das Dokument mit einer qualifizierten elektronischen Signatur versehen.

§ 298 ZPO Aktenausdruck

(1) Von einem elektronischen Dokument (§§ 130 a, 130 b) kann ein Ausdruck für die Akten gefertigt werden.

(2) Der Ausdruck muss den Vermerk enthalten,
1. welches Ergebnis die Integritätsprüfung des Dokumentes ausweist,
2. wen die Signaturprüfung als Inhaber der Signatur ausweist,
3. welchen Zeitpunkt die Signaturprüfung für die Anbringung der Signatur ausweist.

(3) Das elektronische Dokument ist mindestens bis zum rechtskräftigen Abschluss des Verfahrens zu speichern.

§ 298 a ZPO Elektronische Akte

(1) ...

(2) In Papierform eingereichte Schriftstücke und sonstige Unterlagen sollen zur Ersetzung der Urschrift in ein elektronisches Dokument übertragen werden. Die Unterlagen sind, sofern sie in Papierform weiter benötigt werden, mindestens bis zum rechtskräftigen Abschluss des Verfahrens aufzubewahren.

(3) Das elektronische Dokument muss den Vermerk enthalten, wann und durch wen die Unterlagen in ein elektronisches Dokument übertragen worden sind.

Elektronische Akte; elektronisches Dokument 1–5 § 14

I. Normzweck

§ 14 dient der Prozesswirtschaft. **Abs. 1 S. 1** schafft unter Übernahme der Regelung in § 298a Abs. 1 S. 1 ZPO die Erlaubnis sowie die gesetzlichen Grundlagen, die Gerichtsakten in elektronischer Form zu führen[1] und damit die Voraussetzungen für die Einführung einer umfassenden elektronischen Aktenbearbeitung. **Abs. 1 S. 2** verweist ergänzend auf die weiteren Regelungen zu elektronischen Akten in § 298a Abs. 2 und Abs. 3 ZPO. Gleichzeitig ermächtigt **Abs. 4** – entsprechend dem bisherigen § 21 Abs. 3 FGG sowie den Regelungen in §§ 130a Abs. 2, 298a Abs. 1 S. 2 bis 4 ZPO – die Bundesregierung bzw. die Landesregierungen, den Zeitpunkt der Einführung der elektronischen Aktenführung sowie die weiteren Einzelheiten durch Verordnung zu regeln. Zudem eröffnen **Abs. 2** und **Abs. 3** in Anlehnung an die Regelung in § 21 Abs. 2 S. 2 FGG für die Beteiligten die Möglichkeit, Anträge und Erklärungen als elektronisches Dokument zu übermitteln. Schließlich bestimmt die Vorschrift die Anforderungen an ein elektronisches Dokument. **Abs. 5** entspricht § 299a ZPO und räumt dem Gericht in FamFG-Verfahren die Möglichkeit ein, die Gerichtsakten auf einen Bild- oder Datenträger zu speichern.

1

II. Anwendungsbereich

§ 14 findet auf alle Verfahren nach § 1 Anwendung, **mit Ausnahme** der Ehesachen (§ 121) sowie der Familienstreitsachen (§ 112); für diese gelten nach § 113 Abs. 1 S. 2 die Allgemeinen Vorschriften der ZPO entsprechend und damit die §§ 130a, 130b, 298, 298a, 299 ZPO.

2

Für Behörden, die landesrechtlich anstelle der Gerichte für die in § 1 genannten Angelegenheiten zuständig sind (§ 488 Abs. 1), gilt ebenfalls § 14. In den landesgesetzlich geregelten Angelegenheiten der freiwilligen Gerichtsbarkeit kann der Landesgesetzgeber die entsprechende Geltung des FamFG und somit des § 14 vorschreiben. Zu den Einzelheiten siehe die Ausführungen bei § 486.

3

Sonderbestimmungen regeln die Voraussetzungen für das elektronische Handelsregister (§§ 8, 8a, 12 HGB), für das Genossenschaftsregister (§ 11 Abs. 4 GenG i. V. m. § 12 Abs. 2 HGB), für das Partnerschaftsregister (§ 5 Abs. 2 PartGG i. V. m. § 12 HGB), für das Unternehmensregister (§§ 8, 8b, 12 HGB)[2] sowie für das elektronisch geführte Grundbuch (§§ 126ff. GBO).[3] Für das Kostenrecht enthalten § 8 FamGKG, § 1a KostO sowie § 5a GKG für die elektronische Übermittlungs- und Verwahrungstechnik § 14 FamFG entsprechende Regelungen.

4

Zur Übergangsregelung siehe die Erläuterungen zu Art. 111 FGG-RG.

III. Elektronische Gerichtsakte (Abs. 1)

Grundsätzlich können, sofern die Bundesregierung bzw. die jeweilige Landesregierung dies für ihren Bereich zugelassen haben (vgl. die Verordnungsermächtigung in **Abs. 4**), die Gerichtsakten elektronisch geführt werden (Abs. 1 S. 1). Die organisatorisch-technischen Rahmenbedingungen für die Bildung, Führung und Aufbewahrung der elektronischen Akten und die für die Bearbeitung der Dokumente geeignete Form müssen die Bundesregierung und die jeweiligen Landesregierungen durch Verordnungen regeln (Abs. 4 S. 2).[4] Einzelheiten der **elektronischen Aktenführung** ergeben sich aus § 14 Abs. 1 S. 2 FamFG i. V. m. § 298a Abs. 2, Abs. 3 ZPO. Danach sollen in Papierform eingereichte Schriftstücke und sonstigen Unterlagen zur Ersetzung der Urschrift in ein elektronisches Dokument übertragen werden (§ 298a Abs. 2 S. 1 ZPO). Nach dem eindeutigen, auch durch das FamFG nicht geänderten Wortlaut der Bestimmung handelt es sich um eine Ermessensvorschrift. Damit obliegt allein dem Gericht die Entscheidung, ob und in welchem Umfang Schriftstücke oder sonstige Unterlagen in ein elektronisches Dokument übertragen werden.[5]

5

---

[1] BT-Drs. 16/6308 S. 182.
[2] Zur Führung des elektronischen Handelsregisters siehe Krafka/Willer/Kühn Rn 55.
[3] S. dazu Demharter § 126 Rn 1.
[4] Zu den bisher ergangenen Verordnungen siehe die Aufstellung bei Baumbach/Hartmann § 298a Rn 4.
[5] A. A. MünchKommZPO/Prütting § 298a Rn 5, der von einer Transferpflicht ausgeht.

Sternal

6 Die Unterlagen müssen, sofern sie in Papierform benötigt werden, mindestens bis zum rechtskräftigen Abschluss des Verfahrens aufbewahrt werden (§ 298 a Abs. 2 S. 2 ZPO). Nach Abschluss des Verfahrens besteht die Möglichkeit, die Unterlagen an den Einreicher zurückzugeben.[6] Zudem muss das elektronische Dokument den Vermerk enthalten, wann und durch wen die Unterlagen in ein elektronisches Dokument übertragen worden sind (§ 298 a Abs. 3 ZPO); zu beachten ist auch das Schriftgutaufbewahrungsgesetz vom 22. 3. 2005.[7] Für die Aufbewahrung der elektronischen Akten gelten die allgemeinen Grundsätze über die Aktenaufbewahrung.

IV. Übermittlung/Einreichung von Anträgen und Erklärungen als elektronisches Dokument (Abs. 2)

1. Grundsatz

7 Sobald die notwendigen Rechtsverordnungen nach **Abs. 4** erlassen worden sind und die Bundes- bzw. Landesregierungen diesen Übermittlungsweg für ihren jeweiligen Zuständigkeitsbereich freigegeben[8] sowie die näheren Einzelheiten festgelegt haben, besteht die Möglichkeit, Anträge und Erklärungen auch als **elektronisches Dokument** im Sinne des § 130 a ZPO einzureichen, z. B. als Dateianhang (Attachment) an eine elektronische Nachricht (E-Mail),[9] als Bilddatei oder durch Übermittlung der Datei im Wege der Übersendung eines Datenträgers (CD, DVD). In elektronischer Form können sämtliche Erklärungen und Anträge einschließlich der Rechtsmittel in elektronischer Form eingereicht werden.[10] Zugelassen worden ist der elektronische Rechtsverkehr bereits beim BGH[11] und BPatG,[12] beim BAG,[13] beim BVerwG und BFH[14] sowie bei vereinzelten Gerichten in den Ländern.[15] Soweit eine ausdrückliche Freigabe noch nicht erfolgt ist, wahrt ein elektronisches Dokument (z. B. in Form einer E-Mail oder als Bilddatei) nicht die für bestimmende Schriftsätze vorgeschriebene Schriftform.[16]

8 Die elektronische Form besteht in der Übermittlung einer Datei, die auf einen Datenträger aufgezeichnet wird. Zu den elektronischen Dokumenten zählen nicht die mittels **Telefax** oder Computer übermittelten **Faxschreiben.** Diese werden bei Gericht als papiergebundene Kopie vom Faxgerät ausgedruckt.[17] Die übermittelte Datei muss für eine Bearbeitung durch das Gericht geeignet sein (§ 14 Abs. 2 S. 2 FamFG i. V. m. § 130 a Abs. 1 S. 1 ZPO). Die **geeigneten Dateiformate** und weitere Anforderungen an die Einreichung von Anträgen und Erklärungen als elektronisches Dokument haben die Bundes- und Landesregierungen im Rahmen einer Verordnung (Abs. 4 S. 2) zu bestimmen. Denkbar ist auch die Übermittlung in Form einer Audio-, Video- oder Grafikdatei,[18] sofern der Verordnungsgeber eine entsprechende Möglichkeit zulässt. Die Zulassung der elektronischen Form kann für Familiensachen sowie für Verfahren der freiwilligen Gerichtsbarkeit auf bestimmte Gerichte oder Verfahren beschränkt werden (Abs. 4 S. 4).

---

[6] Vgl. BT-Drs. 15/4067 S. 33 zu § 298 a ZPO.
[7] BGBl. I S. 837, 852; abgedruckt bei Baumbach/Hartmann Anh zu § 298 a.
[8] Zu den notwendigen Vorbereitungen im Bereich der Justiz s. Dästner NJW 2001, 3469/3470; Heß NJW 2002, 2417/2420.
[9] Brütting Anwalt 2002, 50/51.
[10] BGH NJW 2008, 2649; zu der derzeit in NRW noch nicht bestehenden Möglichkeit der Einlegung eines Rechtsmittels in Registersachen als elektronisches Dokument s. OLG Köln FGPrax 2011, 152.
[11] VO vom 24. 8. 2007, BGBl. I S. 2130; abgedruckt bei Baumbach/Hartmann § 130 a Rn 6; eine elektronischen Aktenführung ist derzeit beim BGH noch nicht vorgesehen.
[12] VO vom 24. 8. 2007, BGBl. I S. 2130; abgedruckt bei Baumbach/Hartmann § 130 a Rn 6.
[13] VO vom 9. 3. 2006, BGBl. I S. 519.
[14] VO vom 26. 11. 2004, BGBl. I S. 3091.
[15] Z. B. für den elektronischen Rechtsverkehr bei dem LG Köln in Verfahren nach § 101 Abs. 9 UrhG, GVBl. NRW 2010, 249; zu weiteren Verordnungen siehe die Übersicht bei Baumbach/Hartmann § 130 a Rn 6.
[16] BGH NJW-RR 2009, 357 = FamRZ 2009, 319.
[17] GmS – OGB NJW 2000, 2340; BGH NJW 2008, 2649; Dästner NJW 2001, 3469/3470; Zöller/ Greger § 130 a Rn 2.
[18] S. dazu Berger NJW 2005, 1016/1017.

2. Zeitpunkt der Einreichung

Ein elektronisches Dokument ist mit dem **Zeitpunkt der Aufzeichnung** in der für den 9 Empfang bestimmten Einrichtung des Gerichts eingereicht (§ 14 Abs. 2 S. 2 FamFG i. V. m. § 130a Abs. 3 ZPO). Damit reicht für die Wahrung einer (Rechtsmittel-)Frist aus, wenn die übermittelten Signale noch vor Ablauf der Frist von dem Empfangsgerät (u. U. ein zentraler Server für mehrere Geräte) aufgenommen werden. Auf den Zeitpunkt des Ausdrucks durch den Empfänger oder auf die Weiterleitung der Signale an die zuständige Geschäftsstelle bzw. auf die Herunterladung der Dateien auf den PC des Bearbeiters kommt es nicht an.[19] Das Gericht kann nach pflichtgemäßen Ermessen von dem elektronischen Dokument einen Ausdruck für die Akten fertigen (§ 14 Abs. 2 S. 2 FamFG i. V. m. § 298 ZPO). Dieser Ausdruck muss einen sog. **Transfervermerk** enthalten (siehe dazu Rn 13).

3. Risiko der fehlgeschlagenen Übermittlung

Das Risiko einer **fehlgeschlagenen Übermittlung** eines elektronischen Dokuments 10 trägt der Absender. Ist ein übermitteltes elektronisches Dokument für das Gericht zur Bearbeitung nicht geeignet, ist dies dem Absender unter Angabe der geltenden technischen Rahmenbedingungen unverzüglich mitzuteilen (§ 14 Abs. 2 S. 2 FamFG i. V. m. § 130a Abs. 1 S. 3 ZPO). Hierdurch soll der Absender in die Lage versetzt werden, das Dokument nochmals zu übermitteln oder u. U. Wiedereinsetzung in den vorigen Stand zu beantragen.[20]

4. Qualifizierte elektronische Signatur

Die als elektronisches Dokument übermittelten Anträge oder Erklärungen soll von der 11 verantwortlichen Person mit einer **qualifizierten elektronischen Signatur**[21] gemäß § 2 Nr. 3 SigG versehen werden (§ 14 Abs. 2 S. 2 FamFG i. V. m. § 130a Abs. 1 S. 2 ZPO). § 130a Abs. 1 S. 2 ZPO ist zwar als reine Ordnungsvorschrift ausgestaltet,[22] so dass die Signatur nach dem Wortlaut der Bestimmung kein zwingendes Erfordernis für die Wirksamkeit ist;[23] im Gesetzgebungsverfahren ist jedoch erörtert worden, ob nicht zumindest für bestimmende Schriftsätze die Form des § 126a BGB zwingend vorgeschrieben werden sollte, um so die Authentizität des Absenders als auch die Integrität des Dokuments zu gewährleisten. Es ist zwar bei der jetzigen Fassung des § 130a Abs. 1 S. 2 ZPO geblieben; der Gesetzgeber ging jedoch davon aus, dass die Formvorschrift in der ZPO und anderen Prozessordnungen für bestimmte Schriftsätze als **Muss-Vorschrift** zu interpretieren ist[24] und lediglich in besonderen Fällen – wie bei der höchstrichterlichen Rechtsprechung zu § 130 ZPO herausgebildet – von einer qualifizierten elektronischen Signatur abgesehen werden kann.

V. Gerichtliches elektronisches Dokument (Abs. 3)

Abs. 3 verweist für die Regelungen des gerichtlichen elektronischen Dokuments und die 12 Voraussetzungen der Erstellung eines Aktenauszuges auf die §§ 130b, 298 ZPO. Danach können Dokumente, die der Unterschrift durch den Richter, Rechtspfleger oder Urkundsbeamten der Geschäftsstelle bedürfen (z. B. Beschlüsse nach § 38 Abs. 3 S. 2), als elektronisches Dokument aufgezeichnet werden. Die handschriftliche Unterzeichnung wird dadurch ersetzt, dass die verantworteten Personen am Ende des Dokuments ihren Namen hinzufügen und das Dokument mit einer **qualifizierten elektronischen Signatur** versehen wird (§ 14 Abs. 3 FamFG i. V. m. § 130b ZPO). Dabei darf der Text nach der Signatur einer Person nicht mehr durch Korrekturen oder Zusätze geändert werden. An-

---

[19] BT-Drs. 14/4987 S. 24; Musielak/Stadler § 130a ZPO Rn 3; Zöller/Greger § 130a Rn 2.
[20] BT-Drs. 15/4067, S. 31 zu § 130a ZPO.
[21] S. dazu Roßnagel NJW 2001, 1817/1820.
[22] BT-Drs. 14/4987 S. 24/43; Zöller/Greger § 130a Rn 4.
[23] So Zöller/Greger § 130a Rn 4 für die Wirksamkeit bestimmender Schriftsätze; a.M. BGH NJW 2010, 2134; Thomas/Putzo/Reichold § 130a Rn 2.
[24] S. a. BGH NJW 2010, 2134; OVG Rheinland-Pfalz NVwZ-RR 2006, 519; FG Münster EFG 2006, 994; Bumiller/Harders § 14 Rn 2; Musielak/Stadler § 130a Rn 3; Thomas/Putzo/Reichold § 130a Rn 2; a. A. Baumbach/Hartmann § 130a Rn 4; SBW/Brinkmann § 14 Rn 23: bloße Sollvorschrift.

sonsten wird die bereits erteilte elektronische Signatur zerstört.[25] Wird die in § 130b ZPO vorgeschriebene Form nicht eingehalten, so liegt ein erheblicher Mangel vor. Für die Auswirkungen sowie die Möglichkeit der Heilung des Mangels ist auf die von der Rechtsprechung entwickelten Grundsätze für das jeweilige Dokument in Schriftform abzustellen. So handelt es sich bei einem Formmangel eines Beschlusses in elektronischer Form nur um einen Entwurf, dem keine rechtlichen Auswirkungen zukommen.

13 Von einem gerichtlichen elektronischen Dokument kann ein **Ausdruck für die Akten** gefertigt werden (§ 14 Abs. 3 FamFG i. V. m. § 298 Abs. 1 ZPO). Ob dies geschieht, liegt im Ermessen des Gerichts. Dieser Ausdruck muss einen gerichtlichen Prüfungsvermerk, sog. **Transfervermerk,** enthalten. Dieser wird maschinell erstellt und muss darauf hinweisen,
– welches **Ergebnis die Integritätsprüfung** des Dokuments ausweist (§ 298 Abs. 2 Nr. 1 ZPO),
– wen die **Signaturprüfung** als Inhaber der Signatur ausweist (§ 298 Abs. 2 Nr. 2 ZPO) und
– welchen **Zeitpunkt** die Signaturprüfung **für die Anbringung der Signatur** ausweist (§ 298 Abs. 2 Nr. 3 ZPO).
Zur Zustellung eines ordnungsgemäß mit einer qualifizierten elektronischen Signatur versehenen Dokuments siehe § 15 Abs. 2 S. 2 1. Alt. FamFG i. V. m. § 174 Abs. 3, Abs. 4 ZPO.

14 Zudem sieht § 298 Abs. 3 ZPO eine Mindestspeicherdauer für das gerichtliche elektronische Dokument bis zum rechtskräftigen Abschluss des Verfahrens vor (§ 298 Abs. 3 ZPO). Diese Bestimmung bezieht sich nur auf Dokument, die im Original in elektronischer Form erstellt wurden. Für Dokumente, die ursprünglich in Papierform eingereicht und später elektronisch verarbeitet wurden, gilt hingegen die Aufbewahrungsfrist nach § 14 Abs. 1 S. 2 FamFG i. V. m. § 298a Abs. 2 S. 2 ZPO. § 298 Abs. 3 ZPO gilt auch nicht unmittelbar, wenn die gesamte Gerichtsakte nach Abs. 1 elektronisch geführt wird; es gelten die allgemeinen Grundsätze.

15 Im Falle eines **unvollständigen oder fehlerhaften Transfervermerks** gelten die von der Rechtsprechung[26] zu einer mangelhaften Ausfertigung entwickelten Grundsätze. Zudem kommt einem fehlerhaften Ausdruck eines gerichtlichen elektronischen Dokuments die Beweiskraft des § 416a ZPO nicht zu.[27]

VI. Datenträgerarchiv (Abs. 5)

16 Das Gericht kann die Akten in Form der **Mikroverfilmung** oder auf einem **elektronischen Speichermedium** aufbewahren (Abs. 5). Erforderlich ist in diesem Fall ein schriftlicher Nachweis, dass die Wiedergabe mit dem Original übereinstimmt. Sofern dies der Fall ist, können Ausfertigung, Auszüge und Abschriften von dem Bild- oder dem Datenträger erteilt werden.[28] Inwieweit eine Mikroverfilmung oder elektronische Speicherung der Akten erfolgt, richtet sich nach den jeweiligen Vorschriften der Justizverwaltung. In der Wirkung steht eine ordnungsgemäß angefertigte Ausfertigung etc. derjenigen gleich, die von der Urschrift der Verfahrensakten erstellt wurde.[29]

VII. Kosten und Gebühren

17 Mit der Einreichung der Anträge und Erklärungen in elektronischer Form sowie die elektronische Führung der Gerichtsakten sind keine zusätzlichen Kosten und Gebühren verbunden.

Bekanntgabe; formlose Mitteilung

15 (1) Dokumente, deren Inhalt eine Termins- oder Fristbestimmung enthalten oder den Lauf einer Frist auslösen, sind den Beteiligten bekannt zu geben.

---

[25] Viefhues NJW 2005, 1011/1012.
[26] BGH NJW 2001, 1653; NJW-RR 1993, 956.
[27] MünchKommZPO/Prütting § 298a Rn 11.
[28] Musielak/Huber § 299a Rn 1, 2; s. a. BGH NJW 1977, 1400 (Notarakten).
[29] Zum Beweiswert einer Mikrokopie s. Heuer NJW 1982, 1505.

(2) ¹Die Bekanntgabe kann durch Zustellung nach den §§ 166 bis 195 der Zivilprozessordnung oder dadurch bewirkt werden, dass das Schriftstück unter der Anschrift des Adressaten zur Post gegeben wird. ²Soll die Bekanntgabe im Inland bewirkt werden, gilt das Schriftstück drei Tage nach Aufgabe zur Post als bekannt gegeben, wenn nicht der Beteiligte glaubhaft macht, dass ihm das Schriftstück nicht oder erst zu einem späteren Zeitpunkt zugegangen ist.

(3) Ist eine Bekanntgabe nicht geboten, können Dokumente den Beteiligten formlos mitgeteilt werden.

Übersicht

	Rn
I. Normzweck	1
II. Anwendungsbereich	2
III. Pflicht zur Bekanntgabe (Abs. 1)	4
1. Grundsatz	4
2. Wahl der Form der Bekanntgabe	8
3. Verzicht auf Bekanntgabe	9
4. Bekanntgabe an Notar	10
IV. Bekanntgabe durch Zustellung (Abs. 1 S. 1 1. Alt.)	12
1. Allgemeines	12
2. Durchführung der Zustellung	13
3. Zustellungsurkunde	17
4. Zustellung an gesetzlichen Vertreter	19
5. Zustellung an rechtsgeschäftlich bestellten Vertreter	22
6. Zustellung an Verfahrensbevollmächtigte	23
7. Durchführung der Zustellung nach den §§ 173–173 ZPO	27
a) Aufgaben der Geschäftsstelle	27
b) Aushändigung an der Amtsstelle	28
c) Zustellung gegen Empfangsbekenntnis	30
d) Einschreiben mit Rückschein	32
8. Durchführung der Zustellung nach den §§ 176–181 ZPO	33
a) Zustellungsauftrag	33
b) Ort der Zustellung	34
c) Ersatzzustellung	35
d) Zustellung bei verweigerter Annahme	42
e) Einlegen in den Briefkasten	43
f) Niederlegung	45
9. Zustellung im Ausland	48
a) Allgemeines	48
b) VO (EG) Nr. 1393/2007 (EuZustVO)	51
c) Multilaterale und bilaterale Verträge	54
d) Ausführung der Auslandszustellung	55
e) Verkehr mit ausländischen Behörden	57
f) Zustellungsbevollmächtigter; Aufgabe zur Post	59
10. Öffentliche Zustellung	61
a) Grundsatz	61
b) Verfahren	63
11. Zustellung auf Betreiben der Beteiligten (§§ 191–195 ZPO)	66
V. Bekanntgabe durch Aufgabe zur Post (Abs. 2 S. 1 2. Alt.)	67
1. Allgemeines	67
2. Eintritt der Wirkung der Bekanntgabe	68
3. Verfahren; Nachweis	69
4. Widerlegung der Fiktion (Abs. 2 S. 2)	70
VI. Heilung von Zustellungsmängeln	71
VII. Formlose Mitteilung (Abs. 3)	74

I. Normzweck

Die Vorschrift regelt die allgemeinen Grundsätze zur Bekanntgabe von Dokumenten. Sie erweitert damit den bisherigen § 16 FGG, der sich nur mit der Bekanntgabe von Verfügungen befasste, auf alle Dokumente. **Abs. 1** orientiert sich inhaltlich an den allgemeinen Bestimmungen über die Zustellungsbedürftigkeit in anderen Vorschriften (§§ 53 Abs. 1 FGO, 56 Abs. 1 VwGO)[1] und bestimmt den Kreis der zustellungsbedürftigen Dokumente. Für die Form der Bekanntgabe sieht **Abs. 2** in Anknüpfung an §§ 53 Abs. 2 FGO, 8 Abs. 1 InsO, 270 S. 1 ZPO zwei Möglichkeiten vor. Durch die förmliche Zustellung nach den Vorschriften der ZPO wird dem Bedürfnis nach einem möglichst zuverlässigen Wege der Übermittlung Rechnung getragen werden. Die daneben in Anlehnung an § 8 InsO bzw. § 184 ZPO geschaffene Möglichkeit einer Bekanntgabe durch Aufgabe zur Post trägt dem Wunsch nach einer weitgehend effizienten und unbürokratischen Bekanntgabe Rechnung.[2] Für die sonstigen Dokumente erlaubt **Abs. 3** wie § 270 S. 1 ZPO eine formlose Mitteilung.

II. Anwendungsbereich

2   § 15 gilt für alle Verfahren nach § 1 mit Ausnahmen der Ehesachen (§ 121) sowie der Familienstreitsachen (§ 112); für diese gelten nach § 113 Abs. 1 S. 2 die Allgemeinen Vorschriften der Zivilprozessordnung entsprechend und damit die §§ 166 ff., 270, 271 ZPO sowie für die Bekanntgabe von Entscheidungen des Gerichts der § 329 ZPO. Soweit nach Landesrecht für die Durchführung des Verfahrens andere als gerichtliche Behörden zuständig sind (§ 488 Abs. 1), findet § 15 Abs. 2 keine Anwendung. Maßgeblich sind die jeweiligen landesrechtlichen Bestimmungen. Dagegen sind § 15 Abs. 1 und 3 anwendbar. In den landesgesetzlich geregelten Angelegenheiten der freiwilligen Gerichtsbarkeit kann der Landesgesetzgeber die entsprechende Geltung des FamFG und somit des § 15 vorschreiben. Zu den Einzelheiten siehe die Ausführungen bei § 486.

3   In **Grundbuchsachen** gilt § 15 für Entscheidungen, nicht jedoch für Eintragungen. Eintragungen werden mit der nach § 44 Abs. 1 S. 2 GBO vorgeschriebenen Unterzeichnung wirksam und nach § 55 GBO bekannt gemacht.[3] Die Eintragungsverfügung ist ein rein interner Vorgang und kann selbst dann nicht mit der Beschwerde angefochten werden, wenn sie dem Antragsteller etwa in der Form des § 15 Abs. 1, Abs. 2 FamFG zur Kenntnis gebracht worden ist.[4]

III. Pflicht zur Bekanntgabe (Abs. 1)

1. Grundsatz

4   Dokumente, deren Inhalt eine **Termins- oder Fristbestimmung** enthalten oder den Lauf einer Frist auslösen, sind durch förmliche Zustellung nach den §§ 166 bis 195 ZPO (§ 15 Abs. 2 S. 1 1. Alt. FamFG) oder durch Aufgabe zur Post (§ 15 Abs. 2 S. 1 2. Alt. FamFG) **bekannt zu geben.** Unter Begriff „Dokument" fallen alle vom Gericht erstellten sowie die von einem Beteiligten bzw. von dritter Seite in das Verfahren eingebrachten Schriftstücke[5] einschließlich der elektronischen Dokumente; eine bestimmte Form ist nicht erforderlich. Angesichts des uneingeschränkten Wortlauts des Abs. 1 hat eine Bekanntgabe des Dokuments, das eine Termins- oder Fristbestimmung enthält oder den Lauf einer Frist auslöst, nicht nur an denjenigen Beteiligten zu erfolgen, für den das Dokument nach seinem Zweck und Inhalt bestimmt ist;[6] Adressaten sind aufgrund der Amts- und Fürsorgepflicht des Gerichts sämtliche am Verfahren Beteiligten (§ 7),[7] auch wenn sie konkret durch das Dokument nur mittelbar betroffen sind.

5   Bei der in Lauf zu setzenden Frist kann es sich um eine **gesetzliche** oder eine **gerichtlich bestimmte Frist** handeln. Zu den gesetzlichen Fristen gehören insbesondere die Rechtsmittel- bzw. Rechtsbehelfsfristen sowie die gesetzlich bestimmten Ladungsfristen (vgl. § 405 Abs. 4). Gerichtliche Fristen, also Fristen deren Dauer das Gericht bestimmt,

---

[1] BT-Drs. 16/6308 S. 182.
[2] BT-Drs. 16/6308 S. 182.
[3] Demharter § 1 Rn 57.
[4] Demharter § 71 Rn 20; vgl. aber OLG Saarbrücken OLGZ 1972, 129/130.
[5] Zimmermann Rn 56; Zöller/Stöber vor § 166 Rn 1.
[6] So Bumiller/Harders § 15 Rn 1.
[7] So auch Haußleiter/Gomille § 15 Rn 14.

ergeben sich beispielsweise aus §§ 11 S. 2, 32 Abs. 2, 52 Abs. 1 S. 2, 65, Abs. 2, 74 a Abs. 2, 181, 206 Abs. 1, 221 Abs. 1, 235 Abs. 1, 251 Abs. 1, 355 Abs. 1, 360 Abs. 1, 366 Abs. 3 S. 2, § 368 Abs. 3 i. V. m. § 366 Abs. 3 S. 2, §§ 381 S. 2, 382 Abs. 4, 388 Abs. 1, 388 Abs. 5, § 389 Abs. 1 i. V. m. § 388 Abs. 1, §§ 390 Abs. 5, 392 Abs. 1 Nr. 1, 393 Abs. 1, 394 Abs. 2, 395 Abs. 2, 399 Abs. 1, 477 FamFG; § 1994 Abs. 1 BGB. Gerichtliche Frist ist auch die in einer Zwischenverfügung zur Behebung eines Hindernisses (z. B. nach § 18 GBO) gesetzte Frist.[8]

Dokumente, die keine Termins- oder Fristbestimmung enthalten bzw. keine Frist auslösen, können **formlos mitgeteilt werden** (Abs. 3). Dies ist z. B. in den Fällen möglich, in denen die Beteiligten lediglich einen Anspruch auf Benachrichtigung haben (z. B. §§ 1953 Abs. 3 S. 1, 1957 Abs. 2 S. 1, 2081 Abs. 2 S. 1, 2262, 2281 Abs. 2 S. 2 BGB); zu den Einzelheiten siehe Rn 74.

Soll einem **Ausländer,** der der deutschen Sprache nicht hinreichend mächtig ist, ein Dokument bekannt gegeben oder formlos mitgeteilt werden, so bedarf es keiner Übersetzung in die Muttersprache. Da die Gerichtssprache deutsch ist (§ 184 GVG), sind alle Dokumente einschließlich gerichtlicher Entscheidungen auch dem sprachunkundigen Ausländer ohne Übersetzung zu übermitteln.[9] Der Umstand, dass dem Ausländer hinsichtlich der in Lauf gesetzten Frist möglicherweise wegen einer erforderlichen Übersetzung die ihm effektiv zur Überlegung zur Verfügung stehende Zeit verkürzt wird, rechtfertigt keine andere Beurteilung.

2. Wahl der Form der Bekanntgabe

Welche der beiden Möglichkeiten der Bekanntgabe nach § 15 Abs. 2 das Gericht wählt, liegt in dessen **pflichtgemäßen Ermessen.** Es darf unter Berücksichtigung der besonderen Umstände des Einzelfalls entscheiden, ob eine zuverlässige Bekanntgabe nur durch eine förmliche Zustellung nach den **§§ 165 bis 195 ZPO** bewirkt werden kann oder ob eine Aufgabe zur Post genügt. Die förmliche Zustellung bietet sich gegenüber den Beteiligten an, die unmittelbar von einer Termins- oder Fristbestimmung bzw. von einem Fristlauf betroffen werden, um so eine möglichst sichere Bekanntgabe zu gewährleisten und alsbald Rechtssicherheit über den Zugang des Dokuments zu erlangen. Eine Aufgabe zur Post ist vor allem in Verfahren mit zahlreichen Beteiligten als unbürokratische Bekanntgabemöglichkeit der Vorzug zu geben.[10] Keine Wahlmöglichkeit besteht, wenn spezielle gesetzliche Regelungen eine bestimmte Form vorschreiben.[11] So ist nach **§ 41 Abs. 1 S. 2** ein anfechtbarer Beschluss demjenigen stets zuzustellen, dessen erklärtem Willen er nicht entspricht (zu den Einzelheiten siehe die Erläuterungen zu § 41). Nach § 33 Abs. 2 S. 2 soll im Falle der Anordnung des persönlichen Erscheinens die Terminsladung zugestellt werden, wenn das Erscheinen des Beteiligten ungewiss ist. Gemäß § 365 Abs. 1 S. 2 kann in Teilungssachen nicht durch öffentliche Zustellung geladen werden.

Die **Ausführung der Bekanntgabe** fällt sowohl in der Form der förmlichen Zustellung als auch in der Form der Aufgabe zur Post in den Aufgabenbereich des Urkundsbeamten der Geschäftsstelle.[12] Im Einzelfall kann der Richter oder Rechtspfleger über die Form der Bekanntmachung eine für den Urkundsbeamten bindende[13] Anordnung treffen.[14]

3. Verzicht auf Bekanntgabe

Da die förmliche Bekanntgabe eines Dokuments dem Nachweis einer Termins- oder Fristbestimmung bzw. dem Lauf der gesetzten Frist und damit dem öffentlichen Interesse dient, kann der Bekanntgabeadressat nicht wirksam auf sie verzichten.

---

[8] KG OLGZ 1965, 244/246.
[9] BVerfG MDR 1983, 813; OLG Brandenburg FamRZ 2006, 1860; Baumbach/Hartmann § 184 GVG Rn 2; Zöller/Gummer § 184 GVG Rn 6.
[10] BT-Drs. 16/6308 S. 182.
[11] BGH FamRZ 2011, 1049.
[12] Bahrenfuss § 15 Rn 3; Prütting/Helms/Ahn-Roth § 15 Rn 24.
[13] BGH NJW-RR 1993, 1213.
[14] Zöller/Stöber § 168 Rn 1.

4. Bekanntgabe an Notare

10 Auf Grund vermuteter Vollmacht gilt ein Notar nach den §§ 378 FamFG, 15 GBO, 25 SchRegO als ermächtigt, die Eintragung in öffentliche Bücher und Register zu beantragen, wenn er die dazu erforderlichen Erklärungen beurkundet oder beglaubigt hat. Auf Grund dieser Vollmacht ist der Notar auch berechtigt, für den Antragsteller die im Rahmen der Erledigung des Eintragungsantrages ergehenden Dokumente, insbesondere auch die Eintragungsnachricht entgegenzunehmen.

11 Str. ist, ob die **Vollmacht des Notars** dahin **eingeschränkt** werden kann, dass er nicht zur Entgegennahme einer Eintragungsnachricht bevollmächtigt ist. Die h. M. bejaht diese Möglichkeit.[15] Soweit teilweise[16] vertreten wird, die sich aus § 15 GBO ergebende Vermutung einer umfassenden Vollmacht des Notars zur Vertretung des Antragstellers im Grundbuchverfahren könne nur insgesamt, aber nicht für einzelne damit üblicherweise verbundene Handlungen als widerlegt angesehen werden, kann dieser Auffassung nicht gefolgt werden. Die sich aus § 15 GBO ergebende Vollmacht des Notars hat keinen gesetzlich fest umrissenen Inhalt, vielmehr kann deren Umfang durch entsprechende Erklärungen des Antragstellers als Vollmachtgeber jederzeit beschränkt werden. Ist eine solche ausdrückliche Beschränkung der Vollmacht allerdings nicht erfolgt, ist ein Notar, der zur Stellung eines Eintragungsantrags berechtigt ist, auch als bevollmächtigt anzusehen ist, die auf den Antrag ergehende Entscheidung in Empfang zu nehmen.[17] Es kann davon ausgegangen werden, dass ein Beteiligter dem Notar, der für ihn in einer bestimmten Sache tätig wird, wegen dessen besonderer Sach- und Rechtskunde die gesamte Abwicklung der Angelegenheit überlässt, soweit er seinen gegenteiligen Willen, der Notar solle dabei nur in bestimmten Beziehungen tätig werden, nicht ausdrücklich zum Ausdruck gebracht hat. Zur Abwicklung eines notariellen Geschäfts gehört insbesondere auch die Entgegennahme der auf einen gestellten Eintragungsantrag ergehenden Entscheidung durch den Notar, um darauf ggf. unverzüglich reagieren zu können. Deswegen ist für Grundbuchsachen, aber auch für andere Registereintragungen anerkannt, dass Bekanntmachungen an den von dem Antragsberechtigten eingeschalteten Notar erfolgen müssen.[18] Durch § 55 GBO ist im Übrigen für Grundbucheintragungen klargestellt, dass der Notar – neben dem Antragsteller – auch dann eine Eintragungsnachricht erhalten soll, wenn er den Eintragungsantrag lediglich als dessen Bote gestellt hat.[19]

IV. Bekanntgabe durch Zustellung (Abs. 2 S. 1 1. Alt.)

1. Allgemeines

12 Die Bekanntgabe eines Dokuments kann durch – förmliche – Zustellung vorgenommen werden. Für die Ausführung einer Zustellung verweist § 15 Abs. 2 S. 1 1. Alt. FamFG auf die §§ 166 bis 195 ZPO. Die Beurkundung der Zustellung ist in keinem Fall deren Wirksamkeitsvoraussetzung, sondern lediglich ein – allerdings wichtiges – Mittel, um deren Durchführung zu einem bestimmten Zeitpunkt nachweisen zu können. Durch **§ 174 Abs. 2 und Abs. 3 ZPO** wird darüber hinaus die Zustellung mit Hilfe elektronischer Kommunikationsmittel auf eine gesetzliche Grundlage gestellt. **§ 171 ZPO** eröffnet die Möglichkeit der Zustellung an rechtsgeschäftlich bestellte Vertreter, die sich durch eine schriftliche Vollmacht ausweisen können. **§ 174 Abs. 1 ZPO** erweitert den Kreis der Zustellungsadressaten, an die gegen Empfangsbekenntnis zugestellt werden darf. Durch **§ 175 ZPO** wird die Möglichkeit der Zustellung durch Einschreiben mit Rückschein eröffnet. Sie soll nach § 183 Abs. 1 Nr. 1 ZPO grundsätzlich auch bei Auslandszustellungen erfolgen, soweit völkerrechtliche Vereinbarungen nicht entgegenstehen. Das Recht der

---

[15] Bauer/v. Oefele/Wilke § 15 Rn 16, Demharter § 15 Rn 3.
[16] OLG Düsseldorf FGPrax 2001, 11; vgl. auch OLG Jena FGPrax 2002, 150; OLG Köln MittBayNot 2001, 319.
[17] BGHZ 28, 104/109.
[18] OLG Düsseldorf FGPrax 1997, 169 = NJW-RR 1998, 17; Rpfleger 1984, 311, OLG Zweibrücken Rpfleger 1968, 154.
[19] Demharter § 55 Rn 10.

Ersatzzustellung ist in den **§§ 178, 180 und 181 ZPO** geregelt und vereinfacht worden. Aus **§ 189 ZPO** ergibt sich, dass die Heilung von Zustellungsmängeln in allen Fällen möglich ist, wenn das zuzustellende Schriftstück dem Zustellungsadressaten tatsächlich zugegangen ist, selbst wenn dabei zwingende Zustellungsvorschriften verletzt worden sind oder sich eine formgerechte Zustellung nicht einmal nachweisen lässt.

2. Durchführung der Zustellung

§ 166 ZPO Zustellung

(1) Zustellung ist die Bekanntgabe eines Dokuments an eine Person in der in diesem Titel bestimmten Form.

(2) Dokumente, deren Zustellung vorgeschrieben oder vom Gericht angeordnet ist, sind von Amts wegen zuzustellen, soweit nicht anderes bestimmt ist.

Zustellung ist nach **§ 166 ZPO** die in gesetzlicher Form zu bewirkende Bekanntgabe **13** eines Schriftstücks an den Zustellungsadressaten, die, wie sich aus den §§ 173, 177, 179, 180 ZPO ergibt, im Normalfall durch die Übergabe an ihn oder den Einwurf in den Briefkasten erfolgt. In welcher Form ein Dokument zuzustellen ist **(Urschrift, Ausfertigung, beglaubigte Abschrift)**, bestimmt sich nicht nach den allgemeinen Zustellungsvorschriften der ZPO; vielmehr ist dies in den jeweiligen materiell- oder verfahrensrechtlichen Vorschriften, die eine Zustellung vorschreiben (z. B. § 85 FamFG i. V. m. §§ 103 ff., 794 Abs. 1 Nr. 2, 795, 798 ZPO, § 87 Abs. 2 FamFG, § 95 Abs. 1 FamFG i. V. m. §§ 704 ff. ZPO, § 371 Abs. 2 FamFG i. V. m. §§ 795, 797 ZPO, § 132 Abs. 1 BGB[20]) oder aus Beweisgründen zumindest nahe legen (so z. B. §§ 2271 Abs. 1,[21] 2282, 2296 BGB[22]), geregelt. Fehlt es an einer besonderen Bestimmung, reicht die Zustellung einer beglaubigten Abschrift.

Abweichungen der zugestellten Ausfertigung oder beglaubigten Abschrift **von der Ur- 14 schrift** führen dann zur Unwirksamkeit der Zustellung, wenn diese wesentlich sind.[23] Die Wirksamkeit der Zustellung wird dagegen nicht berührt, wenn die zugestellte Ausfertigung oder Abschrift zwar unvollständig ist, jedoch nur für deren Verständnis unwesentliche Teile fehlen oder unleserlich sind und der Zustellungsadressat seine Beschwer trotzdem erkennen kann.[24] Ist die Zustellung einer unrichtigen Ausfertigung oder Abschrift wirksam, so ist allein deren Inhalt für den Betroffenen maßgebend, weil er nur danach seine Entschlüsse fassen kann.[25]

Die Ausfertigung wird erst durch den Ausfertigungsvermerk zur öffentlichen Urkunde;[26] **15** fehlt auf einer beglaubigten Abschrift des Ausfertigungsvermerks, so setzt deren Zustellung eine Rechtsmittelfrist nicht in Lauf. Die Ausfertigung einer gerichtlichen Entscheidung muss zudem erkennen lassen, dass das Original die Unterschrift der mitwirkenden Richter (Rechtspfleger) trägt;[27] auch aus einer beglaubigten Abschrift müssen sich deren Unterschriften ersehen lassen. Die Angabe „**gez. Unterschrift**"[28] oder ausschließlich der **Namen in Klammern**[29] genügt nicht. Auf Fehler der Ausfertigung eines Beschlusses kann jedoch kein Rechtsmittel gestützt werden, da darauf die angefochtene Entscheidung nicht beruhen kann.[30]

Besonderheiten gelten bei Zustellungen an Soldaten[31] und an Angehörige ausländischer **16** Streitkräfte.[32]

---

[20] Palandt/Ellenberger § 132 Rn 1.
[21] Palandt/Weidlich § 2271 Rn 5.
[22] Palandt/Weidlich § 2296 Rn 2.
[23] BGH MDR 1998, 1179; BayObLG MDR 1982, 501; Thomas/Putzo/Hüßtege § 169 Rn 9; Zöller/Stöber § 169 Rn 12.
[24] BGH FamRZ 2007, 372; OLG Naumburg MDR 2000, 601.
[25] BGH MDR 1963, 588; Thomas/Putzo/Hüßtege § 169 Rn 9.
[26] BGH VersR 1994, 1495.
[27] Zöller/Stöber § 169 Rn 14.
[28] Vgl. BGH NJW 1975, 781.
[29] BGH FamRZ 1990, 1227; NJW-RR 1987, 377.
[30] OLG Köln FGPrax 2000, 34.
[31] Siehe dazu MünchKommZPO/Häublein § 166 Rn 27; Zöller/Stöber vor § 166 Rn 7.
[32] Siehe dazu MünchKommZPO/Häublein § 166 Rn 26, Zöller/Stöber vor § 166 Rn 8.

3. Zustellungsurkunde

§ 182 ZPO Zustellungsurkunde

(1) Zum Nachweis der Zustellung nach den §§ 171, 177 bis 181 ist eine Urkunde auf dem hierfür vorgesehenen Formular anzufertigen. Für diese Zustellungsurkunde gilt § 418.

(2) Die Zustellungsurkunde muss enthalten:
1. die Bezeichnung der Person, der zugestellt werden soll,
2. die Bezeichnung der Person, an die der Brief oder das Schriftstück übergeben wurde,
3. im Falle des § 171 die Angabe, dass die Vollmachtsurkunde vorgelegen hat,
4. im Falle der §§ 178, 180 die Angabe des Grundes, der diese Zustellung rechtfertigt und wenn nach § 181 verfahren wurde, die Bemerkung, wie die schriftliche Mitteilung abgegeben wurde,
5. im Falle des § 179 die Erwähnung, wer die Annahme verweigert hat und dass der Brief am Ort der Zustellung zurückgelassen oder an den Absender zurückgesandt wurde,
6. die Bemerkung, dass der Tag der Zustellung auf dem Umschlag, der das zuzustellende Schriftstück enthält, vermerkt ist,
7. den Ort, das Datum und auf Anordnung der Geschäftsstelle auch die Uhrzeit der Zustellung,
8. Name, Vorname und Unterschrift des Zustellers sowie die Angabe des beauftragten Unternehmens oder der ersuchten Behörde.

(3) Die Zustellungsurkunde ist der Geschäftsstelle unverzüglich zurückzuleiten.

17 Die **Zustellungsurkunde** ist eine öffentliche Urkunde **(§ 182 Abs. 1 ZPO)**. Sie erbringt nach **§ 418 Abs. 1 ZPO** vollen Beweis für die Richtigkeit der beurkundeten Tatsachen. Der **Zustellungsadressat** (§ 182 Abs. 2 Nr. 1 ZPO) kann jedoch mit jedem zulässigen Beweismittel den Beweis führen (vgl. § 418 ZPO),[33] dass er eine Zustellung nicht gegen sich gelten lassen muss, weil sie beispielsweise im Hinblick auf die nach § 182 Abs. 2 Nr. 4 ZPO vorgeschriebenen Angaben unrichtig beurkundet worden ist, der **Zustellungsempfänger** (§ 182 Abs. 2 Nr. 2 ZPO) bei einer Ersatzzustellung nach § 178 Abs. 1 Nr. 1 ZPO etwa keine in der Familie des Zustellungsadressaten beschäftigte Person, sondern z. B. ein zufällig dort angetroffener Handwerker oder kein ständiger Mitbewohner seiner Wohnung, sondern ein zufällig dort angetroffener Gast war. Eine unvollständig ausgefüllte Urkunde (z. B. fehlende Unterschrift) ist nicht unwirksam; vielmehr kann sie ergänzt werden. Die ergänzte Urkunde unterliegt dann der freien Beweiswürdigung nach § 419 ZPO.[34]

18 Der Gegenbeweis der unrichtigen Beurkundung ist nur dann erbracht, wenn das Gericht davon voll überzeugt ist; es genügt also nicht, dass seine Überzeugung von der Richtigkeit der beurkundeten Tatsachen nur erschüttert ist[35] oder die bloße Möglichkeit eines anderen Geschehensablaufs dargetan wird, als er sich aus der Urkunde ergibt.[36] Ist der Beweis der Zustellung durch eine öffentliche Urkunde geführt, kann der Gegenbeweis nicht allein durch eidesstattliche Versicherungen von Zeugen erbracht werden. Zu der Frage, ob eine Zustellung unrichtig beurkundet worden ist, scheidet eine förmliche Beteiligtenvernehmung des Zustellungsadressaten aus;[37] § 30 verweist hinsichtlich der Durchführung einer förmlichen Beweisaufnahme auf die entsprechenden Vorschriften der ZPO und damit auch auf § 445 Abs. 2 ZPO, der einer Beteiligtenvernehmung zu dieser Frage entgegensteht.[38] Die in einer Zustellungsurkunde aufgenommene Erklärung, dass der Zustellungsadressat „in seiner Wohnung" nicht angetroffen worden ist, ist lediglich ein beweiskräftiges Indiz, dass dieser unter der Zustellungsanschrift wohnt.[39]

---

[33] BayObLG NZM 2000, 245; OLG Köln MDR 1996, 850; MDR 1983, 139; Thomas/Putzo/Reichold § 415 Rn 6.
[34] BGH NJW-RR 2008, 218.
[35] Thomas/Putzo/Reichold § 415 Rn 6.
[36] Thomas/Putzo/Reichold § 418 Rn 5.
[37] BayObLG NZM 2000, 245.
[38] BGH NJW 1965, 1714: Thomas/Putzo/Reichold § 415 Rn 6, § 418 Rn 5, § 445 Rn 3.
[39] BVerfG NJW 1992, 224; NJW-RR 1992, 1084; BGH NJW-RR 2004, 2387; NJW-RR 1994, 564.

4. Zustellung an gesetzlichen Vertreter

§ 170 ZPO Zustellung an Vertreter

(1) Bei nicht prozessfähigen Personen ist an ihren gesetzlichen Vertreter zuzustellen. Die Zustellung an die nicht prozessfähige Person ist unwirksam.
(2) Ist der Zustellungsadressat keine natürliche Person, genügt die Zustellung an den Leiter.
(3) Bei mehreren gesetzlichen Vertretern oder Leitern genügt die Zustellung an einen von ihnen.

§ 170 Abs. 1 ZPO regelt, wer Zustellungsadressat ist, wenn der Verfahrensbeteiligte 19 nicht verfahrensfähig ist. Nach S. 1 hat in diesem Falle die Zustellung an den gesetzlichen Vertreter des Verfahrensunfähigen zu erfolgen.[40] S. 2 stellt klar, dass insoweit eine Zustellung an einen Verfahrensbeteiligten persönlich unwirksam ist. Die Zustellung an den gesetzlichen Vertreter ist keine Ersatzzustellung im Sinne von § 178 Abs. 1 Nr. 1 ZPO. Anderseits kann aber auch weiterhin an den Vertretenen eine Ersatzzustellung eines für seinen abwesenden gesetzlichen Vertreter in dieser Eigenschaft bestimmten Schriftstücks vorgenommen werden, wenn der Vertretene dessen erwachsener Familienangehöriger oder ständiger Mitbewohner in dessen Wohnung ist.[41]

Soweit geschäftsunfähige oder in der Geschäftsfähigkeit beschränkte Personen kraft aus- 20 drücklicher Regelung die volle Verfahrensfähigkeit besitzen und damit ihre Rechte als Beteiligte im Verfahren selbst wahrnehmen können (z. B. gem. § 60 FamFG im Beschwerdeverfahren, gem. § 275 FamFG in Betreuungssachen bzw. in § 316 FamFG in Unterbringungssachen), muss die Zustellung abweichend von § 170 Abs. 1 S. 1 ZPO an sie selbst erfolgen;[42] zum Wirksamwerden eines Beschlusses in diesen Fällen siehe §§ 287 Abs. 2, 324 Abs. 1 S. 1 FamFG.

Ist der Zustellungsadressat keine natürliche Person, genügt nach **§ 170 Abs. 2 ZPO** eine 21 Zustellung an den Leiter. Dies gilt insbesondere für Zustellungen an die am Verfahren beteiligten Behörden. Wer der zuständige Leiter ist, bestimmt sich nach dem jeweiligen Recht der Vereinigung.[43] Bei mehreren gesetzlichen Vertretern oder Leitern reicht die Zustellung an einen von ihnen aus **(§ 170 Abs. 3 ZPO)**. Damit kann die Zustellung an einen Elternteil erfolgen, wenn die Zustellung an die Eltern als gemeinsame gesetzliche Vertreter eines Minderjährigen bewirkt werden muss.[44] Für die Zustellung ist nur die Übergabe **einer** Ausfertigung oder Abschrift des Schriftstücks erforderlich.[45]

5. Zustellung an rechtsgeschäftlich bestellte Vertreter

§ 171 ZPO Zustellung an Bevollmächtigte

An den rechtsgeschäftlich bestellten Vertreter kann mit gleicher Wirkung wie an den Vertretenen zugestellt werden. Der Vertreter hat eine schriftliche Vollmacht vorzulegen

§ 171 ZPO ermöglicht die Zustellung an jeden rechtsgeschäftlich bestellten Vertreter, 22 der sich durch eine schriftliche Vollmacht, die ihn zur Entgegennahme von Zustellungen für den Vertretenen ermächtigt, ausweisen kann. Es genügt, wenn die Zustellungsvollmacht dem Zustellungsorgan bekannt ist. Ihre Beachtung liegt im pflichtgemäßen Ermessen des Zustellers, der keine Ermittlungen darüber anzustellen hat, ob ein Dritter im Einzelfall zur Entgegennahme einer Zustellung bevollmächtigt und ob die von ihm vorgelegte Vollmacht ordnungsgemäß ist.[46] Eine Zustellungsvollmacht kann jedem erteilt werden, der in einem solchen Verfahren zum Bevollmächtigten bestellt werden kann, und sie ist abgesehen davon, dass sie nach § 171 ZPO nur zu beachten ist, wenn sie schriftlich erteilt ist, an keine bestimmte Form gebunden. Bei der Zustellung an einen Zustellungs-

---

[40] Thomas/Putzo/Hüßtege § 170 Rn 2; Zöller/Stöber § 170 Rn 1.
[41] BGH Rpfleger 1973, 129; BayObLGZ 1967, 259/262; Zöller/Stöber § 170 Rn 2.
[42] BGH FamRZ 2011, 1049.
[43] MünchKommZPO/Häublein § 170 Rn 6.
[44] OLG Karlsruhe FamRZ 1973, 272 mit Anm. Bosch; Thomas/Putzo/Hüßtege § 170 Rn 5; Zöller/Stöber § 170 Rn 6.
[45] Vgl. MünchKommZPO/Häublein § 170 Rn 8.
[46] Zöller/Stöber § 171 Rn 5.

bevollmächtigten sind so viele Abschriften oder Ausfertigung zu übergeben, als Beteiligte vertreten werden.[47]

6. Zustellung an Verfahrensbevollmächtigte

§ 172 ZPO Zustellung an Prozessbevollmächtigte

(1) In einem anhängigen Verfahren hat die Zustellung an den für den Rechtszug bestellten Prozessbevollmächtigten zu erfolgen. Das gilt auch für die Prozesshandlungen, die das Verfahren vor diesem Gericht infolge eines Einspruchs, einer Aufhebung des Urteils dieses Gerichts, einer Wiederaufnahme des Verfahrens, einer Rüge nach § 321 a oder eines neuen Vorbringens in dem Verfahren der Zwangsvollstreckung betreffen. Das Verfahren vor dem Vollstreckungsgericht gehört zum ersten Rechtszug.

(2) Ein Schriftsatz, durch den ein Rechtsmittel eingelegt wird, ist dem Prozessbevollmächtigten des Rechtszuges zuzustellen, dessen Entscheidung angefochten wird. Wenn bereits ein Prozessbevollmächtigter für den höheren Rechtszug bestellt ist, ist der Schriftsatz diesem zuzustellen. Der Partei ist selbst zuzustellen, wenn sie einen Prozessbevollmächtigten nicht bestellt hat.

23 § 15 Abs. 2 S. 1 1. Alt. FamFG verweist für die Zustellung auch auf **§ 172 Abs. 1 S. 1 ZPO**. Danach hat in einem anhängigen Verfahren die Zustellung ausschließlich an den für diese Instanz bestellten Verfahrensbevollmächtigten zu erfolgen. Problematisch ist, in welchem Umfang diese Vorschrift für den Anwendungsbereich des § 15 FamFG mit der Folge heranzuziehen ist, dass Zustellungen in einem laufenden Verfahren **ausschließlich** an den in diesem Verfahren bestellten Bevollmächtigten als Zustellungsadressaten erfolgen müssen.[48]

24 Grundsätzlich kann ein Beteiligter in einem FamFG-Verfahren seinem Bevollmächtigten **ausdrücklich eine Vollmacht** des Inhalts erteilen, dass Zustellungen, durch die eine gesetzliche oder richterliche Frist in Lauf gesetzt wird, nur an diesen erfolgen sollen.[49] Eine solche Vollmacht ist zu den Gerichtsakten zu reichen (vgl. § 11 Abs. 1 S. 1, 2 FamFG) und zu beachten, wenn sie dem Gericht zur Kenntnis gebracht wird.[50] Daneben ist § 172 ZPO stets anwendbar, wenn der Beteiligte einem **Rechtsanwalt** oder Notar (vgl. dazu Rn 10 f.) eine unbeschränkte Verfahrensvollmacht erteilt und dieser dem Gericht seine Bestellung angezeigt hatte. Dies ist auch ohne Vorlage einer schriftlichen Vollmachtsurkunde (vgl. § 11 Abs. 1 S. 2 FamFG) zu beachten. Im Einzelfall ist jedoch zu prüfen, ob ein Rechtsanwalt oder Notar tatsächlich im Sinne des § 81 ZPO für das ganze Verfahren umfassend bevollmächtigt ist, was bei einem Verkehrsanwalt, Terminsvertreter oder einer Bevollmächtigung zur Akteneinsicht regelmäßig ausscheidet.

25 Ergibt sich aus der von dem **Bevollmächtigten, der weder Rechtsanwalt oder Notar** ist, zu den Akten gereichten Vollmacht nicht ausdrücklich, dass er auch zur Entgegennahme von Zustellungen berechtigt ist, oder wird entgegen § 11 Abs. 1 S. 1, 2 FamFG keine Vollmacht zu den Akten gereicht, so ist § 172 Abs. 1 S. 1 ZPO nicht entsprechend anwendbar. Die Zustellung muss daher weiterhin an den Beteiligten persönlich erfolgen. Ausreichend kann aber im Einzelfall sein, wenn die Berechtigung des Bevollmächtigten zur Entgegennahme von Zustellungen dem Gericht gegenüber auch ohne diesbezügliche Vollmacht auf andere Weise deutlich zum Ausdruck gebracht wird.[51]

26 Haben sich für einen Beteiligten mehrere Verfahrensbevollmächtigte mit umfassender Zustellungsvollmacht bestellt, so genügt die Zustellung an einen von ihnen (vgl. § 84 ZPO).[52] Eine Beendigung des Mandats verbietet in den Verfahren, in denen kein Anwaltszwang besteht, die Zustellung an den früheren Bevollmächtigten, sobald sie zur Kenntnis des Gerichts gelangt ist (vgl. auch § 87 Abs. 1 ZPO);[53] bei Anwaltszwang endet die Zustel-

---

[47] MünchKommZPO/Häublein § 170 Rn 9.
[48] BGH Beschl. v. 29. 4. 2010 V ZB 202/09 = BeckRS 2010, 15618; Bahrenfuss § 15 Rn 6; SBW/Brinkmann § 15 Rn 27.
[49] OLG Hamm OLGZ 1971, 485/487.
[50] BGH MDR 1975, 917; OLG Hamm OLGZ 1992, 162/164.
[51] Vgl. BGH MDR 1975, 917.
[52] BVerfG 81, 123/128 = NJW 1990, 1104; BGH NJW 1992, 3096.
[53] BGH NJW 1991, 295; Zöller/Stöber § 172 Rn 11.

lungsverpflichtung erst mit der Bestellung eines anderen Anwalts (§ 87 Abs. 1 2. Halbs. ZPO). Verstöße gegen § 172 Abs. 1 S. 1 ZPO führen zur Unwirksamkeit der Zustellung, wobei die Möglichkeit einer Heilung besteht (vgl. Rn 71).

7. Durchführung der Zustellung nach den §§ 173–175 ZPO

§ 168 ZPO Aufgaben der Geschäftsstelle

(1) Die Geschäftsstelle führt die Zustellung nach §§ 173 bis 175 aus. Sie kann einen nach § 33 Abs. 1 des Postgesetzes beliehenen Unternehmer (Post) oder einen Justizbediensteten mit der Ausführung der Zustellung beauftragen. Den Auftrag an die Post erteilt die Geschäftsstelle auf dem dafür vorgesehenen Vordruck.

(2) Der Vorsitzende des Prozessgerichts oder ein von ihm bestimmtes Mitglied können einen Gerichtsvollzieher oder eine andere Behörde mit der Ausführung der Zustellung beauftragen, wenn eine Zustellung nach Absatz 1 keinen Erfolg verspricht.

§ 173 ZPO Zustellung durch Aushändigung an der Amtsstelle

Ein Schriftstück kann dem Adressaten oder seinem rechtsgeschäftlich bestellten Vertreter durch Aushändigung an der Amtsstelle zugestellt werden. Zum Nachweis der Zustellung ist auf dem Schriftstück und in den Akten zu vermerken, dass es zum Zwecke der Zustellung ausgehändigt wurde und wann das geschehen ist; bei Aushändigung an den Vertreter ist dies mit dem Zusatz zu vermerken, an wen das Schriftstück ausgehändigt wurde und dass die Vollmacht nach § 171 Satz 2 vorgelegt wurde. Der Vermerk ist von dem Bediensteten zu unterschreiben, der die Aushändigung vorgenommen hat.

§ 174 ZPO Zustellung gegen Empfangsbekenntnis

(1) Ein Schriftstück kann an einen Anwalt, einen Notar, einen Gerichtsvollzieher, einen Steuerberater oder an eine sonstige Person, bei der auf Grund ihres Berufes von einer erhöhten Zuverlässigkeit ausgegangen werden kann, eine Behörde, eine Körperschaft oder eine Anstalt des öffentlichen Rechts gegen Empfangsbekenntnis zugestellt werden.

(2) An die in Absatz 1 Genannten kann das Schriftstück auch durch Telekopie zugestellt werden. Die Übermittlung soll mit dem Hinweis „Zustellung gegen Empfangsbekenntnis" eingeleitet werden und die absendende Stelle, den Namen und die Anschrift des Zustellungsadressaten sowie den Namen des Justizbediensteten erkennen lassen, der das Dokument zur Übermittlung aufgegeben hat.

(3) An die in Absatz 1 Genannten kann auch ein elektronisches Dokument zugestellt werden. Gleiches gilt für andere Verfahrensbeteiligte, wenn sie der Übermittlung elektronischer Dokumente ausdrücklich zugestimmt haben. Für die Übermittlung ist das Dokument mit einer elektronischen Signatur zu versehen und gegen unbefugte Kenntnisnahme Dritter zu schützen. Die Übermittlung kann auch über De-Mail-Dienste im Sinne des § 1 De-Mail-Gesetzes erfolgen.

(4) Zum Nachweis der Zustellung genügt das mit Datum und Unterschrift des Adressaten versehene Empfangsbekenntnis, das an das Gericht zurückzusenden ist. Das Empfangsbekenntnis kann schriftlich, durch Telekopie oder als elektronisches Dokument (§ 130a) zurückgesandt werden. Wird es als elektronisches Dokument erteilt, soll es mit einer qualifizierten elektronischen Signatur nach dem Signaturgesetz versehen werden.

§ 175 ZPO Zustellung durch Einschreiben mit Rückschein

Ein Schriftstück kann durch Einschreiben mit Rückschein zugestellt werden. Zum Nachweis der Zustellung genügt der Rückschein.

a) **Aufgaben der Geschäftsstelle.** Die Ausführung der Zustellung erfolgt grundsätzlich von Amts wegen. Gemäß **§ 168 Abs. 1 ZPO** ist es Sache der Geschäftsstelle, für die Ausführung der Zustellungen nach den §§ 173 bis 175 ZPO zu sorgen (Abs. 1 S. 1) oder damit einen nach § 33 Abs. 1 PostG beliehenen Unternehmer (Post) oder einen Justizbediensteten zu beauftragen (Abs. 1 S. 2). Sollte allerdings eine Zustellung auf diesem Wege von vornherein keinen Erfolg versprechen, kann durch richterliche Anordnung des Vorsitzenden, seines Vertreters oder eines von dem Vorsitzenden bestimmten Mitglieds des

Spruchkörpers ein Gerichtsvollzieher oder eine andere Behörde, z. B. die Polizei oder die Wasserschutzpolizei für die Zustellung auf Binnenschiffen, damit beauftragt werden (**§ 168 Abs. 2 ZPO**).

28   **b) Aushändigung an der Amtsstelle.** Eine Zustellung kann nach **§ 173 ZPO** dadurch erfolgen, dass dem Zustellungsadressaten, also auch dem gesetzlichen Vertreter eines nicht verfahrensfähigen Beteiligten nach § 170 Abs. 1 ZPO, dem Leiter einer juristischen Person oder Behörde im Sinne von § 170 Abs. 2 ZPO, dem Verfahrensbevollmächtigten des anwaltlich vertretenen Beteiligten nach § 172 Abs. 1 ZPO oder dem rechtsgeschäftlich bestellten Vertreter des Zustellungsadressaten das zuzustellende Schriftstück nach § 171 ZPO an der Amtsstelle zum Zweck der Zustellung ausgehändigt wird. Unter **Amtsstelle** im Sinne von § 173 ZPO ist nicht nur der Raum, in dem die Geschäftsstelle im technischen Sinne untergebracht ist, sondern jeder Dienstraum des Gerichts zu verstehen, so z. B. der Sitzungssaal, der Gerichtsflur, das Dienstzimmer des Richters. Weiterhin fällt darunter auch jeder Ort, an dem eine gerichtliche Tätigkeit ausgeübt wird,[54] z. B. ein Pflegeheim, eine Haftanstalt oder ein psychiatrisches Krankenhaus, in dem der Betroffene durch das Gericht angehört wird.[55]

29   Für die Wirksamkeit einer Zustellung ist es gleichgültig, ob der Zustellungsadressat zufällig auf der Geschäftsstelle angetroffen oder ob er vorgeladen worden ist, um an ihn eine Zustellung vornehmen zu können.[56] Ebenso wenig wie er aber verpflichtet ist, einer solchen Vorladung Folge zu leisten, ist er verpflichtet, das zuzustellende Schriftstück entgegenzunehmen. Zum Nachweis der Zustellung ist auf dem dem Zustellungsadressaten ausgehändigten Schriftstück und in den Akten von dem Urkundsbeamten der Geschäftsstelle bzw. dem von ihm mit der Durchführung der Zustellung beauftragten Justizbediensteten zu vermerken, dass und wann es zum Zweck der Zustellung ausgehändigt worden ist. Der Vermerk in den Akten ist aber keine Wirksamkeitsvoraussetzung für die Zustellung, weil es dafür nicht auf deren ordnungsgemäße Beurkundung ankommt. Ebenso ist es unschädlich, wenn das Datum der Zustellung auf der dem Zustellungsadressaten ausgehändigten Sendung nicht vermerkt ist. Sein Fehlen hindert den Beginn der Frist nicht, die durch die Zustellung in Lauf gesetzt werden sollte.[57]

30   **c) Zustellung gegen Empfangsbekenntnis.** Nach **§ 174 Abs. 1 ZPO** kann die Geschäftsstelle eine Zustellung an die dort näher bezeichneten natürlichen Personen, Behörden, Körperschaften und Anstalten des öffentlichen Rechts gegen **Empfangsbekenntnis** vornehmen lassen. Der Kreis der Zustellungsadressaten, an die auf diese Art und Weise zugestellt werden darf, erfasst solche Personen, bei denen auf Grund ihres Berufs von einer erhöhten Zuverlässigkeit ausgegangen werden kann. Insoweit kann in Verfahren der freiwilligen Gerichtsbarkeit der Personenkreis auf Berufsvormünder, Berufsbetreuer, Beistände oder Pfleger erweitert werden, wenn sie dem Gericht als zuverlässig bekannt sind.[58]

31   Für die Wirksamkeit der Zustellung nach § 174 Abs. 1 ZPO ist erforderlich, aber auch ausreichend, dass der Zustellungsadressat das empfangene Schriftstück mit dem Willen entgegengenommen hat, es als zugestellt gelten zu lassen. Das bestätigt er durch sein **schriftliches Empfangsbekenntnis.** Das bloße Behalten einer Sendung oder die Verweigerung der Unterschrift[59] bekundet noch keinen entsprechenden Willen. Bei Unwirksamkeit der Zustellung wegen Mängeln bei der Ausstellung des Empfangsbekenntnisses kann der Zustellungsmangel nach § 189 ZPO allerdings auch dann geheilt werden, wenn durch die Zustellung eine Frist in Lauf gesetzt werden sollte.[60] Weist das vorbereitete Empfangsbekenntnis ein falsches Aktenzeichen des Empfängers aus, so führt dies noch nicht zur Unwirksamkeit der Zustellung, wenn die Entscheidung inhaltlich ordnungsgemäß übersandt wurde.[61] Ein Dokument kann gegen Empfangsbekenntnis auch als Telekopie

---

[54] Thomas/Putzo/Hüßtege § 173 Rn 3.
[55] Thomas/Putzo/Hüßtege § 173 Rn 3; Zöller/Stöber § 173 Rn 4.
[56] Zöller/Stöber § 173 Rn 4.
[57] Zöller/Stöber § 173 Rn 6.
[58] Zweifelnd: Zöller/Stöber § 174 Rn 4.
[59] BGH NJW-RR 1989, 57.
[60] Baumbach/Hartmann § 174 Rn 21.
[61] OLG Brandenburg FamRZ 2009, 907.

(§ 174 Abs. 2 ZPO) oder, soweit diese Möglichkeit eröffnet ist, als elektronisches Dokument (§ 174 Abs. 3 ZPO) zugestellt werden. Mit der Einführung von De-Mail-Diensten[62] besteht auch die Möglichkeit der Übermittlung im Wege eines entsprechenden Dienstes (vgl. § 174 Abs. 3 S. 3 ZPO).

d) Einschreiben gegen Rückschein. Weiter kann die Geschäftsstelle nach § 175 ZPO eine förmliche Zustellung durch **Einschreiben mit Rückschein** vornehmen. Sie ist mit der Übergabe des Einschreibebriefs an dessen Adressaten oder – wenn der eingeschriebene Brief nicht den Vermerk „Eigenhändig" trägt – an einen Ersatzempfänger, nach den AGB der Deutschen Post AG den Ehegatten oder einen Familienangehörigen des Adressaten, seinen Postbevollmächtigten oder eine in seiner Wohnung oder seinem Betrieb beschäftigte Person, von der angenommen werden darf, dass sie zur Entgegennahme der Sendung berechtigt ist, vollzogen. Der Zugang wird durch den Rückschein, der allerdings keine öffentliche Urkunde im Sinne der ZPO ist, nachgewiesen. Bei Annahmeverweigerung der Einschreibesendung durch den Adressaten oder den Ersatzempfänger wird diese an den Absender zurückgesandt; die Zustellung durch Einschreiben mit Rückschein ist dann gescheitert.

8. Durchführung der Zustellung nach den §§ 176–181 ZPO

§ 176 ZPO Zustellungsauftrag

(1) Wird der Post, einem Justizbediensteten oder einem Gerichtsvollzieher ein Zustellungsauftrag erteilt oder wird eine andere Behörde um die Ausführung der Zustellung ersucht, übergibt die Geschäftsstelle das zuzustellende Schriftstück in einem verschlossenen Umschlag und ein vorbereitetes Formular einer Zustellungsurkunde.

(2) Die Ausführung der Zustellung erfolgt nach den §§ 177 bis 181.

§ 177 ZPO Ort der Zustellung

Das Schriftstück kann der Person, der zugestellt werden soll, an jedem Ort übergeben werden, an dem sie angetroffen wird.

§ 178 ZPO Ersatzzustellung in der Wohnung, in Geschäftsräumen und Einrichtungen

(1) Wird die Person, der zugestellt werden soll, in ihrer Wohnung, in dem Geschäftsraum oder in einer Gemeinschaftseinrichtung, in der sie wohnt, nicht angetroffen, kann das Schriftstück zugestellt werden
1. in der Wohnung einem erwachsenen Familienangehörigen, einer in der Familie beschäftigten Person oder einem erwachsenen ständigen Mitbewohner,
2. in Geschäftsräumen einer dort beschäftigten Person,
3. in Gemeinschaftseinrichtungen dem Leiter der Einrichtung oder einem dazu ermächtigten Vertreter.

(2) Die Zustellung an eine der in Absatz 1 bezeichneten Personen ist unwirksam, wenn diese an dem Rechtsstreit als Gegner der Person, der zugestellt werden soll, beteiligt ist.

§ 179 ZPO Zustellung bei verweigerter Annahme

Wird die Annahme des zuzustellenden Schriftstücks unberechtigt verweigert, so ist das Schriftstück in der Wohnung oder in dem Geschäftsraum zurückzulassen. Hat der Zustellungsadressat keine Wohnung oder ist kein Geschäftsraum vorhanden, ist das zuzustellende Schriftstück zurückzusenden. Mit der Annahmeverweigerung gilt das Schriftstück als zugestellt.

§ 180 ZPO Ersatzzustellung durch Einlegen in den Briefkasten

Ist die Zustellung nach § 178 Abs. 1 Nr. 1 oder 2 nicht ausführbar, kann das Schriftstück in einen zu der Wohnung oder dem Geschäftsraum gehörenden Briefkasten oder in eine ähnliche Vorrichtung eingelegt werden, die der Adressat für den Postempfang eingerichtet hat und die in der allgemein üblichen Art für eine sichere Aufbewahrung geeignet ist. Mit der Einlegung gilt das

---

[62] Durch das Gesetz zur Regelung von DE-Mail-Diensten und zur Änderung anderer Vorschriften v. 28. 4. 2011 (BGBl. I S. 666); siehe dazu Roßnagel NJW 2011, 1473.

Schriftstück als zugestellt. Der Zusteller vermerkt auf dem Umschlag des zuzustellenden Schriftstücks das Datum der Zustellung.

§ 181 ZPO Ersatzzustellung durch Niederlegung

(1) Ist die Zustellung nach § 178 Abs. 1 Nr. 3 oder § 180 nicht ausführbar, kann das zuzustellende Schriftstück auf der Geschäftsstelle des Amtsgerichts, in dessen Bezirk der Ort der Zustellung liegt, niedergelegt werden. Wird die Post mit der Ausführung der Zustellung beauftragt, ist das zuzustellende Schriftstück am Ort der Zustellung oder am Ort des Amtsgerichts bei einer von der Post dafür bestimmten Stelle niederzulegen. Über die Niederlegung ist eine schriftliche Mitteilung auf dem vorgesehenen Formular unter der Anschrift der Person, der zugestellt werden soll, in der bei gewöhnlichen Briefen üblichen Weise abzugeben oder, wenn das nicht möglich ist, an der Tür der Wohnung, des Geschäftsraums oder der Gemeinschaftseinrichtung anzuheften. Das Schriftstück gilt mit der Abgabe der schriftlichen Mitteilung als zugestellt. Der Zusteller vermerkt auf dem Umschlag des zuzustellenden Schriftstücks das Datum der Zustellung.

(2) Das niedergelegte Schriftstück ist drei Monate zur Abholung bereitzuhalten. Nicht abgeholte Schriftstücke sind danach an den Absender zurückzusenden.

33 **a) Zustellungsauftrag.** Werden die Post oder ein Justizbediensteter von der Geschäftsstelle mit der Vornahme einer Zustellung beauftragt oder liegt ein entsprechender richterlicher Auftrag an einen Gerichtsvollzieher oder eine sonstige Behörde vor, so hat die Geschäftsstelle nach **§ 176 ZPO** dem mit der Zustellung beauftragten Bediensteten das zuzustellende Schriftstück in einem verschlossenen Umschlag mit einer vorbereiteten Zustellungsurkunde zur weiteren Veranlassung zu übergeben; die Zustellung erfolgt dann nach den §§ 177–181 ZPO. § 176 ZPO erweitert jedoch den Kreis der Justizbediensteten, die mit der Vornahme einer Zustellung beauftragt werden dürfen, über den der Gerichtswachtmeister und Beamten einer Justizvollzugsanstalt hinaus.

34 **b) Ort der Zustellung.** Die Zustellung durch Übergabe des zuzustellenden Schriftstücks kann an jedem Ort erfolgen, an dem der Zustellungsadressat angetroffen wird **(§ 177 ZPO)**. Bei der Zustellung außerhalb der Wohn- und Geschäftsräume des Zustellungsadressaten sollen allerdings möglichst unzumutbare Belästigungen vermieden werden. Verweigert der Zustellungsadressat die Annahme des zuzustellenden Schriftstücks, gilt dieses nach § 179 ZPO als zugestellt. In der Zustellungsurkunde ist nach § 182 Abs. 2 Nr. 5 ZPO zu vermerken, wer die Annahme verweigert hat und wie mit dem zuzustellenden Schriftstück nach der Annahmeverweigerung verfahren worden ist.

35 **c) Ersatzzustellung.** § 178 ZPO regelt einheitlich die Ersatzzustellung, wenn der Zustellungsadressat in seiner Wohnung seinen Geschäftsräumen oder in der Gemeinschaftsunterkunft, in der er sich aufhält, nicht angetroffen wird. Die Vorschrift ist auch dann anwendbar, wenn der Zustellungsadressat nicht im strengen Wortsinn abwesend ist, der mit der Zustellung betraute Bedienstete aber nicht zu ihm vorgelassen wird.[63]

36 Für die **Ersatzzustellung** nach § 178 ZPO ist kennzeichnend, dass der Zustellungsempfänger, d. h. die Person, an die das zuzustellende Schriftstück tatsächlich ausgehändigt wird,[64] als gesetzlicher Vertreter des Zustellungsadressaten, d. h. der Person, der zugestellt werden soll,[65] die Zustellung entgegennimmt. Daraus ergibt sich einmal, dass die Wirkung der Zustellung sofort mit der Übergabe an den Zustellungsempfänger eintritt, auch wenn der Zustellungsadressat das zuzustellende Schriftstück später nicht erhält.[66] Zum anderen folgt daraus aber auch, dass die Wirkungen der Annahmeverweigerung nicht nur dann eintreten, wenn der Zustellungsadressat persönlich die Entgegennahme des zuzustellenden Schriftstücks ablehnt, sondern, wie sich aus § 179 ZPO ergibt, auch dann, wenn die Annahmeverweigerung durch eine Person erfolgt, die nach § 178 Abs. 1 ZPO für eine Ersatzzustellung in Betracht kommt.[67] Hauptfall einer berechtigten Annahmeverweigerung durch die Person, an die eine Ersatzzustellung vorgenommen werden soll, dürfte der sein,

---

[63] Thomas/Putzo/Hüßtege § 178 Rn 5; Zöller/Stöber § 178 Rn 2.
[64] Baumbach/Hartmann Übersicht vor § 166 Rn 10.
[65] Baumbach/Hartmann Übersicht vor § 166 Rn 9.
[66] Thomas/Putzo/Hüßtege § 179 Rn 22.
[67] Zöller/Stöber § 179 Rn 1.

dass sie nach § 178 Abs. 2 ZPO als Zustellungsempfänger ausscheidet. Wie der Zustellungsbeamte bei unberechtigter Annahmeverweigerung des Zustellungsempfängers zu verfahren hat, ist in § 179 S. 1 und S. 2 ZPO sowie in § 182 Abs. 1 Nr. 5 ZPO geregelt.

§ 178 Abs. 1 Nr. 1 ZPO gilt für die Ersatzzustellung, wenn der Zustellungsadressat in 37 seiner Wohnung nicht angetroffen wird. Sie kann an einen erwachsenen Familienangehörigen, der allerdings nicht nur zufällig dort angetroffen wird, sondern ständig dort wohnen muss, oder an einen Hausangestellten erfolgen. Zudem kann eine Ersatzzustellung an einen erwachsenen Mitbewohner der Wohnung erfolgen. Es ist sorgfältig zu prüfen, ob der Ort, an dem die Zustellung versucht wird, tatsächlich die Wohnung des Zustellungsadressaten ist.

Wohnung ist der Raum, in dem der Zustellungsadressat z. Zt. des Zustellungsversuchs 38 tatsächlich lebt, insbesondere auch vorwiegend schläft,[68] den er regelmäßig, wenn auch nur vorübergehend aufsucht, und der Mittelpunkt seiner Lebensbeziehungen ist.[69] Nicht maßgebend ist die ordnungsbehördliche Meldung oder der Wohnsitz im Sinne des § 7 BGB. Eine tatsächliche Nutzung einer Wohnung zum Tagesaufenthalt kann ausreichen.[70] Vorübergehende Abwesenheit schadet nicht, jedoch darf der räumliche Lebensmittelpunkt nicht an einem anderen Aufenthaltsort begründet worden sein.[71] Hält ein Strafgefangener während seiner mehrmonatigen Inhaftierung zu seiner Wohnung keine fortdauernde persönliche Beziehung aufrecht – wie es z. B. der Fall sein kann, wenn Angehörige dort noch wohnen – dann verliert sie für diesen Zeitraum ihren Charakter als Wohnung im Sinne der Zustellungsvorschriften.[72] Ein längerer Aufenthalt im Krankenhaus oder in einer sonstigen therapeutischen Einrichtung, z. B. bei einer mehrmonatigen stationären Alkoholtherapie, führt nicht zwingend zu einer Aufgabe der bisherigen Wohnung.[73] Das gilt jedenfalls dann, wenn der Betroffene beabsichtigt, nach Ende der Behandlung in seine Wohnung zurückzukehren,[74] zumal wenn seine Familienangehörigen dort verblieben sind.[75] Maßgebend sind indes jeweils die Umstände des Einzelfalls. Auch wenn die bisherige Wohnung beibehalten wird, kann eine Zweitwohnung begründet worden sein, in der Zustellungen wirksam erfolgen können.

§ 178 Abs. 1 Nr. 2 ZPO regelt die Ersatzzustellung in den Geschäftsräumen des Zu- 39 stellungsadressaten und erfasst unabhängig davon, ob dieser Gewerbetreibender ist, ob er den Beruf des Rechtsanwalts, Notars oder Gerichtsvollziehers ausübt oder ob er eine Behörde, Gemeinde, Korporation oder ein Verein ist,[76] alle Fälle, in denen eine Zustellung in den Geschäfts- oder Büroräumen des Zustellungsadressaten erfolgen soll, dieser aber in dem Teil, in dem sich der Publikumsverkehr abspielt und der auch für den Bediensteten zugänglich ist, der die Zustellung ausführen soll, nicht angetroffen wird. In einem solchen Fall kann eine Ersatzzustellung an einen dort anwesenden Bediensteten des Zustellungsadressaten erfolgen. Voraussetzung einer wirksamen Ersatzzustellung nach § 178 Abs. 1 Nr. 2 ZPO ist, dass diese an einen im Geschäftsraum anwesenden Bediensteten des Zustellungsadressaten vorgenommen wird.[77] Daher ist eine Ersatzstellung an einen Bediensteten außerhalb der Geschäftsräume unwirksam.[78]

§ 178 Abs. 1 Nr. 3 ZPO regelt die Ersatzzustellung, wenn sich der Zustellungsadressat 40 in einer Gemeinschaftseinrichtung, z. B. einem Krankenhaus, einem Altenheim, einem Asylbewerberheim oder einer Strafanstalt befindet und dort nicht angetroffen werden kann, u. a. auch deswegen, weil der Bedienstete, der die Zustellung ausführen soll, keinen Zutritt zu ihm erhält. Diese Vorschrift hat insbesondere auch im Verfahren der freiwilligen Gerichtsbarkeit praktische Bedeutung im Hinblick auf die besonderen Lebensverhältnisse der

---

[68] BGH NJW-RR 1994, 564; NJW 1992, 1963.
[69] Zöller/Stöber § 178 Rn 4 m. w. N.
[70] OLG Köln NJW-RR 1989, 443.
[71] BGH NJW-RR 1994, 564; NJW 1988, 713.
[72] BGH NJW 1978, 1858.
[73] BGH NJW 1995, 2197; VersR 1984, 945.
[74] BGH NJW 1985, 2197; OLG Zweibrücken MDR 1984, 762.
[75] BGH NJW 1978, 1858; Zöller/Stöber § 178 Rn 6.
[76] Zöller/Stöber § 178 Rn 15.
[77] Zöller/Stöber § 178 Rn 18.
[78] OLG Düsseldorf OLGZ 1965, 325 für Zustellung an Anwaltsgehilfin in der Anwaltshalle des Gerichts.

Beteiligten in solchen Verfahren, insbesondere in Unterbringungs- oder Freiheitsentziehungssachen. Sie ermöglicht die Ersatzzustellung an den Leiter der Einrichtung bzw. seinen für die Entgegennahme von Zustellungen bevollmächtigten Vertreter.

41   Nach § 178 Abs. 2 ZPO ist eine Ersatzzustellung in einem Rechtsstreit an eine nach Absatz 1 dieser Vorschrift für deren Entgegennahme in Betracht kommende Person dann unwirksam, wenn sie daran als Gegner des Zustellungsadressaten beteiligt ist. Sie dürfte insbesondere in echten Streitsachen praktisch werden und gilt ebenso wie im Zivilprozess nicht nur bei einer Zustellung an den Gegner selbst, sondern auch bei Zustellung an dessen nahe Angehörige[79] oder weisungsabhängige Dritte.[80] Eine gegen § 178 Abs. 2 ZPO verstoßende Zustellung ist unwirksam, auch wenn der Zustellungsbeamte von den die Unzulässigkeit der Ersatzzustellung begründenden Umständen keine Kenntnis hatte.[81]

42   **d) Zustellung bei verweigerter Annahme.** Bei einer verweigerten Annahme des zuzustellenden Schriftstückes ist dieses in der Wohnung oder in dem Geschäftsraum zurückzulassen, § 179 ZPO. Hat der Zustellungsadressat keine Wohnung oder keinen Geschäftsraum, ist das Schriftstück zurückzusenden. Auf jeden Fall gilt mit der Annahmeverweigerung das Schriftstück als zugestellt.

43   **e) Einlegen in den Briefkasten.** Nach § 180 ZPO kann, wenn eine Ersatzzustellung in der Wohnung (§ 178 Abs. 1 Nr. 1 ZPO) oder in den Geschäftsräumen (§ 178 Abs. 1 Nr. 2 ZPO)[82] nicht möglich ist, die zuzustellende Sendung in den für den Empfang der gewöhnlichen Post in der Wohnung oder den Geschäftsräumen des Zustellungsadressaten eingerichteten Briefkasten eingeworfen werden; sie gilt damit als zugestellt. Dadurch wird die Notwendigkeit einer Ersatzzustellung durch Niederlegung mit all ihren damit insbesondere für den Zustellungsadressaten verbundenen Unbequemlichkeiten eingeschränkt und der baldige Zugang der zuzustellenden Sendung an den Empfänger erleichtert.

44   Allerdings ist eine Ersatzzustellung in der vereinfachten Form des § 180 ZPO nur dann möglich, wenn sich der Briefkasten des Zustellungsadressaten in einem ordnungsgemäßen Zustand befindet,[83] er diesem insbesondere durch eine entsprechende Beschriftung eindeutig zugeordnet ist, so dass mit Recht erwartet werden kann, dass er Kenntnis von der eingeworfenen Sendung erhält. Nach § 182 Abs. 1 Nr. 4 ZPO ist von dem mit der Zustellung betrauten Bediensteten bei einer Zustellung nach § 180 ZPO in der Zustellungsurkunde zu vermerken, dass keine Ersatzzustellung nach § 178 Abs. 1 Nr. 1 oder Nr. 2 ZPO in den Wohn- oder Geschäftsräumen des Zustellungsadressaten stattfinden konnte und deshalb nach § 180 ZPO verfahren worden ist; gleichzeitig muss er nach § 180 S. 3 ZPO auf dem Umschlag des zuzustellenden Schriftstücks das Datum der Zustellung vermerken, um den Zustellungsadressaten auf den durch die Zustellung erfolgten Fristbeginn hinzuweisen. Dieser Vermerk ist keine Wirksamkeitsvoraussetzung der Zustellung. Das Fehlen dieses Vermerks hindert nicht den Beginn einer Frist, die durch die Zustellung in Lauf gesetzt werden soll.[84]

45   **f) Niederlegung.** § 181 ZPO regelt die Ersatzzustellung durch Niederlegung. Die praktische Bedeutung dieser Vorschrift, die grundsätzlich nur dann anwendbar ist, wenn andere Formen der Ersatzzustellung von vornherein nicht möglich oder gescheitert sind, ist im Hinblick auf die in § 180 ZPO vorgesehene Ersatzzustellung durch Einlegen der zuzustellenden Sendung in den Briefkasten des Zustellungsadressaten nur noch von geringerer Bedeutung. Die Niederlegung der zuzustellenden Sendung kann bei der Geschäftsstelle des AG erfolgen, in dessen Bezirk der Zustellungsort liegt. Bei der Zustellung durch die Post wird die zuzustellende Sendung bei einer von dieser bestimmten Stelle am Zustellungsort niedergelegt.

---

[79] BGH NJW 1984, 57; Zöller/Stöber § 178 Rn 24.
[80] OLG Karlsruhe MDR 1984, 151; Zöller/Stöber § 178 Rn 24.
[81] Baumbach/Hartmann § 178 Rn 33.
[82] Nach BGH NJW 2007, 3222 genügt es, wenn ein Geschäftsraum außerhalb der gewöhnlichen Geschäftszeiten geschlossen ist.
[83] Baumbach/Hartmann § 180 Rn 5; Zöller/Stöber § 180 Rn 3.
[84] GmS-OGB NJW 1977, 621; Zöller/Stöber § 195 Rn 3 a. F.

Von der Niederlegung ist der Zustellungsadressat schriftlich zu benachrichtigen; diese **46** Mitteilung muss ihm in der für gewöhnliche Briefsendungen üblichen Art übermittelt werden. Entscheidend ist somit, auf welchem Weg der Postzusteller dem Zustellungsadressaten gewöhnliche Briefsendungen zuleitet und ob dieser die gewählte Art der Postzustellung zumindest hingenommen hat.[85] Hiernach kann der Einwurf der Mitteilung in einen unverschlossenen Briefkasten ebenso genügen wie deren Hindurchschieben unter der Türschwelle oder der Einwurf in einen gemeinschaftlichen, unverschlossenen Briefkasten in einer Gemeinschaftsunterkunft, z. B. für Asylbewerber. Nur wenn eine Hinterlassung der Mitteilung auf diese Art und Weise nicht tunlich ist, kann sie an der Tür der Wohnung oder der Geschäftsräume des Zustellungsadressaten oder der Gemeinschaftseinrichtung, in der er lebt, befestigt werden Die Übergabe der Mitteilung an eine zur Annahme bereite Person zur Weiterleitung an den Zustellungsadressaten ist nicht erforderlich.

Die Zustellung ist mit der Abgabe der schriftlichen Mitteilung über die Niederlegung **47** wirksam vollzogen. Für den Zeitpunkt der Zustellung kommt es auch nicht darauf an, wann der Zustellungsempfänger die Möglichkeit hatte, sich durch Abholung der niedergelegten Sendung Kenntnis von deren Inhalt zu verschaffen. Erfolgt eine Ersatzzustellung durch Niederlegung, ist auf der zuzustellenden Sendung ebenfalls der Tag der Zustellung zu vermerken, ohne dass das allerdings für deren Wirksamkeit oder den Beginn der Frist, der durch die Zustellung in Lauf gesetzt werden soll, von Bedeutung wäre. In der Zustellungsurkunde ist nach § 182 Abs. 1 Nr. 4 ZPO bei Vornahme einer Ersatzzustellung durch Niederlegung zu vermerken, wie der Zustellungsadressat davon benachrichtigt worden ist.

9. Zustellungen im Ausland

§ 183 ZPO Zustellung im Ausland

(1) Eine Zustellung im Ausland ist nach den bestehenden völkerrechtlichen Vereinbarungen vorzunehmen. Wenn Schriftstücke auf Grund völkerrechtlicher Vereinbarungen unmittelbar durch die Post übersandt werden dürfen, so soll durch Einschreiben mit Rückschein zugestellt werden, anderenfalls die Zustellung auf Ersuchen des Vorsitzenden des Prozessgerichts unmittelbar durch die Behörden des fremden Staates erfolgen.

(2) Ist eine Zustellung nach Absatz 1 nicht möglich, ist durch die zuständige diplomatische oder konsularische Vertretung des Bundes oder die sonstige zuständige Behörde zuzustellen. Nach Satz 1 ist insbesondere zu verfahren, wenn völkerrechtliche Vereinbarungen nicht bestehen, die zuständigen Stellen des betreffenden Staates zur Rechtshilfe nicht bereit sind oder besondere Gründe eine solche Zustellung rechtfertigen.

(3) An einen Deutschen, der das Recht der Immunität genießt und zu einer Vertretung der Bundesrepublik Deutschland im Ausland gehört, erfolgt die Zustellung auf Ersuchen des Vorsitzenden des Prozessgerichts durch die zuständige Auslandsvertretung.

(4) Zum Nachweis der Zustellung nach Absatz 1 Satz 2 Halbsatz 1 genügt der Rückschein. Die Zustellung nach Absatz 1 Satz 2 Halbsatz 2 und den Absätzen 2 und 3 wird durch das Zeugnis der ersuchten Behörde nachgewiesen.

(5) Die Vorschriften der Verordnung (EG) Nr. 1393/2007 des Europäischen Parlaments und des Rates vom 13. November 2007 über die Zustellung gerichtlicher und außergerichtlicher Schriftstücke in Zivil- oder Handelssachen in den Mitgliedstaaten und zur Aufhebung der Verordnung (EG) Nr. 1348/2000 (ABl. EU Nr. L 324 S. 79) bleiben unberührt. Für die Durchführung gelten § 1068 Abs. 1 und § 1069 Abs. 1.

§ 184 ZPO Zustellungsbevollmächtigter; Zustellung durch Aufgabe zur Post

(1) Das Gericht kann bei der Zustellung nach § 183 anordnen, dass die Partei innerhalb einer angemessenen Frist einen Zustellungsbevollmächtigten benennt, der im Inland wohnt oder dort einen Geschäftsraum hat, falls sie nicht einen Prozessbevollmächtigten bestellt hat. Wird kein Zustellungsbevollmächtigter benannt, so können spätere Zustellungen bis zur nachträglichen Benennung dadurch bewirkt werden, dass das Schriftstück unter der Anschrift der Partei zur Post gegeben wird.

---

[85] BVerwG NJW 1985, 1179; NJW 1973, 1945, OLG Hamm FGPrax 1997, 79; Zöller/Stöber § 181 Rn 4.

(2) Das Schriftstück gilt zwei Wochen nach Aufgabe zur Post als zugestellt. Das Gericht kann eine längere Frist bestimmen. In der Anordnung nach Absatz 1 ist auf diese Rechtsfolgen hinzuweisen. Zum Nachweis der Zustellung ist in den Akten zu vermerken, zu welcher Zeit und unter welcher Anschrift das Schriftstück zur Post gegeben wurde.

48   a) **Allgemeines.** Für Durchführung der Zustellung im Ausland gelten die §§ 183, 184 ZPO. Durch § 183 Abs. 1 ZPO ist nunmehr ausdrücklich der Vorrang der Zustellung nach bestehenden völkerrechtlichen Vereinbarungen herausgestellt. Die Zustellung soll durch Einschreiben mit Rückschein erfolgen, sofern Schriftstücke aufgrund entsprechender völkerrechtlicher Vereinbarungen unmittelbar durch die Post übersandt werden dürften (**§ 183 Abs. 1 S. 2 1. Alt. ZPO**). Die Zustellung wird dadurch vollzogen, dass das Einschreiben dem Zustellungsadressaten oder, wenn es nicht den Vermerk „eigenhändig" trägt, seinem Ehegatten, seinem Postbevollmächtigten oder – nach den im Bestimmungsland geltenden postalischen Bestimmungen – einem Ersatzempfänger ausgehändigt wird. Zum Nachweis der Zustellung genügt der Rückschein (§ 183 Abs. 4 S. 1 ZPO).

49   Fehlt eine entsprechende Vereinbarung über die Übersendung durch die Post, soll die Zustellung auf Ersuchen des Vorsitzenden des Gerichts unmittelbar durch die Behörden des fremden Staates erfolgen (**§ 183 Abs. 1 S. 2 2. Alt. ZPO**). Die Regelung der konsularischen und diplomatischen Zustellung ist bei dem Bestehen völkervertraglicher Vereinbarungen subsidiär; eine entsprechende Zustellung kommt vor allem beim vertragslosen Rechtshilfeverkehr in Betracht (**§ 183 Abs. 2 ZPO**). Die Voraussetzungen für eine diplomatische Zustellung liegen i. d. R. nur vor, wenn aus rechtlichen oder tatsächlichen Gründen eine andere Möglichkeit ausscheidet. Der Nachweis der Zustellung wird durch das Zeugnis der ersuchten Behörde geführt (§ 183 Abs. 4 S. 2 ZPO).

50   § 183 Abs. 3 ZPO regelt die Zustellung an Deutsche, die das Recht der Immunität genießen und zu einer deutschen Auslandsvertretung gehören. Diese erfolgt auf Ersuchen des Vorsitzenden des Gerichts durch die zuständige Auslandsvertretung; zum Nachweis der vollzogenen Zustellung dient das Zeugnis der ersuchten Behörde (§ 183 Abs. 4 S. 2 ZPO).

51   b) **VO (EG) Nr. 1393/2007 (EuZustVO).** Unberührt von den Regelungen in § 183 Abs. 1 bis 4 ZPO bleiben nach **§ 183 Abs. 5 ZPO** die Vorschriften der VO (EG) Nr. 1393/2007 vom 13. 11. 2007[86] über die Zustellung gerichtlicher und außergerichtlicher Schriftstücke in Zivil- und Handelssachen in den Mitgliedsstaaten. Diese ist am 13. 11. 2008 in Kraft getreten und hat die frühere VO (EG) Nr. 1348/2000 vom 29. 5. 2000 über die Zustellung gerichtlicher und außergerichtlicher Schriftstücke in den Mitgliedsstaaten abgelöst. Sie regelt u. a. die Zustellung von gerichtlichen Schriftstücken, die auf Veranlassung der Gerichte eines Mitgliedsstaates – mit Ausnahme von Dänemark – in einem anderen Mitgliedsstaat ausgeführt werden muss. Art. 14 EuZustVO regelt nunmehr die postalische Zustellung abschließend. In allen Mitgliedsstaaten kann auf dem Postwege per Einschreiben mit Rückschein oder gleichwertigem Beleg zugestellt werden. Die EuZustVO bezieht sich wie das HZPrÜbK und das HZÜ nur auf Zustellungen in Zivil- und Handelssachen (Art. 1 EuZustVO). Nach Art. 20 EuZustVO geht sie im Rahmen ihres Anwendungsbereichs allen bilateralen oder multilateralen Übereinkünften der Mitgliedsstaaten vor.

52   Während zum HZPrÜK teilweise die Auffassung vertreten wird,[87] es sei nach dem nationalen Recht des jeweiligen Staats, der die Entscheidung erlassen hat, zu beurteilen, ob eine Sache als Zivil- oder Handelssache im Sinne dieses Übereinkommens anzusehen sei, hat sich zu Art. 1 EuGVÜ die Auffassung durchgesetzt, die Auslegung des Begriffs Zivil- oder Handelssache richte sich nicht nach dem innerstaatlichen Recht eines der am Übereinkommen beteiligten Staaten, sondern dafür sei die Gesamtheit der innerstaatlichen Rechtsordnungen aller am Übereinkommen beteiligten Staaten maßgebend (sog. **autonome Qualifikation**).[88] Danach sind – unabhängig von der Zuständigkeit eines bestimmten Gerichts für die Entscheidung eines Rechtsstreits – nach den allein maßgebenden materiell-

---

[86] ABl. L 324 S. 79; abgedruckt bei Thomas/Putzo Anhang zu § 1071; Zöller/Geimer Anh II.
[87] BGHZ 65, 291/297.
[88] EuGH-Rspr 1976, 1541/1550; Thomas/Putzo (23. Aufl.) Art. 1 EuGVÜ Rn 2; Zöller/Geimer (22. Aufl.) EuGVÜ Rn 3.

rechtlichen Kriterien Entscheidungen in einem gerichtlichen Verfahren zwischen einer Privatperson und einer Behörde aus Anlass ihrer hoheitlichen Tätigkeit nicht in einer Zivil- oder Handelssache ergangen.

Diese Auslegung des Begriffs der Zivil- oder Handelssache ist auch für das HZPrÜK, das **53** HZÜ und die EuZustVO[89] maßgebend, so dass die Übereinkommen bzw. Vorschriften auch auf die Auslandszustellung im FamFG-Verfahren gelten. Dass der Anwendungsbereich des EuGVÜ bzw. des EuGVVO nicht auf alle Angelegenheiten nach § 1 FamFG Anwendung findet, ergibt sich nicht daraus, dass es sich dabei nicht um Zivil- oder Handelssachen handelt, sondern folgt allein aus dem Umstand, dass dieses Übereinkommen nach der ausdrücklichen Regelung in Art. 1 Abs. 2 lit. a EuGVVO teilweise für Kernbereiche des FamFG nicht anwendbar ist.[90] Einen solchen Ausnahmekatalog sehen weder die EuZustVO noch das HZPrÜK und das HZÜ vor.

c) Multilaterale und bilaterale Verträge. Grundlage für die Durchführung der Aus- **54** landszustellung sind weiterhin subsidiär die internationalen multilateralen und bilateralen Verträge, z. B. das Haager Übereinkommen über den Zivilprozess **(HZPrÜbK)** vom 1. 3. 1954[91] und das Haager Übereinkommen über die Zustellung gerichtlicher und außergerichtlicher Schriftstücke im Ausland in Zivil- und Handelssachen **(HZÜ)** vom 15. 11. 1965,[92] das in Deutschland seit dem 29. 6. 1979 in Kraft ist und das HZPrÜbK hinsichtlich der Vornahme internationaler Zustellungen bei Beteiligung von Vertragsstaaten abgelöst hat. Zudem bestehen mit weiteren Staaten bilaterale Rechtshilfeverträge.[93] Die Regelungen der multi- und bilateralen Rechtshilfeverträge gehen dem deutschen Recht vor.

d) Ausführung der Auslandszustellung. Die Durchführung der VO (EG) Nr. 1393/ **55** 2007 (EuZustVO) ist in den §§ 1067 bis 1071 ZPO geregelt; Regelungen für die Ausführung des HZÜ finden sich im Ausführungsgesetz zum HZÜ vom 22. 12. 1977.[94] Eine innerstaatliche Grundlage für die praktische Ausführung von Auslandszustellungen stellt die Rechtshilfeordnung für Zivilsachen vom 19. 10. 1956 **(ZRHO)** dar.[95] Die Ausführung der Auslandszustellung ist – selbst wenn auf Grund entsprechender Vereinbarungen ein unmittelbarer Verkehr zwischen den deutschen und ausländischen Behörden stattfindet – Sache der Justizverwaltung. Sie fällt in den Bereich der Pflege der auswärtigen Beziehungen, die dem Bund obliegt (Art. 32 Abs. 1 GG) und in dessen Auftrag von den Ländern insbesondere nach Maßgabe der ZRHO wahrgenommen wird.[96]

Die nach § 9 ZRHO eingerichteten Prüfungsstellen (für die durch einen Präsidenten **56** geleiteten AG diese; für die sonstigen AG und die LG sowie die Notare die Präsidenten der LG; für die OLG deren Präsidenten; vgl. § 9 Abs. 2 ZRHO) haben die ihnen vorgelegten Zustellungsersuchen auf die Vereinbarkeit mit den Bestimmungen der einschlägigen Staatsverträge und der ZRHO zu überprüfen und – ggf. nach Behebung von Mängeln – weiterzuleiten (§§ 28, 29 ZRHO). Ihre Entscheidungen sind Justizverwaltungsakte, die der Anfechtung nach § 23 ff. EGGVG unterliegen.[97] Anfechtungsberechtigt ist der Verfahrensbeteiligte, der an der Durchführung der Auslandszustellung interessiert ist; ob um die Zustellung ersuchende Gericht ein eigenes Anfechtungsrecht hat, ist streitig, aber wohl zu verneinen.[98] Die Weiterleitung eines Rechtshilfeersuchens kann insbesondere mit der Begründung abgelehnt werden, es verspreche keinen Erfolg, weil der ersuchte Staat ihm voraussichtlich keine Folge leisten werde, oder sie verstoße gegen internationale Gepflogenheiten.[99]

---

[89] Zöller/Geimer Art. 1 EG-VO Zustellung Rn 2.
[90] Zöller/Geimer Art. 1 EuGVVO Rn 23.
[91] BGBl. 1958 II S. 577; zu Anwendungsbereich Zöller/Geimer § 183 Rn 93; das HZPrÜbK 1905 gilt nur noch im Verhältnis zu Island.
[92] BGBl. 1977 II S. 1453; abgedruckt bei Baumbach/Hartmann Anh zu § 183 Rn 1; zum Anwendungsbereich Zöller/Geimer § 183 Rn 93.
[93] Zöller/Geimer § 183 Rn 101.
[94] BGBl. I S. 3105; abgedruckt bei Baumbach/Hartmann Anh zu § 183 Rn 4.
[95] Zur Anwendung der ZRHO s. a. Zöller/Geimer § 183 Rn 47.
[96] Geimer Rn 2126, 2129.
[97] Geimer Rn 2130.
[98] Zöller/Geimer § 183 Rn 52.
[99] Geimer Rn 2127.

Eine entsprechende Feststellung der Prüfungsstelle ermöglicht ggf. die öffentliche Zustellung nach § 185 Nr. 2 ZPO.[100] Sie kann auch dann erfolgen, wenn die Ausführung eines Rechtshilfeersuchens durch die ausländischen Behörden unzumutbar verzögert wird.[101]

57 **e) Verkehr mit ausländischen Behörden.** Für den Verkehr der inländischen mit den ausländischen Behörden kommen – außerhalb des Anwendungsbereichs der EuZustVO – vier Möglichkeiten in Betracht:[102]

(1) der **diplomatische Weg:** die deutsche Botschaft vermittelt die Erledigung des Zustellungsersuchens durch die zuständige Behörde des ausländischen Staates;

(2) der **konsularische Weg:** der deutsche Konsul vermittelt die Erledigung des Zustellungsersuchens oder führt es ggf. selbst aus;

(3) der **ministerielle Verkehr:** der Zustellungsantrag wird von einer zentralen Behörde eines ausländischen Staates entgegengenommen, die zu seiner Ausführung das Erforderliche zu veranlassen hat (Art. 2 ff., 21 HZÜ);

(4) der **unmittelbare Verkehr** zwischen den Behörden des ersuchenden und des ersuchten Staates, der z. Zt. zwischen Deutschland und Dänemark sowie der Schweiz besteht.[103]

58 Die Auswahl unter den verschiedenen möglichen Übermittlungswegen obliegt dem Gericht, das die Auslandszustellung anordnet.[104] Der Zustellungsantrag kann durch formlose oder förmliche Zustellung erledigt werden. Im vertragslosen Verkehr kommt nur eine formlose Zustellung in Betracht, die durch Übergabe des Schriftstücks an den zur Annahme bereiten Zustellungsempfänger erfolgt.[105] Sie ist auch dann die einzig mögliche Art der Zustellung, wenn diese durch die deutschen Konsulate in eigener Zuständigkeit an Deutsche im Ausland – oder soweit zulässig – ausländische Staatsbürger vorgenommen wird. Sie ist eine vollgültige Zustellung, die durch das Zustellungszeugnis nach § 16 S. 2 KonsularG nachgewiesen wird.[106] Die förmliche Zustellung, die nur im Wege der Einschaltung der ausländischen Rechtshilfeinstanzen möglich ist, kann entweder in der Form erfolgen, die in dem ersuchten Staat für gleichartige Zustellungen gilt, oder in einer besonderen Form bewirkt werden, die von der ersuchenden Stelle gewünscht wird, sofern diese dem Recht des ausländischen Staates nicht zuwiderläuft.[107]

59 **f) Zustellungsbevollmächtigter; Aufgabe zur Post.** § 184 Abs. 1 S. 2 ZPO bestimmt, dass Zustellung im Ausland regelmäßig nur bei Verfahrensbeginn erforderlich ist.[108] Das Gericht kann bei der Zustellung nach § 183 ZPO anordnen, das die Beteiligten innerhalb einer angemessenen Frist einen Zustellungsbevollmächtigten benennen, der im Inland wohnt oder dort einen Geschäftsraum hat, sofern der Beteiligte keinen Verfahrensbevollmächtigten bestellt hat. Wird kein Zustellungsbevollmächtigter benannt, so können später notwendig werdende Zustellungen durch Aufgabe zur Post erfolgen, § 184 Abs. 1 S. 2 ZPO.

60 Bei der Zustellung nach **§ 184 ZPO** handelt es sich um eine Inlandszustellung,[109] die in FamFG-Verfahren auch für instanzabschließende Beschlüsse (§ 38) zulässig ist.[110] Die Rechtsmittel- und Rechtsbehelfsfristen laufen im Hinblick darauf, dass die Zustellung fingiert wird, auch dann, wenn keine realistische Chance auf rechtzeitigen Zugang der Sendung beim Empfänger besteht, er sie tatsächlich überhaupt nicht erhält oder sie sogar als unzustellbar zurückkommt.[111] Über die Wirkungen einer Zustellung durch Aufgabe zur Post muss sich der Empfänger alsbald nach Zugang einer ihm nachteiligen Entscheidung erkundigen.[112] Selbst wenn die Voraussetzungen für eine Zustellung durch Aufgabe zur

---

[100] Geimer Rn 2105.
[101] OLG Köln FamRZ 1998, 561.
[102] Zöller/Geimer § 183 Rn 71.
[103] Zöller/Geimer § 183 Rn 71.
[104] Zöller/Geimer § 183 Rn 78.
[105] § 5 Nr. 1 a ZRHO; Art. 5 II HZÜ; Art 2 HZPrÜbK.
[106] Geimer Rn 2135.
[107] § 5 Nr. 1 b ZRHO; Art. 5 I HZÜ; Art. 3 II HZPrÜbK.
[108] Geimer Rn 2076, 2112.
[109] BGH NJW 1987, 592; Geimer Rn 2116.
[110] Geimer Rn 2115, 2150.
[111] Geimer Rn 2116; Zöller/Stöber § 184 Rn 8.
[112] BGH FamRZ 1989, 1267.

Bekanntgabe; formlose Mitteilung 61 § 15

Post vorliegen, kann das Gericht aber eine Auslandszustellung nach § 183 ZPO oder vertraglicher Grundlage anordnen und sollte das auch tun, wenn sonst Schwierigkeiten zu befürchten sind, dass die inländische Entscheidung im Ausland überhaupt anerkannt wird oder vollstreckt werden kann.[113] Bei der Zustellung im Amtsbetrieb erlässt der Vorsitzende ein Zustellungsersuchen, das in den Bereich seiner richterlichen Unabhängigkeit fällt, soweit er eine Auslandszustellung überhaupt für erforderlich hält und die Zustellung an einen bestimmten Adressaten anordnet.[114]

10. Öffentliche Zustellung

§ 185 ZPO Öffentliche Zustellung

Die Zustellung kann durch öffentliche Bekanntmachung (öffentliche Zustellung) erfolgen, wenn
1. der Aufenthaltsort einer Person unbekannt und eine Zustellung an einen Vertreter oder Zustellungsbevollmächtigten nicht möglich ist,
2. bei juristischen Personen, die zur Anmeldung einer inländischen Geschäftsanschrift zum Handelsregister verpflichtet sind, eine Zustellung weder unter der eingetragenen Anschrift noch unter einer im Handelsregister eingetragenen Anschrift einer für Zustellungen empfangsberechtigten Person oder einer ohne Ermittlungen bekannten anderen inländischen Anschrift möglich ist,
3. eine Zustellung im Ausland nicht möglich ist oder keinen Erfolg verspricht oder
4. die Zustellung nicht erfolgen kann, weil der Ort der Zustellung die Wohnung einer Person ist, die nach den §§ 18 bis 20 des Gerichtsverfassungsgesetzes der Gerichtsbarkeit nicht unterliegt.

§ 186 ZPO Bewilligung und Ausführung der öffentlichen Zustellung

(1) Über die Bewilligung der öffentlichen Zustellung entscheidet das Prozessgericht. Die Entscheidung kann ohne mündliche Verhandlung ergehen.

(2) Die öffentliche Zustellung erfolgt durch Aushang einer Benachrichtigung an der Gerichtstafel oder durch Einstellung in ein elektronisches Informationssystem, das im Gericht öffentlich zugänglich ist. Die Benachrichtigung kann zusätzlich in einem von dem Gericht für Bekanntmachungen bestimmten elektronischen Informations- und Kommunikationssystem veröffentlicht werden. Die Benachrichtigung muss erkennen lassen
1. die Person, für die zugestellt wird,
2. den Namen und die letzte bekannte Anschrift des Zustellungsadressaten,
3. das Datum, das Aktenzeichen des Schriftstücks und die Bezeichnung des Prozessgegenstandes sowie
4. die Stelle, wo das Schriftstück eingesehen werden kann.

Die Benachrichtigung muss den Hinweis enthalten, dass ein Schriftstück öffentlich zugestellt wird und Fristen in Gang gesetzt werden können, nach deren Ablauf Rechtsverluste drohen können. Bei der Zustellung einer Ladung muss die Benachrichtigung den Hinweis enthalten, dass das Schriftstück eine Ladung zu einem Termin enthält, dessen Versäumung Rechtsnachteile zur Folge haben kann.

(3) In den Akten ist zu vermerken, wann die Benachrichtigung ausgehängt und wann sie abgenommen wurde.

§ 187 ZPO Veröffentlichung der Benachrichtigung

Das Prozessgericht kann zusätzlich anordnen, dass die Benachrichtigung einmal oder mehrfach im elektronischen Bundesanzeiger oder in anderen Blättern zu veröffentlichen ist.

§ 188 ZPO Zeitpunkt der öffentlichen Zustellung

Das Schriftstück gilt als zugestellt, wenn seit dem Aushang der Benachrichtigung ein Monat vergangen ist. Das Prozessgericht kann eine längere Frist bestimmen.

a) Grundsatz. Die öffentliche Zustellung[115] ist den §§ 185 bis 188 ZPO geregelt. Sie ist **61** auch in FamFG-Verfahren grundsätzlich zulässig; unzulässig ist nach § 365 Abs. 1 S. 2

---
[113] Geimer Rn 2121.
[114] Geimer Rn 2126.

FamFG die öffentliche Zustellung der Ladung der Beteiligten zum ersten Termin im Verfahren zur Nachlassauseinandersetzung. Die Voraussetzungen der öffentlichen Zustellung ergeben sich aus § 185 ZPO. Ausdrücklich klargestellt ist in § 185 Nr. 1 ZPO, dass eine öffentliche Zustellung trotz unbekannten Aufenthalts des Zustellungsadressaten dann unzulässig ist, wenn an einen Vertreter oder Zustellungsbevollmächtigten zugestellt werden kann. Die Zustellung kann nach § 185 Nr. 2 ZPO bei juristischen Personen, die zur Anmeldung einer inländischen Geschäftsanschrift zum Handelsregister verpflichtet sind, öffentlich erfolgen, wenn eine Zustellung weder unter der eingetragenen Anschrift noch unter einer im Handelsregister eingetragenen Anschrift einer für Zustellungen empfangsberechtigten Person oder einer ohne Ermittlungen bekannten anderen inländischen Anschrift möglich ist.[116]

62   In entsprechender Anwendung von § 185 Nr. 3 ZPO ist eine öffentliche Zustellung zulässig, wenn die Erledigung einer Auslandszustellung langwierig ist oder – z. B. in Eilsachen – zu unzumutbaren Verfahrensverzögerungen führen würde.[117] § 185 Nr. 4 ZPO betrifft die Fällen, in den eine Zustellung nicht erfolgen kann, weil der Ort der Zustellung die Wohnung einer Person ist, die nach den §§ 18 bis 30 GVG der Gerichtsbarkeit nicht unterliegt. Dies können Ausländer im Inland oder Inländer im Ausland sein, wobei § 183 Abs. 3 ZPO vorgeht.

63   **b) Verfahren.** Die Bewilligung der öffentlichen Zustellung erfolgt nach **§ 186 Abs. 1 ZPO** durch das mit der Sache befasste Gericht, ggf. also auch den Einzelrichter oder den Rechtspfleger in den ihnen übertragenen Sachen.[118] Die durch die öffentliche Bekanntmachung bewirkte Zustellungsfiktion kann im Hinblick auf den durch Art. 103 Abs. 1 GG gewährleisteten Anspruch des Zustellungsadressaten auf Gewährung des rechtlichen Gehörs diesen verletzen, wenn die Voraussetzungen für eine öffentliche Zustellung bei deren Bewilligung nicht vorgelegen haben;[119] die durch bewusst falsche Angaben erwirkte öffentliche Zustellung einer Entscheidung stellt sich als rechtsmissbräuchlich dar und muss im laufenden Verfahren, z.B. durch Gewährung von Wiedereinsetzung, korrigiert werden. Noch weitergehend wird in der Rechtsprechung die Auffassung vertreten, eine gegen Art. 103 Abs. 1 GG verstoßende öffentliche Zustellung liege nicht erst im Fall des Rechtsmissbrauchs vor, sondern schon dann, wenn das Gericht nach den ihm bekannten Tatsachen deren Bewilligung nicht, zumindest nicht ohne weitere Ermittlungen habe vornehmen dürfen; eine solche Zustellung sei unwirksam und setze eine Rechtsmittelfrist nicht in Lauf.[120]

64   Die Ausführung der öffentlichen Zustellung erfolgt dadurch, dass an der Gerichtstafel der Aushang einer Benachrichtigung von der öffentlichen Zustellung ausgehängt wird, deren Inhalt in **§ 186 Abs. 2 ZPO** im Einzelnen festgelegt ist. Da der Schutz der Persönlichkeitssphäre des Zustellungsadressaten auch bei der öffentlichen Zustellung uneingeschränkt gewahrt bleiben soll,[121] wird bewusst darauf verzichtet, einen Auszug des zuzustellenden Schriftstücks an der Gerichtstafel anzuheften. **§ 186 Abs. 2 Nr. 3 ZPO** schreibt stattdessen vor, dass der Inhalt des zuzustellenden Schriftstücks durch einen aussagefähigen Betreff gekennzeichnet werden muss. Die ausgehängte Benachrichtigung über die öffentliche Zustellung, die vom Urkundsbeamten der Geschäftsstelle zu fertigen ist, muss nach § 186 Abs. 2 S. 2 ZPO darüber hinaus erkennen lassen, dass dadurch Fristen in Lauf gesetzt werden können, durch deren Verstreichenlassen Rechtsnachteile entstehen können. Ebenso ist bei öffentlicher Zustellung einer Terminsladung auf die Rechtsnachteile einer Terminsversäumung hinzuweisen.

65   Zum Nachweis der öffentlichen Zustellung ist nach **§ 186 Abs. 3 ZPO** die Zeitdauer des Aushangs der Benachrichtigung nach § 186 Abs. 2 ZPO in den Akten festzuhalten. Nach **§ 187 ZPO** hat das Gericht die Möglichkeit, zusätzlich zum Aushang der Benach-

---

[115] Zu verfassungsrechtlichen Bedenken: BVerfG NJW 1988, 2361; Maunz/Dürig/Schmidt-Aßmann Art. 103 Rn 72.
[116] Vgl. dazu KG MDR 2011, 125.
[117] OLG Hamm MDR 1988, 589; OLG Köln NJW-RR 1998, 1682.
[118] Zöller/Stöber § 186 Rn 1.
[119] BGH NJW 1992, 2280; vgl. auch OLG Hamm FamRZ 1998, 172.
[120] BayObLG NJW-RR 2000, 1452; OLG Hamm NJW-RR 1998, 497.
[121] Zöller/Stöber § 186 Rn 6.

richtigung nach § 186 Abs. 2 ZPO an der Gerichtstafel deren ein- oder mehrmalige Veröffentlichung im **elektronischen Bundesanzeiger** oder **anderen Zeitungen** anzuordnen. Die öffentliche Zustellung ist nach **§ 188 ZPO** erfolgt, wenn seit dem Aushang der Benachrichtigung nach § 186 Abs. 2 ZPO ein Monat verstrichen ist, es sei denn, das Gericht hat bei Anordnung der öffentlichen Zustellung nach § 188 S. 2 ZPO eine längere Frist bestimmt.[122]

11. Zustellung auf Betreiben der Beteiligten (§§ 191–195 ZPO)

Soweit in den FamFG-Verfahren eine Zustellung auf Betreiben der Beteiligten zugelassen oder vorgeschrieben ist, finden die §§ 166 ff. ZPO entsprechende Anwendung (§ 191 ZPO).[123] Die von den Beteiligten zu betreibende Zustellung erfolgt durch den Gerichtsvollzieher nach Maßgabe der **§§ 193 und 194 ZPO** (vgl. § 192 Abs. 1 ZPO), wobei die Beteiligten dem Gerichtsvollzieher das zuzustellende Schrift mit den erforderlichen Abschriften zu übergeben haben (§ 192 Abs. 2 ZPO). Zudem besteht nach § 192 Abs. 3 ZPO eine Zustellungsmöglichkeit unter Vermittlung der Geschäftsstelle des zuständigen Gerichts. Daneben besteht noch die Möglichkeit der Zustellung von Anwalt zu Anwalt **(§ 195 ZPO)**. 66

V. Bekanntgabe durch Aufgabe zur Post (Abs. 2 S. 1 2. Alt.)

1. Allgemeines

Nach § 15 Abs. 2 S. 2 kann an jeden Beteiligten **durch Aufgabe zur Post** zugestellt werden. Post im Sinne dieser Vorschrift ist jedes nach § 33 Abs. 1 PostG beliehenes private Dienstleistungsunternehmen, das sich mit der Beförderung von schriftlichen Sendungen befasst (vgl. § 168 Abs. 1 S. 2 ZPO). Eine Bekanntgabe durch Aufgabe zur Post ist ausnahmslos auf alle Beteiligten anwendbar, unabhängig davon, ob diese im Inland oder Ausland wohnen. Ein Unterschied tritt nur hinsichtlich der Fiktion der Zustellungsfrist ein. Eine Zustellung durch Aufgabe zur Post an einen im Ausland lebenden Beteiligten ist ebenfalls im Anwendungsbereich der § 183 Abs. 1 Nr. 1 ZPO bzw. Art. 14 Abs. 1 EuZustVO möglich. Sofern aufgrund völkerrechtlicher Vereinbarung eine entsprechende Zustellungsmöglichkeit eröffnet ist, kann das Gericht nach pflichtgemäßem Ermessen entscheiden, ob Schriftstücke gemäß § 15 Abs. 2 S. 1 1. Alt. FamFG i. V. m. § 183 Abs. 1 Nr. 1 ZPO (bzw. Art. 14 Abs. 1 EuZustVO) durch die Post per Einschreiben mit Rückschein oder nach § 15 Abs. 2 S. 1 2. Alt. FamFG durch Aufgabe zur Post zugestellt werden.[124] 67

2. Eintritt der Wirkung der Bekanntgabe

Im Falle der Zustellung **im Inland** fingiert Abs. 2 S. 2, dass die Zustellung **3 Tage** nach Aufgabe zur Post bewirkt ist.[125] Der **Beginn dieser Frist** wird durch die Aufgabe zur Post und damit durch ein in den Lauf eines Tages fallendes Ereignis im Sinne des § 187 Abs. 1 BGB (s. dazu auch § 16 Rn 12) bestimmt, so dass dieser Tag bei der Fristberechnung nicht einbezogen wird. Da die Bekanntgabe mit dem dritten Tag nach der Aufgabe zur Post bewirkt ist, tritt die Fiktion erst mit dem **Ablauf dieses Tages** ein (vgl. § 188 Abs. 1 BGB; s. dazu auch § 16 Rn 15); ein nachweisbar früherer Zugang ist ohne Bedeutung.[126] Der Fristlauf ist nicht auf Werktage beschränkt, so dass z. B. ein am Freitag vor Pfingsten aufgegebenes Schriftstück am Dienstag nach Pfingsten als bekannt gegeben gilt. Eine hieran anknüpfende Frist (z. B. eine Stellungnahmefrist) beginnt mit dem Ablauf des Tages, an dem die Fiktionswirkung eingetreten ist (vgl. § 187 Abs. 1 BGB); im Beispielsfall am Mittwoch nach Pfingsten und endet – beispielsweise bei einer Wochenfrist – am nächsten Dienstag, 24.00 Uhr. 68

---

[122] Zöller/Stöber § 188 Rn 2.
[123] Nach Bumiller/Harders § 15 Rn 5 ist im Anwendungsbereich des § 15 Abs. 1 kein Raum für §§ 191 bis 195 ZPO.
[124] Zöller/Geimer § 183 Rn 84; a. A. Stein/Jonas/Roth § 184 Rn 3.
[125] Dazu kritisch Zimmermann Rn 57.
[126] MünchKommZPO/Pabst § 15 FamFG Rn 14.

Fällt das Ende der dreitägigen Frist des Abs. 2 S. 2 auf einen **Samstag, Sonntag** oder einen **Feiertag,** so findet § 16 Abs. 2 FamFG i. V. m. § 222 Abs. 2 ZPO keine Anwendung.[127] Abs. 2 S. 2 bestimmt – wie z. B. auch § 41 Abs. 2 VwVfG – einen Termin, d. h. ein rechtserhebliches Datum, an dem eine Rechtswirkung eintritt, nicht indess eine Frist im Sinne des § 222 Abs. 2 ZPO.[128] Eine Zustellung gilt damit als an diesem Tag erfolgt und eine Frist läuft mit dem Beginn des nächsten Tages. Somit ist die Zustellung bei einem am Donnerstag vor Pfingsten zur Post aufgegebenen Schriftstück am Pfingstsonntag bewirkt und eine etwaige Frist beginnt ab Pfingstmontag zu laufen. Der Beteiligte hat indes die Möglichkeit, einen späteren Zugangszeitpunkt (z. B. am Dienstag nach Pfingsten) glaubhaft zu machen (s. Rn 70).

Für **Auslandszustellungen** gilt die in § 184 Abs. 2 S. 1 ZPO vorgesehene **Zweiwochenfrist**.[129] Gemäß § 15 Abs. 2 S. 1 FamFG i. V. m. § 184 Abs. 2 S. 2 ZPO kann das Gericht sowohl bei der Inlands- als auch der Auslandszustellung eine längere Frist bestimmen; eine Verkürzung der Frist ist nicht zulässig. Da die Zustellung bereits durch die **Aufgabe zur Post** und nicht durch die Übergabe an den Empfänger bewirkt wird, tritt die Fiktionswirkung im Gegensatz zu einer Zustellung durch die Post (§ 15 Abs. 2 S. 1 1. Alt. FamFG i. V. m. §§ 176 ff. ZPO) auch ein, wenn der Empfänger die Sendung tatsächlich niemals erhalten hat[130] oder sie als unzustellbar zurückkommt[131] (zur Widerlegung in diesem Falle siehe Rn 70).

3. Verfahren; Nachweis

69 Die Aufgabe zur Post erfolgt durch Übergabe der Sendung durch den Urkundsbeamten der Geschäftsstelle an die Post, z. B. durch Übergabe an den zur Entgegennahme bereiten Postbediensteten oder Einwurf in den Briefkasten; auf den Zeitpunkt der Leerung des Postbriefkastens oder das Datum des Poststempels kommt es nicht an.[132] Nicht ausreichend ist allein das Durchlaufen der Frankierstelle des Gerichts.[133] Abs. 2 ermöglicht nicht die Übermittlung des Dokuments per Fax[134] oder als elektronisches Dokument. Der Urkundsbeamte (nicht der Justizwachtmeister[135]) hat in den Akten zu vermerken, zu welchem Zeitpunkt und an welche Anschrift das Schriftstück zur Post aufgegeben wurde, § 15 Abs. 2 S. 1 FamFG i. V. m. § 184 Abs. 2 S. 4 ZPO.[136] Gibt der Justizwachtmeister die Sendung auf, muss sich der Urkundsbeamte von diesem die erfolgte Zustellung bestätigen lassen.[137] Bei diesem **Aktenvermerk** handelt es sich um eine öffentliche Urkunde mit der Beweiskraft des § 418 ZPO. Er dient dem Nachweis der Zustellung und kann auch nachgeholt werden,[138] selbst nach Einlegung eines Rechtsmittels.[139] Ein fehlerhafter Vermerk hat – wie bei der Zustellungsurkunde (s. Rn 17) – keinen Einfluss auf die Wirksamkeit der Zustellung.[140]

---

[127] So auch BFH NJW 2000, 1742 für einen Samstag; BFH NVwZ 1986, 986 für einen Sonntag; a. A. BFH NJW 2004, 94; SBW/Brinkmann § 15 Rn 49 für eine entsprechende Anwendung des § 193 BGB.
[128] So auch BayVGH NJW 1991, 1250 für Art. 4 Abs. 1 S. 1 1. Halbs. BayVwZVG; OVG Lüneburg NVwZ-RR 2007, 78; VGH Mannheim NVwZ 1992, 799; jew. für § 41 VwVfG; Kopp/Schenke § 70 Rn 6 d für § 70 VwGO; a. A. Haußleiter/Gomille § 15 Rn 10; BFH NJW 2004, 94 zu § 122 AO.
[129] BT-Drs. 16/6308 S. 182; a. A. MünchKommZPO/Pabst § 15 FamFG Rn 16 (keine Zugangsfiktion bei Bekanntgabe im Ausland).
[130] BGH NJW-RR 1996, 387.
[131] Stein/Jonas/Roth § 184 Rn 13.
[132] MünchKommZPO/Pabst § 15 FamFG Rn 13; Stein/Jonas/Roth § 184 Rn 16; a. A. Zöller/Stöber § 184 Rn 4 (Leerung des Briefkastens).
[133] OLG Oldenburg OLGR 2001, 354.
[134] BFH NJW 1998, 2383 zu § 122 Abs. 2 AO.
[135] BGH Rpfleger 1953, 235.
[136] Vgl. auch OLG Köln FGPrax 2010, 203.
[137] BGH Rpfleger 1966, 143.
[138] BGH NJW 1987, 1707.
[139] BGH NJW 2000, 3284.
[140] Stein/Jonas/Roth § 184 Rn 17.

4. Widerlegung der Fiktion (Abs. 2 S. 2)

Die Bekanntgabefiktion ist widerlegbar (§ 15 Abs. 2 S. 2). Voraussetzung ist, dass der Beteiligte glaubhaft macht (§ 31), dass ihm das bekannt zu gebende Schriftstück nicht oder zu einem späteren Zeitpunkt zugegangen ist. Die Überbürdung der Glaubhaftmachung des Nichtzugangs auf den Adressaten ist verfassungsgemäß.[141] Zur Widerlegung der Fiktion reicht es, dass das Schriftstück als unzustellbar zurückgekommen ist. Zur Glaubhaftmachung ist ebenfalls die eigene eidesstattliche Versicherung zuzulassen.[142]

VI. Heilung von Zustellungsmängeln

§ 189 ZPO Heilung von Zustellungsmängeln

Lässt sich die formgerechte Zustellung eines Dokuments nicht nachweisen oder ist das Dokument unter Verletzung zwingender Zustellungsvorschriften zugegangen, so gilt es in dem Zeitpunkt als zugestellt, in dem das Dokument der Person, an die die Zustellung dem Gesetz gemäß gerichtet war oder gerichtet werden konnte, tatsächlich zugegangen ist.

Die Heilung einer mangelhaften Zustellung ist in § 189 ZPO geregelt. Zweck einer Zustellung ist es, dass der Zustellungsadressat die Gelegenheit erhält, von dem zuzustellenden Schriftstück unter angemessenen Bedingungen Kenntnis zu nehmen, und dass der Zeitpunkt, zu dem ihm diese Gelegenheit eröffnet worden ist, dokumentiert wird. Hat der Zustellungsadressat das zuzustellende Schriftstück erhalten, obwohl sich seine formgerechte Zustellung nicht nachweisen lässt oder obwohl zwingende Zustellungsvorschriften verletzt worden sind, kann der Zustellungszweck gleichwohl erreicht sein. In diesen Fällen gilt ein Schriftstück in dem Zeitpunkt als zugestellt, in dem der Zustellungsadressat es trotz Zustellungsmängeln tatsächlich zur Kenntnisnahme erhalten hat und damit so gestellt ist, als ob die Zustellung in Ordnung gewesen wäre.[143] Die formgerechte Zustellung wird also fingiert.[144] Das gilt auch, wenn durch die Zustellung eine der von dieser Vorschrift erfassten Fristen in Lauf gesetzt werden sollte.[145] Indes genügt nicht eine bloße Unterrichtung über den Inhalt des Dokuments.[146]

Da die Beurkundung der Übergabe des zuzustellenden Schriftstücks keine Wirksamkeitsvoraussetzung der Zustellung mehr ist, führen dabei unterlaufene Fehler nicht zur Unwirksamkeit der Zustellung.[147] Sie können für denjenigen, der die Zustellung veranlasst hat, nur den Nachweis ihrer ordnungsgemäßen Ausführung erschweren. Voraussetzung für die Anwendung des § 189 ZPO ist, dass eine formgerechte Zustellung überhaupt gewollt war und in die Wege geleitet, zumindest aber angeordnet worden, dann aber gescheitert ist.[148] § 189 ZPO ist damit unanwendbar, wenn überhaupt keine Zustellung gewollt war, also der Zustellungswille fehlte,[149] z. B. bei einer formlosen, vom Richter nicht verfügte Mitteilung per Telefax zur Kenntnisnahme durch die Geschäftsstelle[150] oder bei einer sonstigen formlose Mitteilung eines Schriftstücks.

Zustellungsmängel können auch durch **formlose Genehmigung** geheilt werden, z. B. bei einer Zustellung nach § 170 Abs. 1 ZPO an die Eltern eines Minderjährigen, denen die elterliche Sorge entzogen worden ist, bei einer Zustellung nach § 171 ZPO an einen Vertreter, der keine Vertretungsmacht hat, bei einer Zustellung nach § 172 ZPO an einen Rechtsanwalt, der kein Verfahrensbevollmächtigter ist, bei einer Ersatzzustellung nach § 178 ZPO an eine als Ersatzempfänger nicht legitimierte Person, z. B. den Hauswirt des

---

[141] Baumbach/Hartmann § 15 FamFG Rn 1.
[142] Zimmermann Rn 57.
[143] BGH NJW 1984, 926; Zöller/Stöber § 189 Rn 3.
[144] Thomas/Putzo/Hüßtege § 189 Rn 1.
[145] Baumbach/Hartmann § 189 Rn 13.
[146] BGH FamRZ 2011, 1049.
[147] Thomas/Putzo § 182 Rn 2.
[148] Baumbach/Hartmann § 189 Rn 9 Stichwort: „versehentliche Zustellung".
[149] BGH NJW 2003, 1193; FamRZ 1993, 309; BayObLG NJW 2004, 3722; OLG Hamm NJW-RR 1994, 63; Thomas/Putzo/Hüßtege § 189 Rn 7.
[150] BGH Beschl. v. 29. 4. 2010 V ZB 202/09 = BeckRS 2010, 15618.

VII. Formlose Mitteilung (Abs. 3)

74 Soweit das Gesetz Abs. 1 bzw. an anderer Stelle (so z. B. in § 41 Abs. 1 für Beschlüsse) keine besonderen Anforderungen an die Mitteilung aufstellt, ist eine formlose Mitteilung der Dokumente möglich, z. B. bei der Übersendung von Schriftsätzen, Gutachten, Stellungnahmen von Behörden, Auskünften, Hinweise, soweit keine Stellungnahmefrist gesetzt wird. Die Übermittlung kann z. B. durch einfachen Brief, zu Protokoll, auch ohne wörtliche Wiedergabe des Inhalts mündlich oder telefonisch,[151] per Telefax oder per E-Mail erfolgen. Die Vorschrift stellt ins Ermessen des Gerichts, statt der formlosen Mitteilung eine förmliche Bekanntgabe nach § 15 Abs. 2 zu wählen. Dies kann im Einzelfall unter Umständen aufgrund der besonderen Sensibilität der zu übersendenden Daten oder der Bedeutung des Inhalts geboten sein.[152]

Fristen

§ 16 (1) Der Lauf einer Frist beginnt, soweit nichts anderes bestimmt ist, mit der Bekanntgabe.

(2) Für die Fristen gelten die §§ 222 und 224 Abs. 2 und 3 sowie § 225 der Zivilprozessordnung entsprechend.

Übersicht

	Rn
I. Normzweck	1
II. Anwendungsbereich	2
III. Begriff	3
1. Frist	3
2. Gesetzliche Fristen	4
3. Gerichtlich bestimmte Fristen	5
4. Uneigentliche Fristen	7
IV. Fristbeginn	8
V. Fristberechnung	11
1. Allgemeines	11
2. Fristlauf	12
3. Fristende	15
4. Gesetzlicher Feiertag	20
VI. Fristwahrung; Fristversäumung	25
1. Fristwahrung	25
2. Wirkungen der Fristversäumung	27
3. Wiedereinsetzung in der vorigen Stand	28
VII. Änderung von Fristen	29
1. Grundsatz	29
2. Verfahren bei Friständerung	30
a) Antrag	30
b) Zeitpunkt der Antragstellung	31
c) Entscheidung über den Antrag	32
d) Form und Inhalt der Entscheidung	35
3. Lauf der verlängerten Frist	37
4. Rechtsmittel	39
VIII. Kosten und Gebühren	40

I. Normzweck

1 § 16 trifft eine Aussage über den Beginn und die Berechnung von gesetzlichen und gerichtlich angeordneten Fristen. Diese Regelung dient der Rechtssicherheit, der Beschleu-

---
[151] OLG Hamm Rpfleger 1987, 251.
[152] BT-Drs. 16/6308 S. 182.

nigung des Verfahrens sowie der Gewährung des rechtlichen Gehörs (Art. 103 Abs. 1 GG). **Abs. 1** greift die bisherige Regelung in § 16 Abs. 2 S. 1, Abs. 3 FGG auf und bestimmt in weitgehender Übereinstimmung mit § 221 ZPO sowie § 57 VwGO,[1] wann der Lauf einer Frist regelmäßig beginnt.[2] Zugleich wird dem Gericht die Möglichkeit eröffnet, den Beginn der Frist abweichend zu bestimmen.[3] **Abs. 2** knüpft an § 17 FGG an und verweist in Anlehnung an die Regelung in § 57 Abs. 2 VwGO für die Berechnung von Fristen auf § 222 ZPO und über § 221 Abs. 1 ZPO auf die Vorschriften des BGB. Zudem wird für die Änderung von Fristen auf die §§ 224 Abs. 2, 3 sowie 225 ZPO Bezug genommen.

II. Anwendungsbereich

Die Vorschrift ist anwendbar auf alle Verfahren nach § 1 mit Ausnahme der Ehesachen (§ 121) sowie der Familienstreitsachen (§ 112); für diese gelten nach § 113 Abs. 1 S. 2 die Allgemeinen Vorschriften der Zivilprozessordnung entsprechend und damit für die Fristen die §§ 221 ff. ZPO.[4] § 16 findet ebenfalls in Grundbuchsachen[4] sowie dann Anwendung, wenn nach Landesrecht für die Durchführung des Verfahrens andere als gerichtliche Behörden zuständig sind (§ 488 Abs. 1). In den landesgesetzlich geregelten Angelegenheiten der freiwilligen Gerichtsbarkeit kann der Landesgesetzgeber die entsprechende Geltung des FamFG und somit des § 16 vorschreiben. Zu den Einzelheiten siehe die Ausführungen bei § 486.

Zu der Übergangsregelung siehe Art. 111 FGG-RG und die dortigen Anmerkungen.

III. Begriff

1. Frist

Eine verfahrensrechtliche Frist im **eigentlichen Sinne**[5] ist der Zeitraum, innerhalb dessen ein Verfahrensbeteiligter eine Handlung von rechtlicher Bedeutung vorzunehmen hat **(Handlungsfrist)** oder der der Vorbereitung auf einen Termin dient (**Überlegungsfrist** bzw. Zwischenfrist).[6] Die Frist kann gesetzlich (siehe dazu Rn 4) oder gerichtlich (siehe dazu Rn 5) bestimmt werden. Von den verfahrensrechtlichen Fristen im eigentlichen Sinne sind die uneigentlichen Fristen zu unterscheiden (vgl. dazu Rn 7). Dagegen sind **materiellrechtliche Fristen** für die Entstehung, das Ende oder den Inhalt von Rechtsverhältnissen bzw. für das Bestehen oder Ausüben von Rechten oder Pflichten von Bedeutung. Auf diese findet § 16 keine Anwendung. Im Unterschied dazu ist der **Termin** der Zeitpunkt, an dem ein Vorgang von rechtlicher Bedeutung stattfinden soll.[7]

2. Gesetzliche Fristen

Gesetzliche Fristen (Tages-, Wochen-, Monats- und Jahresfristen) sind solche, deren Dauer das Gesetz ausdrücklich bestimmt, so z. B. die Frist, in der eine Bekanntgabe fingiert wird (§ 15 Abs. 2 S. 2), die Rechtsmittel- und Wiedereinsetzungsfristen (§§ 18 Abs. 1, Abs. 4, 63, 71 Abs. 1, Abs. 2, 73 S. 1, 117 Abs. 1 S. 3, 145, 147 S. 2, 304 Abs. 2), Aussetzungsfristen (§§ 136 Abs. 3 S. 3, § 328 Abs. 1 S. 3), die Frist für die Anhängigkeit eines Verfahrens (§ 137 Abs. 2 S. 1), die Terminierungsfrist (§ 155 Abs. 2 S. 2), die Überprüfungsfrist (§ 166 Abs. 3), die Mitteilungsfrist (§ 168a Abs. 2), die Fortsetzungsfrist (§ 181 S. 1), die Abänderungsfrist (§ 240 Abs. 2 S. 1), die Unterbringungs- bzw. Freiheitsentziehungsfristen (§§ 284 Abs. 2 S. 1, 284 Abs. 2, 333 S. 1, S. 4, 427 Abs. 1 S. 2), die Frist zur Einholung einer richterlichen Entscheidung (§ 428 Abs. 1 S. 2), die Ladungsfrist (§ 405 Abs. 4), die Fristen zur Einleitung eines Verfahrens (§§ 52 Abs. 2 S. 2, 165 Abs. 5 S. 4, 255 Abs. 6, 407 Abs. 1), die Frist für die Aussetzung des Vollzuges (§ 424 Abs. 1 S. 3) und

---
[1] BT-Drs. 16/6308 S. 183.
[2] Baumbach/Hartmann § 16 FamFG Rn 1.
[3] BT-Drs. 16/6308 S. 183.
[4] Demharter § 1 Rn 27.
[5] Diese werden teilweise auch als Fristen im engeren Sinne bezeichnet.
[6] Rosenberg/Schwab/Gottwald § 71 Rn 1.
[7] Rosenberg/Schwab/Gottwald § 71 Rn 1.

die Aufgebotsfristen (§§ 437, 439 Abs. 4, 451 Ab. 2, 458 Abs. 2, 465 Abs. 5, 471 Abs. 1, 472 Abs. 1 S. 1, 474, 475, 476, 482 Abs. 1. S. 2). Diese Fristen sind der Änderung durch Vereinbarung der Beteiligten und regelmäßig auch durch Verfügung des Gerichts entzogen; eine Änderung der Frist ist gemäß § 16 Abs. 2 FamFG i. V. m. § 224 Abs. 2 letzter Halbs. ZPO nur zulässig, wenn das Gesetz dies ausdrücklich gestattet (so z. B. nach § 407 Abs. 1 S. 2). Der Ablauf der Frist führt i. d. R. zum Ausschluss der Handlung des Beteiligten.

3. Gerichtlich bestimmte Fristen

5   Von den gesetzlichen Fristen sind die **gerichtlich bestimmten Fristen**[8] zu unterscheiden. Diese sind zum einen solche, deren **Dauer das Gericht** (z. B. der Richter oder der Rechtspfleger) **festlegt**. Hierher gehören die Fälle, in denen das Gericht eine Fristbestimmung aus freiem Ermessen trifft, z. B. eine Frist zur Erwiderung auf ein Rechtsmittel. Solche Fristen sind keine Ausschlussfristen, denn das Gericht muss auch das Vorbringen der Beteiligten nach Fristablauf bis zum Erlass seiner Entscheidung berücksichtigen. Die Setzung einer unangemessen kurzen Frist und der Erlass einer Entscheidung unmittelbar nach deren Ablauf können ein Verstoß gegen den Grundsatz des gesetzlichen Gehörs (Art. 103 Abs. 1 GG) begründen.

6   Zum anderen sind gerichtlich bestimmte Fristen auch solche, deren Bestimmung zwar auf einer ausdrücklichen **gesetzlichen Regelung** beruht, wobei diese die Dauer der Frist jedoch entweder überhaupt nicht festlegt (z. B. §§ 65 Abs. 2, 388 Abs. 1, 392, 395 Abs. 2, 399 Abs. 1 S. 1) oder dem Gericht innerhalb eines vorgegebenen Rahmens die Bestimmung der Frist überlässt, die im Einzelfall gelten soll (so z. B. § 393 Abs. 2).

4. Uneigentliche Fristen

7   Neben den (gesetzlichen und gerichtlich bestimmten) Fristen im eigentlichen Sinne sind auch die im Zivilprozess als **uneigentlich** bezeichneten Fristen bekannt. Hierzu gehören insbesondere im Zivilprozess die im Gesetz vorgesehenen Zeiträume für die Vornahme einer richterlichen Handlung (z. B. nach §§ 251 a Abs. 2, 310 Abs. 1 S. 2, 315 Abs. 2 S. 1, 816 Abs. 1 ZPO). In Verfahren der freiwilligen Gerichtsbarkeit fallen hierunter Fristen, für die kennzeichnend ist, dass das Gesetz an den Ablauf einer bestimmten Zeitspanne Rechtsfolgen knüpft, ohne dass die Möglichkeit einer Wiedereinsetzung besteht,[9] so z. B. in § 18 Abs. 4 für die Möglichkeit der Beantragung der Wiedersetzung oder in § 63 Abs. 3 S. 2 für die Fünfmonatsfrist, mit deren Ablauf die Frist zur Einlegung der befristeten Beschwerde beginnt.

IV. Fristbeginn

8   Abs. 1 bestimmt den für die Berechnung einer **verfahrensrechtlichen Frist** maßgebenden Beginn. Der Lauf dieser Frist knüpft regelmäßig an die Bekanntgabe der sie anordnenden Verfügung bzw. des Beschlusses an, soweit nichts anderes bestimmt ist.[10] Die Form der Bekanntgabe ist in § 15 bzw. für Beschlüsse in § 41 geregelt. Im Falle der Bekanntgabe durch Zustellung nach § 15 Abs. 2 S. 1 beginnt die Frist mit dem Zeitpunkt der **formrichtigen Zustellung**.[11] Gibt bei einer förmlichen Zustellung der Vermerk des Postbediensteten den Tag der Zustellung nicht oder nicht richtig wieder, so wird die Frist nicht in Lauf gesetzt.[12] Eine Heilung von Zustellungsmängel ist nach § 15 Abs. 2 S. 1 FamFG i. V. m. § 189 ZPO möglich. Bei der Bekanntgabe durch **Aufgabe zur Post** beginnt die Frist drei Tage nach der Aufgabe zu laufen, es sei denn, der Empfänger macht glaubhaft, dass ihm das Schriftstück nicht oder erst zu einem späteren Zeitpunkt zugegangen ist.

---

[8] Diese werden teilweise auch als richterliche Fristen bezeichnet.
[9] Baumbach/Hartman Übers. vor § 214 Rn 11; Rosenberg/Schwab/Gottwald § 71 Rn 2; Zöller/Stöber vor § 214 Rn 6.
[10] BayObLG NJW-RR 2001, 724 = FamRZ 2000, 1445; BayObLG FGPrax 1999, 99; OLG Brandenburg FamRZ 2000, 1028; OLG Düsseldorf OLGZ 1965, 325.
[11] BayObLG WE 1991, 49; BayObLG FamRZ 1984, 201; KG OLGR 2001, 6.
[12] BayObLG NJW-RR 2000, 536.

Die Frist kann für verschiedene Beteiligte zu verschiedenen Zeiten beginnen,[13] sofern das 9
Gesetz, wie z. B. in § 360 Abs. 1, keine abweichende Bestimmung trifft. Hat sich für einen
Beteiligten ein Verfahrensbevollmächtigter bestellt, so ist entsprechend § 172 ZPO die
Bekanntgabe an diesen maßgebend. Sind mehrere Verfahrensbevollmächtigte bestellt, so ist
die erste Bekanntgabe an einen der Bevollmächtigten entscheidend. Wird ein Beteiligter im
Verfahren durch einen anderen vertreten, so läuft die Frist für beide Beteiligten mit der
Bekanntgabe an den Vertreter.[14] Zu den weiteren Einzelheiten der Bekanntgabe wird auf
die Erläuterungen zu § 15 bzw. § 41 verwiesen.

Neben der Bekanntgabe kann auch ein in den Lauf des Tages fallendes Ereignis den 10
Beginn einer Frist auslösen. So beginnt die Wiedereinsetzungsfrist nach § 18 Abs. 1 mit
dem **Wegfall des Hindernisses,** das die Fristwahrung verhindert hat. Die Frist für die
Vaterschaftsanfechtung beginnt mit der **Kenntnis von Umständen,** die gegen eine Vaterschaft sprechen (vgl. §§ 1600 b Abs. 1 S. 1 BGB, 171 Abs. 2 FamFG). Das Gericht kann
entgegen der missverständlichen Gesetzesbegründung[15] bei gesetzlichen Fristen keinen
anderen Fristbeginn festlegen, sofern diese Möglichkeit nicht ausdrücklich im Gesetz vorgesehen ist. § 221 ZPO, auf den die Gesetzesmaterialen verweisen, betrifft ausschließlich
die gerichtlich bestimmten Fristen.[16]

V. Fristberechnung

§ 222 ZPO Fristberechnung

(1) Für die Berechnung der Fristen gelten die Vorschriften des Bürgerlichen Gesetzbuchs.

(2) Fällt das Ende einer Frist auf einen Sonntag, einen allgemeinen Feiertag oder einen Sonnabend, so endet die Frist mit Ablauf des nächsten Werktages.

(3) Bei der Berechnung einer Frist, die nach Stunden bestimmt ist, werden Sonntage, allgemeine Feiertage und Sonnabende nicht mitgerechnet.

§ 224 ZPO Fristkürzung; Fristverlängerung

(1) ...

(2) Auf Antrag können richterliche und gesetzliche Fristen abgekürzt oder verlängert werden, wenn erhebliche Gründe glaubhaft gemacht sind, gesetzliche Fristen jedoch nur in den besonders bestimmten Fällen.

(3) Im Falle der Verlängerung wird die neue Frist von dem Ablauf der vorigen Frist an berechnet, wenn nicht im einzelnen Fall ein anderes bestimmt ist.

§ 225 ZPO Verfahren bei Friständerung

(1) Über das Gesuch um Abkürzung oder Verlängerung einer Frist kann ohne mündliche Verhandlung entschieden werden.

(2) Die Abkürzung oder wiederholte Verlängerung darf nur nach Anhörung des Gegners bewilligt werden.

(3) Eine Anfechtung des Beschlusses, durch den das Gesuch um Verlängerung einer Frist zurückgewiesen ist, findet nicht statt.

1. Allgemeines

Für die Berechnung des Laufs einer Frist sowie des Zeitpunkts, an dem eine **Frist endet,** 11
verweist Abs. 2 auf § 222 ZPO. Diese Vorschrift gilt für sämtliche verfahrensrechtlichen
Fristen, einschließlich einer uneigentlichen Frist sowie für den Lauf einer verlängerten Frist.
§ 222 Abs. 1 ZPO seinerseits nimmt Bezug auf die Vorschriften des BGB und damit auf
§§ 186 ff. BGB. § 186 BGB bestimmt, dass für die in Gesetzen und gerichtlichen Ver-

---
[13] BGH NJW 2002, 2252; BayObLG FGPrax 1999, 99; BayObLGZ 1994, 391/393; OLG Brandenburg FamRZ 2000, 1028.
[14] OLG Frankfurt FamRZ 1999, 169; s. a. Usadel Rpfleger 1973, 416.
[15] BT-Drs. 16/6308 S. 183.
[16] Zimmermann Rn 60.

fügungen enthaltenen Frist- und Terminsbestimmungen die Auslegungsvorschriften der §§ 187 bis 193 BGB gelten. Hiervon gelten für die Fristberechnung in Verfahren der freiwilligen Gerichtsbarkeit nur die §§ 187 bis 189, 191, 192 BGB unmittelbar. § 190 BGB (Fristverlängerung) wird durch § 224 Abs. 3 ZPO und § 193 BGB (Sonn- und Feiertage sowie Sonnabende) durch § 222 Abs. 2 ZPO ersetzt.

2. Fristlauf

12 Für den Fristlauf gelten folgende Grundsätze: Ist für den **Beginn einer Frist** ein **bestimmtes Ereignis** (z. B. Bekanntgabe nach § 16 Abs. 1; Wegfall des Hindernisses nach § 18 Abs. 1) oder ein **Zeitpunkt im Verlauf eines Tages** (z. B. eine Uhrzeit, Wegfall eines Hindernisses) maßgebend, so wird dieser Tag bei der Fristberechnung nicht mitgerechnet (§ 187 Abs. 1 BGB). Ist jedoch als Fristbeginn der **Anfang eines bestimmten Kalendertages** festgelegt worden (z. B. die Vornahme einer Handlung ab 0.00 Uhr oder ab dem 1. 3. innerhalb von zwei Wochen), so wird dieser Tag in die Frist eingerechnet (§ 187 Abs. 2 S. 1 BGB); gleiches gilt für den Tag der Geburt, wenn das Lebensalter zu berechnen ist (§ 187 Abs. 2 S. 2 BGB).

13 Unter einem **halben Jahr** wird eine Frist von sechs Monaten, unter einem **Vierteljahr** eine Frist von drei Monaten, unter einem **halben Monat** eine Frist von 15 Tagen verstanden (§ 189 Abs. 1 BGB). Ist eine Frist auf einen oder mehrere ganze Monate und einen halben Monat festgesetzt, so sind die fünfzehn Tage zuletzt zu zählen (§ 189 Abs. 2 BGB). Ist ein Zeitraum nach Monaten oder nach Jahren in dem Sinne bestimmt, dass er nicht zusammenhängend zu verlaufen braucht, so wird der Monat zu **dreißig**, das Jahr zu **365 Tagen** gerechnet (§ 191 BGB). Unter Anfang des Monats wird der erste, unter Mitte des Monats der fünfzehnte, unter Ende des Monats der letzte Tag des Monats verstanden (§ 192 BGB). Wird eine Frist verlängert, so wird nach § 224 Abs. 3 ZPO die neue Frist von dem Ablauf der vorigen Frist berechnet, wenn nicht im einzelnen Fall ein anderes bestimmt ist (zu den Einzelheiten siehe Rn 37).

14 Eine **Stundenfrist** beginnt in entsprechender Anwendung der Rechtsgedanken der §§ 187 Abs. 1, 188 Abs. 1 BGB mit der nächsten vollen Stunde nach dem die Frist auslösenden Ereignis und endet mit Ablauf der letzten Stunde der Frist. Bei den Stundenfristen werden Sonntage, allgemeine Feiertage und Sonnabende nicht mitgerechnet (§ 222 Abs. 3 ZPO). So endet z. B. eine am Freitag gegen 12.30 Uhr gesetzte Frist von 12 Stunden erst am Montag gegen 1.00 Uhr.

3. Fristende

15 Eine nach Tagen bestimmte Frist endet mit dem Ablauf des letzten Tages der Frist um 24.00 Uhr (vgl. § 188 Abs. 1 BGB). Wird eine Frist „bis zu" einem bestimmten Tag gesetzt, so läuft die Frist erst mit dem Ablauf dieses Tages ab.[17] Wird beispielsweise am Montag, den 2. 4., eine Stellungnahmefrist von 4 Tage bekannt gegeben, so läuft die Frist bis zum Freitag, den 6. 4., 24.00 Uhr. Fällt dieser Tag auf den Karfreitag, so verlängert sich die Frist bis Dienstag, den 10. 4., 24.00 Uhr (vgl. § 222 Abs. 3 ZPO).

16 Eine Frist, die nach **Wochen,** nach **Monaten** oder nach einem mehrere Monate umfassenden Zeitraum – Vierteljahr, halbes Jahr, Jahr – bestimmt ist, endet im Falle des § 187 Abs. 1 BGB mit dem Ablauf desjenigen Tages der letzten Woche oder des letzten Monats, welcher durch seine Benennung oder seine Zahl dem Tag entspricht, an dem der Lauf der Frist begonnen hat; im Falle des § 187 Abs. 2 BGB mit dem Ablauf desjenigen Tages der letzten Woche oder des letzten Monats, welcher dem Tag vorhergeht, der durch seine Benennung oder seine Zahl dem Anfangstag der Frist entspricht (§ 188 Abs. 2 BGB).

17 Wird beispielsweise eine einstweilige Anordnung (§ 49) am Montag, den 2. 4. zugestellt, so läuft die zweiwöchige Beschwerdefrist des § 63 Abs. 2 Nr. 1 am Montag, den 16. 4., 24.00 Uhr, ab. Fällt auf diesen Tag der Ostermontag, so läuft die Frist erst am Dienstag, den 17. 4., 24.00 Uhr, ab (§ 222 Abs. 2 ZPO). Wird ein Beschluss am 15. 3. bekannt gegeben

---

[17] RGZ 105, 417/419.

(vgl. § 41 Abs. 1), so läuft die Beschwerdefrist des § 63 Abs. 1 von einem Monat am 15. 4., 24.00 Uhr, ab.

Fehlt bei einer nach Monaten bestimmten Frist in dem letzten Monat **der** für ihren **Ablauf maßgebende Tag,** so endet die Frist mit dem Ablauf des letzten Tages dieses Monats (§ 188 Abs. 3 BGB). Ist z. B. der Beschluss am 31. 1. bekannt gegeben worden (§ 41 Abs. 1), so endet die Monatsfrist des § 63 Abs. 1 zur Einlegung der Beschwerde am 28. 2., in einem Schaltjahr am 29. 2. Bei einer Bekanntgabe am 28. 2. endet die Monatsfrist am 28. 3.[18] und bei einer Bekanntgabe am 29. 2. am 29. 3.[19] Der letzte Zeitpunkt des Endtages ist in die Frist einzubeziehen; das mit Fristablauf um 24.00 Uhr eintretende Ereignis liegt innerhalb der Frist. 18

Fällt das Ende auf einen **Sonntag,** einen **allgemeinen Feiertag** oder einen **Sonnabend,** so endet die Frist mit Ablauf des nächstfolgenden Werktags (§ 16 Abs. 2 FamFG i. V. m. § 222 Abs. 2 ZPO). Die Vorschrift gilt für alle verfahrensrechtlichen Fristen; so z. B. wenn eine Fristverlängerung irrtümlich auf einen Sonntag gewährt worden ist,[20] ferner für alle tatsächlichen Handlungen, die ein Beteiligter innerhalb einer bestimmten Frist vornehmen muss. Wenn z. B. die Frist zum Widerruf eines Vergleichs an einem Samstag, Sonntag oder allgemeinen Feiertag abläuft, so endet diese im Zweifel erst am folgenden Werktag.[21] 19

4. Gesetzlicher Feiertag

Gesetzlicher Feiertag im Sinne von § 16 Abs. 2 FamFG i. V. m. § 222 Abs. 2 ZPO ist kraft Bundesrecht der 3. 10., der Tag der deutschen Einheit.[22] Er ist an die Stelle des 17. Juni getreten, der als gesetzlicher Feiertag abgeschafft worden ist.[23] Im Übrigen gelten auf Grund insoweit übereinstimmender Landesgesetze[24] **bundesweit** der Neujahrstag, der Karfreitag, der Ostermontag, der 1. Mai, der Himmelfahrtstag, der Pfingstmontag sowie der 1. und 2. Weihnachtsfeiertag als gesetzliche Feiertage. 20

Weitere Feiertage sind in den Bundesländern durch das jeweilige Landesrecht festgelegt. So der 6. 1. (Heilige Drei Könige) in Baden-Württemberg, Bayern und Sachsen-Anhalt; Fronleichnam in Baden-Württemberg, Bayern, Hessen, Nordrhein-Westfalen, Rheinland-Pfalz und Saarland sowie in Sachsen und Thüringen in den Gemeinden mit überwiegend katholischer Bevölkerung; der 15. 8. (Mariä Himmelfahrt) im Saarland sowie in Bayern in den Gemeinden mit überwiegend katholischer Bevölkerung; der 31. 10. (Reformationstag) in Brandenburg, Mecklenburg-Vorpommern, Sachsen, Sachsen-Anhalt und Thüringen; der 1. 11. (Allerheiligen) in Baden-Württemberg, Bayern, Nordrhein-Westfalen, Rheinland-Pfalz und Saarland. Der Buß- und Bettag ist nur noch in Sachsen gesetzlicher Feiertag; zudem der 8. 8. im Stadtkreis Augsburg. 21

Keine gesetzlichen Feiertage sind der 24. 12. **(Heiligabend)** und der 31. 12. **(Silvester).**[25] Daran ändert sich auch dadurch nichts, dass an beiden Tagen, z. B. in Nordrhein-Westfalen, bei den Landesbehörden und Gerichten dienstfrei ist. Durch die Einrichtung eines Eildienstes, durch den die Entgegennahme fristgebundener Erklärungen sichergestellt 22

---

[18] BGH NJW 1984, 1358.
[19] BGH NJW 1985, 495.
[20] BVerfG Rpfleger 1982, 478.
[21] Baumbach/Hartmann § 222 Rn 2.
[22] Art. 2 Abs. 2 Einigungsvertrages vom 31. 8. 1990 (BGBl. II S. 890), der nach Art. 45 Abs. 2 Einigungsvertrages geltendes Recht ist.
[23] Anl. 1 Kap. II Sachgebiet A Abschnitt II Nr. 3 i. Einigungsvertrag.
[24] Vgl. die Landesgesetze über die Sonn- und Feiertage: Baden-Württemberg vom 8. 5. 1995 (GBl. S. 450); Bayern vom 20. 12. 1994 (GVBl. S. 1049); Berlin vom 2. 12. 1994 (GVBl. S. 491); Brandenburg vom 21. 31991 (GVBl. I S. 44), vom 6. 6. 1998 (GVBl. S. 167) sowie vom 20. 11. 2003 (GVBl I S. 287); Bremen vom 29. 11. 1994 (GBl. S. 307); Hamburg vom 20. 12. 1994 (GVBl. S. 441); Hessen vom 26. 11. 1997 (GVBl. I S. 396); Mecklenburg-Vorpommern vom 20. 12. 1994 (GVOBl. S. 1055); Niedersachsen vom 7. 3. 1995 (GVBl. S. 50); Nordrhein-Westfalen vom 20. 12. 1994 (GV NW S. 1114); Rheinland-Pfalz vom 20. 12. 1994 (GVBl. S. 474); Saarland vom 14. 12. 1994 (Abl. 1995 S. 18); Sachsen vom 30. 5. 1995 (GVBl. S. 160); Sachsen-Anhalt vom 16. 12. 1994 (GVBl. S. 1044); Schleswig-Holstein vom 6. 3. 1997 (GVOBl. S. 149); Thüringen vom 21. 12. 1994 (GVBl. S. 1221).
[25] OVG Hamburg NJW 1993, 1941; VGH Mannheim NJW 1987, 1353.

werden soll, werden beide Werktage nicht zu allgemeinen Feiertagen.[26] Gleiches gilt für den in Teilen Deutschlands arbeitsfreien **Rosenmontag**.[27]

23 Die Frage, ob ein Tag ein allgemeiner Feiertag ist, beurteilt sich nach dem **Recht des Ortes,** an dem die fristgebundene Handlung vorzunehmen ist.[28] Fällt z. B. der letzte Tag der Beschwerdefrist in einer der bei dem AG Osnabrück anhängigen Verfahren auf den 1. 11., der in Niedersachsen kein gesetzlicher Feiertag ist, so endet die Frist auch für den in Münster wohnhaften Beschwerdeführer nicht erst am 2. 11., obwohl der Allerheiligentag in Nordrhein-Westfalen ein allgemeiner Feiertag ist.

24 Kann ein Rechtsmittel nach Wahl des Beschwerdeführers bei verschiedenen Gerichten eingelegt werden (so z. B. eine befristete Beschwerde nach § 336 bei dem Gericht der Unterbringung oder nach § 64 Abs. 1 bei dem Gericht, dessen Entscheidung angefochten wird), so verlängert sich die Beschwerdefrist um einen Tag, wenn bei einem dieser Gerichte der letzte Tag der Frist ein allgemeiner Feiertag ist.[29]

VI. Fristwahrung; Fristversäumung

1. Fristwahrung

25 Zur Wahrung der Frist genügt eine am richtigen Ort und in der richtigen Form eingereichte Stellungnahme bzw. ein Rechtmittel. Fristen dürfen bis zu ihrem Ablauf voll ausgeschöpft werden.[30] Dabei ist entscheidend, dass das Schriftstück innerhalb der Frist in die Verfügungsgewalt des Gerichts gelangt, für das es bestimmt ist, ohne dass die Mitwirkung von Justizbediensteten bei dessen Entgegennahme erforderlich wäre.[31] Daher genügt der rechtzeitige Einwurf der richtig adressierten Sendung in den Hausbriefkasten des bezeichneten Gerichts, selbst wenn mit dessen Leerung innerhalb der Frist nicht mehr zu rechnen ist, und unabhängig davon, ob ein sog. Nachtbriefkasten vorhanden ist.[32] Allerdings obliegt dem Absender in solchen Fällen die Beweislast für den rechtzeitigen Einwurf der Sendung.[33] Eine Frist wird auch durch rechtzeitiges Einlegen eines fristgebundenen Schriftstücks in ein von der Justizverwaltung bei einem AG eingerichtetes, entsprechend beschriftetes Abholfach für die Post des übergeordneten LG gewahrt.[34]

26 Bei der Zusendung mit der Post genügt es, wenn das fristgebundene Schriftstück innerhalb der Frist in ein vom Gericht unterhaltenes Postfach eingelegt wird, selbst wenn mit dessen Leerung innerhalb der Frist nicht zu rechnen ist.[35] Entscheidend ist auch hier, dass sowohl Absender als auch Post mit Einsortieren des Schriftstücks in das Postfach die Möglichkeit des Zugriffs auf die Sendung verloren haben. Falsch adressierte Sendungen sind bei dem Gericht, für das sie bestimmt sind, erst dann eingegangen, wenn sie ihm nach Weiterleitung tatsächlich vorliegen.[36] Das gilt auch dann, wenn mehrere Gerichte eine gemeinsame Briefannahmestelle unterhalten. Auch hier erlangt zunächst nur der Adressat Verfügungsgewalt an der Sendung, der richtige Empfänger erst dann, wenn sie an ihn weitergeleitet worden ist.[37] Jedes Gericht hat die Pflicht, bei ihm eingehende Irrläufer im normalen Geschäftsgang an das zuständige Gericht weiterzuleiten.[38] Verzögerungen und Fehler bei der Weiterleitung, die zu einer Fristversäumung führen, können die Wiedereinsetzung begründen.[39] Zu den zahlreichen Fragen, die sich bei der fernmeldetechnischen Übermittlung fristgebundener Schriftsätze ergeben, siehe auch § 63 Rn 37 ff.

---

[26] Baumbach/Hartmann § 222 Rn 6.
[27] BFH NJW 1997, 416.
[28] BAG NJW 1989, 1181; BayVGH NJW 1997, 2130; OVG Frankfurt/Oder NJW 2004, 3795.
[29] BayObLG B. v. 22. 12. 1976 – 3 Z 159/76, n. v.
[30] St. Rspr. z. B. BVerfG NJW 1983, 1479; NJW 1976, 747; BGH NJW 1995, 2230; NJW 1995, 521.
[31] BVerfG NJW 1981, 1951; NJW 1980, 580.
[32] BVerfG NJW 1991, 2076; BGH NJW 1984, 1237.
[33] Zöller/Stöber § 222 Rn 8.
[34] BGH NJW-RR 1989, 1214.
[35] BGH NJW 1986, 2646.
[36] BGH NJW 1994, 1354.
[37] BGH NJW 1990, 990; NJW 1975, 2294.
[38] BVerfG NJW 1995, 3173 = FamRZ 1995, 1559.
[39] BVerfG NJW 1995, 3173 = FamRZ 1995, 1559; BGH NJW-RR 1998, 1218 = FamRZ 1998, 359; NJW-RR 1998, 354 = FamRZ 1998, 285.

2. Wirkungen der Fristversäumung

Einer Fristversäumung kommen unterschiedliche Wirkungen zu. Die Fristbestimmung 27 kann den Sinn haben, dass die betreffende Handlung mit Wirksamkeit nur innerhalb der Frist vorgenommen werden kann (**Ausschlussfrist**) oder innerhalb der Frist vorgenommen werden soll, aber nach Ablauf der Frist nachgeholt werden kann. Ob das eine oder das andere der Fall ist, ergibt sich jeweils aus den gesetzlichen Vorschriften oder Anordnungen des Richters oder Rechtspflegers, auf denen die Fristbestimmung beruht. So ist ein verspäteter Einspruch im Verfahren nach § 388 Abs. 1 sofort zu verwerfen und hindert die Festsetzung des angedrohten Zwangsgeldes und die erneute Androhung eines Zwangsgeldes grundsätzlich nicht (§ 389). Hingegen ist der Widerspruch gegen die Löschung einer Firma nach § 393, solange diese nicht durchgeführt worden ist, auch dann zu beachten, wenn er nach Ablauf der nach § 393 Abs. 1 bestimmten Frist eingelegt worden ist. Gerichtlich bestimmte **Äußerungsfristen,** insbesondere nicht auf Gesetz beruhende Fristen zur Beschwerdebegründung oder Beschwerdeerwiderung, können im Hinblick auf die im Verfahren der freiwilligen Gerichtsbarkeit geltende Amtsermittlung (§ 26) keine Ausschlusswirkung haben.

3. Wiedereinsetzung in den vorigen Stand

Gegen die Versäumung von gesetzlichen Fristen kann Wiedereinsetzung in den vorigen 28 Stand gewährt werden. Diese Möglichkeit besteht z. B. bei der Versäumung von Fristen zur Einlegung von befristeten Rechtsmitteln (z. B. §§ 63, 71 Abs. 1 S. 1) oder zur Begründung eines Rechtsmittels (z. B. §§ 71 Abs. 2, 117 Abs. 1 S. 2). Bei der Versäumung einer richterlichen Frist kann grundsätzlich keine Wiedereinsetzung gewährt werden; ausnahmsweise bei einer nach § 388 Abs. 1 richterlich bestimmten Frist zur Einlegung des Einspruchs. Zudem sieht das Gesetz bei Verfahren in Teilungssachen die Möglichkeit der Gewährung der Wiedereinsetzung in den vorigen Stand bei einer Terminsversäumung ausdrücklich vor (§ 366 i. V. m. § 367; § 368 Abs. 2 S. 2 i. V. m. § 367).

VII. Änderung von Fristen

1. Grundsatz

Hinsichtlich der Abkürzung oder Verlängerung einer Frist verweist Abs. 2 auf die §§ 224 29 Abs. 2, Abs. 3 und 225 ZPO. Beide Vorschriften gehören zusammen. Auf Antrag können **gerichtlich bestimmte Fristen** (vgl. Rn 5) jederzeit verlängert oder verkürzt werden, wenn erhebliche Gründe glaubhaft gemacht werden. Dagegen kann das Gericht **gesetzliche Fristen** (vgl. Rn 4) nur verlängern oder verkürzen, wenn diese Möglichkeit ausdrücklich im Gesetz vorgesehen ist (§ 222 Abs. 2 ZPO). So ist z. B. eine Änderung der Beschwerdefrist (§ 63 Abs. 1, Abs. 2) nicht möglich. Die Beschwerdebegründungsfrist in den Ehesachen und Familienstreitverfahren richtet sich nach § 117 Abs. 1 FamFG mit der Möglichkeit der Verlängerung durch den Vorsitzenden nach § 520 Abs. 2 S. 2 und S. 3 ZPO. Die Frist zur Begründung der Rechtsbeschwerde kann verlängert werden (§ 71 Abs. 2 FamFG i. V. m. § 551 Abs. 2 S. 5, 6 ZPO).

2. Verfahren bei Friständerung

a) Antrag. Fristverkürzungen oder Fristverlängerungen erfolgen nicht von Amts wegen, 30 sondern nur auf **Antrag eines Beteiligten** (§ 224 Abs. 2 ZPO). Der Antrag kann gegenüber dem zuständigen Gericht schriftlich oder zur Niederschrift der Geschäftsstelle abgegeben werden, soweit in dem Verfahren eine Vertretung durch einen Rechtsanwalt nicht notwendig ist (§ 25 Abs. 1); ein telefonischer Antrag genügt nicht.[40] Mit dem Antrag muss der Beteiligte erhebliche Gründe für eine Friständerung darlegen und glaubhaft machen (§ 224 Abs. 2 ZPO). Die Glaubhaftmachung richtet sich nach § 31; ausreichend ist eine eidesstattliche Versicherung, in der Praxis reicht häufig auch eine anwaltliche Versicherung.

---

[40] BGH NJW 1985, 1558.

31 **b) Zeitpunkt der Antragstellung.** Der Antrag auf Fristverlängerung muss **vor Fristablauf** gestellt werden.[41] Geht der Antrag erst nach Ablauf der Frist bei Gericht ein, so kann er u. U. in einen Antrag auf Wiedereinsetzung umgedeutet werden.

32 **c) Entscheidung über den Antrag.** Über den Antrag kann ohne mündliche Verhandlung entschieden werden (§ 225 Abs. 1 ZPO). Im Falle einer Abkürzung der Frist oder einer wiederholten Verlängerung muss das Gericht vor der Entscheidung die übrigen Beteiligten anhören (§ 225 Abs. 2 ZPO). In den übrigen Fällen ist eine Anhörung geboten (Art. 103 Abs. 1 GG), sofern nicht besondere Umstände hiergegen sprechen. Für die Anhörung schreibt das Gesetz keine Form vor. Sie kann auch telefonisch erfolgen, wobei in diesem Falle ein Vermerk über die Anhörung zu fertigen ist.[42] Dies bietet sich vor allem in Eilverfahren an.

33 Die Entscheidung über den Antrag muss nicht vor Fristablauf erfolgen.[43] Deswegen kommt es nicht darauf an, wann dem Antragsteller oder den anderen Beteiligten die Entscheidung bekannt gegeben wird. Es bedarf keiner Bekanntgabe einer fristverlängernden Entscheidung, weil durch sie keine Frist in Lauf gesetzt, sondern nur das Ende einer laufenden Frist anders bestimmt wird.[44] Eine fristverkürzende Entscheidung ist stets den Beteiligten bekannt zu geben.

34 Zuständig für die Entscheidung ist grundsätzlich das Gericht, bei dem die Frist zu wahren ist. Für die Entscheidung ist der Einzelrichter bzw. der **Spruchkörper** zuständig, sofern es sich um die Änderung einer von dem Gericht gesetzten Frist handelt. Ansonsten kann der **Vorsitzende** allein entscheiden; er kann auch einen Antrag ablehnen.[45]

35 **d) Form und Inhalt der Entscheidung.** Die Entscheidung ergeht durch Beschluss des Gerichts oder Verfügung des Vorsitzenden. Es bedarf stets einer förmlichen schriftlichen Entscheidung; die in der Praxis von den Verfahrensbevollmächtigten häufig beantragte „**stillschweigenden Verlängerung**" ist unzulässig und entfaltet keine Wirkungen.[46] Die Entscheidung liegt im pflichtgemäßen Ermessen, wobei das Beschleunigungsgebot und der Anspruch auf rechtliches Gehör (Art. 103 Abs. 1 GG) abzuwägen sind. Das Gericht kann hinsichtlich der **Dauer der verkürzten oder verlängerten Frist** frei entscheiden, es ist insoweit nicht an einen diesbezüglichen Antrag, der insoweit lediglich nur eine Anregung ist, gebunden. Eine Frist kann um Stunden, Tage, Wochen oder Monate verlängert werden. Entscheidend sind jeweils die Umstände des Einzelfalls.

36 Die Entscheidung ist zu begründen, wenn ein Beteiligter der Fristverlängerung widersprochen hat oder der Antrag abgelehnt wird (vgl. § 38 Abs. 3 S. 1, Abs. 4 Nr. 2). In Betracht kommt eine Fristverlängerung beispielsweise bei der Notwendigkeit, weitere Informationen oder Unterlagen zu beschaffen, bei einer noch nicht gewährten Akteneinsicht,[47] bei einer näher aufgezeigten arbeitsmäßigen Überlastung eines Beteiligten bzw. seines Verfahrensbevollmächtigten,[48] bei einer Erkrankung eines Beteiligten bzw. seines Verfahrensbevollmächtigten oder bei einem Wechsel eines Verfahrensbevollmächtigten.[49] Eine übereinstimmende Erklärung aller Beteiligten bindet das Gericht – insbesondere bei Amtsverfahren – nicht, muss aber bei der Abwägung der Interessen Berücksichtigung finden.

3. Lauf der verlängerten Frist

37 Die Fristverlängerung wirkt vom Ende der früheren Frist an (§ 224 Abs. 3 ZPO). Wird beispielsweise eine am Montag, den 2. 4. ablaufende Frist um zwei Wochen verlängert, so beginnt die verlängerte Frist am Dienstag um 0.00 Uhr und endet am Montag, den 16. 4., um 24.00 Uhr, auch wenn die Verlängerungsentscheidung erst am 3. 4. ergeht oder an

---

[41] BGH NJW 1992, 842; NJW 1982, 1651.
[42] Zöller/Stöber § 225 Rn 7.
[43] BGH NJW 1982, 1651.
[44] BGH WM 1985, 1541; Baumbach/Hartmann § 224 Rn 6.
[45] BGH VersR 1985, 972; VersR 1984, 894; Thomas/Putzo/Hüßtege § 225 Rn 1; Demharter MDR 1986, 797.
[46] BGH VersR 1990, 327; MünchKommZPO/Gehrlein § 225 Rn 7; Musielak/Stadler § 225 Rn 3.
[47] BGH MDR 2001, 545.
[48] BGH NJW 1991, 2080.
[49] Musielak/Stadler § 224 Rn 3.

diesem Tag bekannt gegeben wird. Ist der letzte Tag der alten Frist allerdings ein Samstag, Sonntag oder allgemeiner Feiertag, so endet diese im Hinblick auf § 222 Abs. 2 ZPO erst mit Ablauf des folgenden Werktages. Die neue Frist läuft vom Beginn des nächsten Tages an;[50] entsprechend gilt für die Berechnung der verlängerten Frist immer § 187 Abs. 2 BGB. Fällt z. B. der 2. 4. auf den Ostermontag, dann läuft die verlängerte Zwei-Wochen-Frist bis Dienstag, den 17. 4., 24.00 Uhr; eine am 25. 11. beginnende Monatsfrist endet am 27. 12. um 24.00 Uhr. Wird die Frist um einen Monat verlängert, so beginnt die verlängerte Frist nach § 224 Abs. 3 ZPO am 28. 12. um 0.00 Uhr und endet am 27. 1. um 24.00 Uhr.[51]

Hinsichtlich der Dauer einer verlängerten Frist darf sich der Antragsteller unabhängig **38** davon, für welche Zeit diese tatsächlich erfolgt ist, auf den Inhalt der ihm zugegangenen Mitteilung der gerichtlichen Verfügung verlassen.[52] Das gilt nur dann nicht, wenn die Mitteilung über die Fristverlängerung offensichtlich inhaltlich unrichtig ist.

4. Rechtsmittel

Gewährte Fristverkürzungen oder **Fristverlängerungen** sind nicht anfechtbar (arg. **39** aus §§ 512, 557 Abs. 2 ZPO).[53] Unanfechtbar ist ebenfalls eine **abgelehnte Fristverlängerung** (§ 225 Abs. 3 ZPO). Eine Überprüfung kann nur im Rahmen der Anfechtung der Endentscheidung unter dem Gesichtspunkt der Gewährung des rechtlichen Gehörs (Art. 103 Abs. 1 GG) erfolgen (vgl. § 58 Abs. 2 FamFG). Dagegen unterliegt die Ablehnung einer **beantragten Fristverkürzung** der sofortigen Beschwerde nach § 567 ZPO (Umkehrschluss aus § 16 abs. 2 FamFG i. V. m. § 225 Abs. 3 ZPO).[54] Bei Entscheidungen des Rechtspflegers gelten stets die § 11 Abs. 1 bzw. § 11 Abs. 2 RPflG, so dass zumindest eine Überprüfung durch den Richter im Wege der Erinnerung möglich ist.

VIII. Kosten und Gebühren

Mit der Entscheidung über eine Verkürzung oder Verlängerung von Fristen sind keine **40** besonderen Gerichtskosten oder Anwaltsgebühren verbunden.

Wiedereinsetzung in den vorigen Stand

17 (1) **War jemand ohne sein Verschulden verhindert, eine gesetzliche Frist einzuhalten, ist ihm auf Antrag Wiedereinsetzung in den vorigen Stand zu gewähren.**

(2) **Ein Fehlen des Verschuldens wird vermutet, wenn eine Rechtsbehelfsbelehrung unterblieben oder fehlerhaft ist.**

Übersicht

	Rn
I. Normzweck	1
II. Anwendungsbereich	2
III. Materielle Voraussetzungen	5
1. Grundsatz	5
2. Fristversäumung	10
3. Ohne Verschulden	12
4. Ursächlichkeit	16
5. Einzelfälle	17
a) Persönliche Verhinderung	17
b) Unkenntnis, verspätete Kenntnisnahme	19
c) Mittellosigkeit, Verfahrenskostenhilfe	21
d) Rechtsirrtum, Unkenntnis des Gesetzes	24
e) Belehrungs- und Fürsorgepflicht des Empfangsgerichts	28
f) Verschulden eines Vertreters	30

---

[50] BGH FamRZ 2009, 868; NJW-RR 2008, 76.
[51] BGH FamRZ 2009, 868; BGHZ 21, 43.
[52] BGH NJW 1999, 1036.
[53] Thomas/Putzo/Hüßtege § 225 Rn 4.
[54] MünchKommZPO/Gehrlein § 225 Rn 8; Thomas/Putzo/Hüßtege § 225 Rn 4; Zöller/Stöber § 225 Rn 8; a. A. Musielak/Stadler § 225 Rn 4.

	Rn
IV. Fehlende Rechtsbehelfsbelehrung (Abs. 2)	35
1. Frühere Rechtslage	35
2. Jetzige Rechtslage	36
V. Wiedereinsetzung für eine Behörde	38
VI. Kosten und Gebühren	39

I. Normzweck

1 Die §§ 17 bis 19 regeln die Voraussetzungen für die Gewährung der Wiedereinsetzung in den vorigen Stand. **Abs. 1** greift die bisherige Regelung in § 22 Abs. 2 S. 1 1. Halbs. FGG auf und erweitert den Anwendungsbereich dieser Vorschrift; nunmehr kann bei der Versäumung jeder gesetzlichen Frist die Wiedereinsetzung in den vorigen Stand gewährt werden.[1] **Abs. 2** knüpft an § 39 an, wonach jeder Beschluss mit einer Rechtsbehelfsbelehrung versehen sein muss. In Ergänzung dieser Vorschrift bestimmt Abs. 2 die Folgen einer unterbliebenen oder fehlerhaften Rechtsbehelfsbelehrung. Insoweit hat der Gesetzgeber die Rechtsprechung des BGH[2] zur ungeschriebenen Rechtsmittelbelehrung in Wohnungseigentumssachen aufgegriffen. Hierdurch soll zum einen dem Interesse der Beteiligten an einem möglichst raschen Abschluss des Verfahrens Rechnung getragen und zum anderen dem Beteiligten, der nicht oder nur unzutreffend über die Rechtsschutzmöglichkeiten belehrt worden ist, die Einlegung eines Rechtsmittels bzw. Rechtsbehelfs nicht unzumutbar erschwert werden.[3]

II. Anwendungsbereich

2 Die Vorschriften über die Wiedereinsetzung in den vorigen Stand (§§ 17 bis 19) finden auf alle Verfahren nach § 1 Anwendung **mit Ausnahmen** der Ehesachen (§ 121) sowie der Familienstreitsachen (§ 112); für diese gelten nach § 113 Abs. 1 S. 2 die Allgemeinen Vorschriften der ZPO entsprechend und die §§ 233 ff. ZPO unmittelbar. Zudem verweist § 117 Abs. 5 FamFG als Spezialregelung für die Wiedereinsetzung gegen die Versäumung der Fristen zur Einlegung und zur Begründung der Beschwerde und Rechtsbeschwerde in Ehe- und Familienstreitsachen auf die §§ 233 und 234 Abs. 1 S. 2 ZPO. Unanwendbar sind die §§ 17 bis 19 bei einem Beschluss, durch den die Genehmigung für ein Rechtsgeschäft erteilt oder verweigert wird, sofern diese Entscheidung Dritten gegenüber wirksam geworden ist (vgl. § 48 Abs. 3). Sondervorschriften enthalten § 367 für Terminsversäumnisse in Nachlasssachen und § 439 Abs. 4 für Aufgebotssachen.

3 Soweit nach Landesrecht für die Durchführung des Verfahrens andere als gerichtliche Behörden zuständig sind (§ 488 Abs. 1), finden §§ 17 bis 19 ebenfalls Anwendung. In den landesgesetzlich geregelten Angelegenheiten der freiwilligen Gerichtsbarkeit kann der Landesgesetzgeber die entsprechende Geltung des FamFG und somit der §§ 17 bis 19 vorschreiben. Zu den Einzelheiten siehe die Ausführungen bei § 486.

4 Soweit in FamFG-Verfahren gegen Zwischenentscheidungen die sofortige Beschwerde nach Maßgabe der §§ 567 ff. ZPO erhoben werden kann, richtet sich die Wiedereinsetzung in den vorigen Stand ebenfalls nach den §§ 17 bis 19 FamFG und nicht nach §§ 233 ff. ZPO. Auch die befristete Erinnerung gegen Entscheidungen des Rechtspflegers (§ 11 Abs. 2 RPflG) oder des Urkundsbeamten (§ 573 ZPO) sind die §§ 17 bis 19 FamFG ebenfalls entsprechend anwendbar.

III. Materielle Voraussetzungen

1. Grundsatz

5 Die Wiedereinsetzung in den vorigen Stand ist grundsätzlich bei der Versäumnis jeder **gesetzlichen Frist** statthaft (§ 17 Abs. 1). Darunter fallen neben den eigentlichen Rechts-

---
[1] BT-Drs. 16/6308 S. 183.
[2] Vgl. BGH FGPrax 2002, 166 = NJW 2002, 2171.
[3] BT-Drs. 16/6308 S. 183.

mittelfristen (z. B. § 63 FamFG für die Einlegung der Beschwerde, § 71 Abs. 1 FamFG für die Einlegung der Rechtsbeschwerde, § 73 FamFG für die Einlegung der Anschlussrechtsbeschwerde, § 569 Abs. 1 S. 1 ZPO für die Einlegung der Beschwerde nach §§ 567 ff. ZPO, § 26 Abs. 1 S. 2 VerschG für die Einlegung der Beschwerde, § 35 Abs. 3 S. 2 VerschG für die Einlegung der Erinnerung gegen den Kostenfestsetzungsbeschluss) und der Rechtsmittelbegründungsfrist (§ 71 Abs. 2) alle sonstigen gesetzlichen Fristen, deren Säumnis den Ausschluss der Verfahrenshandlung zur Folge hat, so beispielsweise die Frist für den Antrag auf Wiedereinsetzung nach § 18 Abs. 1, die Frist zur Erhebung der Anhörungsrüge (vgl. § 44 Abs. 2), die Antragsfrist nach § 33 a Abs. 2 S. 1 VerschG, die Frist für die Stellung des Antrages auf gerichtliche Entscheidung gegen Entscheidungen der Landwirtschaftsbehörde (§ 22 Abs. 2 S. 2 GrdstVG). Str. ist, ob die §§ 17 bis 19 auf die Versäumung der Beschwerdefrist nach § 89 Abs. 1 GBO anzuwenden ist.[4]

Entsprechende Anwendung finden die Vorschriften über die Wiedereinsetzung kraft ausdrücklicher gesetzlicher Regelung auch auf andere nicht gesetzliche Fristen, so z. B. bei der **Versäumung eines Termins** in Teilungssachen (vgl. §§ 367, 368 Abs. 2 i. V. m. § 367), bei der Versäumung eines Termins bei einer Auseinandersetzung einer Gütergemeinschaft (§ 373 Abs. 1 i. V. m. § 367), bei Versäumung einer **gerichtlich gesetzten Frist** im Einspruchsverfahren nach § 390, bei Versäumung der Inventarfrist nach § 1996 BGB oder Versäumung der Frist nach § 33 Abs. 3 S. 1 GrdstVG. 6

Unanwendbar sind die §§ 17 ff. auf **Ausschlussfristen** (so z. B. nach § 18 Abs. 4 FamFG für die Beantragung der Wiedereinsetzung, nach § 1617 b Abs. 1 S. 1 BGB für die Neubestimmung des Namens bei nachträglicher gemeinsamer Sorge,[5] nach § 1835 Abs. 1 S. 3 BGB für die gerichtliche Geltendmachung der Betreuervergütung[6] oder nach § 33 a Abs. 2 S. 3 VerschG[7]), auf **richterliche Fristen**,[8] (z. B. nach § 1617 Abs. 2 BGB für die Ausübung des Bestimmungsrechts[9]) sowie bei der Versäumung der **vereinbarten Widerrufsfristen** in einem vor dem Gericht abgeschlossenen Vergleich.[10] 7

Eine der Wiedereinsetzung ähnliche Vorschrift enthält § 595 Abs. 7 S. 2 BGB, wonach von dem Landwirtschaftsgericht ein verspäteter Antrag auf Verlängerung eines Pachtvertrags nachträglich zugelassen werden kann, wenn es zur Vermeidung einer unbilligen Härte geboten erscheint und der Vertrag noch nicht abgelaufen ist. Eine unbillige Härte liegt aber nur dann vor, wenn den Antragsteller an der Fristversäumung kein Verschulden trifft.[11] 8

Die Wiedereinsetzung in den vorigen Stand kann nach § 17 Abs. 1 nicht nur den Verfahrensbeteiligten, sondern **jedem, dem gegenüber eine Frist lief,** gewährt werden. 9

2. Fristversäumung

Voraussetzung für eine Wiedereinsetzung ist stets, dass **tatsächlich die Frist versäumt** worden ist. Eine Versäumung liegt vor, wenn eine Rechtshandlung nicht oder nicht wirksam innerhalb des für sie vorgesehenen Zeitraums vorgenommen wird.[12] Steht dies nicht zweifelsfrei fest, darf diese Frage nicht dahingestellt bleiben. Vielmehr muss zunächst von 10

---

[4] Bejahend: Demharter § 89 Rn 3; verneinend: KEHE/Briesemeister § 89 Rn 2; Meikel/Böttcher § 89 Rn 4.
[5] OLG Düsseldorf FGPrax 2004, 27.
[6] BayObLG FGPrax 2004, 77.
[7] BayObLGZ 1959, 174; OLG Hamm Rpfleger 1956, 48.
[8] OLG Hamm FGPrax 2003, 264.
[9] OLG Hamm FGPrax 2003, 264.
[10] BGH NJW 1974, 107; OLG Braunschweig JZ 1952, 313 zu § 223 ZPO; a. M. Säcker NJW 1968, 708. Eine Ausnahme machte die Rechtsprechung (BGH NJW 1994, 3230; BayObLG NJW-RR 1989, 656; OLG Hamm FGPrax 1998, 215) allerdings bei der Anfechtung von Beschlüssen der Wohnungseigentümergemeinschaft, die innerhalb eines Monats seit der Beschlussfassung gerichtlich angefochten werden müssen (§ 46 Abs. 1 S. 2 WEG n. F., § 23 Abs. 4 S. 2 WEG a. F.). Obwohl es sich auch insoweit um eine materielle Ausschlussfrist handelt, gewährte sie bei unverschuldeter Versäumung dieser Frist Wiedereinsetzung in den vorigen Stand. Dies ordnet § 46 WEG Abs. 1 S. 3 n. F. jetzt ausdrücklich an.
[11] OLG Celle NdsRpfl. 1963, 29; NdsRpfl. 1960, 129; OLG Köln RdL 1963, 215; RdL 1960, 174 (jeweils zu § 8 Abs. 3 S. 2 LPG).
[12] BGH NJW 1991, 2839.

Amts wegen (§ 26) die Wahrung der Frist geklärt werden.[13] Ist nach dem Ergebnis der Amtsermittlungen eine Frist noch gewahrt, ist ein bereits gestellter Wiedereinsetzungsantrag gegenstandslos.[14]

11 Bei der Entscheidung über die Wiedereinsetzung sind keine Schranken in der Berücksichtigung von Umständen als **Hindernis für die Einhaltung der Frist** gesetzt. Außer Naturereignissen und unabwendbaren Zufällen können auch andere Tatsachen als hinreichende Entschuldigungsgründe in Betracht kommen.[15] Es kann jedes Ereignis genügen, das die rechtzeitige Beschwerdeeinlegung verhindert hat, gleich ob es in der Sphäre des Beschwerdeführers (z. B. Erkrankung, Unfall) oder außerhalb dieser (verspätete Postzustellung) liegt.[16] Die bloße Verkürzung einer Rechtsmittelfrist begründet indes noch keine Verhinderung.[17] Der Richter hat nach seinem pflichtgemäßen Ermessen zu entscheiden, ob eine Tatsache als Hindernis anzusehen ist. Beruht die Fristversäumung nicht auf eine Verhinderung, so scheidet eine Wiedereinsetzung aus, so z. B. bei einem nach Fristablauf in Kraft getretenen Gesetz oder sonstiger nachträglich eingetretener Umstände oder bei einer Verletzung des rechtlichen Gehörs.[18]

3. Ohne Verschulden

12 Ohne Verschulden des Beschwerdeführers ist ein Hindernis eingetreten, wenn er dieses bei Anwendung der Sorgfalt, welche unter Berücksichtigung der konkreten Sachlage im Verkehr erforderlich war und ihm vernünftigerweise zugemutet werden konnte, nicht abzuwenden imstande war.[19] Bei der Prüfung, ob ein Verschulden vorliegt, muss auf die Verhältnisse des einzelnen Beschwerdeführers und auf die **konkrete Sachlage** abgestellt werden.[20] Es darf nicht ausschließlich der objektive Maßstab des § 276 BGB herangezogen werden; es kommt vielmehr auf das dem einzelnen Beteiligten zumutbare Maß an Sorgfalt an. Zu berücksichtigen sind beispielsweise die Rechtskenntnis, die Sprachkenntnisse, die Geschäftsgewandtheit, die vorhandene Verfahrenserfahrung. Daher sind z. B. die Anforderungen bei einer rechtsunerfahrenen Person niedriger zu stellen als bei einem Rechtskundigen.[21] Das bedeutet aber nicht, dass sich der Antragsteller darauf berufen kann, er sei in seinen Angelegenheiten stets nachlässig. Ein Verschulden bedeutet hier stets das Außerachtlassen der Sorgfalt, die ein Beteiligter normalerweise aufwendet, der sein Verfahren gewissenhaft betreibt.

13 So muss ein Beteiligter beispielsweise mit Hindernissen rechnen, die besonders bei der **Beförderung von Schriftstücken** erfahrungsgemäß häufig vorkommen. Verzögerungen der Briefbeförderung oder Briefzustellung durch die Post, die er nicht zu vertreten hat, sind ihm nicht zuzurechnen.[22] Er muss die gewöhnliche Laufzeit einer Postsendung je nach deren Art und je nach Entfernung zwischen Aufgabe- und Zustellungsort einkalkulieren; er kann aber mit einem normalen Gang des Postverkehrs rechnen, wenn die Postsendung ordnungsgemäß adressiert und frankiert ist.[23] Ein Beteiligter darf auch nach der Privatisierung der Post bei der Benutzung der Deutschen Post AG darauf vertrauen, dass werktags im Bundesgebiet aufgegebene Postsendungen am folgenden Werktag im Bundesgebiet ausgeliefert werden. Etwas anderes gilt nur dann, wenn konkrete Umstände vorliegen, welche die ernsthafte Gefahr der Fristversäumung begründen;[24] rechtzeitige Aufgabe zur Post ist

---

[13] OLG Frankfurt OLGR 1993, 288.
[14] BGH NJW-RR 2005, 75.
[15] MünchKommZPO/Gehrlein § 233 Rn 18.
[16] BayObLGZ 1981, 21/27; BayObLGZ 1953, 142/143.
[17] MünchKommZPO/Gehrlein § 233 Rn 18.
[18] OLG Bremen RzW 1952, 40; OLG Hamburg MDR 1950, 619.
[19] St. Rspr. z. B. BGH JR 1955, 101; BVerwG WM 1964, 1019; BayObLG NJW-RR 2001, 1592; KG RzW 1968, 352; OLG Celle NdsRpfl. 1964, 104; OLG Frankfurt Rpfleger 1979, 105; a. A. MünchKomm ZPO/Gehrlein § 17 Rn 29, die im Verkehr allgemein erforderliche Sorgfalt.
[20] BGH NJW 1985, 1710; BAG NJW 1987, 1355; BayObLG WuM 1994, 166; KG OLGZ 1966, 116/119.
[21] BSG NJW 1956, 1495; BayObLG WuM 1991, 227.
[22] St. Rspr. z. B. BVerfG NJW 1995, 2546; NJW 1980, 769; BGH VersR 1984, 861; BayObLG NZM 2001, 769.
[23] BVerfG NJW 2001, 744; NJW-RR 2000, 726; BGH FamRZ 1990, 612; VersR 1986, 1024; BayObLG NZM 2001, 769.
[24] BGH NJW 2011, 458; NJW 2009, 2379.

glaubhaft zu machen.[25] Ein befristetes Rechtsmittel darf nicht in letzter Stunde bei einer unzuständigen Stelle eingereicht oder durch eingeschriebenen Eilbrief am Tag des Fristablaufes an das an einem anderen Ort gelegene Gericht zur Post gegeben werden.

Auf das Vorhandensein einer Annahmestelle oder eines **Nachtbriefkastens** nach Dienstschluss darf sich ein Beteiligter in aller Regel verlassen; ihr Fehlen bildet einen Wiedereinsetzungsgrund,[26] denn dem Beteiligten muss die volle Fristausnützung ermöglicht werden.[27] Bei Absendung fristwahrender Schriftsätze per **Telefax** muss damit gerechnet werden, dass das Empfangsgerät wegen einer anderen Sendung belegt ist.[28] Es entspricht indes nicht der gebotenen Sorgfalt, einen umfangreichen Schriftsatz wenige Minuten vor Ablauf der Frist per Telefax zu übermitteln.[29] Dagegen liegt kein Verschulden vor, wenn die Telefaxübermittlung einen Zeitraum beansprucht, mit dem nicht gerechnet werden musste.[30] Das Gericht muss jedoch dafür Sorge tragen, dass das Empfangsgerät ständig funktionsfähig ist.[31] Bei unrichtiger Adressierung und dadurch verspäteten Eingang beim zuständigen Gericht ist regelmäßig keine Wiedereinsetzung zu gewähren,[32] es sei denn, der Rechtsmittelführer durfte mit einer rechtzeitigen Weiterleitung an das zuständige Gericht rechnen.[33]

Bei **längerem Verlassen des ständigen Aufenthaltsorts** muss für Mitteilung wichtiger Angelegenheiten gesorgt werden, z. B. durch Nachsendung der eingehenden Post; ausreichend ist auch die Bestellung eines Vertreters.[34] Hat ein Beteiligter befristete Beschwerde eingelegt und begibt er sich auf eine mehrwöchige Urlaubsreise in das Ausland, muss er sicherstellen, dass gegen eine während des Urlaubs ergehende Beschwerdeentscheidung rechtzeitig Rechtsbeschwerde eingelegt werden kann.[35]

4. Ursächlichkeit

Der als Wiedereinsetzungsgrund angegebene Umstand muss mit ursächlich für die Versäumung der Frist sein;[36] vorliegen muss eine **adäquate Kausalität.** Bei Würdigung des Verschuldens muss nachgeprüft werden, ob es sich auf die Versäumung bezieht. Ein an sich ursächliches Verschulden schließt die Wiedereinsetzung dann nicht aus, wenn der Beschwerdeführer alle erforderlichen Schritte unternommen hat, die bei gewöhnlichem Ablauf der Dinge mit Sicherheit dazu geführt hätten, dass die Frist noch gewahrt werden kann. Das ist beispielsweise der Fall, wenn der Verfahrensbevollmächtigte des Beschwerdeführers bei Übersendung der Entscheidung nicht über Rechtsmittel und Fristen unterrichtet, dieser sich an einen anderen, nicht beauftragten Rechtsanwalt wendet und von diesem eine falsche Auskunft erhält.[37]

5. Einzelfälle[38]

a) Persönliche Verhinderung. Als unverschuldete Hinderungsgründe können gelten: eigene Erkrankung bzw. Krankenhausaufenthalt,[39] plötzliche Erkrankung eines Familien-

---

[25] BGH NJW 2011, 458.
[26] BGH MDR 1960, 223; BAG NJW 1955, 1613; BVerwG NJW 1962, 1268.
[27] BVerfG NJW 1976, 747 m. w. N.
[28] BVerfG NJW 2000, 574.
[29] BVerfG NJW 2006, 1505.
[30] BGH NJW 2005, 678.
[31] BVerfG NJW 1996, 2857, BGH NJW-RR 2005, 435; NJW-RR 1997, 250.
[32] BAG NJW 1987, 3278; BayObLG WE 1991, 197; NJW 1988, 714; OLG München FamRZ 1979, 733.
[33] BGH NJW-RR 2000, 1730; NJW-RR 1998, 354.
[34] BVerfGE 41, 332 = NJW 1976, 1537; BGH NJW 1988, 2672; Baumbach/Hartmann § 233 Rn 28 Stichwort „Partei".
[35] BayObLG NZM 1999, 1011; WuM 1990, 326; OLG Zweibrücken OLGR 1998, 94.
[36] BGH VersR 2006, 991; MünchKommZPO/Gehrlein § 233 Rn 19.
[37] BayObLG MDR 1988, 683.
[38] Siehe dazu auch die umfangreichen Übersichten bei Baumbach/Hartmann § 233 Rn 18; MünchKommZPO/Gehrlein § 233 Rn 29; Zöller/Stöber § 233 Rn 23; sowie die Rechtsprechungsübersichten von Born NJW 2009, 2179; NJW 2007, 2088; NJW 2005, 2042; Fellner MDR 2007, 71; von Pentz NJW 2003, 858.
[39] BGH NJW 1987, 440; NJW 1975, 593; BayObLGZ 1964, 313/314; Thomas/Putzo/Hüßtege § 233 ZPO Rn 40.

mitglieds,[40] Anstaltsunterbringung,[41] Unglücksfälle aller Art, sei es, dass sie unmittelbar eine körperliche Verhinderung bildeten oder dass ihr Eintritt die Aufmerksamkeit derart auf sich zog, dass es hierdurch zu einer Fristversäumung kam. Bei einer Erkrankung muss jedoch glaubhaft gemacht werden, dass die Krankheit in verfahrensrelevanter Form Einfluss auf die Entschluss-, Urteils- und Handlungsfähigkeit genommen hat. Insoweit reicht die Vorlage einer Bescheinigung der Arbeitsunfähigkeit nicht aus.[42] Dagegen entschuldigt Vergesslichkeit nicht, es sei denn, dass sie auf körperlichen Mängeln beruht.[43] Auch berufliche Überbeanspruchung ist kein Entschuldigungsgrund.

18   Einem in einer Strafvollzugsanstalt einsitzenden Betroffenen kann Wiedereinsetzung gewährt werden, wenn er zwei Werktage vor Fristablauf beim AG beantragt hatte, dass ihn zur Aufnahme eines Schriftsatzes ein Rechtspfleger aufsucht, dies aber erst nach Fristablauf geschehen ist.[44]

19   **b) Unkenntnis, verspätete Kenntnisnahme.** Unkenntnis oder zu spät erlangte Kenntnis von dem Inhalt einer Entscheidung ist ein genügender Wiedereinsetzungsgrund nur, wenn der Beteiligte sie nicht selbst verschuldet hat;[45] so wenn eine Ersatzzustellung erfolgt ist, die zugestellte Entscheidung aber vom Empfänger dem Adressaten vorenthalten wurde;[46] nicht dagegen, wenn der Adressat von einer nach § 181 ZPO erfolgten Niederlegung des zuzustellenden Schriftstücks durch die Anzeige an seiner Wohnungstür Kenntnis erhalten, indes das Schriftstück aber nicht oder nicht rechtzeitig abgeholt hat, oder wenn er die Mitteilung nicht vorgefunden hat, weil er den Inhalt seines Briefkastens nicht sorgfältig überprüft hat,[47] oder wenn er keinen ordnungsmäßigen Nachsendungsantrag gestellt hat,[48] oder wenn er der Annahme ist, bei der Ersatzzustellung beginne die Frist erst mit der Abholung des Schriftstücks.[49]

20   Eine Wiedereinsetzung ist unter Umständen bei Unkenntnis über eine öffentliche Zustellung möglich.[50] Bei einer Zustellung im Ausland kann Wiedereinsetzung nicht unter dem Hinweis auf eine fehlende Bestellung eines Zustellungsbevollmächtigten (§ 184 ZPO) versagt werden.[51] Ein Beteiligter hat eine Rechtsmittelfrist ohne Verschulden versäumt, wenn ihm eine fehlerhafte, für ihn günstige Ausfertigung zugestellt worden ist und er gegen die erst später bekannt gewordene, für ihn ungünstige Entscheidung vorgehen will.[52]

21   **c) Mittellosigkeit, Verfahrenskostenhilfe.** Bei Unvermögen infolge Geldmangels kann einem Beteiligten Wiedereinsetzung in den vorigen Stand gewährt werden,[53] wenn dieser innerhalb der maßgeblichen Frist um Verfahrenskostenhilfe zur Durchführung des Verfahrens bzw. zur Einlegung eines Rechtsmittels nachsucht und er innerhalb von zwei Wochen nach Bekanntgabe der **Verfahrenskostenhilfebewilligung** das Verfahren aufnimmt bzw. das Rechtsmittel einlegt. Voraussetzung ist aber, das der Antrag auf Verfahrenskostenhilfe innerhalb der zu wahrenden Frist ordnungsgemäß und vollständig unter Verwendung der maßgeblichen Formulare (§ 117 Abs. 2, Abs. 4 ZPO) gestellt worden ist. Ausnahmsweise kommt bei verspätetem Eingang des Verfahrenskostenhilfeantrages Wiedereinsetzung in Betracht, falls die Verspätung nicht auf einem dem Beteiligten zurechen-

---

[40] BayObLGZ 1953, 142.
[41] BayObLGZ 1972, 174/175; OLG Stuttgart NJW 1974, 2052.
[42] BVerfG NJW-RR 2007, 1717.
[43] BGH VersR 1975, 280.
[44] BayObLG b. Plötz Rpfleger 1992, 10/12. Nach BayObLG FGPrax 2001, 91 (Vorlagebeschluss) konnte ein in Haft befindlicher Beteiligter generell auch zu Protokoll des AG des Haftortes Beschwerde einlegen; diese Auffassung hatte der BGH FGPrax 2002, 20 mangels entsprechender gesetzlicher Grundlage nicht bestätigt; die Frage ist jetzt in § 429 Abs. 4 geregelt.
[45] BGH FamRZ 1987, 925; BayObLG NJW-RR 1988, 509.
[46] S. BayObLGZ 1956, 1; BayObLGZ 1955, 321/323.
[47] BayObLG FamRZ 1990, 428.
[48] BayObLG NJW-RR 1988, 509.
[49] BayObLG WuM 1999, 186.
[50] BGH FamRZ 1957, 314.
[51] BGH NJW 2000, 3284.
[52] BGH NJW-RR 2004, 1651.
[53] St. Rspr. z. B. BGH JurBüro 1977, 1363; NJW 1964, 868; BayObLGZ 1979, 251/254.

baren Verschulden beruht.[54] Im Falle der Bewilligung von Verfahrenskostenhilfe läuft die Frist zur Begründung der Rechtsbeschwerde (vgl. § 71 Abs. 2) bzw. der Beschwerde (vgl. § 117 Abs. 1) mit der Bekanntgabe der Entscheidung über die Gewährung von Verfahrenskostenhilfe und nicht erst ab Bekanntgabe der Bewilligung von Wiedereinsetzung gegen die Versäumung der Einlegungsfrist.[55]

Im Falle der **Versagung von Verfahrenskostenhilfe** beginnt die Zwei-Wochen-Frist für die Beantragung von Wiedereinsetzung erst mit Ablauf einer kurzen Überlegungsfrist von höchstens drei bis vier Tagen nach Bekanntgabe der ablehnenden Entscheidung.[56] In diesem Fall kann indes Wiedereinsetzung nur gewährt werden, wenn der Beschwerdeführer nach den gegebenen Umständen vernünftigerweise nicht damit rechnen musste, dass sein Gesuch infolge fehlender Mittellosigkeit abgelehnt werden würde;[57] auf die sachliche Erfolgsaussicht kommt es hierbei nicht an.[58] Wurde die Verfahrenskostenhilfe mangels Erfolgsaussicht verweigert, ist Wiedereinsetzung zu gewähren, sofern sich der Antragsteller für bedürftig halten durfte. 22

Die Gewährung von Wiedereinsetzung in den vorigen Stand nach der Entscheidung über die nachgesuchte Verfahrenskostenhilfe setzt voraus, dass die Mittellosigkeit für die Fristversäumung **kausal geworden ist.** Dies ist z. B. nicht der Fall, wenn ein Bevollmächtigter bereit war, für den Antragsteller ohne Bewilligung von Verfahrenskostenhilfe tätig zu werden, er beispielsweise vor Ablauf der Frist den Schriftsatz fertigt, diesen indes nur als „Entwurf" bezeichnet.[59] 23

d) Rechtsirrtum, Unkenntnis des Gesetzes. Rechtsirrtum und Unkenntnis des Gesetzes bilden nur dann einen Wiedereinsetzungsgrund, wenn sie unverschuldet sind.[60] Dies ist der Fall, wenn die Frist aufgrund eines Fehlers der für die amtliche Veröffentlichung von Gesetzestexten zuständigen Stelle[61] oder vor dem Hintergrund einer uneinheitlichen und unübersichtlichen Rechtsprechung des BGH versäumt werden.[62] Auch bei besonders zweifelhafter Rechtslage kann ein Wiedereinsetzungsgrund gegeben sein;[63] der Rechtsirrtum eines Rechtsanwalts ist indes regelmäßig verschuldet.[64] Die irrige Auslegung des Verfahrensrecht kann als Entschuldigungsgrund nur in Betracht kommen, wenn der Prozessbevollmächtigte die volle, von einem Rechtsanwalt zu fordernde Sorgfalt aufgewendet hat, um zu einer richtige Rechtsanwendung zu gelangen. Wenn die Rechtslage zweifelhaft ist, muss der bevollmächtigte Anwalt den sicheren Weg wählen. Insoweit handelt ein Rechtsanwalt schuldhaft, wenn er entgegen einer von der Mehrheit in der Literatur und einer veröffentlichen Entscheidung eines OLG vertretenen Rechtsansicht einer Mindermeinung folgt.[65] 24

Mangelnde Vertrautheit mit den maßgeblichen Vorschriften ist nicht ohne Weiteres als Entschuldigungsgrund anzuerkennen.[66] Vielmehr muss sich ein Beteiligter über ein beabsichtigtes Verfahren unterrichten.[67] Verfügt er nicht über die notwendigen Kenntnisse, so muss er um Rat bei einem Anwalt oder einer Rechtsantragsstelle nachsuchen.[68] Das gilt 25

---

[54] BGH NJW-RR 2008, 1518.
[55] BGH NJW 2008, 3500.
[56] BGH MDR 2009, 462; FamRZ 1985, 370.
[57] St. Rspr. z. B. BGH NJW-RR 2008, 1313; NJW-RR 2008, 1238.
[58] BGH NJW-RR 2001, 570.
[59] BGH NJW 2008, 2855.
[60] BGH FamRZ 2010, 1425.
[61] BVerfG NJW 2008, 2167.
[62] OLG Köln FGPrax 2007, 215.
[63] BGH NJW 1964, 2304; OLG Frankfurt RdL 1961, 18.
[64] BGH NJW 2011, 386 = FamRZ 2011, 100; BGH FGPrax 2010, 264 L = FamRZ 2010, 1425; OLG Karlsruhe NJW 2010, 2594; NJW-RR 2010, 1223; a. A. Haußleiter/Gomille § 17 Rn 19.
[65] BGH NJW 2011, 386 = FamRZ 2011, 100; KG FGPrax 2010, 104; OLG Hamm FamRZ 2010, 1839 Ls.; a. A. OLG Köln Beschl. v. 16. 2. 2010 4 UF 168/09 = BeckRS 2010, 12727.
[66] BGH VersR 1989, 277; NJW 1964, 2304; BayObLG bei Goerke Rpfleger 1987, 144/151; BayObLG Rpfleger 1977, 27; OLG Bremen RzW 1960, 427; OLG Düsseldorf WM 1964, 930; OLG Karlsruhe OLGZ 1975, 409; OLG Köln OLGZ 1991, 403; OLG München FamRZ 1977, 724.
[67] BGH FamRZ 1991, 421; BayObLGZ 1984, 1035; OLG Hamburg OLGR 2001, 460; OLG Köln OLGZ 1991, 403.
[68] BGH FamRZ 1988, 829/830; FamRZ 1980, 555.

grundsätzlich auch für Ausländer;[69] auch Minderjährigkeit stellt für sich allein noch kein Wiedereinsetzungsgrund dar. Bei einem in Haft befindlichen Ausländer dürfen jedoch an die ihm zumutbaren Maßnahmen zur Verfolgung seiner Interessen nicht zu strenge Anforderungen gestellt werden.[70]

26   Sofern der Beschwerdeführer durch eine ordnungsgemäß erteilte **Rechtsbehelfsbelehrung** (§ 39) über die Voraussetzungen für die Anfechtung von Entscheidungen belehrt worden ist, ist die Einreichung der befristeten Beschwerde bei einem unzuständigen Gericht und dadurch begründete Fristversäumung in der Regel schuldhaft. Ein Verschulden des Urkundsbeamten der Geschäftsstelle, bei dem ein Rechtsmittel rechtzeitig angebracht ist, kann dem Beschwerdeführer indes nicht angerechnet werden.[71]

27   Wenn ein Laie sich über die Tragweite einer Entscheidung geirrt hat, kann Wiedereinsetzung geboten sein.[72] Irrtum über Erfolgsaussichten des Rechtsmittels stellt dagegen kein Entschuldigungsgrund dar.[73] Unter Umständen ist Wiedereinsetzung gerechtfertigt, wenn der im Ausland wohnende Beschwerdeführer dort durch einen Rechtskundigen falsch beraten worden ist,[74] er muss aber Erkundigungen einziehen.[75]

28   **e) Belehrungs- und Fürsorgepflicht des Empfangsgerichts.** Es besteht über die in § 39 vorgeschriebene Verpflichtung zur Erteilung einer Rechtsbehelfsbelehrung hinaus keine allgemeine Pflicht, durch Hinweise oder geeignete Maßnahmen eine Versäumung von Fristen zu verhindern;[76] insbesondere besteht keine allgemeine Belehrungspflicht bei Eingang einer nicht ordnungsgemäßen Beschwerde.[77] Die Belehrung dürfte aber, insbesondere bei der deutschen Sprache nicht hinreichend kundigen Ausländern[78] und bei Rechtsunkundigen, ein nobile officium sein, wenn die Beschwerde sich nicht von vornherein als aussichtslos erweist.[79] Das Unterbleiben einer Belehrung bildet jedoch keinen Wiedereinsetzungsgrund.[80]

29   Ein Wiedereinsetzungsgrund kann gegeben sein, wenn eine nicht der gesetzlichen Form entsprechende Beschwerdeschrift so rechtzeitig eingegangen ist, dass auf eine umgehende Belehrung das Rechtsmittel noch formgerecht hätte eingelegt werden können, diese Belehrung aber unterblieben ist, so z. B. wenn eine nicht unterzeichnete Rechtsmittelschrift zehn Tage vor Ablauf der Rechtsmittelfrist beim Gericht eingeht, dieses aber nicht auf den Mangel hinweist.[81] Entsprechendes gilt, wenn der Rechtspfleger eine vom Beschwerdeführer vorgelegte, eigenhändig geschriebene Beschwerdeschrift nur auf seine Eingangs- und Schlussformel überprüft oder auf eine privatschriftliche Erklärung des Rechtsmittels Bezug nimmt und deshalb keine formwirksame weitere Beschwerde vorliegt.[82] Eine Wiedereinsetzung kann gewährt werden, wenn das unzuständige Empfangsgerichts seine Fürsorgepflicht dadurch verletzt, dass es eine Rechtsmittelschrift nicht innerhalb von fünf Arbeitstagen an das zuständige Gericht weiterleitet.[83]

30   **f) Verschulden eines Vertreters.** Hat der Beschwerdeführer einen gesetzlichen Vertreter[84] oder hat er oder sein gesetzlicher Vertreter einen bevollmächtigten Vertreter (z. B. Rechtsanwalt)[85] bestellt, so steht ein Verschulden des Vertreters dem Verschulden des

---

[69] BGH FamRZ 1989, 1287; BayObLGZ 1977, 11/15.
[70] BayObLG NStZ-RR 2001, 30; BayObLGZ 1977, 11/15.
[71] BayObLGZ 1953, 102/104.
[72] BGH RdL 1955, 43.
[73] BayObLG NJW-RR 2000, 772; OLG Hamm FGPrax 2007, 171.
[74] OLG Frankfurt MDR 1953, 116.
[75] KG RzW 1968, 352; OLG Bremen RzW 1960, 427.
[76] BGH FamRZ 2009, 320; OLG Zweibrücken FGPrax 2005, 259.
[77] BayObLG WuM 1995, 505; KG OLGZ 1967, 82/83; OLG Frankfurt Rpfleger 1979, 105.
[78] BayObLGZ 1977, 11/15.
[79] BayObLGZ 1953, 71.
[80] KG OLGZ 1967, 82; OLG Frankfurt Rpfleger 1979, 105.
[81] BGH NJW-RR 2009, 564 = FamRZ 2009, 321.
[82] BayObLG Rpfleger 1995, 342; KG NJW-RR 1996, 526.
[83] BGH NJW 2006, 3499.
[84] Bei juristischen Personen kommt es auf das Verschulden ihrer gesetzlichen Vertreter an, KG WM 1964, 1256.
[85] BayObLG NJW-RR 1997, 1373 (Geschäftsführer der Verwalterin einer Wohnungseigentümergemeinschaft); NJW-RR 1990, 1432; KG Rpfleger 1958, 377.

Vertretenen gleich (siehe auch § 9 S. 5).[86] Übt der Notar seine Amtsgeschäfte aus, so handelt er nicht als Vertreter, sondern aufgrund eigener Amtsstellung. In diesem Fall ist dem Beteiligten ein fehlerhaftes Handeln nicht zuzurechnen.[87] Als Vertreter kann nur eine Person angesehen werden, die für den Beteiligten wenigstens teilweise das Verfahren führt bzw. in diesem auftritt.[88] Eine Partei muss sich indes das Verschulden eines Nichtanwalts zurechnen lassen, dem sie es überlassen hat, einen Rechtsanwalt mit der Einlegung des Rechtsmittels zu beauftragen.[89] Bei eigenem Verschulden des Beteiligten und Schuldlosigkeit des Vertreters ist Wiedereinsetzung zu versagen.

Vertreter kann auch der **selbstständige Hilfsarbeiter** oder Mitarbeiter eines Rechtsanwalts sein,[90] nicht indes das **Büropersonal** des Vertreters.[91] Unverschuldete Fristversäumnis liegt dagegen vor bei Verschulden der Geschäftsstelle des Gerichts sowie bei Verschulden einer Person, die nicht Vertreter, sondern nur Bote oder Hilfsperson eines Vertreters ist.[92] Unter Umständen ist dem Bevollmächtigten insoweit jedoch ein **Organisationsverschulden** vorzuwerfen.[93] Der Notar ist grundsätzlich nicht Vertreter des Beteiligten. Ein Versehen des Notars bei der Ausführung kann daher dem Beteiligten nicht zugerechnet werden. 31

Der Beteiligte muss sich als sein Verschulden zurechnen lassen, wenn der bevollmächtigte Rechtsanwalt das Rechtsmittel am letzten Tag der Frist beim unzuständigen Gericht einlegt.[94] Weist der Rechtsanwalt den Mandanten rechtzeitig auf eine Rechtsmittelfrist hin und beauftragt ihn der Mandant erst nach Fristablauf mit der Einlegung des Rechtsmittels, so trifft den Mandanten selbst ein Mitverschulden an der Fristversäumung auch dann, wenn das Ablaufen der Rechtsmittelfrist im Büro des Rechtsanwalts nicht unverschuldet beachtet worden ist.[95] Die Versäumung der Rechtsmittelfrist ist unverschuldet, wenn sie auf einer für den Rechtsanwalt unvorhergesehenen **Erkrankung** beruht und diesem infolge seiner Erkrankung nicht möglich ist, einen Antrag auf Verlängerung der Frist zu stellen oder seinen Vertreter hierum zu bitten.[96] 32

Ein Rechtsanwalt ist verpflichtet, bei Vorlage der Handakten mit der Abfassung der Begründung zu prüfen, ob das Rechtsmittel fristgerecht eingelegt wurde.[97] Ein Empfangsbekenntnis darf nur unterzeichnet und zurückgereicht werden, wenn sichergestellt ist, dass in den Handakten und in dem Fristenkalender die Rechtsmittelfrist eingetragen ist.[98]
Mit der Notierung und **Überwachung von Fristen** darf ein Rechtsanwalt sein ausgebildetes und sorgfältig überwachtes Personal betrauen, soweit nicht besondere Gründe gegen deren Zuverlässigkeit sprechen.[99] Sind in mehreren Verfahren mehrere Fristen zu notieren, muss der Rechtsanwalt durch organisatorische Maßnahmen sicherstellen, dass es zu einer Verwechslung in der Behandlung der Verfahren kommen kann.[100] Werden zwei Fristenkalender geführt, so darf der Erledigungsvermerk in die Handakten erst aufgenommen werden, wenn die Fristen in beiden Kalendern eingetragen sind.[101] Ein Rechtsanwalt, der seiner bislang zuverlässigen Kanzleiangestellten die Einzelanweisung erteilt hat, eine falsche Bezeichnung des Gerichts zu korrigieren, ist grundsätzlich nicht verpflichtet, die Ausführung der Korrektur zu überprüfen.[102] Der Ablauf einer verlängerten Frist darf erst 33

---

[86] BGH FGPrax 2010, 264 L = FamRZ 2010, 1425.
[87] Jansen/Briesemeister § 22 Rn 34.
[88] BGH NJW 1967, 1567; BayObLGZ 1959, 167/172.
[89] BGH NJW-RR 2001 427.
[90] Thomas/Putzo/Hüßtege § 85 Rn 9 m. w. N.
[91] BayObLG NJW-RR 1997, 1373.
[92] BayObLG NJW-RR 1990, 1432.
[93] S. z. B. OLG Düsseldorf, OLGR 1996, 288.
[94] BayObLG NJW-RR 2001, 444.
[95] OLG Köln OLGR 1995, 214.
[96] BGH NJW 2008, 3571.
[97] BGH NJW 2008, 3706.
[98] BGH FamRZ 2010, 635.
[99] BGH FamRZ 2008, 1165; zu den Anforderungen an eine Fristenkontrolle: BGH NJW-RR 2008, 1379 = FamRZ 2008, 1170; NJW 2006, 1520.
[100] BGH FamRZ 2011, 29; FamRZ 2006, 190.
[101] BGH NJW 2011, 1597.
[102] BGH FamRZ 2010, 1067; NJW 2009, 296 = FamRZ 2009, 109.

dann im Fristenkalender eingetragen werden, wenn eine beantragte Fristverlängerung auch tatsächlich gewährt worden ist.[103]

34 Die Weisung des Rechtsanwalts, einen Schriftsatz per Fax an das Gericht zu senden, ersetzt nicht die ordnungsgemäße **Ausgangskontrolle**.[104] Ein Rechtsanwalt, der sich zur Übermittlung fristwahrender Schriftsätze eines Telefax-Geräts bedient, muss sich anhand des Ausdrucks oder Sendeprotokoll über die ordnungsgemäße Übermittlung vergewissern.[105] Zur Pflicht einer wirksamen Ausgangskontrolle fristwahrender Schriftsätze ist eine Anweisung an die Angestellten erforderlich, nach einer Übermittlung per Telefax anhand des Sendeprotokolls zu überprüfen, ob die Übermittlung vollständig und an den richtigen Empfänger erfolgt ist.[106] Das Fehlen einer Empfängerangabe im Sendebericht begründet indes keine erhöhten Sorgfaltsanforderungen. Insbesondere bedarf es keiner Nachfrage bei dem Empfänger, ob der Schriftsatz eingegangen ist.[107] Bei der Ermittlung der Faxnummer des Gerichts darf sich ein Rechtsanwalt auf ein seit Jahren bewährtes EDV-Programm in der jeweils neuesten Fassung verlassen.[108] Zu einer wirksamen Ausgangskontrolle gehört auch die Sicherstellung, dass die Erledigung der fristgebundenen Sachen am Abend eines jeden Arbeitstages anhand des Fristkalenders überprüft wird.[109]

IV. Fehlende oder fehlerhafte Rechtsbehelfsbelehrung (Abs. 2)

1. Frühere Rechtslage

35 Auf das Fehlen einer Rechtsbehelfsbelehrung konnte sich nach der ständigen Rechtsprechung zum FGG ein Beteiligter nicht berufen; denn eine solche war im Verfahren der freiwilligen Gerichtsbarkeit – von besonderen Ausnahmeregelungen abgesehen – gesetzlich nicht vorgeschrieben.[110] Deshalb war ein Irrtum über die Form und Frist eines Rechtsmittels in der Regel nach der bisherigen Rechtsprechung nicht unverschuldet.[111] Auch das Unterlassen einer gesetzlich nicht vorgeschriebenen Rechtsmittelbelehrung stellte für sich allein keinen Wiedereinsetzungsgrund dar.[112] Für die sofortige und weitere sofortigen Beschwerde nach § 45 Abs. 1 WEG a. F. hatte der BGH[113] entschieden, dass wegen des für den rechtsuchenden Bürger schwer überschaubaren Rechtsmittelsystems aus verfassungsrechtlichen Gesichtspunkten die Erteilung einer Rechtsmittelbelehrung geboten ist. Ist eine Belehrung unterblieben und der Belehrungsmangel im Einzelfall für das Versäumen der Frist ursächlich geworden, so ist bei der Prüfung der Wiedereinsetzung in den vorigen Stand fehlendes Verschulden des Rechtsmittelführers unwiderlegbar zu vermuten.[114]

2. Jetzige Rechtslage

36 § 39 schreibt nunmehr ausdrücklich vor, dass jeder Beschluss mit einer Rechtsbehelfsbelehrung zu versehen ist. Zu belehren ist in schriftlicher Form über das Rechtsmittel selbst, über die einzuhaltenden Form- und Fristerfordernisse sowie über die Gerichte, bei denen

---

[103] BGH NJW-RR 2008, 367.
[104] BGH FamRZ 2008, 1924.
[105] BGH NJW 2006, 1518; NJW 1993, 1655; OLG Düsseldorf AnwBl. 1993, 348.
[106] BGH FamRZ 2010, 2063; FamRZ 2010, 458; FamRZ 2008, 1515; zur Faxausgangskontrolle durch Auszubildende: BGH NJW 2006, 1519; zur Kontrolle der richtigen Fax-Nr.: BGH NJW 2006, 2412; NJW 2004, 3491.
[107] BGH NJW-RR 2002, 860.
[108] BGH NJW 2004, 2830.
[109] BGH FamRZ 2011, 29; NJW 2007, 3497 = FamRZ 2007, 2059.
[110] St. Rspr. z. B. BayObLG NJW-RR 2001, 444; MDR 2001, 1186; OLG Celle NZM 1999, 287; OLG Hamburg ZMR 2001, 845; OLG Köln OLGZ 1991, 403/406. S. dazu auch Demharter FGPrax 1995, 217.
[111] St. Rspr. z. B. BayObLG WuM 1995, 505; MDR 1984, 1035; OLG Frankfurt OLGZ 1981, 147; Rpfleger 1979, 105.
[112] St. Rspr. z. B. BGH DNotZ 1982, 381; FamRZ 1980, 347; BayObLG MDR 2001, 1186; NJW-RR 2001, 444; OLG Celle OLGR 1999, 2; OLG Frankfurt Rpfleger 1979, 105; OLG Köln OLGZ 1991, 403/406; OLG Zweibrücken FamRZ 2001, 35.
[113] BGH FGPrax 2002, 166 = NJW 2002, 2171.
[114] BGH FGPrax 2002, 166 = NJW 2002, 2171.

die Rechtsbehelfe einzulegen sind. Zu den Einzelheiten des Inhalts der Belehrung siehe § 39 Rn 11–13. Im Falle einer unterbliebenen oder aber fehlerhaften Belehrung steht dies weder der Wirksamkeit der gerichtlichen Entscheidung noch des Eintritts der Rechtskraft[115] bzw. dem Beginn des Laufs der Rechtsmittelfrist entgegen (siehe auch § 39 Rn 14, § 63 Rn 26).[116] Jedoch wird nach § 17 Abs. 2 **gesetzlich vermutet**, dass derjenige Beteiligte, der keine oder eine fehlerhafte Rechtsmittelbelehrung erhalten hat, ohne Verschulden gehindert war, das Rechtsmittel oder den Rechtsbehelf fristgerecht zu erheben.[117] Bei einer fehlerhaften Belehrung ist es unerheblich, ob die Belehrung durch den Richter erfolgte, den Rechtspfleger oder auf andere Weise, etwa durch Übersendung eines Formblattes durch die Geschäftsstelle; denn es geht in allen diesen Fällen um Verlautbarungsfehler des Gerichts, die bei den betroffenen Beteiligten einen Vertrauenstatbestand schaffen.[118] Die Vermutung des Abs. 2 ist nicht widerlegbar,[119] so dass, sofern die weiteren Voraussetzungen des § 18 gegeben sind, das Gericht die Wiedereinsetzung in den vorigen Stand zu gewähren hat.

Die gesetzliche Vermutung hebt indes nicht das Erfordernis auf, dass die mangelnde **37** Belehrung den Antragsteller an der Fristwahrung gehindert hat. Daher bedarf es eines **ursächlichen Zusammenhangs** zwischen Belehrungsmangel und Fristversäumnis. Somit ist eine Wiedereinsetzung in denjenigen Fällen ausgeschlossen, in denen der Beteiligte wegen vorhandener Kenntnis über sein Rechtsmittel keiner Unterstützung durch eine Rechtsmittelbelehrung bedarf; etwa wenn der Beteiligte **anwaltlich vertreten** ist.[120] Auf diese Weise wird vor allem der geringeren Schutzbedürftigkeit anwaltlich vertretener Beteiligter Rechnung getragen.[121] Die Anforderungen an dieses Kausalitätserfordernis dürfen zwar nicht überspannt werden.[122] Ist die gerichtliche Rechtsmittelbelehrung unrichtig, wird dadurch auch bei anwaltlicher Vertretung ein Vertrauenstatbestand geschaffen, der zur Wiedereinsetzung wegen schuldloser Fristversäumnis berechtigt, sofern die Belehrung einen unvermeidbaren oder zumindest entschuldbaren Rechtsirrtum hervorruft und die Fristversäumnis darauf beruht.[123] Hierbei ist jedoch ein strenger Maßstab anzulegen. Wenn die Rechtslage zweifelhaft ist, muss der bevollmächtigte Rechtsanwalt den sicheren Weg wählen. Von einem Anwalt ist zu verlangen, dass er sich anhand der einschlägigen Fachliteratur über den aktuellen Stand der Rechtsprechung informiert;[124] Hierzu besteht insbesondere Veranlassung bei einer vor kurzem geänderten Gesetzeslage. Insoweit kommt auch bei einer fehlerhaften Rechtsbehelfsbelehrung nicht der Meistbegünstigungsgrundsatz in Betracht.[125]

V. Wiedereinsetzung für eine Behörde

Auch einer beschwerdeberechtigten Behörde, die ohne Verschulden eine Rechtsmittel- **38** frist versäumt hat, kann Wiedereinsetzung bewilligt werden.[126] Erachtet es aber eine Behörde für notwendig, vor Einlegung der befristeten Beschwerde erst eine Auskunft oder Weisung ihrer vorgesetzten Dienststelle einzuholen, so kann ihr für die dadurch eingetretene Fristversäumung keine Wiedereinsetzung gewährt werden.[127]

---

[115] BT-Drs. 16/6308 S. 183.
[116] BGH FGPrax 2010, 96 für das Rechtsbeschwerdeverfahren; OLG München FGPrax 2010, 120 für das Beschwerdeverfahren; a. A. Prütting/Helms/Abramenko § 39 Rn 16.
[117] BGH FGPrax 2010, 264 L = FamRZ 2010, 1425; FGPrax 2010, 96; BT-Drs. 16/6308 S. 183.
[118] BGH NJW-RR 2004, 408.
[119] A. A. Baumbach/Hartmann § 17 FamFG Rn 5; Bumiller/Harders § 17 Rn 9; SBW/Brinkmann § 17 Rn 37: widerlegbare Vermutung.
[120] BGH FamRZ 2011, 100; FamRZ 2010, 1425; OLG Düsseldorf FamRZ 2010, 2012; OLG Hamm FamRZ 2011, 233; OLG Naumburg MDR 2011, 387; OLG Karlsruhe FamRZ 2010, 2011; OLG Koblenz NJW 2010, 2594; OLG Schleswig Beschl. v. 1. 2. 2011 10 UF 254/10 = FamFRZ 2011, 210; OLG Stuttgart NJW 2010, 1978 = FamR 2010, 1691; kritisch Fölsch § 2 Rn 48.
[121] BGH FamRZ 2010, 1425; BT-Drs. 16/6308 S. 183.
[122] BVerfG NJW 1991, 2277.
[123] BGH NJW-RR 2008, 1084; NJW-RR 2004, 408.
[124] BGH FamFG 2011, 100; FamRZ 2010, 1425:
[125] OLG Schleswig Beschl. v. 1. 2. 2011 10 UF 254/10 = FamFR 2011, 210.
[126] BFH BB 1951, 885.
[127] BayObLG Rpfleger 1957, 179.

VI. Kosten und Gebühren

39 Mit der Gewährung von Wiedereinsetzung in den vorigen Stand sind keine besonderen Kosten und Gebühren verbunden. Die Rechtsanwaltstätigkeit ist mit den im Verfahren entstehenden Gebühren abgedeckt; zu den Gebühren bei Einzeltätigkeit im Wiedereinsetzungsverfahren siehe Nr. 3403, 3405 VV RVG.

Antrag auf Wiedereinsetzung

§ 18 (1) **Der Antrag auf Wiedereinsetzung ist binnen zwei Wochen nach Wegfall des Hindernisses zu stellen.**

(2) **Die Form des Antrages auf Wiedereinsetzung richtet sich nach den Vorschriften, die für die versäumte Verfahrenshandlung gelten.**

(3) [1]**Die Tatsachen zur Begründung des Antrags sind bei der Antragstellung oder im Verfahren über den Antrag glaubhaft zu machen.** [2]**Innerhalb der Antragsfrist ist die versäumte Rechtshandlung nachzuholen.** [3]**Ist dies geschehen, kann die Wiedereinsetzung auch ohne Antrag gewährt werden.**

(4) **Nach Ablauf eines Jahres, von dem Ende der versäumten Frist an gerechnet, kann Wiedereinsetzung nicht mehr beantragt oder ohne Antrag bewilligt werden.**

I. Normzweck; Anwendungsbereich

1 § 18 regelt die formellen Voraussetzungen für einen Antrag auf Wiedereinsetzung in den vorigen Stand. **Abs. 1** orientiert sich an § 22 Abs. 2 S. 1 2. Halbs. FGG und bestimmt die maßgebliche Frist für die Beantragung der Wiedereinsetzung. Durch das in **Abs. 2** vorgeschriebene Formerfordernis für den Wiedereinsetzungsantrag wird die Bestimmung an § 236 Abs. 1 ZPO angepasst.[1] In **Abs. 3** werden in Übernahme der Regelungen aus § 22 Abs. 2 S. 4 FGG die mit dem Antrag vorzunehmenden Handlungen näher umrissen. S. 1 stellt klar, dass die Glaubhaftmachung der Tatsachen zur Begründung des Antrages auch noch im Verfahren möglich ist. Nach S. 2 muss die versäumte Rechtshandlung innerhalb der Antragsfrist nachgeholt werden. Schließlich stellt S. 3 in Übereinstimmung mit der bisher einhelligen Auffassung gesetzlich ausdrücklich klar, dass es für die Gewährung der Wiedereinsetzung keines ausdrücklichen Antrags bedarf. Um Rechtssicherheit zu schaffen, schließt **Abs. 4** die Möglichkeit der Beantragung der Wiedereinsetzung nach Ablauf eines Jahres aus.

2 Zum Anwendungsbereich der Vorschrift siehe die Ausführungen zu § 17 Rn 2.

II. Allgemeines

3 Die formellen Voraussetzungen für eine Wiedereinsetzung sind:
(1) die **Antragstellung** (Abs. 1, Abs. 2) seitens dessen, der die Frist versäumt hat, vor Ablauf eines Jahres von dem Ende der versäumten Frist an gerechnet (Abs. 4),
(2) die **Nachholung der Beschwerdeeinlegung** (Abs. 3 S. 2),
(3) die **Vorlage der Glaubhaftmachungsmittel** für die die Wiedereinsetzung begründenden Tatsachen (Abs. 3 S. 1) und zwar
(4) binnen **zwei Wochen nach Beseitigung des Hindernisses** (Abs. 3 S. 1).

4 Im Falle der Beantragung der Wiedereinsetzung in den vorigen Stand kann das Gericht durch Beschluss die Vollstreckung aus einer bereits ergangenen Entscheidung einstweilen einstellen oder beschränken und Vollstreckungsmaßregeln aufheben (§ 93 Abs. 1 Nr. 1).

III. Antrag

1. Form

5 Voraussetzung für die Bewilligung von Wiedereinsetzung in den vorigen Stand ist ein Antrag. Antragsberechtigt ist grundsätzlich der säumige Beteiligte, zu dessen Gunsten die Wiedereinsetzung in den vorigen Stand erstrebt wird. Abs. 2 stellt keine eigenen Form-

---
[1] BT-Drs. 16/9733 S. 288.

erfordernisse auf, sondern verweist auf diejenigen Vorschriften, die für die **versäumte Verfahrenshandlung gelten.** Somit sind bei der Versäumung der Beschwerdefrist die §§ 64 ff. zu beachten. Der Antrag kann durch Erklärung zu Protokoll der Geschäftsstelle des Gerichts oder durch schriftliche Einreichung eingelegt werden, sofern diese Möglichkeit auch für die versäumte Verfahrenshandlung besteht.

Der Wiedereinsetzungsantrag unterliegt dem **Anwaltszwang,** wenn die versäumte Verfahrenshandlung nur durch einen Rechtsanwalt erfolgen kann; so z. B. bei Wiedereinsetzung gegen Versäumung der Frist für Einlegung oder Begründung der Rechtsbeschwerde. Gleiches gilt für Ehe- und Folgesachen sowie in selbstständigen Familienstreitsachen, in denen Anwaltszwang besteht (§ 114 FamFG). 6

2. Wiedereinsetzung ohne Antrag

Es bedarf keines ausdrücklichen Antrags; vielmehr reicht es, wenn die versäumte Rechtshandlung nachgeholt wird (Abs. 3 S. 3) und sämtliche die Wiedereinsetzung begründenden Tatsachen aktenkundig (z. B. aufgrund eines Poststempels) oder glaubhaft gemacht sind.[2] So ist in der verspäteten Einreichung einer Rechtsmittelschrift zugleich ein Wiedereinsetzungsantrag zu sehen. Liegen die Voraussetzungen für die Gewährung der Wiedereinsetzung vor, so muss das Gericht Wiedereinsetzung gewähren; entgegen der missverständlichen Gesetzesformulierung „kann gewähren" besteht kein Ermessensspielraum.[3] Gegebenenfalls hat das Gericht den Sachverhalt weiter aufzuklären und dem Betroffenen auf die Nichteinhaltung der Frist hinzuweisen sowie ihm Gelegenheit zur Stellung eines Wiedereinsetzungsantrags. Auch bei einem offensichtlich unvollständigen Wiedereinsetzungsgesuch[4] kann ein Hinweis durch das Gericht geboten sein,[5] 7

3. Adressat

Der Antrag ist grundsätzlich an dasjenige Gericht zu richten, das für die Entscheidung über die versäumte Rechtshandlung zuständig ist; siehe dazu § 19 Rn 3. Bei einem laufenden Verfahren ist der Antrag bei demselben Gericht einzureichen, so z. B. bei Versäumung der Fristen bei §§ 43 Abs. 2, 44 Abs. 2. Bei der Versäumung von Rechtsmittelfristen ist zu unterscheiden. Soweit das Gesetz für die versäumte Rechtshandlung die Möglichkeit der Einlegung eines Antrages bei verschiedenen Gerichten vorsieht (vgl. § 569 Abs. 1 S. 1 ZPO), kann bei diesen das Gesuch angebracht werden. Bei der Versäumung der Beschwerdefrist nach § 63 ist das Wiedereinsetzungsgesuch mit der nachgeholten versäumten Rechtshandlung bei dem Ausgangsgericht einzureichen; der Wiedereinsetzungsantrag ist dann an das für die Entscheidung zuständige Gericht weiterzuleiten. Ist das Beschwerdeverfahren bereits dem Beschwerdegericht vorgelegt worden (vgl. § 68 Abs. 1 S. 1), ist ein erst dann gestelltes Wiedereinsetzungsgesuch unmittelbar beim Beschwerdegericht anzubringen.[6] Bei Versäumung der Rechtsbeschwerde- oder der Rechtsbeschwerdebegründungsfrist kann das Wiedereinsetzungsgesuch nur beim BGH angebracht werden. 8

4. Antragsfrist (Abs. 1, Abs. 4)

a) **Allgemeines.** Für die zeitliche Zulässigkeit des Wiedereinsetzungsantrags sieht das Gericht in Abs. 1 eine Zweiwochenfrist und in Abs. 4 eine Ausschlussfrist von einem Jahr vor. Es handelt sich jeweils um gesetzliche Fristen, die weder durch Vereinbarung der Beteiligten noch durch richterliche Entscheidung abänderbar sind. Auf die Berechnung der Fristen findet § 16 Anwendung; Fristbeginn ist ein Ereignis, das in den Lauf des Tages fällt. 9

b) **Zweiwochenfrist.** Der Antrag muss, unabhängig davon, welche Frist für die versäumte Verfahrenshandlung besteht, stets binnen **zwei Wochen nach Wegfall des Hin-** 10

---

[2] BGH FamRZ 2011, 30 für § 236 ZPO; BGH FamRZ 1979, 909; BayObLGZ 1977, 11/15; OLG München FamRZ 1979, 733; KG OLGR 1993, 154.
[3] Bahrenfuss § 18 Rn 6.
[4] BGH NJW 2007, 3212.
[5] KG NJW 1974, 1003 (Belehrungspflicht bei unvollständigem Gesuch).
[6] A. A. Prütting/Helms/Ahn-Roth § 18 Rn 9 stets bei dem Ausgangsgericht.

dernisses gestellt werden (Abs. 1). Die Frist beginnt zu laufen, wenn das der Wahrung der Frist entgegenstehende Hindernis tatsächlich zu bestehen aufgehört hat oder wenn sein Weiterbestehen nicht mehr als unverschuldet angesehen werden kann.[7] Voraussetzung ist indes, dass der Fristadressat oder sein Bevollmächtigter von der Versäumung der Frist Kenntnis erlangt oder erlangen muss.[8] Die Frist läuft nicht nur bei positiver Kenntnis von der Fristversäumung, sondern bereits bei einer vorwerfbaren Nichtkenntnisnahme von der Fristversäumung.[9] Ein Wiedereinsetzungsantrag kann auch noch nach rechtskräftiger Verwerfung der verspätet eingelegten Beschwerde zulässig sein.[10]

11   Bei einem **Verfahrenskostenhilfegesuch** (§§ 76 ff.) läuft die Frist bei positiver Entscheidung mit der Bekanntgabe des Beschlusses an den Antragsteller bzw. seinem Bevollmächtigten. Bei einem ablehnenden Bescheid besteht eine kurze Überlegungsfrist von drei bis vier Tagen, bevor die Antragsfrist läuft.[11] § 18 Abs. 1 gilt grundsätzlich auch für die **Versäumung der Rechtsmittelbegründungsfrist** (z. B. § 71 Abs. 2). Es bestehen indes Bedenken hinsichtlich der Verfassungsgemäßheit der Regelung, weil die Frist zur Nachholung der Begründung nicht wie in § 234 Abs. 1 S. 2 ZPO auf einen Monat verlängert worden ist.[12] Die Vorschrift stellt damit einen nicht vermögenden gegenüber dem vermögenden Beteiligten schlechter, denn diesem steht im Fall der Bewilligung von Verfahrenskostenhilfe nur eine Frist zur Begründung seines Rechtsmittels von 2 Wochen zur Verfügung.[13] Daher ist in entsprechender Anwendung des § 234 Abs. 1 S. 2 ZPO eine verfassungskonforme Auslegung geboten. Die Frist zur Nachholung der Begründung beginnt zwar gemäß § 18 Abs. 1 FamFG mit der Bekanntgabe der Entscheidung über die Verfahrenskostenhilfe[14] und nicht erst ab der Bekanntgabe der Bewilligung der Wiedereinsetzung gegen die Versäumung der Einlegungsfrist;[15] sie beträgt aber nicht zwei Wochen, sondern es gilt die **Monatsfrist**.[16]

12   c) **Jahresfrist.** Außerdem bestimmt Abs. 4 eine **Ausschlussfrist von einem Jahr** von dem Ende der versäumten Frist an gerechnet ohne Rücksicht darauf, ob das Hindernis noch besteht. Diese Frist ist mit dem Grundgesetz vereinbar;[17] sie gilt auch bei Versäumung der Frist des § 26 VerschG.[18] Die Jahresfrist gilt nur für die Einreichung des Antrags, nicht auch für die Entscheidung über diesen. Dagegen ist nach Ablauf der einjährigen Ausschlussfrist der Antrag auch dann ausgeschlossen, wenn die zweiwöchige Frist für die Einreichung des Antrags zwar noch vor Ablauf der Ausschlussfrist begonnen hat, aber nicht mehr innerhalb derselben abgelaufen ist; die zweiwöchige Frist kann dadurch also eine Abkürzung kraft Gesetzes erleiden. Der Ablauf der Jahresfrist steht der Wiedereinsetzung nicht entgegen, wenn diese Frist wegen der langen Dauer eines Verfahrenskostenhilfeverfahrens überschritten wird.[19] Unter ganz engen Voraussetzungen soll die Jahresfrist nicht gelten, wenn die übrigen Beteiligten auf den Eintritt der Rechtskraft nicht vertrauen durften und der Antragsteller den Ablauf der Ausschlussfrist nicht zu vertreten hat.[20]

13   d) **Wiedereinsetzung in die Versäumung der Antragsfrist.** Gegen die Versäumung der **Zweiwochenfrist** nach Abs. 1 für die Stellung des Wiedereinsetzungsantrags kann

---

[7] BGH FamRZ 1998, 359; VersR 1977, 258; BayObLGZ 1981, 21/28; KG OLGR 1993, 154; OLG Hamm NJW 1977, 2077 mit Anm. von Ostler.
[8] BayObLGZ 1981, 21/28; KG OLGR 1993, 154; OLG Karlsruhe RdL 1966, 208; OLG Saarbrücken WM 1966, 99.
[9] KG OLGR 1993, 154.
[10] BayObLGZ 1950/1951, 353.
[11] BGH NJW-RR 2009, 789; NJW-RR 1990, 451.
[12] So Fölsch Rn 50.
[13] Siehe zu entsprechenden Bedenken zu § 234 ZPO a. F.: BGH NJW 2003, 3782; NJW 2003, 3724.
[14] BGH NJW 2008, 3500; Prütting/Helms/Ahn-Roth § 18 Rn 24.
[15] So aber BGH NJW 2007, 3354 = FamRZ 2007, 1640.
[16] BGH FGPrax 2010, 154; Bahrenfuss § 18 Rn 2; Horndasch/Viefhues/Reinken § 18 Rn 10; Prütting/Helms/Ahn-Roth § 18 Rn 23 s. a. BGH NJW 2008, 3500 für die Rechtsbeschwerde nach § 574 ZPO; Horndasch/Viefhues/Reinken § 18 Rn 10.
[17] BVerfG VersR 1987, 256.
[18] BGH VersR 1953, 105.
[19] BGH NJW 1973, 1373; vgl. auch BVerfGE 22, 83 = NJW 1967, 1267.
[20] OLG Stuttgart NJW-RR 2002, 716; MünchKommZPO/Gehrlein § 235 Rn 15.

ebenfalls Wiedereinsetzung in den vorigen Stand gewährt werden.[21] Dies gilt auch hinsichtlich der Versäumung der Zwei-Wochen-Frist für die Einreichung des Wiedereinsetzungsantrags nach Bekanntmachung der Verfahrenskostenbewilligung.[22] Dagegen gibt es keine Wiedereinsetzung gegen die **Versäumung der Jahresfrist** des Abs. 4.[23]

IV. Glaubhaftmachung der Wiedereinsetzungsgründe (Abs. 3 S. 1)

Der Antragsteller muss im Rahmen seines Wiedereinsetzungsantrags die tatsächlichen Abläufe verständlich und geschlossen schildern, insbesondere aufzeigen, auf welchen Umständen die Fristversäumnis beruht.[24] Glaubhaft zu machen sind die Tatsachen, welche die Verhinderung an der Einhaltung der Frist, den Mangel an Verschulden und die Zeit des Wegfalls der Verhinderung ersehen lassen. Es ist Sache des Beteiligten oder des Bevollmächtigten, den Sachverhalt aufzuklären (Beibringungsgrundsatz).[25] Das Gericht braucht zur Frage des Verschuldens keine Ermittlungen (§ 26) anzustellen. Auf Ergänzung der Glaubhaftmachung hat es gegebenenfalls hinzuwirken. Sind die Tatsachen aber offenkundig (aus den Akten zu ersehen), so muss das Gericht sie bei der Entscheidung über den Antrag heranziehen, auch wenn der Antragsteller nicht ausdrücklich darauf hinweist.[26] Die Glaubhaftmachungsmittel müssen – anders als bei § 236 Abs. 2 ZPO[27] – nicht innerhalb der zweiwöchigen Frist dem Gericht vorgelegt sein;[28] ebenso wenig bedarf es der Angaben der die die Wiedereinsetzung begründenden Tatsachen und Glaubhaftmachungsmittel innerhalb der Zweiwochenfrist.[29] Einer Verzögerung kann das Gericht durch Fristsetzung entgegentreten. Wenn das Gericht einer eidesstattlichen Versicherung keinen Glauben schenkt, muss es den Antragsteller darauf hinweisen und entsprechenden Zeugenbeweis erheben bzw. Gelegenheit geben, Zeugenbeweis anzutreten.[30]

Als **Mittel der Glaubhaftmachung** ist außer allen präsenten Beweismitteln die Versicherung an Eides statt zugelassen und zwar auch die des betroffenen Beteiligten selbst.[31] Zu den Einzelheiten siehe die Erläuterungen zu § 31.

V. Nachholung der versäumten Rechtshandlung (Abs. 3 S. 2)

Die Nachholung der versäumten Rechtshandlung braucht nicht gleichzeitig mit dem Antrag auf Wiedereinsetzung zu erfolgen, sie kann vorher oder nachher geschehen, muss aber innerhalb derselben **zweiwöchigen Frist** erfolgen, die für den Antrag gilt.[32] Eine Nachholung der Beschwerdeeinlegung ist nicht erforderlich, wenn diese – sei es auch verspätet – bereits vorgenommen war.[33] Die einjährige Ausschlussfrist gilt für die Nachholung der Beschwerdeeinlegung nicht; wenn also ein Teil der zweiwöchigen Frist außerhalb der Ausschlussfrist für den Antrag liegt, so kann die Beschwerde auch noch nach Ablauf der Ausschlussfrist eingelegt werden. Die Beschwerde muss nicht bei demselben Gericht, bei dem der Wiedereinsetzungsantrag gestellt ist, eingelegt werden, wohl aber bei einem zuständigen Gericht.[34]

---

[21] BVerfGE 22, 83 = NJW 1967, 1267; OLG Frankfurt Rpfleger 1979, 105; OLG Hamm OLGZ 1985, 147; OLG Köln DNotZ 1981, 716; Borgmann FamRZ 1978, 46.
[22] BVerfGE 22, 83 = NJW 1967, 1267.
[23] BGH NJW 1991, 1834; VersR 1987, 256; KG FGPrax 1995, 95; OLG Braunschweig NJW 1962, 1823; OLG München RzW 1953, 37.
[24] BGH MDR 2011, 124; NJW 2008, 3501.
[25] Keidel Rpfleger 1956, 245/247.
[26] BGH FamRZ 1979, 909.
[27] S. dazu BGH MDR 2011, 124; FamRZ 2010, 636; FamRZ 2010, 458.
[28] Ebenso BGH NJW 1962, 202; OLG Oldenburg MDR 1954, 47.
[29] BGH NJW 1962, 202; BayObLGZ 1959, 170; BayObLGZ 1950/51, 353; OLG Freiburg Rpfleger 1952, 592/594.
[30] BGH FamRZ 2010, 726; Beschl. v. 7. 5. 2002 I ZB 30/01 = BeckRS 2002, 450190.
[31] BGH FamRZ 1996, 408.
[32] BayObLG WuM 1995, 65.
[33] BGH NJW 1979, 109 = FamRZ 1979, 30.
[34] S. dazu BGH VersR 1978, 825.

Entscheidung über die Wiedereinsetzung

19 (1) Über die Wiedereinsetzung entscheidet das Gericht, das über die versäumte Rechtshandlung zu befinden hat.

(2) **Die Wiedereinsetzung ist nicht anfechtbar.**

(3) **Die Versagung der Wiedereinsetzung ist nach den Vorschriften anfechtbar, die** für die versäumte Rechtshandlung gelten.

I. Normzweck; Anwendungsbereich

1 § 19 trifft eine Aussage über das Verfahren im Zusammenhang mit der Entscheidung über einen Antrag auf Wiedereinsetzung. **Abs. 1** bestimmt das für die Entscheidung über das Wiedereinsetzungsgesuch zuständige Gericht. Um Zwischenstreitigkeiten zu vermeiden,[1] sieht **Abs. 2** ausdrücklich vor, dass in Abweichung des bisherigen § 22 Abs. 3 FGG die Gewährung der Wiedereinsetzung keiner Anfechtung unterliegt. Weiterhin anfechtbar sind die versagenden Entscheidungen. Hierbei beschränken sich die Rechtsmittelmöglichkeiten auf den Rechtsmittelzug in der Hauptsache (Abs. 3).

2 Zum Anwendungsbereich des § 19 siehe § 17 Rn 2.

II. Entscheidung über den Antrag

1. Zuständiges Gericht

3 Zuständig für die Entscheidung über den Antrag auf Wiedereinsetzung ist das Gericht, das über die versäumte Rechtshandlung zu befinden hat (Abs. 1). Dies ist bei einer Versäumung einer Beschwerdefrist (§ 63 Abs. 1, Abs. 2) stets das Beschwerdegericht, und zwar auch dann, wenn das Gericht erster Instanz noch nicht über die Abhilfe entschieden hat (§ 68 Abs. S. 1); über die Abhilfe hat das Ausgangsgericht stets unabhängig von der Frage der Zulässigkeit des Rechtsmittels zu befinden (vgl. § 68 Rn 9). Bei der Versäumung der Rechtsbeschwerdefrist (§ 71 Abs. 1 S. 1) bzw. der Frist zur Begründung der Rechtsbeschwerde (§ 71 Abs. 2 S. 1) ist der BGH für die Entscheidung zuständig. Bei der Versäumung einer Frist zur Einlegung eines Antrags auf gerichtliche Entscheidung (z. B. nach § 22 Abs. 1 GrdstVG) hat das Gericht zu entscheiden, welches für den Antrag zuständig ist. Die Zuständigkeit besteht auch fort, wenn das Gericht bereits über die versäumte Verfahrenshandlung entschieden hat.[2]

2. Entscheidung

4 Die Entscheidung über die Wiedereinsetzung erfolgt durch gesonderten Beschluss (§ 38)[3] oder in Verbindung mit der Sachentscheidung. In letzterem Fall kann das Gericht über eine Wiedereinsetzung auch in den Gründen befinden. Entscheidet das Gericht vorab, so ist es bei der späteren Endentscheidung an diesen Beschluss gebunden.[4] Vor der Entscheidung ist grundsätzlich den anderen Beteiligten rechtliches Gehör zu gewähren (Art. 103 Abs. 1 GG).[5]

5 Die Entscheidung über die Wiedereinsetzung steht **nicht im Ermessen** des Gerichts. Liegen die Voraussetzungen für eine Gewährung von Wiedereinsetzung vor, so muss diese gewährt werden, selbst wenn das Gericht der Ansicht ist, der gestellte Antrag oder das eingelegte Rechtsmittel biete in der Sache keinen Erfolg. Wird der Wiedereinsetzungsantrag für unbegründet erachtet, so ist ein eingelegtes Rechtsmittel als unzulässig zu verwerfen.

---

[1] BT-Drs. 16/6308 S. 184 li. Sp.
[2] BGH VersR 1993, 500; NJW 1982, 887; KG WuM 1993, 764.
[3] BGH FGPrax 2002, 166 = NJW 2002, 2171; LG Freiburg Rpfleger 1953, 629.
[4] Keidel Rpfleger 1957, 173/180.
[5] BVerfG NJW 1958, 2011; Rpfleger 1983, 76.

3. Maßgeblicher Beurteilungszeitraum

Anträge auf Wiedereinsetzung sind nach den Vorschriften zu beurteilen, die zu der Zeit **6** gegolten haben, zu der die versäumte Rechtshandlung hätte vorgenommen werden müssen.

4. Wirkung der Entscheidung

Durch die Gewährung der Wiedereinsetzung wird der durch die Versäumung der Frist **7** eingetretene Rechtsnachteil beseitigt. Das Verfahren befindet sich wieder **in dem Stand vor der Fristversäumung**. Über die Wiedereinsetzung kann auch noch entschieden werden, wenn das Beschwerdegericht (Rechtsbeschwerdegericht) ein verspätetes Rechtsmittel bereits wegen der Fristversäumung als unzulässig verworfen hat. Mit der Bewilligung der Wiedereinsetzung wird die Entscheidung, durch die das Rechtsmittel als unzulässig verworfen ist, gegenstandslos.[6] Soweit formelle Rechtskraft (§ 41) eingetreten ist, entfällt diese; dies gilt selbst dann, wenn im Vertrauen auf die Rechtskraft Handlungen[7] oder Eintragungen vorgenommen worden sind.

III. Anfechtbarkeit der Entscheidung (Abs. 2, Abs. 3)

1. Stattgebende Entscheidung (Abs. 2)

Eine **stattgebende Wiedereinsetzungsentscheidung** ist grundsätzlich, auch wenn sie **8** in Form einer selbstständigen Entscheidung ergeht, nicht anfechtbar (Abs. 2). Die Entscheidung ist bindend; eine Nachprüfung ist auch nicht inzident im Rahmen der Rechtsmittelentscheidung möglich. Eine Ausnahme besteht nach § 372 Abs. 1 bzw. § 373 Abs. 1 i. V. m. § 372 Abs. 1. Danach ist die Gewährung einer Wiedereinsetzung in einer Teilungssache bzw. bei einer Auseinandersetzung einer Gütergemeinschaft mit der sofortigen Beschwerde in entsprechender Anwendung der §§ 567 ff. ZPO anfechtbar. Gegen die Gewährung der Wiedereinsetzung steht den übrigen Beteiligten die Gehörsrüge (§ 44) zu.[8]

2. Ablehnende Entscheidung (Abs. 3)

Die **ablehnende Wiedereinsetzungsentscheidung** kann mit dem Rechtsmittel ange- **9** fochten werden, das für die versäumte Rechtshandlung gilt, z. B. die befristete Beschwerde nach §§ 58 ff., die sofortige Beschwerde in entsprechender Anwendung der §§ 567 bis 572 ZPO, die sofortige Erinnerung nach § 11 Abs. 2 RPflG. Beschwerdeberechtigt ist nur der Antragsteller, dessen Wiedereinsetzungsgesuch zurückgewiesen wurde.

Hat das Beschwerdegericht die Wiedereinsetzung versagt, ist dagegen die **Rechts-** **10** **beschwerde** zum BGH statthaft, sofern diese zugelassen wird (vgl. § 70 Abs. 1) oder kraft gesetzlicher Regelung ohne Zulassung statthaft ist (vgl. § 70 Abs. 3). In diesem Fall kann der BGH den für die Zulässigkeit der Erstbeschwerde maßgebenden Sachverhalt einschließlich der Entscheidung über Gewährung und Versagung der Wiedereinsetzung in rechtlicher und tatsächlicher Hinsicht würdigen, ohne an die Feststellungen der Vorinstanz gebunden zu sein.[9] Hat das Beschwerdegericht den Antrag auf Wiedereinsetzung gegen die Versäumung der Frist für die Erstbeschwerde übergangen und diese als unzulässig verworfen, so kann der BGH auf die Rechtsbeschwerde die Sache zur Entscheidung über den Wiedereinsetzungsantrag an das Beschwerdegericht zurückverweisen.[10] Er kann aber auch im Rahmen der ihm obliegenden Prüfung der Zulässigkeit der Erstbeschwerde über den Wiedereinsetzungsantrag entscheiden.[11] Kommt das Rechtsbeschwerdegericht zu dem Ergebnis, dass die Wiedereinsetzung zu gewähren ist, so muss es auf jeden Fall

---

[6] BGH NJW 1988, 2672; BayObLGZ 1963, 278/281.
[7] Vgl. z. B. BGH NJW 1959, 45 für den Fall der Gewährung von Wiedereinsetzung gegen ein Scheidungsurteil, nachdem der Ehepartner bereits eine neue Ehe eingegangen ist.
[8] BGH FamRZ 2009, 685.
[9] BGH NJW 1964, 2304; BayObLG WuM 1994, 296; FamRZ 1990, 428; OLG Hamm JurBüro 1968, 58; a. M. OLG Freiburg JR 1952, 174; OLG München RzW 1951, 137.
[10] BayObLGZ 1955, 321/324.
[11] BGH FamRZ 1980, 347; NJW 1964, 2304; BayObLG WuM 1995, 65; NJW 1988, 714; OLG Frankfurt WM 1963, 872; s. aber BGH FamRZ 1982, 163; BayObLGZ 1967, 443.

die Sache zur sachlichen Entscheidung über die Erstbeschwerde an die Vorinstanz zurückverweisen.

11 Ein **Rechtsmittel ist ausgeschlossen,** wenn gegen die Entscheidung des Gerichts kein Rechtsmittel zugelassen ist[12] (z. B. bei einer Entscheidung des LG im Verfahren nach § 335 HGB; vgl. § 335 Abs. 5 S. 4 HGB[13]); das gilt auch dann, wenn in der Hauptsache ein zulassungsbedürftiges Rechtsmittel nicht zugelassen ist,[14] z. B. nach § 70 Abs. 1 FamFG. Eine Anfechtung ist ebenfalls ausgeschlossen bei der Entscheidung über Wiedereinsetzung gegen Versäumnis der Frist für die Einlegung oder Begründung der Rechtsbeschwerde; jedoch kann der BGH die Entscheidung unter den Voraussetzungen des § 44 ändern, wenn der Anspruch auf rechtliches Gehör verletzt worden ist;[15] zur Statthaftigkeit einer Gegenvorstellung siehe Anhang zu § 58 Rn 48 ff.

Verfahrensverbindung und -trennung

20 Das Gericht kann Verfahren verbinden oder trennen, soweit es dies für sachdienlich hält.

I. Normzweck

1 § 20 dient der Prozessökonomie und übernimmt die bereits bisher in Verfahren der freiwilligen Gerichtsbarkeit geltenden Grundsätze zur Möglichkeit einer **Verfahrensverbindung.** Hierdurch sollen auch unnötige doppelte Arbeit der Gerichte vermieden und die Kosten des Verfahrens gesenkt werden. Ergänzend stellt die Regelung klar, dass eine Verbindung dann statthaft ist, wenn diese sachdienlich ist. Um die Übersichtlichkeit des Verfahrensstoffes zu fördern und das Verfahren zu beschleunigen, lässt die Vorschrift zudem unter Zweckmäßigkeitserwägung ebenfalls eine **Verfahrenstrennung** zu.

II. Anwendungsbereich

2 Die Vorschrift ist anwendbar auf alle Verfahren nach § 1 mit Ausnahmen der Ehesachen (§ 121) sowie der Familienstreitsachen (§ 112); für diese gelten nach § 113 Abs. 1 S. 2 die Allgemeinen Vorschriften der Zivilprozessordnung und damit die §§ 145, 147, 150 ZPO. Sonderregelungen für eine Verfahrensverbindung sieht das Gesetz in § 126 für die Verbindung von mehreren Ehesachen, in § 137 für den Verbund von Scheidungs- und Folgesachen, in § 179 für die Verbindung von Abstammungssachen, in § 196 für die Verbindung von Adoptionssachen bzw. in § 140 für die Abtrennung einer Folgesache vor.

3 § 20 findet ebenfalls Anwendung, wenn nach Landesrecht für die Durchführung des Verfahrens andere als gerichtliche Behörden zuständig sind (§ 488 Abs. 1). In den landesgesetzlich geregelten Angelegenheiten der freiwilligen Gerichtsbarkeit kann der Landesgesetzgeber die entsprechende Geltung des FamFG und somit des § 20 vorschreiben. Zu den Einzelheiten siehe die Ausführungen in § 486.

Zu der Übergangsregelung siehe die Erläuterungen zu § 111 FGG-RG.

III. Verfahrensverbindung

1. Grundsatz

4 Eine **Verbindung** ermöglicht es, mehrere Anträge oder Verfahren zur gemeinsamen Entscheidung zusammenzufassen. Das Gericht kann z. B. mehrere Anträge verschiedener Beteiligter miteinander verbinden. Die Möglichkeit einer Verfahrensverbindung besteht, wenn das Gericht zuvor die Verfahren getrennt hatte, sowie noch im Beschwerde- sowie Rechtsbeschwerdeverfahren. Voraussetzung für jede Verfahrensverbindung ist deren Sachdienlichkeit. Diese ist gegeben, wenn die Verfahrensgegenstände in einem engen Zusam-

---

[12] BayObLGZ 1989, 426/427; OLG Hamm JMBl.NW 1956, 105; MünchKommZPO/Pabst § 19 FamFG Rn 10.
[13] Vgl. OLG Köln FGPrax 2009, 126.
[14] BayObLG NVwZ 1990, 597.
[15] BGH NJW 1995, 2497 = FamRZ 1995, 1137.

menhang stehen oder zweckmäßigerweise von Anfang an in einem Verfahren hätten geltend gemacht werden sollen. Zudem muss das Gericht für beide Verfahren örtlich und sachlich zuständig sein. Eine Verbindung ist in der Regel nicht mehr sachdienlich, wenn eines der Verfahren bereits entscheidungsreif ist; ausgeschlossen ist stets eine Verbindung von Prozessverfahren und Verfahren der freiwilligen Gerichtsbarkeit.[1]

Zulässig ist daneben eine Verbindung von Verfahren mit gleichen oder verschiedenen Beteiligten ausschließlich zur **gemeinsamen Behandlung** und zur **gemeinsamen Entscheidung**. Dies kann sich z. B. zur Durchführung einer gemeinsamen Erörterung oder einer gemeinsamen Beweiserhebung anbieten. In diesem Fall bleiben die Verfahren weiterhin selbstständig;[2] die Erörterung oder Beweiserhebung kann in einem Verfahren erfolgen und in den übrigen Verfahren kann auf die entsprechende Niederschrift verwiesen werden.[3]

2. Verfahren

Eine Verbindung ist sowohl auf **Antrag eines Verfahrensbeteiligten** als auch **von Amts wegen** möglich. Das Gericht ist weder an einen Antrag noch an die Beurteilung der Beteiligten gebunden. Vielmehr liegt die Entscheidung über eine Verbindung ausschließlich im pflichtgemäßen Ermessen des Gerichts; ein Anspruch hierauf besteht nicht. Die Verbindung mehrerer Verfahren wird durch Beschluss (§ 38) angeordnet. Vor einer Verbindung ist den Beteiligten regelmäßig rechtliches Gehör zu gewähren.

3. Wirkung der Verbindung

Mit der Verbindung verlieren die bisherigen Verfahren ihre Selbstständigkeit; es entsteht ein einheitliches Verfahren. Die bereits durchgeführten Verfahrenshandlungen behalten ihre Wirksamkeit. Ob eine Wiederholung einzelner Verfahrenshandlungen (z. B. einer persönlichen Anhörung oder einer Beweiserhebung) erforderlich ist, richtet sich zum einen nach den Besonderheiten des jeweiligen Einzelfalls (so z. B. ob die Beteiligten Gelegenheit zur Teilnahme an der Beweisaufnahme hatten) und zum anderen nach den allgemeinen Grundsätzen über die Wiederholung von Verfahrenshandlungen in FamFG-Verfahren. Die Aussage eines Zeugen, der durch die Verfahrensverbindung Beteiligter geworden ist, kann nunmehr nur noch als Bekundung eines Beteiligten gewürdigt werden.

IV. Verfahrenstrennung

1. Grundsatz

Das Gericht darf ein **Verfahren trennen**, selbst wenn es dieses zuvor verbunden hat. Die Möglichkeit besteht auch noch im Beschwerde- und Rechtsbeschwerdeverfahren. Voraussetzung für eine Trennung ist lediglich die Sachdienlichkeit. Die Prüfung der Sachdienlichkeit liegt im richterlichen Ermessen. Eine Trennung bietet sich insbesondere dann an, wenn von mehreren Verfahrensgegenständen einer bereits entscheidungsreif oder insoweit eine alsbaldige Entscheidung geboten ist. Zudem muss der Verfahrensstoff überhaupt trennbar sein, so z. B. bei der Mehrheit von Verfahrensgegenständen.[4] Die Gefahr widersprechender Entscheidungen schließt eine Verfahrenstrennung nicht aus.[5] Eine Verfahrenstrennung ist **zwingend erforderlich**, wenn Sachen entgegen einem Verbindungsverbot (z. B. § 126 Abs. 2) miteinander verbunden worden sind;[6] die Trennung kann und muss noch in der Rechtsbeschwerdeinstanz erfolgen.[7]

---

[1] OLG Schleswig SchlHA 1958, 293.
[2] BGH NJW 1957, 183; BayObLG NJW 1967, 986.
[3] Vgl. OLG Köln VersR 1973, 285.
[4] BayObLG DWE 1982, 136; NJW 1967, 986.
[5] BGH NJW 2003, 2386 für § 145 ZPO.
[6] BGH NJW 2007, 909 = FamRZ 2007, 368.
[7] BGH NJW 2007, 909 = FamRZ 2007, 368; BGH FamRZ 1981, 1047.

2. Verfahren

9   Eine Abtrennung kann auf Antrag eines Verfahrensbeteiligten oder von Amts wegen erfolgen. In der Regel ist vor einer Abtrennung den Beteiligten rechtliches Gehör zu gewähren; das Gericht ist indes weder an einen Antrag noch an die Beurteilung der Beteiligten gebunden. Vielmehr steht die Trennung im pflichtgemäßen **Ermessen des Gerichts.** Die Trennung hat durch Beschluss (§ 38) zu erfolgen.

3. Wirkung der Trennung

10   Mit der Trennung entstehen zwei oder mehrere **völlig selbstständige Verfahren.** Verfahrenshandlungen, die vor der Trennung des Verfahrens erfolgt sind (z. B. Beweiserhebungen), wirken für die abgetrennten Verfahren fort. Die Zuständigkeit des Gerichts bleibt auch für die getrennten Verfahren erhalten (vgl. auch § 2 Abs. 2). Es besteht indes die Möglichkeit eines der Verfahren an ein anderes Gericht abzugeben (§ 4).

V. Rechtsmittel

11   Die Verfahrensverbindung bzw. -trennung unterliegen als verfahrensleitende Beschlüsse keiner selbstständigen Anfechtung; für die Abtrennung einer Unterhalts- oder Güterrechtsfolgesache ist dies ausdrücklich in § 140 Abs. 6 angeordnet. Eine Überprüfung kann nur im Rahmen der Anfechtung der Endentscheidung (§ 58 Abs. 2) erfolgen. Da es sich um eine Ermessensentscheidung des erstinstanzlichen Gerichts handelt, beschränkt sich die Überprüfung im Rahmen der Beschwerde gegen den Endbeschluss darauf, ob die jeweiligen Voraussetzungen bestanden und ob die Anordnung auf einer fehlerfreien Ermessensausübung beruhte.[8] Die Ermessensüberprüfung beschränkt sich auf die Frage der Willkür;[9] das Beschwerdegericht darf nicht sein Ermessen an die Stelle des Gerichts erster Instanz setzen. Gegen die Entscheidung eines **Rechtspflegers** findet stets die befristete Erinnerung nach § 11 Abs. 2 RPflG statt.

VI. Kosten und Gebühren

12   Mit dem Verfahrensverbindungs- oder Verfahrenstrennungsbeschluss sind keine gesonderten Kosten und Gebühren verbunden. Die vor einer Verfahrensverbindung entstandenen Gebühren und Auslagen bleiben bestehen; keine Ermäßigung wegen Verbindung. Nach der Verbindung fallen die Gebühren und Auslagen von dem neuen Verfahrenswert an. Im Falle einer Trennung entstehen für jedes Verfahren die Gebühren gesondert; diese müssen ggf. nach der Trennung neu berechnet werden. Für den Rechtsanwalt bleiben die einmal verdienten Gebühren erhalten.

Aussetzung des Verfahrens

§ 21 (1) ¹Das Gericht kann das Verfahren aus wichtigem Grund aussetzen, insbesondere wenn die Entscheidung ganz oder zum Teil von dem Bestehen oder Nichtbestehen eines Rechtsverhältnisses abhängt, das den Gegenstand eines anderen anhängigen Verfahrens bildet oder von einer Verwaltungsbehörde festzustellen ist. ²§ 249 der Zivilprozessordnung ist entsprechend anzuwenden.

(2) Der Beschluss ist mit der sofortigen Beschwerde in entsprechender Anwendung der §§ 567 bis 572 der Zivilprozessordnung anfechtbar.

Übersicht

	Rn
I. Normzweck	1
II. Anwendungsbereich	2
1. Allgemein	2
2. Sonderregelungen	4

---

[8] BGH NJW 2003, 2386; NJW 1995, 3120; jew. für § 145 ZPO.
[9] BT-Drs. 16/6308 S. 184.

	Rn
III. Voraussetzungen der Aussetzung des Verfahrens	8
1. Grundsatz	8
2. Wichtiger Grund	9
a) Vorgreiflichkeit	9
b) Sonstige Fälle	12
3. Bindungswirkung der anderweitigen Entscheidung	17
IV. Entscheidung über die Aussetzung	19
1. Allgemeines	19
2. Ermessensentscheidung	21
3. Aussetzungsverbot	22
V. Wirkungen der Aussetzung	24
1. Allgemeines	24
2. Auswirkungen auf Fristen (§ 249 Abs. 1 ZPO)	25
3. Auswirkungen auf Verfahrenshandlungen (§ 249 Abs. 2 ZPO)	29
VI. Beendigung der Aussetzung; Wiederaufnahme	31
VII. Rechtsmittel (Abs. 2)	32
1. Grundsatz	32
2. Aussetzung des Beschwerdeverfahrens	34
3. Faktische Aussetzung	35
4. Verfahrensaussetzung bei Vorlage	36
VIII. Exkurs: Unterbrechung des Verfahrens	37
1. Grundsatz	37
2. Echte Streitsachen	39
3. Rechtsmittel	40
IX. Exkurs: Ruhen des Verfahrens	41
1. Grundsatz	41
2. Anordnung nach § 251 a Abs. 3 ZPO entsprechend	42
3. Fehlende Einzahlung des angeforderten Kostenvorschusses	43
4. Rechtsmittel	46
X. Exkurs: Vorlage an das BVerfG bzw. an die Landesverfassungsgerichte	47
1. Grundsatz	47
2. Vorlageberechtigung und -verpflichtung	49
3. Vorlagebeschluss	51
4. Anfechtbarkeit	53
5. Vorlageverfahren	56
6. Vorlage nach Art. 100 Abs. 2, Art. 126 GG	58
7. Vorlage an die Landesverfassungsgerichte	59
XI. Exkurs: Vorabentscheidung durch den EuGH	60
1. Grundsatz	60
2. Vorlageberechtigung und -verpflichtung	61
3. Vorlageverfahren	65
4. Bindungswirkung	67
XII. Kosten und Gebühren	68

I. Normzweck

§ 21 nimmt die Regelung des § 148 ZPO auf und regelt die näheren Voraussetzungen, unter denen ein Gericht in Familiensachen sowie in Verfahren der freiwilligen Gerichtsbarkeit ein Verfahren aussetzen kann.[1] Bei Vorliegen eines wichtigen Grundes besteht grundsätzlich die Möglichkeit der Aussetzung **(Abs. 1 S. 1)**. Diese dient der Verfahrensökonomie sowie der Verfahrenserleichterung sowie der Verringerung der Gefahr widersprechender Entscheidungen, wobei eine damit verbundene Verfahrensverzögerung in Kauf genommen wird. Als Regelbeispiel für einen wichtigen Grund nennt das Gericht den auch in anderen Verfahrensordnungen geregelten Fall der Vorgreiflichkeit eines anderen Verfahrens.[2] Zudem bestimmt die Vorschrift die rechtlichen Wirkungen einer Aussetzung des Verfahrens. Insoweit erklärt **Abs. 1 S. 2** ausdrücklich § 249 ZPO für entsprechend anwendbar. Da die Entscheidung über die Aussetzung bzw. Nichtaussetzung in die Rechte der Beteiligten

---
[1] BT-Drs. 16/6308 S. 184.
[2] BT-Drs. 16/6308 S. 184.

eingreifen kann, sieht **Abs. 2** die Möglichkeit einer Anfechtung der Zwischenentscheidung im Wege der sofortigen Beschwerde nach Maßgabe der §§ 567 ff. ZPO vor.

II. Anwendungsbereich

1. Allgemein

2   Die Vorschrift ist anwendbar auf alle Verfahren nach § 1[3] **mit Ausnahme** der Ehesachen (§ 121) sowie der Familienstreitsachen (§ 112); für diese gelten nach § 113 Abs. 1 S. 2 die Allgemeinen Vorschriften der ZPO entsprechend und damit die §§ 148 ff., 246 ff. ZPO, soweit nicht Sondervorschriften einschlägig sind (siehe dazu Rn 4).

3   Soweit nach Landesrecht für die Durchführung des Verfahrens andere als gerichtliche Behörden zuständig sind (§ 488 Abs. 1), findet § 21 Anwendung. In den landesgesetzlich geregelten Angelegenheiten der freiwilligen Gerichtsbarkeit kann der Landesgesetzgeber die entsprechende Geltung des FamFG und somit des § 21 vorschreiben. Zu den Einzelheiten siehe die Ausführungen bei § 486.

Zu der Übergangsregelung siehe Art. 111 FGG-RG und die dortigen Erläuterungen.

2. Sonderregelungen

4   Eine Verpflichtung zur Aussetzung ohne weitere Prüfung sieht **§ 36 a Abs. 2** RegE[3a] vor, wenn sich die Beteiligten zur Durchführung einer gerichtsnahen oder gerichtsinternen Mediation oder eines anderen Verfahrens der außergerichtlichen Konfliktbeilegung verpflichten (siehe dazu § 36 a Rn 17). Für Scheidungs- und Folgesachen bestimmt **§ 136** eine vorrangige Aussetzungsverpflichtung des Gerichts. Im Verfahren betr. den Versorgungsausgleich regeln **§ 221 Abs. 2** bzw. **Abs. 3** Fälle zwingender oder im Ermessen des Gerichts stehender Aussetzungen des Verfahrens im Hinblick auf einen Rechtsstreit unter den Beteiligten über den Bestand oder die Höhe einer Anwartschaft oder einer Aussicht auf Versorgung.

5   Zwingend vorgeschrieben ist die Aussetzung nach **§ 370** im Verfahren betr. die Nachlassauseinandersetzung, wenn sich im Laufe des Verfahrens Streitpunkte z. B. über die Erbfolge oder über den Bestand des Nachlasses ergeben; im Übrigen gilt § 21 für das Nachlassgericht. Nur wenn ein Rechtsstreit über eine für das Verfahren vor dem Nachlassgericht präjudizielle Frage bereits anhängig ist, darf dieses nach pflichtgemäßem Ermessen bis zur Entscheidung des Rechtsstreits ausgesetzt werden.[4] Das gilt auch bei dessen Anhängigkeit vor einem ausländischen Gericht.[5]

6   In Registersachen eröffnet **§ 381** in Erweiterung des § 21 die Möglichkeit einer Aussetzung des Eintragungsverfahrens, selbst wenn ein Rechtsstreit noch nicht anhängig ist. § 381 ist nur dann anwendbar, wenn mehrere Verfahrensbeteiligte vorhanden sind, zwischen denen Meinungsverschiedenheiten über ein Rechtsverhältnis bestehen, von dem die Eintragung abhängt; es genügt nicht, dass diese Meinungsverschiedenheiten zwischen dem Organ eines Berufsstandes, das vor der Eintragung zu hören ist, und dem oder den weiteren Verfahrensbeteiligten bestehen. Im letzteren Fall kommt nur eine Aussetzung des Verfahrens nach § 21 in Betracht.[6] Von der Aussetzungsmöglichkeit nach § 381 ist im Hinblick auf die auch dem Registergericht obliegende Verpflichtung zur umfassenden Prüfung der Sach- und Rechtslage nur zurückhaltend Gebrauch zu machen.[7] Das gilt insbesondere bei besonderer Eilbedürftigkeit der beantragten Eintragung. Obwohl § 381 S. 1 auch in diesen Fällen eine Aussetzung des Verfahrens nicht schlechthin verbietet, ist hier eine besonders sorgfältige Würdigung der dafür und dagegen sprechenden Argumente erforderlich.[8] Ausdrücklich verpflichtet § 381 S. 2 das Registergericht, den Beteiligten zur Klärung eines präjudiziellen Rechtsverhältnisses eine Frist

---

[3] OLG Düsseldorf FamRZ 2011, 719; OLG München Beschl. v. 20. 9. 2010 33 UF 801/10 = BeckRS 2010, 23561; jew. für Versorgungsausgleichsachen.

[3a] BR-Drs, 60/11; BT-Drs. 17/5335.

[4] BayObLGZ 1967, 19/22; Habscheid § 19 V 4 b; Jansen/von König/von Schuckmann Vorbem. §§ 8–18 Rn 39.

[5] KG OLGZ 1967, 392/393.

[6] BayObLG Rpfleger 1988, 369.

[7] OLG Hamm JMBl.NW 1957, 203; KG NJW 1967, 401.

[8] KG OLGZ 1966, 602/603; OLG Hamm FGPrax 1998, 190.

zur Klageerhebung zu setzen, sofern noch kein Rechtsstreit anhängig ist. Nach deren fruchtlosem Ablauf endet die Aussetzung des Anmeldungsverfahrens, und das Registergericht hat über das präjudizielle Rechtsverhältnis nunmehr in eigener Zuständigkeit zu entscheiden.[9]

Für Ehesachen im Sinne des Art. 1 Abs. 1a EuEheVO sowie Verfahren betreffend die Zuweisung, die Ausübung, die Übertragung sowie die vollständige oder teilweise Entziehung der elterlichen Verantwortung i. S. d. Art. 1 Abs. 1b EuEheVO treffen Art. 19 Abs. 1 bzw. Abs. 2 EuEheVO Aussetzungsbestimmungen, sofern bei Gerichten verschiedener Mitgliedsstaaten Verfahren anhängig gemacht werden.

III. Voraussetzungen der Aussetzung des Verfahrens

1. Grundsatz

Nach Abs. 1 S. 1 kann die Aussetzung des Verfahrens **aus wichtigem Grund** gerechtfertigt sein. Als Regelbeispiel nennt das Gesetz den Aussetzungsgrund der Vorgreiflichkeit eines anderen Verfahrens. Für das Gericht besteht ein Aussetzungsrecht nach pflichtgemäßem Ermessen, im Allgemeinen aber keine Aussetzungspflicht.[10] Stets sind der besondere Charakter des einzelnen Verfahrens[11] und die Interessen der Beteiligten bei der Prüfung, ob die Aussetzung zweckmäßig ist, zu berücksichtigen.[12] Eine Aussetzung des Verfahrens ist zu jedem Verfahrenszeitpunkt möglich, auch noch im **Beschwerdeverfahren**[13] sowie im **Rechtsbeschwerdebefahren**.[14]

2. Wichtiger Grund

a) **Vorgreiflichkeit.** Als Regelbeispiel für einen wichtigen Grund nennt Abs. 1 S. 1 die Vorgreiflichkeit (Präjudiziabilität) **eines anderen Verfahrens.** Die Entscheidung des mit der Sache befassten Gerichts muss ganz oder zum Teil von dem Bestehen oder Nichtbestehen eines Rechtsverhältnisses abhängen, über das in einem anderen anhängigen Verfahren oder in einem Verwaltungsverfahren entschieden wird.[15] Das streitige Rechtsverhältnis kann in jedem anderen Verfahren geklärt werden; z. B. in einem anderen Verfahren der freiwilligen Gerichtsbarkeit, in einem Schiedsgerichtsverfahren, in einem Insolvenzverfahren, in einem Strafverfahren oder in einem Verwaltungsgerichtsverfahren.[16]

Das weitere Verfahren muss **anhängig** und seinerseits **nicht ausgesetzt** sein.[17] Unzulässig ist damit eine Aussetzung, wenn sie zu dem Zweck erfolgt, die Klärung eines präjudiziellen Rechtsverhältnisses durch die Beteiligten in einem erst anhängig zu machenden Verfahren herbeizuführen; über die Vorfrage muss das Gericht in dem anhängigen Verfahren vielmehr selbst entscheiden.[18] Rechtshängigkeit ist indes nicht erforderlich. Daneben reicht aus, wenn die Vorfrage von einer Verwaltungsbehörde festzustellen ist.[19] Da insoweit keine Anhängigkeit des Verfahrens gefordert wird, darf auch im Hinblick auf ein noch einzuleitendes Verfahren eine Aussetzung erfolgen.

Das aussetzende Gericht kann aufgrund der **materiellen Wirkung** an die in dem anderen Verfahren ergangenen Entscheidung gebunden sein. Ebenfalls kommt eine Vorgreiflichkeit wegen der **Gestaltungswirkung** der anderweitigen Entscheidung in Betracht; wenn in einem anderen, schon anhängigen Verfahren über eine Vorfrage mit Bindungswirkung zu entscheiden ist; so z. B. in den Ehefolgesachen hinsichtlich der Anerkennung

---

[9] BayObLG MDR 1998, 1116.
[10] BayObLG NJWE-MietR 1996, 256.
[11] BT-Drs. 16/6308 S. 184.
[12] OLG Karlsruhe OLGZ 1976, 1/6.
[13] BayObLG Rpfleger 1969, 391.
[14] OLG München FGPrax 2008, 254.
[15] Vgl. z. B. BGH FamRZ 2009, 303; OLG Hamm FamRZ 2004, 888.
[16] BayObLG NJW-RR 1989, 100.
[17] BGH NJW-RR 2005, 925.
[18] BGH NJW 1952, 742; BayObLG FamRZ 2001, 873.
[19] OLG Düsseldorf FamRZ 1981, 52 für die Entscheidung über einen Rentenantrag; a. A.: OLG Karlsruhe FamRZ 1985, 1070 für die Bewilligung einer Erwerbsunfähigkeitsrente; OLG Oldenburg FamRZ 1998, 434 für die Entscheidung über die Überleitung eines Unterhaltsanspruchs.

einer Ehescheidung im Ausland durch die Landesjustizverwaltungen.[20] Zudem kann eine Vorgreiflichkeit auch dann in Betracht kommen, wenn bei einer Vielzahl von gleich gelagerten Verfahren ein Verfahren als **Musterverfahren** durchgeführt werden soll.[21] Zur Aussetzung wegen einer Vorlage an das BVerfG bzw. an die Landesverfassungsgerichte siehe Rn 47 und wegen einer Vorlage an den EuGH siehe Rn 60, 65.

12 **b) Sonstige Fälle.** Ein wichtiger Grund kann in einem streitigen Verfahren auch dann vorliegen, wenn die Beteiligten bereits an einer Mediation teilnehmen, deren Ergebnis vor der Verfahrensfortsetzung abgewartet werden sollte;[22] zur geplanten Aussetzungsverpflichtung zur Durchführung einer gerichtsnahnen oder gerichtsinternen Mediation oder eines anderen Verfahrens zur außergerichtlichen Konfliktbeilegung siehe § 36 a Abs. 2 ReGE.[22a] In einer echten Streitsache kann ein wichtiger Grund bei Vergleichsverhandlungen der Beteiligten vorliegen. In Abstammungssachen rechtfertigt das Bestehen eines vorübergehenden Hindernisses für die Einholung eines Gutachten die Annahme eines wichtigen Grundes.[23] Der Tod eines Beteiligten kann ein wichtiger Grund für eine Aussetzung für zur Klärung der Erbfolge begründen, wenn das Verfahren mit den Erben fortzusetzten ist;[24] eine Unterbrechung des Verfahrens tritt nicht ein, s. Rn 37. Gleiches kann gelten bei Verlust der Verfahrensfähigkeit (§ 9) oder Tod des bevollmächtigten Rechtsanwalts eines Beteiligten, sofern im Verfahren Anwaltszwang besteht. Kein wichtiger Grund kann in der Regel bei der Eröffnung des Insolvenzverfahrens über das Vermögen eines Beteiligten angenommen werden; die Verwaltung und Verfügung über die Insolvenzmasse wird durch ein FamFG-Verfahren regelmäßig nicht betroffen.[25]

13 Problematisch ist, ob ein wichtiger Grund auch dann angenommen werden kann, wenn zwar keine **Vorgreiflichkeit im engeren Sinne** vorliegt, insbesondere keine rechtliche Beeinflussung vorliegt, indes in dem anderen Verfahren eine Entscheidung zu erwarten ist, die einen irgendwie gearteten, **erheblichen Einfluss auf die Entscheidung** in dem auszusetzenden Verfahren hat,[26] z. B. eine Abhängigkeit in dem Sinne besteht, dass die dort durchgeführte Beweiserhebung oder Beweiswürdigung tatsächlichen Einfluss auf das laufende Verfahren haben kann,[27] wenn sich in einem Erbscheinsverfahren die Frage der Testierfähigkeit des Erblassers stellt und diese Frage in einem weiteren Verfahren für die Bestellung oder Entlassung eines Testamentsvollstreckers von Bedeutung ist, oder wenn der Versorgungsausgleich wegen fehlender neuer Regelungen nicht durchgeführt werden kann.[28] Eine Aussetzung des Verfahrens über den Antrag auf Entlassung eines Testamentsvollstreckers bis zur rechtskräftigen Entscheidung über einen beim Zivilgericht geführten Auskunftsprozess ist nicht ermessensgerecht.[29]

14 Ausnahmsweise kann eine Aussetzung auch zulässig sein, um eine **Klärung des Sachverhalts** abzuwarten. Das kann z. B. in einem Sorgerechtsverfahren nach § 1671 BGB der Fall sein, wenn die Familienverhältnisse der Eltern bei Abschluss der Sachaufklärung sich noch in der Entwicklung befinden und nicht endgültig zu überblicken sind, in naher Zukunft jedoch bessere Erkenntnismöglichkeiten zu erwarten sind,[30] z. B. nachdem eine sich schon abzeichnende Lösung der Wohnungs- oder Berufsprobleme eingetreten ist.[31]

---

[20] BGH NJW 1983, 514.
[21] Vgl. BGH GRUR 2004, 710; FamRZ 1998, 1023.
[22] BT-Drs. 16/6308 S. 184.
[22a] BR-Drs. 60/11; BT-Drs. 17/5335.
[23] BT-Drs. 16/6308 S. 184.
[24] OLG Frankfurt FamRZ 1981, 474; MünchKommZPO/Pabst § 21 FamFG Rn 5.
[25] OLG Köln FGPrax 2002, 264, FGPrax 2001, 214; OLG Naumburg NJW-RR 2004, 1349 = FamRZ 2004, 1800; MünchKommZPO/Pabst § 21 FamFG Rn 8.
[26] OLG Jena NJW-RR 2001, 503 (zum ZPO-Verfahren).
[27] Verneinend BGH NJW 2005, 1947; MünchKommZPO/Pabst § 21 FamFG Rn 13; bejahend MünchKommZPO/Wagner § 148 Rn 10.
[28] Bejahend: OLG Brandenburg NJW 2011, 159; OLG Celle FamRZ 2011, 720; OLG Düsseldorf FamRZ 2011, 719; OLG Karlsruhe Beschl. v. 10. 3. 2011 18 WF 18/11; ablehnend: OLG Köln FamRZ 2011, 721; OLG München Beschl. v. 20. 9. 2010 33 UF 801/10 = BeckRS 2010, 29105; FamRZ 2011, 22.
[29] OLG Schleswig FGPrax 2010, 301.
[30] KG FamRZ 2011, 393; Prütting/Helms/Ahn-Roth § 21 Rn 7.
[31] OLG Bremen FamRZ 1979, 856; OLG Frankfurt FamRZ 1986, 1140; OLG Saarbrücken FamRZ 1955, 145.

Grundsätzlich darf jedoch vor Abschluss der vom Gericht für notwendig und durchführbar gehaltenen Ermittlungen die Sachentscheidung nicht von der künftigen Entwicklung der Verhältnisse abhängig gemacht werden und aus diesem Grund eine Aussetzung des Verfahrens erfolgen, weil nach dem gegenwärtigen Sachstand zu entscheiden ist.[32]

Eine Aussetzung im Hinblick auf ein **zu erwartendes Gesetz** ist im Regelfall nicht zulässig;[33] gleiches gilt hinsichtlich geplanter steuerlicher Erleichterungen.[34] Eine Ausnahme gilt jedoch dann, wenn das BVerfG eine entscheidungserhebliche Norm für nichtig[35] oder aber mit dem Grundgesetz für unvereinbar erklärt hat. In diesen Fällen findet eine Ermessensreduzierung statt; die Gerichte müssen die bei ihnen anhängigen Verfahren, deren Entscheidung von der verfassungswidrigen Norm abhängt, bis zum Inkrafttreten einer gesetzlichen Neuregelung aussetzen.[36] Str. war bisher, ob in den Fällen, in denen eine Aussetzung in der ersten Instanz **verfahrensfehlerhaft unterblieben** ist, die Entscheidung im Beschwerdeverfahren aufzuheben und die Sache zurückzuverweisen ist.[37] Nunmehr ist § 69 Abs. 1 S. 1, S. 3 zu beachten, so dass eine Zurückverweisung einen entsprechenden Antrag voraussetzt (s. § 69 Rn 14).[38] Ist ein solches Verfahren schon in der Rechtsbeschwerdeinstanz anhängig, müssen die Vorentscheidungen aufgehoben werden, das Verfahren muss an das Gericht erster Instanz zurückverwiesen und von diesem bis zur gesetzlichen Neuregelung ausgesetzt werden, um den Beteiligten Gelegenheit zu geben, ihre Anträge dieser Neuregelung anzupassen.[39]

Kein wichtiger Grund besteht, wenn das Gericht eine bevorstehende **höchstrichterliche Grundsatzentscheidung des Bundesgerichtshofes** oder die Entscheidung eines anderen Gerichts über die gleiche Rechtsfrage in einem gleichgelagerten Verfahren abwarten möchte.[40] Ist eine entscheidungserhebliche Rechtsnorm in einem anderen Verfahren Gegenstand einer **Verfassungsbeschwerde** nach Art. 93 Abs. 1 Nr. 4a GG oder eines **Normenkontrollverfahrens** nach Art. 100 Abs. 1 GG bei BVerfG, so rechtfertigt dies eine Verfahrensaussetzung auch gegen den Willen eines Beteiligten, solange das Fachgericht nicht von der Verfassungswidrigkeit der anzuwendenden Rechtsnorm überzeugt ist.[41] Denn wird die entscheidungserhebliche Vorschrift für nichtig erklärt, wirkt dies erga omnes und beeinflusst damit notwendigerweise das ausgesetzte Verfahren rechtlich. Gelangt das Fachgericht zu der Auffassung, dass das von ihm anzuwendende Gesetz verfassungswidrig und einer verfassungskonformen Auslegung nicht zugänglich ist, **muss** es das Verfahren nach Art. 100 Abs. 1 S. 1 GG aussetzen und die Sache selbst dem BVerfG vorlegen (siehe auch Rn 47).[42] Dies gilt selbst dann, wenn das BVerfG schon auf die Vorlage eines anderen Gerichts mit der Prüfung der Verfassungswidrigkeit derselben Norm befasst ist.[43]

3. Bindungswirkung der anderweitigen Entscheidung

Die Frage der Bindungswirkung der Entscheidung in dem anderen Verfahren für das auszusetzende Gericht bestimmt sich nach den allgemeinen Grundsätzen. Grundsätzlich ist das Gericht der freiwilligen Gerichtsbarkeit bzw. das Familiengericht bei der Beurteilung streitiger Rechtsverhältnisse frei und nicht an rechtskräftige Entscheidungen anderer Gerichte – z. B. des Prozessgerichts – gebunden. Dies gilt sowohl in Fällen, in denen das Gericht das Verfahren bis zur prozessgerichtlichen Entscheidung einer Vorfrage ausgesetzt

---

[32] BGH MDR 1972, 48; OLG Bremen FamRZ 1979, 856; OLG Frankfurt FamRZ 1986, 1140; OLG Karlsruhe OLGZ 1976, 1/6.
[33] OLG Celle WM 1964, 863.
[34] OLG Hamm Beschl. v. 10. 1. 2011 II–8 UF 226/10= BeckRS 2011, 02507.
[35] BGH FamRZ 2009, 303.
[36] BVerfG NJW 1990, 2246; NJW 1974, 1609; BGH FamRZ 2009, 303; OLG Düsseldorf FamRZ 2011, 719; Bumiller/Harders § 21 Rn 2.
[37] Für Zurückverweisung: OLG Naumburg NJW 2008, 2594; OLG Stuttgart FamRZ 2008, 1086: für Aussetzung durch Beschwerdegericht: BGH FamRZ 2008, 3030; OLG Köln FamRZ 2009, 1153.
[38] OLG Düsseldorf FamRZ 2011, 719.
[39] BayObLG FamRZ 1991, 183; BayObLGZ 1974, 355/359.
[40] BGH NJW 2005, 1947; OLG Jena NJW-RR 2001, 503 (zum ZPO-Verfahren).
[41] BVerfG NJW 2004, 501; BGH NJW 2005, 1947; NJW 1998, 1957; MünchKommZPO/Pabst § 21 Rn 12.
[42] BVerfG NJW 1973, 1319.
[43] Jarrass/Pieroth Art. 100 Rn 3.

hat, als auch in sonstigen Fragen. Nach allgemeinen Grundsätzen kann in Einzelfällen eine Bindungswirkung bestehen, so z. B. für die Entscheidung des Nachlassgerichts im Erbscheinsverfahren hinsichtlich der vor einem Zivilgericht erhobenen Erbenfeststellungsklage oder für die Bindung des Registergerichts an die rechtsgestaltenden Entscheidungen des Prozessgerichts (gerichtliche Auflösung einer OHG, § 133 HGB; Nichtigerklärung einer AG, § 275 AktG; Abgabe einer Willenserklärung in Form einer Anmeldung zum Handelsregister).

18   Gleiches gilt für die Bindung des Gerichts an eine **Feststellung der Verwaltungsbehörde**, z. B. bezüglich der Untersagung eines Geschäftsbetriebes.

IV. Entscheidung über die Aussetzung

1. Allgemeines

19   Die Aussetzung kann von **Amts wegen** oder auf **Antrag/Anregung** (§§ 23, 24) erfolgen. Die Entscheidung ergeht nach Anhörung der Verfahrensbeteiligten durch Beschluss, der zu begründen (§ 38 Abs. 3) und mit einer Rechtsmittelbelehrung (§ 39) zu versehen ist. Zur Bekanntgabe des Beschlusses siehe § 41; zu den Rechtswirkungen der Aussetzungsentscheidung siehe Rn 24. Sofern ein Beteiligter ausdrücklich einen Aussetzungsantrag gestellt hat, bedarf es auch im Falle einer Ablehnung einer förmlichen Bescheidung dieses Antrages; es genügt nicht, das Verfahren nur fortzusetzen.

20   Die Aussetzung ist auch in Antragssachen nicht von der Zustimmung des Antragstellers abhängig.[44] Vielmehr dient die Aussetzung der Vermeidung überflüssiger gerichtlicher Mehrarbeit und der Verhinderung widersprechender Entscheidungen; sie liegt damit im öffentlichen Interesse. Die Interessen der Beteiligten werden dadurch hinreichend gewahrt, dass ihnen gegen den Aussetzungsbeschluss nach Abs. 2 das Rechtsmittel der sofortigen Beschwerde in entsprechender Anwendung der §§ 567 bis 572 ZPO zusteht. Hinzu kommt, dass die verfahrensleitende Anordnung der Aussetzung des Verfahrens jederzeit auch von Amts wegen geändert werden kann, wenn sie sich als nicht – mehr – gerechtfertigt erweist.[45] Soweit die Voraussetzung für eine Verfahrenstrennung gegeben sind (vgl. § 20), kann auch eine **Teil-Aussetzung** erfolgen;[46] zur Möglichkeit einer Teilentscheidung s. § 38 Rn 29.

2. Ermessensentscheidung

21   Die Entscheidung des Gerichts über die Aussetzung des Verfahrens steht grundsätzlich im **Ermessen des Gerichts.** Dieses darf nicht nach freiem Belieben aussetzen, sondern hat nach pflichtgemäßem Ermessen[47] die sachlichen Gründe abzuwägen, die für oder gegen ein Abwarten der Entscheidung sprechen.[48] Dabei sind die Eigenart des jeweiligen Verfahrens zu berücksichtigen[49] und zu prüfen, ob den Beteiligten eine Verzögerung der Entscheidung durch die Aussetzung zugemutet werden kann.[50] Ist in einem anderen Verfahren über eine Vorfrage mit Bindungswirkung zu entscheiden, dürfen bei der Ermessensentscheidung Gesichtspunkte der Prozessökonomie und das Bestreben nach einer einheitlichen Entscheidung in den verschiedenen Verfahren in den Vordergrund gestellt werden. Das Ermessen ist dann auf eine **Aussetzungspflicht** reduziert, wenn die Voraussetzungen einer Sachentscheidung im betreffenden Verfahren nicht geklärt werden können (s. a. Rn 15).[51]

---

[44] BayObLG MDR 1964, 930; a. A. Bärmann § 14 IV 2.
[45] BGH FamRZ 1979, 230.
[46] OLG Brandenburg NJW 2011, 159; OLG Düsseldorf FamRZ 2011, 719; OLG Köln FamRZ 2009, 1153.
[47] BGH FamRZ 2009, 303; Zöller/Geimer § 21 FamFG Rn 2.
[48] BayObLG Rpfleger 1983, 74; KG NJW 1967, 401; OLG Hamm JMBl.NW 1957, 203; OLG Köln NJW-RR 1995, 555.
[49] BT-Drs. 16/6308 S. 184.
[50] BayObLG NJW-RR 1999, 334; Rpfleger 1988, 265; KG OLGZ 1966, 357/359; OLG Düsseldorf WM 1995, 295; OLG München FGPrax 2008, 254; Bumiller/Harders § 21 Rn 1.
[51] BGH FamRZ 2009, 303; NJW 1986, 1744.

3. Aussetzungsverbot

Ein **generelles** Aussetzungsverbot besteht nicht. Indes darf bei Entscheidungen, die keinen Aufschub dulden, das Verfahren nur dann ausnahmsweise ausgesetzt werden, wenn eine Entscheidung entweder nicht ohne schwierige, zeitraubende und umfangreiche Ermittlungen getroffen werden kann oder sie von zweifelhaften, in Rechtsprechung und Rechtslehre unterschiedlich beantworteten Rechtsfragen abhängt.[52] Eine Aussetzung scheidet regelmäßig aus, wenn das Verfahren eilbedürftig ist und im Interesse der Beteiligten eine sofortige Entscheidung geboten ist.[53] Dies gilt in der Regel z.B. in einstweiligen Anordnungsverfahren (§§ 49 ff.), in Verfahrenskostenhilfeverfahren, das auf eine summarische Prüfung und alsbaldigen Abschluss angelegt ist (vgl. §§ 76 ff.), in Vollstreckungsverfahren (§§ 86 ff.), in eilbedürftigen Freiheitsentziehungssachen (§§ 415 ff.),[54] in Verfahren, in denen Maßnahmen nach § 1666 BGB oder nach § 1896 BGB zu treffen sind,[55] in einer Handelsregistersache, wenn die Haftungsregelung in § 176 HGB erhöhte Eile verlangt.[56] 22

Auf jeden Fall wird bei **eilbedürftigen Verfahren** eine Aussetzung nur dann erfolgen dürfen, wenn durch geeignete Maßnahmen, z.B. eine einstweilige Anordnung, für die Dauer der Aussetzung des Verfahrens eine vorläufige Regelung getroffen wird, die eine Gefährdung des Betroffenen ausschließt.[57] 23

V. Wirkungen der Aussetzung

§ 249 ZPO Wirkung von Unterbrechung und Aussetzung

(1) Die Unterbrechung und Aussetzung des Verfahrens hat die Wirkung, dass der Lauf einer jeden Frist aufhört und nach Beendigung der Unterbrechung oder Aussetzung die volle Frist von neuem zu laufen beginnt.

(2) Die während der Unterbrechung oder Aussetzung von einer Partei in Ansehung der Hauptsache vorgenommenen Prozesshandlungen sind der anderen Partei gegenüber ohne rechtliche Wirkung.

(3) Durch die nach dem Schluss einer mündlichen Verhandlung eintretende Unterbrechung wird die Verkündung der auf Grund dieser Verhandlung zu erlassenden Entscheidung nicht gehindert.

1. Allgemeines

Hinsichtlich der Wirkung der Aussetzung verweist § 21 Abs. 1 S. 2 FamFG auf eine entsprechende Anwendung des § 249 ZPO. Diese Wirkungen treten nur im Falle einer wirksamen Verfahrensaussetzung und innerhalb der zeitlichen Grenze der Aussetzung ein. § 249 Abs. 3 ZPO findet auf die Aussetzung keine Anwendung, da diese Vorschrift nur die Fälle einer Verfahrensunterbrechung betrifft.[58] 24

2. Auswirkungen auf Fristen (§ 249 Abs. 1 ZPO)

Mit der Aussetzung des Verfahrens hört der **Lauf einer Frist** (z.B. in einer Haushaltssache nach § 206) auf. Die volle Frist beginnt nach Beendigung der Aussetzung von neuem zu laufen (§ 21 Abs. 1 S. 2 FamFG i.V.m. § 249 Abs. 1 ZPO). Die Bestimmung bezieht sich unmittelbar ausschließlich auf die Verfahrensfristen, nicht aber auf Fristen des materiellen Rechts, z.B. Verjährungsfristen. Mittelbar kann eine Aussetzung auch Auswirkungen auf materielle Fristen haben, so z.B. nach § 202 Abs. 2 S. 1 BGB, wenn der Grund der Aussetzung wegfällt und die Parteien nichts unternehmen.[59] Erfasst werden von der Aus- 25

---

[52] OLG Hamm FGPrax 1998, 190 = NJW-RR 1999, 761.
[53] BayObLG Rpfleger 1983, 74; BayObLGZ 1964, 231/234; KG NJW 1967, 401; Keilbach DNotZ 2001, 671/684.
[54] BT-Drs. 16/6308 S. 184.
[55] BT-Drs. 16/6308 S. 184.
[56] OLG Karlsruhe Rpfleger 1996, 461.
[57] BayObLGZ 1956, 303/316.
[58] BGH NJW 1965, 1019.
[59] OLG Hamm WM 2006, 1477 für die Untätigkeit nach einer gem. Art. 234 EGV (nunmehr Art. 257 AEUV) eingeholten Vorabentscheidung des EuGH.

setzung die **Fristen im engeren Sinne,** d. h. die gesetzlichen sowie gerichtlich gesetzten Fristen (siehe dazu § 16 Rn 3), nicht indes die **Fristen im weiteren Sinne,** wozu z. B. die Ausschlussfristen, wie die Fünf-Monatsfrist des § 63 Abs. 3 für die Erhebung der Beschwerde oder die Jahresfrist des § 18 Abs. 3 für die Beantragung der Wiedereinsetzung gehören.[60]

26 Falls der Lauf der Frist zur Zeit der Aussetzung **noch nicht begonnen** hat, so verhindert die Aussetzung den Beginn des Fristlaufs.[61] Die Sperre endet erst mit der Beendigung der Aussetzung. Sofern das den Fristbeginn auslösende Ereignis oder der dafür maßgebliche Zeitpunkt mit der Verfahrensaufnahme zusammenfällt, läuft die Frist von diesem Augenblick an. Bedarf der Fristablauf eines weiteren Ereignisses wie z. B. die Zustellung einer Entscheidung, so beginnt die Frist erst mit diesem Ereignis zu laufen.[62]

27 **Lief die Frist** bereits zum Zeitpunkt der Aussetzung, so endet mit der Aussetzung der Lauf der Frist. Mit der Beendigung der Aussetzung beginnt die **volle Frist** erneut zu laufen, ohne dass der bereits verstrichene Teil angerechnet wird,[63] sofern zur Zeit der Beendigung der Aussetzung die sonstigen Voraussetzungen für den Fristbeginn erfüllt sind. Ansonsten ist für den Fristbeginn auf den Zeitpunkt der Verwirklichung dieser zusätzlichen Erfordernisse abzustellen.[64] Ereignet sich die Aussetzung während einer richterlich verlängerten gesetzlichen Frist, so läuft, sofern die Verlängerung für einen bestimmten Zeitraum erfolgt war, abermals die volle gesetzliche Frist, § 249 Abs. 1 ZPO unterscheidet nicht zwischen gesetzlichen und richterlich verlängerten gesetzlichen Fristen.

28 Ist eine gerichtlich gesetzte Frist mit einem bestimmten Endtermin festgelegt, so wird durch die Aussetzung, auch wenn der Stillstand nicht über diesen Termin hin andauert, diese Fristsetzung hinfällig.[65] Das Gericht muss nach Beendigung der Aussetzung eine neue Frist bestimmen, anderenfalls läuft überhaupt keine Frist.

3. Auswirkungen auf Verfahrenshandlungen (§ 249 Abs. 2 ZPO)

29 Zugleich sind die während der Aussetzung von einem **Beteiligten** in Ansehung der Hauptsache vorgenommenen Verfahrenshandlungen den anderen Beteiligten gegenüber ohne rechtliche Wirkung (§ 21 Abs. 1 S. 2 FamFG i. V. m. § 249 Abs. 2 ZPO). Etwaige Verfahrenshandlungen sind indes nicht nichtig, sondern nur anfechtbar.[66] Keine Anwendung findet die Vorschrift auf Verfahrenshandlungen eines Beteiligten gegenüber dem Gericht. Diese entfalten weiterhin Wirksamkeit. § 249 Abs. 2 ZPO erfasst ebenfalls nicht Verfahrenshandlungen, die dazu dienen, die Frage des Stillstandes, mithin der Aussetzung, zu klären, so z. B. die Einlegung eines Rechtsmittels.[67] Ein Beteiligter darf weiterhin auch Handlungen gegenüber Dritten vornehmen, auch wenn sie sich auf das Verfahren beziehen. So kann ein Beteiligter z. B. einen Verfahrensbevollmächtigten beauftragen oder in einer ausgesetzten Registersache Erklärungen gegenüber der Gesellschaft abgeben. Im Falle der Aussetzung einer Hauptsache können Verfahrenshandlungen in einem eigenständigen **Nebenverfahren** (z. B. einstweilige Anordnung gem. §§ 49 ff.) vorgenommen werden, sofern dieses Verfahren nicht auch ausgesetzt worden ist; gleiches gilt für **Nebenpunkte** der Hauptsache (z. B. für die Beantragung der Verfahrenskostenhilfe nach §§ 76 ff. oder für die Kostenfestsetzung nach § 85 FamFG i. V. m. §§ 103 ff. ZPO).

30 **Handlungen des Gerichts,** die die Hauptsache betreffen und nach außen wirken, sind grundsätzlich unzulässig und allen Beteiligten gegenüber unwirksam, so z. B. Terminsladungen, Beweiserhebungen, Zustellung eines Beschlusses,[68] Kostenfestsetzungen.[69] Eine etwa ergangene Entscheidung ist nicht nichtig, sondern mit den statthaften Rechtsbehelfen an-

---

[60] MünchKommZPO/Gehrlein § 249 Rn 6.
[61] BGH NJW 1990, 1854; NJW 1953, 1144.
[62] BGH MDR 2003, 826.
[63] BGH KTS 2002, 174.
[64] BGH NJW 1990, 1854.
[65] RGZ 151, 279.
[66] BGH FamRZ 2004, 867; Bumiller/Harders § 21 Rn 3.
[67] BGH NJW 1997, 1445; NJW 1995, 2563.
[68] BGH NJW 1990, 1854.
[69] BGH NJW 2006, 128; MünchKommZPO/Gehrlein § 249 Rn 21.

fechtbar;[70] sie ist grundsätzlich aufzuheben, da sie während der Aussetzung nicht ergehen durfte.[71] Zulässig sind weiterhin Verfahrenswertfestsetzungen,[72] Entscheidungen über die Bewilligung von Verfahrenskostenhilfe (§§ 76 ff.)[73] oder eine Berichtigung eines Beschlusses nach § 42.[74]

VI. Beendigung der Aussetzung; Aufnahme des Verfahrens

Die Aussetzung des Verfahrens endet, wenn über das streitige Rechtsverhältnis rechtskräftig entschieden ist oder wenn das Gericht die Aussetzung wieder aufhebt. Eine solche Möglichkeit besteht stets. Das Verfahren wird dann von Amts wegen fortgesetzt. Die einmal begründete Zuständigkeit bleibt nach Aufnahme des Verfahrens erhalten (§ 2 Abs. 2).[75] Es besteht jedoch die Möglichkeit, nach § 4 bzw. nach besonderen Regelungen (z. B. §§ 123, 153, 202, 233, 263, 268, 273, 314 FamFG; § 87 c Abs. 2 SGB VIII; §§ 15 Abs. 2 S. 2, 15 b S. 2, 15 c VerschG; § 12 LwVG) die Sache aus wichtigem Grund an das nunmehr zuständige Gericht abzugeben (zu den Einzelheiten siehe § 4 Rn 6 ff.). Eine gegen die Aussetzungsentscheidung erhobene Beschwerde wird gegenstandslos und damit unzulässig.[76] Lehnt das Gericht einen Antrag auf **Aufnahme** eines ausgesetzten Verfahrens ab, so ist die Entscheidung in entsprechender Anwendung der §§ 567 ff. ZPO anfechtbar.[77] 31

VII. Rechtsmittel (Abs. 2)

1. Grundsatz

Der Beschluss des **Gerichts der ersten Instanz,** durch den das Verfahren ausgesetzt oder die Aussetzung abgelehnt wird,[78] kann nach § 21 Abs. 2 als Zwischenentscheidung selbstständig mit der **sofortigen Beschwerde** in entsprechender Anwendung der §§ 567 bis 572 ZPO angefochten werden. Dies gilt auch bei einer Entscheidung des Rechtspflegers (§ 11 Abs. 1 RPflG).[79] Abs. 2 ist entsprechend anwendbar bei einer Aussetzung nach § 221 Abs. 2 und 3,[80] § 381.[81] Die Beschwerde gegen eine Aussetzung kann nur auf die Aufhebung des Aussetzungsbeschlusses und nicht auf eine bestimmte Entscheidung über den Gegenstand des Ausgangsverfahrens gerichtet sein.[82] Beschwerdeberechtigt ist jeder Beteiligte. Das Beschwerdegericht kann keine eigene Ermessensentscheidung treffen, sondern hat allein zu prüfen, ob ein Aussetzungsgrund vorliegt und die Aussetzungsentscheidung auf Verfahrens- oder Ermessensfehler beruht.[83] Das Beschwerdegericht ist nicht befugt, sein Ermessen an die Stelle des dem Erstgericht eingeräumten Ermessen zu setzen.[84] Das Beschwerdeverfahren richtet sich nach §§ 567 ff. ZPO; zu den weiteren den Einzelheiten siehe § 58 Rn 89 ff. 32

Die Beschwerde hat grundsätzlich keine **aufschiebende Wirkung** (§ 570 Abs. 1 ZPO). Daher ist auch bei einer Anfechtung einer ablehnenden Aussetzungsentscheidung das Verfahren fortzuführen. Das Gericht oder der Vorsitzende, dessen Entscheidung angefochten wird, kann indes die Aussetzung der Vollziehung der Aussetzungs- bzw. Nichtaussetzungsentscheidung anordnen (§ 570 Abs. 2 ZPO). Ebenfalls besteht für das Beschwerdege- 33

---

[70] BGH FamRZ 2004, 867; NJW 2001, 2095; OLG Frankfurt OLGZ 1994, 77; OLG Köln ZIP 1988, 447.
[71] BGH MDR 1976, 487; OLG Köln NJW-RR 1995, 891.
[72] BGH NJW 2000, 1199.
[73] BGH NJW 1966, 1126.
[74] Thomas/Putzo/Hüßtege § 249 Rn 8.
[75] OLG Brandenburg Beschl. v. 2. 11. 2010 – 9 AR 9/10 = BeckRS 2010, 28565.
[76] OLG Köln NJW-RR 1995, 555.
[77] OLG Nürnberg NJW 2010, 2145 = FamRZ 2010, 1462.
[78] OLG Nürnberg NJW 2010, 2145 = FamRZ 2010, 1462; Horndasch/Viefhues/Reinken § 21 Rn 10; a. A. Musielak/Borth § 21 Rn 3.
[79] OLG Köln FGPrax 2010, 215.
[80] OLG Nürnberg FamRZ 2010, 1462.
[81] OLG Köln FGPrax 2010, 215.
[82] OLG Köln FGPrax 2010, 215.
[83] KG FamRZ 2011, 393; OLG Köln FamRZ 2002, 1124; s. a. BGH NJW-RR 2006, 1289 für § 252 ZPO.
[84] BJS/Elzer § 21 Rn 19; a. A. OLG Düsseldorf NJW-RR 1995, 832 Prüfung nach pflichtgemäßem Ermessen ob die Aussetzung zweckmäßig und geboten ist.

richt die Möglichkeit, vor seiner Entscheidung, eine einstweilige Anordnung hinsichtlich der Aussetzung oder Nichtaussetzung des Verfahrens zu treffen (§ 570 Abs. 3 ZPO).

2. Aussetzung des Beschwerdeverfahrens

34   Die Aussetzung des Beschwerdeverfahrens durch das Beschwerdegericht ist im Falle der Zulassung mit der Rechtsbeschwerde anfechtbar (s. § 70 Rn 19).

3. Faktische Aussetzung

35   Dem mit einer Aussetzung verbundene **Stillstand eines Verfahrens** kann auch dann eintreten, wenn das Gericht zwar nicht förmlich eine Verfahrensaussetzung anordnet, indes Maßnahmen ergreift, die die gleiche Wirkung haben, beispielsweise die Durchführung einer Beweisaufnahme auf unbestimmte Zeit verschiebt[85] oder über längere Zeit das Verfahren nicht betreibt. In diesem Falle greift § 21 Abs. 2 FamFG, der nach dem ausdrücklichen Wortlaut einen Beschluss und damit eine förmliche Entscheidung fordert, nicht. Unter Umständen kommt die Untätigkeitsbeschwerde in Betracht;[86] siehe dazu Anhang zu § 58 Rn 65 ff.

4. Verfahrensaussetzung bei Vorlage

36   Unanfechtbar sind ihrer Natur nach die Verfahrensaussetzungen des Gerichts in den Fällen des Art. 100 Abs. 1 GG bzw. in den Fällen der entsprechenden Regelungen in den jeweiligen Landesverfassungen zur Aussetzung und Vorlage an die Landesverfassungsgerichte oder des Art. 267 AEUV (vormals Art. 234 EGV). Eine solche Entscheidung bringt die Rechtsauffassung des jeweils aussetzenden Gerichts zum Ausdruck, die keiner Bewertung durch das Beschwerdegericht unterliegt.[87] Siehe auch Rn 53–55.

VIII. Exkurs: Unterbrechung des Verfahrens

1. Grundsatz

37   Ein Verfahrensstillstand mit den sich aus § 249 ZPO ergebenden Folgen findet im FamFG-Verfahren grundsätzlich nicht statt,[88] auch nicht beim **Tod eines Beteiligten**[89] oder bei **Eröffnung des Insolvenzverfahrens**[90] über sein Vermögen (vgl. auch § 1 Rn 39); im Einzelfall können die Voraussetzungen für eine Aussetzung des Verfahrens gegeben sein (s. Rn 12). Die Wirkungen des Todes eines Verfahrensbeteiligten sind von Amts wegen festzustellen, insbesondere ist ein etwaiger Rechtsnachfolger zu ermitteln und am Verfahren zu beteiligen.[91] Der Tod eines Beteiligten kann aber auch die Beendigung des Verfahrens zur Folge haben. So erledigt der Tod eines Ehegatten vor Rechtskraft des Scheidungsurteils nach § 131 FamFG das Scheidungsverfahren in der Hauptsache. Damit sind auch die verbundenen Folgesachen in analoger Anwendung der §§ 141, 142 FamFG als erledigt anzusehen.[92] Auch eine Ehewohnungs- und Haushaltssache erledigt sich durch den Tod eines der beteiligten Ehegatten, § 208. In Abstammungsverfahren wird nach § 181 FamFG das Verfahren nur fortgesetzt, wenn ein Beteiligter innerhalb einer Frist von einem

---

[85] Vgl. BGH NJW 1983, 2496.
[86] OLG Saarbrücken NJW-RR 1999, 1290 bejaht die Möglichkeit einer außerordentlichen Beschwerde bei einem sachlich nicht mehr zu rechtfertigenden Verfahrensstillstand.
[87] VGH Mannheim NJW 1986, 3042.
[88] Bumiller/Harders § 21 Rn 7 für das FamFG; Bärmann § 14 IV 1; Habscheid § 22 III 1; Jansen/von König/von Schuckmann Vorbem. §§ 8–18 Rn 35; jew. für das FGG.
[89] BGH FamRZ 2009, 872; BayObLG FamRZ 2001, 317; OLG Zweibrücken FGPrax 2000, 66 = NJW-RR 2000, 815; einschränkend für Antragsverfahren Jansen/von König/von Schuckmann Vorbem. §§ 8–18 Rn 37.
[90] OLG Köln FGPrax 2002, 264; FGPrax 2001, 214; OLG Naumburg NJW-RR 2004, 1349 = FamRZ 2004, 1800.
[91] BayObLG FamRZ 2001, 317; KG FamRZ 2004, 1903; OLG Hamm BB 1970, 104; OLG Zweibrücken FGPrax 2000, 66; Jansen/von König/von Schuckmann Vorbem. §§ 8–18 Rn 37, der allerdings eine amtswegige Verpflichtung zur Ermittlung des Rechtsnachfolgers nur für das Amtsverfahren annimmt.
[92] BGH FamRZ 1983, 683; NJW 1981, 686 = FamRZ 1981, 245.

Monat dies durch Erklärung gegenüber dem Gericht verlangt. Geschieht dies nicht, gilt das Verfahren in der Hauptsache als erledigt.

Verfahrenserledigungen treten auch beim Tod des Kindes in den Verfahren nach den §§ 1666, 1671, 1672 und 1696 BGB ein;[93] ebenso bei Tod des Mündels in dem Verfahren auf Erteilung einer vormundschaftsgerichtlichen Genehmigung nach den §§ 1821, 1822 BGB.[94] Stirbt der Übergeber eines Hofes während eines Genehmigungsverfahrens nach dem Grundstücksverkehrsgesetz, wird das Verfahren gegenstandslos, wenn der Übernehmer Hoferbe wird.[95] Dagegen ist das vom Käufer eines Hofs beantragte Genehmigungsverfahren beim Tod des Verkäufers mit dessen Erben fortzusetzen, die vom Gericht von Amts wegen zu ermitteln und zum Verfahren, das nicht unterbrochen wird, hinzuzuziehen sind.[96] 38

2. Echte Streitsachen

Für echte Streitsachen der freiwilligen Gerichtsbarkeit (s. dazu § 1 Rn 33) wurde bereits für das FGG von einem Teil des Schrifttums[97] sowie der Rechtsprechung[98] eine entsprechende Anwendung der §§ 239 ff. ZPO befürwortet. Siehe dazu § 1 Rn 39. 39

3. Rechtsmittel

Bei einem Streit um eine Verfahrensunterbrechung ist in entsprechender Anwendung des § 21 Abs. 2 eine **sofortige Beschwerde** nach Maßgabe der §§ 567 ff. ZPO statthaft.[99] § 21 Abs. 2 findet zwar ausdrücklich nur auf die Verfahrensaussetzung Anwendung. Indes ist diese Vorschrift der Regelung in § 252 ZPO nachgebildet. Für diese Bestimmung ist anerkannt, dass sie auch bei der beschlussmäßigen Feststellung oder Verneinung einer Unterbrechung heranzuziehen ist;[100] Entsprechendes muss für eine Verfahrensunterbrechung in einem FamFG-Verfahren gelten. 40

IX. Exkurs: Ruhen des Verfahrens

1. Grundsatz

Eine ausdrückliche Regelung über das Ruhen des Verfahrens enthält das FamFG nicht. Bereits für die Geltung des FGG war indes die Möglichkeit der Anordnung der Verfahrensruhe für echte Streitsachen anerkannt. Es ist nicht ersichtlich, dass der Gesetzgeber von diesen Grundsätzen abrücken wollte. Daher kann in echten Streitsachen der freiwilligen Gerichtsbarkeit in entsprechender Anwendung des § 251 ZPO auf übereinstimmenden Antrag der Beteiligten das Ruhen des Verfahrens angeordnet werden, wenn anzunehmen ist, dass dies wegen des Schwebens von Vergleichsverhandlungen oder aus sonstigen Gründen zweckmäßig ist.[101] Im Gegensatz zur Aussetzung des Verfahrens, deren Auswirkungen sich aus § 21 Abs. 1 S. 2 FamFG i. V. m. § 249 ZPO ergeben, hat das Ruhen des Verfahrens auf den Fristablauf keine Auswirkungen (§ 251 Abs. S. 2 ZPO entsprechend). 41

2. Anordnung nach § 251 a Abs. 3 ZPO entsprechend

In entsprechender Anwendung des § 251 a Abs. 3 ZPO kann das Gericht in echten Streitsachen (s. dazu § 1 Rn 33) auch von Amts wegen das Ruhen des Verfahrens anord- 42

---

[93] Jansen/von König/von Schuckmann Vorbem. §§ 8–8 Rn 36.
[94] BayObLGZ 1964, 350/; Jansen/von König/von Schuckmann Vorbem. §§ 8–18 Rn 36.
[95] BGH MDR 1961, 125; Jansen/von König/von Schuckmann Vorbem. §§ 8–18 Rn 36.
[96] OLG München RdL 1961, 204; OLG Oldenburg NdsRpfl. 1967, 123.
[97] Bärmann § 14 IV (bei Tod eines Beteiligten im Antragsverfahren); a. A. Habscheid § 22 III 1, der eine Aussetzung des Verfahrens bis zur Ermittlung des Erben des verstorbenen Beteiligten empfiehlt.
[98] OLG Karlsruhe FamRZ 2004, 1039 für das Versorgungsausgleichsverfahren; a. A. BayObLG DNotZ 1963, 732 für das Verfahren nach § 1365 Abs. 2 BGB.
[99] OLG Schleswig FGPrax 2006, 67 für das FGG.
[100] OLG Schleswig FGPrax 2006, 67 m. w. N.; Zöller/Greger § 252 Rn 1.
[101] BayObLG NJW-RR 1988, 16; Bärmann § 14 IV 3; Habscheid § 22 III 3; Jansen/von König/von Schuckmann Vorbem. §§ 8–18 Rn 44.

nen, wenn die Durchführung einer vorgesehenen mündlichen Verhandlung daran scheitert, dass die Beteiligten oder zumindest einer von ihnen grundlos nicht erscheinen.

3. Fehlende Einzahlung des angeforderten Kostenvorschusses

43   Darüber hinaus kann das Gericht in Antragsverfahren das **Ruhen des Verfahrens** dann anzuordnen, wenn nach § 8 Abs. 2 S. 1 KostO bzw. § 14 Abs. 3 FamGKG die Vornahme eines Amtsgeschäfts von der Zahlung oder Sicherstellung eines Vorschusses abhängig gemacht wird, dieser aber nicht (fristgerecht) gezahlt wird.[102] In diesem Fall darf das Gericht nur ausnahmsweise den Antrag wegen eines fehlenden Kostenvorschusses zurückweisen, wenn sich ein Ruhen des Verfahrens verbietet.[103] Es ist einerseits mit dem im FamFG-Verfahren geltenden Amtsermittlungsprinzip nicht vereinbar, wenn in solchen Fällen der gestellte Antrag kurzerhand zurückgewiesen wird und damit zu Lasten des Antragstellers eine möglicherweise mit der materiellen Sach- und Rechtslage nicht in Einklang stehende Entscheidung ergeht, zumal in einem Antragsverfahren der freiwilligen Gerichtsbarkeit häufig auch öffentliche Interessen zu berücksichtigen sind. Andererseits wird ein Antragsverfahren schon mit der Antragstellung bei Gericht wirksam eingeleitet und muss deswegen auch formell durch eine Ruhensanordnung, die dazu führt, dass die Akten nach Ablauf einer angemessenen Frist weggelegt werden (vgl. z. B. § 7 Nr. 3 lit. e AktO/NRW), zum Abschluss gebracht werden. Eine solche ausdrückliche Anordnung des Ruhens erscheint zudem auch deswegen zweckmäßig, um dem Antragsteller deutlich vor Augen zu führen, dass keine gerichtliche Entscheidung in der Sache selbst ergehen wird, solange der angeforderte Kostenvorschuss nicht gezahlt ist.

44   Schwierigkeiten können sich dann ergeben, wenn ein Beteiligter nach wirksamer Antragstellung den Fortgang des Verfahrens dadurch verhindert, dass er den angeforderten Vorschuss nicht bezahlt und deshalb eine von ihm angegriffene Regelung nicht wirksam werden kann. Auch in diesen Verfahren darf die Nichtzahlung des Kostenvorschusses aber selbst dann nicht zur Zurückweisung des Anfechtungsantrages führen, wenn der Antragsteller auf diese Möglichkeit ausdrücklich hingewiesen worden ist.[104] Vielmehr bietet es sich an, in einem solchen Verfahren nach § 8 Abs. 2 S. 2 KostO überhaupt von einer Kostenanforderung abzusehen.[105]

45   In **Grundbuchsachen** kann im Eintragungsverfahren dem Antragsteller durch Zwischenverfügung die Zahlung eines Kostenvorschusses nach § 8 Abs. 2 S. 1 KostO aufgegeben werden.[106] Wird dieser nicht geleistet, so darf nicht das Ruhen des Verfahrens angeordnet werden, sondern der Eintragungsantrag muss wegen eines Eintragungshindernisses zurückgewiesen werden.

4. Rechtsmittel

46   Bei einem Streit über das Ruhen des Verfahrens ist in entsprechender Anwendung des § 21 Abs. 2 FamFG eine **sofortige Beschwerde** nach Maßgabe der §§ 567 ff. ZPO statthaft. § 21 Abs. 2 findet zwar ausdrücklich nur auf die Aussetzung Anwendung. Diese Vorschrift ist indes der Regelung in § 252 ZPO nachgebildet. Für diese anerkannt, dass sie bei allen den Verfahrensstillstand betreffenden Entscheidungen heranzuziehen ist;[107] Entsprechendes muss für das FamFG-Verfahren gelten.

---

[102] BayObLG NJW-RR 2001, 1233; BayObLGZ 1971, 289/292; OLG Frankfurt Rpfleger 1993, 26; OLG Köln WuM 1995, 345; Hartmann § 8 KostO Rn 18.
[103] OLG Hamm FGPrax 2000, 128.
[104] BayObLG NJW-RR 2001, 1233; BayObLGZ 1971, 289/293.
[105] BayObLG NJW-RR 2001, 1233; Hartmann § 8 KostO Rn 18.
[106] KEHE/Herrmann § 18 Rn 37.
[107] Zöller/Greger § 252 Rn 1.

X. Exkurs: Vorlage an das BVerfG bzw. an die Landesverfassungsgerichte

1. Grundsatz

Hält ein Gericht ein **nachkonstitutionelles Bundes- oder Landesgesetz** nicht für 47 vereinbar mit dem GG oder ein Landesgesetz nicht für vereinbar mit einem Bundesgesetz (Art. 100 GG, § 13 Nr. 11 BVerfGG)[108] und ist die Frage der Gültigkeit der strittigen Norm für seine Entscheidung erheblich,[109] so hat es das Verfahren auszusetzen und die Entscheidung des BVerfG einzuholen.[110] **Vorkonstitutionelle Gesetze,** also Gesetze, die vor dem 23. 5. 1949 verkündet worden sind, unterliegen dieser Normenkontrolle durch das BVerfG nicht, wohl aber der Prüfung ihrer Vereinbarkeit mit dem GG bzw. sonstigem Bundesrecht durch jedes mit ihrer Anwendung befasste Fachgericht.[111] Ausnahmsweise sind jedoch auch sie Gegenstand einer konkreten Normenkontrolle durch das BVerfG, wenn der Bundesgesetzgeber sie in seinen Willen aufgenommen und bestätigt hat.[112] Dabei muss sich der konkrete Bestätigungswille aus dem Gesetz selbst ergeben oder sich aus dem Zusammenhang zwischen unverändert weitergeltenden Normen und den durch den Bundesgesetzgeber geänderten Normen objektiv erschließen lassen. Das ist u. a. dann der Fall, wenn eine vorkonstitutionelle Norm als nachkonstitutionelles Gesetz neu verkündet wird[113] (nicht dagegen bei bloßer Neubekanntmachung eines vorkonstitutionellen Gesetzes[114]), bei Verweisung einer nachkonstitutionellen auf eine vorkonstitutionelle Norm[115] oder bei Änderung eines in sich abgeschlossenen, überschaubaren Rechtsgebiets bei engem sachlichen Zusammenhang zwischen neu eingefügten und unverändert übernommenen alten Normen.[116]

Ein **nachkonstitutionelles Gesetz** liegt auch dann vor, wenn es nach dem 23. 5. 1949 48 verkündet worden ist, sich aber Rückwirkung für die Zeit davor beilegt.[117] Fortgeltende **Gesetze der früheren DDR** sind nicht unter der Herrschaft des Grundgesetzes verkündet worden, sondern erst durch den Einigungsvertrag dessen Geltungsanspruch unterworfen worden. Durch die Aufnahme in dessen Anlage II werden diese Gesetze auch nicht von dem Willen des Bundesgesetzgebers umfasst.[118] Sie stehen deshalb vorkonstitutionellem Recht gleich; jedes Fachgericht hat in eigener Zuständigkeit deren Verfassungsmäßigkeit bzw. Vereinbarkeit mit Bundesrecht zu prüfen, ohne dass eine Vorlagepflicht oder auch nur Vorlageberechtigung an das BVerfG bestünde. Das Gleiche gilt für die Überprüfung der Vereinbarkeit von früherem Besatzungsrecht mit dem Grundgesetz, die uneingeschränkt möglich ist, nachdem die Bundesrepublik durch Art. 7 des Deutschlandvertrages vom 12. 11. 1990[119] ihre volle Souveränität wiedererlangt hat.[120]

2. Vorlageberechtigung und -verpflichtung

Die Vorlageberechtigung und -verpflichtung nach Art. 100 Abs. 1 GG besteht auch im 49 FamFG-Verfahren.[121] Die Vorlage hat grundsätzlich durch das Gericht, d. h. bei Kollegialgerichten in gesetzlich vorgeschriebener Besetzung,[122] nur ausnahmsweise dann durch einen einzelnen Richter zu erfolgen, wenn dieser die Entscheidung, für die die Vorlagefrage erheblich ist, z. B. als Einzelrichter, allein treffen darf.[123] Wie sich aus der ausdrücklichen

---

[108] Jarrass/Pieroth Art. 100 Rn 4.
[109] Jarrass/Pieroth Art. 100 Rn 11.
[110] Maunz/Schmidt-Bleibtreu/Klein/Bethge § 80 Rn 282.
[111] Jarrass/Pieroth Art. 100 Rn 2, 8.
[112] BVerfGE 70, 126/129 = NJW 1986, 915.
[113] BVerfGE 64, 217/220 = DB 1983, 1878.
[114] BVerfGE 14, 245/251 = NJW 1962, 1563.
[115] BVerfGE 70, 126/130 = VersR 1985, 852.
[116] BVerfGE 66, 248/254 = NJW 1984, 1872.
[117] BGHZ 125, 41/50 = NJW 1994, 3221.
[118] BVerfGE 97, 117/122 = NJW 1998, 1699; a. A. Dreier/Wieland Art. 100 Rn 14.
[119] BGBl. II S. 1318.
[120] Jarrass/Pieroth Art. 93 Rn 23.
[121] BVerfG NJW 1962, 1667; NJW 1959, 1483; Jarrass/Pieroth Art. 100 Rn 5.
[122] BVerfGE 34, 52/57 = NJW 1973, 451.
[123] BVerfGE 98, 145/152 = NJW 1999, 1095.

Regelung von § 5 Abs. 1 Nr. 1 RPflG in Anknüpfung an die Rechtsprechung des BVerfG und die im Schrifttum vertretene Ansicht[124] ergibt, ist der Rechtspfleger nicht vorlageberechtigt; er hat die Sache dem Richter vorzulegen (vgl. Einl. Rn 84).[125] Eine Vorlage nach Art. 100 Abs. 1 GG setzt voraus, dass das vorlegende Gericht von der Verfassungswidrigkeit der von ihm zur Überprüfung gestellten Norm überzeugt ist; bloße Zweifel in diese Richtung reichen nicht aus.[126] Eine Rechtsnorm ist sowohl dann als verfassungswidrig anzusehen, wenn sie wegen Verstoßes gegen die Verfassung von Anfang an nichtig war, als auch dann, wenn sie zwar mit dem Grundgesetz unvereinbar ist und deshalb für die Zukunft sofort oder nach Ablauf einer vom BVerfG festgesetzten Übergangsfrist nicht mehr angewendet werden darf.[127]

50 Ist eine **verfassungskonforme Auslegung**[128] der für verfassungswidrig gehaltenen Norm durch das Fachgericht möglich, scheidet eine Vorlage an das BVerfG aus.[129] Unter Anlegung eines strengen Maßstabes hat das Fachgericht zu prüfen, ob die von ihm für verfassungswidrig gehaltene Norm entscheidungserheblich ist.[130] Davon kann nur dann ausgegangen werden, wenn das vorlegende Gericht bei Ungültigkeit der Norm das Ausgangsverfahren anders als bei deren Gültigkeit zu entscheiden hätte.[131] Ob das der Fall ist, ist durch einen Vergleich der Entscheidungsformeln der in Betracht kommenden unterschiedlichen Entscheidungen unter Berücksichtigung ihrer Begründungen zu ermitteln.[132]

3. Vorlagebeschluss

51 Ist die Sache nach den vorstehenden Ausführungen dem BVerfG vorzulegen, so hat das Fachgericht – ggf. nach weiterer Aufklärung des Sachverhalts, die die Entscheidungserheblichkeit der für verfassungswidrig gehaltenen Norm deutlich erkennen lässt[133] – das **Verfahren auszusetzen** und einen Vorlagebeschluss nach § 80 BVerfGG zu fassen, der den Anforderungen von Abs. 2 dieser Vorschrift genügen muss. Der Beschluss,[134] an den das BVerfG inhaltlich strenge Anforderungen stellt, ist ausführlich zu begründen und muss eine aus sich heraus verständliche, erschöpfende Darstellung der Sach- und Rechtslage enthalten[135] und sich eingehend mit der verfassungsrechtlichen Problematik unter Berücksichtigung der in der Rechtsprechung und der Literatur vertretenen unterschiedlichen Rechtsauffassungen auseinandersetzen[136] und in diesem Zusammenhang auch erörtern, ob nicht eine verfassungskonforme Auslegung der zur Überprüfung gestellten Norm möglich ist, wenn das nahe liegt.[137]

52 Nach § 80 Abs. 2 S. 1 BVerfGG ist die Vorschrift des Grundgesetzes, gegen die die zur Überprüfung gestellte Norm verstoßen soll, ausdrücklich zu bezeichnen. Ein Mangel des Vorlagebeschlusses in dieser Hinsicht ist nur dann unerheblich, wenn sich aus ihm deutlich ergibt, welche Vorschrift des GG verletzt sein soll.[138] Die Vorlagepflicht des Fachgerichts nach Art. 100 Abs. 1 GG besteht auch dann, wenn schon durch ein **anderes Gericht** wegen derselben Frage ein konkretes Normenkontrollverfahren eingeleitet worden ist oder deswegen eine Verfassungsbeschwerde vor dem BVerfG anhängig ist.[139]

---

[124] BVerfGE 61, 75/77 = NJW 1982, 2178.
[125] Bumiller/Harders § 21 Rn 2.
[126] BVerfGE 86, 52/57 = NJW 1999, 2411.
[127] BVerfGE 93, 121/131 = FamRZ 1995, 1264; BVerfGE 87, 153/180 = FamRZ 1992, 285.
[128] Jarrass/Pieroth Art. 20 Rn 34.
[129] BVerfGE 87, 114/133 = NJW-RR 1993, 971.
[130] Jarrass/Pieroth Art. 100 Rn 11.
[131] BVerfGE 80, 96/100 = NZA 1989, 864.
[132] BVerfGE 44, 297/300; Jarrass/Pieroth Art. 100 Rn 12.
[133] BVerfGE 25, 276 = NJW 1969, 1059.
[134] Vgl. dazu allgemein Jarrass/Pieroth Art. 100 Rn 16.
[135] BVerfGE 83, 111/116 = NJW 1991, 1877.
[136] BVerfGE 88, 70/74 = DtZ 1993, 209.
[137] BVerfGE 85, 329/333 = NJW 1992, 1951.
[138] BVerfGE 13, 167/169 = MDR 1962, 24.
[139] Jarrass/Pieroth Art. 100 Rn 3.

4. Anfechtbarkeit

Der **Vorlagebeschluss** nach § 80 BVerfGG ist unanfechtbar. Ein Gericht kann lediglich **53** auf Grund einer Entscheidung des BVerfG, die nach § 31 Abs. 1 BVerfGG für alle Gerichte verbindlich ist und der nach § 31 Abs. 2 BVerfGG sogar Gesetzeskraft zukommt, gegen seine Überzeugung gezwungen werden, eine von ihm für verfassungswidrig gehaltene Rechtsnorm anzuwenden. Deshalb ist es ausgeschlossen, dass die Frage der Notwendigkeit einer Vorlage nach Art. 100 Abs. 1 GG an das BVerfG zum Gegenstand eines Rechtsmittelverfahrens vor den Fachgerichten gemacht wird.[140] Auch die **Aussetzung des Ursprungsverfahrens** ist nicht anfechtbar, da sie lediglich eine notwendige Folge der Vorlage ist und nicht einmal zu einem Verfahrensstillstand führt, sondern dessen abschließende Entscheidung unmittelbar sachlich vorbereiten soll.[141]

Auch die **Ablehnung der Aussetzung** und der Vorlage an das BVerfG ist, wenn **54** darüber nicht erst in der die Instanz abschließenden Entscheidung, sondern schon vorher ausdrücklich entschieden wird, nicht anfechtbar. Es handelt sich dabei nicht um eine selbstständige Zwischenentscheidung, sondern um eine die Sachentscheidung des Fachgerichts vorbereitende Maßnahme, die lediglich zusammen mit dieser im vorgesehenen Rechtsmittelzug überprüft werden kann. Es wäre – zumindest ohne ausdrückliche gesetzliche Regelung – mit der sich aus dem Gerichtsverfassungsrecht ergebenden Aufgabenteilung zwischen den Instanzen unvereinbar und damit unzulässig, wenn ein wesentlicher Teil dieser Sachentscheidung, welche gesetzlichen Vorschriften bei der Entscheidung anwendbar sind, durch eine Rechtsmittelentscheidung mit bindender Wirkung für das Instanzgericht vorweggenommen würde.

Ein Vorlagebeschluss kann von dem vorlegenden Gericht **nachträglich** geändert wer- **55** den, wenn in dem Ursprungsverfahren die von ihm dem BVerfG zur Überprüfung vorgelegte Norm nicht mehr entscheidungserheblich ist. Das kann der Fall sein, wenn das Ausgangsverfahren ohne gerichtliche Entscheidung, z. B. durch eine Antrags- oder Rechtsmittelrücknahme, beendet worden ist, wenn sich neue Tatsachen ergeben haben oder das Fachgericht seine Rechtsauffassung zur Verfassungswidrigkeit der vorgelegten Norm – ggf. nach einem Hinweis des BVerfG – geändert hat. Wenn das Verfahren noch nicht endgültig beendet ist, muss das Fachgericht seinen Aussetzungsbeschluss und alsdann seinen Vorlagebeschluss als gegenstandslos aufheben und kann alsdann das Verfahren weiterführen und in der Sache entscheiden.[142]

5. Vorlageverfahren

Der Vorlagebeschluss und die Verfahrensakten werden dem BVerfG von dem Fachge- **56** richt unmittelbar **ohne Einschaltung der Justizverwaltung** zugeleitet. Das BVerfG ist grundsätzlich an die Rechtsauffassung des vorlegenden Fachgerichts hinsichtlich der **Entscheidungserheblichkeit** der von diesem zur Überprüfung auf ihre Verfassungsmäßigkeit gestellten Rechtsnorm gebunden.[143] Diese Bindung entfällt nur dann, wenn die Rechtsauffassung des vorlegenden Gerichts zur Entscheidungserheblichkeit der zur Überprüfung gestellten Norm aus tatsächlichen oder rechtlichen Gründen offensichtlich unhaltbar ist[144] oder wenn sie von der Beantwortung verfassungsrechtlicher Vorfragen abhängt.[145] Den Beteiligten des Ausgangsverfahrens ist vom BVerfG nach § 82 Abs. 3 BVerfGG Gelegenheit zur Äußerung zu geben.

Seine Entscheidung trifft das BVerfG nach § 25 BVerfGG grundsätzlich auf Grund **57** mündlicher Verhandlung, zu der die Beteiligten des Ausgangsverfahrens nach § 82 Abs. 3 BVerfGG zu laden sind und in der ihren Bevollmächtigten (§ 22 Abs. 1 BVerfGG) das Wort zu erteilen ist. Die **Entscheidung des BVerfG** hat nach § 31 Abs. 2 BVerfGG

---

[140] OLG Düsseldorf NJW 1993, 411; OLG Köln MDR 1970, 852; vgl. auch Jarrass/Pieroth Art. 100 Rn 5; Maunz/Schmidt-Bleibtreu/Klein/Bethge § 80 Rn 305.
[141] Musielak/Stadler § 252 Rn 1; Zöller/Greger § 252 Rn 1 b.
[142] BGHZ 49, 213/215 = MDR 1968, 319.
[143] BVerfGE 81, 40/48 = NJW 1990, 1352; Jarrass/Pieroth Art. 100 Rn 14.
[144] BVerfGE 86, 52/56 = FamRZ 1992, 781; Jarrass/Pieroth Art. 100 Rn 14.
[145] BVerfGE 78, 165/172 = NJW 1981, 2293; Jarrass/Pieroth Art. 100 Rn 14.

Gesetzeskraft. Das gilt nicht nur dann, wenn es die überprüfte Norm für nichtig erklärt, sondern auch dann, wenn es ausspricht, dass sie mit dem Grundgesetz nicht vereinbar ist. Sie darf dann nicht mehr angewandt werden und zwingt die Gerichte, alle bei ihnen anhängigen Verfahren, in denen die überprüfte Norm entscheidungserheblich ist, bis zu einer gesetzlichen Neuregelung auszusetzen. Wegen der Einzelheiten, wie in diesen Fällen zu verfahren ist, wird auf die Erläuterungen an anderer Stelle Bezug genommen. Nicht mehr anfechtbare Entscheidungen, die auf einer vom BVerfG für nichtig oder nicht mehr anwendbar erklärten Norm beruhen, bleiben dadurch in ihrem Bestand unberührt; lediglich ihre Vollstreckung ist nach § 82 Abs. 1 BVerfGG i. V. m. §§ 78, 79 Abs. 2 BVerfGG unzulässig.

6. Vorlage nach Art. 100 Abs. 2 GG und Art. 126 GG

58   Die Verfahren nach Art. 100 Abs. 2 GG in Verb. mit § 13 Nr. 12 BVerfGG, in dem es um die **Feststellung von Völkerrecht** als Bundesrecht und die sich daraus für den Einzelnen ergebenden Rechte und Pflichten geht,[146] und nach Art. 126 GG in Verb. mit § 13 Nr. 14 BVerfGG, in dem es um die Feststellung der Fortgeltung von vorkonstitutionellem Recht als Bundesrecht geht,[147] sind in den §§ 83, 84 sowie den §§ 86 bis 89 BVerfGG unter weitgehender Bezugnahme auf die sich aus den §§ 80 bis 82 BVerfGG ergebenden Vorschriften für das Verfahren nach Art. 100 Abs. 1 GG geregelt. Auch in diesen Fällen muss das Fachgericht bei Entscheidungserheblichkeit der verfassungsrechtlichen Vorfrage den bei ihm schwebenden Rechtsstreit aussetzen und dazu eine Vorabentscheidung des BVerfG einholen.

7. Vorlage an die Landesverfassungsgerichte

59   In Art. 100 Abs. 1 S 1 GG ist eine konkrete Normenkontrolle durch die Landesverfassungsgerichte vorgesehen, wenn ein Landesgesetz vermeintlich die Landesverfassung verletzt.[148] Landesverfassungsgerichte sind in nahezu allen Ländern der Bundesrepublik eingerichtet.[149] Deren Verfahren bei Entscheidungen nach Art. 100 Abs. 1 S. 1 GG ist in den Verfahrensordnungen der Landesverfassungsgerichte geregelt, in Nordrhein-Westfalen z. B. in den §§ 50 ff. VGHG.

XI. Exkurs: Vorabentscheidung durch den EuGH

1. Grundsatz

60   Ebenso wie Art. 100 und 126 GG ein Vorlageverfahren der Gerichte an das BVerfG vorsehen, besteht nach **Art. 267 AEUV** (vormals Art. 234 EGV) ein Vorabentscheidungsverfahren der nationalen Gerichte an den Europäischen Gerichtshof, wenn das Recht der Europäischen Union in einem gerichtlichen Verfahren entscheidungserheblich ist. Hierdurch soll eine einheitliche Auslegung des Gemeinschaftsrechts in allen Mitgliedsstaaten und damit die Rechtseinheit in der Europäischen Union gesichert werden.[150] Gegenstand der Vorlage können nach **Art. 267 Abs. 1 lit. a AEUV** Fragen der Auslegung der Verträge sein. Dazu gehört das gesamte auf den Vertrag über die Arbeitsweise der Europäischen Union (AEUV) bezogene Primärrecht, wie Anhänge, Protokolle, Verträge zur Änderung oder Ergänzung des AEUV und Beitrittsverträge;[151] Gegenstand der Vertagsauslegung kann auch das unbeschriebene Gemeinschaftsrecht sein.[152] Nach **Art. 267 Abs. 1 lit. b AEUV** räumt die Möglichkeit einer Vorabentscheidung über Fragen der Gültigkeit und der Auslegung der Handlungen der Organe, Einrichtungen oder sonstigen Stellen der Europäischen Union ein. Dagegen ist der Europäische Gerichtshof nicht zustän-

---

[146] Jarrass/Pieroth Art. 100 Rn 19.
[147] Jarrass/Pieroth Art. 126 Rn 3.
[148] Jarrass/Pieroth Art. 100 Rn 2.
[149] Baumbach/Hartmann § 1 GVG Rn 17.
[150] Rosenberg/Schwab/Gottwald § 18 Rn 23.
[151] Geiger/Kotzur Art. 267 AEUV Rn 6.
[152] Rosenberg/Schwab/Gottwald § 18 Rn 27.

dig, über Frage der Untätigkeit eines Organs zu entscheiden.[153] Art. 267 AEUV begründet auch keine Zuständigkeit des EuGH zur Subsumtion eines konkreten Sachverhalts unter das Gemeinschaftsrecht oder zur Auslegung und Anwendung des jeweiligen nationalen Rechts;[154] dies ist den nationalen Gerichten vorbehalten.

2. Vorlageberechtigung und -verpflichtung

Art. 267 AEUV unter scheidet zwischen vorlageberechtigten und vorlageverpflichteten Gerichten. **61**

Vorlageberechtigt ist jedes – nicht nur letztinstanzliche – Gericht eines Mitgliedsstaats, **62** unabhängig von der Verfahrensart (**Art. 267 Abs. 2 AEUV**). Damit ist jedes Gericht grundsätzlich auch in einem FamFG-Verfahren zur Vorlage an den EuGH berechtigt. Der EuGH hat die Vorlageberechtigung dahin eingeschränkt, dass sie nur dann besteht, wenn sich die Vorlage auf einen Rechtsstreit bezieht, in dem eine Entscheidung mit Rechtsprechungscharakter getroffen wird.[155] Er hat deshalb die Vorlageberechtigung eines erstinstanzlichen italienischen Gerichts verneint, das in einem dem deutschen Verfahren der freiwilligen Gerichtsbarkeit entsprechenden Verfahren über einen Antrag auf Genehmigung der Satzung einer Gesellschaft zum Zweck ihrer Eintragung in das Handelsregister zu entscheiden hatte, weil er darin keine Tätigkeit mit Rechtsprechungscharakter, also keine Rechtsprechung im materiellen Sinne, sondern eine Tätigkeit gesehen hat, die in anderen Mitgliedsstaaten Verwaltungsbehörden obliege. Das führt dazu, dass die deutschen erstinstanzlichen Gerichte in dem Bereich der klassischen Verfahren der freiwilligen Gerichtsbarkeit, in dem sie materiell eine Verwaltungstätigkeit ausüben, nicht vorlageberechtigt sind.[156] Eine umfassende Vorlageberechtigung ist dagegen auch unter Berücksichtigung der Rechtsprechung des EuGH in den echten Streitsachen der freiwilligen Gerichtsbarkeit anzunehmen, in denen unabhängig davon, dass sie formell in das Verfahren der freiwilligen Gerichtsbarkeit verwiesen worden sind, Rechtsprechung im materiellen Sinne ausgeübt wird.[157]

Die **Entscheidung über eine Vorlage** steht im pflichtgemäßen Ermessen des Ge- **63** richts.[158] Bloße Zweifel bei der Auslegung des Gemeinschaftsrechts zwingen dazu nicht;[159] widerstreitende Meinungen in Rechtsprechung und Schrifttum sind andererseits zumindest dann ein Grund zur Vorlage, wenn sie sich auf eine allgemein bedeutsame Frage beziehen, die in der Rechtsprechung des EuGH bisher nicht geklärt ist.[160]

Vorlagepflichtig sind die nationalen letztinstanzlichen Gerichte (**Art. 267 Abs. 3** **64** **AEUV**), nämlich die Gerichte, gegen deren Entscheidung im konkreten Verfahren[161] kein Rechtsmittel mehr zulässig ist. Dies kann auch das OLG oder das LG sein, wenn der Beschwerderechtszug bei dem betreffenden Gericht endet, wie z. B. in dem Verfahren nach § 335 HGB. Hängt nach dem jeweiligen nationalen Recht die Statthaftigkeit eines Rechtsmittels von seiner besonderen Zulassung durch das Gericht ab, so ist dieses nur dann nicht vorlagepflichtig, wenn es das Rechtsmittel zulässt.[162] Die Vorlagepflicht entfällt in allen Fällen, wenn die richtige Auslegung des Gemeinschaftsrechts offenkundig ist[163] oder die Frage, deretwegen die Vorlage in Betracht kommen könnte, vom EuGH schon entschieden ist und insoweit auch eine gesicherte Rechtsprechung vorliegt.[164]

---

[153] Geiger/Kotzur Art. 267 AEUV Rn 5.
[154] EuGH NZG 2002, 127; BVerfGE 82, 159/194 = DVBl. 1990, 984; Geiger/Kotzur Art. 267 AEUV Rn 7.
[155] EuGH EuZW 1996, 47.
[156] EuGH EuZW 1996, 47; Geiger/Kotzur Art. 267 Rn 12.
[157] Habscheid § 7 I 3, § 8 II 2.
[158] BFH EuZW 1996, 669.
[159] BFH EuZW 1996, 669.
[160] Gutachten Jacobs EuGH Slg. 1977, 6497/6502.
[161] Geiger/Kotzur Art. 267 AEUV Rn 17.
[162] Geiger/Kotzur Art. 267 AEUV Rn 18.
[163] EuGH NJW 1983, 1257; BVerfGE 82, 159/193 = DVBl. 1990, 984.
[164] BGH NJW 1986, 659; VGH Kassel NVwZ 1989, 387.

3. Vorlageverfahren

65 Die **Vorlage an den EuGH** erfolgt durch **Beschluss** des nationalen Gerichts,[165] an den inhaltlich ähnlich strenge Anforderungen wie an einen Vorlagebeschluss nach § 80 BVerfGG zu stellen sind. Die Vorlage hat grundsätzlich durch das Gericht, d. h. bei Kollegialgericht in gesetzlich vorgeschriebener Besetzung, nur ausnahmsweise dann durch einen einzelnen Richter zu erfolgen, wenn dieser die Entscheidung, für die die Vorlagefrage erheblich ist, z. B. als Einzelrichter, allein treffen darf. Ein Rechtspfleger ist wie bei der Vorlage an das BVerfG (vgl. Rn 49) nicht vorlageberechtigt. Gleichzeitig ist das Ursprungsverfahren, in entsprechender Anwendung des § 21 FamFG auszusetzen. Die Aussetzung des Ausgangsverfahrens ist bei bestehenden Zweifeln hinsichtlich der Auslegung des Europarechts ohne entsprechendes Vorabentscheidungsersuchen an den EuGH auch dann möglich, wenn die gleiche Rechtsfrage bereits Gegenstand eines Vorabentscheidungsersuchens eines anderen Gerichts ist und das Verfahren, in dem die Vorlage an den EuGH unterbleibt, keine Besonderheiten aufweist oder neue Zweifel aufwirft.[166]

66 Der **Aussetzungs- und Vorlagebeschluss** ist unanfechtbar. Er kann jedoch unter denselben Voraussetzungen geändert werden, die für eine Änderung eines entsprechenden Beschlusses nach § 80 BVerfGG gelten. Auch die Ablehnung der Einholung einer Vorabentscheidung des EuGH, die von den Beteiligten des Ursprungsverfahrens lediglich angeregt werden kann, ist nicht anfechtbar. Eine pflichtwidrige Nichtvorlage verstößt unabhängig davon, dass sie auch einen Revisionsgrund bildet[167] bzw. Grundlage einer Rechtsbeschwerde sein kann, gegen Art. 101 Abs. 1 S 2 GG und kann eine Verfassungsbeschwerde begründen.[168]

4. Bindungswirkung

67 Die **Vorabentscheidung des EuGH** bindet die Gerichte in dem Verfahren, in dem sie eingeholt worden ist, in allen Instanzen[169], selbst das BVerfG, wenn in derselben Sache eine Verfassungsbeschwerde eingelegt wird.[170] Eine Bindungswirkung in Parallelverfahren besteht nicht;[171] jedoch muss das Gericht, das von der bisherigen Rechtsprechung des EuGH abweichen will, erneut dessen Vorabentscheidung einholen.[172]

XII. Kosten und Gebühren

68 Mit der Anordnung bzw. Ablehnung der Aussetzung bzw. des Ruhens des Verfahrens bzw. der Feststellung der Unterbrechung des Verfahrens sind keine Gebühren verbunden. Das Verfahren vor und nach der Aussetzung, des Ruhens bzw. der Unterbrechung bilden eine Instanz (vgl. auch § 29 FamGKG). Für einen Rechtsanwalt entstehen die Gebühren nur einmal (vgl. § 15 Abs. 2 RVG).

Antragsrücknahme; Beendigungserklärung

22 (1) ¹Ein Antrag kann bis zur Rechtskraft der Endentscheidung zurückgenommen werden. ²Die Rücknahme bedarf nach Erlass der Endentscheidung der Zustimmung der übrigen Beteiligten.

(2) ¹Eine bereits ergangene, noch nicht rechtskräftige Endentscheidung wird durch die Antragsrücknahme wirkungslos, ohne dass es einer ausdrücklichen Aufhebung bedarf. ²Das Gericht stellt auf Antrag die nach Satz 1 eintretende Wirkung durch Beschluss fest. ³Der Beschluss ist nicht anfechtbar.

(3) Eine Entscheidung über einen Antrag ergeht nicht, soweit sämtliche Beteiligte erklären, dass sie das Verfahren beenden wollen.

---

[165] EuGH Slg. 1994, 764/783; Geiger/Kotzur Art. 267 AEUV Rn 24.
[166] BAG NJW 2011, 1836; OLG Düsseldorf NJW 1993, 1661.
[167] BVerfG NJW 1994, 2017.
[168] BVerfGE 82, 159/192 = DVBl. 1990, 984.
[169] EuGH Slg. 1977, 163/183; BGH NJW 1994, 2607.
[170] EuGH Slg. 1977, 163, 183; BVerfGE 45, 142/162 = NJW 1977, 2024.
[171] BGH NJW 1994, 2607.
[172] Rosenberg/Schwab/Gottwald § 18 Rn 35.

(4) **Die Absätze 2 und 3 gelten nicht in Verfahren, die von Amts wegen eingeleitet werden können.**

Übersicht

	Rn
I. Normzweck	1
II. Anwendungsbereich	2
III. Antragsrücknahme (Abs. 1)	4
1. Grundsatz	4
2. Rücknahmeberechtigung	6
3. Zeitpunkt der Rücknahme	7
IV. Erklärung der Rücknahme	9
1. Adressat	9
2. Form	10
3. Zustimmung der übrigen Beteiligten	13
V. Wirkungen der Antragsrücknahme	16
1. Verfahrensrechtliche Wirkungen (Abs. 2 S. 1)	16
2. Deklaratorischer Beschluss (Abs. 2 S. 2, S. 3)	20
3. Materiellrechtliche Wirkungen	21
VI. Übereinstimmende Verfahrensbeendigung (Abs. 3)	22
1. Allgemeines	22
2. Wirkungen	23
VII. Exkurs: Erledigung der Hauptsache	24
1. Grundsatz	24
2. Verfahren bei Erledigung	26
a) Allgemeines	26
b) Amtsverfahren	27
c) Antragsverfahren	28
3. Erledigung und Rechtsmittelverfahren	32
4. Beispielsfälle der Erledigung der Hauptsache	35
a) Allgemeines	35
b) Kindschaftssachen	38
c) Ehewohnungs- und Haushaltssachen	39
d) Versorgungsausgleichssachen	40
e) Vormundschaft/Pflegschaft/Betreuung	41
f) Nachlass- und Teilungssachen	44
g) Registersachen und unternehmensrechtliche Verfahren	46
h) Unterbringungs- und Freiheitsentziehungssachen	48
i) Landwirtschaftssachen	49
j) Personenstandssachen	50
VIII. Kosten und Gebühren	51

I. Normzweck

§ 22 ist Ausfluss der Dispositionsmaxime, schränkt aber auch die Befugnis zur Rücknahme 1 eines Antrages ein. Zudem wird den Verfahrensbeteiligten die Möglichkeit einer einvernehmlichen Beendigung eines Verfahrens, das nicht von Amts wegen eingeleitet werden kann, ohne gerichtliche Entscheidung gegeben. **Abs. 1** und **Abs. 2** regeln im Einzelnen die Voraussetzungen und die Wirkungen eines zurückgenommenen Antrages. Es wird sowohl der Zeitpunkt bestimmt, bis zu dem eine wirksame Rücknahme noch erklärt werden kann, als auch eine Aussage darüber getroffen, welche Auswirkungen eine Rücknahme auf eine bereits ergangene Endentscheidung hat. Die Notwendigkeit einer Zustimmung aller Beteiligten zu einer Antragsrücknahme nach Erlass einer Endendscheidung trägt dem Umstand Rechnung, dass die übrigen Beteiligten ein berechtigtes Interesse an einer abschließenden Klärung des Verfahrensgegenstandes haben. **Abs. 3** trifft eine Regelung hinsichtlich der Wirkung einer einvernehmlichen Verfahrensbeendigungserklärung durch die Beteiligten.[1] Durch die Bindung des Gerichts an die übereinstimmende Beendigungserklärung der Beteiligten sollen zudem die Gerichte von einer Prüfung der Voraussetzungen einer Erledigung entlastet werden.[2]

---
[1] BT-Drs. 16/6308 S. 184.
[2] BT-Drs. 16/9733 S. 288 i. V. m. BR-Drs. 309/07 S. 12.

II. Anwendungsbereich

2 Die Vorschrift ist anwendbar auf alle Verfahren nach § 1 **mit Ausnahme** der Ehesachen (§ 121) sowie der Familienstreitsachen (§ 112); für diese gelten nach § 113 Abs. 1 S. 2 die §§ 1 bis 494a ZPO entsprechend und damit § 269 ZPO. Sonderregelungen finden sich im FamFG für die Zurücknahme einer Beschwerde (§ 67 Abs. 4) sowie für die Rücknahme eines Scheidungsantrages (§§ 134 Abs. 1, 141).

3 Soweit nach Landesrecht für die Durchführung des Verfahrens andere als gerichtliche Behörden zuständig sind (§ 488 Abs. 1), findet § 22 Anwendung. In den landesgesetzlich geregelten Angelegenheiten der freiwilligen Gerichtsbarkeit kann der Landesgesetzgeber eine entsprechende Geltung des FamFG und somit des § 22 vorschreiben. Zu den Einzelheiten siehe die Ausführungen bei § 486.

Zu der Übergangsregelung siehe Art. 111 FGG-RG und die dortigen Anmerkungen.

III. Antragsrücknahme (Abs. 1)

1. Grundsatz

4 In den nicht von Amts wegen zu betreibenden Verfahren ist der Antragsteller grundsätzlich zur Rücknahme seines Antrages berechtigt; bei teilbarem Verfahrensgegenstand oder mehreren Verfahrensgegenständen ist auch eine **Teilrücknahme** statthaft. Bei Verfahren, die sowohl auf Antrag als auch von Amts wegen eingeleitet werden können, führt eine Antragsrücknahme nicht automatisch zur Verfahrensbeendigung sowie zur Wirkungslosigkeit einer bereits ergangenen Endentscheidung (Abs. 4); das Gericht muss, soweit ein entsprechendes Bedürfnis besteht, das Verfahren von Amts wegen weiterführen. Zudem bedarf es in diesem Falle, da Abs. 4 nicht auf Abs. 1 verweist, nach Erlass einer Endentscheidung der Zustimmung der übrigen Beteiligten.[3]

5 Die Antragsrücknahme ist von anderen Möglichkeiten der Beendigung des Verfahrens abzugrenzen. Ein **Antragsverzicht** (siehe dazu § 23 Rn 55) führt zur Zurückweisung des Antrages. Diese Entscheidung steht dann einem neuen Antrag entgegen. Mit dem Abschluss eines **Vergleichs** (§ 36) unter Mitwirkung aller Beteiligten wird das Verfahren insgesamt beendet. Damit ist in der Regel ein neuer gleichlautender Antrag ausgeschlossen. Eine **Erledigung der Hauptsache** tritt ein, wenn nach Einleitung des Verfahrens der Verfahrensgegenstand durch ein Ereignis, welches eine Veränderung der Sach- und Rechtslage herbeiführt, weggefallen ist. Soweit die Beteiligten über den Verfahrensgegenstand disponieren können (Antragsverfahren), ist das Gericht an eine übereinstimmende Erledigungserklärung bzw. an eine Erklärung der Beteiligten, dass sie das **Verfahren beenden** wollen (Abs. 3), gebunden (siehe Rn 22). Ein **Nichtbetreiben des Verfahrens** durch die Beteiligten hat nicht die Beendigung des Verfahrens zur Folge. Letztlich muss das Gericht von Amts wegen das Verfahren betreiben. Unter bestimmten Voraussetzungen kann das Gericht das Ruhen des Verfahrens anordnen (§ 21 Rn 41).

2. Rücknahmeberechtigung

6 Zur Rücknahme **berechtigt** ist der Antragsteller; das Rücknahmerecht steht ggf. auch dessen Rechtsnachfolger zu. Jedoch ist zu beachten, dass familienrechtliche Beziehungen des Erblassers (z.B. Verlöbnis, Ehe oder Vormundschaft) persönlichkeitsbezogen und deshalb nicht vererblich sind, § 1922 Abs. 1 BGB.[4] Sich aus solchen Rechtsbeziehungen ergebende Anträge können deshalb nicht von dem Erben des verstorbenen Antragsberechtigten zurückgenommen werden.[5] Für diesen Fall sieht das Gesetz in § 131 für Ehesachen, in § 208 für Ehewohnungs- und Haushaltssachen sowie in § 181 für Abstammungssachen ausdrücklich die Erledigung des Verfahrens vor.

---

[3] So auch Bumiller/Harders § 22 Rn 7.
[4] MünchKommBGB/Leipold § 1922 Rn 48.
[5] BayObLG NJW-RR 1996, 1092 = FamRZ 1995, 1604; NJW 1986, 872; Palandt/Weidlich § 1922 Rn 36 (für die Rücknahme des Adoptionsantrags).

3. Zeitpunkt der Rücknahme

Die Antragsrücknahme kann in jedem Stadium des Verfahrens ab dem Eingang des verfahrenseinleitenden Antrages erfolgen. Der Rücknahme steht nicht entgegen, dass bereits eine Sachentscheidung über den Antrag ergangen ist. Nach einer die Instanz abschließenden Entscheidung kann der Antrag bis zum Eintritt der **formellen Rechtskraft** der Endentscheidung (§ 45), unabhängig davon, ob der Beschluss mit der Bekanntgabe (§ 40 Abs. 1) oder erst mit Rechtskraft (§ 40 Abs. 2, Abs. 3) wirksam wird, und damit **bis zum Ablauf der Rechtsmittelfrist** zurückgenommen werden (Abs. 1 S. 1). Damit hat sich der für das FGG bestehende Streit darüber, ob die Rücknahme bis zum Eintritt der Wirksamkeit der erlassenen Entscheidung oder bis zur formellen Rechtskraft erfolgten kann,[6] erledigt. Die ergangene Endentscheidung wird mit der Rücknahme wirkungslos, ohne dass es einer ausdrücklichen Aufhebung durch das Gericht bedarf Abs. 1 S. 1).

Eine Rücknahme ist auch noch im **Beschwerde- und Rechtsbeschwerdeverfahren**[7] möglich. Voraussetzung ist indes die Zulässigkeit des eingelegten Rechtsmittels. Auch in diesem Fall wird die bereits ergangene erstinstanzliche Endentscheidung mit der Antragsrücknahme wirkungslos, ohne dass das Rechtsmittelgericht die Entscheidung ausdrücklich aufhebt (Abs. 1 S. 1).

IV. Erklärung der Rücknahme

1. Adressat

Die Zurücknahme des Antrags ist **gegenüber dem Gericht** zu erklären, bei dem das Verfahren anhängig ist; vor Einlegung des Rechtsmittels und während des Abhilfeverfahrens (§ 68 Abs. 1) bei dem Gericht des ersten Rechtszuges; während des Beschwerdeverfahrens beim Beschwerdegericht und während des Rechtsbeschwerdeverfahrens beim BGH.

2. Form

Die **Erklärung der Antragsrücknahme** unterliegt keiner besonderen Form. Dies gilt selbst dann, wenn der Antrag selbst, wie z. B. im Fall eines Adoptionsantrages nach § 1752 Abs. 2 S. 2 BGB, formbedürftig ist,[8] (Ausnahme § 31 GBO). Die Erklärung kann schriftlich gegenüber dem zuständigen Gericht abgegeben werden (§ 25 Abs. 1). Soweit eine Vertretung durch einen Rechtsanwalt nicht notwendig ist, kann die Erklärung auch zur Niederschrift der Geschäftsstelle eines jeden AG erfolgen (vgl. § 25 Abs. 1 i. V. m. Abs. 2). Bei der Abgabe der Erklärung zur Geschäftsstelle eines AG, das für das Verfahren nicht zuständig ist, tritt die Wirkung der Antragsrücknahme erst mit dem Eingang der Niederschrift bei dem zuständigen Gericht ein (vgl. § 25 Abs. 3).

Eine Antragsrücknahme muss nicht ausdrücklich erklärt werden; es reicht eine **konkludente Erklärung** oder ein schlüssiges Verhalten. Voraussetzung ist indes, dass dem Verhalten bzw. der Erklärung der eindeutige Rücknahmewille entnommen werden kann. Im Zweifel muss das Gericht den wahren Willen ermitteln. Die Rücknahme des Verfahrensantrages wird in der gerichtlichen Praxis vielfach als Erledigung des Verfahrens in der Hauptsache angesehen.[9] Akte der Verfahrensgestaltung wie die Antragsrücknahme sind jedoch nach der überwiegenden Meinung im Schrifttum keine Gründe für eine Erledigung des Verfahrens in der Hauptsache, sondern haben eine eigenständige Bedeutung.[10] Daher kann in der Erklärung, der Gegenstand des Verfahrens habe sich erledigt, auch eine Antragsrücknahme liegen.

Als verfahrensgestaltende Erklärung ist die **Antragsrücknahme bedingungsfeindlich, unwiderruflich** und **nicht anfechtbar**.[11] Ein Streit darüber, ob der Antrag wirksam zu-

---

[6] BayObLG FamRZ 2000, 991.
[7] BayObLG FamRZ 2000, 991, FamRZ 1999, 62.
[8] BayObLG FamRZ 1982, 1133.
[9] BayObLG FamRZ 1989, 131; FamRZ 1982, 1133.
[10] Bärmann § 18 IV 1; Demharter ZMR 1987, 201; a. A. BayObLG FamRZ 1989, 131; FamRZ 1982, 1133.
[11] Vgl. auch Rosenberg/Schwab/Gottwald § 65 Rn 23, 46.

rückgenommen worden ist, ist im bisherigen Verfahren zu klären, das zu diesem Zweck weiterzuführen ist.[12] Zudem besteht die Möglichkeit einer neuen Antragstellung.

3. Zustimmung der übrigen Beteiligten

13 Vor Erlass der Endentscheidung bedarf die Rücknahme keiner Zustimmung. **Ab dem Erlass einer** die Instanz abschließenden Endentscheidung, nämlich mit der Übergabe des Beschlusses an die Geschäftsstelle oder seiner Bekanntgabe durch Verlesen der Beschlussformel (vgl. § 38 Abs. 3 S. 3), kann ein Antrag nur noch mit Zustimmung der übrigen und damit aller Beteiligten im Sinne des § 7, die an dem Verfahren beteiligte worden sind, wirksam zurückgenommen werden Abs. 1 S. 2). Hierdurch wird dem Interesse der weiteren Beteiligten, Schutz vor einer nochmaligen Inanspruchnahme in einem neuen Verfahren mit demselben Verfahrensgegenstand zu haben, Rechnung getragen. Die Zustimmung ist bedingungsfeindlich, unwiderruflich und nicht anfechtbar.[13] Bei einem Streit über die Wirksamkeit der Zustimmung ist das bisherige Verfahren zu der Klärung dieser Frage weiterzuführen.

14 Die Zustimmung muss gegenüber dem zuständigen Gericht erklärt werden, d. h. **bei dem das Verfahren anhängig** ist; somit im Beschwerdeverfahren gegenüber dem Beschwerdegericht bzw. dem Gericht erster Instanz, soweit über die Abhilfe (§ 68 Abs. 1) noch keine Entscheidung ergangen ist; im Rechtsbeschwerdeverfahren muss die Erklärung gegenüber dem BGH abgegeben werden. Die Zustimmung kann schriftlich oder zur Niederschrift der Geschäftsstelle erklärt werden, soweit eine Vertretung durch einen Rechtsanwalt nicht notwendig ist (vgl. § 25 Abs. 1). Eine konkludente Zustimmungserklärung kann ausreichen, auch schlüssiges Verhalten, z. B. die Stellung eines Kostenantrages. Voraussetzung ist indes, dass dem Verhalten bzw. der Erklärung der eindeutige Wille zur Zustimmung entnommen werden kann. Im Zweifel muss das Gericht den wahren Willen der übrigen Beteiligten ermitteln.

15 Stimmen nicht alle übrigen Beteiligten der Rücknahme zu, so bleibt es bei der bereits ergangenen Endentscheidung. Diese kann ggf. im Rechtsmittelverfahren überprüft werden.

V. Wirkungen der Antragsrücknahme
1. Verfahrensrechtliche Wirkungen (Abs. 2 S. 1)

16 Die Rücknahme des Antrages **beendet das Verfahren** ohne Mitwirkung oder Entscheidung des Gerichts. Dieses kann nur noch über die Kosten des Verfahrens entscheiden (vgl. § 83 Abs. 2). Die Wirkung der Rücknahme tritt **ex tunc** ein; das Verfahren ist an nicht anhängig geworden zu behandeln. Eine bereits ergangene Endentscheidung, wird durch die Antragsrücknahme automatisch wirkungslos, ohne dass es hierzu einer ausdrücklichen Aufhebung bedarf Abs. 2 S. 1). Eine erlassene Anordnung tritt außer Kraft (vgl. § 56). Das Gesetz unterscheidet für die Rücknahmewirkung nicht nach der Wirksamkeit der jeweiligen Entscheidung, stellt insbesondere nicht darauf ab, ob der Beschluss erst mit Rechtskraft wirksam wird; ein Rechtsmittel kann nicht mehr eingelegt werden. Ist indes ein bereits erlassener Beschluss unabänderlich, z. B. nach §§ 197 Abs. 3, 353 Abs. 3, so bleibt eine Antragsrücknahme ausnahmsweise ohne rechtliche Wirkung.

17 Mit der Antragsrücknahme verzichtet der Antragsteller nicht endgültig auf sein Antragsrecht. Vielmehr ist jederzeit eine **erneute Antragstellung** möglich, solange das Antragsrecht nicht durch Zeitablauf erloschen oder kein Antragsverzicht erklärt worden ist.[14] In besonderen Ausnahmefällen kann der Antragsteller sein Antragsrecht verwirken (vgl. § 23 Rn 56). Wird der Antrag nur teilweise zurückgenommen, so kann der Antragsteller ihn jederzeit in dem laufenden Verfahren wieder neu stellen.

18 Eine Antragsrücknahme berührt nicht das **Antragsrecht der übrigen Beteiligten** und hat keinen Einfluss auf ein auf deren Antrag eingeleitetes Verfahren. Sind indes mehrere Personen nur gemeinsam antragsberechtigt, so wird bei Antragsrücknahme durch einen Antragsberechtigten der Antrag der übrigen Antragsteller unzulässig.

---

[12] Bumiller/Harders § 22 Rn 1.
[13] Vgl. auch Rosenberg/Schwab/Gottwald § 65 Rn 23, 46.
[14] Zimmermann Rn 67.

Die Wirkung des Abs. 2 tritt nicht in Verfahren ein, die **von Amts wegen eingeleitet** 19 werden können, wie in Abs. 4 ausdrücklich klargestellt wird. In diesen Verfahren, auch wenn sie durch einen förmlichen Antrag (= Anregung i. S. d. § 24) eingeleitet worden sind, fehlt dem Anregenden die Dispositionsbefugnis über den Verfahrensgegenstand, so dass eine Rücknahme nicht möglich ist.

2. Deklaratorischer Beschluss (Abs. 2 S. 2, S. 3)

Auf Antrag hat das Gericht die verfahrensrechtlichen Wirkung einer Antragsrücknahme 20 im Interesse der Rechtssicherheit[15] durch deklaratorischen Beschluss festzustellen Abs. 2 S. 2). Antragsberechtigt ist jeder Beteiligte, auch wenn er nicht den verfahrenseinleitenden Antrag gestellt hat. Der Beschluss unterliegt **nicht der Anfechtung** Abs. 2 S. 3).

3. Materiellrechtliche Wirkungen

Die Rücknahme hat keinen Einfluss auf das materielle Recht des Antragstellers. Die an 21 eine Rechtskraft der Endentscheidung geknüpften materiellrechtlichen Wirkungen treten mit der Antragsrücknahme nicht mehr ein.

VI. Übereinstimmende Verfahrensbeendigung (Abs. 3)

1. Allgemeines

In Verfahren, die nicht von Amts wegen eingeleitet werden können (Antragsverfahren 22 sowie echte Streitsachen), haben die Beteiligten die Möglichkeit, übereinstimmend zu erklären, dass **sie das Verfahren beenden wollen** (Abs. 3). Die Erklärung muss gegenüber dem zuständigen Gericht erklärt werden, d. h. bei dem das Verfahren anhängig ist; somit im Rechtsmittelverfahren gegenüber dem Rechtsmittelgericht. Die Erklärung kann schriftlich oder zur Niederschrift der Geschäftsstelle abgegeben werden, soweit eine Vertretung durch einen Rechtsanwalt nicht notwendig ist (vgl. § 25 Abs. 1). Eine Beendigung des Verfahrens muss nicht ausdrücklich erklärt werden; es reicht eine konkludente Erklärung oder schlüssiges Verhalten der Beteiligten.[16] Voraussetzung ist indes, dass dem Verhalten bzw. der Erklärung der eindeutige Wille zur Verfahrensbeendigung entnommen werden kann. Im Zweifel muss das Gericht den wahren Willen ermitteln. Ob das reine Schweigen eines Beteiligten als Zustimmung aufgefasst werden kann, ist zweifelhaft, da der Gesetzgeber eine § 91 a Abs. 1 S. 2 ZPO vergleichbare Regelung in § 22 Abs. 3 nicht aufgenommen hat.

2. Wirkungen

In Falle einer **übereinstimmenden Beendigungserklärung** ergeht keine gerichtliche 23 Entscheidung mehr über den verfahrenseinleitenden Antrag. Diese Wirkung tritt erst ein, wenn die Erklärung aller Verfahrensbeteiligten vorliegt. Das Gericht ist an die Entscheidung der Verfahrensbeteiligten gebunden und kann weder in einem Streitverfahren noch in einem Antragsverfahren prüfen, ob eine Erledigung der Hauptsache eingetreten ist.[17] Die abgegebene Erklärung wirkt nur für das aktuelle Verfahren. Der Antragsteller oder auch ein anderer Beteiligter ist nicht gehindert, einen neuen gleichlautenden Antrag zu stellen, sofern das Antragsrecht nicht durch Zeitablauf erloschen oder ein Antragsverzicht erklärt worden ist. Ausnahmsweise kann ein Antragsrecht verwirkt sein.

VII. Exkurs: Erledigung der Hauptsache

1. Grundsatz

Im FamFG-Verfahren ist die **Hauptsache erledigt,** wenn nach Einleitung des Ver- 24 fahrens der Verfahrensgegenstand durch ein Ereignis, welches eine Veränderung der Sach-

---
[15] BT-Drs. 16/6308 S. 185.
[16] Vgl. auch BGHZ 21, 298/299; BayObLGZ 1979, 117/121; BayObLG WE 1990, 178; OLG Frankfurt OLGZ 1980, 74.
[17] BR-Drs. 309/07 S. 12.

und Rechtslage herbeiführt, weggefallen ist, so dass die Weiterführung des Verfahrens keinen Sinn mehr hätte, weil eine Sachentscheidung nicht mehr ergehen kann.[18] Das ist insbesondere der Fall, wenn die gerichtliche Entscheidung auf Grund veränderter Umstände keine Wirkung mehr entfalten könnte. Eine Erledigung kann in allen FamFG-Verfahren (Amts-, Antrags- sowie Streitsachen) zum Verfahrensende führen. Umstände, welche zur Erledigung der Hauptsache führen (erledigendes Ereignis), sind nach dem jeweiligem Sinn und Zweck der Angelegenheit zu beurteilen.[19] Eine **Teilerledigung** ist bei teilbaren oder mehreren Verfahrensgegenständen möglich.

25 Die Beendigung einer Vormundschaft oder Entlassung des Vormunds bedeutet keine Erledigung der Hauptsache bezüglich aller sie betreffenden Entscheidungen; denn die Amtsgewalt des Gerichts dauert auch nach Beendigung zwecks Abwicklung der auf der Führung der Vormundschaft beruhenden Geschäfte fort;[20] gleiches gilt für die Entscheidungen des Betreuungsgerichts nach beendeter Betreuung oder des Nachlassgerichts nach beendeter Nachlasspflegschaft.[21]

2. Verfahren bei Erledigung

26 **a) Allgemeines.** Die Hauptsacheerledigung ist in dem FamFG unvollständig geregelt. § 22 Abs. 3 befasst sich nur mit der übereinstimmenden Beendigungserklärung der Beteiligten; § 62 regelt ausschließlich die Statthaftigkeit der Beschwerde nach Erledigung der Hauptsache; § 83 Abs. 2 1. Alt. trifft nur eine Regelung über die Kostenpflicht im Falle einer Erledigung. Grundsätzlich hat das Gericht die Erledigung der Hauptsache (d. h. die sie begründenden Umstände und die sich darauf ergebenden Rechtsfolgen) als Wegfall einer Voraussetzung der Sachentscheidung von Amts wegen in jeder Verfahrenslage und in jedem Rechtszug zu berücksichtigen.[22] Bei der vom Gericht getroffenen Entscheidung über die Erledigung und über die Kosten handelt es sich um eine Endentscheidung im Sinne des § 58 Abs. 1,[23] wobei auch § 61 Abs. 1 Anwendung findet.[24] Str. ist, ob bei einer übereinstimmenden Erledigungserklärung in einer **Ehe- oder Familienstreitsache** die sofortige Beschwerde nach §§ 91 a Abs. 2 S. 1, 567 Abs. 1 Nr. 1 ZPO[25] oder die Beschwerde nach §§ 58 ff. FamFG[26] statthaft ist; siehe auch § 58 Rn 97 a. Für der verfahrensrechtlichen Behandlung einer Erledigung sind der Zeitpunkt des Eintritts des erledigenden Ereignisses zu beachten sowie die Verfahrensart.

27 **b) Amtsverfahren.** Mit dem Eintritt der Erledigung der Hauptsache ist ein Amtsverfahren einzustellen.[27] Das Vorliegen dieser Voraussetzungen hat das Gericht von Amts wegen festzustellen. Dabei ist das Gericht nicht an übereinstimmende Erledigungserklärungen der Beteiligten gebunden (arg. aus Abs. 4); ebenso wenig kommt es darauf an, ob die Beteiligten überhaupt eine Erledigung des Verfahrens erklärt haben; denn die Beteiligten besitzen keine Dispositionsbefugnis über den Verfahrensgegenstand.[28] Dies gilt auch für Verfahren, die sowohl auf Antrag als auch von Amts wegen eingeleitet werden können.[29]

---

[18] St. Rspr. z. B. BGH NJW 1982, 2505 = FamRZ 1982, 156; NJW 1976, 1541; BayObLG ZWE 2000, 419; OLG Hamm NJW-RR 2000, 1022; OLG München FGPrax 2006, 228; vgl. auch: Bärmann § 18 IV, § 28 I 5; Baur § 29 Anm. II 3 b bb; Habscheid § 22 II 5 m. w. N.
[19] BayObLGZ 1964, 149; Bergerfurth NJW 1992, 1665.
[20] BayObLG Rpfleger 1966, 207 (Pflegervergütung); KG NJW 1971, 53 = FamRZ 1970, 672.
[21] KG RJA 6, 33.
[22] BayObLG FamRZ 1983, 839 (Wegfall einer Verfahrensvoraussetzung); FamRZ 1982, 601/602.
[23] OLG Düsseldorf FamRZ 2010, 1835.
[24] OLG Düsseldorf FamRZ 2010, 1835; offen gelassen OLG Saarbrücken FGPrax 2010, 270.
[25] So KG NJW 2010, 3588; OLG Bamberg MDR 2011, 543; OLG Frankfurt FamRZ 2010, 1696; OLG Hamm FamFR 2011, 187; OLG München Beschl. v. 19. 5. 2010 26 WF 379/10; OLG Naumburg Beschl. v. 23. 12. 2009 8 WF 269/09; OLG Nürnberg FamRZ 2010, 1837; OLG Saarbrücken NJW-RR 2011, 369.
[26] So OLG Hamm FamRZ 2011, 582; OLG Oldenburg NJW 2010, 2815; FamRZ 2010, 1693; MünchKommZPO/Dötsch § 243 FamFG Rn 3; Musielak/Borth § 243 FamFG Rn 1.
[27] KG OLGZ 1973, 143/147; OLG Stuttgart OLGZ 1976, 402.
[28] BGH NJW 1982, 2505 = FamRZ 1982, 156; BayObLGZ 1982, 52/55.
[29] Bumiller/Harders § 22 Rn 14.

Bei einer Verfahrenseinstellung kann eine Kostenentscheidung nach §§ 83 Abs. 2 1. Alt i. V. m. § 81 ergehen (s. dazu § 83 Rn 12 f.).

c) Antragsverfahren. Antragsverfahren einschließlich der echten Streitverfahren enden, wenn der Antragsteller die Erledigung erklärt. Die Erledigungserklärung muss zum Ausdruck bringen, dass eine Entscheidung in der Hauptsache nicht mehr erstrebt wird. Sie ist Dispositionsakt über den Verfahrensgegenstand und Verfahrenshandlung, die Verfahrensfähigkeit bzw. gesetzliche Vertretung eines nicht Verfahrensfähigen voraussetzt.[30]

aa) Übereinstimmende Erklärung. Stimmen im Antragsverfahren alle Beteiligten sowie in echten Streitverfahren der oder die Antragsgegner der Erledigungserklärung zu, liegt eine **einvernehmliche Verfahrensbeendigung** nach Abs. 3 vor (siehe dazu Rn 23). An diese Erklärung ist das Gericht gebunden; es darf nicht nachzuprüfen, ob und wann tatsächlich eine Erledigung eingetreten ist.

bb) Einseitige Erklärung. Eine einseitige Erledigungserklärung des Antragstellers verpflichtet das Gericht (§ 26) zur **Prüfung,** ob eine Erledigung der Hauptsache **eingetreten** ist.[31] Bejaht es dies, muss es die Feststellung der Hauptsacheerledigung durch Beschluss feststellen, andernfalls ist der Erledigungsantrag zurückzuweisen.[32] Die Erledigungserklärung des Antragstellers kann bei nicht festgestellter Erledigung auch als Antragsrücknahme im Sinne des Abs. 1 ausgelegt sein.[33] Ergibt die Prüfung des Gerichts, dass der Antrag bereits von vornherein unzulässig oder unbegründet war, so ist damit auch der Gegenstand für eine gerichtliche Feststellung der Hauptsacheerledigung entfallen.[34] Die einseitige Erledigungserklärung eines **Antragsgegners** ist **unbeachtlich.**[35] Das Gericht muss in der Hauptsache weiter entscheiden; stellt es hierbei von Amts wegen die Erledigung der Hauptsache fest, gelten die Ausführungen zu Rn 31.

cc) Feststellung der Erledigung von Amts wegen. Sofern das Gericht bei der Prüfung der Hauptsache von Amts wegen dessen Erledigung feststellt, hat es die Beteiligten hierauf hinzuweisen. Falls der Antragsteller nach Hinweis seinen Sachantrag weiterverfolgt, gegenteilige Erklärungen abgibt oder keinen Sachantrag stellt, ist **streitig**, ob das Gericht nunmehr die **Erledigung der Hauptsache feststellt** oder den **Sachantrag zurückweist.**[36] Sachgerecht erscheint eine Zurückweisung des Sachantrages;[37] eine Feststellung von Amts wegen, dass die Hauptsache erledigt ist, kommt nicht in Betracht.[38] Denn das Rechts des Antragstellers, das Verfahren einzuleiten (§ 23) und durch Antragsrücknahme (§ 22 Abs. 1) zu beenden, umfasst nicht auch die Befugnis, auch über eine Verfahrensbeendigung durch Erledigung der Hauptsache zu disponieren. Vielmehr hat das Gericht die Tatsachen, aus denen sich die Verfahrenserledigung ergibt, **von Amts wegen aufzuklären** (§ 26). Stellt es ein erledigendes Ereignis fest, so hat es zu berücksichtigen, dass der Verfahrensgegenstand weggefallen ist. Eine Prüfung, ob der Antrag durch das erledigende Ereignis unzulässig oder unbegründet wurde, ist nach Wegfall des Verfahrensgegenstandes hingegen mehr erforderlich.

---

[30] Habscheid § 15 II 3.
[31] BGH NJW 1975, 931; BayObLG FamRZ 1982, 601/602; OLG Bamberg FamRZ 1982, 398; wohl auch BGH NJW 1982, 2505; Habscheid § 18 IV 3 b; Bärmann § 22 II 5 a.
[32] BGHZ 1979, 117; OLG Hamm FGPrax 1999, 48; Bumiller/Harders § 22 Rn 9.
[33] Insbes. dann, wenn auch für den Fall, dass nicht erledigt ist, die Erledigung erklärt und der Hauptantrag auch nicht hilfsweise gestellt wird. Aber grundsätzlich keine Umdeutung der Erledigungserklärung in Antragsrücknahme BGH NJW 1982, 2505 = FamRZ 1982, 156; a. A. Haußleiter/Gomille § 22 Rn 22 (stets Antragsrücknahme).
[34] BGH WM 1979, 1128; BayObLG v. 24. 4. 1986 – BReg. 2 Z 66/85.
[35] BayObLG WuM 1995, 504; OLG Hamm FGPrax 1998, 213.
[36] KG OLGZ 1973, 143/148; Bärmann § 18 IV 3 a; Habscheid § 22 II 5 bb; a. M.: OLG Braunschweig OLGZ 1975, 117 (Feststellung der Erledigung ohne Antragszurückweisung, jedenfalls wenn kein Sachantrag erforderlich ist).
[37] BayObLG NZM 1999, 320; BayObLGZ 1993, 348/349; KG Rpfleger 1973, 42; Bumiller/Harders § 22 Rn 9.
[38] BayObLGZ 1993, 348/349; Demharter ZMR 1987, 201/202; s. a. BayObLGZ 1979, 117/121; OLG Braunschweig OLGZ 1975, 434; OLG Karlsruhe DieJ 1980, 22; bleibt offen in BGHZ 50, 197; mit Einschränkung auch Habscheid § 22 II 5 a: nur bei Erledigung durch Tod eines Beteiligten und wenn höchstpersönliche, unvererbliche Rechte in Frage stehen.

3. Erledigung und Rechtsmittelverfahren

32 Trifft das Gericht eine **Sachentscheidung,** weil es nicht erfährt, dass die **Erledigung** der Hauptsache während des erstinstanzlichen Verfahrens **eingetreten** ist, so kann eine Beschwerde mit dem Ziel der Feststellung der Erledigung eingelegt werden, wenn der Beschwerdeführer zu einer der Zwangsvollstreckung zugänglichen Leistung verpflichtet wurde.[39] In den sonstigen Verfahren ist ein nach Erledigung der Hauptsache eingelegte Rechtsmittel in der Regelung aufgrund des fehlenden Rechtsschutzbedürfnisses unzulässig, soweit nicht ausnahmsweise die Voraussetzungen des § 62 vorliegen.

33 Erledigt sich die Hauptsache **nach Erlass** der das Verfahren abschließenden Endentscheidung des ersten (oder zweiten) Rechtszugs, aber **vor Einlegung der Beschwerde (oder der Rechtsbeschwerde),** so fehlt in der Regel das **Rechtsschutzinteresse** für eine Überprüfung der Hauptsacheentscheidung durch das Rechtsmittelgericht, da keine Beschwer in der Hauptsache mehr vorliegt. Es besteht jedoch die Möglichkeit einer Überprüfung im Rahmen des § 62; dies gilt auch entsprechend für die Rechtsbeschwerde.[40] Zu den Einzelheiten siehe Kommentierung zu § 62. Soweit aus einer Entscheidung noch eine Vollstreckungsmöglichkeit droht, kann der Betroffene ausnahmsweise diese mit dem Ziel ihrer Aufhebung anfechten.

34 Tritt die Erledigung der Hauptsache **nach Einlegung eines zulässigen Rechtsmittels** ein, kann eine Sachentscheidung nicht mehr ergehen; die befristete Beschwerde oder Rechtsbeschwerde ist als unzulässig zu verwerfen, sofern der Rechtsmittelführer nicht sein Rechtsmittel auf die Kosten beschränkt.[41] Dies ist auch möglich, wenn die Voraussetzungen des § 62 nicht erfüllt sind. Zudem kann der Rechtsmittelführer unter den Voraussetzungen des § 62 die Rechtswidrigkeit einer bereits vollzogenen Hauptsacheentscheidung feststellen lassen.

4. Beispielsfälle der Erledigung der Hauptsache

35 a) **Allgemeines.** Ein **Ablehnungsverfahren**[42] erledigt sich, wenn der Richter oder Rechtspfleger mit der Sache nicht mehr befasst ist, z. B. im Falle des Ausscheidens durch Änderung der Geschäftsverteilung oder einer Pensionierung;[43] **anders** aber, wenn das Ablehnungsgesuch die Mitwirkung des Richters in einem Zwischenverfahren betrifft und der Zwischenstreit nicht endgültig beendet ist sowie das Hauptverfahren weiterhin anhängig ist,[44] oder wenn der ausgeschiedene Richter noch an einer selbstständig anfechtbaren Nebenentscheidung mitwirkt. **Keine Erledigung** tritt ein, soweit der abgelehnte Richter eine instanzbeendende beschwerdefähige Sachentscheidung erlassen hat und noch die Möglichkeit einer Abhilfeentscheidung (§ 68 Abs. 1 S. 1) besteht; gleiches gilt, wenn unter Mitwirkung des Richters eine Sachentscheidung ergangen ist, die zwar nicht mehr mit Rechtsmitteln angefochten werden kann,[45] jedoch noch eine Gehörsrüge (§ 44) in Betracht kommt. Ein **Gesetzgebungsakt (Gesetzesänderung)**[46] oder der **Zeitablauf**[47] kann ebenfalls die Hauptsache erledigen; ebenso eine sog. verfahrensrechtliche Überholung.[48] Die Erledigung eines **Zwangsgeldverfahren** tritt mit der Erfüllung der Verpflichtung ein, zu deren Beachtung zwangsweise angehalten werden sollte.

---

[39] S. BGH FamRZ 1978, 396; OLG Celle OLGZ 1979, 133.
[40] BGH FGPrax 2010, 150.
[41] BGH NJW 1983, 1672; BayObLGZ 1992, 54/57; BayObLGZ 1988, 317/318; KG FamRZ 1973, 42; OLG Hamm FGPrax 1997, 237; OLG Köln JMBl.NW 1980, 179; OLG München FGPrax 2006, 228; OLG Stuttgart OLGZ 1976, 401/404; OLG Zweibrücken OLGZ 1976, 399.
[42] BayObLGZ 1986, 251; BayObLG FamRZ 1986, 291; OLG Düsseldorf OLGZ 1985, 377; OLG Frankfurt NJW 1986, 1000.
[43] BayObLG FamRZ 2000, 498.
[44] BayObLG FamRZ 2001, 574.
[45] Zöller/Vollkommer § 46 Rn 18 m. w. N.; a. M. BayObLG FamRZ 1994, 1269.
[46] BGH NJW 1957, 628; BayObLGZ 1992, 54/57.
[47] BayObLGZ 1971, 84.
[48] BVerfGE 96, 27 = NJW 1997, 2163; BVerfG NJW 1997, 2165; BayObLG FamRZ 1990, 551; OLG Hamm FGPrax 1998, 36; OLG Karlsruhe FGPrax 1998, 118; OLG Zweibrücken FamRZ 1985, 614.

b) Kindschaftssachen. Sorgerechtsverfahren können sich erledigen durch Tod, 36
Volljährigwerden des Kindes[49] oder Erlöschen des Verwandtschaftsverhältnisses des Kindes
zu seinen Eltern durch Zustellung des Adoptionsbeschlusses (§§ 197 Abs. 2 FamFG, 1755
Abs. 1 S. 1 BGB). **Verfahren gemäß § 1632 Abs. 3 BGB:** Die Heirat der diese Maßnahme betreffenden minderjährigen Tochter führt zur Erledigung.[50] Vollziehung einer vorläufigen Anordnung zur **Herausgabe des Kindes**[51] oder Verfahren betreffend das **Umgangsrecht, §§ 1684, 1685 BGB:** Mit Zeitablauf der Besuchsregelung oder Aufhebung des Besuchsregelungsbeschlusses tritt Erledigung ein; nicht dagegen bei rechtskräftiger Ehescheidung.[52] **Verfahren gemäß § 1666 BGB:** Nachhaltige Änderung des Lebenswandels der elterlichen Sorgeberechtigten oder das Ruhen der Sorge wegen Pflegerbestellung gemäß §§ 1673 Abs. 1, 2, 1675 BGB beendet das Verfahren.

Verfahren nach § 1671 BGB: Feststellung der Nichtehelichkeit des Kindes durch 37
rechtskräftiges Urteil,[53] Tod oder Volljährigkeit des Kindes oder Wiederheirat der Eltern untereinander erledigt Regelungen gemäß Abs. 1, die ohne Weiteres gegenstandslos werden; gleiches gilt für die Zurücknahme eines Antrags gemäß **§ 1672 BGB**.[54] Ist das Verfahren gemäß § 1672 BGB bei Eintritt der Rechtskraft der Ehescheidung wegen Einlegung der Beschwerde noch nicht abgeschlossen, so ist dieses Verfahren in der Hauptsache erledigt.[55] Dagegen tritt keine Erledigung im Verfahren nach § 1672 BGB mit dem Rechtshängigwerden der Ehescheidungssache ein; vielmehr ist das Verfahren mit dem Scheidungsverfahren fortzusetzen. Einen Sonderfall des Übergangs vom Verfahren des § 1671 zu § 1672 BGB enthält § 141 FamFG (Fortführung nach Rücknahme des Scheidungsantrags).[56] **Verfahren gemäß § 1696 BGB:** Wiederheirat der Eltern.[57]

Genehmigung gem. §§ 1821 ff., 1915, 164 BGB. Erledigung tritt ein bei Tod oder 38
Volljährigkeit des Mündels/Kindes/Pfleglings.[58] Im Beschwerdeverfahren wegen Versagung oder Erteilung der vormundschaftsgerichtlichen Genehmigung: Aufhebung der Vormundschaft/Pflegschaft/Betreuung.[59]

c) Ehewohnungs- und Haushaltssachen. Zu einer Erledigung führen der Tod eines 39
Ehegatten;[60] Einigung der Ehegatten über die Verteilung des Hausrats, über Benutzung der Ehewohnung; Herausgabe der begehrten Gegenstände.

d) Versorgungsausgleichssachen. Das Verfahren erledigt sich mit dem Tod eines 40
Ehegatten, bevor der Scheidungsausspruch des Verbundurteils rechtskräftig geworden ist (vgl. § 131);[61] zu einer Erledigung kommt es auch, wenn der Auskunftsanspruch während des Verfahrens erfüllt wird.[62]

e) Vormundschaft/Pflegschaft/Betreuung. Das Anordnungs- oder Aufhebungsver- 41
fahren erledigt sich mit dem Tod des Mündels/Pflegebefohlenen/Betreuten; im Aufhebungsverfahren auch Beendigung der Pflegschaft kraft Gesetzes.[63] Es endet damit auch das Amt des Pflegers; einem Antrag auf Entlassung käme nur noch theoretische Bedeutung zu. Eine vorläufige Betreuerbestellung endet mit Fristablauf.[64] Die Erledigung des Geneh-

---

[49] BGH NJW 1993, 126; OLG Köln FamRZ 1971, 190; OLG Zweibrücken FamRZ 1989, 419.
[50] BayObLGZ 1961, 183.
[51] BayObLG NJW-RR 1990, 1287.
[52] OLG Oldenburg FamRZ 1979, 1038.
[53] OLG Stuttgart DieJ 1965, 276.
[54] BayObLG Rpfleger 1978, 315.
[55] BGH FamRZ 1988, 54; BayObLG FamRZ 1965, 152; KG FamRZ 1973, 42; OLG Hamm FamRZ 1986, 715; OLG Stuttgart FamRZ 1970, 207.
[56] S. hierzu Stein/Jonas/Schlosser § 626 Rn 3.
[57] KG FamRZ 1982, 736.
[58] OLG Köln FamRZ 1971, 190.
[59] OLG Frankfurt Rpfleger 1978, 100.
[60] OLG Hamm OLGZ 1969, 136; FamRZ 1965, 220.
[61] BGH FamRZ 1983, 686; NJW 1981, 686; OLG Frankfurt FamRZ 1981, 474; OLG München FamRZ 1979, 48.
[62] OLG Bamberg FamRZ 1982, 398.
[63] BayObLGZ 1968, 296/298; BayObLG FamRZ 1967, 171.
[64] BayObLG FamRZ 2004, 1403; FamRZ 1998, 1325.

42 Im Verfahren zur **Entlassung des Vormunds/Pflegers/Betreuers** (§§ 1886, 1915, 1908 b BGB): Mit der Aufhebung der Vormundschaft/Pflegschaft/Betreuung tritt die Erledigung des Verfahrens ein, wenn die Entlassung zu diesem Zeitpunkt noch nicht verfügt war; dagegen keine Erledigung, wenn die Entlassung vor Beendigung der Vormundschaft wirksam geworden war, weil die Aufhebung zurückwirkt.

migungsverfahrens tritt durch Beendigung der genehmigten Unterbringung[65] oder durch die Entlassung des Untergebrachten ein;[66] das Verfahren über die Bestellung eines Pflegers erledigt sich mit der Aufhebung der Pflegschaft.

43 Im Verfahren um die Festsetzung einer Vergütung nach § 168 führt der Tod des Mündels, Pfleglings oder Betreuten nicht zu einem Fortfall des Verfahrensgegenstands. Das Verfahren ist vielmehr ohne förmliche Unterbrechung für und gegen deren Rechtsnachfolger von Amts wegen fortzusetzen.[67]

44 **f) Nachlass- und Teilungssachen.** Eine Erbscheinsache erledigt sich mit der rechtskräftigen Feststellung in einem Rechtsstreit, dass der Antragsteller nicht Erbe ist.[68] Die Aushändigung des Erbscheins ist **keine Erledigung** im Rechtsmittelverfahren gegen den Feststellungsbeschluss nach § 352;[69] das Verfahren kann mit dem Ziel der Einziehung fortgeführt werden (§ 352 Abs. 3). Der Tod des im Erbschein bezeichneten Erben führt zur Erledigung im Verfahren der Beschwerde gegen die Entscheidung, keinen Nacherbenvermerk in den Erbschein aufzunehmen;[70] Die Zurücknahme des Antrags auf Erteilung des Erbscheins erledigt das entsprechende Verfahren.

45 **Testamentsvollstreckerentlassungsverfahren gemäß § 2227 BGB.** Erledigung der Hauptsache tritt ein mit Kündigung/Niederlegung des Amtes durch den Testamentsvollstrecker.[71] Die Rückgabe des Testamentsvollstreckerzeugnisses erledigt Einziehungsverfahren, aber Umdeutung in einen Antrag auf Neuerteilung.[72] Das Beschwerdeverfahren gegen die Ernennung eines Testamentsvollstreckers erledigt sich durch Rücknahme des Antrags auf Erteilung eines Testamentsvollstreckungserzeugnisses.[73]

46 **g) Registersachen und unternehmensrechtliche Verfahren.** Durch eine neue Anmeldung in derselben Sache wird eine Beschwerde gegen die Zurückweisung einer Anmeldung zum Handelsregister in der Regel gegenstandslos; ebenso das wegen eines täuschenden Vereinsnamens eingeleitete Amtslöschungsverfahren, wenn der gewählte neue Name in das Vereinsregister eingetragen wird.[74]

47 Im Verfahren zur Bestellung eines Aufsichtsratsmitglieds (§ 104 AktG) tritt Erledigung mit der Beseitigung der Vakanz durch Wahl eines Aufsichtsratsmitgliedes ein.[75] Die gerichtliche Ermächtigung einer Minderheit von Genossen zur Einberufung einer Generalversammlung wird mit deren Einberufung verbraucht mit der Folge, dass in der Hauptsache die Beschwer entfällt.[76]

48 **h) Unterbringungs- und Freiheitsentziehungssachen.** Erledigung kann eintreten durch Ablauf des Zeitraums,[77] für den das Gericht die Abschiebungshaft (oder eine Freiheitsentziehung) angeordnet oder genehmigt hat. Der Vollzug der Abschiebung erledigt die Hauptsache des Abschiebungsverfahrens und setzt den Haftbefehl außer Kraft, denn die Abschiebungshaft ist nur zur Sicherung der Abschiebung zulässig.[78] Die Hauptsache ist erledigt bei Zurücknahme des erforderlichen Haftantrags durch die Verwaltungsbehörde[79]

---

[65] BayObLGZ 1995, 146.
[66] OLG München NJW-RR 2008, 810.
[67] OLG Stuttgart FGPrax 2007, 270.
[68] BayObLG FamRZ 1983, 839.
[69] BayObLGZ 1982, 236/239.
[70] BayObLG FGPrax 2000, 69.
[71] BayObLGZ 1955, 271/273; KG Rpfleger 1959, 385; OLG Celle NdsRpfl. 1961, 199.
[72] OLG Köln Rpfleger 1986, 261.
[73] OLG Düsseldorf ZEV 1998, 353.
[74] OLG Hamm Rpfleger 1978, 132.
[75] KG OLGZ 1966, 596.
[76] BayObLGZ 1978, 205.
[77] BGHZ 109, 108; BayObLGZ 1995, 17/18.
[78] BayObLGZ 1985, 432/433; BayObLG Rpfleger 1980, 392.
[79] BGH NJW 1984, 54; BayObLG Rpfleger 1985, 331; Rpfleger 1980, 190.

oder die Entlassung des (einstweilig) Untergebrachten mit der Folge, dass die Freiheit nur in einem neuen Verfahren beschränkt werden könnte.[80] Im Verfahren gemäß §§ 1800, 1631 b (§ 1915 Abs. 1) BGB wird der Beschluss, durch den die Unterbringung genehmigt wurde, mit der Entlassung des Minderjährigen aus der Anstalt wirkungslos; ebenso durch Entweichen,[81] wenn der Zeitpunkt der Rückkehr unbestimmt ist, ferner durch Zurücknahme der Genehmigung. Die Wirksamkeit einer einstweiligen Anordnung, durch die eine vorläufige Unterbringung genehmigt wird, endet auch mit Ablauf der für sie bestimmten Dauer oder mit Genehmigung der endgültigen Unterbringung.

i) Landwirtschaftssachen. Der Tod des Übergebers eines Hofes während des Genehmigungsverfahrens führt zur Erledigung der Hauptsache, wenn Übernehmer zum Hoferben berufen ist. Gleiches gilt bei Erteilung der Genehmigung eines Grundstückskaufvertrages durch das Landwirtschaftsgericht[82] oder die Zurücknahme des versagenden Bescheids durch Genehmigungsbehörde. Bei einem außergerichtlichen Vergleich liegt nur dann eine Erledigung vor, wenn die Beteiligten daraufhin die Hauptsache für erledigt erklären; im Pachtverlängerungsverfahren, wenn der Pächter während des Verfahrens ein anderes Objekt pachtet.[83]

j) Personenstandssachen. Im Verfahren nach § 49 Abs. 2 PStG ist die Hauptsache erledigt, wenn die vorgelegte Zweifelsfrage für die Entscheidung im konkreten Einzelfall bedeutungslos geworden ist.[84]

VIII. Kosten und Gebühren

Eine Antragsrücknahme oder eine übereinstimmenden Beendigungserklärung kann – je nach Verfahren – zu einer Reduzierung bzw. Wegfall der Kosten bzw. Gebühren führen. Zu den Einzelheiten wird auf die Vorschriften der KostO bzw. des FamGKG sowie des RVG verwiesen.

Mitteilungen an die Familien- und Betreuungsgerichte

22a (1) Wird infolge eines gerichtlichen Verfahrens eine Tätigkeit des Familien- oder Betreuungsgerichts erforderlich, hat das Gericht dem Familien- oder Betreuungsgericht Mitteilung zu machen.

(2) ¹Im Übrigen dürfen Gerichte und Behörden dem Familien- oder Betreuungsgericht personenbezogene Daten übermitteln, wenn deren Kenntnis aus ihrer Sicht für familien- oder betreuungsgerichtliche Maßnahmen erforderlich ist, soweit nicht für die übermittelnde Stelle erkennbar ist, dass schutzwürdige Interessen des Betroffenen an dem Ausschluss der Übermittlung das Schutzbedürfnis eines Minderjährigen oder Betreuten oder das öffentliche Interesse an der Übermittlung überwiegen. ²Die Übermittlung unterbleibt, wenn ihr eine besondere bundes- oder entsprechende landesgesetzliche Verwendungsregelung entgegensteht.

I. Normzweck

§ 22 a greift die bisherige Regelung in § 35 a FGG auf und erweitert die bereits bestehenden **Mitteilungspflichten** und **Mitteilungsbefugnisse**. Durch die Aufnahme der Familiengerichte soll insbesondere dem Schutz von Kindern Rechnung getragen werden.[1] Die Vorschrift dient dem Interesse des jeweils Betroffenen. Es soll sichergestellt werden, dass in jedem Fall, in dem infolge eines gerichtlichen Verfahrens irgendeine Tätigkeit des Familien- oder Betreuungsgerichts erforderlich wird, dieses verständigt wird und entsprechende Maßnahmen ergreifen kann. Zudem wird in Abs. 2 eine Rechtsgrundlage dafür geschaf-

---

[80] BGH NJW 1980, 891; BayObLG NJW 1974, 1620; KG NJW 1983, 690; OLG Frankfurt OLGZ 1968, 341; OLG Hamm OLGZ 1970, 23; OLG Köln JMBl.NW 1980, 178.
[81] Anders BayObLGZ 1970, 197/204.
[82] BGH MDR 1984, 54; AgrarR 1983, 245; OLG Stuttgart RdL 1984, 297.
[83] OLG Köln RdL 1963, 124.
[84] BayObLG FamRZ 2000, 252.
[1] BT-Drs. 16/9733 S. 288.

fen, dass Gerichte und Behörden dem Familien- oder Betreuungsgericht auch personenbezogenen Daten übermitteln dürfen.

II. Anwendungsbereich

2   Die Vorschrift findet entgegen dem Wortlaut in § 113 Abs. 1 S. 1 auch in **Ehesachen** sowie **Familienstreitsachen** Anwendung.[2] Es handelt sich insoweit um ein Redaktionsversehen, welches auch durch das „FamFG-Reparaturgesetz"[3] nicht beseitigt wurde. § 22 a ist erst nachträglich in das Gesetz eingefügt worden, ohne das der Gesetzgeber § 113 entsprechend angepasst hat. Bereits für § 35 a FGG, dem die Vorschrift nachgebildet ist, galt eine umfassende Benachrichtigungspflicht für alle Gerichte. Die Neuregelung in § 22 a wollte diese Regelung nicht beschränken, sondern hinsichtlich der Mitteilungsrechte und -pflichten an die Familiengerichte erweitern.[4]

3   Soweit nach Landesrecht für die Durchführung des Verfahrens andere als gerichtliche Behörden vorsieht (§ 488 Abs. 1), findet § 22 a insgesamt Anwendung, so dass auch insoweit eine Mitteilungspflicht nach § 22 a Abs. 1 besteht. In den landesgesetzlich geregelten Angelegenheit der freiwilligen Gerichtsbarkeit kann der Landesgesetzgeber die entsprechende Geltung des FamFG und somit des § 22 a vorschreiben. Zu den Einzelheiten siehe die Ausführungen bei § 486.

III. Mitteilungspflicht (Abs. 1)

1. Allgemeines

4   Wenn aufgrund eines gerichtlichen Verfahrens eine **Tätigkeit des Familien- oder Betreuungsgerichts** erforderlich wird, hat das Gericht eine entsprechende Mitteilung an das Familien- bzw. Betreuungsgericht zu machen (Abs. 1). Die Benachrichtigungspflicht besteht nicht für die Gerichte der freiwilligen Gerichtsbarkeit, sondern für jedes ordentliche Zivil- und Strafgericht, für jedes Instanzgericht, auch für das nur mit der Vornahme einer Beurkundung befasste Gericht. Eine Verletzung dieser Pflicht kann Amtshaftungsansprüche nach § 839 BGB auslösen. Keine allgemeine Mitteilungspflicht nach Abs. 1 besteht für Behörden (Ausnahme Rn 3); diese haben nur eine Mitteilungsbefugnis nach Abs. 2.

5   **Besondere Mitteilungspflichten** sieht das Gesetz in § 168 a für Kindschaftssachen, §§ 197, 198 für Adoptionssachen, § 216 a für Gewaltschutzsachen, §§ 309, 310, 311 für Betreuungssachen, § 338 i. V. m. §§ 309, 310, 311 für Unterbringungssachen, §§ 347, 356 für Nachlasssachen, §§ 379, 400 für Registersachen und § 431 i. V. m. §§ 309, 310, 311 für Freiheitsentziehungssachen vor.

6   Nach § 7 Abs. 1 BtBG kann die Betreuungsbehörde dem Betreuungsgericht Umstände mitteilen, die die Bestellung eines Betreuers oder eine andere Maßnahme in Betreuungssachen erforderlich machen, soweit dies unter Beachtung berechtigter Interessen des Betroffenen nach den Erkenntnissen der Behörde erforderlich ist, um eine erhebliche Gefahr für das Wohl des Betroffenen abzuwenden. Sondervorschriften bestehen auch in §§ 292 Abs. 2, 443 Abs. 3 StPO (Mitteilung von Vermögensbeschlagnahme im Verfahren gegen Abwesende) und in §§ 53, 70 JGG (Anzeigepflichten bei Jugendgerichtsverfahren). Zu den gesamten Mitteilungspflichten im Verfahren der freiwilligen Gerichtsbarkeit siehe auch die zwischen den Landesjustizministerien und dem Bundesministerium der Justiz vereinbarte Anordnung über Mitteilungen in Zivilsachen (MiZi).

---

[2] So auch Bahrenfuss § 22 a Rn 1; Haußleiter/Gomille § 22 a Rn 2; Hornsdasch/Viefhues/Reinken § 22 a Rn 2; Thomas/Putzo/Reichold § 22 a FamFG Rn 1, a. A. Friederici/Kemper/Friederici § 22 a Rn 2; Holzer § 22 a Rn 2; Zöller/Geimer § 22 a FamFG Rn 4; Zimmermann Rn 68.
[3] Gesetz zur Modernisierung von Verfahren im anwaltlichen und notariellen Berufsrecht, zur Errichtung einer Schlichtungsstelle der Rechtsanwaltschaft sowie zur Änderung der Verwaltungsgerichtsordnung, der Finanzgerichtsordnung und sonstiger Vorschriften.
[4] BT-Drs. 16/9733 S. 288.

2. Umfang der Pflicht

Eine Mitteilungspflicht besteht insbesondere dann, wenn zur **Durchführung** eines gerichtlichen **Verfahrens** die Anordnung einer Vormundschaft (§ 1773 BGB), einer Betreuung (§§ 1896 ff. BGB), einer Pflegschaft (§§ 1909 ff. BGB) oder einer sonstigen Maßnahme des Betreuungs- bzw. Familiengerichts erforderlich ist; so beispielsweise die Bestellung eines Abwesenheitspflegers für einen Vermissten im Wertpapierbereinigungsverfahren, wenn für diesen lediglich ein Angehöriger ohne Vollmacht auftritt.[5] Eine Benachrichtigungspflicht besteht, wenn **infolge** eines **gerichtlichen Verfahrens** entsprechende Anordnungen des Familien- oder Betreuungsgerichts notwendig werden, z. B. wenn in einem Verfahren aufgrund einer Todeserklärung der Eltern die elterliche Sorge endet (§ 1677).

Keine Benachrichtigungspflicht besteht, wenn nur gelegentlich eines gerichtlichen Verfahrens Verhältnisse zutage treten, die ein Einschreiten des Familien- oder Betreuungsgerichts im Rahmen einer Vormundschaft, Betreuung oder Pflegschaft geboten erscheinen lassen;[6] wenn zum Beispiel das Gericht in einem Verfahren Kenntnis von Tatsachen erlangt, welche nach § 1886 BGB die Entlassung eines Vormunds rechtfertigen könnte. Insoweit kann aber eine Benachrichtigung geboten sein.

3. Tätigkeit des Familien- oder Betreuungsgerichts

Im Falle einer Benachrichtigung obliegt dem Familien- oder Betreuungsgericht die **eigenverantwortliche Prüfung**, ob die Einleitung oder Aufhebung eines Verfahrens, z. B. einer Vormundschaft, einer Pflegschaft oder einer Betreuung, oder eine sonstige Tätigkeit erforderlich ist bzw. ob Maßnahmen in einem bereits eingeleiteten Verfahren geboten sind. Hält das angegangene Familien- oder Betreuungsgericht keine Tätigkeit für veranlasst, steht dem mitteilenden Gericht kein Beschwerderecht zu.

4. Einzelfälle

Eine Benachrichtigungspflicht besteht z. B. im Fall einer Todeserklärung eines Elternteils, wenn nicht der andere Teil die alleinige elterliche Sorge erlangt (§§ 1677, 1681, 1773 BGB); im Falle der Todeserklärung des Mündels; bei der Bestellung eines Betreuers für den Vormund oder Gegenvormund; bei der Eröffnung oder der Aufhebung des Insolvenzverfahrens über das Vermögen eines Vormunds, Gegenvormunds oder Pflegers (§§ 1780, 1781, 1785, 1886, 1792 Abs. 4 BGB). Zudem in Kindschaftssachen, wenn nach dem Inhalt der Entscheidung die Anordnung einer Vormundschaft oder der Aufhebung einer Vormundschaft notwendig wird, oder diese nach § 1791 c Abs. 1 S. 2 BGB kraft Gesetzes eintritt; zur Mitteilungspflicht des Standesamtes vgl. § 168 a.

IV. Übermittlung von personenbezogenen Daten (Abs. 2)

Nach Abs. 2 dürfen Gerichte und Behörden dem Familien- oder Betreuungsgericht **personenbezogene Daten** übermitteln, wenn deren Kenntnis aus ihrer Sicht für familien- oder betreuungsgerichtliche Maßnahmen erforderlich ist. Ausnahmen hiervon bestehen dann, wenn

- **schutzwürdige Interessen des Betroffenen** das besondere Schutzbedürfnis Minderjähriger oder unter Betreuung stehender Personen oder das öffentliche Interesse überwiegen (Abs. 2 S. 1 letzter Halbs.) oder
- in anderen gesetzlichen Vorschriften Verwendungs- und damit auch **Übermittlungsverbote** enthalten sind (Abs. 2 S. 2); diese gehen vor.

Insoweit muss das Gericht eine Abwägung zwischen den öffentlichen Interessen an einem Schutz der betroffenen Person und den Interessen des Betroffenen an einem Ausschluss der Übermittlungen vornehmen.

---

[5] BGH NJW 1992, 1884.
[6] BGH NJW 1992, 1884; Bumiller/Harders § 22 a Rn 1.

V. Rechtsmittel

12   Eine Überprüfung der Rechtmäßigkeit der Mitteilung oder Übermittlung von personenbezogenen Daten kann in der Regel nur innerhalb des zulässigen Rechtsmittels gegen die von dem Familien- oder Betreuungsgericht getroffene Entscheidung erfolgen. Daneben ist eine Überprüfung der Übermittlung personenbezogener Daten in dem Verfahren nach § 22 EGGVG i. V. m. §§ 23 ff. EGGVG möglich.[7]

VI. Kosten und Gebühren

13   Mit der Benachrichtigung oder der Übermittlung von personenbezogenen Daten sind keine Kosten und Gebühren verbunden.

---

[7] Vgl. dazu Kissel/Mayer § 22 EGGVG Rn 1.

Abschnitt 2. Verfahren im ersten Rechtszug

Verfahrenseinleitender Antrag

23 (1) ¹Ein verfahrenseinleitender Antrag soll begründet werden. ²In dem Antrag sollen die zur Begründung dienenden Tatsachen und Beweismittel angegeben sowie die Personen benannt werden, die als Beteiligte in Betracht kommen. ³*Der Antrag soll in geeigneten Fällen die Angabe enthalten, ob der Antragstellung der Versuch einer Mediation oder eines anderen Verfahrens der außergerichtlichen Konfliktbeilegung vorausgegangen ist, sowie eine Äußerung dazu, ob einem solchen Verfahren Gründe entgegenstehen.** ⁴**Urkunden, auf die Bezug genommen wird, sollen in Urschrift oder Abschrift beigefügt werden.** ⁵**Der Antrag soll von dem Antragsteller oder seinem Bevollmächtigten unterschrieben werden.**

(2) **Das Gericht soll den Antrag an die übrigen Beteiligten übermitteln.**

Übersicht

	Rn
I. Normzweck	1
II. Anwendungsbereich	1
III. Abgrenzung Amts- zu Antragsverfahren	3
1. Allgemeines	3
2. Amtsverfahren	5
3. Antragsverfahren	7
a) Grundsatz	7
b) Übersicht über wichtige Antragsverfahren	8
IV. Verfahrenseinleitender Antrag	11
1. Antrag als Verfahrensvoraussetzung	11
2. Antrag als Sachantrag	13
3. Form des Antrags	18
4. Antragsfrist	20
a) Grundsatz	20
b) Fristwahrung	22
5. Antragsberechtigung	23
a) Grundsatz	23
b) Aufgrund gesetzlicher Regelung	24
c) Ohne gesetzliche Regelung	25
d) Antragsberechtigung in echten Streitsachen	27
e) Behörden und öffentlich-rechtliche Körperschaften	28
6. Mehrheit von Antragsberechtigten	30
a) Einfache Verfahrensgenossen	30
b) Notwendige Verfahrensgenossen	31
7. Rechtsschutzbedürfnis	33
8. Feststellungsinteresse; Feststellungsanträge	37
V. Notwendiger Inhalt des Antrags (Abs. 1)	38
1. Grundsatz	38
2. Mindestinhalt	39
3. Unterschrift	42
4. Sondervorschriften	44
VI. Inhalt und Wirkungen der Anträge und Erklärungen	45
1. Bedingte Anträge oder Erklärungen	45
2. Willensmängel des Erklärenden; Auslegung von Anträgen und Erklärungen	46
VII. Übermittlung an die übrigen Beteiligten (Abs. 2)	48
VIII. Verfahrensstandschaft	51
1. Gesetzliche Verfahrensstandschaft	51
2. Gewillkürte Verfahrensstandschaft	52
3. Prüfung der Verfahrensstandschaft	53
IX. Rücknahme des Antrags; Verzicht; Verwirkung	54

---

* Neuer Satz 3 gem. Art. 4 Nr. 2 RegE des Gesetzes zur Förderung der Mediation und …; vgl. BR-Drs. 60/11; BT-Drs. 17/5335.

	Rn
X. Anmeldungen in Registersachen	57
1. Allgemein	57
2. Form der Anmeldung	60
3. Anforderungen an die Anmeldung	61
4. Anmeldeverfahren	63
XI. Kosten und Gebühren	66

I. Normzweck

1 § 23 orientiert sich an §§ 130, 131 ZPO und konkretisiert die Mitwirkungspflichten eines Antragstellers im Antragsverfahren. Es werden die formellen Mindestanforderungen an den Inhalt eines verfahrenseinleitenden Antrags festgelegt;[1] unberührt bleiben die in speziellen Vorschriften enthaltenden weitergehenden Anforderungen, z. B. in § 2354 BGB oder in § 8 GmbHG. Von einem Antragsteller wird in **Abs. 1 S. 1** – ausgestaltet als Sollbestimmung – generell eine Begründung seines Antrags gefordert. Hierdurch soll eine frühzeitige Strukturierung und eine sachgerechte Förderung des Verfahrens erreicht werden. Um das Gericht bei der Ermittlung des entscheidungsrelevanten Sachverhalts zu unterstützen, werden die Mindestanforderungen an eine Begründung in **Abs. 1 S. 2 und** *3* (bzw. *4* gem. RegE)[1a] näher konkretisiert.

1a Der in Art. 4 Nr. 2 des RegE des Gesetzes zur Förderung der Mediation und anderer Verfahren der außergerichtlichen Streitbeilegung[1b] vorgesehne **Abs. 1 S. 3** überträgt den Regelungsgehalt des neu eingeführten § 253 Abs. 3 Nr. 1 ZPO auf das FamFG. Die Regelung dient dem Ziel, die Mediation und die außergerichtliche Konfliktbeilegung stärker im Bewusstsein der Bevölkerung und in der Rechtsberatungspraxis zu verankern. Spätestens mit der Antragstellung sollen sich die Beteiligten und der Bevollmächtigte mit der Frage auseinandersetzen, ob der dem Antrag zugrundeliegende Konflikt nicht außergerichtlich beigelegt werden. Zugleich soll die Verpflichtung der Rechtsanwälte betont werden, die Mandanten konfliktvermeidend und streitschlichtend zu begleiten.[2]

1b Aus Gründen der Rechtsklarheit sieht **Abs. 1 S.** *4* (bzw. *5* gem. RegE)[2a] eine Unterzeichnung des Antrags durch den Antragsteller bzw. seinen Bevollmächtigten vor. Zudem wird mit dem nach **Abs. 2** aufgestellten Erfordernis der Übermittlung des Antrags an die übrigen Beteiligten dem Grundsatz auf Gewährung des rechtlichen Gehörs Rechnung getragen.[3]

II. Anwendungsbereich

2 § 23 gilt für alle Verfahren nach § 1 mit **Ausnahme** der Ehesachen (§ 121) sowie der Familienstreitsachen (§ 112); für diese gelten nach § 113 Abs. 1 S. 2 die §§ 1 bis 494a ZPO entsprechend und somit die §§ 130 ff., 253 ZPO. Soweit nach Landesrecht für die Durchführung des Verfahrens andere als gerichtliche Behörden zuständig sind (§ 488 Abs. 1), findet § 23 Anwendung. In den landesgesetzlich geregelten Angelegenheiten der freiwilligen Gerichtsbarkeit kann der Landesgesetzgeber die entsprechende Geltung des FamFG und somit des § 23 vorschreiben. Zu den Einzelheiten siehe die Ausführungen bei § 486.

III. Abgrenzung Amts- zu Antragsverfahren

1. Allgemeines

3 Das Recht und die Pflicht zur **Einleitung eines Verfahrens** bestimmen sich nach materiellem Recht. Dieses kennt folgende Möglichkeiten der Einleitung eines Verfahrens:[4]

---

[1] BT-Drs. 16/6308 S. 185.
[1a] BR-Drs. 60/11; BT-Drs. 17/5335.
[1b] BR-Drs. 60/11; BT-Drs. 17/5335.
[2] BR-Drs. 60/11 S. 29
[2a] BR-Drs. 60/11; BT-Drs. 17/5335.
[3] BT-Drs. 16/6308 S. 186.
[4] BT-Drs. 16/6308 S. 185; Prütting/Helms/Ahn-Roth Vor §§ 23, 24 Rn 3.

Verfahrenseinleitender Antrag 4–7 § 23

- das Verfahren wird von Amts wegen eingeleitet und im Wege der Amtsermittlung durchgeführt = sog. **Amtsverfahren** (z. B. bei einer Amtslöschung im Register, § 421 Abs. 1);
- das Verfahren wird auf Antrag eingeleitet und im Wege der Amtsermittlung durchgeführt = sog. **Antragsverfahren** (z. B. Erteilung eines Erbscheins, Registereintragungen);
- das Verfahren kann **alternativ** auf Antrag oder von Amts wegen eingeleitet werden und wird im Wege der Amtsermittlung durchgeführt (z. B. Bestellung eines Betreuers, § 1896 Abs. 1 BGB);
- das Verfahren wird auf Antrag eingeleitet und auf der **Grundlage der Erklärungen** der Beteiligten durchgeführt (z. B. Eintragungen im Grundbuch, §§ 13, 19 GBO).

Während in der freiwilligen Gerichtsbarkeit ursprünglich im Hinblick darauf, dass die **4** Gerichte vornehmlich Rechtsfürsorge im öffentlichen Interesse ausübten, die **Amtsverfahren** zahlenmäßig überwogen und **Antragssachen** nur dann vorlagen, wenn das öffentliche Interesse an der Wahrnehmung einer Angelegenheit vergleichsweise gering war und das private Rechtsschutzinteresse des Antragstellers im Vordergrund stand,[5] ist durch die Entwicklung, so auch durch die Zuweisung der echten Streitsachen, der Familiensachen und der Aufgebotssachen in das FamFG-Verfahren, eine Umkehrung dieser Verhältnisse erfolgt.

2. Amtsverfahren

Das Amtsverfahren ist vom Gericht einzuleiten, wenn ihm in irgendeiner Weise ein **5** Sachverhalt bekannt wird, der eine Maßnahme der Rechtsfürsorge in Betracht kommen und deshalb die Aufnahme von Ermittlungen nach § 26 geboten erscheinen lassen (vgl. dazu § 24 Rn 4). Alle FamFG-Verfahren, für deren Einleitung **keine besondere gesetzliche Regelung** getroffen worden ist, nach der ausdrücklich ein verfahrenseinleitender Antrag erforderlich ist, sind Amtsverfahren.[6] Entsprechende Verfahren gibt es insbesondere in dem klassischen Bereich der freiwilligen Gerichtsbarkeit, in dem das Gericht eine Rechtsfürsorge ausübt, so z. B. in Kindschaftssachen gem. §§ 1666, 1680 Abs. 2, 1687 Abs. 2, 1696, 1774, 1886; in Nachlasssachen gem. §§ 1960, 2361 BGB. Amtsverfahren sind auch die Verfahren auf **Erteilung familien- oder betreuungsgerichtlicher Genehmigungen,** z. B. nach §§ 1821, 1822 BGB[7] oder §§ 1904, 1905, 1906 BGB.[8] Obwohl diese Genehmigungen ohne Antrag des Vormundes oder des Betreuers von Amts wegen erteilt werden dürfen, sollte das Gericht indes davon gegen den Willen des Vormundes oder des Betreuers absehen,[9] da in diesen Fällen regelmäßig kein Bedürfnis besteht, den Beteiligten eine staatliche Fürsorgeleistung aufzudrängen.

Vereinzelt kann ein Verfahren **sowohl von Amts wegen als auch auf Antrag** eingeleitet werden; dazu zählen die Verfahren nach § 1632 Abs. 4 BGB (Verbleibensanordnungen), § 1682 S. 1 BGB (Verbleibensanordnungen von Bezugspersonen), § 1887 Abs. 2 BGB (Entlassung des Jugendamts oder eines Vereins als Vormund), § 1896 Abs. 1 BGB (Bestellung eines Betreuers), § 1908 b BGB (Entlassung eines Betreuers). Umfangsverfahren nach §§ 1684, 1685 BGB werden zwar in der Praxis überwiegend auf Antrag eingeleitet, das Gericht kann aber von Amts wegen tätig werden, wenn es zum Wohl des Kindes angezeigt ist. All diesen Verfahren ist eine Einschränkung der Dispositionsbefugnis des Antragstellers gemeinsam; das auf seinen Antrag eingeleitete Verfahren kann nicht durch Antragsrücknahme (§ 22 Abs. 1) oder übereinstimmende Erklärung der Beteiligten (§ 22 Abs. 3) beendet werden.[10] Zu den weiteren Einzelheiten des Amtsverfahrens siehe § 24 Rn 3.

3. Antragsverfahren

a) Grundsatz. In Antragsverfahren wird das Gericht nur auf Antrag tätig. Das Verfahren **7** beginnt mit dem Eingang eines entsprechenden Antrags bei Gericht. Das Antragserfordernis ergibt sich aus dem materiellen Recht. Die rechtliche Bedeutung eines Antrags erschöpft

---

[5] Habscheid § 6 II.
[6] Prütting/Helms/Ahn-Roth § 22 Rn 4; Bärmann § 13 I 3; Jansen/von König/von Schuckmann Vorbem. §§ 8–18 Rn 8.
[7] BayObLG FamRZ 1985, 424.
[8] BayObLG FamRZ 1994, 1416.
[9] Staudinger/Engler § 1828 Rn 48.
[10] BayObLG NJW 1962, 302.

sich nicht darin, dass dieser Verfahrensvoraussetzung ist und ggf. als Sachantrag auch den Inhalt der vom Gericht zu erlassenen Entscheidung bestimmt. Wenn eine Verfügung nur auf Antrag ergehen kann und dieser (teilweise) zurückgewiesen worden ist, ist deren Änderung durch § 48 Abs. 1 S. 2 eingeschränkt; sie setzt einen neuen Antrag voraus. Ebenso ist das Beschwerderecht in Antragsverfahren eingeschränkt; für dessen Ausübung reicht es bei der Zurückweisung eines Antrags nicht aus, dass der Beschwerdeführer durch die angefochtene Verfügung in seinen Rechten beeinträchtigt ist, sondern er muss darüber hinaus den Antrag erster Instanz gestellt haben (§ 59 Abs. 2).

8   **b) Übersicht über wichtige Antragsverfahren.** Ein Antragsverfahren liegt immer dann vor, wenn das gesetzlich ausdrücklich bestimmt ist. Ausdrücklich wird beispielsweise im **FamFG** ein Antrag in folgenden Vorschriften vorgeschrieben:
- § 124 für Ehesachen, § 133 für Scheidungssachen und Folgesache, § 168 Abs. 1 für die Vergütung des Vormunds oder Gegenvormunds, § 171 für Abstammungssachen, § 203 für Ehewohnungs- und Haushaltssachen, §§ 249, 250 für das vereinfachte Unterhaltsverfahren, § 292 Abs. 1 für die Vergütung des Betreuers, § 363 für Teilungssachen, § 373 Abs. 1 i. V. m. § 363 für die Auseinandersetzung einer Gütergemeinschaft, § 403 für die Aufmachung der Dispache, § 405 für die Verhandlung über eine aufgemachte Dispache, § 417 für Freiheitsentziehungssachen, § 434 für Aufgebotssachen.

9   Bestimmungen über die Notwendigkeit eines Antrags finden sich auch in **anderen Gesetzen,** so beispielsweise in:
- §§ 29, § 48 Abs. 1 S. 2 2. Halbs. i. V. m. § 29, §§ 113 Abs. 3, 1303 Abs. 2, 1308 Abs. 2, 1309 Abs. 2, 1313, 1315 Abs. 1 S. 3, 1357 Abs. 2, 1365 Abs. 2, 1369 Abs. 2, 1382, 1383, 1426, 1430, 1452, § 1487 Abs. 1 1. Halbs. i. V. m. § 1426, §§ 1507, 1560, 1564, 1600 e Abs. 2, 1615 o, 1630 Abs. 3, 1631 Abs. 3, 1632 Abs. 3, 1671, 1672, 1681 Abs. 2, 1682, 1712, 1748, 1749, 1752, 1753, 1757 Abs. 4, 1760, 1765 Abs. 2, 1768, 1771, 1778 Abs. 2, 1817, 1889, § 1895 i. V. m. § 1889, §§ 1896 Abs. 1 S. 3, 1908 d Abs. 2, § 1915 i. V. m. § 1778 Abs. 2 oder § 1817, §§ 1961, 1981, 1994, 2003, 2005 Abs. 2, 2198 Abs. 2, 2202 Abs. 3, 2216 Abs. 2 S. 2, 2227, 2331 a Abs. 2 S. 2 i. V. m. § 1382, 2353, 2368 **BGB;**
- § 23 Abs. 1 **EGGVG;**
- § 7 Abs. 3 **ErbbauRG;**
- §§ 1 Abs. 1, 2 Abs. 1 **GewSchG;**
- § 14 Abs. 1 **LwVG;**
- §§ 48, 49 **PStG;**
- § 5 **ThUG;**[11]
- §§ 16, 33 a, § 39 i. V. m. § 40 **VerschG;**
- Art. 2 §§ 1, 2, 3, 8 **VerschÄndG;**

10
- §§ 85 Abs. 1, 98 Abs. 1, 104 Abs. 1, 132 Abs. 1, 142 Abs. 2, 147 Abs. 2, 258 Abs. 1, 260 Abs. 1, 265 Abs. 3, 273 Abs. 4, 278 Abs. 3, 304 Abs. 3; 305 Abs. 5, 315, 320 b Abs. 2 **AktG;**
- § 51 a i. V. m. § 51 b, § 66 Abs. 2, Abs. 5 **GmbHG;**
- §§ 146 Abs. 2, 147, § 161 Abs. 2 i. V. m. § 146 Abs. 2 oder § 147, §§ 166 Abs. 3, 233 Abs. 3, 318 Abs. 3, 324 Abs. 1 **HGB;**
- § 10 **PartGG** i. V. m. § 146 Abs. 2 oder § 147 HGB;
- §§ 3–5 **SpruchG;**
- §§ 26 Abs. 1, 34, § 70 i. V. m. § 26 Abs. 1, § 125 i. V. m. § 34, §§ 176 bis 181, 184, 186, 196, 212 **UmwG.**

IV. Verfahrenseinleitender Antrag

1. Antrag als Verfahrensvoraussetzung

11   Im Antragsverfahren setzt die gerichtliche Tätigkeit einen wirksamen Verfahrensantrag voraus.[12] Das Verfahren wird mit der Antragstellung eingeleitet, ohne dass es der vorherigen Zustellung oder Mitteilung der Antragsschrift an die übrigen Verfahrensbeteiligten bedarf.[13]

---
[11] Gesetz von 22. 12. 2010 (BGBl. I S. 2300, 2305).
[12] BGH FGPrax 2011, 41; FGPrax 2010, 316; FGPrax 2010, 210: FGPrax 2010, 158.
[13] KG WuM 1991, 361; OLG Dresden NJW-RR 2011, 660; Schmidt FGPrax 1999, 144.

Nach § 23 Abs. 2 soll das Gericht den Antrag jedoch allen übrigen Beteiligten übermitteln. Durch den Antrag wird der Verfahrensgegenstand festgelegt.[14] Die Frage, ob das Gesetz einen Antrag als **notwendige Verfahrensvoraussetzung** vorsieht und welche Personen zur Antragstellung berechtigt sind, ist unabhängig vom Standort der gesetzlichen Regelung im deutschen Recht, also auch dann, wenn sich die Antragsvoraussetzung aus einer materiellrechtlichen Vorschrift ergibt, ausschließlich verfahrensrechtlich zu qualifizieren und richtet sich daher auch in Fällen mit Auslandsberührung unabhängig vom anzuwendenden Sachrecht nach deutschem Verfahrensrecht.[15]

Ob ein **zulässiger Antrag als Verfahrensvoraussetzung** vorliegt, ist in jedem Verfahrensstadium – auch im Rechtsmittelverfahren – zu prüfen.[16] Im Fall eines unwirksamen oder eines fehlenden Antrags hat das Gericht von Amts wegen Gelegenheit zur Nachbesserung zu geben (vgl. § 28 Abs. 2).[17] Ein fehlerhafter Antrag kann noch in der Beschwerde- sowie in der Rechtsbeschwerdeinstanz nachgebessert werden; ebenso ist eine Nachholung eines fehlenden Antrags möglich.[18] Insoweit sind auch im Verfahren der Rechtsbeschwerde neue Tatsachen, die nach Abschluss der Beschwerdeinstanz eingetreten sind, zu berücksichtigen, soweit sie sich auf den Eintritt bislang fehlender Verfahrensvoraussetzungen beziehen. Hierbei ist zu unterscheiden:
– Fehlt in einer **echten Streitsache** der erforderliche Verfahrensantrag und wird dieser nicht nachgereicht, so ist eine dennoch ergangene Entscheidung nichtig.[19] Sie ist ohne Aufhebung unbeachtlich, kann aber zur Beseitigung des Rechtsscheins angefochten werden.[20]
– In den **sonstigen Angelegenheiten** führt das Fehlen eines Verfahrensantrags nur zur Anfechtbarkeit der Entscheidung.[21] In Freiheitsentziehungssachen kann indes eine nachträgliche Antragstellung eine bereits angeordnete Haft nicht rechtfertigen;[22] vielmehr leidet die Entscheidung an einem Verfahrensmangel, der zu ihrer Rechtswidrigkeit führt.

2. Antrag als Sachantrag

Es gibt Verfahren der freiwilligen Gerichtsbarkeit, in denen der gestellte Antrag nicht bloße Verfahrensvoraussetzung ist, sondern die **Sachentscheidung des Gerichts** in der Weise bestimmt, dass es dem Antrag entweder ganz oder teilweise entsprechen oder ihn zurückweisen kann, nicht aber über den Antrag hinausgehen oder dem Antragsteller etwas anderes als beantragt zusprechen darf.[23] Das gilt insbesondere in echten Streitsachen, in denen die Vermögensinteressen der Beteiligten im Vordergrund stehen und diese zumindest eine eingeschränkte Befugnis zur Verfügung über den Verfahrensgegenstand haben. Da **Sachanträge** der Verwirklichung des materiellen Rechts dienen sollen, müssen sie nach sorgfältiger Erforschung des wahren Willens des Antragstellers nach § 26 im Zweifel so ausgelegt werden, dass sie dem geltend gemachten materiellen Anspruch zum Erfolg verhelfen können.[24] Gegebenenfalls muss auf die Stellung sachentsprechender Anträge hingewirkt werden (§ 28 Abs. 2).[25] Indes ist das Gericht nicht befugt, die durch den Inhalt des gestellten Antrags gesetzten Grenzen zu überschreiten und beispielsweise eigene, ihm geeignet erscheinende Maßnahmen anzuordnen.[26]

Sachantrag ist zum Beispiel der nach § 2353 BGB erforderliche Antrag auf **Erteilung eines Erbscheins.** Dieser Antrag bindet das Gericht in der Weise, dass es ihm entweder

---

[14] BayObLG NJW-RR 1995, 52; FamRZ 1984, 201; Bärmann § 13 II 2; Habscheid § 19 I 1 b.
[15] BayObLG NJW-RR 1997, 644.
[16] BGH FGPrax 2011, 41; FGPrax 2010, 316; FGPrax 2010, 210; FGPrax 2010, 158; BayObLG FGPrax 1997, 177.
[17] OLG Hamm OLGZ 1974, 172.
[18] BayObLGZ 1964, 313/316; BayObLGZ 1963, 19/25.
[19] Habscheid NJW 1966, 1787/1798.
[20] BayObLG NJW-RR 2000, 761.
[21] Vgl. KG FGPrax 1998, 227.
[22] BGH FGPrax 2011, 41; FGPrax 2010, 316; FGPrax 2010, 210.
[23] Habscheid § 18 II 2; Jansen/von König/von Schuckmann Vorbem. §§ 8–18 Rn 13.
[24] BGH MDR 1998, 556; BayObLG NJW-RR 2001, 256; MDR 1981, 499; OLG Frankfurt OLGZ 1980, 76/77.
[25] BayObLG MDR 1981, 499.
[26] BayObLG ZMR 1985, 275.

entsprechen kann oder ihn ablehnen muss.[27] Dagegen ist es nicht zulässig, dass das Nachlassgericht dem gestellten Antrag nur teilweise entspricht oder an Stelle des beantragten einen abweichenden Erbschein, z. B. anstelle eines gegenständlich beschränkten einen unbeschränkten Erbschein erteilt.[28] Aus der strengen Bindung des Nachlassgerichts an den gestellten Erbscheinsantrag folgt auch, dass dieser das beanspruchte Erbrecht genau bezeichnen muss. Das setzt Angaben sowohl über die Größe der Erbquote als auch über den Berufungsgrund (gesetzliche oder gewillkürte Erbfolge) voraus.[29]

15 Ausnahmsweise ist allerdings eine alternative Angabe des Berufungsgrundes zulässig, wenn Zweifel an der Gültigkeit einer letztwilligen Verfügung bestehen und der Antragsteller nach gesetzlicher Erbfolge mit der gleichen Quote zum Erben berufen ist.[30] Das gilt ebenso, wenn der Erbscheinsantrag alternativ auf Grund von zwei Testamenten gestellt wird, die die Erbfolge in gleicher Weise regeln, wenn Streit besteht, ob das spätere Testament gültig oder weggefallen ist.[31] Die alternative Erteilung eines Erbscheins ist jedoch ausgeschlossen, wenn der Antragsteller sich weigert, einen alternativen Erbscheinsantrag zu stellen.[32] Auch **Haupt- und Hilfsantrag** mit sachlich verschiedenem Inhalt sind im Erbscheinsverfahren möglich, wenn jeder der beiden Anträge das mit ihm beanspruchte Erbrecht genau bezeichnet und die Prüfungsreihenfolge bestimmt ist.

16 Ein inhaltlich richtiger Erbschein ist nach § 2361 BGB auch dann **einzuziehen bzw. für kraftlos** zu erklären, wenn er ohne Antrag, auf Grund eines unvollständigen Antrags oder abweichend vom gestellten Antrag erteilt worden ist.[33] Die Einziehung des Erbscheins ist in diesen Fällen jedoch nicht mehr möglich, wenn der Antragsteller oder einer der Antragsberechtigten die verfahrensfehlerhafte Erteilung des Erbscheins genehmigt hat,[34] wobei diese Genehmigung ausdrücklich oder stillschweigend erteilt werden kann,[35] z. B. durch Entgegennahme des fehlerhaften Erbscheins in Kenntnis seiner Fehlerhaftigkeit. Der fehlende Erbscheinsantrag kann in jedem Verfahrensstadium, auch noch in der Rechtsbeschwerdeinstanz nachgeholt werden; in der Nachholung des Antrags in den Rechtsmittelinstanzen liegt keine Änderung des Verfahrensgegenstandes, die im Rechtsmittelverfahren unzulässig wäre.[36]

17 Ebenso setzt die Anordnung nach **§ 48 Abs. 1 PStG,** eine abgeschlossene Eintragung in den Personenstandsbüchern zu berichtigen, einen Sachantrag voraus, an den das Gericht ebenfalls in dem Sinne gebunden ist, dass es ihm entweder ganz oder teilweise stattgeben kann oder ihn zurückweisen muss.[37] Wird z. B. beantragt, die Eintragung im Geburtenbuch, ein Kind sei am 15. 7. 2011 geboren, dahin zu berichtigen, die Geburt sei am 15. 6. 2011 gewesen, und ergeben die Ermittlungen, dass der Geburtstag in Wahrheit der 16. 7. 2011 ist, so ist der Berichtigungsantrag zurückzuweisen, wenn der Antragsteller eine Anpassung seines Antrags an das Ergebnis der Ermittlungen ablehnt. Im Antragsverfahren nach § 49 Abs. 1 PStG wird die mögliche Sachentscheidung des Gerichts ausschließlich durch den gestellten Antrag bestimmt.[38]

3. Form des Antrags

18 § 25 sieht vor, dass Anträge gegenüber dem zuständigen Gericht schriftlich oder zur Niederschrift der Geschäftsstelle des zuständigen Gerichts (§ 25 Abs. 1) oder jedes beliebigen AG (§ 25 Abs. 2) erklärt werden können. An die Form des schriftlichen Antrags oder den Inhalt des Protokolls werden in § 25 **keine besonderen Anforderungen** gestellt (zu

---

[27] BayObLG FamRZ 1995, 1028; OLG Hamm 1968, 1683.
[28] OLG Hamm NJW 1968, 1682.
[29] BayObLG FamRZ 1995, 1028.
[30] BayObLGZ 1974, 460/466.
[31] OLG Frankfurt MDR 1978, 228.
[32] BayObLG Rpfleger 1973, 136.
[33] BayObLGZ 1970, 105/110; KG OLGZ 1971, 215/216; OLG Köln NJW 1962, 1728; OLG Zweibrücken OLGZ 1989, 153/155 (für Testamentsvollstreckerzeugnis).
[34] BGH NJW 1979, 1729; BayObLGZ 1970, 34/35; KG DNotZ 1955, 156.
[35] BayObLGZ 1970, 105/109; BayObLG FamRZ 1989, 1349.
[36] BayObLG NJW-RR 1996, 7 = FamRZ 1995, 1449; NJW-RR 1994, 1032.
[37] BGH FamRZ 1990, 39; BayObLG FamRZ 1987, 967; BayObLGZ 1986, 305/309.
[38] Hepting/Gaaz § 45 Rn 36.

den Einzelheiten siehe § 25 Rn 16). Ein Antrag kann gemäß § 14 Abs. 2 auch, sobald diese Möglichkeit eröffnet worden ist, als elektronisches Dokument bei Gericht eingereicht werden (siehe dazu § 14 Rn 7 ff.).

Da § 25 nicht als Muss-Vorschrift ausgestaltet ist, kann ein verfahrenseinleitender Antrag auch weiterhin wirksam **mündlich** oder **telefonisch** gestellt werden.[39] Entsprechende Anträge sind zumindest durch einen Aktenvermerk festzuhalten. Eine mündliche Antragstellung ist dann ausgeschlossen, wenn das Gesetz, wie z. B. in § 64 Abs. 2 FamFG oder § 26 EGGVG, ausdrücklich eine Antragstellung in der Form des § 25 oder ausschließlich schriftliche Antragstellung vorschreibt. Gleiches gilt, wenn verfahrenseinleitende Anträge einer besonderen Form bedürfen, wie z. B. die notarielle Beurkundung im Adoptionsverfahren (§ 1752 Abs. 2 S. 2 BGB) und im Verfahren auf Aufhebung der Adoption nach § 1762 Abs. 3 BGB. Der Antrag auf Erteilung eines Erbscheins kann formlos gestellt werden, lediglich der Nachweis der Richtigkeit der Angaben ist gemäß § 2356 Abs. 2 S. 1 BGB formbedürftig.[40]

4. Antragsfrist

a) Grundsatz. Für eine Antragstellung besteht grundsätzlich keine Frist. Im Interesse baldiger Rechtssicherheit sieht das Gesetz vereinzelt ausdrücklich **verfahrensrechtliche Antragsfristen** vor, z. B. in §§ 44 Abs. 2, 63, 71 Abs. 1 FamFG, §§ 23 ff. EGGVG für die Anfechtung von Justizverwaltungsakten oder § 22 Abs. 1 GrdstVG für einen Antrag auf gerichtliche Entscheidung gegen einen Bescheid nach dem GrdstVG. Der Antrag auf Einleitung des Anfechtungsverfahrens nach § 1600 e Abs. 2 BGB ist beispielsweise innerhalb der Fristen des § 1600 b BGB zu stellen. Weitere verfahrensrechtliche Ausschlussfristen ergeben sich beispielsweise aus § 1762 Abs. 2 BGB für die Aufhebung eines Adoptionsvertrages, im Verfahren nach 1981 Abs. 2 S. 2 BGB für die Anordnung der Nachlasspflegschaft auf Antrag eines Nachlassgläubigers. Wird eine verfahrensrechtliche Frist nicht gewahrt, ist der Antrag als **unzulässig** zu verwerfen.

In anderen Fällen ist die Stellung des verfahrenseinleitenden Antrags deshalb fristgebunden, weil eine **materiellrechtliche Ausschlussfrist** gewahrt werden muss. Der fristgerechte Antrag ist hier keine Verfahrensvoraussetzung, sondern Voraussetzung für eine dem Antragsteller günstige Sachentscheidung. Eine materiellrechtliche Ausschlussfrist folgt aus § 2 VBVG für die Vergütung von Vormündern und Betreuern. Hingewiesen sei außerdem auf die sich aus den §§ 318 Abs. 3 HGB, 132 Abs. 2, 142 Abs. 4 S. 2, 258 Abs. 2 S. 1, 260 Abs. 1 S. 1, 305 Abs. 4 S. 3 AktG und § 4 SpruchG[41] ergebenden Ausschlussfristen. Wird der Antrag nicht innerhalb der Ausschlussfrist gestellt, ist er deshalb als **unbegründet** zurückzuweisen.

b) Fristwahrung. Die Antragsfrist ist unabhängig vom Charakter der zu wahrenden Frist als verfahrensrechtliche Frist oder als materiellrechtliche Ausschlussfrist nur dann gewahrt, wenn der verfahrenseinleitende Antrag fristgerecht beim örtlich und sachlich zuständigen Gericht eingeht. Das gilt auch dann, wenn der Antrag nach § 25 Abs. 2 zulässigerweise zu Protokoll der Geschäftsstelle eines für die sachliche Durchführung des Verfahrens unzuständigen AG erklärt worden ist, § 25 Abs. 3 S. 2 (vgl. dazu § 25 Rn 27). Bei unverschuldeter Versäumnis echter verfahrensrechtlicher Antragsfristen kann nach den §§ 17 ff. Wiedereinsetzung gewährt werden;[42] dies ist auch bei nicht rechtzeitiger Weiterleitung der Niederschrift an das zuständige Gericht möglich.

5. Antragsberechtigung

a) Grundsatz. Zulässigkeitsvoraussetzung für einen wirksamen Antrag ist eine entsprechende Antragsberechtigung. Diese kann sich aufgrund einer ausdrücklichen **gesetzlichen**

---
[39] A. A. Bahrenfuss/Rüntz § 23 Rn 12, es bedarf stets eines schriftlichen Antrages oder einer Niederschrift zur Geschäftsstelle.
[40] OLG Köln FGPrax 2009, 287 = FamRZ 2010, 1013.
[41] Zur Frage des Nachweises der Antragsberechtigung innerhalb der Ausschlussfrist siehe OLG Frankfurt FGPrax 2008, 181 m. w. N.
[42] BGH MDR 1964, 917; OLG Düsseldorf MDR 1992, 1041.

Regelung (siehe dazu Rn 24) oder aus dem **materiellen Recht** (siehe dazu Rn 25) ergeben. Wird der Antrag von jemandem gestellt, der nicht antragsberechtigt ist, so ist er, ohne dass eine Sachentscheidung ergeht, als unzulässig zu verwerfen.[43] Der Antragsteller ist formell Verfahrensbeteiligter (§ 7 Abs. 1), auch wenn er nicht antragsberechtigt ist, und hat daher einen Anspruch auf Entscheidung.[44] Eine Wirkung des Antragsrechts durch Zeitablauf kommt nicht in Betracht; ist das mit dem Antrag verfolgte materielle Recht durch Zeitablauf verwirkt, ist der Antrag unbegründet.

24   b) **Aufgrund gesetzlicher Regelung.** In zahlreichen gesetzlichen Vorschriften, in denen die Einleitung eines gerichtlichen Verfahrens von der Stellung eines Antrags abhängig gemacht wird, ist gleichzeitig bestimmt, wer zur Stellung dieses Antrags berechtigt ist und damit **formell Verfahrensbeteiligter** im Sinne des § 7 Abs. 1 wird. Beispielhaft sei auf §§ 113 Abs. 3, 1365 Abs. 2, 1369 Abs. 2, 1383 Abs. 1, 1452 Abs. 1, 1600 e Abs. 2, 1612 Abs. 2 S. 2, 1631 Abs. 3, 1672 Abs. 1, 1681 Abs. 2, § 1712 i. V. m. § 1713, §§ 1748 Abs. 1, 1749 Abs. 1, 1752 Abs. 1, 1757 Abs. 4, § 1760 i. V. m. § 1762, §§ 1765 Abs. 2, 1768, 1771, 1772, 1889, 1896 Abs. 1, 1908 d Abs. 2, 1961, 1981 Abs. 1, 1994 Abs. 1, 2003 Abs. 1, 2331 a Abs. 2, 2353 Abs. 1 BGB; §§ 98 Abs. 1, Abs. 2, 104 Abs. 1, 132 Abs. 2142 Abs. 4 S. 1, 147 Abs. 2 S. 2 AktG; §§ 51 b, 66 Abs. 2 GmbHG; §§ 166 Abs. 3, 233 Abs. 3, 318 Abs. 3 HGB; § 3 SpruchG; § 5 ThUG verwiesen.

25   c) **Ohne gesetzliche Regelung.** In anderen Fällen ist gesetzlich nicht bestimmt, wer Antragsteller sein kann, oder das Gesetz bezeichnet als möglichen Antragsteller jeden Beteiligten, so beispielsweise in §§ 29, 1357 Abs. 2, 1382, 1426, 1430, 2198 Abs. 2, 2202 Abs. 3, 2216 Abs. 2 S. 2, 2227, 2253 BGB; § 146 Abs. 2 S. 1 HGB. In diesen Fällen steht die Antragsberechtigung nur den **materiell Beteiligten** zu,[45] d. h. denjenigen natürlichen oder juristischen Personen, deren Rechte und Pflichten durch die gerichtliche Entscheidung, die in der zu regelnden Angelegenheit zu erwarten ist, unmittelbar berührt werden können.[46] So hat beispielsweise der Nacherbe vor Eintritt des Nacherbfalls trotz des ihm zustehenden Anwartschaftsrechts[47] mangels materieller Beteiligung nicht das Recht, die Erteilung eines Erbscheins an sich oder den Vorerben zu beantragen,[48] da sich aus der Verlautbarung der Anordnung einer Nacherbschaft in dem dem Vorerben erteilten Erbschein nur die Beschränkung seiner Rechtsstellung ergibt, sie das Nacherbrecht als solches aber nicht ausweist. Ist der Nacherbfall dagegen eingetreten, kann der Erbschein grundsätzlich nur noch zugunsten des Nacherben erteilt werden.[49]

26   Im Ausnahmefall kann sich ein Antragsrecht sogar aus **einem bloßen rechtlichen Interesse** des Antragstellers ergeben. Nach § 16 Abs. 2 lit. c VerschG kann z. B. das Aufgebot zum Zweck der Todeserklärung außer von dem Ehegatten, den Abkömmlingen oder Eltern des Verschollenen von jedem beantragt werden, der ein rechtliches Interesse an der Todeserklärung hat.[50]

27   d) **Antragsberechtigung in echten Streitsachen.** Für die echten Streitsachen ist kennzeichnend, dass in ihnen über subjektive private oder öffentliche Rechte der Verfahrensbeteiligten oder über ein öffentliches Rechtsverhältnis gestritten wird.[51] Die privatrechtlichen Streitsachen weisen deshalb Parallelen zum Zivilprozess, die öffentlich-rechtlichen Streitsachen Parallelen zum Verwaltungsgerichtsprozess auf. **Antragsteller** in diesen Verfahren ist unabhängig von seiner materiellen Rechtsstellung immer derjenige, der ein materielles Recht behauptet, **Antragsgegner** derjenige, gegen den der Antragsteller dieses Recht unabhängig von dessen wahrer materieller Rechtsstellung in Anspruch nimmt. Der

---

[43] BGH MDR 1989, 436; Baur § 12 III 1; Habscheid § 14 II 1; Jansen/von König/von Schuckmann Vorbem. §§ 8–18 Rn 12.
[44] Bärmann § 8 IV 2; Baur § 12 III 1; Jansen/von König/von Schuckmann Vorbem. §§ 8–18 Rn 14.
[45] BGH JZ 1962, 123; Bärmann § 8 IV 2; Baur § 12 III 1; Jansen/von König/von Schuckmann Vorbem. §§ 8–18 Rn 14.
[46] BayObLG NJW-RR 1990, 52; Rpfleger 1988, 318; Habscheid § 14 I.
[47] BGH NJW 1983, 2244.
[48] BayObLG Rpfleger 1999, 331.
[49] OLG Frankfurt FGPrax 1998, 145; OLG Hamm NJW 1974, 1827.
[50] Vgl. BGH NJW 1982, 443.
[51] Habscheid § 7 IV, § 8 II.

Antragsteller ist auf Grund seiner Behauptung, ein Recht zu haben oder an einem Rechtsverhältnis beteiligt zu sein, aktiv, der Antragsgegner, gegen den sich das behauptete Recht richten soll, passiv zur Durchführung des Verfahrens legitimiert. Beide sind **formell Verfahrensbeteiligte**[52] und damit Mussbeteiligte im Sinne des § 7 Abs. 1 bzw. Abs. 2: sie erlangen diese Rechtsstellung allein durch den Formalakt der Antragstellung. Auch auf Seiten des Antragstellers ist also keine weitergehende Antragsberechtigung im Sinne einer materiellen Beteiligung erforderlich. Diese spielt nur insofern eine Rolle als Dritte, deren Rechtsstellung durch die in einem echten Streitverfahren ergehende Entscheidung berührt werden als materiell Beteiligte zum Verfahren hinzuzuziehen sind, vgl. § 7 Abs. 2 Nr. 1.

e) Behörden und öffentlich-rechtliche Körperschaften. Unabhängig von ihrer materiellen Beteiligung kann auch Behörden und öffentlich-rechtlichen Körperschaften das Recht zustehen, die Einleitung eines Verfahrens der freiwilligen Gerichtsbarkeit zu beantragen. Für die Aufsichtsbehörde des Standesbeamten ergibt sich z. B. aus §§ 48 Abs. 2, 49 Abs. 1 PStG das Recht zur Beantragung eines gerichtlichen Verfahrens. Im Verfahren nach § 49 Abs. 2 PStG ist der Standesbeamte dagegen kein Antragsteller, sondern nimmt die Stellung einer dem Gericht nachgeordneten Behörde ein. Nach § 5 Abs. 1 ThUG[53] ist in einer Therapieunterbringungssachen die untere Verwaltungsbehörde bzw. der Leiter der Einrichtung, in der eine Sicherungsverwahrung vollstreckt wird, antragsberechtigt.

Die Organe des Handelsstandes (§ 380 Abs. 1 Nr. 1), die Organe des Handwerksstandes (§ 380 Abs. 1 Nr. 2), die Organe des land- und forstwirtschaftlichen Berufsstandes (§ 380 Abs. 1 Nr. 3) und die berufsständischen Organe der freien Berufe (§ 380 Abs. 1 Nr. 4) haben nach § 380 die Registergerichte bei der Berichtigung und Vervollständigung des Handels- und Partnerschaftsregisters, der Löschung von Eintragungen in diesen Registern und beim Einschreiten gegen unzulässigen Firmengebrauch oder unzulässigen Gebrauch eines Partnerschaftsnamens zu unterstützen. Ein ausdrückliches Antragsrecht räumt § 380 den berufsständigen Organisationen im **Eintragungsverfahren** nicht ein. Insoweit sind Anträge als Anregung zu behandeln. Ein echtes Antragsrecht besitzen die berufsständigen Organe hingegen im **Löschungsverfahren** (§§ 394 Abs. 1 S. 1, 395 Abs. 1 S. 1, § 397 Abs. 1 S. 1 i. V. m. § 395 Abs. 1 S. 1).

6. Mehrheit von Antragsberechtigten

a) Einfache Verfahrensgenossen. Bei einer Mehrheit von Antragsberechtigten kann grundsätzlich jeder sein Antragsrecht selbstständig ausüben.[54] Jeder Miterbe kann z. B. nach § 2357 Abs. 1 S. 2 BGB den Antrag auf Erteilung eines gemeinschaftlichen Erbscheins stellen. Nach § 363 Abs. 2 ist jeder Miterbe berechtigt, das Verfahren auf Nachlassauseinandersetzung zu betreiben. Stellen mehrere Alleinantragsberechtigte den Antrag auf Verfahrenseinleitung gemeinsam, so werden mehrere Verfahren eingeleitet, die jedoch zur gemeinsamen Erörterung, Beweisaufnahme und Entscheidung zusammengefasst werden können (vgl. § 20). Die mehreren Antragsberechtigten sind im Anklang an die Begriffsbildung und Terminologie der ZPO „einfache Verfahrensgenossen", wobei sich die Rechtswirkungen der einfachen Verfahrensgenossenschaft im Wesentlichen darin erschöpfen, dass die Beweisaufnahme über Tatsachen, die alle zusammengefassten Verfahren betrifft, einheitlich ist und deren Ergebnis nur einheitlich gewürdigt werden kann. Das führt notwendigerweise zu einer einheitlichen Entscheidung, soweit diese auf dem Ergebnis der einheitlichen Beweisaufnahme oder der Würdigung von Tatsachen beruht, die allen zusammengefassten Verfahren gleichermaßen zugrunde liegen.[55]

b) Notwendige Verfahrensgenossen. Bisweilen steht das Antragsrecht einer Mehrheit von Personen nur zur gemeinsamen Ausübung zu. Das Verfahren nach § 37 Abs. 2 BGB,

---

[52] Bärmann § 8 IV 4; Habscheid § 14 IV 1.
[53] Gesetz vom 22. 12. 2010 (BGBl. I S. 2300, 2305).
[54] Jansen/von König/von Schuckmann Vorbem. §§ 8–18 Rn 14.
[55] BGH NJW-RR 2003, 1002; Jansen/von König/von Schuckmann Vorbem. §§ 8–18 Rn 86; Zöller/Vollkommer § 61 Rn 5.

eine Mitgliederversammlung eines Vereins einzuberufen, kann z. B. nur gemeinsam von einem in der Satzung des Vereins bestimmten Teil der Mitglieder oder – in Ermangelung einer solchen Satzungsbestimmung – nur von dem zehnten Teil der Vereinsmitglieder beantragt werden. Für die Einleitung eines Verfahrens zur Bestellung von Mitgliedern des Aufsichtsrates einer AG nach § 104 Abs. 1 S. 3 Nr. 3 AktG bedarf es des gemeinsamen Antrages einer bestimmten Mindestzahl bzw. eines bestimmten Bruchteil der Arbeitnehmer. Die Anträge nach den §§ 142 Abs. 2, 147 Abs. 2, 260 Abs. 1, 265 Abs. 3, 315 AktG können nur gemeinsam von den Aktionären gestellt werden, deren Anteile einen bestimmten Bruchteil des Grundkapitals erreichen. Bei notwendiger gemeinsamer Antragstellung besteht zwischen den gemeinsamen Antragstellern in Anlehnung an die Begriffsbildung und die Terminologie der ZPO eine „notwendige Verfahrensgenossenschaft".[56]

32   Diese besteht auch dann, wenn, ohne dass eine gemeinsame Antragstellung erforderlich wäre, gegenüber mehreren Beteiligten, z. B. im Hinblick auf deren Gestaltungswirkung, nur eine einheitliche Entscheidung ergehen kann, wie z. B. im Fall der Entlassung des Testamentsvollstreckers nach § 2227 BGB, die zwar jeder Miterbe einzeln beantragen, die aber nur einheitlich mit Wirkung gegenüber allen Miterben angeordnet werden kann.[57] Die Rechtswirkungen der notwendigen Verfahrensgenossenschaft erschöpfen sich aber darin, dass gegen die Verfahrensgenossen eine einheitliche Entscheidung ergehen muss. Die entsprechende Anwendung des § 62 ZPO mit der Wirkung, dass bei Wahrung einer Frist durch einen Verfahrensgenossen die Frist auch für die übrigen Verfahrensgenossen gewahrt ist,[58] ist im FamFG-Verfahren mangels einer dahingehenden ausdrücklichen Regelung ausgeschlossen.[59] Das gilt auch in echten Streitsachen.[60]

7. Rechtsschutzbedürfnis

33   Voraussetzung für einen zulässigen Antrag ist das Bestehen eines Rechtsschutzbedürfnisses. Dieses fehlt, wenn ein billigerer und einfacherer Weg zur Erreichung des Ziels besteht oder der Antragsteller kein berechtigtes Interesse an der beantragten Entscheidung hat.[61] Diese Voraussetzungen sind in **jeder Lage des Verfahrens** von Amts wegen zu prüfen.[62] Ein entsprechendes Rechtsschutzbedürfnis fehlt, wenn das Betreiben des Verfahrens eindeutig zweckwidrig ist und sich als Missbrauch der Rechtspflege darstellt,[63] wobei Mutwilligkeit, Geringfügigkeit oder verfahrensfremde Zwecke allein nicht immer ausreichen.[64] Allein der Erlass einer einstweiligen Anordnung (§ 49) lässt nicht das Rechtsschutzbedürfnis für einen Hauptsacheantrag entfallen.[65]

34   Fehlendes Rechtsschutzbedürfnis wegen **missbräuchlicher Inanspruchnahme der staatlichen Rechtpflegeorgane** kann bejaht werden, wenn in einer Angelegenheit der freiwilligen Gerichtsbarkeit, deren abschließende Entscheidung nicht in materielle Rechtskraft erwächst, ein neues Verfahren beantragt wird, ohne dass sich aus dem Vorbringen der Beteiligten neue tatsächliche oder rechtliche Gesichtspunkte für die Unrichtigkeit der schon ergangenen Entscheidungen ergeben.[66] So kann beispielsweise einer erneuten Anmeldung eines Vereins in das Vereinsregister das Rechtsschutzinteresse fehlen, wenn sie ausdrücklich auf die Tatsachen der früheren Anmeldung gestützt wird und Rechtsmittel gegen die Zurückweisung der früheren Anmeldung erfolglos geblieben sind;[67] Gleiches kann bei dem

---

[56] Jansen/von König/von Schuckmann Vorbem. §§ 8–18 Rn 87.
[57] Jansen/von König/von Schuckmann Vorbem. §§ 8–18 Rn 88.
[58] Thomas/Putzo/Hüßtege § 62 Rn 19, 30.
[59] BGHZ 3, 214/215; Habscheid § 16 I 2 b; Jansen/von König/von Schuckmann Vorbem. §§ 8–18 Rn 87.
[60] BGH NJW 1982, 224; NJW 1980, 1960; Jansen/von König/von Schuckmann Vorbem. §§ 8–18 Rn 88; a. A.: Bärmann § 11 II; Baur § 14 I 2; Habscheid § 16 I 2 (alle für entsprechende Anwendung von § 62 ZPO).
[61] BayObLG MDR 1979, 672.
[62] KG FGPrax 2005, 130.
[63] OLG Frankfurt FamRZ 1977, 482.
[64] Jansen/von König/von Schuckmann Vor §§ 8–18 Rn 17.
[65] OLG Nürnberg NJW 2011, 319 = FamRZ 2010, 1679.
[66] KG FGPrax 1999, 227; Habscheid § 28 III 3; vgl. auch BGH NJW 2004, 1805; OLG Hamm FamRZ 2004, 1218; jew. für erneuten PKH-Antrag.
[67] KG FGPrax 2005, 130.

erneuten Antrag auf Bestellung eines Liquidators[68] oder bei einem inhaltsgleichen Antrag auf Erteilung eines Erbscheins gelten.[69]

Wenn die Voraussetzungen der §§ 2354 bis 2356 BGB erfüllt sind, kann die **Erteilung** 35 **eines Erbscheins** im Regelfall nicht wegen mangelnden Rechtsschutzbedürfnisses mit der Begründung abgelehnt werden, der Antragsteller bedürfe im konkreten Fall keines Erbscheins.[70] Grundsätzlich steht dem Nachlassgericht nicht das Recht auf Prüfung zu, aus welchem Grund oder zu welchem Zweck im Einzelfall die Erteilung eines Erbscheins beantragt wird.[71] Insbesondere kann sie nicht deswegen verweigert werden, weil das in Anspruch genommene Erbrecht anderweitig nachgewiesen werden kann.[72] Das Rechtsschutzinteresse ist bei Stellung eines Erbscheinsantrages, der einem früheren, formell rechtskräftig zurückgewiesenen Antrag inhaltsgleich ist, besonders zu prüfen.[73] Das Rechtsschutzbedürfnis für die Erteilung eines Erbscheins kann ausnahmsweise dann versagt werden, wenn eine Erbfolge abstrakt ohne Bezug auf sich daraus ergebende konkrete Rechtsfolgen festgestellt werden soll.[74] Das kann insbesondere der Fall sein, wenn ein Erbfall bereits Jahre zurückliegt und eine Erbauseinandersetzung stattgefunden hat, deren Ergebnisse nicht in Zweifel gezogen werden sollen.

Das Rechtsschutzbedürfnis kann während eines laufenden Verfahrens **wegfallen,** z. B. bei 36 einer Erledigung der Sache; vgl. dazu § 22 Rn 24 bis 50. Zu einem eventuell bestehenden Interesse auf Feststellung der Rechtswidrigkeit siehe die Erläuterungen zu § 62.

8. Feststellungsinteresse; Feststellungsanträge

In FamFG-Verfahren sind Feststellungsanträge zulässig;[75] erforderlich ist indes in analoger 37 Anwendung des § 256 ZPO, das ein besonderes rechtliches Interesse an der begehrten Feststellung besteht, so beispielsweise in Haushaltssachen[76] oder in Landwirtschaftssachen.[77] In Betracht kommt aber auch die Feststellung des Bestehens oder Nichtbestehens des alleinigen Sorgerechts eines Elternteils[78] oder des Kindergeldberechtigten.[79] Zum Feststellungsbeschluss siehe § 38 Rn 10.

V. Notwendiger Inhalt des Antrags (Abs. 1)

1. Grundsatz

§ 23 Abs. 1 regelt die **formellen Mindestanforderungen** an den Inhalt eines verfah- 38 renseinleitenden Antrags. Die Vorschrift ist als Soll-Vorschrift ausgestaltet. Daraus folgt, dass allein eine Nichterfüllung oder eine unzureichende Erfüllung der Begründungspflicht nach § 23 Abs. 1 nicht zur Zurückweisung des Antrags als unzulässig führen kann.[80] Eine solche Zurückweisung ist allenfalls dann möglich, wenn sich auch aufgrund der gebotenen Ermittlungen des Gerichts das Begehren des Antragstellers nicht ermitteln lässt. Zu der Form eines Antrags siehe Rn 18.

---

[68] OLG Brandenburg FGPrax 2997, 118.
[69] Vgl. KG FGPrax 1999, 227.
[70] BayObLG FamRZ 1991, 116.
[71] BayObLG Rpfleger 1990, 512.
[72] MünchKommBGB/J. Mayer § 2353 Rn 62.
[73] KG FGPrax 1999, 227.
[74] BayObLG FamRZ 1986, 1151.
[75] BGH NJW 1982, 387 für den schuldrechtlichen Versorgungsausgleich; OLG Hamm Rpfleger 1980, 298 für die Bestimmung des Empfängers von Kindergeld; OLG Stuttgart FGPrax 2008, 24 für die elterliche Sorge.
[76] OLG Bremen FamRZ 1963, 366.
[77] BGH RdL 1952, 49; OLG Celle NdsRpfl 1965, 78; OLG Schleswig RdL 1960, 129.
[78] OLG Stuttgart FGPrax 2008, 24; Bahrenfuss/Rüntz § 23 Rn 16.
[79] OLG Hamm Rpfleger 1980, 298.
[80] BT-Drs. 16/6308 S. 186.

2. Mindestinhalt

39 Ein verfahrenseinleitender Antrag **soll** mit einer **Begründung** versehen werden **(Abs. 1 S. 1)**. Damit besteht nur eine Obliegenheit des Antragstellers zur Begründung und keine Begründungspflicht; Ausnahmen sehen § 417 Abs. 2 für den Antrag auf Freiheitsentziehung und §§ 2354, 2355 BGB für den Erbscheinsantrag vor. Die Begründung soll zu einer möglichst frühzeitigen Strukturierung und sachgerechten Förderung des Verfahrens beitragen. Hierdurch soll dem Gericht die Möglichkeit gegeben werden, das Begehren des Antragstellers gezielt zu überprüfen. Besondere Anforderungen an den Umfang und die Ausgestaltung der Begründung werden nicht gestellt. Vielmehr kann es genügen, wenn der Antragsteller sein Rechtsschutzziel in wenigen Sätzen darlegt. Ein bestimmter **Sachantrag** wird nicht verlangt. Aus der Antragsschrift muss sich auch bei einem reinen Verfahrensantrag für das Gericht erkennen lassen, welches Rechtsschutzziel der Antragsteller verfolgt.[81] Letztlich reicht es, wenn sich aus der Antragsschrift zumindest durch Auslegung entnehmen lässt, wer Antragsteller ist und welches Begehren dieser verfolgt. Sind mehrere Entscheidungen möglich, um dieses Ziel zu erreichen, besteht keine Bindung des Gerichts an den Wunsch des Antragstellers nach einer bestimmten Entscheidung.[82]

40 Der Inhalt der Begründung wird durch **Abs. 1 S. 2 bis** 4 (bzw. 5 gem. RegE)[82a] konkretisiert: Danach **sollen** die zur Begründung dienenden Tatsachen und Beweismittel angegeben sowie die Personen benannt werden, die als Beteiligte in Betracht kommen (Abs. 1 S. 2). Dem Antrag sollen Urkunden, auf die Bezug genommen wird, in Urschrift oder Abschrift beigefügt werden (Abs. 1 S. 3 (bzw. 4 gem. RegE).[82b] Insoweit genügt die Übersendung eines Auszuges, sofern es nur auf diesen Teil der Urkunde ankommt. Dieser Auszug soll den Eingang, die relevante Stelle, den Schluss, das Datum und die Unterschrift enthalten.[83] Weiterhin schreibt der geplante Abs. 1 S. 3 Angaben dazu vor, ob bereits eine Mediation oder ein anderes Verfahren der außergerichtlichen Konfliktbeilegung stattgefunden hat, sowie eine Äußerung dazu, ob der Durchführung eines solchen Verfahrens Hindernisgründe entgegenstehen. Entsprechende Angaben sind indes nur in hierzu geeigneten Verfahren erforderlich, so beispielsweise in Ehewohnungs- und Haushaltssachen oder in Kindschaftssachen, die die elterliche Sorge oder das Umgangsrecht zum Gegenstand haben. Unterliegt der Verfahrensgegenstand nicht der Dispositionsbefugnis der Beteiligten, wie grundsätzlich beispielsweise in Adoptions-, Abstammungs-, Betreuungs-, Unterbringungs- oder Freiheitsentziehungssachen, so bedarf es keiner Mitteilung, da eine Mediation oder ein anderes Verfahren der außergerichtlichen Konfliktbeilegung ausscheidet.[84] Für Ehe- und Familienstreitsachen gilt über §§ 113 Abs. 1 S. 2, 124 S. 2 FamFG die Regelung in § 253 Abs. 3 Nr. 1 ZPO.

40a Das Gesetz sieht bei einer **Nichterfüllung** der in Abs. 1 S. 2 bis 4 (bzw. 5 gem. RegE)[84a] enthalten Verpflichtungen keine Sanktionen vor. Dem Antragsteller kann auch nicht durch das Gericht eine Begründungspflicht auferlegt werden; ebenso wenig kommt bei einer Verletzung der Obliegenheiten eine Zurückweisung des Antrages in Betracht. Vielmehr hat das Gericht die maßgeblichen Tatsachen von Amts wegen zu ermitteln (§ 26) und erforderlichenfalls fehlende Unterlagen von Amts wegen herbei zu beschaffen, wobei indes keines Amtsermittlungspflicht „ins Blaue hinein" besteht (zu den Einzelheiten siehe § 26 Rn 16 ff.

41 Da die Anzahl der zu Beteiligenden häufig bei Antragstellung noch nicht feststeht, ist es nicht erforderlich, dass dem Antrag die für die Übermittlung an die übrigen Beteiligten **notwendige Anzahl von Abschriften** des Antrags sowie der Urkunden beigefügt wird.[85] Sonderregelungen für die Beifügung notwendiger Unterlagen sehen beispielsweise § 2356 BGB für den Erbscheinsantrag, das HGB für die Registeranmeldung sowie die GBO für die Grundbucheintragung vor.

---

[81] Bärmann § 13 I 2; Habscheid § 18 I 2; Jansen/von König/von Schuckmann Vorbem. §§ 8–18 Rn 11.
[82] BGHZ 18, 143/145.
[82a] BR-Drs. 60/11; BT 17/5335.
[82b] BR-Drs. 60/11; BT 17/5335.
[83] BT-Drs. 16/6308 S. 186.
[84] BR-Drs. 60/11 S. 34.
[84a] BR-Drs. 60/11; BT 17/5335.
[85] BT-Drs. 16/6308 S. 186.

3. Unterschrift

Aus Gründen der Rechtsklarheit **soll** der Antrag von dem Antragsteller oder seinem 42
Bevollmächtigten unterschrieben werden (Abs. 1 S. 4 (bzw. 5 gem. RegE)[85a]). Die Gesetzesbegründung hingegen fordert, ohne dass dies indes in dem Gesetzeswortlaut zum Ausdruck kommt, dass ein Antrag zu unterschreiben **ist**.[86] Gegen die zwingende Notwendigkeit einer Unterschrift für die Wirksamkeit eines verfahrenseinleitenden Antrages spricht indes, dass bisher für den Anwendungsbereich des FGG dies nicht gefordert wurde und sich weder aus der Gesetzesbegründung noch aus der Entstehungsgeschichte dieser Vorschrift Anhaltspunkte dafür ergeben, dass der Gesetzgeber die formellen Anforderungen an einen ordnungsgemäßen Antrag erhöhen wollte.[87] Daher ist ein nicht unterschriebener Antrag nicht von vornherein unwirksam.[88] Vielmehr hat das Gericht in diesem Fall etwaige Zweifeln darüber, ob es sich dabei nur um einen Entwurf handelt oder die Antragsschrift mit dem Willen des Urhebers bei Gericht eingereicht worden ist, von Amts wegen (§ 26) nachzugehen.

Eine vorhandene Unterschrift muss von demjenigen stammen, der für den Antrag verant- 43
wortlich ist, also von dem Antragsteller oder seinem Bevollmächtigten. Erforderlich ist ein **individuelles Schriftbild,** das sich von anderen Unterschriften unterscheidet und eine Nachahmung zumindest erschwert.[89] Leserlichkeit der Unterschrift ist nicht notwendig; es reicht, wenn man aus dem Schriftstück erkennt, das der Unterzeichner die Absicht hatte, eine volle Unterschrift zu leisten und nicht nur mit einem Namenskürzel **(Paraphe)** abzuzeichnen.[90] Im Übrigen dürfen die Anforderungen an eine Unterschrift nicht überspannt werden. Nicht ausreichend sind indes[91] bloß gekrümmte Linien, Schlangenlinien,[92] senkrechte oder waagerechte Striche,[93] gewillkürte Punkte oder Striche bzw. Schnörkel ohne jede Buchstabenähnlichkeit.[94] Bei einem Computerfax genügt eine eingescannte Unterschrift.[95]

4. Sondervorschriften

Soweit andere Vorschriften besondere Anforderungen an den Inhalt eines Antrags auf- 44
stellen, bleiben diese als lex specialis unberührt; so z. B. § 133 für den Inhalt der Antragsschrift in Scheidungssachen und Folgesachen, § 171 für den Antrag in Abstammungssachen, § 203 Abs. 2, Abs. 3 für den Antrag in Ehewohnungs- und Haushaltssachen, § 250 für den Antrag im vereinfachten Verfahren über den Unterhalt Minderjähriger, § 363 Abs. 3 für den Antrag in Teilungssachen, § 417 Abs. 2 für den Antrag in Freiheitsentziehungssachen, in §§ 449 ff, 456, 468 für Anträge in Aufgebotssachen, § 2354 BGB für den Erbschein oder § 8 GmbHG für die Registeranmeldung.

VI. Inhalt und Wirkungen der Anträge und Erklärungen

1. Bedingte Anträge oder Erklärungen

Verfahrensrechtliche Erklärungen sind grundsätzlich bedingungsfeindlich, d. h. sie 45
dürfen nicht von einem außerprozessualen ungewissen künftigen Ereignis abhängig ge-

---

[85a] BR-Drs. 60/11; BT 17/5335.
[86] So aber Bahrenfuss/Rüntz § 23 Rn 21; Bumiller/Harders § 23 Rn 14; Haußleiter/Gomille § 23 Rn 16; Holzer § 23 Rn 12; Horndasch/Viefhues/Reinken § 23 Rn 8; Prütting/Helms/Ahn-Roth § 23 Rn 17.
[87] BGH FGPrax 2011, 41; KG FamRZ 2011, 920; SBW/Brinkmann § 23 Rn 27; einschränkend BJS/Jacoby § 23 Rn 15 ; a. A. Bumiller/Harders § 23 Rn 14; Friederici/Kemper/Friederici § 23 Rn 6; Horndasch/Viehues/Reinken § 23 Rn 8.
[88] So auch MünchKommZPO/Ulrici § 23 FamFG Rn 37; SBW/Brinkmann § 23 Rn 38; Zöller/Feskorn § 23 FamFG Rn 5; FamVerf/Schael § 2 Rn 91; Jurgeleit § 1 Rn 10; so im Ergebnis auch Bahrenfuss/Rüntz § 23 Rn 21, Prütting/Helms/Ahn-Roth § 23 Rn 18.
[89] BGH NJW 2001, 2888.
[90] BGH NJW 2005, 3775.
[91] S. MünchKommZPO/Wagner § 129 Rn 15.
[92] BGH NJW 1987, 957; NJW 1985, 1227.
[93] BGH VersR 1982, 973.
[94] BGH NJW 1989, 588; NJW 1976, 2263.
[95] BGH NJW 2006, 3784.

macht werden.[96] Dies gilt insbesondere für Anträge,[97] Erinnerungen[98] oder Rechtsmittel (Beschwerden);[99] diese dürfen nicht von einer außerprozessualen Bedingung abhängen. Zulässig ist es aber, eine Verfahrenshandlung von **innerprozessualen Bedingungen**, die einen Verfahrensvorgang innerhalb eines eröffneten Verfahrens betreffen, abhängig zu machen,[100] so z. B. einen **Hilfsantrag** für den Fall anzukündigen, dass der **Hauptantrag** nicht durchdringt.[101] Das Gericht ist insoweit an die Vorgaben des Antragstellers gebunden; eine Entscheidung über den Hilfsantrag kann erst nach einer Zurückweisung des Hauptantrages ergehen. Bei mehreren Hilfsanträgen muss eine Reihenfolge vorgegeben werden. Zudem können beispielsweise mehrere Eintragungsanträge von der Eintragung in einer bestimmten Reihenfolge abhängig gemacht werden.

2. Willensmängel des Erklärenden; Auslegung von Anträgen und Erklärungen

46 Erklärungen tatsächlicher und materiell-rechtlicher Art können wegen Willensmängeln (arglistige Täuschung, Drohung, Irrtum) **angefochten** werden; dagegen sind Erklärungen verfahrensrechtlicher Art einer Anfechtung wegen Willensmangels regelmäßig nicht zugänglich.[102] Ein Widerruf von Verfahrenshandlungen ist beim Vorliegen von Restitutionsgründen zulässig.[103]

47 Gegenüber dem Gericht abgegebene Erklärungen und Anträge unterliegen der **Auslegung**. Hierfür sind die zu § 133 BGB entwickelten Grundsätze maßgebend, soweit Erklärungen einen tatsächlichen oder sachlich rechtlichen Inhalt haben. Die Auslegung verfahrensrechtlicher Anträge und Erklärungen können nur nach den Grundsätzen des Verfahrensrechts, somit nicht nach den Grundsätzen des materiellen Rechts vorgenommen werden.[104] Das Gericht muss nach Möglichkeit den Willen des Erklärenden erforschen; es kann aber nur der Wille in Betracht kommen, der in der Erklärung verkörpert ist.[105] Unter Beachtung dieser Grundsätze ist regelmäßig eine wohlwollende Auslegung dahin möglich, dass der Erklärende das nach der erkennbaren Interessenlage erstrebte Ergebnis erreichen will.[106] Beispielsweise kann eine unzulässige Beschwerde gegen eine Registereintragung in eine Anregung auf Einleitung eines Amtslöschungsverfahrens umgedeutet werden.

VII. Übermittlung an die übrigen Beteiligten (Abs. 2)

48 Das Gericht **hat** grundsätzlich den Antrag vor einer Bescheidung[106a] an die übrigen Beteiligten zu übermitteln (§ 23 Abs. 2). Das Gesetz sieht insoweit zwar nur eine „Sollregelung" vor. Die Notwendigkeit der Übermittlung des verfahrenseinleitenden Antrags an die anderen Beteiligten ergibt sich jedoch bereits aus dem Gebot der Gewährung des rechtlichen Gehörs (Art. 103 Abs. 1 GG). Eine Frist für die Übermittlung sieht das Gesetz nicht vor; diese sollte jedoch, sofern das Verfahren dies erlaubt, unverzüglich erfolgen. Gleichzeitig ist den übrigen Beteiligten Gelegenheit zur Stellungnahme einzuräumen. Die Notwendigkeit der Übermittlung des Antrags an die übrigen Beteiligten schließt indes nicht aus, dass das Gericht bereits zuvor oder auch zwischenzeitlich Ermittlungen (§ 26) durchführt.

---

[96] BayObLG WE 1989, 67; KG FGPrax 2011, 32; OLG Düsseldorf FGPrax 2000, 72.
[97] OLG Zweibrücken FamRZ 1982, 1094.
[98] OLG Düsseldorf AnwBl. 1978, 234.
[99] KG OLGZ 1975, 85; dagegen lässt KG OLGZ 1977, 129/130 eine Beschwerde unter der Bedingung zu, dass überhaupt eine Entscheidung vorliege; OLGZ 1975, 85.
[100] BayObLG FamRZ 1990, 1123; BayObLGZ 1987, 46.
[101] Vgl. z. B. BayObLGZ 1973, 30; OLG Hamm FamRZ 1993, 111; OLG Köln FamRZ 1994, 591 (nicht erstmals in der Beschwerdeinstanz).
[102] Vgl. z. B. BGH NJW 1963, 956.
[103] Rosenberg/Schwab/Gottwald § 65 Rn 45.
[104] GmS-OGB NJW 1980, 172.
[105] BGH VersR 1974, 194.
[106] BayObLGZ 1989, 169/170; BayObLGZ 1987, 363/365.
[106a] Vgl. BGH Beschl. v. 28. 4. 2011 V ZB 118/10 zur Notwendigkeit der Übersendung eines Haftantrages vor Anhörung des Betroffenen.

Ausnahmsweise kann von einer Übermittlung **abgesehen werden,** wenn der Antrag offensichtlich unzulässig oder unbegründet ist.[107] In diesen Fällen kann das Gericht den Antrag ohne Anhörung der übrigen Beteiligten sofort zurückweisen.

VIII. Verfahrensstandschaft

1. Gesetzliche Verfahrensstandschaft

Im Verfahren der freiwilligen Gerichtsbarkeit macht der Beteiligte im Regelfall eigene Rechte im eigenen Namen geltend. Davon gibt es jedoch – wie im Zivilprozess – Ausnahmen. So sind Personen in Verfahren der freiwilligen Gerichtsbarkeit als Beteiligte nach dem Gesetz kraft Amtes befugt, fremde Rechte wahrzunehmen. Eine entsprechende gesetzliche Verfahrensstandschaft besteht z. B. für den Testamentsvollstrecker, Nachlassverwalter, Zwangsverwalter oder Insolvenzverwalter. So kann der Insolvenzverwalter im Insolvenzverfahren über das Vermögen des Erbbauberechtigten einen Antrag nach § 7 Abs. 3 ErbbauRG zu stellen. Gemäß § 380 können die dort genannten Institutionen im eigenen Namen Rechte der Allgemeinheit wahrnehmen.

In **echten Streitsachen der freiwilligen Gerichtsbarkeit** finden die §§ 265 Abs. 2 S. 1, 266 ZPO entsprechende Anwendung,[108] aus der sich bei Veräußerung der streitbefangenen Sache während des Verfahrens eine gesetzliche Verfahrensstandschaft des Rechtsvorgängers ergibt, der das Verfahren grundsätzlich im eigenen Namen für den Rechtsnachfolger weiterführen muss.[109] Gleiches gilt für Grundbuchsachen.[110] Nach dem entsprechend anzuwendenden § 265 Abs. 2 S. 2 ZPO darf der Rechtsnachfolger nur mit Zustimmung des gegnerischen Verfahrensbeteiligten das Verfahren übernehmen.[111] Auch § 266 ZPO ist entsprechend anwendbar,[112] so dass der Grundstückserwerber in Abweichung von § 265 Abs. 2 ZPO auch ohne Zustimmung des gegnerischen Verfahrensbeteiligten berechtigt, auf dessen Verlangen sogar verpflichtet ist, das Verfahren zu übernehmen.

2. Gewillkürte Verfahrensstandschaft

Eine gewillkürte Verfahrensstandschaft liegt vor, wenn jemand ein fremdes Recht im eigenen Namen gerichtlich geltend macht. Voraussetzung dafür ist, dass er vom Rechtsinhaber ermächtigt ist und an der Geltendmachung des Rechts ein eigenes schutzwürdiges Interesse hat.[113] Eine gewillkürte Verfahrensstandschaft ist für die **echten Streitsachen der freiwilligen Gerichtsbarkeit** anerkannt.[114] Die Möglichkeit einer gewillkürten Verfahrensstandschaft ist auch für die übrigen Antragsverfahren unter den Voraussetzungen, unter denen sie für echte Streitsachen als zulässig erachtet wird, anzuerkennen.[115] So kann der Erbschaftskäufer mit Zustimmung des Erben und Verkäufers einen Erbschein beantragen, der allerdings auf den Namen des Erben lauten muss. In Aufgebotsverfahren kann der Grundstückseigentümer in gewillkürter Verfahrensstandschaft das Aufgebotsverfahren betreiben, wenn ihm der Grundschuldgläubiger den Grundschuldbrief nebst grundbuchtauglicher Löschungsbewilligung überlassen hat; dies gilt ebenfalls für den früheren Eigentümer, wenn dieser dem Erwerber gegenüber zur Lastenfreistellung verpflichtet ist.[116] Im Grundbuch kann eine Eintragung im eigenen Namen, aber zugunsten des Berechtigten verlangt werden, z. B. die Grundbuchberichtigung aufgrund Unrichtigkeitsnachweises gem. § 22 GBO[117] oder die Eintragung eines Amtswiderspruchs gem. § 71 Abs. 2 S. 2 GBO.[118]

---

[107] BT-Drs. 16/6308 S. 186; Bahrenfuss/Rüntz § 23 Rn 29.
[108] BGH FGPrax 2001, 231; RdL 1952, 321 (Pachtschutzverfahren); BayObLGZ 1983, 73/76; OLG Hamm NJW-RR 1991, 20 (Verfahren nach § 7 Abs. 2 ErbbauRG).
[109] Zöller/Vollkommer vor § 50 Rn 22; Zöller/Greger § 265 Rn 1.
[110] BayObLGZ 2001, 301; Demharter § 1 Rn 40, Demharter FGPrax 1997, 7.
[111] BGH RdL 1952, 321.
[112] OLG Hamm NJW-RR 1991, 20.
[113] BGH NJW-RR 1988, 127; NJW 1986, 850; Zöller/Vollkommer vor § 50 Rn 44.
[114] BayObLG WuM 1988, 412; ZMR 1986, 452; OLG München FGPrax 2011, 47.
[115] So auch MünchKommZPO/Ulrici § 23 FamFG Rn 27.
[116] OLG München FGPrax 2011, 47.
[117] BGH NJW-RR 1988, 127.
[118] OLG Zweibrücken Rpfleger 1968, 88; Demharter § 1 Rn 40; Demharter FGPrax 1997, 7.

3. Prüfung der Verfahrensstandschaft

53 Die Befugnis zur Führung eines Verfahrens auf Grund gesetzlicher oder gewillkürter Verfahrensstandschaft ist **Verfahrensvoraussetzung**.[119] Im Rahmen der Zulässigkeit des gestellten Antrags muss daher geprüft werden,
– ob der Antragsteller von dem Rechtsinhaber **wirksam ermächtigt** worden ist, dessen Recht im eigenen Namen geltend zu machen, und
– ob der Antragsteller daran ein **eigenes rechtliches Interesse** hat.

Die diesbezüglichen Feststellungen müssen auch im Rechtsbeschwerdeverfahren ohne Bindung an die Rechtsauffassung der Vorinstanzen getroffen werden.[120] Etwaige Erklärungen sind hierbei unabhängig von der Beschwerdeinstanz selbstständig auszulegen.[121]

IX. Rücknahme des Antrags; Verzicht; Verwirkung

54 Ein Antrag kann bis zur Rechtskraft der Endentscheidung **zurückgenommen** werden (§ 22 Abs. 1 S. 1). Nach Erlass einer Endentscheidung bedarf die Rücknahme des Antrags der Zustimmung der übrigen Beteiligten (§ 22 Abs. 1 S. 2). Durch die Antragsrücknahme wird eine bereits ergangene, noch nicht rechtskräftige Endentscheidung wirkungslos, ohne dass es einer ausdrücklichen Aufhebung bedarf (§ 22 Abs. 2 S. 1). Zu den Einzelheiten siehe § 22 Rn 17. Zudem können die Beteiligten in einem Antragsverfahren übereinstimmend die Verfahrensbeendigung erklären. In diesem Falle ergeht keine Entscheidung über einen gestellten Antrag. Zu den Einzelheiten siehe § 22 Rn 23.

55 Ein **Verzicht des Antragstellers** auf sein Antragsrecht ist in reinen Antragsverfahren zulässig, soweit es nicht gesetz- oder sittenwidrig ist, dass er sich der Befugnis der gerichtlichen Geltendmachung ihm zustehender Rechte begibt. Er wird gegenüber dem Antragsgegner einseitig erklärt oder mit ihm vereinbart. Erfolgt eine Verfahrenseinleitung alternativ auf Antrag oder von Amts wegen, hindert ein Verzicht das Gericht nicht, das Verfahren von Amts wegen einzuleiten.

56 Eine **Verwirkung** des Antragsrechts wegen treuwidriger Verzögerung der Antragstellung ist ausgeschlossen;[122] die Befugnis, in einem FamFG-Verfahren Rechtsschutz zu suchen, kann nicht selbstständig verwirkt werden. Eine Verwirkung kann indes hinsichtlich des materiellen Rechts eintreten, wenn ein Verfahren jahrelang nicht betrieben worden ist.

X. Anmeldungen in Registersachen

1. Allgemein

57 Die in Registersachen (vgl. § 374) an das Gericht gerichteten Anträge auf Vornahme von Eintragungen oder Löschungen werden – mit Ausnahme der für das Güterrechtsregister bestimmten Eintragungsersuchen (vgl. § 1560 BGB) – im Gesetz als „**Anmeldung**" bezeichnet.[123] Für sie gelten die Vorschriften des Allgemeinen Teils für die Anträge, soweit nicht in den §§ 374 ff. Abweichendes geregelt ist. Zur Anmeldung einer Eintragung ins Register siehe auch § 374 Rn 37.

58 Streitig ist, ob sich die rechtliche Bedeutung einer Anmeldung darin erschöpft, dass sie Eintragungsantrag ist, oder ob sie darüber hinaus eine materiellrechtliche Bedeutung hat. Insoweit wird teilweise[124] die Auffassung vertreten hat, die Anmeldung sei ein **reiner Verfahrensantrag** und insbesondere keine materiellrechtliche Willenserklärung. Andere Gerichte[125] haben die Frage ausdrücklich dahingestellt sein lassen. Im Schrifttum[126] wird

---

[119] BGH NJW 1988, 1910; BayObLG WuM 1988, 412; Demharter FGPrax 1997, 7.
[120] OLG Hamm Rpfleger 1992, 114; Rpfleger 1983, 353.
[121] BayObLG WuM 1988, 412.
[122] KG OLGZ 1977, 427/428; Jansen/von König/von Schuckmann Vorbem. §§ 8–18 Rn 15; SBW/Brinkmann § 23 Rn 56.
[123] BayObLG Rpfleger 1985, 241; BB 1984, 804; OLG Hamm FGPrax 2002, 126; Rpfleger 1981, 359.
[124] BayObLG Rpfleger 1989, 331; Rpfleger 1986, 436; OLG Düsseldorf Rpfleger 1984, 275; Krafka/Willer/Kühn Rn 75.
[125] OLG Hamm Rpfleger 1981, 359.
[126] Hachenburg/Ulmer § 7 Rn 17; MünchKommHGB/Bokelmann § 123 Rn 5; Staub/Hüffer § 8 Rn 43, § 12 Rn 1.

teilweise die Meinung vertreten, die Anmeldung habe eine **Doppelnatur,** sie sei verfahrensrechtlicher Eintragungsantrag und zugleich nichtrechtsgeschäftlicher Organisationsakt mit dem Ziel der Einleitung des Registerverfahrens.

Richtig ist zwar, dass sich an die Anmeldung als Grundlage der Registereintragung auch materielle Rechtsfolgen knüpfen, z. B. hinsichtlich der Frage der Kaufmannseigenschaft nach den §§ 2, 3, 5 HGB oder im Gründungsrecht der Kapitalgesellschaften.[127] Es erscheint jedoch angemessen, die **verfahrensrechtliche Natur** der Anmeldung in den Vordergrund zu stellen und ihre Wirksamkeit unter diesem Gesichtspunkt zu beurteilen. Als verfahrensrechtliche Erklärung wird die Anmeldung erst mit ihrem Eingang bei Gericht wirksam. Deshalb ist bei der Entscheidung der Frage, ob eine Anmeldung zur Eintragung einer GmbH in das Handelsregister geltendem Recht entspricht, nicht auf den Zeitpunkt ihrer Erstellung durch Beglaubigung, sondern auf ihren Eingang beim Registergericht abzustellen.[128] Als verfahrensrechtliche Erklärung kann die Anmeldung auch nach ihrem Eingang beim Registergericht (vgl. § 130 Abs. 1, Abs. 3 BGB) jederzeit widerrufen werden, bis sie durch Eintragung vollzogen ist (vgl. § 22 Abs. 1).[129]

2. Form der Anmeldung

Sowohl die Anmeldung als auch der Antrag auf Vornahme einer Eintragung im Güterrechtsregister sind formbedürftig. Sie müssen von einem Notar öffentlich beglaubigt sein (§ 129 Abs. 1 S. 1 BGB, § 40 BeurkG), wobei nach § 129 Abs. 2 BGB die öffentliche Beglaubigung durch eine notarielle Beurkundung der Anmeldung ersetzt werden kann. Aus § 378 FamFG ergibt sich eine vermutete Vollmacht des Notars, der die Anmeldung beglaubigt oder beurkundet hat, die Eintragung zu beantragen. Anmeldungen zum Handelsregister können nur noch **elektronisch eingereicht** werden (vgl. § 12 HGB).

3. Anforderungen an die Anmeldung

Bei der Anmeldung gibt es zahlreiche Fälle, in denen diese von einer Mehrheit von Personen gemeinsam vorzunehmen ist – notwendige Verfahrensgenossenschaft. Sowohl für die Anmeldung des **Vereins** zur erstmaligen Eintragung in das Vereinsregister als auch für die Anmeldung späterer Eintragungen genügt, dass diese von den Vorstandsmitgliedern in der für eine rechtsgeschäftliche Vertretung des Vereins erforderlichen Zahl vorgenommen wird.[130] Die Erstanmeldung der **AG** zur Eintragung in das Handelsregister ist nach § 36 Abs. 1 AktG von allen Gründern, den Mitgliedern des Vorstandes und des Aufsichtsrates vorzunehmen. Spätere Änderungen des Vorstandes oder der Vertretungsbefugnisse eines Vorstandsmitglieds kann der Vorstand anmelden (§ 81 Abs. 1 S. 1 AktG).

Durch Prokuristen allein aber kann keine Anmeldung zum Handelsregister erfolgen, die die rechtlichen Grundlagen des kaufmännischen Unternehmens betrifft, für dessen Betrieb ihnen Vollmacht erteilt worden ist, weil sich deren Vertretungsmacht darauf nach § 49 Abs. 1 HGB nicht erstreckt.[131] Entsprechende Grundsätze, wie sie bei der Anmeldung für eine AG gelten, gelten nach den §§ 7 Abs. 1, 78 GmbHG auch für Anmeldungen, die eine **GmbH** betreffen. Anmeldungen zum Genossenschaftsregister haben nach § 157 GenG durch sämtliche Vorstandsmitglieder zu erfolgen. Die **OHG** und die **KG** sind nach § 108 HGB (ggf. i. V. m. § 161 Abs. 2 HGB) von sämtlichen Gesellschaftern unabhängig davon, ob sie vertretungsberechtigt oder geschäftsführungsbefugt sind (ggf. also auch von den Kommanditisten[132]), zur Eintragung ins Handelsregister anzumelden. Sämtlichen Gesellschaftern obliegt auch die Anmeldung der sich aus § 107 HGB ergebenden Tatsachen, die Anmeldung des Ausschlusses eines Gesellschafters von der Vertretung nach § 125 Abs. 4

---

[127] Heymann/Sonnenschein/Weitemeyer § 12 Rn 3.
[128] OLG Hamm Rpfleger 1981, 359.
[129] BayObLG GmbH-Rdsch 1992, 672.
[130] BGH Rpfleger 1986, 194; BayObLG Rpfleger 1991, 205; a. A. OLG Hamm Rpfleger 1983, 487.
[131] BGH Rpfleger 1992, 201; BayObLG Rpfleger 1982, 289.
[132] OLG Zweibrücken OLGZ 1975, 402/403.

HGB, der Auflösung der Gesellschaft nach § 143 Abs. 1 HGB, ihrer Fortsetzung nach § 144 Abs. 2 HGB und des Ausschlusses eines Gesellschafters nach § 142 Abs. 2, Abs. 3 HGB. Die Anmeldung der Errichtung einer Zweigniederlassung oder Erteilung einer Prokura kann dagegen durch die zur rechtsgeschäftlichen Vertretung der Gesellschaft nach den § 125 HGB berechtigten Personen erfolgen.[133]

4. Anmeldeverfahren

63   Dem Handelsregister kommt in besonderer Weise Publizitätsfunktion zu. Durch die Eintragungen im Register und deren Bekanntmachung wird dem Bedürfnis des Handelsverkehrs nach der Offenlegung bestimmter geschäftlicher Verhältnisse der eingetragenen Kaufleute entsprochen.[134] Zur Sicherstellung dieser Aufgaben hat der Gesetzgeber dem Registergericht nach § 14 HGB i. V. m. den §§ 388 ff. FamFG die Möglichkeit eröffnet hätte, demjenigen Beteiligten, der seinen registerrechtlichen Verpflichtungen nicht nachkommt, durch Androhung bzw. Verhängung eines **Zwangsgeldes** zu deren Erfüllung anzuhalten. Durch dieses Verfahren, das regelmäßig von Amts wegen einzuleiten ist,[135] wenn das Registergericht in den gesetzlich ausdrücklich bestimmten Fällen[136] glaubhafte Kenntnis von Tatsachen erhält, die sein Einschreiten nach § 388 rechtfertigen, wird die Dispositionsmaxime in den Handelsregistersachen weitgehend beseitigt. Daher wird teilweise von einem in die Form eines Antragsverfahrens gekleideten Amtsverfahrens gesprochen.[137]

64   Neben den **Eintragungen** in das Handelsregister, die nach § 14 HGB i. V. m. §§ 388 ff. FamFG durch Verhängung eines Zwangsgeldes gegen den Anmeldepflichtigen erzwungen werden können, gibt es weitere Eintragungen, die aus eigener Veranlassung des Registergerichts oder auf Anzeige eines anderen Gerichts, einer Behörde oder eines berufsständigen Organs erfolgen; so z. B. die **Amtslöschung** einer erloschenen Firma nach § 31 Abs. 2 HGB i. V. m. § 393 FamFG, die Löschung vermögensloser Kapitalgesellschaften nach § 394, die Löschung unzulässiger Eintragungen im Handelsregister nach den § 395, die Löschung nichtiger Kapitalgesellschaften nach § 397, die Löschung nichtiger Hauptversammlungs- und Gesellschafterbeschlüsse nach § 398 und die Eintragung der Auflösung wegen Mangels der Satzung nach § 399.

65   Von **Amts wegen werden** im Handelsregister nach § 32 HGB die Eröffnung des Insolvenzverfahrens über das Vermögen eines Kaufmanns und die sonstigen, dort näher bezeichneten Entscheidungen des Insolvenzgerichts und die gerichtlich bestellten Vorstandsmitglieder, Geschäftsführer und Liquidatoren nach den §§ 24, 48 Abs. 1, 67 Abs. 2 BGB, 34 Abs. 4, 148 Abs. 2, 161 Abs. 2 HGB, 266 Abs. 4 AktG, 67 Abs. 4 GmbHG und entsprechenden Vorschriften eingetragen.

XI. Kosten und Gebühren

66   Die Kosten und Gebühren richten sich nach den für das jeweilige Verfahren maßgebenden Bestimmungen der KostO oder des FamGKG bzw. nach dem RVG. Zur Vorschusspflicht siehe § 8 Abs. 1 i. V. m. § 2 Nr. 1 KostO bzw. §§ 14 As. 3, 21 FamGKG. Mit der Einreichung der Antragsschrift hat der Rechtsanwalt die 1,3-Verfahrensgebühr gem. Nr. 3100 VV RVG verdient.

Anregung des Verfahrens

§ 24 (1) Soweit Verfahren von Amts wegen eingeleitet werden können, kann die Einleitung eines Verfahrens angeregt werden.

(2) Folgt das Gericht der Anregung nach Absatz 1 nicht, hat es denjenigen, der die Einleitung angeregt hat, darüber zu unterrichten, soweit ein berechtigtes Interesse an der Unterrichtung ersichtlich ist.

---

[133] Krafka/Willer/Kühn Rn 106.
[134] Heymann/Sonnenschein/Weitemeyer Vor § 8 Rn 2.
[135] OLG Hamm WM 1989, 830.
[136] BayObLG Rpfleger 1985, 404; OLG Hamm OLGZ 1979, 1, 2.
[137] Jansen/von König/von Schuckmann Vorbem. §§ 8–18 Rn 8.

I. Normzweck; Anwendungsbereich

§ 24 betrifft die Amtsverfahren. Insoweit stellt **Abs. 1** klar, dass ein solches Verfahren auch auf Anregung eines Dritten eingeleitet werden kann. **Abs. 2** trifft eine Regelung für den Fall, dass das Gericht dieser Anregung nicht folgt. Insoweit besteht in Abänderung der bisherigen herrschenden Meinung zum FGG nunmehr eine ausdrückliche Unterrichtungspflicht. Damit soll der praktischen Bedeutung der Anregungen von Dritten für die Einleitung eines Amtsverfahrens Rechnung getragen werden. Sofern ein berechtigtes Interesse besteht, ist dem Dritten in der gebotenen Kürze mitzuteilen, warum der Anregung nicht entsprochen wurde.

§ 24 gilt für alle Verfahren nach § 1 mit Ausnahme der Ehesachen (§ 121) sowie der Familienstreitsachen (§ 112); für diese gelten nach § 113 Abs. 1 S. 2 die §§ 1 bis 494a ZPO entsprechend. Soweit nach Landesrecht für die Durchführung des Verfahrens andere als gerichtliche Behörden zuständig sind (§ 488 Abs. 1), findet § 24 Anwendung. In den landesgesetzlich geregelten Angelegenheiten der freiwilligen Gerichtsbarkeit kann der Landesgesetzgeber die entsprechende Geltung des FamFG und somit des § 24 vorschreiben. Zu den Einzelheiten siehe die Ausführungen bei § 486.

II. Amtsverfahren

1. Grundsatz

Alle Verfahren der freiwilligen Gerichtsbarkeit, für deren Einleitung keine besondere gesetzliche Regelung getroffen worden ist, nach der ausdrücklich ein verfahrenseinleitender Antrag erforderlich ist, sind Amtsverfahren, über deren Einleitung bei entsprechendem Anlass das Gericht befindet,[1] das auch von sich aus den Verfahrensgegenstand festlegt. Das Recht und die Pflicht zur Verfahrenseinleitung ergibt sich aus dem sachlichen Recht, so z. B. aus §§ 1666, 1666 a BGB für gerichtlichen Maßnahmen bei Gefährdung des Kindeswohls.[2] Zur Abgrenzung zwischen Amts- und Antragsverfahren siehe § 23 Rn 3. Eine Verfahrenseinleitung von Amts wegen erfolgt vor allem im klassischen Bereich der Verfahren der freiwilligen Gerichtsbarkeit, in denen Rechtsfürsorge ausgeübt wird, insbesondere in Vormundschaftssachen.

2. Einleitung des Verfahrens

Ein Amtsverfahren beginnt regelmäßig damit, dass das Gericht auf Grund von Tatsachen, die ihm zur **Kenntnis gelangt** sind und die sein Einschreiten von Amts wegen erfordern können, erkennbar nach Außen hin tätig wird, z. B. Ermittlungen aufnimmt, um den Sachverhalt weiter zu klären.[3] Die Einleitung des Verfahrens setzt nicht voraus, dass der Betroffene zuvor unterrichtet wird. Seine Hinzuziehung kann später erfolgen, indem ihm als Beteiligten rechtliches Gehör gewährt, er zur Aufklärung des Sachverhalts angehört oder von einem Beweistermin unterrichtet wird. Anlass für die Einleitung eines Amtsverfahrens der freiwilligen Gerichtsbarkeit können u. a. Mitteilungen im Rahmen der gerichtlichen Benachrichtigungspflicht nach § 22 a, Anzeigen des Standesamts nach § 168 a, Mitteilungen des Nachlassgerichts nach § 347 bzw. § 356, behördliche Mitteilungen nach § 379, Mitteilungen berufsständischer Organe nach § 380 Abs. 1, Mitteilungen bei Eintragung in Bezug auf Ausländervereine nach § 400 sowie Anzeigen des Jugendamtes nach § 50 Abs. 3 SGB VIII sein. Letztlich kann der Anstoß zur Einleitung eines Amtsverfahrens von jeder beliebigen Privatperson und jeder beliebigen Behörde ausgehen.[4]

---

[1] Bärmann § 13 I 3; Jansen/von König/von Schuckmann Vor §§ 8–18 Rn 4; a. A. Lindacher JuS 1978, 578: das Antragserfordernis kann sich auch durch Gesetzesauslegung ergeben.
[2] S. a. Borth FamRZ 2007, 1928.
[3] Schmidt FGPrax 1999, 144.
[4] Bärmann § 13 I 1.

3. Anregung (Abs. 1)

5 Wenn der dem Gericht mit dem Ziel, sein Einschreiten zu veranlassen, unterbreitete Sachverhalt in die Form eines „Antrages" gekleidet ist, stellt er nicht mehr als eine Anregung an das Gericht dar, tätig zu werden.[5] Die für den Antrag im technischen Sinne kennzeichnenden Rechtswirkungen, nämlich dass er Verfahrensvoraussetzung ist, und dass durch ihn der Verfahrensgegenstand festgelegt wird, fehlen. Eine Rücknahme der Anregung beendet nicht das Verfahren; das Gericht ist nicht an die angeregte Maßnahme gebunden, sondern ist bei seiner Entscheidung hinsichtlich der erforderlichen Anordnungen frei. Eine Anregung zur Durchführung eines Rechtsmittelverfahrens ist unbeachtlich; sie kann indes zu einer Überprüfung führen, ob von Amts wegen eine Abänderung der ergangenen Entscheidung nach § 48 erforderlich ist.[6]

III. Unterrichtungspflicht (Abs. 2)

6 Ergibt die nach § 26 vorzunehmende Prüfung, dass kein Anlass für die Einleitung eines Verfahrens besteht, so hat das Gericht demjenigen, der die Einleitung des Verfahrens angeregt hat, mitzuteilen, dass der Anregung nicht entsprochen wurde, sofern ein **berechtigtes Interesse** an der Unterrichtung ersichtlich ist (Abs. 2). Die Entscheidung hierüber besteht im pflichtgemäßen Ermessen des Gerichts. Ein entsprechendes Interesse liegt in der Regel vor, wenn die anregende Person oder Stelle an einem späteren Verfahren als Beteiligter hinzuzuziehen gewesen wäre.[7] Eine Unterrichtung ist auf jeden Fall geboten, wenn die Anregung von einer Person oder Behörde gegeben wurde, die berechtigt oder sogar verpflichtet ist, an der Wahrnehmung der Aufgaben, die Gegenstand der Anregung sind, mitzuwirken. Das berechtigte Interesse kann sich aber auch aus dem materiellen Recht ergeben. Insgesamt sollten an das Vorliegen eines berechtigten Interesses keine zu großen Anforderungen gestellt werden, vielmehr ist eine großzügige Handhabung angezeigt. Der Betroffene ist stets zu unterrichten, wenn er schon gehört worden ist. Bei völlig unbegründeten bzw. querulatorischen Anregungen[8] kann auf eine Unterrichtung verzichtet werden.

7 Im Rahmen der Unterrichtung hat das Gericht in kurzer Form die **Gründe für seine Entscheidung** mitzuteilen, wobei auch das Recht auf informationelle Selbstbestimmung des von der Anregung Betroffenen gewahrt bleiben muss.[9] Damit scheidet eine Mitteilung der Gründe regelmäßig der Gründe dann aus, wenn eine Verletzung des Persönlichkeitsrechts des Betroffenen in Betracht kommt, so z. B. in Verfahren betreffend die Einrichtung einer Betreuung oder einer Unterbringung. Für den Fall des Verstoßes gegen die Unterrichtungspflicht sieht das Gesetz keine Sanktionen vor. Ob, wie vertreten wird,[10] allein eine Verletzung der Unterrichtungspflicht eine Haftung mitbegründen kann, erscheint zweifelhaft.

8 Neben der Unterrichtungspflicht nach Abs. 2 kann für das Gericht ggf. auch noch eine **Mitteilungspflicht** nach besonderen gesetzlichen Vorschriften bestehen, z. B. nach § 22 a.

IV. Anfechtbarkeit der Entscheidung

9 Weder die Mitteilung nach Abs. 2 noch die Entscheidung des Gerichts, kein Verfahren einzuleiten, unterliegen im Allgemeinen der Anfechtung.[11] Dies gilt auch dann, wenn der Anregende als materiell Beteiligter im Sinne des § 7 Abs. 2 in dem angestrebten Verfahren in Betracht kommt.[12] Eine Ausnahme sieht das Gesetz beispielsweise bei der Ablehnung der

---

[5] Vgl. BayObLG NJW-RR 1995, 387; OLG Düsseldorf FGPrax 2011, 125 für die Einziehung eines Erbscheins; Bärmann § 13 I 1; Habscheid § 18 I 1; a. A. anscheinend MünchKommZPO/Ulrici § 23 FamFG Rn 9, der auch in Verfahren, die ausschließlich von Amts wegen eingeleitet werden können, den „Anregenden" als Beteiligten ansieht und eine förmliche Bescheidung der „Anregung" fordert.
[6] Musielak/Borth § 24 Rn 3.
[7] BT-Drs. 16/6306 S. 186.
[8] Bahrenfuss/Rüntz § 24 Rn 6.
[9] BT-Drs. 16/6306 S. 186.
[10] Baumbach/Hartmann § 24 FamFG Rn 2.
[11] OLG Düsseldorf FGPrax 2010, 105; Horndasch/Viefhues/Reinken § 24 Rn 5.
[12] OLG Düsseldorf FGPrax 2010, 105.

Einrichtung einer Betreuung von Amts wegen (vgl. § 1896 Abs. 1 BGB) auf Anregung eines nahen Angehörigen vor (vgl. § 303 Abs. 2 FamFG). Zur Untätigkeitsbeschwerde siehe Anh zu § 58 Rn 65 ff.

V. Kosten und Gebühren

Die Kosten und Gebühren richten sich nach den für das jeweilige Verfahren maßgebenden Bestimmungen der KostO oder des FamGKG; die Anwaltsgebühren bestimmen sich nach dem RVG. 10

Anträge und Erklärungen zur Niederschrift der Geschäftsstelle

25 (1) Die Beteiligten können Anträge und Erklärungen gegenüber dem zuständigen Gericht schriftlich oder zur Niederschrift der Geschäftsstelle abgeben, soweit eine Vertretung durch einen Rechtsanwalt nicht notwendig ist.

(2) Anträge und Erklärungen, deren Abgabe vor dem Urkundsbeamten der Geschäftsstelle zulässig ist, können vor der Geschäftsstelle eines jeden Amtsgerichts zur Niederschrift abgegeben werden.

(3) ¹Die Geschäftsstelle hat die Niederschrift unverzüglich an das Gericht zu übermitteln, an das der Antrag oder die Erklärung gerichtet ist. ²Die Wirkung einer Verfahrenshandlung tritt nicht ein, bevor die Niederschrift dort eingeht.

Übersicht

	Rn
I. Normzweck	1
II. Anwendungsbereich	2
1. Grundsatz	2
2. Unanwendbarkeit des § 25	4
III. Abgabe gegenüber dem zuständigen Gericht (Abs. 1)	7
1. Allgemeines	7
2. Adressat	10
3. Einreichung von Anträgen und Erklärungen	11
a) Schriftform	11
b) Andere Erklärungsformen	13
4. Anträge und Erklärungen zur Niederschrift der Geschäftsstelle	16
a) Geschäftsstelle	16
b) Verpflichtung zur Entgegennahme	17
c) Form und Inhalt der Niederschrift	18
d) Inhaltliche Prüfung	22
e) Weigerung des Urkundsbeamten der Geschäftsstelle	23
5. Niederschrift durch Richter oder Rechtspfleger	24
IV. Abgabe gegenüber jedem Amtsgericht (Abs. 2, Abs. 3)	25
1. Abgabe der Anträge und Erklärungen (Abs. 2)	25
2. Pflicht zur unverzüglichen Übermittlung (Abs. 3 S. 1)	26
3. Eintritt der Wirkungen einer Verfahrenshandlung (Abs. 3 S. 2)	27
V. Kosten und Gebühren	32

I. Normzweck

§ 25 greift die bisherige Regelung in § 11 FGG auf und trifft in Anlehnung an § 129 a ZPO eine Bestimmung über die Möglichkeit von Einreichung von Anträgen bzw. Erklärungen bei Gericht. Hierdurch sollen die im FGG bisher an verschiedenen Stellen vorhandenen Vorschriften über die Möglichkeiten, Verfahrenshandlungen zur Niederschrift des zuständigen Gerichts oder eines jeden AG erklären zu können, vereinheitlicht werden.[1] Die Befugnis, Anträge und Erklärungen durch die Geschäftsstelle des zuständigen Gerichts (Abs. 1) oder jedes anderen AG (Abs. 2, Abs. 3) protokollieren zu lassen, trägt zum einen dem Gedanken Rechnung, dass die Beteiligten, soweit nicht ausnahmsweise Anwaltszwang 1

---
[1] BT-Drs. 16/6308 S. 186.

besteht, die nach dem FamFG geregelten Verfahren selbst betreiben können (§ 10 Abs. 1). Zum anderen dient diese Regelung der Erleichterung des Umgangs aller am Verfahren Beteiligten mit dem – unter Umständen weit entfernt liegenden – Gericht. Die Möglichkeit der Abgabe des Antrages oder der Erklärung zur Niederschrift hilft schreibungewandten und rechtsunkundigen Beteiligten bei der Verfolgung ihrer Rechte und dient somit auch der Rechtssicherheit.

II. Anwendungsbereich

1. Grundsatz

2   Die in § 25 vorgesehene Möglichkeit, sich schriftlich oder durch eine protokollierte Erklärung bzw. Antragstellung dem Gericht gegenüber äußern zu können, besteht im Rahmen des § 1, somit für das Verfahren in Familiensachen, soweit nicht Anwaltszwang besteht (§ 114 Abs. 1) sowie in den Angelegenheiten der freiwilligen Gerichtsbarkeit, soweit sie durch Bundesgesetz den Gerichten zugewiesen sind. Vorrangig gelten in Abstammungssachen für die Anerkennung der Vaterschaft § 180 und im vereinfachten Verfahren über den Unterhalt Minderjähriger § 257. Nicht anwendbar ist § 25 in Ehesachen (§ 121) sowie in Familienstreitsachen (§ 112); für diese gelten nach § 113 Abs. 1 S. 2 die §§ 1 bis 494a ZPO entsprechend und damit auch die §§ 78 Abs. 3, 129a ZPO.

3   Soweit nach Landesrecht für die Durchführung des Verfahrens andere als gerichtliche Behörden zuständig sind, findet § 25 keine Anwendung (§ 488 Abs. 1). Die Verpflichtung der Geschäftsstellen dieser Behörden zur Aufnahme einer Niederschrift richtet sich nach Landesrecht. Die Geschäftsstellen der AG müssen jedoch in solchen Angelegenheiten der Protokollierungspflicht genügen und die Niederschrift diesen Behörden zuleiten. In den landesrechtlich geregelten Angelegenheiten der freiwilligen Gerichtsbarkeit kann die entsprechende Geltung des FamFG und somit des § 25 vorgeschrieben werden. Zu den Einzelheiten siehe die Ausführungen bei § 486.

2. Unanwendbarkeit des § 25

4   § 25 gilt nicht, wenn das Gesetz **für die Abgabe** von Anträgen und Erklärungen ausdrücklich eine **andere Form** vorschreibt, z. B. notarielle Beurkundung, öffentliche Beglaubigung, öffentliche Urkunde oder gerichtliches Protokoll. So darf der Urkundsbeamte der Geschäftsstelle keine Erklärungen aufnehmen, die in öffentlich beglaubigter Form bewirkt werden müssen (z. B. in den Fällen der §§ 1482 Abs. 2, 1491 Abs. 1, 1492 Abs. 1, 1945 Abs. 3, 1955 i. V. m. 1945 Abs. 3, 1956 i. V. m. § 1945, 2198 Abs. 1 S. 2, 2199 Abs. 3 BGB bzw. bei Anmeldungen zur Eintragung in ein Register nach den § 12 Abs. 1 HGB, §§ 77, 1560 BGB, § 157 GenG). Eine Eintragung in das Grundbuch darf nur vorgenommen werden, wenn die Eintragungsbewilligung oder die sonstigen, eine Eintragung rechtfertigenden Erklärungen durch öffentliche oder öffentlich beglaubigte Urkunden nachgewiesen sind (§ 29 Abs. 1 GBO). Für die Beantragung von Verfahrenskostenhilfe schreibt das Gesetz die Benutzung eines Formulars vor (§ 76 Abs. 1 FamFG i. V. m. § 117 Abs. 4 ZPO; § 1 PKHVV).[2]

5   Die Aufnahme einer Niederschrift durch den Urkundsbeamten ist ebenfalls unzulässig und damit wirkungslos, wenn das Gesetz **für die Aufnahme** von Anträgen und Erklärungen eine **andere Beurkundungsform vorschreibt** und damit eine andere Urkundsperson (z. B. Richter, Rechtspfleger, Notar, Bürgermeister beim Nottestament gemäß § 2249 BGB usw.) bestimmt. So ist nur der Richter befugt, im Falle des § 410 Nr. 2 die Beeidigung eines Sachverständigen vorzunehmen, worüber eine Niederschrift zu fertigen ist. Dem Rechtspfleger (§ 3 Nr. 1 f RPflG) obliegt die Beurkundung der in § 62 BeurkG aufgeführten Anerkennungs- und Verpflichtungserklärungen, die auch vom AG beurkundet werden dürfen.

6   Der Urkundsbeamte darf nicht unter Hinweis auf § 25 mit der Durchführung einer **persönlichen Anhörung** beauftragt werden, weil sich das entscheidende Gericht einen

---

[2] BGH NVwZ-RR 2011, 87.

persönlichen Eindruck von der anzuhörenden Person zu verschaffen hat. Für die Anfertigung eines Vermerks über die von dem Gericht durchgeführten Anhörung kann indes der Urkundsbeamten der Geschäftsstelle hinzugezogen werden, wenn dies auf Grund des zu erwartenden Umfangs des Vermerks, in Anbetracht der Schwierigkeit der Sache oder aus einem sonstigen wichtigen Grund erforderlich ist (vgl. § 28 Abs. 4 S. 1). Schreibt das Gesetz keine persönliche Anhörung, sondern nur die **Anhörung schlechthin** vor, so ist es regelmäßig zulässig, den Urkundsbeamten der Geschäftsstelle mit dieser zu betrauen und hierüber eine Niederschrift anfertigen zu lassen. Dies ist z. B. bei den nach §§ 1779 Abs. 3, 1847, 1915 Abs. 1 BGB vorgeschriebenen Anhörungen unbedenklich.

III. Abgabe gegenüber dem zuständigen Gericht (Abs. 1)

1. Allgemeines

Die Befugnis, Anträge und Erklärungen gegenüber dem zuständigen Gericht schriftlich einzureichen oder durch die Geschäftsstelle protokollieren zu lassen (Abs. 1), gilt für alle Verfahrensbeteiligten, aber auch für Bevollmächtigte der Beteiligten, Zeugen (z. B. Entschuldigung für eine Terminsversäumung, § 30 Abs. 1 FamFG i. V. m. § 381 ZPO), Sachverständige. Sie besteht für alle Anträge und Erklärungen, die schriftlich oder zur Niederschrift der Geschäftsstelle abgegeben werden können (siehe Rn 4). Die Vorschrift schließt andere Formen, z. B. fernschriftliche, telegrafische, telefonische oder Übermittlung per Fax bzw. E-Mail, nicht grundsätzlich aus;[3] siehe dazu Rn 13. 7

Anträge sind Erklärungen von Beteiligten (auch von Beweispersonen), die eine bestimmte Tätigkeit des Gerichts erstreben. Hierbei kann es sich um Sachanträge handeln, die den Inhalt einer gewünschten Tätigkeit oder Entscheidung des Gerichts bestimmen, oder um Verfahrensanträge, z. B. auf Fristverlängerung, auf Terminsverlegung, auf Erteilung eines Rechtskraftzeugnisses (§ 46), auf Gewährung von Verfahrenskostenhilfe (§§ 76 ff.) auf Erlass einer einstweiligen Anordnung (§§ 49 ff.), auf Vollstreckung (§§ 88 ff.) oder auf Einstellung der Vollstreckung (§ 93). Hierher gehören auch solche „Anträge", die nur als Anregungen für ein Tätigwerden des Gerichts in den von Amts wegen einzuleitenden Verfahren zu behandeln sind (vgl. § 24), wie z. B. der „Antrag" auf Anordnung einer Maßnahme des Familiengerichts bei Gefährdung des Kindeswohls (§ 1666 Abs. 1 BGB). 8

Erklärungen sind alle Äußerungen, die für das Gericht bestimmt sind. Es kann sich um Erklärungen tatsächlicher Art handeln (z. B.: Anhörung von Verwandten und Verschwägerten zur Frage der Vormunds- bzw. Pflegereignung gemäß §§ 1779 Abs. 3, 1915 Abs. 1 BGB), rechtsgeschäftlicher Art (z. B. Ausschlagung einer Erbschaft gem. § 1945 BGB) oder verfahrensrechtlicher Art (z. B. Einspruch gegen eine Zwangsgeldandrohung gem. § 388 Abs. 1, Zurücknahme eines Antrags). 9

2. Adressat

Zuständig für die Entgegennahme von schriftlichen **Anträgen** und **Erklärungen** ist das für die Bearbeitung der Angelegenheit zuständige Gericht (Abs. 1 1. Alt.); die Abgabe zur Niederschrift hat gegenüber der **Geschäftsstelle** des für die Bearbeitung zuständigen Gerichts zu erfolgen (Abs. 1 2. Alt.). Unter zuständigem Gericht im Sinne dieser Vorschrift ist nicht das Gericht zu verstehen, das letztlich in rechtlich nachvollziehbarer Weise seine örtliche und sachliche Zuständigkeit bejaht hat, sondern dasjenige, bei dem die Angelegenheit, auf die sich die Erklärung bzw. der Antrag bezieht, derzeit anhängig ist. Ist noch keine Anhängigkeit gegeben, so ist dies die Geschäftsstelle desjenigen Gerichts, bei dem die Angelegenheit, auf welche sich die Erklärung bzw. der Antrag bezieht, nach den Regeln über die örtliche und sachliche Zuständigkeit anhängig gemacht werden kann. Ist dies in erster Instanz bei mehreren Gerichten möglich, so sind deren Geschäftsstellen zuständig. Gleiches gilt, wenn eine Angelegenheit bereits bei mehreren Gerichten anhängig ist. 10

---
[3] BGH Rpfleger 1957, 346.

3. Einreichung von Anträgen und Erklärungen

11 **a) Schriftform.** Im Falle der Einreichung von Anträgen oder Erklärungen ist die Schriftform gewahrt, wenn aus dem Schriftstück der **Inhalt** der abzugebenden Erklärung und die **Person,** von der sie ausgeht, bereits im Zeitpunkt des Eingangs hinreichend zuverlässig entnommen werden können.[4] Auf jeden Fall muss der Aussteller des Schriftstücks identifizierbar sein.[5] Ergeben sich Zweifel über den Aussteller oder darüber, ob das Schriftstück mit seinem Willen an das Gericht gelangt ist, so greift der Amtsermittlungsgrundsatz (§ 26) ein.

12 Die **handschriftliche Unterzeichnung** ist nicht zwingend erforderlich (siehe auch § 23 Rn 42),[6] soweit dies nicht ausdrücklich gesetzlich vorgeschrieben ist, wie z. B. nach § 64 Abs. 2 S. 3 für die Beschwerde oder nach §§ 126, 127 BGB für rechtsgeschäftliche Willenserklärungen; verfahrenseinleitende Anträge sollen unterschrieben werden (§ 23 Abs. 1 S. 2; s. auch § 23 Rn 42). Ansonsten kann auch ein Handzeichen, wenn es nicht lediglich die Fertigung eines Entwurfs abschließt,[7] oder ein Faksimilestempel ausreichen.[8] Voraussetzung ist aber stets, dass die Identität des Erklärenden und sein Erklärungswille mit hinreichender Sicherheit festgestellt werden können. Bei einem Rechtsanwalt kann das mit der Schreibmaschine geschriebene Diktatzeichen in Verbindung mit dem Briefkopf genügen,[9] ebenso ein Namenszug, der die Absicht einer vollen Unterschrift erkennen lässt.[10]

13 **b) Andere Erklärungsformen.** § 25 schließt andere Erklärungsformen nicht aus. Daher können Anträge und Erklärungen auch **fernmündlich** oder **mündlich** abgegeben werden, sofern das Gesetz dies formfrei zulässt.[11] Ein Rechtsmittel kann nicht telefonisch zu Protokoll der Geschäftsstelle eingelegt werden.[12] Bei telefonischen Erklärungen muss allerdings die Identität des Erklärenden feststehen.[13] Ist diese nicht zu klären, so wahrt die Erklärung keine Frist. Der Inhalt einer telefonischen oder mündlichen Mitteilung ist in einem Aktenvermerk festzuhalten.[14] Wachtmeister oder Kanzleikräfte können Empfangsboten sein.

14 Die **telegrafische Erklärung** steht der schriftlichen gleich.[15] Zulässig sind die fernschriftlichen Übermittlungsformen über Fernschreibgeräte **(Fernschreiben)** sowie über Fernkopierer **(Fax)** in Gestalt einer Telekopie,[16] d. h. entweder Übermittlung der Kopie eines Dokuments über das öffentliche Telefonnetz direkt vom Versender zum Empfänger durch Ausdruck im Telefaxgerät des Gerichts oder, soweit das Postamt am Gerichtsort die Telekopie empfängt, diese im Rahmen des Telebriefdienstes als Postsendung an das Gericht weiterleitet.[17] Bei einem **Fax** genügt die Unterschrift auf dem Original.[18] Möglich ist auch ein **Computerfax** mit einer eingescannten Unterschrift. Zu den weiteren Einzelheiten, auch zur Fristwahrung, siehe die Ausführungen zu § 63 Rn 30 ff., die für alle Anträge und Erklärungen Gültigkeit haben.

15 Schriftsätze mit Anträgen und Erklärungen können nach § 14 Abs. 2 auch als **elektronisches Dokument** (beispielsweise als E-Mail oder als Bilddatei) an das Gericht gesandt

---

[4] GmS-OGB NJW 1980, 172; BGH NJW 1984, 1974; BayObLGZ 1976, 38.
[5] BGH NJW 1989, 588.
[6] BVerfGE 15, 288/291; GmS-OGB NJW 1980, 172; BayObLG 1987, 275; Zöller/Feskorn § 25 FamFG Rn 3; a. A. Bumiller/Harders § 25 Rn 5 Unterschrift stets erforderlich.
[7] BayObLG NJW 1962, 1527.
[8] OLG Stuttgart NJW 1976, 1902.
[9] OLG Oldenburg NJW 1983, 1072.
[10] BGH VersR 1991, 117.
[11] Prütting/Helms/Ahn-Roth § 25 Rn 13; a. A. SBW/Brinkmann § 25 Rn 31; Zöller/Feskorn § 25 FamFG Rn 2.
[12] BGH FamRZ 2009, 970.
[13] Vgl. auch BGHSt. 30, 64.
[14] Baur § 17 III 3 a; Jansen/von König § 11 Rn 22.
[15] Vgl. BGH NJW 1982, 147; NJW 1981, 1619; BayObLGZ 1987, 236; BayObLG MDR 1967, 689.
[16] BVerfG NJW 1995, 711; NJW 1987, 2067; BGH BB 1991, 2325; NJW 1990, 3087; BayObLG FamRZ 1998, 634.
[17] BGH NJW 1983, 1498.
[18] BGH NJW 1990, 187; BayObLG NJW 1995, 668; OLG Köln NJW 1992, 1774.

werden, sofern diese Möglichkeit durch Verordnung für das jeweilige Gericht zugelassen worden ist.[19] Zu den näheren Einzelheiten siehe § 14 Rn 7.

4. Anträge und Erklärungen zur Niederschrift der Geschäftsstelle

a) Geschäftsstelle. Bei jedem Gericht muss eine Geschäftsstelle bestehen (§ 153 Abs. 1 GVG), die mit der erforderlichen Anzahl von Urkundsbeamten zu besetzen ist. Für deren Rechtsverhältnisse sind die Vorschriften des § 153 Abs. 2 und 3 GVG sowie bundesrechtliche und die jeweiligen landesrechtliche Bestimmungen maßgebend (§ 154 Abs. 4 GVG). Der Urkundsbeamte der Geschäftsstelle ist Organ der Rechtspflege.[20] Zum Urkundsbeamten können die in § 153 GVG aufgeführten Personen bestellt werden.[21] Eine Reihe von Aufgaben des Urkundsbeamten sind ausdrücklich und ausschließlich dem Rechtspfleger übertragen (vgl. §§ 24, 29 RPflG), der insoweit dann Urkundsbeamter der Geschäftsstelle ist.[22] Die Geschäftsstelle eines Gerichts wird stets als eine einheitliche angesehen, auch wenn sie aus räumlich getrennten Abteilungen besteht, wie dies z. B. bei einer Außenstelle des Gerichts der Fall ist.[23] Bei größeren Gerichten sind die Aufgaben der Geschäftsstelle, die in der Entgegennahme und Beurkundung/Protokollierung von Anträgen bestehen, regelmäßig in einer **Rechtsantragsstelle** zusammengefasst.[24] 16

b) Verpflichtung zur Entgegennahme. Das angegangene Gericht ist verpflichtet, eine entsprechende Niederschrift aufzunehmen. Die Aufnahme von Anträgen und Erklärungen stellt eine Amtspflicht des Urkundsbeamten dar, selbst wenn sich der Erklärende auch schriftlich äußern könnte.[25] Aufzunehmen sind auch unverständlich gebliebene oder querulatorische Erklärungen;[26] die Würdigung und Auslegung der Erklärung bleibt dem Richter oder Rechtspfleger vorbehalten (siehe Rn 22). Die Amtspflicht findet ihre Grenze im Falle des offensichtlichen Rechtsmissbrauchs. Eine bereits protokollierte Erklärung braucht nicht nochmals aufgenommen zu werden. Die Niederschrift dient ferner nicht dazu, beleidigende oder strafbare Äußerungen entgegenzunehmen.[27] 17

c) Form und Inhalt der Niederschrift. Das FamFG enthält keine ausdrückliche Vorschrift über die Form und den Inhalt der zu fertigenden Niederschrift. § 37 BeurkG ist nicht entsprechend anwendbar, weil es sich nicht um eine Beurkundung handelt.[28] Insoweit kann auf die bereits für § 11 FGG aufgestellten Grundsätze zu der Fassung des Protokolls zurückgegriffen werden. Bei der Niederschrift muss es sich erkennbar um eine in amtlicher Eigenschaft aufgenommene Erklärung handeln. Die Niederschrift, die nicht in Kurzschrift abgefasst werden darf,[29] soll jedenfalls folgende Angaben enthalten:[30] 18
- Bezeichnung des aufnehmenden Gerichts;
- Name und Amtsbezeichnung des Urkundsbeamten;
- Ort und Tag der Errichtung;
- Bezeichnung der Angelegenheit;
- genaue Bezeichnung der persönlich in der Geschäftsstelle erschienenen Person, ihrer gesetzlichen Vertreter und Bevollmächtigten; Angaben zur Prüfung der Identität des Erklärenden;
- Inhalt der Anträge bzw. Erklärungen.

Ein Verstoß gegen den Sollinhalt der Niederschrift berührt nicht die Wirksamkeit der Niederschrift. Ein Vermerk, dass die Niederschrift dem Erklärenden vorgelesen bzw. ihm

---

[19] Vgl. z. B. BGH NJW-RR 2009, 357.
[20] Baumbach/Hartmann § 153 GVG Rn 4; Kissel/Mayer § 153 Rn 26.
[21] Zu den Einzelheiten s. Kissel/Mayer § 153 Rn 19.
[22] Kissel/Mayer § 153 Rn 14, a. A. Jansen/von König § 11 Rn 13 „Rechtspflegergeschäfte".
[23] OLG Karlsruhe NJW 1984, 744.
[24] Kissel/Mayer § 153 Rn 4.
[25] Ebenso für den Strafprozess BGHSt. 30, 64/69.
[26] KG Rpfleger 2009, 304.
[27] Stein/Jonas/Leipold § 129a Rn 13; a. A. MünchKommZPO/Wagner § 129a Rn 6, der die Wertung unverständlich gebliebener oder querulatorischer Erklärungen stets dem Gericht überlassen will.
[28] BayObLGZ 1977, 222.
[29] OLG Celle NJW 1958, 1314; OLG Schleswig SchlHA 1980, 73.
[30] Vgl. BayObLGZ 1964, 331/333; Bumiller/Harders § 25 Rn 4; Jansen/von König § 11 Rn 16.

zur Durchsicht überlassen und von ihm genehmigt wurde, ist zwar nicht notwendig,[31] aber zweckmäßig.

19   Der sachliche Inhalt der Niederschrift muss vom Urkundsbeamten **selbst abgefasst** sein.[32] Keine wirksame Erklärung zur Niederschrift liegt daher vor, wenn der Urkundsbeamte ein von einem Beteiligten vorgelegtes Schriftstück mit Eingangs- und Schlussworten versieht[33] oder wörtlich abschreibt oder wenn er nur auf privatschriftliche Anlagen Bezug nimmt;[34] ebenso wenig wenn er sich Erklärungen diktieren lässt.[35] Unwirksam sind auch Niederschriften einer unzuständigen Urkundsperson, z. B. zur Niederschrift einer Geschäftsstelle eines Landgerichts, welches nicht Verfahrensgericht ist.[36] Eine fehlerhafte Aufnahme der Erklärung kann eine Wiedereinsetzung in den vorigen Stand (§ 17) rechtfertigen.[37]

20   Erforderlich ist die **Unterschrift des Urkundsbeamten;**[38] diese muss den Text abschließen.[39] Eine Unterzeichnung durch den Erklärenden ist für die Wirksamkeit nicht erforderlich,[40] aber zweckmäßig.[41] Wird eine Unterzeichnung unterlassen, so ist dies grundsätzlich unschädlich; durch die amtliche Erklärung des Urkundsbeamten wird die Unterschrift des Erklärenden ersetzt.[42] Verweigert der Erklärende ausdrücklich die Unterschrift, ist die Niederschrift nicht wirksam, es sei denn, die Weigerung beruht darauf, dass der Urkundsbeamte nicht bereit ist, weitere Erklärungen zu beurkunden[43] bzw. Unterlagen zu den Akten zu nehmen.[44] Im Falle der **Einlegung eines Rechtsmittels** zur Niederschrift der Geschäftsstelle bedarf es entgegen der in der Vorauflage vertretenen Auffassung nicht der Unterschrift des Beschwerdeführers bzw. seines Bevollmächtigten[45] (siehe dazu § 64 Rn 29 ff.).

21   Nach der Genehmigung durch den Erklärenden darf der Urkundsbeamte – von der Berichtigung von Schreibfehlern abgesehen – die Niederschrift ohne Beteiligung des Erklärenden nicht mehr ändern. Dem Antrag oder der Erklärung sind die von dem Erklärenden überreichten Unterlagen beizufügen, z. B. bei einem Verfahrenskostenhilfegesuch über die persönlichen und wirtschaftlichen Verhältnisse.

22   **d) Inhaltliche Prüfung.** Eine inhaltliche Prüfung des Antrages oder der Erklärung hat grundsätzlich nicht zu erfolgen. Daher muss z. B. auch das Rechtsmittel eines möglicherweise Geschäftsunfähigen zur Niederschrift genommen werden, weil die Verwerfung Aufgabe des Beschwerdegerichts (§ 68 Abs. 2 S. 2) und nicht der Geschäftsstelle ist. Der Urkundsbeamte soll jedoch dafür Sorge zu tragen, dass die Niederschrift inhaltlich dem Begehren des Antragstellers bzw. Erklärenden entspricht. Insoweit besteht im Rahmen der Fürsorgepflicht und der Möglichkeiten eine Verpflichtung, den mutmaßlichen Willen zu erfragen sowie für eine klare Formulierung des Begehrens zu sorgen. Soweit der Antrag auf der Grundlage der Erklärung des Antragstellers unvollständig oder falsch ist, löst dies keine Amtshaftungsansprüche aus.

23   **e) Weigerung des Urkundsbeamten der Geschäftsstelle.** Gegen die Weigerung des Urkundsbeamten, einen Antrag oder eine Erklärung entgegen zu nehmen oder hierüber eine Niederschrift aufzunehmen, ist nicht der Rechtsbehelf nach §§ 23 EGGVG er-

---

[31] BayObLGZ 1964, 333.
[32] BayObLG Rpfleger 1991, 450.
[33] BayObLG Rpfleger 1995, 342.
[34] BayObLGZ 1953, 102; OLG Köln NZM 2004, 557, Rpfleger 1994, 495. Derartige Erklärungen können jedoch die Schriftform wahren.
[35] Offen gelassen BGH FGPrax 2010, 210.
[36] MünchKommZPO/Ulrici § 25 FamFG Rn 17.
[37] BVerfG NJW 2005, 3629.
[38] BayObLG Rpfleger 1991, 450.
[39] BGH WM 1991, 57.
[40] BayObLG FamRZ 2005, 834; Prütting/Helms/Ahn-Roth § 25 Rn 12; SBW/Brinkmann § 25 Rn 21; einschränkend Bahrenfuss/Rüntz § 25 Rn 6 für einen Antrag nach § 23.
[41] Prütting/Helms/Ahn-Roth § 25 Rn 12; SBW/Brinkmann § 25 Rn 21; Zöller/Feskorn § 25 FamFG Rn 5.
[42] BayObLG FamRZ 2005, 834.
[43] BayObLG RPfleger 1961, 355.
[44] BayObLG FamRZ 2005, 834.
[45] A. A. LG Essen NJW-RR 2010, 1234.

öffnet.⁴⁶ Da in der Ablehnung des Urkundsbeamten letztlich eine Entscheidung zu sehen ist, die eine mündliche Verhandlung nicht erfordert, und die ein das Verfahren betreffendes Gesuch zurückweist, findet die **befristete Erinnerung** nach § 573 Abs. 1 S. 1 ZPO bzw. nach § 11 Abs. 2 RPflG statt, wenn der Rechtspfleger die Aufgaben wahrgenommen hat.⁴⁷ Daneben besteht die Möglichkeit, Dienstaufsichtsbeschwerde zu erheben.

5. Niederschrift durch Richter oder Rechtspfleger

Die von einer unzuständigen Urkundsperson aufgenommene Niederschrift ist grundsätzlich unwirksam.⁴⁸ Die Niederschrift des Richters oder Rechtspflegers steht in der Bewertung im Allgemeinen über der Niederschrift des Urkundsbeamten der Geschäftsstelle; Richter und Rechtspfleger sind nicht in diesem Sinn unzuständige Urkundspersonen. Es besteht jedoch für den Richter und für den Rechtspfleger, soweit dieser nicht ein Geschäft des Urkundsbeamten der Geschäftsstelle wahrnimmt (z. B. nach § 24 Abs. 2 Nr. 3 RPflG), **keine Verpflichtung,** eine Niederschrift aufzunehmen; sie können auf die Niederschrift durch den Urkundsbeamten der Geschäftsstelle verweisen. Die Entgegennahme von Rechtsmittelerklärungen zur Niederschrift des Richters sollte dann unterlassen werden, wenn sie sich mit der Würde des Gerichts nicht verträgt.⁴⁹ Gegen die Entgegennahme eines Rechtsmittelverzichts bestehen keine Bedenken.

IV. Abgabe gegenüber jedem Amtsgericht (Abs. 2, Abs. 3)

1. Abgabe der Anträge und Erklärungen (Abs. 2)

Anträge und Erklärungen können auch zur Niederschrift der Geschäftsstelle eines **jeden AG** in der Bundesrepublik Deutschland erklärt werden (§ 25 Abs. 2), sofern für deren Aufnahme der Urkundsbeamte der Geschäftsstelle zuständig ist. Hierbei ist es unerheblich, ob der Erklärende im Bezirk des AG seinen Wohnsitz oder Aufenthalt hat.⁵⁰ Das angegangene AG ist zur Aufnahme der Niederschrift berechtigt und verpflichtet. Insoweit haben die unter Rn 17 dargestellten Grundsätze allgemeine Gültigkeit. Eine Verpflichtung zur Aufnahme einer Niederschrift besteht nicht, soweit Anträge und Erklärungen nicht zur Niederschrift der Geschäftsstelle abgegeben werden können (so z. B. für die Erhebung der Rechtsbeschwerde nach § 71 Abs. 1 S. 1) oder nach Sondervorschriften nur Geschäftsstellen bestimmter Gerichte berufen sind, entsprechende Anträge und Erklärungen aufzunehmen.

2. Pflicht zur unverzüglichen Übermittlung (Abs. 3 S. 1)

Die Geschäftsstelle hat die angefertigte Niederschrift unverzüglich an das Gericht zu übermitteln, an das der Antrag oder die Erklärung gerichtet ist (§ 25 Abs. 3 S. 1). Unverzüglich heißt ohne schuldhaftes Zögern (§ 121 Abs. 1 S. 1 BGB). Wie schnell eine Übermittlung erfolgen muss, bestimmt sich nach den Erfordernissen des Einzelfalls, insbesondere nach der Dringlichkeit. Droht ein Fristablauf, so sind Anträge und Erklärungen im Rahmen der Möglichkeiten des ordentlichen Geschäftsbetriebes⁵¹ weiter zu leiten; das Gericht ist nicht verpflichtet, Maßnahmen zur besonderen Beschleunigung zu ergreifen,⁵² z. B. ein Faxgerät zu benutzen.⁵³ Vielmehr liegt die Wahl des Mittels für die Übermittlung im pflichtgemäßen Ermessen des Urkundsbeamten. Der Begriff Übermittlung gibt dem Ge-

---

⁴⁶ KG FGPrax 1995, 132 = NJW-RR 1995, 637.
⁴⁷ KG Rpfleger 2009, 304; FGPrax 1995, 132 = NJW-RR 1995, 637; Bahrenfuss/Rüntz § 25 Rn 6; Thomas/Putzo/Reichold § 129a Rn 1; a. A. Zöller/Greger § 129a Rn 2, keine Anfechtung, nur Dienstaufsichtsbeschwerde.
⁴⁸ BGH NJW 1952, 1386; Schmid Rpfleger 1962, 301.
⁴⁹ Vgl. OLG Düsseldorf VRS 50, 383; OLG Koblenz VRS 62, 297; VRS 61, 356.
⁵⁰ Ebenso zu § 129a ZPO: Baumbach/Hartmann § 129a Rn 7.
⁵¹ BGH NJW-RR 2009, 408; NJW-RR 2000, 1730; OLG Zweibrücken VersR 2005, 1000.
⁵² BGH NJW-RR 2009, 408.
⁵³ BGH AnwBl 2006, 212.

richt die Möglichkeit, die Niederschrift auch in elektronischer Form an das Adressatgericht weiter zu leiten.

3. Eintritt der Wirkungen einer Verfahrenshandlung (Abs. 3 S. 2)

27   Die Wirkung einer Verfahrenshandlung tritt erst mit dem **tatsächlichen Eingang** der Niederschrift bei dem zuständigen Gericht ein (Abs. 3 S. 2). Dies gilt auch für Fristsachen, z. B. für die Einlegung einer Beschwerde (siehe dazu § 64 Rn 19). Ist **materiell-rechtlich** eine Frist zu wahren, so schließt dies nicht aus, dass die geforderte Erklärung bei einem anderen AG als dem mit der Sache befassten zur Niederschrift erklärt wird.[54] Die Erklärung ist nach Abs. 3 S. 2 nur dann fristwahrend, wenn die Niederschrift innerhalb der maßgebenden Frist bei dem zuständigen Gericht eingeht. Dies gilt etwa für die innerhalb von sechs Wochen gegenüber dem Nachlassgericht vorzunehmende Erklärung über die Ausschlagung einer Erbschaft (§§ 1944, 1945 BGB; vgl. auch § 1955 BGB). Eine Ausnahme besteht nach § 344 Abs. 7 für die Ausschlagung oder die Anfechtung der Ausschlagung einer Erbschaft; insoweit reicht auch die Abgabe der Erklärung gegenüber dem Nachlassgericht am Wohnsitz des Erklärenden.

28   Wird das Adressatgericht von dem Erklärenden unzutreffend angegeben, tritt die Wirkung erst mit dem Eingang bei dem tatsächlich zuständigen Gericht ein. Das **angegangene unzuständige Gericht** ist in diesem Falle zur unverzüglichen Weiterleitung verpflichtet. Es besteht aber keine allgemeine Verpflichtung der Geschäftsstelle des die Niederschrift aufnehmenden oder des zunächst angerufenen Gerichts, das für den Antrag oder für die Erklärung tatsächlich örtlich und sachlich zuständige Gericht von Amts wegen zu ermitteln[55] oder den Antragsteller durch Telefon oder Fax von der Unzuständigkeit zu verständigen.[56] Unter Umständen kann dem Erklärenden Wiedereinsetzung nach §§ 17 ff. gewährt werden, sofern das angegangene AG die Weiterleitung der Niederschrift schuldhaft verzögert hat und hierdurch eine Frist versäumt worden ist.[57]

V. Kosten und Gebühren

29   Durch die Stellung von Anträgen und die Abgabe von Erklärungen zur Niederschrift der Geschäftsstelle des zuständigen Gerichts oder eines sonstigen AG entstehen keine zusätzlichen Kosten und Gebühren. Gleiches gilt für die Übermittlung an das zuständige Gericht.

Ermittlung von Amts wegen

26 Das Gericht hat von Amts wegen die zur Feststellung der entscheidungserheblichen Tatsachen erforderlichen Ermittlungen durchzuführen.

Übersicht

	Rn
I. Normzweck	1
II. Anwendungsbereich	2
1. Allgemeines	2
2. Grundbuchsachen	4
III. Allgemeine Verfahrensgrundsätze	6
1. Dispositions- und Offizialmaxime	6
2. Beibringungs- und Untersuchungsgrundsatz	10
3. Amtsbetrieb	11
IV. Umfang der Amtsermittlungen	12
1. Allgemeines	12

---

[54] BGH FamRZ 1977, 786 für die Testamentsanfechtung.
[55] A. A. Baumbach/Hartmann § 129a Rn 11, der eine Amtspflicht des Urkundsbeamten annimmt, das richtige Gericht herauszusuchen, soweit dies ihm möglich ist.
[56] BGH AnwBl 2006, 212.
[57] BVerfG NJW 2005, 2138; BT-Drs. 16/6308 S. 186.

	Rn
2. Erforderliche Ermittlungen	16
3. Mitwirkung der Beteiligten	20
4. Behandlung von Beweisanträgen	22
5. Ermittlungspflicht hinsichtlich des ausländischen Rechts	26
a) Grundsatz	26
b) Umfang der Ermittlungen	28
c) Ersatzrecht	29
d) Beauftragung eines Sachverständigen	30
e) Anhörung des Sachverständigen	32
f) Einholung von Auskünften	33
6. Rechtsfolgen unzureichender Ermittlungen	35
V. Art der Ermittlungen	37
1. Allgemeines	37
2. Anhörung der Beteiligten	38
3. Anhörung von Auskunftspersonen	41
4. Beweisaufnahme	44
VI. Amtsermittlungspflichten im Verlauf des Verfahrens	45
1. Verfahrensvoraussetzungen	45
a) Grundsatz	45
b) Verfahrensvoraussetzungen	47
c) Folgen fehlender Verfahrensvoraussetzungen	51
d) Prüfung in der Rechtsmittelinstanz	54
2. Prüfung von Vorfragen	56
a) Grundsatz	56
b) Bindungswirkung von Entscheidungen aus dem öffentlichen Recht	57
c) Bindungswirkung von Entscheidungen der Zivilgerichte	58
d) Zur Aufrechung gestellte Forderung	59
e) Einzelfälle zur Vorfragenprüfung	61
3. Einzelfälle der notwendigen Amtsermittlungen	74
a) Allgemeines	74
b) Familiensachen	75
c) Betreuungs- und Unterbringungssachen	76
d) Nachlasssachen	77
e) Registersachen	78
f) Freiheitsentziehungssachen	79
g) Weitere Verfahren aus verschiedenen Rechtsgebieten	80
VII. Amtsermittlungspflicht bei Erlass einer einstweiligen Anordnung	81
VIII. Amtsermittlungsgrundsatz im Beschwerdeverfahren	82
IX. Amtsermittlungspflicht im Rechtsbeschwerdeverfahren	83
X. Amtsermittlung im Beschwerdeverfahren „in entsprechender Anwendung der §§ 567 bis 572 ZPO"	86

I. Normzweck

§ 26 regelt in Anlehnung an die bisherige Regelung in § 12 FGG den Amtsermittlungsgrundsatz. Insoweit wird dem Gericht die Verpflichtung auferlegt, die für die Entscheidung erheblichen Tatsachen von Amts wegen festzustellen, wobei der Umfang der notwendigen Ermittlungen und die Art der Beschaffung der erheblichen Tatsachen im pflichtgemäßen, teilweise gebundenen Ermessen des Gerichts steht.[1]

II. Anwendungsbereich

1. Allgemeines

§ 26 findet auf Verfahren in Familiensachen sowie in Angelegenheiten der freiwilligen Gerichtsbarkeit, soweit sie durch Bundesgesetz den Gerichten zugewiesen sind (§ 1), Anwendung. Eine Ausnahme besteht für die Ehesachen (§ 121) und die Familienstreitsachen (§ 112); für diese gelten nach § 113 Abs. 1 S. 2 die §§ 1 bis 494a ZPO entsprechend. Für Ehesachen wiederholt **§ 127 Abs. 1** die Regelung aus § 26, wobei die Abs. 2 und 3

---
[1] BT-Drs. 16/6308 S. 186.

Einschränkungen des Amtsermittlungsgrundsatzes enthalten. Für Abstammungssachen enthält § 177 eine vorrangige Regelung, die den Amtsermittlungsgrundsatz nach § 26 einschränkt. In **Registersachen** beschränkt sich die Amtsermittlungspflicht weitgehend auf die eingereichten Unterlagen. Nur bei Vorliegen von begründeten Zweifel besteht eine weitergehende Prüfungspflicht des Registergerichts.[2] Diese umfasst auch die materielle Richtigkeit der zur Eintragung angemeldeten Tatsachen.[3]

3   Soweit nach Landesrecht für die Durchführung des Verfahrens andere als gerichtliche Behörden zuständig sind, gilt § 26 (§ 488 Abs. 1). In den landesgesetzlich geregelten Angelegenheiten der freiwilligen Gerichtsbarkeit kann der Landesgesetzgeber die entsprechende Geltung des FamFG und damit auch des Amtsermittlungsgrundsatzes anordnen. Zu den Einzelheiten siehe die Ausführungen bei § 486.

Zu der Übergangsregelung siehe Art. 111 FGG-RG und die dortigen Erläuterungen.

2. Grundbuchsachen

4   In Grundbuchsachen gilt § 26 in Antragsverfahren, zu dem auch das Verfahren auf Grundbuchberichtigung nach § 22 GBO zählt, nicht;[4] das Grundbuchamt hat in diesen Verfahren weder das Recht noch die Pflicht zu eigenen Ermittlungen und Beweiserhebungen.[5] Der Antragsteller trägt vielmehr die Gefahr der Zurückweisung seines Antrags, wenn er dem Grundbuchamt nicht die erforderliche Gewissheit verschafft, dass sämtliche Eintragungsvoraussetzungen vorliegen. Jedoch hat das Grundbuchamt auch im Eintragungsverfahren von Amts wegen zu ermitteln, wer durch eine Grundbucheintragung betroffen ist und deswegen als (materiell) Beteiligter zum Verfahren hinzuziehen ist.[6] Dagegen gilt § 26 uneingeschränkt in allen Amtsverfahren nach der Grundbuchordnung, z. B. in den Verfahren nach den §§ 53, 84, 90 GBO,[7] sowie den Verfahren, die die Kosten in Grundbuchsachen betreffen.[8]

5   § 26 findet auch bei der Gewährung von Grundbucheinsicht nach § 12 GBO im Rahmen der Feststellung der zu berücksichtigenden Tatsachen bei Abwägung des öffentlichen Interesses der Presse an der Einsicht in das Grundbuch zur Wahrnehmung ihrer demokratischen Kontrollfunktion einerseits gegenüber dem Geheimhaltungsinteresse des im Grundbuch eingetragenen Berechtigten andererseits Anwendung.[9]

III. Allgemeine Verfahrensgrundsätze

1. Dispositions- und Offizialmaxime

6   Die Entscheidung, ob ein gerichtliches Verfahren eingeleitet wird, und die Festlegung, was dessen Gegenstand sein soll, obliegen im Regelfall den Verfahrensbeteiligten durch Klageerhebung bzw. Stellung eines Antrages. In den Verfahrensordnungen, die den Beteiligten diese Möglichkeit eröffnen, gilt die sog. **Dispositionsmaxime**.[10] Bei der Einleitung aller gerichtlichen Verfahren mit Ausnahme eines Teils der Verfahren der freiwilligen Gerichtsbarkeit ist sie nach geltendem deutschen Verfahrensrecht der bestimmende Grundsatz.

7   Im klassischen Bereich der Verfahren der freiwilligen Gerichtsbarkeit, in denen Rechtsfürsorge ausgeübt wird (vgl. § 23 Rn 5), z. B. in Kindschafts-, Betreuungs-, Unterbringungs- oder Freiheitsentziehungssachen, erfolgt die Verfahrenseinleitung dagegen durch das Gericht, das auch von sich aus den Verfahrensgegenstand festlegt. In diesen Verfahren gilt

---

[2] OLG Düsseldorf FGPrax 2008, 261; OLG Hamm FGPrax 2006, 274.
[3] OLG München Rpfleger 2009, 318.
[4] BGH FGPrax 2010, 181; OLG Köln FGPrax 2007, 102; Demharter § 1 Rn 46.
[5] BGHZ 30, 255/258; BayObLG Rpfleger 1988, 477; Rpfleger 1981, 283; Demharter § 1 Rn 46.
[6] BayObLG Rpfleger 1997, 15; Demharter § 1 Rn 31.
[7] Z. B. BayObLG Rpfleger 1988, 477; Rpfleger 1976, 66; OLG Hamm Rpfleger 1957, 117; OLG Zweibrücken FGPrax 2009, 15.
[8] Demharter § 1 Rn 47.
[9] OLG Hamm NJW 1988, 2482; vgl. zum Grundbucheinsichtsrecht durch die Presse: BVerfG NJW 2001, 503 mit Anm. Demharter FGPrax 2001, 52; KG FGPrax 2001, 223 = NJW 2002, 223.
[10] Rosenberg/Schwab/Gottwald § 76 Rn 1.

die sog. **Offizialmaxime,**[11] die teilweise[12] als ein Relikt aus der Zeit des Absolutismus, in der der fürsorgerische Staat im Sinne einer umfassenden Wohlfahrtspflege die Angelegenheiten seiner Untertanen besorgte, angesehen wird. In der Tat ist es eine singuläre Erscheinung im Bereich der freiwilligen Gerichtsbarkeit, dass ein Gericht von Amts wegen tätig wird. Selbst im Strafverfahren liegt die Verfahrensinitiative nicht beim Gericht, sondern bei der Staatsanwaltschaft. Nach § 151 StPO gilt das sog. Akkusationsprinzip.[13]

In zahlreichen Verfahren der freiwilligen Gerichtsbarkeit, nämlich in allen Antragsverfahren (z. B. in Erbscheinsverfahrens bzw. Aufgebotssachen) und in den echten Streitsachen, gilt an Stelle der Offizialmaxime die **Dispositionsmaxime** in dem Sinne, dass die Beteiligten zumindest darüber entscheiden können, ob ein Verfahren eingeleitet werden und welchen Gegenstand es haben soll.[14] Aber auch in diesen Verfahren ist die Dispositionsbefugnis der Beteiligten im Gegensatz zum Zivilprozess deutlich eingeschränkt.

Zwar können die Beteiligten das Verfahren durch Rücknahme des verfahrenseinleitenden Antrags (vgl. 22) oder eines Rechtsmittels (vgl. 67) beenden. Sie können sich vergleichen, soweit sie nach materiellem Recht über den Verfahrensgegenstand verfügen können (vgl. § 36). Der Antragsteller kann zudem ein Antragsverfahren, ohne dass eine Erledigung der Hauptsache eingetreten ist, einseitig für erledigt erklären und damit beenden (vgl. § 22 Rn 31). Die Beteiligten können ein Antragsverfahren auch übereinstimmend beenden (vgl. § 22 Abs. 3), selbst wenn keine Erledigung der Hauptsache vorliegt. Jedoch ist im Gegensatz zum Zivilprozess (vgl. §§ 306, 307, 330, 331 ZPO) für den Anwendungsbereich des FamFG eine Verfahrensbeendigung durch eine Verzichts-, Anerkenntnis- oder Versäumnisentscheidung grundsätzlich nicht möglich. Das gilt sowohl für echte Streitsachen als auch für Antragssachen[15] (Ausnahmen: § 366 Abs. 3, Abs. 4; § 368 Abs. 2 i. V. m. § 366 Abs. 3, 4). Eine derartige Verfahrensbeendigung ist mit dem Amtsermittlungsgrundsatz nicht zu vereinbaren sein; anderes gilt für Ehesachen und den Familienstreitsachen; siehe dazu § 38 Rn 14.

2. Beibringungs- und Untersuchungsgrundsatz

Eine Verfahrensmaxime, die für das Verfahren der freiwilligen Gerichtsbarkeit in all seinen Erscheinungsformen, auch in echten Streitsachen, kennzeichnend ist, und die den Unterschied dieses Verfahrens zum Zivilprozess besonders deutlich hervortreten lässt, ist der **Grundsatz der Amtsermittlung,** auch als Inquisitionsmaxime oder Untersuchungsgrundsatz bezeichnet,[16] der im Gegensatz zum **Verhandlungs- oder Beibringungsgrundsatz** steht, der im Zivilprozess regelmäßig gilt.[17] Die gesetzliche Grundlage für den Amtsermittlungsgrundsatz ergibt sich aus § 26. Während es im Zivilprozess auf Grund der Verhandlungsmaxime im Allgemeinen Aufgabe der Parteien ist, Tatsachen vorzutragen, die das Gericht zur Grundlage seiner Entscheidung machen soll, ist das Gericht im Verfahren der freiwilligen Gerichtsbarkeit berechtigt und verpflichtet, den Sachverhalt, den es seiner Entscheidung zu Grunde legen will, nach pflichtgemäßem Ermessen zu ermitteln und ohne Bindung an Beweisanträge der Beteiligten die ihm geeignet erscheinenden Beweise zu erheben, wenn sich – insbesondere nach dem Vorbringen der Beteiligten – Zweifel an der Richtigkeit bestimmter Tatsachen ergeben (vgl. §§ 29, 30).[18]

3. Amtsbetrieb

Im Verfahren der freiwilligen Gerichtsbarkeit ist es seit jeher Aufgabe des Gerichts, das Verfahren in Gang zu halten und fortzuführen. Es herrscht also **Amtsbetrieb,**[19] der auch

---

[11] Habscheid § 19 I 1; Lindacher JuS 1978, 578.
[12] So z. B. Kollhosser § 8 IV 3 b.
[13] Pfeiffer Einl. Rn 2, § 151 Rn 1.
[14] Habscheid § 19 I 1 b, 1 c.
[15] Habscheid § 22 II 2; Lindacher JuS 1978, 579.
[16] Habscheid § 19 II 1; Lindacher JuS 1978, 580.
[17] Rosenberg/Schwab/Gottwald § 77 Rn 7.
[18] Habscheid § 19 II 1; Lindacher JuS 1978, 580.
[19] Habscheid § 19 I 2.

im ZPO-Verfahren, wie sich beispielsweise aus § 270 ZPO ergibt, inzwischen weitgehend den Parteibetrieb, der vor allen bei den Zustellungen der Entscheidungen galt, abgelöst hat.[20] Im Verfahren der freiwilligen Gerichtsbarkeit erfolgt die formelle Verfahrensleitung des Gerichts insbesondere dadurch, dass es die erforderlichen Zustellungen veranlasst (vgl. z. B. § 15),[21] etwaige Termine anberaumt (vgl. § 32) und dazu lädt. Im Rahmen des Amtsbetriebes trägt das Gericht die Verantwortung für eine zügige Durchführung des Verfahrens. Im Hinblick auf die Verpflichtung zur Gewährung effektiven Rechtsschutzes ist dieses so zu gestalten und zu fördern, dass es innerhalb angemessener Zeit abgeschlossen werden kann.[22] Dabei ist zu berücksichtigen, dass insbesondere Kindschaftssachen, die den Aufenthalt des Kindes, das Umgangsrecht oder die Herausgaben betreffen, sowie Verfahren wegen Gefährdung des Kindeswohls vorrangig und beschleunigt durchzuführen sind (vgl. § 155).

IV. Umfang der Amtsermittlungen

1. Allgemeines

12   Der Amtsermittlungsgrundsatz gilt nicht nur für die von Amts wegen einzuleitenden Verfahren, sondern auch für das Antragsverfahren[23] einschließlich der echten Streitsachen[24] sowie in den selbstständigen Familiensachen der freiwilligen Gerichtsbarkeit, auch wenn diese im Verbund behandelt werden (vgl. dazu § 111 Rn 28, 30; § 137 Rn 6). Insoweit obliegt es dem Gericht, die für das Verfahren **entscheidungserheblichen Tatsachen** von Amts wegen in das Verfahren einzuführen. Im Gegensatz zum Zivilprozess, in dem das **Prinzip der formellen Wahrheit** gilt, nach dem der Umfang und die Beweisbedürftigkeit des Streitstoffs weitgehend von dem Verhalten der Parteien abhängt, hat das Gericht im Verfahren der freiwilligen Gerichtsbarkeit die objektive Wahrheit der Tatsachen zu ergründen, die es seiner Entscheidung zugrunde legen will **(Prinzip der materiellen Wahrheit).**[25] Zum Umfang der notwendigen Amtsermittlungen im Verfahren der **einstweiligen Anordnung** (§§ 49 ff.) siehe Rn 81 sowie § 51 Rn 6.

13   **Widersprüchliche Angaben** von Beteiligten sind aufzuklären. Auch eine große Wahrscheinlichkeit der Richtigkeit bestimmter entscheidungserheblicher Tatsachen entbindet das Gericht im Rahmen des Untersuchungsgrundsatzes nicht von der Pflicht, mögliche, insbesondere auch von den Beteiligten angebotene Beweise zu erheben.[26] Im Verfahren der freiwilligen Gerichtsbarkeit gilt gem. § 27 Abs. 2 der in § 138 Abs. 1 ZPO enthaltene Grundsatz,[27] dass die Beteiligten ihre Erklärungen über tatsächliche Umstände vollständig und der Wahrheit gemäß abzugeben haben. Verletzt ein Beteiligter die Wahrheitspflicht, kann das Gericht sein unwahres Vorbringen außer Betracht lassen; zu den Einzelheiten siehe § 27 Rn 15.

14   Das Gericht ist bei Feststellung der Tatsachen, die Entscheidungsgrundlage werden sollen, weder an das tatsächliche Vorbringen der Beteiligten und deren Beweisanträge gebunden noch darauf angewiesen.[28] Auch **übereinstimmende Behauptungen** der Beteiligten und **tatsächliche Zugeständnisse** sind auf deren Richtigkeit zu überprüfen.[29] Wird die von einem Beteiligten aufgestellte Behauptung von anderen Beteiligten nicht bestritten, so wird dadurch abweichend von § 138 Abs. 3 ZPO deren Beweisbedürftigkeit nur dann ausgeschlossen, wenn einwandfrei ersichtlich ist, dass die schweigenden Beteiligten

---

[20] Rosenberg/Schwab/Gottwald § 78 Rn 8.
[21] Habscheid § 19 I 2.
[22] BVerfG NJW 2000, 797; NJW 1997, 2811 = FamRZ 1997, 871; Jarrass/Pieroth Art. 19 Rn 46 m. w. N.
[23] BGH FGPrax 2010, 184.
[24] BayObLG Rpfleger 1988, 477; FamRZ 1984, 201; Baur § 18 III 1; Habscheid § 19 III 1.
[25] Baur § 18 I; Habscheid § 19 I.
[26] KG FamRZ 1979, 69; OLG Karlsruhe FGPrax 1995, 156 = NJW-RR 1995, 1349.
[27] BayObLGZ 1971, 217/220; BayObLGZ 1948/1951, 640/647; Habscheid § 19 IV 3.
[28] BayObLG FamRZ 1999, 819; NJW-RR 1990, 1480 = FamRZ 1990, 1281; Baur § 18 I 1; Habscheid § 19 I 1.
[29] BayObLG NJW-RR 1997, 971; NJW-RR 1992, 1225; OLG Düsseldorf FamRZ 1982, 431; OLG Köln FamRZ 1991, 117; Baur § 18 II 2; Habscheid § 19 I 1.

deren Richtigkeit einräumen wollen und sich dagegen auch seitens des Gerichts keine Bedenken ergeben.

Aus der Inquisitionsmaxime ergibt sich zudem, dass ein **Geständnis** die Beweisbedürftigkeit einer Tatsache nicht schlechthin beseitigt, sondern dessen Beweiswert im Einzelfall überprüft werden muss.[30] Es bleibt dem Gericht aber unbenommen, aus dem ausdrücklichen Zugeständnis von Tatsachen oder deren Nichtbestreiten Rückschlüsse auf deren Richtigkeit zu ziehen. Da im Verfahren der freiwilligen Gerichtsbarkeit aber keine Einlassungspflicht der Verfahrensbeteiligten besteht, ist hierbei Zurückhaltung geboten und der Schluss auf die Richtigkeit der unbestrittenen Tatsachen nur dann gerechtfertigt, wenn keine Zweifel bestehen, dass der schweigende Beteiligte, der hierzu ggf. zu befragen ist, diese zugestehen will und das Gericht gegen ihre Richtigkeit auch keine Bedenken hat.[31]

2. Erforderliche Ermittlungen

Den Umfang der Amtsermittlungen begrenzt das FamFG in § 26 durch das Wort **„erforderlich"**. Die von Amts wegen einzuleitenden und durchzuführenden Ermittlungen sind danach so weit auszudehnen, wie es die Sachlage erfordert. Die Anforderungen, die an deren Umfang und Intensität im Einzelfall zu stellen sind, lassen sich jedoch nur sehr begrenzt generell-abstrakt beschreiben.[32] Es entscheidet das pflichtgemäße Ermessen des Gerichts.[33] Dabei bestimmen und begrenzen die Tatbestandsmerkmale der anzuwendenden materiellrechtlichen Vorschriften Richtung und Umfang der Ermittlungen,[34] die sich stets nach der Lage des Einzelfalls richten müssen.[35] Das Verfahren muss geeignet sein, eine möglichst zuverlässige Grundlage für die zu treffende Entscheidung zu erlangen,[36] wobei die Ausgestaltung des Verfahrens dem Grundrechtsschutz des Betroffenen Rechnung tragen muss.[37] Gesteigerte Anforderungen an die Sachverhaltsaufklärung und damit an die Ausschöpfung der Aufklärungs- und Prüfungsmöglichkeiten gelten in personenbezogene Verfahren (z. B. kindschaftsrechtliche Familiensachen,[38] Betreuungs- und Unterbringungssachen,[39] Freiheitsentziehungssachen).

Es besteht – insbesondere in echten Streitsachen sowie in Antragsverfahren – keine **Amtsermittlungspflicht „ins Blaue"** hinein.[40] Allerdings gibt es auch im Antragsverfahren keine Beweisführungslast (vgl. dazu § 29 Rn 39), weil diese mit der Inquisitionsmaxime nicht zu vereinbaren wäre.[41] Die Verletzung der richterlichen Aufklärungspflicht kann indes nur mit Erfolg gerügt werden, wenn Ermittlungen, zu denen nach dem Vorbringen der Beteiligten und dem Sachverhalt als solchen Anlass bestand, nicht durchgeführt worden sind.[42] Keineswegs ist das Gericht indes verpflichtet, allen nur denkbaren Möglichkeiten nachzugehen.[43] Vielmehr sind die Ermittlungen abzuschließen, wenn von weiteren Ermittlungen ein sachdienliches, die Entscheidung beeinflussendes Ergebnis nicht

---

[30] Bärmann § 15 III 2 a; Habscheid § 19 II 1, 21 I 2.
[31] BayObLGZ 1971, 217/220; BayObLGZ 1960, 514/515.
[32] BGHZ 118, 151, 163 = NJW 1992, 2026 (Ermittlungspflicht zur Feststellung ausländischen Rechts).
[33] BGH NJW 2010, 128; BayObLG NJWE-FER 2001, 126; FamRZ 1996, 1110; OLG Frankfurt FamRZ 1998, 194; OLG Köln Rpfleger 1989, 238; OLG Saarbrücken DAVorm 1982, 196.
[34] BayObLG FamRZ 1976, 234; OLG Köln WuM 1995, 343; Rpfleger 1989, 238; Bärmann § 15 I 2; Habscheid § 19 II 1.
[35] BVerfG FamRZ 2002, 1021; BGH FGPrax 2010, 262; FGPrax 2010, 184; FGPrax 2010, 128; BayObLG NJW-RR 1997, 7; OLG Frankfurt FGPrax 1998, 62 = FamRZ 1998, 1061.
[36] BVerfG FamRZ 2009, 1897; FamRZ 2009, 1472; BGH FGPrax 2010, 184 = FamRZ 2010, 1060; OLG Saarbrücken Beschl. v. 12. 7. 2010 9 UF 35/10 = BeckRS 2010, 22240; jew. für die durchzuführenden Ermittlungen bei Sorgerechtsentscheidungen; s. a. BGH NJW 2011, 1289 = FamRZ 2011, 556 für die durchzuführenden Ermittlungen in einem Betreuungsverfahren.
[37] BVerfG FamRZ 2008, 492 betr. Sorgerechtsentzug.
[38] BGH FGPrax 2010, 128.
[39] BGH Beschl. v. 2. 2. 2011 XII ZB 467/10.
[40] OLG Brandenburg OLG-NL 2000, 256.
[41] Habscheid § 21 I 1.
[42] St. Rspr. z. B. BGH FGPrax 2010, 128; BayObLG NJW-RR 1999, 88; OLG Frankfurt FGPrax 1998, 24; OLG Hamburg WE 1999, 109; OLG München FamRZ 2008, 1772.
[43] BGH MDR 1955, 347; Bärmann § 15 III 2 a.

mehr zu erwarten ist.⁴⁴ So kann beispielsweise ein Beteiligter, der sich z. B. weigert, ein schon vorhandenes Privatgutachten zur Echtheit der Unterschrift unter einem privatschriftlichen Testament vorzulegen, nicht erwarten, dass bereits das bloße Bestreiten der Authentizität der Unterschrift das Gericht veranlassen wird, von Amts wegen ein (weiteres) Schriftsachverständigengutachten einzuholen.⁴⁵

18 Eine gerichtliche Ermittlungspflicht entfällt in dem Umfange, in dem einem Beteiligten die **Glaubhaftmachung seiner Behauptungen** obliegt. So verpflichtet das Gesetz teilweise den Antragsteller, zur Begründung oder Glaubhaftmachung seines Antrages bestimmte Angaben zu machen, oder ermächtigt das Gericht zumindest, solche Angaben von ihm zu verlangen.

19 Der Beteiligte ist beispielsweise nach § 18 Abs. 3 zur Glaubhaftmachung der die Wiedereinsetzung begründenden Tatsachen verpflichtet; nach § 363 Abs. 3 im Erbauseinandersetzungs- oder nach § 405 Abs. 5 im Dispacheverfahren trifft ihn eine Verpflichtung zur Ergänzung bereits erfolgter oder zur Vorlage weiterer Unterlagen; § 142 Abs. 2 AktG verlangt die Glaubhaftmachung, dass die Antragsteller, die die Bestellung eines Sonderprüfers verlangen, Inhaber von Aktien in einer bestimmten Höhe sind; §§ 18, 31 a, 33 und 41 VerschG fordern ebenfalls die Glaubhaftmachung bzw. den Nachweis bestimmter Tatsachen. Voraussetzung für Ermittlungen des Nachlassgerichts im Erbscheinsverfahren ist ein den gesetzlichen Vorschriften entsprechender, die §§ 2354 bis 2356 BGB berücksichtigender Antrag. Der Antragsteller muss selbst bemüht sein, das beantragte Erbrecht nachzuweisen.⁴⁶ Verweigert der Antragsteller die Abgabe der nach § 2356 Abs. 2 BGB erforderlichen eidesstattlichen Versicherung ohne Grund, ist sein Erbscheinsantrag als unzulässig zurückzuweisen.⁴⁷ Die Zurückweisung des Antrages darf aber erst erfolgen, wenn der Antragsteller auf Aufforderung seiner Mitwirkungspflicht nicht nachkommt.⁴⁸ Kann der Antragsteller andere Nachweise unverschuldet nicht vorlegen, so muss das Nachlassgericht die fehlenden, für seine Entscheidung erforderlichen Tatsachen ermitteln.⁴⁹

3. Mitwirkung der Beteiligten

20 Obwohl das Gericht im Verfahren der freiwilligen Gerichtsbarkeit wegen der Geltung der Untersuchungsmaxime die Verantwortung für die Vollständigkeit seiner Ermittlungen trägt,⁵⁰ enthebt dies die Beteiligten – insbesondere in echten Streitverfahren und darüber hinaus in allen anderen Verfahren – nicht von der Verpflichtung, durch eingehende Tatsachendarstellung an der Aufklärung des Sachverhalts mitzuwirken **(Mitwirkungs- und Verfahrensförderungslast).**⁵¹ Die Beteiligten sind gehalten, durch ihren Vortrag und die Bezeichnung geeigneter Beweismittel dem Gericht Anhaltspunkte dafür zu geben, in welche Richtung es seine Ermittlungen durchführen soll.⁵² Es besteht keine Ausschlussfrist für etwaiges Vorbringen der Beteiligten.⁵³ Mit dem Amtsermittlungsgrundsatz ist es in Betreuungssachen indes nicht zu vereinbaren, wenn das Gericht von dem Betroffenen die Vorlage von ärztlichen Attesten verlangt.⁵⁴ Zu den weiteren Einzelheiten der Mitwirkungspflicht der Beteiligten s. § 27 Rn 3.

21 Die Verpflichtung des Gerichts zur weiteren Aufklärung des Sachverhalts **findet dort ihre Grenze,** wo die Verfahrensbeteiligten es allein oder hauptsächlich in der Hand haben, die notwendigen Erklärungen abzugeben und Beweismittel zu bezeichnen bzw. vorzule-

---

⁴⁴ BGH FGPrax 2010, 128.
⁴⁵ OLG Köln NJW-RR 1994, 396.
⁴⁶ BayObLGZ 1948/1951, 690/695; OLG Frankfurt FGPrax 1996, 190 = FamRZ 1996, 1441.
⁴⁷ OLG Frankfurt FGPrax 1996, 190 = FamRZ 1990, 1441.
⁴⁸ OLG Frankfurt FGPrax 1996, 190 = FamRZ 1990, 1441.
⁴⁹ Palandt/Weidlich § 2356 Rn 13.
⁵⁰ OLG Frankfurt NJW-RR 1989, 98; Habscheid § 19 II 1.
⁵¹ BGHZ 16, 378/383; BayObLGZ 2001, 347/351; BayObLG NJW-RR 1993, 459 = FamRZ 1993, 1496; KG OLGZ 1971, 260, 265; OLG Hamm Rpfleger 1984, 316; OLG Köln FGPrax 2002, 52; Rpfleger 1981, 65.
⁵² BayObLGZ 1984, 102/104; KG OLGZ 1974, 411/416.
⁵³ BGH Beschl. v. 8. 4. 2010 V ZB 51/10 = BeckRS 08685.
⁵⁴ BGH NJW 2011, 1289 = FamRZ 2011, 556.

gen, um eine ihren Interessen entsprechende Entscheidung herbeizuführen.[55] Daher verletzt das Gericht die ihm obliegende Aufklärungspflicht nicht, wenn es davon ausgeht, dass die Beteiligten ihnen vorteilhafte Umstände von sich aus vorbringen, und wenn es annehmen darf, dass die Beteiligten sich dieser Umstände auch bewusst sind.[56] Zu den weiteren Einzelheiten siehe die Erläuterungen zu § 27.

4. Behandlung von „Beweisanträgen"

Das Gericht ist nicht an bestimmte Beweisanträge der Beteiligten gebunden.[57] Insbesondere brauchen nicht alle von den Beteiligten angebotenen Beweise erhoben zu werden.[58] Vielmehr darf das Gericht diese nicht nur außer Betracht lassen, wenn es sie aus Rechtsgründen für unerheblich hält, sondern es ist auch dann nicht verpflichtet, diese zu berücksichtigen, wenn es die angebotenen Beweise nach dem sonstigen Ermittlungsergebnis für überflüssig bzw. für nicht sachdienlich erachtet.[59] Die **Zurückweisung von Beweismitteln** darf aber nicht zu einer unzulässigen Vorwegnahme der Beweiswürdigung führen.[60] Für die Entscheidung, ob Zeugen zu vernehmen sind, ist ihre Glaubwürdigkeit ebenso ohne Bedeutung wie Zweifel daran, ob ihrer Aussage überhaupt ein Wert für die Beweisfrage zukommt, ob sie also beweiserheblich ist; das ist erst im Rahmen der Beweiswürdigung zu entscheiden.[61]

Eine **Wahrunterstellung** entscheidungserheblicher, streitiger Tatsachen ist auch in Verfahren, in denen die Untersuchungsmaxime herrscht, nicht ausgeschlossen und kann das Gericht in geeigneten Fällen der Verpflichtung zur Durchführung einer sonst notwendigen Beweisaufnahme entheben.[62] Sie setzt in Verfahren der freiwilligen Gerichtsbarkeit aber voraus, dass die Richtigkeit der unter Beweis gestellten Behauptung als solche unterstellt wird; es ist dagegen keine zulässige Wahrunterstellung, davon auszugehen, ein Zeuge werde die in sein Wissen gestellte Behauptung bestätigen, und seine unterstellte Aussage in die Beweiswürdigung einzubeziehen.[63] Eine Wahrunterstellung ist zulässig, wenn das Gericht ohne Beweiserhebung von der Richtigkeit einer entscheidungserheblichen Tatsache überzeugt ist oder sie zumindest für unwiderlegbar hält; andernfalls muss der beantragte Beweis erhoben werden.

Beweisermittlungsanträge, die darauf abzielen, in der Beweisaufnahme die zur Konkretisierung des eigenen Vorbringens nötigen Tatsachen zu erfahren, sowie Beweisanträge, die sich nicht auf bestimmte Tatsachen oder aber auf Behauptungen beziehen, die **„ins Blaue hinein"** aufgestellt sind und damit dem **Ausforschungsbeweis** dienen,[64] können an sich ebenso wie im Zivilprozess unbeachtet bleiben. Doch zwingt der Amtsermittlungsgrundsatz das Gericht vielfach dazu, solchen Anträgen trotzdem nachzugehen.[65] Zu den weiteren Einzelheiten siehe die Erläuterungen zu §§ 29, 30.

Das Gericht kann aber auch über den Vortrag der Beteiligten hinausgehen, indem es weitere oder andere als die von den Beteiligten bezeichneten Tatsachen für aufklärungsbedürftig ansieht und von sich aus weitere Beweismittel heranzieht.[66] Die **Ermittlungen sind abzuschließen,** wenn der Sachverhalt so vollständig aufgeklärt ist, dass von einer

---

[55] BGH NJW 1988, 1839; RdL 1980, 108; BayObLG DNotZ 1994, 396 (Benennung eines materiell Beteiligten durch den Antragsteller); OLG Karlsruhe FamRZ 1982, 395; OLG Köln NJW-RR 1994, 396 = FamRZ 1994, 1135 (Vorlage eines vorhandenen Privatgutachtens); Rpfleger 1981, 65.
[56] BGH NJW 1988, 1839; MDR 1980, 108; BayObLG NJW-RR 1988, 117; BayObLGZ 1966, 371, 374; OLG Karlsruhe FamRZ 1992, 689.
[57] BayObLG FGPrax 1998, 182; FamRZ 1998, 1563.
[58] BayObLG ZEV 1997, 339; NJW-RR 1997, 7 = FamRZ 1997, 123.
[59] OLG Frankfurt OLGZ 1981, 391/394.
[60] BayObLG ZEV 1997, 339; KG WM 1956, 1492; WM 1956, 1361; OLG Karlsruhe FGPrax 1995, 156 = NJW-RR 1995, 1349; zur Unzulässigkeit der vorweggenommenen Beweiswürdigung im ZPO-Verfahren: Thomas/Putzo/Reichold § 284 Rn 7; Zöller/Greger § 286 Rn 12.
[61] BayObLG ZEV 1997, 339.
[62] Zur Wahrunterstellung im Zivilprozess z. B. BGHZ 53, 245/259; BGHZ 40, 367/373; vgl. aber auch Zöller/Greger Vor § 284 Rn 12 a.
[63] BGHZ 40, 367/369.
[64] Vgl. dazu Thomas/Putzo/Reichold § 284 Rn 3; Zöller/Greger Vor § 284 Rn 5.
[65] KG DAVorm 1991, 763.
[66] BayObLG FamRZ 1990, 1281.

weiteren Beweisaufnahme kein sachdienliches, die Entscheidung beeinflussendes Ergebnis mehr erwartet werden kann.[67]

5. Ermittlungspflicht hinsichtlich des ausländischen Rechts

26 **a) Grundsatz.** Wenn die Anwendung ausländischen Rechts, d. h. von Rechtsnormen in Betracht kommt, die nicht in Deutschland gelten,[68] ist dessen Inhalt von Amts wegen nach § 26 **zu ermitteln.**[69] Wie diese Ermittlungen erfolgen sollen, steht im pflichtgemäßen, vom Rechtsbeschwerdegericht nur beschränkt nachprüfbaren Ermessen des Tatrichters.[70] § 293 ZPO ist auch nicht entsprechend anwendbar.[71] Soweit diese Bestimmung ausspricht, der deutsche Richter müsse **inländisches Recht** kennen und dürfe es grundsätzlich nicht zum Gegenstand einer Beweisaufnahme machen,[72] gilt dieser Grundsatz ohne ausdrückliche Hervorhebung allerdings aus der Natur der Sache heraus auch im Verfahren der freiwilligen Gerichtsbarkeit.[73]

27 Soweit nach § 293 S. 1 ZPO Geltung und Inhalt ausländischen Rechts auch zum Inhalt einer formellen Beweisaufnahme durch Einholung eines Sachverständigengutachtens gemacht werden darf,[74] ist das im Verfahren der freiwilligen Gerichtsbarkeit ohne dahingehende ausdrückliche gesetzliche Vorschrift nicht zulässig, weil Rechtssätze keine Tatsachen und daher dem Tatsachenbeweis nicht zugänglich sind.[75] Im Verfahren der freiwilligen Gerichtsbarkeit sind insoweit die erforderlichen Feststellungen deswegen ausschließlich im Wege des **Freibeweises,** der im Übrigen auch im Rahmen des § 293 ZPO Anwendung finden kann,[76] zu treffen. Hiernach bietet sich die formlose Einholung von Auskünften bei in- und ausländischen Stellen und die formlose Einholung von Sachverständigengutachten an, zu denen den Verfahrensbeteiligten aber das rechtliche Gehör zu gewähren ist, wenn das Gericht seine Entscheidung hierauf stützen will (vgl. § 37 Abs. 2).

28 **b) Umfang der Ermittlungen.** Die **Ermittlung** ausländischen Rechts, die sich darauf beschränkt, den geltenden Wortlaut der einschlägigen ausländischen Rechtsnormen festzustellen, ist unzureichend; vielmehr ist das ausländische Recht in den einschlägigen Fällen von den deutschen Gerichten so **anzuwenden,** wie es sich im Ausland unter Berücksichtigung der dortigen Rechtsprechung und Rechtslehre entwickelt hat.[77] Darauf ist bei der Einholung einer Auskunft oder eines Gutachtens durch eine entsprechende umfassende Fragestellung Bedacht zu nehmen. Ist in einem Verfahren auf Erlass einer **einstweiligen Anordnung** ausländisches Recht anzuwenden, muss sich dessen Ermittlung im Hinblick auf die besondere Eilbedürftigkeit der Angelegenheit im Regelfall auf die Auswertung präsenter Erkenntnisquellen, insbesondere das Literaturstudium beschränken;[78] führt das unter Berücksichtigung der Tatsache, dass eine baldige Entscheidung erforderlich ist, nicht zum Erfolg, muss **deutsches Recht als lex fori** angewendet werden.

29 **c) Ersatzrecht.** Ist der ausländische Rechtszustand in sonstigen Fällen trotz ausreichender Ermittlungen nicht feststellbar, oder wären solche Feststellungen nur mit unverhältnismäßigem Aufwand oder um den Preis einer erheblichen Verfahrensverzögerung möglich, ist der bestehende ausländische Rechtszustand mit Hilfe der **Heranziehung verwand-**

---

[67] BGH NJW 1963, 1972; BayObLG FamRZ 1999, 819; FamRZ 1996, 566; KG OLGZ 1967, 87; OLG Frankfurt FGPrax 1998, 24; FGPrax 1998, 62 = FamRZ 1998, 1061; OLG Köln FamRZ 2004, 1382.
[68] Vgl. Baumbach/Hartmann § 293 Rn 1 zur Abgrenzung von ausländischem gegenüber im Inland geltenden Recht.
[69] BayObLG NJW-RR 1994, 467; BayObLG FGPrax 1998, 240 = FamRZ 1999, 101.
[70] BayObLG FGPrax 1998, 240 = FamRZ 1999, 101.
[71] OLG Köln Rpfleger 1989, 66.
[72] BGH NJW 1962, 961; Zöller/Geimer § 293 Rn 1.
[73] Habscheid § 21 I 2.
[74] BGH NJW 1975, 2142; Zöller/Geimer § 293 Rn 21.
[75] Zöller/Geimer § 293 Rn 14; a. A. Jansen/Briesemeister § 12 Rn 24, der auch eine förmliche Beweisaufnahme für zulässig hält.
[76] Thomas/Putzo/Reichold § 293 Rn 4; Zöller/Geimer § 293 Rn 20.
[77] BGH MDR 2002, 899; NJW-RR 1991, 1211.
[78] Thomas/Putzo/Reichold § 293 Rn 7; Zöller/Geimer § 293 Rn 11 (beide zum Arrestverfahren und zum Verfahren auf Erlass einer einstweiligen Verfügung).

ter Rechte, insbesondere der sog. Mutterrechte, zu erschließen.[79] So ist z. B. für die Auslegung des Domizilbegriffs nach neuseeländischem Recht das englische Recht heranzuziehen. Führen auch Aufklärungsversuche in dieser Richtung zu keinem Ergebnis, ist deutsches Recht als **Ersatzrecht** zumindest dann anzuwenden, wenn das Verfahren starke Inlandsbezüge aufweist und die Beteiligten nicht widersprechen.[80] Auch in echten Streitsachen der freiwilligen Gerichtsbarkeit mit vermögensrechtlichem Einschlag kann eine Entscheidung nicht mit der Begründung abgelehnt werden, dass anwendbare ausländische Recht sei nicht feststellbar; auch hier muss eine Entscheidung unter Heranziehung des nach den vorstehenden Ausführungen anwendbaren Ersatzrechts ergehen.[81]

d) Beauftragung eines Sachverständigen. Eine öffentliche Bestellung zum Sachverständigen für internationales und ausländisches Privatrecht im Sinne von § 404 Abs. 2 ZPO gibt es in der Bundesrepublik Deutschland nicht; deshalb fehlt auch ein amtliches Verzeichnis der auf diesem Fachgebiet tätigen Sachverständigen. Es existieren jedoch private Zusammenstellungen von inländischen Personen mit besonderen Kenntnissen auf diesen Fachgebieten, zumeist Universitätsprofessoren, die bereit und in der Lage sind, einschlägige Gutachten zu erstatten.[82] Mit der Gutachtenerstattung können auch Universitätsinstitute, die auf dem Gebiet des internationalen und ausländischen Privatrechts tätig sind, sowie das Max-Planck-Institut für ausländisches und internationales Privatrecht in Hamburg beauftragt werden.

Nachdrücklich wird auf die Empfehlung hingewiesen, dem Sachverständigen auch dann, wenn bei dessen Beauftragung bereits von der Anwendbarkeit einer bestimmten ausländischen Rechtsordnung ausgegangen wird, Gelegenheit zu geben, sich zu dem im konkreten Fall anwendbaren Recht zu äußern. Insbesondere aus Art. 4 Abs. 1 S. 2 EGBGB ergibt sich nämlich häufig, dass auch dann, wenn nach deutschem Internationalen Privatrecht eine Verweisung auf ausländisches Recht erfolgt, wegen einer Rückverweisung deutsches Sachrecht anzuwenden ist.[83]

e) Anhörung des Sachverständigen. Die Beteiligten haben bei Einholung eines Gutachtens im Wege des Freibeweises jedoch keinen Anspruch nach § 30 Abs. 1 FamFG i. V. m. § 411 Abs. 3 ZPO auf Ladung des Sachverständigen zum Termin zur Erläuterung seines Gutachtens;[84] aus der Verpflichtung des Gerichts zur umfassenden Amtsaufklärung kann sich indes eine **Notwendigkeit zur mündlichen Anhörung** des Sachverständigen ergeben. Mitwirkungspflichten der Beteiligten bei der Ermittlung ausländischen Rechts bestehen grundsätzlich nicht. Im Antragsverfahren, insbesondere in echten Streitsachen, werden sie jedoch verpflichtet sein, an der Ermittlung ausländischen Rechts mitzuwirken, wenn sie dazu „unschwer Zugang" haben. Bei Verletzung der Mitwirkungspflicht darf das Gericht davon absehen, weitere eigene Ermittlungen anzustellen, und kann davon ausgehen, dass durch diese ohnehin keine wesentlichen Erkenntnisse zu gewinnen sind.

f) Einholung von Auskünften. Insbesondere in tatsächlich und rechtlich einfach gelagerten Fällen ist auch die Einholung einer Rechtsauskunft auf der Grundlage des **Europäischen Übereinkommens betreffend Auskünfte** über ausländisches Recht vom 7. 6. 1968[85] i. V. m. dem Ausführungsgesetz vom 5. 7. 1974[86] möglich.[87] Bei Abfassung des Auskunftsersuchens sind insbesondere die Art. 4 und 14 des Übereinkommens zu beachten: Das Auskunftsersuchen muss eine ausführliche Sachverhaltsdarstellung enthalten und in der Amtssprache des ersuchten Staates abgefasst oder mit einer Übersetzung in dessen Amts-

---

[79] BGH NJW 1978, 496.
[80] BGH NJW 1982, 1215; NJW 1978, 496; Thomas/Putzo/Reichold § 293 Rn 9; Zöller/Geimer § 293 Rn 27.
[81] BGH NJW 1978, 496.
[82] Vgl. z. B. die Übersicht von Hetger ZEV 2006, 450.
[83] Bendreff MDR 1983, 892; Hetger DRiZ 1983, 145.
[84] BGH NJW 1975, 2142 zu dem entsprechenden Anspruch bei formloser Einholung eines Sachverständigengutachtens nach § 293 ZPO.
[85] BGBl. II 1974 S. 938 i. V. m. dem Zusatzprotokoll v. 15. 3. 1978, BGBl. II 1978 S. 60, 593.
[86] BGBl. I S. 1433.
[87] Übereinkommen und Ausführungsgesetz sind abgedruckt bei Baumbach/Hartmann § 293 Rn 14; Angaben zu den Vertragsstaaten bei Baumbach/Hartmann § 293 Rn 16.

sprache verbunden sein; die Antwort wird gleichfalls in der Amtssprache des ersuchten Staates erteilt. Die Weiterleitung des Auskunftsersuchens erfolgt durch die Übermittlungsstellen nach § 9 des Ausführungsgesetzes; das sind nach § 48 Abs. 1 ZRHO die Landesjustizverwaltungen.[88] Für die Erteilung von Rechtsauskünften zwischen der Bundesrepublik Deutschland und Marokko existiert ein zweiseitiger Vertrag vom 29. 10. 1985.[89]

34 § 48 Abs. 2 ZRHO erlaubt in geeigneten Fällen auch die Einholung von Rechtsauskünften außerhalb des Übereinkommens vom 7. 6. 1968 durch Beauftragung eines **ausländischen Sachverständigen,** durch Einholung der Auskunft einer deutschen Auslandsvertretung oder der Vertretung eines ausländischen Staates im Inland. Die deutsche Auslandsvertretung kann auch um die Vermittlung eines geeigneten ausländischen Sachverständigen gebeten werden.[90] In allen genannten Fällen ist der Landesjustizverwaltung zu berichten. Die Beauftragung eines ausländischen Sachverständigen wird insbesondere dann in Betracht kommen, wenn es weniger um die Ermittlung des im Ausland geltenden Gesetzesrechts als um die Feststellung der ausländischen Rechtspraxis geht.[91]

6. Rechtsfolgen unzureichender Amtsermittlungen

35 Unzureichende Ermittlungen des **Ausgangsgerichts** zwingen das Beschwerdegericht, das voll an die Stelle des erstinstanzlichen Gerichts tritt, als Tatsacheninstanz die notwendigen Ermittlungen selbst durchzuführen (vgl. § 69 Abs. 1 S. 1); zur Notwendigkeit der Wiederholung von Verfahrenshandlungen (§ 68 Abs. 3 S. 2) siehe § 68 Rn 57. Ein Verstoß gegen den Amtsermittlungsgrundsatz kann im Einzelfall die Aufhebung und die Zurückverweisung der Sache an das Gericht des ersten Rechtszuges rechtfertigen (vgl. § 69 Abs. 1). Zu den Einzelheiten siehe die Erläuterungen zu § 69.

36 Unzureichende Ermittlungen des **Beschwerdegerichts** ist eine Rechtsverletzung i. S. d. § 72 Abs. 1 S. 2. Die verletzte Rechtsnorm kann das sachliche oder das Verfahrensrecht betreffen. Zu den das Verfahren betreffenden Vorschriften gehört § 26 mit dem sich daraus ergebenden Amtsermittlungsgrundsatz. Seine Verletzung nötigt als Verfahrensfehler schon dann zur Aufhebung einer Entscheidung, wenn die Möglichkeit nicht auszuschließen ist, dass diese darauf beruht.[92] Zu den näheren Einzelheiten siehe die Erläuterungen zu § 72.

V. Art der Ermittlungen

1. Allgemeines

37 § 26 schreibt keine bestimmten Mittel zur Feststellung der entscheidungserheblichen Tatsachen vor; vielmehr sind die erforderlichen Ermittlungen durchzuführen. Insoweit hat das Gericht nach pflichtgemäßem Ermessen darüber zu entscheiden, welche Mittel es zur Sachaufklärung einsetzt. Möglich ist beispielsweise eine Anhörung der Beteiligten (vgl. Rn 38) bzw. von Auskunftspersonen (vgl. Rn 40) oder die Beiziehung von Akten (vgl. Rn 43). Ergänzt wird § 26 durch §§ 29, 30, wonach das Gericht verpflichtet ist, die erforderlichen Beweise in geeigneter Form zu erheben (vgl. Rn 43).

2. Anhörung der Beteiligten

38 Für das gerichtliche Verfahren ist insoweit zwischen der Anhörung der Beteiligten zur **Aufklärung des Sachverhalts** nach § 26 und ihrer **Anhörung nach § 34** zu unterscheiden.[93] Nach § 34 ist das Gericht verpflichtet, einen Beteiligten anzuhören, wenn dies zur Gewährung des rechtlichen Gehörs nach Art. 103 Abs. 1 GG erforderlich ist, oder wenn dies gesetzlich ausdrücklich vorgeschrieben ist. Dem Betroffenen soll Gelegenheit gegeben werden, vor einer gerichtlichen Entscheidung, durch die möglicherweise in seine Rechte

---

[88] Zu den Einzelheiten vgl. Wolf NJW 1975, 1583.
[89] BGBl. II 1988 S. 1055, BGBl. II 1994 S. 1192.
[90] Jansen/Briesemeister § 12 Rn 37.
[91] BGH NJW-RR 1997, 1154.
[92] OLG Hamburg Rpfleger 1982, 293; vgl. auch Thomas/Putzo/Reichold § 545 Rn 12 zur Revision.
[93] BVerfGE 75, 201, 215 = NJW 1988, 125; BayObLG FamRZ 1998, 987; OLG Köln OLGZ 1968, 324/327; OLG Stuttgart NJW 1963, 1161.

eingegriffen wird, sich am Verfahren zu beteiligen, zu Wort zu kommen und dieses durch Anträge und Anregungen zu beeinflussen, selbst wenn der dem Verfahren zugrunde liegende Sachverhalt auch ohne seine Anhörung nach der Überzeugung des Gerichts schon feststeht.[94] Zu den weiteren Einzelheiten siehe die Erläuterungen zu § 34.

Für die Anhörung der Beteiligten zur Aufklärung des Sachverhalts (§ 26) gilt der Grundsatz, dass es – vorbehaltlich der sich aus § 34 ergebenden Pflicht zur Gewährung des rechtlichen Gehörs – im pflichtgemäßen Ermessen des Gerichts steht,[95] ob und in welchem Umfang es sich dieses Mittels bedienen will. Der Umfang der Anhörung bestimmt sich danach, was nach den Umständen des Einzelfalls geboten ist, um den Sachverhalt sachgerecht von Amts wegen aufzuklären.[96] Die Anhörung der Verfahrensbeteiligten ist im Interesse sachgemäßer Ermittlungen in der Regel **zur Aufklärung von Tatsachen** unerlässlich,[97] bei denen das Gericht zur Wahrheitsfindung auf die Mitwirkung der Beteiligten angewiesen ist. Sie bildet eine wesentliche Erkenntnisquelle des Tatrichters. Im Rahmen einer Haftanordnung ist der Betroffenen regelmäßig zu allen entscheidungserheblichen Punkten persönlich anzuhören;[98] erforderlichenfalls unter Beiziehung eines Dolmetschers.[99] In einem Betreuungsverfahren ist der Betroffenen vor Erstellung eines Gutachtens anzuhören.[100] Die Anhörung bietet auch die geeignete Gelegenheit, die Verfahrensbeteiligten auf ihre Mitwirkungspflicht bei der Sachaufklärung und auf etwaige nachteilige Folgen bei einem Verstoß hinzuweisen. 39

Im Rahmen der Anhörung ist das Gericht verpflichtet, auf eine vollständige Erklärung der Beteiligten zu den entscheidungserheblichen Tatsachen hinzuwirken, auch soweit sie verfahrensrechtlich bedeutsam sind. Soweit keine Sondervorschriften bestehen, steht die **Gestaltung der Anhörung** der Verfahrensbeteiligten zur Aufklärung des Sachverhalts im pflichtgemäßen Ermessen des Gerichts. Die Anhörung ist jedoch so zu gestalten, wie es einer ordnungsgemäßen amtswegigen Sachaufklärung entspricht.[101] ein Beteiligter kann im Rahmen der Anhörung indes nicht zur Äußerung gezwungen werden.[102] Die Anhörung kann mündlich oder schriftlich erfolgen; eine persönliche Anhörung ist vielfach zweckmäßig;[103] bei Minderjährigen oder betreuungsbedürftigen Personen ohne Verfahrensbevollmächtigten oder Verfahrenspfleger ist sie i. d. R. geboten.[104] Zu den weiteren Einzelheiten der Durchführung einer Anhörung siehe auch die Erläuterungen zu § 34. 40

3. Anhörung von Auskunftspersonen

Der Aufklärung des Sachverhalts dient auch die Anhörung von Auskunftspersonen, insbesondere von nahen Angehörigen des Betroffenen sowie von Behörden und sonstigen Stellen, die bezüglich des Gegenstandes des Verfahrens, in dem sie sich äußern sollen, über besondere Sachkunde verfügen, wie z. B. des Jugendamtes (vgl. z. B. §§ 155 Abs. 2 S. 2, 162 Abs. 1, 176 Abs. 1, 194 Abs. 1, 205 Abs. 1, 213 Abs. 1), des Landesjugendamtes (vgl. § 195), der Betreuungsbehörde (vgl. §§ 279 Abs. 2, 297 Abs. 2), des Leiters der Einrichtung, in der der Betroffene lebt, und der zuständigen Behörde im Unterbringungsverfahren (vgl. § 320 S. 2), der berufsständischen Organe (vgl. § 380 Abs. 2, § 394 Abs. 2 S. 3 i. V. m. § 380 Abs. 2) oder des Bundesamtes für Finanzdienstleistungsaufsicht. Siehe dazu auch § 34 Rn 20. 41

Die Bedeutung der Vorschriften, durch die die Anhörung von am Verfahren unbeteiligten Personen und Stellen angeordnet wird, erschöpft sich darin, das freie Ermessen des Gerichts bei der Sachaufklärung einzuschränken und es – gleichsam durch Ausführungs- 42

---

[94] BVerfG NJW 1983, 1726; NJW 1980, 2698; BGH NJW 1992, 3096.
[95] BayObLG FamRZ 1980, 1150; BayObLGZ 1975, 426/428; OLG Hamm FamRZ 1995, 426.
[96] BGH FGPrax 2010, 261.
[97] BayObLG NJW-RR 1997, 7; Rpfleger 1982, 69; Bärmann, § 17 III 1; Habscheid § 20 I 1.
[98] BGH FGPrax 2010, 261; FGPrax 2010, 263 Ls.
[99] BGH FGPrax 2010, 152.
[100] BVerfG FamRZ 2011, 272.
[101] BGH FGPrax 2010, 261.
[102] BGH FGPrax 2010, 128.
[103] BayObLG 1975, 365/367; BayObLGZ 1957, 187/193.
[104] BayObLGZ 1980, 138/140; OLG Düsseldorf Rpfleger 1980, 20; OLG Köln FamRZ 1982, 642; OLG Zweibrücken BtPrax 1998, 150.

vorschriften zu § 26 – auf die Verwendung bestimmter Aufklärungsmittel hinzuweisen.[105] Deren Verwertung ist weder Beweisaufnahme[106] noch dient sie der Gewährung des rechtlichen Gehörs.[107] Die Einholung der erforderlichen Auskünfte und Stellungnahmen, die Tatsachenbekundungen oder gutachterliche Äußerungen zum Gegenstand haben können,[108] kann formlos angeordnet werden und mündlich, schriftlich oder fernmündlich erfolgen.

43 Eine **Verpflichtung,** Angaben zu machen oder auch nur bei Gericht zu erscheinen, besteht für private Auskunftspersonen nicht; bei Behörden oder sonstigen öffentlichen Stellen ergibt sich die Verpflichtung zur Äußerung im Allgemeinen aus den ihnen übertragenen Aufgaben; siehe dazu § 33 Rn 33. Die Anhörung als solche begründet keine Verfahrensbeteiligung. Auskunftspersonen, Behörden und sonstige Stellen werden allerdings zu formellen Verfahrensbeteiligten, wenn ihnen ein eigenes Antrags- oder Beschwerderecht zusteht, und wenn sie davon Gebrauch machen.

4. Beweisaufnahme

44 Das Gesetz überlässt es in § 29 dem Gericht, die für die Ermittlung des Sachverhalts „erforderlichen Beweise in geeigneter Form zu erheben." Damit überträgt es dem Gericht die alleinige Verantwortung für die Beweisaufnahme. Dieses bestimmt nach pflichtgemäßem Ermessen nicht nur über die Erforderlichkeit und den Umfang der Beweisaufnahme, sondern auch darüber, ob es sich zur Beschaffung der für seine Entscheidung erheblichen Tatsachen mit formlosen Ermittlungen begnügen kann **(Freibeweis)** oder ob es eine förmliche Beweisaufnahme **(Strengbeweis)** nach § 30 durchführen muss.[109] Die Beteiligten haben lediglich die Möglichkeit, das Gericht auf bestimmte Beweismittel hinzuweisen.[110] Zudem ist das Gericht verpflichtet, wesentliches Vorbringen und bedeutsames Beweismaterial zu berücksichtigen, das erst nach Ablauf einer dem Beteiligten gesetzten Frist zur Erklärung oder nach Beratung und Abfassung der Entscheidung, aber vor deren Erlass eingeht. Etwaige Zweifel am Ergebnis eines Gutachtens muss das Gericht im Rahmen seiner Amtsermittlungspflicht von Amts wegen aufklären.[111] In Freiheitsentziehungsverfahren ist es regelmäßig erforderlich, von Amts wegen die Ausländerakten beizuziehen.[112] Wegen der näheren Einzelheiten der Beweisaufnahme wird auf die Erläuterungen zu §§ 29, 30 verwiesen.[113]

VI. Amtsermittlungspflichten im Verlauf des Verfahrens

1. Verfahrensvoraussetzungen

45 a) **Grundsatz.** Die Ermittlungen beginnen – wenn insoweit Anlass zu Zweifel besteht – mit der Prüfung der Verfahrensvoraussetzungen.[114] Dafür ist eine bestimmte Reihenfolge nicht einmal im Zivilprozess vorgeschrieben[115] und braucht in dem ohnehin freier gestalteten Verfahren der freiwilligen Gerichtsbarkeit erst recht nicht eingehalten zu werden.[116] Vielmehr können **Zweckmäßigkeitsgesichtspunkte** in den Vordergrund gestellt werden.[117] Diese gestatten es, die Prüfung einer Verfahrensvoraussetzung, die sich einfach gestaltet, auch dann vorzuziehen, wenn eine andere Verfahrensvoraussetzung zwar logisch

---

[105] Bärmann § 17 III 3 a.
[106] KG NJW-RR 1988, 589.
[107] Bärmann § 17 III 3 a.
[108] BayObLGZ 1974, 105.
[109] Zur Notwendigkeit der Einholung eines Gutachtens im Sorgerechtsverfahren BGH FGPrax 2010, 128.
[110] BVerfG NJW 1996, 3145; BVerfGE 57, 250/274 = NJW 1981, 1719; Habscheid § 21 I 1.
[111] OLG Oldenburg JAmt 2010, 456.
[112] BVerfG NJW 2009, 2659; NVwZ 2008, 304; BGH FGPrax 2010, 261; FGPrax 2010, 260.
[113] Zur Notwendigkeit der Einholung eines Sachverständigengutachtens s. BGH FGPrax 2010, 128.
[114] Bärmann § 15 I 4; Habscheid § 19 II 1.
[115] Thomas/Putzo/Reichold Vorbem § 253 Rn 14; Zöller/Greger Vor § 253 Rn 11.
[116] Bärmann § 15 I 4.
[117] Bärmann § 15 I 4.

Ermittlung von Amts wegen   46–50 § 26

vorrangig ist, deren Prüfung jedoch umfangreiche Ermittlungen erfordert.[118] Jedoch ist die örtliche vor der internationalen Zuständigkeit zu prüfen.

Abweichend von einer für den Zivilprozess vertretenen Mindermeinung, Prozessvoraus- **46** setzungen und materiellrechtliche Voraussetzungen seien für den Erlass eines Urteils gleichwertig,[119] gilt auch für die Verfahren der freiwilligen Gerichtsbarkeit – ebenso wie nach der ganz herrschenden Meinung im ZPO-Verfahren[120] –, dass grundsätzlich erst in eine Sachprüfung eingetreten werden darf, wenn alle Verfahrensvoraussetzungen vorliegen.[121] Ausnahmsweise kann eine schwierige Prüfung des Rechtsschutzbedürfnisses oder – soweit dies ausnahmsweise in einen Verfahren der freiwilligen Gerichtsbarkeit in Betracht kommt (siehe § 23 Rn 37) – des Feststellungsinteresses unterbleiben, wenn die Unbegründetheit eines Antrages offensichtlich ist.[122]

b) Verfahrensvoraussetzungen. In Verfahren der freiwilligen Gerichtsbarkeit sowie in **47** Familiensachen nach § 111 Nr. 2 bis 11 hängt die **Zulässigkeit des Verfahrens** von folgenden (zu prüfenden) Voraussetzungen ab: der Betroffene, gegen den sich das Verfahren richtet, muss der deutschen Gerichtsbarkeit unterworfen sein, die Verfahrenszuständigkeit sowie die sachliche (siehe § 3 Rn 19), örtliche (siehe § 3 Rn 4), funktionelle und internationale Zuständigkeit (siehe § 3 Rn 29) des angerufenen Gerichts müssen gegeben sein.

Bezüglich des **Verfahrensbeteiligten**, gegen den sich das Verfahren richtet (Amts- oder **48** Antragsverfahren) oder der es beantragt (Antragsverfahren), müssen folgende weitere Verfahrensvoraussetzungen, die gleichzeitig Voraussetzung der Wirksamkeit seiner Verfahrenshandlungen sind, erfüllt sein: er muss beteiligten- (siehe dazu § 8) und verfahrensfähig (siehe dazu § 9) sein, ggf. durch seinen gesetzlichen oder rechtsgeschäftlichen Vertreter ordnungsgemäß vertreten werden. Zudem sind die **am Verfahren zu Beteiligenden** auch in Antragsverfahren von Amts wegen zu ermitteln, soweit sie von dem Antragsteller nicht oder nicht vollständig angegeben sind.

In Antragssachen treten als weitere Verfahrensvoraussetzungen die **form- und frist-** **49** **gerechte Antragstellung** (siehe dazu § 23) durch den Antragsberechtigten, dessen Rechtsschutzbedürfnis (siehe § 23 Rn 33) und ggf. die wirksame Ermächtigung zur Geltendmachung des Rechts eines Dritten (Verfahrensstandschaft) hinzu (siehe § 23 Rn 50 ff.). Die Verpflichtung des Gerichts, dem Antragsteller Gelegenheit zu geben, **Mängel seines Antrages zu beseitigen** und **sachgerechte Anträge** zu stellen, ergibt sich bereits aus dem Amtsermittlungsgrundsatz;[123] zudem wird dies in § 28 Abs. 1 S. 1 ausdrücklich vorgeschrieben. Steht einem Antrag ein behebbares Hindernis entgegen, so ist auch außerhalb des Anwendungsbereichs des § 18 GBO oder des § 382 Abs. 4 FamFG der Erlass einer Zwischenverfügung zu erwägen, durch die dem Antragsteller dessen Beseitigung verbunden mit dem Hinweis aufgegeben wird, andernfalls müsse er mit der Zurückweisung seines Antrages rechnen (vgl. auch § 28 Abs. 2).[124] Im Interesse der Beschleunigung des Verfahrens mag es zweckmäßig sein, dem Antragsteller eine Frist zur Beseitigung des seinem Antrag entgegenstehenden Hindernisses zu setzen und ihm auch einen Hinweis zu erteilen, wie dessen Beseitigung erfolgen kann.

In echten Streitsachen ist darüber hinaus zu prüfen, ob über den geltend gemachten **50** Anspruch nicht schon anderweitig rechtskräftig entschieden worden oder ob er anderweitig anhängig ist. **Mehrfache Rechtshängigkeit** wird auch bei konkurrierender Zuständigkeit, z. B. bei doppeltem Wohnsitz, dadurch vermieden, dass dem zuerst mit der Sache befassten Gericht der Vorrang gebührt; alle anderen Gerichte sind unzuständig (vgl. § 2). Anhängigkeit einer Sache im Ausland ist nur dann zu beachten, wenn die dort ergehende Entscheidung im Inland voraussichtlich anerkannt werden wird. Soweit in echten Streitsachen die Zuständigkeit eines Schiedsgerichts vereinbart ist, ist die Schiedsabrede auf entsprechende

---

[118] Thomas/Putzo/Reichold Vorbem. § 253 Rn 14.
[119] Vgl. die Nachweise bei Rosenberg/Schwab/Gottwald § 93 Rn 46 FN 34.
[120] BGH NJW 2000, 3718; Thomas/Putzo/Reichold Vorbem § 253 Rn 8; Zöller/Greger Vor § 253 Rn 10.
[121] Bärmann § 15 I 4; Habscheid § 19 II 1.
[122] Zöller/Greger Vor § 253 Rn 11.
[123] BGH NJW-RR 1989, 184 = FamRZ 1989, 269; BayObLG Rpfleger 1985, 241; OLG Hamm OLGZ 1976, 172/ 174; OLG Jena NJW-RR 1994, 106.
[124] BayObLG DNotZ 1995, 224; KG OLGZ 1978, 257; Habscheid § 23 I 1 b.

Rüge des Beteiligten, gegen den sich das Verfahren richtet, in analoger Anwendung des § 1032 ZPO zu beachten.[125] Zum **Feststellungsinteresse** siehe § 23 Rn 37.

51 **c) Folgen fehlender Verfahrensvoraussetzungen.** Ein Amtsverfahren der freiwilligen Gerichtsbarkeit ist einzustellen, wenn eine **notwendige** Verfahrensvoraussetzung **fehlt**. Unter den gleichen Voraussetzungen sowie bei Bestehen eines Verfahrenshindernisses ist im Antragsverfahren, insbesondere in echten Streitsachen der gestellte Antrag **als unzulässig** zurückzuweisen.[126] Ebenso wie im Zivilprozess alle Prozessvoraussetzungen spätestens bis zum Schluss der mündlichen Verhandlung in der Revisionsinstanz vorliegen müssen, gilt auch für das Verfahren der freiwilligen Gerichtsbarkeit, dass die Verfahrensvoraussetzungen spätestens im Zeitpunkt des **Erlasses der abschließenden Entscheidung** im Verfahren der Rechtsbeschwerde gegeben sein müssen.

52 Im Antragsverfahren der freiwilligen Gerichtsbarkeit, insbesondere in echten Streitsachen ist anerkannt, dass ein Beteiligter, dessen **Beteiligten- oder Verfahrensfähigkeit** im Streit ist, zur Einlegung eines Rechtsmittels gegen die Entscheidung, die seine Beteiligten- oder Verfahrensfähigkeit bejaht oder verneint hat, als beteiligten- und verfahrensfähig anzusehen ist.[127] In einem solchen Fall darf auch im Verfahren der freiwilligen Gerichtsbarkeit die **Beschwerde des Beteiligten** selbst dann, wenn das Beschwerdegericht im Gegensatz zur ersten Instanz zu der Auffassung gelangt, dieser sei nicht beteiligten- oder verfahrensfähig, nicht als unzulässig verworfen werden, sondern sie muss als zulässig angesehen werden; das führt dann dazu, dass sein Antrag unter Aufhebung der erstinstanzlichen Entscheidung wegen mangelnder Verfahrens- oder Beteiligtenfähigkeit als unzulässig zurückgewiesen werden muss. Nur so wird auch im Verfahren der freiwilligen Gerichtsbarkeit vermieden, dass die erstinstanzliche Entscheidung, die trotz Fehlens einer Verfahrensvoraussetzung ergangen ist, bestands- bzw. rechtskräftig wird.[128]

53 Dies gilt auch, wenn zweifelhaft ist, ob ein Beteiligter im **Verfahren ordnungsgemäß gesetzlich** vertreten ist.[129] Unabhängig von der Frage der wirksamen gesetzlichen Vertretung eines Beteiligten, kann gerade zur Klärung dieser Frage ein zulässiges Rechtsmittel eingelegt werden. Das gilt dagegen nicht beim Streit über die Wirksamkeit einer gewillkürten Vertretung.[130] Hier hat der Beteiligte es in der Hand, den Streit für die Rechtsmittelinstanz durch Erteilung einer neuen, ordnungsgemäßen Vollmacht auszuräumen. Es besteht deshalb kein Anlass, sein Rechtsmittel zur Nachprüfung der Frage, ob er im Verfahren ordnungsgemäß vertreten ist, unabhängig von Mängeln der Vertretung in der Rechtsmittelinstanz als zulässig anzusehen.

54 **d) Prüfung in der Rechtsmittelinstanz.** Auch ohne Rüge ist von dem Rechtsbeschwerdegericht von Amts wegen zu prüfen, ob den Vorinstanzen bei Prüfung der Verfahrensvoraussetzungen ein Fehler unterlaufen ist,[131] ggf. auch, ob dieser Verfahrensfehler inzwischen geheilt worden ist. Dabei können ausnahmsweise auch Tatsachen berücksichtigt werden, die erst nach Abschluss des Beschwerdeverfahrens eingetreten sind. Der in den Vorinstanzen unberücksichtigt gebliebene Verfahrensmangel, der sich daraus ergibt, dass die **Beteiligtenfähigkeit** als Verfahrensvoraussetzung und Verfahrenshandlungsvoraussetzung fehlt, kann dadurch geheilt werden, dass diese bis zum Abschluss des Rechtsbeschwerdeverfahrens eintritt und die bisherige Verfahrensführung genehmigt wird. Das Gleiche gilt hinsichtlich der **Verfahrensfähigkeit.** Der Mangel der Verfahrensfähigkeit, der dazu führt, dass eine Verfahrensvoraussetzung und eine Verfahrenshandlungsvoraussetzung fehlt, ist ebenfalls geheilt, wenn diese spätestens bis zur Entscheidung in der Rechtsbeschwerdeinstanz vorliegt und die bisherige Verfahrensführung genehmigt wird.

55 Der **Mangel der gesetzlichen Vertretung** eines Verfahrensunfähigen ist ebenfalls noch in der Rechtsbeschwerdeinstanz heilbar. Das gilt grundsätzlich auch im Fall der gewillkürten

---

[125] Habscheid § 23 I 2 a cc.
[126] Habscheid § 23 I 2 a.
[127] BayObLG NJW-RR 1999, 401; DNotZ 1986, 174.
[128] BGHZ 143, 122/126.
[129] BGH NJW 1964, 203 (zum ZPO-Verfahren).
[130] BGH MDR 1990, 910 (zum ZPO-Verfahren).
[131] BGH FGPrax 1995, 194.

Vertretung. Wird der Bevollmächtigte eines Beteiligten mangels Nachweises seiner Vollmacht einstweilen zum Verfahren zugelassen, kann in der Rechtsbeschwerdeinstanz der Mangel seiner Vollmacht noch mit rückwirkender Kraft geheilt werden, wenn die Erstbeschwerde des Beteiligten als unzulässig verworfen worden ist, obwohl er seinen Vertreter vor Erlass der Beschwerdeentscheidung wirksam bevollmächtigt hatte.[132] Dagegen muss eine Bevollmächtigung unberücksichtigt bleiben, die erst nach Erlass der Beschwerdeentscheidung erfolgt ist.[133] Ein vollmachtlos eingelegtes Rechtsmittel kann nicht mehr genehmigt werden, wenn es als unzulässig verworfen worden ist.

2. Prüfung von Vorfragen

a) Grundsatz. Soweit eine Entscheidung von der Beurteilung streitiger Rechtsverhältnisse abhängt, verpflichtet § 26 das Gericht der freiwilligen Gerichtsbarkeit, die nötigen Ermittlungen selbst anzustellen und eine **eigene Entscheidung über die Vorfrage** zu treffen.[134] Dies gilt insbesondere für Vorfragen des öffentlichen Rechts, z. B. die Frage der Staatsangehörigkeit, soweit diese, etwa bei Prüfung der internationalen Zuständigkeit oder als Anknüpfungsmoment im Internationalen Privatrecht eine Rolle spielt.[135] Auch die Beurteilung von **Vorfragen aus dem Bereich des Privatrechts** hat das Gericht grundsätzlich selbst vorzunehmen.[136] Bereits ergangene Entscheidungen können eine Bindungswirkung entfalten (siehe Rn 58). 56

b) Bindungswirkung von Entscheidungen aus dem öffentlichen Recht. Rechtsgestaltende Verwaltungsakte binden das Gericht grundsätzlich (siehe § 1 Rn 79). Dagegen entfalten Verwaltungsakte, die eine Leistung anordnen oder eine Feststellung treffen, nur ausnahmsweise Bindungswirkung; ihnen kann aber eine Tatbestandswirkung zukommen, die zu beachten ist (siehe auch § 1 Rn 80). Will das Gericht eine öffentlichrechtliche Vorfrage durch einen Verwaltungsakt als entschieden ansehen, so hat es zu prüfen, ob dieser ordnungsgemäß erlassen worden und bestandskräftig geworden ist, insbesondere nicht widerrufen oder aufgehoben worden ist.[137] Dagegen darf es dessen sachliche Richtigkeit nicht überprüfen; nur dessen Nichtigkeit lässt die Bindungswirkung entfallen (siehe auch § 1 Rn 79). An rechtskräftige Urteile der Verwaltungsgerichte sind die Gerichte im Rahmen von deren Rechtskraft gebunden;[138] verwaltungsgerichtliche Gestaltungsurteile sind stets bindend. 57

c) Bindungswirkung von Entscheidungen der Zivilgerichte. Das Gericht der freiwilligen Gerichtsbarkeit ist an Entscheidungen der Zivilgerichte gebunden, wenn es sich um Gestaltungsurteile handelt (siehe § 1 Rn 78). Im Übrigen binden auch zivilgerichtliche Urteile das Gericht nur im Umfang ihrer Rechtskraft unter Berücksichtigung der §§ 325 ff. ZPO. Eine Bindung besteht also insoweit, als die Beteiligten mit den Parteien des Vorprozesses oder deren Rechtsnachfolgern identisch sind;[139] sind im Verfahren der freiwilligen Gerichtsbarkeit weitere Beteiligte als im Vorprozess vorhanden, entfällt die Bindungswirkung insgesamt.[140] Die Bindungswirkung erstreckt sich auf jeden Fall nicht auf präjudizielle Rechtsverhältnisse.[141] 58

d) Zur Aufrechnung gestellte Forderung. In echten Streitsachen kann gegenüber einer Forderung, die im Verfahren der freiwilligen Gerichtsbarkeit geltend gemacht werden muss, mit einer Gegenforderung aufgerechnet werden, die bei selbstständiger Geltendmachung nicht vor dem Gericht der freiwilligen Gerichtsbarkeit, sondern vor dem Prozess- 59

---

[132] GmS-OGB NJW 1984, 2149; Zöller/Vollkommer § 89 Rn 11.
[133] GmS-OBG NJW 1984, 2149; Thomas/Putzo/Hüßtege § 89 Rn 13; Zöller/Vollkommer § 89 Rn 11.
[134] BayObLG NJW-RR 1988, 547; Bärmann § 15 IV; Habscheid § 19 V 4.
[135] Habscheid § 19 V 4 a.
[136] BGH NJW 1952, 742; BayObLG NJW-RR 1987, 547; FamRZ 1981, 711; OLG Zweibrücken FGPrax 1999, 106.
[137] OLG Zweibrücken FGPrax 2006, 224.
[138] BayObLGZ 1958, 349.
[139] BayObLGZ 1969, 184/186.
[140] Bärmann § 15 IV 2 b; Habscheid § 19 V 4 c bb.
[141] BGH NJW 2003, 3058.

gericht verfolgt werden müsste.[142] Das Gericht der freiwilligen Gerichtsbarkeit kann über die zur Aufrechnung gestellte Gegenforderung mit der sich in entsprechender Anwendung des § 322 Abs. 2 ZPO ergebenden Rechtskraftwirkung dann entscheiden, wenn trotz verschiedener Verfahrenszuständigkeit die Entscheidung über Forderung und Gegenforderung den ordentlichen Gerichten im Sinne von § 13 GVG obliegt.[143]

60 Besteht für die zur Aufrechnung gestellte Gegenforderung bei selbstständiger Geltendmachung dagegen keine Zuständigkeit der ordentlichen Gerichte, sondern eine solche der allgemeinen oder besonderen Verwaltungsgerichte, kann die Aufrechnung nicht im Verfahren der freiwilligen Gerichtsbarkeit erklärt werden; es besteht indes die Möglichkeit, dieses Verfahren nach § 21 Abs. 1 auszusetzen, um den Beteiligten Gelegenheit zu geben, die Gegenforderung vor dem zuständigen Verwaltungsgericht feststellen zu lassen.[144] Dem Beteiligten, der aufrechnen will, muss eine Frist zur Klageerhebung vor dem zuständigen Gericht gesetzt werden; bleibt diese ungenutzt, hat die Aufrechnung bei der Entscheidung des Gerichts der freiwilligen Gerichtsbarkeit außer Betracht zu bleiben.[145]

e) Einzelfälle zur Vorfragenprüfung

61 *aa) Kindschaftssachen.* Das Familiengericht hat bei der Entscheidung über die Genehmigung von Rechtsgeschäften (§§ 1812 Abs. 2, 1821, 1822 BGB) nicht allein deren Vereinbarkeit mit dem Mündelinteresse, sondern auch deren Wirksamkeit nach allgemeinen Vorschriften, z. B. den §§ 134, 138 BGB[146] oder nach den §§ 307 ff. BGB zu prüfen.[147] Bloße Zweifel an der Wirksamkeit eines Geschäfts rechtfertigen die Versagung der familiengerichtlichen Genehmigung aber nicht; deren Klärung muss dem Prozessgericht überlassen bleiben.[148] Jedoch kann bei erheblichen Zweifeln an dessen Gültigkeit die Vermeidung eines unsicheren Rechtsstreits im Mündelinteresse liegen und die Versagung der Genehmigung rechtfertigen.[149] Bei der Entscheidung über das Sorgerecht nach Scheidung der Eltern (§ 1671 BGB) kann das Familiengericht als Vorfrage die tatsächliche Abstammung des Kindes ermitteln und berücksichtigen.[150]

62 *bb) Versorgungsausgleichssachen.* Eine vom Familiengericht zu entscheidende Vorfrage betrifft im Versorgungsausgleichsverfahren den Streit der Beteiligten über das Bestehen oder die Höhe einer Anwartschaft oder einer Aussicht auf Versorgung.[151] Trotz der bestehenden Zuständigkeit des Familiengerichts zur Klärung dieser Vorfrage, solange darüber kein Rechtsstreit anhängig ist (vgl. § 221), wird es im Hinblick auf die damit verbundenen rechtlichen Schwierigkeiten zumeist allerdings zweckmäßig sein, diese den zuständigen Verwaltungsbehörden und den zuständigen Gerichten, insbesondere den Sozialgerichten, zu überlassen (vgl. auch § 221 Abs. 3), zumal die Entscheidung des Familiengerichts den Träger der Versorgung ohnehin nicht binden kann.

63 *cc) Nachlasssachen.* Das Nachlassgericht ist im Erbscheinsverfahren verpflichtet, die **Erbfolge festzustellen,** ohne die Beteiligten auf deren Klärung vor einem ordentlichen Zivilgericht oder – bei einer testamentarischen Schiedsklausel – vor einem Schiedsgericht verweisen zu dürfen.[152] Auch über einzelne Streitpunkte, von denen die Erbfolge abhängt, muss das Gericht im Rahmen seiner Vorfragenkompetenz selbstständig entscheiden.[153] Das Nachlassgericht hat deshalb z. B. die Wirksamkeit einer durch den Erblasser erfolgten Adoption,[154] die Wirksamkeit eines Erbverzichts[155] oder einer Testamentsan-

---

[142] BGH NJW 1964, 863; OLG Stuttgart NJW-RR 1989, 841.
[143] BGH NJW 1964, 863.
[144] Vgl. auch BGH NJW 1955, 497; Thomas/Putzo/Reichold § 145 Rn 24; Zöller/Greger § 145 Rn 19 a.
[145] BGH NJW 1955, 497; Thomas/Putzo/Reichold § 145 Rn 24.
[146] BayObLG FamRZ 1963, 467; Palandt/Diederichsen § 1828 Rn 7.
[147] Eickmann Rpfleger 1978, 5.
[148] BayObLG FamRZ 1963, 467.
[149] BayObLG FamRZ 1957, 266.
[150] BayObLG JZ 1962, 442.
[151] Habscheid § 51 II C 3 d cc.
[152] BayObLGZ 2000, 279/284, BayObLG FamRZ 1989, 99; OLG Hamm JMBl.NW 1956, 246.
[153] BayObLG RPfleger 1981, 305.
[154] BGH FamRZ 1974, 654; BayObLG FamRZ 1976, 101; FamRZ 1965, 95.
[155] BayObLG Rpfleger 1981, 305.

fechtung,[156] die Wirksamkeit einer Erbausschlagung,[157] die Richtigkeit der in einer Abstammungsurkunde bezeugten ehelichen Abstammung[158] sowie die Richtigkeit der Eintragungen in den Personenstandsbüchern[159] zu prüfen.

In den Fällen des § 1933 und § 2077 BGB hat das Nachlassgericht selbstständig die **64** Erfolgsaussichten einer **Ehescheidungs- oder Eheaufhebungsklage** zu beurteilen, die vom Erblasser im Zeitpunkt seines Todes zwar erhoben, über die aber noch nicht rechtskräftig entschieden war.[160] Das Landwirtschaftsgericht hat bei Erteilung eines Hoffolgezeugnisses eigenständig zu prüfen, ob der zum Nachlass gehörende Hof ein solcher im Sinne des Gesetzes ist.[161] An die **Feststellung des Todeszeitpunkts** im Aufgebotsverfahren nach dem VerschG ist das Nachlassgericht nicht gebunden, sondern muss insoweit erforderlichenfalls eigene Feststellungen treffen.[162] Ebenso wenig besteht eine Bindung an den in der Sterbeurkunde angegebenen Todeszeitpunkt, wenn zur Überzeugung des Nachlassrichters feststeht, dass der Erblasser zu einem anderen Zeitpunkt als in der Sterbeurkunde angegeben gestorben ist.[163] Es ist nicht zulässig, die Beteiligten darauf zu verweisen, den in der Sterbeurkunde angegebenen Todeszeitpunkt im Berichtigungsverfahren nach dem PStG berichtigen zu lassen.[164]

Zur Bindung des Nachlassgerichts im Erbscheinsverfahren durch **zivilgerichtliche Ur- 65 teile** über das Erbrecht gilt Folgendes: Bindend ist ein das Erbrecht feststellendes **rechtskräftiges Urteil,** wenn sich dessen Rechtskraft auf alle am Erbscheinsverfahren Beteiligten erstreckt. Sind keine weiteren Erbprätendenten als die Parteien des rechtskräftig abgeschlossenen Rechtsstreits vorhanden, muss das Nachlassgericht dem siegreichen Kläger auf dessen Antrag selbst dann einen Erbschein erteilen, wenn es den unterlegenen Beklagten für den Erben hält, weil der Kläger den Beklagten sonst nach § 2362 Abs. 1 BGB sogleich auf Herausgabe des erteilten Erbscheins verklagen und damit dessen Kraftlosigkeit herbeiführen könnte; würde dem Kläger in einem solchen Fall der beantragte Erbschein nicht erteilt, wäre eine Erbscheinserteilung überhaupt ausgeschlossen, da auch der unterlegene Beklagte im Hinblick auf § 2362 Abs. 1 BGB keinen Erbschein beantragen könnte, selbst wenn er nach Auffassung des Nachlassgerichts der richtige Erbe wäre.

Ist dagegen am **Erbscheinsverfahren ein Dritter** beteiligt, auf den sich die Rechtskraft **66** des Urteils des vorangegangenen Rechtsstreits nicht erstreckt, ist das Nachlassgericht in seiner Entscheidung, soweit sie diesen Dritten betrifft, frei und kann ihm auf einen entsprechenden Antrag den Erbschein erteilen, auch wenn es sich insoweit mit dem Urteil des Prozessgerichts in Widerspruch setzt. Keine Bindung des Nachlassgerichts besteht auch an die Beurteilung erbrechtlicher Fragen durch das Prozessgericht, die anlässlich eines Rechtsstreits erfolgt ist, in dem das Erbrecht nur vorgreifliches Rechtsverhältnis oder Vorfrage war. Das Nachlassgericht ist z. B. nicht an die Beurteilung des Prozessgerichts über das Erbrecht des Klägers in einem Rechtsstreit gebunden, in dem der Beklagte nach § 985 BGB zur Herausgabe von Nachlassgegenständen verurteilt wird, es sei denn, über das Erbrecht des Klägers ist auf eine Zwischenfeststellungsklage nach § 256 Abs. 2 ZPO eine Feststellungsentscheidung ergangen.[165]

dd) Registersachen. Auch in diesen Sachen hat das Gericht grundsätzlich selbstständig ohne **67** Bindung an die Entscheidung anderer Stellen, insbesondere auch der Prozessgerichte, zu prüfen, ob die **angemeldeten Tatsachen eintragungsfähig und rechtlich wirksam sind;**[166] siehe dazu auch § 381 Rn 19. Nach allgemeinen Grundsätzen besteht jedoch eine **Bindung des Registergerichts** an rechtskräftige Gestaltungsurteile des Prozessgerichts,

---

[156] BayObLGZ 1962, 47/52; KG NJW 1963, 766.
[157] OLG Düsseldorf MDR 1978, 142.
[158] BayObLG Rpfleger 1981, 358.
[159] BayObLG FamRZ 1981, 711.
[160] BGH NJW 1995, 1082; BayObLG FamRZ 1983, 96.
[161] OLG Celle NdsRpfl. 1965, 223.
[162] BayObLGZ 1953, 120/123; OLG Hamburg NJW 1952, 147.
[163] OLG Frankfurt FGPrax 1997, 191 = FamRZ 1998, 190.
[164] OLG Hamm JMBl.NW 1953, 18.
[165] BayObLGZ 1997, 357/361.
[166] Habscheid § 57 II 1; Heymann/Sonnenschein/Weitemeyer § 8 Rn 16, 19.

z. B. in Rechtsstreitigkeiten nach den §§ 127, 133 HGB, § 275 Abs. 1 AktG, § 75 GmbHG, § 94 GenG. Rechtskräftige zivilgerichtliche Leistungs- und Feststellungsurteile sind vom Registergericht dann zu beachten, wenn zwischen den Parteien des Rechtsstreits und den Beteiligten des Eintragungsverfahrens Personenidentität besteht[167] oder sich die Rechtskraftwirkung des Urteils nach den §§ 325 ff. ZPO zumindest auf diese Beteiligten erstreckt.

68 Schließlich besteht eine **Bindung des Registergerichts** an rechtskräftige und vorläufig vollstreckbare Entscheidungen des Prozessgerichts nach § 16 Abs. 1 HGB einschließlich einstweiliger Verfügungen,[168] allerdings nur, soweit durch sie die Verpflichtung des Beklagten zur Mitwirkung bei einer Anmeldung oder ein Rechtsverhältnis festgestellt wird, bezüglich dessen eine Eintragung im Handelsregister zu erfolgen hat.[169] Wird eine solche Entscheidung aufgehoben, so muss das Registergericht dies auf Antrag im Handelsregister eintragen, ohne nachprüfen zu dürfen, ob die Aufhebung zu Recht erfolgt ist.[170] In den Grenzen ihrer Rechtskraft ist das Registergericht auch an Entscheidungen nach § 16 Abs. 2 HGB gebunden.[171]

69 *ee) Freiheitsentziehungssachen*. In diesem Verfahren hat das Gericht der freiwilligen Gerichtsbarkeit die Ausreisepflicht des Betroffenen und die Abschiebungserfordernisse nicht mehr zu prüfen.[172] Die Haftgerichte sind – außer im Fall ihrer Nichtigkeit – an die Entscheidungen der Verwaltungsbehörden und Verwaltungsgerichte gebunden, soweit diese mit dem Erlass bzw. der Bestätigung der Abschiebungsandrohung die Voraussetzungen einer Abschiebung als gegeben angesehen haben.[173] Jedoch hat der Haftrichter zu prüfen, ob eine Aufenthaltsgestattung des Betroffenen auf Grund eines ersten Asylantrages (§ 55 Abs. 1 AsylVfG) vorliegt bzw. erloschen ist;[174] beruft sich der Betroffene darauf, er habe einen Asylfolgeantrag gestellt, ist festzustellen, ob ein weiteres Asylverfahren durchgeführt wird (§ 71 Abs. 2 AsylVfG).[175]

70 Die Entscheidung darüber, in welches Land ein Betroffener abgeschoben werden soll und ob die Abschiebung dahin daran scheitert, dass ihm dort die Todesstrafe droht, obliegt allein den Verwaltungsbehörden bzw. Verwaltungsgerichten.[176] Die eingeschränkte Prüfungskompetenz des Haftrichters gilt auch dann, wenn der Betroffene sich auf Abschiebungshindernisse beruft, die erst nach der Rechtskraft der seiner Abschiebung zugrunde liegenden Verwaltungsakte eingetreten sind; das schließt jedoch nicht aus, solche Umstände, z.B. eine nachträgliche Eheschließung, bei der Prüfung zu berücksichtigen, ob noch ein Haftgrund vorliegt.[177]

71 *ff) Weitere Angelegenheiten*. Gültigkeit und Rechtsbeständigkeit der nach den **§§ 2, 15 PachtkredG** niedergelegten Verpfändungsverträge ist vom AG grundsätzlich nicht zu prüfen; jedoch kann es die Entgegennahme offensichtlich unwirksamer Verträge ablehnen.

72 Im Verfahren nach **§ 49 Abs. 1 oder § 49 Abs. 2 PStG** ist das für die Entscheidung der Personenstandssache zuständige Gericht nicht an die Auffassung des Familiengerichts gebunden, die Wirksamkeit einer Namenserteilungserklärung nach § 1618 S. 1 BGB hänge nach dem Tod des nichtsorgeberechtigten Elternteils, dessen Namen das Kind bisher geführt habe, nicht davon ab, dass eine gerichtliche Ersetzungsentscheidung nach § 1618 S. 4 BGB ergangen sei, weil dafür nach dem Tod des namensgebenden Elternteils kein Raum mehr sei.[178] Die Entscheidung des Familiengerichts, durch die wie in diesem Fall eine Rechtsgestaltung abgelehnt wird, entfaltet ohnehin keine Bindungswirkung.[179]

---

[167] OLG Stuttgart Rpfleger 1970, 283.
[168] Heymann/Sonnenschein/Weitemeyer § 16 Rn 3.
[169] Heymann/Sonnenschein/Weitemeyer § 16 Rn 4.
[170] Heymann/Sonnenschein/Weitemeyer § 16 Rn 8.
[171] Heymann/Sonnenschein/Weitemeyer § 16 Rn 13.
[172] BayObLG NVwZ 1994, 621; NVwZ 1993, 102; KG NVwZ-Beilage 1995, 61; OLG Karlsruhe NVwZ 1993, 811; OLG Naumburg FGPrax 2000, 211.
[173] BayObLG NJW 1993, 1083.
[174] BayObLG NVwZ 1993, 811; OLG Naumburg FGPrax 2000, 211.
[175] BayObLG NJW 1993, 1083.
[176] BayObLGZ 1993, 150/152.
[177] OLG Karlsruhe FGPrax 1998, 32.
[178] OLG Hamm FGPrax 2000, 190; OLG Zweibrücken FGPrax 1999, 106.
[179] OLG Hamm FGPrax 2000, 190.

Tatbestandsvoraussetzung und nicht Vorfrage ist für eine Entscheidung des Familien- 73
gerichts nach § 3 Abs. 2 S. 3 BKGG, welchem Beteiligten das Kindergeld gezahlt wird,
die Entscheidung der Familienkasse, es bestehe eine Anspruchsberechtigung mehrerer Personen.[180]

3. Einzelfälle zum Umfang der notwendigen Amtsermittlungen

a) Allgemeines. Die nachfolgende Übersicht enthält eine kleine Auswahl aus der 74
großen Zahl von gerichtlichen Entscheidungen, die sich auf den Umfang der erforderlichen
Amtsermittlungen in einzelnen Verfahren der freiwilligen Gerichtsbarkeit beziehen. Bei
deren Zusammenstellung ist darauf geachtet worden, dass sie möglichst über den konkreten
Einzelfall hinausgehende, allgemeine Aussagen enthalten: Dennoch können die jeweils
aufgestellten Grundsätze nur mit Zurückhaltung auf andere Fälle übertragen werden. Die
Bedeutung der Übersicht liegt deshalb im Wesentlichen darin, dass sie dem Leser Kenntnis
von Entscheidungen vermittelt, aus denen er erfährt, wie andere Gerichte den Umfang
ihrer Ermittlungspflicht beurteilt haben, und dass er dadurch Denkanstöße für die eigene
Arbeit erhält. Er muss sich jedoch stets bewusst bleiben, dass sich der Umfang der erforderlichen
Ermittlungen in dem jeweils von ihm zu bearbeitenden Verfahren unabhängig von
der Entscheidung anderer Gerichte in ähnlichen Fällen nur nach dessen Besonderheiten
richtet.

b) Familiensachen. Zum Umfang der Ermittlungspflicht zu den Voraussetzungen der 75
Ehegeschäftsfähigkeit nach **§ 1304 BGB** und zur Würdigung eines dazu eingeholten Gutachtens:
BayObLGZ 1996, 100/103; zur Absicht der Eheschließenden zur Eingehung einer
Scheinehe in einem Verfahren nach **§ 1309 Abs. 2 BGB**: KG FGPrax 2001, 156; bei
Ersetzung der Zustimmung nach **§ 1365 Abs. 2 BGB**: BayObLG FamRZ 1963, 521; bei
Ersetzung der Zustimmung nach **§ 1430 BGB**: BayObLG FamRZ 1965, 49; bei Änderung
der elterlichen Unterhaltsbestimmung nach **§ 1612 Abs. 2 BGB**: BayObLGZ 1969, 164/
169; OLG Bremen FamRZ 1976, 702; OLG Frankfurt FamRZ 1978, 259; OLG Karlsruhe
FamRZ 1976, 641; OLG Köln FamRZ 1977, 54; bei Bestimmung des Vornamens eines
Kindes nach **§ 1626 Abs. 1 BGB,** wenn dieser in den verschiedenen Sprachgebieten zum
einen einem Jungen, zum anderen einem Mädchen beigelegt wird: OLG Frankfurt NJWE-
FER 1998, 32; im Verfahren auf Herausgabe eines Kindes nach **§ 1632 Abs. 1 BGB**: KG
OLGZ 1972, 88/90; im Verfahren auf Erlass einer Verbleibensanordnung nach **§ 1632
Abs. 4 BGB**: BGH FGPrax 2010, 128 (besondere Anforderungen an die tatrichterliche
Sachaufklärung); BayObLG FamRZ 1998, 450; NJW-RR 1999, 369 (u. a. zur Notwendigkeit
der Begutachtung eines 16-jährigen Kindes ohne ersichtliche Verhaltensauffälligkeiten);
OLG Oldenburg FamRZ 1981, 811; bei Maßnahmen nach **§ 1666 BGB**: BVerfG FamRZ
2009, 1472 (Notwendigkeit der umfassenden Sachverhaltsaufklärung); BGH FamRZ 2010,
128; OLG Nürnberg FamRZ 1996, 563 (jew. zur Begutachtung eines Elternteils); Bay-
ObLG FamRZ 1995, 501 (befristeter Sorgerechtsentzug zur Ermöglichung der klinischen
Begutachtung des Kindes); FamRZ 1982, 638 (Mängel eines Sachverständigengutachtens);
OLG Hamburg FamRZ 1983, 1271 (nicht nachvollziehbares Sachverständigengutachten);
OLG Stuttgart OLGZ 1975, 132/133 (keine Verpflichtung des sorgeberechtigten Elternteils,
sich einer psychiatrischen Begutachtung zu unterziehen); OLG Stuttgart OLGZ 1976,
140/141 (keine jugendpsychiatrische Untersuchung und Begutachtung des Kindes gegen
den Willen der sorgeberechtigten Eltern); bei Maßnahmen nach **§ 1667 BGB**: BayObLGZ
1976, 114/121; bei Sorgerechtsentscheidungen nach **§ 1671 BGB**: BGH FGPrax 2010,
184; OLG Düsseldorf FamRZ 1979, 631; OLG Hamm NJW 1983, 125 (Notwendigkeit
der Einholung eines Jugendamtsberichtes auch bei übereinstimmendem Elternvorschlag);
OLG München FamRZ 1979, 70 (Notwendigkeit eigener gerichtlicher Ermittlungen);
FamRZ 1979, 337 (Würdigung projektiver Persönlichkeitstests); OLG Nürnberg FamRZ
1996, 563 (Einholung eines Sachverständigengutachtens nur bei durch konkrete Tatsachen
begründeten Bedenken gegen Elternvorschlag); OLG Oldenburg FamRZ 1992, 192 (Jugendamtsbericht
allein keine geeignete Entscheidungsgrundlage); OLG Saarbrücken Beschl.

---

[180] OLG Hamm NJWE-FER 1997, 191.

v. 12. 7. 2010 9 UF 35/10 = BeckRS 2010, 22240 (Maßstab Belange des Kindeswohl); im Verfahren nach **§ 1684 BGB:** BGH FamRZ 1984, 1084; OLG München FamRZ 1980, 1065 (beide Entscheidungen zu § 1634 BGB a. F.); bei Gewährung eines Umgangsrechts für die Großeltern nach **§ 1685 BGB:** OLG Hamm MDR 2001, 95; bei Ersetzung der elterlichen Einwilligung zur Adoption bei anhaltend grober Pflichtverletzung oder Gleichgültigkeit gegenüber dem Kind nach **§ 1748 Abs. 1 BGB:** BayObLG FGPrax 1997, 148; OLG Zweibrücken FGPrax 2001, 113; bei Ersetzung der Einwilligung des leiblichen Vaters des Kindes zur Adoption durch den Stiefvater: BayObLG NJWE-FER 2001, 38; bei Ersetzung der elterlichen Einwilligung zur Adoption wegen Erziehungsunfähigkeit infolge psychischer Erkrankung nach **§ 1748 Abs. 3 BGB:** BGH FGPrax 1997, 28; bei Ersetzung der Einwilligung des mit der Mutter nicht verheirateten, nicht sorgeberechtigten Vaters nach **§ 1748 Abs. 4 BGB:** OLG Karlsruhe FGPrax 2000, 194; bei Rückübertragung des Sorgerechts nach Scheitern der Adoption nach **§ 1751 Abs. 3 BGB:** BayObLG FamRZ 1983, 761; bei Entscheidung über den Adoptionsantrag nach **§ 1752 BGB** (Minderjährigenadoption): KG OLGZ 1978, 257/259; OLG Oldenburg FGPrax 1996, 59; bei Entscheidung über den Adoptionsantrag nach **§§ 1767 Abs. 1, 1752 Abs. 1 BGB** (Volljährigenadoption): BayObLG FGPrax 2000, 25; FamRZ 1993, 236; OLG Köln FamRZ 1982, 642; bei der Entscheidung über die Aufhebung einer Minderjährigenadoption: BayObLG NJWE-FER 2000, 5; bei Entscheidung über den Antrag auf Aufhebung einer Minderjährigenadoption nach Eintritt der Volljährigkeit des Adoptierten analog **§ 1771 BGB:** OLG Zweibrücken FGPrax 1997, 66; bei Bestellung eines Vormunds für einen Minderjähren (**§ 1773 BGB**) bei Zweifel hinsichtlich des angegebenen Alters: OLG Oldenburg JAmt 2010, 456; bei Auswahl des Vormunds oder Pflegers nach **§ 1779 BGB** bzw. **§§ 1915, 1779 BGB:** BayObLG FamRZ 1979, 219; bei Feststellung des Bedürfnisses der Pflegschaftsanordnung: OLG Brandenburg Beschl. v. 13. 12. 2010 13 UF 96/10 = FamRZ 2011, 742 Ls.; bei der Genehmigung der Abhebung von Mündelgeld von einem Sperrkonto nach **§ 1809 BGB:** BayObLGZ 1959, 1/4; bei der Erteilung vormundschaftsgerichtlicher Genehmigungen nach **§ 1822 BGB:** BayObLG Rpfleger 1979, 455 (allgemein); BayObLG DNotZ 1995, 941 (Genehmigung eines Gesellschaftsvertrages zur Gründung einer BGB-Gesellschaft zur Verwaltung gewerblich nutzbarer Grundstücke nach § 1822 Nr. 3 BGB); BayObLG FGPrax 1997, 105 (Genehmigung zur Gründung einer Familiengesellschaft bürgerlichen Rechts nach § 1822 Nr. 3 BGB); OLG Hamm FGPrax 2000, 228 (Genehmigung eines „Prozessfinanzierungsvertrages" mit Schiedsgerichtsklausel nach § 1822 Nr. 12 BGB); im Verfahren zur Festsetzung eines Zwangsgeldes gegen den Vormund nach **§ 1837 Abs. 3 BGB:** OLG Karlsruhe DAV 1967, 126; im Verfahren nach **§ 1837 Abs. 4 BGB:** OLG Zweibrücken FGPrax 1997, 145 (Einräumung eines Umgangsrechts des Mündels mit einem Dritten gegen den Willen des Vormunds); im Verfahren zur Entlassung des Nachlasspflegers nach den **§§ 1915, 1886 BGB:** BayObLG Rpfleger 1983, 252; im Verfahren zur Entlassung des Jugendamtes als Pfleger nach den **§§ 1915, 1989 Abs. 2 BGB:** BayObLGZ 1978, 83/86.

76   **c) Betreuungs- und Unterbringungssachen.** Zum Umfang der Ermittlungspflicht bei Anordnung einer Betreuung gegen den Willen des Betroffenen nach **§ 1896 BGB:** BayObLG FGPrax 1995, 63; BayObLG FPR 2002, 93 (Notwendigkeit der Konkretisierung einer psychischen Erkrankung oder seelischen Behinderung des Betroffenen und der Darlegung ihrer Auswirkungen auf dessen kognitive und voluntative Fähigkeiten durch Einholung eines fachpsychiatrischen Gutachtens), OLG Hamm FGPrax 1995, 63; bei Bestellung eines Betreuers für alle Aufgabenkreise nach **§ 1896 Abs. 2 BGB:** BayObLG FGPrax 1997, 28; OLG Hamm FGPrax 2009, 215 bei Zweifel der Wirksamkeit einer erteilten Vorsorgevollmacht; bei Bestellung eines Betreuers mit dem Aufgabenkreis des **§ 1896 Abs. 3 BGB:** BayObLG FamRZ 1993, 1249; bei Ablehnung der Bestellung einer bestimmten Person zum Betreuer nach **§ 1897 Abs. 3 BGB:** BayObLG FGPrax 1998, 180; OLG Stuttgart FGPrax 1999, 109; bei Nichtberücksichtigung der von dem Betroffenen vorgeschlagenen Person nach **§ 1897 Abs. 4 BGB:** BGH FGPrax 2011, 77 = FamRZ 2011, 285; BayObLG FGPrax 1996, 185; KG FamRZ 2009, 910; OLG Brandenburg FGPrax 2001, 111; OLG Düsseldorf FGPrax 1996, 184; OLG Hamm FGPrax 1996, 183;

Ermittlung von Amts wegen 77 § 26

OLG Zweibrücken FGPrax 1997, 104; bei fehlendem Vorschlag eines Betreuer, **§ 1897 Abs. 5 BGB**: BGH FamRZ 2011, 285; bei Anordnung eines Einwilligungsvorbehaltes nach **§ 1903 BGB**: BayObLG FamRZ 1993, 851, BayObLG FamRZ 1993, 1135; OLG Hamm FGPrax 1995, 56; OLG Zweibrücken FGPrax 1999, 107; bei Erteilung der vormundschaftsgerichtlichen Genehmigung zur Einwilligung des Betreuers in eine Zwangsmedikation des Betreuten nach **§ 1904 BGB:** OLG Hamm FGPrax 1997, 64; FGPrax 2000, 113; OLG Zweibrücken FGPrax 2000, 24; oder zum Abbruch der künstlichen Ernährung des Betroffenen: OLG Düsseldorf FGPrax 2001, 155; insbesondere bei einer irreversiblen Hirnschädigung: OLG Frankfurt FGPrax 1998, 183; FGPrax 2002, 31; oder bei apallischem Syndrom: OLG Karlsruhe/Freiburg FGPrax 2002, 26; bei Erteilung der vormundschaftsgerichtlichen Genehmigung zur Einwilligung des Betreuers in eine Sterilisation des Betreuten nach **§ 1905 BGB:** BayObLGZ 1997, 49/51; BayObLG FGPrax 2001, 159; OLG Hamm FGPrax 2000, 107; bei einer Unterbringung nach **§ 1906 Abs. 1 BGB:** BayObLG FamRZ 1993, 600 (Zwangsunterbringung nur bei Ausschluss der freien Willensbestimmung des Betroffenen), BayObLGZ 1996, 34/35 (rechtswirksame Einwilligung des Betroffenen in seine Unterbringung); OLG Karlsruhe FGPrax 2000, 165 (Erfordernis der persönlichen Anhörung des Betroffenen): OLG Schleswig FGPrax 1998, 196 (Unterbringung bei Alkoholsucht des Betroffenen); bei Maßnahmen nach **§ 1906 Abs. 4 BGB:** BayObLG FamRZ 1994, 721 (zulässig nur bei Ausschluss der freien Willensbestimmung des Betroffenen); bei Änderungsentscheidungen nach **§ 1908 d BGB:** BGH FamRZ 2011, 556; BayObLG FamRZ 1994, 720; FamRZ 1995, 1441 (Pflicht zur Einholung eines weiteren Gutachtens); bei Festsetzung der Höhe der Vergütung des Betreuers nach **§§ 1908 i, 1836 BGB:** BGH FGPrax 2000, 233; BayObLG FGPrax 2000, 26; OLG Düsseldorf FGPrax 2000, 197; OLG Frankfurt FGPrax 2000, 148 (zur Höhe des Vergütungsanspruches des Berufsbetreuers gegenüber dem vermögenden Betreuten); OLG Zweibrücken FGPrax 2000, 198 (Ermittlung des vergütungsfähigen Zeitaufwandes des Betreuers); zur Aufwandsentschädigung des Betreuers nach Tod des mittellosen Betreuten nach **§§ 1908 i, 1835 a, 1836 e BGB:** BayObLG FamRZ 1998, 697; OLG Jena FGPrax 2001, 22; zur Feststellung der Qualifikation des Berufsbetreuers: BayObLGZ 1999, 291/292; OLG Zweibrücken FGPrax 2001, 21.

d) **Nachlass-Sachen.** Zum Umfang der notwendigen Ermittlungen zur Feststellung des 77 Todeszeitpunktes nach **§ 1923 Abs. 1 BGB:** OLG Frankfurt FGPrax 1997, 191; OLG Hamm NJW-RR 1996, 70; zur Widerlegung der sich aus § 11 VerschG ergebenden Vermutung gleichzeitigen Todes mehrerer Erbprätendenten: BGHZ 62, 112/115; BayObLG NJW-RR 1999, 1309; OLG Köln NJW-RR 1992, 1481; KG NJW 1954, 1652; bei Anfechtung der Erbschaftsannahme nach **§ 1954 BGB:** BayObLG FamRZ 1994, 848; OLG Karlsruhe FGPrax 1995, 156; OLG Zweibrücken FGPrax 1996, 113; zur Feststellung der Unwirksamkeit letztwilliger Verfügungen bei Auflösung der Ehe oder Verlobung nach **§ 2077 BGB:** OLG Zweibrücken FGPrax 2000, 243 (Prognose für das Vorliegen der Scheidungsvoraussetzungen bei Tod des Erblassers), BayObLG FGPrax 1995, 114; FGPrax 1995, 159 (Wirksamkeit einer während der Ehe getroffenen letztwilligen Verfügung trotz Scheidung), OLG Stuttgart FGPrax 1997, 110 (Feststellungslast für die Auflösung des Verlöbnisses im Fall des § 2077 Abs. 2 BGB); bei Anfechtung eines Testaments nach **§ 2078 BGB:** BayObLGZ 1962, 47/52 (Ermittlungspflicht nur hinsichtlich der geltend gemachten Anfechtungsgründe); BayObLG FamRZ 1997, 772; im Rahmen des **§ 2084 BGB:** BayObLG FamRZ 1988, 986; BayObLGZ 1997, 197/204 (zur Feststellung des hypothetischen Erblasserwillens im Rahmen ergänzender Testamentsauslegung); OLG Karlsruhe FGPrax 2000, 28 (Feststellung des Erblasserwillens setzt zumindest Anhaltspunkt im Text des Testaments voraus); bei Entlassung des Testamentsvollstreckers nach **§ 2227 BGB:** BayObLG FamRZ 1986, 104; BayObLG FamRZ 1988, 770; OLG Celle OLGZ 1978, 442/443; OLG Zweibrücken FGPrax 1997, 109; zur Feststellung der Testierunfähigkeit nach **§ 2229 Abs. 4 BGB:** BayObLG FamRZ 2000, 1395; OLG Frankfurt FamRZ 1996, 970; OLG Hamm OLGZ 1989, 271/273; OLG Köln NJW-RR 1991, 1285 (allgemein); BayObLG NJW-RR 1990, 1419 (Sachverständiger entbehrlich, wenn sich aus dem Ergebnis der sonstigen Ermittlungen keine Zweifel an der Testierfähigkeit des Erblas-

§ 26   78   Abschnitt 2. Verfahren im ersten Rechtszug

sers ergeben);, BayObLG FamRZ 1989, 99; BayObLG Rpfleger 1989, 413 (Bestellung eines Gebrechlichkeitspflegers zu Lebzeiten des Erblassers kein Indiz für dessen Testierunfähigkeit); BayObLG NJW-RR 1996, 1036; BayObLG FamRZ 1996, 1036 (zur Beurteilung der Testier- bzw. Geschäftsunfähigkeit einer noch lebenden Person, die bei Errichtung eines gemeinschaftlichen Testaments bzw. Erbvertrages mitgewirkt hat); BayObLG FamRZ 1996, 1109 (zur Notwendigkeit der Einholung eines weiteren Gutachtens, wenn Erblasser ein Jahr vor Testamentserrichtung wegen Zweifeln an seiner Prozessfähigkeit begutachtet worden ist); BayObLG FamRZ 1996, 1438 (genauer Zeitpunkt der Testamentserrichtung ist zweifelhaft, zeitweise Testierunfähigkeit des Erblassers während des in Betracht kommenden Zeitraums steht aber fest); BayObLG FamRZ 1983, 99; OLG Karlsruhe OLGZ 1982, 280/281; OLG Köln NJW-RR 1991, 1412 (Entkräftung des Anscheinsbeweises der Testierunfähigkeit des Erblassers durch Feststellung der ernsthaften Möglichkeit lichter Intervalle); zur Feststellung des Erblasserwillens bei Errichtung eines öffentlichen Testaments nach § 2232 BGB: BayObLG FamRZ 1993, 366; OLG Köln NJW-RR 1993, 970; NJW-RR 1999, 946 (Notwendigkeit der Vernehmung des Notars); zur Feststellung der Sprechfähigkeit des Erblassers bei Errichtung eines öffentlichen Testaments: OLG Köln MittRhNotK 1995, 269; zur Feststellung der Gültigkeit eines nach § 2233 Abs. 3 BGB errichteten Testaments: OLG Hamm MittRhNotK 1999, 314; zur Feststellung des Inhalts eines nicht mehr vorhandenen Testaments (§ 2247 BGB): BayObLG FamRZ 1986, 1043; OLG Köln NJW-RR 1993, 970; zur Feststellung der eigenhändigen Errichtung eines Testaments: BayObLG FamRZ 1992, 1206; FamRZ 1995, 1523; zur Feststellung des Testierwillens bei einem „Brieftestament": BayObLG Rpfleger 1980, 189; BayObLGZ 2000, 274; bei Niederschrift eines Testaments in einem Notizbuch: BayObLG NJWE-FER 2000, 126; zum Erfordernis der objektiven Lesbarkeit der Testamentsniederschrift: OLG Hamm NJW-RR 1991, 1352; bei begründeten Zweifeln an der Echtheit eines privatschriftlichen Testaments, wenn nur einer von 4 Schriftsachverständigen eine Fälschung bejaht und sich das Gericht dieser Meinung anschließen will: BayObLG FamRZ 1999, 332; zur Feststellung des Widerrufs eines Testaments nach § 2255 BGB: BayObLGZ 1980, 95/ 97 (zerknülltes Testament); BayObLGZ 1983, 204/207; BayObLG FamRZ 1996, 1110 (eingerissenes Testament); zur Feststellung der mit einem Vermächtnis Bedachten nach § 2262 BGB: BayObLGZ 1979, 340/343; zur Feststellung, ob eine in getrennten Urkunden errichtete letztwillige Verfügung ein gemeinschaftliches Testament nach § 2265 BGB ist: OLG Köln OLGZ 1968, 321; zur Feststellung, ob ein gemeinschaftliches Testament von beiden Ehegatten errichtet ist (§ 2267 BGB): BayObLG NJWE-FER 1997, 185; zur Feststellung der Wechselbezüglichkeit eines Testaments nach § 2270 BGB, wenn die Vermutung des § 2270 Abs. 2 BGB nicht eingreift: OLG Hamm FGPrax 2001, 9; zur Feststellung der unbeschränkten Geschäftsfähigkeit der Vertragsschließenden bei Abschluss eines Erbvertrages (§ 2275 BGB): BayObLG Rpfleger 1982, 286; FamRZ 1996, 971 (fälschliche Ermittlungen zur Testierfähigkeit anstatt zur Geschäftsfähigkeit); zur Feststellung des gemeinschaftlichen Willens der Vertragsparteien: BayObLG NJW-RR 1995, 904; BayObLGZ 2001, 203/207; BayObLG NJW-RR 1997, 7 (Anhörung des Urkundsnotars oder Rechtsanwalts, der den Erblasser bei der Testamentserrichtung beraten hat); zur Feststellung des Fristbeginns zur Anfechtung eines Erbvertrages nach § 2283 Abs. 2 BGB: BayObLG FamRZ 1983, 1275; zur Feststellung eines Erbverzichts § 2346 BGB bei ausdrücklicher Erklärung eines Pflichtteilsverzichts: BayObLG FamRZ 1981, 711. Zum Umfang der notwendigen Ermittlungen im Erbscheinsverfahren nach § 2358 BGB: BayObLG FamRZ 1985, 837; OLG Köln Rpfleger 1981, 65 (allgemein); BayObLG FamRZ 1981, 711 (Zweifel an der Richtigkeit von Eintragungen in Personenstandsbüchern); BayObLG Rpfleger 1981, 358 (Zweifel an der Richtigkeit einer Abstammungsurkunde); OLG Frankfurt FGPrax 1996, 190 (Verweigerung der eidesstattlichen Versicherung nach § 2356 BGB); OLG Köln FGPrax 2009, 288 (der für die Testamentsauslegung maßgebliche Sachverhalt); im Verfahren zur Einziehung eines Erbscheins nach § 2361 BGB: BayObLGZ 1977, 59/ 62, BayObLG FGPrax 1997, 153.

78   e) Registersachen. Zum Umfang des Prüfungsrechts des Registergerichts hinsichtlich der Richtigkeit der zur Eintragung angemeldeten Tatsachen: BayObLG DNotZ 1987,

353 (Vereinsregistersachen), BayObLG NJW-RR 1993, 494; OLG Düsseldorf FGPrax 1998, 191; OLG Hamm FGPrax 1996, 117; KG FGPrax 1997, 154 (Handelsregistersachen). Zum Umfang der Ermittlungspflicht bei der Prüfung der Eigenschaft eines Vereins als Idealverein nach § 21 BGB: BayObLG Rpfleger 1983, 282; BayObLG Rpfleger 1985, 495; bei der Eintragung einer Zweigniederlassung nach § 13 HGB: BayObLGZ 1979, 159/163; bei Prüfung der Täuschungseignung einer Firma nach § 18 Abs. 2 HGB: BayObLGZ 1999, 114/116; OLG Hamm FGPrax 1999, 232; bei Eintragung einer Vereinbarung nach § 25 Abs. 2 HGB: OLG Hamm OLGZ 1994, 282/284, FGPrax 1999, 67; bei Eintragung einer Vereinbarung nach § 28 Abs. 2 HGB: BayObLG MittBayNot 1984, 270; zur Prüfung der Rechtsnachfolge bei Eintragungen nach § 143 HGB: OLG Hamm Rpfleger 1986, 139; bei Anmeldung des Erlöschens der Firma einer Handelsgesellschaft nach § 157 Abs. 2 HGB: BayObLGZ 1978, 121/126; zur Feststellung der Kommanditisteneigenschaft des Antragstellers bei einem Antrag nach § 166 Abs. 3 HGB: BayObLG BB 1987, 711; im Verfahren nach §§ 304 ff. AktG: KG OLGZ 1971, 260/265; bei der Bewertung einer Sacheinlage nach § 5 Abs. 4 GmbHG: BayObLG MittBayNot 1979, 80; zur Feststellung der Eintragungsvoraussetzungen einer GmbH nach § 7 GmbHG durch gerichtliche Ermittlungen, wenn die Gesellschaft der IHK keine Auskunft über ihre Verhältnisse erteilt hat: KG NJW-RR 1997, 794; bei Ablehnung der Eintragung einer GmbH nach § 9c GmbHG: OLG Köln GmbHR 1982, 187; zur Feststellung der Wirksamkeit der Bestellung eines Geschäftsführers im Eintragungsverfahren nach § 39 GmbHG: OLG Hamm FGPrax 1996, 117; FGPrax 1999, 233; OLG Zweibrücken FGPrax 2001, 125; OLG Frankfurt FGPrax 2001, 124 (bei Bestellung eines Ausländers, der nicht Bürger eines EG-Staates ist); bei Auswahl eines Notgeschäftsführers in entsprechender Anwendung des § 29 BGB: OLG Hamm NJW-RR 1996, 996; zur Feststellung der Wirksamkeit einer zur Eintragung ins Handelsregister angemeldeten Satzungsänderung einer GmbH nach den §§ 53, 54 GmbHG: KG FGPrax 1997, 154; bei Anmeldung einer Kapitalerhöhung nach § 57a GmbHG: KG NJW-RR 1999, 762; im Zwangsgeldverfahren nach den §§ 388, 389 FamFG: OLG Frankfurt Rpfleger 1979, 60; im Amtslöschungsverfahren wegen Vermögenslosigkeit nach § 394 FamFG: BayObLG FGPrax 1999, 114; OLG Düsseldorf FGPrax 2011, 134; OLG Karlsruhe FGPrax 1999, 235. Zur begrenzten Ermittlungspflicht im Amtslöschungsverfahren nach § 395 FamFG: BayObLG Rpfleger 1989, 398.

f) **Freiheitsentziehungsverfahren.** Die Anordnung der Haft erfordert auch die Prüfung der Erforderlichkeit unter dem Gesichtspunkt des Beschleunigungsgebots und des Grundsatzes der Verhältnismäßigkeit: BGH FGPrax 2011, 41; zur Anhörung des Betroffenen im Rahmen der Haftanordnung: BGH FGPrax 2010, 261; zur Beiziehung der Ausländerakte: BVerfG NJW 2009, 2659; BGH FGPrax 2010, 261; NVwZ 2010, 1172; zur Notwendigkeit der Feststellung, dass die Berufung des Betroffenen auf „Asyl" bei seiner richterlichen Anhörung ihm kein Bleiberecht nach § 55 Abs. 1 AsylVfG gibt: KG FGPrax 1997, 116; dass die durch den ersten Asylantrag nach § 55 Abs. 1 AsylVfG erlangte gesetzliche Aufenthaltsgestattung erloschen ist: BayObLG MDR 1992, 1008, OLG Hamm NVwZ-Beilage 1997, 47; dass nach Stellung eines Asylfolgeantrages kein weiteres Asylverfahren durchgeführt wird: BayObLG MDR 1992, 1008; dass kein Ausnahmefall vorliegt, in dem die Haftanordnung ausnahmsweise nichts zur Sicherung der Abschiebung beitragen kann: BVerfG NVwZ-Beilage 1994, 57; BayObLGZ 1997, 350/352; OLG Braunschweig FGPrax 1996, 37; OLG Karlsruhe FGPrax 1995, 207; Anforderungen an die Feststellung einer „Verhinderung" der Abschiebung durch den Betroffenen: BayObLGZ 2000, 227; OLG Hamm NVwZ-Beilage 1997, 39; OLG Karlsruhe FGPrax 1999, 245; OLG Saarbrücken FGPrax 1999, 243; zum Ablauf des Asylverfahrens im Rahmen der Feststellung der Rechtswidrigkeit (§ 62 FamFG): BGH FGPrax 2011, 39. 79

g) **Weitere Verfahren aus verschiedenen Rechtsgebieten.** Personenstandssachen: Zum Umfang der erforderlichen Ermittlungen in einem Verfahren auf Berichtigung des Eintrags des Geschlechts eines Kindes im Geburtenbuch nach den §§ 47 Abs. 1, 21 Abs. 1 Nr. 3, Nr. 4 PStG: OLG Naumburg FGPrax 2001, 239; zur Ermittlung der Staatsangehörigkeit des Vater: OLG Düsseldorf Beschl. v. 13. 12. 2010 I-3 Wx 228/10 = BeckRS 2011, 00600; Verschollenheitssachen: Zum Umfang der notwendigen Ermittlungen, ob ein 80

Vermisster im Sinne von **§ 1 VerschG** bzw. **Art. 2 § 1 VerschÄndG** verschollen ist: BGHZ 3, 230, 235, BayObLGZ 1951, 572/573; ob bei Zulässigkeit des Aufgebotsverfahrens die Voraussetzungen für eine Todeserklärung nach **§§ 3 ff. VerschG** vorliegen (§§ 13, 16, 18 VerschG): BayObLG FGPrax 1999, 246; OLG Düsseldorf FamRZ 1996, 1295).

VII. Amtsermittlungspflicht bei Erlass einer einstweiligen Anordnung

81   Im Verfahren der einstweiligen Anordnung (§§ 49 ff.) gilt § 26 nur eingeschränkt. Beim Erlass einer einstweiligen Anordnung muss der Sachverhalt nicht erschöpfend aufgeklärt werden. Die Tatsachen, die das Gericht seiner Entscheidung zugrunde legen will, brauchen auch nicht das Ergebnis seiner eigenen Ermittlungen zu sein, sondern können sich z. B. aus Berichten von Behörden, etwa des Jugendamtes, des Gesundheitsamtes, der Polizei, oder aus beigezogenen Akten, etwa Ermittlungsakten der Staatsanwaltschaft oder Gerichtsakten eines anderen Verfahrens, ergeben. Ob das Gericht überhaupt eigene Ermittlungen anstellen will, bleibt seinem pflichtgemäßem Ermessen überlassen.[181] Die Tatsachen, die der Entscheidung zugrunde gelegt werden sollen, bedürfen ebenso wie die Tatsachen, aus denen sich die Dringlichkeit des Eingreifens ergibt, nicht des vollen Beweises, sondern nur einer Glaubhaftmachung (§ 31).[182] Auch die im Anordnungsverfahren getroffenen Feststellungen dürfen sich aber nicht in Behauptungen, Mutmaßungen und Werturteilen erschöpfen. Zur Amtsermittlung im Verfahren der einstweiligen Anordnung siehe im Übrigen § 51 Rn 6 bis 11, 17 bis 19.[183] Die vorstehenden Grundsätze gelten auch für sonstige vorläufige Regelungen, z. B. nach § 64 Abs. 3 bzw. § 93.

VIII. Amtsermittlungsgrundsatz im Beschwerdeverfahren

82   Der Grundsatz der Amtsermittlungspflicht (§ 26) gilt auch im Beschwerdeverfahren; das Beschwerdegericht tritt vollständig an die Stelle des erstinstanzlichen Gerichts.[184] Das Beschwerdegericht hat ohne Beschränkung auf die von den Beteiligten erhobenen Rügen die **Zulässigkeitsvoraussetzungen der Beschwerde**[185] von Amts wegen zu prüfen. Zu den Einzelheiten siehe § 68 Rn 63–65. Zudem hat das Gericht hat hinsichtlich der **Begründetheit der Beschwerde** die notwendigen Ermittlungen vorzunehmen. Es hat eigene Tatsachenfeststellungen zu treffen und kann auch, wenn das nach § 26 geboten ist, die Ermittlungen der ersten Instanz wiederholen.[186] Die Grundsätze über die Anhörung Beteiligter zur Aufklärung des Sachverhalts finden auch im Beschwerdeverfahren Anwendung (§ 68 Abs. 3).[187] Weitere Ermittlungen sind insbesondere dann notwendig, wenn die Beweisaufnahme im ersten Rechtszug an einem Verfahrensmangel leidet,[188] bei dem auch nicht auszuschließen ist, dass die angefochtene Entscheidung darauf beruht.[189] Zu den Einzelheiten siehe die Ausführungen zu § 68.

IX. Amtsermittlungspflicht im Rechtsbeschwerdeverfahren

83   Für das Rechtsbeschwerdegericht ist eine Nachprüfung der angefochtenen Entscheidung in tatsächlicher Hinsicht grundsätzlich ausgeschlossen; auf die Rechtsbeschwerde ist nur zu prüfen, ob diese auf einer Verletzung des Rechts beruht (§ 72 Abs. 1 S. 1), d. h. im Rah-

---

[181] BayObLG FamRZ 1980, 1152; BayObLG NJWE-FER 1999, 87.
[182] BayObLG NJWE-FER 1999, 87; KG FamRZ 1977, 473; FamRZ 1962, 20; OLG Hamm DAV 1986, 540; OLG München AnwBl 1985, 208.
[183] BayObLG FamRZ 1980, 1152; OLG Frankfurt NJW-RR 1999, 144.
[184] BayObLG FGPrax 1996, 25; FamRZ 1994, 1068; OLG Frankfurt FGPrax 1998, 24; OLG Köln FamRZ 1989, 547.
[185] BayObLGZ 2004, 37; Zöller/Feskorn § 26 FamFG Rn 6; a. A. KG FGPrax 1995, 120 Beibringungsgrundsatz.
[186] BayObLG FamRZ 1980, 1150; KG NJW-RR 1989, 842; OLG Köln FamRZ 2004, 1382.
[187] BVerfG FamRZ 1984, 139; BayObLG NJW-RR 1997, 1437; NJW 1993, 2057; OLG Stuttgart NJW 1989, 1355.
[188] KG FamRZ 1968, 605.
[189] BGH NJW 1996, 2735.

men der Rechtsbeschwerde ist die gesamte Rechtsanwendung der Vorinstanz einschließlich ihres Verfahrens Prüfungsgegenstand, ohne dass der Prüfungsumfang durch bestimmte Rügen der Beteiligten beschränkt wäre. Die tatsächlichen Feststellungen des Beschwerdegerichts sind im Rechtsbeschwerdeverfahren bindend (§ 74 Abs. 3 S. 4 in Verb. mit § 559 Abs. 1 ZPO). Das Rechtsbeschwerdegericht nimmt nur ausnahmsweise nach § 26 eine **selbstständige Tatsachenfeststellung** vor. Sie ist u. a. geboten, um festzustellen, ob ein Verfahrensverstoß des Beschwerdegerichts vorliegt[190] und ob dieser eventuell geheilt worden ist.[191] Es gelten die gleichen Grundsätze wie im Revisionsverfahren. Somit kann ein an sich unzulässiges, neues tatsächliches Vorbringen im Rechtsbeschwerdeverfahren unter dem Gesichtspunkt geprüft werden, ob dem Beschwerdegericht ein Verfahrensfehler unterlaufen ist, z. B. ein Verstoß gegen die Amtsermittlungspflicht oder die Verpflichtung zur Gewährung rechtlichen Gehörs.[192] Ebenso ist durch das Rechtsbeschwerdegericht ggf. durch eigene Ermittlungen festzustellen, ob sich das Verfahren in der Hauptsache erledigt hat.[193]

Schließlich sind eigene Feststellungen des Rechtsbeschwerdegerichts zu **Wiederaufnahmegründen** möglich, die im Rechtsbeschwerdeverfahren ebenso wie im zivilprozessualen Revisionsverfahren[194] aus verfahrenswirtschaftlichen Gründen schon vor Eintritt der Rechtskraft der angefochtenen Entscheidung berücksichtigt werden können.[195] Allerdings hat sich die Prüfung des Gerichts der weiteren Beschwerde darauf zu beschränken, ob an sich ein Wiederaufnahmegrund vorliegt, ob z. B. ein Zeuge wegen einer in dem Verfahren gemachten Aussage rechtskräftig wegen eines Aussagedelikts verurteilt worden ist; werden zur Beantwortung der Frage, ob der Wiederaufnahmegrund durchgreift, weitere tatsächliche Feststellungen erforderlich, z. B. in der Richtung, ob die angefochtene Entscheidung auf die falsche Aussage gestützt ist, ist diese aufzuheben und die Sache zur Durchführung der notwendigen ergänzenden Feststellungen an das Beschwerdegericht zurückzuverweisen. 84

Obwohl neue Tatsachen, die sich erst **nach Erlass der Beschwerdeentscheidung** ergeben haben oder bekannt geworden sind, vom Rechtsbeschwerdegericht grundsätzlich unberücksichtigt zu lassen sind, ist das ausnahmsweise anders, wenn eine Rechtsverletzung der Vorinstanz vorliegt, die an sich zur Aufhebung der angefochtenen Entscheidung führen müsste. Das Rechtsbeschwerdegericht tritt in diesem Fall an die Stelle des Beschwerdegerichts und kann unter Verwertung der neuen Tatsachen, soweit diese unstreitig sind und es zu ihrer Feststellung keiner weiteren Ermittlungen bedarf, ohne Bindung an die Tatsachenwürdigung des Beschwerdegerichts in der Sache selbst entscheiden (§ 74 Abs. 6 S. 1). Zu den weiteren Einzelheiten siehe die Erläuterungen zu § 72 und § 74. 85

X. Amtsermittlung im Beschwerdeverfahren „in entsprechender Anwendung der §§ 567 bis 572 ZPO"

Das FamFG sieht an verschiedenen Stelle vor, dass bestimmte Zwischenentscheidungen in entsprechender Anwendung der §§ 567 bis 572 ZPO angefochten werden können, s. dazu § 58 Rn 89. Durch diese Verweisung wird indes die Rechtsnatur der Verfahren nicht berührt. Sie bleiben Angelegenheiten der freiwilligen Gerichtsbarkeit, so dass in den Rechtsmittelinstanzen der Amtsermittlungsgrundsatz des § 26 gilt.[196] 86

Mitwirkung der Beteiligten

27 (1) **Die Beteiligten sollen bei der Ermittlung des Sachverhalts mitwirken.**
(2) **Die Beteiligten haben ihre Erklärungen über tatsächliche Umstände vollständig und der Wahrheit gemäß abzugeben.**

---

[190] BGH FGPrax 1995, 194; NJW 1954, 638; BayObLG FamRZ 1993, 1356; FamRZ 1985, 743.
[191] BayObLGZ 1968, 257/260.
[192] BayObLG OLGR 1999, 79.
[193] BayObLG NZM 1999, 320; WuM 1995, 504.
[194] BGH NJW 1952, 742; Zöller/Greger vor § 578 Rn 16.
[195] OLG Karlsruhe FamRZ 1977, 148; OLG Köln FamRZ 1982, 642.
[196] Bumiller/Harders § 26 Rn 15.

Sternal

I. Normzweck; Anwendungsbereich

1 § 27 ergänzt die Amtsermittlungspflicht (§ 26). **Abs. 1** schreibt auch für das FamFG-Verfahren ausdrücklich eine **Mitwirkungspflicht der Beteiligten** an der Ermittlung des entscheidungserheblichen Sachverhalts vor.[1] Zudem begründet **Abs. 2** entsprechend der Regelung in § 138 Abs. 1 ZPO die Pflicht der Beteiligten zur wahrheitsgemäßen und vollständigen Erklärung über verfahrensrelevante Umstände. Gefördert werden soll hierdurch eine möglichst vollständige und richtige Aufklärung des für die Entscheidung maßgebenden Sachverhalts. Beide Pflichten lassen die Amtsermittlungspflicht des Gerichts nicht entfallen; sie sind vielmehr in einem Spannungsverhältnis zu § 26 zu sehen. Unmittelbare Sanktionen bei einem Verstoß gegen diese Pflichten sieht das Gesetz nicht vor. Insoweit geltend die bisher von der Rechtsprechung zu den bereits im Anwendungsbereich des FGG aufgestellten Grundsätze.

2 Zum **Anwendungsbereich** dieser Vorschrift siehe die Ausführungen zu § 26 Rn 2, die entsprechend gelten. Für Ehesachen (§ 121) und Familienstreitsachen (§ 112) finden die §§ 138, 296 ZPO entsprechend (§ 113 Abs. 1 S. 2) Anwendung mit der sich aus § 113 Abs. 4 Nr. 1 ergebenden Ausnahme. Zudem gelten in Ehesachen vorrangig § 129 und in Unterhaltssachen § 235.

Zu der Übergangsregelung siehe Art. 111 FGG-RG und die dortigen Erläuterungen.

II. Mitwirkungspflicht der Beteiligten (Abs. 1)

1. Umfang der Pflicht

3 Der Amtsermittlungsgrundsatz (§ 26) enthebt die Beteiligten – insbesondere in echten Streitverfahren und darüber hinaus in allen Antragsverfahren, aber auch in Amtsverfahren – nicht der Verpflichtung, durch eingehende Tatsachendarstellung an der Aufklärung des Sachverhalts mitzuwirken (**Beibringungsgrundsatz, Darlegungs- und Informationslast**)[2] und sich zu den wesentlichen Punkten des Vorbringens des gegnerischen Beteiligten genau und umfassend zu äußern.[3] Die Beteiligten sind gehalten, soweit sie dazu in der Lage sind, durch Angabe von Tatsachen und die Bezeichnung geeigneter Beweismittel dem Gericht Anhaltspunkte dafür zu geben, in welche Richtung es seine Ermittlungen durchführen soll[4] und hierdurch eine gerichtliche Aufklärung ermöglichen.[5] Es besteht keine **Amtsermittlungspflicht „ins Blaue"** hinein (siehe § 26 Rn 17).[6] Der Umfang der Mitwirkungs- und Verfahrensförderungspflicht richtet sich nach der jeweiligen Verfahrensart. In einer echten Streitsachen dürfen erheblich höhere Anforderungen als in einem klassischen Fürsorgeverfahren (z. B. Betreuung, Unterbringung) gestellt werden. So kann in einer Betreuungssache von dem Betroffenen nicht die Vorlage von ärztlichen Attesten verlangt werden.[7] Die Pflicht des Beteiligten erhöht sich im gleichen Maße, wie das Gericht auf deren Mitwirkung bei der Sachaufklärung angewiesen ist; das gilt insbesondere in solchen Fällen, in denen Vorgänge aus dem höchstpersönlichen Lebensbereich der Beteiligten Gegenstand der Ermittlungen sind.[8]

4 Die Beibringungspflicht der Beteiligten besteht in **jedem Verfahrensstadium** bis zum Abschluss des Verfahrens und damit auch im Beschwerde- sowie im Rechtsbeschwerdeverfahren. Sie gilt auch in den gesonderten Verfahren, wie das Verfahren über die Bewilligung von Verfahrenskostenhilfe (§§ 76 ff.), im einstweiligen Anordnungsverfahren (§§ 49 ff.) sowie im Vollstreckungsverfahren (§§ 86 ff.). Die Pflicht trifft **jeden Verfahrens-**

---

[1] BT-Drs. 16/6308 S. 187.
[2] BGH MDR 1955, 347; BayObLGZ 2001, 347/351; BayObLG NJW-RR 1993, 459 = FamRZ 1993, 1496; KG OLGZ 1971, 260/265; OLG Hamm Rpfleger 1984, 316; OLG Köln FGPrax 2002, 52; Rpfleger 1981, 65.
[3] BayObLGZ 1960, 514/515.
[4] BayObLGZ 1984, 102/104; KG OLGZ 1974, 411/416.
[5] BT-Drs. 16/6308 S. 186.
[6] OLG Brandenburg OLG-NL 2000, 256.
[7] BGH NJW 2011, 1289 = FamRZ 2011, 556.
[8] OLG Köln FGPrax 2002, 52; FamRZ 1991, 117.

beteiligten bzw. dessen Bevollmächtigten und zwar unabhängig von etwaigen Regelungen über die Darlegungs- und Feststellungslast. Eine Ausschlussfrist für das Vorbringen der Beteiligten besteht nicht.[9]

2. Verstoß gegen die Pflicht

Die Mitwirkungspflicht ist als **Sollvorschrift** ausgestaltet. Das Gericht kann die Mitwirkung der Beteiligten nur eingeschränkt erzwingen. Eine § 138 Abs. 3 ZPO entsprechende Regelung kennt das FamFG nicht. Allein ein Verstoß gegen Abs. 1 führt nicht zur Unzulässigkeit eines gestellten Antrages; kann aber im Einzelfall eine Zurückweisung als unbegründet rechtfertigen. § 35 sieht nur die Möglichkeit vor, Zwangsmittel zu verhängen, um eine durch gerichtliche Anordnung getroffene Verpflichtung zur Vornahme oder Unterlassung einer Handlung durchzusetzen. Zudem kann nach § 33 Abs. 3 ein Ordnungsmittel verhängt werden, wenn ein ordnungsgemäß geladener Beteiligter unentschuldigt im Termin ausbleibt. Im Übrigen darf ein Verstoß gegen die Mitwirkungspflicht insbesondere in personenbezogenen Verfahren (z. B. Kindschafts-, Betreuungs- und Unterbringungssachen, Freiheitsentziehungssachen) keine negativen Folgen haben. Insoweit ist das Gericht in besonderer Weise gehalten, die vorhandenen Ermittlungsmöglichkeiten auszuschöpfen, um zu vermeiden, dass sich die Feststellungslast zu Lasten des Betroffenen auswirkt.[10] Zudem besteht auch in Antragsverfahren keine Beweisführungslast, weil diese mit der Inquisitionsmaxime nicht zu vereinbaren wäre.[11]

Eine **unterlassene zumutbare Mitwirkung** kann den Umfang der gerichtlichen Ermittlungen beeinflussen. Die Beteiligten können bei Vernachlässigung der Mitwirkungspflicht nicht erwarten, dass das Gericht zur Ermittlung der maßgebenden Tatsachen allen nur denkbaren Möglichkeiten von Amts wegen nachgeht.[12] Trotz Geltung des Amtsermittlungsgrundsatzes sind häufig gerade Hinweise und Anregungen der Beteiligten Anlass für das Gericht, konkrete Ermittlungen durchzuführen.[13] Eine **Aufklärungs- und Ermittlungspflicht** kann dem Gericht im Allgemeinen nur dann auferlegt werden, wenn der vorliegende Sachverhalt als solcher oder der Vortrag der Beteiligten und die Tatbestandsmerkmale des anzuwendenden Gesetzes bei sorgfältiger Überlegung dazu Anlass geben.[14] Daher verletzt das Gericht die ihm obliegende Aufklärungspflicht nicht, wenn es davon ausgeht, dass die Beteiligten ihnen vorteilhafte Umstände von sich aus vorbringen, und wenn es annehmen darf, dass die Beteiligten sich dieser Umstände auch bewusst sind.[15]

Zudem findet die Verpflichtung des Gerichts zur weiteren Aufklärung des Sachverhalts dort ihre Grenze, wo die Verfahrensbeteiligten es allein oder hauptsächlich in der Hand haben, die notwendigen Erklärungen abzugeben und Beweismittel zu bezeichnen bzw. vorzulegen, um eine ihren Interessen entsprechende Entscheidung herbeizuführen.[16] Der Beteiligte, der beispielsweise ein ihm vorliegendes Privatgutachten zur Echtheit einer Unterschrift unter einem privatschriftlichen Testament nicht vorlegt, kann nicht erwarten, dass das bloße Bestreiten der Authentizität der Unterschrift dem Gericht bereits Anlass gibt, von Amts wegen ein Sachverständigengutachten einzuholen.[17] Für das Vorliegen eines ihm günstigen Ausnahmetatbestandes muss der Beteiligte, der sich darauf beruft, Tatsachen vortragen.[18]

---

[9] BGH Beschl. v. 8. 4. 2010 V ZB 51/10 = BeckRS 2010, 08685.
[10] BGH FGPrax 2010, 128.
[11] Habscheid § 21 I 1.
[12] BGH MDR 1955, 347; BayObLG FamRZ 1993, 366; Rpfleger 1989, 398; OLG Köln NJW-RR 1994, 396 = FamRZ 1994, 1135.
[13] OLG Köln NJWE-FER 1998, 20; Habscheid § 21 I 1.
[14] BGH MDR 1955, 347; BayObLG NJW-RR 1997, 7; FamRZ 1986, 1043; KG NJW-RR 1989, 841; OLG Köln NJW-RR 1991, 1285.
[15] BGH NJW 1988, 1839; MDR 1980, 108; BayObLG NJW-RR 1988, 117; BayObLGZ 1966, 371/374; OLG Karlsruhe FamRZ 1992, 689.
[16] BGH NJW 1988, 1839; BGH RdL 1980, 108; BayObLG DNotZ 1994, 396 (Benennung eines materiell Beteiligten durch den Antragsteller); OLG Karlsruhe FamRZ 1982, 395; OLG Köln NJW-RR 1994, 396 = FamRZ 1994, 1135 (Vorlage eines vorhandenen Privatgutachtens); Rpfleger 1981, 65.
[17] OLG Köln NJW-RR 1994, 396.
[18] BGH FamRZ 1988, 709; MDR 1955, 347; BayObLG NJW-RR 1988, 1425.

8 Diese Grundsätze gelten insbesondere in privatrechtlichen Streitsachen, in denen die Rolle der Verfahrensbeteiligten denen der Parteien im Zivilprozess ähnelt. Hier kann deshalb das Gericht bei unbestrittenem Sachvortrag der Beteiligten in der Regel von weiteren Ermittlungen absehen.[19] Wenn die Beteiligten ihre Mitwirkung verweigern und ansonsten kein Anlass zu weiteren, erfolgversprechenden Ermittlungen besteht, hat das Gericht seiner Untersuchungspflicht genüge getan.

III. Wahrheits- und Vollständigkeitspflicht (Abs. 2)

1. Inhalt der Pflicht

9 **a) Grundsatz.** Abs. 2 verpflichtet die Beteiligten, ihre Erklärungen über tatsächliche Umstände **vollständig und der Wahrheit gemäß** abzugeben.[20] Die Pflicht bezieht sich auf alle tatsächlichen Umstände. Das sind alle inneren und äußeren Vorgänge, die der Nachprüfung durch einen Dritten offen stehen. Zudem besteht eine Erklärungspflicht zu Rechtstatsachen[21] sowie zu einem Erfahrungssatz. Unerheblich ist es, ob die Beteiligten den Umstand für entscheidungserheblich halten, und ob dieser auch wirklich entscheidungserheblich ist.[22] Keine Erklärungspflicht besteht zu Rechtsausführungen. Die Erklärungspflicht gilt – wie auch die Beibringungspflicht nach Abs. 1 – in **jedem Verfahrensstadium** bis zum Abschluss des Verfahrens und damit auch im Beschwerde- sowie im Rechtsbeschwerdeverfahren (vgl. Rn 4). Das Gericht kann im Rahmen der Verfahrensleitung (§ 28) den Beteiligten eine Erklärungsfrist setzen.

10 **b) Vollständigkeit.** Die Erklärung muss vollständig sein; sie darf sich nicht auf eine **lückenhafte Halbwahrheit** beschränken. Die Parteien müssen sich zu allen wesentlichen Punkten des Sachverhalts umfassend erklären. Ein Verbot, „maßgebliche Tatsachen" zu verschweigen, ergibt sich bereits aus der von dem Gesetzgeber gewählten Formulierung „vollständig." Die Beteiligen müssen vielmehr die Beurteilung, ob eine Tatsache im Grunde entscheidungserheblich ist, dem Gericht überlassen. Im Zweifel muss der Beteiligte etwas zu viel vortragen als zu wenig.

11 Das Gericht darf die Anforderungen an die Pflicht zur vollständigen Erklärung nicht überspannen. Insbesondere dürfen keine **unzumutbaren Kenntnisse** verlangt werden, so z. B. wenn der Beteiligte außerhalb des von ihm vorzutragenden Geschehensablaufs steht und keine nähere Kenntnis der maßgebenden Tatsachen besitzen kann.[23] Die Beteiligten müssen sich auch nicht dazu erklären, wie sie ihre Kenntnis von einer Tatsache erlangt haben. Die Vollständigkeitspflicht kann im Einzelfall ihre Grenze finden, wenn ein Beteiligter sich einer ehrenrührigen Handlung oder einer Straftat bezichtigen müsste.[24] Dieser Umstand rechtfertigt indes in der Regel keine wahrheitswidrige Erklärung.[25]

12 **c) Wahrheitsgemäßheit.** Die Erklärung der Beteiligten hat der Wahrheit zu entsprechen. Damit ist keine objektive Wahrheit gemeint, sondern eine **subjektive,** der Überzeugung der Beteiligten entsprechende **Wahrheit** (Pflicht zur Wahrhaftigkeit).[26] Die Beteiligten dürfen nicht gegen ihre eigenen Kenntnisse bzw. wahrheitswidrig vortragen, auch nicht aus Gründen der „Verfahrenstaktik".[27] Zudem ist ihnen verwehrt, Behauptungen aufzustellen, deren Unrichtigkeit sie kennen bzw. den Vortrag anderer Beteiligter zu bestreiten, sofern sie deren Richtigkeit kennen. Aber auch Erklärungen über tatsächliche Umstände ohne gewisse Anhaltspunkte,[28] letztlich „aufs Geratewohl" oder „ins Blaue hinein", können die Wahrheitspflicht verletzen.[29] Die Verpflichtung zur wahrheitsgemäßen

---

[19] Vgl. auch BGH FGPrax 2001, 65.
[20] BayObLGZ 1971, 217/220; 1948/1951, 640/647; Habscheid § 19 IV 3.
[21] BGH NJW 1998, 2058 (öffentlicher Weg); BGH DtZ 1995, 328 (Eigentum).
[22] BGH NZM 2005, 705.
[23] BGH NJW 1999. 580.
[24] BVerfG NJW 1981, 1431.
[25] Zöller/Greger § 138 Rn 3.
[26] Stein/Jonas/Leipold § 138 Rn 4.
[27] BGH NJW 1999, 2804.
[28] BGH NJW 1968, 1233.
[29] St. Rspr. z. B. BGH NJW-RR 2003, 69; NJW-RR 2000, 208.

Erklärung schließt indes nicht ein etwaiges Eventualvorbringen aus, sofern die Beteiligten nicht von der Unwahrheit der einen überzeugt sind.[30]

2. Verletzung der Pflicht

Eine **konkrete Sanktion** bei einer Verletzung der Vollständigkeits- oder Wahrheitspflicht (z. B. Verschweigen bekannter Tatsachen; bewusste Behauptung unwahrer Tatsachen) sieht das Gesetz nicht vor. Verletzt ein Beteiligter die Wahrheitspflicht, hat das Gericht sein unwahres Vorbringen außer Betracht zu lassen. Seine allgemeine Glaubwürdigkeit wird dadurch herabgesetzt. In Verfahren mit vermögensrechtlichem Einschlag besteht eventuell ein Schadensersatzanspruch (§§ 823 Abs. 2, 826 BGB);[31] zudem kann sich der Beteiligte wegen eines (versuchten) Betruges schuldig machen;[32] Daneben besteht die Möglichkeit einer Wiederaufnahme des Verfahrens, § 48 Abs. 2 FamFG i. V. m. § 580 Nr. 4 ZPO; eine **Zurückweisung wegen Verspätung** scheidet aus. Daneben können Verletzungen der Wahrheitspflicht bei den anwaltlichen Bevollmächtigten der Beteiligten auch standesrechtliche Konsequenzen haben.[33] 13

3. Erklärungspflicht zu Erklärungen der Gegenseite

Es besteht keine allgemeine Erklärungspflicht im Sinne von § 138 Abs. 2, 4 ZPO zu den Behauptungen des gegnerischen Verfahrensbeteiligten, deren Verletzung mit einer Geständnisfiktion verbunden wäre. Im Amtsverfahren oder in einem Antragsverfahren, in dem die gerichtliche Fürsorgepflicht im Vordergrund steht, hat das Nichtbestreiten von Behauptungen eines Beteiligten durch andere Beteiligte oder eine übereinstimmende Antragstellung aller Beteiligten grundsätzlich keine bindende Wirkung für das Gericht.[34] Zweifeln an der Richtigkeit der behaupteten Tatsachen muss es nachgehen und ggf. den oder die Beteiligten anhören, die sich dazu nicht geäußert haben.[35] 14

Verfahrensleitung

28 (1) ¹Das Gericht hat darauf hinzuwirken, dass die Beteiligten sich rechtzeitig über alle erheblichen Tatsachen erklären und ungenügende tatsächliche Angaben ergänzen. ²Es hat die Beteiligten auf einen rechtlichen Gesichtspunkt hinzuweisen, wenn es ihn anders beurteilt als die Beteiligten und seine Entscheidung darauf stützen will.

(2) In Antragsverfahren hat das Gericht auch darauf hinzuwirken, dass Formfehler beseitigt und sachdienliche Anträge gestellt werden.

(3) Hinweise nach dieser Vorschrift hat das Gericht so früh wie möglich zu erteilen und aktenkundig zu machen.

(4) ¹Über Termine und persönliche Anhörungen hat das Gericht einen Vermerk zu fertigen; für die Niederschrift des Vermerks kann ein Urkundsbeamter der Geschäftsstelle hinzugezogen werden, wenn dies aufgrund des zu erwartenden Umfangs des Vermerks, in Anbetracht der Schwierigkeit der Sache oder aus einem sonstigen wichtigen Grund erforderlich ist. ²In den Vermerk sind die wesentlichen Vorgänge des Termins und der persönlichen Anhörung aufzunehmen. ³Die Herstellung durch Aufzeichnung auf Datenträger in der Form des § 14 Abs. 3 ist möglich.

---

[30] Stein/Jonas/Leipold § 138 Rn 5.
[31] Stein/Jonas/Leipold § 138 Rn 20.
[32] BGH NJW 1998, 1001; OLG Koblenz NJW 2001, 1364.
[33] Baumbach/Hartmann § 138 Rn 67.
[34] OLG Düsseldorf FamRZ 1982, 431; OLG Frankfurt FamRZ 1986, 1140; OLG Köln FamRZ 1991, 117; Habscheid § 19 II 1.
[35] BGH FGPrax 1999, 29; BayObLG NJW-RR 1997, 971; BayObLGZ 1971, 217/218; OLG Köln FamRZ 1971, 117.

Übersicht

	Rn
I. Normzweck	1
II. Anwendungsbereich	3
III. Hinwirkungspflicht des Gerichts (Abs. 1 S. 1)	4
1. Grundsatz	4
2. Erheblichkeit	6
IV. Hinweispflicht des Gerichts (Abs. 1 S. 2)	7
1. Grundsatz	7
2. Entscheidungserheblichkeit	10
3. Anders beurteilter oder übersehener Gesichtspunkt	11
4. Umfang des Hinweises	12
V. Hinwirkungspflicht auf sachdienliche Anträge (Abs. 2)	15
VI. Erteilung eines Hinweises; Dokumentationspflicht (Abs. 3)	17
1. Grundsatz	17
2. Dokumentation des Hinweises	19
3. Gelegenheit zur Stellungnahme	21
VII. Verletzung der Hinwirkungs- oder Hinweispflicht	22
VIII. Anfertigung eines Vermerks (Abs. 4)	24
1. Grundsatz	24
2. Form und Inhalt	25
3. Anfertigung	29
4. Berichtigung	31

I. Normzweck

1 § 28 enthält wichtige Grundsätze über die **gerichtliche Verfahrensleitung.** Im Interesse einer flexiblen Verfahrensgestaltung hat der Gesetzgeber von einer detaillierten Regelung abgesehen.[1] **Abs. 1 S. 1** ergänzt die Amtsermittlungspflicht des Gerichts (§ 26) sowie die Erklärungspflicht der Beteiligten (§ 27 Abs. 1) und sieht in Anlehnung an § 139 Abs. 1 S. 2 ZPO eine spezielle Pflicht des Gerichts vor, auf eine rechtzeitige und vollständige Erklärung durch die Beteiligten hinzuwirken. Zur Gewährleistung des rechtlichen Gehörs (Art. 103 Abs. 1) und zum Schutz vor Überraschungsentscheidungen[2] regelt **Abs. 1 S. 2** nunmehr in Übereinstimmung mit § 139 Abs. 2 ZPO eine ausdrückliche Pflicht des Gerichts, auf einen entscheidungserheblichen Gesichtspunkt hinzuweisen, den es anders als die Beteiligten beurteilt.

2 Im Interesse der Verfahrenstransparenz und der Verfahrensbeschleunigung bestimmt **Abs. 2** die aus dem Amtsermittlungsgrundsatz für Antragsverfahren folgende spezielle Hinwirkungspflicht auf Beseitigung von Formfehlern und Stellung von sachdienlichen Anträgen. Insoweit knüpft die Regelung inhaltlich an § 139 Abs. 1 S. 2 2. Halbs. ZPO an. Um das Verfahren zu beschleunigen, greift **Abs. 3** die Regelung in § 139 Abs. 4 S. 1 ZPO auf und verpflichtet das Gericht, im Interesse der Verfahrensbeschleunigung[3] die gebotenen Hinweise so früh wie möglich zu erteilen und hierüber Vermerke anzufertigen. **Abs. 4** trifft in Abweichung der Regelungen über das Protokoll in §§ 159 ff. ZPO vereinfachte Bestimmungen für die Anfertigung von Vermerken über Termine und persönliche Anhörungen. Damit soll das FamFG-Verfahren flexibler gestaltet werden. Abs. 4 S. 1 2. Halbs. entspricht insoweit der Regelung in § 159 Abs. 1 S. 2 ZPO und die Bestimmung über die Herstellung des Anhörungsvermerks in Abs. 4 S. 3 der Regelung in § 160 a Abs. 4 ZPO.

II. Anwendungsbereich

3 Die Vorschrift findet auf alle FamFG-Verfahren Anwendung. Eine **Ausnahme** besteht nach § 113 Abs. 1 S. 1 für die Ehesachen (§ 121) und die Familienstreitsachen (§ 112). Für diese Verfahren gelten die Vorschriften der §§ 1 bis 494 a ZPO entsprechend und somit

---
[1] BT-Drs. 16/6308 S. 187.
[2] BT-Drs. 16/6308 S. 187.
[3] BT-Drs. 16/6308 S. 187.

Verfahrensleitung

auch § 139 ZPO für die Verfahrensleitung bzw. §§ 159 ff. ZPO für die Protokollaufnahme (nach § 113 Abs. 1 S. 2). Soweit nach Landesrecht für die Durchführung des Verfahrens andere als gerichtliche Behörden zuständig sind (§ 488 Abs. 1), findet § 28 Anwendung. In den landesgesetzlich geregelten Angelegenheiten der freiwilligen Gerichtsbarkeit kann der Landesgesetzgeber die entsprechende Geltung des FamFG und somit des § 28 vorschreiben. Zu den Einzelheiten siehe die Ausführungen bei § 486.
Zur Übergangsregelung siehe Art. 111 FGG-RG und die dortigen Erläuterungen.

III. Hinwirkungspflicht des Gerichts (Abs. 1 S. 1)

1. Grundsatz

Abs. 1 S. 1 begründet eine Hinwirkungspflicht des Gerichts als spezielle Ausformung der Pflicht zur Amtsermittlung. Ermittlungen über entscheidungserhebliche Tatsachen darf das Gericht nicht deshalb unterlassen, weil dazu notwendige Einzelheiten nicht vorgetragen worden sind; das Gericht muss vielmehr durch geeignete Hinweise darauf hinwirken, dass sich die Beteiligten rechtzeitig zu allen erheblichen Tatsachen erklären und ungenügende tatsächliche Angaben ergänzen. Insoweit sind die Beteiligten unter Fristsetzung zur Stellungnahme aufzufordern.[4]

Die Hinwirkungspflicht dient der Klärung und Vervollständigung des Tatsachenvortrags und besteht daher sowohl bei unvollständigem bzw. widersprüchlichem als auch bei gänzlich fehlendem Vortrag. Unerheblich ist es, ob die Beteiligten anwaltlich vertreten sind. Die Pflicht besteht in **jedem Verfahrensstadium** bis zum Abschluss des Verfahrens und damit auch im Beschwerde- sowie im Rechtsbeschwerdeverfahren. Sie gilt auch in den gesonderten Verfahren, wie das Verfahren über die Bewilligung von Verfahrenskostenhilfe (§§ 76 ff.), im einstweiligen Anordnungsverfahren (§§ 49 ff.) sowie im Vollstreckungsverfahren (§§ 86 ff.).

2. Erhebliche Tatsachen

Der Umfang der Hinwirkungspflicht richtet sich nach der jeweiligen Verfahrenssituation. In Antragsverfahren besteht die Pflicht nur im Rahmen des von dem Antragsteller unterbreiteten Streitstoffes, wobei es sich um eine erhebliche Tatsache handeln muss. Da die für eine Entscheidung maßgeblichen Tatsachen oftmals erst bei der Abfassung der Entscheidung endgültig feststehen, dürfen an die Erforderlichkeit keine zu hohen Anforderungen gestellt werden. Es reicht, wenn nicht ausgeschlossen werden kann, dass der Gesichtspunkt nach Auffassung des Gerichts bei der späteren Entscheidung von Bedeutung sein kann. Nicht maßgeblich ist, inwieweit die Beteiligten die Tatsache für entscheidungserheblich erachten. Dagegen muss das Gericht nicht auf eine weitere Klärung von Tatsachen hinwirken, die ausschließlich nach Auffassung eines Beteiligten für die Entscheidung Bedeutung haben könnten.

IV. Hinweispflicht des Gerichts (Abs. 1 S. 2)

1. Grundsatz

Das Gericht ist zu einem rechtlichen Hinweis verpflichtet, wenn es seine Entscheidung auf einen Gesichtspunkt stützen will, den es anders beurteilt als die Beteiligten (Abs. 1 S. 2). Diese Hinweispflicht gilt wie die Hinwirkungspflicht in **jedem Verfahrensstadium** bis zum Abschluss des Verfahrens (siehe Rn 5). Die Hinweispflicht in Abs. 1 S. 2 bezieht sich ihrem Wortlaut nach nur auf übersehene **rechtliche Gesichtspunkte.** Da sich aber tatsächliche und rechtliche Gesichtspunkte praktisch oft schwer voneinander trennen lassen und dem Erkennen der relevanten tatsächlichen Gesichtspunkte für die Beteiligten nicht weniger Gewicht zukommt als dies hinsichtlich eines rechtlichen Aspekts der Fall ist, besteht kein Anlass für diese Einschränkung. So hat der Gesetzgeber im Jahre 2001 die ursprünglich in § 278 Abs. 3 ZPO a. F. bestehende Beschränkung auf rechtliche Gesichtspunkte gerade

---
[4] Fölsch § 2 Rn 71.

beseitigt und § 138 Abs. 2 ZPO n. F. entsprechend weit gefasst.[5] Es ist kein Grund ersichtlich, für das FamFG nunmehr zum alten Rechtszustand vor der ZPO-Reform zurückzukehren. Vielmehr verlangen der Schutz vor Überraschungsentscheidungen und damit der Anspruch auf rechtliches Gehör (Art. 103 Abs. 1 GG) auch einen Hinweis, wenn das Gericht **tatsächliche Gesichtspunkte** anders als die Beteiligten bewertet.

8   Über den Wortlaut der Vorschrift hinaus besteht eine Hinweispflicht nicht nur bei einer abweichenden Beurteilung der den Beteiligten bekannten Gesichtspunkte, sondern auch, wenn das Gericht seine Entscheidung auf rechtliche oder tatsächliche Umstände stützen will, die für die Verfahrensbeteiligten auch bei sorgfältiger Überlegung **nicht erkennbar sind**.[6] Denn es kommt im Ergebnis stets einer Versagung des rechtlichen Gehörs gleich, wenn das Gericht bei seiner Entscheidung ohne vorherigen Hinweis auf einen Umstand abstellt, mit dem auch ein gewissenhafter und kundiger Verfahrensbeteiligter nicht zu rechnen brauchte. So zum Beispiel, wenn das Gericht einen bisher nicht angesprochenen Gesichtspunkt zur Grundlage seiner Entscheidung macht und damit dem Verfahren eine für die Beteiligten völlig unerwartete Wendung gibt.[7] Zudem ist das Gericht unter dem Gesichtspunkt des fairen Verfahrens zu einem Hinweis verpflichtet, wenn es seine bereits zum Ausdruck gebrachte **Rechtsauffassung im Laufe des Verfahrens ändert**.[8]

9   Hinweise können beispielsweise geboten sein bei der Anwendung einer bisher nicht in Betracht gezogenen Rechtsnorm;[9] bei Änderung einer gefestigten Rechtsprechung;[10] wenn eine einvernehmliche statt einer streitigen Scheidung in Betracht kommt;[11] bei einer bestimmten Auslegung einer testamentarischen Anordnung; wenn die Beteiligten keinen Grund zur Annahme haben, das Beschwerdegericht werde bei seiner Beweiswürdigung der Auffassung der ersten Instanz nicht folgen.[12]

2. Entscheidungserheblichkeit

10   Eine Hinweispflicht besteht nur, wenn es sich um einen Gesichtspunkt handelt, der für die Entscheidung des Gerichts tragend ist. Da die für die Entscheidung maßgeblichen Gesichtspunkte oft erst bei der Abfassung der Entscheidung endgültig feststehen, bedarf es in der Regel eines Hinweises hinsichtlich aller Umstände, die nach Ansicht des Gerichts entscheidungserheblich sein können und damit aus seiner Sicht jedenfalls ernsthaft in Betracht kommen.

3. Anders beurteilter oder übersehener Gesichtspunkt

11   Weiterhin muss der Gesichtspunkt von den Beteiligten erkennbar anders beurteilt oder übersehen werden. Auf ein Verschulden des Beteiligten oder seines Bevollmächtigten kommt es nicht an. Muss sich das Gericht in seiner Entscheidung mit einem rechtlichen Gesichtspunkt auseinandersetzen, auf den bisher keiner der Beteiligten eingegangen ist, darf ein Hinweis nur unterbleiben, wenn keine Zweifel bestehen, dass die Beteiligten den Gesichtspunkt weder übersehen noch für unerheblich gehalten haben.[13] Auch wenn andere Beteiligten bereits auf ihn hingewiesen haben, lässt dies nicht generell die Hinweispflicht des Gerichts entfallen.[14] Dieser Umstand kann indes die Annahme rechtfertigen, der Gesichtspunkt sei auch von den übrigen – insbesondere den rechtskundig vertretenen – Beteiligten gesehen worden.[15]

---

[5] BT-Drucks. 14/4722, S. 77.
[6] BayObLG NJW-RR 1990, 1420; KG FGPrax 2000, 36.
[7] BVerfG NJW 1996, 45; BayObLG NJW-RR 1996, 1478; FamRZ 1989, 425; OLG Frankfurt NJW 1986, 1855; OLG Hamm FamRZ 1987, 1063; OLG Köln DNotZ 1993, 252.
[8] BVerfG NJW 1996, 3202; NJW-RR 1993, 382.
[9] BT-Drucks. 7/5250 S. 9 für § 278 Abs. 3 ZPO a. F.
[10] BT-Drucks. 16/6308 S. 187.
[11] OLG Frankfurt FamRZ 1985, 823.
[12] BVerfG VersR 1991, 1268.
[13] BGH NJW 1989, 717.
[14] A. A. OLG Frankfurt FamRZ 1996, 174.
[15] BGH NJW 1984, 310.

4. Umfang des Hinweises

Ob und in welchem Umfange im Einzelfall ein Hinweis zu erteilen ist, liegt im pflichtgemäßen Ermessen des Gerichts. Eine Hinweispflicht besteht auch, wenn die Beteiligten von einem Rechtsanwalt vertreten werden. In der Regel reicht bei einem anwaltlich vertretenen Beteiligten ein knapper Hinweis auf den maßgeblichen rechtlichen Gesichtspunkt ohne weitere Begründung. Bei anwaltlich nicht vertretenen Beteiligten kann ein ausführlicher Hinweis geboten sein.

Ein Hinweis ist entbehrlich, wenn zwischen den Beteiligten **unterschiedliche rechtliche Auffassungen** zu einer entscheidungserheblichen Frage bestehen. In diesem Fall kann die Streitentscheidung durch das Gericht keine Überraschung sein, sofern das Gericht sich für eine der unterschiedlichen Auffassungen entscheidet.[16] Insoweit bedarf es keines gerichtlichen Hinweises;[17] ebenso wenig ist es erforderlich, dass das Gericht mit den Beteiligten ein Rechtsgespräch in dem Sinne führt, dass die verschiedenen rechtlichen Möglichkeiten der Entscheidung des Verfahrens ausführlich erörtert werden.[18] Gleiches gilt, wenn die Rechtslage nur **unübersichtlich** und **umstritten** ist.[19] Der Verfahrensbeteiligte ist in einem solchen Fall verpflichtet, alle vertretbaren Rechtsansichten in seine Überlegungen einzubeziehen.

Dagegen kann ein Hinweis geboten sein, wenn das Gericht bei seiner Entscheidung auf einen rechtlichen Gesichtspunkt abstellt, mit dem auch ein gewissenhafter und kundiger Verfahrensbeteiligter selbst unter Berücksichtigung der Vielfalt vertretbarer Rechtsauffassungen nicht zu rechnen brauchte.[20] Gleiches gilt, wenn das Gericht beabsichtigt, von seiner bisherigen, ständigen Rechtsprechung oder von einer allgemein anerkannten gefestigten Rechtsprechung abzuweichen.

V. Hinwirkungspflicht auf sachdienliche Anträge (Abs. 2)

Das Gericht hat in Antragsverfahren darauf hinzuwirken, dass der Antragsteller Formfehler beseitigt und sachdienliche Anträge stellt (Abs. 2). Die Beteiligten sollen durch gerichtliche Hinweise dazu gebracht werden, den für die Erreichung ihres Verfahrensziels richtigen sowie wirksamen Antrag zu stellen. In Betracht kommt die Aufforderung, nicht hinreichend bestimmte bzw. unvollständige Anträge zu verbessern oder unvollständige oder widersprüchliche Anträge zu ergänzen bzw. zu präzisieren. Zudem kann es geboten sein, dem Antragsteller zur Vermeidung von (weiteren) Kosten seinen Antrag zurückzunehmen. Erforderlichenfalls muss dem Antragsteller die Gelegenheit eingeräumt werden, die für einen Antrag notwendige Form noch nachzuholen. Die Hinweispflicht wird begrenzt durch den Grundsatz der Neutralität. Daher darf das Gericht in echten Streitverfahren nur in eingeschränkten Maße auf eine Änderung des gestellten Antrages hinweisen. Insbesondere darf es nicht zu einer Erweiterung oder Änderung des Verfahrensgegenstandes anregen.[21] In Verfahren, die vornehmlich dem öffentlichen Interesse dienen, dürfen zur Erreichung des Verfahrenszwecks weitergehende Hinweise erteilt werden.[22]

Im Interesse der Beschleunigung des Verfahrens ist es in der Regel zweckmäßig, dem Antragsteller eine Frist zur Beseitigung des seinem Antrag entgegenstehenden Hindernisses zu setzen und ihm auch einen näheren Hinweis zu erteilen, wie dessen Beseitigung erfolgen kann.

---

[16] BT-Drucks. 16/6308 S. 187; kritisch Fölsch § 2 Rn 74.
[17] OLG München FGPrax 2010, 46.
[18] BVerfGE 86, 133/145 = DVBl. 1992, 1215; BVerwG NVwZ 1991, 574; BayObLG NJW-RR 1990, 1420; KG FGPrax 2000, 36.
[19] BVerfGE 86, 133/145 = DVBl. 1992, 1215; Jarrass/Pieroth Art. 103 Rn 16.
[20] BVerfGE 98, 218/263 = NJW 1998, 2515; BVerfGE 86, 133/144 = DVBl. 1992, 1215.
[21] Bahrenfuss/Rüntz § 28 Rn 14.
[22] Bahrenfuss/Rüntz § 28 Rn 9.

VI. Erteilung eines Hinweises; Dokumentationspflicht (Abs. 3)

1. Grundsatz

17 Nach Abs. 3 hat das Gericht im Rahmen der Verfahrensleitung die nach Abs. 1 S. 2 gebotenen Hinweise **so früh wie möglich** zu erteilen, um eine Verzögerung des Verfahrens zu vermeiden. Ebenso ist das Gericht verpflichtet, bereits in einem frühen Stadium des Verfahrens auf eine Erklärung der Beteiligten zu den erheblichen Tatsachen und zu den unzureichenden Angaben (Abs. 1 S. 1) sowie auf sachdienliche Anträge hinzuwirken (Abs. 2).

18 Zuständig für die Erteilung der Hinweise ist das Gericht (Kammer, Senat, Einzelrichter, Rechtspfleger), nicht indes bei einem Kollegialspruchkörper allein der Vorsitzende. Eines förmlichen Gerichtsbeschlusses bedarf es nicht. Die Hinweise können telefonisch, schriftlich oder im Rahmen eines Termins (§ 32) oder einer Anhörung (§ 34) erteilt werden.

2. Dokumentation des Hinweises

19 Die erteilten Hinweise müssen **aktenkundig** gemacht werden (Abs. 3). Hierdurch soll eine sichere Grundlage für die Entscheidung in der Rechtsmittelinstanz geschaffen werden. Nähere Regelungen über die Art und Umfang der Dokumentation enthält das Gesetz nicht. Daher genügt es nicht, lediglich in den Akten zu vermerken, ein Hinweis sei erteilt worden; ebenso wenig reicht der Hinweis in der Terminsniederschrift, die Sach- und Rechtslage sei erörtert worden. Vielmehr muss der Hinweis seinem wesentlichen Inhalt nach festgehalten werden; eine wörtliche Wiedergabe ist indes nicht erforderlich.

20 Die Dokumentation kann in Form einer Hinweisverfügung, eines Hinweisbeschlusses oder einer Aktennotiz erfolgen. Sie kann bei einer Erteilung in einem Termin (§ 32) oder anlässlich einer persönlichen Anhörung (§ 34) in dem nach Abs. 4 anzufertigen Vermerk aufgenommen werden (siehe Rn 24). Die Notiz oder der Vermerk sind den übrigen Beteiligten, die nicht Adressat des Hinweises sind, zur Kenntnis zu bringen. Sofern eine Dokumentation versehentlich unterblieben ist, kann sie später nach geholt werden, auch noch in der Sachverhaltsdarstellung bzw. den Gründen der anschließenden Entscheidung. Für den Fall einer Verletzung der Dokumentationspflicht sieht das Gesetz anders als nach § 139 Abs. 4 S. 2, S. 3 ZPO keine Sanktionen vor. Vielmehr unterliegt es der freien Würdigung durch das Gericht, ob entsprechende Hinweise erteilt wurden.

3. Gelegenheit zur Stellungnahme

21 Da sich aus Art. 103 Abs. 1 GG ergibt, dass der Einzelne vor einer Entscheidung, die in seine Rechte eingreift, zu Wort kommen soll,[23] muss ihm Gelegenheit zur Stellungnahme zu den Hinweisen eingeräumt werden.[24] In welchem Umfange dies geschieht, richtet sich nach den Besonderheiten des jeweiligen Einzelfalls. Wird der Hinweis nicht mit einer Erklärungsfrist verbunden, ist das Gericht verpflichtet, mit seiner Entscheidung so lange warten, wie nach der Verfahrenslage mit einer Reaktion durch einen sorgfältigen auf die Förderung des Verfahrens bedachten Beteiligten zu rechnen ist.[25]

22 Wenn ein Beteiligter seinen späteren Sachvortrag nicht auf die gerichtlich erteilten Hinweise einrichtet, ist in der Regel kein erneuter Hinweis geboten. Eine Ausnahme kann dann ausnahmsweise bestehen, wenn Anhaltspunkte dafür vorliegen, dass ein nicht anwaltlich vertretener Beteiligter den Hinweis nicht oder falsch verstanden hat. Bei einem anwaltlich vertretenen Beteiligten kann grundsätzlich bei einer unzureichenden Reaktion auf einen Hinweis davon ausgegangen werden, dass weiterer Vortrag nicht möglich oder nicht beabsichtigt ist.[26]

---

[23] BVerfG NJW 1995, 2095 = FamRZ 1995, 795; BVerfGE 86, 133/144 = DVBl. 1992, 1215.
[24] So wohl auch Fölsch § 2 Rn 75.
[25] BGH NJW 2007, 1887 zu § 139 ZPO.
[26] BGH NJW 2008, 2036 zu § 139 ZPO.

VII. Verletzung der Hinwirkungs- oder Hinweispflicht

Hat das Gericht die ihm nach Abs. 1 und Abs. 2 obliegende Hinwirkungs- und Hinweispflicht nicht erfüllt, so liegt darin ein wesentlicher Verfahrensmangel. Das Beschwerdegericht kann das Verfahren unter den Voraussetzungen des § 69 Abs. 1 S. 3 an das Gericht des ersten Rechtszuges zurückverweisen. Ein Verfahrensfehler kann auch vorliegen, wenn ein unrichtiger oder unzweckmäßiger Hinweis erteilt wurde oder aber das Gericht die übrigen Beteiligten nicht über die erteilten Hinweise in Kenntnis gesetzt und dadurch das rechtliche Gehör verletzt hat.

VIII. Anfertigung eines Vermerks (Abs. 4)

1. Grundsatz

Abs. 4 begründet die Pflicht des Gerichts, über die **wesentlichen Vorgänge eines Termins** (§ 32) oder den **Inhalt einer persönlichen Anhörung** (§ 34)[26a] einen schriftlichen Vermerk anzufertigen. Soweit in dem Termin oder bei der persönlichen Anhörung Hinweise nach Abs. 1 oder Abs. 2 erteilt werden, können diese ebenfalls in dem Vermerk aufgenommen werden. Auch die Ergebnisse einer im Termin in Anwesenheit der Beteiligten durchgeführten förmlichen Beweisaufnahme sind im Rahmen des Abs. 4 zu dokumentieren. Dagegen sind die im Wege des Freibeweises außerhalb eines Termins erlangten Beweisergebnisse lediglich nach § 29 Abs. 3 aktenkundig zu machen. Der angefertigte Vermerk ist den Beteiligten zu Kenntnis zu bringen.

2. Form und Inhalt

§ 28 stellt keine Mindestvoraussetzungen an die Form und den Inhalt des Vermerks auf; insbesondere wird nicht auf die strengen Bestimmungen über die förmliche Protokollierung nach §§ 159 ff. ZPO verwiesen. Welche Angaben in dem Vermerk aufzunehmen sind, richtet sich letztlich nach den Gegebenheiten des Einzelfalls. Damit liegt die Ausgestaltung des Vermerks im pflichtgemäßen Ermessen des Gerichts.

Bei der Ausübung des Ermessens hat das Gericht die Bedeutung des Vermerks zu berücksichtigen. Dieser dient einerseits dazu, die Beteiligten über die Ergebnisse einer Anhörung oder eines Termins zu informieren, damit sie ihr weiteres Verhalten darauf einstellen können. So soll der Vermerk den – insbesondere am Termin oder an der Anhörung nicht anwesenden – Beteiligten die Ausübung ihres Äußerungsrechts gemäß § 37 Abs. 2 erleichtern oder überhaupt erst ermöglichen. Anderseits dient der Vermerk dazu, dem Beschwerdegericht die Entscheidung gemäß § 68 Abs. 3 S. 2 zu erleichtern, ob eine Wiederholung des Verfahrensabschnitts angezeigt ist.[27] Der Vermerk hat zwar nicht die Beweiskraft eines Protokolls nach § 165 ZPO. Ihm kommt aber als eine öffentliche Urkunde (§§ 415, 418 ZPO) Bedeutung hinsichtlich der Beweisbarkeit der Richtigkeit der festgehaltenen Umstände und Vorgänge zu. Der Gegenbeweis kann durch Beweismittel jeder Art geführt werden (§§ 415 Abs. 2, 418 Abs. 2 ZPO).

Im Einzelfall kann die stichwortartige Zusammenfassung ausreichen, sofern der Vermerk die wesentlichen Vorgänge des Termins wiedergibt. Bei einer Anhörung oder einer Beweiserhebung genügt in der Regel nicht eine allgemein gehaltene Zusammenfassung der Angaben; vielmehr ist ein umfassender Vermerk geboten. Als wesentliche Vorgänge einer Anhörung sind neben anwesenden Personen, Ort und Zeit der Anhörung oder des Termins in erster Linie solche Umstände anzusehen, die unmittelbare Entscheidungserheblichkeit besitzen. Dazu können die äußeren Umstände einer Anhörung, insbesondere die persönliche Verfassung des Betroffenen oder der Zustand seiner Unterkunft gehören, sofern diese für die Entscheidung von Bedeutung sind.

Werden in einer Anhörung Tatsachen bekundet, auf die das Gericht seine Entscheidung stützen will, ist eine Aufnahme in den Vermerk schon im Hinblick auf das Äußerungsrecht

---

[26a] OLG Brandenburg Beschl. v. 11. 2. 2011 13 UF 7/11 = BeckRS 2011, 16737 zur Dokumentierung einer Anhörung im einstweiligen Anordnungsverfahren.
[27] BT-Drucks. 16/6308 S. 187.

§ 29   Abschnitt 2. Verfahren im ersten Rechtszug

der Beteiligten (§ 37 Abs. 2) geboten. Das Gericht darf bei der Anfertigung der Niederschrift auch die Grundsätze über die förmliche Protokollierung (§§ 159 ff. ZPO) heranziehen. Insbesondere kann es im Einzelfall sinnvoll sein, Erklärungen der Beteiligten in entsprechender Anwendung des § 162 ZPO vorzulesen (vorzuspielen) und genehmigen zu lassen.

3. Anfertigung

29   Die Herstellung der Niederschrift kann handschriftlich, maschinenschriftlich, im Wege eines Diktats oder in sonstiger Weise erfolgen. Nach Abs. 4 S. 3 besteht die Möglichkeit, den Vermerk im Wege der **Aufzeichnung auf einen Datenträger** in der Form des § 14 Abs. 3 zu erstellen. Der Vermerk kann während des Termins oder der Anhörung von dem Richter oder vom Rechtspfleger persönlich aufgenommen werden. Da der Vermerk nur „über" den Termin oder die Anhörung zu fertigen ist, kann er auch nachträglich verfasst werden, was sich in der Regel indes nicht anbietet.

30   Daneben besteht die Möglichkeit, für die Anfertigung der Niederschrift einen **Urkundsbeamten der Geschäftsstelle** hinzuzuziehen, sofern dies aufgrund des zu erwartenden Umfangs des Vermerks, in Anbetracht der Schwierigkeit der Sache oder aus einem sonstigen Grund erforderlich ist (Abs. 1 S. 1 2. Halbs.). Die Entscheidung über die Hinzuziehung liegt im Ermessen des Gerichts. Die Anfertigung einer Niederschrift durch einen Urkundsbeamten der Geschäftsstelle kann insbesondere bei Anhörungen in Umgangs- und Sorgerechtsverfahren angezeigt sein, die oftmals emotional aufgeladen sind und bei der die Terminsleitung die Aufmerksamkeit des Richters im vollen Umfang in Anspruch nimmt.[28]

4. Berichtigung

31   Das FamFG sieht keine Vorschrift hinsichtlich der Berichtigung des Vermerks vor. § 164 ZPO findet keine entsprechende Anwendung,[29] da der Gesetzgeber im Interesse einer flexiblen Verfahrensgestaltung bewusst auf eine detaillierte Regelung und auf eine Übernahme der Bestimmungen über die förmliche Protokollierung (§§ 159 ff. ZPO) abgesehen hat.[30] Vielmehr können Unrichtigkeiten, insbesondere Schreibfehler, jederzeit auf Antrag oder von Amts wegen in entsprechender Anwendung des § 42 berichtigt werden (zu den Einzelheiten siehe die Ausführungen zu § 42).

Beweiserhebung

§ 29

(1) ¹Das Gericht erhebt die erforderlichen Beweise in geeigneter Form. ²Es ist hierbei an das Vorbringen der Beteiligten nicht gebunden.

(2) **Die Vorschriften der Zivilprozessordnung über die Vernehmung bei Amtsverschwiegenheit und das Recht zur Zeugnisverweigerung gelten für die Befragung von Auskunftspersonen entsprechend.**

(3) **Das Gericht hat die Ergebnisse der Beweiserhebung aktenkundig zu machen.**

Übersicht

	Rn
I. Normzweck	1
II. Anwendungsbereich	3
III. Durchführung der Beweiserhebung	5
1. Grundsatz	5
2. Pflichtgemäßes Ermessen	7
3. Verwertung offenkundiger Tatsachen	11
4. Verwertung privaten Wissens des Gerichts	15
5. Art der Beweiserhebung	16

---

[28] BT-Drucks. 16/6308 S. 365.
[29] So auch Zimmermann Rn 77.
[30] BT-Drucks. 16/6308 S. 187.

	Rn
IV. Freibeweisverfahren	18
1. Beweismittel im Freibeweisverfahren	18
2. Beteiligtenöffentlichkeit	23
V. Befragung von Auskunftspersonen (Abs. 2)	24
VI. Dokumentation des Ergebnisses der Beweiserhebung (Abs. 3)	25
VII. Beweiswürdigung	27
1. Grundsatz	27
2. Beweis des ersten Anscheins	29
3. Beweisregel und Beweisverträge	32
4. Würdigung eines Sachverständigengutachtens	34
5. Beweiswürdigung in der Rechtsmittelinstanz	36
VIII. Beweislast und Feststellungslast	39
1. Grundsatz	39
2. Feststellungslast	41
3. Verteilung der Feststellungslast	43
4. Beweisvereitelung und Feststellungslast	45
5. Vereinbarungen über die Feststellungslast	46
IX. Beweismittel und Beweisverfahren im Erbscheinsverfahren	47
1. Grundsatz	47
2. Einzelfälle	49
a) Beanspruchtes Erbrecht	49
b) Testierfähigkeit	52
c) Echtheit des Testaments	54
d) Verlust des Testaments	55
3. Feststellungslast im Erbscheinsverfahren	56
a) Grundsatz	56
b) Beanspruchtes Erbrecht	57
c) Zweifel an der Testierfähigkeit	58
d) Verlust oder Veränderung des Testament	59
e) Ausschlagung; Verzicht	60
f) Anfechtung	61
g) Scheidungsvoraussetzungen	63
h) Zuwendung zugunsten des Ehegatten	64
i) Wechselbezüglichkeit	65
j) Einziehung des Erbscheins	66
X. Kosten und Gebühren	68

I. Normzweck

Das Gericht hat nach § 26 die zur Feststellung der entscheidungserheblichen Tatsachen erforderlichen Ermittlungen durchzuführen. Damit wird ihm auch die Verpflichtung auferlegt, über die Notwendigkeit einer Beweisaufnahme zu entscheiden. § 29 sowie § 30 ergänzen diese Vorschrift und treffen Aussagen über die Form der Beweiserhebung. **§ 29 Abs. 1** greift den bisher im Verfahren der freiwilligen Gerichtsbarkeit geltenden Grundsatz des Freibeweises auf und lässt diese Möglichkeit der Beweiserhebung auch für das FamFG-Verfahren zu.[1] Um die Flexibilität des Verfahrens zu gewährleisten und ein zügiges, effizientes und ergebnisorientiertes Arbeiten zu ermöglichen,[2] werden die im Freibeweis zulässigen Beweismittel nicht abschließend aufgezählt. 1

Eine Einschränkung des Freibeweises sehen **§ 29 Abs. 2** und **Abs. 3** vor. Insoweit hat das Gericht bei der Befragung von Auskunftspersonen bestimmte Grundregeln der Beweisaufnahme, nämlich die Bestimmungen über die Amtsverschwiegenheit sowie das Recht zur Zeugnisverweigerung zu beachten; zudem hat es, um die notwendige Verfahrenstransparenz zu gewährleisten, die Ergebnisse einer Beweiserhebung in den Akten zu dokumentieren.[3] Abs. 3 entspricht im Wesentlichen § 160 Abs. 3 Nr. 4 und Nr. 5 ZPO. Systematisch 2

---

[1] BT-Drs. 16/6308 S. 188.
[2] BT-Drs. 16/6308 S. 188.
[3] BT-Drs. 16/6308 S. 188.

müssten § 29 Abs. 2 und Abs. 3 hinter § 30 stehen, da die Vorschriften ergänzende Regelungen enthalten.

II. Anwendungsbereich

3   Die **§§ 29 und 30** finden in allen FamFG-Verfahren Anwendung **mit Ausnahme** der Ehesachen (§ 121) sowie der Familienstreitsachen (§ 112); für diese gelten nach § 113 Abs. 1 S. 2 die §§ 1 bis 494a ZPO entsprechend. Soweit nach Landesrecht für die Durchführung des Verfahrens andere als gerichtliche Behörden zuständig sind (§ 488 Abs. 1), sind die §§ 29, 30 anwendbar. In den landesgesetzlich geregelten Angelegenheiten der freiwilligen Gerichtsbarkeit kann der Landesgesetzgeber die entsprechende Geltung des FamFG und somit der §§ 29, 30 vorschreiben. Zu den Einzelheiten siehe die Ausführungen bei § 486. In Binnenschifffahrtssachen erfolgt die Beweisaufnahmen nach den Vorschriften der ZPO (§ 13 Abs. 1 BinSchG).

4   In **Grundbuchsachen** gelten die § 29 und § 30 uneingeschränkt, soweit es sich um Amtsverfahren handelt.[4] Dagegen ist im Antragsverfahren nach § 29 GBO nur der Urkundenbeweis zulässig.[5] Eine Beweisaufnahme durch Einholung von Gutachten, Vernehmung von Zeugen, Sachverständigen oder Beteiligten findet nicht statt;[6] ebenso wenig ist die eidesstattliche Versicherung ein zulässiges Beweismittel.[7] Urkunden, die Erklärungen von Zeugen, Sachverständigen oder Beteiligten über bestimmte Tatsachen enthalten, bringen entsprechend § 415 ZPO keinen Beweis für deren inhaltliche Richtigkeit, sondern nur für deren Abgabe.[8] In einem **Spruchverfahren** kann die Stellung als Aktionär nur durch Urkunden nachgewiesen werden (§ 3 S. 3 SpruchG).

Zu der Übergangsregelung siehe § 111 FGG-RG und die dortige Ausführungen.

III. Durchführung der Beweiserhebung

1. Grundsatz

5   § 29 Abs. 1 S. 1 überlässt es dem Gericht, „die erforderlichen Beweise in geeigneter Form" zu erheben. Damit überträgt es im Gegensatz zu dem vom Grundsatz der Parteiherrschaft geprägten Zivilprozess, in dem in weitem Umfang das Verhalten der Parteien über die Beweisbedürftigkeit von Tatsachen entscheidet,[9] dem Gericht die alleinige Verantwortung für die Beweisaufnahme. Abs. 1 S. 2 stellt klar, dass das Gericht die Wahrheit unabhängig von dem Vorbringen der Beteiligten ermitteln und zu diesem Zweck Beweis erheben muss. Es wird bei seiner Beweiserhebung nicht durch das Vorbringen eines Beteiligten, insbesondere das Geständnis oder Nichtbestreiten, gebunden. Es besteht die Verpflichtung des Gerichts, den Sachverhalt nach dem pflichtgemäßen Ermessen vollständig aufzuklären. Eine Beweisbedürftigkeit entfällt also nicht bereits deshalb, weil eine Tatsache von keinem Beteiligten bestritten wird; dieser Umstand kann allerdings ein Indiz für die Wahrheit der Tatsachenbehauptung sein.

6   Zur Durchführung einer **Beweisaufnahme im Ausland** siehe § 363 ZPO sowie VO (EG) Nr. 1206/2001 vom 28. 5. 2001 (EuBeweisaufnahmeVO) und die §§ 1072 ff. ZPO.[10]

2. Pflichtgemäßes Ermessen

7   Die Notwendigkeit und den Umfang der Beweisaufnahme sowie die Auswahl der Beweismittel bestimmt das Gericht nach pflichtgemäßem Ermessen.[11] Die Beteiligten haben

---

[4] Demharter § 1 Rn 52.
[5] BayObLG NotBZ 2004, 279; OLG Köln FGPrax 2007, 102; OLG Saarbrücken FGPrax 2010, 181; Demharter § 1 Rn 51, § 29 Rn 26.
[6] BayObLG FGPrax 2004, 209; OLG Hamm FGPrax 2005, 239; OLG Köln FGPrax 2007, 102.
[7] OLG Hamm FGPrax 1995, 14.
[8] OLG Hamm Rpfleger 1995, 292; Rpfleger 1983, 393; Demharter § 1 Rn 51.
[9] Rosenberg/Schwab/Gottwald § 115 Rn 1.
[10] Zu den Einzelheiten siehe Berger IPRax 2001, 522; Schulze IPRax 2001, 527, sowie die Erläuterungen bei Zöller/Greger § 1072 Rn 1, § 1073 Rn 1, § 1074 Rn 1, § 1075 Rn 1.
[11] Bärmann § 16 I 6; zur Notwendigkeit der Einholung eines Gutachtens im Sorgerechtsverfahren BGH FGPrax 2010, 128.

lediglich die Möglichkeit, das Gericht auf bestimmte Beweismittel hinzuweisen.[12] Begrenzt wird der Umfang der Ermittlungen durch die tatbestandlichen Voraussetzungen des materiellen Rechts.[13] Daher kann ein Beweisantrag abgelehnt werden, wenn er für die Sachverhaltsaufklärung keinen Nutzen bringt, weil die unter Beweis gestellte Tatsache für die zu treffende Entscheidung unerheblich, bereits bewiesen oder offenkundig ist, wenn das Beweismittel unzulässig, unerreichbar oder völlig ungeeignet ist oder wenn die behauptete Tatsache als wahr unterstellt wird.

Das Gericht kann einen **Beweisantrag** mit der Begründung **ablehnen,** der Sachverhalt sei bereits so vollständig aufgeklärt, dass von einer weiteren Beweisaufnahme ein sachdienliches, die Entscheidung beeinflussendes Ergebnis nicht mehr zu erwarten sei.[14] Diese Ablehnung muss aber auf der Grundlage einer abschließenden Überzeugungsbildung des Gerichts nach umfassender Würdigung der Beweislage ergeben; eine vorweggenommene Beweiswürdigung auf der Grundlage einer unvollständigen Beweislage ist rechtsfehlerhaft.[15]   8

Der Antrag auf (erneute) **Vernehmung von Zeugen und Sachverständigen** kann abgelehnt werden, da das Gericht nicht an bestimmte Beweisanträge gebunden ist. Im Hinblick auf die Amtsermittlungspflicht (§ 26) ist jedoch zu berücksichtigen, dass die unmittelbare Vernehmung eines Zeugen, Sachverständigen oder Beteiligten an Stelle der Verwertung seiner früheren Angaben im Wege des Urkundenbeweises einen höheren Beweiswert haben kann, insbesondere wenn die Verfahrensbeteiligten der jetzigen Beweisaufnahme erstmalig beiwohnen und der Beweisperson Fragen stellen können.   9

Die **Ablehnung einer (weiteren) Beweiserhebung** ist nicht isoliert anfechtbar. Eine Überprüfung findet im Wege der Beschwerde bzw. Rechtsbeschwerde gegen die Endentscheidung statt (etwaiger Verstoß gegen die Amtsermittlungspflicht).   10

3. Verwertung offenkundiger Tatsachen

Offenkundige Tatsachen bedürfen nach § 291 ZPO keines Beweises. Das gilt auch im FamFG-Verfahren.[16] Zu den offenkundigen Tatsachen zählen allgemeinkundige und gerichtskundige Tatsachen. **Allgemeinkundige Tatsachen** sind solche, die einem größeren Personenkreis bekannt sind und über die man sich aus zuverlässigen Quellen ohne größere Sachkunde sicher unterrichten kann, z. B. über Ereignisse des Zeitgeschehens, die gegenwärtigen Börsenkurse, den in der Fachpresse veröffentlichten Lebenshaltungskostenindex.[17] Was auf Grund allgemeiner Erfahrungssätze im hohen Maße wahrscheinlich ist, ist deswegen aber nicht schon offenkundig.   11

Gerichtskundige Tatsachen sind solche, die das Gericht selbst amtlich, aber nicht notwendig auf Grund eigener Tätigkeit wahrgenommen hat, z. B. eine Todeserklärung, die Eintragung in einem öffentlichen Register, die Zulassung als Rechtsanwalt, die Scheidung einer Ehe.[18] Tatsachen, die dem Gericht erst durch Einsichtnahme in gerichtliche Akten zur Kenntnis gelangen **(aktenkundige Tatsachen),** sind dagegen nicht gerichtskundig; sie müssen durch Beiziehung der entsprechenden Akten zum Gegenstand der Ermittlungen gemacht werden.[19]   12

Über die Frage, ob eine Tatsache offenkundig ist, entscheidet das Tatsachengericht durch Beschluss, der das Rechtsbeschwerdegericht als Tatsachenfeststellung bindet; eine Verkennung des Begriffs der Offenkundigkeit kann jedoch mit der Rechtsbeschwerde gerügt werden.[20] Allgemein- und gerichtskundige Tatsachen sind in das Verfahren einzuführen, wenn zweifelhaft ist, ob sie den Verfahrensbeteiligten bekannt sind; vor ihrer Verwertung ist ihnen rechtliches Gehör zu gewähren.[21] Andererseits dürfen die Anforderungen an die   13

---

[12] BVerfG NJW 1996, 3145; BVerfGE 57, 250, 274 = NJW 1981, 1719.
[13] OLG Köln OLGZ 1989, 144/147.
[14] BayObLG NJW-RR 1991, 777.
[15] BayObLGZ 1997, 197.
[16] Habscheid § 21 I 3.
[17] Thomas/Putzo/Reichold § 291 Rn 1.
[18] Thomas/Putzo/Reichold § 291 Rn 2.
[19] Thomas/Putzo/Reichold § 291 Rn 2.
[20] Thomas/Putzo/Reichold § 291 Rn 5 für die Überprüfung durch das Revisionsgericht.
[21] BVerfGE 48, 206/209; BVerfGE 10, 177/181; BGH NJW-RR 1993, 1123; NJW 1959, 2213.

Gewährung rechtlichen Gehörs aber insoweit auch nicht überspannt werden. Bei den allgemeinkundigen Tatsachen wird es häufig solche geben, die den Verfahrensbeteiligten ohne Weiteres bekannt sind und von denen sie auch wissen, dass sie für die Entscheidung erheblich sein können. Dann ist von den Beteiligten zu erwarten, dass sie auch ohne ausdrücklichen Hinweis Gelegenheit nehmen, sich zu solchen Tatsachen zu äußern.[22]

14   Der **Gegenbeweis,** eine angeblich offenkundige Tatsache sei unrichtig festgestellt worden,[23] ist auch im FamFG-Verfahren zulässig. Rechtliches Gehör ist den Beteiligten insbesondere auch dann zu gewähren, wenn das Rechtsbeschwerdegericht ausnahmsweise berechtigt ist, eigene tatsächliche Feststellungen zu treffen.[24] Das gilt im vorliegenden Zusammenhang dann, wenn es nachprüfen muss, ob eine offenkundige Tatsache inhaltlich richtig festgestellt ist. In diesem Fall kann es auf Grund eigenen Wissens auch von den Tatsacheninstanzen abweichende Feststellungen treffen. An Feststellungen, die im Widerspruch zu offenkundigen Tatsachen stehen, ist das Rechtsbeschwerdegericht nicht gebunden.[25]

4. Verwertung privaten Wissens des Gerichts

15   Rein privates Wissen darf der Richter bzw. der Rechtspfleger nur dann verwerten, wenn er es den Verfahrensbeteiligten bekannt gibt (vgl. § 37 Abs. 2) und diese seiner Verwertung nicht widersprechen.[26] Dies kann beispielsweise in Form eines Vermerks geschehen, der den Beteiligten zur Kenntnis gebracht wird. Sonst ist eine Verwertung des privaten Wissens des Gerichts nur dadurch möglich, dass der Richters oder Rechtspfleger als Zeuge vernommen wird.[27] In diesem Fall ist der Richter/Rechtspfleger in der Sache, in der sie erfolgt ist, von der weiteren Ausübung des Amtes ausgeschlossen (§ 6 Abs. 1 S. 1 FamFG i. V. m. § 41 Nr. 5 ZPO).

5. Art der Beweiserhebung

16   Das Gericht hat nach § 30 Abs. 1 nach pflichtgemäßem Ermessen darüber zu entscheiden, ob es sich mit formlosen Ermittlungen **(Freibeweis)** begnügen kann oder in der durch § 30 vorgesehenen Form Beweis erhebt **(Strengbeweis).**[28] Für die **Ausübung des Ermessens** bei der Wahl des Beweisverfahrens stellt § 30 zur Wahrung der Verfahrensrechte der Beteiligten und zur Sicherung einer materiell richtigen Entscheidung Vorgaben auf, die in bestimmten Fällen eine Pflicht zur förmlichen Beweisaufnahme begründen. Die Wahl des Freibeweises ist ermessensfehlerhaft, wenn dadurch die Verfahrensrechte der Beteiligten verkürzt werden und das Verfahren weniger zur Ermittlung der entscheidungserheblichen Tatsachen geeignet ist. Zu den Einzelheiten siehe die Ausführungen zu § 30 Rn 6.

17   Starre Regeln für die **Auswahl der Beweismittel** gelten weder für den Frei- noch den Strengbeweis. Insbesondere besteht keine Verpflichtung des Gerichts, stets das „sachnächste" Beweismittel zu benutzen.[29]

IV. Freibeweisverfahren

1. Beweismittel im Freibeweisverfahren

18   Besteht keine Notwendigkeit für die Erhebung der gebotenen Beweise im Wege einer förmlichen Beweisaufnahme (vgl. dazu § 30 Rn 3), kann das Gericht die erforderlichen Beweise in geeigneter Form erheben, ohne an die strengen Beweisregeln und die Beweis-

---

[22] BGH NJW 1959, 2213.
[23] BGH NJW-RR 1990, 1376; Thomas/Putzo/Reichold § 291 Rn 3.
[24] Vgl. Zöller/Greger § 291 Rn 5.
[25] Thomas/Putzo/Reichold § 291 Rn 5 für das Revisionsgericht.
[26] Bärmann § 16 II 2; Habscheid § 21 I 3.
[27] Baur, § 18 II 1, schließt die Verwertung privaten Wissens des Richters mit Recht zwar allgemein aus, geht aber nicht auf die Frage ein, wie es in das Verfahren eingeführt werden kann.
[28] BayObLG NJW-RR 1996, 583; OLG Frankfurt OLGZ 1972, 120/127; OLG Zweibrücken NJW-RR 1988, 1211.
[29] Bärmann § 16 I 6.

mittel der ZPO gebunden zu sein. Insoweit können die Ermittlungstätigkeit des Gerichts und die Beweiserhebung ohne Erlass eines Beweisbeschlusses fließend ineinander übergehen.[30] Eine Aufzählung der im Freibeweis zulässigen Beweismittel enthält das Gesetz nicht. In Betracht kommen alle erdenklichen Mittel, welche geeignet sind, vom Gericht wahrgenommen zu werden und hierdurch unmittelbar oder mittelbar zur tatsachenbezogenen Überzeugungsbildung des Gerichts beitragen.[31]

Die Beweismittel der ZPO, insbesondere der **Augenschein,** der **Zeugen- und Sachverständigenbeweis,** stehen auch für das Freibeweisverfahren zur Verfügung. So können schriftliche oder fernmündliche Erklärungen von Zeugen und Sachverständigen eingeholt werden und ein formloser Augenschein erfolgen. Im Freibeweisverfahren können Zeugen und Sachverständige jedoch nicht zum Erscheinen vor Gericht und zur Aussage oder Erstattung eines Gutachtens gezwungen werden.[32] Das ist nur im förmlichen Beweisverfahren möglich. Als zulässiges Beweismittel sind auch **amtliche Auskünfte von Behörden** sowie dienstliche Stellungnahmen von Beamten anzusehen,[33] die je nach ihrem Inhalt eine Zeugenaussage eines Beamten oder ein Sachverständigengutachten ersetzen können; zur Befragung von Auskunftspersonen siehe auch Rn 24. Zur Aufklärung des Sachverhalts kommt auch die teilweise gesetzlich vorgeschriebene Anhörung in Betracht, so ist beispielsweise in die Person des Kindes betreffenden Kindschaftssachen das Jugendamt anzuhören (§ 162 FamFG).[34] Ebenso ist die Verwertung von Ton- und Filmaufnahmen sowie von Datenaufzeichnungen im Wege des formlosen „Augenscheins" zulässig, soweit diese nicht rechtswidrig (vgl. § 201 StGB) erlangt sind und deren Benutzung nicht gegen ein Verwertungsverbot verstößt.[35]

Als weiteres Beweismittel im Freibeweisverfahren kommt die **Einsicht in jede Art von Urkunden,** insbesondere auch die Einsicht in Akten des eigenen Gerichts oder anderer Gerichte und Behörden in Betracht. Die Urkunden können als Beweismittel zur Feststellung der sich aus ihnen selbst ergebenden Tatsachen verwertet werden.[36] Grundsätzlich keine Bedenken ergeben sich gegen die **Verwertung der Aussagen** von Zeugen von Hören-Sagen, der Verwertung von Niederschriften über Zeugenaussagen in anderen Verfahren oder der von einem Sachverständigen durch die Befragung von Auskunftspersonen ermittelten Tatsachen[37] im Wege des Urkundsbeweises, wenn dadurch die Sachaufklärung unter Berücksichtigung des Rechts der Beteiligten auf rechtliches Gehör durch Mitwirkung an der Beweisaufnahme nicht beeinträchtigt wird.

Im Freibeweisverfahren sind auch **eidesstattliche Versicherungen Dritter,** die nicht am Verfahren beteiligt sind, ein zulässiges[38] und vollwertiges[39] Beweismittel, das allerdings besonders kritisch zu würdigen ist, weil sein Beweiswert deshalb häufig gering ist, wenn die eidesstattliche Versicherung unter dem Einfluss des Beteiligten, der sie verwenden will, und ohne richterliche Kontrolle abgegeben worden ist. **Eidesstattliche Versicherungen Beteiligter** sind nur insoweit ein zulässiges Beweismittel, wie sie als solche, etwa nach den §§ 2356 Abs. 2, 2357 Abs. 4 BGB[40] oder als Mittel der Glaubhaftmachung nach § 31 gesetzlich zugelassen sind. Jedoch kann allein auf Grund der eidesstattlich versicherten Angaben des Antragstellers ein Erbschein weder erteilt noch eingezogen werden. Auch im Wertpapierbereinigungsverfahren können Rechte nicht allein auf Grund der eigenen Angaben des Anmelders als glaubhaft gemacht angesehen werden, auch wenn er sie durch eine eidesstattliche Versicherung bekräftigt hat.[41]

---

[30] Bärmann § 16 I; Habscheid § 21 vor I.
[31] MünchKommZPO/Ulrici § 29 FamFG Rn 12.
[32] BayObLGZ 1978, 319; OLG Stuttgart NJW 1978, 549; Bärmann § 16 II 2; Habscheid § 21 II 1.
[33] Habscheid § 21 II 1.
[34] Zur fehlenden Möglichkeit der Ablehnung von Mitarbeitern des Jugendamtes wegen Befangenheit s. OLG Celle Beschl. v. 25. 2. 2011 10 WF 48/11 = NdsRpfl 2011, 175.
[35] Habscheid § 21 II 1.
[36] BGHZ 39, 110/113 = NJW 1963, 1007; BayObLG NJW-RR 1988, 389; BayObLGZ 1973, 164/169.
[37] BayObLG NJW 1962, 2012.
[38] BGH NJW 1992, 627; OLG Braunschweig NdsRpfl. 1955, 154; OLG Düsseldorf MDR 1962, 242.
[39] OLG Braunschweig WM 1955, 488.
[40] Vgl. dazu Palandt/Weidlich § 2356 Rn 10.
[41] BGH NJW 1953, 284.

22 Daneben können, ohne dass der Richter an bestimmte Verfahrensvorschriften gebunden wäre, auch völlig **andere Erkenntnismöglichkeiten** als Mittel zur Sachverhaltsfeststellung herangezogen werden.[42] So kommt die informelle persönliche, telefonische oder schriftliche Befragung einer Auskunftsperson in Betracht. Anders als im Strafverfahren[43] kann in einem Verfahren betreffend das Sorge- oder Umgangsrecht, in dem gegen den Betroffenen der Vorwurf des sexuellen Missbrauchs seines Kindes erhoben wird, die Untersuchung des Verdächtigen mit einem Polygraphen bei der erforderlichen Sachkunde des Sachverständigen eine sehr hohe Wahrscheinlichkeit seiner Unschuld begründen.[44]

2. Beteiligtenöffentlichkeit

23 Nur im förmlichen Beweisverfahren haben die Verfahrensbeteiligten Anspruch auf Anwesenheit und Ausübung des Fragerechts (vgl. § 30 Abs. 1 FamFG i. V. m. § 397 ZPO).[45] Dieser Grundsatz der Parteiöffentlichkeit gilt nicht bei formlosen Ermittlungen des Gerichts. Hier haben die Beteiligten **kein Recht auf Teilnahme.** Vielmehr können die Feststellungen in Abwesenheit der Beteiligten getroffen werden. Jedoch muss das Ergebnis der Beweiserhebung nach Abs. 4 aktenkundig gemacht werden (vgl. Rn 25). Zudem muss den Beteiligten im Rahmen der Gewährung rechtlichen Gehörs der Vermerk bekannt gegeben und ihnen die Möglichkeit zur Stellungnahme eingeräumt werden.[46] Bei der mündlichen Anhörung von Mitbeteiligten und Zeugen sollten die Beteiligten auch beim Freibeweisverfahren im Allgemeinen die Anwesenheit und Mitwirkung gestattet werden, um soweit wie möglich rechtsstaatlichen Grundsätzen zu genügen.[47] Wenn eine ausreichende Gewährung des rechtlichen Gehörs der Verfahrensbeteiligten ohne deren Teilnahme an der formlosen Beweisaufnahme nicht gewährleistet ist oder wenn eine erschöpfende Sachaufklärung deren unmittelbare Mitwirkung an der Beweisaufnahme verlangt, ist dem Strengbeweis der Vorzug zu geben.[48]

V. Befragung von Auskunftspersonen (Abs. 2)

24 Soweit das Gericht im Wege des Freibeweises Auskunftspersonen befragt, ist es an gewisse Grundregeln der Beweisaufnahme gebunden. Es hat in diesen Fällen nach Abs. 2 – wie bei einer förmlichen Beweiserhebung – die Vorschriften über die **Amtsverschwiegenheit** (§ 376 ZPO) und über das Recht zur **Zeugnis-** und **Auskunftsverweigerung** (§§ 383 bis 390 ZPO) zu beachten. Damit muss das Gericht vor Einholung einer der Amtsverschwiegenheit unterliegenden Auskunft die entsprechende Genehmigung einholen (zu den Einzelheiten siehe § 30 Rn 59) sowie über das Recht zur Zeugnis- oder Auskunftsverweigerung belehren (zu den näheren Einzelheiten und zu dem Verfahren siehe § 30 Rn 61).

VI. Dokumentation des Ergebnisses der Beweiserhebung (Abs. 3)

25 Die zwingenden Formvorschriften der ZPO über die Protokollaufnahme (§§ 159 ff. ZPO) gelten im Verfahren der freiwilligen Gerichtsbarkeit nicht;[49] eine Ausnahme besteht in Landwirtschaftsverfahren, § 15 Abs. 5 LwVG. Gemäß Abs. 3 hat das Gericht die im Wege des Freibeweises gefundenen Ergebnisse einer Beweiserhebung in den Akten festzuhalten. Dies gilt beispielsweise für die Einholung von Auskünften per Telefon oder im Wege der persönlichen Anhörung der Auskunftsperson, für die Feststellung des persönlichen Eindrucks oder das Ergebnis eines Augenscheins.[50] Sinnvollerweise sollte die Doku-

---

[42] Bärmann § 16 I 1.
[43] BGH FamRZ 1999, 587.
[44] OLG Bamberg NJW 1995, 1684; OLG München FamRZ 1999, 674.
[45] BayObLG NJW-RR 1996, 583; BayObLGZ 1963, 235/240; OLG Hamm OLGZ 1968, 506, 507; KG FamRZ 1959, 509; OLG Köln OLGZ 1965, 134/135.
[46] S. a. OLG Hamm OLGZ 1968, 506/507.
[47] Kollhoser ZZP 93 (1980), 265/279.
[48] BayObLG NJW-RR 1996, 583.
[49] S. a. SBW/Brinkmann § 30 Rn 32; a. A. Niederlegung des Beweisergebnis in Protokoll nach ZPO: Thomas/Putzo/Reichold § 30 FamFG Rn 8; Zimmermann Rn 77, 83.
[50] BT-Drs. 16/6308 S. 189.

mentation im Wege eines Vermerks erfolgen. Dabei reicht es nicht, in dem Vermerk nur festzuhalten, dass eine Auskunftsperson oder ein Sachverständiger angehört wurde. Vielmehr muss der Inhalt der Angaben wiedergegeben werden. Im Einzelfall kann es sich anbieten, eine Aussage in direkter Rede zu dokumentieren. Bei einem Augenschein sind die äußeren Wahrnehmungen und nicht die Schlussfolgerungen hieraus anzugeben.[51] Will das Gericht die getroffenen Feststellungen bei seiner Entscheidung verwerten, so ist der Vermerk den Beteiligten zur Kenntnis zu geben, damit Gelegenheit zur Äußerung besteht (vgl. § 37 Abs. 2).

Die Ergebnisse einer **förmlichen Beweisaufnahme** oder einer **Anhörung in einem Termin** sind stets in einem Vermerk zu dokumentieren (§ 28 Abs. 4).[52] Insoweit reicht es nicht aus, wenn sich das Gericht damit in den Gründen seiner Entscheidung auseinandersetzt.[53] Zu dem Inhalt des Vermerks geltend die vorstehenden Grundsätze; siehe auch § 28 Rn 25. Den Beteiligten ist der Vermerk bekannt zu geben (vgl. 37 Abs. 2) und Gelegenheit ein zu räumen, zum Ergebnis der förmlichen Beweisaufnahme Stellung zu nehmen, soweit dies zur Aufklärung des Sachverhalts oder zur Gewährung des rechtlichen Gehörs geboten ist (§ 30 Abs. 4).

VII. Beweiswürdigung

1. Grundsatz

Über das Ergebnis einer Beweisaufnahme entscheidet das Gericht nach freier Überzeugung (vgl. auch § 37 Abs. 1).[54] Ohne Bindung an feste Beweisregeln entscheidet das Gericht nach freier Überzeugung über das Ergebnis der von ihm getroffenen Feststellungen. Die Beweiswürdigung geht weiter, als es dem Wortsinn entspricht und erstreckt sich nicht nur auf eine Bewertung der erhobenen Beweise und der bei der Beweiserhebung verwendeten Beweismittel, sondern auf den gesamten Verfahrensstoff, insbesondere auch auf die Erklärungen und Stellungnahmen der Verfahrensbeteiligten sowie den von ihnen hinterlassenen persönlichen Eindruck.[55] Wegen des im Verfahren der freiwilligen Gerichtsbarkeit zulässigen Freibeweises besteht ohnehin keine scharfe Trennung zwischen dem Ergebnis der Ermittlungen und dem Ergebnis der Beweisaufnahme.

Der Grundsatz der freien Beweiswürdigung erlaubt es jedoch dem Gericht einerseits nicht, sich bei der Überzeugungsbildung mit bloßer Wahrscheinlichkeit zu begnügen; andererseits wird aber auch keine absolute Gewissheit im naturwissenschaftlichen Sinne verlangt. Da diese ohnehin fast nie zu erreichen und die theoretische Möglichkeit des Gegenteils der Tatsache, die festgestellt werden soll, kaum einmal auszuschließen sein wird, genügt für die gerichtliche Überzeugung ein **für das praktische Leben brauchbarer Grad von Gewissheit,** der vernünftige Zweifel ausschließt.[56] Eine solche Gewissheit liegt auch im Amtsverfahren vor,[57] wenn diese einen Grad erreicht hat, „der den Zweifeln Einhalt gebietet", ohne sie völlig ausschließen zu können.[58] So muss beispielsweise bei der Würdigung von Zeugenaussagen erkennbar werden, dass auf der Hand liegende Umstände, die den Beweiswert einer Aussage beeinflussen können, z.B. die wirtschaftliche Abhängigkeit eines Zeugen von einem Verfahrensbeteiligten, berücksichtigt worden sind.[59]

---

[51] MünchKommZPO/Wagner § 160 Rn 12 für das Protokoll nach § 160.
[52] BT-Drs. 16/6308 S. 189; a. A. Zimmermann Rn 82: Protokoll nach §§ 159 ff. ZPO.
[53] So aber BayObLGZ 1948/1951, 640/645; OLG Hamm OLGZ 1968, 341/350; jew. für das FGG.
[54] BayObLG BtPrax 1996, 104; JurBüro 1993, 49; KG WM 1956, 1361, Bärmann § 16 I 8; Habscheid § 19 V 2.
[55] BayObLG FGPrax 2002, 111; FamRZ 1990, 1156.
[56] BGH NJW 1994, 1348; NJW 1993, 935.
[57] BGH NJW 1994, 1348.
[58] BGHZ 53, 245/256; BGH NJW-RR 1994, 567; BayObLG FamRZ 1992, 1206.
[59] BayObLGZ 1998, 85/92.

2. Beweis des ersten Anscheins

29 Bei der Beweiswürdigung im Verfahren der freiwilligen Gerichtsbarkeit gilt auch der Beweis des ersten Anscheins.[60] Beim Anscheinsbeweis werden Sätze der allgemeinen Lebenserfahrung bei der richterlichen Überzeugungsbildung im Rahmen der freien Beweiswürdigung herangezogen. Sie müssen geeignet sein, die volle Überzeugung des Gerichts von der Richtigkeit einer Tatsache zu begründen.[61] Ist ein Anscheinsbeweis hiernach gelungen, so kann er allerdings durch einfachen Gegenbeweis erschüttert werden,[62] indem ein Sachverhalt festgestellt wird, aus dem sich in dem zu entscheidenden Fall die ernsthafte Möglichkeit eines anderen als des der allgemeinen Erfahrung entsprechenden Geschehensablaufs ergibt.[63] Dann muss die Tatsache, für die zunächst der Beweis des ersten Anscheins sprach, voll bewiesen werden. Der Anscheinsbeweis ist damit ein Hilfsmittel bei der Beweiswürdigung, das die Feststellungslast unberührt lässt.[64]

30 Praktische Bedeutung haben die Grundsätze des Anscheinsbeweises u. a. bei Feststellung der **Testierunfähigkeit**.[65] Für die Testierunfähigkeit des Erblassers im Zeitpunkt der Testamentserrichtung spricht der Beweis des ersten Anscheins, wenn das Gericht davon überzeugt ist, er sei in der Zeit vor und nach der Errichtung seiner letztwilligen Verfügung testierunfähig gewesen. Die dahingehende Beweiswürdigung mit Hilfe des Anscheinsbeweises ist jedoch erschüttert, wenn die ernsthafte Möglichkeit besteht, dass der Erblasser im Zeitpunkt der Testamentserrichtung einen „lichten Augenblick" hatte. Ergibt sich auf Grund der durchgeführten Ermittlungen, dass zu diesem Zeitpunkt die ernsthafte Möglichkeit eines „lucidum intervallum" bestand, ist der für die Testierunfähigkeit des Erblassers sprechende Anscheinsbeweis erschüttert; bei Unaufklärbarkeit, wie die gesundheitliche Verfassung des Erblassers genau im Zeitpunkt der Testamentserrichtung war, tragen die gesetzlichen Erben die Feststellungslast für dessen Testierunfähigkeit.[66]

31 Der Beweis des ersten Anscheins hat auch im Rahmen des § 2255 BGB für die Prüfung Bedeutung, ob eine **Veränderung der Testamentsurkunde,** aus der auf den Widerruf der letztwilligen Verfügung geschlossen werden kann, von dem Erblasser vorgenommen worden ist. Dafür kann der erste Anschein sprechen, wenn sich die Urkunde bis zur Feststellung der Veränderungen ausschließlich im Gewahrsam des Erblassers befunden hat und keine ernsthaften Anhaltspunkte dafür vorliegen, dass die Veränderungen durch einen Dritten vorgenommen worden sind.[67]

3. Beweisregel und Beweisverträge

32 Wenige Beweisregeln, die die freie, richterliche Beweiswürdigung einschränken, sind auch im Verfahren der freiwilligen Gerichtsbarkeit zu beachten. Die Beweiskraft des über eine mündliche Verhandlung angefertigten Protokolls nach § 165 ZPO gilt nach § 15 Abs. 5 LwVG für das gerichtliche Verfahren in Landwirtschaftssachen. Die Beweiskraft der Zustellungsurkunde nach § 182 ZPO für die nach § 15 Abs. 2 S. 1 FamFG nach den Vorschriften der ZPO von Amts wegen vorgenommenen Zustellungen bestimmt sich nach § 418 ZPO (§ 182 Abs. 2 S. 2 ZPO). Die Beweiskraft des nach § 195 Abs. 2 ZPO erteilten anwaltlichen Empfangsbekenntnisses ergibt sich gleichfalls aus § 418 ZPO, obwohl es sich dabei um eine Privaturkunde handelt.[68] Im Rahmen des im Verfahren der freiwilligen Gerichtsbarkeit zulässigen Urkundenbeweises sind die Beweisregeln der §§ 415 bis 419, 437, 438 ZPO anwendbar.[69] An die Stelle der Beweisregeln der §§ 439, 440 Abs. 2 ZPO

---

[60] BGHZ 53, 369/379; BayObLGZ 1983, 204, 208; BayObLGZ 1979, 256/266; OLG Zweibrücken FGPrax 2002, 154.
[61] BGH NJW-RR 1988, 789.
[62] BGH NJW 1987, 2876.
[63] BGHZ 8, 239.
[64] BGH NJW 1963, 953.
[65] BayObLG FamRZ 1994, 1137; Rpfleger 1983, 17; OLG Frankfurt FGPrax 1998, 62; OLG Karlsruhe OLGZ 1982, 280/281; OLG Köln FamRZ 1992, 732.
[66] OLG Hamm OLGZ 1989, 271/275.
[67] BayObLGZ 1983, 204/207; Palandt/Weidlich § 2255 Rn 11.
[68] BGH NJW 2003, 2460; Baumbach/Hartmann § 195 Rn 20.
[69] Einschränkend Bärmann § 16 III 4 b für Privaturkunden.

tritt jedoch die freie richterliche Beweiswürdigung. Hinsichtlich der Beweiskraft von Eintragungen in Personenstandsbüchern und -urkunden sind die in § 54 PStG enthaltenen Beweisregeln zu beachten.

Im Verfahren der freiwilligen Gerichtsbarkeit sind anders als im Zivilprozess **Beweis-** 33 **verträge,**[70] durch die z.B. die Benutzung bestimmter Beweismittel ausgeschlossen wird oder in denen dem Gericht vorgeschrieben wird, bestimmte Tatsachen als festgestellt zu erachten, nicht zulässig, da für sie in einem Verfahren mit Untersuchungsgrundsatz kein Raum ist.

4. Würdigung eines Sachverständigengutachtens

Auch Sachverständigengutachten unterliegen der freien Beweiswürdigung. Der Verwer- 34 tung eines Sachverständigengutachtens steht nicht entgegen, dass der Sachverständigen nicht von seiner Verschwiegenheitspflicht entbunden worden ist.[71] Wird ein Gutachter beauftragt, dessen Sachkunde sich nicht ohne Weiteres aus seiner Berufsbezeichnung oder der Art seiner Berufstätigkeit ergibt, hat der Tatrichter dessen Sachkunde in seiner Entscheidung für das Rechtsbeschwerdegericht nachvollziehbar darzulegen.[72] Ist der Sachverständige nicht hinreichend qualifiziert, so kann das Gutachten nicht verwertet werden;[73] zur Person und Auswahl des Sachverständigen s. im Übrigen § 30 Rn 84 ff. Eine kritiklose Übernahme des Ergebnisses eines Sachverständigengutachtens verbietet sich;[74] vielmehr ist das Gutachten regelmäßig anhand folgender Gesichtspunkte kritisch zu überprüfen:
- Ist der dem Gutachten zugrunde gelegte Sachverhalt, den das Gericht für erwiesen erachtet, vom Sachverständigen richtig und vollständig gewürdigt worden?
- Sind die Gedankengänge des Sachverständigen nachvollziehbar?
- Hat der Sachverständige dem Gutachten gesicherte und nachprüfbare fachliche Erkenntnisse zugrunde gelegt?
- Sind die von ihm gezogenen Schlüsse tragfähig?[75]

Das Gericht ist nach kritischer Beantwortung dieser Fragen im Stande, sich ein eigenes 35 Bild von der Richtigkeit der gezogenen Schlüsse zu machen.[76] Es ist u.U. auch befugt, von dem Ergebnis eines Gutachtens ohne Einholung eines weiteren Gutachtens abzuweichen.[77] Die Beweiswürdigung durch den Tatrichter muss dann aber erkennen lassen, dass die Abweichung von dem Gutachten auf hinreichenden sachlichen Gründen[78] und nicht auf einem Mangel an Sachkunde beruht.[79] Widersprüchen, die sich aus verschiedenen gutachterlichen Äußerungen desselben Sachverständigen, z.B. zwischen seinem schriftlichen Gutachten und dessen mündlicher Erläuterung im Termin, ergeben, hat das Gericht schon im Hinblick auf seine Verpflichtung zur Amtsaufklärung von Amts wegen nachzugehen und sich damit bei Begründung seiner Entscheidung im Einzelnen auseinander zu setzen.[80]

5. Beweiswürdigung in der Rechtsmittelinstanz

Will das Beschwerdegericht die **Glaubwürdigkeit eines Zeugen** anders beurteilen als 36 das erstinstanzliche Gericht, so muss es den Zeugen in entsprechender Anwendung des § 398 ZPO erneut vernehmen. Das gilt auch dann, wenn die erste Instanz dessen Aussage überhaupt nicht gewürdigt hat oder wenn das Beschwerdegericht eine auslegungsbedürftige Niederschrift einer Zeugenaussage anders verstehen oder bewerten will als die Vorinstanz.[81]

---

[70] Thomas/Putzo/Reichold § 284 Vorbem. Rn 41.
[71] BGH FamRZ 2010, 1726.
[72] BGH FamRZ 2010, 1726; BayObLG FamRZ 1997, 901.
[73] BGH FamRZ 2010, 1726.
[74] BayObLG FamRZ 1982, 638; KG OLGZ 1967, 87/88.
[75] BayObLG FamRZ 2002, 1066; FamRZ 1996, 566.
[76] BayObLG FamRZ 1986, 1248; BayObLGZ 1981, 306/308.
[77] BayObLGZ 1966, 67/73.
[78] OLG Hamm MDR 1966, 62.
[79] BGH NJW 1989, 2948.
[80] BGH MDR 1998, 1274; NJW 1993, 269; ausführlich zur Verwertung von Gerichtsgutachten Bayerlein, Praxishandbuch Sachverständigenrecht, § 22.
[81] BGH MDR 1999, 1083; BayObLG NJWE-FER 1998, 109; Thomas/Putzo/Reichold § 398 Rn 4.

Verneint das Beschwerdegericht die Glaubwürdigkeit eines nicht von ihm vernommenen Zeugen, so ist der Grundsatz der Unmittelbarkeit der Beweisaufnahme jedenfalls dann verletzt, wenn diese Beurteilung nicht in gleichgerichteten Erwägungen des erstinstanzlichen Richters eine Stütze findet.[82]

37 Ist die **erneute Vernehmung eines Zeugen** im Beschwerdeverfahren hiernach geboten, so kann sie nicht durch dessen im Gesetz nicht vorgesehene informatorische Anhörung ersetzt werden.[83] Stützt das erstinstanzliche Gericht seine Feststellungen auf die Aussagen mehrerer Zeugen, darf das Beschwerdegericht seine abweichenden Feststellungen nicht mit der Aussage nur eines dieser Zeugen bei seiner erneuten Vernehmung begründen, ohne die Aussage der weiteren in erster Instanz vernommenen Zeugen in seine Würdigung einzubeziehen.[84]

38 Die Beweiswürdigung ist als Teil der Tatsachenfeststellung im **Verfahren der Rechtsbeschwerde** nur daraufhin nachprüfbar, ob der entscheidungserhebliche Sachverhalt ausreichend erforscht wurde, bei der Erörterung des Beweisstoffs alle wesentlichen Umstände berücksichtigt wurden, dabei nicht gegen gesetzliche Beweisregeln oder Denkgesetze sowie feststehende Erfahrungssätze verstoßen wurde und ob die Beweisanforderungen zu hoch oder zu niedrig angesetzt wurden (vgl. § 74 Rn 30).[85]

VIII. Beweislast und Feststellungslast

1. Grundsatz

39 Der Begriff der Beweislast ist nicht eindeutig.[86] Er umfasst sowohl die subjektive oder formelle Beweislast **(Beweisführungslast)**[87] als auch die objektive oder materielle Beweislast **(Feststellungslast)**.[88] Die Beweisführungslast bestimmt, welche Partei in einem gerichtlichen Verfahren Beweisanträge stellen darf und auch stellen muss, um zu vermeiden, dass sie beweisfällig wird und deshalb unterliegt. Eine solche Beweisführungslast gibt es nur in einem Verfahren mit Verhandlungsmaxime wie dem Zivilprozess. Daneben ist im Zivilprozess allerdings auch die Beweislast im Sinne der Feststellungslast von Bedeutung. Die Frage, welche Partei die Folgen eines misslungenen Beweises zu tragen hat, beantwortet sich danach, wer die Feststellungslast trägt.

40 Da das Gericht der freiwilligen Gerichtsbarkeit die erforderlichen Beweise von Amts wegen zu erheben hat, sind die Grundsätze über die **Beweisführungslast** unanwendbar.[89] Dagegen gibt es die **Feststellungslast** unabhängig davon, ob in einem gerichtlichen Verfahren die Untersuchungs- oder Verhandlungsmaxime gilt.[90] Im Antragsverfahren, zumal in echten Streitsachen, trägt i. d. R. der Antragsteller die Feststellungslast für die antragsbegründenden Tatsachen, der Antragsgegner für die seine Einwendungen begründenden Tatsachen. Die Beteiligten werden in diesen Verfahren weitgehend selbst darum bemüht sein müssen, Beweismittel für ihre Behauptungen zu beschaffen und dem Gericht zur Verfügung zu stellen (materielle Beweislast). Das Gericht ist aber auch in diesen Fällen nicht an deren Beweisanträge gebunden. Die Beweislastregeln finden sich überwiegend im materiellen Recht.[91]

2. Feststellungslast

41 Wer die Feststellungslast trägt, muss auch in einem solchen Verfahren die Folgen hinnehmen, die sich daraus ergeben, dass das Gericht den dem Verfahren zugrunde liegenden Sachverhalt nicht klären konnte. In diesem Sinne gibt es also auch im Verfahren der frei-

---

[82] BGH NJW 1987, 3205.
[83] BGH NJW-RR 1998, 1611.
[84] BGH MDR 2000, 412; NJW 1991, 2082.
[85] BayObLGZ 1983, 204/207; Zöller/Greger § 286 Rn 23.
[86] MünchKommZPO/Prütting § 286 Rn 93.
[87] MünchKommZPO/Prütting § 286 Rn 98.
[88] MünchKommZPO/Prütting § 286 Rn 100.
[89] Habscheid § 21 III 1.
[90] KG OLGZ 1971, 260/267; Habscheid § 21 III 2, 3.
[91] Habscheid § 21 III 3.

willigen Gerichtsbarkeit eine Beweislast.[92] Da die Beweisführung – selbst in echten Streitsachen im Hinblick auf den auch in diesen Verfahren geltenden Untersuchungsgrundsatz – Sache des Gerichts ist und die Beteiligten keine Beweisführungslast haben, kann in Sachen der freiwilligen Gerichtsbarkeit eine Entscheidung aber nicht damit begründet werden, ein Verfahrensbeteiligter sei beweisfällig geblieben.[93]

Die Frage nach der Feststellungslast stellt sich erst, wenn nach Durchführung der erforderlichen Ermittlungen nicht behebbare Zweifel an der Richtigkeit entscheidungserheblicher Tatsachen bestehen geblieben sind, die auch im Rahmen der Beweiswürdigung nicht überwunden werden konnten.[94] Beweislastregeln finden also dann keine Anwendung, wenn der Sachverhalt nach Überzeugung des Gerichts hinreichend aufgeklärt ist, selbst wenn seine rechtliche Würdigung zweifelhaft bleibt.[95] Bei der Auslegung einer Willenserklärung ist zwischen der Feststellung der Tatsachen, die für deren Auslegung wesentlich sind, und der Auslegung selbst zu unterscheiden.[96] Während bei Feststellung der für die Auslegung relevanten Tatsachen die Feststellungslast zu berücksichtigen ist, ist die Auslegung der Erklärung auf Grund ihres Wortlauts und der ergänzend festgestellten Tatsachen Rechtsanwendung; die Verfahrensbeteiligten trifft auch im Verfahren der freiwilligen Gerichtsbarkeit keine Feststellungslast für eine bestimmte Auslegung einer Willenserklärung.[97] Diese Grundsätze gelten auch bei der Auslegung von Testamenten.[98]

3. Verteilung der Feststellungslast

Die Grundsätze über die Verteilung der Feststellungslast im Verfahren der freiwilligen Gerichtsbarkeit ergeben sich überwiegend aus dem materiellen Recht.[99] Die Stellung eines Beteiligten im Verfahren als Antragsteller oder Antragsgegner ist für die Entscheidung, ob er die Feststellungslast trägt, dagegen ohne Bedeutung. Grundsätzlich richtet sich die Verteilung der Feststellungslast danach, ob es sich um den Beweis rechtsbegründender Tatsachen einerseits oder rechtshindernder und rechtsvernichtender Tatsachen andererseits handelt.[100] In **Antragsverfahren** und in **echten Streitsachen** trägt deshalb der Antragsteller grundsätzlich die Feststellungslast für die rechtsbegründenden, der Antragsgegner für die rechthindernden und rechtsvernichtenden Tatsachen.[101] In **Amtsverfahren** trägt – zumindest gedanklich – der Staat die Feststellungslast.[102] Der Richter darf eine bestimmte Maßnahme nur dann anordnen, wenn nach seiner Überzeugung die tatsächlichen Voraussetzungen der Norm vorliegen, die deren Anordnung gebieten oder erlauben; kann er diese Überzeugung nicht gewinnen, muss die Maßnahme unterbleiben.

Regeln für die Verteilung der Feststellungslast ergeben sich auch aus materiellrechtlichen Vorschriften, die Tatsachen- oder Rechtsvermutungen begründen.[103] **Tatsachenvermutungen,** bei denen sich eine bestimmte Tatsache, die vorliegen muss, um eine Rechtsnorm anwenden zu können, aus anderen, tatbestandsfremden Tatsachen ergibt, finden sich beispielsweise in §§ 1117 Abs. 3, 1253 Abs. 2, 1377 Abs. 1, Abs. 3, 1600 c Abs. 1, 1600 d Abs. 2, 2009, 2270 Abs. 2 BGB, §§ 9 Abs. 1, 10, 11, 44 Abs. 2 VerschG. **Rechtsvermutungen,** die auf das gegenwärtige Bestehen oder Nichtbestehen eines Rechtsverhältnisses gerichtet sind, ergeben sich z. B. aus §§ 891 Abs. 1, Abs. 2, 921, 1006 Abs. 1 bis 3, 1964 Abs. 2, 2365 BGB. Sowohl Tatsachen- als auch Rechtsvermutungen können durch die Feststellung des Gegenteils oder der Unrichtigkeit der vermuteten Tatsache oder der

---

[92] BayObLG FGPrax 2002, 111; BayObLGZ 1973, 145/149; KG OLGZ 1971, 261/267; NJW 1963, 766; OLG Hamm OLGZ 1966, 497/498; OLG Stuttgart DieJ 1967, 150.
[93] BayObLG FamRZ 1994, 1137; BayObLGZ 1961, 132/139; KG NJW 1963, 766.
[94] BGH NJW 1993, 2168; BayObLG MittBayNot 1995, 56.
[95] Rosenberg/Schwab/Gottwald § 117 Rn 1; Thomas/Putzo/Reichold Vorbem. § 284 Rn 18.
[96] BGH NJW 1956, 665.
[97] Erman/Palm § 133 Rn 41.
[98] Erman/Schmidt § 2084 Rn 1.
[99] Habscheid § 21 III 2 b.
[100] BGH NJW 1993, 2168; BayObLG FGPrax 2002, 111.
[101] BayObLG NJW-RR 1992, 1219; KG FamRZ 1991, 486; OLG Frankfurt OLGZ 1978, 267/270.
[102] Bärmann § 126 I 4 c.
[103] Habscheid § 21 III 2 b; vgl. auch Thomas/Putzo/Reichold Vorbem. § 284 Rn 22.

Unrichtigkeit der Rechtsvermutung, die im Verfahren der freiwilligen Gerichtsbarkeit Gegenstand von Amtsermittlungen ist, widerlegt werden.[104] Die Vermutung des § 2365 BGB ist im Verfahren auf Erteilung eines Erbscheins bedeutungslos.

4. Beweisvereitelung und Feststellungslast

45   Eine Beweisvereitelung[105] führt auch im Verfahren der freiwilligen Gerichtsbarkeit nicht zwingend zu einer Umkehr der Feststellungslast. Ebenso wie im Zivilprozess die Beweisschwierigkeiten, die sich dadurch ergeben, dass der Gegner der beweisbelasteten Partei eine an sich mögliche Beweisführung schuldhaft vereitelt, nach h. M. bei der Beweiswürdigung oder durch die Zubilligung von Beweiserleichterungen für die beweisbelastete Partei berücksichtigt werden,[106] muss das entsprechend auch für das Verfahren der freiwilligen Gerichtsbarkeit gelten. Beweisvereitelung durch den Träger der Feststellungslast muss zu dessen Nachteil[107] in die Beweiswürdigung einbezogen werden und kann im Einzelfall auch praktisch zu deren Umkehr führen. Beweisvereitelung durch einen Verfahrensbeteiligten kann in Antragssachen, insbesondere in echten Streitsachen, u. U. auch als Verstoß gegen die ihm obliegende Mitwirkungspflicht angesehen werden und das Gericht in geeigneten Fällen berechtigen, von weiteren Ermittlungen abzusehen. Verweigert in Verfahren nach § 1666 BGB ein Elternteil die Mitwirkung an einer Begutachtung, kann dieses Verhalten indes nicht nach den Grundsätzen der Beweisvereitelung gewürdigt werden.[108]

5. Vereinbarungen über die Feststellungslast

46   Vereinbarungen der Beteiligten über die Verteilung der Beweislast, die im Zivilprozess zulässig sind, weil die Beweislastregeln im Allgemeinen nicht zwingend sind,[109] können von den Verfahrensbeteiligten im Hinblick auf ein Verfahren der freiwilligen Gerichtsbarkeit nur dann abgeschlossen werden, wenn sie zu dessen vergleichsweisen Beendigung berechtigt sind, und haben deswegen in erster Linie in echten Streitsachen eine praktische Bedeutung. Soweit die Dispositionsbefugnis der Beteiligten reicht, können sie durch entsprechende Vereinbarungen über die Verteilung der Feststellungslast auch auf den Inhalt einer gerichtlichen Entscheidung in einer Sache der freiwilligen Gerichtsbarkeit Einfluss nehmen.

IX. Beweismittel und Beweisverfahren im Erbscheinsverfahren

1. Grundsatz

47   Auch im Erbscheinsverfahren gilt nach § 2358 BGB der Amtsermittlungsgrundsatz des § 26.[110] Dieser ist jedoch dadurch eingeschränkt, dass sich aus den §§ 2354 bis 2356 BGB eine **echte Darlegungs- und Beweislast des Antragstellers** in dem Sinne ergibt, dass er bestimmte Angaben machen und diese zum Teil sogar urkundlich nachweisen muss.[111] Der Antragsteller muss alles Erforderliche und Zumutbare tun, um sein behauptetes Erbrecht nachzuweisen. Neben diesen besonderen Mitwirkungspflichten trifft den Antragsteller im Erbscheinsverfahren wie in jedem anderen Antragsverfahren nach § 27 eine allgemeine Verpflichtung zur **Mitwirkung bei Aufklärung des Sachverhalts**.[112]

48   Missachtet er diese Verpflichtungen trotz gerichtlichen Hinweises grundlos, erübrigen sich weitere gerichtliche Ermittlungen. Sein Antrag muss als unzulässig zurückgewiesen werden, wenn der Antragsteller Angaben und die Vorlage von Beweismitteln verweigert,

---

[104] OLG Hamburg NJW 1952, 147.
[105] Vgl. dazu für das ZPO-Verfahren Thomas/Putzo/Reichold § 286 Rn 17.
[106] Baumbach/Hartmann Anh. § 286 Rn 26; Thomas/Putzo/Reichold § 286 Rn 18.
[107] BayObLG NJW-RR 1996, 1095, OLG Hamm FGPrax 1996, 28; OLGZ 1967, 74/79.
[108] BGH FGPrax 2010, 128.
[109] Thomas/Putzo/Reichold Vorbem. § 284 Rn 38, 41.
[110] Erman/Schlüter § 2358 Rn 1.
[111] Bärmann § 15 III 2 b.
[112] Vgl. z. B. BayObLG FamRZ 1992, 343; BayObLG FamRZ 1993, 366; OLG Frankfurt FamRZ 1991, 117; OLG Köln NJW-RR 1994, 336.

die gesetzlich vorgeschrieben sind.[113] Jedoch darf das Nachlassgericht seine Entscheidung erst treffen, wenn es alle nach den Umständen des Einzelfalls nahe liegenden Beweismittel erschöpft hat.[114] Nur dann, wenn er die erforderlichen Angaben ohne sein Verschulden nicht machen kann, greift die umfassende Amtsermittlungspflicht des Gerichts ein.[115]

2. Einzelfälle

a) Beanspruchtes Erbrecht. Das beanspruchte Erbrecht hat der Antragsteller nach § 2356 Abs. 1 S. 1 BGB in erster Linie durch Vorlage öffentlicher Urkunden nachzuweisen, wenn er den Erbschein als gesetzlicher Erbe beantragt, durch Vorlage der Testamentsurkunde oder des Erbvertrages, sofern er sein Erbrecht auf gewillkürte Erbfolge stützt. Andere Beweismittel zum Nachweis des Erbrechts sind erst in zweiter Linie zugelassen, wenn die erforderlichen Urkunden nicht oder nur mit unverhältnismäßigen Schwierigkeiten beschafft werden können.[116]

Insoweit ist es beispielsweise nicht rechtsfehlerhaft, wenn das Nachlassgericht den Antragsteller bei gesetzlicher Erbfolge an Stelle des Erlasses einer öffentlichen Aufforderung nach § 2358 Abs. 2 BGB darauf verweist, den Wegfall einer vorrangig erbberechtigten Person (§§ 2354 Abs. 1 Nr. 2, Abs. 2, 2356 Abs. S. 1 BGB), die verschollen ist, durch **Vorlage eines Todeserklärungsbeschlusses** nachzuweisen und zu diesem Zweck ein Todeserklärungsverfahren nach dem VerschG zu betreiben. Die für den Antragsteller mit dessen Durchführung verbundene Mühewaltung ist im Allgemeinen ebenso wenig wie die damit verbundene zeitliche Verzögerung bei der Erteilung des Erbscheins als unverhältnismäßige Schwierigkeit im Sinne von § 2356 Abs. 1 S. 2 BGB anzusehen.[117]

Zudem kann im Erbscheinsverfahren auch der Beweis der **Unrichtigkeit standesamtlich beurkundeter Tatsachen** nach § 54 PStG geführt werden; ernsthafte Zweifel an der Richtigkeit standesamtlicher Urkunden sind vom Nachlassgericht im Erbscheinsverfahren zu klären.[118] Gegen die Todesvermutung eines Todeserklärungsbeschlusses (§ 9 Abs. 1 VerschG) ist der Gegenbeweis im Erbscheinsverfahren mit allen Mitteln zulässig.[119] Das gilt auch für den in einem Todeserklärungs- oder Todeszeitfeststellungsbeschluss (§§ 23, 44 VerschG) festgestellten Todeszeitpunkt, selbst wenn die diesbezügliche Feststellung auch im Verfahren nach dem Verschollenheitsgesetz (§ 33 a VerschG, Art. 2 § 3 VerschÄndG) geändert werden könnte,[120] und für die sog. Kommorientenvermutung (*commorior* = zugleich sterben; es handelt sich also um die gesetzliche Vermutung des gleichzeitigen Versterbens, wenn nicht bewiesen werden kann, dass eine Person die andere überlebt hat, vgl. § 11 VerschG).[121]

b) Testierfähigkeit. Bei Zweifeln an der Testierfähigkeit des Erblassers hat das Gericht in der Regel ein fachpsychiatrisches Gutachten einzuholen.[122] Um das Gericht zu veranlassen, zu der dieser Frage von Amts wegen Ermittlungen anzustellen, genügt es zwar nicht, die Testierfähigkeit des Erblassers pauschal zu bestreiten, ohne die diesbezüglichen Angaben durch konkrete Umstände zu untermauern. Jedoch kann im Hinblick auf die vielschichtigen Voraussetzungen der Testierunfähigkeit und die Schwierigkeit dahingehender zuverlässiger Beobachtungen ohne fachmedizinische Kenntnisse nicht verlangt werden, dass die

---

[113] OLG Frankfurt FGPrax 1996, 190; OLG Köln Rpfleger 1981, 65; Palandt/Weidlich § 2356 Rn 13 (bei fehlender eidesstattlicher Versicherung).
[114] BayObLG FamRZ 1994, 593; BayObLGZ 1979, 256/261; KG NJW 1961, 2066; OLG Frankfurt FamRZ 1996, 970; OLG Hamm OLGZ 1989, 271/275.
[115] OLG Frankfurt FGPrax 1996, 190.
[116] BayObLG FamRZ 1986, 1044; KG FGPrax 1995, 120 = FamRZ 1995, 837; OLG Hamm JMBl.NW 1964, 134; OLG Oldenburg Rpfleger 1967, 416; OLG Zweibrücken Rpfleger 1987, 373.
[117] OLG Hamm FGPrax 1999, 27.
[118] BayObLGZ 1981, 173/176; OLG Hamm MDR 1953, 747.
[119] OLG Hamburg NJW 1952, 147.
[120] BayObLGZ 1953, 120, 124; Palandt/Weidlich § 2356 Rn 5.
[121] OLG Düsseldorf NJW 1954, 1654; KG FamRZ 1967, 514; Palandt/Weidlich § 2356 Rn 5.
[122] BayObLG FamRZ 2000, 1395; FGPrax 1998, 59; OLG Frankfurt FGPrax 1998, 62; NJW-RR 1996, 1159 = FamRZ 1996, 970; OLG Hamm FGPrax 1997, 68; OLGZ 1989, 271/273; OLG Stuttgart BWNotZ 1978, 89.

Verfahrensbeteiligten im Erbscheinsverfahren schlüssig zur Testierunfähigkeit des Erblassers vortragen, d. h., dass sich bei unterstellter Richtigkeit ihrer Angaben schon daraus der sichere Schluss auf dessen Testierunfähigkeit ergibt. Es müssen indes zumindest bestimmte auffällige Verhaltensweisen des Erblassers oder Besonderheiten im geistig-seelischen Bereich vorgetragen werden, um dem Gericht Anlass zu näherer Aufklärung in Richtung Testierunfähigkeit des Erblassers zu geben.[123]

53 Nur ausnahmsweise darf von der **Einholung eines Gutachtens abgesehen** werden, wenn das Tatsachengericht zu der Überzeugung gelangt, die von ihm festgestellten Tatsachen reichen auch bei Beauftragung eines Sachverständigen nicht aus, um sichere Rückschlüsse auf die Testierunfähigkeit des Erblassers zuzulassen.[124] Das kann u. a. dann der Fall sein, wenn keine zuverlässigen Zeugenaussagen über das Verhalten des Erblassers im Zeitpunkt der Testamentserrichtung vorliegen, die zum Gegenstand eines Sachverständigengutachtens gemacht werden könnten. Soll ein Sachverständiger ausnahmsweise ein Gutachten über die Testierfähigkeit einer noch lebenden Person erstatten, so muss er diese im Regelfall zuvor persönlich untersuchen.[125] Darauf kann er lediglich verzichten, wenn es auf die Testierunfähigkeit zu einem bereits länger zurückliegenden Zeitpunkt ankommt, der medizinische Befund durch eine frühere, zeitnahe fachärztliche Untersuchungen geklärt ist und auch durch eine nochmalige Untersuchung durch den Sachverständigen weitere Aufschlüsse über den Zustand des Erblassers im Zeitpunkt der Errichtung der letztwilligen Verfügung nicht zu erwarten sind.

54 **c) Echtheit des Testaments.** Bei Zweifeln an der Echtheit eines privatschriftlichen Testaments im Hinblick auf die Eigenhändigkeit der Niederschrift und der Unterschrift (vgl. § 2247 Abs. 1 BGB) ist ggf. das Gutachten eines Schriftsachverständigen einzuholen,[126] wenn diesbezügliche Zweifel vom Tatrichter nicht dadurch geklärt werden können, dass er selbst einen Schriftvergleich mit anderen Schriftstücken des Erblassers vornimmt.[127] Insoweit ist § 442 ZPO auch im Verfahren der freiwilligen Gerichtsbarkeit anwendbar.[128] Nach § 2247 Abs. 4 BGB ist das eigenhändige Testament einer Person unwirksam, die nicht lesefähig ist. Lesefähigkeit liegt nur dann vor, wenn der Erblasser in der Lage ist, sich bei der Niederschrift durch visuelle Wahrnehmung Kenntnis von dem von ihm als Testament verfassten Schriftstück zu verschaffen und den Sinn des Geschriebenen auch zu verstehen.[129] Ergibt sich ein entsprechender Verdacht, dass Leseunfähigkeit des Erblassers bei der Testamentserrichtung vorgelegen hat, z. B. wegen einer Agnosie nach einem Schlaganfall, sind die von Amts wegen durchzuführenden Ermittlungen auch darauf zu erstrecken.

55 **d) Verlust des Testaments.** Bei Verlust eines privatschriftlichen Testaments, der dessen Wirksamkeit nicht berührt, solange es rekonstruierbar ist,[130] können dessen formgültige Errichtung und dessen Inhalt mit allen zulässigen Beweismitteln festgestellt werden.[131] An die Beweisführung sind jedoch strenge Anforderungen zu stellen.[132] Wegen der für die Entscheidung ausschlaggebenden Bedeutung der Beweisaufnahme wird diese in der Regel im Strengbeweisverfahren erfolgen müssen.[133] Bei Unauffindbarkeit einer Testamentsurkunde spricht keine Vermutung dafür, dass der Erblasser sie in Widerrufsabsicht vernichtet hat.[134] Lässt sich eine derartige Absicht nicht feststellen, ist vom Weiterbestehen des Testaments auszugehen.[135] Auch die formlose Billigung des Verlusts des nicht mehr vorhandenen

---

[123] OLG Hamm FGPrax 1997, 68 = FamRZ 1997, 1026; Palandt/Weidlich § 2358 Rn 4.
[124] BayObLG NJW-RR 1990, 1419 = FamRZ 1990, 1405.
[125] BayObLG FamRZ 1996, 566.
[126] BayObLG FamRZ 1998, 644; ZEV 1997, 125; OLG Köln NJW-RR 1994, 396.
[127] BayObLG FamRZ 1998, 644; NJW-RR 1986, 494.
[128] BayObLG FamRZ 1998, 644; NJW-RR 1986, 494.
[129] BayObLG FamRZ 1997, 1028.
[130] BGH NJW 1951, 559.
[131] BayObLG NJW-RR 1992, 653; FamRZ 1986, 1043, KG OLGZ 1975, 355/356; OLG Zweibrücken Rpfleger 1987, 373.
[132] BayObLG FamRZ 1990, 1162; Palandt/Weidlich § 2255 Rn 9.
[133] BayObLG NJW-RR 1992, 653; OLG Köln FamRZ 1993, 1253; Palandt/Weidlich § 2255 Rn 9.
[134] St. Rspr. BayObLG FamRZ 1993, 117; FamRZ 1986, 1043; KG OLGZ 1975, 355; OLG Hamm NJW 1974, 1827; OLG Zweibrücken Rpfleger 1987, 373.
[135] OLG Frankfurt Rpfleger 1978, 310.

Testaments durch den Erblasser führt nicht zu dessen Unwirksamkeit, sondern diese tritt nur dann ein, wenn er ein Widerrufstestament nach § 2254 BGB oder ein neues Testament nach § 2258 BGB errichtet, das dem verloren gegangenen Testament widerspricht.[136] Bei Verlust eines öffentlichen Testaments ist, selbst wenn es vor Inkrafttreten des BeurkG am 1. 1. 1970 errichtet worden war (vgl. § 68 Abs. 1 BeurkG), eine Ersetzung der Urschrift nach § 46 BeurkG möglich, wenn noch eine Ausfertigung oder beglaubigte Abschrift des verloren gegangenen Originals vorhanden ist.

3. Feststellungslast im Erbscheinsverfahren

a) Grundsatz. Im Verfahren sowohl auf Erteilung eines Erbscheins nach § 2359 BGB als auch auf dessen Einziehung nach § 2361 BGB gilt, dass derjenige, der z. B. als testamentarischer Erbe ein Erbrecht für sich in Anspruch nimmt, die Feststellungslast für die rechtsbegründenden Tatsachen trägt, während denjenigen, der ihm dieses Erbrecht, z. B. als gesetzlicher Erbe, streitig macht, die Feststellungslast für die rechtshindernden und rechtsvernichtenden Einwendungen trifft.[137] Die Stellung des Beteiligten im Verfahren als Antragsteller oder als Antragsgegner bleibt für die Verteilung der Feststellungslast, die sich aus dem materiellen Recht ergibt, ohne Bedeutung.[138]

b) Beanspruchtes Erbrecht. Der testamentarische Erbe trägt die Feststellungslast für die Tatsachen, aus denen sich die Echtheit und Eigenhändigkeit der letztwilligen Verfügung ergibt, auf die er seine Ansprüche stützt.[139] Er trägt auch die Feststellungslast dafür, dass es sich bei der von ihm als Testament vorgelegten Urkunde nicht nur um einen Entwurf handelt.[140] Leitet der Erbe sein Erbrecht aus einer Urkunde her, die sich nach ihrer äußeren Form nicht ohne Weiteres als letztwillige Verfügung darstellt, z. B. aus einem Brief oder einer Briefkarte,[141] aus einer Bankvollmacht[142] oder aus einer Anordnung des Erblassers, die sich sachlich aber nur auf die Totenfürsorge bezieht,[143] geht es zu seinen Lasten, wenn nicht feststellbar ist, dass der Erblasser bei Abfassung des Schriftstücks mit Testierwillen gehandelt hat.[144] Wer sein testamentarisches Erbrecht aus einer mit Blaupause gefertigten Durchschrift herleitet, trägt die Feststellungslast dafür, dass der Erblasser damit eine Testamentsurschrift herstellen wollte.[145] Hinterlässt der Erblasser mehrere, sich widersprechende letztwillige Verfügungen, die undatiert sind, so trägt jeder, der aus einer dieser Verfügungen Rechte für sich herleiten will, die Feststellungslast dafür, dass diese Verfügung wirksam und nicht durch eine andere Verfügung nach § 2258 Abs. 1 BGB aufgehoben worden ist.

c) Zweifel an Testierfähigkeit. Zweifel, ob der Erblasser im Augenblick der Testamentserrichtung testierfähig war, gehen zu Lasten desjenigen, der aus der Unwirksamkeit des Testaments wegen Testierunfähigkeit des Erblassers Rechte für sich herleiten will, z. B. zu Lasten des gesetzlichen oder des durch eine zeitlich früher errichtete letztwillige Verfügung bedachten testamentarischen Erben. Da eine Störung der Geistestätigkeit, die zur Testierunfähigkeit nach § 2229 Abs. 3 BGB führt, die Ausnahme bildet, kann von der Testierunfähigkeit des Erblassers nur dann ausgegangen werden, wenn diese erwiesen ist; verbleiben insoweit Zweifel, ist von der Testierfähigkeit des Erblassers auszugehen.[146] Das gilt allerdings dann nicht, wenn der Erblasser, der schon längere Zeit vor seinem Tode testierunfähig war, ein undatiertes Testament hinterlassen hat. In diesem Fall trägt derjenige,

---

[136] BGH NJW 1951, 559; BayObLG Rpfleger 1980, 60; OLG Celle MDR 1962, 410; OLG Hamm NJW 1974, 1827.
[137] BayObLG Rpfleger 1980, 60; MDR 1969, 220; KG FamRZ 1991, 486; NJW 1963, 766; OLG Celle MDR 1962, 410; OLG Hamm OLGZ 1966, 497.
[138] OLG Frankfurt OLGZ 1978, 267/271.
[139] BayObLG NJW-RR 1992, 653; FamRZ 1988, 96.
[140] KG FamRZ 1991, 486.
[141] BayObLG MDR 1963, 503.
[142] BayObLG FGPrax 2000, 51.
[143] OLG Hamm MittRhNotK 1999, 314.
[144] Erman/Schmidt § 2247 Rn 13.
[145] BayObLG Rpfleger 1981, 282.
[146] BayObLG FGPrax 2004, 243; NJW-RR 2003, 297; OLG Frankfurt FGPrax 1998, 62 = NJW-RR 1998, 870; OLG Hamm OLGZ 1989, 271/275.

der sich auf dessen Gültigkeit beruft, weil es bereits zu einem Zeitpunkt errichtet worden sein soll, als der Erblasser noch testierfähig war, die Feststellungslast für dessen Testierfähigkeit im Zeitpunkt der Testamentserrichtung.[147] Wer sich darauf beruft, der Erblasser habe im Zeitpunkt der Testamentserrichtung Geschriebenes nicht (mehr) lesen und deswegen nach § 2247 Abs. 4 BGB kein gültiges privatschriftliches Testament errichten können, trägt für diese Behauptung die Feststellungslast, weil er sich gleichfalls auf einen Ausnahmetatbestand beruft.[148]

59 **d) Verlust oder Veränderung des Testaments.** Bei Vernichtung oder Veränderung einer Testamentsurkunde, aus der nach § 2255 BGB auf den Willen des Erblassers geschlossen werden soll, er habe damit die Aufhebung des Testaments beabsichtigt, trägt derjenige die Feststellungslast, der sich auf den Widerruf als rechtsvernichtende Tatsache beruft.[149] Zu seinem Nachteil gereicht es insbesondere, wenn trotz des Beweises des ersten Anscheins für die Vernichtung oder Vornahme der Veränderung durch den Erblasser[150] letztlich offen bleibt, wer diese vorgenommen hat.[151] Die Vermutung des § 2255 S. 2 BGB kann durch Gegenbeweis entkräftet werden. Dieser kann u. a. dann als geführt angesehen werden, wenn der Erblasser die Streichungen in dem bisherigen lediglich zur Vorbereitung eines neuen, sprachlich überarbeiteten Testaments vorgenommen hat, in dem bezüglich der Erbeinsetzung jedoch keine Änderung erfolgen sollte.[152] Wer aus einem vorhandenen Testament, dessen Widerruf nicht bewiesen ist, Rechte für sich herleiten will, trifft lediglich die Feststellungslast für dessen formgerechte Errichtung und dessen Inhalt.

60 **e) Ausschlagung; Verzicht.** Wer sich zu seinen Gunsten darauf beruft, derjenige, der ein Erbrecht für sich in Anspruch nehme, sei deswegen kein Erbe geworden, weil er die Erbschaft ausgeschlagen oder einen Erbverzicht erklärt habe, trägt für die Ausschlagung bzw. den Erbverzicht die Feststellungslast, weil er sich auf rechtsvernichtende Einwendungen beruft. Wer behauptet, die Ausschlagungserklärung sei deswegen unwirksam, weil der Ausschlagende die Erbschaft bereits vorher angenommen habe (vgl. § 1943 BGB) oder weil die Ausschlagung nicht fristgerecht erklärt worden sei (vgl. § 1944 BGB), trägt die Feststellungslast für den Verlust des Ausschlagungsrechts.[153] Das entspricht der allgemeinen Verteilung der Beweis- bzw. Feststellungslast, wenn zwischen den Parteien bzw. den Verfahrensbeteiligten der Ablauf einer Ausschlussfrist streitig ist.[154] Der Ausschlagende braucht lediglich nachzuweisen, dass seine Ausschlagungserklärung dem Nachlassgericht zugegangen ist, während derjenige, der die Ausschlagung für unwirksam hält, die Nachteile tragen muss, die sich daraus ergeben, dass offen bleibt, wann diese Erklärung abgegeben worden ist. Abweichend von der wohl noch herrschenden Meinung[155] gilt das auch dann, wenn der **Zeitpunkt des Eingangs der Ausschlagungserklärung** beim Nachlassgericht wegen eines fehlenden Eingangsvermerks in den Nachlassakten oder wegen ihres Verlusts nicht feststellbar ist.

61 **f) Anfechtung.** Bei der Anfechtung eines Testaments nach **§ 2078 BGB** trägt derjenige die Feststellungslast für einen Willensmangel des Erblassers bei der Testamentserrichtung, für den sich im Übrigen aus der letztwilligen Verfügung selbst kein Anhaltspunkt ergeben muss, und für den ursächlichen Zusammenhang zwischen diesem Willensmangel und dem Inhalt der letztwilligen Verfügung, der, z. B. als gesetzlicher Erbe, aus der Unwirksamkeit der erfolgreich angefochtenen letztwilligen Verfügung Rechte für sich herleiten will.[156] Bei Anfechtung nach **§ 2079 BGB** trägt der Anfechtende die Feststellungslast

---

[147] BayObLG NJW-RR 1996, 1160; FamRZ 1994, 1053.
[148] BayObLG FamRZ 1987, 1199; OLG Neustadt FamRZ 1961, 541.
[149] BayObLGZ 1983, 204/207; OLG Celle MDR 1962, 410; OLG Düsseldorf NJW-RR 1994, 142; OLG Frankfurt OLGZ 1978, 267/271; OLG Hamm NJW 1974, 1827; OLG Zweibrücken Rpfleger 1987, 373.
[150] BayObLGZ 1983, 204/207.
[151] BayObLGZ 1977, 59/63; OLG Celle MDR 1962, 410; OLG Hamm NJW 1974, 1827.
[152] BayObLG FamRZ 1998, 258.
[153] BGH ZEV 2000, 401; OLG Düsseldorf MDR 1978, 142.
[154] BGH LM § 1594 BGB Nr. 1.
[155] BGH NJW-RR 2000, 1530; MünchKommBGB/Leipold § 1944 Rn 26.
[156] BayObLGZ 1971, 147, 150; BayObLGZ 1962, 299/304; KG NJW 1963, 766; OLG Hamm OLGZ 1966, 497/498; OLG München FGPrax 2007, 16.

für die sich aus S. 1 der Vorschrift ergebenden Voraussetzungen der Anfechtung als anspruchsbegründende Tatsachen, während der Anfechtungsgegner, im Allgemeinen der durch das angefochtene Testament bedachte Erbe, nach S. 2 der Vorschrift die Feststellungslast dafür trägt, dass der Erblasser auch bei Kenntnis der Sachlage so testiert hätte, wie es tatsächlich geschehen ist.[157]

Es geht ebenso wie bei Wahrung der Ausschlagungsfrist auch zu Lasten des Anfechtungs- 62 gegners, wenn sich nicht klären lässt, ob die **Anfechtung rechtzeitig erfolgt** ist. Dabei ist auch hier gleichgültig, ob diese Zweifel darauf beruhen, dass offen ist, wann der Anfechtende von dem Anfechtungsgrund Kenntnis erlangt hat (vgl. § 2082 Abs. 2 BGB) oder ob, z. B. wegen eines fehlenden Eingangsvermerks auf der Anfechtungserklärung oder wegen Verlusts der Nachlassakten, nicht feststellbar ist, wann die Anfechtungserklärung beim Nachlassgericht eingegangen ist.[158] Die Versäumung der Anfechtungsfrist – gleich aus welchen Gründen – führt zum Erlöschen des Anfechtungsrechts und ist deshalb eine rechtsvernichtende Tatsache,[159] für die der Anfechtungsgegner die Feststellungslast trägt; lässt sich nicht ermitteln, ob die Anfechtung verspätet ist, geht das zu seinen Lasten.

g) Scheidungsvoraussetzungen. Nach § 1933 BGB entfällt das gesetzliche Ehegat- 63 tenerbrecht, wenn im Zeitpunkt des Erbfalls die Voraussetzungen für die Scheidung der Ehe gegeben waren und der Erblasser diese beantragt oder ihr zugestimmt hatte. Die Prognose, ob die Voraussetzungen für eine Scheidung der Ehe des Erblassers im Zeitpunkt seines Todes vorlagen, ergibt sich aus den §§ 1565, 1566 BGB; die Härteklausel des § 1568 BGB darf einer Scheidung zu diesem Zeitpunkt nicht entgegengestanden haben.[160] Die unwiderlegliche Vermutung des § 1566 Abs. 1 BGB greift nur dann ein, wenn auch eine Einigung der Eheleute über die Folgesachen erfolgt war.[161] Die Feststellungslast dafür, dass die **Voraussetzungen für eine Scheidung der Ehe des Erblassers** nach den §§ 1565, 1566 BGB bei seinem Tod vorlagen, insbesondere eine Wiederherstellung der ehelichen Lebensgemeinschaft nach § 1565 Abs. 1 BGB nicht zu erwarten war, tragen diejenigen, die sich darauf berufen;[162] das sind im Regelfall die als gesetzliche Erben in Betracht kommenden Verwandten des Erblassers. Die Feststellungslast für Tatsachen, die einen Aufschub der Scheidung nach § 1568 BGB gestattet hätten, trägt dagegen der überlebende Ehegatte.

h) Zuwendung zugunsten des Ehegatten. Eine zugunsten eines Ehegatten getroffene 64 letztwillige Verfügung ist nach § 2077 Abs. 1 BGB bzw. nach § 2279 Abs. 1 BGB i. V. m. § 2077 Abs. 1 BGB unter den gleichen Voraussetzungen unwirksam, unter denen nach § 1933 BGB das gesetzliche Ehegattenerbrecht entfällt. Die Feststellungslast dafür, dass die Voraussetzungen für eine Ehescheidung nach §§ 1565, 1566 BGB vorlagen, trägt auch hier derjenige, der sich auf die Unwirksamkeit der letztwilligen Verfügung beruft.[163] Unwirksam ist nach § 2077 Abs. 2 BGB bzw. nach § 2279 Abs. 1 i. V. m. § 2077 Abs. 2 BGB auch die testamentarische oder vertragliche Erbeinsetzung eines Verlobten, wenn das Verlöbnis im Zeitpunkt des Erbfalls aufgelöst war. Die Feststellungslast dafür trägt ebenfalls derjenige, der sich auf die Unwirksamkeit der letztwilligen Verfügung beruft.[164] Wird unter Berufung auf § 2077 Abs. 3 BGB geltend gemacht, abweichend von § 2077 Abs. 1 BGB, §§ 2077 Abs. 2 BGB bzw. 2279 Abs. 1 BGB i. V. m. den vorgenannten Vorschriften sei die letztwillige Verfügung des Erblassers trotz Ehescheidung oder Auflösung des Verlöbnisses gleichwohl

---

[157] BayObLG FamRZ 2000, 364, 367; FamRZ 1989, 1121; OLG Hamburg FamRZ 1990, 910; OLG München FGPrax 2008, 162.
[158] BayObLG FamRZ 1983, 1275; BayObLGZ 1963, 260/265 (für den gleich liegenden Fall der Anfechtungsfrist nach § 2283 BGB); OLG Stuttgart FamRZ 1982, 1137; a. A. MünchKommBGB/Musielak § 2283 BGB Rn 6; der davon ausgeht, die Wahrung der Anfechtungsfrist sei eine Wirksamkeitsvoraussetzung der Anfechtung.
[159] BayObLG ZEV 1995, 105.
[160] Erman/Schlüter § 1933 Rn 3.
[161] OLG Bremen FamRZ 1986, 833; OLG Schleswig NJW 1993, 1082; OLG Stuttgart Rpfleger 1993, 244; OLG Zweibrücken NJW 2001, 236; NJW 1995, 601; a. A. OLG Frankfurt MDR 1990, 246.
[162] BGH NJW 1995, 1081; BayObLG FamRZ 1992, 1349.
[163] BayObLG FamRZ 1992, 1349; OLG Bremen FamRZ 1986, 833.
[164] OLG Stuttgart FGPrax 1997, 110.

wirksam, so trägt die Feststellungslast für die tatsächlichen Umstände, aus denen sich ein entsprechender tatsächlicher oder hypothetischer Wille des Erblassers im Zeitpunkt der Errichtung seiner letztwilligen Verfügung ergibt, derjenige, der sich auf diesen Ausnahmefall beruft, im Allgemeinen also der frühere Ehegatte oder der frühere Verlobte des Erblassers.[165]

65 **i) Wechselbezüglichkeit.** Bei einem gemeinschaftlichen Testament trifft die Feststellungslast für die Tatsachen, die dessen Wechselbezüglichkeit begründen, denjenigen, der sein Erbrecht auf die Annahme einer Wechselbezüglichkeit der letztwilligen Verfügung stützt; verbleibende Zweifel gehen zu seinen Lasten.[166] Das gilt insbesondere dann, wenn eine Einschränkung der Testierfreiheit des Erblassers nach § 2271 Abs. 1 S. 2 BGB geltend gemacht wird. Ebenso trifft denjenigen die Feststellungslast, der sich darauf beruft, der Erblasser sei bei Errichtung einer letztwilligen Verfügung an einen Erbvertrag gebunden gewesen.[167]

66 **j) Einziehung des Erbscheins.** Im Verfahren auf Einziehung eines Erbscheins nach § 2361 BGB hat das Nachlassgericht nach Abs. 3 dieser Vorschrift keine Ermittlungen darüber anzustellen, ob der erteilte Erbschein unrichtig ist, sondern darüber, ob er im Zeitpunkt seiner Entscheidung weiterhin richtig ist, wobei diese Prüfung im Beschwerdeverfahren auch insoweit zu erfolgen hat, als der Beschwerdeführer durch eine etwaige Unrichtigkeit des Erbscheins nicht beschwert ist.[168] Seine Einziehung setzt nicht voraus, dass seine Unrichtigkeit nachgewiesen ist, sondern es genügt, dass die für seine Erteilung nach § 2359 BGB notwendige Überzeugung des Nachlassgerichts so erschüttert ist, dass es den Erbschein jetzt nicht mehr erteilen würde.[169]

67 Gleichwohl reicht für die Einziehung eines Erbscheins aber nicht aus, dass sich auf Grund vorläufiger Ermittlungen **erhebliche Zweifel an seiner Richtigkeit** ergeben,[170] die seiner Erteilung früher entgegengestanden hätten. Seine Einziehung setzt vielmehr abschließende Ermittlungen voraus, die zu dem Ergebnis führen, dass er jetzt nicht mehr erteilt werden würde,[171] deshalb einzuziehen ist und damit nach § 2361 Abs. 1 S. 2 BGB kraftlos wird. Die Einziehung erfordert somit nicht den Nachweis, dass das durch ihn bezeugte Erbrecht nicht besteht. Da die Einziehung eines Erbscheins nur auf Grund abschließender Ermittlungen angeordnet werden darf, muss auch hingenommen werden, dass diese eine gewisse Zeit in Anspruch nehmen, während der unrichtige Erbschein trotz der Gefahren, die damit für den wirklichen Erben verbunden sind, grundsätzlich in Kraft bleibt.[172]

X. Kosten und Gebühren

68 Für die Durchführung der Beweiserhebung fallen für das Gericht sowie den Rechtsanwalt keine gesonderten Gebühren an; im Übrigen richten sich die Kosten und Gebühren nach dem jeweiligen Verfahren und der insoweit ergehenden Entscheidung. Siehe dazu die Anmerkungen zu § 32 Rn 54 ff.

Förmliche Beweisaufnahme

30 **(1) Das Gericht entscheidet nach pflichtgemäßem Ermessen, ob es die entscheidungserheblichen Tatsachen durch eine förmliche Beweisaufnahme entsprechend der Zivilprozessordnung feststellt.**

---

[165] BayObLG FamRZ 1993, 362; Rpfleger 1981, 282; OLG Bremen FamRZ 1986, 833.
[166] BayObLG FGPrax 1996, 150; FamRZ 1986, 392.
[167] OLG Stuttgart DieJ 1967, 150.
[168] BayObLG NJW-RR 2000, 962; a. A. OLG Brandenburg FamRZ 1999, 1619; OLG Hamm Rpfleger 2000, 120.
[169] BGHZ 40, 54/56; BayObLG FamRZ 1981, 711; OLG Saarbrücken FGPrax 1997, 31.
[170] BayObLG NJW 1963, 158.
[171] BGHZ 40, 54/58; BayObLGZ 1977, 59/62; OLG Düsseldorf MDR 1978, 142; OLG Frankfurt MDR 1973, 409; OLG Hamm FGPrax 1995, 237 = FamRZ 1996, 312.
[172] BGHZ 40, 54/58.

Förmliche Beweisaufnahme   § 30

(2) Eine förmliche Beweisaufnahme hat stattzufinden, wenn es in diesem Gesetz vorgesehen ist.

(3) Eine förmliche Beweisaufnahme über die Richtigkeit einer Tatsachenbehauptung soll stattfinden, wenn das Gericht seine Entscheidung maßgeblich auf die Feststellung dieser Tatsache stützen will und die Richtigkeit von einem Beteiligten ausdrücklich bestritten wird.

(4) Den Beteiligten ist Gelegenheit zu geben, zum Ergebnis einer förmlichen Beweisaufnahme Stellung zu nehmen, soweit dies zur Aufklärung des Sachverhalts oder zur Gewährung rechtlichen Gehörs erforderlich ist.

Übersicht
                                                                        Rn
I. Normzweck; Anwendungsbereich 1
II. Notwendigkeit einer förmlichen Beweisaufnahme 3
   1. Grundsatz (Abs. 1) 3
   2. Gesetzlich vorgesehene Fälle (Abs. 2) 6
   3. Ausdrücklich bestrittene Tatsachen (Abs. 3) 7
      a) Grundsatz 7
      b) Maßgebliche Bedeutung der Tatsache 8
      c) Entscheidungserheblichkeit der Tatsache 9
      d) Ausführliches Bestreiten 11
   4. Sonstige Fälle 13
      a) Unzureichende Sachaufklärung 13
      b) Art des Verfahrens 14
      c) Bedeutung der Angelegenheit; Schwere des Eingriffs 15
III. Durchführung der förmlichen Beweisaufnahme 16
   1. Grundsatz 16
   2. Anordnung der Beweisaufnahme 17
   3. Unmittelbarkeit der Beweisaufnahme 19
      a) Allgemeines 19
      b) Wechsel in der Gerichtsbesetzung 20
      c) Ausnahmen vom Unmittelbarkeitsgrundsatz 22
      d) Heilung der Verletzung des Unmittelbarkeitsgrundsatzes . 26
      e) Beschwerdeverfahren 27
   4. Beteiligtenöffentlichkeit; Vermerk über die Beweisaufnahme . 28
   5. Gelegenheit zur Stellungnahme (Abs. 4) 31
   6. Verfahren für die Abnahme von Eiden (§§ 478–484 ZPO) 32
IV. Beweis durch Augenschein (§§ 371–372 a ZPO) 33
   1. Grundsatz 33
   2. Durchführung der Augenscheinseinnahme 35
   3. Herbeischaffung des Augenscheinsobjektes 37
   4. Untersuchung zur Feststellung der Abstammung 39
      a) Allgemeines 39
      b) Zwangsmittel 41
      c) Anfechtbarkeit 42
V. Zeugenbeweis (§§ 373–401 ZPO) 45
   1. Grundsatz 45
   2. Ladung 49
   3. Erscheinungspflicht 53
      a) Grundsatz 53
      b) Verstoß gegen die Erscheinungspflicht 54
      c) Anfechtung 56
      d) Rechtspfleger 57
   4. Aussagepflicht; Zeugnisverweigerung 58
      a) Aussagepflicht 58
      b) Amtsverschwiegenheit 59
      c) Recht der Zeugnisverweigerung 61
      d) Verfahren 71
      e) Entscheidung; Anfechtung 72
      f) Erzwingung der Zeugenaussage 73
   5. Pflicht zur Eidesleistung 77
VI. Beweis durch Sachverständige (§§ 402–414 ZPO) 81
   1. Grundsatz 81

		Rn
2. Person des Sachverständigen		84
3. Auswahl des Sachverständigen		86
4. Pflicht des Sachverständigen		89
5. Anleitung des Sachverständigen durch das Gericht		91
6. Erstattung des Gutachtens; mündliche Erläuterung		94
7. Neues Gutachten		96
8. Ablehnung des Sachverständigen		101
a) Grundsatz		101
b) Ablehnungsverfahren		103
c) Entscheidung über Ablehnungsgesuch		106
d) Rechtsmittel		107
VII. Urkundenbeweis (§§ 415–444 ZPO)		108
1. Allgemeines		108
2. Aktenbeiziehung		111
3. Verwertung von Zeugenaussagen im Wege des Urkundsbeweises		112
VIII. Beteiligtenvernehmung (§§ 445–455 ZPO)		114
1. Zulässigkeit		114
2. Gesetzliche Grundlagen		115
3. Verfahren		116
IX. Amtliche Auskunft		120
X. Selbstständiges Beweisverfahren (§§ 485–494 a ZPO)		121
1. Grundsatz		121
2. Verfahren		123
3. Anfechtung		124
4. Landesrechtliche Vorschriften		126
XI. Kosten und Gebühren		127

I. Normzweck; Anwendungsbereich

1 § 30 ergänzt den Amtsermittlungsgrundsatz und regelt das förmliche Beweisaufnahmeverfahren. Insoweit schließt die Vorschrift an § 15 Abs. 1 FGG an. **Abs. 1** greift den bereits im FGG geltenden Grundsatz auf,[1] dass es im pflichtgemäßen Ermessen des Gerichts liegt, ob und in welchem Umfang es die entscheidungserheblichen Tatsachen im Wege einer förmlichen Beweisaufnahme feststellt.[2] Hinsichtlich der Durchführung der förmlichen Beweiserhebung sowie der Beweismittel erklärt das Gesetz die Vorschriften der ZPO für entsprechend anwendbar. Um die Flexibilität des FamFG-Verfahrens zu gewährleisten, sieht Abs. 1 keine Einschränkung des gerichtlichen Ermessens vor. **Abs. 2** schränkt das Ermessen für bestimmte Verfahren ein, die einen Eingriff in die Grundrechte eines Betroffenen zum Gegenstand haben. Insoweit ist in den gesetzlich ausdrücklich vorgesehenen Fällen eine förmliche Beweiserhebung erforderlich. Weil das Strengbeweisverfahren zur Ermittlung bestrittener Tatsachen geeigneter ist und die Mitwirkung der Beteiligten besser gewährleistet, wird das gerichtliche Ermessen durch die Sollvorschrift in **Abs. 3** generalklauselartig für die von einem Beteiligten bestrittenen Tatsachen eingeschränkt, auf die das Gericht maßgeblich seine Feststellungen stützt.[3] **Abs. 4** trägt der Gewährung des rechtlichen Gehörs (Art. 103 Abs. 1 GG) Rechnung. Um eine größere Flexibilität im FamFG-Verfahren zu gewährleisten, reicht es jedoch in Abweichung von § 279 Abs. 3 ZPO, aufgrund dessen das Gericht verpflichtet ist, den Sach- und Streitstand mit den Parteien zu erörtern, wenn das Gericht den Beteiligten Gelegenheit einräumt, zum Ergebnis einer förmlichen Beweisaufnahme Stellung zu nehmen.

2 Zum **Anwendungsbereich** des § 30 siehe die Ausführungen bei § 29 Rn 3.

---

[1] Vgl. dazu z. B. BayObLG NJW-RR 1996, 583.
[2] BT-Drs. 16/6308 S. 189.
[3] BT-Drs. 16/6308 S. 189.

II. Notwendigkeit einer förmlichen Beweisaufnahme

1. Grundsatz (Abs. 1)

Das Gericht hat nach **pflichtgemäßem Ermessen** darüber zu entscheiden, ob es sich mit formlosen Ermittlungen **(Freibeweis)** begnügen kann oder in der durch Abs. 1 vorgesehenen Form Beweis erheben muss **(Strengbeweis)**.[4] Für die Ausübung des Ermessens bei der Wahl des Beweisverfahrens sind bestimmte Richtlinien zu beachten, die eine Pflicht zur förmlichen Beweisaufnahme in bestimmten Verfahrenssituationen begründen. Neben den in Abs. 2 (siehe dazu Rn 6) und Abs. 3 (siehe dazu Rn 7) ausdrücklich geregelten Fällen einer notwendigen förmlichen Beweiserhebung, finden weiterhin die von der Rechtsprechung bereits zum FGG hierzu entwickelten Grundsätze Anwendung[5] (zu den Einzelheiten siehe Rn 13).

Ein **Antragsrecht eines Beteiligten** auf Durchführung einer förmlichen Beweisaufnahme sieht das Gesetz nicht vor. Ein förmliches Antragsrecht besteht auch nicht in Streitverfahren;[6] vielmehr obliegt auch in diesen Verfahren dem Gericht die Entscheidung nach pflichtgemäßem Ermessen, ob es eine förmliche Beweiserhebung durchführt. Den Beteiligten bleibt es indes unbenommen, eine entsprechende Beweiserhebung anzuregen. Das Gericht ist nicht an eine entsprechende Anregung gebunden, hat diese indes bei der Ausübung des Ermessens zu berücksichtigen.[7] Eine förmliche Beweisaufnahme ist dann erforderlich, wenn unabhängig von den Angaben der Verfahrensbeteiligten eine bloße Würdigung des Verfahrensstoffes unter Berücksichtigung des Grundsatzes der Amtsaufklärung für eine Überzeugungsbildung nicht ausreicht. Eine Bescheidung einer entsprechenden Anregung bedarf es nicht.

Die **Unterlassung einer gebotenen förmlichen Beweisaufnahme** stellt einen Ermessensfehler dar, der im Rechtsbeschwerdeverfahren zur Aufhebung der darauf beruhenden Entscheidung führen kann.[8] Auf den Freibeweis kann sich das Gericht zur Feststellung der Verfahrensvoraussetzungen[9] sowie dann beschränken, wenn im Antragsverfahren bei übereinstimmendem Antrag und weitgehend identischem Vorbringen der Beteiligten im Hinblick auf den Grundsatz der Amtsaufklärung gleichwohl Beweise zu erheben sind und diese ein widerspruchsfreies, geschlossenes Ergebnis erbringen oder wenn eine eilbedürftige einstweilige oder vorläufige Anordnung zu treffen ist.

2. Gesetzlich vorgesehene Fälle (Abs. 2)

Die Ermittlung der entscheidungserheblichen Tatsachen im Wege einer förmlichen Beweiserhebung hat nach Abs. 2 dann zu erfolgen, wenn dies **ausdrücklich im Gesetz** vorgeschrieben ist. Dies ist vor allem bei Rechtsvorsorgeangelegenheiten der Fall, die einen schwerwiegenden Eingriff in die Grundrechte des Betroffenen zum Gegenstand haben.[10] So schreiben z. B. § 177 Abs. 2 für Abstammungssachen,[11] §§ 280, 297 Abs. 2 für Betreuungssachen (Ausnahmen: §§ 281, 282) sowie § 321 für Unterbringungssachen die Einholung eines medizinischen Sachverständigengutachtens vor; § 9 Abs. 1 S. 2 ThUG sieht für die Entscheidung über eine Therapieunterbringung die Einholung von zwei Gutachten zwingend vor. Dagegen hat der Gesetzgeber ausdrücklich auf einen schematischen Zwang zur förmlichen Beweiserhebung bei Grundrechtseingriffen verzichtet.[12] Im Einzelfall kann jedoch der Strengbeweis aufgrund der **Art des Verfahrens** (siehe dazu Rn 13) oder die

---

[4] Vgl. z. B. BayObLG NJW-RR 1996, 583; BayObLGZ 1977, 59/65; OLG Frankfurt OLGZ 1972, 120, 127; OLG Zweibrücken NJW-RR 1988, 1211; für grundsätzlichen Vorrang des Strengbeweises: Kollhosser § 6; Richter Rpfleger 1969, 261/265.
[5] BT-Drs. 16/6308 S. 189.
[6] MünchKommZPO/Ulrici § 30 FamFG Rn 4.
[7] BT-Drs. 16/6308 S. 189.
[8] KG NJW 1961, 2066; OLG Düsseldorf FamRZ 1968, 260; OLG Frankfurt OLGZ 1972, 120; 127.
[9] BGH NJW 1987, 287.
[10] BT-Drs. 16/6308 S. 189.
[11] Vgl. Borth FamRZ 2007, 1928.
[12] BT-Drs. 16/6308 S. 189.

Bedeutung der Angelegenheit (siehe dazu Rn 14) geboten sein. Zu der Beschränkung der Beweismittel in weiteren Verfahren siehe § 29 Rn 4.

3. Ausdrücklich bestrittene maßgebliche Tatsachen (Abs. 3)

7 **a) Grundsatz.** Abs. 3 schreibt generalklauselartig die Durchführung einer förmlichen Beweisaufnahme über die Richtigkeit einer von einem Beteiligten ausdrücklich bestrittenen Tatsache vor, wenn das Gericht seine Entscheidung maßgeblich hierauf stützen will. Dies kann beispielsweise bei der Feststellung der Testierfähigkeit in einem Erbscheinsverfahren der Fall sein.[13] Eine Pflicht zur förmlichen Beweiserhebung besteht indes nur, wenn auch im Zivilprozess der Strengprozess gilt. Daher findet Abs. 3 keine Anwendung bei der Prüfung der Verfahrensvoraussetzungen;[14] insoweit gilt der Freibeweis; das Gericht ist bei der Auswahl und Verwertung der Beweismittel frei.[15]

8 **b) Maßgebliche Bedeutung der Tatsache.** Voraussetzung ist, dass die bestrittene Tatsache für die zu treffende Entscheidung maßgebliche Bedeutung hat. Maßgeblich ist eine Tatsache, wenn sie als Haupttatsache den Tatbestand einer entscheidungserheblichen Norm unmittelbar ausfüllt. Ist die streitige Tatsache eine von **mehreren Anknüpfungstatsachen,** mit denen die Annahme eines unbestimmten Rechtsbegriffs begründet werden soll, wie z. B. des Kindeswohls,[16] ist deren Wahrheit strengbeweislich zu erforschen, soweit der streitigen Tatsache im Ergebnis ausschlaggebende Bedeutung im Rahmen der gerichtlichen Abwägung zukommt.[17] Die Ermittlung einer streitigen **Indiztatsache** hat im Wege des Strengbeweises zu erfolgen, sofern diese für das Vorliegen der Haupttatsache von nicht unerheblicher Relevanz ist und ein hinreichend sicherer Rückschluss von der Hilfstatsache auf das Vorliegen der Haupttatsache möglich ist.

9 **c) Entscheidungserheblichkeit der Tatsache.** Weitere Voraussetzung ist, dass das Gericht seine Entscheidung auf diese Tatsache stützen will. Nach der **Gesetzesbegründung** soll zusätzlich erforderlich sein, dass das Gericht die entscheidungserhebliche Tatsache **nach dem Ergebnis des Freibeweisverfahrens** für wahr hält und sie daher seiner Entscheidung zugrunde legen will.[18] Das Gericht soll insoweit seine positive Überzeugung vom Vorliegen einer Tatsache noch einmal strengbeweislich überprüfen. Sofern nach dem Freibeweis bereits Zweifel an der Wahrheit einer Tatsachenbehauptung bestehen oder die Unwahrheit feststeht, soll keine Verpflichtung zur förmlichen Beweiserhebung bestehen.[19] Wenn das Gericht im Wege des Freibeweises einem Beweisantrag nachgegangen ist, ohne sich von der Wahrheit einer Behauptung überzeugen zu können, könne im Einzelfall im Rahmen des Ermessens nach Abs. 1 eine Verpflichtung des Gerichts bestehen, der Tatsachenbehauptung noch strengbeweislich nachzugehen.[20]

10 Diese von der Gesetzesbegründung vorgenommene Einschränkung **ist abzulehnen.** Sie wird weder von dem Gesetzeswortlaut gedeckt noch besteht eine Notwendigkeit, die Durchführung einer förmlichen Beweisaufnahme von einem vorgeschalteten Freibeweisverfahren abhängig zu machen.[21] Eine entsprechende Verfahrensweise widerspricht zudem der von dem Gesetzgeber gewünschten und teilweise ausdrücklich vorgeschriebenen (vgl. § 155) Beschleunigung des Verfahrens.

11 **d) Ausdrückliches Bestreiten.** Weitere Voraussetzung ist, dass die maßgeblichen Tatsachen von einem Beteiligten ausdrücklich bestritten werden; ein pauschales Bestreiten reicht nicht. Notwendig ist vielmehr eine nachvollziehbare Begründung, wieso deren Richtigkeit bestritten wird. Indes dürfen bei den Anforderungen an die Darlegung die

---
[13] Zimmermann Rn 84.
[14] Kroiß/Seiler § 2 Rn 70.
[15] BGH NJW 2000, 290; OLG Koblenz NJW-RR 2008, 148; a. A. MünchKommZPO/Lindacher §§ 51, 52 Rn 46; jew. für das Verfahren nach der ZPO.
[16] Fölsch § 2 Rn 89.
[17] BT-Drs. 16/6308 S. 190.
[18] BT-Drs. 16/6308 S. 190.
[19] BT-Drs. 16/6308 S. 190.
[20] BT-Drs. 16/6308 S. 190.
[21] Wie hier Fölsch § 2 Rn 90; Zimmermann Rn 84.

individuellen Fähigkeiten des Beteiligten nicht unberücksichtigt blieben.[22] Daher kann einfaches Bestreiten genügen, wenn von dem Beteiligten eine weitere substantiierte Darlegung nicht verlangt werden kann.

Soweit es in der Gesetzesbegründung heißt, Abs. 3 begründe eine Verpflichtung zur förmlichen Beweisaufnahme gerade dann, wenn das Gericht aufgrund des Freibeweises von der Richtigkeit einer Tatsachenbehauptung bereits überzeugt ist und auf diese Tatsachen seine Entscheidung stützen will, sofern der Beteiligte konkret aufzeige, aufgrund welcher Erwägungen er das von dem Gericht im Wege des Freibeweises gefundene Ergebnis für falsch und die Durchführung einer förmlichen Beweiserhebung für notwendig halte, ergeben sich diese Voraussetzungen nicht aus dem Wortlaut des Gesetzes. Abs. 3 setzt kein zunächst vorgeschaltetes Freibeweisverfahren voraus (s. Rn 9). 12

4. Sonstige Fälle

a) Unzureichende Sachaufklärung. Ist eine ausreichende Sachaufklärung durch formlose Ermittlungen nicht zu erreichen, ergibt sich die Verpflichtung zur förmlichen Beweiserhebung als dem bei der Erforschung der Wahrheit überlegenen Beweisverfahren unmittelbar aus § 26, der dem Gericht die Durchführung der „erforderlichen Ermittlungen" und die Aufnahme der „geeignet erscheinenden Beweise" gebietet.[23] Das Strengbeweisverfahren ist unter diesem Aspekt vor allem dann zu wählen, wenn es für die Entscheidung auf die Erweisbarkeit einer bestimmten Einzeltatsache ankommt, die dafür von ausschlaggebender Bedeutung ist, z. B. im Erbscheinsverfahren die Testierfähigkeit des Erblassers.[24] 13

b) Art des Verfahrens. Auch die Art des Verfahrens kann die Durchführung einer förmlichen Beweisaufnahme erfordern. Dies ist beispielsweise der Fall in den echten Streitsachen, bei denen sich an die i. d. R. gebotene mündliche Verhandlung eine förmliche Beweisaufnahme über streitige Tatsachen schon deshalb anschließen sollte, um den Beteiligten eine gezielte Wahrnehmung ihrer häufig entgegengesetzten Interessen durch unmittelbare Beteiligung und Ausübung des Fragerechts im Beweisverfahren zu ermöglichen.[25] Aber auch in anderen Sachen (z. B. im Erbscheinsverfahren bei der Beantwortung der Frage, ob ein nicht mehr auffindbares Testament errichtet wurde, ob es formgültig war oder welchen Inhalt es hatte,) kann das durch die Beteiligtenöffentlichkeit der förmlichen Beweisaufnahme begründete Recht der Beteiligten, etwa durch geeignete Vorhalte an die Zeugen oder durch Befragung eines Sachverständigen aktiv an der Wahrheitsfindung mitzuwirken, eine förmliche Beweisaufnahme erfordern.[26] 14

c) Bedeutung der Angelegenheit; Schwere des Eingriffs. Schließlich kann die Bedeutung der Angelegenheit bzw. die Schwere des Eingriffs eine förmliche Beweiserhebung auch in den gesetzlich nicht ausdrücklich vorgesehenen Fällen notwendig machen.[27] Dazu gehören vor allem solche Verfahren, die einen Eingriff in Grundrechte Beteiligter zum Gegenstand haben. Insbesondere wenn die Schwere eines beabsichtigten Eingriffs bereits im Rahmen der Amtsermittlung eine persönliche Anhörung des davon Betroffenen erfordert (vgl. § 34), ist die Durchführung eines förmlichen Beweisverfahrens wegen seiner höheren Gewähr für die Richtigkeit des Beweisergebnisses unabweisbar. 15

III. Durchführung der förmlichen Beweisaufnahme

1. Grundsatz

Hinsichtlich der förmlichen Beweisaufnahme verweist § 30 Abs. 1 auf die Vorschriften der ZPO und damit auf die §§ 355 ff. ZPO. Insoweit werden alle Vorschriften der ZPO 16

---

[22] BT-Drs. 16/6308 S. 190.
[23] BayObLG FamRZ 1986, 1043; BayObLGZ 1977, 59/65, OLG Zweibrücken NJW-RR 1988, 1211.
[24] BayObLG NJW-RR 1996, 583; BayMittNot 1995, 56; OLG Frankfurt NJWE-FER 1998, 15; OLG Stuttgart MDR 1980, 1030; OLG Zweibrücken FamRZ 1989, 771; NJW-RR 1988, 1211.
[25] BayObLG NJW-RR 1992, 653 = FamRZ 1992, 1323.
[26] BayObLG NJW-RR 1996, 583; NJW-RR 1992, 654 = FamRZ 1992, 1323.
[27] OLG Zweibrücken NJW-RR 1988, 1211.

über die förmliche Beweisaufnahme für entsprechend anwendbar erklärt. **Unanwendbar** sind indes Bestimmungen, die mit der Eigenart des FamFG-Verfahrens, insbesondere mit dem Amtsuntersuchungsgrundsatz (vgl. § 26) nicht vereinbar sind. Daher sind beispielsweise nicht anwendbar die Regelungen über die Beweisantritte (§§ 371, 403, 420, 445, 447 ZPO), über den Verzicht auf Zeugen (§ 399 ZPO), über die Zurückweisung neuer Beweismittel (§ 296 ZPO) über die Vorschusspflicht (§§ 379, 402 ZPO), über die Vorlegung von Urkunden, die ein Beteiligter, ein Dritter oder eine Behörde in seinem Besitz hat (§§ 421 bis 425, 428 bis 431, 432 ZPO), über den Verzicht auf die Vorlegung von Urkunden (§ 436 ZPO), über die Erklärung zur Echtheit von Privaturkunden (§ 439 ZPO), über den Beweis der Echtheit von Privaturkunden (§ 440 ZPO).

2. Anordnung der Beweisaufnahme

17   Die Durchführung der förmlichen Beweisaufnahme richtet sich nach den §§ 355 bis 370 ZPO. Für die Anordnung der förmlichen Beweiserhebung ist zwar der **Erlass eines Beweisbeschlusses** (§§ 358 ff. ZPO) nicht notwendig,[28] aber vielfach zur Konkretisierung des Beweisthemas zweckmäßig.[29] Wird ein Beweisbeschluss erlassen, so sollte dieser die beweisbedürftigen Tatsachen und die Beweismittel benennen. Ein erlassener Beweisbeschluss unterliegt nicht der Anfechtung;[30] der Beschluss kann jederzeit von Amts wegen geändert werden. Die Beweiserhebung kann auch **formlos angeordnet** werden. Eine vorherige Benachrichtigung der Beteiligten von einem Beweistermin ist aber zur Wahrung des Grundsatzes der Beteiligtenöffentlichkeit und des Grundsatzes des rechtlichen Gehörs erforderlich; in einem Betreuungsverfahren ist der Betroffene vor der Erstellung eines Gutachtens zwingend anzuhören.[31] Von der Ladung eines Sachverständigen oder der Einholung eines schriftlichen Sachverständigengutachtens sind die Verfahrensbeteiligten auch im Hinblick auf deren Ablehnungsrecht zu verständigen. Sie müssen auch benachrichtigt werden, wenn eine zunächst angeordnete Beweisaufnahme unterbleibt.[32] Die förmliche Aufhebung oder Änderung der Beweisanordnung ist aber nicht nötig.[33]

18   Der **Umfang der Beweisaufnahme** liegt mit den Einschränkungen nach § 30 Abs. 2 und Abs. 3 im Ermessen des Gerichts. Das Gericht ist wegen des Amtsermittlungsgrundsatzes grundsätzlich nicht an Beweisanträge der Beteiligten gebunden.[34] Die Vorschriften der ZPO über den Beweisantritt (§§ 371, 373, 403, 420, 445, 447 ZPO) sind deshalb nicht anwendbar. Entsprechende Anträge der Beteiligten sind als Beweisanregungen zu behandeln; bleiben sie bei der Beweisaufnahme unberücksichtigt, sollte dies zumindest in der abschließenden Entscheidung des Gerichts (§ 38) näher begründet werden. Eine förmliche Ablehnung von Beweisanträgen, auch wenn sie durch eine gesonderte Entscheidung erfolgt, ist nicht gesondert anfechtbar.[35] Eine Überprüfung kann im Rahmen der Anfechtung der Endentscheidung erfolgen (§ 58 Abs. 2).

3. Unmittelbarkeit der Beweisaufnahme

19   a) **Allgemeines.** Der in § 355 Abs. 1 ZPO verankerte Grundsatz der Unmittelbarkeit der Beweisaufnahme gehört nicht zu den allgemein für das FamFG-Verfahren geltenden Grundsätzen,[36] da es dem pflichtgemäßen Ermessen des Gerichts überlassen ist, ob es überhaupt eine förmliche Beweisaufnahme anordnet oder lediglich formlose Ermittlungen anstellt. Wenn aber das Gericht eine **förmliche Beweisaufnahme** anordnet, muss der

---

[28] BGH FamRZ 2010, 1726; a. A. MünchKommZPO/Ulrici § 30 FamFG Rn 35.
[29] Musielak/Borth § 30 Rn 6.
[30] BGH, NJW-RR 2008, 737 = FamRZ 2008, 774; KG FGPrax 2010, 69; jew. für die Einholung eines medizinischen Gutachtens; zur Anfechtung bei Verletzung des rechtlichen Gehörs BGH NJW-RR 2009, 1223.
[31] BVerfG FamRZ 2011, 272.
[32] BVerwG NJW 1965, 413.
[33] BayObLGZ 1948/51, 412/417; Baur § 20 III 1 b.
[34] BayObLGZ 1979, 232/237.
[35] Für das FamFG: Kroiß/Seiler § 2 Rn 76; für das FGG: BayObLGZ 1966, 367; KG OLGZ 1988, 418/419; OLG Brandenburg FamRZ 1997, 1019; OLG Hamm FamRZ 1989, 542.
[36] BayObLG NJW-RR 1996, 583; FamRZ 1983, 836.

Grundsatz der Unmittelbarkeit der Beweisaufnahme beachtet werden.[37] Das bedeutet, dass sich das Gericht seine Überzeugung auf der Grundlage einer von ihm selbst durchgeführten Beweisaufnahme bilden soll.[38] Zur Notwendigkeit der persönlichen Anhörung des Betroffenen siehe §§ 278, 319.

b) Wechsel in der Gerichtsbesetzung. Da im Verfahren der freiwilligen Gerichtsbarkeit der **Grundsatz der Mündlichkeit** nicht gilt und zum Ergebnis der Beweisaufnahme auch nicht mündlich verhandelt wird,[39] sondern das gesamte Ermittlungsergebnis und der gesamte Akteninhalt Gegenstand der Entscheidung sind, kann diese auch **von anderen Richtern** als denjenigen getroffen werden, die an der Beweisaufnahme teilgenommen haben.[40] Ein Wechsel in der Besetzung des Gerichts nach Durchführung der Beweisaufnahme hindert die neu hinzutretenden Richter nicht, das Beweisergebnis im Wege des Urkundenbeweises durch Verwertung der Vernehmungsniederschrift zu würdigen, wenn der persönliche Eindruck von der Beweisperson durch Niederlegung aktenkundig ist (§§ 28 Abs. 4, 29 Abs. 3) und die Beteiligten Gelegenheit hatten, dazu Stellung zu nehmen (§ 37 Abs. 2).[41]

20

Indes ist nicht ausreichend, wenn Richter, die an der Beweisaufnahme teilgenommen haben, dem oder den Richter(n), die ohne Teilnahme an der Beweisaufnahme an der Endentscheidung mitwirken, den persönlichen Eindruck von einem Zeugen **mündlich vermitteln**.[42] Durch eine solche Verfahrensweise wird der Grundsatz der Gewährung des rechtlichen Gehörs verletzt, weil die Verfahrensbeteiligten darüber im Unklaren bleiben, welche Tatsachen den an der Endentscheidung mitwirkenden Mitgliedern des Spruchkörpers, die nicht an der Beweisaufnahme teilgenommen haben, von dem oder den Richtern, die daran mitgewirkt haben, mitgeteilt werden, um die Glaubwürdigkeit eines Zeugen beurteilen zu können, und die Verfahrensbeteiligten auch keine Gelegenheit haben, zu diesen Tatsachen Stellung zu nehmen.

21

c) Ausnahmen vom Unmittelbarkeitsprinzip. Ausnahmen vom Unmittelbarkeitsprinzip sind im förmlichen Beweisverfahren grundsätzlich nur unter den Voraussetzungen zulässig, die sich bei einer entsprechenden Anwendung der §§ 372 Abs. 2, 375, 402, 451, 479 ZPO für eine Beweiserhebung durch den beauftragten oder den ersuchten Richter ergeben. Eine für eine umfassende Sachaufklärung erforderliche **persönliche Vernehmung** eines Zeugen oder Sachverständigen kann daher im förmlichen Beweisverfahren nicht durch die Verwertung seiner Aussage oder seines Gutachtens aus einem anderen Verfahren im Wege des Urkundenbeweises ersetzt werden. Dies gilt auch, wenn sich in der Akte des anderen Verfahrens eine Niederschrift über das Aussageverhalten des Zeugen befindet und diese den Beteiligten des vorliegenden Verfahrens auch bekannt ist.[43] Eine sachliche Stellungnahme hierzu ist in der Regel grundsätzlich nur solchen Beteiligten möglich, die an der Vernehmung des Zeugen, um dessen Glaubwürdigkeitsbeurteilung es geht, in dem anderen Verfahren auch persönlich teilgenommen haben.

22

Ist der **unmittelbare persönliche Eindruck** eines Zeugen, dessen Vernehmung nicht in Gegenwart aller an der Endentscheidung mitwirkenden Richter stattgefunden hat, für die Würdigung seiner Aussage allerdings **ohne Bedeutung,** kann diese verwertet werden,[44] wobei sich aus der Begründung der Entscheidung jedoch ausdrücklich ergeben sollte, dass sie ausnahmsweise auch ohne Verwertung von dem persönlichen Eindruck des Zeugen ergehen konnte.[45]

23

---

[37] BayObLG FGPrax 1997, 220; NJW-RR 1996, 583; OLG München NJW-RR 2209, 83 = FamRZ 2008, 2047; OLG Zweibrücken FamRZ 1989, 771.
[38] Vgl. Habscheid § 19 III 2.
[39] BayObLG NJW 1990, 1420.
[40] BayObLG FamRZ 1983, 836; OLG Köln FamRZ 1992, 200.
[41] BayObLG NJW-RR 1995, 653; WuM 1994, 640; OLG Karlsruhe FGPrax 1998, 77; zum gleichliegenden Problem im Zivilprozess vgl. z. B.: BGH NJW 1997, 1586; NJW 1995, 1292.
[42] So OLG Köln FamRZ 1996, 310; FamRZ 1992, 200.
[43] BGH MDR 2000, 348; MDR 1996, 632; Zöller/Greger § 373 Rn 9; beide zum gleichliegenden Problem im ZPO-Verfahren.
[44] OLG München NJW-RR 2009, 83 = FamRZ 2008, 2047.
[45] OLG Köln NJW-RR 1998, 293.

24 Der Grundsatz der Unmittelbarkeit der Beweisaufnahme kann ebenfalls verletzt sein, wenn die förmliche Beweiserhebung durch einen **ersuchten oder beauftragten Richter** durchgeführt wird. Eine Vernehmung eines Zeugen oder Sachverständigen durch einen ersuchten Richter ist zwar grundsätzlich nach den §§ 156 ff. GVG zulässig; sie sollte in entsprechender Anwendung des § 375 Abs. 1 ZPO bzw. des § 402 ZPO i. V. m. § 375 ZPO nur angeordnet werden, wenn keine Vernehmung der Beweisperson durch Videokonferenz erfolgen kann (vgl. § 32 Abs. 3 FamFG i. V. m. § 128 a ZPO) oder von vornherein anzunehmen ist, dass der entscheidende Richter das Beweisergebnis auch **ohne unmittelbaren Eindruck** vom Verlauf der Beweisaufnahme würdigen kann.

25 Unter denselben Voraussetzungen kann auch einem **Mitglied eines Spruchkörpers** als **beauftragtem Richter** die Durchführung einer Beweisaufnahme übertragen werden. Eine Übertragung der Zeugenvernehmung auf den beauftragten Richter scheidet aber in der Regel aus, wenn solche Verhältnisse vorliegen, die eine förmliche Beweisaufnahme unerlässlich machen, insbesondere wenn von vornherein mit widersprechenden Zeugenaussagen zu rechnen ist und es für die Überzeugungsbildung auf den persönlichen Eindruck des Gerichts ankommt.[46]

26 **d) Heilung der Verletzung des Unmittelbarkeitsgrundsatzes.** Die Verletzung des Grundsatzes der Unmittelbarkeit der Beweisaufnahme kann in echten Streitsachen im Einzelfall durch ausdrückliche Zustimmung der Verfahrensbeteiligten zur Abweichung von diesem Grundsatz oder in entsprechender Anwendung des § 295 Abs. 1 ZPO geheilt werden,[47] wenn die Amtsaufklärungspflicht nicht entgegensteht. Dasselbe gilt auch im Antragsverfahren.[48] Erfolgt eine Vernehmung eines Zeugen oder Sachverständigen durch ein Mitglied des Kollegialgerichts unter Verletzung des Grundsatzes der Unmittelbarkeit, so kann es sich unter Umständen um eine Form des zulässigen Freibeweises handeln.[49]

27 **e) Beschwerdeverfahren.** Diese Grundsätze finden auch für das Beschwerdeverfahren Anwendung. Hat das Gericht der ersten Instanz eine förmliche Beweisaufnahme durchgeführt, kann das Beschwerdegericht beispielsweise die Glaubwürdigkeit eines Zeugen nicht ohne dessen erneuter Vernehmung abweichend beurteilen.[50] Siehe dazu § 68 Rn 57–60. Zu dem Grundsatz der Unmittelbarkeit der Beweiserhebung bei dem Einzelrichter im Beschwerdeverfahren siehe § 68 Rn 107–109.

4. Beteiligtenöffentlichkeit der Beweisaufnahme; Vermerk über die Beweisaufnahme

28 Grundsätzlich sind die Termine in FamFG-Verfahren nicht öffentlich (vgl. § 32 Rn 23). Den Beteiligten steht ein Recht auf Teilnahme am förmlichen Beweisverfahren zu **(Grundsatz der Beteiligtenöffentlichkeit der Beweisaufnahme).**[51] Ein Verstoß hiergegen hindert die Verwertung des erhobenen Beweises; er begründet die Rechtsbeschwerde, wenn die Möglichkeit nicht ausgeschlossen werden kann, dass die Entscheidung auf diesem Verfahrensverstoß beruht.[52] Zu Ausnahmen von dem Grundsatz der Beteiligtenöffentlichkeit siehe §§ 33 Abs. 1 S. 2, 128 Abs. 1 S. 2, 157 Abs. 2 S. 2. In echten Streitsachen und in Antragsverfahren besteht die Möglichkeit einer Heilung durch Rügeverzicht oder rügelose Einlassung entsprechend § 295 ZPO,[53] wenn der Grundsatz der Amtsaufklärungspflicht dem nicht entgegensteht.[54]

---

[46] OLG Frankfurt FGPrax 1998, 62 = NJW-RR 1998, 870; OLG Köln NJW-RR 1998, 1143.
[47] BayObLG MDR 1984, 324; zweifelnd: OLG Köln MDR 1983, 326; DNotZ 1981, 783.
[48] OLG Hamm OLGZ 1968, 334.
[49] OLG Frankfurt FGPrax 1998, 62 = NJW-RR 1998, 870; die unter Verstoß gegen § 375 ZPO erhobene Zeugenaussage darf nur im Wege des Freibeweises verwertet werden: BayObLG FamRZ 1992, 355.
[50] OLG Zweibrücken OLGZ 1989, 295.
[51] BayObLGZ 1967, 137/147; KG FamRZ 1968, 605; OLG Hamm OLGZ 1968, 334.
[52] BayObLGZ 1977, 59/65.
[53] OLG Hamm OLGZ 1968, 334.
[54] KG OLGZ 1969, 88/89.

Auch von **präsenten Beweismitteln** (z. B. vorgelegten Urkunden, in Augenschein zu nehmenden Gegenständen, mitgebrachten Zeugen) kann ohne Verfahrensverstoß nur Gebrauch gemacht werden, wenn das Recht der Beteiligten auf Teilnahme am förmlichen Beweisverfahren gewahrt ist. Allein aus der Tatsache, dass das Gericht keine förmliche Beweisaufnahme durchführt, sondern sich auf formlose Ermittlungen ohne Hinzuziehung der Verfahrensbeteiligten beschränkt, ergibt sich indes noch kein Verstoß gegen Art. 103 Abs. 1 GG.[55] 29

Zur Form und Umfanges des **Vermerks** über das Ergebnis der Beweiserhebung siehe § 29 Rn 25 sowie § 28 Rn 24–28. 30

5. Gelegenheit zur Stellungnahme (Abs. 4)

Abs. 4 verpflichtet das Gericht, in einem förmlichen Beweisverfahren den Beteiligten Gelegenheit zur Stellungnahme zum Ergebnis der Beweisaufnahme zu geben. Insoweit kann im Einzelfall auch die Durchführung eines Termins geboten sein. Insbesondere wenn die bloße Gelegenheit zur schriftlichen Stellungnahme zur Gewährung des rechtlichen Gehörs nicht ausreicht, muss das Gericht die Beteiligten persönlich anhören (§ 34 Abs. 1 Nr. 1). Die Gewährung rechtlichen Gehörs für die Beteiligten wird im Übrigen auch dadurch gewährleistet, dass das Gericht seine Entscheidung nur auf solche Tatsachen und Beweisergebnisse stützen darf, zu denen die Beteiligten sich äußern konnten (§ 37 Abs. 2). 31

6. Verfahren für die Abnahme von Eiden (§§ 478–484 ZPO)

Auf das Verfahren für die Abnahme von Eiden finden die §§ 478 bis 484 ZPO entsprechende Anwendung. Sie gelten im FamFG-Verfahren für Zeugen-, Sachverständigen-, Beteiligten- und Dolmetschereid sowie für die eidesgleiche Bekräftigung (§ 484 ZPO). Ergänzende Regelungen zur Beeidigung von Zeugen enthalten die §§ 391 bis 393 ZPO. Über die Beeidigung ist stets ein Vermerk aufzunehmen, in dem auch die Eidesbelehrung (§ 480 ZPO) festzustellen ist (vgl. § 28 Abs. 4). 32

IV. Beweis durch Augenschein (§§ 371–372 a ZPO)

1. Grundsatz

Für den Augenscheinsbeweis gelten die Vorschriften der §§ 371 bis 372 a ZPO entsprechend. **Augenschein**[56] ist jede sinnliche Wahrnehmung des Gerichts von Personen bzw. Sachen (§ 90 BGB) oder über Vorgänge bzw. Verhaltensweisen.[57] Augenscheinsobjekt und nicht Gegenstand des Urkundenbeweises sind auch technische Aufzeichnungen (z. B. Ton- oder Filmaufzeichnungen) oder elektronische Dokumente (z. B. Text-, Audio-, Video- oder Grafikdateien).[58] Soweit derartige Aufnahmen unter Verletzung des allgemeinen Persönlichkeitsrechts (Art. 1 Abs. 1, 2 Abs. 1 GG) zustande gekommen sind, ist ihre Verwertung grundsätzlich ausgeschlossen.[59] Jedoch kann die Interessenabwägung im Einzelfall, solange die Intimsphäre des Gesprächspartners nicht betroffen ist, zu einem anderen Ergebnis führen.[60] 33

Ist Gegenstand des Augenscheinsbeweises ein **elektronisches Dokument,** so erfolgt der Beweis durch Vorlage oder Übermittlung der Datei (§§ 371 Abs. 1 S. 2, 371 a ZPO), z. B. durch Übergabe des Speichermediums, z. B. DVD, CD, Diskette, Schallplatten, Videobänder etc., Private und öffentliche elektronische Dokumente werden hinsichtlich ihrer Beweiskraft privaten und öffentlichen Urkunden gleich gestellt (vgl. § 371 a ZPO). 34

---

[55] BayObLG NJW 1996, 583.
[56] Zur Mitwirkung eines blinden Richters bei der Augenscheinseinnahme OLG Frankfurt NJW-RR 2010, 1651; OLGR 1994, 166.
[57] Zöller/Greger § 371 Rn 1.
[58] Berger NJW 2005, 1016/1017.
[59] BVerfGE 34, 238 = NJW 1973, 609; BGH NJW 2003, 1727; Baumbach/Hartmann Übers § 371 Rn 13, Thomas/Putzo/Reichold Vorb. § 371 Rn 6.
[60] BGH NJW 1982, 277.

2. Durchführung der Augenscheinseinnahme

35 Für das Verfahren gilt § 372 ZPO. Das Gericht kann einen oder mehrere Sachverständige zur Unterstützung hinzuziehen (Abs. 1). Die Einnahme des Augenscheins kann ohne Einschränkung dem **beauftragten oder ersuchten Richter** übertragen werden (Abs. 2 ZPO), wenn dadurch nicht gegen den Grundsatz der Amtsaufklärung verstoßen wird, weil das Ergebnis der Augenscheinseinnahme nur auf Grund des persönlichen Eindrucks aller Mitglieder des Gerichts zutreffend gewürdigt werden kann.

36 Bei einer Weigerung, den Augenschein etwa durch körperliche Untersuchung zu dulden, hat das Gericht in der Regel nur die Möglichkeit, die betreffende Person als Beteiligten oder Zeugen zu laden, ihr Erscheinen ggf. zu erzwingen und sie – auch in Anwesenheit eines Sachverständigen – zu vernehmen. Ein Zwang zur Duldung des Augenscheins bei Personen darf, von der Ausnahme des § 372a ZPO abgesehen (siehe dazu Rn 39), nicht ausgeübt werden;[61] auch nicht in Form einer Untersuchung durch einen Sachverständigen.[62] Sonderregelungen bestehen nach §§ 283, 284 FamFG bzw. § 322 FamFG i. V. m. §§ 283, 284 FamFG für Betreuungs- und Unterbringungsverfahren.[63]

3. Herbeischaffung des Augenscheinsobjektes

37 Für das Herbeischaffen von Augenscheinsobjekten ist **§ 371 Abs. 2 ZPO** nicht anwendbar, da in FamFG-Verfahren die Beweiserhebung unabhängig von Anträgen der Beteiligten von Amts wegen erfolgt. Daher gelten auch die in § 371 Abs. 2 S. 2 ZPO in Bezug genommenen Vorschriften über den Urkundenbeweis (§§ 422 bis 432 ZPO) nicht. Zudem scheitert eine Anwendung dieser Normen auch daran, dass diese auf der Voraussetzung beruhen, dass ein Gegner des Beweisführers vorhanden ist, also ein Zweiparteiensystem im Sinne der ZPO besteht, das in Verfahren der freiwilligen Gerichtsbarkeit mit Ausnahme der echten Streitsachen ohnehin fehlt.

38 **§ 371 Abs. 3 ZPO** enthält eine § 444 ZPO entsprechende Regelung bei Vereitelung des Augenscheinsbeweises durch eine Partei; diese Bestimmung findet in Verfahren der freiwilligen Gerichtsbarkeit entsprechende Anwendung.[64] Sie konkretisiert das Verbot des arglistigen Verhaltens in einem gerichtlichen Verfahren, das auch dann gilt, wenn der Grundsatz der Amtsaufklärung besteht, solange es nicht dazu führt, dass bei seiner Verletzung zwingend von der Richtigkeit oder Unrichtigkeit bestimmter Tatsachen ausgegangen werden muss; dies ist bei § 371 Abs. 3 ZPO schon nach dem Wortlaut der Vorschrift (… können … als bewiesen angesehen werden) nicht der Fall.

4. Untersuchung zur Feststellung der Abstammung

39 **a) Allgemeines.** § 372a ZPO und der inhaltsgleiche § 178 FamFG lassen Untersuchungen zur Feststellung der Abstammung sowohl in den Abstammungssachen (§ 169 FamFG) als auch in den Fällen zu, in denen die Abstammung als Vorfrage gewürdigt werden muss (z.B. Unterhalts- oder Nachlasssachen; vgl. zum Anwendungsbereich der Vorschriften § 178 Rn 2).[65] Voraussetzung ist indes regelmäßig, dass die Frage der Abstammung in dem Verfahren entscheidungserheblich ist, und dass andere Aufklärungsmöglichkeiten erschöpft sind.[66] § 382a ZPO und § 178 FamFG sind mit dem Grundgesetz vereinbar (§ 178 Rn 1).[67] Welche Art der Untersuchung das Gericht für notwendig erachtet (z.B. Blutgruppenuntersuchung, serostatistische Zusatzberechnung, erbbiologisch-antropo-

---

[61] BayObLG DAVorm 1979, 50; OLG Hamm FamRZ 1981, 706; Thomas/Putzo/Reichold Vorb. § 371 Rn 2.
[62] BayObLG MDR 1977, 851; OLG Hamm FamRZ 1982, 94; FamRZ 1981, 706; OLG Stuttgart OLGZ 1976, 140/141; OLGZ 1975, 132/133.
[63] Zur Anfechtung einer Untersuchungs- und Vorführungsanordnung siehe BGH NJW 2007, 3575; OLG Celle FamRZ 2007, 167; a. A. BayObLG FamRZ 2003, 60; OLG Hamm FamRZ 1997, 440.
[64] Jansen/von König § 15 Rn 12.
[65] OLG Stuttgart NJW 1972, 2226.
[66] OLG Stuttgart NJW 1972, 2226; Thomas/Putzo/Reichold § 372a Rn 2.
[67] BVerfGE 5, 13 = NJW 1956, 986 zu § 372a ZPO.

logisches Gutachten, DNA-Analyse etc.), steht in seinem pflichtgemäßen Ermessen (vgl. dazu § 178 Rn 3–9).[68]

Eine **Duldungspflicht zur Untersuchung** besteht für jede Person und somit für Beteiligte, Zeugen und für dritte Personen.[69] Sie unterliegt insofern Einschränkungen, als die Untersuchung nach den anerkannten Grundsätzen der Wissenschaft eine Aufklärung versprechen und nach ihrer Art und den Folgen ihres Ergebnisses für die zu untersuchende Person und deren nahe Angehörige zumutbar sein muss (§ 372a Abs. 1 ZPO i. V. m. § 383 Abs. 1 Nr. 1 bis 3 ZPO; § 178 Abs. 1).[70] Der gesetzliche Vertreter eines Minderjährigen ist nur bei dessen mangelnder Verstandesreife zu der Entscheidung berechtigt, ob der Minderjährige sich der Untersuchung unterziehen soll;[71] ansonsten entscheidet der Minderjährige selbst (vgl. auch § 178 Rn 30).[72] Unbeschadet der Besonderheiten des Einzelfalls ist die erforderliche Verstandesreife des Minderjährigen etwa bei einem Alter von 14 Jahren anzunehmen.[73]

b) Zwangsmittel. Die Untersuchung kann nach §§ 372a Abs. 2 ZPO, 178 Abs. 1 FamFG jeweils i. V. m. §§ 386 bis 390 ZPO erzwungen werden, wenn sie ohne berechtigten Grund verweigert wird. Gegen eine ordnungsgemäß geladene, nach § 372a ZPO untersuchungspflichtige Person, die im Termin zur Untersuchung durch den Sachverständigen nicht erscheint, kann nicht mit den Zwangsmitteln des § 380 ZPO vorgegangen werden; diese Vorschrift ist in § 372a ZPO nicht für anwendbar erklärt. Die Untersuchung als solche kann entsprechend § 390 ZPO erzwungen werden.[74] Bei wiederholter unberechtigter Weigerung der Untersuchung darf unmittelbarer Zwang angewendet werden, insbesondere die zwangsweise Vorführung zum Zwecke der Untersuchung angeordnet werden (§ 372a Abs. 2 S. 2 ZPO). Zur Vollstreckung titulierter Ansprüche auf Duldung einer Probeentnahme in Abstammungssachen siehe § 96a FamFG.

c) Anfechtbarkeit. Die bloße **Anordnung der Begutachtung,** die den Beteiligten und den Betroffenen noch keine unmittelbaren Handlungs- und Duldungspflichten auferlegt, unterliegt als gerichtliche Zwischenentscheidung keiner selbstständigen Anfechtung.[75] Beschlüsse, mit denen die **Erzwingung der Duldungspflicht** nach §§ 372a Abs. 2 S. 1 ZPO, 178 Abs. 2 FamFG, jeweils i. V. m. § 390 ZPO angeordnet wird, sind hingegen nach § 390 Abs. 3 ZPO mit der sofortigen Beschwerde nach §§ 567 ff. ZPO anfechtbar.[76]

Gegen **Entscheidung in einem Zwischenstreit** (§§ 372a Abs. 2 S. 1 ZPO, 178 Abs. 2 FamFG i. V. m. § 387 ZPO) über die Berechtigung von Weigerungsgründen im Sinne des § 386 ZPO[77] findet die sofortige Beschwerde nach § 387 Abs. 3 ZPO i. V. m. §§ 567 ff. ZPO statt.[78] Wird die Verweigerung der Untersuchung für unberechtigt erklärt, kann nur der zu Untersuchende die entsprechende Entscheidung anfechten; wird die Weigerung für berechtigt erklärt, steht jedem Beteiligten ein Beschwerderecht zu, der auch die Entscheidung in der Hauptsache anfechten könnte, wenn die Möglichkeit besteht, dass er durch die Weigerung in seinen Rechten beeinträchtigt werden kann.[79] Eine Rechtsbeschwerde gegen die Beschwerdeentscheidung ist nur statthaft, wenn sie vom Beschwerdegericht zugelassen worden ist (§ 574 Abs. 1 Nr. 2 ZPO).

---

[68] Bumiller/Harders § 30 Rn 11.
[69] Bumiller/Harders § 30 Rn 11; Thomas/Putzo/Reichold § 372a Rn 12.
[70] OLG Koblenz NJW 1976, 379; Thomas/Putzo/Reichold § 372a Rn 14; Zöller/Greger § 372a Rn 10.
[71] BGH NJW 2006, 1657.
[72] OLG Karlsruhe NJWE-FER 1998, 98.
[73] BayObLG NJW 1967, 206.
[74] OLG Düsseldorf FamRZ 1971, 666; OLG Nürnberg MDR 1964, 242.
[75] BayObLG FamRZ 2002, 419; OLG München FamRZ 2006, 557; FGPrax 2006, 212; OLG Zweibrücken FamRZ 2006, 1619.
[76] BGH NJW 1984, 2893.
[77] Vgl. BGH NJW 1990, 2937; OLG Brandenburg NJWE-FER 2001, 131; OLG Karlsruhe FamRZ 2007, 739.
[78] OLG Dresden NJW 1999, 84 zur unterschiedlichen Vorgehensweise bei Verweigerung einer Untersuchung mit oder ohne Angabe von Gründen; Baumbach/Hartmann § 372a Rn 28.
[79] Bumiller/Harders § 30 Rn 13.

44 Trifft das OLG oder das LG im **Beschwerdeverfahren** erstmalig eine Entscheidung, die in entsprechender Anwendung der §§ 387 Abs. 3 ZPO oder 390 Abs. 3 ZPO anfechtbar ist, so findet hiergegen nicht die Beschwerde nach §§ 567 ff. ZPO, sondern – im Falle ihrer Zulassung – nur die Rechtsbeschwerde zum BGH statt.[80]

V. Zeugenbeweis (§§ 373–401 ZPO)

1. Grundsatz

45 Für den Zeugenbeweis gelten die §§ 373 bis 401 ZPO entsprechend. Als **Zeuge** kann nur derjenige vernommen werden, dessen Vernehmung als Verfahrensbeteiligter nicht in Frage kommt. Unter dem Geltungsbereich des FGG waren dies diejenigen, die formell am Verfahren beteiligt waren oder als materiell Beteiligter in Frage kamen und zwar unabhängig von ihrer Teilnahme am Verfahren.[81] Für den Anwendungsbereich des FamFG ist nur auf die Beteiligtenstellung im Sinne des § 7 abzustellen.[82] Als Zeugen können nicht vernommen werden, wer Antragsteller im Antragsverfahren (§ 7 Abs. 1) oder Muss-Beteiligte im Sinne des § 7 Abs. 2 ist. Gleiches gilt für den von Amts wegen oder auf Antrag im Verfahren hinzugezogenen Beteiligten (der sog. Kann-Beteiligter, § 7 Abs. 3). Ein zum Zeitpunkt seiner Vernehmung nicht hinzugezogener Kann-Beteiligter ist als Zeuge zu vernehmen. Eine spätere Änderung seiner Stellung im Verfahren, berührt nicht die Wirksamkeit seiner Aussage.[83] Soweit ausnahmsweise **geschäftsunfähige** oder in der **Geschäftsfähigkeit beschränkte Personen** berechtigt sind, im Verfahren selbstständig aufzutreten (vgl. §§ 60, 275, 316; s. § 9 Rn 10–17), sind sie Verfahrensbeteiligte und können nicht Zeuge sein. In Kindschaftsverfahren ist eine förmliche Vernehmung des Kindes als Zeuge ausgeschlossen (§ 163 Abs. 3); zur Anhörung des Kindes in diesen Verfahren s. § 159).

46 Der **gesetzliche Vertreter** eines verfahrensunfähigen Beteiligten kann grundsätzlich nicht als Zeuge vernommen werden (vgl. § 455 Abs. 1 ZPO).[84] Dies gilt z. B. für die Eltern des minderjährigen Kindes, den Vormund des geschäftsunfähigen oder in der Geschäftsfähigkeit beschränkten Mündels, den Betreuer im Rahmen seines Aufgabenkreises (vgl. § 1902 BGB), den Vorstand oder Geschäftsführer einer juristischen Person, den vertretungsberechtigten persönlich haftenden Gesellschafter der OHG oder KG;[85] ein Kommanditist kann in Angelegenheiten der KG nicht Zeuge sein, wenn er an dem Verfahren materiell beteiligt ist. Zeugnisfähig sind dagegen der Aktionär der AG, der Gesellschafter der GmbH und das Mitglied eines eingetragenen Vereins, soweit sie nicht als Antragsteller formell Beteiligte sind. Das Mitglied eines nichtrechtsfähigen Vereins kann nicht Zeuge sein; dies gilt auch für eine Partei kraft Amtes.[86]

47 Der Beschluss, mit dem die **Vernehmung einer zeugnisunfähigen Person** angeordnet wird, ist nicht anfechtbar. Nur die Entscheidung selbst, die sich auf die Verwertung einer solchen Zeugenaussage stützt, kann mit der Beschwerde angefochten werden. Die Aussage eines als Zeugen vernommenen Beteiligten kann als Beteiligtenaussage verwertet werden.[87] In Antragsverfahren oder in echten Streitsachen besteht die Möglichkeit der Heilung einer irrtümlichen Vernehmung eines Beteiligten als Zeugen durch Rügeverzicht in entsprechender Anwendung von § 295 Abs. 1 ZPO (s. § 1 Rn 39).[88]

48 Die **Entschädigung eines Zeugen** richtet sich nach §§ 1 ff., 19 ff. JVEG.

---

[80] Bumiller/Harders § 30 Rn 13.
[81] BayObLG FGPrax 1997, 220; NJW-RR 1993, 85; OLG Hamm JMBl.NW 1963, 120; a. M. für die Zulassung der Zeugenvernehmung materiell Beteiligter, die nicht formell am Verfahren beteiligt sind: Baur § 12 IV 5.
[82] So auch SBW/Brinkmann § 30 Rn 42; a. A. Bumiller/Harders § 30 Rn 15, die weiterhin auf eine formelle und materielle Beteiligung abstellen.
[83] Vgl. auch Zöller/Greger § 373 Rn 6 a.
[84] BGH FamRZ 1964, 150; s. a. Baumbach/Hartmann Übers. vor § 373 Rn 12, 23; Zöller/Greger § 373 Rn 4.
[85] S. a. BGHZ 42, 230/231 (keine Vernehmung des persönlich haftenden Gesellschafters einer in Liquidation befindlichen KG als Partei, sondern als Zeuge, wenn er nicht Liquidator ist); Baumbach/Hartmann Übers. vor § 373 Rn 12.
[86] BayObLGZ 1974, 223/225 für den Testamentsvollstrecker im Erbscheinsverfahren.
[87] BayObLG NJW-RR 1983, 85; OLG Hamm OLGZ 1967, 390/391.
[88] BGH NJW-RR 2000, 1664 für echte Streitsachen; OLG Karlsruhe/Freiburg FGPrax 2010, 239 für ein Antragsverfahren; SBW/Brinkmann § 30 Rn 46.

2. Ladung

Die Ladung darf nicht von der Zahlung eines **Auslagenvorschusses** abhängig gemacht werden, da wegen des Amtsermittlungsgrundsatzes (§ 26) im Anwendungsbereich des § 30 (vgl. dazu § 29 Rn 2) die Regelung des § 379 ZPO keine entsprechende Anwendung findet. Dies gilt sowohl für das Amtsverfahren wie für das Antragsverfahren, auch für echte Streitsachen der freiwilligen Gerichtsbarkeit. In Antragssachen kann zwar die Durchführung des gesamten Verfahrens gem. § 8 KostO bzw. in Familiensachen der freiwilligen Gerichtsbarkeit gem. § 14 Abs. 3 FamGKG von der Zahlung oder Sicherstellung eines Kostenvorschusses abhängig gemacht werden, nicht aber die Durchführung einzelner Beweiserhebungen, weil die Feststellung der streitigen Tatsachen nach Verfahrenseinleitung von Amts wegen erfolgt.

Die Zeugen sind entsprechend § 377 ZPO von Amts wegen **durch die Geschäftsstelle** zu laden. Die Ladung erfolgt grundsätzlich formlos (§ 377 Abs. 1 S. 2 ZPO), soweit das Gericht nicht die Zustellung anordnet. Minderjährige Zeugen sind bis zum Alter von ungefähr 14 Jahren stets zu Händen ihrer gesetzlichen Vertreter, im Übrigen selbst zu laden, wobei die gesetzlichen Vertreter jedoch tunlichst zu verständigen sind.[89] Dem Zeugen steht gegen die Ladung kein Rechtsmittel zu. Soldaten werden in derselben Weise wie andere Personen geladen.[90] Zur Ladung von Angehörigen der Stationierungsstreitkräfte siehe Art. 37 des Zusatzabkommens zum Nato-Truppenstatut (BGBl. II 1961 S. 1218).[91]

Die **Bezugnahme auf den Beweisbeschluss** entfällt, wenn die Beweisaufnahme, was im Verfahren der freiwilligen Gerichtsbarkeit zulässig ist, formlos angeordnet wird; an die Stelle der Bezeichnung der Parteien tritt die der Angelegenheit. Das Thema der vorgesehenen Vernehmung ist in der Ladung zu bezeichnen, wobei eine summarische Angabe genügt.[92]

Auf die durch § 378 ZPO eingeführte Verpflichtung des Zeugen, zur Erleichterung seiner Aussage Aufzeichnungen und andere Unterlagen einzusehen und zum Termin mitzubringen, sollte das Gericht bereits in der Ladung hinweisen; dadurch kann, was die Vorschrift bezweckt, sich der Zeuge auf seine Vernehmung sachgerecht vorbereiten und ein weiterer Vernehmungstermin häufig vermieden werden.[93] Die **Verletzung der Vorbereitungspflicht** kann nach einem vorherigen Hinweis in entsprechender Anwendung der §§ 378 Abs. 2, 390 ZPO die gleichen Maßnahmen wie bei einer Verweigerung der Aussage oder Eidesleistung nach sich ziehen.

3. Erscheinungspflicht

a) **Grundsatz.** Die **Zeugnispflicht** ist eine öffentlich-rechtliche Verpflichtung; sie besteht in der Pflicht zum Erscheinen, der Pflicht zur wahrheitsgemäßen Aussage sowie der Pflicht zur Eidesleistung.[94] Ausnahmen von der Erscheinenspflicht bestehen nach § 375 Abs. 2 ZPO für den Bundespräsidenten und nach § 382 ZPO für die Mitglieder der Bundesregierung, der Landesregierungen und der Parlamente. Nach § 386 Abs. 3 ZPO ist ein Zeuge, der ordnungsgemäß die Verweigerung des Zeugnisses erklärt, von der Erscheinenspflicht befreit. Nach **§ 377 Abs. 3 ZPO** kann das Gericht eine **schriftliche Beantwortung der Beweisfrage** anordnen, wenn es das nach pflichtgemäßem Ermessen für ausreichend erachtet.[95]

b) **Verstoß gegen die Erscheinungspflicht.** Bei Verstoß gegen die Pflicht zum Erscheinen sind §§ 380, 381 ZPO entsprechend anzuwenden. Als Folgen des Ausbleibens sind in § 380 Abs. 1 ZPO die Auferlegung der durch das Ausbleiben verursachten Kosten auf den Zeugen und die Festsetzung eines Ordnungsgeldes, ersatzweise die Festsetzung von

---

[89] Zöller/Greger § 377 Rn 1a, § 380 Rn 7.
[90] Ziffer 18 des Erlasses des Bundesministers der Verteidigung v. 23. 7. 1998, VMBl. 1998, S. 246, abgedruckt bei Baumbach/Hartmann Schlussanhang II; Zöller/Stöber Vor § 166 Rn 7.
[91] Baumbach/Hartmann Schlussanhang III.
[92] OLG Düsseldorf JMBl.NW 1956, 91; OLG Hamm OLGZ 1968, 344.
[93] Thomas/Putzo/Reichold § 378 Rn 1.
[94] Habscheid § 21 II 3; Zöller/Greger § 373 Rn 2.
[95] OLG Köln FGPrax 2004, 78; Thomas/Putzo/Reichold § 377 Rn 2.

Ordnungshaft, vorgesehen; § 380 Abs. 2 ZPO erlaubt für den Fall wiederholten Ausbleibens die neuerliche, nicht nur einmalige[96] Festsetzung des Ordnungsmittels sowie daneben die Anordnung einer zwangsweisen Vorführung des Zeugen. Die Anordnung der Maßnahmen setzt ordnungsgemäße Ladung (§ 380 Abs. 1 S. 1 ZPO) sowie Fehlen einer genügenden Entschuldigung für das Ausbleiben (§ 381 Abs. 1 S. 1 ZPO) voraus.[97]

55 § 381 ZPO regelt die Auswirkungen der Auferlegung der Kosten auf den ausgebliebenen Zeugen und der Verhängung eines Ordnungsgeldes, wenn dieser sein Ausbleiben in dem zu seiner Vernehmung anberaumten Termin entschuldigt. Nach § 381 Abs. 1 S. 1 ZPO unterbleiben jegliche Maßnahmen, wenn der Zeuge sein Ausbleiben **im Voraus** so rechtzeitig entschuldigt, dass noch eine Terminsverlegung möglich ist.[98] Bei **nachträglicher Entschuldigung** wird nach § 381 Abs. 1 S 2 ZPO nur dann von Maßnahmen abgesehen, wenn glaubhaft gemacht wird, dass der Zeuge die Verspätung seiner Entschuldigung nicht verschuldet hat. Unter der gleichen Voraussetzung können bereits angeordnete Maßnahmen nach § 381 Abs. 1 S. 3 ZPO auch wieder aufgehoben werden.

56 **c) Anfechtung.** Beschlüsse des AG bzw. des LG als erstinstanzliches Gericht über Maßnahmen nach § 380 ZPO oder deren Ablehnung sowie über die Aufhebung von Maßnahmen nach § 381 ZPO oder deren Ablehnung sind gem. § 380 Abs. 3 ZPO mit der sofortigen Beschwerde nach §§ 567 ff. ZPO anfechtbar.[99] Die Beschwerde hat nach § 570 Abs. 1 ZPO aufschiebende Wirkung. Ein minderjähriger Zeuge, gegen den ein Ordnungsmittel festgesetzt worden ist, kann dagegen auch ohne Mitwirkung seines gesetzlichen Vertreters selbstständig Beschwerde einlegen. Er ist insoweit als verfahrensfähig anzusehen (vgl. § 9). Beschwerdeberechtigt sind auch die Verfahrensbeteiligten, wenn dem ausgebliebenen Zeugen die durch sein Ausbleiben verursachten Kosten nicht auferlegt worden sind. Gegen Maßnahmen nach § 380 ZPO durch das Beschwerdegerichts bzw. gegen Beschwerdeentscheidungen ist in entsprechender Anwendung des § 574 Abs. 1 Nr. 2 ZPO im Falle einer Zulassung die Rechtsbeschwerde statthaft.[100]

57 **d) Rechtspfleger.** Der Rechtspfleger kann in den ihm übertragenen Angelegenheiten (§ 3 RPflG) die Ladung von Zeugen (und Sachverständigen, § 402 ZPO) nur unter Androhung des in § 380 ZPO vorgesehenen Ordnungsgeldes verfügen; ersatzweise Ordnungshaft darf er nicht androhen (§ 4 Abs. 2 Nr. 2 RPflG).[101] Er kann auch als Folge des Ausbleibens neben der Verurteilung in die Kosten nur Ordnungsgeld festsetzen. Hält er bei der Ladung die Androhung der Ersatzordnungshaft für geboten oder nach deren Androhung die Anordnung der ersatzweisen Ordnungshaft für notwendig, muss er die Sache dem zuständigen Richter (§ 28 RPflG) nach § 4 Abs. 3 RPflG vorlegen. Die zwangsweise Vorführung ist in gleicher Weise zu behandeln. Gegen die Festsetzung des Ordnungsgeldes durch den Rechtspfleger steht dem Zeugen die sofortige Beschwerde zu (§ 11 Abs. 1 RPflG i. V. m. § 380 Abs. 1 ZPO).

4. Aussagepflicht; Zeugnisverweigerung

58 **a) Aussagepflicht.** Der Zeuge ist zur **wahrheitsgemäßen Aussage** verpflichtet (s. §§ 390, 395 Abs. 1 ZPO). Die Aussagepflicht kann durch die Amtsverschwiegenheitspflicht nach § 376 ZPO oder das **Zeugnisverweigerungsrecht** nach §§ 383 ff. ZPO ausgeschlossen oder beschränkt sein.

59 **b) Amtsverschwiegenheit.** Die Vernehmung eines der Verpflichtung zur Amtsverschwiegenheit unterliegenden Zeugen setzt eine Aussagegenehmigung voraus (§ 376 Abs. 1 ZPO). Der Umfang der Verschwiegenheitspflicht und die Erteilung der Genehmigung zur Aussage bestimmen sich nach den entsprechenden Sondergesetzen, z.B. nach §§ 44 c, 49

---

[96] KG NJW 1960, 1726; Thomas/Putzo/Reichold § 380 Rn 7; a. A.: OLG Celle OLG 1975, 372; Stein/Jonas/Berger § 380 Rn 19.
[97] OLG Celle OLGZ 1977, 366/367; Thomas/Putzo/Reichold § 380 Rn 1.
[98] Baumbach/Hartmann § 381 Rn 4.
[99] BGH NJW 1984, 2893; zu den Kosten einer erfolgreichen Beschwerde: BGH NJW-RR 2007, 1364.
[100] OLG Köln FGPrax 2010, 58.
[101] Bassenge/Roth/Roth § 4 RPflG Rn 16.

AbgG, §§ 6, 7 BMinG, § 18 BNotO,[102] §§ 43, 45 Abs. 1, 46 DRiG, §§ 61, 62 BBG, 39 BRRG und den Bestimmungen der Richter- und Beamtengesetze der Länder,[103] bei anderen Angehörigen des öffentlichen Dienstes nach dem Tarifvertrag, dem Anstellungsvertrag oder einer besonders übernommenen Verpflichtung. Die Verschwiegenheitspflicht erstreckt sich nicht auf dienstliche Mitteilungen, die einer anderen Behörde im Wege der Amtshilfe zu geben sind.[104] Das Gericht hat die Genehmigung des Dienstvorgesetzten vor der Ladung des Zeugen einzuholen und diesem mit der Ladung mitzuteilen (§ 376 Abs. 3 ZPO). Ein ohne diese Voraussetzung geladener Zeuge ist nicht verpflichtet, zum Termin zu erscheinen, wenn er seine Weigerung vorher mitteilt (§ 386 Abs. 3 ZPO).

Ohne **Aussagegenehmigung** darf ein Zeuge, der der Verpflichtung zur Amtsverschwiegenheit unterliegt, nicht vernommen werden. Der Beweis muss als nicht verfügbar behandelt werden.[105] Das gilt auch dann, wenn ein solcher Zeuge nach § 385 Abs. 2 ZPO von der Verschwiegenheitspflicht entbunden worden ist.[106] Das Ergebnis einer ohne Aussagegenehmigung durchgeführten Vernehmung eines der Verpflichtung zur Amtsverschwiegenheit unterliegenden Zeugen unterliegt keinem **Beweisverwertungsverbot**. Vielmehr darf es verwertet werden,[107] denn die Amtsverschwiegenheit dient nicht dem Schutz der Verfahrensbeteiligten, sondern ausschließlich öffentlichen Interesses. Wird die Aussagegenehmigung verweigert, steht dem Beteiligten, der dadurch beeinträchtigt wird, der Verwaltungsgerichtsweg offen.[108] Ggf. ist das Verfahren nach § 21 bis zur Entscheidung des Verwaltungsgerichtsprozesses auszusetzen,[109] wobei zu berücksichtigen ist, welche Aussichten bestehen, die Erteilung der Genehmigung klageweise durchzusetzen.[110]

c) **Recht der Zeugnisverweigerung.** Für das Recht der Zeugnisverweigerung gelten die Vorschriften der §§ 383 bis 390 ZPO mit den für das FamFG-Verfahren gebotenen Abweichungen entsprechend.[111] Die Pflicht zum Hinweis gem. § 383 Abs. 2 ZPO auf ein Zeugnisverweigerungsrecht aus persönlichen Gründen gegenüber den in § 383 Abs. 1 Nr. 1 bis 3 ZPO bezeichneten nahen Angehörigen muss auch im Freibeweisverfahren beachtet werden. Die ohne Belehrung erfolgte Aussage darf nicht verwertet werden. Eine weitergehende Belehrungspflicht auch über die Möglichkeit einer Zeugnisverweigerung aus den in § 384 ZPO aufgeführten Gründen besteht nicht.

aa) *Verstoß gegen die Verschwiegenheitspflicht.* Die unter Verstoß gegen eine Verschwiegenheitspflicht gemachte Zeugenaussage ist verwertbar; der Verstoß ist lediglich als erheblicher Umstand bei der Beweiswürdigung zu berücksichtigen.[112] Beruft sich ein Zeuge auf ein ihm in entsprechender Anwendung des § 384 ZPO zustehendes Auskunftsverweigerungsrecht, so ist es grundsätzlich verfahrensfehlerhaft, wenn deswegen von seiner Befragung gänzlich abgesehen wird. Vielmehr hat der Zeuge lediglich das Recht, die Beantwortung einzelner Fragen zu verweigern. Aus der Weigerung zu deren Beantwortung lassen sich aber Schlüsse auf die Richtigkeit oder Unrichtigkeit seiner Aussage ziehen.[113]

---

[102] Zur Befreiung durch die Aufsichtsbehörde s. § 18 Abs. 2 BNotO; zur Anfechtbarkeit einer Befreiungsentscheidung BGH NJW-RR 2009, 991.
[103] Zu den Landesgesetzen siehe Baumbach/Hartmann Vorbem. B zu § 376; zur Aussagegenehmigung von Mitgliedern der Stationierungsstreitkräfte s. Art. 38 des Zusatzabkommens zum Nato-Truppenstatut, abgedruckt u. a. bei Baumbach/Hartmann Schlussanhang III.
[104] BayObLG FamRZ 1990, 1012.
[105] OLG Köln ZBlJR 1987, 180.
[106] Baumbach/Hartmann § 385 Rn 9.
[107] BGH NJW 1952, 161; OLG Köln FGPrax 2004, 78 = FamRZ 2004, 1382; MünchKommZPO/Pabst § 29 FamFG Rn 19; Zöller/Greger § 376 Rn 9.
[108] BVerwG NJW 1971, 160; OLG Hamm MDR 1977, 849.
[109] OLG Hamm MDR 1977, 849.
[110] OLG Zweibrücken FamRZ 1995, 679.
[111] Zum Zeugnisverweigerungsrecht im Einzelnen s. z. B. die Kommentierungen zu §§ 383 ff. ZPO bei Baumbach/Hartmann; Thomas/Putzo/Reichold; Zöller/Greger.
[112] BGH NJW 1990, 1734; BayObLG NJW 1991, 6 = FamRZ 1991, 231; OLG Köln Rpfleger 1985, 494.
[113] BGH NJW 1994, 197; Thomas/Putzo/Reichold § 384 Rn 1.

63 bb) *Minderjährige.* Minderjährige Zeugen entscheiden selbstständig über die Ausübung eines ihnen zustehenden Zeugnisverweigerungsrechts.[114] Nur wenn anzunehmen ist, dass ein Minderjähriger die für die Entscheidung notwendige Verstandesreife nicht besitzt, bedarf seine Vernehmung der Zustimmung des gesetzlichen Vertreters. Erteilt dieser die Zustimmung, ist der Minderjährige zu belehren, dass er gleichwohl die Aussage verweigern darf.[115] Auch bei einem Minderjährigen, der die erforderliche Verstandesreife hat und der sich trotz bestehenden Zeugnisverweigerungsrechts für die Aussage entscheidet, bedarf diese Entscheidung i. d. R. der Zustimmung des gesetzlichen Vertreters.[116]

64 Ausnahmsweise kann die **Aussagebereitschaft des Minderjährigen** aber Vorrang vor der fehlenden Zustimmung des gesetzlichen Vertreters haben.[117] Macht ein minderjähriger Zeuge erst in einem späteren Verfahrensstadium von seinem Zeugnisverweigerungsrecht Gebrauch, dürfen seine früheren Aussagen in entsprechender Anwendung des § 252 StPO auch im Wege des Urkundenbeweises nicht verwertet werden; nur so wird eine Konfliktsituation des Zeugen vermieden.[118] Wenn der gesetzliche Vertreter in der Wahrnehmung des Weigerungsrechts für den Minderjährigen oder bei Erklärung der Zustimmung zum Verzicht auf das Weigerungsrecht verhindert ist, muss ein **Ergänzungspfleger** bestellt werden, soweit dem aussagebereiten Zeugen nach Ansicht der Verhörsperson, an die das Familiengericht gebunden ist, die für eine selbstverantwortliche Entscheidung über sein Aussageverweigerungsrecht notwendige Verstandesreife fehlt.[119] Geht die vernehmende Stelle in Fällen des Kindesmissbrauchs ersichtlich davon aus, dass dem als Zeuge zu vernehmenden Kind die erforderliche Verstandesreife zur Entscheidung über sein Aussageverweigerungsrecht fehlt, liegen aber Anhaltspunkte für seine Aussagebereitschaft vor, so kann in seinem Interesse, um ihm eine mehrfache Vernehmung zu ersparen, das Bedürfnis für die Anordnung einer Ergänzungspflegschaft bejaht werden, ohne dass eine ausdrückliche Feststellung des Vormundschaftsgerichts zur fehlenden Verstandesreife erfolgt ist.[120]

65 *cc) Besondere berufliche Vertrauensstellung.* Das Zeugnisverweigerungsrecht auf Grund einer besonderen beruflichen Vertrauensstellung **(§ 383 Abs. 1 Nr. 4 und 6 ZPO)** beschränkt sich auf die in Ausübung der beruflichen Tätigkeit „anvertrauten Tatsachen". Dieser Begriff ist weit zu fassen; das Zeugnisverweigerungsrecht erstreckt sich nicht nur auf solche Tatsachen, die dem zur Verschwiegenheit verpflichteten Zeugen unmittelbar zur Durchführung der vertrauensgeschützten Tätigkeit mitgeteilt worden sind, sondern umfasst alle Umstände, die er auch nur bei Gelegenheit der Ausübung seiner beruflichen Tätigkeit erfahren hat.[121] Ob der Zeuge über solche Umstände aussagen will, unterliegt zunächst nur seiner Entscheidung.[122] Er darf das Zeugnis aber nicht verweigern, wenn derjenige, dessen Vertrauen geschützt werden soll, ihn von der Schweigepflicht entbunden hat (§ 385 Abs. 2 ZPO, der nur für die in § 383 Abs. 1 Nr. 4 und 6 ZPO bezeichneten Personen gilt; die in § 383 Abs. 1 Nr. 5 ZPO genannten Mitarbeiter von Presse und Rundfunk können dagegen von der Verschwiegenheitspflicht nicht entbunden werden).

66 Nicht zu den nach **§ 383 Abs. 1 Nr. 6 ZPO** zur Aussageverweigerung berechtigten Personen gehören die Angehörigen **sozialpflegerischer Berufe,** insbesondere **Sozialarbeiter.**[123] Jedoch kann sich im Einzelfall im Anschluss an die Rechtsprechung des BVerfG zum Aussageverweigerungsrecht von Sozialarbeitern nach § 53 Abs. 1 Nr. 3 StPO[124] deren Zeugnisverweigerungsrecht auch außerhalb eines Strafverfahrens unmittelbar aus der Verfassung ergeben, wenn sie zu einem Beweisthema vernommen werden sollen, das den

---

[114] BayObLG FamRZ 1985, 836; OLG Düsseldorf FamRZ 1973, 547.
[115] BayObLG NJW 1967, 2273; OLG Stuttgart MDR 1965, 515.
[116] Zöller/Greger § 383 Rn 4.
[117] Zöller/Greger § 383 Rn 4.
[118] OLG Frankfurt MDR 1987, 151; a. A.: OLG Köln VersR 1993, 335; Zöller/Greger § 383 Rn 6.
[119] OLG Hamm OLGZ 1972, 156/157; OLG Stuttgart FamRZ 1985, 1154; Schöne NJW 1972, 931.
[120] BayObLG FGPrax 1997, 225 = FamRZ 1998, 257.
[121] BGH NJW 2011, 1077; NJW 1984, 2983; OLG Stuttgart MDR 1983, 236.
[122] OLG Köln FamRZ 1983, 523.
[123] H. M. BayObLG FamRZ 1990, 1012; OLG Köln FamRZ 1986, 708; zweifelnd OLG Hamm FamRZ 1992, 201.
[124] NJW 1972, 2214; zum Berufshelfer vgl. § 53 a StPO.

grundgesetzlich geschützten Bereich der privaten Lebensgestaltung eines Verfahrensbeteiligten, insbesondere dessen Intimsphäre betrifft.[125] Ähnliche Probleme wirft auch die Frage auf, ob Psychologen ein allgemeines Zeugnisverweigerungsrecht zusteht.[126]

Soweit es sich bei den Personen, die nach **§ 383 Abs. 1 Nr. 4 und 6 ZPO** auf Grund **67** eines besonderen Vertrauensverhältnisses zum Schutz der Privatsphäre das Zeugnis verweigern können, um Geheimnisträger im öffentlichen Dienst handelt, ist neben deren Entbindung von der privaten Verschwiegenheitspflicht zusätzlich die dem Gemeinwohl dienende Pflicht zur Amtsverschwiegenheit zu beachten.[127] Für die **Verschwiegenheitspflicht des Notars** gilt neben § 383 Abs. 1 Nr. 6 ZPO die Sondervorschrift des § 18 Abs. 1 S. 2 BNotO. Danach kann die Aufsichtsbehörde (Präsident des LG) anstelle eines verstorbenen Beteiligten dem Notar die Befreiung von der Verschwiegenheitspflicht erteilen; die Entscheidung der Aufsichtsbehörde kann der Notar selbst einholen (§ 18 Abs. 2 S. 1 BNotO).[128] Sie verpflichtet ihn zur Aussage; er kann die Verfügung, durch die ihm die Befreiung erteilt wird, nicht anfechten, da sie ihn nicht in seinen Rechten beeinträchtigt.[129]

dd) Tod des Geschützten. Schwierigkeiten bereiten jene gerade im Verfahren der freiwilligen **68** Gerichtsbarkeit, insbesondere in Nachlasssachen, nicht seltenen Fälle, in denen das Zeugnisverweigerungsrecht nach dem Tod des Geschützten ausgeübt wird.[130] In diesen Fällen ist regelmäßig davon auszugehen, dass der Geheimnisschutz grundsätzlich über den Tod des Geschützten hinaus fortbesteht (vgl. § 203 Abs. 4 StGB).[131] Eine Aussagepflicht des Zeugen ist daher auch nach dem Tod des Geschützten nur anzunehmen, wenn der Zeuge von der Schweigepflicht entbunden ist. Diese Entbindung kann der Geschützte selbst vor seinem Tod ausdrücklich oder konkludent erklärt haben; dies könnte z. B. gegenüber dem Notar erfolgt sein, der eine letztwillige Verfügung des Verstorbenen beurkundet hat.[132] Eine Entbindung des Zeugen von der Schweigepflicht durch die Erben des Geschützten kann nur in Betracht kommen, soweit dieser über Tatsachen aussagen soll, die ausschließlich dem vermögensrechtlichen Bereich zuzuordnen sind; denn lediglich insoweit kann die Befreiungsbefugnis nach § 1922 Abs. 1 BGB auf die Erben übergehen.[133]

Berührt die Vernehmung des Zeugen – zumindest auch – die **höchstpersönliche 69 Sphäre des Verstorbenen,** wie z. B. bei der Beurteilung seiner Testierfähigkeit,[134] geht die Befugnis zur Verfügung über den Geheimnisschutz nicht auf die Erben über. Das sodann allein maßgebliche Interesse des Verstorbenen an der Geheimhaltung kann jedoch in bestimmten Fällen als mit seinem Tod als erloschen anzusehen sein. Das ist insbesondere für eine Beweisaufnahme über solche Tatsachen anzunehmen, an deren Aufklärung dem Geschützten gerade für seinen Todesfall im Hinblick auf die Wirksamkeit der von ihm gewünschten Erbfolge gelegen sein musste, etwa als Grundlage zur Beurteilung seiner Testierfähigkeit[135] oder hinsichtlich solcher Tatsachen, die seine Willensbildung bei Errichtung seiner letztwilligen Verfügung und die näheren Umstände ihres Zustandekommens betreffen.[136] Wenn ein derartiger mutmaßlicher Wille des Verstorbenen zweifelsfrei festzustellen ist, steht dem Zeugen ein Weigerungsrecht entsprechend § 385 Abs. 2 ZPO nicht zu.[137]

---

[125] OLG Hamm FamRZ 1992, 201.
[126] Blau NJW 1973, 2234.
[127] Thomas/Putzo/Reichold § 385 Rn 5; Zöller/Greger § 383 Rn 16.
[128] OLG Köln DNotZ 1981, 713; Schippel § 18 Rn 54.
[129] BGH NJW 1987, 132.
[130] S. dazu allgemein Hülsmann/Baldamus, ZEV 1999, 91.
[131] BGH NJW 1984, 2893; BayObLG NJW-RR 1991, 6 = FamRZ 1991, 231; OLG Köln FamRZ 1983, 523 OLG Stuttgart MDR 1983, 236.
[132] OLG Köln FamRZ 1983, 523.
[133] BayObLG NJW 1987, 1492; BayObLGZ 1966, 86/90.
[134] BayObLG FamRZ 1986, 1238 (Zeugnisverweigerungsrecht des Arztes); OLG Stuttgart MDR 1983, 236 (Zeugnisverweigerungsrecht des Steuerberaters).
[135] BGH NJW 1984, 2893 BayObLG NJW-RR 1991, 6 = FamRZ 1991, 231.
[136] BayObLG BayMittNot 1995, 56; OLG Frankfurt NJWE-FER 1998, 15.
[137] BGH NJW 1984, 2893; FamRZ 1983, 1098; BayObLG NJW 1987, 1492; OLG Köln Rpfleger 1985, 494; FamRZ 1983, 523.

70 Der **ehemaligen Betreuer** hat deshalb nach dem Tode des Betreuten kein Zeugnisverweigerungsrecht nach § 383 Abs. 1 Nr. 6 ZPO, wenn für die Auslegung eines privatschriftlichen Testaments bedeutsam wird, welchen Willen der Betreute bei dessen Errichtung hatte, und er dazu vernommen werden soll.[138] Ist dagegen der mutmaßliche Wille des Verstorbenen zweifelhaft, liegt es in der Verantwortung des Geheimnisträgers, aus den ihm bekannten Umständen auf den mutmaßlichen Willen des Geschützten zu schließen und nach gewissenhafter Prüfung über die Ausübung des Zeugnisverweigerungsrechts zu entscheiden.[139]

71 **d) Verfahren.** Im Verfahren über die Berechtigung der Zeugnisverweigerung gelten die §§ 386 ff. ZPO. Der Zeuge hat die **Tatsachen,** auf die er die Verweigerung stützt, **anzugeben und glaubhaft zu machen** (§ 386 Abs. 1 und 2 ZPO); die Amtsermittlungspflicht des Gerichts bezieht sich nicht auf die Frage, ob dem Zeugen das von ihm in Anspruch genommene Aussageverweigerungsrecht zusteht. Von der Zeugnisverweigerung sind die Beteiligten entsprechend § 386 Abs. 4 ZPO zu unterrichten, entsprechend § 387 Abs. 1 ZPO sind sie vor der Entscheidung über die Rechtmäßigkeit der Zeugnisverweigerung anzuhören.[140]

72 **e) Entscheidung; Anfechtung.** Die Entscheidung über die Weigerung erfolgt nicht durch Zwischenurteil, sondern durch Beschluss (§ 38), der mit einer Rechtsmittelbelehrung zu versehen ist. Der Beschluss ist nach § 387 Abs. 3 ZPO mit der **sofortigen Beschwerde** nach §§ 567 ff. ZPO anfechtbar. Gegen die Entscheidung, mit der die Weigerung des Zeugen für unberechtigt erklärt wird, ist lediglich der Zeuge beschwerdeberechtigt; die gegenteilige Entscheidung, die dem Zeugen das Verweigerungsrecht zuerkennt, ist durch jeden Verfahrensbeteiligten anfechtbar, der an dessen Vernehmung ein Interesse hat. Die Entscheidung des Beschwerdegerichts kann in entsprechender Anwendung des § 574 Abs. 1 Nr. 2 ZPO mit der **Rechtsbeschwerde** angefochten werden. Hat erstmals das Beschwerdegericht in einem Beschwerdeverfahren durch Zwischenbeschluss über das Zeugnisverweigerungsrecht entschieden, ist dagegen nur – im Falle der Zulassung – die Rechtsbeschwerde zum BGH gegeben.

73 **f) Erzwingung der Zeugenaussage.** Für die Erzwingung des Zeugnisses, das ohne Angabe von – ernst gemeinten – Gründen verweigert wird, findet § 390 ZPO entsprechende Anwendung. Bei Zeugnisverweigerung ohne Begründung oder nach rechtskräftig für unerheblich erklärter Begründung ist ohne Antrag neben der Auferlegung der Kosten ein Ordnungsgeld, ersatzweise Ordnungshaft, festzusetzen.[141] Diese Maßnahmen kann das Gericht in entsprechender Anwendung des § 378 Abs. 2 ZPO auch treffen, wenn der Zeuge auf bestimmte Anordnung der Verpflichtung nach § 378 Abs. 1 ZPO nicht nachkommt, Aufzeichnungen und andere Unterlagen zur Erleichterung seiner Aussage einzusehen und zum Termin mitzubringen.

74 Das **Ordnungsgeld** nach § 390 Abs. 1 S. 2 ZPO darf im Unterschied zum Ordnungsmittel nach § 380 ZPO nur einmal festgesetzt werden. Die Anordnung der Beugehaft entsprechend § 390 Abs. 2 ZPO setzt wegen des im Verfahren der freiwilligen Gerichtsbarkeit geltenden Amtsermittlungsgrundsatzes keinen Antrag voraus. Die Beugehaft darf nicht länger dauern, als das Verfahren in erster Instanz anhängig oder die Vernehmung noch von Bedeutung ist. Für die Vollstreckung der Haft sind die Vorschriften der §§ 904 bis 906, 908 bis 910, 913 ZPO maßgebend; in dem Haftbefehl (§ 908 ZPO) ist neben dem Haftgrund auch das Verfahren, in dem die Zeugenaussage zu machen ist, anzugeben.

75 Die nach § 390 ZPO ergangenen Beschlüsse sind von dem Zeugen mit der sofortigen Beschwerde (§§ 567 ff. ZPO) anfechtbar. Die Beschwerde hat nach § 570 Abs. 1 ZPO aufschiebende Wirkung. Gegen den unterbliebenen Kostenausspruch entsprechend § 390

---

[138] OLG Köln NJWE-FER 1999, 191.
[139] BGH NJW 1984, 2893, der vom Arzt zusätzlich die Darlegung verlangt, auf welche Belange des Verstorbenen sich die Zeugnisverweigerung stützt; BayObLG NJW 1987, 1492; OLG Stuttgart MDR 1983, 236.
[140] Baur § 20 III 2 b, bb; Habscheid § 21 II 3.
[141] Zur Ordnungshaft gegen Soldaten vgl. Ziff. 39 ff. des Erlasses des Bundesministers der Verteidigung vom 23. 7. 1998, VMBl. 1998, S. 246, auszugsweise abgedruckt bei Zöller/Stöber Vor § 166 Rn 7.

Abs. 1 S. 1 ZPO steht auch dem Beteiligten, der daran ein Interesse hat, die Beschwerde zu.[142] Die Entscheidung des Beschwerdegerichts kann in entsprechender Anwendung des § 574 Abs. 1 Nr. 2 ZPO mit der Rechtsbeschwerde angefochten werden.

Gegen die **Ablehnung oder Aufhebung der Zwangshaft** auf Grund des entsprechend angewandten § 390 Abs. 2 ZPO steht den Beteiligten die **sofortige Beschwerde** nach **§ 793 ZPO** zu, weil es sich um eine Entscheidung im Zwangsvollstreckungsverfahren handelt; gegen die Beschwerdeentscheidung ist unter den Voraussetzungen des § 574 ZPO auch die Rechtsbeschwerde zulässig. Zwischenentscheidungen nach § 390 ZPO, die das Beschwerdegericht erstmals im Beschwerdeverfahren erlassen hat, sind in entsprechender Anwendung des § 574 Abs. 1 Nr. 2 ZPO nur mit der **Rechtsbeschwerde** anfechtbar.

5. Pflicht zur Eidesleistung

Jeder aussagepflichtige Zeuge mit Ausnahme der nach § 393 ZPO eidesunfähigen Personen ist grundsätzlich auch zur Eidesleistung verpflichtet. § 30 Abs. 1 stellt – im Gegensatz zu § 15 Abs. 1 S. 2 FGG – die Entscheidung über die Beeidigung nicht in das Ermessen des Gerichts. Dennoch ist § 391 ZPO in Verfahren der freiwilligen Gerichtsbarkeit nicht entsprechend anwendbar, insbesondere bindet ein Verzicht der Beteiligten auf die Beeidigung das Gericht nicht. Vielmehr liegt die Entscheidung über eine Vereidigung ausschließlich im **Ermessen des Gerichts**. Die Gesichtspunkte, die in § 391 ZPO für die Anordnung der Beeidigung einer Zeugenaussage aufgeführt sind, nämlich die Bedeutung der Aussage und die Herbeiführung einer wahrheitsgemäßen Aussage, hat das Gericht freilich bei seiner Ermessensentscheidung zu berücksichtigen.

Die **Ermessensausübung** kann im Rechtsmittelverfahren nur daraufhin überprüft werden, ob die Grenzen des Ermessens erkannt oder missbräuchlich außer acht gelassen wurden. Es ist eine Überschreitung der dem Gericht gesetzten Grenzen des Ermessens, wenn es ohne konkrete Anhaltspunkte für die Unglaubwürdigkeit oder Zweifelhaftigkeit auch der beeideten Zeugenaussage den an sich erheblichen Bekundungen des Zeugen den Beweiswert abspricht, ohne von ihm die Beeidigung seiner Aussage verlangt zu haben.[143]

Ein Verstoß gegen **§ 393 ZPO** ist ein Verfahrensfehler; die beeidete Aussage kann aber als uneidliche verwertet werden. Zeugen, denen ein Zeugnisverweigerungsrecht zusteht, haben auch dann, wenn sie davon keinen Gebrauch machen, in jedem Fall ein Recht zur Verweigerung der Eidesleistung.[144] Die Weigerung darf bei der Entscheidung frei gewürdigt werden (vgl. § 37 Abs. 10 ff.). Für das Zwangsmittelverfahren nach unberechtigter Verweigerung der Eidesleistung gelten die Ausführungen bei unberechtigter Verweigerung der Aussage entsprechend.

Der **Rechtspfleger** ist nicht befugt, die Beeidigung einer Aussage anzuordnen oder einen Eid abzunehmen (§ 4 Abs. 2 Nr. 1 RPflG). Hält er die Beeidigung eines Zeugen für geboten, muss er die Sache dem Richter vorlegen (§ 4 Abs. 3 RPflG). Der Richter entscheidet ohne Bindung an die Auffassung des Rechtspflegers über deren Zulässigkeit und Notwendigkeit.[145] Der Rechtspfleger ist ferner nicht befugt, im Fall der Eidesverweigerung die ersatzweise Ordnungshaft nach § 390 Abs. 1 S. 2 ZPO und die Beugehaft nach § 390 Abs. 2 ZPO festzusetzen (§ 4 Abs. 2 Nr. 2 RPflG); auch hierüber hat nach Vorlage der Richter zu entscheiden (§ 4 Abs. 3 RPflG).[146]

VI. Beweis durch Sachverständige (§§ 402–414 ZPO)

1. Grundsatz

Auf den Sachverständigenbeweis finden die §§ 402 bis 414 ZPO entsprechende Anwendung. Nach § 402 ZPO gelten für den Sachverständigenbeweis wiederum die Vorschriften

---

[142] Baumbach/Hartmann § 390 Rn Rn 10; Zöller/Greger § 390 Rn 9.
[143] BGH NJW 1965, 1530; Zöller/Greger § 391 Rn 3.
[144] BGH NJW 1965, 1530; Thomas/Putzo/Reichold § 391 Rn 8.
[145] Bassenge/Roth/Roth § 4 RPflG Rn 15.
[146] Bassenge/Roth/Roth § 4 RPflG Rn 16.

über den Zeugenbeweis entsprechend, soweit nicht die §§ 403 bis 414 ZPO abweichende Regelungen enthalten. So besteht nach § 407 ZPO eine Pflicht zur Erstattung eines Gutachtens nur für den dort bezeichneten Personenkreis, insbesondere die öffentlich bestellten Sachverständigen. Nach § 408 ZPO ist der Sachverständige zur Verweigerung des Gutachtens aus denselben Gründen berechtigt, die dem Zeugen ein Zeugnisverweigerungsrecht geben. Macht der Sachverständige indes von dem Recht zur Gutachtenverweigerung keinen Gebrauch, steht dies der Verwertung des Gutachtens selbst dann nicht entgegen, wenn der Sachverständigen nicht von seiner Verschwiegenheitspflicht entbunden worden ist (a. A. Budde § 280 Rn 6).[147]

82 § 409 ZPO enthält für den Sachverständigen eine eigene Regelung über die Folgen des Ausbleibens und der Verweigerung der Erstattung seines Gutachtens sowie der Zurückbehaltung von Akten und sonstigen Unterlagen, § 411 Abs. 2 ZPO eine solche über die Folgen der nicht fristgerechten schriftlichen Gutachtenerstattung. Abweichungen gegenüber dem Zeugenbeweis, insbesondere bei den Ordnungsmitteln, ergeben sich im Wesentlichen daraus, dass der Sachverständige anders als der Zeuge ersetzbar ist. Wegen des Amtsermittlungsgrundsatzes (§ 26) sind nicht die Vorschriften über den Beweisantritt (§ 403 ZPO) und über die Einigung der Parteien über die Person des Sachverständigen (§ 404 Abs. 4 ZPO) anwendbar.

83 Die **Entschädigung des Sachverständigen** richtet sich nach 1 ff., 8 ff. JVEG.[148]

2. Person des Sachverständigen

84 Die Fähigkeit, zum Sachverständigen bestellt zu werden, hat – wie die Zeugnisfähigkeit – jede Person, die nicht am Verfahren beteiligt ist. Der Sachverständige muss nicht notwendig eine natürliche Person sein; auch Behörden oder sonstige öffentliche Stellen, die über das notwendige Fachwissen verfügen, können zum Sachverständigen bestellt werden. Juristische Personen des Privatrechts und private Organisationen können dagegen als solche nicht Sachverständiger werden.[149] Jedoch wird der verantwortliche Verfasser der gutachterlichen Äußerung einer solchen Stelle, der namentlich zu bezeichnen ist,[150] als Sachverständiger im Sinne der §§ 402 ff. ZPO anzusehen sein;[151] daher kommt es nicht darauf an, ob die unzulässige Verwertung des Gutachtens einer solchen Stelle in entsprechender Anwendung des § 295 ZPO geheilt werden kann.

85 Auch ein **Arzt, der den Betroffenen zuvor behandelt oder begutachtet hat,** kann als Gutachter herangezogen werden;[152] Ausnahmen bestehen bei Unterbringungen mit einer Gesamtdauer von mehr als vier Jahren (§ 329 Abs. 2 S. 2; s. a. § 280 Rn 6) bzw. bei einer Therapieunterbringung (vgl. § 9 Abs. 1 S. 2 ThUG). Ebenso wenig ist ein Arzt, der eine Unterbringung angeregt hat, grundsätzlich als Sachverständiger ausgeschlossen.[153] Die Einholung gesetzlich vorgesehener **fachlicher Äußerungen** (z. B. der Adoptionsvermittlungsstelle nach § 189, der berufsständigen Organe nach § 380 Abs. 2) ist keine förmliche Beweisaufnahme im Sinne des § 30, so dass die Vorschriften der ZPO über den Sachverständigenbeweis keine entsprechende Anwendungen finden. Es handelt sich dabei vielmehr nur um eine Form der Sachaufklärung nach § 26. Formell Verfahrensbeteiligte und damit als Gutachter untauglich sind die **Träger der gesetzlichen Rentenversicherung** und der Versorgungslast, soweit diese gem. § 219 Nr. 2 und Nr. 3 im Verfahren über den Versorgungsausgleich zu beteiligen sind.

3. Auswahl des Sachverständigen

86 Für die Auswahl des Sachverständigen gilt § 404 Abs. 1 bis 3 ZPO. Ergibt sich die Qualifikation des Gutachters nicht ohne Weiteres aus seiner Fachbezeichnung, hat das

---

[147] BGH MDR 2011, 788 = BeckRS 2011, 14809; FamRZ 2010, 1726.
[148] Zur Erstattung der Kosten eines stationären Aufenthalts zur Vorbereitung eines Gutachtens s. OLG Frankfurt FGPrax 2008, 275.
[149] Thomas/Putzo/Reichold § 404 Rn 5; Zöller/Greger § 402 Rn 6.
[150] OLG Karlsruhe MDR 1975, 370.
[151] Thomas/Putzo/Reichold § 404 Rn 6.
[152] BGH FamRZ 2010, 1726; BayObLG Rpfleger 1983, 11.
[153] Einschränkend SBW/Dodegge § 321 Rn 8; offen gelassen BGH FamRZ 2010, 1726.

Gericht gem. § 26 seine Sachkunde zu prüfen und diese ausdrücklich in der Entscheidung darzulegen.[154] So haben beispielsweise die erforderliche Sachkunde für die Begutachtung des Geisteszustandes oder der Geschäftsfähigkeit einer Person Ärzte für Neurologie und/ oder Psychiatrie, auf diesen Fachgebieten erfahrene Klinikärzte, Amtsärzte der Gesundheitsämter, wenn sie über eine hinreichende psychiatrische Vorbildung verfügen und – in Bayern – auch die Landgerichtsärzte.[155] Eine besondere Qualifikation müssen Sachverständige besitzen, die mit der Erstattung medizinischer Gutachten in einem Betreuungsverfahren (vgl. § 280 Abs. 1 S. 2)[156] oder einem Unterbringungsverfahren (vgl. § 321 Abs. 1 S. 4) beauftragt werden. Im Rahmen der Einrichtung einer Betreuung **soll** ein Arzt für Psychiatrie oder ein Arzt mit Erfahrungen auf dem Gebiet der Psychiatrie beauftragt werden; bei psychischen Krankheiten oder geistig-seelischen Behinderung ist grundsätzlich die Beauftragungen eines Facharztes für Psychiatrie oder Neurologie oder ein in der Psychiatrie erfahrener Arzt erforderlich (siehe auch § 280 Rn 6);[157] es können auch Spezialkenntnisse auf dem Gebiet der Gerontopsychiatrie geboten sein. Im Rahmen einer Unterbringung soll der Gutachter ein Arzt für Psychiatrie sein; er **muss** jedenfalls Erfahrungen auf dem Gebiet der Psychiatrie haben; siehe dazu § 321 Rn 3.[158] Bei einer Therapieunterbringung soll als Gutachter ein Arzt für Psychiatrie bestellt werden; auf jeden Fall muss er Arzt mit Erfahrung auf dem Gebiet der Psychiatrie sein (§ 9 Abs. 1 S. 3 ThUG).[159]

Gibt die Ausbildung oder die bisherige berufliche Tätigkeit eines Sachverständigen Anlass zu **Zweifeln an seiner Sachkunde,** so muss eine gerichtliche Entscheidung, die sich gleichwohl auf sein Gutachten stützt, in nachvollziehbarer Form erkennen lassen, auf Grund welcher Tatsachen der Tatrichter im konkreten Verfahren die Überzeugung von der ausreichenden Sachkunde des Sachverständigen gewonnen hat.[160] Das gilt insbesondere auch dann, wenn die Amtsärzte der Gesundheitsämter mit der Erstattung psychiatrischer oder medizinischer Gutachten nach § 280 beauftragt werden, die Fachkenntnisse voraussetzen, die bei ihnen auf Grund ihrer Ausbildung nicht ohne Weiteres erwartet werden können.[161] Ist der Sachverständige nicht hinreichend qualifiziert, darf sein Gutachten nicht verwertet werden.[162]

Obwohl in Bayern die Erstattung psychiatrischer Gutachten zu den Dienstaufgaben der **Landgerichtsärzte** gehört, ist das pflichtgemäße Ermessen des Gerichts, einen geeigneten Sachverständigen auszuwählen, nicht in dem Sinne eingeschränkt, dass ein Landgerichtarzt vorrangig als Gutachter zu beauftragen ist. Mit der Begutachtung der Testierfähigkeit eines Erblassers kann auch ein in einem Bezirkskrankenhaus tätiger Facharzt für Neurologie und Psychiatrie beauftragt werden, zumal wenn er über eine langjährige Erfahrung als Gerichtsgutachter und über besondere Sachkunde für die Beantwortung der Beweisfrage verfügt.[163]

4. Pflicht des Sachverständigen

Die Pflichten des Sachverständigen sind in der Vorschrift des § 407 a ZPO zusammengefasst. Nach **§ 407 a Abs. 1 ZPO** hat der Sachverständige unverzüglich nach seiner Beauftragung zu prüfen, ob der Gutachtenauftrag in sein Fachgebiet fällt und ob er ihn allein erledigen kann; ist das nicht der Fall, muss er das Gericht unverzüglich verständigen. Durch diese Regelung soll sichergestellt werden, dass der Auftrag ohne Zeitverlust einem kom-

---

[154] BGH FGPrax 2011, 156 = FamRZ 2011, 637; FamRZ 2010, 1726; BayObLG NJW-RR 1988, 72; NJW 1986, 2892; zur Rolle des Sachverständigen in Kindschaftssachen: Balloff FPR 2006, 415.
[155] BayObLG NJW 1986, 2892; NJW 1986, 338 = FamRZ 1986, 1248.
[156] Vgl. BGH FGPrax 2011, 156 = FamRZ 2011, 637; BayObLG FamRZ 1997, 1565; FamRZ 1997, 901; jew. noch zu § 15 FGG.
[157] BGH FamRZ 2011, 630; FamRZ 2010, 1726; zu den Anforderungen an ein Gutachten in einer Betreuungssache s. BGH FGPrax 2011, 156 = FamRZ 2011, 637.
[158] BGH FamRZ 2011, 630; FamRZ 2010, 1726.
[159] Gesetz vom 22. 12. 2010 (BGBl. I S. 2300, 2305).
[160] BayObLG FPR 2002, 93; FamRZ 1997, 901.
[161] BayObLG FamRZ 1997, 901; NJW 1986, 2892.
[162] BGH FGPrax 2011, 156 = FamRZ 2011, 637; FamRZ 2010, 1726; Müther FamRZ 2010, 857/859.
[163] BayObLG FamRZ 2000, 1395.

petenten Gutachter übertragen werden kann. Der Sachverständige hat nach § 407a Abs. 2 ZPO von ihm zur Bearbeitung des Gutachtenauftrages eingesetzte Mitarbeiter namhaft zu machen und den Umfang ihrer Tätigkeit zu bezeichnen; er selbst bleibt für den Inhalt des Gutachtens jedoch verantwortlich und darf den erteilten Auftrag selbst bei mangelnder Sachkunde nicht auf einen anderen übertragen.[164]

90   § 407a Abs. 3 ZPO verpflichtet den Sachverständigen, Zweifel am Inhalt und Umfang des Auftrags zu klären und auf unverhältnismäßige Kosten der Begutachtung hinzuweisen.[165] Nach § 407a Abs. 4 S. 1 ZPO hat der Sachverständige auf Verlangen des Gerichts die Gerichtsakten und sonstige für die Begutachtung beigezogene Unterlagen sowie Untersuchungsergebnisse (z.B. Messdaten, Testergebnisse, Röntgenaufnahmen) unverzüglich herauszugeben oder mitzuteilen. Eine vom Gericht gem. § 407a Abs. 4 S. 2 ZPO angeordnete Herausgabe wird durch Wegnahme gem. § 1 Abs. 1 Nr. 2b JBeitrO vollstreckt.[166]

5. Anleitung des Sachverständigen durch das Gericht

91   Nach § 404a ZPO ist das Gericht zur Anleitung des Sachverständigen verpflichtet. Hervorzuheben ist § 404a Abs. 3 ZPO, wonach das Gericht verpflichtet ist, dem Sachverständigen mitzuteilen, von welchen Anknüpfungstatsachen er bei der Erstattung seines Gutachtens ausgehen soll.[167] Ist sich das Gericht im Augenblick der Beauftragung des Sachverständigen selbst noch nicht im Klaren, welche Anknüpfungstatsachen es als erwiesen ansehen will, kann es auch einen alternativen Gutachtenauftrag erteilen.[168]

92   Die Befugnis zur Aufklärung des Sachverhalts, insbesondere zur **Feststellung der Anknüpfungstatsachen,** steht dem Sachverständigen nach § 404a Abs. 4 ZPO nur dann zu, wenn er dazu vom Gericht ausdrücklich ermächtigt ist. Eine solche Ermächtigung kommt insbesondere dann in Betracht, wenn dem Gericht die erforderliche Sachkunde zur Aufklärung des Sachverhalts fehlt. Jedoch ist die Vernehmung von Zeugen grundsätzlich Sache des Gerichts und nicht des Sachverständigen.[169] Diesem ist jedoch zu gestatten, bei der gerichtlichen Vernehmung des Zeugen anwesend zu sein und diesem auch Fragen zu stellen.[170]

93   Der Sachverständige darf einen Beteiligten **nicht ohne dessen Einverständnis** untersuchen.[171] Zur Vollstreckung titulierter Ansprüche auf Duldung einer nach den anerkannten Grundsätzen der Wissenschaft durchzuführenden Probeentnahme in Abstammungssachen siehe § 96a. Ein Beteiligter kann auch nicht gezwungen werden, bei einem Sachverständigen zur Untersuchung zu erscheinen und diese zu dulden, soweit das Gesetz dies nicht ausdrücklich erlaubt (z.B. nach §§ 283, 284, § 322 i.V.m. §§ 283, 284 FamFG; § 372a ZPO).[172] Bei Verweigerung der Untersuchung kann aber nach § 33 Abs. 1 das persönliche Erscheinen des Beteiligten vor Gericht angeordnet und gem. § 33 Abs. 3 erzwungen werden, um dessen Anhörung in Gegenwart des Sachverständigen zu ermöglichen;[173] vgl. auch Rn 41.

6. Erstattung des Gutachtens; mündliche Erläuterung

94   Das Gericht kann nach seinem Ermessen die **schriftliche Begutachtung** anordnen (§ 411 Abs. 1 ZPO) oder den Sachverständigen **in einem Beweistermin vernehmen** (§§ 402, 395 ZPO).[174] Im letzteren Falle sind auch die Beteiligten zu laden, damit diese der

---

[164] Baumbach/Hartmann § 407a Rn 4; Thomas/Putzo/Reichold § 407a Rn 3.
[165] BayObLG FGPrax 1998, 73.
[166] Zöller/Greger § 407a Rn 4.
[167] BayObLG FamRZ 1999, 819; OLG Frankfurt FGPrax 1998, 62 = NJW-RR 1998, 870.
[168] Zöller/Greger § 404a Rn 3.
[169] OLG Frankfurt FGPrax 1998, 62 = NJW-RR 1998, 870; Thomas/Putzo/Reichold § 404a Rn 6.
[170] Zöller/Greger § 404a Rn 3.
[171] BGH FGPrax 2010, 128.
[172] BayOLGZ 1972, 201/202; OLG Stuttgart OLGZ 1976, 140/141.
[173] BGH FGPrax 2010, 128; vgl. auch BayObLG FamRZ 1982, 965; KG OLGZ 1988, 418/422; jew. zu § 15 FGG.
[174] BGH FamRZ 2010, 1726.

Beweiserhebung beiwohnen und Fragen an den Sachverständigen stellen können (§§ 402, 397 ZPO). Es steht im Ermessen, ob das Gericht den Sachverständigen beeidet (§ 410 Abs. 1 ZPO). Bei allgemein beeidigten Sachverständigen genügt die Berufung auf den geleisteten Eid, die auch in einem schriftlichten Gutachten erklärt werden kann (§ 410 Abs. 2 ZPO). Eine schriftliche Begutachtung kann durch die **Verwertung** eines gerichtlich oder staatsanwaltschaftlich **eingeholten Sachverständigengutachten aus einem anderen Verfahren** ersetzt werden (§ 411a ZPO); zur Verwertung eines vorhandenen Gutachtens eines medizinischen Dienstes siehe § 282 FamFG.

Im Falle einer schriftlichen Gutachtenerstattung kann das Gericht den Sachverständigen zur **Erläuterung des Gutachtens zum Termin** laden (§ 411 Abs. 3 ZPO). Es muss dies tun, wenn das Gutachten unklar, unvollständig oder widersprüchlich ist oder wenn es von einem anderen Sachverhalt als dem ausgehen will, den der Sachverständige seiner Begutachtung zugrunde gelegt hat.[175] Substantiierten Einwendungen der Verfahrensbeteiligten gegen das Gutachten, insbesondere wenn sie auf ein Privatgutachten gestützt werden, muss es nachgehen und ggf. zum Anlass nehmen, den gerichtlichen Sachverständigen zum Termin zu laden oder zumindest zu einer schriftlichen Ergänzung seines Gutachtens zu veranlassen.[176] Dem Antrag eines Beteiligten, den Sachverständigen zum Termin zu laden, um Gelegenheit zu haben, Einwendungen gegen sein Gutachten zu erheben und Ergänzungsfragen zu stellen, ist zur Wahrung seines rechtlichen Gehörs (Art. 103 Abs. 1 GG) zwingend zu entsprechen,[177] wenn er nicht rechtsmissbräuchlich ist oder zur Verfahrensverschleppung gestellt wird.[178] Das gilt auch dann, wenn das Gutachten aus der Sicht des Gerichts ausreichend und erschöpfend ist.[179]

7. Neues Gutachten

Das Gericht **kann** nach Einholung eines Gutachtens nach seinem pflichtgemäßen Ermessen entsprechend § 412 Abs. 1 ZPO eine neue Begutachtung durch denselben oder durch einen anderen Sachverständigen anordnen[180] und zur Klärung von Zweifeln, die durch die gegensätzliche Auffassung zumindest zweier von ihm gehörter Sachverständiger entstanden sind, ggf. auch einen **Obergutachter** beauftragen. Die Beteiligten haben keinen Anspruch auf Einholung eines Obergutachtens oder eines Gegengutachtens.[181] Bei seiner Ermessensentscheidung muss das Gericht aber etwaige Einwendungen der Beteiligten einbeziehen.

Die **Einholung eines weiteren Gutachtens** ist im Allgemeinen bei besonders schwierigen Fragen oder bei groben Mängeln des vorliegenden Gutachtens veranlasst, insbesondere wenn dieses Gutachten von unzutreffenden tatsächlichen Voraussetzungen ausgeht, Widersprüche enthält, wenn Zweifel an der Sachkunde des Gutachters bestehen oder wenn die Forschungsmittel eines neuen Sachverständigen denen des früheren Gutachters überlegen sind.[182] § 9 Abs. 1 S. 1 ThUG schreibt grundsätzlich die Einholung von zwei Gutachten vor.

Bei **Widersprüchen** innerhalb desselben Gutachtens oder zwischen mehreren Gutachten ist eine Überzeugungsbildung des Gerichts solange nicht möglich, als diese ungeklärt sind.[183] Das gilt auch bei Widersprüchen zwischen dem Gutachten eines gerichtlichen Sachverständigen und dem von einem Verfahrensbeteiligten vorgelegten Privatgutachten.[184] Das Gericht kann solche Widersprüche selbst nur dann klären, wenn es über eine ausreichende Sachkunde verfügt, um sich mit den verschiedenen Standpunkten der Gutachter

---

[175] Zu der Notwendigkeit der mündlichen Erläuterung in einer Kindschaftssache s. BVerfG FamRZ 2001, 1285.
[176] OLG Frankfurt FGPrax 1998, 62; Thomas/Putzo/Reichold § 411 Rn 5; Zöller/Greger § 411 Rn 4a.
[177] BVerfG FPR 2001, 392; BVerfG NJW 1998, 2273; BGH NJW 1997, 802; OLG Hamm FamRZ 1992, 1087.
[178] BGH NJW 1997, 802; BGHZ 35, 370/373.
[179] BGH NJW 1997, 82; hierzu vertiefend Bayerlein, § 18 Rn 6ff.
[180] BGH NJW 1970, 946; BayObLG NJW 1991, 1237; NJW 1990, 801; OLG München NJW-RR 2009, 8.
[181] BayObLG Rpfleger 1980, 189.
[182] BGH NJW 1970, 946; BayObLG FGPrax 2005, 151; Rpfleger 1988, 413; zu den Anforderungen eines Gutachtens in einer Betreuungssache s. BGH Beschl. v. 19. 1. 2011 XII 256/10.
[183] BGH MDR 2001, 888; MDR 2000, 349.
[184] BGH MDR 2000, 349; NJW 1997, 794.

selbstständig auseinandersetzen zu können; diese Auseinandersetzung muss sich auch in der schriftlichen Begründung der Entscheidung niederschlagen.[185] Insbesondere bei medizinischen Fachfragen kann das Gericht seine eigene Sachkunde nicht allein auf das Studium von Fachliteratur stützen, weil diese die Besonderheiten des Einzelfalls nicht hinreichend berücksichtigen kann.[186]

99 Regelmäßig werden Widersprüche innerhalb eines Gutachtens oder zwischen mehreren Gutachten nur dadurch geklärt werden können, dass der oder die beteiligten Sachverständigen zu einer **ergänzenden mündlichen** oder **schriftlichen Stellungnahme** veranlasst werden oder dass erforderlichenfalls ein weiteres Gutachten eingeholt wird.[187] Diese ist abweichend vom Wortlaut des § 412 Abs. 2 ZPO zwingend erforderlich, wenn der erste Sachverständige nach Erstattung seines Gutachtens mit Erfolg abgelehnt worden ist[188] oder wenn dessen Gutachten auf Anknüpfungstatsachen beruht, die unter Verletzung des rechtlichen Gehörs festgestellt worden sind.[189]

100 Einander **widersprechende, mangelfreie Gutachten** nötigen nicht unbedingt zur Einholung eines weiteren Gutachtens; der Notwendigkeit, sich für eines von mehreren nicht übereinstimmenden Gutachten zu entscheiden, wird das Gericht auch nicht durch Einholung eines Obergutachtens enthoben.[190] Da Gutachten von Sachverständigen wie andere Beweismittel der freien Beweiswürdigung unterliegen, kann das Gericht von ihnen abweichen, wenn es von ihrer Richtigkeit nicht überzeugt ist. Seine abweichende Überzeugung hat es in seiner Entscheidung jedoch eingehend zu begründen.[191]

8. Ablehnung des Sachverständigen[192]

101 a) **Grundsatz.** Für die Ablehnung von Sachverständigen sind nach § 406 Abs. 1 S. 1 ZPO dieselben Gründe maßgebend, die für die Ablehnung eines Richters gelten. Nach § 42 ZPO kann ein Richter sowohl in den Fällen, in denen er von der Ausübung des Richteramts kraft Gesetzes ausgeschlossen ist, als auch wegen Besorgnis der Befangenheit abgelehnt werden. Für die Ablehnung des Sachverständigen kommen die in § 41 Nr. 1 bis 4 ZPO und § 42 ZPO aufgeführten Ablehnungsgründe in Betracht.[193] Für die Annahme der Befangenheit müssen genügend objektive Gründe vorliegen, die nach Meinung eines ruhig und vernünftig denkenden Beteiligten Anlass geben, Zweifel an der Unparteilichkeit des Sachverständigen zu hegen.[194] Solche Gründe können z. B. gegeben sein, wenn der Sachverständige bei entgegengesetzten Interessen mehrerer Verfahrensbeteiligter nur einen von ihnen bei der Vorbereitung des Gutachtens beteiligt, z. B. zu einer Ortsbesichtigung lädt,[195] wenn er bereits ein Privatgutachten für einen Beteiligten in derselben Sache erstattet hat,[196] wenn er den Beteiligten als Arzt behandelt hat[197] oder wenn er über den Gutachtensauftrag hinaus durch polemische und verletzende Äußerung lösungsorientierten Druck zur Regelung des Sorgerechts ausübt.[198]

102 **Unzulänglichkeiten oder Fehler des Gutachtens** rechtfertigen die Ablehnung grundsätzlich nicht.[199] Falsche Angaben des Sachverständigen über die Grundlagen seines Gutachtens können aber die Besorgnis der Befangenheit begründen.[200] Das Gericht muss einen Verfahrensbeteiligten über für diesen nicht erkennbare Ablehnungsgründe gegen einen

---

[185] BGH MDR 2000, 349.
[186] BGH NJW 1994, 2419; MDR 1993, 516.
[187] BGH MDR 2000, 349; NJW 1997, 794.
[188] Zöller/Greger § 412 Rn 4.
[189] BGH NJW 1992, 1817; Thomas/Putzo/Reichold § 412 Rn 1.
[190] BayObLG Rpfleger 1980, 189; KG OLGZ 1967, 87/88; Thomas/Putzo/Reichold § 412 Rn 2.
[191] BGH NJW 1989, 2948; NJW 1987, 442.
[192] Siehe dazu Völker FPR 2008, 287.
[193] KG OLGZ 1965, 326; OLG Hamm FamRZ 1976, 46; ausführliche Darstellung bei Bayerlein, § 20.
[194] BGH NJW 1975, 1363; BayObLG NJW-RR 1988, 163.
[195] OLG Frankfurt FamRZ 1986, 1021; OLG Koblenz OLGZ 1978, 228/229; a. A.: für den ärztlichen Sachverständigen: OLG Saarbrücken OLGZ 1980, 37/40.
[196] BGH NJW 1972, 1133.
[197] OLG Stuttgart MDR 1962, 910; Zöller/Greger § 406 Rn 8.
[198] OLG Hamm FPR 2011, 50.
[199] OLG München Rpfleger 1980, 303; Zöller/Greger § 406 Rn 9.
[200] OLG Frankfurt FamRZ 1980, 931.

Sachverständigen informieren, die bei Kenntnis mit Sicherheit zu einem Ablehnungsantrag geführt hätten.[201] Ein fehlender Hinweis verletzt den Anspruch des Beteiligten auf Gewährung des rechtlichen Gehörs.

b) Ablehnungsverfahren. Berechtigt zur Ablehnung ist jeder Verfahrensbeteiligte. Für die Anbringung des Ablehnungsantrags gilt § 406 Abs. 2 ZPO. Die Ablehnung hat grundsätzlich vor der Vernehmung des Sachverständigen, spätestens jedoch zwei Wochen nach Verkündung oder Zustellung des Ernennungsbeschlusses zu erfolgen (§ 406 Abs. 2 S. 1 ZPO); die Frist läuft auch dann, wenn den Beteiligten die Ernennung nur formlos mitgeteilt worden ist, soweit der Zugang der formlosen Mitteilung feststellbar ist.[202]

Für die **spätere Ablehnung** gelten die erschwerten Voraussetzungen des § 406 Abs. 2 S. 2 ZPO. Das Ablehnungsrecht ist dann ausgeschlossen, wenn der Beteiligte die Erklärung der Ablehnung schuldhaft verzögert hat.[203] Will der Beteiligte die Ablehnung auf den Inhalt des schriftlichen Gutachtens stützen, so steht ihm dafür eine nach Kenntnisnahme von den Umständen des Einzelfalls abhängige, angemessene Überlegungsfrist zu, innerhalb der er das Ablehnungsgesuch anbringen muss.[204] Diese Überlegungsfrist ist auf jeden Fall dann kürzer als die Frist zu setzen, die dem Beteiligten für die Stellungnahme zu dem Gutachten gesetzt worden ist, wenn die Anbringung des Ablehnungsgesuchs keine zeitraubende, sachliche Auseinandersetzung mit dem Gutachten erfordert.[205]

Der **Ausschluss der Ablehnung** nach § 406 Abs. 2 ZPO in erster Instanz erstreckt sich auch auf das Beschwerdeverfahren, wenn der Sachverständige dort zur Erläuterung seines Gutachtens geladen wird; etwas anderes gilt nur dann, wenn er vom Beschwerdegericht mit der Erstattung eines völlig neuen Gutachtens beauftragt wird.[206] Die **Form des Ablehnungsantrags** richtet sich nach § 25. Er ist nur dann zulässig, wenn in ihm konkrete Tatsachen angeführt werden, aus denen sich die Befangenheit des abgelehnten Sachverständigen ergeben soll. Eine Nachschiebung der Ablehnungsgründe im Beschwerdeverfahren ist nicht möglich.[207] Der Ablehnungsgrund ist glaubhaft zu machen (§ 406 Abs. 3 ZPO); eine Versicherung an Eides Statt ist als Mittel der Glaubhaftmachung ausgeschlossen.

c) Entscheidung über Ablehnungsgesuch. Über den Ablehnungsantrag entscheidet das Gericht, das den Sachverständigen ernannt hat (§ 406 Abs. 2 und 4 ZPO), auch wenn gegen die Entscheidung in der Hauptsache inzwischen ein Rechtsmittel eingelegt worden ist und das Ablehnungsgesuch beim Rechtsmittelgericht gestellt wird.[208] Dagegen hat das Beschwerdegericht über einen im Beschwerdeverfahren gestellten Ablehnungsantrag gegen einen Sachverständigen, der schon in erster Instanz tätig war, der aber in der Beschwerdeinstanz erneut mit der Erstattung eines Gutachtens oder mit der Ergänzung seines früher erstatteten Gutachtens beauftragt worden ist, zu befinden.[209] Grundsätzlich ist vor Entscheidung in der Hauptsache **durch selbstständigen Beschluss** über einen Ablehnungsantrag zu entscheiden, nicht lediglich in den Gründen der Hauptsacheentscheidung.[210] Unterbleibt eine solche gesonderte Entscheidung, so liegt ein schwerer Verfahrensmangel vor, der zur Aufhebung der Hauptsacheentscheidung führen kann (§ 69 Abs. 1 S. 3), wenn das Ablehnungsgesuch nicht offensichtlich unzulässig war.[211]

d) Rechtsmittel. Mit der Beschwerde gegen die in der **Hauptsache ergangene Entscheidung** kann die Zurückweisung eines Ablehnungsgesuches nicht angefochten werden, selbst wenn diese verfahrenswidrig erst mit dieser Entscheidung erfolgt ist.[212] Gem. § 406

---

[201] BSG MDR 1999, 955; MDR 1993, 907.
[202] Zöller/Greger § 406 Rn 11.
[203] BayObLG Rpfleger 1995, 339; OLG Koblenz NJW-RR 1999, 72; NJW-RR 1992, 1470.
[204] BayObLG Rpfleger 1995, 339; vgl. auch OLG Frankfurt MDR 1989, 744.
[205] BayObLG Rpfleger 1995, 339; OLG Koblenz NJW-RR 1999, 72; OLG Schleswig SchlHA 1997, 91.
[206] BayObLG FamRZ 1986, 819; BayObLG Rpfleger 1995, 1208.
[207] BayObLG WE 1998, 398.
[208] BayObLG FamRZ 1998, 1241; FamRZ 1997, 1288.
[209] BayObLG FamRZ 1998, 1241.
[210] BayObLG Rpfleger 1995, 340; BayObLG Rpfleger 1982, 433; OLG Hamm OLGZ 1974, 321/322.
[211] Vgl. OLG Schleswig MDR 2001, 711; Thomas/Putzo/Reichold § 406 Rn 9.
[212] BGHZ 28, 302/305; BayObLG NZM 2000, 1011; Thomas/Putzo/Reichold § 406 Rn 9; Zöller/Greger § 406 Rn 14 a.

Abs. 5 ZPO ist nur der Beschluss, durch den die **Ablehnung für unbegründet** erklärt wird, mit der sofortigen Beschwerde anfechtbar. Die Beschwerdeberechtigung gegen diese Entscheidung und die Förmlichkeiten für die Einlegung der Beschwerde ergeben sich aus den §§ 567 ff. ZPO. Für die Beschwerde gegen die Entscheidung über das Ablehnungsgesuch fehlt weder das Rechtsschutzbedürfnis, noch ist sie im Hinblick auf die Hauptsacheentscheidung gegenstandslos, wenn gegen diese ein Rechtsmittel gegeben ist.[213] Die Beschwerdeentscheidung kann in entsprechender Anwendung des § 574 Abs. 1 Nr. 2 ZPO mit der Rechtsbeschwerde angefochten werden. Gleiches gilt für die Entscheidung des Beschwerdegerichts, mit dem dieses die Ablehnung eines von ihm bestellten Sachverständigen für unbegründet erklärt hat.

VII. Urkundenbeweis (§§ 415–444 ZPO)

1. Allgemeines

108   Für den Urkundenbeweis gelten die §§ 415 bis 444 ZPO, soweit sie mit den Besonderheiten des FamFG-Verfahrens vereinbar sind.[214] Für die Beurteilung der **Beweiskraft öffentlicher Urkunden** sind die §§ 415, 417 bis 419 ZPO, für deren Echtheit die §§ 437, 438 ZPO entsprechend anwendbar.[215] So erbringen öffentliche Urkunden den vollen Beweis für die Abgabe der beurkundeten Erklärungen, nicht aber den für deren inhaltliche Richtigkeit.[216] Die Eintragung des Todeszeitpunkts im Sterberegister nimmt an der erhöhten Beweiskraft des § 54 Abs. 1 S. 1 PStG teil und erbringt bis zum Nachweis der Fälschung oder Unrichtigkeit der beurkundeten Tatsache vollen Beweis (§§ 418 Abs. 1, 415 Abs. 1 ZPO). Der Beweis der Unrichtigkeit des sich aus der Eintragung ergebenden Todeszeitpunkts, der nach § 418 Abs. 2 ZPO i. V. m. § 54 Abs. 3 PStG zwar möglich ist, ist nicht als geführt anzusehen, wenn sich nur die Möglichkeit ergibt, dass der eingetragene Todeszeitpunkt falsch ist. Dann muss es bei der bestehenden Eintragung verbleiben.[217] § 32 GBO legt dem Zeugnis des Gerichts für das Grundbuchverfahren auch Beweiskraft für die Richtigkeit und Vollständigkeit des Eingetragenen bei.[218]

109   Anstelle des Gegenbeweises nach § 415 Abs. 2 ZPO findet die gerichtliche Aufklärungs- und Ermittlungspflicht (§ 26 FamFG) Anwendung. §§ 439, 400 ZPO sind als dem Amtsverfahren fremde Bestimmungen ebenfalls nicht anwendbar.[219] Gleiches gilt für die auf den Verhandlungsgrundsatz ausgerichteten Bestimmungen der ZPO über das Beweisverfahren, insbesondere zur Vorlegungspflicht von Urkunden (§§ 420 ff. ZPO).[220] Im förmlichen Beweisverfahren kann die Vorlage von Urkunden nach § 35 angeordnet und erzwungen werden.[221] Wenn ein Beteiligter die Vorlage einer Urkunde verweigert, kann das Gericht dieses Verhalten im FamFG-Verfahren abweichend von § 427 ZPO frei würdigen; das gilt auch bei einer Vereitelung des Urkundenbeweises im Sinne von § 444 ZPO. Streitet ein Beteiligter den Besitz einer Urkunde ab, so kann er über ihren Verbleib entsprechend § 448 ZPO vernommen werden.

110   Für **Privaturkunden** gelten die §§ 416, 419 ZPO entsprechend.

2. Aktenbeiziehung

111   Verwaltungsbehörden sind zur **Vorlage** von **Akten** und **Urkunden** im Rahmen der Amtshilfe nach Art. 35 Abs. 1 GG i. V. m. §§ 5 ff. VwVfG verpflichtet.[222] Bei Beiziehung von Akten können die darin enthaltenen Urkunden (Strafurteile, Niederschriften über

---

[213] BayObLG Rpfleger 1995, 340; Rpfleger 1982, 433; OLG Hamm OLGZ 1974, 321/322.
[214] So bereits für das FGG: BayObLGZ 1968, 268/273; BayObLGZ 1981, 38/42; Bärmann § 16 III 4; Baur § 20 III 6; Habscheid § 21 II 6.
[215] BayObLG NZM 2000, 245; FamRZ 1994, 530; OLG München FGPrax 2008, 162.
[216] BGH Beschl. v. 11. 2. 2010 V ZB 167/09 = BeckRS 2010, 06496; NJW-RR 2007, 1006.
[217] BayObLG FGPrax 1999, 59.
[218] BGH Beschl. v. 11. 2. 2010 V ZB 167/09 = BeckRS 2010, 06496.
[219] BayObLG FGPrax 2002, 111.
[220] BayObLG FamRZ 1988, 658; Habscheid § 21 II 6.
[221] Bumiller/Harders § 30 Rn 29.
[222] Kopp/Ramsauer § 5 Rn 12.

Zeugenaussagen, Sachverständigengutachten) im Wege des Urkundenbeweises verwertet werden,[223] soweit dagegen nach § 26 keine Bedenken bestehen.

3. Verwertung von Zeugenaussagen im Wege des Urkundsbeweises

Die erneute Vernehmung eines Zeugen oder Sachverständigen zum selben Beweisthema kann das Gericht im FamFG-Verfahren ablehnen, da es nicht an bestimmte Beweisanträge gebunden ist. Jedoch ist bei der Entscheidung darüber, ob ein Zeuge oder Sachverständiger zu einem Beweisthema erneut vernommen werden soll oder ob seine früheren Angaben zu diesem Beweisthema im **Wege des Urkundsbeweises** verwertet werden sollen, stets zu berücksichtigen, dass die Angaben bei der Vernehmung zumindest dann einen höheren Beweiswert haben können, wenn diese erstmalig in Gegenwart der jetzigen Verfahrensbeteiligten erfolgt und diese damit Gelegenheit haben, der Beweisperson Fragen zu stellen und Vorhalte zu machen.

Bei Würdigung einer **urkundenbeweislich verwerteten Zeugenaussage** dürfen zur Beurteilung der Richtigkeit der Bekundung des Zeugen keinerlei Umstände berücksichtigt werden, die sich nicht aus der Urkunde ergeben.[224] Zur Beurteilung der persönlichen Glaubwürdigkeit eines Zeugen bei Verwertung seiner Aussage im gleichen Verfahren nach einem Richterwechsel oder bei deren Verwertung im Wege des Urkundenbeweises in einem anderen Verfahren wird auf die Ausführungen unter Rn 20–26 Bezug genommen.

VIII. Beteiligtenvernehmung (§§ 445–455 ZPO)

1. Zulässigkeit

Da § 30 Abs. 1 für die Durchführung der förmlichen Beweisaufnahme ohne Einschränkungen auf die Vorschriften der ZPO verweist, kann in einem FamFG-Verfahren auch eine förmliche Beteiligtenvernehmung durchgeführt werden.[225] Die Beteiligtenvernehmung kommt – ebenso wie im Zivilprozess[226] – nur als subsidiäres Beweismittel in Betracht, wenn andere Beweismittel nicht zur Verfügung stehen oder nach dem Ergebnis einer durchgeführten Beweisaufnahme verbliebene Zweifel anders nicht zu beseitigen sind (vgl. § 450 Abs. 2 ZPO).[227]

2. Gesetzliche Grundlagen

Die Anordnung der **förmlichen Vernehmung eines Beteiligten** erfolgt stets von Amts wegen in Anwendung des § 448 ZPO;[228] eine entsprechende Anwendung der §§ 445 bis 447 ZPO ist dagegen ausgeschlossen.[229] Diese Vorschriften knüpfen an die formelle Beweislast im Zivilprozess an, die es im FamFG-Verfahren im Hinblick auf die dem Gericht obliegende Amtsaufklärungspflicht (§ 26) nicht gibt. Eine förmliche Beteiligtenvernehmung soll nur erfolgen soll, um restliche Zweifel des Richters nach Ausschöpfung der übrigen Beweismittel zu beseitigen (§ 448 ZPO); stets besteht indes die Möglichkeit, auch ohne einen solchen Anfangsbeweis die Beteiligten im Wege des Freibeweises anzuhören. Im Streitverfahren kann auch die Vernehmung beider Verfahrensbeteiligten, die gegensätzliche Interessen verfolgen, angeordnet werden.

---

[223] BGH NJW-RR 1992, 1214.
[224] BGH NJW-RR 1992, 1214; NJW 1982, 580.
[225] So bereits die h. M. zum FGG: vgl. z. B. BayObLG FGPrax 2003, 97; Bärmann § 16 III 5; Baur § 20 III 5; Habscheid § 7 III 1.
[226] Thomas/Putzo/Reichold Vorbem § 445 Rn 1.
[227] Habscheid § 21 II 7 b.
[228] BayObLGZ 1970, 173/176; Bärmann § 16 III 5 b; Baur § 20 III 5 b; Habscheid § 21 II 7 b.
[229] Bärmann § 16 III 5 b.

3. Verfahren

116 Als **Beteiligte** zu vernehmen sind alle Personen, die nicht Zeugen sein können (vgl. Rn 45). Entsprechend § 455 Abs. 1 ZPO sind anstelle von Minderjährigen und Geschäftsunfähigen sowie für juristische Personen deren gesetzliche Vertreter als Beteiligte zu vernehmen. Unter den Voraussetzungen des § 455 Abs. 2 ZPO kann auch eine Vernehmung Verfahrensunfähiger als Beteiligte in Betracht kommen. Im Übrigen sind für die Vernehmung die in § 451 ZPO angeführten Bestimmungen zu beachten. Entschuldigt ein Verfahrensbeteiligter sein Fernbleiben vom Termin durch Vorlage eines ärztlichen Attests, in dem ihm ohne nähere Angaben Verhandlungsunfähigkeit bescheinigt wird, so darf das Gericht eine Erläuterung fordern und ggf. auch eine amtsärztliche Untersuchung anordnen. Soll vermieden werden, dass ein ärztliches Attest, das nähere Angaben zu den gesundheitlichen Beschwerden des nicht erschienenen Beteiligten enthält, anderen Verfahrensbeteiligten zugänglich wird, kann damit entsprechend § 117 Abs. 2 S. 2 ZPO verfahren werden.[230]

117 Die **Beeidigung Beteiligter** ist entsprechend § 448 ZPO zulässig,[231] um letzte Zweifel an der Aussage des Beteiligten auszuräumen. Der Eid darf also nur abgenommen werden, wenn die unbeeidigte Aussage nicht geeignet ist, die volle Überzeugung des Gerichts von der Wahrheit oder Unwahrheit einer streitigen Tatsache zu begründen (§ 452 Abs. 1 S. 1 ZPO).[232] § 452 Abs. 1 S. 2, Abs. 2 und Abs. 4 ZPO gelten entsprechend, nicht aber § 452 Abs. 3 ZPO.

118 Das **Erscheinen zur Vernehmung und Beeidigung** kann nach § 33 Abs. 1 i. V. m. Abs. 3 erzwungen werden; dagegen darf kein Zwang zur Aussage oder zur Leistung des Eides ausgeübt werden.[233] Sowohl die unbeeidigte als auch die beeidigte Aussage hat das Gericht frei zu würdigen. Erweist sich die förmliche Vernehmung oder Beeidigung wegen ausdrücklicher Weigerung eines Beteiligten als unmöglich, so hat das Gericht nach freier Überzeugung das Gesamtergebnis der Ermittlungen und die Tatsache zu würdigen, dass ihm ein für die Bildung seiner Überzeugung für notwendig erachtetes Beweismittel nicht zur Verfügung stand.[234]

119 Die förmliche Beteiligtenvernehmung und die Beeidigung können von dem Spruchkörper (Senat, Kammer, KfH) auch einem **beauftragten Richter** übertragen werden (§§ 451, 375 ZPO), wenn dadurch nicht gegen den Grundsatz der Unmittelbarkeit der Beweisaufnahme (vgl. dazu Rn 19) verstoßen wird. Die Anordnung dieser Maßnahmen hat aber stets durch den Spruchkörper zu erfolgen. Die förmliche Beteiligtenvernehmung kann auch der **Rechtspfleger** anordnen und durchführen, nicht dagegen die Beeidigung. Hält er sie in einer ihm übertragenen Sache für geboten, muss er diese dem zuständigen Richter (§ 28 RPflG) vorlegen (§ 4 Abs. 2 Nr. 1, Abs. 3 RPflG). Eine förmliche Beteiligtenvernehmung kann durch die Verwertung einer Urkunde über die Vernehmung eines Beteiligten in einem anderen Verfahren ersetzt werden, wenn dagegen nach § 26 keine Bedenken bestehen.

IX. Amtliche Auskunft

120 Auch amtliche Auskünfte können Beweismittel im förmlichen Beweisverfahren sein.[235] Adressat des Auskunftsverlangens können Behörden und Träger eines öffentlichen Amtes sein. Von ausländischen Behörden können im Wege der Rechtshilfe ebenfalls Auskünfte eingeholt werden.[236] Die amtlichen Auskünfte können auch im Verfahren der freiwilligen Gerichtsbarkeit die Zeugenvernehmung eines Behördenangehörigen oder die Erstattung eines Sachverständigengutachtens durch einen Behördenangehörigen ersetzen.[237] Sie sind

---

[230] OLG Nürnberg NJW-RR 1999, 940.
[231] So bereits h. M. zum FGG; vgl. z. B. BayObLG Rpfleger 1991, 195; Bärmann § 16 III 5; Bassenge/Roth § 15 Rn 39; Baur § 20 III 5 a; Habscheid § 7 III 1; § 21 II 7 c.
[232] Habscheid § 21 II 7 d; a. A.: Baur § 20 III 5 b; der die Beeidigung schlechthin in das Ermessen des Gerichts stellt.
[233] BayObLGZ 1978, 319/324; OLG Karlsruhe NJW 1978, 2247.
[234] Habscheid § 21 II 7 b.
[235] Thomas/Putzo/Reichold § 273 Rn 7; Zöller/Greger § 273 Rn 7.
[236] BGH NJW 2002, 3106.
[237] BGH MDR 1964, 223.

X. Selbständiges Beweisverfahren (§§ 485–494 a ZPO)

1. Grundsatz

Da das FamFG – abgesehen von der Sondervorschrift des § 410 Nr. 2 – keine ausdrücklichen Bestimmungen über eine vorsorgliche Beweisaufnahme enthält, sind jedenfalls in privatrechtlichen Streitsachen der freiwilligen Gerichtsbarkeit – wie bisher – die **Vorschriften des selbstständigen Beweisverfahrens** (§§ 485 bis 494 a ZPO) entsprechend anzuwenden.[239] Entsprechendes muss auch für übrigen Antragsverfahren gelten; in Amtsverfahren leitet ein selbstständiges Beweisverfahren bereits das Hauptsacheverfahren ein. In Ehesachen (§ 121) und Familienstreitsachen (§ 112) gelten die §§ 485 bis 494 a ZPO nach § 113 Abs. 1 S. 2 FamFG unmittelbar. 121

Das selbstständige Beweisverfahren erweitert die Möglichkeiten einer Beweiserhebung vor Beginn des Hauptsachestreits (s. § 485 Abs. 2 ZPO). So ist das erforderliche rechtliche Interesse an der schriftlichen Begutachtung durch einen Sachverständigen nach § 485 Abs. 2 S. 2 ZPO bereits anzunehmen, wenn die beabsichtigte Feststellung der Vermeidung eines Rechtsstreits dienen kann. Dies dürfte zusammen mit der durch § 492 Abs. 3 ZPO geschaffenen Möglichkeit, schon vor Anhängigkeit der Hauptsache einen gerichtlichen Vergleich zu protokollieren, auch im FamFG-Verfahren von Bedeutung sein. 122

2. Verfahren

Das nach § 486 ZPO zuständige Gericht wird als Gericht der freiwilligen Gerichtsbarkeit tätig. Antragsberechtigt sind die am Hauptsacheverfahren materiell Berechtigten (siehe dazu § 7 Rn 4). Die §§ 379, 402 ZPO finden Anwendung, da im Beweissicherungsverfahren die Beweise nicht von Amts wegen erhoben werden. Die Kostenregelung in § 494 a Abs. 2 S. 1 ZPO wird durch die §§ 80 ff. FamFG verdrängt. 123

3. Anfechtung

Der ein selbstständiges Beweisverfahren **anordnende Beschluss** ist in entsprechender Anwendung des § 490 Abs. 2 S. 2 ZPO grundsätzlich unanfechtbar, weil er nach Inhalt und Form Beweisbeschluss ist,[240] der auch im Verfahren der freiwilligen Gerichtsbarkeit keiner Anfechtung unterliegt. Ein solcher Beschluss kann ggf. aber auf Anregung der Beteiligten jederzeit abgeändert, insbesondere auch ergänzt werden; zur Möglichkeit einer Gegenvorstellung siehe Anh zu § 58 Rn 48 f. Gegen die eine Beweiserhebung im selbstständigen Beweisverfahren (ganz oder teilweise) **ablehnenden Beschlüsse** ist die Beschwerde nach den §§ 567 ff. ZPO zulässig.[241] Die Zulässigkeit der **Anfechtung der Beschwerdeentscheidung** beurteilt sich nach den entsprechend anzuwendenden § 574 Abs. 1 Nr. 2 ZPO.[242] Gegen die gerichtliche Anforderung eines Kostenvorschusses ist kein Rechtsmittel gegeben.[243] 124

Für die Anfechtung der in entsprechender Anwendung des **§ 494 a Abs. 2 S. 1 ZPO** ergehenden Entscheidung gilt § 494 a Abs. 2 S. 2 ZPO. 125

---

[238] BGH FamRZ 1984, 159; Zöller/Greger § 373 Rn 11.
[239] So die h. M. zum FGG; vgl. z. B. BGH ZMR 2005, 58; BayObLG ZMR 2001, 641; OLG Celle FamRZ 2000, 1510; OLG Frankfurt NJW-RR 1997, 581 = FamRZ 1997, 1021; a. A. Jansen/von König § 15 Rn 82.
[240] KG MDR 1999, 565; OLG Frankfurt NJW-RR 1993, 1341.
[241] OLG Hamburg MDR 1993, 320; Zöller/Herget § 490 Rn 4.
[242] Zöller/Herget § 490 Rn 4.
[243] BGH WuM 2009, 317 = MDR 2009, 763.

4. Landesrechtliche Vorschriften

126 Die Durchführung von Beweissicherungsmaßnahmen außerhalb eines anhängigen Verfahrens ist für den Anwendungsbereich des FGG auch in einigen Landesrechten vorgesehen. So sind beispielsweise nach § 12 Bad.-WürttLFGG[244] die AG bei Glaubhaftmachung eines berechtigten Interesses dafür zuständig, Aussagen von Zeugen und Gutachten von Sachverständigen entgegenzunehmen und diese ggf. auch zu beeidigen oder zu veranlassen, die Richtigkeit ihrer Aussage bzw. ihres Gutachtens an Eides Statt zu versichern. Im Gegensatz zum selbstständigen Beweisverfahren stehen dem Gericht jedoch keinerlei Zwangsmittel zur Verfügung, um den Zeugen oder Sachverständigen[245] zum Erscheinen oder zur Aussage bzw. zur Gutachtenerstattung zu zwingen. § 12 Bad.-WürttLFGG weitgehend entsprechende Regelungen finden sich in Art. 41 HessFGG[246] und in Art. 23 S. 2 NdsFGG.[247]

XI. Kosten und Gebühren

127 Die Kosten und Gebühren richten sich nach dem jeweiligen Verfahren und der insoweit ergehenden Entscheidung. Siehe dazu die Anmerkungen zu § 32 Rn 54.

Glaubhaftmachung

31 (1) **Wer eine tatsächliche Behauptung glaubhaft zu machen hat, kann sich aller Beweismittel bedienen, auch zur Versicherung an Eides statt zugelassen werden.**
(2) **Eine Beweisaufnahme, die nicht sofort erfolgen kann, ist unstatthaft.**

I. Normzweck; Anwendungsbereich

1 § 31 sieht für das FamFG-Verfahren die Möglichkeit der Glaubhaftmachung vor. Die Vorschrift greift die Regelung in § 294 ZPO auf und übernimmt diese wörtlich für das FamFG. **Abs. 1** bestimmt die zulässigen Mittel der Glaubhaftmachung. **Abs. 2** beschränkt in Abweichung des bisherigen § 15 Abs. 2 FGG die Mittel der Glaubhaftmachung auf die **präsenten Beweismittel.** Die Notwendigkeit der Herbeischaffung der Beweismittel ist Ausfluss der Mitwirkungspflicht der Verfahrensbeteiligten (§ 27 Abs. 1). Hierdurch soll insbesondere in Zwischen- und Eilverfahren eine schnelle Beweisaufnahme gewährleistet und eine langwierige Tatsachenermittlung vermieden werden, um so – auch im Interesse der Beteiligten – das Verfahren zu beschleunigen.[1]

2 Die Vorschrift ist anwendbar auf alle Verfahren nach § 1 **mit Ausnahme** der Ehesachen (§ 121) sowie der Familienstreitsachen (§ 112); für diese gelten nach § 113 Abs. 1 S. 2 die Allgemeinen Vorschriften der ZPO und damit für die Glaubhaftmachung § 294 ZPO unmittelbar. Soweit nach Landesrecht für die Durchführung des Verfahrens andere als gerichtliche Behörden zuständig sind (§ 488 Abs. 1), findet § 31 Anwendung. In den landesgesetzlich geregelten Angelegenheiten der freiwilligen Gerichtsbarkeit kann der Landesgesetzgeber die entsprechende Geltung des FamFG und somit des § 31 vorschreiben. Zu den Einzelheiten siehe die Ausführungen bei § 486.

II. Notwendigkeit der Glaubhaftmachung

1. Grundsatz

3 Glaubhaftmachung ist eine Art der Beweisführung, durch die dem Gericht nicht die volle Überzeugung, die „an Sicherheit grenzende Wahrscheinlichkeit", sondern lediglich die

---

[244] V. 12. 2. 1975 (GBl. 116) in der Fassung vom 14. 8. 2010; abgedruckt § 486 Rn. 4.
[245] Zum Gutachten des Sachverständigen im selbstständigen Beweisverfahren ausführlich Bayerlein, § 21.
[246] V. 12. 4. 1954 in der Fassung vom 26. 3. 2010 (GVBl. I S. 114, 115); abgedruckt § 486 Rn. 10; vgl. auch OLG Frankfurt NJW-RR 1997, 581 = FamRZ 1997, 1021.
[247] V. 24. 2. 1971 in der Fassung vom 8. 12. 2010 (GVBl. S. 553); abgedruckt § 486 Rn. 12.
[1] BT-Drs. 16/6308 S. 190.

überwiegende erhebliche Wahrscheinlichkeit eines zu beweisenden Sachverhalts vermittelt werden muss.[2] Glaubhaft zu machen sind nur **tatsächliche Behauptungen,** nicht etwa Rechtsausführungen. Wo das Gesetz die Glaubhaftmachung eines rechtlichen oder berechtigten Interesses verlangt, sind die Tatsachen glaubhaft zu machen, die ein solches Interesse rechtfertigen. Keiner Glaubhaftmachung bedarf es bei Offenkundigkeit (§ 291 ZPO entsprechend) oder einer gesetzlichen Vermutung (§ 292 ZPO entsprechend); Gleiches gilt in echten Streitsachen bei einem gerichtlichen Geständnis des Antragsgegners (§ 288 ZPO entsprechend).

2. Einzelfälle

Eine Glaubhaftmachung reicht in den Fällen, in denen diese Möglichkeit gesetzlich ausdrücklich zugelassen ist. Die Zulassung kann sich sowohl aus dem FamFG als auch aus den Regeln des materiellen Rechts ergeben. Das **FamFG** fordert in einer Reihe von Fällen, vor allem in Zwischen- und Eilverfahren, die Glaubhaftmachung von Tatsachen; so beispielsweise in § 6 FamFG i. V. m. § 44 Abs. 2 ZPO bzw. § 44 Abs. 4 ZPO für die Ausschließung und Ablehnung von Gerichtspersonen, in § 13 Abs. 2 für die Akteneinsicht, in § 16 Abs. 2 FamFG i. V. m. § 224 Abs. 2 ZPO für Fristverlängerungs- oder Fristverkürzungsanträge, in § 18 Abs. 3 S. 1 für die Wiedereinsetzung, in § 30 Abs. 1 FamFG i. V. m. § 381 Abs. 1 S. 2 ZPO für die nachträgliche Entschuldigung des Ausbleibens, in § 30 Abs. 1 FamFG i. V. m. § 386 Abs. 1 ZPO für die Erklärung der Zeugnisverweigerung, in § 30 Abs. 1 FamFG i. V. m. § 406 Abs. 2 bzw. Abs. 3 ZPO für die Ablehnung eines Sachverständigen, in § 30 Abs. 1 FamFG i. V. m. §§ 424 S. 2 ZPO, 430, 435 bzw. 441 Abs. 4 ZPO jeweils für die Urkundenvorlegung, in § 32 Abs. 1 S. 2 FamFG i. V. m. § 227 Abs. 2 ZPO für einen Terminsverlegungsantrag, in § 51 Abs. 1 für die einstweilige Anordnung (siehe dazu § 51 Rn 6), in § 76 Abs. 1 FamFG i. V. m. § 118 Abs. 2 S. 1 ZPO für die Bewilligung von Verfahrenskostenhilfe, in § 95 FamFG i. V. m. §§ 707 Abs. 1, 719 Abs. 1, 765 a Abs. 2, 769 Abs. 1 S. 2, 805 Abs. 4, 807, 813 b Abs. 5 S. 2, 815 Abs. 2, 900 Abs. 3, 903 bzw. 914 ZPO für das Vollstreckungsverfahren, in § 357 für die Einsicht in eine eröffnete Verfügung von Todes wegen, in §§ 367, 368 jeweils i. V. m. § 18 Abs. 3 S. 1 für die Wiedereinsetzung, in § 407 Abs. 1 S. 2 für die Verlängerung der Frist zur Klageerhebung bzw. in den §§ 444, 449, 450 Abs. 1, 450 Abs. 2, 459 Abs. 2, 468 Nr. 2, 471 Abs. 1, 471 Abs. 2 für das Aufgebotsverfahren. In § 85 FamFG i. V. m. § 104 Abs. 2 S. 1 ZPO wird die Glaubhaftmachung **für genügend** erklärt, so dass nach pflichtgemäßem Ermessen auch eine Beweiserhebung durchgeführt werden kann.[3]

Materiellrechtliche Vorschriften für die Glaubhaftmachung als Mittel der Beweisführung in Verfahren der freiwilligen Gerichtsbarkeit sehen beispielsweise § 1786 Nr. 1 BGB für die Ablehnung einer Vormundschaft, § 1953 Abs. 3 S. 2 BGB für die Einsicht in die Ausschlagungserklärung, § 1994 Abs. 2 S. 1 BGB für die Inventarfrist, § 2010 BGB für die Einsicht in das Inventar, § 2081 Abs. 2 S. 2 BGB für die Einsicht in die Anfechtungserklärung, § 2146 Abs. 2 BGB für die Einsicht in die Anzeige des Vorerben, § 2228 BGB für die Akteneinsicht bzw. § 2384 Abs. 2 BGB für die Einsicht in die Anzeige des Erbschaftsverkäufers, § 18 VerschG für die Einleitung eines Todeserklärungsverfahrens,[4] § 142 Abs. 2 S. 2 AktG bzw. § 258 Abs. 2 S. 4 AktG für die Bestellung eines Sonderprüfers, § 265 Abs. 3 S. 2 AktG für die Bestellung eines Abwicklers vor.

3. Entsprechende Anwendung

Eine Glaubhaftmachung nach § 31 kann auch in anderen, gesetzlich nicht ausdrücklich geregelten Fällen ausreichen. Dies gilt vor allem für Anträge, bei denen wegen der Eilbedürftigkeit und ihres Charakters als vorläufige Maßnahmen der volle Beweis des zugrunde

---

[2] BGH NJW-RR 2007, 776; NJW 2003, 3558; BayObLG NJW-RR 1992, 1152; OLG Frankfurt NJW-RR 1993, 1452; OLG Saarbrücken, Beschl. v. 27. 10. 2010, 9 UF 73/10 = BeckRS 2010, 28142.
[3] MünchKommZPO/Prütting § 294 Rn 5; Stein/Jonas/Leipold § 294 Rn 3.
[4] OLG Düsseldorf FamRZ 1996, 1295.

liegenden Sachverhalts nicht zu fordern ist, z. B. bei einer einstweiligen Anordnung nach § 64 Abs. 3 FamFG.[5]

III. Mittel der Glaubhaftmachung

7   Zur Glaubhaftmachung sind im FamFG-Verfahren **alle Beweismittel des Freibeweises**[6] (vgl. dazu § 29 Rn 18) einschließlich der eidesstattlichen Versicherung zugelassen. Damit kann sich ein Beteiligter zur Glaubhaftmachung beispielsweise auf den Augenschein, vorgelegte Lichtbilder,[7] schriftliche Zeugenerklärungen, Aussagen präsenter Zeugen, ein vorliegendes Sachverständigengutachten, ein vorgelegtes Privatgutachten, ein ärztliches Attest,[8] Urkunden, unbeglaubigte Kopien,[9] eine rechtskräftige gerichtliche Entscheidung,[10] eine uneidliche Beteiligtenvernehmung oder die eigene eidesstattliche Versicherung stützen; in einem Ausnahmefall kann sich ein Beteiligter auch auf eine im öffentlichen Verkehrsraum erfolgte Bild- oder Videoaufzeichnung stützen.[11] Zudem kann ein Rechtsanwalt unter Berufung auf seine Standespflichten „anwaltlich versichern", was er in dieser Eigenschaft wahrgenommen hat.[12]

8   Ausnahmen bestehen kraft ausdrücklicher gesetzlicher Regelung für die Glaubhaftmachung des Ablehnungsgrundes bei der Ablehnung eines Sachverständigen (§ 30 Abs. 1 FamFG i. V. m. § 406 Abs. 3 ZPO) sowie einer Gerichtsperson (§ 6 Abs. 1 FamFG i. V. m. 44 Abs. 2 S. 1 2. Halbs. ZPO); in diesen Fällen genügt **nicht die eigene eidesstattliche Versicherung.** Die eidliche Parteivernehmung setzt voraus, dass das Ergebnis der unbeeideten Aussage einer Partei nicht ausreicht, um das Gericht von der Wahrheit oder Unwahrheit der zu erweisenden Tatsachen zu überzeugen (§ 452 ZPO).

IV. Durchführung der Glaubhaftmachung; eidesstattliche Versicherung

1. Anforderungen an die Glaubhaftmachung

9   Die Glaubhaftmachung setzt eine schlüssige Darlegung der behaupteten Tatsachen voraus. Die Mittel der Glaubhaftmachung müssen **präsent** sein **(Abs. 2).** Die Glaubhaftmachung kann also nicht durch Bezugnahme auf die Angaben von Zeugen oder Sachverständigen, die erst vernommen werden sollen, oder zu beschaffende Urkunden (Akten) erfolgen; das Gericht darf die Glaubhaftmachung für gescheitert erklären, ohne entsprechenden Anregungen auf deren Verwertung nachgegangen zu sein.

2. Gegenglaubhaftmachung

10   Gegenüber einer Glaubhaftmachung bleiben Einwendungen der übrigen Beteiligten statthaft. Soweit die Glaubhaftmachung für einen Beteiligten ausreicht, genügt dies auch für die Gegenglaubhaftmachung der übrigen Beteiligten, wobei ebenfalls eine Beschränkung auf die präsenten Beweismittel besteht. Der mindere Gewissheitsgrad einer Glaubhaftmachung muss jedoch bei der Beweiswürdigung beachtet werden, wenn der Beweis für die Richtigkeit bestimmter Tatsachen durch die Strengbeweismittel der freiwilligen Gerichtsbarkeit als erbracht angesehen werden kann und ausschließlich durch eine eidesstattliche Versicherung der Gegenbeweis geführt werden soll.[13]

---

[5] BayObLG FamRZ 1980, 1064; OLG Hamm DAVorm 1986, 540; OLG Schleswig SchlHA 1974, 111.
[6] BT-Drs. 16/6308 S. 190.
[7] OLG Jena OLGR 1997, 94.
[8] OLG Frankfurt NJW 2005, 2634.
[9] BayObLG NJW-RR 1992, 1159; OLG Köln FamRZ 1983, 709.
[10] BGH NJW 2003, 3558.
[11] OLG Saarbrücken, Beschl. v. 27. 10. 2010, 9 UF 73/10 = BeckRS 2010, 28142 zum Nachweis einer Rechtsverletzung i. S. v. § 1 GewSchG.
[12] BayObLG WuM 1994, 296; OLG Köln MDR 1986, 152; Zöller/Greger § 294 Rn 5.
[13] BayObLG NZM 2000, 245; OLG Köln MDR 1981, 765; Zöller/Greger § 294 Rn 2, 6.

3. Eidesstattliche Versicherung

Für die eidesstattliche Versicherung ist keine besondere Form vorgeschrieben. Es reicht **11** indes nicht, dass der Beteiligte – entsprechend einer weit verbreiteten Unsitte[14] – ausschließlich auf einen von seinem Bevollmächtigten verfassten Schriftsatz Bezug nimmt und die Richtigkeit des Inhalts bestätigt,[15] vielmehr muss die Erklärung eine selbstständige Sachdarstellung enthalten. Die eidesstattliche Versicherung kann vom Verpflichteten vor Gericht zur Niederschrift erklärt werden. Im Einzelfall genügt eine einfache Erklärung der Verfahrensbeteiligten zur Glaubhaftmachung.[16]

Die Abgabe einer eidesstattlichen Versicherung durch einen Bevollmächtigten (§ 10) ist **12** unzureichend; der Erklärende kann nur **sein eigenes Wissen** glaubhaft machen.[17] Bei Minderjährigen oder Geschäftsunfähigen hat der gesetzliche Vertreter die eidesstattliche Versicherung abzugeben (§ 455 Abs. 1 ZPO entsprechend).[18] In Verfahren, in denen Minderjährige oder sonst beschränkt Geschäftsfähige ihre eigenen Verfahrensrechte wahrnehmen dürfen (vgl. §§ 60, 9 Abs. 1 Nr. 2, Nr. 3), können diese eine eigene eidesstattliche Versicherung abgeben; in den sonstigen Verfahren nur, wenn sie nicht eidesunmündig im Sinne des § 30 Abs. 1 FamFG i. V. m. § 393 ZPO sind;[19] § 455 Abs. 2 ZPO ist entsprechend anwendbar.[20]

Der **Rechtspfleger** ist befugt, in den ihm übertragenen Angelegenheiten eidesstattliche **13** Versicherungen zu verlangen und abzunehmen,[21] vgl. § 3 Nr. 1 f, Nr. 2 c RPflG. Zur Aufnahme der eidesstattlichen Versicherung durch den **Notar** s. §§ 22 Abs. 2 BNotO, 38 BeurkG.[22]

V. Entscheidung über Glaubhaftmachung

Über die ausreichende Glaubhaftmachung entscheidet das Gericht nach freier Überzeugung.[23] Bei der Abwägung ist auch die Zumutbarkeit eines weiteren Vortrages oder weiterer präsenter Beweismittel zu berücksichtigen. **14**

Die Würdigung der Tatsacheninstanzen, dass eine tatsächliche Behauptung als glaubhaft **15** oder nicht glaubhaft angesehen werden kann, unterliegt nur in beschränktem Maße der Nachprüfung durch das Rechtsbeschwerdegericht.[24]

VI. Kosten und Gebühren

Die Glaubhaftmachung löst keine gesonderten Kosten und Gebühren aus. **16**

Termin

32 (1) ¹Das Gericht kann die Sache mit den Beteiligten in einem Termin erörtern. ²Die §§ 219, 227 Abs. 1, 2 und 4 der Zivilprozessordnung gelten entsprechend.

(2) Zwischen der Ladung und dem Termin soll eine angemessene Frist liegen.

(3) In geeigneten Fällen soll das Gericht die Sache mit den Beteiligten im Wege der Bild- und Tonübertragung in entsprechender Anwendung des § 128 a der Zivilprozessordnung erörtern.

---

[14] So BGH NJW 1988, 2045.
[15] BGH NJW 1996, 1682; NJW 1988, 2045; Zöller/Greger § 294 Rn 4.
[16] BVerfG NJW 1997, 1771; NJW-RR 1994, 316.
[17] BayObLGZ 1961, 4/10; KG OLGZ 1967, 247/249; Jansen/von König § 15 Rn 85.
[18] Bumiller/Harders § 31 Rn 1.
[19] Jansen/von König § 15 Rn 85.
[20] Jansen/von König § 15 Rn 85; a. A.: Bärmann § 9 II 5 a; Baur § 13 B II 4; § 20 IV 2.
[21] Bassenge/Roth/Roth § 4 RPflG Rn 2; Bumiller/Harders § 31 Rn 2.
[22] Eylmann/Vaasen/Limmer § 22 BNotO Rn 4; § 35 BeurkG Rn 5, 12.
[23] Jansen/von König § 15 Rn 84; Thomas/Putzo/Reichold § 294 Rn 2.
[24] BayObLG Rpfleger 1992, 521; OLG Frankfurt NJW-RR 1993, 1452.

Übersicht

	Rn
I. Normzweck; Anwendungsbereich	1
II. Sachdienlichkeit der Erörterung (Abs. 1 S. 1)	3
III. Verfahrensrechtliche Bedeutung des Termins	7
1. Allgemeine Grundsätze	7
2. Termin in Folgesachen der freiwilligen Gerichtsbarkeit	10
IV. Ladung; Terminsort; Terminsänderung	13
1. Ladung	13
a) Ladungsfrist	13
b) Adressat und Bekanntgabe	14
c) Inhalt	15
2. Terminsort (Abs. 1 S. 2 i. V. m. § 219 ZPO)	16
3. Terminsänderung (Abs. 1 S. 2 i. V. m. § 227 ZPO)	17
a) Allgemeines	17
b) Voraussetzungen	18
c) Prüfung und Entscheidung	20
V. Durchführung des Termins	23
1. Grundsatz der Nichtöffentlichkeit (§ 170 GVG)	23
2. Sitzungspolizei (§§ 176 ff. GVG)	27
a) Allgemeines	27
b) Zulässigkeit von Ordnungsmaßnahmen	28
c) Anordnung von Ordnungsmaßnahmen	31
3. Gerichtssprache; Hinzuziehung eines Dolmetschers (§§ 184 ff. GVG)	33
a) Gerichtssprache	33
b) Hinzuziehung eines Dolmetschers	34
4. Aktenvermerk; Protokoll	40
5. Ausbleiben eines Beteiligten	42
6. Erörterung im Wege der Videokonferenz (Abs. 3 i. V. m. § 128 a ZPO)	43
VI. Termin in der Rechtsmittelinstanz	46
VII. Sondervorschriften	47
VIII. Kosten und Gebühren	54
1. Gerichtsgebühren	54
2. Außergerichtliche Kosten	57
3. Verfahrenswert; Geschäftswert	59

I. Normzweck; Anwendungsbereich

1 § 32 regelt in **Abs. 1** die Anordnung eines Erörterungstermins, wobei die ZPO-Vorschriften zum Terminsort und zur Terminsänderung für entsprechend anwendbar erklärt werden. **Abs. 2** führt ausdrücklich eine Ladungsfrist als Regel ein, während **Abs. 3** in Entsprechung zu § 128a ZPO die Zulässigkeit der Terminsdurchführung im Wege der Videokonferenz normiert.

2 Die Vorschrift gilt in Angelegenheiten der freiwilligen Gerichtsbarkeit und in Familiensachen mit Ausnahme der Ehesachen (§ 121) und Familienstreitsachen (§ 112); insoweit findet nach § 113 Abs. 1 S. 2 die ZPO entsprechende Anwendung. Für bestimmte Angelegenheiten gehen Sonderregelungen vor. Zur Übergangsregelung siehe die Erläuterungen zu Art. 111 FGG-RG.

II. Sachdienlichkeit der Erörterung (Abs. 1 S. 1)

3 Nach **Abs. 1 S. 1** steht die Anordnung eines Termins zur mündlichen Erörterung der Sache mit den Beteiligten im pflichtgemäßen Ermessen des Gerichts. Dieses hat somit **grundsätzlich Gestaltungsfreiheit** und kann im Einzelfall zwischen schriftlichem und mündlichem Verfahren wählen oder beide Verfahrensarten miteinander kombinieren. Erscheint aber nach den konkreten Umständen eine mündliche Erörterung sachdienlich, findet eine **Ermessenreduzierung** statt. Dann darf nach dem Willen des Gesetzgebers nur aus wichtigem Grund von der Durchführung eines Termins abgesehen werden, etwa bei Gefährdung der Gesundheit eines Beteiligten durch dessen Teilnahme.[1] Der Termin kann neben der Erörterung der Sach- und Rechtslage auch zur Gewährung rechtlichen Gehörs (Art. 103 Abs. 1 GG), zur Sachverhaltsaufklärung (§ 26) und zur Herbeiführung einer gütlichen Einigung (§ 36 Abs. 1 S. 2) sachdienlich sein. Eine weitere Ermessensreduzierung in dem Sinne, dass im Hinblick auf Art. 6 Abs. 1 EMRK auf Verlangen eines Beteiligten grundsätzlich eine mündliche Erörterung zu erfolgen hat,[2] lässt sich mit der Regelung des § 32, die der im Rang eines einfachen Bundesgesetzes geltenden EMRK vorgeht, nicht vereinbaren. Deshalb ist das Ermessen des Gerichts nur noch durch die für einzelne Angelegenheiten bestehenden **Sondervorschriften** (s. Rn 47 ff.) eingeschränkt.

Von **Sachdienlichkeit** ist auszugehen, wenn das schriftliche Vorbringen der Beteiligten 4 oder im Wege des Freibeweises angestellte Ermittlungen (§ 29 Abs. 1) trotz verfahrensleitender Auflagen und Hinweise (§ 28 Abs. 1 u. 2) zur Herbeiführung der Entscheidungsreife nicht ausreichen, weil noch klärungsbedürftige Zweifel oder Unklarheiten verbleiben. Ebenso wenn ein rein schriftliches Verfahren einer möglichst zeitnahen und sachgerechten Erledigung entgegensteht, z.B. weil zahlreiche Personen als Beteiligte hinzuzuziehen (§ 7) sind. Gleiches gilt, wenn ohne Termin die Gewährung effektiven Rechtsschutzes (Art. 19 Abs. 4, 20 Abs. 3 GG) nicht sichergestellt ist oder dem Gebot eines fairen Verfahrens (Art. 2 Abs. 1, 20 Abs. 3 GG) nicht entsprochen werden kann. Soweit Sondervorschriften (s. Rn 47 ff.) dies nicht ohnehin vorsehen, wird bei komplexen tatsächlichen und/oder rechtlichen Sachverhalten sowie in echten Streitsachen ein Erörterungstermin regelmäßig zur schnellen und effektiven Sachaufklärung, zum Einigungsversuch sowie zur unmittelbaren und umfassenden Gewährung rechtlichen Gehörs (Art. 103 Abs. 1 GG) angezeigt sein.

Bei **Durchführung einer förmlichen Beweisaufnahme** unter entsprechender An- 5 wendung der ZPO haben die Beteiligten zwecks Gehörsgewährung und Ermöglichung des Fragerechts das Recht zur Teilnahme (§ 30 Abs. 1 FamFG i. V. m. § 357 Abs. 1 ZPO). Deshalb ist dazu stets ein zugleich der Erörterung der Sache dienender Termin erforderlich, wenn die Beweisaufnahme vor dem erkennenden Gericht und nicht im Wege der Rechtshilfe erfolgt (§ 30 Abs. 1 FamFG i. V. m. § 370 Abs. 1 ZPO).[3]

Findet das Verfahren vor einem Kollegialgericht statt (Landwirtschaftsgericht, KfH, 6 Beschwerdegericht), ist über die Anordnung eines in das Ermessen des Gerichts gestellten Erörterungstermins nicht durch Verfügung des Vorsitzenden, sondern durch – nicht selbständig anfechtbaren – Beschluss des Kollegiums zu befinden, weil die Prüfung der Sachdienlichkeit zur Rechtsanwendung gehört.

III. Verfahrensrechtliche Bedeutung des Termins

1. Allgemeine Grundsätze

Nach § 32 hat der Termin, auch soweit im Gesetz eine mündliche Verhandlung vor- 7 gesehen ist, eine andere verfahrensrechtliche Bedeutung als im Zivilprozess sowie in Ehesachen (§ 121) und Familienstreitsachen (§ 112). Der dort geltende **Mündlichkeitsgrundsatz** des § 128 Abs. 1 ZPO wird durch die Vorschrift **nicht eingeführt,** auch nicht für Angelegenheiten, in denen nach dem Gesetz obligatorisch oder optional ein Erörterungstermin stattfindet.[4] Deshalb kann nicht nur dasjenige Entscheidungsgrundlage sein, was Gegenstand des Termins war und von dort gestellten Anträgen umfasst wird. Die schriftliche Einreichung der Anträge (§ 23) genügt. Es gibt auch **keine Präklusion** wie nach § 296 a ZPO.

Die Endentscheidung (§ 38 Abs. 1 S. 1) ergeht grundsätzlich weder „aufgrund" eines 8 Erörterungstermins noch „aufgrund" einer mündlichen Verhandlung in dem Sinne, dass nach deren Schluss eingegangenes schriftliches Vorbringen grundsätzlich nicht mehr berücksichtigt werden darf (Ausnahme: Spruchverfahren, s. Rn 52). Stattdessen ist der gesamte

---

[1] BT-Drs. 16/9733 S. 288 i. V. m. BT-Drs. 16/6308 S. 366.
[2] Lipp FPR 2011, 37/39.
[3] BT-Drs. 16/6308 S. 191.
[4] BT-Drs. 16/6308 S. 191.

Akteninhalt zugrunde zu legen (§ 37 Abs. 1), einschließlich des erst nach dem Termin geführten Vorbringens der Beteiligten.[5] Ein Nichterscheinen zum Termin hat keine unmittelbaren verfahrensrechtlichen Konsequenzen, eine Versäumnisentscheidung darf nicht ergehen. Neues Vorbringen, eine Antragserweiterung, ein Gegenantrag oder eine Anschlussbeschwerde (§ 66) sind noch bis zum Erlass (§ 38 Abs. 3 S. 3) der Endentscheidung zulässig. Das gilt auch in echten Streitsachen.[6]

9 Daraus folgt, dass ein Richter (mit)entscheiden darf, der den Termin nicht durchgeführt bzw. an diesem nicht teilgenommen hat. Voraussetzung ist jedoch, dass das mündliche Vorbringen der Beteiligten in einer als Entscheidungsgrundlage ausreichenden Weise aktenkundig gemacht wurde (§ 28 Abs. 4). War allerdings der nur im Termin zu gewinnende persönliche Eindruck von einem Beteiligten, einem Zeugen oder einer Auskunftsperson entscheidungserheblich, kommt bei Entscheidung durch einen anderen Richter ein Verfahrensfehler im Sinne eines Verstoßes gegen die Pflicht zur Amtsermittlung (§ 26) in Betracht.

2. Termin in Folgesachen der freiwilligen Gerichtsbarkeit

10 Nach § 137 Abs. 1 ist über die Scheidungssache (§ 121 Nr. 1) und über Folgesachen der freiwilligen Gerichtsbarkeit zusammen zu verhandeln und zu entscheiden. Das bedeutet nicht, dass sich der für die Scheidungssache und die übrigen, zivilprozessualen Folgesachen geltende Mündlichkeitsgrundsatz auch auf diejenigen der freiwilligen Gerichtsbarkeit erstreckt. Vielmehr erfordert der Verbund nur, dass in der mündlichen Verhandlung, auf die der Scheidungsausspruch (Verbundbeschluss, s. § 38 Rn 37 ff.) ergeht, über die Ehesache **verhandelt** wird und zugleich die Folgesachen der freiwilligen Gerichtsbarkeit **erörtert** werden. Dieser Termin erfüllt mithin einerseits die Funktion des § 128 Abs. 1 ZPO und andererseits die des § 32 Abs. 1 S. 1.

11 Nach Abtrennung einer Folgesache der freiwilligen Gerichtsbarkeit findet darauf allein § 32 Anwendung, wie sich aus § 113 Abs. 1 S. 1 ergibt. Das gilt auch für diejenigen Sachen, die nach § 137 Abs. 5 S. 1 trotz Abtrennung Folgesachen bleiben.

12 Wird gegen den Verbundbeschluss ausschließlich wegen Folgesachen der freiwilligen Gerichtsbarkeit Beschwerde (§ 58) eingelegt, unterfällt das Verfahren mangels Anwendbarkeit von § 117 ebenfalls nicht den Vorschriften der ZPO.

IV. Ladung; Terminsort; Terminsänderung

1. Ladung

13 **a) Ladungsfrist.** In Ausführung der nach Abs. 1 S. 1 getroffenen Ermessensentscheidung hat der Vorsitzende durch verfahrensleitende Verfügung den Termin zu bestimmen. **Abs. 2** sieht im Hinblick auf die vom Gesetzgeber gewollte Flexibilität des FamFG-Verfahrens keine bestimmte Frist zwischen Ladung und Termin vor. Vielmehr ist **im Einzelfall** nach pflichtgemäßem Ermessen zu entscheiden, welche Ladungsfrist **angemessen** ist. Dies richtet sich insbesondere nach dem Verfahrensgegenstand und der Dringlichkeit des Termins für die zu treffende Entscheidung. Die Frist muss gewährleisten, dass sich die Beteiligten in der konkreten Verfahrenslage bei Beachtung ihrer Mitwirkungspflicht (§ 27 Abs. 1) auf den Termin einstellen und vorbereiten können. Das gebietet der aus dem Rechtsstaatsprinzip (Art. 19 Abs. 4, 20 Abs. 3 GG) abzuleitende Anspruch auf effektiven Rechtsschutz.[7] Dieser ist aber gegen das aus Sachgründen gegebene Erfordernis einer beschleunigten Entscheidung abzuwägen. Deshalb kann im Einzelfall eine sonst unüblich kurze Frist gerechtfertigt sein. Die Unangemessenheit einer Ladungsfrist kann sowohl einen Verstoß gegen die Aufklärungspflicht (§ 26) wie gegen das Gebot des rechtlichen Gehörs (Art. 103 Abs. 1 GG) darstellen. Er ist mit der Beschwerde (§ 58) gegen die Endentscheidung geltend zu machen.

---

[5] BayObLG NJW-RR 1990, 1420.
[6] BVerfG NJW 1983, 2017; BGH RdL 1994, 45.
[7] BVerfG NVwZ 2003, 859.

b) Adressat und Bekanntgabe. Die Ladung wird nach Maßgabe der Terminsverfügung von Amts wegen durch den Urkundsbeamten der Geschäftsstelle veranlasst (§ 214 ZPO analog). Adressat sind die Bevollmächtigten (§ 10). Betreiben die Beteiligten das Verfahren persönlich, sind sie selbst zu laden, bei fehlender Verfahrensfähigkeit ihr gesetzlicher Vertreter (§ 9 Abs. 2). Die Form der Bekanntgabe (§ 15 Abs. 1) steht im Ermessen des Gerichts (§ 15 Abs. 2 S. 1); zu den Einzelheiten siehe § 15 Rn 8. Regelmäßig genügt die Aufgabe zur Post (§ 15 Abs. 2 S. 1 2. Alt.). Bei nicht durch Bevollmächtigte vertretenen Beteiligten kann im Einzelfall eine Zustellung der Ladung (§ 15 Abs. 2 FamFG S. 1 1. Alt. i. V. m. §§ 166–195 ZPO) sachgerecht sein. Das gilt insbesondere, wenn sich aus dem Akteninhalt konkrete Umstände für die Annahme ergeben, dass der Zugang ungewiss oder die Befolgung einer formlosen Ladung zweifelhaft ist.

c) Inhalt. Weil eine Versäumnisentscheidung nicht in Betracht kommt, ist für die Ladung kein notwendiger Inhalt vorgeschrieben. Etwas anderes gilt nur bei der Anordnung des persönlichen Erscheinens wegen der dort bei Nichterscheinen zulässigen Festsetzung von Ordnungsmitteln. Erforderlich sind die Bezeichnung der Angelegenheit unter Angabe des gerichtlichen Geschäftszeichens, die Aufforderung zum Erscheinen, die bestimmte Bezeichnung von Ort und Zeit des Termins sowie seines Zwecks. Der Ladungstext kann zur Vorbereitung des Termins mit Auflagen und Hinweisen (§ 28 Abs. 1 u. 2) verbunden werden.

2. Terminsort (Abs. 1 S. 2 i. V. m. § 219 ZPO)

§ 219 ZPO Terminsort

(1) Die Termine werden an der Gerichtsstelle abgehalten, sofern nicht die Einnahme eines Augenscheins an Ort und Stelle, die Verhandlung mit einer am Erscheinen vor Gericht verhinderten Person oder eine sonstige Handlung erforderlich ist, die an der Gerichtsstelle nicht vorgenommen werden kann.

(2) Der Bundespräsident ist nicht verpflichtet, persönlich an der Gerichtsstelle zu erscheinen.

Nach **Abs. 1 S. 2 i. V. m. § 219 ZPO** ist der Termin im **Gerichtsgebäude** abzuhalten, kann aber an einem anderen Ort durchgeführt werden, wenn dies zur Einnahme des Augenscheins, wegen der Verhinderung eines Beteiligten am Erscheinen vor Gericht oder sonst erforderlich ist. Darüber ist im Einzelfall durch den Vorsitzenden nach pflichtgemäßem Ermessen zu entscheiden. Abzustellen ist darauf, was im Interesse der Entscheidungsfindung sachlich notwendig erscheint. Allein auf bloße Zweckmäßigkeitserwägungen darf nicht abgestellt werden. Kommt es auf den persönlichen Eindruck von einem Beteiligten bzw. Betroffenen an, kann es geboten sein, ihn in seiner gewohnten Umgebung aufzusuchen. Gleiches gilt, wenn sich die zur Aufklärung des Sachverhalts erforderlichen Tatsachenfeststellungen nur **vor Ort** treffen lassen. Dabei ist aber zu berücksichtigen, dass wegen Art. 13 GG der Zugang zur Wohnung verweigert werden kann, weshalb es sinnvoll ist, vorab das Einverständnis des Berechtigten einzuholen. Dessen Verweigerung hat das Gericht bei der Entscheidung frei zu würdigen (§ 37 Abs. 1); ggf. kann ein Verstoß gegen die Mitwirkungspflicht (§ 27 Abs. 1) oder eine Beweisvereitelung gegeben sein. Für Betreuungs- und Unterbringungssachen ist ausdrücklich geregelt, dass die Wohnung des Betroffenen ohne dessen Einwilligung nur auf gerichtliche Anordnung betreten werden darf, außer bei Gefahr im Verzug (§§ 283 Abs. 3, 325 Abs. 3). Die Anberaumung eines Ortstermins ist nicht selbständig anfechtbar.

3. Terminsänderung (Abs. 1 S. 2 i. V. m. § 227 ZPO)

§ 227 ZPO Terminsänderung

(1) ¹Aus erheblichen Gründen kann ein Termin aufgehoben oder verlegt sowie eine Verhandlung vertagt werden. ²Erhebliche Gründe sind insbesondere nicht
1. das Ausbleiben einer Partei oder die Ankündigung, nicht zu erscheinen, wenn nicht das Gericht dafür hält, dass die Partei ohne ihr Verschulden am Erscheinen verhindert ist;
2. die mangelnde Vorbereitung einer Partei, wenn nicht die Partei dies genügend entschuldigt;
3. das Einvernehmen der Parteien allein.

(2) Die erheblichen Gründe sind auf Verlangen des Vorsitzenden, für eine Vertagung auf Verlangen des Gerichts glaubhaft zu machen.

(3) ...

(4) ¹Über die Aufhebung sowie Verlegung eines Termins entscheidet der Vorsitzende ohne mündliche Verhandlung; über die Vertagung einer Verhandlung entscheidet das Gericht. ²Die Entscheidung ist kurz zu begründen. ³Sie ist unanfechtbar.

17 **a) Allgemeines.** In **Abs. 1 S. 2 i. V. m. § 227 Abs. 1, 2 u. 4 ZPO** ist geregelt, unter welchen Voraussetzungen die Aufhebung eines anberaumten Termins, die Bestimmung eines anderen Termins (Verlegung) oder die vorzeitige Beendigung eines begonnenen Termins unter Bestimmung eines neuen (Vertagung) von Amts wegen oder auf Antrag in Betracht kommen und in welcher Weise darüber zu befinden ist.

18 **b) Voraussetzungen.** Es sind **erhebliche Gründe** erforderlich (§ 227 Abs. 1 S. 1 ZPO). Danach genügt es nicht, dass ein Beteiligter ohne Angabe triftiger Hinderungsgründe sein Fernbleiben vom Termin ankündigt, sich ohne genügende Entschuldigung in rechtlicher oder tatsächlicher Hinsicht nicht ausreichend auf den Termin vorbereitet hat oder im Einvernehmen mit den übrigen Beteiligten nicht erscheint (§ 227 Abs. 1 S. 2 ZPO). Die geltend gemachten Gründe müssen so konkret und nachvollziehbar vorgebracht werden, dass das Gericht ihre Erheblichkeit prüfen kann. Ob eine Terminsänderung zu erfolgen hat, ist nach pflichtgemäßem Ermessen zu entscheiden. Erfordert die Gewährung rechtlichen Gehörs (Art. 103 Abs. 1 GG) eine Änderung, ist einem darauf gerichteten Antrag stattzugeben.⁸ Die Gründe sind auf Verlangen des Vorsitzenden nach § 31 **glaubhaft zu machen** (§ 227 Abs. 2 ZPO).

19 Ein **erheblicher Grund** liegt insbesondere bei einer Erkrankung vor, sofern sie den Beteiligten an der Wahrnehmung des Termins hindert; ärztlich attestierte Arbeitsunfähigkeit ohne Angabe von Art und Auswirkung der Erkrankung reicht dafür nicht aus. Erheblich ist regelmäßig auch urlaubsbedingte Abwesenheit, wenn die Urlaubsreise nicht erst nach Zugang der Ladung gebucht wurde. Bei Vertretung durch einen Bevollmächtigten muss der Grund in dessen Person vorliegen. Wird Terminskollision geltend gemacht, ist unter konkreter Bezeichnung des anderen Termins (Ort, Zeit, Angelegenheit) vorzutragen, wann die dortige Ladung erfolgte und weshalb keine Vorkehrungen (Vertretung durch einen anderen Anwalt, Verlegungsantrag in der anderen Sache) für das Erscheinen getroffen werden konnten. Bei urlaubs- oder krankheitsbedingter Abwesenheit von mehr als einer Woche ist die Verpflichtung zur Bestellung eines Vertreters (§ 53 Abs. 1 BRAO) zu beachten.⁹ Für Sozietätsmitglieder kommt ein erheblicher Grund regelmäßig nur in Betracht, wenn dem grundsätzlich vertretungsbereiten Kollegen die Einarbeitung in die Sache unzumutbar ist¹⁰ oder der Beteiligte aufgrund eines besonderen Vertrauensverhältnisses auf persönlicher Terminswahrnehmung durch den Bevollmächtigten besteht.

20 **c) Prüfung und Entscheidung.** Bei der **Prüfung,** ob ein erheblicher Grund vorliegt, sind die Rechte und schützenswerten Interessen der Beteiligten sowie das sachliche Bedürfnis nach einem beschleunigten Abschluss des Verfahrens gegeneinander abzuwägen. Dabei ist die Mitwirkungspflicht (§ 27) zu berücksichtigen. Bei deren Verletzung kommt die Ablehnung einer beantragten Verlegung oder Vertagung in Betracht, insbesondere wenn das Gericht bereits fruchtlos eine Erklärungsfrist zur Sache gesetzt oder schon einmal antragsgemäß zum Zweck weiterer Stellungnahme bzw. Terminsvorbereitung vertagt hatte. Liegt den Umständen nach die Absicht der Verfahrensverschleppung vor, ist regelmäßig am anberaumten Termin festzuhalten.

21 Die **Entscheidung** über Aufhebung und Verlegung ergeht durch Verfügung des Vorsitzenden, während über die Vertagung das Gericht durch Beschluss befindet; sie soll kurz begründet werden und ist **unanfechtbar** (§ 227 Abs. 4 ZPO). Die Versagung einer beantragten Terminsverlegung verletzt den Anspruch auf rechtliches Gehör (Art. 103 Abs. 1 GG), wenn erhebliche Gründe i. S. d. § 227 Abs. 1 ZPO offensichtlich vorliegen und die Zurückweisung des Antrags für den Beteiligten im Hinblick auf die sachgemäße

---

⁸ OLG Hamm NJW-RR 1992, 121.
⁹ BVerwG NJW 2001, 2735; OLG Naumburg FuR 2004, 316.
¹⁰ BVerwG NJW 1984, 882.

Wahrnehmung seiner Rechte unzumutbar ist.[11] Dies kann erst mit der Beschwerde (§ 58) gegen die Endentscheidung geltend gemacht werden.

Gegen die Anordnung einer Verlegung oder Aufhebung eines Termins ist ausnahmsweise § 21 Abs. 2 analog die sofortige Beschwerde entsprechend §§ 567 bis 572 ZPO gegeben, wenn sie wegen besonderer Umstände einer Aussetzung des Verfahrens (§ 21 Abs. 1) gleichkommt.[12] 22

V. Durchführung des Termins

1. Grundsatz der Nichtöffentlichkeit (§ 170 GVG)

Nach § 2 EGGVG gelten die Regelungen des GVG für das FamFG-Verfahren unmittelbar. § 170 Abs. 1 GVG regelt die Zulassung der Öffentlichkeit für die **erste und zweite Instanz.** Nach S. 1 sind Verhandlungen, Erörterungen und Anhörungen im Anwendungsbereich des § 32 nicht öffentlich. Nach S. 2 kann das Gericht die Öffentlichkeit zulassen, jedoch nicht gegen den Willen eines Beteiligten. Somit ist, soweit ein Beteiligter der **Zulassung der Öffentlichkeit** nicht widerspricht, **im Einzelfall** nach pflichtgemäßem Ermessen zu entscheiden, ob das Interesse der Beteiligten am Schutz ihrer Privatsphäre oder das aus dem Rechtsstaatsprinzip abzuleitende Öffentlichkeitsprinzip im konkreten Verfahren überwiegt.[13] Zur Wahrung des rechtlichen Gehörs ist deshalb rechtzeitig, z.B. mit der Ladung, auf eine beabsichtigte Ausnahme vom Grundsatz der Nichtöffentlichkeit hinzuweisen. Wird in der Beschwerdeinstanz ein Termin gegen den erklärten Willen eines Beteiligten öffentlich durchgeführt, liegt darin ein absoluter Rechtsbeschwerdegrund (§ 72 Abs. 3 FamFG i.V.m. § 547 Nr. 5 ZPO). 23

§ 170 GVG soll die Grundsätze des **Art. 6 EMRK** im FamFG-Verfahren umsetzen.[14] Nach Art. 6 Abs. 1 S. 1 EMRK ist über „zivilrechtliche Ansprüche und Verpflichtungen" öffentlich zu verhandeln. Nach Art. 6 Abs. 1 S. 2 EMRK kann die Öffentlichkeit – nur – ausgeschlossen werden, wenn dies zum Schutz der Moral, der öffentlichen Ordnung, der Jugend oder des Privatlebens der Beteiligten erforderlich ist. Danach wird dort der Grundsatz der Öffentlichkeit normiert und lediglich deren Ausschluss im Einzelfall zugelassen, also letztlich gerade umgekehrt zur Regelung des § 170 Abs. 1 GVG. Dem wird in der Praxis im Rahmen der Ermessensausübung nach § 170 Abs. 1 S. 2 GVG mit dem Ergebnis Rechnung zu tragen sein, dass in unter Art. 6 EMRK fallenden Sachen die **Öffentlichkeit** zuzulassen ist, **wenn nicht ein Beteiligter ausdrücklich widerspricht.** Eine konventionskonforme Auslegung dahin, dass dieser Widerspruch berechtigt sein muss,[15] scheidet nach dem eindeutigen Wortlaut der Vorschrift aus.[16] 24

Die Zulassung der Öffentlichkeit kommt danach insbesondere für **echte Streitsachen,** in denen über subjektive Rechte der Beteiligten wie im Zivilprozess kontradiktorisch zu entscheiden ist, in Betracht.[17] Zwar fasst die Rechtsprechung des EGMR (s. Anhang zu § 58 Rn 62 ff.) den Begriff der Zivilsachen weit[18] und zählt auch Kindschafts-, Betreuungs- und Unterbringungssachen dazu. Insoweit wird aber regelmäßig die Anwendung von Art. 6 Abs. 1 S. 2 EMRK gerechtfertigt sein. In Betreuungssachen (§§ 271 ff.) und Unterbringungssachen (§§ 312 ff.) ist nach § 170 S. 3 GVG auf Verlangen des Betroffenen einer Person seines Vertrauens (§§ 274 Abs. 4 Nr. 1, 315 Abs. 4 Nr. 2) die Anwesenheit zu gestatten. 25

§ 170 Abs. 2 GVG trifft für Termine in der **Rechtsbeschwerdeinstanz** eine abweichende Regelung, die Art. 6 EMRK Rechnung trägt. Danach entscheidet das Rechtsbeschwerdegericht unabhängig vom Willen der Beteiligten in allen Angelegenheiten nach pflichtgemäßem Ermessen, ob die Öffentlichkeit zuzulassen ist oder das Interesse eines Beteiligten an der nicht öffentlichen Erörterung im Einzelfall überwiegt. Dazu sind das 26

---
[11] BGH NJW 2006, 2492; BVerwG NJW 1995, 1441; NJW 1992, 2042; OLG Köln NJW-RR 1998, 1076.
[12] OLG Düsseldorf OLGR 2007, 533.
[13] BT-Drs. 16/6308 S. 320.
[14] BT-Drs. 16/6308 S. 320.
[15] Lipp FPR 2011, 37/39.
[16] Ebenso Zöller/Lückemann § 170 GVG Rn 1.
[17] BGH WM 1994, 313 (Landwirtschaftssache).
[18] Ebenso EuGH FamRZ 2008, 125 („autonome Auslegung").

Interesse der Allgemeinheit an der Rechtssache und die persönlichen Belange der Beteiligten gegeneinander abzuwägen. Mithin darf die Öffentlichkeit selbst gegen den Willen eines Beteiligten zugelassen werden.[19]

2. Sitzungspolizei (§§ 176 ff. GVG)

27   a) **Allgemeines.** Nach § 176 GVG obliegt die Aufrechterhaltung der Ordnung im Termin dem Vorsitzenden. Er ist gegenüber jedermann dazu berufen, die **äußere Ruhe und Ordnung** sicherzustellen. Hierin eingeschlossen sind Fürsorge und Schutz für die Verfahrensbeteiligten. Darauf abzielende Maßnahmen trifft der Vorsitzende nach pflichtgemäßem Ermessen.[20] Dazu kann auch die Anordnung gehören, ein mitgeführtes Mobiltelefon auszuschalten[21] und die Benutzung eines Laptops oder Notebooks zu unterlassen.[22] Nach **§ 177 GVG** können Beteiligte, Zeugen, Sachverständige oder Dritte, wenn sie den zur Aufrechterhaltung der Ordnung getroffenen Anordnungen des Vorsitzenden keine Folge leisten, aus dem Sitzungssaal entfernt sowie zur Ordnungshaft von bis zu 24 Stunden abgeführt und festgehalten werden.

28   b) **Zulässigkeit von Ordnungsmaßnahmen.** Nach **§ 178 GVG** kann bei Ungebühr ein **Ordnungsgeld** von bis zu 1000 € (mindestens 5 €, Art. 6 Abs. 1 EGStGB) oder eine sofort vollstreckbare (§ 179 GVG) Ordnungshaft von bis zu einer Woche festgesetzt werden. Bei der Festsetzung von Ordnungsgeld ist für den Fall fruchtloser Beitreibung ersatzweise Ordnungshaft anzuordnen. Die Entscheidung trifft gegen Dritte der Vorsitzende, im Übrigen das Gericht. Vor der Festsetzung eines Ordnungsmittels hat zur Gewährung des rechtlichen Gehörs regelmäßig eine Anhörung zu erfolgen.[23] Gegenüber Verfahrensbevollmächtigten sowie Verfahrenspflegern und Verfahrensbeiständen sind Maßnahmen nach §§ 177, 178 GVG unzulässig.

29   **Ungebühr** erfordert eine vorsätzliche Störung der Ruhe und Ordnung, wie sie zur Gewährleistung einer ungehinderten Wahrnehmung der Verfahrensrechte durch alle Beteiligten sowie zur Schaffung und Sicherung einer Atmosphäre ruhiger Sachlichkeit, Distanz und Toleranz notwendig ist und allein die Rechtsfindung ermöglicht.[24] Die Sanktionierung einer Äußerung, insbesondere einer persönlichen Herabsetzung oder der Kundgabe von Missachtung, setzt nach dem Grundsatz der Verhältnismäßigkeit voraus, dass sie nach Zeitpunkt, Inhalt oder Form den ordnungsgemäßen Verfahrensablauf in nicht unerheblichem Ausmaß stört und die Sanktion dem Anlass angemessen ist. Daran kann es fehlen, wenn es sich um eine Spontanreaktion auf ein zumindest aus Sicht des Betroffenen beanstandenswürdiges Fehlverhalten eines anderen Beteiligten oder des Gerichts handelt.[25]

30   Wird im **Verfahren vor dem Rechtspfleger** die Anordnung oder Androhung von Ordnungshaft für geboten erachtet ist, die Sache insoweit dem Richter zur Entscheidung vorzulegen (§ 4 Abs. 2 u. 3 RPflG).

31   c) **Anordnung von Ordnungsmaßnahmen.** Die Anordnung von Maßnahmen nach §§ 177, 178 GVG ergeht durch **Beschluss.** Er ist bei der Festsetzung eines Ordnungsmittels wegen Ungebühr oder bei Anordnung der Abführung zur Ordnungshaft mit Gründen in die Sitzungsniederschrift aufzunehmen, **§ 182 GVG.** Diese muss eine gegenüber den Gründen des Beschlusses inhaltlich getrennte, wertungsfreie und möglichst präzise Darstellung des zur Ordnungsmittelfestsetzung führenden Geschehensablaufs enthalten.[26] Dazu gehört auch die Angabe, ob Gelegenheit zum rechtlichen Gehör gewährt oder weshalb ausnahmsweise davon abgesehen wurde. Findet der Termin vor einem Kollegialgericht statt, entscheidet gegen Dritte der Vorsitzende, sonst das Gericht (§§ 177 S. 2, 178 Abs. 2 GVG).

---

[19] BT-Drs. 16/9733 S. 300.
[20] BGH NJW 1962, 260.
[21] OLG Hamburg NJW 1997, 3452; OLG Brandenburg NJW 2004, 451.
[22] BVerfG NJW 2009, 352.
[23] OLG Koblenz NJOZ 2007, 3007; OLG Köln NJW 2008, 2865.
[24] OLG Zweibrücken NJW 2005, 611.
[25] BVerfG NJW 2007, 2839.
[26] OLG Karlsruhe NJW-RR 1998, 144.

Gegen sitzungspolizeiliche Anordnungen nach §§ 176, 177 GVG findet kein **Rechts-** 32
mittel statt.[27] Beteiligte können sie mit der Beschwerde (§ 58) gegen die Endentscheidung angreifen. Es handelt sich aber um einen Akt öffentlicher Gewalt, der zum Gegenstand einer Verfassungsbeschwerde (s. Anhang zu § 58 Rn 59 ff.) gemacht werden kann.[28] Im Übrigen sind lediglich Gegenvorstellung (s. Anhang zu § 58 Rn 48 ff.) und Dienstaufsichtsbeschwerde (s. Anhang zu § 58 Rn 24 ff.) gegeben. Nur **gegen die Festsetzung von Ordnungsmitteln durch AG oder LG (§ 178 GVG)** ist die Beschwerde des Betroffenen zum OLG statthaft. Sie ist binnen einer Woche nach Bekanntgabe (§ 41) des Beschlusses einzulegen und hat keine aufschiebende Wirkung, **§ 181 GVG**. Das gilt auch, wenn entgegen § 178 Abs. 2 GVG der Vorsitzende allein entschieden hat. Das OLG trifft als Beschwerdegericht eine neue, eigene Ermessensentscheidung darüber, ob das Ordnungsmittel gerechtfertigt ist.[29]

3. Gerichtssprache; Hinzuziehung eines Dolmetschers (§§ 184 ff. GVG)

a) Gerichtssprache. Nach § 184 GVG ist die Gerichtssprache deutsch. Diese Regelung 33
ist dem Verfügungsrecht der Beteiligten entzogen, verfassungskonform[30] und zur Gewährleistung eines reibungslosen Verfahrensablaufs von Amts wegen zu beachten.[31] Sie gilt nur für – mündliche wie schriftliche – **Erklärungen des Gerichts und vor dem Gericht,** auch für den Tatsachenvortrag. Beweismittel in Gestalt fremdsprachiger Urkunden sind dagegen unmittelbar zu verwerten.[32] Das Gericht verletzt den Anspruch auf rechtliches Gehör (Art. 103 Abs. 1 GG) und zugleich seine Amtsermittlungspflicht (§ 26), wenn es die Verwertung einer vorgelegten fremdsprachigen Urkunde allein wegen fehlender Übersetzung ablehnt.[33] Jedoch kommt wie nach § 142 Abs. 3 S. 1 ZPO in Konkretisierung der Mitwirkungspflicht (§ 27) die Auflage (§ 28 Abs. 1 S. 1) in Betracht, eine Übersetzung nachzureichen. Denn unzureichende Sprachkenntnisse entheben einen Beteiligten nicht seiner Sorgfaltspflicht hinsichtlich der Wahrnehmung seiner Verfahrensrechte.[34] In echten Streitsachen kann es entsprechend § 427 ZPO gerechtfertigt sein, die Urkunde bei fruchtlosem Ablauf einer zur Vorlage einer Übersetzung gesetzten Frist unberücksichtigt zu lassen (s. auch § 30 Rn 109). Für Landwirtschaftssachen trifft § 82 a LVwG eine gesonderte Regelung.

b) Hinzuziehung eines Dolmetschers. Findet der Termin unter Beteiligung von 34
Personen statt, die der deutschen Sprache nicht mächtig sind, ist nach **§ 185 Abs. 1 GVG von Amts wegen** ein Dolmetscher hinzuzuziehen. Dieses Gebot ist Ausdruck des Verfahrensgrundrechts auf rechtliches Gehör (Art. 103 Abs. 1 GG) bzw. auf ein rechtsstaatliches, faires Verfahren (Art. 2 Abs. 1, 20 Abs. 3 GG).[35] Ob jemand der deutschen Sprache nicht mächtig ist, entscheidet das Gericht nach freier Überzeugung. Davon ist auszugehen, wenn ein Verfahrensbeteiligter die deutsche Sprache nicht so weit beherrscht, dass er der Erörterung in vollem Umfang inhaltlich folgen und die zur zweckentsprechenden Wahrnehmung seiner Rechte erforderlichen Erklärungen abgeben und wenn ein Zeuge, ein Sachverständiger oder eine Auskunftsperson aufgrund Sprachunkenntnis die zur Sachaufklärung notwendigen Angaben nicht machen kann. Entscheidend ist, ob eine sprachliche Verständigung mit dem Gericht im notwendigen Umfang möglich ist.[36] Das Gericht muss sich nach erfolgter Hinzuziehung vergewissern, dass Dolmetscher und Beteiligter in derselben Sprache miteinander kommunizieren; es darf sich nicht damit begnügen, Zuhörer eines Gesprächs zwischen ihnen zu sein.[37]

---

[27] Zöller/Lückemann § 176 GVG Rn 9 u. § 177 GVG Rn 8.
[28] BVerfG NJW 1992, 3288.
[29] OLG Köln NJW 1986, 2515.
[30] BVerfG NVwZ 1987, 785.
[31] BGH NJW 1984, 2050; NJW 1982, 532.
[32] OLG Zweibrücken FamRZ 1999, 33.
[33] BVerwG NJW 1996, 1553; OLG Zweibrücken FamRZ 1998, 1445.
[34] BVerfG NJW 1991, 2208.
[35] BVerfG NJW 1983, 2762.
[36] BVerwG NJW 1990, 3102.
[37] BGH FGPrax 2010, 152.

35 Liegen die Voraussetzungen der Hinzuziehung eines Dolmetschers vor, besteht eine darauf gerichtete **Amtspflicht**. Ihre Verletzung oder die Zurückweisung eines entsprechenden Antrags kann nur mit der Beschwerde (§ 58) gegen die Endentscheidung gerügt werden, und zwar als Verstoß gegen das Gebot des rechtlichen Gehörs oder gegen die Amtsermittlungspflicht (§ 26). Das Unterbleiben der Hinzuziehung ist deshalb im Beschluss (§ 38 Abs. 1 S. 1) nachprüfbar zu begründen. Der Dolmetscher ist Gehilfe des Gerichts. Über seine Auswahl ist nach pflichtgemäßem Ermessen zu entscheiden. Nach § 190 S. 1 GVG kann auch ein Urkundsbeamter der Geschäftsstelle dazu bestellt werden. Ein mitwirkender Richter darf nicht zugleich Dolmetscher sein.

36 Nach § 185 Abs. 2 GVG ist ein **Absehen von der Hinzuziehung** eines Dolmetschers zulässig, wenn alle am Termin beteiligten Personen der fremden Sprache mächtig sind. Gleiches gilt nach § 185 Abs. 3 GVG, wenn sich der Richter nach pflichtgemäßem Ermessen der fremden Sprache für hinreichend mächtig hält. Darauf, ob dies auch auf die übrigen am Termin beteiligten Personen zutrifft, kommt es nicht an. Ihnen sind jedoch die in fremder Sprache abgegebenen Erklärungen zu übersetzen. Bei einem Kollegialgericht müssen alle Richter der fremden Sprache mächtig sein. Dies muss nicht die Landessprache der nicht deutsch sprechenden Person, sondern kann jede ihr und dem Gericht geläufige Sprache sein.

37 Nach § 191 S. 1 GVG ist eine **Ablehnung des Dolmetschers** entsprechend § 406 ZPO zulässig. Ein Ausschluss kraft Gesetzes ist hingegen nicht vorgesehen. Die den § 41 ZPO für entsprechend anwendbar erklärende Regelung des § 6 Abs. 1 gilt nur für Gerichtspersonen, wozu der Dolmetscher nicht zählt (siehe § 6 Rn 2). Über das Ablehnungsgesuch entscheidet das Gericht, von dem der Dolmetscher hinzugezogen wurde (§ 191 S. 2 GVG). Die Entscheidung kann nur mit der Beschwerde (§ 58) gegen die Endentscheidung angegriffen werden. Gleiches gilt bei Berücksichtigung der Übersetzung eines mit Erfolg abgelehnten Dolmetschers.

38 **§ 186 GVG** regelt die Verständigung mit, auch nur vorübergehend, hör- oder sprachbehinderten Personen. Sie erfolgt nach deren Wahl mündlich, schriftlich oder unter Vermittlung durch eine vom Gericht hinzuzuziehende, dem Behinderten vertraute Hilfsperson (§ 186 Abs. 1 GVG).[38] Wird von diesem Wahlrecht kein Gebrauch gemacht oder ist eine ausreichende Verständigung in der gewählten Form nicht oder nur mit unverhältnismäßigem Aufwand möglich, kann das Gericht nach pflichtgemäßem Ermessen eine schriftliche Verständigung verlangen oder einen **(Gebärden-)Dolmetscher** hinzuziehen (§ 186 Abs. 2 GVG). Letzteres ist stets erforderlich, wenn die schriftliche Verständigung nicht möglich ist.

39 Die **Eidesleistung** durch den Dolmetscher ist in **§ 189 GVG** geregelt. Nach dessen Abs. 3 ist die Beeidigung nicht erforderlich, wenn alle am Termin beteiligten Personen darauf verzichten. Damit soll die Hinzuziehung einer Person als Dolmetscher erleichtert werden, die deren Vertrauen genießt.[39] Der Verzicht bindet das Gericht aber nicht. Der Rechtspfleger ist zur Beeidigung nicht befugt (§ 4 Abs. 2 Nr. 1 RPflG) und muss die Sache deswegen dem Richter vorlegen (§ 4 Abs. 3 RPflG); einen allgemein vereidigten Dolmetscher (§ 189 Abs. 2 GVG) kann er jedoch ohne Weiteres zuziehen. Ist der Urkundsbeamte der Geschäftsstelle Dolmetscher, bedarf es keiner besonderen Beeidigung (§ 190 S. 2 GVG).

4. Aktenvermerk; Protokoll

40 Nach § 28 Abs. 4 hat das Gericht einen Aktenvermerk über den Termin zu fertigen. Dort sind der äußere Ablauf des Termins sowie die entscheidungserheblichen Erklärungen der Beteiligten und des Gerichts ihrem wesentlichen Inhalt nach festzuhalten. Das gilt auch für die Ergebnisse einer im Termin durchgeführten Beweisaufnahme.[40] Wegen der Einzelheiten wird auf die Ausführungen zu § 28 verwiesen.

---

[38] BGH NJW 1997, 2336.
[39] BT-Drs. 16/6308 S. 321.
[40] BT-Drs. 16/6308 S. 187.

Nur wenn im Termin ein Vergleich (§ 36) zustande kommt, ist darüber nach § 36 Abs. 2 eine Niederschrift in Form eines Protokolls entsprechend §§ 159 ff. ZPO anzufertigen (s. § 36 Rn 24 ff.). 41

5. Ausbleiben eines Beteiligten

Leistet ein Beteiligter der Ladung zum Termin keine Folge, hat das Gericht durch **freie Würdigung** (§ 37 Abs. 1) seine Schlüsse daraus zu ziehen. Eine Versäumnisentscheidung ist unzulässig. Soweit der Termin zur Gewährung rechtlichen Gehörs dienen sollte, kann der Schluss zu ziehen sein, dass der nicht erschienene Beteiligte sich nicht mehr zur Sache äußern will. Sollte der Versuch einer einvernehmlichen Erledigung (§ 36 Abs. 1 S. 2) unternommen werden, kann das Ausbleiben im Termin Ausdruck mangelnder Vergleichsbereitschaft sein. Dabei ist jeweils nach pflichtgemäßem Ermessen zu befinden, ob ein weiterer Termin sachdienlich ist. Das kommt insbesondere in Betracht, wenn ein Beteiligter aus nachträglich dargelegten erheblichen Gründen (s. Rn 18 f.), d. h. entschuldigt nicht vor Gericht erschienen ist.[41] Die Verhängung von Ordnungsmitteln ist nur bei angeordnetem persönlichem Erscheinen zulässig (§ 33 Abs. 3). 42

6. Erörterung im Wege der Videokonferenz (Abs. 3 i. V. m. § 128 a ZPO)

§ 128 a ZPO. Verhandlung im Wege der Bild- und Tonübertragung

(1) ¹Im Einverständnis mit den Parteien kann das Gericht den Parteien sowie ihren Bevollmächtigten und Beiständen auf Antrag gestatten, sich während einer Verhandlung an einem anderen Ort aufzuhalten und dort Verfahrenshandlungen vorzunehmen. ²Die Verhandlung wird zeitgleich in Bild und Ton an den Ort, an dem sich die Parteien, Bevollmächtigten und Beistände aufhalten, und in das Sitzungszimmer übertragen.

(2) ¹Im Einverständnis mit den Parteien kann das Gericht gestatten, dass sich ein Zeuge, ein Sachverständiger oder eine Partei während der Vernehmung an einem anderen Ort aufhält. ²Die Vernehmung wird zeitgleich in Bild und Ton an den Ort, an dem sich ein Zeuge oder ein Sachverständiger während der Vernehmung aufhalten, und in das Sitzungszimmer übertragen. ³Ist Parteien, Bevollmächtigten und Beiständen nach Absatz 1 gestattet worden, sich an einem anderen Ort aufzuhalten, so wird die Vernehmung zeitgleich in Bild und Ton auch an diesen Ort übertragen.

(3) ¹Die Übertragung wird nicht aufgezeichnet. ²Entscheidungen nach den Absätzen 1 und 2 sind nicht anfechtbar.

Durch **Abs. 3 i. V. m. § 128 a ZPO** wird die Erörterung der Sache im Wege einer Videokonferenz bei Abwesenheit eines oder aller Beteiligten ermöglicht. Nach dem Gesetz **soll** das Gericht von dieser Möglichkeit in geeigneten Fällen Gebrauch machen, so dass sein Ermessen eingeschränkt ist. Mithin ist beim Vorhandensein der notwendigen technischen Ausstattung grundsätzlich entsprechend zu verfahren, wenn das Einverständnis der Beteiligten und ein darauf gerichteter **Antrag** (§ 128 a Abs. 1 S. 1 ZPO) vorliegen. 43

Aus der von § 128 a ZPO abweichenden Formulierung als Sollvorschrift lässt sich außerdem schließen, dass bei Zustimmung der Beteiligten eine Videokonferenz auch auf **Anregung des Gerichts** in Betracht kommt, wenn dies aufgrund besonderer Umstände als Fürsorgemaßnahme für die Beteiligten angezeigt ist. Das gilt insbesondere für Gewaltschutzsachen (§ 210) und bei einer sonst drohenden Gefährdung der Gesundheit eines Beteiligten. Reine Kosten- oder Zweckmäßigkeitsgesichtspunkte dürfen keine Rolle spielen. 44

Ist die Öffentlichkeit des Termins zu gewährleisten, erfolgt dies durch zeitgleiche Übertragung in Bild und Ton in das Sitzungszimmer des Gerichts (§ 128 a Abs. 1 S. 2 ZPO). Die Anordnung oder Ablehnung einer Videokonferenz ist unanfechtbar (§ 128 a Abs. 3 S. 2 ZPO). Ein Anspruch der Beteiligten auf Ausstattung des Gerichts mit der erforderlichen technischen Einrichtung besteht nicht.[42] 45

---

[41] BayObLG NJW-RR 1997, 15; OLG Hamm FamRZ 1991, 446.
[42] BT-Drs. 16/9733 S. 288.

VI. Termin in der Rechtsmittelinstanz

46 Nach § 68 Abs. 3 S. 2 kann das Beschwerdegericht nach pflichtgemäßem Ermessen von der erneuten Durchführung eines Termins oder einer für die betreffende Angelegenheit vorgeschriebenen mündlichen Verhandlung absehen. Das Gericht hat die Vorschrift am Maßstab des Art. 6 EMRK auszulegen und bei der Ausübung des Ermessens die dazu ergangene Rechtsprechung des EGMR zu berücksichtigen.[43] Zu den Einzelheiten siehe § 68 Rn 58 ff.

VII. Sondervorschriften

47 Für bestimmte Angelegenheiten sind auf den dortigen Verfahrensgegenstand bezogene besondere Bestimmungen zu beachten:

48 • Ein **Erörterungstermin hat** zur Förderung einer einvernehmlichen Konfliktlösung[44] stattzufinden in den Aufenthalt des Kindes, das Umgangsrecht oder die Herausgabe des Kindes betreffenden Kindschaftssachen und in Verfahren wegen Gefährdung des Kindeswohls (§ 155 Abs. 2 S. 1). Ebenso in Verfahren wegen Kindeswohlgefährdung (§ 157 Abs. 2) und im Vermittlungsverfahren zur Umsetzung einer gerichtlichen oder gerichtlich gebilligten Umgangsregelung (§ 165 Abs. 2).

49 • Ein **Erörterungstermin soll** stattfinden in Verfahren wegen Gefährdung des Kindeswohls (§ 157 Abs. 1 S. 1), in Abstammungssachen (§ 175), Ehewohnungs- und Haushaltssachen (§ 207), Versorgungsausgleichssachen (§ 221 Abs. 1) sowie in Registersachen nach Einspruch im Zwangsgeldverfahren (§ 390 Abs. 1). Dabei dient der Termin in Verfahren wegen Gefährdung des Kindeswohls einem anderen Zweck (s. § 33 Rn 28) als die Erörterung nach § 155 Abs. 2, kann aber mit dieser verbunden werden.[45]

50 • Eine **mündliche Verhandlung hat** zu erfolgen in Teilungssachen (§ 365 Abs. 1 S. 1), bei der Auseinandersetzung einer Gütergemeinschaft (§ 373 Abs. 1 i. V. m. § 365 Abs. 1 S. 1), bei der Vermittlung der Auseinandersetzung eines Nachlasses von Amts wegen nach Landesrecht (§ 487 Abs. 2 i. V. m. § 365 Abs. 1 S. 1) und in Grundbuchsachen zur Klarstellung der Rangverhältnisse (§ 100 S. 1 GBO).

51 • Eine **mündliche Verhandlung ist auf Antrag** durchzuführen im Dispacheverfahren (§ 405 Abs. 2) und in Landwirtschaftssachen außer vor dem BGH (§ 15 Abs. 1 LwVG). Im Dispacheverfahren führt der Antrag aber nicht zwingend zu einer mündlichen Verhandlung und kann durch beschwerdefähigen (§ 58) Beschluss zurückgewiesen werden (§ 408 Abs. 1).

52 • Im Spruchverfahren **soll aufgrund mündlicher Verhandlung** entschieden werden (§ 8 Abs. 1 S. 1 SpruchG), die nach Maßgabe von § 7 SpruchG vorzubereiten ist. Nach § 8 Abs. 3 SpruchG gilt dann § 283 ZPO entsprechend, so dass nach Schluss der mündlichen Verhandlung geführter Vortrag nur berücksichtigt werden muss, wenn er innerhalb einer auf Antrag im Termin eingeräumten Schriftsatzfrist eingeht.

53 Soweit nach diesen Regelungen ein Termin durchgeführt werden „soll", darf nur ausnahmsweise davon abgesehen werden, z. B. bei einem unzulässigen Antrag oder Rechtsmittel[46] sowie bei unverhältnismäßig großen Erschwernissen der Teilnahme für einen Beteiligten.[47] Ebenso wenn eine Erörterung weder zur Gehörsgewährung noch zur Sachaufklärung erforderlich und eine gütliche Einigung nicht zu erwarten ist.[48] Oder wenn ein Termin wegen der Dringlichkeit der Entscheidung den Umständen nach nicht sachdienlich ist. Die dafür im Einzelfall maßgebenden Gründe sind in der Endentscheidung darzulegen.[49]

---

[43] BT-Drs. 16/6308 S. 208.
[44] BT-Drs. 16/6308 S. 236.
[45] BT-Drs. 16/6308 S. 237.
[46] BGHZ 44, 25/26.
[47] OLG Braunschweig FamRZ 1980, 568.
[48] OLG Koblenz NJW-RR 1986, 306.
[49] BayObLG ZMR 1999, 350; NJW-RR 1988, 1151.

VIII. Kosten und Gebühren
1. Gerichtsgebühren

In **Angelegenheiten der freiwilligen Gerichtsbarkeit** fällt nach Maßgabe der KostO 54 eine Gebühr erst für die Endentscheidung an (Aktgebühr). In der Beschwerde- und Rechtsbeschwerdeinstanz wird nach § 131 KostO (Abs. 1: Beschwerde, Abs. 2: Rechtsbeschwerde) eine Gebühr nur für die Zurückweisung oder Verwerfung des Rechtsmittels sowie bei dessen Rücknahme erhoben. Richtet sich das Rechtsmittel gegen Endentscheidungen des Betreuungsgerichts und ist sie von dem Betreuten oder Pflegling oder in seinem Interesse eingelegt, ist das Beschwerde- bzw. Rechtsbeschwerdeverfahren in jedem Fall gebührenfrei (§ 131 Abs. 5 KostO).

In **selbständigen Familiensachen der freiwilligen Gerichtsbarkeit** ist die Tätigkeit 55 des erstinstanzlichen Gerichts im Erörterungstermin mit der Verfahrensgebühr nach Nr. 1310 KV **FamGKG** (Kindschaftssachen) oder Nr. 1320 KV FamGKG (übrige Familiensachen der freiwilligen Gerichtsbarkeit) abgegolten. In der Beschwerdeinstanz gilt das Gleiche für die Verfahrensgebühr nach Nr. 1314 bzw. Nr. 1322 KV FamGKG, in der Rechtsbeschwerdeinstanz für diejenige nach Nr. 1316 bzw. Nr. 1325 KV FamGKG.

In **Folgesachen der freiwilligen Gerichtsbarkeit** fällt die Verfahrensgebühr im ersten 56 Rechtszug nach Nr. 1110 KV FamGKG, in der zweiten Instanz nach Nr. 1120 KV FamGKG und im Rechtsbeschwerdeverfahren nach Nr. 1130 KV FamGKG an. Das gilt auch für Sachen, die nach § 137 Abs. 5 S. 1 trotz Abtrennung Folgesachen bleiben.

2. Außergerichtliche Kosten

Durch die Teilnahme eines anwaltlichen Bevollmächtigten am Termin entsteht in erster 57 Instanz eine **Terminsgebühr** nach Nr. 3104 VV RVG. In der Beschwerde- und in der Rechtsbeschwerdeinstanz ist zu unterscheiden:[50] In den in den Vorbemerkungen 3.2.1 und 3.2.2 VV RVG aufgeführten Angelegenheiten, also in Familiensachen und Landwirtschaftssachen sowie in Ausschlussverfahren nach § 29 a WpÜG, erwächst eine Gebühr nach Nr. 3202 bzw. Nr. 3210 VV RVG, in den übrigen Sachen lediglich eine solche nach Nr. 3513 VV RVG.

Fraglich ist, ob nach **Nr. 3104 Abs. 1 Nr. 1 VV RVG** eine Terminsgebühr auch anfällt, 58 wenn das Gericht keinen Termin durchführt. Die Frage war bereits unter Geltung des FGG streitig.[51] Der Gesetzgeber hat sie nicht aufgegriffen, sondern die Regelung für das FamFG-Verfahren nur um den Begriff der Beteiligten ergänzt.[52] Im Zivilprozess soll Nr. 3104 Abs. 1 Nr. 1 VV RVG bewirken, dass der Bevollmächtigte, der im Hinblick auf den dort geltenden Mündlichkeitsgrundsatz (§ 128 Abs. 1 ZPO) den Anfall einer Terminsgebühr erwarten kann, keinen Gebührennachteil erleidet, wenn infolge einer anderen Verfahrensgestaltung auf eine mündliche Verhandlung verzichtet wird.[53] Dieser Normzweck ist im Anwendungsbereich des § 32 als erfüllt anzusehen, wenn nach dem Gesetz ein Erörterungstermin oder eine mündliche Verhandlung zu erfolgen hat. Das gilt für Kindschaftssachen nach § 155 Abs. 2[54] und die anderen bei Rn 48 u. 50 genannten Sachen. Ebenso, wenn eine mündliche Verhandlung auf Antrag zwingend durchzuführen ist (s. Rn 51). Das ist insbesondere in Landwirtschaftssachen der Fall und rechtfertigt sich daraus, dass andernfalls eine Antragstellung allein aus gebührenrechtlicher Sicht in Betracht käme, was dem Sinn und Zweck der Regelung nicht entspräche.[55] Auch wenn ein Termin stattfinden „soll", d. h. in den bei Rn 49 u. 52 aufgeführten Fällen, erscheint eine Anwendung von Nr. 3104 Abs. 1 Nr. 1 VV RVG gerechtfertigt, weil dann nur ausnahmsweise von der Durchführung abgesehen werden darf (s. Rn 53).[56]

---

[50] BGH FGPrax 2011, 36; OLG Köln JurBüro 2011, 252.
[51] Ablehnend OLG Düsseldorf FamRZ 2007, 233; OLG Koblenz FGPrax 2008, 178; a. M. OLG Schleswig OLGR 2007, 475.
[52] BT-Drs. 16/6308 S. 342.
[53] BGH FamRZ 2006, 1441.
[54] OLG Stuttgart NJW 2010, 3524 (auch in Sorgerechtsverfahren nach § 1671 BGB).
[55] A. M. OLG Oldenburg RdL 2008, 216.
[56] BGH NJW 2006, 2495 zu § 44 Abs. 1 WEG a. F.; Schneider FamFR 2011, 313417.

3. Verfahrenswert; Geschäftswert

59 In den Angelegenheiten der freiwilligen Gerichtsbarkeit richten sich die Gebühren nach dem **Geschäftswert** (§ 39 KostO). Dieser wird nach § 30 KostO berechnet, soweit nicht für einzelne Sachen besondere Wertvorschriften bestehen. Die Wertfestsetzung erfolgt nach § 31 KostO.

60 In Familiensachen werden die Gebühren nach dem **Verfahrenswert** (§ 28 FamGKG) bemessen. Dieser wird nach Maßgabe der in §§ 33 ff. u. 43 ff. FamGKG normierten allgemeinen und besonderen Wertvorschriften berechnet und ist nach § 55 FamGKG von Amts wegen festzusetzen, außer wenn der Verfahrensgegenstand eine bestimmte Geldsumme in € ist oder für die betreffende Angelegenheit ein Festwert besteht.

Persönliches Erscheinen der Beteiligten

§ 33 (1) ¹Das Gericht kann das persönliche Erscheinen eines Beteiligten zu einem Termin anordnen und ihn anhören, wenn dies zur Aufklärung des Sachverhalts sachdienlich erscheint. ²Sind in einem Verfahren mehrere Beteiligte persönlich anzuhören, hat die Anhörung eines Beteiligten in Abwesenheit der anderen Beteiligten stattzufinden, falls dies zum Schutz des anzuhörenden Beteiligten oder aus anderen Gründen erforderlich ist.

(2) ¹Der verfahrensfähige Beteiligte ist selbst zu laden, auch wenn er einen Bevollmächtigten hat; dieser ist von der Ladung zu benachrichtigen. ²Das Gericht soll die Zustellung der Ladung anordnen, wenn das Erscheinen eines Beteiligten ungewiss ist.

(3) ¹Bleibt der ordnungsgemäß geladene Beteiligte unentschuldigt im Termin aus, kann gegen ihn durch Beschluss ein Ordnungsgeld verhängt werden. ²Die Festsetzung des Ordnungsgeldes kann wiederholt werden. ³Im Falle des wiederholten, unentschuldigten Ausbleibens kann die Vorführung des Beteiligten angeordnet werden. ⁴Erfolgt eine genügende Entschuldigung nachträglich und macht der Beteiligte glaubhaft, dass ihn an der Verspätung der Entschuldigung kein Verschulden trifft, werden die nach den Sätzen 1 bis 3 getroffenen Anordnungen aufgehoben. ⁵Der Beschluss, durch den ein Ordnungsmittel verhängt wird, ist mit der sofortigen Beschwerde in entsprechender Anwendung der §§ 567 bis 572 der Zivilprozessordnung anfechtbar.

(4) Der Beteiligte ist auf die Folgen seines Ausbleibens in der Ladung hinzuweisen.

Übersicht

	Rn
I. Normzweck; Anwendungsbereich	1
II. Sachdienlichkeit des persönlichen Erscheinens (Abs. 1 S. 1)	3
III. Ladung; Durchführung der Anhörung	7
1. Ladung (Abs. 2)	7
2. Durchführung der Anhörung	10
3. Getrennte Anhörung (Abs. 1 S. 2)	14
IV. Ordnungsmittel beim Ausbleiben des Beteiligten	15
1. Zweck	15
2. Festsetzung (Abs. 3 S. 1, 2 u. 5)	16
a) Voraussetzungen	16
b) Festsetzung	18
3. Anordnung der Vorführung (Abs. 3 S. 3)	23
4. Nachträgliche Entschuldigung (Abs. 3 S. 4)	24
V. Persönliche Ladung in der Beschwerdeinstanz	25
VI. Sondervorschriften	26
VII. Anhörung von Behörden und Auskunftspersonen	32
1. Behörden	32
2. Auskunftspersonen	36
VIII. Kosten und Gebühren	38

I. Normzweck; Anwendungsbereich

§ 33 **Abs. 1** führt in S. 1 die Anordnung des persönlichen Erscheinens eines Beteiligten 1
zu einem Termin (§ 32) als Mittel der Sachverhaltsaufklärung ausdrücklich in das FamFG-Verfahren ein und lässt in S. 2 die getrennte Anhörung einzelner Beteiligter zu. **Abs. 2**
und 4 regeln Adressat, Form und Inhalt der Ladung, während **Abs. 3** in Anlehnung an
§ 141 ZPO die Festsetzung von Ordnungsmitteln beim Ausbleiben des geladenen Beteiligten ermöglicht.

Die Vorschrift gilt in Angelegenheiten der freiwilligen Gerichtsbarkeit und in Familien- 2
sachen mit Ausnahme der Ehesachen (§ 121) und Familienstreitsachen (§ 112); insoweit ist
nach § 113 Abs. 1 S. 2 die ZPO entsprechend anzuwenden. Für bestimmte Angelegenheiten gehen Sonderregelungen vor. Zur Übergangsregelung siehe die Erläuterungen zu
Art. 111 FGG-RG.

II. Sachdienlichkeit des persönlichen Erscheinens (Abs. 1 S. 1)

Nach **Abs. 1 S. 1** steht die Anordnung des persönlichen Erscheinens eines Beteiligten zu 3
dessen Anhörung **im pflichtgemäßen Ermessen** des Gerichts. Sie stellt eine eigenständige, außerhalb der Beweiserhebung (§§ 29, 30) liegende Erkenntnisquelle im Rahmen der
Amtsermittlung (§ 26) dar. Deshalb ist die Ermessensausübung daran auszurichten, ob die
Anhörung im Termin anstelle anderer Ermittlungen oder in Verbindung mit diesen zur
Schaffung einer hinreichenden Entscheidungsgrundlage sachdienlich ist.

Davon ist immer auszugehen, wenn andere Maßnahmen, insbesondere die schriftliche 4
Anhörung des Beteiligten oder von Auskunftspersonen, nicht die notwendige Sachaufklärung erbracht haben, nicht durchführbar oder im Hinblick auf Art und Bedeutung der
aufzuklärenden Tatsachen ungeeignet erscheinen. Zwar hat der Gesetzgeber auch für diesen
Fall an der Formulierung als Kann-Vorschrift festgehalten.[1] Im Hinblick auf den für das
FamFG-Verfahren im Bereich der freiwilligen Gerichtsbarkeit zentralen Grundsatz der
Amtsermittlung ist jedoch bei Erforderlichkeit einer Anhörung für die Aufklärung des
Sachverhalts von einer **Ermessensreduzierung** auszugehen.[2] Dann darf davon aufgrund
des Rechtsstaatsprinzips (Art. 20 Abs. 3 GG) nur aus einem in der Person des Beteiligten
liegenden wichtigen Grund abgesehen werden. Unterbleibt die danach gebotene Anordnung des persönlichen Erscheinens, stellt diese einen mit der Beschwerde (§ 58) gegen die
Endentscheidung zu rügenden Verstoß gegen die Aufklärungspflicht dar.

Darum bleibt dem Gericht letztlich nur dann ein **Gestaltungsspielraum,** wenn eine 5
Anhörung im Termin nach ihrem zu erwartenden Erkenntniswert für die Entscheidung
bei freier Würdigung (§ 37 Abs. 1) gegenüber anderen in Betracht kommenden Ermittlungsmaßnahmen gleich ergiebig erscheint. In solchen Fällen ist unter Berücksichtigung
des Verfahrensziels einer möglichst rasch und unformalistisch[3] herbeizuführenden, sach- und materiell gerechten Entscheidung nach pflichtgemäßem Ermessen zu entscheiden, ob
einer Anordnung des persönlichen Erscheinens der Vorzug vor anderen Maßnahmen zu
geben ist. Dabei stellt auch der Grundsatz der Verfahrensökonomie ein Abwägungskriterium dar.

Eine Anhörung im Termin ist i. d. R. zur Aufklärung solcher Tatsachen **sachdienlich,** 6
bei denen das Gericht zur Wahrheitsfindung auf die Mitwirkung (§ 27) der Beteiligten
angewiesen ist. Sie ist stets erforderlich, wenn es für die Entscheidung auf den nur im
Termin zu gewinnenden persönlichen Eindruck des Gerichts ankommt. Das gilt auch bei
nicht verfahrensfähigen Beteiligten, soweit nicht eine Anhörung im Hinblick auf deren
Alter oder gesundheitliche bzw. geistige Verfassung als Erkenntnisquelle ungeeignet erscheint.[4]

---

[1] BT-Drs. 16/6308 S. 191 u. 407.
[2] BT-Drs. 16/6308 S. 366.
[3] BT-Drs. 16/6308 S. 163.
[4] OLG Düsseldorf Rpfleger 1980, 20; OLG Köln FamRZ 1982, 642; OLG Zweibrücken BtPrax 1998, 150.

III. Ladung; Durchführung der Anhörung

1. Ladung (Abs. 2)

7 Nach **Abs. 2 S. 1 1. Halbs.** ist der Beteiligte selbst **Adressat** der Ladung, bei nicht Verfahrensfähigen der gesetzliche Vertreter (§ 9 Abs. 2). Wird der Beteiligte durch einen Bevollmächtigten (§ 10) vertreten, ist dieser nach **Abs. 2 S. 1 2. Halbs.** von der Ladung zu benachrichtigen. Nicht erforderlich ist eine gesonderte schriftliche Unterrichtung, etwa durch die zunächst vorgesehene Übermittlung einer Abschrift der Ladung,[5] sondern auch eine (ggf. fern-)mündliche Mitteilung oder ein ergänzender Hinweis in der ohnehin zusätzlich erforderlichen (s. § 32 Rn 14) Ladung des Bevollmächtigten reicht aus.

8 Nach **Abs. 2 S. 2** ist das nach § 15 Abs. 2 hinsichtlich der Form der **Bekanntgabe** bestehende Ermessen des Gerichts dahin eingeschränkt, dass regelmäßig[6] eine Zustellung der Ladung nach §§ 166–195 ZPO anzuordnen ist, wenn Anhaltspunkte für die Annahme bestehen, der anzuhörende Beteiligte werde zum Termin nicht erscheinen. Das kommt insbesondere in Betracht, wenn der Beteiligte nicht anwaltlich vertreten, seine postalische Erreichbarkeit unsicher erscheint oder er bereits einmal vergeblich geladen wurde.

9 Nach **Abs. 4** ist dem Beteiligten zur Gewährleistung eines rechtsstaatlichen und fairen Verfahrens (Art. 2 Abs. 1, 20 Abs. 3 GG) ein in allgemein verständlicher und deutlicher Form abgefasster sowie im Ladungstext optisch hinreichend deutlich wahrnehmbarer **Hinweis auf Ordnungsmittel** (Abs. 3) zu erteilen. Aus demselben Grund ist auch die Angabe des Zwecks der Anordnung (Aufklärung des Sachverhalts) als notwendiger Inhalt der Ladung anzusehen. Dagegen sind die Angabe bestimmter Themen der Anhörung oder die Ankündigung konkreter Fragen des Gerichts nicht erforderlich.[7] Im Einzelfall kann es aber im Interesse einer möglichst umfassenden Aufklärung im Termin sachgerecht sein, den Beteiligten durch Hinweise und Auflagen (§ 28 Abs. 1) zur Vorbereitung seiner Anhörung aufzufordern, etwa seine für die Sachverhaltsermittlung relevanten Unterlagen durchzusehen und zum Termin mitzubringen. Eine Abschrift der Ladung und ein Vermerk über die Bewirkung ihrer Bekanntgabe sind zur Akte zu nehmen.

2. Durchführung der Anhörung

10 Die Anhörung erfolgt in dem zur Erörterung der Sache mit den Beteiligten bestimmten Termin (§ 32), mithin **durch das erkennende Gericht** und in Anwesenheit der übrigen Beteiligten bzw. ihrer Bevollmächtigten. Eine Übertragung der Anhörung auf den Rechtspfleger in Angelegenheiten, deren Bearbeitung dem Richter obliegt, ist unzulässig. Referendare dürfen unter der Aufsicht des Richters tätig werden (§ 10 S. 1 GVG).

11 Wegen ihrer Einbindung in den Erörterungstermin kann die Anhörung **grundsätzlich nicht durch den ersuchten Richter** im Wege der Rechtshilfe (§§ 156 ff. GVG) durchgeführt werden. Nach den Umständen des Einzelfalls kann aber ein sachliches Bedürfnis für eine gesonderte Anhörung im Rahmen der Amtsermittlung (§ 26), d. h. außerhalb eines Termins bestehen. Wegen der das FamFG-Verfahren im Bereich der freiwilligen Gerichtsbarkeit prägenden Flexibilität ist deshalb eine Übertragung der Durchführung als zulässig anzusehen, anders als im Zivilprozess wegen des dort geltenden Mündlichkeitsgrundsatzes.[8] Dafür spricht auch, dass §§ 278 Abs. 3, 319 Abs. 4 für Betreuungs- und Unterbringungssachen grundsätzlich eine persönliche Anhörung im Wege der Rechtshilfe zulassen. Gleiches gilt für eine Anhörung durch den beauftragten Richter in der Beschwerdeinstanz, d. h. durch ein bei der Entscheidung mitwirkendes Mitglied des Beschwerdegerichts, das diesem den bei der Anhörung gewonnenen persönlichen Eindruck im Rahmen der Beratung und Abstimmung (§§ 192 ff. GVG) vermitteln kann.

12 Zulässig ist die Durchführung der Anhörung durch einen ersuchten oder beauftragten Richter aber **nur, wenn es** zur Aufklärung des entscheidungserheblichen Sachverhalts **auf**

---
[5] BT-Drs. 16/6308 S. 20.
[6] BT-Drs. 16/6308 S. 191.
[7] OLG Frankfurt NJW 1991, 2090.
[8] Musielak/Stadler § 141 Rn 11; Thomas/Putzo/Reichold § 141 Rn 2; Zöller/Greger § 141 Rn 6.

den unmittelbaren persönlichen **Eindruck** des erkennenden Gerichts bzw. aller seiner Mitglieder **nicht ankommt**.[9] Dieser Grundsatz gilt auch ohne ausdrückliche gesetzliche Regelung allgemein und folgt aus dem Sinn und Zweck der Amtsermittlung (§ 26). Dabei darf das Gericht den persönlichen Eindruck, den der ersuchte oder beauftragte Richter gewinnt und aktenkundig (§ 28 Abs. 4) macht, der Entscheidung nicht als eigenen zugrunde legen, sondern nur den objektiven Ertrag der Anhörung und den persönlichen Eindruck des ersuchten oder beauftragten Richters wie denjenigen eines Dritten. Reicht dies für die Entscheidung nicht aus, etwa weil es auf die Beurteilung der Glaubwürdigkeit des angehörten Beteiligten ankommt, muss die Anhörung durch den erkennenden Richter bzw. das vollbesetzte Kollegialgericht durchgeführt oder wiederholt werden.[10] Kommt es in Kindschaftssachen (§ 151), insbesondere in Sorgerechtsangelegenheiten (§ 151 Nr. 1), in der Beschwerdeinstanz entscheidend auf den persönlichen Eindruck vom Kind und von dessen Willen an, ist die Anhörung grundsätzlich durch den gesamten Senat durchzuführen.[11] Verfahrenshandlungen dürfen also nur dann dem ersuchten oder beauftragten Richter übertragen werden, wenn nach der Überzeugung des Gerichts (§ 37 Abs. 1) analog § 375 Abs. 1 a ZPO von vornherein davon auszugehen ist, dass dadurch die Pflicht zur Amtsermittlung nicht verletzt wird.[12] Weil diese Entscheidung somit eine Beurteilung der Sache voraussetzt und einen Akt der Rechtsfindung darstellt, hat die Übertragung nicht durch Verfügung des Vorsitzenden sondern durch Beschluss des Gerichts zu erfolgen. Er kann erst mit der Beschwerde (§ 58) gegen die Endentscheidung angefochten werden.

Bei der Anhörung hat das Gericht auf eine vollständige und wahrheitsgemäße (§ 27 Abs. 2) Erklärung der Beteiligten zu den entscheidungserheblichen Tatsachen hinzuwirken (§ 28 Abs. 1 S. 1).[13] Dazu im Termin erteilte rechtliche Hinweise (§ 28 Abs. 1 S. 2) sind aktenkundig zu machen (§ 28 Abs. 3), d. h. als wesentlicher Vorgang in den über die Anhörung zu fertigenden **Vermerk** (§ 28 Abs. 4) aufzunehmen. Dieser ist grundlegender Bestandteil der formellen Entscheidungsgrundlage (§ 37 Abs. 1). Sein Fehlen stellt wegen des Äußerungsrechts der Beteiligten (§ 37 Abs. 2) einen mit der Beschwerde gegen die Endentscheidung zu rügenden Verstoß gegen das Gebot des rechtlichen Gehörs dar, kann aber auch die Amtsermittlungspflicht verletzen. Die Wiedergabe des Anhörungsergebnisses im tatbestandlichen Teil der Entscheidung (§ 38 Rn 53 ff.) oder die Darstellung im Zusammenhang mit deren Gründen genügt zur Vermeidung eines solchen Verfahrensfehlers nicht. **13**

3. Getrennte Anhörung (Abs. 1 S. 2)

Nach **Abs. 1 S. 2** kann bei gebotener Anhörung mehrerer Beteiligter eine getrennte Anhörung, d. h. eine solche in Abwesenheit der übrigen Beteiligten stattfinden, wenn dies zum Schutz des Anzuhörenden oder aus anderen wichtigen Gründen erforderlich ist. Die Vorschrift gilt für alle im FamFG vorgesehenen Anhörungen und Erörterungstermine und ermöglicht nur den Ausschluss eines Beteiligten selbst, nicht hingegen den von Bevollmächtigten und Beiständen.[14] Eine Anwendung der Vorschrift kommt insbesondere in Gewaltschutzsachen, Ehewohnungssachen und Kindschaftssachen in Betracht. **14**

IV. Ordnungsmittel beim Ausbleiben des Beteiligten

1. Zweck

Die in **Abs. 3** vorgesehene Befugnis zur Verhängung von Ordnungsmitteln bei unentschuldigtem Fernbleiben vom Termin hat nicht den Zweck, eine vermeintliche Missachtung des Gerichts zu ahnden, sondern das Erscheinen des Beteiligten zum Termin durch- **15**

---
[9] BayObLG FamRZ 1987, 412.
[10] BGH NJW 1985, 1702.
[11] BGH NJW 2010, 2805.
[12] BGH FGPrax 2010, 263; NVwZ 2010, 1318 (Anhörung des Betroffenen in Freiheitsentziehungssachen, § 420 Abs. 1).
[13] BVerfG Rpfleger 1976, 389.
[14] BT-Drs. 16/9733 S. 289.

zusetzen und damit die **Sachverhaltsaufklärung** im Interesse einer zeitnahen und sachgerechten Erledigung des Verfahrens zu fördern.[15] Als Ordnungsmittel kommen nur Ordnungsgeld und Vorführung in Betracht, keine Ordnungshaft, auch nicht bei Uneinbringlichkeit des festgesetzten Ordnungsgeldes. Zur Herbeiführung eines Vergleichs (§ 36) darf ein Ordnungsmittel nicht festgesetzt werden.[16]

2. Festsetzung (Abs. 3 S. 1, 2 u. 5)

16 a) **Voraussetzungen.** Zunächst ist die **ordnungsgemäße Ladung** (Abs. 1 S. 1) des nicht erschienenen Beteiligten festzustellen. Hierzu muss das Gericht anhand der Akte die tatsächliche Bewirkung der Ladung prüfen. Das erfolgt bei Bekanntgabe durch Zustellung anhand der Zustellungsurkunde, während bei Bekanntgabe durch Aufgabe zur Post die Zugangsfiktion des § 15 Abs. 2 S. 2 mit Hilfe des Erledigungsvermerks (s. Rn 9) nachzuvollziehen ist. Anschließend hat sich das Gericht aufgrund der bei der Akte befindlichen Abschrift zu vergewissern, dass die Ladung den in diesem Zusammenhang als Androhung eines Ordnungsmittels aufzufassenden Hinweis nach Abs. 4 und die Angabe des Zwecks der Ladung sowie den weiteren notwendigen Inhalt (s. § 32 Rn 15) enthält.

17 Weiterhin muss das **Fernbleiben unentschuldigt** sein. Für eine Entschuldigung ist erforderlich, dass der Beteiligte rechtzeitig vor dem Termin in seiner Person liegende Gründe für das Nichterscheinen nachvollziehbar mitgeteilt und das Gericht diese nach pflichtgemäßem Ermessen gebilligt hat. Dabei sind die gleichen Kriterien zugrunde zu legen wie bei der Prüfung erheblicher Gründe für eine Terminsänderung (s. § 32 Rn 18 f.). Rechtzeitig ist eine Entschuldigung, wenn sie dem Gericht noch Zeit für eine Verlegung des Termins, insbesondere für eine Umladung der anderen Beteiligten und der Bevollmächtigten lässt. Etwas anderes gilt nur dann, wenn die Hinderungsgründe so kurzfristig vor Beginn des Termins aufgetreten sind, dass dem Beteiligten eine frühere Mitteilung auch unter Berücksichtigung seiner Mitwirkungspflicht (§ 27) nicht möglich oder zuzumuten war. Das Erscheinen eines durch den Beteiligten entsendeten, bevollmächtigten und informierten Vertreters steht dem Nichterscheinen gleich, weil es an einer dem § 141 Abs. 3 S. 2 ZPO entsprechenden Regelung fehlt.

18 b) **Festsetzung.** Liegt danach unentschuldigtes Fernbleiben vor, kann nach **Abs. 3 S. 1 u. 2** ein Ordnungsgeld verhängt und dessen Festsetzung bei erneutem Ausbleiben wiederholt werden (s. Rn 21). Darüber, ob von dieser gesetzlichen Ermächtigung Gebrauch zu machen ist, hat das Gericht unter Abwägung der Umstände des Einzelfalls[17] und Wahrung des Grundsatzes der Verhältnismäßigkeit **nach pflichtgemäßem Ermessen** zu befinden. Dabei sind insbesondere die Bedeutung der durch persönliche Anhörung aufzuklärenden Tatsachen für die Entscheidung und die durch das Fernbleiben des Beteiligten eintretende Verzögerung des Verfahrens zu berücksichtigen. Andererseits darf nicht außer Acht gelassen werden, dass im Falle seines Erscheinens im Termin Angaben des Beteiligten zur Sache nicht erzwingbar sind, sondern eine unterbliebene Einlassung als Verstoß gegen die Mitwirkungspflicht (§ 27) bei der Entscheidung frei zu würdigen ist (§ 37 Abs. 1).

19 Ergibt sich aufgrund neuer Erkenntnisse des Gerichts oder einer Änderung der Sach- oder Rechtslage, dass das angeordnete persönliche Erscheinen zur ggf. noch erforderlichen Sachaufklärung voraussichtlich nicht beigetragen hätte, ist die Festsetzung eines Ordnungsgeldes ermessensfehlerhaft.[18] Dann muss die Anordnung des persönlichen Erscheinens aufgehoben werden. **Nach Eintritt der Entscheidungsreife**[19] oder gar nach Erlass der Endentscheidung[20] ist die Festsetzung im Hinblick auf den Zweck des Ordnungsgeldes (Rn 15) **unzulässig**. Dabei kann sich die Entscheidungsreife auch daraus ergeben, dass das Gericht aus dem Nichterscheinen des Beteiligten in freier Würdigung (§ 37 Abs. 1) auf die Tatsache schließt und diese als festgestellt erachtet, deren Aufklärung die Anhörung dienen

---

[15] BAG NJW 2008, 252.
[16] BGH NJW-RR 2007, 1364; OLG Brandenburg NJW-RR 2001, 1649.
[17] OLG Düsseldorf VersR 2005, 854.
[18] OLG Frankfurt OLGR 2006, 461.
[19] OLG Brandenburg FamRZ 2004, 467.
[20] OLG Hamm NJOZ 2004, 2076.

sollte. Das kommt insbesondere in echten Streitsachen in Betracht, wenn den geladenen Beteiligten wie im Zivilprozess[21] die Darlegungs- u. Feststellungslast für den aufzuklärenden Sachverhalt trifft.

Danach ist die Festsetzung eines Ordnungsmittels nur zulässig, wenn das unentschuldigte Ausbleiben des Beteiligten die Sachaufklärung erschwert und dadurch das Verfahren verzögert, weil ein weiterer Termin erforderlich ist.[22] Selbst dann kann aber im Einzelfall die Festsetzung nicht angezeigt sein, etwa wenn die Ladung erst durch kurzfristig erfolgten neuen Tatsachenvortrag eines anderen Beteiligten veranlasst wurde, so dass der Aspekt einer Verfahrensverzögerung allein nicht ausschlaggebend ist.[23] Weiter darf sich das Fernbleiben des Beteiligten nicht als Verweigerung einer persönlichen Äußerung zur Sache darstellen, weil er hierzu trotz seiner Mitwirkungspflicht (§ 27) berechtigt ist.

Nach diesen Grundsätzen entspricht die **Wiederholung** der Festsetzung eines Ordnungsgeldes beim Ausbleiben des Beteiligten auch im neu bestimmten Termin nur dann pflichtgemäßem Ermessen, wenn seine persönliche Anhörung zur Aufklärung des Sachverhalts unverändert erforderlich ist und aufgrund der Gesamtumstände davon ausgegangen werden kann, dass ihn die erneute Verhängung eines Ordnungsgeldes doch noch zum Erscheinen bewegen und er dann Angaben zur Sache machen wird.

Die Festsetzung erfolgt nach **Abs. 3 S. 1** durch **Beschluss.** Dieser ist schon im Hinblick auf seine Anfechtbarkeit, aber auch unabhängig davon zur Wahrung des Rechtsstaatsprinzips (Art. 20 Abs. 3 GG) zu begründen. Dabei ist neben der Feststellung der einzelnen Voraussetzungen für die Verhängung eines Ordnungsgeldes nachvollziehbar darzulegen, welche Abwägungskriterien bei der Ermessensausübung berücksichtigt wurden und weshalb dabei dem Gericht das konkret verhängte Ordnungsgeld angezeigt erschien.[24] Für dessen Höhe ist Art. 6 Abs. 1 EGStGB maßgeblich. Bei Ladung des gesetzlichen Vertreters ist die Festsetzung gegen diesen zu richten. Gegen den Beschluss ist nach **Abs. 3 S. 5** die **sofortige Beschwerde** in entsprechender Anwendung der §§ 567–572 ZPO eröffnet.

3. Anordnung der Vorführung (Abs. 3 S. 3)

Nach **Abs. 3 S. 3** kann bei wiederholtem unentschuldigtem Ausbleiben des persönlich geladenen Beteiligten dessen Vorführung angeordnet werden. Eine derart einschneidende Maßnahme ist im Hinblick auf den Grundsatz der Verhältnismäßigkeit nur **ausnahmsweise** zulässig, wenn dem Beteiligten das Erscheinen zumutbar und seine Anwesenheit vor Gericht im Einzelfall unerlässlich ist, weil anders der entscheidungserhebliche Sachverhalt nicht aufgeklärt werden kann. Hinsichtlich der Entscheidung und ihrer Anfechtbarkeit gilt nach Abs. 3 S. 5 das Gleiche wie bei Verhängung eines Ordnungsgeldes.

4. Nachträgliche Entschuldigung (Abs. 3 S. 4)

Nach **Abs. 3 S. 4** ist die Festsetzung eines Ordnungsgeldes oder die Anordnung der Vorführung aufzuheben, wenn der Betroffene sein Ausbleiben nachträglich entschuldigt und darüber hinaus glaubhaft macht (§ 31), dass er unverschuldet **an einer rechtzeitigen Entschuldigung gehindert** war. Davon ist insbesondere auszugehen, wenn ihm die Ladung aus von ihm nicht zu vertretenden Gründen verspätet zugegangen ist, etwa weil er ortsabwesend war und nicht mit der Anordnung seines persönlichen Erscheinens rechnen musste.

V. Persönliche Ladung in der Beschwerdeinstanz

Im Beschwerdeverfahren kann das Gericht nach pflichtgemäßen Ermessen von der persönlichen Ladung absehen, wenn diese bereits im ersten Rechtszug erfolgt ist und von ihr keine zusätzlichen Erkenntnisse für die Entscheidung zu erwarten, d. h. wenn solche auszuschließen sind, § 68 Abs. 3 S. 2. Zu den Einzelheiten siehe § 68 Rn 59.

---

[21] OLG Frankfurt NJW-RR 2000, 1344.
[22] BGH NJW-RR 2007, 1364.
[23] OLG Karlsruhe FamRZ 2006, 957.
[24] OLG Koblenz OLGR 2004, 384.

VI. Sondervorschriften

26 § 33 Abs. 1 S. 2 regelt einen Auffangtatbestand und kommt zur Anwendung, wenn die persönliche Anhörung eines Beteiligten nicht durch Sondervorschriften – auch – im Interesse der Sachverhaltsaufklärung angeordnet wird.[25] Diese haben zumeist einen Doppelcharakter, weil die danach durchzuführende Anhörung regelmäßig **zugleich Sachverhaltsaufklärung und Gehörsgewährung** darstellt. In dem Umfang, in dem sie der Gewährung rechtlichen Gehörs dient, fällt die Anhörung unter § 34 Abs. 1 Nr. 2.[26] Wegen solcher Regelungen wird auf § 34 Rn 24 ff. verwiesen.

27 Daneben gibt es Sondervorschriften, die eine Anordnung des persönlichen Erscheinens bzw. eine persönliche Anhörung vorschreiben, um damit je nach Verfahrensgegenstand weiter gehende Zwecke zu verfolgen:

28 Im Erörterungstermin in den den Aufenthalt des Kindes, das Umgangsrecht oder die Herausgabe des Kindes betreffenden Kindschaftssachen und in Verfahren wegen Gefährdung des Kindeswohls **(§ 155 Abs. 3)** sowie im Vermittlungsverfahren **(§ 156)** soll das persönliche Erscheinen eine **einvernehmliche Konfliktlösung** ermöglichen. Gleiches gilt für die Anhörung vor der Entscheidung über die Ersetzung der Einwilligung in eine genetische Abstammungsuntersuchung nach § 1598 a Abs. 2 BGB **(§ 175 Abs. 2).**[27]

29 Bei der einen eigenen Verfahrensabschnitt bildenden[28] Erörterung der Kindeswohlgefährdung **(§ 157 Abs. 2)** steht die **Kooperation der Beteiligten** bei der Findung und Umsetzung geeigneter Maßnahmen nach §§ 1666, 1666 a BGB im Vordergrund, insbesondere die Einbindung der Eltern in Maßnahmen öffentlicher Hilfe.

30 Die Anordnung des persönlichen Erscheinens der verfahrensfähigen Beteiligten zum Erörterungstermin in Abstammungssachen **(§ 175 Abs. 1)** dient der Sachverhaltsaufklärung **vor Einholung eines Abstammungsgutachtens,** insbesondere in Bezug auf die Einhaltung der Anfechtungsfrist des § 1600 b BGB.[29]

31 Die Anordnung des persönlichen Erscheinens zum Erörterungstermin in Ehewohnungs- und Haushaltssachen **(§ 207 S. 2)** dient neben der Aufklärung des Sachverhalts insbesondere der **Herbeiführung einer gütlichen Einigung.**

VII. Anhörung von Behörden und Auskunftspersonen

1. Behörden

32 Der Anhörungszweck bestimmt sich im Einzelfall danach, ob die Behörde nur im Rahmen der Anhörung bzw. einer Auskunftserteilung mitwirkt (§ 7 Abs. 6) oder als Beteiligte hinzugezogen wurde (§ 7 Abs. 2). Nur im letzteren Fall kann die Behörde eigene Verfahrensrechte wahrnehmen, so dass dann die Anhörung auch der Gewährung rechtlichen Gehörs dient. Gleiches gilt, wenn die Behörde erst durch Wahrnehmung ihrer Beschwerdeberechtigung (s. § 59 Rn 64 f.) zur Beteiligten wird. In der Regel stellt die Anhörung jedoch ein **spezielles Mittel der Sachverhaltsaufklärung** (§ 26) dar, indem die besondere Sachkunde der Behörde für die Entscheidungsfindung nutzbar gemacht wird.

33 Eine Verpflichtung zur Äußerung ergibt sich für die Behörde allgemein aus der Wahrnehmung der ihr übertragenen Aufgaben, darüber hinaus aus ihre Mitwirkung regelnden Vorschriften. Solche bestehen z. B. für die Amtspflicht des Jugendamts zur Unterstützung des Familiengerichts (§ 50 SGB VIII), für die Auskunftsverpflichtung der Finanzbehörden gegenüber dem Registergericht (§ 379 Abs. 2) und für die Mitteilungspflicht des Standesamts gegenüber dem Familiengericht (§ 168 a Abs. 1).

34 Die Anhörung kann, soweit nichts anderes bestimmt ist, **schriftlich oder mündlich** in einem Termin erfolgen, ggf. auch fernmündlich. Ihr wesentliches Ergebnis ist in Form eines Vermerks (§§ 28 Abs. 4, 29 Abs. 3) in den Akten zu dokumentieren und den Beteiligten

---

[25] BT-Drs. 16/6308 S. 191.
[26] BT-Drs. 16/6308 S. 192.
[27] BT-Drs. 16/9733 S. 295 i. V. m. BT-Drs. 16/6561 S. 16.
[28] BT-Drs. 16/6308 S. 237.
[29] BT-Drs. 16/6308 S. 245.

zugänglich zu machen. Dabei wird das hinsichtlich der Wahl geeigneter Ermittlungsmaßnahmen bestehende Ermessen des Gerichts durch Sonderregelungen eingeschränkt:

Die Anhörung des **Jugendamts** ist vorgesehen in die Person des Kindes betreffenden **35** Kindschaftssachen (§§ 155 Abs. 2 S. 3, 162 Abs. 1), in Abstammungssachen (§ 176 Abs. 1), Adoptionssachen (§ 194 Abs. 1), Ehewohnungssachen (§ 205 Abs. 1) und Gewaltschutzsachen (§ 213 Abs. 1). Gleiches gilt für das **Landesjugendamt** in Adoptionsvermittlungssachen (§ 195 Abs. 1). Die Anhörung der **Betreuungsbehörde** hat nach § 279 Abs. 2 u. § 297 Abs. 2 auf Verlangen des Betroffenen oder von Amts wegen zur Sachaufklärung (§ 26) zu erfolgen. Die in Unterbringungssachen **zuständige Behörde** soll angehört werden (§ 320 S. 2). **Berufsständische Organe** können in Registersachen zur Klärung von Zweifelsfällen angehört werden (§ 380 Abs. 2). Vor der Löschung vermögensloser Gesellschaften und Genossenschaften sind sie zwingend anzuhören (394 Abs. 2 S. 3).

2. Auskunftspersonen

Die Anhörung dient der Aufklärung des Sachverhalts durch **Freibeweis** (§ 29 Abs. 1 **36** S. 1) und kommt als informelle persönliche, telefonische oder schriftliche Befragung in Betracht.[30] Das Ergebnis ist aktenkundig zu machen (§ 29 Abs. 3). Eine Verpflichtung, Angaben zu machen oder vor Gericht zu erscheinen, besteht für Auskunftspersonen nicht.

Für bestimmte Angelegenheiten schreiben Sondervorschriften eine Anhörung vor. Das **37** gilt z. B. für Verwandte oder Verschwägerte des Mündels bei der Auswahl des Vormunds (§ 1779 Abs. 3 S. 1 BGB) und im Rahmen der Beaufsichtigung des Vormunds in wichtigen Angelegenheiten (§ 1847 S. 1 BGB).

VIII. Kosten und Gebühren

Auf § 32 Rn 54 ff. wird verwiesen. **38**

Persönliche Anhörung

34 (1) Das Gericht hat einen Beteiligten persönlich anzuhören,
1. wenn dies zur Gewährung des rechtlichen Gehörs des Beteiligten erforderlich ist oder
2. wenn dies in diesem oder in einem anderen Gesetz vorgeschrieben ist.

(2) Die persönliche Anhörung eines Beteiligten kann unterbleiben, wenn hiervon erhebliche Nachteile für seine Gesundheit zu besorgen sind oder der Beteiligte offensichtlich nicht in der Lage ist, seinen Willen kundzutun.

(3) ¹Bleibt der Beteiligte im anberaumten Anhörungstermin unentschuldigt aus, kann das Verfahren ohne seine persönliche Anhörung beendet werden. ²Der Beteiligte ist auf die Folgen seines Ausbleibens hinzuweisen.

Übersicht

	Rn
I. Normzweck; Anwendungsbereich	1
II. Das rechtliche Gehör	3
1. Wesen und Bedeutung	3
2. Inhalt und Umfang	7
III. Einzelmaßnahmen zur Gehörsgewährung	12
IV. Die persönliche Anhörung	20
1. Erforderliche Anhörung (Abs. 1 Nr. 1)	20
2. Vorgeschriebene Anhörung (Abs. 1 Nr. 2)	24
3. Ladung; Durchführung der Anhörung	33
a) Ladung	33
b) Durchführung der Anhörung	34
4. Absehen von der Anhörung (Abs. 2)	39
5. Ausbleiben des anzuhörenden Beteiligten (Abs. 3)	42

---

[30] BT-Drs. 16/6308 S. 188.

	Rn
V. Persönliche Anhörung durch das Rechtsmittelgericht	43
VI. Rechtsfolgen unterlassener persönlicher Anhörung	45
VII. Kosten und Gebühren	47

I. Normzweck; Anwendungsbereich

1 § 34 regelt die persönliche Anhörung zur **Gewährung des rechtlichen Gehörs** (Art. 103 Abs. 1 GG). **Abs. 1** schreibt vor, wann ein Beteiligter persönlich anzuhören ist, während **Abs. 2** eng gefasste Ausnahmen von der Pflicht zur persönlichen Anhörung zulässt. **Abs. 3** normiert die Folgen eines unentschuldigten Ausbleibens des Beteiligten im Anhörungstermin und ordnet einen vorherigen Hinweis darauf an.

2 Die Vorschrift gilt in Angelegenheiten der freiwilligen Gerichtsbarkeit und in Familiensachen mit Ausnahme der Ehesachen (§ 121) und Familienstreitsachen (§ 112); insoweit ist nach § 113 Abs. 1 S. 2 die ZPO entsprechend anzuwenden. Zur Übergangsregelung siehe die Erläuterungen zu Art. 111 FGG-RG.

II. Das rechtliche Gehör

1. Wesen und Bedeutung

3 Das in Art. 103 Abs. 1 GG garantierte rechtliche Gehör soll die Menschenwürde (Art. 1 Abs. 1 GG) des von einem Gerichtsverfahren Betroffenen wahren und es ihm ermöglichen, darauf aktiv Einfluss zu nehmen.[1] Dies ist **unmittelbar geltendes Verfahrensrecht** und gilt unabhängig davon, inwieweit die jeweilige Verfahrensordnung dem Grundsatz des rechtlichen Gehörs Rechnung trägt.[2] Dabei kommt es in Angelegenheiten der freiwilligen Gerichtsbarkeit nicht darauf an, ob es sich um Rechtsprechung im materiellen Sinn, um Justizverwaltungsakte oder um vorsorgende Rechtspflege handelt, ebenso wenig ob ein Amtsverfahren (§ 24) oder ein Antragsverfahren (§ 23) vorliegt.[3] Auch vor dem Rechtspfleger besteht der Anspruch auf rechtliches Gehör, ergibt sich dort aber nicht aus Art. 103 Abs. 1 GG, sondern aus Art. 2 Abs. 1 GG i. V. m. dem Rechtsstaatsprinzip (Art. 20 Abs. 3 GG).[4] Soweit durch besondere gesetzliche Vorschriften die Anhörung vorgeschrieben und ausgestaltet ist, richtet sie sich nach diesen Regelungen, die jedoch ggf. verfassungskonform auszulegen sind.[5]

4 Der Anspruch auf Gewährung rechtlichen Gehörs ist zum einen grundrechtsgleiches Recht (Art. 93 Abs. 1 Nr. 4a GG) und zum anderen objektivrechtliches Verfahrensprinzip, das für ein rechtsstaatliches Verfahren im Sinne des GG konstitutiv und grundsätzlich unabdingbar ist.[6] Das Gebot der Gehörsgewährung ist wesentliche Ausprägung der elementaren Anforderung des Rechtsstaats, wonach niemand zum bloßen Objekt eines ihn betreffenden staatlichen Verfahrens gemacht werden darf.[7] Wegen dieser herausragenden Bedeutung ist es **verfahrensrechtliches Urrecht des Menschen**[8] zur Sicherung seines aus dem Rechtsstaatsprinzip folgenden Anspruchs auf effektiven Rechtsschutz (Art. 19 Abs. 4 S. 1 GG).[9] Dabei steht das rechtliche Gehör jedem zu, dem gegenüber die zu treffende gerichtliche Entscheidung materiellrechtlich wirkt und der deshalb von dem Verfahren rechtlich unmittelbar betroffen wird.[10] Der Anspruch auf rechtliches Gehör ist ein verfahrensmäßiges Gegenstück zu der Befugnis, eigene Rechte zu Lasten anderer geltend zu machen. Wie die Geltendmachung von Rechten an die Person ihres Trägers ist er an die

---

[1] BVerfG NJW 1983, 1726; BGH NJW 1992, 3096.
[2] BGH NJW-RR 2008, 78; NJW 1994, 392.
[3] BVerfG NJW 1988, 125.
[4] BVerfG NJW 2000, 1709.
[5] BVerfG NJW 2004, 3551.
[6] BVerfG NJW 2006, 1048.
[7] BVerfG NJW 1983, 1726.
[8] BVerfG NJW 1986, 371; NJW 1980, 2698.
[9] BVerfG NJW 1987, 1191.
[10] BVerfG NJW 1988, 125; NJW 1982, 1635; BGH NJW 1994, 1053.

Person des sachlich Betroffenen gebunden.[11] Dabei kommt es auf eine Beteiligtenstellung nicht an.[12] Da aber im Fall einer unmittelbaren rechtlichen Betroffenheit eine Hinzuziehung als Beteiligter zwingend vorgeschrieben ist (§ 7 Abs. 2 Nr. 1), beschränkt sich der Anspruch im konkreten Verfahren regelmäßig auf die Beteiligten. Unterbleibt die Hinzuziehung, liegt darin eine mit der Beschwerde (§ 58) geltend zu machende Verletzung des rechtlichen Gehörs.

Von der Trägerschaft des Rechts auf Gehör ist die verfahrensrechtliche **Befugnis zur** 5 **Ausübung** zu unterscheiden. Ein Dritter kann das rechtliche Gehör für den Berechtigten nur vermitteln, wenn er dessen Vertrauen genießt oder einer besonderen rechtsstaatlichen Objektivitätspflicht unterworfen ist. Weitere Voraussetzung ist, dass der Berechtigte von der stellvertretenden Entgegennahme von Informationen und der Abgabe von Erklärungen in seinem Namen weiß.[13] Verfahrensfähige Beteiligte (§ 9 Abs. 1) üben das Recht persönlich aus, nicht verfahrensfähige Beteiligte durch die nach bürgerlichem Recht zu ihrer Vertretung befugten Personen (§ 9 Abs. 2), Vereinigungen und Behörden durch ihre gesetzlichen Vertreter, Vorstände oder besonders Beauftragten (§ 9 Abs. 3). Hat ein nicht verfahrensfähiger Beteiligter keinen zur Vertretung im konkreten Verfahren befugten gesetzlichen Vertreter, also auch keinen dafür bestellten Ergänzungspfleger (§ 1909 Abs. 1 S. 1 BGB), wird sein Anspruch auf rechtliches Gehör durch den dann nach § 9 Abs. 5 FamFG i. V. m. § 57 ZPO vom Vorsitzenden zu bestellenden Verfahrenspfleger wahrgenommen.[14] Für Beteiligte, die im Verfahren durch einen wirksam bestellten Bevollmächtigten (§ 10) vertreten sind, übt grundsätzlich dieser für sie das Recht aus. Auch dem gesetzlichen Vertreter ist das Gehör nicht in seiner Person, sondern für die von ihm vertretenen Beteiligten zu gewähren. Geht es um die Genehmigung des für einen Minderjährigen geschlossenen Rechtsgeschäfts, kann zur Gehörsgewährung die Bestellung eines Ergänzungspflegers erforderlich sein (s. § 41 Rn 4 f.).

In **Betreuungs-, Unterbringungs- und Freiheitsentziehungssachen** übt der dort 6 bestellte Verfahrenspfleger das Anhörungsrecht grundsätzlich für den beteiligten Betroffenen aus, soweit dieser nicht persönlich angehört wird oder dabei zur Wahrnehmung seines Anspruchs auf rechtliches Gehör nicht in der Lage ist (§ 276 Abs. 1 S. 2 Nr. 1). Da der Verfahrenspfleger aber durch seine Bestellung selbst zum Beteiligten wird (§§ 274 Abs. 2, 315 Abs. 2, 418 Abs. 2), kommen auch ein in seiner Person begründeter Anspruch auf rechtliches Gehör und dessen Ausübung in Betracht. Gleiches gilt für den in Kindschaftssachen, Abstammungssachen und Adoptionssachen bestellten Verfahrensbeistand eines minderjährigen Kindes (§§ 158 Abs. 3 S. 2, 174, 191). Darüber hinaus schreibt das Gesetz für diese Angelegenheiten die persönliche Anhörung des geschäftsunfähigen oder beschränkt geschäftsfähigen Betroffenen bzw. des minderjährigen Kindes ausdrücklich vor (s. Rn 28 ff.).

2. Inhalt und Umfang

Art. 103 Abs. 1 GG gebietet die Gewährung rechtlichen Gehörs sowohl hinsichtlich der 7 normativen Ausgestaltung des Verfahrensrechts als auch in Bezug auf das Verfahren im Einzelfall.[15] Deshalb ist das konkrete Verfahren durch das Gericht so zu gestalten, dass die Beteiligten daran jederzeit aktiv teilhaben sowie den Verfahrensverlauf und die Willensbildung des Gerichts zu Tat- und Rechtsfragen durch Ausführungen und Anträge beeinflussen können.[16] Dazu gehört vor allem, dass ihnen ausreichend Gelegenheit zur Kenntnisnahme vom entscheidungserheblichen Verfahrensstoff gegeben und die Möglichkeit eröffnet wird, dazu Stellung zu nehmen. Das ist für das Ergebnis einer förmlichen Beweisaufnahme ausdrücklich geregelt (§ 30 Abs. 4), gilt aber auch für alle anderen Ermittlungsergebnisse. Der Anspruch auf rechtliches Gehör ist deshalb inhaltlich ein **Recht auf Äußerung und**

---

[11] BGH NJW 2007, 3062; NJW 1982, 1652.
[12] BVerfG NJW 2009, 138.
[13] BVerfG NJW 1991, 1283.
[14] BGH NJW 1989, 985.
[15] BVerfG NJW 2004, 3551.
[16] BVerfG Rpfleger 1983, 76.

Information.[17] Erklärt ein Beteiligter gegenüber dem Gericht, von ihm überreichte Unterlagen oder durch ihn geführter Vortrag dürfe den anderen Beteiligten nicht zur Kenntnis gebracht werden, muss der betreffende Verfahrensstoff bei der Entscheidung, d. h. bei der Würdigung des Akteninhalts (§ 37 Abs. 2) unberücksichtigt bleiben; darauf ist dieser Beteiligte hinzuweisen.[18]

8 Eine **Verpflichtung zur Hinweiserteilung** (§ 28 Abs. 1) besteht, wenn ein gewissenhafter Beteiligter unter Berücksichtigung seiner Mitwirkungspflicht (§ 27) nach dem bisherigen Verfahrensablauf nicht damit rechnen musste, er habe sich zu bestimmten Tatsachen zu äußern[19] bzw. konkrete Fragen oder Anträge zu stellen.[20] Denn Art. 103 Abs. 1 GG setzt voraus, dass die Beteiligten zu erkennen vermögen, auf welchen Vortrag es für die Entscheidung ankommen kann.[21] Deshalb verletzt das Gericht z. B. den Anspruch auf rechtliches Gehör, wenn es einem Beteiligten nur das Gutachten eines Sachverständigen mitteilt, dessen Begleitbrief aber zurückhält, obwohl der Sachverständige nach dem Inhalt dieses Schreibens offensichtlich befangen ist;[22] darum darf das Gutachten nur verwertet werden, wenn das Gericht den Beteiligten zuvor über den Ablehnungsgrund unterrichtet hat.[23] Treten im Laufe des Verfahrens neue entscheidungserhebliche Tatsachen und Ermittlungsergebnisse zutage, ist stets erneut rechtliches Gehör zu gewähren. S. näher unter Rn 18.

9 Die Gehörsgewährung umfasst die **Pflicht, Beteiligtenvorbringen zur Kenntnis zu nehmen** und **in Erwägung zu ziehen.**[24] Das Gericht braucht hingegen nicht mit den Beteiligten zu erörtern, welchen Sachverhalt es als festgestellt ansehen und seiner Entscheidung zugrunde legen will. Der Anspruch gewährt auch keinen Schutz dagegen, dass das Gericht Sachvortrag aus Gründen des formellen oder materiellen Rechts unberücksichtigt lässt.[25] Vor Erlass (§ 38 Abs. 3 S. 2) der Entscheidung ist aber zu prüfen, ob den Beteiligten im Laufe des Verfahrens das rechtliche Gehör tatsächlich gewährt wurde.[26] Soweit dies hinsichtlich entscheidungserheblicher tatsächlicher oder rechtlicher Fragen nicht der Fall war, muss noch Gelegenheit gegeben werden, abschließend dazu Stellung zu nehmen. Das gilt selbst dann, wenn der dem Verfahren zugrunde liegende Sachverhalt bereits zur Überzeugung des Gerichts feststeht und deshalb die Sache entscheidungsreif erscheint.[27] Wenn die beabsichtigte Entscheidung allerdings allein in die Rechte eines Beteiligten und nicht in die der übrigen eingreift (§ 59 Abs. 1), genügt die Gehörsgewährung ihm gegenüber (§ 37 Abs. 2). Erst mit dem Erlass der Entscheidung endet die Verpflichtung zur Gewährung rechtlichen Gehörs. Das Gericht muss deshalb auch noch Stellungnahmen der Beteiligten berücksichtigen, die nach Ablauf einer gesetzten Äußerungsfrist eingegangen sind, selbst wenn die Entscheidung zu diesem Zeitpunkt schon beraten oder gar abgesetzt und unterschrieben war.[28]

10 Da den Beteiligten zur Wahrung von Art. 103 Abs. 1 GG lediglich die **Gelegenheit zur Rechtsausübung** einzuräumen ist, müssen sie die dafür nach Lage der Sache durch die Verfahrensordnung allgemein oder aufgrund konkreter Maßnahmen des Gerichts (s. Rn 12 ff.) im Einzelfall gegebenen Möglichkeiten im Wege zumutbarer Anstrengungen nutzen.[29] Versäumt dies ein Beteiligter, liegt regelmäßig kein Gehörsverstoß vor.[30]

11 Unter Umständen kann es im Einzelfall **aus Fürsorge für einen Beteiligten,** insbesondere aus Sorge um seine Gesundheit geboten sein, ihm Ermittlungsergebnisse oder Sachvortrag anderer Beteiligter nicht vollständig mitzuteilen. Das gilt insbesondere in Be-

---

[17] BVerfG NJW 1993, 2229.
[18] BayObLG NJW-RR 1996, 1478.
[19] BVerfG NJW 2003, 2524; NJW 1991, 2823.
[20] BAG NJW 2008, 2364.
[21] BVerfG FamRZ 2003, 1448; NJW 1994, 1053.
[22] BSG NZS 1999, 573.
[23] BSG NJW 1993, 3022.
[24] BVerfG NJW 1997, 2310; NJW 1991, 1283.
[25] BVerfG DVBl. 2007, 253.
[26] BVerfG NJW 2006, 2248.
[27] BVerfG NJW 1983, 1726; NJW 1980, 2698; BGH NJW 1992, 3096.
[28] BVerfG NJW 1988, 1963.
[29] BVerfG NJW 1987, 1191.
[30] BVerfG NJW 1990, 107; BGH NJW 2009, 2679.

treuungs- und Unterbringungsverfahren hinsichtlich dort eingeholter Sachverständigengutachten, kommt aber auch in anderen Angelegenheiten in Betracht, vor allem in Sorgerechtsverfahren. Die Besorgnis einer Gesundheitsgefährdung kann auch der Anwesenheit eines Beteiligten in einem Termin entgegenstehen, wenn dort ein Gutachten mündlich erstattet oder erörtert werden soll. Ebenso kann in solchen Fällen das Recht auf Akteneinsicht (§ 13 Abs. 1) beschränkt werden.[31] Dann muss aber das Gericht dem betreffenden Beteiligten die entscheidungserheblichen Tatsachen und Ermittlungsergebnisse auf andere, geeignete Weise zugänglich machen (s. § 37 Rn 4).[32] Die in der Person des Beteiligten liegenden Gründe für die **Einschränkung des rechtlichen Gehörs** sind im Einzelnen in der Entscheidung nachprüfbar darzulegen.

III. Einzelmaßnahmen zur Gehörsgewährung

Dem Anspruch der Beteiligten, vom entscheidungserheblichen Verfahrensstoff Kenntnis nehmen zu können und Gelegenheit zur Äußerung zu erhalten, kann auf verschiedene Weise entsprochen werden. In welchem Verfahrensstadium und durch welche konkreten Maßnahmen das rechtliche Gehör im Einzelfall sicherzustellen ist, hat das Gericht **nach pflichtgemäßem Ermessen** zu entscheiden, soweit nicht Sondervorschriften zu beachten sind. Dabei ist jeweils eine den Beteiligten zumutbare Form der Äußerung und Information zu wählen.[33] Diese grundsätzliche Pflicht des Gerichts zur Informationsgewährung besteht unabhängig von einem Antrag oder von Erkundigungen der Beteiligten[34] und ergibt sich jetzt ausdrücklich aus § 37 Abs. 2. Im Einzelnen kommen folgende Maßnahmen in Betracht: 12

- **Übermittlung von Abschriften** der entscheidungsrelevanten[35] Aktenbestandteile (Schriftsätze anderer Beteiligter, Vermerke über Termine und persönliche Anhörungen sowie über das Ergebnis formloser Ermittlungen, Niederschriften über eine förmliche Beweisaufnahme, schriftliche Erklärungen von Auskunftspersonen, schriftliche Aussagen von Zeugen und Sachverständigen, vom Gericht eingeholte schriftliche Sachverständigengutachten, Äußerungen schriftlich angehörter Behörden, zur Akte gelangte Urkunden). Dabei hat das Gericht in geeigneter Weise – etwa durch Zustellung oder Beifügen einer rückgabepflichtigen Empfangsbescheinigung – zu überwachen, ob die Unterlagen in den Besitz der Beteiligten gelangt sind.[36] Bei formloser Mitteilung kann es im Einzelfall geboten sein, sich vom tatsächlichen Zugang zu vergewissern.[37] Soll das Ergebnis eines schriftlichen Sachverständigengutachtens Gegenstand eines Termins sein, muss es so rechtzeitig übermittelt werden, dass sich der Beteiligte damit zur Vorbereitung seiner mündlichen Äußerung auseinandersetzen kann. 13

- **Aufforderung zur Akteneinsicht** in Bezug auf konkrete entscheidungserhebliche Bestandteile. Das kommt insbesondere hinsichtlich solcher Schriftstücke in Betracht, deren Ablichtung und Übersendung nach Art oder Umfang nicht möglich oder unzweckmäßig ist.[38] Gleiches gilt für vom Gericht beigezogene Akten. Dass die Beteiligten nach Maßgabe von § 13 einen allgemeinen Anspruch auf Akteneinsicht haben und diesen geltend machen können, reicht insoweit zur Gehörsgewährung nicht aus. Denn sie brauchen selbst bei Vertretung durch einen Rechtsanwalt nicht laufend von sich aus nachzuprüfen, ob inzwischen neuer entscheidungserheblicher Verfahrensstoff zu den Akten gelangt ist. Trifft dies nach bereits erfolgter Akteneinsicht zu, ohne dass die Beteiligten davon anderweitig in Kenntnis gesetzt wurden, muss das Gericht darauf hinweisen.[39] 14

---

[31] BT-Drs. 16/6308 S. 181.
[32] Vgl. zur inhaltlichen Mitteilung der in ihrer Abwesenheit erfolgten Kindesanhörung an die Eltern bzw. deren Bevollmächtigte BGH FamRZ 1986, 895; KG FamRZ 1980, 1156.
[33] OLG Düsseldorf BtPrax 1996, 188.
[34] BVerfG NJW 1990, 2374; EuGRZ 1984, 450.
[35] BT-Drs. 16/6308 S. 194.
[36] BVerfG NJW 2006, 2248; NJW 1984, 2567.
[37] BayVerfGH NJW-RR 2008, 1312.
[38] BayObLG BtPrax 1998, 78.
[39] BVerfGE 7, 275/279.

15 • **Erörterung der Sache in einem Termin.** Sie ist zur Gehörsgewährung sachdienlich (s. § 32 Rn 3 f.), wenn dadurch eine umfassende Unterrichtung aller Beteiligten über den entscheidungserheblichen Verfahrensstoff möglich ist oder die schriftliche Information eines Beteiligten aufgrund seiner persönlichen Umstände (z. B. Bildungsstand, Gesundheitszustand, Sprachunkundigkeit) nicht ausreichend erscheint. Soweit den Beteiligten eine an die Informationserteilung anschließende Äußerung im Termin zumutbar ist, bedarf es keiner Einräumung einer Frist zur schriftlichen Stellungnahme.[40] Hat ein Beteiligter der Ladung zum Termin keine Folge geleistet, ist ihm zwar grundsätzlich die Kenntnisnahme des Verfahrensstoffs ermöglicht worden, der Gegenstand der Erörterung im Termin war. Trotzdem ist er über deren Ergebnis zu unterrichten, wozu regelmäßig die Übersendung des über den Termin gefertigten Vermerks (§ 28 Abs. 4) ausreicht.

16 • **Einräumung einer Erklärungsfrist.** Jeder Beteiligte hat das Recht, auf das Vorbringen der übrigen Beteiligten zu erwidern oder zu anderem Verfahrensstoff Stellung zu nehmen, insbesondere zu Ermittlungsergebnissen. Dazu ist ihm eine Frist einzuräumen. Gleiches gilt, wenn ein Termin (§ 32) stattgefunden hat und sich ein Beteiligter dort zu den erörterten Sach- oder Rechtsfragen nicht sogleich äußern konnte oder wenn er (nachträglich) entschuldigt ausgeblieben ist. Die Frist muss nach den Umständen des Einzelfalls objektiv ausreichen,[41] um eine sachlich fundierte Äußerung zum entscheidungserheblichen Sachverhalt und zur Rechtslage abzugeben.[42] Sie darf das rechtliche Gehör nicht in unzumutbarer Weise erschweren.[43]

17 • **Fristverlängerung, Terminsverlegung.** Wenn ein Beteiligter aus von ihm vorgetragenen und auf Aufforderung glaubhaft gemachten erheblichen Gründen an der Einhaltung einer ihm gesetzten Frist oder an der Teilnahme an einem Termin gehindert ist und deshalb um Verlängerung bzw. Verlegung nachsucht, ist dem zu entsprechen, soweit dies zur Gehörsgewährung und damit zur Gewährleistung effektiven Rechtsschutzes (Art. 19 Abs. 4 GG) erforderlich ist.

18 • **Erteilung eines Hinweises.** Die Verpflichtung des Gerichts, die Beteiligten darauf hinzuweisen, wenn es einen entscheidungserheblichen rechtlichen Gesichtspunkt anders beurteilt als dies die Beteiligten nach ihrem Vorbringen ersichtlich tun (§ 28 Abs. 1 S. 2), dient deren Schutz vor Überraschungsentscheidungen. Im Übrigen sind verfahrensleitende Hinweise (§ 28 Abs. 1 S. 1) nur geboten, wenn selbst ein gewissenhafter und rechtskundiger oder anwaltlich vertretener Beteiligter bei Anwendung der ihm abzuverlangenden Sorgfalt und unter Berücksichtigung der Vielfalt vertretbarer Rechtsauffassungen nicht zu erkennen vermag, auf welchen Tatsachenvortrag es nach dem bisherigen Verfahrensverlauf ankommen kann.[44] Gleiches gilt, wenn ein Beteiligter die Rechtslage ersichtlich falsch beurteilt.[45] Wurden die Beteiligten eindeutig und unmissverständlich auf die einschlägige Rechtsprechung zu einer entscheidungserheblichen Rechtsfrage hingewiesen, muss der Hinweis nicht wiederholt werden, wenn ein Beteiligter seinen Sachvortrag nicht auf den rechtlichen Hinweis eingerichtet hat.[46] Will das Gericht aber von seiner in einem Termin oder einer Verfügung geäußerten Auffassung später abweichen, etwa nach Wechsel des Berichterstatters,[47] oder hat ein Beteiligter einen nicht hinreichend deutlichen Hinweis falsch aufgenommen, ist dieser zu präzisieren und erneut Gelegenheit zur Stellungnahme zu geben.[48] Ein Hinweis ist entbehrlich, wenn ein Beteiligter bereits durch das ihm mitgeteilte Vorbringen eines anderen Beteiligten im gebotenen Umfang unterrichtet ist.[49]

---

[40] BT-Drs. 16/6308 S. 194.
[41] BVerfG NJW 1984, 719.
[42] BVerfG NVwZ 2003, 859.
[43] BVerfG NJW 1983, 2492.
[44] BVerfG WuM 2002, 23; NJW 1991, 2823; BayObLG NZM 2004, 391.
[45] BGH NJW 2002, 3317; NJW 1999, 1264.
[46] BGH NJW 2008, 2036.
[47] BFH NJW 2009, 943.
[48] BGH NJW 2002, 3317.
[49] BGH NJW-RR 2008, 581.

- **Anhörung.** Je nach Verfahrensgegenstand und Verfahrenslage kann es angezeigt sein, einem Beteiligten die Möglichkeit zu geben, sich im Zusammenhang zum gesamten entscheidungserheblichen Sachverhalt zu äußern und dabei zu Fragen oder Vorhalten des Gerichts Stellung zu nehmen. Dies kann schriftlich oder mündlich erfolgen, soweit nicht nach Abs. 1 eine Pflicht zur persönlichen Anhörung besteht. Nach den Umständen des Einzelfalls kommt auch eine Kombination von schriftlicher und mündlicher Anhörung in Betracht, insbesondere bei umfangreichen Verfahren.

IV. Die persönliche Anhörung

1. Erforderliche Anhörung (Abs. 1 Nr. 1)

Aus Art. 103 Abs. 1 GG ergibt sich grundsätzlich kein Anspruch auf eine bestimmte Art der Gehörsgewährung. Es ist vielmehr Sache des Gesetzgebers zu entscheiden, in welcher Weise das rechtliche Gehör nach der maßgeblichen Verfahrensordnung gewährt werden soll.[50] Soweit das Gesetz keine verbindliche Entscheidung trifft, liegt die Form der Anhörung im Ermessen des Gerichts.[51] **Abs. 1 Nr. 1** reduziert jedoch dieses Ermessen auf Null, soweit die mündliche, d. h. persönliche Anhörung zur Gewährung des rechtlichen Gehörs erforderlich ist.

Unter welchen Voraussetzungen dies der Fall ist, entzieht sich nach Auffassung des Gesetzgebers allgemeiner Definition.[52] Deshalb ist darüber in jedem Einzelfall nach Maßgabe der dort gegebenen Umstände zu entscheiden. Eine Erforderlichkeit im Sinne einer **Reduzierung der Gestaltungsfreiheit** des Gerichts ist als gegeben anzusehen, wenn dem Anspruch auf rechtliches Gehör **zur Wahrung der Rechtsstaatlichkeit** (Art. 20 Abs. 3 GG) des konkreten Verfahrens nicht anders entsprochen werden kann als durch eine persönliche Anhörung. Davon ist regelmäßig auszugehen, wenn nicht durch Bevollmächtigte (§ 10) vertretene Beteiligte nach ihren persönlichen Fähigkeiten außerstande sind, sich zur effektiven Rechtswahrnehmung (Art. 19 Abs. 4 GG) ausreichend schriftlich zu äußern und ihre Verfahrensrechte auf diese Weise sachgemäß wahrzunehmen. Gleiches gilt, wenn Verfahrensgegenstand ein erheblicher Eingriff in das Persönlichkeitsrecht eines Beteiligten ist.[53] Mithin muss jeweils geprüft werden, ob allein eine persönliche Anhörung dem Sinn und Zweck der Gehörsgewährung gerecht wird.

Das gilt auch in Angelegenheiten, für die das Gesetz zwar eine Anhörung von Beteiligten vorschreibt, dem Gericht jedoch die **Wahl zwischen schriftlicher und persönlicher Anhörung** überlässt. Die ist insbesondere der Fall bei der Anhörung
- der Eltern in nicht die Person des Kindes betreffenden Kindschaftssachen (**§ 160 Abs. 2 S. 1**);
- der Pflegeltern in Personensorgesachen (**§ 161 Abs. 2**);
- der sonstigen bzw. übrigen Beteiligten in Adoptionssachen (**§ 192 Abs. 2**)[54] sowie vor der Bestellung eines Betreuers oder der Anordnung eines Einwilligungsvorbehalts (**§ 279 Abs. 1**), vor der Entlassung des Betreuers und Bestellung eines neuen (**§ 296 Abs. 2 S. 3**), vor Genehmigung der Einwilligung des Betreuers in eine Sterilisation (**§ 297 Abs. 3 S. 1**), vor einer Unterbringungsmaßnahme (**§ 320**) und vor Anordnung einer Freiheitsentziehung (**§ 420 Abs. 3 S. 1**);
- der Beteiligten vor Ernennung des Testamentsvollstreckers (**§ 2200 Abs. 2 BGB**), vor der Entscheidung über das Außerkraftsetzen von Anordnungen des Erblassers hinsichtlich der Nachlassverwaltung (**§ 2216 Abs. 2 S. 3 BGB**);
- des Nachlassgläubigers vor Verlängerung der Inventarfrist (**§ 1996 Abs. 3 BGB**);
- der Beteiligten vor Berichtigung eines Personenstandsregisters (**§ 47 Abs. 3 PStG**);

---

[50] BVerfG NJW 1982, 1579.
[51] BVerfG NJW 1994, 1053.
[52] BT-Drs. 16/6308 S. 192.
[53] BSG NJW 1994, 215.
[54] Vgl. zu der aus § 1769 BGB folgenden Pflicht zur Anhörung der Kinder des Annehmenden bei der Volljährigenadoption BVerfG NJW 2009, 138; 1988, 1963.

– des Schuldners, der sich in einer notariellen Urkunde der sofortigen Zwangsvollstreckung unterworfen hat, vor Ersetzung der Urschrift dieser Urkunde (**§ 46 Abs. 3 S. 1 BeurkG**).

23 Soweit dabei nach dem Gesetzeswortlaut eine Anhörung lediglich stattfinden „soll" (§§ 2200 Abs. 2, 2216 Abs. 2 S. 3 BGB; § 46 Abs. 3 S. 1 BeurkG), ist die jeweilige Vorschrift in verfassungskonformer Auslegung[55] als verpflichtende Bestimmung anzusehen.[56] Im Gesetz vorgesehene weitere Einschränkungen der Anhörungspflicht (§§ 1996 Abs. 3, 2216 Abs. 2 S. 3 BGB: soweit tunlich; §§ 420 Abs. 3 S. 2 FamFG, §§ 2200 Abs. 2 BGB: ohne erhebliche Verzögerungen und ohne unverhältnismäßige Kosten) sind grundsätzlich als mit Art 103 Abs. 1 GG unvereinbar anzusehen.

2. Vorgeschriebene Anhörung (Abs. 1 Nr. 2)

24 Nach **Abs. 1 Nr. 2** hat eine persönliche Anhörung zu erfolgen, wenn dies gesetzlich vorgeschrieben ist. Solche Sonderregelungen betreffen bestimmte **personenbezogene Angelegenheiten** und schreiben eine Anhörung vor, die zugleich der Sachverhaltsaufklärung dient. Damit verbinden sie die durch § 33 und § 34 verfolgten unterschiedlichen Zwecke, um den Besonderheiten des Verfahrensgegenstandes und der Bedeutung einer in Persönlichkeitsrechte eingreifenden Entscheidung Rechnung zu tragen. In diesen Fällen korrespondiert also die Amtsermittlungspflicht des Gerichts (§ 26) mit dem Anspruch des Beteiligten bzw. Betroffenen auf rechtliches Gehör (Art. 103 Abs. 1 GG). Nur soweit Letzteres Gegenstand der Regelungen ist, werden sie von § 34 Abs. 1 Nr. 2 erfasst.[57] Im FamFG und in Spezialgesetzen ist eine persönliche Anhörung insbesondere in folgenden Fällen vorgesehen:

25 • In die **elterliche Sorge** betreffenden Kindschaftssachen (§ 151 Nr. 1) hat das Gericht nach § 159 jedenfalls das über 14-jährige Kind in dessen Eigenschaft als Beteiligter (§ 7 Abs. 2 Nr. 1) und als Grundrechtsträger[58] persönlich anzuhören, wovon nach Abs. 1 S. 2 der Vorschrift in allein das Vermögen betreffenden Verfahren und nach Abs. 3 S. 1 aus schwerwiegenden Gründen abgesehen werden darf.[59] Abs. 4 macht Vorgaben zu Inhalt und Gestaltung der Anhörung. In die Personensorge betreffenden Verfahren sollen auch die Eltern persönlich angehört werden, **§ 160 Abs. 1 S. 1;** geht es um eine Kindeswohlgefährdung, ist die persönliche Anhörung zwingend, **§ 160 Abs. 1 S. 2.**

26 • In **Abstammungssachen** soll das Gericht vor einer Entscheidung über die Ersetzung der Einwilligung in eine genetische Abstammungsuntersuchung und die Anordnung der Probeentnahme (§ 169 Nr. 2) die Eltern und das über 14 Jahre alte Kind persönlich anhören, **§ 175 Abs. 2 S. 1.**

27 • In die Annahme als Kind oder die Aufhebung des Annahmeverhältnisses betreffenden **Adoptionssachen** (§ 186 Nr. 1 u. 3) hat das Gericht den Annehmenden und das Kind persönlich anzuhören; von der Anhörung eines minderjährigen Beteiligten kann abgesehen werden, wenn die Anhörung Nachteile für das Kindeswohl befürchten lassen oder keine weitere Sachaufklärung verspricht, **§ 192 Abs. 1 u. 2.**

28 • In **Betreuungssachen** hat das Gericht nach § 278 den Betroffenen vor Bestellung eines Betreuers oder Anordnung eines Einwilligungsvorbehalts persönlich anzuhören. Nach Abs. 3 der Vorschrift darf die Anhörung nur dann im Wege der Rechtshilfe erfolgen, wenn davon auszugehen ist, dass es für die Entscheidung nicht auf den eigenen Eindruck des erkennenden Gerichts ankommt. Soll wegen der Besorgnis gesundheitlicher Nachteile von der Anhörung abgesehen werden (§ 34 Abs. 2), muss diese durch ein im Wege der Beweiserhebung (§ 29) einzuholendes[60] ärztliches Gutachten festgestellt werden. Dann ist in der Regel ein Verfahrenspfleger zu bestellen, § 276 Abs. 1 S. 2 Nr. 1. Nach

---

[55] BVerfG NJW 1993, 2861.
[56] BT-Drs. 16/6308 S. 192.
[57] BT-Drs. 16/6308 S. 192.
[58] BVerfG NJW 1981, 217.
[59] Vgl. zur Anhörung des betroffenen Kindes bei Anerkennung einer ausländischen Sorgerechtsentscheidung OLG Schleswig FamRZ 2008, 1761.
[60] BT-Drs. 16/6308 S. 267.

§ 283 Abs. 1 S. 2 soll der Betroffene vor Anordnung der Vorführung zur Untersuchung persönlich angehört werden. Nach § 284 Abs. 1 S. 2 ist er vor Anordnung der Unterbringung zur Begutachtung persönlich anzuhören. Weiter hat das Gericht den Betroffenen nach § 296 vor der seinem geäußerten Willen widersprechenden Entlassung des Betreuers und vor Bestellung eines neuen persönlich anzuhören. Ebenso vor Genehmigung der Einwilligung des Betreuers in eine Sterilisation des Betroffenen, § 297 Abs. 1 S. 2; die Anhörung darf nach Abs. 4 der Vorschrift nicht durch einen ersuchten Richter erfolgen. Ferner vor Genehmigung der Einwilligung des Betreuers oder eines Bevollmächtigten des Betroffenen in ärztliche Maßnahmen (§ 1904 BGB), § 298 Abs. 1 S. 1.

- In **Unterbringungssachen** hat das Gericht nach § 319 den Betroffenen vor einer Unterbringungsmaßnahme persönlich anzuhören. Nach Abs. 4 der Vorschrift soll die Anhörung nicht durch einen ersuchten Richter erfolgen. Soll wegen der Besorgnis gesundheitlicher Nachteile von der Anhörung abgesehen werden (§ 34 Abs. 2), muss diese durch ein vom Gericht einzuholendes ärztliches Gutachten festgestellt werden. Dabei ist die Gefahr schwerwiegender, insbesondere irreversibler oder lebensgefährdender Gesundheitsschäden erforderlich; vorübergehende oder mit Medikamenten zu beherrschende gesundheitliche Beeinträchtigungen genügen nicht.[61] Will das Gericht von der Anhörung absehen, ist ein Verfahrenspfleger zu bestellen, § 317 Abs. 1 S. 2. Auch vor Anordnung einer vorläufigen Unterbringungsmaßnahme durch einstweilige Anordnung nach § 331 ist nach S. 1 Nr. 4 dieser Vorschrift eine persönliche Anhörung des Betroffenen erforderlich, die aber nach S. 2 im Wege der Rechtshilfe erfolgen kann. 29

- In die **Unterbringung Minderjähriger** betreffenden Verfahren (§ 151 Nr. 6) sind nach § 167 Abs. 4 neben dem betroffenen Kind auch seine sorgeberechtigten Eltern bzw. sein gesetzlicher Vertreter in persönlichen Angelegenheiten (Vormund, Pfleger) sowie ggf. die Pflegeeltern persönlich anzuhören, auch vor Erlass einer einstweiligen Anordnung.[62] 29 a

- In **Freiheitsentziehungssachen** hat das Gericht den Betroffenen nach § 420 Abs. 1 persönlich anzuhören. Erscheint er auf Ladung nicht, kann abweichend von § 33 Abs. 3 S. 3 seine sofortige Vorführung durch nicht anfechtbaren Beschluss angeordnet werden. Die persönliche Anhörung kann nach § 420 Abs. 2 unterbleiben, wenn nach ärztlichem Gutachten die Durchführung erhebliche Nachteile für die Gesundheit des Betroffenen mit sich bringen würde oder dieser an einer übertragbaren Krankheit i. S. d. Infektionsschutzgesetzes leidet. Soll von der Anhörung abgesehen werden, muss ein Verfahrenspfleger bestellt werden, § 419 Abs. 1 S. 2. 30

- In **Verfahren nach dem TSG** hat das Gericht den Antragsteller nach § 4 Abs. 2 TSG (Änderung der Vornamen) u. § 9 Abs. 3 1. Halbs. TSG (Feststellung der Geschlechtszugehörigkeit) persönlich anzuhören. 31

- Vor der **Genehmigung der freiwilligen Kastration oder anderer Behandlungsmethoden** durch das Betreuungsgericht (§§ 3 Abs. 3 u. 4, 4 Abs. 2 KastrG) ist der Betroffene persönlich zu hören, § 6 S. 2 KastrG. 32

- In **Therapieunterbringungssachen** muss der Betroffene nach § 8 Abs. 2 ThUG[63] persönlich angehört werden, was nicht durch den ersuchten Richter erfolgen soll. 32a

3. Ladung; Durchführung der Anhörung

a) Ladung. Über die erforderliche Ladung des anzuhörenden Beteiligten trifft § 34 keine Regelung. Deshalb ist **§ 33 Abs. 2 entsprechend** anzuwenden. Die dort vorgesehene Benachrichtigung des Bevollmächtigten ist auch hier angezeigt, weil dem Beteiligten dessen Hinzuziehung wegen des Anspruchs auf effektiven Rechtsschutz (Art. 19 Abs. 4 GG) nicht verwehrt werden darf. Nach § 34 Abs. 3 S. 2 ist der Beteiligte auf die Folgen seines Ausbleibens (s. Rn 42) hinzuweisen, was zweckmäßigerweise in der Ladung (§ 33 Abs. 4), aber auch durch einen gesonderten schriftlichen Hinweis erfolgen kann. Dies hat in 33

---

[61] OLG Karlsruhe FamRZ 1999, 670.
[62] OLG Brandenburg NJW-RR 2010, 1516.
[63] Therapieunterbringungsgesetz = Art. 5 des Gesetzes zur Neuordnung des Rechts der Sicherungsverwahrung und zu begleitenden Regelungen v. 22. 12. 2010 (BGBl. I S. 2300).

allgemein verständlicher und deutlicher Weise zu geschehen. Die Ladung und der Hinweis sind aktenkundig zu machen, ebenso die Bewirkung ihrer Bekanntgabe.

34 **b) Durchführung der Anhörung.** Wie die Durchführung der persönlichen Anhörung zu gestalten ist und an welchem Ort sie erfolgen soll, hat das Gericht im Einzelfall **nach pflichtgemäßem Ermessen** zu entscheiden, soweit nichts anderes bestimmt ist. Dies ist für die Anhörung des Kindes ausdrücklich geregelt (§ 159 Abs. 4 S. 3) und gilt allgemein. Abzustellen ist darauf, wie der Anhörungszweck im Hinblick auf den konkreten Verfahrensgegenstand unter Berücksichtigung der Person des anzuhörenden Beteiligten möglichst umfassend und zugleich effektiv erreicht werden kann. Denn dem erkennenden Richter ist die Entscheidung darüber vorbehalten, welchen Weg er innerhalb der ihm vorgegebenen Verfahrensordnung für geeignet hält, um zu den für seine Entscheidung notwendigen Erkenntnissen zu gelangen.[64]

35 Um dies zu gewährleisten, wird häufig eine Anhörung im Rahmen eines Erörterungstermins (§ 32) und somit in Anwesenheit der übrigen Beteiligten nicht sachdienlich sein. Das gilt insbesondere für die Anhörung minderjähriger Kinder, kommt aber auch in Gewaltschutzsachen und Ehewohnungssachen in Betracht. Insoweit gilt § 33 Abs. 1 S. 2 entsprechend, so dass ein **gesonderter Anhörungstermin** in Betracht kommt. Soweit die Anhörung nicht zugleich der Sachaufklärung sondern allein der Gewährung rechtlichen Gehörs dient, ist die Anwesenheit der übrigen Beteiligten und ihrer Bevollmächtigten ohnehin nicht geboten.[65] In Betreuungssachen soll die Anhörung in der üblichen Umgebung des Betroffenen stattfinden, wenn dies von ihm verlangt wird oder der Sachaufklärung dient und der Betroffene nicht widerspricht (§ 278 Abs. 1 S. 3). Gleiches gilt in Unterbringungssachen, wenn es zur Verschaffung eines persönlichen Eindrucks vom Betroffenen erforderlich ist (§ 319 Abs. 1 S. 2). Die bei der Anhörung nicht anwesenden Beteiligten sind durch Übermittlung des Anhörungsvermerks (§ 28 Abs. 4) über Verlauf und Ergebnis der Anhörung zu unterrichten.

36 Bei der **Anhörung eines Kindes** in Sorgerechtsverfahren (§ 159) ist unter Berücksichtigung seines Alters und Entwicklungsstandes sowie seiner familiären Situation und seelischen Beanspruchung durch das Verfahren im Einzelfall zu prüfen, ob es allein oder zusammen mit einem Geschwisterkind, in Anwesenheit eines Elternteils, eines Jugendamtsmitarbeiters, eines Sachverständigen oder im Beisein eines dem Kind vertrauten Dritten anzuhören ist. Wurde ein Verfahrensbeistand bestellt (§ 158), ist ihm regelmäßig die Möglichkeit zur Teilnahme an der Anhörung zu geben, § 159 Abs. 4 S. 3.[66] Um die zur Gewinnung eines aussagekräftigen Anhörungsergebnisses erforderliche Unbefangenheit des Kindes herzustellen, kann es auch zuträglich sein, die Anhörung nicht im Sitzungssaal, sondern in einem anderen, ggf. speziell für solche Anlässe hergerichteten Raum oder an einem Ort außerhalb des Gerichtsgebäudes, insbesondere in der häuslichen Umgebung, durchzuführen.

37 Wegen der elementaren Bedeutung des rechtlichen Gehörs (Art. 103 Abs. 1 GG) muss auch berücksichtigt werden, wenn der zum Anhörungstermin erschienene Beteiligte dort durch besondere Umstände an der Abgabe einer sachgerechten Stellungnahme und damit an der Wahrnehmung seines Anspruchs auf rechtliches Gehör gehindert ist, z.B. durch situationsbedingte große Erregung[67] oder durch lediglich vorübergehende gesundheitliche Beeinträchtigung. Dann ist ein **neuer Termin** zu bestimmen. Gleiches gilt, wenn sich erst während der Anhörung mangelnde Sprachkenntnisse bemerkbar und die Hinzuziehung eines Dolmetschers erforderlich machen.

38 Die Zulässigkeit einer Durchführung durch den **ersuchten oder beauftragten Richter** beurteilt sich unter Berücksichtigung der Umstände des Einzelfalls nach den gleichen Grundsätzen wie sie für die Anhörung im Rahmen der Sachverhaltsaufklärung zu beachten sind (s. § 33 Rn 11 f.), soweit keine Sonderregelungen (s. Rn 28–30) gelten. Bei der Anhörung eines Kindes durch das Beschwerdegericht wird es häufig der Erklärungsbereit-

---

[64] BVerfG NJW 1981, 217.
[65] BT-Drs. 16/6308 S. 192.
[66] BGH NJW 2010, 2805.
[67] BVerwG NJW 1964, 787.

schaft förderlich sein, die Durchführung einem Mitglied des Spruchkörpers als beauftragtem Richter zu übertragen. Voraussetzung dafür ist aber, dass dadurch die Aufklärungspflicht nach § 26 nicht verletzt wird (s. § 33 Rn 12).

4. Absehen von der persönlichen Anhörung (Abs. 2)

Nach **Abs. 2** kann die persönliche Anhörung eines Beteiligten aus den dort abschließend aufgeführten, in seiner Person liegenden Gründen unterbleiben: bei Besorgnis einer erheblichen Gesundheitsgefährdung infolge der Anhörung (Nr. 1) und bei offensichtlicher Unfähigkeit zur Willensbekundung (Nr. 2). Diese Vorschrift normiert somit eine **Einschränkung des rechtlichen Gehörs** und legt damit zugleich fest, unter welchen Voraussetzungen das Unterlassen einer Anhörung ausnahmsweise keinen Verfahrensfehler darstellt. Sie gilt allgemein, soweit nicht für einzelne Angelegenheiten Sondervorschriften die verfahrensrechtliche Entbehrlichkeit einer Anhörung von zusätzlichen Kriterien abhängig machen.

Die ihrem Wortlaut nach als Kann-Vorschrift ausgestaltete Regelung ist im Wege verfassungskonformer Auslegung dahin aufzufassen, dass die persönliche Anhörung nur **ausnahmsweise** unterbleiben darf. Das Gericht muss die Überzeugung (§ 37 Abs. 1) gewonnen haben, dass ein Fall des Abs. 2 tatsächlich vorliegt. Die dazu erforderlichen Anknüpfungstatsachen sind von Amts wegen (§ 26) zu ermitteln. Im Einzelfall kann auch die Einholung eines Sachverständigengutachtens im Wege des Freibeweises (§ 29) geboten sein, was in bestimmten Angelegenheiten gesetzlich vorgeschrieben ist (s. oben Rn 28–30). Die Gründe für das Absehen von einer persönlichen Anhörung sind in der Entscheidung (§ 38 Abs. 1 S. 1) nachvollziehbar darzulegen.[68]

Die einer persönlichen Anhörung entgegenstehenden Hindernisse dürfen nicht nur vorübergehend, sondern müssen entweder dauerhafter Natur oder zumindest nur so langfristig behebbar sein, dass die Durchführung der Anhörung zeitlich ungewiss und ein Abwarten bzw. eine Wiederholung des Anhörungstermins im Hinblick auf die zu treffende Entscheidung nicht zu rechtfertigen ist. Dabei sind das Recht des anzuhörenden Beteiligten auf Gehörsgewährung und der Anspruch der anderen Beteiligten auf effektiven Rechtsschutz (Art. 19 Abs. 4 GG) gegeneinander abzuwägen, und zwar unter Berücksichtigung ihrer jeweiligen rechtlichen Betroffenheit durch die Entscheidung.

5. Ausbleiben des anzuhörenden Beteiligten (Abs. 3)

Nach **Abs. 3 S. 1** kann, d. h. darf das Gericht nach pflichtgemäßem Ermessen von der Bestimmung eines neuen Anhörungstermins absehen und in der Sache entscheiden, wenn der ordnungsgemäß geladene Beteiligte **unentschuldigt** ausbleibt, also keine erheblichen Gründe für sein Fernbleiben darlegt und auf Verlangen des Gerichts glaubhaft macht. Das folgt aus dem Zweck der persönlichen Anhörung, die dem Beteiligten eine von ihm wahrzunehmende Gelegenheit zum rechtlichen Gehör geben soll und damit ausschließlich in seinem eigenen Interesse liegt. Weil ihm die Ausübung seiner Verfahrensrechte freisteht, darf sein Erscheinen, anders als bei der persönlichen Anhörung zur Sachverhaltsaufklärung (§ 33 Abs. 3), nicht durch Ordnungsmittel durchgesetzt werden. Etwas anderes kommt nur in Betracht, wenn und soweit die Anhörung zugleich der Sachverhaltsaufklärung dienen soll. Bei seiner Entscheidung, ob ein neuer Termin zu bestimmen ist, hat das Gericht die Fürsorgepflicht für den anzuhörenden Beteiligten und die Pflicht zur Verfahrensförderung gegeneinander abzuwägen.[69] Wesentliches Kriterium dabei ist die Bedeutung der zu treffenden Entscheidung für die Rechtsstellung sowohl des anzuhörenden wie der anderen Beteiligten. Voraussetzung für die Beendigung des Verfahrens ohne persönliche Anhörung des ausgebliebenen Beteiligten ist, dass er auf die Folgen seines Ausbleibens hingewiesen wurde, **Abs. 3 S. 2**.

---

[68] OLG Frankfurt FamRZ 1999, 617.
[69] Baumbach/Hartmann § 34 FamFG Rn 7.

V. Persönliche Anhörung durch das Rechtsmittelgericht

43 Im **Beschwerdeverfahren** ist das rechtliche Gehör nicht nur auf neues schriftliches Vorbringen[70] und sich ergebende neue Rechtsfragen zu erstrecken, sondern auch hinsichtlich des erstinstanzlichen Verfahrensstoffs nachzuholen,[71] soweit es vom erstinstanzlichen Gericht nicht hinreichend gewährt wurde. Das gilt insbesondere dann, wenn ein Beteiligter erst durch die angefochtene Entscheidung von der Verwertung ihm unbekannter Tatsachen oder Beweismittel erfährt. Die angefochtene Entscheidung darf nicht abgeändert oder aufgehoben werden, bevor die anderen Beteiligten unter Mitteilung der Beschwerdebegründung (§ 65 Abs. 1) Gelegenheit zum rechtlichen Gehör hatten, selbst wenn das Rechtsmittel nicht auf neue Tatsachen oder Beweismittel (§ 65 Abs. 3) gestützt wird.[72] Das gilt auch im Abhilfeverfahren (§ 68 Abs. 1 S. 1). Ebenso ist dem Beschwerdeführer vor Verwerfung seines Rechtmittels als unzulässig rechtliches Gehör zu gewähren.[73] Für das Absehen von einer erneuten persönlichen Anhörung zur Gewährung des rechtlichen Gehörs nach § 68 Abs. 3 S. 2 gelten die Grundsätze entsprechend, die für die persönliche Ladung zur Sachverhaltsaufklärung zu beachten sind (s. § 68 Rn 59). Eine erneute Anhörung ist unverzichtbar, wenn die Entscheidung der ersten Instanz auf einer Gehörsverletzung beruht.[74]

44 Im **Rechtsbeschwerdeverfahren** kann das rechtliche Gehör nur zu Rechtsfragen nachgeholt werden, d. h. wenn eine weitere Sachaufklärung weder notwendig noch zu erwarten ist.[75] Soweit ausnahmsweise neue Tatsachen verwertet werden dürfen (§ 74 Rn 35 ff.) und dies beabsichtigt ist, muss auch die Gewährung des rechtlichen Gehörs darauf erstreckt werden.

VI. Rechtsfolgen unterlassener persönlicher Anhörung

45 Ein Verstoß gegen die Gewährung des rechtlichen Gehörs ist unabhängig davon, ob das Gericht ein Verschulden daran trifft[76] und ob die Anhörung im Gesetz vorgesehen ist,[77] ein **Verfahrensfehler.** Er ist mit dem gegen die Entscheidung gegebenen Rechtsmittel (Beschwerde, Rechtsbeschwerde) oder Rechtsbehelf (Einspruch, Widerspruch, Erinnerung) geltend zu machen. Ist beides nicht eröffnet, findet die Anhörungsrüge nach § 44 statt. Hat sie keinen Erfolg, bleibt die Verfassungsbeschwerde (s. Anhang zu § 58 Rn 59 ff.).

46 Die Verletzung des rechtlichen Gehörs führt im Rechtsmittelverfahren nicht ohne Weiteres zur Änderung oder Aufhebung der angefochtenen Entscheidung. Dazu ist vielmehr sowohl im Amts- wie im Antragsverfahren erforderlich, dass der Rechtsmittelführer durch die Entscheidung in seiner materiellen Rechtsstellung betroffen ist (§ 59 Abs. 1) und der Gehörsverstoß dafür ursächlich geworden ist. Insoweit genügt aber eine mögliche Ursächlichkeit; d. h. es darf nicht auszuschließen sein, dass die Entscheidung auf dem Verstoß beruht.[78] Infolgedessen stellt eine Gehörsverletzung keinen absoluten Rechtsbeschwerdegrund (§ 72 Abs. 3 FamFG i. V. m. § 547 ZPO) dar.[79]

VII. Kosten und Gebühren

47 Eine anwaltliche Terminsgebühr für eine außerhalb eines Erörterungstermins (§ 32) erfolgende persönliche Anhörung fällt nicht an, weil insoweit für eine erweiternde Anwen-

---

[70] OLG München OLGR 2008, 106 = BeckRS 2007, 19483.
[71] BayObLG NJW-RR 1991, 1098.
[72] BVerfG NJW 1965, 126.
[73] BGH NJW-RR 2008, 78; NJW 1994, 392.
[74] BGH FGPrax 2010, 290.
[75] BGH NJW 1998, 755; BayObLG FGPrax 2004, 64.
[76] BVerfG NJW 1993, 51; NJW 1983, 2187.
[77] BVerfG NJW 1995, 316.
[78] BVerfG NJW 1982, 1691.
[79] BGH NJW 2003, 3205; KG FGPrax 2008, 40.

dung von Nr. 3104 Abs. 1 Nr. 1 VV RVG nach dessen Normzweck keine Veranlassung besteht.[80] Im Übrigen wird auf § 32 Rn 54 ff. verwiesen.

Zwangsmittel

35 (1) [1]Ist aufgrund einer gerichtlichen Anordnung die Verpflichtung zur Vornahme oder Unterlassung einer Handlung durchzusetzen, kann das Gericht, sofern ein Gesetz nicht etwas anderes bestimmt, gegen den Verpflichteten durch Beschluss Zwangsgeld festsetzen. [2]Das Gericht kann für den Fall, dass dieses nicht beigetrieben werden kann, Zwangshaft anordnen. [3]Verspricht die Anordnung eines Zwangsgeldes keinen Erfolg, soll das Gericht Zwangshaft anordnen.

(2) Die gerichtliche Entscheidung, die die Verpflichtung zur Vornahme oder Unterlassung einer Handlung anordnet, hat auf die Folgen einer Zuwiderhandlung gegen die Entscheidung hinzuweisen.

(3) [1]Das einzelne Zwangsgeld darf den Betrag von fünfundzwanzigtausend Euro nicht übersteigen. [2]Mit der Festsetzung des Zwangsmittels sind dem Verpflichteten zugleich die Kosten dieses Verfahrens aufzuerlegen. [3]Für den Vollzug der Haft gelten die § 901 Satz 2, die §§ 904 bis 906, 909, 910 und 913 der Zivilprozessordnung entsprechend.

(4) [1]Ist die Verpflichtung zur Herausgabe oder Vorlage einer Sache oder zur Vornahme einer vertretbaren Handlung zu vollstrecken, so kann das Gericht, soweit ein Gesetz nicht etwas Anderes bestimmt, durch Beschluss neben oder anstelle einer Maßnahme nach den Absätzen 1, 2 die in §§ 883, 886, 887 der Zivilprozessordnung vorgesehenen Maßnahmen anordnen. [2]Die §§ 891 und 892 gelten entsprechend.

(5) Der Beschluss, durch den Zwangsmaßnahmen angeordnet werden, ist mit der sofortigen Beschwerde in entsprechender Anwendung der §§ 567 bis 572 der Zivilprozessordnung anfechtbar.

Nach Art. 4 (8) des G. v. 29. 7. 2009 (BGBl. I S. 2258) werden in Abs. 3 S. 3 ab **1. 1. 2013** die §§ 901 S. 2, 904–906, 909, 910, 913 ZPO durch §§ 802 g Abs. 1 S. 2 und Abs. 2, 802 h und 802 j Abs. 1 nF ZPO ersetzt.

Übersicht

	Rn
I. Normzweck	1
II. Anwendungsbereich	3
1. Allgemeines	3
2. Landesrecht	5
III. Voraussetzungen im Allgemeinen	6
1. Gerichtliche Anordnung	6
a) Beschluss; Verfügung	6
b) Vergleich als gerichtliche Entscheidung	10
c) Rechtsgrundlage für die Handlung	11
d) Richter; Rechtspfleger	12
2. Belehrung über die Folgen der Zuwiderhandlung, Androhung (Abs. 2)	13
a) Allgemeines	13
b) Form und Inhalt des Hinweises	15
c) Wiederholung des Hinweises	16
d) Frist	17
3. Änderung der Anordnung	18
IV. Vollzugsfähigkeit der gerichtlichen Anordnung	19
1. Nicht vollstreckbare Akte	19
2. Unzulässigkeit wegen anderer gesetzlicher Bestimmungen	22
3. Unzulässigkeit wegen Eingreifens von Ordnungsmitteln	23
4. Unzulässigkeit aus verfassungsrechtlichen Gründen	26
V. Verhängung von Zwangshaft	27
1. Modalitäten	27

---

[80] OLG Koblenz FGPrax 2008, 178; OLG Oldenburg NJOZ 2009, 1947; OLG Stuttgart FamRZ 2007, 233.

	Rn
2. Dauer der Zwangshaft	30
3. Kosten	32
4. Art und Weise der Haftvollstreckung	33
VI. Die Festsetzung des Zwangsgeldes	34
1. Überblick	34
2. Personen, gegen die Zwangsmittel verhängt werden können	37
3. Schuldhafte Zuwiderhandlung	39
4. Möglichkeit der Zweckerreichung	41
5. Höhe des Zwangsgeldes	42
6. Kosten	44
7. Vollstreckung des Zwangsgeldes	45
8. Wiederholte Festsetzung	48
9. Nachträgliche Aufhebung der Festsetzung	49
VII. Verpflichtung zur Herausgabe, Vorlage einer Sache oder Vornahme einer vertretbaren Handlung (Abs. 4)	50
1. Allgemeines	50
2. Herausgabe bestimmter beweglicher Sachen (§ 883 ZPO)	53
3. Herausgabe bei Gewahrsam eines Dritten (§ 886 ZPO)	57
4. Vertretbare Handlungen (§ 887 ZPO)	58
5. Verfahren; Anhörung des Schuldners; Kostenentscheidung (§ 891 ZPO)	60
6. Widerstand des Schuldners (§ 892 ZPO)	61
VIII. Formulierungsbeispiele	62
IX. Rechtsmittel (Abs. 5)	65
1. Gegen die gerichtliche Anordnung der Handlung	66
2. Gegen die Festsetzung des Zwangsgeldes	67
3. Rechtsbeschwerde	69

I. Normzweck*

1 § 35 FamFG lehnt sich an den früheren § 33 FGG an.[1] Nur noch die Vollstreckung **verfahrensleitender Anordnungen** erfolgt nach § 35, was aus der Einordnung der Vorschrift in den Abschnitt „Verfahren" entnommen werden kann. **Zweck** der von § 35 betroffenen Maßregeln soll sein[2] die Sachaufklärung, die Abgabe verfahrenserheblicher Erklärungen, die Überwachung des Verfahrens. Diese Abgrenzung ist wenig genau.

2 Das Zwangsgeld (Zwangshaft) aufgrund § 35 Abs. 1 ist ein **Beugemittel**.[3] Es dient ausschließlich zur Erzwingung der Befolgung gerichtlicher Anordnungen; es ist zukunftsorientiert, es ist keine Sühne für begangenes Unrecht, keine Strafe im Sinn des Strafrechts.[4] Das **Ordnungsmittel** (Ordnungsgeld), das § 89 anwenden will, ist dagegen vergangenheitsorientiert. Ist eine Handlung wegen Zeitablauf nicht mehr durchführbar, kann noch Ordnungsgeld verhängt werden, aber kein Zwangsgeld mehr. **Zu unterscheiden sind:** die gesetzliche Regelung, die eine Verpflichtung zur Vornahme oder Unterlassung einer Handlung enthält; die Umsetzung dieses Gesetzes in einen gerichtlichen Befehl nebst Androhung von Zwangsgeld/Zwangshaft bei Zuwiderhandlung; der Verstoß des Verpflichteten; die Festsetzung von Zwangsgeld/Zwangshaft; die Vollstreckung der festgesetzten Zwangsmittel.

---

* Aus dem Schrifttum zum früheren Recht (§ 33 FGG) seien genannt: Lotz, Die Vollstreckung der freiwilligen Gerichtsbarkeit, 2006; Purbs, Vollstreckung in den Verfahren der freiwilligen Gerichtsbarkeit, 1994; Schulte-Bunert, FuR 2005, 200; FPR 2008, 397; FuR 2009, 125; Schweitzer, Die Vollstreckung von Umgangsregelungen, 2007.

[1] § 35 ist auch dann einschlägig, wenn der Titel vor dem 1. 9. 2009 entstanden ist, jetzt aber erst durchgesetzt wird; OLG Karlsruhe FGPrax 2010, 105.
[2] BT-Drucks. 16/6308 S. 192.
[3] BayObLG FamRZ 1975, 279; KG OLGZ 32, 48; OLG Braunschweig FamRZ 1972, 576; OLG Hamm FamRZ 1975, 639; OLG Karlsruhe FamRZ 1998, 1131; OLG Köln FamRZ 2002, 111.
[4] BayObLGZ 1974, 351/353.

II. Anwendungsbereich

1. Allgemeines

Die Zwangsvollstreckung ist im FamFG teilweise in § 35, teilweise in §§ 86 ff. geregelt. Zwei Abgrenzungen sind zu beachten: Die Vollstreckung in Ehesachen (§ 121) und in Familienstreitsachen (§ 112) erfolgt nicht nach § 35, sondern nach § 120 und damit nach der ZPO. § 35 betrifft nach Meinung der Gesetzesbegründung[5] nur die Vollstreckung **verfahrensleitender** Anordnungen; dem Gesetzestext lässt sich das nicht entnehmen. Die Vollstreckung **verfahrensabschließender** Entscheidungen ist in §§ 86 bis 96 a geregelt.[6] Damit wird die bisherige Vermischung beseitigt. Jedoch ergeben sich neue Abgrenzungsprobleme. Was ist verfahrensleitend, was verfahrensabschließend? Beispiele: ein unrichtiger Erbschein wird eingezogen (§ 2361 BGB) und die Herausgabe an das Nachlassgericht wird angeordnet. Einschlägig ist § 86, nicht § 35 (Rn 9; streitig, vgl. § 353 Rn 7), auch wenn gleichzeitig ein anderer Erbschein beantragt wird, weil ein Verfahren abgeschlossen wird. Auch eine Gewaltschutzanordnung ist nicht nur verfahrensleitend, sondern verfahrensabschließend, so dass §§ 86 ff. gelten (Rn 9).[7] Nach § 95 Abs. 1 sind auf die Vollstreckung die Vorschriften der ZPO über die Zwangsvollstreckung entsprechend anzuwenden. Bewegliche Sachen werden nach § 883 Abs. 1 ZPO vom Gerichtsvollzieher weggenommen. Daneben oder anstelle dessen kann das Gericht wegen § 95 Abs. 4 FamFG i. V. m. § 888 ZPO Zwangsgeld/Zwangshaft anordnen. Im Fall des § 35 dagegen wird die Pflicht zur Vornahme der Handlung durch Zwangsgeld/Zwangshaft vollstreckt; durch besonderen Beschluss kann das Gericht die Wegnahme durch den Gerichtsvollzieher anordnen (§ 35 Abs. 4). 3

Die **Herausgabe von Kindern**, früher Hauptanwendungsfall des § 33 FGG, erfolgt jetzt nach § 89 (Ordnungsgeld, Ordnungshaft), gegebenenfalls durch unmittelbaren Zwang, § 90. § 35 FamFG ist ferner im Falle des **§ 291** nicht anwendbar (§ 291 S. 3); gegen den Betreuungsverein oder die Betreuungsbehörde können also in den dort genannten Fällen keine Zwangsmittel ergriffen werden. Da hilft allenfalls eine Dienstaufsichtsbeschwerde. 4

2. Landesrecht

§ 35 gilt nach § 488 auch für die landesrechtlich an Stelle der Gerichte tretenden anderen als gerichtlichen Behörden. Soweit in Landesgesetzen Festsetzung von Zwangsgeld oder Gewaltanwendung zur Erzwingung von Handlungen oder Unterlassungen zugelassen sind, ist vorbehaltlich von Sonderbestimmungen § 35 in den Ländern allgemein für anwendbar erklärt (siehe z. B. § 5 Abs. 1 Bad.-Württ.LFGG[8]). Ergänzungsvorschriften zu § 35 siehe z. B. Art. 13, 17, 18–21 HessFGG[9] und Art. 6, 7 NdsFGG.[10] 5

III. Voraussetzungen im Allgemeinen

1. Gerichtliche Anordnung

a) Beschluss, Verfügung. Die Festsetzung eines Zwangsgeldes (Zwangshaft) setzt zunächst eine gerichtliche Anordnung, z. B. einen Beschluss des Gerichts (§ 38[11]), voraus (Abs. 1 S. 1), der die Vornahme oder Unterlassung einer Handlung anordnet; sie muss schriftlich erfolgen.[12] 6

---

[5] BT-Drucks. 16/6308 S. 192 und S. 216.
[6] BT-Drucks. 16/6308 S. 192.
[7] OLG Celle NJW 2010, 2223.
[8] In der durch Art. 1, 2 des Gesetzes v. 29. 7. 2010 (GBl. S. 555) geänderten Fassung. Abgedruckt bei § 486 Rn 4.
[9] In der durch Art. 8 des Gesetzes v. 26. 3. 2010 (GVBl. I, S. 114, 115) geänderten Fassung. Abgedruckt bei § 486 Rn 10.
[10] In der durch Art. 3 des Gesetzes v. 8. 12. 2010 (GVBl. S. 553) geänderten Fassung. Abgedruckt bei § 486 Rn 12.
[11] OLG Hamm BeckRS 2011, 09029. Nach MünchKommZPO/Ulrici § 35 FamFG Rn 4 soll es sich nicht um einen Beschluss im Sinne des § 38 handeln.
[12] A. A. MünchKommZPO/Ulrici § 35 FamFG Rn 4: die Anordnung könne auch mündlich erfolgen.

7 Die Anordnung muss einen **vollzugsfähigen Inhalt** haben, sie muss hinreichend bestimmt sein, wenn nicht nur ein Unterlassen oder Dulden von dem Pflichtigen verlangt wird. Eine verlangte Auskunft (z. B. beim Versorgungsausgleich, § 220) muss deshalb eindeutig beschrieben sein.[13] Die Auflage, Fehlzeiten, wie sie ein Versorgungsträger bereits mitgeteilt habe, aufzuklären und sodann die entsprechenden Zeiträume aufzuführen, lässt insbesondere für die juristisch nicht vorgebildete Partei nicht hinreichend deutlich erkennen, was von ihr verlangt wird; die Anordnung ist daher nicht vollzugsfähig.[14] Ein festgesetztes Datum muss eindeutig sein[15] („*bis ... bei Gericht eingehend*"; nicht nur: „binnen zwei Wochen"). Die Anordnung muss entweder durch Bekanntmachung (§ 40) oder durch Eintritt der formellen Rechtskraft wirksam geworden sein. Die Vollziehung darf nicht aufgeschoben oder durch einstweilige Anordnung ausgesetzt sein.

8 **Beispiele** von durch Festsetzung von Zwangsgeld (Zwangshaft) nach § 35 erzwingbaren Handlungen sind: § 220 Auskunftspflicht in Versorgungsausgleichssachen; § 358 Ablieferung von Testamenten; § 285 Ablieferung einer Betreuungsverfügung oder einer Abschrift der Vorsorgevollmacht beim Betreuungsgericht;[16] Vorlegung eines Vermögensverzeichnisses nach § 1640 BGB;[17] Erzwingung der Übernahme einer Vormundschaft, § 1788 BGB (wird indes in der Praxis nicht angewandt, sondern eine andere Person zum Vormund bestellt). Befolgung von Anordnungen im Falle des § 1837 Abs. 3 BGB, insbesondere von Anordnungen über Anlegung von Mündelgeld durch Betreuer, Vormund oder Pfleger (§§ 1806 ff., 1837 BGB);[18] Abgabe des Betreuerberichts (§ 1840 BGB);[19] Einreichung der Schlussrechnung[20] des Betreuers, Pflegers oder Vormunds und Rückgabe der Bestallung (§§ 1892 Abs. 2, 1893 Abs. 2 BGB);[21] Vorlage von Geschäftsbüchern einer erloschenen Gesellschaft durch den Verwahrer an die vom Gericht zur Einsicht ermächtigten Gläubiger;[22] nach § 82 GBO vom Grundbuchamt auferlegte Verpflichtungen,[23] wie die Herausgabe oder Vorlage von Grundpfandrechtsbriefen.[24] Zwangsgeld darf im Falle des § 82 GBO nur festgesetzt werden, wenn feststeht, dass es zu einem Rechtsübergang außerhalb des Grundbuchs gekommen ist; die Festsetzung ist nur gegen solche Personen zulässig, von denen feststeht, dass sie zumindest Miteigentümer des Grundstücks und in der Lage sind, sämtliche Eintragungsvoraussetzungen selbst herbeizuführen.[25] Vorlage des Schiffszertifikats/Schiffsbriefs an das Registergericht;[26] §§ 404, 405 Abs. 2 Aushändigung von Unterlagen bei der Dispache.

9 **Durch Zwangsgeld nicht erzwingbar** sind: Maßnahmen in Ehesachen und Familienstreitsachen (§ 113 Abs. 1); die Vollstreckung einstweiliger Anordnungen in Gewaltschutzsachen[27] (sie erfolgt nach §§ 86 ff.); die Mitwirkung an der Sachaufklärung bei echten Streitsachen (z. B. Teilung der Haushaltsgegenstände);[28] die dem Elternteil auferlegte Verpflichtung zur Sicherheitsleistung für das seiner Verwaltung unterstehende Kindesvermögen (§ 1667 Abs. 3 BGB); die sachliche Berichtigung der Schlussrechnung des Betreuers, Pflegers, Vormunds und die Herausgabe des Mündelvermögens an den Betreuten, Erben, Mündel, denn hierfür ist das Prozessgericht zuständig; Erteilung von Auskünften an Dritte und Beantwortung

---

[13] OLG Bremen FamRZ 1984, 713; OLG Celle MDR 1994, 488; OLG Hamburg FamRZ 1993, 350; OLG Karlsruhe FamRZ 1989, 651; zur Auskunft betr. ausländisches Versorgungsanrecht vgl. OLG Braunschweig FamRZ 2008, 1758.
[14] OLG Brandenburg FamRZ 2006, 1776; OLG Frankfurt FamRZ 2009, 1080.
[15] OLG Celle FamRZ 2006, 556.
[16] BT-Drucks. 16/6308 S. 268.
[17] BayObLG FamRZ 1994, 1191; OLG Hamm FamRZ 1969, 660; Palandt/Diederichsen § 1640 Rn 8.
[18] OLG Celle OLGZ 1972, 381; OLG Hamm NJW 1953, 186.
[19] LG Kassel BeckRS 2011, 00334.
[20] LG Münster Rpfleger 2002, 265.
[21] KG KGJ 32 A. 53; OLG Hamburg OLGZ 10, 291; OLG Neustadt NJW 1955, 1724.
[22] KG JW 1937, 2289.
[23] OLG Köln FGPrax 2010, 216; OLG Hamm BeckRS 2010, 15828; OLG München FGPrax 2010, 168; OLG Frankfurt Rpfleger 1978, 413; Rpfleger 1977, 169.
[24] Wilsch FGPrax 2009, 243.
[25] OLG Braunschweig NdsRpfl. 2008, 281.
[26] Hornung Rpfleger 1985, 346.
[27] OLG Celle FGPrax 2010, 189 = NJW 2010, 2223; OLG Zweibrücken FamRZ 2010, 1369.
[28] OLG Frankfurt OLGR 2006, 893.

von Anfragen nach Entlassung des Betreuers etc.;[29] Empfehlungen an den Vormund in Erziehungsfragen;[30] Angelegenheiten, die zur Entlassung des Betreuers, Pflegers, Vormunds geführt haben; Erbringung des Todesnachweises des Mündels durch den Vormund; Verfügung an die Mutter, auf ihr Kind einzuwirken, dass es den Anordnungen des Vormunds nachkommt, wenn die Sorge für Person und Vermögen des Kindes keinem Elternteil, sondern dem Vormund übertragen ist;[31] die nach § 26 angeordnete Vorlage von Urkunden, Unterlagen, Akten;[32] Duldung eines gerichtlich angeordneten Augenscheins (hier sind Ordnungsmittel vorrangig);[33] persönliches Erscheinen nur zwecks Versuchs einer gütlichen Streitbeilegung (weil zum einen § 33 Abs. 3 einschlägig ist, zum andern ein Beteiligter nicht zum Vergleichsabschluss verpflichtet ist).[34] Beantwortung von Fragen (§ 26) durch einen Beteiligten gegenüber dem Registergericht.[35] Erfüllung der Informationspflichten nach § 166 Abs. 3 HGB, diese wird nach § 95 Abs. 1 und nach den Vorschriften der ZPO vollstreckt.[36] Herausgabe eines eingezogenen Erbscheins (§ 2361 BGB), sie wird nach §§ 86 ff. vollstreckt,[37] nicht nach § 35,[38] weil sie sich gegenüber dem Erbscheinsbesitzer als abschließende Entscheidung darstellt und nicht nur verfahrensleitend im neuen Erbscheinsverfahren ist, da die Erteilung des richtigen Erbscheins auch ohne vollzogene Einziehung des unrichtigen Erbscheins möglich ist.

b) Vergleich als gerichtliche Entscheidung. Ein gerichtlicher Vergleich, der im FamFG-Verfahren im Rahmen des § 36 abgeschlossen worden ist, kann (im Anwendungsbereich des § 35; Rn 3) zur Vollstreckung gem. § 35 durch Zwangsgeld oder unmittelbaren Zwang geeignet sein. Die frühere Rechtsprechung hierzu betraf nur Kindschaftssachen im Sinne der jetzigen Definition (§ 151); sonstige Fälle sind selten. Dies setzt aber voraus, dass das Gericht den Vergleich durch eine eigene Entscheidung billigte (vgl. § 156 Abs. 2) und ihm damit eindeutig[39] den Charakter einer gerichtlichen Anordnung im Sinne des § 35 verlieh;[40] Gegenstand der Vollziehung ist dann diese gerichtliche Anordnung.[41] Dies war schon früher unbestritten und folgt jetzt aus § 86 Abs. 1 Nr. 2. Eine solche Billigung stellt nicht schon die gerichtliche Protokollierung dar,[42] auch nicht die Aufnahme der Androhung in den protokollierten Vergleich (die Androhung muss vom Gericht zusätzlich ausgesprochen werden),[43] ungenügend ist auch, dass sich der Beteiligte im Vergleich der Festsetzung eines Zwangsgeldes unterwirft.[44] Ausreichend ist aber, wenn das Gericht die Einigung der Beteiligten durch Androhung eines Zwangsgeldes für verbindlich erklärt hat[45] und dabei eine eigene Entscheidung treffen will.[46] Eine konkludente Billigung liegt vor, wenn die Vereinbarung auf Vorschlag des Gerichts an die Stelle einer Entscheidung getreten ist und der verpflichtende Charakter ausdrücklich hervorgehoben wird.[47]

10

---

[29] OLG Hamm OLGZ 1966, 484.
[30] OLG Celle ZBlJR 1954, 114.
[31] BayObLGZ 1956, 191; OLG Köln FamRZ 1963, 653.
[32] BayObLGZ 1978, 322; OLG München RzW 1951, 136; OLG Stuttgart NJW 1978, 548; a. M. Court RzW 1952, 133.
[33] OLG Koblenz NJW 1968, 897.
[34] KG MDR 1984, 325.
[35] BayObLGZ 1978, 319 unter teilweiser Aufgabe von BayObLGZ 1967, 385.
[36] OLG München FGPrax 2010, 307.
[37] Palandt/Weidlich § 2361 Rn 9.
[38] So aber Horndasch/Viefhues/Heinemann § 353 Rn 17; MünchKommZPO/J. Mayer § 353 FamFG Rn 4; Staudinger/Herzog § 2361 Rn 33
[39] Die Formulierung im Protokoll „mit Billigung des FamG", OLG Bamberg FamRZ 1998, 306 soll ungenügend sein; ebenso „anstelle einer gerichtlichen Entscheidung" OLG Zweibrücken 1996, 877.
[40] OLG Brandenburg FamRZ 2001, 1315; OLG München FamRZ 1999, 522; OLG Zweibrücken FamRZ 1997, 217; Bassenge Rpfleger 1972, 237/239.
[41] OLG Brandenburg FamRZ 1995, 484; OLG Düsseldorf FamRZ 1983, 90; OLG Zweibrücken FamRZ 1982, 430. Missverständlich Büttner FamRZ 1998, 585/590; Motzer FamRZ 2000, 925/930.
[42] OLG Hamm FamRZ 1980, 932.
[43] OLG Hamm FamRZ 1980, 932.
[44] LG Wuppertal MDR 1978, 236.
[45] OLG Hamm FamRZ 1980, 932; FamRZ 1999, 1095; OLG Stuttgart FamRZ 1979, 342; OLG Zweibrücken FamRZ 1982, 430.
[46] OLG Zweibrücken FamRZ 1982, 430.
[47] OLG Köln FamRZ 1998, 961; Kraeft FuR 2000, 357/8.

11 c) Rechtsgrundlage für die Handlung. § 35 selbst ist keine Rechtsgrundlage dafür, dass ein Beteiligter eine Handlung vornehmen oder unterlassen muss; die Rechtsgrundlage muss andernorts im materiellen Recht oder Verfahrensrecht vorhanden sein. Beispiel: Beschluss des Nachlassgerichts, dass jemand ein Testament beim Nachlassgericht abzuliefern hat; Rechtsgrundlage ist § 358. Andererseits: das Nachlassgericht ordnet an, dass ein Beteiligter sein Tagebuch einzureichen hat, damit die Testamentsauslegung erleichtert wird; mangels materiellrechtlicher Rechtsgrundlage ist das nicht nach § 35 erzwingbar (vielleicht aber nach § 30 FamFG i. V. m. § 142 ZPO). Es genügt für die Zwangsgeldfestsetzung nicht, wenn die Verpflichtung unmittelbar auf dem Gesetz beruht.[48] Der Pflichtige muss vielmehr zur Erfüllung der gesetzlichen Pflicht durch eine gerichtliche Anordnung aufgefordert werden.

12 d) Richter; Rechtspfleger. Die dem Zwangsgeldverfahren zugrunde liegende gerichtliche Anordnung wird in der Regel vom Richter erlassen, kann aber vom Rechtspfleger erlassen worden sein, wenn es sich um ein ihm übertragenes Geschäft handelt (vgl. § 4 Abs. 1 RPflG). Der Rechtspfleger ist in diesen Fällen auch zur Androhung und Festsetzung von Zwangsgeld befugt, nicht aber zur Androhung und Verhängung von Haft (§ 4 Abs. 2 Nr. 2 RPflG). Auch für die Anordnung unmittelbaren Zwangs (§ 35 Abs. 4 FamFG i. V. m. § 883 ZPO) ist er befugt;[49] jedoch nicht zur zwangsweisen Vorführung eines Beteiligten.[50]

2. Belehrung über die Folgen der Zuwiderhandlung, Androhung (Abs. 2)

13 a) Allgemeines. Die gerichtliche Entscheidung, die die Verpflichtung zur Handlung bzw. Unterlassung anordnet, hat auf die Folgen einer Zuwiderhandlung gegen die Entscheidung hinzuweisen. Die frühere „Androhung des Zwangsgeldes" ist jetzt entfallen, doch läuft der Hinweis auf das Gleiche hinaus, nur ist er freundlicher formuliert. Man wird das nicht nur als bloße Ordnungsvorschrift auffassen können. Wird gleichwohl *isoliert* ein Zwangsgeld durch Beschluss angedroht, ist der Beschluss auf Beschwerde aufzuheben.[51]

14 Fehlt der Hinweis, wird die Festsetzung des Zwangsgeldes unzulässig sein, es sei denn, dem Adressaten war diese Folge ohnehin bekannt (etwa aus früheren Verstößen). Ob die „Androhung" veranlasst ist oder ob davon abgesehen werden kann, weil ein Verstoß gegen die richterliche Anordnung nicht zu befürchten ist oder weil eine einfache Mahnung genügt, war früher eine Frage des Ermessens des Gerichts.[52] Jetzt ist in Abs. 2 der Hinweis auf die Folgen zwingend vorgeschrieben.

15 b) Form und Inhalt des Hinweises. Er muss sich auf einen bestimmten Tatbestand beziehen;[53] die vorzunehmende Handlung muss deshalb genau bezeichnet sein. Die Person des Verpflichteten muss aus dem Hinweis hervorgehen.[54] Der Hinweis muss zur Kenntnis des Pflichtigen kommen.[55] Der Hinweis ist Bestandteil des Anordnungsbeschlusses. Wird er vergessen kann er durch gesonderten Beschluss nachgeholt werden.[56] Der Hinweis muss das Zwangsgeld betragsmäßig nennen,[57] die in Aussicht genommene Höchstsumme genügt;[58] es muss aber nicht immer die gesetzliche Höchstsumme (25 000 €, Abs. 3) angegeben werden, es kann auch eine geringere Höchstsumme genannt werden. Die angegebene Summe bildet aber das Höchstmaß des festzusetzenden Zwangsgeldes. Ungenügend sind Formulierungen wie: Androhung der „Verhängung von Zwangsmitteln nach § 35

---

[48] OLG Brandenburg NJW-RR 2001, 1089; Schulte-Bunert FuR 2009, 125.
[49] OLG Neustadt FamRZ 1964, 575; LG Kreuznach Rpfleger 1965, 57.
[50] Jansen/von König § 33 Rn 69.
[51] OLG München FGPrax 2010, 168 für ein Grundbuchberichtigungsverfahren nach § 82 GBO.
[52] BayObLG FamRZ 1994, 1191.
[53] OLG Düsseldorf FamRZ 1998, 838; FamRZ 1978, 619; OLG Jena FamRZ 2001, 579.
[54] BayObLG Rpfleger 1974, 17.
[55] KG DFG 1937, 163; LG Heilbronn DieJ 1974, 90.
[56] BayObLGZ 1965, 182/188; BayObLGZ 1964, 357/361; KG FamRZ 1966, 317; OLG Karlsruhe/Freiburg OLGZ 1967, 204/205; a. A. Schulte-Bunert FuR 2009, 125; dahin tendierend OLG München FGPrax 2010, 168.
[57] OLG Brandenburg MDR 2008, 978.
[58] BGH NJW 1973, 2288; BayObLG FamRZ 1996, 878; OLG Bamberg FamRZ 1998, 307; OLG Brandenburg MDR 2008, 978; a. M. OLG Stuttgart JR 1972, 411 mit Anm. von Haase.

FamFG",[59] „eines Zwangsgeldes",[60] Androhung von „Zwangsmaßnahmen".[61] Eine Unterlassung des Hinweises macht die Festsetzung unzulässig, so dass auf Rechtsmittel eine Aufhebung erfolgen muss. Wird statt Zwangsgeld „Ordnungsgeld" angedroht, ist das unschädlich,[62] da Laien (und oft auch Rechtsanwälte) den Unterschied ohnehin nicht kennen und klar ersichtlich ist, dass bei Zuwiderhandlung Geld zu zahlen ist.

c) **Wiederholung des Hinweises.** Einer wiederholten Festsetzung wegen mehrfacher 16 Zuwiderhandlung muss jeweils ein androhender Hinweis vorausgehen, auch wenn es sich um die Erzwingung derselben Verpflichtung handelt.[63] Der ersten Androhung muss die Festsetzung und dann die (erfolglose oder erfolgreiche) Vollstreckung des Zwangsgeldes folgen; erst dann ist wegen des gleichen Sachverhalts eine zweite Zwangsgeldandrohung zulässig.[64] Eine allgemeine Androhung in der Art, dass der Pflichtige bei fortgesetztem Ungehorsam mehrfach einem Zwangsgeld in bestimmter Höhe zu zahlen hat, ist unzulässig.[65] Ist zur Durchsetzung des Gerichtsbeschlusses Zwangsgeld angedroht worden, der Beschluss dann in der Beschwerdeinstanz durch eine Vereinbarung ersetzt worden, ist eine neue Androhung erforderlich.[66]

d) **Frist.** Dem Zweck der Androhung entsprechend muss zwischen ihr und der Fest- 17 setzung des Zwangsmittels eine ausreichende Frist liegen, um dem Beteiligten Gelegenheit zur Vornahme der von ihm verlangten Handlung zu geben, sofern nicht schon die Anordnung der Handlung befristet ist. Die Fristbestimmung ist entbehrlich, wenn der Pflichtige bei Eröffnung zu Protokoll sogleich seine Weigerung erklärt.

3. Änderung der Anordnung

Der Beschluss, durch welchen die Verpflichtung ausgesprochen und das Zwangsgeld 18 (Zwangshaft) angedroht wird, kann jederzeit aufgehoben oder geändert werden, z. B. weil die Voraussetzungen nachträglich weggefallen sind;[67] je nach Fallgruppe erfolgt dies nach § 48, oder indem die entsprechende Eingabe des Verpflichteten als Beschwerde gewertet wird, der abgeholfen wird (Abs. 3 i. V. m. § 572 Abs. 1 ZPO). Der Beschluss braucht aber nicht ausdrücklich aufgehoben oder zurückgenommen zu werden, wenn das angedrohte Zwangsgeld nicht verhängt werden soll oder nicht mehr erkannt werden kann.

IV. Vollzugsfähigkeit der gerichtlichen Anordnung

1. Nicht vollstreckbare Akte

Hier scheidet ein Zwangsgeldverfahren (Zwangshaftverfahren) aus, weil es nichts zu 19 vollstrecken gibt.[68] Solche nicht vollstreckbaren Akte sind u. a.:

Rechtsgestaltende Entscheidungen, z. B. Bestellung, Entlassung des Vormunds, Pfle- 20 gers oder Betreuers, Entlassung des Testamentsvollstreckers, Bestellung von Abwicklern, Genehmigung von Rechtsgeschäften. Die durch die Rechtsgestaltung geschaffenen Rechte und Pflichten sind grundsätzlich nicht durch Anordnung des Gerichts der freiwilligen Gerichtsbarkeit durchzusetzen, sondern im Prozessweg. Das Nachlassgericht kann daher nicht anordnen, dass der bisherige Testamentsvollstrecker Unterlagen an den neuen Testamentsvollstrecker herausgibt, weil es keine Aufsichtspflicht über Testamentsvollstrecker hat. Anders ist dies jedoch in den Fällen des § 1837 Abs. 3 BGB.

---

[59] OLG Brandenburg MDR 2008, 978.
[60] OLG Düsseldorf FamRZ 1983, 91.
[61] OLG Bamberg FamRZ 1998, 307.
[62] A. A. OLG Brandenburg FamRZ 2009, 1084 bei Festsetzung von Zwangsgeld statt Ordnungsgeld; OLG Celle NJW 2010, 2223.
[63] BayObLG FamRZ 1993, 823; BayObLGZ 1981, 246/263; OLG Düsseldorf NJW-RR 1994, 710; OLG Frankfurt FamRZ 1980, 933; OLG Hamburg FamRZ 1996, 879; OLG Karlsruhe OLGZ 1970, 248.
[64] OLG München FamRZ 1993, 1107.
[65] BayObLGZ 1976, 112/113; LG Bonn MDR 1964, 1014.
[66] OLG Köln FamRZ 1998, 961.
[67] BayObLG FamRZ 1994, 1191.
[68] Jansen/von König § 33 Rn 3.

21 **Gerichtlicher Selbstvollzug.** Verfügungen des Gerichts, die zwar eines Vollzugs bedürfen, bei denen aber dieser Vollzug unmittelbar durch das Gericht erfolgt, z. B. Eintragungen in öffentliche Register.[69]

2. Unzulässigkeit wegen anderer gesetzlicher Bestimmungen

22 Das Gericht kann kein Zwangsgeld nach § 35 festsetzen, wenn das Gesetz ausdrücklich oder stillschweigend etwas anderes bestimmt **(Abs. 1 S. 1)**. Das ist insbesondere der Fall für das Zwangsgeld in Registersachen (§§ 388 bis 392),[70] oder in Fällen, in denen das Gesetz die zwangsweise Erfüllung einer Verpflichtung offenbar nicht gewollt hat, z. B. bei Außerkraftsetzung letztwilliger Anordnungen nach § 2216 Abs. 2 BGB,[71] bei Entscheidung über Meinungsverschiedenheiten mehrerer Testamentsvollstrecker nach § 2224 BGB.[72] Da der Testamentsvollstrecker nicht allgemein der Aufsicht des Nachlassgerichts untersteht,[73] kann er nicht durch Zwangsgeld zur Erfüllung seiner Pflichten angehalten werden,[74] wohl aber zur Rückgabe eines als unrichtig eingezogenen Testamentsvollstreckerzeugnisses.[75] Das Jugendamt kann nicht nach § 35 zur Mitwirkung nach § 50 SGB VIII gezwungen werden.[76]

3. Unzulässigkeit wegen Eingreifens von Ordnungsmitteln

23 In einigen Fällen sieht das Gesetz die Verhängung von Ordnungsgeld (statt Zwangsgeld) gegen Zeugen und Beteiligte vor, so bei §§ 142, 378, 380, 390 ZPO, jeweils i. V. m. § 30 FamFG. Dann scheidet Zwangsgeldfestsetzung nach § 35 aus; kein Zwangsgeld daher, wenn der geladene Mitarbeiter des Jugendamts nicht zum Termin betreffend Umgangsregelung erscheint.[77]

24 **Nichterscheinen von Beteiligten.** Wenn das persönliche Erscheinen eines Beteiligten angeordnet ist, dieser aber nicht erscheint, kommt Ordnungsgeld bzw. Vorführung in Betracht (§ 33 Abs. 3), nicht aber ein Zwangsgeld nach § 35. Wenn der Betroffene im Betreuungsverfahren sich weigert, zur persönlichen Anhörung zu erscheinen, kann er vorgeführt werden (§ 278 Abs. 5), ein Zwangsgeld scheidet aus.

25 **Untersuchung von Beteiligten.** Ferner kann der Betroffene zur Vorbereitung des Gutachtens beim Sachverständigen vorgeführt werden (§ 283), auch hier scheidet ein Zwangsgeld aus. Dasselbe gilt im Unterbringungsverfahren (§§ 319 Abs. 5, 322). Abgesehen davon kann ein Beteiligter nicht nach § 35 gezwungen werden, sich körperlich oder/und psychiatrisch untersuchen zu lassen und zu diesem Zweck bei einem Sachverständigen zu erscheinen (vgl. auch § 30 Rn 39 ff.).[78]

4. Unzulässigkeit aus verfassungsrechtlichen Gründen

26 Unzulässig ist die Vollstreckung einer nicht mehr anfechtbaren Entscheidung, die auf einer nach § 78 BVerfGG vom BVerfG für nichtig erklärten Norm beruht (§ 79 Abs. 2 S. 2 BVerfGG). Soweit die Vollstreckung nach den Vorschriften der ZPO erfolgt gilt § 767 ZPO entsprechend (§ 79 Abs. 2 S. 3 BVerfGG).[79]

---

[69] Jansen/von König § 33 Rn 4; Schulte-Bunert FuR 2009, 125.
[70] Vgl. BayObLG Rpfleger 1979, 25/26; Bassenge Rpfleger 1974, 73.
[71] Jansen/von König § 33 Rn 6.
[72] Jansen/von König § 33 Rn 6.
[73] BayObLG 1953, 357/361.
[74] OLG Zweibrücken NJW-RR 2004, 941.
[75] Jansen/von König § 33 Rn 28.
[76] OLG Schleswig FamRZ 1994, 1129; notwendig wäre Dienstaufsichtsbeschwerde, Rechtsaufsichtsbeschwerde.
[77] OLG Oldenburg NJW-RR 1996, 650.
[78] OLG Naumburg FamRZ 2006, 282.
[79] Vgl. BVerfG FamRZ 2006, 253; BGH FamRZ 2006, 1024.

V. Verhängung von Zwangshaft

1. Modalitäten

Das Gericht kann durch **Beschluss** entweder nur Zwangsgeld androhen und später festsetzen (Abs. 1 S. 1); oder Zwangsgeld und für den Fall der Nichtbeitreibbarkeit des Zwangsgeldes Zwangshaft androhen und später festsetzen (Abs. 1 S. 2); oder sogleich Zwangshaft androhen und später festsetzen (Abs. 1 S. 3). Der Hinweis auf die Folgen der Zuwiderhandlung (Abs. 2) muss die jeweilige Variante nennen. In der Regel lautet die Androhung z. B.: *„Dem X wird aufgegeben, das Testament des Y bis … beim Amtsgericht, Nachlassgericht … abzuliefern. Für den Fall der Zuwiderhandlung wird dem X ein Zwangsgeld bis zu 25 000 €, ersatzweise Zwangshaft bis zu sechs Monaten, angedroht."*

Verspricht die Anordnung eines Zwangsgeldes keinen Erfolg, soll das Gericht (Richter, Art. 104 Abs. 2 GG; § 4 Abs. 2 Nr. 2 RPflG) von vornherein (nicht Zwangsgeld, sondern) sofort Zwangshaft androhen und dann anordnen (Abs. 1 S. 3). Verhaftet werden kann der Pflichtige, z. B. der Herausgabepflichtige.

Soweit aber in **Sonderregelungen** ausdrücklich nur Zwangsgeld vorgesehen ist, scheidet Zwangshaft aus. Dazu gehört z. B. die Durchsetzung von Anordnungen gegen einen Vormund, Pfleger oder Betreuer; §§ 1837 Abs. 3, 1915, 1908i I BGB; Erzwingung der Übernahme einer Vormundschaft, § 1788 BGB.

2. Dauer der Zwangshaft

Rechtliches Gehör ist vor Festsetzung zu gewähren. Die Dauer der Haft richtet sich nach der Stärke des zu beugenden Willens, dem Verschulden und der Bedeutung der Sache. Die Haft ist auf sechs Monate beschränkt (§ 913 ZPO; ab 1. 1. 2013: § 802j Abs. 1 nF ZPO, Rn 33).

Bei **Ersatzzwangshaft** ergibt sich der Umrechnungsfaktor aus dem Beschluss (z. B. *„600 € ersatzweise sechs Tage Zwangshaft"*) und wenn er dort fehlt, aus dem Nettoeinkommen ($1/30$ des Monatseinkommens entspricht ein Tag Zwangshaft). Da das im Ergebnis bedeuten würde, dass mittellose Personen gegen Beugemittel unempfindlich sind, ist diese Berechnungsmethode nicht zwingend.

3. Kosten

Mit der Festsetzung der Zwangshaft durch Beschluss sind dem Verpflichteten zugleich die **Kosten des Verfahrens** aufzuerlegen (Abs. 3 S. 2); das betrifft die gerichtlichen Gebühren (§ 119 Abs. 2 KostO bzw. Nr. 1602 KV FamGKG) und Auslagen (z. B. § 137 Nr. 13 KostO). Kosten der Zwangshaft: Nr. 2008 KV FamGKG. Kostenentscheidung im Übrigen: §§ 80 ff.

4. Art und Weise der Haftvollstreckung

Sie ergibt sich aus Abs. 3 S. 3, der auf die ZPO verweist: Das Gericht (Richter) hat einen Haftbefehl zu erlassen (Inhalt: § 901 S. 2 ZPO); gegen Abgeordnete etc. ist die Haft unzulässig (§§ 904, 905 ZPO); Haftaufschub erfolgt bei haftfähigen Personen (§ 906 ZPO); die Verhaftung erfolgt durch den Gerichtsvollzieher (§ 909 ZPO), der sich der Hilfe der Polizei bedienen kann (§ 758 Abs. 3 ZPO). Vor Verhaftung von Beamten etc. ist die vorgesetzte Dienststelle zu verständigen (§ 910 ZPO). Ab 1. 1. 2013 werden die §§ 901 S. 2, 904–906, 909, 910 und 913 ZPO ersetzt durch §§ 802g Abs. 1 S. 2 und Abs. 2, 802h und 802j Abs. 1 ZPO (G. v. 29. 7. 2009, BGBl. I S. 2258). Den Verhaftungsauftrag erhält der Gerichtsvollzieher vom Gericht, nicht vom Beteiligten usw.

VI. Die Festsetzung des Zwangsgeldes

1. Überblick

34   **Zuständig** für die Festsetzung des Zwangsgeldes ist das Gericht, das die zu vollstreckende Entscheidung im ersten Rechtszug erlassen hat.

35   **Voraussetzungen.** Falls dem Beteiligten durch einen wirksamen (nicht notwendig rechtskräftigen) Beschluss die Verpflichtung zur Vornahme einer Handlung, Unterlassung oder Duldung einer Handlung auferlegt wurde, eine Androhung der Folgen der Zuwiderhandlung erfolgte, die Handlung ausschließlich vom Willen des Beteiligten abhing, er aber schuldhaft gegen die Anordnung verstoßen hat, übt das Gericht sein Ermessen aus und kann das angedrohte Zwangsmittel (Zwangsgeld, Zwangshaft) verhängen. Das Zwangsgeld darf nur festgesetzt werden, wenn es gerade zur Erzwingung der Handlung angedroht worden ist, deren Nichtvornahme die Festsetzung rechtfertigt.[80] Rechtliches Gehör ist vor Festsetzung zu gewähren. In seltenen Fällen kann die Festsetzung gegen das allgemeine Persönlichkeitsrecht verstoßen.[81]

36   **Ermessensausübung.** Hier ist vor allem die Verhältnismäßigkeit zu bedenken.

2. Personen, gegen die Zwangsmittel verhängt werden können

37   Das Zwangsgeld (Zwangshaft), das Ungehorsam gegen eine gerichtliche Anordnung voraussetzt, kann nur über eine physische Person verhängt werden. Soweit die Erfüllung der einer juristischen Person obliegenden Verpflichtung (z. B. das herauszugebende Testament befindet sich bei der Bank AG) erzwungen werden soll, richtet sich das Verfahren gegen die einzelnen Vorstandsmitglieder.[82] Zulässig ist die Zwangsgeldfestsetzung gegen Vertreter einer juristischen Person des öffentlichen Rechts, z. B. öffentlich-rechtliche Versorgungsträger (bei Nichterteilung der Auskunft über Versorgungsanwartschaften);[83] Landesversicherungsanstalt;[84] unzulässig gegen Behördenbetreuer (§ 1908 g Abs. 1 BGB) und im Fall des § 291.

38   Auch gegen in der Geschäftsfähigkeit beschränkte Personen können Zwangsgelder festgesetzt werden, soweit sie selbstständig handlungsfähig sind, nicht gegen Geschäftsunfähige.[85]

3. Schuldhafte Zuwiderhandlung

39   Ein Zwangsgeld (Zwangshaft) kann nur festgesetzt werden, wenn der Adressat eine schuldhafte (vorsätzliche oder fahrlässige) Zuwiderhandlung oder Unterlassung begangen hat.[86] Nach a. A.[87] soll keine Schuldhaftigkeit notwendig sein, da es sich um ein Beugemittel handle; wenn aber der Betroffene nicht mehr erkennt, worum es geht, wie soll er dann „gebeugt" werden können? Der Sachverhalt ist von Amts wegen zu ermitteln (§ 26).[88] Die Festsetzung von Zwangsgeld (Zwangshaft) ist deshalb unzulässig, wenn die Nichtbefolgung der Anordnung auf Irrtum (z. B. Missverständnis über die Anordnung) oder physischer Unmöglichkeit beruht; wenn lediglich ein Verschulden dritter Personen vorliegt.

---

[80] KG OLGZ 1969, 293.
[81] BVerfG NJW 2008, 1287 (Zwang zum Umgang mit dem Kind).
[82] KG JFG 10, 86; OLG Dresden FamRZ 2000, 298; OLG München JFG 14, 488/492; AG Friedberg FamRZ 2000, 297; Baur § 26 B III 1 a.
[83] KG FamRZ 1998, 839; NJW-RR 1996, 252; OLG Frankfurt JurBüro 1987, 97; AG Groß-Gerau FamRZ 2000, 297; Triebs FamRZ 2003, 989; a. A. Kuntze FGPrax 1995, 153 sowie Weber in § 220 Rn 13.
[84] KG FamRZ 1998, 839.
[85] BGH FamRZ 1977, 126; Schlegelberger § 33 Rn 3: bei Geschäftsunfähigen kann sich das Zwangsgeldverfahren gegen den gesetzlichen Vertreter richten; über Ordnungsmittel gegen Minderjährige siehe BayObLGZ 1974, 317.
[86] BayObLG FamRZ 1984, 197; BayObLGZ 1974, 351/353; OLG Celle FamRZ 1998, 130; OLG Düsseldorf FamRZ 1978, 619; OLG Frankfurt Rpfleger 1977, 409; OLG Stuttgart FamRZ 1966, 256; Schulte-Bunert FuR 2009, 125; Prütting/Helms/Stößer § 35 Rn 9.
[87] MünchKommZPO/Ulrici § 35 FamFG Rn 11.
[88] Unrichtig daher OLG Bamberg FamRZ 2000, 489, wonach derjenige, der Zwangsgeldverhängung beantragt, eine Darlegungslast haben soll.

Die Vornahme einer Handlung muss ausschließlich vom **Willen des Verpflichteten** 40
abhängen (vgl. § 888 ZPO),[89] letzteres ist nicht der Fall, wenn ihrer ernstlich gewollten
Vornahme unüberwindbare Hindernisse entgegenstehen, so auch, wenn zur Erfüllung
größere Geldmittel aufzuwenden sind, die dem Verpflichteten nicht zur Verfügung stehen.
Gleiches gilt für Reisen, die der Betroffene alters- oder gesundheitsbedingt nicht mehr
unternehmen kann.

4. Möglichkeit der Zweckerreichung

§ 35 sieht zur Durchsetzung von Anordnungen neben dem unmittelbaren Zwang nur 41
die Verhängung von Zwangsmitteln (Zwangsgeld, Zwangshaft), nicht aber von Ordnungsmitteln (Ordnungsgeld, Ordnungshaft) vor. Die Festsetzung von Zwangsgeld (Zwangshaft)
ist ausgeschlossen, wenn der Zweck, den Willen des Ungehorsamen zu beugen, erreicht ist,
also der Anordnung Folge geleistet ist,[90] oder wenn dieser Zweck nicht mehr erreichbar
oder sonst überholt ist.[91] Die Festsetzung von Zwangsgeld (Zwangshaft) ist deshalb unzulässig, wenn der ungehorsame Betreuer, Pfleger, Vormund inzwischen entlassen ist[92] (Ausnahme: Rückgabe der Bestallungsurkunde; Einreichung der Schlussrechnung[93]); wenn der
die Verpflichtung aussprechende Beschluss aufgehoben oder gegenstandslos geworden ist.[94]
Die Kostenentscheidung allerdings kann weiter vollstreckt werden. Wenn die Anordnung,
gegen die verstoßen wurde, jetzt abzuändern wäre, scheidet eine Durchsetzung mit Zwang
aus,[95] ebenso ein Zwangsgeld wegen eines zurückliegenden Verstoßes.[96] Kommt der Verpflichtete der gerichtlichen Anordnung (z. B. zur Rechnungslegung als Betreuer) erst im
Beschwerdeverfahren nach, ist das eine zulässige neue Tatsache (§ 65 Abs. 3);[97] es tritt
Erledigung der Hauptsache ein, die Kostenentscheidung der erstinstanzlichen Entscheidung
allerdings muss bestehen bleiben. Erfolgt die Handlung vor der Beschwerdeentscheidung,
kann das Beschwerdegericht die Festsetzung des Zwangsgeldes aufheben.[98]

5. Höhe des Zwangsgeldes

Beim Zwangsgeld handelt es sich um einen Geldbetrag. Die Umwandlung eines nicht 42
beitreibbaren Zwangsgeldes in Haft ist ausgeschlossen,[99] wenn nicht von vornherein eine
Ersatzzwangshaft beschlossen worden war. **Mindestbetrag** des Zwangsgeldes ist 5 €,
Höchstbetrag 25 000 € (Art. 6 Abs. 1 EGStGB, § 35 Abs. 3 S. 1 FamFG). Der angedrohte Betrag darf unterschritten werden, aber nicht überschritten werden. Die Überschreitung
des angedrohten Rahmens macht die Verfügung nicht nichtig, so dass sie nicht vollstreckbar
wäre, sondern lediglich anfechtbar.[100] Wird der gesetzliche Rahmen überschritten, gilt der
Betrag von 25 000 € als angeordnet. Das Höchstmaß gilt für das einzelne Zwangsgeld, also
das für die einzelne Zuwiderhandlung festgesetzte, nicht für die Summe mehrerer aus dem
selben Anlass verhängter Zwangsgelder.[101]

Bei **Bemessung der Höhe** des Zwangsgeldes hat das Gericht die Umstände des Einzel- 43
falles zu berücksichtigen und im Beschluss darzulegen, insbesondere die Stärke des auf Missachtung der gerichtlichen Anordnung gerichteten Willens des Verpflichteten, der durch die
Festsetzung des Zwangsgeldes gebeugt werden soll. Dabei ist auch auf die Art und das

---

[89] BayObLGZ 1974, 484.
[90] BayObLG Rpfleger 1997, 476; OLG Brandenburg FamRZ 2005, 2079; FamRZ 2001, 36; OLG Hamm FamRZ 1984, 183.
[91] BayObLG FamRZ 1984, 197; KG OLGZ 6, 481; KGJ 41, 34; OLG Karlsruhe FamRZ 2007, 2097.
[92] KG RJA 16, 18; OLG Hamm OLGZ 1966, 484/486.
[93] LG Münster Rpfleger 2002, 265.
[94] BayObLGZ 1957, 134; KG JFG 15, 202; OLG Frankfurt FamRZ 1983, 217; OLG Hamm FamRZ 1975, 639; OLG Köln FamRZ 2002, 111; LG Mannheim DieJ 1976, 431.
[95] OLG Bamberg FamRZ 2000, 1098; OLG Düsseldorf NJW-RR 1994, 710; OLG Hamburg FamRZ 1996, 1093; FamRZ 1994, 1128; OLG Zweibrücken FamRZ 1996, 877; FamRZ 1987, 90; LG Karlsruhe FamRZ 1981, 203.
[96] OLG Naumburg FamRZ 1997, 626.
[97] Zur Befolgung erst im Rechtsbeschwerdeverfahren vgl. BayObLG FamRZ 2005, 835.
[98] BayObLG FGPrax 2002, 118.
[99] BayObLG FamRZ 1993, 823.
[100] BayObLG FamRZ 1975, 279.
[101] BayObLG FamRZ 1993, 823.

Ausmaß des Verschuldens des Verpflichteten hinsichtlich der bereits begangenen Zuwiderhandlungen Bedacht zu nehmen. Zu beachten ist die Verhältnismäßigkeit. Zu berücksichtigen wird auch sein, ob es sich um die erstmalige Festsetzung des Zwangsgeldes handelt oder ob sich bereits früher festgesetzte Zwangsgelder als wirkungslos erwiesen haben. Nicht außer Acht zu lassen sind die wirtschaftlichen Verhältnisse des Verpflichteten (Einkommen, Vermögen, Unterhaltslasten), da sich nach ihnen bemisst, wie empfindlich das Zwangsgeld auf ihn wirken wird.[102] Fehlen Erkenntnisse über die finanziellen Verhältnisse und verweigert der Betroffene die Mitwirkung wird von Durchschnittsverhältnissen ausgegangen. In der Regel werden anfangs einige Hundert Euro verhängt, auch wenn fast immer der Höchstbetrag von „bis zu 25 0000 €" angedroht wird, um den Pflichtigen zu beeindrucken.

6. Kosten

44 Mit der Festsetzung des Zwangsgeldes durch Beschluss sind dem Verpflichteten zugleich die Kosten des Verfahrens aufzuerlegen (Abs. 3 S. 2); das sind die **gerichtliche Gebühr** (§ 119 Abs. 2 KostO; Nr. 1602 KV FamGKG) und die Auslagen (§ 137 KostO; Nr. 2000 ff. KV FamGKG). Daneben ist eine Kostenerstattungsanordnung, etwa über die außergerichtlichen Kosten eines Beteiligten, nach §§ 80 ff. möglich. Wird der Zwangsgeldfestsetzungsbeschluss nachträglich vollständig aufgehoben, so ist auch die darin enthaltene Kostenentscheidung gegenstandslos. Wird der Beschluss auf Beschwerde aufgehoben, so sind das Beschwerdeverfahren und das Verfahren vor dem AG gebühren- und auslagenfrei (§ 131 Abs. 1 S. 2, Abs. 5 KostO). Für den **Rechtsanwalt** handelt es sich um eine besondere Angelegenheit (§ 18 Abs. 1 Nr. 21 RVG); die Höhe der Gebühr richtet sich nach RVG VV 3309, 3310.

7. Vollstreckung des Zwangsgeldes

45 Den **Vollstreckungsauftrag** erteilt dass Gericht. Die Vollstreckung fällt in den Zuständigkeitsbereich des Rechtspflegers (§ 31 Abs. 2, 3 RPflG).[103] Maßgebend für die Vollstreckung des Zwangsgelds sind §§ 1 Abs. 1 Nr. 3, Abs. 2, 2 ff. JBeitrO[104] i. V. m. §§ 1 Abs. 1 Nr. 3, Abs. 2–5, 2 ff. EBAO. Vollstreckungsbehörde ist das Gericht, das die Festsetzung des Zwangsgeldes angeordnet hat (§ 2 EBAO); Einziehungsbehörde ist die Gerichtskasse.[105] Das Geld fließt in die Staatskasse.

46 **Zahlungsvergünstigungen** (Stundung, Teilzahlung) kann die Vollstreckungsbehörde (Gericht) nicht bewilligen, weil es sich beim Zwangsgeld um ein Beugemittel (keine Strafe) handelt.[106] Für das Begnadigungsrecht (z. B. Erlass, Stundung, Raten) sind die landesrechtlichen Gnadenordnungen maßgebend, z. B. für Bayern §§ 2 Abs. 1, 4 ff. der GnadenO.[107] Das Zwangsgeld verjährt nicht nach Art. 9 EGStGB.[108]

47 Die **Kosten der Vollstreckung** fallen dem Verpflichteten, also dem Vollstreckungsschuldner, zur Last, ohne dass darüber ein besonderer Beschluss des Gerichts notwendig wäre. Für die Gerichtsgebühren (§ 134 KostO) und die gerichtlichen Auslagen ergibt sich dies aus § 3 Nr. 4 KostO; eines besonderen Ausspruchs des Gerichts bedarf es nicht.[109] Für Auferlegung außergerichtlicher Kosten gelten §§ 80 ff. FamFG.[110]

---

[102] BayObLGZ 1974, 351/354; Hofmann Rpfleger 1991, 283. Zur Nachprüfbarkeit der Höhe im Rechtsbeschwerdeverfahren: BayObLG FamRZ 1996, 878; FamRZ 1993, 823/5; über Ermessensfehler: OLG Zweibrücken OLGZ 1989, 141.
[103] BayObLG FamRZ 1991, 212; Mümmler JurBüro 1975, 579; Dallmayer/Eickmann § 31 Rn 24.
[104] BayObLG FamRZ 1991, 212; OLG Karlsruhe FamRZ 1984, 498.
[105] Die Vollstreckung eines nach § 888 ZPO verhängten Zwangsgeldes erfolgt dagegen auf Antrag des Gläubigers zugunsten der Staatskasse, BGH NJW 1983, 1859; KG Rpfleger 1980, 199; OLG Frankfurt JurBüro 1986, 1259; vgl. § 261 Nr. 3 S. 1 GVGA; a. M. OLG München NJW 1983, 947 (Vollstreckung nach JBeitrO).
[106] OLG Karlsruhe FamRZ 1980, 624: Ratenzahlung unzulässig.
[107] Vom 29. 5. 2006 (GVBl 2006, 321), die in § 4 Abs. 1 Zwangsmittel nicht für gnadenfähig nennt; a. A. SBW/Brinkmann § 35 Rn 14.
[108] BayObLG ZMR 2000, 189.
[109] BayObLGZ 1968, 164.
[110] BayObLG Rpfleger 1991, 194; OLG Stuttgart DieJ 1985, 53.

8. Wiederholte Festsetzung

Die Festsetzung kann in der Regel beliebig oft wiederholt werden, bis der Anordnung **48** Folge geleistet wird oder sonst der Grund hierfür weggefallen ist. Voraussetzung ist, dass zuvor durch Vollstreckung eines bereits angedrohten und festgesetzten Zwangsgeldes die Durchsetzung der Befolgung der gerichtlichen Anordnung versucht wurde.[111] Jeder neuen Festsetzung muss aber eine neue Androhung vorausgehen.[112] Bei Unterlassungsverpflichtungen genügt aber die Formulierung *„Für jeden Fall der Zuwiderhandlung"*. Für die Summe der Zwangsgelder ist der Betrag von 25 000 € nicht der Höchstbetrag.[113] Rechtliches Gehör ist vor Festsetzung zu gewähren. Eine Ausnahme von der Wiederholungsmöglichkeit macht § 1788 Abs. 2 BGB.

9. Nachträgliche Aufhebung der Festsetzung

Die Festsetzung des Zwangsgeldes kann, wenn sie noch nicht rechtskräftig ist, bei **49** Einlegung der Beschwerde durch Abhilfe aufgehoben werden (§§ 58, 68 Abs. 1). Ist der Festsetzungsbeschluss dagegen rechtskräftig, kommt nur noch eine Wiederaufnahme des Verfahrens nach § 48 Abs. 2 FamFG, §§ 578 bis 591 ZPO in Betracht. Hat der Betroffene nach Rechtskraft die Verpflichtung erfüllt kommt somit eine nachträgliche Aufhebung (und gegebenenfalls Rückzahlung) nicht mehr in Betracht; auch nicht, wenn sich der Betroffene nachträglich entschuldigt, oder wenn er an der Vornahme der aufgegebenen Handlung durch außerhalb seines Willens gelegene Umstände verhindert war. Dies wurde früher mit dem Wesen des Zwangsgeldes als Beugemittel begründet, ist aber jetzt wegen der eingetretenen Rechtskraft nicht mehr möglich. Ist das Zwangsgeld zwar rechtskräftig verhängt, aber noch nicht bezahlt, kann aber das Gericht davon absehen, einen Vollstreckungsauftrag zu erteilen.

VII. Verpflichtung zur Herausgabe einer Sache, Vorlage einer Sache oder Vornahme einer vertretbaren Handlung (Abs. 4)

1. Allgemeines

Vollstreckungstitel können lauten auf Zahlung; darauf bezieht sich § 35 nicht. Oder auf **50** Herausgabe oder Leistung von Sachen: dafür gelten im Zivilprozess §§ 883 bis 886; § 35 FamFG erklärt nur §§ 883 und 886, 887 ZPO, nicht §§ 884 und 885 ZPO, für anwendbar. Oder auf Vornahme einer Handlung: kann sie auch ein Dritter ohne Mitwirkung des Schuldners vornehmen: § 887 ZPO (der nach § 35 anwendbar ist); ist dies nicht möglich: § 888 ZPO (auf den § 35 nicht verweist).

Ist die Verpflichtung zur Herausgabe einer Sache (z. B. eines Testaments oder einer **51** Betreuungsverfügung) oder der Vorlage einer Sache (z. B. einer Vorsorgevollmacht in einem Betreuungsverfahren) oder zur Vornahme einer vertretbaren Handlung (Auskunft zum Versorgungsausgleich; Anordnung, dass das Verzeichnis des Vermögens eines Betreuten oder eines Nachlasses durch einen Notar aufgenommen wird; § 1802 Abs. 3 BGB) zu vollstrecken, hat das Gericht nach § 35 mehrere Möglichkeiten:
- Zwangsgeldfestsetzung;
- Zwangsgeldfestsetzung mit Ersatzzwangshaft;
- sogleich Zwangshaft;
- daneben oder anstelle dessen die in §§ 883, 886, 887 ZPO vorgesehenen Maßnahmen (Abs. 4 S. 1).

Den Vollstreckungsauftrag erteilt auch in diesen Fällen das Gericht, eventuell auf Wunsch **52** des Herausgabeberechtigten.[114] Es handelt sich um ein Amtsverfahren, auch wenn die zugrunde liegende Entscheidung auf Antrag ergangen ist.

---

[111] OLG Celle FamRZ 2005, 1575.
[112] OLG Frankfurt FamRZ 1980, 933; OLG Naumburg FGPrax 2004, 21.
[113] BayObLG FamRZ 1993, 823.
[114] OLG Hamburg FamRZ 1994, 1128; Haas ZBlJR 1950, 196; Kropp DRiZ 1979, 118; a. A. AG Wangen FamRZ 1989, 527: der Antragsteller.

2. Herausgabe bestimmter beweglicher Sachen (§ 883 ZPO)

§ 883 ZPO

(1) Hat der Schuldner eine bewegliche Sache oder eine Menge bestimmter beweglicher Sachen herauszugeben, so sind sie von dem Gerichtsvollzieher ihm wegzunehmen und dem Gläubiger zu übergeben.

(2) Wird die herauszugebende Sache nicht vorgefunden, so ist der Schuldner verpflichtet, auf Antrag des Gläubigers zu Protokoll an Eides Statt zu versichern, dass er die Sache nicht besitze, auch nicht wisse, wo die Sache sich befinde.

(3) Das Gericht kann eine der Sachlage entsprechende Änderung der eidesstattlichen Versicherung beschließen.

(4) Die Vorschriften der §§ 478 bis 480, 483 gelten entsprechend.

53 § 883 ZPO betrifft nur die Herausgabe von **Sachen,** nicht von **Kindern** und sonstigen Personen (wie z. B. Betreuten); dafür gelten §§ 88 ff. FamFG. An die Stelle des „Gläubigers" tritt das Gericht. Die vorgesehene Maßnahme ist durch Beschluss des Gerichts (§ 38) anzuordnen (Formulierung unten Rn 62–64). Den Vollstreckungsauftrag erteilt das Gericht (nicht ein Beteiligter). Als Vollstreckungsbeamten bedient sich das Gericht des **Gerichtsvollziehers**[115] oder, wenn z. B. eine Herausgabe während der Gerichtssitzung durchzusetzen ist, des Gerichtswachtmeisters. Der Gerichtsvollzieher nimmt die herauszugebende oder vorzulegende Sache in Besitz; er kann hierbei Gewalt anwenden[116] und ohne besondere Verfügung des Gerichts sich zur Unterstützung der Polizei bedienen.[117]

54 Bei Vollstreckung nach der ZPO ist der Gerichtsvollzieher unmittelbar zur Gewaltanwendung befugt (vgl. §§ 758 Abs. 3, 883 ZPO), während er bei § 35 Abs. 4 S. 1 FamFG zur Gewaltanwendung einen dies anordnende Beschluss des Gerichts braucht.

55 Wird die herauszugebende oder vorzulegende Sache bei Anwendung unmittelbaren Zwangs durch den Gerichtsvollzieher nicht vorgefunden, so kann das Gericht den zur Herausgabe oder zur Vorlage Verpflichteten anhalten, eine **eidesstattliche Versicherung über den Verbleib abzugeben,** § 883 Abs. 2 bis 4 ZPO. Das kann schon im ursprünglichen Beschluss erfolgen. Das Verfahren richtet sich nach §§ 899 bis 913 ZPO (nicht nach §§ 410 ff. FamFG). Zuständig zur Abnahme der eidesstattlichen Versicherung ist der **Gerichtsvollzieher** (§ 899 ZPO). Der Inhalt der eidesstattlichen Versicherung richtet sich nach § 883 Abs. 2, Abs. 3 ZPO; für das Verfahren gelten außerdem §§ 478 bis 480, 483 ZPO entsprechend (§ 883 Abs. 4 ZPO). Weigert sich der Verpflichtete, die eidesstattliche Versicherung abzugeben oder erscheint er zum Termin nicht, so kann das Gericht von Amts wegen (auch im Antragsverfahren) einen Haftbefehl erlassen (§ 901 ZPO). Über den Inhalt des Haftbefehls vgl. § 901 S. 2 ZPO (entsprechend). Im Übrigen gelten für den Vollzug §§ 902, 904 bis 910, 913 ZPO entsprechend. Eine Vorschusspflicht für die Haftkosten besteht nicht.

56 In Angelegenheiten, in denen die Verfügung, die der Anordnung unmittelbaren Zwangs zugrunde liegt, zu den dem **Rechtspfleger** übertragenen Geschäften gehört (§ 4 Abs. 1 RPflG), ist dieser berechtigt, den Verpflichteten zur Abgabe der eidesstattlichen Versicherung anzuhalten. Dagegen ist er zur Anordnung der Haft nicht befugt; hält er eine solche Maßnahme für geboten, so hat er die Sache dem Richter vorzulegen (§ 4 Abs. 2 Nr. 2 mit § 4 Abs. 3 RPflG).

---

[115] BayObLGZ 1950/51, 523; Schüler DGVZ 1977, 133/136 (Gerichtswachtmeister nicht Vollstreckungsbeamter).

[116] Soweit eine Wohnungsdurchsuchung notwendig ist, ist eine vorherige Erlaubnis des Richters erforderlich (Art. 13 Abs. 2 GG), BVerfG NJW 2000, 943; NJW 1979, 1539; sie unterbleibt, wenn dadurch der Vollstreckungserfolg gefährdet würde, BVerfG NJW 1981, 2112.

[117] KG DJZ 1913, 356; LG Aachen JMBl.NW 1955, 57; AG Kiel SchlHA 1965, 107; AG Springe NJW 1978, 834.

3. Herausgabe bei Gewahrsam eines Dritten (§ 886 ZPO)

§ 886 ZPO

Befindet sich eine herauszugebende Sache im Gewahrsam eines Dritten, so ist dem Gläubiger auf dessen Antrag der Anspruch des Schuldners auf Herausgabe der Sache nach den Vorschriften zu überweisen, welche die Pfändung und Überweisung einer Geldforderung betreffen.

Die Vorschrift passt nicht auf die Verfahren der freiwilligen Gerichtsbarkeit. Denn wenn sich das herauszugebende Testament bei einer anderen Person befindet, ergeht gegen diese eine Herausgabeanordnung. Außerdem erfolgt die Vollstreckung von Amts wegen und nicht auf Antrag eines Gläubigers.

4. Vertretbare Handlungen (§ 887 ZPO)

§ 887 ZPO

(1) Erfüllt der Schuldner die Verpflichtung nicht, eine Handlung vorzunehmen, deren Vornahme durch einen Dritten erfolgen kann, so ist der Gläubiger von dem Prozessgericht des ersten Rechtszuges auf Antrag zu ermächtigen, auf Kosten des Schuldners die Handlung vornehmen zu lassen.

(2) Der Gläubiger kann zugleich beantragen, den Schuldner zur Vorauszahlung der Kosten zu verurteilen, die durch die Vornahme der Handlung entstehen werden, unbeschadet des Rechts auf eine Nachforderung, wenn die Vornahme der Handlung einen größeren Kostenaufwand verursacht.

(3) Auf die Zwangsvollstreckung zur Erwirkung der Herausgabe oder Leistung von Sachen sind die vorstehenden Vorschriften nicht anzuwenden.

An die Stelle des Prozessgerichts tritt das Familiengericht, Nachlassgericht, Betreuungsgericht etc. Es wird nicht ein Gläubiger ermächtigt, wie im Zivilprozess, sondern es wird z. B. im Falle des § 1802 Abs. 3 BGB vom Betreuungsgericht angeordnet, dass das Vermögensverzeichnis auf Kosten des Betreuers durch den Notar X aufgenommen wird. Vertretbarkeit der Handlung (§ 887 ZPO) wird angenommen, wenn es aus der Sicht des Gläubigers wirtschaftlich gleichgültig ist, ob die Handlung vom Schuldner selbst oder von einem Dritten vorgenommen wird und die Vornahme durch einen Dritten aus der Sicht des Schuldners rechtlich zulässig ist.

Beispiele: Dazu gehört z. B. eine Inventarliste nach § 1640 Abs. 2 BGB, Aufstellung nach § 1802 Abs. 3 BGB.[118] Rechnungslegung; Vermögensermittlung und Vermögensaufstellung; Bilanzerstellung. Regelungen, die allein auf die Vollstreckung durch Gläubiger als Privatperson abstellen, wie z. B. § 887 Abs. 2 ZPO, sind nach Ansicht der Gesetzesbegründung[119] auf die Vollstreckung durch das Gericht nicht anzuwenden.

5. Verfahren; Anhörung des Schuldners; Kostenentscheidung (§ 891 ZPO)

§ 891 ZPO

Die nach den §§ 887 bis 890 zu erlassenden Entscheidungen können ohne mündliche Verhandlung ergehen. Vor der Entscheidung ist der Schuldner zu hören. Für die Kostenentscheidung gelten die §§ 91 bis 93, 95 bis 100, 106, 107 entsprechend.

Die Anordnung der Ersatzvornahme von vertretbaren Handlungen oder der Wegnahme von beweglichen Sachen erfolgt durch Beschluss (§ 38); sei es gesondert, sei es im ursprünglichen Beschluss.

6. Widerstand des Schuldners (§ 892 ZPO)

§ 892 ZPO

Leistet der Schuldner Widerstand gegen die Vornahme einer Handlung, die er nach den Vorschriften der §§ 887, 890 zu dulden hat, so kann der Gläubiger zur Beseitigung des Widerstandes

---

[118] BT-Drucks. 16/6308 S. 193.
[119] BT-Drucks. 16/6308 S. 193; nicht überzeugend.

einen Gerichtsvollzieher zuziehen, der nach den Vorschriften des § 758 Abs. 3 und des § 759 zu verfahren hat.

61 Die Vorschrift passt nicht für das Verfahren der freiwilligen Gerichtsbarkeit. Die Vollstreckung erfolgt von Amts wegen und nicht auf Antrag eines Gläubigers.

VIII. Formulierungsbeispiele

62 **Anordnung der Verpflichtung:** *„Der Betreuer X ist verpflichtet, dem Betreuungsgericht bis ... in der Betreuungssache Y ... die Schlussrechnung für die Zeit von ... bis ... vorzulegen. Im Falle der Zuwiderhandlung wird gegen ihn ein Zwangsgeld bis zu 25 000 €, und für den Fall, dass das festgesetzte Zwangsgeld nicht beigetrieben werden kann, Zwangshaft bis zu sechs Monaten, verhängt werden."*

63 **Festsetzung des Zwangsgeldes:** *„Dem Betreuer X wird ein Zwangsgeld von 300 € auferlegt, und für den Fall, dass dieses Zwangsgeld nicht beigetrieben werden kann, Zwangshaft von 3 Tagen. Dem X werden die Kosten des Verfahrens auferlegt."*

64 **Anordnung der Wegnahme einer Sache:** *„Es wird angeordnet, dass der Gerichtsvollzieher dem Beteiligten X das Testament des Erblassers Y ... wegnimmt und dem Nachlassgericht ... übergibt. Wird das Testament nicht vorgefunden, hat der Beteiligte X zu Protokoll an Eides Statt zu versichern, dass er das Testament nicht besitze, auch nicht wisse, wo das Testament sich befinde. Dem X werden die Kosten des Verfahrens auferlegt."*

IX. Rechtsmittel (Abs. 5)

1. Gegen die gerichtliche Anordnung der Handlung

65 Die gerichtliche Anordnung, die die Verpflichtung zur Vornahme oder Unterlassung einer Handlung ausspricht, ist eine Entscheidung, die den Verfahrensgegenstand teilweise erledigt (§ 38 Abs. 1 S. 1), somit eine Endentscheidung (und nicht nur eine unanfechtbare Zwischenentscheidung). Hiergegen ist die befristete Beschwerde nach §§ 58 ff. eröffnet.[120] Derjenige, gegen den sich der Beschluss wendet, ist hierdurch bereits in seinen Rechten betroffen.[121] Ebenso ist es, wenn der Antrag, eine solche Anordnung auszusprechen, abgelehnt wird.[122] Die Beschwerde hat keine aufschiebende Wirkung. Zur Anordnung der Aussetzung der Vollziehung vgl. § 64 Abs. 3.

2. Gegen die Festsetzung des Zwangsgeldes

66 Gegen die **Festsetzung** des Zwangsgeldes (bzw. der Zwangshaft) findet die sofortige Beschwerde in entsprechender Anwendung der §§ 567 bis 572 ZPO statt (§ 35 Abs. 5). **Folge** ist: die Beschwerdefrist beträgt nur **zwei Wochen** und nicht einen Monat (§ 569 ZPO); die Beschwerde hat **aufschiebende Wirkung** (§ 570 ZPO); es muss der **Wert** von 200,01 € beim Zwangsgeld erreicht sein (§ 567 Abs. 2 ZPO).[123] Über die Beschwerde entscheidet grundsätzlich ein Einzelrichter (§ 568 Abs. 1 ZPO).[124] Dies gilt sinngemäß auch bei der Beschwerde gegen eine isolierte Androhung eines Zwangsgeldes, die immer Erfolg hat, da es keine Rechtsgrundlage für eine isolierte Androhung mehr gibt.[125] Ist die Zwangsgeldfestsetzung auf Beschwerde im **Wege** der Abhilfe aufgehoben worden (z. B. weil der Beteiligte nun die Grundbuchberichtigung beantragt hat), nicht aber die anlässlich der Zwangsgeldfestsetzung getroffene Kostenentscheidung zu Lasten des Beteiligten, dann kann hiergegen isoliert Beschwerde eingelegt werden, falls die Kostenbelastung des Wert von 200,01 € erreicht; andernfalls gibt es nur die Erinnerung gegen die Kostenentscheidung des

---

[120] A.A OLG Zweibrücken Beschl. v. 18. 1. 2011 2 WF 138/10.
[121] BGH NJW 1979, 820/821; OLG Brandenburg FamRZ 1996, 1092; OLG Hamm FamRZ 1996, 363; OLG Karlsruhe FamRZ 1988, 1196.
[122] KG OLGZ 1966, 352.
[123] OLG Köln FGPrax 2010, 216.
[124] OLG Hamm FGPrax 2010, 276; OLG Köln FGPrax 2010, 216; jew. Grundbuchberichtigung, § 82 GBO; Horndasch/Viefhues/Reinken § 35 Rn 18; a. A. OLG München FGPrax 2010, 168 (in einer Grundbuchsache sei bei einem Rechtsmittel gegen die Androhung von Zwangsgeld der OLG-Senat zuständig; insoweit sei § 71 GBO und nicht § 35 Abs. 5 FamFG einschlägig).
[125] OLG München FGPrax 2010, 168.

Rechtspflegers (§ 11 RPflG), über die der Amtsrichter entscheidet; eine Vorlage an das OLG entfällt. In Registersachen soll gegen die Festsetzung eines Zwangsgeldes nach § 389 die Beschwerde (§ 391) nur zulässig sein, wenn der Wert des § 61 Abs. 1 (also 600,01 €) erreicht ist.[126] Die **Ablehnung** der Zwangsmaßnahme ist in Abs. 5 nicht genannt; dagegen ist die befristete Beschwerde nach §§ 58 ff. gegeben. Zu den Einzelheiten des Beschwerdeverfahrens siehe § 58 Rn 89 ff.

Das Beschwerdegericht hat wegen § 571 Abs. 2 S. 1 ZPO und weil es sich beim Zwangsgeld (Zwangshaft) um ein Beugemittel handelt, zu prüfen, ob dieses zur Zeit seiner Entscheidung noch veranlasst und gerechtfertigt ist und hat deshalb die Festsetzung aufzuheben, wenn z. B. der Anordnung bis zum Erlass des Beschwerdebeschlusses Folge geleistet wurde.[127] Wird Beschwerde eingelegt und dann das Zwangsgeld bezahlt, hat sich die Hauptsache erledigt. Die Einlegung der Beschwerde nach Zahlung des Zwangsgeldes ist unzulässig,[128] schon weil die Beschwer jetzt fehlt. Die in der Beschwerdeentscheidung im Gegensatz zur ersten Instanz für erforderlich erachtete Androhung oder Festsetzung nimmt das Beschwerdegericht (LG; OLG) selbst vor.[129] **67**

Bei Aufhebung oder Abänderung der Entscheidung ist § 717 Abs. 2, Abs. 3 ZPO nicht analog anwendbar; beigetriebenes Zwangsgeld ist aber vom Staat zurückzuerstatten. **68**

3. Rechtsbeschwerde

Sie ist nur im Rahmen von §§ 574 ff. ZPO statthaft, falls sie zugelassen wurde (a. A. Meyer-Holz § 58 Rn 92: Rechtsbeschwerde nach § 70 FamFG). Damit kann aber die Aufhebung der Festsetzung wegen nach der Beschwerdeentscheidung eingetretener veränderter tatsächlicher Umstände nicht mehr erreicht werden.[130] Auch die Höhe des Zwangsgeldes kann durch das Rechtsbeschwerdegericht in der Regel nicht nachgeprüft werden,[131] außer wegen gesetzwidriger Überschreitung des Höchstmaßes. Unterliegt eine Entscheidung selbst nicht der Rechtsbeschwerde, gilt dies auch für die dazu gehörige Zwangsgeldandrohung.[132] Verfügt das Beschwerdegericht erstmals ein Zwangsmittel, ist allenfalls die Rechtsbeschwerde im Rahmen von §§ 574 ff. ZPO statthaft. **69**

Vergleich

§ 36

(1) ¹Die Beteiligten können einen Vergleich schließen, soweit sie über den Gegenstand des Verfahrens verfügen können. ²Das Gericht soll außer in Gewaltschutzsachen auf eine gütliche Einigung der Beteiligten hinwirken.

(2) ¹Kommt eine Einigung im Termin zustande, ist hierüber eine Niederschrift anzufertigen. ²Die Vorschriften der Zivilprozessordnung über die Niederschrift des Vergleichs sind entsprechend anzuwenden.

(3) Ein nach Absatz 1 Satz 1 zulässiger Vergleich kann auch schriftlich entsprechend § 278 Abs. 6 der Zivilprozessordnung geschlossen werden.

(4) Unrichtigkeiten in der Niederschrift oder in dem Beschluss über den Vergleich können entsprechend § 164 der Zivilprozessordnung berichtigt werden.

Übersicht

	Rn
I. Normzweck; Anwendungsbereich	1
II. Wesen und Wirkung des Vergleichs	4
1. Allgemeines	4

---

[126] OLG Zweibrücken FGPrax 2010, 169.
[127] KG FamRZ 1997, 216; OLG Düsseldorf NJW 1953, 1106; OLG Hamm FamRZ 1984, 183; OLG Nürnberg FamRZ 1997, 216; OLG Zweibrücken OLGZ 1989, 143.
[128] BayObLG NJW-RR 1990, 1287; FamRZ 1991, 467; OLG Hamm OLGZ 1966, 485.
[129] A. A. BayObLG Rpfleger 1987, 358 (dies sei dem Amtsgericht zu überlassen).
[130] OLG Zweibrücken FamRZ 1989, 419.
[131] Dazu BayObLG FamRZ 1996, 878; FamRZ 1993, 823; OLG Zweibrücken OLGZ 1989, 141.
[132] BGH FamRZ 1998, 365; BayObLG FamRZ 1996, 878.

	Rn
2. Bedingter Vergleich	7
3. Beurkundungswirkung	12
III. Zulässigkeit (Abs. 1 S. 1)	15
1. Allgemeines	15
2. Amtsverfahren	16
3. Antragsverfahren	18
IV. Einigungsversuch des Gerichts (Abs. 1 S. 2)	19
V. Form und Wirksamkeit	22
1. Allgemeines	22
2. Protokollierter Vergleich (Abs. 2)	24
a) Niederschrift	24
b) Einbeziehung Dritter	28
c) Zuständigkeit	29
3. Schriftlicher Vergleich (Abs. 3 i. V. m. § 278 Abs. 6 ZPO)	30
a) Allgemeines	30
b) Vergleichsvorschlag der Beteiligten	31
c) Vergleichsvorschlag des Gerichts	35
d) Feststellender Beschluss	38
VI. Berichtigung (Abs. 4 i. V. m. § 164 ZPO)	40
1. Allgemeines	40
2. Begriff der Unrichtigkeit	41
3. Berichtigungspflicht	42
4. Berichtigung eines protokollierten Vergleichs	43
5. Berichtigung eines schriftlichen Vergleichs	44
6. Rechtsmittel	45
VII. Streit um die Wirksamkeit	46
VIII. Abänderung	49
IX. Vollstreckbarkeit	50
X. Kosten und Gebühren	52
1. Kostenentscheidung	52
2. Gerichtsgebühren	53
a) Familiensachen (FamGKG)	53
b) Angelegenheiten der freiwilligen Gerichtsbarkeit (KostO)	54
3. Außergerichtliche Kosten	55
4. Verfahrenswert; Geschäftswert	58

I. Normzweck; Anwendungsbereich

1 § 36 führt den gerichtlichen Vergleich allgemein als die Streitbeilegung förderndes Verfahrensinstitut[1] für das FamFG-Verfahren (§ 1) ein. **Abs. 1** regelt die Zulässigkeit eines Vergleichs und schreibt die Verpflichtung des Gerichts zum Einigungsversuch außer für Gewaltschutzsachen fest, während **Abs. 2** die Form der Niederschrift des im Termin zustande gekommenen Vergleichs bestimmt. **Abs. 3** lässt einen schriftlichen, d. h. ohne Termin abzuschließenden Vergleich in entsprechender Anwendung von § 278 ZPO zu. Schließlich ermöglicht **Abs. 4** die Berichtigung eines Vergleichs.

2 Die Vorschrift gilt in Angelegenheiten der freiwilligen Gerichtsbarkeit und in Familiensachen mit Ausnahme von Ehesachen (§ 121) und Familienstreitsachen (§ 112); insoweit ist nach § 113 Abs. 1 S. 2 die ZPO entsprechend anzuwenden. Zur Übergangsregelung siehe die Erläuterungen zu Art. 111 FGG-RG.

3 Vom Vergleich nach § 36 sind folgende **Sonderformen** zu unterscheiden:
- Der gerichtlich gebilligte Vergleich nach **§ 156 Abs. 2,** d. h. die Vereinbarung der Beteiligten über den Umgang mit dem Kind oder die Herausgabe des Kindes, der das Gericht nach einer am Kindeswohl orientierten Inhaltskontrolle den Charakter eines Vollstreckungstitels verleiht. Siehe § 156 Rn 11 ff.
- Die Vereinbarung der Eheleute über den Versorgungsausgleich nach **§§ 6–8 VersAusglG,** die nur bei einer positiv ausfallenden Inhalts- und Ausübungskontrolle[2] durch

---
[1] BT-Drs. 16/6308 S. 166.
[2] BT-Drs. 16/10144 S. 52 f.

das Gericht materielle Wirksamkeit erlangt und bei einem wirksamen (Teil-)Ausschluss des Versorgungsausgleichs dazu führt, dass dies nach § 224 Abs. 3 durch Beschluss festzustellen ist. Siehe § 224 Rn 8 ff.
- Die vom Gericht durch Beschluss bestätigte Vereinbarung der Beteiligten über die Auseinandersetzung des Nachlasses nach **§ 366 Abs. 2.** Siehe § 366 Rn 13 ff.

II. Wesen und Wirkung des Vergleichs

1. Allgemeines

Der gerichtliche, d. h. in einem schon bzw. noch anhängigen Verfahren vom Gericht im Termin protokollierte (Abs. 2) oder im schriftlichen Verfahren durch Beschluss festgestellte (Abs. 3) Vergleich der Beteiligten hat eine sog. **Doppelnatur**.[3] Denn er stellt zunächst eine **Verfahrenshandlung** dar und ist zugleich ein materielles Rechtsgeschäft, also ein schuldrechtlicher **Vertrag** (§ 779 BGB). Deshalb müssen sich mindestens zwei Beteiligte wie Vertragsparteien gegenüberstehen. Bei mehr als zwei Verfahrensbeteiligten kommt in Betracht, dass sich nicht alle von ihnen am Vergleich beteiligen, sondern dieser nur das gegenseitige Rechtsverhältnis einzelner Beteiligter regelt; dazu muss aber der sie betreffende Verfahrensgegenstand einer Teilentscheidung (§ 301 ZPO analog) zugänglich sein.

Der Vergleich kann den gesamten Verfahrensgegenstand sowie die Kostenpflicht umfassen und so das Verfahren anstelle einer gerichtlichen Entscheidung beenden **(Erledigungsvergleich)**; einer Teilentscheidung zugängliche Teile des Verfahrensgegenstandes erledigen **(Teilvergleich)**; entscheidungserhebliche verfahrens- und materiellrechtliche Streitfragen regeln, ohne dadurch eine Teilerledigung des Verfahrens herbeizuführen **(Zwischenvergleich)**. Ein gerichtlicher Vergleich kann in jedem Stadium des Verfahrens, d. h. vom Eintritt der Anhängigkeit bis zur rechtskräftigen Beendigung geschlossen werden. Die Anhängigkeit eines Antrags auf Bewilligung von Verfahrenskostenhilfe (§§ 76 ff.) oder auf Erlass einer einstweiligen Anordnung (§§ 49 ff.) genügt. Durch einen den gesamten Verfahrensgegenstand erfassenden Vergleich in der Rechtsmittelinstanz wird der angefochtene, noch nicht in Rechtskraft erwachsene Beschluss wirkungslos, soweit der Vergleich nichts anderes bestimmt.[4]

Vom Verfahrensgegenstand nicht erfasste Streitigkeiten der Beteiligten können in den Vergleich einbezogen werden **(Mehrvergleich)**.[5] Z. B. kann im Verfahren über die Grundstücksverkehrsgenehmigung vor dem Landwirtschaftsgericht ein Vergleich geschlossen werden, der sich auf Bestimmungen über die Veräußerung, Belastung oder Verpachtung von Grundstücken beschränkt, wie sich auch aus § 19 LwVG ergibt.[6] Durch den in einem Verfahren geschlossenen Vergleich kann zugleich ein anderes zwischen den Beteiligten anhängiges ganz oder teilweise unmittelbar, d. h. ohne dort noch erforderliche Verfahrenshandlungen[7] beendet werden **(Gesamtvergleich)**.[8]

2. Bedingter Vergleich

Ein gerichtlicher Vergleich kann wegen des darin enthaltenen materiellen Rechtsgeschäfts unter einer aufschiebenden (§ 158 Abs. 1 BGB) oder auflösenden (§ 158 Abs. 2 BGB) Bedingung geschlossen werden.

Ein **Widerrufsvergleich** wird unter der aufschiebenden Bedingung des Nichtwiderrufs geschlossen[9] und erst wirksam, wenn der Widerruf innerhalb der dafür vorgesehenen Frist unterbleibt. Ist deren Ende nicht durch Datumsangabe bestimmt, beginnt sie gemäß § 187 Abs. 1 BGB am Tag nach dem Vergleichsschluss.[10] Gegen die Versäumung der Widerrufs-

---

[3] BGH NJW 2000, 1942; NJW 1988, 65.
[4] OLG Köln NJOZ 2002, 2765.
[5] BT-Drs. 16/6308 S. 314.
[6] BGH NJW 1999, 2806.
[7] BAG NJW 1982, 788.
[8] MünchKommBGB/Habersack § 779 Rn 81.
[9] BGH NJW 1984, 312; BVerwG NJW 1993, 2193.
[10] OLG Schleswig NJW-RR 1987, 1022.

frist ist Wiedereinsetzung in den vorigen Stand nicht möglich, weil es sich um keine gesetzliche Frist (§ 17 Abs. 1) handelt.[11]

9   Hinsichtlich Form und Adressat der **Widerrufserklärung** ist die im Vergleich getroffene Vereinbarung maßgebend.[12] Ist z. B. geregelt, dass der Widerruf bis zu einem bestimmten Tag schriftlich bei Gericht eingehen muss, genügt der Zugang nach § 130 Abs. 1 S. 1 BGB, d. h. ein Zugang in den Verfügungsbereich des Gerichts bis 24 Uhr.[13] Wird im Vergleich keine Bestimmung über den Erklärungsadressaten getroffen, kann der Widerruf sowohl gegenüber dem Gericht wie auch gegenüber dem anderen Vergleichsbeteiligten erklärt werden.[14]

10 Die Widerrufserklärung ist eine **Verfahrenshandlung** und kann nicht ihrerseits widerrufen werden.[15] Ein fristgerecht erfolgter Widerruf macht deshalb den gerichtlichen Vergleich hinfällig, weshalb nur eine Neuvornahme oder eine materiellrechtliche, d. h. außergerichtliche Einigung der Beteiligten auf der Grundlage des widerrufenen Vergleichs in Betracht kommt.[16]

11 Ein unter einer auflösenden Bedingung geschlossener Vergleich wird im Gegensatz zum Widerrufsvergleich sofort wirksam, schafft aber einen Schwebezustand. Bei Eintritt der Bedingung tritt die vor Abschluss des Vergleichs bestehende Rechtslage wieder ein.[17] Macht ein Vergleichsbeteiligter geltend, die Bedingung sei eingetreten, ist ein Streit hierüber durch Fortsetzung des bisherigen Verfahrens zu entscheiden.[18]

3. Beurkundungswirkung

12 Ein nach den Vorschriften der ZPO **protokollierter Vergleich** (Abs. 2) ersetzt die notarielle Beurkundung des dort enthaltenen materiellen Rechtsgeschäfts, § 127a BGB. Das gilt im Hinblick auf die bloße Sollvorschrift des § 13 Abs. 1 S. 2 BeurkG auch dann, wenn der nach § 162 Abs. 1 S. 3 ZPO vorgeschriebene Vermerk im Protokoll fehlt.[19] Werden außerhalb des Verfahrensgegenstandes liegende Streitigkeiten mitverglichen, gilt § 127a BGB aber insoweit nur, wenn die Beteiligten die Einigung im anhängigen Verfahren von der einbezogenen Regelung abhängig machen und umgekehrt[20] oder wenn wenigstens ein sonstiger innerer Zusammenhang des weiteren Vergleichsgegenstandes mit dem Verfahren besteht.[21] Sonst wird dieser von der als Ausnahme von der grundsätzlichen Zuständigkeit der Notare (§ 128 BGB) bestehenden Beurkundungsbefugnis des Gerichts nicht erfasst.

13 Ob auch ein im schriftlichen Verfahren zustande gekommener, d. h. **schriftlicher Vergleich** (Abs. 3) diese Wirkung hat, ist streitig.[22] Denn dort besteht nur eine eingeschränkte Pflicht des Gerichts zur inhaltlichen Prüfung des Vergleichs (s. Rn 38), die der für eine notarielle Beurkundung konstitutiven Prüfung und Belehrung durch den Notar (§§ 4, 17 BeurkG) nicht entspricht. Das folgt aber aus der Funktion des Richters, nach der dieser im Gegensatz zum beurkundenden Notar keine Amtspflicht zur rechtlichen Beratung und Betreuung der Vergleichsbeteiligten (§ 14 Abs. 1 S. 2 BNotO) hat und sich seine Tätigkeit letztlich auf die Protokollierung dessen beschränkt, was die Beteiligten wollen.[23] Dabei erscheint es jedoch gerechtfertigt, zwischen dem auf Vorschlag der Beteiligten (Abs. 3

---

[11] BGH NJW 1974, 107; BAG NJW 1998, 2844.
[12] BGH NJW-RR 2005, 1323; NJW 1980, 1753.
[13] BVerfG NJW 1991, 2076; BGH NJW 1984, 1237.
[14] BGH NJW 2005, 3576.
[15] Thomas/Putzo/Hüßtege § 794 Rn 22.
[16] LAG Köln NZA-RR 1997, 105.
[17] OLG München NJW-RR 1998, 1663.
[18] BGH NJW 1972, 159.
[19] BGH NJW 1999, 2806.
[20] BGHZ 35, 309/316.
[21] BGH NJW 1982, 2373.
[22] Str.; bejahend BAG NJW 2007, 1831; OLG Naumburg FamRZ 2009, 617 (Ls., Versorgungsausgleich); Baumbach/Hartmann § 278 Rn 44; Stein/Jonas/Leipold § 278 Rn 89; ablehnend z. B. OLG Brandenburg FamRZ 2008, 1192 (Versorgungsausgleich); Johannsen/Henrich/Hahne § 8 VersAusglG Rn 2; Knauer/Wolf NJW 2004, 2857/2858f.; Ruland Rn 812; Zöller/Greger § 278 Rn 31.
[23] BGH NJW 1986, 1348; NJW 1961, 1817.

i. V. m. § 278 Abs. 6 S. 1 1. Alt. ZPO) und dem **auf Vorschlag des Gerichts** (Abs. 3 i. V. m. § 278 Abs. 6 S. 1 2. Alt. ZPO) zustande gekommenen Vergleich zu differenzieren und für letzteren wegen der richterlichen Vorbereitung und Formulierung (siehe dazu Rn 35) § 127 a BGB in vollem Umfang entsprechend anzuwenden.[24] Denn dann ist davon auszugehen, dass Gesichtspunkte, die in einem Protokollierungstermin noch Gegenstand einer Belehrung durch das Gericht sein könnten, bereits bei Abfassung des Vergleichs Berücksichtigung gefunden haben. Im Fall einer Vereinbarung über den Versorgungsausgleich (§ 7 Abs. 1 u. 2 VersAusglG, s. Rn 3) kommt hinzu, dass beim Vorschlag des Gerichts die ihm insoweit obliegende Inhalts- u. Ausübungskontrolle (§ 8 Abs. 1 VersAusglG) im Ergebnis vorweggenommen wird. Auch eine nach § 156 Abs. 2 gerichtlich gebilligte Elternvereinbarung (s. Rn 3) kann Beurkundungswirkung haben.[25] Dagegen kann ein **auf Vorschlag der Beteiligten** zustande gekommener Vergleich (Abs. 3 i. V. m. § 278 Abs. 6 S. 1 1. Alt. ZPO) lediglich die im Gesetz zur Wirksamkeit bestimmter rechtsgeschäftlicher Handlungen vorgeschriebene Schriftform ersetzen, d. h. deren Beweisfunktion erfüllen (§ 126 Abs. 4 BGB analog).[26]

Für bestimmte Regelungsgegenstände kommt wegen der insoweit nach materiellem Recht erforderlichen persönlichen Anwesenheit der Vergleichsbeteiligten nur ein **protokollierter Vergleich** in Betracht. Das gilt, wenn der Vergleich folgende, zur Wirksamkeit der notariellen Beurkundung voraussetzende Rechtsgeschäfte enthält: 14

- **Erbvertrag** (§ 2276 Abs. 1 S. 1 BGB). Wegen der Voraussetzung des persönlichen Abschlusses (§ 2274 BGB) ist der Vergleich nur formwirksam, wenn die Beteiligten persönlich das Protokoll genehmigen; andernfalls ist auf eine dort geregelte Erbeinsetzung kein Erbschein zu erteilen.[27]
- **Grundstücksauflassung** (§ 925 Abs. 1 S. 1 BGB). Ein schriftlicher Vergleich kann nicht Grundlage einer Eigentumsumschreibung im Grundbuch sein.[28]
- **Aufhebung oder Änderung des Güterstandes** (§§ 1408 Abs. 1, 1410 BGB).[29]

III. Zulässigkeit (Abs. 1 S. 1)

1. Allgemeines

Wegen seiner Doppelnatur als Verfahrenshandlung und Rechtsgeschäft ist ein gerichtlicher Vergleich nur zulässig, wenn das von ihm betroffene Rechtsverhältnis der **Dispositionsbefugnis der Vergleichsbeteiligten** unterliegt. Dazu müssen diese nach materiellem Recht wirksam über den jeweiligen Verfahrensgegenstand verfügen können, wie **Abs. 1 S. 1** ausdrücklich klarstellt. 15

2. Amtsverfahren

In Amtsverfahren ist ein den Gegenstand des Verfahrens betreffender Vergleich nach § 36 **unzulässig,** weil es in diesen Angelegenheiten vorsorgender Rechtspflege an der Dispositionsbefugnis der Beteiligten fehlt. Deshalb kann in erster Instanz das Verfahren nicht durch Vergleich beendet werden. Dort kommt lediglich ein Vergleich über die gegenseitige Erstattung außergerichtlicher Kosten (§ 80 S. 1) anstelle einer Entscheidung des Gerichts (§§ 81 Abs. 1, 82) sowie über andere, das gegenseitige Rechtsverhältnis der Beteiligten betreffende und ihrer Verfügungsgewalt unterliegende Nebenfragen in Betracht, die mit dem Verfahrensgegenstand in Zusammenhang stehen und mit geregelt werden sollen. 16

In der **Beschwerdeinstanz** ist eine nicht auf Beendigung des Verfahrens gerichtete, keinen Vergleich nach § 36 darstellende **Vereinbarung** der Beteiligten vor Gericht zulässig, die – als Verfahrenshandlung – einen Rechtsmittelverzicht (§ 67 Abs. 1) oder eine Rechtsmittelrücknahme (§ 67 Abs. 4) enthält. Denn in diesem Fall wird nicht über den Ver- 17

---

[24] Ebenso Thomas/Putzo/Reichold § 278 Rn 17; str., siehe Fußnote 22.
[25] BGH FamRZ 2011, 796 (Sorgeerklärung, § 1626 d BGB).
[26] Musielak/Foerste § 278 Rn 18.
[27] OLG Düsseldorf NJW 2007, 1290.
[28] OLG Düsseldorf NJW-RR 2006, 1609.
[29] BGH NJW 1982, 2373.

fahrensgegenstand verfügt, sondern die verfahrensrechtliche Befugnis des Beschwerdeführers ausgeübt. Dabei braucht die Rücknahme oder der Verzicht nicht ausdrücklich erklärt zu werden, wenn der Rechtsmittelführer nur klar und eindeutig zum Ausdruck bringt, dass er das Verfahren nicht mehr fortsetzen und ohne Entscheidung des Beschwerdegerichts beenden will.[30] Davon zu unterscheiden ist eine außergerichtliche Vereinbarung, in der sich ein Beteiligter zum Verzicht oder zur Rücknahme verpflichtet. Sie bedarf zur Verfahrensbeendigung einer Vollziehung durch Vornahme der entsprechenden Verfahrenshandlung. Ist diese erfolgt, kann ihre Wirkung nicht mehr durch Vereinbarung beseitigt werden.[31]

3. Antragsverfahren

18 In Antragsverfahren ist bereits in erster Instanz ein verfahrensbeendender Vergleich insoweit zulässig, als dieser die Rücknahme des Antrags (§ 23) als Verfahrenshandlung beinhaltet. Im Übrigen ist auch hier Voraussetzung, dass die Beteiligten über den Verfahrensgegenstand materiellrechtlich wirksam verfügen können, wie z. B. bei der Stundung des Pflichtteilsanspruchs (§ 2331 a BGB). Deshalb kommt ein Vergleich regelmäßig nur **in echten Streitsachen** in Betracht. Im Erbscheinsverfahren ist zwar keine Einigung über die Erbenstellung selbst, aber über die Ausübung von die Erbfolge beeinflussenden Gestaltungsrechten (z. B. Ausschlagung einer Erbschaft, Anfechtung einer letztwilligen Verfügung,) zulässig;[32] ebenso über die Verpflichtung, gegen einen erteilten Erbschein nicht mehr durch Ausübung von Verfahrensrechten vorzugehen.[33]

IV. Einigungsversuch des Gerichts (Abs. 1 S. 2)

19 Nach **Abs. 1 S. 2** soll das Gericht auf eine gütliche Einigung der Parteien hinwirken, **außer in Gewaltschutzsachen** (§ 210). Diese Vorschrift entspricht der Regelung des § 278 Abs. 1 ZPO und begründet zunächst die **allgemeine Amtspflicht** des Gerichts, in jeder Lage des Verfahrens, jedoch möglichst frühzeitig die Möglichkeit einer einvernehmlichen Erledigung des Verfahrens oder wenigstens einzelner Streitfragen zu prüfen. Nur wenn diese Prüfung ergibt, dass nach den Umständen des Einzelfalls ein Einigungsversuch von vornherein keine Aussicht auf Erfolg verspricht, darf er unterbleiben.

20 Andernfalls hat das Gericht den Beteiligten die Möglichkeiten und Vorteile einer konsensualen Streitbeilegung, nämlich insbesondere die zeitnahe Herbeiführung möglichst dauerhaften Rechtsfriedens, darzustellen und falls möglich einen **Vergleichsvorschlag** zu unterbreiten. Eine Ausnahme gilt nur für Gewaltschutzsachen. Insoweit erscheint dem Gesetzgeber die Förderung einer Einigung im Hinblick auf den dortigen Verfahrenszweck ungeeignet, weil in einem Vergleich auferlegte Verpflichtungen wegen der nur für gerichtliche Anordnungen geltenden Strafbewehrung (§ 4 GewSchG) nicht effektiv durchgesetzt werden könnten.[34]

21 Der Einigungsversuch kann **im Erörterungstermin oder schriftlich** erfolgen. Welches Vorgehen zur Herbeiführung einer Einigung geeignet ist, hat das Gericht nach pflichtgemäßem Ermessen zu entscheiden. Ggf. können beide Vorgehensweisen miteinander kombiniert werden. Die Befugnis des Gerichts, das persönliche Erscheinen der Beteiligten zum Termin für einen Einigungsversuch anzuordnen, ist im Gesetz, anders als für die Güteverhandlung nach § 278 Abs. 3 S. 2 ZPO, nicht ausdrücklich geregelt. Es ist aber die entsprechende Anwendung von § 33 Abs. 1 S. 1 gerechtfertigt, wenn dies zum Hinwirken auf eine gütliche Einigung sachdienlich erscheint. Die Durchsetzung des persönlichen Erscheinens zu einem solchen **Gütetermin** durch Ordnungsmittel ist jedoch nicht zulässig (s. § 33 Rn 15). Dieser Termin kann auch vor einem beauftragten oder ersuchten Richter erfolgen, der dann als sog. **Güterichter** tätig wird.

---

[30] BGH NJW-RR 1989, 195 (Verfahren über das Umgangsrecht).
[31] OLG Frankfurt FamRZ 2010, 1584 (Gewaltschutzverfahren).
[32] BayObLG FGPrax 1997, 229.
[33] KG FGPrax 2004, 31.
[34] BT-Drs. 16/6308 S. 193.

V. Form und Wirksamkeit

1. Allgemeines

Die Doppelnatur des gerichtlichen Vergleichs besagt nicht, dass er derart in eine Verfahrenshandlung und in ein materielles Rechtsgeschäft aufzuspalten ist, dass diese beiden Elemente getrennt nebeneinander stehen. Vielmehr bildet der Vergleich eine Einheit. Seine **Wirksamkeit** ist deshalb in verfahrens- und materiellrechtlicher Hinsicht einheitlich zu beurteilen.[35] Darum verliert der Vergleich seine Wirkung als Verfahrenshandlung, wenn das dort beinhaltete Rechtsgeschäft nichtig oder anfechtbar ist; hingegen ist es unschädlich, wenn das protokollierende Gericht nicht ordnungsgemäß besetzt war.[36] Ist andererseits ein gerichtlicher Vergleich wegen verfahrensrechtlicher Mängel unwirksam und deshalb kein Vollstreckungstitel (§ 86 Abs. 1 Nr. 3 FamFG i. V. m. § 794 Abs. 1 S. 1 Nr. 1 ZPO), kann die dort getroffene materiellrechtliche Vereinbarung gleichwohl als außergerichtlicher Vergleich Bestand haben, wenn dies dem hypothetischen, nach §§ 133, 157 BGB zu ermittelnden Willen der Beteiligten entspricht.[37] Sie hat aber keine unmittelbar verfahrensbeendende Wirkung.[38]

Zusätzlich zu den allgemeinen Voraussetzungen einer wirksamen Verfahrenshandlung ist für beide nach Abs. 2 und 3 in Betracht kommenden Arten des gerichtlichen Vergleichs eine bestimmte **Form** einzuhalten. Auch ein nach §§ 10 Abs. 4, 114 bestehender Anwaltszwang muss beachtet werden;[39] er gilt somit nicht für einen Vergleichsschluss im Verfahren auf Erlass einer einstweiligen Anordnung und im Verfahren über die Bewilligung von Verfahrenskostenhilfe (§ 114 Abs. 4 Nr. 1 u. 5), ebenso wenig vor dem beauftragten oder ersuchten Richter (§ 114 Abs. 4 Nr. 6 FamFG i. V. m. § 78 Abs. 3 ZPO) und vor dem Rechtspfleger.

2. Protokollierter Vergleich (Abs. 2)

a) Niederschrift. Nach **Abs. 2** kann im Termin durch die anwesenden Beteiligten ein gerichtlicher Vergleich geschlossen werden, indem über eine dort zustande gekommene Einigung eine Niederschrift **entsprechend §§ 159 ff. ZPO** angefertigt wird. Die Niederschrift des Vergleichs ist **Bestandteil des Vermerks nach § 28 Abs. 4,** der über den Termin zu fertigen ist.[40] Im Einzelnen ist Nachfolgendes zu beachten.

Die Beteiligten und ggf. ihre gesetzlichen Vertreter (§ 9 Abs. 2 und 3) sowie die Bevollmächtigten sind im Eingang des Vergleichsprotokolls mit ladungs- bzw. zustellungsfähiger Anschrift aufzuführen. Im Anschluss daran ist der Vergleichstext im vollen Wortlaut wiederzugeben (§ 160 Abs. 3 Nr. 1 ZPO). Er ist den Vergleichsbeteiligten in vollem Umfang vorzulesen oder zur Durchsicht vorzulegen, bei vorläufiger Aufzeichnung des Protokolls genügt das Vorlesen oder Abspielen der Aufzeichnung (§ 162 Abs. 1 S. 1 u. 2 ZPO); hierüber und über die anschließende Genehmigung des Textes durch die Beteiligten ist ein Vermerk in die Niederschrift aufzunehmen (§ 162 Abs. 1 S. 3 ZPO). Diese beiden Erfordernisse sind unverzichtbare, d. h. nicht der Disposition der Beteiligten unterliegende **Voraussetzung der Wirksamkeit** des Vergleichs.[41] Beinhaltet der Vergleich einen Erbvertrag, muss sich im Hinblick auf § 2274 BGB aus dem Vermerk ausdrücklich ergeben, dass die Genehmigung nicht nur durch die Verfahrensbevollmächtigten, sondern auch durch die persönlich anwesenden Beteiligten (s. Rn 14) erteilt worden ist.[42]

Enthält der Vergleich hingegen kein materielles Rechtsgeschäft, sondern ausschließlich eine einseitig zulässige, wenn auch ggf. wechselseitig erfolgte Verfahrenshandlung, insbesondere einen beiderseitigen Rechtsmittelverzicht oder eine Antragsrücknahme (s. Rn 17

---

[35] BGH NJW 1988, 65; NJW 1981, 823.
[36] BGH NJW 1986, 1348; NJW 1961, 1817.
[37] BGH NJW 1985, 1962; BVerwG NJW 1994, 2306.
[38] BGH NJW 2002, 1503.
[39] BGH NJW 1991, 1743.
[40] BT-Drs. 16/6308 S. 194.
[41] BGH NJW-RR 2007, 1451; NJW 1984, 1465; OLG Hamm BeckRS 2011, 14150.
[42] OLG Düsseldorf NJW 2007, 1290.

u. 18), ist deren Wirksamkeit und damit auch der Vergleich nicht von der Einhaltung der Formvorschriften des § 162 Abs. 1 ZPO abhängig.[43] Wirksamkeitsvoraussetzung für den Vergleich als Verfahrenshandlung sind weiter die Unterschriften des Vorsitzenden oder des in der Sache zuständigen Rechtspflegers und des Urkundsbeamten der Geschäftsstelle, wenn ein solcher als Protokollführer hinzugezogen wird (§ 163 ZPO). Die Unterschriften der Vergleichsbeteiligten sind dagegen nicht erforderlich.

27 Nach Abs. 2 ist auch die Regelung des **§ 160 Abs. 5 ZPO** entsprechend anwendbar. Danach kann zur Konkretisierung oder Ergänzung des protokollierten Vergleichswortlauts im Protokoll auf einen als Anlage beigefügten Text verwiesen werden. Dieser muss im Terminsvermerk als **Anlage** konkret bezeichnet werden, braucht hingegen selbst nicht als solche gekennzeichnet zu sein.[44] Ein solches Vorgehen kommt insbesondere in Betracht, wenn sich der genaue vollstreckungsfähige Inhalt des Vergleichs erst aus der Anlage ergibt.[45] Es ist auch als zulässig anzusehen, einen durch die Beteiligten überreichten, eine vollständig formulierte Einigung enthaltenden Text als Anlage zum Protokoll zu nehmen und dort unter Verweisung darauf den Abschluss des Vergleichs mit diesem Inhalt festzustellen. Dann muss aber neben dem Protokoll auch dessen Anlage den Beteiligten vorgelesen und von ihnen genehmigt werden, was im Vermerk nach § 162 Abs. 1 S. 3 ZPO ausdrücklich anzugeben ist.

28 **b) Einbeziehung Dritter.** Die Einbeziehung eines Dritten, d. h. einer nicht am Verfahren beteiligten, aber im Termin anwesenden oder wirksam vertretenen Person kann durch **Beitritt** zum Vergleich erfolgen. Der Dritte erlangt dadurch aber nicht die Stellung eines Verfahrensbeteiligten (§ 7), ihn trifft deshalb auch kein Anwaltszwang.[46]

29 **c) Zuständigkeit.** Die Niederschrift des Vergleichs kann sowohl vor dem erkennenden **Richter** wie auch im Rahmen einer Anhörung oder förmlichen Beweisaufnahme vor dem beauftragten oder ersuchten Richter erfolgen. Letzteres ist für Landwirtschaftssachen durch § 20 Abs. 2 LwVG ausdrücklich zugelassen, gilt jedoch allgemein.[47] Die Protokollierung vor einem nicht vorschriftsmäßig besetzten Kollegialgericht ist unschädlich,[48] ebenso diejenige vor einem unzuständigen Richter.[49] Der **Rechtspfleger** kann in den ihm übertragenen Angelegenheiten einen Vergleich protokollieren, darüber hinaus im Verfahrenskostenhilfeverfahren im Auftrag des Richters (§ 20 Nr. 4a RPflG). Bei einem Vergleichsschluss zwischen den Instanzen, d. h. nach Erlass (§ 38 Abs. 3 S. 3) einer anfechtbaren Entscheidung und vor Einlegung eines Rechtsmittels ist dasjenige Gericht zur Protokollierung zuständig, von dem die Entscheidung stammt.

3. Schriftlicher Vergleich (Abs. 3 i. V. m § 278 Abs. 6 ZPO)

§ 278 Gütliche Streitbeilegung, Güteverhandlung, Vergleich

(5) …

(6) Ein gerichtlicher Vergleich kann auch dadurch geschlossen werden, dass die Parteien dem Gericht einen schriftlichen Vergleichsvorschlag unterbreiten oder einen schriftlichen Vergleichsvorschlag des Gerichts durch Schriftsatz gegenüber dem Gericht annehmen. Das Gericht stellt das Zustandekommen und den Inhalt eines nach Satz 1 geschlossenen Vergleichs durch Beschluss fest. § 164 gilt entsprechend.

30 **a) Allgemeines.** Nach **Abs. 3** ist der Abschluss eines gerichtlichen Vergleichs auch entsprechend § 278 Abs. 6 ZPO zulässig. Die Initiative dazu kann von den Beteiligten oder vom Gericht aufgrund seiner Verpflichtung zum Einigungsversuch ausgehen. Das Zustandekommen erfolgt in zwei Schritten, nämlich der schriftsätzlichen Annahme eines durch die

---

[43] BGH NJW-RR 2007, 1451; NJW-RR 1994, 386.
[44] BGHZ 10, 329.
[45] OLG Zweibrücken Rpfleger 2004, 508; NJW-RR 1992, 1408.
[46] BGH NJW 1983, 1433.
[47] BGHZ 14, 381/387.
[48] BGHZ 35, 309/312 f.
[49] BGH NJW 1986, 1348.

Beteiligten oder das Gericht unterbreiteten Vergleichsvorschlags sowie der Feststellung von Zustandekommen und Inhalt des Vergleichs durch Beschluss des Gerichts.

b) Vergleichsvorschlag der Beteiligten. Ein Vergleichsvorschlag der Beteiligten (Abs. 3 i. V. m. **§ 278 Abs. 6 S. 1 1. Alt. ZPO**) kann erfolgen als 31
- **abgestimmter Vorschlag,** der eine außergerichtliche Einigung dokumentiert und dem Gericht durch die Beteiligten gleich lautend mitgeteilt wird;
- **übereinstimmender Vorschlag,** der ohne vorhergehende Einigung der Beteiligten in nicht aufeinander bezogenen Schriftsätzen unterbreitet wird;
- **einseitiger Vorschlag** eines Beteiligten;
- **divergierender Vorschlag** der Beteiligten.

In den ersten beiden Fällen führt der Vorschlag unmittelbar zur Feststellung von Zustandekommen und Inhalt des Vergleichs durch Beschluss nach Abs. 3 i. V. m. § 278 Abs. 6 S. 2 ZPO.[50] Erforderlich ist jedoch, dass die Beteiligten den Vorschlag jeweils getrennt gegenüber dem Gericht machen, eine gemeinsame Erklärung oder diejenige nur eines Beteiligten mit Zustimmung des anderen genügt nicht.[51] 32

Der einseitige Vorschlag eines Beteiligten bedarf zunächst der gegenüber dem Gericht schriftsätzlich anzuzeigenden Annahme durch den bzw. die anderen Beteiligten. Darauf sind §§ 145 ff. BGB entsprechend anzuwenden. Das Gericht hat den Vorschlag zwecks Stellungnahme und eventueller Annahmeerklärung weiterzuleiten. Enthält der Vorschlag eine Annahmefrist, kann die Annahme nur innerhalb dieser Frist erfolgen, § 148 BGB. Dann ist eine **Fristsetzung** durch das Gericht unzulässig; andernfalls kann sie im Rahmen der Verfahrensleitung (§ 28 Abs. 1) erfolgen. Ohne Fristsetzung gilt § 147 Abs. 2 BGB mit der Maßgabe, dass das Gericht nach Ablauf des Zeitpunktes, in dem der Eingang einer Antwort unter regelmäßigen Umständen erwartet werden darf, dem Verfahren Fortgang zu geben hat, ebenso wie bei ausdrücklich erklärter Nichtannahme. Eine verspätete oder abändernde Annahme ist vom Gericht entsprechend § 150 BGB als neuer Vorschlag anzusehen und entsprechend zu behandeln. 33

Unterbreiten die Beteiligten voneinander abweichende Vorschläge, ist eine **Vermittlung durch das Gericht** erforderlich. Dazu wird es regelmäßig sachgerecht sein, einen Erörterungstermin (§ 32) mit dem Ziel anzuberaumen, dort zu einer Einigung zu kommen und einen Vergleich zu protokollieren (s. Rn 24 f.). Im Einzelfall kann es aber nach pflichtgemäßem Ermessen des Gerichts aussichtsreich erscheinen, auf der Grundlage der voneinander abweichenden Vorstellungen der Beteiligten einen diese vermittelnden schriftlichen Vorschlag zu unterbreiten und auf diese Weise beide Alternativen des Abs. 3 i. V. m. § 278 Abs. 6 S. 1 ZPO miteinander zu verbinden. 34

c) Vergleichsvorschlag des Gerichts. Ein Vergleichsvorschlag des Gerichts (§ 36 Abs. 3 FamFG i. V. m. **§ 278 Abs. 6 S. 1 2. Alt. ZPO**) hat auf der Grundlage der gegebenen Sach- und Rechtslage sowie nach deren vorläufiger Beurteilung unter Einbeziehung ggf. vorliegender Ermittlungsergebnisse zu ergehen. In diesen Grenzen muss er eine im Hinblick auf den konkreten Verfahrensgegenstand **sach- und interessengerechte Lösung** des Konflikts vorsehen, der zur Einleitung des Verfahrens geführt hat. Das folgt daraus, dass der Vergleich an die Stelle einer richterlichen Entscheidung treten soll und sein Vorschlag deshalb in sachlicher Hinsicht im Ergebnis den gleichen Prüfungsmaßstäben unterliegt wie diese. 35

Der Vorschlag ist so abzufassen, dass seine Annahme durch bloße Erklärung gegenüber dem Gericht möglich ist. Auch insoweit erscheint die entsprechende Anwendung der §§ 145 ff. BGB gerechtfertigt, einschließlich 147 f. BGB.[52] Deshalb ist hier ebenfalls die Setzung einer **Annahmefrist** als zulässig anzusehen. Zwar stellt dieser Vergleichsvorschlag keinen Antrag i. S. d. § 145 BGB dar, weil das Gericht lediglich das Zustandekommen eines Vergleichs vermittelt. Aber eine Ungleichbehandlung gegenüber dem Vergleichsvorschlag der Beteiligten erscheint insoweit weder sach- noch interessengerecht. Wenn nur einer der Beteiligten fristgerecht die Annahme erklärt, ist er daran nach Fristablauf nicht mehr gebun- 36

---

[50] Knauer/Wolf NJW 2004, 2857/2859.
[51] OLG Karlsruhe NJW-RR 2011, 7.
[52] Zöller/Greger § 278 Rn 30; a. M. Nungeßer NZA 2005, 1027/1031 f.

den. Darum hat ihn das Gericht aufzufordern, sich erneut zu äußern (§ 150 Abs. 1 BGB). Erklären hingegen alle Beteiligten die Annahme erst nach Ablauf der gesetzten Frist, ist dies unschädlich.[53]

37 Erfolgt die Annahme durch einen oder mehrere Beteiligte unter Änderungen, kann dies im Einzelfall entweder als neues Vergleichsangebot (§ 150 Abs. 2 BGB), d. h. als eigenständiger Vorschlag (s. Rn 33) anzusehen und zu behandeln sein oder ein Ersuchen an das Gericht darstellen, seinen Vergleichsvorschlag entsprechend anzupassen und erneut zu unterbreiten. Nehmen die Beteiligten jedoch den Vergleichsvorschlag jeweils mit gleich lautenden Änderungen an, führt dies unmittelbar zur Feststellung von Zustandekommen und Inhalt des Vergleichs durch Beschluss des Gerichts.

38 **d) Feststellender Beschluss.** Diese Entscheidung des Gerichts setzt nach dem Wortlaut des Abs. 3 i. V. m. **§ 278 Abs. 6 S. 2 ZPO** einen bereits als materielles Rechtsgeschäft geschlossenen Vergleich voraus, dem noch die Qualität eines gerichtlichen Vergleichs als das Verfahren (ggf. teilweise) beendender **Vollstreckungstitel** zu verleihen ist. Danach hätte das Gericht lediglich das tatsächliche Vorliegen von Angebot und Annahme als auf den Abschluss eines Vergleichs bezogener Willenserklärungen (§ 133 BGB) zu prüfen. Nach der Gesetzesbegründung obliegt ihm aber darüber hinaus eine **Wirksamkeitskontrolle** in Form einer inhaltlichen Prüfung dahin, ob der Vergleich wegen Verstoßes gegen ein gesetzliches Verbot (§ 134 BGB) oder die guten Sitten (§ 138 BGB) nichtig ist. Danach soll die Mitwirkung des Gerichts – nur – Gewähr dafür bieten, dass der Vergleich nicht der öffentlichen Ordnung widerspricht.[54] Dies kommt indessen allein bei einem durch die Beteiligten vorgeschlagenen Vergleich in Betracht, weil der Vorschlag des Gerichts bereits eine solche Prüfung voraussetzt (s. Rn 35). Dessen schriftsätzliche Annahme führt unmittelbar zum Vergleichsschluss und kann durch die Beteiligten nicht widerrufen werden, weshalb der Beschluss insoweit lediglich deklaratorischen Charakter hat.[55]

39 Der Beschluss muss den vollen Wortlaut des Vergleichs aufführen. Er ist **unanfechtbar.**[56] Es kann nur die Unwirksamkeit des Vergleichs geltend gemacht werden (s. Rn 46 ff.). Lehnt das Gericht aufgrund des Ergebnisses seiner Prüfung die Feststellung ab, ist das Verfahren fortzusetzen. Die Ablehnung kann durch isolierten Beschluss oder (ggf. konkludent) in der Endentscheidung (§ 38 Abs. 1 S. 1) erfolgen und ist nur mit dem gegen diese gerichteten Rechtsmittel anfechtbar.

VI. Berichtigung (Abs. 4 i. V. m. § 164 ZPO)

§ 164 Protokollberichtigung

(1) Unrichtigkeiten des Protokolls können jederzeit berichtigt werden.

(2) Vor der Berichtigung sind die Parteien und, soweit es die in § 160 Abs. 3 Nr. 4 genannten Feststellungen betrifft, auch die anderen Beteiligten zu hören.

(3) Die Berichtigung wird auf dem Protokoll vermerkt; dabei kann auf eine mit dem Protokoll zu verbindende Anlage verwiesen werden. Der Vermerk ist von dem Richter, der das Protokoll unterschrieben hat, oder von dem allein tätig gewesenen Richter, selbst wenn dieser an der Unterschrift verhindert war, und von dem Urkundsbeamten der Geschäftsstelle, soweit er zur Protokollführung zugezogen war, zu unterschreiben.

(4) Erfolgt der Berichtigungsvermerk in der Form des § 160 b, ist er in einem gesonderten elektronischen Dokument festzuhalten. Das Dokument ist mit dem Protokoll untrennbar zu verbinden.

1. Allgemeines

40 Nach **Abs. 4** können Unrichtigkeiten in der den Vergleich enthaltenen Niederschrift oder in dem das Zustandekommen und den Inhalt des Vergleichs feststellenden Beschluss entsprechend § 164 ZPO berichtigt werden, also **jederzeit auf Antrag oder von Amts**

---

[53] Musielak/Foerste § 278 Rn 18.
[54] BT-Drs. 15/3482 S. 17.
[55] OLG Hamm NJW 2011, 1373.
[56] OLG München NJW-RR 2003, 788.

wegen. Den Beteiligten ist vor einer Berichtigung rechtliches Gehör zu gewähren (§ 164 Abs. 2 ZPO).

2. Begriff der Unrichtigkeit

Der Begriff der Unrichtigkeit des Abs. 4 ist nicht mit dem des § 42 Abs. 1 identisch, **41** sondern weiter gefasst. Die Unrichtigkeit braucht anders als dort nicht offenbar zu sein, so dass sie sich weder aus der Niederschrift des Vergleichs bzw. dem diesen feststellenden Beschluss selbst noch aus den äußeren Umständen ihres Zustandekommens ohne Weiteres auch für Dritte ergeben muss. Voraussetzung ist vielmehr, dass die Niederschrift oder der Beschluss den tatsächlich geschlossenen Vergleich formell und sachlich[57] nicht richtig oder nur unvollständig wiedergibt. Berichtigt werden kann jedoch nur, was mit dem im Termin vorgelesenen und genehmigten Wortlaut oder mit dem durch die Beteiligten angenommenen schriftlichen Vergleichsvorschlag nicht übereinstimmt. Deshalb können dort enthaltene Rechenfehler[58] oder inhaltliche Irrtümer, d. h. **Abweichungen von Wille und Erklärung** der Vergleichsbeteiligten **nicht Gegenstand einer Berichtigung** sein. Sie sind nur durch Abschluss eines neuen Vergleichs zu beseitigen.

3. Berichtigungspflicht

Liegt eine Unrichtigkeit im vorgenannten Sinne vor, besteht eine Amtspflicht zur **42** Berichtigung. Ein **Ermessen** des Gerichts ist insoweit **nicht gegeben,** selbst wenn die Auswirkungen der Berichtigung derzeit unerheblich oder nicht überschaubar sind.[59]

4. Berichtigung eines protokollierten Vergleichs

Zur Berichtigung eines protokollierten Vergleichs ist ein Beschluss nicht erforderlich, **43** aber zulässig. Auch wenn ein solcher ergeht, wird die Berichtigung durch den **Berichtigungsvermerk,** der auf dem die Niederschrift des Vergleichs enthaltenden Vermerk (§ 28 Abs. 4) anzubringen oder mit ihm zu verbinden ist (Abs. 4 i. V. m. § 164 Abs. 3 S. 1 ZPO), vollzogen.[60] Nur durch diesen nimmt die Berichtigung an der Beweiskraft der Niederschrift des Vergleichs (§ 165 ZPO analog) teil. Der Vermerk ist als Wirksamkeitsvoraussetzung von dem Richter, der den Terminsvermerk unterschrieben hat oder im Termin allein tätig war, und vom Urkundsbeamten der Geschäftsstelle zu unterschreiben, soweit ein solcher nach § 28 Abs. 4 S. 1 2. Halbs. hinzugezogen war (Abs. 4 i. V. m. § 164 Abs. 3 S. 2 ZPO). Bei Verhinderung gelten die Vertretungsregelungen des § 163 Abs. 2 ZPO entsprechend; bei zwischenzeitlichem Ausscheiden aus dem Dienst ist eine Berichtigung unzulässig.[61]

5. Berichtigung eines schriftlichen Vergleichs

Die Berichtigung eines schriftlichen Vergleichs erfolgt durch einen **Berichtigungs-** **44** **beschluss,** in dem der das Zustandekommen und den Inhalt des Vergleichs feststellende Beschluss hinsichtlich des Vergleichswortlauts berichtigt wird. Er muss nicht von demselben Richter bzw. dem identisch besetzten Kollegialgericht erlassen werden, von dem der zu berichtigende Beschluss stammt. Das folgt daraus, dass sich anders als bei der Niederschrift des gerichtlichen Vergleichs die Unrichtigkeit allein aus den Akten feststellen lässt, nämlich durch Nachvollziehen des dort in Gestalt des Vergleichsvorschlages und der Annahmeerklärungen dokumentierten Vergleichsschlusses.

6. Rechtsmittel

Gegen die Berichtigung ist sowohl beim protokollierten wie beim schriftlichen Vergleich **45** nach dem Willen des Gesetzgebers[62] ein Rechtsmittel **nicht gegeben.** Eine entsprechende

---

[57] Musielak/Stadler § 164 Rn 1.
[58] OLG Frankfurt MDR 1986, 152.
[59] OLG Düsseldorf NJW-RR 2002, 863.
[60] BAG NJW 1997, 1868.
[61] Musielak/Stadler § 164 Rn 6.
[62] BT-Drs. 14/4722 S. 82.

Anwendung des für die Berichtigung der Hauptsache-, d. h. der Endentscheidung wegen offenbarer Unrichtigkeit geltenden § 42 Abs. 3 S. 2 kommt deshalb ebenso wenig in Betracht wie im Zivilprozess diejenige des § 319 Abs. 3 ZPO.[63] Gleiches hat nach § 58 für die Ablehnung der Berichtigung zu gelten, weil eine Anfechtung im Gesetz nicht vorgesehen ist.

VII. Streit um die Wirksamkeit

46 Macht ein Beteiligter die Unwirksamkeit eines verfahrensbeendenden gerichtlichen Vergleichs geltend, ist das Verfahren in derjenigen Instanz fortzusetzen, in welcher der Vergleich geschlossen wurde.[64] Dies gilt auch dann, wenn der Vergleichsschluss erst in der Rechtsbeschwerdeinstanz erfolgte.[65] Dabei ist zu prüfen, ob der Vergleich als Verfahrenshandlung wirksam und der dort enthaltene materiellrechtliche Vertrag nichtig oder anfechtbar ist. Bei **Bejahung der Wirksamkeit** ist durch Beschluss (§ 38) festzustellen, dass das Verfahren durch Vergleich erledigt ist. Dagegen ist das gegen Endentscheidungen dieser Instanz eröffnete Rechtsmittel gegeben.[66]

47 Bei **Verneinung der Wirksamkeit** ist das Verfahren in dem bei Abschluss des Vergleichs gegebenen Stand fortzusetzen und in der Sache zu entscheiden. Die Fortführung des Verfahrens kann erst mit der darauf ergehenden Hauptsacheentscheidung angefochten werden, auch wenn sie vorher durch gesonderten Beschluss angeordnet wird. Dieser stellt materiell eine nicht selbständig anfechtbare verfahrensleitende Verfügung dar.

48 Sind vom Verfahrensgegenstand nicht erfasste Streitigkeiten mit verglichen worden und wird ausschließlich die Unwirksamkeit des Vergleichs in dem darauf bezogenen Umfang geltend gemacht, sprechen regelmäßig auch keine Gründe der Verfahrensökonomie für eine Fortsetzung des dem Vergleich zugrunde liegenden Verfahrens.[67] Die Geltendmachung der teilweisen Unwirksamkeit hat dann in einem neuen Verfahren zu erfolgen, ggf. im Wege des Vollstreckungsabwehrantrags (§ 95 Abs. 1 FamFG i. V. m. § 767 ZPO). Waren die verfahrensfremden Gegenstände schon anderweitig anhängig, kann die Unwirksamkeit des Vergleichs auch in jenem Verfahren geltend gemacht werden.[68]

VIII. Abänderung

49 Trifft ein gerichtlicher Vergleich eine **Regelung mit Dauerwirkung,** kommt nach materiellem Recht (§§ 242, 313 BGB) ein Anspruch auf Anpassung wegen Wegfalls der Geschäftsgrundlage aufgrund wesentlicher Änderung der Sach- und Rechtslage in Betracht.[69] Dieser ist auf Antrag (§ 23) in einem neuen Verfahren geltend zu machen. Das FamFG regelt die Abänderung nur für Unterhaltsvergleiche (§ 239). Früher enthielt § 17 Abs. 1 HausratsVO eine Regelung, die mit dem jetzigen, die Abänderung rechtskräftiger Entscheidungen betreffenden § 48 Abs. 1 S. 1 im Ergebnis inhaltsgleich war und für gerichtliche Vergleiche sinngemäß gelten sollte. Ebenso war eine Abänderung von die Stundung der Zugewinnausgleichsforderung (§§ 1382 Abs. 6 BGB, 53a Abs. 1 FGG)[70] und des Pflichtteilsanspruchs (§§ 2331a Abs. 2 S. 2 BGB, 83a FGG) betreffenden Vergleichen anerkannt.[71] Auch im Hinblick darauf erscheint die **entsprechende Anwendung von § 48 Abs. 1** auf gerichtliche Vergleiche, die nicht den laufenden Unterhalt betreffen, gerechtfertigt.[72]

---

[63] BGH NJW-RR 2005, 214; BAG NJW 2009, 1161.
[64] BGH NJW 1999, 2903; BayObLG FGPrax 1999, 98.
[65] BAG NZA 1998, 33.
[66] BGH NJW 1996, 3345.
[67] OLG Frankfurt NJW-RR 1990, 138.
[68] BGH NJW 1983, 2034; OLG Frankfurt FamRZ 1984, 408.
[69] BayObLG NZM 1998, 773; OLG Köln NJW 1994, 3236.
[70] Vgl. Weber 15. A. § 53a FGG Rn 18.
[71] Vgl. Weber 15. A. § 83a FGG Rn 9.
[72] A. M. OLG Rostock NJW-RR 2009, 877 (keine Regelungslücke).

IX. Vollstreckbarkeit

Der Vergleich nach § 36 ist **Vollstreckungstitel** (s. § 86 Rn 12). Weil er die Verfügungsbefugnis der Beteiligten über den Verfahrensgegenstand voraussetzt, betrifft er die in § 95 Abs. 1 aufgeführten Verpflichtungen, so dass die Vorschriften der ZPO über die Zwangsvollstreckung entsprechend anzuwenden sind. Das gilt insbesondere für Vergleiche in Ehewohnungs- und Haushaltssachen sowie in Landwirtschaftssachen. Eine sonstige, d. h. nicht unter § 36 fallende Einigung der Beteiligten hat lediglich die Qualität einer bloßen Vereinbarung, die einer Vollstreckung nicht zugänglich ist. Das gilt selbst dann, wenn sie im Termin nach Maßgabe der §§ 160 ff. ZPO protokolliert worden ist oder auf einem Vorschlag des Gerichts beruht. Dies betrifft mithin Vereinbarungen über Verfahrensgegenstände, die nicht der Dispositionsbefugnis der Beteiligten unterliegen.

Der gerichtliche Vergleich bedarf der **Vollstreckungsklausel** (s. dazu § 86 Rn 17 ff.). Deren Erteilung steht es nicht entgegen, wenn ein Beteiligter geltend macht, der Vergleich sei aus materiellen Gründen unwirksam; denn die sachliche Wirksamkeit des Vergleichs ist insoweit nicht zu prüfen.[73] Für einen aus verfahrensrechtlichen Gründen unwirksamen Vergleich darf hingegen keine Vollstreckungsklausel erteilt werden. Bei einem Widerrufsvergleich ist für die Erteilung nicht der Urkundsbeamte der Geschäftsstelle (§ 724 Abs. 2 ZPO), sondern der Rechtspfleger (§ 20 Nr. 12 RPflG) zuständig, weil das Fehlen eines fristgerechten Widerrufs vom Gläubiger zu beweisen ist (§ 726 Abs. 1 ZPO).[74]

X. Kosten und Gebühren

1. Kostenentscheidung

Wenn ein das gesamte Verfahren erledigender gerichtlicher Vergleich keine Kostenregelung enthält, gilt § 83 Abs. 1. Bei einem Teilvergleich ohne Kostenregelung hat das Gericht darüber nach §§ 81, 82 in der Endentscheidung zu befinden. Auf die Erläuterungen zu diesen Vorschriften wird verwiesen.

2. Gerichtsgebühren

a) Familiensachen (FamGKG). Beschränkt sich der Vergleich auf den Verfahrensgegenstand, fällt neben der Verfahrensgebühr keine gesonderte Gerichtsgebühr an. Vielmehr ermäßigt sich die Verfahrensgebühr in der ersten und zweiten Instanz, wenn der Vergleich das gesamte Verfahren anstelle einer Endentscheidung beendet (selbständige Familiensachen der freiwilligen Gerichtsbarkeit: Nr. 1321 bzw. Nr. 1324 KV FamGKG; Folgesachen der freiwilligen Gerichtsbarkeit: Nr. 1111 bzw. Nr. 1122 KV FamGKG). Werden hingegen verfahrensfremde Gegenstände mitverglichen, d. h. beim **Mehrvergleich** entsteht zusätzlich eine nach deren Wert berechnete Gebühr nach Nr. 1500 KV FamGKG. Dann ist aber § 30 Abs. 3 FamGKG entsprechend anzuwenden, so dass die Summe aus der ermäßigten Verfahrens- und der Vergleichsgebühr den Betrag einer nach dem Gesamtwert berechneten Verfahrensgebühr nicht übersteigen darf.[75]

Nach § 21 Abs. 2 FamGKG ist **Gebührenschuldner** jeder Vergleichsbeteiligte. Das entspricht dem Umstand, dass sich bei mehr als zwei Beteiligten nicht alle von ihnen am Vergleich beteiligen müssen und außerdem die Einbeziehung Dritter erfolgen kann. Die Vergleichsbeteiligten haften nach § 26 Abs. 1 FamGKG als Gesamtschuldner. Diese Vorschrift erlangt nur dann praktische Bedeutung, wenn der nach dem Vergleich oder nach § 83 Abs. 1 S. 1 FamFG zur Kostentragung Verpflichtete, d. h. der **Erstschuldner** (§ 24 Nr. 1 u. 2 FamGKG) die in Ansatz gebrachte (§ 18 FamGKG) Gebühr nicht entrichtet. In diesem Fall soll die Haftung eines anderen Vergleichsbeteiligten aber nur geltend gemacht werden, wenn eine Zwangsvollstreckung in das bewegliche Vermögen des Erstschuldners erfolglos geblieben ist oder aussichtslos erscheint (§ 26 Abs. 2 FamGKG).

---

[73] OLG Frankfurt NJW-RR 1995, 703.
[74] BGH NJW 2006, 776; BAG NJW 2004, 701.
[75] OLG Köln NJW-RR 2010, 1512 (zu § 36 Abs. 3 GKG); a. M. OLG München JurBüro 2009, 491.

54 **b) Angelegenheiten der freiwilligen Gerichtsbarkeit (KostO).** Die KostO sieht für den Abschluss eines gerichtlichen Vergleichs keine Gebühr vor.

3. Außergerichtliche Kosten

55 In erster Instanz fällt eine **Einigungsgebühr** nach Nr. 1003 VV RVG an, in der die Hauptsache betreffenden Beschwerde- oder Rechtsbeschwerdeinstanz eine Gebühr nach Nr. 1004 VV RVG. Bei einem unter einer aufschiebenden Bedingung oder unter Widerrufsvorbehalt geschlossenen Vergleich entsteht nach Nr. 1000 Abs. 3 VV RVG die Einigungsgebühr erst, wenn der Vergleich bestandskräftig wird. Darauf, ob durch die Einigung eine konkrete Entlastung des Gerichts eintritt, kommt es nicht an.[76] Auch in auf Antrag eingeleiteten **Sorgerechtsverfahren** (§ 1671 BGB), in denen die Einigung der Eltern aufgrund fehlender Dispositionsbefugnis zum Gegenstand der gerichtlichen Entscheidung gemacht werden muss, entsteht die Gebühr,[77] nicht aber in den wegen Kindeswohlgefährdung (§§ 1666, 1666 a BGB) von Amts wegen durchgeführten Verfahren.[78]

56 Bei einem protokollierten Vergleich entsteht neben der Einigungsgebühr eine **Terminsgebühr**; siehe dazu § 32 Rn 57. Das gilt aber nach Nr. 3104 Abs. 3 VV RVG in der ersten Instanz nicht, wenn der Termin lediglich zur Protokollierung eines Vergleichs beantragt wird, der allein vom Verfahrensgegenstand nicht erfasste Streitigkeiten der Beteiligten betrifft.

57 Bei einem schriftlichen, das gesamte Verfahren im ersten Rechtszug erledigenden Vergleich erscheint es gerechtfertigt, **Nr. 3104 Abs. 1 Nr. 1 VV RVG** und die zum Zivilprozess entwickelten Grundsätze[79] mit der Maßgabe entsprechend anzuwenden, dass eine Terminsgebühr anfällt, wenn nach dem Gesetz ein Erörterungstermin oder eine mündliche Verhandlung zu erfolgen hat, auf Antrag zwingend durchzuführen ist oder stattfinden „soll" (s. auch § 32 Rn 58). In diesen Fällen darf der Anwalt vom Anfall einer Terminsgebühr ausgehen, weshalb die Vergütungsregelung nach ihrem Sinn und Zweck einen Anreiz zu außergerichtlichen Einigungsbemühungen setzen und einen dadurch bedingten Gebührennachteil vermeiden soll. Jedoch ist nach Abs. 3 der Vorbemerkung 3 VV RVG Voraussetzung, dass zur Erledigung des Verfahrens eine Besprechung mit dem anderen Beteiligten, d. h. nicht nur mit dem eigenen Mandanten stattgefunden hat. Dazu genügt zwar kein durch E-Mails geführter anwaltlicher Schriftwechsel,[80] aber die Entgegennahme einer auf Verfahrenserledigung gerichteten fernmündlichen Erklärung zwecks Prüfung und Weiterleitung an den Mandanten.[81]

4. Verfahrenswert; Geschäftswert

58 Der für die Berechnung der Anwaltsgebühren maßgebliche Wert ist nur dann mit dem Verfahrenswert (§ 28 FamGKG) bzw. mit dem Geschäftswert (§ 39 KostO) identisch, wenn der Vergleich den gesamten Verfahrensgegenstand erfasst und sich darauf beschränkt. Bei einem Teilvergleich bestimmt er sich nach dem betroffenen Teil des Verfahrensgegenstandes. Sind vom Verfahrensgegenstand nicht erfasste Streitigkeiten in den Vergleich einbezogen, kommt deren Wert hinzu.

59 Beim **Streit um die Wirksamkeit** eines verfahrensbeendenden gerichtlichen Vergleichs bestimmt sich dessen Wert grundsätzlich nach dem Wert des Verfahrens.[82] Durch den Vergleich mit erledigte Streitigkeiten außerhalb des Verfahrensgegenstandes haben unberücksichtigt zu bleiben, weil im Falle der Unwirksamkeit des Vergleichs das Verfahren fortzusetzen und dann allein dessen Wert maßgeblich wäre.[83] Wird auf einen solchen Streit die Erledigung des Verfahrens festgestellt und dagegen Rechtsmittel eingelegt, ist auch der

---

[76] BGH NJW 2009, 234.
[77] OLG Bremen NJW-RR 2010, 224.
[78] KG FamRZ 2011, 245; OLG Celle NJW 2010, 2962.
[79] BGH NJW-RR 2007, 1149; NJW-RR 2006, 1507.
[80] BGH NJW 2010, 381; a. M. OLG Koblenz JurBüro 2007, 413; 16. A. § 36 Rn 57.
[81] BGH NJW-RR 2007, 286.
[82] BGH BeckRS 2007, 03 981.
[83] LAG Düsseldorf MDR 2000, 1099.

Gebührenberechnung in der Rechtsmittelinstanz lediglich der Verfahrenswert und nicht der Vergleichswert zugrunde zu legen.[84]

Außergerichtliche Konfliktbeilegung; Mediation

36a *(1) [1] Das Gericht kann einzelnen oder allen Beteiligten eine gerichtsnahe Mediation (§ 1 Absatz 1 Satz 2 Nummer 2 des Mediationsgesetzes) oder ein anderes Verfahren der außergerichtlichen Konfliktbeilegung vorschlagen. [2] Soweit durch Landesrecht vorgesehen, kann das Gericht darüber hinaus auch in geeigneten Fällen eine gerichtsnahe Mediation (§ 1 Absatz 1 Satz 2 Nummer 3 des Mediationsgesetzes) vorschlagen. [3] In Gewaltschutzsachen sind die schutzwürdigen Belange der von Gewalt betroffenen Person zu wahren.*

(2) Entscheiden sich die Beteiligten zur Durchführung einer gerichtsnahen oder gerichtsinternen Mediation oder eines anderen Verfahrens der außergerichtlichen Konfliktbeilegung, setzt das Gericht das Verfahren aus.

(3) Gerichtliche Anordnungs- und Genehmigungsvorbehalte bleiben von der Durchführung einer Mediation oder eines anderen Verfahrens der außergerichtlichen Konfliktbeilegung unberührt.

Übersicht

	Rn
I. Normzweck; Anwendungsbereich	1
II. Außergerichtliche Konfliktbeilegung (Abs. 1 S. 1)	4
1. Allgemeines	4
2. Gerichtsnahe Mediation (Abs. 1 S. 1 1. Alt.)	5
3. Anderes Verfahren (Abs. 1 S. 1 2. Alt.)	7
III. Gerichtsinterne Mediation (Abs. 1 S. 2 u. 3)	8
1. Allgemeines	8
2. Abgrenzung zum Gütetermin	9
3. Rechtliche Stellung des richterlichen Mediators	12
IV. Aussetzung des Verfahrens	17
1. Konfliktbeilegung auf Vorschlag des Gerichts (Abs. 2)	17
2. Konfliktbeilegung auf Initiative der Beteiligten	18
3. Wirkung der Aussetzung	19
V. Umsetzung einer Einigung; Titulierung (Abs. 3)	20
VI. Vorgehen beim Ausbleiben einer Einigung	25
VII. Kosten und Gebühren	28
1. Kostenentscheidung	28
2. Gerichtsgebühren	29
3. Außergerichtliche Kosten	30
4. Verfahrenswert; Geschäftswert	33

I. Normzweck; Anwendungsbereich

§ 36 a soll durch das Gesetz zur Förderung der Mediation und anderer Verfahren der außergerichtlichen Konfliktbeilegung[1] – unter Umsetzung der Richtlinie 2008/52/EG vom 21. 5. 2008 (Europäische Mediationsrichtlinie)[2] – eingefügt werden. **Abs. 1** schafft durch Übernahme der Regelung des § 278 a Abs. 1 ZPO-E[3] eine allgemeine, d. h. nicht auf einzelne Angelegenheiten begrenzte oder bestimmte Sachen ausnehmende **ausdrückliche Rechtsgrundlage** für die gerichtsnahe Mediation und andere Verfahren einer außergerichtlichen Konfliktbeilegung sowie für die gerichtsinterne Mediation. Dabei sind anders als in § 36 Abs. 1 S. 2 (s. § 36 Rn 20) Gewaltschutzsachen (§ 210) nicht ausgenommen.[4] Die 1

---
[84] OLG Frankfurt NJW-RR 2004, 1296.
[1] Dort Art. 4 Nr. 3. Das Gesetzgebungsverfahren ist noch nicht abgeschlossen. Die Kommentierung erfolgt nach dem Regierungsentwurf, BT-Drs. 17/5335 u. 17/5496 (Gegenäußerung der Bundesregierung zu der Stellungnahme des Bundesrats).
[2] Vgl. dazu Eidenmüller/Prause NJW 2008, 2737; Sujecki EuZW 2010, 7.
[3] Art. 3 Nr. 5 des geplanten Gesetzes zur Förderung der Mediation und anderer Verfahren der außergerichtlichen Konfliktbeilegung, BT-Drs. 17/5335 u. 17/5496.
[4] BT-Drs. 17/5335 S. 23; BT-Drs. 17/5496 S. 3 (betr. Einfügung von Abs. 1 S. 3).

Definition der Mediation wird aus § 1 MediationsG-E[5] übernommen und somit als Rechtsbegriff in das FamFG-Verfahren eingeführt. **Abs. 2** ordnet die Aussetzung des Verfahrens (§ 21) für den Fall an, dass die Beteiligten dem Vorschlag des Gerichts folgen. **Abs. 3** stellt klar, dass durch außergerichtliche Konfliktbeilegung und gerichtsinterne Mediation die Dispositionsbefugnis der Beteiligten hinsichtlich des Verfahrensgegenstands nicht erweitert wird.

2 Zweck des § 36a ist es, bei Gewährleistung des Justizgewährungsanspruchs (Art. 19 Abs. 4 GG) Anreize für eine beschleunigte und die staatlichen Gerichte entlastende, einverständliche und deshalb gegenüber einer richterlichen Entscheidung grundsätzlich vorzugswürdige[6] Konfliktlösung zu schaffen. Dazu soll die **Eigenverantwortung der Beteiligten** bei der Lösung ihres dem Gerichtsverfahren zugrunde liegenden Konflikts gestärkt und ihnen die Chance zu dessen selbstbestimmter Beilegung eingeräumt werden. Dabei wird nicht zwischen nationalen und grenzüberschreitenden, d.h. der Richtlinie 2008/52/EG vom 24. 5. 2008 unterfallenden Verfahrensgegenständen unterschieden.[7]

3 Die Vorschrift gilt in Angelegenheiten der freiwilligen Gerichtsbarkeit und in Familiensachen, mit Ausnahme von Ehesachen (§ 121) und Familienstreitsachen (§ 112); dort ist § 278a ZPO-E entsprechend anzuwenden (§ 113 Abs. 1 S. 2).

II. Außergerichtliche Konfliktbeilegung (Abs. 1 S. 1)

1. Allgemeines

4 Nach **Abs. 1 S. 1** liegt es im Ermessen des Gerichts, den Beteiligten oder einzelnen von ihnen eine **während der Anhängigkeit** des Verfahrens, aber **außerhalb des Gerichts** stattfindende, d.h. gerichtsnahe Mediation (§ 1 Abs. 1 S. 2 Nr. 2 MediationsG-E) oder ein anderes Verfahren außergerichtlicher Konfliktbeilegung (§ 1 Abs. 1 S. 2 Nr. 3 MediationsG-E) vorzuschlagen. Weil es sich nicht um eine Soll-Vorschrift handelt, ist das Ermessen nicht eingeschränkt. Das Gericht kann somit im Rahmen seiner nach § 36 Abs. 1 S. 2 bestehenden Amtspflicht zur Prüfung einer einvernehmlichen Verfahrenserledigung (s. § 36 Rn 19) anstelle eigener Einigungsbemühungen den Beteiligten vorschlagen, außergerichtlich eine **freiwillige, eigenverantwortliche Streitbeilegung** zu versuchen. Der Vorschlag kann im Hinblick auf den weiten Beteiligtenbegriff des § 7 nach dem Ermessen des Gerichts auf einzelne Beteiligte beschränkt werden.[8] Insbesondere wird es in die elterliche Sorge und den Umgang mit dem Kind betreffenden Kindschaftssachen (§ 151 Nr. 1 u. 2) regelmäßig sachgerecht sein, nur die beteiligten Eltern einzubeziehen.

2. Gerichtsnahe Mediation (Abs. 1 S. 1 1. Alt)

5 Der Vorschlag der in Abs. 1 S. 2 Nr. 2 MediationsG-E verbindlich definierten gerichtsnahen Mediation mit Hilfe eines unabhängigen und neutralen (§ 1 Abs. 2 MediationsG-E) Mediators außerhalb des Gerichts nach **Abs. 1 S. 1 1. Alt** kommt in Betracht, wenn nach den Umständen des Einzelfalls Anhaltspunkte dafür bestehen, dass sich durch das allein an den Interessen und Sichtweisen der Beteiligten ausgerichtete, nicht durch die materielle Rechtslage oder durch verfahrensrechtliche Vorgaben bestimmte und speziell strukturierte Mediationsverfahren der Rechtsfriede in zumutbarer Weise und schneller, nachhaltiger oder kostengünstiger herstellen lässt. Das kommt insbesondere in Betracht, wenn persönliche bzw. familiäre Konflikte im Vordergrund stehen. Ebenso, wenn in echten Streitsachen eine Sachentscheidung des Gerichts eine aufwändige und langwierige Sachverhaltsaufklärung voraussetzt oder den Konflikt der Beteiligten wegen der Bindung an die Rechtslage und die Begrenzung auf den Verfahrensgegenstand nicht vollständig oder dauerhaft beenden kann.

6 Auch ein Richter kann als gerichtsnaher Mediator tätig werden.[9] Dabei ist aber zur Abgrenzung gegenüber der gerichtsinternen Mediation (s. Rn 12 ff.) als erforderlich anzuse-

---

[5] Meditationsgesetz = Art. 1 des geplanten Gesetzes zur Förderung der Mediation und anderer Verfahren der außergerichtlichen Konfliktbeilegung, BT-Drs. 17/5335 u. 17/5496.
[6] BVerfG NJW-RR 2007, 1073.
[7] BT-Drs. 17/5335 S. 11.
[8] BT-Drs. 17/5335 S. 23.
[9] BT-Drs. 17/5335 S. 13.

hen, dass er dem Gericht, bei dem das Verfahren anhängig ist, nicht angehört („außerhalb des Gerichts").

3. Anderes Verfahren (Abs. 1 S. 1 2. Alt)

Als anderes Verfahren außergerichtlicher Konfliktbeilegung nach **Abs. 1 S. 1 2. Alt** kommt im Anwendungsbereich von § 36 a vor allem die Inanspruchnahme der Vermittlung durch das Jugendamt (§ 17 Abs. 1 SGB VIII) und durch Beratungsstellen (§ 28 SGB VIII) in Betracht, im Übrigen u. a. ein Verfahren vor einer landesrechtlich vorgesehenen Schlichtungs- oder Gütestelle.

III. Gerichtsinterne Mediation (Abs. 1 S. 2 u. 3)

1. Allgemeines

Nach **Abs. 1 S. 2** kann das Gericht **in geeigneten Fällen** auch eine von einem im Verfahren nicht entscheidungsbefugten Richter durchzuführende, d. h. gerichtsinterne Mediation (§ 1 Abs. 1 S. 2 Nr. 3 MediationsG-E) vorschlagen, wenn dies **durch Landesrecht vorgesehen** ist. Damit unterliegt das Vorschlagsrecht des Gerichts einer zweifachen Einschränkung: Zunächst muss das Bundesland, in dem das für die Entscheidung zuständige (§ 2) Gericht seinen Sitz hat, durch Rechtsverordnung aufgrund der Ermächtigung in § 15 S. 1 GVG-E[10] die Voraussetzungen für eine gerichtsinterne Mediation geschaffen haben. Trifft dies zu, hat das Gericht **im konkreten Einzelfall** zu prüfen, ob diese Methode der Konfliktbeilegung nach dem Gegenstand des Verfahrens in Betracht kommt und unter Berücksichtigung der Interessen der Beteiligten Erfolg verspricht. Bestehen hinreichende Anhaltspunkte dafür, dass stattdessen ein Einigungsversuch durch das Gericht (§ 36 Abs. 1 S. 2) bzw. einen Güterichter (§ 278 Abs. 5 ZPO analog, s. § 36 Rn 21), ein Verfahren der außergerichtlichen Konfliktbeilegung (Abs. 1 S. 1) oder aber eine richterliche Entscheidung sachgerechter ist, hat der Vorschlag zu unterbleiben. Weil für eine Mediation in **Gewaltschutzsachen** im Einzelfall besondere personelle und äußere Rahmenbedingungen erforderlich sind,[11] wird dort eine gerichtsinterne Mediation nur ausnahmsweise in Betracht kommen. Außerdem hat das Gericht nach **Abs. 1 S. 3** die schutzwürdigen Belange der von Gewalt betroffenen Person (§ 1 Abs. 1 S. 1 u. Abs. 2 S. 1 GewSchG) zu wahren; es muss sie deshalb in seine Entscheidung darüber, ob eine Mediation vorgeschlagen wird, einbeziehen.[12] Mithin ist dem Antragsteller (Opfer) vor Unterbreitung eines Vorschlags gesondertes rechtliches Gehör zu gewähren.

2. Abgrenzung zum Gütetermin

Die gerichtsinterne Mediation unterscheidet sich vom Gütetermin vor einem Güterichter als beauftragtem oder ersuchtem Richter (§ 278 Abs. 5 ZPO analog) zunächst dadurch, dass sie nicht durch richterliche Anordnung, sondern durch **autonome Übereinkunft der Beteiligten** zustande kommt und sich in ihrer näheren Ausgestaltung danach richtet. Dementsprechend steht die Auswahl des richterlichen Mediators grundsätzlich (s. Rn 16) den an der Mediation Beteiligten zu (§ 2 Abs. 1 MediationsG-E). Sie sind auch für die während der Mediation zu treffenden Maßnahmen und Absprachen verantwortlich,[13] so dass sie hinsichtlich Inhalt und Formulierung der angestrebten Einigung frei sind. Aufgabe des als Mediator fungierenden Richters ist es, die Beteiligten bei der selbständigen Erarbeitung einer Konfliktlösung zu unterstützen, ohne dass ihm eine Befugnis zur konkreten rechtlichen Beratung über die dem Konflikt zugrunde liegenden Rechtsfragen zukommt.[14] Die Beteiligten können die Mediation jederzeit beenden (§ 2 Abs. 5 S. 1 MediationsG-E).

---

[10] Art. 2 des geplanten Gesetzes zur Förderung der Mediation und anderer Verfahren der außergerichtlichen Konfliktbeilegung, BT-Drs. 17/5335 u. 17/5496.
[11] BT-Drs. 17/5335 S. 23.
[12] BT-Drs. 17/5496 S. 3.
[13] BT-Drs. 17/5335 S. 14.
[14] BT-Drs. 17/5335 S. 10.

10 Darüber hinaus darf die gerichtsinterne Mediation im Gegensatz zum Gütetermin nur ein im anhängigen Verfahren **nicht entscheidungsbefugter Richter** durchführen. Anders als ein Güterichter darf er die Verfahrensakten nur mit Zustimmung der Beteiligten einsehen.[15] Er kann auch keinen gerichtlichen Vergleich (§ 36) protokollieren.

11 Die gerichtsinterne Mediation ist nach ihrem Zweck der vertraulichen und die Privatsphäre der Beteiligten wahrenden Konfliktbeilegung durch einen grundsätzlich (s. Rn 15) zur Verschwiegenheit verpflichteten richterlichen Mediator (§ 4 MediationsG-E) **nicht öffentlich**. Die Beteiligten können aber etwas anderes vereinbaren und einvernehmlich Dritte einbeziehen (§ 2 Abs. 4 MediationsG-E). Termine werden nicht einseitig durch den richterlichen Mediator bestimmt, sondern mit den Beteiligten vereinbart.

3. Rechtliche Stellung des richterlichen Mediators

12 Bei der gerichtsinternen Mediation wird der richterliche Mediator nach Abs. 1 S. 2 i. V. m. der dort vorausgesetzten landesrechtlichen Regelung durch **gesetzliche Aufgabenzuweisung** tätig. An dieser Zuweisung ist der Gesetzgeber nach Art. 92, 20 Abs. 2 GG nicht gehindert, weil dem Richter durch Gesetz auch Aufgaben zugewiesen werden können, die nicht zur Rechtsprechung im materiellen Sinn gehören, sofern das Grundgesetz die Wahrnehmung dieser Aufgaben nicht einer anderen Gewalt vorbehält.[16] Ein solcher Vorbehalt besteht für die einverständliche Beilegung eines Konflikts anlässlich des (zumindest auch) über ihn anhängigen Gerichtsverfahrens nicht. Mithin handelt es sich um eine **richterliche Tätigkeit eigener Art**, welche die Verfahrensentscheidung als Kernelement der Rechtsprechung nicht enthält.[17]

13 Der richterliche Mediator ist kein gesetzlicher Richter i. S. d. Art. 101 Abs. 1 S. 2 GG, weil er in dem der Mediation zugrunde liegenden Verfahren keine Rechtsprechungskompetenz hat. Seine allgemeine, d. h. nicht auf bestimmte Sachen bezogene **Zuständigkeit** für die gerichtsinterne Mediation ist aber durch das Präsidium des Gerichts **in der Geschäftsverteilung zu regeln**, d. h. im Wege der richterlichen Selbstverwaltung zu begründen.[18] Dabei sind geeignete Vorkehrungen dafür zu treffen, dass nur ein Richter tätig wird, der dem für die Entscheidung im Verfahren zuständigen Spruchkörper, nicht angehört, auch nicht vertretungsweise.

14 Die Trennung von gerichtsinterner Mediation und Sachentscheidung[19] wird auch durch § 6 Abs. 1 S. 1 FamFG i. V. m. **§ 41 Nr. 7 ZPO-E**[20] gewährleistet. Danach ist ein Richter in Verfahren, die den gleichen Gegenstand betreffen wie eine unter seiner Mitwirkung nach § 1 Abs. 1 S. 2 Nr. 1–3[21] durchgeführte Konfliktbeilegung, von der Ausübung des Richteramts **kraft Gesetzes ausgeschlossen**. Mithin darf er weder im Fall des Scheiterns der Konfliktbeilegung an der dann zu treffenden Entscheidung noch beim Zustandekommen einer Einigung an der Errichtung eines gerichtlichen Vergleichs (§ 36) oder gerichtlich gebilligten Vergleichs (§ 156 Abs. 2) mitwirken.

15 Ein für die gerichtsinterne Mediation zuständiger Richter ist auch bei dieser Tätigkeit allein **an Recht und Gesetz gebunden** (Art. 20 Abs. 3, 97 Abs. 1 GG). Er darf sich deshalb nicht an eine Vertraulichkeitsabrede der Beteiligten halten, soweit er damit ihn als Amtsträger treffende Anzeigepflichten verletzen würde. Auch darf er nicht an einer Einigung mitwirken, die ihm als rechts- oder sittenwidrig erkennbar ist, weshalb er eine **Pflicht zur Rechtmäßigkeitsprüfung** hat.[22]

16 Durch die der Mediation zugrundeliegende Übereinkunft der Beteiligten werden **keine Rechtsbeziehungen** zum Richter begründet, insbesondere keine haftungs- und vergütungsrechtlichen Folgen ausgelöst. Auch besteht **kein Rechtsanspruch** der Beteiligten

---

[15] BT-Drs. 17/5335 S. 20.
[16] BVerfG NJW 1983, 2812; NJW 1967, 1123.
[17] BT-Drs. 17/5335 S. 20.
[18] BT-Drs. 17/5335 S. 21.
[19] BT-Drs. 17/5335 S. 20
[20] Art. 3 Nr. 2 des geplanten Gesetzes zur Förderung der Mediation und anderer Verfahren der außergerichtlichen Konfliktbeilegung, BT-Drs. 17/5335 u. 17/5496.
[21] BT-Drs. 17/5335 S. 20.
[22] Wimmer NJW 2007, 3243/3246.

auf die Durchführung der Mediation durch einen bestimmten, dafür in der Geschäftsverteilung vorgesehenen Richter. Weil dieser ein Dienstgeschäft ausführt, unterliegt seine Tätigkeit der Amtshaftung nach Art. 34 GG, § 839 BGB, wobei aber **kein Spruchrichterprivileg** (§ 839 Abs. 2 BGB) gilt.[23]

IV. Aussetzung des Verfahrens

1. Konfliktbeilegung auf Vorschlag des Gerichts (Abs. 2)

Nach **Abs. 2** ist das Verfahren auszusetzen (§ 21), wenn sich die Beteiligten für eine außergerichtliche Konfliktbeilegung oder eine gerichtsinterne Mediation entscheiden. Insoweit ist das in § 21 Abs. 1 S. 1 eingeräumte Ermessen des Gerichts durch gesetzliche Anordnung auf Null reduziert. Deshalb ist **ohne weitere Prüfung** ein wichtiger Grund i. S. d. § 21 Abs. 1 S. 1 als gegeben anzusehen und **von Amts wegen** auszusetzen. Zwar beschränkt sich die Regelung des Abs. 2 nach ihrem Wortlaut nicht ausdrücklich auf den Fall, dass der Entschluss der Beteiligten zur einvernehmlichen Konfliktbeilegung auf dem Vorschlag des Gerichts beruht; aber dies ergibt sich aus dem Normzweck und dem Regelungszusammenhang der Abs. 1 und 2.

2. Konfliktbeilegung auf Initiative der Beteiligten

Entschließen sich die Beteiligten oder einzelne von ihnen ohne Vorschlag des Gerichts, d. h. aus eigenem Antrieb zu einer einvernehmlichen Konfliktbeilegung und teilen dies unter Beantragung bzw. Anregung der Aussetzung übereinstimmend mit, hat das Gericht darüber nach pflichtgemäßem Ermessen (s. § 21 Rn 21) zu befinden. In einem solchen Fall ist regelmäßig ein **wichtiger Grund** i. S. d. **§ 21 Abs. 1 S. 1** anzunehmen, wenn dem nicht die Eigenart des Verfahrens[24] entgegensteht oder aufgrund konkreter Umstände davon auszugehen ist, dass eine Verfahrensbeendigung durch richterliche Entscheidung den Interessen aller Beteiligten besser gerecht wird.

3. Wirkung der Aussetzung

Die Aussetzung hat – im Gegensatz zum Ruhen des Verfahrens in Ehesachen und Familienstreitsachen (§ 113 Abs. 1 S. 2 FamFG i. V. m. § 278 a Abs. 2 ZPO-E)[25] – insbesondere zur Folge, dass im Verfahren der **Lauf aller Fristen endet**, § 21 Abs. 1 S. 2 FamFG i. V. m. § 249 Abs. 1 ZPO (s. § 21 Rn 25 ff.). Sowohl gegen die Aussetzung wie gegen deren Ablehnung ist nach § 21 Abs. 2 die sofortige Beschwerde entsprechend §§ 567–572 ZPO gegeben. Eine **Anfechtung** der Aussetzung kommt insbesondere in Betracht, wenn ein Beteiligter innerhalb der Beschwerdefrist von der einvernehmlichen Konfliktbeilegung Abstand nimmt oder wenn ein dort nicht einbezogener Beteiligter eine Verfahrensverzögerung befürchtet. Die Ablehnung der Aussetzung kann vor allem dann angefochten werden, wenn die Beteiligten ohne Vorschlag des Gerichts die Aussetzung beantragt bzw. angeregt haben (s. Rn 18).

V. Umsetzung einer Einigung; Titulierung (Abs. 3)

Kommt es bei der außergerichtlichen Konfliktbeilegung oder der gerichtsinternen Mediation zu einer den Verfahrensgegenstand erledigenden Einigung (Abschlussvereinbarung bzw. Mediationsvergleich), haben die Beteiligten den Inhalt dieser Einigung dem erkennenden Gericht mitzuteilen, damit auf seiner Grundlage ein **gerichtlicher Vergleich** (§ 36) als Vollstreckungstitel (§ 86 Nr. 3 FamFG i. V. m. § 794 Abs. 1 Nr. 1 ZPO) aufgenommen werden kann. Jedenfalls wenn es sich nicht nur um eine Teileinigung handelt, ist es zur Vermeidung eines Protokollierungstermins (s. § 36 Rn 24 ff.) zweckmäßig, die Mitteilung in der Form eines Vorschlags für einen durch Beschluss festzustellenden schriftlichen Vergleich nach § 36 Abs. 3 FamFG i. V. m. **§ 278 Abs. 6 ZPO** abzufassen (s. § 36 Rn 31 ff.).[26]

---

[23] BT-Drs. 17/5335 S. 14.
[24] BT-Drs. 16/6308 S. 184.
[25] BGH NJW 2009, 1149 (zu der als Mediationsverfahren ausgestalteten Güteverhandlung nach § 278 ZPO).
[26] BT-Drs. 17/5496 S. 2.

21 Durch **Abs. 3** wird ausdrücklich klargestellt, dass die einvernehmliche Konfliktbeilegung die den Beteiligten durch materielles und Verfahrensrecht eingeräumte **Dispositionsbefugnis nicht erweitert**.[27] Deshalb ist für den Abschluss eines gerichtlichen Vergleichs Voraussetzung, dass die Beteiligten über den Gegenstand des Verfahrens – und ggf. über die weiteren in die Einigung einbezogenen Streitpunkte (s. § 36 Rn 6) – verfügen können (§ 36 Abs. 1 S. 1). In Familiensachen der freiwilligen Gerichtsbarkeit kommt dies insbesondere in Ehewohnungs- und Haushaltssachen (§ 200) in Betracht.

22 In **Kindschaftssachen** ist zu beachten, dass dort das Kindeswohl maßgebliches Kriterium ist und dessen Beurteilung allein dem erkennenden Gericht vorbehalten ist. Deshalb hat dieses nach Durchführung etwa noch erforderlicher Ermittlungen (§ 26) zu prüfen, ob die Einigung insgesamt, teilweise oder in modifizierter Form in den insoweit zwingend erforderlichen **Beschluss** (§ 86 Abs. 1 Nr. 1) übernommen werden kann. Geht es um das Umgangsrecht oder die Herausgabe des Kindes, kann die einvernehmliche Regelung nach erfolgter Kindeswohlprüfung als **gerichtlich gebilligter Vergleich** zum Vollstreckungstitel (§ 86 Abs. 1 Nr. 2) gemacht werden, § 156 Abs. 2. Zur Erleichterung der Entscheidungsfindung kann es sinnvoll sein, wenn der richterliche Mediator dem Gericht mit Zustimmung der Beteiligten die Gründe für die dort erarbeitete Lösung mitteilt.[28]

23 Haben sich die Beteiligten auf eine **Rücknahme** des Antrags bzw. der Beschwerde oder auf eine **Erledigung der Hauptsache** geeinigt, sind die dafür erforderlichen Verfahrenserklärungen gegenüber dem Gericht abzugeben. Eine solche Einigung kommt insbesondere für solche Sachen in Betracht, in denen die Beteiligten über den Verfahrensgegenstand nicht verfügen können (s. Rn 21).

24 Kommt es ausschließlich zu einer Einigung über Streitpunkte, die in keinem Zusammenhang mit dem Verfahrensgegenstand stehen, kann ggf. eine **notarielle Urkunde** als Vollstreckungstitel (§ 86 Nr. 3 FamFG i. V. m. § 794 Abs. 1 Nr. 5 ZPO) errichtet werden.

VI. Vorgehen beim Ausbleiben einer Einigung

25 Führt die außergerichtliche Konfliktbeilegung oder die gerichtsinterne Mediation nicht zu einer den gesamten Verfahrensgegenstand erledigenden Einigung, hat das Gericht dem Verfahren von Amts wegen Fortgang zu geben, d. h. durch verfahrensleitende Verfügung die **Beendigung der Aussetzung** herbeizuführen.

26 Im Amtsverfahren ist es im Hinblick auf die Verfahrensförderungspflicht des Gerichts und zur Wahrung des Justizgewährungsanspruchs zulässig und sachgerecht, den in die einvernehmliche Konfliktbeilegung einbezogenen Beteiligten eine in Abhängigkeit vom Verfahrensgegenstand bemessene **Frist zur Einigung** zu setzen. In den Aufenthalt des Kindes, das Umgangsrecht oder die Herausgabe des Kindes betreffenden Sachen ist das Verfahren nach **§ 155 Abs. 4**-E im Hinblick auf das dort geltende Vorrang- und Beschleunigungsgebot (§ 155 Abs. 1) regelmäßig drei Monate nach Erlass des Aussetzungsbeschlusses wieder aufzunehmen (s. § 155 Rn 16).

27 Haben die Beteiligten über einen selbständigen, d. h. einer Teilentscheidung zugänglichen Teil des Verfahrensgegenstandes eine Einigung erzielt, kann ein gerichtlicher **Teilvergleich** aufgenommen werden (s. oben Rn 20). Wurde nur über einzelne entscheidungserhebliche Konfliktpunkte Einvernehmen erzielt, können die Beteiligten diese Teileinigung dem Gericht übereinstimmend mitteilen, damit sie ggf. bei der Entscheidung berücksichtigt werden kann.

VII. Kosten und Gebühren

1. Kostenentscheidung

28 Kommt es in **Familiensachen** aufgrund einvernehmlicher Konfliktbeilegung zu einem den gesamten Verfahrensgegenstand umfassenden gerichtlichen Vergleich (§ 36) und haben die Beteiligten keine in diesen aufzunehmende Kostenregelung getroffen, gilt § 83 Abs. 1.

---

[27] BT-Drs. 17/5335 S. 23.
[28] BT-Drs. 17/5335 S. 23.

In allen anderen Fällen der Verfahrensbeendigung hat das Gericht nach § 81 über die Kostenverteilung zu befinden, also auch wenn es aufgrund einer Einigung der Beteiligten zur Antragsrücknahme oder Erledigung der Hauptsache kommt (§ 83 Abs. 2).

2. Gerichtsgebühren

In **Familiensachen** führt ein das gesamte Verfahren beendender gerichtlicher Vergleich **29** (§ 36) zu einer Ermäßigung der Verfahrensgebühr. Siehe im einzelnen § 36 Rn 53 f.[29]

3. Außergerichtliche Kosten

Für eine gerichtsnahe Mediation oder sonstige **außergerichtliche Konfliktbeilegung** **30** fallen Kosten an, soweit der Mediator oder die in Anspruch genommene Einrichtung ein Entgelt erhebt bzw. eine Vergütung vereinbart wird. Für den anwaltlichen Mediator gilt insoweit die Regelung des § 34 Abs. 1 RVG i. V. m. § 612 BGB. Die **gerichtsinterne Mediation** ist mit der in Familiensachen entstehenden Verfahrensgebühr (s. § 32 Rn 55 f.) abgegolten.

Der zur Vertretung im Verfahren **bevollmächtigte Anwalt** enthält für seine Teilnahme **31** an der gerichtsnahen Mediation oder sonstigen außergerichtlichen Konfliktbeilegung und an einer gerichtsinternen Mediation eine **Terminsgebühr** nach Abs. 3 der Vorbemerkung 3 VV RVG, weil es sich jeweils im Sinne dieser Vorschrift um die Mitwirkung an auf Erledigung des Verfahrens gerichteten Besprechungen ohne Beteiligung des Gerichts handelt.[30] Im Übrigen fallen keine zusätzlichen Gebühren, an, weil keine dem gerichtlichen Verfahren vorausgegangene Konfliktbeilegung (§ 17 Nr. 7 a RVG) vorliegt, sondern eine Tätigkeit im Rechtszug bzw. im Verfahren (§ 19 Abs. 1 S. 1 u. S. 2 Nr. 2 RVG). Deshalb entsteht keine Geschäftsgebühr nach Nr. 2303 VV RVG.[31] Auch erwächst kein Vergütungsanspruch nach § 34 Abs. 1 RVG, weil der Anwalt als Verfahrensbevollmächtigter und nicht als Mediator tätig wird.[32] Kommt es nach Beendigung der außergerichtlichen Konfliktbeilegung oder nach Abschluss der gerichtsinternen Mediation zu einem Termin vor dem erkennenden Gericht, fällt nach Nr. 3104 VV RVG (erste Instanz) bzw. Nr. 3202 oder Nr. 3513 VV RVG (Beschwerdeinstanz) keine weitere Terminsgebühr an, weil die bereits entstandene angerechnet wird.

Im Falle einer Einigung fällt eine **Einigungsgebühr** nach Nr. 1003 VV RVG (erste **32** Instanz) bzw. Nr. 1004 VV RVG (Beschwerdeinstanz) an.

4. Verfahrenswert; Geschäftswert

Die **Wertfestsetzung** hinsichtlich Verfahren und Vergleich ist dem entscheidungsbefug- **33** ten Richter, d. h. **dem erkennenden Gericht vorbehalten**, auch in Fällen der gerichtsinternen Mediation. Dort kann aber der richterliche Mediator mit Zustimmung der Beteiligten dem Gericht einen Vorschlag für die Bemessung des Wertes der erzielten Einigung unterbreiten.[33] Das ist sinnvoll, wenn sie auch Konfliktpunkte umfasst, die nicht Gegenstand des Verfahrens sind. Im Übrigen wird Auf § 32 Rn 59 f. u. § 36 Rn 58 verwiesen.

Grundlage der Entscheidung

§ 37

(1) **Das Gericht entscheidet nach seiner freien, aus dem gesamten Inhalt des Verfahrens gewonnenen Überzeugung.**

(2) **Das Gericht darf eine Entscheidung, die die Rechte eines Beteiligten beeinträchtigt, nur auf Tatsachen und Beweisergebnisse stützen, zu denen dieser Beteiligte sich äußern konnte.**

---

[29] Auf Vorschlag des Bundesrats (BT-Drs. 17/5335 S. 35) soll noch geprüft werden, ob für die **gerichtsinterne Mediation** gesonderte **Gebühren** zu erheben sind (BT-Drs. 17/5496 S. 3).
[30] OLG Celle NJW 2009, 1219; OLG Hamm NJW 2006, 2499 (für die Güteverhandlung vor einem richterlichen Mediator als beauftragtem Richter).
[31] OLG Rostock OLGR 2007, 159.
[32] OLG Braunschweig Rpfleger 2007, 114.
[33] BT-Drs. 17/5335 S. 21.

I. Normzweck; Anwendungsbereich

1 § 37 legt in **Abs. 1** fest, welcher Verfahrensstoff Grundlage der Sachentscheidung sein darf und welchen Entscheidungsmaßstab das Gericht anzulegen hat. **Abs. 2** stellt klar, dass die Verwertung der Entscheidungsgrundlage für einen Eingriff in die subjektiven Rechte eines Beteiligten von der vorherigen Gewährung des rechtlichen Gehörs ihm gegenüber abhängig ist.

2 Die Vorschrift gilt in Angelegenheiten der freiwilligen Gerichtsbarkeit und in Familiensachen mit Ausnahme von Ehesachen (§ 121) und Familienstreitsachen (§ 112); insoweit ist nach § 113 Abs. 1 S. 2 die ZPO entsprechend anzuwenden. Für bestimmte Angelegenheiten gehen Sonderregelungen vor. Zur Übergangsregelung siehe die Erläuterungen zu Art. 111 FGG-RG.

II. Formelle Entscheidungsgrundlage (Abs. 1)

3 Nach **Abs. 1** hat das Gericht seiner Entscheidung den gesamten Inhalt des Verfahrens zugrunde zu legen. Darunter ist die im Verfahren gewonnene Erkenntnisgrundlage zu verstehen, soweit sie aktenkundig geworden ist. Verwertet werden darf somit nur derjenige **Verfahrensstoff, der sich aus der Akte ergibt**, d. h. nach Inhalt und Zustandekommen objektiv nachvollziehbar ist. Die Entscheidungsgrundlage erschöpft sich mithin im Akteninhalt, erfasst diesen aber zugleich in seinem vollen, bis zum Erlass der Entscheidung (§ 38 Abs. 3 S. 2) angefallenen Umfang. Damit kommt zum Ausdruck, dass im Anwendungsbereich von § 37, anders als in Ehesachen (§ 121) und Familienstreitsachen (§ 112), der Mündlichkeitsgrundsatz nicht gilt (s. § 32 Rn 7). Vielmehr müssen in einem Erörterungs- oder Anhörungstermin und im Rahmen der formlosen Ermittlungen abgegebene mündliche Erklärungen aktenkundig (§§ 28 Abs. 4, 29 Abs. 3) gemacht werden, damit sie bei der Entscheidungsfindung verwertet werden können. Zugleich gewährleistet deren Beschränkung auf den für die Beteiligten durch Einsichtnahme (§ 13) oder Maßnahmen des Gerichts (s. § 34 Rn 13 ff.) zugänglichen Akteninhalt die Transparenz und Rechtsstaatlichkeit (Art. 20 Abs. 3 GG) des Verfahrens.

4 Aktenbestandteile, die nach § 13 Abs. 1 zum **Schutz der Persönlichkeitsrechte** eines Beteiligten oder Dritten vom Recht auf Akteneinsicht ausgenommen sind oder aus diesem Grund einem Beteiligten nicht durch das Gericht zur Kenntnis gebracht wurden, dürfen grundsätzlich nicht für die Entscheidung verwertet werden. Das gilt ausnahmsweise dann nicht, wenn die Beteiligten auf andere, ihrem Anspruch auf rechtliches Gehör (Art. 103 Abs. 1 GG) vollständig entsprechende Weise über den entscheidungserheblichen Inhalt dieses Verfahrensstoffs informiert wurden. Dazu kommen insbesondere eine auszugsweise Übersendung der darauf bezogenen Aktenbestandteile oder die Übermittlung einer schriftlichen Zusammenfassung ihres wesentlichen Inhalts in Betracht.[1] Auch in solchen Fällen muss sich die Informationsgewährung nach ihrem konkreten Umfang und ihrer tatsächlichen Bewirkung aus den Akten ergeben: Erfolgt sie mündlich, ist dies in einem Vermerk aktenkundig zu machen.

5 Zur formellen Entscheidungsgrundlage zählen somit insbesondere das schriftliche Vorbringen der Beteiligten; Vermerke des Gerichts über Termine und persönliche Anhörungen (§ 28 Abs. 4) sowie über die Ergebnisse einer formlosen Beweiserhebung (§ 29 Abs. 3); die Niederschrift über eine förmliche Beweisaufnahme im Termin (§ 30 Abs. 1 FamFG i. V. m. § 160 Abs. 3 Nr. 4 u. 5 ZPO); schriftliche Sachverständigengutachten und Zeugenaussagen; schriftliche Äußerungen von Behörden und Auskunftspersonen; zur Akte gelangte Urkunden. Ferner der Inhalt beigezogener Akten aus anderen Verfahren, wenn die Beiziehung und beabsichtigte Verwertung dieser Akten, insbesondere im Hinblick auf dort befindliche Zeugenaussagen und Sachverständigengutachten, den Beteiligten mitgeteilt und ihnen Gelegenheit zur darauf bezogenen Akteneinsicht und Stellungnahme gegeben wurde.[2]

---

[1] BT-Drs. 16/6308 S. 181.
[2] BGH NJW 1993, 2382.

III. Äußerungsrecht der Beteiligten (Abs. 2)

In **Abs. 2** sind das in Art. 103 Abs. 1 GG garantierte Recht der Beteiligten auf Äußerung 6 und Information (s. § 34 Rn 7) sowie die damit korrespondierende **Mitteilungspflicht des Gerichts**[3] ausdrücklich festgeschrieben. Diese Pflicht bezieht sich auf alle entscheidungserheblichen Aktenbestandteile. Ihre Verletzung stellt nur dann keinen Verfahrensfehler dar, wenn der davon betroffene Verfahrensstoff weder direkt noch mittelbar, d. h. weder allein noch im Wertungszusammenhang mit anderen Tatsachen und Ermittlungsergebnissen zur Begründung eines Eingriffs in subjektive Rechte gemacht werden soll. Daraus ergibt sich zugleich eine Ausnahme vom Grundsatz der Unverwertbarkeit eines den Beteiligten nicht zugänglich gemachten Aktenbestandteils. Danach darf dieser bei der Entscheidung berücksichtigt werden, wenn eine darauf beruhende Beschwer (§ 59 Abs. 1) ausgeschlossen werden kann.

Um dies sicherzustellen, ist das Gericht **vor Erlass der Entscheidung** zur – nochmaligen – **Überprüfung der Gewährung rechtlichen Gehörs** in Bezug auf denjenigen Beteiligten verpflichtet, in dessen Rechtsstellung durch die Entscheidung eingegriffen werden könnte. Das gilt auch für Registereintragungen.[4] Besteht danach noch ein Äußerungsrecht zu einem bestimmten entscheidungserheblichen Gesichtspunkt, muss dazu eine angemessene Frist zur Stellungnahme gesetzt werden. Diese bereits unmittelbar aus der Verfassung folgende und in ständiger Rechtsprechung[5] festgeschriebene Pflicht nimmt § 37 Abs. 2 ausdrücklich in die Verfahrensordnung auf. Wenn dem Gebot der Gehörsgewährung durch die Übersendung von Abschriften genügt werden soll (s. § 34 Rn 13), hat das Gericht sich vom tatsächlichen Zugang zu vergewissern, insbesondere bei formloser Übersendung.[6]

Aus Abs. 2 kann nicht gefolgert werden, dass erst bei sich abzeichnender Entscheidungsreife, d. h. am Ende des Verfahrens rechtliches Gehör zu gewähren ist. Zwar ist nach dem Willen des Gesetzgebers eine schematische Versendung von Verfahrensunterlagen an alle Beteiligten nicht erforderlich, weil die Flexibilität des FamFG-Verfahrens gewahrt und gleichzeitig der in organisatorischer und finanzieller Hinsicht zu leistende Aufwand auf das Unvermeidliche beschränkt werden soll.[7] Was in diesem Sinne von Verfassungs wegen geboten ist, lässt sich abschließend erst im Stadium der Entscheidungsreife beurteilen. Aber der Anspruch auf rechtliches Gehör soll die Beteiligten auch in die Lage versetzen, jederzeit am Verfahren aktiv teilhaben sowie dessen Verlauf durch Ausführungen und ggf. Anträge beeinflussen zu können, worauf das Gericht durch Hinweise hinzuwirken hat (s. § 34 Rn 18). Bereits deshalb ist regelmäßig die laufende Übermittlung der im Verfahren anfallenden entscheidungsrelevanten Unterlagen angezeigt. Etwas anderes kommt nur bei weniger komplexem Verfahrensstoff in Betracht, wenn zur umfassenden Äußerung der Beteiligten eine einzige schriftliche Stellungnahme oder ein dafür bestimmter Erörterungs- (§ 32) oder Anhörungstermin (§ 34) ausreicht. Zu den in Betracht kommenden **Maßnahmen zur Gehörsgewährung** siehe im Einzelnen § 34 Rn 13 ff. **Beispiele einer Gehörsverletzung** finden sich bei § 44 Rn 39.

IV. Freie Überzeugungsbildung

1. Gegenstand

Nach **Abs. 1** ist der gesamte Inhalt des Verfahrens zur Überzeugungsbildung des 9 Gerichts heranzuziehen. Dies ist zunächst der **Akteninhalt,** also die Gesamtheit der dort dokumentierten Tatsachen und Ermittlungsergebnisse. Hinzu kommt der im Verlauf des Verfahrens gewonnene **persönliche Eindruck** des Gerichts. Dieser ergibt sich insbesondere in Bezug auf Beteiligte und Zeugen auf der Grundlage durchgeführter Erörterungs-,

---

[3] BT-Drs. 16/6308 S. 190.
[4] OLG Köln BeckRS 2011, 07229.
[5] BVerfG NJW 2011, 1275.
[6] BVerfG NJW 2006, 2248; BayVerfGH NJW-RR 2008, 1312.
[7] BT-Drs. 16/6308 S. 194.

Anhörungs- und Beweistermine. Auch das **Verhalten der Beteiligten** im Verfahren ist Erkenntnisquelle[8] und hinsichtlich seiner entscheidungsrelevanten Bedeutung zu würdigen. Das betrifft zunächst Umfang und Inhalt des schriftlichen und mündlichen Vorbringens, vor allem im Hinblick auf die Erfüllung der Pflicht zur Mitwirkung an der Aufklärung des Sachverhalts sowie zum vollständigen und wahrheitsgemäßen Sachvortrag (§ 27). Auch das Nichtbefolgen einer Ladung zum Erörterungstermin und die Vereitelung einer Augenscheinseinnahme bzw. der Durchführung eines Ortstermins sind in die Überzeugungsbildung einzubeziehen. Ebenso die Weigerung eines Beteiligten, sich zu bestimmten Tatsachen zu erklären oder ihm verfügbare Unterlagen vorzulegen.

2. Freie Würdigung

10   Die freie Würdigung bezieht sich sowohl auf den **Vorgang der Überzeugungsbildung** als solchen wie auf das zur Entscheidungsfindung geforderte **Maß der Überzeugung**. Danach hat das Gericht den Wahrheitsgehalt von Tatsachenbehauptungen und Ermittlungsergebnissen grundsätzlich ohne Bindung an Beweisregeln zu beurteilen und sich auf diese Weise seine subjektive Überzeugung vom Vorliegen oder Nichtvorliegen eines entscheidungserheblichen Sachverhalts zu verschaffen. Deshalb kann das Gericht z. B. dem Vorbringen eines Beteiligten mehr Glauben schenken als der Aussage eines Zeugen. Das Beweismaß entspricht demjenigen, das in der Rechtsprechung zu § 286 ZPO herausgebildet worden ist.[9] Danach darf und muss sich das Gericht mit einem für das praktische Leben brauchbaren Grad von Gewissheit begnügen, der Zweifeln Schweigen gebietet, ohne sie völlig auszuschließen.[10]

11   Die tatrichterliche Würdigung muss umfassend und widerspruchsfrei sein. Dazu hat sie den Verfahrensstoff vollständig, d. h. erschöpfend zu erfassen,[11] muss rechtlich möglich sein und darf nicht gegen Denkgesetze oder Erfahrungssätze verstoßen.[12] Deshalb ist die Würdigung als solche, nicht hingegen ihr Ergebnis **nachprüfbar**; denn insoweit handelt es sich um Rechtsanwendung (s. § 74 Rn 30). Zur Ermöglichung einer solchen Prüfung hat das Gericht in den Gründen der Entscheidung nachvollziehbar darzulegen, wie und auf welcher Erkenntnisgrundlage es zu seiner Überzeugung gelangt ist. Dies ergibt sich sowohl aus der in § 38 Abs. 3 S. 1 festgeschriebenen allgemeinen Begründungspflicht wie aus dem Gebot des rechtlichen Gehörs und dem verfassungsrechtlichen Willkürverbot.[13] Die Darlegung erfordert auch die Angabe der Gesichtspunkte, die für die angenommene Beweiskraft von Indizien maßgeblich waren.[14] Die Überzeugung von sog. inneren Tatsachen muss auf Umständen beruhen, die nach der Lebenserfahrung den Schluss hierauf zulassen.[15] Allgemein- und gerichtskundige Tatsachen, d. h. solche i. S. d. § 291 ZPO[16] dürfen nur herangezogen werden, wenn sie aktenkundig zur Gewährung rechtlichen Gehörs in das Verfahren eingeführt worden sind.[17] Gleiches gilt für privat erlangtes Wissen des Gerichts und für Erfahrungssätze außerhalb des Bereichs der allgemeinen Lebenserfahrung.

3. Einschränkungen

12   Einschränkungen der freien Würdigung ergeben sich bei der Beurteilung von Tatsachen, die durch **förmliche Beweisaufnahme** festgestellt wurden. Sind die dabei nach § 30 entsprechend anzuwendenden Vorschriften der ZPO nicht eingehalten, einschließlich der Protokollierungspflicht nach § 160 Abs. 3 Nr. 4 u. 5 ZPO,[18] ist die darauf gestützte

---

[8] BayObLG FGPrax 2002, 111.
[9] BT-Drs. 16/6308 S. 194.
[10] BGH NJW 1994, 801; NJW 1993, 935.
[11] BGH NJW-RR 2004, 425; NJW-RR 2002, 774.
[12] BGH NJW 1999, 3481; NJW 1987, 1557.
[13] BVerfG NJW 1994, 2279.
[14] BGH NJW 1991, 1894.
[15] BVerfG NJW 1993, 2165; BGH NJW-RR 2004, 247.
[16] Thomas/Putzo/Reichold § 291 Rn 1 f.
[17] BVerfG NJW-RR 1996, 183; NVwZ 1993, 769; BGH NJW-RR 1993, 1122.
[18] BGH NJW 2006, 2482; NJW-RR 1987, 1197.

Überzeugung des Gerichts rechtsfehlerhaft zustande gekommen (s. § 74 Rn 31). Ebenso wenn ein Sachverständigengutachten in die Überzeugungsbildung einbezogen wird, obwohl dort die tatsächlichen Grundlagen des Gutachtens nicht offen gelegt sind.[19] Die Beurteilung der Glaubwürdigkeit eines Zeugen setzt nach dem Grundsatz der Unmittelbarkeit der Beweisaufnahme (§ 30 Abs. 1 FamFG i. V. m. § 355 ZPO) voraus, dass sie auf der Wahrnehmung der an der Entscheidung beteiligten Richter beruht oder die für die Würdigung maßgeblichen Umstände in den Akten festgehalten sind und die Beteiligten Gelegenheit zur Äußerung hatten.[20] Ist deshalb in der Beschwerdeinstanz eine erneute Vernehmung eines in erster Instanz vernommenen Zeugen geboten, kann sie nicht durch eine persönliche Anhörung (§ 33) ersetzt werden.[21] Stützt das erstinstanzliche Gericht eine Feststellung auf die Aussagen mehrerer Zeugen, darf das Beschwerdegericht eine hiervon abweichende Feststellung nicht mit der erneuten Vernehmung nur eines dieser Zeugen begründen.[22] Zu beachten ist auch die Beweiskraft des Protokolls (§ 30 Abs. 1 FamFG i. V. m. § 165 ZPO). Für den Inhalt von Zeugenaussagen gilt diese aber nicht,[23] ebenso wenig für die Aussagen von Sachverständigen und vernommenen Beteiligten (§ 30 Abs. 1 FamFG i. V. m. §§ 447, 448 ZPO) sowie für das Ergebnis eines Augenscheins (§ 30 Abs. 1 FamFG i. V. m. § 371 ZPO).

Beim **Urkundenbeweis** sind hinsichtlich dessen formeller Beweiskraft die Regeln der §§ 415 bis 418 ZPO zu beachten; diese bestimmen, unter welchen Voraussetzungen der Inhalt der Urkunde als bewiesen gilt.[24] Wie dieser auszulegen und im Hinblick auf die zu treffende Entscheidung zu beurteilen ist, unterliegt aber der freien und vom Rechtsbeschwerdegericht nur eingeschränkt nachprüfbaren (s. § 74 Rn 43 ff.) tatrichterlichen Würdigung. Dagegen gelten bei der Feststellung der Echtheit einer Privaturkunde die §§ 439 Abs. 3, 440 Abs. 2 ZPO aufgrund der Amtsermittlungspflicht (§ 26) nicht.[25] 13

In **Personenstandssachen** ist die Beweiskraft zu beachten, die nach § 54 PStG den Eintragungen in Personenstandsregistern und Personenstandsurkunden zukommt. 14

In **Grundbuchsachen** stellen §§ 32 bis 37 GBO Beweisregeln beim Nachweis von Eintragungsvoraussetzungen dar. 15

---

[19] BGH NJW 1992, 1817.
[20] BGH NJW 2000, 1420; NJW 1995, 2856.
[21] BGH NJW-RR 1998, 1601.
[22] BGH NJW 2000, 1199.
[23] BGH NJW 1982, 1052.
[24] Thomas/Putzo/Reichold vor § 415 Rn 6.
[25] BayObLG FGPrax 2002, 111.

Abschnitt 3. Beschluss

Entscheidung durch Beschluss

38 (1) ¹Das Gericht entscheidet durch Beschluss, soweit durch die Entscheidung der Verfahrensgegenstand ganz oder teilweise erledigt wird (Endentscheidung). ²Für Registersachen kann durch Gesetz Abweichendes bestimmt werden.

(2) Der Beschluss enthält:
1. die Bezeichnung der Beteiligten, ihrer gesetzlichen Vertreter und der Bevollmächtigten;
2. die Bezeichnung des Gerichts und die Namen der Gerichtspersonen, die bei der Entscheidung mitgewirkt haben;
3. die Beschlussformel.

(3) ¹Der Beschluss ist zu begründen. ²Er ist zu unterschreiben. ³Das Datum der Übergabe des Beschlusses an die Geschäftsstelle oder die Bekanntgabe durch Verlesen der Beschlussformel (Erlass) ist auf dem Beschluss zu vermerken.

(4) Einer Begründung bedarf es nicht, soweit
1. die Entscheidung aufgrund eines Anerkenntnisses oder Verzichts oder als Versäumnisentscheidung ergeht und entsprechend bezeichnet ist,
2. gleichgerichteten Anträgen der Beteiligten stattgegeben wird oder der Beschluss nicht dem erklärten Willen eines Beteiligten widerspricht oder
3. der Beschluss in Gegenwart aller Beteiligten mündlich bekannt gegeben wurde und alle Beteiligten auf Rechtsmittel verzichtet haben.

(5) Absatz 4 ist nicht anzuwenden:
1. in Ehesachen, mit Ausnahme der eine Scheidung aussprechenden Entscheidung;
2. in Abstammungssachen;
3. in Betreuungssachen;
4. wenn zu erwarten ist, dass der Beschluss im Ausland geltend gemacht werden wird.

(6) Soll ein ohne Begründung hergestellter Beschluss im Ausland geltend gemacht werden, gelten die Vorschriften über die Vervollständigung von Versäumnis- und Anerkenntnisentscheidungen entsprechend.

Übersicht

	Rn
I. Normzweck; Anwendungsbereich	1
II. Funktion des Beschlusses im FamFG-Verfahren	2
1. Allgemeines	2
2. Endentscheidungen (Abs. 1 S. 1)	3
3. Neben- und Zwischenentscheidungen	6
4. Entscheidungen in Registersachen (Abs. 1 S. 2)	8
III. Beschlussarten	9
1. Allgemeines	9
2. Versäumnisbeschluss	14
a) Familienstreitsachen	14
b) Ehesachen	17
3. Anerkenntnisbeschluss	18
a) Familienstreitsachen	18
b) Ehesachen	19
4. Verzichtsbeschluss	20
a) Familienstreitsachen	20
b) Ehesachen	22
5. Vorbehaltsbeschluss	23
6. Teilbeschluss	29
7. Zwischenbeschluss	33
8. Zwischenbeschluss über den Grund	34
9. Verbundbeschluss im Scheidungsverfahren	37
IV. Form und Inhalt (Abs. 2)	40
1. Allgemeines	40

	Rn
2. Formeller Mindestinhalt des Beschlusses	41
a) Überschrift	41
b) Rubrum	42
c) Formel	50
V. Sachverhaltsdarstellung; tatbestandliche Feststellungen	53
1. Allgemeines	53
2. Bereich der freiwilligen Gerichtsbarkeit	54
3. Ehesachen und Familienstreitsachen	59
VI. Gründe (Abs. 3 S. 1)	62
1. Begründungspflicht	62
2. Gegenstand und Umfang	63
3. Ausnahmen von der Begründungspflicht (Abs. 4 u. 5)	68
4. Rechtsfolgen fehlender Gründe	73
a) Allgemeines	73
b) Erstinstanzliche Entscheidungen	74
c) Beschwerdeentscheidungen	75
5. Vervollständigung bei Geltendmachung im Ausland (Abs. 6)	76
VII. Unterschrift (Abs. 3 S. 2)	78
1. Bedeutung	78
2. Anforderungen	79
3. Ersetzung	81
4. Rechtsfolgen fehlender Unterschrift	84
a) Schriftlich bekannt gegebener Beschluss	84
b) Verkündeter Beschluss	87
VIII. Erlass des Beschlusses (Abs. 3 S. 3)	88
1. Begriff	88
2. Vorgang	90
a) Schriftlich bekannt gegebener Beschluss	90
b) Verkündeter Beschluss	92
3. Geschäftsstellenvermerk	93
IX. Kosten und Gebühren	96

I. Normzeck; Anwendungsbereich

§ 38 führt in **Abs. 1 S. 1** als wesentliches Element des neuen Verfahrensrechts für **alle** **1** **Angelegenheiten des FamFG** (§ 1), d.h. auch für Ehesachen (§ 121) und Familienstreitsachen (§ 112), den förmlichen Beschluss als einheitliche Entscheidungsform für Endentscheidungen allgemein ein und formuliert deren Legaldefinition. Zwischen- und Nebenentscheidungen sind nur dann durch Beschluss zu treffen, wenn dies ausdrücklich vorgeschrieben ist. Im Übrigen verbleibt es bei der Zulässigkeit von Verfügungen. Das gilt nach **Abs. 1 S. 2** in Registersachen auch für bestimmte beschwerdefähige Entscheidungen. **Abs. 2** normiert den formellen Mindestinhalt des Beschlusses und legt damit zugleich dessen äußere Gestaltung fest, während **Abs. 3** in S. 1 eine allgemeine Begründungspflicht aufstellt, ohne bestimmte inhaltliche Anforderungen zu erwähnen. In S. 2 wird die Unterzeichnung der Entscheidung als Unterscheidungsmerkmal zum bloßen Entwurf festgeschrieben. S. 3 definiert den Erlass des Beschlusses und schreibt vor, den Zeitpunkt seiner Bewirkung auf der Entscheidung zu vermerken. **Abs. 4** lässt unter bestimmten Voraussetzungen Ausnahmen von der Begründungspflicht zu. Diese gelten aber nach **Abs. 5** in den dort abschließend aufgezählten Angelegenheiten nicht, ebenso wenig bei zu erwartender Geltendmachung des Beschlusses im Ausland. Erfolgt diese bei einem nicht mit Gründen versehenen Beschluss, ist er nach **Abs. 6** zu vervollständigen. Zur Übergangsregelung siehe die Erläuterungen zu Art. 111 FGG-RG.

II. Funktion des Beschlusses im FamFG-Verfahren

1. Allgemeines

Im FGG fehlte es für Entscheidungen des Gerichts an einer einheitlichen Terminologie. **2** Dort war ohne erkennbare Systematik von Verfügung, Entscheidung, Anordnung und

Beschluss die Rede. Der Begriff der Verfügung erfasste neben verfahrensleitenden Anordnungen auch Sachentscheidungen, und zwar Zwischen- und Nebenentscheidungen ebenso wie instanzbeendende Hauptsacheentscheidungen. Somit gab es keine die Funktion der jeweiligen Entscheidung im Verfahren zum Ausdruck bringende Differenzierung. Demgegenüber stellt § 38 eine gewisse[1] **Vereinheitlichung der Entscheidungsform** her. Dass es nach wie vor an einer dem Zivilprozess vergleichbaren Einheitlichkeit fehlt, liegt am Erfordernis, eine Vielzahl nach ihrem Gegenstand sowie ihrer Ausgestaltung und Rechtswirkung grundlegend unterschiedlicher Verfahren einer gemeinsamen Verfahrensordnung zu unterwerfen.

2. Endentscheidungen (Abs. 1 S. 1)

3   In FamFG-Verfahren ersetzt der förmliche Beschluss nach § 38 nunmehr die gerichtliche Verfügung i. S. d. § 16 FGG; in Ehesachen (§ 121) und Familienstreitsachen (§ 112) sowie im Verbundverfahren (§ 137) übernimmt der Beschluss die Funktion des Urteils nach §§ 300 ff. ZPO, wie in § 116 Abs. 1 klargestellt wird.[2] Mithin müssen Endentscheidungen die durch § 38 vorgeschriebene Form unabhängig davon einhalten, ob sie auf der Grundlage des gesamten Akteninhalts (§ 37 Abs. 1) oder unter Geltung des zivilprozessualen Mündlichkeitsgrundsatzes aufgrund mündlicher Verhandlung (§ 113 Abs. 1 S. 2 FamFG i. V. m. § 128 Abs. 1 ZPO) bzw. im schriftlichen Verfahren nach § 113 Abs. 1 S. 2 FamFG i. V. m. § 128 Abs. 2 ZPO ergehen.

4   Abs. 1 S. 1 enthält eine **Legaldefinition** der Endentscheidung. Eine solche liegt danach nur vor, wenn sich der gesamte Verfahrensgegenstand oder ein selbständiger Teil davon im Hinblick auf das zu regelnde Rechtsverhältnis als entscheidungsreif darstellt, d. h. wenn aus Sicht des Gerichts der Verfahrenszweck erfüllt ist und deshalb die Anhängigkeit der Sache bzw. die Instanz durch Rechtsprechungsakt beendet wird. Dieser **Funktion der unmittelbaren Verfahrensbeendigung** steht diejenige von Neben- und Zwischenentscheidungen gegenüber, die sich nicht auf die Hauptsache beziehen bzw. erst zur Herbeiführung ihrer Entscheidungsreife bestimmt sind und deshalb der Endentscheidung vorausgehen. Im Bereich der freiwilligen Gerichtsbarkeit sind Endentscheidungen i. S. d. § 38 Abs. 1 S. 1 auch solche, die nach Wegfall der Hauptsache infolge Erledigung oder Antragsrücknahme über die Kosten befinden (§ 83 Abs. 2),[3] also isolierte Kostenentscheidungen (s. § 58 Rn 97).

5   Trotz dieser Unterscheidungsmerkmale kann es im Einzelfall beim Fehlen einer ausdrücklichen Regelung zu **Abgrenzungsschwierigkeiten** kommen und zweifelhaft sein, ob die Entscheidung eine solche i. S. d. Abs. 1 S. 1 darstellt und deshalb gegen sie die befristete Beschwerde (§ 58) stattfindet, oder ob es sich um eine nicht selbständig anfechtbare Zwischenentscheidung bzw. sonstige gerichtliche Verlautbarung handelt. Denn die Einhaltung der Beschlussform bei anderen als Endentscheidungen ändert an der allein durch ihren Gegenstand und Regelungsgehalt bestimmten materiellen Qualifizierung nichts. Gleiches gilt im umgekehrten Fall, wenn also eine Endentscheidung in der Form einer Verfügung ergangen und als solche bezeichnet ist. Auch eine falsche Rechtsbehelfsbelehrung hat darauf keinen Einfluss (s. § 39 Rn 16).

3. Neben- und Zwischenentscheidungen

6   Neben- und Zwischenentscheidungen sind durch förmlichen Beschluss zu treffen, wenn dies **im Gesetz vorgesehen** ist. Ebenso, wenn sie nach ihrem Regelungsgegenstand **als Endentscheidung anzusehen** sind (s. § 58 Rn 17) oder **bindende Wirkung** für das weitere Verfahren haben. Dabei sind im Hinblick auf die Anfechtbarkeit dieser Entscheidungen drei Gruppen zu unterscheiden:
- Beschlüsse, deren Anfechtung ausgeschlossen ist (s. § 58 Rn 107),
- Beschlüsse, gegen die das Rechtsmittel der befristeten Beschwerde (§ 58) stattfindet und

---

[1] BT-Drs. 16/6308 S. 195.
[2] BT-Drs. 16/6308 S. 224.
[3] BT-Drs. 16/6308 S. 195.

- Beschlüsse, die mit der sofortigen Beschwerde entsprechend §§ 567 bis 572 ZPO (s. § 58 Rn 89 ff.) anfechtbar sind.

Einen Sonderfall bildet die **Entscheidung über die Abhilfe** (§ 68 Abs. 1 S. 1). Wird auf Nichtabhilfe erkannt, stellt dies eine nicht anfechtbare (s. § 58 Rn 37) Zwischenentscheidung dar. Gleichwohl hat sie aufgrund ihrer Bedeutung für das weitere Verfahren ebenso wie die Abhilfe durch Beschluss zu erfolgen, der zu begründen ist (s. § 68 Rn 12 ff.). Das gilt auch für die Nichtabhilfe nach § 11 Abs. 2 S. 2 u. 3 RPflG (s. Anhang zu § 58 Rn 7). 7

4. Entscheidungen in Registersachen

Abs. 1 S. 2 hält für Registersachen (§ 374) als Ausnahme vom Grundsatz, dass Endentscheidungen sowie beschwerdefähige Neben- und Zwischenentscheidungen durch Beschluss zu treffen sind, im Hinblick auf die Besonderheiten des Verfahrensgegenstands an der anfechtbaren **Zwischenverfügung** fest, § 382 Abs. 4. Siehe im Einzelnen § 58 Rn 59 ff. 8

III. Beschlussarten

1. Allgemeines

Die im FamFG zulässigen Endentscheidungen (§ 38 Abs. 1 S. 1) lassen sich grundsätzlich wie im Zivilprozess[4] nach ihrem Rechtsfolgenausspruch und ihrer Rechtswirkung sowie nach dem Zustandekommen im Verfahren und der ihr dort zukommenden Bedeutung unterscheiden: 9

Sachentscheidungen betreffen die materielle Rechtsstellung der Beteiligten. Sie können mit Wirkung für und gegen alle ein subjektives Recht oder ein Rechtsverhältnis ändern, aufheben oder begründen **(Gestaltungsbeschluss)**, das Bestehen oder Nichtbestehen eines Rechtsverhältnisses zwischen den Beteiligten feststellen **(Feststellungsbeschluss)** und einen durch den Antragsteller geltend gemachten Anspruch (§ 194 Abs. 1 BGB) zuerkennen **(Leistungsbeschluss)**. 10

Verfahrensentscheidungen lassen die materielle Rechtslage der Beteiligten unberührt und befinden über das Vorliegen der Voraussetzungen für eine Sachentscheidung. 11

Streitige Entscheidungen ergehen, wenn sich Beteiligte mit widerstreitenden Rechtsschutzzielen gegenüberstehen. **Unstreitige Entscheidungen** ergehen auf gleichgerichtete Anträge der Beteiligten, oder wenn dem Begehren des anderen Beteiligten nicht entgegengetreten wird (Abs. 4 Nr. 2). 12

Die Art des vom Verfahren betroffenen Rechtsverhältnisses und die Befugnis der Beteiligten, hierüber zu verfügen, d. h. die Sachentscheidung durch bestimmte Verfahrenshandlungen gezielt zu beeinflussen, begrenzen die Zulässigkeit einzelner Beschlussarten auf die nach § 113 Abs. 1 S. 2 den Regeln der ZPO unterworfenen Ehesachen und Familienstreitsachen. 13

2. Versäumnisbeschluss

a) Familienstreitsachen. In Familienstreitsachen (§ 112) können wegen der dort nach § 113 Abs. 1 S. 2 anzuwendenden ZPO-Vorschriften und der somit zulässigen Fiktion eines durch Nichterscheinen oder Nichtverhandeln in der mündlichen Verhandlung zum Ausdruck gebrachten gerichtlichen Geständnisses (§§ 138 Abs. 3, 288 ZPO) sowohl Antragsteller wie Antragsgegner den Erlass eines – als solchen zu bezeichnenden (§ 313 b Abs. 1 S. 2 ZPO) – Versäumnisbeschlusses beantragen. 14

Richtet sich dieser Verfahrensantrag gegen den säumigen Antragsteller, hat der Beschluss darauf zu lauten, dass der Antragsteller mit seinem Antrag abgewiesen wird (§ 113 Abs. 1 S. 2 FamFG i. V. m. **§ 330 ZPO**). Bei Säumnis des Antragsgegners ist das mündliche Vorbringen des Antragstellers als zugestanden anzusehen und der Entscheidung zugrunde zu legen. Ist danach die mit dem Antrag geltend gemachte Rechtsfolge gerechtfertigt, d. h. der Antrag zulässig und begründet, muss ihm aufgrund der Säumnis stattgegeben werden. Soweit dies nicht der Fall ist, hat das Gericht den Antrag durch unechten Versäumnis- 15

---

[4] Thomas/Putzo/Reichold vor § 300 Rn 4 ff.

beschluss, also durch kontradiktorische Entscheidung abzuweisen (§ 113 Abs. 1 S. 2 FamFG i. V. m. **§ 331 Abs. 1 u. 2 ZPO**). Gleiches gilt, wenn der Antragsteller säumig ist und die Antragsabweisung nicht auf der Säumnis beruht.

16 Sind beide Beteiligten säumig, ist nach § 113 Abs. 1 S. 2 FamFG i. V. m. § 251 a ZPO nach Aktenlage zu entscheiden, neuer Verhandlungstermin zu bestimmen oder das Ruhen des Verfahrens anzuordnen.

17 **b) Ehesachen.** In allen Ehesachen (§ 121) kann nach § 130 Abs. 1 ein Versäumnisbeschluss **nur gegen den Antragsteller** ergehen und hat darauf zu lauten, dass der Antrag als zurückgenommen gilt. Dies war nach dem früheren § 632 Abs. 4 ZPO allein in Verfahren auf Feststellung des Bestehens oder Nichtbestehens der Ehe der Fall, wohingegen in auf Scheidung oder Aufhebung der Ehe gerichteten Verfahren eine Abweisung nach § 330 ZPO auszusprechen war. Dem Gesetzgeber erschien wegen des in Ehesachen erhöhten Interesses an einer materiell richtigen Entscheidung die Normierung der lediglich zu einer Verfahrensentscheidung führenden Fiktion einer Antragsrücknahme (§ 22) sachgerecht.[5] Ein Versäumnisbeschluss gegen den Antragsgegner und eine Entscheidung nach Aktenlage sind unzulässig, § 130 Abs. 2.

3. Anerkenntnisbeschluss

18 **a) Familienstreitsachen.** In Familienstreitsachen ergeht ein – als solcher zu bezeichnender (§ 313 b Abs. 1 S. 2 ZPO) – Anerkenntnisbeschluss, wenn der Antragsgegner den geltend gemachten Anspruch anerkennt; dazu bedarf es keiner mündlichen Verhandlung (§ 113 Abs. 1 S. 2 FamFG i. V. m. **§ 307 ZPO**). Der Anerkenntnisbeschluss ist bei Vorliegen eines wirksamen Anerkenntnisses ohne darauf gerichteten Verfahrensantrag zu erlassen, jedoch muss vorher dem Antragsteller rechtliches Gehör gewährt werden, damit er eine Erweiterung oder Änderung seines Sachantrags prüfen kann.[6]

19 **b) Ehesachen.** In Ehesachen ist nach § 113 Abs. 4 Nr. 6 ein Anerkenntnis und somit ein darauf beruhender Beschluss **unzulässig.**

4. Verzichtsbeschluss

20 **a) Familienstreitsachen.** In Familienstreitsachen hat ein – ebenfalls als solcher zu bezeichnender (§ 313 b Abs. 1 S. 2 ZPO) – Verzichtsbeschluss zu ergehen, wenn der Antragsteller in der mündlichen Verhandlung durch Erklärung gegenüber dem Gericht auf den geltend gemachten Anspruch verzichtet, d. h. seine auf das Bestehen dieses Anspruchs gerichtete Rechtsbehauptung zurückzieht, und der Antragsgegner die Abweisung des Antrags beantragt (§ 113 Abs. 1 S. 2 FamFG i. V. m. **§ 306 ZPO**).

21 Der Beschluss hat ohne sachliche Prüfung darauf zu lauten, dass der Antragsteller mit dem geltend gemachten Anspruch abgewiesen wird. Ein auf den Erlass eines Verzichtsbeschlusses gerichteter Verfahrensantrag ist nicht erforderlich; ebenso wenig kann der Antragsgegner durch Unterlassen eines solchen Antrags einen kontradiktorischen Beschluss herbeiführen.

22 **b) Ehesachen.** In Ehesachen ist ein Verzicht in auf Scheidung oder Aufhebung der Ehe gerichteten Verfahren (§ 121 Nr. 1 u. 2) zulässig.[7] Die Zustimmung des Antragsgegners ist nicht erforderlich.[8]

5. Vorbehaltsbeschluss

23 In **Familienstreitsachen** kann ein Vorbehaltsbeschluss (§ 113 Abs. 1 S. 2 FamFG i. V. m. **§ 302 ZPO**) nach freiem[9] Ermessen ergehen, wenn das Verfahren hinsichtlich der vom Antragsteller geltend gemachten Forderung entscheidungsreif und der Antrag begründet,

---

[5] BT-Drs. 16/6308 S. 228.
[6] BGH NJW 2004, 2019.
[7] Thomas/Putzo/Reichold § 306 Rn 2.
[8] OLG Karlsruhe FamRZ 1980, 1121; Münch/KommBGB/Ey § 1564 Rn 55.
[9] BGH NJW 2006, 698.

jedoch der Sachverhalt wegen der vom Antragsgegner gemäß § 389 BGB zur Aufrechnung gestellten Gegenforderung noch weiter aufzuklären ist. Eine hilfsweise Aufrechnung genügt.

Es kommt nicht darauf an, ob ein rechtlicher Zusammenhang zwischen Forderung und Gegenforderung besteht oder nicht. Die Aufrechnungslage (§ 387 BGB) muss aber gegeben sowie die Aufrechnung bereits erklärt (§ 388 BGB) und nicht nur angekündigt oder vorbehalten sein.[10]

Das Gericht hat den Vorbehalt in der Beschlussformel unter konkreter Bezeichnung der Gegenforderung so auszusprechen, dass der vorläufige Charakter der Titulierung zum Ausdruck kommt.[11] Ist dies unterblieben, kann die Ergänzung des Beschlusses beantragt werden (§ 113 Abs. 1 S. 2 FamFG i. V. m. § 302 Abs. 2 ZPO). Wenn die zuerkannte Forderung höher ist als die zur Aufrechnung gestellte Gegenforderung, muss der Vorbehalt auf deren Höhe beschränkt werden.

Über die Gegenforderung ist im Nachverfahren zu befinden. Soweit sie sich dort als begründet erweist, ist der Antrag unter Aufhebung des Vorbehaltsbeschlusses abzuweisen; im Übrigen ist dieser Beschluss aufrecht zu erhalten (§ 113 Abs. 1 S. 2 FamFG i. V. m. § 302 Abs. 4 S. 2 ZPO).

In Unterhaltssachen (§ 231 Abs. 1) kommt wegen des dort nach §§ 394 S. 1 BGB, 850 b Abs. 1 Nr. 2 ZPO grundsätzlich[12] bestehenden Aufrechnungsverbots ein Vorbehaltsbeschluss regelmäßig nicht in Betracht.

Weil nach § 113 Abs. 2 in Familienstreitsachen die Vorschriften der ZPO über den Urkunden- und Wechselprozess (§§ 592 bis 605 a ZPO) entsprechend gelten, ist dort durch Vorbehaltsbeschluss zu entscheiden, wenn der Antragsteller seinen behaupteten Zahlungsanspruch durch Urkunden nachweist oder einen Anspruch aus einem Wechsel oder Scheck geltend macht und der Antragsgegner dem Anspruch widerspricht. Das kommt insbesondere in sonstigen Familiensachen nach § 266 Abs. 1 Nr. 2 u. 3 in Betracht.

6. Teilbeschluss

Ein Teilbeschluss entsprechend § 301 ZPO ist grundsätzlich (s. aber zum Verbundverfahren Rn 38) allgemein, d. h. auch im Bereich der freiwilligen Gerichtsbarkeit zulässig, wenn ein selbständiger Teil eines mehrgliedrigen Verfahrensgegenstandes zur Endentscheidung reif ist. Voraussetzung ist jedoch stets, dass im Verhältnis zum übrigen Verfahrensgegenstand die **Gefahr einander widersprechender Entscheidungen** im Instanzenzug ausgeschlossen ist.[13] Das ist nur dann der Fall, wenn es insoweit ausschließlich auf andere Tat- und Rechtsfragen ankommt, so dass es nicht dazu kommen kann, dass über dieselbe Frage ein weiteres Mal zu befinden ist.[14]

Dies ist besonders in zivilprozessualen **Unterhaltssachen** (§ 231 Abs. 1) zu beachten. Machen im Abänderungsverfahren (§§ 238–240) oder in der Beschwerdeinstanz der Unterhaltsberechtigte und der Unterhaltsverpflichtete im Wege gegenläufiger Anträge einerseits eine Erhöhung und andererseits eine Reduzierung des titulierten Unterhalts für denselben Zeitraum geltend, ist ein Teilbeschluss unzulässig (s. auch § 238 Rn 99 f.).[15] Verfolgt der unterhaltsberechtigte Antragsteller, dessen Antrag in erster Instanz teilweise abgewiesen wurde, diesen mit der Beschwerde weiter, während der Antragsgegner mit der Anschlussbeschwerde (§ 66) die weitergehende Antragsabweisung begehrt und wird zur Anschlussbeschwerde kein Zurückweisungsantrag gestellt, kann nicht teilweise durch kontradiktorischen und teilweise durch Versäumnisbeschluss entschieden werden.[16] Machen mehrere nach § 1609 BGB gleichrangige Antragsteller Unterhalt geltend, darf ein Teilbeschluss hinsichtlich einzelner von ihnen nicht ergehen, weil die unterhaltsrechtliche Leistungsfähigkeit des Antragsgegners im Verhältnis zu allen Antragstellern einheitlich festzustellen ist und

---

[10] BGH NJW 1988, 2542.
[11] BGH NJW 1981, 393.
[12] BGH NJW 1993, 2105; OLG Hamm NJW-RR 2004, 437; FamRZ 1999, 436.
[13] OLG Düsseldorf NJW-RR 2011, 808; FamRZ 2011, 719 (Versorgungsausgleich); OLG Saarbrücken NJW 2011, 538 (Unterhalt).
[14] BGH NJW 2001, 155; NJW 1989, 2821.
[15] BGH NJW 1987, 441.
[16] BGH NJW 1999, 1718.

deshalb deren Unterhaltsansprüche nicht gesondert ermittelt werden können.[17] Regelmäßig unzulässig ist ein sog. horizontaler Teilbeschluss, in dem nur über einen Teil des Unterhalts für einen bestimmten Zeitpunkt, nicht aber über den restlichen Unterhalt für denselben Zeitraum entschieden wird;[18] dies gilt selbst dann, wenn nach Sachlage nur ein höherer als der zuerkannte Unterhalt zu erwarten ist.[19]

31 In allen **Familienstreitsachen** (§ 112) darf hinsichtlich eines einheitlichen und seinem Grunde nach streitigen Anspruchs ein Teilbeschluss nicht erlassen werden, solange nicht zugleich ein Zwischenbeschluss über den Grund (s. Rn 34) über den restlichen Anspruch ergeht.[20]

32 In Familienstreitsachen kommt ein Teilbeschluss auch in den auf Auskunftserteilung und Abgabe einer eidesstattlichen Versicherung gerichteten Stufen eines Stufenantrags (§ 113 Abs. 5 Nr. 2 FamFG i. V. m. § 254 ZPO) in Betracht.

7. Zwischenbeschluss

33 In echten Streitsachen der freiwilligen Gerichtsbarkeit sowie in Ehesachen und Familienstreitsachen ist entsprechend **§ 280 ZPO** ein Zwischenbeschluss, der die Zulässigkeit des Antrags oder das Vorliegen einzelner, durch das Gericht oder die Beteiligten in Zweifel gezogener Verfahrensvoraussetzungen vorab bindend (§ 318 ZPO analog) feststellt, als zulässige Endentscheidung i. S. d. § 38 Abs. 1 S. 1 anzusehen.

8. Zwischenbeschluss über den Grund

34 In echten Streitsachen der freiwilligen Gerichtsbarkeit sowie in Familienstreitsachen kann entsprechend **§ 304 ZPO** ein Zwischenbeschluss über den Grund ergehen, wenn ein den Verfahrensgegenstand bildender Zahlungsanspruch nach Grund und Höhe streitig ist, alle zum Grund des Anspruchs gehörenden Fragen erledigt sind[21] und danach zumindest wahrscheinlich erscheint, dass der Anspruch in irgendeiner Höhe besteht, dazu aber noch Feststellungen zu treffen sind.[22] Ein solcher Beschluss muss vollständig, d. h. abschließend über den Anspruchsgrund befinden und soll aus Gründen der Verfahrensökonomie eine echte Vorentscheidung des Verfahrens herbeiführen, um eine sonst notwendige zeitraubende und kostspielige Beweisaufnahme zur Höhe zu vermeiden, über die vielleicht später Einigkeit erzielt werden kann.[23]

35 Er kommt insbesondere in den sonstigen Familiensachen nach § 266 Abs. 1 in Betracht und ist auch hinsichtlich des Anspruchs auf Freistellung von einer auf Zahlung gerichteten Verbindlichkeit zulässig,[24] wie er im Zusammenhang mit Trennung, Scheidung oder Aufhebung der Ehe (§ 266 Abs. 1 Nr. 3) z. B. aufgrund eines gesamtschuldnerischen Darlehens der Ehegatten oder infolge einer Bürgschaft eines Ehegatten hinsichtlich einer Verbindlichkeit des anderen gegeben sein kann. Gleiches gilt für Zahlungsansprüche bei der Auseinandersetzung einer zwischen den Ehegatten bestehenden GbR.[25] Der Beschluss hat darauf zu lauten, dass der geltend gemachte Anspruch dem Grunde nach gerechtfertigt ist.

36 In zivilprozessualen **Unterhaltssachen** (§ 231 Abs. 1) ist ein Zwischenbeschluss über den Grund regelmäßig **unzulässig**, weil die zur Beurteilung des Anspruchsgrunds maßgeblichen Tatsachen mit denjenigen, die für die Bemessung der Unterhaltshöhe relevant sind, nach materiellem Recht so eng miteinander verknüpft sind, dass sie nicht voneinander getrennt werden können.[26]

---

[17] OLG Frankfurt FamRZ 1987, 1275.
[18] OLG Brandenburg FamRZ 1997, 504.
[19] OLG Koblenz FamRZ 1998, 755.
[20] BGH NJW 2001, 760.
[21] BGH NJW-RR 2005, 928.
[22] BGH NJW-RR 1991, 599.
[23] BGH NJW-RR 1989, 1149.
[24] BGH NJW 1990, 1366.
[25] BGH NJW 2001, 224.
[26] OLG Köln FamRZ 1995, 1365; OLG Schleswig FamRZ 1999, 27.

9. Verbundbeschluss im Scheidungsverfahren

37 Nach **§ 142 Abs. 1 S. 1** ist im Fall der Scheidung zugleich über alle noch im Verbund (§ 137 Abs. 1) stehenden, d. h. nicht abgetrennten (§ 140) Folgesachen zu entscheiden. Gegen einen solchen Verbundbeschluss findet einheitlich, d. h. gegen den Scheidungsausspruch und gegen die Entscheidung in den Folgesachen die Beschwerde (§ 58) statt. Dabei sind nach § 117 einzelne für das Berufungsverfahren geltende Regelungen der ZPO entsprechend anzuwenden.

38 Unterbleibt in dem auf Scheidung erkennenden Beschluss die Entscheidung über eine Folgesache, obwohl die Voraussetzungen für deren – nicht selbständig anfechtbare (§ 140 Abs. 6) – Abtrennung nicht gegeben waren, liegt eine **unzulässiger Teilbeschluss** vor, so dass das Beschwerdegericht die Sache auf die Beschwerde des Antragsgegners auch ohne Antrag unter Aufhebung der Entscheidung und des Verfahrens an das Familiengericht zurückverweisen kann (§ 117 Abs. 2 S. 1 FamFG i. V. m. § 538 Abs. 2 S. 1 Nr. 7, S. 3 ZPO).[27] Das kommt aber mangels Rechtsschutzinteresse nicht mehr in Betracht, wenn inzwischen über die abgetrennte Folgesache rechtskräftig entschieden wurde.[28]

39 Nach **§ 142 Abs. 1 S. 2** ergeht in einer zivilprozessualen Folgesache (§ 137 Abs. 2 Nr. 2 u. 4) bei Vorliegen der Voraussetzungen (s. Rn 14 f.) auf Antrag eine **Versäumnisentscheidung** als Bestandteil des Verbundbeschlusses. Insoweit steht dem säumigen Beteiligten der Rechtsbehelf des Einspruchs (§ 113 Abs. 1 S. 2 FamFG i. V. m. § 338 ZPO) zu, während im Übrigen das Rechtsmittel der Beschwerde (§ 58) stattfindet, § 143.[29] Deshalb muss in der Formel, jedenfalls aber in den Gründen des Beschlusses konkret bezeichnet sein, welche der im Verbund getroffenen Entscheidungen auf Säumnis beruht. Der vom säumigen Beteiligten eingelegte Einspruch versetzt das Verfahren über die betroffene Folgesache in die frühere Lage zurück, hat aber keinen Einfluss auf den Lauf der Beschwerdefrist (§ 63 Abs. 1 u. 3) hinsichtlich der übrigen, d. h. kontradiktorischen Entscheidungsteile.[30]

IV. Form und Inhalt (Abs. 2)

1. Allgemeines

40 Abs. 2 schreibt den formellen Mindestinhalt[31] des erstinstanzlichen Beschlusses vor und stellt damit eine, rechtsstaatlichen Grundsätzen entsprechende, Harmonisierung mit den Entscheidungsformen anderer Verfahrensarten her. Die Vorschrift gilt nach § 69 Abs. 3 für die Beschwerdeentscheidung entsprechend.

2. Formeller Mindestinhalt des Beschlusses

41 a) **Überschrift.** Im Anschluss an die zwar nicht vorgeschriebene, aber zweckmäßige und durchweg übliche Angabe des Aktenzeichens folgt die ebenfalls in Abs. 2 nicht erwähnte Kennzeichnung der Entscheidung als Beschluss. Ggf. ist auch dessen Art anzugeben. Dies ist für einen Versäumnis-, Anerkenntnis- oder Verzichtsbeschluss ausdrücklich vorgeschrieben (s. Rn 14 ff.) und bei einem Vorbehalts-, Teil- oder Zwischenbeschluss (s. Rn 23 ff.) regelmäßig sinnvoll, ebenso bei einem Zwischenbeschluss über den Grund (s. Rn 34 ff.). Ist ein Teilbeschluss ergangen, erscheint die Bezeichnung als Schlussbeschluss sprachlich wenig geglückt, weshalb darauf verzichtet werden sollte. Die für Urteile im Zivilprozess vorgesehene Wendung „Im Namen des Volkes" (§ 311 Abs. 1 ZPO) ist mangels entsprechender Vorschrift auch in Ehesachen (§ 121) und Familienstreitsachen (§ 112) nicht anzubringen. Stattdessen schließt sich die nicht vorgeschriebene, aber übliche Eingangsformel an. Dabei sollte in Angelegenheiten der freiwilligen Gerichtsbarkeit und in selbständigen Familiensachen der freiwilligen Gerichtsbarkeit an der bislang üblichen Wendung (z. B.: *„In der*

---

[27] OLG Hamm NJW-RR 2007, 586; OLG Koblenz FamRZ 2008, 166; OLG Nürnberg FamRZ 2005, 1497.
[28] OLG Schleswig FamRZ 1992, 198.
[29] BGH FamRZ 1988, 945 zum Verbundurteil nach § 629 ZPO a. F.
[30] BGH FamRZ 1986, 897.
[31] BT-Drs. 16/6308 S. 195.

Familiensache betreffend die elterliche Sorge für das Kind ..." oder *„betreffend die Regelung des Versorgungsausgleichs zwischen ..."*) festgehalten werden.

42 **b) Rubrum.** Das Rubrum folgt der Überschrift und ist der Beschlussformel vorangestellt. Die darauf bezogenen Formvorschriften **(Abs. 2 Nr. 1 u. 2)** gelten auch für Versäumnis-, Anerkenntnis- und Verzichtsbeschlüsse, weil es an einer § 313 b Abs. 2 S. 2 u. 3 ZPO entsprechenden, eine abgekürzte Form zulassenden Ausnahmeregelung fehlt. Im Einzelnen sind aufzuführen:

43 *aa) Bezeichnung der Beteiligten und Bevollmächtigten.* Die Namen der am Verfahren Beteiligten sowie ihrer **gesetzlichen Vertreter** (§ 9 Abs. 2 u. 3) und **Bevollmächtigten** (§ 10) sind so genau anzugeben, dass eine eindeutige Identifizierung möglich ist. Dazu gehört bei juristischen Personen auch die konkrete Angabe ihrer Rechtsform und der für die Vertretungsmacht nach materiellem Recht maßgeblichen Stellung der als Vertreter handelnden Person. Entsprechendes gilt für Vereinigungen und Behörden.

44 Je nach Verfahrensart und Instanzenzug ist auch die Stellung der Beteiligten im Verfahren anzugeben. Dabei ist die Bezeichnung als Antragsgegner bzw. Beschwerdegegner auf echte Streitsachen der freiwilligen Gerichtsbarkeit sowie auf Ehesachen und Familienstreitsachen zu beschränken, weil sich nur dort die Beteiligten wie Parteien im Zivilprozess gegenüber stehen. Im Vollstreckungsverfahren nach der ZPO (§§ 95 Abs. 1, 120 Abs. 1) sind die Beteiligten als Gläubiger bzw. Schuldner zu bezeichnen.

45 Die **Anschrift** muss so konkret angegeben werden, dass eine Ladung der Beteiligten bzw. ihrer gesetzlichen Vertreter und Bevollmächtigten zum Termin und die schriftliche Bekanntgabe des Beschlusses (§ 41 Abs. 1) möglich sind. Sie muss also ladungs- und zustellungsfähig sein.

46 Fehlt die Angabe der Beteiligten, ist der Beschluss zwar formell fehlerhaft zustande gekommen. Trotzdem ist er wirksam, wenn sich aus den Akten ohne weitere Ermittlungen ergibt, hinsichtlich welcher Beteiligten der Beschluss erlassen ist.[32]

47 *bb) Bezeichnung des Gerichts.* Neben der Bezeichnung des Gerichts ist diejenige des erkennenden Richters oder Rechtspflegers notwendig. Bei einem Kollegialgericht (Landwirtschaftsgericht, KfH, Beschwerde-, Rechtsbeschwerdegericht) sind die **Namen aller an der Entscheidung beteiligten Richter** anzugeben, auch der ehrenamtlichen. Außerdem ist die Angabe der Abteilung des Gerichts erforderlich, der die Richter bzw. der Rechtspfleger angehören, bei einem Kollegialgericht auch dessen konkrete Bezeichnung innerhalb des Gerichts. Diese Angaben sind im Hinblick auf das Gebot des gesetzlichen Richters (Art. 101 Abs. 1 S. 2 GG) bzw. die absoluten Rechtsbeschwerdegründe der nicht vorschriftsmäßigen Besetzung und der Mitwirkung eines ausgeschlossenen oder erfolgreich abgelehnten Richters (§ 72 Abs. 3 FamFG i. V. m. § 547 Nr. 1–3 ZPO) von elementarer Bedeutung. Gleiches gilt für die Identifizierung des erstinstanzlichen Spruchkörpers im Rahmen einer Zurückverweisung nach § 74 Abs. 6 S. 3.

48 *cc) Besonderheiten in Ehesachen u. Familienstreitsachen.* In Ehesachen (§ 121) und Familienstreitsachen (§ 112) ist wegen der nach 113 Abs. 1 S. 2 entsprechend anzuwendenden ZPO-Vorschriften auch der **Tag der letzten mündlichen Verhandlung** (§ 313 Abs. 1 Nr. 3 ZPO) anzugeben. Dies ist im Hinblick auf den dort geltenden Mündlichkeitsgrundsatz (§ 128 Abs. 1 ZPO) und die daraus folgende Präklusion (§ 113 Abs. 1 S. 2 FamFG i. V. m. § 296 a ZPO) erforderlich. In Unterhaltssachen (§ 231 Abs. 1) ist die Angabe notwendig, weil sich danach die Tatsachenpräklusion bestimmt, § 238 Abs. 2 (s. § 238 Rn 51 ff.).

49 Soweit eine Entscheidung im schriftlichen Verfahren erfolgt, muss der dem Schluss der mündlichen Verhandlung entsprechende **letzte Tag der Schriftsatzfrist** (§ 113 Abs. 1 S. 2 FamFG i. V. m. § 128 Abs. 2 S. 2 ZPO) angegeben werden. Ergeht in Familienstreitsachen eine Entscheidung nach Lage der Akten, muss der Tag des versäumten Verhandlungstermins angegeben werden.[33]

50 **c) Formel.** Die Beschlussformel schließt sich dem Rubrum an und enthält den **Rechtsfolgenausspruch der Entscheidung.** Sie ist zur besseren Erkennbarkeit von den übrigen

---

[32] BGH NJW-RR 2008, 367.
[33] Musielak § 313 Rn 5.

Bestandteilen des Beschlusses deutlich abzugrenzen. Ihre Formulierung muss wegen deren Bedeutung für den Umfang der Rechtskraftwirkung und die Vollstreckung der Entscheidung so exakt sein, dass sich allein aus dem Text der Formel, zumindest aber in Verbindung mit den Gründen, eindeutig ergibt, welchen konkreten Inhalt die Entscheidung nach dem Willen des Gerichts haben soll. Dies ist Voraussetzung dafür, dass der Beschluss Grundlage für die Entschließungen bzw. das weitere Handeln der Beteiligten und ggf. für die Entscheidung des Rechtsmittelgerichts[34] sowie für das Vollstreckungsverfahren (§§ 86 ff.)[35] sein kann. Die Bezugnahme auf Aktenbestandteile in der Formel ist nur zulässig, wenn sie sich nicht vermeiden lässt, etwa weil sich der Entscheidungsgegenstand nicht anders beschreiben lässt.[36]

Diese Anforderungen sind im Hinblick auf die Notwendigkeit eines vollstreckungsfähigen Inhalts der Entscheidung besonders bei Beschlüssen zu beachten, die eine durch Verhängung von Ordnungsmitteln (§ 89) vollstreckbare Regelung des Umgangs mit dem Kind (§ 151 Nr. 2) enthalten, die Herausgabe bestimmter Gegenstände in Haushaltssachen (§ 200 Abs. 2) anordnen oder eine Unterlassungsanordnung in Gewaltschutzsachen (§ 210) aussprechen. Dabei ist die Formel jeweils so zu fassen, dass die Feststellung dessen, was der verpflichtete Beteiligte wann und wo zu tun oder zu unterlassen hat (§ 95 Abs. 1 Nr. 2–4), nicht dem Vollstreckungsverfahren überlassen bleibt, weil dies dem Erkenntnisverfahren vorbehalten ist.

Dem Ausspruch zur Sachentscheidung schließt sich derjenige zu Nebenentscheidungen an, wenn solche zu treffen sind. Das gilt für die **Kostenentscheidung** (§ 82); die **Anordnung der sofortigen Wirksamkeit** in den bei § 40 Rn 55 ff. aufgeführten Fällen sowie in Familienstreitsachen, vor allem bei einer Verpflichtung zur Unterhaltsleistung (§ 116 Abs. 3 S. 2 u. 3); die **Aussetzung der sofortigen Wirksamkeit** bei der Entscheidung über Erbscheinsantrag (§ 352 Abs. 2 S. 2); die **Einstellung oder Beschränkung der Vollstreckung** in Familienstreitsachen (§ 120 Abs. 2 S. 2). Gleiches gilt für den im Verfahren über die Genehmigung eines Rechtsgeschäfts vorgeschriebenen **Ausspruch, dass die Entscheidung erst mit Rechtskraft wirksam wird** (§ 40 Abs. 2). Der diesbezügliche Text der Formel ist zweckmäßigerweise von dem die Sachentscheidung betreffenden Teil optisch abzugrenzen, etwa im Wege der Nummerierung.

V. Sachverhaltsdarstellung; tatbestandliche Feststellungen

1. Allgemeines

§ 38 trifft keine Aussage zur Erforderlichkeit einer Sachverhaltsdarstellung bzw. tatbestandlicher Feststellungen. Daraus ist nicht zu schließen, dass alle Beschlüsse keiner Sachverhaltsdarstellung bzw. keiner tatbestandlichen Feststellungen bedürfen. Vielmehr sind diese stets erforderlich, soweit sie zum Verständnis oder zur Überprüfung der Entscheidung unabdingbar notwendig[37] sind. Denn dann stellen sie einen Bestandteil der Gründe (§ 38 Abs. 3 S. 1) dar. Dabei ist es jedenfalls bei komplexen Sachverhalten regelmäßig zweckmäßig, Ausführungen zur Tatsachengrundlage der rechtlichen Beurteilung, d. h. der Begründung des erkannten Rechtsfolgenausspruchs voranzustellen und von dieser abzugrenzen.

2. Bereich der freiwilligen Gerichtsbarkeit

In **Amtsverfahren** (§ 24) ist es bereits nach dem Rechtsstaatsprinzip (Art. 20 Abs. 3 GG) regelmäßig geboten, den Anlass der Verfahrenseinleitung anzugeben, den ihr zugrunde liegenden Lebenssachverhalt kurz und prägnant darzustellen sowie den wesentlichen Gang der Ermittlungen (§ 26) wiederzugeben. Deren konkretes Ergebnis kann im Zusammenhang der rechtlichen Beurteilung wiedergegeben werden. Wegen der Einzelheiten ist die

---

[34] BGH NJW-RR 2001, 211; NJW 1995, 1033.
[35] BGH NJW 1992, 1691.
[36] BGH NJW-RR 1989, 1085.
[37] BVerfG NJW 2001, 2009.

konkrete Bezugnahme auf bestimmt zu bezeichnende Aktenbestandteile zulässig (§ 313 Abs. 2 S. 2 ZPO analog), wozu auch solche beigezogener Akten gehören.[38]

55   Stammt die Anregung zur Einleitung des Verfahrens von einer Behörde, ist diese zu bezeichnen. Das gilt insbesondere in Verfahren wegen Gefährdung des Kindeswohls nach §§ 1666, 1666a BGB hinsichtlich der Mitteilung des Jugendamts nach § 8a Abs. 3 S. 1 SGB VIII. Hat eine Privatperson die Einleitung durch eine als Antrag bezeichnete Eingabe angeregt und wurde sie dann nach § 7 Abs. 2 oder 3 zum Verfahren hinzugezogen, ist es grundsätzlich sachgerecht, ihr Begehren zusammenfassend anzugeben.

56   In **Antragsverfahren** (§ 23) haben tatbestandliche Ausführungen den Verfahrensgegenstand knapp darzustellen und das entscheidungserhebliche Vorbringen des Antragstellers zusammengefasst wiederzugeben. Dabei ist der Antrag in seinem vollen Umfang, nicht aber unbedingt im genauen Wortlaut, aufzuführen und in der Textgestaltung möglichst hervorzuheben. Abschließend folgt die Angabe, welche Ermittlungen das Gericht angestellt hat. Auf ihr aktenkundiges Ergebnis (§§ 28 Abs. 4, 29 Abs. 3) ist konkret Bezug zu nehmen.

57   In **echten Streitsachen** sind der entscheidungserhebliche Sach- und Streitstand knapp darzustellen und die Anträge wiederzugeben. Dabei bietet sich eine Orientierung an dem für ein streitiges Urteil üblichen Aufbau[39] an: unstreitiger Sachverhalt, bestrittenes Vorbringen des Antragstellers, Anträge der Beteiligten, beginnend mit dem des Antragstellers, Vorbringen des Antragsgegners, ggf. erwiderndes Vorbringen des Antragstellers (Replik) und des Antragsgegners (Duplik). Abschließend ist auf die durchgeführten Ermittlungen hinzuweisen und auf ihr Ergebnis durch konkrete Verweisung auf bestimmt zu bezeichnende, dieses Ergebnis dokumentierende Aktenbestandteile Bezug zu nehmen.

58   Zu den Anforderungen an eine Sachverhaltsdarstellung in der **Beschwerdeentscheidung** siehe § 69 Rn 43f.

3. Ehesachen und Familienstreitsachen

59   Aufgrund der Verweisung in § 113 Abs. 1 S. 2 sind die Regelungen des § 313 ZPO entsprechend anzuwenden, soweit sie nicht zu § 38 im Gegensatz stehen. Denn weder nach verfahrensrechtlichen Grundsätzen noch aus der Gesetzesbegründung ergibt sich ein Grund, wegen der Einbeziehung von Ehesachen und Familienstreitsachen in das FamFG-Verfahren die formellen Anforderungen an eine Entscheidung generell niedriger anzusetzen als im Zivilprozess. Deshalb muss der Beschluss des erstinstanzlichen Gerichts einen **Tatbestand** enthalten (§ 313 Abs. 1 Nr. 5 ZPO). Dies gilt auch deshalb, weil nach § 113 Abs. 1 S. 2 FamFG i.V.m. § 314 ZPO der Tatbestand Beweis für das mündliche Vorbringen der Beteiligten liefert und dieser nur durch das Sitzungsprotokoll (§ 113 Abs. 1 S. 2 FamFG i.V.m. § 165 ZPO) entkräftet werden kann. Wird im Tatbestand auf die gewechselten Schriftsätze Bezug genommen, erfasst seine **Beweiskraft** auch das schriftliche Vorbringen der Beteiligten.[40] Nach § 113 Abs. 1 S. 2 FamFG i.V.m. § 320 ZPO kommt eine **Berichtigung** des Tatbestandes auf Antrag in Betracht.

60   Zwar ist es nicht unbedingt erforderlich, die Darstellung des Tatsachenstoffs von der rechtlichen Würdigung zu trennen. Aber es muss deutlich werden, wozu die Ausführungen jeweils gehören. Aus diesem Grund ist eine Aufgliederung zweckmäßig. Weil die ausdrückliche Bezeichnung als Tatbestand in § 38 nicht vorgeschrieben ist, genügt eine Abgrenzung durch Ziffern. Der **Aufbau** des Tatbestandes folgt dem für streitige Urteile üblichen (s. Rn 57). Dabei ist das Vorbringen der Beteiligten nur ihrem wesentlichen Inhalt nach knapp darzustellen, und zwar unter Hervorhebung der im vollen Wortlaut wiederzugebenden Anträge (§ 113 Abs. 1 S. 2 FamFG i.V.m. § 313 Abs. 2 S. 1). Eine konkrete Verweisung auf bestimmte Aktenbestandteile ist zulässig (§ 313 Abs. 2 S. 2 ZPO).

61   Für **Beschwerdeentscheidungen** wird auf § 69 Rn 43f. verwiesen.

---

[38] BGH NJW 1995, 1841.
[39] Musielak § 313 Rn 9; Thomas/Putzo/Reichold § 313 Rn 15ff.
[40] BGH NJW 2004, 3777; NJW 1990, 2755.

VI. Gründe (Abs. 3 S. 1)

1. Begründungspflicht

Abs. 3 S. 1 normiert eine **allgemeine Begründungspflicht** für erstinstanzliche Beschlüsse, von der Abs. 4 Ausnahmen zulässt. Daneben sind einzelne Spezialvorschriften bestehen geblieben, z. B. §§ 60 Abs. 1 BGB, 26 S. 1 HRV, 11 Abs. 1 SpruchG. Für Beschwerdeentscheidungen stellt § 69 Abs. 2 eine ausnahmslose[41] Begründungspflicht auf. Für Entscheidungen des Rechtsbeschwerdegerichts treffen §§ 74 Abs. 7 und § 74 a Abs. 3 Sonderregelungen.

2. Gegenstand und Umfang

Die Begründung der Entscheidung muss **nach den Umständen des Einzelfalls,** d. h. nach dem jeweiligen Verfahrensgegenstand sowie nach der Bedeutung des Beschlusses für die materielle Rechtsstellung der Beteiligten im Hinblick auf den Grundsatz einer geordneten Rechtspflege angemessen sein.[42]

Sinn und Zweck der Begründung ist es zum einen, die Beteiligten über diejenigen tatsächlichen und rechtlichen Erwägungen zu unterrichten, die dem in der Beschlussformel aufgeführten Rechtsfolgenausspruch zugrunde liegen, und zum anderen, dem Rechtsmittelgericht die Nachprüfung der Entscheidung auf ihre inhaltliche Richtigkeit in verfahrensrechtlicher und materiellrechtlicher Hinsicht zu ermöglichen.[43] Dabei genügt eine kurze Zusammenfassung der tragenden, d. h. für die Entschließung des Gerichts maßgeblichen Gesichtspunkte. Dies folgt für Ehesachen und streitige Familiensachen aus § 113 Abs. 1 S. 2 FamFG i. V. m. § 313 Abs. 3 ZPO und kann als allgemeiner Grundsatz gelten, also auch für den Bereich der freiwilligen Gerichtsbarkeit.

Danach muss nach dem Rechtsstaatsprinzip (Art. 20 Abs. 3 GG) angegeben werden, auf welche Rechtsnorm das Verfahrensergebnis gestützt wird und aufgrund welcher Tatsachenfeststellungen das Gericht die Tatbestandsmerkmale dieser Norm als erfüllt ansieht. Bei – ggf. teilweiser – Antragsabweisung ist darzulegen, welche rechtlichen und tatsächlichen Voraussetzungen zum Ausspruch der begehrten Rechtsfolge erfüllt sein mussten und warum diese im entschiedenen Fall nicht als gegeben anzusehen sind. Dabei ist trotz der gebotenen Kürze eine in sich geschlossene, widerspruchsfreie und allgemein verständliche Darstellung in Form einer logischen Abfolge aufeinander abgestimmter Argumente erforderlich.

Das Gericht braucht sich nicht ausdrücklich mit allen denkbaren Gesichtspunkten auseinander zu setzen und muss nicht alle Einzelpunkte des Beteiligtenvorbringens in den Gründen behandeln.[44] Diese müssen lediglich ergeben, dass eine sachentsprechende Beurteilung stattgefunden hat.[45] Dazu ist das wesentliche, der Rechtsverfolgung und Rechtsverteidigung dienende Vorbringen zu verarbeiten.[46] Wird auf den wesentlichen Kern des Tatsachenvorbringens eines Beteiligten zu einer zentralen Frage nicht eingegangen, lässt dies auf die Nichtberücksichtigung dieses Vortrags und damit auf eine Verletzung des rechtlichen Gehörs (Art. 103 Abs. 1 GG) schließen, sofern er nicht nach dem dargelegten Rechtsstandpunkt des Gerichts unerheblich oder offensichtlich unsubstantiiert war.[47] Entsprechendes gilt, wenn Ausführungen zu einem selbständigen Angriffs- oder Verteidigungsmittel vollständig fehlen,[48] z. B. zu der vom Antragsgegner im Unterhaltsverfahren eingewendeten Leistungsunfähigkeit.

In welchem Umfang das Gericht zur Begründung seiner Entscheidung Rechtsprechung und Literatur heranzieht, liegt grundsätzlich in seinem pflichtgemäßen Ermessen.[49] Will es

---

[41] BT-Drs. 16/9733 S. 289 f.
[42] EGMR NJW 1999, 2429.
[43] BVerfG NJW 1998, 3290.
[44] BGH NJW 2005, 1432.
[45] BGH NJW-RR 1995, 700.
[46] BVerfG NJW 2004, 1519.
[47] BVerfG NVwZ-RR 2004, 3; NJW 1994, 2279.
[48] BGH NJW 1994, 1470.
[49] BVerfG NJW 1987, 2499.

aber von der höchstrichterlichen Auslegung einer Norm abweichen, müssen im Hinblick auf das Willkürverbot und das Rechtsstaatsprinzip (Art. 3 Abs. 1, 20 Abs. 3 GG) die dafür ausschlaggebenden Gründe dargelegt werden.[50]

3. Ausnahmen von der Begründungspflicht (Abs. 4 u. 5)

68   Nach **Abs. 4 Nr. 1–3** kann außer in den in Abs. 5 der Vorschrift abschließend aufgezählten Fällen unter bestimmten Voraussetzungen auf die Gründe verzichtet werden. Dann ist auch eine Sachverhaltsdarstellung bzw. ein Tatbestand entbehrlich. Ob das Gericht von dieser Arbeitsersparnis Gebrauch macht, liegt in seinem Ermessen. Die Befugnis dafür liegt vor, wenn Folgendes gegeben ist:

69 • **Versäumnis-, Anerkenntnis- oder Verzichtsbeschluss** (Abs. 4 Nr. 1). Der Beschluss muss nicht nur auf Versäumnis, Anerkenntnis oder Verzicht beruhen, sondern in der Überschrift[51] entsprechend bezeichnet sein. Fehlt es daran, findet die Ausnahmevorschrift keine Anwendung.[52]

70 • **Unstreitige Entscheidung** (Abs. 4 Nr. 2). Der Beschluss muss den gleichgerichteten Anträgen aller Beteiligten oder ihrem gemeinsamen Interesse entsprechen. Dem steht es gleich, wenn hinsichtlich der Entscheidung, z. B. der Erteilung eines bestimmten Erbscheins, erkennbares Einverständnis aller Beteiligten besteht.[53]

71 • **Rechtsmittelverzicht bei der Verkündung** (Abs. 4 Nr. 3). Der Beschluss muss allen Beteiligten gleichzeitig mündlich, d. h. durch Verlesen der Beschlussformel (§ 41 Abs. 2 S. 1) bekannt gegeben worden sein, und alle Beteiligten müssen gegenüber dem Gericht durch wirksame Verfahrenshandlung auf Rechtsmittel verzichtet haben, ohne Beschränkung auf bestimmte Rechtsmittel oder auf einzelne Teile des Beschlusses.[54] Wie nach § 313 a Abs. 2 S. 2 ZPO,[55] dessen Regelungsinhalt Abs. 4 Nr. 3 aufgreifen soll,[56] genügt es nach Sinn und Zweck der Vorschrift, wenn derjenige bzw. jeder Beteiligte auf Rechtsmittel verzichtet, der anfechtungsberechtigt (§ 59) ist.

72   Die **Ausnahmen** von der Begründungspflicht **gelten nach Abs. 5 Nr. 1–4 nicht**
  • in **Ehesachen** (§ 121), **außer** beim **Scheidungsausspruch**; die Regelung des Versorgungsausgleichs (§ 137 Abs. 2 Nr. 1) muss stets begründet werden (§ 224 Abs. 2);[57]
  • in **Abstammungssachen** (§ 100) und **Betreuungssachen** (§ 271);
  • wenn nach den gegebenen Umständen eine **Geltendmachung des Beschlusses im Ausland** zu erwarten ist, also seine Vollstreckung oder die sonstige Berufung auf seine Wirkungen im Rechtsverkehr; davon ist bei einem Scheidungsausspruch stets auszugehen, wenn ein Beteiligter Ausländer ist.

4. Rechtsfolgen fehlender Gründe

73   a) **Allgemeines.** Ist der Beschluss nicht mit Gründen versehen oder reichen diese nicht aus, um die Entscheidung des Gerichts in tatsächlicher und rechtlicher Hinsicht nachzuvollziehen sowie auf ihre Richtigkeit zu überprüfen, liegt ein **Verfahrensfehler** vor. Gleiches gilt, wenn unter Verzicht auf eine Begründung durch Versäumnis-, Anerkenntnis- oder Verzichtsbeschluss entschieden wurde, obwohl die dafür erforderlichen Voraussetzungen nicht vorlagen oder gleichwohl nach § 38 Abs. 5 Gründe erforderlich waren. Das Fehlen der Begründung hindert aber nicht den Lauf der Rechtsmittelfrist. Hinsichtlich der Rechtsfolgen eines solchen Verfahrensfehlers ist danach zu unterscheiden, ob er dem erstinstanzlichen Gericht oder dem Beschwerdegericht unterläuft.

74   b) **Erstinstanzliche Entscheidungen.** Das Beschwerdegericht kann nach pflichtgemäßem Ermessen den angefochtenen Beschluss und das ihm zugrunde liegende Verfahren auf-

---

[50] BVerfG NJW 1995, 2911.
[51] OLG Hamm NJW-RR 1995, 186.
[52] BGH FamRZ 1988, 945.
[53] BT-Drs. 16/6308 S. 407.
[54] BGH NJW 1981, 2816.
[55] Thomas/Putzo/Reichold § 313 a Rn 4.
[56] BT-Drs. 16/6308 S. 195.
[57] OLG Hamm NJW 1979, 434.

heben und die Sache an das erstinstanzliche Gericht zurückverweisen, wenn zu einer Sachentscheidung in der Beschwerdeinstanz eine umfangreiche oder aufwändige Beweiserhebung notwendig wäre und ein Beteiligter die Zurückverweisung beantragt. Das folgt für den Bereich der freiwilligen Gerichtsbarkeit aus § 69 Abs. 1 S. 3, für Ehesachen und Familienstreitsachen sowie im Verbundverfahren aus § 117 Abs. 2 FamFG S. 1 i. V. m. § 538 Abs. 2 S. 1 Nr. 1 ZPO. Es ist zulässig, dass das erstinstanzliche Gericht im Wege der ihm obliegenden Abhilfeprüfung (§ 68 Abs. 1 S. 1) die Begründung nachholt bzw. ergänzt. Dann kann der Verfahrensfehler als geheilt anzusehen sein.[58]

c) **Beschwerdeentscheidungen.** Die Beschwerdeentscheidung ist grundsätzlich von Amts wegen aufzuheben, wenn sie keine Sachverhaltsdarstellung bzw. keinen Tatbestand enthält.[59] Es liegt ein absoluter Rechtsbeschwerdegrund nach § 72 Abs. 3 FamFG i. V. m. § 547 Nr. 6 ZPO vor. Wegen der Einzelheiten wird auf § 69 Rn 49 f. u. § 72 Rn 42 ff. verwiesen.

5. Vervollständigung bei Geltendmachung im Ausland (Abs. 6)

Nach **Abs. 6** und den danach entsprechend anwendbaren Vorschriften des internationalen Rechtsverkehrs über die Vervollständigung von Versäumnis- und Anerkenntnisentscheidungen ist die Begründung eines nach § 38 Abs. 4 in verkürzter Form abgefassten Beschlusses nachzuholen, wenn er im Ausland geltend gemacht wird. Denn dann hat derjenige Beteiligte, der sich auf die erkannte Rechtsfolge berufen will, regelmäßig eine vollständig abgefasste Entscheidung vorzulegen.

Insoweit sind die Regelungen des von der Verweisung erfassten § 30 **AVAG**[60] einzuhalten. Danach erfolgt die Vervollständigung nur auf Antrag, über den ohne mündliche Verhandlung zu entscheiden ist (Abs. 1). Wird ihm stattgegeben, sind Sachverhaltsdarstellung bzw. Tatbestand und die Gründe nachträglich abzufassen, von den bei der Entscheidung über den Antrag mitwirkenden Richtern besonders zu unterschreiben und der Geschäftsstelle zu übergeben; dabei können auch andere Richter mitwirken als bei dem Beschluss, der zu vervollständigen ist (Abs. 2).

VII. Unterschrift (Abs. 3 S. 2)

1. Bedeutung

Nach **Abs. 3 S. 2** muss der Beschluss durch den erkennenden Richter oder Rechtspfleger unterschrieben werden. Hat ein Kollegium (Kammer, Senat) die Entscheidung getroffen, haben alle mitwirkenden Richter zu unterschreiben. Das gilt bei der KfH auch für die ehrenamtlichen Richter (Handelsrichter), § 105 Abs. 2 GVG. Sinn und Zweck der Unterschrift ist es zum einen, den Beschluss nach außen erkennbar vom bloßen Entwurf abzugrenzen und zum anderen die Prüfung zu ermöglichen, ob das Gebot des gesetzlichen Richters (Art. 101 Abs. 1 S. 2 GG) eingehalten wurde. Deshalb muss die Ausfertigung der Entscheidung erkennen lassen, dass das Original die Unterschrift der Richter trägt.

Für Beschlüsse in **Landwirtschaftssachen** der freiwilligen Gerichtsbarkeit ist mangels gesetzlicher Regelung die für Urteile in bürgerlichen Rechtsstreitigkeiten geltende Vorschrift des § 48 Abs. 1 S. 2 2. Halbs. LwVG entsprechend anzuwenden, so dass es einer Unterschrift der ehrenamtlichen Richter nicht bedarf. Denn es besteht kein sachliches Erfordernis, höhere formelle Anforderungen zu stellen als sie für streitige, unter Anwendung der ZPO zu entscheidende Landwirtschaftssachen gelten.

2. Anforderungen

An die Unterschrift sind prinzipiell die gleichen Anforderungen zu stellen wie an die Unterzeichnung bestimmender Schriftsätze durch Rechtsanwälte (s. § 71 Rn 21). Danach genügt eine Namensabkürzung (Handzeichen/Paraphe) nicht.[61] Es ist ein **individueller**

---

[58] BGH NVwZ 2010, 1575.
[59] BGH MDR 2011, 697; NJW 1999, 1720.
[60] BT-Drs. 16/6308 S. 196.
[61] BGH NJW 1980, 1167.

Schriftzug erforderlich, der die Identität des unterzeichnenden Richters so kennzeichnet, dass er ihm zugeordnet werden kann, und die Absicht einer vollen, die Verantwortlichkeit für den Beschluss ausdrückenden Unterschrift zum Ausdruck bringt. Es reicht aus, dass jemand, der den Namen des Unterzeichnenden und dessen sonstige Unterschriften kennt, diesen Namen aus dem Schriftbild herauslesen kann.[62]

80 Die Unterschrift muss sich **unter dem vollständig abgefassten Beschluss** befinden. Es genügt nicht, wenn sie unter einem Formblatt mit Textbausteinen und auf eine Vielzahl von Fällen abgestellten Anweisungen an die Geschäftsstelle bzw. Kanzlei angebracht ist. Denn dieses dient erst der Abfassung einer auf den konkreten Fall bezogenen, zur Herstellung einer Ausfertigung geeigneten Entscheidung und stellt lediglich deren Entwurf dar.[63]

3. Ersetzung

81 Bei Kollegialgerichten ist **§ 315 Abs. 1 S. 2 ZPO entsprechend** die Ersetzung der Unterschrift eines nach Beschlussfassung verhinderten Richters durch den Vorsitzenden, bei dessen Verhinderung durch den dienstältesten beisitzenden Richter als zulässig anzusehen. Das folgt in Ehesachen und Familiensachen aus § 113 Abs. 1 S. 2 und im Bereich der freiwilligen Gerichtsbarkeit daraus, dass kein sachlicher Grund dafür erkennbar ist, im Hinblick auf die Bedeutung der eigenhändigen Unterschrift für den Rechtsverkehr an einen Beschluss strengere Anforderungen zu stellen, als an ein Urteil im Zivilprozess.[64]

82 Liegt tatsächlich keine Verhinderung vor oder ist diese nur von so kurzer Dauer, dass eine baldige Nachholung der Unterschrift in Betracht kommt, ist ihre Ersetzung unzulässig.[65] Der unter dem Beschluss aufzuführende, den Grund der Verhinderung angebende **Vermerk** ist zweckmäßigerweise vom Vorsitzenden zu unterschreiben; es genügt aber, wenn sich aus der Stellung und der Fassung des Vermerks zweifelsfrei ergibt, dass er vom Vorsitzenden stammt, etwa wenn er sich unter dessen Unterschrift befindet und mit „zugleich" beginnt.[66] Fehlt die Angabe des Verhinderungsgrundes, ist eine schriftliche Bekanntgabe (§ 41 Abs. 1) unwirksam, weil sich nicht ohne weitere Feststellungen ersehen lässt, ob lediglich ein Entscheidungsentwurf vorliegt.[67]

83 Bei Verhinderung sowohl des Vorsitzenden als auch des dienstältesten beisitzenden Richters hat der andere Beisitzer mit Verhinderungsvermerk für beide anderen Richter zu unterschreiben, auch wenn er kein planmäßiges Mitglied des Gerichts, sondern Proberichter oder abgeordneter Richter ist. Erst wenn bei einem Kollegialgericht sämtliche Richter an der Unterschriftsleistung verhindert sind, ist eine Ersetzung nicht möglich.[68] Bei Verhinderung des allein erkennenden Richters ist eine Ersetzung unzulässig. Wurde sein Beschluss verkündet (§ 41 Abs. 2 S. 1), bleibt dieser wirksam (s. Rn 87).[69]

4. Rechtsfolgen fehlender Unterschrift

84 **a) Schriftlich bekannt gegebener Beschluss.** Bei einem nur schriftlich bekannt gegebenen (§ 41 Abs. 1) Beschluss ist die volle Unterschrift Voraussetzung für dessen Wirksamkeit. Denn nur sie verbürgt die Herkunft der Entscheidung und die Übereinstimmung ihrer schriftlichen Fassung mit der Entschließung des Gerichts. Daher ist die eigenhändige Unterschrift zur gebotenen Sicherheit und Klarheit im Rechtsverkehr unverzichtbar.[70]

85 Fehlt die Unterschrift oder sind die daran zu stellenden Anforderungen nicht erfüllt, handelt es sich nur um einen **Entwurf**, dem trotz schriftlicher Bekanntgabe nur die Qualität einer Scheinentscheidung zukommt. Denn es fehlt an der auf die Setzung eines Rechtsakts

---

[62] BGH NJW 1988, 713; KG NJW 1988, 2807.
[63] OLG Celle FamRZ 1990, 419; NJW-RR 1990, 123; OLG Frankfurt NJW-RR 2008, 1091.
[64] BGH NJW-RR 1994, 1406.
[65] BGH NJW 1977, 765.
[66] BGH VersR 1984, 287.
[67] BGH VersR 1984, 586; NJW 1980, 1849.
[68] BGH VersR 1992, 1155.
[69] OLG Koblenz VersR 1981, 688.
[70] BGH NJW-RR 1986, 412.

gerichteten richterlichen Willensäußerung. Zwar ist auch eine von der Geschäftsstelle unzulässiger Weise (§ 317 Abs. 2 S. 1 ZPO analog) ausgefertigte und deshalb unwirksam[71] bekannt gegebene Scheinentscheidung als rechtsmittelfähig anzusehen (s. § 58 Rn 112); aber sie kann weder formell noch materiell in Rechtskraft erwachsen.[72] Durch ihre Bekanntgabe wird keine Rechtsmittelfrist ausgelöst.[73]

Wird gegen eine solche Scheinentscheidung Beschwerde eingelegt, kann die Unterschrift im Rahmen der Abhilfeprüfung (§ 68 Abs. 1 S. 1) nicht nachgeholt werden.[74] Denn das Rechtsmittel dient dann allein der Beseitigung des äußeren Anscheins einer tatsächlich nicht existenten Entscheidung,[75] was dem Rechtsmittelgericht vorbehalten ist. Erfolgt die nachträgliche Einfügung der Unterschrift, wird dadurch erstmalig eine anfechtbare Entscheidung geschaffen. **86**

b) Verkündeter Beschluss. Ein verkündeter (§ 41 Abs. 2 S. 1) Beschluss ist dadurch existent geworden und stellt einen wirksamen Rechtsprechungsakt dar, selbst wenn die bei der Verkündung vorliegende oder später hergestellte und bekannt gegebene (§ 41 Abs. 2 S. 3) schriftliche Fassung der Entscheidung nicht unterschrieben ist.[76] Die fehlende Unterzeichnung einer Beschwerdeentscheidung ist aber ein absoluter Rechtsbeschwerdegrund nach § 72 Abs. 3 FamFG i. V. m. § 547 Nr. 6 ZPO, wenn sie wegen Ablaufs der insoweit einzuhaltenden Frist von fünf Monaten seit Verkündung (s. § 72 Rn 44) nicht mehr rechtswirksam nachgeholt werden kann.[77] **87**

VIII. Erlass des Beschlusses (Abs. 3 S. 3)

1. Begriff

Der Erlass kennzeichnet den **Zeitpunkt,** in dem der Beschluss als Rechtsprechungsakt existent und nach außen erkennbar wird, dass die Entscheidungsfindung beendet und das Entwurfsstadium überschritten ist. Er hat zur **Rechtsfolge,** dass der Beschluss jetzt Gegenstand eines Rechtsmittels oder Rechtsbehelfs sein kann und das Gericht an seine Entscheidung in der Weise gebunden ist, dass es diese außerhalb eines dafür vorgesehenen besonderen Verfahrens nicht mehr von Amts wegen abändern darf (§ 318 ZPO analog).[78] Mit Erlass des Beschlusses enden somit sowohl die Pflicht wie die Befugnis des Gerichts, Vorbringen der Beteiligten zur Kenntnis zu nehmen und zu berücksichtigen. **88**

Zugleich steht der Begriff für den Vorgang, d. h. die **Bewirkungshandlung** des Gerichts, mit der diese Rechtsfolge herbeigeführt wird. Hierfür enthält **Abs. 3 S. 3** eine **Legaldefinition.** Danach ist zu unterscheiden, ob der Beschluss nur schriftlich bekannt gegeben wird (§ 41 Abs. 1) oder zuvor verkündet wurde (§ 41 Abs. 2). **89**

2. Vorgang

a) Schriftlich bekannt gegebener Beschluss. Nach Abs. 3 S. 3 erfolgt der Erlass durch **Übergabe** der vollständig abgefassten und vom erkennenden Richter bzw. Rechtspfleger unterschrieben Entscheidung an die Geschäftsstelle, und zwar **zur Veranlassung der Bekanntgabe** an die Beteiligten.[79] Damit ist nach dem Gesetz in Abweichung von der bisherigen Rechtsprechung nicht erforderlich, dass der Beschluss die Geschäftsstelle bereits mit der unmittelbaren Zweckbestimmung der Bekanntgabe verlassen hat,[80] z. B. durch Einlegen einer Ausfertigung in das Gerichtsfach eines Bevollmächtigten, durch Abtragen **90**

---

[71] BGH NJW-RR 1998, 141; NJW 1980, 1849.
[72] BVerfG NJW 1985, 788.
[73] BGH NJW 1998, 609.
[74] OLG Frankfurt FamRZ 2010, 907.
[75] OLG Karlsruhe FamRZ 1999, 452.
[76] BGH NJW-RR 1998, 1065; NJW 1989, 1156.
[77] BGH NJW-RR 2007, 141; NJW 2006, 1881.
[78] KG FGPrax 2011, 48 (unzulässige Aufhebung eines Kostenfestsetzungsbeschlusses wegen versehentlicher Nichtberücksichtigung eines Schriftsatzes).
[79] BT-Drs. 16/6308 S. 195.
[80] BGH NJW-RR 2004, 1575.

einer Ausfertigung aus dem Ausgangsfach der Geschäftsstelle zwecks Aufgabe zur Post[81] oder durch fernmündliche Mitteilung des Beschlussinhalts an den Bevollmächtigten.[82]

91 Notwendig ist aber wie bisher der **Entäußerungswille des Gerichts.** Danach muss die Übergabe der Entscheidung an die Geschäftsstelle dem Zweck dienen, den Übergang vom inneren Geschäftsbetrieb zum äußeren Geschäftsgang zu vollziehen. Fehlt es daran, etwa weil die Geschäftsstelle angewiesen wurde, den Beschluss noch nicht heraus zu gegeben, liegt keine Übergabe i. S. d. Abs. 3 S. 3 vor. Eine gleichwohl bzw. versehentlich durch die Geschäftsstelle bewirkte Herausgabe macht die Bekanntgabe unwirksam und erzeugt lediglich den Anschein einer gerichtlichen Entscheidung.

92 b) **Verkündeter Beschluss.** Der Erlass erfolgt nach Abs. 3 S. 3 durch **Verlesen der Beschlussformel** in einem – insoweit öffentlichen (s. § 41 Rn 15) – Termin. Der Erlass ist nach dem Wortlaut der Vorschrift und der Gesetzesbegründung[83] mit der Bekanntgabe durch Verkündung nach § 41 Abs. 2 S. 1 identisch und setzt deshalb die **Anwesenheit** mindestens eines Beteiligten oder seines Bevollmächtigten voraus (s. § 41 Rn 16). Eine fernmündliche Mitteilung genügt für den Erlass nicht. Für die Verkündung von **Entscheidungen in Ehesachen und Familienstreitsachen** sind dagegen die §§ 329 Abs. 1 S. 2, 312 Abs. 1 ZPO entsprechend anzuwenden (§ 113 Abs. 1 S. 2), so dass insoweit eine wirksame Verkündung von der Anwesenheit der Beteiligten nicht abhängig ist.

3. Geschäftsstellenvermerk

93 Nach **Abs. 3 S. 3** ist das Datum der Übergabe an die Geschäftsstelle oder der Verkündung auf dem Beschluss, d. h. auf dessen Original bzw. Urschrift zu vermerken. Diese aktenkundige **Dokumentation des Erlasses** hat vor allem für die Berechnung der Auffang-Beschwerdefrist nach § 63 Abs. 3 Bedeutung. Sie macht aber zugleich den Eintritt der mit dem Erlass verbundenen Rechtsfolge (s. Rn 88) aktenkundig. Im Hinblick darauf genügt die Angabe: *„Erlassen am ..."*. Zur Klarstellung erscheint es aber sinnvoll, die Art des Erlasses zu bezeichnen: *„Erlassen durch Übergabe an die Geschäftsstelle am ..."* bzw. *„Erlassen durch Verkündung am ..."*.

94 In **Ehesachen und Familienstreitsachen** ersetzt der Geschäftsstellenvermerk nicht den Nachweis der Verkündung, der nur durch das **Protokoll** (§ 113 Abs. 1 S. 2 FamFG i. V. m. §§ 160 Abs. 3 Nr. 7, 165 ZPO) geführt werden kann.[84] Entsprechendes hat für den im Bereich der freiwilligen Gerichtsbarkeit zu fertigenden Vermerk (§ 28 Abs. 4 S. 2) zu gelten; siehe dazu § 41 Rn 17.

95 Der Geschäftsstellenvermerk muss so unterschrieben sein, dass die Identität der unterzeichnenden Person ohne Weiteres festgestellt und ihre Legitimation jedenfalls durch Rückfrage beim Gericht festgestellt werden kann.[85] Sie hat deshalb diejenigen Anforderungen zu erfüllen, die für die Unterschrift des Richters unter den Beschluss gelten (s. Rn 79).[86]

IX. Kosten und Gebühren

96 Für Angelegenheiten der freiwilligen Gerichtsbarkeit wird auf § 32 Rn 54 verwiesen.

In selbständigen Familiensachen der freiwilligen Gerichtsbarkeit ist die Entscheidung des Gerichts mit der Verfahrensgebühr abgegolten (s. § 32 Rn 55). Gleiches gilt in Ehesachen (§ 121) einschließlich aller Scheidungsfolgesachen (§ 137 Abs. 2 u. 3) und in selbständigen Familienstreitsachen (§ 112).

---

[81] BGH NJW 1997, 2524.
[82] BGH NJW-RR 2000, 877.
[83] BT-Drs. 16/6308 S. 195.
[84] BGH VersR 1989, 604; OLG Frankfurt NJW-RR 1995, 511.
[85] BGH DtZ 1993, 54.
[86] BGH NJW 1988, 713.

Rechtsbehelfsbelehrung

39 Jeder Beschluss hat eine Belehrung über das statthafte Rechtsmittel, den Einspruch, den Widerspruch oder die Erinnerung sowie das Gericht, bei dem diese Rechtsbehelfe einzulegen sind, dessen Sitz und die einzuhaltende Form und Frist zu enthalten.

I. Normzweck; Anwendungsbereich

Nach altem Recht war auch im Bereich der freiwilligen Gerichtsbarkeit eine Rechtsbehelfsbelehrung nur in wenigen Einzelregelungen vorgeschrieben. Ohne gesetzliche Anordnung bestand nach der Rechtsprechung grundsätzlich keine Pflicht zur Rechtsbehelfsbelehrung.[1] Vielmehr wurde allgemein erwartet, dass ein Bürger, der ein Rechtsmittel einlegen will, im eigenen Interesse und in eigener Verantwortung Informationen über die gesetzlichen Zulässigkeitsvoraussetzungen bei einem Rechtsanwalt oder der Rechtsantragstelle eines Gerichts einholt.[2]

Das BVerfG[3] hat es dem Gesetzgeber überlassen, wie zur **Wahrung des Rechtsstaatsprinzips** und des Grundsatzes der Verhältnismäßigkeit der nach Art. 19 Abs. 4 GG gebotene effektive Rechtsschutz durch Ausgestaltung des jeweiligen Verfahrens zu gewährleisten ist. Danach kann die verfassungsrechtliche Rechtsschutzgarantie eine Rechtsbehelfsbelehrung nur gebieten, wenn dies zum Ausgleich unzumutbarer, sonst aufgrund der Ausgestaltung des Rechtsmittels entstehender Schwierigkeiten erforderlich ist. Der Gesetzgeber hat sich unter dem Aspekt der **Rechtsfürsorge** für die Beteiligten[4] entschieden, in § 39 für **alle FamFG-Verfahren,** also auch für Ehesachen (§ 121) und Familienstreitsachen (§ 112), eine Verpflichtung des Gerichts zur Rechtsbehelfsbelehrung einzuführen. Zur Übergangsregelung siehe die Erläuterungen zu Art. 111 FGG-RG.

II. Von der Belehrungspflicht erfasste Entscheidungen

1. Mit einem Rechtsmittel anfechtbare Entscheidungen

Die in § 39 normierte Pflicht zur Rechtsbehelfsbelehrung gilt für erst- und zweitinstanzliche (§ 69 Abs. 3) Endentscheidungen sowie für diejenigen Zwischen- und Nebenentscheidungen, gegen die nach dem Gesetz ein die Überprüfung in der nächsten Instanz eröffnendes Rechtmittel stattfindet. Es muss also die **befristete Beschwerde** nach §§ 58 ff., die **sofortige Beschwerde** entsprechend §§ 567–572 ZPO oder die **Rechtsbeschwerde** nach §§ 70 ff. gegeben sein. Deshalb haben die mit einem solchen Rechtsmittel anfechtbaren Beschlüsse, auch im Verfahren auf Erlass einer einstweiligen Anordnung, eine Belehrung zu enthalten. Das gilt abweichend vom Wortlaut des Gesetzes auch, wenn in Registersachen durch beschwerdefähige Zwischenverfügung (§ 38 Abs. 1 S. 2) entschieden wird.[5]

Hinsichtlich der Möglichkeit einer **Anschlussbeschwerde** (§ 66) oder **Anschlussrechtsbeschwerde** (§ 73) ist **keine Belehrung erforderlich.**[6] Das ergibt sich schon daraus, dass es sich dabei nur um einen Antrag innerhalb des Rechtsmittels[7] handelt.

Dagegen ist in einem erstinstanzlichen, ohne Zulassung der Beschwerde unterliegenden Beschluss nach dem Sinn und Zweck der Rechtsbehelfsbelehrung auch über die **Sprungrechtsbeschwerde** (§ 75) zu belehren.[8] Denn die Regelung des § 39 erfasst nach ihrem bisherigen Wortlaut alle in Betracht kommenden Rechtsmittel ohne sachliche Einschrän-

---

[1] BayObLG NJW-RR 2000, 5; OLG Frankfurt FamRZ 1999, 168; OLG Stuttgart FGPrax 1996, 148.
[2] BGH NJW 1997, 1989.
[3] BVerfG NJW 1995, 3173.
[4] BT-Drs. 16/6308 S. 196.
[5] OLG Stuttgart FGPrax 2010, 257 u. 255.
[6] BAG NZA 1997, 901 zu § 9 Abs. 5 ArbGG.
[7] BGH NJW 1996, 321.
[8] BAG NZA 1998, 1288 zu § 76 ArbGG; MünchKommZPO/Ulrici § 39 FamFG Rn 3; a. M. Prütting/Helms/Abramenko § 39 Rn 6.

kung. Jetzt soll jedoch aus praktischen Erwägungen eine Ausnahme von der Belehrungspflicht in die Vorschrift aufgenommen werden, s. Einl. Rn. 15 b.

2. Mit einem Rechtsbehelf anfechtbare Entscheidungen

6   Die Belehrungspflicht gilt auch für Entscheidungen, gegen die ein **förmlicher Rechtsbehelf** stattfindet, der eine unbeschränkte Überprüfung in derselben Instanz eröffnet. Dazu zählen nach § 39 der Einspruch und der Widerspruch (s. Anhang zu § 58 Rn 18 ff.) sowie die Erinnerung. Diese kommt als Rechtspflegererinnerung nach § 11 Abs. 2 RPflG (s. Anhang zu § 58 Rn 2 ff.), Erinnerung entsprechend § 573 ZPO (s. Anhang zu § 58 Rn 12 ff.) sowie als Klauselerinnerung nach §§ 86 Abs. 3, 95 Abs. 1, 120 Abs. 1 FamFG i. V. m. § 732 ZPO und Vollstreckungserinnerung nach §§ 95 Abs. 1, 120 Abs. 1 FamFG i. V. m. § 766 ZPO in Betracht (s. Anhang zu § 58 Rn 11). Zu belehren ist auch, wenn die anfechtbare Entscheidung nach dem Gesetz nicht durch Beschluss, sondern durch Verfügung zu treffen ist.

7   Die **Anhörungsrüge** nach § 44 stellt zwar ebenfalls einen förmlichen Rechtsbehelf dar, ist aber von § 39 **nicht erfasst.** Das hat seine Rechtfertigung darin, dass die Anhörungsrüge keine generelle Überprüfung der angefochtenen Entscheidung und deren Abänderung ermöglicht, sondern nur eine Fortsetzung des Verfahrens und erneute Entscheidung beim Vorliegen einer Verletzung des rechtlichen Gehörs (Art. 103 Abs. 1 GG). Siehe im Einzelnen die Erläuterungen zu § 44.

8   Keine Anwendung findet § 39 auf eine als außerordentlicher, d. h. **Rechtsbehelf besonderer Art** (s. Anhang zu § 58 Rn 21 ff.) anzusehende verfahrensrechtliche Befugnis, wie sie z. B. der Antrag auf Wiederaufnahme (§ 48 Abs. 2) oder Wiedereinsetzung (§ 18) darstellen. Insoweit heißt es in der Gesetzesbegründung ebenso wie hinsichtlich der Anhörungsrüge, eine Rechtsbehelfsbelehrung sei „regelmäßig" nicht geboten.[9] Damit kommt zum Ausdruck, dass **im Einzelfall** eine Belehrungspflicht zur Gewährleistung eines rechtsstaatlichen Verfahrens auch ohne gesetzliche Anordnung **von Verfassungs wegen**[10] in Betracht kommen kann.

9   Im **Verfahren auf Erlass einer einstweiligen Anordnung** ist nach dem Willen des Gesetzgebers im Amtsverfahren bei Erlass einer einstweiligen Anordnung auch über den Antrag auf Einleitung des Hauptsacheverfahrens durch das Gericht (**§ 52 Abs. 1**) zu belehren.[11] Gleiches hat nach dem Zweck der Rechtsbehelfsbelehrung im Antragsverfahren für den Antrag auf Anordnung der Einleitung des Hauptsacheverfahrens durch den Beteiligten, der die einstweilige Anordnung erwirkt hat (**§ 52 Abs. 2),** zu gelten. Ebenso für den Antrag auf erneute Entscheidung auf Grund mündlicher Verhandlung bzw. Erörterung in einer Familiensache (**§ 54 Abs. 2)**[12] und für denjenigen auf Aufhebung oder Änderung der ergangenen Entscheidung (**§ 54 Abs. 1 S. 2**). Dies erscheint trotz fehlender Befristung dieser Rechtsbehelfe wegen der vom Gesetzgeber gewählten Regelungstechnik und der dadurch bedingten Unübersichtlichkeit des Rechtsschutzsystems im Hinblick auf Art. 3 Abs. 1, 19 Abs. 4 GG geboten.[13]

III. Form und Inhalt der Belehrung

1. Form

10   Wie sich bereits aus der Formulierung des § 39 ergibt, ist die Rechtsbehelfsbelehrung trotz ihrer Nichterwähnung in § 38 Abs. 2 formeller **Bestandteil des Beschlusses.** Die Belehrung hat somit den Gründen zu folgen und muss **von der Unterschrift** des erkennenden Richters oder Rechtspflegers **erfasst** sein.[14] Enthält der unterschriebene Beschluss

---

[9] BT-Drs. 16/6308 S. 196.
[10] BVerfG NJW 1995, 3173.
[11] BT-Drs. 16/6308 S. 201; ablehnend MünchKommZPO/Ulrici § 39 FamFG Rn 4.
[12] Ebenso Horndasch/Viefhues/Reinken § 39 Rn 3; Thomas/Putzo/Reichold § 39 FamFG Rn 2; a. M. OLG Stuttgart FGPrax 2010, 59.
[13] BGH NJW 2002, 2171 (betr. die sofortige Beschwerde und sofortige weitere Beschwerde nach § 45 Abs. 1 WEG a. F.).
[14] BAG NJW 1980, 1871.

2. Inhalt

Nach § 39 soll die Rechtsbehelfsbelehrung die Beteiligten über das gegebene Rechts- 11
mittel bzw. den eröffneten ordentlichen Rechtsbehelf informieren. Soweit eine Anfechtung nicht stattfindet, schreibt das Gesetz eine darauf gerichtete Belehrung nicht vor.[16] Gleichwohl kann dies zur Vermeidung nicht statthafter Rechtsmittel und Rechtsbehelfe sinnvoll sein, wenn die Beteiligten nicht anwaltlich vertreten sind.

Die Rechtsbehelfsbelehrung muss den Beteiligten allein aus ihrem Wortlaut heraus mit 12
der gebotenen Eindeutigkeit eine Antwort auf die Frage geben, welches Rechtsmittel oder welcher Rechtsbehelf in der konkreten Verfahrenssituation gegeben ist.[17] Sie muss deshalb **auf den Einzelfall bezogen** und so abgefasst sein, dass sie einen rechtsunkundigen Beteiligten ohne Weiteres in die Lage versetzt, die für die Einlegung des Rechtsmittels bzw. Rechtsbehelfs erforderlichen Schritte zu unternehmen.[18] In Verfahren ohne Anwaltszwang muss der Beteiligte somit instand gesetzt werden, auch ohne Mandatierung eines Anwalts das statthafte Rechtsmittel formrichtig einzulegen.[19] § 39 verlangt hingegen keine Belehrung über Form und Frist der Begründung.[20]

Danach sind neben der Bezeichnung des statthaften Rechtsmittels bzw. Rechtsbehelfs 13
das für seine Entgegennahme zuständige Gericht und dessen vollständige Anschrift sowie die bei der Einlegung einzuhaltende Form und Frist anzugeben. Dazu gehört auch die Information über einen nach §§ 10 Abs. 4, 114 bestehenden Anwaltszwang.[21] Die Rechtsbehelfsbelehrung setzt somit eine vom erkennenden Richter bzw. Rechtspfleger vorzunehmende **Prüfung der Anfechtbarkeit** seiner Entscheidung, auch derjenigen über die Kosten, voraus. Ein allgemein gehaltener und Alternativen offen lassender Belehrungstext genügt nicht. Weil die Einreichung einer in fremder Sprache gehaltenen Rechtsmittelschrift zur Fristwahrung nicht ausreicht (§ 184 GVG), ist darauf hinzuweisen, dass die schriftliche Einlegung in deutscher Sprache erfolgen muss.[22] Die Beifügung einer Übersetzung für einen nicht deutschsprachigen Beteiligten ist nicht erforderlich, kann aber im Einzelfall zweckmäßig sein. Besteht dazu Anlass, ist auch über das Beschwerderecht Minderjähriger (§ 60) zu belehren.

Aus diesen allgemeinen Grundsätzen ergeben sich für einige Beschlussarten besondere 13a
Anforderungen:

- Bei einem **Verbundbeschluss** im Scheidungsverfahren (s. § 38 Rn 37 ff.) ist darauf hinzuweisen, dass die beteiligten Ehegatten auch bei einer alleinigen Anfechtung der Entscheidung über eine Folgesache der freiwilligen Gerichtsbarkeit nur durch einen Anwalt Beschwerde einlegen können (114 Abs. 1),[23] weshalb eine Einlegung zur Niederschrift der Geschäftsstelle ausscheidet (§ 25 Abs. 1 2. Halbs.).
- Bei einem (ggf. teilweise) ablehnenden **Verfahrenskostenhilfebeschluss** ist darauf abzustellen, ob er auf fehlende Erfolgsaussicht gestützt wird und deshalb die Entscheidung zur betroffenen Hauptsache anfechtbar sein muss[24] oder ob es allein um die persönlichen und wirtschaftlichen Voraussetzungen (§§ 76 Abs. 2, 113 Abs. 1 S. 2 FamFG i. V. m. § 127 Abs. 2 S. 2 ZPO) bzw. um die Anwaltsbeiordnung geht.[25]

---

[15] BAG NJW 1994, 3181.
[16] OLG Stuttgart NJW 2009, 3733.
[17] BAG NZA 1997, 901.
[18] BAG NJW 2005, 2251.
[19] BGH NJW-RR 2010, 1297; OLG Köln FGPrax 2011, 128.
[20] BGH BeckRS 2011, 18965; BAG NZA 2003, 1087.
[21] BGH NJW-RR 2010, 1297.
[22] BGH NJW 1982, 532.
[23] Wie nach altem Recht, vgl. schon BGH NJW 1979, 766. Siehe auch die Begründung zu § 64 Abs. 2 S. 2, BT-Drs. 16/12717 S. 69; Horndasch/Viefhues/Reinken § 64 Rn 6.
[24] Also auch im Fall des § 57 S. 1 vgl. bereits BGH NJW 2005, 1659.
[25] BGH MDR 2011, 805 in entsprechender Anwendung von § 127 Abs. 2 S. 2 ZPO.

- Bei einem **Festsetzungsbeschluss** im vereinfachten Verfahren über den Unterhalt Minderjähriger muss die Rechtsbehelfsbelehrung auch die in § 253 Abs. 2 geforderten Hinweise enthalten.
- Bei Erlass oder Ablehnung einer **einstweiligen Anordnung** muss in Angelegenheiten der freiwilligen Gerichtsbarkeit und in Familiensachen in den Fällen des § 57 S. 2 über die Beschwerde belehrt werden. Wurde in einer Familiensache ohne mündliche Verhandlung bzw. Erörterung entschieden, ist über den Antrag nach § 54 Abs. 2 zu belehren. Im Übrigen ist auf das Antragsrecht nach § 52 Abs. 1 u. 2 sowie nach § 54 Abs. 1 S. 2 hinzuweisen (s. Rn 9).

IV. Rechtsfolgen fehlender oder fehlerhafter Belehrung

14   Die unterbliebene oder unrichtige Belehrung hindert den Eintritt der formellen Rechtskraft nicht,[26] hat also **keinen Einfluss auf den Beginn der Rechtsmittelfrist**.[27] Versäumt aber ein Beteiligter diese Frist und wurde ihm keine ordnungsgemäße Rechtsbehelfsbelehrung erteilt, wird nach § 17 Abs. 2 auf seinen Wiedereinsetzungsantrag vermutet, dass ihn an der Fristversäumnis kein Verschulden trifft. Damit greift der Gesetzgeber die Rechsprechung des BGH im Beschluss vom 2. 5. 2002[28] auf. Danach ist zwar die Vermutung fehlenden Verschuldens unwiderlegbar, aber die **Wiedereinsetzung** setzt einen gesondert zu prüfenden ursächlichen Zusammenhang zwischen Belehrungsmangel und Fristversäumnis voraus; daran kann es fehlen, wenn der Beteiligte rechtskundig[29] oder anwaltlich vertreten[30] ist. Wegen der Einzelheiten wird auf § 17 Rn 37 verwiesen.

15   Diese Grundsätze haben in systemkonformer Analogie auch in **Ehesachen und Familienstreitsachen** zu gelten, nachdem der Gesetzgeber in den dort nach § 113 Abs. 1 S. 2 anzuwendenden § 233 ZPO keine dem § 17 Abs. 2 entsprechende Regelung eingefügt hat.[31] Das soll jetzt nachgeholt werden.[32]

16   Eine **unrichtige Rechtsbehelfsbelehrung** eröffnet keinen gesetzlich nicht vorgesehenen Rechtsweg (s. auch § 70 Rn 39).[33] Sie kann durch das Gericht nach § 42 von Amts wegen berichtigt werden (s. § 42 Rn 28).[34] Ist die Belehrung unklar und legt ein Beteiligter deshalb statt des eröffneten Rechtsmittels ein anderes ein, gilt der Meistbegünstigungsgrundsatz (s. § 58 Rn 109 ff.).

Wirksamwerden

40 (1) Der Beschluss wird wirksam mit Bekanntgabe an den Beteiligten, für den er seinem wesentlichen Inhalt nach bestimmt ist.

(2) ¹Ein Beschluss, der die Genehmigung eines Rechtsgeschäfts zum Gegenstand hat, wird erst mit Rechtskraft wirksam. ²Dies ist mit der Entscheidung auszusprechen.

(3) ¹Ein Beschluss, durch den auf Antrag die Ermächtigung oder die Zustimmung eines anderen zu einem Rechtsgeschäft ersetzt oder die Beschränkung oder Ausschließung der Berechtigung des Ehegatten oder Lebenspartners, Geschäfte mit Wirkung für den anderen Ehegatten oder Lebenspartner zu besorgen (§ 1357 Abs. 2 Satz 1 des Bürgerlichen Gesetzbuchs, auch in Verbindung mit § 8 Abs. 2 des Lebenspartnerschaftsgesetzes), aufgehoben wird, wird erst mit Rechtskraft wirksam. ²Bei Gefahr im Verzug kann das Gericht die sofortige Wirksamkeit des Beschlusses anordnen. ³Der Beschluss wird mit Bekanntgabe an den Antragsteller wirksam.

---

[26] BT-Drs. 16/6308 S. 183.
[27] BGH FGPrax 2010, 96.
[28] BGH NJW 2002, 2171.
[29] BayObLG NJW-RR 2003, 301; OLG Zweibrücken FGPrax 2004, 74; FGPrax 2003, 170.
[30] BGH NJW-RR 2010, 1297; OLG Stuttgart NJW 2010, 1978; OLG Karlsruhe NJW-RR 2010, 1223; OLG Koblenz NJW 2010, 2594; OLG Naumburg MDR 2011, 387.
[31] OLG Schleswig FamRZ 2011, 131 (Ls.).
[32] Durch Art. 1 des geplanten Gesetzes zur Einführung einer Rechtsbehelfsbelehrung im Zivilprozess (s. auch Einl. Rn 15 b).
[33] BGH NJW-RR 2007, 1071; BAG NZA 1998, 1288; NZA 1995, 654; BayObLG WuM 1995, 70.
[34] BAG NJW 2005, 2251.

Übersicht

	Rn
I. Normzweck	1
II. Anwendungsbereich	2
III. Begriff und Bedeutung der Wirksamkeit	3
1. Begriff	3
2. Bedeutung	5
a) Allgemeines	5
b) Umfang der Rechtswirkungen	6
c) Dauer der Rechtswirkungen	14
IV. Eintritt der Wirksamkeit durch Bekanntgabe (Abs. 1)	17
1. Allgemeines	17
2. Adressaten der Bekanntgabe	19
3. Einzelfälle	22
4. Erbscheinserteilung	24
V. Eintritt der Wirksamkeit mit Rechtskraft	26
1. Allgemeines	26
2. Genehmigung eines Rechtsgeschäfts (Abs. 2)	27
a) Normzweck	27
b) Rechtsgeschäfte des gesetzlichen Vertreters	28
c) Ermächtigung zum Betrieb eines Erwerbsgeschäfts	31
d) Genehmigung von Verfahrenshandlungen	34
e) Negativattest	37
3. Ersetzung der Ermächtigung/Zustimmung (Abs. 3 S. 1 1. Alt.)	38
a) Betroffene Rechtsgeschäfte	38
b) Entsprechende Anwendung bei Kompetenzkonflikten	40
c) Nicht erfasste Fälle	42
4. Aufhebung der Beschränkung/Ausschließung der Befugnis (Abs. 3 S. 1 2. Alt.)	46
5. Sondervorschriften	47
VI. Anordnung der sofortigen Wirksamkeit	49
1. Allgemeines	49
2. Anordnungsbeschluss	51
3. Einzelfälle	55
a) §§ 40 Abs. 3, 198 Abs. 1	55
b) § 209 Abs. 2	56
c) § 216 Abs. 1	57
d) § 324 Abs. 2	58
e) § 422 Abs. 2	59
f) § 287 Abs. 2	60
VII. Wirksamwerden der Rechtsmittelentscheidung	61

I. Normzweck

§ 40 regelt allgemein, wann ein erstinstanzlicher Beschluss (§ 38) wirksam wird. **Abs. 1** **1** knüpft in Anlehnung an § 16 Abs. 1 FGG den Eintritt der Wirksamkeit grundsätzlich an die Bekanntgabe (§ 41) gegenüber demjenigen Beteiligten, dessen Rechtsstellung der Beschluss seinem wesentlichen Inhalt nach betrifft. Die dabei gegenüber § 16 Abs. 1 FGG erfolgte Änderung im Wortlaut der Regelung ist nur redaktioneller Art[1] und soll somit keine neue Rechtslage schaffen. **Abs. 2** zieht die Konsequenz aus der Entscheidung des BVerfG vom 18. 1. 2000,[2] nach der die §§ 62, 55 FGG mit der Rechtsweggarantie (Art. 19 Abs. 4 GG) unvereinbar waren. Deshalb bestimmt S. 1, dass Beschlüsse betreffend die Genehmigung eines Rechtsgeschäfts erst mit formeller Rechtskraft wirksam werden. Dies ist nach S. 2 zur Klarstellung im Beschluss auszusprechen. **Abs. 3** betrifft – wie früher § 53 Abs. 1 FGG – die Ersetzung der Ermächtigung oder Zustimmung eines anderen zu einem Rechtsgeschäft (S. 1 1. Alt.) sowie die Aufhebung der Beschränkung oder Ausschließung der Schlüsselgewalt eines Ehegatten oder Lebenspartners durch den anderen (S. 1 2. Alt.) und ordnet an, dass eine Entscheidung dieses Inhalts erst mit Eintritt der formellen Rechts-

---
[1] BT-Drs. 16/6308 S. 408.
[2] BVerfG NJW 2000, 1709.

kraft wirksam wird. Das Gericht kann in beiden Fällen bei Gefahr im Verzug die sofortige Wirksamkeit anordnen (S. 2), die dann mit Bekanntgabe dieser Anordnung an den Antragsteller eintritt (S. 3).

II. Anwendungsbereich

§ 40 gilt in Angelegenheiten der freiwilligen Gerichtsbarkeit und in Familiensachen, mit Ausnahme von Ehesachen (§ 121) und Familienstreitsachen (§ 112); insoweit ist nach § 113 Abs. 1 S. 2 die ZPO entsprechend anzuwenden. Für bestimmte Angelegenheiten gehen Sondervorschriften vor (vgl. Rn 47 f.). Zur Übergangsregelung siehe die Erläuterungen zu Art. 111 FGG-RG.

III. Begriff und Bedeutung der Wirksamkeit

1. Begriff

Der Eintritt der Wirksamkeit eines Beschlusses ist nach seinen Voraussetzungen und Folgen vom Erlass der Entscheidung (§ 38 Abs. 3 S. 3) zu unterscheiden. Mit jenem wird die Entscheidung existent, ist aber für die Beteiligten und Dritte zunächst noch rechtlich unverbindlich. Dies ändert sich erst mit Eintritt der Wirksamkeit. Nunmehr erlangt der im Beschluss erkannte Rechtsfolgenausspruch **Verbindlichkeit für den Rechtsverkehr**. Dazu ist grundsätzlich die Bekanntgabe (§ 41) des Beschlusses erforderlich.[3] Diese folgt regelmäßig dem Erlass zeitlich nach. Bei einem verkündeten Beschluss, der durch Verlesen der Formel erlassen und zugleich gegenüber anwesenden Beteiligten bekannt gegeben wird (§ 41 Abs. 2 S. 1), fallen hingegen Erlass und Eintritt der Wirksamkeit zeitlich zusammen. Nur ausnahmsweise bedarf es zum Eintritt der Wirksamkeit keiner Bekanntgabe. Dies ist insbesondere nach § 352 bei einem Beschluss der Fall, der das Vorliegen der zur Erbscheinserteilung erforderlichen Tatsachen feststellt (s. Rn 24).

Auf **Registereintragungen** findet § 40 wegen ihrer Rechtsnatur keine Anwendung. Bei ihnen handelt es sich um Bewirkungshandlungen, die unmittelbar **mit der Vornahme wirksam** werden (§§ 382 Abs. 1 S. 2 FamFG, 8 a Abs. 1 HGB). Soweit eine gesetzliche Pflicht zur Bekanntmachung oder Mitteilung der Eintragung besteht, hat diese Maßnahme auf den Eintritt der Wirksamkeit keinen Einfluss sondern dient zur Benachrichtigung der Beteiligten und zur Information des Rechtsverkehrs. Das gilt insbesondere nach §§ 3, 4 GenRegVO, §§ 32–37 HRV, § 66 BGB i. V. m. §§ 13, 14 VRV, § 1562 BGB, § 55 GBO, § 156 GenG, § 10 HGB.

2. Bedeutung

a) **Allgemeines.** Der Eintritt der Wirksamkeit eines Beschlusses äußert sich im **Eintritt der Rechtswirkungen** des erkennenden Teils der Entscheidung, wie er in der Beschlussformel zum Ausdruck kommt. Den Gründen kommt hingegen keine bindende Kraft zu. Sie können aber zur Auslegung der Formel und damit zur Feststellung des konkreten Rechtsfolgenausspruchs sowie seiner Bindungswirkung herangezogen werden.[4] Die materiellrechtliche Wirkung kann sich je nach Verfahrensgegenstand auf das gegenseitige Verhältnis der Beteiligten beschränken oder für und gegen alle wirken. Auch die verfahrensrechtliche Wirkung tritt mit dem Wirksamwerden der Entscheidung ein. Dies gilt insbesondere für die Beendigung der Instanz oder des Verfahrens durch Zurückweisung oder Verwerfung eines Antrags (§ 23) oder Rechtsmittels.

b) **Umfang der Rechtswirkungen.** Soweit der Beschluss ein Recht ändert, aufhebt oder begründet, entsteht mit seinem Wirksamwerden eine für jedermann, d. h. auch für Gerichte und Behörden bindende **Gestaltungswirkung**.[5] Etwas anderes gilt nur, wenn der Beschluss nichtig ist.[6]

---

[3] BGH NJW 2005, 3724.
[4] BGH NJW 1985, 2535; NJW 1983, 2032.
[5] BGHZ 24, 47/51.
[6] BGHZ 41, 23/29; BayObLG FamRZ 1985, 201; OLG Frankfurt NJW-RR 1997, 580.

Beispiele: Anordnung einer Vormundschaft oder Pflegschaft (§ 1697 BGB), einer Betreuung (§ 1896 BGB) oder Nachlassverwaltung (§ 1981 BGB); Bestellung (§ 1789 BGB) oder Entlassung eines Vormunds (§ 1887 BGB); Ernennung (§ 2200 BGB) oder Entlassung (§ 2227 BGB) des Testamentsvollstreckers; Bestellung oder Abberufung eines Liquidators (§§ 264, 265 AktG, 83 GenG, 66 GmbHG); Bestellung oder Abberufung eines Notvorstands (§ 29 BGB); Entziehung (§§ 1666 Abs. 3 Nr. 6, 1666 a BGB) oder Übertragung (§§ 1671, 1672, 1678 Abs. 2, 1680 Abs. 2, 1681 Abs. 2 BGB) der elterlichen Sorge; Aufhebung eines Vater-Kind-Verhältnisses (§ 169 Nr. 2),[7] Herstellung oder Aufhebung eines Eltern-Kind-Verhältnisses zwischen Annehmendem und Kind (§ 186 Nr. 1 u. 3).

In bestimmten Fällen tritt nach Vorschriften des materiellen Rechts die Gestaltungswirkung eines Beschlusses **gegenüber Dritten** nicht unmittelbar mit seinem Wirksamwerden sondern erst dann ein, wenn mit Bezug auf den Dritten eine bestimmte tatsächliche Handlung oder ein weiterer Rechtsakt nachfolgt.

Beispiele: Die Genehmigung eines vom gesetzlichen Vertreter für das Kind, den Mündel, Betreuten oder Pflegling geschlossenen Rechtsgeschäfts und die Verweigerung der Genehmigung (s. Rn 27 ff.) wird dem Vertragspartner gegenüber erst wirksam, wenn sie diesem durch den gesetzlichen Vertreter mitgeteilt wird (§§ 1643 Abs. 3, 1829 Abs. 1 S. 2, 1908 i Abs. 1 S. 1, 1915 Abs. 1 S. 1 BGB). Die Beschränkung oder Ausschließung der Befugnis eines Ehegatten oder Lebenspartners, für den anderen Geschäfte mit Wirkung für diesen zu besorgen, wirkt einem Dritten gegenüber erst, wenn sie im Güterrechtsregister eingetragen oder ihm bekannt geworden ist (§ 1357 Abs. 2 S. 2 i. V. m. § 1412 BGB; § 8 Abs. 2 LPartG i. V. m. § 1412 BGB). Das Amt des Testamentsvollstreckers, mithin auch seine Verfügungsbefugnis und Vertretungsmacht im Rechtsverkehr, beginnt erst mit dem Zeitpunkt, in dem der Ernannte das Amt annimmt (§ 2202 Abs. 1 BGB).

Enthält der Beschluss die **Anordnung einer Handlung, Duldung oder Unterlassung,** fällt deren Durchsetzbarkeit im Wege der Vollstreckung (§§ 89 ff., 95 f.) mit der Wirksamkeit der Entscheidung zusammen und setzt sie voraus (§ 86 Abs. 2). Wird auf **Ermächtigung** zur Vornahme einer Handlung erkannt, kann sie der Berechtigte vom Eintritt der Wirksamkeit an vornehmen.

Beispiele: Ermächtigung zur Einberufung der Mitgliederversammlung eines Vereins (§ 37 Abs. 2 BGB); Gebote und Verbote des Familiengerichts an den Vormund (§§ 1818, 1837 Abs. 2, 1839 BGB) oder an die Eltern (§§ 1666 Abs. 3 Nr. 1–4, 1667 BGB); Anordnung der Herausgabe des Kindes (§ 1632 Abs. 1 BGB), der Befolgung einer Umgangsregelung (§§ 1684 f. BGB) oder der Unterlassung bestimmter Handlungen (§ 1 GewSchG).

Soweit eine Entscheidung der materiellen Rechtskraft (s. dazu § 45 Rn 7 ff.) fähig ist, bestimmt diese den Umfang der Bindungswirkung des Beschlusses gegenüber den Beteiligten sowie Gerichten und Behörden. Das gilt insbesondere für Entscheidungen in echten Streitsachen, wie z. B. die in Ehewohnungs- und Haushaltssachen (§ 200); ebenso für die Bestätigung der Dispache (§ 409 Abs. 1) oder den Ausschließungsbeschluss beim Aufgebot zur Kraftloserklärung von Urkunden (§ 479 Abs. 1). Auch die Genehmigung eines Rechtsgeschäfts oder deren Verweigerung erwächst mit ihrer Mitteilung an den Vertragspartner in materielle Rechtskraft, weil sie dann nicht mehr abgeändert werden kann (§ 48 Abs. 3). Die Erbscheinserteilung bindet hingegen mangels materieller Rechtskraft das Prozessgericht im Rechtsstreit der Erbprätendenten nicht.

Mit ihrem Wirksamwerden entfaltet die Entscheidung auch die ihr nach Vorschriften des materiellen oder des Verfahrensrechts zukommende **Tatbestandswirkung.** Das gilt für die Erteilung eines Erbscheins insbesondere hinsichtlich der vom Prozessgericht zu treffenden Entscheidung, ob gutgläubiger Erwerb vom nichtberechtigten Erbscheinserben, d. h. vom Scheinerben eingetreten ist (§ 2366 BGB) oder ob der Nachlassschuldner an diesen mit befreiender Wirkung geleistet hat (§ 2367 BGB). Ebenso für den Feststellungsbeschluss, dass ein anderer Erbe als der Fiskus nicht vorhanden ist; die Tatbestandswirkung eines solchen Beschlusses begründet eine widerlegbare Vermutung für das Erbrecht (§ 1964 BGB).

c) Dauer der Rechtswirkungen. Die Wirksamkeit eines Beschlusses **endet** je nach Inhalt der dort getroffenen Sachentscheidung

---

[7] BGH NJW 1999, 1632.

- nach Maßgabe des sachlichen Rechts oder des Verfahrensrechts unmittelbar mit der Änderung der dem Erkenntnis zugrunde liegenden tatsächlichen oder rechtlichen Voraussetzungen oder
- infolge Aufhebung oder Abänderung des Beschlusses im Wege einer darauf gerichteten Entscheidung des erstinstanzlichen Gerichts oder des Rechtsmittelgerichts.

15 Beispiele für den ersten Fall: Beendigung der gemäß § 1774 BGB angeordneten **Vormundschaft** bei Eintritt der Volljährigkeit des Mündels, bei Eintritt oder Wiedereintritt der elterlichen Sorge, bei nachträglicher Ermittlung seines Personenstandes (§ 1882 BGB), im Falle seines Todes (§ 1884 Abs. 1 S. 2 BGB) und bei ihn betreffender rechtskräftiger Todeserklärung (§ 1884 Abs. 1 S. 2 BGB). Ende der **Pflegschaft** bei Beendigung der elterlichen Sorge oder der Vormundschaft (§ 1918 Abs. 1 BGB), im Fall der Pflegschaft für eine Leibesfrucht bei Geburt des Kindes (§ 1918 Abs. 2 BGB), bei Erledigung der den Gegenstand der Pflegschaft bildenden Angelegenheit (§ 1918 Abs. 3 BGB) und bei rechtskräftiger Todeserklärung im Fall der Abwesenheitspflegschaft (§ 1921 Abs. 3 BGB). Unwirksamkeit der **Ernennung des Testamentsvollstreckers,** wenn der Ernannte bei der Annahme des Amtes (§ 2202 Abs. 1 BGB)[8] geschäftsunfähig oder in der Geschäftsfähigkeit beschränkt ist oder zur Besorgung seiner gesamten Vermögensangelegenheiten einen Betreuer erhalten hat (§ 2201 BGB). Unwirksamkeit der **Änderung der Vornamen,** wenn 300 Tage nach Rechtskraft der Entscheidung ein Kind des Antragstellers geboren oder bei einem dann geborenen Kind die Abstammung vom Antragsteller anerkannt oder gerichtlich festgestellt wird (§ 7 Abs. 1 TSG).

16 Im zweiten Fall ist das erstinstanzliche Gericht zur Aufhebung oder Abänderung seines Beschlusses im Rahmen eines Abänderungsverfahrens nach § 48 Abs. 1, im Wege der Wiederaufnahme nach § 48 Abs. 2 oder im Rahmen der Abhilfe nach § 68 Abs. 1 S. 1 sowie dann befugt, wenn Vorschriften des materiellen Rechts dies vorsehen. Letzteres gilt z. B. für: die Abänderung einer Entscheidung zum Sorge- oder Umgangsrecht (§ 1696 Abs. 1 S. 1 BGB); die Aufhebung der Vormundschaft im Fall der Verschollenheit des Mündels (§ 1884 Abs. 1 S. 1 BGB); die Aufhebung der Pflegschaft nach Wegfall des Anordnungsgrundes (§ 1919 BGB), der Abwesenheitspflegschaft bei Wegfall der Verhinderung (§ 1921 Abs. 1 BGB) und beim Tod des Abwesenden (§ 1921 Abs. 2 BGB).

Wird die erstinstanzliche Entscheidung durch das Beschwerdegericht aufgehoben oder geändert, entfällt ihre Wirksamkeit mit derjenigen der Beschwerdeentscheidung.

IV. Eintritt der Wirksamkeit durch Bekanntgabe (Abs. 1)

1. Allgemeines

17 Nach **Abs. 1** wird ein Beschluss grundsätzlich mit Bewirkung der Bekanntgabe wirksam. Etwas anderes gilt nur, wenn das Gesetz ausdrücklich eine andere Regelung trifft. Deshalb treten die Rechtswirkungen der Entscheidung regelmäßig unabhängig davon ein, ob sie anfechtbar ist, und bleiben auch im Falle der Anfechtung bestehen. Dadurch soll dem im Regelfall gegebenen Bedürfnis nach einem schnellen Wirksamwerden entsprochen werden, vor allem im Bereich der Rechtsfürsorge und in den Familiensachen der freiwilligen Gerichtsbarkeit.[9]

18 Darüber hinaus bestimmt Abs. 1 allgemein den Kreis derjenigen Beteiligten (§ 7), denen der Beschluss bekannt gegeben werden muss, damit er wirksam wird. Davon ist der Umfang der Bekanntgabepflicht des Gerichts zu unterscheiden, der in § 41 Abs. 1 S. 1 u. Abs. 3 sowie in Sondervorschriften geregelt wird. Insbesondere ergibt sich aus § 40 Abs. 1 nicht, dass die Entscheidung ausschließlich dem dort bezeichneten Adressatenkreis bekannt zu geben ist.

---

[8] MünchKommBGB/Zimmermann § 2201 Rn 3; a. M. Palandt/Weidlich § 2201 Rn 1 (Zeitpunkt, in dem der Ernannte von seiner Ernennung Kenntnis erlangt).
[9] BT-Drs. 16/6308 S. 196.

2. Adressaten der Bekanntgabe

Sind **mehrere Beteiligte** vorhanden, muss hinsichtlich der Frage, welchem von ihnen der Beschluss zur Herbeiführung der Wirksamkeit bekannt zu geben ist, nach Art und Inhalt der Entscheidung unterschieden werden:

- Soweit die Entscheidung nur **einheitlich** ergehen kann, weil sie einen auf mehrere Beteiligte zugleich bezogenen untrennbaren Inhalt hat, wird sie erst mit der Bekanntgabe an den letzten dieser Beteiligten wirksam.[10] Das ist der Fall, wenn nach Maßgabe des materiellen Rechts der Gegenstand der Entscheidung eine unterschiedliche Regelung im Verhältnis der einzelnen Beteiligten nicht zulässt, insbesondere weil diesen das von der Entscheidung betroffene Recht gemeinsam zusteht oder zugleich einem Beteiligten ein Recht zuerkannt und ein anderer mit seinem Anspruch ausgeschlossen wird.
- Besteht die Entscheidung hingegen aus mehreren, jeweils nur für einzelne Beteiligte bestimmten und somit gegenständlich **selbständigen Teilen,** tritt die Wirksamkeit des Beschlusses gegenüber jedem Beteiligten getrennt in dem Zeitpunkt ein, in dem er diesem bekannt gegeben wird.

Um im Hinblick auf den konkreten Verfahrensgegenstand sowie den Inhalt und Zweck der Entscheidung den Eintritt ihrer Rechtswirkungen zu vereinfachen und zu beschleunigen, sieht Abs. 1 eine **Begrenzung des Adressatenkreises** vor. Danach ist das Wirksamwerden des Beschlusses – nur – an die Bekanntgabe gegenüber demjenigen Beteiligten geknüpft, für den er seinem wesentlichen Inhalt nach bestimmt ist. Die zum Eintritt der Wirksamkeit erforderliche Bekanntgabe hat an denjenigen Beteiligten zu erfolgen, auf dessen rechtliche Beziehungen die Entscheidung unmittelbar einwirken soll und an den sie sich in erster Linie richtet.[11] Dazu muss sie die Rechtsstellung dieses Beteiligten tatsächlich und unmittelbar betreffen. Die Bekanntgabe an einen Beteiligten, in dessen Rechtssphäre die Entscheidung nur in ihrem weiteren Erfolg noch einzugreifen geeignet ist, genügt zum Wirksamwerden nicht.

Welcher Beteiligte durch den Beschluss unmittelbar in seiner Rechtsstellung betroffen ist, so dass die Bekanntgabe der Entscheidung an ihn zur Herbeiführung der Wirksamkeit erforderlich ist, muss nach Maßgabe des materiellen Rechts **im Einzelfall** nach dem Inhalt des erkannten Rechtsfolgenausspruchs beurteilt werden. Eine Betroffenheit in diesem Sinne liegt zunächst vor, wenn die Rechtsstellung eines Beteiligten durch die Entscheidung beeinträchtigt (materielle Beschwer, § 59 Abs. 1) oder sein Antrag zurückgewiesen wird (formelle Beschwer, § 59 Abs. 2), d. h. im Fall einer belastenden Entscheidung. Eine Betroffenheit ist aber auch gegeben, wenn sich die Rechtsstellung eines Beteiligten durch die Entscheidung – zumindest auch – unmittelbar verbessert, etwa weil ihm eine Genehmigung erteilt wird oder bestimmte Befugnisse zuerkannt werden.

3. Einzelfälle

Nach **Abs. 1** werden bei Anwendung der oben aufgeführten Grundsätze zum Beispiel folgende Entscheidungen zum jeweils genannten Zeitpunkt wirksam:

- Die **Ernennung** (§ 2200 BGB) **des Testamentsvollstreckers** mit der Bekanntgabe an diesen. Ebenso die Bestellung des **Pflegers, Vormunds** (§ 1789 BGB), **Betreuers** (§ 1897 BGB), Vereinsvormunds (§ 1791 a Abs. 2 BGB) und des Jugendamts zum Amtsvormund (§ 1791 b Abs. 2 BGB). Die **Entlassung** des Vormunds (§§ 1886, 1887 BGB) mit der Bekanntgabe an diesen; ferner die Entlassung des Pflegers (§§ 1915, 1886 BGB) und des Testamentsvollstreckers (§ 2227 BGB). Die Anordnung einer Ergänzungspflegschaft (§§ 1697, 1909 BGB) mit der Bekanntgabe an beide gemeinsam sorgeberechtigten Eltern oder an den allein sorgeberechtigten Elternteil, bei bestehender Vormundschaft mit Bekanntgabe an den Vormund.
- Die **Bestellung des Notvorstands** (§ 29 BGB) mit der Bekanntgabe an den Bestellten. Ebenso die Ernennung des Nachtragsliquidators (§§ 264 Abs. 2 S. 2 AktG, 83 Abs. 5 S. 2 GenG, § 66 Abs. 5 S. 2 GmbHG).

---

[10] BayObLG NJW-RR 1991, 958.
[11] BGHZ 6, 232/235; OLG Hamm FamRZ 1981, 63 zu § 16 FGG.

- Die Übertragung der Entscheidungsbefugnis bei **Meinungsverschiedenheiten der Eltern** (§ 1628 BGB) mit der Bekanntgabe an beide Eltern.
- Die **Entziehung der** gemeinsamen **elterlichen Sorge** (§§ 1666 Abs. 3 Nr. 6, 1666a BGB) mit der Bekanntgabe an beide Eltern. Ebenso die Aufhebung der gemeinsamen elterlichen Sorge bei Getrenntleben (§ 1671 BGB). Die Feststellung des Ruhens der elterlichen Sorge eines Elternteils wegen tatsächlicher Verhinderung (§ 1674 Abs. 1 BGB) bei gemeinsamer Sorge mit Bekanntgabe an den anderen Elternteil (§ 1678 Abs. 1 1. Halbs. BGB), bei bisheriger Alleinsorge zugleich mit Bekanntgabe der Sorgerechtsübertragung auf diesen Elternteil oder mit Bestellung eines Vormunds. Die Feststellung des Wiederauflebens der elterlichen Sorge eines Elternteils wegen Wegfalls der tatsächlichen Verhinderung (§ 1674 Abs. 2 BGB) mit Bekanntgabe an diesen.
- Die gerichtliche Bestimmung eines Elternteils zum **Kindergeldbezugsberechtigten** (§ 231 Abs. 2 i. V. m. §§ 3 Abs. 2 S. 3 BKGG, 64 Abs. 2 S. 3 EStG) mit der Bekanntgabe an beide Eltern.[12]
- Die Genehmigung der Einwilligung eines Bevollmächtigten in eine **ärztliche Maßnahme** (§ 1904 Abs. 2 BGB) mit der Bekanntgabe an diesen.[13]
- Die **erbrechtliche Fristbestimmung** (§§ 1994 Abs. 1 S. 1, 2151 Abs. 3 S. 2, 2153 Abs. 2 S. 2, 2154 Abs. 2 S. 2, 2155 Abs. 2, 2192, 2193 Abs. 3 S. 3 1. Halbs., 2198 Abs. 2 BGB) mit der Bekanntgabe an denjenigen, dem die Frist bestimmt wird.

23 Für einzelne Angelegenheiten bestimmen **Sondervorschriften** den Adressaten der zur Herbeiführung der Wirksamkeit des Beschlusses erforderlichen Bekanntgabe ausdrücklich:
- Der die Annahme als Kind aussprechende Beschluss wird nach **§ 197 Abs. 2** mit der Zustellung (§ 15 Abs. 2 S. 1 1. Alt.) an den Annehmenden, nach dessen Tod mit derjenigen an das Kind wirksam. Gleiches gilt für die in **§ 5 Abs. 4 S. 1 AdWirkG** aufgezählten Beschlüsse.
- Die in **§ 287 Abs. 1** aufgeführten Entscheidungen in Betreuungssachen werden mit der Bekanntgabe an den Betreuer wirksam. Diese Abweichung von der Grundregel des § 40 Abs. 1 soll Zweifel am Eintritt der Wirksamkeit ausschließen[14] und damit Rechtssicherheit herstellen. Das gilt insbesondere für die Bestellung und die Entlassung des Betreuers.
- Die Genehmigung der Einwilligung des Betreuers in eine Sterilisation des Betreuten (§ 1905 Abs. 2 S. 1 BGB) wird nach **§ 297 Abs. 7** erst wirksam, wenn die Bekanntgabe an den Verfahrenspfleger oder, wenn ein solcher nicht bestellt wurde (§ 297 Abs. 5), an den Verfahrensbevollmächtigten des Betroffenen und an den Betreuer bewirkt wurde. Erst die Bewirkung der letzten Bekanntgabe führt zur Wirksamkeit des Beschlusses.[15]

4. Erbscheinserteilung

24 Die Erteilung eines Erbscheins setzt eine **darauf gerichtete Entscheidung** voraus, deren Rechtswirkung sich darin erschöpft, dass das Nachlassgericht den beantragten Erbschein zu erteilen hat. Sie bedarf somit der Vollziehung. Erst mit Aushändigung der Urschrift oder einer Ausfertigung des Erbscheins an den Antragsteller oder einen von ihm benannten Dritten ist die Erbscheinserteilung wirksam erfolgt, so dass dem Erbschein die nach materiellem Recht vorgesehene Wirkung (§§ 2365–2367 BGB) zukommen und er z. B. im Grundbuchverfahren als Nachweis der Eintragungsvoraussetzungen (§ 35 Abs. 1 S. 1 GBO) dienen kann. Dass sein Inhalt in den Nachlassakten niedergelegt wird, genügt nicht. Der Aushändigung steht es aber gleich, wenn das Nachlassgericht antragsgemäß einer Behörde, z. B. dem Grundbuchamt, die Akten unter Bezugnahme auf die dort befindliche, den Wortlaut des zu erteilenden Erbscheins wiedergebende Urschrift der die Erteilung anordnenden Entscheidung zuleitet.[16]

---

[12] KG FamRZ 1984, 612; OLG Hamm Rpfleger 1980, 298.
[13] BT-Drs. 16/6308 S. 269.
[14] BT-Drs. 16/6308 S. 269.
[15] OLG Düsseldorf FamRZ 1996, 375 zu § 69a Abs. 4 FGG.
[16] OLG Hamm NJW-RR 1994, 271.

Diese Entscheidung hat durch **Beschluss nach** § 352 mit dem Inhalt zu ergehen, dass **25** die zur Erteilung des Erbscheins erforderlichen Tatsachen (§ 2359 BGB) als festgestellt erachtet werden. Der Beschluss wird bereits **mit Erlass** (§ 38 Abs. 3 S. 3) **wirksam** und bedarf abweichend von § 41 Abs. 1 keiner Bekanntgabe, § 352 Abs. 1 S. 3. Sind die zur Erbscheinserteilung erforderlichen Tatsachen zwischen den Beteiligten (§ 345 Abs. 1) **unstreitig,** kann das Nachlassgericht im Interesse einer zügigen Verfahrensabwicklung gleichzeitig mit dem Erlass des Beschlusses den Erbschein erteilen,[17] d. h. als Zeugnis über das Erbrecht oder über die Größe des Erbteils (§ 2353 BGB) herstellen und an den Antragsteller aushändigen. Dann tritt die Aushändigung an die Stelle der Bekanntgabe des Beschlusses. Sind hingegen die Voraussetzungen der Erbscheinserteilung **streitig,** ist der Beschluss allen Beteiligten bekannt zu geben und seine **sofortige Wirksamkeit auszusetzen,** so dass bis zum Eintritt der Rechtskraft der Erbschein nicht zu erteilen ist, § 352 Abs. 2. Diese Verfahrensweise tritt an die Stelle des früheren, im Gesetz nicht geregelten Vorbescheidsverfahrens. Wegen der Einzelheiten wird auf die Erläuterungen zu § 352 verwiesen.

V. Eintritt der Wirksamkeit mit Rechtskraft

1. Allgemeines

Für eine Reihe von Angelegenheiten ist als Ausnahme vom Grundsatz des Abs. 1 in **26** Einzelvorschriften **ausdrücklich geregelt,** dass die Entscheidung erst mit Eintritt der formellen Rechtskraft (§ 45) wirksam wird. Dies erfolgt im Hinblick darauf, dass nach der Art des betroffenen Verfahrensgegenstands die tatsächlichen oder die Rechtswirkungen der vollzogenen Entscheidung nicht mehr rückgängig zu machen sind oder dies mit für die Beteiligten oder Dritte unzumutbaren Folgen verbunden wäre. Drei dieser Fälle regeln Abs. 2 u. 3, während sich weitere im Besonderen Teil des FamFG und in Spezialgesetzen finden (siehe die Aufstellung bei Rn 47 f.).

2. Genehmigung eines Rechtsgeschäfts (Abs. 2)

a) **Normzweck.** Nach **Abs. 2** wird ein Beschluss, durch den die Genehmigung eines **27** Rechtsgeschäfts **erteilt oder verweigert** wird, erst mit Eintritt seiner formellen Rechtskraft wirksam (S. 1). Dies ist zur Herstellung von Rechtsklarheit im Verhältnis zu den durch das Geschäft betroffenen Dritten im Beschluss auszusprechen (S. 2), weil die Genehmigung und deren Verweigerung mit ihrer Mitteilung an den Vertragspartner diesem gegenüber wirksam wird (s. Rn 9). Zwar ist in der Gesetzesbegründung[18] nur die Genehmigung erwähnt, aber die Formulierung der Norm und ihr Regelungszweck sowie die in § 48 Abs. 3 bestimmte Unabänderbarkeit der positiven wie der negativen Entscheidung lassen eine solche Beschränkung nicht zu.[19] Damit im Verkehrsinteresse baldige Rechtssicherheit eintritt, gilt für die Beschwerde (§ 58) eine verkürzte Einlegungsfrist von zwei Wochen (§ 63 Abs. 2 Nr. 2).

b) **Rechtsgeschäfte des gesetzlichen Vertreters.** Unter Abs. 2 fallen zunächst durch **28** den gesetzlichen Vertreter (Eltern, Vormund, Pfleger, Betreuer) für den Vertretenen (Kind, Mündel, Pflegling, Betreuter) geschlossene Rechtsgeschäfte **privatrechtlicher Natur,** die nach materiellem Recht ohne Genehmigung des Familiengerichts bzw. des Betreuungsgerichts nicht wirksam zustande kommen und bis zu deren Mitteilung an den Vertragspartner schwebend unwirksam sind (§§ 1643 Abs. 3, 1829 Abs. 1, 1908i Abs. 1 S. 1, 1915 Abs. 1 S. 1 BGB).[20] Wegen dieser Außenwirkung der Genehmigung wird sie in Abgrenzung zu derjenigen, die allein die Billigung eines Geschäfts gegenüber dem gesetzlichen Vertreter im Rahmen der Aufsicht über seine Tätigkeit (§§ 1837 Abs. 2 S. 1, 1908i Abs. 1 S. 1, 1915 Abs. 1 S. 1 BGB) zum Ausdruck bringen soll (sog. Innengenehmigung), als

---

[17] BT-Drs. 16/6308 S. 281.
[18] BT-Drs. 16/6308 S. 196.
[19] Ebenso Zimmermann Rn 109; a. M. Bumiller/Harders § 40 Rn 13.
[20] BGHZ 15, 97.

§ 40   29, 30   Abschnitt 3. Beschluss

Außengenehmigung bezeichnet. Dieser Begriff trägt zugleich dem Umstand Rechnung, dass durch das Erfordernis einer Genehmigung der Umfang der Vertretungsmacht des gesetzlichen Vertreters eingeschränkt wird.

29   Dazu gehören insbesondere Genehmigungen nach:
- § 1411 BGB (betr. Abschluss eines Ehevertrages);
- § 1484 Abs. 2 BGB (betr. Ablehnung der fortgesetzten Gütergemeinschaft);
- § 1491 Abs. 3 BGB (betr. Verzicht auf den Anteil des Abkömmlings am Gesamtgut der fortgesetzten Gütergemeinschaft);
- § 1492 Abs. 3 BGB (betr. Aufhebung der fortgesetzten Gütergemeinschaft);
- § 1596 Abs. 1 BGB (betr. Anerkennung der Vaterschaft);
- § 1643 Abs. 1 BGB (betr. in §§ 1821, 1822 Nr. 1, 3, 5, 8–11 BGB bezeichnete Geschäfte des Kindes);
- § 1643 Abs. 2 BGB (betr. Ausschlagung einer Erbschaft oder eines Vermächtnisses und des Verzichts auf einen Pflichtteil);
- § 1644 BGB (betr. Überlassung von Vermögensgegenständen an das Kind zur Erfüllung eines Vertrages oder zu freier Verfügung);
- §§ 1809, 1908 i Abs. 1 S. 1, 1915 Abs. 1 S. 1 BGB (betr. Verfügung über mit Sperrvermerk angelegtes Geld des Mündels/Betreuten/Pfleglings);
- §§ 1812 Abs. 3, 1908 i Abs. 1 S. 1, 1915 Abs. 1 S. 1 BGB (betr. Verfügung über Forderungen und Wertpapiere des Mündels/Betreuten/Pfleglings);[21]
- §§ 1814, 1908 i Abs. 1 S. 1, 1915 Abs. 1 S. 1 BGB (betr. Herausgabe hinterlegter Inhaberpapiere des Mündels/Betreuten/Pfleglings);
- §§ 1819, 1908 i Abs. 1 S. 1, 1915 Abs. 1 S. 1 BGB (betr. Verfügung über für den Mündel/Betreuten/Pflegling hinterlegte Wertpapiere und Kostbarkeiten sowie über die in hinterlegten Hypotheken-, Grundschuld- oder Rentenbriefen verbrieften Forderungen; ebenso bei Eingehung einer dahingehenden Verpflichtung);
- §§ 1820, 1908 i Abs. 1 S. 1, 1915 Abs. 1 S. 1 BGB (betr. Verpflichtung zur Verfügung über die Stammforderungen aus auf den Namen des Mündels/Betreuten/Pfleglings umgeschriebenen oder umgewandelten Inhaberpapieren);
- §§ 1821, 1908 i Abs. 1 S. 1, 1915 Abs. 1 S. 1 BGB (betr. Geschäfte über Grundstücke, Schiffe oder Schiffsbauwerke);
- §§ 1822, 1915 Abs. 1 S. 1 BGB (betr. sonstige Geschäfte für den Mündel/Pflegling);
- §§ 1824, 1908 i Abs. 1 S. 1 BGB (betr. Überlassung von Vermögensgegenständen an den Mündel/Betreuten/Pflegling zur Erfüllung eines Vertrages oder zu freier Verfügung);
- § 1907 BGB (betr. Aufgabe einer Mietwohnung des Betreuten durch den Betreuer);
- § 1908 BGB (betr. Versprechen oder Gewährung einer Ausstattung nach § 1624 BGB aus dem Vermögen des Betreuten);
- § 1908 i Abs. 1 S. 1 BGB (betr. in §§ 1821, 1822 Nr. 1, 3, 5, 8–11 BGB bezeichnete Geschäfte für den Betreuten);
- § 2275 Abs. 2 u. 3 BGB (betr. Zustimmung zum Abschluss eines Erbvertrages durch den Mündel mit seinem Ehegatten oder seinem Verlobten);
- § 2282 Abs. 2 BGB (betr. Anfechtung eines Erbvertrages für den nach Vertragsschluss geschäftsunfähig gewordenen Erblasser);
- § 2290 Abs. 3 BGB (betr. Aufhebung eines Erbvertrages für den minderjährigen Vertragspartner, der nicht zugleich selbst Erblasser ist);
- §§ 2347, 2351 BGB (betr. Erbverzicht und dessen Aufhebung);
- § 1 Abs. 6 HöfeO (betr. Abgabe einer zur Begründung oder Aufhebung der Hofeigenschaft führenden Erklärung für den nicht testierfähigen Eigentümer).[22]

30   Auch die **allgemeine Ermächtigung** zur Erleichterung der Vermögensverwaltung durch den gesetzlichen Vertreter (§§ 1643 Abs. 3, 1825, 1908 i Abs. 1 S. 1, 1915 Abs. 1 S. 1 BGB) fällt in den Anwendungsbereich von Abs. 2, weil sie an die Stelle der sonst

---

[21] Vgl. z. B. OLG Düsseldorf FGPrax 2011, 104 (Kündigung eines zum Nachlass gehörenden Sparkontos durch den Nachlasspfleger und Übertragung des Erlöses auf ein zum Nachlass gehörendes Girokonto).
[22] Vgl. Lange/Wulf/Lüdtke-Handjery § 1 Rn 105.

jeweils erforderlichen Einzelgenehmigung tritt[23] und somit vom Zweck der Norm erfasst wird.

Nach **Beendigung der Vormundschaft** oder **Pflegschaft** (§§ 1829 Abs. 3, 1915 **31** Abs. 1 S. 1 BGB) und bei Tod des Mündels oder Pfleglings kann das vom Vormund oder Pfleger für diesen geschlossene Rechtsgeschäft nicht mehr genehmigt und die Genehmigung nicht mehr verweigert werden. Deshalb darf eine vor Beendigung der gesetzlichen Vertretung getroffene Entscheidung nicht mehr überprüft werden, weshalb eine darauf gerichtete Beschwerde unzulässig ist bzw. wird.[24] Eine erteilte Genehmigung wird mit Beendigung der Vormundschaft oder Pflegschaft auch bei eingetretener Rechtskraft ohne Weiteres gegenstandslos und kann zur Klarstellung, d. h. deklaratorisch aufgehoben werden.[25] Entsprechendes gilt bei Beendigung der **elterlichen Sorge** und der **Betreuung** (§§ 1643 Abs. 3, 1908i Abs. 1 S. 1 BGB). Der Vormund (§ 1893 BGB), Betreuer (1908i Abs. 1 S. 1 BGB) oder Pfleger (1915 Abs. 1 S. 1 BGB) und die Eltern (§ 1698a BGB) dürfen aber die mit dem Amt bzw. mit der elterlichen Sorge verbundenen Geschäfte fortführen, bis sie von der Beendigung Kenntnis erlangen oder sie kennen müssen. Bis dahin vorgenommene Geschäfte können noch genehmigt werden.[26]

c) Ermächtigung zum Betrieb eines Erwerbsgeschäfts. Weiterhin erfasst Abs. 2 die **32** familiengerichtliche Genehmigung der Ermächtigung des Minderjährigen zum selbständigen Betrieb eines Erwerbsgeschäfts durch die sorgeberechtigten Eltern, den Vormund oder den Ergänzungspfleger (§ 1909 BGB) und die Zurücknahme dieser Ermächtigung **(§ 112 BGB)**. In beiden Fällen handelt es sich um eine einseitige, an den Minderjährigen zu richtende Willenserklärung, die mit rechtskräftiger Erteilung der Genehmigung wirksam wird. Die Ermächtigung bewirkt die volle Geschäftsfähigkeit für den Abschluss geschäftsbezogener[27] Rechtsgeschäfte und schließt insoweit die Vertretungsbefugnis des gesetzlichen Vertreters aus. Ausgenommen sind aber nach § 112 Abs. 1 S. 2 BGB solche Geschäfte, für deren Abschluss der gesetzliche Vertreter einer Genehmigung bedarf (s. Rn 29).

Entsprechendes gilt für die Genehmigung des Betreuungsgerichts betreffend die Ermäch- **33** tigung des Betreuten und deren Zurücknahme durch den Betreuer bei Anordnung eines Einwilligungsvorbehalts **(§ 1903 Abs. 1 S. 2 BGB)**.

d) Genehmigung von Verfahrenshandlungen. Abs. 2 findet auf eine Genehmigung, **34** die zur Wirksamkeit einer Verfahrenshandlung des gesetzlichen Vertreters erforderlich ist, **keine Anwendung**. Etwas anderes gilt nur, wenn die Verfahrenshandlung eine Doppelnatur hat, d. h. zugleich ein nach materiellem Recht genehmigungspflichtiges Rechtsgeschäft enthält, wie ein Vergleich (§ 36 FamFG, §§ 779, 1822 Nr. 12 BGB).

Nicht in den Anwendungsbereich der Vorschrift fällt somit die Genehmigung eines **35** Antrags auf:
- Scheidung oder Aufhebung der Ehe **(§ 125 Abs. 2)**;
- Einleitung des Aufgebotsverfahrens zur Erwirkung der Todeserklärung **(§ 16 Abs. 3 VerschG)**;
- Entlassung aus der Staatsangehörigkeit **(§ 19 StAG)**;
- Erwerb einer ausländischen Staatsangehörigkeit wegen des damit verbundenen Verlusts der deutschen **(§ 25 Abs. 1 S. 1 StAG)**;[28]
- Änderung der Vornamen **(§ 3 Abs. 1 TSG)**;
- Änderung des Familiennamens und von Vornamen **(§§ 2, 11 NamÄndG)**.[29]

Der **Antrag auf Anordnung der Teilungsversteigerung** eines im Miteigentum des **36** Mündels, Betreuten oder Pfleglings stehenden Grundstücks, der nach § 181 Abs. 2 S. 2 ZVG nur mit Genehmigung des Familiengerichts bzw. des Betreuungsgerichts gestellt werden kann, stellt einen Sonderfall dar. Er ist einerseits Verfahrenshandlung, steht aber wegen

---

[23] Palandt/Diederichsen § 1825 Rn 1.
[24] OLG Frankfurt Rpfleger 1978, 99.
[25] BayObLG FamRZ 1980, 393 (Ls.).
[26] Palandt/Diederichsen § 1893 Rn 2.
[27] Vgl. zur Abgrenzung von privaten Geschäften BGH NJW 1982, 1810.
[28] KG FamRZ 1980, 625.
[29] BayObLG FamRZ 1990, 1132.

des mit dem Zuschlag verbundenen Eigentumsverlustes (§ 90 ZVG) einem nach §§ § 1821 Nr. 1, 1908 i Abs. 1 S. 1, 1915 Abs. 1 S. 1 BGB genehmigungspflichtigen Rechtsgeschäft gleich. Deshalb hat Abs. 2 mit der Folge zu gelten, dass der Zuschlag erst beim Vorliegen einer rechtswirksamen Genehmigung erfolgen darf. Gleiches hat hinsichtlich der vom Nachlassgericht (§ 1962 BGB) zu erteilenden Genehmigung im Fall der Beantragung durch den Nachlasspfleger[30] zu gelten.

37 e) **Negativattest.** Ein Beschluss des Inhalts, dass das Rechtsgeschäft keiner Genehmigung bedarf (sog. Negativattest), steht nach dem Normzweck des Abs. 2 der Erteilung einer Genehmigung nicht gleich. Er wird deshalb bereits mit der Bekanntgabe an den gesetzlichen Vertreter, dem gegenüber die Genehmigung zu erklären gewesen wäre (§§ 1643 Abs. 3, 1828, 1908 i Abs. 1 S. 1, 1915 Abs. 1 S. 1 BGB), wirksam. Gleiches gilt für einen Beschluss, durch den die Erteilung eines Negativattestes wegen Genehmigungsbedürftigkeit abgelehnt wird.

3. Ersetzung der Ermächtigung/Zustimmung (Abs. 3 S. 1 1. Alt.)

38 a) **Betroffene Rechtsgeschäfte. Abs. 3 S. 1 1. Alt.** betrifft Fälle, in denen nach materiellem Recht ein – einseitiges oder mehrseitiges – Rechtsgeschäft nur mit Ermächtigung oder Zustimmung eines Dritten vorgenommen werden kann und dieser die Erteilung verweigert oder daran gehindert ist. Ein Beschluss, der die notwendige Ermächtigung oder Zustimmung ersetzt, wird erst mit Eintritt seiner formellen Rechtskraft wirksam. Die Regelung erfasst nicht nur Entscheidungen, die auf einen verfahrenseinleitenden **Antrag** (§ 23) ergehen sondern auch solche, die auf ein eine **Anregung** (§ 24) darstellendes Gesuch erlassen werden. Negative, d. h. die Ersetzung ablehnende Entscheidungen werden dagegen nach Abs. 1 mit der Bekanntgabe an denjenigen wirksam, der das Rechtsgeschäft vornehmen will. Gleiches gilt für ein Negativattest.

39 Mithin betrifft Abs. 3 S. 1 1. Alt. die Ersetzung nach:
- §§ 113 Abs. 3, 1903 Abs. 1 S. 2 BGB (Ermächtigung zum Eintritt des Mündels oder Betreuten in ein Dienst- oder Arbeitsverhältnis; die ersetzte Ermächtigung kann vom Vormund/Betreuer nicht nach § 113 Abs. 2 BGB zurückgenommen oder eingeschränkt werden);[31]
- § 1315 Abs. 1 S. 3 BGB (Zustimmung des gesetzlichen Vertreters zur Bestätigung einer Ehe durch den minderjährigen Ehegatten);
- § 1365 Abs. 2 BGB (Zustimmung des anderen Ehegatten zur Verfügung eines Ehegatten über dessen Vermögen im Ganzen);[32]
- § 1369 Abs. 2 BGB (Zustimmung des anderen Ehegatten zur Verfügung eines Ehegatten über ihm gehörende Haushaltsgegenstände);
- §§ 1426, 1423 BGB (Zustimmung des anderen Ehegatten zur Verpflichtung des verwaltungsberechtigten Ehegatten, über das Gesamtgut im Ganzen zu verfügen);
- §§ 1426, 1424 BGB (Zustimmung des anderen Ehegatten zur Verfügung über ein zum Gesamtgut gehörendes Grundstück/Schiff/Schiffsbauwerk durch den verwaltungsberechtigten Ehegatten, ebenso zum Verpflichtungsgeschäft);
- § 1430 BGB (Zustimmung des verwaltungsberechtigten Ehegatten zu das Gesamtgut in Anspruch nehmenden Rechtsgeschäften des anderen Ehegatten);
- § 1452 Abs. 1 BGB (Zustimmung eines Ehegatten zur Vornahme eines Rechtsgeschäfts oder Führung eines Rechtsstreits zwecks Gesamtgutverwaltung bei gemeinschaftlicher Verwaltung);[33]
- § 1452 Abs. 2 BGB (Zustimmung zu Rechtsgeschäften über persönliche Angelegenheiten des anderen Ehegatten bei gemeinschaftlicher Gesamtgutverwaltung);
- § 1487 Abs. 1 BGB (Zustimmung des überlebenden, d. h. verwaltungsberechtigten Ehegatten und der anteilsberechtigten Abkömmlinge bei fortgesetzter Gütergemeinschaft in den Fällen der §§ 1423, 1424 BGB);

---

[30] Palandt/Weidlich § 1960 Rn 12; Stöber § 181 Rn 6.
[31] MünchKommBGB/J. Schmitt § 113 Rn 41.
[32] Vgl. zum Zweck des Zustimmungserfordernisses BGH NJW 2000, 1947.
[33] BayObLG FGPrax 2000, 200; NJW-RR 1990, 5.

- **§ 1618 S. 4 BGB** (Einwilligung des anderen Elternteils in die Einbenennung seines Kindes);[34]
- **§ 1626c Abs. 2 S. 3 BGB** (Zustimmung des gesetzlichen Vertreters zur Sorgeerklärung eines beschränkt geschäftsfähigen Elternteils nach § 1626a Abs. 1 Nr. 1 BGB);
- **§ 7 Abs. 3 ErbbauRG** (Zustimmung des Grundstückseigentümers zur Veräußerung des Erbbaurechts).

b) Entsprechende Anwendung bei Kompetenzkonflikten. Abs. 3 S. 1 1. Alt. ist auf die Entscheidung des Familiengerichts bei einer Meinungsverschiedenheit zwischen den Eltern und einem nur für bestimmte Angelegenheiten bestellten Pfleger (**§ 1630 Abs. 2 BGB**) sowie zwischen mehreren Vormündern oder Pflegern bei gemeinschaftlich geführter Vormundschaft bzw. Pflegschaft (**§§ 1797 Abs. 1 S. 2, 1915 Abs. 1 S. 1 BGB**) und bei Aufteilung der Wirkungskreise (**§§ 1798, 1915 Abs. 1 S. 1 BGB**) entsprechend anzuwenden, wenn die Entscheidung des Familiengerichts im Ergebnis darauf hinausläuft, dass sie die Zustimmung des einen Teils zur Vornahme eines konkreten Rechtsgeschäfts durch den anderen ersetzt.[35] 40

Gleiches gilt bei einer Meinungsverschiedenheit zwischen den Eltern und dem Vormund über eine durch diesen in persönlichen, d. h. Staatsangehörigkeitsfragen betreffenden Angelegenheiten des Kindes abzugebende Erklärung, wenn das Familiengericht dem Vormund beitritt und damit durch seinen Beschluss im Ergebnis die erforderliche Zustimmung der Eltern ersetzt (**§§ 15 Abs. 2 S. 3 StAG, 9 Abs. 1 S. 1 2. StAG**). 41

Ebenso bei einer Meinungsverschiedenheit zwischen mehreren Testamentsvollstreckern (**§ 2224 Abs. 1 2. Halbs. BGB**), wenn das Nachlassgericht über die Vornahme eines Rechtsgeschäfts entscheidet (**§ 355 Abs. 2 1. Halbs.**). 42

c) Nicht erfasste Fälle. Abs. 3 S. 1 1. Alt. erfasst, wie Abs. 2 (s. Rn 28), keine Rechtsgeschäfte, für die der gesetzliche Vertreter die Genehmigung des die Aufsicht über seine Tätigkeit führenden Gerichts benötigt, ohne dass diese Voraussetzung für die Wirksamkeit des Geschäfts ist (**Innengenehmigung**), weshalb insoweit eine entsprechende Anwendung der Vorschrift ausscheidet. Dazu zählt auch die Genehmigung einer Abweichung von Anordnungen des Erblassers oder Schenkers bei der Verwaltung des dem Kind, Mündel, Betreuten oder Pflegling zugewendeten Vermögens (**§§ 1639 Abs. 2, 1803 Abs. 2, 1908i Abs. 1 S. 1, 1915 Abs. 1 S. 1 BGB**). Gleiches gilt für die Ersetzung der Genehmigung des Gegenvormunds bei der Anlegung von Mündelgeld (**§ 1810 S. 1 2. Halbs. BGB**) und bei der Verfügung über Forderungen und Wertpapiere (**§ 1812 Abs. 2 BGB**), weil hier die Mitwirkung des Gegenvormunds der Beaufsichtigung des Vormunds (**§ 1799 Abs. 1 S. 1 BGB**) dient und damit der Innengenehmigung des Familiengerichts entspricht. 43

Die Entscheidung des Familiengerichts bei Meinungsverschiedenheiten der Eltern in einzelnen Angelegenheiten oder in einer bestimmten Art von Angelegenheiten der elterlichen Sorge (**§ 1628 BGB**) fällt ebenfalls nicht unter Abs. 3 S. 1 1. Alt. sondern unter Abs. 1. Denn insoweit überträgt das Gericht einem Elternteil die Vertretung des Kindes unter gleichzeitiger Einschränkung der Vertretungsbefugnis des anderen (**§ 1629 Abs. 1 S. 3 BGB**), ohne dass es zu einer eigenen Sachentscheidung befugt ist.[36] Gleiches gilt für die Entscheidung bei Meinungsverschiedenheiten der Eltern hinsichtlich der religiösen Erziehung des Kindes (**§ 2 Abs. 3 S. 1 RelKEG**). 44

Auch ein Beschluss, in dem das Familiengericht einem über 16jährigen Minderjährigen gegen den Widerspruch des gesetzlichen Vertreters die Befreiung vom Erfordernis der Volljährigkeit zur Eheschließung erteilt (**§ 1303 Abs. 4 BGB**), zählt nicht zum Anwendungsbereich von Abs. 3 S. 1 1. Alt. Denn nach dem in § 1303 BGB geregelten Verfahren ist die Einwilligung des gesetzlichen Vertreters nicht mehr unabdingbare Voraussetzung für die Befreiung, so dass im Gegensatz zur früheren Rechtslage nach §§ 1 u. 3 EheG keine Ersetzung mehr in Betracht kommt, sondern nur die konkludente, d. h. in den Gründen der Entscheidung auszusprechende[37] Zurückweisung des vom gesetzlichen Vertreter erklär- 45

---

[34] Vgl. zu den Voraussetzungen der Zustimmungsersetzung BGH NJW 2002, 300; FamRZ 2002, 1330.
[35] Jansen/Briesemeister § 53 Rn 10.
[36] BVerfG NJW 2003, 1031.
[37] Palandt/Brudermüller § 1303 Rn 6.

ten Widerspruchs. Mithin tritt Wirksamkeit mit Bekanntgabe des Beschlusses an den antragstellenden Minderjährigen ein, Abs. 1.

4. Aufhebung der Beschränkung/Ausschließung der Befugnis (Abs. 3 S. 1 2. Alt.)

46   Nach **Abs. 3 S. 1 2. Alt.** wird in sonstigen Familiensachen nach §§ 266 Abs. 2 und 269 Abs. 3 die Entscheidung, mit der das Familiengericht auf Antrag eines Ehegatten (§ 1357 Abs. 2 S. 1 2. Halbs. BGB) oder Lebenspartners (§ 6 LPartG) die vom anderen erklärte Beschränkung oder Ausschließung der Berechtigung zum Abschluss eines beide Ehegatten oder Lebenspartner berechtigenden und verpflichtenden Rechtsgeschäfts zur Deckung des Lebensbedarfs (sog. **Schlüsselgewalt**) aufhebt, erst mit formeller Rechtskraft (§ 45) wirksam. Auch diese Bestimmung dient der Rechtsklarheit zum Schutz Dritter und korrespondiert mit der Regelung, dass die Beschränkung oder Ausschließung einem Vertragspartner gegenüber nur wirkt, wenn sie im Güterrechtsregister eingetragen ist oder ihm bei Abschluss des Rechtsgeschäfts bekannt war (§§ 1357 Abs. 2 S. 2, 1412 BGB). Der von der Beschränkung oder Ausschließung betroffene Ehegatte oder Lebenspartner kann erst unter Vorlage des Aufhebungsbeschlusses nebst Rechtskraftzeugnis (§ 46) die Löschung der Eintragung beantragen (§ 1561 Abs. 2 Nr. 4 BGB analog). Bis zum Eintritt der Rechtskraft abgeschlossene Rechtsgeschäfte berechtigen und verpflichten den anderen Ehegatten oder Lebenspartner nicht, weil die noch wirksame Beschränkung oder Ausschließung dem Vertragspartner gegenüber wirkt. Etwas anderes gilt nur, wenn das Gericht die sofortige Wirksamkeit der Aufhebung anordnet (Abs. 3 S. 2).

5. Sondervorschriften

47   Außer in Abs. 2 u. 3 S. 1 bestimmt das **FamFG** für zahlreiche Angelegenheiten ausdrücklich, dass der Beschluss erst mit der formellen Rechtskraft wirksam wird:
- **§ 184 Abs. 1 S. 1** (Endentscheidung in Abstammungssachen nach § 169);
- **§ 198 Abs. 1** (Ersetzung der Einwilligung oder Zustimmung zu einer Annahme als Kind, mithin derjenigen des Vormunds oder Pflegers nach §§ 1746 Abs. 3, 1767 Abs. 2 S. 1, 1768 BGB; eines Elternteils nach § 1748 BGB, des Ehegatten nach § 1749 Abs. 1 BGB);
- **§ 198 Abs. 2** (Aufhebung des Annahmeverhältnisses);
- **§ 209 Abs. 2 S. 1** (Endentscheidung in Ehewohnungs- und Haushaltssachen);
- **§ 216 Abs. 1 S. 1** (Endentscheidung in Gewaltschutzsachen);
- **§ 224 Abs. 1** (Endentscheidungen über den Versorgungsausgleich);
- **§ 264 Abs. 1 S. 1** (Entscheidung über Anträge nach §§ 1382, 1383 BGB);
- **§ 324 Abs. 1** (Genehmigung oder Anordnung einer Unterbringungsmaßnahme sowie deren Ablehnung);
- **§§ 393 Abs. 5, 394 Abs. 3, 395 Abs. 3, 397, 398** (Beschluss, der den Widerspruch gegen die beabsichtigte Löschung einer Firma, einer vermögenslosen Gesellschaft oder Genossenschaft, einer unzulässigen Eintragung, einer nichtigen Gesellschaft oder Genossenschaft, eines nichtigen Beschlusses der Hauptversammlung oder der Gesellschafterversammlung zurückweist);
- **§ 371 Abs. 1** (Bestätigung einer außergerichtlichen Vereinbarung über die Nachlassteilung oder eines Auseinandersetzungsplans);
- **§ 401** (Entziehung der Rechtsfähigkeit eines Vereins wegen Unterschreitens der Mindestmitgliederzahl nach § 73 BGB);
- **§ 409 Abs. 2** (Bestätigung der Dispache);
- **§ 422 Abs. 1** (Anordnung einer Freiheitsentziehung);
- **§ 439 Abs. 2** (Endentscheidung in Aufgebotssachen).

48   **Außerhalb des FamFG** wird die Entscheidung insbesondere in folgenden Fällen erst mit der formellen Rechtskraft wirksam:
- **§ 5 Abs. 4 S. 2 AdWirkG** (Beschlüsse nach AdWirkG, soweit sie anfechtbar sind, d. h. nicht unter § 5 Abs. 4 S. 1 AdWirkG fallen);
- **§ 99 Abs. 5 S. 1 AktG** (Entscheidung des über die Zusammensetzung des Aufsichtsrats);
- **§ 132 Abs. 3 S. 1 AktG** (Entscheidung über das Auskunftsrecht);

- § 260 Abs. 3 S. 1 AktG (Entscheidung über die abschließenden Feststellungen der Sonderprüfer);
- §§ 304 Abs. 4, 305 Abs. 5 S. 4 AktG (Bestimmung des Ausgleichs oder der Abfindung außen stehender Aktionäre bei Beherrschungs- und Gewinnabführungsverträgen);
- §§ 22, 27 Abs. 1 IntFamRVG (Zulassung der Zwangsvollstreckung aus unter die Brüssel II a-VO fallenden Titeln nach § 20 IntFamRVG);
- § § 40 Abs. 1 IntFamRVG (Rückführungsanordnung nach Art. 12 HKÜ);
- § 6 S. 3 KastrG (Genehmigung der freiwilligen Kastration oder anderer Behandlungsmethoden durch das Betreuungsgericht);
- § 30 Abs. 1 LwVG (Endentscheidungen in Landwirtschaftssachen);
- § 53 Abs. 1 PStG (Anordnung des Standesamts zur Vornahme einer Amtshandlung oder zur Berichtigung eines Personenstandsregisters);
- § 26 Abs. 4 S. 5, 206 S. 3 UmwG (Festsetzung der Auslagen und der Vergütung des besonderen Vertreters zur Geltendmachung von Ansprüchen für und gegen den übertragenden oder den formwechselnden Rechtsträger).
- § 29 Abs. 1 VerschG (Todeserklärungsbeschluss des AG), § 40 VerschG (Feststellung von Tod und Todeszeitpunkt durch das AG);
- § 39b Abs. 5 S. 1 WpÜG (Entscheidung über den Antrag auf Ausschluss der übrigen Aktionäre, § 39a WpÜG).

VI. Anordnung der sofortigen Wirksamkeit

1. Allgemeines

Wird nach ausdrücklicher Regelung ein Beschluss erst mit Rechtskraft wirksam, kann das Gericht die sofortige Wirksamkeit nur anordnen, wenn auch dies im Gesetz vorgesehen ist.[38] Die Anordnung der sofortigen Wirksamkeit bewirkt in einem solchen Fall deren Vorverlegung und entspricht in ihrer Wirkung der Vollstreckbarerklärung im Zivilprozess, weil die **Vollstreckbarkeit** (§ 86 Abs. 2) **durch Rechtsprechungsakt herbeigeführt** wird (s. die Einzelfälle unter Rn 55 ff.). Eine an die zivilprozessuale Regelung (§§ 708 f. ZPO) angelehnte Sondervorschrift gilt für Beschlüsse in Landwirtschaftssachen, soweit sie einen vollstreckbaren Inhalt haben (§ 30 Abs. 2 LwVG).

Eine andere verfahrensrechtliche Bedeutung kommt dem Begriff der Anordnung der sofortigen Wirksamkeit zu, wenn der **Bekanntgabeadressat** in Abweichung von Abs. 1 **gesetzlich bestimmt** und dieser zur Bewirkung der zum Wirksamwerden des Beschlusses notwendigen Bekanntgabe nicht oder, bei Gefahr im Verzug, nicht rechtzeitig zu erreichen ist. Dann führt die Anordnung der sofortigen Wirksamkeit zu einer **Änderung des Adressaten** der Bekanntgabe oder zur **Ersetzung der Bekanntgabe** durch Übergabe des Beschlusses an die Geschäftsstelle (s. Rn 60).

2. Anordnungsbeschluss

Die Anordnung der sofortigen Wirksamkeit erfolgt durch **Beschluss.** Sie kann in dem die Sachentscheidung enthaltenden Beschluss (§ 38), d. h. gleichzeitig mit dieser erfolgen. Ein gesonderter Anordnungsbeschluss kommt insbesondere in Betracht, wenn sich die Voraussetzungen bzw. das Erfordernis einer zeitnahen Umsetzung der Entscheidung erst nach deren Erlass ergibt.

Zuständig ist bis zur Einlegung der Beschwerde und während des Abhilfeverfahrens (§ 68 Abs. 1 S. 1 1. Halbs.) das **erstinstanzliche Gericht,** nach Vorlage der Beschwerde (§ 68 Abs. 1 S. 1 2. Halbs.) das **Beschwerdegericht.** Weil die Anordnung der sofortigen Wirksamkeit tatrichterliche Feststellungen voraussetzt, ist wie beim Erlass einer einstweiligen Anordnung (s. § 50 Rn 6)[39] davon auszugehen, dass mit Einlegung der Rechtsbeschwerde wieder das erstinstanzliche Gericht zuständig wird und eine Anordnung durch das Rechtsbeschwerdegericht nicht in Betracht kommt.

---

[38] BT-Drs. 16/6308 S. 350.
[39] BGH NJW 1980, 1392.

53 Die Anordnung ist **auf Antrag oder von Amts wegen**[40] zulässig. Bei fehlender oder nach Inhalt und Zweck der Entscheidung nicht rechtzeitiger Erreichbarkeit des im Gesetz bezeichneten Adressaten der Bekanntgabe (s. Rn 50) kommt sie erst nach deren Fehlschlagen oder dann in Betracht, wenn von vornherein feststeht, dass die Bekanntgabe sonst nicht bzw. nicht rechtzeitig bewirkt werden kann.

54 Die Anordnung der sofortigen Wirksamkeit ist **unanfechtbar.** Wegen der in § 64 Abs. 3 2. Halbs. vorgesehenen Möglichkeit einer Aussetzung der Vollziehung des angefochtenen Beschlusses durch das Beschwerdegericht im Wege der einstweiligen Anordnung fehlt es am Rechtsschutzbedürfnis für einen förmlichen Rechtsbehelf, weil damit zugleich die Anordnung der sofortigen Wirksamkeit außer Kraft gesetzt wird.[41] Auch die Ablehnung einer Anordnung der sofortigen Wirksamkeit ist unanfechtbar.

3. Einzelfälle

55 **a) §§ 40 Abs. 3, 198 Abs. 1.**[42] Wird auf Ersetzung der Ermächtigung oder Zustimmung eines anderen zu einem Rechtsgeschäft (§ 40 Abs. 3 S. 1 1. Alt.), auf Aufhebung der Beschränkung oder Ausschließung der Befugnis eines Ehegatten oder Lebenspartners, Geschäfte mit Wirkung für den anderen abzuschließen (§ 40 Abs. 3 S. 1 2. Alt.) oder auf Einwilligung oder Zustimmung zu einer Annahme als Kind (§ 198 Abs. 1 S. 1) erkannt, kann das Gericht nach § 40 Abs. 3 S. 2 bzw. § 198 Abs. 1 S. 2 bei **Gefahr im Verzug** die sofortige Wirksamkeit des Beschlusses anordnen. Dazu ist die Feststellung zu treffen, dass nach den Umständen des Einzelfalls die Vorverlegung der Wirksamkeit zur Abwendung einer Gefährdung der nach Inhalt und Zweck der Sachentscheidung zu wahrenden Interessen des Antragstellers geboten ist. Die Wirksamkeit des Anordnungsbeschlusses und somit der Sachentscheidung tritt mit dessen Bekanntgabe an den Antragsteller ein (§§ 40 Abs. 3 S. 3, 198 Abs. 1 S. 3).

56 **b) § 209 Abs. 2.** Nach § 209 Abs. 2 S. 2 soll das Familiengericht die sofortige Wirksamkeit einer Endentscheidung in **Ehewohnungssachen** nach § 200 Abs. 1 Nr. 1 anordnen. Das kommt nach dem Sinn und Zweck dieser Regelung, die eine Gleichbehandlung mit der Entscheidung über eine Überlassung der gemeinsam genutzten Wohnung nach § 2 GewSchG herstellt[43] und somit einer zeitnahen Vollstreckung dient, bei einer positiven Entscheidung, d. h. bei vorläufiger Zuweisung der Ehewohnung an einen Ehegatten oder Lebenspartner bei Getrenntleben (§§ 1361 b BGB, 14 LPartG) in Betracht. Die Formulierung als Soll-Vorschrift bringt zum Ausdruck, dass eine Anordnung regelmäßig zu ergehen hat und somit das Ermessen des Gerichts eingeschränkt ist. Die Wirksamkeit des Anordnungsbeschlusses tritt mit dessen Bekanntgabe an den Antragsteller ein (§ 40 Abs. 1).

57 **c) 216 Abs. 1.** Nach § 216 Abs. 1 S. 2 ist auch die Anordnung der sofortigen Wirksamkeit einer Endentscheidung in **Gewaltschutzsachen** als Regel vorgesehen. Die Ausgestaltung als Soll-Vorschrift bezweckt eine effektivere Durchsetzbarkeit.[44] Nach § 216 Abs. 2 kann gleichzeitig die Zulässigkeit der Vollstreckung vor Zustellung der Entscheidung an den Antragsgegner angeordnet werden (S. 1). Dann tritt die Wirksamkeit bereits mit Übergabe des Beschlusses an die Geschäftsstelle zum Zweck der Bekanntgabe ein (S. 2 1. Halbs.); dieser Zeitpunkt ist im Interesse der Rechtssicherheit auf der Entscheidung zu vermerken (S. 2 2. Halbs.).

58 **d) § 324 Abs. 2.** Nach § 324 Abs. 2 S. 1 kann das Betreuungsgericht in Ausübung pflichtgemäßen Ermessens die sofortige Wirksamkeit der **Genehmigung oder Anordnung einer Unterbringungsmaßnahme** anordnen. Die Wirksamkeit tritt ein, wenn die Entscheidung und die Anordnung ihrer sofortigen Wirksamkeit dem Betroffenen, dem Verfahrenspfleger, dem Betreuer oder dem Vorsorgebevollmächtigten (mündlich, § 41 Abs. 2) bekannt gegeben (S. 2 Nr. 1), einem Dritten zum Zweck des Vollzugs der Ent-

---

[40] A. M. MünchKommZPO/Ulrici § 40 FamFG Rn 14 (im Antragsverfahren nur auf Antrag).
[41] BayObLG NJW-RR 1987, 1226 zu § 24 Abs. 3 FGG.
[42] Es bestehen Überlegungen, auch im Anwendungsbereich von § 40 Abs. 2 die Anordnung der sofortigen Wirksamkeit zuzulassen, s. Einl. Rn 15 c.
[43] BT-Drs. 16/6308 S. 251.
[44] BT-Drs. 16/6308 S. 252.

scheidung (auch fernmündlich) mitgeteilt (S. 2 Nr. 2) oder der Geschäftsstelle zum Zweck der (schriftlichen § 41 Abs. 1) Bekanntgabe übergeben (S. 2 Nr. 3) werden. Dieser Zeitpunkt ist auf der Entscheidung zu vermerken (S. 3).

e) 422 Abs. 2. Nach § 422 Abs. 2 S. 1 kann das Gericht die sofortige Wirksamkeit der **Anordnung einer Freiheitsentziehung** anordnen. Dann tritt die Wirksamkeit ein, wenn die Entscheidung und die Anordnung ihrer sofortigen Wirksamkeit dem Betroffenen, der zuständigen Verwaltungsbehörde oder dem Verfahrenspfleger (mündlich, § 41 Abs. 2) bekannt gegeben (S. 2 Nr. 1) oder der Geschäftsstelle zum Zweck der (schriftlichen § 41 Abs. 1) Bekanntgabe übergeben (S. 2 Nr. 2) werden. Dieser Zeitpunkt ist auf der Entscheidung zu vermerken (S. 3). 59

f) § 287 Abs. 2. Nach § 287 Abs. 2 S. 1 kann das Betreuungsgericht nach pflichtgemäßem Ermessen die sofortige Wirksamkeit der in Abs. 1 der Vorschrift aufgeführten Entscheidungen anordnen, wenn die zum Eintritt der Wirksamkeit erforderliche **Bekanntgabe an den Betreuer nicht möglich** oder **Gefahr im Verzug** ist. Dann tritt die Wirksamkeit in dem Moment ein, in dem die Entscheidung und die Anordnung ihrer sofortigen Wirksamkeit dem Betroffenen oder dem Verfahrenspfleger (mündlich, § 41 Abs. 2) bekannt gegeben (S. 2 Nr. 1) oder der Geschäftsstelle zum Zweck der (schriftlichen § 41 Abs. 1) Bekanntgabe übergeben (S. 2 Nr. 2) werden. Dieser Zeitpunkt ist auf der Entscheidung zu vermerken (S. 3). 60

VII. Wirksamwerden der Rechtsmittelentscheidung

Abs. 1 gilt auch für Beschwerdeentscheidungen (§ 69 Abs. 3). Wird die Beschwerde zurückgewiesen oder als unzulässig verworfen, kommt der Entscheidung lediglich verfahrensrechtliche, d. h. instanzbeendende Wirkung zu, die bereits mit Erlass (§ 38 Abs. 3 S. 3) eintritt. 61

Hebt das Beschwerdegericht den erstinstanzlichen Rechtsfolgenausspruch und somit die dadurch bewirkte Änderung der materiellen Rechtslage auf, tritt die Wirksamkeit der Beschwerdeentscheidung mit Bekanntgabe an den Beschwerdegegner ein, weil sie ihrem wesentlichen Inhalt nach dessen Rechtsstellung betrifft. Hat der Beschwerdeführer mit seinem vom erstinstanzlichen Gericht abgewiesenen Begehren Erfolg, wird die Entscheidung mit der Bekanntgabe an denjenigen Beteiligten wirksam, dem gegenüber sie in erster Instanz nach Abs. 1 zu bewirken gewesen wäre. Gleiches gilt bei einem Teilerfolg des Rechtsmittels.[45] 62

Bestätigt das Beschwerdegericht eine Sachentscheidung, die nach Sondervorschriften erst mit formeller Rechtskraft wirksam wird, ändert sich durch die Beschwerdeentscheidung nichts. Wird erstmals eine mit Rechtskraft wirksam werdende Entscheidung getroffen oder die erstinstanzliche durch eine andere ersetzt, tritt die Wirksamkeit der Beschwerdeentscheidung ebenfalls erst mit Rechtskraft ein. Wegen weiterer Einzelheiten siehe § 69 Rn 53 ff. 63

Die Entscheidung des Rechtsbeschwerdegerichts wird wegen ihrer Unanfechtbarkeit bereits mit Erlass (§ 38 Abs. 3 S. 3) formell rechtskräftig und damit wirksam. Davon abweichend erlangt die Entscheidung in Verfahren, die auf Todeserklärung oder Feststellung von Tod und Todeszeitpunkt gerichtet sind, erst mit der letzten Zustellung Wirksamkeit (§§ 29 Abs. 3, 40 VerschG). 64

Bekanntgabe des Beschlusses

41

(1) ¹**Der Beschluss ist den Beteiligten bekannt zu geben.** ²**Ein anfechtbarer Beschluss ist demjenigen zuzustellen, dessen erklärtem Willen er nicht entspricht.**

(2) ¹**Anwesenden kann der Beschluss auch durch Verlesen der Beschlussformel bekannt gegeben werden.** ²**Dies ist in den Akten zu vermerken.** ³**In diesem Fall ist die Begründung des Beschlusses unverzüglich nachzuholen.** ⁴**Der Beschluss ist im Fall des Satzes 1 auch schriftlich bekannt zu geben.**

---

[45] Jansen/Briesemeister § 26 Rn 2.

(3) Ein Beschluss, der die Genehmigung eines Rechtsgeschäfts zum Gegenstand hat, ist auch demjenigen, für den das Rechtsgeschäft genehmigt wird, bekannt zu geben.

Übersicht

	Rn
I. Normzweck; Anwendungsbereich	1
II. Adressaten der Bekanntgabe	3
1. Beteiligte (Abs. 1 S. 1)	3
2. Derjenige, für den ein Rechtsgeschäft genehmigt wird (Abs. 3)	4
3. Dritte	5
III. Schriftliche Bekanntgabe (Abs. 1)	6
1. Allgemeines	6
2. Zustellung (Abs. 1 S. 2)	8
3. Aufgabe zur Post	12
IV. Bekanntgabe durch Verkündung (Abs. 2)	13
1. Allgemeines	13
2. Durchführung (Abs. 2 S. 1)	15
3. Aktenvermerk (Abs. 2 S. 2)	17
4. Nachholung der Begründung (Abs. 2 S. 3 u. 4)	19
V. Absehen von der Bekanntgabe der Gründe	20
VI. Rechtsfolgen fehlender oder unwirksamer Bekanntgabe	23
VII. Sonderfälle	25

I. Normzweck; Anwendungsbereich

1 § 41 regelt allgemein die Verpflichtung des Gerichts zur Bekanntgabe eines Beschlusses und legt das dabei einzuhaltende Verfahren fest. **Abs. 1** schreibt in S. 1 die Bekanntgabe an alle Beteiligten vor. Dies hat nach S. 2 gegenüber einem Beteiligten, dessen Anliegen die Entscheidung nicht entspricht,[1] durch förmliche Zustellung zu erfolgen. **Abs. 2** lässt die mündliche Bekanntgabe durch Verkündung zu. Sie wird in S. 1 definiert und ist nach S. 2 in den Akten zu dokumentieren. Nach S. 3 ist eine bei Verkündung noch nicht schriftlich vorliegende Begründung unverzüglich nachzuholen. Der Verkündung hat nach S. 4 stets die schriftliche Bekanntgabe der vollständig abgesetzten Entscheidung zu folgen. **Abs. 3** bestimmt, dass die Genehmigung eines durch den gesetzlichen Vertreter geschlossenen Rechtsgeschäfts auch dem Vertretenen bekannt zu geben ist, damit dieser über die Rechtsmitteleinlegung entscheiden kann.

2 Die Vorschrift gilt in Angelegenheiten der freiwilligen Gerichtsbarkeit und in Familiensachen, mit Ausnahme der Ehesachen (§ 121) sowie der Familienstreitsachen (§ 112); insoweit ist nach § 113 Abs. 1 S. 2 die ZPO entsprechend anzuwenden. Für bestimmte Angelegenheiten gehen Sondervorschriften vor. Zur Übergangsregelung siehe die Erläuterungen zu Art. 111 FGG-RG.

II. Adressaten der Bekanntgabe

1. Beteiligte (Abs. 1 S. 1)

3 Nach **Abs. 1 S. 1** ist der Beschluss stets den Beteiligten bekannt zu geben, mithin auch denjenigen, deren Rechte er nicht beeinträchtigt. Der Bekanntgabe kommt dabei unterschiedliche rechtliche Bedeutung zu:

Zunächst führt die Bekanntgabe grundsätzlich die Wirksamkeit der Entscheidung gegenüber allen Beteiligten (§ 7) herbei, sobald sie an denjenigen von ihnen erfolgt, für den sie ihrem wesentlichen Inhalt nach bestimmt ist, § 40 Abs. 1. Insoweit bestimmt sie also den Zeitpunkt des Eintritts der Rechtswirkungen des Beschlusses (s. § 40 Rn 5 ff.).

Weiter löst die Bekanntgabe im Moment ihrer schriftlichen Bewirkung an einen Beteiligten diesem gegenüber die für ihn laufende Beschwerdefrist aus (§ 63 Abs. 3 S. 1). Daneben erfüllt sie den aus dem Rechtsstaatsprinzip (Art. 20 Abs. 3 GG) folgenden Anspruch

---
[1] BT-Drs. 16/6308 S. 197.

der Beteiligten auf Mitteilung der Entscheidung und damit auf Benachrichtigung vom Abschluss der Instanz.

2. Derjenige, für den ein Rechtsgeschäft genehmigt wird (Abs. 3)

Nach **Abs. 3** ist die dem gesetzlichen Vertreter (§§ 1643 Abs. 2, 1828, 1908 i Abs. 1 S. 1, 1915 Abs. 1 S. 1 BGB) erteilte Genehmigung eines für den Vertretenen geschlossenen Rechtsgeschäfts (s. § 40 Rn 28 ff.) nicht nur nach Abs. 1 S. 1 dem Vertreter, sondern auch dem Vertretenen (Kind, Mündel, Pflegling, Betreuter) bekannt zu geben. Diese Regelung beruht darauf, dass der um Genehmigung nachsuchende Vertreter nach dem Beschluss des BVerfG vom 18. 1. 2000 das rechtliche Gehör für den Vertretenen zur Gewährleistung eines fairen Verfahrens im Regelfall nicht vermitteln kann, weil es gerade um die Überprüfung eigenen Handelns geht und deshalb die erforderliche Objektivität nicht gewährleistet ist.[2] Deshalb soll die Bekanntgabe an den Vertretenen sicherstellen, dass dieser als durch die Entscheidung in seinen subjektiven Rechten unmittelbar Betroffener fristgerecht Rechtsmittel einlegen kann.[3]

Bei einem **Kind** oder **Mündel** erfasst dessen gesetzliche Vertretung auch die ihm gegenüber zu bewirkende Bekanntgabe. Deshalb stellt sich die Frage, ob insoweit ein **Ergänzungspfleger** (§ 1909 Abs. 1 S. 1 BGB) zu bestellen ist – dessen Wirkungskreis dann nicht nur die Vertretung zum Zwecke der Bekanntgabe, sondern auch die Prüfung einer Rechtsmitteleinlegung und ggf. die Vertretung in der Rechtsmittelinstanz zu umfassen hat. Ein darin liegender Teilentzug der Vertretungsbefugnis, der bei sorgeberechtigten Eltern (§ 1629 Abs. 1 S. 1 BGB) zugleich ihr Elternrecht (Art. 6 Abs. 2 GG) beschränkt, setzt nach **§§ 1629 Abs. 2 S. 3, 1796 Abs. 2 BGB** voraus, dass das Interesse des Minderjährigen zu demjenigen seines gesetzlichen Vertreters in erheblichem Gegensatz steht.[4] Dazu müssen sich diese Interessen so gegenüberstehen, dass eines von beiden nur auf Kosten des jeweils anderen durchgesetzt werden kann und die Gefahr besteht, dass dasjenige des Minderjährigen nicht genügend berücksichtigt wird.[5] Ob davon auszugehen ist, muss **im Einzelfall** in tatrichterlicher Verantwortung festgestellt werden;[6] eine generalisierende Betrachtungsweise auf der Grundlage „typischer" Interessenkonflikte genügt dazu nicht.[7] Ebenso wenig die nicht auf konkrete Anhaltspunkte gestützte Annahme, der gesetzliche Vertreter werde den seinem Antrag entsprechenden Beschluss nicht noch einmal auf die Wahrung der Interessen des Vertretenen überprüfen.[8] Vielmehr ist unter Abwägung aller gegebenen Umstände zu entscheiden, wozu insbesondere Art und Umfang des genehmigungspflichtigen Geschäfts sowie dessen Bedeutung für die Lebensstellung des Minderjährigen gehören, aber auch die persönlichen Verhältnisse des gesetzlichen Vertreters und dessen bisherige Wahrnehmung der Belange des Vertretenen. Fehlt es an einem erheblichen Interessengegensatz, würde die – vom Vertreter ebenso wie vom Ergänzungspfleger nach §§ 58 Abs. 1, 59 Abs. 1 anfechtbare[9] – Bestellung eines Ergänzungspflegers das Verfahren verzögern und bereits dadurch den Interessen des Minderjährigen widersprechen. Deshalb ist es auch nach dem auf die Umsetzung der Entscheidung des BVerfG vom 18. 1. 2000 gerichteten Normzweck des Abs. 3 (s. Rn 4) gerechtfertigt, beim Fehlen der Voraussetzungen des § 1796 Abs. 2 BGB die Vermittlung des rechtlichen Gehörs durch den gesetzlichen Vertreter ausreichen zu lassen. Die Bestellung eines Verfahrensbeistands als gegenüber einem Teilentzug der Vertretungsbefugnis milderes Mittel kommt im Genehmigungsverfahren nicht in Betracht, weil es dort nicht um die Personensorge geht (s. § 158 Rn 6);

---

[2] BVerfG NJW 2000, 1709 (Abschluss eines ein Grundstück betreffenden Erbauseinandersetzungsvertrags durch den Nachlasspfleger).
[3] BT-Drs. 16/6308 S. 197.
[4] A.M. OLG Celle ZEvb 2011, 198 (Ergänzungspfleger ist unabhängig vom Vorliegen eines erheblichen Interessengegensatzes zu bestellen); Rechtsbeschwerde ist zugelassen.
[5] Palandt/Diederichsen § 1796 Rn 2.
[6] OLG Brandenburg MittBayNot 2011, 240; Rechtsbeschwerde ist zugelassen.
[7] BGH NJW-RR 2008, 963.
[8] So aber KG FamRZ 2010, 1998; NJW-RR 2010, 1087 (Erbausschlagung für das Kind bei vermutlich überschuldetem Nachlass).
[9] OLG Köln BeckRS 2010, 23548 = FamRZ 2011, 231 (nur Ls.).

außerdem wäre der Verfahrensbeistand kein gesetzlicher Vertreter (§ 158 Abs. 4 S. 6). Ist das Kind oder der Mündel über 14 Jahre alt und nicht geschäftsunfähig, bedarf es der Bestellung eines Ergänzungspflegers generell nicht, weil dann nach § 60 S. 2 u. 3 das Beschwerderecht ohne gesetzliche Vertretung ausgeübt werden kann (s. § 60 Rn 11 f.).

4b Ist die für den Vertretenen bestimmte Bekanntgabe an den gesetzlichen Vertreter im Einzelfall als verfahrensfehlerhaft bzw. unwirksam anzusehen, verhindert dies nicht den **Eintritt der Rechtskraft** und damit der Wirksamkeit (§ 40 Abs. 2 S. 1) des Genehmigungsbeschlusses. Denn der am erstinstanzlichen Verfahren entgegen § 7 Abs. 2 nicht bzw. nicht wirksam beteiligte Vertretene kann nur solange Beschwerde einlegen, bis die Frist für den letzten ordnungsgemäß Beteiligten abgelaufen ist (s. § 63 Rn 44). Insoweit gilt das Gleiche wie bei der fehlerhaft unterlassenen Bestellung eines Verfahrenspflegers (§§ 340 Nr. 1, 276 Abs. 1 S. 1 analog) für den unbekannten Erben im nachlassgerichtlichen Genehmigungsverfahren.[10]

3. Dritte

5 **Sondervorschriften** sehen für bestimmte Angelegenheiten im Interesse des Betroffenen oder der Allgemeinheit die Bekanntgabe des Beschlusses auch an Dritte, d. h. bislang nicht am Verfahren Beteiligte vor:
- § 162 Abs. 2 (Bekanntgabe einer die Person des Kindes betreffenden Entscheidung an das Jugendamt);
- § 288 Abs. 2 (Bekanntgabe bestimmter Beschlüsse in Betreuungssachen an die zuständige Behörde);
- § 297 Abs. 8 (Bekanntgabe der Genehmigung einer Einwilligung des Betreuers in die Sterilisation des Betroffenen an die zuständige Behörde);
- § 325 Abs. 2 (Bekanntgabe der Genehmigung oder Anordnung einer Unterbringungsmaßnahme an den Leiter der Einrichtung sowie der Genehmigung, Anordnung oder Aufhebung einer Unterbringungsmaßnahme an die zuständige Behörde);
- § 380 Abs. 4 (Bekanntgabe einer die Führung des Registers betreffenden Entscheidung an die im Verfahren angehörten berufsständischen Organe).

III. Schriftliche Bekanntgabe (Abs. 1)

1. Allgemeines

6 Ein Beschluss ist stets schriftlich bekannt zu geben, auch wenn er zuvor verkündet wurde. Nur dadurch wird die **Auslösung der Rechtsmittelfrist** bewirkt (§§ 63 Abs. 3 S. 1, 71 Abs. 1 S. 1), wobei eine Ausfertigung Gegenstand der Bekanntgabe sein muss.[11] Die schriftliche Bekanntgabe erfolgt nach den allgemeinen Regelungen des § 15 Abs. 2 über die Bekanntgabe von Schriftstücken, weshalb das Gericht grundsätzlich nach freiem Ermessen zwischen förmlicher Zustellung und Aufgabe zur Post wählen kann.[12] Dieses Ermessen wird für anfechtbare Beschlüsse durch Abs. 1 S. 2 dahin eingeschränkt, dass an bestimmte Beteiligte eine Zustellung zu erfolgen hat.

7 Eine formlose Mitteilung ist auch bei unanfechtbaren Beschlüssen als zur wirksamen Bekanntgabe nicht ausreichend anzusehen. Dass die Gesetzesbegründung darauf nur für anfechtbare Beschlüsse hinweist,[13] rechtfertigt keine andere Beurteilung. Denn Abs. 1 S. 1 nimmt unanfechtbare Entscheidungen nicht von der Pflicht zur Bekanntgabe aus. Nur wenn eine solche nicht geboten ist, können aber nach § 15 Abs. 3 Dokumente formlos, etwa telefonisch oder durch einfache E-Mail[14] mitgeteilt werden.

---

[10] OLG Hamm FGPrax 2011, 84.
[11] BGH BeckRS 2010, 15624.
[12] BT-Drs. 16/6308 S. 196 f.
[13] BT-Drs. 16/6308 S. 197.
[14] BT-Drs. 16/6308 S. 183.

2. Zustellung (Abs. 1 S. 2)

Nach **Abs. 1 S. 2** muss ein anfechtbarer Beschluss – nur – demjenigen Beteiligten **8** förmlich zugestellt (§ 15 Abs. 2 S. 1 1. Alt. FamFG i. V. m. §§ 166 ff. ZPO) werden, dessen erklärtem Willen er nicht entspricht. Das Gesetz sieht mithin eine **Zustellungspflicht** allein für solche Verfahren vor, die zwischen den Beteiligten streitig, d. h. tatsächlich kontrovers[15] geführt worden sind. Gleichzeitig beschränkt es diese Verpflichtung auf die Bekanntgabe an jeweils den Beteiligten, der mit seinem Vorbringen im Verfahren eine andere Entscheidung angestrebt oder wenigstens zum Ausdruck gebracht hat, dass er mit einer Entscheidung wie der dann getroffenen nicht einverstanden ist. Bloßes Schweigen auf das Vorbringen eines anderen Beteiligten oder auf eine Äußerung des Gerichts genügt nicht.

Die Feststellung, ob im konkreten Einzelfall eine Zustellung zu erfolgen hat, setzt somit **9** eine Überprüfung des Vorbringens der Beteiligten sowie ihrer Anträge bzw. Anregungen anhand der Akten voraus. Sie kann im Einzelfall schwierig sein, insbesondere in Amtsverfahren und bei mehr als zwei Beteiligten. Im Ergebnis ist der Beschluss an jeden Beteiligten zuzustellen, in dessen Person eine Rechtsbeeinträchtigung und damit eine Beschwerdeberechtigung (§ 59 Abs. 1) in Betracht kommen kann. In Betreuungssachen ist im Hinblick auf die nach § 275 bestehende Verfahrensfähigkeit des Betroffenen die Bekanntgabe an diesen selbst erforderlich; diejenige an den Betreuer genügt auch dann nicht, wenn dessen Bestellung den Wirkungskreis „Entgegennahme, Anhalten und Öffnen der Post" umfasst.[16]

Auch gegenüber Beteiligten, denen der Beschluss durch förmliche Zustellung bekannt zu **10** geben ist, stellt diese **keine Voraussetzung einer wirksamen Bekanntgabe** dar.[17] Anders als bei der sofortigen Beschwerde entsprechend §§ 567–572 ZPO (s. § 58 Rn 91) genügt nach §§ 63 Abs. 3 S. 1, 71 Abs. 1 S. 1 zur Auslösung der Rechtsmittelfrist generell die schriftliche Bekanntgabe und somit auch diejenige durch Aufgabe zur Post (s. Rn 12). Die förmliche Zustellung soll lediglich die höhere Richtigkeitsgewähr dafür bieten, dass die Entscheidung den Adressaten tatsächlich erreicht hat.[18] Sie dient damit der Rechtssicherheit bei der Prüfung der rechtzeitigen Einlegung eines Rechtsmittels und bei der Feststellung der formellen Rechtskraft (§ 45). In diesem Zusammenhang kommt ihr auch bei der Entscheidung über einen Wiedereinsetzungsantrag (§ 17 Abs. 1) erhebliche praktische Bedeutung zu.

In bestimmten Fällen ist durch **Sondervorschriften** eine Zustellung des Beschlusses zur **11** Auslösung seiner Rechtswirkungen ausdrücklich vorgesehen. Das gilt insbesondere für folgende Entscheidungen:
– **Adoptionsbeschluss**; er ist als Voraussetzung der Wirksamkeit an den Annehmenden, nach dessen Tod an das Kind zuzustellen **(§ 197 Abs. 2)**, siehe die Erläuterungen bei § 197 Rn 17 ff.
– **Bestimmung einer Inventarfrist** (§ 360 Abs. 1), weil die Frist mit der Zustellung des Beschlusses beginnt **(§ 1995 Abs. 1 S. 2 BGB)**.

3. Aufgabe zur Post

Für die Bekanntgabe eines Beschlusses durch Aufgabe zur Post (§ 15 Abs. 2 S. 1 2. Alt.) **12** gibt es **zwei Anwendungsfälle:**
- Zum einen genügt sie stets bei Beschlüssen, die in nicht streitig geführten Verfahren ergehen. Dazu ist erforderlich, dass alle Beteiligten nach ihrem Vorbringen oder ihrem Gesamtverhalten im Verfahren, also auch aufgrund von Schweigen, ersichtlich mit der Entscheidung einverstanden sind.
- Zum anderen ist sie bei streitig geführten Verfahren gegenüber denjenigen Beteiligten ausreichend, deren Anliegen die Entscheidung entspricht. Darauf, ob der Beschluss

---

[15] BT-Drs. 16/6308 S. 408.
[16] BGH FamRZ 2011, 1049.
[17] Ebenso Prütting/Helms/Abramenko § 41 Rn 12.
[18] BT-Drs. 16/6308 S. 408.

anfechtbar ist oder nicht, kommt es in diesem Zusammenhang nicht an. Da die Form der schriftlichen Bekanntgabe im freien Ermessen des Gerichts liegt, ist auch in solchen Fällen eine förmliche Zustellung zulässig. Sie wird bei anfechtbaren Entscheidungen häufig im Interesse der Rechtssicherheit zweckmäßig sein.

IV. Bekanntgabe durch Verkündung (Abs. 2)

1. Allgemeines

13 Nach **Abs. 2** ist auch eine mündliche Bekanntgabe durch Verkündung zulässig. Sie löst aber die Beschwerdefrist nicht aus (§ 63 Abs. 3 S. 1). Mithin kann sie neben dem Erlass (§ 38 Abs. 3 S. 3) nur die Wirksamkeit der Entscheidung herbeiführen (§ 40 Abs. 1). Der verkündete Beschluss ist deshalb stets auch noch schriftlich bekannt zu geben, Abs. 2 S. 4. Diese schriftliche Bekanntgabe muss den vollständig abgefassten, d. h. auch mit Gründen versehenen Beschluss erfassen.

14 Ob eine Verkündung stattfinden soll, steht **im freien Ermessen** des Gerichts. Sie kann sofort im Erörterungs- oder Anhörungstermin erfolgen. Dies kommt insbesondere zur schnellen Herbeiführung der Wirksamkeit (§ 40 Abs. 1) in Betracht. Auch eine Ladung zum Zwecke der Bekanntgabe, mithin ein gesonderter Verkündungstermin, ist zulässig. Dafür besteht aber wegen der Notwendigkeit der anschließenden schriftlichen Bekanntgabe regelmäßig kein praktisches Bedürfnis.

2. Durchführung (Abs. 2 S. 1)

15 Nach **Abs. 2 S. 1** erfolgt die Verkündung durch **Verlesen der Beschlussformel**. Sie muss in entsprechender Anwendung von § 173 GVG **öffentlich** sein, soweit nach §§ 171b, 172 GVG nicht ausnahmsweise die Öffentlichkeit ausgeschlossen werden kann.[19] Das Verlesen der Gründe ist nicht Voraussetzung einer wirksamen Bekanntgabe.[20] Vielmehr wird durch Abs. 2 S. 3 klargestellt, dass das Wirksamwerden der verkündeten Entscheidung durch bloßes Verlesen der Formel selbst dann herbeigeführt wird, wenn die Gründe zum Zeitpunkt der Verkündung noch nicht abgefasst sind.[21] Das entspricht insbesondere in Betreuungs-, Unterbringungs- und Freiheitsentziehungssachen praktischen Bedürfnissen. Zwar erfordert Art. 6 Abs. 1 S. 2 1. Halbs. EMRK in der Tatsacheninstanz grundsätzlich auch die öffentliche Verlesung der Begründung;[22] aber im Anwendungsbereich des § 41 sind regelmäßig die Ausnahmevoraussetzungen von Art. 6 Abs. 1 S. 2 2. Halbs. EMRK erfüllt (s. auch § 32 Rn 24 f.).

16 Die Bekanntgabe durch Verkündung setzt die **Anwesenheit des Bekanntgabeadressaten** voraus. Dabei genügt grundsätzlich die Anwesenheit seines Verfahrensbevollmächtigten, wenn dieser uneingeschränkt bevollmächtigt ist.[23] Andererseits muss der Bevollmächtigte nicht zugegen sein, selbst wenn nach Abs. 1 S. 2 eine Zustellung geboten ist. Nur sie hat an ihn und nicht an den Beteiligten persönlich zu erfolgen (§ 15 Abs. 2 S. 1 1. Alt. FamFG i. V. m. § 172 Abs. 1 S. 1 ZPO). Durch eine Verkündung im Anschluss an den Termin oder in Abwesenheit der Beteiligten und ihrer Bevollmächtigten wird die Entscheidung lediglich existent, d. h. erlassen (s. § 38 Rn 92), aber nicht wirksam bekannt gegeben.[24]

3. Aktenvermerk (Abs. 2 S. 2)

17 Nach **Abs. 2 S. 2** ist die Bekanntgabe in den Akten zu vermerken. Darunter ist die **Aufnahme in den Terminsvermerk** zu verstehen, weil es sich bei der Verkündung um einen dort zu dokumentieren wesentlichen Vorgang des Termins (§ 28 Abs. 4 S. 2) handelt. Es ist auch festzuhalten, dass der jeweilige Bekanntgabeadressat im Zeitpunkt des

---

[19] Lipp FPR 2011, 37/38.
[20] BT-Drs. 16/6308 S. 197.
[21] BT-Drs. 16/9733 S. 289.
[22] EGMR NJW 2009, 2873.
[23] OLG Düsseldorf FGPrax 1995, 37; OLG Hamm NJW-RR 1997, 845.
[24] BayObLG FGPrax 1999, 99 zu § 16 Abs. 3 FGG.

Verlesens der Formel (noch) anwesend war. Der genaue, vollständige Wortlaut der Formel muss im Vermerk nur dann nicht wiedergegeben werden, wenn sie aus einer als Anlage zur Akte genommenen, im Vermerk eindeutig in Bezug genommenen Anlage verlesen wurde.

Der Vermerk ist **keine Voraussetzung für die Wirksamkeit** der Bekanntgabe,[25] sondern erbringt den Beweis dafür (§ 165 ZPO analog).[26] Denn er dokumentiert die erfolgte Verkündung und macht deren Gegenstand, nämlich die verlesene Beschlussformel aktenkundig.

4. Nachholung der Begründung (Abs. 2 S. 3 u. 4)

Nach **Abs. 2 S. 3** ist die Begründung **unverzüglich** nachzuholen, wenn die Gründe bei der Verkündung des Beschlusses noch nicht schriftlich vorlagen. Danach müssen die Gründe zwar nicht sofort, d. h. unmittelbar nach Beendigung des Termins, in dem die mündliche Bekanntgabe erfolgt ist, abgesetzt werden. Dies hat aber ohne schuldhaftes Zögern (§ 121 Abs. 1 S. 1 BGB), d. h. innerhalb einer den Umständen des Einzelfalls angepassten Frist[27] zu erfolgen. Der vollständige Beschluss ist dann **auch schriftlich** bekannt zu geben, **Abs. 2 S. 4**.

V. Absehen von der Bekanntgabe der Gründe

Die wirksame schriftliche Bekanntgabe eines Beschlusses setzt voraus, dass auch die Gründe bekannt gegeben werden. Davon wird nur für bestimmte Entscheidungen zum Schutz des Bekanntgabeadressaten eine Ausnahme gemacht:

In Betreuungssachen (**§ 288 Abs. 1**) und Unterbringungssachen (**§ 325 Abs. 1**) kann, d. h. darf die Bekanntgabe der Beschlussgründe an den Betroffenen unterbleiben, wenn sie nach ärztlichem Zeugnis nicht ohne erheblichen Nachteil für dessen Gesundheit ausführbar wäre. Gleiches gilt in Freiheitsentziehungssachen (**§ 423**); auch dort kann von der Bekanntgabe der Beschlussformel nicht abgesehen werden.

In Kindschaftssachen soll nach **§ 164 S. 2** die Bekanntgabe der Gründe an das über 14-jährige, nicht geschäftsunfähige und damit nach § 9 Abs. 1 Nr. 3 verfahrensfähige Kind selbst unterbleiben, wenn Nachteile für seine Entwicklung, Erziehung oder Gesundheit zu befürchten sind. Dies hat in den anderen seine Person betreffenden Angelegenheiten entsprechend zu gelten (s. § 60 Rn 21).

VI. Rechtsfolgen fehlender oder unwirksamer Bekanntgabe

Ist ein erstinstanzlicher Beschluss einem Beteiligten nicht oder nicht wirksam schriftlich bekannt gegeben worden, beginnt für ihn die Beschwerdefrist zunächst nicht, § 63 Abs. 3 S. 1. Dies ist aber spätestens mit Ablauf von 5 Monaten nach Erlass (§ 38 Abs. 3 S. 3) der Fall, § 63 Abs. 3 S. 2. Zu den Einzelheiten siehe § 63 Rn 43 ff.

Sind **mehrere Beteiligte** vorhanden und hat das erstinstanzliche Gericht seine Entscheidung an einen von ihnen nicht schriftlich bekannt gegeben, kann dies durch das mit dem Rechtsmittel eines anderen Beteiligten befasste Beschwerdegericht nachgeholt werden. Dann beginnt die Beschwerdefrist für jenen Beteiligten erst mit der nachträglichen Bekanntgabe.

VII. Sonderfälle

Für bestimmte Verfahren ist eine besondere Form der Bekanntgabe vorgeschrieben:
- Der **Ausschließungsbeschluss** in Aufgebotssachen ist öffentlich zuzustellen, **§ 441**. Der Ausschließungsbeschluss zur Kraftloserklärung eines Hypotheken-, Grundschuld- oder Rentenschuldbriefs ist dem Antragsteller durch eingeschriebenen Brief zuzustellen und außerdem öffentlich bekannt zu machen, § 8 Abs. 3 HypKrlosErklG.
- Der **Todeserklärungsbeschluss** ist nach **§ 24 VerschG** öffentlich bekannt zu machen (Abs. 1). Dabei gilt die erste öffentliche Bekanntmachung als Zustellung des Beschlusses, egal ob daneben eine gesonderte Zustellung vorgeschrieben ist (Abs. 3). Diese hat an den

---

[25] Ebenso Prütting/Helms/Abramenko § 41 Rn 21.
[26] BGH NJW 1994, 3358.
[27] BGH NJW 2005, 1869.

Antragsteller und an den Staatsanwalt zu erfolgen (Abs. 2). Die öffentliche Bekanntmachung setzt somit die Beschwerdefrist (§ 26 Abs. 1 VerschG) für alle Beteiligten einheitlich in Lauf.[28] Der die Todeserklärung ablehnende Beschluss ist dem Antragsteller und dem Staatsanwalt zuzustellen, § 25 VerschG.

- Eine **Entscheidung in Personenstandssachen** ist nach **§ 52 PStG** öffentlich bekannt zu machen, wenn das Gericht dies in Ausübung seines Ermessens anordnet (Abs. 1 S. 1). Dann gilt sie mit Ablauf von zwei Wochen seit der öffentlichen Bekanntmachung allen Beteiligten gegenüber als zugestellt; davon ausgenommen sind Beteiligte, denen der Beschluss unmittelbar bekannt gegeben wurde oder bekannt zu geben ist (Abs. 2). Letzteres trifft auf den Antragsteller, den Beschwerdeführer und die Aufsichtsbehörde zu (Abs. 1 S. 3).

Berichtigung des Beschlusses

42 (1) **Schreibfehler, Rechenfehler und ähnliche offenbare Unrichtigkeiten im Beschluss sind jederzeit vom Gericht auch von Amts wegen zu berichtigen.**

(2) ¹**Der Beschluss, der die Berichtigung ausspricht, wird auf dem berichtigten Beschluss und auf den Ausfertigungen vermerkt.** ²**Erfolgt der Berichtigungsbeschluss in der Form des § 14 Abs. 3, ist er in einem gesonderten elektronischen Dokument festzuhalten.** ³**Das Dokument ist mit dem Beschluss untrennbar zu verbinden.**

(3) ¹**Der Beschluss, durch den der Antrag auf Berichtigung zurückgewiesen wird, ist nicht anfechtbar.** ²**Der Beschluss, der eine Berichtigung ausspricht, ist mit der sofortigen Beschwerde in entsprechender Anwendung der §§ 567 bis 572 der Zivilprozessordnung anfechtbar.**

Übersicht

	Rn
I. Normzweck; Anwendungsbereich	1
II. Begriff der offenbaren Unrichtigkeit (Abs. 1)	3
1. „Unrichtigkeit"	3
2. „Offenbar"	8
III. Gegenstand der Berichtigung	10
1. Allgemeines	10
2. Rubrum	16
3. Formel	19
4. Sachverhaltsdarstellung	23
5. Gründe	24
6. Unterschrift	26
7. Rechtsbehelfsbelehrung	28
IV. Verfahren und Entscheidung	29
1. Verfahren	29
2. Entscheidung (Abs. 2)	33
V. Rechtsmittel (Abs. 3)	36
1. Zurückweisung eines Berichtigungsantrags	36
2. Berichtigung	38
VI. Rechtsfolgen der Berichtigung	41
VII. Kosten und Gebühren	48
1. Gerichtsgebühren	48
2. Außergerichtliche Kosten	50

I. Normzweck; Anwendungsbereich

§ 42 übernimmt ausdrücklich[1] die unter Geltung des FGG schon entsprechend angewendete[2] Vorschrift des § 319 ZPO. **Abs. 1** lässt die jederzeitige Berichtigung offenbarer

---
[28] BGHZ 10, 251.
[1] BT-Drs. 16/6308 S. 197.
[2] BGH NJW 1989, 1281; BayObLG NJW-RR 1997, 57; OLG Brandenburg FGPrax 2000, 45; OLG Hamm FGPrax 2008, 106; OLG München FGPrax 2006, 280; OLG Zweibrücken FGPrax 1998, 46.

Unrichtigkeiten eines Beschlusses (§ 38) zu. **Abs. 2** regelt die Dokumentation der erfolgten Berichtigung. **Abs. 3** eröffnet die Anfechtung der Berichtigung und bestimmt die Unanfechtbarkeit der Zurückweisung eines Berichtigungsantrags.

Die Vorschrift gilt in Angelegenheiten der freiwilligen Gerichtsbarkeit sowie in Familiensachen, außer in Ehesachen (§ 121) und Familienstreitsachen (§ 112). Dort ist § 319 ZPO entsprechend anzuwenden (§ 113 Abs. 1 S. 2). Zur Übergangsregelung siehe die Erläuterungen zu Art. 111 FGG-RG.

II. Begriff der offenbaren Unrichtigkeit (Abs. 1)

1. „Unrichtigkeit"

Eine Unrichtigkeit i. S. d. **Abs. 1** liegt vor, wenn und soweit die im Beschluss verlautbarte Entschließung des Gerichts durch technische oder andere, im Justizalltag unvermeidliche Fehlleistungen und Irrtümer verfälscht wird.[3] Es muss also der Wille des Gerichts versehentlich unrichtig wiedergegeben sein, so dass eine **Abweichung des Erklärten vom ersichtlich Gewollten** erforderlich ist.[4]

Dagegen kann eine falsche Willensbildung des Gerichts nur auf ein statthaftes Rechtsmittel korrigiert werden. Denn eine Berichtigung darf **keine Abänderung der Entscheidung** bewirken, d. h. keine Korrektur der Rechtsanwendung.[5] Dem stehen die mit Erlass (§ 38 Abs. 3 S. 3) eingetretene Bindung des Gerichts und die Rechtskraftwirkung entgegen.[6] Eine entsprechende Anwendung von Abs. 1 und eine weite Auslegung im Interesse der Einzelfallgerechtigkeit oder der Verfahrensökonomie kommen deshalb nicht in Betracht, soweit es um Fehler bei der Feststellung des Sachverhalts und dessen rechtlicher Beurteilung geht.[7]

Ob ein Beschluss eine unter § 42 fallende unrichtige Willensäußerung, also einen **Verlautbarungsmangel** enthält, oder ob dem Gericht ein Fehler bei der Willensbildung unterlaufen ist, muss im Einzelfall entschieden werden. Dabei ist die Abgrenzung häufig schwierig. Abzustellen ist wie bei der Auslegung einer empfangsbedürftigen Willenserklärung (§ 133 BGB) darauf, welchen Willen das Gericht nach dem Gesamtwortlaut des Beschlusses, dem dort zugrunde gelegten Sachverhalt und den im Zusammenhang mit dem Erlass zutage getretenen Begleitumständen aus der Sicht eines verständigen Beteiligten oder Dritten wirklich äußern wollte. Lässt sich dies für den Beteiligten nicht zweifelsfrei feststellen, steht ihm nach dem Grundsatz effektiver Rechtswahrnehmung das Hauptsacherechtsmittel offen.[8]

Die in Abs. 1 erwähnten Schreibfehler und Rechenfehler sind Beispiele für eine der Berichtigung zugängliche Unrichtigkeit. Eine ihnen ähnliche, im Gesetz nicht näher umschriebene Unrichtigkeit muss nach ihrer Bedeutung und ihrem Zustandekommen einem der genannten Fehler vergleichbar sein. Das ist der Fall, wenn sie als **Versehen,** mithin als banale, auf Unachtsamkeit beruhende Fehlleistung zu qualifizieren ist, die in keinem inneren Zusammenhang mit der Willensbildung des Gerichts, d. h. mit dem der Entscheidungsfindung zugrunde liegenden Denkprozess steht. Dazu können auch Auslassungen gehören (s. Rn 20).

Die Anwendung von § 42 kommt auch in Betracht, wenn die Unrichtigkeit durch einen Beteiligten verursacht wurde, insbesondere durch falsche Angaben zur Bezeichnung der Beteiligten und ihrer gesetzlichen Vertreter (§ 38 Abs. 2 Nr. 1).

---

[3] BVerfG NJW 1992, 1496.
[4] BGH NJW 1985, 742.
[5] BGH NJW-RR 1995, 765; OLG Naumburg FamRZ 2003, 40.
[6] Musielak § 319 Rn 4.
[7] BGH FamRZ 2003, 1270 zu § 319 ZPO; OLG Oldenburg NJW 2003, 149; offen gelassen in BGH FamRZ 2008, 1925; NJW 1994, 2832; a. M. OLG Bamberg FamRZ 2000, 38; OLG Hamm MDR 1985, 594; OLG Köln FamRZ 1993, 456.
[8] OLG Saarbrücken NJW-RR 2010, 1221.

2. „Offenbar"

8 Eine offenbare Unrichtigkeit i. S. d. Abs. 1 liegt vor, wenn sie sich aus dem Zusammenhang des Beschlusses selbst oder wenigstens aus den Vorgängen bei seinem Erlass bzw. seiner Bekanntgabe ergibt und ohne Weiteres erkennbar ist,[9] selbst für Dritte.[10] Das folgt bereits daraus, dass eine Berichtigung auch von einem Richter beschlossen werden kann, der an der Entscheidung nicht mitgewirkt hat.[11] Deshalb muss das Versehen **nach außen hervorgetreten** sein und darf nicht gerichtsintern geblieben sein.[12] Es muss ohne weitere Ermittlungen sicher festzustellen sein.[13] Dazu reicht es aus, wenn sich die Unrichtigkeit für die Beteiligten unter Heranziehung der Akten ergibt.

9 Ein **Rechenfehler** ist selbst dann noch offenbar, wenn er sich erst aufgrund der Überprüfung eines umfangreichen, jedoch im Beschluss nachvollziehbar dargelegten Rechenwerks ergibt. Es darf aber kein Zweifel daran bestehen, dass das Gericht, hätte es den Fehler bemerkt, seiner Entscheidung das rechnerisch richtige Ergebnis zugrunde gelegt hätte.[14] Das gilt z. B., wenn dem Familiengericht bei Eingabe des zutreffenden Betrages einer in den Versorgungsausgleich einzubeziehenden Anwartschaft in ein verwendetes Computerprogramm ein Fehler unterlaufen ist[15] oder versehentlich ein Betrag in DM statt in € berücksichtigt wurde.[16] Ebenso wenn das Rechenergebnis unter überprüfbarer Verwendung allgemein zugänglicher Tabellen hergeleitet ist und die dort aufgeführten Zahlen irrtümlich falsch entnommen wurden.[17] Hat das Gericht jedoch aufgrund falscher rechtlicher Würdigung des Sachverhalts eine darauf nicht zutreffende Tabelle angewendet und deshalb einen falschen Betrag in die Berechnung eingestellt, liegt eine fehlerhafte Willensbildung vor.[18]

III. Gegenstand der Berichtigung

1. Allgemeines

10 Gegenstand einer Berichtigung nach § 42 kann **jeder Beschluss** sein, und zwar **in allen Bestandteilen.** Das gilt sowohl für Endentscheidungen (§ 38 Abs. 1 S. 1) wie für Neben- und Zwischenentscheidungen, auch für einen Ergänzungsbeschluss (§ 43) und den Berichtigungsbeschluss selbst.[19]

11 Ein **Verweisungsbeschluss** kann trotz seiner Unanfechtbarkeit und der Bindungswirkung für das im Beschluss bezeichnete Gericht (§ 3 Abs. 3) berichtigt werden, wenn sich das verweisende Gericht bei der Zuordnung des die Zuständigkeit begründenden Wohn- bzw. Aufenthaltsorts eines Beteiligten irrt.[20] Hat es aber das andere Gericht nach Aktenlage für zuständig gehalten und ergibt sich erst nachträglich aufgrund neuen Vorbringens eine andere Beurteilung der Zuständigkeitsfrage, ist eine Berichtigung unwirksam.[21]

12 Ein weder anfechtbarer noch abänderbarer (§ 197 Abs. 3 S. 1) **Adoptionsbeschluss** ist einer Berichtigung zugänglich, soweit dadurch Bestand und Inhalt seiner Gestaltungswirkung, d. h. der Ausspruch der Annahme nicht berührt wird. Deshalb kann z. B. die falsche Schreibweise beim Geburtsnamen des angenommenen Kindes berichtigt werden.[22]

---

[9] BGH NJW 2007, 518; NJW-RR 2002, 712.
[10] BGH NJW 1985, 742.
[11] BGH NJW-RR 2001, 61.
[12] BGH NJW 1980, 2813.
[13] OLG Zweibrücken NJW-RR 1999, 1666.
[14] BGH NJW 1995, 1033.
[15] OLG Bamberg NJW-RR 1998, 1620; OLG Karlsruhe FamRZ 2003, 776.
[16] OLG Frankfurt FamRZ 2004, 1727.
[17] OLG Düsseldorf FamRZ 1997, 1407.
[18] OLG Saarbrücken MDR 2005, 47 zur Anwendung der früheren BarwertVO.
[19] BGH NJW-RR 1988, 407.
[20] BGH FamRZ 1997, 173; OLG Stuttgart MDR 2004, 1377.
[21] BGH NJW-RR 1993, 700.
[22] OLG Karlsruhe FGPrax 1997, 144.

Der den **Wortlaut eines Erbscheins** festlegende Beschluss (§ 352) kann berichtigt 13 werden, wenn dadurch sein sachlicher, am öffentlichen Glauben (§ 2366 BGB) teilnehmender Inhalt unberührt bleibt.[23] Ist oder wird der aufgrund des Beschlusses erteilte Erbschein sachlich unrichtig, kommt keine Berichtigung, sondern nur die Einziehung in Betracht. Das gilt z. B. für einen Erbschein mit Testamentsvollstreckervermerk, wenn die Testamentsvollstreckung endet.[24]

Auf **Verfügungen** des Gerichts ist § 42 entsprechend anzuwenden, weil der Vorschrift 14 ein allgemeiner Rechtsgedanke zugrunde liegt.

Das gilt aber **nicht** für **Vergleiche** (§ 36).[25] Insoweit ist allein die Berichtigung einer 15 fehlerhaften Wiedergabe des Vergleichswortlauts nach § 36 Abs. 4 FamFG i. V. m. § 164 ZPO möglich (s. § 36 Rn 40 ff.).

2. Rubrum

Bei unrichtiger **Bezeichnung eines Beteiligten** (§ 38 Abs. 2 Nr. 1), z. B. infolge 16 unklarer Angaben im Antrag (§ 23), ist grundsätzlich diejenige Person gemeint, die erkennbar als Beteiligter angesprochen werden soll. Die Bekanntgabe eines Beschlusses an die im Rubrum irrtümlich aufgeführte Person macht diese nicht zum Beteiligten.[26] Abzustellen ist darauf, welcher Sinn der Bezeichnung bei objektiver Würdigung des Erklärungsinhalts aus der Sicht der Empfänger zukommt.[27]

Durch die Berichtigung können nur Zweifel an der Identität des Beteiligten beseitigt 17 werden. Diese muss aber bereits feststehen und gewahrt bleiben.[28] Es darf **kein Beteiligtenwechsel** herbeigeführt werden.[29] Deshalb kann die Zulässigkeit einer Berichtigung insbesondere dann zweifelhaft sein, wenn eine juristische Person beteiligt ist.[30]

Die vorstehenden Grundsätze gelten für die Berichtigung der **Bezeichnung des gesetz-** 18 **lichen Vertreters** eines Beteiligten oder des **Verfahrensbevollmächtigten** (§ 38 Abs. 2 Nr. 1) entsprechend.

3. Formel

Ist der vom Gericht eindeutig gewollte **Ausspruch unrichtig wiedergegeben,** kann 19 die Formel berichtigt werden, sogar bis ins Gegenteil. So kann z. B. der Ausspruch einer Zurückweisung der Beschwerde berichtigt werden, wenn das Rechtsmittel ausweislich der Gründe Erfolg hat[31] oder als unzulässig verworfen werden sollte.[32]

Ergeben die Gründe unzweifelhaft, dass das Gericht auf eine bestimmte Rechtsfolge 20 erkennen wollte und lediglich deren **Ausspruch versehentlich unterblieben** ist, kann dieser durch Berichtigung der Formel nachgeholt werden.[33] Das gilt auch für die Zulassung der Beschwerde[34] oder Rechtsbeschwerde.[35] Ebenso für die Anordnung der sofortigen Wirksamkeit.[36]

Die Berichtigung dient nur dazu, dem in der Formel unvollkommen oder sprachlich 21 falsch zum Ausdruck gebrachten, davon abweichenden tatsächlichen Entscheidungswillen des Gerichts Geltung zu verschaffen.[37] Es darf **keine Abänderung** des vom Gericht ersichtlich gewollten Erkenntnisses erfolgen, insbesondere nicht im Sinne einer Erweiterung. Lässt

---

[23] KG Rpfleger 1967, 412.
[24] OLG Hamm Rpfleger 1983, 71; OLG Köln FamRZ 1993, 1124.
[25] BayVerfGH NJW 2005, 1347; OLG Frankfurt MDR 1986, 152.
[26] BGH NJW-RR 1995, 764.
[27] BGH NJW-RR 2004, 501.
[28] BGH NJW 2007, 518.
[29] OLG Zweibrücken FGPrax 1998, 46; ZMR 1987, 232.
[30] OLG Zweibrücken NJW-RR 2002, 212.
[31] BGH NJW 1995, 1033.
[32] BGH NJW-RR 2006, 1628.
[33] OLG Hamm NJW-RR 1986, 1444.
[34] BGH NJW 2004, 2389.
[35] BGH NJW 2005, 156; NJW 2004, 779.
[36] BayObLG FPR 2002, 94.
[37] OLG München NJW-RR 1986, 1447.

sich nicht feststellen, dass ein Widerspruch zwischen dem Ergebnis der Entscheidungsfindung und dem schriftlich abgesetzten Beschluss besteht, liegt keine Unrichtigkeit i. S. d. § 42 vor.[38]

22   Wurde der Beschluss durch Verlesen der Formel bekannt gegeben und die Gründe erst danach schriftlich abgefasst (§ 41 Abs. 2), ist eine Berichtigung der Formel unzulässig, wenn sich auch aus den Vorgängen bei der Bekanntgabe, insbesondere aus mündlich eröffneten Gründen nicht zweifelsfrei ergibt, welches der wirkliche Wille des Gerichts im Zeitpunkt der Verkündung war. Denn dann können nur die an der Entscheidung beteiligten Richter ersehen, ob schon bei der mündlichen Bekanntgabe ein Widerspruch zwischen Erklärtem und Gewolltem vorlag.[39] Erfolgte bei der Verkündung keine mündliche Begründung, können die nachträglich abgesetzten Gründe regelmäßig nicht Grundlage einer Berichtigung sein, weil sie allein nicht die Feststellung einer offenbaren Unrichtigkeit der verkündeten Formel erlauben.[40]

4. Sachverhaltsdarstellung

23   Die Sachverhaltsdarstellung ist einer Berichtigung zugänglich, soweit es nicht um fehlerhafte – insbesondere unvollständige, unklare oder widersprüchliche – Tatsachenfeststellung geht. Für deren Korrektur besteht im Anwendungsbereich des § 42 regelmäßig kein Bedarf, weil der Mündlichkeitsgrundsatz nicht gilt und der gesamte Akteninhalt Entscheidungsgrundlage ist (§ 37 Abs. 1), so dass der Sachverhaltsdarstellung im Gegensatz zum Tatbestand nach § 314 ZPO keine Beweiskraft zukommt. Der Gesetzgeber hat als Folge dieser geringeren formalen Anforderungen an den Beschluss keine Tatbestandsberichtigung vorgesehen.[41] Sie ist aber im Hinblick auf die Bindung des Rechtsbeschwerdegerichts an tatsächliche Feststellungen im angefochtenen Beschluss (§ 74 Abs. 3 S. 4 FamFG i. V. m. § 559 ZPO) für Entscheidungen des Beschwerdegerichts in entsprechender Anwendung von § 320 ZPO als zulässig anzusehen, wenn dort ausnahmsweise mündlicher Sachvortrag zu berücksichtigen war.[42]

5. Gründe

24   Auch die Gründe des Beschlusses können berichtigt werden. Eine Unrichtigkeit i. S. d. Abs. 1 liegt aber nur vor, wenn sich der Fehler auf die Darstellung, d. h. die **Kundgabe des vom Gericht Gewollten** beschränkt. Das gilt z. B. für die irrtümliche Verwendung eines falschen Begriffs.[43]

25   Die Berichtigung eröffnet **keine Nachholung der Entscheidung zu einer übergangenen Frage,** weil eine solche Ergänzung des Beschlusses allein unter den Voraussetzungen des § 43 in Betracht kommt. Das gilt auch für eine ausweislich der Gründe unterbliebene Kostenentscheidung (§ 82).[44] Ebenso wenig kann eine erfolgte Kostenentscheidung nach Abänderung der Wertfestsetzung geändert werden,[45] selbst wenn das Gericht bei Zugrundelegung des endgültigen Wertes die nach § 81 erforderliche Billigkeitsabwägung anders vorgenommen hätte. Dagegen ist eine Berichtigung zulässig, wenn das Beschwerdegericht der bei der Sachentscheidung berücksichtigten Beschränkung des Rechtsmittels versehentlich hinsichtlich der Kosten nicht Rechnung getragen hat und dies aus dem Beschluss eindeutig hervorgeht.[46]

---

[38] OLG Frankfurt NJW-RR 1989, 640.
[39] BAG NJW 2002, 1142.
[40] OLG München NJW-RR 1986, 1447 zum sog. Stuhlurteil; vgl. aber BGH NJW-RR 1990, 893 (keine greifbare Gesetzeswidrigkeit).
[41] BT-Drs. 16/6308 S. 197.
[42] BayObLG MDR 1989, 650 zum FGG-Verfahren.
[43] OLG Zweibrücken MDR 1994, 831.
[44] OLG Hamm NJW-RR 2000, 1524; OLG München NJW-RR 2003, 1440.
[45] BGH FamRZ 2008, 1925; OLG Düsseldorf NJW-RR 1992, 1532; OLG Köln FamRZ 2007, 163; OLG Stuttgart FamRZ 2002, 679; a. M. OLG Düsseldorf NJW-RR 2002, 211; OLG Hamm MDR 2001, 1186.
[46] OLG Köln NJW-RR 2000, 142.

6. Unterschrift

Ist ein **verkündeter Beschluss** (§ 41 Abs. 2 S. 1) überhaupt nicht oder nicht von dem 26 erkennenden, sondern von einem anderen Richter bzw. Rechtspfleger unterschrieben, kann die fehlende Unterschrift mit Wirkung für die Zukunft nachgeholt oder die falsche durch die richtige Unterschrift ersetzt werden.[47] Entsprechendes gilt, wenn der Beschluss eines Kollegialgerichts nicht von allen beteiligten Richtern unterschrieben ist oder die Unterschrift eines Richters trägt, der bei der Entscheidung mitgewirkt hat.[48] Dann ist jene Unterschrift zu streichen und die unrichtige Angabe über die Mitwirkung des Richters (§ 38 Abs. 2 Nr. 2) im Berichtigungsbeschluss richtig zu stellen.[49] Dies kann auch noch nach Einlegung des Rechtsmittels erfolgen,[50] aber nur solange auch die Auffangfrist von fünf Monaten (§ 67 Abs. 3 S. 2) noch nicht abgelaufen ist.[51]

Ist ein allein **schriftlich bekannt gegebener Beschluss** (§ 41 Abs. 1) nicht unter- 27 schrieben, liegt nur ein Entwurf und noch keine einer Berichtigung zugängliche Entscheidung vor (s. § 38 Rn 84 ff.). Gleiches gilt, wenn unter dem Beschluss eines Kollegialgerichts die Unterschrift eines beteiligten Richters fehlt. Befindet sich dort lediglich eine falsche Unterschrift, kann sie im Wege der Berichtigung ersetzt werden (s. Rn 26).

7. Rechtsbehelfsbelehrung

Auch eine falsche Rechtsbehelfsbelehrung kann berichtigt werden, weil sie Bestandteil des 28 Beschlusses ist. Da sie keinen Einfluss auf den Beginn der Rechtsmittelfrist, sondern nur für die Wiedereinsetzung in den vorigen Stand nach § 17 Bedeutung hat (s. § 39 Rn 14), bewirkt die Bekanntgabe des Berichtigungsbeschlusses lediglich den Wegfall des Hindernisses (§ 18 Abs. 1). Die offenbare Unrichtigkeit ist nach Sinn und Zweck der Rechtsbehelfsbelehrung bereits dann anzunehmen, wenn der Fehler für einen rechtskundigen Beteiligten oder für einen nicht rechtskundigen Beteiligten nach fachlicher Beratung offenbar ist.

IV. Verfahren und Entscheidung

1. Verfahren

Eine Berichtigung kommt in Betracht, **sobald der Beschluss erlassen ist.** Die Berich- 29 tigung ist dann **jederzeit** zulässig, also auch nach Einlegung eines Rechtsmittels und nach Eintritt der formellen Rechtskraft,[52] z. B. im Zusammenhang mit der Vollstreckung.[53] Denn die durch den Erlass eingetretene Bindung des Gerichts (§ 318 ZPO analog) erfasst nicht die Berichtigung offenbarer Unrichtigkeiten.[54]

Die Berichtigung erfolgt nach Abs. 1 **von Amts wegen oder auf Antrag.** Erlangt das 30 Gericht Kenntnis von einer offenbaren Unrichtigkeit, besteht eine dahingehende Amtspflicht.[55] Besteht Anwaltszwang (§§ 10 Abs. 4 S. 1, 114 Abs. 1), erfasst dieser auch die Antragstellung. Ein vom Beteiligten persönlich gestellter Antrag ist dann aber als Anregung zur Berichtigung von Amts wegen aufzufassen.

Die **funktionelle Zuständigkeit** liegt bei dem Gericht, das den zu berichtigenden 31 Beschluss erlassen hat. Die **Besetzung** richtet sich nach der Geschäftsverteilung (§ 21 g GVG). Es können somit andere Richter mitwirken als bei der zu berichtigenden Entscheidung.[56] Solange die Sache vor dem Rechtsmittelgericht anhängig ist, kann auch dieses den vor ihm angefochtenen Beschluss berichtigen,[57] nach Abschluss der Rechtsmittelinstanz

---

[47] BGH NJW 1998, 609.
[48] BGH NJW 2003, 3057.
[49] BGHZ 18, 350.
[50] BGH NJW-RR 1998, 1065; NJW 1989, 1156.
[51] BGH NJW-RR 2007, 141; NJW 2006, 1881.
[52] BT-Drs. 16/6308 S. 197, unter Übernahme der Rechtsprechung.
[53] OLG Rostock NJW-RR 2007, 188.
[54] OLG Brandenburg NJW-RR 2000, 1522; OLG Hamm NJW-RR 1987, 187.
[55] OLG Hamm NJW-RR 1987, 187.
[56] BGH NJW 1989, 1281; NJW 1980, 2813.
[57] BayObLG FamRZ 1992, 1326.

aber nur noch seine eigene Entscheidung, weil im Übrigen die Zuständigkeit wieder beim erkennenden Gericht liegt.[58] Hat das Beschwerdegericht durch einen Einzelrichter entschieden, ist dieser und nicht das Kollegium zuständig.

32 Vor einer Berichtigung von Amts wegen ist den Beteiligten **rechtliches Gehör** (Art. 103 Abs. 1 GG) zu gewähren. Davon kann mangels Rechtsschutzinteresses abgesehen werden, wenn es nur um die Berichtigung reiner Formalien geht, die ersichtlich nicht zu einem Eingriff in die Rechtsstellung der Beteiligten führen kann.[59]

Ein Berichtigungsantrag ist den übrigen Beteiligten regelmäßig zwecks Gehörsgewährung zu übermitteln (§ 23 Abs. 2 analog).

2. Entscheidung (Abs. 2)

33 Die Entscheidung ergeht durch **Beschluss** (§ 38). Bei der Beurteilung, ob eine offenbare Unrichtigkeit vorliegt, ist auf die Verhältnisse abzustellen, wie sie beim Erlass des zu berichtigenden Beschlusses gegeben waren.[60]

34 Der die Berichtigung aussprechende Beschluss ist auf der Urschrift der berichtigten Entscheidung und auf allen von ihr erteilten Ausfertigungen zu vermerken **(Abs. 2 S. 1)**. Der **Vermerk** ist keine Voraussetzung für die Wirksamkeit des Berichtigungsbeschlusses.

35 Der Berichtigungsbeschluss kann als gesondertes **elektronisches Dokument** erstellt werden **(Abs. 2 S. 2)** und ist dann mit dem berichtigten Beschluss untrennbar zu verbinden **(Abs. 2 S. 3)**; das die ursprüngliche Beschlussfassung enthaltende elektronische Dokument darf also nicht geändert werden.

V. Rechtsmittel (Abs. 3)

1. Zurückweisung eines Berichtigungsantrags

36 Nach Abs. 3 S. 1 ist der einen Berichtigungsantrag zurückweisende, d. h. die Berichtigung nach sachlicher Prüfung wegen Verneinung einer offenbaren Unrichtigkeit ablehnende Beschluss **unanfechtbar**. Das gilt selbst dann, wenn dabei der Begriff der offenbaren Unrichtigkeit verkannt wurde.[61] Eine außerordentliche Beschwerde wegen sog. greifbarer Gesetzwidrigkeit ist nicht statthaft[62] (s. auch Anhang zu § 58 Rn 56 ff.).

37 Gegen den eine Berichtigung ohne sachliche Prüfung ablehnenden, d. h. den Berichtigungsantrag aus verfahrensrechtlichen Gründen als unzulässig verwerfenden Beschluss ist nach dem Gesetz die Beschwerde ebenfalls nicht gegeben. Im Hinblick auf das Prinzip der Rechtsmittelklarheit ist auch keine Ausnahme oder entsprechende Anwendung zulässig.[63]

2. Berichtigung

38 Nach Abs. 3 S. 2 findet gegen den Berichtigungsbeschluss die **sofortige Beschwerde** entsprechend §§ 567 bis 572 ZPO statt. Gegenstand der Überprüfung in der Beschwerdeinstanz ist allein die Zulässigkeit der Berichtigung und nicht deren inhaltliche Richtigkeit,[64] mithin das Vorliegen einer offenbaren Unrichtigkeit. Die sofortige Beschwerde ist auch gegeben, wenn nur die Kostenentscheidung (§ 82) berichtigt wurde.[65]

39 Gegen die Beschwerdeentscheidung ist auf Zulassung die **Rechtsbeschwerde** eröffnet, ebenso gegen einen Berichtigungsbeschluss des Beschwerdegerichts (s. § 70 Rn 12 a u. 19).[66]

---

[58] BGH NJW 1989, 1281; OLG Düsseldorf NJW-RR 1991, 1471.
[59] Musielak § 319 Rn 15.
[60] BGH FamRZ 2008, 1925; OLG Stuttgart FamRZ 2002, 679.
[61] OLG Brandenburg NJW-RR 1997, 1563; OLG Stuttgart FamRZ 2002, 679.
[62] BGH NJW-RR 2004, 1654.
[63] BGH NJW-RR 2004, 1654; Musielak § 319 Rn 21; a. M. OLG Düsseldorf NJW-RR 2002, 211; OLG München OLGR 2003, 110; Bumiller/Harders § 42 Rn 7; Thomas/Putzo/Reichold § 319 Rn 10.
[64] BayObLG FGPrax 2001, 253.
[65] BayObLG NJW-RR 1997, 57; OLG Köln FamRZ 1993, 456.
[66] BayObLG ZMR 2003, 588 zur sofortigen weiteren Beschwerde nach dem FGG.

Die Beschwerde ist jedoch unzulässig, wenn ihr Erfolg zur Änderung der Sachentscheidung führen würde.[67] 40

VI. Rechtsfolgen der Berichtigung

Mit Erlass (§ 38 Abs. 3 S. 3) des Berichtigungsbeschlusses tritt die **berichtigte Fassung** 41 des Beschlusses an die Stelle der bisherigen. Sie ist so zu behandeln, **als hätte sie von Anfang an bestanden.**[68] Insbesondere gilt ein vor der Berichtigung eingelegtes Rechtsmittel als gegen die berichtigte Entscheidung gerichtet. Das kann dazu führen, dass sich ein Rechtsmittel rückwirkend als unzulässig erweist, insbesondere wegen nunmehr fehlender Beschwer (§ 59 Abs. 1) des Rechtsmittelführers.[69]

Die Berichtigung eines Beschlusses hat **grundsätzlich keinen Einfluss auf** Beginn 42 und Lauf der für seine Anfechtung maßgeblichen **Rechtsmittelfrist.**[70] Es ist den Beteiligten zuzumuten, eine offenbare Unrichtigkeit bei ihrer Entschließung über die Einlegung eines Rechtsmittels zu berücksichtigen, schon bevor die Entscheidung berichtigt wird.[71] Auch wenn diese nach Berichtigung erneut zugestellt wird, beginnt die Frist (§§ 63 Abs. 3 S. 1, 71 Abs. 1 S. 1) regelmäßig mit Bekanntgabe der ursprünglichen Fassung.[72]

Wird eine von der Urschrift abweichende Ausfertigung des Beschlusses zur schriftlichen 43 Bekanntgabe (§ 41 Abs. 1) verwendet, ist grundsätzlich bereits diese Bekanntgabe wirksam, wenn es sich bei dem Mangel um einen Fehler handelt, der – wäre er bei der Abfassung des Beschlusses selbst unterlaufen – nach § 42 hätte korrigiert werden können.[73]

Etwas anderes gilt **ausnahmsweise,** wenn die bekannt gegebene Fassung des Beschlusses 44 insgesamt, d. h. formell und inhaltlich nicht hinreichend geeignet war, den Beteiligten die Entschließung über die Notwendigkeit der Einlegung eines Rechtsmittels zu ermöglichen.[74] Denn ein Irrtum des Gerichts darf die im Gesetz eröffnete Möglichkeit der Anfechtung nicht beeinträchtigen oder gar vereiteln.[75] In einem solchen Fall beginnt mit der schriftlichen Bekanntgabe des Berichtigungsbeschlusses bzw. einer fehlerfreien Ausfertigung eine **neue Rechtsmittelfrist,** wenn sich die Anfechtbarkeit – insbesondere eine Beschwer (§ 59 Abs. 1), das Erreichen des Beschwerdewerts (§ 61 Abs. 1)[76] oder die Zulassung (§§ 61 Abs. 2, 70 Abs. 1)[77] – erst aus der berichtigten Fassung unmissverständlich ergibt. Ebenso wenn sich in echten Streitsachen erst jetzt zweifelsfrei erkennen lässt, gegen wen das Rechtsmittel zu richten ist.[78]

Ist die ursprünglich gegebene Beschwer eines Beteiligten aufgrund einer schon vor 45 Ablauf der Rechtsmittelfrist erfolgten Berichtigung entfallen, braucht er nicht vorsorglich Beschwerde (§ 58) wegen der Möglichkeit einzulegen, dass der Berichtigungsbeschluss auf sofortige Beschwerde (Abs. 3 S. 2) eines anderen Beteiligten aufgehoben wird und danach wieder eine Beschwer besteht. Vielmehr beginnt dann mit Bekanntgabe des Aufhebungsbeschlusses eine neue Rechtsmittelfrist.[79]

Hält ein in formelle Rechtskraft (§ 45) erwachsener Berichtigungsbeschluss die durch 46 Abs. 1 gezogene Grenze nicht ein, d. h. betrifft er eine falsche Willensbildung des Gerichts, ist er trotzdem grundsätzlich bindend. Der Beschluss ist aber unwirksam, wenn dort nachträglich erstmals ein Rechtsmittel zugelassen (also nicht lediglich der versehentlich unterbliebene Ausspruch der Zulassung nachgeholt, s. Rn 20) und dadurch der Instanzenzug

---

[67] OLG Hamm NJW-RR 1986, 739.
[68] BGH NJW 1993, 1399.
[69] BGH NJW 1994, 2832; OLG Saarbrücken NJWE-FER 2000, 44.
[70] BGH NJW 2003, 2991.
[71] BGH NJW 1984, 1041; NJW 1995, 1033.
[72] BGH NJW-RR 1993, 1213.
[73] BGH NJW-RR 2006, 1570.
[74] BGH NJW-RR 2009, 1443; NJW-RR 2001, 211.
[75] BGH NJW 1991, 1834.
[76] BGH NJW 1999, 646; NJW 1995, 1033.
[77] BGH NJW-RR 2004, 712.
[78] BGH NJW 1991, 1834.
[79] BGH NJW 1998, 3280; NJW 1986, 935.

beeinflusst wird. Ebenso wenn der Amtsrichter seinen Ausspruch, ob er als Familien- oder als allgemeiner Zivilrichter entschieden hat, berichtigt und damit das Prinzip der formellen Anknüpfung (§§ 72 Abs. 1 S. 1, 119 Abs. 1 Nr. 1 GVG) beeinträchtigt. Denn dann wird das öffentliche Interesse an der Einhaltung des gesetzlich vorgesehenen Rechtsmittelwegs verletzt.[80] Entsprechendes gilt im Fall der unzulässigen, d. h. abändernden Berichtigung eines Verweisungsbeschlusses (s. Rn 11).

47 **Grundlage der Vollstreckung** (§ 86 Abs. 1 Nr. 1) kann nur die **berichtigte Fassung** des Beschlusses sein.

VII. Kosten und Gebühren

1. Gerichtsgebühren

48 Für den **Berichtigungsbeschluss** fällt keine Gebühr an, weil die Entscheidung zum Rechtszug gehört.

49 Bei **Verwerfung oder Zurückweisung eines Rechtsmittels** gegen den Berichtigungsbeschluss entsteht in **Familiensachen** im Beschwerdeverfahren eine Festgebühr nach Nr. 1912 KV FamGKG, im Rechtsbeschwerdeverfahren eine solche nach Nr. 1923 KV FamGKG. In **Angelegenheiten der freiwilligen Gerichtsbarkeit** entsteht eine der Höhe nach begrenzte Wertgebühr nach § 131 KostO (Abs. 1: Beschwerde, Abs. 2: Rechtsbeschwerde).

2. Außergerichtliche Kosten

50 Das **Berichtigungsverfahren** vor dem erkennenden Gericht gehört nach § 19 Abs. 1 S. 2 Nr. 6 RVG zum Rechtszug. Beschränkt sich die Tätigkeit des Anwalts auf die Berichtigung, fällt die Verfahrensgebühr nach Nr. 3403 VV RVG an.

51 Das **Rechtsmittelverfahren** ist nach § 18 Nr. 5 RVG eine besondere Angelegenheit, so dass dort gesonderte Gebühren entstehen.

52 Der **Gegenstandswert** zur Berechnung der Anwaltsgebühren ist in **Familiensachen** nach § 23 Abs. 1 S. 2 RVG in entsprechender Anwendung der Wertvorschriften des FamGKG zu bestimmen, weil keine Festsetzung der Gerichtsgebühr erfolgt (s. Rn 48 f.). Auf Antrag setzt ihn das Gericht fest, § 33 RVG. In **Angelegenheiten der freiwilligen Gerichtsbarkeit** bestimmt sich der Wert nach § 30 KostO. Er folgt der Festsetzung für die Gerichtsgebühren (§§ 32 RVG, 31 KostO) oder wird nach § 33 RVG gesondert festgesetzt.

Ergänzung des Beschlusses

§ 43 (1) Wenn ein Antrag, der nach den Verfahrensakten von einem Beteiligten gestellt wurde, ganz oder teilweise übergangen oder die Kostenentscheidung unterblieben ist, ist auf Antrag der Beschluss nachträglich zu ergänzen.

(2) **Die nachträgliche Entscheidung muss binnen einer zweiwöchigen Frist, die mit der schriftlichen Bekanntgabe des Beschlusses beginnt, beantragt werden.**

Übersicht

	Rn
I. Normzweck; Anwendungsbereich	1
II. Voraussetzungen der Ergänzung (Abs. 1)	3
1. Allgemeines	3
2. Übergehen eines Antrags	7
3. Unterbleiben der Kostenentscheidung	8
III. Verfahren und Entscheidung	10
1. Ergänzungsantrag (Abs. 2)	10
2. Entscheidung	13
IV. Rechtsfolgen der Ergänzung	16
1. Selbständige Anfechtbarkeit des Ergänzungsbeschlusses	16
2. Neubeginn der Beschwerdefrist betr. den ergänzten Beschluss	18
V. Kosten und Gebühren	20

---

[80] BGH NJW 1994, 2832.

I. Normzweck; Anwendungsbereich

§ 43 regelt ausdrücklich die Ergänzung eines Beschlusses, die unter Geltung des FGG in entsprechender Anwendung von § 321 ZPO als zulässig angesehen wurde.[1] **Abs. 1** lässt beim Übergehen eines Antrags oder Unterbleiben der Kostenentscheidung eine Ergänzung auf Antrag zu. **Abs. 2** bestimmt Beginn und Dauer der Antragsfrist.

Die Vorschrift gilt in Angelegenheiten der freiwilligen Gerichtsbarkeit sowie in Familiensachen, außer in Ehesachen (§ 121) und Familienstreitsachen (§ 112); dort ist § 321 ZPO entsprechend anzuwenden (§ 113 Abs. 1 S. 2). Zur Übergangsregelung siehe die Erläuterungen zu Art. 111 FGG-RG.

II. Voraussetzungen der Ergänzung (Abs. 1)

1. Allgemeines

Die Ergänzung nach § 43 setzt eine **Entscheidungslücke** voraus. Dazu muss ein Beschluss (§ 38) unvollständig sein, weil das Gericht eine nach Aktenlage (§ 37 Abs. 1) erforderliche Entscheidung unbeabsichtigt, d. h. **aus Versehen** nicht getroffen hat. Damit scheidet eine Ergänzung aus, wenn das Gericht bewusst über einen Teil des Verfahrensgegenstandes noch nicht entschieden und das darauf bezogene Erkenntnis einer Schlussentscheidung vorbehalten, also absichtlich einen Teilbeschluss erlassen hat.

Ist lediglich der Ausspruch einer ausweislich der Gründe tatsächlich erfolgten Entscheidung unterblieben, kann nur eine Berichtigung (§ 42) erfolgen. Ebenso wenig reicht es zur Zulässigkeit einer Ergänzung aus, wenn die Beschlussformel eine Entscheidung verlautbart, zu der in den Gründen keine Ausführungen gemacht sind.[2] Die Entscheidungslücke muss sich vielmehr aus dem Beschluss insgesamt, d. h. aus einer Gesamtschau von Formel und Begründung ergeben und für die Beteiligten jedenfalls unter Heranziehung der Akten **eindeutig** sein.

Nach **Abs. 1** kommen nur zwei Fälle einer Entscheidungslücke in Betracht, nämlich die – vollständig oder teilweise – **fehlende Bescheidung des aktenkundigen Antrags** eines Beteiligten und das **Unterbleiben einer gebotenen Kostenentscheidung.** Damit wird zugleich klargestellt, dass die Zulassung der Beschwerde (§ 61 Abs. 3) oder der Rechtsbeschwerde (§ 70 Abs. 1) nicht nachgeholt werden kann (s. § 61 Rn 36).

Wie eine Berichtigung (§ 42) ermöglicht die Ergänzung nach § 43 **keine Korrektur fehlerhafter Rechtsanwendung.** Sie deshalb insbesondere unzulässig, wenn das Gericht den Antrag eines Beteiligten falsch ausgelegt und aus diesem Grund nicht erschöpfend beschieden hat.[3] Ebenso wenn es irrtümlich davon ausgegangen ist, dass die Beteiligten die Hauptsache übereinstimmend für erledigt erklärt haben und deshalb nur über die Kosten entschieden hat.[4] Gleiches gilt, wenn das Gericht eine Einwendung oder ein selbständiges Angriffs- bzw. Verteidigungsmittel eines Beteiligten übergangen hat.[5] Ebenso, wenn es einen von mehreren Sachanträgen nicht beschieden und trotzdem das gesamte Begehren des Antragstellers abgewiesen hat.[6] Denn ein falscher Beschluss kann nur im allgemeinen Rechtsmittelzug richtig gestellt werden. Umgekehrt kann das Vorliegen einer Entscheidungslücke grundsätzlich nicht zum Gegenstand eines Rechtsmittels gemacht werden, weil es insoweit gerade an einer zu überprüfenden Entscheidung und damit an einer Beschwer (§ 59 Abs. 1) fehlt. Nur wenn ein Beschluss wegen Übergehens unselbstständiger Teile der zu treffenden Entscheidung ausnahmsweise zugleich unvollständig und inhaltlich falsch ist, kommen sowohl ein Rechtsmittel wie ein Antrag auf Ergänzung in Betracht.[7]

---

[1] BayObLG NZM 2002, 708; OLG München FamRZ 2008, 1268.
[2] Musielak § 321 Rn 5; Thomas/Putzo/Reichold § 321 Rn 2.
[3] BGH NJW 1980, 840.
[4] BGH NJW 2002, 1500.
[5] BGH NJW 2003, 1463; NJW-RR 1996, 379; OLG Frankfurt NJW-RR 1989, 640.
[6] BGH NJW-RR 2010, 19.
[7] BGH NJW 2006, 1351; NJW-RR 1996, 1238.

2. Übergehen eines Antrags

7   Nach dem Wortlaut von Abs. 1 muss ein ausweislich der Akten gestellter **Antrag** ganz oder teilweise übergangen worden sein. Die Gesetzesbegründung[8] gibt keinen Aufschluss darüber, ob es sich um einen formellen Antrag (§ 23) handeln muss oder ob auch eine Anregung (§ 24) bzw. ein **Gesuch** genügt. Nach dem Sinn und Zweck der Regelung soll sie jedoch in ihrem Anwendungsbereich allgemein ein rechtsförmliches Instrument zur Schließung von Entscheidungslücken zur Verfügung stellen und dieses nicht auf Antragsverfahren beschränken. Deshalb ist die Ergänzung eines Beschlusses nach § 43 immer dann zulässig, wenn ein in das Verfahren eingeführtes **bestimmtes Rechtsschutzbegehren** eines Beteiligten, über das es von Amts wegen oder aufgrund des dazu gestellten Antrags einer Entscheidung des Gerichts bedurfte, versehentlich **nicht vollständig beschieden** wurde. Weil der Akteninhalt formelle Entscheidungsgrundlage ist (§ 37 Abs. 1), muss sich dieses Begehren aus den Akten ergeben.

3. Unterbleiben der Kostenentscheidung

8   Beim Unterbleiben einer Kostenentscheidung in **Familiensachen** liegt ohne Weiteres eine Entscheidungslücke vor, weil dort nach § 81 Abs. 1 S. 2 stets über die Kosten zu entscheiden ist, wie nach § 308 Abs. 2 ZPO.

9   Demgegenüber liegt es in **Angelegenheiten der freiwilligen Gerichtsbarkeit** im Ermessen des Gerichts, ob eine Kostenentscheidung sachgerecht ist.[9] Deshalb ist eine Entscheidungslücke nicht schon dann gegeben, wenn eine Kostenentscheidung unterblieben ist. Denn damit kommt regelmäßig ein darauf gerichteter Wille des Gerichts zum Ausdruck.[10] Nur wenn sich aus dem Beschluss ausnahmsweise aufgrund konkreter Anhaltspunkte eindeutig ergibt, dass sich das Gericht mit dem Kostenpunkt überhaupt nicht beschäftigt, d. h. sein nach § 81 bestehendes Ermessen gar nicht ausgeübt hat, ist eine Ergänzung zulässig. Das trifft insbesondere zu, wenn in dem ein Rechtsmittel verwerfenden oder zurückweisenden Beschluss weder die Kosten dem Rechtsmittelführer auferlegt noch Gründe dafür angeführt sind, warum davon aufgrund der Besonderheiten des Einzelfalls[11] abgesehen wurde (§ 84).

III. Verfahren und Entscheidung

1. Ergänzungsantrag (Abs. 2)

10   Nach **Abs. 2** setzt die nachträgliche Entscheidung einen Antrag **innerhalb von zwei Wochen** seit schriftlicher Bekanntgabe des zu ergänzenden Beschlusses voraus. Eine Verlängerung ist nicht vorgesehen. Weil § 17 Abs. 1 hinsichtlich aller gesetzlichen Fristen bei deren Versäumung eine Wiedereinsetzung in den vorigen Stand vorsieht, kommt diese im Anwendungsbereich des § 43 in Betracht, anders als nach h. M. unter Geltung von §§ 233, 321 ZPO.[12]

11   Der Antrag ist an das Gericht zu richten, das den zu ergänzenden Beschluss erlassen hat. Besteht **Anwaltszwang** (§§ 10 Abs. 4 S. 1, 114 Abs. 1), erfasst dieser auch die Beantragung einer Ergänzung; im Übrigen gilt § 25.

12   Beim **Unterbleiben eines rechtzeitigen Ergänzungsantrags** endet die Rechtshängigkeit des übergangenen Antrags mit Fristablauf,[13] so dass dieser nur Gegenstand eines neuen Verfahrens sein kann. Hat das Beschwerdegericht einen das erstinstanzliche Begehren weiter verfolgenden Rechtsmittelantrag übergangen, entfällt insoweit mit Fristablauf die Anhängigkeit der Beschwerde und die angefochtene Entscheidung wird im Umfang des

---

[8] BT-Drs. 16/6308 S. 197.
[9] BT-Drs. 16/6308 S. 215.
[10] OLG München FGPrax 2008, 44 zum Unterbleiben einer Kostenerstattungsanordnung nach dem früheren § 16 S. 1 FEVG.
[11] BT-Drs. 16/8308 S. 216.
[12] BGH NJW 1980, 785; NJW 1980, 1636; Baumbach/Hartmann § 321 Rn 8; Musielak § 321 Rn 9; Thomas/Putzo/Reichold § 321 Rn 4; a. M. Zöller/Vollkommer § 321 Rn 6.
[13] BGH NJW 2002, 1115; NJW 1991, 1683.

mit diesem Antrag angegriffenen erstinstanzlichen Erkenntnisses wirkungslos. Dann kann der übergangene Antrag lediglich durch Erweiterung des erstinstanzlichen Antrags wieder in das Verfahren eingeführt werden, wenn dieser wegen anderer Teile des Verfahrensgegenstandes noch in der Beschwerdeinstanz anhängig ist.[14]

2. Entscheidung

Zuständig ist das Gericht, das den unvollständigen Beschluss erlassen hat. Es hat den **13** übrigen Beteiligten vor einer Entscheidung rechtliches Gehör zum Antrag zu gewähren, soweit dieser nicht im Einzelfall unzulässig oder offensichtlich unbegründet ist (§ 23 Abs. 2).[15] Es können andere Richter mitwirken als bei dem zu ergänzenden Beschluss.

Der Ergänzungsantrag ist zulässig, wenn er auf die Schließung einer – auch nur vermeintlichen – Entscheidungslücke gerichtet ist; über die Frage, ob eine solche vorliegt, ist bei der Prüfung der Begründetheit zu befinden.[16] Bei Zulässigkeit und Begründetheit muss über den übergangenen Antrag entschieden bzw. die unterbliebene Kostenentscheidung nachgeholt werden, ggf. nach Durchführung eines Termins (§ 32). Andernfalls ist der Ergänzungsantrag durch Beschluss als unzulässig zu verwerfen bzw. als unbegründet zurückzuweisen. **14**

Erfolgt eine Ergänzung, ist der **Ergänzungsbeschluss** gegenüber der zuvor ergangenen **15** Entscheidung selbständig. An die dort getroffene Sachentscheidung ist das Gericht aber entsprechend § 318 ZPO gebunden, weil sie insoweit zum Ergänzungsbeschluss im gleichen Verhältnis steht wie ein Teilbeschluss zur Schlussentscheidung.[17]

IV. Rechtsfolgen der Ergänzung

1. Selbständige Anfechtbarkeit des Ergänzungsbeschlusses

Da der Ergänzungsbeschluss eine selbstständige Endentscheidung (§ 38 Abs. 1 S. 1) **16** darstellt, ist seine Anfechtbarkeit unabhängig von derjenigen des ergänzten Beschlusses zu beurteilen. Mithin findet die Beschwerde nach §§ 58 ff. statt. Dabei ergeben sich Beschwer (§ 59 Abs. 1) und Beschwerdewert (§ 61 Abs. 1) allein aus dem Inhalt des Ergänzungsbeschlusses. Erfolgt dort allein die Nachholung der Kostenentscheidung (§ 82), ist im Anwendungsbereich des § 43, d. h. im Bereich der freiwilligen Gerichtsbarkeit die Beschwerde bei Erreichen des Beschwerdewerts oder bei Zulassung zulässig (s. § 58 Rn 95 ff. u. § 61 Rn 4). Gegen einen Ergänzungsbeschluss des Beschwerdegerichts ist nach §§ 70 ff. die Rechtsbeschwerde auf Zulassung eröffnet.[18]

Voraussetzung für eine Anfechtung des Ergänzungsbeschlusses ist jedoch stets, dass gegen **17** die zu ergänzende Entscheidung ein Rechtsmittel gegeben ist.[19]

2. Neubeginn der Beschwerdefrist betr. den ergänzten Beschluss

Das FamFG regelt nicht die Frage, ob die Bekanntgabe des Ergänzungsbeschlusses **18** Einfluss auf Beginn und Lauf der Beschwerdefrist für den ergänzten Beschluss hat, wenn diese bei Erlass (§ 38 Abs. 3 S. 3) des Ergänzungsbeschlusses **noch nicht abgelaufen** war. Insoweit liegt eine planwidrige Regelungslücke vor. Denn die Beteiligten brauchen zur Gewährleistung effektiven Rechtsschutzes Gelegenheit, über die Anfechtung des ergänzten Beschlusses unter Berücksichtigung der nachgeholten Entscheidung neu zu befinden. Diesen Sinn und Zweck hat **§ 518 S. 1 ZPO**, weshalb die Vorschrift **entsprechend** anzuwenden ist. Danach beginnt die Beschwerdefrist für den Ausgangsbeschluss mit Bekanntgabe (§ 41) des Ergänzungsbeschlusses von neuem, selbst wenn dieser unanfechtbar ist oder nicht angefochten wird. Auch die Rücknahme oder Verwerfung einer bereits gegen den Ausgangsbeschluss eingelegten Beschwerde steht dem Neubeginn der Beschwerdefrist nicht

---

[14] BGH NJW-RR 2005, 790.
[15] BT-Drs. 16/6308 S. 186.
[16] BGH NJW 2006, 1351.
[17] Musielak § 321 Rn 12.
[18] BGH NJW 2000, 3008.
[19] BGH FGPrax 2011, 148; NJW-RR 2009, 209.

§ 44

entgegen, weil das Rechtsmittel dann noch nicht verbraucht ist.[20] Ist gegen beide Entscheidungen Beschwerde eingelegt, sind die Rechtsmittel zu verbinden (§ 20 FamFG i. V. m. § 518 S. 2 ZPO analog).

19 Ergeht hingegen der Ergänzungsbeschluss erst **nach Ablauf der Beschwerdefrist** für die zuerst erlassene Entscheidung, wirkt er sich darauf nicht aus.[21]

V. Kosten und Gebühren

20 In **Angelegenheiten der freiwilligen Gerichtsbarkeit** fällt bei Zurückweisung eines Ergänzungsantrags eine Gebühr nach § 130 KostO an. Gleiches gilt, wenn der übergangene Antrag durch Ergänzungsbeschluss zurückgewiesen wird. In **Familiensachen** entsteht im Ergänzungsverfahren vor dem erkennenden Gericht keine gesonderte Verfahrensgebühr. Bei Ergänzung des Beschlusses wegen Übergehens eines Antrags wird sie einheitlich für das gesamte Verfahren erhoben und dann nach § 30 FamGKG berechnet.

21 Für die **außergerichtlichen Kosten** gelten die Ausführungen zu § 42 Rn 50 ff. entsprechend.

Abhilfe bei Verletzung des Anspruchs auf rechtliches Gehör

44 (1) ¹Auf die Rüge eines durch eine Entscheidung beschwerten Beteiligten ist das Verfahren fortzuführen, wenn

1. ein Rechtsmittel oder ein Rechtsbehelf gegen die Entscheidung oder eine andere Abänderungsmöglichkeit nicht gegeben ist und
2. das Gericht den Anspruch dieses Beteiligten auf rechtliches Gehör in entscheidungserheblicher Weise verletzt hat.

²Gegen eine der Endentscheidung vorausgehende Entscheidung findet die Rüge nicht statt.

(2) ¹Die Rüge ist innerhalb von zwei Wochen nach Kenntnis von der Verletzung des rechtlichen Gehörs zu erheben; der Zeitpunkt der Kenntniserlangung ist glaubhaft zu machen. ²Nach Ablauf eines Jahres seit der Bekanntgabe der angegriffenen Entscheidung an diesen Beteiligten kann die Rüge nicht mehr erhoben werden. ³Die Rüge ist schriftlich oder zur Niederschrift bei dem Gericht zu erheben, dessen Entscheidung angegriffen wird. ⁴Die Rüge muss die angegriffene Entscheidung bezeichnen und das Vorliegen der in Absatz 1 Satz 1 Nr. 2 genannten Voraussetzungen darlegen.

(3) Den übrigen Beteiligten ist, soweit erforderlich, Gelegenheit zur Stellungnahme zu geben.

(4) ¹Ist die Rüge nicht in der gesetzlichen Form oder Frist erhoben, ist sie als unzulässig zu verwerfen. ²Ist die Rüge unbegründet, weist das Gericht sie zurück. ³Die Entscheidung ergeht durch nicht anfechtbaren Beschluss. ⁴Der Beschluss soll kurz begründet werden.

(5) Ist die Rüge begründet, hilft ihr das Gericht ab, indem es das Verfahren fortführt, soweit dies auf Grund der Rüge geboten ist.

Übersicht

	Rn
I. Normzweck	1
II. Anwendungsbereich	2
III. Voraussetzungen der Statthaftigkeit	3
1. Keine Anfechtbarkeit oder Abänderungsmöglichkeit (Abs. 1 S. 1 Nr. 1)	3
2. Geltendmachung einer Gehörsverletzung (Abs. 1 S. 1 Nr. 2)	8
3. Endentscheidung als Gegenstand der Rüge (Abs. 1 S. 2)	13
a) Entscheidungen im Hauptsacheverfahren	13
b) Entscheidungen in selbständigen Zwischenverfahren	15
c) Entscheidungen in Nebenverfahren	16
d) Entscheidungen im einstweiligen Anordnungsverfahren	17

---

[20] Musielak § 518 Rn 4; Thomas/Putzo/Reichold § 518 Rn 3.
[21] BGH NJW 2009, 442.

	Rn
IV. Voraussetzungen der Zulässigkeit	21
1. Beschwer (Abs. 1 S. 1)	21
2. Einlegungsfrist (Abs. 2 S. 1)	22
3. Ausschlussfrist (Abs. 2 S. 2)	26
4. Form (Abs. 2 S. 3 u. 4)	27
a) Einlegung	27
b) Begründung	30
V. Voraussetzungen der Begründetheit (Abs. 1 S. 1 Nr. 2)	37
1. Gehörsverletzung	37
2. Beispiele	39
3. Entscheidungserheblichkeit	40
VI. Entscheidung über die Rüge	41
1. Allgemeines	41
2. Prüfung der Zulässigkeit	44
3. Prüfung der Begründetheit	46
4. Gehörsgewährung (Abs. 3)	48
5. Verwerfung und Zurückweisung (Abs. 4)	50
VII. Fortführung des Verfahrens bei erfolgreicher Rüge (Abs. 5)	53
1. Allgemeines	53
2. Verfahren	55
3. Neue Sachentscheidung	58
VIII. Rechtskraft und Vollstreckbarkeit nach Rügeerhebung	62
1. Rechtskraft	62
2. Vollstreckbarkeit	64
IX. Sondervorschriften	65
X. Verhältnis der Anhörungsrüge zur Verfassungsbeschwerde	66
1. Rüge als Voraussetzung der Verfassungsbeschwerde	66
2. Frist zur Einlegung der Verfassungsbeschwerde	70
XI. Kosten und Gebühren	72
1. Gerichtsgebühren	72
2. Außergerichtliche Kosten	74

I. Normzweck

§ 44 übernimmt unter redaktionellen Änderungen den früheren, durch das Anhörungs- **1** rügengesetz vom 9. 12. 2004 (BGBl. I S. 3220) eingefügten § 29a FGG. Die Vorschrift eröffnet für alle Instanzen eine **instanzinterne Selbstkorrektur** bei Verletzung des Anspruchs eines Beteiligten auf rechtliches Gehör durch eine unanfechtbare Endentscheidung und sieht dafür die Anhörungsrüge als einen der Wiederaufnahme und Wiedereinsetzung angenäherten, die Rechtskraft durchbrechenden Rechtsbehelf[1] vor. **Abs. 1** regelt die Voraussetzungen der Rüge, **Abs. 2** bestimmt Frist und Form der Rügeerhebung, **Abs. 3** betrifft das den übrigen Beteiligten zu gewährende rechtliche Gehör, **Abs. 4** sieht bei unzulässiger oder unbegründeter Rüge eine Entscheidung durch Beschluss vor, während **Abs. 5** für den Fall einer erfolgreichen Rüge die Fortsetzung des Verfahrens anordnet, soweit dies zur Abhilfe des Gehörsverstoßes erforderlich ist.

II. Anwendungsbereich

§ 44 gilt in Angelegenheiten der freiwilligen Gerichtsbarkeit sowie in Familiensachen, **2** außer in Ehesachen (§ 121) und Familienstreitsachen (§ 112); dort ist § 321a ZPO entsprechend anzuwenden (§ 113 Abs. 1 S. 2). Für bestimmte Angelegenheiten gehen Sondervorschriften vor (s. Rn 65). Zur Übergangsregelung siehe die Erläuterungen zu Art. 111 FGG-RG. Weiterhin findet § 44 Anwendung, wenn in Spezialgesetzen allgemein auf das FamFG, wie z.B. in § 9 LwVG und § 51 Abs. 1 S. 1 PStG, oder ausdrücklich auf die Vorschrift verwiesen wird, wie z.B. in §§ 81 Abs. 3 GBO und 89 Abs. 3 SchRegO.

---

[1] BT-Drs. 15/3706 S. 17.

III. Voraussetzungen der Statthaftigkeit

1. Keine Anfechtbarkeit oder Abänderungsmöglichkeit (Abs. 1 S. 1 Nr. 1)

3 Nach **Abs. 1 S. 1 Nr. 1** darf ein Rechtsmittel, ein Rechtsbehelf oder eine andere Abänderungsmöglichkeit nicht gegeben sein, mithin **kein anderer Rechtsschutz unterhalb der Verfassungsbeschwerde** zur Verfügung stehen. Die Anhörungsrüge ist damit als streng subsidiärer Rechtsbehelf ausgestaltet.

4 **Kein Rechtsmittel** ist eröffnet, wenn die Entscheidung generell nicht anfechtbar oder der Rechtszug nur für den vom Gehörsverstoß betroffenen Beteiligten erschöpft ist, auch mangels Zulassung eines Rechtsmittels (§§ 61 Abs. 2, 70 Abs. 1) oder Erreichen des Beschwerdewerts (§ 61 Abs. 1). Dagegen ist die Rüge wegen ihrer Subsidiarität im Interesse der Rechtssicherheit als nicht statthaft anzusehen, wenn der Beteiligte die Frist zur Einlegung eines gegebenen Rechtsmittels ungenutzt ablaufen lässt.[2]

5 Ob die Möglichkeit der **Anschließung** (§§ 66, 73) an die nur für einen anderen Beteiligten gegebene und von diesem eingelegte Beschwerde oder Rechtsbeschwerde die Anhörungsrüge ausschließt, ist streitig. Ihre Subsidiarität erfordert zwar die Einlegung eines Anschlussrechtsmittels, andererseits darf dem in seinem Anspruch auf rechtliches Gehör verletzten Beteiligten der Rechtsschutz nicht dadurch versagt bleiben, dass die Anschließung durch Rücknahme oder Verwerfung des Rechtsmittels ihre Wirkung verliert (§§ 66 S. 2, 73 S. 3). Deshalb ist die Anhörungsrüge mit der Maßgabe als statthaft anzusehen, dass auch eine Anschließung zu erfolgen hat und das Rügeverfahren dann auszusetzen ist (§ 21 anlog). Dieses erledigt sich, wenn über das Anschlussrechtsmittel entschieden wird.[3]

6 **Kein Rechtsbehelf** ist nicht nur dann gegeben, wenn ein ordentlicher Rechtsbehelf (Einspruch, Widerspruch, Erinnerung) fehlt. Der Begriff ist vielmehr weit zu verstehen,[4] so dass unter ihn z. B. auch Anträge auf Berichtigung (§ 42) oder Ergänzung (§ 43) fallen, wenn sie zur Heilung der Gehörsverletzung führen können.

7 **Keine andere Abänderungsmöglichkeit** ist nach der Gesetzesbegründung gegeben, wenn sie auch nach Sondervorschriften wie z. B. § 48 Abs. 1 FamFG[5] und §§ 1696, 2361 BGB nicht in Betracht kommt.[6] Diese Vorschriften sind indessen nach ihrem Sinn und Zweck nicht zur Überprüfung einer Entscheidung auf Rechtsfehler im zugrunde liegenden, d. h. selben Verfahren bestimmt, sondern eröffnen die Berücksichtigung geänderter Verhältnisse oder neuer tatsächlicher Feststellungen in einem weiteren selbständigen Verfahren, mithin außerhalb des Rechtswegs i. S. d. § 90 Abs. 2 S. 1 BVerfGG. Eine im Ursprungsverfahren erfolgte Gehörsverletzung kann deshalb durch die im Abänderungsverfahren ergehende Entscheidung nicht geheilt werden, zumal diese grundsätzlich keine rückwirkende Kraft hat. Entsprechendes gilt für die Wiederaufnahme nach § 48 Abs. 2 FamFG i. V. m. §§ 578 ff. ZPO. Deshalb gewährleistet eine solche Abänderungsmöglichkeit regelmäßig keinen effektiven Rechtsschutzes (Art. 2 Abs. 1 GG), weshalb dann die Rüge als eröffnet anzusehen ist.

2. Geltendmachung einer Gehörsverletzung (Abs. 1 S. 1 Nr. 2)

8 Nach **Abs. 1 S. 1 Nr. 2** kann allein eine Verletzung des Anspruchs auf rechtliches Gehör (Art. 103 Abs. 1 GG) geltend gemacht werden. Der Gesetzgeber hat nach der Begründung zum Anhörungsrügengesetz[7] nur den ausdrücklichen, im Plenarbeschluss des

---

[2] Stein/Jonas/Leipold § 321a Rn 21; a. M. Zöller/Vollkommer § 321 Rn 5.
[3] Ähnlich: Jansen/Briesemeister § 29a Rn 7 f. (Abstimmung zwischen iudex a quo und Rechtsmittelgericht, ob die Rüge im Rechtsmittelverfahren mit erledigt oder dieses bis zur Entscheidung der Vorinstanz ausgesetzt wird); Musielak § 321a Rn 5 (Aussetzung des Rechtsmittelverfahrens); Stein/Jonas/Leipold § 321a Rn 23 (Rügeerhebung auch noch zwei Wochen nach Kenntnis von der Rechtsmittelrücknahme zulässig); a. M.: Bumiller/Harders § 44 Rn 6 (Anschließung); Thomas/Putzo/Reichold § 321a Rn 2a (Anschließung, aber Fortführung des Verfahrens durch die Vorinstanz als solches nach § 44, wenn die Anschließung wirkungslos wird); Zöller/Vollkommer § 321 Rn 4 (Rüge im Wege der Anschließung, die ihre Wirkung auch bei Rücknahme des Rechtsmittels behält).
[4] BT-Drs. 15/3706 S. 19.
[5] BT-Drs. 15/3966 S. 7 zu § 18 Abs. 1 FGG.
[6] BT-Drs. 15/3706 S. 19.
[7] BT-Drs. 15/3706 S. 14.

BVerfG vom 30. 4. 2003[8] erteilten Gesetzgebungsauftrag aufgegriffen und die Rüge auf Gehörsverletzungen beschränkt, d. h. **keine Erstreckung auf die Verletzung anderer Verfahrensgrundrechte** vorgesehen. Daran ist im FGG-RG festgehalten worden. Angesichts des klaren Wortlauts der Norm und des deutlich geäußerten gesetzgeberischen Willens ist eine **entsprechende Anwendung unzulässig**.[9]

Bei einer Verletzung anderer Verfahrensgrundrechte als des Anspruchs auf rechtliches Gehör kommt lediglich eine **Gegenvorstellung** in Betracht,[10] deren Vereinbarkeit mit dem verfassungsrechtlichen Gebot der Rechtsmittelklarheit jedoch fraglich ist (s. Anhang zu § 58 Rn 53 ff.). Wird mit einer Rüge nach § 44 sowohl ein Gehörsverstoß wie auch die Verletzung eines anderen Verfahrensgrundrechts geltend gemacht, kann sie zugleich als Gegenvorstellung aufzufassen sein. Ebenso kommt im Einzelfall die Umdeutung einer Rüge in eine Gegenvorstellung in Betracht, wenn statt der allein gerügten Gehörsverletzung tatsächlich die Verletzung eines anderen Verfahrensgrundrechts vorliegt.

Ist ein nicht statthaftes Rechtsmittel eingelegt, kann es als Rüge nach § 44 zu behandeln sein, wenn und soweit ein Verstoß gegen den Anspruch auf rechtliches Gehör geltend gemacht wird.[11]

Eine **außerordentliche Beschwerde** wegen greifbarer Gesetzwidrigkeit ist als nicht mehr statthaft anzusehen (s. Anhang zu § 58 Rn 56 ff.).

Die Anhörungsrüge ist nicht im **Verfahren vor dem Rechtspfleger** eröffnet, weil sich dort die Pflicht zur Anhörung der Beteiligten nach dem Anspruch auf ein rechtsstaatliches, faires Verfahrens (Art. 2 Abs. 1, 20 Abs. 3 GG) richtet. Denn Rechtspfleger sind im verfassungsrechtlichen Sinn (Art. 92, 97 Abs. 1 GG) keine Richter, sondern Rechtspflegeorgane eigener Art.[12] Mithin kann eine Verletzung von Art. 103 Abs. 1 GG nur im Verfahren vor dem Richter geltend gemacht werden.[13] Im Übrigen ist gegen nach allgemeinem Verfahrensrecht unanfechtbare Entscheidungen des Rechtspflegers gemäß § 11 Abs. 2 S. 1 RPflG die **Erinnerung** (s. Anhang zu § 58 Rn 2 ff.) und somit bereits ein ordentlicher Rechtsbehelf gegeben, der die Rüge ohnehin ausschließt.

3. Endentscheidung als Gegenstand der Rüge (Abs. 1 S. 2)

a) Entscheidungen im Hauptsacheverfahren. Nach Abs. 1 S. 2 findet die Anhörungsrüge allein gegen **Endentscheidungen** statt, mithin nur gegen solche Beschlüsse, durch die der gesamte Verfahrensgegenstand oder ein Teil davon erledigt wird (s. § 38 Rn 4). Gegen Entscheidungen, die solchen Beschlüssen vorausgehen, soll sie aus Gründen der Verfahrensbeschleunigung[14] nicht eröffnet sein.

Bei verfassungskonformer Auslegung dieser Vorschrift[15] gilt der Ausschluss der Rüge nur für solche **Zwischenentscheidungen**, die zwar nicht selbständig anfechtbar sind, aber auf das gegen die Endentscheidung gerichtete Rechtsmittel noch wegen möglicher Gehörsverletzungen überprüft werden können (§ 58 Abs. 2). Mithin findet die Rüge z. B. nicht gegen Beweisbeschlüsse statt. Auch nicht gegen die ohne persönliche Anhörung des Beteiligten erfolgte Anordnung der Erstellung eines Gutachtens zur Klärung seiner Verfahrensfähigkeit;[16] denn deren Verneinung ist Gegenstand der gegen die Endentscheidung eröffneten Beschwerde, wofür der Beteiligte als verfahrensfähig anzusehen ist.[17] Dagegen sind nach dem Gesetz unanfechtbare Entscheidungen als rügefähig zu behandeln, **wenn sie** im Hinblick auf das weitere Verfahren endgültig, d. h. **bindend sind.** Das betrifft z. B. die

---

[8] BVerfG NJW 2003, 1924.
[9] BGH NJW-RR 2009, 144; NJW 2008, 2126.
[10] BGH NJW-RR 2007, 1295.
[11] BGH NJW 2005, 680; NJW 2004, 1598; OLG Celle FamRZ 2003, 1577; OLG Hamm NJOZ 2006, 4470.
[12] BGH NJW-RR 2009, 601.
[13] BVerfG NJW 2000, 1709.
[14] BT-Drs. 15/3706 S. 19.
[15] BVerfG FamRZ 2011, 272.
[16] A. M. offenbar BGH NJW-RR 2009, 1223 (außerordentliche Beschwerde).
[17] BGH NJW-RR 2011, 284; NJW 2000, 289.

Verweisung bei Unzuständigkeit (§ 3 Abs. 3 S. 1) und die Bestimmung des zuständigen Gerichts (§ 5 Abs. 3).[18]

15   **b) Entscheidungen in selbständigen Zwischenverfahren.** Die Rüge ist zur Gewährleistung effektiven Rechtsschutzes (Art. 2 Abs. 1 GG) als statthaft anzusehen, wenn in selbständigen Zwischenverfahren **mit Bindungswirkung für das Hauptsacheverfahren** eine abschließende Entscheidung getroffen wird, die auf das Hauptsacherechtsmittel nicht mehr im Wege der Inzidentprüfung korrigiert werden kann.[19] Das trifft insbesondere auf die unanfechtbare Zurückweisung eines Ablehnungsgesuchs (§ 6) zu, also auf Beschwerdeentscheidungen und erstinstanzliche Entscheidungen des OLG bei fehlender Zulassung der Rechtsbeschwerde (§ 70 Abs. 1) sowie auf Beschlüsse des Rechtsbeschwerdegerichts.[20] Ebenso steht gegen die nicht anfechtbare (§ 19 Abs. 2) Wiedereinsetzung dem anderen Beteiligten die Anhörungsrüge zu.[21]

16   **c) Entscheidungen in Nebenverfahren.** Weil das Gesetz nicht zwischen Hauptsache- und Nebenverfahren unterscheidet, ist die Anhörungsrüge auch gegen unanfechtbare Endentscheidungen in Nebenverfahren eröffnet. Das gilt dort für Beschwerdeentscheidungen und erstinstanzliche Entscheidungen des OLG bei fehlender Zulassung der Rechtsbeschwerde sowie für Beschlüsse des Rechtsbeschwerdegerichts; z. B. bei Versagung von Verfahrenskostenhilfe (§ 76 Abs. 2),[22] Ablehnung einer beantragten Hinzuziehung zum Verfahren (§ 7 Abs. 2), Verhängung eines Ordnungsmittels (§ 33 Abs. 3 S. 4) oder Anordnung von Zwangsmaßnahmen (§ 35 Abs. 5) und im Kostenfestsetzungsverfahren (§ 85 FamFG i. V. m. § 104 Abs. 3 S. 1 ZPO. Im Verfahrenskostenhilfeverfahren ist in vermögensrechtlichen Angelegenheiten auch die erstinstanzliche Entscheidung unanfechtbar, wenn die Hauptsache den Beschwerdewert (§ 61 Abs. 1) nicht erreicht (§ 76 Abs. 1 FamFG i. V. m. § 127 Abs. 2 S. 2).

17   **d) Entscheidungen im einstweiligen Anordnungsverfahren.** Auch insoweit kommt die Anhörungsrüge in Betracht. Dabei ist aber im Hinblick auf die Subsidiarität dieses Rechtsbehelfs zu differenzieren:

18   Ist gegen einen Beschluss, der eine einstweilige Anordnung enthält oder den Erlass einer solchen ablehnt, die Beschwerde nach § 58. eröffnet, d. h. in Angelegenheiten der freiwilligen Gerichtsbarkeit sowie in den in § 57 S. 2 aufgeführten Familiensachen im Fall einer Entscheidung auf Grund mündlicher Erörterung, findet die Rüge nicht statt. Bleibt dem von der Gehörsverletzung betroffenen Beteiligten das Rechtsmittel wegen Nichterreichen des Beschwerdewerts oder fehlender Zulassung (§ 61) verschlossen, steht ihm der Antrag auf Aufhebung oder Änderung der Entscheidung (§ 54 Abs. 1) als andere Abänderungsmöglichkeit nach § 44 Abs. 1 S. 1 Nr. 1 zur Verfügung. Danach ist die Anhörungsrüge lediglich gegen Beschwerdeentscheidungen gegeben, weil die Rechtsbeschwerde nicht stattfindet (§ 70 Abs. 4).

19   Soweit Entscheidungen in Familiensachen nach § 57 unanfechtbar sind, schließt neben dem Antrag nach § 54 Abs. 1 auch derjenige auf erneute Entscheidung auf Grund mündlicher Erörterung (§ 54 Abs. 2) die Rüge aus.

20   Ergeht **ohne Anhängigkeit der Hauptsache** eine einstweilige Anordnung, kann zwar der dadurch beschwerte Beteiligte im Amtsverfahren mit einem Antrag auf Einleitung des Hauptsacheverfahrens (§ 52 Abs. 1) die Überprüfung durch das erkennende Gericht herbeiführen. Diese Möglichkeit bietet ihm aber gegenüber einem Gehörsverstoß keinen effektiven Rechtsschutz, weil zur Heilung dieses Verfahrensfehlers erst ein neues Verfahren eingeleitet werden müsste. Davon geht ersichtlich auch der Gesetzgeber aus,[23] weshalb die Rüge in einem solchen Fall als statthaft anzusehen ist. Das gilt erst recht für den im Antragsverfahren eröffneten Antrag, dem anderen Beteiligten eine Frist zur Einleitung des Hauptsacheverfahrens zu setzen (§ 52 Abs. 2).

---

[18] Ebenso MünchKommZPO/Ulrici § 44 Rn 5.
[19] BVerfG NZA 2008, 1201.
[20] BVerfG NVwZ-RR 2010, 545; NJW 2009, 833; BGH NJW-RR 2011, 427; anders noch BGH NJW 2007, 3786 u. BAG NJW 2007, 1379.
[21] BGH NJW-RR 2009, 642.
[22] OLG Naumburg NJOZ 2007, 5016.
[23] BT-Drs. 15/3706 S. 14; BT-Drs. 16/6308 S. 202.

IV. Voraussetzungen der Zulässigkeit

1. Beschwer (Abs. 1 S. 1)

Nach **Abs. 1 S. 1** setzt die **Rügeberechtigung** eine Beschwer (§ 59 Abs. 1) durch die 21 angegriffene Entscheidung voraus. Danach kann nur derjenige Beteiligte (§ 7) die Rüge erheben, der durch die Entscheidung in seiner materiellen Rechtsstellung unmittelbar beeinträchtigt wird. Im Antragsverfahren steht wegen der dann erforderlichen formellen Beschwer (§ 59 Abs. 2) nur dem Antragsteller, dessen Antrag zurückgewiesen wurde, die Rüge zu.

2. Einlegungsfrist (Abs. 2 S. 1)

Nach **Abs. 2 S. 1 1. Halbs.** ist die Rüge binnen **zwei Wochen nach Kenntnis von** 22 **der Gehörsverletzung** zu erheben. Eine Verlängerung oder Abkürzung durch richterliche Verfügung oder Vereinbarung der Beteiligten ist unzulässig, so dass es sich um eine **Notfrist** handelt. Wiedereinsetzung in den vorigen Stand ist nach § 17 Abs. 1 zulässig.

Den **Fristbeginn** festzustellen kann in der Praxis Probleme aufwerfen. Weil die Betei- 23 ligten erst in Kenntnis der Entscheidung beurteilen können, ob sie durch diese beschwert sind, kann die Frist zur Einlegung der Anhörungsrüge **frühestens mit Bekanntgabe** (§ 41) beginnen. Andererseits genügt die Bekanntgabe allein noch nicht, weil das Gesetz gerade an die subjektive Kenntnis von der Verletzung des rechtlichen Gehörs anknüpft.[24] Diese kann der rügeberechtigte Beteiligte auch erst später erlangt haben, etwa durch Überprüfung der schriftlichen Gründe eines verkündeten Beschlusses (§ 41 Abs. 2) oder beim Vorfinden der schriftlichen Entscheidung nach Rückkehr von einer Urlaubsreise. Ergibt sich die Gehörsverletzung nicht aus dem Beschluss selbst, kommt sogar ein noch späterer Fristbeginn in Betracht, etwa bei nachträglicher Akteneinsicht (§ 13 Abs. 1). Deshalb ist der Zeitpunkt der Kenntniserlangung **im Einzelfall festzustellen.**

Nach **Abs. 2 S. 1 2. Halbs.** ist dieser Zeitpunkt vom Rügeführer **glaubhaft zu** 24 **machen** (§ 31). Dazu sind die dafür sprechenden Tatsachen darzutun und die Mittel zu deren Glaubhaftmachung beizubringen, was jeweils auch noch nach Ablauf der zweiwöchigen Rügefrist erfolgen kann.

Grundsätzlich genügt zum Fristbeginn nur die **positive Kenntnis** von der Gehörsverlet- 25 zung.[25] Die bloße Möglichkeit der Kenntniserlangung reicht nicht aus, selbst wenn sie grobfahrlässig nicht genutzt wird. Hat es aber der Rügeführer bewusst unterlassen, sich die Kenntnis zu verschaffen, ist sein Berufen auf Unkenntnis rechtsmissbräuchlich, weshalb dann ausnahmsweise das **Kennen müssen** ausreicht.[26] Dabei muss sich der Beteiligte die Kenntnis seines Bevollmächtigten zurechnen lassen, so dass die Frist mit Bekanntgabe der Entscheidung an diesen beginnt.[27]

3. Ausschlussfrist (Abs. 2 S. 2)

Nach **Abs. 2 S. 2** muss die Rüge **binnen eines Jahres nach Bekanntgabe** (§ 41) der 26 Entscheidung an den rügeberechtigten Beteiligten erhoben sein. Diese Ausschlussfrist ist unabhängig davon, ob der rügeberechtigte Beteiligte Kenntnis von der Gehörsverletzung hat. Sie wird, anders als die Einlegungsfrist (s. oben Rn 23), im Interesse der Rechtssicherheit allein durch die – ggf. nach § 15 Abs. 2 S. 2 fingierte – Bekanntgabe ausgelöst. Eine Wiedereinsetzung kommt nicht in Betracht.[28]

---

[24] BVerfG NJW 2007, 2242.
[25] BAG NJW 2006, 2346.
[26] BVerfG NJW-RR 2010, 1215.
[27] BGH FamRZ 2006, 1029; OLG Oldenburg MDR 2009, 764.
[28] BT-Drs. 15/3706 S. 16.

4. Form (Abs. 2 S. 3 u. 4)

27 **a) Einlegung.** Nach **Abs. 2 S. 3** muss die Rüge **schriftlich** oder **zur Niederschrift der Geschäftsstelle** (§ 25) bei dem Gericht erhoben sein, dessen Entscheidung angegriffen wird. Sie muss die angegriffene Entscheidung so konkret bezeichnen, dass sie identifizierbar ist (Abs. 2 S. 4). Wird der die Rüge enthaltene Schriftsatz (Rügeschrift) beim falschen, insbesondere bei dem im allgemeinen Rechtszug übergeordneten Gericht eingereicht, ist sie von dort grundsätzlich an das zuständige Gericht weiterzuleiten; dabei trägt aber der Rügeführer das Risiko des fristwahrenden Eingangs.[29]

28 Der **Schriftform** genügt auch die Einlegung mit modernen Kommunikationsmitteln (s. § 71 Rn 14 ff.). Die Anhörungsrüge muss nicht notwendig als solche bezeichnet sein. Es genügt, wenn hinreichend deutlich wird, dass eine Verletzung des Anspruchs auf rechtliches Gehör geltend gemacht und die Fortführung des Verfahrens begehrt werden soll. Die Rügeschrift ist zu unterschreiben (§§ 64 Abs. 2 S. 3, 71 Abs. 1 S. 3 analog). Geht aus ihr nicht eindeutig hervor, wer Rügeführer ist, kann dessen zweifelsfreie Identifizierung nur bis zum Ablauf der Einlegungsfrist (Abs. 2 S. 1 1. Halbs.) nachgeholt werden.

29 Bestand in dem Verfahren, in dem die angegriffene Endscheidung erlassen worden ist, **Anwaltszwang** (§§ 10 Abs. 4, 114), gilt dieser auch für die Erhebung der Rüge.[30] Das gilt nicht für die Anhörungsrüge gegen die Ablehnung der Beiordnung eines Notanwalts (§§ 10 Abs. 4 S. 3, 113 Abs. 1 S. 2 FamFG i. V. m. § 78 b ZPO).[30a]

30 **b) Begründung.** Nach **Abs. 2 S. 4** muss die Rüge eine schlüssige und substantiierte **Darlegung einer entscheidungserheblichen Gehörsverletzung** enthalten. Die Nachholung der Begründung außerhalb der Einlegungsfrist (Abs. 2 S. 1 1. Halbs.) ist unzulässig.[31] In der Begründung sind diejenigen Tatsachen anzuführen, aus denen sich die gerügte Gehörsverletzung ergibt. Erforderlich ist eine eigenständige Auseinandersetzung mit der angegriffenen Entscheidung.[32] Es ist anzugeben, in welchem konkreten Stadium des Verfahrens und durch welches Tun oder Unterlassen des Gerichts das rechtliche Gehör verletzt wurde. Wird geltend gemacht, das Gericht habe in der mündlichen Verhandlung eine bestimmte Rechtsfrage nicht angesprochen, ist der Inhalt des gesamten Rechtsgesprächs vorzutragen.[33]

31 Der Rügeführer muss dartun, was er im Fall einer Gelegenheit zur Äußerung zu einer bestimmten Tatsache oder einem bestimmten Sachvortrag eines anderen Beteiligten vorgetragen hätte, d. h. es ist der unterbliebene Vortrag vollständig nachzuholen;[34] das gilt insbesondere bei behaupteter Verletzung der Hinweispflicht des Gerichts nach § 28 Abs. 1.[35] Bei behauptetem Übergehen eines bestimmten Tatsachenvortrags muss dargelegt werden, aus welchen Umständen sich dies ergibt[36] und dass der Vortrag berücksichtigungsfähig war.[37] Wird das Übergehen eines Beweisantritts gerügt, ist nach Beweisthema und Beweismittel anzugeben, zu welchem Punkt eine gebotene Beweisaufnahme unterblieben ist.[38]

32 Auf neuen, d. h. im vorangegangenen Verfahren nicht geführten Sachvortrag kann die Anhörungsrüge nicht gestützt werden.[39] Gleiches gilt für das Vorbringen, die angegriffene Entscheidung sei materiell fehlerhaft.[40] Es ist dem Rügeführer verwehrt, die rechtliche Würdigung des Gerichts durch eine abweichende eigene Beurteilung zu ersetzen, z. B. hinsichtlich der richterlichen Inhalts- oder Ausübungskontrolle eines Ehevertrages.[41]

---

[29] BVerfG NJW 2001, 1343; BGH NJW-RR 2004, 1655.
[30] BGH NJW 2005, 2017.
[30a] BGH NJW-RR 2011, 640.
[31] OVG Lüneburg NJW 2011, 326 (zu § 152 a VwGO); OLG Brandenburg FGPrax 2008, 201.
[32] BGH NJW 2009, 1609.
[33] BAG NJW 2005, 2638.
[34] BGH NJW-RR 2003, 1003 (zur Revision); NJW-RR 1988, 208.
[35] BAG NJW 2005, 1885.
[36] BAG NZA 2005, 652.
[37] BAG NJW 2006, 1614.
[38] BAG NJW 2005, 2637.
[39] BGH FamRZ 2007, 1463; OLG Frankfurt NJOZ 2006, 4468.
[40] BFH NJW 2006, 864.
[41] BGH FamRZ 2007, 1157; FamRZ 2005, 694 (unter dem Gesichtspunkt der Begründetheit).

Die Zulässigkeit der Rüge erfordert auch Vortrag dazu, dass das angerufene Gericht selbst **33** (Abs. 2 S. 3) den Anspruch des Beteiligten auf rechtliches Gehör verletzt hat, nicht hingegen das Gericht einer Vorinstanz.[42]

Zur Darlegung der **Entscheidungserheblichkeit** des behaupteten Verstoßes gegen den **34** Anspruch auf rechtliches Gehör sind auch die Umstände vorzutragen, aus denen sich dessen mögliche Kausalität (s. Rn 40) ergibt. Behauptet der Rügeführer z. B. das Unterlassen eines rechtlichen Hinweises (§ 28 Abs. 1 S. 2), hat er auszuführen, mit welchen rechtlichen Argumenten er der Rechtsansicht des Gerichts entgegen getreten und weshalb die Entscheidung dann möglicherweise für ihn günstiger ausgefallen wäre.[43]

Eine **Beschränkung der Rüge** auf abtrennbare und entsprechend § 301 ZPO einer **35** Teilentscheidung zugängliche Teile des Verfahrensgegenstandes ist zulässig, wie sich auch aus Abs. 5 („soweit") ergibt.

War wegen einer Gehörsverletzung ein Rechtsmittel eingelegt, ist gegen den Beschluss, **36** mit dem dieses rechtskräftig beschieden wird, die Anhörungsrüge nur wegen einer neuen und eigenständigen Verletzung durch das Rechtsmittelgericht eröffnet, d. h. nicht gegen die bloße Nichtheilung des geltend gemachten Gehörsverstoßes durch die Vorinstanz. Es findet somit **keine sekundäre Rüge** statt.[44] Vielmehr ist in einem solchen Fall nur die Verfassungsbeschwerde gegeben.[45]

V. Voraussetzungen der Begründetheit (Abs. 1 S. 1 Nr. 2)

1. Gehörsverletzung

Ein Verfahrensfehler kann eine Rüge nach § 44 nur begründen, wenn er einen **Verstoß** **37** **gegen Art. 103 Abs. 1 GG** darstellt. Das Gericht muss also das dort gewährleistete Recht eines Beteiligten auf rechtliches Gehör, d. h. auf Äußerung und Information verletzt haben. Das gilt auch bei Verletzung einer Verfahrensvorschrift, so dass gerade die Gewährleistung des Anspruchs auf rechtliches Gehör dienen muss. Zu dessen Inhalt und Umfang wird auf § 34 Rn 7 ff. verwiesen, zu Einzelmaßnahmen zur Gehörsgewährung auf § 34 Rn 12 ff.

Eine Gehörsverletzung ist **verschuldensunabhängig**.[46] Sie kann auch auf einem Versagen des internen Gerichtsbetriebs beruhen (sog. Pannenfälle), etwa wenn ein vor Erlass **38** (§ 38 Abs. 3 S. 3) der Entscheidung eingegangener Schriftsatz eines Beteiligten nicht dem Richter vorgelegt wird bzw. nicht rechtzeitig zu den Akten gelangt[47] oder bei Gericht abhanden kommt.[48] Ebenso wenn eine Fristversäumnis auf Verzögerungen bei der Entgegennahme eines Schriftsatzes durch das Gericht beruht.[49]

2. Beispiele

Außerhalb der sog. Pannenfälle, mithin im Bereich der Verfahrensgestaltung und der **39** Rechtsanwendung durch das erkennende Gericht, ist insbesondere in folgenden Fällen von einer Gehörsverletzung auszugehen:

Das Gericht hat in den Beschlussgründen zum wesentlichen Kern des entscheidungserheblichen Sachvortrags eines Beteiligten nicht Stellung genommen;[50] ohne vorherigen Hinweis (§ 28 Abs. 1 S. 2) auf einen rechtlichen Gesichtspunkt abgestellt, mit dem ein gewissenhafter und kundiger Beteiligter nach dem Verfahrensverlauf nicht zu rechnen brauchte,[51] den Beteiligten nicht zu erkennen gegeben, auf welchen Tatsachenvortrag und welche Beweisergebnisse es für die Entscheidung ankommen kann;[52] Tatsachen zu Grunde

---

[42] BSG NJW 2005, 2798.
[43] BGH NJW 2008, 378.
[44] BGH NJW 2008, 2126; NJW 2008, 923.
[45] BVerfG NJW 2008, 2635.
[46] BVerfGE 67, 199.
[47] BFH NJOZ 2005, 2037.
[48] BVerfG NJW 1998, 2044.
[49] BVerfG NJW 1983, 560.
[50] BVerfG NVwZ-RR 2002, 802; BGH NJW-RR 2010, 1216.
[51] BVerfG NJW 2003, 3687.
[52] BVerfG FPR 2003, 488.

gelegt, zu denen sich die Beteiligten nicht äußern konnten (§ 37 Abs. 2);[53] das Vorbringen zu einem entscheidungserheblichen Gesichtspunkt ohne Erteilung eines unmissverständlichen Hinweises (§ 28 Abs. 1 S. 1) als unsubstantiiert zurückgewiesen[54] oder die nach der ständigen höchstrichterlichen Rechtsprechung zu stellenden Anforderungen an die Substantiierung verkannt;[55] einen Antrag oder Sachvortrag nicht zur Kenntnis genommen;[56] einen erheblichen, auf ein geeignetes Beweismittel gerichteten Beweisantritt übergangen;[57] dem Antrag auf mündliche Erläuterung eines schriftlichen Sachverständigengutachtens nicht entsprochen;[58] ein mündliches Sachverständigengutachten verwertet, ohne den Beteiligten Gelegenheit zur schriftsätzlichen Stellungnahme nach Vorliegen des Terminsvermerks (§ 28 Abs. 4) gegeben zu haben;[59] eine im Gesetz vorgesehene oder sonst gebotene persönliche (§ 34) oder schriftliche Anhörung nicht durchgeführt;[60] ein Ermittlungsergebnis oder das Vorbringen eines anderen Beteiligten nicht mitgeteilt;[61] ein Beweisergebnis nicht berücksichtigt, das sich ein Beteiligter als für sich günstig zu eigen gemacht hat;[62] in der Sache entschieden, ohne zuvor eine zur sachgerechten Äußerung ausreichende Frist zu setzen,[63] auf eine beabsichtigte Auslegung des Sachantrags hinzuweisen[64] oder einen Antrag auf Fristverlängerung zu bescheiden;[65] in der **Beschwerdeinstanz** über einen Antrag auf Wiedereinsetzung gegen die Versäumung der Beschwerdefrist (§ 63) vor Ablauf der Wiedereinsetzungsfrist (§ 18 Abs. 1) entschieden;[66] das Rechtsmittel ohne vorherige Anhörung des Beschwerdeführers als unzulässig verworfen;[67] die Vernehmung eines Zeugen nicht wiederholt, obwohl es dessen Glaubwürdigkeit abweichend vom Erstrichter beurteilt[68] bzw. die Aussage hinsichtlich solcher Umstände anders würdigt, die sich auf die Urteilsfähigkeit, das Erinnerungsvermögen und die Wahrheitsliebe des Zeugen oder auf die Vollständigkeit und Widerspruchsfreiheit seiner Angaben beziehen;[69] den in erster Instanz obsiegenden Beteiligten nicht darauf hingewiesen, dass es dem Ausgangsgericht in einem entscheidungserheblichen Punkt nicht folgen will und deshalb ergänzender Vortrag, ein Beweisantritt oder eine Antragsumstellung erforderlich sein kann.[70]

3. Entscheidungserheblichkeit

40   Eine festgestellte Gehörsverletzung ist schon dann entscheidungserheblich i. S. d. Abs. 1 S. 1 Nr. 2, wenn nicht ausgeschlossen werden kann, dass das Gericht bei Berücksichtigung des übergangenen bzw. nachzuholenden Vorbringens oder bei Durchführung der gebotenen Sachverhaltsaufklärung zu einer für den Rügeführer günstigeren Entscheidung gelangt wäre.[71] Es genügt also eine **mögliche Kausalität**.[72] Die Rüge ist unbegründet, wenn feststeht, dass auch bei ordnungsgemäßer Gewährung des rechtlichen Gehörs keine dem Rügeführer günstigere Entscheidung zu treffen gewesen wäre.[73]

---

[53] BVerfG NJW 1994, 1053; NJW 1985, 1150.
[54] BGH NJW 2005, 2624.
[55] BGH NJW-RR 2010, 1217; NJW-RR 2007, 1409.
[56] BVerfG NJW 1984, 1026; NJW 1982, 1453.
[57] BVerfG NJW 2009, 1585; NJW-RR 2004, 1150; BGH NJW-RR 2007, 774; NJW-RR 2007, 500.
[58] BGH NJW-RR 2009, 1361; NJW-RR 2008, 303.
[59] BGH NJW 2009, 2604.
[60] BVerfG NJW 1995, 316.
[61] BayObLG FamRZ 1997, 1358; OLG Düsseldorf FamRZ 1997, 1361.
[62] BGH NJW-RR 2010, 495.
[63] BVerfG NVwZ 2003, 859.
[64] BGH NJW-RR 2010, 1363.
[65] BVerwG NJW 1988, 1280.
[66] BGH NJW 2011, 1363.
[67] BGH NJW-RR 2008, 78; NJW-RR 2007, 1718.
[68] BVerfG NJW 2005, 1487.
[69] BVerfG NJW 2011, 49; BGH NJW-RR 2009, 1291.
[70] BGH NJW-RR 2010, 70; NJW-RR 2006, 937.
[71] OLG Brandenburg FGPrax 2008, 201.
[72] BT-Drs. 15/3706 S. 16.
[73] BGH NJW 2006, 3786.

VI. Entscheidung über die Rüge

1. Allgemeines

Das Rügeverfahren ist **kein selbständiges Verfahren** sondern dem durch den angegriffenen Beschluss zunächst beendeten Verfahren angegliedert. Die Rüge bewirkt in Anlehnung an die Wiederaufnahme (§ 48 Abs. 2 FamFG i. V. m. §§ 578 ff. ZPO) eine **Dreiteilung**. Das Rügeverfahren dient ausschließlich dem Zweck, das vorangegangene Verfahren auf den behaupteten Verstoß gegen Art. 103 Abs. 1 GG zu prüfen. Es ist in zwei Abschnitte gegliedert, nämlich in die Prüfung der Zulässigkeit und der Begründetheit. Erst wenn die Prüfung in beiden Fällen positiv ausfällt, kommt es zur Fortführung des ursprünglichen Verfahrens (s. Rn 53). 41

Deshalb erfolgt im Rügeverfahren **keine generelle Überprüfung des angegriffenen Beschlusses**.[74] Auch eine Ergänzung der Begründung wird durch die Rüge nicht eröffnet.[75] Ebenso wenig hat sich das Gericht erneut mit einer materiellrechtlichen Frage zu befassen, die es zuvor als nicht entscheidungserheblich erkannt hat.[76] Nach Erlass der angegriffenen Entscheidung eingetretene Änderungen der Sach- und Rechtslage sind nicht zu berücksichtigen. 42

Das Gericht entscheidet über die Anhörungsrüge in der gemäß § 21 g GVG laut Geschäftsverteilung zuständigen **Besetzung**. Es können also auch Richter mitwirken; die an der angegriffenen Entscheidung nicht beteiligt waren.[77] Ist in der Beschwerdeinstanz der Beschluss eines Einzelrichters angegriffen, hat dieser zu entscheiden. 43

2. Prüfung der Zulässigkeit

Das Gericht prüft **von Amts wegen,** ob die Anhörungsrüge an sich statthaft, der Rügeführer durch den angegriffenen Beschluss beschwert und die Rüge form- und fristgerecht erhoben ist. 44

Mithin kommt es darauf an, ob 45
– im Instanzenzug des FamFG kein anderer Rechtsschutz zur Verfügung steht,
– eine Gehörsverletzung gerügt ist,
– die Rüge gegen eine richterliche Endentscheidung gerichtet ist (s. aber Rn 15),
– der Rügeführer beschwert ist,
– die zweiwöchige Rügefrist und die einjährige Ausschlussfrist eingehalten sind,
– die Rüge beim erkennenden Gericht (iudex a quo) schriftlich oder zu Protokoll der Geschäftsstelle erhoben und begründet worden ist.

Mangelt es an einer dieser Voraussetzungen, ist die Rüge als unzulässig zu verwerfen (Abs. 4 S. 1).

3. Prüfung der Begründetheit

Wird die Zulässigkeit der Rüge bejaht, ist **von Amts wegen** zu prüfen, ob 46
– eine Gehörsverletzung vorliegt und (falls ja)
– ihre Entscheidungskausalität nicht ausgeschlossen werden kann.

Fehlt es daran, ist die Rüge unbegründet und zurückzuweisen, Abs. 4 S. 2. Ist die Rüge nur hinsichtlich eines selbständigen, d. h. einer Teilentscheidung entsprechend § 301 ZPO zugänglichen Teils des Verfahrensgegenstandes begründet, ist die Zurückweisung zu beschränken. Dass den Rügeführer die **Darlegungslast** hinsichtlich des Vorliegens einer Gehörsverletzung trifft (Abs. 2 S. 4), enthebt das Gericht nicht seiner Pflicht zur Amtsermittlung (§ 26). Auch eine Glaubhaftmachung (§ 31) durch den Rügeführer ist im Gesetz nicht vorgesehen. Ob der Verfahrensfehler tatsächlich vorliegt, ist im Wege des Freibeweises (§ 29) zu klären. Die **Feststellungslast** trägt dabei ebenfalls der Beteiligte, der den Verstoß geltend macht. Das gilt nur dann nicht, wenn ein Versagen des gerichtsinternen

---

[74] BFH NJW 2005, 2639.
[75] BT-Drs. 15/3706 S. 16 u. 19; BGH FamRZ 2006, 408; NJW 2005, 1432.
[76] BGH GRUR 2005, 614 (zur Gegenvorstellung).
[77] BGH NJW-RR 2006, 63; NJOZ 2005, 3647.

Geschäftsbetriebs behauptet wird, etwa das Fehlschlagen des rechtzeitigen Zugangs eines Schriftsatzes per Telefax infolge Störung des Empfangsgeräts.[78] Bleibt aber zur Überzeugung des Gerichts (§ 37 Abs. 1) ungeklärt, ob ein nicht zur Akte gelangter Schriftsatz in die Verfügungsgewalt des Gerichts gelangt und dort außer Kontrolle geraten oder bereits auf dem Postweg dorthin verloren gegangen ist, geht dies zu Lasten des Rügeführers.[79]

47 Die Anhörungsrüge ist auch dann wegen fehlender Entscheidungserheblichkeit des Gehörsverstoßes zurückzuweisen, wenn das Gericht den zur Begründung der Rüge nachgeholten Vortrag (s. Rn 31) durch bloße Rechtsausführungen abschließend beurteilen kann und dabei zu dem Ergebnis gelangt, dass eine dem Rügeführer günstigere Entscheidung ausgeschlossen ist. Denn dann wäre es reine Förmelei, von Verfassungs wegen die Fortführung des Verfahrens zu verlangen, weshalb der **Verstoß** als **im Rügeverfahren geheilt** anzusehen ist.[80] Eine derartige Heilung durch den die Anhörungsrüge bescheidenden Beschluss (s. unten Rn 50) scheidet jedoch aus, wenn ausweislich seiner Begründung das Gericht zwar den Vortrag im Ansatz zur Kenntnis genommen, ihn aber in der Sache nicht wirklich erwogen hat, weil dort wie bereits in der angegriffenen Entscheidung auf die zentrale Frage des Verfahrens nicht eingegangen wird.[81]

4. Gehörsgewährung (Abs. 3)

48 Nach **Abs. 3** ist den übrigen Beteiligten vor der Entscheidung **Gelegenheit zur Stellungnahme** zu geben, soweit dies erforderlich ist. Davon ist nach Art. 103 Abs. 1 GG immer auszugehen, wenn die Rüge nicht unzulässig oder offensichtlich unbegründet ist (§ 23 Abs. 2 analog).[82] Eine Äußerung ist spätestens vor Fortführung des Verfahrens zu ermöglichen, weil dadurch die übrigen Beteiligten in ihren Rechten beeinträchtigt werden (§ 37 Abs. 2). Sie haben im Rügeverfahren ebenso Anspruch auf rechtliches Gehör wie der Rügeführer im vorausgegangenen Verfahren. Wird dieses nicht gewährt und kommt es im fortgeführten Verfahren zu einer sie beschwerenden neuen Entscheidung, ist für die übrigen Beteiligten dagegen die Anhörungsrüge eröffnet.

49 Zur Gehörsgewährung genügt es regelmäßig, den übrigen Beteiligten die Rügeschrift unter Bestimmung einer angemessenen Erklärungsfrist mitzuteilen (§ 15 Abs. 3). Im Einzelfall kann auch ein Erörterungstermin (§ 32) sachgerecht sein.

5. Verwerfung und Zurückweisung (Abs. 4)

50 Die Verwerfung der Rüge als unzulässig oder die Zurückweisung als unbegründet erfolgt durch **Beschluss, Abs. 4.** Dieser soll nach **S. 4** kurz begründet werden. Die gegenüber der allgemeinen Regelung des § 38 Abs. 3 S. 1 doppelt **eingeschränkte Begründungspflicht** folgt aus dem begrenzten Zweck der Anhörungsrüge. Deshalb sind die Gründe des Beschlusses auf diejenigen rechtlichen und tatsächlichen Gesichtspunkte zu beschränken, aus der sich die Unzulässigkeit oder Unbegründetheit ergibt. Dabei sind materiellrechtliche Fragen nur zu behandeln, soweit dies zur Begründung der fehlenden Entscheidungserheblichkeit eines festgestellten Gehörsverstoßes geboten ist. In diesem Umfang ist eine Begründung jedoch bereits im Hinblick auf das Willkürverbot (Art. 3 Abs. 1 GG) geboten, zumal eine Verfassungsbeschwerde in Betracht kommt und insoweit eine Überprüfung möglich sein muss.

51 Der Beschluss ist **unanfechtbar, S. 3.** Auch ein nicht mit Gründen versehener Beschluss ist wirksam und beendet endgültig die Instanz. Es findet **keine erneute Anhörungsrüge** statt, auch wenn eine originäre Gehörsverletzung bei der Behandlung der Rüge geltend gemacht wird.[83] Das gilt selbst dann, wenn das Gericht sie rechtsfehlerhaft als unzulässig behandelt und sich von vornherein der Prüfung seiner Entscheidung auf einen Gehörs-

---

[78] BGH NVwZ 2011, 127.
[79] OLG Hamm NJW-RR 2011, 139.
[80] BVerfG NVwZ 2009, 580.
[81] BVerfG NJW 2009, 1584.
[82] BT-Drs. 16/6308 S. 186.
[83] BayVerfG NJW-RR 2011, 430.

verstoß verschließt.⁸⁴ Vielmehr ist Verfassungsbeschwerde einzulegen, damit der Beschluss zur erneuten Entscheidung über die Rüge aufgehoben werden kann.⁸⁵

In entsprechender Anwendung von § 84 ist regelmäßig die **Auferlegung der Kosten** zu Lasten des Rügeführers auszusprechen. 52

VII. Fortführung des Verfahrens bei erfolgreicher Rüge (Abs. 5)

1. Allgemeines

Wurde die Anhörungsrüge als zulässig und begründet erkannt, ist das Verfahren nach Abs. 1 S. 1 i. V. m. **Abs. 5** fortzuführen, aber nur **soweit es von der Gehörsverletzung betroffen ist.** Damit wird der Rüge abgeholfen. Abhilfe bedeutet somit lediglich, dass das Gericht die geltend gemachte Gehörsverletzung als gegeben ansieht und durch Fortführung des Verfahrens die Voraussetzung für die Heilung des Verstoßes schafft. Die **Wirksamkeit** (§ 40) des angegriffenen Beschlusses **bleibt bestehen.** Dieser dritte Teil des durch die Rüge ausgelösten Verfahrens entspricht der Neuverhandlung im Wiederaufnahmeverfahren (§ 48 Abs. 2 FamFG i. V. m. § 590 ZPO). 53

Im Gesetz ist kein **Abhilfebeschluss** vorgesehen. Er ist aber zulässig und im Einzelfall im Interesse der Rechtssicherheit zweckmäßig, die Begründetheit der Anhörungsrüge und den Umfang der Verfahrensfortführung ausdrücklich festzustellen.⁸⁶ Das gilt auch deshalb, weil das Gericht an seine Entscheidung, das Verfahren zur Abhilfe der Verletzung rechtlichen Gehörs fortzusetzen, wie an eine Wiedereinsetzung grundsätzlich gebunden ist.⁸⁷ Ergeht ein solcher Beschluss, ist auch er unanfechtbar (Abs. 4 S. 3 analog). 54

2. Verfahren

Soweit das Verfahren fortzuführen ist, muss es in den Stand zurückversetzt werden, der vor Erlass (§ 38 Abs. 3 S. 3) des angegriffenen Beschlusses gegeben war. In diesem Umfang hat er für die anderweitige Behandlung und erneute Entscheidung keine Bedeutung und ist als nicht erlassen zu behandeln. 55

Zunächst ist das unterbliebene rechtliche Gehör nachzuholen, soweit dies nicht bereits durch den in der Rügebegründung nachgeholten Vortrag als erfolgt anzusehen ist. Werden dadurch weitere Sachverhaltsermittlungen (§ 26) notwendig bzw. sind solche nachzuholen, hat dies zu erfolgen. Entsprechendes gilt, wenn ein entscheidungserheblicher Beweisantritt übergangen wurde. Das Ergebnis der im ursprünglichen Verfahren durchgeführten Sachverhaltsaufklärung bleibt verwertbar, soweit diese nicht vom Gehörsverstoß betroffen ist. Die Beteiligten können neuen Sachvortrag führen und ihre Anträge ändern. 56

Nach pflichtgemäßem Ermessen kann es entsprechend § 64 Abs. 3 geboten sein, den mit der Rüge angegriffenen Beschluss von Amts wegen oder auf Antrag **durch einstweilige Anordnung außer Vollzug** zu setzen. Ist ein Adoptionsbeschluss, der nach § 197 Abs. 3 unanfechtbar und einer Abänderung oder Wiederaufnahme nicht zugänglich ist, mit der Rüge angegriffen, kommt dies nicht in Betracht, so dass seine Rechtswirkungen bis zur Aufhebung durch die neue Entscheidung bestehen bleiben.⁸⁸ 57

3. Neue Sachentscheidung

Ist die Sache im fortgeführten Verfahren zur erneuten Entscheidung reif, ist diese zu erlassen. Dafür ist die im Zeitpunkt der erneuten Entscheidung gegebene Sach- und Rechtslage maßgeblich, **ohne Bindung an den angegriffenen Beschluss.** Deshalb besteht weder in Bezug auf den Rügeführer noch einen anderen Beteiligten ein Verschlechterungsverbot (reformatio in peius). Auch eine zwischenzeitlich eingetretene Erledi- 58

---

⁸⁴ BGH NJW 2005, 73; FamRZ 2004, 437.
⁸⁵ BVerfG NJW 2007, 2241.
⁸⁶ A. M. Stein/Jonas/Leipold § 321 a Rn 56 f.: zwingende Entscheidung durch Beschluss.
⁸⁷ VerfG Rheinland-Pfalz MDR 2007, 544.
⁸⁸ BVerfG NJW 1995, 316; NJW 1994, 1053.

gung der Hauptsache ist zu berücksichtigen.[89] Vor der Entscheidung ist allen Beteiligten im gebotenen Umfang rechtliches Gehör zu gewähren (§ 37 Abs. 2).

59 Die Entscheidung kann auf teilweise oder vollständige
- Aufrechterhaltung der angegriffenen Entscheidung,
- (rückwirkende) ersatzlose Aufhebung oder
- (rückwirkende) Aufhebung unter Ersetzung durch ein anderes Erkenntnis lauten.

60 Gegen die neue Entscheidung ist das **Rechtsmittel** gegeben, das gegen Beschlüsse des Instanzgerichts eröffnet ist, das sie getroffen hat (§ 48 Abs. 2 FamFG i. V. m. § 591 ZPO analog). Mithin findet gegen Beschlüsse des erstinstanzlichen Gerichts die Beschwerde und gegen solche des Beschwerdegerichts die Rechtsbeschwerde statt (auf Zulassung, außer in Fällen des § 70 Abs. 3), während die Entscheidung des Rechtsbeschwerdegerichts unanfechtbar ist.

61 Bei Aufhebung der angegriffenen Entscheidung ist auch eine **neue Kostenentscheidung** ist zu treffen, und zwar einheitlich für das ursprüngliche und das fortgeführte Verfahren. Beschränkt sich die Fortführung auf einen Teil des Verfahrensgegenstandes, ist nach Maßgabe von § 81 zu prüfen, ob die Aufrechterhaltung der bisherigen Kostenentscheidung gerechtfertigt oder ob sie durch eine andere zu ersetzen ist.

VIII. Rechtskraft und Vollstreckbarkeit nach Rügeerhebung

1. Rechtskraft

62 Der Rüge kommt **kein Suspensiveffekt** zu, d. h. sie schiebt den Eintritt der formellen Rechtskraft (§ 45) – und damit auch den der materiellen Rechtskraft, soweit diese nach dem betroffenen Verfahrensgegenstand in Betracht kommt – des angegriffenen Beschlusses nicht auf, so dass ihr keine hemmende Wirkung zukommt. Das gilt auch, wenn die Rüge als begründet erkannt und dies durch Beschluss festgestellt wird.

63 Die **neue Entscheidung beseitigt die Rechtskraft** des mit der Anhörungsrüge angegriffenen Beschlusses, soweit sie ihn aufhebt.

2. Vollstreckbarkeit

64 Weil die **Wirksamkeit** (§ 40) des angegriffenen Beschlusses bestehen bleibt, ist dieser bis zu seiner Aufhebung vollstreckbar (§ 86 Abs. 2). Im Rügeverfahren ist – außer im Anwendungsbereich von § 95 Abs. 1, da insoweit die Vorschriften der ZPO über die Zwangsvollstreckung entsprechend anzuwenden sind – eine einstweilige Einstellung der Vollstreckung unzulässig, weil der Gesetzgeber in § 93 die Regelung des § 707 Abs. 1 S. 1 1. Halbs. 3. Alt. ZPO bewusst nicht übernommen hat.[90] Im fortgeführten Verfahren hingegen kann das Gericht die **Aussetzung der Vollziehung** anordnen, weil jetzt wieder die Hauptsache Verfahrensgegenstand ist (s. oben Rn 57).

IX. Sondervorschriften

65 Die Regelungen der **§§ 61 FamGKG, 157 a KostO, 4 a JVEG, 12 a RVG, 13 Abs. 2 JVKostO** sind denen des § 44 unter Anpassung an die Erfordernisse des kostenrechtlichen Verfahrens angelehnt.

X. Verhältnis der Anhörungsrüge zur Verfassungsbeschwerde

1. Rüge als Voraussetzung der Verfassungsbeschwerde

66 Die Verfassungsbeschwerde ist grundsätzlich erst eröffnet, wenn die Anhörungsrüge nach § 44 als unzulässig verworfen oder zurückgewiesen wurde, weil erst dann der Rechtsweg erschöpft ist (§ 90 Abs. 2 S. 1 BVerfGG).[91]

---

[89] OLG München NJW-RR 2008, 1397.
[90] BT-Drs. 16/6308 S. 219; vgl. bereits Nachtrag zur 15. A. § 29a FGG Rn 23; a. M. MünchKommZPO/Ulrici § 44 FamFG Rn 22 (Versehen des Gesetzgebers, deshalb entsprechende Anwendung von § 93).
[91] BVerfG NJW 2002, 3388.

Ausnahmsweise ist sogleich Verfassungsbeschwerde einzulegen, wenn eine Rüge aus der 67 Sicht eines verständigen Beteiligten offensichtlich unzulässig wäre.[92] Andererseits stellt eine unvertretbare Verwerfung der Anhörungsrüge als unzulässig eine neue, eigenständige Gehörsverletzung dar und begründet nach § 93a Abs. 2b BVerfGG die Annahme der Verfassungsbeschwerde zur Entscheidung.[93]

Bei unterbliebener Anhörungsrüge ist die Verfassungsbeschwerde auch dann unzulässig, 68 wenn neben dem Gehörsverstoß zugleich die Verletzung anderer Verfahrensgrundrechte geltend gemacht wird, aber nur wenn diese und die behauptete Gehörsverletzung den gesamten Streitgegenstand erfassen oder sich auf denselben, einer Teilentscheidung zugänglichen Teil davon beziehen.[94] Denn allein dann wären die Fortführung des fachgerichtlichen Verfahrens und damit zugleich die Heilung weiterer Verfahrensverstöße eröffnet gewesen.[95]

Bei durchgeführter Anhörungsrüge ist die Verfassungsbeschwerde unzulässig, wenn mit 69 ihr auch eine weitere Verletzung des rechtlichen Gehörs geltend gemacht wird, die nicht Gegenstand der Rüge war. Dies kann jedoch ebenfalls nur gelten, wenn der weitere Gehörsverstoß und der nach § 44 gerügte den gesamten Streitgegenstand erfassen oder denselben, einer Teilentscheidung entsprechend § 301 ZPO zugänglichen Teil davon.[96]

2. Frist zur Einlegung der Verfassungsbeschwerde

Die Verfassungsbeschwerde ist zwar gegen den mit der Rüge angegriffenen Beschluss zu 70 richten, die Einlegungsfrist von einem Monat (§ 93 Abs. 1 BVerfGG) beginnt aber erst mit der Bekanntgabe (§ 41) des die Rüge verwerfenden oder zurückweisenden Beschlusses (Abs. 4 S. 3).

War die Anhörungsrüge offensichtlich unzulässig, wird die Frist hingegen schon durch 71 die Bekanntgabe des angegriffenen Beschlusses ausgelöst.[97] Ob dies zutrifft, prüft das BVerfG ohne Bindung an die vom Fachgericht hinsichtlich der Zulässigkeit getroffene Entscheidung. Deshalb kommt eine Fristversäumung auch dann in Betracht, wenn die Rüge als unbegründet zurückgewiesen wurde; im Hinblick darauf ist eine vorsorgliche Einlegung der Verfassungsbeschwerde zulässig.[98]

XI. Kosten und Gebühren

1. Gerichtsgebühren

In **Familiensachen** wird nach Nr. 1800 KV FamGKG eine Festgebühr von 50 € 72 erhoben, wenn die Anhörungsrüge in vollem Umfang verworfen oder zurückgewiesen wird. Andernfalls, d. h. bei nur teilweiser Verwerfung oder Zurückweisung sowie bei Rücknahme der Rüge vor Erlass einer Entscheidung über sie ist das Rügeverfahren gerichtsgebührenfrei.

In **Angelegenheiten der freiwilligen Gerichtsbarkeit** gilt nach § 131d KostO das 73 gleiche. Richtet sich die Rüge gegen einen Beschluss des Betreuungsgerichts und ist sie vom Betreuten bzw. Pflegling oder in dessen Interesse eingelegt, ist das Rügeverfahren in jedem Fall gebührenfrei (§§ 131d S. 3, 131 Abs. 5 KostO).

2. Außergerichtliche Kosten

Das Rügeverfahren gehört nach § 19 Abs. 1 S. 2 Nr. 5 RVG zum Rechtszug. Be- 74 schränkt sich die Tätigkeit des Anwalts auf das Rügeverfahren, fällt die Verfahrensgebühr nach Nr. 3330 VV RVG und ggf. die Terminsgebühr nach Nr. 3332 VV RVG an.

---

[92] BVerfG NJW 2007, 3054.
[93] BVerfG NJW 2007, 2241.
[94] Insoweit offen gelassen in BVerfG NJW 2005, 3059.
[95] Ebenso Desens NJW 2006, 1243/1245 f.
[96] Insoweit offen gelassen in BVerfG NJW 2007, 3054.
[97] BVerfG NJW 2007, 3418.
[98] BVerfG NJW-RR 2008, 75.

75 Der Gegenstandswert zur Berechnung der Anwaltsgebühren ist nach dem Interesse des Rügeführers zu bestimmen und auf den Wert der Hauptsache bzw. ihres von der Rüge betroffenen Teils begrenzt (§ 23 Abs. 2 S. 3 i. V. m. S. 1 u. 2 RVG), mit dem er regelmäßig identisch ist. Auf Antrag setzt ihn das Gericht nach § 33 RVG fest.

Formelle Rechtskraft

45 ¹Die Rechtskraft eines Beschlusses tritt nicht ein, bevor die Frist für die Einlegung des zulässigen Rechtsmittels oder des zulässigen Einspruchs, des Widerspruchs oder der Erinnerung abgelaufen ist. ²Der Eintritt der Rechtskraft wird dadurch gehemmt, dass das Rechtsmittel, der Einspruch, der Widerspruch oder die Erinnerung rechtzeitig eingelegt wird.

Übersicht

	Rn
I. Normzweck und Anwendungsbereich	1
II. Verwendung des Begriffs der Rechtskraft im FamFG	2
III. Die formelle Rechtskraft	3
1. Begriff und Bedeutung der formellen Rechtskraft	3
2. Beschlüsse im Sinne des § 45	4
3. Rechtsbehelfe im Sinne des § 45	5
a) Ordentliche Rechtsmittel und -behelfe	5
b) Außerordentliche Rechtsbehelfe; Verfassungsbeschwerde	6
4. Eintritt der formellen Rechtskraft bei nicht statthaftem Rechtsmittel	8
5. Eintritt der formellen Rechtskraft bei an sich statthaftem Rechtsmittel	12
a) Aufschiebende Wirkung durch Einlegung eines statthaften Rechtsmittels	12
b) Statthaftes, aber unzulässiges Rechtsmittel	17
c) Verzicht auf Einlegung eines Rechtsmittels durch Erklärung gegenüber dem Gericht	18
d) Verzicht auf Einlegung eines Rechtsmittels durch Erklärung gegenüber einem Beteiligten	19
e) Ende der Hemmungswirkung des Rechtsmittels	20
6. Teilrechtskraft	21
IV. Die materielle Rechtskraft	22
1. Begriff und Bedeutung der materiellen Rechtskraft	22
2. Materielle Rechtskraft im Verfahren der FG	24
a) Grundsätze	24
b) Beispiele	27
3. Verhältnis der materiellen Rechtskraft zur Nebeninterventionswirkung durch Streitverkündung	29
4. Verhältnis der materiellen Rechtskraft zur verfahrensinternen Bindungswirkung	30
a) Bindung des Gerichts an die eigene Entscheidung	30
b) Bindung des Gerichts bei Zurückverweisung	31
V. Wirkung der Rechtskraft für Folgeverfahren	33
1. Wirkung materiell rechtskräftiger Entscheidungen für Folgeverfahren	33
2. Wirkung nur formell rechtskräftiger Entscheidungen für Folgeverfahren	34

I. Normzweck und Anwendungsbereich

1 Die Vorschrift stellt klar, dass der Beschluss im FamFG-Verfahren der formellen („äußeren") Rechtskraft fähig ist. Sie entspricht inhaltlich den Regelungen in §§ 705 ZPO, 19 EGZPO[1]; das FGG enthielt keine ausdrückliche Vorschrift, gebrauchte aber den Ausdruck Rechtskraft in zahlreichen Vorschriften.[2] Die Vorschrift ist nach § 113 Abs. 1 S. 1 auf Ehesachen (§ 121) und Familienstreitsachen (§ 112) **nicht anwendbar**, für sie gilt § 705 ZPO entsprechend (§ 113 Abs. 1 S. 2). Zur formellen Rechtskraft des **Scheidungsaus-**

---

[1] § 19 EGZPO regelt allerdings im Gegensatz zu § 45 und § 705 ZPO positiv, dass Endurteile rechtskräftig sind, welche mit einem ordentlichen Rechtsmittel nicht mehr angefochten werden können.
[2] Vgl. im FGG §§ 26, 31, 53 Abs. 1, 53a Abs. 2, 4, 53g Abs. 1, 3, 55b Abs. 2, 56c Abs. 1, 56f Abs. 3, 60 Abs. 1 Nr. 6, 70g Abs. 3, § 70 m Abs. 1, 97 Abs. 1, 98, 135 Abs. 3, 141 Abs. 4, 158 Abs. 2, 160a Abs. 2.

Formelle Rechtskraft 2 § 45

spruchs s. § 148 Rn 3; zur formellen Rechtskraft bei Teilanfechtungen von **Verbundbeschlüssen** s. § 145 Rn 4 ff. und § 147 Rn 7 betreffend Teile einer zweitinstanzlichen Verbundentscheidung.

II. Verwendung des Begriffs der Rechtskraft im FamFG

Das FamFG gebraucht außer in § 45 noch in folgenden Bestimmungen den Begriff der Rechtskraft bzw. rechtskräftig, in denen jeweils die **formelle Rechtskraft** gemeint ist: 2
Buch 1 Allgemeiner Teil
- § 5 Abs. 1 Nr. 3 und 4 (Gerichtliche Bestimmung der Zuständigkeit);
- § 22 Abs. 1 und 2 (Antragsrücknahme; Beendigungserklärung);
- § 40 Abs. 2 und 3 (Wirksamwerden des Beschlusses);
- § 46 (Rechtskraftzeugnis);
- § 48 Abs. 2 (Abänderung und Wiederaufnahme);
- § 56 Abs. 1 und Abs. 2 Nr. 2 (Außerkrafttreten der einstweilige Anordnung);
- § 110 Abs. 3 (Vollstreckbarkeit ausländischer Entscheidungen);
Buch 2 Verfahren in Familiensachen
- § 116 Abs. 3 (Entscheidung durch Beschluss; Wirksamkeit);
- § 120 Abs. 2 (Vollstreckung);
- § 131 (Tod eines Ehegatten);
- § 148 (Wirksamwerden von Entscheidungen in Folgesachen);
- § 158 Abs. 6 Nr. 1 (Verfahrensbeistand in Kindschaftssachen);
- § 181 (Tod eines Beteiligten in Abstammungssachen);
- § 182 Abs. 1 (Inhalt des Beschlusses in Abstammungssachen);
- § 184 Abs. 1 (Wirksamkeit des Beschlusses in Abstammungssachen; Ausschluss der Abänderung, ergänzende Vorschriften über die Beschwerde);
- § 185 Abs. 1 (Wiederaufnahme des Verfahrens in Abstammungssachen);
- § 198 Abs. 1 und Abs. 2 (Beschluss in weiteren Verfahren in Adoptionssachen);
- § 209 Abs. 2 (Durchführung der Entscheidung, Wirksamkeit in Ehewohnungs- und Haushaltssachen);
- § 216 Abs. 1 (Wirksamkeit; Vollstreckung vor Zustellung in Gewaltschutzsachen);
- § 227 (Sonstige Abänderungen in Versorgungsausgleichssachen);
- § 237 Abs. 4 (Unterhalt bei Feststellung der Vaterschaft);
- § 240 Abs. 1 und 2 (Abänderung von Entscheidungen nach den §§ 237 und 253 in Unterhaltssachen);
- § 248 Abs. 5 (Einstweilige Anordnung bei Feststellung der Vaterschaft);
- § 264 Abs. 1 (Verfahren nach den §§ 1382 und 1383 BGB in Güterrechtssachen);
Buch 3 Verfahren Betreuungssachen und Unterbringungssachen
- § 276 Abs. 5 (Verfahrenspfleger in Betreuungssachen);
- § 317 Abs. 5 (Verfahrenspfleger in Unterbringungssachen);
Buch 4 Verfahren in Nachlass- und Teilungssachen
- § 352 Abs. 2 (Entscheidung über Erbscheinsanträge);
- § 371 Abs. 1 (Wirkung der bestätigten Vereinbarung und Auseinandersetzung; Vollstreckung);
Buch 5 Verfahren in Registersachen, unternehmensrechtliche Verfahren
- § 390 Abs. 5 (Verfahren bei Einspruch in Registersachen);
- § 392 Abs. 1 Nr. 2 (Verfahren bei unbefugtem Firmengebrauch);
- § 393 Abs. 4 (Löschung einer Firma);
- § 401 (Entziehung der Rechtsfähigkeit);
- § 407 Abs. 2 (Verfolgung des Widerspruchs in unternehmensrechtliche Verfahren);
- § 409 Abs. 2 (Wirksamkeit; Vollstreckung in unternehmensrechtliche Verfahren);
Buch 7 Verfahren in Freiheitsentziehungssachen
- § 419 Abs. 3 (Verfahrenspfleger);
- § 422 Abs. 1 (Wirksamwerden von Beschlüssen).

III. Die formelle Rechtskraft

1. Begriff und Bedeutung der formellen Rechtskraft

3   Die formelle Rechtskraft besagt, dass eine gerichtliche Entscheidung durch ordentliche Rechtsmittel oder sonstige Rechtsbehelfe (Rn 5) nicht oder nicht mehr angefochten werden kann. Mit Eintritt der formellen Rechtskraft ist das Verfahren grundsätzlich beendet, der Beschluss kann nur noch aufgrund außerordentlicher Rechtsbehelfe (Rn 6) oder sonstiger spezialgesetzlicher Vorschriften (z. B. §§ 238 bis 240) abgeändert werden. Die formelle Rechtskraft zieht aber weitere Konsequenzen nach sich, vgl. dazu im Einzelnen die in Rn 2 aufgeführten Vorschriften. Hervorzuheben ist, dass im Antragsverfahren der verfahrenseinleitende Antrag nicht mehr zurückgenommen werden kann, § 22 Abs. 1, die formelle Rechtskraft Voraussetzung für den Eintritt der materiellen Rechtskraft ist (s. unten IV) und zahlreiche Entscheidungen erst mit der formellen Rechtskraft wirksam werden, z. B. Beschlüsse, welche die Genehmigung eines Rechtsgeschäfts zum Gegenstand haben, § 40 Abs. 2. Die Vollstreckung aus Beschlüssen knüpft nicht an die formelle Rechtskraft an, sondern nach § 86 Abs. 2 an die Wirksamkeit des Beschlusses; daher kann grundsätzlich aus formell noch nicht rechtskräftigen Beschlüssen vollstreckt werden, es sei denn, die Wirksamkeit des Beschlusses hängt ausnahmsweise von der formellen Rechtskraft ab. Zur Wirkung der formellen Rechtskraft in Registersachen vgl. § 382 Rn 16, zur Wirkung der Rechtskraft für Folgeverfahren s. unten V.

2. Beschlüsse im Sinne des § 45

4   Die Vorschrift erfasst alle Beschlüsse nach dem FamFG – mit Ausnahme der Beschlüsse in Ehe- und Familienstreitsachen –, die mit einem Rechtsmittel oder einem Einspruch, Widerspruch oder der Erinnerung angegriffen werden können. Beschlüsse im Sinne des § 45 sind daher nicht nur die Endentscheidungen nach § 38 Abs. 1 S. 1, sondern auch beschwerdefähige Neben- und Zwischenentscheidungen (vgl. Rn 5) sowie die nach § 38 Abs. 1 S. 2 mit einem befristeten Rechtsmittel angreifbare Zwischenverfügung in Registersachen nach § 382 Abs. 4. Auch ein Feststellungsbeschluss in Nachlasssachen nach § 352 (vgl. § 2359 BGB), der nach der gesetzgeberischen Konzeption in § 352 nicht mehr – wie früher der in der Rechtsprechung entwickelte Vorbescheid – nur eine Zwischenentscheidung darstellt,[3] wird als eine instanzabschließende Endentscheidung mit Ablauf der Beschwerdefrist formell rechtskräftig (vgl. § 352 Rn 126) und damit grundsätzlich unabänderbar. Jedoch ist nach Erteilung des Erbscheins gemäß § 352 Abs. 3 die Beschwerde noch mit dem Antrag auf Einziehung des Erbscheins nach § 2361 BGB zulässig; daneben kann vor dem Prozessgericht eine Klage auf Herausgabe des Erbscheins an das Nachlassgericht erhoben werden, § 2362 Abs. 1 BGB.

3. Rechtsbehelfe im Sinne des § 45

5   **a) Ordentliche Rechtsmittel und -behelfe.** Die Vorschrift betrifft in S. 1 und 2 nur ordentliche Rechtsmittel und sonstige ordentlichen Rechtsbehelfe. Das sind:
- die **Beschwerde** nach den §§ 58 ff.;
- die **Rechtsbeschwerde** nach den §§ 70 ff.;
- die **sofortige Beschwerde** gemäß §§ 567 ff. ZPO, namentlich gegen die Entscheidungen nach
  – § 6 Abs. 2 (Ablehnungsgesuch);
  – § 7 Abs. 5 (Hinzuziehung als Beteiligter);
  – § 21 Abs. 2 (Aussetzung des Verfahrens);
  – § 33 Abs. 3 (Verhängung eines Ordnungsmittels);
  – § 35 Abs. 5 (Anordnung einer Zwangsmaßnahme);
  – § 42 Abs. 3 (Beschluss, der eine Berichtigung ausspricht);
  – § 87 Abs. 4 (Beschluss im Vollstreckungsverfahren);

---
[3] OLG Köln FamRZ 2011, 397; vgl. BT-Drs. 16/6308, S. 281; a. A. Zimmermann § 352 Rn 137.

- § 284 Abs. 3 S. 2 (Unterbringung zur Begutachtung u. Verlängerungsentscheidung);
- § 355 Abs. 1 (Fristsetzung zur Erklärung der Annahme des Amts des Testamentsvollstreckers);
- §§ 366 Abs. 3, 372 Abs. 1 (Außergerichtliche Vereinbarung in Teilungssachen);
- §§ 367, 372 (Wiedereinsetzung bei Vereinbarung in Teilungssachen)
- § 482 Abs. 3 (Aufhebung der Zahlungssperre);
- der **Einspruch** im Zwangs- und Ordnungsgeldverfahren in Registersachen nach §§ 382–392,
- der **Widerspruch** im Amtslöschungsverfahren nach §§ 393, 394 Abs. 3 sowie im Dispacheverfahren nach §§ 405–407 und
- die **Erinnerung** nach § 11 Abs. 2 RpflG, wenn bei funktioneller Zuständigkeit des Rechtspflegers eine Entscheidung nach dem FamFG unanfechtbar ist.

b) Außerordentliche Rechtsbehelfe; Verfassungsbeschwerde. Keine Rechtsbehelfe i. S. d. § 45 sind die außerordentlichen Rechtsbehelfe,[4] wie
- die Wiedereinsetzung (§ 17),
- die Gehörsrüge (§ 44)[5]
- und die Wiederaufnahme (§ 48 Abs. 2).

Im Falle ihres Erfolges durchbrechen sie aber die Rechtskraft;[6] diese fällt rückwirkend fort,[7] und das Gericht, welches die Entscheidung getroffen hat, wird von der formellen und materiellen Rechtskraft freigestellt.[8]

Auch die Verfassungsbeschwerde ist kein zusätzliches Rechtsmittel zum fachgerichtlichen Verfahren, sondern ein eigenständiges Rechtsschutzmittel zur prozessualen Durchsetzung der Grundrechte oder ihnen gleichgestellten Rechten, das erst im Falle des Erfolgs zur Durchbrechung der Rechtskraft führt.[9] Ihr kommt also weder ein Suspensiv- noch ein Devolutiveffekt zu.[10]

4. Eintritt der formellen Rechtskraft bei nicht statthaftem Rechtsmittel

Ist ein Rechtsmittel nicht statthaft, dann tritt die formelle Rechtskraft ein, sobald die Entscheidung existent, d. h. erlassen ist.[11] Erlassen ist die Entscheidung nach der Legaldefinition in § 38 Abs. 3 S. 3 mit Übergabe des Beschlusses an die Geschäftsstelle oder mit der Bekanntgabe durch Verlesen der Beschlussformel. Ein ordentliches Rechtsmittel oder Rechtsbehelf ist nicht statthaft, wenn es gesetzlich nicht vorgesehen ist, so dass es keines richterlichen Rechtsfindungsakts bedarf.[12] Dies ist insbesondere bei verfahrensrechtlichen Beschlüssen der Fall, während Sachentscheidungen grundsätzlich anfechtbar sind (zu den Ausnahmen s. Rn 10, 11). Die Nichtzulassung der Beschwerde oder Rechtsbeschwerde bedeutet nicht, dass ein Rechtsmittel nicht statthaft ist. **Beschwerdeentscheidungen** werden daher nicht schon mit ihrem Erlass rechtskräftig, wenn das Beschwerdegericht die Rechtsbeschwerde zulassen kann. Vielmehr werden Beschwerdeentscheidungen in diesen Fällen erst dann rechtskräftig, wenn die Frist zur Einlegung der Rechtsbeschwerde ungenutzt verstreicht oder das Rechtsbeschwerdegericht über eine in der Frist eingelegte Rechtsbeschwerde entscheidet.[13]

Nicht anfechtbare **Verfahrensbeschlüsse** sind z. B.
- der Verweisungsbeschluss nach § 3 Abs. 3,
- die Bestimmung der Zuständigkeit durch das gemeinsame nächsthöhere Gericht, § 5 Abs. 3;
- die Zurückweisung nicht vertretungsbefugter Bevollmächtigter, § 10 Abs. 3 S. 1 und 3;

---

[4] Prütting/Helms/Abramenko § 45 Rn 2; MünchKommZPO/Ulrici § 45 FamFG Rn 4.
[5] BGH MDR 2010, 945.
[6] BGH MDR 2010, 945; NJW 2005, 1432; OLG Köln NJW-RR 2005, 1227; Meyer-Holz § 44 Rn 1.
[7] Vgl. BGH NJW 1987, 565 = FamRZ 1987, 570; Prütting/Helms/Abramenko § 45 Rn 2.
[8] BGH MDR 2010, 945; NJW 2005, 1432.
[9] BVerfGE 74, 220 = NJW 1987, 1191.
[10] OLG Hamm NJW-RR 1999, 651.
[11] Brehm § 17 Rn 2.
[12] BGH NJW-RR 2008, 1673.
[13] BGH NJW-RR 2008, 1673 = FamRZ 2008, 2019; NJW-RR 1990, 323 = FamRZ 1990, 283.

- die Entscheidung über die Akteneinsicht nach § 13 Abs. 4 S. 2;
- die stattgebende Entscheidung über die Wiedereinsetzung, § 19 Abs. 2;
- die Entscheidung über die Wirkung der Antragsrücknahme, § 22 Abs. 2 S. 3;
- der eine Berichtigung zurückweisende Beschluss, § 42 Abs. 3 S. 1;
- die Entscheidung über die Verwerfung oder Zurückweisung der Rüge, der Anspruch auf rechtliches Gehör sei verletzt worden, § 44 Abs. 4 S. 3;
- die Aussetzung der Vollstreckung im Verfahren der einstweiligen Anordnung, § 55 Abs. 1 S. 2;
- der Beschluss über die einstweilige Einstellung oder Beschränkung der Vollstreckung, § 93 Abs. 1 S. 3;
- die Entscheidung des übergeordneten Gerichts über die Abgabe, wenn für die Anordnung der Vormundschaft sowohl deutsche als auch die Gerichte eines anderen Staats zuständig sind, § 99 Abs. 3 S. 3;
- die Entscheidung des Familiengerichts über die Abtrennung einer Folgesache, § 140 Abs. 6;
- die Anordnung in einer Kindschaftssache, dass die Eltern an einer Beratung durch die Beratungsstellen der Träger der Kinder- und Jugendhilfe teilnehmen, § 156 Abs. 1 S. 5;
- die Bestellung eines Verfahrenspflegers für das Kind oder deren Aufhebung oder Ablehnung, § 158 Abs. 3 S. 4;
- die Feststellung des Familiengerichts, dass das Vermittlungsverfahren erfolglos geblieben ist, § 165 Abs. 5 S. 1;
- die einstweilige Einstellung der Vollstreckung in Unterhaltssachen, § 242 S. 2;
- die Bestellung eines Verfahrenspflegers im Betreuungsverfahren oder deren Aufhebung oder Ablehnung, § 276 Abs. 6;
- die Ernennung, Beeidigung und Vernehmung des Sachverständigen in den Fällen, in denen kraft bundesrechtlicher Vorschriften die Feststellung des Zustands oder des Werts einer Sache durch einen Sachverständigen verlangt werden kann, § 414 (vgl. § 410 Nr. 2);
- die Entscheidung des Gerichts über die sofortige Vorführung in Freiheitsentziehungssachen, § 420 Abs. 1 S. 3;

10 Nicht anfechtbare **Sachentscheidungen** sind namentlich
- stattgebende Entscheidungen in Verfahren der einstweiligen Anordnung in Familiensachen, § 57 S. 1 (vgl. § 57 Rn 4); die Ausnahmen sind in § 57 S. 2 aufgeführt (anfechtbar ist aber auch die einstweilige Unterbringung Minderjähriger, vgl. § 167 Rn 15);
- der Beschluss über die Annahme als Kind, § 197 Abs. 3 S. 1;
- der Beschluss, durch den die Befreiung vom Eheverbot nach § 1308 Abs. 1 BGB erteilt wird, § 198 Abs. 3;
- die (vollständige) Zurückweisung des Antrags auf Festsetzung des Unterhalts im vereinfachten Verfahren über den Unterhalt Minderjähriger, § 250 Abs. 2 S. 3 (vgl. § 250 Rn 16);
- die Entscheidung des Gerichts über Angelegenheiten im Vollzug der Unterbringung, § 327 Abs. 4;
- der Beschluss, durch den der Erbschein für kraftlos erklärt ist (§ 2361 Abs. 2 BGB), nachdem er öffentlich bekannt gemacht ist, § 353 Abs. 3 (vgl. § 353 Rn 34);
- der Beschluss, durch den dem Antrag des Erben auf Anordnung der Nachlassverwaltung stattgegeben worden ist, § 359 Abs. 1;
- die Eintragung in Registersachen, § 383 Abs. 3 (bei ihr handelt es sich nicht um einen „Beschluss" i. S. d. § 38; eine Fassungsbeschwerde/Berichtigungsantrag ist zulässig, vgl. § 384 Rn 24).

11 Nicht anfechtbare **Entscheidungen des Rechtsmittelgerichts** sind beispielsweise
- Sachentscheidungen des Rechtsbeschwerdegerichts, weil der **Instanzenzug erschöpft** und damit jede Änderung im Rechtsmittelzug ausgeschlossen ist.[14] Entscheidungen des BGH nach § 74 werden daher mit ihrem Erlass (§ 38) rechtskräftig.

---

[14] BT-Drs. 16/6308 S. 198; vgl. auch GmS-OGB NJW 1984, 1027.

5. Eintritt der formellen Rechtskraft bei an sich statthaftem Rechtsmittel

a) Aufschiebende Wirkung durch Einlegung eines statthaften Rechtsmittels. 12
Wird ein Rechtsmittel, das an sich statthaft, d. h. ohne besondere Zulässigkeitsvoraussetzungen gegeben ist,[15] rechtzeitig eingelegt, so wird der Eintritt der Rechtskraft der Entscheidung **gehemmt**; die Rechtsmitteleinlegung hat also aufschiebende Wirkung.[16]

Sind an einem Verfahren **mehrere Personen beteiligt** und ist diesen die Entscheidung 13
zu verschiedenen Zeiten bekanntgemacht worden, so wird zwar bei der Beschwerde die Entscheidung für jeden Beschwerdeberechtigten nach Maßgabe der für ihn laufenden Beschwerdefrist unanfechtbar, die formelle Rechtskraft tritt aber erst ein, wenn die Entscheidung für alle Beschwerdeberechtigten unanfechtbar geworden ist.[17] Anders ist es, wenn die Entscheidung auf die mehreren Beschwerdeberechtigten „aufteilbar" ist (zur Teilrechtskraft s. Rn 21).

Gegenüber materiell Beteiligten, die zwar formell zum Verfahren hinzugezogen worden 14
sind, denen eine sie treffende Entscheidung aber **nicht zugestellt** ist, tritt Rechtskraft mit Ablauf der Frist des § 63 Abs. 3 S. 2 ein.[18]

Gegenüber materiell Beteiligten, die **nicht formell** zum Verfahren hinzugezogen worden 15
sind, tritt die Rechtskraft der Entscheidung mit Ablauf der Rechtsmittelfrist für den letzten der im erstinstanzlichen Verfahren hinzugezogenen Beteiligten ein;[19] ggfls. kann ihnen aber Wiedereinsetzung in den vorigen Stand nach §§ 17 ff. gewährt werden (vgl. § 63 Rn 45).

Ihrem **Umfang** nach erstreckt sich die Hemmung der Rechtskraft durch ein Rechts- 16
mittel auch auf diejenigen Teile eines Beschlusses, die ausweislich der Anträge nicht angefochten werden sollen und mangels Beschwer von dem insoweit obsiegenden Beteiligten auch nicht angefochten werden können, weil auch insoweit die Möglichkeit der Einlegung einer unselbständigen Anschlussbeschwerde besteht und die Entscheidung einer Änderung zugeführt werden kann.[20] Zur Teilrechtsfähigkeit in diesen Fällen s. Rn 21.

b) Statthaftes, aber unzulässiges Rechtsmittel. Ist ein Rechtsmittel zwar an sich 17
statthaft, aber verfahrensrechtlich unzulässig, z. B. weil der Beschwerdeführer nicht beschwert oder der Beschwerdewert nicht erreicht oder weil die erforderliche Zulassung des Rechtsmittels nicht erfolgt ist, so tritt die Rechtskraft nach allgemeinen Regeln ein, d. h. mit Ablauf der Frist zur Einlegung eines zulässigen Rechtsmittels oder Rechtsbehelfs, wenn binnen dieser Frist kein Rechtsmittel eingelegt wird;[21] wird ein Rechtsmittel eingelegt, gelten die Ausführungen zu Rn 12 ff. Das Abstellen auf die Statthaftigkeit eines Rechtsmittels dient der Rechtssicherheit, weil die Frage, ob ein an sich statthafter Rechtsbehelf oder ein statthaftes Rechtsmittel z. B. mangels Beschwer unzulässig ist, mitunter schwer zu beantworten ist.

c) Verzicht auf Einlegung eines Rechtsmittels durch Erklärung gegenüber 18
dem Gericht. Haben alle Beteiligten gegenüber dem Gericht (§ 67 Abs. 1) auf die Einlegung eines Rechtsmittels verzichtet, so führt dies zur Rechtskraft der Entscheidung.[22] Die Rechtskraft tritt mit Eingang der Verzichtserklärung beim Gericht ein, bei einer Mehrheit von Beteiligten aber erst mit Ablauf der Beschwerdefrist für die übrigen oder mit Eingang ihrer Verzichtserklärung beim Gericht. Als Prozesshandlung kann der gegenüber dem Gericht erklärte Verzicht weder widerrufen noch wegen Irrtums angefochten werden.[23]

---

[15] GmS-OGB NJW 1984, 1027; BGH NJW-RR 2008, 1673.
[16] GmS-OGB NJW 1984, 1027.
[17] Baur § 23 C I 2; Brehm § 17 Rn 2; Habscheid § 26 II 2 c.
[18] Anders im früherem Recht unter Geltung des FGG, in dem keine Rechtskraft eintreten konnte: KG RzW 1968, 18; OLG Köln RzW 1955, 43.
[19] S. § 63 Rn 44; MünchKommZPO/Koritz § 63 FamFG Rn 7; SBW/Unger § 63 Rn 20; a. A. Prütting/ Helms/Abramenko § 63 Rn 7, der § 63 Abs. 3 anwenden will.
[20] BGH NJW 1992, 2296; vgl. für das Scheidungsverbundverfahren § 145 Rn 4, 11.
[21] Siehe hierzu GmS-OGB NJW 1984, 1027; BGH NJW 1952, 425.
[22] BGH NJW-RR 1994, 386 = FamRZ 1994, 300; Prütting/Helms/Abramenko § 45 Rn 5.
[23] BGH NJW 1985, 2334.

19 **d) Verzicht auf Einlegung eines Rechtsmittels durch Erklärung gegenüber einem Beteiligten.** Ist die Verzichtserklärung nicht gegenüber dem Gericht, sondern gegenüber einem anderen Verfahrensbeteiligten abgegeben worden, dann ist der Verzicht zwar wirksam, er führt jedoch nach § 67 Abs. 3 nur dann zur Unzulässigkeit des Rechtsmittels, wenn sich der andere Teil hierauf einredeweise beruft (s. § 67 Rn 10). Die Rechtskraft kann daher in diesen Fällen erst mit Erlass der nicht mehr anfechtbaren Entscheidung des Gerichts eintreten (§ 38 Abs. 1) oder mit der Rücknahme des Rechtsmittels. Als außergerichtliche Erklärung kann der gegenüber einem anderen Beteiligten erklärte Verzicht mit Zustimmung der übrigen Beteiligten bis zum Eintritt der Rechtskraft widerrufen werden.[24]

20 **e) Ende der Hemmungswirkung des Rechtsmittels.** Die die Rechtskraft aufschiebende bzw. hemmende Wirkung des Rechtsmittels endet
- mit **Erlass der Entscheidung** (§ 38 Abs. 1), durch die das Rechtsmittel oder der Rechtsbehelf als unzulässig verworfen oder als unbegründet zurückgewiesen wird;
- bei wirksamer **Rücknahme der Beschwerde** bzw. des Rechtsbehelfs nach Ablauf der Beschwerdefrist: mit Eingang der Rücknahme bei Gericht (§ 67 Abs. 3);[25]
- bei Rücknahme vor Ablauf der Beschwerdefrist: mit Ablauf der Rechtsmittelfrist,[26] es sei denn, sie ist in der Absicht völligen **Verzichts** auf das Rechtsmittel erfolgt (s. hierzu § 67 Rn 4); das ist z. B. dann nicht der Fall, wenn eine formell fehlerhafte Beschwerde zurückgenommen wurde, um nachträglich den Fehler zu beseitigen.[27]

6. Teilrechtskraft

21 Eine Entscheidung kann im Einzelfall auch in Teilrechtskraft erwachsen, wenn die Entscheidung mehrere Ansprüche zum Gegenstand hat. Zwar erstreckt sich die Hemmungswirkung des Rechtsmittels grundsätzlich auf die gesamte Entscheidung. Sie erfasst insbesondere auch diejenigen Teile, die der Beschwerdeführer nicht angefochten hat und mangels Beschwer nicht anfechten kann. Es tritt jedoch Teilrechtskraft ein, sobald der Rechtsmittelführer seinen Antrag nicht mehr erweitern kann und die anderen Beteiligten die Möglichkeit verloren haben, sich der Beschwerde anzuschließen, so dass jede Möglichkeit einer Änderung im Rechtsmittelzug ausgeschlossen ist.[28] Zur Teilrechtskraft einzelner Teile einer Verbundentscheidung (§ 137), insbesondere eines Scheidungsausspruchs, durch Verzicht auf Rechtsmittel und Anschlussrechtsmittel s. die Kommentierung zu §§ 144 und 145.

IV. Die materielle Rechtskraft

1. Begriff und Bedeutung der materiellen Rechtskraft

22 Die materielle Rechtskraft ist in § 322 ZPO und hinsichtlich der subjektiven Grenze[29] in § 325 ZPO geregelt; eine den §§ 322, 325 ZPO entsprechende Regelung hat das FamFG nicht. Die materielle Rechtskraft bedeutet, dass die in einer formell rechtskräftigen Entscheidung entschiedene Frage von den an die Rechtskraft gebundenen Personen nicht einer neuerlichen richterlichen Nachprüfung unterbreitet werden darf („**ne bis in idem-Gebot**"). Ihr Wesen ist die Bindung an die Entscheidung für künftige Streitfälle.[30] Sie erstreckt sich also auf den Inhalt der Entscheidung und legt fest, in welchem Umfang das Gericht und die Beteiligten in einem neuerlichen, auf dem gleichen Lebenssachverhalt beruhenden gerichtlichen Verfahren um dieselbe Rechtsfolge an die rechtskräftige Entscheidung gebunden sind.[31]

---

[24] BGH NJW 1985, 2334; a. A. Sternal § 67 Rn 4 m. w. N.
[25] Bassenge/Roth/Gottwald § 45 Rn 6.
[26] Vgl. Rosenberg/Schwab/Gottwald § 150 Rn 3 ff.
[27] BGH NJW 1985, 2334.
[28] BGH NJW 1994, 657; 1992, 2296; 1980, 702.
[29] Brehm § 21 II 3 c.
[30] BGH NJW 1983, 2032.
[31] OLG Düsseldorf GRUR-RR 2006, 383; Thomas/Putzo/Hüßtege § 705 Rn 1 und 2.

In materielle Rechtskraft erwächst die Entscheidung des Gerichts über den Streitgegen- 23 stand. Der Streitgegenstand (= der verfahrensrechtliche Anspruch) wird durch den Verfahrensantrag bestimmt, in dem sich die vom Antragsteller in Anspruch genommene Rechtsfolge konkretisiert, und durch den Lebenssachverhalt (= Anspruchsgrund), aus dem der Antragsteller die begehrte Rechtsfolge herleitet.[32] Dabei sind der Inhalt des Beschlusses und damit der Umfang der Rechtskraft in erster Linie der Beschlussformel zu entnehmen. Nur wenn diese allein nicht ausreicht, um den Rechtskraftgehalt der Entscheidung zu erfassen, sind Tatbestand und Entscheidungsgründe, erforderlichenfalls auch das Vorbringen der Beteiligten, ergänzend heranzuziehen.[33] Zur Wirkung der materiellen Rechtskraft für Folgeverfahren s. auch V 1.

2. Materielle Rechtskraft im Verfahren der FG

a) Grundsätze. Ob und welche Entscheidungen im FamFG-Verfahren der materiellen 24 Rechtskraft fähig sind, ist im Einzelnen umstritten. Nach überwiegender Auffassung ist eine einheitliche Beantwortung der Frage nicht möglich, vielmehr muss von Fall zu Fall unterschieden werden:

Ist in echten privatrechtlichen oder öffentlich-rechtlichen Streitsachen der freiwilligen 25 Gerichtsbarkeit (zum Begriff s. § 1 Rn 33 ff. und 41 ff.) durch eine Rechtsvorschrift angeordnet, dass die Entscheidung die Gerichte und Verwaltungsbehörden bindet oder dass sie für und gegen alle wirkt (z. B. § 184 Abs. 2 betreffend die gerichtliche Entscheidung über die Abstammung, s. dazu § 184 Rn 3; § 99 Abs. 5 S. 2 AktG), so ist damit die materielle Rechtskraft gemeint. Dasselbe gilt, wenn eine Entscheidung auch in einem künftigen Verfahren nicht mehr abgeändert werden darf, wie es das Gesetz in § 48 Abs. 3 für die gerichtliche Entscheidung über die Genehmigung eines Rechtsgeschäfts oder die Verweigerung dieser Genehmigung vorsieht. Ist die gerichtliche Entscheidung formell rechtskräftig und ist die Genehmigung gegenüber dem Vertragspartner des Rechtsgeschäfts nach materiellem Recht wirksam geworden, so wird dessen Vertrauen an den dauerhaften Bestand der Entscheidung als schutzwürdig anerkannt.[34] Die gerichtliche Genehmigung ist daher nicht nur mit formeller, sondern auch mit materieller Rechtskraft ausgestattet.[35]

In den Verfahren der rein vorsorgenden Gerichtsbarkeit, zu denen vor allem die Kind- 26 schafts-, Adoptions-, Betreuungs-, Freiheitsentziehungs-, Urkunds-, Nachlass- und Teilungssachen, die Register- und unternehmensrechtlichen Verfahren sowie Aufgebotsverfahren gehören,[36] ist die materielle Rechtskraft nur zu bejahen, wenn das Interesse an Rechtsfrieden und Rechtssicherheit das Interesse an individueller Gerechtigkeit und ständiger Korrekturmöglichkeit überwiegt.[37] Das Interesse, Rechtsfrieden und Rechtssicherheit zu gewährleisten, wird in den Bereichen zurückzutreten haben, in denen fortdauernde Lebensverhältnisse den sich ändernden Bedürfnissen jeweils angepasst werden müssen. Dies geschieht teilweise schon durch das Verfahrensrecht (z. B. §§ 395, 395) oder das materielle Recht (z. B. § 2361 BGB).

b) Beispiele. In Rechtsprechung und Schrifttum wurde die materielle Rechtskraft u. a. 27 in folgenden Fällen **anerkannt:**
- im Vaterschaftsanerkennungsverfahren;[38]
- im öffentlich-rechtlichen Versorgungsausgleichsverfahren;[39]
- im Fideikommissverfahren;[40]

---

[32] BGH NJW 2003, 585; NJW 1995, 967; ähnlich BGH NJW 1976, 1095, wonach sich der Gegenstand der Rechtskraft auf das Bestehen oder Nichtbestehen der geltend gemachten Rechtsfolge aufgrund des vorgetragenen Tatsachenkomplexes beschränke.
[33] Vgl. BGH NJW 2008, 2716.
[34] BT-Drs. 16/6308, 199.
[35] BT-Drs. 16/6308, S. 196; Heinemann FamFR 2009, 57; BJS/Elzer § 45 Rn 30.
[36] Brehm § 2 Rn 2.
[37] BGH NJW 2004, 1805 = FamRZ 2004, 940; Kollhosser/Bork, Nr. 89; a. A. grundsätzlich sei von materieller Rechtskraft auszugehen: MünchKommZPO/Ulrici § 48 FamFG Rn 31, 36; Maurer FamRZ 2009, 1792/1797.
[38] BGH NJW 2003, 585 = FamRZ 2003, 155.
[39] BGH NJW-RR 2007, 578 = FamRZ 2007, 536.
[40] Jansen/von König § 31 Rn 12; vgl. OLG Hamm BeckRS 2006, 05001.

- im Genehmigungsverfahren der Landwirtschaftsgerichte;[41]
- im Pachtschutzverfahren;[42]
- im Hoferbenfeststellungsverfahren gemäß § 11 HöfeVfO;[43]
- im Verfahren über die Entlassung eines Testamentsvollstreckers;[44]
- im Verfahren in Teilungssachen die Bestätigung einer Erbauseinandersetzung nach § 366 Abs. 2 und des Auseinandersetzungsplans nach § 368 Abs. 1;[45]
- im Todeserklärungsverfahren für die Feststellung der Todeszeit[46] (aber keine materielle Rechtskraft bei Ablehnung des Antrags auf Feststellung des Todeszeitpunkts[47]); bei zwei rechtskräftigen Todeserklärungen, in denen ein verschiedener Todeszeitpunkt festgesetzt ist, soll die jüngere maßgebend sein;[48] diese Ansichten übersehen aber, dass das Verfahren auf Feststellung des Todes keinen rechtskraftfähigen Verfahrensgegenstand hat, weil es nicht um Rechtsbeziehungen zwischen den Beteiligten geht;[49]
- für Opferausgleichsbeschlüsse;[50]
- in Verfahren nach § 168 auf Festsetzung der Vergütung des Vormunds, Betreuers etc. (vgl. § 168 Rn 22);
- für Entscheidungen nach § 156 KostO.[51]

28 **Verneint** wurde die materielle Rechtskraftwirkung für Entscheidungen
- im handelsrechtlichen Zwangsgeld- und Löschungsverfahren;[52]
- im Verfahren auf Eintragung in das Handelsregister;[53]
- im Verfahren wegen Löschung eines Vereins;[54]
- im Verfahren zur Berichtigung der Personenstandsbücher;[55]
- im Verfahren über die elterliche Sorge;[56]
- im Erbscheinsverfahren, weil der Erbschein jederzeit eingezogen werden kann, § 2361 BGB;[57]
- in Freiheitsentziehungssachen (vgl. § 330 Rn 2 und § 417 Rn 3);
- im landwirtschaftlichen Entschuldungsverfahren;[58]
- im Verfahrenskostenhilfeverfahren, weil es ein nicht streitiges, seinem Charakter nach der staatlichen Daseinsfürsorge zuzurechnendes Antragsverfahren ist.[59]

3. Verhältnis der materiellen Rechtskraft zur Interventionswirkung durch Streitverkündung

29 Nach § 68 ZPO kann der Nebenintervenient im Verhältnis zur Hauptpartei nicht mit der Behauptung gehört werden, dass der Rechtsstreit, wie er dem Richter vorgelegen habe, falsch entschieden worden sei; auch wird er grundsätzlich nicht damit gehört, die Hauptpartei habe den Prozess nicht sorgfältig geführt. Zweck einer Streitverkündung ist demnach die Erstreckung der – einer materiellen Rechtskraftwirkung ähnlichen – Interventionswirkung der gerichtlichen Entscheidung für und gegen einen Dritten. Eine Streitverkündung, mit der ein außen stehender Dritter förmlich von einem anhängigen Verfahren durch

---

[41] BGH NJW 1964, 863.
[42] OLG Oldenburg NdsRpfl. 1954, 199.
[43] OLG Celle NdsRpfl. 1960, 224.
[44] Baur § 25 III 2 a; s. auch BayObLGZ 1964, 153.
[45] Baur § 25 III 1.
[46] OLG Frankfurt JZ 1958, 92.
[47] OLG Karlsruhe NJW 1955, 1075; LG Marburg NJW 1977, 2124; AG Schöneberg NJW 1956, 598.
[48] LG Wuppertal NJW 1961, 1029.
[49] So zutreffend Brehm § 17 Rn 20.
[50] OLG Düsseldorf RdL 1956, 170/302 (bei wesentlich veränderter Sachlage Änderung zulässig).
[51] KG DNotZ 1963, 346; OLG Oldenburg NJW 1964, 2426.
[52] KGJ 47, 108.
[53] BayObLG FGPrax 1996, 235 = NJW 1996, 3217.
[54] BayObLGZ 1956, 287/296.
[55] BGH NJW 1957, 1067 = FamRZ 1957, 170; BayObLGZ 1977, 274; OLG Stuttgart OLGZ 1966, 194.
[56] KG FamRZ 1977, 65.
[57] BVerfG ZEV 2006, 74; BGH FamRZ 2010, 1068.
[58] OLG Frankfurt/Kassel RdL 1954, 126.
[59] BGH NJW 2004, 1805 = FamRZ 2004, 940.

einen Beteiligten benachrichtigt wird,[60] ist im FamFG – wie auch im früheren FGG – nicht geregelt. Fraglich ist, ob die Vorschriften der ZPO über die Streitverkündung entsprechend in Verfahren nach dem FamFG angewandt werden können. Dies ist für die „echten Streitverfahren" der freiwilligen Gerichtsbarkeit zu bejahen. Wesentliche Voraussetzung einer Streitverkündung ist nämlich ein streitiges Verfahren zwischen zwei Personen, das mit einer Entscheidung endet, die der materiellen Rechtskraft fähig ist.[61] Für die übrigen Verfahren der freiwilligen Gerichtsbarkeit können die Vorschriften der ZPO über die Streithilfe daher nicht zugelassen werden.[62]

4. Verhältnis der materiellen Rechtskraft zur verfahrensinternen Bindungswirkung

a) Bindung des Gerichts an die eigene Entscheidung. Von der Bindungswirkung 30 materiell rechtskräftiger Entscheidungen der FamFG-Gerichte für andere Gerichte und Behörden (vgl. hierzu § 1 Rn 72 ff.) sowie zur Bindung der FamFG-Gerichte an Entscheidungen anderer Gerichte oder Verwaltungsakte (vgl. hierzu § 1 Rn 78 ff.) zu unterscheiden ist die verfahrensinterne Bindungswirkung. Eine dem § 318 ZPO vergleichbare Vorschrift, nach dem das Gericht an seine Entscheidungen gebunden ist, kennt das FamFG nicht. Die verfahrensinterne Bindungswirkung besagt einmal, dass ein Gericht an seine eigene Entscheidung gebunden ist, solange kein Rechtsmittel eingelegt ist. Wird ein Rechtsmittel eingelegt und handelt es sich nicht um eine Endentscheidung in einer Familiensache (§ 111), kann das Gericht der Beschwerde nach § 68 Abs. 1 S. 1 abhelfen, d. h. seine eigene Entscheidung abändern, ohne prüfen zu müssen, ob das Rechtsmittel zulässig ist. Die Abhilfemöglichkeit endet aber mit der Vorlage der Sache an das Beschwerdegericht, weil die Sache dann nur beim Beschwerdegericht anhängig und dieses nunmehr ausschließlich zur Entscheidung zuständig ist.[63] Fraglich ist, ob das Gericht der Beschwerde auch abhelfen kann, wenn ein Rechtsmittel nicht statthaft ist (vgl. zu dieser Streitfrage § 68 Rn 9 a). Dies ist, auch wenn der Wortlaut des § 68 Abs. 1 weit gefasst ist, abzulehnen (a. A. Sternal § 68 Rn 9 a), weil eine solche Entscheidung zu einem Eingriff in die formelle und möglicherweise materielle Rechtskraft führt. Eine Abänderungsbefugnis ist aber jedenfalls dann nicht gegeben, wenn eine Abänderung gesetzlich ausdrücklich ausgeschlossen ist, wie z. B. in § 48 Abs. 3.

b) Bindung des Gerichts bei Zurückverweisung. Die dem Wesen des Instanzenzugs 31 immanente Bindungswirkung besagt, dass die Vorinstanz mit Wirksamwerden der Beschwerdeentscheidung, durch welche die angefochtene Entscheidung nach § 69 Abs. 1 S. 2, 3 FamFG aufgehoben und die Sache zur anderweitigen Entscheidung an die Vorinstanz zurückverwiesen worden ist, an die Rechtsauffassung der Beschwerdeinstanz gebunden ist. Diese Rechtsfolge ist nunmehr ausdrücklich in § 69 Abs. 1 S. 4 für Entscheidungen des Beschwerdegerichts und in § 74 Abs. 6 S. 4 für Entscheidungen des Rechtbeschwerdegerichts geregelt.

Daneben gibt es eine **Selbstbindung des Rechtsmittelgerichts**, wenn es nach der 32 Zurückverweisung erneut im Beschwerdeweg mit der Sache befasst wird (vgl. hinsichtlich der Bindungswirkung des Erstbeschwerdegerichts § 69 Rn 27 ff. und hinsichtlich der Bindungswirkung des Rechtsbeschwerdegerichts § 74 Rn 95, 96).

V. Wirkung der Rechtskraft für Folgeverfahren

1. Wirkung materiell rechtskräftiger Entscheidungen für Folgeverfahren

Ist eine gerichtliche Entscheidung in materielle Rechtskraft erwachsen und ist in einem 33 Folgeverfahren der Verfahrensgegenstand mit dem früheren identisch und sind dieselben Personen beteiligt, steht einer erneuten Entscheidung der von Amts wegen zu berück-

---

[60] Rosenberg/Schwab/Gottwald § 51 Rn 1.
[61] Bärmann § 11 III
[62] BGHZ 38, 110; BayObLG MDR 1980, 500; Bärmann § 11 III; Brehm § 16 Rn 6; Habscheid Kap. 5 II; ders. Rpfleger 1957, 288;
[63] BayObLG MDR 1980, 500; Brehm § 16 Rn 32.

§ 46   1, 2

sichtigende Einwand der materiellen Rechtskraft entgegen. Ein Antrag, mit dem eine erneute Entscheidung begehrt wird, ist in diesen Fällen als unzulässig zurückzuweisen.[64] Ist keine Identität der Verfahrensgegenstände gegeben, ist aber eine für das Folgeverfahren entscheidungserhebliche Vorfrage im Vorverfahren rechtskräftig entschieden worden, so besteht insoweit für das Folgeverfahren eine von Amts wegen zu beachtende Bindungswirkung.[65] Ein den Antrag in der Sache abweisender Beschluss erwächst auch dann in Rechtskraft, wenn das Gericht die Zulässigkeit des Antrags oder der Beschwerde zu Unrecht bejaht oder ausdrücklich offen gelassen hat.[66]

2. Wirkung nur formell rechtskräftiger Entscheidungen für Folgeverfahren

34   Ist eine gerichtliche Entscheidung der materiellen Rechtskraft nicht fähig (s. Rn 26, 28), dann steht die formelle Rechtskraft einem neuen Verfahren nicht entgegen. Die formelle Rechtskraft führt zwar zu einer Beendigung des bisherigen Verfahrens, nicht aber zu einer Präklusion.[67] Daher kann grundsätzlich ein neues Verfahren von Amts wegen eingeleitet oder beantragt werden. Ein neues Antragsverfahren ist aber gleichwohl mangels eines Rechtsschutzbedürfnisses unzulässig, wenn als Grundlage der neuen Entscheidung keine neuen Gesichtspunkte, insbesondere neue Tatsachen vorgetragen werden, so dass das Gericht auf der Grundlage desselben Lebenssachverhalts erneut entscheiden müsste.[68]

Rechtskraftzeugnis

46 [1] **Das Zeugnis über die Rechtskraft eines Beschlusses ist auf Grund der Verfahrensakten von der Geschäftsstelle des Gerichts des ersten Rechtszugs zu erteilen.** [2] **Solange das Verfahren in einem höheren Rechtszug anhängig ist, erteilt die Geschäftsstelle des Gerichts dieses Rechtszugs das Zeugnis.** [3] **In Ehe- und Abstammungssachen wird den Beteiligten von Amts wegen ein Rechtskraftzeugnis auf einer Ausfertigung ohne Begründung erteilt.** [4] **Die Entscheidung der Geschäftsstelle ist mit der Erinnerung in entsprechender Anwendung des § 573 der Zivilprozessordnung anfechtbar.**

I. Normzweck und Anwendungsbereich

1   Das **Rechtskraftzeugnis** dient als Nachweis des Eintritts der formellen Rechtskraft; es stellt deren Eintritt aber nur deklaratorisch fest, auch wenn es die Beweiskraft einer öffentlichen Urkunde i. S. d. § 418 ZPO genießt, d. h. den vollen Beweis der darin bezeugten Tatsachen begründet.[1] Die Vorschrift regelt die Voraussetzungen für die Erteilung eines Rechtskraftzeugnisses nach § 706 ZPO. Die Sätze 1 und 2 entsprechen § 706 Abs. 1 S. 1 ZPO, S. 1 entspricht darüber hinaus § 31 S. 1 FGG.[2] S. 3 übernimmt den bisherigen § 706 Abs. 1 S. 2 ZPO und passt diesen an die geänderten Entscheidungsformalien an.[3]

2   Die Vorschrift ist nach § 113 Abs. 1 S. 1 auf Ehe- und Familienstreitsachen (§§ 121, 112) nur **eingeschränkt anwendbar**: es gelten nur S. 3 und 4, nicht aber S. 1 und 2, an deren Stelle gilt § 706 ZPO (§ 113 Abs. 1 S. 2). Soweit landesrechtlich andere als gerichtliche Behörden zuständig sind, findet § 46 keine Anwendung (§ 488). In den landesgesetzlich geregelten Angelegenheiten der freiwilligen Gerichtsbarkeit kann der Landesgesetzgeber die entsprechende Geltung des FamFG und somit auch das § 46 vorschreiben. Zu den Einzelheiten siehe die Ausführungen bei § 486.

---

[64] BGH NJW 1980, 2754; Brehm § 16 Rn 12 und § 17 Rn 6.
[65] BGH NJW 2008, 1227.
[66] BGH NJW 2008, 1227.
[67] BGH NJW 2004, 1805 = FamRZ 2004, 940; NJW 2003, 585; Brehm § 16 Rn 13.
[68] BGH NJW 2004, 1805 = FamRZ 2004, 940; Brehm § 16 Rn 13 und § 17 Rn 17.
[1] BGH NJW 1961, 671.
[2] Der früher in § 31 FGG zitierte § 54 AVAG ist mit Wirkung vom 1. 3. 2005 durch Gesetz vom 26. 1. 2005 aufgehoben, BGBl. I S. 162.
[3] BT-Drs. 16/6308 S. 198.

II. Das Verfahren auf Erteilung eines Rechtskraftzeugnisses

1. Voraussetzung der Erteilung eines Rechtskraftzeugnisses

Das Rechtskraftzeugnis kann erteilt werden, wenn die Entscheidung formell rechtskräftig ist. Die formelle Rechtskraft tritt nach § 45 ein, wenn oder sobald eine gerichtliche Entscheidung durch ordentliche Rechtsmittel oder Rechtsbehelfe nicht oder nicht mehr angefochten werden kann (vgl. § 45 III). Zur formellen Rechtskraft des Scheidungsausspruchs s. § 148 Rn 3.

Ein Antrag auf **Wiedereinsetzung** steht an sich der Erteilung des Rechtskraftzeugnisses nicht entgegen; der Urkundsbeamte wird es aber in dem Zeugnis vermerken, wenn ein solcher Antrag gestellt ist. Auch eine Gehörsrüge oder ein Antrag auf **Wiederaufnahme** des Verfahrens (§ 48 Abs. 2) hindert die Erteilung des Rechtskraftzeugnisses nicht (s. § 45 Rn 6).

2. Zuständigkeit des Urkundsbeamten der Geschäftsstelle

Zuständig zur Erteilung des Zeugnisses ausschließlich die Geschäftsstelle (Urkundsbeamter) des Gerichts, nicht der Richter oder Rechtspfleger. Grundsätzlich ist die Geschäftsstelle der **ersten Instanz** zuständig, sofern und solange aber eine Beschwerde oder Rechtsbeschwerde anhängig ist, ist die Geschäftsstelle der höheren Instanz zuständig.

3. Ermittlungen

Die zur Feststellung der Rechtskraft erforderlichen Ermittlungen hat die Geschäftsstelle von Amts wegen durch zu führen (§ 26). Sie darf die notwendigen Nachweise daher nicht von dem Antragsteller verlangen.

4. Antrag; von Amts wegen

Das Rechtskraftzeugnis wird grundsätzlich nur auf „Verlangen", d. h. auf Antrag, erteilt. Eine Ausnahme enthält S. 3 für die Ehe- und Abstammungssachen. In diesen Verfahren wird den Beteiligten das Zeugnis von Amts wegen erteilt. Der Antrag ist formlos möglich, ein Anwaltszwang besteht nicht.

5. Antragsberechtigung

Berechtigt, das Zeugnis zu verlangen, ist jeder, der in dem Verfahren als Beteiligter oder Beschwerdeberechtigter in Frage kommen kann, auch wenn er an dem Verfahren nicht teilgenommen hat, ferner der Rechtsnachfolger eines Beteiligten und jeder, der ein berechtigtes Interesse an der Erteilung glaubhaft zu machen vermag (zur Glaubhaftmachung vgl. § 31).[4] Das Zeugnis **muss** dem Berechtigten erteilt werden; eine Prüfung, ob er dessen bedarf, ist daher nur im Falle des Verlangens seitens eines Nichtbeteiligten zulässig.

6. Inhalt des Zeugnisses; Teilrechtskraftzeugnis

Das Rechtskraftzeugnis, das aufgrund der Verfahrensakten zu erteilen ist, muss die Rechtskraft des Beschlusses (§ 38) bezeugen, etwa mit den Worten „Vorstehender Beschluss ist rechtskräftig." Bei Ehesachen (§ 113) und Abstammungssachen wird der Vermerk gemäß S. 3 auf einer Beschlussausfertigung erteilt, die keine Beschlussgründe enthält. Soweit Teilrechtskraft möglich ist (s. dazu § 45 Rn 21), ist auch ein Teilrechtskraftzeugnis auszustellen.[5]

---

[4] Jansen/von König § 31 Rn 2; MünchKommZPO/Krüger § 706 Rn 2; SBW/Oberheim § 46 Rn 5.
[5] BVerfG Beschl. v. 29. 11. 1991, 1 BvR 1665/91, juris; BGH NJW 1989, 170; NJW 1992, 2296.

III. Notfristzeugnis

10 Die Einrichtung eines Notfristzeugnisses, d. h. eines Zeugnisses des für das Rechtsmittel zuständigen Gerichts über den ungenutzten Ablauf von Rechtsmittelfristen (§ 706 Abs. 2 ZPO), kennt das FamFG nicht. Eines solchen Notfristzeugnisses bedarf es im Anwendungsbereich des § 45 auch nicht, weil die Beschwerde nach § 64 Abs. 1 bei dem Gericht einzulegen ist, dessen Entscheidung angefochten wird. Dies gilt auch, wenn eine Sprungsrechtsbeschwerde nach § 75 möglich und der Antrag auf Zulassung dieses Rechtsmittels beim Rechtsbeschwerdegericht zu stellen ist. Da die Geschäftsstelle des Rechtsbeschwerdegerichts nach § 75 Abs. 2 FamFG i. V. m. § 566 Abs. 2 S. 1 ZPO unverzüglich nach Einreichung eines Zulassungsantrags von der Geschäftsstelle des Beschwerdegerichts die Verfahrensakten anzufordern und damit diesem Gericht auch vom Eingang des Zulassungsantrags Kenntnis zu geben hat, bedarf es keiner zusätzlichen Mitteilung der Geschäftsstelle des Rechtsbeschwerdegerichts, dass ein Antrag auf Zulassung der Sprungrechtsbeschwerde nicht gestellt sei.[6]

IV. Bescheinigungen nach Art. 39 VO (EG) Nr. 2201/2003

11 Die VO (EG) Nr. 2201/2003[7] (**EuEheVO**) sieht
- in Art. 39 Bescheinigungen bei Entscheidungen in Ehesachen und bei Entscheidungen über die elterliche Verantwortung (unter Verwendung des Formblatts in Anhang I und II der EuEheVO),
- in Art. 41 Abs. 1 Bescheinigungen bei Entscheidungen über das Umgangsrecht (unter Verwendung des Formblatts in Anhang III der EuEheVO) sowie
- in Art. 42 Abs. 1 Bescheinigungen bei Entscheidungen über die Rückgabe des Kindes (unter Verwendung des Formblatts in Anhang IV der EuEheVO)

vor. Zur Ausstellung dieser Bescheinigungen nach § 39 EuEheVO ist nach § 48 Abs. 1 IntFamRVG[8] ebenfalls der Urkundsbeamte der Geschäftsstelle des Gerichts des ersten Rechtszugs und, wenn das Verfahren bei einem höheren Gericht anhängig ist, der Urkundsbeamte dieses Gerichts zuständig. Zur Ausstellung der Bescheinigungen nach §§ 41, 42 EuEheVO ist nach § 48 Abs. 2 IntFamRVG beim Gericht des ersten Rechtszugs der Familienrichter und in Verfahren vor dem OLG oder BGH der Vorsitzende des Senats für Familiensachen zuständig. Für die Berichtigung der Bescheinigungen gilt nach § 43 Abs. 1 EuEheVO i. V. m. § 49 IntFamRVG § 319 ZPO entsprechend.

V. Rechtsmittel

12 Bei **Verweigerung des Zeugnisses** ist nach S. 4[9] analog § 573 ZPO durch Einlegung der Erinnerung binnen einer Notfrist von zwei Wochen die Entscheidung des Gerichts erster Instanz (Rechtspfleger[10]) herbeizuführen; erst gegen diese ist die befristete Beschwerde analog § 573 Abs. 2 ZPO und gegebenenfalls die Rechtsbeschwerde analog § 574 ZPO zulässig;[11] der Urkundsbeamte der Geschäftsstelle hat gegen die Anweisung zur Erteilung des Zeugnisses kein Beschwerderecht. Auch **gegen die Erteilung** des Zeugnisses kann der Richter analog § 573 ZPO angerufen werden; der Urkundsbeamte der Geschäftsstelle kann die Erteilung zurücknehmen. Gegen die Ausstellung der Bescheinigungen nach §§ 41, 42 EuEheVO ist nach § 43 Abs. 2 EuEheVO kein Rechtsbehelf gegeben.

VI. Kosten und Gebühren

13 Für die Erteilung des Rechtskraftzeugnisses entstehen keine Kosten. Gerichts- und Anwaltstätigkeit ist jeweils mit der Verfahrensgebühr abgegolten (vgl. § 19 Abs. 1 S. 2

---

[6] BGH FGPrax 2010, 53 = FamRZ 2010, 284; Prütting/Helms/Abramenko § 46 Rn 6.
[7] Abgedruckt bei Jayme/Hausmann unter Nr. 162.
[8] Abgedruckt bei Jayme/Hausmann unter Nr. 162 a.
[9] BGBl. I S. 2449/2470.
[10] Bassenge/Roth/Roth § 4 RPflG Rn 18.
[11] Ebenso Bumiller/Harders § 46 Rn 6.

Nr. 9 RVG). Beschränkt sich die Tätigkeit des Rechtsanwalts allerdings auf die Einholung des Rechtskraftzeugnisses, erhält er gemäß Nr. 3404 VV RVG eine 0,3 Gebühr nach § 13 RVG, die sich bei Durchführung eines Erinnerungsverfahrens gemäß Nr. 3404 VV RVG auf eine 0,8 Gebühr nach § 13 RVG erhöht.[12]

Wirksam bleibende Rechtsgeschäfte

47 Ist ein Beschluss ungerechtfertigt, durch den jemand die Fähigkeit oder die Befugnis erlangt, ein Rechtsgeschäft vorzunehmen oder eine Willenserklärung entgegenzunehmen, hat die Aufhebung des Beschlusses auf die Wirksamkeit der inzwischen von ihm oder ihm gegenüber vorgenommenen Rechtsgeschäfte keinen Einfluss, soweit der Beschluss nicht von Anfang an unwirksam ist.

I. Normzweck

§ 47 regelt den Einfluss der Abänderung von Entscheidungen der Gerichte erster und höherer Instanz, die für Rechtsgeschäfte mit Dritten von Bedeutung sind. Sie will denjenigen schützen, der im Vertrauen auf den Rechtsbestand einer wirksam gewordenen gerichtlichen Entscheidung, durch die jemand die Fähigkeit oder Befugnis zum Abschluss von Rechtsgeschäften oder zur Entgegennahme von Willenserklärungen hat, mit diesem rechtsgeschäftlich tätig geworden ist.[1] Die Regelung hat daher wie auch die ähnliche und auf denselben Gesichtspunkten beruhende Vorschrift des § 306 über die Folgen der Aufhebung eines Einwilligungsvorbehalts einen **materiellrechtlichen Inhalt**.[2] Sie entspricht inhaltlich im Wesentlichen dem bisherigen § 32 FGG; im Unterschied zu § 32 FGG bezieht sich der Wortlaut der Bestimmung aber nicht mehr nur auf diejenigen Entscheidungen, die aufgrund sachlicher Unzuständigkeit des Gerichts unwirksam sind, sondern auf alle Fälle der Unwirksamkeit des vorgenommenen Rechtsgeschäfts. Dies entspricht der früheren erweiterten Auslegung des § 32 FGG.[3] 1

In den landesgesetzlich geregelten Angelegenheiten der freiwilligen Gerichtsbarkeit kann der Landesgesetzgeber die entsprechende Geltung des FamFG und somit auch des § 47 vorschreiben. Zu den Einzelheiten siehe die Ausführungen bei § 486. 2

II. Anwendungsbereich

1. Allgemeines

Die Vorschrift erfasst wirksam **gewordene** gerichtliche Entscheidungen, durch die jemand die Befähigung erhält, für sich selbst rechtsgeschäftlich tätig zu werden (Rn 4) oder die Befugnis, als Vertreter für einen anderen (Rn 5) rechtsgeschäftlich zu handeln. Nicht erfasst sind die Fälle, in denen eine gerichtliche Entscheidung aufgehoben wird, durch die einer Person die Vertretungsmacht, die sie innegehabt hat, entzogen worden ist (Rn 7). Denn insoweit fehlt es an einer gerichtlichen Entscheidung, auf deren Bestand ein Dritter bei Abschluss eines Rechtsgeschäfts oder bei Entgegennahme einer Willenserklärung in gesetzlich geschützter Weise vertrauen durfte.[4] 3

2. Die gerichtliche Ermächtigung, für sich selbst rechtsgeschäftlich zu handeln

Die Befähigung zur Vornahme eines Rechtsgeschäfts oder zur Entgegennahme einer Willenserklärung in eigener Sache kann jemand durch gerichtliche Entscheidung erlangen, sofern er bisher nicht imstande war, im eigenen Namen mit Rechtswirksamkeit zu handeln. Zu beachten ist aber, dass in diesen Fällen die Wirksamkeit der gerichtlichen Entscheidung 4

---
[12] MünchKommZPO/Ulrici § 47 FamFG Rn 13.
[1] BayObLG NJW-RR 1992, 787; Jansen/von König § 32 Rn 1.
[2] KG NJW 1971, 53.
[3] Vgl. Zimmermann 15. A. § 32 Rn 8.
[4] Vgl. Jansen/von König § 32 Rn 8.

gemäß § 40 Abs. 3 S. 1 grundsätzlich erst mit formeller Rechtskraft eintritt, sofern nicht die sofortige Wirksamkeit angeordnet wird, § 40 Abs. 3 S. 2 und 3. Beispiele:
- **§ 112 BGB** (gerichtliche Genehmigung der Ermächtigung eines Minderjährigen zum selbständigen Betrieb eines Erwerbsgeschäfts);[5]
- **§ 113 BGB** (gerichtliche Genehmigung der Ermächtigung eines Minderjährigen zur Eingehung eines Dienst- oder Arbeitsverhältnisses);
- **§ 1357 Abs. 2 BGB, auch i. V.m § 8 LPartG** (gerichtliche Aufhebung der Beschränkung oder Ausschließung eines Ehegatten, Geschäfte zur Deckung des Lebensbedarfs der Familie mit Wirkung auch für den anderen Ehegatten oder Lebenspartner zu schließen);
- **§ 1365 Abs. 2 BGB** (gerichtliche Ersetzung der Zustimmung des Ehegatten zur Verfügung über das Vermögen im Ganzen);
- **§ 1369 Abs. 2 BGB** (gerichtliche Ersetzung der Zustimmung des Ehegatten zur Verfügung über Haushaltsgegenstände);
- **§ 1426 BGB** (gerichtliche Ersetzung der Zustimmung des Ehegatten zur Verfügung über das Gesamtgut im Ganzen oder zur Verfügung über zum Gesamtgut gehörende Grundstücke, Schiffe oder Schiffsbauwerke);
- **§ 1430 BGB** (gerichtliche Ersetzung der Zustimmung des Ehegatten, der das Gesamtgut verwaltet, zu einem Rechtsgeschäft, das der andere Ehegatte zur ordnungsgemäßen Besorgung seiner persönlichen Angelegenheiten vornehmen muss; die Vorschrift gilt nach § 1487 BGB auch für die fortgesetzte Gütergemeinschaft);
- **§ 1452 Abs. 1 BGB** (gerichtliche Ersetzung der Zustimmung des Ehegatten bei der gemeinschaftlichen Verwaltung des Gesamtguts zu einem Rechtsgeschäft);
- **§ 7 Abs. 3 ErbbauRG** (gerichtliche Ersetzung der Zustimmung des Grundstückseigentümers zur Veräußerung oder Belastung des Erbbaurechts).

3. Die gerichtliche Ermächtigung, für andere rechtsgeschäftlich zu handeln

5   Die Befugnis zur Vornahme eines Rechtsgeschäfts oder zur Entgegennahme einer Willenserklärung erlangt jemand durch gerichtliche Entscheidungen, durch die er ermächtigt wird, für andere als **Vertreter** zu handeln. Hierher gehören namentlich
- die Bestellung zum Vormund (auch die Bestellung des Jugendamts zum Vormund),
- die Bestellung zum Pfleger, Beistand,
- die Bestellung zum Betreuer (§ 1896 BGB),
- die Bestellung zum Pfleger (§§ 1909 ff. BGB),
- die Bestellung zum Nachlasspfleger (§§ 1960, 1961 BGB),
- die Bestellung zum Nachlassverwalters (§§ 1981, 1984 BGB),
- die Ernennung eines Testamentsvollstreckers (§ 2200 BGB),
- die Bestellung von Vorstandsmitgliedern und Liquidatoren von Vereinen und Stiftungen (§§ 29, 86, 48, 88 BGB),[6]
- die Bestellung zu Liquidatoren einer Handelsgesellschaft (§§ 146 Abs. 2, 161 Abs. 2 HGB; §§ 265 Abs. 3, 273 Abs. 4 AktG; § 66 Abs. 2 GmbHG; § 83 Abs. 3 GenG),
- die Bestellung von Nachtragsliquidatoren,[7]
- die Bestellung eines Vertreters des Grundstückseigentümers zur Entgegennahme der Kündigung von Hypotheken (§§ 1141, 1192, 1200 BGB), oder
- die gerichtliche Bestellung zum WEG-Verwalter.[8]

6   Der Grundsatz des § 47 kann **analog** angewandt werden:
- auf genehmigungsbedürftige Handlungen, die ein geschiedener Ehegatte ohne Genehmigung des anderen geschiedenen Ehegatten vorgenommen hat, wenn das Scheidungsurteil auf Grund einer Wiederaufnahmeklage aufgehoben wird;
- auf die gerichtliche Befugnis zur Prüfung und Testierung des Jahresabschlusses einer Gesellschaft (§ 138 Abs. 3 HGB),[9]

---

[5] Wie hier Prütting/Helms/Abramenko § 47 Rn 3; a. A. MünchKommZPO/Ulrici § 47 FamFG Rn 7.
[6] BayObLG NJW-RR 1992, 787.
[7] OLG Schleswig FGPrax 2000, 73 = NJW-RR 2000, 769.
[8] BayObLG NJW-RR 1992, 787.
[9] OLG Düsseldorf FGPrax 1996, 155 = NJW-RR 1996, 1318.

- wenn die Bestellung eines Verwalters durch die Wohnungseigentümergemeinschaft nachträglich gerichtlich aufgehoben wird, so dass die Aufhebung auf die vorher getätigten Rechtshandlungen des Verwalters keine Auswirkungen haben kann.[10]

Keine Anwendung findet § 47 auf die Fälle der Aufhebung einer gerichtlichen Entscheidung, durch die einer Person die Vertretungsmacht, die sie innegehabt hat, entzogen worden ist. Vielmehr bleiben die Rechtshandlungen, die von ihr oder ihr gegenüber vorgenommen wurden, nachdem ihr (durch die jetzt wieder aufgehobene Entscheidung) die Vertretungsmacht entzogen war, wirksam; es wird so angesehen, als ob ihr die Vertretungsmacht nie entzogen worden wäre.[11] Eine entsprechende Regelung enthält § 306 für den Fall der Aufhebung eines Einwilligungsvorbehalts (vgl. die Kommentierung dort). Wird z.B. die Entlassung eines Testamentsvollstreckers auf Beschwerde aufgehoben, so werden seine Funktionen als fortbestehend angesehen, das Testamentsvollstrecker-Zeugnis gilt als nicht kraftlos geworden;[12] Rechtshandlungen, welche der Erbe während der zu Unrecht bestellten Nachlassverwaltung oder der Vater, dem zu Unrecht das Personensorgerecht und die Verwaltung am Kindesvermögen entzogen war, vorgenommen hat, sind daher wirksam.[13] Ein etwaiger Widerstreit der vom Vertreter und vom Vertretenen vorgenommenen Rechtshandlungen ist nach den dazu unter dem Begriff der Doppelzuständigkeit entwickelten Grundsätzen zu beurteilen (siehe auch § 306 Rn 6).[14]

III. Voraussetzungen des Wirksambleibens des Rechtsgeschäfts

1. Wirksamkeit der gerichtlichen Ermächtigung vor ihrer Aufhebung

Die Anwendung des § 47 setzt voraus, dass die Entscheidung, durch die jemand die Befugnis oder Fähigkeit zur Vornahme eines Rechtsgeschäfts oder Entgegennahme einer Willenserklärung erlangt hat, schon nach § 40 wirksam geworden ist, bevor sie aufgehoben wurde, und sei es im Wege der Anordnung der sofortigen Wirksamkeit. § 47 trifft also nicht die Fälle, in denen die Entscheidung vor der Aufhebung mangels Eintritts der Wirksamkeit eine rechtliche Bedeutung nach außen noch nicht erlangt hat.

Da die Entscheidung des Gerichts Wirksamkeit erlangt haben muss, um überhaupt im Rechtsverkehr einen schützenswerten Vertrauenstatbestand zu schaffen, erfasst § 47 nicht den Fall, dass die Entscheidung **von Anfang an unwirksam war**; die Aufhebung derartiger Entscheidungen hat stets nur deklaratorische Bedeutung. Dies ist in § 47 letzter Halbsatz ausdrücklich klargestellt. Unwirksamkeit von Anfang an liegt vor, wenn die Entscheidung nichtig ist. Dies kommt insbesondere bei funktioneller Unzuständigkeit in Betracht. Diese ist z.B. gegeben, wenn die Entscheidung durch den Berichterstatter anstatt durch die Beschwerdekammer oder durch den Rechtspfleger anstatt durch den Richter getroffen wird, etwa bei der Bestellung eines Betreuers durch den Berichterstatter oder eines Verfahrenspflegers für den Betreuten im Rahmen der Betreuerbestellung oder Abwesenheitspflegers für einen Ausländer[15] oder Nachtragsliquidators[16] durch den hierzu funktionell unzuständigen Rechtspfleger. Ein entsprechender Beschluss des Rechtspflegers oder Berichterstatters hat nicht die Wirkung nach § 47. Ein weiterer Beispielsfall ist die Bestellung eines Geschäftsunfähigen zum Vormund.[17] Liegen die Voraussetzungen der Bestellung eines Vormunds oder Betreuers nicht vor, ist die Bestellung nicht nichtig, sondern nur ungerechtfertigt und daher anfechtbar.

2. Aufhebung einer ungerechtfertigten Entscheidung

Ungerechtfertigt ist eine gerichtliche Entscheidung, die rechtlich zwar wirksam ist, sich aber aus tatsächlichen oder rechtlichen Gründen als unrichtig erweist und deshalb aufgeho-

---

[10] BGH NJW 2007, 2776; MünchKommBGB/Engelhardt § 26 WEG Rn 42.
[11] BayObLGZ 1964, 300/302; NJW 1959, 1920.
[12] BayObLGZ 1959, 128.
[13] Lent JZ 1957, 351/352.
[14] MünchKommBGB/Schwab § 1902 Rn 20.
[15] OLG Köln FamRZ 2004, 1123.
[16] OLG Schleswig FGPrax 2000, 73 = NJW-RR 2000, 769.
[17] Bassenge/Roth/Gottwald § 47 Rn 5.

ben wird, z. B. Aufhebung der Bestellung eines Nachlasspflegers[18] oder Ergänzungspflegers mangels Bedürfnisses;[19] aber auch die Aufhebung der Bestellung eines Abwesenheitspflegers für einen angeblich Abwesenden, tatsächlich aber bereits Verstorbenen[20] oder Aufhebung der Ernennung eines Testamentsvollstreckers, weil das Testament nichtig ist oder weil er in der Ernennung durch das Nachlassgericht (§ 2200 BGB) eine Aufgabe erhält, die in dem erklärten letzten Willen des Erblassers in keiner Weise vorgesehen ist, obwohl die Ernennung in den zuletzt genannten Fällen materiell ohne Inhalt (gegenstandslos, „ein Schlag in die Luft") ist.[21] Für die Anwendung des § 47 macht es keinen Unterschied, ob die **Aufhebung der Entscheidung** im Beschwerdewege durch ein höheres Gericht oder im Verfahren auf Wiedereinsetzung in den vorigen Stand (§ 17) oder gemäß § 48 durch das zuständige Gericht erfolgt.

IV. Wirkung der Aufhebung der gerichtlichen Entscheidung

11 Die Aufhebung einer hiernach ungerechtfertigten, aber nicht nichtigen Entscheidung hat keinen Einfluss auf die Wirksamkeit der Rechtshandlungen, zu deren Vornahme eine Person auf Grund der aufgehobenen Entscheidung **formell berechtigt** war. Die Aufhebung wirkt also erst von dem Zeitpunkt des Eintritts der Wirksamkeit der aufhebenden Entscheidung ab (§ 40); die durch die aufgehobene Entscheidung erlangten Befugnisse erlöschen erst mit diesem Zeitpunkt **(Wirkung ex nunc).**[22] Auf die Kenntnis der Beteiligten von der Aufhebung kommt es nicht an[23] (Schadensersatzpflicht im Falle von Arglist bleibt unberührt). Die vorgenommenen Rechtsgeschäfte bleiben – unbeschadet ihrer Nichtigkeit oder Anfechtbarkeit aus anderen materiellrechtlichen Gründen – gültig, die abgegebenen oder entgegengenommenen Willenserklärungen behalten die Wirkung, die ihnen rechtlich zukommt.

Abänderung und Wiederaufnahme

48 (1) ¹Das Gericht des ersten Rechtszugs kann eine rechtskräftige Endentscheidung mit Dauerwirkung aufheben oder ändern, wenn sich die zugrunde liegende Sach- oder Rechtslage nachträglich wesentlich geändert hat. ²In Verfahren, die nur auf Antrag eingeleitet werden, erfolgt die Aufhebung oder Abänderung nur auf Antrag.

(2) **Ein rechtskräftig beendetes Verfahren kann in entsprechender Anwendung der Vorschriften des Buches 4 der Zivilprozessordnung wiederaufgenommen werden.**

(3) **Gegen einen Beschluss, durch den die Genehmigung für ein Rechtsgeschäft erteilt oder verweigert wird, findet eine Wiedereinsetzung in den vorigen Stand, eine Rüge nach § 44, eine Abänderung oder eine Wiederaufnahme nicht statt, wenn die Genehmigung oder deren Verweigerung einem Dritten gegenüber wirksam geworden ist.**

Übersicht

	Rn
I. Normzweck	1
II. Abänderung einer Endentscheidung mit Dauerwirkung (Abs. 1)	5
1. Anwendungsbereich	5
a) Endentscheidung	5
b) Regelung eines Dauerzustands	6

---

[18] OLG Köln FamRZ 1995, 1986.
[19] Siehe KG JR 1959, 20.
[20] OLG Köln FGPrax 2002, 52 = FamRZ 2003, 1481; OLG Nürnberg FamRZ 1956, 117.
[21] BayObLG NJW-RR 1995, 711 = FamRZ 1995, 124; A. A. Jansen NJW 1966, 331, wonach die Ernennung zum Testamentsvollstrecker diesem keine Verfügungsbefugnis verschafft, wenn das Testament nichtig ist oder es an der Anordnung der Testamentsvollstreckung oder der Annahme des Amtes fehlt; siehe auch die Entscheidung BGH NJW 1964, 1316, bei der es aber nicht auf den § 47 ankam.
[22] Baur § 24 B V 2; Habscheid § 27 IV 1 d.
[23] Jansen/von König § 32 Rn 6.

	Rn
c) Keine spezielle Abänderungsvorschrift	7
d) Keine Familienstreitsache	8
e) Kein gesetzlicher Ausschluss der Abänderbarkeit	9
2. Voraussetzungen der Änderungsentscheidung	12
a) Nachträgliche Änderung i. S. d. Abs. 1	12
b) Formell-rechtskräftiger Abschluss des bisherigen Verfahrens	13
c) Wesentliche Änderung der Verhältnisse	14
d) Abänderung von Amts wegen	15
e) Beschränkung der Änderungsbefugnis im Antragsverfahren	16
f) Wiederholte Änderung	17
3. Zuständiges Gericht für das Abänderungsverfahren	18
4. Wirksamkeit und Wirkung von Änderungen	21
III. Wiederaufnahme des Verfahrens (Abs. 2)	22
1. Allgemeines	22
2. Verfahrensvoraussetzungen	23
a) Arten der Wiederaufnahmeverfahren	23
b) Antrag; Form und Frist	24
c) Ausschöpfung aller Rechtsbehelfe (Subsidiaritätsgrundsatz)	25
d) Wiederaufnahmegründe	26
e) Zuständiges Gericht	27
f) Beibringungsgrundsatz	28
g) Erneute Verhandlung	29
h) Rechtsmittel	30
IV. Unabänderlichkeit der Genehmigungsentscheidung (Abs. 3)	31
1. Anwendungsbereich	31
2. Zeitpunkt des Wirksamwerdens des Rechtsgeschäfts mit dem Dritten	33
a) Wirksamwerden gegenüber dem Vormund, den Eltern etc.	33
b) Wirksamwerden gegenüber dem Dritten	34
3. Unabänderlichkeit des Rechtsgeschäfts bei Genehmigung vor dessen Abschluss	35
4. Unabänderlichkeit des Rechtsgeschäfts bei Genehmigung nach dessen Abschluss	37
a) Allgemeines	37
b) Mitteilung der gerichtlichen Genehmigung durch den Vormund	38
c) Mitteilung durch Bevollmächtigten oder Doppelbevollmächtigte	40
d) Mitteilung durch das Gericht	42
5. Unabänderlichkeit bei Beteiligung von mehreren Kindern	43
6. Unzulässige Abänderungen	44

I. Normzweck

Abs. 1 übernimmt den Regelungsgehalt des bisherigen § 18 Abs. 1 FGG nur eingeschränkt. Da nach neuem Recht grundsätzlich eine Befristung der Rechtsmittel besteht, sieht das FamFG wegen der formellen Bestandskraft der Entscheidungen eine allgemeine Abänderungsbestimmung nicht vor. Es bestehen vielmehr spezialgesetzliche Abänderungsvorschriften (Rn 3) und daneben die Abänderbarkeit nach Abs. 1 mit einem auf Endentscheidungen mit Dauerwirkung beschränkten Anwendungsbereich. Demgegenüber sah § 18 FGG die freie Abänderbarkeit einer zuvor getroffenen Entscheidung vor, wenn die Entscheidung (früher: Verfügung) des Gerichts der nicht befristeten Beschwerde unterlag, das Gericht sie nachträglich für ungerechtfertigt erachtete und gesetzlich nichts anderes bestimmt war. Nicht zulässig war nach § 18 Abs. 2 FGG eine Abänderung bei Entscheidungen, die der befristeten Beschwerde unterlagen. § 18 FGG bezog sich nach seiner Entstehungsgeschichte[1] überhaupt nicht auf die Änderung formell rechtskräftiger Entscheidungen, sondern gab dem Gericht lediglich die Möglichkeit, eine von ihm erlassene, noch **nicht formell rechtskräftige** Entscheidung, auch ohne dass dagegen Beschwerde eingelegt worden wäre, von Amts wegen zu ändern, sofern gegen diese Entscheidung nicht die sofortige Beschwerde stattfand. Eine formell rechtskräftige Entscheidung sollte nur geändert werden dürfen, wenn das materielle Recht es gestattete.

[1] Vgl. dazu KG JFG 23, 360.

2 Abs. 2 betrifft die Wiederaufnahme des Verfahrens, die bisher im FGG nicht geregelt war. Gleichwohl entsprach es der ganz überwiegenden Ansicht, die Vorschriften über die Wiederaufnahme nach der Zivilprozessordnung entsprechend anzuwenden.[2]

3 Abs. 3 ist Teil der Neuregelung der Vorschriften über die Genehmigung von Rechtsgeschäften, die bisher in den §§ 55, 62 FGG geregelt war. Er nimmt den Schutzgedanken der §§ 55, 62 FGG auf, indem er anordnet, dass gegen einen Beschluss, durch den die Genehmigung für ein Rechtsgeschäft erteilt oder verweigert wird, keine Wiedereinsetzung in den vorigen Stand nach § 17, keine Gehörsrüge nach § 44, keine Abänderung der Genehmigung nach § 48 Abs. 1 und keine Wiederaufnahme des Verfahrens nach § 48 Abs. 2 stattfinden.[3] Die Frage, wann ein Beschluss, der die Genehmigung eines Rechtsgeschäfts zum Gegenstand hat, wirksam wird, behandeln § 40 Abs. 2 und das materielle Recht.

4 Die Vorschrift ist nach § 113 Abs. 1 S. 1 auf Ehe- und Familienstreitsachen **nicht anwendbar** (zur Einschränkung der Anwendbarkeit des Abs. 1 s. auch Rn 5).

II. Abänderung einer Endentscheidung mit Dauerwirkung (Abs. 1)

1. Anwendungsbereich

5 a) **Endentscheidung.** Abs. 1 regelt die **verfahrensrechtliche Befugnis** zur Änderung einer vom Gericht (Richter, Rechtspfleger) erlassenen Endentscheidung. Den Begriff Endentscheidung definiert § 38 Abs. 1 S. 1 als eine die Instanz abschließende, den Verfahrensgegenstand ganz oder teilweise erledigende Entscheidung (s. dazu § 38 Rn 3). Danach betrifft § 48 nicht Nebenentscheidungen, z. B. Kostenentscheidungen, oder Zwischenentscheidungen, wie z. B. die Bestellung eines Verfahrensbeistands (§§ 158, 174, 191) oder Verfahrenspflegers (§§ 276, 317, 419). Die einstweilige Anordnung nach § 49 wird ebenfalls nicht von § 48 erfasst, für sie gibt es die Möglichkeit zur Aufhebung oder Änderung der Entscheidung nach § 54 als lex specialis. Auch auf verfahrenserledigende Vergleiche im Sinne des § 36 ist § 45 seinem Wortlaut nach nicht anzuwenden; im Einzelfall kann jedoch eine entsprechende Anwendung in Betracht kommen.[4]

6 b) **Regelung eines Dauerzustands.** Abs. 1 gilt nur für Endentscheidungen, die einen Dauerzustand regeln; kennzeichnend für eine solche Entscheidung ist, dass ihre Rechtsfolgen nicht zu einem bestimmten Zeitpunkt, sondern während eines bestimmten Zeitraums eintreten.[5] Das gilt insbesondere für die Bestellung eines rechtlichen Betreuers, die Ernennung eines Testamentsvollstreckers, die Anordnung einer Vormundschaft, Pflegschaft, Nachlasspflegschaft etc. einschließlich der Auswahlentscheidung eines Vormunds oder Pflegers, die Unterbringung und Freiheitsentziehung sowie die Genehmigung einer freiheitsentziehenden Maßnahme. Im materiellen Recht finden sich dazu gesetzliche Vorschriften, die die Abänderung oder Aufhebung einer Entscheidung erfordern, wenn sich die tatsächlichen Verhältnisse seit deren Erlass geändert haben, z. B. in § 1696 BGB (Abänderung und Überprüfung gerichtlicher Anordnungen), § 1886 BGB (Entlassung eines Einzelvormunds), § 1886 i. V. m. § 1915 BGB (Entlassung eines Ergänzungspflegers oder sonstigen Pflegers), § 1908 d BGB (Aufhebung oder Änderung von Betreuung und Einwilligungsvorbehalt), § 1382 Abs. 6 BGB (Abänderung einer Entscheidung über die Stundung von Ausgleichsforderungen im ehelichen Güterrecht), § 2227 BGB (Entlassung eines Testamentsvollstreckers), § 30 VerschG (Änderung von Entscheidungen im Verfahren bei Todeserklärungen), § 22 Abs. 4 GrdstVG (danach kann eine zulässige Auflage, die die Genehmigungsbehörde oder das Landwirtschaftsgericht einem Beteiligten für den Verkehr mit einem landwirtschaftlichen Grundstück auferlegt haben, bei wesentlicher Veränderung der Verhältnisse durch das Gericht nachträglich geändert werden).[6]

---

[2] BayObLG FamRZ 2004, 137.
[3] BT-Drs. 16/6309 S. 199.
[4] Vgl. Maurer FamRZ 2009, 1792/1795.
[5] OVG Hamburg NVwZ-RR 1993, 320; Haußleiter/Gomille § 48 Rn 2.
[6] Vgl. OLG Hamm RdL 1964, 238.

c) **Keine spezielle Abänderungsvorschrift.** Abs. 1 gilt indes nicht für solche Dauer- 7
regelungen, für die es spezielle verfahrensrechtliche Abänderungsvorschriften gibt. Diese
gibt es
- in **Abs. 3** für die gerichtliche Genehmigung von privatrechtlichen Rechtsgeschäften,
- in **§ 166** für die Abänderung gerichtlicher Entscheidungen zur elterlichen Sorge;
- in **§§ 225 bis 227** für die Abänderung rechtskräftiger Entscheidungen zum Versorgungsausgleich,
- in **§ 294** für die Aufhebung und Einschränkung der Betreuung oder des Einwilligungsvorbehalts,
- in **§ 330** für die Aufhebung einer Entscheidung, mit der eine Unterbringung genehmigt oder angeordnet worden ist,
- in **§ 395** für die Löschung unzulässiger Eintragungen in Registersachen,
- in **§ 426** für die Aufhebung einer Entscheidung, mit der eine Freiheitsentziehung angeordnet worden ist.

d) **Keine Familienstreitsache.** Nicht anzuwenden ist Abs. 1 (wie der gesamte § 48) 8
gemäß § 113 Abs. 1 in den **Familienstreitsachen,** wozu nach § 112 Unterhaltssachen,
Güterrechtssachen (z. B. § 1382 Abs. 6 BGB) und sonstige Familiensachen nach § 266
Abs. 1 und Lebenspartnerschaftssachen nach § 269 Abs. 2 gehören; zur Abänderung von
Entscheidungen, Vergleichen und Urkunden in Unterhaltssachen s. §§ 238 bis 240.

e) **Kein gesetzlicher Ausschluss der Abänderbarkeit.** Die Abänderung von Ent- 9
scheidungen kommt auch nicht in Betracht, soweit das Gesetz eine Abänderung ausschließt.
So ist eine Abänderung in **Adoptionssachen** nach § 197 Abs. 3 (Beschluss über die
Annahme als Kind), § 198 Abs. 1 (Beschluss über die Ersetzung der Einwilligung oder
Zustimmung zur Annahme als Kind), § 198 Abs. 2 (Beschluss über die Aufhebung des
Annahmeverhältnisses) und § 198 Abs. 3 (Beschluss über die Erteilung der Befreuung vom
Eheverbot nach § 1308 Abs. 1 BGB) ausgeschlossen.

Ein **Erbschein** kann nach erfolgter Erteilung weder auf eine Beschwerde (§ 352 Abs. 3) 10
noch nach § 48 Abs. 1 geändert werden, sondern er muss nach § 2361 BGB eingezogen
oder für kraftlos erklärt und es muss ein neuer Erbschein ausgestellt werden.[7] Auch eine
Abänderung der Entscheidung, auf der die Einziehung oder Erklärung der Kraftlosigkeit des
Erbscheins beruht, ist nach erfolgter tatsächlicher Einziehung oder Kraftloserklärung weder
aufgrund einer Beschwerde (§ 353 Abs. 2 und 3) noch aufgrund des § 48 Abs. 1 möglich.
Die durchgeführte Einziehung kann nicht mehr rückgängig gemacht werden, weil eine
kraftlos gewordene Urkunde nur durch Erneuerung wiederhergestellt werden kann.[8]

Abgeschlossene Eintragungen in das **Grundbuch**, an die sich gutgläubiger Erwerb 11
anschließen kann, können nur nach den Vorschriften der GBO (§§ 22, 53 Abs. 1 S. 2 oder
84 GBO) geändert werden.[9]

2. Voraussetzungen der Änderungsentscheidung

a) **Nachträgliche Änderung i. S. d. Abs. 1.** Eine Änderung i. S. d. Abs. 1 ist jede 12
sachliche Änderung der früher erlassenen Endentscheidung, also ihre Ersetzung durch eine
anderweitige Regelung, ihre völlige oder teilweise ersatzlose Aufhebung oder ihre Ergänzung. Im Antragsverfahren kann eine Änderung somit zu einer Umwandlung der den Antrag
zurückweisenden Entscheidung in eine dem Antrag ganz oder teilweise stattgebende Endentscheidung führen.[10] Wann eine Entscheidung erlassen ist, regelt § 38 Abs. 3. Nach der
Legaldefinition ist ein Beschluss erlassen, wenn entweder der unterschriebene Beschluss an
die Geschäftsstelle übergeben wird oder die Beschlussformel den anwesenden Beteiligten
durch Verlesen bekannt gemacht wird. Noch nicht erlassene Entscheidungen sind innere
Angelegenheiten des Gerichts; sie können daher jederzeit geändert oder zurückgenommen
werden.

---

[7] Palandt/Weidlich § 2353 Rn 23; § 2361 Rn 2.
[8] BGH NJW 1963, 1972; BayObLGZ 1980, 72.
[9] Demharter § 1 Rn 62; KEHE/Eickmann § 1 Rn 37.
[10] Jansen/Briesemeister § 18 Rn 7.

13 **b) Formell-rechtskräftiger Abschluss des bisherigen Verfahrens.** Die Zulässigkeit der nachträglichen Änderung einer erlassenen Endentscheidung setzt nach S. 1 zunächst voraus, dass das bisherige Verfahren formell rechtskräftig abgeschlossen ist. Dies ist der Fall, wenn die erstinstanzliche Entscheidung nicht oder nicht mehr mit Rechtsmitteln angefochten werden kann (vgl. die Kommentierung III. zu § 45). Die Änderung einer Entscheidung mit Dauerwirkung wegen veränderter Umstände vor deren formeller Rechtskraft ist daher nach Abs. 1 nicht möglich; insoweit ist die Beschwerde vorrangig.[11]

14 **c) Wesentliche Änderung der Verhältnisse.** In der Sache setzt die Änderungsentscheidung eine wesentliche, also bedeutsame, bei der Entscheidungsfindung maßgebliche Änderung der Verhältnisse voraus. Geändert haben muss sich nach Abs. 1 S. 1 die Sach- oder die Rechtslage. Eine Änderung der Sachlage liegt immer dann vor, wenn sich die der Entscheidung zugrunde liegenden Tatsachen ändern. Eine Änderung der Rechtslage ist gegeben, wenn sich das maßgebliche materielle Recht geändert hat. Hierunter können grundsätzlich auch Änderungen der höchstrichterlichen Rechtsprechung fallen.[12] Wesentlich und die Abänderung einer Endentscheidung wegen veränderter Umstände rechtfertigend sind die veränderten Umstände insbesondere dann, wenn deren Aufrechterhaltung sich angesichts der gewandelten Auffassungen als krasses Unrecht darstellen würde. Die Änderung einer Entscheidung mit Dauerwirkung wegen veränderter Umstände kommt nach deren formeller Rechtskraft auch dann in Betracht, wenn sich die Sachlage zwar nicht verändert hat, die erneute sachliche Prüfung jedoch zu dem Ergebnis führt, dass ein Grund für die Entscheidung nicht bestanden hat und auch weiterhin nicht besteht (siehe auch § 426 Rn 3).[13] Auf diese Weise wird dem Zweck der Vorschrift Rechnung getragen, einen durch eine sachlich nicht gerechtfertigte Entscheidung geschaffenen Dauerzustand umgehend zu beenden. Dies kann z. B. darauf beruhen, dass nachträglich Tatsachen bekannt werden, die bei deren Erlass zwar schon vorlagen, aber nicht bekannt waren,[14] ferner wenn dem Gericht schon vor seiner ersten Entscheidung vorhandene, aber wegen unzureichender Ermittlungen unbekannt gebliebene tatsächliche Umstände nachträglich bekannt werden (verdeckte Tatsachen) und diese zu einer anderen tatsächlichen und damit auch rechtlichen Beurteilung der Angelegenheit führen.[15]

15 **d) Abänderung von Amts wegen.** Die Abänderung erfolgt – vom Fall des Abs. 1 S 2 abgesehen – von Amts wegen; den Anstoß hierzu kann ein als Anregung zu wertender Antrag an das Gericht geben (§ 24), sie kann aber auch auf Grund einer vom Gericht selbst vorgenommenen Überprüfung, z. B. aufgrund einer geänderten höchstrichterlichen Rechtsprechung, durchgeführt werden. Abs. 1 S. 1 bestimmt lediglich, dass das Gericht eine Entscheidung abändern **kann,** wenn sich die zugrunde liegende Sach- oder Rechtslage nachträglich wesentlich geändert hat. Damit ist aber dem Gericht nicht etwa ein Wahlrecht zwischen Änderung oder Nichtabänderung eingeräumt, vielmehr ist ihm, wie sich schon aus dem Amtsermittlungsgrundsatz des § 26 ergibt, grundsätzlich die Verpflichtung auferlegt, von seiner Änderungsbefugnis Gebrauch zu machen, wenn die Voraussetzungen hierfür vorliegen.[16] Obwohl für die Abänderungsbefugnis nach § 48 grundsätzlich keine zeitlichen Grenzen bestehen, kann ihr aber u. U. **längerer Zeitablauf** entgegenstehen,[17] insbesondere wenn eine aus Gründen der Rechtssicherheit nicht mehr rückgängig zu machende Einwirkung auf die materielle Rechtslage stattgefunden hat.

16 **e) Beschränkung der Änderungsbefugnis im Antragsverfahren (Abs. 1 S. 2).** Soweit Entscheidungen mit Dauerwirkung **nur** auf Antrag (§ 23) erlassen werden können, setzt die Änderung einen neuen Antrag voraus. Dies gilt – im Unterschied zur früheren

---

[11] Maurer FamRZ 2009, 1792/1796.
[12] BT-Drs. 16/6308 S. 198; BGH NJW 2003, 1796 = FamRZ 2003, 848; Bumiller/Harders § 48 Rn 6.
[13] BGH NJW 2009, 299 für Freiheitsentziehungen.
[14] OLG Frankfurt FamRZ 1960, 77.
[15] KG OLGZ 1971, 89; SBW/Oberheim § 48 Rn 11; a. A. Habscheid § 27 III 6 b, § 28 III 2 a, der meint, im Hinblick auf die dem Richter vorliegenden Tatsachen sei die erste Entscheidung richtig gewesen, sie könne aber auf Grund der später bekannt gewordenen Tatsachen in einem neuen überprüft werden.
[16] Bärmann § 21 II 1; Baur § 24 B I 2; Habscheid § 27 II 1 b; einschränkend Jansen/Briesemeister § 18 Rn 12.
[17] OLG Frankfurt OLGZ 1967, 352; JZ 1960, 93.

Rechtslage in § 18[18] – nicht nur dann, wenn der Antrag zurückgewiesen worden ist, sondern auch, wenn dem Antrag stattgegeben worden ist. Die Änderung kann in den Antragsverfahren nicht von Amts wegen erfolgen, auch wenn sich das Gericht nachträglich von der Unrichtigkeit der Antragszurückweisung überzeugt hat; die Beschränkung in Abs. 1 S. 2 gilt aber nicht für Verfahren, die sowohl von Amts wegen als auch auf Antrag eingeleitet werden können. Die Antragstellung ist ohne zeitliche Beschränkung zulässig. Befugt zur Antragstellung ist – so auch ausdrücklich die Gesetzesbegründung – nur derjenige, dessen früherer Antrag zurückgewiesen worden ist.[19] Stellt ein anderer hierzu Berechtigter einen sachlich gleichen Antrag, so handelt es sich hiernach um eine **neue** Angelegenheit, die vom Gericht als dessen Sache zu behandeln und zu entscheiden ist, also nicht als ein Antrag auf Abänderung der früheren Entscheidung.[20]

f) Wiederholte Änderung. Unter den Voraussetzungen des Abs. 1 ist auch eine wiederholte Abänderung und auch eine Wiederherstellung der ursprünglichen, aber nachträglich geänderten Entscheidung zulässig. Jedoch kann ein formell rechtskräftig abgewiesener Antrag von demselben Antragsteller nicht mit der gleichen Begründung wiederholt gestellt werden; für einen solchen Antrag fehlt das erforderliche Rechtsschutzbedürfnis,[21] das auch im Verfahren der freiwilligen Gerichtsbarkeit vorliegen muss.

3. Zuständiges Gericht des Abänderungsverfahrens

Eine Abänderung kann nur in einem **neuen Verfahren** geltend gemacht werden; denn wenn gegen die abzuändernde Entscheidung noch ein Rechtsmittel eingelegt werden kann, so ist dieses vorrangig.[22] Die gerichtliche Zuständigkeit für die Durchführung des Abänderungsverfahrens ist gegebenenfalls neu zu bestimmen. Zuständig zur Änderung ist grundsätzlich das erstinstanzliche Gericht, das die Entscheidung erlassen hat. Ist eine Vormundschaft, Pflegschaft, Betreuung oder Nachlasspflegschaft an ein anderes Gericht abgegeben worden, so ist das übernehmende Gericht berechtigt, die Entscheidung des abgebenden Gerichts abzuändern. Das gleiche gilt, wenn das AG Schöneberg als Auffanggericht eine Sache an ein anderes Gericht abgegeben hat. Ebenso kann, wenn eine Sache wegen örtlicher Unzuständigkeit oder wegen rechtlicher und tatsächlicher Verhinderung des bisher mit der Sache befassten Gerichts an ein anderes Gericht übergeht, letzteres Gericht die Entscheidungen des ersteren ändern. Unzulässig ist aber die Änderung einer bereits erlassenen Entscheidung durch ein anderes, ebenfalls örtlich zuständiges Gericht ohne förmliche Übernahme der Sache. Entscheidungen, die ein Eilgericht z. B. gem. § 152 Abs. 4 erlassen hat, können, wenn die Zuständigkeit des Eilgerichts beendet und die Sache auf das zuständige Gericht übergegangen ist, von diesem geändert werden.[23] Bei einer Abgabe von Familiensachen der freiwilligen Gerichtsbarkeit an das Gericht der Ehesache wird für etwaige Änderungsentscheidungen dieses Gericht zuständig.

Befugt zur Abänderung ist schon nach dem Wortlaut des Abs. 1 nur das **Gericht erster Instanz**. Es gelten die allgemeinen Vorschriften über die funktionelle Zuständigkeit, so dass der Rechtspfleger in den ihm zur Bearbeitung übertragenen Sachen für Entscheidungen nach § 48 zuständig ist. Das erstinstanzliche Gericht darf – anders als im früheren Recht[24] – nicht nur seine eigenen Entscheidungen, sondern auch die Entscheidungen des Beschwerdegerichts abändern,[25] und zwar nicht nur, wenn die Beschwerde als unzulässig verworfen worden ist, sondern auch, wenn das Beschwerdegericht sachlich über die Angelegenheit entschieden hat, also entweder die Beschwerde aus sachlichen Gründen zurückgewiesen oder selbst in der Sache anders entschieden hat.

---

[18] Vgl. Schmidt 15. A. § 18 Rn 10.
[19] BT-Drs. 16/6308 S. 198.
[20] So auch schon zur früheren Rechtslage Jansen/Briesemeister § 18 Rn 19; a. A. Prütting/Helms/Abramenko § 48 Rn 11.
[21] OLG Brandenburg FGPrax 1997, 118.
[22] MünchKommZPO/Ulrici § 48 FamFG Rn 11; Maurer FamRZ 2009, 1792/1798.
[23] OLG Hamburg Rpfleger 1985, 194.
[24] Vgl. BayObLGZ 1971, 114/122; KG NJW 1955, 1074.
[25] So zutreffend Prütting/Helms/Abramenko § 48 Rn 16; an der gegenteiligen Auffassung in der Vorauflage wird nicht mehr festgehalten.

20 Das **Beschwerdegericht** darf die von ihm selbst erlassene Entscheidung nicht, auch nicht auf Antrag ändern. Dies ergibt sich klarstellend aus Abs. 1 („Gericht des ersten Rechtszugs"), aber auch daraus, dass es in der Sache nur wieder tätig werden kann, wenn es im Instanzenzug erneut mit der Sache befasst wird.[26] Das gilt auch dann, wenn es die Beschwerde als unzulässig verworfen hat. Wird eine Beschwerde, die zunächst wegen Formmangels als unzulässig verworfen worden ist, vor Rechtskraft der diesbezüglichen Entscheidung nochmals formgerecht eingelegt, bleibt die erste Beschwerdeentscheidung bestehen, hindert aber nicht die Sachentscheidung über das zweite Rechtsmittel.[27] Hat das Beschwerdegericht eine Beschwerde wegen Fristversäumung als unzulässig verworfen und nachträglich Wiedereinsetzung in den vorigen Stand bewilligt, so ist sein die Verwerfung des Rechtsmittels aussprechender Beschluss gegenstandslos; es kann eine neue Entscheidung treffen.[28]

4. Wirksamkeit und Wirkung von Änderungen

21 Abändernde Endentscheidungen werden nach den allgemein für Beschlüsse der betreffenden Art geltenden Regeln (§ 40) wirksam, auch wenn sie unter Verstoß gegen Abs. 1 vorgenommen worden sind; ist die Entscheidung unrichtig, kann sie, da sie gegenüber der abgeänderten Entscheidung eigenständig ist, nach den §§ 58 ff. mit der **Beschwerde** angefochten werden. Es ist gesetzlich nicht geregelt, ob die Entscheidung rückwirkende Kraft hat oder ob das Gericht bestimmen kann, dass die Abänderung nach Abs. 1 eine rückwirkende Kraft haben soll oder nicht. Es ist daher davon auszugehen, dass die Änderung einer Endentscheidung wegen veränderter Umstände keine Rückwirkung hat. Denn die geänderte Entscheidung war nicht von Anfang an unwirksam; außerdem lässt sich der Zeitpunkt, zu dem die ihre Änderung rechtfertigenden Umstände eingetreten sind, häufig nur schwer feststellen, so dass eine geeignete Grundlage fehlt, um die mögliche Dauer der Rückwirkung der geänderten Entscheidung zu bestimmen. Schließlich ergibt sich aus dem Grundsatz des § 47, dass ein mit der Rückwirkung gegebenenfalls verbundener Eingriff in die Rechte Dritter nach Möglichkeit vermieden werden muss, um deren Vertrauen in die Rechtsbeständigkeit von staatlichen Hoheitsakten nicht zu erschüttern.

III. Wiederaufnahme des Verfahrens (Abs. 2)

1. Allgemeines

22 Abs. 2 verzichtet darauf, die Wiederaufnahme eigenständig zu regeln und verweist dem Ziel der Harmonisierung der Verfahrensordnungen Rechnung tragend[29] wie auch andere Verfahrensordnungen (z. B. § 153 Abs. 1 VwGO, § 179 Abs. 1 SGG, § 134 FGO) auf die Vorschriften der ZPO. Diese sind entsprechend anzuwenden, um so auch den Beteiligten eines FamFG-Verfahrens die Rechte der Parteien eines ZPO-Prozesses zu gewährleisten, wenn sie eine Entscheidung nicht mehr mit ordentlichen Rechtsmitteln angreifen können. Für die Wiederaufnahme des Verfahrens in Ehesachen und Familienstreitsachen gelten nach § 118 ebenfalls die §§ 578 bis 591 ZPO. **Sonderregelungen** enthalten § 185 für Abstammungssachen, §§ 197, 198 für Adoptionssachen, § 264 für Güterrechtssachen und § 439 für Aufgebotssachen.

2. Verfahrensvoraussetzungen

23 **a) Arten der Wiederaufnahmeverfahren.** Entsprechend der Unterscheidung in §§ 578 ff. ZPO kommen bei der Wiederaufnahme ein Nichtigkeits- und ein Restitutionsverfahren in Betracht, die nicht miteinander verbunden werden dürfen, vielmehr ist das Restitutionsverfahren analog § 578 Abs. 2 ZPO auszusetzen:[30]

---

[26] KG FGPrax 1999, 227; OLG München FamRZ 2008, 1268.
[27] BayObLG FamRZ 1998, 1055.
[28] Jansen/Briesemeister § 18 Rn 23.
[29] BT-Drs. 16/6309 S. 198.
[30] Thomas/Putzo/Reichold § 578 Rn 6.

Abänderung und Wiederaufnahme

§ 578 Arten der Wiederaufnahme

(1) Die Wiederaufnahme eines durch rechtskräftiges Endurteil geschlossenen Verfahrens kann durch Nichtigkeitsklage und durch Restitutionsklage erfolgen.

(2) Werden beide Klagen von derselben Partei oder von verschiedenen Parteien erhoben, so ist die Verhandlung und Entscheidung über die Restitutionsklage bis zur rechtskräftigen Entscheidung über die Nichtigkeitsklage auszusetzen.

b) Antrag; Frist; Form. Aus der entsprechenden Anwendung ergibt sich, dass die Wiederaufnahme nur auf **Antrag** (vgl. dazu §§ 586 ff. ZPO) erfolgt. Die Monatsfrist des § 586 Abs. 1 ZPO ist zu wahren, sie beträgt gegebenenfalls jedoch mehr als einen Monat, wenn nämlich die Antrags- und Rechtsmittelfristen in dem Verfahren, in dem der Wiederaufnahmeantrag gestellt wird, länger als einen Monat sind. Die Form des Antrags hat sich an den §§ 587, 588 ZPO auszurichten.

§ 586 Klagefrist

(1) Die Klagen sind vor Ablauf der Notfrist eines Monats zu erheben.

(2) Die Frist beginnt mit dem Tag, an dem die Partei von dem Anfechtungsgrund Kenntnis erhalten hat, jedoch nicht vor eingetretener Rechtskraft des Urteils. Nach Ablauf von fünf Jahren, von dem Tag der Rechtskraft des Urteils an gerechnet, sind die Klagen unstatthaft.

(3) Die Vorschriften des vorstehenden Absatzes sind auf die Nichtigkeitsklage wegen mangelnder Vertretung nicht anzuwenden; die Frist für die Erhebung der Klage läuft von dem Tag, an dem der Partei und bei mangelnder Prozessfähigkeit ihrem gesetzlichen Vertreter das Urteil zugestellt ist.

§ 587 Klageschrift

In der Klage muss die Bezeichnung des Urteils, gegen das die Nichtigkeits- oder Restitutionsklage gerichtet wird, und die Erklärung, welche dieser Klagen erhoben wird, enthalten sein.

§ 588 Inhalt der Klageschrift

(1) Als vorbereitender Schriftsatz soll die Klage enthalten:
1. die Bezeichnung des Anfechtungsgrundes;
2. die Angabe der Beweismittel für die Tatsachen, die den Grund und die Einhaltung der Notfrist ergeben;
3. die Erklärung, inwieweit die Beseitigung des angefochtenen Urteils und welche andere Entscheidung in der Hauptsache beantragt werde.

(2) Dem Schriftsatz, durch den eine Restitutionsklage erhoben wird, sind die Urkunden, auf die sie gestützt wird, in Urschrift oder in Abschrift beizufügen. Befinden sich die Urkunden nicht in den Händen des Klägers, so hat er zu erklären, welchen Antrag er wegen ihrer Herbeischaffung zu stellen beabsichtigt.

c) Ausschöpfung aller Rechtsbehelfe (Subsidiaritätsprinzip). Eine Wiederaufnahme ist nur dann **zulässig**, wenn alle im Verfahren der freiwilligen Gerichtsbarkeit vorgesehenen Rechtsbehelfe (Beschwerde, Änderung im Rahmen des Abs. 1, Stellung eines neuen Antrages bei der zuständigen Behörde oder bei einem erstinstanzlichen Gericht) versagen, §§ 579 Abs. 2 und 582 ZPO. Dasselbe gilt, wenn der Grund im vorangegangenen Verfahren erfolglos geltend gemacht worden ist.[31]

§ 579 Nichtigkeitsklage

(1) Die Nichtigkeitsklage findet statt: ... *(s. Rn 26)*

(2) In den Fällen der Nummern 1, 3 findet die Klage nicht statt, wenn die Nichtigkeit mittels eines Rechtsmittels geltend gemacht werden konnte.

---

[31] Thomas/Putzo/Reichold § 582 Rn 3.

§ 582 Hilfsnatur der Restitutionsklage

Die Restitutionsklage ist nur zulässig, wenn die Partei ohne ihr Verschulden außerstande war, den Restitutionsgrund in dem früheren Verfahren, insbesondere durch Einspruch oder Berufung oder mittels Anschließung an eine Berufung, geltend zu machen.

26 **d) Wiederaufnahmegründe.** Die Gründe, auf die ein Nichtigkeitsverfahren oder ein Restitutionsverfahren gestützt werden kann, ergeben sich aus §§ 579, 580 ZPO.[32] § 581 ZPO, der besondere Voraussetzungen an die an eine Fälschung anknüpfenden Restitutionsgründe aufstellt, und § 583 ZPO, wonach die Anfechtungsgründe auch Vorentscheidungen derselben oder der unteren Instanz betreffen können, gelten entsprechend.[33] § 185 Abs. 1 ergänzt für das Abstammungsverfahren die in § 580 ZPO aufgezählten Restitutionsgründe für einen Restitutionsantrag um den Grund der Vorlage eines neuen Gutachtens. Das Wiederaufnahmebegehren kann nur auf diese Gründe gestützt werden.[34]

§ 579 ZPO. Nichtigkeitsklage

(1) Die Nichtigkeitsklage findet statt:
1. wenn das erkennende Gericht nicht vorschriftsmäßig besetzt war;
2. wenn ein Richter bei der Entscheidung mitgewirkt hat, der von der Ausübung des Richteramts kraft Gesetzes ausgeschlossen war, sofern nicht dieses Hindernis mittels eines Ablehnungsgesuchs oder eines Rechtsmittels ohne Erfolg geltend gemacht ist;
3. wenn bei der Entscheidung ein Richter mitgewirkt hat, obgleich er wegen Besorgnis der Befangenheit abgelehnt und das Ablehnungsgesuch für begründet erklärt war;
4. wenn eine Partei in dem Verfahren nicht nach Vorschrift der Gesetze vertreten war, sofern sie nicht die Prozessführung ausdrücklich oder stillschweigend genehmigt hat.

§ 580 Restitutionsklage

Die Restitutionsklage findet statt:
1. wenn der Gegner durch Beeidigung einer Aussage, auf die das Urteil gegründet ist, sich einer vorsätzlichen oder fahrlässigen Verletzung der Eidespflicht schuldig gemacht hat;
2. wenn eine Urkunde, auf die das Urteil gegründet ist, fälschlich angefertigt oder verfälscht war;
3. wenn bei einem Zeugnis oder Gutachten, auf welches das Urteil gegründet ist, der Zeuge oder Sachverständige sich einer strafbaren Verletzung der Wahrheitspflicht schuldig gemacht hat;
4. wenn das Urteil von dem Vertreter der Partei oder von dem Gegner oder dessen Vertreter durch eine in Beziehung auf den Rechtsstreit verübte Straftat erwirkt ist;
5. wenn ein Richter bei dem Urteil mitgewirkt hat, der sich in Beziehung auf den Rechtsstreit einer strafbaren Verletzung seiner Amtspflichten gegen die Partei schuldig gemacht hat;
6. wenn das Urteil eines ordentlichen Gerichts, eines früheren Sondergerichts oder eines Verwaltungsgerichts, auf welches das Urteil gegründet ist, durch ein anderes rechtskräftiges Urteil aufgehoben ist;
7. wenn die Partei
   a) ein in derselben Sache erlassenes, früher rechtskräftig gewordenes Urteil oder
   b) eine andere Urkunde auffindet oder zu benutzen in den Stand gesetzt wird, die eine ihr günstigere Entscheidung herbeigeführt haben würde;
8. wenn der Europäische Gerichtshof für Menschenrechte eine Verletzung der Europäischen Konvention zum Schutz der Menschenrechte und Grundfreiheiten oder ihrer Protokolle festgestellt hat und das Urteil auf dieser Verletzung beruht.

§ 581 Besondere Voraussetzungen der Restitutionsklage

(1) In den Fällen des vorhergehenden Paragraphen Nummern 1 bis 5 findet die Restitutionsklage nur statt, wenn wegen der Straftat eine rechtskräftige Verurteilung ergangen ist oder wenn die Einleitung oder Durchführung eines Strafverfahrens aus anderen Gründen als wegen Mangels an Beweis nicht erfolgen kann.

---

[32] BGH NJW 1994, 2751 zu § 579 Abs. 1 Nr. 1 ZPO; BayObLGZ 1974, 9 zu § 579 I Nr. 4 ZPO.
[33] BGH NJW 1994, 2751.
[34] KG RzW 1965, 551; OLG München RzW 1963, 216.

Abänderung und Wiederaufnahme

(2) Der Beweis der Tatsachen, welche die Restitutionsklage begründen, kann durch den Antrag auf Parteivernehmung nicht geführt werden.

§ 583 Vorentscheidungen

Mit den Klagen können Anfechtungsgründe, durch die eine dem angefochtenen Urteil vorausgegangene Entscheidung derselben oder einer unteren Instanz betroffen wird, geltend gemacht werden, sofern das angefochtene Urteil auf dieser Entscheidung beruht.

e) **Zuständiges Gericht.** Zur Entscheidung über den Wiederaufnahmeantrag ist grundsätzlich das **Gericht der letzten Tatsacheninstanz** berufen (vgl. hierzu auch § 185 Rn 9 ff.):

§ 584 Ausschließliche Zuständigkeit für Nichtigkeits- und Restitutionsklagen

(1) Für die Klagen ist ausschließlich zuständig: das Gericht, das im ersten Rechtszug erkannt hat; wenn das angefochtene Urteil oder auch nur eines von mehreren angefochtenen Urteilen von dem Berufungsgericht erlassen wurde oder wenn ein in der Revisionsinstanz erlassenes Urteil auf Grund des § 580 Nr. 1 bis 3, 6, 7 angefochten wird, das Berufungsgericht; wenn ein in der Revisionsinstanz erlassenes Urteil auf Grund der §§ 579, 580 Nr. 4, 5 angefochten wird, das Revisionsgericht.

(2) Sind die Klagen gegen einen Vollstreckungsbescheid gerichtet, so gehören sie ausschließlich vor das Gericht, das für eine Entscheidung im Streitverfahren zuständig gewesen wäre.

f) **Beibringungsgrundsatz.** Die Zulässigkeit des Antrages ist **von Amts wegen** zu prüfen, jedoch gilt insoweit nicht der Amtsermittlungsgrundsatz, sondern der **Beibringungsgrundsatz;**[35] der in Betracht kommende Wiederaufnahmegrund muss schlüssig behauptet sein.[36]

§ 589 Zulässigkeitsprüfung

(1) Das Gericht hat von Amts wegen zu prüfen, ob die Klage an sich statthaft und ob sie in der gesetzlichen Form und Frist erhoben sei. Mangelt es an einem dieser Erfordernisse, so ist die Klage als unzulässig zu verwerfen.

(2) Die Tatsachen, die ergeben, dass die Klage vor Ablauf der Notfrist erhoben ist, sind glaubhaft zu machen.

g) **Erneute Verhandlung.** Die Vorschrift des § 590 ZPO über die erneute Verhandlung ist den Bestimmungen des FamFG und denjenigen der etwa geltenden Sondergesetze anzupassen:

§ 590 Neue Verhandlung

(1) Die Hauptsache wird, insoweit sie von dem Anfechtungsgrunde betroffen ist, von neuem verhandelt.

(2) Das Gericht kann anordnen, dass die Verhandlung und Entscheidung über Grund und Zulässigkeit der Wiederaufnahme des Verfahrens vor der Verhandlung über die Hauptsache erfolge. In diesem Fall ist die Verhandlung über die Hauptsache als Fortsetzung der Verhandlung über Grund und Zulässigkeit der Wiederaufnahme des Verfahrens anzusehen.

(3) Das für die Klagen zuständige Revisionsgericht hat die Verhandlung über Grund und Zulässigkeit der Wiederaufnahme des Verfahrens zu erledigen, auch wenn diese Erledigung von der Feststellung und Würdigung bestrittener Tatsachen abhängig ist.

h) **Rechtsmittel.** Die Statthaftigkeit von Rechtsmitteln richtet sich nach dem entsprechend anzuwendenden § 591 ZPO:

§ 591 Rechtsmittel

Rechtsmittel sind insoweit zulässig, als sie gegen die Entscheidungen der mit den Klagen befassten Gerichte überhaupt stattfinden.

---

[35] BayObLGZ 1974, 12.
[36] KG OLGZ 1969, 114/121.

IV. Unabänderlichkeit der Genehmigungsentscheidung (Abs. 3)

1. Anwendungsbereich

31 Die Vorschrift betrifft die privatrechtlichen Rechtsgeschäfte (Verträge und einseitige Rechtsgeschäfte), die nur mit Genehmigung des Familien-/Betreuungs-/Nachlassgericht wirksam sind (sog. **Außengenehmigung**); d. h. sie gilt für die Fälle, in denen die Genehmigung des FamFG-Gerichts materielle **Voraussetzung der Wirksamkeit eines Rechtsgeschäfts** ist. Abs. 3 betrifft daher
- Rechtsgeschäfte des Vormunds, Pflegers und Betreuers, somit die Fälle[37] der §§ 112, 1411 Abs. 1 und 2, 1484 Abs. 2, 1491 Abs. 3, 1492 Abs. 3, 1596 Abs. 1, 1643, 1644, 1809, 1812 Abs. 2, 3, 1814, 1819–1822, 1824, 1907, 1908, 1908 i, 2275, 2282 Abs. 2, 2290 Abs. 3, 2347, 2351 BGB;
- die Fälle, in denen an die Stelle der Genehmigung des nicht vorhandenen Gegenvormunds die Genehmigung des Familiengerichts tritt (§§ 1809, 1812 Abs. 3 BGB); nur Fälle der Genehmigung **privatrechtlicher Rechtsgeschäfte** gehören hierher;
- den nach § 181 Abs. 2 ZVG genehmigungsbedürftigen Antrag des Vormunds/Pflegers auf **Zwangsversteigerung** des dem Mündel/Pfleglings miteigentümlich gehörigen Grundstücks (vgl. § 40 Rn 36).[38]

32 Dem Abs. 3 unterliegen nicht die Fälle,
- in denen das FamFG-Gericht **von Aufsichts wegen** um die Genehmigung angegangen werden soll, z. B. §§ 1639 Abs. 2, 1642, 1803, 1811, 1823, 1917 Abs. 2 BGB (sog. **Innengenehmigung**);[39]
- in denen das Familien- oder Betreuungsgericht rein **prozessuale Handlungen** genehmigen muss, so z. B. die Genehmigung nach § 125 Abs. 2 S. 2 (vgl. § 40 Rn 34, 35).

2. Zeitpunkt des Wirksamwerdens des Rechtsgeschäfts gegenüber dem Dritten

33 a) **Wirksamwerden gegenüber dem Vormund, den Eltern etc.** Nach § 1828 BGB, der nach §§ 1643 Abs. 3, 1908 i Abs. 1, 1915 BGB auf genehmigungspflichtige Rechtsgeschäfte der Eltern für ihr Kind sowie des Betreuers[40] und des Pflegers entsprechend anwendbar ist, kann das Familiengericht die Genehmigung zu einem Rechtsgeschäft nur dem Vormund/Pfleger/Betreuer gegenüber erklären. Die Frage, wann eine gerichtliche Entscheidung über die Genehmigung eines Rechtsgeschäfts gegenüber dem Vormund bzw. den Eltern oder dem Pfleger und Betreuer wirksam wird, regelt § 40 Abs. 2, der auch für die Beschwerdeentscheidung gilt, § 69 Abs. 3. Danach wird der Genehmigungsbeschluss mit Eintritt der formellen Rechtskraft wirksam, d. h. mit dem Zeitpunkt, in dem der Beschluss nicht mehr angefochten werden kann. Die Frist zur Einlegung einer Beschwerde gegen einen erstinstanzlichen Beschluss, der die Genehmigung eines Rechtsgeschäfts zum Gegenstand hat, ist zwar nach § 63 Abs. 2 Nr. 2 auf zwei Wochen abgekürzt, dies gilt jedoch nicht für die Frist zur Einlegung der Sprungrechtsbeschwerde nach § 75, für die die Monatsfrist der Rechtsbeschwerde nach § 70 gilt. Die Rechtskraft der erstinstanzlichen Genehmigungsentscheidung tritt daher wie die Genehmigungsentscheidung des Beschwerdegerichts erst nach Ablauf der Monatsfrist ein.[41]

34 b) **Wirksamwerden gegenüber dem Dritten.** Von der Frage des Wirksamwerdens der gerichtlichen Genehmigungsentscheidung gegenüber dem gesetzlichen Vertreter zu trennen ist die Frage, wann die Entscheidung gegenüber dem „Dritten", d. h. dem Vertragspartner des Rechtsgeschäfts, um dessen gerichtliche Genehmigung es geht, und damit der

---

[37] S. dazu Hurst MittRhNotK 1966, 315/383; Meyer-Stolte Rpfleger 1967, 294; ders. Rpfleger 1970, 302/305 f.; Columbus FamRZ 1967, 205; Winkler MittBayNot 1973, 67 und 143; Zettel JuS 1982, 751; Mayer FamRZ 1994, 1007.
[38] OLG Frankfurt FamRZ 1964, 520; BayObLGZ 1971, 293.
[39] KG OLGZ 40, 20.
[40] Sei es, dass dieser als gesetzlicher Vertreter handelt oder einem Rechtsgeschäft des unter einem Einwilligungsvorbehalt stehenden Betreuten zum Erfolg verhelfen will (§ 1903 BGB), vgl. MünchKomm BGB/Schwab § 1908; Rn 20.
[41] Ebenso Sternal § 63 Rn 14 b.

Vertrag bzw. das einseitige Rechtsgeschäft wirksam wird. Dies regeln § 40 Abs. 2 (Wirksamwerden der Entscheidung gegenüber allen Beteiligten mit Eintritt der formellen Rechtskraft) **und** das materielle Recht in
- § 1829 Abs. 1 S. 2 BGB, nach dem die Genehmigung sowie deren Verweigerung dem anderen Teil gegenüber erst wirksam wird, wenn sie ihm durch den Vormund mitgeteilt wird,
- § 1829 Abs. 2 BGB, wonach in dem Fall, dass der andere Teil den Vormund zur Mitteilung über die Genehmigung Erteilung der Genehmigung auffordert, die Mitteilung der Genehmigung nur bis zum Ablauf von vier Wochen nach dem Empfang der Aufforderung erfolgen kann; erfolgt sie nicht, so gilt die Genehmigung als verweigert, und
- § 1831 BGB, der einseitige Rechtsgeschäfte betrifft; danach ist ein einseitiges Rechtsgeschäft, das der Vormund **ohne die erforderliche Genehmigung** des Familiengerichts vornimmt, unwirksam; nimmt er es **mit dieser Genehmigung** einem anderen gegenüber vor, so ist das Rechtsgeschäft unwirksam, wenn der Vormund die Genehmigung nicht vorlegt und der andere das Rechtsgeschäft aus diesem Grunde unverzüglich zurückweist.

Diese Vorschriften sind nach §§ 1643 Abs. 3, 1908 i Abs. 1, 1915 BGB entsprechend anwendbar auf genehmigungspflichtige Rechtsgeschäfte der Eltern, des Pflegers und des Betreuers.

3. Unabänderlichkeit des Rechtsgeschäfts bei Genehmigung vor dessen Abschluss

Hat das Gericht die Genehmigung zu einem abzuschließenden einseitigen oder mehrseitigen Rechtsgeschäft – dessen wesentlicher Inhalt aber bereits feststehen muss[42] – vorher **erteilt** (dies ist bei einseitigen Rechtsgeschäften die einzige Genehmigungsart, weil ein ohne gerichtliche Genehmigung vorgenommenes einseitiges Rechtsgeschäft unwirksam ist, § 1831 BGB) und ist die gerichtliche Entscheidung gegenüber allen Beteiligten nach § 40 Abs. 2 wirksam, d. h. formell rechtskräftig, so wird der Vertrag bzw. das einseitige Rechtsgeschäft – soweit nicht noch andere Genehmigungen erforderlich sind – mit seinem Abschluss (Vornahme) gegenüber dem Dritten wirksam, bei einseitigen Rechtsgeschäften aber nur nach Maßgabe des § 1831 S. 2 BGB. Das Gericht kann dann seine Entscheidung nicht mehr ändern, weil dies nur bis zur rechtswirksamen Vornahme oder dem Abschluss des Rechtsgeschäfts möglich ist.[43] Auch dann, wenn das Rechtsgeschäft aus Gründen des sachlichen Rechts nichtig oder mit Erfolg angefochten ist, kann die Vorgenehmigung nicht geändert werden.[44]

Hat das Gericht die Genehmigung eines Vertrages, um die vor dessen Abschluss nachgesucht war, **verweigert**, so kann es die Entscheidung jederzeit ändern,[45] auch wenn der Vormund die Verweigerung dem künftigen Vertragskontrahenten mitgeteilt hat, da hier § 1829 BGB nicht zutrifft, weil er nur die nachträgliche Genehmigung eines Vertrages betrifft; der Vormund kann die Verweigerung mit der Beschwerde anfechten.

4. Unabänderlichkeit des Rechtsgeschäfts bei Genehmigung nach dessen Abschluss

a) Allgemeines. Hat das Gericht die Genehmigung zu einem schon abgeschlossenen Vertrag nachträglich **erteilt** oder **verweigert,** so gilt die Beschränkung des Abs. 3 nicht, solange nicht der Vormund die Genehmigung dem anderen Teil nach Maßgabe des § 1829 Abs. 1 S. 2, Abs. 2 BGB mitgeteilt hat[46] und damit den Zustand der schwebenden Unwirksamkeit des Vertrages beseitigt hat. In diesem Falle kann sie auch nach Beendigung der Vormundschaft (Pflegschaft, Betreuung) noch aufgehoben werden.[47]

---
[42] KG MDR 1966, 238.
[43] BayObLG FamRZ 1991, 1076.
[44] Jansen/Sonnenfeld § 55 Rn 39.
[45] BayObLG Rpfleger 1979, 455.
[46] BayObLGZ 1964, 350.
[47] BayObLGZ 1964, 350.

38 **b) Mitteilung der Genehmigungsentscheidung durch den Vormund.** Mit der durch den Vormund bestätigten Mitteilung der Genehmigungsentscheidung des Gerichts oder ihrer Verweigerung an den Dritten wird die Entscheidung des Gerichts diesem gegenüber wirksam und damit unabänderlich, sofern die gerichtliche Entscheidung gegenüber allen Beteiligten nach § 40 Abs. 2 wirksam, d. h. formell rechtskräftig ist und die Mitteilung gegenüber dem Dritten als **rechtsgeschäftliche Willenserklärung**[48] in der Absicht erfolgte, den durch den Mangel der Genehmigung verursachten Schwebezustand zu beseitigen, nicht dagegen, wenn es sich um die bloße tatsächliche Mitteilung von der Stellungnahme des Gerichts handelt;[49] das letztere ist z. B. dann anzunehmen, wenn der Vormund mit der Mitteilung von der Entscheidung des Gerichts die weitere Mitteilung verbindet, dass er sich gegen die Entscheidung beschweren werde. Dem § 1829 Abs. 1 S. 2 BGB ist genügt, wenn der Vormund die Erteilung der Genehmigung dem anderen Vertragsteil mitteilt und dabei zu erkennen gibt, dass er den Vertrag, so wie er geschlossen und genehmigt ist, billigt. Die Mitteilung kann auch stillschweigend durch schlüssiges Verhalten erfolgen.[50] Es ist auch denkbar, dass der Vormund (Pfleger/Betreuer) nach der ihm bekannt gemachten Erteilung der Genehmigung ein Verhalten an den Tag legt, das von den Antragsgegnern unter Berücksichtigung von Treu und Glauben im Verkehr als eine rechtsgeschäftliche Erklärung, und zwar als eine Erklärung des Inhalts aufgefasst werden muss, dass er den Vertrag billigt. Doch muss das Verhalten des gesetzlichen Vertreters eindeutig auf einen derartigen Willen hinweisen und der Vertragsgegner muss es in diesem Sinne verstehen.[51] Weiß der Vormund, dass dem anderen Vertragsteil die Tatsache der Erteilung der Genehmigung bekannt ist, dann reicht es aus, wenn er seine Billigung zu erkennen gibt.[52]

39 Diese Grundsätze sind auch bei **gerichtlichen Vergleichen,** die der gerichtlichen Genehmigung unterliegen, zur Sicherung ihrer Vollstreckbarkeit zu beachten.[53] Eine Vereinbarung, dass mit Eingang der Genehmigung des Gerichts bei dem Prozessgericht ein gerichtlicher Vergleich mit Wirkung für und gegen die Parteien wirksam sein soll, ist nicht geeignet, dessen Wirksamkeit ohne Mitteilung der gerichtlichen Genehmigung durch den Vormund, Pfleger oder Betreuer zu begründen.[54]

40 **c) Mitteilung durch Bevollmächtigten oder Doppelbevollmächtigte.** Die Mitteilung kann auch durch einen Bevollmächtigten erfolgen; sie kann auch von einem Bevollmächtigten entgegengenommen werden.[55] Es kann auch eine Doppelbevollmächtigung durch die Vertragsteile (auch an den Notar) zur Mitteilung der gerichtlichen Genehmigung an den Vertragsgegner und zur Empfangnahme dieser Mitteilung stattfinden.[56] In der Vereinbarung einer solchen Doppelbevollmächtigung muss die Bevollmächtigung klar zum Ausdruck kommen.[57] Sie ermächtigt regelmäßig nicht zur Entgegennahme und Mitteilung einer Versagung der Genehmigung, dem Vormund selbst kann daher keine Doppelbevollmächtigung erteilt werden in dem Sinne, dass er zugleich im Namen des Mündels die Genehmigung mitteilen und im Namen des Vertragsgegners die Mitteilung empfangen kann.[58] Der Entschluss, die Mitteilung an sich selbst vorzunehmen, muss nach außen in Erscheinung treten.[59]

41 Dem **Grundbuchamt gegenüber** wird es geboten, aber auch ausreichend sein, wenn die doppelbevollmächtigte Urkundsperson (Notar) die Kenntnisnahme namens aller Betei-

---

[48] MünchKommBGB/Wagenitz § 1829 Rn 18.
[49] BayObLG NJW 1974, 1142 = FamRZ 1974, 320; OLG Karlsruhe FamRZ 1973, 378.
[50] BGH NJW 54, 1925; BayObLG NJW 1960, 2188.
[51] BayObLGZ 1960, 276/285.
[52] BGH NJW 1954, 1925; OLG Celle MDR 1965, 577.
[53] S. hierzu Berner Rpfleger 1953, 287.
[54] OLG Düsseldorf NJW 1959, 391.
[55] MünchKommBGB/Wagenitz § 1829 Rn 13; Soergel/Zimmermann § 1829 Rn 9.
[56] BayObLG NJWE-FER 1998, 58 = FamRZ 1998, 1325; OLG Hamm Rpfleger 1964, 313.
[57] Schöner/Stöber Rn 3739.
[58] BayObLG Rpfleger 1988, 482; MünchKommBGB/Wagenitz § 1829 Rn 14; Soergel/Zimmermann § 1829 Rn 9.
[59] BayObLG NJWE-FER 1996, 34 = FamRZ 1997, 218.

ligten zum Zweck der Herbeiführung der Rechtswirksamkeit der Genehmigung nach § 1829 BGB auf der Ausfertigung des Genehmigungsbeschlusses vermerkt.[60]

d) Mitteilung durch das Gericht. Teilt nicht der Vormund, sondern das Gericht selbst dem Vertragsgegner des Mündels die Genehmigung oder Verweigerung mit, so hat diese Mitteilung, weil sie nicht in Vertretung des Mündels erfolgt, nicht die Wirkungen des Abs. 3.[61]

5. Unabänderlichkeit bei Beteiligung von mehreren Kindern

Bei Beteiligung mehrerer Kinder bzw. Mündel ist das Wirksamwerden der einzelnen Genehmigungen gegenüber dem Dritten jeweils selbständig zu prüfen. Daher kann die für einen dieser Kinder bzw. Mündel erteilte Genehmigung, die den anderen Beteiligten gegenüber noch nicht wirksam geworden ist, auch dann zurückgenommen werden, wenn die für die anderen Kinder bzw. Mündel erteilten Genehmigungen bereits wirksam geworden sind. Eine wirksam gewordene Genehmigung kann dagegen auch dann nicht mehr zurückgenommen werden, wenn bei der für das andere Kind ausgesprochenen Genehmigung die Voraussetzungen der Wirksamkeit des Vertrages noch nicht eingetreten sind.[62] Stehen sich beiderseits unter Vormundschaft oder Pflegschaft stehende Personen gegenüber, so erlischt die Befugnis zur Abänderung mit der Mitteilung an beide gesetzliche Vertreter, also mit der zuletzt erfolgenden, wenn die andere Partei aus mehreren Personen besteht, denen die Mitteilung zu machen ist, mit der ersten Mitteilung an eine dieser Personen.

6. Unzulässige Abänderungen

Unzulässige, gegen Abs. 3 verstoßende Abänderungen sind unwirksam und wirkungslos; die geänderte ursprüngliche Entscheidung bleibt daher in Kraft.[63]

---

[60] OLG Hamm Rpfleger 1964, 313; KEHE/Herrmann § 29 Rn 35 m. w. N.; a. M. LG München II Mitt-BayNot 1975, 229.
[61] BayObLG FGPrax 1995, 196.
[62] BayObLG NJW 1960, 2188.
[63] BayObLGZ 1948/51, 342; OLG Brandenburg FamRZ 2007, 57; OLG Stuttgart Rpfleger 1959, 158; MünchKommBGB/Wagenitz § 1828 Rn 35, SBW/Oberheim § 48 Rn 60.

Abschnitt 4. Einstweilige Anordnung

Einstweilige Anordnung

49 (1) Das Gericht kann durch einstweilige Anordnung eine vorläufige Maßnahme treffen, soweit dies nach den für das Rechtsverhältnis maßgebenden Vorschriften gerechtfertigt ist und ein dringendes Bedürfnis für ein sofortiges Tätigwerden besteht.

(2) ¹Die Maßnahme kann einen bestehenden Zustand sichern oder vorläufig regeln. Einem Beteiligten kann eine Handlung geboten oder verboten, insbesondere die Verfügung über einen Gegenstand untersagt werden. ²Das Gericht kann mit der einstweiligen Anordnung auch die zu ihrer Durchführung erforderlichen Anordnungen treffen.

Übersicht

	Rn
I. Normzweck	1
1. Frühere Rechtslage	1
2. Rechtslage nach dem FamFG	2
II. Anwendungsbereich	4
1. Übergangsregelung	4
2. Geltung für alle Verfahren	7
3. Familiensachen	8
4. Sonstige Verfahren der freiwilligen Gerichtsbarkeit	9
III. Voraussetzungen einer einstweiligen Anordnung	
1. Rechtfertigung nach den für das Rechtsverhältnis maßgebenden Vorschriften	10
2. Dringendes Bedürfnis für ein sofortiges Tätigwerden	12
IV. Entscheidung des Gerichts	
1. Keine Ermessensentscheidung	14
2. Vorläufige Maßnahme	15
3. In Betracht kommende Maßnahmen	16
V. Arrest, Schadensersatz, Kosten, Vollstreckung, Rechtsbehelfe	17

I. Normzweck

1. Frühere Rechtslage

1 Das FamFG hat mit den §§ 49 bis 57 ein **eigenständiges Rechtsinstitut der einstweiligen Anordnung** für Verfahren der freiwilligen Gerichtsbarkeit und Familiensachen geschaffen. Für die unter der Geltung des FGG durch Richterrecht geschaffene vorläufige Anordnung besteht daneben kein Bedürfnis mehr.

2. Rechtslage nach dem FamFG

2 Das FamFG hat ausdrücklich nicht die frühere Abhängigkeit der einstweiligen Anordnung vom Hauptsacheverfahren übernommen, sondern begründet in § 51 Abs. 3 die **verfahrensmäßige Trennung von Hauptsache und einstweiliger Anordnung** (zu den Auswirkungen auf das Verfahren und zur Ausnahme s. § 51 Rn 23). Die einstweilige Anordnung nach §§ 49 ff. weist damit insbesondere in Antragsverfahren deutliche Parallelen zur einstweiligen Verfügung nach §§ 935 ff. ZPO auf. Daher sieht § 52 die Einleitung des Hauptsacheverfahrens auf Antrag eines Beteiligten vor. Zur Übergangsregelung s. Rn 4.

3 Die **einstweilige Verfügung** selbst ist jedoch im Anwendungsbereich des FamFG (auch in Unterhaltssachen s. Rn 8) **ausgeschlossen**.[1] Darüber hinaus fehlt, soweit das FamFG die Möglichkeit einer einstweiligen Anordnung eröffnet, für den Erlass einer entsprechenden

---

[1] OLG Karlsruhe FamRZ 2011, 234; BeckOKFamFG/Schlünder § 49 Rn 1.

einstweiligen Verfügung im Zivilrechtsweg das Rechtsschutzbedürfnis. Das gilt z. B. für eine einstweilige Verfügung zur Datensicherung bei einem Provider, da im Anordnungsverfahren nach § 101 Abs. 9 UrhG die Möglichkeit besteht, bereits vor einer abschließenden Entscheidung über die Zulässigkeit der Verwendung von Verkehrsdaten durch eine einstweilige Anordnung eine Sicherung dieser Verkehrsdaten zu erreichen.[2]

II. Anwendungsbereich

1. Übergangsregelung

Die §§ 49 ff. sind anwendbar, wenn sowohl das Hauptsacheverfahren als auch das Verfahren auf Erlass einer einstweiligen Anordnung nach Inkrafttreten des FGG-RG am 1. 9. 2009 (Art. 112 FGG-RG) eingeleitet wurden oder deren Einleitung beantragt wurde. Wenn dagegen nur ein Verfahren (Hauptsache oder einstweilige Anordnung) vor dem Inkrafttreten eingeleitet bzw. dessen Einleitung beantragt wurde, wirkt sich grundsätzlich die nach altem Recht bestehende Unselbständigkeit der einstweiligen Anordnung (s. Rn 2) auf das nach der Übergangsregelung (Art. 111 Abs. 1 S. 1 FGG-RG) anzuwendende Recht aus. Für die Geltung alten oder neuen Rechts ist darauf abzustellen, dass es sich bei einstweiliger Anordnung und Hauptsache nach altem Recht um ein Verfahren i. S. v. Art. 111 Abs. 1 S. 1 FGG-RG handelte. Damit ist auf beide Verfahren einheitlich das bisher geltende Recht anzuwenden.[3]

Von dieser Regelung bestehen jedoch Ausnahmen. Art 111 Abs. 2 FGG-RG sieht für **Bestandsverfahren** wie Betreuung, Vormundschaft oder Beistandschaft vor, dass jeder Verfahrensgegenstand, der mit einer durch Beschluss (§ 38) zu erlassenden Endentscheidung zu erledigen ist, ein neues selbständiges Verfahren begründet.[4] Insbesondere für einstweilige Anordnungen in vor dem 1. 9. 2009 eingeleiteten Betreuungssachen sind daher nun die §§ 49 ff. maßgeblich.

Gem. Art 111 Abs. 5 FGG-RG sind auf Verfahren über den **Versorgungsausgleich**, in denen am 31. 8. 2010 im ersten Rechtszug noch keine Endentscheidung erlassen wurde, sowie auf die mit solchen Verfahren im Verbund stehenden Scheidungs- und Folgesachen ab dem 1. 9. 2010 die nach Inkrafttreten des FGG-RG geltenden Vorschriften anzuwenden. In einer vor dem 1. 9. 2009 anhängig gewordenen Ehesache, die mit einem Versorgungsausgleichsverfahren im Verbund steht, kann daher keine einstweilige Anordnung nach §§ 620 ff ZPO a. F. mehr ergehen. Umgekehrt sind jedoch die §§ 620 ff noch anwendbar auf vor dem 1. 9. 2009 anhängig gewordene Scheidungsverfahren ohne im Verbund stehende Versorgungsausgleichsverfahren. Die ruhende und ausgesetzte Verfahren betreffende Übergangsvorschrift in Art. 111 Abs. 3 FGG-RG ist für einstweilige Anordnungen ohne Bedeutung, da eine Ruhensanordnung oder Aussetzung von Anordnungsverfahren mit deren Eilcharakter nicht zu vereinbaren ist. Dasselbe gilt für die Bestimmung des Art. 111 Abs. 4 FGG-RG, welche Verfahren über den Versorgungsausgleich betrifft, die am 1. 9. 2009 vom Verbund abgetrennt sind oder nach dem 1. 9. 2009 abgetrennt werden. Auch in diesen Verfahren dürfte der Erlass einer einstweiligen Anordnung nicht in Betracht kommen.

2. Geltung für alle Verfahren

Die die einstweilige Anordnung regelnden Vorschriften finden Anwendung auf alle Verfahren nach dem FamFG. § 49 unterscheidet nicht zwischen Amts- und Antragsverfahren. Es gelten ferner keine Unterschiede zwischen isolierten einstweiligen Anordnungen und solchen, die während eines anhängigen Hauptsacheverfahrens ergehen. In letzteren kommt, wie sich aus § 50 Abs. 1 S. 2 ergibt, auch der Erlass durch das Beschwerdegericht

---

[2] OLG Köln FGPrax 2011, 37; OLG Nürnberg OLGR 2009, 833 = BeckRS 2009, 26651.
[3] BGH FGPrax 2010, 102; OLG Stuttgart FamRZ 2010, 1090; Johannsen/Henrich/Büte Art. 111 FGG-RG Rn 7; Giers FGPrax 2009, 47; a. A. OLG Nürnberg NJW-RR 2010, 1662; OLG Stuttgart Beschl. v. 16. 3. 2010 15 UF 38/10 = BeckRS 2010, 10567, insoweit in FamRZ 2010, 1828 nicht abgedruckt; Musielak/Borth Einl. Rn 94: Wahlrecht der Beteiligten zwischen altem und neuem Recht.
[4] BT-Drs. 16/11903 S. 61.

§ 49 8, 9   Abschnitt 4. Einstweilige Anordnung

in Betracht. Für einige Regelungsgegenstände finden sich im besonderen Teil des FamFG ergänzende Vorschriften (so z. B. §§ 119, 156 Abs. 3, 157 Abs. 3, 214, 246 ff., 300 ff., 331 ff., 427). Die einstweilige Anordnung im Beschwerdeverfahren, insbesondere die Aussetzung der Vollziehung, regelt § 64 Abs. 3 (s. dazu § 64 Rn 57).

Soweit das Verfahren der freiwilligen Gerichtsbarkeit durch Landesgesetz ergänzt oder Gegenstände der freiwilligen Gerichtsbarkeit geregelt werden (vgl. § 488 Abs. 1), finden die §§ 49 ff. ebenfalls Anwendung.

3. Familiensachen

8   Die §§ 49 ff. gelten für alle in § 111 geregelten Familiensachen. Für **Familienstreitsachen** (§ 112) ordnet § 119 Abs. 1 ausdrücklich die Anwendung der Vorschriften über die einstweilige Anordnung an (s. § 119 Rn 1). Da das FamFG nicht auf die §§ 934–944 ZPO verweist, kommt der Erlass einer einstweiligen Verfügung nicht in Betracht (s. Rn 3). Für **Unterhaltssachen** und einen Kostenvorschuss betreffende Anordnungsverfahren gelten ergänzend die §§ 246 ff. (zu den Einzelheiten siehe dazu § 246). Dabei wird auf die Voraussetzung des dringenden Bedürfnisses für ein sofortiges Tätigwerden und die Begrenzung auf vorläufige Maßnahmen verzichtet. In **Kindschaftssachen,** die den Aufenthalt des Kindes, das Umgangsrecht oder die Herausgabe des Kindes betreffen, hat das Gericht gem. § 156 Abs. 3 mit den Beteiligten und dem Jugendamt den Erlass einer einstweiligen Anordnung zu erörtern, wenn eine einvernehmliche Regelung nicht erreicht wird (zu den Einzelheiten siehe § 156 Rn 12). In Umgangsrechtsverfahren soll der Umgang durch einstweilige Anordnung geregelt oder ausgeschlossen werden, wenn die Teilnahme an einer Beratung oder eine schriftliche Begutachtung angeordnet wird. Gemäß § 157 Abs. 3 ist in Verfahren gem. § 1666 und § 1666 a BGB unverzüglich der Erlass einer einstweiligen Anordnung zu prüfen (zu den Einzelheiten siehe § 157 Rn 12). Für Verfahren in **Gewaltschutzsachen** gilt ergänzend § 214 (zu den Einzelheiten siehe § 214 Rn 2). Auch in **Versorgungsausgleichssachen** ist der Erlass einer einstweiligen Anordnung zulässig. Damit kann vor allem im Verfahren über eine schuldrechtliche Ausgleichsrente gem. §§ 20 bis 22 VersAusglG eine einstweilige Anordnung ergehen. Anlass dazu besteht z. B., wenn der Ausgleichspflichtige bei klarer materieller Rechtslage den Eintritt der Wirksamkeit der Entscheidung in der Hauptsache durch ein Rechtsmittel verzögert.[5] In **Ehesachen** kommt der Erlass einer einstweiligen Anordnung nicht in Betracht (s. § 119 Rn 1).

4. Sonstige Verfahren der freiwilligen Gerichtsbarkeit

9   In **Betreuungssachen** sind zwei Arten der einstweiligen Anordnung vorgesehen: Die gewöhnliche (§ 300) und diejenige bei gesteigerter Dringlichkeit (§ 301, siehe dazu § 300 Rn 1). Die gewöhnliche einstweilige Anordnung darf erst nach Bestellung und Anhörung des Verfahrenspflegers und Anhörung des Betroffenen ergehen. Bei Gefahr im Verzug kann die einstweilige Anordnung bei gesteigerter Dringlichkeit bereits vorher erlassen werden. Während die §§ 49 ff. keine Befristung der einstweiligen Anordnung vorsehen, tritt die einstweilige Anordnung in Betreuungssachen gem. § 302 nach 6 Monaten (mit Verlängerungsmöglichkeit auf bis zu 1 Jahr) außer Kraft (zu den Einzelheiten siehe § 302 Rn 3). In **Unterbringungssachen** wird ebenfalls zwischen der gewöhnlichen (§§ 331, 334) einstweiligen Anordnung und derjenigen bei gesteigerter Dringlichkeit (§§ 332, 334). Die Dauer ist gem. § 333 mit 6 Wochen (bei Verlängerungsmöglichkeit auf bis zu 3 Monate) wesentlich kürzer (zu den Einzelheiten s. § 333 Rn 3). Eine entsprechende Regelung findet sich für **Freiheitsentziehungssachen** in § 427 Abs. 1 und 2 (zu den Einzelheiten siehe § 427) sowie in §§ 14, 15 ThUG.[6] Auch in **Nachlasssachen,** sind einstweilige Anordnungen nach §§ 49 ff. grds. zugelassen.[7] Den-

---

[5] Johannsen/Henrich/Büte § 49 FamFG Rn 6.
[6] Gesetz zur Therapierung und Unterbringung psychisch gestörter Gewalttäter – Therapieunterbringungsgesetz v. 22. 12. 2010 (BGBl. I S. 2300, 2305).
[7] Zimmermann FGPrax 2006, 189/193.

noch ist der Anwendungsbereich beschränkt (zu den Einzelheiten siehe Rn 15 und § 352 Rn 129).

III. Voraussetzungen einer einstweiligen Anordnung

1. Rechtfertigung nach den für das Rechtsverhältnis maßgebenden Vorschriften

Das Gericht kann nach Abs. 1 eine einstweilige Anordnung nur erlassen, wenn dies nach den für das Rechtsverhältnis maßgebenden Vorschriften gerechtfertigt ist. Diese Voraussetzung entspricht annähernd dem für den Erlass einer einstweiligen Verfügung notwendigen Verfügungsanspruch[8] mit den für das Verfahren nach dem FamFG notwendigen Modifikationen. Jede einstweilige Anordnung bedarf damit einer **materiell-rechtlichen Grundlage**. § 49 allein stellt keine Grundlage für deren Erlass dar.[9] Das Gericht muss demnach stets eine **summarische Prüfung** der materiellen Rechtslage vornehmen.[10] Summarische Prüfung bedeutet nicht, dass inhaltlich eingeschränkte Anforderungen bestehen. Zwar heißt es noch in der Begründung des Gesetzentwurfs, das Gericht solle sich „weitmöglichst" an den einschlägigen materiell-rechtlichen Vorschriften orientieren.[11] Damit wäre eine weder notwendige noch gerechtfertigte Abkehr von dem für Arrest und einstweilige Verfügung geltenden Grundsatz verbunden, dass keine eingeschränkte Schlüssigkeitsprüfung stattfindet.[12] Das summarische Verfahren wird nicht durch eine begrenzte materiell-rechtliche Prüfung, sondern durch besondere Verfahrensvorschriften, insbesondere § 51 Abs. 2, und geringere Beweis- bzw. Ermittlungsanforderungen gekennzeichnet.[13] Schwierige Rechtsfragen sind auch im summarischen Verfahren zu prüfen. Ein Antrag auf Erlass einer einstweiligen Anordnung darf nicht unter Berufung auf die Schwierigkeit der Rechtslage abgelehnt werden.[14] Ergibt die Prüfung dass die Voraussetzungen der mit der einstweiligen Anordnung zu treffenden Entscheidung materiell-rechtlich nicht vorliegen, darf auch bei einem dringenden Handlungsbedürfnis keine einstweilige Anordnung ergehen.[15]

Die **Grundlagen der summarischen Prüfung** bestimmen sich in tatsächlicher Hinsicht danach, in welchem Umfang einerseits der Antragsteller zur Glaubhaftmachung und andererseits das Gericht zur Amtsermittlung und Beweisaufnahme verpflichtet ist. Insoweit wird auf § 51 Rn 6 verwiesen.

2. Dringendes Bedürfnis für ein sofortiges Tätigwerden

Das dringende Bedürfnis für ein sofortiges Tätigwerden war schon nach früherem Recht geschriebene oder ungeschriebene Voraussetzung der einstweiligen Anordnung[16] und wurde nun für alle einstweiligen Anordnungen ausdrücklich normiert. Nicht erforderlich ist es lediglich in **Unterhaltssachen** (§ 246). Die Definition des dringenden Bedürfnisses richtet sich nach dem jeweiligen Verfahrensgegenstand. Aus den §§ 300, 301, 331, 332 folgt, dass das dringende Bedürfnis nicht Gefahr im Verzug voraussetzt. In **Familienstreitsachen** und den dem Zivilprozess ähnlichen **Ehewohnungs- und Haushaltssachen** kann auf die Definition des Verfügungsgrundes für den Erlass einer einstweiligen Verfügung abgestellt werden.[17] Ein Verfügungsgrund ist gegeben, wenn die objektiv begründete Gefahr besteht, dass durch eine Veränderung des augenblicklichen Zustandes die Verwirklichung eines Rechts des Antragstellers vereitelt oder wesentlich erschwert werden könnte.[18]

---

[8] MünchKommZPO/Soyka § 49 FamFG Rn 4.
[9] Prütting/Helms/Stößer § 49 Rn 5; Haußleiter § 49 Rn 7.
[10] OLG Brandenburg NJW 2010, 3245; OLG Hamm Beschl. v. 15. 11. 2010 8 WF 240/10 = BeckRS 2010, 31017.
[11] BT-Drs. 16/6308 S. 199.
[12] MünchKommZPO/Drescher § 935 Rn 13.
[13] Für Arrest und einstweilige Verfügung s. Baumbach/Hartmann Grundz § 916 Rn 12.
[14] Zur einstweiligen Verfügung OLG Hamburg GRUR-RR 2002, 244; MünchKommZPO/Drescher § 935 Rn 13.
[15] Für Arrest und einstweilige Verfügung s. MünchKommZPO/Drescher vor §§ 916 ff. Rn 20.
[16] Dazu Giers, 16. Aufl., § 49 Rn 1.
[17] BT-Drs. 16/6308 S. 199.
[18] MünchKommZPO/Drescher § 935 Rn 16; Zöller/Vollkommer § 935 Rn 10.

13 Der Gedanke der Rechtsverwirklichung hat **in allen anderen Verfahren** nur nachrangige oder keine Bedeutung. Vielmehr besteht ein dringendes Regelungsbedürfnis, wenn ein Abwarten bis zur endgültigen Entscheidung nicht möglich ist, weil diese zu spät kommen würde, um die zu schützenden Interessen (z. B. das Kindeswohl) zu wahren.[19] Nicht ausreichend ist, dass die gerichtliche Entscheidung dem erstrebten Ziel (z. B. dem Kindeswohl) am besten entsprechen würde. Erforderlich ist vielmehr eine **Gefährdung der zu schützenden Interessen**.[20] In **Gewaltschutzsachen** liegt gem. § 214 Abs. 1 ein dringendes Bedürfnis i. d. R. vor, wenn eine Tat nach § 1 GewSchG begangen wurde oder aufgrund konkreter Umstände mit einer Begehung zu rechnen ist (zur Auslegung dieser missverständlichen Bestimmung s. § 214 Rn 3). In auf Antrag eingeleiteten **Umgangs- und Sorgerechtsverfahren** fehlt aufgrund des Vorrang- und Beschleunigungsgebotes, § 155, das eine rasche Entscheidung auch im Hauptsachverfahren garantiert, und der Notwendigkeit, ggf. gem. § 156 Abs. 3 den Erlass einer einstweilige Anordnung zu erörtern, wenn im Termin nach § 155 Abs. 2 eine Einigung nicht erreicht werden kann, häufig das dringende Bedürfnis für ein sofortiges Tätigwerden.[21] Für die Übertragung der gesamten elterlichen Sorge auf einen Elternteil gemäß § 1671 Abs. 2 Nr. 2 BGB besteht ein dringendes Regelungsbedürfnis nur im Ausnahmefall.[22] In Verfahren nach §§ 1666, 1666a BGB ist gem. § 157 Abs. 3 unverzüglich von Amts wegen der Erlass einer einstweiligen Anordnung zu prüfen. Besondere Vorschriften gelten ferner für **Betreuungs- und Unterbringungssachen**, §§ 300, 301, 331, 332. Hier müssen dringende Gründe i. S. einer erheblichen Wahrscheinlichkeit auf Grund konkreter Umstände für die Annahme bestehen, dass die Voraussetzungen der jeweiligen Maßnahme vorliegen.[23] Im Übrigen beruht die Entscheidung auf einer Prognose der weiteren Entwicklung des Verfahrens. Wie bei jeder anderen vorläufigen in Rechte der Beteiligten eingreifenden Entscheidung sind die Folgen einer unterbliebenen einstweiligen Anordnung bei anschließendem der Prognose entsprechenden Verfahrensausgang abzuwägen gegen die Folgen einer einstweiligen Anordnung bei abweichendem Verfahrensausgang.[24] Im **Beschwerdeverfahren** fehlt die Eilbedürftigkeit, wenn die Beschwerde nicht alsbald begründet wird.[25]

IV. Entscheidung des Gerichts

1. Keine Ermessensentscheidung

14 Die Formulierung, wonach das Gericht eine vorläufige Maßnahme treffen „kann", betrifft nur die Befugnis des Gerichts, gibt diesem aber kein Ermessen. Liegen die Voraussetzungen einer einstweiligen Anordnung vor, hat das Gericht die einstweilige Anordnung zu erlassen. Darüber hinaus besteht ein gewisses Gestaltungsermessen des Gerichts bei der Auswahl zwischen mehreren in Betracht kommenden Maßnahmen.[26]

2. Vorläufige Maßnahme

15 Für das Verfahren der einstweiligen Anordnung besteht wie für die einstweilige Verfügung grundsätzlich das **Verbot der Vorwegnahme der Hauptsache**.[27] Die Hauptsache wird z. B. vorweggenommen, wenn dem Antrag eines Elternteils entsprochen wird, welcher die Übertragung des Aufenthaltsbestimmungsrechts beantragt, um mit dem Kind gegen den Willen des anderen Elternteils auswandern zu können.[28] Da nach dem Gesetzes-

---

[19] OLG Brandenburg FamRZ 2010, 1743; NJW 2010, 3245; OLG Saarbrücken JAmt 2011, 49 = BeckRS 2010, 26127.
[20] OLG Brandenburg FamRZ 2009, 1683.
[21] OLG Stuttgart ZFE 2011, 114 = BeckRS 2010, 24645; Schmid FPR 2011, 5/8.
[22] OLG Nürnberg NJW-RR 2011, 219.
[23] Kretz BtPrax 2009, 161.
[24] Für die Einstellung der Vollstreckung vgl. KG OLGR 2005, 201 = BeckRS 200505594.
[25] OLG Köln FamRZ 2010, 921.
[26] MünchKommZPO/Soyka § 49 FamFG Rn 3; Haußleiter § 49 Rn 3.
[27] OLG Hamm Beschl. v. 15. 11. 2010 8 WF 240/10 = BeckRS 2010, 31017; Bahrenfuss/Socha § 49 Rn 13; Hausleiter § 49 Rn 2.
[28] OLG Nürnberg FamRZ 2011, 131.

text durch einstweilige Anordnung eine vorläufige Maßnahme angeordnet wird, kann es für das FamFG auf den ohnehin „hauchfeinen"[29] Unterschied zwischen einstweiligem und vorläufigem Rechtsschutz[30] nicht ankommen. Eine Ausnahme vom Verbot der Vorwegnahme der Hauptsache besteht gem. § 246 nur für **Unterhaltssachen** (s. § 246 Rn 7). Auf **Versorgungsausgleichssachen** ist diese Bestimmung nicht entsprechend anzuwenden. Vielmehr darf der beanspruchte Rentenbetrag nicht in voller Höhe, sondern nur in Höhe einer **Notrente** zuerkannt werden.[31] In **Nachlasssachen** kommen Eingriffe in die Amtsführung des Testamentsvollstreckers durch einstweilige Anordnung nicht in Betracht.[32] Das Verbot der Vorwegnahme der Hauptsache gilt jedoch ausnahmsweise nicht, wenn bei dessen genauer Beachtung trotz dringenden Regelungsbedürfnisses keine Maßnahme ergehen könnte.[33] Das kann insbesondere in Verfahren nach § 1666 BGB zutreffen.

3. In Betracht kommende Maßnahmen

§ 49 Abs. 2 zählt in S. 1 und 2 verschiedene zulässige Maßnahmen auf. S. 1 nennt die **16** Sicherung und Regelung eines Zustandes und knüpft damit an die Sicherungs- und Regelungsverfügung an. Schon diese Unterscheidung hat sich für die Praxis als wenig hilfreich erwiesen.[34] Die Sicherungsverfügung soll Individualansprüche sichern.[35] Bei der Regelungsverfügung tritt an Stelle des Individualanspruchs das zu regelnde Rechtsverhältnis.[36] Nach S. 2 kommen in Betracht Gebote oder Verbote, z. B. das Gebot ein Kind zu einem bestimmten Zeitpunkt bereit zu halten, damit das Umgangsrecht ausgeübt werden kann,[37] oder das Verbot sich im Umkreis einer Wohnung aufzuhalten. Ferner kann die Verfügung über einen bestimmten Gegenstand untersagt werden. S. 3 enthält die Ermächtigung des Gerichts, mit der einstweiligen Anordnung die zu ihrer **Durchführung erforderlichen Anordnungen** (flankierende Maßnahmen)[38] zu treffen. So kann das Gericht z. B. bei der Räumung einer Wohnung eine Frist gewähren,[39] oder anordnen, dass auch die Schlüssel herauszugeben sind.[40] Wegen weiterer möglicher Maßnahmen in Ehewohnungssachen s. auch § 209 Rn 4. Für die flankierenden Maßnahmen bedarf es keines Antrages auch wenn die einstweilige Anordnung gem. § 51 Abs. 1 nur auf Antrag erlassen wird.[41]

V. Arrest, Schadensersatz, Kosten, Vollstreckung, Rechtsbehelfe

Ein dinglicher oder persönlicher **Arrest** (§§ 916 ff. ZPO) nach § 119 Abs. 2 S. 1 in **17** Familienstreitsachen (§ 112) möglich. **Schadensersatz** wegen vollzogener einstweiliger Anordnungen kann nach § 119 Abs. 1 S. 2 FamFG i. V. m. § 945 ZPO nur in Güterrechtssachen (§ 112 Nr. 2) und sonstigen Familiensachen i. S. v. § 112 Nr. 3 sowie gem. § 248 Abs. 5 S. 2 verlangt werden, wenn eine im Zusammenhang mit der Feststellung der Vaterschaft erlassene einstweilige Anordnung auf Unterhalt gem. § 248 Abs. 5 S. 1 außer Kraft tritt. In der Mehrheit der Unterhaltsverfahren bleibt es somit dabei, dass kein Schadensersatzanspruch gegeben ist.[42] Zum Bereicherungsanspruch in diesem Fall s. § 246 Rn 11. Wenn der Antragsteller den Erlass einer einstweiligen Anordnung durch eine unerlaubte Handlung erreicht hat oder von der Anordnung vorsätzlich sittenwidrig Gebrauch

---

[29] Baumbach/Hartmann Grundz § 916 Rn 5.
[30] Dazu MünchKommZPO/Drescher vor §§ 916 ff. Rn 6.
[31] BT-Drs. 16/10144 S. 92.
[32] OLG Köln NJW-RR 1987, 71; OLG Schleswig FamRZ 2010, 1828 jew. für eine einstweilige Verfügung nach §§ 945 ff. ZPO; Bumiller/Harders § 49 Rn 5.
[33] Prütting/Helms/Stößer § 49 Rn 4.
[34] MünchKommZPO/Drescher § 938 Rn 8.
[35] Musielak/Huber § 935 Rn 12.
[36] Musielak/Huber § 940 Rn 2.
[37] Haußleiter § 49 Rn 11; a. A. Prütting/Helms/Stößer § 49 Rn 9: derartige Ge- und Verbote fallen unter S. 3.
[38] Prütting/Helms/Stößer § 49 Rn 10
[39] Prütting/Helms/Stößer § 49 Rn 10.
[40] Johannsen/Henrich/Büte § 49 FamFG Rn 14.
[41] Prütting/Helms/Stößer § 49 Rn 10; MünchKommZPO/Soyka § 49 FamFG Rn 10.
[42] Gießler/Soyka Rn 289; BT-Drs. 16/6308 S. 226; zur früheren Rechtslage BGH NJW 2000, 740.

macht, kommen Ansprüche nach §§ 823 Abs. 2 BGB i. V. m. § 263 StGB, 826 BGB in Betracht.[43] Wegen der **Kosten und Gebühren** wird auf § 51 Rn 26 verwiesen; zur Vollstreckung siehe § 53, zur Beschwerde § 57 und zu den weiteren Rechtsbehelfen § 51 Rn 21.

Zuständigkeit

50 (1) [1]Zuständig ist das Gericht, das für die Hauptsache im ersten Rechtszug zuständig wäre. [2]Ist eine Hauptsache anhängig, ist das Gericht des ersten Rechtszugs, während der Anhängigkeit beim Beschwerdegericht das Beschwerdegericht zuständig.

(2) [1]In besonders dringenden Fällen kann auch das Amtsgericht entscheiden, in dessen Bezirk das Bedürfnis für ein gerichtliches Tätigwerden bekannt wird oder sich die Person oder die Sache befindet, auf die sich die einstweilige Anordnung bezieht. [2]Es hat das Verfahren unverzüglich von Amts wegen an das nach Absatz 1 zuständige Gericht abzugeben.

I. Normzweck

1 Die verfahrensmäßigen Trennung von Hauptsache und einstweiliger Anordnung (§ 51 Abs. 3) bedingt, dass die die Zuständigkeit für deren Erlass gesondert geregelt wird. Anknüpfungspunkt ist das Hauptsacheverfahren.

II. Anwendungsbereich

1. Grundsatz

2 Die Vorschrift regelt die Zuständigkeit für den Erlass sämtlicher einstweiliger Anordnungen nach dem FamFG. Zur Übergangsregelung s. § 49 Rn 4. Trotz verfahrensmäßiger Trennung von der Hauptsache gibt es keine spezielle Zuständigkeit für den Erlass einer isolierten einstweiligen Anordnung. Abgesehen von der (örtlichen) Eilzuständigkeit in besonders dringenden Fällen gem. Abs. 2 besteht nach Abs. 1 ein **Gleichlauf mit der Hauptsachezuständigkeit**.[1] Das gilt für die örtliche wie für die sachliche und funktionelle Zuständigkeit. Die **internationale Zuständigkeit** richtet sich nach §§ 97 ff. Wenn die Hauptsache bereits anhängig ist, entscheidet das damit befasste Gericht über den Erlass der einstweiligen Anordnung. Trotz dieser Anknüpfung können im Einzelfall für einstweilige Anordnung und Hauptsache unterschiedliche Gerichte zuständig sein (s. Rn 8). Ein Sonderregelung gilt gem. § 248 Abs. 2 für die einstweilige Anordnung bei Feststellung der Vaterschaft (s. § 248 Rn 8).

2. Hauptsachegericht bei isolierter einstweiliger Anordnung

3 Zuständig ist nach Abs. 1 S. 1 das Gericht, das für die Hauptsache im ersten Rechtszug zuständig wäre, also das **fiktive Hauptsachegericht**. In Familiensachen ist das Familiengericht; in Verfahren i. S. v. § 23c Abs. 1 GVG ist das Betreuungsgericht **funktionell zuständig**. Für die **örtliche Zuständigkeit** gelten die allgemeinen Regeln (z. B. §§ 152, 201, 211, 218, 232, 267, 272, 313, 416). Wenn die örtliche Zuständigkeit mehrerer Gerichte gegeben ist, wird in von Amts wegen eingeleiteten Verfahren und in den nicht zu den Familienstreitsachen zählenden Antragsverfahren nach § 2 Abs. 1 das Gericht zuständig, das zuerst mit der Angelegenheit befasst ist (siehe dazu § 2 Rn 14). Sofern ein Wahlgerichtsstand besteht (z. B. in Gewaltschutzsachen gem. § 211), bestimmt daher der Antragsteller das für den Erlass der einstweiligen Anordnung zuständige Gericht. In Familienstreitsachen ist für die Zuständigkeit der Hauptsache gem. § 113 Abs. 1 die Regelung in § 2 nicht anwendbar; es gelten die §§ 1 ff. ZPO. Im Fall des Wahlgerichtsstandes, insbesondere in Unterhaltssachen nach § 232 Abs. 3, kann der Antragsteller gem. § 35 ZPO das zuständige Gericht auswählen. Dasselbe gilt für den Arrest gem. §§ 119 Abs. 2 S. 1, 113 Abs. 1 i. V. m.

---

[43] Prütting/Helms/Stößer § 49 Rn 19a.
[1] OLG Frankfurt Beschl. v. 19. 1. 2010 2 UFH 2/10 = BeckRS 2010, 12675.

§ 35 ZPO.² Die örtliche Zuständigkeit bleibt bei einer Veränderung der sie begründenden Umstände gem. § 2 Abs. 2, in Familienstreitsachen gem. § 113 Abs. 1 FamFG i. V. m. § 261 Abs. 3 Nr. 2 ZPO erhalten (Grundsatz der **perpetuatio fori**).³

3. Zuständigkeit bei Anhängigkeit der Hauptsache

Nach Abs. 1 S. 2 ist bei Anhängigkeit einer Hauptsache grundsätzlich das Gericht des ersten Rechtszuges zuständig. Der Gesetzestext ist ungenau: Es kann sich nicht um eine, sondern nur um die mit dem Verfahren der einstweiligen Anordnung **deckungsgleiche Hauptsache**⁴ handeln. Eine Übereinstimmung muss hinsichtlich der Beteiligten und des dem Verfahren zugrunde liegenden Sachverhalts bestehen. Ein identischer Antrag ist dagegen nicht erforderlich. Das Hauptsachegericht ist auch zuständig, wenn im Verfahren der einstweiligen Anordnung im Vergleich zur Hauptsache weniger geltend gemacht wird, z. B. der Notunterhalt statt des vollen Unterhalts oder die Übertragung des Aufenthaltsbestimmungsrechts statt der gesamten elterlichen Sorge. Verfahren auf Herausgabe des Kindes und auf Regelung des Umgangs mit dem Kind haben nicht denselben Verfahrensgegenstand wie ein Verfahren über die elterliche Sorge.⁵ **Anhängigkeit** bedeutet nicht Rechtshängigkeit. Sie beginnt mit der Einreichung der Antragsschrift.⁶ Da sich das Verfahren an demjenigen von Arrest und einstweiliger Verfügung orientiert und dort die Einreichung eines Prozesskostenhilfeantrages der Klageeinreichung gleichsteht,⁷ ist auch dasjenige Gericht Hauptsachegericht, bei welchem ein deckungsgleicher **Verfahrenskostenhilfeantrag** eingereicht wurde.⁸ Wenn in einer Familienstreitsache das Mahnverfahren gem. § 113 Abs. 2 betrieben wird, ist wie bei Arrest und einstweiliger Verfügung Hauptsachegericht bis zur Abgabe gem. §§ 696 Abs. 1 S. 4, 700 Abs. 3 ZPO dasjenige Gericht, welches den Mahnantrag nach § 689 ZPO bearbeitet.⁹

Unerheblich ist, ob das Hauptsachegericht im obigen Sinne für die Hauptsache tatsächlich zuständig ist. Es findet daher **keine Zuständigkeitsprüfung** statt.¹⁰ Zuständigkeitsbegründend wirkt allein die Anhängigkeit der Hauptsache. Eine Ausnahme gilt wie bei der einstweiligen Verfügung für den **Rechtsweg**.¹¹ Ob die **internationale Zuständigkeit** zu prüfen ist, wird für den einstweiligen Rechtsschutz nach der ZPO nicht einheitlich beantwortet.¹² Es besteht kein Grund zwischen Rechtswegzuständigkeit und internationaler Zuständigkeit zu differenzieren.¹³ Daher reicht zur Begründung der internationalen Zuständigkeit die Anhängigkeit der Hauptsache nicht aus. Ferner ist bei Arrest und einstweiliger Verfügung streitig, ob mit der Verweisung der Hauptsache an ein anderes Gericht auch die Zuständigkeit für das Eilverfahren übergeht.¹⁴ Dies ist schon deshalb zu bejahen, weil ein Auseinanderfallen der Zuständigkeit gem. § 50 Abs. 1 S. 2 gerade vermieden werden soll. Mit der Abgabe (§ 4), der Verweisung (§ 3 bzw. § 113 Abs. 1 FamFG i. V. m. § 281 ZPO) oder der Bestimmung der Zuständigkeit (§ 5 bzw. § 113 Abs. 1 FamFG i. V. m. § 36 ZPO) in der Hauptsache ändert sich damit

---

[2] Für den Arrest MünchKommZPO/Drescher § 919 Rn 7; Zöller/Vollkommer § 919 Rn 9.
[3] MünchKommZPO/Soyka § 50 FamFG Rn 5.
[4] OLG Stuttgart FamRZ 2010, 1828; Prütting/Helms/Stößer § 50 Rn 3; MünchKommZPO/Soyka § 50 FamFG Rn 1.
[5] OLG Stuttgart FamRZ 2010, 1828.
[6] Prütting/Helms/Stößer § 50 Rn 4.
[7] MünchKommZPO/Drescher § 919 Rn 5.
[8] Thomas/Putzo/Hüßtege § 50 FamFG Rn 3; Johannsen/Henrich/Büte § 50 FamFG Rn 5; a. A. BeckOKFamFG/Schlünder § 50 Rn 13.
[9] Zum Arrest s. MünchKommZPO/Drescher § 919 Rn 5; Baumbach/Hartmann § 919 Rn 6; a. A. Zöller/Vollkommer § 919 Rn 4.
[10] MünchKommZPO/Soyka § 50 FamFG Rn 6.
[11] Für die einstweilige Verfügung BAG NJW 2000, 2524; Musielak/Huber § 943 Rn 3.
[12] Dafür: OLG Koblenz ZIP 1991, 1098; MünchKommZPO/Drescher § 919 Rn 5; Musielak/Huber § 943 Rn 4; Zöller/Vollkommer § 919 Rn 8; dagegen: OLG Düsseldorf ZIP 1999, 1521; LG Frankfurt NJW 1990, 652.
[13] Musielak/Huber § 943 Rn 4.
[14] Dafür: MünchKommZPO/Drescher § 919 Rn 5; Musielak/Huber § 943 Rn 5; dagegen: Baumbach/Hartmann § 919 Rn 8.

die Zuständigkeit im einstweiligen Anordnungsverfahren. Jedoch bleiben vorher getroffene Entscheidungen wirksam.[15] Zur Abgabe an das Gericht der Ehesache s. Rn 7. Die **Zuständigkeit endet** mit dem Ende der Anhängigkeit in erster Instanz, rechtskräftiger Abweisung des Hauptsacheantrages bzw. bestandskräftiger Abweisung des Verfahrenkostenhilfeantrages, Antragsrücknahme und Erledigung der Hauptsache (s. auch Rn 9).[16]

6   Während der Anhängigkeit beim **Beschwerdegericht** (grundsätzlich das OLG, in Betreuungs- und Freiheitsentziehungssachen das LG, §§ 72 Abs. 1 S. 2, 119 Abs. 1 Nr. 1 a, b GVG) ist dieses gem. Abs. 1 S. 2 für die einstweilige Anordnung zuständig. Auch hier muss sich um ein deckungsgleiches Hauptsacheverfahren handeln (s. Rn 4).[17] Zur einstweiligen Anordnung gem. § 64 Abs. 3 s. § 64 Rn 57 ff. Die Zuständigkeit beginnt mit dem Eingang beim Beschwerdegericht gem. § 68 Abs. 1. War bis dahin ein Antrag auf Erlass einer einstweiligen Anordnung noch nicht beschieden geht die Zuständigkeit ebenfalls über.[18] Während des Abhilfeverfahrens bleibt das Gericht erster Instanz weiter zuständig. Ein Antrag auf Bewilligung von Verfahrenskostenhilfe für die beabsichtigte Beschwerde begründet die Zuständigkeit des Beschwerdegerichts noch nicht.[19] Die Zuständigkeit des Beschwerdegerichts endet mit der Rechtskraft der Entscheidung über die Beschwerde bzw. der Einlegung der Rechtsbeschwerde gem. § 71 Abs. 1. Das Beschwerdegericht kann eine einstweilige Anordnung nur im Umfang des bei ihm angefallenen Verfahrensgegenstandes erlassen.[20] Während der Anhängigkeit beim Rechtsbeschwerdegericht wird wieder das erstinstanzliche Gericht zuständig.[21]

4. Abgabe an das Gericht der Ehesache

7   Das Hauptsacheverfahren in Familiensachen erster Instanz ist in den Fällen der §§ 153, 202, 233, 263, 268 und 270 an das Gericht der Ehesache abzugeben, wenn eine Ehesache rechtshängig wird. In entsprechender Anwendung dieser Vorschriften ist **auch das einstweilige Anordnungsverfahren abzugeben**.[22] Das gilt unabhängig davon, ob das Hauptsacheverfahren ebenfalls anhängig ist, das ohnehin abgegeben werden muss. Eine Ausnahme besteht für den Fall, dass das Hauptsacheverfahren schon in der zweiten Instanz anhängig ist. Zweitinstanzliche Verfahren werden nicht abgegeben. Das gilt ebenfalls für die einstweilige Anordnung.[23]

5. Auseinanderfallen der Zuständigkeit

8   Trotz der grundsätzlich übereinstimmenden Zuständigkeit für einstweilige Anordnung und Hauptsache sind zwei Fallgruppen denkbar, in denen damit unterschiedliche Gerichte befasst werden. Gemeinsam ist beiden, dass **einstweilige Anordnung und Hauptsache zu unterschiedlichen Zeitpunkten** anhängig gemacht werden. Wenn zunächst das Verfahren der einstweiligen Anordnung und anschließend das Hauptsacheverfahren betrieben wird und sich in der Zwischenzeit die zuständigkeitsbegründenden Umstände ändern, bleibt diese Änderung auf die Zuständigkeit für die einstweilige Anordnung ohne Einfluss (perpuatio fori, s. Rn 3). Mit der Hauptsache wird jedoch das nach Veränderung der Umstände zuständige Gericht befasst. Z. B. kann in einem Umgangsrechtsverfahren für die einstweilige Anordnung das AG A, in dessen Bezirk das Kind zunächst seinen gewöhnlichen Aufenthalt hat, und für die Hauptsache das AG B, in dessen Bezirk das Kind mittlerweile verzogen ist, gem. § 152 Abs. 2 zuständig sein. Nach dem Umzug würde dieses gem. § 88 Abs. 1 ferner für die Vollstreckung der einstweiligen Anordnung zuständig. In

---

[15] MünchKommZPO/Drescher § 919 Rn 5.
[16] Johannsen/Henrich/Büte § 50 FamFG Rn 5.
[17] OLG Stuttgart FamRZ 2010, 1828.
[18] SBW/Schwonberg § 50 Rn 9; a. A. Johannsen/Henrich/Büte § 50 FamFG Rn 6; Musielak/Borth § 50 Rn 5.
[19] Johannsen/Henrich/Büte § 50 FamFG Rn 6.
[20] Bumiller/Harders § 51 Rn 7.
[21] BGH, Beschl. v. 28. 7. 2010 XII ZB 253/10 = BeckRS 2010, 18417.
[22] MünchKommZPO/Soyka § 50 FamFG Rn 5.
[23] MünchKommZPO/Soyka § 50 FamFG Rn 5.

diesem Fall ist eine Abgabe des einstweiligen Anordnungsverfahrens gem. § 4 gerechtfertigt (siehe dazu § 4 Rn 20).[24] Die Möglichkeit der Abgabe besteht gem. § 113 Abs. 1 jedoch nicht in Familienstreitsachen. Dort bleibt es bei der unterschiedlichen Zuständigkeit in Bezug auf einstweilige Anordnung und Hauptsache.[25] Das Gericht sollte jedoch anregen, dass das Verfahren auf Erlass einer einstweiligen Anordnung im Hinblick auf das anderweitig anhängige Hauptsacheverfahren für erledigt erklärt wird.[26] Für die Vollstreckung der einstweiligen Anordnung bleibt ebenfalls das Ursprungsgericht zuständig, soweit sie nach § 120 Abs. 1 FamFG i. V. m. §§ 887 ff. ZPO dem Prozessgericht des ersten Rechtszugs obliegt.

Wird die einstweilige Anordnung erst **nach Beendigung des Hauptsacheverfahrens** 9 beantragt, richtet sich die Zuständigkeit nach Abs. 1 S. 1. Zuständig ist demnach bei einer Änderung der zuständigkeitsbegründenden Umstände das fiktive neue Hauptsachegericht.[27] Allerdings geht die Begründung des Gesetzentwurfs davon aus, dass das Gericht zuständig bleibt, bei dem die Hauptsache anhängig war.[28] Dem steht jedoch schon der Gesetzeswortlaut entgegen. „Ist" i. S. v. Abs. 1 S. 2 bedeutet nicht „war". Darüber hinaus ist mit der örtlichen Zuständigkeit i. d. R. eine größere Sachnähe verbunden, auf die nicht ohne zwingenden Grund verzichtet werden sollte.

III. Eilmaßnahmen (Abs. 2)

§ 50 Abs. 2 begründet eine **Zuständigkeit für besonders dringende Fälle.** Eine 10 abweichende Regelung findet sich für Betreuungs- und Unterbringungssachen in §§ 272 Abs. 2, 313 Abs. 2, 3, die eine originäre Zuständigkeit am Ort des Fürsorge- bzw. Unterbringungsbedürfnisses begründen (siehe dazu § 272 Rn 6 bzw. § 313 Rn 7 ff.). Damit ist ein Rückgriff auf Abs. 2 in diesen Verfahren nicht erforderlich.

Abs. 2 S. 1 ist an § 942 Abs. 1 ZPO angelehnt,[29] weicht in der Ausgestaltung aber ab. 11 Voraussetzung ist eine besondere Dringlichkeit, die über das ohnehin für den Erlass einer einstweiligen Anordnung notwendige dringende Bedürfnis i. S. v. § 49 Abs. 1 hinausgehen muss. Davon ist auszugehen, wenn die Anrufung des nach Abs. 1 zuständigen Gerichts an Stelle des nach Abs. 2 zuständigen Gerichts nur mit erheblichen Verzögerungen erfolgen könnte und aus diesem Grund der Zweck des einstweiligen Anordnungsverfahrens gefährdet wäre.[30] Unter dieser Voraussetzung ist nach Abs. 2 die Eilzuständigkeit des Gerichts begründet, in dessen Bezirk das Bedürfnis für ein gerichtliches Tätigwerden bekannt wird oder sich die Person oder Sache befindet, auf die sich die einstweilige Verfügung bezieht. Im Zeitalter der modernen Kommunikationsmittel kommt der Vorschrift – wie § 942 Abs. 1 ZPO[31] – nur noch geringe Bedeutung zu.[32] Die Voraussetzungen des Abs. 2 können in **Kindschaftssachen** gegeben sein, wenn sich die anzuhörenden Personen vorübergehend nicht am Ort des gewöhnlichen Aufenthalts befinden.

Nach § 50 Abs. 2 S. 2 hat das Gericht das Verfahren unverzüglich von Amts wegen an 12 das nach Abs. 1 zuständige Gericht abzugeben. Eine vorherige **Anhörung** der Beteiligten zur **Abgabe** ist nicht erforderlich.

IV. Handlungen eines unzuständigen Gerichts

Die Folgen der Handlungen eines nach Abs. 1 oder 2 nicht zuständigen Gerichts ergeben 13 sich aus § 2 Abs. 3. Die örtliche Unzuständigkeit **führt nicht zur Unwirksamkeit** ge-

---

[24] Prütting/Helms/Stößer § 50 Rn 5; MünchKommZPO/Soyka § 50 FamFG Rn 5.
[25] MünchKommZPO/Soyka § 50 FamFG Rn 5; a. A. BeckOKFamFG/Schlünder § 50 Rn 18: analoge Anwendung von § 4.
[26] Prütting/Helms/Stößer § 50 Rn 5.
[27] MünchKommZPO/Soyka § 50 FamFG Rn 5.
[28] BT-Drs. 16/6308 S. 200; ebenso BeckOKFamFG/Schlünder § 50 Rn 12.
[29] BT-Drs. 16/6308 S. 200.
[30] Für § 942 Abs. 1 ZPO Musielak/Huber § 942 Rn 2.
[31] Dazu MünchKommZPO/Drescher § 942 Rn 4; Musielak/Huber § 942 Rn 2.
[32] Weitergehend Prütting/Helms/Stößer § 50 Rn 7: Zuständigkeit nach Abs. 2 kaum denkbar.

richtlicher Handlungen (siehe dazu § 2 Rn 30). Sie führt aber zur Aufhebung im Beschwerdeverfahren.[33]

Verfahren

§ 51 (1) ¹Die einstweilige Anordnung wird nur auf Antrag erlassen, wenn ein entsprechendes Hauptsacheverfahren nur auf Antrag eingeleitet werden kann. ²Der Antragsteller hat den Antrag zu begründen und die Voraussetzungen für die Anordnung glaubhaft zu machen.

(2) ¹Das Verfahren richtet sich nach den Vorschriften, die für eine entsprechende Hauptsache gelten, soweit sich nicht aus den Besonderheiten des einstweiligen Rechtsschutzes etwas anderes ergibt. ²Das Gericht kann ohne mündliche Verhandlung entscheiden. ³Eine Versäumnisentscheidung ist ausgeschlossen.

(3) ¹Das Verfahren der einstweiligen Anordnung ist ein selbständiges Verfahren, auch wenn eine Hauptsache anhängig ist. ²Das Gericht kann von einzelnen Verfahrenshandlungen im Hauptsacheverfahren absehen, wenn diese bereits im Verfahren der einstweiligen Anordnung vorgenommen wurden und von einer erneuten Vornahme keine zusätzlichen Erkenntnisse zu erwarten sind.

(4) Für die Kosten des Verfahrens der einstweiligen Anordnung gelten die allgemeinen Vorschriften.

Übersicht

	Rn
I. Normzweck; Anwendungsbereich	1
II. Antrag	2
1. Erforderlichkeit	2
2. Form und Bestimmtheit	5
3. Begründung; Glaubhaftmachung	6
4. Rücknahme	12
III. Weiteres Verfahren	13
1. Bedeutung der Verfahrensvorschriften des Hauptsacheverfahrens	13
2. Mündliche Verhandlung; Termin	14
3. Anhörung	16
4. Amtsermittlung; Beweiserhebung	17
5. Beschleunigungsgebot	20
IV. Entscheidung des Gerichts	21
1. Beschluss	21
2. Befristung	22
V. Einstweilige Anordnung und Hauptsacheverfahren	23
VI. Kosten und Gebühren	26

I. Normzweck; Anwendungsbereich

1 Die Vorschrift enthält die wesentlichen Verfahrensvorschriften für die einstweilige Anordnung. Ergänzende Bestimmungen finden sich in den §§ 53 bis 55 und 57. Bisher war das Verfahren vor allem in den die einstweilige Anordnung im Scheidungsverbund betreffenden §§ 620 ff. ZPO a. F. geregelt, auf welche für andere einstweilige Anordnungen verwiesen wurde (§§ 127a, 621g, 644 ZPO a. F., 64b Abs. 3 FGG). Die Gestaltung des Verfahrens nach dem FamFG muss der Trennung von der Hauptsache (s. Rn 23) Rechnung tragen. Wegen der höchst unterschiedlichen Gegenstände, die durch einstweilige Anordnung geregelt werden können, ist eine einheitliche Regelung nicht möglich. Insbesondere die Unterscheidung in **Amts- und Antragsverfahren** macht eine Differenzierung erforderlich. Während die Antragsverfahren der einstweiligen Verfügung gem. §§ 935 ff. ZPO angenähert sind, gelten für Amtsverfahren eher die zur früheren vorläufigen

---

[33] Das gilt trotz § 513 Abs. 2 ZPO ebenfalls für die einstweilige Verfügung: MünchKommZPO/Rimmelspacher § 513 Rn 20.

Anordnung (s. § 49 Rn 1) entwickelten Grundsätze. Zur Übergangsregelung s. Rn 23 und § 49 Rn 4.

II. Antrag

1. Erforderlichkeit

Nach Abs. 1 S. 1 wird die einstweilige Anordnung nur auf Antrag erlassen, wenn ein entsprechendes **Hauptsacheverfahren nur auf Antrag** eingeleitet werden kann. Die **Familienstreitsachen** deren Hauptsacheverfahren sich weitgehend nach der ZPO richtet (§ 113 Abs. 1), sind Antragsverfahren. Dasselbe gilt für die Ehesachen, in welcher der Erlass einer einstweiligen Anordnung jedoch nicht in Betracht kommt (s. § 119 Rn 1). Für eine einstweilige Anordnung in **Unterhaltssachen** und Anordnungsverfahren auf Zahlung eines **Kostenvorschusses** wird das Antragserfordernis in § 246 Abs. 1 noch einmal wiederholt. Zu den Antragsverfahren zählen ferner die **Ehewohnungs- und Haushaltssachen** (§ 203 Abs. 1) und **Gewaltschutzsachen** (§§ 1, 2 GewSchG). In das **Sorgerecht** betreffenden Verfahren richtet sich das Antragserfordernis nach dem materiellen Recht. Daher wird das Familiengericht in den Fällen der §§ 1626c Abs. 2 S. 3, 1628, 1630 Abs. 3, 1631 Abs. 3, 1632 Abs. 3 BGB[1] auf Antrag tätig, so dass eine einstweilige Anordnung nur auf Antrag erlassen werden kann. Das gilt ebenfalls für die Übertragung der elterlichen Sorge bei Getrenntleben gem. § 1671 Abs. 1 und 2 BGB,[2] sofern nicht die Voraussetzungen des § 1671 Abs. 3 BGB erfüllt sind. In **Versorgungsausgleichssachen** erfolgt der Erlass einer einstweiligen Anordnung nur auf Antrag, soweit im Hauptsacheverfahren ein Antrag notwendig ist (§ 223). In **Unterbringungssachen** kommt es auf die Art der Unterbringung an. Die öffentlich-rechtliche Unterbringung wird auf Antrag der zuständigen Unterbringungsbehörde genehmigt. Der zivilrechtlichen Unterbringung geht zwar i. d. R. eine Bitte des Betreuers um Genehmigung der Unterbringung voraus, die aber nicht einem förmlichen Antrag entspricht.[3] Darüber hinaus ist eine Anordnung der zivilrechtlichen Unterbringung von Amts wegen unter den Voraussetzungen des § 1846 BGB möglich.[4] Antragsverfahren sind ferner das **Erbscheinsverfahren** (§ 352), die **Registersachen** (§ 378) und das Verfahren nach **§ 403**. In den ebenfalls zu den Antragsverfahren zählenden **Aufgebotssachen** käme für den Erlass einer einstweiligen Anordnung nur die Zahlungssperre (§ 480) in Betracht, die jedoch auch in der Hauptsache unverzüglich erlassen werden kann (s. § 480 Rn 2).

Ohne Antrag kann (und muss bei Vorliegen der Voraussetzungen) eine einstweilige Anordnung in Verfahren erlassen werden, die in der Hauptsache **von Amts wegen,** wenn auch ggf. auf eine entsprechende Anregung hin, eingeleitet werden, vor allem in **Betreuungssachen** (§§ 300, 301; zu den Unterbringungssachen s. Rn 2). Im Bereich der **elterlichen Sorge** gehören zu den reinen Amtsverfahren u. a. diejenigen nach den §§ 1629 Abs. 2 S. 3, 1666 BGB. Wird in reinen Amtsverfahren einer Anregung auf Erlass einer einstweiligen Anordnung nicht entsprochen, genügt eine formlose Verfügung des Gerichts. Ein Beschluss, der die Anregung zurückweist, ist nicht erforderlich.

Zwischen den reinen Antrags- und Amtsverfahren stehen die Verfahren, die **sowohl von Amts wegen als auch auf Antrag** eingeleitet werden können. Darunter fallen neben weiteren die elterliche Sorge betreffenden Verfahren nach den §§ 1618 S. 4, 1632 Abs. 4, 1682, 1686, 1687 Abs. 2, 1687a, 1688 Abs. 3 S. 2 BGB,[5] auch Verfahren über das **Umgangsrecht** gem. den §§ 1684, 1685 BGB. Diese werden zwar i. d. R. auf Antrag eingeleitet, doch kann das Gericht von Amts wegen tätig werden, wenn es zum Wohl des Kindes angezeigt ist.[6] Soweit ein Antrag in diesen Verfahren gestellt wurde, muss der Antrag

---

[1] Zu § 1632 Abs. 3 BGB BeckOK-BGB/Veit § 1632 Rn 10.
[2] Prütting/Helms/Stößer § 51 Rn 2.
[3] Palandt/Diederichsen § 1906 Rn 44.
[4] BayObLG NJW-RR 2000, 566.
[5] Jansen/Wick § 64 Rn 109.
[6] OLG Zweibrücken FamRZ 2004, 1589; BeckOK-BGB/Veit § 1684 Rn 38; Johannsen/Henrich/Jaeger § 1684 BGB Rn 21; Vogel FF 2011, 196; a. A. Socha FamRZ 2010, 947: Antragsverfahren.

beschieden werden. Wie bei der Vollstreckung von Amts wegen (§ 86 Abs. 1) ist durch Beschluss zu entscheiden.

2. Form und Bestimmtheit

5   Eine besondere Form ist für den Antrag nicht vorgeschrieben. Es gelten die allgemeinen Vorschriften (§§ 23 ff.), in Familienstreitsachen gem. § 113 Abs. 1 die allgemeinen Vorschriften der ZPO. Zum Anwaltszwang s. Rn 13. Abs. 1 S. 1 schreibt nicht vor, dass der Erlass einer bestimmten Maßnahme zu beantragen ist. Die Anforderungen dürfen nicht weiter gehen als bei der einstweiligen Verfügung. Ein **inhaltlich genau bestimmter Antrag** ist dort nicht notwendig.[7] Der Antragsteller muss jedoch sein Rechtsschutzziel angeben.[8] Ausreichend ist z. B. der Antrag, dem Antragsteller ein nicht näher bezeichnetes Umgangsrecht einzuräumen.

3. Begründung; Glaubhaftmachung

6   Nach Abs. 1 S. 2 hat der Antragsteller in Antragsverfahren den Antrag zu begründen und die Voraussetzungen für die Anordnung glaubhaft zu machen. Die Regelung weicht ab von der bloßen Soll-Vorschrift des § 23 Abs. 1 S. 1 und 2.[9] Dieses Erfordernis gilt nicht für Anregungen in Amtsverfahren.[10] Für **alle Antragsverfahren** gilt, dass zur ausreichenden Glaubhaftmachung einer Tatsachenbehauptung es nicht der vollen gerichtlichen Überzeugung bedarf, sondern ein geringerer Grad der richterlichen Überzeugungsbildung genügt, der bereits vorliegt, sofern bei freier Würdigung des gesamten Verfahrensstoffes eine überwiegende Wahrscheinlichkeit dafür besteht, dass sie zutrifft.[11] Im Übrigen ist je nach dem Verfahrensgegenstand zu differenzieren, welche Bedeutung der Begründung und Glaubhaftmachung zukommt und in welchem Umfang daneben noch eine **Amtsermittlung** (§ 26) stattfindet.

7   Uneingeschränkt erforderlich sind Begründung und Glaubhaftmachung in **Familienstreitsachen.** Hier ist das Verfahren demjenigen der einstweiligen Verfügung angenähert, so dass auf die dafür entwickelten Grundsätze zurückgegriffen werden kann. Der Antragsteller muss seinen Anspruch daher nicht nur im Hauptsacheverfahren, sondern auch im einstweiligen Anordnungsverfahren schlüssig vortragen.[12] Die Beweislast folgt denselben Grundsätzen wie im Hauptsacheverfahren (s. dazu § 29 Rn 39 ff.).[13] Das summarische Verfahren bedingt jedoch eingeschränkte Beweisanforderungen (s. § 49 Rn 10). Eine Amtsermittlung findet nicht statt. Die Glaubhaftmachung richtet sich in Familienstreitsachen nach § 113 Abs. 1 FamFG i. V. m. § 294 ZPO[14] und kann insbesondere durch eidesstattliche Versicherung erfolgen. Bei **fehlender Glaubhaftmachung, die auch** auf eine Verfügung des Gerichts hin nicht nachgeholt wird, ist der **Antrag zurückzuweisen**. Die Beweisaufnahme ist gem. § 113 Abs. 1 FamFG i. V. m. § 294 Abs. 2 ZPO auf präsente Beweismittel beschränkt.

8   In den **weiteren Antragsverfahren**, d. h. den nicht zu den Familienstreitsachen zählenden Antragsverfahren (s. Rn 2) sind Begründung und Glaubhaftmachung zwar ebenfalls erforderlich. Auch ist die Beweisaufnahme gem. § 31 Abs. 2 auf präsente Beweismittel beschränkt. Die **Amtsermittlung** ist damit aber nicht grundsätzlich ausgeschlossen. Vielmehr gilt der Grundsatz der Amtsermittlung für das Verfahren der einstweiligen Anordnung entsprechend dem Hauptsacheverfahren.[15] Der Umfang der Amtsermittlung bestimmt sich daher nach der Ausgestaltung des jeweiligen Hauptsacheverfahrens. Wenn die **Glaubhaft-**

---

[7] MünchKommZPO/Drescher § 936 Rn 7.
[8] Zöller/Vollkommer § 938 Rn 2.
[9] Baumbach/Hartmann § 51 FamFG Rn 3.
[10] BT-Drs. 16/6308 S. 200.
[11] OLG Saarbrücken FPR 2011, 234.
[12] Zur einstweiligen Verfügung OLG Köln NJW-RR 1995, 576; MünchKommZPO/Drescher § 935 Rn 13; Zöller/Vollkommer § 935 Rn 7.
[13] MünchKommZPO/Drescher vor §§ 916 ff. Rn 20.
[14] MünchKommZPO/Soyka § 51 FamFG Rn 3.
[15] MünchKommZPO/Soyka § 51 FamFG Rn 5.

machung vollständig unterbleibt und auch auf eine gerichtliche Verfügung nicht nachgeholt wird, verstößt der Antragsteller gegen seine Mitwirkungs- und Verfahrensförderungslast (vgl. § 26 Rn 20). Es bedarf keiner weiteren Amtsermittlung; vielmehr ist in diesem Fall der Antrag zurückzuweisen.

Das Verfahren in **Ehewohnungs- und Haushaltssachen** ist gekennzeichnet durch eine besondere Mitwirkungspflicht der Beteiligten. Insbesondere das Haushaltsverfahren hat als kontradiktorisches Verfahren Ähnlichkeiten mit einem Zivilprozess.[16] Daher ist es gerechtfertigt, an den Vortrag des Antragstellers ähnliche Anforderungen wie in Familienstreitsachen zu stellen. Der Antragsteller muss konkrete Umstände darlegen und glaubhaft machen, die es als unbillige Härte erscheinen ließen, wenn ihm die Ehewohnung nicht oder nicht teilweise zugewiesen würde.[17] Das Gericht kann jedoch von Amts wegen ermitteln, insbesondere gem. § 206 Auflagen erteilen, bevor über den Antrag entschieden wird. Dieselben Erwägungen gelten für die einstweilige Anordnung in **Versorgungsausgleichssachen,** soweit für die Hauptsache ein Antrag erforderlich ist (§ 223). Zur fehlenden Glaubhaftmachung s. Rn 8 aE. 9

In **Gewaltschutzverfahren** sollen durch die einheitliche Zuständigkeit für alle Verfahren die Anforderungen an die verfahrenseinleitende Erklärung verringert und der Antragsteller durch die Geltung des Amtsermittlungsgrundsatzes entlastet werden.[18] Das Gericht ist daher, wenn die Begründung des Anordnungsantrages allein für den Erlass der einstweiligen Anordnung nicht ausreicht, auch im Anordnungsverfahren vor einer Entscheidung zur Amtsermittlung verpflichtet, z.B. durch eine Anfrage bei der zuständigen Polizeibehörde nach einem Platzverweis. Folgt jedoch aus dem Vortrag des Antragstellers, dass – alle Behauptungen als richtig unterstellt – eine Maßnahme nach §§ 1, 2 GewSchG nicht gerechtfertigt ist, kann der Antrag ohne weitere Ermittlungen abgelehnt werden. Zur fehlenden Glaubhaftmachung s. Rn 8 aE. 10

In **Kindschaftssachen,** die die elterliche Sorge, das Umgangsrecht und die Kindesherausgabe betreffen, muss – soweit es sich um Verfahren handelt, die nur oder jedenfalls auch auf Antrag eingeleitet werden können (s. Rn 2, 4) – das Gericht zunächst (wie in Gewaltschutzsachen s. Rn 10) prüfen, ob der Vortrag des Antragstellers die beantragte einstweilige Anordnung rechtfertigt. Ist dies nicht der Fall – beantragt z. B. der Vater, dessen Umgangsrecht für einen bestimmten Zeitraum ausgeschlossen wurde, innerhalb dieses Zeitraums die Regelung des Umgangs durch einstweilige Anordnung – ist der Antrag abzuweisen. Dasselbe gilt bei fehlender, auch auf eine Auflage des Gerichts nicht nachgeholter Glaubhaftmachung, s. Rn 8 aE. Andernfalls entscheidet das Gericht, ob und ggf. in welchem Umfang weitere Ermittlungen erforderlich sind. Diese Entscheidung steht nicht in seinem freien Ermessen. Das Kind soll vor dem Erlass einer einstweiligen Anordnung angehört werden (§ 156 Abs. 3 S. 3). Auch die Anhörungen der Eltern und des Jugendamts sind grundsätzlich vor Erlass der einstweiligen Anordnung durchzuführen. Von der Anhörung der Eltern kann darf nach § 160 Abs. 3 nur aus schwerwiegenden Gründen abgesehen werden. Wenn die Anhörung der Eltern oder des Jugendamts wegen Gefahr im Verzug unterbleibt ist diese unverzüglich nachzuholen (§§ 160 Abs. 4, 162 Abs. 1 S. 2). Das Ergebnis der Anhörung ist zu protokollieren.[19] 11

4. Rücknahme

Die Rücknahme des Antrages richtet sich in Familienstreitsachen nach § 113 Abs. 1 FamFG i. V. m. § 269 ZPO, in den übrigen Verfahren nach § 22. Zulässig ist sie jeweils bis zum (formell) rechtskräftigen Abschluss des Verfahrens. In **Antragsverfahren** ist die Einwilligung des Antragsgegners – soweit es sich um Ehesachen und Familienstreitsachen handelt, gem. § 113 Abs. 1 FamFG i. V. m. § 269 ZPO bis zur mündlichen Verhandlung; in den übrigen Antragsverfahren nach § 22 Abs. 1 S. 2 bis zur Endentscheidung – entbehrlich. Wird in Familienstreitsachen auf eine mündliche Verhandlung verzichtet, bedarf es in 12

---

[16] BT-Drs. 16/6308 S. 250.
[17] OLG Köln FamRZ 2011, 118.
[18] BT-Drs. 16/6308 S. 251.
[19] OLG Saarbrücken FamRZ 2010, 2085.

entsprechender Anwendung von § 22 jedenfalls nach Erlass der Endentscheidung ebenfalls der Zustimmung. Rechtsfolge der Rücknahme ist in Antragsverfahren gem. § 22 Abs. 2 bzw. §§ 113 Abs. 1 FamFG i. V. m. § 269 Abs. 3 ZPO die Wirkungslosigkeit der Entscheidung. Diese Rechtsfolge ist auf Antrag durch Beschluss auszusprechen. Die Anfechtbarkeit dieses Beschlusses ist nicht einheitlich geregelt. In Ehesachen und Familienstreitsachen ist die Beschwerde nach § 113 Abs. 1 FamFG i. V. m. § 269 Abs. 5 ZPO streitwertabhängig zulässig; im übrigen ist sie nach § 22 Abs. 2 S. 3 unzulässig. Für Verfahren, die **auch von Amts wegen** eingeleitet werden können, gilt § 22 Abs. 2 nicht. In diesen Verfahren wird die Rücknahme des Antrages jedoch regelmäßig zu einer Aufhebung der einstweiligen Anordnung nach § 54 Abs. 1 führen.

III. Weiteres Verfahren

1. Bedeutung der Verfahrensvorschriften des Hauptsacheverfahrens

13 Nach § 51 Abs. 2 S. 1 richtet sich das Verfahren nach den für das Hauptsacheverfahren geltenden Vorschriften, soweit sich nicht aus den Besonderheiten des einstweiligen Rechtsschutzes etwas anderes ergibt. Für Familienstreitsachen gilt der Allgemeine Teil des FamFG nur nach Maßgabe von § 113 Abs. 1. Im Übrigen gelten die Allgemeinen Vorschriften der ZPO und die Vorschriften der ZPO über das Verfahren vor den Landgerichten entsprechend. Ferner sind die jeweils einschlägigen Bestimmungen des Buches 2 zu beachten, insbesondere die §§ 231 ff. in Unterhaltssachen. Eine Versäumnisentscheidung ist ausgeschlossen, Abs. 2 S. 3. Für die Verfahren, die nicht zu den Familienstreitsachen gehören, gelten der Allgemeine Teil des FamFG und die für das jeweilige Verfahren einschlägigen Bestimmungen des Buches 2. Die **Verfahrenskostenhilfe** (s. dazu § 76 Rn 3) richtet sich nach den allgemeinen Vorschriften §§ 76 ff. bzw. § 113 Abs. 1 FamFG i. V. m. §§ 114 ff. ZPO. Im einstweiligen Anordnungsverfahren ist wegen der Eilbedürftigkeit und der summarischen Prüfung die Bewilligung nur dann nicht angezeigt, wenn von vornherein keine Erfolgsaussichten bestehen. Macht der Antragsteller seinen einstweiligen Anordnungsantrag von der Bewilligung der Prozess- bzw. Verfahrenskostenhilfe abhängig, können Zweifel an der besonderen Dringlichkeit bestehen.[20] **Anwaltszwang** besteht gem. § 114 Abs. 4 Nr. 1 nicht, auch wenn für das Hauptsacheverfahren die anwaltliche Vertretung gem. § 114 Abs. 1 erforderlich ist.

2. Mündliche Verhandlung; Termin

14 In **Familienstreitsachen** bedarf es nach Abs. 2 S. 2 nicht unbedingt einer mündlichen Verhandlung. Als Entscheidungsmaßstab für die Notwendigkeit einer mündlichen Verhandlung ist § 937 Abs. 2 ZPO heranzuziehen. Eine mündliche Verhandlung ist in dringenden Fällen entbehrlich, wobei es sich um eine besondere Dringlichkeit handeln muss. Nicht ausreichend ist das ohnehin nach § 49 Abs. 1 notwendige dringende Bedürfnis für ein sofortiges Tätigwerden. Voraussetzung ist vielmehr, dass die Anordnung der mündlichen Verhandlung den Zweck der einstweiligen Anordnung gefährden würde.[21] Der Erlass ohne mündliche Verhandlung ist nur im Ausnahmefall zulässig, jedoch geboten, wenn der Antragsteller die Voraussetzungen dafür glaubhaft macht.[22] Wird von einer mündlichen Verhandlung abgesehen, ist dem Antragsgegner grundsätzlich Gelegenheit zur schriftlichen Stellungnahme zu geben. Eine Entscheidung ohne jedes rechtliche Gehör kommt nur in Betracht, wenn andernfalls der Zweck der Maßnahme nicht erreicht werden könnte. In Unterhaltssachen ist nach § 246 Abs. 2 eine mündliche Verhandlung im Regelfall erforderlich (s. § 246 Rn 6), allerdings nicht in den Verfahren nach §§ 247, 248 (s. § 247 Rn 9 und § 248 Rn 10).

15 In den nicht zu den Familienstreitsachen zählenden Verfahren kann das Gericht nach § 32 auch im Verfahren der einstweiligen Anordnung die Sache mit den Beteiligten in einem **Termin** erörtern. Von dieser Möglichkeit sollte wegen der i. d. R. einschneidenden

---

[20] Schmid FPR 2011, 5/8.
[21] Für die einstweilige Verfügung Thomas/Putzo/Reichold § 937 Rn 2.
[22] MünchKommZPO/Drescher § 937 Rn 5, 6.

Wirkung der einstweiligen Anordnung und ihrer nur eingeschränkten Anfechtbarkeit Gebrauch gemacht werden,[23] sofern nicht die Voraussetzungen des § 937 Abs. 2 ZPO (s. Rn 14) gegeben sind. Das gilt insbesondere für die Erörterungstermine in Kindschaftssachen (§ 155 Abs. 2), wie in Ehewohnungs- und Haushaltssachen (§ 207). Häufig gelingt schon im einstweiligen Anordnungsverfahren eine gütliche Einigung, die über den Anwendungsbereich der §§ 246 Abs. 2, 156 Abs. 2 hinaus gem. § 36 Abs. 1 S. 2 immer (Ausnahme: Gewaltschutzsachen, s. u.) angestrebt werden sollte. Der im Referentenentwurf noch vorgesehene vorläufige Vergleich (§ 56 Ref-E) wurde zwar nicht in das FamFG übernommen, doch können die Beteiligten gem. § 36 im Rahmen des einstweiligen Anordnungsverfahrens eine **vorläufige Einigung**, z. B. über den Aufenthalt eines Kindes bis zur Hauptsacheentscheidung schließen. Darüber hinaus ist eine endgültige, das Hauptsacheverfahren erledigende Einigung durch Vergleich möglich. Ohne ausdrückliche anderweitige Festlegung ist davon auszugehen, dass die Beteiligten nur eine vorläufige, das Verfahren der einstweiligen Anordnung betreffende Regelung treffen wollen.[24] In Gewaltschutzsachen ist eine mündliche Erörterung wegen der besonderen Eilbedürftigkeit meistens nicht angebracht. Ferner kommt der gütlichen Einigung gem. § 36 Abs. 1 S. 2 weniger Bedeutung zu.

3. Anhörung

Für Familienstreitsachen gilt § 34 über die persönliche Anhörung nicht, § 113 Abs. 1. Im übrigen ist die Anhörung des Antragsgegners gem. § 34 Abs. 1 Nr. 1 FamFG zur **Gewährleistung rechtlichen Gehörs** grundsätzlich erforderlich. Unter Berücksichtigung der Besonderheiten des einstweiligen Rechtsschutzes kann davon nur unter den Voraussetzungen abgesehen werden, unter denen der Erlass einer einstweiligen Verfügung ohne vorherige Gelegenheit zur Stellungnahme zulässig ist (s. Rn 14). Zur Anhörung in Kindschaftssachen s. Rn 11, zu Betreuungs- und Unterbringungssachen s. Rn 17.

4. Amtsermittlung; Beweiserhebung

Zur Geltung des Amtsermittlungsgrundsatzes in Antragsverfahren s. Rn 8. In (reinen) Amtsverfahren gilt der Amtsermittlungsgrundsatz uneingeschränkt. Die im Eilverfahren zur Verfügung stehenden Möglichkeiten der Amtsermittlung müssen ausgeschöpft werden.[25] Begründung und Glaubhaftmachung sind nicht erforderlich. Für **Betreuungs- und Unterbringungssachen** geben die §§ 300, 301, 331, 332 den Umfang der Amtsermittlung vor. Notwendig ist immer ein ärztliches Zeugnis über den Zustand des Betroffenen. Seine Anhörung sowie die Bestellung und Anhörung des Verfahrenspflegers können bei Gefahr im Verzug nachgeholt werden. Im Übrigen ist eine erschöpfende Aufklärung des Sachverhalts nicht geboten. Das Gericht kann sich mit den Unterlagen begnügen, die ihm vom Antragsteller oder der zuständigen Behörde vorgelegt werden, s. auch Rn 19 aE.

In **Freiheitsentziehungssachen** gelten gem. § 427 entsprechende Anforderungen. Auch für die weiteren Amtsverfahren gilt, dass vor Erlass einer einstweiligen Anordnung keine erschöpfende Sachverhaltsaufklärung erforderlich ist. Das Gericht muss selbst entscheiden, welcher Grad von Gewissheit ausreicht.

Zur Beschränkung auf präsente Beweismittel s. Rn 7, 8. Sofern das Gericht die einstweilige Anordnung nicht schon aufgrund einer Glaubhaftmachung erlässt und Beweis erhebt, erfolgt die **Beweisaufnahme formlos** nach § 29. Eine förmliche Beweisaufnahme (§ 30) ist selbst im Fall des § 30 Abs. 3 nicht mit den Besonderheiten des einstweiligen Rechtsschutzes i. S. v. Abs. 2 S. 1 zu vereinbaren. Insbesondere kommt angesichts des Beschleunigungsgebots die Einholung eines schriftlichen Sachverständigengutachtens nicht in Betracht.[26] Das gilt allerdings nicht für die ärztlichen Zeugnisse, die Voraussetzung für

---

[23] MünchKommZPO/Soyka § 51 FamFG Rn 6.
[24] OLG Karlsruhe FamRZ 2009, 1840.
[25] OLG Saarbrücken JAmt 2011, 49 = BeckRS 2010, 26127.
[26] OLG Jena FamRZ 2010, 1830; OLG Saarbrücken Beschl. v. 30. 9. 2010 JAmt 2011, 49 = BeckRS 2010, 26127; SBW/Schwonberg § 51 Rn 30.

den Erlass einstweiliger Anordnungen in Betreuungs- und Unterbringungssachen sind (§§ 300 Abs. 1 Nr. 2, 301, 331 Abs. 1 Nr. 2, 332, 334). Das Gericht muss jedoch nicht die Einholung eines weiteren Sachverständigengutachtens veranlassen.[27]

5. Beschleunigungsgebot

20 Die §§ 49 ff. enthalten kein ausdrückliches Beschleunigungsgebot. Aus der Erwähnung der Besonderheiten des einstweiligen Rechtsschutzes in Abs. 2 S. 1 lässt sich schließen, dass eine **beschleunigte Entscheidung** geboten ist.[28] Für Kindschaftssachen besteht nach § 155 ohnehin ein Vorrang- und Beschleunigungsgebot.

IV. Entscheidung des Gerichts

1. Beschluss

21 Die Entscheidung erfolgt gem. § 38 durch Beschluss. Der Beschluss ist gem. § 38 Abs. 3 zu begründen. Auch aufgrund der Besonderheiten des einstweiligen Rechtsschutzes (Abs. 2 S. 1) kann nicht auf eine wenigstens kurze, ggf. formularmäßige **Begründung** verzichtet werden. Die fehlende Begründung eröffnet keine über § 57 hinausgehende Anfechtungsmöglichkeit. Der Beschluss ist mit einer **Rechtsbehelfsbelehrung** zu versehen, § 39. Diese umfasst mit den Einschränkungen gem. § 57 die Beschwerde, §§ 58 ff., die Abänderungsmöglichkeit nach § 54 und den Antrag auf Durchführung des Hauptverfahrens, § 52.[29] Die Rechtsbehelfsbelehrung ist auch erforderlich, wenn die Beschwerde gem. § 57 nicht zulässig ist.[30] Die Beschwerdefrist beträgt im Falle einer erlassenen einstweiligen Anordnung nach § 63 Abs. 2 Nr. 1 zwei Wochen und bei einer abgelehnten einstweiligen Anordnung 1 Monat (s. § 63 Rn 14). Ferner muss der Beschluss grundsätzlich wegen der Unabhängigkeit vom Hauptsacheverfahren eine **Kostengrundentscheidung** enthalten (Abs. 4),[31] die sich in Unterhaltssachen nach § 243 und in den weiteren Familienstreitsachen nach § 113 Abs. 1 FamFG i. V. m. §§ 91 ff. ZPO richtet. Für die nicht zu den Familienstreitsachen gehörenden Verfahren gelten die §§ 80 ff. Soweit in der Hauptsache von einer Kostenentscheidung abgesehen werden kann, gilt dies ebenfalls für die einstweilige Anordnung.[32] Wenn die Kostengrundentscheidung fehlt, ist der Antrag auf Ergänzung innerhalb von 2 Wochen zu stellen, §§ 113 Abs. 1 FamFG i. V. m. § 321 ZPO bzw. § 43 Abs. 2 FamFG. Die **Bekanntgabe** erfolgt in Familienstreitsachen gem. §§ 113 Abs. 1 FamFG i. V. m. § 329 ZPO, wobei sich das Zustellungserfordernis nach § 329 Abs. 3 ZPO richtet. In den anderen Verfahren gilt § 41. Wegen der schlecht überschaubaren Anfechtungsmöglichkeit ist eine Zustellung nach § 41 Abs. 1 S. 2 immer angebracht. Besondere Bedeutung vor allem in Betreuungs- und Unterbringungssachen hat die Bekanntgabe gegenüber Anwesenden durch Verlesung der Beschlussformel, § 41 Abs. 2. Mit Bekanntgabe wird der Beschluss wirksam, § 40 Abs. 1. Der Beschluss ist **Vollstreckungstitel**. Zur Vollstreckung s. im Übrigen § 53.

2. Befristung

22 Eine Befristung der einstweiligen Anordnung ist im Gesetz ausdrücklich nur für Betreuungs-, Unterbringungs- und Freiheitsentziehungssachen vorgesehen (§§ 302, 333, 334, 427 Abs. 1 S. 2). In Gewaltschutzverfahren ergibt sich die **Notwendigkeit** der Befristung aus dem materiellen Recht, §§ 1 Abs. 1 S. 2, 2 Abs. 2 GewSchG.[33] Im Übrigen folgt jedoch aus § 56 Abs. 1 FamFG, dass eine Befristung zulässig ist.[34] Sie steht jedoch nicht im freien Ermessen des Gerichts sondern dient dazu, nach Maßgabe des materiellen Rechts

---

[27] MünchKommZPO/Schmidt-Recla § 300 FamFG Rn 11.
[28] MünchKommZPO/Soyka § 51 FamFG Rn 7.
[29] Dose Rn 366; SBW/Schwonberg § 51 Rn 38.
[30] A. A. OLG Stuttgart FGPrax 2010, 59 m. abl. Anmerkung Bruns FamFR 2009, 122.
[31] OLG Köln FGPrax 2011, 37; Beschl. v. 11. 10. 2010 2 Wx 146/10 = BeckRS 2010, 28779.
[32] BT-Drs. 16/6308 S. 201.
[33] OLG Saarbrücken FPR 2011, 232; FPR 2011, 234.
[34] OLG Jena FamRZ 2011, 491.

Verfahren

die sich voraussichtlich künftig ändernden Verhältnisse zu berücksichtigen, z. B. durch die Befristung des Kindesunterhalts bis zum bereits feststehenden Ende einer Ausbildung.[35] Umgekehrt kann das Gericht in Amtsverfahren gem. § 52 Abs. 1 S. 2 eine Frist bestimmen, vor deren Ablauf nicht der Antrag nach § 52 Abs. 1 S. 1 auf Einleitung des Hauptsacheverfahrens gestellt werden kann. Diese Frist darf nicht mehr als drei Monate betragen.

V. Einstweilige Anordnung und Hauptsacheverfahren

Aus § 51 Abs. 3 S. 1 folgt die **verfahrensmäßige Trennung von Hauptsache und einstweiliger Anordnung** (s. § 49 Rn 2). Hauptsache- und Anordnungsverfahren dürfen nicht verbunden werden.[36] Eine Ausnahme vom Grundsatz der verfahrensmäßigen Trennung gilt für die einstweilige Anordnung nach §§ 14, 15 ThUG.[37] Danach kann das Gericht im Hauptsacheverfahren durch einstweilige Anordnung für die Dauer von drei Monaten eine vorläufige Unterbringung anordnen. Für die einstweilige Anordnung bei Feststellung der Vaterschaft ist die Anhängigkeit eines Verfahrens nach § 1600 d BGB Zulässigkeitsvoraussetzung, § 248 Abs. 1 (s. § 248 Rn 3). In allen anderen Verfahren ist die Einleitung eines weiteren, insbesondere des Hauptsacheverfahrens dagegen nicht Voraussetzung für die Zulässigkeit der einstweiligen Anordnung. Das gilt gem. der **Übergangsregelung** (Art. 111 Abs. 1 S. 1 FGG-RG) jedoch i. d. R. nur, wenn sowohl das Verfahren auf Erlass einer einstweiligen Anordnung als auch das Hauptsacheverfahren nach Inkrafttreten des FGG-RG (Art. 112 FGG-RG) eingeleitet wurden bzw. deren Einleitung beantragt wurden. Andernfalls ist noch das vor Inkrafttreten des FGG-RG geltende Recht anzuwenden. Eine Ausnahme besteht gem. Art. 111 Abs. 2 FGG-RG für Bestandsverfahren, vor allem für Betreuungssachen (Einzelheiten s. § 49 Rn 4).

In **Amtsverfahren** hat das Gericht zu prüfen, ob ein Hauptsacheverfahren einzuleiten ist. Die **Notwendigkeit einer abschließenden Regelung** wird i. d. R. bestehen, sofern nicht der Anlass für das Einschreiten des Gerichts nach Erlass der einstweiligen Anordnung weggefallen ist. Nach a. A. ist nicht auf das Regelungsbedürfnis sondern darauf abzustellen, ob im nachfolgenden Hauptsacheverfahren bessere Erkenntnismöglichkeiten bestehen.[38] Nach einer weiteren Auffassung soll das Gericht prüfen, ob die einstweilige Anordnung abzuändern ist, ohne dass ein erheblicher Verfahrensaufwand entsteht.[39] Diese Auffassungen sind jedoch mit dem Fürsorgecharakter der Amtsverfahren nicht zu vereinbaren. Deshalb kann von einer Einleitung des Hauptsacheverfahrens nur abgesehen werden, wenn dieses voraussichtlich nicht mehr notwendig sein wird. Z. B. erübrigen sich in Unterbringungsverfahren aufgrund der Landesgesetze über die Unterbringung psychisch Kranker häufig weitere Maßnahmen aufgrund der erfolgreiche medikamentöse Behandlung des Betroffenen. In Verfahren, die das Sorgerecht oder Teilbereiche dieses Rechts betreffen, ist regelmäßig ein Hauptsacheverfahren einzuleiten.[40] In **Antragsverfahren** wird die Hauptsache dagegen allein auf einen besonderen Antrag hin eingeleitet. Auch nach Erlass einer einstweiligen Anordnung besteht dafür ein **Rechtsschutzbedürfnis.** Der Antragsgegner kann sich nicht darauf berufen, es sei nicht erforderlich, neben dem einstweiligen Verfahren noch ein Hauptsacheverfahren einzuleiten.[41] Zur Verfahrenkostenhilfe für das Hauptsacheverfahren s. Rn 25 a. Immer stehen dem durch die einstweilige Anordnung beschwerten Beteiligten die Rechte aus § 52 Abs. 1 oder 2 zu. Für die Aufhebung der einstweiligen Anordnung von Amts wegen oder auf Antrag gilt § 54.

§ 51 Abs. 3 S. 2 ermöglicht die **Übertragung von Verfahrensergebnissen** in das Hauptsacheverfahren. Die Vorschrift dient der Verfahrensökonomie.[42] Sofern keine zusätz-

---

[35] Gießler/Soyka Rn 126.
[36] OLG Stuttgart FamRZ 2010, 1678.
[37] Gesetz zur Therapierung und Unterbringung psychisch gestörter Gewalttäter – Therapieunterbringungsgesetz v. 22. 12. 2010 (BGBl. I S. 2300, 2305).
[38] Prütting/Helms/Stößer § 52 Rn 1; Socha FamRZ 2010, 948.
[39] Musielak/Borth vor § 49 Rn 2.
[40] Bumiller/Harders § 52 Rn 1; Schmid FPR 2011, 5/8.
[41] OLG Nürnberg FamRZ 2010, 1679; OLG Jena FamRZ 2011, 491.
[42] MünchKommZPO/Soyka § 51 FamFG Rn 8.

lichen Erkenntnisse zu erwarten sind, braucht das Gericht Verfahrenshandlungen, die im Verfahren der einstweiligen Anordnung vorgenommen wurden, im Hauptsacheverfahren nicht zu wiederholen. Das gilt insbesondere für zwingende persönliche Anhörungen, die im Anordnungsverfahren bereits stattgefunden haben, wenn der Anzuhörende nach der Überzeugung des Gerichts den Sachverhalt bereits umfassend dargelegt hat.[43] Eine Wiederholung von Beweisaufnahmen ist erforderlich, wenn das Gericht im Verfahren der einstweiligen Anordnung Beweise gem. § 29 formlos erhoben hat (s. Rn 19) und in der Hauptsache eine förmliche Beweisaufnahme gem. § 30 stattfinden soll. Im Unterschied zum Beschwerdeverfahren (§ 68 Abs. 3 S. 2) gibt Abs. 3 S. 2 keine Möglichkeit, von notwendigen Terminen und mündlichen Verhandlungen abzusehen. Das betrifft vor allem den Termin in Kindschaftssachen nach § 155 Abs. 2.

25a Fraglich ist, ob einem Antragsteller im Hauptsacheverfahren (insbesondere nach §§ 1, 2 GewSchG) **Verfahrenskostenhilfe** verweigert werden kann, weil er gleichzeitig ein Verfahren auf Erlass einer einstweiligen Anordnung eingeleitet hat. Davon ist angesichts der Beschränkung der einstweiligen Anordnung auf eine bloß vorläufige Regelung und der summarischen Prüfung in diesem Verfahren grundsätzlich nicht auszugehen. Dem Antragsteller muss die Möglichkeit erhalten bleiben, neben dem einstweiligen Anordnungsverfahren das Hauptsacheverfahren zur endgültigen Klärung der Angelegenheit und zur Erreichung der von ihm angestrebten weiterreichenden Regelung einzuleiten.[44] Das gilt jedoch nicht, wenn der Antragsteller mit dem Hauptsacheantrag voraussichtlich einen weitergehenden Rechtsschutz nicht erreichen kann, insbesondere wenn im Gewaltschutzverfahren auch in der Hauptsache nach § 1 Abs. 1 S. 2 GewSchG eine Befristung erfolgen muss.[45]

VI. Kosten und Gebühren

26 Die einstweilige Anordnung muss eine Kostengrundentscheidung enthalten (s. Rn 21). Nach Abs. 4 gelten für die Kosten des Verfahrens der einstweiligen Anordnung die allgemeinen Vorschriften. Die Kosten des Eilverfahrens lassen sich separat vom Hauptsacheverfahren abrechnen.[46] Der **Wert** ist in Familiensachen nach § 41 FamGKG unter Berücksichtigung der geringeren Bedeutung gegenüber der Hauptsache zu ermäßigen. Dabei ist von der Hälfte des für die Hauptsache bestimmten Werts auszugehen. Im Rahmen des richterlichen Ermessens ist auch eine Festsetzung unterhalb dieses Wertes möglich, z. B. bei einer Entscheidung ohne Anhörung des Gegners und ohne mündliche Erörterung.[47] Der Verfahrenswert für die einstweilige Anordnung kann jedoch den Hauptsachewert erreichen, wenn im Anordnungsverfahren mit einem Vergleich der Streit der Beteiligten umfassend geregelt und beigelegt wird[48] oder wenn die einstweilige Anordnung die Hauptsache vorwegnimmt oder ersetzt. Dafür reicht es jedoch nicht bereits aus, dass der volle Unterhalt geltend gemacht wird.[49] Die Wertfestsetzung gilt gem. § 23 Abs. 1 S. 2 RVG auch für die Rechtsanwaltsgebühren.[50]

Die **Gerichtsgebühren** in Familiensachen ergeben sich aus der Anlage 1 zu § 3 Abs. 2 FamGKG Hauptabschnitt 4. Dort wird unterschieden zwischen der einstweiligen Anordnung in Kindschafts- und in den übrigen Familiensachen. Eine **Gerichtskostenvorschusspflicht** in Familienstreitsachen und anderen Antragsverfahren gem. § 14 Abs. 1 und 3 FamGKG ist mit dem Eilcharakter des Verfahrens nicht zu vereinbaren[51]

---

[43] Johannsen/Henrich/Büte § 51 FamFG Rn 12.
[44] OLG Hamm NJW 2010, 539.
[45] OLG Celle FamRZ 2010, 1586; OLG Zweibrücken NJW 2010, 540.
[46] Baumbach/Hartmann § 51 FamFG Rn 6; van Els FPR 2008, 406/409.
[47] OLG Saarbrücken FamRZ 2010, 1936.
[48] OLG Brandenburg FamRZ 2010, 1937; OLG Düsseldorf FamRZ 2010, 1936; OLG Schleswig Beschl. v. 16. 2. 2011 10 WF 33/11 = NJW-Spezial 2011, 220; a. A. OLG Nürnberg FamRZ 2011, 756; OLG Celle FamRZ 2011, 757: Erhöhung des Wertes nur für den Vergleich.
[49] OLG Köln Beschl. v. 19. 11. 2010 4 WF 228/10 = BeckRS 2010, 29333; OLG Stuttgart FamRZ 2011, 757; a. A. OLG Düsseldorf NJW 2010, 1385.
[50] BT-Drs. 16/6308 S. 340.
[51] HK-FamGKG/Fölsch vor Hauptabschnitt 4 Rn 26; a. A. Hk-FamGKG/Volpert § 14 Rn 101.

Da die KostO keine besonderen Gebührentatbestände für die einstweilige Anordnung enthält, gelten die für das jeweilige Hauptsacheverfahren maßgeblichen Vorschriften.[52] In Betreuungssachen erfolgt der Kostenansatz auch für die im Wege der einstweiligen Anordnung errichtete Betreuung nach § 92 KostO.[53] In Unterbringungssachen ist § 128 b KostO anzuwenden, in Freiheitsentziehungssachen § 128 c KostO. und bei der Anordnung über die Verwendung von Verkehrsdaten § 128 e KostO.[54] Für die **Rechtsanwaltsvergütung** gelten einstweilige Anordnung und Hauptsache nach § 17 Nr. 4 b RVG als verschiedene Angelegenheiten. Es können die Verfahrens- (Nr. 3100 VV RVG), Termins- (Nr. 3104 VV RVG) und die Einigungsgebühr (Nr. 1000 VV RVG) entstehen, die Terminsgebühr jedoch nicht bei einer Entscheidung ohne Termin, wenn keine mündliche Verhandlung vorgeschrieben ist sondern gem. § 32 ein Termin nur stattfinden kann.[55]

Einleitung des Hauptsacheverfahrens

§ 52 (1) ¹**Ist eine einstweilige Anordnung erlassen, hat das Gericht auf Antrag eines Beteiligten das Hauptsacheverfahren einzuleiten.** ²**Das Gericht kann mit Erlass der einstweiligen Anordnung eine Frist bestimmen, vor deren Ablauf der Antrag unzulässig ist.** ³**Die Frist darf drei Monate nicht überschreiten.**

(2) ¹**In Verfahren, die nur auf Antrag eingeleitet werden, hat das Gericht auf Antrag anzuordnen, dass der Beteiligte, der die einstweilige Anordnung erwirkt hat, binnen einer zu bestimmenden Frist Antrag auf Einleitung des Hauptsacheverfahrens oder Antrag auf Bewilligung von Verfahrenskostenhilfe für das Hauptsacheverfahren stellt.** ²**Die Frist darf drei Monate nicht überschreiten.** ³**Wird dieser Anordnung nicht Folge geleistet, ist die einstweilige Anordnung aufzuheben.**

I. Normzweck

Aufgrund der sich aus § 51 Abs. 3 S. 1 ergebenden verfahrensmäßigen Trennung von Hauptsache und einstweiliger Anordnung erfolgt in Antragsverfahren keine automatische Überprüfung der einstweiligen Anordnung in einem nachfolgenden Hauptsacheverfahren mehr. Auch in Amtsverfahren ist das Hauptsacheverfahren nicht in jedem Fall einzuleiten. Der durch die einstweilige Anordnung in seinen Rechten beeinträchtigte Beteiligte erhält daher die Möglichkeit, selbst die abschließende Klärung in einem Hauptsacheverfahren zu veranlassen.

II. Anwendungsbereich

§ 52 setzt voraus, dass eine von der Hauptsache unabhängige einstweilige Anordnung i. S. v. § 51 Abs. 3 ergangen ist. Soweit nach der **Übergangsregelung** (Art. 111 Abs. 1 S. 1, Abs. 2 FGG-RG) das bis zum Inkrafttreten des FGG-RG maßgebliche Recht gilt (s. § 49 Rn 4 und § 51 Rn 23), ist die Vorschrift nicht anwendbar. § 52 unterscheidet zwischen **Amtsverfahren** (Abs. 1) und **Antragsverfahren** (Abs. 2). Falls ein Verfahren sowohl von Amts wegen als auch auf Antrag eingeleitet werden kann (s. § 51 Rn 4), kommt es für die Anwendbarkeit von Abs. 1 oder Abs. 2 darauf an, ob die betreffende Entscheidung von Amts wegen oder auf Antrag erlassen wurde. Der in der Gesetzesbegründung geäußerten Einschätzung, ein Hauptsacheverfahren sei in aller Regel überflüssig, wenn alle Beteiligten mit der einstweiligen Regelung zufrieden seien,[1] kann allenfalls für Antragsverfahren gefolgt werden. In Amtsverfahren hat das Gericht zu prüfen, ob ein Hauptsacheverfahren einzuleiten ist, und darf davon nur absehen, wenn voraussichtlich kein weiteres Regelungsbedürfnis besteht (s. § 51 Rn 24). In den Unterhalt betreffenden Ver-

---

[52] OLG Köln FGPrax 2011, 37; Beschl. v. 11. 10. 2010 2 Wx 146/10 = BeckRS 2010, 28779.
[53] OLG Zweibrücken FGPrax 2006, 136.
[54] OLG Köln FGPrax 2011, 37.
[55] Müller-Rabe NJW 2010, 2009/2011.
[1] BT-Drs. 16/6308 S. 201.

fahren empfiehlt sich schon wegen der fehlenden materiellen Rechtskraft der Entscheidung (s. § 54 Rn 1, § 246 Rn 11) die spätere Durchführung des Hauptsacheverfahrens.

III. Gemeinsame Voraussetzungen

1. Vorliegen einer einstweiligen Anordnung

3 Voraussetzung für die Einleitung des Hauptsacheverfahrens ist der **Erlass einer einstweiligen Anordnung**. Nicht ausreichend ist ein anhängiges, noch nicht abgeschlossenes Anordnungsverfahren. Die einstweilige Anordnung muss noch bestehen. Falls die einstweilige Anordnung gem. § 54 oder im Beschwerdeverfahren aufgehoben wurde oder eine Befristung (s. § 51 Rn 22) abgelaufen ist, wird der Antrag nach § 52 unzulässig.[2] Denn eine Feststellung entsprechend § 62 Abs. 1 ist für das Verfahren nach § 52 nicht vorgesehen.[3] Maßgeblich ist der Zeitpunkt der Entscheidung des Gerichts. Der Antrag wird auch dann unzulässig, wenn die einstweilige Anordnung bei Antragstellung zunächst noch bestand. Bei einer Änderung gem. § 54 bleibt das Antragsrecht dagegen bestehen. Der Antrag ist ferner unzulässig, wenn sich die Hauptsache (des Anordnungsverfahrens) erledigt oder der Antragsteller auf seine Rechte aus dem Titel verzichtet und diesen herausgegeben hat.[4] In diesem Fall fehlt das Rechtsschutzbedürfnis für den Antrag.[5]

2. Antrag

4 Für die **Form des Antrages** gelten die allgemeinen Vorschriften (§§ 23 ff.). In Familienstreitsachen sind gem. § 113 Abs. 1 die allgemeinen Vorschriften der ZPO maßgeblich, wobei eine Vertretung durch Rechtsanwälte nicht geboten ist (§ 114 Abs. 4 Nr. 1). **Antragsberechtigt** ist nicht jeder Beteiligte i. S. v. § 7. Erforderlich ist zusätzlich, dass der antragstellende Beteiligte **durch die einstweilige Anordnung beschwert** ist. Da es sich um einen Rechtsbehelf im weiteren Sinne handelt, der in die Rechtsbehelfsbelehrung nach § 39 aufzunehmen ist (s. § 51 Rn 21),[6] ist auch für den Antrag nach § 52 eine Beschwer erforderlich.[7] Anträge nicht Antragsberechtigter sind als Anregung i. S. v. § 24 zu behandeln. Zum Zeitpunkt der Antragstellung s. Rn 7, 8.

3. Zuständigkeit

5 Zuständig ist grundsätzlich das **Gericht, das die einstweilige Anordnung erlassen hat.** Diese Zuständigkeit bleibt erhalten, wenn sich nach Erlass der einstweiligen Anordnung für die Hauptsache eine andere Zuständigkeit ergibt.[8] Eine Ausnahme gilt, falls die einstweilige Anordnung vom **Beschwerdegericht** erlassen wurde. Gericht i. S. v. § 52 ist gem. § 50 Abs. 1 S. 1 das Gericht des ersten Rechtszuges. Daher ist das erstinstanzliche Gericht auch in diesem Fall wie im Verfahren nach § 926 ZPO[9] zuständig. Es besteht keine besondere funktionelle Zuständigkeit. § 20 Nr. 14 RPflG, wonach für die Anordnung zur Klageerhebung gem. §§ 926, 936 ZPO die Rechtspflegerzuständigkeit begründet ist, kann nicht entsprechend angewandt werden.[10]

IV. Amtsverfahren

1. Verfahrensrechtliche Besonderheiten

6 Gem. Abs. 1 S. 2 kann das Gericht mit der einstweiligen Anordnung eine **Frist** bestimmen, vor deren Ablauf der Antrag nach Abs. 1 S. 1 unzulässig ist. Die Frist muss mit Erlass

---

[2] SBW/Schwonberg § 52 Rn 3.
[3] BGH FGPrax 2011, 143.
[4] Johannsen/Henrich/Büte § 52 FamFG Rn 6; SBW/Schwonberg § 52 Rn 3.
[5] OLG Karlsruhe FamRZ 2011, 571.
[6] Johannsen/Henrich/Büte § 52 FamFG Rn 2.
[7] Johannsen/Henrich/Büte § 52 FamFG Rn 6; a. A. Gießler/Soyka Rn 209.
[8] OLG München NJW-RR 2011, 661.
[9] MünchKommZPO/Drescher § 926 Rn 4; Zöller/Vollkommer § 926 Rn 6.
[10] Johannsen/Henrich/Büte § 52 FamFG Rn 7; a. A. SBW/Schwonberg § 52 Rn 12.

des Beschlusses gesetzt werden.[11] Die Frist darf **3 Monate** nicht überschreiten. Die Wartefrist muss um so kürzer bemessen sein, je schwerwiegender die einstweilige Anordnung in die Rechte der Beteiligten eingreift.[12] Ein Termin (§ 32) ist vor der Entscheidung über den Antrag nicht notwendig.

2. Entscheidung des Gerichts

Sofern das Gericht dem Antrag entspricht, leitet es durch eine Verfügung das Hauptsacheverfahren ein. Diese Verfügung ist wegen fehlender Beschwer nicht anfechtbar. Ein vor Fristablauf gestellter Antrag ist als unzulässig zu verwerfen.[13] Wird dem Antrag nicht entsprochen, reicht eine Verfügung nicht aus. Da es sich um eine Endentscheidung handelt, ist nach § 38 Abs. 1 ein **Beschluss** erforderlich, der mangels anfallender Gebühren keiner Kostenentscheidung bedarf. Der Beschluss ist zu begründen (§ 38 Abs. 3) und mit einer Rechtsbehelfsbelehrung zu versehen (§ 39). Die Bekanntgabe erfolgt gem. § 41 Abs. 1 S. 2 durch Zustellung; die Zulässigkeit der Beschwerde richtet sich nach den §§ 57 ff.[14] Zur **Übergangsregelung** s. Rn 2.

V. Antragsverfahren

1. Verfahrensrechtliche Besonderheiten

Eine Wartefrist nach Abs. 1 S. 2 kann das Gericht nicht bestimmen.[15] Der Antrag kann erst gestellt werden, wenn die einstweilige Anordnung erlassen ist.[16] Da es sich im Unterschied zum Amtsverfahren um ein kontradiktorisches Verfahren handelt, ist vor der Entscheidung dem Beteiligten, der die einstweilige Anordnung erwirkt hat, **rechtliches Gehör** zu gewähren.[17] Auch die Entscheidungen in Familienstreitsachen brauchen nicht aufgrund **mündlicher Verhandlung** zu ergehen. § 51 Abs. 2 S. 2 gilt auch hier.

2. Anordnung mit Fristsetzung

Die Frist darf nicht mehr als drei Monate betragen. Angesichts des im Anordnungsverfahren herrschenden Beschleunigungsgebots sollte diese Frist regelmäßig kürzer bemessen werden – als angemessen erscheint ein Monat – und nur im Ausnahmefall ausgeschöpft werden.[18] Die Fristsetzung oder die Zurückweisung des Antrages erfolgen gem. § 38 Abs. 1 durch **Beschluss,** da mit dieser Entscheidung das Verfahren abgeschlossen wird, falls keine Aufhebung nach Abs. 2 S. 3 erfolgt. Der Beschluss muss eine Begründung (§ 38 Abs. 3) enthalten, die formularmäßig erfolgen kann, und eine Rechtsbehelfsbelehrung (§ 39). Eine Kostenentscheidung ist entbehrlich, weil keine Gebühren anfallen. Die Fristsetzung ist dem Beteiligten, der die einstweilige Anordnung erwirkt hat, zuzustellen, weil der **Lauf der Frist** mit der Bekanntgabe beginnt (§ 16 Abs. 1 bzw. in Familienstreitsachen § 113 Abs. 1 FamFG i. V. m. § 329 Abs. 2 S. 2 ZPO). Die Fristberechnung ergibt sich aus § 16 Abs. 2 bzw. § 113 Abs. 1 FamFG i. V. m. den §§ 222, 224 Abs. 2 und 3, 225 ZPO und den §§ 187 ff. BGB (zu Einzelheiten siehe § 16 Rn 11). Ein ablehnender Beschluss ist dem Antragsteller zuzustellen, § 41 Abs. 1 S. 2 bzw. § 113 Abs. 1 FamFG i. V. m. § 329 Abs. 3 ZPO. Der ablehnende Beschluss kann mit der **Beschwerde** angefochten werden.[19] Zur **Übergangsregelung** s. Rn 2.

---

[11] Vogel FF 2011, 196/197.
[12] Prütting/Helms/Stößer § 52 Rn 3.
[13] Johannsen/Henrich/Büte § 52 FamFG Rn 5.
[14] Musielak/Borth § 52 Rn 3.
[15] OLG Brandenburg FamRZ 2010, 662.
[16] Prütting/Helms/Stößer § 52 Rn 7; Hardesch/Viefhues § 52 Rn 7; a.A. Johannsen/Henrich/Büte § 52 FamFG Rn 6; SBW/Schwonberg § 52 Rn 10.
[17] SBW/Schwonberg § 52 Rn 12.
[18] MünchKommZPO/Soyka § 52 FamFG Rn 3; Johannsen/Henrich/Büte § 52 FamFG Rn 7.
[19] A. A. OLG Karlsruhe FamRZ 2011, 571; SBW/Schwonberg § 52 Rn 12: sofortige Beschwerde.

3. Aufhebung

10 Die Aufhebung der einstweiligen Anordnung erfolgt nicht von Amts wegen sondern nur **auf Antrag**.[20] Die Notwendigkeit eines ausdrücklichen Antrages ergibt sich daraus, dass auch die Einleitung des Verfahrens nach Abs. 2 einen Antrag erfordert und für die Hauptsache ein Antrag notwendig ist. Ferner sieht das Verfahren auf Aufhebung eines Arrests, an welchem sich der Gesetzgeber für Abs. 2 orientiert hat,[21] in § 926 Abs. 2 ZPO die **Aufhebung nur auf Antrag** vor. Der Antrag ist begründet, wenn der Beteiligte, der die einstweilige Anordnung erwirkt hat, nicht innerhalb der Frist einen Antrag auf Einleitung des Hauptsacheverfahrens oder auf Bewilligung von Verfahrenskostenhilfe hierfür gestellt hat. Die für Arrest und einstweilige Verfügung streitige Frage, ob ein Prozesskostenhilfeantrag zur Fristwahrung ausreicht,[22] ist damit für § 52 FamFG geklärt. Sofern Verfahrenskostenhilfe nicht beantragt wird und für die Zustellung des Hauptsacheantrags ein Gerichtskostenvorschuss erforderlich ist, § 14 Abs. 1 FamGKG, muss auch der Vorschuss innerhalb der Frist gezahlt werden.[23] Die Aufhebung erfolgt durch einen nach § 38 Abs. 3 zu begründenden Beschluss, mit dem über die Kosten des gesamten Anordnungsverfahrens zu entscheiden ist. Da der Beteiligte, welcher trotz Fristsetzung nicht tätig geworden ist, die Entscheidung schuldhaft veranlasst hat, ist es regelmäßig nach dem Rechtsgedanken der § 81 Abs. 2 Nr. 1 und Nr. 4 gerechtfertigt, ihm die gesamten Verfahrenskosten aufzuerlegen.[24] Der Beschluss muss ferner eine Rechtbehelfsbelehrung (§ 39) enthalten. Die Gesetzesbegründung geht zwar davon aus, dass der Beschluss nicht anfechtbar ist.[25] Die Unanfechtbarkeit hätte jedoch gem. § 58 Abs. 1 wie z. B. in § 55 Abs. 1 S. 2 ausdrücklich normiert werden müssen. Zumal sich das Verfahren an § 926 ZPO orientiert und die Aufhebungsentscheidung gem. § 926 Abs. 2 ZPO nach allgemeinen Regeln angefochten werden kann,[26] gelten für die **Beschwerde** die §§ 57, 58 ff.[27] Für eine Unanfechtbarkeit gäbe es keinen sachlichen Grund. Wenn das Gericht zu Unrecht davon ausgeht, dass der Beteiligte, der die einstweilige Anordnung erwirkt hat, nicht tätig geworden ist, obwohl er mittlerweile die Einleitung des Hauptsacheverfahrens (möglicherweise nach Zuständigkeitswechsel bei einem anderen Gericht) beantragt hat, ist mit der Einschränkung aus § 57 eine Anfechtungsmöglichkeit geboten. Zur **Übergangsregelung** s. Rn 2.

11 Der Beschluss ist dem Beteiligten, auf dessen Antrag hin die aufgehobene einstweilige Anordnung erging, zuzustellen, § 41 Abs. 1 S. 2 bzw. § 113 Abs. 1 FamFG i. V. m. § 329 Abs. 3 ZPO. Weist das Gericht den Antrag durch Beschluss zurück, ergeben sich für Begründung und Anfechtung im Vergleich zur Aufhebung (s. Rn 10) keine Abweichungen. Eine Kostenentscheidung ist nicht erforderlich; die Zustellung erfolgt an den Beteiligten, welcher den Antrag nach § 52 gestellt hat. Kommt der Beteiligte, der die einstweilige Anordnung erwirkt hatte, der Aufforderung nach, nachdem der Antrag gem. Abs. 2 S. 3 gestellt und bevor darüber entschieden wurde, erledigt sich die Hauptsache. Eine Kostenentscheidung ist in diesem Fall mangels anfallender Kosten und Gebühren (s. Rn 12) entbehrlich.

VI. Kosten und Gebühren

12 Besondere **Gerichtsgebühren** entstehen für das Verfahren nach § 52 nach Hauptabschnitt 4 der Anlage 1 zu § 3 Abs. 2 FamGKG und der KostO nicht. Für die **Rechts-**

---

[20] Prütting/Helms/Stößer § 52 Rn 5; SBW/Schwonberg § 52 Rn 13; Dose Rn 464; a. A. Bumiller/Harders § 52 Rn 3; Thomas/Putzo/Reichold § 52 FamFG Rn 10.
[21] BT-Drs. 16/6308 S. 201.
[22] Dafür Musielak/Huber § 926 Rn 15; Zöller/Vollkommer § 926 Rn 32; dagegen Thomas/Putzo/Reichold § 926 Rn 7.
[23] Horndasch/Viefhues § 52 Rn 35.
[24] Prütting/Helms/Stößer § 52 Rn 6; Johannsen/Henrich/Büte § 52 FamFG Rn 8; Dose Rn 464.
[25] BT-Drs. 16/6308 S. 201.
[26] MünchKommZPO/Drescher § 926 Rn 23.
[27] Musielak/Borth § 52 Rn 8; SBW/Schwonberg § 57 Rn 15; Lettau S. 69 (mit eingehender Begründung); Vogel FF 2011, 196/199; a. A. (ohne Begründung) Prütting/Helms/Stößer § 52 Rn 5; MünchKommZPO/Soyka § 52 FamFG Rn 7.

anwaltvergütung gelten einstweilige Anordnung und das Verfahren nach § 52 gem. § 16 Nr. 6 RVG als eine Angelegenheit.[28]

Vollstreckung

53 (1) **Eine einstweilige Anordnung bedarf der Vollstreckungsklausel nur, wenn die Vollstreckung für oder gegen einen anderen als den in dem Beschluss bezeichneten Beteiligten erfolgen soll.**

(2) [1]Das Gericht kann in Gewaltschutzsachen sowie in sonstigen Fällen, in denen hierfür ein besonderes Bedürfnis besteht, anordnen, dass die Vollstreckung der einstweiligen Anordnung vor Zustellung an den Verpflichteten zulässig ist. [2]In diesem Fall wird die einstweilige Anordnung mit Erlass wirksam.

I. Normzweck und Anwendungsbereich

Die Norm enthält **keine vollständige Regelung der Vollstreckung** aus einer einstweiligen Anordnung. Grundsätzlich gelten für die Vollstreckung die §§ 86 ff., in Familienstreitsachen gem. § 120 Abs. 1 die §§ 704 ff. ZPO. Ausdrückliche Regelungen zur Vollstreckbarkeit der einstweiligen Anordnung fehlen. § 53 legt lediglich zwei Besonderheiten für die Vollstreckung einer einstweiligen Anordnung fest: Die grundsätzliche Entbehrlichkeit der Klausel (Abs. 1) und die Vollstreckung vor Zustellung (Abs. 2). Weitere Besonderheiten bestehen nicht. Vollstreckungsfristen, die nach den §§ 929 Abs. 2 und 3, 936 ZPO für die Vollziehung von Arresten und einstweiligen Verfügungen zu beachten sind, sind nicht vorgesehen und gelten auch nicht entsprechend.[1] Soweit nach der Übergangsregelung (Art. 111 Abs. 1 S. 1, Abs. 2 FGG-RG) das bis zum Inkrafttreten des FGG-RG (Art. 112 FGG-RG) geltende Recht anzuwenden ist (s. § 49 Rn 4), richtet sich auch die Vollstreckung einstweiliger Anordnungen in Familienstreitsachen weiterhin nach diesem Recht. Zur Übergangsregelung für die Vollstreckung nach §§ 86 ff. s. § 86 Rn 6.

II. Wirksamkeit

Der Beschluss über die einstweilige Anordnung ist ein **Vollstreckungstitel**. Das folgt für die nicht zu den Familienstreitsachen gehörenden Verfahren aus § 86 Nr. 1. In Familienstreitsachen gilt diese Vorschrift gem. § 113 Abs. 1 nicht. Da sich die Vollstreckung nach der ZPO richtet (§ 120 Abs. 1), lässt sich die Eigenschaft als Vollstreckungstitel nach Aufhebung von § 794 Abs. 1 Nr. 3 a ZPO a. F. nur aus § 120 Abs. 1 FamFG i. V. m. § 794 Abs. 1 Nr. 3 ZPO herleiten. Danach sind beschwerdefähige Entscheidungen Vollstreckungstitel. Dem steht nicht entgegen, dass die Zulässigkeit der Beschwerde in **Familiensachen** durch § 57 gerade zum Teil ausgeschlossen wird. § 794 Abs. 1 Nr. 3 ZPO ist im weitesten Sinne zu verstehen. Es reicht aus, dass die Beschwerde gegen Entscheidungen dieses Inhalts überhaupt stattfindet, auch wenn sie im Einzelfall ausgeschlossen ist.[2] Wie bei der einstweiligen Verfügung fehlt eine Regelung, aus welcher sich ergibt, wann die einstweilige Anordnung wirksam und damit vollstreckbar wird (s. §§ 86 Abs. 2, 116 Abs. 3 S. 1). Ein Rückgriff auf die für die Hauptsache geltenden Vorschriften würde dem Charakter der einstweiligen Anordnung als Eilmaßnahme widersprechen, weil die Hauptsacheentscheidungen häufig erst mit Rechtskraft wirksam werden (s. z. B. Entscheidungen in Haushaltssachen gem. § 209 Abs. 2 oder Versorgungsausgleichssachen gem. § 224 Abs. 1).[3] Es ist daher wie bei Arrest und einstweiliger Verfügung[4] davon auszugehen, dass die einstweilige Anordnung **sofort wirksam**[5] und damit vollstreckbar wird. Davon geht ersichtlich auch die Regelung des Abs. 2 aus. Die sofortige Wirksamkeit braucht daher

---

[28] Ebenso für den Arrest MünchKommZPO/Drescher § 926 Rn 24.
[1] SBW/Schwonberg § 53 Rn 4.
[2] Thomas/Putzo/Hüßtege § 794 Rn 43.
[3] A. A. Dose Rn 495, 504.
[4] S. dazu MünchKommZPO/Drescher § 929 Rn 2.
[5] OLG Hamm FPR 2011, 232; Friederici/Kemper/Stockmann § 53 Rn 7.

nicht angeordnet zu werden. Voraussetzung der Vollstreckung sind jedoch im Rahmen des § 53 die Klausel und die Zustellung, auf die im Fall des Abs. 2 verzichtet wird.[6]

III. Notwendigkeit der Klausel (Abs. 1)

1. Allgemeines

3 In Abs. 1 ist geregelt, in welchen Fällen eine Klausel für die Vollstreckung einer einstweiligen Anordnung erforderlich ist. Für die nicht zu den Familienstreitsachen zählenden Verfahren gilt ergänzend § 86 Abs. 3 (zu den Einzelheiten siehe Rn 4).

2. Ehesachen und Familienstreitsachen

4 In Familienstreitsachen ist eine **Vollstreckungsklausel nur in den Fällen des Abs. 1** erforderlich. Die Regelung entspricht § 929 Abs. 1 ZPO. Die einstweilige Anordnung bedarf der Vollstreckungsklausel, wenn die Vollstreckung für oder gegen eine nicht im Beschluss genannte Person erfolgen soll. Im Übrigen ist die Klausel entbehrlich. Zuständig für die Erteilung der Klausel ist nach den § 120 Abs. 1 FamFG i. V. m. §§ 725 ZPO, 20 Nr. 12 RPflG der Rechtspfleger.

3. Andere Verfahren

5 Die Notwendigkeit der Vollstreckungsklausel ist für alle nicht zu den Familienstreitsachen zählenden Verfahren **grundsätzlich in § 86 Abs. 3** geregelt (siehe dazu auch § 86 Rn 17). Danach ist eine Vollstreckungsklausel erforderlich, wenn die Vollstreckung nicht durch das Gericht erfolgt, das den Titel in der Hauptsache erlassen hat. Einer Vollstreckungsklausel bedarf es daher für den Beschluss im Hauptsacheverfahren, wenn ein Beteiligter selbst vollstreckt oder die Vollstreckung durch ein anderes Gericht vorgenommen wird, z. B. in einer Herausgabesache durch das Gericht am neuen Aufenthaltsort des Kindes. Sofern nach § 86 Abs. 3 ohnehin keine Klausel erforderlich ist, bedarf es auch für die Vollstreckung aus einer einstweiligen Anordnung keiner Klausel.[7] Die **Klauselpflicht soll für die einstweilige Anordnung eingeschränkt** und nicht erweitert werden.[8] Eine Vollstreckungsklausel ist daher nie für die Vollstreckung einer einstweiligen Anordnung durch das erlassende Gericht notwendig, auch wenn sie sich gegen einen anderen Beteiligten richtet.[9] Nur sofern ein Beteiligter oder ein Gericht vollstreckt, welches die einstweilige Anordnung nicht erlassen hat, und (kumulativ) die Vollstreckung für oder gegen eine nicht in der einstweiligen Anordnung genannte Person erfolgen soll, bedarf es nach Abs. 1 der Klausel. Zur **Zuständigkeit** für die Erteilung der Klausel und den **Kosten** des Klauselverfahrens s. § 86 Rn 18.

IV. Vollstreckung vor Zustellung (Abs. 2)

6 Aus einem Titel kann erst nach Zustellung vollstreckt werden. Für den Zivilprozess und damit auch für Familienstreitsachen (§ 113 Abs. 1) folgt die Notwendigkeit der Zustellung aus § 750 Abs. 1 ZPO für die übrigen Verfahren aus § 87 Abs. 2. § 53 Abs. 2 räumt dem Gericht die Befugnis, die Vollziehung vor Zustellung zuzulassen, in Gewaltschutzsachen und darüber hinaus in sonstigen Fällen bei Bestehen eines besonderen Bedürfnisses ein. Dann wird die einstweilige Anordnung bereits **mit Erlass wirksam** und damit vollstreckbar. Der Beschluss, dessen **Tenor ausdrücklich eine Vollstreckbarkeit vor der Zustellung anordnen** muss, ist erlassen, wenn er vom erkennenden Richter vollständig abgesetzt, unterschrieben und in den Geschäftsgang gegeben wurde;[10] eine Übergabe zur Geschäftsstelle zur Bekanntmachung ist nicht erforderlich.[11] Entsprechend § 38 Abs. 3 S. 3 ist das

---

[6] OLG Hamm FPR 2011, 232; a. A. wohl HK-ZV/Wolf FamFG Rn 132.
[7] Prütting/Helms/Stößer § 53 Rn 3.
[8] MünchKommZPO/Soyka § 53 FamFG Rn 2.
[9] Bumiller/Harders § 53 Rn 1.
[10] Baumbach/Hartmann § 53 FamFG Rn 2.
[11] A. A. Prütting/Helms/Stößer § 53 Rn 6.

Datum der Übergabe in den Geschäftsgang zu vermerken. Der Zeitpunkt der Wirksamkeit weicht von dem für die Wirksamkeit der Entscheidung in den §§ 209 Abs. 3 S. 2, 216 Abs. 2 S. 2, 287 Abs. 2 Nr. 2, 324 Abs. 2 Nr. 3 und 422 Abs. 2 Nr. 2 bestimmten Zeitpunkt ab. Danach wird die Entscheidung in Ehewohnungssachen nach § 200 Abs. 1 Nr. 1, Gewaltschutzsachen, Betreuungssachen i. S. v. § 287 Abs. 1, Unterbringungs- und Freiheitsentziehungssachen bei Anordnung der sofortigen Wirksamkeit nicht bereits mit Erlass, sondern geringfügig später mit Übergabe an die Geschäftsstelle des Gerichts zur Bekanntmachung wirksam (s. dazu § 216 Rn 4). Für diese Unterscheidung besteht keine Notwendigkeit. Eine Harmonisierung sollte möglichst bald erfolgen.

In **Gewaltschutzsachen** ist die Anordnung geboten, wenn die Befürchtung besteht, dass der Antragsgegner aufgrund der Zustellung des Beschlusses neue Gewalttaten begeht oder Belästigungen unternimmt.[12] In anderen Verfahren besteht ein besonderes Bedürfnis, wenn die Vollstreckung durch die vorherige Zustellung vereitelt werden kann und eine Verletzung der durch die einstweilige Anordnung geschützten Rechtsgüter zu befürchten ist, z. B. in **Kindesherausgabe-** und **Freiheitsentziehungssachen** gem. § 427. Dieselben Erwägungen gelten für **Unterbringungen,** wenn sich der Betroffene noch nicht, z. B. durch eine vorläufige Einweisungsverfügung der Verwaltungsbehörde, am Ort der Unterbringung befindet und eine Bekanntgabe unter Anwesenden (§ 41 Abs. 2) nicht in Betracht kommt. In **Familienstreitsachen** ist eine Vollstreckung vor Zustellung regelmäßig nicht angebracht. 7

Abs. 2 besagt nicht, ob die Anordnung **von Amts wegen oder auf Antrag** erfolgt. In Amtsverfahren kann auch die Anordnung nach Abs. 2 nur von Amts wegen getroffen werden. In Antragsverfahren entscheidet das Gericht i. d. R. hierüber auf Antrag. Darüber hinaus ist eine Anordnung von Amts wegen möglich, insbesondere wenn sich die Voraussetzungen dafür erst nach Antragstellung ergeben. 8

Die Anordnung ist **nicht anfechtbar,** weil es sich nicht um eine Endentscheidung handelt, § 58 Abs. 1. Der beschwerte Beteiligte kann stattdessen nach § 55 die Aussetzung der Vollstreckung beantragen. Besondere **Kosten und Gebühren** entstehen nicht. 9

Aufhebung oder Änderung der Entscheidung

§ 54 (1) ¹Das Gericht kann die Entscheidung in der einstweiligen Anordnungssache aufheben oder ändern. ²Die Aufhebung oder Änderung erfolgt nur auf Antrag, wenn ein entsprechendes Hauptsacheverfahren nur auf Antrag eingeleitet werden kann. ³Dies gilt nicht, wenn die Entscheidung ohne vorherige Durchführung einer nach dem Gesetz notwendigen Anhörung erlassen wurde.

(2) Ist die Entscheidung in einer Familiensache ohne mündliche Verhandlung ergangen, ist auf Antrag aufgrund mündlicher Verhandlung erneut zu entscheiden.

(3) ¹Zuständig ist das Gericht, das die einstweilige Anordnung erlassen hat. ²Hat es die Sache an ein anderes Gericht abgegeben oder verwiesen, ist dieses zuständig.

(4) Während eine einstweilige Anordnungssache beim Beschwerdegericht anhängig ist, ist die Aufhebung oder Änderung der angefochtenen Entscheidung durch das erstinstanzliche Gericht unzulässig.

I. Normzweck

Die einstweilige Anordnung erwächst nicht in materielle Rechtskraft.[1] Dasselbe gilt für Entscheidungen, mit denen der Erlass einer einstweiligen Anordnung abgelehnt wird. Der durch die Entscheidung beschwerte Beteiligte hat mehrere Möglichkeiten, diese überprüfen und bei Erfolg aufheben oder abändern zu lassen. Neben der mit den Einschränkungen des § 57 zulässigen Beschwerde kann er nach § 52 die Durchführung des Hauptsacheverfahrens bzw. die Aufhebung der einstweiligen Anordnung erreichen. Daneben lässt § 54 eine **Überprüfung im Anordnungsverfahren** selbst zu. Der Gesetzgeber damit eine insbeson- 1

---
[12] Johannsen/Henrich/Büte § 53 FamFG Rn 5.
[1] Musielak/Borth § 54 Rn 1.

dere für den Naturalbeteiligten nur schwer überschaubare Vielzahl von Rechtsbehelfen geschaffen (zum Inhalt der Rechtsbehelfsbelehrung s. § 51 Rn 21).

II. Anwendungsbereich

2 Aufhebung und Änderung gem. Abs. 1 sind nach Erlass sämtlicher einstweiliger Anordnungen zulässig, die unter Geltung des FamFG ergangen sind. Auf einstweilige Anordnungen, für die nach der Übergangsvorschrift (Art. 111 Abs. 1 S. 1, Abs. 2 FGG-RG) das bis zum Inkrafttreten des FGG-RG maßgebliche Recht gilt (s. § 49 Rn 4), ist dieses und nicht § 54 anzuwenden. Unterschieden wird zwischen **Amts- und Antragsverfahren** unabhängig vom Verfahrensgegenstand. Abs. 2 enthält eine Sonderregelung für Familiensachen.

III. Verfahren

1. Antrag

3 Wurde die einstweilige Anordnung **von Amts wegen** erlassen, bedarf es für Aufhebung und Abänderung keines Antrages. Das gilt ebenfalls, wenn im Hauptsacheverfahren sowohl von Amts wegen als auch auf Antrag entschieden werden kann (s. § 51 Rn 4), unabhängig davon, ob das Gericht die einstweilige Anordnung auf Antrag erlassen hat.[2] Das **Antragserfordernis** nach Abs. 1 S. 2 besteht nur, wenn das Hauptsacheverfahren nicht ohne Antrag eingeleitet werden kann. Ein Antrag auf Aufhebung oder Änderung vermag im Amtsverfahren vom beschwerten Beteiligten dennoch gestellt zu werden und ist durch Beschluss zu bescheiden.

4 Wird das Hauptsacheverfahren **nur auf Antrag** eingeleitet, kann das Gericht die einstweilige Anordnung gem. Abs. 1 S. 2 ebenfalls nur auf Antrag aufheben oder ändern. Zulässig ist darüber hinaus der Erlass einer einstweiligen Anordnung, wenn dem Antrag zunächst nicht entsprochen worden war.[3] Ausnahmsweise ist nach S. 3 ein Antrag entbehrlich, wenn die einstweilige Anordnung ohne Durchführung einer nach dem Gesetz notwendigen Anhörung getroffen wurde. Damit soll sichergestellt werden, dass das Ergebnis der Anhörung in jedem Fall umgesetzt werden kann. Zugleich wird die Bedeutung der Anhörung hervorgehoben.[4] Diese Einschränkung betrifft vor allem Antragsverfahren in Kindschaftssachen, wenn die Anhörungen nach §§ 159 ff. vor Erlass der einstweiligen Anordnung noch nicht durchgeführt wurden (s. § 51 Rn 11).

5 Die **Form des Antrages** richtet sich nach den allgemeinen Vorschriften, §§ 23 ff., in Familienstreitsachen gem. § 113 Abs. 1 nach den allgemeinen Vorschriften der ZPO, wobei insoweit kein Anwaltszwang besteht, § 114 Abs. 4 Nr. 1. **Antragsberechtigt** ist nicht jeder Beteiligte i. S. v. § 7. Wie für den Antrag nach § 52 (s. § 52 Rn 4) ist es notwendig, dass der antragstellende Beteiligte durch die einstweilige Anordnung beschwert ist.[5] An den Inhalt des Antrages sind keine hohen Anforderungen zu stellen. Das verwirrende System der Rechtsbehelfe nach den §§ 52, 54, 57 ist vor allem für nicht anwaltlich vertretene Beteiligte kaum zu überblicken. Das Gericht muss daher in besonderem Maße gem. § 28 Abs. 2 darauf hinwirken, dass sachdienliche Anträge gestellt werden. Wird eine unzulässige Beschwerde eingelegt, ist zu prüfen, ob darin ein Aufhebungs- oder Änderungsantrag[6] oder ein Antrag nach § 54 Abs. 2[7] enthalten ist.

2. Zuständigkeit

6 Für die Aufhebung oder Änderung ist nach § 54 Abs. 3 das Gericht zuständig, das die einstweilige Anordnung erlassen hat. Die Formulierung ist ungenau. Da sich § 54 auch auf ablehnende Entscheidungen bezieht, ist das Gericht zuständig, welches die abzuändernde Entscheidung erlassen hat.[8] Das gilt unabhängig davon, ob sich nach der Entscheidung die

---

[2] A. A. Musielak/Borth § 54 Rn 5: nur unter den Voraussetzungen des Abs. 1 S. 3.
[3] Haußleiter § 54 Rn 4.
[4] BT-Drs. 16/6308 S. 202.
[5] SBW/Schwonberg § 54 Rn 8.
[6] Zu §§ 620 b, 620 c ZPO a. F. OLG Hamm Beschl. v. 22. 11. 2004 4 WF 272/04 = BeckRS 2005, 03662.
[7] Zu §§ 620 b, 620 c ZPO a. F. OLG Naumburg Beschl. v. 28. 2. 2008 8 WF 39/08 = BeckRS 2008, 08298.
[8] MünchKommZPO/Soyka § 54 FamFG Rn 7.

zuständigkeitsbegründenden Umstände geändert haben.⁹ Sofern das Beschwerdegericht aufgrund der Zuständigkeit nach § 50 Abs. 1 S. 2 für den Erlass zuständig war, bleibt diese Zuständigkeit für die Entscheidung nach § 54 erhalten und unterscheidet sich damit von der Zuständigkeit nach § 52 (s. § 52 Rn 5).¹⁰ Im Fall der Abgabe gem. § 4 oder § 50 Abs. 2 bzw. Verweisung gem. § 3 oder § 113 Abs. 1 FamFG i. V. m. § 281 ZPO an ein anderes Gericht ist dieses nach Abs. 3 S. 2 zuständig. Es kann sich dabei nur um eine Verweisung oder Abgabe nach Erlass der Entscheidung handeln.

3. Zulässigkeit der Aufhebung oder Änderung

Nach Abs. 4 ist die Aufhebung oder Änderung der angefochtenen Entscheidung durch das erstinstanzliche Gericht unzulässig, während eine einstweilige Anordnungssache beim Beschwerdegericht anhängig ist (Einzelheiten s. Rn 8). Dasselbe gilt, wenn die einstweilige Anordnung nach § 56 **außer Kraft getreten** oder im Fall der Befristung die Frist bereits abgelaufen ist,¹¹ auch wenn der Antrag vor Außerkrafttreten oder Fristende gestellt wurde. Nach dem Wortlaut des Gesetzes ist nur die Aufhebung oder Änderung von Entscheidungen zulässig. § 54 ermöglicht darüber hinaus die Abänderung von Vergleichen. Es muss sich allerdings um einen Vergleich handeln, der allein das Anordnungsverfahren und nicht darüber hinaus das Hauptsacheverfahren abschließen sollte.¹²

4. Verhältnis zu anderen Rechtsbehelfen (Abs. 4)

Da die Einlegung der Beschwerde – soweit nach § 57 zulässig – und der Antrag nach § 54 nebeneinander erfolgen können, trifft Abs. 4 eine Regelung über den Vorrang im Verhältnis beider Rechtsbehelfe. **Vorrangig ist das Beschwerdeverfahren.** Gegenstand der Beschwerde muss die einstweilige Anordnung, nicht die Hauptsache sein.¹³ In diesem Fall scheidet eine Aufhebung oder Abänderung durch das erstinstanzliche Gericht aus, so lange das Beschwerdeverfahren anhängig ist. Praktisch wird eine Entscheidung des erstinstanzlichen Gerichts während dieser Zeit schon deshalb nicht möglich sein, weil sich die Akten beim Beschwerdegericht befinden. Die Anträge nach §§ 52 und 54 können unabhängig voneinander gestellt werden. Anträge auf Aufhebung und Änderung können **wiederholt** werden. Der wiederholte Antrag ist als rechtsmissbräuchlich zurückzuweisen, wenn zur Begründung keine neuen Tatsachen vorgetragen werden.¹⁴

Neben dem Antrag nach § 54 Abs. 1 sind in Familienstreitsachen, insbesondere in Unterhaltssachen der negative Feststellungsantrag und der Vollstreckungsgegenantrag gem. § 120 Abs. 1 FamFG i. V. m. § 767 ZPO zulässig (s. dazu § 246 Rn 8). Da die einstweilige Anordnung nicht materiell rechtskräftig wird, sind der Abänderungsantrags nach §§ 48 Abs. 1, 238 unzulässig.¹⁵ Angesichts des schwer überschaubaren Nebeneinanders unterschiedlicher Rechtsbehelfe kann, sofern nicht eine von Abs. 4 erfasste Fallkonstellation vorliegt, **Verfahrenskostenhilfe** für den jeweils eingelegten Rechtsbehelf nicht unter Hinweis auf einen anderen, u. U. kostengünstigeren Rechtsbehelf verweigert werden. Die Unübersichtlichkeit der Regelung darf nicht zu Lasten der Betroffenen gehen.

5. Beschluss; Beschwerde

Das Gericht entscheidet durch Beschluss, der gem. § 38 Abs. 3 zu begründen und dem durch die Entscheidung beschwerten Beteiligten nach § 41 Abs. 1 S. 2 bzw. § 113 Abs. 1 i. V. m. § 329 Abs. 3 ZPO zuzustellen ist. Eine Kostenentscheidung ist entbehrlich. Der

---

⁹ OLG München NJW-RR 2011, 661; SBW/Schwonberg § 54 Rn 18.
¹⁰ BeckOKFamFG/Schlünder § 54 Rn 7; Prütting/Helms/Stößer § 54 Rn 12; a. A. MünchKommZPO/Soyka § 54 FamFG Rn 7: erstinstanzliches Gericht.
¹¹ MünchKommZPO/Soyka § 54 FamFG Rn 8; Dose Rn 390.
¹² Prütting/Helms/Stößer § 54 Rn 6.
¹³ Johannsen/Henrich/Büte § 54 FamFG Rn 11.
¹⁴ Musielak/Borth § 54 Rn 6, 8.
¹⁵ Johannsen/Henrich/Büte § 54 FamFG Rn 12; ebenso zur einstweiligen Anordnung nach §§ 620 ff. ZPO a. F. OLG Brandenburg NJW-RR 2002, 939.

Beschluss ist in den Grenzen des § 57 **anfechtbar**[16] und muss daher eine Rechtsbehelfsbelehrung nach § 39 enthalten. Wenn auf die Hauptsache und damit auch auf die einstweilige Anordnung noch altes Recht Anwendung findet (s. § 49 Rn 4), richtet sich die Anfechtung nach §§ 620 c, 621 g ZPO.

IV. Entscheidungsgrundlagen und -umfang

1. Gründe für Aufhebung oder Änderung

11 Das Verfahren nach § 54 setzt **keine Änderung der Sach- oder Rechtslage** voraus. Das nicht an seine frühere Entscheidung gebundene Gericht kann den Sachverhalt umfassend neu würdigen und ggf. abweichend beurteilen.[17] Im Antragsverfahren reicht dennoch eine Antragsbegründung nicht aus, die mit derjenigen im Ursprungsverfahren deckungsgleich ist. Damit würde ein ggf. nach § 57 nicht zulässiges Rechtsmittel eingeführt.[18] Wiederholten Anträgen nach § 54 ohne neue Begründung fehlt das Rechtsschutzbedürfnis (s. Rn 8). Erforderlich ist demnach, dass neue Tatsachen, neue Mittel der Glaubhaftmachung oder Wiederaufnahmegründe vorgetragen werden.[19] Das Gericht soll nicht nur die Gründe, die für den Erlass der einstweiligen Anordnung gesprochen haben und diejenigen, die eine Aufhebung oder Abänderung rechtfertigen könnten, berücksichtigen, sondern auch die **Auswirkungen** dieser Entscheidung. Das gilt insbesondere in Sorgerechtsverfahren, die mit einem Aufenthaltswechsel des Kindes verbunden sind. Hat das Kind aufgrund der einstweiligen Anordnung seinen Aufenthalt gewechselt, kommt eine Abänderung nur ausnahmsweise in Betracht, da ein wiederholter Wechsel i. d. R. dem Kindeswohl widerspricht.[20] Eine Aufhebung ist nicht veranlasst, wenn sich im Verfahren nach § 54 ergibt, dass die Gründe, die zum Erlass der einstweiligen Anordnung geführt haben, nicht mehr vorliegen, diese aber aus anderen Gründen aufrecht zu erhalten ist.[21] Zur Aufhebung einer einstweiligen Anordnung auf **Trennungsunterhalt** nach Rechtskraft der Ehescheidung s. § 246 Rn 9.

2. Umfang und Folgen der Aufhebung oder Abänderung

12 Das Gericht kann die einstweilige Anordnung im Rahmen des Geltungsbereichs der Erstentscheidung und in den Grenzen des materiellen Rechts mit Wirkung für die Zukunft oder auch **rückwirkend** aufheben bzw. abändern.[22] In **Unterhaltssachen** ist dabei zu berücksichtigen, welche Leistungen ggf. schon erbracht wurden oder noch ausstehen. Eine **Rückforderung erbrachter Leistungen** kann im Verfahren nach § 54 nicht angeordnet werden.[23] Das Gericht kann ferner die einstweilige Anordnung – nach vorheriger Zurückweisung des Antrages – **erstmals erlassen**.[24] Zum Schadensersatz s. § 49 Rn 17; zu Bereicherungsansprüchen § 246 Rn 11.

V. Der Antrag auf mündliche Verhandlung (Abs. 2)

13 § 54 Abs. 2 gilt nur für **Familiensachen.** Die Formulierung „mündliche Verhandlung" berücksichtigt nicht, dass sich die Befugnis aus § 51 Abs. 2 S. 2, ohne mündliche Verhandlung zu entscheiden, nur auf Familienstreitsachen bezieht (s. § 51 Rn 14), während § 57 in einzelnen nicht zu den Familienstreitsachen zählenden Familiensachen die Beschwerde zulässt, wenn das Gericht aufgrund mündlicher Erörterung entschieden hat. Abs. 2 ist daher

---

[16] Musielak/Borth § 54 Rn 8.
[17] Prütting/Helms/Stößer § 54 Rn 2; Musielak/Borth § 54 Rn 6; differenzierend MünchKommZPO/Soyka § 54 FamFG Rn 10.
[18] Musielak/Borth § 54 Rn 6.
[19] Baumbach/Hartmann § 54 FamFG Rn 1; differenzierend SBW/Schwonberg § 54 Rn 6.
[20] BVerfG JAmt 2011, 107 = BeckRS 2011, 47208; OLG Saarbrücken FamRZ 2010, 139.
[21] AG Bad Iburg FamRZ 2010, 1350.
[22] Musielak/Borth § 54 Rn 4; Johannsen/Henrich/Büte § 54 FamFG Rn 5; differenzierend SBW/Schwonberg § 54 Rn 8.
[23] Musielak/Borth § 54 Rn 4.
[24] Bumiller/Harders § 54 Rn 1.

dahin auszulegen, dass nicht nur die mündliche Verhandlung, sondern auch die **mündliche Erörterung** in Kindschaftssachen nach § 155 Abs. 2, in Ehewohnungs- und Haushaltssachen nach § 207 sowie ferner in allen anderen Verfahren außer Familienstreitsachen nach § 32 auf Antrag nachzuholen und sodann erneut zu entscheiden ist.[25] Der Antrag nach Abs. 2 setzt wie derjenige nach Abs. 1 (s. Rn 5) eine **Beschwer** voraus.[26] Der formelle Anspruch auf Durchführung der mündlichen Verhandlung gewährt einen wirkungsvollen Rechtsschutz nur, wenn er zeitnah umgesetzt wird, wobei sich der Zeitraum bis zur notwendigen Terminierung nach den Umständen des Einzelfalls richtet. In Gewaltschutzsachen ist ein Zeitraum von 6 Wochen zwischen Terminsbestimmung und Termin i. d. R. zu lang.[27]

§ 54 ist **kein Vorrang des Antrages nach Abs. 2** vor demjenigen nach Abs. 1 zu entnehmen. Wenn die einstweilige Anordnung ohne mündliche Verhandlung oder Erörterung erlassen wurde, ist der dadurch beschwerte Beteiligte nicht auf den Antrag nach Abs. 2 beschränkt. Er kann stattdessen einen Antrag auf Aufhebung oder Änderung nach Abs. 1 stellen, über den erneut ohne mündliche Verhandlung oder Erörterung entschieden werden kann.[28]

§ 54 Abs. 2 sieht für die erneute Entscheidung auf Grund mündlicher Verhandlung keine bestimmte **Tenorierung** vor. Für das Arrestverfahren bestimmt § 925 Abs. 2 ZPO, dass das Gericht den Arrest ganz oder teilweise bestätigen, abändern oder aufheben sowie die Bestätigung, Abänderung oder Aufhebung von einer Sicherheitsleistung abhängig machen kann. Letzteres kommt, da das FamFG eine Sicherheitsleistung nur ausnahmsweise vorsieht (§ 120 Rn 14, 18a, § 248 Rn 7), im Verfahren nach § 54 Abs. 2 nicht in Betracht. Im Übrigen ist das Gericht in der Tenorierung frei. Es empfiehlt sich, die ohne mündliche Verhandlung erlassene Entscheidung in Bezug zu nehmen, indem diese bestätigt, abgeändert oder aufgehoben wird. Das Gericht kann jedoch auch ohne Bezugnahme auf den früheren Beschluss neu entscheiden. Damit tritt die bisherige Regelung gem. § 56 Abs. 1 S. 1 außer Kraft.

VI. Kosten und Gebühren

Besondere **Gerichtsgebühren** entstehen für das Verfahren nach § 54 nach Hauptabschnitt 4 der Anlage 1 zu § 3 Abs. 2 FamGKG und nach der KostO nicht. Für die **Rechtsanwaltsvergütung** gelten einstweilige Anordnung und das Verfahren nach § 54 gem. § 16 Nr. 5 RVG als eine Angelegenheit.

Aussetzung der Vollstreckung

55 (1) ¹In den Fällen des § 54 kann das Gericht, im Fall des § 57 das Rechtsmittelgericht, die Vollstreckung einer einstweiligen Anordnung aussetzen oder beschränken. ²Der Beschluss ist nicht anfechtbar.

(2) Wenn ein hierauf gerichteter Antrag gestellt wird, ist über diesen vorab zu entscheiden.

I. Normzweck

Anträge auf Aufhebung oder Änderung einer einstweiligen Anordnung gem. § 54 Abs. 1, erneute Entscheidung aufgrund mündlicher Verhandlung gem. § 54 Abs. 2 sowie die Beschwerde, soweit nach § 57 zulässig, haben keine aufschiebende Wirkung. Die Vollstreckung ist weiterhin möglich. Im Beschwerdeverfahren kommt eine Einstellung durch einstweilige Anordnung nach § 64 Abs. 3 nicht in Betracht, wenn die angefochtene Ent-

---

[25] Dose Rn 380.
[26] Baumbach/Hartmann § 54 FamFG Rn 10.
[27] OLG München FGPrax 2010, 191.
[28] OLG Karlsruhe FamRZ 2011, 571; MünchKommZPO/Soyka § 54 FamFG Rn 6; Musielak/Borth § 54 Rn 11; a. A. Prütting/Helms § 54 Rn 9; Schürmann FamRB 2008, 375/379; differenzierend SBW/Schwonberg § 54 Rn 16

scheidung selbst eine einstweilige Anordnung ist. Die Vorschrift sieht daher vor, dass in diesen Verfahren die Vollstreckung ausgesetzt oder beschränkt werden kann.

II. Anwendungsbereich

2   § 55 gilt für die Verfahren auf Aufhebung oder Änderung der Entscheidung gem. § 54 und die Beschwerde. Zur Übergangsregelung s. § 49 Rn 4. Die Befugnis zur Aussetzung oder Beschränkung besteht in allen Anordnungsverfahren, unabhängig davon ob es sich um **Amts- oder Antragsverfahren** handelt. Voraussetzung ist, dass
- ein Antrag auf Aufhebung oder Änderung nach § 54 Abs. 1 gestellt oder
- ein Antrag auf erneute Entscheidung aufgrund mündlicher Verhandlung nach § 54 Abs. 2 gestellt oder
- Beschwerde (§ 57) eingelegt wurde.

III. Verfahren

3   Ein **Antrag** ist zulässig, aber nicht notwendig. Das Gericht kann **von Amts wegen** entscheiden.[1] Wird ein Antrag gestellt, so ist dieser zu bescheiden. **Zuständig** ist im Verfahren nach § 54 das erstinstanzliche, im Fall der Beschwerde das Beschwerdegericht. Nach Abs. 2 ist über den Antrag vorab zu entscheiden. Das gilt unabhängig von dem ohnehin für Anordnungsverfahren bestehenden Beschleunigungsgrundsatz.[2] Die Entscheidung ergeht durch Beschluss, der nach § 38 Abs. 3 zu begründen ist.[3] Eine kurze formularmäßige Begründung reicht aus. Es ist weder eine Kostenentscheidung noch eine Rechtsbehelfsbelehrung erforderlich. Nach Abs. 1 S. 2 ist der Beschluss **nicht anfechtbar**.

IV. Inhalt der Entscheidung

4   Die Vollstreckung kann entweder in vollem Umfang vorübergehend eingestellt – ausgesetzt – oder nur mit Einschränkungen zugelassen– beschränkt – werden. Das Gericht entscheidet nach **pflichtgemäßem Ermessen**. Eine Aussetzung oder Beschränkung setzt voraus, dass der eingelegte Rechtsbehelf Aussicht auf Erfolg hat.[4] Die Gestaltung der Regelung ist freigestellt. Z. B. können in Ehewohnungssachen die einzelnen Räume der Wohnung bis zur endgültigen Zuweisung aufgeteilt und zur jeweiligen Nutzung zugewiesen werden. Vor allem im Unterhaltsverfahren kommt eine Einstellung gegen Sicherheitsleistung in Betracht.[5] Die Folgen der Einstellung ergeben sich aus §§ 93 Abs. 2, 95, 120 FamFG i. V. m. §§ 775, 776 ZPO.

V. Kosten und Gebühren

5   Für die Kosten und Gebühren gelten die Ausführungen zu § 54 entsprechend (s. § 54 Rn 15).

Außerkrafttreten

56 (1) [1]Die einstweilige Anordnung tritt, sofern nicht das Gericht einen früheren Zeitpunkt bestimmt hat, bei Wirksamwerden einer anderweitigen Regelung außer Kraft. [2]Ist dies eine Endentscheidung in einer Familienstreitsache, ist deren Rechtskraft maßgebend, soweit nicht die Wirksamkeit zu einem späteren Zeitpunkt eintritt.

(2) **Die einstweilige Anordnung tritt in Verfahren, die nur auf Antrag eingeleitet werden, auch dann außer Kraft, wenn**
1. der Antrag in der Hauptsache zurückgenommen wird,
2. der Antrag in der Hauptsache rechtskräftig abgewiesen ist,

---

[1] Prütting/Helms/Stößer § 55 Rn 2.
[2] Prütting/Helms/Stößer § 55 Rn 5.
[3] MünchKommZPO/Soyka § 55 FamFG Rn 2.
[4] Johannsen/Henrich/Büte § 55 FamFG Rn 2.
[5] MünchKommZPO/Soyka § 55 FamFG Rn 2; Johannsen/Henrich/Büte § 55 FamFG Rn 4.

3. die Hauptsache übereinstimmend für erledigt erklärt wird oder
4. die Erledigung der Hauptsache anderweitig eingetreten ist.

(3) ¹Auf Antrag hat das Gericht, das in der einstweiligen Anordnungssache im ersten Rechtszug zuletzt entschieden hat, die in den Absätzen 1 und 2 genannte Wirkung durch Beschluss auszusprechen. ²Gegen den Beschluss findet die Beschwerde statt.

I. Normzweck

Die einstweilige Anordnung trifft trotz verfahrensmäßiger Trennung von der Hauptsache nur eine vorläufige Regelung. Erfolgt eine Entscheidung im Hauptsacheverfahren tritt die einstweilige Anordnung außer Kraft, ohne dass diese Rechtsfolge vom Gericht ausgesprochen werden muss (§ 56 Abs. 1). Eine deklaratorische Feststellung wird von § 56 Abs. 3 vorgesehen. Der abschließenden Entscheidung im Hauptsacheverfahren steht in Antragsverfahren dessen anderweitige Erledigung nach § 56 Abs. 2 gleich. Im Unterschied zur früheren Rechtslage gem. § 620 f ZPO a. F. besteht keine Abhängigkeit mehr vom Ausgang der Ehesache.[1]

II. Anwendungsbereich

Abs. 1 S. 1 und Abs. 3 gelten für sämtliche einstweilige Anordnungen in **Amts- und Antragsverfahren,** die unter Geltung des FamFG erlassen wurden. Sie gelten auch für einstweilige Anordnungen des Beschwerdegerichts. Soweit nach der **Übergangsregelung** (Art. 111 Abs. 1 S. 1 und 2 FGG-RG) das bis zum Inkrafttreten des FGG-RG geltende Recht anzuwenden ist (s. § 49 Rn 4), richtet sich auch das Außerkrafttreten einstweiliger Anordnungen nach diesem Recht. Abs. 2 ist nur auf Antragsverfahren anwendbar. Abs. 1 S. 2 betrifft allein Familienstreitsachen. Wie § 54 (s. § 54 Rn 7) gilt § 56 über den Wortlaut hinaus für das **Außerkrafttreten von Vergleichen,** wenn die Beteiligten mit dem Vergleich nur eine vorläufige, das Verfahren der einstweiligen Anordnung betreffende Regelung treffen wollen (s. § 51 Rn 15).[2]

III. Wirksamwerden einer anderweitigen Regelung

1. Anderweitige Regelung

Ausreichend ist jede andere Regelung, die sich auf den Gegenstand des Anordnungsverfahrens bezieht. Erforderlich ist, dass die Regelungsbereiche übereinstimmen.[3] Da der Gegenstand der einstweiligen Anordnung oft hinter demjenigen des Hauptsacheverfahrens zurückbleibt, indem z. B. im Anordnungsverfahren der Notunterhalt und in der Hauptsache der volle Unterhalt geltend gemacht, bzw. mit der einstweiligen Anordnung die Übertragung des Aufenthaltsbestimmungsrechts und im Hauptsacheverfahren der elterlichen Sorge insgesamt beantragt wird, bedarf es keiner vollkommenen Übereinstimmung der Regelungsgegenstände. Eine Hauptsacheentscheidung zur elterlichen Sorge setzt jedoch keine einstweilige Anordnung über den Erlass einer Grenzsperre außer Kraft.[4] Die anderweitige Regelung muss eine Endentscheidung sein. Die Entscheidung über einen Verfahrens- oder Prozesskostenhilfeantrag reicht nicht aus.[5] Sie kann nicht nur durch **Beschluss** in einem deckungsgleichen Hauptsacheverfahren, sondern auch durch **Vergleich**[6] **oder außergerichtliche Einigung,** die nicht die Qualität eines Vollstreckungstitels haben muss,[7] erfolgen, soweit die Beteiligten über den Gegenstand des Verfahrens i. S. v. § 86 Abs. 1 Nr. 3 verfügen können.[8] Damit scheidet z. B. eine vergleichsweise Regelung in einer Sorgerechts-

---

[1] Prütting/Helms/Stößer § 56 Rn 1.
[2] SBW/Schwonberg § 56 Rn 2.
[3] Johannsen/Henrich/Büte § 56 FamFG Rn 6.
[4] KG FamRZ 2008, 1648.
[5] Baumbach/Hartmann § 56 FamFG Rn 6.
[6] MünchKommZPO/Soyka § 56 FamFG Rn 2.
[7] BeckOKFamFG/Schlünder § 56 Rn 3; Musielak/Borth § 56 Rn 6.
[8] MünchKommZPO/Soyka § 56 FamFG Rn 2.

sache aus. In Umgangsrechts- und Kindesherausgabeverfahren ist die gerichtliche Billigung nach § 156 Abs. 2 erforderlich.

4 In **Unterhaltssachen** (weitere Einzelheiten zu Unterhaltssachen bei § 246 Rn 8) stellt die Sachentscheidung über einen negativen Feststellungsantrag eine anderweitige Regelung dar, nicht dagegen die Entscheidung über einen nur die Vollstreckbarkeit betreffenden Vollstreckungsabwehrantrag nach § 120 Abs. 1 FamFG i. V. m. § 767 ZPO.[9] Keine anderweitige Regelung ist die nach § 54 Abs. 1 geänderte einstweilige Anordnung. Diese Abänderungsentscheidung tritt an die Stelle der ursprünglichen einstweiligen Anordnung. § 56 gilt dann für das Außerkrafttreten der geänderten einstweiligen Anordnung.[10] Im Unterschied zu § 620f ZPO a. F. ist eine von den Beteiligten geführte **Ehesache** ohne Bedeutung für die einstweilige Anordnung (s. o. Rn 1). Die Rechtskraft der Ehescheidung hat damit im Hinblick auf § 56 keine Auswirkungen auf die einstweilige Anordnung, kann aber insbesondere bei Regelung des Trennungsunterhalts durch einstweilige Anordnung Anlass für eine Entscheidung nach § 54 sein (Einzelheiten s. § 246 Rn 9). Die Erledigung der Hauptsache eines Antragsverfahrens, hat in Abs. 2 Nr. 3 und 4 eine eigenständige Regelung gefunden. Zu den sog. Prozessbeschlüssen s. Rn 8.

2. Wirksamwerden

5 Voraussetzung des Außerkrafttretens ist das Wirksamwerden der anderweitigen Regelung. **Verträge und Vergleiche** werden mit Abschluss wirksam,[11] sofern nicht eine spätere Wirksamkeit vereinbart ist, z. B. bei einem Widerrufsvergleich. Abgesehen von der Sonderregelung für Familienstreitsachen in Abs. 1 S. 2 richtet sich das Wirksamwerden von **Beschlüssen** i. S. v. Abs. 1 S. 1 nach den für die jeweiligen Vorschriften geltenden Bestimmungen. Entscheidungen in Folgesachen werden gem. § 148 erst mit Rechtskraft des Scheidungsausspruchs wirksam, sofern sie nicht nach Rücknahme des Scheidungsantrages als selbständige Familiensachen fortgeführt werden, § 141. Entscheidungen in Ehewohnungs- und Haushaltssachen (§ 209 Abs. 2 S. 1), Gewaltschutzsachen (§ 216 Abs. 1), Versorgungsausgleichssachen (§ 224 Abs. 1), in Güterrechtssachen nach §§ 1382, 1383 BGB (§ 264 Abs. 1), Unterbringungssachen (§ 324 Abs. 1) und Freiheitsentziehungssachen (§ 422 Abs. 1) werden mit Rechtskraft wirksam. Das Gericht kann in Ehewohnungssachen nach § 200 Abs. 1 Nr. 1 gem. § 209 Abs. 2 S. 2, in Gewaltschutzsachen gem. § 216 Abs. 1 S. 2, in Betreuungssachen gem. § 287 Abs. 2, in Unterbringungssachen gem. § 324 Abs. 2 und in Freiheitsentziehungssachen gem. § 422 Abs. 2 jeweils die sofortige Wirksamkeit anordnen. Soweit Sonderregelungen nicht vorgesehen sind, gelten die §§ 40, 41. Die Wirksamkeit tritt mit Bekanntgabe an den Beteiligten ein, in den in § 287 Abs. 1 genannten Betreuungssachen mit der Bekanntgabe an den Betreuer.

6 Für **Familienstreitsachen** richtet sich die Wirksamkeit grundsätzlich nach § 116 Abs. 3, wonach die Wirksamkeit mit Rechtskraft eintritt, sofern nicht die sofortige Wirksamkeit besonders angeordnet wird (§ 116 Abs. 3 S. 2). Unabhängig davon ist für das Außerkrafttreten der einstweiligen Anordnung aufgrund einer anderweitigen Endentscheidung nach Abs. 1 S. 2 immer die **Rechtskraft** maßgeblich. Das Gesetz hat damit die höchstrichterliche Rechtsprechung zum Außerkrafttreten der einstweiligen Anordnung auf Zahlung von Unterhalt gem. § 620f ZPO a. F.[12] übernommen und auf sämtliche Familienstreitsachen erstreckt.[13] Tritt die Wirksamkeit der Endentscheidung zu einem späteren Zeitpunkt ein, ist dieser maßgebend. Das gilt für Folgesachen gem. § 148 und Entscheidungen über die Zahlung von Unterhalt im Zusammenhang mit der Feststellung der Vaterschaft gem. § 237 Abs. 4.

---

[9] Johannsen/Henrich/Büte § 56 FamFG Rn 8.
[10] Johannsen/Henrich/Büte § 56 FamFG Rn 7.
[11] SBW/Schwonberg § 56 Rn 13.
[12] BGH NJW 2000, 740.
[13] BT-Drs. 16/6308 S. 202.

IV. Besonderheiten in Antragsverfahren (Abs. 2)

In Antragsverfahren tritt die einstweilige Anordnung auch dann außer Kraft, wenn das 7 Hauptsacheverfahren auf andere Weise beendet wird als durch eine anderweitige Regelung i. S. v. Abs. 1 S. 1. Es besteht kein Anlass die einstweilige Anordnung aufrecht zu erhalten, wenn der Antragsteller seinen Antrag in der Hauptsache nicht mehr verfolgt bzw. verfolgen kann. Dabei kommt es nicht darauf an, ob der Antragsteller das Hauptsacheverfahren von sich aus oder auf eine Anordnung gem. § 52 Abs. 2 hin eingeleitet hat. Sofern das Verfahren sowohl von Amts wegen als auch auf Antrag eingeleitet werden kann (s. § 51 Rn 4), findet Abs. 2 nur Anwendung, wenn ein Antrag vorliegt.

Die einstweilige Anordnung tritt außer Kraft bei **Rücknahme des Hauptsacheantra-** 8 **ges** (§ 56 Abs. 2 Nr. 1) und bei **Erledigung der Hauptsache** (§ 56 Abs. 2 Nr. 3 und 4), unabhängig davon ob eine Erledigungserklärung vorliegt oder die Erledigung anderweitig eintritt. Ferner bewirkt die **rechtskräftige Abweisung** des Antrages in der Hauptsache nach Abs. 2 Nr. 2 das Außerkrafttreten. Das Gesetz unterscheidet nicht nach dem Grund der Abweisung. Es ist unerheblich, ob der Antrag unzulässig oder unbegründet war. Die h. M. wonach die Zurückweisung eines Antrages als unzulässig (Prozessbeschluss) für ein Außerkrafttreten nicht ausreicht,[14] findet im Wortlaut des § 56 Abs. 2 Nr. 2 keine Stütze.

V. Weitere Tatbestände des Außerkrafttretens

Für die einstweilige Anordnung bei Feststellung der Vaterschaft enthält § 248 Abs. 5 9 einen besonderen Tatbestand des Außerkrafttretens (s. § 248 Rn 12). Nicht ausdrücklich erwähnt in § 56 ist die **Befristung**. Die z. T. gesetzlich vorgesehene und im Übrigen jedenfalls zulässige Befristung einer einstweiligen Anordnung (Einzelheiten s. § 51 Rn 22) führt nach Fristablauf ohne Weiteres zum Außerkrafttreten, sofern nicht eine Verlängerung der Geltungsdauer angeordnet wird. Ferner bewirkt nicht nur die Erledigung des Hauptsacheverfahrens gem. Abs. 2 Nr. 3 und 4, sondern auch die **Erledigung des Anordnungsverfahrens** das Außerkrafttreten der einstweiligen Anordnung.[15] Die Folgen der bis zur formellen Rechtskraft der einstweiligen Anordnung zulässigen **Rücknahme des Antrags auf Erlass einer einstweiligen Anordnung** in Antragsverfahren richten sich nicht nach § 56, sondern nach § 22 Abs. 2 bzw. § 113 Abs. 1 FamFG i. V. m. § 269 Abs. 3 ZPO (Einzelheiten s. § 51 Rn 12).

VI. Feststellung des Außerkrafttretens

Das Außerkrafttreten der einstweiligen Anordnung ist nach Abs. 3 auf Antrag durch 10 Beschluss auszusprechen. Da die einstweilige Anordnung kraft Gesetzes außer Kraft tritt, hat der Beschluss rein deklaratorische Bedeutung. Die Regelung ist **nicht auf Antragsverfahren beschränkt**.[16] Z. B. kann ein Elternteil, dem die elterliche Sorge durch einstweilige Anordnung gem. § 1666 BGB entzogen wurde, nach abweichendem Ausgang des Hauptsacheverfahrens ein berechtigtes Interesse daran haben, das Außerkrafttreten der einstweiligen Anordnung feststellen zu lassen. Erforderlich ist ein **Antrag**, der wie die Anträge nach § 52 (s. § 52 Rn 4) und 54 (s. § 54 Rn 5) nur vom durch die einstweilige Anordnung beschwerten Beteiligten gestellt werden kann. In **Gewaltschutzsachen** sollte das Gericht das Außerkrafttreten nach § 56 und die Wirkungen einer Rücknahme des einstweiligen Anordnungsantrages nach § 22 Abs. 2 ggf. ohne Antrag durch klarstellenden Beschluss aussprechen, wenn Gegenstand der einstweiligen Anordnung Maßnahmen nach § 1 GewSchG sind, die Befristung noch nicht abgelaufen ist und deshalb die Gefahr der ungerechtfertigten Strafverfolgung wegen einer Straftat nach § 4 GewSchG besteht.[17]

Zuständig ist das Gericht, das im Anordnungsverfahren im ersten Rechtszug zuletzt 11 entschieden hat, auch wenn die einstweilige Anordnung gem. § 50 Abs. 1 S. 2 durch das

---

[14] MünchKommZPO/Soyka § 56 FamFG Rn 2; Johannsen/Henrich/Büte § 56 FamFG Rn 6.
[15] OLG Hamm NJW-RR 2006, 8.
[16] Musielak/Borth § 56 Rn 14.
[17] AG Neustadt a. Rbge. FamRZ 2004, 1392.

§ 57   1   Abschnitt 4. Einstweilige Anordnung

Beschwerdegericht erlassen wurde. Eine spätere Verweisung bleibt im Unterschied zu § 54 Abs. 3 S. 2 ohne Einfluss auf die Zuständigkeit. Das Gericht entscheidet durch **Beschluss**, der nach § 38 Abs. 3 zu begründen und nach § 41 Abs. 1 S. 2 im Fall der Zurückweisung dem Beteiligten zuzustellen ist, der den Antrag nach § 56 Abs. 3 gestellt hat. Bei Stattgeben wird der Beschluss im Antragsverfahren dem Beteiligten zugestellt, auf dessen Antrag die einstweilige Anordnung erlassen wurde. Der Beschluss ist gem. § 56 Abs. 3 S. 2 mit der **Beschwerde** (§§ 58 ff.) ohne die Einschränkungen aus § 57 anfechtbar. Da sich die Beschwerde nicht gegen eine einstweilige Anordnung richtet, gilt die allgemeine Beschwerdefrist von einem Monat, § 63 Abs. 1.[18] Im Falle der Zuständigkeit des OLG im ersten Rechtszug findet anstelle der Beschwerde die Rechtsbeschwerde (§§ 70 ff.) statt,[19] sofern diese zugelassen worden ist (vgl. § 70 Abs. 1).

12 Auf die Zulässigkeit der Beschwerde ist in der Rechtsbehelfsbelehrung (§ 39) hinzuweisen. Besondere **Kosten und Gebühren** entstehen nicht, so dass eine Kostenentscheidung entbehrlich ist.[20]

VII. Folgen des Außerkrafttretens

13 Die einstweilige Anordnung tritt nur mit **Wirkung für die Zukunft** außer Kraft.[21] Mit dem Außerkrafttreten endet die **Vollstreckbarkeit** der einstweiligen Anordnung. Sofern der daraus Begünstigte die Vollstreckung für die Zeit ab Außerkrafttreten fortsetzt, ist diese nach §§ 93 Abs. 2 oder 95 Abs. 1 oder 120 Abs. 1 FamFG jeweils i. V. m. § 775 Nr. 1 ZPO einzustellen; getroffene Vollstreckungsmaßregeln sind nach § 776 S. 1 ZPO aufzuheben.[22] Wegen der Anwendung von § 945 ZPO s. § 49 Rn 17, wegen Schadensersatz- und Bereicherungsansprüchen nach Vollstreckung aus einer außer Kraft getretenen einstweiligen Anordnung in Unterhaltssachen s. § 246 Rn 11, § 247 Rn 10 und § 248 Rn 13.

Rechtsmittel

57 ¹Entscheidungen im Verfahren der einstweiligen Anordnung in Familiensachen sind nicht anfechtbar. ²Dies gilt nicht, wenn das Gericht des ersten Rechtszugs aufgrund mündlicher Erörterung
1. über die elterliche Sorge für ein Kind,
2. über die Herausgabe des Kindes an den anderen Elternteil,
3. über einen Antrag auf Verbleiben eines Kindes bei einer Pflege oder Bezugsperson,
4. über einen Antrag nach den §§ 1 und 2 des Gewaltschutzgesetzes oder
5. in einer Ehewohnungssache über einen Antrag auf Zuweisung der Wohnung
entschieden hat.

I. Normzweck

1 Gem. § 57 sind einstweilige Anordnungen in Familiensachen nur eingeschränkt anfechtbar. Diese Regelung ist **verfassungsrechtlich** nicht zu beanstanden.[1] Der Gesetzesbegründung zufolge bietet das Recht, unmittelbar oder über § 52 ein Hauptsacheverfahren einzuleiten und auf diese Weise die einstweilige Anordnung durch das Gericht und notfalls auch durch das Rechtsmittelgericht überprüfen oder abändern zu lassen, ausreichenden Rechtsschutz.[2] Nur in besonders gravierenden Fällen kann gegen die einstweilige Anordnung im familiengerichtlichen Verfahren Beschwerde eingelegt werden.

---

[18] BeckOKFamFG/Schlünder § 56 Rn 6; Dose Rn 488; Prütting/Helms/Stößer § 56 Rn 11; Schürmann FamRB 2008, 375/382; a. A. (2 Wochen) OLG Zweibrücken FamRZ 2011, 987; MünchKommZPO/Soyka § 56 FamFG Rn 10; SBW/Schwonberg § 56 Rn 25.
[19] Baumbach/Hartmann § 56 FamFG Rn 9.
[20] MünchKommZPO/Soyka § 56 FamFG Rn 9; Johannsen/Henich/Büte § 56 FamFG Rn 16; a. A. wohl SBW/Schwonberg § 56 Rn 25.
[21] OLG Hamm NJW-RR 2006, 8; Johannsen/Henrich/Büte § 56 FamFG Rn 17.
[22] Musielak/Borth § 56 Rn 16.
[1] BVerfG NJW 1980, 386 zu § 620c ZPO a. F.; a. A. Lettau S. 66.
[2] BT-Drs. 16/6308 S. 202.

II. Anwendungsbereich

Die Vorschrift ist anwendbar auf einstweilige Anordnungen, die unter Geltung des FamFG erlassen wurden. Soweit nach der **Übergangsregelung** (Art. 111 Abs. 1 S. 1 und Abs. 2 FGG-RG) das bis zum Inkrafttreten des FGG-RG geltende Recht anzuwenden ist (s. § 49 Rn 4), richtet sich auch die Anfechtung einstweiliger Anordnungen nach diesem Recht. § 57 betrifft **nur Familiensachen** i. S. v. § 111. Für andere Sachgebiete gelten hinsichtlich der Anfechtung einer einstweiligen Anordnung die allgemeinen Vorschriften. Insbesondere gegen die einstweilige Anordnung in Betreuungs-, Unterbringungs- und Freiheitsentziehungssachen (§§ 300, 302, 331, 332, 334, 427) ist die Beschwerde unbeschränkt zulässig.[3]

III. Unanfechtbarkeit, Konkurrenzen

In Familiensachen ist eine einstweilige Anordnung nach S. 1 **grundsätzlich unanfechtbar.** Ausgenommen davon sind die in § 57 Nr. 1 bis Nr. 5 genannten Fälle. Diese Ausnahmen stellen eine abschließende Regelung dar.[4] Die Unanfechtbarkeit erfasst auch die **Nebenentscheidungen.** Dazu gehören Beschlüsse über die Verfahrenskostenhilfe[5] (anfechtbar ist jedoch die Ablehnung der Anwaltsbeiordnung,[5a] die Festsetzung des Verfahrenswerts nach § 55 Abs. 2 FamGKG[6] und die Festsetzung von Ordnungsmitteln nach § 89.[7] Auch für die Anfechtung der Kostenentscheidung gilt § 57.[8] Die Beschwerde gegen die Kostenentscheidung setzt weiterhin voraus, dass der Wert des Beschwerdegegenstandes 600 € übersteigt, § 61 Abs. 1,[9] was angesichts der geringen Verfahrenswerte der in S. 2 genannten Verfahren häufig nicht gegeben ist. § 57 betrifft dagegen nicht die Kostenfestsetzung nach § 85.[10] Zur **Anhörungsrüge** s. § 44 Rn 17–20. Eine Beschwerde wegen **greifbarer Gesetzwidrigkeit**[11] ist nicht statthaft.[12] Eine greifbar gesetzwidrige Entscheidung ist gem. § 54 aufzuheben oder zu ändern. Deshalb kommt auch eine **Gegenvorstellung** nicht in Betracht.[13] Eine nach § 57 **unzulässige Beschwerde** ist ggf. als Abänderungsantrag gem. § 54 Abs. 1 oder Antrag auf Neuentscheidung aufgrund mündlicher Verhandlung nach § 54 Abs. 2 auszulegen.[14]

IV. Ausnahmsweise Anfechtbarkeit

1. Grundsatz

Die abschließende Aufzählung (s. Rn 3) in § 57 bestimmt, welche Entscheidungen in Familiensachen ausnahmsweise mit der Beschwerde angefochten werden können. Im Unterschied zu § 620 c ZPO a. F. sind die in Nr. 1 und 2. genannten Entscheidungen auch beschwerdefähig, wenn damit ein entsprechender **Antrag abgelehnt** wird.[15] Dasselbe gilt für die Entscheidungen gem. Nr. 3 bis 5. Weiterhin **unanfechtbar** sind insbesondere **einstweilige Anordnungen auf Zahlung von Unterhalt**[16] und in **Umgangssachen** (s. Rn 6).

---

[3] Bumiller/Harders § 57 Rn 3; Kretz BtPrax 2010, 160/166.
[4] Johannsen/Henrich/Büte § 57 FamFG Rn 5.
[5] KG FamRZ 2011, 577; OLG Hamm FGPrax 2010, 165; OLG Frankfurt Beschl. ZFE 2011, 71 = BeckRS 2010, 27967; OLG Köln FamRZ 2010, 1829; OLG Saarbrücken FamRZ 2010, 1829.
[5a] BGH v. 18. 5. 2011 XII ZB 265/10 =BeckRS 2011, 15327.
[6] Baumbach/Hartmann § 57 FamFG Rn 6; a. A. Musielak/Borth § 57 Rn 14.
[7] Baumbach/Hartmann § 57 FamFG Rn 6; Thomas/Putzo/Hüßtege § 57 FamFG Rn 1; a. A. Musielak/Borth § 57 Rn 14; Johannsen/Henrich/Büte § 57 FamFG Rn 2.
[8] KG FamRZ 2011, 576/577; OLG Hamburg FamRZ 2011, 752; Prütting/Helms/Stößer § 57 Rn 11.
[9] OLG Düsseldorf FamRZ 2010, 1835; OLG Stuttgart ZFE 2011, 114 = BeckRS 2010, 24645.
[10] Musielak/Borth § 57 Rn 14; Johannsen/Henrich/Büte § 57 FamFG Rn 2.
[11] Nach altem Recht für zulässig gehalten von OLG Hamm FamRZ 2005, 532.
[12] Prütting/Helms/Stößer § 57 Rn 2; Musielak/Borth § 57 Rn 15.
[13] Johannsen/Henrich/Büte § 57 FamFG Rn 3.
[14] Gießler FamRZ 2010, 1100.
[15] OLG Stuttgart ZFE 2011, 114 = BeckRS 2010, 24645; Prütting/Helms/Stößer § 57 Rn 5; MünchKommZPO/Soyka § 57 FamFG Rn 4.
[16] OLG Frankfurt ZFE 2011, 71 = BeckRS 2010, 27967.

2. Entscheidung aufgrund mündlicher Erörterung

5 Die angefochtene Entscheidung muss aufgrund mündlicher Erörterung (§ 32) ergangen sein. Das gilt auch, wenn der Antrag zurückgewiesen wird.[17] Ausreichend ist die Erörterung in einem zwischen den Beteiligten geführten Parallelverfahren.[18] Die mündliche Erörterung ist für den Erlass einer einstweiligen Anordnung nicht vorgeschrieben. Im Regelfall sollte jedoch ein Termin anberaumt werden (s. § 51 Rn 15). Wird die einstweilige Anordnung ohne mündliche Erörterung erlassen, ist diese auf Antrag gem. § 54 Abs. 2 nachzuholen (s. § 54 Rn 13). Die Beschwerde ist entgegen der h. M. in der Literatur[19] auch zulässig, wenn das Gericht zunächst mündlich erörtert und erst auf der Grundlage weiteren Sachvortrags oder weiterer Ermittlungen entscheidet – sog. **gemischt mündlich-schriftliches Verfahren**. Zweck der Erörterung ist es, die Sachaufklärung zu fördern, rechtliches Gehör zu gewähren und Gelegenheit zur gütlichen Einigung zu geben.[20] Dieser Zweck wird nicht dadurch beeinträchtigt, dass die Entscheidung jedenfalls auch auf Umständen beruht, die noch nicht Gegenstand der Erörterung waren. Sofern das Gericht jedoch einen aufgrund mündlicher Erörterung erlassenen Beschluss gem. § 54 Abs. 1 ohne mündliche Erörterung abändert, ist die Beschwerde dagegen erst nach erneuter mündlicher Erörterung zulässig.[21] Unzulässig ist die Beschwerde ferner, wenn zwar eine mündliche Verhandlung auf Antrag gem. § 54 Abs. 2 nachgeholt wird, aufgrund dieser mündlichen Verhandlung jedoch keine neue Entscheidung mehr ergeht.[22]

3. Fallgruppen

6 **a) Elterliche Sorge (Nr. 1).** Erfasst werden alle Verfahren nach § 151 Nr. 1. Es kommt nicht darauf an, ob dem Antrag entsprochen oder der Antrag zurückgewiesen wurde (s. Rn 4) und ob das Verfahren die gesamte elterliche Sorge oder nur **Teilbereiche** betrifft. Insbesondere die Regelung des Aufenthaltsbestimmungsrechts,[23] die häufig Gegenstand von Anordnungsverfahren ist, die Übertragung der Vermögenssorge auf einen Elternteil,[24] die Anordnung eines „Wechselmodells"[25] und die Übertragung von Teilen des Sorgerechts auf einen Pfleger unterfallen Nr. 1. Im Übrigen ist es nicht notwendig, zwischen Kern- und Randbereichen des Sorgerechts zu unterscheiden.[26] Eine derartige Unterscheidung führt zu nicht sinnvollen Abgrenzungsschwierigkeiten, die nach dem Wortlaut von Nr. 1 nicht geboten sind. Daher ist z. B. auch eine Entscheidung im Wege der einstweiligen Anordnung darüber, welcher Elternteil einen Reisepass für das Kind beantragen darf, anfechtbar.[27] Nicht erfasst ist dagegen das **Umgangsrecht**.[28] Dazu gehören auch Entscheidungen über eine Grenzsperre.[29] Anfechtbar sind dagegen Sorgerechtsregelungen, die innerhalb eines Umgangsverfahrens erfolgen; insbesondere die Einrichtung einer Umgangspflegschaft.[30] Das gilt auch für die Umgangspflegschaft nach § 1684 Abs. 3 S. 3 BGB, weil damit ein Eingriff in das Sorgerecht verbunden ist.[31]

6a Die Zulässigkeit der Beschwerde gegen **Unterbringung eines Minderjährigen** im Wege der einstweiligen Anordnung richtet sich nicht nach § 57. Unterbringungsverfahren sind keine Sorgerechtssachen i. S. v. § 57 S. 2 Nr. 1 FamFG. Das folgt aus der ausdrück-

---

[17] OLG Stuttgart FGPrax 2010, 59.
[18] OLG Zweibrücken Beschl. v. 2. 3. 2011 6 WF 222/10 = BeckRS 2011, 06256.
[19] Prütting/Helms/Stößer § 57 Rn 9; Musielak/Borth § 57 Rn 9.
[20] OLG Zweibrücken Beschl. v. 2. 3. 2011 6 WF 222/10 = BeckRS 2011, 06256.
[21] OLG Köln FamRZ 2009, 444.
[22] OLG Celle Beschl. v. 6. 12. 2010 10 WF 375/10 = BeckRS 2011, 00524.
[23] OLG Brandenburg NJOZ 2010, 2202.
[24] OLG Karlsruhe FamRZ 1998, 501.
[25] OLG Celle FamRZ 2008, 2053; Johannsen/Henrich/Büte § 57 FamFG Rn 6.
[26] SBW/Schwonberg § 57 Rn 9; a. A. Musielak/Borth § 57 Rn 4.
[27] Prütting/Helms/Stößer § 57 Rn 5; OLG Köln FamRZ 2002, 404.
[28] OLG Köln FamRZ 2010, 1829; FamRZ 2011, 574; OLG München FamRZ 2011, 494.
[29] KG FamRZ 2008, 1648; a. A. Johannsen/Henrich/Büte § 57 FamFG Rn 6.
[30] OLG Koblenz OLGR 2008, 383 = BeckRS 2008, 10823.
[31] Musielak/Borth § 57 Rn 3; Dose Rn 415; SBW/Schwonberg § 57 Rn 10; a. A. OLG Celle FamRZ 2011, 574.

lichen Unterscheidung in § 151 Nr. 1 und 6 FamFG zwischen Sorgerechtsverfahren und Unterbringungen. Die Beschwerde ist damit aber nicht unzulässig, die Zulässigkeit folgt vielmehr aus der Verweisung auf die Vorschriften über die Unterbringung Volljähriger in 167 Abs. 1 Danach ist es gerechtfertigt, das entsprechende Verfahrensrecht in vollem Umfang anzuwenden, d. h. auch hinsichtlich des allgemeinen Teils, so dass sich die Zulässigkeit der Beschwerde allein nach § 58 richtet. Die einschränkende Regelung des § 57 FamFG ist nicht anzuwenden, weil die Unterbringungsverfahren insoweit nicht als Familiensachen behandelt werden sondern wie Unterbringungsverfahren i. S. v. § 312 FamFG.[32] Wünschenswert wäre hierzu eine gesetzgeberische Klarstellung.

b) Herausgabe des Kindes an den anderen Elternteil (Nr. 2). Nicht jede durch 7 einstweilige Anordnung ergangene oder abgelehnte (s. Rn 4) Entscheidung über eine Kindesherausgabe i. S. v. § 151 Nr. 3 ist beschwerdefähig, sondern nur über die Herausgabe durch den nicht sorgeberechtigten Elternteil **an den sorgeberechtigten Elternteil** gem. § 1632 Abs. 1 BGB.[33] Richtet sich das Herausgabeverlangen gegen einen Dritten, insbesondere gegen eine Pflegeperson, ist Nr. 2 nicht einschlägig. Dasselbe gilt, wenn das Kind an einen Dritten, z. B. einen Pfleger, herausgegeben werden soll.[34]

c) Verbleiben eines Kindes bei einer Pflege- oder Bezugsperson (Nr. 3). Anfechtbar 8 sind Entscheidungen im Anordnungsverfahren nach **§§ 1632 Abs. 4, 1682 BGB.** Eine Verbleibensanordnung oder deren Ablehnung stellt einen ebenso schwerwiegenden Eingriff in die persönlichen Verhältnisse des Kindes dar, wie eine Entscheidung nach Nr. 2.[35]

d) Gewaltschutzsachen (Nr. 4). Der Beschwerde unterliegen **alle Entscheidungen** 9 **nach dem GewSchG im Anordnungsverfahren,** d. h. sowohl die Anordnung von Schutzmaßnahmen gem. § 1 GewSchG als auch die Wohnungszuweisung nach § 2 GewSchG. In diesen Verfahren fehlt es häufig an der mündlichen Erörterung, so dass zunächst ein Antrag nach § 54 Abs. 2 zu stellen ist.

e) Zuweisung der Wohnung (Nr. 5). Der Beschwerde unterliegen nicht sämtliche 10 Entscheidungen in Ehewohnungssachen i. S. v. § 200 Abs. 1, sondern nur die Entscheidungen im Anordnungsverfahren, die die Zuweisung der Wohnung nach den §§ 1361b, 1568a BGB, **insgesamt** betreffen.[36] Dazu gehören auch **Nebenentscheidungen** über eine Räumungsfrist, nicht aber Beschlüsse über die Zuweisung einzelner Räume,[37] die Wiedereinräumung von Mitbesitz[38] oder die Zahlung einer Nutzungsentschädigung.[39] Wohnungszuweisungen nach § 2 GewSchG unterfallen Nr. 4.

V. Beschwerdeverfahren

Es gelten die allgemeinen Vorschriften (§§ 58 ff.) mit folgenden Besonderheiten: Str. ist, 11 ob die Möglichkeit einer **Abhilfe** besteht;[40] siehe dazu Ausführungen zu § 68 Rn 24. Die **Beschwerdefrist** gegen eine erlassene einstweilige Anordnung beträgt nach § 63 Abs. 2 Nr. 1 nur 2 Wochen, im Fall der Ablehnung dagegen einen Monat (str. siehe dazu § 63 Rn 14a). Die **Rechtsbeschwerde** ist nicht zulässig, § 70 Abs. 4.[41] Das gilt auch für die auch die im Anordnungsverfahren ergangene Kostenentscheidung.[42] Für die **Beschwerde-**

---

[32] OLG Celle FGPrax 2010, 163; OLG Dresden FamRZ 2010, 1845; OLG Frankfurt FamRZ 2011, 907; OLG Hamm MDR 2010, 1192; OLG Naumburg FamRZ 2011, 132; MünchKommZPO/Soyka § 57 FamFG Rn 3; a. A. Prütting/Helms/Stößer § 167 Rn 20 (Beschwerde nach § 57 zulässig); OLG Koblenz, NJW 2010, 880 (Beschwerde unzulässig).
[33] Johannsen/Henrich/Büte § 57 FamFG Rn 7.
[34] Dose Rn 418; a. A. OLG Oldenburg FamRZ 2011, 745.
[35] BT-Drs. 16/6308 S. 203.
[36] OLG Nürnberg FamRZ 2010, 1463; Musielak/Borth § 57 Rn 7; Dose Rn 421; Zöller/Feskorn § 57 FamFG Rn 9; a. A.: Johannsen/Henrich/Büte § 57 FamFG Rn 10; Bahrenfuss/Socha § 57 Rn 9.
[37] Nachweise s. Fn 32.
[38] Prütting/Helms/Stößer § 57 Rn 7; OLG Bamberg FamRZ 2006, 873.
[39] Musielak/Borth § 57 Rn 7; OLG Brandenburg NJW-RR 2004, 4.
[40] Ablehnend Johannsen/Henrich/Büte § 57 FamFG Rn 12; Dose Rn 437; bejahend OLG Hamm FGPrax 2010, 322; Friederici/Kemper/Stockmann § 57 Rn 17.
[41] BGH Beschl. v. 11. 11. 2010 – V ZB 123/10 = BeckRS 2010, 30548.
[42] KG FamRZ 2011, 576.

berechtigung ist keine von § 59 abweichende Regelung getroffen worden. Daher sind in Verfahren gem. Nr. 1 und 2 nicht nur die Eltern, sondern auch das Jugendamt (§§ 59 Abs. 3, 162 Abs. 3 S. 2), das Kind im Rahmen von § 60[43] und ggf. der Verfahrenspfleger (§ 158 Abs. 4 S. 5), in Verfahren nach Nr. 3 darüber hinaus die Pflege- oder Bezugsperson[44] beschwerdeberechtigt. In Verfahren nach Nr. 4 und 5 steht die Beschwerdeberechtigung neben Antragsteller und Antragsgegner unter den Voraussetzungen der §§ 205 Abs. 2 S. 2, 213 Abs. 2 S. 2 dem Jugendamt zu.

VI. Kosten und Gebühren

12   Für das Beschwerdeverfahren fallen besondere Kosten an. Die **Gerichtskosten** sind in Hauptabschnitt 4 der Anlage 1 zu § 3 Abs. 2 FamGKG jeweils in den Unterabschnitten 2 sowie § 131 KostO geregelt. Für die **Rechtsanwaltskosten** sind die Nr. 3200 ff. VV RVG einschlägig.

---

[43] Musielak/Borth § 57 Rn 11.
[44] OLG Köln NJW-RR 2000, 374.

Abschnitt 5. Rechtsmittel

Unterabschnitt 1. Beschwerde

Statthaftigkeit der Beschwerde

58 (1) Die Beschwerde findet gegen die im ersten Rechtszug ergangenen Endentscheidungen der Amtsgerichte und Landgerichte in Angelegenheiten nach diesem Gesetz statt, sofern durch Gesetz nichts anderes bestimmt ist.
(2) Der Beurteilung des Beschwerdegerichts unterliegen auch die nicht selbständig anfechtbaren Entscheidungen, die der Endentscheidung vorausgegangen sind.

Übersicht

	Rn
I. Normzweck	1
II. Anwendungsbereich	2
III. Funktion und Ausgestaltung der befristeten Beschwerde	4
IV. Anfechtbarkeit von Entscheidungen	16
1. Endentscheidungen (Abs. 1 1. Halbs.)	16
a) Allgemeines	16
b) Einzelfälle	18
2. Zwischenentscheidungen (Abs. 1 2. Halbs., Abs. 2)	23
a) Allgemeines	23
b) Einzelfälle	26
c) Gesetzlicher Ausschluss der selbständigen Anfechtung	40
3. Sonstige Verrichtungen und Verlautbarungen	41
4. Entscheidungen in Nachlasssachen	43
5. Entscheidungen in Registersachen	59
V. Sonderformen der befristeten Beschwerde	71
1. Beschwerde in Ehesachen und Familienstreitsachen	71
2. Erstbeschwerde als Rechtsbeschwerde	72
3. Beschwerde bei der Verwendung von Verkehrsdaten	73
4. Sofortige Beschwerde nach VerschG	74
5. Beschwerde nach IntFamRVG	75
6. Beschwerde nach GBO und SchRegO	77
7. Notarbeschwerde	80
8. Notarkostenbeschwerde	86
9. Beschwerde nach § 17a GVG	88
10. Beschwerde in Therapieunterbringungssachen	88a
VI. Sofortige Beschwerde entsprechend §§ 567–572 ZPO	89
1. Allgemeines	89
2. Einzelfälle	93
VII. Beschwerde in Kostensachen	95
1. Beschwerde gegen die Kostenentscheidung	95
a) Kostenentscheidung im Hauptsachebeschluss	95
b) Isolierte Kostenentscheidung	97
2. Beschwerde nach FamGKG	99
3. Beschwerde nach KostO	104
VIII. Gesetzlicher Ausschluss der Anfechtung	106
1. Allgemeines	106
2. Einzelfälle	107
IX. Grundsatz der Meistbegünstigung	109
X. Kosten und Gebühren	116
1. Gerichtsgebühren	116
2. Außergerichtliche Kosten	118
3. Verfahrenswert; Geschäftswert	119

I. Normzweck

1 § 58 ist grundlegender Bestandteil der Neukonzeption des Rechtsmittelsystems durch das FGG-RG. Die dort eingeführte **befristete Beschwerde** stellt eine neu gestaltete Erstbeschwerde dar, die an die Stelle der unbefristeten Beschwerde nach § 19 FGG tritt. **Abs. 1** regelt ihre allgemeine Statthaftigkeit und bestimmt, gegen welche Art von Entscheidungen das Rechtsmittel eröffnet ist. Danach findet es nur gegen erstinstanzliche Endentscheidungen des AG und des LG statt, wenn nicht Sondervorschriften ausnahmsweise eine Anfechtbarkeit auch anderer Entscheidungen vorsehen. **Abs. 2** bezieht nicht selbständig anfechtbare Zwischenentscheidungen in die Prüfungskompetenz des Beschwerdegerichts ein.

II. Anwendungsbereich

2 Die §§ 58 ff. gelten für **alle Angelegenheiten des FamFG** (§ 1), auch für Ehesachen (§ 121) und Familienstreitsachen (§ 112), wie sich aus § 113 Abs. 1 S. 1 ergibt. Dort gelten aber nach § 117 verschiedene Sonderregelungen, wobei bestimmte Vorschriften des Berufungsrechts der ZPO entsprechend anzuwenden sind. Zur Übergangsregelung siehe die Erläuterungen zu Art. 111 FGG-RG.

3 Soweit bislang Spezialgesetze für bestimmte Angelegenheiten die entsprechende Anwendung des FGG vorsahen, verbleibt es unter Angleichung an das FamFG bei der Bezugnahme, so dass eine weitgehende Einbeziehung dieser Sachen in das neue Rechtsmittelrecht erfolgt (s. § 70 Rn 3). Allerdings sind insoweit Modifizierungen hinsichtlich Einlegungsfrist und Ausgestaltung der Beschwerde zu beachten. Die bislang in der BNotO, BRAO und PatAO für öffentlich-rechtliche Streitigkeiten enthaltenen Verweisungen sind entfallen, weil insoweit eine entsprechende Anwendung der VwGO vorgesehen ist.[1]

III. Funktion und Ausgestaltung der befristeten Beschwerde

4 Die befristete Beschwerde eröffnet im Instanzenzug des FamFG eine **zweite Tatsacheninstanz** (§ 65 Abs. 3), die je nach betroffener Angelegenheit vor dem LG oder dem OLG stattfindet. Das Rechtsmittel ist ausdrücklich auf die Anfechtung von Endentscheidungen (§ 38 Abs. 1 S. 1) begrenzt und nur in den gesetzlich ausdrücklich geregelten Fällen[2] auch gegen andere, d. h. den erstinstanzlichen Verfahrensgegenstand nicht ganz oder teilweise erledigende Entscheidungen eröffnet. Das gilt unabhängig davon, ob die anfechtbare Entscheidung vom Richter oder vom Rechtspfleger (§ 11 Abs. 1 RPflG) erlassen wurde.

5 Der Anwendungsbereich der befristeten Beschwerde umfasst auch denjenigen der früheren sofortigen Beschwerde nach § 22 Abs. 1 FGG, die für bestimmte Angelegenheiten zur beschleunigten Herstellung von Rechtssicherheit vorgesehen war. Die regelmäßige Einlegungsfrist beträgt **1 Monat** (§ 63 Abs. 1). Sie wird im Besonderen Teil des FamFG für verschiedene Angelegenheiten durch Sondervorschriften auf **2 Wochen** verkürzt. Diese kurze Frist gilt auch für die Anfechtung einstweiliger Anordnungen und die Beschwerde gegen die Genehmigung eines Rechtsgeschäfts (§ 63 Abs. 2).

6 In Ehesachen (§ 121) und Familienstreitsachen (§ 112) einschließlich der jetzt als sonstige Familiensachen (§ 266 Abs. 1) und Lebenspartnerschaftssachen (§ 269 Abs. 1) in die Zuständigkeit des Familiengerichts („Großes Familiengericht") fallenden früheren Zivilprozesssachen übernimmt die befristete Beschwerde die Funktion der ZPO-Berufung als **Hauptsacherechtsmittel**.[3]

7 Die Zulässigkeit der Beschwerde ist in vermögensrechtlichen Angelegenheiten bei Unterschreiten einer **Wertgrenze** von der **Zulassung** durch das erstinstanzliche Gericht abhängig (§ 61). Das gilt auch für die Anfechtung von Kostenentscheidungen.[4]

---

[1] BT-Drs. 16/6308 S. 163 u. 323; vgl. Art. 1 u. 3 Gesetz zur Modernisierung von Verfahren im anwaltlichen und notariellen Berufsrecht v. 30. 7. 2009 (BGBl. I S. 2449).
[2] BT-Drs. 16/6308 S. 166.
[3] BT-Drs. 16/6308 S. 203.
[4] BT-Drs. 16/6308 S. 204.

Die Beschwerde hemmt den Eintritt der formellen Rechtskraft (§ 45), so dass ihr **8** Suspensiveffekt zukommt. Sie hat aber **grundsätzlich keine aufschiebende Wirkung** (§ 40 Abs. 1), sondern nur in den gesetzlich geregelten Fällen. Das Beschwerdegericht kann jedoch durch einstweilige Anordnung die Vollziehung der angefochtenen Entscheidung aussetzen (§ 64 Abs. 3).

Eine **Übertragung auf den Einzelrichter** ist in allen Angelegenheiten zulässig (§ 68 **9** Abs. 4), also auch in selbständigen Familiensachen der freiwilligen Gerichtsbarkeit. Ein Richter auf Probe darf aber kein Einzelrichter sein (§ 68 Abs. 4 2. Halbs.). Ein Verstoß dagegen ist absoluter Rechtsbeschwerdegrund nach § 72 Abs. 3 i. V. m. § 547 Nr. 5 ZPO (s. § 72 Rn 32).

Nur die **Einlegung beim erstinstanzlichen Gericht**, d. h. beim iudex a quo stellt eine **10** wirksame Rechtsmitteleinlegung dar (§ 64 Abs. 1). Das gilt auch in Ehesachen und Familienstreitsachen, weil nach § 117 Abs. 2 S. 1 die Regelung des § 519 Abs. 1 ZPO nicht entsprechend anwendbar ist.

Die Einlegung der Beschwerde kann außer durch Einreichen einer **Beschwerdeschrift 11** auch **zur Niederschrift der Geschäftsstelle** erfolgen (§ 64 Abs. 2 S. 1), jedoch nicht in Ehesachen und Folgesachen sowie in selbständigen Familienstreitsachen (§§ 64 Abs. 2 S. 2, 114 Abs. 1).

Eine **Begründungspflicht** ist für die Beschwerde, außer in Ehesachen und Familien- **12** streitsachen (§ 117 Abs. 1 S. 1), nur als Sollvorschrift (§ 65 Abs. 1) vorgesehen, so dass insoweit eine fehlende Begründung nicht zur Unzulässigkeit, allerdings regelmäßig zur Unbegründetheit des Rechtsmittels führt.

Dem erstinstanzlichen Gericht kommt die Befugnis zur Abhilfe zwecks Selbstkorrektur **13** und damit eine Pflicht zur **Abhilfeprüfung** (§ 68 Abs. 1 S. 1) zu, **außer in Familiensachen** (§ 68 Abs. 1 S. 2). Nur im Umfang der Nichtabhilfe wird das Verfahren in der nächsten Instanz anhängig, so dass der Devolutiveffekt der Beschwerde eingeschränkt sein kann.

Die **isolierte Anfechtung von Kostenentscheidungen** ist im Bereich der freiwilligen **14** Gerichtsbarkeit nicht mehr ausgeschlossen,[5] d. h. in allen Angelegenheiten außer Ehesachen und Familienstreitsachen statthaft (s. Rn 95 ff. u. § 61 Rn 4 f.).

Von der für die Anfechtung von Endentscheidungen vorgesehenen Beschwerde nach **15** §§ 58 ff. ist die **sofortige Beschwerde entsprechend §§ 567–572 ZPO** zu unterscheiden, die für die an verschiedenen Stellen des FamFG eröffnete selbständige **Anfechtung bestimmter Zwischen- und Nebenentscheidungen**[6] vorgesehen ist.

IV. Anfechtbarkeit von Entscheidungen

1. Endentscheidungen (Abs. 1 1. Halbs.)

a) Allgemeines. Nach **Abs. 1 1. Halbs.** sind grundsätzlich nur solche Entscheidungen **16** des AG oder LG selbständig anfechtbar, die das erstinstanzliche Hauptsacheverfahren ganz oder teilweise erledigen, d. h. **Beschlüsse i. S. d. § 38 Abs. 1 S. 1**. Das sind schriftliche Entscheidungen mit Außenwirkung, die ein auf Antrag (§ 23) oder von Amts wegen (§ 24) eingeleitetes Verfahren insgesamt erledigen oder seine Anhängigkeit hinsichtlich eines einer selbständigen Erledigung zugänglichen Teils des Verfahrensgegenstandes (§ 301 ZPO analog) beenden.[7] Endentscheidungen können sachlich- oder verfahrensrechtlichen, positiven oder negativen Inhalt haben. In kontradiktorischen, d. h. echten Streitsachen und in selbständigen Familiensachen der freiwilligen Gerichtsbarkeit sind Endentscheidungen solche, die bei Zugrundelegung von Zivilprozessrecht als Urteile oder urteilsersetzende Beschlüsse ergehen würden.[8] Siehe auch § 38 Rn 4.

In echten Streitsachen der freiwilligen Gerichtsbarkeit kommen ebenso wie in Familien- **17** streitsachen **als Endentscheidung anzusehende Zwischenentscheidungen** über die Bejahung der Zulässigkeit des Antrags (§ 280 Abs. 2 S. 1 ZPO analog) oder den Grund des

---

[5] BT-Drs. 16/6308 S. 168.
[6] BT-Drs. 16/6308 S. 203.
[7] BGH NJW-RR 2011, 189.
[8] BGH FamRZ 2008, 1168.

geltend gemachten Anspruchs (§ 304 Abs. 2 1. Halbs. ZPO analog) in Betracht; sie sind nach § 58 Abs. 1 anfechtbar. Dagegen ist eine Zwischenentscheidung über einen verfahrensrechtlichen Zwischenstreit, d. h. über eine für die Endentscheidung präjudizielle verfahrensrechtliche Vorfrage (§ 303 ZPO analog) nur dann selbständig anfechtbar, wenn sie ausnahmsweise in ihrer Wirkung einer Endentscheidung entspricht und dieser deshalb in der Sache gleichkommt.[9] Das gilt z. B. in einer Familienstreitsache, wenn das Gericht durch gesonderten Beschluss die Unterbrechung des Verfahrens wegen Insolvenzeröffnung (§ 113 Abs. 1 S. 2 FamFG i. V. m. § 240 ZPO) oder die Fortdauer der Unterbrechung feststellt (s. auch § 70 Rn 15).[10]

18 **b) Einzelfälle.** Die **Ablehnung der Verfahrenseinleitung** ist anfechtbar, wenn diese aufgrund gesetzlicher Vorschrift nur auf **Antrag** (§ 23) erfolgt. Das gilt auch, wenn der Antrag wegen eines Verfahrenshindernisses als unzulässig zurückgewiesen wird.[11] Dagegen kommt eine Beschwerde gegen die Ablehnung der Einleitung eines Amtsverfahrens auf eine, wenn auch als Antrag bezeichnete, **Anregung** (§ 24 Abs. 1) nur in Betracht, wenn derjenige, der die Einleitung angeregt hat, durch die Ablehnung unmittelbar in einem subjektiven Recht beeinträchtigt, d. h. materiell beschwert (§ 59 Abs. 1) wird. Dazu ist erforderlich, dass das Verfahren zur Beseitigung eines der Rechtsstellung dieser Person nachteiligen rechtlichen oder tatsächlichen Zustandes bestimmt sein sollte (a. M. Sternal § 24 Rn 9: keine Anfechtung).

19 Gegen eine nicht der Form des § 38 entsprechende, d. h. nicht als förmlicher Beschluss ergangene, sondern als **Verfügung** bezeichnete und wie eine solche abgefasste Entscheidung findet gleichwohl die Beschwerde nach § 58 Abs. 1 statt, **wenn sie als Beschluss zu erlassen war.** Das ist der Fall, wenn nach ihrem Inhalt nicht lediglich eine auf verfahrensrechtliche Vorfragen beschränkte Zwischenentscheidung, sondern eine über den materiellen Verfahrensgegenstand befindende Sachentscheidung vorliegt, die dann unabhängig von ihrer Bezeichnung anfechtbar ist.[12] Ob dies zutrifft, ist aufgrund ihres konkreten Rechtsfolgenausspruchs zu beurteilen, mithin nach ihrem erkennenden Teil bzw. nach der Formel. Zur Auslegung und Konkretisierung ist die Begründung heranzuziehen,[13] weshalb sich im **Einzelfall** die Anfechtbarkeit erst durch eine Gesamtschau von Formel und Gründen ergeben kann.

20 Durch Beschluss zu erlassende, mit der Beschwerde anfechtbare Endentscheidungen sind auch solche, die unter Geltung des FGG als selbständige, den Regelungsgegenstand abschließend erledigende Einzelverfügungen ergangen sind. Dazu gehören z. B. vom Familiengericht oder vom Betreuungsgericht aufgrund der Amtspflicht zur Aufsicht über die Tätigkeit des Vormunds, Betreuers oder Pflegers nach §§ 1837 Abs. 2, 1908 i Abs. 1, 1915 Abs. 1 BGB zu erteilende **vormundschaftsrechtliche Weisungen** (Gebote und Verbote)[14] sowie zur Wirksamkeit eines beabsichtigten Rechtsgeschäfts nicht erforderliche **Innengenehmigungen,** wie z. B. nach §§ 1803 Abs. 2, 1811,[15] 1823 BGB. Ebenso ein sog. **Negativattest**, wonach ein vom Vormund im Namen des Mündels geschlossenes Rechtsgeschäft keiner Genehmigung bedarf, und der einen Antrag auf Erteilung des Negativattests zurückweisende Beschluss.[16] Ferner **Anordnungen des AG an das Standesamt,** eine abgeschlossene Eintragung im Personenstandsregister (§ 3 Abs. 1 PStG) zu berichtigen (§ 48 PStG) oder eine zuvor abgelehnte Amtshandlung vorzunehmen (§ 49 PStG).

21 Eine nach § 58 beschwerdefähige Endentscheidung stellt auch die durch das Landwirtschaftsgericht verfügte Ablehnung dar, das Grundbuchamt um die Löschung des Hofvermerks zu ersuchen, obwohl sämtliche Erbprätendenten nach dem eingetragenen Hofeigentümer übereinstimmend und formgerecht eine negative Hoferklärung abgegeben haben (§ 1 Abs. 4 S. 1 HöfeO).[17]

---

[9] BGH NJW 2009, 677.
[10] BGH NJW-RR 2006, 288; NJW 2004, 2983.
[11] BGH NJW 1989, 984; OLG Frankfurt NJW-RR 1997, 580.
[12] BGH NJW-RR 2006, 565.
[13] BGH NJW-RR 2002, 136.
[14] BayObLG FamRZ 1992, 108; OLG Karlsruhe/Freiburg NJW-RR 2005, 1313.
[15] OLG Frankfurt FGPrax 2002, 257; OLG Köln NJW-RR 2001, 577; OLG Schleswig FGPrax 2000, 23.
[16] OLG Hamm FamRZ 1991, 605.
[17] BGH NJW-RR 1998, 361.

Weiter findet die Beschwerde nach § 58 Abs. 1 z. B. statt gegen die 22
- **Festsetzung von Zahlungen des Mündels** nach §§ 1835, 1835 a BGB (§ 168). Die Beschwerde ist nur zulässig, wenn der Beschwerdewert 600 € übersteigt oder das Rechtsmittel zugelassen wurde (§ 61).
- **Festsetzung von Vergütung und Aufwendungsersatz des Verfahrenspflegers** (§ 277) und des **Umgangspflegers** (§ 1684 Abs. 3 S. 6 BGB). Die Zulässigkeit der Beschwerde richtet sich ebenfalls nach § 61.[18] Die Beschwerde gegen die Festsetzung der Pauschalgebühr des **Verfahrensbeistands** in Höhe von 350 € bzw. 550 € (§ 158 Abs. 7)[19] findet deshalb auf die dann wegen Nichterreichens der Beschwerdesumme (§ 61 Abs. 1) eröffnete Erinnerung (§ 11 Abs. 2 RPflG) nur bei Zulassung (siehe Anhang zu § 58 Rn 9) statt, außer wenn in einem Verfahren die Bestellung für mehrere Kinder erfolgt und deshalb eine Zusammenrechnung der für jedes Kind anfallenden Vergütung stattfindet.[20]
- **Anordnung und Verlängerung eines Einwilligungsvorbehalts** nach § 1903 BGB.[21] Die Verlängerung der Anordnung erledigt nicht die Hauptsache des die Anfechtung der Anordnung betreffenden Beschwerdeverfahrens.[22]
- **Genehmigung der Einwilligung des Betreuers** in ärztliche Maßnahmen nach § 1904 Abs. 1 BGB und der Verweigerung seiner Einwilligung in eine lebenserhaltende oder lebensverlängernde Behandlung nach § 1904 Abs. 2 BGB[23] (§ 298); Genehmigung der Einwilligung (§ 1899 Abs. 2 BGB) in eine Sterilisation des Betreuten nach § 1905 BGB.[24]
- **Genehmigung der freiheitsentziehenden Unterbringung eines Minderjährigen** nach §§ 1631 b, 1800 BGB[25] und **der freiheitsentziehenden privatrechtlichen Unterbringung des Betreuten** nach § 1906 BGB.[26] Auch gegen die einstweilige Unterbringung eines Minderjährigen ist die Beschwerde eröffnet, obwohl es sich um eine Kindschaftssache (§ 151 Nr. 6) handelt. Denn nach § 167 Abs. 1 S. 1 sind die für die freiheitsentziehende Unterbringung Betreuter (§ 312 Nr. 1) geltenden Vorschriften anzuwenden, sodass § 57 S. 1 nicht gilt.[27]
- **Festsetzung der Vergütung des Berufsbetreuers** nach §§ 1908 i Abs. 1, 1836 Abs. 1 S. 2 u. Abs. 2 BGB, 1 Abs. 2 VBVG[28] und **Ablehnung einer nachträglichen Feststellung der berufsmäßigen Ausübung** der Betreuung nach §§ 1836 Abs. 1 S. 2 BGB, 1 Abs. 1 VBVG,[29] jeweils unter den Zulässigkeitsvoraussetzungen des § 61.
- **Bestimmung des Kindergeldberechtigten** nach § 64 Abs. 2 S. 3 EStG,[30] § 3 Abs. 2 S. 3 BKGG durch den Rechtspfleger (§ 25 Nr. 2 a RPflG i. V. m. § 231 Abs. 2 FamFG).

2. Zwischenentscheidungen (Abs. 1 2. Halbs., Abs. 2)

a) Allgemeines. Mit der Regelung der Statthaftigkeit der befristeten Beschwerde in 23 § 58 ist eine weitgehende Klärung der früher hinsichtlich der Anfechtbarkeit von Zwischenentscheidungen aufgetretenen Rechtsunsicherheit mit der Konsequenz erfolgt, dass die in Rechtsprechung und Literatur zu § 19 FGG entwickelte Kasuistik[31] auf das neue Rechtsmittelrecht nur bedingt übertragen werden kann. Trotzdem kann es im Einzelfall

---

[18] BT-Drs. 16/6308 S. 266; OLG Hamm FamRZ 2011, 307.
[19] BVerfG NJW 2010, 359.
[20] BGH NJW 2010, 3449.
[21] BayObLG FamRZ 2000, 1327; NJWE-FER 2000, 9; KG FGPrax 2008, 101; FGPrax 2007, 220.
[22] BayObLG FamRZ 1999, 1692.
[23] BGH NJW 2003, 1588.
[24] OLG Hamm NJW 2001, 1800.
[25] OLG Bamberg FamRZ 2003, 1854; OLG Karlsruhe NJW-RR 2008, 229.
[26] BGH FamRZ 2008, 866; NJW 2006, 1277; OLG Karlsruhe/Freiburg FGPrax 2008, 133.
[27] OLG Celle FGPrax 2010, 163; OLG Dresden FamRZ 2010, 1845; OLG Frankfurt FamRZ 2010, 907; OLG Hamm MDR 2010, 1192 (Ls.); OLG Naumburg FamRZ 2011, 132 (Ls.); a. M. OLG Koblenz NJW 2010, 880. Zur jetzt geplanten Klarstellung in § 57 S. 2 s. Einl. Rn 15 b.
[28] BGH FamRZ 2008, 1611.
[29] BayObLG FGPrax 2001, 79.
[30] KG FamRZ 2011, 494; OLG Nürnberg MDR 2011, 731.
[31] Vgl. Kahl 15. A. § 19 FGG Rn 5.

weiterhin fraglich sein, ob aus verfassungsrechtlichen Gründen ausnahmsweise die befristete Beschwerde als statthaft anzusehen ist.

24 Zwischenentscheidungen sind grundsätzlich **nur aufgrund ausdrücklicher gesetzlicher Regelung** selbständig anfechtbar **(Abs. 1 2. Halbs.).**[32] Sonst können sie lediglich mit der gegen die Endentscheidung gerichteten Beschwerde angegriffen und auf diese Weise einer **Inzidentprüfung** unterstellt werden **(Abs. 2),**[33] soweit nicht auch dies durch Gesetz ausgeschlossen ist (s. Rn 106 ff.). Für bestimmte Zwischenentscheidungen ist die Unzulässigkeit einer selbständigen Anfechtung ausdrücklich normiert (s. Rn 40).

25 Zwischenentscheidungen gehen der Endentscheidung voraus, bereiten diese vor und fördern das Verfahren, indem sie z. B. zur Schaffung einer hinreichenden Entscheidungsgrundlage bestimmte Ermittlungen (§ 26) anordnen oder die Mitwirkungspflicht der Beteiligten (§ 27) durch Auflagen konkretisieren. Sie müssen nicht notwendig im Beschlusswege ergehen und beeinträchtigen regelmäßig die Rechte der Beteiligten noch nicht oder nur so unerheblich, dass ihnen ein Abwarten der Endentscheidung zumutbar erscheint. Es handelt sich somit materiell um **verfahrensleitende Verfügungen,** auch wenn sie als Beschluss erlassen worden sind. Siehe auch § 38 Rn 6.

26 **b) Einzelfälle.** Die **Einleitung eines Amtsverfahrens** ist nicht selbständig anfechtbar,[34] ebenso die Ablehnung seiner Einstellung vor Abschluss der nach § 26 für erforderlich gehaltenen Ermittlungen.[35] Gleiches gilt für die, im pflichtgemäßen Ermessen des Gerichts liegende, **Verfahrensverbindung oder -trennung** (§ 20).[36]

27 Die **Bestimmung eines Erörterungstermins** (§ 32) ist ebenso wenig selbständig anfechtbar wie die **Anordnung des persönlichen Erscheinens** der Beteiligten zum Termin (§ 33).[37] Erst gegen die wegen Nichtbefolgen der Ladung erfolgte Verhängung eines Ordnungsgeldes oder die Anordnung der Vorführung ist nach § 33 Abs. 3 S. 5 die sofortige Beschwerde entsprechend §§ 567–572 ZPO gegeben. Auch gegen die **Anordnung eines Ortstermins** (§ 32 Abs. 1 S. 2 FamFG i. V. m. § 219 Abs. 1 ZPO) ist die Beschwerde nicht eröffnet.

28 Gleiches gilt für die **Anordnung der persönlichen Anhörung des Kindes** in Kindschaftssachen (§ 159),[38] Abstammungssachen (§ 175 Abs. 2) und Adoptionssachen (§ 192), einschließlich der Entscheidung darüber, in wessen Anwesenheit sie erfolgt und wem der Termin mitzuteilen ist.[39]

29 **Beweisanordnungen** sind auch dann nicht selbständig anfechtbar, wenn sie die Einholung eines medizinischen oder psychologischen Sachverständigengutachtens vorsehen. Denn mit der Bestellung und Beauftragung eines Sachverständigen greifen sie mangels Verpflichtung zur Duldung der Untersuchung bzw. zur Mitwirkung an dieser noch nicht in erheblichem Maße in die Rechte des Beteiligten bzw. Betroffenen ein.[40] Das gilt auch für die Einholung eines kinderpsychologischen Gutachtens.[41] Ebenso für die Anordnung der persönlichen Anhörung in Gegenwart des Sachverständigen.[42] Erst gegen die Festsetzung von Ordnungsmitteln, z. B. gegen die Anordnung der Vorführung eines die Begutachtung verweigernden Elternteils im Verfahren nach § 1666 BGB,[43] ist die sofortige Beschwerde entsprechend §§ 567–572 ZPO statthaft (§ 33 Abs. 3 S. 5). Sie hat dann aufschiebende Wirkung (§ 570 Abs. 1 ZPO).

---

[32] BT-Drs. 16/6308 S. 286.
[33] BGH FGPrax 2011, 101.
[34] BayObLG FGPrax 2001, 78; OLG Stuttgart FGPrax 2003, 72.
[35] OLG Frankfurt FGPrax 2008, 153.
[36] BT-Drs. 16/6308 S. 184.
[37] Anders noch zu § 19 FGG: KG FGPrax 2006, 262.
[38] OLG Karlsruhe FamRZ 2004, 712.
[39] OLG München NJOZ 2007, 419.
[40] BGH NJW-RR 2008, 737; BayObLG BtPrax 2005, 38; FGPrax 2001, 78; OLG Frankfurt NJW-RR 2006, 1228; OLG Hamm Rpfleger 1989, 61; OLG Zweibrücken FamRZ 2006, 1619; a. M. OLG Düsseldorf NJW 2005, 3731; OLG Rostock NJOZ 2006, 393; KG FGPrax 2000, 237; FGPrax 2002, 63 zu § 19 FGG.
[41] OLG Brandenburg FGPrax 2004, 281.
[42] BayObLG NJW-RR 1987, 136.
[43] BGH NJW 2010, 1351.

In krassen Ausnahmefällen ist aber **aus verfassungsrechtlichen Gründen,** nämlich zur 30 Gewährleistung effektiven Rechtsschutzes und zur Wahrung des Rechtsstaatsprinzips (Art. 2 Abs. 1, 20 Abs. 3 GG), die Anfechtbarkeit einer Zwischenentscheidung zu bejahen. Voraussetzung ist, dass sie bereits zu einem solchen Eingriff in die Grundrechte eines Beteiligten führt, der später nicht oder jedenfalls nicht vollständig behoben werden kann. Der BGH hat dies hinsichtlich einer nach § 68 b Abs. 3 S. 2 FGG ausdrücklich unanfechtbaren Anordnung der psychiatrischen Untersuchung des Betroffenen und seiner Vorführung durch die Betreuungsbehörde für den Fall als gegeben angesehen, dass die Entscheidung **objektiv willkürlich,** d. h. in so krassem Maße rechtsfehlerhaft ist, dass sie unter Berücksichtigung des Schutzzwecks der Grundrechte des Betroffenen nicht mehr verständlich erscheint.[44] Das hat auch im Anwendungsbereich von **§§ 283, 322** zu gelten.[45] Andernfalls bliebe dem Betroffenen nur die Beantragung einer auf Aussetzung der Wirksamkeit gerichteten einstweiligen Anordnung (§ 32 Abs. 1 BVerfGG) im Rahmen einer Verfassungsbeschwerde,[46] womit jedoch der bereits im Instanzenzug zu gewährleistende Rechtsschutz dem BVerfG zukäme. Dieser Grundsatz einer verfassungskonformen, d. h. einschränkenden Gesetzesauslegung wird allgemein auf grundrechtsrelevante Zwischenentscheidungen anzuwenden sein.[47]

Die **Anordnung der Unterbringung zur Begutachtung** nach §§ 284, 322 sowie 31 deren Verlängerung ist wegen der mit ihr verbundenen Freiheitsentziehung mit der sofortigen Beschwerde entsprechend **§§ 567–572 ZPO** anfechtbar (s. Rn 89 ff.).

Der die **Einholung eines Sachverständigengutachtens zur Feststellung der Ab-** 32 **stammung** anordnende Beweisbeschluss ist nicht selbstständig anfechtbar, weil die damit verbundenen Untersuchungen nach § 178 Abs. 1 grundsätzlich zu dulden sind und damit der Gesetzesvorbehalt des Art. 2 Abs. 2 S. 3 GG gewahrt wird.[48] Hinreichender Rechtsschutz ist durch die Möglichkeit gewährleistet, die Untersuchung zu verweigern und nach § 178 Abs. 2 S. 1 FamFG i. V. m. §§ 386–390 ZPO eine mit der sofortigen Beschwerde entsprechend §§ 567–572 ZPO anfechtbare Zwischenentscheidung über die Rechtmäßigkeit dieser Weigerung, mithin über die Zumutbarkeit der Untersuchung herbeizuführen.[49]

Die **Versagung oder Einschränkung der Akteneinsicht gegenüber Beteiligten** 33 (§ 13 Abs. 1) wurde unter Geltung von § 19 FGG als selbstständig anfechtbar angesehen.[50] Davon kann jetzt nicht mehr ausgegangen werden, weil es sich um die Entscheidung über eine bloße Verfahrensfrage handelt. Deshalb kann die mit ihr verbundene Einschränkung der Gewährung rechtlichen Gehörs (Art. 103 Abs. 1 GG) erst mit der Beschwerde gegen die Endentscheidung angegriffen werden (siehe dazu § 13 Rn 67 ff.). Das gilt auch für die Versagung der Erteilung von Abschriften (§ 13 Abs. 3). Gegen die Versagung der Akteneinsicht **gegenüber Dritten** (§ 13 Abs. 2) ist für diese der Antrag auf gerichtliche Entscheidung nach § 23 Abs. 1 S. 1 EGGVG gegeben (siehe dazu Anhang Rn 30 ff.).[51] Denn aus der Begründung der Zuständigkeit des Gerichts (§ 13 Abs. 7) folgt nicht, dass es sich insoweit um ein den Rechtsmittelzug des FamFG eröffnendes Verfahren handelt. Vielmehr liegt materiell ein lediglich anlässlich eines solchen, ggf. bereits abgeschlossenen Verfahrens ergehender Verwaltungsakt vor (streitig; a. M. Sternal § 13 Rn 72 m. w. N.: Beschwerde nach § 58).

Die **Abgabe an ein anderes Gericht** (§ 4) ist trotz der dieser Entscheidung zugrunde 34 liegenden Ermessensausübung und deren Bedeutung für die Bestimmung des gesetzlichen Richters (Art. 101 Abs. 1 GG) nicht anfechtbar, zumal die Unzuständigkeit des Gerichts nicht mit der Beschwerde geltend gemacht werden kann (§ 65 Abs. 4).[52]

---

[44] BGH NJW 2007, 3575.
[45] LG Verden BtPrax 2010, 243; ebenso Horndasch/Viefhues/Beermann § 283 Rn 6; SBW/Eilers § 283 Rn 27.
[46] BVerfG FamRZ 2010, 1145; FamRZ 2010, 186, bereits zu §§ 283, 322.
[47] BGH FGPrax 2011, 101 (zu § 4).
[48] BGH FamRZ 2007, 1728 zu § 372 a ZPO.
[49] BGH FamRZ 2007, 549.
[50] BayObLG FGPrax 1995, 72; OLG Köln FGPrax 2008, 71.
[51] Ebenso MünchKommZPO/Pabst § 13 FamFG Rn 11; Thomas/Putzo/Reichold § 13 FamFG Rn 12; a. M. KG FGPrax 2011, 157; Prütting/Helms/Jennissen § 13 Rn 47.
[52] BGH FGPrax 2011, 101.

35 Bei der **Verweisung nach Art. 15 Brüssel II a-VO** ist zu differenzieren. Die Entscheidung des AG, ein ausländisches Gericht um die Erklärung seiner Zuständigkeit zu ersuchen (Abs. 1 b), beendet weder das Verfahren als solches noch die Anhängigkeit vor dem AG und ist deshalb lediglich eine nicht anfechtbare Zwischenentscheidung.[53] Eine Endentscheidung stellt jedoch der Beschluss dar, mit der sich das AG für unzuständig erklärt und damit das vor ihm anhängige Verfahren beendet (Abs. 5 S. 2).

36 Die **Aussetzung des Versorgungsausgleichs** nach § 221 Abs. 2 u. 3 bei Anhängigkeit eines Rechtsstreits über Bestand oder Höhe eines in den Versorgungsausgleich einzubeziehenden Anrechts (Abs. 2) sowie bei darüber bestehendem Streit (Abs. 3) stellt einen besonderen Fall der allgemeinen Vorschrift des § 21 dar, weshalb nach dessen Abs. 2 die sofortige Beschwerde entsprechend §§ 567–572 ZPO als gegeben anzusehen ist.

37 Der **Nichtabhilfe- und Vorlagebeschluss** des erstinstanzlichen Gerichts nach eingelegter Beschwerde (§ 68 Abs. 1 S. 1) ist nicht anfechtbar.[54] Gegen den **Abhilfebeschluss** ist aber die Beschwerde gegeben, wobei es sich der Sache nach um ein Rechtsmittel gegen die durch die Abhilfeentscheidung geänderte Endentscheidung (§ 58 Abs. 1) handelt.

38 Die Ankündigung einer bestimmten Endentscheidung durch gerichtlichen **Vorbescheid** ist im FamFG-Verfahren generell nicht anfechtbar. Dies gilt zunächst für die Ankündigung der Genehmigung eines Rechtsgeschäfts. Die Genehmigung erfolgt durch beschwerdefähigen Beschluss und wird erst mit dessen Rechtskraft wirksam (§ 40 Abs. 2). An die Stelle des Vorbescheids im Erbscheinsverfahren ist der anfechtbare Beschluss nach § 352 getreten (s. Rn 44). Wird ein Vorbescheid gleichwohl erlassen, ist die Beschwerde nicht gegeben.[55] Denn gegen die mit keinen Rechtswirkungen verbundene **Ankündigung** einer späteren Entscheidung ist eine Beschwerde nicht statthaft.[56]

39 Die gesonderte **Versagung der Wiedereinsetzung** in Angelegenheiten der freiwilligen Gerichtsbarkeit und in Familiensachen außer Ehesachen und Familienstreitsachen (§ 113 Abs. 1) ist nach § 19 Abs. 3 mit dem Rechtsmittel anfechtbar, das gegen die Hauptsacheentscheidung stattfindet. Wegen der Einzelheiten wird auf die Erläuterungen zu § 19 verwiesen.

40 **c) Gesetzlicher Ausschluss der selbständigen Anfechtung.** Ausdrücklich für nicht selbständig anfechtbar erklärt sind die:
- **Abtrennung einer Scheidungsfolgesache** und deren Ablehnung[57] (§ 140 Abs. 6). Das gilt auch für die Entscheidung, einen nach Ablauf der Frist des § 137 Abs. 2 S. 1 anhängig gemachten Antrag als gesondertes Verfahren zu führen.[58]
- **Bestellung eines Verfahrensbeistands** (§§ 158 Abs. 3 S. 4, 174, 191) oder **Verfahrenspflegers** (§§ 276 Abs. 6, 317 Abs. 6, 419 Abs. 4) sowie deren Aufhebung oder die Ablehnung einer solchen Maßnahme. Die Unanfechtbarkeit gilt auch für die Auswahlentscheidung[59] und die Entlassung bzw. die Aufhebung der Bestellung.[60]
- **Anordnung zur Auskunftserteilung in Unterhaltssachen** durch Beteiligte (§ 235 Abs. 4) und Dritte (§ 236 Abs. 5).

3. Sonstige Verrichtungen und Verlautbarungen

41 **Bewirkungshandlungen und Vollzugsakte,** die den tatsächlichen oder rechtlichen Erfolg sofort, d. h. ohne weitere Veranlassung herbeiführen, sind **nicht anfechtbar.** Dazu zählt u. a. die Testamentseröffnung (s. Rn 50). Ferner die Entgegennahme amtsempfangsbedürftiger Willenserklärungen und die darüber aufzunehmende Niederschrift, auch wenn sie in Form einer Beurkundung erfolgt, wie bei der Erbschaftsausschlagung (§ 1945 BGB) und der Anfechtung der Annahme oder der Ausschlagung (§ 1955 BGB).

---

[53] BGH FamRZ 2008, 1168.
[54] OLG Köln FGPrax 2010, 229 (zu § 75 GBO); OLG Brandenburg FGPrax 2000, 256.
[55] OLG Köln NJW 2011, 320.
[56] BGH NJW 1980, 2521; OLG Brandenburg NJW-RR 2008, 308; OLG Hamm FGPrax 1995, 237.
[57] BT-Drs. 16/6308 S. 232.
[58] OLG Bremen NJW-RR 2011, 294.
[59] OLG Frankfurt BeckRS 2005, 08553.
[60] OLG Köln FamRZ 2003, 881.

Ebenfalls nicht anfechtbar sind **bloße Äußerungen** wie etwa die schriftliche Beant- 42
wortung einer Anfrage durch das Gericht ohne Umsetzung der geäußerten Ansicht in eine
Entscheidung in einem anhängigen Verfahren, ebenso wenig die Übermittlung einer
Rechtsauffassung.[61] Das gilt z. B. für die Mitteilung des Familiengerichts an eine Bank, wonach der Mündel nicht verfügungsberechtigt sei;[62] eine Äußerung des Registergerichts über
ihm vorgelegte Urkundenentwürfe für eine künftige Anmeldung; das anheim Geben, eine
Registeranmeldung[63] oder einen Erbscheinsantrag zurückzunehmen.[64]

Auch der gesetzlich vorgeschriebene **Hinweis** auf die Möglichkeit der Festsetzung 42a
eines Zwangsmittels (**§ 35 Abs. 2**)[65] oder der Anordnung eines Ordnungsmittels (**§ 89
Abs. 2**)[66] ist nicht selbständig anfechtbar. Das gilt unabhängig davon, ob er – etwa im
Wege der Nachholung[67] – isoliert oder in dem den Vollstreckungstitel darstellenden Beschluss erfolgt. Dagegen findet gegen das Unterlassen eines solchen Hinweises bzw. gegen
die Ablehnung seiner Nachholung die Beschwerde nach § 58 statt, weil er Voraussetzung
der Vollstreckung ist.[68]

4. Entscheidungen in Nachlasssachen

Im Erbscheinsverfahren sind Endentscheidungen des Nachlassgerichts mit der befriste- 43
ten Beschwerde nach § 58 anfechtbar, aber nur soweit sie noch nicht wirksam geworden
bzw. zur Ausführung gelangt sind. Zur Behebung von Mängeln des Erbscheinsantrags
ergangene Zwischenverfügungen sind nicht selbständig anfechtbar, weil es im Gegensatz zu
Registersachen (s. Rn 68) an einer Ausnahmeregelung i. S. d. § 58 Abs. 1 2. Halbs. fehlt.

Anfechtbar ist hingegen der **Beschluss nach § 352**, der die zur Erbscheinserteilung 44
erforderlichen Tatsachen, wie etwa die Feststellung der Wirksamkeit einer Erbausschlagung,
verbindlich feststellt. Dieser Beschluss ersetzt den Vorbescheid,[69] der als nach § 19 FGG
anfechtbare Zwischenverfügung anerkannt war.[70] Die anschließende Erteilung des Erbscheins stellt lediglich einen Vollzugsakt dar. Ist sie erfolgt, kann mit der Beschwerde nur
noch die Einziehung geltend gemacht werden (§ 352 Abs. 3). Darüber hinaus kann in
diesem Fall jederzeit die Erteilung eines neuen Erbscheins mit abweichendem Inhalt
beantragt und gegen eine Zurückweisung dieses Antrags Beschwerde eingelegt werden; hat
sie Erfolg, weist das Beschwerdegericht das Nachlassgericht an, den bereits erteilten Erbschein einzuziehen.[71] Außerdem kann jederzeit die Einziehung oder Kraftloserklärung eines
Erbscheins beim Nachlassgericht angeregt werden, das von Amts wegen Ermittlungen zu
dessen Richtigkeit anstellen kann (§ 2361 Abs. 1 u. 3 BGB).

Die **Anordnung der Einziehung** eines Erbscheins stellt eine Endentscheidung i. S. d. 45
§ 58 Abs. 1 dar. Nach erfolgter Einziehung, die als Vollzugsakt nicht anfechtbar ist, kann
mit der Beschwerde nur noch die Erteilung eines neuen Erbscheins gleichen Inhalts geltend
gemacht werden (§ 353 Abs. 2).[72] Enthält das Rechtsmittel keinen ausdrücklichen Antrag
auf Neuerteilung, ist es regelmäßig im Wege der Auslegung als solcher aufzufassen.

Die **Kraftloserklärung** eines Erbscheins ist anfechtbar, solange sie noch nicht nach 46
§ 2361 Abs. 2 S. 2 u. 3 BGB durch öffentliche Bekanntmachung wirksam geworden ist
(§ 353 Abs. 3).

---

[61] BayObLG NJW-RR 1988, 869; NJW-RR 1999, 292; OLG Köln NJW 1989, 173; OLG Hamm Rpfleger 1990, 426; KG NJW 1998, 243.
[62] BayObLG FamRZ 1983, 92.
[63] BGH NJW 1980, 2521; OLG Nürnberg FGPrax 2000, 3.
[64] BayObLG Rpfleger 1975, 349; KG Rpfleger 1974, 398.
[65] OLG München FGPrax 2010, 122; OLG Zweibrücken FamRZ 2011, 1089.
[66] OLG Frankfurt FamRZ 2010, 917; OLG Köln FamRZ 2011, 574.
[67] OLG Köln BeckRS 2011, 05623.
[68] BVerfG FamRZ 2011, 957.
[69] BT-Drs. 16/6308 S. 280.
[70] Vgl. Kahl 15. A. § 19 FGG Rn 15 a.
[71] BT-Drs. 16/6308 S. 281.
[72] BGH NJW 1963, 1972; OLG Köln NJW-RR 1994, 1421.

47 Die **Ablehnung des Verzichts auf die eidesstattliche Versicherung** hinsichtlich der Angaben im Erbscheinsantrag nach §§ 2356 Abs. 2 S. 2, 2357 Abs. 2 S. 2 BGB stellt eine Zwischenverfügung dar, die nicht selbständig anfechtbar ist.

48 Die **Ablehnung eines Erbscheinsantrags**[73] oder **einer Einziehungsanordnung** sind Endentscheidungen und mit dem Ziel ihrer Aufhebung anfechtbar.

49 Die nach § 358 durch Beschluss zu treffende **Anordnung der Ablieferung des Testaments** nach § 2259 Abs. 1 BGB ist ebenfalls nach § 58 Abs. 1 beschwerdefähig.

50 Die vollzogene **Testamentseröffnung** (§ 348) ist unanfechtbar.[74] Gegen die Ablehnung der Eröffnung findet hingegen die Beschwerde statt.[75] Zu den Einzelheiten und weiteren Fragen der Anfechtbarkeit siehe § 348 Rn 26 (Bestimmung eines Eröffnungstermins) u. § 348 Rn 78 f., ferner § 349 Rn 26 ff. (Eröffnung von gemeinschaftlichen Testamenten und Erbverträgen).

51 Die **Anordnung der Nachlassverwaltung** auf Antrag des Erben nach § 1981 Abs. 1 BGB ist unanfechtbar (§ 359 Abs. 1). Gegen die Anordnung auf Antrag eines Nachlassgläubigers nach § 1981 Abs. 2 BGB ist aber die Beschwerde nach § 58 Abs. 1 eröffnet (§ 359 Abs. 2), ebenso gegen die Zurückweisung eines solchen Antrags.[76] Das gilt auch für die Ablehnung einer Aufhebung der Nachlassverwaltung sowie die Auswahl des Nachlassverwalters und die Festsetzung seiner Vergütung.

52 Die **Anordnung der Nachlasspflegschaft** (§ 1960 Abs. 1 BGB) ist mit der Beschwerde anfechtbar, ebenso die Ablehnung ihrer Anordnung (§ 1961 BGB) und ihrer Aufhebung. Gleiches gilt für die Auswahl des Nachlasspflegers und die Festsetzung seiner Vergütung.[77]

53 Die **Ernennung des Testamentsvollstreckers** durch das Nachlassgericht nach § 2200 BGB und deren Ablehnung sind ebenfalls nach § 58 Abs. 1 anfechtbar.

54 Die nach § 2198 Abs. 2 BGB zur Bestimmung des Testamentsvollstreckers durch einen Dritten oder nach § 2202 Abs. 2 BGB zur Annahme des Testamentsvollstreckeramts erfolgte **Fristbestimmung** ist mit der sofortigen Beschwerde entsprechend §§ 567–572 ZPO anfechtbar (§ 355 Abs. 1). Dagegen findet gegen die weiteren erbrechtlichen Fristbestimmungen, d. h. gegen solche in den Verfahren nach §§ 2151, 2153–2155, 2192 u. 2193 BGB sowie gegen die **Entlassung des Testamentsvollstreckers** gegen dessen Willen die befristete Beschwerde nach § 58 Abs. 1 statt.[78]

55 Die bei einer **Meinungsverschiedenheit zwischen mehreren Testamentsvollstreckern** über die Vornahme eines Rechtsgeschäfts ergehende Entscheidung nach § 2224 Abs. 1 S. 1 BGB ist mit der befristeten Beschwerde anfechtbar. Betrifft die Meinungsverschiedenheit die Vornahme eines Rechtsgeschäfts, gilt eine Beschwerdefrist von zwei Wochen (§ 355 Abs. 2 2. Halbs.).

56 Das **Außerkraftsetzen von Anordnungen des Erblassers** für die Nachlassverwaltung nach § 2216 Abs. 2 S. 2 BGB ist mit der Beschwerde anfechtbar (§ 355 Abs. 3), ebenso die Zurückweisung des darauf gerichteten Antrags.

57 Die **Bestimmung einer Inventarfrist** für den Erben nach § 1994 Abs. 1 S. 1 BGB (§ 360 Abs. 1) ist mit der befristeten Beschwerde anfechtbar. Ebenso die Entscheidung über den Antrag des Erben auf **Fristverlängerung** nach § 1995 Abs. 3 BGB oder auf Bestimmung einer neuen Frist (§ 360 Abs. 2).

58 Die Zurückweisung eines Antrags auf Terminsbestimmung für die **eidesstattliche Versicherung des Erben** nach § 2006 BGB und die Ablehnung der Abnahme der Versicherung (§ 361) sind als durch den Nachlassgläubiger anfechtbare Endentscheidungen anzusehen. Das gilt aber nicht für die Terminsbestimmung selbst sowie die Vertagung, weil es sich hierbei lediglich um verfahrensleitende Verfügungen handelt.[79]

Wegen der Einzelheiten wird auf die Erläuterungen zu den jeweiligen Vorschriften verwiesen.

---

[73] OLG Frankfurt FGPrax 2010, 83.
[74] BayObLG NJW-RR 1994, 1162; OLG Köln NJW-RR 2004, 1014.
[75] OLG Köln NJW-RR 2004, 1014.
[76] BT-Drs. 16/6308 S. 283.
[77] OLG Zweibrücken NJW-RR 2008, 369.
[78] BT-Drs. 16/6308 S. 282.
[79] OLG Hamm Rpfleger 1995, 161.

5. Entscheidungen in Registersachen

Die **Registereintragung** ist unanfechtbar (§ 383 Abs. 3). Durch diesen gesetzlichen 59 Ausschluss der Anfechtbarkeit wird aber die Statthaftigkeit einer lediglich auf Korrektur oder Klarstellung der Eintragung gerichteten sog. Fassungsbeschwerde nicht berührt, weil dadurch Inhalt und Umfang der Eintragung nicht berührt werden.[80] Eine auf Änderung oder Ergänzung der Eintragung gerichtete Beschwerde ist hingegen nicht statthaft.[81]

Die **Ablehnung eines Eintragungsantrags** stellt eine durch Beschluss zu treffende 60 Endentscheidung i. S. v. § 58 Abs. 1 dar (§ 382 Abs. 3). Gleiches hat für die Ablehnung der angeregten (§ 24 Abs. 1) Berichtigung einer unrichtig gewordenen Eintragung von Amts wegen zu gelten, weil dagegen die Fassungsbeschwerde gegeben ist (s. Rn 59).[82]

Die **Ablehnung der Einleitung eines Zwangsgeldverfahrens** (§§ 388 ff.), eines **Fir-** 61 **menmissbrauchsverfahrens** (§ 392) oder eines **Löschungsverfahrens** (§§ 393 ff.) **von Amts wegen** ist als von jedem anfechtbar anzusehen, der durch die Ablehnung unmittelbar in seinen Rechten verletzt, d. h. materiell beschwert (§ 59 Abs. 1) wird.[83] Zwar ist hinsichtlich des Löschungsverfahrens ein auf Verfahrenseinleitung gerichteter **Antrag** eingeführt und nur den berufsständischen Organen bzw. der Finanzbehörde zur Wahrung öffentlicher Interessen zugebilligt worden (§§ 393 Abs. 1 S. 1, 394 Abs. 1 S. 1, 395 Abs. 1 S. 1), wobei allein insoweit eine Entscheidung durch Beschluss und die Beschwerde gegen die Zurückweisung des Antrags ausdrücklich vorgesehen ist (§§ 393 Abs. 3, 394 Abs. 3, 395 Abs. 3). Der Gesetzesbegründung[84] lässt sich aber nicht entnehmen, dass ein Ausschluss der Anfechtung durch die materiell Beschwerten gewollt ist.[85]

Die Beschwerde gegen eine **Löschung** ist regelmäßig als Antrag oder Anregung der 62 Einleitung eines nunmehr auf die Löschungseintragung gerichteten Löschungsverfahrens (§§ 393, 394, 395) auszulegen und dann mit dem Begehren zulässig, das Beschwerdegericht möge das AG entsprechend anweisen.[86]

Sowohl die positive wie die negative Entscheidung über den Widerspruch gegen die 63 **Ankündigung der Löschung** kann mit der Beschwerde angefochten werden (§§ 393 Abs. 3, 394 Abs. 3, 395 Abs. 3).[87]

Im Zwangsgeldverfahren (§§ 388 ff.) und im Firmenmissbrauchsverfahren (§ 392) ist 64 die **Zwangsgeldfestsetzung** oder **Einspruchsverwerfung** mit der befristeten Beschwerde anfechtbar (§§ 391 Abs. 1, 392 Abs. 1). Die unter Fristsetzung und Zwangsgeldandrohung erfolgende Aufforderung nach §§ 388 Abs. 1, 392 Abs. 1 ist hingegen unanfechtbar.[88]

Gegen die nach §§ 262 Abs. 1 Nr. 5, 289 Abs. 2 Nr. 2 AktG die Auflösung einer AG 65 oder KGaA bewirkende **Feststellung eines Satzungsmangels** und gegen die Zurückweisung des Widerspruchs gegen die Ankündigung dieser Feststellung ist die Beschwerde gegeben. Gleiches gilt für den Beschluss, der einen auf Feststellung gerichteten Antrag der berufsständischen Organe zurückweist (§ 399 Abs. 3). Ebenso ist die Anfechtung durch jeden, der durch die Ablehnung einer Feststellung von Amts wegen unmittelbar materiell beschwert (§ 59 Abs. 1) ist, als statthaft anzusehen.

Gegen die **Ablehnung der Genehmigung einer Kraftloserklärung von Aktien** 66 durch die Gesellschaft ist die befristete Beschwerde gegeben (§ 73 Abs. 1 S. 4 1. Halbs. AktG).

Ebenso gegen die **Bestellung der Gründungsprüfer** (§ 33 Abs. 3 S. 3 AktG). 67

Gegen **Zwischenverfügungen** in Handels-, Genossenschafts-, Partnerschafts- und Ver- 68 einsregistersachen ist als Ausnahme (§ 58 Abs. 1 2. Halbs.) vom Grundsatz der Unanfecht-

---

[80] BT-Drs. 16/6308 S. 286.
[81] BayObLG NJW-RR 1986, 1161; OLG Köln FGPrax 2004, 88.
[82] OLG Hamm FGPrax 2010, 143.
[83] KG FGPrax 2007, 276; Jansen/Steder § 141 Rn 53.
[84] BT-Drs. 16/9733 S. 298.
[85] A. M. OLG Düsseldorf FGPrax 2010, 105 (vom Vereinsmitglied angeregte Löschung; Rechtsbeschwerde ist eingelegt zu BGH II ZB 8/10).
[86] OLG Köln BeckRS 2011, 06179; OLG Schleswig FGPrax 2000, 160.
[87] BT-Drs. 16/6308 S. 288.
[88] BT-Drs. 16/6308 S. 287.

barkeit von Zwischenentscheidungen die Beschwerde eröffnet (§ 382 Abs. 4 S. 2). Zwischenverfügungen in diesem Sinne sind aber nur solche, die ein noch behebbares Eintragungshindernis bezeichnen und eine Frist zur Beseitigung setzen.[89] Dagegen sind selbst mit der Bestimmung einer Frist zur Stellungnahme verbundene Hinweise auf rechtliche Bedenken des Registergerichts[90] oder auf ein nicht mehr behebbares Eintragungshindernis[91] unanfechtbar.

69 In **Vereinsregistersachen** sind insbesondere die Zurückweisung der Anmeldung nach § 60 BGB, der Eintragung einer Satzungsänderung nach § 71 BGB und die von Amts wegen erfolgende Entziehung der Rechtsfähigkeit nach § 73 BGB als Endentscheidungen mit der befristeten Beschwerde anfechtbar.[92] Gleiches gilt für die Entscheidung über den Antrag der Mitgliederminderheit auf Ermächtigung zur Einberufung einer Mitgliederversammlung (§ 37 Abs. 2 BGB).[93]

70 Gegen die **Bestellung eines Notgeschäftsführers**[94] findet in, auch entsprechender,[95] Anwendung von § 29 BGB die Beschwerde nach § 58 Abs. 1 statt. Ebenso gegen die Abberufung des Notgeschäftsführers[96] und die Ablehnung der Bestellung.[97]

Wegen der Einzelheiten wird auf die Erläuterungen zu den jeweiligen Vorschriften verwiesen.

V. Sonderformen der befristeten Beschwerde

1. Beschwerde in Ehesachen und Familienstreitsachen

71 Für die früher in der ZPO geregelten Angelegenheiten werden §§ 58–69 durch die **Sonderregelungen des § 117** modifiziert. Diese tragen dem kontradiktorischen Charakter des Verfahrens Rechnung und erklären verschiedene für die Berufung geltende Vorschriften der ZPO für entsprechend anwendbar. Danach ist die Begründung der Beschwerde Zulässigkeitsvoraussetzung und muss auch einen bestimmten Sachantrag enthalten (§ 117 Abs. 1 S. 1). Sie ist beim Beschwerdegericht einzureichen (§ 117 Abs. 1 S. 2).[98] Die Begründungsfrist beträgt zwei Monate ab schriftlicher Bekanntgabe des erstinstanzlichen Beschlusses und endet spätestens fünf Monate nach dessen Erlass (§ 117 Abs. 1 S. 3). Sie kann auf Antrag verlängert werden (§ 117 Abs. 1 S. 4 FamFG i. V. m. § 520 Abs. 2 S. 2 u. 3 ZPO). Wiedereinsetzung gegen die Versäumung der Begründungsfrist kann in einer Frist von einem Monat beantragt werden (§ 117 Abs. 5 FamFG i. V. m. § 234 Abs. 1 S. 2 ZPO),[99] gegenüber der Zweiwochenfrist des § 18 Abs. 1. Die Anschlussbeschwerde ist, anders als nach § 66, nur bis zum Ablauf der dem Beschwerdegegner gesetzten Frist zur Beschwerdeerwiderung zulässig, außer wenn sie eine Verpflichtung zu laufenden Unterhaltsleistungen zum Gegenstand hat (§ 117 Abs. 2 S. 1 FamFG i. V. m. § 524 Abs. 2 S. 2 u. 3 ZPO); s. dazu § 238 Rn 49. Über die Beschwerde ist bei Säumnis des Beschwerdeführers oder des Beschwerdegegners im Versäumnisverfahren zu entscheiden (§ 117 Abs. 2 S. 1 FamFG i. V. m. § 539 ZPO). Wegen der Einzelheiten wird auf die Erläuterungen zu § 117 verwiesen.

2. Erstbeschwerde als Rechtsbeschwerde

72 Gegen die erstinstanzliche Entscheidung des LG in Verfahren nach **§§ 98, 99 AktG** (Gerichtliche Entscheidung über die Zusammensetzung des Aufsichtsrats) und **§ 260 AktG** (Gerichtliche Entscheidung über die abschließenden Feststellungen der Sonderprüfer) findet

---

[89] OLG Frankfurt NJW-RR 1999, 185; OLG Hamm NJW-RR 2004, 1556.
[90] BayObLG DNotZ 1992, 175.
[91] BayObLG FGPrax 2000, 39; DNotZ 1995, 224.
[92] BT-Drs. 16/6308 S. 289.
[93] BayObLG Rpfleger 1986, 437.
[94] BayObLG NJW-RR 1997, 289.
[95] Palandt/Ellenberger § 29 Rn 1.
[96] BayObLG NJW-RR 2000, 254.
[97] OLG Hamm NJW-RR 1996, 996; OLG Frankfurt FGPrax 2006, 81.
[98] BT-Drs. 16/12717 S. 60.
[99] BT-Drs. 16/6308 S. 225.

die Beschwerde zum OLG statt, § 99 Abs. 3 S. 2 AktG. Mit ihr kann nur eine Verletzung des Rechts geltend gemacht werden, weshalb es sich bei dem Rechtsmittel materiell um eine erste Rechtsbeschwerde handelt, § 99 Abs. 3 S. 3 AktG. Dementsprechend gelten §§ 72 Abs. 1 S. 2, 74 Abs. 2 u. 3 FamFG sowie § 547 ZPO sinngemäß. Das OLG kann gegen seine Beschwerdeentscheidung die Rechtsbeschwerde zum BGH zulassen, § 99 Abs. 1 AktG i. V. m. § 70 Abs. 1 u. 2 FamFG.[100]

3. Beschwerde bei der Verwendung von Verkehrsdaten

Gegen die Entscheidung des LG über den Antrag des Verletzten auf richterliche Anordnung der Verwendung von Verkehrsdaten i. S. d. § 3 Nr. 30 Telekommunikationsgesetz im Auskunftsverfahren nach **§§ 101 UrhG, 140 b PatG, 24 b GebrauchsMG, 19 MarkenG, 46 GeschmacksMG** u. **37 b SortenSchG** findet jeweils nach Abs. 9 S. 6 u. 7 der vorgenannten Vorschriften die Beschwerde zum OLG im Hinblick auf die Eilbedürftigkeit des Verfahrens[101] in einer Frist von zwei Wochen statt. Gegen dessen Entscheidung ist die Rechtsbeschwerde nach §§ 70 ff. FamFG zum BGH eröffnet.

4. Sofortige Beschwerde nach VerschG

Gegen die **Todeserklärung** und deren Ablehnung ist die sofortige Beschwerde mit einer Einlegungsfrist von einem Monat eröffnet (§ 26 Abs. 1 VerschG). Ebenso gegen den Beschluss, durch den ein Antrag auf Aufhebung der Todeserklärung abgewiesen wird (§ 33 Abs. 2 VerschG). Gleiches gilt für die Ablehnung der **Feststellung einer anderen Todeszeit** (§ 33 a Abs. 3 S. 1 VerschG) sowie die Ablehnung der **Feststellung des Todes und des Todeszeitpunktes** bei unzulässiger Todeserklärung (§§ 39, 40 VerschG). Danach entspricht dieses Rechtsmittel der befristeten Beschwerde nach § 58 FamFG. Auch die Kostenentscheidung und die Kostenfestsetzung können auf diese Weise angefochten werden, wenn der Wert des Beschwerdegegenstands 50 € übersteigt (§ 36 VerschG), ebenso die Ablehnung einer Änderung der Kostenfestsetzung (§ 37 Abs. 1 VerschG).

5. Beschwerde nach IntFamRVG

Gegen Entscheidungen des Familiengerichts über den Antrag auf **Zulassung der Zwangsvollstreckung** aus unter die Brüssel II a-VO fallenden Titeln (§§ 16 ff. IntFamRVG) findet nach **§ 24 IntFamRVG** die Beschwerde zum OLG statt. Sie ist durch Einreichen einer Beschwerdeschrift oder durch Erklärung zu Protokoll der Geschäftsstelle beim OLG einzulegen (Abs. 1). Ihre Zulässigkeit wird aber durch die Einlegung beim AG nicht berührt; dieses hat die Beschwerde unverzüglich von Amts wegen weiterzuleiten (Abs. 2). Die durch den Titel verpflichtete Person hat gegenüber einer dem Antrag stattgebenden Entscheidung eine Beschwerdefrist von einem Monat einzuhalten, wenn sie ihren gewöhnlichem Aufenthalt im Inland hat, sonst eine solche von zwei Monaten (Abs. 3). Die Frist beginnt mit Zustellung der erstinstanzlich erkannten Vollstreckbarerklärung und ist eine Notfrist (Abs. 4). Die Beschwerde der berechtigten Person unterliegt keiner Frist.[102]

Gegen eine Entscheidung des Familiengerichts nach dem **HKÜ** findet gemäß **§ 40 Abs. 2 IntFamRVG** die Beschwerde nach §§ 58 ff. zum OLG statt, jedoch wegen der besonderen Eilbedürftigkeit und Bedeutung dieser Verfahren mit einigen Modifizierungen: Die Beschwerde ist in einer Notfrist von zwei Wochen einzulegen und zu begründen; eine Aufhebung der angefochtenen Entscheidung und Zurückverweisung der Sache an das AG ist ausgeschlossen; die Übertragung auf den Einzelrichter ist unzulässig.[103] Eine Rechtsbeschwerde findet nicht statt.[104] Gegen eine zur Rückgabe des Kindes verpflichtende

---

[100] BT-Drs. 16/6308 S. 353; vgl. zur Anwendung des FamFG im gesellschaftsrechtlichen Verfahren Jänig/Leißring ZIP 2010, 110.
[101] BT-Drs. 16/9733 S. 304 f.
[102] BT-Drs. 15/3981 S. 26.
[103] BT-Drs. 16/6308 S. 332.
[104] BGH BeckRS 2010, 07899.

Entscheidung (Rückführungsanordnung, Art. 12 HKÜ) sind nur der Antragsgegner, das Kind, wenn es das 14. Lebensjahr vollendet hat, und das am Verfahren beteiligte Jugendamt beschwerdeberechtigt.

6. Beschwerde nach GBO und SchRegO

77 Für Grundbuch- und Schiffsregistersachen hat der Gesetzgeber die unbefristete Beschwerde (§§ 71 Abs. 1 GBO, 75 Abs. 1 SchRegO) bestehen lassen.[105] Soweit aber in Grundbuchsachen die sofortige Beschwerde gegeben war, ist jetzt die befristete Beschwerde nach §§ 58 ff. FamFG eröffnet (§ 110 Abs. 1 GBO). Diese Vorschriften gelten auch, wenn in Schiffsregistersachen die sofortige Beschwerde stattfindet (§ 90 SchRegO).

78 Nach § 71 Abs. 2 **GBO** kann mit der Beschwerde gegen eine Eintragung nur die Anweisung zur Eintragung eines Widerspruchs oder zur Löschung (§ 53 GBO) geltend gemacht werden. Zur Einlegung dieser beschränkten Beschwerde mit dem Ziel der Eintragung eines Amtswiderspruchs ist berechtigt, wer bei Unrichtigkeit der Eintragung nach § 894 BGB einen Berichtigungsanspruch hätte.[106] Nimmt die Eintragung nicht am öffentlichen Glauben des Grundbuchs teil und kann sich an sie deshalb kein gutgläubiger Erwerb anschließen, ist die unbeschränkte Beschwerde nach § 71 Abs. 1 GBO gegeben.[107] Die Beschwerde kann beim Grundbuchamt oder beim OLG als Beschwerdegericht durch Einreichen einer Beschwerdeschrift oder zur Niederschrift eingelegt (§§ 72, 73 GBO) sowie auf neue Tatsachen und Beweise gestützt (§ 74 GBO) werden. Das Grundbuchamt kann abhelfen (§ 75 GBO).

79 Die §§ 75–82 **SchRegO** enthalten im Wesentlichen der GBO entsprechende Vorschriften. Nach § 78 SchRegO hat nur die gegen eine Zwangsgeldfestsetzung (§ 19 Abs. 2 SchRegO i. V. m. §§ 300–391 FamFG) gerichtete Beschwerde aufschiebende Wirkung. Nach § 81 Abs. 1 SchRegO kann das OLG im Wege der einstweiligen Anordnung insbesondere die Eintragung eines Schutzvermerks (§ 28 Abs. 2 SchRegO) oder die Aussetzung der Vollziehung anordnen.

7. Notarbeschwerde

80 Nach **§ 15 Abs. 2 BNotO** findet gegen die Verweigerung der Urkunds- oder sonstigen Amtstätigkeit des Notars die **befristete Beschwerde zum LG** statt, z. B. gegen seine Weigerung, in bestimmter Weise über Geld auf einem von ihm geführten Anderkonto zu verfügen.[108] Gleiches gilt nach **§ 54 BeurkG** bei Ablehnung der Erteilung der Vollstreckungsklausel oder einer Amtshandlung nach § 45 (Aushändigung der vom Notar verwahrten Urschrift), § 46 (Ersetzung der Urschrift) oder § 51 BeurkG (Erteilung einer Ausfertigung oder Abschrift und Gewährung der Einsichtnahme) sowie bei Ersetzung einer Urschrift. Es handelt sich jeweils um eine nach § 40 Abs. 1 S. 1 VwGO der ordentlichen Gerichtsbarkeit zugewiesene öffentlich-rechtliche Streitigkeit.

81 Dagegen ist die auf sachliche Gründe, d. h. die Verneinung einer offensichtlichen Unrichtigkeit gestützte Ablehnung der Berichtigung einer Urkunde (§ 44a Abs. 2 BeurkG) nicht anfechtbar.[109] Gegen die Ankündigung, dem Antrag des Gläubigers auf Erteilung einer vollstreckbaren Ausfertigung zu entsprechen, ist die Beschwerde weder nach § 54 BeurkG noch nach § 15 Abs. 2 BNotO gegeben; vielmehr stehen dem Schuldner gegen die Erteilung die allgemeinen vollstreckungsrechtlichen Rechtsbehelfe zur Verfügung.[110]

82 Ziel einer Beschwerde nach § 15 Abs. 2 BNotO kann die an den Notar gerichtete Anweisung zur Vornahme einer pflichtwidrig verweigerten, nicht aber zur Rückgängigmachung einer bereits vollzogenen Amtshandlung sein.[111] Deren Vornahme ist nicht

---

[105] BT-Drs. 16/6308 S. 205.
[106] OLG München NJW-RR 2011, 235.
[107] BGH NJW 1990, 258; BayObLG NJW-RR 1987, 334.
[108] OLG Zweibrücken FGPrax 2004, 304.
[109] OLG Frankfurt NJW-RR 1997, 565; OLG Köln FGPrax 2007, 97.
[110] OLG München FGPrax 2008, 174.
[111] OLG München FGPrax 2007, 239; KG FGPrax 2000, 250.

beschwerdefähig.[112] Die Beschwerde richtet sich gegen den ein Gesuch auf Vornahme einer Amtstätigkeit ablehnenden Bescheid und ist auch gegeben, wenn der Notar beim Vollzug durch ihn aufgenommener Urkunden ohne Erteilung eines solchen Bescheides untätig bleibt.[113] Das Rechtsmittel ist aber auch gegen einen Vorbescheid des Notars eröffnet, mit dem er eine bestimmte Tätigkeit ankündigt.[114] Denn auch die Anweisung, eine pflichtwidrige Amtshandlung zu unterlassen, kann Gegenstand der Notarbeschwerde sein.[115]

Der **Notar** hat im Beschwerdeverfahren nach §§ 15 Abs. 2 BNotO, 54 BeurkG die **Stellung des erstinstanzlichen Gerichts** nach § 58 Abs. 1. Er ist kein Verfahrensbeteiligter (§ 7) und nicht Beschwerdegegner.[116]

Der **Wert** des Beschwerdegegenstandes wird durch das Interesse des Beschwerdeführers an der Vornahme der Amtshandlung[117] bzw. an deren Unterlassen bestimmt.

Gegen die Beschwerdeentscheidung des LG ist, wie sich aus der allgemeinen Verweisung auf das FamFG in § 15 Abs. 2 S. 2 BNotO und § 54 Abs. 2 S. 1 BeurkG ergibt, für den dadurch beschwerten Beteiligten – grundsätzlich (s. § 59 Rn 67) nicht für den Notar – die Rechtsbeschwerde zum BGH nach §§ 70 ff. eröffnet.

8. Notarkostenbeschwerde

Durch das FGG-RG ist das Rechtsmittelverfahren in **Notarkostensachen** den §§ 58 ff. FamFG angeglichen worden.[118] Nunmehr findet nach § 156 Abs. 3 KostO bei Einwendungen gegen die Kostenberechnung des Notars, die Zahlungspflicht einschließlich der Verzinsungspflicht und gegen die Erteilung der Vollstreckungsklausel die befristete **Beschwerde gegen die auf Antrag ergangene Entscheidung des LG** zum OLG statt. Ihre Zulässigkeit ist als Ausnahme von § 61 Abs. 1 nicht vom Überschreiten einer Wertgrenze abhängig. Das Beschwerdeverfahren ist ein echtes Streitverfahren der freiwilligen Gerichtsbarkeit.[119] Gegen die Beschwerdeentscheidung ist nach § 156 Abs. 4 KostO die Rechtsbeschwerde zum BGH nach §§ 70 ff. FamFG eröffnet, wobei der Notar aufgrund seiner besonderen Sachkunde[120] vom Anwaltszwang (§ 10 Abs. 4) befreit ist.

Wird die Kostenberechnung abgeändert, ist der Notar nach § 157 KostO zur Erstattung überzahlter Gebühren und zum Ersatz eines Vollstreckungsschadens verpflichtet. Auch darüber ist auf Antrag des Kostenschuldners im Verfahren nach § 156 KostO zu entscheiden. Wurde stattdessen Rückzahlungsklage erhoben, ist die Sache nach § 17 a Abs. 2 S. 1 GVG von Amts wegen an die zuständige Kammer des LG zu verweisen.[121]

9. Beschwerde nach § 17 a GVG

In Streitsachen[122] ist nach § 17 a Abs. 4 S. 3 GVG gegen Entscheidungen des erstinstanzlichen Gerichts über den Rechtsweg die sofortige Beschwerde nach den Vorschriften der jeweils anzuwendenden Verfahrensordnung gegeben, im FamFG-Verfahren also die sofortige Beschwerde entsprechend §§ 567–572 ZPO. Das gilt für die **Verweisung an das Gericht des zulässigen Rechtswegs** (§ 17 a Abs. 2 GVG) und die **Vorabentscheidung über die Zulässigkeit des Rechtswegs** (§ 17 a Abs. 3 GVG) sowie für die **Entscheidung über die funktionelle Zuständigkeit** innerhalb desselben Gericht (Prozessabteilung des AG, Familiengericht oder Abteilung für Angelegenheiten der freiwilligen Gerichtsbarkeit), § 17 a Abs. 6 GVG. Darum ist die durch eine Abteilung ausgesprochene Verweisung für

---

[112] OLG Schleswig FGPrax 1999, 192.
[113] Schippel/Bracker/Reithmann § 15 Rn 78.
[114] BT-Drs. 16/6308 S. 324; vgl. auch OLG Köln FGPrax 2007, 96; OLG Zweibrücken FG Prax 2001, 88.
[115] OLG München FGPrax 2008, 130.
[116] BGH FGPrax 2011, 36; NJW 2001, 2181.
[117] OLG München BeckRS 2006, 07911.
[118] BT-Drs. 16/6308 S. 337.
[119] OLG Schleswig DNotZ 1996, 398.
[120] BT-Drs. 16/6308 S. 338.
[121] BGH NJW-RR 2005, 721.
[122] BT-Drs. 16/6308 S. 318.

die andere bindend (§ 17a Abs. 6 u. Abs. 2 S. 3 GVG), weshalb eine Vorlage zur Bestimmung der Zuständigkeit analog § 5 Abs. 1 Nr. 4 bzw. § 113 Abs. 1 S. 2 FamFG i. V. m. § 36 Abs. 1 Nr. 6 ZPO nicht in Betracht kommt.[123]

10. Beschwerde in Therapieunterbringungssachen

88a In Therapieunterbringungssachen findet nach §§ 3, 16 Abs. 2 u. 3 ThUG[124] die befristete Beschwerde nach § 58 FamFG gegen die von einer Zivilkammer des LG zu treffende erstinstanzliche Entscheidung (§ 4 ThUG) statt. Die Beschwerdefrist beträgt zwei Wochen. Eine Übertragung auf den Einzelrichter ist ausgeschlossen.

VI. Sofortige Beschwerde entsprechend §§ 567–572 ZPO

1. Allgemeines

89 Während die befristete Beschwerde nach §§ 58 ff. das Hauptsacherechtsmittel darstellt, ist die sofortige Beschwerde entsprechend §§ 567–572 ZPO das Rechtsmittel **gegen bestimmte** erstinstanzliche **Neben- und Zwischenentscheidungen** des AG und LG. Das betrifft insbesondere auf der Grundlage von Vorschriften der ZPO getroffene Entscheidungen,[125] erfasst aber in Einzelfällen auch solche, die früher mit der Beschwerde nach § 19 FGG oder der sofortigen Beschwerde nach § 22 Abs. 1 FGG anfechtbar waren. Das Rechtsmittel ist nur eröffnet, **wenn** dies im Gesetz **ausdrücklich vorgesehen** ist.[126] Ist nach dem FamFG die sofortige Beschwerde entsprechend §§ 567–572 ZPO gegeben, gilt das § 567 Abs. 1 Nr. 1 ZPO zugrunde liegende Enumerationsprinzip,[127] weshalb die dort in Nr. 2 normierte Generalklausel wegen der grundsätzlich fehlenden selbständigen Anfechtbarkeit von Neben- und Zwischenentscheidungen keine Anwendung findet. Im Übrigen stellt die Verweisung auf die ZPO jedoch eine gesetzgeberische Form der Analogie dar, so dass die §§ 567–572 ZPO das Beschwerdeverfahren an Stelle der §§ 58 ff. FamFG regeln. Diese Normen werden aber dann nicht verdrängt, wenn sie den Besonderheiten des FamFG-Verfahrens, d. h. den sachlichen Verschiedenheiten zwischen Verweisungsnorm und verwiesenem Rechtsbereich Rechnung tragen.[128] Das trifft insbesondere auf §§ 60 u. 62 zu.

90 Zur Entscheidung über die sofortige Beschwerde ist der **originäre Einzelrichter** zuständig, wenn die angefochtene Entscheidung vom Einzelrichter oder vom Rechtspfleger erlassen wurde; er hat jedoch die Sache dem Beschwerdegericht (LG oder OLG) in der laut GVG vorgesehenen Besetzung zu übertragen, wenn sie in tatsächlicher oder rechtlicher Hinsicht besondere Schwierigkeiten aufweist oder rechtlich von grundsätzlicher Bedeutung ist (§ 568 ZPO).

91 Die Beschwerde ist in einer Notfrist von **zwei Wochen nach Zustellung** der angefochtenen Entscheidung beim erstinstanzlichen Gericht oder beim Beschwerdegericht einzulegen; das hat vor dem Familiengericht in Verfahren mit Anwaltszwang (§ 114) durch Einreichung einer Beschwerdeschrift zu erfolgen und kann im Übrigen auch durch Erklärung zu Protokoll der Geschäftsstelle geschehen (§ 569 ZPO). Die Beschwerde soll begründet werden (§ 571 ZPO). Das erstinstanzliche Gericht hat eine Abhilfe zu prüfen (§ 572 ZPO).

92 Gegen die Beschwerdeentscheidung findet nach dem die Regelung des § 574 Abs. 1 S. 1 Nr. 2 ZPO inhaltsgleich übernehmenden § 70 Abs. 1 die **Rechtsbeschwerde** zum BGH nach §§ 70 ff. auf Zulassung statt (s. § 70 Rn 12 f. u. 18). Gleiches gilt, wenn in der Beschwerdeinstanz ein Beschluss ergeht, der bei seinem Erlass in der ersten Instanz mit der sofortigen Beschwerde entsprechend §§ 567–572 ZPO anfechtbar wäre (s. § 70 Rn 19).

---

[123] OLG Hamm NJW 2010, 2740.
[124] Therapieunterbringungsgesetz = Art. 5 des Gesetzes zur Neuordnung des Rechts der Sicherungsverwahrung und zu begleitenden Regelungen v. 22. 12. 2010 (BGBl. I S. 2300).
[125] BT-Drs. 16/6308 S. 203.
[126] BT-Drs. 16/6308 S. 166.
[127] BT-Drs. 14/4722 S. 110.
[128] BGH NJW 2006, 2122.

2. Einzelfälle

93 Mit der sofortigen Beschwerde entsprechend §§ 567–572 ZPO sind nach ausdrücklicher Bestimmung im FamFG folgende Entscheidungen anfechtbar:
- Zurückweisung eines Ablehnungsgesuchs (**§ 6 Abs. 2**). Der dem Gesuch stattgebende Beschluss ist unanfechtbar.
- Ablehnung eines Antrages auf Hinzuziehung zum Verfahren (**§ 7 Abs. 5 S. 2**). Die Hinzuziehung von Amts wegen erfordert keine ausdrückliche Entscheidung des Gerichts[129] und ist nicht selbständig anfechtbar.
- Aussetzung des Verfahrens (**§ 21 Abs. 2**) und deren Ablehnung.
- Verhängung eines Ordnungsmittels (**§ 33 Abs. 3 S. 5**).
- Anordnung von Zwangsmaßnahmen (**§ 35 Abs. 5**). Bei Erledigung einer solchen Maßnahme ist die Anwendung von § 62 gerechtfertigt.
- Berichtigungsbeschluss (**§ 42 Abs. 3 S. 2**).
- Anordnung der Unterbringung zur Begutachtung sowie deren Verlängerung (**§§ 284 Abs. 3 S. 2, 322**).
- Erbrechtliche Fristsetzung zur Bestimmung des Testamentsvollstreckers durch einen Dritten nach § 2198 Abs. 2 BGB und zur Annahme des Amtes nach § 2202 Abs. 3 BGB (**§ 355 Abs. 1**).
- Fristsetzung zur Beantragung eines neuen Termins und Entscheidung über die Wiedereinsetzung in Teilungssachen (**§ 372 Abs. 1**).
- Zurückweisung eines Antrags auf Erlass einer Zahlungssperre beim Aufgebot zur Kraftloserklärung von Urkunden (**§ 480 Abs. 2**).
- Aufhebung der Zahlungssperre (**§ 482 Abs. 3**).

94 Außerdem findet dieses Rechtsmittel statt, wenn im FamFG auf bestimmte ZPO-Vorschriften verwiesen wird und nach diesen die sofortige Beschwerde eröffnet ist. Das gilt insbesondere bei
- Entscheidungen im **Vollstreckungsverfahren** (§ 87 Abs. 4);
- Entscheidungen im **Verfahrenskostenhilfeverfahren** (§ 76 Abs. 2 FamFG i. V. m. § 127 Abs. 2 u. 3 ZPO), bei einer Beschwerdefrist von einem Monat;
- Entscheidungen im **Kostenfestsetzungsverfahren** (§ 85 FamFG i. V. m. § 104 Abs. 3 S. 1 ZPO);[130]
- Zwischenentscheidungen über die Feststellung der **Rechtmäßigkeit einer Zeugnisverweigerung** oder Verweigerung der Untersuchung zur Feststellung der Abstammung (§§ 29 Abs. 2, 178 Abs. 2 S. 1 FamFG i. V. m. § 387 Abs. 3 ZPO).

VII. Beschwerde in Kostensachen

1. Beschwerde gegen die Kostenentscheidung

95 a) **Kostenentscheidung im Hauptsachebeschluss.** Im FamFG-Verfahren ist die **isolierte Anfechtung** der in einer Endentscheidung (§ 38 Abs. 1 S. 1) getroffenen Kostenentscheidung
– im Bereich der freiwilligen Gerichtsbarkeit **zulässig**,[131]
– in Ehesachen und Familienstreitsachen **unzulässig** (§ 113 Abs. 1 S. 2 FamFG i. V. m. § 99 Abs. 1 ZPO).

96 Diese Differenzierung beruht darauf, dass nach **§ 81** sowohl über die Auferlegung bzw. Verteilung der außergerichtlichen Kosten wie auch der nach FamGKG oder KostO entstehenden Gerichtskosten (§ 80 S. 1) ohne Bindung an Obsiegen und Verlieren nach pflichtgemäßem Ermessen[132] zu befinden ist. Dabei steht es mit Ausnahme der Familiensachen (§ 81 Abs. 1 S. 3) auch im Ermessen des Gerichts, überhaupt über die Kosten zu entscheiden. Die Überprüfung dieser Ermessensausübung im Einzelfall soll durch die Beschwerde nach § 58 eröffnet werden.[133] Voraussetzung ist aber, dass die zugehörige Sach-

---

[129] BT-Drs. 16/6308 S. 179.
[130] OLG Köln FGPrax 2010, 267.
[131] BT-Drs. 16/6308 S. 168; BGH BeckRS 2011, 02771.
[132] BT-Drs. 16/6308 S. 215.
[133] BT-Drs. 16/6308 S. 168.

entscheidung anfechtbar ist;[134] denn ein weitergehender Instanzenzug als dort steht auch für die Überprüfung der Kostenentscheidung nicht zur Verfügung.

96a Demgegenüber ist die isolierte Anfechtung der in § 243 für zivilprozessuale Unterhaltssachen (§ 231 Abs. 1) vorgesehenen Ermessensentscheidung über die Kostenverteilung aufgrund der dort nach § 113 Abs. 1 S. 2 zu beachtenden Verweisung auf § 99 Abs. 1 ZPO nicht gegeben (s. auch § 243 Rn 11).[135] Gleiches hat für die im Scheidungsverbund (§ 137 Abs. 1) nach § 150 Abs. 4 getroffene Kostenentscheidung zu gelten.

97 **b) Isolierte Kostenentscheidung.** Ist im Bereich der freiwilligen Gerichtsbarkeit wegen Erledigung der Hauptsache oder wegen Rücknahme des Antrags (§ 23) keine Hauptsacheentscheidung ergangen, stellt eine dann nach § 83 Abs. 2 in entsprechender Anwendung von § 81 getroffene Kostenentscheidung eine Endentscheidung dar, die mit der befristeten Beschwerde nach § 58 anfechtbar ist.[136]

97a In Ehesachen und Familienstreitsachen hingegen ist nach § 113 Abs. 1 S. 2 FamFG i. V. m. **§§ 91a Abs. 2, 269 Abs. 5** ZPO die sofortige Beschwerde entsprechend §§ 567–572 ZPO gegeben, weil insoweit i. S. d. § 58 Abs. 1 2. Halbs. etwas anderes bestimmt ist;[137] gleiches gilt bei Erledigung der Hauptsache durch Anerkenntnis, § 113 Abs. 1 S. 2 FamFG i. V. m. **§ 99 Abs. 2 ZPO**.[138] Kommt es nur zu einer Teilerledigung, kann die dann im Hauptsachebeschluss einheitlich zu treffende **gemischte Kostenentscheidung** isoliert angefochten werden, soweit sie auf Erledigung, Anerkenntnis oder Rücknahme beruht.[139] Die gemäß § 113 Abs. 1 S. 2 FamFG i. V. m. **§ 494a Abs. 2 ZPO** nach Beendigung eines selbständigen Beweisverfahrens zu treffende Kostenentscheidung[140] ist ebenfalls mit der sofortigen Beschwerde anfechtbar. Die Eröffnung dieses Rechtsmittels in den vorgenannten Fällen ergibt sich auch aus Nr. 1910 KV FamGKG.[141]

98 Zu der für die Zulässigkeit der Beschwerde in Kostensachen einzuhaltenden **Beschwerdesumme** siehe § 61 Rn 4 f.

2. Beschwerde nach FamGKG

99 § 57 Abs. 2 bis 8 FamGKG regelt in Anlehnung an § 66 GKG die **unbefristete Beschwerde** gegen die Entscheidung des Familiengerichts über die Erinnerung gegen den **Kostenansatz** (§ 18 FamGKG). Danach findet das Rechtsmittel statt, wenn die **Beschwerdesumme** von mehr als 200 € erreicht oder in der Entscheidung die **Zulassung** wegen grundsätzlicher Bedeutung der zur Entscheidung stehenden Frage erfolgt ist (Abs. 2). Das Familiengericht hat eine Abhilfe zu prüfen; das OLG ist an die Zulassung gebunden, eine Nichtzulassungsbeschwerde findet nicht statt (Abs. 3). Die Beschwerde ist schriftlich oder zu Protokoll der Geschäftsstelle beim Familiengericht einzulegen; dabei besteht kein Anwaltszwang, auch wenn dieser im Hauptsacheverfahren gilt (Abs. 4 S. 1). Beim OLG entscheidet der originäre Einzelrichter; er hat die Entscheidung dem Senat zu übertragen, wenn sich die Angelegenheit in tatsächlicher oder rechtlicher Hinsicht als besonders schwierig erweist oder die Rechtssache grundsätzliche Bedeutung hat (Abs. 5). Die Beschwerde hat **keine aufschiebende Wirkung;** diese kann aber vom Familiengericht oder vom OLG auf Antrag oder von Amts wegen angeordnet werden (Abs. 6). Entscheidungen des OLG sind unanfechtbar, so dass eine Anrufung des BGH nicht in Betracht kommt (Abs. 7).[142]

---

[134] OLG Hamburg MDR 2011, 104; KG FamRZ 2011, 577 (einstweilige Anordnung, § 57 S. 1).
[135] OLG Frankfurt FamRZ 2010, 1696; OLG Oldenburg NJW-RR 2011, 367; OLG Saarbrücken NJW-RR 2011, 369; OLG Stuttgart FamRZ 2011, 751.
[136] OLG Düsseldorf FamRZ 2010, 1835; OLG Saarbrücken FGPrax 2010, 270; OLG Zweibrücken FamRZ 2010, 1835.
[137] OLG Bamberg MDR 2011, 543; OLG Hamm BeckRS 2011, 04733; OLG Nürnberg NJW 2010, 2816; OLG Oldenburg NJW-RR 2011, 367; OLG Saarbrücken BeckRS 2010, 28009; a. M. OLG Hamm FamRZ 2011, 582; OLG Oldenburg NJW 2010, 2815 u. FamRZ 2010, 1693 (Beschwerde nach § 58).
[138] KG NJW 2010, 3588; a. M. OLG Oldenburg NJW-RR 2011, 661.
[139] BGH NJW-RR 2007, 1586; OLG Saarbrücken NJW-RR 2011, 369.
[140] BT-Drs. 17/3356 S. 20.
[141] I. d.F von Art. 14 des Gesetzes zur Umsetzung der Dienstleistungsrichtlinie in der Justiz und zur Änderung weiterer Vorschriften v. 22. 12. 2010 (BGBl. I S. 2248).
[142] BT-Drs. 16/6308 S. 308.

Das Beschwerdeverfahren ist gerichtsgebührenfrei, außergerichtliche Kosten werden nicht erstattet (Abs. 8).

§ 58 Abs. 1 FamGKG regelt in Entsprechung zu § 67 GKG die Beschwerde gegen einen Beschluss, in dem das Familiengericht sein Tätigwerden von einer **Vorauszahlung von Kosten** abhängig gemacht hat. Mit der Beschwerde können Grund und Höhe der Vorauszahlungsanordnung angegriffen werden (Abs. 1 S. 1). Die Verweisung auf § 57 FamGKG (Abs. 1 S. 2) nimmt dessen Abs. 2 u. 6 aus, so dass die Zulässigkeit des Rechtsmittels an **keine Wertgrenze oder Zulassung** gebunden ist und ihm **aufschiebende Wirkung** mit der Folge zukommt, dass bis zur Entscheidung des OLG keine Zahlungspflicht besteht und deshalb der Beschwerdeführer durch Nichtzahlung keine Nachteile im Verfahren erleiden darf. Ein für das Hauptsacheverfahren vorgeschriebener Anwaltszwang gilt auch im Beschwerdeverfahren (Abs. 1 S 3), mit Ausnahme der Beschwerdeeinlegung zu Protokoll der Geschäftsstelle (Abs. 1 S. 2 i. V. m. § 57 Abs. 4 S. 1 FamGKG). 100

Nach **§ 58 Abs. 2 FamGKG** sind auf die Beschwerde gegen die Anordnung der **Vorauszahlung von Auslagen** für die beantragte Herstellung und Überlassung von Dokumenten oder für die Aktenübersendung (§ 16 Abs. 2 FamGKG) die Regelungen des § 57 FamGKG (s. Rn 99) in vollem Umfang entsprechend anzuwenden. 101

§ 59 FamGKG regelt unter weitgehender Übernahme von § 68 GKG die Beschwerde gegen die **Festsetzung des Verfahrenswerts**. Das Rechtsmittel findet nur statt, wenn die **Beschwerdesumme** von mehr als 200 € erreicht oder die **Zulassung** wegen grundsätzlicher Bedeutung erfolgt ist (Abs. 1 S. 1 u. 2). Die Einlegung der Beschwerde hat innerhalb einer **Frist** von sechs Monaten nach Eintritt der Rechtskraft der Hauptsacheentscheidung oder anderweitiger Erledigung des Verfahrens zu erfolgen; wurde der Wert erst später als einen Monat vor Ablauf dieser Frist festgesetzt, kann die Beschwerde binnen eines Monats nach Zustellung oder formloser Mitteilung des Wertbeschlusses eingelegt werden (Abs. 1 S. 3). Die Verweisung auf § 57 FamGKG (Abs. 1 S. 5) nimmt dessen Abs. 6 aus, so dass die Beschwerde **aufschiebende Wirkung** hat und es bis zur Entscheidung des Beschwerdegerichts beim festgesetzten Wert bleibt. Das OLG kann gegen die Versäumung der Beschwerdefrist auf Antrag Wiedereinsetzung gewähren (Abs. 2). Das Beschwerdeverfahren ist gerichtsgebührenfrei, außergerichtliche Kosten werden nicht erstattet (Abs. 3). 102

§ 60 FamGKG regelt in inhaltlicher Entsprechung zu § 69 GKG die Beschwerde gegen die **Auferlegung einer Verzögerungsgebühr** (§ 32 FamGKG). Das Rechtsmittel findet statt, wenn die **Beschwerdesumme** von mehr als 200 € erreicht oder die Zulassung wegen grundsätzlicher Bedeutung erfolgt ist (S. 1). Die Verweisung auf § 57 FamGKG (S. 2) nimmt dessen Abs. 6 aus, so dass die Beschwerde **aufschiebende Wirkung** hat und die Verzögerungsgebühr zunächst nicht zu zahlen ist. 103

3. Beschwerde nach KostO

§ 14 Abs. 3 bis 9 KostO regelt für Angelegenheiten der freiwilligen Gerichtsbarkeit die unbefristete Beschwerde gegen die Entscheidung über die Erinnerung gegen den **Kostenansatz** inhaltlich weitgehend wie § 57 FamGKG (s. Rn 99). Beschwerdegericht ist bei Entscheidungen des AG das OLG, in Freiheitsentziehungssachen und Betreuungssachen jedoch das LG; bei dessen Entscheidung über die bei ihm angesetzten Kosten ist das OLG zuständig (Abs. 4 S. 2 i. V. m. § 119 Abs. 1 Nr. 1b GVG). Es entscheidet der originäre Einzelrichter, wenn die Entscheidung eines Einzelrichters oder Rechtspflegers angefochten ist; er hat die Entscheidung bei besonderer Schwierigkeit der Angelegenheit oder grundsätzlicher Bedeutung der Rechtssache dem Kollegium zu übertragen (Abs. 7 S. 1 u. 2). Gegen eine Beschwerdeentscheidung des LG findet auf bindende Zulassung wegen grundsätzlicher Bedeutung der zur Entscheidung stehenden Frage die als Rechtsbeschwerde ausgestaltete weitere Beschwerde zum OLG statt (Abs. 5). Eine Anrufung des BGH und somit ein Rechtsmittel gegen die Entscheidung des OLG ist ausgeschlossen (Abs. 4 S. 3). 104

§ 31 Abs. 3 bis 5 KostO regelt die Beschwerde gegen die **Festsetzung des Geschäftswerts** in weitgehender Entsprechung zu § 59 FamGKG (s. Rn 102). Aufgrund der Verweisung auf § 14 KostO findet auch hier im Fall der Beschwerdezuständigkeit des LG die materiell eine Rechtsbeschwerde darstellende weitere Beschwerde zum OLG auf bindende 105

§ 58 106, 107   Abschnitt 5. Rechtsmittel

Zulassung statt (Abs. 3 S. 5). Bei Versäumung der Beschwerdefrist kann Wiedereinsetzung beantragt werden; ist das LG Beschwerdegericht, findet gegen seine Entscheidung über den Wiedereinsetzungsantrag die innerhalb von zwei Wochen einzulegende Beschwerde zum OLG statt (Abs. 4).

VIII. Gesetzlicher Ausschluss der Anfechtbarkeit

1. Allgemeines

106 Für bestimmte Entscheidungen schließt das Gesetz die Anfechtbarkeit aus. Soweit es sich dabei um Zwischen- und Nebenentscheidungen handelt, sind sie auch nicht zusammen mit der Hauptsacheentscheidung anfechtbar, d. h. eine Inzidentprüfung ist ebenfalls ausgeschlossen.[143]

2. Einzelfälle

107 Unanfechtbar sind nach dem **FamFG** folgende Entscheidungen:
- Verweisung bei Unzuständigkeit des angerufenen Gerichts (**§ 3 Abs. 3 S. 1**). Entbehrt aber die Entscheidung jeder gesetzlichen Grundlage und ist sie deshalb als willkürlich anzusehen, kommt ihr keine Bindungswirkung zu.[144]
- Bestimmung des zuständigen Gerichts (**§ 5 Abs. 1**).
- Stattgabe eines Ablehnungsgesuchs (**§ 6 Abs. 1 S. 1** FamFG i. V. m. § 46 Abs. 2 1. Alt. ZPO).
- Zurückweisung von Bevollmächtigten mangels Vertretungsbefugnis (**§ 10 Abs. 3 S. 1**).
- Bewilligung oder Versagung der Aktenüberlassung an Rechtsanwälte, Notare und Behörden in deren Amts- oder Geschäftsräume (**§ 13 Abs. 4 S. 3**).
- Zurückweisung eines Antrags auf Fristverlängerung (**§ 16 Abs. 2** FamFG i. V. m. § 225 Abs. 3 ZPO).
- Wiedereinsetzung (**§ 19 Abs. 2**).
- Feststellung der Unwirksamkeit einer bereits ergangenen Endentscheidung nach Antragsrücknahme (**§ 22 Abs. 2 S. 3**).
- Entscheidung des Vorsitzenden über Aufhebung oder Verlegung eines Termins (**§ 32 Abs. 1 S. 2** FamFG i. V. m. § 227 Abs. 4 S. 3 ZPO).
- Entscheidung des Gerichts über die Durchführung eines Termins im Wege der Bild- und Tonübertragung (**§ 32 Abs. 3** FamFG i. V. m. § 128 a Abs. 3 S. 2 ZPO).
- Ablehnung einer beantragten Beschlussberichtigung (**§ 42 Abs. 3 S. 1**).
- Verwerfung oder Zurückweisung einer Anhörungsrüge (**§ 44 Abs. 4 S. 3**).
- Aussetzung oder Beschränkung der Vollstreckung einer einstweiligen Anordnung (**§ 55 Abs. 1 S. 2**).
- Entscheidung im Verfahren der einstweiligen Anordnung in Familiensachen (**§ 57 S. 1**), soweit nicht auf Grund mündlicher Erörterung über die in § 57 S. 2 Nr. 1–5 abschließend aufgezählten Sachen entschieden wurde. Der Rechtsschutz ist durch das Antragsrecht nach § 52 Abs. 1 S. 1 gewährleistet.[145] Der Rechtsmittelausschluss gilt nicht für die Genehmigung der einstweiligen Unterbringung eines Minderjährigen (s. Rn 22).
- Übertragung des Beschwerdeverfahrens auf den Einzelrichter und Zurückübertragung auf das Kollegium (**§ 68 Abs. 4 FamFG i. V. m. § 526 Abs. 3 ZPO**).[146] Sie kann nur ausnahmsweise unter den engen Voraussetzungen der Willkür mit der Rechtsbeschwerde gegen die Hauptsacheentscheidung gerügt werden (s. § 72 Rn 33).
- Abgabe an das Gericht der Ehesache (**§§ 153 S. 2, 202 S. 2, 233 S. 2, 263 S. 2, 268 S. 2** FamFG, jeweils i. V. m. § 281 Abs. 2 S. 2 ZPO).
- Feststellung des Scheiterns eines Vermittlungsverfahrens bei Streit über eine Umgangsregelung (**§ 165 Abs. 5 S. 1**).

---

[143] BT-Drs. 16/6308 S. 204.
[144] BGH NJW 2006, 847; NJW-RR 2002, 1498 zu § 281 ZPO.
[145] BT-Drs. 16/9733 S. 289.
[146] BT-Drs. 14/4722 S. 99.

- Adoptionsbeschluss (§ 197 Abs. 3 S. 1). Die Unanfechtbarkeit gilt auch für einen fehlerhaften Beschluss; es kommt nur die Aufhebung des Annahmeverhältnisses in Betracht.[147] Wird aber bei Ausspruch der Adoption ein Antrag auf Änderung des Vornamens oder Ergänzung des Nachnamens des Angenommenen (§ 1797 Abs. 4 BGB) zurückgewiesen, ist insoweit die befristete Beschwerde gegeben.[148]
- Befreiung vom Eheverbot des § 1308 Abs. 1 BGB (§ 198 Abs. 3 1. Halbs.).
- Einstweilige Einstellung der Vollstreckung aus einem Unterhaltstitel bei einem auf Herabsetzung gerichteten Abänderungsantrag (§ 242 S. 2).
- Zurückweisung eines Antrags auf Unterhaltsfestsetzung im vereinfachten Verfahren über den Unterhalt Minderjähriger wegen Fehlens der Verfahrensvoraussetzungen (§ 250 Abs. 2 S. 3).
- Entscheidung gegen eine Maßnahme zur Regelung einzelner Angelegenheiten im Vollzug der Unterbringung nach § 312 Nr. 3 (§ 327 Abs. 4).
- Kraftloserklärung eines Erbscheins nach deren öffentlicher Bekanntmachung (§ 353 Abs. 3).
- Anordnung der vom Erben beantragten Nachlassverwaltung (§ 359 Abs. 1).
- Registereintragung (§ 383 Abs. 3).
- Stattgabe von Anträgen nach §§ 522, 729 Abs. 1 HGB sowie §§ 11, 87 Abs. 2 BinSchG (§ 402 Abs. 2).
- Stattgabe eines Antrags auf Ernennung, Beeidigung oder Vernehmung eines Sachverständigen in Verfahren nach § 410 Nr. 2 (§ 414).
- Anordnung der sofortigen Vorführung des anzuhörenden Betroffenen in Freiheitsentziehungssachen (§ 420 Abs. 1 S. 2).

Durch **Spezialgesetze** ist u. a. für folgende Fälle Unanfechtbarkeit normiert:

- Aufhebung der Todeserklärung (§ 33 Abs. 1 **VerschG**).
- Genehmigung der Kraftloserklärung von Aktien durch die Gesellschaft (§ 73 Abs. 1 S. 4 2. Halbs. AktG). Entscheidung über Meinungsverschiedenheiten zwischen Gründern und Gründungsprüfern (§ 35 Abs. 2 S. 2 **AktG**).

IX. Grundsatz der Meistbegünstigung

Gegen Entscheidungen, die nicht in der gesetzlich vorgeschriebenen Form ergangen sind oder deren Inhalt im Hinblick auf ihre Anfechtbarkeit falsch oder unklar ist, findet nach dem Grundsatz der Meistbegünstigung sowohl das Rechtsmittel statt, das gegen die tatsächlich ergangene Entscheidung gegeben ist wie auch wahlweise dasjenige, das bei einer in der richtigen Form getroffenen Entscheidung eröffnet wäre.[149]

Deshalb muss die Beschwerde gegen eine Entscheidung, die wie eine solche in einer selbständigen Familiensache der freiwilligen Gerichtsbarkeit ergangen ist, aber tatsächlich in einer Folgesache (§ 137) zu erlassen war, nicht in der nach § 117 Abs. 1 erforderlichen Form und Frist begründet werden. Der Meistbegünstigungsgrundsatz ermöglicht es aber nicht, die Vorteile des einen Rechtsmittels mit denen des anderen zu verbinden.[150] Vielmehr müssen die **Zulässigkeitsvoraussetzungen** desjenigen Rechtsmittels eingehalten werden, für das sich der Beteiligte entscheidet. Hat somit das Familiengericht statt nach Maßgabe des gemäß Art. 111 FGG-RG fortgeltenden alten Verfahrensrechts durch Urteil fehlerhaft nach neuem Verfahrensrecht durch Beschluss (§ 38 Abs. 1 S. 1) erkannt, wird die Rechtsmittelfrist durch Einlegung einer Beschwerde beim Ausgangsgericht (§ 64 Abs. 1) gewahrt.[151] Entsprechendes gilt im umgekehrten Fall.[152]

Der Grundsatz der Meistbegünstigung kann auch **keine Erweiterung des Instanzenzuges** herbeiführen. Wäre daher eine dem Gesetz entsprechende, d. h. formell richtige

---

[147] OLG Düsseldorf FGPrax 2008, 23 zu § 56 e S. 3 FGG.
[148] KG FGPrax 2001, 75.
[149] BGH MDR 2009, 1000; NJW-RR 2003, 277; OLG Brandenburg BeckRS 2011, 06914.
[150] BGH NJW-RR 2002, 1651.
[151] BGH FamRZ 2011, 966.
[152] OLG Zweibrücken FamRZ 2011, 1066.

Entscheidung nicht anfechtbar, kann auch eine ihrer Art bzw. Form nach inkorrekte Entscheidung kein Rechtsmittel eröffnen.[153]

112 Für die Statthaftigkeit eines Rechtsmittels genügt der äußere Anschein einer gerichtlichen Entscheidung.[154] Deshalb kann auch ein bekannt gegebener bloßer Beschlussentwurf, d. h. eine **Scheinentscheidung** mit der Beschwerde angefochten werden. Auch zur formellen Beseitigung einer materiell nichtigen oder wirkungslosen Entscheidung ist die Beschwerde als statthaft anzusehen. Das gilt insbesondere, wenn ein Beschluss trotz fehlender Anhängigkeit ergangen[155] oder an einen tatsächlich nicht existenten Beteiligten gerichtet ist.[156]

113 Wurde in einer Familienstreitsache eine Entscheidung als Versäumnisentscheidung (§ 113 Abs. 1 S. 2 FamFG i. V. m. §§ 330 f. ZPO) erlassen, obwohl sie nach ihrem Inhalt tatsächlich ein kontradiktorisches Erkenntnis darstellt, ist dagegen sowohl der Einspruch wie die Beschwerde eröffnet.[157] Gleiches gilt bei einem fälschlicherweise als erste Versäumnisentscheidung ergangenen zweiten Versäumnisbeschluss (§ 113 Abs. 1 S. 2 FamFG i. V. m. § 345 ZPO).[158] Wird Beschwerde eingelegt, kommt auf Antrag eine Zurückverweisung an das AG in Betracht (§ 117 Abs. 2 S. 1 FamFG i. V. m. § 538 Abs. 2 S. 1 Nr. 6 ZPO).[159]

114 Das Beschwerdegericht hat durch Auslegung der angefochtenen Entscheidung ohne Bindung an deren Bezeichnung und an eine dort enthaltene falsche Rechtsbehelfsbelehrung (§ 39) festzustellen, welches Rechtsmittel gegen eine formell richtige Entscheidung gegeben wäre. Die Überprüfung, d. h. das **weitere Verfahren** hat sich dann nach den für dieses Rechtsmittel geltenden Vorschriften zu richten.[160]

115 Der Grundsatz der Meistbegünstigung ist zwar auch anzuwenden, wenn aus der erstinstanzlichen Entscheidung nicht ersichtlich wird, welcher Rechtsmittelzug gegeben ist.[161] Im FamFG-Verfahren hat dies aber keine praktische Relevanz, weil nach § 64 Abs. 1 die Beschwerde bei dem Gericht einzulegen ist, dessen Beschluss angefochten wird. Ist zweifelhaft, ob das AG als Prozess-, Familien- oder Betreuungsgericht entschieden hat und deshalb ein Zivilsenat des OLG, der Familiensenat oder die Beschwerdekammer des LG über die Beschwerde zu befinden hat, kommt es darauf für die Einlegung der Beschwerde und somit für deren Zulässigkeit nicht mehr an. Der Gesetzgeber wollte mit dieser Regelung gerade Klarheit für die Beteiligten darüber schaffen, bei welchem Gericht sie sich gegen den erstinstanzlichen Beschluss wenden können.[162]

X. Kosten und Gebühren

1. Gerichtsgebühren

116 Für die Tätigkeit des Gerichts im Beschwerdeverfahren fällt eine Verfahrensgebühr an. Ihre Höhe richtet sich für
- **Ehesachen einschließlich aller Folgesachen** nach Nr. 1120 KV FamGKG,
- **selbständige Familienstreitsachen** nach Nr. 1211 KV FamGKG (Vereinfachtes Verfahren über den Unterhalt Minderjähriger) oder nach Nr. 1222 KV FamGKG (übrige Verfahren),
- **selbständige Familiensachen der freiwilligen Gerichtsbarkeit** nach Nr. 1314 KV FamGKG (Kindschaftssachen) oder nach Nr. 1322 KV FamGKG (übrige Verfahren).

Bei Rücknahme der Beschwerde oder des Antrags ermäßigt sich die Gebühr in unterschiedlicher Höhe, je nachdem in welchem Verfahrensstadium sie erfolgt. Wird ein Verbundverfahren nur zum Teil durch Rücknahme beendet, ist die Ermäßigung unter Anwen-

---

[153] BGH NJW-RR 2006, 1184; NJW-RR 1993, 956.
[154] BVerfG NJW 1985, 788; OLG Frankfurt FamRZ 2010, 907.
[155] BGH NJW-RR 2006, 565.
[156] BGH NJW-RR 1995, 764; DtZ 1994, 282; OLG Stuttgart NJW-RR 1999, 216.
[157] BGH NJW 1999, 583.
[158] BGH NJW 1997, 1448.
[159] OLG Frankfurt NJW-RR 2011, 216.
[160] BGH MDR 2009, 1000; OLG Brandenburg NJW-RR 1998, 1286.
[161] BGH NJW-RR 1995, 379; NJW-RR 1995, 380.
[162] BT-Drs. 16/6308 S. 206.

dung der Wertvorschrift des § 44 FamGKG auf die erledigten Sachen zu beschränken, Nr. 1120 KV FamGKG.

In **Angelegenheiten der freiwilligen Gerichtsbarkeit** entsteht nach § 131 KostO **117** eine Gebühr nur für die Zurückweisung oder Verwerfung der Beschwerde (Abs. 1 Nr. 1) sowie bei Rücknahme des Rechtsmittels (Abs. 1 Nr. 2). Richtet sich dieses aber gegen Entscheidungen des Betreuungsgerichts und wurde es vom Betreuten oder Pflegling oder in seinem Interesse eingelegt, ist das Beschwerdeverfahren in jedem Fall gebührenfrei (Abs. 5).

2. Außergerichtliche Kosten

In den in Vorbemerkung 3.2.1 VV RVG aufgeführten Angelegenheiten, also in Famili- **118** ensachen und Landwirtschaftssachen sowie in Ausschlussverfahren nach § 39a WpÜG (s. § 70 Rn 3) entsteht für den Rechtsanwalt die Verfahrensgebühr nach Nr. 3200 VV RVG, in den übrigen Sachen lediglich eine solche nach Nr. 3500 VV RVG.[163] Bei Teilnahme an einem Erörterungstermin oder einer mündlichen Verhandlung kommt die Terminsgebühr nach Nr. 3202 bzw. Nr. 3513 hinzu.

3. Verfahrenswert; Geschäftswert

Die Gebühren werden in Familiensachen nach dem **Verfahrenswert** (§ 40 FamGKG) **119** bemessen. Dieser richtet sich nach den Rechtsmittelanträgen des Beschwerdeführers, ersatzweise nach dessen Beschwer (Abs. 1) und ist auf den erstinstanzlichen Wert begrenzt (Abs. 2 S. 1), soweit der Verfahrensgegenstand nicht in der Beschwerdeinstanz erweitert wird (Abs. 2 S. 2). Ist der Zulässigkeitswert (s. § 61 Rn 6 ff.) mit dem Verfahrenswert identisch und wurde er festgesetzt, gilt er auch für die Gebührenberechnung (§ 54 FamGKG). Andernfalls wird der Verfahrenswert nach Maßgabe von §§ 33 ff. u. 43 ff. FamGKG berechnet und nach § 55 FamGKG von Amts wegen durch Beschluss festgesetzt.

In Angelegenheiten der freiwilligen Gerichtsbarkeit richten sich die Gebühren nach dem **120 Geschäftswert** (§ 39 KostO). Dieser wird nach §§ 131 Abs. 4, 30 KostO berechnet, soweit nicht für einzelne Sachen besondere Wertvorschriften bestehen. Die Wertfestsetzung erfolgt nach § 31 KostO.

Anhang zu § 58

Übersicht

	Rn
I. Rechtsbehelfe im FamFG-Verfahren	1
1. Allgemeines	1
2. Rechtspflegererinnerung nach § 11 Abs. 2 RPflG	2
3. Erinnerung entsprechend § 573 ZPO	12
4. Einspruch; Widerspruch	18
5. Rechtsbehelfe besonderer Art	21
6. Dienstaufsichtsbeschwerde	24
II. Rechtsschutz gegen Justizverwaltungsakte	29
1. Allgemeines	29
2. Verwaltungsakte nach § 23 Abs. 1 S. 1 EGGVG	30
3. Verwaltungsakte nach § 30a Abs. 1 S. 1 EGGVG	37
4. Anerkennung ausländischer Entscheidungen in Ehesachen	40
5. Verwaltungsakte nach IntFamRVG	41
6. Verwaltungsakte nach GrdstVG	42
7. Eintragung in die Urheberrolle	45
8. Vorsorge- u. Testamentsregistersachen	46
III. Rechtsschutz gegen unanfechtbare Entscheidungen	47
1. Allgemeines	47
2. Gegenvorstellung	48
a) Derzeitige Rechtslage	48
b) Verhältnis zur Verfassungsbeschwerde	53
c) Verfassungswidrigkeit der Gegenvorstellung?	55

---

[163] BGH FGPrax 2011, 36; OLG Köln JurBüro 2011, 252.

	Rn
3. Außerordentliche Beschwerde	56
4. Verfassungsbeschwerde	59
5. Menschenrechtsbeschwerde	62
IV. Rechtsschutz bei überlangen Verfahren	65
1. Allgemeines	65
2. Verzögerungsrüge	67
3. Entschädigungsprozess	74
a) Verfahrensgrundsätze	74
b) Feststellung der angemessenen Verfahrensdauer	80
c) Schadensfeststellung	83
4. Verhältnis zu anderen Rechtsbehelfen	87

I. Rechtsbehelfe im FamFG-Verfahren

1. Allgemeines

1 Gegen bestimmte Entscheidungen ist statt des eine weitere Instanz eröffnenden Rechtsmittels der Beschwerde ein Rechtsbehelf gegeben, der eine Überprüfung im selben Rechtszug und damit eine Selbstkorrektur durch die erkennende Instanz ermöglicht.

2. Rechtspflegererinnerung nach § 11 Abs. 2 RPflG

2 Findet gegen die **Entscheidung eines Rechtpflegers in** den ihm durch § 3 Nr. 1–3 RPflG **übertragenen richterlichen Geschäften** nach den Vorschriften des FamFG oder nach Spezialgesetzen, die Angelegenheiten der freiwilligen Gerichtsbarkeit unter Anwendbarkeit der Rechtsmittelvorschriften des FamFG regeln, die befristete Beschwerde (§ 58 FamFG) oder die sofortige Beschwerde entsprechend §§ 567–572 ZPO nicht statt, ist nach § 11 Abs. 2 S. 1 RPflG die Erinnerung an den Richter eröffnet. Sie stellt mithin einen allgemeinen Rechtsbehelf gegen solche Entscheidungen dar, die – hätte sie der Richter erlassen – nicht anfechtbar wären. Das gilt sowohl bei genereller Unanfechtbarkeit wie bei im Einzelfall gegebener Unzulässigkeit der an sich statthaften Beschwerde.

3 Die Rechtspflegererinnerung kommt somit in vermögensrechtlichen Angelegenheiten bei Nichterreichen der Beschwerdesumme (§ 61 Abs. 1 FamFG)[1] oder bei Nichtzulassung (§ 61 Abs. 3 FamFG) in Betracht. Ebenso ist sie für den Antragsteller im Unterhaltsfestsetzungsverfahren (§§ 249 ff. FamFG) gegeben, wenn ihm gegen den Festsetzungsbeschluss keine Einwendungen nach § 256 FamFG zur Seite stehen,[2] oder wenn der Antrag wegen Fehlens der Verfahrensvoraussetzungen insgesamt[3] zurückgewiesen wird (§ 250 Abs. 2 S. 3 FamFG). Könnten Entscheidungen des Rechtspflegers ihrer Art nach nicht Gegenstand einer Beschwerde sein, findet auch die Erinnerung nicht statt. Im Übrigen ist sie aber nicht nur gegen Endentscheidungen, sondern gegen alle bindenden Verlautbarungen betreffend die Sache oder das Verfahren eröffnet. Eine unzulässige Beschwerde ist regelmäßig als Erinnerung auszulegen und zu behandeln, weil mit ihr der zulässige Rechtsbehelf eingelegt sein soll.[4]

4 Zur Zulässigkeit der Erinnerung ist wie bei der Beschwerde eine **Beschwer** erforderlich. Die angefochtene Entscheidung muss den Erinnerungsführer deshalb in seinen Rechten beeinträchtigen und ihn in Antragsverfahren auch formell beschweren (§ 11 Abs. 2 S. 4 RPflG i. V. m. § 59 Abs. 1 u. 2 FamFG).

5 Die Rechtspflegererinnerung ist nach § 11 Abs. 2 S. 1 RPflG in Verfahren nach dem FamFG innerhalb der für die befristete Beschwerde geltenden Frist (§ 63 FamFG) einzulegen. Bei Zurückweisung eines Antrags auf Gewährung von Beratungshilfe gilt nach § 24 a Abs. 2 RPflG die Vorschrift des § 11 Abs. 2 S. 1 RPflG nicht, weshalb insoweit die unbefristete Erinnerung stattfindet.[5] Auf die Form der **Einlegung** sind nach § 11 Abs. 2

---

[1] BVerfG NJW-RR 2001, 1077.
[2] BGH NJW 2008, 2708.
[3] BGH NJW 2008, 2710.
[4] OLG Stuttgart NJW-RR 2000, 1103.
[5] OLG Stuttgart MDR 1984, 153.

S. 4 RPflG die §§ 64 Abs. 1 u. 2, 65 FamFG entsprechend anzuwenden. Mithin ist der Rechtsbehelf **in der Erinnerungsfrist schriftlich** oder **zur Niederschrift der Geschäftsstelle** bei dem Gericht einzulegen, dem der erkennende Rechtspfleger angehört. Die Erinnerung muss die angefochtene Entscheidung identifizierbar bezeichnen und erkennen lassen, dass eine Entscheidung des Richters begehrt wird. Die ausdrückliche Bezeichnung als Erinnerung ist nicht erforderlich. Eine Begründung soll erfolgen, ist aber keine Voraussetzung der Zulässigkeit, anders als die Unterzeichnung durch den Erinnerungsführer oder seinen Bevollmächtigten. Die Erinnerung kann auf neues Vorbringen gestützt werden (§ 11 Abs. 2 S. 4 RPflG i. V. m. § 65 Abs. 3 FamFG). Es besteht **kein Anwaltszwang** (§ 13 RPflG).

Der Rechtspfleger hat nach § 11 Abs. 2 S. 2 RPflG eine **Abhilfe** zu prüfen. Soweit aufgrund dieser Prüfung die Erinnerung zulässig und begründet ist, hat er ihr abzuhelfen. Vorher ist jedoch den anderen Beteiligten rechtliches Gehör zu gewähren. Der Anspruch darauf ergibt sich aus Art. 2 Abs. 1, 20 Abs. 3 GG. Die Abhilfeentscheidung kann wie die Ausgangsentscheidung von den durch sie beschwerten Beteiligten mit der Erinnerung angefochten werden; damit ist auch ein im Abhilfeverfahren erfolgter Gehörsverstoß geltend zu machen.

Unterbleibt auf eine Erinnerung die Abhilfe ganz oder teilweise, erfolgt nach § 11 Abs. 2 S. 3 RPflG die **Vorlage an den Richter** durch **Nichtabhilfe- und Vorlagebeschluss**. Dieser ist zu begründen[6] und zu seiner Wirksamkeit vom Rechtspfleger zu unterschreiben[7] (§ 11 Abs. 2 S. 4 RPflG i. V. m. §§ 69 Abs. 3, 38 Abs. 3 S. 1 u. 2 FamFG) sowie den Beteiligten bekannt zu geben (§ 11 Abs. 2 S. 4 RPflG i. V. m. § 41 Abs. 1 S. 1 FamFG).[8] Mit Erlass dieses Beschlusses geht die Entscheidungsbefugnis im Umfang der Vorlage auf den Richter über. Zuständig ist der Richter beim Gericht des Rechtszuges, dessen Rechtspfleger die angefochtene Entscheidung erlassen hat.[9] Er hat abschließend über die Erinnerung zu befinden. Seine Entscheidung ist unanfechtbar. Mit dieser einmaligen richterlichen Überprüfung ist der Rechtsschutzgarantie des Art. 19 Abs. 4 GG Genüge getan.[10] Das gilt nach der ausdrücklichen Regelung des § 6 Abs. 2 BerHG auch bei Zurückweisung eines Antrags auf Gewährung von Beratungshilfe.[11] Wegen einer im Verfahren vor dem Richter erfolgten Verletzung des Anspruchs auf rechtliches Gehör findet die Anhörungsrüge nach § 44 FamFG statt.[12]

Ist gegen eine nach § 11 Abs. 1 RPflG mit der Beschwerde (§ 58 FamFG) anfechtbare Endentscheidung des Rechtspflegers **Beschwerde eingelegt** und hilft er dieser nach § 68 Abs. 1 S. 1 1. Halbs. FamFG in einem solchen Umfang ab, dass der verbleibende Teil des Beschwerdegegenstandes die Beschwerdesumme des § 61 Abs. 1 FamFG nicht mehr erreicht, ist die Beschwerde insoweit regelmäßig in eine Erinnerung umzudeuten. Erfolgt dann gleichwohl noch die Vorlage an das Beschwerdegericht, hat dieses den Nichtabhilfe- und Vorlagebeschluss des Rechtspflegers aufzuheben und die Sache zur anderweitigen Behandlung und Entscheidung an das erstinstanzliche Gericht zurückzuverweisen.[13]

Wird dagegen die Beschwerdesumme bereits bei Einlegung des Rechtsmittels nicht erreicht, ist dieses als Erinnerung nach § 11 Abs. 2 RPflG zu behandeln. Im Wege der Abhilfe kann aber auf **Zulassung der Beschwerde** (§ 61 Abs. 2 u. 3 S. 1 FamFG) erkannt werden.[14] Denn Gegenstand der Abhilfeprüfung ist auch die Frage, ob ein Zulassungsgrund vorliegt. Aus dem gleichen Grund kann der Richter nach Vorlage der Erinnerung die Beschwerde zulassen, weil ihm jetzt die gesamte erstinstanzliche Entscheidung zukommt.[15]

---

[6] OLG Zweibrücken Rpfleger 2000, 537.
[7] BayObLG NJW-RR 1996, 38.
[8] OLG München FGPrax 2008, 13.
[9] OLG Düsseldorf NJOZ 2005, 61.
[10] BVerfG NJW 2000, 1709.
[11] OLG Brandenburg FGPrax 2011, 99; OLG Celle NJOZ 2011, 410; OLG Hamm NJOZ 2011, 649; OLG Naumburg NJOZ 2011, 1097; a. M. LG Potsdam FamRZ 2009, 902 (Eröffnung der Beschwerde).
[12] BVerfG NJW-RR 2007, 1369.
[13] OLG Düsseldorf Rpfleger 1998, 103.
[14] OLG Frankfurt BeckRS 2010, 25508; OLG Stuttgart FGPrax 2010, 111.
[15] BayObLG FamRZ 2001, 378; OLG Hamm FGPrax 2000, 66.

10 **Nicht statthaft** ist die Erinnerung gegen Verfügungen, Beschlüsse oder Zeugnisse, die nach den Vorschriften der GBO, der SchRegO oder des FamFG bereits wirksam geworden und nicht mehr abänderbar sind (§ 11 Abs. 3 S. 1 RPflG). Ebenso wenig ist sie in den dem Rechtspfleger übertragenen, Verwaltungstätigkeiten betreffenden Geschäften nach § 3 Nr. 4 RPflG eröffnet (§ 32 RPflG).

11 Ausgeschlossen ist die Rechtspflegererinnerung auch, soweit das Gesetz eine **besonders ausgestaltete Erinnerung** vorsieht. So steht beispielsweise dem Schuldner, der sich in einer notariellen Urkunde der sofortigen Zwangsvollstreckung unterworfen hat, nach §§ 95 Abs. 1, 120 Abs. 1 FamFG i. V. m. § 732 ZPO die sog. **Klauselerinnerung** gegen die Erteilung einer weiteren vollstreckbaren Ausfertigung durch den Notar offen. Hilft der Rechtspfleger ihr nicht ab, entscheidet der Richter. Gegen die Art und Weise der Zwangsvollstreckung durch den Rechtspfleger, d. h. gegen bestimmte einzelne Vollstreckungsmaßnahmen ist die **Vollstreckungserinnerung** nach §§ 95 Abs. 1, 120 Abs. 1 FamFG i. V. m. § 766 ZPO gegeben.

3. Erinnerung entsprechend § 573 ZPO

12 Die Anfechtung von **Entscheidungen des beauftragten oder ersuchten Richters** oder **des Urkundsbeamten der Geschäftsstelle** (§ 153 GVG) ist im FamFG nicht geregelt. Insoweit sind die Regelungen des § 573 ZPO entsprechend anwendbar. Danach ist in jeder Instanz, also auch während der Anhängigkeit des Verfahrens vor dem OLG oder dem BGH (§ 573 Abs. 3 ZPO), eine instanzinterne Überprüfung dieser Entscheidungen auf Erinnerung eröffnet.

13 **Ausnahmen:** Lehnt der ersuchte Richter die Rechtshilfe ab, findet nicht die Erinnerung entsprechend § 573 ZPO, sondern das in **§ 159 GVG** geregelte Verfahren statt. Danach entscheidet das OLG, zu dessen Bezirk das ersuchte Gericht gehört. Gegen diese Entscheidung findet die Beschwerde zum BGH statt, wenn die Rechtshilfe für unzulässig erklärt wird und das ersuchende und das ersuchte Gericht verschiedenen OLG-Bezirken angehören. Die Erinnerung ist auch gegen die Festsetzung eines Ordnungsmittels wegen Ungebühr durch den beauftragten oder ersuchten Richter ausgeschlossen. Insoweit ist die Beschwerde nach **§ 181 GVG** gegeben.

14 Die Erinnerung entsprechend § 573 ZPO ist innerhalb einer **Notfrist von zwei Wochen** schriftlich oder zu Protokoll der Geschäftsstelle (§ 573 Abs. 1 S. 2 ZPO) bei dem beauftragten oder ersuchten Richter bzw. bei dem Urkundsbeamten, dessen Entscheidung angefochten wird, oder bei dem für die Entscheidung zuständigen Gericht einzulegen (§§ 573 Abs. 1 S. 3, 569 Abs. 1 S. 1 ZPO). Dies ist das Instanzgericht, von dem das Ersuchen stammt oder dem der beauftragte Richter bzw. der Urkundsbeamte angehört (§ 573 Abs. 1 S. 1 ZPO). Es besteht kein Anwaltszwang (§ 78 Abs. 3 ZPO). Der beauftragte oder ersuchte Richter bzw. der Urkundsbeamte hat eine **Abhilfe** zu prüfen und bei deren Unterbleiben die Erinnerung dem Gericht vorzulegen (§§ 573 Abs. 1 S. 3, 572 Abs. 1 S. 1 ZPO). Betrifft sie die Entscheidung des Urkundsbeamten, ist in dem Rechtspfleger nach § 3 Nr. 1–3 RPflG übertragenen Angelegenheiten dieser zuständig.

15 Gegen eine daraufhin im ersten Rechtszug ergangene Entscheidung des AG oder LG über die Erinnerung findet die **sofortige Beschwerde nach §§ 567–572 ZPO** statt (§ 573 Abs. 2 ZPO bzw. § 11 Abs. 1 RPflG), so dass wiederum die Abhilfe zulässig ist. Ergeht die Entscheidung durch das LG als Beschwerdegericht oder durch das OLG, ist nach dem die Regelung des (§ 574 Abs. 1 S. 1 Nr. 2 ZPO inhaltsgleich übernehmenden § 70 Abs. 1 FamFG (streitig, s. § 70 Rn 12a) die Rechtsbeschwerde zum BGH auf Zulassung eröffnet.[16]

16 Auch gegen die Entscheidung über die Erteilung eines Rechtskraftzeugnisses findet nach **§ 46 S. 4 FamFG** die Erinnerung entsprechend § 573 ZPO statt; siehe dazu § 46 Rn 12. Lehnt der Urkundsbeamte der Geschäftsstelle des Rechtsmittelgerichts das durch den Urkundsbeamten der Geschäftsstelle des erstinstanzlichen Gerichts vor Erteilung des Rechtskraftzeugnisses gestellte Ersuchen ab, wegen der Möglichkeit eines Rechtsmittels

---

[16] Vgl. zur Statthaftigkeit der Rechtsbeschwerde im Zivilprozess BT-Drs. 14/4722 S. 116.

zunächst ein Notfristzeugnis zu erteilen, ist dagegen die Erinnerung nicht gegeben. Sie ist allein gegen die Versagung des Rechtskraftzeugnisses eröffnet, worauf dann mittelbar auch die Frage zu prüfen ist, ob es zu dessen Erteilung eines Notfristzeugnisses bedurfte.[17]

Hat ein als **Rechtspfleger** beschäftigter Beamter aufgrund Zuweisung der Dienstgeschäfte eines Urkundsbeamten der Geschäftsstelle (§ 27 Abs. 1 RPflG) entschieden, ist ebenfalls die Erinnerung entsprechend § 573 ZPO eröffnet und nicht die Erinnerung nach § 11 Abs. 2 RPflG, wie aus § 27 Abs. 2 RPflG folgt. Diese ist aber gegeben, wenn er aufgrund gesetzlicher Zuweisung ein Geschäft des Urkundsbeamten wahrgenommen hat, wie auf dem Gebiet der Aufnahme von Erklärungen (§§ 3 Nr. 3 e, 24 RPflG).[18]

4. Einspruch; Widerspruch

Im Zwangsgeldverfahren (§ 388) und im Firmenmissbrauchsverfahren (§ 392) ist der **Einspruch gegen die Androhung eines Zwangsgeldes** eröffnet und in einer zu bestimmenden Frist einzulegen. Bei rechtzeitigem Einspruch soll nach § 390 Abs. 1 ein Erörterungstermin (§ 32) stattfinden. Bei unbegründetem Einspruch ist dieser durch Beschluss zu verwerfen, § 390 Abs. 4. Dagegen findet nach § 391 Abs. 1 ebenso wie gegen die Zwangsgeldfestsetzung die Beschwerde statt. Auf die Erläuterungen zu diesen Vorschriften wird verwiesen.

In Ehesachen und Familienstreitsachen kommt der **Einspruch gegen eine Versäumnisentscheidung** nach § 113 Abs. 1 S. 2 FamFG i. V. m. §§ 338 ff. ZPO in Betracht. Er ist in einer Notfrist von zwei Wochen einzulegen. Bei zulässigem Einspruch wird das Verfahren in der vor der Säumnis gegebenen Lage fortgesetzt. Andernfalls ist der Einspruch durch Beschluss zu verwerfen, der dann als Endentscheidung mit der Beschwerde anzufechten ist. Erscheint der Beteiligte in dem auf seinen Einspruch anberaumten Verhandlungstermin nicht, ergeht eine zweite Versäumnisentscheidung. Gegen sie findet nicht der Einspruch, sondern ebenfalls die Beschwerde (§ 58 Abs. 1) statt, und zwar in vermögensrechtlichen Angelegenheiten unabhängig vom Beschwerdewert ohne Zulassung (§ 117 Abs. 2 S. 1 FamFG i. V. m. § 514 Abs. 2 S. 2 ZPO); s. dazu § 70 Rn 47 u. § 71 Rn 47 ff.

Im Löschungsverfahren ist der **Widerspruch gegen die beabsichtigte Löschung** eröffnet. Über ihn ist nach §§ 393 Abs. 3, 394 Abs. 3, 395 Abs. 3, 397, 398 durch Beschluss zu befinden, der mit der Beschwerde (§ 58 Abs. 1) anfechtbar ist. Gleiches gilt für den Widerspruch **gegen die Feststellung eines Mangels der Satzung** oder **des Gesellschaftsvertrages**, § 399. Der Widerspruch **gegen die Dispache** ist, wenn er nicht nach § 406 Abs. 2 erledigt wird, nach 407 Abs. 2 durch eine Klage entsprechend §§ 878, 879 ZPO zu verfolgen. In einer Familienstreitsache (§ 112) findet **gegen den einen Arrest anordnenden Beschluss** nach § 119 Abs. 2 S. 2 FamFG i. V. m. § 924 Abs. 1 ZPO der Widerspruch statt; über ihn hat das Gericht nach § 119 Abs. 2 S. 2 FamFG i. V. m. § 925 Abs. 1 ZPO durch Endentscheidung (§§ 38 Abs. 1 S. 1, 58 Abs. 1) zu befinden. Auf die Erläuterungen zu den vorgenannten Vorschriften wird verwiesen.

5. Rechtsbehelfe besonderer Art

Der **Antrag auf Wiederaufnahme** nach § 48 Abs. 2 FamFG i. V. m. §§ 578 ff. ZPO ermöglicht die Beseitigung einer bereits in Rechtskraft erwachsenen Entscheidung durch dasjenige Gericht, das diese Entscheidung erlassen hat.

Der **Antrag auf Wiedereinsetzung** nach § 17 Abs. 1 ist zur Verhinderung von Rechtsnachteilen bestimmt, die bei Versäumung einer gesetzlichen Frist eintreten. Im Fall der Wiedereinsetzung wird im Ergebnis die Einhaltung der versäumten Frist fingiert, so dass sie bei Versäumung der Rechtsmittelfrist den Eintritt der formellen Rechtskraft verhindert.

Im einstweiligen Anordnungsverfahren eröffnen der **Antrag auf Aufhebung** oder **Änderung** der Entscheidung (§ 54 Abs. 1) und der Antrag auf **erneute Entscheidung** aufgrund mündlicher Verhandlung in Familiensachen (§ 54 Abs. 2) eine Überprüfung

---
[17] BGH FGPrax 2010, 53 (Möglichkeit der Sprungrechtsbeschwerde).
[18] KG Rpfleger 2009, 304.

6. Dienstaufsichtsbeschwerde

24 Die Dienstaufsichtsbeschwerde ist ein formloser, außerordentlicher Rechtsbehelf im Sinne einer **Anregung an den Dienstvorgesetzten** eines Richters oder Beamten (Rechtspflegers, Urkundsbeamten der Geschäftsstelle), der Verpflichtung zur rechtsstaatlichen Selbstkontrolle nachzukommen. Sie ist nur gegen die Art des Geschäftsbetriebs, das persönliche Verhalten und die äußere Ordnung (z. B. Untätigkeit, Verzögerung durch wiederholte Terminsverlegung)[19] gegeben. Deshalb kann mit ihr nur eine Überprüfung der Amtsführung unter dienstrechtlichen Gesichtspunkten mit dem Ziel aufsichtsrechtlicher, ggf. disziplinarischer Maßnahmen erreicht werden, hingegen keine Sachprüfung.

25 Die Dienstaufsichtsbeschwerde ersetzt nicht den nach dem FamFG gegebenen Rechtsbehelf und kann eine richterliche Entscheidung nicht beseitigen. Denn die Dienstaufsicht nach § 26 DRiG erstreckt sich nicht auf die Ausübung der den Richtern in voller Unabhängigkeit anvertrauten rechtsprechenden Gewalt.[20] Es muss also um die **Sicherung eines ordnungsgemäßen Geschäftsablaufs** und die **äußere Form der Erledigung von Amtsgeschäften** oder um solche Fragen gehen, die vom Kernbereich der eigentlichen Rechtsprechung so weit entfernt sind, dass sie nur noch als zur äußeren Ordnung gehörig anzusehen sind.[21]

26 Über eine Dienstaufsichtsbeschwerde entscheidet der Dienstvorgesetzte. Gegen dessen Entscheidung kommt weitere Dienstaufsichtsbeschwerde an die nächsthöhere Aufsichtsbehörde in Betracht. Dem einzelnen Bürger steht aber **kein Rechtsanspruch** auf dienstaufsichtsrechtliches Eingreifen sowie auf Einhaltung eines bestimmten Verfahrens zu. Er hat allerdings nach dem Rechtsstaatsprinzip grundsätzlich Anspruch auf Entgegennahme und Bescheidung seiner Eingaben, soweit es sich nicht um eine wiederholte Beschwerde mit dem gleichen, bereits beschiedenen Anliegen handelt und zuvor unmissverständlich angekündigt wurde, dass mit einer weiteren Bescheidung nicht gerechnet werden könne.

27 Maßnahmen im Rahmen der Dienstaufsicht sind **kein Justizverwaltungsakt** i. S. d. § 23 Abs. 1 S. 1 EGGVG, so dass ein dagegen gerichteter Antrag auf gerichtliche Entscheidung unzulässig ist.[22] Das gilt auch für die Ablehnung solcher Maßnahmen.[23] Dagegen kann ein Richter eine Maßnahme der Dienstaufsicht i. S. d. § 26 Abs. 3 DRiG (Vorhalt und Ermahnung) mit der Begründung anfechten, sie beeinträchtige seine Unabhängigkeit. Darüber entscheidet das Richter-Dienstgericht (§§ 62 Abs. 1 Nr. 4 e, 78 Nr. 4 e DRiG). Dessen Beurteilung unterliegt aber nicht die Frage, ob die Maßnahme unter Berücksichtigung der Umstände des Einzelfalls die angemessene und rechtmäßige Reaktion der Dienstaufsicht darstellt.[24]

28 Bei einer Dienstaufsichtsbeschwerde gegen einen **Rechtspfleger** sind wegen dessen sachlicher Unabhängigkeit (§ 9 RPflG) die Grundsätze des § 26 Abs. 1 u. 2 DRiG entsprechend anzuwenden.

II. Rechtsschutz gegen Justizverwaltungsakte

1. Allgemeines

29 In Justizverwaltungssachen und anderen den Justizbehörden übertragenen Verwaltungsverfahren ist den Beteiligten durch Gesetz das Recht eingeräumt, **Antrag auf gerichtliche Entscheidung beim OLG** zu stellen. Das gerichtliche Verfahren richtet sich nach den allgemeinen Regelungen des FamFG, soweit nicht Sondervorschriften gelten.

---

[19] BVerfG NJW 1989, 3148; BGH NJW 1985, 1471.
[20] BVerfG NJW 2004, 2891.
[21] BGH NJW-RR 2001, 498.
[22] BGH NJW 1989, 587.
[23] BVerwG NJW 1977, 118.
[24] BGH NJW-RR 2007, 281; NJW 2006, 1674.

2. Verwaltungsakte nach § 23 Abs. 1 S. 1 EGGVG

Nach § 23 Abs. 1 S. 1 EGGVG entscheiden über die Rechtmäßigkeit von Maßnahmen **30** der Justizbehörden zur **Regelung einzelner Angelegenheiten auf den Gebieten des bürgerlichen Rechts** auf Antrag die ordentlichen Gerichte. Die Vorschrift ist im Hinblick auf die Rechtswegzuweisung des § 40 Abs. 1 S. 1 VwGO, wonach der Verwaltungsrechtsweg in allen öffentlich-rechtlichen Streitigkeiten nichtverfassungsrechtlicher Art gegeben ist, soweit diese nicht durch Bundesgesetz einem anderen Gericht ausdrücklich zugewiesen sind, eng auszulegen. Nach ihrem Zweck soll das ordentliche Gericht aufgrund seiner größeren Sachnähe entscheiden.[25] Mit dem Antrag auf gerichtliche Entscheidung kann auch die Verpflichtung der Justizbehörde zum Erlass eines abgelehnten oder unterlassenen Verwaltungsakts begehrt werden (§ 23 Abs. 2 EGGVG).

Zum **Gegenstand** einer gerichtlichen Entscheidung können in Angelegenheiten des **31** FamFG insbesondere gemacht werden:
- Ablehnung der Befreiung von der Beibringung des Ehefähigkeitszeugnisses für Ausländer (§ 1309 BGB).
- Anordnungen im Rechtshilfeverkehr mit dem Ausland.
- Ablehnende Entscheidung im Rahmen der Vorauswahl von im konkreten Einzelfall durch Rechtsprechungsakt auszuwählenden und als Berufsbetreuer,[26] Sachverständiger oder Insolvenzverwalter[27] zu bestellenden Personen.
- Versagung oder Gewährung von Akteneinsicht nach rechtskräftigem Abschluss des Verfahrens.[28] Versagung oder Gewährung von Akteneinsicht an Dritte im laufenden Verfahren (§ 13 Abs. 2 bzw. § 113 Abs. 1 S. 2 FamFG i. V. m. § 299 Abs. 2 ZPO);[29] ebenso wenn dort die Akteneinsicht eines Beteiligten durch die Justizverwaltung unterbunden wird.[30] Siehe dazu § 58 Rn 33 (a. M. Sternal § 13 Rn 72).

Den **Antrag** auf gerichtliche Entscheidung kann jeder stellen, der sich durch die Maß- **32** nahme einer Justizbehörde, ihre Ablehnung oder Unterlassung in seinen Rechten verletzt sieht (§§ 23 Abs. 1 u. 2, 24 Abs. 1 EGGVG). Der Antrag ist **innerhalb eines Monats** nach schriftlicher Bekanntgabe des Bescheides schriftlich oder zur Niederschrift der Geschäftsstelle des zuständigen OLG (s. Rn 34) oder (irgend-)eines AG zu stellen (§ 26 Abs. 1 EGGVG). Er muss die **Darlegung eines Eingriffs in die eigene Rechtsstellung** des Antragstellers enthalten. Die Beeinträchtigung lediglich persönlicher oder wirtschaftlicher Interessen genügt nicht. Unterliegt die angefochtene Maßnahme der Justizbehörde der Beschwerde oder einem anderen formellen Rechtsbehelf im Verwaltungsverfahren, kann der Antrag erst nach vorausgegangenem Beschwerdeverfahren gestellt werden (§ 24 Abs. 2 EGGVG). Dann beginnt die Antragsfrist mit Zustellung des Beschwerdebescheids. Bei unverschuldeter Versäumung der Antragsfrist kann Wiedereinsetzung gewährt werden (§ 26 Abs. 2–4 EGGVG). Anwaltszwang besteht nicht, weil der Antrag zu Protokoll der Geschäftsstelle gestellt werden kann (§ 78 Abs. 3 ZPO analog).

Der Antrag ist entweder auf **Anfechtung einer Maßnahme** (§ 23 Abs. 1 EGGVG) **33** oder auf **Verpflichtung zu deren Vornahme** (§ 23 Abs. 2 EGGVG), auch zu schlicht hoheitlichem Handeln,[31] zu richten. Ein vorbeugender Unterlassungs- oder allgemeiner Feststellungsantrag ist unzulässig. Jedoch kann nach Maßgabe von § 27 EGGVG gerichtliche Entscheidung beantragt werden, wenn die Justizbehörde über einen auf eine bestimmte Maßnahme gerichteten Antrag, über eine Beschwerde oder einen anderen förmlichen Rechtsbehelf ohne zureichenden Grund nicht innerhalb von drei Monaten entschieden hat.

Die **Zuständigkeit** für die gerichtliche Entscheidung liegt bei dem OLG, in dessen **34** Bezirk die Justiz- oder Beschwerdebehörde ihren Sitz hat (§ 25 Abs. 1 EGGVG); in

---

[25] BVerwG NJW 1989, 413.
[26] OLG Frankfurt NJOZ 2008, 3694; NJOZ 2008, 3686.
[27] OLG Düsseldorf NJW-RR 2010, 256.
[28] BFH NJW 2006, 399.
[29] BGH NZG 2006, 595; NJW 1990, 841; a. M. KG FGPrax 2011, 157.
[30] OLG Hamm FGPrax 2004, 141.
[31] KG NJW 1987, 197.

Anhang zu § 58   35–41

einem Land mit mehreren Oberlandesgerichten kann sie durch Gesetz einem OLG ausschließlich zugewiesen werden (§ 25 Abs. 2 EGGVG). Zur Beurteilung der **Zulässigkeit** des Antrags hat das OLG Form und Frist des Antrags sowie die Antragsberechtigung des Antragstellers zu prüfen und festzustellen, ob es sich bei der angefochtenen oder erstrebten Maßnahme um einen Justizverwaltungsakt i. S. d. § 23 Abs. 1 S. 1 EGGVG handelt, ob kein anderer Rechtsweg zum ordentlichen Gericht eröffnet (§ 23 Abs. 3 EGGVG) und die Streitsache noch nicht bei einem Gericht der allgemeinen Verwaltungsgerichtsbarkeit anhängig ist.

35   Wird der Antrag als zulässig und begründet erkannt, kommt nach § 28 Abs. 1 u. 2 EGGVG folgende **Sachentscheidung** in Betracht: Aufhebung der angefochtenen, noch nicht vollzogenen Maßnahme oder des Beschwerdebescheides (§ 24 Abs. 2 EGGVG); Anordnung der Rückgängigmachung einer vollzogenen Maßnahme; Feststellung der Rechtswidrigkeit einer erledigten Maßnahme; Verpflichtung zur Vornahme der beantragten Maßnahme; Verpflichtung zur Bescheidung des Antragstellers unter Beachtung der Rechtsauffassung des Gerichts.

36   Gegen die Entscheidung ist die **Rechtsbeschwerde zum BGH** nach §§ 71–74a FamFG statthaft, wenn sie im Beschluss des OLG zugelassen wird; der BGH ist an die Zulassung gebunden (§ 29 Abs. 1–3 EGGVG).

3. Verwaltungsakte nach § 30a Abs. 1 S. 1 EGGVG

37   Die Anfechtung von Verwaltungsakten beim **Vollzug der Kostenvorschriften** ist in § 30a EGGVG geregelt. Diese Vorschrift ist durch das Gesetz vom 19. 4. 2006 (BGBl. I S. 866) eingefügt und an die Stelle des gleichzeitig aufgehobenen Art. XI § 1 KostÄndG[32] getreten. Sie stellt eine Generalklausel dar und erfüllt eine Auffangfunktion, weil die einzelnen Kostengesetze besondere Anfechtungsmöglichkeiten vorsehen, wie z. B. die Erinnerung gegen den Kostenansatz nach § 14 KostO und § 57 FamGKG.

38   Soweit solche Sondervorschriften fehlen, können Verwaltungsakte i. S. d. § 30a Abs. 1 S. 1 EGGVG, insbesondere hinsichtlich der Einforderung oder Zurückzahlung von Kosten, durch einen Antrag auf gerichtliche Entscheidung angefochten werden. Der **Antrag ist nicht fristgebunden.** Er kann nur darauf gestützt werden, dass der Verwaltungsakt den Antragsteller in seinen Rechten beeinträchtige, weil er rechtswidrig sei (§ 30a Abs. 1 S. 2 EGGVG). Soweit die Verwaltungsbehörde ermächtigt ist, nach ihrem Ermessen zu befinden, kann mit dem Antrag nur geltend gemacht werden, dass die gesetzlichen Grenzen des Ermessens überschritten sind oder dass von dem Ermessen in einer dem Zweck der Ermächtigung nicht entsprechenden Weise Gebrauch gemacht wurde (§ 30a Abs. 1 S. 3 EGGVG).

39   Zur Entscheidung über den Antrag ist das AG zuständig, in dessen Bezirk die für die Einziehung oder Befriedigung des Anspruchs zuständige Justizkasse ihren Sitz hat (§ 30a Abs. 2 S. 1 EGGVG). Für das Verfahren, in dem die Staatskasse zu hören ist, gelten die Regelungen des § 14 Abs. 3–9 KostO entsprechend (§ 30a Abs. 2 S. 2 EGGVG). Dazu wird auf § 58 Rn 104 Bezug genommen.

4. Anerkennung ausländischer Entscheidungen in Ehesachen

40   Das Verfahren ist in **§ 107 FamFG** geregelt. Danach kann gegen den die Anerkennung ablehnenden Antrag der Landesjustizverwaltung die Entscheidung des OLG beantragt werden. Gegen diese ist nach §§ 70ff. FamFG die Rechtsbeschwerde zum BGH auf Zulassung eröffnet.[33] Wegen der Einzelheiten wird auf die Erläuterungen zu § 107 FamFG verwiesen.

5. Verwaltungsakte nach dem IntFamRVG

41   Nimmt das Bundesamt der Justiz als Zentrale Behörde im Anwendungsbereich des § 3 IntFamRVG einen aus einem anderen Staat eingehenden Antrag nicht an oder lehnt sie ihr

---
[32] Vgl. dazu Kahl 15. A. vor §§ 19–30 FGG Rn 62.
[33] BT-Drs. 16/6308 S. 222.

Tätigwerden ab, kann nach **§ 8 IntFamRVG** die Entscheidung des OLG beantragt werden, in dessen Bezirk die Behörde ihren Sitz hat. Gegen diese Entscheidung findet die Rechtsbeschwerde entsprechend §§ 70 ff. FamFG statt (§ 8 Abs. 3 S. 2 IntFamRVG).[34]

6. Verwaltungsakte nach dem GrdstVG

Die rechtsgeschäftliche **Veräußerung land- und forstwirtschaftlicher Grundstücke** und der schuldrechtliche Vertrag hierzu bedürfen nach § 2 Abs. 1 GrdstVG der Genehmigung. Gleiches gilt nach § 2 Abs. 2 GrdstVG für die Einräumung und die Veräußerung eines Miteigentumsanteils an einem Grundstück, die Veräußerung eines Erbanteils an einen anderen als an einen Miterben, wenn der Nachlass im Wesentlichen aus einem land- oder forstwirtschaftlichen Betrieb besteht, und für die Bestellung eines Nießbrauchs an einem Grundstück. Über den Antrag auf Genehmigung entscheidet nach § 3 Abs. 1 GrdstVG die nach Landesrecht zuständige Behörde. Antragsberechtigt sind nach § 3 Abs. 2 GrdstVG neben den Vertragsparteien auch der durch den Vertrag Begünstigte und der beurkundende Notar.

Nach **§ 22 Abs. 1 GrdstVG** können die Beteiligten gegen die Versagung der Genehmigung binnen zwei Wochen nach Zustellung des Bescheides **Antrag auf Entscheidung durch das Landwirtschaftsgericht** stellen; ebenso gegen die Verweigerung eines Zeugnisses über die Genehmigungsfreiheit (§ 5 GrdstVG) oder über die Rechtskraft der Entscheidung der Genehmigungsbehörde (§ 6 Abs. 3 GrdstVG) sowie gegen die Verweigerung der Bescheinigung über den Eintritt der Genehmigungsbedingungen (§ 11 Abs. 2 GrdstVG). Die Antragsfrist beginnt nicht vor Zustellung der Rechtsbehelfsbelehrung, spätestens aber fünf Monate nach Zustellung der Entscheidung der Genehmigungsbehörde (§ 20 GrdstVG). Der Antrag ist entweder schriftlich bei der Genehmigungsbehörde oder schriftlich bzw. zur Niederschrift der Geschäftsstelle des zuständigen Landwirtschaftsgerichts zu stellen. Dieses kann bei Versäumung der Antragsfrist in entsprechender Anwendung der §§ 17–19 FamFG Wiedereinsetzung gewähren (§ 22 Abs. 2 GrdstVG).

Das Landwirtschaftsgericht kann diejenige **Sachentscheidung** treffen, die auch die Genehmigungsbehörde treffen kann (§ 22 Abs. 3 GrdstVG). Es ist also nicht wie ein Verwaltungsgericht darauf beschränkt, einen Verwaltungsakt nachzuprüfen, sondern kann unabhängig von der angefochtenen Entscheidung eine eigene treffen. Hält das Landwirtschaftsgericht die Voraussetzungen der Genehmigung nicht für gegeben, versagt es diese, weist aber nicht den Antrag auf gerichtliche Entscheidung zurück. Das Verfahren richtet sich nach den Regelungen des LwVG. Soweit dort nichts anderes bestimmt wird, ist das FamFG sinngemäß anzuwenden (§ 9 LwVG). Insbesondere gilt für die Anfechtung von Beschlüssen das Rechtsmittelrecht des FamFG.[35]

7. Eintragung in die Urheberrolle

Gegen die Ablehnung eines Antrags auf Eintragung in das Register anonymer und pseudonymer Werke kann nach **§ 138 Abs. 2 UrhG** der Antrag auf gerichtliche Entscheidung bei dem für den Sitz des Patentamts zuständigen OLG gestellt werden. Dessen Entscheidung ist unanfechtbar. Im Übrigen gelten für das gerichtliche Verfahren die Vorschriften des FamFG entsprechend.

8. Vorsorge- u. Testamentsregistersachen

Nach **§ 78 f BNotO** findet gegen Entscheidungen der Bundesnotarkammer (§ 78 Abs. 2 S. 1 BnotO), welche die Führung des zentralen Vorsorgeregisters (§ 78 a BNotO)[36] und des zentralen Testamentsregisters (§ 78 b BNotO),[37] die Erhebung von Gebühren für die Aufnahme in eines dieser Register oder die Erteilung von Auskünften aus dem zentralen Testamentsregister (§ 78 e BNotO) betreffen, die befristete Beschwerde entsprechend §§ 58 ff.

---

[34] BT-Drs. 16/6308 S. 332.
[35] BT-Drs. 16/6308 S. 331.
[36] Vgl. dazu Görk FPR 2007, 82.
[37] Zum 28. 12. 2010 eingeführt durch Gesetz v. 22. 12. 2010 (BGBl. I S. 2255), s. Einl. Rn 15 a.

Anhang zu § 58 47–51

FamFG statt. Sie ist bei der Bundesnotarkammer einzulegen, die ihr abhelfen kann und bei Nichtabhilfe das Rechtsmittel dem LG am Sitz der Bundesnotarkammer (Berlin) vorzulegen hat. Gegen dessen Entscheidung ist die Rechtsbeschwerde zum BGH nicht eröffnet, anders als nach der alten Rechtslage (s. dazu 16. A.).

III. Rechtsschutz gegen unanfechtbare Entscheidungen

1. Allgemeines

47 Für Entscheidungen, gegen die nach dem Gesetz kein Rechtsmittel oder Rechtsbehelf gegeben ist, hat die Rechtsprechung in der Vergangenheit **außerordentliche Rechtsbehelfe** entwickelt und unter bestimmten Voraussetzungen als zulässig angesehen. Bei Erschöpfung des fachgerichtlichen Instanzenzuges findet die **Verfassungsbeschwerde** statt, bei Erschöpfung des gesamten innerstaatlichen Rechtswegs die **Menschenrechtsbeschwerde**.

2. Gegenvorstellung

48 a) **Derzeitige Rechtslage.** Für die Gegenvorstellung kommen **zwei Anwendungsfälle** in Betracht. Zum einen soll die Gegenvorstellung das erkennende Gericht veranlassen, eine unanfechtbare Entscheidung hinsichtlich der dort getroffenen rechtlichen und tatsächlichen Feststellungen zu überprüfen sowie als Folge davon abzuändern oder aufzuheben. Dann ist der Rechtsbehelf lediglich als **Anregung** aufzufassen, weil ein verfahrensrechtlicher Anspruch auf Überprüfung nicht besteht. Zum anderen eröffnet die Gegenvorstellung bei Verletzung anderer Verfahrensgrundrechte als des Anspruchs auf rechtliches Gehör (Art. 103 Abs. 1 GG) eine verfassungsrechtlich gebotene instanzinterne Selbstkorrektur. Insoweit besteht eine **Verpflichtung** des Gerichts zur Prüfung und ggf. Änderung der angegriffenen Entscheidung.

49 Die Gegenvorstellung kommt grundsätzlich nur gegen solche formell rechtskräftigen Entscheidungen in Betracht, die nicht in materielle Rechtskraft erwachsen oder diese herbeiführen und die noch nicht unabänderbar sind.[38] Ferner gegen Zwischen- und Nebenentscheidungen, solange ihnen keine die Instanz beendende Hauptsacheentscheidung entgegensteht.[39] Das gilt z. B. für die Versagung von Verfahrenskostenhilfe, die Festsetzung des Geschäftswerts[40] und die Entscheidung über die Richterablehnung.[41] Das letztinstanzliche Gericht kann grundsätzlich nur rein verfahrensrechtliche, d. h. ohne Sachprüfung ergangene Beschlüsse abändern. Das kommt insbesondere in Betracht, wenn das Rechtsmittel wegen irrtümlicher Verneinung seiner Zulässigkeit verworfen wurde.[42] Beim Vorliegen eines offenkundigen Verfassungsverstoßes sind jedoch ausnahmsweise auch nach Verfahrensrecht unanfechtbare Sachentscheidungen auf Gegenvorstellung abänderbar, die das instanzgerichtliche Verfahren beenden.[43]

50 Die Gegenvorstellung ist mangels Rechtsschutzbedürfnisses ausgeschlossen, wenn ein Rechtsmittel oder förmlicher Rechtsbehelf eröffnet ist. Gleiches gilt, soweit der mit ihr erstrebte Erfolg auf anderen verfahrensrechtlich zulässigen Weg erreicht werden kann, etwa durch einen Antrag auf Berichtigung (§ 42) oder Ergänzung (§ 43), durch einen neuen verfahrenseinleitenden Antrag (§ 23) oder einen Wiederaufnahmeantrag (§ 48 Abs. 2). Eine trotz Statthaftigkeit eines Rechtsmittels erhobene Gegenvorstellung kann nicht in dessen Einlegung umgedeutet werden, weil es sich nicht um vergleichbare Verfahrenshandlungen handelt.[44]

51 Die **Einlegung** der Gegenvorstellung erfolgt schriftlich oder, außer in Ehesachen und Familienstreitsachen, zu Protokoll der Geschäftsstelle (§ 64 Abs. 2 S. 1 u. 2 analog). Die

---

[38] OLG Köln MDR 2011, 477.
[39] BGH NJW 1995, 2497.
[40] BGH NJW-RR 1986, 737.
[41] BGH NJW 1995, 403.
[42] KG OLG-NL 1999, 253; OLG Köln NJW-RR 2000, 1111.
[43] BVerfG NJW-RR 2001, 860; BGH NJW 2000, 590.
[44] BGH NJW-RR 2001, 279.

sprachliche Bezeichnung der Eingabe ist unerheblich. Die Gegenvorstellung ist grundsätzlich nicht fristgebunden.[45] Für die Verpflichtung des Gerichts, seine **gegen ein Verfahrensgrundrecht verstoßende Entscheidung** selbst zu korrigieren, muss es aber aus Gründen der Rechtssicherheit eine zeitliche Grenze geben.[46] Bei einer auf die Verletzung anderer Verfahrensgrundrechte als des Anspruchs auf rechtliches Gehör (Art. 103 Abs. 1 GG) gestützten Gegenvorstellung ist deshalb analog § 44 Abs. 2 S. 1 die Einhaltung einer **Zweiwochenfrist** erforderlich.[47] Wird unter Behauptung eines Grundrechtsverstoßes Gegenvorstellung gegen die Versagung von Verfahrenskostenhilfe für ein befristetes Rechtsmittel erhoben, ist die Wiedereinsetzungsfrist von zwei Wochen (§ 18 Abs. 1, in Ehesachen und Familienstreitsachen § 113 Abs. 1 S. 2 FamFG i. V. m. § 234 Abs. 1 S. 1 ZPO) einzuhalten.[48]

Vor einer Änderung der angegriffenen Entscheidung ist den dadurch in ihren Rechten betroffenen Beteiligten rechtliches Gehör zu gewähren. Die Entscheidung über die Gegenvorstellung hat auch dann durch Beschluss (§ 38) zu ergehen, wenn diese keinen Anlass zur Änderung der angegriffenen Entscheidung gibt. Das erfordert das Rechtsstaatsprinzip, weil gegen den Bescheid über die Gegenvorstellung die Verfassungsbeschwerde in Betracht kommt.

b) Verhältnis zur Verfassungsbeschwerde. Das BVerfG hat zunächst im Hinblick auf die Subsidiarität der Verfassungsbeschwerde verlangt, dass ein Beschwerdeführer über das Gebot der Erschöpfung des Rechtswegs (§ 90 Abs. 2 S. 1 BVerfGG) im engeren Sinn hinaus die ihm im fachgerichtlichen Verfahren zur Verfügung stehenden Möglichkeiten ergreift, um eine Korrektur der geltend gemachten Verletzung von Verfahrensgrundrechten zu erwirken oder eine Grundrechtsverletzung zu verhindern.[49] Dazu wurde auch die Gegenvorstellung gezählt, bis zu deren Bescheidung deshalb mit der Einlegung der Verfassungsbeschwerde abzuwarten war.[50] Als Voraussetzung für deren Offenhaltung und somit für die Verlängerung bzw. den Neubeginn der für die Verfassungsbeschwerde geltenden Einlegungsfrist von einem Monat (§ 93 Abs. 1 BVerfGG) war bereits die Gegenvorstellung innerhalb dieser Frist zu erheben.[51] Dann begann die Frist zur Einlegung der Verfassungsbeschwerde mit der Bekanntgabe des die Gegenvorstellung bescheidenden Beschlusses, selbst wenn deren Statthaftigkeit zweifelhaft war.[52] Etwas anderes sollte nur bei einer offensichtlich unbegründeten Gegenvorstellung[53] und dann gelten, wenn diese ausschließlich materiellrechtliche Rügen enthielt[54] oder dem Zweck diente, Erwägungen zur Herbeiführung einer anderen Sachentscheidung nachzuschieben.[55]

Mittlerweile ist das BVerfG vom Erfordernis der Einlegung einer Gegenvorstellung für die Zulässigkeit der Verfassungsbeschwerde mit der Begründung abgegangen, dieser im Gesetz nicht vorgesehene Rechtsbehelf entspreche nach den Grundsätzen des Plenarbeschlusses vom 30. 4. 2003[56] nicht dem verfassungsrechtlichen Gebot der Rechtsmittelklarheit.[57] Danach wird einer Gegenvorstellung, die nach dem Wortlaut des Gesetzes weder als Rechtsmittel noch als Anhörungsrüge (§ 44, in Ehesachen und Familienstreitsachen § 113 Abs. 1 S. 2 FamFG i. V. m. § 321a ZPO) zulässig sein kann, im Hinblick auf die Einlegung der Verfassungsbeschwerde auch **keine fristwahrende Funktion mehr** zugebilligt, weil sie weder zum Rechtsweg gehört noch ihre Einlegung nach dem Subsidiaritätsgrundsatz erforderlich ist.[58] Dies stellt eine konsequente und dem aus dem Rechtsstaats-

---

[45] A. M. OLG Dresden NJW 2006, 851; OLG Rostock FamRZ 2009, 907: zwei Wochen ab Kenntnis der Entscheidung.
[46] BGH NJW 2002, 1577.
[47] BGH NJW-RR 2007, 1654; NJW 2004, 2529.
[48] BGH NJW 2001, 2262.
[49] BVerfG NJW 2004, 1650; 2003, 2738.
[50] BVerfG NJW 2002, 3387.
[51] BVerfG NJW 1995, 3248; BVerwG 2001, 1294.
[52] BVerfG NJW 2002, 3387.
[53] BVerfG NJW 2000, 274.
[54] BVerfG NJW 2000, 273.
[55] BVerfG NJW 2003, 575.
[56] BVerfG NJW 2003, 1924.
[57] BVerfG NJW-RR 2008, 200.
[58] BVerfG NJW 2009, 829; NJW 2006, 2907.

prinzip folgenden Anspruch auf effektiven Rechtsschutz (Art. 19 Abs. 4 S. 1 GG)[59] Rechnung tragende Fortentwicklung der Rechtsprechung dar, nachdem es der Gesetzgeber versäumt hat, auch für andere Verfassungsverstöße als denjenigen gegen das rechtliche Gehör (Art. 103 Abs. 1 GG) einen gesetzlichen Rechtsbehelf zu schaffen. Das gilt für das Recht auf den gesetzlichen Richter (Art. 101 Abs. 1 S. 2 GG), auf ein faires (Art. 20 Abs. 3 GG, 6 Abs. 1 EMRK)[60] und objektiv willkürfreies (Art. 3 Abs. 1 GG)[61] Verfahren sowie für den Anspruch auf Waffengleichheit (Art. 3 Abs. 1 GG).[62]

55   **c) Verfassungswidrigkeit der Gegenvorstellung?** Der BFH[63] hat zwischenzeitlich die Gegenvorstellung im Hinblick auf den Plenarbeschluss des BVerfG vom 30. 4. 2003 für verfassungswidrig gehalten und die Frage dem GmS-OGB zur Entscheidung vorgelegt. Das Rechtsstaatsprinzip erfordert es aber, dem Bürger in Ausnahmefällen einen Anspruch auf Überprüfung einer unanfechtbaren Entscheidung durch den iudex a quo einzuräumen.[64] Dafür besteht zudem ein unabweisbares praktisches Bedürfnis.[65] Deshalb ist **bis zum Tätigwerden des Gesetzgebers** am Rechtsinstitut der Gegenvorstellung festzuhalten und deren Einlegung als **statthaft** anzusehen. Denn unter den gegenwärtigen rechtlichen Voraussetzungen ist sie jedenfalls in Fällen geltend gemachter Verstöße gegen Verfahrensgrundrechte das geeignete Mittel, eine fachgerichtliche Kontrolle zu erreichen und auf diese Weise dem Justizgewährungsanspruch Geltung zu verschaffen.[66] Dementsprechend hat das BVerfG entschieden, dass die Gegenvorstellung auch unter Berücksichtigung des o. g. Plenarbeschlusses nicht von Verfassungs wegen unzulässig ist,[67] woraufhin der BFH seine Vorlage zurückgenommen hat.[68]

3. Außerordentliche Beschwerde

56   Die außerordentliche Beschwerde stellt ein von der Rechtsprechung für die Ausnahmefälle krassen Unrechts aus verfassungsrechtlichen Gründen geschaffenes Rechtsmittel gegen solche unanfechtbaren Entscheidungen dar, die offensichtlich jeder gesetzlichen Grundlage entbehren und inhaltlich dem Gesetz fremd bzw. mit der Rechtsordnung schlechthin unvereinbar, d. h. **greifbar gesetzwidrig** sind.[69]

57   Seit Inkrafttreten des ZPO-RG vom 27. 7. 2001 ist die Statthaftigkeit umstritten. Teilweise wird das Rechtsmittel noch als gegeben angesehen,[70] wobei aber die Voraussetzungen der Statthaftigkeit weiterhin unklar sind und am Einzelfall orientiert bleiben.[71] Überwiegend wird jedoch die außerordentliche Beschwerde als **nicht mehr statthaft** angesehen und stattdessen die Möglichkeit einer Selbstkorrektur auf Gegenvorstellung bejaht (Rn 48 ff.). Dabei wird im Anschluss an die Rechtsprechung des BGH zur Unzulässigkeit eines seine Zuständigkeit eröffnenden außerordentlichen Rechtsmittels[72] auf einen allgemeinen Willen des Gesetzgebers geschlossen, ein Rechtsmittel nur noch in den im Gesetz geregelten Fällen eröffnen zu wollen.[73]

---

[59] BVerfG NJW 2001, 2531; 1997, 2811.
[60] BVerfG NJW 1988, 2787; NJW 2001, 1343.
[61] BVerfG NJW 1993, 996; NJW 1998, 2810.
[62] Vgl. Schlosser NJW 1995, 1404.
[63] BFH NJW 2008, 543.
[64] Rüsken NJW 2008, 481/483.
[65] Zuck ZRP 2008, 44/47.
[66] BGH NJW-RR 2007, 1654.
[67] BVerfG NJW 2009, 829.
[68] BFH NJW 2009, 3053.
[69] BGH NJW 2000, 590; NJW-RR 1998, 63; BayObLG NJW-RR 1998, 1047; Lipp NJW 2002, 1700 m. w. N.
[70] So Bumiller/Harders § 44 Rn 2 u. § 58 Rn 22.
[71] Vgl. z. B. OLG Celle FGPrax 2007, 296; OLG München FGPrax 2006, 175; FGPrax 2005, 278; OLG Schleswig FGPrax 2006, 67.
[72] BGH NJW 2004, 2224; NJW 2003, 3137.
[73] BGH FamRZ 2007, 1315; FamRZ 2003, 232; BFH NJW 2006, 861; BayObLG FGPrax 2003, 25; KG FGPrax 2005, 66; OLG Jena FGPrax 2006, 115; OLG Köln FamRZ 2005, 2075; OLG München FGPrax 2008, 113; OLG Naumburg NJW-RR 2003, 353; OLG Zweibrücken FGPrax 2005, 233.

Daran ist festzuhalten, obwohl der Gesetzgeber in der Begründung zum Anhörungs- 58
rügegesetz vom 9. 12. 2004 klargestellt hat, dass die Einführung der Anhörungsrüge die
außerordentliche Beschwerde und die Gegenvorstellung im Fall einer Verletzung anderer
Verfahrensgrundrechte als des Anspruchs auf rechtliches Gehör nicht ausschließen soll.[74]
Denn nach dem Plenarbeschluss des BVerfG vom 30. 4. 2003[75] ist davon auszugehen, dass
die Unsicherheit hinsichtlich der jeweils im konkreten Einzelfall festzustellenden Statthaftigkeit
eines außerordentlichen Rechtsmittels dem verfassungsrechtlichen Grundsatz der
Rechtsmittelklarheit widerspricht und deshalb **mit dem Rechtsstaatsprinzip nicht vereinbar**
ist. Das hat selbst bei einer nicht nur versehentlichen sondern durch bewusst
fehlerhafte Rechtsanwendung bewirkten Grundrechtsverletzung zu gelten, zumal bei einem
Versagen der Selbstkorrektur die Möglichkeit der Verfassungsbeschwerde verbleibt.[76]

4. Verfassungsbeschwerde

Die Verfassungsbeschwerde ist kein zusätzliches Rechtsmittel, sondern gewährt **Rechts-** 59
schutz zur Durchsetzung von Grundrechten.[77] Gegen letztinstanzliche Endentscheidungen
kann ein Beteiligter nach § 90 Abs. 1 BVerfGG mit der Behauptung, er sei durch
die öffentliche Gewalt in einem seiner Grundrechte oder in einem seiner in Art. 33, 38,
101, 103 u. 104 GG aufgeführten grundrechtsgleichen Rechte verletzt, Verfassungsbeschwerde
erheben. Bei Verfassungsbeschwerden in Zivilsachen prüft das BVerfG lediglich,
ob die angegriffene Entscheidung einen Fehler erkennen lässt, der auf einer grundsätzlich
unrichtigen Auffassung von der Bedeutung und Tragweite eines Grundrechts, insbesondere
vom Umfang seines Schutzbereichs, beruht und auch in seiner materiellen
Bedeutung für den konkreten Rechtsfall von einigem Gewicht ist.[78]

Die Verfassungsbeschwerde ist erst **nach Erschöpfung des Rechtswegs** zulässig (§ 90 60
Abs. 2 S. 1 BVerfGG). Der darin zum Ausdruck kommende Subsidiaritätsgrundsatz soll
sicherstellen, dass dem BVerfG aufgrund umfassender fachgerichtlicher Vorprüfung der
Beschwerdepunkte ein regelmäßig in mehreren Instanzen geprüftes Tatsachenmaterial
unterbreitet wird und ihm die Fallanschauung und Rechtsauffassung der Gerichte, insbesondere
der obersten Bundesgerichte, vermittelt werden; zugleich entspricht es der
grundgesetzlichen Zuständigkeitsverteilung und Aufgabenzuweisung, dass vorrangig die
Fachgerichte Rechtsschutz gegen Verfassungsverletzungen gewähren.[79] Allerdings kann das
BVerfG **ausnahmsweise** über eine **vor Erschöpfung des Rechtswegs** eingelegte Verfassungsbeschwerde
vorab entscheiden. Dafür muss sie von allgemeiner Bedeutung sein oder
dem Beschwerdeführer durch Verweisung auf den Rechtsweg ein schwerer und unabwendbarer
Nachteil entstehen (§ 90 Abs. 2 S. 2 BVerfGG).

Die Verfassungsbeschwerde ist unter Bezeichnung des verletzten Rechts sowie der für 61
die Rechtsverletzung ursächlichen Handlung oder Unterlassung der Instanzgerichte zu
begründen (§ 92 BVerfGG) und innerhalb eines Monats nach Zustellung, formloser Mitteilung,
Verkündung oder sonstiger Bekanntgabe der angefochtenen, vollständig abgefassten
Entscheidung (§ 93 Abs. 1 BVerfGG) einzulegen. Die Verfassungsbeschwerde bedarf der
Annahme zur Entscheidung (§ 93a BVerfGG). Diese hat bei grundsätzlicher verfassungsrechtlicher
Bedeutung zu erfolgen und wenn es zur Durchsetzung eines Grundrechts
oder grundrechtsgleichen Rechts angezeigt ist, was auch in Betracht kommt, wenn dem
Beschwerdeführer durch die Versagung der Annahme ein besonders schwerer Nachteil
entstünde.

5. Menschenrechtsbeschwerde

Der einzelne Bürger kann sich nach Maßgabe der **Art. 19–51 EMRK** unmittelbar, d. h. 62
als Partei an den als ständiges und mit hauptamtlichen Richtern besetztes Gericht ausgestal-

---

[74] BT-Drs. 15/3706 S. 14.
[75] BVerfG NJW 2003, 1924.
[76] BVerfG NJW 2007, 2538; BFH BeckRS 2006, 25010762.
[77] BVerfG NJW 1987, 1191.
[78] BVerfG NJW 2008, 2835; NJW 2001, 591.
[79] BVerfG NVwZ 2003, 858; NVwZ 1988, 427.

Anhang zu § 58 63, 64

teten EGMR wenden, aber erst **nach Erschöpfung des innerstaatlichen Rechtswegs** einschließlich des Verfassungsrechtswegs[80] (Art. 35 Abs. 1 EMRK). Dabei kann er mit einer binnen sechs Monaten seit Zustellung der innerstaatlichen Entscheidung[81] zu erhebenden Individualbeschwerde (Art. 34 EMRK) geltend machen, durch diese Entscheidung in einem seiner in Art. 2 ff. EMRK gewährleisteten Rechte verletzt worden zu sein. In Angelegenheiten des FamFG kommt z. B. eine Verletzung des Art. 5 (Recht auf Freiheit und Sicherheit),[82] Art. 6 (Recht auf ein faires Verfahren),[83] Art. 8 (Recht auf Achtung des Privat- und Familienlebens),[84] Art. 9 (Gedanken-, Gewissens- und Religionsfreiheit)[85] oder Art. 12 (Recht auf Eheschließung)[86] in Betracht.

63 Zum 1. 11. 1998 ist das Rechtsschutzsystem grundlegend umgestaltet und der EGMR neu organisiert worden.[87] Durch das am 1. 6. 2010 in Kraft getretene **Protokoll Nr. 14 zur EMRK** wurde das Verfahren erneut reformiert, um der Überlastung des Gerichts durch die ständig steigende Zahl von Individualbeschwerden zu begegnen. Diese Reform soll insbesondere durch Einführung der Einzelrichterbesetzung und die erleichterte Möglichkeit der Zurückweisung von Beschwerden[88] dazu beitragen, dass der EGMR sich zukünftig auf diejenigen Fälle konzentrieren kann, die wichtige Probleme im Bereich der Menschenrechte aufwerfen.

64 Zunächst prüft ein **Einzelrichter**, ob die Beschwerde für unzulässig zu erklären oder im Register zu streichen ist; trifft er eine solche Entscheidung, ist sie endgültig. Andernfalls legt er die Beschwerde einem Richterausschuss oder einer Kammer vor (Art. 27 EMRK). Der **Ausschuss** befindet einstimmig und hat hinsichtlich der Zulässigkeitsprüfung die gleichen Befugnisse wie der Einzelrichter, kann aber auch abschließend über die Begründetheit entscheiden, wenn die zugrunde liegende Rechtsfrage schon in ständiger Rechtsprechung des EGMR geklärt ist (Art. 28 EMRK). Trifft weder der Einzelrichter noch der Ausschuss eine Entscheidung, gelangt die Sache an eine **Kammer** (Art. 29 EMRK). Diese erklärt die Beschwerde für unzulässig, wenn sie offensichtlich unzulässig oder rechtsmissbräuchlich ist, ihr Gegenstand mit demjenigen einer bereits entschiedenen oder anderweitig anhängigen Beschwerde im Wesentlichen übereinstimmt oder wenn dem Beschwerdeführer durch die geltend gemachte Rechtsverletzung kein erheblicher Nachteil entstanden ist (Art. 35 Abs. 2 u. 3 EMRK). Wird die Beschwerde für zulässig erklärt, kommt es nach einem schriftlichen Vorverfahren und etwa erforderlichen Ermittlungen (Art. 38 EMRK) zur grundsätzlich öffentlichen mündlichen Verhandlung (Art. 40 Abs. 1 EMRK). In jedem Stadium des Verfahrens ist die Möglichkeit eines Vergleichs zu prüfen; kommt er zustande, ist die Beschwerde durch eine Entscheidung, die sich auf eine kurze Wiedergabe des Sachverhalts und der Einigung beschränkt, aus dem Register zu streichen (Art. 39 EMRK). Andernfalls wird durch ein zu begründendes Urteil (Art. 45 Abs. 1 EMRK) entschieden, in dem eine Rechtsverletzung festgestellt und der Vertragsstaat zu einer Entschädigung verpflichtet werden kann (Art. 41 EMRK). Bei grundsätzlichen Fragen und beabsichtigter Abweichung von einem früheren Urteil des EGMR kann die Kammer die Sache an die **Große Kammer** abgeben (Art. 30 EMRK), sofern nicht eine Partei widerspricht. Entscheidet die Kammer, können die Parteien binnen drei Monaten nach Erlass des Urteils die Vorlage an die Große Kammer beantragen. Diese entscheidet aber nur in Ausnahmefällen, nämlich wenn die Rechtssache eine schwerwiegende Frage der Auslegung oder Anwendung der EMRK oder eine schwerwiegende Frage von allgemeiner Bedeutung aufwirft. Ob das der Fall ist, wird vorab in einer Annahmeprüfung festgestellt (Art. 43 EMRK). Bei Annahme entscheidet die Große Kammer, andernfalls wird das Urteil der Kammer endgültig; das

---

[80] EGMR NJW 1982, 497; Frowein DÖV 1998, 806/808 ff.; Kirchhof JZ 1998, 965/972 ff.
[81] Vgl. zur Berechnung der Beschwerdefrist Meyer-Ladewig NJW 2011, 1559.
[82] EGMR NJW 2004, 2209; NJW 2000, 2727.
[83] EGMR NJW 2007, 3409; NJW 2004, 2505.
[84] EGMR FamRZ 2008, 377; NJW 2003, 2145.
[85] EGMR FamRZ 2004, 765 (Ls.).
[86] EGMR NJW-RR 2004, 289.
[87] Vgl. Meyer-Ladewig NJW 1998, 512; NJW 1995, 2813; ders./Petzold NJW 1999, 1165.
[88] Insoweit gilt nach Art. 20 Abs. 2 Protokoll Nr. 14 für bereits anhängige Beschwerden eine Übergangszeit von zwei Jahren. Zum bisherigen Verfahrensrecht siehe 16. A. Anhang zu § 58 Rn 63.

Urteil wird veröffentlicht (Art. 44 EMRK). Die Einzelheiten sind in der **Verfahrensordnung** vom 27. 7. 2006[89] geregelt. Ein Merkblatt informiert über den Zugang zum EGMR. Für die Beschwerdeschrift steht ein Formular nebst Erläuterungen zur Verfügung. Ihre Einlegung unterliegt noch keinem **Anwaltszwang**; dieser tritt aber mit Zustellung der Beschwerde an den Beschwerdegegner ein (Art. 36 Verfahrensordnung).

IV. Rechtsschutz bei überlangen Verfahren

1. Allgemeines

Der EGMR hat in der Vergangenheit Deutschland in zahlreichen Fällen wegen **Verletzung des Rechts auf ein faires Verfahren** (Art. 6 Abs. 1 EGMR) durch eine überlange Verfahrensdauer zu Entschädigungsleistungen an Beteiligte verurteilt und das Fehlen eines wirksamen Rechtsbehelfs (Art. 13 EMRK) in der deutschen Rechtsordnung als Konventionsverletzung festgestellt. Danach ist ein Rechtsbehelf nur wirksam, wenn mit ihm entweder das Gerichtsverfahren beschleunigt oder eine angemessene Wiedergutmachung für eine schon eingetretene Verzögerung erlangt werden kann.[90] Im Urteil vom 2. 9. 2010 hat der EGMR Deutschland schließlich aufgefordert, spätestens innerhalb eines Jahres einen solchen Rechtsbehelf einzuführen.[91]

Diesen Anforderungen sollen für die ordentliche Gerichtsbarkeit die neuen Regelungen der §§ 198–201 GVG-E[92] gerecht werden. Dort wird eine zweistufige Lösung normiert, die eine **Kombination von Prävention** (Verzögerungsrüge) **und Kompensation** (Entschädigungsklage) vorsieht. Damit hat der Gesetzgeber von der zunächst vorgesehenen Einführung einer rein präventiv ausgestalteten Untätigkeitsbeschwerde (s. 16. A. Anhang zu § 58 Rn 72 f.) abgesehen, die an das gleichnamige, in der Rechtsprechung ausgebildete außerordentliche Rechtsmittel (s. 16. A. Anhang zu § 58 Rn 65 ff.) angelehnt sein sollte.

2. Verzögerungsrüge

Die Verzögerungsrüge ist kein Rechtsbehelf, sondern eine **Verfahrenshandlung**.[93] Ihr kommt eine doppelte Funktion zu. Zum einen ist sie eine als Obliegenheit[94] des Beteiligten ausgestaltete, im Entschädigungsprozess (s. Rn 74 ff.) von Amts wegen zu prüfende materielle Voraussetzung einer Entschädigung,[95] also ein Instrument der **Rechtswahrung** (§ 198 Abs. 3 S. 1 GVG-E). Zum anderen soll sie dem erkennenden Gericht als **Vorwarnung**[96] dienen und ihm Veranlassung geben, das Vorliegen einer Verzögerung zu prüfen sowie bei deren Bejahung Maßnahmen zur Verfahrensförderung zu ergreifen. Damit trägt die Regelung dem Prinzip des gesetzlichen Richters (Art. 101 Abs. 1 S. 2 GG) Rechnung, wonach es dem im Rechtsmittelzug übergeordneten Gericht verwehrt ist, in die Entscheidungskompetenz des vorinstanzlichen Richters einzugreifen und ihm bestimmte Maßnahmen aufzugeben oder gar zwecks Beendigung einer durch Verfahrensverzögerung bedingten Rechtsverletzung die Sachentscheidung an sich ziehen.[97]

Der **sachliche Anwendungsbereich** der Verzögerungsrüge erstreckt sich nach § 198 Abs. 6 Nr. 1 1. Halbs. GVG-E auf jedes dem FamFG unterfallende Verfahren von dessen Einleitung bis zum rechtskräftigen Abschluss, einschließlich der auf Bewilligung von Ver-

---

[89] BGBl. II S. 693.
[90] EGMR NJW 2006, 2389.
[91] EGMR NJW 2010, 3355.
[92] Art. 1 des geplanten Gesetzes über den Rechtsschutz bei überlangen Gerichtsverfahren und strafrechtlichen Ermittlungsverfahren. Das Gesetzgebungsverfahren ist noch nicht abgeschlossen. Die Kommentierung erfolgt nach dem Regierungsentwurf, BT-Drs. 17/3802. Dessen Art. 22 enthält eine **Übergangsvorschrift**, die sowohl beim Inkrafttreten anhängige wie bereits abgeschlossene Verfahren in das Rechtsschutzsystem einbeziet, selbst wenn schon Beschwerde zum EGMR eingelegt wurde.
[93] BT-Drs. 17/3802 S. 43.
[94] BT-Drs. 17/3802 S. 16.
[95] BT-Drs. 17/3802 S. 20.
[96] BT-Drs. 17/3802 S. 20.
[97] BVerfG NJW 2005, 3488; NJW 2005, 2685; NJW 2005, 1105.

fahrenskostenhilfe (§§ 76 ff. FamFG) oder auf Erlass einer einstweiligen Anordnung (§§ 49 ff. FamFG) gerichteten Verfahren. Unter Einleitung sind die Einreichung eines Antrags (§ 23 FamFG) oder die verfahrenseinleitende Verfügung (§ 24 FamFG) zu verstehen. In Dauerverfahren des FamFG, insbesondere in Betreuungs- und Vormundschaftssachen ist jedes mit einer Endentscheidung (§ 38 Abs. 1 S. 1 FamFG) abzuschließende Verfahren auch hinsichtlich der Verzögerungsrüge als selbständig anzusehen.[98]

69 Der **personelle Anwendungsbereich** der Verzögerungsrüge erfasst nach § 198 Abs. 6 Nr. 2 GVG-E die Beteiligten (§ 7 FamFG), mit Ausnahme der Träger öffentlicher Verwaltung und sonstiger öffentlicher Stellen, einschließlich solcher mit Selbstverwaltungsrecht.[99] Das gilt unabhängig davon, ob sie zur Wahrung des öffentlichen Interesses oder in eigener Sache (§ 7 Abs. 2 Nr. 1 FamFG) am Verfahren beteiligt sind.[100]

70 Die **Erhebung** der Verzögerungsrüge ist erst zulässig, wenn ein Beteiligter aufgrund bestimmter Anhaltspunkte Anlass für die Besorgnis hat, das Verfahren bzw. die Instanz könne nicht in angemessener Zeit abgeschlossen werden (§ 198 Abs. 3 S. 2 1 Halbs. GVG-E). Dazu muss aus seiner Sicht die **konkrete Möglichkeit einer Verzögerung** bestehen.[101] Eine schon vor diesem Zeitpunkt, d. h. vorsorglich erhobene Rüge ist unwirksam.[102] Andererseits kann sie nicht verspätet sein, solange sie noch vor Erlass der Endentscheidung (§ 38 Abs. 1 S. 1 FamFG) erhoben wird. Stellt sich das Zuwarten allerdings als ein auf Erlangung einer Entschädigung gerichtetes Verhalten („Dulde und Liquidiere") dar, kann dies im Entschädigungsprozess sowohl bei der Feststellung der angemessenen Verfahrensdauer (s. Rn 81 ff.) wie bei der Entscheidung über Art und Höhe der Entschädigung (s. Rn 84 ff.) berücksichtigt werden.[103]

71 Eine **Begründung** der Verzögerungsrüge ist zu ihrer Wirksamkeit **nicht erforderlich**. Notwendig ist allein eine Erklärung, aus der sich zweifelsfrei ergibt, dass der Beteiligte mit der Verfahrensdauer nicht einverstanden ist.[104] Insbesondere muss nicht dargelegt werden, aus welchen Umständen sich eine unangemessene Verfahrensdauer ergeben könnte. Es besteht aber eine **Hinweispflicht** hinsichtlich solcher Umstände, die für das Maß der gebotenen Verfahrensbeschleunigung wichtig sind und bislang noch nicht eingeführt wurden (§ 198 Abs. 3 S. 3 GVG-E). Sie ist insbesondere gegeben, wenn bei langer Verfahrensdauer ein Nachteil droht, mit dem das Gericht nicht ohne Weiteres rechnen muss. Diese begrenzte Substantiierungspflicht stellt eine Obliegenheit zur Wahrung der präventiven Warnfunktion (s. Rn 67) dar. Wird sie verletzt, ist der Beteiligte im Entschädigungsprozess mit diesen Umständen präkludiert, so dass sie bei der Bestimmung der angemessenen Verfahrensdauer nicht zu berücksichtigen sind (§ 198 Abs. 3 S. 4 GVG-E).

72 Besteht nach §§ 10 Abs. 4, 114 FamFG im betroffenen Verfahren **Anwaltszwang**, erstreckt er sich auch auf die Erhebung der Verzögerungsrüge.

73 Eine **Wiederholung** gegenüber demselben Gericht bzw. in der laufenden Instanz ist nicht ausgeschlossen, aber erst nach sechs Monaten zulässig, wenn nicht ausnahmsweise zur Vermeidung unbilliger Ergebnisse[105] eine kürzere Frist geboten erscheint (§ 198 Abs. 3 S. 2 2. Halbs. GVG-E). Das kann z. B. bei einem Richterwechsel der Fall sein. Kommt es im Rechtszug oder nach Verweisung zu einer erneuten Verzögerungsgefahr, bedarf es einer neuen Rüge gegenüber dem dann für die Sachentscheidung zuständigen Gericht (§ 198 Abs. 3 S. 5 GVG-E).

3. Entschädigungsprozess

74 **a) Verfahrensgrundsätze.** Nach § 198 Abs. 5 GVG-E ist ein Anspruch auf Entschädigung wegen unangemessener Verfahrensdauer (§ 198 Abs. 1 S. 1 GVG-E) durch **Klage**

---

[98] BT-Drs. 17/3802 S. 23.
[99] BT-Drs. 17/3802 S. 42.
[100] BT-Drs. 17/3802 S. 23.
[101] BT-Drs. 17/3802 S. 20.
[102] BT-Drs. 17/3802 S. 20 („geht ins Leere").
[103] BT-Drs. 17/3802 S. 21 u. 41.
[104] BT-Drs. 17/3802 S. 21.
[105] BT-Drs. 17/3802 S. 21.

geltend zu machen. Darauf, ob der Beteiligte durch die ergangene Entscheidung beschwert (§ 59 Abs. 1 FamFG) ist, kommt es für seine Klagebefugnis nicht an. Die Klage ist frühestens sechs Monate nach Erhebung der Verzögerungsrüge und somit auch schon während des FamFG-Verfahrens zulässig. Das ermöglicht die Kompensation bereits bis dahin eingetretener Nachteile. Die **Wartefrist** soll dem Gericht Zeit geben, auf die Rüge zu reagieren und das Verfahren zu fördern.[106] Die Klage muss aber spätestens sechs Monate nach Eintritt der Rechtskraft der Endentscheidung (§ 38 Abs. 1 S. 1 FamFG) oder nach anderweitiger Erledigung des FamFG-Verfahrens erhoben werden. Diese **Ausschlussfrist** greift analog § 199 Abs. 3 S. 1 BGB unabhängig davon, ob der Beteiligte Kenntnis vom Fristbeginn hat.[107] Ihre Nichteinhaltung macht die Klage nicht unzulässig, sondern wegen Verwirkung unbegründet.[108]

Anspruchsgegner und somit **Beklagter** im Entschädigungsprozess ist nach § 200 S. 1 GVG-E das jeweilige **Land**, wenn eine im Verfahren vor dem AG, LG oder OLG aufgetretene Verzögerung geltend gemacht wird. Bei behaupteter Verzögerung vor dem BGH haftet der **Bund**, § 200 S. 2 GVG-E. **75**

Als **Entschädigungsgericht** ist nach § 201 Abs. 1 S. 1–3 GVG-E auf Landesebene das **OLG**, in dessen Bezirk die Landesregierung ihren Sitz hat, auf Bundesebene der **BGH** örtlich und sachlich ausschließlich zuständig. Die Gerichtspräsidenten und ihre ständigen Vertreter sind nach § 201 Abs. 1 S. 4 GVG-E von der Mitwirkung ausgeschlossen, damit eine Verflechtung mit Aufgaben der Dienstaufsicht vermieden wird.[109] Funktionell zuständig ist ein **Zivilsenat**. Dabei ist durch die Geschäftsverteilung sicher zu stellen, dass dem Entschädigungsgericht kein Richter angehört, der am Ausgangsverfahren mitgewirkt hat. Insoweit ist § 41 Nr. 6 ZPO analog anzuwenden, sodass ein gesetzlicher Ausschluss besteht. **76**

Nach § 201 Abs. 2 S. 1 GVG-E sind die **ZPO-Vorschriften** über das Verfahren vor den Landgerichten im ersten Rechtszug entsprechend anzuwenden, also §§ 253–494a ZPO. Es besteht somit Anwaltszwang, § 78 Abs. 1 S. 1 ZPO. Der Beteiligte des FamFG-Verfahrens und jetzige Kläger trägt die **Darlegungs- und Beweislast** sowohl für die den Voraussetzungen des § 198 Abs. 3 GVG-E entsprechende Erhebung der Verzögerungsrüge wie für die eine unangemessene Verfahrensdauer begründenden Tatsachen. Soweit diese in den internen Bereich der Justiz fallen, ist die sekundäre Darlegungslast zu beachten;[110] deshalb sind darauf gerichtete Behauptungen des Klägers vom Beklagten substantiiert zu bestreiten. Eine Übertragung auf den Einzelrichter ist ausgeschlossen, § 201 Abs. 2 S. 2 GVG-E. Gegen die Entscheidung des OLG findet nach § 201 Abs. 2 S. 3 GVG-E die **Zulassungsrevision** (§ 543 ZPO) statt; die **Nichtzulassungsbeschwerde** (§ 544 ZPO) ist gegeben. **77**

Wurde die Klage vor rechtskräftigem Abschluss des FamFG-Verfahrens erhoben, kann das Entschädigungsgericht nach pflichtgemäßem Ermessen die **Aussetzung** anordnen, § 201 Abs. 3 S. 1 GVG-E. Das ist insbesondere sachgerecht, wenn hinreichende Anhaltspunkte dafür bestehen, dass jenes Verfahren in absehbarer Zeit beendet wird und dann insgesamt noch von einer angemessenen Verfahrensdauer auszugehen wäre. **78**

Daneben kommt auf Antrag der Parteien eine Aussetzung wegen schwebender außergerichtlicher **Vergleichsverhandlungen** entsprechend § 251 ZPO in Betracht. Diese sind nach dem Willen des Gesetzgebers auch schon vor Klageerhebung bei noch laufendem FamFG-Verfahren möglich. Dabei muss eine Einigung aber die sachliche Unabhängigkeit des Richters (Art. 97 Abs. 1 GG) wahren und darf insbesondere keine auf vorrangige Bearbeitung oder Einhaltung einer bestimmten Verfahrensdauer gerichtete Zusage der Justizverwaltung beinhalten.[111] **79**

b) Feststellung der angemessenen Verfahrensdauer. Für die Prüfung, ob das FamFG-Verfahren i. S. d. § 198 Abs. 1 S. 2 GVG-E unangemessen lange gedauert hat und **80**

---

[106] BT-Drs. 17/3802 S. 22.
[107] BT-Drs. 17/3802 S. 22.
[108] BT-Drs. 17/3802 S. 41.
[109] BT-Drs. 17/3802 S. 25 u. 37.
[110] BT-Drs. 17/3802 S. 25.
[111] BT-Drs. 17/3802 S. 22.

Anhang zu § 58 81–83

somit gegenüber der angemessenen Dauer eine nach ihrem zeitlichen Umfang konkretisierbare Verzögerung vorliegt, sind nach § 198 Abs. 1 S. 2 GVG-E die **Umstände des Einzelfalls**[112] maßgeblich. Dabei führt das Gesetz lediglich beispielhaft und nicht abschließend[113] Kriterien auf, die zur Beurteilung der Angemessenheit insbesondere heranzuziehen sind: die Schwierigkeit und die Bedeutung des Verfahrens sowie das Verhalten der Beteiligten und Dritter, d. h. deren Beitrag zur Verfahrensförderung bzw. -verzögerung. Damit orientiert sich das Gesetz an der zur außerordentlichen Untätigkeitsbeschwerde ergangenen Rechtsprechung. Es gibt somit **keine allgemeingültigen Zeitvorgaben** oder verbindlichen Richtlinien.[114] Zu berücksichtigen ist auch, dass dem Richter hinsichtlich der vor ihm anhängigen Verfahren grundsätzlich ein **Ermessensspielraum** bei der Beurteilung der Dringlichkeit ihrer Bearbeitung zusteht, so dass er Prioritäten in der Reihenfolge der Erledigung setzen kann. In **Kindschaftssachen** (§ 151 FamFG) muss das Alter des betroffenen Kindes im Hinblick auf eine bei längerer Verfahrensdauer eintretende faktische Präjudizierung berücksichtigt werden.[115] In den Angelegenheiten des § 155 Abs. 1 FamFG ist außerdem das dort normierte Vorrang- und Beschleunigungsgebot zu beachten.

81 Abzustellen ist darauf, ob eine über das Normalmaß hinausgehende, den Beteiligten unzumutbare Verfahrensdauer vorliegt und sich bei Anlegung objektiver Maßstäbe als **Rechtsschutzverweigerung** darstellt.[116] Denn der Entschädigungsanspruch ist ein staatshaftungsrechtlicher Anspruch sui generis, der ein rechtswidriges hoheitliches Verhalten voraussetzt.[117] Daraus folgt zugleich, dass innerhalb des Gerichts, d. h. im staatlichen Verantwortlichkeitsbereich liegende Umstände wie insbesondere eine allgemein angespannte Personalsituation keine überlange Verfahrensdauer rechtfertigen können.[118] Deshalb stellt eine Erkrankung oder Überlastung des zuständigen Richters kein Kriterium dar, weil der Staat zur Justizgewährung (Art. 20 Abs. 3 GG) eine hinreichende personelle und sachliche Ausstattung der Gerichte bereitzustellen und das Gerichtspräsidium im Rahmen der Geschäftsverteilung für Vertretung bzw. Entlastung zu sorgen hat, ggf. mit Unterstützung durch die Landesjustizverwaltung.[119] Darauf, ob der zuständige Spruchkörper pflichtwidrig gehandelt hat und somit Verschulden vorliegt, kommt es nicht an.[120]

82 Danach ist vom Entschädigungsgericht festzustellen, ob durch nicht ausreichende Verfahrensförderung, d. h. durch **Untätigkeit** des Gerichts eine Verzögerung eingetreten ist. Eine Überprüfung von Zwischenentscheidungen und verfahrensleitenden Maßnahmen, die auf einer richterlichen Sachprüfung beruhen, ist dem Entschädigungsgericht entzogen (Art. 101 Abs. 1 S. 2 GG). Gleiches gilt für die Prüfung der Rechtmäßigkeit der ergangenen Endentscheidung (§ 38 Abs. 1 S. 1 FamFG), weil diese allein Gegenstand eines dagegen gerichteten Rechtsmittels sein kann. Ist es zu der vom Beteiligten als überlang empfundenen Verfahrensdauer durch **fehlerhafte Rechtsanwendung** gekommen, z. B. weil der Richter von ihm unzutreffend für entscheidungserheblich gehaltene Tatsachen zeitaufwändig aufgeklärt (§§ 26, 29 FamFG) hat, liegt eine Verzögerung i. S. d. § 198 GVG-E nicht vor. Denn der bloße Nichterlass einer Endentscheidung wegen noch für notwendig erachteter Überprüfung der Sach- oder Rechtslage reicht allein nicht aus.[121]

83 **c) Schadensfeststellung.** Die Zuerkennung einer Entschädigung setzt grundsätzlich die nach Maßgabe von §§ 249 ff. BGB[122] zu treffende positive Feststellung eines Schadens nach **Grund und Höhe** voraus, der dem Kläger bei angemessener Dauer des Verfahrens nach freier tatrichterlicher Würdigung (§§ 286, 287 ZPO) nicht entstanden wäre. Diese Voraus-

---

[112] Wie nach BVerfG FamRZ 2008, 2258; NJW 1999, 2582.
[113] BT-Drs. 17/3802 S. 18.
[114] BVerfG NJW-RR 2010, 207.
[115] BVerfG NJW 2004, 835; NJW 2001, 961.
[116] BGH NJW-RR 1995, 887; OLG Brandenburg NJOZ 2010, 2517; OLG Frankfurt FGPrax 2010, 136; OLG Köln FGPrax 2007, 194; OLG Schleswig NJW 2011, 1823; OLG Zweibrücken NJW-RR 2003, 1653.
[117] BT-Drs. 17/3802 S. 19 u. 40.
[118] BVerfG NJW 2005, 3488.
[119] BVerfG NStZ-RR 2005, 92.
[120] BT-Drs. 17/3802 S. 19 u. 34.
[121] OLG Köln NJW-RR 2002, 1230.
[122] BT-Drs. 17/3802 S. 19.

setzung schränkt das Gesetz für immaterielle Schäden, die im Hinblick auf Art. 41 EMRK ebenfalls wieder gut zu machen sind, zur Verbesserung des Rechtsschutzes und zur Verfahrenserleichterung ein.

Ein **materieller Schaden** ist in vollem Umfang, d. h. im Sinne einer Naturalrestitution (§ 249 Abs. 1 BGB) zu ersetzen[123] und besteht in einem der Höhe nach bestimmbaren und auf der Verfahrensverzögerung beruhenden Vermögensnachteil des Klägers. Dazu gehören auch im Ausgangsverfahren entstandene Mehrkosten und bei der vorprozessualen Verfolgung des Entschädigungsanspruchs entstandene Anwaltskosten, ebenso ein entgangener Gewinn.[124] Der Kläger trägt die **Darlegungs- und Beweislast** hinsichtlich seines Schadens und dafür, dass zwischen Verfahrensverzögerung und Schaden nach dessen Grund und Höhe ein adäquater **Kausalzusammenhang** besteht.

Ein **immaterieller Schaden** ist ein Nachteil, der nicht Vermögensnachteil ist (§ 253 BGB). Er besteht in einer durch die unangemessen lange Verfahrensdauer verursachten seelischen oder körperlichen Beeinträchtigung des Klägers, wobei auch eine Rufschädigung und in Sorgerechtssachen die Entfremdung eines Kindes in Betracht kommt.[125] Nach § 198 Abs. 2 S. 1 GVG-E besteht eine **widerlegbare Vermutung** für einen solchen Schaden. § 198 Abs. 2 S. 3 GVG-E sieht für den Regelfall eine **Pauschalierung** der Entschädigung vor, wonach 1200 € für jedes Jahr der Verfahrensverzögerung zu zahlen sind und bei Zeiträumen unter einem Jahr eine zeitanteilige Berechnung zu erfolgen hat.[126] Dabei bemisst sich die Verzögerung nach der zeitlichen Differenz zwischen angemessener und tatsächlicher Verfahrensdauer (s. Rn 80). Das Gericht kann aber nach § 198 Abs. 2 S. 4 GVG-E eine höhere oder geringere Entschädigung zuerkennen, wenn der Pauschalbetrag nach den Umständen des Einzelfalls unbillig ist. Eine solche **konkrete Bemessung** ist geboten, wenn eine allein auf das zeitliche Ausmaß der Verzögerung bezogene Entschädigung zur Wiedergutmachung der konkreten Beeinträchtigung nicht angemessen ist. Dabei kommt die Darlegungs- und Beweislast für eine Abweichung nach oben dem Kläger und für eine solche nach unten dem Beklagten zu. Nach § 198 Abs. 2 S. 2 GVG-E besteht **ausnahmsweise** kein Entschädigungsanspruch, wenn nach den Umständen des Einzelfalls eine **Wiedergutmachung auf andere Weise** ausreicht, was vom Beklagten darzutun ist.[127] Als solche ist in § 198 Abs. 4 S. 1 GVG-E beispielhaft[128] die im Urteil auszusprechende Feststellung der Unangemessenheit der Verfahrensdauer aufgeführt. Sie setzt keinen Antrag voraus und hat somit von Amts wegen zu erfolgen, § 198 Abs. 4 S. 2 GVG-E.

In schwerwiegenden Fällen kann diese ausdrückliche **Feststellung der Unangemessenheit** der Verfahrensdauer nach billigem Ermessen auch neben einer Entschädigung, d. h. zusätzlich erfolgen, § 198 Abs. 4 S. 3 1. Halbs. GVG-E. Ferner ist sie zulässig, wenn die Verzögerungsrüge fehlt oder nicht nach Maßgabe von § 198 Abs. 3 GVG-E erhoben (s. Rn 70 ff.) wurde und deshalb die eingeklagte Entschädigung nicht oder nur zum Teil zuzusprechen ist, § 198 Abs. 4 S. 3 2. Halbs. GVG-E. Dann ist dies nach § 201 Abs. 4 GVG-E bei der **Kostenentscheidung** in der Weise zu berücksichtigen, dass nicht nach dem streitwertbezogenen Maß von Obsiegen und Unterliegen (§§ 91, 92 ZPO), sondern nach billigem Ermessen zu entscheiden ist. Dies soll einerseits die öffentlichen Kassen bei unverhältnismäßig hohen Entschädigungsforderungen vor unangemessen hohen Kosten bewahren und andererseits zugunsten des Klägers dem Umstand Rechnung tragen, dass eine überlange Verfahrensdauer festgestellt wurde.[129]

4. Verhältnis zu anderen Rechtsbehelfen

Da es für einen Anspruch auf Entschädigung wegen unangemessener Verfahrensdauer auf eine Pflichtwidrigkeit des Gerichts nicht ankommt, steht dem Beteiligten des FamFG-

---

[123] BT-Drs. 17/3802 S. 19 u. 40.
[124] BT-Drs. 17/3802 S. 19.
[125] BT-Drs. 17/3802 S. 19.
[126] BT-Drs. 17/3802 S. 20.
[127] BT-Drs. 17/3802 S. 20.
[128] BT-Drs. 17/3802 S. 19.
[129] BT-Drs. 17/3802 S. 26.

§ 59

Verfahrens weiterhin die **Dienstaufsichtsbeschwerde** (s. Rn 24 ff.) zu, wenn er pflichtwidriges Verhalten behauptet. Damit kann er aber letztlich nur die Ermahnung des zuständigen Richters zu ordnungsgemäßer, unverzögerter Erledigung seiner Amtsgeschäfte (§ 26 Abs. 2 DRiG) erreichen, worauf indessen kein Rechtsanspruch besteht.

88 Weiterhin ist neben der Entschädigungsklage die **Amtshaftungsklage** nach § 839 BGB, Art 34 GG gegeben. Mit ihr kann nur eine schuldhafte Amtspflichtverletzung[130] geltend gemacht und kein Ersatz für immaterielle Schäden verlangt werden. Zwischen dem auf Ersatz eines Vermögensschadens gerichteten Entschädigungsanspruch und dem Anspruch aus Amtshaftung besteht **Anspruchskonkurrenz**. Werden beide verfolgt, ist im jeweils anderen Prozess die Vorteilsausgleichung durch Anrechnung zu berücksichtigen.[131]

89 Anders als früher die gesetzlich nicht geregelte, d. h. außerordentliche Untätigkeitsbeschwerde (s. 16. A. Anhang zu § 58 Rn 65 ff.)[132] geht die dem Gebot der Rechtsmittelklarheit entsprechende Entschädigungsklage der **Verfassungsbeschwerde** (s. Rn 59 ff.) aufgrund des Subsidiaritätsprinzips (§ 90 Abs. 2 S. 1 BVerfGG) vor. Das hat selbst dann zu gelten, wenn allein auf eine Entschädigung erkannt und nicht zugleich die Unangemessenheit der Verfahrensdauer in der Entscheidungsformel festgestellt wird. Denn auch darin kommt zum Ausdruck, dass eine unangemessene Verfahrensdauer und somit eine Grundrechtsverletzung (Art. 19 Abs. 4, 20 Abs. 3 GG) vorliegt, weshalb für deren ausdrückliche Feststellung durch das BVerfG kein Rechtsschutzbedürfnis mehr besteht. Bei rechtskräftiger Abweisung der Entschädigungsklage kommt eine Verfassungsbeschwerde nur in Betracht, wenn damit im Entschädigungsprozess erfolgte Verfassungsverstöße geltend gemacht werden den.

90 Eine **außerordentliche Untätigkeitsbeschwerde** ist nach Einführung der §§ 198 ff. GVG als **unzulässig** anzusehen, weil diese das bei überlanger Verfahrensdauer bestehende Rechtsschutzproblem abschließend lösen sollen.[133]

Beschwerdeberechtigte

59 (1) **Die Beschwerde steht demjenigen zu, der durch den Beschluss in seinen Rechten beeinträchtigt ist.**

(2) **Wenn ein Beschluss nur auf Antrag erlassen werden kann und der Antrag zurückgewiesen worden ist, steht die Beschwerde nur dem Antragsteller zu.**

(3) **Die Beschwerdeberechtigung von Behörden bestimmt sich nach den besonderen Vorschriften dieses oder eines anderen Gesetzes.**

Übersicht

	Rn
I. Normzweck; Anwendungsbereich	1
II. Begriff und Bedeutung der Beschwerdeberechtigung	2
1. Allgemeines	2
2. Amtsverfahren	3
3. Antragsverfahren	4
III. Rechte i. S. von Abs. 1	6
IV. Rechtsbeeinträchtigung i. S. von Abs. 1	9
V. Feststellung der Rechtsbeeinträchtigung	15
1. Allgemeines	15
2. Maßgeblicher Zeitpunkt	19
3. Feststellung bei doppelt relevanten Tatsachen	20
4. Personale Zuordnung der Beeinträchtigung	22
VI. Beschwerdeführungsbefugnis	26
1. Allgemeines	26
2. Beschwerdeführung im eigenen Namen	27
3. Beschwerdeführung im fremden Namen	30

---

[130] Vgl. zu deren Voraussetzungen bei der Amtshaftungsklage wegen überlanger Verfahrensdauer BGH NJW 2011, 1072.
[131] BT-Drs. 17/3802 S. 19.
[132] BVerfG NJW 2008, 503.
[133] BT-Drs. 17/3802 S. 16 („grundsätzlich hinfällig").

	Rn
VII. Beschwerdeberechtigung im Antragsverfahren (Abs. 2)	37
1. Bei Zurückweisung des Antrags	37
2. Bei antragsgemäßer Entscheidung	44
VIII. Sondervorschriften	48
IX. Beschwerdeberechtigung von Behörden	55
1. Besondere Beschwerdeberechtigung (Abs. 3)	55
a) Allgemeines	55
b) Einzelfälle	56
2. Allgemeine Beschwerdeberechtigung (Abs. 1 u. 2)	64
a) Allgemeines	64
b) Einzelfälle	65
X. Beschwerdeberechtigung von Notaren	66
1. Allgemeines	66
2. Verfahren nach §§ 15 BNotO, 54 BeurkG	67
3. Vermutete Vollmacht	68
XI. Einzelfälle einer Beschwerdeberechtigung nach Abs. 1	69
1. Allgemeines	69
2. Familiensachen der freiwilligen Gerichtsbarkeit	70
a) Kindschaftssachen	70
b) Adoptionssachen	71
c) Versorgungsausgleichssachen	72
3. Betreuungssachen	76
4. Nachlasssachen	77
a) Erbscheinsverfahren	77
b) Testamentsvollstreckung	82
c) Nachlasspflegschaft	83
d) Nachlassverwaltung	85
5. Registersachen	86
a) Handelsregister	86
b) Vereinsregister	87
6. Unternehmensrechtliche Verfahren	88
7. Landwirtschaftssachen	89
8. Personenstandssachen	90
9. Genehmigung eines Rechtsgeschäfts	91

I. Normzweck; Anwendungsbereich

§ 59 regelt in Abs. 1 und Abs. 2 unter Übernahme von § 20 FGG allgemein das Recht zur Einlegung der Beschwerde für das **gesamte FamFG-Verfahren,** einschließlich Ehesachen und Familienstreitsachen. **Abs. 1** bestimmt, dass die Beschwerdeberechtigung eine Rechtsbeeinträchtigung des Beschwerdeführers durch die angefochtene Entscheidung voraussetzt, mithin eine materielle Beschwer. **Abs. 2** verlangt für Antragsverfahren außerdem die mindestens teilweise Zurückweisung des Antrags als formelle Beschwer und beschränkt damit die Beschwerdeberechtigung auf den Antragsteller. Für bestimmte Angelegenheiten gegen Sonderregelungen vor. Gleiches gilt nach **Abs. 3** für die Beschwerdeberechtigung von Behörden, soweit diese keine eigenen Rechte im Verfahren wahrnehmen. Zur Übergangsregelung siehe die Erläuterungen zu Art. 111 FGG-RG.

II. Begriff und Bedeutung der Beschwerdeberechtigung

1. Allgemeines

Die Beschwerdeberechtigung bezeichnet die verfahrensrechtliche Befugnis eines Beteiligten, gegen eine ihn beschwerende erstinstanzliche Entscheidung Beschwerde mit dem Rechtsschutzziel einer Beseitigung der Beschwer einzulegen. Die Beschwerdeberechtigung stellt eine selbständige, von Amts wegen (§ 68 Abs. 2 S. 1) zu prüfende **Voraussetzung der Zulässigkeit** des Rechtsmittels dar. Nur soweit sie besteht, ist das Beschwerdegericht zur Sachprüfung befugt; im Übrigen ist die Beschwerde als unzulässig zu verwerfen (§ 68 Abs. 2 S. 2).

2. Amtsverfahren

3 In Amtsverfahren der freiwilligen Gerichtsbarkeit setzt die Beschwerdeberechtigung keine erstinstanzliche Beteiligtenstellung voraus, sondern definiert sich allein über die durch die Entscheidung bewirkte **materielle Beschwer** (§ 59 Abs. 1).[1] Deshalb kann ein entgegen § 7 Abs. 2 und 3 nicht zum Verfahren hinzugezogener, aber in seinen Rechten Beeinträchtigter durch Einlegung der Beschwerde zum Beteiligten werden. Diese richtet sich dann zugleich gegen die unterbliebene Hinzuziehung, wenn darüber nicht durch nach § 7 Abs. 5 S. 2 gesondert anfechtbaren Beschluss entschieden wurde. Andererseits reicht die Beteiligung am erstinstanzlichen Verfahren allein für die Beschwerdeberechtigung nicht aus.

3. Antragsverfahren

4 In Antragsverfahren der freiwilligen Gerichtsbarkeit ist **zusätzlich** eine **formelle Beschwer** (§ 59 Abs. 2) erforderlich, d.h. dass der Beschwerdeführer als Antragsteller am Verfahren beteiligt (§ 7 Abs. 1) gewesen sein muss.

5 In kontradiktorischen, echten Streitverfahren der freiwilligen Gerichtsbarkeit können wie in Ehesachen (§ 121) und Familienstreitsachen (§ 112) nur die in erster Instanz Beteiligten beschwerdeberechtigt sein, weil die dort ergehende Entscheidung allein ihr gegenseitiges Rechtsverhältnis betrifft und deshalb für Dritte keine materielle Beschwer in Betracht kommen kann.

III. Rechte i. S. von Abs. 1

6 Der in **Abs. 1** verwendete Rechtsbegriff ist mit dem des § 7 Abs. 2 Nr. 1[2] identisch. Darunter fallen alle subjektiven Rechte des Beschwerdeführers. Diese können privatrechtlicher oder öffentlichrechtlicher Natur sein.[3] Erforderlich ist ein durch Gesetz verliehenes oder durch die Rechtsordnung anerkanntes und von der Staatsgewalt geschütztes, **dem Beschwerdeführer zustehendes materielles Recht.**[4] Dazu gehört auch das Recht auf informationelle Selbstbestimmung.[5] Ferner eine rechtlich gesicherte Anwartschaft,[6] nicht hingegen ein künftiges Recht oder die bloße Aussicht auf dessen Erwerb. Wirtschaftliche, rechtliche oder sonstige **berechtigte Interessen genügen nicht,** ebenso wenig wie eine moralische Berechtigung oder sittliche Pflicht.[7] Etwas anderes gilt nur, wenn dies ausdrücklich im Gesetz bestimmt ist, wie z.B. durch § 26 Abs. 2a VerschG (s. Rn 54). Ist zweifelhaft, ob dem Beschwerdeführer das beeinträchtigte Recht tatsächlich zusteht, weil die eine Rechtsbeeinträchtigung ergebenden Tatsachen nicht zugleich auf die Inhaberschaft am Recht schließen lassen, hat er diese personale Zuordnung bereits für die Zulässigkeit des Rechtsmittels darzutun. Das kommt vor allem im Erbscheinsverfahren in Betracht.[8]

7 Eine **Verletzung von Verfahrensrechten** durch das erstinstanzliche Gericht **genügt allein nicht** für eine Beschwerdeberechtigung, sondern kann lediglich ein wegen einer Beeinträchtigung der materiellen Rechtsstellung des Beschwerdeführers zulässiges Rechtsmittel begründen.[9] Denn eine verfahrenswidrig ergangene, in ihrer Form dem Gesetz nicht entsprechende Entscheidung kann ohne materielle Beschwer kein Rechtsmittel eröffnen.[10] Ohne Beschwer besteht auch unter verfassungsrechtlichen Gesichtspunkten kein Bedürfnis für eine Überprüfung von Verfahrensrügen. Zwar hat ein Beteiligter aufgrund seines allge-

---

[1] OLG Hamm FGPrax 2010, 143.
[2] BT-Drs. 16/6308 S. 178.
[3] BGH NJW 1997, 1855; BayObLG FamRZ 1998, 1057; OLG Brandenburg NJW-RR 2008, 390.
[4] BGH DNotZ 1996, 890; NJW 1989, 1858; BayObLG BtPrax 1998, 149; FamRZ 1992, 706; OLG Frankfurt FGPrax 2002, 46.
[5] BGH FamRZ 2008, 501; FamRZ 2005, 342; OLG Köln FGPrax 2011, 44; OLG Saarbrücken FGPrax 2001, 70.
[6] BGH FamRZ 2008, 261; DNotZ 1996, 890.
[7] BGH NJW 1999, 3718; NJW-RR 1991, 771; OLG München NJW 2010, 2364.
[8] KG FamRZ 1995, 837.
[9] A.M. Bumiller/Harders § 59 Rn 6.
[10] BGH FamRZ 2005, 514; FamRZ 1994, 694.

meinen Justizgewährungsanspruchs Anspruch auf ein rechtsstaatliches Verfahren und damit auf Beachtung der maßgeblichen Verfahrensvorschriften. Aber daraus lässt sich kein isoliert durchsetzbares Recht auf Einhaltung eines gesetzeskonformen Verfahrens ableiten. Denn solange eine verfahrensfehlerhaft zustande gekommene Entscheidung den Beteiligten nicht in seiner materiellen Rechtsstellung trifft, ist eine Rechtsbeeinträchtigung durch den Verfahrensverstoß ausgeschlossen.[11] Das gilt auch bei einer Verletzung des Anspruchs auf rechtliches Gehör (Art. 103 Abs. 1 GG). Vielmehr ist erst unter dem Gesichtspunkt der Begründetheit der Beschwerde zu prüfen, ob der Verfahrensverstoß eine die Beschwerdeberechtigung bewirkende materielle Beschwer zur Folge hat. Dass eine Gehörsverletzung allein keinen Rechtsbehelf eröffnet, ergibt sich auch aus § 44 Abs. 1, wonach die Anhörungsrüge die Beschwer eines Beteiligten durch eine Entscheidung voraussetzt.

Auch bei einer entgegen § 7 Abs. 2 oder unter Verstoß gegen Sondervorschriften unterbliebenen Hinzuziehung zum erstinstanzlichen Verfahren ergibt sich die Beschwerdeberechtigung nicht aus diesem Verfahrensverstoß, sondern aus der materiellen Beschwer. Das gilt z. B. für den in einer Versorgungsausgleichssache trotz Vorliegens der Voraussetzungen des § 219 Nr. 2 oder 3 nicht als Beteiligten hinzugezogenen (§ 7 Abs. 2 Nr. 2) Versorgungsträger.[12] **8**

IV. Rechtsbeeinträchtigung i. S. von Abs. 1

Nach **Abs. 1** liegt eine materielle Beschwer nur vor, wenn der angefochtene Beschluss den Beschwerdeführer in einem subjektiven Recht unmittelbar (§ 7 Abs. 2 Nr. 1) beeinträchtigt, d. h. negative Auswirkungen auf seine materielle Rechtsstellung hat. Erforderlich ist somit ein **unmittelbarer nachteiliger Eingriff.** Deshalb muss der Rechtsfolgenausspruch der angefochtenen Entscheidung, d. h. ihr der formellen und materiellen Rechtskraft fähiger Inhalt ein bestehendes Recht des Beschwerdeführers aufheben, beschränken, mindern, ungünstig beeinflussen oder gefährden, die Ausübung dieses Rechts stören oder dem Beschwerdeführer die mögliche Verbesserung seiner Rechtsstellung vorenthalten oder erschweren.[13] Es genügt nicht, wenn sich die angefochtene Entscheidung nur mittelbar auf die rechtlichen Beziehungen des Beschwerdeführers auswirkt und er deshalb ein berechtigtes Interesse an ihrer Änderung hat. Ebenso wenig reicht regelmäßig die Möglichkeit künftiger Rechtsbeeinträchtigung aus.[14] Deshalb ist z. B. der potentielle Erbe eines Beteiligten mangels gesicherter eigener Rechtsposition nicht beschwerdeberechtigt.[15] Die Rechtsbeeinträchtigung muss regelmäßig in der **Beschlussformel** zum Ausdruck kommen.[16] **9**

Bei einer Beeinträchtigung allein durch die keine Rechtskraftwirkung entfaltenden **Gründe** kommt eine Beschwerdeberechtigung nur ausnahmsweise in Betracht. So kann der vom Betroffenen vorgeschlagene, aber vom Gericht nicht bestellte berufsmäßige Betreuer eine Beschwerdeberechtigung gegen die Auswahlentscheidung haben, wenn ihm in der Begründung die generelle Eignung zur Führung von Betreuungen abgesprochen wird und deshalb konkret zu besorgen ist, dass die Entscheidung die faktische Wirkung eines Berufsverbots entfaltet.[17] Dagegen beschwert eine in einer echten Streitsache der freiwilligen Gerichtsbarkeit oder in einer Familienstreitsache ergangene Zwischenentscheidung über den Grund (§ 304 ZPO analog), die den geltend gemachten Anspruch in voller Höhe für gerechtfertigt erklärt und in den Gründen Feststellungen zur Höhe trifft, den Antragsteller nicht.[18] **10**

Davon zu unterscheiden sind die Fälle, in denen sich der erkennende Inhalt der Entscheidung nicht allein oder nicht vollständig aus der Beschlussformel ergibt, sondern erst **11**

---

[11] BGH DNotZ 1996, 890.
[12] BGH NJW 1980, 2418.
[13] BGH NJW-RR 2004, 865; NJW 1997, 1855; BayObLG NJW 1988, 2745; OLG Dresden NJW-RR 1998, 830; OLG Stuttgart FGPrax 1995, 87.
[14] BayObLG NJW-RR 2002, 440; OLG Saarbrücken FGPrax 2001, 70.
[15] OLG Köln ZMR 2004, 267.
[16] BayObLG MDR 2001, 94.
[17] OLG München OLGR 2007, 894.
[18] BGH NJW-RR 2007, 138.

i. V. m. den zu seiner, ggf. ergänzenden, Auslegung[19] heranzuziehenden Gründen. Dann ist die aufgrund einer solchen **Gesamtschau von Formel und Gründen** festgestellte Rechtsbeeinträchtigung für die Prüfung des Beschwerderechts maßgeblich. Das gilt z. B. bei der in der Formel allein verfügten Aufhebung der Betreuung, wenn aus den Gründen hervorgeht, dass der Betreuer im Wege einer zweigliedrigen Entscheidung wegen fehlender Eignung (§ 1908 b Abs. 1 S. 1 BGB) entlassen worden und deshalb die erkannte Aufhebung der Betreuung zwangsläufige Folge ist, weil der geschäftsfähige Betroffene sich der Fortsetzung der Betreuung mit einem anderen Betreuer widersetzt hat. Dann ist der Betreuer wegen Beeinträchtigung seiner eigenen Rechtsstellung beschwerdeberechtigt.[20] Widersprechen sich Beschlussformel und Gründe, ist regelmäßig auf die Formel abzustellen.[21]

12 Liegt danach eine Rechtsbeeinträchtigung vor, ist die Beschwerdeberechtigung selbst dann gegeben, wenn sich die Rechtsstellung des Beschwerdeführers bei einem Erfolg seines Rechtsmittels verschlechtert.[22]

13 Das beeinträchtigte Recht muss dem Beschwerdeführer als **eigenes Recht** zustehen. Etwas anderes gilt nur, wenn er ausnahmsweise ein **fremdes Recht im eigenen Namen** geltend machen kann (s. Rn 30 ff.).

14 Ist das beeinträchtigte Recht übertragbar oder vererblich, erfasst die **Rechtsnachfolge** auch die Beschwerdeberechtigung. Der Erbe tritt so in die Rechtsstellung des Beteiligten ein, wie diese nach dem Verfahrensstand zum Zeitpunkt seines Todes, d. h. bei Eintritt des Erbfalls (§ 1922 Abs. 1 BGB) bestanden hat.[23] Dabei sind Miterben bis zur Auseinandersetzung der Erbengemeinschaft (§ 2032 Abs. 1 BGB) nur gemeinschaftlich beschwerdeberechtigt (§ 2038 Abs. 1 S. 1 BGB), sofern die Beschwerde nicht zur Erhaltung des Nachlasses erforderlich ist (§ 2038 Abs. 1 S. 2 2. Halbs. BGB). Gegen die einen Erbscheinsantrag zurückweisende Entscheidung kann der Erbe des Antragstellers, d. h. der Erbeserbe Beschwerde einlegen und die Erteilung des Erbscheins auf den Namen des Erben weiter verfolgen. Bei **Verpfändung** des durch die erstinstanzliche Entscheidung beeinträchtigten Rechts ist neben dem Rechtsinhaber auch der Pfändungsgläubiger beschwerdeberechtigt.[24]

V. Feststellung der Rechtsbeeinträchtigung

1. Allgemeines

15 Das Gericht hat die Beschwerdeberechtigung als Voraussetzung der Zulässigkeit des Rechtsmittels von Amts wegen zu prüfen. Für die Ermittlung der die Rechtsbeeinträchtigung ergebenden Tatsachen gilt der **Amtsermittlungsgrundsatz** (§§ 26, 68 Abs. 2 S. 1). Allerdings wird dieser durch die Mitwirkungspflicht des Beschwerdeführers (§ 27 Abs. 1) in der Weise **eingeschränkt,** dass der Beschwerdeführer die für seine Beschwerdeberechtigung sprechenden Tatsachen darzutun[25] und Beweismittel zu bezeichnen hat, soweit ihm das möglich und zumutbar ist (§ 23 Abs. 1 S. 2 analog). Kommt er dem nicht hinreichend nach, verletzt das Gericht seine Aufklärungspflicht nur, wenn sich aus den gegebenen Umständen, insbesondere nach dem Inhalt der Akten, konkrete Anhaltspunkte für die Sachdienlichkeit bestimmter Ermittlungen ergeben und diese unterbleiben.

16 Zur Feststellung der Rechtsbeeinträchtigung darf **keine Sachprüfung** der angefochtenen Entscheidung vorweggenommen werden.[26] Ob eine Beeinträchtigung zu Unrecht erfolgte, ist erst im Rahmen der Begründetheit der Beschwerde zu prüfen. Deshalb ist bei der Zulässigkeitsprüfung die Unrichtigkeit des erstinstanzlichen Erkenntnisses in dem mit der Beschwerde geltend gemachten und damit dem Rechtsmittelgericht angefallenen Umfang zu unterstellen.[27] Es kommt also darauf an, ob ein Recht des Beschwerdeführers

---

[19] BGH NJW-RR 2002, 136.
[20] OLG München FGPrax 2006, 264.
[21] BGH NJW 1997, 3447.
[22] BGH NJW 1959, 1730; OLG Dresden NJW-RR 1998, 830; OLG Zweibrücken NJW-RR 1987, 7.
[23] BayObLG FamRZ 1997, 218; OLG Schleswig NJWE-FER 2001, 258.
[24] KG FGPrax 1999, 157.
[25] BayObLG FamRZ 1996, 1369; KG FGPrax 2007, 235.
[26] BGH NJW 2001, 3337; BayObLG Rpfleger 1988, 531.
[27] BGH MDR 1963, 39; OLG Frankfurt NJW 1977, 1018; OLG Zweibrücken Rpfleger 1977, 305.

beeinträchtigt wäre, wenn sich die angefochtene Entscheidung in seinem Sinn als ungerechtfertigt herausstellte.[28]

Bleibt die Frage der Rechtsbeeinträchtigung wegen Zweifeln über solche tatsächlichen Voraussetzungen ungeklärt, die im Bereich des Beschwerdeführers liegen, ist das Rechtsmittel wegen der ihn dann treffenden **Feststellungslast** als unzulässig zu verwerfen.[29] Eine aus dem Bereich des Gerichts herrührende Unaufklärbarkeit der Beschwerdeberechtigung darf dagegen nicht zu Lasten des Beschwerdeführers gehen und rechtfertigt keine Verneinung der Zulässigkeit. Das ist auch der Fall, wenn sich die Rechtsbeeinträchtigung aufgrund einer Unklarheit der angefochtenen Entscheidung nicht feststellen lässt.

Bei Sachverhalten mit Auslandsberührung (Art. 3 Abs. 1 EGBGB) ist zur Feststellung der Beschwerdeberechtigung deutsches Verfahrensrecht (lex fori) anzuwenden, während sich die Frage der Rechtsbeeinträchtigung nach dem jeweiligen Sachstatut beurteilt.[30]

2. Maßgeblicher Zeitpunkt

Das Recht, von dessen Beeinträchtigung die Beschwerdeberechtigung abhängt, muss **bei Erlass der angefochtenen Entscheidung** bereits bestanden haben, weil es später von vornherein mit der Beschränkung entsteht, die sich aus der durch die Entscheidung geschaffenen Sach- und Rechtslage ergibt.[31] Darüber hinaus muss dieses Recht dem Beschwerdeführer noch **bei der Beschwerdeeinlegung** zustehen, denn andernfalls fehlt es an der erforderlichen Beeinträchtigung seiner eigenen Rechtsstellung. In Fällen, in denen das beeinträchtigte Recht übertragbar ist, reicht es aber aus, wenn dieses Recht bei Erlass der angefochtenen Entscheidung schon bestand und der Rechtsübergang auf den Beschwerdeführer noch innerhalb der Beschwerdefrist erfolgt.[32] Entsprechendes gilt, wenn ein Kind des Erblassers unter Berufung auf sein gesetzliches Erbrecht die Einziehung eines dem Testamentserben erteilten Erbscheins geltend macht und die Vaterschaft des Erblassers erst nach Erlass des erstinstanzlichen Beschlusses festgestellt wird.[33] Die Rechtsbeeinträchtigung muss **bis zum Erlass der Beschwerdeendentscheidung** des Beschwerdegerichts fortbestehen. Entfällt sie vorher, wird das Rechtsmittel unzulässig.[34]

3. Feststellung bei doppelt relevanten Tatsachen

Grundsätzlich ist zur Bejahung der Beschwerdeberechtigung erforderlich, dass zur Überzeugung des Beschwerdegerichts (§ 37 Abs. 1, in Ehesachen und Familienstreitsachen § 113 Abs. 1 S. 2 FamFG i. V. m. § 286 ZPO) eine tatsächliche Rechtsbeeinträchtigung vorliegt.[35] Nur ausnahmsweise genügt eine **mögliche Rechtsbeeinträchtigung.** Davon ist auszugehen, wenn die zur Feststellung der materiellen Beschwer des Beschwerdeführers aufzuklärenden und zu beurteilenden Tatsachen mit denjenigen identisch sind, von denen die Begründetheit der Beschwerde abhängt (sog. doppelt relevante Tatsachen).[36]

Dies ist regelmäßig im Erbscheinsverfahren der Fall, wenn der Beschwerdeführer behauptet, Erbe zu sein. Denn dann ist beim tatsächlichen Bestehen seines Erbrechts die Beschwerde zugleich begründet, etwa wenn die durch den im Testament übergangenen gesetzlichen Erben gegenüber der Erbscheinserteilung an den Testamentserben geltend gemachte Testierunfähigkeit (§ 2229 Abs. 4 BGB) des Erblassers festgestellt wird. Ebenso, wenn das Nachlassgericht das Erbrecht des Fiskus (§ 1964 BGB) ohne vorausgegangene öffentliche Aufforderung zur Anmeldung der Erbrechte (§ 1985 BGB) feststellt und ein

---

[28] BayObLG MDR 2001, 94.
[29] BayObLG FamRZ 2004, 1818; NJW-RR 1992, 1219.
[30] BayObLG NJW-RR 1997, 644; NJW 1988, 2745; KG FGPrax 2001, 24.
[31] BGH NJW 1989, 1858.
[32] KG FGPrax 1999, 157.
[33] BayObLG ZEV 2003, 503.
[34] BGH FamRZ 2006, 402; FamRZ 2004, 1553.
[35] KG FGPrax 2001, 24; FGPrax 1995, 120; OLG Düsseldorf FGPrax 2000, 205; OLG Zweibrücken Rpfleger 1977, 305; OLG Frankfurt NJW 1977, 1018.
[36] BGH NJW 1994, 1413; BayObLG FamRZ 1994, 1061; FamRZ 1992, 1205; OLG Hamm FamRZ 2000, 487.

Erbprätendent dagegen Beschwerde einlegt.[37] Gleiches gilt, wenn der Beschwerdeführer geltend macht, durch die Regelung des Versorgungsausgleichs werde in einer dem Gesetz nicht entsprechenden Weise in seine Rechtsstellung eingegriffen;[38] oder wenn er eine Umgangsregelung mit der Begründung verlangt, er habe ein Recht auf Umgang mit dem Kind.[39] In solchen Fällen genügen zur Bejahung der Beschwerdeberechtigung die Behauptung einer Rechtsbeeinträchtigung durch den Beschwerdeführer und die Feststellung des Gerichts, dass die Beeinträchtigung möglich, d. h. nicht ausgeschlossen ist.[40] Ob sie tatsächlich vorliegt, ist dann im Rahmen der Begründetheit des Rechtsmittels festzustellen. Der Beschwerdeführer hat die für die Möglichkeit seiner Rechtsbeeinträchtigung sprechenden Tatsachen darzutun und Beweismittel anzugeben (§ 23 Abs. 1 S. 2 analog); dabei sind im Erbscheinsverfahren die besonderen Anforderungen des § 2356 BGB zu beachten. Liegt dagegen keine Überschneidung der Sachprüfung mit der Prüfung der Rechtsbeeinträchtigung vor, ist diese vorab festzustellen. Was allein zur Sachprüfung gehört, richtet sich nach dem jeweiligen Verfahrensgegenstand.

4. Personale Zuordnung der Beeinträchtigung

22 Bei einer im eigenen Namen eingelegten Beschwerde muss die Rechtsbeeinträchtigung in der **Person des Beschwerdeführers** gegeben sein. Liegen mehrere Beschwerden gegen dieselbe Entscheidung vor, ist die Beschwerdeberechtigung für jeden Beschwerdeführer selbständig zu prüfen, weil die Rechtsmitteleinlegung nicht zugunsten der übrigen Beteiligten wirkt.[41]

23 Bei einer in fremdem Namen eingelegten Beschwerde kommt es auf die Rechtsbeeinträchtigung in der **Person des Vertretenen** (insbesondere des Kindes, Mündels, Pfleglings oder Betroffenen) an. Denn die Vertretungsmacht begründet kein subjektives Recht, weshalb aus ihr keine eigene Beschwerdeberechtigung hergeleitet werden kann. Das gilt auch für den General- oder Vorsorgebevollmächtigten (§ 1896 Abs. 2 S. 2 BGB).[42] Dieser kann aber nach § 303 Abs. 4 und § 335 Abs. 3 in Betreuungs- und Unterbringungssachen wie der nach § 1902 BGB vertretungsberechtigte Betreuer gegen seinen Aufgabenkreis betreffende Entscheidungen Beschwerde im Namen des Betroffenen einlegen (s. § 303 Rn 11 u. § 335 Rn 5).

24 Bei gesetzlichen Vertretern als Beschwerdeführern ist im Einzelfall zu klären und ggf. auszulegen, ob das Rechtsmittel im eigenen Namen (s. Rn 27 ff.), im Namen des Vertretenen (s. Rn. 30 ff.) oder sowohl im eigenen als auch im fremden Namen eingelegt ist.[43] Maßgebend für die Auslegung sind das Beschwerdevorbringen, die auf den Verfahrensgegenstand bezogene Interessenlage und das konkrete Rechtsschutzziel. Ist danach zugleich im eigenen wie im fremden Namen Beschwerde eingelegt, liegen zwei selbständig auf ihre Zulässigkeit und Begründetheit zu prüfende Rechtsmittel vor.

25 Entsprechendes ist bei der Beschwerdeeinlegung durch einen Verfahrenspfleger zu beachten, weil dieser durch seine Bestellung zum Beteiligten wird (§§ 274 Abs. 2, 315 Abs. 2, 418 Abs. 2) und danach zugleich bei Beeinträchtigung eines eigenen materiellen Rechts beschwerdeberechtigt ist. Ebenso bei der Einlegung des Rechtsmittels durch einen Verfahrensbeistand (§§ 158 Abs. 3 S. 2, 174, 191 S. 2). Auch insoweit kommt sowohl eine Beschwerde im eigenen Namen wie in dem des Betroffenen bzw. des Kindes in Betracht.

VI. Beschwerdeführungsbefugnis

1. Allgemeines

26 Die Beschwerdeführungsbefugnis stellt eine von der Beschwerdeberechtigung zu unterscheidende, weitere Zulässigkeits- und somit Sachentscheidungsvoraussetzung dar. Sie ist

---

[37] KG FGPrax 2011, 124.
[38] BGH FamRZ 2005, 1240.
[39] BGH NJW 2001, 3337.
[40] BayObLG Rpfleger 1988, 531.
[41] BGH NJW 1980, 1960; BayObLG FamRZ 1985, 1179.
[42] OLG München NJW 2010, 2364.
[43] BayObLG FamRZ 2000, 1111.

ebenfalls von Amts wegen zu prüfen und bezeichnet die verfahrensrechtliche **Befugnis zur Ausübung des Beschwerderechts,** also zur wirksamen Vornahme der dazu erforderlichen Verfahrenshandlungen. Fehlt die Beschwerdeführungsbefugnis bei Einlegung der Beschwerde oder entfällt sie bis zur Entscheidung des Beschwerdegerichts, ist die Beschwerde als unzulässig zu verwerfen.

2. Beschwerdeführung im eigenen Namen

Bei einem im eigenen Namen eingelegten Rechtsmittel liegt die Beschwerdeführungsbefugnis vor, wenn der verfahrensfähige (§ 9 Abs. 1) Beschwerdeführer die Beeinträchtigung eines eigenen Rechts durch die angefochtene Entscheidung geltend macht und somit die ihm selber zustehende Beschwerdeberechtigung ausübt.

Die personale Zuordnung von Beschwerdeberechtigung und Beschwerdeführungsbefugnis kann aber auch auseinander fallen. Das ist z. B. der Fall, wenn der Erbe nach rechtskräftiger Eröffnung des Nachlassinsolvenzverfahrens (§ 1980 BGB) die ihm gegen die Bewilligung einer Nachlasspflegervergütung zustehende Beschwerdeberechtigung ausüben will, weil dann die Beschwerdeführungsbefugnis nach § 80 Abs. 1 InsO auf den Insolvenzverwalter übergegangen ist.[44] Dieser und der Testamentsvollstrecker sowie der Nachlassverwalter können nach der durch die h. M. vertretenen Amtstheorie **kraft Amtes** im eigenen Namen Beschwerde einlegen, so dass im Ergebnis eine **gesetzliche Verfahrensstandschaft** vorliegt.[45] Deshalb ist die Beschwerdeführungsbefugnis zu bejahen, wenn das durch die angefochtene Entscheidung beeinträchtigte Recht der Verwaltungs- und Verfügungsbefugnis des Testamentsvollstreckers (§§ 2212, 2213 BGB), Nachlassverwalters (§ 1984 Abs. 1 S. 1 BGB) oder Insolvenzverwalters (§ 80 Abs. 1 InsO) unterliegt. Voraussetzung ist aber weiter, dass der Beschwerdeführer eine wirksame Ernennung bzw. Bestellung nachweist[46] und die Testamentsvollstreckung, die Nachlassverwaltung oder das Insolvenzverfahren noch nicht beendet ist. Der Nachlasspfleger (§§ 1960, 1961 BGB) kann dagegen das Verfahren nicht als Beteiligter kraft Amtes im eigenen Namen führen, sondern nur als Vertreter des Erben.[47]

In Antragsverfahren der freiwilligen Gerichtsbarkeit, insbesondere in echten Streitsachen kommt eine **gewillkürte Verfahrensstandschaft** zwar grundsätzlich in Betracht. Das dafür erforderliche schutzwürdige Eigeninteresse des Beschwerdeführers an der Geltendmachung eines fremden Rechts liegt aber nur ausnahmsweise vor. Daran fehlt es z. B., wenn ein Zessionar ein Recht des Zedenten auf Erteilung einer Abschrift der vom Notar verwahrten Abtretungsurkunde[48] oder der Erwerber eines Wohnungseigentums vor seiner Eintragung als Eigentümer einen Grundbuchberichtigungsanspruch des teilenden Alteigentümers[49] geltend macht. Ebenso wenig kann ein Elternteil das höchstpersönliche Recht des Kindes auf Umgang mit dem anderen Elternteil (§ 1684 Abs. 1 BGB) im eigenen Namen durchsetzen.[50]

3. Beschwerdeführung im fremden Namen

Bei einem im fremden Namen eingelegten Rechtsmittel wird das nach Abs. 1 u. 2 in der Person des Vertretenen gegebene Beschwerderecht durch den gesetzlichen Vertreter oder besonders Beauftragten ausgeübt (§ 9 Abs. 2 und 3). Fehlt es der als Vertreter handelnden Person nach den insoweit maßgeblichen Vorschriften des materiellen Rechts an der Vertretungsbefugnis, ist auch die Beschwerdeführungsbefugnis nicht gegeben. Deshalb hat das Beschwerdegericht in solchen Fällen die Vertretungsbefugnis gesondert festzustellen.

Ein **gesetzlicher Vertreter** ist zur Einlegung der Beschwerde im eigenen Namen nur befugt, wenn die angefochtene Entscheidung unmittelbar in seine eigene Rechtsstellung

---
[44] OLG Köln FGPrax 2005, 167.
[45] Thomas/Putzo/Hüßtege § 51 Rn 25 ff.
[46] OLG Düsseldorf FGPrax 2000, 205.
[47] BGH NJW 1989, 2133.
[48] KG FGPrax 2003, 284.
[49] BayObLG NZM 1999, 126.
[50] BGH NJW 2008, 2586.

eingreift und er deshalb nach Abs. 1 u. 2 selbst beschwerdeberechtigt ist. Das ist gilt z. B. für den Vormund gegenüber der Versagung einer Vergütung (§ 1836 BGB), der Anordnung einer Aufsichtsmaßnahme (§ 1837 Abs. 2 S. 1 BGB), der Androhung oder Festsetzung eines Zwangsgeldes (§ 1837 Abs. 3 S. 1 BGB), der Entlassung gegen seinen Willen (§ 1886 BGB), der nachträglichen Beschränkung seines Wirkungskreises oder seiner Vertretungsbefugnis durch Bestellung eines Pflegers (§ 1794) oder eines Gegenvormunds (§ 1792 BGB). Durch die Versagung einer vormundschaftsrechtlichen Genehmigung kann der Vormund nur dann selbst beschwert sein, wenn die Genehmigung keine Voraussetzung für die Wirksamkeit des durch ihn für den Mündel vorgenommenen Rechtsgeschäfts ist (Innengenehmigung), wie z. B. bei der Anlage von Mündelgeld (§§ 1810, 1811 BGB); in den anderen Fällen (Außengenehmigung) ist er nur zur Einlegung der Beschwerde im Namen des Mündels berechtigt.

32 Legen **Eltern** als gesetzliche Vertreter des minderjährigen Kindes Beschwerde ein, ist zur Feststellung der Vertretungsbefugnis nach § 1629 BGB zu prüfen, ob die elterliche Sorge und damit die Vertretungsbefugnis noch besteht, ob sie beiden Eltern gemeinsam oder einem Elternteil allein zusteht, ob trotz gemeinsamer elterlicher Sorge ein Elternteil allein zur Vertretung berechtigt ist (Abs. 1 S. 4: Notvertretungsrecht; Abs. 2 S. 2: Geltendmachung von Unterhaltsansprüchen gegen den anderen Elternteil in gesetzlicher Verfahrensstandschaft) und ob die Vertretung für einzelne Angelegenheiten ausgeschlossen (Abs. 2 S. 1 i. V. m. § 1795 BGB) oder entzogen (Abs. 2 S. 3 i. V. m. § 1796 BGB) ist oder ob eine sonstige Verhinderung an der Vertretung (§ 1909 Abs. 1 S. 1 BGB) besteht.

33 Wenn **Pfleger** (§§ 1909 ff. BGB) im Namen des Pfleglings Beschwerde einlegen, kommt es darauf an, ob eine wirksame Bestellung (§§ 1915 Abs. 1 S. 1 u. 3, 1789 BGB) vorliegt, ob die Pflegschaft nicht kraft Gesetzes beendet (§ 1918 BGB) oder aufgehoben (§ 1919 BGB) ist, ob der Verfahrensgegenstand den Wirkungskreis des Pflegers betrifft und ob er in Angelegenheiten der gegenständlichen Art nicht von der Vertretung ausgeschlossen (§§ 1915 Abs. 1 S. 1, 1795 BGB) ist.

34 Legt ein **Betreuer** im Namen des Betroffenen Beschwerde ein (§§ 303 Abs. 4, 335 Abs. 3), ist zur Prüfung der Vertretungsbefugnis (§ 1902 BGB) anhand der Bestellungsurkunde festzustellen, ob die angefochtene Entscheidung seinen Aufgabenkreis betrifft.

35 Bei der Vertretung des Mündels durch den **Vormund** ist festzustellen, ob dessen Vertretungsbefugnis (§ 1793 Abs. 1 S. 1 BGB) in der konkreten Angelegenheit durch eine Pflegschaft beschränkt (§ 1794 BGB), wegen Interessenkollision ausgeschlossen (§ 1795 BGB) oder entzogen (§ 1796 BGB) ist. Sind mehrere Vormünder bestellt, kommt es darauf an, ob ihnen die Vertretungsbefugnis gemeinschaftlich zusteht (§ 1797 Abs. 1 S. 1 BGB) oder ob die Vormundschaft nach Wirkungskreisen geteilt und deshalb jeder Mitvormund innerhalb seines Wirkungskreises allein vertretungsberechtigt ist (§ 1797 Abs. 2 S. 2 BGB).

36 Ein in Betreuungs-, Unterbringungs- oder Freiheitsentziehungssachen bestellter **Verfahrenspfleger** ist zwar kein gesetzlicher Vertreter, hat aber in dem anhängigen Verfahren, für das er bestellt worden ist, die Rechtsstellung eines solchen[51] und kann aufgrund der daraus folgenden gesetzlichen Beschwerdeführungsbefugnis (§§ 303 Abs. 3, 335 Abs. 2, 429 Abs. 3) im Namen des Betroffenen zur Wahrnehmung seiner Interessen neben bzw. unabhängig von diesem und gegen dessen Willen Beschwerde einlegen. Entsprechendes gilt für den dem Kind in Kindschafts-, Abstammungs- oder Adoptionssachen bestellten **Verfahrensbeistand** (§§ 158 Abs. 4 S. 5 u. 6, 174 S. 2, 191 S. 2).

VII. Beschwerdeberechtigung im Antragsverfahren (Abs. 2)

1. Bei Zurückweisung des Antrags

37 Nach **Abs. 2** steht gegen die vollständige oder teilweise Ablehnung einer Entscheidung, die aufgrund gesetzlicher Vorschrift nur auf Antrag erlassen werden kann, allein dem Antragsteller (§ 7 Abs. 1) die Beschwerde zu. Erforderlich ist somit eine **formelle Beschwer.** Danach ist die Vorschrift ausschließlich auf einen Antrag im Rechtssinne anwendbar, mithin im Bereich der freiwilligen Gerichtsbarkeit auf einen solchen i. S. d. § 23, der

---

[51] OLG Frankfurt FGPrax 2000, 21.

Verfahrensvoraussetzung für eine Sachentscheidung ist.[52] Die übrigen Beteiligten sind dann ebenso wie entgegen § 7 Abs. 2 nicht als Beteiligte hinzugezogene Dritte selbst dann nicht beschwerdeberechtigt, wenn sie die Entscheidung in ihren Rechten beeinträchtigt. Etwas anderes gilt nur im Fall der Rn 41; siehe dort.

Abs. 2 gilt **nicht bei einer Anregung** nach § 24 Abs. 1. Dabei kommt es nicht auf die Bezeichnung als Antrag, sondern allein darauf an, ob der Erlass einer nach dem Gesetz von Amts wegen zu treffenden Entscheidung begehrt wird. Wurde diesem Begehren nicht entsprochen, fehlt es an dem in § 59 Abs. 2 vorausgesetzten formellen Antragsrecht. Die Vorschrift findet auch keine Anwendung auf Entscheidungen, die lediglich nicht ohne darauf gerichtetes, verfahrensrechtlich eine Anregung darstellendes **Gesuch** erlassen werden sollen oder die nach ihrem Inhalt bzw. dem durch sie betroffenen Regelungsgegenstand mangels Veranlassung nur auf ein solches Gesuch ergehen, wie z. B. eine vormundschaftsrechtliche Genehmigung (§§ 1819 ff. BGB).[53] Ebenso wenig betrifft Abs. 2 Entscheidungen, die alternativ auf Antrag oder von Amts wegen erlassen werden können, wie eine Verbleibensanordnung (§§ 1632 Abs. 4, 1682 BGB) oder die Bestellung eines Betreuers (§ 1896 Abs. 1 S. 1 BGB). 38

Abs. 2 normiert **keine selbständige Beschwerdeberechtigung,** sondern beschränkt das in Abs. 1 generell, d. h. sowohl für Amts- wie für Antragsverfahren geregelte Beschwerderecht. Deshalb begründet die Zurückweisung des Antrags für sich allein noch kein Beschwerderecht. Der dadurch formell beschwerte Antragsteller ist nur dann beschwerdeberechtigt, wenn er zugleich materiell beschwert, also durch die erstinstanzliche Entscheidung in einem subjektiven Recht beeinträchtigt ist.[54] 39

Eine **Ausnahme** davon gilt nur, wenn in erster Instanz keine Sachentscheidung ergangen, sondern der **Antrag als unzulässig abgewiesen** worden ist, so dass es an einer materiellen Beschwer fehlt. Dann genügt allein die formelle Beschwer zur Beschwerdeberechtigung des Antragstellers.[55] Das gilt insbesondere bei Verneinung der Verfahrensfähigkeit oder der gesetzlichen Vertretung des Antragstellers[56] sowie seiner Antragsberechtigung.[57] 40

Bei einer **Mehrheit von Antragsberechtigten** ist aus verfahrensökonomischen Gründen, d. h. zur Vermeidung eines weiteren Verfahrens auch derjenige beschwerdeberechtigt, der den verfahrenseinleitenden Antrag (§ 23) nicht gestellt hat, aber einen solchen im Zeitpunkt seiner Beschwerdeeinlegung noch wirksam stellen könnte.[58] Dieser weitere Antragsberechtigte kann neben dem Antragsteller oder an dessen Stelle zur Einlegung der Beschwerde in das Verfahren eintreten und erlangt dann als Beschwerdeführer zugleich die verfahrensrechtliche Stellung eines Antragstellers (§ 7 Abs. 1). Das ist für Verschollenheitssachen ausdrücklich geregelt (§ 17 VerschG) und gilt in Antragsverfahren der freiwilligen Gerichtsbarkeit allgemein. So sind z. B. bei Versagung eines gemeinschaftlichen Erbscheins die anderen Miterben, die den Antrag nicht gestellt haben, beschwerdeberechtigt.[59] Gleiches gilt bei Zurückweisung eines Antrages auf Entlassung des Testamentsvollstreckers, wenn die Miterben, die keinen Antrag gestellt haben, ihr Rechtsmittel auf denselben Lebenssachverhalt stützen, der auch dem Entlassungsantrag zugrunde liegt.[60] 41

Ist aber nach materiellem Recht ein **gemeinschaftlicher Antrag** mehrerer Personen erforderlich, wie der Erben bei Anordnung der Nachlassverwaltung (§ 2062 BGB), sind diese bei Zurückweisung des gemeinsamen Antrags auch nur gemeinsam beschwerdeberechtigt, weil die Beschwerde eine Wiederholung bzw. das Weiterbetreiben des Antrags darstellt.[61] Deshalb sind gegen die Zurückweisung der Anmeldung einer GmbH nur sämt- 42

---

[52] KG FGPrax 2007, 276.
[53] Jansen/Briesemeister § 20 Rn 34.
[54] BGH NJW 2003, 3772; NJW-RR 1991, 771.
[55] BGH NJW-RR 1998, 361; OLG München MDR 2011, 546.
[56] BGH NJW 1989, 984; OLG Frankfurt NJW-RR 1997, 580.
[57] BGH FamRZ 1986, 719.
[58] BGH NJW 1993, 662; OLG Schleswig FGPrax 2010, 253.
[59] BayObLG FGPrax 1998, 146; KG FamRZ 1990, 1264.
[60] BayObLG FamRZ 1996, 186.
[61] OLG Hamm NJW-RR 1990, 532; KG DNotZ 2006, 550.

liche Geschäftsführer im Namen der Gesellschaft[62] beschwerdeberechtigt, gegen die Ablehnung der Eintragung einer OHG oder KG nur sämtliche Gesellschafter,[63] gegen die Zurückweisung der Anmeldung eines Vereins nur alle anmeldenden Vorstandsmitglieder des Vorvereins,[64] gegen die Ablehnung des auf Abberufung des Liquidators gerichteten Antrags einer Minderheit von Aktionären (§ 265 AktG) nur diese Minderheit gemeinschaftlich. Ergeht jedoch auf einen nicht gemeinsamen und somit unzulässigen Antrag eine Sachentscheidung, ist jeder der Antragsberechtigten in seiner eigenen Rechtsstellung beeinträchtigt und deshalb selbständig beschwerdeberechtigt.[65]

43   Davon zu unterscheiden ist der Fall der erforderlichen **Antragskumulierung,** wie z. B. bei der den Antrag des Annehmenden und des Anzunehmenden voraussetzenden Volljährigenadoption (§ 1768 Abs. 1 S. 1 BGB).[66] Dann sind beide Antragsteller jeweils für sich allein beschwerdeberechtigt.[67]

2. Bei antragsgemäßer Entscheidung

44   Wurde dem Antrag in vollem Umfang stattgegeben, ist zur Prüfung der Beschwerdeberechtigung allein auf **Abs. 1** abzustellen, so dass diese trotz fehlender formeller Beschwer in Betracht kommt, wenn eine **materielle Beschwer** durch die antragsgemäße Entscheidung vorliegt.[68] Dies ist zu bejahen, wenn der Antragsteller durch die Stattgabe seines Antrags nicht nur rechtliche Vorteile erlangt, sondern ihm dadurch zugleich Rechtspflichten entstehen. Das ist z. B. bei antragsgemäßer Erbscheinserteilung aufgrund der durch die Erbenhaftung (§ 1967 BGB) begründeten Beeinträchtigung der Rechtsstellung gegeben, weshalb der Erbe Beschwerde mit dem Ziel der Einziehung des antragsgemäß erteilten Erbscheins einlegen kann. Eine Beschwerdeberechtigung besteht auch, wenn sich eine antragsgemäße Entscheidung aufgrund nachträglicher Änderung der Verhältnisse als beeinträchtigend i. S. d. Abs. 1 erweist. So kann der Betreuer, dem auf seinen Antrag gestattet wurde, die Vergütung aus dem Vermögen des Betroffenen zu entnehmen, mit der Beschwerde die Erstattung aus der Staatskasse wegen inzwischen eingetretener Mittellosigkeit des Betroffenen (§ 1836 d BGB) geltend machen.[69]

45   Soweit eine materielle Beschwer besteht, kann es aber am erforderlichen und im Einzelfall gesondert zu prüfenden **Rechtsschutzinteresse** für eine Aufhebung oder Änderung der erstinstanzlichen Entscheidung und damit ausnahmsweise an der Zulässigkeit des Rechtsmittels fehlen.[70] Das gilt z. B. dann, wenn der Antragsteller die Wirkungslosigkeit (§ 22 Abs. 2 S. 1) der Entscheidung durch innerhalb der Beschwerdefrist zu erklärende Antragsrücknahme erreichen kann, weil ihr die übrigen Beteiligten zustimmen (§ 22 Abs. 1 S. 2). Ebenso wenn es dem Beteiligten freisteht, von einer Rechtsposition Gebrauch zu machen, die ihm auf seine Anregung bzw. sein Gesuch zuerkannt wurde, etwa von einer vormundschaftsrechtlichen Genehmigung (§ 1829 Abs. 1 S. 2 BGB).

46   Im **Aufgebotsverfahren zwecks Todeserklärung** kann der Antragsteller aufgrund der Besonderheit des Verfahrensgegenstandes **kraft Gesetzes** (§§ 26 Abs. 2 a, 33 a Abs. 3 S. 1 VerschG) Beschwerde einlegen, auch wenn seinem Antrag stattgegeben wurde. Gleiches gilt für den Abwesenheitspfleger (§ 1911 BGB) in seiner Eigenschaft als gesetzlicher Vertreter des Verschollenen.[71]

47   In kontradiktorischen **Streitsachen der freiwilligen Gerichtsbarkeit** sowie in **Ehesachen** und **Familienstreitsachen** ist dagegen stets eine formelle Beschwer des Antragstellers Voraussetzung für seine Beschwerdeberechtigung. Sie ist in einer Familienstreitsache (§ 112) auch gegeben, wenn das erstinstanzliche Gericht zwar den geltend gemachten

---

[62] BGH NJW 1989, 295.
[63] BayObLG Rpfleger 1977, 321.
[64] BayObLG NJW-RR 1991, 958.
[65] BayObLG NJW-RR 1988, 873; WM 1984, 638.
[66] Palandt/Diederichsen § 1768 Rn 1.
[67] OLG Karlsruhe NJW-RR 2006, 364.
[68] OLG Köln FGPrax 2011, 44.
[69] OLG Schleswig FGPrax 2005, 161.
[70] BGH NJW-RR 1991, 510.
[71] OLG Düsseldorf FamRZ 1998, 109.

Zahlungsanspruch in vollem Umfang zuerkennt, aber dennoch in Verkennung des Verfahrensgegenstandes den Antrag teilweise zurückweist.[72] Gleiches gilt, wenn das Gericht dem ursprünglichen Antrag stattgibt, obwohl ihn der der Antragsteller erweitert hat.[73]

VIII. Sondervorschriften

Für eine Reihe von Verfahren sind im Hinblick auf die Besonderheiten ihres Gegenstandes die persönlichen und sachlichen Voraussetzungen der Beschwerdeberechtigung in Abweichung bzw. Erweiterung von § 59 geregelt (zu den Einzelheiten siehe die Erläuterungen zu den jeweiligen Vorschriften): 48

- In **Abstammungssachen** ist nach **§ 184 Abs. 3** ohne Rücksicht auf eine Beeinträchtigung eigener Rechte jeder beschwerdeberechtigt, der nach § 172 zu beteiligen ist.[74] 49

- In **Betreuungssachen** können nach **§ 303 Abs. 2** die dort abschließend aufgeführten Angehörigen (Nr. 1) und eine Vertrauensperson des Betroffenen (Nr. 2) in dessen Interesse und somit unabhängig von ihm gegen dort von Amts wegen ergangene Entscheidungen Beschwerde einlegen, wenn sie nach §§ 7 Abs. 3, 274 Abs. 4 Nr. 1 in erster Instanz beteiligt worden sind. Nach **§ 303 Abs. 3** ist der Verfahrenspfleger beschwerdeberechtigt. Nach **§ 303 Abs. 4** kann der Vorsorgebevollmächtigte (§ 1896 Abs. 2 S. 2 BGB) ebenso wie der Betreuer sowohl im Namen des Betroffenen wie im eigenen Namen Beschwerde einlegen, soweit sein Aufgabenkreis unmittelbar[75] betroffen ist. 50

- In **Unterbringungssachen** können nach **§ 335 Abs. 1** die dort abschließend aufgezählten Personen im Fall ihrer erstinstanzlichen Beteiligung (§§ 7 Abs. 3, 315 Abs. 4) im Interesse des Betroffenen Beschwerde einlegen. Nach **§ 335 Abs. 2** ist der Verfahrenspfleger beschwerdeberechtigt. Nach **§ 335 Abs. 3** haben der Betreuer und der Vorsorgebevollmächtigte ein Beschwerderecht, das demjenigen in Betreuungssachen (s. Rn 50) entspricht. 51

- In **Nachlasssachen** ist nach **§ 355 Abs. 3** bei gemeinschaftlicher Amtsführung durch mehrere Testamentsvollstrecker jeder von ihnen selbständig beschwerdeberechtigt gegen Beschlüsse des Nachlassgerichts, durch die Anordnungen des Erblassers für die Nachlassverwaltung außer Kraft gesetzt werden oder über Meinungsverschiedenheiten zwischen den Testamentsvollstreckern entschieden wurde. Die Beschwerde gegen die Anordnung der Nachlassverwaltung auf Antrag eines Nachlassgläubigers steht nach **§ 359 Abs. 2** nur dem Erben bzw. Miterben und dem zur Nachlassverwaltung berechtigten Testamentsvollstrecker zu. 52

- In **Freiheitsentziehungssachen** können nach **§ 429 Abs. 2** die dort abschließend aufgeführten Angehörigen (Nr. 1) und eine Vertrauensperson des Betroffenen (Nr. 2) in dessen Interesse und somit unabhängig von ihm gegen die Anordnung einer Freiheitsentziehung Beschwerde einlegen, wenn sie nach §§ 7 Abs. 3, 418 Abs. 3 in erster Instanz beteiligt worden sind. 53

- Im **Aufgebotsverfahren zwecks Todeserklärung** ist nach **§§ 26 Abs. 2 a, 33 a Abs. 3 S. 1 VerschG** neben dem Antragsteller jeder Dritte, der an der Aufhebung der Todeserklärung oder an der Berichtigung des festgestellten Todeszeitpunkts ein rechtliches Interesse hat, gegen den Todeserklärungsbeschluss (§ 23 VerschG) beschwerdeberechtigt. 54

- In **Therapieunterbringungssachen** ist nach **§ 16 Abs. 1 ThUG** neben dem Betroffenen auch der ihm beigeordnete Rechtsanwalt (§ 7 ThUG) beschwerdeberechtigt. Außerdem der Leiter der Einrichtung, in der die Sicherungsverwahrung vollstreckt wird, wenn er einen Antrag auf Verfahrenseinleitung (§ 5 Abs. 1 S. 3 ThUG) gestellt hat. 54a

---

[72] BGH NJW-RR 2004, 1715.
[73] BGH NJW 2004, 2019.
[74] BT-Drs. 16/9733 S. 295.
[75] OLG Schleswig FGPrax 2005, 214 zu § 69 g Abs. 2 FGG.

IX. Beschwerdeberechtigung von Behörden

1. Besondere Beschwerdeberechtigung (Abs. 3)

55 **a) Allgemeines.** Nach **Abs. 3** sind Behörden zur Wahrung öffentlicher Interessen beschwerdeberechtigt, wenn dies **gesetzlich bestimmt** ist. Es handelt sich um eine besondere Beschwerdeberechtigung **im öffentlichen Interesse** unabhängig von einer Beeinträchtigung eigener Rechte. Eine Hinzuziehung der Behörde zum erstinstanzlichen Verfahren nach § 7 Abs. 2 Nr. 2 ist dafür nicht erforderlich.[76] Die Befugnis soll sicherstellen, dass diejenige Fachbehörde, die für Angelegenheiten der gegenständlichen Art zuständig ist, nach Prüfung der ihr zur Kenntnis gelangten Entscheidung noch ihre speziellen Erkenntnisse und Erfahrungen einbringen und damit zu einer sachgerechten Erledigung des Verfahrens beitragen kann.

b) Einzelfälle

56 • Das **Jugendamt** ist in Kindschaftssachen in allen die Person des Kindes betreffenden Verfahren beschwerdeberechtigt (**§ 162 Abs. 3 S. 2**). In Abstammungssachen besteht die Beschwerdeberechtigung bei einer Vaterschaftsanfechtung nach § 1600 Abs. 1 Nr. 2 oder 5 BGB und bei einer Anfechtung durch das minderjährige Kind nach § 1600 Abs. 1 Nr. 4 BGB sowie dann, wenn das Jugendamt bei sonstiger Beteiligung eines Minderjährigen angehört worden ist (**§ 176 Abs. 2**). In Adoptionssachen, wenn der Anzunehmende oder der Angenommene minderjährig ist (**§ 194 Abs. 2**). Ferner in Ehewohnungssachen (**§ 205 Abs. 2**) und Gewaltschutzsachen (**§ 213 Abs. 2**), wenn Kinder im Haushalt der beteiligten Ehegatten leben. Die Beschwerdeberechtigung setzt keine Verletzung der Verpflichtung zur Anhörung des Jugendamts voraus.

57 • Dem **Landesjugendamt** steht bei sog. Auslandsadoptionen nach § 11 Abs. 1 Nr. 2 u. 3 AdVermiG die Beschwerde zu (**§ 195 Abs. 2 S. 2**).

58 • Die **Betreuungsbehörde** kann gegen – positive wie negative – Entscheidungen über die Bestellung eines Betreuers oder die Anordnung eines Einwilligungsvorbehalts sowie gegen diejenigen über Umfang, Inhalt oder Bestand einer solchen Maßnahme Beschwerde einlegen (**§ 303 Abs. 1**), auch wenn die Entscheidung auf Antrag des Betroffenen ergangen ist, so dass die Beschwerdeeinlegung gegen dessen Willen erfolgen kann;[77] siehe wegen der Einzelheiten § 303 Rn 13 ff. Welche Behörde zuständig und damit beschwerdeberechtigt ist, bestimmt sich nach Landesrecht (**§ 1 S. 1 BtBG**).

59 • Die **in Unterbringungssachen zuständige Behörde** (**§ 1 S. 2 BtBG**) ist gegen die Anordnung einer Unterbringungsmaßnahme oder vorläufigen Unterbringungsmaßnahme sowie gegen die Ablehnung oder Aufhebung einer solchen Maßnahme beschwerdeberechtigt (**§ 335 Abs. 4**). Siehe § 335 Rn 6.

60 • Die **berufsständischen Organe** (Organe des Handelsstandes, des Handwerksstandes, des land- und forstwirtschaftlichen Berufsstandes und der freien Berufe) haben ein Beschwerderecht gegen Entscheidungen des Registergerichts betreffend die Eintragung in das Handels- oder Partnerschaftsregister und die Löschung solcher Eintragungen (**§ 380 Abs. 5**). Sie sind auch bei Zurückweisung ihres Antrags auf Löschung einer Firma, einer vermögenslosen Gesellschaft oder Genossenschaft und einer unzulässigen Eintragung beschwerdeberechtigt (**§§ 393 Abs. 3, 394 Abs. 3, 395 Abs. 3**).

61 • Die **in Freiheitsentziehungssachen zuständige Behörde** ist gegen die von ihr beantragte Anordnung einer Freiheitsentziehung ebenso wie gegen deren Ablehnung oder Aufhebung beschwerdeberechtigt (**§ 429 Abs. 1**). Die Zuständigkeit muss bei Einlegung der Beschwerde, jedenfalls aber bei Ablauf der Beschwerdefrist vorliegen.[78]

62 • Die **Aufsichtsbehörde des Standesamts** ist gegen Entscheidungen, die eine Anordnung zur Berichtigung des Personenstandsregisters (§ 48 PStG) oder eine Anweisung des Standesbeamten zur Vornahme einer Amtshandlung (§ 49 PStG) zum Gegenstand haben, „in jedem Fall" beschwerdeberechtigt (**§ 53 Abs. 2 PStG**). Daraus folgt, dass die Be-

---

[76] BT-Drs. 16/6308 S. 204.
[77] BT-Drs. 16/6308 S. 271.
[78] OLG Schleswig FGPrax 1997, 236.

hörde selbst gegen eine ihrem eigenen Antrag stattgebende Entscheidung Beschwerde mit dem alleinigen Zweck einlegen kann, über die der Entscheidung zu Grunde liegende Streitfrage eine obergerichtliche Entscheidung herbeizuführen.[79]

- Die **der Landwirtschaftsbehörde übergeordnete Behörde** ist in Verfahren betreffend die Beanstandung eines Landpachtvertrages, die **der Genehmigungsbehörde übergeordnete Behörde** in Verfahren wegen Genehmigung einer rechtsgeschäftlichen Veräußerung in Landwirtschaftssachen beschwerdeberechtigt (§ 32 Abs. 2 S. 2 LwVG). 63

2. Allgemeine Beschwerdeberechtigung (Abs. 1 u. 2)

a) **Allgemeines.** Soweit eine Behörde durch das Verfahren **in eigenen Rechten unmittelbar betroffen** wird (§ 7 Abs. 2 Nr. 1), richtet sich ihre Beschwerdeberechtigung nach **Abs. 1 u. 2**. Dabei kann es sich sowohl um materielle Rechte handeln, wie sie auch anderen Beteiligten zustehen können, als auch um solche, die der Behörde aus der Wahrnehmung der ihr im öffentlichen Interesse übertragenen Aufgaben, d. h. aus ihrer Amtsführung erwachsen. Entsprechendes gilt für den Notar (s. Rn 66). 64

b) **Einzelfälle.** Es sind insbesondere beschwerdeberechtigt: 65

- Der **Sozialleistungsträger**, wenn er auf ihn infolge Leistungserbringung im Wege des gesetzlichen Forderungsübergangs (§§ 33 SGB II, 94 SGB XII) übergegangene bürgerlichrechtliche Unterhaltsansprüche des Leistungsempfängers geltend macht.
- Der **Steuerfiskus** als Nachlassgläubiger im Erbscheinsverfahren, wenn, wie bei der Vollstreckung in das unbewegliche Vermögen (§ 322 Abs. 1 S. 2 AO), die Zwangsvollstreckungsvorschriften der ZPO anzuwenden sind und er deshalb zur Vollstreckung einen die Erbenstellung des Schuldners ausweisenden Erbschein benötigt (§ 792 ZPO).[80]
- Die **Staatsanwaltschaft** im Aufgebotsverfahren zur Todeserklärung (§§ 26 Abs. 2 a, 30 Abs. 1, 33 Abs. 2 VerschG).
- Das **Bundesamt für Justiz** als Zentrale Behörde nach § 3 Abs. 1 IntFamRVG im ihre Aufgabenerfüllung betreffenden gerichtlichen Verfahren.
- Die **Staatskasse** in Betreuungssachen, soweit deren Interessen durch den Beschluss betroffen sind (§ 304 Abs. 1 S. 1). Zu den Einzelheiten wird auf die Ausführungen zu § 304 verwiesen.
- Die **Bundesanstalt für Finanzdienstleistungsaufsicht** in Registerverfahren, die sich auf die Eintragung von Kreditinstituten oder von Unternehmen beziehen, die unter Verstoß gegen §§ 39, 40 KWG eine der dort aufgeführten Bezeichnungen verwenden (§ 43 Abs. 3 KWG).
- Die **Träger der gesetzlichen Rentenversicherung** in Versorgungsausgleichssachen. Siehe zu den Einzelheiten Rn 73.
- Das **Jugendamt** (§ 55 Abs. 1 SGB VIII) in seiner Eigenschaft als Beistand (§ 1712 BGB), bestellter Amtspfleger oder Amtsvormund (§§ 1791 b, 1915 Abs. 1 S. 1 BGB) sowie gesetzlicher Amtsvormund (§ 1791 c BGB). Dies gilt insbesondere, wenn die Bestellung gegen seinen erklärten Willen erfolgte.[81] Die erforderliche Beeinträchtigung eigener Rechte fehlt aber, wenn die Einrichtung einer Ergänzungspflegschaft (§§ 1629 Abs. 2 S. 1, 1795, 1909 Abs. 1 S. 1 BGB) für eine Vaterschaftsanfechtung des minderjährigen Kindes unter Bestellung des Jugendamts abgelehnt wird, weil dadurch dessen Aufgabenkreis nicht betroffen ist, wie sich aus § 1712 Abs. 1 Nr. 1 BGB ergibt.[82]
- Die **anfechtungsberechtigte Behörde** (§ 1600 Abs. 1 Nr. 5, Abs. 3 BGB) ist in dem auf Anfechtung der anerkannten Vaterschaft (§ 1592 Nr. 2 BGB) gerichteten Verfahren (§ 169 Nr. 4) gegen die den Anfechtungsantrag zurückweisende Entscheidung beschwerdeberechtigt. Hat sie den Antrag nicht gestellt, darf die für sie geltende Anfechtungsfrist des § 1600 b Abs. 1 a BGB noch nicht abgelaufen sein (s. Rn 41).
- Die **Polizei- und Ordnungsbehörde** ist gegen die Feststellung der Rechtswidrigkeit einer von ihr beantragten, erledigten Maßnahme beschwerdeberechtigt.[83]

---

[79] BGH NJW 2004, 1108.
[80] BayObLG NJW-RR 2002, 440.
[81] KG FamRZ 2010, 1998; NJW-RR 2010, 1087.
[82] OLG Brandenburg NJOZ 2007, 5680.
[83] OLG Celle FGPrax 2005, 48; NJOZ 2005, 777; OLG Köln FGPrax 2007, 193.

X. Beschwerdeberechtigung von Notaren

1. Allgemeines

66 Die Beschwerdeberechtigung von Notaren im Zusammenhang mit der Wahrnehmung ihrer Amtspflichten bestimmt sich nach Abs. 1 und 2. Sie setzt deshalb die **Beeinträchtigung eines eigenen Rechts** durch die angefochtene Entscheidung voraus, zu der in Antragsverfahren die erstinstanzliche Antragstellung im eigenen Namen hinzukommen muss. Danach ist der Notar z. B. beschwerdeberechtigt, wenn das Nachlassgericht die Annahme des durch ihn zur amtlichen Verwahrung überreichten Testaments (§ 34 Abs. 1 S. 4 BeurkG) ablehnt und dadurch in seine Amtsführung eingreift.[84] Auch wenn der Notar seiner Amtspflicht bereits genügt hat, z. B. durch Einreichung einer Gesellschafterliste zum Handelsregister (§ 40 Abs. 2 GmbHG), steht ihm eine eigene Beschwerde gegen die Ablehnung der Aufnahme in den Registerordner zu.[85] Dagegen ist der Notar gegen die Ankündigung der Eröffnung eines von ihm beurkundeten Testaments oder Erbvertrags durch das Nachlassgericht mangels Beeinträchtigung des eigenen Persönlichkeitsrechts nicht beschwerdeberechtigt.[86]

2. Verfahren nach §§ 15 BNotO, 54 BeurkG

67 Im Verfahren nach **§ 15 BNotO,** in dem er im Beschwerdeverfahren die Stelle des erstinstanzlichen Gerichts einnimmt (s. § 58 Rn 83), kann der Notar ausnahmsweise im eigenen Namen bei Zulassung (§ 70 Abs. 1) die Rechtsbeschwerde gegen eine im Beschwerdeverfahren ergangene gerichtliche Anweisung zur Vornahme einer Amtshandlung einlegen, wenn er geltend macht, dadurch in eigenen Rechten betroffen zu sein. Denn dann muss ihm nach dem Rechtsstaatsprinzip die Möglichkeit eingeräumt werden, Eingriffe in seine Rechtsstellung abzuwehren.[87] Dies trifft insbesondere bei der Belastung mit Kosten zu,[88] kommt aber auch bei einer Beeinträchtigung seiner gesetzlichen Amtsausübung in Betracht, etwa wenn ihm die Ablieferung eines Testaments aufgegeben wird, zu dessen Herausgabe er sich nicht für berechtigt hält.[89] Gleiches gilt im Verfahren nach **§ 54 BeurkG** gegenüber der vom Beschwerdegericht verfügten Anweisung, eine vollstreckbare Ausfertigung einer Urkunde zu erteilen, wenn dem amtierenden Notar für den Fall der Befolgung dieser Anweisung Regressansprüche eines Urkundsbeteiligten drohen.[90]

3. Vermutete Vollmacht

68 Vom Beschwerderecht des Notars wegen Beeinträchtigung eigener Rechte sind die Fälle zu unterscheiden, in denen er als zur Einlegung der Beschwerde **im Namen der Urkundsbeteiligten** ermächtigt gilt und dann die Stellung eines Bevollmächtigten (§ 10) hat, § 378. Wegen der Einzelheiten wird auf die Erläuterungen zu dieser Vorschrift verwiesen.

XI. Einzelfälle einer Beschwerdeberechtigung nach Abs. 1

1. Allgemeines

69 Durch die Rechtsprechung zu § 20 Abs. 1 FGG haben sich zahlreiche Einzelfälle einer Beschwerdeberechtigung herausgebildet, die unter Geltung von § 59 Abs. 1 FamFG weiterhin relevant sind. Sie werden im Folgenden exemplarisch unter Angleichung an das FamFG aufgeführt, ebenso wie bereits nach diesem Gesetz entschiedene Fälle.

---

[84] OLG Brandenburg NJW-RR 2008, 390.
[85] BGH NJW 2011, 1809; OLG Jena FGPrax 2010, 198; a. M. OLG Köln FGPrax 2010, 202.
[86] OLG Düsseldorf FGPrax 2011, 48.
[87] BVerfG NJW 1992, 359.
[88] OLG Naumburg FGPrax 2005, 272.
[89] OLG Hamm MittRhNotK 1985, 175.
[90] OLG Hamm NJW-RR 1986, 76.

2. Familiensachen der freiwilligen Gerichtsbarkeit

a) Kindschaftssachen 70

- Leiblichen **Eltern,** denen das Sorgerecht entzogen worden ist, steht gleichwohl wegen Beeinträchtigung ihres durch Abstammung begründeten materiellen Elternrechts (Art. 6 Abs. 2 S. 1 GG)[91] die Beschwerde gegen die gerichtliche Genehmigung einer freiheitsentziehenden Unterbringung des Kindes zu.[92] Gleiches hat hinsichtlich der Genehmigung des vom Vormund gestellten Antrags auf Änderung des Familiennamens (§ 2 NamÄndG) zu gelten.[93]
- Eltern, denen die Vermögenssorge entzogen worden ist, haben kein Beschwerderecht gegen die Ablehnung der von ihnen angeregten Entlassung des bisherigen und Bestellung eines neuen Ergänzungspflegers.[94] Sie können lediglich im Namen des Kindes Beschwerde einlegen, wenn ihre Vertretungsbefugnis (§§ 1629 Abs. 1 S. 1, 1630 Abs. 1 BGB) im Übrigen fortbesteht.[95]
- Ein **nicht mehr sorgeberechtigter Elternteil** ist gegen die Ablehnung der Entlassung eines für einen Teilbereich der elterlichen Sorge bestellten Ergänzungspflegers nicht beschwerdeberechtigt. Denn durch die Anordnung, Aufhebung oder Beschränkung einer Ergänzungspflegschaft sowie durch Entscheidungen über die Auswahl oder Entlassung des Pflegers wird nur in die Rechte des sorgeberechtigten Elternteils und des Kindes eingegriffen;[96] im Fall der Entlassung auch in die des ehemaligen Pflegers, nicht dagegen bei Aufhebung der Pflegschaft.[97] Mangels Beeinträchtigung eigener Rechte besteht ebenso kein Beschwerderecht gegen die Auswahl eines Vormunds durch das Familiengericht (§ 1779 BGB) oder gegen die Ablehnung der Entlassung des Jugendamts zugunsten der Bestellung eines Verwandten des Mündels als Einzelvormund (§ 1887 BGB).[98]
- Der mangels gemeinsamer Sorgeerklärung (§ 1626a Abs. 1 Nr. 1 BGB) nicht sorgeberechtigte **Vater des nichtehelichen Kindes** ist nach der im Beschluss des BVerfG vom 21. 7. 2010 verfügten Übergangsregelung[99] wegen Eingriffs in sein Elternrecht (Art. 6 Abs. 2 S. 1 GG) gegen eine Entscheidung beschwerdeberechtigt, mit der sein in Anlehnung an § 1671 BGB gestellter Antrag, die gemeinsame elterliche Sorge der Eltern zu begründen oder ihm die Alleinsorge zu übertragen, abgewiesen wird.[100] Ebenso steht ihm das Beschwerderecht gegen einen Beschluss zu, durch den die von ihm beantragte Übertragung des zuvor der Kindesmutter nach § 1666 BGB (ggf. teilweise) entzogenen Sorgerechts auf ihn nach § 1680 Abs. 3 i. V. m. Abs. 2 S. 2 BGB abgelehnt wurde.[101] Dagegen greift eine Entscheidung, durch die Maßnahmen gegen die Mutter nach § 1666 BGB ablehnt werden, nicht in ein subjektives Recht des nichtehelichen Vaters ein, wenn ihm das Sorgerecht bislang noch nicht zugestanden hat;[102] Gleiches gilt hinsichtlich der Anordnung einer solchen Maßnahme.[103]
- Das **Kind** ist gegen jeden Eingriff in die ihn betreffende elterliche Sorge beschwerdeberechtigt, weil dadurch sein aus dem allgemeinen Persönlichkeitsrecht folgendes Recht auf Ausübung dieser Sorge durch den hierfür von Gesetzes wegen bestimmten Elternteil beeinträchtigt wird. In Verfahren wegen Gefährdung des Kindeswohls (§§ 1666, 1666a BGB) besteht das Beschwerderecht nicht nur gegen die Ablehnung von Maßnahmen, sondern auch gegen deren Anordnung.[104] Die Beschwerde kann dann durch den bestell-

---

[91] BVerfG NJW 2008, 2835.
[92] OLG Karlsruhe FamRZ 2008, 428; a. M. OLG Hamm FamRZ 2007, 1577.
[93] BayObLG FamRZ 1990, 1132, jedoch zu § 57 Abs. 1 Nr. 9 FGG.
[94] OLG Koblenz FamRZ 2007, 919.
[95] BayObLG FGPrax 2004, 239.
[96] BayObLG FamRZ 2000, 251; FamRZ 1997, 1299.
[97] OLG Zweibrücken FamRZ 1989, 772.
[98] KG FGPrax 2008, 238.
[99] BVerfG NJW 2010, 3008; vgl. auch EGMR NJW 2010, 501.
[100] OLG Brandenburg NJW 2010, 3245.
[101] BGH NJW-RR 2010, 1369; OLG Nürnberg NJW-RR 2010, 939.
[102] BGH NJW-RR 2009, 436; OLG Celle FamRZ 2011, 121.
[103] OLG Saarbrücken FamRZ 2008, 1366.
[104] OLG Stuttgart NJW-RR 2010, 222; a. M. OLG Düsseldorf FamRZ 2011, 1081.

ten Verfahrensbeistand (§ 158 Abs. 4 S. 5) oder einen Ergänzungspfleger (§§ 1629 Abs. 2 S. 3, 1796, 1909 Abs. 1 S. 1 BGB) eingelegt werden; das über 14 Jahre alte Kind kann selber Beschwerde einlegen (§ 60).
- Gegen die Ersetzung der Einwilligung des anderen Elternteils in die **Einbenennung des Kindes** (§ 1618 S. 4 BGB) ist dieser beschwerdeberechtigt. Gegen die Versagung der Ersetzung ist der sie begehrende Elternteil beschwerdeberechtigt; gleiches hat für das Kind zu gelten, wenn es eingewilligt hat (§ 1618 S. 3 BGB) und geltend macht, die Einbenennung sei zur Abwendung einer Kindeswohlgefährdung unerlässlich.[105]
- **Pflegeeltern** haben gegen Entscheidungen, welche die elterliche Sorge für das Pflegekind oder seinen Umgang mit den Eltern regeln, außerhalb des Anwendungsbereichs von §§ 1630 Abs. 3, 1632 Abs. 4,[106] 1688 BGB (elterliche Sorge) sowie § 1685 Abs. 2 BGB[107] (Umgang) kein Beschwerderecht.[108] Das gilt auch, wenn ein faktisches Pflegeverhältnis familienähnlicher Art vorliegt.[109] Pflegeeltern haben deshalb ebenfalls kein Beschwerderecht gegen die Entziehung der elterlichen Sorge der leiblichen Eltern[110] oder die Entlassung des Vormundes.[111]
- **Großeltern** sind ebenso wie **andere Verwandte** in Verfahren wegen Kindeswohlgefährdung (§ 157) selbst dann nicht beschwerdeberechtigt, wenn es auf ihre Anregung (§ 24) eingeleitet wurde.[112] Großeltern, die das Kind seit dem Tod der allein sorgeberechtigten Mutter betreuen, sind gegen die Übertragung des Sorgerechts auf den Vater und wichtiger Einzelbefugnisse auf einen Pfleger ebenfalls nicht beschwerdeberechtigt; etwas anderes kommt nur in Betracht, wenn sie aufgrund einer ihnen zugewiesenen Rechtsstellung anstelle der Eltern für die Erziehung und Pflege des Kindes verantwortlich sind, z. B. aufgrund ihrer Bestellung als Vormund.[113] Auch gegen die Ablehnung der durch sie beantragten Entlassung des Jugendamts zugunsten der Bestellung eines Verwandten als Vormund (§ 1887 BGB) haben sie kein Beschwerderecht, weil die zum Antragsrecht nach § 1887 Abs. 2 S. 2. Alt. BGB genügende Geltendmachung berechtigter Interessen des Kindes kein subjektives Recht verleiht. Dieses wird ebenso wenig durch die Pflicht des Familiengerichts begründet, Verwandte bei der **Auswahl des Vormunds** (§ 1779 Abs. 3 BGB) anzuhören; deshalb steht diesen die Beschwerde gegen die Auswahlentscheidung nicht zu, auch wenn ihre eigene Bestellung abgelehnt wird.[114]
- Der **Stiefvater**, d. h. der Ehemann der allein sorgeberechtigten Mutter eines nicht von ihm abstammenden Kindes, hat gegen die Regelung des Umgangs mit dem leiblichen Vater und den Großeltern keine Beschwerdeberechtigung. Denn die Entscheidung bewirkt selbst dann, wenn die mit Mutter und Kind sowie evtl. gemeinsamen Kindern bestehende Hausgemeinschaft als Familie anzusehen ist, keinen Eingriff in das nach Art. 6 GG geschützte Recht auf Ehe und Familie, weil dieses von vornherein durch das natürliche Elternrecht des leiblichen Vaters ebenso wie durch das verwandtschaftliche Umgangsrecht der Großeltern beschränkt ist und die Umgangsregelung nur die dadurch gezogenen Grenzen des Rechts feststellt.[115]
- Der **Adressat eines Kontaktverbots**, das vom Familiengericht verhängt wurde (§ 1632 Abs. 2 BGB), ist gegen die Ablehnung seines Antrags, das Verbot aufzuheben und ihm den Umgang mit dem Kind zu gestatten, beschwerdeberechtigt, weil sein Recht auf Handlungsfreiheit (Art. 2 Abs. 1 GG) beeinträchtigt wird.[116]

---

[105] A. M. OLG Nürnberg NJWE-FER 2000, 279.
[106] OLG Köln FamRZ 2000, 635; OLG Frankfurt FamRZ 1983, 1164.
[107] BGH NJW 2001, 3337.
[108] BGH FamRZ 2004, 102; NJW 1999, 3718; OLG Köln FamRZ 2011, 233 (Ls.).
[109] BGH NJW 2005, 2149; FamRZ 2004, 102; OLG Köln FamRZ 2000, 1241; OLG Naumburg BeckRS 2006, 06463.
[110] OLG Köln FamRZ 2011, 233 (Ls.).
[111] OLG Karlsruhe NJWE-FER 1998, 104.
[112] OLG Hamburg OLGR 2008, 607; OLG Jena NJW-RR 2009, 586; OLG Zweibrücken FamRZ 2007, 302.
[113] BGH NJW-RR 2011, 434.
[114] OLG Hamm NJW-RR 2011, 585.
[115] KG FamRZ 2000, 1520.
[116] BGH FGPrax 2010, 291 (Lehrer des Kindes).

- Der **Testamentsvollstrecker**, der einen der Vermögenssorge der Eltern entzogenen Nachlass verwaltet, ist gegen die Auswahl des Ergänzungspflegers für das zum Alleinerben eingesetzte Kind nicht beschwerdeberechtigt.[117]

b) Adoptionssachen 71

- Gegen die **Aufhebung einer Minderjährigen-Adoption** von Amts wegen (§ 1763 BGB) sind neben dem Kind und dem Annehmenden auch die leiblichen Eltern beschwerdeberechtigt, weil ihre Rechtsstellung beim Wiederaufleben des ursprünglichen Verwandtschaftsverhältnisses aufgrund der damit verbundenen Pflichten beeinträchtigt wird.[118]
- Gegen die **Ablehnung der vom Erblasser** als Annehmendem **beantragten Aufhebung** des Annahmeverhältnisses (§ 1764 Abs. 1 S. 2 BGB) sind weder der Erbe noch der Nachlasspfleger beschwerdeberechtigt, weil das Antragsrecht höchstpersönlich (§ 1762 Abs. 1 S. 3 BGB) und somit nicht vererblich ist.[119]
- Gegen den die **Adoption eines Volljährigen** ablehnenden Beschluss sind sowohl der Annehmende wie der Anzunehmende beschwerdeberechtigt, wenn jeder von ihnen den Antrag gestellt hat, weil nach § 1768 Abs. 1 S. 1 BGB der Antrag beider im Wege der Antragskumulierung (s. Rn 43) erforderlich ist.[120]
- Lehnt das Familiengericht die Ersetzung der Einwilligung des leiblichen Vaters in die **Adoption durch den Stiefvater** nach § 1748 Abs. 1 S. 1 BGB ab, ist nur das den Antrag stellende Kind beschwerdeberechtigt.[121]

c) Versorgungsausgleichssachen. Die Strukturreform des Versorgungsausgleichs durch das VAStrRefG hat insbesondere aufgrund der Einbeziehung betrieblicher und privater Versorgungsträger in den öffentlich-rechtlichen, bei der Scheidung im Verbund von Amts wegen (§ 137 Abs. 2 S. 2) durchzuführenden Versorgungsausgleich (§§ 9–19 VersAusglG) Auswirkungen auf die Beschwerdeberechtigung nach § 59 Abs. 1. Diese kommt dort für alle zu beteiligenden (§ 219 Nr. 2 u. 3 FamFG) Versorgungsträger und für die beteiligten Ehegatten in Betracht. Weil nach § 1 Abs. 1 VersAusglG der Einzelausgleich jedes dem Versorgungsausgleich unterfallenden Anrechts erfolgt, beschränkt sich die Beschwer des einzelnen Versorgungsträgers auf die Regelung bei ihm bestehender oder zu begründender Anrechte.[122] Die Grundsätze der zum alten Recht ergangenen Rechtsprechung (s. dazu 16. A. § 59 Rn 73) lassen sich auf das neue Recht übertragen. Durch den nach der Scheidung auf Antrag (§ 223 FamFG) eines Ehegatten vorzunehmenden schuldrechtlichen Versorgungsausgleich (§§ 20–24 VersAusglG) können nur diese in ihren Rechten beeinträchtigt sein. 72

- Ein **Versorgungsträger** ist stets beschwerdeberechtigt, wenn er geltend macht, der erkannte Versorgungsausgleich sei mit einem im Gesetz nicht vorgesehenen Eingriff in seine Rechtsstellung verbunden. Das kommt auch bei der Wahl der unrichtigen Ausgleichsform in Betracht,[123] also vor allem dann, wenn die in § 9 Abs. 2 u. 3 VersAusglG vorgegebene Rangfolge nicht eingehalten ist. 73
- Die erforderliche Rechtsbeeinträchtigung liegt schon dann vor, wenn ein beim Versorgungsträger bestehendes Rechtsverhältnis in irgendeiner Weise inhaltlich verändert wird. Dabei ist nicht entscheidend, ob der angefochtene richterliche Gestaltungsakt im konkreten Fall eine finanzielle Mehrbelastung verursacht.[124] Deshalb kann sowohl der Versorgungsträger, bei dem ein auszugleichendes Anrecht besteht (§ 219 Nr. 2 FamFG), wie derjenige, bei dem ein Anrecht zu Ausgleichszwecken begründet werden soll (§ 219 Nr. 3 FamFG), beschwerdeberechtigt sein.

---

[117] OLG München FamRZ 2008, 1549.
[118] OLG Düsseldorf FGPrax 1997, 222.
[119] OLG München NJOZ 2007, 2423.
[120] OLG Karlsruhe NJW-RR 2006, 364.
[121] BayObLG FamRZ 2002, 1282.
[122] OLG Brandenburg FamRZ 2011, 38.
[123] BGH NJW-RR 1996, 451.
[124] BGH NJW 2003, 3772.

- Dem Versorgungsträger steht sowohl bei der internen (§§ 10–13 VersAusglG) wie bei der externen Teilung (§§ 14–17 VersAusglG) die Beschwerde bei unrichtiger Durchführung des Wertausgleichs zu. Seine Rechtsstellung ist insbesondere bei Zugrundelegung eines fehlerhaften Wertes unmittelbar betroffen,[125] z. B. wenn das Gericht den vom Versorgungsträger nach § 5 Abs. 3 VersAusglG aufgrund seiner Wertermittlung (§§ 39–47 VersAusglG) vorgeschlagenen Ausgleichswert (§ 1 Abs. 2 S. 2 VersAusglG) nicht eingestellt hat. Ebenso, wenn es die nach § 13 VersAusglG verrechneten Teilungskosten für unangemessen gehalten und nicht oder nur zum Teil berücksichtigt hat.[126]
- Weiter kann der Versorgungsträger geltend machen, ein Wertausgleich habe in Bezug auf ein bei ihm bestehendes Anrecht nicht durchgeführt werden dürfen, etwa wegen Geringfügigkeit (§ 18 VersAusglG),[127] wegen fehlender Ausgleichsreife (§ 19 VersAusglG) oder aufgrund einer Vereinbarung der Ehegatten (§ 6 VersausglG).
- Dem Versorgungsträger steht die Beschwerde auch gegen die Nichtausgleichung eines bei einem anderen Versorgungsträger begründeten Anrechts zu, wenn dieses bei seiner Einbeziehung durch interne Teilung (§ 10 Abs. 2 VersAusglG) mit einem bei ihm selber bestehenden Anrecht verrechnet werden könnte.[128]
- Eine Beschwerdeberechtigung ist ebenfalls gegeben, wenn das Gericht einen Versorgungsträger, bei dem ein nach § 2 VersAusglG auszugleichendes Anrecht besteht, entgegen § 219 Nr. 2 u. 3 FamFG nicht am Verfahren beteiligt (siehe § 59 Rn 3) oder einzelne bei ihm bestehende Anrechte zu Unrecht nicht in den Versorgungsausgleich einbezogen hat.[129]

74
- Auch die beteiligten **Ehegatten** sind im Verfahren über den **öffentlich-rechtlichen Versorgungsausgleich** beschwerdeberechtigt, wenn sie geltend machen, durch die Regelung des Versorgungsausgleichs werde in einer dem Gesetz nicht entsprechenden Weise in ihre Rechtsstellung eingegriffen. Darauf, ob dies tatsächlich der Fall ist, kommt es nicht an.[130]
- Eine unmittelbare Rechtsbeeinträchtigung liegt insbesondere vor, wenn nicht alle in den Versorgungsausgleich einzubeziehenden Anrechte (§ 3 Abs. 2 VersAusglG) des jeweils anderen Ehegatten berücksichtigt worden sind. Ebenso, wenn aufgrund falscher Wertermittlung eigene Anrechte mit einem zu hohen oder Anrechte des anderen Ehegatten mit einem zu geringen Ausgleichswert eingestellt sind. Ferner, wenn nach § 19 VersAusglG ein eigenes Anrecht zu Unrecht als ausgleichsreif oder dasjenige des anderen Ehegatten als nicht ausgleichsreif beurteilt wurde.
- Erkennt das Gericht auf vollständigen oder teilweisen Ausschluss des Versorgungsausgleichs nach § 3 Abs. 3 (kurze Ehezeit), § 18 Abs. 1 u. 2 (Geringfügigkeit) oder § 27 VersAusglG (Härtefall) bzw. lehnt es eine solche Entscheidung (§ 224 Abs. 3 FamFG) ab, ist derjenige Ehegatte beschwerdeberechtigt, der dadurch bestehende Anrechte verliert oder keine bzw. weniger Anrechte hinzu erwirbt.
- Bei der externen Teilung ist der **Ausgleichsberechtigte** beschwerdeberechtigt, wenn das Gericht die durch ihn gewählte Zielversorgung als unangemessen ansieht (§ 15 Abs. 2 VersAusglG) und deshalb seine mit dem Versorgungsträger des Ausgleichsverpflichteten getroffene Vereinbarung (§ 14 Abs. 2 Nr. 1 VersAusglG) für nichtig (§ 139 BGB) hält.[131] Der **Ausgleichsverpflichtete** ist beschwerdeberechtigt, wenn das Gericht entgegen § 14 Abs. 5 VersAusglG eine externe Teilung anordnet, obwohl für den anderen Ehegatten ein Anrecht nicht mehr durch Beitragszahlung begründet werden kann. Ebenso, wenn er im Fall des § 15 Abs. 3 VersAusglG seine Zustimmung nicht erteilt hat.
- **Beide** Ehegatten können beschwerdeberechtigt sein, wenn das Gericht ihre nach § 6 Abs. 1 VersAusglG getroffene Vereinbarung wegen Fehlens der formellen Voraussetzun-

---

[125] BGH NJW-RR 2008, 593.
[126] OLG Stuttgart NJW-RR 2011, 155.
[127] OLG Karlsruhe BeckRS 2011, 01957.
[128] OLG Düsseldorf NJW-RR 2011, 811 (§ 18 VersAusglG).
[129] BGH NJW-RR 2009, 865; NJW-RR 2000, 953.
[130] BGH FamRZ 2005, 1240.
[131] BT-Drs. 16/10144 S. 58.

gen (§ 7 VersAusglG) oder aufgrund der Inhalts- und Ausübungskontrolle (§ 8 VersAusglG) für unwirksam hält und deshalb den Versorgungsausgleich nach Maßgabe der gesetzlichen Vorschriften durchführt. Ebenso, wenn eine für wirksam befundene Vereinbarung entgegen der dann nach § 6 Abs. 2 VersAusglG bestehenden Bindung des Gerichts nicht vollständig in der Entscheidung umgesetzt wird.

- Ebenso können beide Ehegatten die Höhe der Teilungskosten beanstanden, weil diese nach § 13 VersAusglG jeweils hälftig die beiderseitigen Anrechte vermindern.[132]
- Nach dem **Tod des Ausgleichsverpflichteten** zwischen Eintritt der Scheidungsrechtskraft und Eintritt der Rechtskraft der Entscheidung über den öffentlich-rechtlichen Versorgungsausgleich kommt auch ein Beschwerderecht seiner **Erben** in Betracht, weil der Ausgleichsanspruch dann gegen diese geltend zu machen ist (§ 31 Abs. 1 S. 1 VersAusglG). Die Erben treten in einer Art Verfahrensstandschaft an die Stelle des Verstorbenen und können die gleichen sachlichrechtlichen Einwendungen geltend machen wie sie diesem zustanden.[133]
- Im Verfahren über die **Abänderung des öffentlich-rechtlichen Versorgungsausgleichs** (§§ 51, 52 VersAusglG, 226 FamFG) ist wegen § 225 Abs. 5 FamFG zu unterscheiden. Stirbt der Antragsgegner, können seine Erben (§ 226 Abs. 5 S. 3 FamFG) keine Beschwerde einlegen, sondern neben dem betroffenen Versorgungsträger nur der Antragsteller. Stirbt dieser, können seine **Hinterbliebenen** wie der Versorgungsträger und der überlebende Ehegatte beschwerdeberechtigt sein (§ 226 Abs. 1 u. 5 S. 1 FamFG).[134]
- Im kontradiktorischen Verfahren über den **schuldrechtlichen Versorgungsausgleich** ist der unterliegende Ehegatte gegen die Entscheidung über einen nach § 20 (Zahlung einer Ausgleichsrente), § 21 (Abtretung von Versorgungsansprüchen), § 22 (Kapitalzahlung) oder § 23 VersAusglG (Abfindung) geltend gemachten Anspruch beschwerdeberechtigt.
- Nach dem **Tod des Ausgleichsverpflichteten** vor der rechtskräftigen Entscheidung über den schuldrechtlichen Versorgungsausgleich kann im Verfahren auf Teilhabe an der Hinterbliebenenversorgung neben dem Ausgleichsberechtigten in Fällen des § 25 VersAusglG nur der Träger der noch auszugleichenden Versorgung, in Fällen des § 26 VersAusglG nur die **Witwe** oder der **Witwer** des Ausgleichsverpflichteten beschwerdeberechtigt sein. Denn nur gegen diese richtet sich jeweils der jetzt eigenständige Anspruch des Berechtigten (§ 219 Nr. 2 u. 4 FamFG).

75

- Nach dem **Tod des Ausgleichsberechtigten** kommt ein Beschwerderecht seiner **Erben** (§ 291 Nr. 4 FamFG) in Betracht, soweit es um vor dem Tod fällig gewordene und deshalb bestehen bleibende (§ 31 Abs. 3 S. 3 VersAusglG i. V. m. § 1586 Abs. 2 S. 1 BGB) schuldrechtliche Ausgleichsansprüche, d. h. um Rückstände geht.

3. Betreuungssachen

- Der **Betreuer** hat grundsätzlich kein Beschwerderecht gegen die Aufhebung der Betreuung, sondern nur gegen seine Entlassung bei fortbestehender Betreuung, d. h. gegen die Bestellung eines anderen Betreuers.[135] Eine ihn beschwerende Entscheidung liegt auch vor, wenn das Gericht die Erforderlichkeit einer weiteren Betreuung wegen einer vom Betroffenen früher erteilten Vorsorgevollmacht nachträglich verneint und den Betreuer gegen dessen Willen entlässt, um zugleich eine andere Person als Vorsorgeüberwachungsbetreuer zu bestellen.[136]

76

- Ein Betreuer, dem der Aufgabenkreis Vermögenssorge nicht übertragen ist, der aber eine Bankvollmacht des Betroffenen hat, ist gegen die Bestellung eines weiteren Betreuers für den Bereich der Vermögenssorge nicht beschwerdeberechtigt.[137]

---

[132] OLG Nürnberg FamRZ 2011, 898.
[133] BGH NJW 1984, 2829 (zu § 1587 e Abs. 4 BGB a. F.).
[134] BT-Drs. 16/10144 S. 98.
[135] BayObLG FamRZ 1997, 1358; FamRZ 1996, 58; OLG München FGPrax 2006, 264; NJOZ 2006, 2148; OLG Düsseldorf FamRZ 1998, 1244; OLG Hamm FGPrax 2000, 192; OLG Köln FamRZ 1997, 1293.
[136] KG FGPrax 2006, 18.
[137] BayObLG FamRZ 2002, 1590.

§ 59   76

- Sind für verschiedene Aufgabenkreise jeweils Betreuer bestellt und unter Bestellung eines einzigen anderen Betreuers für alle bestehenden Aufgabenkreise entlassen worden, ist jeder der bisherigen Betreuer beschwerdeberechtigt mit dem Ziel, seine Entlassung aufzuheben und ihn auch für die übrigen Aufgabenkreise zu bestellen.[138] Wurde hingegen der Antrag eines dieser Betreuer abgelehnt, ihm weitere Aufgabenkreise zu übertragen, steht ihm kein Beschwerderecht zu.[139]
- Ein Betreuer, dem antragsgemäß gestattet wurde, die Vergütung aus dem Vermögen des Betroffenen zu entnehmen, kann mit der Beschwerde Erstattung aus der Staatskasse mit dem Vorbringen geltend machen, der Betroffene sei inzwischen mittellos (§ 1836 d BGB) geworden.[140]
- Dem **Nachfolgebetreuer** steht gegen die Aufhebung einer Entlassung des zunächst bestellten Betreuers kein Beschwerderecht zu.[141]
- Der **ehemalige Berufsbetreuer** ist gegen die Feststellung, dass der derzeitige Betreuer die Betreuung berufsmäßig führt, nicht beschwerdeberechtigt.[142]
- Der **Betroffene** ist gegen die Aufhebung des Einwilligungsvorbehalts beschwerdeberechtigt.[143]
- Ebenso gegen die Ablehnung der vom Betreuer beantragten Genehmigung einer ärztlichen Maßnahme (§ 1904 Abs. 1 BGB) aufgrund Verneinung der Genehmigungsbedürftigkeit, wenn er die Maßnahme für genehmigungsbedürftig, jedoch aus sachlichen Gründen für nicht genehmigungsfähig hält. Denn die Entscheidung wirkt sich auf die Rechtsstellung des Betroffenen wie ein Negativattest aus[144]
- Gegen die Aufhebung der Betreuung, wenn er deren Aufrechterhaltung anstrebt.[145]
- Gegen die Ablehnung der Entlassung des Betreuers.[146]
- Gegen die vom Betreuer beantragte Genehmigung der privatrechtlichen Unterbringung (§ 1906 BGB).[147] Dagegen nicht gegen die Versagung der Genehmigung, weil diese Entscheidung das Freiheitsrecht des Betroffenen nicht beeinträchtigt und es ihm freisteht, sich freiwillig in eine freiheitsentziehende Behandlung zu begeben.[148]
- Der Betroffene ist nicht beschwerdeberechtigt gegen einen Beschluss, der den Antrag des Betreuers auf Festsetzung von Betreuervergütung gegen die Staatskasse bescheidet, weil die Entscheidung nur im Verhältnis zwischen Betreuer und Staatskasse Rechtswirkung entfaltet;[149] das gilt sowohl bei Festsetzung der Vergütung wie bei deren Ablehnung.[150] Bei einer den Antrag zurückweisenden Entscheidung folgt das daraus, dass der Betroffene seine dort verneinte Mittellosigkeit (§ 1835 Abs. 4 S. 1 BGB) in dem Verfahren geltend machen kann, in dem der Betreuer die Festsetzung der Vergütung gegen den Betroffenen begehrt.
- Ebenso wenig besteht eine Beschwerdeberechtigung des Betroffenen gegen die Entscheidung, dass ein Vereinsbetreuer die Betreuung künftig als Privatperson führt (§ 1908 b Abs. 4 S. 2 BGB). Dagegen kann der Betroffene gegen den Ausspruch der berufsmäßigen Führung der Betreuung durch diese Person Beschwerde einlegen, selbst wenn er mittellos ist.[151]
- Der **Betreuungsverein** ist gegen die Entlassung des Vereinsbetreuers zwecks Fortführung der Betreuung durch diesen als Privatperson oder zwecks Bestellung eines anderen

---

[138] OLG München Rpfleger 2006, 123.
[139] OLG Köln FGPrax 2009, 70.
[140] OLG Schleswig FGPrax 2005, 161.
[141] BayObLG FamRZ 2001, 938; FGPrax 1995, 197; OLG Köln NJWE-FER 1998, 106; OLG Zweibrücken FGPrax 2002, 25.
[142] OLG Köln FGPrax 2008, 108.
[143] BayObLG NJWE-FER 2000, 152.
[144] OLG Hamm NJW 2003, 2392.
[145] OLG München NJW-RR 2007, 1087.
[146] BGH NJW 1996, 1825.
[147] BGH FamRZ 2008, 866; NJW 2006, 1277.
[148] BayObLG FamRZ 2005, 834.
[149] OLG Hamm FGPrax 2007, 171.
[150] BayObLG FGPrax 2000, 202.
[151] BayObLG FamRZ 2002, 767.

Berufsbetreuers im eigenen Namen beschwerdeberechtigt, weil ihm dadurch sein Vergütungs- und Aufwendungsersatzanspruch (§ 7 Abs. 3 VBVG) entzogen wird.[152]
- **Dritte** sind gegen die Ablehnung durch sie angeregter Anordnungen gegenüber dem Betreuer (§§ 1908i Abs. 1 S. 1, 1837 Abs. 2 S. 1 BGB) nicht beschwerdeberechtigt, weil keine Beeinträchtigung eigener Rechte in Betracht kommt.[153] Das gilt auch für die Ablehnung einer Entlassung des Betreuers.
- Die vom Betroffenen in einer Betreuungsverfügung **als Betreuer vorgeschlagene Person** (§ 1897 Abs. 4 S. 1 BGB) ist gegen die diesen Vorschlag nicht berücksichtigende Betreuerbestellung nicht beschwerdeberechtigt.[154]
- Der **General- oder Vorsorgebevollmächtigte** kann auch aus eigenem Recht (vgl. § 303 Abs. 4 S. 1) gegen die Bestellung eines Betreuers, zu dessen Aufgabenkreis der Widerruf von Vollmachten gehört, keine Beschwerde mehr einlegen, wenn der Betreuer die Vollmacht wirksam widerrufen hat.[155] Vor diesem Zeitpunkt ist er aber durch die Bestellung eines solchen Kontrollbetreuers (§ 1896 Abs. 3 BGB) in seiner Amtsführung und damit in einem eigenen subjektiven Recht betroffen.[156] Ein Beschwerderecht besteht hingegen nicht gegen einen schon vor Betreuerbestellung durch den Vollmachtgeber erklärten Widerruf und somit auch nicht gegen die auf dessen Antrag erkannte Verpflichtung zur Herausgabe der Vollmachtsurkunde sowie die darauf bezogene Kraftloserklärung und deren öffentliche Bekanntmachung.[157]
- Der **Verfahrenspfleger** ist gegen die Ablehnung der Genehmigung einer privatrechtlichen Unterbringung des Betroffenen weder in eigenem Namen noch in dem des Betroffenen beschwerdeberechtigt, weil weder er selber noch der Betroffene in der eigenen Rechtsstellung unmittelbar beeinträchtigt ist.[158]
- Die **Lebensgefährtin**[159] bzw. der **Lebensgefährte**[160] des bzw. der Betroffenen hat mangels Beeinträchtigung eigener Rechte keine Beschwerdeberechtigung nach § 59.
- Nahe **Angehörige** i. S. d. § 303 Abs. 2 Nr. 1 haben keine Beschwerdeberechtigung gegen die Ablehnung ihrer Anregung, den Betreuer nach § 1908b Abs. 1 BGB zu entlassen, weil es an der Verletzung eines eigenen Rechts fehlt. Das gilt auch dann, wenn ein Angehöriger das Ziel verfolgt, ihn im Hinblick auf § 1897 Abs. 5 BGB selbst als neuen Betreuer zu bestellen.[161] In solchen Fällen richtet sich die Beschwerdeberechtigung, anders als bei der erstmaligen Bestellung eines Betreuers,[162] allein nach § 59 Abs. 1. Angehörige haben auch in ihrer Eigenschaft als mögliche gesetzliche Erben kein Beschwerderecht gegen die Festsetzung einer Betreuervergütung aus dem Vermögen des Betreuten.[163]
- Das **volljährige Kind** hat gegen das ihm gegenüber durch das Betreuungsgericht ausgesprochene Verbot (§§ 1908i Abs. 1 S. 1, 1632 Abs. 2 u. 3 BGB), mit dem unter Betreuung stehenden Elternteil Kontakt aufzunehmen, ein Beschwerderecht.[164]
- Der **Mitbewohner** des Betroffenen ist gegen die Genehmigung der Wohnungskündigung durch den Betreuer nicht beschwerdeberechtigt.[165]
- Der **Testamentsvollstrecker** hat grundsätzlich kein Beschwerderecht gegen die Ablehnung der Entlassung eines für den Erben mit der Aufgabe der Vermögenssorge bestellten berufsmäßigen Betreuers, weil die Errichtung einer Betreuung für einen Erben bzw. die

---

[152] BayObLG FamRZ 2005, 750; OLG Hamm FamRZ 2001, 253.
[153] OLG Zweibrücken NJW-RR 2003, 870.
[154] OLG Frankfurt FGPrax 2004, 230.
[155] OLG Frankfurt FGPrax 2009, 67; KG NJW 2009, 1425.
[156] BT-Drs. 16/6308 S. 265.
[157] OLG Köln BeckRS 2011, 06754.
[158] OLG Frankfurt FGPrax 2000, 21.
[159] OLG Karlsruhe FGPrax 2008, 21; OLG Schleswig FGPrax 2002, 114.
[160] BayObLG NJW 1998, 1567.
[161] BGH FamRZ 2011, 966; NJW 1996, 1825.
[162] OLG Zweibrücken FGPrax 2002, 22.
[163] BayObLG BtPrax 1998, 147.
[164] OLG Hamm FGPrax 2009, 68.
[165] KG FGPrax 2010, 25 (Sohn).

Auswahl des Betreuers als solche den Nachlass auch unter dem Blickwinkel der dadurch entstehenden Kosten nicht unmittelbar berührt.[166]
- Gegen die Erteilung einer Genehmigung zum Scheidungsantrag des Betreuers für einen geschäftsunfähigen Ehegatten (§ 125 Abs. 2 S. 2) ist der andere **Ehegatte** nicht beschwerdeberechtigt, weil die Frage der Erteilung oder Versagung der Genehmigung nur das Verhältnis des Familiengerichts zum gesetzlichen Vertreter betrifft.[167]
- Dem **Kläger eines Rechtsstreits** steht gegen die Ablehnung der durch ihn angeregten Bestellung eines Betreuers für den prozessunfähigen Beklagten durch das Betreuungsgericht die Beschwerde zu; etwas anders gilt aber, wenn der Beklagte vor Eintritt seiner Prozessunfähigkeit wirksam einen Prozessbevollmächtigten bestellt hat, weil die Vollmacht dann fortbesteht (§ 86 1. Halbs. ZPO) und es darum an der Rechtsbeeinträchtigung des Klägers fehlt.[168]

4. Nachlasssachen

77 a) **Erbscheinsverfahren**

Gegen einen **Beschluss nach § 352**, wonach die zur Erteilung eines Erbscheins mit bestimmtem Inhalt erforderlichen Tatsachen für festgestellt erachtet werden (s. § 58 Rn 44), ist nur derjenige beschwerdeberechtigt, der für sich ein Erbrecht in Anspruch nimmt, das von dem im Beschluss angegebenen Erbscheinsinhalt abweicht, d. h. in dem zu erteilenden Erbschein unrichtig ausgewiesen werden würde.[169]

78 Gegen die **Ablehnung der Erbscheinserteilung** sind beschwerdeberechtigt:
- der Antragsteller;
- jeder Antragsberechtigte, auch wenn er selbst keinen Antrag gestellt hat, aber den Antrag bei Einlegung seiner Beschwerde noch wirksam stellen kann.[170]
- der durch Übertragung seines Erbanteils aus der Erbengemeinschaft ausgeschiedene Miterbe und der Erbanteilserwerber, letzterer aber nur wenn er einen Erbschein auf den Namen der Erben beantragt.[171]

79 Gegen die **Anordnung der Erbscheinserteilung** und die **Ablehnung der Einziehung** eines bereits erteilten Erbscheins sind beschwerdeberechtigt:
- der **Antragsteller,** selbst wenn er ein Erbrecht überhaupt nicht oder nur zu einem geringeren als dem ausgewiesenen Bruchteil in Anspruch nimmt und deshalb bei einem Erfolg seiner Beschwerde möglicherweise eine ungünstigere Rechtsstellung erlangt;[172]
- der **Erbprätendent,** dessen geltend gemachtes gesetzliches oder testamentarische Erbrecht im Erbschein nicht oder seinem Vortrag nach nicht richtig bzw. in Abweichung von seinem Antrag aufgeführt ist;[173]
- der wirkliche **Erbe** bei Erteilung eines Erbscheins an den Nichterben,[174]
- der Erbe gegen die Erteilung eines Erbscheins an den Gläubiger (§§ 792, 896 ZPO);
- der im Erbschein ausgewiesene Erbe mit der Behauptung, er sei überhaupt nicht oder nur zu einem geringeren Bruchteil Erbe geworden;[175]
- der **Erbeserbe;**[176]
- der **Miterbe,** auch wenn er durch Übertragung seines Erbteils aus der Erbengemeinschaft ausgeschieden ist, weil er im Erbschein zu benennender Miterbe bleibt und sein Recht auf einen inhaltlich richtigen Erbschein behält;[177]
- der Ersatzerbe oder Ersatznacherbe bis zur endgültigen Klärung der Erbfolge;[178]

---

[166] OLG München NJW-RR 2007, 1240.
[167] OLG München FGPrax 2006, 266; KG FGPrax 2006, 18.
[168] BGH NJW 2011, 1739.
[169] OLG Köln FGPrax 2010, 194.
[170] BayObLG FGPrax 1998, 146; KG NJW-RR 1990, 1292.
[171] BayObLG NJWE-FER 2001, 264.
[172] BayObLG FGPrax 2005, 217.
[173] BayObLG NJW-RR 2001, 950; FamRZ 1977, 275.
[174] BGH FamRZ 1974, 646; BayObLG Rpfleger 1975, 76.
[175] BayObLG FamRZ 1991, 491.
[176] BayObLG FamRZ 1992, 728.
[177] BayObLG FamRZ 2002, 850; FamRZ 2002, 775.
[178] BayObLG ZEV 1995, 256.

- der im Erbschein ausgewiesene **Vorerbe**, wenn er unrichtige Angaben über die Nacherbfolge im Erbschein behauptet; insbesondere wenn er geltend macht, Vollerbe zu sein[179] oder seine Befreiung (§ 2136 BGB) sei nicht angegeben (§ 2363 Abs. 1 BGB);[180]
- der **Nacherbe**, dessen Stellung im Erbschein nicht oder nicht richtig ausgewiesen ist, jedoch nur mit dem Ziel der Einziehung des Erbscheins;[181]
- der Nacherbe gegen die Ablehnung des Antrags auf Einziehung eines Erbscheins, der die Nacherbfolge unrichtig bezeichnet;[182]
- der Nacherbe, wenn sein Nacherbenrecht nicht erwähnt oder wenn er zu Unrecht als Nacherbe aufgeführt ist,[183]
- der **Nichterbe** bei Erteilung eines ihn als Erben, Nacherben oder Hoferben bezeichnenden Erbscheins;
- der **Vermächtnisnehmer**, wenn er im Erbschein als Erbe bezeichnet ist;
- der **Insolvenzverwalter eines Erben**, wenn dessen Erbrecht nicht richtig aufgeführt ist; ebenso wenn ein Schuldner des Erben nicht als Vollerbe, sondern als Vorerbe im Erbschein ausgewiesen wird;
- der **Nachlassinsolvenzverwalter**, wenn der Erbschein sein Recht auf Besitznahme des Nachlasses beeinträchtigt;
- der **Nachlassverwalter**, wenn der Erbschein sein Verwaltungsrecht beeinträchtigt;
- der **Prozessgegner** des Antragstellers in einem über das Erbrecht anhängigen Rechtsstreit (§ 345 Abs. 1 S. 2 Nr. 3);
- der **übergangene Hoferbe**, wenn der Hofübernehmer nicht wirtschaftsfähig ist.[184]

Gegen die Anordnung der **Erbscheinseinziehung** sind beschwerdeberechtigt:

- der frühere Antragsteller mit dem Ziel der Ausstellung eines inhaltsgleichen, d. h. ihn als Erben ausweisenden neuen Erbscheins, aber nur wenn nicht schon feststeht, dass er nicht Erbe und deshalb die Einziehung zu Recht erfolgt ist.[185]
- der im Erbschein als Erbe oder Miterbe Ausgewiesene, auch bei gemeinschaftlichem Erbschein;
- der Testamentsvollstrecker, wenn der Erbschein auf seinen Antrag erteilt wurde;[186]
- der Steuerfiskus als Vollstreckungsbehörde, wenn er zur Vollstreckung einen Erbschein benötigt.[187]

Keine Beschwerdeberechtigung haben:

- der **Erbe** des Vorerben im Erbscheinsverfahren für den Nacherben;[188]
- der **Nichterbe** gegen die Einziehung eines für den Erben erteilten Erbscheins;
- der **Nacherbe** gegen die Einziehung des dem verstorbenen Vorerben erteilten Erbscheins;[189]
- der Nacherbe gegen die Ablehnung der Erteilung eines Erbscheins an den Vorerben mit Nacherbenvermerk; das gilt sowohl für die Zeit bis zum Eintritt des Nacherbfalls (§ 2139 BGB) wie für die Zeit danach, weil ihm dann nur noch ein Erbschein nach dem Erblasser erteilt werden kann,[190]
- der Nacherbe gegen die Einziehung des dem Vorerben erteilten Erbscheins nach Eintritt des Nacherbfalls;[191]
- der **Erbe des Vorerben**, der den Erblasser nicht beerbt, gegen die angeblich unrichtige Wiedergabe der Erbenstellung des Vorerben im Erbschein für den Nacherben,[192]

---

[179] BayObLG NJWE-FER 2000, 93.
[180] BayObLG NJW-RR 2001, 1521.
[181] BayObLG NJW-RR 1997, 389; OLG Hamm Rpfleger 1986, 138.
[182] BayObLG FamRZ 1977, 347.
[183] BayObLG NJW-RR 1997, 389.
[184] OLG Schleswig SchlHA 1978, 39.
[185] KG FGPrax 2005, 73.
[186] OLG Hamm NJW-RR 1993, 461.
[187] BayObLG NJW-RR 2002, 440.
[188] OLG Hamm Rpfleger 1986, 138.
[189] OLG Köln MDR 1984, 403.
[190] BayObLG FamRZ 2004, 1407.
[191] OLG Köln Rpfleger 1984, 102.
[192] OLG Hamm Rpfleger 1986, 138.

§ 59   82

- der **Vermächtnisnehmer**[193] ebenso wie der **Pflichtteilsberechtigte**[194] und andere **Nachlassgläubiger,** wenn sie nicht geltend machen, gesetzlicher Erbe geworden zu sein[195] oder den Erbschein zur Vollstreckung eines ihnen gegen den Erben erteilten Titels (§§ 792, 896 ZPO) zu benötigen;[196] dies gilt auch in dem auf Einziehung des Erbscheins gerichteten Verfahren;[197]
- der **Erbschaftsbesitzer,** wenn er das Erbrecht nicht für sich selbst in Anspruch nimmt;[198]
- der **Nachlasspfleger** im Erbscheinsverfahren hinsichtlich desjenigen Erblassers, für dessen unbekannte Erben er bestellt wurde;[199]
- der **Erbersatzberechtigte** gegen die Ablehnung eines seine Berechtigung ausweisenden Erbscheins.[200]

82   **b) Testamentsvollstreckung**

- Der **Erbe** und der ein nicht ausgeschlossenes[201] Erbrecht behauptende **Erbprätendent** sind beschwerdeberechtigt gegen die Ernennung des Testamentsvollstreckers (§ 2200 Abs. 1 BGB), gegen die Erteilung des Testamentsvollstreckerzeugnisses und gegen die Ablehnung seiner Einziehung,[202] weil das Erbrecht durch die Testamentsvollstreckung unmittelbar beeinträchtigt wird. Dabei steht aber einem Miterben, dessen Erbteil von der Testamentsvollstreckung nicht erfasst wird, gegen die reine Auswahlentscheidung des Nachlassgerichts die Beschwerde nicht zu.[203] Gegen die Ablehnung der Erteilung des Testamentsvollstreckerzeugnisses besteht mangels Beeinträchtigung der eigenen Rechtsstellung kein Beschwerderecht des Erben.[204]
- Der **Pflichtteilsberechtigte** ist gegen die Ablehnung der durch ihn beantragten (§ 2227 Abs. 1 1. Halbs. BGB) Entlassung des Testamentsvollstreckers beschwerdeberechtigt, aber nur wenn sich sein Anspruch (§ 2303 Abs. 1 S. 1 BGB) noch nicht erledigt hat.[205] Dagegen nicht gegen die Erteilung eines Testamentsvollstreckerzeugnisses[206] und gegen die Ablehnung seiner Einziehung,[207] weil der Pflichtteilsanspruch nicht gegen den Testamentsvollstrecker geltend zu machen ist (§ 2213 Abs. 1 S. 3 BGB). Dass dieser zur Vollstreckung in den von ihm verwalteten Nachlass auf Duldung der Zwangsvollstreckung verklagt werden muss (§ 748 Abs. 3 ZPO), genügt für die unmittelbare Rechtsbeeinträchtigung nach § 59 Abs. 1 nicht.
- Der **Testamentsvollstrecker** ist beschwerdeberechtigt gegen seine Entlassung aus wichtigem Grund (§ 2227 Abs. 1 BGB),[208] gegen den seine Ernennung nach Annahme des Amtes (§ 2202 Abs. 1 BGB) aufhebenden Beschluss;[209] gegen die Ablehnung der Erteilung des Testamentsvollstreckerzeugnisses und gegen dessen Einziehung.[210]
- Der vom Erblasser nach § 2200 Abs. 1 BGB aufschiebend bedingt bestimmte **Ersatztestamentsvollstrecker** ist gegen die Ernennung einer anderen Person durch das Nachlassgericht beschwerdeberechtigt, wenn dadurch der Eintritt der Bedingung hinausgeschoben wird.[211]

---

[193] BayObLG NJW-RR 1999, 446.
[194] OLG Köln NJW-RR 1994, 1421.
[195] BayObLG FamRZ 2004, 1818; FamRZ 2000, 1231.
[196] BayObLG FamRZ 1999, 817; OLG Hamm Rpfleger 1984, 273.
[197] BayObLG NJWE-FER 2001, 183.
[198] OLG Schleswig SchlHA 1999, 129.
[199] BayObLG FamRZ 1991, 230.
[200] BayObLG FamRZ 1976, 288.
[201] KG FGPrax 2001, 24; BayObLG FamRZ 1988, 1321.
[202] OLG Düsseldorf Rpfleger 2011, 375 (Vorerbe).
[203] OLG Hamm FGPrax 2008, 115.
[204] OLG Hamm NJWE-FER 2000, 60.
[205] KG NJW-RR 2005, 809; NJW-RR 2002, 439.
[206] OLG Celle NJW-RR 2004, 872.
[207] OLG Hamm Rpfleger 1977, 306.
[208] OLG Karlsruhe FGPrax 2005, 33.
[209] KG OLGZ 1992, 139.
[210] OLG Köln NJW 1962, 1727.
[211] OLG München NJW 2009, 2140.

- Der gewöhnliche, d. h. über keinen vollstreckbaren Titel verfügende **Nachlassgläubiger** ist gegen die Bestellung des Testamentsvollstreckers und gegen die Ablehnung der Ernennung[212] nicht beschwerdeberechtigt. Sein im Hinblick auf §§ 2213 Abs. 1 S. 1 BGB, 748 ZPO bestehendes Interesse an einer Klärung der Frage, ob die Testamentsvollstreckung zur Ausführung kommt und wer Testamentsvollstrecker ist, stellt keine Rechtsbeeinträchtigung nach § 59 Abs. 1 dar.[213]

c) Nachlasspflegschaft

83

- Der **Erbe** und der **Erbprätendent**[214] sind beschwerdeberechtigt gegen die Anordnung der Nachlasspflegschaft, ihre Ablehnung[214a] und Aufhebung, die Auswahl des Pflegers, die Bewilligung einer Vergütung des Pflegers.[215] Ferner gegen die Erteilung einer Anordnung an den Nachlasspfleger, die den Bestand des Nachlasses und nicht nur dessen verfahrensrechtliche Behandlung berührt; ebenso gegen die Ablehnung einer gebotenen Weisung.[216]
- Der **Testamentsvollstrecker** ist beschwerdeberechtigt gegen die Anordnung der Nachlasspflegschaft und die Ablehnung ihrer Aufhebung,[217] nicht aber gegen die Auswahl des Nachlasspflegers.[218]
- Der **Nachlassgläubiger** ist beschwerdeberechtigt gegen die Ablehnung der von ihm beantragten (§ 1961 BGB) Anordnung einer Nachlasspflegschaft[219] und gegen deren Aufhebung.[220] Gegen die Festsetzung der Vergütung des Nachlasspflegers, wenn der festgesetzte Vergütungsanspruch seine Befriedigung gefährdet oder er sich gegenüber dem Erben zu deren Zahlung aus dem ihm zugewandten Teil des Nachlasses verpflichtet hat.[221]
- Der **Nachlasspfleger** ist beschwerdeberechtigt gegen die Anordnung der Nachlasspflegschaft, weil ihn diese bei Nichtvorliegen ihrer Voraussetzungen in seiner Rechtsstellung beeinträchtigt.[222] Ebenso gegen die Beschränkung seines Wirkungskreises.
- Der **Nachlassinsolvenzverwalter** ist beschwerdeberechtigt gegen die Aufhebung der Nachlasspflegschaft.[223]
- Der **General- oder Vorsorgebevollmächtigte** ist gegen die Anordnung der Nachlasspflegschaft und die Bestellung eines Nachlasspflegers nicht beschwerdeberechtigt, wenn er weder Erbe noch Erbprätendent ist.[224]
- Der **Pflichtteilsberechtigte** ist gegen die Bewilligung einer Nachlasspflegervergütung beschwerdeberechtigt, weil ein festgesetzter Vergütungsanspruch den Nachlass und damit auch den Pflichtteilsanspruch mindert.[225]

Keine Beschwerdeberechtigung haben:

84

- der Nachlassinsolvenzverwalter, Nacherbe, Ersatzerbe und der Vermächtnisnehmer gegen die Anordnung der Nachlasspflegschaft und die Ablehnung ihrer Aufhebung;
- Verwandte, Verschwägerte und Nachlassgläubiger gegen die Auswahl des Pflegers;
- der Miterbe gegen die Anordnung einer Abwesenheitspflegschaft für andere Miterben, auch wenn er früher Testamentsvollstrecker war und nach Entlassung aus diesem Amt gerichtlich in Anspruch genommen wird;[226]
- der Vorerbe gegen die Anordnung einer Pflegschaft für den Nacherben;

---

[212] OLG Düsseldorf FGPrax 2004, 32.
[213] Palandt/Edenhofer § 2200 Rn 6; offen gelassen in BayObLG FamRZ 2002, 641.
[214] OLG Hamm FGPrax 2011, 84.
[214a] BGH WM 2011, 1340 (§ 1960 Abs. 1 S. 2 u. Abs. 2 BGB).
[215] BayObLG Rpfleger 1984, 356.
[216] BayObLG NJW-RR 1997, 326.
[217] KG Rpfleger 1972, 402.
[218] BayObLG FamRZ 2002, 109.
[219] OLG Hamm FGPrax 2011, 29; FGPrax 2010, 80.
[220] OLG Hamm Rpfleger 1987, 416.
[221] BayObLG FamRZ 1986, 107.
[222] OLG Frankfurt NJW-RR 1994, 75.
[223] OLG Hamm Rpfleger 1987, 416.
[224] OLG München NJW 2010, 2364.
[225] OLG Köln NJWE-FER 1999, 300.
[226] OLG Frankfurt Rpfleger 1979, 105.

- der Nachlassgläubiger gegen die Ablehnung von Aufsichtsmaßnahmen (§§ 1915 Abs. 1 S. 1, 1837 BGB) gegen den Nachlasspfleger;
- der Nachlasspfleger gegen die Aufhebung der Nachlasspflegschaft.

d) Nachlassverwaltung

- Der **Erbe** ist beschwerdeberechtigt gegen die Zurückweisung seines Antrags auf Anordnung der Nachlassverwaltung (§ 1981 Abs. 1 BGB), gegen die Anordnung der Nachlassverwaltung auf Antrag eines Nachlassgläubigers (§ 1981 Abs. 2 BGB), gegen die Aufhebung der von ihm beantragten Nachlassverwaltung, gegen die Ablehnung der von ihm angeregten Aufhebung der Nachlassverwaltung und der von ihm beantragten Entlassung des Nachlassverwalters sowie gegen die Festsetzung der Vergütung des Nachlassverwalters.
- Der **Nachlassverwalter** ist beschwerdeberechtigt gegen die Entlassung gegen seinen Willen; gegen die Beschränkung seiner Befugnisse, die Festsetzung seiner Vergütung; nicht aber gegen die Aufhebung der Nachlassverwaltung.[227]
- Der **Nachlassgläubiger** ist, auch bei eigener Erbenstellung, beschwerdeberechtigt gegen die Ablehnung der von ihm beantragten (§ 1981 Abs. 2 BGB) Anordnung der Nachlassverwaltung; ebenso gegen deren Aufhebung, selbst wenn sie nicht auf seinen Antrag angeordnet wurde.[228] Gegen die Ablehnung der von ihm angeregten Entlassung des Nachlaßverwalters ist ein Beschwerderecht zu bejahen, wenn eine Gefährdung der Befriedigung eigener Nachlassforderungen durch die Amtsführung geltend gemacht wird.[229]
- Der **Testamentsvollstrecker** hat ein Beschwerderecht gegen die Anordnung der Nachlassverwaltung auf Antrag eines Nachlassgläubigers (§ 1981 Abs. 2 BGB), weil er zur Verwaltung des Nachlasses berechtigt ist (§ 2205 BGB).

5. Registersachen

a) Handelsregister

- Gegen die Ablehnung einer eine **Kapitalgesellschaft** (AG, KGaA, GmbH) betreffenden konstitutiven, d. h. die Rechtsänderung erst herbeiführenden Registereintragung (§ 382 Abs. 3) oder gegen eine darauf bezogene Zwischenverfügung (§ 382 Abs. 4) ist nur die Gesellschaft selber beschwerdeberechtigt, weshalb die Beschwerdeeinlegung durch die Vertretungsberechtigten in der erforderlichen Zahl im Namen der Gesellschaft zu erfolgen hat, d. h. durch den Vorstand oder die Geschäftsführung.[230] Das gilt auch bei der erstmaligen Anmeldung der Gesellschaft, weil die Vorgesellschaft bereits ein eigenständiges, von ihren Gründern und Gesellschaftern verschiedenes Rechtsgebilde mit eigenen Rechten und Pflichten darstellt.[231] Der einzelne Gesellschafter oder Aktionär ist in die Gesellschaft betreffenden Registersachen nur beschwerdeberechtigt, wenn er in einem bestimmten Individualrecht unmittelbar beeinträchtigt ist.[232]
- Gegen die Ablehnung oder Beanstandung der durch die Gesellschafter einer **Personenhandelsgesellschaft** (OHG, KG) in vertretungsberechtigter Zahl vorgenommenen Anmeldung steht die Beschwerde diesen Gesellschaftern zu. Gegen die Ablehnung einer Berichtigung der Firma ihrer Komplementärin oder Kommanditistin ist die Gesellschaft nicht beschwerdeberechtigt, weil sie insoweit nicht Inhaberin der Firmenrechte ist.[233]
- Gegen die **Ablehnung der** angeregten (§ 24) **Einleitung eines Firmenmissbrauchsverfahrens** (§ 392) oder **Amtslöschungsverfahrens** (§§ 393 ff.) ist nur derjenige beschwerdeberechtigt, der durch die Eintragung in einem bestimmten Individualrecht unmittelbar beeinträchtigt ist (s. auch § 58 Rn 61).[234] Dies kommt bei einem Dritten

---

[227] OLG Jena Rpfleger 1998, 427.
[228] OLG Hamm FGPrax 2010, 239.
[229] OLG Karlsruhe NJW-RR 1989, 1095; a. M. OLG Frankfurt NJWE-FER 1998, 116.
[230] BGH NJW 1989, 295.
[231] BGH NJW 1992, 1824; OLG Stuttgart BB 1992, 88.
[232] OLG Zweibrücken NJW-RR 1990, 672.
[233] OLG Hamm FGPrax 2010, 143.
[234] KG FGPrax 2007, 276.

insbesondere bei Beeinträchtigung seines Namens- oder Firmenrechts in Betracht, nicht aber seiner Wettbewerbs-[235] und sonstigen berechtigten Interessen. Der einzelne Aktionär ist beeinträchtigt, wenn die Löschung eines Kapitalerhöhungs- oder sonstigen Hauptversammlungsbeschlusses, gegen den er Widerspruch zu Protokoll erklärt und rechtzeitig Anfechtungsklage erhoben hat, abgelehnt wird. Dem Gesellschafter einer an einer weiteren Gesellschaft beteiligten Kapitalgesellschaft, der die Löschung von Eintragungen betreffend die weitere Gesellschaft begehrt, fehlt es an der unmittelbaren Rechtsbeeinträchtigung nach § 59 Abs. 1.[236] Diese ist aber gegeben, wenn es um die Löschung der Eintragung einer Auflösung der Gesellschaft geht, weil dann seine Rechte als Gesellschafter in ihrem Bestand betroffen sind.[237] Der Kommanditist ist beschwerdeberechtigt, wenn sich die von ihm angeregte Löschung auf eine Eintragung bezieht, die seine Einlage betrifft. Dagegen steht einer Gesellschaft, die ihre Löschung wegen Vermögenslosigkeit angeregt hat, mangels Beeinträchtigung eigener materieller Rechte die Beschwerde gegen die Einstellung des Amtslöschungsverfahrens nicht zu.[238]

- Gegen die **Ablehnung (§ 382 Abs. 3) der Eintragung von Änderungen betreffend den Vorstand und die Prokura** sind nur die Vorstandsmitglieder[239] bzw. Vertretungsberechtigten der Gesellschaft beschwerdeberechtigt, nicht aber die Gesellschaft selbst,[240] bei der KG also die persönlich haftenden Gesellschafter.[241]
- Gegen die Ablehnung der durch einen außenstehenden Aktionär angeregten **Aufforderung** (§ 388 Abs. 1 FamFG i. V. m. § 407 Abs. 1 AktG) des Vorstandes **zur Erstellung eines Abhängigkeitsberichts** (§ 312 Abs. 1 AktG) steht diesem Aktionär die Beschwerde zu, weil ihm durch die eine entsprechende Pflicht des Vorstands verneinende Entscheidung in der Regel die Durchsetzung möglicher Ansprüche nach §§ 315 S. 1, 317 Abs. 1 S. 2 AktG genommen wird.[242]
- Gegen die **Verwerfung eines Einspruchs im Zwangsgeldverfahren** und die **Festsetzung des Zwangsgeldes** (§ 391 Abs. 1) ist neben deren Adressaten, d. h. den zur Vornahme der Handlung verpflichteten Vertretungsberechtigten[243] auch die Gesellschaft selbst beschwerdeberechtigt, wenn sie durch die Entscheidung in eigenen Rechten unmittelbar beeinträchtigt ist, z. B. weil durch die Zwangsgeldfestsetzung die Anmeldung des Erlöschens der Firma durchgesetzt werden soll.[244]
- Gegen die **Anordnung der Eintragung einer neuen Firma** ist ein Dritter mit der Begründung mangelnder Unterscheidbarkeit (§ 30 Abs. 1 HGB) nicht beschwerdeberechtigt, es sei denn diese bezieht sich nach seinem Vortrag auf eine für ihn selber eingetragene Firma. Eine Eignung der angemeldeten Firma zur Irreführung des Verkehrs (§ 18 Abs. 2 HGB) beeinträchtigt den Dritten nicht in eigenen Rechten.[245]
- Gegen die Anordnung der **Eintragung des GmbH-Geschäftsführers** sind sowohl die Gesellschaft[246] als auch die Gesellschafter beschwerdeberechtigt.[247] Gegen die Ablehnung der Eintragung steht auch dem anmeldenden GmbH-Geschäftsführer die Beschwerde zu, weil bei Eintragungen von lediglich deklaratorischer Bedeutung im Hinblick auf die Zwangsgeldandrohung des § 79 Abs. 1 GmbHG ein eigenes Beschwerderecht jedes Anmeldenden zu bejahen ist.[248] Deshalb ist auch der eine Neubestellung des Geschäftsführers anmeldende neue GmbH-Geschäftsführer beschwerdeberechtigt.[249] Das gilt z. B.

---

[235] LG Hanau NJW-RR 2002, 102.
[236] KG FGPrax 2007, 276.
[237] OLG Hamm NZG 2001, 1040.
[238] OLG München NZG 2011, 709.
[239] OLG Hamm ZIP 2011, 230 (Sparkasse).
[240] BayObLG NJW 1973, 2162.
[241] BayObLG Rpfleger 1980, 428.
[242] BGH NJW 1997, 1855.
[243] BayObLG FGPrax 2000, 74.
[244] BayObLG DB 1978, 1496.
[245] OLG Hamm FGPrax 2007, 140.
[246] OLG Hamm NZG 2011, 311.
[247] OLG Düsseldorf FGPrax 2007, 32; OLG Nürnberg BB 2011, 1154 (Ls.).
[248] BayObLG FGPrax 2000, 40.
[249] OLG Hamm NJW-RR 2011, 541; OLG Köln FGPrax 2001, 214; OLG Nürnberg BB 2011, 1154 (Ls.).

hinsichtlich einer Zwischenverfügung, mit der seine Versicherung über das Fehlen von seiner Bestellung entgegenstehenden Umständen (§ 39 Abs. 3 S. 1 GmbHG) beanstandet wird.[250] Ebenso steht neben der Gesellschaft auch dem Geschäftsführer die Beschwerde gegen eine Zwischenverfügung zu, die den Antrag auf Eintragung seiner Befreiung vom Selbstkontrahierungsverbot (§ 181 BGB) betrifft.[251]

- Gegen die Ablehnung der von ihm angeregten Löschung der **Eintragung des Erlöschens der GmbH** ist deren Gläubiger nur beschwerdeberechtigt, wenn er in einem unmittelbaren Recht betroffen ist; die bloße Gläubigerstellung genügt nicht.[252] Gleiches gilt hinsichtlich der Ablehnung einer vom Gläubiger angestrebten Löschung der Eintragung des früheren GmbH-Geschäftsführers als Liquidator.[253] Ebenso wenig hat der Gläubiger einer noch eingetragenen GmbH, der sich mit dieser in einem anhängigen Zivilprozess befindet und mit der Uneinbringlichkeit seiner Prozesskosten rechnen muss, ein Beschwerderecht gegen die Ablehnung der von ihm begehrten Einleitung eines Amtslöschungsverfahrens.[254]

- Gegen die **Bestellung eines Notgeschäftsführers** sind außer der Gesellschaft nur Geschäftsführer und Gesellschafter beschwerdeberechtigt.[255] Der abberufene Geschäftsführer bleibt beschwerdeberechtigt, solange seine Anfechtungsklage gegen den Abberufungsbeschluss nicht rechtskräftig abgewiesen ist.[256]

- Gegen die **Ablehnung der Bestellung eines Notgeschäftsführers** sind auch die Gläubiger der Gesellschaft beschwerdeberechtigt.[257]

87 **b) Vereinsregister**

- Gegen die Zurückweisung der Erstanmeldung zum Vereinsregister (§ 21 BGB) ist der **Vorverein** beschwerdeberechtigt,[258] vertreten durch den Vorstand bzw. bei einem mehrgliedrigen Vorstand durch dessen Mitglieder in vertretungsberechtigter Zahl, so dass auch eine Alleinvertretung in Betracht kommt.[259]

- Gegen die Ablehnung der Anmeldung einer Satzungsänderung (§ 71 BGB) steht dem **Verein,** vertreten durch die laut Satzung vertretungsberechtigten Vorstandsmitglieder bzw. durch das allein vertretungsberechtigte Vorstandsmitglied, die Beschwerde zu.[260] Ebenso gegen eine die Anmeldung beanstandende Zwischenverfügung.[261] Gleiches hat hinsichtlich der Ablehnung der Löschung eines anderen Vereins wegen Verstoßes gegen das Irreführungsverbot (§ 57 Abs. 2 BGB) zu gelten.

- Das einzelne **Vereinsmitglied** ist in Registerangelegenheiten des Vereins nur beschwerdeberechtigt, wenn es in einem seiner Individualrechte beeinträchtigt wird und die zur Beseitigung der Beeinträchtigung nach der Satzung vorgesehenen Schritte ergriffen oder Klage vor dem Zivilgericht erhoben hat.[262] Ein Vereinsmitglied ist gegen die Ablehnung eines Amtslöschungsverfahrens beschwerdeberechtigt, wenn nach seinem Vortrag eine auf einem Beschluss der Mitgliederversammlung beruhende Eintragung im Vereinsregister wegen Verstoßes gegen Gesetz oder Satzung unzulässig ist, so dass das Mitglied gegen diesen Beschluss Zivilklage auf Feststellung seiner Unwirksamkeit erheben könnte; denn dann stellt die Anregung eines Löschungsverfahrens (§ 395) lediglich eine Form der Geltendmachung des Anfechtungsrechts als eines subjektiven Rechts dar.[263]

---

[250] OLG Hamm NZG 2010, 1156.
[251] OLG Hamm ZIP 2011, 1011; OLG Nürnberg NZG 2010, 623.
[252] BayObLG NJW-RR 2001, 613.
[253] OLG Düsseldorf FGPrax 2004, 135.
[254] OLG Hamm FGPrax 2003, 185.
[255] BayObLG NJW-RR 1997, 289.
[256] BayObLG NJW-RR 1999, 1259.
[257] OLG Hamm NJW-RR 1996, 996.
[258] OLG Hamm BeckRS 2010, 21011 (unvollständig abgedruckt in NJW-RR 2011, 39).
[259] BayObLG NJW-RR 1991, 958; KG NJW-RR 2005, 339; OLG Hamm NJW-RR 2000, 698; NJW-RR 1997, 1530; OLG Köln NJW-RR 1997, 1531; NJW-RR 1994, 1547.
[260] BGH NJW 1986, 1033.
[261] OLG Stuttgart FGPrax 2010, 255.
[262] KG FGPrax 2005, 175 (Untergang der Mitgliedschaft durch Verschmelzung nach §§ 4 ff. UmwG).
[263] OLG Zweibrücken FGPrax 2002, 80.

- Die **Minderheit der Mitglieder** ist im Verfahren auf gerichtliche Ermächtigung zur Einberufung einer Mitgliederversammlung (§ 37 Abs. 2 BGB) gegen die Ablehnung ihres Antrags gemeinschaftlich beschwerdeberechtigt. Bei Stattgabe steht die Beschwerde dem Verein zu; denn dann sind seine Rechte unmittelbar beeinträchtigt, weil an die Stelle des satzungsmäßigen Einberufungsorgans die ermächtigte Vereinsminderheit tritt.[264]
- Dem einzelnen **Vorstandsmitglied** steht die Beschwerde gegen Entscheidungen zu, durch die seine Rechte unmittelbar beeinträchtigt werden;[265] insbesondere gegen die Ablehnung eines Amtslöschungsverfahrens hinsichtlich der Eintragung seines Ausscheidens aus dem Vorstand.[266]
- Gegen den Beschluss, mit dem ein Notvorstand bestellt wird (§ 29), sind neben dem **Verein** auch **Vorstands- und Vereinsmitglieder** zur Beschwerde berechtigt.[267]
- Ein **Dritter** hat gegen die Ablehnung der Einleitung eines die Eintragung des Vereins betreffenden Amtslöschungsverfahrens regelmäßig kein Beschwerderecht.[268]

6. Unternehmensrechtliche Verfahren

- Gegen die Festsetzung der baren Zuzahlung (**§ 15 Abs. 1 UmwG**) durch gerichtliche Entscheidung im Spruchverfahren sind diejenigen Aktionäre der übertragenden Gesellschaft beschwerdeberechtigt, die für die von ihnen hingegebenen Anteile nach ihrem Vortrag zu wenig erhalten haben, unabhängig davon ob sie die Anteile am aufnehmenden Rechtsträger bei Einlegung der Beschwerde noch halten.[269]
- Gegen die Ablehnung der gerichtlichen Ermächtigung der Minderheitsaktionäre zur Einberufung der Hauptversammlung (§ 375 Nr. 3 FamFG i. V. m. **§ 122 Abs. 3 AktG**) sind diejenigen antragstellenden Aktionäre gemeinschaftlich beschwerdeberechtigt, die zusammen über die nach § 122 Abs. 1 AktG vorgeschriebenen Anteile verfügen.[270] Gegen den Ermächtigungsbeschluss steht der Gesellschaft die Beschwerde zu.
- Gegen die Ernennung eines Abwicklers der AG (§ 375 Nr. 3 FamFG i. V. m. **§ 265 Abs. 3 AktG**) ist nur die Gesellschaft beschwerdeberechtigt, gegen die Ablehnung der Ernennung nur der Antragsteller.[271]
- Gegen die Bestellung eines Nachtragsliquidators (§ 375 Nr. 3 FamFG i. V. m. **§ 273 Abs. 4 AktG**) ist die gelöschte Gesellschaft beschwerdeberechtigt, nicht hingegen deren früheren Vertretungsorgane.[272]
- Gegen die gerichtliche Bestellung eines Liquidators für eine GmbH (§ 375 Nr. 6 FamFG i. V. m. **§ 66 Abs. 2 GmbHG**) steht neben dieser auch den Gesellschaftern die Beschwerde zu.[273] Gegen die Abberufung des Liquidators (§ 375 Nr. 6 FamFG i. V. m. **§ 66 Abs. 3 GmbHG**) sind dieser und die Gesellschaft beschwerdeberechtigt, die Gesellschafter jedenfalls dann, wenn sie die Abberufung nicht beantragt und an der Bestellung des Liquidators durch Gesellschafterbeschluss mitgewirkt haben.[274]
- Gegen die Ernennung eines bestimmten Nachtragsliquidators (§ 375 Nr. 6 FamFG i. V. m. **§ 66 Abs. 5 GmbH**) ist die Gesellschaft nicht beschwerdeberechtigt, weil eine unmittelbare Rechtsverletzung erst durch dessen Handlungen verursacht werden kann.[275] Der Nachtragsliquidator ist gegen seine Abberufung beschwerdeberechtigt.[276]

---

[264] BayObLG Rpfleger 1986, 437.
[265] BayObLG NJW-RR 1993, 698; OLG Stuttgart Rpfleger 1970, 283.
[266] BayObLG NJW-RR 1993, 698.
[267] BayObLG NJW-RR 1997, 289.
[268] OLG Hamm FGPrax 2005, 226; OLG Köln Rpfleger 1995, 163.
[269] OLG München FGPrax 2007, 197.
[270] OLG Zweibrücken WM 1997, 622; a. M. MünchKommAktG/Kubis § 122 Rn 58: jeder einzelne antragstellende Aktionär.
[271] Hüffer § 265 Rn 9.
[272] BayObLG Rpfleger 1983, 404.
[273] BayObLG NJW-RR 1997, 419; einschränkend KG FGPrax 2006, 28: wenn noch Vermögenswerte der Gesellschaft vorhanden sind.
[274] BayObLG Rpfleger 1988, 318; OLG Düsseldorf NJW-RR 1999, 37.
[275] OLG Schleswig FGPrax 2000, 73.
[276] OLG Köln FGPrax 2003, 86; KG FGPrax 2006, 28; FGPrax 2005, 174.

- Gegen die vom Vorstand des Unternehmens beantragte Bestellung eines Aufsichtsratsmitgliedes durch das Gericht (§ 375 Nr. 3 FamFG i. V. m. **§ 104 AktG**) ist jeder Aktionär beschwerdeberechtigt, weil er als ebenfalls Antragsberechtigter durch die Bestellung einer von ihm nicht vorgeschlagenen Person in seiner materiellen Rechtsstellung beeinträchtigt ist.[277] Voraussetzung ist aber, dass nach seinem Vortrag die angefochtene Entscheidung seine im Antragsrecht begründete Rechtsstellung unmittelbar nachteilig betrifft.[278]
- Gegen die Bestellung eines Pflegers zur Wahrnehmung der Stimmrechte unbekannter Aktionäre/Kommanditisten haben andere Aktionäre/Kommanditisten kein Beschwerderecht, weil dies nur demjenigen zusteht, der geltend macht, der unbekannte Beteiligte (§ 1913 S. 1 BGB) zu sein, dessen gesetzliche Vertretung dem Pfleger übertragen worden ist.[279]

7. Landwirtschaftssachen

89
- Im **Genehmigungsverfahren** (§§ 2–12 GrdstVG) ist der **Antragsteller** beschwerdeberechtigt, wenn die Genehmigung unter einer Auflage oder Bedingung (§§ 10, 11 GrdstVG) erteilt wird. Kein Beschwerderecht besteht gegen ein Negativattest.
- Der **Vorkaufsberechtigte** hat im Genehmigungsverfahren kein Beschwerderecht, weil er durch die Verweigerung der Genehmigung des Kaufvertrages nicht in eigenen Rechten verletzt wird.[280]
- Der an einem Hofübergabevertrag nicht beteiligte **weichende Erbe** hat grundsätzlich kein Beschwerderecht gegen dessen Genehmigung, und zwar weder unter dem Gesichtspunkt seiner eigenen Erbchance noch unter dem seiner gesetzlichen oder vertraglichen Abfindungsansprüche; etwas anderes gilt nur, wenn ihn der Hofeigentümer vor dem Abschluss des Übergabevertrags erbvertraglich, durch bindend gewordenes gemeinschaftliches Testament oder durch formlos bindende Hoferbenbestimmung (Übertragung der Bewirtschaftung und Beschäftigung auf dem Hof) bereits zum Hoferben bestimmt hat und deshalb eine rechtlich gesicherte Anwartschaft auf das Erbe besteht.[281]
- Gegen eine die Hofeigenschaft im Zeitpunkt des Erbfalls verneinende Feststellungsentscheidung des Landwirtschaftsgerichts ist nur der **nächstberufene hoferbenberechtigte Abkömmling** beschwerdeberechtigt.[282]

8. Personenstandssachen

90
- Der **überlebende Ehegatte** ist im Berichtigungsverfahren (§§ 47, 48 PStG) betreffend die Eintragung des Familienstandes des Verstorbenen im Sterberegister beschwerdeberechtigt.[283]
- Der **mögliche gesetzliche Erbe** ist im Berichtigungsverfahren (§§ 47, 48 PStG) betreffend die Eintragung des Todeszeitpunkts im Sterberegister beschwerdeberechtigt, wenn dieser für die Bestimmung der Erbfolge Bedeutung hat. Das trifft z. B. auf die Großmutter des bei einem Unfall gemeinsam mit seinen Eltern verstorbenen Kindes zu.[284]
- Einem **Elternteil** steht gegen die Anweisung (§ 49 Abs. 1 PStG) zur Eintragung einer Namensänderung des Kindes in das Geburtenregister (§ 27 Abs. 3 PStG) die Beschwerde zu, auch wenn nach Scheidung der Ehe die elterliche Sorge allein dem anderen Elternteil zukommt.[285]
- Die **Kindesmutter** ist gegen die Ablehnung der Eintragung eines Vaterschaftsanerkenntnisses in das Geburtenregister (§ 27 Abs. 1 PStG) beschwerdeberechtigt.[286]

---

[277] OLG Schleswig FGPrax 2004, 244.
[278] OLG Hamm FGPrax 2011, 150.
[279] OLG Hamm DB 2002, 2428.
[280] BGH NJW-RR 1991, 1290.
[281] BGH FamRZ 2008, 261; DNotZ 1996, 890.
[282] BGH NJW-RR 2000, 292.
[283] BayObLG StAZ 2000, 145.
[284] BayObLG NJW-RR 1999, 1309.
[285] OLG Karlsruhe FamRZ 2000, 1362.
[286] OLG München FGPrax 2008, 208.

9. Genehmigung eines Rechtsgeschäfts

- Gegen die **Versagung einer Außengenehmigung**, d. h. einer zur Wirksamkeit eines durch den gesetzlichen Vertreter des Kindes, Mündels, Betreuten oder Pfleglings in dessen Namen geschlossenen Rechtsgeschäfts gesetzlich erforderlichen Genehmigung ist der **Vertretene** beschwerdeberechtigt, weil nur er in einem subjektiven Recht beeinträchtigt wird. Deshalb ist die Beschwerde durch den Vertreter in fremdem Namen einzulegen.[287] Gleiches gilt für die Beschwerde gegen ein sog. Negativattest.[288]
- Gegen die **Versagung einer** zur Wirksamkeit des Rechtsgeschäfts nicht erforderlichen sog. **Innengenehmigung** ist der gesetzliche **Vertreter** im Hinblick auf sein Haftungsrisiko (§§ 1664, 1833 Abs. 1, 1908i Abs. 1 S. 1, 1915 Abs. 1 S. 1 BGB) in eigenem Namen beschwerdeberechtigt.
- Der **Vertragspartner** des genehmigungspflichtigen Rechtsgeschäfts hat im Genehmigungsverfahren die Stellung eines Dritten. Regelmäßig wird er durch die Versagung der Genehmigung nicht unmittelbar in eigenen Rechten beeinträchtigt und ist deshalb **nicht beschwerdeberechtigt**. Dass sich als Folge der Entscheidung und im Rahmen ihrer Umsetzung Einwirkungen auf das Recht des Vertragspartners ergeben können, genügt nicht.[289] Ausnahmsweise steht ihm aber die Beschwerde zu, wenn er geltend macht, das Rechtsgeschäft sei gar nicht genehmigungsbedürftig, weil dann eine Beeinträchtigung durch den Anschein der Unwirksamkeit des Geschäfts besteht.[290]
- Gegen die **Erteilung der Genehmigung** ist regelmäßig der gesetzliche Vertreter nicht im eigenen Namen beschwerdeberechtigt, weil er von der Genehmigung keinen Gebrauch machen muss und es somit am Rechtsschutzinteresse fehlt. Ein Beschwerderecht besteht aber, wenn die Genehmigung trotz fehlender Genehmigungsbedürftigkeit oder fehlender Vertretungsbefugnis erteilt wurde[291] und wenn sie dem Wohl des Vertretenen widerspricht. Dann ist auch dieser beschwerdeberechtigt. Zur Frage, wann ein Ergänzungspfleger für den vertretenen Minderjährigen zu bestellen ist, siehe § 41 Rn 4a.
- Der **Betreuer** kann auch nach Bestellung eines Ergänzungsbetreuers die Verweigerung der Genehmigung eines Rechtsgeschäfts **im Namen des Betroffenen** mit der Beschwerde anfechten, außer wenn er durch Gesetz oder gerichtliche Entscheidung von der Vertretung ausgeschlossen ist.[292]
- Der **potentielle künftige Erbe** des Betreuten ist gegen die Erteilung der Genehmigung eines Grundstücksverkaufs durch den Betreuer **nicht beschwerdeberechtigt.** Weil die Rechtsbeeinträchtigung bei Erlass der angefochtenen Entscheidung vorliegen muss, wird die Beschwerde auch nicht durch Eintritt des Erbfalls vor Rechtskraft, mithin vor Wirksamwerden (§ 40 Abs. 2) der Genehmigung nachträglich zulässig.[293]
- Der **Schuldner** einer Forderung ist gegen die Genehmigung der Abtretung dieser Forderung **nicht beschwerdeberechtigt.**[294]

Beschwerderecht Minderjähriger

§ 60 [1]Ein Kind, für das die elterliche Sorge besteht, oder ein unter Vormundschaft stehender Mündel kann in allen seine Person betreffenden Angelegenheiten ohne Mitwirkung seines gesetzlichen Vertreters das Beschwerderecht ausüben. [2]Das gleiche gilt in sonstigen Angelegenheiten, in denen das Kind oder der Mündel vor einer Entscheidung des Gerichts gehört werden soll. [3]Dies gilt nicht für Personen, die

---

[287] BayObLG FPR 2002, 160; OLG Dresden FamRZ 2001, 1307; OLG Stuttgart FGPrax 2001, 199; Palandt/Diederichsen § 1828 Rn 20; Soergel/Zimmermann § 1828 Rn 22; a.M. OLG Köln FGPrax 1999, 26; MünchKommBGB/Wagenitz § 1828 Rn 39; Jürgens/von Crailsheim § 1828 Rn 24: auch der Vertreter ist beschwerdeberechtigt.
[288] MünchKommBGB/Wagenitz § 1828 Rn 43.
[289] BayObLG FGPrax 1995, 196; OLG Rostock FGPrax 2006, 215; OLG Schleswig BtPrax 1994, 142.
[290] BayObLG Rpfleger 1988, 482; FamRZ 1977, 141; OLG Hamm FamRZ 1984, 1036.
[291] MünchKommBGB/Wagenitz § 1828 Rn 41.
[292] BayObLG NJWE-FER 1998, 81.
[293] OLG Köln ZMR 2004, 267.
[294] BayObLG NJOZ 2001, 159.

geschäftsunfähig sind oder bei Erlass der Entscheidung das 14. Lebensjahr nicht vollendet haben.

I. Normzweck; Anwendungsbereich

1 § 60 regelt, in welchen Angelegenheiten und unter welchen persönlichen Voraussetzungen ein nicht verfahrensfähiger Minderjähriger sein **nach § 59 bestehendes Beschwerderecht** selber, d. h. nicht nur durch seinen gesetzlichen Vertreter, sondern neben und unabhängig von diesem ausüben kann. Die Vorschrift gilt grundsätzlich für das gesamte FamFG-Verfahren einschließlich der Ehesachen und Familienstreitsachen, wie sich aus § 113 Abs. 1 S. 1 ergibt. Zur Übergangsregelung siehe die Erläuterungen zu Art. 111 FGG-RG.

II. Die Beschwerdeführungsbefugnis nach § 60

2 Die Beschwerdeführungsbefugnis, d. h. die verfahrensrechtliche Befugnis eines Beteiligten zur Ausübung seiner Beschwerdeberechtigung (s. § 59 Rn 26) setzt grundsätzlich die in § 9 bzw. für Ehesachen und Familienstreitsachen in § 113 Abs. 1 S. 2 FamFG i. V. m. §§ 51 ff. ZPO geregelte Verfahrensfähigkeit voraus. Deshalb kann ein nicht verfahrensfähiger Minderjähriger auch in der Beschwerdeinstanz Verfahrenshandlungen grundsätzlich nur durch seinen gesetzlichen Vertreter wirksam vornehmen, also durch die sorgeberechtigten Eltern, den Vormund oder den Pfleger (§ 59 Rn 30 ff.). Im Interesse der effektiven Wahrnehmung eigener Rechte des Minderjährigen sieht § 60 jedoch für bestimmte Angelegenheiten, die von besonderer Wichtigkeit für seine Lebensstellung und Entwicklung sind, eine Ausnahme von diesem Grundsatz vor. Soweit der Minderjährige dort nach § 9 Abs. 1 Nr. 2–4 verfahrensfähig ist, kommt § 60 lediglich deklaratorische Bedeutung zu, weil sich seine Beschwerdeführungsbefugnis dann bereits aus der Verfahrensfähigkeit ergibt.

3 Der in der konkreten Angelegenheit nicht verfahrensfähige Minderjährige erhält durch § 60 keine Befähigung zur wirksamen Antragstellung (§ 23). Deshalb kann er auch im Anwendungsbereich dieser Regelung in **Antragsverfahren** erstinstanzliche Verfahrenshandlungen nicht wirksam selbständig vornehmen. Vielmehr verleiht ihm die Vorschrift eine auf die Beschwerdeinstanz beschränkte und insoweit der Verfahrensfähigkeit entsprechende Befugnis. Deshalb muss ein solcher Minderjähriger im Antragsverfahren erstinstanzlich gesetzlich vertreten sein. Gleiches gilt für eine Erweiterung des erstinstanzlichen Sachantrags im Beschwerdeverfahren.

4 Dagegen kann auch ein nicht verfahrensfähiger Minderjähriger ein **Amtsverfahren** anregen (§ 24). Im sachlichen Geltungsbereich des § 60 steht ihm aber die Beschwerdeführungsbefugnis unabhängig davon zu, ob er selbst[1] oder ein Dritter die Verfahrenseinleitung angeregt hat. Dies gilt auch, wenn sich die Beschwerde gegen die Ablehnung der Verfahrenseinleitung richtet. Im Hinblick auf seine persönliche Betroffenheit durch das Verfahren und seine Befugnis zur Ausübung des Beschwerderechts kann der Minderjährige schon in erster Instanz selbständig auftreten, auch wenn er nach § 7 Abs. 2 nicht als Beteiligter hinzuzuziehen ist.

III. Sachlicher Geltungsbereich

1. Allgemeines

5 Die Beschwerdeführungsbefugnis des verfahrensunfähigen Minderjährigen nach § 60 besteht in **zwei Fallgruppen,** nämlich in allen seine Person betreffenden Angelegenheiten und in sonstigen Verfahren, in denen er angehört werden soll.

2. Die Person betreffende Angelegenheiten (S. 1)

6 **a) Begriff.** Der in **S. 1** verwendete Begriff der die Person des Minderjährigen betreffenden Angelegenheit ist **nicht identisch mit demjenigen** des die Person des Kindes betreffenden Verfahrens **in § 160 Abs. 1 S. 1,** sondern weiter gefasst. Er bezieht sich deshalb nicht nur auf Sorgerechtsverfahren, sondern auf alle Angelegenheiten des FamFG,

---
[1] Vgl. z. B. BayObLG FamRZ 1997, 954.

soweit deren Verfahrensgegenstand die Person des Minderjährigen, d. h. seine Lebensführung und Lebensstellung mittelbar oder unmittelbar betrifft. Die Beschwerdeführungsbefugnis ist aber nur gegen solche Entscheidungen gegeben, die in den Minderjährigen selbst betreffenden Angelegenheiten ergehen. Daran fehlt es auch dann, wenn eine Angelegenheit nahe Angehörige betrifft und der Ausgang jenes Verfahrens mittelbar Auswirkungen auf den Minderjährigen hat, wie im die Ehewohnung seiner Eltern betreffenden Verfahren (§ 200 Abs. 1).[2]

Auch der zur Regelung der Verfahrensfähigkeit **in § 9 Abs. 1 Nr. 3 gebrauchte Begriff** der die Person betreffenden Angelegenheit (s. § 9 Rn 14) **ist enger**. Denn nach der Gesetzesbegründung soll die insoweit gegebene Verfahrensfähigkeit die eigenständige Wahrnehmung der dem über 14-jährigen Kind nach materiellem Recht im kindschaftsrechtlichen Verfahren, d. h. in Angelegenheiten nach § 151 eingeräumten Widerspruchs- und Mitwirkungsrechte ermöglichen.[3] Somit besteht die Verfahrensfähigkeit des Kindes und damit seine Beschwerdeführungsbefugnis z. B. in Verfahren, die auf die Aufhebung der gemeinsamen elterlichen Sorge (§ 1671 Abs. 2 Nr. 1 2. Halbs. BGB) und die Ersetzung der Einwilligung seines nicht sorgeberechtigten Elternteils in die Einbenennung (§ 1618 S. 3 2. Halbs. BGB) gerichtet sind.

Die Person betreffende Angelegenheiten können auch solche sein, in denen dem – nicht geschäftsunfähigen (§ 104 Nr. 2 BGB) – Minderjährigen **nach bürgerlichem Recht** die Befugnis zur eigenständigen Rechtsverfolgung und damit die Verfahrensfähigkeit (§ 9 Abs. 1 Nr. 2) zuerkannt ist. Dazu gehören insbesondere die Verfahren betreffend die familiengerichtliche Ersetzung der vom Vormund verweigerten Ermächtigung zur Aufnahme eines Dienst- oder Arbeitsverhältnisses (§ 113 Abs. 3 BGB), die Befreiung vom Erfordernis der Volljährigkeit zur Eingehung der Ehe (§ 1303 Abs. 2 BGB)[4] oder die Ersetzung der Zustimmung des gesetzlichen Vertreters zur Bestätigung der aufhebbaren Ehe durch den Minderjährigen (§ 1315 Abs. 1 S. 3 2. Halbs. BGB).

Vermögensrechtliche Angelegenheiten fallen nur unter § 60, wenn sie **Auswirkungen auf den Unterhalt** des Minderjährigen bzw. die dafür verfügbaren Mittel haben.[5] Rein vermögensrechtliche Angelegenheiten zählen hingegen nicht dazu. Dies gilt z. B. für die eine sonstige Familiensache nach § 266 Nr. 4 darstellende Herausgabe des Kindesvermögens und die Rechnungslegung bei Beendigung oder Ruhen der elterlichen Sorge aufgrund familiengerichtlicher Entscheidung (§ 1698 BGB) sowie die familiengerichtliche Genehmigung der Aufhebung eines Erbvertrages (§ 2290 Abs. 3 BGB) oder eines Erbverzichts (§ 2347 Abs. 1 S. 1 BGB).

b) Einzelfälle. Die Person des Minderjährigen betreffende Angelegenheiten i. S. von S. 1 sind z. B.:
- Entziehung der Vertretungsmacht der Eltern, des Vormunds oder Pflegers (§§ 1629 Abs. 2 S. 3, 1796, 1915 Abs. 1 S. 1 BGB);
- Entscheidung von Kompetenzkonflikten zwischen Eltern und Pfleger (§ 1630 Abs. 2 BGB);
- Entscheidung über durch die Eltern beantragte Unterstützung bei der Ausübung der Personensorge (§ 1631 Abs. 3 BGB);
- Genehmigung einer freiheitsentziehenden Unterbringung (§§ 1631 b, 1800 BGB);[6]
- Herausgabe des Kindes, Bestimmung seines Umgangs mit Dritten und Anordnung seines Verbleibs in einer Pflegefamilie (§ 1632 BGB);
- Anordnung[7] und Ablehnung familiengerichtlicher Maßnahmen bei Gefährdung des Kindeswohls (§ 1666, 1666 a BGB);[8]
- Anordnung der Vormundschaft oder Pflegschaft;

---

[2] BayObLG FamRZ 1977, 467.
[3] BT-Drs. 16/9733 S. 288.
[4] OLG Karlsruhe FamRZ 2000, 819; OLG Saarbrücken FamRZ 2008, 275.
[5] Jansen/Briesemeister § 59 Rn 12.
[6] OLG Frankfurt FamRZ 2010, 907.
[7] OLG Stuttgart NJW-RR 2010, 222; a. M. OLG Düsseldorf FamRZ 2011, 1081 (nur Ablehnung).
[8] BayObLG DAVorm 1981, 897; OLG Hamm MDR 1974, 45.

- Übertragung der alleinigen Sorge auf einen Elternteil bei gemeinsamer elterlicher Sorge im Fall des Getrenntlebens (§ 1671 BGB);
- Übertragung der alleinigen Sorge einer nicht verheirateten Mutter auf den Vater oder Begründung gemeinsamer elterlicher Sorge nicht miteinander verheirateter Eltern (§ 1672 BGB);
- Feststellung des Ruhens oder des Wiederauflebens der elterlichen Sorge (§ 1674 Abs. 1 und 2 BGB);
- Übertragung der elterlichen Sorge für ein nichteheliches Kind auf den Vater bei langfristigem Ruhen der Alleinsorge der Mutter (§ 1678 Abs. 2 BGB);
- Übertragung der elterlichen Sorge auf den anderen Elternteil beim Tod des allein sorgeberechtigten Elternteils oder bei Entziehung des Sorgerechts (§ 1680 Abs. 2 und 3 BGB);
- Übertragung der elterlichen Sorge auf einen für Tod erklärten, aber tatsächlich noch lebenden Elternteil (§ 1681 Abs. 2 BGB);
- Regelung des Umgangs mit den Eltern (§ 1684 BGB);
- Anordnung gerichtlicher Maßnahmen bei Verhinderung der Eltern (§ 1693 BGB);[9]
- Abänderung von Sorgerechtsentscheidungen (§ 1696 BGB);
- Auswahl[10] und Entlassung (§§ 1886 ff., 1915 Abs. 1 S. 1 BGB)[11] des Vormunds oder Pflegers;
- Festsetzung der Vergütung des Vormunds oder Pflegers, wenn sie Auswirkungen auf den Unterhalt des Minderjährigen hat;
- familiengerichtliche Ersetzung der Zustimmung des gesetzlichen Vertreters (§ 1746 Abs. 3 BGB) und eines Elternteils (§ 1748 BGB)[12] zur Adoption;
- familiengerichtliche Ersetzung der Zustimmung des Ehegatten des Annehmenden (§ 1749 Abs. 1 BGB);
- Übertragung der elterlichen Sorge auf den in die Adoption einwilligenden Elternteil nach Kraftloswerden seiner Einwilligung (§ 1751 Abs. 3 BGB);
- Aufhebung der Adoption wegen fehlender Erklärungen (§ 1760 BGB) oder von Amts wegen (§ 1763 BGB);
- Rückübertragung der elterlichen Sorge auf die leiblichen Eltern nach Aufhebung der Adoption (§ 1764 Abs. 4 BGB);
- Weiterführung des Adoptivnamens (§ 1765 Abs. 2 BGB);
- familiengerichtliche Genehmigung des Antrags auf Entlassung aus der deutschen Staatsangehörigkeit oder auf Erwerb einer ausländischen Staatsangehörigkeit (§§ 19, 25 StAG);
- familiengerichtliche Genehmigung des durch den Vormund oder Pfleger gestellten Antrags auf Änderung des Familiennamens oder des Vornamens (§§ 2, 11 NamÄndG).

3. Sonstige Angelegenheiten (S. 2)

11 Die Beschwerdeführungsbefugnis nach S. 2 besteht nur in **Angelegenheiten, in denen der Minderjährige** nach dem Gesetz **gehört werden soll,** ohne dass seine Person durch das Verfahren betroffen ist. Sie hat deshalb gegenüber dem sachlichen Anwendungsbereich von S. 1 nur geringe praktische Bedeutung, weil dieser bereits die meisten Verfahren, in denen eine Anhörungspflicht besteht, erfasst. Danach kommen im Hinblick auf die auch dort grundsätzlich bestehende Anhörungspflicht (§ 159 Abs. 1 S. 2) vor allem Angelegenheiten in Betracht, die ausschließlich die **Vermögenssorge** betreffen. So kann die Beschwerdeführungsbefugnis z.B. gegen die Ablehnung der Bestellung eines Pflegers zur Führung eines rein vermögensrechtlichen Rechtsstreits, gegen die Versagung der familiengerichtlichen Genehmigung eines vom gesetzlichen Vertreter vorgenommenen Rechtsgeschäfts oder gegen die Anordnung einer die Vermögenssorge betreffenden Ergänzungspflegschaft gegeben sein. Im Übrigen wird auf die Aufstellung bei § 151 Rn 7 verwiesen.

---

[9] OLG Schleswig FGPrax 2006, 216.
[10] BayObLG NJW-RR 1988, 454.
[11] BayObLG FGPrax 2004, 239.
[12] OLG Düsseldorf FamRZ 1995, 1294.

Die Beschwerdeführungsbefugnis setzt nicht voraus, dass die Anhörung des Minderjährigen in erster Instanz rechtsfehlerhaft unterblieben ist oder die ergangene Entscheidung zum Anhörungsergebnis in Widerspruch steht. Denn dies betrifft erst die Frage der Begründetheit des Rechtsmittels. **12**

IV. Persönliche Voraussetzungen (S. 3)

Die Beschwerdeführungsbefugnis kommt nach **S. 3** nur für solche unter elterlicher Sorge (§§ 1626 ff. BGB) oder Vormundschaft (§§ 1773 ff. BGB) stehende Minderjährige, d. h. Kinder und Mündel in Betracht, die nicht geschäftsunfähig (§ 104 Nr. 2 BGB) und **bei Erlass der erstinstanzlichen Entscheidung** (§ 38 Abs. 3 S. 3) **über 14 Jahre alt** sind. Vollendet der Minderjährige das 14. Lebensjahr erst nach Erlass der Entscheidung, sei es auch noch innerhalb der Beschwerdefrist, steht ihm die Beschwerdeführungsbefugnis nicht zu. Das Beschwerdegericht hat diese persönlichen Voraussetzungen im Rahmen der Prüfung der Zulässigkeit des Rechtsmittels (§ 68 Abs. 2 S. 1) von Amts wegen festzustellen. **13**

Das **Fehlen der Geschäftsunfähigkeit** nach § 104 Nr. 2 BGB muss **bei Einlegung der Beschwerde** gegeben sein und **im Zeitpunkt der Beschwerdeentscheidung** andauern, sonst wird das Rechtsmittel nachträglich unzulässig und ist zu verwerfen (§ 68 Abs. 2 S. 2). Das gilt auch dann, wenn der Minderjährige vor Eintritt seiner Geschäftsunfähigkeit wirksam einen Bevollmächtigten (§ 10) zur Vertretung im Verfahren bestellt hat. Beim Bestehen einer lediglich partiellen, d. h. sich auf einen bestimmten Kreis von Angelegenheiten beschränkenden Geschäftsunfähigkeit darf diese den konkreten Verfahrensgegenstand nicht erfassen. Bleibt die Geschäftsfähigkeit ungeklärt, ist sie zugunsten des Minderjährigen zu unterstellen, weil dieser insoweit nicht die Feststellungslast trägt und es in Zweifelsfällen rechtsstaatlichen Grundsätzen entspricht, von der Zulässigkeit seiner Beschwerde auszugehen und in der Sache zu entscheiden. **14**

Unter elterlicher Sorge oder Vormundschaft steht der Minderjährige i. S. d. § 60 auch dann, wenn die gesetzliche Vertretungsbefugnis seiner sorgeberechtigten Eltern oder des Vormunds für einzelne Angelegenheiten, insbesondere die vom Verfahren betroffenen, wegen Verhinderung i. S. d. § 1909 Abs. 1 S. 1 BGB[13] ausgeschlossen ist und deshalb insoweit ein Ergänzungspfleger bestellt wurde oder noch zu bestellen ist. **15**

V. Umfang der Beschwerdeführungsbefugnis

1. Vornahme von Verfahrenshandlungen

Der nach § 60 zur selbständigen Beschwerdeführung befugte Minderjährige kann im Beschwerdeverfahren alle Verfahrenshandlungen selbst oder durch einen von ihm bestellten Bevollmächtigten **unabhängig vom gesetzlichen Vertreter,** d. h. neben diesem und auch gegen dessen Willen wirksam vornehmen. Er kann insbesondere auch seinen Verzicht auf die Beschwerde gegenüber dem Gericht erklären (§ 67 Abs. 1) oder die Beschwerde zurücknehmen (§ 67 Abs. 4). Ein Verzicht gegenüber einem anderen Beteiligten (§ 67 Abs. 3) fällt nicht unter die Beschwerdeführungsbefugnis, weil es sich dabei um ein Rechtsgeschäft handelt, dessen Wirksamkeit sich nach §§ 106 ff. BGB beurteilt. **16**

Die Wirksamkeit von Verfahrenshandlungen des Minderjährigen setzt voraus, dass er nach seiner individuellen Einsichtsfähigkeit bzw. Verstandesreife in der Lage ist, die Bedeutung und Tragweite seiner Verfahrenserklärungen zu erkennen. Soweit dies nicht der Fall ist, muss ihm zur Wahrnehmung seiner Interessen ein Verfahrensbeistand bestellt werden (§§ 158 Abs. 1, 174 S. 1, 191 S. 1).[14] **17**

---

[13] Siehe die Einzelfälle bei Palandt/Diederichsen § 1909 Rn 6.
[14] OLG Hamm FamRZ 1990, 1262.

2. Bestellung eines Verfahrensbevollmächtigten

18 Aus der Beschwerdeführungsbefugnis ergibt sich notwendigerweise auch die rechtsgeschäftliche Befugnis des Minderjährigen, einen Bevollmächtigten (§ 10) zu bestellen (s. auch § 9 Rn 16).[15] Das gilt sowohl für die Durchführung einer eigenen Beschwerde des Minderjährigen wie für die Wahrung seiner Interessen in einem durch einen anderen Beteiligten betriebenen Rechtsmittelverfahren.

3. Befugnisse des gesetzlichen Vertreters

19 Der gesetzliche Vertreter kann im sachlichen Geltungsbereich von § 60 weder die Wirksamkeit von Verfahrenshandlungen des Minderjährigen durch eigene Erklärungen beseitigen noch diesen bindende Verfahrenshandlungen vornehmen. Sein Recht bzw. seine aus dem Vertretungsverhältnis folgende Pflicht (§§ 1626 Abs. 1 S. 1, 1793 Abs. 1 S. 1, 1915 Abs. 1 S. 1 BGB) zur Einlegung einer **Beschwerde im Namen des Minderjährigen** bleibt aber unberührt, so dass er dessen Interessen auch dann noch wahren kann und ggf. muss, wenn der Minderjährige sein eigenes Rechtsmittel zurückgenommen oder gegenüber dem Gericht auf die Beschwerde verzichtet hat. Ist der Minderjährige dagegen verfahrensfähig (§ 9 Abs. 1 Nr. 2–4), kommen dem gesetzlichen Vertreter im Verfahren keine Befugnisse zu.

4. Entsprechende Anwendung von § 60

20 Die Beschwerdeführungsbefugnis erstreckt sich nach ihrem Sinn und Zweck auch auf das Rechtsbeschwerdeverfahren (s. § 74 Rn 61) und auf einstweilige Anordnungen des erstinstanzlichen Gerichts, soweit diese anfechtbar sind (§ 57 S. 2). Sie gilt ferner im Erinnerungsverfahren (§ 11 Abs. 2 RPflG) und befähigt den Minderjährigen ebenfalls, Verfahrenskostenhilfe (§§ 76–78) oder eine einstweilige Anordnung des Beschwerdegerichts (§ 64 Abs. 3) zu beantragen sowie Gerichtspersonen (§ 6), Dolmetscher (§ 191 GVG) oder Sachverständige (§ 406 ZPO analog) abzulehnen.

VI. Bekanntgabe an Minderjährige

21 Die Bekanntgabe (§ 41) beschwerdefähiger **Entscheidungen** an den zur selbständigen Beschwerdeführung befugten Minderjährigen regelt § 60 nicht. Solche Bestimmungen trifft § 164 nur für Kindschaftssachen. Soweit die Beschwerdeführungsbefugnis in anderen Angelegenheiten besteht, ist § 164 entsprechend anzuwenden. Dass dort in S. 1 die Bekanntgabe nicht „auch" an den Minderjährigen angeordnet ist, ändert nichts daran, dass die erstinstanzliche Entscheidung zu ihrem Wirksamwerden (§ 40) und damit zu ihrer Vollstreckbarkeit (§ 86 Abs. 2) sowohl dem Minderjährigen wie seinem gesetzlichen Vertreter bekannt zu geben ist.[16] Etwas anderes gilt nur, wenn der Minderjährige in der betreffenden Angelegenheit verfahrensfähig ist, weil dem gesetzlichen Vertreter dann die Vertretungsbefugnis fehlt (s. Rn 19). Im Interesse des Kindeswohls kann von der vollständigen oder teilweisen Mitteilung der Gründe abgesehen werden, § 164 S. 2. Wegen der Einzelheiten wird auf die Erläuterungen zu § 164 verwiesen.

22 Hat ein anderer Beteiligter Beschwerde eingelegt, ist in entsprechender Anwendung von § 164 S. 1 die **Rechtsmittelschrift** dem Minderjährigen mitzuteilen (§ 15), damit er rechtliches Gehör (Art. 103 Abs. 1 GG) erhält und die Möglichkeit zur selbständigen Wahrnehmung seiner Interessen nutzen sowie eine Anschließung (§ 66) prüfen kann. Auch § 164 S. 2 ist entsprechend anzuwenden, so dass zum Schutz des Minderjährigen eine nur teilweise Mitteilung der Beschwerdebegründung in Betracht kommt.

Beschwerdewert; Zulassungsbeschwerde

61 (1) **In vermögensrechtlichen Angelegenheiten ist die Beschwerde nur zulässig, wenn der Wert des Beschwerdegegenstandes 600 Euro übersteigt.**

---

[15] OLG Hamm FamRZ 2002, 1127; AG Essen AnwBl. 2002, 118.
[16] OLG Saarbrücken NJW 1979, 2620.

(2) Übersteigt der Beschwerdegegenstand nicht den in Absatz 1 genannten Betrag, ist die Beschwerde zulässig, wenn das Gericht des ersten Rechtszugs die Beschwerde zugelassen hat.

(3) ¹Das Gericht des ersten Rechtszugs lässt die Beschwerde zu, wenn
1. die Rechtssache grundsätzliche Bedeutung hat oder die Fortbildung des Rechts oder die Sicherung einer einheitlichen Rechtsprechung eine Entscheidung des Beschwerdegerichts erfordert und
2. der Beteiligte durch den Beschluss mit nicht mehr als 600 Euro beschwert ist.

²Das Beschwerdegericht ist an die Zulassung gebunden.

Übersicht

	Rn
I. Normzweck; Anwendungsbereich	1
II. Vermögensrechtliche Angelegenheiten	2
III. Wertbeschwerde	6
1. Beschwerdewert (Abs. 1)	6
a) Begriff	6
b) Berechnung	10
c) Maßgeblicher Zeitpunkt	16
d) Festsetzung	19
2. Beschwerdesumme	21
IV. Zulassungsbeschwerde	24
1. Erforderlichkeit der Zulassung (Abs. 2)	24
2. Voraussetzungen der Zulassung (Abs. 3 S. 1)	27
3. Zulassungsentscheidung (Abs. 2)	33
4. Bindung des Beschwerdegerichts (Abs. 3 S. 2)	41

I. Normzweck; Anwendungsbereich

§ 61 regelt für **alle Angelegenheiten des FamFG** (§ 1), d.h. auch für Ehesachen und Familienstreitsachen, die Zulässigkeit der nach § 58 Abs. 1 an sich statthaften, d.h. ohne Rücksicht auf besondere Zulässigkeitsvoraussetzungen eröffneten[1] befristeten Beschwerde in vermögensrechtlichen Angelegenheiten. **Abs. 1** schreibt dazu eine Beschwerdesumme fest, während **Abs. 2** für den Fall der Unterschreitung dieser Wertgrenze das Erfordernis der Zulassung des Rechtsmittels durch das erstinstanzliche Gericht vorschreibt. **Abs. 3** normiert die Zulassungsvoraussetzungen (S. 1) und sieht eine Bindung des Beschwerdegerichts an die Zulassung vor (S. 2). Die Regelungen entsprechen inhaltlich denen des § 511 Abs. 2 und 4 ZPO. Zur Übergangsregelung siehe die Erläuterungen zu Art. 111 FGG-RG.

II. Vermögensrechtliche Angelegenheiten

Vermögensrechtliche Angelegenheiten sind solche, die entweder ein vermögensrechtliches Rechtsverhältnis betreffen oder zwar auf einem nichtvermögensrechtlichen Verhältnis beruhen, jedoch selbst eine vermögenswerte Leistung zum Gegenstand haben.[2] Im Einzelfall kann die Abgrenzung schwierig sein. Letztlich ist darauf abzustellen, ob nach der **Interessenlage des Beschwerdeführers** dessen Rechtsschutzbegehren in wesentlicher Weise auch der **Wahrung wirtschaftlicher Belange** dienen soll.[3]

Von den Angelegenheiten der freiwilligen Gerichtsbarkeit sind vermögensrechtliche Angelegenheiten z.B. das auf Erteilung oder Einziehung eines Erbscheins gerichtete Verfahren;[4] Grundbuchsachen;[5] Abwesenheitspflegschaftssachen;[6] Verfahren betreffend die Ge-

---

[1] GmS-OGB NJW 1984, 1027.
[2] BGHZ 14, 72/74.
[3] BGH NJW 1986, 3143.
[4] BayObLG FamRZ 2005, 822; FamRZ 1999, 1239; OLG Köln FGPrax 2006, 85.
[5] BayObLG JurBüro 1997, 605; KG DNotZ 1974, 486.
[6] BayObLG FamRZ 2000, 971.

nehmigung eines Rechtsgeschäfts[7] und die Beschwerde gegen eine Zwangsgeldfestsetzung nach § 389.[8] Die Familienstreitsachen (§ 112) sind stets vermögensrechtlich. Nichtvermögensrechtliche und deshalb nicht unter § 61 fallende Angelegenheiten sind z. B. die Familiensachen der freiwilligen Gerichtsbarkeit und die Bestellung eines Betreuers unabhängig davon, für welchen Aufgabenkreis eine Betreuung notwendig wird.[9]

4 Eine vermögensrechtliche Angelegenheit i. S. d. § 61 ist im **Bereich der freiwilligen Gerichtsbarkeit** auch die Anfechtung der im Hauptsachebeschluss getroffenen oder nach Wegfall der Hauptsache ergangenen **Kostenentscheidung** (s. § 58 Rn 95 ff.). Dem liegt die auf wirtschaftlicher Betrachtung beruhende Erwägung des Gesetzgebers zugrunde, dass es keinen wesentlichen Unterschied für die Beschwer eines Beteiligten macht, ob dieser sich gegen eine die Tragung von Kosten oder gegen eine die Hauptsache regelnde Entscheidung wendet.[10] Die befristete Beschwerde ist deshalb nur zulässig, wenn die angegriffene **Kostenbeschwer** den Betrag von **600 €** überschreitet (Abs. 1) oder eine Zulassung vorliegt (Abs. 2).[11] Das gilt bei der isolierten Anfechtung auch dann, wenn die Hauptsache eine nichtvermögensrechtliche Angelegenheit betrifft.[12] Ergeht hingegen eine nach ausdrücklicher Regelung der sofortigen Beschwerde entsprechend **§§ 567–572 ZPO** anfechtbare Neben- oder Zwischenscheidung und betrifft diese auch die Kosten, wie im Vollstreckungsverfahren (§ 87 Abs. 4 u. 5), braucht der Beschwerdewert nur **200 €** zu übersteigen (§ 567 Abs. 2 ZPO).[13] Ist dies nicht der Fall, kommt keine Zulassung in Betracht, weil die anzuwendenden ZPO-Regelungen diese nicht vorsehen.

4a In **Ehesachen und Familienstreitsachen** muss für die Zulässigkeit der bei Erledigung der Hauptsache, Anerkenntnis und Antragsrücknahme gegebenen sofortigen Beschwerde nach § 113 Abs. 1 S. 2 FamFG i. V. m. §§ 91 a Abs. 2, 99 Abs. 2, 269 Abs. 5 ZPO zum einen die **Kostenbeschwer** den Betrag von **200 €** übersteigen (§ 567 Abs. 2 ZPO) und zum anderen die **hypothetische Hauptsachebeschwer**[14] mehr als **600 €** (§ 61 Abs. 1) ausmachen, weil bei fehlender Anfechtbarkeit der ausgebliebenen Hauptsacheentscheidung auch diejenige über die Kosten nicht anfechtbar ist. Eine Zulassung der Kostenbeschwerde kommt nicht in Betracht (s. Rn 4).

5 In **Versorgungsausgleichssachen** (§§ 217 ff.) gilt § 61 nur für die Anfechtung der Kostenentscheidung (§ 228), so dass die Beschwerde gegen die Hauptsacheentscheidung ohne Rücksicht auf den Beschwerdewert zulässig ist.[15]

III. Wertbeschwerde (Abs. 1)

1. Beschwerdewert

6 **a) Begriff.** Der zum Erreichen der Beschwerdesumme des **Abs. 1** maßgebliche Beschwerde- bzw. **Zulässigkeitswert** (§ 54 FamGKG) bemisst sich nicht nach der durch die angefochtene Entscheidung eingetretenen Beschwer, sondern nach dem Wert des Beschwerdegegenstandes.[16] Dieser ist nach dem vermögenswerten Interesse des Beschwerdeführers an einer Änderung des angefochtenen Beschlusses, d. h. nach seinem **Abänderungsinteresse** zu beurteilen.[17]

7 Während die Beschwer in Höhe des vollen geldwerten Nachteils besteht, den die Rechtsbeeinträchtigung des Beschwerdeführers aus seiner wirtschaftlichen Sicht im Ver-

---

[7] OLG Frankfurt Rpfleger 1979, 423.
[8] OLG Zweibrücken FGPrax 2010, 169.
[9] BayObLG MDR 1996, 751; BayObLG JurBüro 1993, 228.
[10] BT-Drs. 16/6308 S. 204.
[11] OLG Brandenburg NJW-RR 2010, 943; OLG Köln FamRZ 2010, 1834; OLG Stuttgart NJW 2010, 383.
[12] OLG Brandenburg NJW-RR 2010, 943; OLG Bremen BeckRS 2010, 24684; OLG Düsseldorf FamRZ 2010, 1835; OLG Hamburg FamRZ 2010, 665; OLG Karlsruhe FamRZ 2010, 1695; OLG Köln FamRZ 2010, 1834; OLG München FamRZ 2010, 1465; OLG Oldenburg FamRZ 2010, 1466; OLG Stuttgart NJW 2010, 383; OLG Zweibrücken FamRZ 2010, 1835; a. M. OLG Nürnberg NJW 2010, 1468.
[13] OLG Hamm FGPrax 2010, 166 (Ordnungsgeldverfahren zur Durchsetzung einer Umgangsregelung, § 89).
[14] BGH NJW-RR 2003, 1504 (zu § 91 a ZPO).
[15] BT-Drs. 16/6308 S. 254.
[16] BGH NJW 2002, 2720.
[17] BGH NJW 1992, 3305.

gleich zu seinem erstinstanzlichen Rechtsschutzziel ausmacht, ist für den Beschwerdewert der Umfang der mit dem Rechtsmittel verfolgten Abänderung der angefochtenen Entscheidung maßgeblich. Deshalb ist dieser Wert auf den durch den Beschwerdeantrag bestimmten **Umfang der Anfechtung** begrenzt. Er kann danach niedriger, keinesfalls aber höher sein als die Beschwer und ist mit dieser nur bei vollständiger Anfechtung identisch. Weil jedoch auf die Bewertung des Rechtsmittelinteresses abzustellen ist, kann er im Einzelfall den Verfahrenswert (s. Rn 9) übersteigen.[18] Die Erweiterung des erstinstanzlichen Antrags (§ 23) im Beschwerdeverfahren erhöht den Beschwerdewert hingegen nicht und kann deshalb nicht zum Erreichen der Beschwerdesumme führen;[19] ebenso wenig die Antragserweiterung nach Schluss der mündlichen Verhandlung erster Instanz in Ehesachen und Familienstreitsachen.[20] Denn in beiden Fällen ist die Erweiterung nicht Gegenstand der anzufechtenden Entscheidung.

Ist der Beschwerdeführer in einer sonstigen Familiensache (§ 112 Nr. 3) durch die angefochtene Entscheidung unter Aufrechnung mit einer unbestrittenen Gegenforderung zur Zahlung verpflichtet worden, hat die Höhe der Gegenforderung keinen Einfluss auf die Beschwer und damit auch nicht auf den Beschwerdewert.[21] Gleiches gilt, wenn der Beschwerdeführer die Abweisung des Antrags eines anderen Beteiligten weiterverfolgt und dabei sein ohne Erfolg gebliebenes, hilfsweise geltend gemachtes Zurückbehaltungsrecht aufrechterhält.[22] Eine Änderung des erstinstanzlichen Verfahrensgegenstandes ist bei der Bemessung des Beschwerdewerts nicht zu berücksichtigen; ob eine solche Änderung vorliegt, ist nach dem Rechtsmittelantrag und dem ihm zugrunde liegenden Lebenssachverhalt zu beurteilen.[23]

Vom Beschwerdewert ist der Verfahrens- bzw. **Gebührenwert** (§ 40 FamGKG) zu unterscheiden. Er bestimmt sich nach den Anträgen des Beschwerdeführers und wird durch den erstinstanzlichen Wert begrenzt, soweit nicht der Verfahrensgegenstand erweitert wird (§ 40 Abs. 2 FamGKG). Deshalb ist dieser Wert seiner Höhe nach nicht ohne Weiteres mit dem Beschwerdewert identisch (s. auch § 58 Rn 119). Dies gilt für den Geschäftswert (§ 39 KostO) in Angelegenheiten der freiwilligen Gerichtsbarkeit entsprechend.

b) Berechnung. Der Beschwerdewert ist **zur Prüfung der Zulässigkeit** des Rechtsmittels durch das Beschwerdegericht (§ 68 Abs. 2 S. 1, in Ehesachen und Familienstreitsachen. § 117 Abs. 1 S. 4 FamFG i. V. m. § 522 Abs. 1 S. 1 ZPO) **von Amts wegen** zu berechnen, ohne Bindung an die erstinstanzliche Wertfestsetzung (s. Rn 20). Dazu etwa erforderliche Tatsachen sind wie bei der Prüfung der übrigen Voraussetzungen der Zulässigkeit grundsätzlich von Amts wegen zu ermitteln (§ 26). Von einer § 511 Abs. 3 ZPO entsprechenden Verpflichtung des Beschwerdeführers zur Glaubhaftmachung (§ 31) hat der Gesetzgeber abgesehen. Der Grundsatz der Amtsermittlung (§ 26) gilt aber nur eingeschränkt, weil der Beschwerdeführer aufgrund seiner Mitwirkungspflicht (§ 27 Abs. 1) die den Wert bestimmenden Tatsachen darzutun hat (§ 23 Abs. 1 S. 2 analog). Liegen diese Tatsachen in seinem Bereich, trifft den Beschwerdeführer die Feststellungslast.

Der Beschwerdewert ist, soweit es sich nicht um einen bestimmten Geldbetrag geht, aufgrund der Umstände des Einzelfalls nach dem Abänderungsinteresse des Beschwerdeführers zu bestimmen. Für die danach erforderliche Schätzung nach freiem Ermessen[24] entsprechend § 3 ZPO kann in Familiensachen auf die allgemeinen (§§ 33 ff. FamGKG) und besonderen Wertvorschriften (§§ 43 ff. FamGKG) sowie in den Angelegenheiten der freiwilligen Gerichtsbarkeit auf die Wertvorschriften der KostO als Anhaltspunkt zurückgegriffen werden. In Unterhaltssachen nach §§ 231 Abs. 1, 269 Abs. 1 Nr. 8 u. 9 ist § 9 ZPO maßgeblich (§ 113 Abs. 1 S. 2).

---

[18] BGH NJW 1994, 735.
[19] BayObLG NZM 2001, 244.
[20] BGH NJW-RR 2009, 853.
[21] BGH FamRZ 2004, 1714.
[22] BGH NJW-RR 2005, 367.
[23] BGH NJW-RR 2006, 1502.
[24] BT-Drs. 16/6308 S. 305 zu § 42 FamGKG.

12 **Beispiele:** Bei einer Beschwerde gegen die Anordnung der Nachlassverwaltung, Nachlasspflegschaft oder Abwesenheitspflegschaft ist der Wert des von der Verwaltung oder Pflegschaft betroffenen Vermögens maßgeblich;[25] bei der Beschwerde gegen die Versagung der Erteilung eines gemeinschaftlichen Erbscheins an einen Miterben regelmäßig nur der Wert des von ihm angestrebten Anteils am reinen Nachlass (§ 107 Abs. 2 S. 1 KostO);[26] bei der Beschwerde gegen die Einziehung eines ausschließlich zur Grundbuchberichtigung erteilten Erbscheins der Wert des Grundstücks;[27] bei der Beschwerde gegen die Ablehnung der Eintragung eines Amtswiderspruchs gegen die Begründung neuer Wohnungseigentumsrechte in das Grundbuch im Zusammenhang mit der Erweiterung einer Wohnanlage die Kosten der Erweiterungsmaßnahme;[28] bei der Beschwerde gegen die erkannte Verpflichtung zur Auskunftserteilung im Unterhalts- oder Güterrechtsverfahren der zur sorgfältigen Erteilung der Auskunft erforderliche Aufwand an Zeit und Kosten;[29] bei der Beschwerde gegen die Abweisung eines Auskunftsantrags ein Bruchteil des Leistungsanspruchs, dessen Durchsetzung die verlangte Information nach den Vorstellungen des Antragstellers dienen soll.[30]

13 Fehlt es an hinreichenden tatsächlichen Anhaltspunkten für eine Schätzung, wird analog § 42 Abs. 3 FamGKG bzw. § 30 Abs. 2 S. 1 KostO von dem dort jeweils geregelten Auffangwert von 3000 € auszugehen sein. Im Übrigen entspricht es in Zweifelsfällen rechtsstaatlichen Grundsätzen, von einem zur Zulässigkeit des Rechtsmittels ausreichenden Beschwerdewert auszugehen und in der Sache zu entscheiden.[31]

14 Liegen **mehrere Beschwerden** gegen dieselbe Entscheidung vor, ist der Beschwerdewert für jedes Rechtsmittel gesondert zu berechnen, mithin das Abänderungsinteresse jedes Beschwerdeführers zu ermitteln. Nur bei gleichgerichteten, d. h. das gleiche Rechtsschutzziel verfolgenden Rechtsmitteln mehrerer Beschwerdeführer sind wie bei der Streitgenossenschaft im Zivilprozess die Einzelwerte zu addieren.[32] Voraussetzung dafür ist aber, dass es sich bezogen auf die einzelnen Beschwerdeführer nicht um wirtschaftlich identische Verfahrensgegenstände handelt,[33] wie es insbesondere bei gesamtschuldnerischen Ansprüchen der Fall ist.[34]

15 Für die gegen eine **Teilentscheidung** (§ 301 ZPO analog) gerichtete Beschwerde ist der Beschwerdewert ebenso getrennt zu berechnen wie für die Beschwerde gegen die **Schlussentscheidung**.[35] Eine Zusammenrechnung hat auch dann zu unterbleiben, wenn die diese Entscheidungen jeweils betreffenden Beschwerdeverfahren miteinander verbunden (§ 20 bzw. § 113 Abs. 1 S. 2 FamFG i. V. m. § 147 ZPO) werden. Etwas anders kommt allenfalls in Betracht, wenn die in erster Instanz erfolgte Verfahrenstrennung willkürlich war.[36]

16 **c) Maßgeblicher Zeitpunkt.** Bei der Berechnung des die Zulässigkeit des Rechtsmittels bestimmenden Beschwerdewerts ist grundsätzlich auf den Zeitpunkt der **Einlegung des Rechtsmittels** abzustellen (§ 34 S. 1 FamGKG).[37] Hilft in Angelegenheiten der freiwilligen Gerichtsbarkeit das erstinstanzliche Gericht der Beschwerde teilweise ab (§ 68 Abs. 1 S. 1), ist auf den verbleibenden Beschwerdegegenstand abzustellen.[38] Gleiches gilt nach Teilrücknahme.[39]

---

[25] BayObLG FamRZ 2000, 971.
[26] BayObLG FamRZ 2005, 822.
[27] BayObLG DtZ 1995, 415; OLG Köln FGPrax 2006, 85.
[28] BayObLG NZM 2003, 402.
[29] BGH NJW-RR 2009, 793; NJW-RR 2007, 724.
[30] BGH NJW 2005, 3349; NJW 1997, 1016.
[31] BayObLG WE 1995, 125; OLG Düsseldorf FGPrax 2000, 218.
[32] BayObLG ZMR 1994, 34; KG WE 1993, 85.
[33] BGH NJW 2001, 230.
[34] BGH NJW-RR 2004, 638.
[35] BGH NJW 1989, 2757.
[36] BGH NJW 2000, 217.
[37] BGH FamRZ 2009, 495; FamRZ 1993, 45; OLG Schleswig FGPrax 2005, 17.
[38] BayObLGZ 1994, 374; OLG Frankfurt Rpfleger 1988, 30; OLG Hamm JurBüro 1982, 582; OLG Nürnberg FamRZ 1988, 1079; OLG Stuttgart JurBüro 1988, 1504.
[39] BayObLG MDR 1994, 1148.

Übersteigt die Beschwer des Beschwerdeführers die Wertgrenze des § 61 Abs. 1, kann er **17** seinen Beschwerdeantrag noch bis zum Erlass (§ 38 Abs. 3 S. 3) der **Entscheidung des Beschwerdegerichts** – in Ehesachen (§ 121) und Familienstreitsachen (§ 112) bis zum **Schluss der letzten mündlichen Verhandlung** in der Beschwerdeinstanz – (wieder) erweitern, soweit sich die Erweiterung im Rahmen der fristgerecht eingereichten Beschwerdebegründung[40] und des erstinstanzlichen Verfahrensgegenstands hält. Trifft dies zu, ist die Erweiterung des Rechtsmittelantrags bei der Berechnung des Beschwerdewerts zu berücksichtigen.[41] Denn erst zu diesem Zeitpunkt steht endgültig fest, wie weit die Entscheidung angefochten wird, weshalb der Antrag bis dahin nur vorläufigen Charakter hat.[42] Das gilt aber nicht, sobald feststeht, dass eine Erweiterung des die Beschwerdesumme nicht erreichenden Beschwerdeantrags ausgeschlossen ist.[43] Das ist z. B. der Fall, wenn sich einer Teilrücknahme ausnahmsweise die hinreichend bestimmte Erklärung entnehmen lässt, dass der Beschwerdeführer insoweit die durch die Beschwerdeeinlegung und -begründung eröffnete Anfechtungsmöglichkeit endgültig preisgeben will, so dass von einem Teilverzicht (§ 67 Abs. 1) auf das Rechtsmittel auszugehen ist.[44]

Eine nach Einlegung des Rechtsmittels eintretende **Verminderung des ursprüng-** **18** **lichen Beschwerdewerts** bei gleich bleibendem Verfahrensgegenstand hat auf die einmal gegebene Zulässigkeit grundsätzlich keine Auswirkung.[45] Etwas anderes gilt nur, wenn sie vom Beschwerdeführer willentlich, insbesondere durch Teilverzicht oder Teilrücknahme herbeigeführt wurde.[46] Deshalb berührt etwa eine Änderung der für die Wertberechnung maßgeblichen Umstände oder ein Teilvergleich das Erreichen der Beschwerdesumme nicht.[47] Die Zulässigkeit der Beschwerde entfällt jedoch bei vollständigem Wegfall der Beschwer.[48]

d) **Festsetzung.** Eine gesonderte Festsetzung Beschwerdewerts, d. h. des Zulässigkeits- **19** werts (§ 54 FamGKG) erfolgt nur **bei Bedarf,** d. h. wenn sich seine Höhe vom Verfahrens-, d. h. vom Gebührenwert unterscheidet und das Erreichen der Beschwerdesumme zweifelhaft ist. Ergeht ein solcher **Beschluss,** ist er **nicht selbständig anfechtbar.** Erreicht der festgesetzte Wert die Beschwerdesumme nicht und ist deshalb die Beschwerde als unzulässig zu verwerfen (§ 68 Abs. 2 S. 2, in Ehesachen und Familienstreitsachen § 117 Abs. 1 S. 4 FamFG i. V. m. § 522 Abs. 1 S. 2 ZPO), muss dem Beschwerdeführer vor Erlass einer solchen Entscheidung rechtliches Gehör (Art. 103 Abs. 1 GG) gewährt werden.[49] Gegen den Verwerfungsbeschluss ist die Rechtsbeschwerde nur in Ehesachen und Familienstreitsachen ohne Zulassung statthaft (§ 117 Abs. 1 S. 4 i. V. m. § 522 Abs. 1 S. 4 ZPO). Im Übrigen erfordert sie nach § 70 Abs. 1 u. 2 die Zulassung durch das Beschwerdegericht.

Das **Beschwerdegericht** ist an die erstinstanzliche Wertfestsetzung **nicht gebunden,** **20** sondern muss den Beschwerdewert selbständig feststellen. Will es einen niedrigeren Wert annehmen, ist dem Beschwerdeführer rechtliches Gehör zu gewähren.[50] Siehe auch Rn 39.

2. Beschwerdesumme

Nach **Abs. 1** muss der Beschwerdewert 600 € übersteigen, damit die Beschwerde **21** zulässig ist. Diese Wertgrenze ist auch bei einer Anfechtung der Kostenentscheidung mit der befristeten Beschwerde (§ 58) im Bereich der freiwilligen Gerichtsbarkeit zu beachten (s. Rn 4).

---

[40] BGH NJW-RR 2005, 714.
[41] BayObLG NZM 2003, 124.
[42] BGH NJW 2005, 3067.
[43] BGH NJW-RR 2008, 584.
[44] BGH NJW-RR 1988, 66; BayObLG NZM 2003, 124.
[45] BGH FamRZ 2009, 495.
[46] BGH NJW 1983, 1063.
[47] Thomas/Putzo/Hüßtege § 4 Rn 4.
[48] BGH NJW-RR 2004, 1365.
[49] BGH NJW-RR 2006, 142.
[50] BGH NJW-RR 2005, 219.

22 Zur **Anfechtung der Kostenfestsetzung** findet die sofortige Beschwerde entsprechend §§ 567–572 ZPO statt (§ 85 FamFG i. V. m. § 104 Abs. 3 S. 1 ZPO),[51] so dass nicht die Beschwerdesumme des § 61 Abs. 1 sondern die in § 567 Abs. 2 ZPO vorgesehene von mehr als 200 € erreicht sein muss.

23 Für die in Spezialgesetzen geregelten Angelegenheiten ist § 61 anzuwenden, wenn dort auf die Vorschriften des FamFG verwiesen wird und keine **Sondervorschriften** bestehen. Sind solche vorhanden, sind diese maßgeblich. Das gilt insbesondere für die Beschwerdesumme von mehr als 50 € nach § 36 **VerschG** (Beschwerde gegen die Kostenentscheidung sowie gegen die Kostenfestsetzung) sowie von mehr als 200 € nach §§ 57 Abs. 2 S. 1 **FamGKG**, 14 Abs. 3 S. 1 **KostO** (Beschwerde gegen die Entscheidung über die Erinnerung gegen den Kostenansatz), nach §§ 59 Abs. 1 S. 1 FamGKG, 31 Abs. 3 S. 1 KostO, 33 Abs. 3 S. 1 **RVG** (Beschwerde gegen die Wertfestsetzung) und nach § 4 Abs. 3 **JVEG** (Beschwerde gegen die gerichtliche Festsetzung der Vergütung oder Entschädigung von Zeugen, Sachverständigen, Dolmetschern und Übersetzern).

IV. Zulassungsbeschwerde

1. Erforderlichkeit der Zulassung (Abs. 2)

24 Nach **Abs. 2** ist in vermögensrechtlichen Angelegenheiten die Zulässigkeit der Beschwerde von einer Zulassung des Rechtsmittels abhängig, wenn der **Beschwerdewert nicht höher als 600 €** ist. **Ausnahme:** Die Beschwerde gegen eine **zweite Versäumnisentscheidung** in Ehesachen und Familienstreitsachen (§ 113 Abs. 1 S. 2 FamFG i. V. m. § 345 ZPO) ist nach § 117 Abs. 2 S. 1 FamFG i. V. m. § 514 Abs. 2 S. 2 ZPO ohne Zulassung zulässig.

25 Für die in Spezialgesetzen geregelten Angelegenheiten sind die dortigen **Sondervorschriften** zu beachten. Insbesondere ist für die in Kostengesetzen vorgesehene Beschwerde die Zulassung erforderlich, wenn die dort geregelte Beschwerdesumme nicht erreicht ist (s. Rn 23).

26 Im **Kostenfestsetzungsverfahren** ist bei Nichterreichen der Beschwerdesumme (s. Rn 22) nur die Rechtspflegererinnerung (§ 11 Abs. 2 RPflG) gegeben.

2. Voraussetzungen der Zulassung (Abs. 3 S. 1)

27 Nach **Abs. 3 S. 1 Nr. 2** kommt eine Zulassung nur in Betracht, wenn aus der Sicht des erstinstanzlichen Gerichts der Beschwerdewert 600 € nicht überschreitet und deshalb von der Unzulässigkeit einer Wertbeschwerde auszugehen ist. Außerdem muss ein **Zulassungsgrund** nach Abs. 3 S. 1 Nr. 1 vorliegen. Die dort aufgeführten Kriterien entsprechen den in § 70 Abs. 2 S. 1 für die Rechtsbeschwerde vorgeschriebenen (s. § 70 Rn 20 ff.). Danach ist die Beschwerde unter den nachfolgenden Voraussetzungen zuzulassen:

28 • **Grundsätzliche Bedeutung der Rechtssache.** Dieser Zulassungsgrund liegt vor, wenn die vom erstinstanzlichen Gericht entschiedene Sache eine entscheidungserhebliche, klärungsbedürftige und klärungsfähige Rechtsfrage aufwirft, die über den Einzelfall hinaus Bedeutung für die Allgemeinheit hat, insbesondere weil sie in einer unbestimmten Vielzahl von Fällen auftreten kann.[52]

29 • **Fortbildung des Rechts.** Die Beschwerde ist zuzulassen, wenn der entschiedene Einzelfall Veranlassung gibt, Leitsätze für die Auslegung von Gesetzesbestimmungen aufzustellen oder Gesetzeslücken auszufüllen.[53]

30 • **Sicherung einer einheitlichen Rechtsprechung.** Voraussetzung ist, dass einer vom erstinstanzlichen Gericht entschiedenen entscheidungserheblichen Rechtsfrage allgemeine Bedeutung zukommt und eine Entscheidung des Beschwerdegerichts erforderlich erscheint, damit in dessen Zuständigkeitsbereich keine schwer erträglichen Unterschiede in der Rechtsprechung entstehen oder fortbestehen.[54] Davon ist in zwei Fällen auszugehen:

---

[51] OLG Köln FGPrax 2010, 267.
[52] BGH NJW 2003, 65; NJW 2002, 2957.
[53] BGH NJW 2002, 3029.
[54] BVerfG NJW 2004, 2584.

– Die erstinstanzliche Entscheidung beantwortet dieselbe entscheidungserhebliche Rechtsfrage durch Aufstellen eines abstrakten Rechtssatzes anders als eine ihm bekannte Entscheidung eines höherrangigen Gerichts, eines anderen gleichrangigen Gerichts oder eines anderen Spruchkörpers desselben Gerichts (**Divergenz**).[55] Der vom erstinstanzlichen Gericht aufgestellte Rechtssatz darf sich also mit einem in der Vergleichsentscheidung aufgestellten und diese tragenden Rechtssatz nicht decken.[56] Dass die beiden Gerichte bei identischem Sachverhalt zu unterschiedlichen Ergebnissen kommen, reicht allein nicht aus.[57]

– Eine für den Rechtsstreit entscheidungserhebliche Rechtsfrage ist obergerichtlich noch nicht geklärt.

Fehlen diese Voraussetzungen, ist selbst die offensichtliche sachliche Unrichtigkeit der erstinstanzlichen Entscheidung kein Zulassungsgrund.[58]

Die für Kostensachen geltenden **Sondervorschriften** der §§ 57 Abs. 2 S. 2, 59 Abs. 1 S. 2 FamGKG; §§ 14 Abs. 3 S. 2, 31 Abs. 3 S. 2 KostO; § 33 Abs. 3 S. 2 RVG und § 4 Abs. 3 S. 2 JVEG sehen die Zulassung bei grundsätzlicher Bedeutung der entschiedenen Rechtsfrage vor.

3. Zulassungsentscheidung (Abs. 2)

Die Zulassung nach **Abs. 2** muss **durch das erstinstanzliche Gericht** erfolgen. Dieses hat **von Amts wegen** zu prüfen, ob ein Zulassungsgrund nach Abs. 3 S. 1 Nr. 1 vorliegt, weshalb ein auf die Zulassung gerichteter Antrag lediglich als Anregung aufzufassen ist. Ergibt die Prüfung, dass deren Voraussetzungen vorliegen, ist die Zulassung zwingend auszusprechen, so dass **kein Ermessen** besteht.

Im Gegensatz zu § 511 Abs. 2 Nr. 2 ZPO und der für die Rechtsbeschwerde geltenden Regelung des § 70 Abs. 1 bestimmt der Wortlaut der Vorschrift nicht, dass die Zulassung **im angefochtenen Beschluss** auszusprechen ist. Aus der Gesetzesbegründung folgt indessen nichts dafür, dass eine gesonderte, insbesondere nachträgliche Zulassung vom Gesetzgeber gewollt ist. Deshalb ist davon auszugehen, dass sich die Zulassung wie bei der Berufung im Zivilprozess und bei der Rechtsbeschwerde im FamFG-Verfahren sowie bei der Beschwerde in Kostensachen nach den unter Rn 32 aufgeführten Sondervorschriften aus dem der Anfechtung unterliegenden Beschluss selbst ergeben muss. Ist aber eine die Beschwerdesumme des Abs. 1 nicht erreichende Entscheidung des Rechtspflegers mit der Erinnerung (§ 11 Abs. 2 RPflG) angefochten, kann die Zulassung im Wege der Abhilfe ausgesprochen werden (s. Anhang zu § 58 Rn 9).[59]

Wegen **Form und Inhalt** der Zulassungsentscheidung wird auf die Ausführungen zu § 70 Rn 35 ff. verwiesen, die hier entsprechend gelten.

Eine **Nachholung** der Zulassung durch Ergänzungsbeschluss (§ 43) ist **unzulässig** und deshalb unwirksam. Denn wenn der Beschluss (§ 38 Abs. 1 S. 1) keinen Ausspruch der Zulassung enthält, wird damit bei objektiver Würdigung dessen Unanfechtbarkeit zum Ausdruck gebracht. Das folgt schon daraus, dass die Nichtzulassung keines Ausspruchs bedarf und deshalb nicht ohne Weiteres, d. h. nicht eindeutig auf eine Entscheidungslücke geschlossen werden kann.[60]

Auch nach Einführung der auf die Verletzung des Anspruchs auf rechtliches Gehör beschränkten Anhörungsrüge (§ 44) ist jedoch eine **ergänzende Zulassung auf befristete Gegenvorstellung** (s. Anhang zu § 58 Rn 51) zulässig, wenn die erstinstanzliche Endentscheidung durch **willkürliche Nichtzulassung** Verfahrensgrundrechte des durch diese Entscheidung beschwerten Beteiligten verletzt. Denn dann stellt die Nichtzulassung einen Verstoß gegen das Verfassungsgebot des gesetzlichen Richters (Art. 101 Abs. 1 S. 2 GG) dar.[61]

---

[55] BGH MDR 2002, 1266.
[56] BGH NJW-RR 2007, 1009; NJW 2003, 1943.
[57] BGH NJW 2004, 2222; NJW 2004, 1167.
[58] BGH NJW 2003, 831.
[59] OLG Frankfurt BeckRS 2010, 25508; OLG Stuttgart FGPrax 2010, 111.
[60] BGH NJW 2004, 779; OLG Düsseldorf FGPrax 1997, 73; OLG Saarbrücken NJW-RR 1999, 214.
[61] BGH NJW-RR 2007, 1654; NJW 2004, 2529.

Die Nichtzulassung ist insbesondere willkürlich, wenn die Zulassung zur Sicherung einer einheitlichen Rechtsprechung mit der Begründung abgelehnt wird, das Beschwerdegericht habe die Rechtsfrage bereits anders als das erstinstanzliche Gericht entschieden, obwohl diese Frage eine Vielzahl von Fällen betrifft und umstritten sowie höchstrichterlich noch nicht geklärt ist.[62]

37a Eine **Anhörungsrüge** kann nur dann zu einer wirksamen Zulassung führen, wenn das Verfahren nach § 44 Abs. 5 bzw. § 113 Abs. 1 S. 2 FamFG i. V. m. § 321a Abs. 5 ZPO aufgrund eines Gehörsverstoßes fortgesetzt wird (s. § 44 Rn 53 ff.) und sich erst aus dem dann nachgeholten rechtlichen Gehör ein Zulassungsgrund ergibt; denn die unterbliebene Zulassung als solche kann den Anspruch auf rechtliches Gehör nicht verletzen.[63]

38 Hat das Beschwerdegericht die Zulassung beschlossen und ist lediglich deren **Ausspruch** in der Beschwerdeentscheidung **versehentlich unterblieben,** kann dieser durch **Berichtigung** (§ 42) nachgeholt werden.[64] Das Versehen, mithin auch der auf Zulassung gerichtete Wille des Gerichts, muss aber aus dem Zusammenhang der Entscheidung selbst oder mindestens aus den Vorgängen bei ihrem Erlass (§ 38 Abs. 3 S. 3) nach außen hervorgetreten und selbst für Dritte ohne weiteres deutlich, mithin offenbar i. S. d. § 42 Abs. 1 sein.[65] Ist dies nicht der Fall, hat der Berichtigungsbeschluss keine bindende Wirkung und die Zulassung gilt als nicht erfolgt.[66]

39 Wenn das erstinstanzliche Gericht aufgrund seiner Wertfestsetzung keine Veranlassung zur Zulassung der Beschwerde hatte und das Beschwerdegericht in Abweichung davon die Beschwerdesumme nicht für erreicht hält, ist die Entscheidung über das Vorliegen der Voraussetzungen des Abs. 3 S. 1 Nr. 1 **durch das Beschwerdegericht nachzuholen;** denn die unterschiedliche Bewertung darf nicht zu Lasten des Beteiligten gehen.[67] Gleiches hat zu gelten, wenn das erstinstanzliche Gericht irrtümlich von einer zulassungsfreien Beschwerde ausgegangen ist.[68] Hat es aber dem Auskunftsantrag stattgegeben und den Verfahrenswert auf mehr als 600 € festgesetzt, kann das vom Antragsgegner ohne Zulassung angerufene Beschwerdegericht die Zulassungsentscheidung nicht nachholen, weil der erstinstanzliche Verfahrenswert und die Beschwer des Antragsgegners in aller Regel so erheblich auseinanderfallen (s. Rn 12 a. E.), dass nicht davon ausgegangen werden kann, das erstinstanzliche Gericht habe aufgrund seiner Wertfestsetzung keinen Anlass zur Zulassung gehabt.[69]

40 Sowohl die Zulassung der Beschwerde wie die Nichtzulassung sind **unanfechtbar**.

4. Bindung des Beschwerdegerichts (Abs. 3 S. 2)

41 Nach **Abs. 3 S. 2** ist das Beschwerdegericht auch dann an die Zulassung gebunden, wenn deren Voraussetzungen tatsächlich nicht vorliegen.[70] Die Zulassungsentscheidung ist deshalb einer Überprüfung und Abänderung durch das Beschwerdegericht entzogen. Gleiches gilt nach §§ 57 Abs. 3 S. 2, 59 Abs. 1 S. 5 FamGKG, 14 Abs. 4 S. 4 KostO, 33 Abs. 4 S. 4 RVG und 4 Abs. 4 JVEG.

42 Ein gesetzlich **nicht vorgesehener Rechtsmittelzug** wird jedoch **durch Zulassung nicht eröffnet.** Ist also eine Entscheidung nach dem Gesetz nicht anfechtbar, bewirkt die Zulassung keine Statthaftigkeit des eingelegten Rechtsmittels. Insoweit kommt keine Bindung des Beschwerdegerichts an die Zulassung in Betracht.[71] Ebenso wenig ist das Beschwerdegericht an eine unwirksame nachträgliche Zulassung (s. Rn 36) gebunden.

---

[62] BVerfG NJW 2004, 2584.
[63] BGH NJW 2011, 1516.
[64] BGH NJW 2004, 2389; NJW 1980, 2813.
[65] BGH NJW 2004, 779.
[66] BGH NJW 2004, 2389.
[67] BGH NJW 2011, 615; NJW-RR 2010, 1582.
[68] BGH NJW-RR 2006, 791.
[69] BGH NJW 2011, 926.
[70] BGH NJW 1997, 1073.
[71] BGH NJW-RR 2010, 494; NJW-RR 2007, 1373.

Statthaftigkeit der Beschwerde nach Erledigung der Hauptsache

62 (1) Hat sich die angefochtene Entscheidung in der Hauptsache erledigt, spricht das Beschwerdegericht auf Antrag aus, dass die Entscheidung des Gerichts des ersten Rechtszugs den Beschwerdeführer in seinen Rechten verletzt hat, wenn der Beschwerdeführer ein berechtigtes Interesse an der Feststellung hat.

(2) Ein berechtigtes Interesse liegt in der Regel vor, wenn
1. schwerwiegende Grundrechtseingriffe vorliegen oder
2. eine Wiederholung konkret zu erwarten ist.

Übersicht

	Rn
I. Normzweck und bisherige Rechtsentwicklung	1
II. Verfahrensrechtliche Voraussetzung der Feststellungsentscheidung	4
1. Entscheidung im Beschwerdeverfahren	4
2. Erledigung der Hauptsache vor oder nach Einlegung des Rechtsmittels	7
3. Antrag auf Feststellung der Rechtswidrigkeit	10
4. Berechtigtes Interesse an der Feststellung der Rechtswidrigkeit (Abs. 1 und Abs. 2)	11
a) Eingriff in die Rechte des Beschwerdeführers	11
b) Regelbeispiele	13
III. Verfahrensgegenstand der Feststellungsentscheidung	21
1. Grundsatz	21
2. Berücksichtigung von Änderungen im Verfahrensablauf	23
3. Heilung von Mängeln	27
IV. Sachentscheidung des Beschwerdegerichts über den Feststellungsantrag	31
1. Allgemeines	31
2. Gemeinsame Entscheidung über Hauptsache und Erledigung	32
3. Isolierte Entscheidung über den Feststellungsantrag	33
V. Sachentscheidung des Rechtsbeschwerdegerichts über den Feststellungsantrag	38
VI. Rechtsmittel gegen die Entscheidung über den Feststellungsantrag	40

I. Normzweck und bisherige Rechtsentwicklung

1 Im Verfahren der freiwilligen Gerichtsbarkeit tritt eine Erledigung der Hauptsache ein, wenn der Verfahrensgegenstand durch ein Ereignis, das eine Änderung der Sach- und Rechtslage herbeigeführt hat, fortgefallen ist (vgl. § 22 Rn 24; § 83 Rn 11). Der Eintritt der Erledigung der Hauptsache begründet ein Verfahrenshindernis, weil eine Sachentscheidung über den weggefallenen Verfahrensgegenstand nicht mehr ergehen kann. Die Rechtsprechung hat daraus bis in das Jahr 1998 ausnahmslos die Konsequenz gezogen, dass nach Eintritt der Erledigung der Hauptsache eine Beschwerde nicht mehr zulässig eingelegt werden kann.[1] Tritt die Erledigung der Hauptsache erst nach der Einlegung des Rechtsmittels ein, so kann die Beschwerde nicht mehr zulässig mit dem Ziel der Herbeiführung einer Sachentscheidung aufrechterhalten werden. Der Beschwerdeführer hat lediglich die Möglichkeit, sein Rechtsmittel auf die Kosten zu beschränken mit der Folge, dass das Beschwerdegericht eine Entscheidung über die gesamten gerichtlichen und etwaigen außergerichtlichen Kosten des Verfahrens zu treffen hat.[2] Eine Fortsetzung des in der Hauptsache erledigten Verfahrens zum Zweck der Feststellung der Rechtswidrigkeit der angefochtenen Entscheidung hat die Rechtsprechung auch dann für unzulässig gehalten, wenn die Entscheidung einen Eingriff in Grundrechte des Beschwerdeführers zum Gegenstand hatte, insbesondere auch in Unterbringungs- und Freiheitsentziehungssachen.[3]

2 Das BVerfG hat demgegenüber zunächst in mehreren Kammerentscheidungen aus dem Gebot der Gewährung effektiven Rechtsschutzes (Art. 19 Abs. 4 GG) abgeleitet, dass bei schwerwiegenden Grundrechtseingriffen ein trotz Eintritt der Erledigung der Maßnahme

---
[1] BGH NJW 1998, 2829; NJW 1990, 1418.
[2] BGH NJW 1983, 1672; BayObLGZ 1971, 182; KG OLGZ 1973, 143; OLG Hamm FGPrax 1996, 211.
[3] BGH NJW 1998, 2829; NJW 1990, 1418; BayObLG FamRZ 1995, 1296; OLG Hamm FGPrax 1998, 36.

fortbestehendes Rechtsschutzinteresse des Betroffenen zur Überprüfung der Rechtmäßigkeit der Maßnahme bejaht werden muss. In der Entwicklung seiner Rechtsprechung hat das BVerfG dies zunächst in Fällen angenommen, in denen die direkte Belastung durch den angegriffenen Hoheitsakt sich nach dem typischen Verfahrensablauf auf eine Zeitspanne beschränkt, in welcher der Betroffene die gerichtliche Entscheidung in der von der Prozessordnung gegebenen Instanz kaum erlangen kann.[4] Daran anknüpfend haben die Fachgerichte die Zulässigkeit der Umstellung der Beschwerde auf ein Feststellungsbegehren bei Freiheitsentziehungsmaßnahmen bejaht, die nicht für einen längeren Zeitraum als sechs Wochen angeordnet bzw. genehmigt worden sind.[5]

3 In einer weiteren Entscheidung des zweiten Senats vom 5. 12. 2001 hat das BVerfG[6] das aus Art. 19 Abs. 4 GG abgeleitete Rechtsschutzbedürfnis für eine feststellende Entscheidung über die Rechtmäßigkeit der erledigten Maßnahme von der Betrachtung der bestehenden konkreten Rechtsschutzmöglichkeit nach dem jeweiligen typischen Verfahrensablauf losgelöst. Stattdessen ist nunmehr das Rechtsschutzinteresse für ein Feststellungsbegehren immer dann zwingend zu bejahen, wenn eine Maßnahme zu einem tief greifenden Grundrechtseingriff führt. Darunter fallen vornehmlich solche, die das Grundgesetz – wie in den Fällen der Art. 13 Abs. 2 GG und Art. 104 Abs. 2 und 3 GG – unter Richtervorbehalt gestellt hat. In Konsequenz dieser Entscheidung wird in der fachgerichtlichen Rechtsprechung ein Rechtsschutzinteresse des Betroffenen für das Begehren auf Feststellung der Rechtswidrigkeit von Maßnahmen der Durchsuchung und – für die Praxis der freiwilligen Gerichtsbarkeit im Vordergrund stehend – solchen der Freiheitsentziehung bejaht, unabhängig von der Art und Weise der Anordnung und der Dauer des Vollzugs der Maßnahme. § 62 dient dazu, die zuletzt genannte Entscheidung des BVerfG in einer gesetzlichen Vorschrift umzusetzen.[7] Inhaltlich beschränkt sich § 62 auf eine Umschreibung der verfahrensrechtlichen Voraussetzungen, unter denen eine Entscheidung über die Feststellung der Rechtmäßigkeit der erledigten Maßnahme zu treffen ist. Die vielfältigen Folgeprobleme des einfachgesetzlichen Verfahrensrechts, die sich aus der Zulassung eines solchen Feststellungsbegehrens ergeben, finden indessen in der gesetzlichen Vorschrift selbst keine Lösung.

II. Verfahrensrechtliche Voraussetzungen der Feststellungsentscheidung

1. Entscheidung im Beschwerdeverfahren

4 Eine Entscheidung über die Feststellung der Rechtswidrigkeit kann nach Abs. 1 der Vorschrift nur ergehen, wenn erstinstanzlich eine Maßnahme getroffen und diese mit der Beschwerde angefochten worden ist. Die feststellende Entscheidung wird durch das **„Beschwerdegericht"** ausgesprochen. Dies entspricht dem systematischen Zusammenhang der Vorschrift als Teil des Rechtsmittelrechts. Ein Feststellungsbegehren ist deshalb unzulässig, wenn es außerhalb eines Beschwerdeverfahrens gestellt wird. Lässt also etwa der Betroffene die Beschwerdefrist verstreichen, so kann er nicht anstelle des nunmehr ausgeschlossenen Rechtsmittels die Feststellung beantragen, dass die Entscheidung des AG ihn in seinen Rechten verletzt hat.[8] Damit sind vom Anwendungsbereich der Vorschrift solche Entscheidungen ausgeschlossen, die erst mit Rechtskraft wirksam und auch erst danach vollzogen werden können (§ 40 Abs. 2 und 3).

5 Anders verhält es sich, wenn der Betroffene einen Antrag auf **Aufhebung einer Freiheitsentziehung** (§§ 330, 429) gestellt hat, dieser Antrag zurückgewiesen worden ist und der Betroffene hiergegen Beschwerde eingelegt hat. Mit diesem Rechtsmittel kann der Betroffene den Antrag auf Feststellung verbinden, dass die Ablehnung der Aufhebung durch

---

[4] NJW 1999, 273 (betr. eine Durchsuchung nach § 304 StPO); NJW 1998, 2432 (betr. eine vorläufige Unterbringungsgenehmigung nach § 70h FGG); NJW 1997, 2146.
[5] BayObLG FGPrax 1999, 120; KG FGPrax 2000, 213; OLG Hamm FGPrax 2001, 263.
[6] BVerfGE 104, 220 = NJW 2002, 2456.
[7] BT-Drs. 16/6308 S. 205.
[8] BGH InfAuslR 2011, 205 = BeckRS 2011, 04094 betr. eine richterlich einstweilen angeordnete Ingewahrsamnahme; SBW/Unger § 62 Rn 3; ebenso KG NVwZ-RR 2009, 222; OLG München FGPrax 2005, 276 zum bisherigen Recht.

die angefochtene Entscheidung ihn in seinen Rechten verletzt hat.[9] Denn der Verfahrensgegenstand der Aufhebung ist mit demjenigen des Anordnungsverfahrens deckungsgleich (vgl. § 330 Rn 2, § 426 Rn 3). Dann muss auch das Rechtsschutzinteresse des Betroffenen in beiden Verfahrensarten gleich beurteilt werden. Frühester Zeitpunkt für die Feststellung der Rechtswidrigkeit kann dann aber der Vollzug der Freiheitsentziehung bei Eingang des Aufhebungsantrags bei Gericht sein, weil sonst die infolge der unterbliebenen Rechtsmittelanfechtung eingetretene Rechtskraft der Erstentscheidung unterlaufen werden könnte.[10] Dasselbe gilt, wenn der Betroffene nach Ablauf der Beschwerdefrist die Aufhebung einer Betreuung mit Rückwirkung auf den Zeitpunkt der erstmaligen Anordnung beantragt.[11] Denn das grundsätzlich bestehende berechtigte Interesse des Betroffenen an der Feststellung der Rechtswidrigkeit einer für ihn angeordneten Betreuung (vgl. Rn 15) stellt ihn im Rahmen des für alle geltenden Verfahrensrechts nicht von den Nachteilen einer Versäumung der Rechtsmittelfrist frei.

Abhilfeentscheidung. Der Betroffene ist unter den weiteren Voraussetzungen der **6** Vorschrift berechtigt, bereits **mit der Einlegung seiner Beschwerde** bei dem erstinstanzlichen Gericht (§ 64 Abs. 1) einen Feststellungsantrag zu stellen. Die Zulässigkeit des Antrags kann somit nicht davon abhängen, ob es überhaupt zur Vorlage der Beschwerde an das Beschwerdegericht kommt, weil zunächst darüber zu entscheiden ist, ob das erstinstanzliche Gericht der Beschwerde abhilft (§ 68 Abs. 1). Folglich muss bereits das erstinstanzliche Gericht in der Lage sein, im Rahmen einer Abhilfeentscheidung die Rechtswidrigkeit seiner eigenen, mit der Beschwerde angefochtenen Entscheidung festzustellen. Ist die Entscheidung des AG von einem nicht heilbaren Verfahrensmangel beeinflusst (vgl. dazu näher Rn 28), sollte eine (Teil-)Abhilfe durch förmliche Aufhebung des Ursprungsbeschlusses und Neuanordnung nach verfahrensfehlerfreier Durchführung des Verfahrens erfolgen, um den Vollzug der Freiheitsentziehung aufgrund der rechtswidrigen Erstanordnung mit einer darauf beruhenden Entschädigungspflicht (Art. 5 Abs. 5 MRK) zu unterbrechen. Hält das AG den Feststellungsantrag für nicht begründet, hilft es (ggf. auch nur insoweit) der Beschwerde nicht ab und legt sie dem Beschwerdegericht vor.

2. Erledigung der Hauptsache vor oder nach Einlegung des Rechtsmittels

Abs. 1 der Vorschrift setzt weiter voraus, dass die angefochtene Entscheidung sich in der **7** Hauptsache erledigt hat. Gedanklicher Anknüpfungspunkt ist dabei der ursprüngliche Ansatz der Rechtsprechung des BVerfG, bei schwerwiegenden Grundrechtseingriffen dürfe ein von dem Betroffenen eingelegtes Rechtsmittel bei Eintritt der Erledigung der Maßnahme nicht leer laufen, so dass ein fortbestehendes Rechtsschutzinteresse zur Überprüfung der Rechtmäßigkeit der Maßnahme bejaht werden müsse (vgl. Rn 2). In diesem Rahmen ist der Begriff der Erledigung der Hauptsache in seinem herkömmlichen verfahrensrechtlichen Sinn zu verstehen (vgl. Rn 1), betrifft also sämtliche Ereignisse, die dazu führen, dass die Wirksamkeit der gerichtlichen Entscheidung, durch die in die Rechte des Betroffenen eingegriffen wird, beendet wird und deshalb eine Sachentscheidung über den Fortbestand der Maßnahme (die Hauptsache) nicht mehr ergehen kann. Beispielsweise tritt in Unterbringungs- und Freiheitsentziehungssachen eine Erledigung der Hauptsache immer dann ein, wenn ohne gerichtliche Entscheidung die Freiheitsentziehung beendet wird, etwa durch Fristablauf, Entlassung oder Freiwilligkeitserklärung des Betroffenen.

Ergänzend muss jedoch berücksichtigt werden, dass das BVerfG das Rechtsschutzinteresse **8** des Betroffenen seit seiner Entscheidung vom 5. 12. 2001 unabhängig von dem konkreten Verfahrensablauf aufgrund des Art. 19 Abs. 4 GG notwendig bejaht wissen will. In einer weiteren Entscheidung vom 31. 10. 2005[12] sieht das BVerfG das Rechtsschutzziel der Aufhebung einer noch bestehenden wirksamen Maßnahme als „wesensgleich" mit dem Begehren auf Feststellung der Rechtswidrigkeit der Maßnahme an. Die Aufhebung einer

---

[9] OLG Brandenburg FGPrax 2002, 278.
[10] BGH v. 28. 4. 2011 – V ZB 292/10 = BeckRS 2011, 13990; OLG München FGPrax 2005, 276.
[11] So der Fall des LG Darmstadt BtPrax 2010, 185, das die Zulässigkeit des Feststellungsantrags offengelassen hat.
[12] BVerfGK 6, 303 = wistra 2006, 59.

noch wirksamen Maßnahme ist aus dieser Sicht die Umsetzung der Erkenntnis der Rechtswidrigkeit der Maßnahme. Folglich können beide Rechtsschutzziele unbeschränkt **nebeneinander** verfolgt werden, mit der Beschwerde also sowohl die Aufhebung einer noch wirksamen Maßnahme und daneben die Feststellung der Rechtswidrigkeit der Maßnahme bereits mit ihrem Erlass und/oder ihrer Vollziehung in dem Zeitraum bis zum Erlass der Beschwerdeentscheidung begehrt werden (siehe zum Verfahrensgegenstand näher Rn 21 bis 30).[13]

9 Die Gesetzesbegründung zu § 62 FamFG[14] berücksichtigt diese weitere Entwicklung der Rechtsprechung des BVerfG nicht. Da es sich um zwingende, aus Art. 19 Abs. 4 GG abgeleitete Vorgaben handelt, muss der Begriff der Erledigung der Hauptsache in Abs. 1 der Vorschrift in einem weiter gefassten Sinn verstanden werden, schließt also die in der Vergangenheit bereits eingetretenen Rechtsfolgen einer noch wirksamen Maßnahme ein. Daraus folgt zugleich, dass das Feststellungsbegehren auch dann als zulässig angesehen werden muss, wenn zum Zeitpunkt der Einlegung der Beschwerde die Erledigung der Maßnahme bereits eingetreten ist.[15]

3. Antrag auf Feststellung der Rechtswidrigkeit

10 Abs. 1 der Vorschrift der Vorschrift verlangt nunmehr einen ausdrücklichen Antrag des Beschwerdeführers, der auf die Feststellung der Rechtswidrigkeit der angefochtenen Entscheidung gerichtet ist. Das entspricht bisheriger Rechtsprechung, die in Anlehnung an § 113 Abs. 1 S. 4 VwGO einen entsprechenden Antrag als Voraussetzung für eine Feststellungsentscheidung verlangt hat.[16] Die Anforderungen an die Formulierung dieses Antrags dürfen allerdings nicht überspannt werden, wenn der Betroffene im Verfahren anwaltlich nicht vertreten ist. Es reicht aus, wenn sich aus seinem gesamten Vorbringen konkludent das Begehren ergibt, die Rechtmäßigkeit der getroffenen Maßnahme überprüfen zu lassen.[17] Dem Betroffenen muss im Beschwerdeverfahren hinreichend Gelegenheit gegeben werden, einen Feststellungsantrag zu stellen. Eine solche Antragstellung darf das Beschwerdegericht nicht überspielen, indem es etwa nach Kenntniserlangung von einer Entlassung des Betroffenen kurzfristig die Hauptsache für erledigt erklärt und die freiheitsentziehende Anordnung zur Beseitigung des von ihr noch ausgehenden Rechtsscheins aufhebt. Dem Betroffenen muss vielmehr ausdrücklich Gelegenheit gegeben werden, seine Antragstellung unter Berücksichtigung der eingetretenen Erledigung der Hauptsache umzustellen.[18] Ist der Betroffene nicht anwaltlich vertreten, muss das Gericht ihn auf die Möglichkeit hinweisen, seinen Antrag auf Feststellung der Rechtswidrigkeit der Unterbringungsanordnung umzustellen.[19] Bei fehlender Antragstellung trotz erteilten Hinweises ist die Beschwerde als unzulässig zu verwerfen.[20]

4. Berechtigtes Interesse an der Feststellung der Rechtswidrigkeit (Abs. 1 und Abs. 2)

11 **a) Eingriff in die Rechte des Beschwerdeführers.** Abs. 1 erfordert als weitere Voraussetzung der gerichtlichen Entscheidung ein berechtigtes Interesse des Beschwerdeführers an der Feststellung, dass die angefochtene Entscheidung ihn in seinen Rechten verletzt hat. Das Feststellungsinteresse ist deshalb an die Person des Beschwerdeführers und den Eingriff in seine Rechte gebunden und hat damit höchstpersönlichen Charakter.[21] Ein Beschwerde-

---

[13] BGH FGPrax 2011, 39; ebenso bereits BayObLG FGPrax 2002, 281 zum früheren Recht.
[14] BT-Drs. 16/6308 S. 205.
[15] BayObLG FGPrax 2004, 307; KG BtPrax 2008, 42; OLG Naumburg FamRZ 2008, 186; OLG Zweibrücken FGPrax 2006, 235; Prütting/Helms/Abramenko § 62 Rn 5.
[16] OLG Karlsruhe FGPrax 2003, 99.
[17] OLG Karlsruhe FGPrax 2003, 99.
[18] BGH NJW 2011, 520/522 = FamRZ 2010, 1726/1727; BayObLG NJW-RR 2001, 724 = FamRZ 2000, 248.
[19] OLG München OLGR 2006, 26 = BeckRS 200510402.
[20] OLG Düsseldorf FuR 2011, 176.
[21] OLG München FGPrax 2010, 269; SBW/Unger § 62 Rn 8.

verfahren kann deshalb nicht etwa von weiteren Verfahrensbeteiligten im Sinne der §§ 274 Abs. 4, 315 Abs. 4, 417 Abs. 3[22] oder den Erben[23] des Betroffenen mit dem Ziel der Feststellung der Rechtswidrigkeit der Maßnahme fortgesetzt werden. Demgegenüber ist der **Verfahrenspfleger** des Betroffenen als befugt anzusehen, einen Antrag auf Feststellung der Rechtswidrigkeit zu stellen. Denn er ist als selbständiger Verfahrensbeteiligter aus eigenem Recht zur Einlegung der Beschwerde gegen die getroffene Maßnahme in der Hauptsache befugt (§§ 303 Abs. 3, 335 Abs. 2, 429 Abs. 3). Dann muss er auch in der Lage sein, in dem Beschwerdeverfahren einen Antrag auf Feststellung der Rechtswidrigkeit der Maßnahme stellen zu können. Legt demgegenüber nach einer Aufhebung einer Freiheitsentziehungsmaßnahme die **Behörde** eine Beschwerde ein, so ist nach anderweitiger Erledigung der Maßnahme ihr Interesse an der Feststellung der Rechtmäßigkeit der Maßnahme auch dann nicht geschützt, wenn sich der Betroffene ihm zustehender Entschädigungsansprüche für die erlittene Freiheitsentziehung berühmt.[24]

12 Übereinstimmend mit der bisherigen Rechtsprechung ist ferner zu verlangen, dass es infolge der angefochtenen Entscheidung zu einem **effektiven Eingriff** in die Rechte des Betroffenen gekommen sein muss. Die gerichtliche Maßnahme muss deshalb nicht nur angeordnet, sondern tatsächlich durch Eingriff in die Rechte des Betroffenen auch vollzogen worden sein. Solange eine effektive Rechtsbeeinträchtigung nicht eingetreten ist, wird dem Betroffenen hinreichender Rechtsschutz im Sinne des Art. 19 Abs. 4 GG dadurch gewährt, dass er sich mit einem Rechtsmittel gegen die gerichtliche Anordnung oder Genehmigung der Maßnahme wenden kann. Ein berechtigtes Interesse an einer zusätzlichen Feststellung, dass bereits die erstinstanzliche Entscheidung rechtswidrig gewesen sei, ist daneben nicht anzuerkennen.[25] Ein berechtigtes Interesse des Betroffenen wird in der Rechtsprechung ferner dann verneint, wenn dieser selbst die Beendigung der Maßnahme herbeigeführt hat, indem er sich mit der Unterbringung einverstanden erklärt hat.[26]

13 b) **Regelbeispiele.** Abs. 2 sieht Regelbeispiele vor, bei deren Vorliegen von einem berechtigten Interesse an der Feststellung im Sinne des Abs. 1 regelmäßig auszugehen ist. Die Formulierung der Regelbeispiele lehnt sich an die Entscheidung des BVerfG vom 5. 12. 2001 an.[27] Diese Formulierung ist so weit gefasst, dass die Regelbeispiele die aus Art. 19 Abs. 4 GG abzuleitenden Fälle, in denen ein schutzwürdiges Interesse an einer Feststellung der Rechtswidrigkeit der angefochtenen Entscheidung zu bejahen ist, bereits abdecken, so dass daneben weitere Konstellationen, in denen aufgrund der allgemeinen Vorschrift des Abs. 1 ein Feststellungsantrag zugelassen werden muss, kaum denkbar sind.

14 Im Vordergrund der Praxis steht das Regelbeispiel des **schwerwiegenden Grundrechtseingriffs (Nr. 1).** Die Rechtsprechung des BVerfG bevorzugt – wohl sachlich gleichbedeutend – die Formulierung des tief greifenden Grundrechtseingriffs. Hierunter fallen nach der genannten Entscheidung des BVerfG vornehmlich solche, die schon das Grundgesetz – wie in den Fällen der Art. 13 Abs. 2 und Art. 104 Abs. 2 und 3 – unter Richtervorbehalt gestellt hat, also **Durchsuchungen der Wohnung**[28] sowie sämtliche mit **Freiheitsentziehung** verbundene Maßnahmen. Daneben kommen in Betracht vollzogene Entscheidungen über Eingriffe in das Grundrecht auf **körperliche Unversehrtheit** (Art. 2 Abs. 2 S. 1 GG) des Betroffenen, beispielsweise bei einer Betreuerbestellung mit dem Aufgabenkreis Gesundheitsfürsorge und anschließenden Behandlungsmaßnahmen auf Veranlassung des Betreuers,[29] bei einer Einwilligung in eine **ärztliche Behandlungsmaßnah-**

---

[22] OLG Frankfurt OLGR 2005, 640 = NJOZ 2005, 3620; OLG München BtPrax 2006, 231 = NJOZ 2007, 3154.
[23] BayObLG NJWE-FER 2001, 326 = FamRZ 2001, 1645.
[24] BayObLG InfAuslR 2002, 438; OLG Köln OLGR 2007, 421 = BeckRS 2007, 01433; OLG München FGPrax 2006, 89.
[25] BGH BeckRS 2010, 31042; FamRZ 2008, 866; BayObLG FGPrax 2004, 307; FamRZ 2004, 1403; OLG Frankfurt FGPrax 2005, 88; OLG Hamm FGPrax 2004, 96; FGPrax 2004, 231; OLG München FGPrax 2010, 269; a. A. OLG Köln FGPrax 2006, 232 (bis Fristablauf nicht vollzogene Unterbringungsgenehmigung).
[26] BVerfG NJW 1998, 2813; BayObLG BayVBl. 2005, 348 = BeckRS 2004, 12582; KG FGPrax 2002, 45.
[27] BVerfGE 104, 220 = NJW 2002, 2456.
[28] OLG Brandenburg BeckRS 2010, 16633.
[29] BVerfG NJW 2002, 206: Bluttransfusionen bei einer Zeugin Jehovas.

me nach § 1904 BGB bzw. eine Sterilisation (§ 1905 BGB),[30] bei **Zwangsbehandlungen** im Rahmen einer geschlossenen Unterbringung,[31] bei Eingriffen in die elterliche Sorge (Art. 6 Abs. 2 GG),[32] bei einer Gewaltschutzanordnung, die dem Betroffenen die Benutzung seiner Wohnung untersagt[33] oder bei einem Eingriff in das Telekommunikationsgeheimnis (Art. 10 GG) des Nutzers bei der Gestattung der Offenlegung von Verkehrsdaten nach § 101 Abs. 9 UrhG.[34]

15   Darüber hinausgehend hat das BVerfG noch unter Geltung des FGG in nunmehr gefestigter Rechtsprechung einer Kammer des 1. Senats entschieden, dass auch bei der **Bestellung eines Betreuers** dem Betroffenen das Recht zusteht, eine Entscheidung über die Feststellung der Rechtswidrigkeit der angefochtenen Entscheidung herbeizuführen. Die entschiedenen Fälle betrafen die Bestellung eines Vollmachtsüberwachungsbetreuers[35] und eines vorläufigen Betreuers.[36] In der Begründung seiner Entscheidung hat das BVerfG dem grundgesetzlichen **Schutz des Rechts auf freie Entfaltung der Persönlichkeit (Art. 2 Abs. 1** i. V. m. Art. 1 Abs. 1 GG) dieselbe Bedeutung beigemessen wie dem Eingriff in andere Grundrechte, wie etwa Art. 2 Abs. 2 S. 2 i. V. m. Art. 104 GG. In der Konsequenz der Rechtsprechung des zweiten Senats, die das berechtigte Interesse des Betroffenen zur Herbeiführung einer Feststellungsentscheidung losgelöst von dem konkreten Verfahrensablauf und einer etwa eingetretenen Erledigung der Hauptsache beurteilt, liegt es dann jedoch, dass bei jeder auch nur vorläufigen Betreuerbestellung dem Betroffenen umfassend das Recht eingeräumt werden muss, mit seiner Beschwerde neben der Aufhebung der getroffenen Maßnahme auch die Feststellung der Rechtswidrigkeit der Entscheidung des Erstgerichts zu beantragen.

16   Mit diesem weiten Verständnis des geschützten Grundrechtsbereichs ist es kaum in Einklang zu bringen, wenn das KG[37] ein Feststellungsinteresse des Betroffenen in einer Konstellation verneint, in der der Verfahrensgegenstand der Entscheidung sich nach Entlassung des bisherigen Betreuers auf die Bestellung eines neuen Betreuers (§ 1908 c BGB) beschränkt. Denn aus den §§ 1897 Abs. 4 und 5 BGB, 296 Abs. 2 FamFG folgt, dass die Persönlichkeit des Betroffenen gerade auch im Hinblick auf die Auswahl des Betreuers geschützt werden soll. Ein Feststellungsinteresse des Betroffenen könnte in diesem Zusammenhang nur dann verneint werden, wenn die Aufhebung der Betreuerbestellung so kurzfristig erfolgt, dass es tatsächlich noch nicht zu einem spürbaren Eingriff in die Rechte des Betroffenen durch Rechtshandlungen des Betreuers gekommen ist (siehe oben Rn 12). Mit der Heranziehung des Grundrechts aus Art. 2 Abs. 1 GG als Grundlage der Bewertung eines tief greifenden Grundrechtseingriffs hat die verfassungsgerichtliche Rechtsprechung einen Stand erreicht, in dem eine uferlose Ausweitung zulässiger Feststellungsanträge droht. Denn das unter einfachem Gesetzesvorbehalt stehende allgemeine Persönlichkeitsrecht des Art. 2 Abs. 1 GG wird durch eine Vielzahl von Entscheidungen der freiwilligen Gerichtsbarkeit eingeschränkt, die nunmehr verfassungsrechtlich festgeschrieben sämtlich in zulässiger Weise doppelt mit der Beschwerde angegriffen werden können, nämlich mit dem Antrag auf sachliche Abänderung der getroffenen Maßnahme und zusätzlich der Feststellung der Rechtswidrigkeit der angefochtenen Entscheidung.

17   In **vermögensrechtlichen Angelegenheiten** kann ein berechtigtes Interesse an einer Feststellung der Rechtswidrigkeit nicht allein daraus hergeleitet werden, dass sich die angefochtene Entscheidung für den Beschwerdeführer **wirtschaftlich nachteilig** ausgewirkt hat. Das allgemeine Interesse, keine vermögensrechtlichen Nachteile hinnehmen zu müssen, wird nicht durch den Schutzbereich des Art. 14 Abs. 1 GG geschützt.[38] Die

---

[30] So bereits zum bisherigen Recht OLG Düsseldorf FamRZ 1996, 375.
[31] OLG Celle NJW-RR 2008, 230.
[32] Einen schwerwiegenden Eingriff in das Elternrecht verneint OLG Düsseldorf FamRZ 2011, 921 = FuR 2011, 176 bei der Bestellung eines Ergänzungspflegers zur Entscheidung über das Aussageverweigerungsrecht des Kindes.
[33] OLG München FGPrax 2010, 191 = FamRZ 2010, 1755.
[34] OLG Köln FGPrax 2011, 44.
[35] FamRZ 2008, 2260; ihm folgend OLG München FGPrax 2009, 113 = FamRZ 2009, 1246.
[36] NJW 2010, 3360 = FamRZ 2010, 1624 unter Aufhebung von OLG Köln FGPrax 2009, 69.
[37] FGPrax 2009, 209 = FamRZ 2009, 1942.

Belastung mit einem Vermögensnachteil (bspw. die Haftung für Vergütung und Aufwendungsersatz eines aus der Sicht des Erben zu Unrecht bestellten Nachlasspflegers) berührt zwar den Schutzbereich des Art. 2 Abs. 1 GG. Bei einer rein wirtschaftlichen Belastung fehlt jedoch die höchstpersönliche Eingriffsrichtung, die der bisherigen Rechtsprechung des BVerfG als maßgebende Grundlage für die Bejahung eines Feststellungsinteresses entnommen werden kann. Das Interesse des Beschwerdeführers, durch die Feststellung der Rechtswidrigkeit der angefochtenen Maßnahme die Geltendmachung eines Entschädigungsanspruchs (etwa nach Art. 34 GG i. V. m. § 839 BGB) vorzubereiten, kann für die Bejahung eines Feststellungsinteresses im Sinne des § 62 Abs. 1 nicht ausreichen.[39]

In derselben Bewertungsebene liegt eine Konstellation, in der der verfahrensgegenständliche Antrag auf eine rechtsgestaltende Verbesserung der Rechtsstellung abzielt (bspw. die Entlassung eines Testamentsvollstreckers, § 2227 Abs. 1 BGB). Ist der Antrag zurückgewiesen worden und tritt im Beschwerdeverfahren eine Erledigung der Hauptsache ein, hat der Antragsteller kein berechtigtes Interesse an einer Feststellung, dass ihm die angestrebte Entscheidung zu Unrecht versagt worden ist.[40] Denn der Rechtsgedanke des § 62 Abs. 1, dem Rehabilitierungsinteresse des Betroffenen nach einem Eingriff in eine grundrechtlich geschützte Rechtsposition Rechnung zu tragen, trifft hier nicht zu. Für etwaige Vermögensnachteile infolge des Unterbleibens der beantragten Rechtsgestaltung gilt das zu Rn 17 Gesagte.

Der Gesichtspunkt der **Wiederholungsgefahr,** die nach dem Regelbeispiel in **Nr. 2** ein berechtigtes Interesse an der Feststellung der Rechtswidrigkeit begründen kann, kann vor allem in **Registersachen** Bedeutung erlangen. Die Wiederholungsgefahr muss sowohl **konkret** sein als auch sich auf eine **Rechtsbeeinträchtigung gerade des Beschwerdeführers** durch künftig zu erwartende gleichartige Entscheidungen desselben Gerichts beziehen. Ein allgemeines Interesse daran, für die künftige Rechtspraxis etwa des bevollmächtigten Notars oder des entscheidenden Gerichts zur Klärung einer Rechtsfrage beizutragen, kann ein hinreichendes Feststellungsinteresse nicht begründen.[41] Bei einer anderen Beurteilung würde sich die Bedeutung der Entscheidung des Beschwerdegerichts auf diejenige eines niemanden bindenden Gutachtens zu einer Rechtsfrage beschränken. Ein abweichender Standpunkt ergibt sich auch nicht aus einer – insoweit zu knapp begründeten – Entscheidung des OLG Hamm,[42] der eine umfangreiche gesellschaftsrechtliche Umstrukturierung in einem Großkonzern mit sich wiederholenden Fallkonstellationen zugrunde lag.

In **Grundbuchsachen** ergibt sich nicht selten die Situation, dass eine Zwischenverfügung des Grundbuchamtes angefochten wird, die vom Notar mit der Beschwerde angegriffene Beanstandung dann aber im Vollzugsinteresse der Beteiligten doch behoben wird. Es steht dem Antragsteller frei, die Zwischenverfügung hinzunehmen und die aufgezeigten Hindernisse zu beseitigen oder die Berechtigung der Beanstandung des Grundbuchamtes durch das Beschwerdegericht überprüfen zu lassen. Führt der Beschwerdeführer selbst die Erledigung der Hauptsache herbei, indem er die Beanstandung nunmehr doch behebt, kann er kein berechtigtes Interesse für sich in Anspruch nehmen, gleichwohl die Berechtigung der Beanstandung des Grundbuchamtes mit Hilfe eines Feststellungsantrags überprüfen lassen zu können. Durch die Verzögerung des Antragsvollzugs bis zur Entscheidung des Beschwerdegerichts in der Hauptsache können dem Antragsteller zwar wirtschaftliche Nachteile entstehen, die ihm verständlichen Anlass zu seiner Verfahrensweise geben können. Solche wirtschaftlichen Erwägungen können jedoch nicht ausreichen, um eine Rechtsverletzung im Sinne des § 62 Abs. 1 zu begründen.[43]

III. Verfahrensgegenstand der Feststellungsentscheidung

1. Grundsatz

Der sachliche Prüfungsumfang des Beschwerdegerichts bei der Feststellungsentscheidung wird maßgebend durch den Verfahrensgegenstand bestimmt, über den zu entscheiden ist.

---

[39] OLG Hamm FGPrax 2010, 79 = FamRZ 2010, 1110.
[40] OLG Hamm FGPrax 2010, 213 betr. einen Antrag nach § 122 AktG.
[41] OLG München FGPrax 2010, 269 = NZG 2010, 1079.
[42] FGPrax 2010, 198 = NZG 2010, 475.
[43] OLG Düsseldorf FGPrax 2010, 116; OLG Hamm NotBZ 2011, 220 = BeckRS 2011, 04527.

Verfahrensgegenstand ist die Verletzung der Rechte des Betroffenen durch eine **verfahrens- und materiell-rechtliche Rechtswidrigkeit der angefochtenen Maßnahme**[44] zu dem Zeitpunkt, den der Beschwerdeführer mit seinem Feststellungsantrag ggf. auch nur hilfsweise bestimmt. Prüfungsgegenstand ist entsprechend der vom BGH ständig formulierten Tenorierung der Entscheidung, ob der Betroffene durch die angefochtene Entscheidung in seinen Rechten verletzt worden ist. Hat das Beschwerdegericht über die Aufrechterhaltung der noch vollzogenen Maßnahme zu entscheiden, kommt eine Verletzung der Rechte des Betroffenen durch die Entscheidung des AG in Betracht, deren Feststellung der Betroffene **neben** seinem Antrag auf Aufhebung der Maßnahme begehren kann.[45] Ist im Beschwerdeverfahren eine Hauptsacheerledigung durch Beendigung der Maßnahme eingetreten, kann Gegenstand des Feststellungsantrags eine Rechtsverletzung des Betroffenen durch den weiteren Vollzug der Maßnahme bis zu ihrer Erledigung sein. Konsequent prüft der BGH im Fall der Erledigung der Hauptsache im Rechtsbeschwerdeverfahren bei entsprechender Antragstellung eine Rechtsverletzung des Betroffenen sowohl durch die erstmalige Anordnung der Maßnahme durch das AG als auch die Aufrechterhaltung der Maßnahme durch die Entscheidung des Beschwerdegerichts.

22 Folglich handelt es sich bei den Anträgen auf Feststellung der Rechtswidrigkeit der Erstanordnung und demjenigen auf Aufhebung der noch vollzogenen bzw. Rechtswidrigkeit des weiteren Vollzugs der (zwischenzeitlich beendeten) Maßnahme um **verschiedene Verfahrensgegenstände**. Im gedanklichen Ausgangspunkt muss also über die Rechtmäßigkeit der Maßnahme unter maßgebender Berücksichtigung der Sachlage zum Zeitpunkt der jeweiligen Entscheidung bzw. des weiteren Vollzugs der Maßnahme entschieden werden.[46] Zu unterscheiden sind folgende Verfahrenssituationen:

2. Berücksichtigung von Änderungen im Verfahrensablauf

23 Eine **ursprünglich rechtmäßig** angeordnete Maßnahme kann durch eine **spätere Entwicklung** rechtswidrig werden. Beispielhaft kann es sich etwa darum handeln, dass eine Abschiebungshaft von dem AG zunächst rechtmäßig angeordnet worden ist und während des Verfahrens über die Beschwerde des Betroffenen eine Sachlage eintritt, die die Behörde zur umgehenden Beendigung der Haft zwingt (vgl. dazu § 422 Rn 8, § 426 Rn 2).[47] In der Rechtsprechung des BGH sind wiederholt Fälle behandelt worden, in denen eine amtsgerichtliche Haftanordnung unter Berücksichtigung der Regelung des § 62 Abs. 2 S. 4 AufenthG nicht zu beanstanden war, weil nach Erfahrungsgrundsätzen davon ausgegangen werden konnte, dass die Durchführbarkeit der Abschiebung des Betroffenen innerhalb von drei Monaten nicht ausgeschlossen werden konnte. Ergänzend hat der BGH die Erforderlichkeit einer erneuten tatsächlichen Überprüfung der Prognoseentscheidung nach § 62 Abs. 2 S. 4 AufenthG unter Berücksichtigung des Beschleunigungsgebots bezogen auf die Gegebenheiten zum Zeitpunkt der Entscheidung des Beschwerdegerichts (vgl. § 65 Abs. 3) verlangt, die ggf. zur Beendigung der Maßnahme bzw. zur Feststellung der Rechtswidrigkeit ihrer weiteren Aufrechterhaltung hätte führen müssen.[48] Eine ähnliche Verfahrensentwicklung kann sich im Unterbringungsverfahren (§ 312) ergeben. Eine vorläufige Unterbringungsmaßnahme ist bereits dann rechtmäßig, wenn zum Zeitpunkt ihres Erlasses deren Voraussetzungen bei summarischer Prüfung festgestellt werden können. Die Aufrechterhaltung der Maßnahme kann gleichwohl später rechtswidrig sein, wenn das Beschwerdegericht seiner Verpflichtung zur ergänzenden Ermittlung des Sachverhalts nicht hinreichend nachkommt (vgl. § 331 Rn 7).

3. Heilung von Mängeln

24 Umgekehrt besteht die Möglichkeit, dass eine **ursprünglich rechtswidrige** Anordnung einer Maßnahme durch eine spätere Entwicklung **rechtmäßig werden kann**. Dabei ist zu

---

[44] BGH NVwZ 2011, 767.
[45] BGH FGPrax 2011, 39.
[46] BGH v. 18. 11. 2010, V ZB 121/10 = BeckRS 2010, 30356.
[47] OLG Zweibrücken InfAuslR 2008, 456.
[48] BGH NVwZ 2010, 1172.

unterscheiden zwischen einer Wirkung ex nunc und einer solchen, die ex tunc auf den Zeitpunkt der Anordnung der Maßnahme zurückwirkt und so zu einer Heilung von Mängeln der Maßnahme führt, die die Feststellung ihrer Rechtswidrigkeit ausschließt.

Es gibt **keine Fernwirkung** eines Mangels, der durch die Rechtswidrigkeit der Entscheidung des AG begründet wird (zu einer Ausnahme bei unterbliebener Belehrung nach Art. 36 WÜK siehe § 432 Rn 2). Auch schwerste Mängel, wie etwa eine unterbliebene persönliche Anhörung des Betroffenen, können nicht ausschließen, dass das Beschwerdegericht nach Vornahme aller gebotenen Verfahrenshandlungen und erforderlicher Sachverhaltsfeststellung die getroffene Maßnahme in der Sache bestätigt.[49] Die Rechtswidrigkeit der ursprünglichen Anordnung der Maßnahme wird bei Verletzung **grundlegender Verfahrensgarantien** (zu den Einzelheiten der Abgrenzung vgl. Rn 28 bis 30) allerdings erst mit Wirkung **ex nunc** durch die fehlerfreie Entscheidung des Beschwerdegerichts beendet. 25

In allen anderen Fällen bewirkt die Entscheidung des Beschwerdegerichts eine **Heilung** von Mängeln der ursprünglichen Anordnung der Maßnahme, die auf den Zeitpunkt der Entscheidung des AG **zurückwirkt**. Diese Heilungswirkung gehört zum Wesen des Instanzenzugs. Das Beschwerdegericht tritt in den Grenzen der Beschwerde als Tatsacheninstanz an die Stelle des erstinstanzlichen Gerichts. Das hat zur Folge, dass Fehler des erstinstanzlichen Gerichts grundsätzlich nicht zur Aufhebung seiner Entscheidung und zu einer Zurückverweisung der Sache an dieses Gericht, sondern dazu führen, dass das Beschwerdegericht selbst die sachlich gebotene Entscheidung trifft (§ 69 Abs. 1 S. 1). Der Betroffene muss die im Beschwerdeverfahren herbeigeführte Heilung von Verfahrensmängeln hinnehmen. Das Verfahrensergebnis ist für ihn kein anderes, als wenn bereits das AG das Verfahren fehlerfrei durchgeführt hätte und ein dagegen gerichtetes Rechtsmittel des Betroffenen ohne Erfolg geblieben wäre.[50] Der Betroffene erhält durch die Zulässigkeit des Antrags auf Feststellung der Rechtswidrigkeit der angefochtenen Entscheidung den gebotenen effektiven Rechtsschutz (Art. 19 Abs. 4 GG), jedoch nur im Rahmen des für alle geltenden Verfahrensrechts. Denn das Verfahren ist **in seiner Gesamtheit** darauf gerichtet, dem Betroffenen den Rechtsschutz zu gewähren, den er auch dann erhält, wenn sein Begehren nach Wahrung der Verfahrensgarantien im Ergebnis ohne Erfolg bleibt. Diese Heilungswirkung bezieht sich zunächst auf eine abweichende materiell-rechtliche Beurteilung durch das Beschwerdegericht. So kann das Beschwerdegericht bspw. einen vom AG fehlerhaft angenommenen Haftgrund nach § 62 Abs. 2 AufenthG durch einen anderen Haftgrund ersetzen.[51] 26

Hauptanwendungsfall der Heilungswirkung ist die **Behebung von Verfahrensmängeln** im Beschwerdeverfahren. Dies gilt insbesondere für eine Verletzung der Amtsermittlungspflicht (§ 26), die im Beschwerdeverfahren durch eine weitergehende Sachverhaltsaufklärung behoben wird.[52] Diese Heilungswirkung tritt bereits dann ein, wenn das Beschwerdegericht durch weitere tatsächliche Feststellungen die Ursächlichkeit des Verfahrensmangels des AG beseitigt, mag das Beschwerdegericht auch unter anderen Gesichtspunkten nach der Sachlage zum Zeitpunkt seiner Entscheidung gebotene weitere Ermittlungen verfahrensfehlerhaft unterlassen haben.[53] 27

Eine **rückwirkende Heilung ist ausgeschlossen**, wenn es sich um Verfahrensgarantien handelt, deren Beachtung Art. 104 Abs. 1 S. 1 GG fordert und mit verfassungsrechtlichem Schutz versieht. Welche Verfahrensvorschriften zu den „vorgeschriebenen Formen" im Sinne des Art. 104 Abs. 1 S. 1 GG gehören, ist im Kern eine Bewertungsfrage, die nicht passgenau zwischen Spezialvorschriften des Freiheitsentziehungsverfahrens und den allgemeinen Verfahrensvorschriften eingeordnet werden kann. Die Rechtsprechung behilft sich mit einer bewertungsoffenen Formulierung, es müsse sich um einen grundlegenden Verfahrensfehler handeln, der einer gleichwohl angeordneten Haft den Makel der rechtswidrigen Freiheitsentziehung aufdrückt, und der auch durch die Nachholung der verfahrens- 28

---

[49] BGH InfAuslR 2010, 384.
[50] BGH NVwZ 2010, 1172; NVwZ 2010, 1175; NJW-RR 2007, 1569.
[51] BGH FGPrax 2011, 41 = InfAuslR 2011, 71; InfAuslR 2011, 27.
[52] BGH NVwZ 2010, 1172.
[53] BGH NVwZ 2010, 1171.

rechtlichen Maßnahme nicht mehr zu tilgen ist.[54] Die Abgrenzung kann in den Einzelheiten zweifelhaft sein.

29 **Zu den grundlegenden Verfahrensgarantien** werden in der Rechtsprechung gerechnet:
- Ein verfahrensrechtlich erforderlicher **Antrag der Behörde** muss ordnungsgemäß gestellt sein. Dazu gehört auch die erforderliche Begründung des Antrags (§ 417 Abs. 2 S. 1 und 2),[55] nicht aber die Vorlage der Behördenakten (§ 417 Abs. 2 S. 3).[56]
- Die **persönliche Anhörung des Betroffenen** (§§ 319, 420) muss durchgeführt worden sein, und zwar zeitlich **vor** Erlass oder Genehmigung der freiheitsentziehenden Maßnahme.[57] Hierzu rechnen auch Mängel der Durchführung der persönlichen Anhörung des Betroffenen und das Unterbleiben einer nach § 68 Abs. 3 S. 2 gebotenen wiederholten Anhörung durch das Beschwerdegericht.[58] Ein so zu bewertender Mangel der persönlichen Anhörung des Betroffenen kann auch darin bestehen, dass ihm der Haftantrag der Behörde nicht vor dem Anhörungstermin übermittelt worden ist, obwohl dies zur sachgerechten Wahrnehmung seines Anspruchs auf rechtliches Gehör erforderlich war.[59] Offen geblieben ist, ob die Verletzung des Anspruchs auf rechtliches Gehör (Art. 103 Abs. 1 GG) geheilt werden kann. Jedenfalls scheidet eine Heilung aus, wenn sie nur aufgrund erneuter persönlicher Anhörung des Betroffenen erfolgen könnte, die nach Abschiebung des Betroffenen nicht mehr durchgeführt werden kann.[60]
- Die **Belehrung nach Art. 36 Abs. 1 lit. b des WÜK** muss vorgenommen worden sein (siehe Einzelheiten dazu bei § 432 Rn 2).[61]
- Eine nach § 72 Abs. 4 S. 1 AufenthG nach Einleitung eines strafrechtlichen Ermittlungsverfahrens erforderliche **Zustimmung der Staatsanwaltschaft** muss vorliegen.[62] Die Vorschrift dient allerdings lediglich der Wahrung des staatlichen Strafverfolgungsinteresses und bezweckt nicht, den Ausländer vor ausländerbehördlichen Maßnahmen zu bewahren.[63] Von diesem Ausgangspunkt begegnet es Bedenken, wenn der BGH die Erteilung der Zustimmung der Staatsanwaltschaft gleichwohl zu den gesetzlich vorgesehenen Formen rechnet, deren Beachtung durch das Freiheitsgrundrecht des Art. 104 Abs. 1 S. 1 GG geschützt wird.[64]

30 **Nicht zu den grundlegenden Verfahrensgarantien** werden gerechnet:
- die Verletzung der **Amtsermittlungspflicht** (§ 26); dementsprechend sind erforderliche Ermittlungen fortzuführen, sofern nicht festgestellt werden kann, dass ein Mangel infolge einer überholenden Entwicklung sich nicht ursächlich ausgewirkt hat (bspw. durch zügige Abschiebung des Betroffenen innerhalb der Frist des § 62 Abs. 2 S. 4 AufenthG);[65]
- das Fehlen einer **ordnungsgemäßen Durchführung des Abhilfeverfahrens** (§ 68 Abs. 1),[66]
- das Unterbleiben der **Zuziehung von Angehörigen** als Beteiligte des Verfahrens.[67]

IV. Sachentscheidung des Beschwerdegerichts über den Feststellungsantrag

1. Allgemeines

31 Die Sachentscheidung des Beschwerdegerichts wird in erster Linie dadurch beeinflusst, ob nach einer eingetretenen Erledigung der Hauptsache über einen Feststellungsantrag

---

[54] BGH NVwZ 2010, 1171.
[55] BGH InfAuslR 2010, 359/360; FGPrax 2010, 316.
[56] BGH NVwZ 2010, 1172.
[57] BGH InfAulR 2010, 384.
[58] BGH FGPrax 2010, 152/154.
[59] BGH Beschl. v. 28. 4. 2011 – V ZB 118/10.
[60] BGH FGPrax 2010, 290 = InfAuslR 2010, 441.
[61] BGH InfAuslR 2011, 119; FGPrax 2010, 212.
[62] BGH NVwZ 2011, 767; NVwZ 2011, 567.
[63] BVerwG NVwZ 1999, 425 = InfAuslR 1998, 383.
[64] BGH NVwZ 2011, 767.
[65] BGH InfAuslR 2011, 27.
[66] BGH InfAuslR 2011, 27.
[67] BGH InfAuslR 2010, 384.

isoliert zu entscheiden ist oder der Feststellungsantrag neben dem in der Hauptsache weiterverfolgten Begehren auf Aufhebung der angefochtenen Maßnahme gestellt wird. Im letztgenannten Fall führt die zusätzliche Geltendmachung des Feststellungsbegehrens zu einer Erweiterung des Verfahrensgegenstandes, über den das Beschwerdegericht nur zu entscheiden hat, wenn der Betroffene einen entsprechenden Antrag gestellt hat. Das Beschwerdebegehren, das auf die Aufhebung der Maßnahme in der Hauptsache gerichtet ist, enthält nicht ohne weiteres auch den Antrag auf Feststellung der Rechtswidrigkeit der angefochtenen Entscheidung.[68]

2. Gemeinsame Entscheidung über Hauptsache und Erledigung

Wird die freiheitsentziehende Maßnahme zum Zeitpunkt der Beschwerdeentscheidung **noch vollzogen**, kommt bei entsprechender Antragstellung eine Entscheidung nach § 62 AufenthG nur in Bezug auf die Entscheidung des AG in Betracht. Weist das Beschwerdegericht die Beschwerde in der Hauptsache ggf. nach weiteren Verfahrenshandlungen zurück, wird damit wegen der Heilungswirkung der Beschwerdeentscheidung regelmäßig auch der Feststellungsantrag ohne Erfolg bleiben müssen, sofern nicht die Entscheidung des AG auf unheilbaren Verfahrensmängeln beruht (vgl. Rn 24). 32

3. Isolierte Entscheidung über den Feststellungsantrag

Ist die freiheitsentziehende Maßnahme **bereits beendet**, kommt bei entsprechender Antragstellung nur noch eine Entscheidung darüber in Betracht, ob der Betroffene durch die Entscheidung des AG und den weiteren Vollzug der Maßnahme bis zu ihrer Beendigung in seinen Rechten verletzt worden ist. Hat das Beschwerdegericht bis zu diesem Zeitpunkt diejenigen Verfahrenshandlungen, die zu einer abschließenden Entscheidung über die Beschwerde erforderlich sind, noch nicht abgeschlossen, stellt sich die Frage, ob die Ermittlungen solange fortzusetzen sind (§ 26), bis (nunmehr) retrospektiv festgestellt werden kann, dass zum Zeitpunkt der Entscheidung des erstinstanzlichen Gerichts bzw. in dem Zeitraum des nachfolgenden Vollzugs die Voraussetzungen für die angefochtene Maßnahme vorlagen. Die Gesetzesbegründung gibt dazu keine Hilfestellung.[69] Da es sich bei der angefochtenen Maßnahme und dem Antrag auf Feststellung der Rechtswidrigkeit der vorinstanzlichen Entscheidung um verschiedene Verfahrensgegenstände handelt (vgl. Rn 22), bleibt die Entscheidung über den Feststellungsantrag weiterhin eine in der Hauptsache zu treffende Entscheidung, selbst wenn die getroffene Maßnahme selbst bereits erledigt ist. Dementsprechend ist es folgerichtig, wenn der BGH bei der Entscheidung über Rechtsbeschwerden in Freiheitsentziehungssachen das Verfahren an das Beschwerdegericht zur erneuten Behandlung zurückverweist, wenn dessen Entscheidung auf einem heilbaren Verfahrensmangel, insbesondere unzureichender Sachaufklärung, beruht und weitere tatsächliche Feststellungen möglich erscheinen.[70] Konsequent wird die Verpflichtung des Beschwerdegerichts zur persönlichen Anhörung des Betroffenen (§§ 68 Abs. 3, 319, 420) auch auf das weitere Verfahren Anwendung finden müssen, in dem ergänzende Feststellungen zu treffen sind.[71] 33

Gleichwohl besteht Anlass auf **Bedenken** hinzuweisen, die **gegen die Praktikabilität** noch durchzuführender Ermittlungen bestehen, durch die tatsächliche Verhältnisse festgestellt werden sollen, die sich auf einen zurückliegenden Zeitpunkt beziehen. Dies gilt insbesondere, wenn im Falle des § 62 Abs. 2 S. 4 AufenthG tatsächliche Umstände ermittelt werden sollen, die für eine Prognoseentscheidung über die tatsächliche Durchführbarkeit einer Abschiebung des Betroffenen innerhalb eines Zeitraumes von drei Monaten nach Haftanordnung von Bedeutung sind. Von dem Beschwerdegericht wird so ein gedanklicher Spagat verlangt, auf der Basis eines zurückliegenden Zeitpunkts eine Entscheidung darüber 34

---

[68] BayObLG NJW-RR 2004, 8; FGPrax 2002, 281; OLG Zweibrücken FGPrax 2005, 137; a. A. OLG Schleswig NJW-RR 2008, 380.
[69] BT-Drs. 16/6308 S. 205.
[70] Beispielhaft BGH FGPrax 2011, 39; NVwZ 2010, 1172.
[71] So bereits OLG Schleswig FamRZ 2001, 938 zum bisherigen Recht.

zu treffen, wie damals fiktiv eine Prognose hätte vorgenommen werden müssen, wenn die nunmehr nachträglich ermittelten Umstände berücksichtigt worden wären.[72] Sogleich eröffnen sich neue Problemstellungen wie etwa die Frage, ob bei dieser Beurteilung Erkenntnisse über die Durchführbarkeit einer Abschiebung (etwa neue Erfahrungsberichte) berücksichtigt werden können, die jetzt erst bekannt geworden sind, zu dem zurückliegenden Zeitpunkt jedoch noch nicht hätten ermittelt werden können.

35 Die Gefahr einer zunehmend fiktiv werdenden sachlichen Beurteilung wird auch deutlich bei der Frage, wie der Betroffene nach Beendigung der freiheitsentziehenden Maßnahme an dem weiteren Verfahren zu beteiligen ist. Kann dem Betroffenen nach seiner erfolgten Abschiebung oder infolge erneuten Untertauchens das rechtliche Gehör nicht mehr gewährt werden, so sollen nach Auffassung des BGH solche neu ermittelten Tatsachen unverwertbar bleiben, deren Berücksichtigung sich zu seinem Nachteil auswirken könnte.[73] Dieser Hinweis wird von dem Bevollmächtigten des für das weitere Verfahren nicht mehr zur Verfügung stehenden Betroffenen als dringende Empfehlung verstanden werden müssen, sein Mandat bis zum Abschluss des Freiheitsentziehungsverfahrens auf die Tätigkeit eines Zustellungsbevollmächtigten zu beschränken, um es für die Geltendmachung eines Entschädigungsanspruchs sogleich wieder aufzunehmen. Wenn die Sache zu erneuten tatsächlichen Feststellungen in die Tatsacheninstanz zurückverwiesen worden ist, muss die Rechtsprechung eine Verfahrensgestaltung wählen, die das gleichrangige Verfahrensrecht der Behörde wahrt, aufgrund der weiteren Verfahrensergebnisse zu einer ihr günstigen Entscheidung zu gelangen. Dies wird in der geschilderten Verfahrenssituation nur möglich sein, wenn für den Betroffenen ein Abwesenheitspfleger (§ 1911 BGB) bestellt wird. Welch ein Aufwand!

36 In **Unterbringungssachen** stellt sich nicht selten heraus, dass das eingeholte Sachverständigengutachten inhaltlich nicht ausreicht, um die Voraussetzungen der zivilrechtlichen bzw. öffentlich-rechtlichen Unterbringung abschließend feststellen zu können. Eine inhaltliche Vertiefung des Gutachtens stößt auf das Problem, dass es sich regelmäßig um Krankheitsentwicklungen handelt, deren Ausprägungsformen im Zeitablauf erheblichen Veränderungen unterliegen. Exakte Feststellungen zum Vorliegen der Unterbringungsvoraussetzungen zum Zeitpunkt des Erlasses der erstinstanzlichen Entscheidung oder im Verlauf des späteren Vollzugs der Unterbringung sind in der Rückschau nur schwer möglich. Als weitere Problematik kommt in Unterbringungsfällen hinzu, dass durch solche weitergehenden Ermittlungen der soeben entlassene Betroffene erneut mit der Akutphase seiner Erkrankung konfrontiert wird, sich ggf. einer erneuten persönlichen Untersuchung durch den nunmehr beauftragten Sachverständigen zu stellen hat (§ 321 Abs. 1) und insoweit ggf. sogar Zwangsmaßnahmen in Erwägung gezogen werden müssten (§ 322). Bislang liegt noch keine Rechtsbeschwerdeentscheidung des BGH dazu vor, wie in Unterbringungssachen zu verfahren ist, wenn die Feststellung der Rechtswidrigkeit der beendeten Maßnahme beantragt wird und die bisherigen tatsächlichen Feststellungen sich als unzureichend erweisen.

37 Aus diesen Gründen wird hier an dem bereits in der Voraufl. vertretenen Vorschlag festgehalten, den Verfahrensgegenstand des Feststellungsantrags erweiternd dahin zu verstehen, dass er auch die **Verletzung des Verfahrensrechts** bei Erlass der angefochtenen Entscheidung umfasst. Der Beschwerdeführer kann in seinen Rechten auch durch die unzureichende Handhabung von Verfahrensvorschriften verletzt werden,[74] die insbesondere in Unterbringungs- und Freiheitsentziehungssachen in erster Linie zu seinem Schutz bestimmt sind. Das BVerfG hat in seiner Entscheidung vom 5. 12. 2001, die der Konzeption der Vorschrift des § 62 zugrunde liegt, das Rehabilitierungsinteresse des Betroffenen in den Vordergrund gestellt.[75] Diesem Rehabilitierungsinteresse wird genügt, wenn der Betroffene mit seinem Antrag eine Entscheidung erwirkt, durch die festgestellt wird, dass die angefoch-

---

[72] BGH InfAuslR 2010, 384: „bei gebotener Sachaufklärung aus damaliger Sicht".
[73] BGH InfAuslR 2011, 202 = NVwZ 2011, 567.
[74] OLG München FGPrax 2010, 191 = FamRZ 2010, 1755 in einer Gewaltschutzsache: Verzögerung der Terminierung auf den nach § 54 Abs. 2 gestellten Antrag.
[75] BVerfGE 104, 220 = NJW 2002, 2456.

tene Entscheidung **nicht gesetzeskonform ergangen** ist. Das Rehabilitierungsinteresse gibt dem Betroffenen keinen Anspruch auf eine Feststellung, dass die angefochtene Entscheidung aus bestimmten Gründen rechtswidrig ist. Bei einer abweichenden Beurteilung müsste man es nämlich zulassen, dass der Betroffene solche Gründe zum Gegenstand seines Antrags machen und der Prüfung durch das Gericht durch Hilfsanträge eine bestimmte Reihenfolge vorgeben könnte. Die Feststellung der Rechtswidrigkeit der angefochtenen Entscheidung im Verfahren der freiwilligen Gerichtsbarkeit entfaltet zwar in einem Zivilprozess, in dem der Betroffene eine Entschädigung für die vollzogene Maßnahme (etwa nach Art. 34 GG i. V. m. § 839 BGB oder Art. 5 Abs. 5 MRK) geltend macht, eine Bindungswirkung,[76] die sich auf die tragenden Gründe der Entscheidung erstreckt.[77] Das aus Art. 19 Abs. 4 GG abzuleitende fortbestehende Rechtsschutzinteresse des Betroffenen geht jedoch nicht soweit, ein Verfahren der freiwilligen Gerichtsbarkeit über das aus anderen Gründen bereits feststehende Ergebnis der Entscheidung hinaus mit dem Ziel fortsetzen zu können, durch die Begründung der Entscheidung eine inhaltlich möglichst weitgehende Bindungswirkung für eine etwaige spätere gerichtliche Geltendmachung eines Entschädigungsanspruchs herbeiführen zu können.

V. Sachentscheidung des Rechtsbeschwerdegerichts über den Feststellungsantrag

§ 62 gilt im Rechtsbeschwerdeverfahren aus Gründen der Systemkonformität entsprechend,[78] obwohl § 74 Abs. 4 seinem Wortlaut nach nur auf die erstinstanzlichen, nicht jedoch auch auf Verfahrensvorschriften des Beschwerdeverfahrens verweist (vgl. § 74 Rn 61). Hat das Beschwerdegericht eine Entscheidung in der Hauptsache getroffen und tritt nunmehr eine Erledigung der angefochtenen Maßnahme ein, so kann der Beschwerdeführer mit seiner Rechtsbeschwerde einen Feststellungsantrag nach § 62 stellen. Dies gilt allerdings nicht, wenn die Maßnahme nur im Wege der einstweiligen Anordnung getroffen worden ist. Denn § 70 Abs. 4 schließt in diesem Fall die Rechtsbeschwerde aus. Dabei verbleibt es auch in Bezug auf einen Antrag auf Feststellung der Rechtswidrigkeit, weil § 62 nicht zu einer Erweiterung des Instanzenzugs führt.[79] Das gilt auch dann, wenn das LG einen erst nach Abschluss des Beschwerdeverfahrens gestellten Antrag auf Feststellung der Rechtswidrigkeit einer einstweiligen Freiheitsentziehungsmaßnahme zurückgewiesen hat.[80] Mit dem im Rechtsbeschwerdeverfahren gestellten Antrag kann nicht nur die Rechtmäßigkeit der Entscheidung des Beschwerdegerichts über die Fortdauer der Maßnahme, sondern auch die Rechtmäßigkeit der erstmaligen Anordnung der Maßnahme und deren Vollziehung beantragt werden.

Dies führt zwar zu einer Erweiterung des Verfahrensgegenstandes im Rechtsbeschwerdeverfahren, sofern der Betroffene nicht bereits im Beschwerdeverfahren einen entsprechenden Feststellungsantrag gestellt hatte. Einen solchen den Verfahrensgegenstand erweiternden Feststellungsantrag hat die Rechtsprechung im Rechtsbeschwerdeverfahren zunächst für unzulässig erachtet.[81] An dieser Rechtsprechung kann jedoch nicht mehr festgehalten werden, nachdem das BVerfG in seiner Entscheidung vom 31. 10. 2005[82] aus Art. 19 Abs. 4 GG abgeleitet hat, dass ein Rechtsschutzinteresse des Betroffenen an der Feststellung der Rechtswidrigkeit der angefochtenen Maßnahme entgegen der genannten Rechtsprechung auch für einen Zeitraum vor Einlegung des Rechtsmittels bejaht werden muss.[83] Die sachliche Überprüfung der Entscheidung erfolgt nach den Regeln der Rechtsbeschwerde (§ 74). Kommt die Heilung eines Verfahrensmangels nicht mehr in Betracht, wird abschlie-

---

[76] BGH NJW 2003, 3693; NVwZ 2006, 960.
[77] OLG München NJW 2007, 1005.
[78] BGH FGPrax 2010, 150 = InfAuslR 2010, 249.
[79] BGH v. 11. 11. 2010, V ZB 123/10 = BeckRS 2010, 30548.
[80] BGH v. 3. 2. 2011, V ZB 128/10 = BeckRS 2011, 04823.
[81] BayObLG FGPrax 2002, 281; NJW-RR 2004, 8; OLG Zweibrücken FGPrax 2005, 137.
[82] BVerfGK 6, 303 = wistra 2006, 59.
[83] BGH FGPrax 2010, 152; OLG Hamm FGPrax 2006, 230 = FamRZ 2007, 763; OLG München FGPrax 2006, 280; FGPrax 2005, 276 zum bisherigen Recht.

§ 63

ßend festgestellt, dass der Betroffene durch die von dem Mangel betroffene Entscheidung des AG und/oder des LG in seinen Rechten verletzt worden ist.[84] Ansonsten wird die Sache zur erneuten Entscheidung an das Beschwerdegericht zurückverwiesen (vgl. dazu näher bereits Rn 25 bis 29).

VI. Rechtsmittel gegen die Entscheidung über den Feststellungsantrag

40 Für die Rechtsmittelanfechtung der Entscheidung über den Feststellungsantrag gelten keine Besonderheiten. Der Betroffene kann gegen die Zurückweisung seines Feststellungsantrages Beschwerde und Rechtsbeschwerde einlegen. Seine Beschwerdebefugnis (§ 59 Abs. 1) folgt aus dem Eingriff in seine Grundrechtsposition, aus der sich zugleich sein Antragsrecht ableitet. Gegen die Feststellung der Rechtswidrigkeit der angefochtenen Entscheidung steht in den Fällen der landesrechtlichen Unterbringung (§ 312 Nr. 3) und im Freiheitsentziehungsverfahren (§ 415) der am Verfahren beteiligten Behörde die Beschwerde zu.[85] Deren Beschwerdebefugnis (§ 59 Abs. 3) folgt daraus, dass in den genannten Verfahren durch besondere Bestimmungen (§§ 335 Abs. 4, 429 Abs. 1) der beteiligten Behörde ein Beschwerderecht gegen die Entscheidung in der Hauptsache eingeräumt ist. Die Behörde ist zwar nicht berechtigt, ihrerseits einen Antrag auf Feststellung der Rechtmäßigkeit der Maßnahme zu stellen (vgl. Rn 11). Wird hingegen auf den Antrag des Betroffenen eine der Behörde nachteilige Feststellung der Rechtswidrigkeit getroffen, so steht eine solche Entscheidung im Rahmen des modifizierten Verfahrensgegenstandes der Sache nach der Zurückweisung des verfahrenseinleitenden Antrags der Behörde gleich, so dass sich ihr Beschwerderecht auch auf diese Entscheidung beziehen muss. Dafür spricht insbesondere auch die Bindungswirkung der Feststellung der Rechtswidrigkeit für die Entscheidung über etwaige Entschädigungsansprüche des Betroffenen (siehe Rn 37). Die Zulässigkeit einer Rechtsbeschwerde der Behörde gegen eine solche Entscheidung des LG ist dann aber von einer Zulassung gem. § 70 Abs. 2 abhängig, weil durch sie nicht eine freiheitsentziehende Maßnahme angeordnet wird (§ 70 Abs. 2 S. 2).[86]

Beschwerdefrist

63 (1) **Die Beschwerde ist, soweit gesetzlich keine andere Frist bestimmt ist, binnen einer Frist von einem Monat einzulegen.**

(2) **Die Beschwerde ist binnen einer Frist von zwei Wochen einzulegen, wenn sie sich gegen**

1. eine einstweilige Anordnung oder
2. einen Beschluss, der die Genehmigung eines Rechtsgeschäfts zum Gegenstand hat, richtet.

(3) [1]**Die Frist beginnt jeweils mit der schriftlichen Bekanntgabe des Beschlusses an die Beteiligten.** [2]**Kann die schriftliche Bekanntgabe an einen Beteiligten nicht bewirkt werden, beginnt die Frist spätestens mit Ablauf von fünf Monaten nach Erlass des Beschlusses.**

Übersicht

	Rn
I. Normzweck	1
II. Anwendungsbereich	4
1. Allgemein	4
2. Sonderfälle	6
III. Beschwerdefrist	9
1. Monatsfrist (Abs. 1)	9
a) Allgemein	9
b) Ausnahmen	10
2. Zweiwochenfrist (Abs. 2)	14

---

[84] BGH FGPrax 2010, 290 = InfAuslR 2010, 441.
[85] KG BeckRS 2004, 08256; OLG Celle FGPrax 2005, 48; OLG Hamm InfAuslR 2008, 314; OLG Köln FGPrax 2007, 193; OLG München OLGR 2007, 146 = BeckRS 2006, 13800.
[86] BGH NVwZ 2011, 767.

	Rn
IV. Fristbeginn (Abs. 3 S. 1)	15
1. Bekanntgabe	15
2. Adressat der Bekanntgabe und Fristlauf	20
3. Fristlauf bei Bekanntgabe eines mängelbehafteten Beschlusses	23
4. Fehlende oder fehlerhafte Bekanntgabe	27
5. Sonderregelungen für die Bekanntgabe	28
V. Einhaltung der Beschwerdefrist	30
1. Fristberechnung	30
2. Fristwahrung	33
3. Einlegung bei einem unzuständigen Gericht	41
VI. Unterbliebene Bekanntgabe (Abs. 3 S. 2)	43
1. Allgemeines	43
2. Fristbeginn und Fristende bei der Fünfmonatsfrist	46
VII. Fristversäumung	48
VIII. Kosten und Gebühren	50

I. Normzweck

Das FGG sah die einfache (unbefristete) Beschwerde als das regelmäßige Rechtsmittel in Verfahren der freiwilligen Gerichtsbarkeit vor. Nur in den vom Gesetz ausdrücklich angeordneten Fällen war die Möglichkeit der Rechtsmitteleinlegung zeitlich begrenzt.[1] Diese Unterscheidung gibt das FamFG auf und ordnet in § 63 – wie bei den Beschwerden nach der ZPO – einheitlich eine Fristgebundenheit des Rechtsmittels gegen die in FamFG-Verfahren ergangenen Endentscheidungen an. Hierdurch soll für alle Beteiligten möglichst frühzeitig Rechtssicherheit über den Bestand einer Entscheidung geschaffen und das Verfahren beschleunigt werden. Zudem wird mit dem Wegfall des Nebeneinanders von sofortiger und einfacher Beschwerde das Ziel verfolgt, eine größere Klarheit über die Rechtsmittel zu schaffen und das Beschwerdeverfahren übersichtlicher und systematischer zu gestalten. Eine unbefristete Beschwerde existiert nur noch in Grundbuch- und Schiffsregistersachen (s. Rn 7).[2] **1**

Abs. 1 sieht in Anlehnung an die Berufungsfrist des § 517 1. Halbs. ZPO grundsätzlich eine Beschwerdefrist von einem Monat vor. Hiervon abweichend bestimmt **Abs. 2** für dort näher geregelte Fälle, nämlich bei einer Beschwerde gegen eine erlassene einstweilige Anordnung sowie gegen einen Beschluss, der die Genehmigung eines Rechtsgeschäfts zum Gegenstand hat, eine auf zwei Wochen verkürzte Beschwerdefrist vor. Hierdurch will der Gesetzgeber dem besonderen Beschleunigungsbedürfnis dieser besonderen Rechnung tragen.[3] **2**

Abs. 3 S. 1 bestimmt den Beginn des Laufs der Rechtsmittelfrist. Die Vorschrift greift die bisherige Regelung in § 22 Abs. 1 S. 2 FGG auf und orientiert sich inhaltlich an § 517 1. Halbs. ZPO.[4] Für den Fristbeginn wird an die jeweilige Bekanntgabe des Beschlusses an die nach § 7 am Verfahren Beteiligten[5] angeknüpft. Die Regelung konkretisiert den allgemeinen Verfahrensgrundsatz, dass eine Rechtsmittelfrist nicht vor Zustellung bzw. Verkündung einer Entscheidung zu laufen beginnen kann. Mit dem Erfordernis einer schriftlichen Bekanntgabe wird die allgemeine Regelung in § 16 Abs. 1 für das Beschwerdeverfahren modifiziert. Daneben werden in **Abs. 3 S. 2** die Fälle geregelt, in denen eine Bekanntgabe der Entscheidung an einen Beteiligten des erstinstanzlichen Verfahrens[6] nicht bewirkt werden kann. Um alsbaldige Rechtssicherheit und Rechtsklarheit für alle Beteiligten zu schaffen,[7] sieht das Gesetz für die Einlegung der Beschwerde in Anlehnung an die §§ 517 **3**

---

[1] Z. B. BGH FGPrax 2008, 118 = NJW-RR 2008, 483; BayObLG NJW-RR 1990, 1446; KG MDR 1966, 677; OLG Hamm NJW-RR 1989, 1375; OLG Köln FGPrax 2003, 340; OLG Schleswig FGPrax 2000, 73.
[2] BT-Drs. 16/6308 S. 205.
[3] BT-Drs. 16/6308 S. 206.
[4] BT-Drs. 16/6308 S. 206.
[5] S. dazu BT-Drs. 16/9733 S. 289.
[6] Vgl. zu dieser Einschränkung BT-Drs. 16/9733 S. 289.
[7] BT-Drs. 16/9733 S. 289.

2. Halbs., 548 ZPO für alle FamFG-Verfahren[8] eine Auffangfrist von fünf Monaten ab dem Erlass der Entscheidung vor.

II. Anwendungsbereich

1. Allgemein

4 § 63 findet Anwendung auf alle Beschwerden gegen die im ersten Rechtszug ergangenen **Endentscheidungen** (siehe hierzu § 58 Rn 16) der AG und LG in den im FamFG geregelten Verfahren, einschließlich der Ehesachen (§ 121) sowie der Familienstreitsachen (§ 112), auch wenn der Rechtspfleger die Endentscheidung getroffen hat (§ 11 Abs. 1 RPflG). Streitig ist, ob § 63 in einer Ehesachen sowie Familienstreitsache bei einem Rechtsmittel gegen die isolierte Kostenentscheidung (§§ 91a Abs. 2, 99 Abs. 2 ZPO) Anwendung findet (siehe dazu § 22 Rn 26; § 58 Rn 97a).[9] Unanwendbar ist § 63 auf **Zwischen- und Nebenentscheidungen.** Soweit diese nach dem FamFG einer Anfechtung unterliegen (siehe dazu die Übersicht bei § 58 Rn 93), muss das Rechtsmittel innerhalb einer Frist von 2 Wochen (§ 569 Abs. 1 S. 1 ZPO) erhoben werden (zu den Einzelheiten siehe § 58 Rn 16). Gleiches gilt gemäß § 85 FamFG i.V.m. §§ 104 Abs. 3, 567ff. ZPO für das Kostenfestsetzungsverfahren[10] und gem. § 76 Abs. 2 für die Verfahrenskostenhilfe, wobei insoweit abweichend die Beschwerdefrist 1 Monat beträgt (§ 76 Abs. 2 FamFG i.V.m. § 127 Abs. 2 S. 3 ZPO).

Soweit nach Landesrecht für die Durchführung des Verfahrens andere als gerichtliche Behörden zuständig sind (§ 488 Abs. 1), findet § 63 keine Anwendung. In den landesgesetzlich geregelten Angelegenheiten der freiwilligen Gerichtsbarkeit kann der Landesgesetzgeber die entsprechende Geltung des FamFG und somit des § 63 vorschreiben. Zu den Einzelheiten siehe die Ausführungen bei § 486.

5 Hat der **Rechtspfleger** in Verfahren nach dem FamFG eine nach den allgemeinen Verfahrensvorschriften **nicht anfechtbare Entscheidung** getroffen, unterliegt diese der Erinnerung nach § 11 Abs. 2 S. 1. 1. Halbs. RPflG,[11] sofern sie nicht nach den Vorschriften der GBO, der SchRegO oder des FamFG wirksam geworden ist und daher nicht mehr geändert werden kann (§ 11 Abs. 3 S. 1 RPflG). Die Frist zur Einlegung der Erinnerung richtet sich nach § 569 Abs. 1 S. 1 ZPO entsprechend (§ 11 Abs. 2 S. 4 RPflG; s. dazu Anhang zu § 58 Rn 2).

Zu der Übergangsvorschrift siehe die Kommentierung zu Art. 111 FGG-RG.

2. Sonderfälle

6 § 63 gilt nach § 156 Abs. 5 S. 2 KostO auch für die **Notarkostenbeschwerde** nach § 156 Abs. 3 KostO.[12] Gleiches muss auch für die Kostenbeschwerde nach **§ 14 Abs. 3 KostO** bzw. die Beschwerde nach **§ 8 Abs. 3 S. 1 KostO** gelten. Der Gesetzgeber hat zwar in § 8 KostO bzw. § 14 KostO keine § 156 Abs. 5 S. 2 KostO entsprechende Verweisungsregelung aufgenommen. Bei beiden Verfahren handelt es sich um Angelegenheiten der freiwilligen Gerichtsbarkeit. Ein Ziel des Gesetzgebers bei der Reform des Verfahrens in den Angelegenheiten der freiwilligen Gerichtsbarkeit war es, die bisher unterschiedlich ausgestalteten Rechtsmittel zu vereinheitlichen und mit dem FamFG zu

---

[8] Im Anwendungsbereich des FGG wurde – auch für echte Streitverfahren – eine entsprechende Anwendung der §§ 517, 548 ZPO abgelehnt, vgl. z.B. BayObLG FGPrax 1999, 99; OLG Brandenburg FamRZ 2000, 1028; OLG Celle WuM 2002, 634.

[9] Bejahend z.B. OLG Hamm FamRZ 2011, 582; OLG Karlsruhe FamRZ 2011, 749; OLG Oldenburg NJW 2010, 2815; verneinend Anwendbarkeit des § 569 Abs. 1 S. 1 ZPO z.B.: KG NJW 2010, 3588; OLG Köln FamRZ 2011, 579; OLG Nürnberg NJW 2010, 286.

[10] S. OLG Köln FGPrax 2010, 267. In Landwirtschaftssachen der freiwilligen Gerichtsbarkeit wird gem. § 45 Abs. 2 LwVG für das Kostenfestsetzungsverfahren ebenfalls auf die §§ 104 Abs. 3, 567ff. ZPO verwiesen; in Verschollenheitssachen findet im Kostenfestsetzungsverfahren die Erinnerung statt (§ 35 Abs. 3 S. 1 VerschG), die binnen einer Frist von 2 Wochen einzulegen ist (§ 35 Abs. 3 S. 2 VerschG).

[11] Neben dem Rechtsmittel der Beschwerde nach den §§ 58ff. bleibt die Erinnerung gem. § 11 Abs. 2 RPflG weiterhin möglich, vgl. BT-Drs. 16/6308 S. 203.

[12] BT-Drs. 16/6308 S. 337.

harmonisieren.[13] Damit verträgt es sich nicht, dass die Beschwerdeverfahren nach der KostO in Zukunft unterschiedlich ausgestaltet sind. Vielmehr sind sowohl für die Beschwerde nach § 156 KostO als auch nach den § 8 bzw. § 14 KostO einheitlich ergänzend die Vorschriften des FamFG und damit auch § 63 heranzuziehen. Auch bisher wurde sowohl für Rechtsmittelverfahren nach § 156 KostO a. F. als auch für das Verfahren nach § 14 KostO a. F. ergänzend auf das Verfahrensrecht nach dem FGG zurückgegriffen.[14]

In den **Grundbuchverfahren** findet § 63 keine Anwendung; vielmehr besteht nach § 71 GBO weiterhin die Möglichkeit, die Beschwerde **ohne Einhaltung einer Frist** zu erheben. Gleiches gilt nach § 75 SchRegO in den Schiffsregistersachen für die Anfechtung der Entscheidungen des Registergerichts. Soweit jedoch das Gesetz für die Anfechtung ausdrücklich die dort so bezeichnete sofortige Beschwerde vorsieht, gilt über § 90 SchRegO die Monatsfrist des § 63 Abs. 1. Weist das Grundbuchamt einen Antrag auf Eintragung eines höheren Umstellungsbetrages zurück, so findet § 63 über § 2 Abs. 1 GBMaßnG unmittelbar Anwendung. 7

Nach § 80 Abs. 2 S. 2 GenG unterliegen Beschlüsse des Registergerichts, durch die die Auflösung einer Genossenschaft ausgesprochen wird, weil die Zahl der Genossen unter 7 gesunken ist (§ 80 Abs. 1 GenG), oder nach §§ 54, 54 a GenG i. V. m. § 80 Abs. 2 GenG, weil die Genossenschaft keinem Prüfungsverband angehört, der sofortigen Beschwerde nach Maßgabe der ZPO, so dass sich die Beschwerdefrist nach § 569 Abs. 1 S. 1 ZPO richtet. Demgegenüber findet gegen den Beschluss des Registergerichts, durch welchen ein Antrag, die Genossenschaft aufzulösen, zurückgewiesen wird, die Beschwerde nach den §§ 58 ff. FamFG statt, entsprechend richtet sich die Beschwerdefrist nach § 63. 8

III. Beschwerdefrist

1. Monatsfrist (Abs. 1)

a) Allgemein. Die Frist für die Einlegung der Beschwerde gegen erstinstanzliche Endentscheidungen der AG und LG beträgt in der Regel **einen Monat**, sofern nicht gesetzlich ausdrücklich eine andere Frist bestimmt ist (Abs. 1). Auch wenn die Beschwerdefrist nicht als **Notfrist** bezeichnet ist, scheidet eine Abkürzung oder Verlängerung der Frist durch das Gericht oder durch Vereinbarung der Beteiligten aus (arg. aus § 17 Abs. 2 FamFG i. V. m. § 224 Abs. 2 letzter Halbs. ZPO).[15] Insoweit handelt es sich bei der fehlenden Kennzeichnung der Frist als Notfrist um ein Versehen des Gesetzgebers. Bei der Möglichkeit einer Änderung der Rechtsmittelfristen wäre der Rechtsfrieden sowie die Rechtssicherheit gefährdet, da an den Fristablauf der Eintritt der formellen Rechtskraft anfechtbarer gerichtlicher Entscheidungen geknüpft wird (§ 45). Entsprechend sehen auch die anderen Verfahrensordnungen (ZPO, ArbGG, VwGO, SG, FGO) keine Möglichkeit der Abkürzung oder Verlängerung der Rechtsmittelfristen vor. 9

b) Ausnahmen. Das FamFG und weitere Sondergesetze sehen an verschiedenen Stellen abweichende Beschwerdefristen vor: 10

Eine verkürzte Beschwerdefrist von **zwei Wochen** gilt beispielsweise für die Anfechtung eines Beschlusses, durch den das Gericht bei einer Meinungsverschiedenheit zwischen mehreren Testamentsvollstreckern über die Vornahme eines Rechtsgeschäfts entscheidet (vgl. § 355 Abs. 2 FamFG), für die Beschwerde gegen die Festsetzung eines Ordnungsgeldes durch das Bundesamt für Justiz (vgl. § 335 Abs. 5 S. 1 HGB), für die Beschwerde in einer Therapieunterbringungssache (vgl. 16 Abs. 2 ThUG)[16] sowie für die Beschwerde gegen die richterliche Anordnung über die Zulässigkeit der Verwendung der Verkehrsdaten (vgl. §§ 101 Abs. 9 S. 7 UrhG, 140 b Abs. 9 S. 7 PatG, 24 b Abs. 9 S. 7 GebrauchsMG, 19 Abs. 9 S. 7 MarkenG, 46 Abs. 9 S. 7 GeschmacksMG, 37 b Abs. 9 S. 7 SortenSchG). 11

---

[13] BT-Drs. 16/6308 S. 163.
[14] Korintenberg/Lappe § 14 Rn 131; Korintenberg/Bengel/Tiedtke § 156 Rn 47.
[15] Bahrenfuss/Joachim/Kräft § 63 Rn 2; Johannsen/Henrich/Althammer § 63 Rn 2; Prütting/Helms/Abramenko § 63 Rn 2; SBW/Unger § 63 Rn 4.
[16] Gesetz vom 22. 12. 2010 (BGBl. I S. 2300, 2305).

12 In Betreuungsverfahren wird dem Vertreter der Staatskasse für die Erhebung der Beschwerde eine Frist von **drei Monaten** eingeräumt (§ 304 Abs. 2); die Frist beginnt mit der formlosen Mitteilung (§ 15 Abs. 3). Eine entsprechende Beschwerdefrist gilt auch nach § 2 Abs. 3 GBMaßnG für die Beschwerde gegen eine vor Inkrafttreten der Neuregelung erfolgte Antragzurückweisung.

13 Das **Verschollenheitsgesetz** sieht in den §§ 26 Abs. 1 S. 1, 33a Abs. 3 i. V. m. § 26 Abs. 1 S. 1 bzw. § 40 i. V. m. § 26 Abs. 1 S. 1 jeweils die im Gesetz als solche bezeichnete sofortige Beschwerde vor, für die in § 26 Abs. 1 S. 2 VerschG ausdrücklich eine Beschwerdefrist **von einem Monat** bestimmt ist. In den §§ 33 Abs. 2, 36, 37 VerschG ist als Rechtsmittel ebenfalls die sofortige Beschwerde angeordnet, ohne dass indes eine Aussage zu der Beschwerdefrist getroffen wird. Insoweit hat der Reformgesetzgeber zwar in Art. 55 des FGG-RG verschiedene Bestimmungen des Verschollenheitsgesetzes geändert, die Beschwerdevorschriften indes nicht angepasst. Dies spricht dafür, dass insoweit, wie vor dem Inkrafttreten des FamFG, die Beschwerde nur innerhalb von **2 Wochen** eingelegt werden kann.

2. Zweiwochenfrist (Abs. 2)

14 Abs. 2 schreibt für zwei Sonderfälle eine verkürzte Rechtsmittelfrist vor. Eine **Abkürzung** oder **Verlängerung der Frist** durch das Gericht oder durch Vereinbarung der Beteiligten ist grundsätzlich nicht möglich (s. Rn 9).

14a Die Frist für die Einlegung einer Beschwerde gegen eine erlassene einstweilige Anordnung beträgt 2 Wochen (Abs. 2 Nr. 1). Bei Verfahren der einstweiligen Anordnung in **Familiensachen** ist zu beachten, dass die dort getroffenen Entscheidungen nur unter den Voraussetzungen des § 52 S. 2 anfechtbar sind. Da die Abkürzung der Beschwerdefrist nur greift, wenn sich das Rechtsmittel „gegen eine einstweilige Anordnung richtet", gilt im Falle einer **abgelehnten einstweiligen Anordnung** weiterhin die Anfechtungsfrist des Abs. 1 von einem Monat (vgl. auch § 300 Rn 9).[17] Insoweit besteht keine Notwendigkeit für eine kurzfristige Klärung der Rechtskraft wie im Falle einer anordnenden Entscheidung. Die Monatsfrist gilt auch für Entscheidungen, mit denen gem. § 56 das Außerkrafttreten einer einstweiligen Anordnung festgestellt wird (siehe auch § 56 Rn 11).[18] Zudem findet gegen die Ablehnung eines Antrags auf Anordnung eines **dinglichen Arrests** nach § 119 Abs. 2 S. 1 die Beschwerde nach § 58 statt; diese muss innerhalb der Monatsfrist nach § 63 Abs. 1 eingelegt werden.[19]

14b Abs. 2 Nr. 2 verkürzt die Rechtsmittelfrist auf 2 Wochen, wenn sich die Beschwerde gegen einen Beschluss richtet, der eine **Genehmigung eines Rechtsgeschäfts** zum Gegenstand hat, z. B. nach §§ 1643, 1821 ff. 1980 i BGB. Da nicht zwischen einer erteilten oder abgelehnten Genehmigung differenziert wird, gilt insoweit die kurze Beschwerdefrist unabhängig vom Inhalt der Entscheidung. Die abgekürzte Frist findet keine Anwendung auf die Einlegung der Sprungrechtsbeschwerde (§ 75), für diese gilt die Monatsfrist des § 71. Damit tritt die Rechtskraft eines Genehmigungsbeschlusses nicht bereits nach 2 Wochen, sondern erst nach Ablauf der Monatsfrist ein.[20]

IV. Fristbeginn (Abs. 3 S. 1)

1. Bekanntgabe

15 Die Frist zur Einlegung der Beschwerde beginnt nach Abs. 3 S. 1 ausnahmslos mit dem Zeitpunkt der **schriftlichen Bekanntgabe des Beschlusses** (§§ 41, 15) an die Betei-

---

[17] Haußleiter § 63 Rn 2; Horndasch/Viefhues/Reinken § 63 Rn 5; Johannsen/Henrich/Althammer § 63 Rn 3; Zöller/Feskorn § 63 FamFG Rn 3; Sternal FGPrax 2010, 59; Zimmermann Rn 161; a. A. OLG Zweibrücken FGPrax 2011, 50 = FamRZ 2011, 497; Prütting/Helms/Stößer § 57 Rn 12.
[18] Haußleiter § 56 Rn 6; Horndasch/Viefhues § 56 Rn 18; Johannsen/Henrich/Büte § 56 FamFG Rn 15; Prütting/Helms/Stößer § 56 Rn 11; Zöller/Feskorn § 56 Rn 7; a. A. Frist von zwei Wochen: OLG Zweibrücken FamRZ 2011, 987; SBW/Schwonberg § 56 Rn 25.
[19] OLG Karlsruhe FamRZ 2011, 234; OLG München FGPrax 2011, 746.
[20] Vgl. Heggen FGPrax 2011, 51.

ligten; eine mündliche Bekanntgabe reicht nicht (s. Rn 19). Im Falle einer versehentlichen mehrfachen Bekanntgabe wird die Rechtsmittelmittel mit der ersten Bekanntgabe ausgelöst;[21] zum Fristablauf im Falle einer Bekanntgabe eines mängelbehafteten Beschlusses s. Rn 23 sowie bei einer fehlende oder fehlerhaften Bekanntgabe Rn 27. Sonderregelungen für eine Bekanntgabe sehen z. B. § 304 (formlose Mitteilung gem. § 15 Abs. 3 an den Vertreter der Staatskasse), § 360 (Bekanntgabe an den Antragsteller), § 24 Abs. 3 S. 1 VerschG (erste öffentliche Bekanntmachung) vor. Ein Rechtsmittel kann schon vor der Bekanntgabe erhoben werden. Die Entscheidung muss aber schon wirksam erlassen worden sein (vgl. dazu die Legaldefinition in § 38 Abs. 3 S. 3).[22] Fehlt es hieran, liegt nur ein Entwurf einer Entscheidung vor;[23] die eingelegte Beschwerde ist unzulässig. Entsprechendes gilt, wenn die Entscheidung nicht unterzeichnet ist. Wird ein Entscheidungsentwurf ausgefertigt und bekannt gegeben, so kann der von ihm ausgehende Rechtsschein eines Beschlusses mit dem Rechtsmittel beseitigt werden.[24]

15a Für die **Bewirkung der Bekanntgabe** sieht § 15 Abs. 2 zwei Alternativen vor. Sie kann entweder durch förmliche Zustellung nach den §§ 166 bis 195 ZPO (§ 15 Abs. 2 1. Alt.) oder dadurch erfolgen, dass das Schriftstück unter der Anschrift des Adressaten zur Post gegeben wird (§ 15 Abs. 2 2. Alt.). Nach Auffassung von Abramenko[25] soll die die Beschwerdefrist auslösende Bekanntgabe auch durch Übersendung per Telefax, durch Übergabe einer Kopie in Verkündungstermin oder durch Übermittlung mittels elektronische Medien möglich sein. Dagegen spricht indes die Regelung in § 15 Abs. 2, die hinsichtlich der Form der Bekanntgabe eine abschließende Regelung trifft. In **Ehe- und Familienstreitsachen** gilt § 15 nicht, sondern statt dessen § 113 Abs. 1 S. 2 FamFG i. V. m. § 329 Abs. 3 ZPO (vgl. § 15 Rn 2). Für dem Lauf der Rechtsmittelfrist bei einen Verbundbeschluss im Scheidungsverfahrens, bei der die im Verbund getroffenen Entscheidungen teilweise auf Säumnis beruhen (vgl. 3142 Abs. 1 s. 2), siehe § 38 Rn 39.

16 Im Fall des § 15 Abs. 2 1. Alt. beginnt die Frist mit dem **Zeitpunkt der formrichtigen Zustellung** nach den §§ 166 ff. ZPO.[26] Eine später erfolgte nochmalige Zustellung beeinflusst nicht mehr den Lauf der Frist.[27] Ausnahmen bestehen bei der Zustellung eines mängelbehafteten Beschlusses (s. Rn 23) sowie bei einer fehlerhaften Zustellung (s. Rn 27). Ein von einem Verfahrensbevollmächtigten unterzeichnetes und mit Datum versehenes Empfangsbekenntnis erbringt grundsätzlich Beweis nicht nur für die Entgegennahme des darin bezeichneten Schriftstücks als zugestellt, sondern auch für den Zeitpunkt der Entgegennahme[28] und damit für den Beginn der Rechtsmittelfrist.[29] Der Gegenbeweis ist möglich;[30] bloße Zweifel an der Richtigkeit des Zustellungsdatums genügen nicht;[31] zu den weiteren Einzelheiten siehe § 15 Rn 30.

17 Im Fall des § 15 Abs. 2 2. Alt. gilt bei einer Übersendung im Inland das Schriftstück **drei Tage nach Aufgabe zur Post** als bekannt gegeben, wenn nicht der Beteiligte glaubhaft macht, dass ihm das Schriftstück nicht oder erst zu einem späteren Zeitpunkt zugegangen ist; zu den Einzelheiten siehe § 15 Rn 67.

18 Welche **Art der Bekanntgabe** das Gericht wählt, liegt in seinem pflichtgemäßen Ermessen;[32] zu den Einzelheiten s. § 15 Rn 8. Eine Einschränkung der Form der Bekannt-

---

[21] BGH FamRZ 2011, 362.
[22] BayObLG FamRZ 1990, 774; KG Rpfleger 1977, 132; OLG Naumburg BeckRS 1997, 31023997; OLG Oldenburg OLGR 1997, 51 = BeckRS 1996, 31046165; OLG Zweibrücken Rpfleger 1977, 306; Prütting/Helms/Abramenko § 63 Rn 9.
[23] Vgl. BGH NJW 1999, 1192 für ein nicht verkündetes Urteil.
[24] Prütting/Helms/Abramenko § 63 Rn 9.
[25] Prütting/Helms § 63 Rn 6.
[26] BayObLG WE 1991, 49; FamRZ 1984, 201; KG FGPrax 2000, 183.
[27] BGH NJW 2011, 522 = FamRZ 2011, 362, betr. die Zustellung eines Versäumnisurteils; BGH NJW-RR 2006, 563 für den Fall einer bereits abgelaufenen Rechtsmittelfrist.
[28] BGH NJW 2002, 3027; NJW 2001, 2722.
[29] BGH NJW 2007, 600; OLG Frankfurt NJW 2000, 1653.
[30] BGH NJW 2002, 3028.
[31] BVerfG NJW 2001, 1563; BGH NJW 2002, 3027.
[32] BT-Drs. 16/6308 S. 182, 196.

gabe sieht § 41 Abs. 1 S. 2 vor.[33] Entspricht ein anfechtbarer Beschluss nicht dem erklärten Willen eines Beteiligten, so ist er diesem Beteiligten förmlich zuzustellen; insoweit scheidet die Möglichkeit der Bekanntgabe durch Aufgabe zur Post aus.

19 Sofern ein Beschluss nach § 41 Abs. 2 S. 1 Anwesenden gegenüber durch Verlesen der Beschlussformel mündlich bekannt gegeben worden ist, wird die Beschwerdefrist erst durch die nochmalige **schriftliche** Bekanntgabe des vollständigen Beschlusses einschließlich der Gründe in Gang gesetzt (§ 41 Abs. 2 S. 3 S. 4; zu den Einzelheiten siehe die Erläuterungen zu § 41).

2. Adressat der Bekanntgabe und Fristlauf

20 Um den Lauf der Beschwerdefrist in Gang zu setzen, muss der Beschluss den am Verfahren Beteiligten bekannt gegeben werden. Die Frist beginnt für jeden Beschwerdeberechtigten mit der Bekanntgabe an diesen (Abs. 3. S. 1);[34] bei **mehreren Beschwerdeberechtigten** kann also die Frist zur Einlegung des Rechtsmittels zu verschiedenen Zeitpunkten beginnen.[35] Eine Ausnahme sieht § 360 für die Bestimmung oder Verlängerung einer Inventarfrist vor. Danach beginnt die Beschwerdefrist einheitlich für alle Beteiligten mit der Zustellung an den Antragsteller zu laufen. Zu den weiteren Sonderregelungen siehe Rn 29. Wird ein Beteiligter im Verfahren durch einen anderen Beteiligten vertreten (siehe dazu § 10 Abs. 2), so wird die Frist für beide Beteiligten mit der schriftlichen Bekanntgabe an den Vertreter in Lauf gesetzt.[36] Zum Lauf der Beschwerdefrist bei einem formell am Verfahren nicht Beteiligten s. Rn 44.

21 Hat sich für einen Beteiligten ein **Verfahrensbevollmächtigter** bestellt, so ist entsprechend § 172 ZPO die schriftliche Bekanntgabe an diesen ausschlaggebend. Die Art der Bekanntgabe (§ 15 Abs. 2 S. 1 1. Alt. oder § 15 Abs. 2 S. 1 2. Alt.) ist hierbei ohne Bedeutung; eine Bekanntgabe an einen Terminsvertreter genügt jedoch nicht.[37] Bei mehreren Verfahrensbevollmächtigten läuft die Frist mit der ersten schriftlichen Bekanntgabe an einen der Bevollmächtigten.[38]

22 Bei einem **nicht verfahrensfähigen Beteiligten** (§ 9 Abs. 2) wird die Rechtsmittelfrist erst mit der Bekanntgabe an den gesetzlichen Vertreter (z. B. Eltern, Pfleger, Vormund, Betreuer) in Lauf gesetzt (vgl. § 170 Abs. 1 ZPO); es genügt – auch bei gesamtvertretungsberechtigten Eltern – die Zustellung an einen gesetzlichen Vertreter (vgl. § 15 Abs. 2 S. 1 1. Alt FamFG i. V. m. § 170 Abs. 3 ZPO). Demgegenüber laufen dem Betroffenen und den Verfahrenspfleger jeweils eigene Beschwerdefristen.[39] Sofern das Gesetz Geschäftsunfähige oder in der Geschäftsfähigkeit beschränkte Beteiligte als verfahrensfähig ansieht (vgl. §§ 275, 316) bzw. ein eigenes Beschwerderecht einräumt (vgl. § 60), muss die Entscheidung auch ihm bekannt gemacht werden, um die Beschwerdefrist in Lauf zu setzen.

3. Fristlauf bei Bekanntgabe eines mängelbehafteten Beschlusses

23 Die Beschwerdefrist wird durch die Bekanntgabe eines vollständigen und nicht mit Mängeln behafteten Beschlusses in Gang gesetzt. Dabei kommt es für den Beginn der Beschwerdefrist entscheidend auf die äußere Form und den Inhalt der bekannt gegebenen Ausfertigung an, wobei bei Abweichungen zwischen Urschrift und Ausfertigung allein die Ausfertigung maßgeblich ist.[40] Bei der Bekanntgabe einer wesentlichen **inhaltlichen Abweichung** der zugestellten Ausfertigung von der Urschrift der Entscheidung, wird unter Umständen der

---

[33] S. a. BGH FamRZ 2011, 1049.
[34] S. a. BayObLG NJW-RR 2001, 724 = FamRZ 2000, 1445; FGPrax 1999, 99; OLG Brandenburg FamRZ 2000, 1028; OLG Düsseldorf OLGZ 1965, 325.
[35] BGH NJW 2002, 2252; BayObLG FGPrax 1999, 99; BayObLGZ 1994, 391; OLG Brandenburg FamRZ 2000, 1028.
[36] OLG Frankfurt FamRZ 1999, 169.
[37] BGH NJW-RR 2007, 356.
[38] OLG Zweibrücken FGPrax 2002, 277.
[39] BayObLG NJW-RR 2001, 724 = FamRZ 2000, 1445.
[40] BGH NJW 2001, 1653.

Lauf der Rechtsmittelfrist nicht in Gang gesetzt.[41] Gleiches gilt bei der Bekanntgabe eines **unvollständigen** (z. B. fehlende oder unleserliche Seiten) oder eines mit **unvollständigen Gründen**[42] bzw. überhaupt nicht mit der gesetzlich vorgesehenen Begründung (vgl. § 38 Abs. 3) versehenen Beschlusses;[43] es bedarf vielmehr einer Bekanntgabe der vollständigen Entscheidung einschließlich der – unter Umständen sehr dürftigen – Gründe.

Die Namen der mitwirkenden Richter oder des Rechtspflegers müssen angegeben sein. **24** Es genügt nicht, wenn die Namen auf der Ausfertigung in Klammern ohne Hinweis darauf gesetzt sind, dass alle entscheidenden Personen das Original unterschrieben haben.[44] Dagegen wird die Beschwerdefrist auch dann in Lauf gesetzt, wenn das zur Entscheidung führende **Verfahren mit schwerwiegenden Mängeln** behaftet ist, z. B. ein Verstoß gegen den Grundsatz des rechtlichen Gehörs (Art. 103 Abs. 1 GG) vorliegt.

Die Bekanntgabe eines mit einem **Schreibfehler, Rechnungsfehler** oder ähnlichen **25 offenbaren Unrichtigkeiten** behafteten Beschlusses setzt den Beginn der Beschwerdefrist in Lauf. Eine spätere Berichtigung (§ 42) hat grundsätzlich keinen Einfluss auf den Beginn der Rechtsmittelfrist (siehe auch § 42 Rn 42).[45] Eine Ausnahme besteht, wenn erst aus der berichtigten Fassung des Beschlusses der Umfang der Beschwer eines Beteiligten erkennbar wird.[46] Auch bei einer Entscheidung, bei der ein Antrag ganz oder teilweise übergangen wurde oder bei der eine Kostenentscheidung unterblieben ist, läuft zunächst mit der Bekanntgabe die Frist zur Einlegung der Beschwerde. Im Fall der Ergänzung des unvollständigen Beschlusses wird mit der **Bekanntgabe des Ergänzungsbeschlusses** (§ 43) auch bzgl. des zuerst ergangenen Beschlusses die Beschwerdefrist neu in Lauf gesetzt (siehe auch § 43 Rn 18).[47]

Unterbleibt die nach § 39 gebotene **Rechtsbehelfsbelehrung** oder wird eine fehler- **26** hafte Rechtsbehelfsbelehrung erteilt, hat dies keinen Einfluss auf den Lauf der Beschwerdefrist.[48] Insoweit kann angesichts der klaren gesetzlichen Regelung im FamFG auf die frühere gegenteilige Rechtsprechung[49] sowie Auffassung in der Literatur nicht mehr zurückgegriffen werden. Dem Beschwerdeführer ist bei einer Versäumung der Frist gem. den §§ 17 ff. auf Antrag – ggf. auch von Amts wegen (vgl. § 18 Rn 7) – Wiedereinsetzung in den vorigen Stand zu gewähren. Insoweit wird gem. § 17 Abs. 2 gesetzlich unwiderlegbar vermutet, dass der Beschwerdeführer ohne Verschulden gehindert war, die Frist zur Einlegung des Rechtsmittels einzuhalten (zu den Einzelheiten siehe § 17 Rn 36).

4. Fehlende oder fehlerhafte Bekanntgabe

Bei Vorliegen von **Zustellungsmängeln** bzw. bei einem **fehlenden Nachweis der 27 Zustellung** wird die Rechtsmittelfrist des Abs. 1 oder Abs. 2 nicht in Lauf gesetzt, z. B. wenn bei einer förmlichen Zustellung der Vermerk des Zustellers den Tag der Zustellung nicht oder nicht richtig wiedergibt.[50] Für diesen Fall greift Abs. 3 S. 2 (s. dazu Rn 44). Zudem können etwaige Zustellungsmängel nach § 189 ZPO geheilt werden;[51] insoweit tritt mit dem tatsächlichen Zugang des Beschlusses ohne Rücksicht auf den Zeitpunkt der Kenntnisnahme vom Inhalt des zugegangenen Dokuments die Fiktion einer wirksamen Zustellung mit allen Rechtsfolgen ein. Damit wird auch die Rechtsmittelfrist in Lauf gesetzt.[52] Voraus-

---

[41] KG FamRZ 2003, 620.
[42] OLG Köln NJW-RR 2002, 1017.
[43] BGH VersR 1991, 85 für das Berufungsverfahren.
[44] BGH NJW-RR 1987, 377.
[45] BGH NJW 2003, 2991; NJW-RR 2001, 211; BayObLG FGPrax 2001, 253; OLG Düsseldorf FGPrax 2002, 170.
[46] BGH NJW-RR 2001, 211; BayObLG FGPrax 2001, 253; FamRZ 2001, 1249; OLG Düsseldorf FGPrax 2002, 170.
[47] BGH VersR 1981, 57 für den Fall eines Ergänzungsurteils; a. A. Prütting/Helms/Abramenko § 63 Rn 10 die Frist läuft nur hinsichtlich des ergänzten Teils neu.
[48] BGH FGPrax 2010, 96 für den Lauf der Rechtsbeschwerdefrist; OLG München FGPrax 2010, 120 für das Beschwerdeverfahren; a. A. Prütting/Helms/Abramenko § 39 Rn 16; § 63 Rn 10.
[49] Z. B. BGH AgrarR 1979, 313; BayObLG NJW-RR 2000, 5; OLG Frankfurt OLGR 1998, 278.
[50] BayObLG NJW-RR 2000, 536.
[51] Johannsen/Henrich/Althammer § 63 Rn 8.
[52] Thomas/Putzo/Hüßtege § 189 Rn 9.

setzung ist jedoch stets das Vorliegen eines Zustellungswillens[53] an den Beteiligten; der Veranlasser muss die Zustellung des Dokuments beabsichtigt, zumindest angeordnet und in die Wege geleitet haben. Zudem muss der Adressat überhaupt in der Lage sein, von dem Inhalt des Dokuments Kenntnis nehmen zu können. Eine **öffentliche Zustellung** löst den Lauf der Rechtsmittelfrist nicht aus, wenn die Voraussetzungen für ihre Anordnung (§ 15 Abs. 2 S. 1 1. Alt. i. V. m. § 185 ZPO) erkennbar nicht vorlagen und eine Bekanntgabe des Beschlusses in anderer Form ohne Weiteres möglich gewesen wäre.[54]

5. Sonderregelungen für die Bekanntgabe

28 Sonderregelungen über das Absehen von der Bekanntgabe sowie der Bekanntgabe an die zuständige Behörde finden sich im FamFG für das **Betreuungsverfahren** in § 288 (s. dort Rn 1), für **Unterbringungssachen** in § 325 (s. dort Rn 1 ff.) sowie für **Freiheitsentziehungssachen** in § 423 (s. dort Rn 1).

29 Nach **§ 24 Abs. 3 VerschG** gilt die erste öffentliche Bekanntgabe in der Tageszeitung oder im Bundesanzeiger für alle Beteiligten als Zustellung, auch soweit dieses Gesetz daneben eine besondere Zustellung vorschreibt. Die Frist für die Einlegung der Beschwerde durch die der Landwirtschaftsbehörde oder der Genehmigungsbehörde übergeordnete Behörde (§ 32 Abs. 2 S. 2 LwVG) gegen eine Veräußerungsgenehmigung nach dem GrdstVG beginnt mit der Bekanntgabe der Entscheidung an die Landwirtschaftsbehörde oder die Genehmigungsbehörde (**§ 32 Abs. 2 S. 1 LwVG**) zu laufen. Eine Sondervorschrift für den Beginn der Beschwerdefrist bei gerichtlichen Entscheidungen über die Zusammensetzung des Aufsichtsrates einer Aktiengesellschaft enthält **§ 99 Abs. 4 S. 4 AktG.** Hiernach wird die Beschwerdefrist mit der Bekanntgabe der Entscheidung im elektronischen Bundesanzeiger in Lauf gesetzt; für den Antragsteller und die Gesellschaft jedoch nicht vor der Zustellung der Entscheidung.

V. Einhaltung der Beschwerdefrist

1. Fristberechnung

30 Für die Berechnung der Frist sind gemäß § 16 Abs. 2 (für Ehe- und Familiensachen nach § 113 Abs. 1) die Bestimmungen nach §§ 222 ZPO, 187 Abs. 1, 188 Abs. 2, 3 BGB maßgebend. Der Tag, an dem die Zustellung oder die Aufgabe des Schriftstückes unter der Anschrift des Adressaten zur Post erfolgte, wird nicht in die Frist eingerechnet (zu den Einzelheiten der Berechnung s. § 16 Rn 11).

31 Die **einmonatige Beschwerdefrist** endet mit dem Ablaufe desjenigen Tages des der Bekanntgabe folgenden Monats, welcher durch seine Zahl dem Tag der Bekanntgabe entspricht (§ 188 Abs. 1 BGB). Bei einer Bekanntgabe am 7. Januar läuft die Frist am 7. Februar ab. Fehlt ein entsprechender Tag, so ist der letzte Tag des Monats maßgebend (§ 188 Abs. 3 BGB). Damit endet die am 29., 30. oder 31. Januar beginnende Rechtsmittelfrist jeweils am 28. Februar, in einem Schaltjahr am 29. Februar. Eine am 29. Februar beginnende Frist endet am 29. März.[55] Fällt das Ende auf einen Sonntag, einen allgemeinen Feiertag oder einen Sonnabend, so läuft die Frist am nächstfolgenden Werktag ab. Bei einem Feiertag ist maßgebend die gesetzliche Feiertagsregelung an dem Ort, an dem das Rechtsmittel nach § 64 Abs. 1 zu erheben ist (zu den Einzelheiten s. § 16 Rn 20).

32 Die **verkürzte Frist des Abs. 2** endet mit Ablauf des Tages der zweiten Woche, der durch seine Benennung dem Tage der Bekanntmachung entspricht, und, wenn dieser Tag ein Sonntag, ein allgemeiner Feiertag oder ein Sonnabend ist, mit Ablauf des nächstfolgenden Werktags. Wurde die Entscheidung am Montag, den 18. Mai zugestellt, so endet die Beschwerdefrist am Montag, den 1. Juni; fällt dieser Tag auf einen allgemeinen Feiertag, z. B. Pfingstmontag, so läuft die Frist am Dienstag, den 2. Juni ab. Zu den weiteren Einzelheiten siehe § 16 Rn 15.

---

[53] BGH NJW 2003, 1192.
[54] BVerfG NJW 1988, 2361; BGH NJW 2007, 203; BayObLG NJW-RR 2000, 1452; a. A. OLG Stuttgart NJW-RR 2002, 716 Möglichkeit der Gewährung der Wiedereinsetzung in den vorigen Stand.
[55] BGH NJW 1985, 495.

2. Fristwahrung

Der Beschwerdeführer ist berechtigt, die Rechtsmittelfrist voll auszuschöpfen.[56] Zur Wahrung der Frist genügt aber nur eine gemäß § 64 Abs. 1 am richtigen Ort und in der richtigen Form (§ 64 Abs. 2) eingelegte Beschwerde (siehe dazu die Erläuterungen zu § 64). Auch der Beschwerdeführer muss innerhalb der Beschwerdefrist namhaft gemacht werden.[57] Die Beschwerde eines Beteiligten wirkt nicht fristwahrend für die anderen; diese können sich dem Rechtsmittel anschließen (§ 66). Eine nicht in deutscher Sprache abgefasste Beschwerdeschrift ist nicht zur Wahrung der Frist geeignet; bei Fristversäumnis infolge von Sprachschwierigkeiten kann jedoch Wiedereinsetzung in den vorigen Stand gewährt werden. Befasst sich die angefochtene Entscheidung mit mehreren voneinander unabhängigen Verfahrensgegenständen, so wird die Rechtsmittelfrist hinsichtlich aller Verfahrensgegenstände nur gewahrt, sofern der Beschwerdeführer unbeschränkte Beschwerde erhebt; insoweit kann bei einer Beschränkung auf einzelne Verfahrensgegenstände die Beschwerde nach Ablauf der Frist wegen der eingetretenen Teilrechtskraft nicht mehr erweitert werden;[58] wegen der Möglichkeit der Erweiterung des Verfahrensgegenstandes im Beschwerdeverfahren im Übrigen siehe § 64 Rn 34–49. Zur Fristwahrung bei Einreichung eines **Verfahrenskostenhilfeantrags** für eine beabsichtigte Beschwerde siehe § 17 Rn 21.

Der **Eingangsstempel** des Gerichts beweist den Zeitpunkt des Eingangs der Beschwerdeschrift (§ 418 Abs. 1 ZPO). Insoweit ist jedoch der Gegenbeweis zulässig (§ 418 Abs. 2 ZPO), wobei die Rechtzeitigkeit des Eingangs zur vollen Überzeugung nachgewiesen werden muss.[59] Die fristgerechte Einreichung einer Beschwerdebegründung (vgl. § 65 Abs. 1) ist für die Fristwahrung nicht erforderlich. Diese kann bis zum Erlass der Entscheidung des Beschwerdegerichts nachgereicht werden. Eine Ausnahme besteht nach § 117 Abs. 1 S. 2 für Rechtsmittel in Ehesachen (§ 121) und Familienstreitsachen (§ 112).

Die durch **Post** oder **Boten** übersandte Schrift gilt erst als eingereicht, wenn sie an das Gericht gelangt ist. Es genügt, dass die Beschwerdeschrift noch innerhalb der Beschwerdefrist tatsächlich in die Verfügungsgewalt des Gerichts gelangt.[60] Daher ist eine Rechtsmittelschrift noch nicht bei Gericht eingereicht, wenn ein Rechtsanwalt die von ihm mitgebrachte Beschwerdeschrift in die ihm zur Einsichtnahme hinausgegebenen Gerichtsakten hineinlegt, ohne das Schriftstück mit einem gerichtlichen Eingangsstempel oder -vermerk versehen zu lassen.[61]

Der Einwurf in den **Nachtbriefkasten des Gerichts** nach Dienstschluss wahrt, wenn keine die Fristwahrung anzeigende Kontrolle angebracht ist, die Frist, sofern der Einwurf nachweisbar vor 24 Uhr des letzten Fristtages erfolgt ist.[62] Bei den Gerichten kann im Allgemeinen damit gerechnet werden, dass in erkennbarer Weise ein Nachtbriefkasten angebracht ist, bei dem der Einwurf bis 24 Uhr am letzten Tag der Frist wirksam vollzogen werden kann.[63] Zur Einhaltung der Frist genügt auch der rechtzeitige Eingang der Beschwerde bei einer für mehrere Gerichte eingerichteten gemeinsamen Briefannahmestelle, sofern das Gericht, für das die Beschwerde bestimmt ist, zu den Gerichten gehört. Erforderlich ist indes, dass das Schriftstück entsprechend richtig adressiert ist;[64] denn der Urkundsbeamte der gemeinsamen Briefannahmestelle nimmt Schriftstücke nur für die Gerichte seines Bereichs in Empfang, an die sie adressiert sind.[65]

---

[56] BVerfGE 52, 203/208 = NJW 1980, 580.
[57] BGH NJW 1953, 624; BayObLG Rpfleger 1976, 289; OLG Frankfurt Rpfleger 1975, 306 mit Anm. von Vollkommer.
[58] OLG Köln OLGR 1997, 322.
[59] BGH NJW-RR 2005, 75; NJW 1998, 461.
[60] BVerfG NJW 1986, 244; BGH NJW 1984, 1239; NJW 1981, 1216.
[61] BayObLG AnwBl. 1998, 99 = WuM 1997, 703.
[62] BVerfG NJW 1976, 1255; BGH NJW 1984, 1237; BVerwG NJW 1964, 788; OLG Frankfurt Rpfleger 1979, 467.
[63] BGH NJW-RR 2001, 280.
[64] BGH NJW-RR 2005, 75.
[65] BGH FamRZ 1997, 172; BayObLG NJW 1988, 714. S. a. BGH NJW 1989, 590: Unrichtige Bezeichnung des Gerichts bei richtiger Angabe des Aktenzeichens schadet nicht.

37 Der Eingang der Beschwerde am letzten Tag der Frist beim Postamt des Gerichtssitzes genügt, sofern das Gericht dort ein Postfach unterhält und die Beschwerdeschrift vor Ablauf der Frist in dieses einsortiert wird.[66] Eine **telegrafische Einlegung** ist zulässig;[67] insoweit reicht es, wenn die Beschwerde dem Gericht rechtzeitig telefonisch zugesprochen und eine Niederschrift von einer befugten Person aufgenommen wird, das Telegramm selbst aber nach Fristablauf eingeht.[68] Das Telegramm kann auch durch den Beschwerdeführer telefonisch aufgegeben werden.[69] Bei einem **Fernschreiben** ist ausreichend, wenn aus diesem hervorgeht, dass die Übermittlung noch am letzten Tag der Frist, wenn auch nach Dienstschluss erfolgt ist.[70]

38 Bei der Einlegung des Rechtsmittels per **Telebrief**,[71] **Telefax**[72] oder **Computerfax**[73] kommt es für die Wahrung der Frist nicht auf den Zeitpunkt an, zu dem der fristwahrende Schriftsatz ausgedruckt worden ist,[74] sondern auf den Zeitpunkt, in dem die gesendeten Signale vom Empfangsgerät des Gerichts vollständig empfangen (gespeichert) wurden.[75] Die Frist ist gewahrt, wenn dies vor Ablauf des letzten Tages der Frist und damit vor Beginn des Folgetages 0 : 00 Uhr der Fall war.[76]

39 Allein der **Sendebericht** des Absenders mit OK-Vermerk beweist noch nicht den Zugang.[77] Aus dem Statusbericht des Empfangsgeräts über den störungsfreien fristgerechten Zugang der übermittelten Daten kann aber im Einzelfall auf den ordnungsgemäßen Ausdruck der Rechtsmittelschrift geschlossen werden, auch wenn diese bei Gericht nicht mehr auffindbar ist.[78] Gibt das Ausgangsgericht auf seinen Briefbögen die Telexnummer oder die Faxnummer einer anderen Justizbehörde an, so ist eine an diese gerichtete Beschwerde fristgerecht eingelegt, wenn sie innerhalb der Beschwerdefrist unter der angegebenen Nummer von dem dortigen Empfangsgerät aufgezeichnet wird.[79]

40 Die Erhebung des Rechtsmittels als **elektronisches Dokument,** z. B. als Dateianhang an eine elektronische Nachricht (E-Mail), als Bilddatei oder durch Übermittlung der Datei im Wege der Übersendung eines Datenträgers wahrt die Beschwerdefrist, sofern das elektronische Dokument innerhalb des Laufs der Rechtsmittelfrist in der für den Empfang bestimmten Einrichtung des Gerichts aufgezeichnet worden ist (§ 14 Abs. 2 S. 2 FamFG i. V. m. § 130a Abs. 3 ZPO).[80] Voraussetzung ist indes, dass diese Möglichkeit der Einreichung eröffnet worden ist (siehe dazu § 64 Rn 20).

3. Einlegung bei einem unzuständigen Gericht

41 Die Einlegung einer Beschwerde nach §§ 58 ff. **beim Beschwerdegericht** oder **bei einem ersuchten Gericht** wahrt nicht die Rechtsmittelfrist (vgl. auch § 64 Rn 7). Ebenso wird die Frist nicht gewahrt, wenn eine an das AG adressierte Rechtsmittelschrift am letzten Tag der Frist in einem allein für das Beschwerdegericht bestimmten Nachtbriefkasten eingeworfen wird und an diesem Tag nicht mehr an das AG gelangt. Wird ein Rechtsmittel fristgerecht bei einem unzuständigen Gericht eingelegt, so ist dieses verpflichtet, den Schriftsatz im ordentlichen Geschäftsgang an das zuständige Rechtsmittelgericht weiterzuleiten.[81]

---

[66] BGH NJW 1986, 2646.
[67] BVerfGE 74, 228/235 = NJW 1987, 2067; GmS-OGB NJW 2000, 2340; BGH NJW 1986, 2646; BayObLG NJW-RR 1988, 72; OLG Frankfurt Rpfleger 1975, 306.
[68] BGH NJW 1960, 1310.
[69] GmS-OGB NJW 2000, 2340; BVerwG NJW 1956, 605; BayObLG NJW-RR 1988, 72.
[70] BVerfG NJW 1976, 747; BGH NJW 1987, 2586.
[71] BGH NJW 1983, 1498; BFH NJW 1982, 2520; BAG NJW 1984, 199; BayObLG FamRZ 1990, 562.
[72] BVerfG NJW 1996, 2857; GmS-OGH NJW 2000, 2340; BGH FamRZ 1999, 21; BAG NJW 1996, 3164; BayObLG NJW-RR 1990, 996; OLG Frankfurt JurBüro 1989, 1129; OLG Schleswig NJW-RR 2000, 769.
[73] GmS-OGH NJW 2000, 2340.
[74] So die frühere h. M. so z. B. BGH NJW 1995, 665; NJW 1994, 1881; BayObLG FamRZ 1998, 634.
[75] BGH NJW 2007, 2045; BGH NJW 2006, 2263.
[76] BGH NJW 2007, 2045 zu der Wahrung der Frist bei Anzeige des Empfangsgeräts „24.00 Uhr".
[77] BayObLG FamRZ 1998, 634.
[78] OLG Zweibrücken FGPrax 2002, 17 = NJW-RR 2002, 355.
[79] BGH NJW 1987, 2586; BayObLG MDR 1991, 1088.
[80] BT-Drs. 14/4987 S. 24; Musielak/Stadler § 130a Rn 3; Zöller/Greger § 130a Rn 2.
[81] BVerfG NJW 1995, 3173; BGH NJW 1998, 908; BayObLG NJW-RR 2001, 444; OLG Köln NZI 2000, 169.

Der an ein unzuständiges Gericht übermittelte Schriftsatz geht erst dann bei dem zuständigen Gericht ein, wenn er nach Weiterleitung tatsächlich in die Verfügungsgewalt des zuständigen Gerichts oder zu dessen allgemeiner Einlaufstelle gelangt.[82] Das unzuständige Gericht ist weder zur sofortigen Prüfung seiner Zuständigkeit bei Eingang der Rechtsmittelschrift noch zu außerordentlichen, vom normalen Geschäftsgang abweichenden Maßnahmen verpflichtet.[83] Zur Belehrungs- und Fürsorgepflicht des unzuständigen Gerichts siehe die Erläuterungen bei § 17 Rn 28).

Ist zweifelhaft, ob eine wirksame Rechtsmitteleinlegung erfolgt ist, so genügt es, wenn **42** der Rechtsmittelführer noch innerhalb der Frist in der Begründung des Rechtsmittels auf dessen Einlegung Bezug nimmt;[84] dagegen reicht es nicht, wenn der Mangel einer zunächst nicht in gehöriger Form erfolgten Beschwerdeeinlegung nach Ablauf der Frist behoben wird.

VI. Unterbliebene Bekanntgabe (Abs. 3 S. 2)

1. Allgemeines

Wenn die schriftliche Bekanntgabe an einen im erstinstanzlichen Verfahren formell **43** Beteiligten (vgl. § 7) nicht bewirkt werden kann, beginnt nach Abs. 3 S. 2 die Beschwerdefrist spätestens **fünf Monate nach Erlass des Beschlusses** zu laufen. Ein Beschluss ist nach der Legaldefinition in § 38 Abs. 3 S. 3 erlassen, wenn er entweder an die Geschäftsstelle übergeben oder durch Verlesen der Beschlussformel bekannt gemacht wurde. Abs. 3 S. 2 findet ebenfalls Anwendung bei Vorliegen von Zustellungsmängeln bzw. bei einem fehlenden Nachweis der Zustellung,[85] sofern nicht die Fiktion des § 189 ZPO greift. Zudem ist die Bestimmung einschlägig, wenn einem Beteiligten eine vom Originalbeschluss abweichende Ausfertigung zugestellt worden ist.[86] Fehlt es an einem wirksamen Erlasses des Beschlusses (vgl. § 38 Abs. 3 S. 3), läuft keine Frist, auch nicht die des Abs. 3 S. 2. Insoweit kann jederzeit die Beschwerde erhoben werden, sofern die Notwendigkeit besteht, den Rechtsschein eines wirksamen Beschlusses zu beseitigen (siehe Rn 15).

Abs. 3 S. 2 findet auch in **Ehe- und Familienstreitsachen** Anwendung, so dass für den **43a** Lauf der Fünfmonatsfrist im Falle einer Entscheidung nach mündlicher Verhandlung der Verkündungstermin maßgebend ist (vgl. § 329 Abs. 1 S. 1 ZPO). Verkündet werden müssen insoweit auch Entscheidungen im schriftlichen Verfahren (vgl. § 128 Abs. 2 S. 2 ZPO).[87] Fehlt eine Verkündung gilt für den Beginn der Rechtsmittelfrist die Übergabe des Beschlusses an die Geschäftsstelle.

Die **fünfmonatige Auffangfrist** kommt nur zur Anwendung, wenn eine Bekanntgabe **44** der Entscheidung an einen erstinstanzlich Beteiligten innerhalb dieses Zeitraums nicht bewirkt werden kann; sie muss daher versucht werden, z.B. durch Ermittlungen hinsichtlich des Aufenthaltsortes eines Beteiligten. Gelingt **vor Ablauf der Auffangfrist** noch eine wirksame Bekanntgabe, so beginnt ab diesem Zeitpunkt für diesen Beteiligten die Beschwerdefrist zu laufen.[88] Ist die Frist des § 63 Abs. 3 S. 2 bereits abgelaufen, kann durch eine anschließend erfolgte schriftliche Bekanntgabe die Beschwerdefrist nicht von Neuem in Gang gesetzt werden.

Die Auffangfrist gilt nicht für **Beteiligte,** die am erstinstanzlichen Verfahren **nicht 45 formell** beteiligt worden sind.[89] Diese können, sofern sie von dem Beschluss in ihren Rechten beeinträchtigt werden und daher nach § 59 Abs. 1 beschwerdebefugt sind, nur solange fristgemäß Beschwerde einlegen, bis die **Frist für den letzten am Verfahren**

---

[82] BGH NJW 2002, 2397.
[83] BGH NJW 2011, 683; OLG Celle NJW-RR 1999, 811.
[84] BayObLG NZM 1999, 850.
[85] Zweifelnd Johannsen/Henrich/Althammer § 63 FamFG Rn 10; a.A. Prütting/Helms/Abramenko § 63 Rn 11.
[86] BGH NJW-RR 2004, 1651 = FamRZ 2004, 1478; zweifelnd Johannsen/Henrich/Althammer § 63 FamFG Rn 10.
[87] Zöller/Vollkommer § 329 Rn 12.
[88] Johannsen/Henrich/Althammer § 63 Rn 10; Prütting/Helms/Abramenko § 63 Rn 12.
[89] So auch Horndasch/Viefhues/Reinken § 63 Rn 9; MünchKommZPO/Koritz § 63 FamFG Rn 7.

formell Beteiligten abgelaufen ist.[90] Damit tritt im Interesse der Rechtssicherheit und Rechtsklarheit die Rechtskraft der Entscheidung mit Ablauf der Rechtsmittelfrist für den letzten der im erstinstanzlichen Verfahren hinzugezogenen Beteiligten ein. Insoweit soll nach Auffassung des Gesetzgebers durch die Hinzuziehungspflicht nach § 7 Abs. 2 Nr. 1 und die Benachrichtigungspflicht des Gerichts gem. § 7 Abs. 4 ausreichend sichergestellt sein, dass die dem Gericht bekannten Beteiligten zu dem Verfahren hinzugezogen oder in die Lage versetzt werden, einen Antrag auf Hinzuziehung zu stellen.[91] Zur Fristversäumung siehe Rn 48.

2. Fristbeginn und Fristende bei der Fünfmonatsfrist

46 Die Fünfmonatsfrist **beginnt am Tag des Erlasses** der Entscheidung, also mit der Übergabe des unterschriebenen Beschlusses an die Geschäftsstelle oder seiner Bekanntgabe durch Verlesen der Beschlussformel (vgl. § 38 Abs. 3 S. 3). Um den Beginn der Frist zu ermitteln, muss der Beteiligte ggf. entsprechende Nachforschungen anstellen, z. B. durch Akteneinsicht oder durch Einholung einer Auskunft der Geschäftsstelle.[92] Das Ende der Frist bestimmt sich nach § 16 Abs. 2 FamFG i. V. m. § 222 Abs. 1 ZPO, §§ 187 Abs. 1, 188 Abs. 2 BGB. Dagegen gilt für die Fünfmonatsfrist nicht § 222 Abs. 2 ZPO,[93] so dass es nicht darauf ankommt, ob der letzte Tag dieser Frist ein Samstag, Sonntag oder Feiertag ist. Die Frist zur Einlegung der Beschwerde **endet damit spätestens 6 Monate** (bzw. 5 Monate und zwei Wochen in den Fällen des § 63 Abs. 2) nach dem Erlass der Entscheidung. Wird z. B. der Beschluss am 1. Juni erlassen, beginnt die Beschwerdefrist des § 63 Abs. 1 am 1. November, unabhängig davon, ob es sich hierbei um einen Samstag, Sonntag oder Feiertag handelt, und endet am 1. Dezember; wenn es sich dabei aber um einen Samstag, Sonntag oder Feiertag handelt, endet sie am nächsten Werktag (zur Fristberechnung siehe § 16 Rn 11).

47 Eine nach Erlass der Entscheidung eingetretene **Unterbrechung** oder **Aussetzung des Verfahrens** (§ 21) hat keine Auswirkungen auf den Lauf der Fünfmonatsfrist,[94] sondern nur auf den Lauf der anschließenden Beschwerdefrist. Die Fünfmonatsfrist ersetzt die Zustellung und ist daher keine Rechtsmittelfrist, so dass bei einer Versäumung dieser Frist auch keine Wiedereinsetzung möglich ist.[95] Die Möglichkeit der Wiedereinsetzung nach den §§ 17 ff. besteht jedoch bei Versäumung der Frist für die Beschwerdeeinlegung.

VII. Fristversäumung

48 Eine verspätet eingelegte Beschwerde ist unzulässig. Dem Beschwerdeführer kann gem. § 17 Abs. 1 wegen der Versäumung der Frist **Wiedereinsetzung in den vorigen Stand** gewährt werden, wenn er ohne sein Verschulden verhindert war, die Beschwerdefrist einzuhalten. Dies ist z. B. der Fall, wenn einem Beteiligten eine fehlerhafte, für ihn günstigere Ausfertigung zugestellt worden ist und er erst später von dem Inhalt des für ihn ungünstigeren Originalbeschlusses erhält.[96] Zu den Einzelheiten des Antrages auf Wiedereinsetzung und zu dem Wiedereinsetzungsverfahren siehe die Erläuterungen zu §§ 17–19. Für Ehesachen (§ 121) und Familienstreitsachen gelten bei der Versäumung der Frist zur Einlegung der Beschwerde nach § 117 Abs. 5 vorrangig die §§ 233 und 234 Abs. 1 S. 2 ZPO entsprechend.

---

[90] BT-Drs. 16/9733 S. 289; so auch OLG Hamm FGPrax 2011, 84; Bahrenfuss/Joachim/Kräft § 63 Rn 6 f.; Bumiller/Harders § 63 Rn 6; Johannsen/Henrich/Althammer § 63 Rn 5, 11; SBW/Unger § 63 Rn 19 ff.; zweifelnd Fölsch § 5 Rn 20 Fn 28; a. A. Frist beginnt erst, wenn der formell nicht Beteiligte die schriftliche Entscheidung erhält: Prütting/Helms/Abramenko § 63 Rn 7; Hügel/Reetz S. 70 Rn 214; Bolkart Mitt-Not 2009, 268/270 ff.; a. A. die Frist beginnt spätestens fünf Monate nach Erlass des Beschlusses: Litzenburger RNotZ 2009, 380/381; RNotZ 2010, 32/36 f.; a. A. es läuft überhaupt keine Frist: Musielak/Borth § 63 Rn 5.
[91] So BT-Drs. 16/9733 S. 289, kritisch Bumiller/Harders § 63 Rn 6.
[92] Fölsch § 5 Rn 19.
[93] OLG Frankfurt NJW 1972, 2313; Zöller/Heßler § 517 Rn 18; jew. für das Berufungsverfahren.
[94] BGH NJW 1990, 1854.
[95] Zöller/Heßler § 517 Rn 18 für das Berufungsverfahren.
[96] BGH NJW-RR 2004, 1651 = FamRZ 2004, 1478.

Einlegung der Beschwerde § 64

Einem Beteiligten, der an dem Verfahren **nicht beteiligt worden** ist, weil das Gericht 49
ihn nicht kannte oder ihn in Verkennung der Regelung in § 7 nicht hinzugezogen hat,
kann bei einer Versäumung der Rechtsmittelfrist Wiedereinsetzung in den vorigen Stand
(§§ 17 ff. FamFG bzw. nach § 113 Abs. 1 S. 2 FamFG i. V. m. §§ 233 ff. ZPO) gewährt
werden (vgl. Rn 48). Daneben ist auch eine Wiederaufnahme des Verfahrens nach § 48
bzw. in Ehe- und Familienstreitsachen nach § 118 denkbar.[97] Siehe dazu im Einzelnen die
Erläuterungen zu § 48 bzw. § 118.

VIII. Kosten und Gebühren

Zu den Kosten und Gebühren siehe die Ausführungen bei § 58 Rn 116. 50

Einlegung der Beschwerde

64 (1) Die Beschwerde ist bei dem Gericht einzulegen, dessen Beschluss angefochten wird.

(2) ¹Die Beschwerde wird durch Einreichung einer Beschwerdeschrift oder zur Niederschrift der Geschäftsstelle eingelegt. ²Die Einlegung der Beschwerde zur Niederschrift der Geschäftsstelle ist in Ehesachen und in Familienstreitsachen ausgeschlossen. ³Die Beschwerde muss die Bezeichnung des angefochtenen Beschlusses sowie die Erklärung enthalten, dass Beschwerde gegen diesen Beschluss eingelegt wird. ⁴Sie ist von dem Beschwerdeführer oder seinem Bevollmächtigten zu unterzeichnen.

(3) Das Beschwerdegericht kann vor der Entscheidung eine einstweilige Anordnung erlassen; es kann insbesondere anordnen, dass die Vollziehung des angefochtenen Beschlusses auszusetzen ist.

Übersicht

	Rn
I. Normzweck und Anwendungsbereich	1
II. Adressat der Beschwerde (Abs. 1)	4
1. Allgemeines	4
2. Sonderregelungen	6
3. Unzuständiges Gericht	7
III. Einlegung der Beschwerde (Abs. 2 S. 1, S. 2)	8
1. Allgemeines	8
2. Einreichung einer Beschwerdeschrift (Abs. 2 S. 1 1. Alt.)	10
3. Einreichung zur Niederschrift (Abs. 2 S. 1 2. Alt.)	13
a) Einlegung zur Niederschrift der Geschäftsstelle	13
b) Einlegung zur Niederschrift des Richters/Rechtspflegers	18
c) Gerichtliche Niederschrift eines anderen Gerichts	19
4. Einlegung als elektronisches Dokument	20
5. Bedingte Beschwerdeeinlegung	21
IV. Beschwerdeschrift (Abs. 2 S. 3, S. 4)	24
1. Inhalt und Form	24
a) Gesetzlich vorgeschriebene Formerfordernisse	24
b) Weitere Formerfordernisse	28
2. Unterschrift (Abs. 2 S. 4)	29
a) Allgemeines	29
b) Anforderungen an die Unterschrift	31
3. Qualifizierte elektronische Signatur	33
V. Anträge im Beschwerdeverfahren; Gegenstand des Beschwerdeverfahrens	34
1. Überblick	34
2. Antrag/Gegenstand des Beschwerdeverfahrens in Amtsverfahren	37
a) Allgemeines	37
b) Erweiterung des Verfahrensgegenstandes	40
3. Antrag/Gegenstand des Beschwerdeverfahrens in Antragsverfahren	42
a) Allgemeines	42
b) Anderslautender Sachantrag	44
c) Änderung des Sachantrages	46

---

[97] Vgl. auch Holzer § 63 Rn 16; SBW/Unger § 63 Rn 20.

Sternal

		Rn
VI.	Vertretung des Beschwerdeführers	50
	1. Anwaltszwang	50
	2. Einlegung durch einen Bevollmächtigten	51
VII.	Verwirkung des Beschwerderechts	54
VIII.	Einstweilige Anordnung (Abs. 3)	57
	1. Grundsatz	57
	2. Einstweilige Anordnung durch das Beschwerdegericht	58
	3. Verfahren	59
	4. Inhalt einer einstweiligen Anordnung	61
	5. Einzelfälle	65
	a) Erbscheinsverfahren	65
	b) Notarkostensachen	66
	c) Sonstige Fälle	67
	6. Wirksamwerden, Dauer und Abänderung einstweiliger Anordnungen	69
	7. Anfechtbarkeit	71
IX.	Kosten und Gebühren	72

I. Normzweck und Anwendungsbereich

1 § 64 regelt, bei welchem Gericht und in welcher Form die Beschwerde einzulegen ist. Zudem wird dem Beschwerdegericht die Möglichkeit eingeräumt, Eilmaßnahmen zu treffen. **Abs. 1** bestimmt das Gericht, bei dem die Erstbeschwerde erhoben werden kann. Diese Vorschrift ist im Zusammenhang mit der nach § 67 Abs. 1 bestehenden Abhilfepflicht des Ausgangsgerichts zu sehen. Aus Gründen der Beschleunigung des Beschwerdeverfahrens wurde auf die bisher in § 21 Abs. 1 FGG oder in § 569 Abs. 1 S. 1 ZPO vorgesehene Möglichkeit der Rechtsmitteleinlegung beim Beschwerdegericht **(iudex ad quem)** verzichtet.[1] Das Rechtsmittel nach § 58 kann nur bei dem Gericht eingereicht werden, dessen Entscheidung angefochten werden soll **(iudex a quo)**. **Abs. 2 S. 1** trifft eine Aussage darüber, wie die Beschwerde angebracht werden kann. **Abs. 2 S. 2** ist nachträglich[2] in das Gesetz aufgenommen worden und will sicherstellen, dass die in § 114 Abs. 4 Nr. 6 FamFG i. V. m. § 78 Abs. 3 ZPO vorgesehene Ausnahme vom Anwaltszwang in Familiensachen nicht dazu führt, dass die Beteiligten in diesen Verfahren ohne Rechtsanwalt Beschwerde einlegen können.[3]

2 Um die verschiedenen Verfahrensordnungen zu harmonisieren,[4] werden in **Abs. 2 S. 3 und 4** Mindestanforderungen an Form und Inhalt einer Beschwerdeschrift aufgestellt. Diese entsprechen weitgehend den Vorgaben in den anderen Verfahrensordnungen sowie den Anforderungen an die Einleitung eines Verfahrens in erster Instanz (§ 23 Abs. 1 S. 3). Damit soll die Harmonisierung der Verfahrensordnungen erreicht werden. **Abs. 3** gibt in Übereinstimmung mit dem bisherigen § 24 Abs. 3 FGG dem Beschwerdegericht die Möglichkeit, vor der Entscheidung vorläufig eine einstweilige Anordnung zu erlassen.

3 § 64 findet auf alle Beschwerden gegen die im ersten Rechtszug ergangenen **Endentscheidungen** (siehe hierzu § 58 Rn 16) der AG oder LG in den im FamFG geregelten Verfahren, einschließlich Ehesachen (§ 121) sowie Familienstreitsachen (§ 112), Anwendung; wegen der weiteren Einzelheiten des Anwendungsbereichs siehe § 58 Rn 2. Soweit nach Landesrecht für die Durchführung des Verfahrens andere als gerichtliche Behörden zuständig sind (§ 488 Abs. 1), findet § 64 keine Anwendung. In den landesgesetzlich geregelten Angelegenheiten der freiwilligen Gerichtsbarkeit kann der Landesgesetzgeber die entsprechende Geltung des FamFG und somit des § 64 vorschreiben. Zu den Einzelheiten siehe die Ausführungen bei § 486.

Zu der Übergangsregelung siehe die Kommentierung zu Art. 111 FGG-RG.

---

[1] BT-Drs. 16/6308 S. 206.
[2] Durch Art. 8 des Gesetzes zur Modernisierung von Verfahren im anwaltlichen und notariellen Berufsrecht, zur Errichtung einer Schlichtungsstelle der Rechtsanwaltschaft sowie zur Änderung sonstiger Vorschriften vom 30. 7. 2009 (BGBl. I S. 2449).
[3] BT-Drs. 16/12717 S. 69.
[4] BT-Drs. 16/6308 S. 206.

II. Adressat der Beschwerde (Abs. 1)

1. Allgemeines

Die Beschwerde kann nach Abs. 1 ausschließlich bei dem **Gericht** eingelegt werden, **dessen Beschluss angefochten** werden soll (iudex a quo). Dies gilt auch bei einem Wechsel des zuständigen Gerichts während des laufenden Verfahrens, z. B. bei Verweisung wegen Unzuständigkeit (§ 3), bei Abgabe aus wichtigem Grund (§ 4), bei gerichtlicher Bestimmung der Zuständigkeit (§ 5), nach dem Ende der Eilzuständigkeit (§ 50 Abs. 2), bei Abgabe wegen Änderung des gewöhnlichen Aufenthaltsorts (§ 273), bei Abgabe der Unterbringungssache (§ 314) oder bei Abgabe aus wichtigem Grund (§ 343 Abs. 2 S. 2); der Rechtsmittelführer darf darauf vertrauen, dass das Rechtsmittel beim erlassenden Gericht eingelegt werden kann. Die im Anwendungsbereich des FGG bestehende Möglichkeit[5] der Einlegung der Beschwerde sowohl bei dem vormals befassten als auch bei dem nunmehr zuständigen Gericht ist nunmehr nicht mehr gegeben.[6] Der Eingang einer an ein unzuständiges Gericht (z. B. das Beschwerdegericht) adressierten Beschwerdeschrift bei der gemeinsamen Einlaufstelle mehrerer Gerichte (darunter auch des zuständigen Ausgangsgerichts) genügt nicht.[7]

Ausnahmsweise soll bei einem bereits **beim Beschwerdegericht anhängigen Verfahren** (z. B. bei einer den Formvorschriften nicht genügenden Beschwerde; bei einem Verfahren auf Bewilligung von Verfahrenskostenhilfe für eine beabsichtigte Beschwerde) die Möglichkeit der Einlegung des Rechtsmittels beim Beschwerdegericht bestehen; ggf. verbunden mit einem Antrag auf Wiedereinsetzung in den vorigen Stand.[8] Hierfür sprechen Praktikabilitätsgesichtspunkte. Ein Antrag auf Verfahrenskostenhilfe für ein (beabsichtigtes) Beschwerdeverfahren ist grundsätzlich beim Beschwerdegericht einzulegen (§ 76 Abs. 1 FamFG bzw. § 113 Abs. 1 S. 2 FamFG i. V. m. § 117 Abs. 1 S. 1 ZPO);[9] insoweit ist Verfahrensgericht des (beabsichtigten) Beschwerdeverfahrens das Rechtsmittelgericht. Dieses hat auch über die Bewilligung der Verfahrenskostenhilfe zu entscheiden (siehe dazu auch § 76 Rn 33 a).

In **Familiensachen** (einschließlich der Ehesachen sowie der Familienstreitsachen) ist die Beschwerde ebenfalls ausschließlich bei dem iudex a quo zu erheben, obwohl insoweit für das Ausgangsgericht keine Abhilfemöglichkeit besteht (vgl. § 68 Abs. 1 S. 2). Entsprechend sieht § 117 Abs. 1 S. 2 in Ehe- und Familienstreitsachen die Einreichung einer Beschwerdebegründung bei dem Beschwerdegericht vor.

Durch die Notwendigkeit, jedem Beschluss eine **Rechtsbehelfsbelehrung** beizufügen (§ 39), erhält der Beteiligte die erforderlichen Informationen, bei welchem Gericht er die Beschwerde mit welchen Form- und Fristerfordernissen einzulegen hat. Sofern der angefochtenen Endentscheidung keine oder eine fehlerhafte Rechtsbehelfsbelehrung beigefügt war, in der z. B. der Adressat der Beschwerde unzutreffend bezeichnet worden ist, wird zwar durch die Erhebung des Rechtsmittels bei dem fehlerhaft bezeichneten Gericht die Beschwerdefrist nicht gewahrt, indes stellt § 17 Abs. 2 eine nicht widerlegbare Vermutung auf, dass den Beschwerdeführer an der Nichteinhaltung der Rechtsmittelfrist kein Verschulden trifft (zu den Einzelheiten s. § 17 Rn 35–37).

2. Sonderregelungen

Im Interesse einer erleichterten Rechtsverfolgung in **Betreuungssachen** (§§ 271 ff.) kann der Betroffene, sofern er untergebracht ist, nach § 305 die Beschwerde auch bei dem AG einlegen, in dessen Bezirk er untergebracht ist.[10] Gleiches gilt nach § 336 in **Unter-**

---

[5] Engelhardt 15. A. § 46 FGG Rn 47 m. w. N.
[6] A. A. SBW/Unger § 64 Rn 2.
[7] BayObLG bei Goerke Rpfleger 1983, 9/10.
[8] OLG Dresden FGPrax 2011, 103.
[9] Gutjahr § 1 Rn 102; Nickel MDR 2010, 1227/1230; a. A. Einlegung beim Ausgangsgericht bis zur Übersendung der Akten an das Rechtsbeschwerdegericht: OLG Bremen FamRZ 2011, 913; Horndasch/Viefhues/Götsche § 76 Rn 109; SBW/Unger § 64 Rn 6; Reinken FuR 2010, 267/277.
[10] S. a. BayObLG Rpfleger 1977, 27; OLG Frankfurt FGPrax 2001, 46.

bringungssachen (§§ 312 ff.) für den untergebrachten Betroffenen sowie nach § 429 Abs. 4 in **Freiheitsentziehungssachen** (§§ 415 ff.) für den Betroffenen, der sich bereits in einer abgeschlossenen Einrichtung befindet.[11] Die Möglichkeit der Einlegung auch bei dem AG, in dessen Bezirk der Betroffene untergebracht bzw. sich die abgeschlossenen Einrichtung befindet, besteht nur für ein Rechtsmittel in dem jeweiligen Betreuungs-, Unterbringungs- oder Freiheitsentziehungssache. Sie gilt nicht für die Einreichung eines Rechtsmittels eines Untergebrachten in einem anderen Verfahren,[12] z. B. der Beschwerde in einer Nachlasssache oder in einer Familiensache. Die Beschwerde gegen die Entscheidung der Bundesnotarkammer als **zentrale Vorsorge- und Testamentsregisterbehörde** (vgl. §§ 78 Abs. 2, 78 a bis 78 e BNotO) ist bei der Registerbehörde einzureichen (§ 78 Abs. 2 S. 1 BNotO).

3. Unzuständiges Gericht

7   Durch die Einlegung des Rechtsmittels bei einem unzuständigen Gericht wird die Beschwerdefrist (§ 63 Abs. 1, Abs. 2) nicht gewahrt.[13] Das nicht zuständige Gericht ist im Rahmen seiner gerichtlichen Fürsorgepflicht gehalten,[14] das Rechtsmittel im üblichen Geschäftsgang[15] an das zuständige Gericht weiter zu leiten; die Rechtsmittelfrist ist nur gewahrt, wenn es dort noch innerhalb des Laufs der maßgeblichen Frist eingeht (vgl. § 63 Rn 41).[16] Ist der Beschwerdeführer ohne sein Verschulden verhindert, das Rechtsmittel innerhalb der Beschwerdefrist bei dem zuständigen Gericht einzulegen, kann ihm nach §§ 17 ff. auf Antrag Wiedereinsetzung in den vorigen Stand gewährt werden.

III. Einlegung der Beschwerde (Abs. 2 S. 1, S. 2)

1. Allgemeines

8   Eine Beschwerde kann entweder
- durch **Einreichung einer Beschwerdeschrift** bei dem in Abs. 1 genannten Gericht (s. dazu Rn 10),
- durch Erklärung **zur Niederschrift der Geschäftsstelle** bei diesem Gericht (s. dazu Rn 13) oder
- gemäß § 14 Abs. 2 durch **elektronisches Dokument,** sobald die Bundesregierung oder die jeweilige Landesregierung gemäß § 14 Abs. 4 die entsprechenden Voraussetzungen geschaffen haben (s. dazu Rn 20)[17]

erhoben werden.

9   Der Beschwerdeführer hat zwischen diesen gesetzlich vorgesehenen Formen eine **Wahlmöglichkeit.**[18] Dies gilt grundsätzlich auch für die Einlegung eines Rechtsmittels, wenn die erstinstanzliche Endentscheidung durch das LG ergangen ist (so z. B. in Verfahren nach § 101 Abs. 9 S. 2 UrhG; § 140 b Abs. 9 S. 2 PatG; § 24 b Abs. 9 S. 2 GebrauchsMG; § 19 Abs. 9 S. 2 MarkenG; § 46 Abs. 9 S. 2 GeschmacksMG; § 37 b Abs. 9 S. 2 SortenSchG; § 156 Abs. 1 KostO); eine abweichende Regelung enthalten § 99 Abs. 3 S. 4 AktG bzw. § 132 Abs. 3 S. 1 AktG i. V. m. § 99 Abs. 3 S. 4 AktG (Einlegung der Beschwerde nur durch die Einreichung einer von einem Rechtsanwalt unterzeichneten Beschwerdeschrift). Zudem bestimmt § 64 Abs. 2 S. 2, dass in **Ehe- und Familienstreitsachen** die Einlegung der Beschwerde zur Niederschrift der Geschäftsstelle ausgeschlossen ist.

---

[11] S. a. BGH NJW 1970, 804; KG OLGZ 1994, 206.
[12] BGH FGPrax 2002, 20; NJW 1965, 1182.
[13] St. Rspr. z. B. BGH v. 29. 3. 1993, NotZ 14/92 = BeckRS 2009, 21313.
[14] BVerfG NJW 1995, 3173 = FamRZ 1995, 1559.
[15] BVerfG NJW 2006, 1579; FamRZ 2004, 1764; OLG Stuttgart FamRZ 2010, 1691.
[16] BGH NJW 2002, 2397; BayObLG GmbHR 1988, 263; OLG Köln NZI 1999, 494.
[17] S. dazu Dästner NJW 2001, 3469/3470; Brütting Anwalt 2002, 50.
[18] BayObLG Rpfleger 1977, 27.

2. Einreichung einer Beschwerdeschrift (Abs. 2 S. 1 1. Alt.)

Die Einreichung einer Beschwerdeschrift i. S. d. Abs. 2 S. 1 1. Alt. ist die Abgabe der Schrift bei dem Gericht, dessen Entscheidung angefochten wird (Abs. 1). Zu dem zuständigen Gericht in Betreuungs-, Unterbringungs- und Freiheitsentziehungssachen siehe Rn 6. Die Schrift kann durch die **Post** oder einen **Boten** übersandt werden; sie gilt erst als eingereicht, wenn sie an das Gericht gelangt ist. Es genügt, dass die Beschwerdeschrift noch innerhalb der Rechtsmittelfrist tatsächlich in die Verfügungsgewalt des Gerichts gelangt.[19] Der Eingangsstempel des Gerichts erbringt den Beweis für den Eingang; dessen Richtigkeit kann entsprechend § 418 Abs. 2 ZPO widerlegt werden, erforderlich ist die volle Überzeugung des Gerichts.[20] Zu den weiteren Einzelheiten, zu welchem Zeitpunkt die Beschwerdeschrift bei Gericht eingegangen ist, siehe § 63 Rn 35.

Zuständig für die Entgegennahme sind grundsätzlich die Geschäftseingangsstelle des Gerichts sowie der Urkundsbeamte der Geschäftsstelle. Dagegen ist eine Rechtsmittelschrift noch nicht bei Gericht eingereicht, wenn sie an einen nicht zur Entgegennahme von Schriftstücken bevollmächtigten Mitarbeiter des Gerichts (z. B. Hausmeister, Putzhilfe) oder an einen Beamten außerhalb des Gerichts überreicht wird. Gleiches gilt, wenn die Schrift von einem Rechtsanwalt in die ihm zur Einsichtnahme hinausgegebenen Gerichtsakten hineingelegt wird, ohne dass das Schriftstück mit einem gerichtlichen Eingangsstempel oder -vermerk versehen wird.[21]

Das Rechtsmittel kann auch mittels **Telegramm** eingereicht werden,[22] wobei eine fernmündliche Aufgabe durch den Beschwerdeführer genügt.[23] Zulässig ist ferner die Einlegung der Beschwerde durch **Fernschreiber**,[24] durch **Telebrief**,[25] **Telefax**[26] oder **Computerfax**.[27] Wird der Zugang zum Gericht in entsprechender Form eröffnet, müssen die Justizbehörden auch nach Dienstschluss für die Funktionsfähigkeit der Geräte sorgen.[28] Besteht eine zentrale Fernkopierstelle oder eine Faxannahmestelle mehrerer Behörden, so kann dort wirksam ein an eines dieser Behörden gerichtetes Rechtsmittel eingelegt werden. Eine Aufhebung der zwischen den Behörden getroffenen Vereinbarung über die gemeinsame Einlaufstelle ist erst mit der allgemeinen Bekanntmachung wirksam.[29] Bei einer elektronischen Übermittlung ist die Beschwerde mit der vollständigen Aufzeichnung der Daten durch das Empfangsgerät bei dem Gericht eingegangen; auf den Zeitpunkt des Ausdrucks des Beschwerdegerichts kommt es nicht an. Zu den weiteren Einzelheiten siehe § 63 Rn 38.

3. Einreichung zur Niederschrift (Abs. 2 S. 1 2. Alt.)

a) Einlegung zur Niederschrift der Geschäftsstelle. Eingelegt werden kann die Beschwerde – außer in Ehe- und Familienstreitsachen (vgl. Abs. 2 S. 2) und in den Fällen der §§ 99 Abs. 3 S. 4, 132 Abs. 2 AktG, 309 Abs. 1 S. 2 UmwG – durch Erklärung zur Niederschrift der Geschäftsstelle (§ 153 GVG; vgl. auch § 25 Rn 16) desjenigen Gerichts, dessen Entscheidung angefochten wird. Auch bei einem Wechsel der Zuständigkeit des Gerichts während des laufenden Verfahrens kann das Rechtsmittel nur zur Niederschrift der Geschäftsstelle des Gerichts eingelegt werden, das die angegriffene Entscheidung erlassen hat (s. Rn 4); zu dem zuständigen Gericht in Betreuungs-, Unterbringungs- und

---

[19] BVerfG NJW 1986, 244; BGH NJW 1984, 1239; NJW 1981, 1215.
[20] BGH NJW-RR 2001, 280.
[21] BayObLG WuM 1997, 703.
[22] BVerfG NJW 1987, 2067; GmS-OGB NJW 2000, 2340; BGH NJW 1986, 2646; BayObLG NJW-RR 1988, 72; OLG Frankfurt Rpfleger 1975, 306 m. Anm. v. Vollkommer.
[23] GmS-OGB NJW 2000, 2340; BVerwG NJW 1956, 605; BayObLG NJW-RR 1988, 72.
[24] BVerfG NJW 1987, 2067; GmS-OGB NJW 2000, 2340; BGH NJW 1987, 2586; NJW 1986, 1759.
[25] BGH NJW 1983, 1498; BFH NJW 1982, 2520; BAG NJW 1984, 199; BayObLG FamRZ 1990, 562.
[26] BVerfG NJW 1996, 2857; GmS-OGH NJW 2000, 2340; BGH FamRZ 1999, 21; NJW 1998, 762; BAG NJW 1996, 3164; BayObLG NJW-RR 1990, 996; OLG Frankfurt JurBüro 1989, 1129; OLG Schleswig NJW-RR 2000, 769.
[27] GmS-OGH NJW 2000, 2340.
[28] BGH FamRZ 1992, 296.
[29] BayObLG MDR 1991, 1088.

Freiheitsentziehungssachen s. Rn 6. Die Beschwerde kann auch dann zur Niederschrift der Geschäftsstelle erhoben werden, wenn die Beteiligten im Verfahren des ersten Rechtszuges gegenüber dem zuständigen Gericht Anträge nur durch einen Anwalt stellen können. Abs. 2 Satz 1 nimmt insoweit nicht Bezug auf die Regelung in § 25 Abs. 1. Dies gilt indes **nicht für Ehe- und Familienstreitsachen**, wie Abs. 2 S. 2 ausdrücklich klarstellt. In diesen Verfahren kann die Beschwerde nicht durch die Partei selbst eingelegt werden; auch die nach § 117 Abs. 1 erforderliche Begründung des Rechtsmittels unterliegt dem Anwaltszwang. Zu dem Ausschluss der Möglichkeit der Einreichung der Beschwerde zur Niederschrift in sonstigen Fällen siehe Rn 9. Zu dem Anwaltszwang im Übrigen siehe Rn 50.

14 Die Rechtsmitteleinlegung setzt stets die **körperliche Anwesenheit des Erklärenden** voraus; nur so ist eine verlässliche Prüfung darüber möglich, welche Person den Rechtsbehelf erhebt und welchen Inhalt seine Erklärung hat.[30] Daher ist die telefonische Einlegung einer Beschwerde zur Niederschrift der Geschäftsstelle unzulässig, selbst wenn ein Urkundsbeamter zur Entgegennahme und Protokollierung der Erklärung bereit ist.[31] Im Übrigen besteht keine Amtspflicht der Geschäftsstelle zur Protokollierung telefonischer Angaben.[32]

15 Der **Rechtspfleger** ist an sich nicht Urkundsbeamter der Geschäftsstelle, kann aber gem. § 27 Abs. 1 RPflG zur Wahrnehmung von Geschäften derselben herangezogen werden;[33] er kann auch nach § 24 Abs. 2 RPflG berufen sein.[34] Eine bei einem Gericht eingerichtete besondere Rechtsantragsstelle ist nur eine Abteilung der – jeweiligen – Geschäftsstelle des Gerichts. Sie tritt für die Aufnahme des Rechtsmittels an die Stelle der an sich zuständigen Geschäftsstelle. Die Erklärung zur Niederschrift der Rechtsantragsstelle des nach Abs. 1 zuständigen Gerichts (und ebenso die Einreichung der Beschwerdeschrift bei ihr) wahrt daher die Beschwerdefrist, ohne dass es noch darauf ankommt, wann das Protokoll (die Beschwerdeschrift) bei der für die Bearbeitung zuständigen Geschäftsstelle eingeht.

16 Die Niederschrift muss **vom Urkundsbeamten** der Geschäftsstelle **selbst abgefasst** sein. Es bedarf weiterhin nur der **Unterschrift** des Urkundsbeamten, nicht auch der des Beschwerdeführers.[35] Da nicht ersichtlich ist, dass der Gesetzgeber die Anforderungen an die Erhebung eines Rechtsmittels zur Niederschrift der Geschäftsstelle gegenüber der bisherigen Rechtszustand verschärfen wollte, kann sich Abs. 2 S. 4 nur auf die Einreichung einer Beschwerdeschrift beziehen (s. dazu Rn 29). Die Authentizität wird durch die Protokollierung gewährleistet. In der Regel ist es indes angebracht, auch den Beschwerdeführer unterschreiben zu lassen.[36] Wenn dieser die Unterschrift verweigert, muss klargestellt sein, dass die Einlegung des Rechtsmittels dem Willen des Beschwerdeführers entspricht.[37] Das Fehlen der Unterschrift des Urkundsbeamten nimmt der Niederschrift seinen amtlichen Charakter; das Schriftstück kann aber als Beschwerdeschrift gelten, wenn es von dem Beschwerdeführer unterzeichnet worden ist und dies seinem Willen entspricht. Das Fehlen einer Feststellung, dass die Niederschrift vorgelesen oder zur Durchsicht vorgelegt und genehmigt wurde, beeinträchtigt im Einzelfall nicht die Wirksamkeit der Beschwerdeeinlegung.[38]

17 Die bloße Erklärung eines Rechtsmittels vor dem Urkundsbeamten des Gerichts **ohne Aufnahme** eines Protokolls ist wirkungslos. Versieht der Urkundsbeamte eine ihm vorgelegte, vom Beschwerdeführer verfasste Beschwerdeschrift nur mit einer Eingangs- und Schlussformel, liegt keine formwirksame Beschwerde durch Niederschrift zur Geschäftsstelle

---

[30] BGH FamRZ 2009, 970; OLG Frankfurt FGPrax 2001, 46; Bahrenfuss/Joachim/Kräft § 64 Rn 5; Prütting/Helms/Abramenko § 64 Rn 6.
[31] BGH FamRZ 2009, 970 m. w. N.; so auch OLG Frankfurt FGPrax 2001, 46; a. A. Bumiller/Harders § 64 Rn 5.
[32] Bahrenfuss/Joachim/Kräft § 64 Rn 5.
[33] Bassenge/Roth/Roth § 27 RPflG Rn 2.
[34] Bassenge/Roth/Roth § 24 RPflG Rn 4.
[35] BeckOK/Gutjahr § 64 Rn 14; Haußleiter § 64 Rn 4; Holzer § 64 Rn 14; Johannsen/Henrich/Althammer § 63 Rn 4; Prütting/Helms/Abramenko § 64 Rn 6; Zöller/Feskorn § 64 FamFG Rn 6; a. A. LG Essen NJW-RR 2010, 1234 Unterschrift des Beschwerdeführers oder des Bevollmächtigten erforderlich.
[36] BayObLG FamRZ 2005, 834.
[37] BayObLG FamRZ 2005, 834.
[38] BayObLGZ 1964, 330/334.

vor.[39] Hierin kann indes, sofern der Schriftsatz ansonsten den Anforderungen an eine Beschwerdeschrift (Abs. 2 S. 3 und S. 4) genügt, dieser insbesondere von dem Beschwerdeführer unterschrieben ist, die Einlegung des Rechtsmittels durch Einreichung einer Beschwerdeschrift (Abs. 2 S. 1 1. Alt.) gesehen werden.

b) Einlegung zur Niederschrift des Richters/Rechtspflegers. Die Einlegung der Erstbeschwerde ist auch zur Niederschrift des entscheidenden Richters oder Rechtspfleger zulässig,[40] z. B. bei einer Bekanntgabe eines Beschlusses nach § 41 Abs. 2 S. 1. Eine Verpflichtung des entscheidenden Richters oder Rechtspflegers zur Protokollierung der Beschwerde besteht indes nicht.[41] Für die von dem entscheidenden Richter oder Rechtspfleger aufgenommene Niederschrift gelten die für eine Niederschrift gegenüber der Geschäftsstelle aufgestellten Anforderungen an eine Beschwerdeschrift; eine **Unterschrift** des Beschwerdeführers oder seines Bevollmächtigten unter das Protokoll ist nicht erforderlich.[42] 18

c) Gerichtliche Niederschrift eines anderen Gerichts. Keine ausdrückliche Regelung trifft das Gericht darüber, ob die Niederschrift auch bei der Geschäftsstelle eines nicht für die Einlegung der Beschwerde zuständigen Gerichts möglich ist. Insoweit finden § 25 Abs. 2 und § 25 Abs. 3 entsprechende Anwendung.[43] Somit kann die Beschwerde zur Niederschrift der Geschäftsstelle eines anderen AG abgegeben werden. Die Geschäftsstelle hat die Niederschrift unverzüglich an das zuständige Gericht zu übermitteln. Die Beschwerdefrist wird indes erst mit Eingang der Niederschrift innerhalb der Beschwerdefrist bei dem Gericht, dessen Beschluss angefochten wird, gewahrt (Abs. 1). Da grundsätzlich bei der Einlegung eines Rechtsmittels zur Niederschrift der Geschäftsstelle eine Unterschrift des Beschwerdeführers nicht zwingend erforderlich ist, liegt eine wirksame Rechtsmittelschrift auch dann vor, wenn die Niederschrift des anderen Gerichts nur die Unterschrift des Urkundsbeamten der Geschäftsstelle trägt.[44] Das Gesetz räumt die Möglichkeit der Abgabe eines Antrages oder einer Erklärung zur Niederschrift eines jeden Amtsgerichts ein und differenziert hierbei nicht hinsichtlich der einzuhaltenden Form. 19

4. Einlegung als elektronisches Dokument

§ 64 enthält keine gesonderte Regelung über die Einlegung der Beschwerde als elektronisches Dokument. Über § 68 Abs. 3 S. 1 finden indes für das Beschwerdeverfahren die Vorschriften über das Verfahren im ersten Rechtszug und damit auch § 14 Anwendung. Soweit die notwendigen Rechtsverordnungen nach § 14 Abs. 4 erlassen sind und die Bundes- bzw. Landesregierungen diesen Übermittlungsweg für ihren jeweiligen Zuständigkeitsbereich freigegeben haben,[45] kann daher die Beschwerde neben den in Abs. 2 S. 1 bestimmten Formen auch als elektronisches Dokument im Sinne des § 14 Abs. 2 FamFG i. V. m. § 130 a ZPO eingelegt werden,[46] z. B. als Dateianhang (Attachment) an eine E-Mail.[47] Die Möglichkeit der Einlegung des Rechtsmittels wird in Registersachen nicht allein durch die bereits erfolgte elektronische Registerführung (vgl. §§ 8 a, 8 b, 12 HGB) eröffnet; vielmehr bedarf es noch einer ausdrücklichen Zulassung durch Verordnung auf der Grund- 20

---

[39] BayObLG Rpfleger 1995, 342; OLG Köln FGPrax 1995, 85; Prütting/Helms/Abramenko § 64 Rn 6.
[40] BayObLG NJW-RR 1989, 1241 = FamRZ 1989, 1003; OLG Frankfurt FGPrax 2001, 46; OLG Hamm MDR 1976, 763; Prütting/Helms/Abramenko § 64 Rn 6; a. M. OLG Stuttgart NJW 1974, 2052; offen gelassen LG Essen NJW-RR 2010, 1234.
[41] MünchKommZPO/Braun § 569 Rn 4; Thomas/Putzo/Reichold § 569 ZPO Rn 12; Zöller/Gummer § 569 ZPO Rn 9; jew. für die Beschwerde nach der ZPO.
[42] A. A. LG Essen NJW-RR 2010, 1234.
[43] So auch BeckOK/Gutjahr § 64 FamFG Rn 12; Johannsen/Henrich/Althammer § 64 Rn 4; SBW/Unger § 64 Rn 259; a. A. Prütting/Helms/Ahn-Roth § 25 Rn 15.
[44] A. A. Prütting/Helms/Ahn-Roth 3 25 Rn 15.
[45] S. dazu Brütting Anwalt 2002, 50; Dästner NJW 2001, 3469/3470; Heß NJW 2002, 2417/2420.
[46] So auch Prütting/Helms/Abramenko § 64 Rn 7; bis zur Zulassung dieses Übermittlungswegs wahrt eine elektronisches Dokument nicht eine gesetzliche vorgeschriebene Schriftform, vgl. BGH NJW-RR 2009, 357 = FamRZ 2009, 319.
[47] Brütting Anwalt 2002, 50/51. Zum Zeitpunkt des Eingangs eines elektronischen Dokuments (E-Mail) siehe BGH NJW 2008, 2649.

lage des § 14 Abs. 4 FamFG.[48] Das elektronische Dokument muss mit einer **qualifizierten elektronischen Signatur** versehen sein. Zu den weiteren Einzelheiten siehe die Kommentierung zu § 14. Zu den elektronischen Dokumenten zählen nicht die mittels Computer übermittelten Faxschreiben. Diese werden bei Gericht als papiergebundene Kopie vom Faxgerät ausgedruckt.[49] Insoweit handelt es sich um die Einlegung einer Beschwerde durch Einreichung einer Beschwerdeschrift i. S. d. Abs. 2 S. 1.

5. Bedingte Beschwerdeeinlegung

21 Die Einlegung der Beschwerde als Verfahrenshandlung, die unmittelbare Rechtswirkungen erzeugt, darf nicht von einer **Bedingung** abhängig gemacht werden, z. B. dass auch die übrigen Beteiligten ein Rechtsmittel einlegen; dass die übrigen Beteiligten keine Anschlussbeschwerde einlegen; für den Fall dass das Rechtsmittel zulässig oder begründet ist. Ein Schwebezustand verträgt sich nicht mit der Bedeutung, die diese Verfahrenshandlung für das Gericht und die übrigen Beteiligten hat.[50]

22 Zulässig sind jedoch sogen. **innerprozessuale Bedingungen,** weil hierdurch die Beschwerdeeinlegung nicht von einem unsicheren (außerprozessualem) Ereignis abhängig gemacht wird. Eine Beschwerde kann beispielsweise hilfsweise und damit unter einer Bedingung erhoben werden, wenn ihre Einlegung von einem Vorgang innerhalb desselben Beschwerdeverfahrens abhängig gemacht wird;[51] so beispielsweise, wenn einer von mehreren Beschwerdeführern die Beschwerde für den Fall einlegt, dass ein bereits vorliegendes Rechtsmittel eines anderen Beschwerdeführers erfolglos bleibt.[52] Ein Rechtsmittel kann auch an die Bedingung der Existenz einer nachteiligen Entscheidung des Gerichts erster Instanz geknüpft werden.[53] Eine Anschlussbeschwerde darf unter der Bedingung erhoben werden, dass das Beschwerdegericht zu einer bestimmten Rechtsauffassung gelangt.[54]

23 Weiterhin kann eine Beschwerde für den Fall der Gewährung von **Wiedereinsetzung in den vorigen Stand** eingelegt werden;[55] ausgeschlossen ist es indes, sie von der Bewilligung von **Verfahrenskostenhilfe** für das Beschwerdeverfahren abhängig zu machen.[56] Eine insoweit nach Ablauf der Beschwerdefrist eingelegte unbedingte Beschwerde ändert nichts mehr an der Unzulässigkeit des Rechtsmittels.[57] Zulässig ist jedoch, die Durchführung des Beschwerdeverfahrens von der Bewilligung von Verfahrenskostenhilfe abhängig zu machen; in diesem Falle wird die Beschwerde unbedingt erhoben, indes behält sich der Beschwerdeführer ihre Rücknahme für den Fall der Versagung der Verfahrenskostenhilfe vor.[58]

IV. Beschwerdeschrift (Abs. 2 S. 3, S. 4)

1. Form und Inhalt

24 a) **Gesetzlich vorgeschriebene Formerfordernisse.** In Abs. 2 S. 3 und S. 4 werden bestimmte Mindestanforderungen an den Inhalt einer Beschwerde aufgestellt. Notwendig sind zunächst die **Bezeichnung des angefochtenen Beschlusses** sowie die **Erklärung, dass gegen diese Entscheidung Beschwerde eingelegt wird** (Abs. 2 S. 3). Die Mindestanforderungen an Form und Inhalt einer ordnungsgemäßen Beschwerdeschrift gelten sowohl für die Einlegung des Rechtsmittels durch Einreichung einer Beschwerdeschrift

---

[48] OLG Köln FGPrax 2011, 152.
[49] Dästner NJW 2001, 3469/3470; Zöller/Greger § 130a ZPO Rn 2.
[50] S. dazu MünchKommZPO/Lüke Einl. Rn 275.
[51] BGH NJW 1984, 1240; BayObLG FamRZ 2001, 1311; NJW-RR 1990, 1033 = FamRZ 1990, 1123; KG OLGZ 1977, 129; OLGZ 1975, 85/86.
[52] BayObLG NJW-RR 1989, 1286.
[53] KG OLGR 1977, 129.
[54] BGH NJW 1984, 1240 für die bedingte Anschlussberufung.
[55] Rosenberg/Schwab/Gottwald § 65 Rn 37; a. A. Jansen/Briesemeister § 21 Rn 30.
[56] St. Rspr. z. B. BGH NJW-RR 2009, 433; FamRZ 2007, 895; FamRZ 2005, 1537.
[57] BGH FamRZ 2007, 895.
[58] St. Rspr. BGH NJW-RR 2007, 1565 = FamRZ 2007, 1726; FamRZ 2004, 1553; jew. für das Berufungsverfahren.

(Abs. 2 S. 1 1. Alt.) als auch durch Erklärung zur Niederschrift der Geschäftsstelle (Abs. 2 S. 1 2. Alt.). Zudem gilt die Vorschrift auch für die Einlegung des Rechtsmittels in elektronischer Form, sofern diese zugelassen ist (vgl. Rn 20). Weiterhin ist sie nach Abs. 2 S. 4 von dem Beschwerdeführer oder seinem Bevollmächtigten zu unterzeichnen (zu den Einzelheiten siehe Rn 29; zur Notwendigkeit einer Unterschrift bei Niederschrift zur Geschäftsstelle siehe Rn 16).

Die Formerfordernisse des Abs. 2 S. 3 sind zwar als Mussvorschrift formuliert. Indes 25 dürfen **keine übermäßigen Anforderungen** an die Beachtung der Formalien gestellt werden.[59] Die verfahrensrechtlichen Formvorschriften sind kein Selbstzweck; sie dienen der Erleichterung des Geschäftsgangs des Beschwerdegerichts und sollen ihm zu einer eindeutigen Identifizierung des angefochtenen Beschlusses und Klärung des Rechtsmittelführers verhelfen.[60] Damit können unzureichende Angaben unschädlich sein, wenn sich vor Ablauf der Beschwerdefrist zweifelsfrei ergibt, welcher Beschluss angegriffen werden soll.

Für die Bezeichnung des angefochtenen Beschlusses ist die Angabe des **Aktenzeichens** 26 nicht zwingend erforderlich. Es muss nur eindeutig erkennbar sein, welcher Beschluss zur Überprüfung des höheren Gerichts gestellt werden soll. Ein falsches Aktenzeichens muss innerhalb der Rechtsmittelfrist berichtigt werden, sofern ansonsten nicht der angefochtene Beschluss identifiziert werden kann.[61] Sind der Beschwerde keine Kopien der angefochtenen Entscheidung beigefügt und lässt sich innerhalb der Rechtsmittelfrist nicht zweifelsfrei feststellen, welche Entscheidung der Rechtsmittelführer anfechten will, ist das Rechtsmittel unzulässig.[62]

Der Rechtsmittelführer muss auch nicht den Begriff „Beschwerde" benutzen. Vielmehr 27 schadet eine **unrichtige Bezeichnung des Rechtsmittels** (z. B. als „Einspruch" oder „Widerspruch") oder die Verwendung der unbestimmten Bezeichnung „Rechtsmittel" nicht.[63] Das Gericht ist verpflichtet den Wortlaut des Erklärenden, der in der Erklärung verkörpert sein muss, zu erfassen.[64] Letztlich genügt jedes Schriftstück, aus dem der Wille, einen bestimmten Beschluss anzufechten und damit seiner Nachprüfung durch eine höhere Instanz herbeizuführen, mit genügender Sicherheit hervorgeht.[65] Begehrt der Antragsteller eine „Berichtigung der Entscheidung", kann damit auch ein Antrag nach § 42 gemeint sein.[66] Wird das Verhalten des entscheidenden Richters oder Rechtspflegers gerügt, kann hiermit auch nur eine Dienstaufsichtsbeschwerde gemeint sein.[67] Soweit in einem Beschluss über mehrere Verfahrensgegenstände entschieden worden ist, bedarf es für die Annahme einer teilweisen Anfechtung einer eindeutigen Erklärung des Beschwerdeführers, in welchem Umfang die Entscheidung angefochten wird. Ansonsten ist davon auszugehen, dass der Beschluss, soweit er den Beschwerdeführer beschwert, umfänglich angegriffen wird.

b) Weitere Formerfordernisse. Die Rechtsmittelschrift muss in deutscher Sprache 28 abgefasst sein (§ 184 GVG). Weiterhin ist der **Beschwerdeführer** innerhalb der Beschwerdefrist dem Gericht namhaft zu machen,[68] wobei es ausreicht, wenn aus der Beschwerdeschrift oder aus sonstigen innerhalb der Frist abgegebenen Erklärungen hervorgeht oder sich durch Auslegung (§ 26) ermitteln lässt, für wen das Rechtsmittel eingelegt worden ist.[69] Es genügt, wenn der Beschwerdeschrift mit ausreichender Sicherheit entnommen werden

---

[59] A. A. Schulte-Bunert Rn 259, der davon ausgeht, dass jeder Verstoß zur Verwerfung der Beschwerde als unzulässig führt.
[60] BGH NJW-RR 2007, 935; NJW 2006, 1003.
[61] Vgl. KG MDR 1993, 903.
[62] Vgl. auch BayObLG WE 1995, 352.
[63] BGH FamRZ 1989, 729; OLG Zweibrücken FGPrax 2004, 42.
[64] BayObLG FamRZ 1995, 301.
[65] BGH NJW-RR 1998, 507 zu § 518 ZPO; BayObLG FamRZ 2000, 1099; FamRZ 1990, 774; OLG Frankfurt JurBüro 1979, 97.
[66] BayObLGZ 1980, 344; Prütting/Helms/Abramenko § 64 Rn 16.
[67] BayObLGZ 1986, 412; Prütting/Helms/Abramenko § 64 Rn 16.
[68] BGH NJW-RR 2008, 1164; BayObLG Rpfleger 1976, 289; KG FGPrax 1998, 135, OLG Celle Beschl. v. 24. 8. 2010, 10 UF 130/10 = BeckRS 2010, 25585.
[69] BGH NJW 1953, 624; BayObLG WM 1985, 1202; GmbHR 1985, 116; KG FGPrax 1998, 135; OLG Celle Beschl. v. 24. 8. 2010 10 UF 130/10 = BeckRS 2010, 25585.

kann, dass sie von dem Beschwerdeführer herrührt und seinem Willen entspricht; so z. B. wenn die einem Beteiligten zugestellte Ausfertigung eines Beschlusses mit dem Vermerk *„Gegen diese Entscheidung beschwere ich mich"* wieder in den Gerichtseingang kommt.[70] Zu der von einem Notar eingelegten Beschwerde s. Rn 52.

Die **übrigen Verfahrensbeteiligten** müssen nicht mitgeteilt werden. Bei einer Streitsache der freiwilligen Gerichtsbarkeit (siehe dazu § 1 Rn 33) oder in Ehe- und Familienstreitsachen ist zwar die Bezeichnung des jeweiligen Antragsgegners zweckmäßig. Im Gegensatz zum Berufungsverfahren[71] macht indes dessen fehlende oder unrichtige Angabe das Rechtsmittel nicht unzulässig. Abs. 2 fordert ebenfalls nicht zwingend die Mitteilung einer **ladungsfähigen Anschrift** des Beschwerdeführers; sie ist indes im Regelfall geboten. Der Zulässigkeit eines Rechtsmittels steht nicht entgegen, dass der Rechtsmittelführer seine Anschrift bewusst geheim hält, wenn dadurch weder der geordnete Ablauf des Rechtsmittelverfahrens noch mögliche Kostenerstattungsansprüche des Rechtsmittelgegners gefährdet werden.[72] Einen ausdrücklichen Antrag braucht die Beschwerdeschrift nicht zu enthalten (zu den weiteren Einzelheiten siehe Rn 37); ebenfalls bedarf es nicht zwingend einer **Begründung** der Beschwerde (siehe dazu auch § 65 Rn 3).

2. Unterschrift (Abs. 2 S. 4)

29 **a) Allgemeines.** Nach Abs. 2 S. 4 **ist** die Beschwerde von dem Beschwerdeführer oder von seinem Bevollmächtigten (vgl. Rn 50) zu unterzeichnen. Bei einem Computerfax reicht eine eingescannte Unterschrift; dies gilt nicht für ein normales Telefax.[73] Damit ist die Unterschrift grundsätzlich Wirksamkeitserfordernis. Sie soll die Identifizierung des Urhebers der schriftlichen Verfahrenshandlung ermöglichen und dessen unbedingten Willen zum Ausdruck bringen, die volle Verantwortung für den Inhalt des Schriftsatzes zu übernehmen und diesen bei Gericht einzureichen.[74] Bei einer Unterschrift des Bevollmächtigten (§ 10 Abs. 1) ist das Vertretungsverhältnis kenntlich zu machen; zur Verfahrensvollmacht siehe § 11.

30 Wurde die Unterschrift vergessen, z. B. versehentlich ein Entwurf vorgelegt, so ist keine wirksame Beschwerdeschrift gegeben. Geht innerhalb der Rechtsmittelfrist die Beschwerdeschrift ohne die letzte Seite mit der Unterschrift ein, so genügt es, wenn gleichzeitig eine Abschrift der Beschwerdeschrift mit einem von dem Rechtsanwalt unterschriebenen Beglaubigungsvermerk eingereicht wird.[75] Ausreichend ist auch, wenn die Beschwerdeschrift zwar nicht unterschrieben ist, dieser aber einem Schriftsatz beigefügt ist, in dem ausdrücklich auf die Übersendung der Beschwerdeschrift mit beiliegendem Schriftsatz hingewiesen wird.[76]

31 **b) Anforderungen an die Unterschrift.** Erforderlich ist das Vorliegen eines die Identität des Unterschreibenden ausreichend kennzeichnenden Schriftzugs, der individuelle und entsprechend charakteristische Merkmale aufweist, die die Nachahmung erschweren, sich als Wiedergabe eines Namens darstellt und die Absicht einer vollen Unterschriftsleistung erkennen lässt, selbst wenn er nur flüchtig niedergelegt und von einem starken Abschleifungsprozess gekennzeichnet ist. Unter diesen Voraussetzungen kann selbst ein vereinfachter und nicht lesbarer Namenszug als Unterschrift anzuerkennen sein, wobei insbesondere von Bedeutung ist, ob der Unterzeichner auch sonst in gleicher oder ähnlicher Weise unterschreibt.[77] Auch die Unterschrift mit Vornamen oder Künstlernamen genügt, sofern mit ausreichender Sicherheit feststeht, dass die Erklärung vom Beschwerdeführer herrührt und seinem Willen entspricht. Ein Schriftzug, der nach seinem äußeren Erschei-

---

[70] S. a. BGH NJW 1967, 2059; BGHZ 8, 299/301; BayObLG WuM 1991, 313.
[71] Z. B. BGH NJW-RR 2006, 284; vgl. auch Thomas/Putzo/Reichold § 519 Rn 15 m. w. N.
[72] BGH NJW-RR 2009, 1009; a. A. die Vorinstanz OLG Karlsruhe OLGR 2008, 615.
[73] GmS-OGB NJW 2000, 2340; BGH NJW 2006, 3784; vgl. auch den Nichtannahmebeschluss des BVerfG NJW 2007, 3117.
[74] BGH NJW-RR 2009, 1009.
[75] BayObLG NZM 2001, 296.
[76] BGH NJW-RR 2009, 933.
[77] St. Rspr. z. B. BGH Beschl. v. 9. 2. 2010 = BeckRS 2010, 04929; Grundeigentum 2008, 539.

nungsbild eine bewusste und gewollte Namensabkürzung (Handzeichen, Paraphe) darstellt, reicht indes nicht als formgültige Unterschrift aus.[78] Zu den Anforderungen an eine ordnungsgemäße Unterschrift siehe im Übrigen die Ausführungen zu § 23 Rn 42. Im Zweifelsfalle ist das Gericht nach § 26 verpflichtet[79] festzustellen, ob die Beschwerdeschrift von demjenigen, der nach derselben als Beschwerdeführer erscheint, herrührt, und mit seinem Willen eingereicht ist; gegebenenfalls hat es die Echtheit seiner Unterschrift zu prüfen.

Bei Beschwerdeeinlegung durch eine Behörde bedarf es im Hinblick auf die Regelung in Abs. 2 S. 4 ebenfalls einer Unterschrift. Die Beschwerdeschrift muss jedoch nicht von dem Behördenleiter oder seinem Stellvertreter unterzeichnet zu sein; es reicht die Unterschrift des mit der Bearbeitung beauftragten Sachbearbeiters. Auf jeden Fall muss aber ersichtlich sein, von wem die Beschwerdeschrift stammt. Der Standesbeamte darf hingegen die von der Aufsichtsbehörde nach § 53 Abs. 2 PStG eingelegte Beschwerde nicht unterzeichnen.[80] 32

3. Qualifizierte elektronische Signatur

Die als elektronisches Dokument eingelegte Beschwerde muss trotz des als reine Ordnungsvorschrift ausgestalteten Wortlauts des § 130a Abs. 1 S. 2 ZPO, auf den § 14 Abs. 2 S. 2 verweist, von der verantwortlichen Person[81] mit einer qualifizierten elektronischen Signatur[82] versehen werden. Zu den Einzelheiten siehe die Kommentierung zu § 14. 33

V. Anträge im Beschwerdeverfahren; Gegenstand des Beschwerdeverfahrens

1. Überblick

Das Gesetz fordert **keinen förmlichen Antrag** des Beschwerdeführers; eine Ausnahme besteht nach § 117 Abs. 1 S. 1 für Ehesachen und Familienstreitsachen. Sofern sich aus der Beschwerdebegründung nicht eindeutig etwas Anderes ergibt, ist in der Regel davon auszugehen, dass die Endentscheidung des Gerichts erster Instanz mit dem Ziel der Aufhebung ihrem ganzen Umfang nach angefochten wird.[83] Eine Beschränkung eines Rechtsmittels setzt voraus, dass der Beschwerdeführer sie eindeutig und zweifelsfrei erklärt hat.[84] Zur teilweisen Zurücknahme eines unbeschränkt eingelegten Rechtsmittels siehe § 67 Rn 14. 34

Gegenstand des Beschwerdeverfahrens ist damit in der Regel – in den Grenzen der Beschwerde – der **Verfahrensgegenstand**, über den im ersten Rechtszug entschieden worden ist.[85] So darf das Beschwerdegericht bei einer Beschwerde gegen einen Aussetzungsbeschluss nach § 381 nicht in der Sache selbst entscheiden.[86] Das Beschwerdegericht darf nicht die Erteilung eines Erbscheins anordnen, für den in dem erstinstanzlichen Verfahren kein Erbscheinsantrag gestellt worden ist.[87] 35

Enthält die Beschwerdeschrift, was zweckmäßig ist, einen Antrag, so ist das Beschwerdegericht in **Amtsverfahren** hieran regelmäßig nicht gebunden.[88] Dagegen bindet in **Antragsverfahren** ein Beschwerdeantrag das Gericht;[89] das gilt insbesondere für das echte Streitverfahren.[90] Wird insoweit ein Antrag gestellt, der auf eine nicht statthafte Rechtsfolge hinzielt, z. B. die Erteilung eines anderslautenden noch nicht beantragten Erbscheins anstatt die Einziehung des bereits erteilten Erbscheins, so ist im Wege der Auslegung das wahre Begehren zu ermitteln; der Beschwerdeführer darf nicht schlechter gestellt werden als 36

---

[78] St. Rspr. z. B. BGH Beschl. v. 9. 2. 2010 = BeckRS 2010, 04929; Grundeigentum 2008, 539; OLG Celle FamRZ 2011, 574.
[79] BayObLG FamRZ 1998, 485.
[80] Peters StAZ 1960, 277.
[81] Siehe dazu BGH NJW 2011, 1294 = FamRZ 2011, 558.
[82] S. dazu Roßnagel NJW 2001, 1817/1820.
[83] BayObLG NJWE-FER 1999, 151.
[84] BayObLG FamRZ 2001, 364.
[85] BGH Beschl. v. 18. 5. 2011 XII ZB 671/10; FamRZ 2011, 367; BayObLG NJW-RR 1998, 8.
[86] BayObLG NJW-RR 2000, 181; OLG Köln FGPrax 2007, 94.
[87] S. BayObLG NJW-RR 1994, 1032.
[88] BGH NJW 1984, 2879; OLG Frankfurt FamRZ 1983, 1041; OLG Hamm JMBl. NW 1962, 190; a. M. Baur § 29 C I 4.
[89] BayObLG NJW 1975, 833 = FamRZ 1975, 211; Baur § 29 C I 4; Habscheid § 34 III 2; § 19 I 1 b, c.
[90] BayObLG DB 1983, 333; Baur § 29 C I 4.

derjenige, der keinen Antrag stellt.[91] Die Zulässigkeit geänderter Sachanträge im Beschwerdeverfahren richtet sich nach dem Verfahrensgegenstand, über den im ersten Rechtszug entschieden worden ist.[92]

2. Antrag/Gegenstand des Beschwerdeverfahrens in Amtsverfahren

37 **a) Allgemeines.** In Amtsverfahren (siehe dazu § 23 Rn 5) bestimmt das Gericht der ersten Instanz den **Verfahrensgegenstand**,[93] der dann auch für das Beschwerdegericht bindend ist. Eine Beschränkung des Gegenstands der Beschwerde ist zulässig, soweit das Verfahren mehrere selbstständige Verfahrensgegenstände oder einen teilbaren Gegenstand betrifft, die Bestandteile der angefochtenen Entscheidung also weder denkgesetzlich noch rechtlich untrennbar zusammenhängen.[94] Ansonsten unterliegt die angegriffene Entscheidung in vollem Umfange der Überprüfung des Beschwerdegerichts.[95]

38 So stellt die Regelung der elterlichen Sorge oder des Umgangsrechts in Verfahren nach §§ 1666, 1671, 1672, 1684 BGB, wenn aus der Ehe mehrere Kinder hervorgegangen sind, für jedes Kind einen selbstständigen Verfahrensgegenstand dar.[96] Ist einem Elternteil die Personensorge, dem anderen die Vermögenssorge übertragen, so kann die Beschwerde auf einen dieser beiden Bereiche beschränkt werden.[97] Dieselben Grundsätze gelten für die Entscheidung des Familiengerichts nach § 1680 Abs. 2, Abs. 3 BGB.[98] In Verfahren über den öffentlich-rechtlichen Versorgungsausgleich (nunmehr Ausgleich bei Scheidung) ist eine Teilanfechtung in Bezug auf Regelungen möglich, die der Richter in erster Instanz in Form einer Teilentscheidung hätte treffen können.[99]

39 Bei dem Bestehen einer Vormundschaft kann die Beschwerde auf die Anfechtung der Auswahl des Vormunds beschränkt werden, braucht also nicht auch die Anordnung der Vormundschaft anzugreifen.[100] Das Rechtsmittel gegen die Bestellung eines Betreuers kann auf die Frage der Auswahl beschränkt werden, weil Bestellung und Auswahl trennbar sind.[101] Die Beschwerde kann auch darauf beschränkt werden, dass dem Betreuer zusätzlich zu sonstigen Aufgabenkreisen ein bestimmter weiterer Bereich übertragen wird.[102]

40 **b) Erweiterung des Verfahrensgegenstandes.** Eine Erweiterung des Verfahrensgegenstandes in entsprechender Anwendung der Rechtsgedanken der §§ 525, 263, 264, 531 ZPO kommt grundsätzlich nicht in Betracht, da von den Beteiligten nur Anregungen vorgebracht werden können (vgl. § 24).[103] Zur Änderung des Verfahrensgegenstandes nach Erledigung der Hauptsache siehe die Erläuterungen zu § 62.

41 **Ausnahmsweise** wird aus Gründen der Verfahrenswirtschaftlichkeit im Amtsverfahren über die Festsetzung der Vergütung des Betreuers ein erweiternder Vergütungs-„antrag" als sachdienlich zugelassen.[104] Das Beschwerdegericht kann in Verfahren wegen Gefährdung des persönlichen Kindeswohls in den Grenzen des Rechtsmittels jede gemäß § 1666 Abs. 1 BGB erforderliche Maßnahme treffen. Streitig ist, ob auf die Beschwerde über eine Rege-

---

[91] Prütting/Helms/Abramenko § 64 Rn 18.
[92] BGH NJW 1980, 891; BayObLG NJW-RR 1998, 8; BayObLG FamRZ 1996, 1035 betr. die Erweiterung des Aufgabenkreises eines Betreuers durch das Beschwerdegericht.
[93] BayObLG NJW-RR 1998, 7/8.
[94] BayObLG NJW-RR 1998, 7/8.
[95] BGH NJW 1984, 2879 = FamRZ 1984, 990; FamRZ 1984, 1214; OLG Stuttgart FamRZ 1978, 443.
[96] BGH FamRZ 1979, 225; BayObLG DAVorm 1983, 377; OLG Düsseldorf FamRZ 2001, 1291; a. A. OLG Schleswig SchlHA 1980, 188; SBW/Unger § 64 Rn 17 unter Hinweis auf die Geschwisterbindung bei bisher zusammenwohnenden Kinder.
[97] BayObLG FamRZ 1976, 36.
[98] BayObLG bei Goerke Rpfleger 1983, 9/10 (zu § 1681 Abs. 1 S. 2 BGB a. F.).
[99] BGH NJW 1984, 2879 = FamRZ 1984, 990; FamRZ 1984, 1214; OLG Frankfurt FamRZ 1983, 405; OLG Nürnberg MDR 2011, 607; vgl. auch Johannsen/Henrich/Althammer § 64 Rn 7.
[100] BayObLG FamRZ 1984, 205.
[101] BGH NJW 1996, 1825 = FamRZ 1996, 607; BayObLG FamRZ 1996, 419; FamRZ 1994, 1060; OLG Düsseldorf FamRZ 1994, 451; OLG Hamm FGPrax 1996, 183; FamRZ 1993, 988; OLG Zweibrücken FGPrax 2002, 22 = NJW-RR 2002, 292; FGPrax 1997, 104.
[102] BayObLG FamRZ 2000, 189.
[103] BayObLG NJW-RR 1998, 8.
[104] BayObLG NJW-RR 1998, 8.

lung der elterlichen Sorge (§§ 1671, 1672 BGB) zugleich über das Umgangsrecht (§ 1684 BGB) entschieden werden kann.[105] Siehe auch § 69 Rn 23.

3. Antrag/Gegenstand des Beschwerdeverfahrens in Antragsverfahren

a) Allgemeines. Im Antragsverfahren (siehe dazu § 23 Rn 7) kann der Beschwerdeführer durch seinen Antrag im Beschwerdeverfahren den Umfang der Überprüfung des durch den im Ausgangsverfahren gestellten Sachantrags bestimmten Verfahrensgegenstandes durch das Gericht bestimmen.[106] Teilweise wird durch das Gesetz die Möglichkeit der Anfechtung beschränkt, z. B. gemäß § 256 für die Beschwerde gegen den Unterhaltsfestsetzungsbeschluss; wird in diesem Fall das Rechtsmittel nicht auf die gesetzlich vorgesehenen Anfechtungsgründe gestützt, ist es unzulässig.[107] Betrifft die Sachentscheidung mehrere Gegenstände oder einen teilbaren Gegenstand, z. B. in Ehewohnungs- und Haushaltssachen,[108] in Versorgungsausgleichsachen[108a] oder in Erbscheinsverfahren,[109] so kann die Beschwerde jederzeit auf einen dieser Gegenstände oder einen Teil desselben **beschränkt werden**.[110] Eine Beschränkung setzt voraus, dass der Beschwerdeführer sie eindeutig und zweifelsfrei erklärt hat.[111] 42

Über den gestellten Antrag im Beschwerdeverfahren darf das Gericht regelmäßig nicht hinausgehen. Eine Ausnahme besteht dann, wenn allein durch die beantragte Aufhebung der angefochtenen erstinstanzlichen Entscheidung deren Wirkung nicht vollständig beseitigt werden kann, sondern weitere Maßnahmen erforderlich sind. Das Beschwerdebegehren kann auch nach Ablauf der Beschwerdefrist nachträglich erweitert werden. Eine Ausnahme besteht, wenn die Beschränkung der Beschwerde einen hinreichend klaren Verzicht auf die Beschwerde hinsichtlich des zunächst nicht angefochtenen Teils der Entscheidung enthält; allein aus einem Schweigen kann kein entsprechender Verzicht entnommen werden.[112] Zu dem Umfang der Überprüfung nach der erstinstanzlichen Entscheidung nach Erledigung der Hauptsache siehe die Erläuterungen zu § 62. 43

b) Anderslautender Sachantrag. Ein neuer anderslautender Sachantrag kann in der Regel nur beim Gericht erster Instanz gestellt werden;[113] auch ein Hilfsantrag, z. B. im Erbscheinsverfahren, darf nicht erstmals in der Beschwerdeinstanz gestellt werden.[114] Kein anderer Sachantrag liegt vor, wenn ein erstinstanzlicher Antrag einen Anhaltspunkt in eine bestimmte Richtung enthält, indes eine Klarstellung durch das Beschwerdegericht geboten ist.[115] War der in erster Instanz gestellte Sachantrag unwirksam, so kann er in zweiter Instanz nachgeholt werden. Unter diesen Voraussetzungen kann z. B. noch während des Beschwerdeverfahrens ein Erbscheinsantrag nachgeholt werden.[116] Der für die Begründung des Antrags im erstinstanzlichen Verfahren vorgetragene Sachverhalt ist nicht maßgebend; dieser darf im Beschwerdeverfahren ausgetauscht werden (§ 65 Abs. 3). 44

Ausnahmsweise muss der Antrag bzw. der Gegenstand des Beschwerdeverfahrens dem Verfahrensstand **angepasst werden**. So kann gegen die Erteilung eines Erbscheins durch das Nachlassgericht nach dessen Aushändigung die Beschwerde nur mit dem Antrag auf Einziehung oder Kraftloserklärung des Erbscheins eingelegt werden (vgl. § 352 Abs. 3). Die 45

---

[105] Verneinend: BayObLGZ 1968, 164; a. M. OLG Karlsruhe NJW-RR 1994, 1355.
[106] BayObLG NJW-RR 2004, 8; FGPrax 2002, 281; Demharter FGPrax 2003, 237/238.
[107] OLG Saarbrücken FamRZ 2011, 49.
[108] S. dazu BayObLG FamRZ 1990, 441; FamRZ 1970, 33; OLG Hamm FamRZ 1967, 105.
[108a] OLG Nürnberg FamRZ 2011, 991.
[109] BayObLG NJW-RR 1997, 7.
[110] Z. B. BGH NJW 1962, 636; BayObLG FamRZ 2000, 189; FamRZ 1990, 441/442; OLG Hamm FGPrax 1996, 183; OLG Oldenburg NdsRpfl. 1963, 180 betr. landwirtschaftliches Genehmigungsverfahren; OLG Schleswig SchlHA 1960, 235 betr. Zustimmungsverfahren.
[111] BayObLG FamRZ 2001, 364.
[112] OLG Stuttgart RdL 2011, 102.
[113] BayObLG NJW-RR 1994, 1032 = FamRZ 1994, 1068; BayObLG WE 1989, 59; KG FamRZ 1981, 60; OLG Frankfurt Rpfleger 1997, 262; OLG Hamm FamRZ 1981, 375; FamRZ 1980, 488; OLG Köln FamRZ 1994, 591.
[114] BayObLG ZEV 1998, 472; OLG Köln FamRZ 1994, 591.
[115] KG OLGZ 1973, 385.
[116] BayObLG NJW-RR 1998, 727 = FamRZ 1998, 860.

Beschwerde gegen die Bestellung eines Pflegers/Vormunds kann nicht mit dem Ziel einer Überprüfung der erstinstanzlichen Auswahlentscheidung, sondern nur auf Entlassung des Pflegers/Vormunds gerichtet werden.[117] Die Beschwerde gegen die Entlassung des Vormunds/Pflegers muss auf dessen Neubestellung gerichtet sein.[118]

46 c) **Änderung des Sachantrages.** In entsprechender Anwendung der §§ 525, 263, 264, 531 ZPO ist es in Antragsverfahren, insbesondere in Streitsachen der freiwilligen Gerichtsbarkeit, zulässig,[119] im Beschwerdeverfahren einen Sachantrag im **Rahmen des Verfahrensgegenstandes zu ändern, zu erweitern oder zu beschränken**.[120]

47 Hat z. B. der Beschwerdeführer im erstinstanzlichen Verfahren vergebens einen ihn als Erben ausweisenden Erbschein beantragt, kann er nach der Erteilung eines anderslautenden Erbscheins die Beschwerde mit dem Ziel der Einziehung dieses Erbscheins verfolgen (§ 352 Abs. 3). Ein Feststellungsantrag nach § 11 Abs. 1 e HöfeVfO ist auch im zweitinstanzlichen Erbscheinsverfahren zulässig.[121] Ein Antrag nach Art. 2 § 2 VerschÄndG kann auch noch in der Beschwerdeinstanz gestellt werden, da dieser Antrag nur das Beweisverfahren betrifft.[122] Zulässig ist unter Umständen der Eintritt eines neuen Antragstellers an Stelle und mit Zustimmung des ursprünglichen, sofern der Verfahrensgegenstand derselbe bleibt.[123] Eine Beschränkung der Beschwerde ist dann nicht möglich, wenn die Bestandteile der angefochtenen Beschwerde denkgesetzlich oder rechtlich zusammenhängen, wenn die für den angegriffenen Teil der Entscheidung zu treffende Regelung nach materiellem Recht oder Verfahrensrecht notwendig in die Regelung über den nicht angegriffenen Teil eingreift.[124]

48 Ausgeschlossen sind in der Beschwerdeinstanz jedoch **neue Sachanträge,** die die Angelegenheit zu einer anderen machen als diejenige, welche Gegenstand der Entendscheidung erster Instanz gewesen ist.[125] Dies gilt auch, wenn eine Änderung der tatsächlichen Verhältnisse eine Änderung des Antrags rechtfertigt. Eine Ausnahme besteht in Haushaltssachen (§ 200). In diesen Verfahren können andere Gegenstände als in der Vorinstanz verteilt werden, weil Verfahrensgegenstand der gesamte Hausrat ist.[126] Das Beschwerdegericht darf den Verfahrensgegenstand grundsätzlich nicht auswechseln, erweitern oder einschränken;[127] bei teilbarem Verfahrensgegenstand ist eine Einschränkung des Beschwerdegegenstandes möglich.

49 Eine dem zuwiderlaufende Beschwerde ist unzulässig. So kann im Beschwerdeverfahren gegen die Ablehnung einer Pflegschaft nicht die Bestellung eines Notvorstandes nach § 29 BGB beantragt werden.[128] Hat dagegen der Beschwerdeführer eine bestimmte Art von Pflegschaft angeregt, das AG aber eine andere Art eingeleitet, kann außer der Aufhebung der eingeleiteten zugleich auch die Anordnung der gewollten Art beim Beschwerdegericht beantragt werden.[129] Ein zu genehmigendes Rechtsgeschäft (§§ 1821 ff. BGB) darf im Verfahren über die Beschwerde gegen die Versagung der Genehmigung nicht erheblich geändert oder gar durch ein anderes ersetzt werden.[130] Eine Ausnahme wird für Umgangregelungen anerkannt, die im Beschwerdeverfahren auf der Grundlage einer Vereinbarung der Eltern im Anschluss an eine Entscheidung zum Sorgerecht getroffen wer-

---

[117] BayObLGZ 1964, 284/285; BayObLGZ 1964, 277.
[118] BayObLGZ 1964, 267/271.
[119] BayObLG NJW-RR 1998, 8; WuM 1991, 413; OLG Düsseldorf FGPrax 1999 132; OLG Zweibrücken WE 1999, 32; so auch Prütting/Helms/Abramenko § 65 Rn 16.
[120] BayObLG WuM 1989, 451; BayObLGZ 1975, 53.
[121] BGH RdL 1951, 132 mit Anm. v. Fischer; OLG Celle RdL 1968, 156 für den Übergang vom Sachantrag zum Verfahrensantrag); OLG Düsseldorf JMBl.NW 1970, 234.
[122] BGH NJW 1956, 102.
[123] KG WM 1956, 874.
[124] BayObLG NJW-RR 1997, 8.
[125] St. Rspr. z. B. BGH FamRZ 1990, 606; BayObLG NJW-RR 1994, 1032 = FamRZ 1994, 1068; KG NJW-RR 2011, 438 = FamRZ 2011, 827; OLG Bamberg FamRZ 1980, 620; OLG Köln NJW 1963, 541; OLG Schleswig WM 1966, 1314; OLG Stuttgart OLGZ 1979, 328; OLG Zweibrücken FGPrax 2003, 36.
[126] Johannsen/Henrich/Althammer § 69 Rn 4.
[127] BayObLG NJW-RR 1998, 8 = FamRZ 1997, 1563; BayObLG NJW-RR 1992, 1223 = FamRZ 1992, 1102; OLG Hamm FGPrax 1995, 69.
[128] Jansen/Briesemeister § 23 Rn 13.
[129] KG OLGZ 1966, 331.
[130] OLG Stuttgart OLGZ 1979, 328.

den.[131] Ist erstinstanzlich nur über den öffentlich-rechtlichen Versorgungsausgleich (nunmehr Ausgleich bei Scheidung) entschieden worden, kann in der Beschwerdeinstanz nicht erstmals ein Antrag auf Durchführung des schuldrechtlichen Versorgungsausgleich (nunmehr Ausgleich nach Scheidung, §§ 20 ff. VersAusglG) gestellt werden.[132]

VI. Vertretung des Beschwerdeführers

1. Anwaltszwang

Weder für die Einlegung der Erstbeschwerde noch für die Durchführung des Beschwerdeverfahrens besteht Anwaltszwang, soweit nicht in diesem Gesetz oder in anderen Gesetzen etwas anderes bestimmt ist. Dies gilt auch für die Fälle, in denen die erstinstanzliche Zuständigkeit des LG gegeben ist. Anwaltszwang besteht z. B. nach § 114 Abs. 1 für die Ehegatten in Ehesachen (§ 121) und Folgesachen (vgl. § 137) und die Beteiligten in selbstständigen Familienstreitsachen (siehe dazu § 114 Rn 4) oder nach § 99 Abs. 3 S. 4 AktG bzw. § 132 Abs. 3 S. 1 AktG i. V. m. § 99 Abs. 3 S. 4 AktG.

2. Einlegung durch einen Bevollmächtigten

Die Beschwerde kann auch durch einen **Bevollmächtigten** eingelegt werden (arg. aus § 64 Abs. 2 S. 3). Eine für eine Angelegenheit allgemein erteilte Vollmacht berechtigt zur Erhebung der Beschwerde (Siehe dazu § 11 Rn 18). Der Bevollmächtigte kann die Beschwerdeschrift mit dem Namen des Vollmachtgebers unterzeichnen.[133] Werden in einer Beschwerdeschrift vom Bevollmächtigten die Worte *„lege ich Beschwerde ein"* gebraucht, so lässt dies nicht unbedingt auf Ausübung eines eigenen Beschwerderechts schließen, vielmehr handelt es sich in der Regel um ein mit Wirkung für den Vertretenen eingelegtes Rechtsmittel.[134] Wird der Beschwerdeführer nicht ausdrücklich erwähnt, so kann davon ausgegangen werden, dass das Rechtsmittel für denjenigen eingelegt wird, der hierzu auch berechtigt ist.[135]

Eine vom **Notar** oder seinem Amtsnachfolger[136] eingelegte Beschwerde gilt im Zweifel als im Namen der Beteiligten eingelegt, für die er als Notar tätig geworden ist.[137] Ist der Notar in einer Registersache für mehrere Beteiligte tätig geworden und nicht ausdrücklich erwähnt, in wessen Namen er das Rechtsmittel einlegt, so kann im Regelfall unterstellt werden, dass er dies für den Anmeldepflichtigen tut.[138] Der Notar kann grundsätzlich nur auf Grund einer ausdrücklichen Vollmacht der Beteiligten Beschwerde für diese einlegen; die gesetzlich vermutete Vollmacht des Notars (z. B. nach § 378 FamFG, § 15 GBO) erstreckt sich auch auf die Beschwerdeeinlegung (s. § 58 Rn 68).[139]

Die Beschwerde, die ein **Elternteil** bei bestehender Ehe zu Wahrnehmung der Sorge für die gemeinsamen Kinder einlegt, gilt in der Regel auch als für den anderen Elternteil mit erhoben.[140] Eine von einem **gesetzlichen Vertreter** (z. B. einer GmbH oder einer AG) namens des Vertretenen eingelegte und mangels Beschwerderecht unzulässige Beschwerde kann in eine eigene Beschwerde des Vertreters umgedeutet werden;[141] eine von diesem ohne Einschränkung eingelegte Beschwerde kann bei eigenem Beschwerderecht im eigenen und im Namen des Vertretenen eingelegt sein.

---

[131] OLG Karlsruhe FamRZ 1994, 1401; OLG Stuttgart FamRZ 1981, 1105; a. A. OLG Hamm FamRZ 1981, 375.
[132] OLG Frankfurt NJW-RR 2009, 78; a. A. OLG Zweibrücken FamRZ 1986, 174.
[133] St. Rspr. Palandt/Ellenberger § 126 Rn 9 m. w. N.
[134] KG OLGZ 1971, 291/293; OLG Frankfurt Rpfleger 1978, 411; OLG Zweibrücken FGPrax 2000, 208.
[135] BayObLG NJW 1988, 426; NJW-RR 1988, 96.
[136] BGH NJW 1999, 2369.
[137] OLG Nürnberg Rpfleger 2010, 374; Demharter § 15 Rn 20 m. w. N.
[138] OLG Nürnberg Rpfleger 2010, 374; OLG Zweibrücken FGPrax 2000, 208.
[139] BayObLG DNotZ 1981, 442; Meikel/Streck § 71 Rn 159.
[140] BayObLGZ 1961, 81/83.
[141] KG OLGZ 1966, 596/598.

VII. Verwirkung des Beschwerderechts

54   Die Möglichkeit einer Verwirkung des Beschwerderechts hat mit der Einführung der Befristung des Rechtsmittels an Bedeutung verloren. Die Fälle, in denen das Rechtsmittel nach Ablauf einer unangemessen langen Frist eingelegt wird,[142] scheiden zukünftig weitgehend aus. Der Einlegung der Beschwerde kann aber, namentlich im echten Streitverfahren, weiterhin der Einwand der Verwirkung entgegengehalten werden; denn auch das Verfahren der freiwilligen Gerichtsbarkeit wird von den aus § 242 BGB abgeleiteten Grundsätzen beherrscht.[143] Der Gesichtspunkt der Verwirkung ist von Amts wegen zu beachten.[144]

55   Eine Verwirkung des Beschwerderechts ist denkbar, wenn durch eine Verzögerung ein Zustand eingetreten sein kann, auf den sich an der Sache Beteiligte, im Vertrauen auf die Endgültigkeit der Entscheidung, einrichten durften und eingerichtet haben.[145] Diese Möglichkeit besteht bei einer Beschwerde eines am Verfahren formell nicht Beteiligten, für den eine Rechtsmittelfrist nicht lief (vgl. § 63 Rn 44). An Verwirkung kann zudem ausnahmsweise gedacht werden, wenn der Beschwerdeführer die Beschwerde zurückgenommen hat und ein etwaiger Beschwerdegegner sich auf den damit eingetretenen Zustand verlassen durfte,[146] soweit nicht in diesem Fall in der Rücknahme zugleich ein (konkludenter) Verzicht auf das Beschwerderecht (§ 67 Abs. 1) gesehen werden kann. Zur Wiederholung einer Beschwerde siehe im Übrigen § 67 Rn 19.

56   Im **Erbscheinsverfahren** scheidet eine Verwirkung des Beschwerderechts grundsätzlich aus, weil die Erteilung des Erbscheins keine endgültige Entscheidung über das Bestehen des bezeugten Erbrechts darstellt, ein unrichtiger Erbschein also durch Zeitablauf nicht richtig werden kann.[147] Ausgeschlossen ist auch die Verwirkung des Beschwerderechts in **Grundbuchsachen.**[148] Eine Ausnahme kann bei einer befristeten Beschwerde in Grundbuchsachen bestehen.[149] Eine Verwirkung der verfahrensrechtlichen Befugnis nach § 156 Abs. 1 S. 1 KostO, Einwendungen gegen die Kostenberechnung des Notars und gegen die Zahlungspflicht zu erheben, ist grundsätzlich ausgeschlossen.[150]

VIII. Einstweilige Anordnung (Abs. 3)

1. Grundsatz

57   Die rechtzeitige Einlegung eines Rechtsmittels hemmt zwar den Eintritt der Rechtskraft (§ 45 S. 2). Hingegen besteht jedoch keine **aufschiebende Wirkung** hinsichtlich des Wirksamwerdens der Entscheidung. Diese ist vielmehr unabhängig von der Anfechtung mit der Beschwerde vollziehbar, soweit sie einer Vollziehung fähig und bedürftig ist. Entsprechend setzt § 86 Abs. 2 für die Vollstreckung nur die Wirksamkeit der Entscheidung voraus. Eine Ausnahme besteht, wenn die angefochtene Entscheidung abweichend von dem Grundsatz des § 40 Abs. 1 aufgrund einer besonderen gesetzlichen Regelung (z. B. § 116 Abs. 2 für Ehesachen; § 116 Abs. 3 für Familienstreitsachen) erst **mit der Rechtskraft (§ 45) wirksam** wird. Zu den weiteren Einzelheiten siehe die Ausführungen bei § 40 Rn 27 bzw. bei § 116. Gleiches gilt, soweit das Gesetz die Vornahme einer Rechtshandlung von dem **Ablauf einer Frist** ohne Einlegung eines Widerspruchs abhängig macht, so z. B. nach § 393 Abs. 5 für die Löschung einer Firma; § 394 Abs. 2 i. V. m. § 393 Abs. 5 für die Löschung einer vermögenslosen Firma; §§ 395 bis 398 i. V. m. § 393 Abs. 5

---

[142] Vgl. z. B. BayObLG NJW-RR 1989, 136 = FamRZ 1989, 214; OLG Frankfurt FamRZ 1980, 826.
[143] BGH NJW-RR 1989, 768; BayObLG FamRZ 1989, 214/215 = NJW-RR 1989, 136/137; KG OLGZ 1988, 281/282; OLG Braunschweig OLGZ 1989, 186/192; OLG Frankfurt Rpfleger 1976, 213.
[144] BayObLGZ FamRZ 1975, 647; OLG Frankfurt Rpfleger 1976, 213.
[145] BGH NJW-RR 1989, 768; BayObLG FamRZ 1992, 854.
[146] OLG Frankfurt Rpfleger 1976, 213.
[147] BGHZ 47, 58; BayObLGZ 1966, 233/238; BayObLGZ 1960, 478/480; OLG Neustadt NJW 1958, 836.
[148] BGH NJW 1968, 105; OLG München FGPrax 2005, 142; Demharter § 73 Rn 3; § 78 Rn 2; Meikel/Streck § 71 Rn 169 m. w. N.
[149] Meikel/Streck § 71 Rn 170.
[150] OLG Hamm Rpfleger 1980, 243; OLG Schleswig SchlHA 2000, 118; Korintenberg/Bengel/Tiedtke § 156 Rn 15.

für die Löschung unzulässiger Eintragungen, nichtiger Gesellschaften und Genossenschaften bzw. nichtiger Beschlüsse.

2. Einstweilige Anordnung durch das Beschwerdegericht

Um die Schaffung vorläufig vollendeter Tatsachen zu verhindern, kann das Beschwerdegericht in den Fällen eines dringenden Bedürfnisses eines sofortigen Einschreitens **vor der endgültigen Entscheidung** über die Beschwerde eine einstweilige Anordnung erlassen (Abs. 3). Diese Befugnis steht grundsätzlich nicht dem erstinstanzlichen Gericht zu. Dieses kann daher in Abweichung von der bisherigen Regelung in § 24 Abs. 2 FGG nicht mehr die sofortige Vollziehung seiner Entscheidung aussetzen. Ausnahmen enthalten § 328 Abs. 1 FamFG für Unterbringungssachen, § 424 Abs. 1 FamFG für Freiheitsentziehungsverfahren und §§ 14, 15 ThUG[151] für Therapieunterbringungssachen. 58

Einstweilige Anordnungen können insbesondere in den Fällen Bedeutung haben, in denen die Entscheidung des erstinstanzlichen Gerichts die Herstellung eines bestimmten Zustandes bezweckt. Die Befugnis des Beschwerdegerichts zum Erlass einer einstweiligen Anordnung nach Abs. 3 bezieht sich nur auf Endentscheidungen, deren Wirkungen nach der Regel des § 40 Abs. 1 eintreten, nicht dagegen auf Beschlüsse, die erst mit der Rechtskraft wirksam werden. Daher darf das Beschwerdegericht grundsätzlich nur Anordnungen hinsichtlich der **schon eingetretenen Wirkung** treffen, nicht aber Entscheidungen, welche noch nicht wirksam geworden sind, im Wege der einstweiligen Anordnung Wirksamkeit verleihen. Eine Ausnahme hiervon besteht in den gesetzlich ausdrücklich vorgesehenen Fällen (z. B. nach §§ 40 Abs. 3 S. 2, 116 Abs. 3 S. 2, S. 3, 198 Abs. 1 S. 2, 209 Abs. 2 S. 2, Abs. 3 S. 1, 216 Abs. 2 S. 1, 324 Abs. 2 S. 1, 422 Abs. 2 S. 1 FamFG; § 30 Abs. 2 LwVG). Insoweit kann bzw. soll (so z. B. §§ 116 Abs. 3 S. 3, 209 Abs. 2 S. 2) das Gericht im Umfang der jeweiligen gesetzlichen Regelung die sofortige Wirksamkeit der Entscheidung der ersten Instanz anordnen. Zu den Einzelheiten siehe die Kommentierung zu den jeweiligen Vorschriften. 58a

In entsprechender Anwendung von § 64 Abs. 3 kann auch eine einstweilige Anordnung durch das **Rechtsbeschwerdegericht** erlassen werden,[152] siehe dazu § 74 Rn 61. 58b

3. Verfahren

Der Erlass einer einstweiligen Anordnung und ihr Inhalt stehen im **pflichtgemäßen Ermessen** des Beschwerdegerichts.[153] Dabei sind die Erfolgsaussichten des Rechtsmittels und die drohenden Nachteile für den Betroffenen gegeneinander abzuwägen.[154] Voraussetzung für den Erlass einer einstweiligen Anordnung ist ein dringendes Bedürfnis, das ein Abwarten der endgültigen Entscheidung nicht zulässt und die Wahrscheinlichkeit einer Endentscheidung im Sinn der zunächst vorläufigen Maßregel wahrscheinlich ist.[155] 59

Es bedarf auch in einem Antragsverfahren **keines förmlichen Antrags**.[156] Einem ausdrücklich gestellten Antrag kommt die Bedeutung einer Anregung zu; eine Pflicht zur Begründung des Antrages besteht nicht (vgl. § 65 Abs. 1). Das Beschwerdegericht hat zwar etwa erforderliche Ermittlungen von Amts wegen vorzunehmen (§ 26), wobei eine Mitwirkungspflicht besteht (§ 27). Ohne konkrete Hinweise besteht jedoch in der Regel für das Beschwerdegericht keine Veranlassung zu weiteren Ermittlungen (s. § 27 Rn 5 ff.). Von einem Beteiligten, der um den Erlass einer einstweiligen Anordnung nach Abs. 3 nachsucht, kann die Darlegung von Umständen verlangt werden, aus denen sich die Notwendigkeit einer Abänderung der angefochtenen Entscheidung und eine Dringlichkeit für ein sofortiges Einschreiten ergibt.[157] 59a

---

[151] Gesetz vom 22. 12. 2010 (BGBl. I S. 2300, 2305).
[152] BGH FGPrax 2010, 97; offen gelassen BGH InfAuslR 2010, 440; FGPrax 2010, 158; FGPrax 2010, 102.
[153] OLG Frankfurt FGPrax 1997, 200; Prütting/Helms/Abramenko § 64 Rn 28.
[154] BGH FGPrax 2010, 97.
[155] BayObLG NJW-RR 1994, 617 = FamRZ 1994, 975; BayObLGZ 1993, 76/80; OLG Düsseldorf NJW-RR 1994, 1288.
[156] S. a. Zöller/Feskorn § 64 FamFG Rn 14; a. A. Prütting/Helms/Abramenko § 64 Rn 25.
[157] OLG Köln OLGZ 1990, 303/304.

59b Die Entscheidung muss durch den **Spruchkörper** und nicht den Vorsitzenden allein ergehen. Die Durchführung einer mündlichen Verhandlung ist nicht erforderlich. In den Fällen einer besonderen Eilbedürftigkeit kann von der Anhörung der übrigen Verfahrensbeteiligten vor Erlass der Entscheidung abgesehen werden. Diese muss aber unverzüglich nachgeholt werden.[158] Eine Kostenentscheidung ist nicht veranlasst,[159] da mit der Entscheidung über eine einstweilige Anordnung keine gesonderten Kosten und Gebühren verbunden sind (s. Rn 72).

60 Einstweilige Anordnungen gemäß Abs. 3 sind zulässig **ab der Vorlage der Beschwerde** durch das Gericht erster Instanz (vgl. § 67 Abs. 1); vorher ist das Beschwerdegericht mit der Sache noch nicht befasst und kann daher noch keine Entscheidung treffen. Die Befugnis zum Erlass einer einstweiligen Anordnung endet mit dem Erlass der Beschwerdeentscheidung.[160] Eine einstweilige Regelung für die Zeit **nach seiner Schlussentscheidung** darf das Beschwerdegericht nicht treffen; insbesondere kann es den Vollzug seiner eigenen Entscheidung nicht aussetzen.[161] Möglich ist aber eine einstweilige Anordnung in entsprechender Anwendung des § 64 Abs. 3 durch das Rechtsbeschwerdegericht (s. Rn 58 b; § 74 Rn 61).

4. Inhalt einer einstweiligen Anordnung

61 Die Anordnungen können positiven Inhalt haben durch einstweilige Gestattung oder Anordnung von bestimmten Handlungen in Fällen, in welchen die Vorinstanz solche nicht gestattet hat; dabei kann es auch Zwangsmittel androhen. Wo es nach dem Inhalt der Entscheidung möglich ist, ist auch eine teilweise Aussetzung zulässig.

62 Die Einstweilige Anordnung muss sich im Rahmen des **Gegenstandes des Beschwerdeverfahrens** halten, der dem Beschwerdegericht angefallen ist.[162] Das Beschwerdegericht darf jedoch keine endgültig wirkenden Maßnahmen, die erst mit dem Rechtsmittel selbst herbeigeführt werden sollen, treffen, z. B. eine aufgehobene Pflegschaft erneut anordnen[163] oder einen Testamentsvollstrecker vorläufig entlassen oder ihm einzelne Amtshandlungen untersagen.[164] Es besteht aber die Möglichkeit, einem Testamentsvollstrecker die einstweilige Fortführung des Amtes zu gestatten.

63 Das Beschwerdegericht kann insbesondere die **Vollziehung** der angefochtenen erstinstanzlichen Entscheidung **aussetzen**, Abs. 3 2. Halbs. Die Aussetzung ist regelmäßig nur bezüglich solcher Beschlüsse zulässig, die erst eines Vollzugs bedürfen, nicht hinsichtlich solcher, deren rechtliche Wirkungen von selbst mit dem Wirksamwerden des Beschlusses eintreten. Diese Entscheidungen werden auch meistens erst mit Rechtskraft wirksam. Die Vollziehung von Fristbestimmungen kann mit der Wirkung ausgesetzt werden, dass der Fristablauf gehemmt wird.

64 Eine Aussetzung des Vollzugs einer in dem erstinstanzlichen Beschluss enthaltenen **Kostenentscheidung** und damit auch der auf ihr beruhende Kostenfestsetzungsbeschluss (§ 85 FamFG i. V. m. §§ 103 ff. ZPO) ist möglich.

5. Einzelfälle

65 a) **Erbscheinsverfahren.** Im Erbscheinseinziehungsverfahren besteht für das Beschwerdegericht wegen der Rechtsnatur des Erbscheins keine Möglichkeit, die Vollziehung eines bereits erteilten Erbscheins gemäß Abs. 3 auszusetzen; es kann aber die einstweilige Rückgabe des Erbscheins zu den Akten des Nachlassgerichts anordnen,[165] eine Maßnahme, die

---

[158] OLG Naumburg FamRZ 2002, 615 L; Zöller/Feskorn § 64 FamFG Rn 15.
[159] BGH FGPrax 2010, 102.
[160] BGH MDR 2001, 951/952; BayObLG MittBayNot 1998, 271.
[161] Prütting/Helms/Abramenko § 64 Rn 29; Zöller/Feskorn § 64 FamFG Rn 16.
[162] BayObLG FamRZ 1997, 572; OLG Bamberg NJW-RR 1995, 7 = FamRZ 1995, 181; OLG München FamRZ 1996, 1022; OLG Stuttgart FamRZ 1998, 1128; OLG Zweibrücken FamRZ 1996, 1226.
[163] BayObLG FamRZ 1988, 423/424; KG OLGZ 1972, 88/92.
[164] OLG Köln NJW-RR 1987, 71.
[165] BayObLG FamRZ 1993, 116; OLG Köln OLGZ 1990, 303; dazu näher Schopp Rpfleger 1983, 264, der zu Unrecht eine solche Anordnung für unzulässig hält.

allerdings nicht die Wirkungen der Einziehung des Erbscheins hat.[166] Das Beschwerdegericht ist nicht befugt, ein Verfügungsverbot für den oder die Erbscheinserben zu erlassen; denn eine solche Anordnung liegt nicht mehr im Rahmen des Erbscheinsverfahrens, sie könnte nur, wenn die Voraussetzungen hierfür vorliegen, vom Prozessgericht erlassen werden (§§ 935, 937, 938, 942 ZPO).[167]

b) Notarkostensachen. In Notarkostensachen (§ 156 KostO) hat die Beschwerde keine aufschiebende Wirkung (§ 156 Abs. 5 S. 1 KostO). Der **Vorsitzende** des Beschwerdegerichts, nicht der Spruchkörper (vgl. § 156 Abs. 5 S. 2 KostO), kann auf Antrag oder von Amts wegen die aufschiebende Wirkung ganz oder teilweise anordnen.

c) Sonstige Fälle. In Verfahren betreffend die Regelung des Umgangsrechts kommt eine einstweilige Aussetzung der Vollziehung einer Anordnung nach §§ 1684 Abs. 2, 3, 1685 BGB durch das Beschwerdegericht in Betracht.[168] Auch kann der Vollzug einer Entscheidung nach § 1671 BGB mit der Folge ausgesetzt werden, dass der Elternteil, dem die elterliche Sorge übertragen ist, diese nicht ausüben, also die Herausgabe des Kindes nicht erwirken und erzwingen kann.[169] Voraussetzung für eine Aussetzung der Rechtswirkung einer Sorgerechtsentscheidung ist indes, dass konkrete Maßnahmen seitens des Sorgerechtsinhabers drohen, die für das Wohl des Kindes schädlich sind und eine abschließende Entscheidung nicht abgewartet werden kann.[170]

Die sofortige Wirksamkeit einer Unterbringungsanordnung nach §§ 1800, 1631 b BGB kann außer Kraft gesetzt werden. Es kann die sofortige Wirksamkeit einer Entscheidung angeordnet werden, z. B. bei Zustimmung zur Verfügung über Haushaltsgegenstände bzw. Gesamtgut (§§ 1365 Abs. 2, 1369 Abs. 2, 1426, 1452 Abs. 2, 1487 BGB), bei Zustimmung zu Rechtsgeschäften über persönliche Angelegenheit des anderen Ehegatten (§§ 1430, 1452 Abs. 2 BGB), bei einer Entscheidung über Meinungsverschiedenheiten nach §§ 1630 Abs. 2, 1797 Abs. 1 S. 2, 1798, 1915 BGB, bei einer Ersetzung der Zustimmung eines Dritten nach §§ 1639 Abs. 2, 1803 Abs. 3, 1917 Abs. 3 BGB. Im Verfahren auf Abberufung eines Aufsichtsratsmitglieds nach § 103 Abs. 3 AktG kann nach Abberufung durch das AG das Beschwerdegericht einstweilen anordnen, dass das Aufsichtsratsmandat zunächst nicht anderweitig besetzt werden darf.[171]

6. Wirksamwerden, Dauer und Änderung einstweiliger Anordnungen

Die einstweilige Anordnung wird mit der **Bekanntgabe** an denjenigen Beteiligten wirksam, für die sie ihrem wesentlichen Inhalt nach bestimmt ist (vgl. § 40 Abs. 1).

Eine einstweilige Anordnung kann jederzeit von Amts wegen abgeändert bzw. aufgehoben werden. Ebenfalls kann das Beschwerdegericht die **Dauer der Wirksamkeit** in der einstweiligen Anordnung selbst zeitlich beschränken. In diesem Falle verliert sie mit Ablauf des Datums ohne Weiteres ihre Wirkung; im Einzelfall kann zur Klarstellung eine deklaratorische Aufhebung geboten sein. Die Wirksamkeit einer einstweiligen Anordnung **endet** aber jedenfalls, wenn der Verfahrensabschnitt durch Erlass einer Entscheidung in der Hauptsache beendet wird.[172] Gleiches gilt entsprechend § 68 Abs. 3 S. 1 i. V. m. § 56 Abs. 1 bei einer Erledigung der Hauptsache auf andere Weise, z. B. durch Rücknahme der Beschwerde (§ 67 Abs. 4), durch Verzicht auf die Beschwerde (§ 67 Abs. 1, Abs. 3), durch übereinstimmende Erledigungserklärung (vgl. § 22 Abs. 3), durch Vergleich (§ 36), durch Tod des Betroffenen. Einer förmlichen Aufhebung der Anordnung bedarf es regelmäßig nicht; im Einzelfall kann ein klarstellender Ausspruch mit der Beschwerdeentscheidung oder auch gesondert erfolgen, z. B. wenn das Beschwerdeverfahren ohne eine förmlich abschließende

---

[166] BGHZ 40, 54/59; BayObLGZ 1983, 213/223; OLG Frankfurt Rpfleger 1973, 95; Schopp Rpfleger 1983, 264.
[167] OLG Köln OLGZ 1990, 303; Schopp Rpfleger 1983, 264.
[168] BayObLG WE 1989, 107; BayObLG 1967, 304/309.
[169] BayObLG 1963, 191/192; KG OLGZ 1976, 130; OLG Hamm JMBl.NW 1960, 67.
[170] OLG Bamberg FamRZ 2001, 1311.
[171] OLG Köln WM 1989, 104.
[172] BayObLGZ 1991, 17/24; BayObLG DAVorm 1985, 701; OLG Hamm FamRZ 1995, 1209.

Entscheidung endet. Wird die Entscheidung des Beschwerdegerichts in der Hauptsache auf die Rechtsbeschwerde unter Zurückverweisung aufgehoben, so lebt der Aussetzungsbeschluss nicht wieder auf.[173]

7. Anfechtbarkeit

71 Die im Beschwerdeverfahren erlassenen einstweiligen Anordnungen sind **nicht anfechtbar**.[174] Dies gilt auch, wenn das Beschwerdegericht mit einer einstweiligen Anordnung über den Rahmen der durch die Vornahme oder Ablehnung der den Gegenstand des Verfahrens bildenden richterlichen Handlung hinaus greift oder die Hauptsacheentscheidung vorwegnimmt. Eine Anfechtung ist selbst bei einer greifbaren Gesetzwidrigkeit auch nicht im Wege einer außerordentlichen Beschwerde möglich.[175] Dieses außerordentliche Rechtsmittel widerspricht dem verfassungsrechtlichen Grundsatz der Rechtsmittelklarheit[176] und ist daher mit dem Rechtsstaatsprinzip nicht vereinbar (s. Anh zu § 58 Rn 58). Auch die Wiederaufhebung oder Abänderung einer einstweiligen Anordnung durch das Beschwerdegericht, das sie erlassen hat, unterliegt keiner Anfechtung;[177] ebenso wenig die Ablehnung eines Antrags auf Erlass einer einstweiligen Anordnung.[178]

IX. Kosten und Gebühren

72 Hinsichtlich der Kosten und Gebühren für das Beschwerdeverfahren siehe § 58 Rn 116. Mit der Entscheidung über eine einstweilige Anordnung nach § 64 Abs. 3 sind keine gesonderten Kosten und Gebühren verbunden.

Beschwerdebegründung

65 **(1) Die Beschwerde soll begründet werden.**

(2) Das Gericht kann dem Beschwerdeführer eine Frist zur Begründung der Beschwerde einräumen.

(3) Die Beschwerde kann auf neue Tatsachen und Beweismittel gestützt werden.

(4) Die Beschwerde kann nicht darauf gestützt werden, dass das Gericht des ersten Rechtszuges seine Zuständigkeit zu Unrecht angenommen hat.

I. Normzweck und Anwendungsbereich

1 Die Vorschrift regelt Einzelheiten des Beschwerdeverfahrens, insbesondere Inhalt und Umfang der Begründungspflicht sowie den Umfang der Nachprüfung der Ausgangsentscheidung durch das Beschwerdegericht. **Abs. 1** übernimmt die Regelung des § 571 Abs. 1 ZPO und fordert von dem Beschwerdeführer eine Begründung seines Rechtsmittels (Abs. 1). Hiermit soll das Verfahren gefördert und für den Beschwerdeführer der Inhalt des Rechtsmittelangriffs sowie für das Beschwerdegericht der Prüfungsmaßstab festgelegt werden. Zur Beschleunigung des Beschwerdeverfahrens und um den Beschwerdeführer darüber in Kenntnis zu setzen, ab welchem Zeitpunkt er mit einer Entscheidung rechnen muss,[1] kann das Gericht dem Beschwerdeführer eine Frist zur Einreichung der Begründung setzen **(Abs. 2)**. Diese Bestimmung korrespondiert mit § 581 Abs. 3 S. 1 ZPO. **Abs. 3** übernimmt die Vorschrift des § 571 Abs. 2 S. 1 ZPO und ordnet an, dass das Beschwerdevorbringen grundsätzlich keinen Beschränkungen unterliegt. Vielmehr können der Be-

---

[173] BayObLG FamRZ 1995, 626; BayObLGZ 1963, 191/192.
[174] BGH NJW-RR 1997, 1149; BayObLG FamRZ 1999, 1594; OLG Düsseldorf MDR 1993, 1233; OLG Frankfurt FGPrax 1997, 200; OLG Zweibrücken FamRZ 1981, 189; jew. für die einstweilige Anordnung nach § 24 Abs. 3 FGG.
[175] So aber anscheinend Prütting/Helms/Abramenko § 64 Rn 38.
[176] BVerfG NJW 2003, 1924.
[177] OLG Zweibrücken FamRZ 1981, 189.
[178] BGH NJW-RR 1997, 1149; BayObLG NJW-RR 1998, 1047; OLG Düsseldorf MDR 1993, 1233; jew. für die einstweilige Anordnung nach § 24 Abs. 3 FGG.
[1] BT-Drs. 16/6308 S. 206.

schwerdeführer, aber auch der Beschwerdegegner sowie andere Beteiligte neue Tatsachen und Beweise vorbringen. Um das Beschwerdegericht von rein prozessualen Streitigkeiten zu entlasten, sieht **Abs. 4** in Anlehnung an § 513 Abs. 2 und § 571 Abs. 2 S. 2 ZPO vor, dass die Beschwerde nicht darauf gestützt werden kann, dass das Gericht des ersten Rechtszuges seine Zuständigkeit zu Unrecht bejaht hat. Damit soll vermieden werden, dass die Entscheidung des Ausgangsgerichts allein deshalb aufgehoben wird, weil es seine Zuständigkeit zu Unrecht bejaht hat. Insoweit soll das Verfahren beschleunigt und das Beschwerdegericht von rein prozessualen Streitigkeiten entlastet werden.[2] Zudem soll vermieden werden, dass die von dem Gericht erster Instanz geleistete Sacharbeit und die durchgeführten Amtsermittlungen (§ 26) wegen fehlender Zuständigkeit hinfällig werden.

§ 65 findet auf alle Beschwerden gegen die im ersten Rechtszug ergangenen Endentscheidungen (siehe dazu § 58 Rn 16) der AG oder LG in den im FamFG geregelten Verfahren einschließlich Ehesachen (§ 121) sowie Familienstreitsachen (§ 112) Anwendung. Wegen der weiteren Einzelheiten siehe § 58 Rn 2. Soweit nach Landesrecht für die Durchführung des Verfahrens andere als gerichtliche Behörden zuständig sind (§ 488 Abs. 1), findet § 65 keine Anwendung. In den landesgesetzlich geregelten Angelegenheiten der freiwilligen Gerichtsbarkeit kann der Landesgesetzgeber die entsprechende Geltung des FamFG und somit des § 65 vorschreiben. Zu den Einzelheiten siehe die Ausführungen bei § 486.

Zu der Übergangsregelung siehe die Kommentierung zu Art. 111 FGG-RG.

II. Begründungspflicht (Abs. 1)

Der Beschwerdeführer **soll** die Beschwerde begründen (Abs. 1). Nähere Bestimmungen über den Inhalt und den Umfang einer Begründung enthält das Gesetz nicht. Zum Umfang des Anwaltszwangs siehe § 64 Rn 46. Für den Fall einer Verletzung der Begründungspflicht sieht das Gesetz keine Sanktionen vor. Das Rechtsmittel ist auch zulässig, wenn der Beschwerdeführer weder bei Einreichung des Rechtsmittels noch innerhalb einer durch das Gericht gesetzten Frist eine förmliche Begründung nachreicht.[3] Ebenso wenig kann das Gericht die Beschwerde wegen einer Verletzung der Begründungsfrist oder der Mitwirkungspflicht des Beteiligten (vgl. § 27) als unbegründet zurückweisen.[4] Die Beschwerde muss letztlich auf der Grundlage einer wohlwollenden Auslegung[5] nur erkennen lassen, in welchem Umfange der Beschwerdeführer die angegriffene Entscheidung bekämpft. Das Beschwerdegericht hat dann die zur Entscheidung des Rechtsmittels entscheidungserheblichen Tatsachen von Amts wegen (§ 26) festzustellen.[6] Damit führt die für das FamFG-Verfahren neu eingeführte Begründungspflicht letztlich keine gegenüber der bisherigen Rechtslage abweichende Regelung ein. Das Fehlen einer Beschwerdebegründung kann aber im einstweiligen Anordnungsverfahren Zweifel an der Eilbedürftigkeit der verlangten Maßnahme begründen.[7]

Eine Ausnahme hiervon sieht § 117 Abs. 1 S. 1 für die **Beschwerde in Ehesachen** (§ 121) und **Familienstreitsachen** (§ 112) vor. In diesen Verfahren hat der Beschwerdeführer zwingend einen bestimmten Sachantrag zu stellen und diesen zu begründen. Die Frist hierfür beträgt zwei Monate und beginnt mit der schriftlichen Bekanntgabe des Beschlusses, spätestens mit Ablauf von fünf Monaten nach Erlass des Beschlusses (§ 117 Abs. 1 S. 3). Das Fehlen eines Sachantrages oder einer Begründung führt zur Unzulässigkeit der Beschwerde. Zu den weiteren Einzelheiten siehe die Erläuterungen zu § 117.

III. Begründungsfrist (Abs. 2)

Das **Gericht**, nicht der Vorsitzende, kann dem Beschwerdeführer eine **Frist zur Begründung seines Rechtsmittels** einräumen (Abs. 2). Die Frist muss dem Einzelfall ent-

---
[2] BT-Drs. 16/6308 S. 206.
[3] BT-Drs. 16/6308 S. 206.
[4] OLG Brandenburg Beschl. v. 22. 7. 2010 – 9 WF 95/10 BeckRS 2010, 19864.
[5] OLG Karlsruhe/Freiburg FGPrax 2003, 145.
[6] OLG Brandenburg Beschl. v. 22. 7. 2010 – 9 WF 95/10 BeckRS 2010, 19864.
[7] OLG Brandenburg Beschl. v. 22. 7. 2010 – 9 WF 95/10 BeckRS 2010, 19864.

sprechend angemessen sein. In der Regel sind zwei bis drei Wochen ausreichend. Auf Antrag kann die Frist durch das Gericht verlängert werden, sofern erhebliche Gründe glaubhaft gemacht werden (vgl. § 16 Abs. 2 FamFG i. V. m. § 224 Abs. 2 ZPO). In Betracht kommt eine Fristverlängerung z. B. bei der Notwendigkeit weitere Informationen oder Unterlagen zu beschaffen, bei einer noch nicht gewährten Akteneinsicht, bei einer näher aufgezeigten arbeitsmäßigen Überlastung eines Beteiligten bzw. seines Verfahrensbevollmächtigten,[8] bei einer Erkrankung eines Beteiligten bzw. seines Verfahrensbevollmächtigten oder bei einem Wechsel des Verfahrensbevollmächtigten[9] (zu den weiteren Einzelheiten siehe auch § 16 Rn 29). Eine Friständerung (Verlängerung oder Abkürzung) kann auch von Amts wegen durch das Gericht erfolgen, sofern hierzu eine Notwendigkeit besteht. In entsprechender Anwendung des Abs. 2 kann das Beschwerdegericht auch den **übrigen Beteiligten des Beschwerdeverfahrens**, insbesondere einem Beschwerdegegner, eine Frist zur Stellungnahme zur übersandten Beschwerdebegründung setzen.

6   Die Fristsetzung ist bekannt zu geben (vgl. § 15). Das Gericht darf vor Ablauf der gesetzten Frist nicht entscheiden, selbst wenn es die Sache für entscheidungsreif hält[10] oder die Fristsetzung an sich nicht erforderlich war.[11] Eine Verletzung der gesetzten Frist durch den Beschwerdeführer hat keine Auswirkungen; insbesondere löst eine Fristsetzung keinen Begründungszwang aus.[12] Die Begründungsfrist ist keine Ausschlussfrist; eine **Präklusion verspäteten Vorbringens** sieht das Gesetz nicht vor. Das nach Ablauf der Frist eingereichte Vorbringen sowie die geltend gemachten Beweismittel kann das Gericht nicht zurückweisen; vielmehr hat es das gesamte Vorbringen der Beteiligten bis zum Erlass seiner Entscheidung (vgl. § 38 Abs. 3 S. 2) zu berücksichtigen.[13] Die Nichtberücksichtigung neuen erheblichen Vorbringens ist ein schwerer Verfahrensmangel.[14] Insoweit ist allein die objektive Möglichkeit der Kenntnisnahme entscheidend, wobei es genügt, dass der Schriftsatz mit den neuen Tatsachen und Beweismitteln bis zu diesem Zeitpunkt in den Bereich des Gerichts gelangt ist (siehe Rn 12). Abweichend hiervon sieht das Gesetz für **Ehesachen** (§ 121) und **Familienstreitsachen** (§ 112) die Möglichkeit der Zurückweisung neuen Vorbringens in § 115 vor.

7   Aus den Gründen des rechtlichen Gehörs (Art. 103 Abs. 1 GG) sowie der Amtsermittlungspflicht (§ 26) ergibt sich, dass das Beschwerdegericht bei einer **in Aussicht gestellten** oder **vorbehaltenen Beschwerdebegründung** mit seiner Entscheidung eine angemessene Zeit auch dann warten muss, wenn keine Begründungsfrist nach § 65 Abs. 2 gesetzt worden ist.[15] Das gilt insbesondere, wenn der Beschwerdeführer den Vortrag neuer Tatsachen und die Bezeichnung neuer Beweismittel angekündigt hat. Diese Wartepflicht besteht auch, wenn das Beschwerdegericht eine Beschwerdebegründung nicht für erforderlich erachtet oder die Sache für entscheidungsreif hält. Die Dauer der Wartefrist hat sich am Einzelfall insbesondere an der Dringlichkeit der anstehenden Entscheidung zu orientieren. Regelmäßig dürfte ein Zuwarten von **2 bis 3 Wochen** angemessen, aber auch ausreichend sein.[16] Sofern Anhaltspunkte dafür bestehen, dass der Beschwerdeführer eine Verschleppung des Verfahrens beabsichtigt, dürfte es zweckmäßig sein, ihm eine Frist zur Vorlage der angekündigten Beschwerdebegründung zu setzen.[17] Auch wenn sich der Beschwerdeführer nicht ausdrücklich eine Begründung vorbehalten hat, kann es im Einzelfall geboten sein, mit der Entscheidung über die Beschwerde eine angemessene Zeit zu warten.[18] Die vorstehenden Grundsätze gelten auch für die Stellungnahmen der **übrigen**

---

[8] BGH NJW 1991, 2080.
[9] Musielak/Stadler § 224 Rn 3.
[10] BVerfGE 12, 110/113.
[11] BVerfG NJW 1988, 1773.
[12] A. A. Baumbach/Hartmann § 65 FamFG Rn 2.
[13] BGH MDR 1955, 94; KG FGPrax 1997, 224 = NJW-RR 1998, 436.
[14] Schneider MDR 1989, 870.
[15] BayObLG NJW-RR 1986, 1446; NJW 1974, 2322; OLG Köln NJW-RR 1986, 1124.
[16] BGH ZInsO 2010, 2147; OLG Köln NJW-RR 1986, 1124; OLG Zweibrücken NJW-RR 1987, 576; Bahrenfuss/Joachim/Kräft § 65 Rn 3; Prütting/Helms/Abramenko § 65 Rn 5; a. A. Jansen/Briesemeister § 23 Rn 4: drei Wochen bis zu einem Monat.
[17] KG NJW 1954, 1440.
[18] BayObLGZ 1974, 302.

Beteiligten des Beschwerdeverfahrens, insbesondere eines Beschwerdegegners, sofern das Beschwerdegericht auf die Beschwerde die erstinstanzliche Entscheidung abändern möchte.

Ob das Beschwerdegericht **nach Ablauf der gesetzten Frist** oder, wenn keine Fristsetzung erfolgt ist, nach **angemessener Zeit** in der Sache entscheiden kann, hängt davon ab, ob der Sachverhalt hinreichend geklärt ist. Hatte der Beschwerdeführer ausreichende Gelegenheit zur Begründung seines Rechtsmittels, ist ihm damit das rechtliche Gehör gewährt worden.[19] Sofern keine gesetzlichen Vorschriften bestehen, nach denen eine **persönliche Anhörung** des Beschwerdeführers oder eines Beteiligten erforderlich ist, obliegt es dem pflichtgemäßem Ermessen des Gerichts, ob ihm Gelegenheit zur mündlichen Äußerung gegeben werden soll.[20] Zu beachten ist indes die Regelung in § 68 Abs. 3 hinsichtlich der Notwendigkeit zur Durchführung eines Termins oder einer mündlichen Verhandlung (siehe dazu § 68 Rn 57). Eine **Anhörung des Beschwerdeführers** ist auf jeden Fall dann zwingend erforderlich, wenn diese nach Vorlage seiner schriftlichen Beschwerdebegründung voraussichtlich noch zu weitergehenden Erkenntnissen führen wird.[21]

IV. Neue Tatsachen und Beweise (Abs. 3)

1. Allgemeines

Die Beschwerde kann auf neue Tatsachen und Beweismittel gestützt werden (Abs. 3). Eine bestimmte Form für das neue Vorbringen schreibt das Gesetz nicht vor. Das Rechtsmittel führt zu einer umfassenden rechtlichen und tatsächlichen Nachprüfung des angefochtenen Beschlusses. Das Beschwerdegericht tritt in den Grenzen der Beschwerde vollständig an die Stelle des Gerichts erster Instanz (vgl. § 68 Rn 42).[22] Die Nichtberücksichtigung neuen Vorbringens ist ein schwerer Verfahrensmangel.[23] In entsprechender Anwendung des Abs. 3 können auch die übrigen **Beteiligten des Beschwerdeverfahrens,** insbesondere ein Beschwerdegegner, einen neuen Vortrag in das Verfahren einführen.

2. Zulassung neuer Tatsachen und Beweismittel

Neu sind **Tatsachen,** die in erster Instanz weder von den Beteiligten vorgebracht noch sonst dem Gericht bekannt geworden oder von ihm festgestellt (§ 26) worden sind; neu sind **Beweismittel,** welche in erster Instanz von keinem der Beteiligten vorgebracht und von dem Gericht auch von Amts wegen (§ 26) nicht benutzt worden sind. Für die Zulassung in der Beschwerdeinstanz ist es nicht erforderlich, dass die Tatsachen und Beweismittel erst nach Erlass der angefochtenen Entscheidung zur Verfügung standen oder erst nach diesem Zeitpunkt dem Beschwerdeführer bekannt geworden sind, also nicht früher geltend gemacht werden konnten.[24] Neue Beweismittel können sowohl für die neuen als für die in erster Instanz verwerteten Tatsachen benannt werden. Eine Veränderung der Sachlage kann die Beschwerde rechtfertigen und zur Aufhebung der Vorentscheidung führen, auch wenn diese nach der damaligen Sachlage zu Recht ergangen war.[25] Ebenfalls kann ein Beschluss, der mit den Erklärungen des Beschwerdeführers in erster Instanz in Einklang steht, mit der Begründung angefochten werden, es liege eine Willensänderung vor.

Hat der Beschwerdeführer im erstinstanzlichen Verfahren z.B. die Entlassung eines Testamentsvollstreckers aus wichtigem Grund (§ 2227 BGB) wegen einer groben Pflichtverletzung gestützt, so können im Beschwerdeverfahren andere Gründe, z.B. die Unfä-

---

[19] BayObLG NJW-FER 1998, 110.
[20] BayObLG NJW-FER 1998, 110.
[21] BayObLG NJW-FER 1998, 110.
[22] St. Rspr. BGH FGPrax 2011, 78; NJW 1982, 1464.
[23] Schneider MDR 1989, 870.
[24] BGH NZI 2008, 391.
[25] BayObLG Betr. 1979, 1981; OLG Karlsruhe AgrarR 1974, 322 (nachträglich eingetretene Versagungsgründe für Genehmigung nach § 9 Abs. 1 GrdstVG); OLG München FamRZ 1985, 79/80.

higkeit für eine Entlassung geltend gemacht werden.[26] In Freiheitsentziehungssachen kann die Beschwerde gegen die Zurückweisung eines Antrags auf Aufhebung der Freiheitsentziehung nach § 426 Abs. 2 nicht nur auf neue Tatsachen und Beweismittel, sondern auch auf Einwände gegen die ursprüngliche Anordnung der Freiheitsentziehung gestützt werden.[27]

3. Zeitliche Begrenzung des neuen Vorbringens

12 Zeitlich können die neuen Tatsachen und Beweise vom Beschwerdeführer nicht bloß bei der Beschwerdeeinlegung vorgebracht werden, sondern solange das Verfahren beim Beschwerdegericht anhängig ist, somit **bis zum Erlass** (vgl. § 38 Abs. 3 S. 3) der Entscheidung über die Beschwerde.[28] Bei einer nicht durch Verlesen der Beschlussformel erlassenen (vgl. § 38 Abs. 3 S. 3 2. Alt.) oder einer nicht verkündeten (vgl. § 113 Abs. 1 S. 2 FamFG i. V. m. § 329 Abs. 1 S. 1 ZPO) Entscheidung ist damit jedes neue Vorbringen zu berücksichtigen, das bis zur Übergabe des Beschlusses an die Geschäftsstelle des Beschwerdegerichts (vgl. § 38 Abs. 3 S. 3 1. Alt.) eingeht. Dies gilt auch, wenn im Beschwerdeverfahren ein Termin oder eine mündliche Verhandlung stattgefunden hat. Entscheidend ist nur der objektive Eingang der Stellungnahme, nicht die Kenntnisnahme durch den Richter.[29] Auf ein Verschulden kommt es nicht an. Insoweit obliegt es dem Gericht durch organisatorische Vorkehrungen dafür Sorge zu tragen, dass der Schriftsatz noch rechtzeitig vorgelegt wird. Gegebenenfalls ist eine bereits getroffene, aber noch nicht erlassene Entscheidung anzuhalten.[30]

12a In **Ehesachen und Familienstreitsachen** können nicht rechtzeitig vorgebrachte neue Angriffs- und Verteidigungsmittel zurückgewiesen werden, wenn ihre Zulassung nach der freien Überzeugung des Gerichts die Erledigung des Verfahrens verzögern würde und die Verspätung auf grober Nachlässigkeit beruht (§ 115 S. 1). Im übrigen sind die Angriffs- und Verteidigungsmittel abweichend von §§ 296 ff., 530, 531, 533 ZPO zuzulassen; zu den Einzelheiten siehe die Kommentierung zu § 115.

4. Abhilfepflicht

13 Sind neue Tatsachen und Beweismittel bereits mit der Beschwerdeschrift vorgebracht, so hat das Gericht erster Instanz zu prüfen, ob die Notwendigkeit einer Abhilfe besteht (vgl. 68 Abs. 1). In diesem Falle kann es selbst Ermittlungen über die neuen Tatsachen und über die Aussichten neuer Beweiserhebungen anstellen; zu den Einzelheiten siehe § 68 Rn 5 ff. Enthält eine erst beim Beschwerdegericht eingereichte Beschwerdebegründung neue Tatsachen und Beweismittel, so kann das Beschwerdegericht die Beschwerde indes nicht der Vorinstanz zur Prüfung vorlegen, damit diese der Beschwerde nunmehr abhelfe.

5. Beschränkung der neuen Tatsachen und Beweise; Bindungswirkung

14 Das Gesetz beschränkt die Beschwerdegründe an verschiedenen Stellen, so z. B. in § 372 Abs. 2 für die Beschwerde gegen den Bestätigungsbeschluss, in § 373 i. V. m. § 372 Abs. 2 für die Beschwerde bei der Auseinandersetzung einer Gütergemeinschaft, in § 391 Abs. 2 für die Beschwerde gegen die Festsetzung eines Zwangsgeldes nach § 389, in § 408 Abs. 2 für die Beschwerde in dem Verfahren über die Aufmachung einer Dispache. Insoweit können neue Tatsachen und Beweismittel nur in dem Umfang der gesetzlichen Beschränkung geltend gemacht werden. Soweit sich die Beschwerde auf nicht zugelassene Beschwerdegründe stützt, ist sie unzulässig.

---

[26] OLG Köln NJW-RR 2005, 94.
[27] BGH NJW 2009, 299; OLG Frankfurt OLGR 2006, 83; OLG Stuttgart FGPrax 1996, 40; a. A. OLG Saarbrücken OLGR Frankfurt 2007, 193 = BeckRS 2007, 17525; jew. für § 10 Abs. 2 FEVG.
[28] BGH Beschl. v. 8. 4. 2010 – V ZB 51/10 = BeckRS 2010, 08685; OLG Schleswig FGPrax 2011, 34.
[29] BGH Beschl. v. 8. 4. 2010 – V ZB 51/10 = BeckRS 2010, 08685.
[30] BVerfGE 62, 353; BayObLG NJW-RR 1999, 1685; OLG Köln OLGR 2001, 136 = BeckRS 2000, 30137010; OLG Zweibrücken FGPrax 2002, 116 = NJW-RR 2002, 1015; Schneider MDR 1990, 597.

Wird das Beschwerdegericht nach einer Zurückverweisung an das Ausgangsgericht wiederum mit der Sache befasst, ist es an die **tatsächlichen und rechtlichen Ausführungen** des Zurückverweisungsbeschlusses **gebunden**. Insoweit können diese Gründe nicht mit der erneuten Beschwerde geltend gemacht werden (siehe dazu § 69 Rn 27).[31] Die Selbstbindung setzt voraus, dass dasselbe Verfahren erneut in die Rechtsmittelinstanz gelangt. Daher besteht bei einem neuen Erbscheinsantrag keine Bindung des Beschwerdegerichts an die Auffassung aus einem früheren Erbscheinsverfahren.[32]

V. Beschränkung der Zuständigkeitsprüfung (Abs. 4)

1. Bejahung der Zuständigkeit

Keiner Nachprüfung durch das Beschwerdegericht unterliegt die Frage, ob das Gericht des ersten Rechtszuges zu Recht seine Zuständigkeit angenommen hat (Abs. 4). Dabei ist unerheblich, ob das erstinstanzliche Gericht seine Zuständigkeit inzidenter in einer Endentscheidung in der Sache oder in einem gesonderten Zwischenbeschluss (vgl. hierzu § 38 Rn 33) bejaht hat. Es kommt ebenso wenig darauf an, **aus welchen Gründen** die Zuständigkeit bejaht worden ist und ob ein **ausschließlicher Gerichtsstand** (z.B. nach § 170) in Betracht kommt. Dies gilt angesichts der eindeutigen Regelung in Abs. 4 auch für die Überprüfung der örtlichen Zuständigkeit des Registergerichts (vgl. § 377).[33] Die Eintragungen eines örtlich unzuständigen Registergerichts können jedoch jederzeit im Amtslöschungsverfahren beseitigt werden (siehe § 377 Rn 3). Gleichgültig ist ebenfalls, ob das Gericht des ersten Rechtszuges seine Zuständigkeit in dem angefochtenen Beschluss **ausdrücklich** bejaht oder nur **stillschweigend** angenommen hat. Eine Prüfung einer bejahten Zuständigkeit durch das Beschwerdegericht ist angesichts des eindeutigen Wortlauts des Abs. 4 auch dann ausgeschlossen, wenn das Gericht erster Instanz die Beschwerde nach § 61 Abs. 2, Abs. 3 ausdrücklich zur Klärung dieser Frage zugelassen hat.[34]

Ausnahmsweise soll eine Prüfung der Zulässigkeit durch das Beschwerdegericht dann möglich sein, wenn das Gericht seine Zuständigkeit willkürlich angenommen[35] und damit den Beteiligten den gesetzlichen Richter (Art. 101 Abs. 1 S. 2 GG) entzogen hat.[36] Diese Auffassung ist indes abzulehnen.[37] Angesichts der eindeutigen Fassung des Abs. 4 besteht insoweit keine Korrekturmöglichkeit durch die Fachgerichtsbarkeit; es bleibt allenfalls die Verfassungsbeschwerde.

Die Beschränkung der Prüfung durch das Beschwerdegericht erfasst die von der Vorinstanz bejahte **örtliche** und **sachliche Zuständigkeit.** Ebenfalls keiner Überprüfung unterliegt die von dem erstinstanzlichen Gericht bejahte **funktionelle Zuständigkeit** bzw. Verfahrenszuständigkeit[38] (z.B. Einzelrichter oder Kammer; Zivilabteilung des AG oder Familiengericht;[39] Zivilabteilung des AG oder Landwirtschaftsgericht; Zivilkammer des LG oder Kammer für Handelssachen). Ausnahmsweise unterliegt die Überschreitung der funktionellen Zuständigkeit durch den Rechtspfleger der Überprüfung durch das Beschwerdegericht.[40] Die insoweitig getroffene Entscheidung ist nach § 8 Abs. 4 S. 1 RPflG unwirksam und entfaltet keine Rechtswirkungen. Da diese gleichwohl existent ist, unterliegt sie der Aufhebung durch das Beschwerdegericht (vgl. Einl. Rn 92).[41]

---

[31] BayObLG Rpfleger 1992, 432.
[32] BayObLG ZEV 1998, 472.
[33] A. A. SBW/Unger § 65 Rn 12; SBW/Nedden-Boeger § 377 Rn 22.
[34] BGH NJW 2009, 1974; vgl. auch BGH FGPrax 2011, 101 für die Zulassung durch das Beschwerdegericht.
[35] S. dazu BVerfG NJW 1970, 2155; BGH FGPrax 2011, 101.
[36] So z. B. OLG Oldenburg NJW-RR 1999, 865; MünchKommZPO/Rimmelspacher § 514 Rn 19; jew. für die Berufung; MünchKommZPO/Lipp § 571 Rn 9, der die Möglichkeit einer Gegenvorstellung bejaht; Wieczorek/Jänisch § 571 Rn 9 für die Beschwerde.
[37] So auch Zöller/Heßler § 513 Rn 10 für die Berufung.
[38] Bahrenfuss/Joachim/Kräft § 65 Rn 7: Haußleiter § 65 Rn 3; Holzer/Netzer § 65 Rn 21; Johannsen/Henrich/Althammer § 65 Rn 10; Musielak/Borth § 65 Rn 4; Zöller/Feskorn § 65 FamFG Rn 8.
[39] BGH FamRZ 2009, 219.
[40] OLG Düsseldorf FGPrax 2011, 158.
[41] Vgl. auch BGH MDR 2010, 1422; NJW-RR 2005, 1299; OLG Düsseldorf FGPrax 2011, 158; OLG München MDR 2001, 236.

§ 66

Dagegen fällt entgegen dem weiten Wortlaut des Abs. 4 die bejahte **internationale Zuständigkeit** nicht unter den Ausschluss des Abs. 4.[42] Angesichts der Komplexität der Materie, insbesondere auch der Vielzahl der vorrangigen europäischen Vorschriften, z. B. nach Art. 17 EuEheVO, Art. 25 EuGVVO,[43] Art. 19 EuGVÜ oder Art. 19 LugÜ, sowie staatsvertraglichen Bestimmungen, unterliegt die internationale Zuständigkeit umfänglich der Prüfung durch das Beschwerdegericht.[44]

19 Unanwendbar ist § 65 Abs. 4 auf Entscheidungen über Fragen der **Verfahrenszuständigkeit** im Verhältnis der Familiensachen und Angelegenheiten der freiwilligen Gerichtsbarkeit zur ordentlichen Gerichtsbarkeit. Insoweit finden gemäß § 17a Abs. 6 GVG die Regelungen in § 17a Abs. 1 bis 5 GVG entsprechende Anwendung.

2. Verneinung der Zuständigkeit

20 Soweit das Gericht des ersten Rechtszuges seine örtliche, sachliche und/oder funktionelle Zuständigkeit verneint, ohne von der Möglichkeit der Verweisung nach § 3 Gebrauch zu machen, unterliegt insoweit die (abweisende) Entscheidung einer umfassenden rechtlichen und tatsächlichen Nachprüfung durch das Beschwerdegericht.

VI. Kosten und Gebühren

21 Zu den Kosten und Gebühren siehe § 58 Rn 116.

Anschlussbeschwerde

66 ¹Ein Beteiligter kann sich der Beschwerde anschließen, selbst wenn er auf die Beschwerde verzichtet hat oder die Beschwerdefrist verstrichen ist; die Anschließung erfolgt durch Einreichung der Beschwerdeanschlussschrift bei dem Beschwerdegericht. ²Die Anschließung verliert ihre Wirkung, wenn die Beschwerde zurückgenommen oder als unzulässig verworfen wird.

Übersicht

	Rn
I. Normzweck und Anwendungsbereich	1
II. Zulässigkeit der Anschließung	3
1. Allgemein	3
2. Anschließung an eine Anschlussbeschwerde	7
III. Voraussetzungen der Anschließung	8
IV. Zeitpunkt der Anschließung	10
V. Form und Verfahren der Anschlussbeschwerde	11
1. Allgemein	11
2. Adressat der Anschlussbeschwerde	12
3. Einlegung der Anschlussbeschwerde; Verfahren	15
a) Einlegung	15
b) Form und Inhalt	17
c) Verfahren	18
VI. Entscheidung	19
1. Allgemein	19
2. Kostenentscheidung	20
3. Akzessorietät der Anschlussbeschwerde	21
VII. Kosten und Gebühren	22

---

[42] Johannsen/Henrich/Althammer § 65 Rn 10; vgl. auch BGH NJW-RR 2008, 1381; NJW 2003, 2916; jew. zur Revision.
[43] Zur Anwendbarkeit in Verfahren der freiwilligen Gerichtsbarkeit siehe Thomas/Putzo/Hüßtege Art. 1 EuGVVO Rn 2.
[44] Prütting/Helms/Abramenko § 65 Rn 22; siehe auch. BGH NJW 2004, 1456; Musielak/Ball § 513 Rn 7; Zöller/Heßler § 513 Rn 8; jew. für die Berufung; MünchKommZPO/Lipp § 571 Rn 11 für die Beschwerde nach der ZPO.

I. Normzweck und Anwendungsbereich

Bisher war für Verfahren der freiwilligen Gerichtsbarkeit eine Anschlussbeschwerde **1** ausdrücklich nur für das Landwirtschaftsverfahren (§§ 22 Abs. 2, 28 Abs. 1 LwVG a. F.)[1] sowie für das Verfahren nach der Verfahrensordnung für Höfesachen gesetzlich geregelt (§ 11 Abs. 3 HöfeVfO). Darüber hinaus war die Anschließung von der Rechtsprechung für echte Streitsachen der freiwilligen Gerichtsbarkeit[2] sowie für alle Verfahren für zulässig erachtet worden, in denen sich mehrere Beteiligte mit entgegengesetzten Interessen gegenüberstehen und in denen das Verbot der reformatio in peius gilt. Diese für das bisherige Verfahren aufgestellten Grundsätze greift § 66 auf und sieht in Anlehnung an § 567 Abs. 3 S. 1 ZPO nunmehr umfassend für alle FamFG-Verfahren einschließlich der Ehesachen (§ 121) und der Familienstreitsachen (§ 112) die Möglichkeit einer Anschließung an eine bereits erhobene Beschwerde vor. Hierdurch soll letztlich die „Waffengleichheit" aller Beteiligter im Beschwerdeverfahren gewährleistet werden.

Soweit nach Landesrecht für die Durchführung des Verfahrens andere als gerichtliche **2** Behörden zuständig sind (§ 488 Abs. 1), findet § 66 keine Anwendung. In den landesgesetzlich geregelten Angelegenheiten der freiwilligen Gerichtsbarkeit kann der Landesgesetzgeber die entsprechende Geltung des FamFG und somit des § 66 vorschreiben. Zu den Einzelheiten siehe die Ausführungen bei § 486. Im Übrigen siehe zum Anwendungsbereich der Vorschrift im Übrigen § 58 Rn 2; zu der Übergangsregelung siehe die Ausführungen zu Art. 111.

II. Zulässigkeit der Anschließung

1. Allgemein

Jeder **Beteiligte** hat die Möglichkeit, ohne die Einlegung einer eigenen Beschwerde, **3** auch nach Ablauf der maßgebenden Beschwerdefrist oder wenn der Beschwerdewert des § 61 Abs. 1 nicht erreicht wird, im Wege einer Anschließung an ein bereits eingelegtes Rechtsmittel seine Rechte zu verfolgen. Die ursprünglich bestehende Beschränkung der Anschließungsmöglichkeit auf die Beschwerdeberechtigten hat der Gesetzgeber noch vor Inkrafttreten des Gesetzes geändert und an die Regelung in § 73 S. 1 angepasst.[3] Hiermit soll vor allem in Unterhaltssachen nach § 231 Abs. 1 dem Beschwerdegegner, der durch den angefochtenen Beschluss nicht beschwert ist, die Möglichkeit eingeräumt werden, seinen nach Erlass der Ausgangsentscheidung entstandenen erhöhten Unterhaltsbedarf im Wege der Anschlussbeschwerde geltend zu machen.[4]

Bei der Anschlussbeschwerde handelt es sich nicht um ein Rechtsmittel im eigentlichen **4** Sinne, sondern lediglich um einen Antrag innerhalb des vom Rechtsmittelführer eingelegten Rechtsmittels.[5] Eine Beschränkung der Anschließung auf bestimmte Verfahrensgegenstände sieht das Gesetz nicht vor.[6] Daher kommt es weder darauf an, ob für das konkrete Verfahren das Verbot der Schlechterstellung gilt, noch ob sich in dem Verfahren Beteiligte mit widerstreitenden Interessen gegenüberstehen. Eine Anschließung kann auch unter einer Bedingung erfolgen.[7]

---

[1] BGH NJW 1965, 1532; OLG Celle NdsRpfl. 1960, 64; OLG Koblenz RdL 1955, 277.
[2] Z. B. BGH NJW 1985, 2717; NJW 1978, 1977; jew. für Verfahren nach dem WEG a. F.; BayObLG FGPrax 2001, 253; OLG Stuttgart NZG 2007, 237; OLG Zweibrücken NZG 2004, 382; jew. für das Spruchverfahren; KG NJW 1972, 2307; für das aktienrechtliche Auskunftserzwingungsverfahren; BayObLG Rpfleger 1980, 316; KG JurBüro 1988, 86; jew. für die Notarkostenbeschwerde; OLG Köln FamRZ 1979, 846, für isolierte Familiensachen der freiwilligen Gerichtsbarkeit; BayObLG FamRZ 1978, 599; für Verfahren auf Hausratsteilung.
[3] Durch Art. 8 Gesetz zur Modernisierung von Verfahren im anwaltlichen und notariellen Berufsrecht, zur Errichtung einer Schlichtungsstelle der Rechtsanwaltschaft sowie zur Änderung sonstiger Vorschriften vom 30. 7. 2009 (BGBl. I S. 2449, 2470).
[4] BT-Drs. 16/12717 S. 69.
[5] BGH NJW 1984, 1240 zu der gleich gelagerten Problematik der Anschlussberufung.
[6] BT-Drs. 16/6308 S. 206.
[7] BGH NJW 1984, 1240 für die Anschlussberufung.

5   Für **Amtsverfahren** wird indes wegen des bestehenden uneingeschränkten Amtsermittlungsgrundsatzes für eine Anschließung häufig das Rechtsschutzbedürfnis fehlen. Der Hauptanwendungsbereich der Anschlussbeschwerde liegt damit weiterhin bei den echten Streitsachen der freiwilligen Gerichtsbarkeit sowie den Verfahren mit widerstreitenden Interessen (z. B. Verfahren auf Haushaltsteilung, Versorgungsausgleich, güterrechtliche Angelegenheiten nach §§ 1382, 1383 BGB, Notarkostenbeschwerdeverfahren, Landwirtschaftsverfahren, Höfesachen, Spruchverfahren).

6   Soweit gesetzlich ausdrücklich die Möglichkeit des Beitritts eines Beteiligten zur Unterstützung des Beschwerdeführers vorgesehen ist (z. B. § 51 Abs. 2 PStG; §§ 17, 31 Abs. 1, 33a Abs. 3, 40 VerschG), handelt es sich nicht um eine Anschließung i. S. d. § 66, sondern um einen Fall der **Nebenintervention**. Zur Anschließung an eine **Gehörsrüge** siehe § 44 Rn 5.

2. Anschließung an eine Anschlussbeschwerde

7   Im Fall einer Anschließung an eine Beschwerde kann der Beschwerdeführer sich seinerseits an die Anschlussbeschwerde anschließen.[8] Indes kommt der Anschließung an eine Anschlussbeschwerde in der Praxis wohl kaum Bedeutung zu. Denn das Gesetz sieht – außer in Ehesachen und Familienstreitsachen (vgl. § 117) – weder eine Ausschlussfrist für die Einreichung einer Beschwerdebegründung noch eines Antrages vor. Damit kann der Beschwerdeführer auch nach Ablauf der Beschwerdefrist des § 63 jederzeit sein Rechtsmittel im Rahmen des Verfahrensgegenstandes durch eine Erweiterung des Antrages und/ oder der Rechtsmittelbegründung erweitern (vgl. § 64 Rn 43). Von Bedeutung kann eine Gegenanschließung dann sein, wenn der Beschwerdeführer auf eine weitergehende Beschwerde ausdrücklich verzichtet hat, sowie im Verbund von Familiensachen (vgl. §§ 142, 145).[9]

III. Voraussetzungen der Anschließung

8   Die Anschließung setzt voraus, dass bereits ein anderer Beteiligter **wirksam ein Rechtsmittel eingelegt** hat (§ 66 S. 1). Sie muss sich gegen dieselbe Entscheidung richten wie die eingelegte Hauptbeschwerde.[10] Die Anschließung darf über deren Verfahrensgegenstand nicht hinausgehen, insbesondere kann durch eine Anschlussbeschwerde nicht die vom Gesetz vorgesehene Prüfungskompetenz des Beschwerdegerichts erweitert werden. Deshalb kann bei teilbaren Verfahrensgegenständen (z. B. beim Verbundverfahren, §§ 126 Abs. 1, 137 Abs. 1, 179 Abs. 1) mit der Anschließung an ein Rechtsmittel weder ein erstinstanzlich noch nicht beschiedener Teil in die zweite Instanz gebracht werden noch eine Beschwer durch den unangefochten gebliebenen Teil der erstinstanzlichen Entscheidung bekämpft werden.

8a Daher kann beispielsweise im Versorgungsausgleichsverfahren bei der Beschwerde eines Versorgungsträgers die insoweit hinsichtlich der weiteren Versorgungsträger in Teilrechtskraft erwachsenen Teilentscheidungen nicht von einem anderen Versorgungsträger mit der Anschlussbeschwerde nach § 66 angegriffen werden.[11] Die teilweise vertretene gegenteilige Auffassung[12] übersieht, dass die Formulierung in der Gesetzesbegründung[13] „eine Beschränkung auf bestimmte Verfahrensgegenstände" ersichtlich auf das alte Recht bezogen ist, indem die Zulässigkeit von Anschlussbeschwerde nur ausnahmsweise gesetzlich geregelt war und zudem § 145 FamFG eine Spezialregelung für die Anfechtbarkeit von Verbundentscheidungen mit einem Anschlussrechtsmittel enthält.[14] Eine Erweiterung des Verfahrensgegenstandes um einen erstinstanzlich noch nicht anhängigen Teil im Wege der An-

---

[8] Baumbach/Hartmann § 66 FamFG Rn 6; MünchKommZPO/Lipp § 567 Rn 37; Musielak/Ball § 567 Rn 25; a. A. MünchKommZPO/Finger § 621 e Rn 51.
[9] OLG Frankfurt FamRZ 1987, 959; OLG Karlsruhe FamRZ 1988, 412.
[10] BGH NJW 1983, 1858 = FamRZ 1983, 683.
[11] OLG Stuttgart Justiz 2011, 140; wohl auch OLG Zweibrücken Beschl. v. 24. 1. 2011 2 UF 43/10 = FamFR 2011, 356.
[12] Prütting/Helms/Feskorn § 117 Rn 30; § 145 Rn 7.
[13] BT-Drs. 16/6308 S. 206.
[14] OLG Stuttgart Justiz 2011, 140.

schlussbeschwerde scheidet auf jeden Fall in Amtsverfahren aus (siehe auch § 64 Rn 40); in Antragsverfahren, insbesondere in Streitsachen der freiwilligen Gerichtsbarkeit, kommt eine Erweiterung unter den Voraussetzungen in Betracht, unter denen im Beschwerdeverfahren ein Sachantrag erweitert werden kann (vgl. § 64 Rn 46–49); z. B. in einer Unterhaltssache wegen veränderter Sachlage.[15]

Voraussetzung für eine wirksame Anschließung ist, dass der Anschließende an dem Verfahren überhaupt beteiligt ist. Eine **eigene Beschwer** des Anschließenden ist indes nicht erforderlich;[16] auch in vermögensrechtlichen Angelegenheiten muss nicht die Mindestbeschwer von 600,01 € erreicht werden.[17] Der Anschlussbeschwerdeführer muss sich mit seinen Anträgen gegen den Hauptbeschwerdeführer richten.[18] Dementsprechend ist eine Anschließung unzulässig, wenn sie sich ausschließlich gegen einen sonstigen Beteiligten richtet.[19] Gleiches gilt, wenn sie dasselbe Ziel wie das Hauptrechtsmittel verfolgt;[20] wenn z. B. ein Ehegatte das gleiche Ziel wie der beschwerdeführende Versorgungsträger verfolgt.[21] Die Anschließung kann sich ausschließlich gegen die erstinstanzliche **Kostenentscheidung** (§§ 80 ff.) richten.

Ein ausdrücklich erklärter **Rechtsmittelverzicht** steht der Einlegung einer Anschlussbeschwerde nicht entgegen (§ 66 S. 1). Eine bedingte Anschließung ist zulässig, wenn die Bedingung ein innerprozessualer Vorgang ist, beispielsweise eine hilfsweise Anschließung für den Fall einer bestimmten Entscheidung des Gerichts[22] oder der Erfolglosigkeit des vorrangig gestellten Antrages auf Zurückweisung der Beschwerde.[23] Die Anschließung ist indes unzulässig, wenn der Anschlussbeschwerdeführer hierauf nach Einlegung des Hauptrechtsmittels durch Erklärung gegenüber dem Gericht verzichtet hat (§ 67 Abs. 2).

8b

9

IV. Zeitpunkt der Anschließung

Eine Frist zur Erhebung der Anschlussbeschwerde sieht das Gesetz nicht vor. Diese kann auch nach Ablauf der für ihn maßgebenden Beschwerdefrist (§ 66 S. 1 1. Halbs. a. E.) bis zu dem Zeitpunkt erhoben werden, in dem die Entscheidung des Rechtsmittelgerichts erlassen worden ist; somit bis zur Übergabe des Beschusses an die Geschäftsstelle oder bis zu seiner Bekanntgabe durch Verlesen der Beschlussformel (§ 38 Abs. 3 S. 3). Eine danach eingereichte Anschließung ist unzulässig.[24] Eine Anschließung kann ebenfalls nicht mehr erfolgen, wenn sich das Beschwerdeverfahren in sonstiger Weise erledigt, z. B. durch Rücknahme, Verzicht, übereinstimmende Erledigungserklärung, Vergleich. Zudem scheidet die Einlegung einer Anschlussbeschwerde aus, wenn das Gericht erster Instanz der eingelegten Hauptbeschwerde nach § 68 Abs. 1 S. 1 insgesamt abgeholfen hat.

10

Diese Grundsätze gelten auch für **Familiensachen der freiwilligen Gerichtsbarkeit**. Dagegen verweist § 117 Abs. 2 S. 1 für **Ehesachen sowie Familienstreitsachen** auf § 524 Abs. 2 S. 2 und S. 3 ZPO. Daher kann in diesen Verfahren die Anschlussbeschwerde nur innerhalb einer dem Antragsgegner gesetzten Erwiderungsfrist erhoben werden (§ 524 Abs. 2 S. 2 ZPO).[25] Bei der Versäumung der Anschließungsfrist ist Wiedereinsetzung in den vorigen Stand möglich.[26] Wurde keine Frist zur Erwiderung gesetzt, ist die Anschließung bis zum Schluss der mündlichen Verhandlung möglich. Unbefristet ist eine Anschließung möglich, wenn sie sich auf eine künftig fällig werdende Leistung nach § 323 ZPO

10a

---

[15] BeckOK/Gutjahr § 66 Rn 7.
[16] BeckOK/Gutjahr § 66 Rn 7; Bumiller/Harders § 66 Rn 2; Johannsen/Henrich/Althammer § 66 Rn 3; a. A. SBW/Unger § 66 Rn 13 f.
[17] BGH NJW 1978, 1977; OLG Frankfurt FamRZ 1981, 291; Prütting/Helms/Abramenko § 66 Rn 7.
[18] OLG Stuttgart NZG 2007, 237.
[19] OLG Hamburg ZMR 2008, 899.
[20] OLG Hamburg FamRZ 1988, 639; Baumbach/Hartmann § 66 FamFG Rn 3.
[21] BGH NJW 1985, 968 = FamRZ 1985, 59; NJW 1982, 224 = FamRZ 1982, 36.
[22] BGH NJW 1984, 1240 zur bedingten Einlegung einer Anschlussberufung.
[23] BGH NJW-RR 1986, 874 zur bedingten Einlegung einer Anschlussberufung.
[24] OLG Bremen FamRZ 1989, 649; OLG Hamm FamRZ 1989, 414: OLG Saarbrücken FamRZ 1988, 413.
[25] Vgl. auch BGH NJW 2008, 1953.
[26] OLG Düsseldorf FamRZ 2006, 215.

bezieht (§ 524 Abs. 2 S. 3 ZPO), z. B. Unterhalt.[27] Zu den weiteren Einzelheiten der Anschlussbeschwerde in Ehesachen sowie Familienstreitsachen siehe § 117 Rn 11 ff.

V. Form und Verfahren der Anschlussbeschwerde

1. Allgemeines

11 Hinsichtlich der Einlegung und Anforderungen an eine Anschlussbeschwerde gelten dieselben formalen Anforderungen wie für die Beschwerde.[28] Zu den Einzelheiten siehe Rn 15 ff. sowie ergänzend die Ausführungen zu §§ 64, 65.

2. Adressat der Anschlussbeschwerde

12 Die Anschlussbeschwerde muss bei dem **Beschwerdegericht** erhoben werden (§ 66 S. 1 2. Halbs.). Die Einlegung beim Gericht der ersten Instanz kommt angesichts der eindeutigen Fassung der gesetzlichen Regelung in S. 1 2. Halbs., die aufgrund der Beschlussempfehlung des Rechtsausschusses unter Hinweis auf die Regelung in § 524 Abs. 1 S. 2 ZPO nachträglich eingefügt worden ist, nicht in Betracht.[29] Eine bereits während des Abhilfeverfahrens beim Ausgangsgericht eingereichte Anschlussbeschwerde kann das Gericht der ersten Instanz im Rahmen der Abhilfeentscheidung berücksichtigen. Ansonsten hat das Ausgangsgericht eine bei ihm eingereichte Anschlussbeschwerde, sofern es bereits über das Abhilfeverfahren durch Vorlage der Akten entschieden hat, ohne Prüfung einer Abhilfemöglichkeit weiterzuleiten. Wirksam wird in diesem Falle die Anschließung erst mit dem Eingang beim Beschwerdegericht.[30]

13 Soweit sich das Hauptbeschwerdeverfahren noch bei dem Ausgangsgericht befindet, hat das Beschwerdegericht eine bereits eingelegte Anschlussbeschwerde an das **Gericht der ersten Instanz** zur Kenntnis zu bringen. Das Ausgangsgericht kann entsprechend § 68 Abs. 1 S. 1 der Anschlussbeschwerde abhelfen, sofern es diese für begründet erachtet. Hilft das Gericht der Beschwerde nicht ab, so hat das Gericht die Anschlussbeschwerde zusammen mit der Beschwerde unverzüglich dem Beschwerdegericht vorzulegen (§ 68 Abs. 1 S. 2). Zu den Einzelheiten siehe § 68 Rn 31.

14 Soweit das Gesetz im Interesse einer erleichterten Rechtsverfolgung für bestimmte Verfahren die Möglichkeit eröffnet, ein Rechtsmittel auch bei dem **AG** einzulegen, in dessen Bezirk ein Betroffener untergebracht ist (s. z. B. §§ 305, 336, 429 Abs. 4; vgl. auch § 64 Rn 5), muss dies auch entsprechend für die Erhebung der Anschlussbeschwerde durch den Betroffenen gelten.

3. Einlegung der Anschlussbeschwerde; Verfahren

15 a) **Einlegung.** Die Anschlussbeschwerde kann nach dem Wortlaut des § 66 S. 1 2. Halbs. nur durch **Einreichung einer Beschwerdeanschlussschrift** erhoben werden. Der Gesetzgeber wollte jedoch mit der Formulierung in § 66 an die Erhebung einer Anschlussbeschwerde keine strengeren Anforderungen als an die Möglichkeit der Einlegung einer Beschwerde stellen. Vielmehr sollten für die Anschließung dieselben formalen Anforderungen wie für die Beschwerde selbst gelten.[31] Dann spricht auch nichts dagegen, eine Anschließung – außer in Ehe- und Familienstreitsachen (vgl. § 64 Abs. 2 S. 2) – auch durch **Erklärung zur Niederschrift der Geschäftsstelle** des Beschwerdegerichts (§ 64 Abs. 2 S. 1 entsprechend)[32] oder gemäß § 14 Abs. 2, sobald die Bundesregierung oder die jeweilige Landesregierung die entsprechenden Voraussetzungen geschaffen haben (§ 14 Abs. 4), durch elektronisches Dokument zuzulassen.

16 Die Anschlussbeschwerde kann von dem Beteiligten persönlich oder durch einen Bevollmächtigten erhoben werden. Es besteht für die Anschließung **kein Anwaltszwang,** soweit

---

[27] BGH NJW 2009, 1271.
[28] BT-Drs. 16/9733 S. 289; BR-Drs. 309/07 S. 22.
[29] A. A. SBW/Unger § 66 Rn 19.
[30] OLG Köln FamRZ 2000, 1027.
[31] BT-Drs. 16/9733 S. 289; BR-Drs. 309/07 S. 22.
[32] So auch Prütting/Helms/Abramenko § 66 Rn 9.

nicht in diesem Gesetz oder in anderen Gesetzen etwas Abweichendes bestimmt ist, so z. B. nach § 114 Abs. 1 für die Ehegatten in Ehesachen und Folgesachen und die Beteiligten in selbstständigen Familienstreitsachen oder nach § 99 Abs. 3 S. 4 AktG.

b) Form und Inhalt. Die **Beschwerdeanschlussschrift** muss das Rechtsmittel bezeichnen, an dem sich angeschlossen wird, sowie die Erklärung enthalten, dass eine Anschlussbeschwerde eingelegt wird (§ 64 Abs. 2 S. 2 entsprechend). Zudem ist sie entsprechend § 64 Abs. 2 S. 3 von dem Anschlussbeschwerdeführer oder seinem Bevollmächtigten zu unterzeichnen (zu den Einzelheiten s. § 64 Rn 26). Die Anschlussbeschwerde soll begründet werden (§ 65 Abs. 1), wobei ein bestimmter Antrag nicht erforderlich ist. Eine Verletzung der Formvorschriften und der Begründungspflicht bleibt in dem gleichen Umfange wie bei der Beschwerde ohne Folgen. Letztlich reicht es zur Wirksamkeit einer Anschließung, wenn in dem Schriftsatz der Wille des Anschlussbeschwerdeführers zum Ausdruck gebracht wird, eine Abänderung der erstinstanzlichen Entscheidung zu seinen Gunsten zu erreichen.[33] 17

Da § 117 Abs. 2 S. 1 FamFG nicht auf § 524 Abs. 3 ZPO verweist, erscheint fraglich, ob die Anschlussbeschwerde in einer **Ehesache oder Familienstreitsache** einen Antrag enthalten und begründet werden muss. Dies wird teilweise verneint.[34] Es dürfte sich indes um ein Redaktionsversehen des Gesetzgebers handeln, da nicht ersichtlich ist, dass er mit der Neuregelung nunmehr geringere Anforderung an die Anschließung in Ehe- und Familienstreitsachen gestellt werden. Damit erscheint eine entsprechende Anwendung des § 117 Abs. 1 S. 1 FamFG geboten, so dass die Anschlussbeschwerde stets begründet und mit einem Sachantrag zu versehen ist. Wegen des fehlenden Verweises auf § 524 Abs. 3 ZPO muss die Begründung indes nicht in der Anschlussschrift enthalten sein, sondern kann nachgereicht werden. 17a

c) Verfahren. Das Gericht kann dem Anschlussbeschwerdeführer eine **Frist zur Begründung** seiner Anschlussbeschwerde setzen (§ 65 Abs. 2). Mit der Anschlussbeschwerde dürfen im Rahmen ihrer Zulässigkeit (siehe Rn 8) auch neue Tatsachen und Beweismittel geltend gemacht werden (§ 65 Abs. 3). Wie die Beschwerde, so kann auch die Anschlussbeschwerde nicht darauf gestützt werden, dass das Gericht des ersten Rechtszuges seine Zuständigkeit zu Unrecht angenommen hat (§ 65 Abs. 4). Zu den weiteren Einzelheiten s. § 65 Rn 17. 18

VI. Entscheidung

1. Allgemein

Über die Anschlussbeschwerde hat das Beschwerdegericht nach Maßgabe des § 69 zu entscheiden. Eine gleichzeitige Entscheidung über Beschwerde und Anschlussbeschwerde ist nicht erforderlich.[35] Es kann über beide Beschwerden gesondert entschieden werden. Vor Bescheidung der Beschwerde darf indes keine Endentscheidung über die Anschlussbeschwerde ergehen, da die Möglichkeit besteht, dass die Anschließung im Falle der Rücknahme der Beschwerde oder ihrer Verwerfung als unzulässig ihre Wirkung verliert (S. 2). 19

2. Kostenentscheidung

Sofern eine Entscheidung über die Kosten des Beschwerdeverfahrens ergeht (vgl. §§ 82, 84), ist über die Kosten der Beschwerde sowie der Anschlussbeschwerde **einheitlich** zu entscheiden. Bei der Verteilung der Kosten ist die Regelung in § 81 zu beachten. Insoweit besteht im Rahmen der Ermessensentscheidung die Möglichkeit, im Falle der Wirkungslosigkeit der Anschlussbeschwerde die gesamten Kosten des Beschwerdeverfahrens dem Beschwerdeführer aufzuerlegen.[36] Soweit die Anschlussbeschwerde Erfolg hat, kann es bil- 20

---

[33] Vgl. auch BGH FamRZ 1984, 657.
[34] So Maurer FamRZ 2009, 465/468; SBW/Unger § 66 Rn 18.
[35] MünchKommZPO/Lipp § 567 Rn 39; Thomas/Putzo/Reichold § 567 Rn 23; jew. für die Anschlussbeschwerde nach der ZPO.
[36] So auch Bahrenfuss/Joachim § 67 Rn 17; MünchKommZPO/Koritz § 67 FamFG Rn 10; Prütting/Helms/Abramenko § 66 Rn 13.

§ 67 1

ligem Ermessen entsprechen, die Kosten des Beschwerdeverfahrens anteilig zu verteilen. Für die **Verfahrenskostenhilfe** ist die Anschließung als selbstständiges Verfahren zu behandeln, so dass hierfür gesondert Verfahrenskostenhilfe beantragt werden muss.[37]

VII. Akzessorietät der Anschlussbeschwerde

21 Die Anschlussbeschwerde ist stets vom Schicksal der eingelegten Hauptbeschwerde abhängig und damit unselbstständig. Sie verliert nach S. 2 ihre Wirkung, wenn diese zurückgenommen (§ 67 Abs. 4), als unzulässig verworfen wird (§ 68 Abs. 2 S. 2) oder sich das Beschwerdeverfahren auf sonstige Weise erledigt, z. B. durch beiderseitige Erledigungserklärung oder durch Vergleich. Diese Wirkung kann **klarstellend** durch Beschluss ausgesprochen werden. Die Möglichkeit der Aufrechterhaltung des Rechtsmittels als selbstständige Anschlussbeschwerde sieht das Gesetz nicht vor.

VIII. Kosten und Gebühren

22 Zu den Kosten und Gebühren siehe zunächst § 58 Rn 116. Weder das FamGKG noch die KostO sehen für die Erhebung einer Anschlussbeschwerde eine gesonderte Gebühr vor. Es kann sich jedoch im Einzelfall durch die Anschlussbeschwerde der Wert des Beschwerdeverfahrens, von dem sich die Gebühren berechnen, erhöhen.

Verzicht auf die Beschwerde; Rücknahme der Beschwerde

67
(1) **Die Beschwerde ist unzulässig, wenn der Beschwerdeführer hierauf nach Bekanntgabe des Beschlusses durch Erklärung gegenüber dem Gericht verzichtet hat.**

(2) **Die Anschlussbeschwerde ist unzulässig, wenn der Anschlussbeschwerdeführer hierauf nach Einlegung des Hauptrechtsmittels durch Erklärung gegenüber dem Gericht verzichtet hat.**

(3) **Der gegenüber einem anderen Beteiligten erklärte Verzicht hat die Unzulässigkeit der Beschwerde nur dann zur Folge, wenn dieser sich darauf beruft.**

(4) **Der Beschwerdeführer kann die Beschwerde bis zum Erlass der Beschwerdeentscheidung durch Erklärung gegenüber dem Gericht zurücknehmen.**

Übersicht

	Rn
I. Normzweck und Anwendungsbereich	1
II. Verzicht auf die Einlegung der Beschwerde	3
1. Allgemeines	3
2. Erklärung gegenüber dem Gericht (Abs. 1)	7
3. Erklärung gegenüber anderen Beteiligten (Abs. 3)	11
III. Verzicht auf die Anschlussbeschwerde (Abs. 2, Abs. 3)	14
IV. Rücknahme der Beschwerde (Abs. 4)	15
1. Allgemeines	15
2. Widerruf; Anfechtung; bedingte Rücknahme	19
3. Folgen der Rücknahme	20
V. Rücknahme der Anschlussbeschwerde	22
VI. Kosten und Gebühren	23

I. Normzweck und Anwendungsbereich

1 Bisher war für Verfahren der freiwilligen Gerichtsbarkeit weder die Beschwerderücknahme noch der Verzicht auf die Beschwerde ausdrücklich gesetzlich geregelt. Indes wurden beide Möglichkeiten für den Anwendungsbereich des FGG für zulässig erachtet; umstritten waren die Voraussetzungen sowie der Umfang.[1] Um Rechtssicherheit und für die

---

[37] Johannsen/Henrich/Althammer § 66 Rn 7; Zöller/Geimer § 119 Rn 3.
[1] S. dazu Kahl 15. A. § 19 FGG Rn 97, 108; Sternal 15. A. § 21 FGG Rn 46.

Beteiligten möglichst frühzeitig Rechtsklarheit zu schaffen, regelt § 67 nunmehr ausdrücklich Voraussetzung und Rechtsfolgen des Beschwerdeverzichts sowie der Beschwerderücknahme. **Abs. 1** bestimmt entgegen der missverständlichen Formulierung der Gesetzesmaterialien nicht den Zeitpunkt, zu dem gegenüber dem Gericht eine wirksame Verzichtserklärung abgegeben werden kann.[2] Vielmehr wird ausweislich des eindeutigen Wortlauts der gesetzlichen Bestimmung ausschließlich eine Aussage über die Wirkung einer nach der Bekanntgabe des erstinstanzlichen Beschlusses abgegebenen Verzichtserklärung getroffen. **Abs. 2** befasst sich mit dem Verzicht auf die Einlegung einer Anschlussbeschwerde und **Abs. 3** mit den Wirkungen einer anderen Beteiligten gegenüber abgegebenen Verzichtserklärung. In Anlehnung an § 516 Abs. 1 ZPO regelt **Abs. 4** die Möglichkeit einer Rücknahme der Beschwerde.[3]

Soweit nach Landesrecht für die Durchführung des Verfahrens andere als gerichtliche Behörden zuständig sind (§ 488 Abs. 1), findet § 67 keine Anwendung. In den landesgesetzlich geregelten Angelegenheiten der freiwilligen Gerichtsbarkeit kann der Landesgesetzgeber die entsprechende Geltung des FamFG und somit des § 67 vorschreiben. Zu den Einzelheiten siehe die Ausführungen bei § 486. Im Übrigen siehe zum Anwendungsbereich der Vorschrift § 58 Rn 2; zu der Übergangsregelung siehe die Ausführungen zu Art. 111.

II. Verzicht auf die Einlegung der Beschwerde

1. Allgemeines

Ein Beteiligter kann grundsätzlich durch **einseitige Erklärung** auf die Erhebung eines Rechtsmittels verzichten. Der Verzicht ist auch hinsichtlich eines von mehreren Verfahrensgegenständen oder eines abtrennbaren Teils zulässig.[4] Ein Teilverzicht auf einen nicht abtrennbaren Teil eines unteilbaren Verfahrensgegenstandes ist hingegen unwirksam; die Beschwerde bleibt dann weiterhin in vollem Umfang anhängig. Ebenfalls unwirksam ist ein Rechtsmittelverzicht eines Betroffenen, wenn diesem zur Wahrung seiner Verfahrensrechte ein Verfahrenspfleger hätte bestellt werden müssen.[5] Ein Verzicht unter einer Bedingung ist unwirksam; eine Ausnahme besteht für innerprozessuale Bedingungen.

Unabhängig von der Regelung in § 67 können die Beteiligten weiterhin jederzeit einen zwei- oder mehrseitigen **Verzichtsvertrag** oder einen **Vergleich** abschließen,[6] um beispielsweise für den Verzicht eine Gegenleistung zu vereinbaren. Haben sich die Beteiligten beispielsweise in einem Erbscheinsverfahren durch Vergleich (§ 36) verpflichtet, gegen einen erteilten Erbschein nicht mehr durch Ausübung von Verfahrensrechten vorzugehen, so ist eine eingelegte Beschwerde unzulässig; der Rechtsmittelverzicht erstreckt sich auch auf das Rechtsmittel gegen die Erteilung eines inhaltsgleichen zweiten Erbscheins.[7]

Die Verzichtserklärung bedarf **keiner besonderen Form;** sie kann gegenüber dem Gericht oder den anderen Beteiligten mündlich,[8] schriftlich aber auch konkludent abgegeben werden. Erforderlich ist eine unbedingte und eindeutige zweifelsfreie Erklärung, sich des Rechts auf Nachprüfung einer gerichtlichen Entscheidung durch das Rechtsmittelgericht begeben zu wollen.[9] Ob im Einzelfall ein Verzicht vorliegt, hängt nicht von dem Gebrauch des Wortes „Verzicht", sondern davon ab, ob Umstände vorliegen, aus denen er sich zweifelsfrei ergibt. Dies muss anhand der jeweiligen Umstände ermittelt werden. Ein Verzicht kann z. B. in den Äußerungen, „es werde keine Beschwerde eingelegt",[10] „man finde sich

---

[2] So aber BT-Drs. 16/6308 S. 207.
[3] Abs. 4 ist vor Inkrafttreten des Gesetzes geändert worden durch das Gesetz zur Modernisierung von Verfahren im anwaltlichen und notariellen Berufsrecht, zur Errichtung einer Schlichtungsstelle der Rechtsanwaltschaft sowie zur Änderung sonstiger Vorschriften vom 30. 7. 2009 (BGBl. I S. 2449/2470).
[4] BayObLG WE 1988, 205; Prütting/Helms/Abramenko § 67 Rn 6.
[5] OLG Hamm FamRZ 1990, 1262.
[6] Vgl. auch Johannsen/Henrich/Althammer § 67 Rn 5; Prütting/Helms/Abramenko § 67 Rn 21.
[7] KG FGPrax 2004, 31.
[8] BayObLGZ 1998, 62; OLG Hamm OLGZ 1990, 401; Prütting/Helms/Abramenko § 67 Rn 3.
[9] BGH NJW 1989, 295; NJW 1985, 2335.
[10] Vgl. BGH NJW-RR 1991, 1213.

mit der Entscheidung ab"[11] oder *„man halte an der Entscheidung fest"* oder ähnliche Erklärungen gesehen werden. Eine bloße Absichtserklärung, keine Beschwerde einlegen zu wollen, genügt in der Regel nicht.[12]

6   Ob in der Äußerung eines Ausländers, er wolle keine Beschwerde einlegen, bereits ein Rechtsmittelverzicht liegt, ist Frage des Einzelfalls, wobei seine sonstigen Erklärungen, Bildung, Deutschkenntnisse, Dauer seines bisherigen Aufenthalts in Deutschland etc. zu berücksichtigen sind.[13] Ein Verzicht kann unter Umständen durch **schlüssige Handlung** erfolgen. So kann ein (teilweiser) Verzicht in einer Beschränkung einer erhobenen Beschwerde (z. B. auf die Kostenverteilung oder die Wertfestsetzung) liegen. Ein konkludenter Rechtsmittelverzicht ist indes noch nicht allein in einem Verzicht auf eine Begründung einer Entscheidung zu sehen.[14]

2. Erklärung gegenüber dem Gericht (Abs. 1)

7   Auf die Einlegung eines Rechtsmittels kann gegenüber dem Gericht verzichtet werden (Abs. 1). Der Verzicht muss gegenüber dem Gericht abgegeben werden, bei dem die Sache **zur Zeit der Erklärung anhängig** ist. Dies ist bis zur Entscheidung über die Abhilfe (§ 68 Abs. 1) das Gericht des ersten Rechtszuges, danach das Beschwerdegericht. Die Erklärung entfaltet erst Wirkung mit Eingang bei dem zuständigen Gericht. Gegebenenfalls ist die Verzichtserklärung an das mit der Sache befasste Gericht weiterzuleiten.

8   Die Erklärung gegenüber dem Gericht kann grundsätzlich durch **Einreichung einer Schrift** oder zur **Niederschrift der Geschäftsstelle** erfolgen, soweit eine Vertretung durch einen Rechtsanwalt nicht notwendig ist (§ 25 Abs. 1). Daneben besteht die Möglichkeit, den Verzicht telefonisch gegenüber dem Gericht zu erklären, wenn, was indes in der Praxis kaum der Fall sein wird, die Identität des Erklärenden feststeht, der Erklärungsinhalt eindeutig ist und ein entsprechender Aktenvermerk gefertigt wird.[15] Soweit in diesem Gesetz (z. B. in § 114 Abs. 1 für die Ehegatten in Ehesachen und Folgesachen und die Beteiligten in selbstständigen Familienstreitsachen) oder in einem anderen Gesetz (z. B. § 99 Abs. 3 S. 4 AktG) eine anwaltliche Vertretung vorgesehen ist, unterliegt auch die Verzichtserklärung dem **Anwaltszwang**.

9   Str. war bisher, ob ein Verzicht bereits **vor Erlass des Beschlusses** erklärt werden kann.[16] Der Gesetzgeber geht in den Gesetzesmaterialien zu § 67 davon aus, ohne dies indes ausdrücklich zu regeln,[17] dass eine Verzichtserklärung sowohl gegenüber dem Gericht als auch gegenüber einem anderen Beteiligten bereits vor Erlass des Beschlusses abgegeben erklärt werden kann.[18] Eine Gesamtschau der Regelungen in Abs. 1 und Abs. 3 rechtfertigt die Annahme, dass eine entsprechende einseitige Erklärung gegenüber dem Gericht nur dann eine rechtliche Wirkung zukommt, wenn sie **nach Erlass der Entscheidung,** also nach Übergabe des unterschriebenen Beschlusses an die Geschäftsstelle oder nach seiner Bekanntgabe durch Verlesen der Beschlussformel erfolgt.[19] Ein Rechtsmittelverzicht kann nur wirksam erklärt werden, wenn der Inhalt der Entscheidung und der Umfang der Beschwer bereits feststellbar ist. Eine zuvor abgegebene Erklärung erzeugt keine Wirkungen; vielmehr ist ein anschließend eingelegtes Rechtsmittel zulässig.

---

[11] Bumiller/Harders § 67 Rn 2.
[12] BGH NJW-RR 1994, 386; NJW 1989, 295; BayObLGZ 1998, 62.
[13] BayObLGZ 1998, 62.
[14] BGH NJW 2006, 3498 für Verzicht auf Begründung der Kostenentscheidung nach Abschluss eines Vergleichs; a. A. OLG Köln MDR 2002, 109.
[15] BayObLG OLGR 2003, 77 = BeckRS 2002, 30273345; OLG Stuttgart FamRZ 2003, 199; jew. für die Beschwerderücknahme.
[16] S. dazu Kahl 15. A. § 19 FGG Rn 100.
[17] Insoweit sind die Ausführungen in BT-Drs. 16/6308 S. 207 unzutreffend.
[18] So auch Bahrenfuss/Joachim/Kräft § 67 Rn 2; Haußleiter § 67 Rn 2; unklar MünchKommZPO/Koritz § 67 FamFG Rn 4.
[19] So auch Bassenge/Roth/Gottwald § 67 FamFG Rn 3; Horndasch/Viefhues/Reinken § 67 Rn 3; Johannsen/Henrich/Althammer § 67 Rn 2; Jurgeleit § 2 Rn 24; Musielak/Borth § 67 Rn 2; Prütting/Helms/Abramenko § 67 Rn 2; a. A. Bahrenfuss/Joachim/Kräft § 67 Rn 2; unklar MünchKommZPO/Koritz § 67 FamFG Rn 4.

10 Soweit die Verzichtserklärung **nach der Bekanntgabe** (vgl. dazu § 41 bzw. § 113 Abs. 1 FamFG i. V. m. § 329 ZPO) des erstinstanzlichen Beschlusses durch Erklärung gegenüber dem Gericht erfolgt, führt der Verzicht einem **Verlust des bereits eingelegten Rechtsmittels**[20] bzw. der Möglichkeit zur Einlegung des Rechtsmittels. Eine dennoch erhobene Beschwerde ist unzulässig (Abs. 1), was das Gericht von Amts wegen zu beachten hat. Das Gericht muss die Beschwerde als unzulässig verwerfen, weil durch den Verzicht formelle Rechtskraft eintritt.[21] Eine gegenüber dem Gericht abgegebene Erklärung kann als Verfahrenshandlung nicht widerrufen werden; sie ist deshalb auch nicht wegen Willensmängeln anfechtbar.[22] Eine Abänderung oder Wiederaufnahme des Verfahrens kann unter Umständen unter den Voraussetzungen des § 48 erfolgen. Zu den Einzelheiten siehe die dortigen Erläuterungen.

3. Erklärung gegenüber anderen Beteiligten (Abs. 3)

11 Zudem besteht die Möglichkeit, gegenüber einem anderen Verfahrensbeteiligten auf die Einlegung eines Rechtsmittels zu verzichten (Abs. 3); die Erklärung kann auch gegenüber einem zur Entgegennahme entsprechender Erklärungen Bevollmächtigten eines Beteiligten (s. §§ 10, 11) erfolgen. Die gegenüber einem Beteiligten abgegebene Erklärung ist eine Verfahrenshandlung[23] und unterliegt daher dem Anwaltszwang, sofern dieses Gesetz oder ein anderes Gesetz für das Beschwerdeverfahren eine anwaltliche Vertretung notwendig erachtet. Der gegenüber einem anderen Beteiligten erklärte Verzicht führt nicht unmittelbar zur Unzulässigkeit einer eingelegten Beschwerde; sie begründet nur **eine Einrede** gegen die Zulässigkeit des Rechtsmittels, sofern sich der andere Teil hierauf im Beschwerdeverfahren beruft (Abs. 3).

12 Für die Abgabe der Verzichtserklärung sieht Abs. 3 **keine zeitliche Beschränkung** vor. Insoweit besteht also auch die Möglichkeit, schon vor Erlass der Entscheidung auf die Einlegung der Beschwerde zu verzichten; zulässig ist auch ein Verzicht bereits bei Entstehen der Streitigkeit, um beispielsweise in einem Verfahren betreffend die Genehmigung eines Rechtsgeschäfts schneller Rechtssicherheit zu erlangen. Das Gesetz stellt nicht darauf ab, ob die Beteiligten über den Verfahrensgegenstand verfügen können. Damit ist die Anwendung von Abs. 3 aufgrund seiner weiten Fassung nicht auf Antragsverfahren oder echte Streitverfahren beschränkt.[24]

13 Die gegenüber einem anderen Beteiligten abgegebene oder mit diesem vereinbarte Verzichtserklärung (vgl. Rn 4) ist – wie die Erklärung gegenüber dem Gericht – **bedingungsfeindlich** und kann weder **einseitig widerrufen** noch wegen Willensmängel **angefochten** werden.[25] Demgegenüber ist bei Abschluss eines Verzichtsvertrages eine Anfechtung sowie ein Widerruf mit Einwilligung des/der anderen Beteiligten möglich.[26] Im Einzelfall kann der Berufung auf den Rechtsmittelverzicht der Arglisteinwand entgegenstehen.

III. Verzicht auf die Anschlussbeschwerde (Abs. 2, Abs. 3)

14 Die Möglichkeit eines Rechtsmittelverzichts besteht nach Abs. 2 auch für die Anschlussbeschwerde. Der Verzicht auf die Anschließung kann wirksam frühestens **nach Einlegung des Hauptrechtsmittels** gegenüber dem Gericht erklärt werden.[27] Im Falle einer wirksamen Verzichtserklärung ist eine dennoch erhobene Anschlussbeschwerde unwirksam (Abs. 2). Zudem gilt Abs. 3 entsprechend. Daher führt der **gegenüber einem anderen**

---

[20] In diesem Falle kann in der Verzichtserklärung zugleich eine Rücknahme des Rechtsmittels gesehen werden (BGH NJW 1994, 737).
[21] BayObLG NJW 1965, 539.
[22] BGH NJW 1985, 2334; KG FGPrax 2003, 205.
[23] So auch Horndach/Viefhues/Reinken § 67 Rn 5; Johannsen/Henrich/Althammer § 67 Rn 5; Prütting/Helms/Abramenko § 67 Rn 19; SBW/Unger § 67 Rn 16.
[24] Johannsen/Henrich/Althammer § 67 Rn 5; Prütting/Helms/Abramenko § 67 Rn 16.
[25] Prütting/Helms/Abramenko § 67 Rn 19.
[26] BGH NJW 1985, 2334.
[27] Vgl. auch BGH NJW 1984, 2829; OLG Köln FamRZ 1983, 854.

Beteiligten, insbesondere gegenüber dem Beschwerdeführer, erklärte Verzicht auf die Anschließung an ein Rechtsmittel zu einer Unzulässigkeit der Anschlussbeschwerde, sofern sich der Beschwerdeführer hierauf im Beschwerdeverfahren beruft.[28] Gegenüber einem anderen Beteiligten kann der Verzicht auf die Anschließung bereits vor Einlegung der Hauptbeschwerde erklärt werden. Zu den weiteren Einzelheiten der Verzichtserklärung gegenüber anderen Beteiligten s. Rn 10 f. Für **Scheidungs- und Folgesachen** enthält § 144 eine Sonderregelung zum Verzicht auf das Anschlussrechtsmittel.

IV. Rücknahme der Beschwerde (Abs. 4)

1. Allgemeines

15 Eine Beschwerderücknahme ist sowohl in einem Antrags- als auch in einem Amtsverfahren möglich; es kommt nicht darauf an, ob der Beschwerdeführer über den Verfahrensgegenstand verfügen kann.[29] Die Rücknahme des Rechtsmittels ist bedingungsfeindlich; eine Ausnahme besteht hinsichtlich einer innerprozessualen Bedingung. Die der Rücknahme kann **bis zum Erlass der Entscheidung** (Abs. 4) und somit entweder bis zur Bekanntgabe durch Verlesen der Beschlussformel § 38 Abs. 3 S. 3 2. Alt.), bis zur Übergabe des Beschlusses an die Geschäftsstelle (§ 38 Abs. 3 S. 3 1. Alt.) oder durch Verkündung (§ 113 Abs. 1 s. 2 FamFG i. V. m. § 329 Abs. 1 s. 1 ZPO) abgegeben werden.[30] Eine nach Erlass der Beschwerdeentscheidung erklärte Rücknahme hat keine Auswirkungen mehr,[31] selbst wenn sich der Beschwerdeführer außergerichtlich zur Zurücknahme des Rechtsmittels verpflichtet hat; ggf. ist im Rechtsbeschwerdeverfahren auf die Rüge des Verfahrensgegners die Beschwerdeentscheidung aufzuheben.[32] Für die Wirksamkeit einer Rücknahme kommt es nicht auf die Statthaftigkeit oder Zulässigkeit des erhobenen Rechtsmittels an; es bedarf auch nicht der Zustimmung der übrigen Beteiligten.

16 Von der Rücknahme der Beschwerde ist zum einen die **Erledigung der Hauptsache** während des Beschwerdeverfahrens (siehe dazu die Erläuterungen zu § 62) und zum anderen die **Rücknahme eines Sachantrags** zu unterscheiden. Letzteres ist im Falle einer wirksamen Beschwerde auch noch im Beschwerdeverfahren möglich. Sie führt zu einem Wegfall der Entscheidung des Gerichts erster Instanz. Siehe dazu § 22 Rn 16.

17 Bei einem teilbaren oder bei mehreren Verfahrensgegenständen ist eine **Beschränkung der Rücknahme** möglich. Dagegen ist eine Teilrücknahme bei einem nicht abtrennbaren Teil eines unteilbaren Verfahrensgegenstandes unwirksam. Zur Wirksamkeit der Rücknahme ist weder eine Einwilligung der übrigen Verfahrensbeteiligten noch eines Anschlussbeschwerdeführers erforderlich. Steht mehreren Beteiligten das Beschwerderecht nur gemeinsam zu, so führt die Rücknahme durch einen Beschwerdeführer zum Verlust des Rechtsmittels für alle Beschwerdeführer. Die Zurücknahme eines Rechtsmittels durch einen Geschäftsunfähigen oder einen beschränkt Geschäftsfähigen ist grundsätzlich unwirksam; sie ist jedoch in den Verfahren zulässig, in denen dieser befugt ist, selbstständig ein Rechtsmittel einzulegen (vgl. dazu die Ausführungen zu § 9 sowie § 60).

18 Für die **Form einer Beschwerderücknahme** gelten die gleichen Grundsätze wie bei einer Verzichtserklärung gegenüber dem Gericht (siehe dazu die Ausführungen unter Rn 8). Die Rücknahme kann, wie in Abs. 4 ausdrücklich klargestellt wird,[33] nur durch Erklärung **gegenüber dem Gericht** erfolgen. Sie entfaltet ihre Wirkung mit Eingang der Erklärung bei dem zuständigen Beschwerdegericht, sofern dieses bereits mit dem Beschwerdeverfahren befasst ist. Ansonsten muss die Erklärung gegenüber dem Gericht des ersten Rechtszuges abgegeben werden. Eine bei einem nicht zuständigen Gericht

---

[28] A. A. Prütting/Helms/Abramenko § 67 Rn 13: Verzicht kann nur gegenüber dem Gericht erklärt werden.
[29] BayObLG 1997, 229.
[30] OLG Frankfurt FamRZ 1996, 420; OLG Zweibrücken OLGR 2001, 44 = BeckRS 2000, 30101467.
[31] OLG Köln FGPrax 2005, 181.
[32] OLG Frankfurt FamRZ 1996, 420.
[33] In der Fassung des Gesetzes zur Modernisierung von Verfahren im anwaltlichen und notariellen Berufsrecht, zur Errichtung einer Schlichtungsstelle der Rechtsanwaltschaft sowie zur Änderung sonstiger Vorschriften, Art. 8 Nr. 1 e.

2. Widerruf; Anfechtung; bedingte Rücknahme

Eine Rücknahme ist unwiderruflich[34] und unanfechtbar. Ausnahmsweise soll dann ein Widerruf möglich sein, wenn ein Erklärungsirrtum vorliegt und dieser sowohl für das Gericht auch die übrigen Beteiligten offensichtlich ist.[35] Als Verfahrenshandlung darf sie nicht unter einer **Bedingung** oder unter einem **Vorbehalt** erklärt werden; sie kann auch nicht von einem „innerprozessualen" Vorgang abhängig gemacht werden.[36] So ist eine bedingte Antragsrücknahme eines von mehreren Anträgen für den Fall, das die übrigen Anträge noch den Beschwerdewert ausfüllen, unzulässig.[37]

3. Folge der Rücknahme

Die Rücknahme führt zum **Verlust des eingelegten Rechtsmittels**. Die **Kostentragungspflicht** richtet sich nach § 84 und nicht nach § 83 Abs. 2 i. V. m. § 81 (siehe dazu § 84 Rn 19).[38] Danach sind dem Beschwerdeführer in der Regel die Kosten des zurückgenommenen Rechtsmittels aufzuerlegen, einschließlich der Kosten der Anschlussbeschwerde[39] (s. § 66 Rn 20). Im Einzelfall kann im Rahmen der Ermessensentscheidung eine andere Kostenverteilung erfolgen. Die Wirkungen einer Rücknahme (Verlust des Rechtsmittels sowie die Kostentragungspflicht) **können durch Beschluss** ausgesprochen werden. Die in der Literatur vertretene gegenteilige Auffassung[40] überzeugt nicht. Die hierzu teilweise vertretene Begründung, das FamFG sehe eine § 516 Abs. 3 S. 1 1. Alt. ZPO entsprechende Regelung zur Verlustigerklärung der Beschwerde infolge Rücknahme nicht vor, § 117 Abs. 2 S. 1 ZPO,[41] ist nicht tragfähig. § 117 Abs. 2 FamFG ist noch vor Inkrafttreten des FamFG durch Art. 8 des Gesetzes zur Modernisierung von Verfahren im anwaltlichen und notariellen Berufsrecht[42] geändert worden. Nunmehr wird für die Beschwerden in **Ehe- und Familienstreitsachen** ausdrücklich auf § 516 Abs. 3 ZPO verwiesen. Hierdurch soll klargestellt werden, dass in diesen Verfahren die Rücknahme der Beschwerde den Verlust des Rechtsmittels und die Verpflichtung zur Tragung der durch das Rechtsmittel entstanden Kosten zur Folge hat.[43] Zwar sieht § 84 FamFG in anderen FamFG-Verfahren eine flexible Möglichkeit der Kostenverteilung vor. Es sprechen jedoch keine Gründe dagegen, auch in diesen FamFG-Verfahren in Anlehnung ab die Regelung in § 516 Abs. 3 S. 2 ZPO die Möglichkeit zuzulassen, die Wirkungen einer Rücknahme klarstellend durch Beschluss auszusprechen.

Durch die Zurücknahme erlischt zudem die Befugnis des Beschwerdegerichts zu einer **Entscheidung in der Hauptsache**. Eine gleichwohl erlassene Entscheidung ist unwirksam,[44] unabhängig davon, ob dem erkennenden Richter die Rücknahme bekannt war.[45] Die Entscheidung kann jederzeit aufgehoben werden.[46] Mit der Rücknahme tritt kein

---

[34] BGH BeckRS 2009, 21415; a. A. BayObLG FamRZ 2004, 137 für den Fall, dass ein Restitutionsgrund vorliegt; Bahrenfuss/Joachim § 67 Rn 16 für den Fall, dass ein anderer Beteiligter in einer mit Treu und Glauben unvereinbaren Weise von einem Ausschluss des Rechtsmittels profitieren würde.
[35] BGH NJW 2007, 3640 für eine Berufungsrücknahme.
[36] BGH NJW-RR 1990, 67 = FamRZ 1990, 147; OLG Köln FGPrax 2006, 10 = NJW-RR 2006, 24; NZM 2002, 268; a. A. BayObLG NJW-RR 1990, 1033 = FamRZ 1990, 1123; jew. für eine innerprozessuale Bedingung, z. B. Versagung von Verfahrenskostenhilfe.
[37] OLG Köln NZM 2002, 268.
[38] Zu der Erstattungsfähigkeit einer Verfahrensgebühr für den Verfahrensbevollmächtigten des Beschwerdegegners bei Beschwerderücknahme vor der Begründung s. OLG Köln FGPrax 2007, 215.
[39] Bahrenfuss/Joachim § 67 Rn 17; MünchKommZPO/Koritz § 67 FamFG Rn 20.
[40] MünchKommZPO/Koritz § 67 FamFG Rn 20; SBW/Unger § 67 Rn 19; Zöller/Feskorn § 67 Rn 8; wohl auch Prütting/Helms/Abramenko § 67 Rn 29.
[41] So MünchKommZPO/Koritz § 67 FamFG Rn 20; wohl auch SBW/Unger § 67 Rn 19.
[42] BGBl. I S. 2471.
[43] BT-Drs. 16/12717 S. 71; s. a. Johannsen/Henrich/Althammer § 67 Rn 6.
[44] BayObLGZ 1988, 259; OLG Zweibrücken OLGR 2001, 44 = BeckRS 2000, 30101467.
[45] OLG Köln FGPrax 2005, 181 m. w. N.
[46] BayObLGZ 1965, 347.

§ 68

Verbrauch des Rechtsmittels ein, so dass eine Wiederholung möglich ist, sofern die Beschwerdefrist (vgl. § 63) noch nicht abgelaufen ist. Ob die Zurücknahme auch einen Verzicht auf das Beschwerderecht enthält, ist von Fall zu Fall zu prüfen, ein Verzichtswille ist nicht zu vermuten.[47] Die Erklärung ist auszulegen; ergibt sich, dass sich der Beschwerdeführer mit der angefochtenen Entscheidung abfinden will, spricht dies für einen gleichzeitigen Verzicht auf die nochmalige Einlegung der Beschwerde.[48]

V. Rücknahme der Anschlussbeschwerde

22 Eine ausdrückliche Regelung hinsichtlich der Möglichkeit der Rücknahme einer Anschlussbeschwerde sieht das Gesetz nicht vor. Insoweit ist der Rechtsgedanke des Abs. 4 entsprechend heranzuziehen. Eine Anschlussbeschwerde kann damit bis zum Erlass der Entscheidung (vgl. § 38 Abs. 3 S. 3) über die Anschlussbeschwerde zurückgenommen werden.[49] Sofern keine einheitliche Entscheidung über die Beschwerde und Anschlussbeschwerde ergeht (siehe dazu § 66 Rn 17), besteht die Möglichkeit einer Rücknahme auch nach Erlass der Beschwerdeentscheidung.

VI. Kosten und Gebühren

23 Zu den Kosten und Gebühren des Beschwerdeverfahrens siehe § 58 Rn 116. Die Beendigung des Beschwerdeverfahrens ohne Endentscheidung durch Verzicht oder Rücknahme führt in Familiensachen zu einer Ermäßigung der Gebühren (vgl. Nr. 1121, 1122, 1212, 1223, 1224, 1315, 1323, 1324, 1412, 1423, 1424, 1721, 1722, 1911 KV FamGKG). Für die sonstigen Verfahren sieht § 131 Abs. 1 Nr. 2 KostO bei einer Rücknahme der Beschwerde eine Reduzierung der Verfahrensgebühr vor.

Gang des Beschwerdeverfahrens

68 (1) ¹Hält das Gericht, dessen Beschluss angefochten wird, die Beschwerde für begründet, hat es ihr abzuhelfen; anderenfalls ist die Beschwerde unverzüglich dem Beschwerdegericht vorzulegen. ²Das Gericht ist zur Abhilfe nicht befugt, wenn die Beschwerde sich gegen eine Endentscheidung in einer Familiensache richtet.

(2) ¹Das Beschwerdegericht hat zu prüfen, ob die Beschwerde an sich statthaft und ob sie in der gesetzlichen Form und Frist eingelegt ist. ²Mangelt es an einem dieser Erfordernisse, ist die Beschwerde als unzulässig zu verwerfen.

(3) ¹Das Beschwerdeverfahren bestimmt sich im Übrigen nach den Vorschriften über das Verfahren im ersten Rechtszug. ²Das Beschwerdegericht kann von der Durchführung eines Termins, einer mündlichen Verhandlung oder einzelner Verfahrenshandlungen absehen, wenn diese bereits im ersten Rechtszug vorgenommen wurden und von einer erneuten Vornahme keine zusätzlichen Erkenntnisse zu erwarten sind.

(4) **Das Beschwerdegericht kann die Beschwerde durch Beschluss einem seiner Mitglieder zur Entscheidung als Einzelrichter übertragen; § 526 der Zivilprozessordnung gilt mit der Maßgabe entsprechend, dass eine Übertragung auf einen Richter auf Probe ausgeschlossen ist.**

Übersicht

	Rn
I. Normzweck und Anwendungsbereich	1
II. Abhilfeverfahren (Abs. 1)	5
1. Abhilfepflicht (Abs. 1 S. 1 1. Halbs.)	5
2. Abhilfeentscheidung	9
a) Allgemeines	9
b) Verfahren	11
c) Entscheidung über die Abhilfe	12

---

[47] BayObLG NJW 1965, 539.
[48] BayObLG NJW 1965, 539.
[49] So auch MünchKommZPO/Koritz § 67 FamFG Rn 9.

		Rn
	d) Umfang der Abhilfe	13
	e) Abhilfeentscheidung und Bindungswirkung	15
	f) Wirkung der Abhilfeentscheidung	20
3.	Ausschluss oder Beschränkung der Abhilfemöglichkeit	24
	a) Familiensachen	24
	b) Betreuungs-, Unterbringungs- und Freiheitsentziehungssachen	25
	c) Nachlasssachen	26
	d) Registersachen	28
	e) Sonstige Verfahren	29
4.	Vorlage an das Beschwerdegericht (Abs. 1 S. 1 2. Halbs.)	31
III.	Beschwerdegericht	35
IV.	Gang des Beschwerdeverfahrens	40
1.	Allgemeines	40
2.	Prüfungsumfang	42
	a) Grundsatz	42
	b) Zulässigkeit der Beschwerde	44
	c) Begründetheit der Beschwerde	46
3.	Maßgeblicher Zeitpunkt der Prüfung	48
4.	Anwendbares Recht	50
5.	Gewährung rechtlichen Gehörs	54
6.	Amtsermittlungen	56
7.	Absehen von mündlicher Verhandlung oder sonstigen Verfahrenshandlungen (Abs. 3 S. 2)	57
V.	Prüfung der Zulässigkeit der Beschwerde (Abs. 2)	61
1.	Prüfungsumfang (Abs. 2 S. 1)	61
	a) Grundsatz	61
	b) Umfang der Ermittlungen	63
	c) Grundsatz der Meistbegünstigung	66
2.	Zulässigkeitsvoraussetzungen	67
	a) Statthaftigkeit	67
	b) Form	68
	c) Frist	69
	d) Beschwerdeberechtigung	70
	e) Beschwerdeführungsbefugnis	71
	f) Beschwer	72
	g) Rechtsschutzbedürfnis	77
	h) Kein Verzicht; keine Rücknahme	81
3.	Verwerfung als unzulässig (Abs. 2 S. 2)	82
VI.	Umfang der Prüfung der Begründetheit	86
1.	Grundsatz	86
2.	Beispielsfälle	90
	a) Zulässige Prüfung	90
	b) Unzulässige Prüfung	92
3.	Ermessensentscheidungen	93
4.	Sachverständigengutachten	94
VII.	Übertragung auf den Einzelrichter (Abs. 4)	95
1.	Allgemeines	95
2.	Übertragung auf den Einzelrichter	97
	a) Grundsatz	97
	b) Verfahren	102
3.	Rückübertragung	105
	a) Grundsatz	105
	b) Verfahren	106
	c) Rückübertragung nach Durchführung einer Beweiserhebung	107
4.	Zuweisung zur Vorbereitung einer Entscheidung	110
VIII.	Kosten und Gebühren	111

I. Normzweck und Anwendungsbereich

§ 68 regelt für **alle FamFG-Verfahren,** einschließlich der Ehesachen (§ 121) und der **1** Familienstreitsachen (§ 112), den Gang des Beschwerdeverfahrens von der Prüfung der Abhilfe durch das Ausgangsgericht (Abs. 1), der Prüfung der Zulässigkeit des eingelegten

§ 68 2–5 Abschnitt 5. Rechtsmittel

Rechtsmittels durch das Rechtsmittelgericht (Abs. 2) sowie der Durchführung des Beschwerdeverfahrens (Abs. 3) einschließlich der Möglichkeit der Übertragung auf den Einzelrichter (Abs. 4).

2   **Abs. 1** greift die bisher in § 18 FGG enthaltende Abänderungs- sowie Abhilfebefugnis auf. Mit der Neufassung wird nunmehr zwischen der in Abs. 1 vorgeschriebenen Abhilfe im Rahmen eines Rechtsmittels sowie der in § 48 geregelten Abänderung bei wesentlicher Veränderung der Sach- und Rechtslage differenziert. Die in Anlehnung an § 572 Abs. 1 S. 1 1. Halbs. ZPO vorgesehene generelle Abhilfebefugnis des Gerichts erster Instanz dient der zeitnahen Selbstkontrolle und damit der Verkürzung des Verfahrens. Zugleich sollen hierdurch die Beschwerdegerichte entlastet werden.[1] Für Familiensachen (§ 111) bleibt es bei der bisherigen Regelung. Insoweit schließt Abs. 1 S. 2 in Übereinstimmung mit dem bisherigen § 621 e Abs. 3 ZPO ausdrücklich die Abhilfemöglichkeit aus. Die in Abs. 1 S. 1 2. Halbs. enthaltene Verpflichtung zur unverzüglichen Vorlage des Rechtsmittels für den Fall der Nichtabhilfe bezweckt die Beschleunigung des Verfahrens; zugleich wird dem erstinstanzlichen Gericht eine angemessene Überprüfungsfrist eingeräumt.[2]

3   Damit das Beschwerdegericht keinen überflüssigen Verfahrensaufwand betreibt, schreibt **Abs. 2 S. 1** eine Vorabprüfung der Statthaftigkeit und Zulässigkeit des erhobenen Rechtsmittels von Amts wegen vor; fehlt es an diesen Voraussetzungen, ist die eingelegte Beschwerde zu verwerfen **(Abs. 2 S. 2)**. Die Einzelheiten des weiteren Verfahrensablaufes werden in **Abs. 3** näher bestimmt, wobei im Wesentlichen auf die entsprechende Anwendung der Vorschriften über das Verfahren des ersten Rechtszuges verwiesen wird **(Abs. 3 S. 1)**. Um die Beschwerdegerichte von unnötigen Verfahrenshandlungen zu entlasten sowie das Verfahren zu vereinfachen und zu beschleunigen, greift **Abs. 3 S. 2** die bisher ausschließlich für Betreuungsverfahren geltende Regelung des § 69 g Abs. 5 S. 3 FGG auf und räumt dem Gericht generell die Befugnis ein, in dem Beschwerdeverfahren von der Durchführung eines Termins, einer mündlichen Verhandlung oder einzelner Verfahrenshandlungen abzusehen, sofern diese Handlungen bereits das Gericht der ersten Instanz umfassend und vollständig durchgeführt hat. Die in **Abs. 4** vorgesehene Möglichkeit der Übertragung des Verfahrens auf den Einzelrichter lehnt sich an die bisherige Regelung in § 30 Abs. 1 FGG an, wobei nicht mehr danach differenziert wird, welches Gericht als Beschwerdegericht tätig wird. Sie dient der Entlastung der Beschwerdegerichte und damit der Prozesswirtschaftlichkeit.[3]

4   Soweit nach Landesrecht für die Durchführung des Verfahrens andere als gerichtliche Behörden zuständig sind (§ 488 Abs. 1), findet § 68 keine Anwendung. In den landesgesetzlich geregelten Angelegenheiten der freiwilligen Gerichtsbarkeit kann der Landesgesetzgeber die entsprechende Geltung des FamFG und somit des § 68 vorschreiben. Zu den Einzelheiten siehe die Ausführungen bei § 486. Im Übrigen siehe zu den Einzelheiten des Anwendungsbereichs der Vorschrift § 58 Rn 2; zu der Übergangsregelung wird auf die Ausführungen zu Art. 111 FGG-RG verwiesen.

II. Abhilfeverfahren (Abs. 1)

1. Abhilfepflicht (Abs. 1 S. 1 1. Halbs.)

5   Abs. 1 S. 1 1. Halbs. regelt die verfahrensrechtliche Befugnis zur Abhilfe im Rahmen einer erhobenen Beschwerde. Die **Durchführung des Abhilfeverfahrens** ist zwingend. Insoweit wird dem Ausgangsgericht kein Wahlrecht zwischen Abänderung oder Nichtabänderung eingeräumt; es ist zu einer Selbstkorrektur seiner Entscheidung verpflichtet, wenn diese sich nach einer erneuten Prüfung als ungerechtfertigt erweist.[4] Das Abhilfeverfahren ist angesichts der eindeutigen gesetzlichen Regelung in Abs. 1 auch nicht in besonders eilbedürftigen Verfahren entbehrlich.[5] In diesen Fällen hat vielmehr das Gericht der ersten

---
[1] BT-Drs. 16/6308 S. 207.
[2] BT-Drs. 16/6308 S. 207.
[3] BT-Drs. 16/6308 S. 207.
[4] OLG Brandenburg FGPrax 2000, 45; OLG Hamm JMBl.NW 1959, 176.
[5] MünchKommZPO/Lipp § 572 Rn 4 für die Beschwerde nach §§ 567 ff. ZPO.

Instanz das Abhilfeverfahren mit der gebotenen Beschleunigung durchzuführen. Eine Abhilfemöglichkeit besteht nicht bei einer **Anschlussbeschwerde,** sofern die Hauptbeschwerde bereits beim Beschwerdegericht anhängig ist. Dagegen ist wegen der nicht dispositiven Regelung in Abs. 1 S. 1 1. Halbs. ein erneutes Abhilfeverfahren durchzuführen, wenn das erstinstanzliche Gericht im Rahmen eines vorangegangenen Abhilfeverfahrens der Beschwerde ganz oder teilweise abgeholfen hat und nunmehr ein anderer Beteiligten gegen die Ausgangsentscheidung in der Fassung des Abhilfebeschlusses ein Rechtsmittel einlegt (vgl. Rn 12 a).[6]

Von der Abhilfepflicht zu unterscheiden ist die nach § 42 Abs. 1 bestehende Möglichkeit **6** der **Berichtigung eines Beschlusses** wegen eines Schreibfehlers, Rechenfehlers oder einer ähnlichen offenbaren Unrichtigkeit, die **Ergänzung eines Beschlusses** nach § 43, wenn das Gericht einen gestellten Antrag ganz oder teilweise übergangen hat oder eine Kostenentscheidung unterblieben ist, sowie die in § 48 Abs. 1 vorgesehene Möglichkeit einer **Abänderung einer Entscheidung** durch das Gericht erster Instanz bei wesentlicher nachträglicher Veränderung der Sach- und Rechtslage oder die in § 48 Abs. 2 geregelte Möglichkeit einer **Wiederaufnahme eines rechtskräftig beendeten Verfahrens.**

Eine Abhilfe kommt in Betracht, wenn das Gericht zu einer anderen Rechtsauffassung **7** gelangt,[7] z. B. infolge einer übersehenen Änderung der Rechtsprechung oder einer Aufdeckung eines Rechtsirrtums. Als fehlerhaft kann eine Entscheidung aber auch infolge anderer Würdigung der tatsächlichen Grundlagen erscheinen, ferner wenn dem Gericht schon vor seiner ersten Entscheidung vorhandene, aber wegen unzureichender Ermittlungen unbekannt gebliebene tatsächliche Umstände nachträglich bekannt werden (verdeckte Tatsachen) und diese zu einer anderen tatsächlichen und damit auch rechtlichen Beurteilung der Angelegenheit führen.[8] Eine Abhilfepflicht besteht insbesondere, wenn **neue Tatsachen oder Beweismittel** mit der Beschwerdeschrift (vgl. § 65 Abs. 3) vorgebracht werden, die eine abweichende Entscheidung rechtfertigen (vgl. Rn 11).

Ein Abhilfeverfahren ist auch durchzuführen, wenn gegen die erstinstanzliche Entschei- **8** dung im **Verfahren der einstweiligen Anordnung** Beschwerde eingelegt wird. Auch in Familiensachen wird – entsprechend der früheren Rechtslage[9] – die Abhilfepflicht nicht durch § 68 Abs. 1 S. 2 ausgeschlossen (vgl. Rn 24), weil die Entscheidung des Amtsgerichts im Verfahren der einstweiligen Anordnung gemäß § 54 Abs. 2 keine Endentscheidung im Sinne dieser Norm darstellt.[10]

2. Abhilfeentscheidung

a) **Allgemeines.** Zur Abhilfe befugt ist ausschließlich das **Gericht erster Instanz.** Eine **9** Abhilfemöglichkeit besteht auch für die Bundesnotarkammer, soweit diese als zentrale Vorsorge- und Testamentsregisterbehörde tätig geworden ist (§ 78 f Abs. 2 S. 2 BNotO). Wird die Beschwerde unzulässigerweise (siehe § 64 Abs. 1) bei dem Beschwerdegericht erhoben, so hat dieses das Rechtsmittel – zur Entscheidung über eine etwaige Abhilfe – an das Ausgangsgericht weiter zu leiten (vgl. auch § 64 Rn 7). Streitig ist, ob für das Gericht auch bei einem unzulässigen Rechtsmittel eine **Abhilfepflicht** oder zumindest eine **Abhilfebefugnis** besteht. Teilweise wird die Verpflichtung zur Durchführung des Abhilfeverfahrens von der Statthaftigkeit des eingelegten Rechtsmittels abhängig gemacht.[11] Wenn kein Beschwerderechtszug gegeben sei, bestehe keine Abhilfepflicht. In diesem Fall könne das Ausgangsgericht die Beschwerde selbst verwerfen.[12] Eine andere Auffassung[13] unterscheidet: Eine echte prozessuale Pflicht zur sachlichen Prüfung der Beschwerde bestehe nur

---

[6] Vgl. auch MünchKommZPO/Lipp § 572 Rn 8; LG Wuppertal ZIP 2005, 1616.
[7] KG OLGZ 1971, 89/90.
[8] KG OLGZ 1971, 89/90.
[9] Vgl. Zöller/Philippi 27. Aufl. § 620 c Rn 22.
[10] OLG Hamm FGPrax 2010, 322 = NJW 2010, 3246; Hk-FamFG/Klußmann § 68 Rn 7; Hk-ZPO/Kemper § 69 FamFG Rn 3.
[11] Bumiller/Harders § 68 Rn 2 für die Beschwerde nach §§ 58 ff.; Baumbach/Hartmann § 572 Rn 4; Thomas/Putzo/Reichold § 572 Rn 2 zur Beschwerde nach §§ 567 ff. ZPO.
[12] SBW/Unger § 68 Rn 7; Zöller/Heßler § 572 Rn 6.
[13] MünchKommZPO/Lipp § 572 Rn 6 zu der Beschwerde nach §§ 567 ff. ZPO.

bei einer zulässigen Beschwerde. Die Befugnis des Gerichts zur Abhilfe hingegen richte sich danach, ob der Mangel auch von Amts wegen beseitigt werden dürfe.

9a Da nach Abs. 2 ausschließlich dem Beschwerdegericht die Prüfung der Statthaftigkeit sowie der Wahrung der Form und Frist des eingelegten Rechtsmittels obliegt, darf das Gericht erster Instanz keine Prüfung der **Statthaftigkeit** oder der **Zulässigkeit der Beschwerde** vornehmen.[14] Vielmehr hat eine Korrektur einer fehlerhaften Entscheidung im Wege der Abhilfe durch das Ausgangsgericht auch bei einer nicht statthaften oder unzulässigen Beschwerde zu erfolgen.[15] Die Gegenansicht, das Ausgangsgericht dürfe und könne nur abhelfen, wenn die Beschwerde zulässig oder zumindest statthaft ist, setzt sich zu den Kompetenzen der beteiligten Gerichte in Widerspruch.[16] Über die Statthaftigkeit und Zulässigkeit hat nach der eindeutigen Regelung in Abs. 2 allein das Beschwerdegericht zu befinden. Voraussetzung für eine Abänderung ist lediglich, dass keine Bindungswirkung eingetreten ist (vgl. Rn 15 ff.) und dass die getroffene Entscheidung überhaupt noch abgeändert werden kann (Rn 24 ff.).

10 Es gelten die allgemeinen Vorschriften über die funktionelle Zuständigkeit. Zuständig für die Abhilfeentscheidung ist der **Spruchkörper** (z. B. bei einer erstinstanzlichen Entscheidung des Amtsgerichts der Rechtspfleger oder der Richter bzw. bei einer erstinstanzlichen Entscheidung des LG die Kammer oder der Einzelrichter), der die angefochtene Entscheidung erlassen hat. Eine Abhilfemöglichkeit allein des Vorsitzenden sieht § 68 Abs. 1 S. 1 1. Halbs. nicht vor. Die Selbstkorrektur einer Entscheidung können andere Richter/Rechtspfleger vornehmen als die, die sie erlassen haben. Der **Rechtspfleger** ist in den ihm zur Bearbeitung übertragenen Sachen auch für die Abhilfeentscheidung zuständig.

11 **b) Verfahren.** Wird die Beschwerde **ohne Begründung** eingelegt, so darf das Gericht erster Instanz die Akten sofort dem Beschwerdegericht vorlegen. Ein Abwarten, ob noch eine Beschwerdebegründung nachgereicht wird, ist in der Regel nicht erforderlich. Eine Ausnahme besteht im Falle einer angekündigten Begründung.[17] Insoweit kann es zweckdienlich sein, dem Beschwerdeführer eine Frist zur Nachreichung seiner Begründung zu setzen. Bei Vorlage einer Begründung hat das Ausgangsgericht von Amts wegen zu prüfen, ob eine Abänderung der Ausgangsentscheidung erforderlich ist. Hierbei sind die mit der Beschwerdebegründung vorgebrachten **neuen Tatsachen und Beweismittel** zu berücksichtigen.[18] Erforderlichenfalls hat das erstinstanzliche Gericht im Hinblick auf das Beschwerdevorbringen im Abhilfeverfahren selbst Ermittlungen anzustellen und erforderlichenfalls über die neuen Tatsachen Beweiserhebungen durchzuführen (§ 26). Zudem muss das Gericht dem Beschwerdeführer Gelegenheit geben, ein inhaltlich unzureichendes Vorbringen zu konkretisieren.[19] Das Gericht kann auch im Abhilfeverfahren, soweit es dies für sachdienlich hält, die Sache mit den Beteiligten in einem Termin erörtern (vgl. § 32). Vor einer abändernden Entscheidung ist den übrigen Beteiligten regelmäßig **rechtliches Gehör** zu gewähren.[20] Damit die übrigen Beteiligten die Möglichkeit zu einer konkreten Stellungnahme haben, bedarf es gegebenenfalls auch eines Hinweises darauf, in welchem Punkt eines Abänderung beabsichtigt ist (arg. aus §§ 27 Abs. 1 S. 2, 37 Abs. 2).

12 **c) Entscheidung über die Abhilfe.** Die Entscheidung über die Abhilfe bzw. die Nichtabhilfe hat durch **Beschluss** zu erfolgen,[21] der **grundsätzlich mit einer Begrün-**

---

[14] LG Landau FamRZ 2011, 60; Prütting/Helms/Abramenko § 68 Rn 14, a. A. Johannsen/Henrich/Althammer § 68 Rn 3, wenn Beschwerde offensichtlich unstatthaft; Prütting/Helms/Abramenko § 68 Rn 6.
[15] So auch Wieczorek/Jänisch § 572 Rn 3 für die Beschwerde nach §§ 567 ff. ZPO; offen gelassen: OLG Schleswig OLGR 2004, 387 = BeckRS 2004, 05348; Zimmermann Rn 172; a. A. Prütting/Helms/Abramenko § 68 Rn 6.
[16] Wieczorek/Jänisch § 572 Rn 3 für die Beschwerde nach §§ 567 ff. ZPO.
[17] Zöller/Heßler § 572 Rn 8.
[18] OLG Düsseldorf FamRZ 2006, 1551.
[19] OLG Hamm FGPrax 2010, 323 = FamRZ 2011, 235.
[20] OLG Hamm FamRZ 1986, 1127; Prütting/Helms/Abramenko § 68 Rn 8.
[21] BGH NVwZ 2011, 127; OLG Düsseldorf FGPrax 2011, 43; OLG Hamm FGPrax 2010, 266; OLG Köln FGPrax 2011, 128; OLG München RNotZ 2010, 397; FamRZ 2010, 1000; Bassenge/Roth/Gottwald § 68 Rn 7; Johannsen/Henrich/Althammer § 68 Rn 3, 4; Prütting/Helms/Abramenko § 68 Rn 9; SBW/Unger § 68 Rn 19; a. A. BJS/Müther § 68 Rn 8.

dung (§ 38 Abs. 3 S. 1) zu versehen ist; ein Aktenvermerk oder eine Übersendungsverfügung genügt nicht.[22] Der Beschluss ist den Beteiligten zumindest formlos bekannt zu geben (§ 41).[23] Das AG hat auch über die Kosten des Beschwerdeverfahrens zu befinden, wenn das Rechtsmittel vor der Entscheidung über die Abhilfe zurückgenommen wird.[23a]

Im Falle einer **Stattgabe** muss das Gericht darlegen, warum es nicht mehr an seiner früheren Entscheidung festhält. Nur so können die übrigen Beteiligten prüfen, ob sie nunmehr selbst Beschwerde einlegen wollen. Insoweit läuft für den durch die Abhilfeentscheidung belasteten Beteiligten eine neue Frist zur Anfechtung. Daher muss die Entscheidung in diesem Fall mit einer **Rechtsbehelfsbelehrung** (§ 39) versehen sein. Die Beschwerde ist gegen die Ausgangsentscheidung in der Fassung der Abhilfeentscheidung zu richten; eine isolierte Anfechtung der Abhilfeentscheidung ist nicht möglich. Zur Notwendigkeit der Durchführung eines weiteren Abhilfeverfahrens siehe Rn 5.

Im Falle einer **Nichtabhilfe** kann eine kurze Begründung im Einzelfall ausreichen. Die häufig benutzte Formulierung „*aus den zutreffenden Gründen der angefochtenen Entscheidung*" genügt nur, wenn die Beschwerde keine oder keine neue Begründung enthält oder in der angefochtenen Entscheidung schon auf sämtliche tragenden Gesichtspunkte eingegangen worden ist, mit denen das Rechtsmittel begründet wird.[24] Eine Bezugnahme auf die Ausgangsentscheidung ist jedenfalls unzureichend, wenn der angefochtene Beschluss keine oder nur eine unzureichende Begründung enthält. In diesem Falle kann das Gericht in der Nichtabhilfeentscheidung die Begründung nachholen; ebenfalls besteht die Möglichkeit, die Begründung auszuwechseln. Im Falle eines neuen Sachvortrags des Beschwerdeführers, insbesondere bei neuen Tatsachen und Beweismitteln muss sich die Begründung des Beschlusses konkret hiermit befassen[25] und erkennen lassen, wieso diese keine – bzw. im Falle der Abhilfe – eine abweichende Beurteilung rechtfertigen. Gegen eine Nichtabhilfeentscheidung ist **kein gesondertes Rechtsmittel** gegeben,[26] auch wenn diese mit einer abweichenden oder neuen Begründung versehen ist.

d) Umfang der Abhilfe. Im Rahmen der Abhilfeentscheidung kann das Ausgangsgericht seine Entscheidung sachlich ändern, also sie durch eine anderweitige Regelung ersetzen, sie ganz oder teilweise ersatzlos aufheben oder sie ergänzen. Zur Beschwer im Falle einer Teilabhilfe siehe Rn 76. Das Ausgangsgericht muss von der Unrichtigkeit seiner Entscheidung überzeugt sein; bloße Zweifel genügen nicht. Das Verbot der **reformatio in peius** gilt für die erste Instanz und damit auch für das Abhilfeverfahren nicht. Daher kann eine Änderung auch zuungunsten des Beschwerdeführers erfolgen; insoweit bedarf es vorab der **Gewährung des rechtlichen Gehörs**. Ebenso kann der Beschluss aus bisher nicht berücksichtigten Gründen aufrechterhalten werden.

Soweit eine Entscheidung nur auf Antrag erlassen werden kann, darf eine Abhilfe nur im Rahmen des ursprünglich gestellten Sachantrages erfolgen. Dies gilt nicht für Verfahren, die sowohl von Amts wegen als auch auf Antrag eingeleitet werden können. Stellt der Beschwerdeführer mit dem Rechtsmittel einen sachlich anderen oder geänderten Antrag, so handelt es sich um eine neue Angelegenheit, über die das Gericht des ersten Rechtszuges zu befinden hat. Unter Umständen ist insoweit das Beschwerdeverfahren gegen die bisherige Entscheidung erledigt.

e) Abhilfeentscheidung und Bindungswirkung. Das erstinstanzliche Gericht darf nur seine eigene Entscheidung, nicht aber eine vorangegangene Entscheidung des Beschwerdegerichts, die zu einer Aufhebung und Zurückverweisung der Sache an das Ausgangsgericht geführt hat, abändern. Insoweit ist das erstinstanzliche Gericht an die der Zurückverweisung zugrunde liegende Beurteilung der Sach- und Rechtslage gebunden

---

[22] Thomas/Putzo/Reichold § 572 Rn 10; Zöller/Gummer § 572 Rn 10; jew. für die Beschwerde nach §§ 567 ff. ZPO.
[23] BGH NVwZ 2011, 127; OLG Köln FGPrax 2011, 128; OLG München RNotZ 2010, 397: Bassenge/Roth/Gottwald § 68 Rn 8.
[23a] KG Beschl. v. 31. 5. 2011 1 W 278/11 = BeckRS 2011, 16227.
[24] OLG Celle FamRZ 2006, 1689; OLG Düsseldorf FamRZ 2006, 1551; OLG Hamm FGPrax 2010, 266; OLG München MDR 2004, 291.
[25] OLG Düsseldorf FamRZ 2006, 1551; OLG Hamm FamRZ 2011, 238; OLG Jena MDR 2010, 832.
[26] BayObLG FGPrax 2003, 199; OLG Köln FGPrax 2010, 229.

(§ 69 Abs. 1 S. 4). Diese Bindung besteht auch hinsichtlich einer Beschwerdeentscheidung, die in einem früheren Verfahren mit demselben Verfahrensgegenstand ergangen ist.

16 Die Bindungswirkung entfällt, wenn sich im Laufe des fortgesetzten Verfahrens der ersten Instanz ein **neuer Sachverhalt** ergeben[27] oder sich bei der wiederholten Befassung des Beschwerdegerichts mit der Sache in einem neuen Verfahren der **Verfahrensgegenstand geändert** hat.[28]

17 Deshalb ist das Gericht erster Instanz in einem **Erbscheinsverfahren** bei seiner Abhilfeentscheidung nicht an seine Rechtsauffassung oder die des Beschwerde- oder Rechtsbeschwerdegerichts in einem früheren Erbscheinsverfahren gebunden, das zwar denselben Nachlass betraf, dem aber ein anderer Erbscheinsantrag zugrunde lag.[29] Keine Bindungswirkung besteht, wenn der Antragsteller nach formell rechtskräftiger Zurückweisung seines ersten Erbscheinsantrages erneut einen inhaltlich gleichlautenden Antrag stellt. Damit wird gleichfalls ein neues Verfahren eingeleitet, in dem das Gericht an seine Entscheidung aus einem früheren Verfahren nicht gebunden ist, wenn diese – wie Entscheidungen im Erbscheinsverfahren – nicht materiell rechtskräftig geworden ist.[30] Auch wenn hiernach in einem neuen Verfahren keine rechtliche Bindung an das Ergebnis einer früheren Auslegung einer letztwilligen Verfügung besteht, ist das frühere Auslegungsergebnis zumindest dann nicht ohne tatsächliche Bedeutung, sofern es von dem Antragsteller über einen längeren Zeitraum unbeanstandet hingenommen worden ist und nunmehr ohne wesentliche neue Erkenntnisse in Zweifel gezogen wird.[31]

18 Beruht eine **Registereintragung** auf einer Entscheidung des Beschwerde- oder Rechtsbeschwerdegerichts, so ist im Verfahren auf Löschung dieser Eintragung nach §§ 395 ff. das Registergericht weder im Rahmen seiner Entscheidung noch im Abhilfeverfahren an die im Eintragungsverfahren vertretene Rechtsansicht gebunden.[32]

19 Im Verfahren nach § 426 auf **Aufhebung einer Haftanordnung** besteht keine Bindung an die zuvor getroffene Entscheidung über die Haftanordnung.

20 **f) Wirkungen der Abhilfeentscheidung.** Eine Abhilfeentscheidung wird nach den allgemein für einen Beschluss geltenden Regeln (§§ 40, 41) wirksam. Wird also eine Entscheidung, durch die ein bestimmtes Begehren abgelehnt worden ist, im Rahmen der Abhilfe durch eine Entscheidung ersetzt, die diesem Begehren entspricht, so tritt die Wirkung erst mit der Bekanntgabe (§ 40 Abs. 1) oder mit der Rechtskraft des Abhilfebeschlusses (§ 40 Abs. 2, Abs. 3) ein.

21 Im Falle einer Entscheidung positiven Inhalts, die eine Rechtsfolge herbeiführen soll oder sie ausspricht, gilt grundsätzlich, dass die Abänderung feststellender Entscheidungen und die Abänderung von Entscheidungen, die zu einer Leistung verpflichten, z. B. zur Zahlung einer Vergütung an den Betreuer, **rückwirkende Kraft** besitzen.

22 Für den Fall, dass jemand durch die aufgehobene Entscheidung die Fähigkeit oder die Befugnis zur Vornahme eines Rechtsgeschäfts oder zur Entgegennahme einer Willenserklärung erlangt hatte, trifft § 47 eine Ausnahme; die Abänderung durch eine Aufhebung einer solchen Entscheidung hat auf die Wirksamkeit der inzwischen von ihm oder ihm gegenüber vorgenommenen Rechtsgeschäfte keinen Einfluss, sofern nicht der Ursprungsbeschluss des Gerichts des ersten Rechtszuges von Anfang an unwirksam war. Auf diese Grundsätze kann im Einzelfall auch dann zurückgegriffen werden, wenn mit der Rückwirkung einer abändernden Entscheidung in einem erheblichen Maße in Rechte Dritter eingegriffen und hierdurch das Vertrauen in die Rechtsbeständigkeit von staatlichen Hoheitsakten erheblich erschüttert wird.

23 Die **vollständige Abhilfe** der Beschwerde durch das Ausgangsgericht führt zur Erledigung des Beschwerdeverfahrens in der Hauptsache.[33] Sofern durch die Abhilfeentscheidung ein weiterer Beteiligter erstmals beschwert wird, z. B. durch die Abänderung eines Erb-

---

[27] OLG Hamm OLGZ 1970, 84/85.
[28] BayObLG NJW 1992, 322; KG NJW 1955, 1074.
[29] BayObLG FGPrax 2000, 69; FamRZ 1998, 1198.
[30] KG FGPrax 1999, 227.
[31] BayObLG FGPrax 2000, 69; FGPrax 1997, 89.
[32] BayObLG FGPrax 1996, 235.
[33] BayObLGZ 1974, 260/262.

scheins oder die Änderung einer Registereintragung, kann dieser nunmehr Beschwerde einlegen (vgl. Rn 12 a).

3. Ausschluss oder Beschränkung der Abhilfemöglichkeit

a) Familiensachen. In Familiensachen (§ 111) besteht bei einer Beschwerde gegen eine Endentscheidung grundsätzlich keine Abhilfemöglichkeit (**§ 68 Abs. 1 S. 2**); das AG hat das Rechtsmittel ohne weitere Prüfung unverzüglich dem OLG als Beschwerdegericht vorzulegen (Abs. 1 S. 1 2. Halbs.). Dies gilt indes nicht bei Beschwerden gegen Entscheidungen in einstweiligen Anordnungsverfahren in Familiensachen, wenn das Gericht des ersten Rechtszuges auf Grund mündlicher Verhandlung entschieden hat (vgl. § 57 S. 2); insoweit besteht wie nach der früheren Rechtslage[34] weiterhin eine Abhilfemöglichkeit.[35] Ebenso besteht eine Abhilfebefugnis gemäß § 572 Abs. 1 S. 1 1. Halbs. ZPO bei sofortigen Beschwerden gegen Zwischenentscheidungen, die sich nach der ZPO richten. Zur etwaigen Abänderung einer rechtskräftigen Endentscheidung in einer Familiensache mit Dauerwirkung durch das Gericht des ersten Rechtszuges, wenn sich die zugrunde liegende Sach- oder Rechtslage nachträglich wesentlich geändert hat, siehe die Erläuterungen zu § 48, zur Abänderung von gerichtlichen Endentscheidungen oder Vergleichen und Urkunden in Unterhaltssachen s. §§ 238 bis 240.

b) Betreuungs-, Unterbringungs- und Freiheitsentziehungssachen. In diesen Verfahren besteht grundsätzlich die Möglichkeit einer Abhilfe durch das Gericht der ersten Instanz. Bei einer Abänderung der Entscheidung sind jedoch besondere Verfahrensvorschriften zu beachten. Eine Vorschrift über die zwingende Aufhebung von Unterbringungsmaßnahmen findet sich in § 330 sowie für die Aufhebung von Freiheitsentziehungsmaßnahmen in § 426.

c) Nachlasssachen. Ein bereits erteilter Erbschein kann nicht mehr im Wege der Abhilfe geändert werden, sondern muss nach § 2361 BGB eingezogen oder für kraftlos erklärt werden und es bedarf der Ausstellung eines neuen Erbscheins.[36] Zulässig ist in dem Abhilfeverfahren jedoch eine **Berichtigung** oder **Ergänzung eines Erbscheins,** soweit es sich um die Beseitigung unzulässiger oder die Aufnahme vorgeschriebener Zusätze handelt, die dessen sachlichen Inhalt unberührt lassen und nicht am öffentlichen Glauben teilnehmen.[37]

Eine Änderung einer Einziehungsanordnung ist im Abhilfeverfahren nur solange möglich, bis der Erbschein an das Nachlassgericht zurückgegeben ist.[38] Nach tatsächlich erfolgter Einziehung oder Kraftloserklärung ist eine Abänderung der Entscheidung im Abhilfeverfahren ausgeschlossen. Die **durchgeführte Einziehung** kann nicht mehr rückgängig gemacht werden. Die kraftlos gewordene Urkunde kann nur durch Erneuerung wiederhergestellt werden.[39]

d) Registersachen. Eine Abhilfemöglichkeit besteht nur im Rahmen der gesetzlichen Möglichkeiten. So können bereits **vollzogene Eintragungen** (vgl. § 382) in öffentliche Register nicht im Wege einer Abhilfeentscheidung beseitigt oder geändert werden; die Eintragung ist grundsätzlich nicht anfechtbar (§ 383 Abs. 3). Vielmehr sind etwaige Fehler in den besonderen Verfahren nach den §§ 384, 388 ff., 395 ff. zu beheben. Ob eine noch nicht vollzogene Eintragungsverfügung in dem Fall, dass sie dem Antragsteller oder einem Dritten ausnahmsweise vorher bekannt gemacht wird, nach §§ 58 ff. angefochten werden kann und insoweit eine Abhilfemöglichkeit besteht, ist zweifelhaft.[40]

---

[34] Vgl. Zöller/Philippi 27. Aufl. § 620 c Rn 22.
[35] OLG Hamm FGPrax 2010, 322 = NJW 2010, 3246; Hk-FamFG/Klußmann § 68 Rn 7; Hk-ZPO/Kemper § 69 FamFG Rn 3; a. A. Johannsen/Henrich/Büte § 57 FamFG Rn 12.
[36] Palandt/Weidlich § 2361 Rn 5.
[37] KG OLGZ 1966, 612/613; OLG Hamm OLGZ 1983, 59/60; Palandt/Weidlich § 2361 Rn 5.
[38] BayObLGZ 1961, 200/202.
[39] BGHZ 40, 54/56; BayObLGZ 1980, 72/73; Palandt/Weidlich § 2361 Rn 14.
[40] BayObLG NJW-RR 1992, 195; OLG Hamm Rpfleger 1980, 384; OLG Stuttgart Rpfleger 1970, 283.

29 **e) Sonstige Verfahren.** Wegen der Änderung von Entscheidungen im Verfahren betreffend **Todeserklärungen** vgl. § 30 VerschG; wegen der Berichtigung des gerichtlich festgestellten Todeszeitpunkts vgl. §§ 33 a, 40 VerschG, Art. 2 §§ 3, 4 VerschÄndG.[41]

30 Eine gerichtliche Berichtigungsanordnung nach **§ 48 PStG** stellt keine sachliche Entscheidung über die Richtigkeit oder Unrichtigkeit einer Eintragung im Personenstandsregister dar.[42] Sie bildet einen Bestandteil der Eintragung und hat keine größere Beweiskraft als diese. Deshalb kann ein Berichtigungsvermerk, der von Anfang an der wirklichen Sachlage nicht entsprochen hat, im Wege der „Rückberichtigung" auch ohne Änderung der tatsächlichen oder rechtlichen Verhältnisse wieder beseitigt werden.[43]

4. Vorlage an das Beschwerdegericht (Abs. 1 S. 1 2. Halbs.)

31 Hält das Ausgangsgericht seine Entscheidung für zutreffend und hilft es der Beschwerde nicht ab, so hat es das Rechtsmittel – auch wenn es dieses für unzulässig oder nicht statthaft erachtet[44] – **unverzüglich,** d. h. ohne schuldhaftes Zögern (§ 121 Abs. 1 BGB)[45] dem Beschwerdegericht vorzulegen (Abs. 1 S. 1 2. Halbs.). Dies gilt auch, wenn es der Beschwerde nur teilweise abhilft. Mit der Vorlage ist das Ausgangsgericht nicht mehr mit der Sache befasst **(Devolutiveffekt).** Eine besondere Form der Vorlage schreibt das Gesetz nicht vor. Indes sollte die Vorlage zusammen mit der Nichtabhilfeentscheidung durch Beschluss erfolgen.[46] Das Gericht erster Instanz hat die Beteiligten von der Vorlage an das Beschwerdegericht zu benachrichtigen.[47]

32 Das Gesetz bestimmt **keine Frist,** bis wann eine Vorlage zu erfolgen hat. Die Frage der Unverzüglichkeit bestimmt sich nach dem jeweiligen Verfahren. Auf jeden Fall ist mit der Pflicht zur unverzüglichen Vorlage an das Beschwerdegericht nicht vereinbar, dass die Sache bei dem Gericht erster Instanz zur Bearbeitung **weiterer Hauptanträge** (z. B. eines weiteren Erbscheinsantrages oder einer weiteren Eintragungsantrages) oder von **Nebenanträgen** (z. B. eines Kostenfestsetzungsgesuches oder eines Antrages auf Bewilligung von Verfahrenskostenhilfe) verbleibt. Gegebenenfalls bedarf es insoweit der Anfertigung eines Aktendoppels. An die Nichtbeachtung der unverzüglichen Vorlage an das Beschwerdegericht knüpft das Gesetz keine Folge; indes ist eine Überprüfung im Wege der Dienstaufsicht möglich.[48]

33 Auch nach der Vorlage an das Beschwerdegericht kann der Beschwerdeführer sein Rechtsmittel bis zum Erlass der Beschwerdeentscheidung zurücknehmen (vgl. § 67 Abs. 4).

34 **Grobe Verfahrensverstöße** oder **Mängel bei der Durchführung** des Abhilfeverfahrens (z. B. Verletzung des rechtlichen Gehörs durch Nichtberücksichtigung erheblichen Beschwerdevorbringens, mangelnde Begründung der Nichtabhilfeentscheidung) stehen der Durchführung des Beschwerdeverfahrens nicht entgegen.[49] Diese berechtigen indes das Beschwerdegericht, die Sache in entsprechender Anwendung des § 69 Abs. 3 S. 2 unter Aufhebung des Vorlagebeschlusses zur erneuten Durchführung des Abhilfeverfahrens an die Vorinstanz zurückzugeben (siehe auch § 69 Rn 13);[50] das Beschwerdegericht ist aber auch zu einer eigenen Entscheidung befugt. Eine mangelnde Bekanntgabe der Nichtabhilfeentscheidung kann das Beschwerdegericht durch eine Unterrichtung der Beteiligten über die Nichtabhilfe heilen.[51]

---

[41] BayObLGZ 1955, 63/67; KG NJW 1959, 1327; OLG Hamm JMBl.NW 1956, 281.
[42] BayObLGZ 1961, 95/100; OLG Frankfurt StAZ 1960, 257.
[43] BayObLGZ 1998, 292/295.
[44] Zimmermann Rn 172 für die Beschwerde nach dem FamFG; MünchKommZPO/Lipp § 572 Rn 10; Musielak/Ball § 572 Rn 7; jew. für die Beschwerde nach der ZPO; a. A.: Thomas/Putzo/Reichold § 572 Rn 7; Zöller/Gummer § 572 Rn 6; jew. für die Beschwerde nach der ZPO.
[45] Musielak/Ball § 572 Rn 5, 7.
[46] MünchKommZPO/Lipp § 572 Rn 10; Thomas/Putzo/Reichold § 572 Rn 10; jew. für die Beschwerde nach §§ 567 ff. ZPO.
[47] OLG München FGPrax 2008, 13.
[48] Musielak/Ball § 572 Rn 9.
[49] BGH InfAuslR 2011, 27; Beschl. v. 17. 6. 2010 – V ZB 13/10; SBW/Unger § 68 Rn 20.
[50] OLG Brandenburg FGPrax 2000, 45; OLG Hamm FGPrax 2010, 266; OLG München RNotZ 2010, 397; FamRZ 2010, 1000; Prütting/Helms/Abramenko § 68 Rn 12.
[51] BGH NVwZ 2011, 127: OLG München FGPrax 2008, 13.

III. Beschwerdegericht

In den von dem **AG** entschiedenen Verfahren der freiwilligen Gerichtsbarkeit ist **grundsätzlich** das nach der Gerichtsverfassung dem entscheidenden Gericht übergeordnete **OLG das Beschwerdegericht** (§ 119 Abs. 1 Nr. 1 b). Dies gilt unabhängig davon, ob die Angelegenheit im FamFG oder einzelgesetzlich (wie z. B. AdWirkG, GBO, IntFamRVG, PStG, SchRegO, ThUG, TSG, VerschG) geregelt ist. Das OLG ist auch das Beschwerdegericht in den von den **Familiengerichten** (§ 119 Abs. 1 Nr. 1 a GVG) sowie in den von den **Landwirtschaftsgerichten** entschiedenen Sachen. Hat das AG in einer Landwirtschaftssache sowohl als Prozessgericht als auch als Landwirtschaftsgericht entschieden, so ist gegen den Beschluss sowohl nach § 567 Abs. 1 ZPO die sofortige Beschwerde zum LG als auch die Beschwerde nach §§ 58 ff. FamFG zum Landwirtschaftssenat des OLG statthaft.[52] Zur örtlichen Zuständigkeit des OLG Zweibrücken als Beschwerdegericht für das Land Rheinland-Pfalz siehe § 4 Abs. 2 Nr. 2 a GerOrgG Rh-Pf. sowie § 3 Rn 18.

Eine **Ausnahme** besteht für die Entscheidungen des **AG** in **Freiheitsentziehungssachen** und in den von den **Betreuungsgerichten** entschiedenen Sachen; insoweit ist das dem AG übergeordnete **LG** für die Entscheidung über die Beschwerde zuständig (§ 72 Abs. 1 S. 2 GVG). Zudem hat das LG über die Beschwerden nach § 15 Abs. 2 BNotO und § 54 BeurkG zu entscheiden. Für die Entscheidung über Beschwerden gegen die Entscheidungen der Bundesnotarkammer als zentrale Vorsorge- und Testamentsregisterbehörde ist das Landgericht am Sitz der Bundesnotarkammer (= LG Berlin) zuständig (§ 78 f Abs. 2 S. 3 BNotO). Das für den Sitz des Bundesamts für Justiz zuständige LG (= LG Bonn) ist für die Entscheidung über die Beschwerden nach § 335 Abs. 5 HGB zuständig. Das LG ist auch für das der Gewährung von Beratungshilfe nachfolgende Kostenfestsetzungsverfahren das zuständige Beschwerdegericht. Dieses Verfahren betrifft den Vergütungsanspruch des Rechtsanwalts und richtet sich nach den §§ 44 ff. RVG.[53]

Wenn das **LG als erste Instanz** entschieden hat (z. B. gemäß § 99 Abs. 3 AktG in Verfahren über die Zusammensetzung des Aufsichtsrats; § 132 Abs. 3 AktG i. V. m. § 99 Abs. 3 AktG in Verfahren über das Auskunftsrecht; § 260 Abs. 3 AktG i. V. m. § 99 Abs. 3 AktG in Verfahren über die abschließenden Feststellungen der Sonderprüfer; § 270 Abs. 3 AktG in Verfahren über die Befreiung von der Prüfung des Jahresabschlusses und des Lageberichts; § 51 b GmbHG i. V. m. § 132 Abs. 3 AktG in Verfahren über das Auskunfts- und Einsichtsrecht; § 2 SpruchG für das Spruchverfahren; §§ 24 b Abs. 9 S. 2 GebrauchsMG, 46 Abs. 9 S. 2 GeschmacksMG, 19 Abs. 9 S. 2 MarkenG, 140 b Abs. 9 S. 2 PatG, 37 b Abs. 9 S. 2 SortenSchG, 101 Abs. 9 S. 2 UrhG, jeweils für die Verfahren über die Zulässigkeit der Verwendung von Verkehrsdaten; § 156 Abs. 1 KostO in Verfahren über Einwendungen gegen die notarielle Kostenberechnung) ist das dem LG übergeordnete **OLG** das zuständige Beschwerdegericht.

Wegen des Instanzenzuges, wenn nach Landesrecht anstelle der Gerichte andere Behörden zuständig sind, s. die Erläuterungen zu § 489.

Rechtsbeschwerdegericht ist stets – auch in Freiheitsentziehungssachen und in den von den Betreuungsgerichten entschiedenen Verfahren – der **BGH** (§ 133 GVG). Dies gilt auch, wenn das **OLG als erste Instanz** (siehe dazu § 3 Rn 26) entschieden hat.

IV. Gang des Beschwerdeverfahrens

1. Allgemeines

Mit der Vorlage an das Beschwerdegericht fällt die angefochtene erstinstanzliche Ausgangsentscheidung in der Gestalt dort an, die sie durch die Abhilfentscheidung des Gerichts erster Instanz erhalten hat.[54] Für das **Beschwerdeverfahren** gelten die Vorschriften des 1. Abschnitts (§§ 1 bis 22) unmittelbar. Über **§ 68 Abs. 3 S. 1** finden zusätzlich auf das Beschwerdeverfahren auch die Vorschriften des 2. Abschnitts (§§ 23 bis 37) über das Ver-

---

[52] OLG Schleswig SchlHA 1958, 293 zu § 19 FGG.
[53] OLG Köln FamRZ 2011, 919.
[54] BayObLG FamRZ 1996, 1023.

fahren im ersten Rechtszug Anwendung. Zur Gewährung des rechtlichen Gehörs ist den übrigen Beteiligten die Beschwerdebegründung zu übersenden. Grundsätzlich kann dies formlos geschehen (§ 15 Abs. 3). Wird eine Stellungnahmefrist gesetzt, bedarf es gem. § 15 Abs. 2 der Bekanntgabe in der Form des § 15 Abs. 2. Das Beschwerdegericht hat damit die für seine Entscheidung maßgeblichen Tatsachen von Amts wegen zu ermitteln (§ 26); die Beteiligten sind zur Mitwirkung verpflichtet (§ 27) und dem Gericht obliegt die Verfahrensleitung (§ 28). Eine Beweiserhebung richtet sich nach §§ 29, 30. Zu der Möglichkeit des Abschlusses eines Vergleichs im Beschwerdeverfahren siehe § 36 Rn 17. Für die **Beschwerdeentscheidung** gelten über **§ 69 Abs. 3** die Vorschriften über den Beschluss im ersten Rechtszug (§§ 38 bis 48).

41 Für **Ehesachen** (§ 121) und **Familienstreitsachen** (§ 112) gelten die §§ 38, 39 (Entscheidung durch Beschluss mit Rechtsbehelfsbelehrung). Im Übrigen verweist § 68 Abs. 3 S. 1 über § 113 Abs. 1 ZPO auf die allgemeinen Vorschriften der ZPO und die Vorschriften der ZPO über das erstinstanzliche Verfahren vor den Landgerichten und damit auf die §§ 1 bis 494a ZPO. Eine Sonderregelung für die Rechtsmittel enthält § 117.

2. Prüfungsumfang

42 **a) Grundsatz.** Die Beschwerde ist gemäß § 65 Abs. 3 eine **Tatsachenbeschwerde**. Das Beschwerdegericht tritt in den Grenzen des Rechtsmittels vollständig an die Stelle der ersten Instanz,[55] wobei es regelmäßig nicht an die Beschwerdebegründung gebunden ist. Die Prüfungspflicht wird nicht durch die tatsächlichen und rechtlichen Rügen des Beschwerdeführers beschränkt (siehe dazu § 65 Rn 9). Gegenstand der Nachprüfung und Entscheidung ist die gesamte angefochtene Entscheidung, nicht bloß eine dort vertretene Rechtsansicht.[56] Dem Beschwerdegericht obliegt damit eine **umfassende Prüfung der Entscheidung,** einschließlich des Kostenpunkts. Es hat nicht bloß die Entscheidungsgründe des Gerichts erster Instanz zu überprüfen, sondern eigenständig das ganze Sach- und Rechtsverhältnis seiner eigenen Beurteilung zu unterziehen.[57] Dabei sind auch neue Tatsachen und Beweismittel zu berücksichtigen (§ 65 Abs. 2; siehe dazu im Einzelnen § 65 Rn 10).

43 Ausgeschlossen ist die Nachprüfung der **örtlichen, sachlichen oder funktionellen Zuständigkeit** des Ausgangsgerichts (§ 65 Abs. 4; siehe dazu § 65 Rn 17). Dagegen unterliegt die **internationale Zuständigkeit** einer umfassenden Prüfung durch das Beschwerdegericht (siehe dazu § 65 Rn 18). Im Falle der mehrfachen Beschwerdeeinlegung (durch einen oder mehrere Beteiligte) ist jedes Rechtsmittel gesondert auf seine Zulässigkeit und Begründetheit zu prüfen. Zur Möglichkeit der einheitlichen Entscheidung siehe Rn 83).

44 **b) Zulässigkeit der Beschwerde.** Zu prüfen ist zunächst (vgl. Abs. 2) die Statthaftigkeit des erhobenen Rechtsmittels und die sonstigen Zulässigkeitsvoraussetzungen, wie z. B. eine etwaige erforderliche Zulassung der Beschwerde, Erreichung des vorgeschriebenen Beschwerdewertes, Form, Frist der Einlegung, Geschäftsfähigkeit des Beschwerdeführers,[58] Beschwerdeberechtigung, Rechtsschutzbedürfnis.[59] Unter Umständen erforderliche Ermittlungen sind **von Amts wegen** anzustellen. Zu den Einzelheiten siehe Rn 66.

45 Im Rahmen der Zulässigkeitsprüfung ist auch zu erörtern, ob etwa die Hauptsache gegenstandslos geworden ist und ob die Rechtsbeeinträchtigung des Beschwerdeführers zur Zeit der Entscheidung noch fortbesteht (vgl. § 62).

46 **c) Begründetheit der Beschwerde.** Anschließend hat eine Prüfung der materiellen Begründetheit des erhobenen Rechtsmittels durch das Beschwerdegericht zu erfolgen. Sachlich tritt hierbei das zweitinstanzliche Gericht in den Grenzen des Rechtsmittels vollständig an die Stelle der ersten Instanz; es hat von Amts wegen zu prüfen, ob alle Verfahrensvoraussetzungen und die materiell-rechtlichen Voraussetzungen für eine Sachent-

---

[55] St. Rspr. vgl. BGH FGPrax 2011, 78; NJW 1982, 1464; BayObLGZ 1994, 73/75; KG FGPrax 1997, 224; OLG Hamm FamRZ 1990, 893.
[56] BayObLG FamRZ 1993, 843.
[57] BayObLGZ 1964, 71/73; KG FGPrax 1997, 224; FamRZ 1968, 264.
[58] BayObLGZ 1966, 261/264.
[59] KG FamRZ 1977, 65; OLG Hamm JMBl.NW 1963, 203.

scheidung gegeben sind,⁶⁰ insbesondere ob das Verfahren ordnungsgemäß durchgeführt worden ist.⁶¹ Das Beschwerdegericht darf sich nicht auf die Prüfung beschränken, ob die von dem Gericht des ersten Rechtszuges getroffenen Feststellungen und Erwägungen dessen Entscheidung tragen. Es darf beispielsweise seine Entscheidung gegen die Ablehnung der Aufhebung einer Betreuung nicht im Hinblick auf einen demnächst beim AG anstehenden Überprüfungszeitpunkt zurückstellen.⁶²

Bei seiner Entscheidung hat das Beschwerdegericht **die gleichen Befugnisse wie das Ausgangsgericht.** So kann und muss beispielsweise eine im ersten Rechtszug unterbliebene Beteiligung (vgl. § 7 Abs. 2) im Beschwerdeverfahren nachgeholt und dadurch der Verfahrensmangel geheilt werden.⁶³ Das Beschwerdegericht muss gegebenenfalls entweder die notwendigen Ermittlungen nachholen (§ 26) und selbst entscheiden oder es darf, sofern die Voraussetzungen des § 69 Abs. 1 S. 2 oder S. 3 vorliegen, die Sache an das Ausgangsgericht zurückverweisen (siehe dazu § 69 Rn 13). Es ist berechtigt und verpflichtet, wenn der Sachverhalt dazu Anlass bietet, sein eigenes Ermessen an die Stelle des Ermessens des Gerichts erster Instanz zu setzen.⁶⁴ Zu den weiteren Einzelheiten siehe Rn 86.

3. Maßgeblicher Zeitpunkt der Prüfung

Das Beschwerdegericht beurteilt die **Zulässigkeit** und **Begründetheit** der Beschwerde stets nach Maßgabe des Sach- und Streitstandes, wie er sich zur **Zeit seiner Entscheidung** darstellt.⁶⁵ Es hat daher z.B. im Verfahren nach § 1671 BGB auch eine ihm bekannt gewordene Einigung der Eltern über die Regelung der elterlichen Sorge und die Berufung eines Elternteils hierauf zu berücksichtigen.⁶⁶ Im Verfahren betreffend die Bewilligung einer Betreuervergütung bei der Prüfung der Mittellosigkeit sind die Einkünfte und das Vermögen des Betreuten zum Zeitpunkt der letzten Tatsacheninstanz und nicht am Ende des jeweiligen Abrechnungszeitraums maßgebend.⁶⁷ Erst für das Gericht der Rechtsbeschwerde ist mit Rücksicht auf § 72 Abs. 1 S. 1 der Sachverhalt maßgebend, der vom Beschwerdegericht festgestellt worden ist; eine neue prozessuale Tatsache hat dieses Gericht aber zu berücksichtigen.⁶⁸

Die Zulässigkeitsvoraussetzungen müssen **zum Zeitpunkt der Entscheidung** durch das Beschwerdegericht gegeben sein. Mängel, die bei Einlegung des Rechtsmittels bestehen, können ggf. noch nachträglich behoben werden. Umgekehrt kann eine bestehende Zulässigkeitsvoraussetzung während des laufenden Verfahrens wegfallen, z.B. das Rechtsschutzinteresse, wenn der Beschwerdeführer sein angestrebtes Ziel schon erreicht hat oder nicht mehr erreichen kann (vgl. Rn 77). Dies kann zu einer nachträglichen Unzulässigkeit des eingelegten Rechtsmittels führen.

4. Anwendbares Recht

Hinsichtlich des bei der Entscheidung des Beschwerdegerichts anzuwendenden Rechts ist zu unterscheiden:

Änderungen im Verfahrensrecht können auch schwebende Verfahren ergreifen,⁶⁹ sofern nicht besondere Übergangsvorschriften, wie z.B. Art. 111 FGG-RG, etwas Anderes vorschreiben.⁷⁰ Diese Änderungen sind also vom Beschwerdegericht zu beachten.⁷¹ Dies gilt

---

⁶⁰ BGH FamRZ 1993, 1310.
⁶¹ BayObLG WE 1991, 56; FamRZ 1982, 199.
⁶² OLG München FGPrax 2008, 206.
⁶³ BayObLG NJW-RR 1999, 452; NJW-RR 1991, 1098.
⁶⁴ BayObLG OLGR 1993, 46.
⁶⁵ St. Rspr. z.B. BGH NZI 2008, 391; NJW 1982, 1464; BayObLG FGPrax 2002, 82 = NJW-RR 2002, 679; FGPrax 1996, 25; KG OLGZ 1966, 357; OLG Celle OLGZ 1988, 287; OLG Hamm FamRZ 1990, 893; OLG Schleswig FamRZ 1993, 832.
⁶⁶ BayObLGZ 1964, 71/73.
⁶⁷ BayObLG FamRZ 2000, 558; FamRZ 1996, 372; BtPrax 1996, 29; KG FGPrax 1997, 224; OLG Hamm NJW-RR 2007, 1081 = FamRZ 2007, 1185.
⁶⁸ OLG Jena FGPrax 1999, 87; OLG Köln Rpfleger 2002, 195.
⁶⁹ BayObLG Rpfleger 1980, 289; FamRZ 1978, 144.
⁷⁰ BGH FamRZ 1978, 227; OLG Hamburg FamRZ 1980, 943; OLG Hamm OLGZ 1993, 387/389.
⁷¹ BayObLGZ 1959, 272/276; BayObLGZ 1958, 213/217; OLG Hamburg FamRZ 1980, 943.

z. B. bei einer Änderung der Gerichtsbarkeit,[72] des Rechtsweges,[73] der Verweisung von Amts wegen,[74] der Rechtsmittelfrist[75] oder der Kostenentscheidung.[76] Jedoch sind Verfahren, die rechtsgestaltende Anordnungen zum Gegenstand haben, bei einem Wechsel des Rechtsweges während des anhängigen Verfahrens noch im alten Rechtsmittelzug fortzuführen.[77] Wird die Anfechtbarkeit von Entscheidungen erschwert, z. B. befristete statt unbefristeter Beschwerde, so gilt dies nicht für vor Inkrafttreten des neuen Gesetzes ergangene Entscheidungen. Bei Änderungen der örtlichen Zuständigkeiten gilt der Grundsatz der **perpetuatio fori**, nach dem über ein schon eingelegtes Rechtsmittel das bisher zuständige Gericht zu befinden hat.[78] **Nach Abschluss des Beschwerdeverfahrens** ergangene Änderungen des Verfahrensrechts haben keine Auswirkungen, dies gilt auch bei einer nachträglichen gesetzlichen Einführung eines weiteren Rechtsmittels oder einer nachträglichen Beschränkung der Rechtsmittel durch die Notwendigkeit einer Zulassung. Zum maßgeblichen Übergangsrecht nach dem FGG-RG siehe die Erläuterungen zu Art. 111 FGG-RG.

52 Für das Beschwerdegericht ist das bei Erlass seiner Entscheidung geltende **materielle Recht** maßgebend, auch wenn es durch die Vorinstanz noch nicht berücksichtigt werden konnte.[79] Somit ist im Falle einer Gesetzesänderung seit der im ersten Rechtszug ergangenen Entscheidung grundsätzlich das neue Gesetz anzuwenden,[80] sofern nicht entsprechende Übergangsvorschriften eine andere Regelung treffen. Dies gilt auch für das geänderte ausländische Recht. Eine Gesetzesänderung **nach Abschluss des Beschwerdeverfahrens** hat keine Auswirkungen mehr auf das Beschwerdeverfahren, selbst wenn das Gesetz rückwirkende Geltung beansprucht oder hierdurch eine Regelungslücke geschlossen wird.

53 Die **Vorwirkung** künftig in Kraft tretender Gesetze ist grundsätzlich unzulässig; möglich ist sie aber, wenn das künftige Gesetz rückwirkende Geltung beansprucht oder wenn es sich darum handelt, eine Rechtslücke durch analoge Anwendung des künftig geltenden Rechts auszufüllen.[81] Eine Aussetzung von Verfahren im Hinblick auf künftig in Kraft tretende Gesetze ist aber ausgeschlossen.[82]

5. Gewährung rechtlichen Gehörs

54 Das Beschwerdegericht ist, ebenso wie das Gericht erster Instanz, gehalten, den Beteiligten des Verfahrens das **rechtliche Gehör** zu gewähren. Dieser Grundsatz verlangt, dass ein an dem Verfahren fehlerhaft bisher nicht Beteiligter über das Verfahren informiert und ihm Gelegenheit zur Stellungnahme eingeräumt wird. Der Beschwerdeentscheidung dürfen nur solche Tatsachen und Beweise zugrunde gelegt werden, zu denen den Beteiligten rechtliches Gehör gewährt worden ist. So müssen den **Beteiligten** die Schriftsätze des Beschwerdeführers zur Stellungnahme zugeleitet werden, wenn die angefochtene Entscheidung auf die Beschwerde zum Nachteil des Beschwerdegegners abgeändert werden soll. Ebenso besteht im Fall der Zurückweisung der Beschwerde eine Pflicht des Beschwerdegerichts, Stellungnahmen der übrigen Beteiligten, die neue rechtliche Gesichtspunkte oder neues tatsächliches Vorbringen enthalten, an den Beschwerdeführer zu übersenden. Will das Beschwerdegericht die angefochtene Entscheidung mit einer völlig anderen Begründung bestätigen, so wird es regelmäßig erforderlich sein, den Beteiligten Gelegenheit zu ge-

---

[72] BGH NJW 1953, 545.
[73] BGH NJW 1978, 889 = FamRZ 1978, 889; BayObLGZ 1964, 300/302.
[74] BGHZ 12, 254/266.
[75] BGH MDR 1955, 157; BayObLGZ 1962, 235.
[76] BayObLGZ 1959, 272/276; BayObLGZ 1958, 41/42.
[77] BGH FamRZ 1967, 464; BayObLGZ 1964, 300/302; zum Grundsatz der Fortdauer der einmal begründeten Zuständigkeit s. a. BGH NJW 2002, 1351.
[78] BGH FamRZ 1978, 405; BayObLG FamRZ 1990, 1021; FamRZ 1978, 144.
[79] BGH NJW 1983, 2443; BayObLG FamRZ 1977, 650; KG Rpfleger 1970, 337; OLG Jena FGPrax 1999, 234.
[80] St. Rspr. z. B. BGH NJW 1993, 2241; NJW-RR 1993, 258; BayObLG NJW 1988, 916; KG FGPrax 1995, 24 = NJW 1995, 62; OLG Frankfurt FGPrax 1995, 58; OLG Hamm FamRZ 1991, 1103.
[81] S. dazu Kloeper, Vorwirkung von Gesetzen, 1974, S. 115; in diesem Buch wird das Problem der Vorwirkung von Gesetzen in allen Einzelheiten behandelt.
[82] Kloeper, aaO, S. 65.

ben, sich hierzu zu äußern und ggf. durch neues Vorbringen der beabsichtigten Begründung entgegenzutreten. Anspruch auf rechtliches Gehör (Art. 103 Abs. 1 GG) haben auch **Behörden,** die an dem Verfahren beteiligt sind oder denen gesetzlich ein Beteiligungs- oder Anhörungsrecht eingeräumt wird. Gleiches gilt für **berufsständischen Organe** (vgl. z. B. § 380).

Hat ein Beteiligter ohne Mitteilung einer Frist die Einreichung einer Stellungnahme 55 angekündigt, so bedarf es keiner gerichtlichen Fristsetzung. Es reicht, wenn das Beschwerdegericht mit seiner Entscheidung eine **angemessene Frist** abwartet. Die Frage der Angemessenheit bestimmt sich nach dem Einzelfall, in der Regel reichen **2 bis höchstens 3 Wochen** aus.[83] Das Gericht kann aber auch sowohl dem Beschwerdeführer (vgl. § 65 Abs. 2) als auch den übrigen Beteiligten eine Frist zur Einreichung von Stellungnahmen setzen. Eine entsprechende Pflicht hierzu besteht nicht.[84] Sofern eine Frist gesetzt worden ist, darf das Beschwerdegericht vor dessen Ablauf nicht entscheiden. Zu den weiteren Einzelheiten siehe § 65 Rn 6.

6. Amtsermittlungen

Das Beschwerdegericht ist nach § 26 berechtigt und verpflichtet, auch ohne Antrag neue 56 Tatsachen zu ermitteln und weitere Beweise zu erheben, die in erster Instanz nicht eingeführt waren oder danach eingetreten sind.[85] Ist beispielsweise eine mit einem Zwangsgeld (z. B. nach § 391) zu erzwingende Handlung vor Erlass der Beschwerdeentscheidung vorgenommen worden, hat das Beschwerdegericht diese nachträgliche Erfüllung im Rahmen des Erstbeschwerdeverfahrens als neue Tatsache zugunsten des Beschwerdeführers zu berücksichtigen.[86] Dagegen besteht keine Verpflichtung des Beschwerdegerichts, stets über neue Tatsachen Ermittlungen anzustellen und neue Beweise zu erheben; es hat nach § 26 nur die ihm erforderlich erscheinenden Ermittlungen durchzuführen und die ihm geeignet erscheinenden Beweise zu erheben.[87] Eine Aufklärungs- und Ermittlungspflicht des Beschwerdegerichts besteht, soweit der Vortrag der Beteiligten oder der Sachverhalt als solcher bei sorgfältiger Überlegung dazu Anlass geben. Bei Vorgängen aus dem höchstpersönlichen Lebensbereich trifft die Beteiligten insoweit eine erhöhte Darlegungslast.[88] Über die Möglichkeit der Zurückverweisung an das Gericht der ersten Instanz zur Vornahme der erforderlichen Ermittlungen s. § 69 Rn 13.

7. Absehen von mündlicher Verhandlung oder sonstigen Verfahrenshandlungen (Abs. 3 S. 2)

Das Beschwerdegericht **kann** von der **Wiederholung solcher Verfahrenshandlungen** 57 absehen, die das Gericht der ersten Instanz vorgenommen hat (Abs. 3 S. 2). Insoweit steht eine Wiederholung von Ermittlungen und Beweiserhebungen im pflichtgemäßen Ermessen.[89] Damit kommt dem Beschwerdegericht ein Beurteilungs- sowie Prognosespielraum zu. Dabei ist der Begriff „keine zusätzlichen Erkenntnisse" weit gefasst.[90] Er ist aber auch im Lichte der Amtsermittlungspflicht nach § 26 zu sehen. Entsprechend ist ein Absehen erst dann angezeigt, wenn nach einer pflichtgemäßen Prüfung das Beschwerdegericht zu dem Ergebnis gelangt, dass tatsächlich keine entscheidungserheblichen weiteren Erkenntnisse zu erwarten sind.[91] Voraussetzung für das Absehen von Verfahrenshandlungen im Beschwerdeverfahren ist, dass in der ersten Instanz entsprechende notwendige Verfahrenshandlungen

---

[83] BayObLG NJW-RR 1986, 1446; OLG Köln NJW-RR 1986, 1124; OLG Zweibrücken NJW-RR 1987, 576.
[84] OLG Köln NJW-RR 1986, 862; Rpfleger 1984, 424.
[85] KG FGPrax 1997, 224.
[86] BayObLG FGPrax 2002, 118; Rpfleger 1979, 215.
[87] BGH FamRZ 1983, 262; BayObLG Rpfleger 1990, 20; OLG Frankfurt NJW-RR 1995, 771 = FamRZ 1995, 1408.
[88] OLG Köln Rpfleger 2002, 195.
[89] BayObLG FamRZ 1985, 513.
[90] Siehe dazu BayObLGZ 1999, 97/98; KG FGPrax 1998, 242; OLG Düsseldorf FGPrax 1998, 200; OLG Hamm FGPrax 1997, 77; OLG Karlsruhe FGPrax 1998, 116; OLG Naumburg FGPrax 2000, 211.
[91] OLG Düsseldorf FGPrax 2009, 89: wenn bedeutsame Erkenntnisse auszuschließen sind.

ordnungsgemäß durchgeführt worden sind. Sind zwingende Verfahrensvorschriften verletzt, so darf das Beschwerdegericht seine Entscheidung nicht auf das fehlerhafte Verfahren stützen, sondern muss den betreffenden Teil des Verfahrens oder das gesamte Verfahren wiederholen.[92] Eine Zeugenvernehmung muss wiederholt werden, wenn die frühere Vernehmung verfahrenswidrig vorgenommen worden ist (z. B. der Zeuge nicht ordnungsgemäß belehrt oder vereidigt worden ist)[93] oder wenn das Beschwerdegericht die Glaubwürdigkeit von Zeugen abweichend beurteilt oder den Aussageinhalt anders verstehen will als der erstinstanzliche Richter.[94] Die Vernehmung von Zeugen hat in der Regel durch den Spruchkörper und nicht den beauftragten Richter zu erfolgen.[95]

58 Nach Abs. 3 S. 2 ist dem Beschwerdegericht die Möglichkeit eingeräumt, von der **Durchführung eines Termins** oder **einer mündlichen Verhandlung** Abstand zu nehmen, wenn diese bereits im ersten Rechtszug erfolgte und von einer erneuten Vornahme keine zusätzlichen Erkenntnisse zu erwarten sind. Diese Vorschrift überträgt die bislang im Betreuungsrecht ausdrücklich vorgesehene Möglichkeit auf alle Verfahren nach dem FamFG. Sie bedarf indes einer einschränkenden Auslegung.[96] Nach dem Grundsatz des § 69 Abs. 3 S. 1 FamFG bestimmt sich das Beschwerdeverfahren nach den für das ersten Rechtszug geltenden Vorschriften. Abs. 3 S. 2 kommt daher nur zum Zuge, soweit nach den einschlägigen Verfahrensvorschriften oder aufgrund der Amtsermittlungspflicht (§ 26) im erstinstanzlichen Verfahren ein Termin, eine mündliche Verhandlung oder sonstige Verfahrenshandlungen durchzuführen sind. In solchen Verfahren kann unter den Voraussetzungen dieser Bestimmung von einer Wiederholung dieser Verfahrenshandlungen abgesehen werden.[97]

58a In Verfahren, in denen es aber schon an Vorgaben bzw. an der Notwendigkeit zur Durchführung eines Termins, einer mündlichen Verhandlung oder sonstiger Verfahrenshandlungen fehlt, braucht nicht auf Abs. 3 S. 2 zurückgegriffen zu werden. Es kann vielmehr im Beschwerdeverfahren ohne Vorliegen dieser Voraussetzungen von der Anberaumung eines Termins oder einer mündlichen Verhandlungen abgesehen werden. Entsprechend bedarf es beispielsweise in **Register-, Aufgebots- und Grundbuchsachen** in der Regel auch im Beschwerdeverfahren keiner Durchführung eines Termins bzw. einer mündlichen Verhandlung, wenn das erstinstanzliche Verfahren schriftlich abgewickelt wurde.[98] Dies gilt auch für andere Verfahrensgegenstände (z. B. **Nachlasssachen**,[99] Verfahren betreffend die **Vergütung** eines Betreuers, Pflegers etc.), sofern es nicht auf den persönlichen Eindruck eines Beteiligten ankommt, sondern ausschließlich um die Klärung von Rechtsfragen geht.[100] Zudem besteht in **Ehe-** und **Familienstreitsachen** die Möglichkeit, die Beschwerde auch ohne Durchführung eines Termin unter den Voraussetzungen des § 522 Abs. 2 ZPO durch einstimmigen Beschluss zurückzuweisen,[101] s. a. § 117 Rn 10.

59 Ist hingegen eine **persönliche Anhörung** gesetzlich vorgeschrieben (z. B. nach § 420 Abs. S. 1) oder wegen der Schwere des Eingriffs bzw. zur Gewährung des rechtlichen Gehörs geboten, so beispielsweise regelmäßig in **Familiensachen**, insbesondere in **Kindschaftssachen** sowie in **Betreuungs-, Unterbringungs-** und **Freiheitsentziehungssachen**, dann darf hiervon im Beschwerdeverfahren ausnahmsweise nach Abs. 3 S. 2 abgesehen werden. Voraussetzung ist eine persönliche Anhörung in erster Instanz. Zudem

---

[92] BGH FGPrax 2011, 156.
[93] KG FamRZ 1968, 605.
[94] BGH NJW-RR 1989, 380; NJW 1988, 484; BayObLG FamRZ 1998, 1469; OLG Karlsruhe FGPrax 1998, 77; OLG Köln FamRZ 2000, 635; OLG Zweibrücken MDR 1989, 649.
[95] OLG Köln MDR 1983, 326.
[96] OLG Schleswig FGPrax 2010, 106; Sternal FGPrax 2010, 108.
[97] OLG Schleswig FGPrax 2010, 106; Sternal FGPrax 2010, 108.
[98] KG FGPrax 2011, 123; OLG Schleswig FGPrax 2010, 106 für das Erbscheinsverfahren; OLG Stuttgart FGPrax 2010, 255; FGPrax 2010, 257; jew. für Registersachen; Haußleiter § 68 Rn 11; Sternal FGPrax 2010, 108.
[99] KG FGPrax 2011, 122 für Entlassung Testamentsvollstrecker; OLG Düsseldorf FGPrax 2011, 125 für Erbscheinsverfahren.
[100] KG NJW-RR 2011, 438 = FamRZ 2011, 827 für das Auskunftsverfahren nach § 1686 BGB.
[101] OLG Karlsruhe JurBüro 2010, 548; Bassenge/Roth/K. Walter, § 117 FamFG Rn 11; Hoppenz/A. Walter, § 117 FamFG Rn 11.

dürfen von einer erneuten Anhörung keine zusätzlichen Erkenntnisse zu erwarten sein.[102] Auch kann von einer erneuten Anhörung abgesehen werden, wenn der Sachverhalt einfach gelagert ist und das Rechtsmittelgericht nach Aktenlage entscheiden kann,[103] bzw. wenn die erstinstanzliche Anhörung erst verhältnismäßig kurze Zeit zurückliegt und sich nach dem Inhalt der Akten keine neuen entscheidungserheblichen Tatsachen oder rechtliche Gesichtspunkte ergeben haben,[104] oder wenn das Beschwerdegericht das in den Akten festgehaltene Ergebnis der Anhörung nicht anders würdigen will und es auf den persönlichen Eindruck nicht ankommt, was jedenfalls bei längerfristigen freiheitsbeschränkenden Maßnahmen auch vor dem Hintergrund, dass die Betroffenen der fürsorgerischen Tätigkeit des Gerichts anvertraut sind, kaum in Betracht kommen kann. In Freiheitsentziehungsverfahren kann die Frage, ob das einem Haftgrund entgegenstehende Beschwerdevorbringen glaubhaft ist, nur aufgrund einer persönlichen Anhörung des Betroffenen hinreichend sicher beantwortet werden.[105]

Das Beschwerdegericht hat die Gründe, weshalb es von der Anhörung ausnahmsweise absehen will, in den Entscheidungsgründen nachprüfbar darzulegen, dazu reicht eine floskelhafte Erklärung nicht aus, vielmehr muss es auf den anstehenden Einzelfall eingehen. Eine Anhörung ist stets zu wiederholen, wenn Bedenken hinsichtlich der Vollständigkeit und Richtigkeit der getroffenen Feststellungen bestehen bzw. das Beschwerdegericht das Beweisergebnis abweichend beurteilen will.[106] Gleiches gilt, wenn die Anhörung in erster Instanz auf einem Verfahrensfehler beruht.[107] Die persönliche Anhörung kann unter den Voraussetzungen des § 375 Abs. 1 a ZPO auch durch ein Mitglied des Beschwerdegerichts als beauftragten Richter erfolgen.[108] **59a**

Bei der Ausübung des insoweit bestehenden Ermessens hat das Beschwerdegericht, insbesondere in Ehe-, Kindschafts- und Unterbringungssachen **Art. 6 EMRK** und die hierzu ergangene Rechtsprechung des EGMR zu beachten. Die Europäische Menschenrechtskonvention enthält den Grundsatz der mündlichen Verhandlung für alle streitigen Zivilverfahren, wozu auch die vorgenannten Verfahren zählen.[109] Eine Ausnahme von dem Erfordernis einer mündlichen Verhandlung besteht nach der Rechtsprechung des EGMR dann, wenn bereits im erstinstanzlichen Verfahren eine solche stattgefunden hat, und es nur um die Zulassung des Rechtsmittels geht oder im Rechtsmittelverfahren nur eine rechtliche Überprüfung möglich ist. Zudem ist dann eine zweite mündliche Verhandlung nicht geboten, wenn ohne eigene Tatsachenermittlungen eine Entscheidung nach Aktenlage getroffen werden kann. Dies gilt nach der Rechtsprechung des EGMR jedoch nicht bei einem schwierigen Fall, bei dem die tatsächlichen Fragen nicht einfach sind und erhebliche Bedeutung haben.[110] **60**

V. Prüfung der Zulässigkeit der Beschwerde (Abs. 2)

1. Prüfungsumfang (Abs. 2 S. 1)

a) Grundsatz. Das Beschwerdegericht hat stets die **Statthaftigkeit** (§§ 58, 62) sowie die Wahrung der **Form** (§§ 63, 64) und **Frist** (§ 63) der eingelegten Beschwerde zu prüfen (Abs. 2 S. 1). Daneben unterliegen auch die **weiteren Zulässigkeitsvoraussetzungen** einer jeden Beschwerde, nämlich das Vorliegen der Beschwerdeberechtigung, der Beschwerdebefugnis, der Beschwer, des Rechtsschutzinteresses sowie des Fehlens eines Verzichts auf das Beschwerderecht oder der Rücknahme der Beschwerde gem. § 67, der **61**

---

[102] BGH FGPrax 2011, 120; FamRZ 2010, 1650; FGPrax 2010, 290; NVwZ 2010, 1575 Ls; FGPrax 2010, 154; FGPrax 2010, 152.
[103] BGH FGPrax 2010, 290; FamRZ 2010, 163; vgl. auch BGHZ 183, 323; Beschl. v. 21. 10. 2010 V ZB 176/10 = BeckRS 2010, 30057; FGPrax 2010, 261.
[104] OLG Celle FGPrax 2010, 163; OLG Köln FGPrax 2009, 71: sechs Monate sind zu lang.
[105] BGH FGPrax 2010, 290; FGPrax 2010, 152.
[106] BVerfG NJW 2005, 1487.
[107] BGH FamRZ 2011, 805; FGPrax 2010, 290; SBW/Unger § 68 Rn 40.
[108] BGH InfAuslR 2010, 384 = FGPrax 2010, 263 Ls.
[109] Meyer-Ladewig Art. 6 Rn 8.
[110] Meyer-Ladewig Art. 6 Rn 8; BT-Drs. 16/6308 S. 208.

Prüfung durch das Beschwerdegericht. Eine Ausnahme besteht nur für den gegenüber einem Beteiligten erklärten Rechtsmittelverzicht, der nur bei einer entsprechenden Einrede zu beachten ist (vgl. § 67 Abs. 3). Zu den Einzelheiten der Zulässigkeitsvoraussetzungen siehe Rn 67 bis 81.

62 Liegen **mehrere Beschwerden** verschiedener Beteiligter gegen eine erstinstanzliche Entscheidung vor, so müssen die Zulässigkeitsvoraussetzungen für jedes Rechtsmittel gesondert festgestellt werden; es kann indes über alle Beschwerden in einem einheitlichen Beschluss entschieden werden, gleichgültig ob die Beschwerdeziele kontradiktorisch oder gleichgerichtet sind.

63 **b) Umfang der Ermittlungen.** Für die Feststellung der entscheidungserheblichen Tatsachen gilt der Amtsermittlungsgrundsatz (§ 26) ohne Beschränkung auf die von den Beteiligten konkret erhobenen Rügen (siehe auch § 26 Rn 82).[111] Die eindeutige Formulierung des Abs. 2 spricht dafür, dass die Frage der Zulässigkeit im Falle der Unbegründetheit der Beschwerde grundsätzlich nicht offen bleiben darf.[112] Dagegen ist indes einzuwenden, dass eine schwierige Prüfung der Zulässigkeit dann nicht angezeigt ist, wenn sich die Frage der Unbegründetheit ohne großen Aufwand beantworten lässt.[113] Dies gilt auf jeden Fall für die Frage der Einhaltung der Form und Frist sowie für die Beschwer.[114] Eine andere Beurteilung ist aber auch nicht für die sonstigen Zulässigkeitsvoraussetzungen[115] sowie die Statthaftigkeit[116] geboten; vielmehr kann auch insoweit die Zulässigkeitsfrage offen bleiben und die Beschwerde als unbegründet zurückgewiesen werden.[117]

64 Die zum früheren FGG teilweise vertretene abweichende Auffassung, der Amtsermittlungsgrundsatz beziehe sich nur auf die Tatsachen, die der Sachentscheidung zugrunde gelegt werden sollen, nicht aber auf die tatsächlichen Voraussetzungen der Zulässigkeit des Rechtsmittels,[118] ist zum FamFG nicht mehr vertretbar. Sachlich tritt das Beschwerdegericht bei der Prüfung der Zulässigkeit in den Grenzen des Rechtsmittels vollständig an die Stelle der ersten Instanz, so dass eine vollständige Prüfung zu erfolgen hat.

65 **Einschränkungen der Amtsermittlungspflicht** bezüglich der tatsächlichen Grundlagen verfahrensrechtlicher erheblicher Umstände ergeben sich in demselben Maße, wie allgemein im Antragsverfahren, insbesondere in echten Streitsachen,[119] eine Beibringungspflicht der Verfahrensbeteiligten besteht.[120] So bedarf es einer Prüfung der Geschäfts- bzw. Verfahrensfähigkeit des Beschwerdeführers nur dann, wenn konkrete Zweifel hieran bestehen. Die Feststellungslast für das Vorliegen der Zulässigkeitsvoraussetzungen trifft den Beschwerdeführer. Kann nach Erschöpfung sämtlicher Beweismittel nicht festgestellt werden, ob ein Beteiligter verfahrensfähig ist, gilt er als verfahrensunfähig.[121]

66 **c) Grundsatz der Meistbegünstigung.** Bei Entscheidungen, die nicht in der gesetzlich vorgeschriebenen Entscheidungsart ergangen sind, gilt der Grundsatz der Meistbegünstigung.[122] Die Beteiligten können zur Vermeidung von Nachteilen das Rechtsmittel, das gegen die tatsächlich erlassene Entscheidung gegeben ist oder wahlweise auch das Rechts-

---

[111] BayObLGZ 2004, 37; OLG Zweibrücken FamRZ 1976, 699; Prütting/Helms/Abramenko § 68 Rn 15.
[112] So SBW/Unger § 68 Rn 23.
[113] Gegen eine generelle Vorrangigkeit der Zulässigkeitsprüfung bei offenkundig unbegründeten Beschwerde: Johannsen/Henrich/Althammer § 68 Rn 6; Prütting/Helms/Abramenko § 68 Rn 16.
[114] So Wieczorek/Schütze/Jänisch § 572 Rn 45 für die Beschwerde nach §§ 567 ff. ZPO; anders für die Frage der Beschwerdefähigkeit des Beschwerdeführers MünchKommZPO/Lipp § 572 Rn 19.
[115] OLG Zweibrücken FGPrax 2004, 42 für ungeklärte Vertretungsverhältnisse.
[116] So MünchKommZPO/Lipp § 572 Rn 19; einschränkend: Wieczorek/Schütze/Jänisch § 572 Rn 45; jew. für die Beschwerde nach §§ 567 ff. ZPO.
[117] Bahrenfuss/Joachim § 68 Rn 7; siehe auch BGH NJW-RR 2006, 1346; OLG Frankfurt OLGR 1995, 221; OLG Köln, NJW 1974, 1515; Zöller/Heßler § 572 Rn 20; jew. für die Beschwerde nach der ZPO; einschränkend MünchKommZPO/Lipp § 572 Rn 19 für die Prozessfähigkeit des Beschwerdeführers.
[118] KG FGPrax 1995, 120 Beibringungsgrundsatz.
[119] Zum Beibringungsgrundsatz in Familienstreitsache siehe Zöller/Feskorn § 68FamFG Rn 14.
[120] BGH NJW-RR 1999, 210.
[121] Palandt/Ellenberger § 104 Rn 8.
[122] Siehe dazu BGH Beschl. v. 6. 4. 2011 XII ZB 553/10 = BeckRS 2011, 10618; NJW 1997, 1448; NJW-RR 1997, 55 = FamRZ 1996, 1544; OLG Brandenburg FGPrax 2000, 103; OLG Zweibrücken FGPrax

mittel, das gegen die Entscheidung statthaft ist, die hätte ergehen müssen, eingelegen (vgl. dazu auch § 58 Rn 109). Die Überprüfung des Rechtsmittelgerichts richtet sich nach dem richtigen Rechtsbehelf.[123] Hat das Familiengericht in einer nach dem FamFG zu behandelnden Familiensachen (vgl. Art. 111 FGG-RG) fehlerhaft durch Urteil entschieden, so kann das Rechtsmittelgericht die hiergegen eingelegte Berufung als Beschwerde nach §§ 58 ff. behandeln; dies gilt auch umgekehrt.[124] Gleiches gilt z. B. auch, wenn das Landwirtschaftsgericht eine Entscheidung durch Urteil anstatt durch Beschluss getroffen hat.[125]

2. Zulässigkeitsvoraussetzungen

a) Statthaftigkeit. Die Beschwerde muss statthaft sein, d. h. es muss sich um eine im ersten Rechtszug ergangene Endentscheidung der AG oder LG in den im FamFG geregelten Verfahren handeln (§ 58) und das Rechtsmittel muss von einem hierzu berechtigten Beteiligten eingelegt sein. Zu den Einzelheiten siehe die Erläuterungen zu § 58. 67

b) Form. Zur Form der Beschwerde siehe die Ausführungen zu § 64. An die Einhaltung der Formalien der Beschwerdeschrift dürfen keine zu strengen Anforderungen gestellt werden. 68

c) Frist. Es muss die gesetzlich vorgeschriebene Beschwerdefrist gewahrt sein. Zu den Einzelheiten siehe die Ausführungen zu § 63; zur Frist für die Einreichung der Beschwerdebegründung in Ehe- und Familienstreitsachen siehe § 117 Abs. 1. 69

d) Beschwerdeberechtigung. Die Berechtigung zur Einlegung steht demjenigen zu, der durch den Beschluss beeinträchtigt ist (§ 59 Abs. 1). Es ist zu unterscheiden, ob der Verfahrensgegenstand ein Amtsverfahren (siehe § 24) oder ein Antragsverfahren (siehe § 23) betrifft. Im letzteren Fall steht bei einer Antragszurückweisung nur dem Antragsteller das Beschwerderecht zu (§ 59 Abs. 2). Lässt sich die Beeinträchtigung eines subjektiven Rechts des Beschwerdeführers durch die angefochtene Entscheidung **(materielle Beschwer)** nicht feststellen, wenn man die Unrichtigkeit des angefochtenen Beschlusses unterstellt (bei sog. **doppelrelevanten Tatsachen** genügt eine mögliche Rechtsbeeinträchtigung), so ist zu prüfen, ob sich eine Beschwerdebefugnis aus den Vorschriften des FamFG oder anderen Gesetzen ergibt. Zu den weiteren Einzelheiten siehe die Ausführungen zu § 59; zur Notwendigkeit, den Beschwerdeführer innerhalb der Beschwerdefrist namhaft zu machen, siehe § 64 Rn 28. 70

e) Beschwerdeführungsbefugnis. Sofern die Beschwerde im eigenen Namen erhoben wird, kommt es auf die Verfahrensfähigkeit des Beschwerdeführers an. Siehe dazu die Ausführungen zu § 9 bzw. § 60. Bei Beschwerden in fremden Namen ist die Vertretungsbefugnis zu prüfen; siehe dazu die Ausführungen zu § 10. 71

f) Beschwer. Voraussetzung für die Anrufung des Beschwerdegerichts ist, dass der Beschwerdeführer durch die angegriffene Entscheidung auch **formell beschwert** wird. Eine Beschwer kann in der Regel nur aus dem Inhalt der Entscheidungsformel, nicht aus der Art der Begründung hergeleitet werden.[126] Lösen die Entscheidungsgründe aber außerhalb des gerichtlichen Verfahrens liegende gesetzliche Nebenfolgen aus, so kann von ihnen eine beeinträchtigende Wirkung ausgehen, die ausnahmsweise eine Beschwer begründen kann.[127] 72

Dies ist in **Antragsverfahren** der Fall, wenn der Beteiligte weniger erreicht hat, als er beantragt hat. Insoweit muss neben der materiellen Beschwer auch eine formelle Beschwer vorliegen, wie sich aus § 59 Abs. 2 ergibt. Ausschließlich formelle Beschwer ist gegeben, wenn der Antrag aus verfahrensrechtlichen Gründen als unzulässig zurückgewiesen wird. Auf die materielle Beschwer kommt es beim Antragsteller nur an, wenn in dem Verfahren 73

1999, 221; Thomas/Putzo/Reichold Vorbem § 511 Rn 6; Zöller/Gummer Vor § 511 Rn 30; Vor § 621 Rn 17.
[123] Thomas/Putzo/Reichold Vorbem § 511 Rn 10.
[124] BGH FamRZ 2011, 966.
[125] BGH NJW-RR 1990, 2134; sowie BGH NJW-RR 1993, 956 für den umgekehrten Fall.
[126] KG FamRZ 1977, 65; OLGZ 1965, 632.
[127] BayObLG FamRZ 1976, 104; BayObLGZ 1964, 174/179.

dem Antrag voll stattgegeben wird. Dies gilt auch, wenn in Antragsverfahren ein formulierter Sachantrag gestellt werden muss, der Verfahrensgegenstand aber nicht der Verfügung der Beteiligten unterliegt, z. B. im Erbscheinsverfahren.[128]

74 Im **Amtsverfahren**, die nicht eine **vermögensrechtliche Angelegenheit** betreffen, ist eine formelle Beschwer nicht erforderlich.[129] Hier kann daher der „Antragsteller" auch dann Beschwerde einlegen, wenn das Gericht erster Instanz seinem „Antrag", der im Amtsverfahren nur als Anregung zu betragen ist (vgl. § 24), stattgegeben hat und die angefochtene Entscheidung seine Rechtsstellung nicht beeinträchtigt.[130] Eine formelle Beschwer ist nicht erforderlich in Verfahren, die auf einen Verfahrensantrag hin eingeleitet werden, in denen aber ein förmlicher Sachantrag nicht gestellt werden muss und in denen das Gericht an etwaige gestellte Sachanträge nicht gebunden ist.

75 In **vermögensrechtlichen Angelegenheiten** muss – unabhängig davon, ob ein Amts- oder Antragsverfahren vorliegt – der Wert der Beschwer **600 €** übersteigen (§ 61 Abs. 1). Sofern dies nicht der Fall ist, bedarf es einer ausdrücklichen **Zulassung der Beschwerde** durch das Gericht des ersten Rechtszuges. Zu den Einzelheiten siehe die Ausführungen zu § 61 Rn 24. Bei der isolierten Anfechtung einer Kostenentscheidung in einer **nicht vermögensrechtlichen Angelegenheit** muss nach h. M.[131] ebenfalls die Mindestbeschwer erreicht werden (siehe auch § 61 Rn 4).

76 Soweit das Ausgangsgericht dem eingelegten Rechtsmittel **teilweise abgeholfen** hat, bemisst sich die Beschwer in vermögensrechtlichen Angelegenheiten nach dem Wert des nicht abgeholfenen Teils.[132] Wird insoweit der Beschwerdewert des § 61 Abs. 1 nicht erreicht und hat das Gericht des ersten Rechtszuges das Rechtsmittel nicht zugelassen, so ist die Beschwerde unzulässig. Das Beschwerdegericht soll nur mit der Sache befasst werden, sofern die Mindestbeschwerdesumme nach der abschließenden Entscheidung des Ausgangsgerichts erreicht wird.[133] Eine verfahrensrechtlich **unzulässige Teilabhilfeentscheidung** (z. B. in einer Familiensache nach § 68 Abs. 1 S. 2) führt jedoch nicht dazu, dass ein ursprünglich zulässiges Rechtsmittel nunmehr, z. B. wegen Nichterreichens des Beschwerdewerts, unzulässig wird. Vielmehr unterliegt die erstinstanzliche Entscheidung in vollem Umfang der Prüfung durch das Beschwerdegericht.[134]

77 g) **Rechtsschutzinteresse.** Im Rahmen der Zulässigkeitsprüfung ist auch zu erörtern, ob das Rechtsschutzbedürfnis des Beschwerdeführers noch besteht.[135] Dieses ist grundsätzlich nur zu bejahen, solange der Rechtsschutzsuchende gegenwärtig betroffen ist und mit seinem Rechtsmittel ein konkretes Ziel erreichen kann.[136] In der Regel ergibt sich das Rechtsschutzbedürfnis bereits aus der Beschwerdeberechtigung (§ 59). Das Rechtsschutzbedürfnis fehlt, wenn die Beschwerdeentscheidung keinen praktischen Erfolg haben kann. Das Interesse an einer Entscheidung des Beschwerdegerichts kann bei gesetzlichen Abänderungsverboten, bei Abänderung der Entscheidung durch das erstinstanzliche Gericht (vgl. § 48), bei Erledigung der Hauptsache, bei verfahrensmäßiger Überholung[137] bei Verwirkung, bei Vergleich nicht gegeben sein. Gleiches gilt, wenn die mit dem Rechtsmittel geltend gemachte Beschwer auf verfahrensrechtlich einfacherem Weg in der Vorinstanz beseitigt werden kann.[138]

78 Das Rechtsschutzinteresse kann bei einer unangemessenen Inanspruchnahme der staatlichen Rechtspflegeorgane, insbesondere bei Rechtsmissbrauch, z. B. bei querulatorischer

---

[128] BayObLGZ 1966, 408/411; KG NJW 1960, 1158.
[129] BayObLGZ 1964, 173/179.
[130] OLG Bremen FamRZ 1961, 534; OLG Celle NdsRpfl. 1963, 105; OLG Frankfurt WM 1960, 1175.
[131] Z. B. OLG Hamburg FamRZ 2010, 998; OLG Karlsruhe FamRZ 2010, 1695; OLG Oldenburg FamRZ 2010, 1466; OLG Stuttgart NJW 2010, 383; a. A. OLG Nürnberg NJW 2010, 1468 = FamRZ 2010, 998; Prütting/Helms/Feskorn § 81 Rn 33.
[132] BayObLGZ 1995, 374; OLG Hamm JurBüro 1982, 582; OLG Köln FGPrax 2010, 216; OLG Nürnberg FamRZ 1988, 1079; OLG Stuttgart JurBüro 1988, 1504.
[133] BayObLGZ 1995, 374; OLG Brandenburg FGPrax 2008, 239.
[134] OLG Brandenburg FGPrax 2008, 239.
[135] OLG Köln NJW-RR 2004, 1014.
[136] BGH NJW-RR 2008, 1241.
[137] BayObLG FamRZ 1990, 551.
[138] OLG Zweibrücken FamRZ 1985, 614 (Berichtigung statt Beschwerde).

Wiederholung von aussichtslosen Rechtmitteln fehlen. Gleiches gilt bei Aufrechterhaltung eines Rechtsmittels gegen eine Entscheidung, deren Aufhebung nur noch theoretische Bedeutung haben kann, z. B. einer Beschwerde gegen eine Pflegerbestellung, obwohl die Pflegschaft bereits beendet ist; bei verfahrensrechtlicher Überholung oder Beharren auf der Beschwerde, obwohl der Beschwerdeführer die Auswirkungen der Entscheidung selbst unterbinden kann, z. B. dadurch, dass das Amt eines Testamentsvollstreckers gemäß § 2202 BGB nicht angenommen wird, bei vertraglicher Verpflichtung zur Rechtsmittelrücknahme[139] oder wenn nur eine Änderung der Entscheidungsbegründung erstrebt wird.[140]

Bei einem **Wegfall des Rechtsschutzinteresses** wird die Beschwerde in der Regel 79 gegenstandslos (prozessuale Überholung). Ausnahmsweise kann ein **Bedürfnis nach gerichtlicher Entscheidung** fortbestehen, wenn das Interesse des Betroffenen an der Feststellung der Rechtslage in besonderer Weise schutzwürdig ist, z. B. bei einschneidenden Grundrechtseingriffen. Zu den Einzelheiten siehe die Erläuterungen zu § 62.

Soweit die Zulässigkeit der Beschwerde von einem **besonderen Rechtsschutzbedürf-** 80 **nis** des Beschwerdeführers abhängig ist, ist auch dieses zu prüfen. Dies gilt z. B. für die Befugnis der Standesamtsaufsicht nach § 53 Abs. 2 PStG zur Einlegung eines Rechtsmittels, auch wenn diese durch die angefochtene Entscheidung nicht beschwert ist. Ihr Rechtsmittel ist nur dann zulässig, wenn es der Klärung einer streitigen Rechtsfrage dienen soll, von dem die Entscheidung des anhängigen Verfahrens abhängt, nicht aber, wenn damit lediglich eine abstrakte Rechtsfrage geklärt werden soll, die für den Ausgang dieses Verfahrens bedeutungslos ist.[141]

h) **Kein Verzicht; keine Rücknahme.** Unzulässig ist eine Beschwerde, wenn der 81 Beschwerdeführer auf Rechtsmittel verzichtet hat (vgl. § 67 Abs. 1, Abs. 3). Dies muss das Beschwerdegericht von Amts wegen (siehe zu den Einzelheiten § 67 Rn 7) oder auf Einrede der übrigen Beteiligten (siehe zu den Einzelheiten § 67 Rn 10) beachten. Gleiches gilt im Fall einer Rücknahme der Beschwerde.

3. Verwerfung als unzulässig (Abs. 2 S. 2)

Fehlt es an der Statthaftigkeit oder an einer sonstigen Zulässigkeitsvoraussetzung, so ist 82 das Rechtsmittel ohne weitere Sachprüfung **als unzulässig zu verwerfen** (Abs. 2 S. 2). Das gleiche gilt, wenn mit der Beschwerde die Nachprüfung einer Angelegenheit verlangt wird, die nicht Gegenstand des Ausgangsverfahrens war.[142] Erfüllt im Antragsverfahren der **Hauptantrag** die Zulässigkeitserfordernisse des Rechtsmittels nicht, während sich der **Hilfsantrag** als zulässig erweist, so ist das Rechtsmittel teilweise zu verwerfen.[143] In diesem Fall bedarf es keiner gesonderten Entscheidung über die Unzulässigkeit des Hauptantrages, vielmehr kann die Beschwerdeentscheidung einheitlich ergehen. Gleiches gilt, wenn mehrere Beschwerden verschiedener Beteiligter gegen dieselbe Entscheidung vorliegen, von denen eine oder mehrere unzulässig sind.

Die Verwerfung ergeht durch **Beschluss,** der zu begründen ist (§§ 69 Abs. 2, 38 Abs. 3 83 S. 1). Vor einer Verwerfung der Beschwerde ist dem Beschwerdeführer rechtliches Gehör zu gewähren.[144] Zu dem Inhalt des Beschlusses siehe auch § 69 Rn 42. Die **Kostenentscheidung** richtet sich nach den §§ 80 ff., insbesondere § 84. Im Falle der Verwerfung als unzulässig kann der Beschwerdeführer sein Rechtsmittel wiederholen, sofern die Beschwerdefrist nicht abgelaufen ist oder die Voraussetzungen für eine Wiedereinsetzung in den vorigen Stand gegeben sind.

Die Beschwerde darf nicht zugleich als **verfahrensrechtlich unzulässig** und als **sach-** 84 **lich unbegründet** bezeichnet werden. Wird eine Beschwerde als unzulässig verworfen, so findet eine sachliche Prüfung durch das Beschwerdegericht nicht statt;[145] eine gleichwohl

---

[139] BGH NJW 1983, 109.
[140] OLG Köln Rpfleger 1986, 184.
[141] BayObLG FGPrax 1996, 120; FamRZ 1988, 649.
[142] OLG München RzW 1968, 167.
[143] BayObLG FamRZ 1990, 649.
[144] BGH NJW-RR 2007, 1718.
[145] BayObLGZ 1954, 167/170; BayObLGZ 1952, 2/4; KG OLGZ 1965, 237/239.

gegebene sachliche Begründung ist als nicht geschrieben anzusehen.[146] Die Zulässigkeit der Beschwerde darf in der Regel nicht „unterstellt" und lediglich die Begründetheit geprüft werden. Eine Ausnahme besteht bei den sog. **doppelrelevanten Tatsachen.** Soweit von zuständigkeitsbegründenden Tatsachen auch die Sachentscheidung abhängt, sind diese für die Zuständigkeitsprüfung als gegeben anzunehmen.[147] Eine weitere Ausnahme ist dann zuzulassen, wenn die Frage der Zulässigkeit schwierig zu beantworten ist oder einer umfangreichen Beweisaufnahme bedarf, während die Unbegründetheit des Rechtsmittels offensichtlich ist (siehe dazu Rn 63).[148] In diesem Falle erhält der Beschwerdeführer die von ihm gewünschte Sachentscheidung und ein etwaiger Beschwerdegegner wird durch die zurückweisende Entscheidung nicht in seinen Rechten beeinträchtigt.[149] Auf jeden Fall darf im Falle einer abändernden Entscheidung die Frage der Zulässigkeit nicht dahingestellt bleiben.[150]

85 Sofern die Zulässigkeitsvoraussetzungen einer Beschwerde erfüllt sind, bedarf es hierüber keiner **Vorentscheidung** durch das Beschwerdegericht.

VI. Umfang der Prüfung der Begründetheit

1. Grundsatz

86 Im Falle einer zulässigen Beschwerde hat das Beschwerdegericht die Richtigkeit der Entscheidung der Vorinstanz in tatsächlicher (§ 26) und rechtlicher Beziehung von Amts wegen vollständig und unabhängig von den erhobenen Rügen sowie den vertretenen Rechtsansichten zu prüfen.[151] So hat es beispielsweise im Erbscheinsverfahren nicht nur zu prüfen, ob die vom Beschwerdeführer gegen die Auslegung eines Testaments durch das Nachlassgericht vorgebrachten Bedenken durchgreifen, sondern es hat das Testament selbst auszulegen.[152]

87 Gegenstand des Beschwerdeverfahrens ist – in den Grenzen der Beschwerde – regelmäßig der Verfahrensgegenstand, über den im ersten Rechtszug entschieden worden ist.[153] Eine Beschränkung eines Rechtsmittels und damit des Verfahrensgegenstandes des Beschwerdeverfahrens setzt voraus, dass der Beschwerdeführer sie eindeutig und zweifelsfrei erklärt hat.[154] Sofern sich aus der Beschwerdebegründung nicht eindeutig etwas anderes ergibt, ist in der Regel davon auszugehen, dass die gesamte erstinstanzliche Entscheidung angefochten werden soll.[155]

88 Das Beschwerdegericht darf seine Entscheidung nicht auf Verfahrensgegenstände ausdehnen, die nicht Gegenstand des erstinstanzlichen Verfahrens waren.[156] Beispielsweise ist es bei einer Beschwerde gegen einen Aussetzungsbeschluss nach § 381 nicht möglich, bereits in der Sache selbst zu entscheiden.[157] Der Beschwerdeentscheidung darf auch nicht ein Antrag zugrundegelegt werden, der bisher nicht gestellt ist und sich nicht etwa nur als ein unvollständiger, sondern als ein ganz anderer als der gestellte darstellt.[158] So kann in der Beschwerdeentscheidung nicht die Erteilung eines Erbscheins angeordnet werden, für den bisher kein

---

[146] KG OLGZ 1965, 237/239.
[147] OLG Frankfurt MDR 1978, 236; a. A. OLG Köln Rpfleger 1975, 29: die Prüfung der Zulässigkeit des Rechtsmittels kann dahinstehen, wenn diese unverhältnismäßige Schwierigkeiten bereitet, das Rechtsmittel aber offenbar unbegründet ist.
[148] Thomas/Putzo/Reichold § 572 Rn 13; einschränkend Wieczorek/Jänisch § 572 Rn 44.
[149] BGH NJW-RR 2006, 1346; KG NJW 1976, 2353 (für Statthaftigkeit und Beschwer); OLG Hamm MDR 1979, 943 (Frist, Wiedereinsetzungsgesuch); OLG Köln NJW 1974, 1515 (Einhaltung der Frist).
[150] Wieczorek/Jänisch § 572 Rn 45.
[151] BGH FGPrax 2011, 78; BayObLG FamRZ 1993, 843; KG FamRZ 1968, 264.
[152] St. Rspr. z. B. BayObLG NJW-RR 1990, 202.
[153] BGH FGPrax 2011, 78; BGH NJW 1980, 891; BayObLG NJW-RR 1998, 8: OLG Hamm FamRZ 2000, 487.
[154] BayObLG FamRZ 2001, 364.
[155] BayObLG NJW-FER 1999, 151.
[156] BGH FGPrax 2011, 78; BayObLG NJW-RR 1994, 1032; FamRZ 1990, 649; OLG Bamberg FamRZ 1980, 620; OLG Brandenburg OLGR 1997, 348.
[157] BayObLG NJW-RR 2000, 181; OLG Köln FGPrax 2007, 94.
[158] OLG Köln NJW 1963, 541.

Erbscheinsantrag gestellt worden ist.¹⁵⁹ Die Zulässigkeit geänderter oder neuer Sachanträge im Beschwerdeverfahren sowie der Umfang der Überprüfung durch das Beschwerdegericht bei einem beschränkten Beschwerdeantrag richten sich nach dem Verfahrensgegenstand, über den im ersten Rechtszug entschieden worden ist.¹⁶⁰ Hat das Gericht erster Instanz einen Antrag auf Erweiterung der Betreuung zum Anlass genommen, die Voraussetzungen des Fortbestandes der laufenden Betreuung zu prüfen, dann ist Verfahrensgegenstand einer Beschwerde gegen die Erweiterung des Aufgabenkreises eines Betreuers ist auch die Auswahl der Person des Betreuers.¹⁶¹ Zum Antrag und Verfahrensgegenstand einer Beschwerde siehe auch § 64 Rn 37.

Das Gesetz beschränkt die Beschwerdegründe an verschiedenen Stellen, so z. B. in § 372 Abs. 2 für die Beschwerde gegen den Bestätigungsbeschluss, in § 373 i. V. m. § 372 Abs. 2 für die Beschwerde bei der Auseinandersetzung einer Gütergemeinschaft, in § 391 Abs. 2 für die Beschwerde gegen die Festsetzung eines Zwangsgeldes nach § 389, in § 408 Abs. 2 für die Beschwerde in dem Verfahren über die Aufmachung einer Dispache. Insoweit ist die Überprüfungsmöglichkeit durch das Beschwerdegericht beschränkt.

2. Beispielsfälle

a) Zulässige Prüfung. Da bei Prüfung der Anordnung einer Ergänzungspflegschaft (§§ 1629 Abs. 2 S. 3, 1796 BGB) deren Rechtsgrund in Frage steht, kann das Beschwerdegericht auch prüfen, ob die Voraussetzungen für die Entziehung der gesetzlichen Vertretung vorliegen und hierüber mitentscheiden.¹⁶² Wird gegen die Entscheidung über einen Betreuerwechsel Rechtsmittel eingelegt, ist Gegenstand des Beschwerdeverfahrens die Auswahl des Betreuers, so dass das Beschwerdegericht auch eine neu benannte Person als Betreuer bestellen kann.¹⁶³ Hat der Beschwerdeführer eine bestimmte Art von Pflegschaft angeregt, das AG aber eine andere Art eingeleitet, kann außer der Aufhebung der eingeleiteten zugleich auch die Anordnung der gewollten Art beim Beschwerdegericht beantragt werden.¹⁶⁴ Im Falle einer Zurückweisung einer Beschwerde gegen die Verwerfung eines Einspruchs und die Festsetzung des angedrohten Zwangsgeldes (§ 391) muss das Beschwerdegericht auch prüfen, ob nach § 390 Abs. 4 S. 2 für ein Absehen von der Festsetzung eines Zwangsgeldes oder der Verhängung eines geringeren als das angedrohte Zwangsgeld vorliegen, sofern sich hierfür nach dem Sachverhalt Anhaltspunkte ergeben.¹⁶⁵ Im Falle einer Beschwerde gegen die Ablehnung einer Aufhebung der Haft für die Zukunft nach § 426 können nicht nur neue Umstände, sondern auch die ursprüngliche Haftanordnung geprüft werden.¹⁶⁶

Entscheidungen zum Sorge- oder Umgangsrecht kann das Beschwerdegericht in Anwendung des § 1696 Abs. 1 S. 1 BGB ändern, wenn dies im Interesse des Kindes angezeigt ist; die Änderung braucht zwar nicht zwingend erforderlich zu sein, für sie müssen aber immerhin triftige, das Kindeswohl nachhaltig berührende Gründe sprechen.¹⁶⁷ Diese Gründe können sich entweder daraus ergeben, dass im Beschwerdeverfahren eine Veränderung der für die bisherige Regelung maßgeblichen Verhältnisse eingetreten ist oder Umstände bekannt geworden sind, die zu einer anderen Beurteilung des der bisherigen Regelung zu Grunde gelegten Sachverhalts nötigen,¹⁶⁸ wobei eine andere rechtliche Beurteilung durch das Beschwerdegericht ausreichend sein kann.¹⁶⁹ Zu einer Abänderung außerhalb des Beschwerdeverfahrens siehe § 48.

---

[159] S. BayObLG NJW-RR 1994, 1032.
[160] BGH NJW 1980, 891; BayObLG NJW-RR 1998, 8; BayObLGZ 1996, 81/83 (Unzulässige Erweiterung des Aufgabenkreises eines Betreuers durch das Beschwerdegericht).
[161] BGH FGPrax 2011, 78.
[162] KG OLGZ 1966, 331; a. A. BayObLGZ 1963, 132; BayObLGZ 1961, 277; s. aber auch BayObLGZ 1967, 230.
[163] BayObLG FamRZ 2000, 1458.
[164] KG OLGZ 1966, 331.
[165] BayObLGZ 1970, 317/319 für § 135 Abs. 2 S. 2 FGG.
[166] BGH NJW 2009, 299.
[167] S. auch BGH NJW-RR 1986, 1130; BayObLG FamRZ 1982, 737; KG FamRZ 1968, 664; OLG Frankfurt FamRZ 1979, 177; OLG Köln NJW-RR 2002, 1299 = FamRZ 2002, 1053.
[168] BayObLGZ 1951, 330/334; OLG Bremen MDR 1954, 1979; Erman/Michalski § 1696 Rn 3.
[169] OLG Zweibrücken FamRZ 1975, 172.

92 **b) Unzulässige Prüfung.** Im Beschwerdeverfahren gegen Ablehnung einer Pflegschaft kann nicht die Bestellung eines Notvorstandes nach § 29 BGB beantragt werden.[170] Ein zu genehmigendes Rechtsgeschäft (§§ 1821 ff. BGB) darf im Verfahren über die Beschwerde gegen die Versagung der Genehmigung nicht erheblich geändert oder gar durch ein anderes ersetzt werden.[171] Im Beschwerdeverfahren kann der Erbscheinsantrag weder neu gestellt noch geändert werden, auch nicht in Form eines Hilfsantrags.[172] Das Beschwerdegericht darf an Stelle der Festsetzung eines Zwangsgeldes gegen den Vormund nicht dessen Entlassung anordnen. Ebenfalls darf in dem Beschwerdeverfahren nicht der Aufgabenkreis des Betreuers erweitert werden, wenn allein der Betroffene gegen die Bestellung des Betreuers Rechtsmittel eingelegt hat.[173] Ein Übergang vom Unterbringungsverfahren nach den jeweiligen landesrechtlichen Vorschriften auf das Verfahren nach §§ 312 ff. ist in der Beschwerdeinstanz ausgeschlossen.[174] In einem Beschwerdeverfahren über eine einstweilige Anordnung nach §§ 49 ff. kann nicht schon über die Hauptsache selbst entschieden werden, beispielsweise über eine Unterbringungsmaßnahme selbst oder die Genehmigung einer solchen Maßnahme nach den §§ 1631 b, 1800, 1906 BGB.

3. Ermessensentscheidungen

93 Ermessensentscheidungen des Gerichts der ersten Instanz unterliegen der unbeschränkten Nachprüfung durch das Beschwerdegericht. Dieses ist als Tatsachengericht, das anstelle des erstinstanzlichen Gerichts entscheidet, berechtigt und verpflichtet, sein eigenes pflichtgemäßes Ermessen an die Stelle des Ermessens des Ausgangsgerichts zu setzen.[175] Hat beispielsweise das erstinstanzliche Gericht die Prüfung, ob eine als Vormund geeignete Einzelperson vorhanden ist, unterlassen und an Stelle des bisher die Vormundschaft führenden Jugendamts ein anderes Jugendamt zum Vormund bestellt, so hat das Beschwerdegericht dies nachzuholen und nach eigenem pflichtmäßigem Ermessen über die Auswahl des Vormunds zu befinden.[176]

4. Sachverständigengutachten

94 Sachverständigengutachten unterliegen ebenso wie in der ersten Instanz der freien Beweiswürdigung des Beschwerdegerichts; insoweit gelten die gleichen Grundsätze wie für die erste Instanz (siehe dazu § 29 Rn 36). So dürfen Ergebnisse eines Sachverständigengutachtens vom Beschwerdegericht nicht kritiklos übernommen werden; vielmehr ist das Gutachten kritisch zu würdigen und zu überprüfen.[177] Das Beschwerdegericht kann auch von einem Gutachten abweichen, sofern es sich mit ihm eingehend auseinandersetzt.[178] Konkreten Einwendungen des Betroffenen gegen die tatsächlichen Grundlagen eines Gutachtens oder die Sachkunde eines Sachverständigen muss nachgegangen werden.[179] Werden z. B. Ärzte, deren Sachkunde sich nicht ohne Weiteres aus ihrer Berufserfahrung oder der Art ihrer Tätigkeit ergibt, mit der Begutachtung beauftragt, so ist in der Entscheidung anzugeben, welchen tatsächlichen Umständen die erforderliche Sachkunde zu entnehmen ist.[180] Auch muss die Sachkunde eines Sachverständigen für die Erstattung eines psychiatrischen Gutachtens besonders festgestellt werden, wenn sich dieser noch in der Fachausbildung befindet.[181]

---

[170] Jansen/Briesemeister § 23 Rn 13.
[171] OLG Stuttgart OLGZ 1979, 328.
[172] BayObLG FamRZ 1990, 649; KG FamRZ 1990, 1264; OLG Köln FamRZ 1994, 591.
[173] BayObLG FamRZ 1998, 922; FamRZ 1998, 1183.
[174] BayObLGZ 1963, 177; OLG Düsseldorf JMBl.NW 1960, 94; jew. für das Verfahren nach dem früher FEVG.
[175] BayObLG NJW-RR 1990, 202; NJW-RR 1990, 52; KG NJW 1972, 42; NJW 1967, 401.
[176] BayObLG Rpfleger 1990, 20.
[177] BayObLG FamRZ 1998, 1489; FamRZ 1994, 720; KG OLGZ 1967, 87/88.
[178] BayObLG FamRZ 1985, 742.
[179] BayObLG FamRZ 1994, 1059.
[180] BayObLG NJW-RR 1988, 454/455; NJW 1986, 2892.
[181] BayObLG NJW 1988, 2384; BayObLGZ 1987, 236/240.

VII. Übertragung auf den Einzelrichter (Abs. 4)

§ 526 ZPO Entscheidender Richter. (1) Das Berufungsgericht kann durch Beschluss den Rechtsstreit einem seiner Mitglieder als Einzelrichter zur Entscheidung übertragen, wenn
1. die angefochtene Entscheidung von einem Einzelrichter erlassen wurde,
2. die Sache keine besonderen Schwierigkeiten tatsächlicher oder rechtlicher Art aufweist,
3. die Rechtssache keine grundsätzliche Bedeutung hat und
4. nicht bereits im Haupttermin zur Hauptsache verhandelt worden ist, es sei denn, dass inzwischen ein Vorbehalts-, Teil- oder Zwischenurteil ergangen ist.

(2) Der Einzelrichter legt den Rechtsstreit dem Berufungsgericht zur Entscheidung über eine Übernahme vor, wenn
1. sich aus einer wesentlichen Änderung der Prozesslage besondere tatsächliche oder rechtliche Schwierigkeiten der Sache oder die grundsätzliche Bedeutung der Rechtssache ergeben oder
2. die Parteien dies übereinstimmend beantragen.

Das Berufungsgericht übernimmt den Rechtsstreit, wenn die Voraussetzungen nach Satz 1 Nr. 1 vorliegen. Es entscheidet hierüber nach Anhörung der Parteien durch Beschluss. Eine erneute Übertragung auf den Einzelrichter ist ausgeschlossen.

(3) Auf eine erfolgte oder unterlassene Übertragung, Vorlage oder Übernahme kann ein Rechtsmittel nicht gestützt werden.

(4) In Sachen der Kammer für Handelssachen kann Einzelrichter nur der Vorsitzende sein.

1. Allgemeines

Grundsätzlich entscheidet beim **OLG** über die Beschwerde der Senat (§ 122 Abs. 1 GVG), der Familiensenat (§ 119 Abs. 1 Nr. 1a, Abs. 2 GVG), der Landwirtschaftssenat (§ 10 LwVG) bzw. der Schifffahrtssenat (§ 11 BinSchGerG) und beim **LG** (Beschwerde in Freiheitsentziehungssachen und in den von den Betreuungsgerichten entschiedenen Sachen) die Zivilkammer (§ 75 GVG). § 68 Abs. 4 1. Halbs. eröffnet für die Beschwerdeverfahren die Möglichkeit einer Übertragung der Entscheidung auf den **fakultativen Einzelrichter**. Der im Einzelfall zuständige Einzelrichter bestimmt sich nach dem internen Geschäftsverteilungsplan des Spruchkörpers (§ 21g Abs. 3 GVG). Ausgeschlossen ist die Übertragung auf einen **Richter als Probe** (§ 68 Abs. 4 2. Halbs.) und zwar unabhängig davon, wie lange dieser sich im richterlichen Dienst befindet. Erst nach einer Ernennung auf Lebenszeit darf eine Übertragung erfolgen.

Das Gesetz differenziert nicht danach, welches Gericht als Beschwerdegericht tätig wird. Damit besteht eine Übertragungsmöglichkeit auf den Einzelrichter auch in **Betreuungs-**,[182] **Unterbringungs-**[183] sowie **Freiheitsentziehungssachen**. Ebenfalls ist diese Vorschrift auch dann anwendbar, wenn sich die Besetzung nach Sondervorschriften regelt (so z. B. §§ 2 Abs. 2, 20 LwVG für die Besetzung des OLG als Beschwerdegericht). Sonderregelungen bestehen in Kostenangelegenheiten nach § 14 Abs. 7 KostO,[184] § 4 Abs. 7 JVEG, §§ 57 Abs. 5, 58 Abs. 1, 59 Abs. 1, 60 FamGKG; die Entscheidung obliegt jeweils dem originären Einzelrichter. Es besteht die Möglichkeit der Übertragung auf den Spruchkörper, wenn die Sache besondere Schwierigkeiten tatsächlicher oder rechtlicher Art aufweist oder die Rechtssache grundsätzliche Bedeutung hat. Das Gericht entscheidet jedoch immer ohne Mitwirkung ehrenamtlicher Richter.

2. Übertragung auf den Einzelrichter

a) **Grundsatz.** Grundsätzlich kann das Beschwerdegericht die Entscheidung über die Beschwerde einem seiner Mitglieder als Einzelrichter übertragen, wenn die in § 526 Abs. 1 Nr. 1 bis 4 ZPO vorgesehenen Übertragungsvoraussetzungen

---
[182] So auch BGH FGPrax 2008, 149 = NJW-RR 2008, 1241; KG FGPrax 2008, 149; jew. für § 30 FGG.
[183] So auch BGH FGPrax 2008, 149 = NJW-RR 2008, 1241; KG FGPrax 2008, 226; jew. für § 30 FGG; a. A. OLG Rostock FGPrax 2007, 268.
[184] Vgl. OLG Köln FGPrax 2011, 37.

- Erlass der Entscheidung durch einen Einzelrichter (Nr. 1), siehe dazu Rn 98,
- keine besonderen tatsächlichen oder rechtlichen Schwierigkeiten (Nr. 2), siehe dazu Rn 99,
- keine grundsätzliche Bedeutung (Nr. 3), siehe dazu Rn 100 und
- keine mündliche Verhandlung (Nr. 4), siehe dazu Rn 101

nebeneinander erfüllt sind. Ausgeschlossen ist eine Übertragung in Therapieunterbringungssachen (§ 16 Abs. 3 ThUG).[185]

98 *aa) Entscheidung eines Einzelrichters.* Es muss beim Gericht des ersten Rechtszuges der Einzelrichter, also der Richter des AG, der Einzelrichter beim LG (§§ 348, 348 a ZPO) bzw. der Rechtspfleger entschieden haben (**§ 526 Abs. 1 Nr. 1 ZPO**). Der nach § 349 Abs. 2, Abs. 3 ZPO anstelle der Kammer entscheidende Vorsitzende der KfH ist nicht Einzelrichter im Sinne der Vorschrift.[186] Gleiches gilt, wenn der Vorsitzende des Landwirtschaftsgerichts ohne Zuziehung ehrenamtlicher Richter entscheidet (vgl. § 20 LwVG).[187]

99 *bb) Keine besonderen tatsächlichen oder rechtlichen Schwierigkeiten.* Die Sache darf keine besonderen Schwierigkeiten tatsächlicher oder rechtlicher Art aufweisen (**§ 526 Abs. 1 Nr. 2 ZPO**). Allein der erforderliche Zeitaufwand oder der Umfang der Arbeit, insbesondere eine umfangreiche Sachaufklärung genügt nicht. Die Formulierung „besondere" zeigt, dass der Schwierigkeitsgrad erheblich über dem Durchschnitt liegen muss. Es lässt sich nicht abstrakt festlegen, wann dies der Fall ist. Die Schwierigkeiten können sowohl bei der Ermittlung des Sachverhalts oder der Erhebung der Beweise als auch bei Würdigung und bei der Rechtsanwendung auftreten, was z. B. bei besonderen wissenschaftlichen, wirtschaftlichen oder rechtlichen Zusammenhängen oder bei einem Auslandsbezug der Fall sein kann.

100 *cc) Fehlende grundsätzliche Bedeutung.* Die zu entscheidende Rechtsfrage darf keine grundsätzliche Bedeutung haben (**§ 526 Abs. 1 Nr. 3 ZPO**). Dieser Begriff ist weit auszulegen. Eine Sache hat dann grundsätzliche Bedeutung, wenn eine klärungsbedürftige Frage zur Entscheidung ansteht, deren Auftreten in einer unbestimmten Vielzahl von Fällen zu erwarten ist und deshalb das abstrakte Interesse der Allgemeinheit an einheitlicher Entwicklung und Handhabung des Rechts berührt.[188] Erfasst werden sowohl die Fälle, in den die Notwendigkeit einer Fortbildung des Rechts bzw. der Wahrung der Rechtseinheit besteht, als auch die Fälle, in denen das Recht in der Gerichtspraxis oder der Literatur unterschiedlich angewendet wird, wobei indes nicht jede Abweichung ausreicht. Grundsätzliche Bedeutung kann sich aber auch aus dem tatsächlichen oder rechtlichen Gewicht einer Frage für den Rechtsverkehr ergeben.[189]

101 *dd) Fehlende mündliche Verhandlung.* Weiterhin darf noch nicht zur Hauptsache mündlich verhandelt worden sein, es sei denn, dass inzwischen eine Vorbehalts-, Teil- oder Zwischenentscheidung ergangen ist (**§ 526 Abs. 1 Nr. 4 ZPO**). Da in Verfahren nach dem FamFG selten zur Hauptsache in einem Haupttermin verhandelt wird, bedarf die Regelung einer klarstellenden Auslegung. Eine Übertragung scheidet aus, wenn in der Sache ein Termin, z. B. ein Erörterungstermin (§ 32), ein Termin zur Aufklärung des Sachverhalts (§ 33) oder ein Anhörungstermin (§ 34) stattgefunden hat. Die teilweise vertretene Auffassung, eine Übertragung scheide auch dann aus, wenn der gesamte Spruchkörper das Verfahren ohne mündliche Verhandlung bis zur Entscheidungsreife betrieben hat,[190] findet in dem Gesetzeswortlaut keine Stütze. Dagegen spricht auch, dass der Gesetzgeber selbst bei Durchführung einer mündlichen Verhandlung im Falle des Erlasses einer Vorbehalts-, Teil- oder Zwischenentscheidung die Möglichkeit vorsieht, die Schlussentscheidung dem Einzelrichter zu übertragen. In der Regel wird es bei einer Entscheidungs-

---

[185] Gesetz vom 22. 12. 2010 (BGBl. I S. 2300, 2305).
[186] BGH NJW 2004, 856; MünchKommZPO/Lipp § 568 Rn 5; Wieczorek/Schütze/Jänisch § 568 Rn 4; jew. für § 568 ZPO; MünchKommZPO/Rimmelspacher § 526 Rn 4; a. A. Zöller/Heßler § 526 Rn 4; KG OLGR 2003, 54.
[187] MünchKommZPO/Rimmelspacher § 568 Rn 5.
[188] BGH NJW 2003, 2319; NJW 2002, 3029.
[189] BGH NJW 2003, 3765; NJW 2003, 1943.
[190] So Prütting/Helms/Abramenko § 68 Rn 36.

reife nicht mehr zu einer Übertragung auf den Einzelrichter kommen, da die von dem Gesetzgeber erstrebte Entlastung des Beschwerdegerichts nicht mehr oder nur noch kaum eintritt.

b) Verfahren. Die Übertragung auf den Einzelrichter ergeht durch unanfechtbaren **102 Beschluss** des Beschwerdegerichts, somit durch das Kollegialorgan und nicht nur durch den Vorsitzenden. Die Entscheidung erfolgt nach pflichtgemäßem Ermessen. Vor der Entscheidung sind die Beteiligten anzuhören;[191] nicht erforderlich ist deren Zustimmung oder ein entsprechender Antrag eines Beteiligten. In dem Übertragungsbeschluss muss der Einzelrichter nicht namentlich benannt werden, es reicht die Angabe, *„dem Berichterstatter als Einzelrichter".*[192] Der Beschluss ist zu begründen (§ 38 Abs. 3 S. 1 i. V. m. Abs. 4 Nr. 2), sofern er dem erklärten Willen eines Beteiligten widerspricht.

Ist die Sache auf den Einzelrichter übertragen worden, hat er **sämtliche Entscheidun- 103 gen** einschließlich der Nebenentscheidungen (wie Bewilligung von Verfahrenskostenhilfe, Kostenentscheidung, Gegenstandswertfestsetzung) eigenverantwortlich zu treffen. Er übernimmt das Verfahren mit dem Stand des Erlasses des Übertragungsbeschlusses. Auch wenn es sich bei dem **Verfahren der einstweiligen Anordnung** (§§ 49 ff.) nunmehr um ein selbstständiges Verfahren handelt, ist nach einer Übertragung des Beschwerdeverfahrens auf den Einzelrichter dieser auch für den Erlass bzw. eine Weiterbearbeitung einer einstweiligen Anordnung zuständig.[193] Der Einzelrichter kann auch die grundsätzliche Bedeutung der zur Entscheidung stehenden Frage abweichend von der Beurteilung des Kollegialorgans anders beurteilen und wirksam – ohne Vorlage an den Senat oder die Kammer – die Rechtsbeschwerde zulassen (zu den Einzelheiten siehe § 70 Rn 34).[194]

Wird der Einzelrichter **vor oder ohne Übertragung** oder wird ein Richter auf Probe **104** als Einzelrichter tätig, so liegt ein unheilbarer Verstoß gegen den gesetzlichen Richter (Art. 101 Abs. 1 S. 2 GG) vor, der im Falle einer zulässigen oder zugelassenen Rechtsbeschwerde zu einer Aufhebung der Entscheidung im Rechtsbeschwerdeverfahren führt.[195] Gleiches gilt, wenn das Kollegialorgan nach einer Übertragung in dem Verfahren tätig wird, ohne dass zuvor eine Rückübertragung erfolgte. Ist die Rechtsbeschwerde nicht zulässig oder nicht zugelassen, kommt eine Anhörungsrüge (§ 68 Abs. 3 S. 1 i. V. m. § 44) in Betracht, da den Beteiligten nicht vor gesetzlichen Recht das rechtliche Gehör gewährt wurde. Anschließend kann mit der Verfassungsbeschwerde ein Verstoß gegen den gesetzlichen Richter gerügt werden.

Dagegen kann die Rechtsbeschwerde nicht auf eine **erfolgte oder unterlassenen 104a Übertragung** auf den Einzelrichter bzw. Vorlage oder Übernahme an den Senat bzw. die Kammer gestützt werden (§ 526 Abs. 3 ZPO). Insoweit unterliegt die Entscheidung des Beschwerdegerichts nicht der Kontrolle durch die Rechtsbeschwerde. Dies gilt auch, wenn die Rechtsbeschwerde gerade wegen der Übertragung auf den Einzelrichter bzw. der Rückübertragung auf das Kollegialorgan zugelassen worden ist.

3. Rückübertragung

a) Grundsatz. Der Einzelrichter ist nach § 526 Abs. 2 S. 1 ZPO verpflichtet, die auf **105** ihn übertragene Sache dem Senat bzw. der Kammer zur Entscheidung über eine Übernahme vorzulegen,
– wenn sich im Laufe des Verfahrens aus einer wesentlichen Änderung der Verfahrenslage besondere tatsächliche oder rechtliche Schwierigkeiten der Sache oder die grundsätzliche Bedeutung der Rechtssache ergeben (**§ 526 Abs. 2 S. 1 Nr. 1 ZPO**) oder
– die Beteiligten dies übereinstimmend beantragen (**§ 526 Abs. 2 S. 1 Nr. 2 ZPO**).
Erforderlich ist eine wesentliche Änderung der Verfahrenslage; die bereits bei der Übertragung auf den Einzelrichter bekannten Umstände reichen nicht. Eine zeitliche oder

---

[191] Baumbach/Hartmann § 526 Rn 4.
[192] BayObLG FGPrax 2004, 117.
[193] Baumbach/Hartmann § 526 Rn 6; MünchKommZPO/Rimmelspacher § 526 Rn 12; jew. für die Verfahren nach §§ 916 ff., 935 ff. ZPO.
[194] BayObLG FGPrax 2004, 117.
[195] Prütting/Helms/Abramenko § 68 Rn 44; Zöller/Heßler § 256 Rn 11.

sonstige Schranke für die Vorlage existiert nicht. Ein übereinstimmender Antrag der am Beschwerdeverfahren Beteiligten[196] verpflichtet den Einzelrichter zur Vorlage, auch wenn er die Voraussetzungen für eine Übertragung auf den Spruchkörper nicht für gegeben erachtet.

106   b) **Verfahren.** Über eine Übernahme entscheidet das Kollegialorgan nach Anhörung der Beteiligten durch Beschluss (§ 526 Abs. 2 S. 3 ZPO). Wenn die Voraussetzungen des § 526 Abs. 2 S. 1 Nr. 1 ZPO vorliegen, hat das Gericht die Sache zu übernehmen (§ 526 Abs. 2 S. 2 ZPO). Insoweit besteht im Gegensatz zu dem Fall des Nr. 2 kein Ermessensspielraum. Die **Notwendigkeit einer Rückübertragung** in entsprechender Anwendung nach § 526 Abs. 2 ZPO besteht auch dann, wenn während des laufenden Beschwerdeverfahrens der zuständige Einzelrichter wechselt und der neue Einzelrichter noch Richter auf Probe ist. Nach einer Übernahme ist eine erneute Übertragung auf den Einzelrichter ausgeschlossen (§ 526 Abs. 2 S. 4 ZPO); unabhängig davon, warum eine Rückübertragung erfolgte. Dies gilt auch, wenn die Voraussetzungen für die Rückübertragung nachträglich wegfallen. Mit der Rückübertragung tritt der Senat bzw. die Kammer wieder an die Stelle des Einzelrichters. Die von dem Einzelrichter getroffenen Nebenentscheidungen (z. B. Bewilligung von Prozesskostenhilfe; Erlass einer einstweiligen Anordnung nach § 64 Abs. 3) oder Verfahrenshandlungen haben weiterhin Bestand.

107   c) **Rückübertragung nach Durchführung einer Beweiserhebung.** Sofern die Rückübertragung auf das Kollegialorgan nach Durchführung einer Beweisaufnahme erfolgt, besteht die Gefahr einer Verletzung des Grundsatzes der Unmittelbarkeit der Beweiserhebung. Die sich daraus ergebenden Schwierigkeiten sind nach den Grundsätzen zu lösen, die im FamFG-Verfahren allgemein bei einem Richterwechsel nach Durchführung der Beweisaufnahme gelten. Da im FamFG-Verfahren der Grundsatz der Mündlichkeit nicht allgemein gilt und zum Ergebnis der Beweisaufnahme auch nicht notwendigerweise mündlich verhandelt werden muss,[197] sondern das gesamte Ermittlungsergebnis und der gesamte Akteninhalt Gegenstand der Entscheidung sind, kann diese auch von anderen Richtern als denjenigen getroffen werden, die an der Beweisaufnahme teilgenommen haben.[198] Ein Wechsel in der Besetzung des Gerichts nach Durchführung der Beweisaufnahme hindert die neu hinzutretenden Richter nicht, das Beweisergebnis im Wege des Urkundenbeweises durch Verwertung der Vernehmungsniederschrift zu würdigen, wenn der persönliche Eindruck von der Beweisperson durch Niederlegung im Protokoll aktenkundig ist sowie Verhandlungsgegenstand war und die Beteiligten Gelegenheit hatten, dazu Stellung zu nehmen.[199]

108   Ob es ausreicht, wenn Richter, die an der Beweisaufnahme teilgenommen haben, dem oder den Richter(n), die ohne Teilnahme an der Beweisaufnahme an der Endentscheidung mitwirken müssen, den persönlichen Eindruck von einem Zeugen vermitteln, erscheint fraglich.[200] Auf jeden Fall kann eine solche Vorgehensweise nicht verfahrensfehlerhaft sein, wenn die Beweiswürdigung nicht entscheidend auf dem persönlichen Eindruck von dem Zeugen, dessen Vernehmung nicht in Gegenwart aller an der Endentscheidung mitwirkenden Richter stattgefunden hat, beruht. In diesem Fall erscheint es angebracht, in der Begründung der Entscheidung darauf hinzuweisen, dass diese ausnahmsweise auch ohne Verwertung des persönlichen Eindrucks des Zeugen ergehen konnte.[201]

109   Kommt es hingegen für die Beweiswürdigung entscheidend auf den **unmittelbaren persönlichen Eindruck** von dem Zeugen an, so ist der Grundsatz der Gewährung des rechtlichen Gehörs verletzt, weil die Verfahrensbeteiligten darüber im Unklaren bleiben, welche Tatsachen den an der Endentscheidung mitwirkenden Mitgliedern des Spruchkörpers, die nicht an der Beweisaufnahme teilgenommen haben, von dem oder den Richtern,

---

[196] Für eine Differenzierung nach der Beteiligten: Prütting/Helms/Abramenko § 68 Rn 41.
[197] BayObLG NJW 1990, 1420.
[198] BayObLG FamRZ 1983, 836; OLG Köln FamRZ 1992, 200.
[199] BayObLG NJW-RR 1995, 653; FamRZ 1983, 836; OLG Karlsruhe FGPrax 1998, 77; zum gleichliegenden Problem im Zivilprozess vgl.: BGH NJW 1997, 1586; NJW 1995, 1292; Zöller/Greger § 355 Rn 5.
[200] So aber OLG Köln FamRZ 1996, 310; FamRZ 1992, 200.
[201] OLG Köln NJW-RR 1998, 293.

die daran mitgewirkt haben, mitgeteilt werden, um die Glaubwürdigkeit eines Zeugen beurteilen zu können, und die Verfahrensbeteiligten auch keine Gelegenheit haben, zu diesen Tatsachen Stellung zu nehmen. In diesen Fällen bedarf es einer erneuten Vernehmung der Zeugen.

4. Zuweisung einer Sache zur Vorbereitung der Entscheidung

Die Zuweisung einer Sache an ein Mitglied des Gerichts zur Vorbereitung der Entscheidung durch das Kollegialgericht kommt nicht in Betracht, weil § 68 Abs. 4 nicht auf § 527 ZPO verweist. **110**

VIII. Kosten und Gebühren

Für das Abhilfeverfahren fallen keine Kosten und Gebühren an. Zu den Kosten und Gebühren des Beschwerdeverfahrens siehe § 58 Rn 116. **111**

Beschwerdeentscheidung

§ 69 (1) ¹**Das Beschwerdegericht hat in der Sache selbst zu entscheiden.** ²Es darf die Sache unter Aufhebung des angefochtenen Beschlusses und des Verfahrens nur dann an das Gericht des ersten Rechtszuges zurückverweisen, wenn dieses in der Sache noch nicht entschieden hat. ³Das Gleiche gilt, soweit das Verfahren an einem wesentlichen Mangel leidet und zur Entscheidung eine umfangreiche oder aufwändige Beweiserhebung notwendig wäre und ein Beteiligter die Zurückverweisung beantragt. ⁴**Das Gericht des ersten Rechtszuges hat die rechtliche Beurteilung, die das Beschwerdegericht der Aufhebung zugrunde gelegt hat, auch seiner Entscheidung zugrunde zu legen.**

(2) **Der Beschluss des Beschwerdegerichts ist zu begründen.**

(3) **Für die Beschwerdeentscheidung gelten im Übrigen die Vorschriften über den Beschluss im ersten Rechtszug entsprechend.**

Übersicht

	Rn
I. Normzweck und Anwendungsbereich	1
II. Beschwerdeentscheidung	4
1. Grundsatz	4
2. Verwerfung der Beschwerde als unzulässig	6
3. Zurückweisung der Beschwerde als unbegründet	8
4. Stattgebende Entscheidung	9
5. Zurückverweisung an das Gericht erster Instanz (Abs. 1 S. 2, 3)	13
a) Allgemeines	13
b) Zurückverweisung von Amts wegen	14
c) Zurückverweisung auf Antrag	15
6. Divergenzvorlage an den Bundesgerichtshof	17a
III. Reformatio in peius im Beschwerdeverfahren	18
1. Allgemein	18
2. Beispielsfälle zulässiger Schlechterstellung	23
3. Beispielsfälle unzulässiger Schlechterstellung	25
IV. Bindungswirkung zurückverweisender Entscheidungen (Abs. 1 S. 4)	27
1. Allgemein	27
2. Erneutes Rechtsmittel	30
V. Abfassung der Entscheidung	32
1. Grundsatz	32
2. Entscheidung über die Zulassung der Rechtsbeschwerde	36
3. Kostenentscheidung	39
4. Rechtsbehelfsbelehrung	40
5. Verbindung mit weiteren Entscheidungen	41
VI. Begründungspflicht (Abs. 2)	42
1. Grundsatz	42
a) Allgemeines	42

		Rn
b) Sachverhaltsdarstellung		43
c) Begründung der Entscheidung		42
d) Bezugnahmen		48
2. Unvollständige oder fehlende Begründung		49
VII. Bekanntgabe der Entscheidung		51
VIII. Wirksamwerden der Beschwerdeentscheidung		53
1. Zeitpunkt der Wirkung der Entscheidung		53
2. Anordnung der sofortigen Wirksamkeit		58
IX. Kosten und Gebühren		60

I. Normzweck und Anwendungsbereich

1 § 69 bestimmt den Inhalt und Umfang der Entscheidung des Beschwerdegerichts. **Abs. 1** regelt, wann das Gericht in der Sache selbst zu entscheiden hat und unter welchen Voraussetzungen sowie mit welchen Folgen ausnahmsweise eine Zurückverweisung an das Ausgangsgericht erfolgen kann. Um dem Interesse der Beteiligten an einem beschleunigten Verfahren Rechnung zu tragen, verpflichtet Abs. 1 S. 1 das Beschwerdegericht, im Regelfall selbst in der Sache zu entscheiden. Von diesem Grundsatz sehen Abs. 1 S. 2 und S. 3 Ausnahmen vor. Das Interesse an einer Verfahrensbeschleunigung soll dann zurücktreten, wenn den Beteiligten durch die eigene Entscheidung des Beschwerdegerichts eine Tatsacheninstanz genommen wird.[1] Dies ist zum einen der Fall, wenn das Ausgangsgericht noch nicht in der Sache entschieden, sondern sich ausschließlich mit Fragen der Zulässigkeit beschäftigt hat (Abs. 1 S. 2). Zum anderen kommt in Übereinstimmung mit der bisherigen Rechtsprechung[2] sowie Literatur[3] eine Zurückverweisung in Betracht, wenn das erstinstanzliche Verfahren an einem wesentlichen Verfahrensmangel leidet und eine Entscheidung in der Sache noch eine umfangreiche oder aufwändige Beweiserhebung erfordert (Abs. 1 S. 3). Die Regelung knüpft an die Vorschrift in § 538 Abs. 2 S. 1 ZPO an. Abs. 1 S. 4 regelt nunmehr ausdrücklich die nach allgemeiner Ansicht bereits im bisherigen Recht[4] bestehende Bindung des Ausgangsgerichts an die der Aufhebung des Beschwerdegerichts zugrunde liegende Beurteilung der Sach- und Rechtslage.

2 Um die Akzeptanz der Beschwerdeentscheidung bei den Beteiligten zu erhöhen und die Richtigkeitsgewähr der Entscheidung zu stärken, verpflichtet **Abs. 2** in Übereinstimmung mit der bisherigen Rechtslage in § 25 FGG das Beschwerdegericht ausnahmslos, seine Entscheidung stets mit Gründen zu versehen.[5] Hierdurch soll zugleich in den Fällen, in denen eine Rechtsbeschwerde statthaft ist, die Nachprüfung der richtigen Anwendung des Gesetzes auf den festgestellten Sachverhalt durch das Rechtsbeschwerdegericht ermöglicht werden.[6] **Abs. 3** trifft eine Aussage über die für die Entscheidung des Beschwerdegerichts im Übrigen anwendbaren Vorschriften.

3 Soweit nach Landesrecht für die Durchführung des Verfahrens andere als gerichtliche Behörden zuständig sind **(§ 488 Abs. 1)**, findet § 69 keine Anwendung. In den landesgesetzlich geregelten Angelegenheiten der freiwilligen Gerichtsbarkeit kann der Landesgesetzgeber die entsprechende Geltung des FamFG und somit des § 69 vorschreiben. Zu den Einzelheiten siehe die Ausführungen bei § 486. Im Übrigen siehe zu den Einzelheiten des Anwendungsbereichs der Vorschrift § 58 Rn 2; zu der Übergangsregelung siehe die Ausführungen zu Art. 111 FGG-RG. § 69 Abs. 1 gilt nicht in **Grundbuchsachen**.[7]

---

[1] BT-Drs. 16/6308 S. 208.
[2] Z. B. BGH FamRZ 2009, 303 für Familiensachen der freiwilligen Gerichtsbarkeit; BGH NJW 1982, 520 = FamRZ 1982, 152; BayObLG FGPrax 2002, 82 = NJW-RR 2002, 679.
[3] Vgl. Sternal 15. A. § 25 FGG Rn 21.
[4] Vgl. Sternal 15. A. § 25 FGG Rn 25.
[5] BT-Drs. 16/9733 S. 357.
[6] St. Rspr. z. B. BayObLG FamRZ 1993, 555; KG FGPrax 1996, 136; NJW-RR 1994, 599; OLG Frankfurt OLGR 1996, 105.
[7] OLG Hamm FGPrax 2011, 127.

II. Beschwerdeentscheidung

1. Grundsatz

Das Beschwerdegericht kann gleichzeitig über die Zulässigkeit und die Begründetheit der Beschwerde entscheiden. Die Entscheidung lautet je nach dem Ergebnis der Prüfung des Beschlusses der Vorinstanz auf Verwerfung der Beschwerde als unzulässig (§ 68 Abs. 2 S. 2), auf Zurückweisung als unbegründet oder auf (vollständige bzw. teilweise) Aufhebung und/oder (vollständiger oder teilweise) Änderung der Entscheidung. Die Überprüfungsmöglichkeit des Beschwerdegerichts wird durch den erstinstanzlichen Verfahrensgegenstand sowie den beim Beschwerdegericht angefallenen Gegenstand begrenzt (zu den Einzelheiten vgl. § 64 Rn 37 bis 49). Hat das Rechtsbeschwerdegericht die Beschwerdeentscheidung aufgehoben und die Sache zurückverwiesen, ist das Beschwerdegericht an die rechtliche Beurteilung des Bundesgerichtshofes gebunden (§ 74 Abs. 6 S. 4).[8] Insoweit gelten die Ausführungen unter Rn 27 ff. entsprechend; vgl. auch § 74 Rn 93. Gemäß **Abs. 3** gelten für die Entscheidung des Beschwerdegerichts im Übrigen die Vorschriften zum Beschluss im ersten Rechtszug (§§ 38 bis 48) entsprechend. 4

Erledigt sich während des Beschwerdeverfahrens die Hauptsache (siehe dazu § 62), führt dies grundsätzlich zur Beendigung des Verfahrens. Sie kann durch Beschluss ausgesprochen werden. Zu der Kostenverteilung in diesem Fall siehe § 84 Rn 26. Zu der Statthaftigkeit der Beschwerde nach Erledigung der Hauptsache siehe die Ausführungen zu § 62. In Ehesachen (§ 121) und Familienstreitsachen (§ 112) finden insoweit über § 113 Abs. 1 S. 2 die Vorschriften der ZPO Anwendung und somit auch § 91a ZPO. 5

2. Verwerfung der Beschwerde als unzulässig

Fehlt es an der Statthaftigkeit oder einer sonstigen Zulässigkeitsvoraussetzung (vgl. § 68 Rn 67), so ist die Beschwerde gem. § 68 Abs. 2 S. 2 ohne Sachprüfung **als unzulässig zu verwerfen** (zu den weiteren Einzelheiten siehe § 68 Rn 82). Der Beschluss ist zu begründen (§ 69 Abs. 2). Die Beschwerde darf nicht zugleich als prozessual unzulässig und als sachlich unbegründet bezeichnet werden. Wird eine Beschwerde als unzulässig verworfen, so findet eine sachliche Prüfung durch das Beschwerdegericht nicht statt;[9] eine gleichwohl gegebene sachliche Begründung ist als nicht geschrieben anzusehen[10] und erzeugt keine Bindungswirkung für weitere Verfahren. 6

Die Zulässigkeit der Beschwerde darf grundsätzlich nicht „unterstellt" und lediglich die Begründetheit geprüft werden. Eine Ausnahme besteht bei den sog. **doppelrelevanten Tatsachen.** Soweit von zuständigkeitsbegründenden Tatsachen auch die Sachentscheidung abhängt, sind diese für die Zuständigkeitsprüfung als gegeben anzunehmen.[11] Eine weitere Ausnahme ist dann zuzulassen, wenn die Frage der Zulässigkeit schwierig zu beantworten ist oder einer umfangreichen Beweisaufnahme bedarf, während die Unbegründetheit des Rechtsmittels offensichtlich ist.[12] In diesem Falle erhält der Beschwerdeführer die von ihm gewünschte Sachentscheidung und ein etwaiger Beschwerdegegner wird durch die zurückweisende Entscheidung nicht in seinen Rechten beeinträchtigt;[13] siehe dazu auch § 68 Rn 84. Auf jeden Fall darf im Falle einer abändernden Entscheidung die Frage der Zulässigkeit nicht dahingestellt bleiben.[14] 7

---

[8] Vgl. BGH Beschl. v. 10. 2. 2011 V ZB 318/10.
[9] BayObLGZ 1954, 167/170; BayObLGZ 1952, 2/4; KG OLGZ 1965, 237/239.
[10] KG OLGZ 1965, 237/239.
[11] OLG Frankfurt MDR 1978, 236; a. A. OLG Köln Rpfleger 1975, 29: die Prüfung der Zulässigkeit des Rechtsmittels kann dahinstehen, wenn diese unverhältnismäßige Schwierigkeiten bereitet, das Rechtsmittel aber offenbar unbegründet ist.
[12] Thomas/Putzo/Reichold § 572 Rn 13; einschränkend Wieczorek/Jänisch § 572 Rn 44.
[13] BGH NJW-RR 2006, 1346; KG NJW 1976, 2353 (für Statthaftigkeit und Beschwer); OLG Hamm MDR 1979, 943 (Frist, Wiedereinsetzungsgesuch); OLG Köln NJW 1974, 1515 (Einhaltung der Frist).
[14] Wieczorek/Jänisch § 572 Rn 45.

3. Zurückweisung der Beschwerde als unbegründet

8 Ist die Beschwerde zulässig, gibt die sachliche Prüfung der Entscheidung der Vorinstanz indes keinen Anlass zu einer Änderung, so erfolgt die Zurückweisung der Beschwerde als unbegründet, selbst wenn das erstinstanzliche Verfahren fehlerhaft war und/oder die Gründe der angefochtenen Entscheidung falsch bzw. lückenhaft sind. Die Zurückweisung kommt auch in Betracht, wenn das Beschwerdegericht aus anderen Gründen, z. B. auf Grund neu hervorgetretener oder neu geltend gemachter Tatsachen und Beweismittel (vgl. § 65 Abs. 3), die Entscheidung des Erstgerichts für richtig erachtet. Unbegründet ist die Beschwerde ebenfalls, wenn das Beschwerdegericht die Auffassung des Erstgerichts teilt, dass der erstinstanzlich gestellte Antrag unzulässig ist.[15] Bei einer teilweisen Unbegründetheit ist die Beschwerde, soweit der Verfahrensgegenstand trennbar ist, teilweise zurückzuweisen; im Übrigen muss das Beschwerdegericht in der Sache entscheiden (*„Auf die Beschwerde ... wird unter Zurückweisung des weitergehenden Rechtsmittels der Beschluss des ... teilweise abgeändert und wie folgt neu gefasst"*). Bei einem untrennbaren Verfahrensgegenstand, muss das Beschwerdegericht die Ausgangsentscheidung insgesamt abändern. Soweit die Voraussetzungen des **Abs. 1 S. 2** bzw. **S. 3** vorliegen (siehe Rn 13), kann das Beschwerdegericht das Verfahren auch an das Ausgangsgericht zurückverweisen.

8a In **Ehe-** und **Familienstreitsachen** kann das Beschwerdegericht die Beschwerde unter den Voraussetzungen des § 522 Abs. 2 ZPO durch einstimmigen Beschluss zurückweisen, wenn es davon überzeugt ist, dass die Beschwerde keine Aussicht auf Erfolg hat, der Rechtssache keine grundsätzliche Bedeutung zukommt, die Fortbildung des Rechts oder die Sicherung einer einheitlichen Rechtsprechung eine Entscheidung des Beschwerdegerichts nicht erfordert und die Beteiligten zuvor auf die beabsichtigte Beschwerdezurückweisung und die Gründe hierfür unter Fristsetzung zur Stellungnahme hingewiesen wurden,[16] s. a. § 117 Rn 10.

4. Stattgebende Entscheidung

9 Erweist sich die Beschwerde als zulässig und begründet, so hat das Beschwerdegericht in der Regel (Abs. 1 S. 1) unter **Aufhebung der Entscheidung** der Vorinstanz selbst **die sachliche Entscheidung** zu treffen.[17] Seine Entscheidung besteht aus zwei Teilen, nämlich aus der kassatorischen, durch welche die Vorentscheidung aufgehoben wird, und der in der Regel damit zu verbindenden reformatorischen Entscheidung, durch welche über den Verfahrensgegenstand anderweitig entschieden wird.[18] Die neue Sachentscheidung des Beschwerdegerichts muss vollständig und vollziehbar sein. Ausnahmsweise kann das Beschwerdegericht die neue Entscheidung durch Zurückverweisung auf das Gericht erster Instanz übertragen.

10 Soweit die Entscheidung einer **besonderen Ausführungshandlung** bedarf, für die funktionell allein das Gericht des ersten Rechtszuges zuständig ist, ist diese dem Erstgericht überlassen, das an die Anordnung und rechtlichen Ausführungen des Beschwerdegerichts gebunden ist.[19] Ihm ist z. B. die Bestellung und Entlassung des Vormunds, Vereinsvormunds, Pflegers,[20] die Entlassung des Testamentsvollstreckers,[21] die Verpflichtung des Betreuers nach § 289, die Ausstellung einer Bestellungsurkunde für den Betreuer (§ 290), die Einleitung des Zwangsgeldverfahrens (§§ 388 ff.) oder die Durchführung des Amtslöschungsverfahrens (§§ 393 ff.) zu überlassen. Demgegenüber kann das Beschwerdegericht im Verfahren nach § 29 BGB an Stelle des von dem erstinstanzlichen Gericht Berufenen

---

[15] BGH FamRZ 1993, 1310.
[16] OLG Karlsruhe FamRZ 2011, 232; Bassenge/Roth/K. Walter, § 117 FamFG Rn 11; Hoppenz/A. Walter, § 117 FamFG Rn 11.
[17] BGH NJW 1957, 832; BayObLGZ 1962, 42/46; BayObLGZ 1953, 221/223; KG FamRZ 1968, 91; OLG Frankfurt Rpfleger 1973, 95.
[18] KG FamRZ 1968, 331.
[19] BayObLGZ 1962, 42/46.
[20] OLG Köln FGPrax 2011, 128 (Nachlasspfleger).
[21] OLG Karlsruhe FGPrax 2005, 33 = NJW-RR 2005, 1519.

einen anderen Notvorstand oder im Betreuungsverfahren einen anderen Betreuer bestellen,[22] ebenso kann es die Abschiebungshaft anordnen.[23]

Die **Erteilung oder Einziehung des Erbscheins** (§§ 352 f.) obliegt grundsätzlich dem Nachlassgericht.[24] Indes darf sich das Beschwerdegericht nach einer Aufhebung eines amtsgerichtlichen Beschlusses über die Ablehnung des Erbscheinsantrags nicht darauf beschränken, dem AG aufzutragen, unter Abstandnahme von seinen Bedenken gegen den Erbscheinsantrag selbst über die Erbscheinserteilung zu entscheiden. Vielmehr muss das Beschwerdegericht grundsätzlich endgültig über den Erbscheinsantrag befinden und darf nur die Ausführungshandlung (Erteilung des Erbscheins) dem AG überlassen.[25]

11

Gegen die in Ausführung der Entscheidung des Beschwerdegerichts ergehende Entscheidung des Erstgerichts kann eine **neuerliche Beschwerde** nicht erhoben werden.[26] Ein Rechtsmittel kann ausnahmsweise gegeben sein, wenn geltend gemacht wird, die Beschwerdeentscheidung hätte wegen Änderung der Sachlage nicht mehr ausgeführt werden dürfen, sich das erstinstanzliche Gericht da nicht an Vorgaben der Beschwerdeentscheidung halte.

12

5. Zurückverweisung an das Ausgangsgericht (Abs. 1 S. 2, 3)

a) **Allgemeines.** In den in Abs. 1 S. 2 und S. 3 vorgesehenen Fällen kann das Beschwerdegericht ausnahmsweise die Entscheidung des Erstgerichts aufheben und die Sache an das Ausgangsgericht zurückverweisen. Die Zurückverweisung steht im **Ermessen des Beschwerdegerichts,** zwingend vorgeschrieben ist sie nicht. Selbst wenn das Verfahren an einem absoluten Aufhebungsgrund im Sinne des § 72 Abs. 3 FamFG i. V. m. § 547 ZPO leidet, muss das Beschwerdegericht nicht die Entscheidung des Gerichts des ersten Rechtszuges aufheben und die Sache zurückverweisen.[27] Ist die Beschwerde teilweise unbegründet, so ist bei einem teilbaren Beschwerdegegenstand die Sache nur hinsichtlich des begründeten Teils an das Ausgangsgericht zurückzuverweisen; im Übrigen ist die Beschwerde zu verwerfen. Da das FGG-RG die Eigenständigkeit der Beschwerdevorschriften nach §§ 71 ff. GBO nicht berührt hat, gilt in **Grundbuchsachen** § 69 Abs. 1 FamFG nicht, so dass das Beschwerdegericht auch ohne die Voraussetzungen des § 69 Abs. 1 S. 2 oder S. 3 FamFG die Sache an das Grundbuchamt zurückverweisen kann.[28]

13

b) **Zurückverweisung von Amts wegen.** Eine solche kassatorische Entscheidung ohne ausdrücklichen Antrag[29] ist möglich, wenn das Gericht des ersten Rechtszuges **in der Sache noch nicht entschieden** hat (**Abs. 1 S. 2**). Dies ist zum Beispiel der Fall, wenn das Erstgericht sich nur mit der Frage seiner Zuständigkeit oder mit der Zulässigkeit eines Antrages[30] befasst hat und aus diesem Grunde eine Beschäftigung mit der Sache unterblieben ist, wenn das Gericht eine Entscheidung in der Sache mangels Dringlichkeit abgelehnt hat,[31] wenn das Gericht einen nach § 7 zu Beteiligenden fehlerhaft nicht hinzugezogen hat[32] oder wenn eine weitere Prüfung eines Antrages wegen des erklärten Einverständnisses der übrigen Beteiligten nicht erfolgte.[33]

14

---

[22] BGH NJW 1957, 832.
[23] BayObLGZ 1962, 42.
[24] BGH RdL 1953, 137; BayObLG Rpfleger 1990, 20; KG NJW 1955, 1074; OLG Celle NdsRpfl. 1955, 189; OLG Karlsruhe DAVorm 1993, 89/92; OLG Köln JMBl.NW 1957, 15.
[25] BayObLG FamRZ 1991, 491; NJW-RR 1991, 1222; OLG Hamm OLGZ 1968, 80/83.
[26] BayObLG Rpfleger 1977, 284; KG NJW 1955, 1074.
[27] BayObLG WE 1995, 250; FamRZ 1987, 98.
[28] OLG Hamm FGPrax 2011, 127.
[29] Friederici/Kemer § 69 Rn 3; Johannsen/Henrich/Althammer § 69 Rn 8; a. A. SBW/Unger § 69 Rn 25 f. Zurückverweisung kann stets nur auf Antrag erfolgen, da es sich bei der Gesetzesformulierung um ein Redaktionsversehen handele.
[30] OLG München FGPrax 2011, 46.
[31] OLG Düsseldorf FGPrax 2010, 98 für Ergänzung eines Aufsichtsrates.
[32] OLG Köln FGPrax 2011, 104 = FamRZ 2011, 753; Prütting/Helms/Abramenko § 69 Rn 9.
[33] OLG Zweibrücken Beschl. v. 17. 2. 2011 6 UF 14/11 = BeckRS 2011, 05113 für die Zustimmung zu einem Alleinsorgeantrag.

Abs. 1 S. 2 ist entsprechend anzuwenden, wenn das Gericht einen verfahrensrechtlich unzulässigen Grund- oder Teilbeschluss gefasst hat;[34] insoweit hat das Ausgangsgericht noch keine umfassende Entscheidung über die Sache getroffen (vgl. auch § 142 Rn 4).

Zudem findet die Vorschrift entsprechende Anwendung, wenn das Ausgangsgericht noch **keine Entscheidung über eine Abhilfe** (vgl. § 68 Abs. 1) getroffen hat oder dieses Verfahren an einen gravierenden Mangel leidet (vgl. § 68 Rn 34).[35]

15 c) **Zurückverweisung auf Antrag.** Zudem kann nach **Abs. 1 S. 3** eine Zurückverweisung dann erfolgen, wenn
- **das erstinstanzliche Verfahren** an einem **wesentlichen Mangel** leidet (dazu Rn 15 a),
- zur Entscheidung eine umfangreiche oder aufwändige **Beweiserhebung** notwendig ist (dazu Rn 15 c) und
- ein Beteiligter die **Zurückverweisung** beantragt (dazu Rn 15 d).

Alle drei Voraussetzungen müssen **kumulativ** gegeben sein. Die Aufzählung in Abs. 1 S. 3 ist abschließend. Daher kann grundsätzlich nicht aus anderen Gründen eine Zurückverweisung erfolgen, z. B. aus Zweckmäßigkeitserwägungen.

15a (1) Der **Verfahrensmangel** muss wesentlich sein; zudem muss die Entscheidung auf dem Mangel beruhen. Bei Vorliegen eines absoluten Rechtsbeschwerdegrundes im Sinne des § 72 Abs. 3 FamFG i. V. m. § 547 ZPO, nämlich bei nicht vorschriftsmäßiger Besetzung des Gerichts, Mitwirkung einer ausgeschlossenen bzw. erfolgreich abgelehnten Gerichtsperson, mangelnder Vertretung eines Beteiligten im Verfahren, Verletzung der Vorschriften über die Öffentlichkeit (vgl. §§ 170, 171 GVG) bzw. entgegen § 38 Abs. 3 S. 3 fehlende Begründung des Beschlusses,[36] werden diese Voraussetzungen unwiderleglich vermutet. Der Begründungszwang verlangt, dass eine mit Rechtsmitteln anfechtbare Entscheidung einer nachvollziehbaren Begründung bedarf, wobei nur floskelhafte Begründungen einer fehlenden Begründung gleichstehen.[37] Die Begründung muss erkennen lassen, dass das Gericht den Vortrag der Beteiligten gesehen, geprüft und in nachvollziehbarer Weise gewertet hat. Im Einzelfall kommt bei einer nicht mit einer Begründung versehenen erstinstanzlichen Entscheidung auch eine Zurückverweisung nach Abs. 1 S. 2 in Betracht, wenn das Fehlen von Gründen die Annahme rechtfertigt, das Gericht habe noch nicht in der Sache entschieden. Kein Verfahrensmangel stellt eine nur lückenhafte oder fehlerhafte Begründung dar.[38]

15b Ansonsten liegt ein wesentlicher Verfahrensmangel insbesondere bei ungenügender Aufklärung des Sachverhalts vor[39] (z. B. bei Fehlen der notwendigen Anhörung der Beteiligten);[40] also dann, wenn die Sachentscheidung des Erstgerichts dem Verlust einer Instanz gleichkäme.[41] Ein wesentlicher Verfahrensmangel kann auch bei einer Verletzung des Anspruchs auf rechtliches Gehör oder bei der Verwertung unzulässig gewonnener Beweismittel gegeben sein. Hat das BVerfG eine Norm für verfassungswidrig erklärt und ist in der ersten Instanz verfahrensfehlerhaft eine Aussetzung des Verfahrens unterblieben (s. § 21 Rn 15), so kommt eine Zurückverweisung in Betracht.[42]

15c (2) Weiterhin erforderlich ist die Notwendigkeit einer **umfangreichen oder aufwändigen Beweiserhebung.** Hinsichtlich der Beurteilung dieser Frage steht dem Beschwer-

---

[34] A. A. SBW/Unger § 69 Rn 27 Zurückverweisung nur auf Antrag. Bei fehlendem Antrag muss das Beschwerdegericht zur Vermeidung widersprüchlicher Entscheidungen den in der Ausgangsinstanz anhängigen Teil an sich ziehen.
[35] OLG München FamRZ 2010, 1000.
[36] S. BayObLG NJW 1967, 1867; OLG Frankfurt FamRZ 1978, 942; OLG Hamm NJW 1979, 434 = FamRZ 1979, 168; OLG Köln FamRZ 2002, 968.
[37] OLG Hamburg NJW 2010, 3306; OLG Saarbrücken FamRZ 2011, 745.
[38] BayObLGZ 1966, 435/441; KG OLGZ 1968, 467.
[39] BayObLG FGPrax 2002, 82 = NJW-RR 2002, 679.
[40] OLG Namburg Beschl. v. 23. 12. 2009 8 UF 219/09 = BeckRS 2010, 20457 betr. Sorgerechtsverfahren.
[41] St. Rspr. z. B. BayObLG FGPrax 2002, 82 = NJW-RR 2002, 679; KG OLGZ 1982, 394/398; OLG Bamberg RdL 1957, 20; OLG Braunschweig FamRZ 1980, 568; OLG Celle RdL 1964, 180; Düsseldorf FamRZ 1979, 70, 859; OLG Frankfurt NJW-RR 1989, 5; OLG Hamm FamRZ 1987, 1063; OLG Köln FamRZ 1971, 188; OLG Schleswig SchlHA 1978, 83; OLG Zweibrücken NJW-RR 1993, 649.
[42] OLG Düsseldorf FamRZ 2011, 719.

degericht ein Beurteilungsspielraum zu. Nicht erforderlich ist ein Kausalzusammenhang zwischen dem Verfahrensmangel und der notwendigen Beweisaufnahme. Die Voraussetzungen einer umfangreichen oder aufwändigen Beweisaufnahme sind bei der Vernehmung einer Vielzahl von Zeugen, bei einer Anhörung einer Vielzahl von Sachverständigen gegeben. Gleiches gilt bei der Notwendigkeit einer Beweisaufnahme an einem weit entfernt liegenden Ort bzw. im Ausland. Die bloße Vernehmung eines (weiteren) Zeugen zu einer einfachen tatsächlichen Frage oder eines (weiteren) Sachverständigen bzw. die Einholung eines Gutachtens begründet dagegen regelmäßig noch keine Zurückverweisung.[43]

(3) Schließlich ist ein **Zurückverweisungsantrag** eines Beteiligten erforderlich. Den Antrag kann jeder Verfahrensbeteiligter (§ 7), nicht nur der Beschwerdeführer stellen. Fehlt es an einem Antrag, so ist das Beschwerdegericht hieran gebunden; es muss auch bei der Notwendigkeit einer umfangreichen oder aufwändigen Beweiserhebung eine Sachentscheidung treffen. Ausnahmsweise soll auch ohne Antrag eine Sache an das erstinstanzliche Gericht zurückverweisen werden können, wenn in erster Instanz ein Mussbeteiligter nicht am Verfahren beteiligt wurde.[44]

d) **Sonstiges.** Die Zurückverweisungsentscheidung hat durch Beschluss zu ergehen (zu den Einzelheiten s. Rn 32). Die Entscheidung über die Kosten des Beschwerdeverfahrens kann dem Gericht erster Instanz übertragen werden; das Beschwerdegericht kann anordnen, dass die Gerichtskosten des Beschwerdeverfahrens wegen unrichtiger Sachbehandlung nicht erhoben werden (§§ 16 KostO, 20 FamGKG). Das Gericht der ersten Instanz ist an die Zurückverweisungsentscheidung des Beschwerdegerichts gebunden (zu den Einzelheiten siehe Rn 27). Bei Zurückverweisung sollten in den Entscheidungsgründen die **Leitlinien für die neue Entscheidung** des Erstgerichts gegeben werden; die rechtlichen Ausführungen haben nur eingeschränkt Bindungswirkung (zu den Einzelheiten siehe Rn 28). Hat das Rechtsbeschwerdegericht auf die Rechtsbeschwerde eine Sache an das Beschwerdegericht zurückverwiesen (§ 74 Abs. 6 S. 2), so darf dieses sie nicht seinerseits als Beschwerdegericht an das Gericht des ersten Rechtszuges (weiter)verweisen.[45]

Im Falle einer Zurückverweisung an das Gericht erster Instanz nach § 69 Abs. 1 S. 2 oder wegen eines Verfahrensfehlers kann **Verfahrenskostenhilfe** versagt werden, wenn eine materielle Änderung des Ergebnisses nach der Zurückweisung der Sache sehr unwahrscheinlich ist.[46]

6. Divergenzvorlage an den Bundesgerichtshof

Die im Anwendungsbereich des FGG vorgesehene Diverenzvorlage an den Bundesgerichtshof (§ 28 Abs. 2 FGG) hat der Gesetzgeber für den Anwendungsbereich des FamFG ausdrücklich aufgegeben. Hierdurch soll dem Bundesgerichtshof in weitaus stärkerem Umfang als früher Gelegenheit gegeben werden, Rechtsfragen von grundsätzlicher Bedeutung zu entscheiden.[47] Von diesem Grundsatz ist der Gesetzgeber nunmehr systemwidrig wieder abgewichen und hat für die **Therapieunterbringungssachen,** die regelmäßig mit einem erheblichen Grundrechtseingriff verbunden sind, erneut die Divergenzvorlage eingeführt (§ 18 Abs. 1 ThUG).[48] In diesen Verfahren muss das Beschwerdegericht die Sache dem Bundesgerichtshof vorlegen, wenn es in einer Rechtsfrage von der Entscheidung eines anderen Oberlandesgerichts oder des Bundesgerichtshof abweichen will.

Die Möglichkeit einer Divergenzvorlage an den BGH nach § 28 Abs. 2 FGG kann in Betracht kommen, wenn der Landesgesetzgeber für öffentlich-rechtliche Streitigkeiten weiterhin auf die Vorschriften des FGG verweist, so z. B. § 24 Abs. 1 S. 2 BbgPolG.[49]

---
[43] BT-Drs. 16/6308 S. 208; Zimmermann Rn 178.
[44] OLG Köln FGPrax 2011, 104 = FamRZ 2011, 753.
[45] BayObLG NJW-RR 1999, 452; NJW-RR 1992, 191; OLG Köln NZI 2001, 323 für das Beschwerdeverfahren nach der InsO.
[46] OLG Köln FGPrax 2008, 193.
[47] So die Gesetzesbegründung BT-Drs. 16/6308, S. 167.
[48] Gesetz vom 22. 12. 2010 (BGBl. I S. 2300, 2305).
[49] BGH Beschl. v. 1. 3. 2011 StB 28/10 = BeckRS 2011, 08348.

III. Reformatio in peius im Beschwerdeverfahren

1. Allgemeines

18 Ob das Verbot der reformatio in peius im Einzelfall verletzt ist, bestimmt sich nach dem Entscheidungssatz, nicht nach den Gründen.[50] Daher liegt grundsätzlich kein Verstoß gegen das Verschlechterungsverbot bei einer **Änderung der Begründung** der Entscheidung durch das Beschwerdegericht vor. Ebenso wenig ist eine verbotene Schlechterstellung in der Zurückweisung eines Antrags als unzulässig statt als unbegründet zu sehen; gleiches gilt für den umgekehrten Fall.[51] Hinsichtlich der **Kosten(grund)entscheidung** oder der **Festsetzung des Geschäftswerts** kann grundsätzlich eine Abänderung zum Nachteil des Beschwerdeführers erfolgen (siehe dazu auch § 84).[52] Dagegen darf im **Kostenfestsetzungsverfahren** sowie bei Einwendungen gegen die **Kostenberechnung**[53] der Beschwerdeführer betragsmäßig nicht schlechter gestellt werden.

19 Im Fall einer **Zurückverweisung durch das Rechtsbeschwerdegericht** gilt für das Beschwerdegericht das Schlechterstellungsverbot im gleichen Umfang wie bei einer Zurückverweisung an das Ausgangsgericht nach § 69 Abs. 1 S. 2, S. 3.

20 Im Übrigen ist umstritten, inwieweit in dem Beschwerdeverfahren eine Schlechterstellung des Beschwerdeführers gegenüber der von ihm angefochtenen Entscheidung zulässig ist.[54] Diese Frage lässt sich nicht einheitlich für alle Familiensachen und Angelegenheiten der freiwilligen Gerichtsbarkeiten beantworten. Auf jeden Fall greift das Verbot der reformatio in peius nicht, wenn das erstinstanzliche Verfahren unzulässig war oder gegen von Amts wegen zu beachtende Verfahrensvoraussetzungen verstoßen hat.[55] Eine Verschlechterung darf keinesfalls hinsichtlich der Verfahrensgegenstände erfolgen, mit denen das Beschwerdegericht infolge einer zulässigen Beschränkung des Rechtsmittels **(Teilanfechtung)** nicht befasst ist.[56]

21 Im **Amtsverfahren** besteht grundsätzlich die Möglichkeit einer Schlechterstellung des Beschwerdeführers, ohne dass dies von einem anderen Beteiligten erstrebt wird.[57] Insoweit unterliegt die Einleitung, Begrenzung oder Beendigung des Verfahrens nicht der Disposition der Beteiligten. Voraussetzung ist, dass das Wohl des Betroffenen die Entscheidung erfordert.[58] Dies gilt auch in Verfahren, die auf Antrag eingeleitet, indes vornehmlich im öffentlichen Interesse durchgeführt werden[59] oder von deren Entscheidung eine größere Personenmehrheit berührt wird. Die Verschlechterung muss sich aber im Rahmen des Verfahrensgegenstandes halten.[60] Daher bestehen z. B. Bedenken, ob das Beschwerdegericht bei einer Beschwerde des Vormunds gegen ein Zwangsgeld (§ 1837 Abs. 3 BGB) diesen entlassen kann, weil es den Vorgang als eine schwere Pflichtverletzung im Sinne des § 1886 BGB ansieht.[61] In Umgangsverfahren gilt das Verschlechterungsverbot nicht.[62]

22 In **Antragsverfahren,** in denen es sich überwiegend um private Interessen der Beteiligten handelt und die Entscheidung ein bestimmtes Begehren des Antragstellers voraussetzt,

---

[50] BayObLG FamRZ 1992, 1354; BayObLGZ 1962, 47/55.
[51] KG JurBüro 1986, 220; BJS/Müther § 69 Rn 13.
[52] BayObLGZ 1986, 489/493; BayObLG Rpfleger 1979, 398 für die Festsetzung des Geschäftswertes; BayObLG WuM 1989, 470 für die Kostenentscheidung.
[53] BayObLG 1955, 185/197; OLG Hamm Rpfleger 1957, 26.
[54] Zum früheren Meinungsstand s. Kahl 15. A. § 19 FGG Rn 115 FN 526.
[55] H. M. BayObLGZ 1958, 309/310; Zöller/Gummer § 572 Rn 42; einschränkend: BGH NJW 1986, 1995 m. w. N. zur h. M.; MünchKommZPO/Lipp § 572 Rn 33: Durchbrechung des Schlechterstellungsverbots ist nur dann gerechtfertigt, wenn der Beschluss noch auf anderem Wege angefochten werden kann, weil etwa eine Wiederaufnahmeklage begründet wäre oder es überhaupt an einer wirksamen Entscheidung fehlt.
[56] BGH NJW 1986, 1751 = FamRZ 1986, 250; BGH NJW 1984, 2879 = FamRZ 1984, 990.
[57] BGH FamRZ 1989, 957; NJW 1983, 173; BayObLG FamRZ 1985, 635; KG NJW-RR 1987, 5; BJS/Müther § 69 Rn 16; a. A. Bassenge/Roth/Gottwald § 68 Rn 18.
[58] BayObLGZ 1979, 215/220; OLG Bremen FamRZ 1977, 149.
[59] BGH NJW-RR 1998, 1473; BayObLGZ 1956, 51.
[60] BJS/Müther § 69 Rn 16.
[61] Wieczorek/Jänisch § 572 Rn 68.
[62] OLG Saarbrücken Beschl. v. 10. 1. 2011 6 UF 126/10 = BeckRS 2011, 02034.

über welches das Gericht befindet, ist grundsätzlich eine Abänderung zum Nachteil des Beschwerdeführers unzulässig;[63] dies gilt vor allem in **streitigen Verfahren der freiwilligen Gerichtsbarkeit.**[64] Daher darf im Falle einer teilweisen Stattgabe eines Antrags durch das Gericht erster Instanz das Beschwerdegericht weder auf die Beschwerde des Antragstellers hin den Antrag insgesamt abweisen noch auf die Beschwerde des Antragsgegners umfänglich zusprechen. Eine Ausnahme besteht im Falle einer eingelegten **Anschlussbeschwerde** (vgl. dazu § 66).

2. Beispielsfälle zulässiger Schlechterstellung

In **Kindschaftssachen** (§§ 151 ff.) kann wegen des alles überragenden Gesichtspunkts 23 des Kindeswohls entgegen dem Begehren des Beschwerdeführers Vormundschaft für ein Kind angeordnet oder eine Umgangsregelung erweitert bzw. völlig eingeschränkt werden, selbst wenn das Rechtsmittel für das Kind eingelegt worden ist;[65] gleiches gilt im Pflegschaftsaufhebungsverfahren.[66] Streitig ist, ob es sich bei der elterlichen Sorge für mehrere Kinder um einen einheitlichen Verfahrensgegenstand handelt.[67] Insoweit kann sich die Frage stellen, ob das Beschwerdegericht, wenn ein Elternteil die über das Aufenthaltsbestimmungsrecht für alle Kinder getroffene Entscheidung des AG nur mit dem Ziel angreift, für eines der Kinder das Aufenthaltsbestimmungsrecht ausüben zu wollen, zur Wahrung der übrigen Geschwisterkinder dem Beschwerdeführer nunmehr das Bestimmungsrecht für alle Kinder übertragen darf.[68]

In Bayern kann wegen der **Erbenfeststellung von Amts wegen** im Erbscheinseinziehungsverfahren[69] eine Verschlechterung erfolgen; eine Schlechterstellung ist ebenfalls im 24 Genehmigungsverfahren nach dem **Grundstückverkehrsgesetz** zulässig.[70]

3. Beispielsfälle unzulässiger Schlechterstellung

Für **Ehewohnungs-** und **Haushaltssachen** (§§ 201 ff.) gilt das Verbot der Schlechter- 25 stellung uneingeschränkt;[71] keine Abänderung der Höhe und der Form des Ausgleichsbetrages im **Versorgungsausgleichsverfahren** (§§ 217 ff.) zum Nachteil des Beschwerdeführers, wenn die Entscheidung nur von einem Ehegatten angefochten wird.[72] Der Grundsatz der reformatio in peius gilt nicht, wenn der Versorgungsträger Rechtsmittelführer ist. Insoweit hat das Interesse an einer sachlich richtigen Entscheidung Vorrang; zudem ist wegen der weit gefassten Beschwerdeberechtigung des Versorgungsträgers offen ist, ob dieser überhaupt benachteiligt wird.[73] Etwas anderes gilt dann, wenn sich die Beschwerdeentscheidung nur noch zu Ungunsten des Versorgungsträgers auswirken kann.[74] In **Betreuungssachen** (§§ 271 ff.) ist keine Erweiterung des Aufgabenkreises im Beschwerdeverfahren zulässig, wenn allein der Betroffene gegen die Bestellung des Betreuers Beschwerde eingelegt hat;[75] keine Herabsetzung der Vergütung des **Vormunds, Betreuers** oder **Nachlasspflegers,** wenn diese die Beschwerde mit dem Ziel einer Erhöhung seiner

---

[63] BGH NJW 1984, 2879 = FamRZ 1984, 990; NJW 1983, 173; OLG Hamm Rpfleger 1970, 393.
[64] BGHZ 19, 196; BayObLG FamRZ 1977, 467; BJS/Müther § 69 Rn 13.
[65] BayObLGZ 1966, 103; KG FamRZ 1968, 664; OLG Frankfurt FamRZ 1979, 177; OLG Köln NJW-RR 2002, 1299 = FamRZ 2002, 1053; OLGZ 1966, 76.
[66] BayObLGZ 1961, 277/279.
[67] Vgl. dazu BGH NJW 1979, 813 = FamRZ 1979, 225; OLG Frankfurt FamRZ 1981, 813; a. A. OLG Schleswig SchlHA 1980, 188; differenzierend OLG Hamm NJW 1974, 1053 = FamRZ 1974, 155.
[68] S. dazu Gutjahr FPR 2006, 433/436.
[69] BayObLG NJW-RR 1997, 389 = FamRZ 1996, 1304; Rpfleger 1979, 383.
[70] BGH NJW-RR 1998, 1473.
BayObLGZ 1956, 11/20; OLG Celle NdsRpfl. 1963, 246.
[71] MünchKommZPO/Finger § 621 e Rn 49 für die HausratsVO.
[72] BGH FamRZ 1996, 97; NJW-RR 1989, 1404; OLG Frankfurt FamRZ 1981, 291; OLG Koblenz FamRZ 1989, 290; s. a. MünchKommZPO/Finger § 621 e Rn 47.
[73] BGH FamRZ 1991, 1065; FamRZ 1990, 273.
[74] BGH FamRZ 1985, 1240; NJW-RR 1986, 623 = FamRZ 1985, 1240.
[75] BayObLG FamRZ 1998, 922; FamRZ 1996, 1035.

Vergütung eingelegt haben;[76] ebenso gilt der Grundsatz des Verbots der reformatio in peius in **Erbscheinsverfahren.**[77]

26 In **Freiheitsentziehungssachen** (§§ 415 ff.) gilt bei einer Beschwerde gegen die Dauer der Abschiebehaft das Verschlechterungsverbot;[78] ebenso im Pachtschutzverfahren;[79] im **landwirtschaftlichen Zuweisungsverfahren**[80] und im Feststellungsverfahren nach § 11 Abs. 1 g HöfeVfO[81] darf die Entscheidung nicht zum Nachteil des Beschwerdeführers abgeändert werden; in **Grundbuchsachen,**[82] in **Umstellungsverfahren**[83] sowie in **Registersachen** (§§ 374 ff.) darf grundsätzlich keine Abänderung zu Ungunsten des Beschwerdeführers erfolgen; gleiches gilt für das Berichtigungsverfahren nach § 48 PStG in **Personenstandssachen;** dagegen darf in dem Anweisungsverfahren (§ 49 PStG) eine Verschlechterung erfolgen; zudem ist in den Verfahren nach § 14 KostO[84] und nach § 156 KostO[85] eine Änderung des Kostenansatzes zum Nachteil des Beschwerdeführers nicht zulässig. Insoweit darf der Beschwerdeführer betragsmäßig nicht schlechter gestellt werden; eine Abänderung der einzelnen Kostenpositionen ist indes möglich.

IV. Bindungswirkung zurückverweisender Entscheidungen (Abs. 1 S. 4)

1. Allgemein

27 An die **Beurteilung der Sach- und Rechtslage,** die der aufhebenden Entscheidung des Beschwerdegerichts unmittelbar zugrunde liegt, ist das Erstgericht gebunden (Abs. 1 S. 4).[86] Von der Bindungswirkung nicht erfasst sind Verfahrensvoraussetzungen, die nicht ausdrücklich Gegenstand der aufhebenden Entscheidung gewesen sind.[87] Eine Bindung besteht ebenfalls nicht, wenn nach der Zurückverweisung der Sache neue Tatsachen eingetreten sind, die das Erstgericht – gegebenenfalls auf Grund neuer Ermittlungen (§ 26) – zu beachten hat,[88] oder eine Änderung des anzuwendenden Rechts eintritt oder wenn es sich um ein anderes Verfahren handelt.[89] Wird eine Entscheidung nur wegen eines **Verfahrensmangels** aufgehoben, so ist das Erstgericht in seiner materiell-rechtlichen Beurteilung frei.[90] In diesem Falle hat das Gericht erster Instanz auch seine Zuständigkeit erneut und uneingeschränkt zu prüfen; § 65 Abs. 4 greift nicht.

28 Keine Bindung besteht an rechtliche Hinweise für die Weiterführung des Verfahrens, auf denen die Aufhebung nicht beruht **(obiter dicta).**[91] Der Umfang der Bindungswirkung ist im Wege der Auslegung der Gründe des zurückverweisenden Beschwerdebeschlusses zu ermitteln. Hat das Beschwerdegericht z. B. die Entscheidung wegen der fehlenden Einholung eines Guthabens aufgehoben und zurückverwiesen, muss das Ausgangsgericht diesen Beweis erheben; im Übrigen ist es sowohl hinsichtlich des Umfangs der weiteren Amtsermittlungen (§ 26) als auch der Würdigung des Gutachtens frei.

---

[76] KG NJW-RR 1987, 5 = FamRZ 1986, 1016.
[77] OLG Hamm OLGZ 1967, 71/73.
[78] OLG Hamm FGPrax 1995, 82.
[79] OLG Hamm RdL 1949, 60.
[80] BGH RdL 1955, 26; OLG Oldenburg RdL 1952, 24.
[81] BGH RdL 1952, 246 zu § 10 HöfeO a. F.
[82] BayObLGZ 1967, 408/410 für das Grundbuchverfahren.
[83] BayObLG NJW 1953, 745; OLG Celle NJW 1954, 1648.
[84] Korintenberg/Lappe § 14 Rn 111, 167.
[85] BayObLGZ 1955, 185/197; OLG Hamm Rpfleger 1957, 26.
[86] BGH Beschl. v. 10. 2. 2011 V ZB 318/10 = BeckRS 2011, 05066 für die Aufhebung einer Beschwerdeentscheidung; s. a. BGH NJW 1955, 21; BayObLG FamRZ 1999, 170; KG MDR 1980, 766; OLG Frankfurt BtPrax 1996, 108; OLG Hamm NJW 1970, 2118; OLG Karlsruhe Rpfleger 1988, 315; OLG Köln FamRZ 1964, 466 zum Anwendungsbereich des FGG.
[87] BGH Beschl. v. 10. 2. 2011 V ZB 318/10 = BeckRS 2011, 05066.
[88] BGH Beschl. v. 10. 2. 2011 V ZB 318/10 = BeckRS 2011, 05066 für die Aufhebung einer Beschwerdeentscheidung.
[89] BayObLG NJW-RR 1998, 798 = FamRZ 1998, 1198/1199 (neuer Erbscheinsantrag in Bezug auf denselben Nachlass); KG MDR 1980, 766; OLG Karlsruhe Rpfleger 1988, 315.
[90] BayObLG FamRZ 1988, 214.
[91] BayObLGZ 1988, 86/92; BayObLGZ 1960, 216/220: Unverbindliche Empfehlungen für die weitere Sachbehandlung.

Inwieweit das Verbot der **reformatio in peius** für das Erstgericht gilt, lässt sich nicht 29
einheitlich für alle Angelegenheiten der freiwilligen Gerichtsbarkeit und für die Familiensachen beantworten. Im **Amtsverfahren** gilt für die erneute Entscheidung des Gerichts erster Instanz das Verschlechterungsverbot grundsätzlich nicht. Dagegen ist in **Antragsverfahren** das Ausgangsgericht nach einer Aufhebung und Zurückverweisung in seiner Entscheidung nicht vollständig frei. Die neue Entscheidung muss dem Rechtsmittelführer zumindest das gewähren, was ihm die allein von ihm ursprünglich angefochtene Entscheidung zubilligte.[92]

2. Erneutes Rechtsmittel

Im Falle einer Aufhebung der Entscheidung des Gerichts des ersten Rechtszuges und 30
einer Zurückverweisung der Sache an das Ausgangsgericht findet gegen dessen **neuerliche Entscheidung** wieder die Beschwerde statt. In diesem Falle ist das Beschwerdegericht bei dem erneuten Befassen mit derselben Sache an seine erste Entscheidung gebunden.[93] Eine Bindung entfällt, wenn inzwischen eine **Änderung des Sachverhalts** (neue Tatsachen oder Beweismittel) gegeben ist. Gleiches gilt bei einer inzwischen mit Rückwirkung in Kraft getretenen gesetzlichen Regelung, welche die Beschwerdeinstanzen nicht unberücksichtigt lassen dürfen, oder bei einer vorrangig zu beachtenden Entscheidung des BVerfG[94] bzw. des EuGH.[95]

Die Selbstbindung setzt voraus, dass dasselbe Verfahren erneut in die Rechtsmittelinstanz 31
gelangt. Dies ist beispielsweise in einem Erbscheinsverfahren dann nicht der Fall, wenn das Beschwerdegericht in einem neuen Verfahren über einen anderen Erbschein bzw. Erbscheinsantrag, mag er auch denselben Nachlass betreffen, zu entscheiden hat. In diesem Fall ist das Gericht nicht gehindert, den Sachverhalt rechtlich und tatsächlich anders zu würdigen.[96]

V. Abfassung der Entscheidung

1. Grundsatz

Die Entscheidung ergeht durch **Beschluss.** Der formelle Mindestinhalt eines Beschlusses 32
ergibt sich aus § 69 Abs. 3 i. V. m. § 38. Der Beschluss muss die Bezeichnung der Beteiligten, ihrer gesetzlichen Vertreter und der Bevollmächtigten (§ 69 Abs. 3 i. V. m. § 38 Abs. 2 Nr. 1), die Bezeichnung des Gerichts und die Namen der Gerichtspersonen, die bei der Entscheidung mitgewirkt haben (§ 69 Abs. 3 i. V. m. § 38 Abs. 2 Nr. 2) und damit ein vollständiges **Rubrum** sowie die **Beschlussformel** (§ 69 Abs. 3 i. V. m. § 38 Abs. 2 Nr. 3) enthalten. Zu den weiteren Einzelheiten siehe auch § 38 Rn 40.

Eine Trennung nach Tatbestand und Entscheidungsgründen ist nicht vorgeschrieben;[97] 33
üblich ist eine Ordnung, nach der unter „I." der vom Gericht festgestellte **Sachverhalt** (soweit eine Darstellung erforderlich ist, siehe Rn 43) und unter „II." die **rechtliche Würdigung** dargestellt wird. Auch die Kostenentscheidung bedarf einer Begründung. Ausführungen über die Wirksamkeit oder Vollstreckbarkeit sind in der Regel überflüssig, da diese gesetzlich geregelt sind (§ 69 Abs. 3 i. V. m. § 40 Abs. 1, § 86 Abs. 2). Zu den weiteren Einzelheiten der Entscheidungsgründe siehe Rn 45.

Der Beschluss bedarf der **Unterschrift** der erkennenden Richter (§ 38 Abs. 3 S. 2); bei 34
Kollegialgerichten ist die Entscheidung grundsätzlich von sämtlichen mitwirkenden Richtern zu unterschreiben. Ein Vermerk entsprechend § 315 Abs. 1 S. 2 ZPO ist nicht erforderlich, aber zweckmäßig, wenn der Vorsitzende oder ein Beisitzer gehindert ist, zu

---

[92] BGH NJW-RR 2004, 1422; MünchKommZPO/Lipp § 572 Rn 34; a. A.: OLG Naumburg OLG-NL 2004, 69; jew. für die Beschwerde nach der ZPO.
[93] BGH NJW 1955, 21; BayObLG FamRZ 1999, 170; FamRZ 1996, 436; KG NJW 1955, 1074; OLG Frankfurt BtPrax 1996, 108; OLG Hamm NJW 1970, 2118; OLG Karlsruhe Rpfleger 1988, 315.
[94] BGH NJW 1995, 1609.
[95] BayObLGZ 1960, 98/104.
[96] BayObLG NJW-RR 1998, 798 = FamRZ 1998, 1198; NJW 1992, 322 = FamRZ 1992, 343.
[97] OLG Frankfurt Rpfleger 1978, 310.

unterschreiben.[98] Die Beschlussausfertigung der Entscheidung muss erkennen lassen, dass das Original von den Richtern unterzeichnet worden ist. Daher genügt es nicht, dass die Namen der Richter ohne einen Hinweis darauf, dass sie den Beschluss unterschrieben haben, lediglich **in Klammern** wiedergegeben werden.[99] An die Unterschrift sind die gleichen Anforderungen zu stellen wie an einen bestimmenden Schriftsatz; ein Handzeichen (**Paraphe**) genügt nicht.[100] Zu den Anforderungen an eine ordnungsgemäße Unterschrift siehe auch § 23 Rn 42 sowie § 38 Rn 78.

35 Weiterhin muss auf dem Beschluss das **Datum** der Übergabe an die Geschäftsstelle oder der Bekanntgabe durch Verlesen der Beschlussformel (Erlass) vermerkt sein (§ 69 Abs. 3 i. V. m. § 38 Abs. 3 S. 3).

2. Entscheidung über die Zulassung der Rechtsbeschwerde

36 Da eine Rechtsbeschwerde außer in den Fällen des § 70 Abs. 3 (Betreuungssachen zur Bestellung eines Betreuers, zur Aufhebung einer Betreuung, zur Anordnung oder Aufhebung eines Einwilligungsvorbehalts, in Unterbringungssachen sowie Freiheitsentziehungsverfahren) nur statthaft ist, wenn das Beschwerdegericht diese ausdrücklich zulässt (§ 70 Abs. 1), bedarf es insoweit einer Entscheidung über die Zulassung. Ein ausdrücklicher **Zulassungsantrag** des Beschwerdeführers oder eines anderen Beteiligten ist nicht erforderlich.[101] Das Beschwerdegericht hat die Rechtsbeschwerde zuzulassen, wenn die Rechtssache grundsätzliche Bedeutung hat (§ 70 Abs. 2 Nr. 1) oder die Fortbildung des Rechts oder die Sicherung einer einheitlichen Rechtsprechung eine Entscheidung des Rechtsbeschwerdegerichts erfordert (Abs. 2 Nr. 2). Insoweit besteht auch kein Ermessen des Beschwerdegerichts.[102] Zu den näheren Einzelheiten siehe § 70 Rn 20. Das Rechtsbeschwerdegericht ist an die Zulassung gebunden. Ausgeschlossen ist die Rechtsbeschwerde z. B. wenn die Bundesnotarkammer als zentrale Vorsorge- und Testamentsregisterbehörde entschieden hat (§ 78 f Abs. 3 BNotO); gleiches gilt in Therapieunterbringungssachen (§ 17 S. 1 ThUG),[103] zur Divergenzvorlage in diesen Verfahren siehe Rn 17 a.

37 In dem Fall, dass das Beschwerdegericht **keine (ausdrückliche) Entscheidung** über eine Zulassung getroffen hat, ist die Rechtsbeschwerde nicht zugelassen. Ein ausdrücklich gestellter Zulassungsantrag sollte auf jeden Fall beschieden werden. Eine **nachträgliche Entscheidung** des Beschwerdegerichts über eine Zulassung ist für das Rechtsbeschwerdegericht nicht bindend.[104] Ausnahmsweise kann in dem Verfahren nach § 44 bei einer Verletzung des Anspruchs auf rechtliches Gehör noch über die Zulassung befunden werden. Keiner Entscheidung über eine Zulassung der Rechtsbeschwerde bedarf es im Beschluss des Beschwerdegerichts über die Beschwerde gegen eine Anordnung, Abänderung oder Aufhebung einer **einstweiligen Anordnung** oder eines **Arrests;** insoweit findet keine Rechtsbeschwerde statt (§ 70 Abs. 4).

38 Weder gegen die Zulassung noch gegen die Nichtzulassung der Rechtsbeschwerde durch das Beschwerdegericht findet ein Rechtsmittel statt.

3. Kostenentscheidung

39 Über die Notwendigkeit einer Kostenentscheidung s. die Erläuterungen zu § 81 und § 84. Die nach § 81 Abs. 1 S. zu treffende Ermessensentscheidung ist zu begründen.[105]

4. Rechtsbehelfsbelehrung

40 Die Entscheidung des Beschwerdegerichts muss mit einer Rechtsbehelfsbelehrung versehen werden (§ 69 Abs. 3 i. V. m. § 39), sofern die Rechtsbeschwerde gegen die Beschwer-

---

[98] BGH NJW 1977, 765; OLG Oldenburg NdsRpfl. 1956, 198.
[99] BGH NJW-RR 1987, 377; BGH VersR 1991, 326.
[100] KG NJW 1988, 2807; OLG Köln NJW 1988, 2805.
[101] BT-Drs. 16/6308 S. 209.
[102] BT-Drs. 16/6308 S. 209.
[103] Gesetz vom 22. 12. 2010 (BGBl. I S. 2300, 2305).
[104] BGH ZInsO 2009, 885.
[105] BayObLG NJW 1975, 2148; OLG Hamm FamRZ 1967, 572/574.

deentscheidung statthaft ist (§ 39 entsprechend). Fehlt es an einer entsprechenden Belehrung oder ist diese fehlerhaft, so steht dies weder der Wirksamkeit der gerichtlichen Entscheidung noch dem Beginn des Laufs der Rechtsmittelfrist entgegen,[106] jedoch wird im Falle eines Wiedereinsetzungsantrages ein Fehlen des Verschuldens des Rechtsmittelführers unwiderlegbar vermutet (§ 17 Abs. 2); zur Ausnahme bei einem anwaltlich vertretenen Beteiligten siehe § 17 Rn 37. Auch in den Fällen, in denen eine Rechtsbeschwerde nicht statthaft ist, kann es im Einzelfall geboten sein, eine entsprechende Belehrung zu erteilen. Einer Belehrung über die Möglichkeit der Erhebung einer Gehörsrüge bedarf es nicht (vgl. § 39 Rn 7).

5. Verbindung mit weiteren Entscheidungen

41 Die Entscheidung über die Beschwerde und über einen Antrag auf **Verfahrenskostenhilfe** für die Beschwerdeinstanz (vgl. §§ 76 ff.) oder auf Gewährung von **Wiedereinsetzung in den vorigen Stand** (§§ 17 ff.) können verbunden werden. Im Falle der mehrfachen Beschwerdeeinlegung (durch einen oder mehrere Beteiligten) kann eine einheitliche Entscheidung über alle Rechtsmittel ergehen.

VI. Begründungspflicht (Abs. 2)

1. Grundsatz

42 a) **Allgemeines.** Abs. 2 schreibt für die Beschwerdeentscheidung eine (schriftliche) Begründung **zwingend** vor, enthält aber für den Fall einer Verletzung dieser Verpflichtung keine unmittelbaren Sanktionen. Eine Begründungspflicht besteht auch dann, wenn für den erstinstanzlichen Beschluss nach § 38 Abs. 4 keine Begründung erforderlich ist.[107]

43 b) **Sachverhaltsdarstellung.** Die Beschwerdeentscheidung muss, sofern hiergegen eine Rechtsbeschwerde, sei es aufgrund ausdrücklicher Zulassung oder kraft gesetzlicher Regelung, statthaft ist,[108] eine **vollständige, klare Darstellung des Sachverhalts** unter Anführung der Gründe, aus denen eine Tatsache für erwiesen erachtet wurde oder nicht, sowie die Rechtsanwendung auf den festgestellten Sachverhalt enthalten. Insoweit unterliegt auch das verfahrensrechtlich einwandfreie Zustandekommen der Feststellungen der Nachprüfung durch das Rechtsbeschwerdegericht. Die im Beschwerdeverfahren gestellten Anträge sollten in die Sachverhaltsdarstellung aufgenommen werden. Ausnahmsweise kann es genügen, wenn sich der für die Entscheidung maßgebende Sach- und Streitstand aus der rechtlichen Würdigung ergibt, so dass eine Überprüfung der Anwendung des Rechts auf den festgestellten Sachverhalt möglich ist.[109]

44 Soweit gegen die Entscheidung kein Rechtsmittel statthaft ist, bedarf es in der Regel keiner vollständigen Sachdarstellung. Sie ist aber dann geboten, soweit sie zum Verständnis der Entscheidung notwendig ist; denn dann stellt sie einen Bestandteil der Gründe (§ 38 Abs. 3 S. 2) dar. Zu den weiteren Einzelheiten der Darstellung des Sachverhalts siehe § 38 Rn 53.

45 c) **Begründung der Entscheidung.** Der Umfang der Begründung der Entscheidung richtet sich nach den jeweiligen Besonderheiten des Einzelfalls. Erforderlich sind keine ausufernden und gelehrsamen Entscheidungsgründe, sondern eine kurze Zusammenfassung der Erwägungen, auf denen die Entscheidung in tatsächlicher und rechtlicher Hinsicht beruht. Es genügt in der Regel eine kurze Zusammenfassung der für die Entschließung des Gerichts maßgebenden Gesichtspunkte. Das Gericht braucht sich in den Gründen nicht ausdrücklich mit allen denkbaren Gesichtspunkten sowie allen Einzelpunkten des Vorbringens der Beteiligten auseinanderzusetzen.[110] Insbesondere ist eine Würdigung irriger Rechtsausführungen des Beschwerdeführers in der Regel nicht erforderlich.

---

[106] BGH NJW 2002, 2171.
[107] Zimmermann Rn 178.
[108] BGH FamRZ 2006, 1030; NJW 2002, 2648. So auch die st. Rspr. zu § 25 FGG: vgl. z. B. BayObLG NJW-RR 1998, 1014 = FamRZ 1998, 1327; KG WuM 1996, 374; OLG Frankfurt OLGR 1996, 105; OLG Hamm FamRZ 1965, 83; OLG Köln NJW 1993, 1018; OLG Oldenburg WE 1988, 175.
[109] BGH NJW-RR 2004, 1576; OLG Celle NZI 2000, 592.
[110] BGH NJW 2005, 1432.

46 Die rechtliche Würdigung muss aber so ausführlich gehalten sein, dass der Beschwerdeführer oder das Rechtsbeschwerdegericht feststellen kann, ob die Beweisunterlagen sachgemäß und erschöpfend geprüft worden sind;[111] sie muss auch die Gesichtspunkte für eine Ermessensausübung erkennen lassen.[112] So müssen z.B. die Gründe für die Bestellung einer Betreuungsbehörde statt einer natürlichen Person in der Beschwerdeentscheidung nachvollziehbar dargelegt werden.[113] Zu begründen sind auch die unterlassene Anhörung eines Kindes,[114] eines Betroffenen oder die unterlassene Hinzuziehung eines Dolmetschers.[115]

47 In der Regel genügt indes nicht die pauschale Mitteilung des Beschwerdegerichts, das Beschwerdevorbringen rechtfertige keine vom erstinstanzlichen Gericht abweichende Beurteilung.[116] Ausnahmsweise kann die Bezugnahme auf die angefochtene Entscheidung *„aus den zutreffenden Gründen der angefochtenen Entscheidung"* ausreichen, wenn die Ausgangsentscheidung mit einer ausreichenden Begründung versehen ist, in Beschwerdeverfahren weder neue rechtliche noch tatsächliche Umstände vorgetragen noch ermittelt (§ 26) worden sind und das Beschwerdegericht dem Gericht erster Instanz im Ergebnis sowie in der Begründung folgt. Zu dem Gegenstand und dem Umfang der Begründung siehe auch § 38 Rn 62.

48 **d) Bezugnahmen.** Eine **Verweisung auf Aktenbestandteile** – Feststellungen der ersten Instanz,[117] Protokolle über Zeugenaussagen,[118] Gutachten usw. – ist nicht ausgeschlossen; eine allgemeine Bezugnahme auf den Akteninhalt genügt indes nicht.[119] Es muss erkennbar sein, ob die Beweisunterlagen sachgemäß und erschöpfend geprüft worden sind. Folgt die Beschwerdekammer einem Gutachter, dessen Sachkunde sich nicht ohne Weiteres aus seiner Berufsbezeichnung oder aus der Art seiner Berufstätigkeit ergibt, so muss die Sachkunde in der Entscheidung nachvollziehbar aufgezeigt werden.[120] Bei Verweisung auf die Gründe der Vorentscheidung müssen diese den vorstehend wiedergegebenen Anforderungen entsprechen,[121] das Gericht des ersten Rechtszuges muss also klare Feststellungen verfahrensfehlerfrei getroffen haben; bei veränderter Sachlage muss das Beschwerdegericht selbst den Sachverhalt darstellen.[122] Nicht genügend ist eine Verweisung auf Gerichtsentscheidungen, die im Verfahren anderer Beteiligter ergangen sind.[123] Tatsachenvorbringen aus einem anderen Verfahren kann nur dann verwertet werden, wenn es ordnungsgemäß als Entscheidungsgrundlage in das Verfahren eingeführt worden ist.[124]

2. Unvollständige oder fehlende Begründung

49 Unvollständig ist die Begründung, wenn aus ihr nicht hervorgeht, ob die wesentlichen Behauptungen und Beweisangebote des Beschwerdeführers gewürdigt worden sind.[125] Es ist aber nicht unbedingt geboten, dass das Gericht auf tatsächlich oder rechtlich unerhebliche Beweisangebote[126] eingeht und sich mit allen möglicherweise in Betracht kommenden

---

[111] St. Rspr. z. B. BayObLG FamRZ 1993, 442; KG NJW-RR 1989, 842; OLG Frankfurt FGPrax 2002, 124; OLG Zweibrücken NJW-RR 2002, 292.
[112] BayObLG NJW-RR 1990, 52; FamRZ 1985, 1040; OLG Hamm Rpfleger 1986, 16.
[113] BayObLG MDR 1994, 922.
[114] OLG Köln FamRZ 2002, 357.
[115] BayObLG BayVerwBl 1981, 187.
[116] BayObLG FamRZ 2001, 54.
[117] BayObLG FamRZ 1993, 843; NJW 1985, 982; OLG Köln ZIP 1989, 572; OLGZ 1968, 324.
[118] BayObLGZ 1950/51, 640: ausreichende Niederschrift erforderlich.
[119] BayObLG NJW 1998, 1014 = FamRZ 1998, 1327; FamRZ 1984, 208; OLG Celle NdsRpfl. 1970, 180; OLG Stuttgart FamRZ 1971, 652.
[120] BayObLG NJW-RR 1988, 454; NJW 1986, 2892.
[121] BayObLG FamRZ 1997, 185; NJW-RR 1990, 5 = FamRZ 1990, 411; KG NJW-RR 1988, 586; OLG Köln DB 1988, 2628.
[122] BayObLG FamRZ 1984, 208; BayObLGZ 1965, 326/328; OLG Köln NJW 1993, 1018.
[123] KG NJW-RR 1989, 842; OLG Düsseldorf WM 1952, 104.
[124] OLG Düsseldorf ZMR 1995, 84; OLG Frankfurt FGPrax 2002, 124.
[125] BGHZ 18, 143/148; BayObLG FamRZ 1984, 201; FamRZ 1982, 634.
[126] BayObLG FamRZ 1994, 324; FamRZ 1985, 534.

Umständen auseinandersetzt; jedoch ist es in der Regel zweckmäßig, bei bestimmt vorgebrachten Beweisangeboten anzuführen, warum sie für unerheblich gehalten werden.[127] Die Vernehmung eines Zeugen darf nicht von vornherein wegen Unglaubwürdigkeit abgelehnt werden.[128] Es genügt nicht, nur die Beweisergebnisse und nicht auch die Tatsachen anzuführen, die das Gericht auf Grund derselben als festgestellt erachtet. Sind die getroffenen Feststellungen aktenwidrig, so muss aus den Gründen hervorgehen, aus welchen Erwägungen das Gericht zu diesen Feststellungen gelangt ist.[129] Nicht ausreichend als Begründung ist eine Bezugnahme auf die Stellungnahme des Jugendamtes.[130] Bei Begründung eines Beschlusses, der eine Ermessensentscheidung enthält, müssen die wesentlichen Punkte der leitenden Erwägungen angeführt werden.[131] Ein pauschaler Hinweis auf die „**Umstände des Falles**" genügt der Begründungspflicht nach § 69 Abs. 2 nicht.

Eine Entscheidung des Beschwerdegerichts, bei der Gründe **überhaupt** oder zu den **für die Entscheidung wesentlichen Punkten vollständig** fehlen, beruht auf einer Verletzung des Gesetzes und unterliegt im Falle einer statthaften Rechtsbeschwerde der Aufhebung nach § 72 Abs. 3 FamFG i. V. m. mit § 547 Nr. 6 ZPO durch das Rechtsbeschwerdegericht; es muss in diesem Fall grundsätzlich eine Zurückverweisung erfolgen. Aber auch wenn die Begründung nur unvollständig ist und damit gegen § 69 Abs. 2 verstößt, kann die angefochtene Entscheidung auf diesem Mangel beruhen und die weitere Beschwerde zur Aufhebung und unter Umständen zur Zurückverweisung führen.[132]

VII. Bekanntgabe der Entscheidung

Die Bekanntgabe der Entscheidung des Beschwerdegerichts geschieht nach § 69 Abs. 3 i. V. m. § 41 Abs. 1 durch **Zustellung.** Die Bekanntgabe eines anfechtbaren Beschlusses erfolgt nicht nur an den Beschwerdeführer, sondern an alle, deren erklärtem Willen er nicht entspricht.

Sondervorschriften über die Bekanntgabe der Beschwerdeentscheidung sind z. B. in §§ 24, 27, 28, 32 VerschG, Art. 2 § 5 VerschÄndG oder § 99 Abs. 4 AktG enthalten.

VIII. Wirksamwerden der Beschwerdeentscheidung

1. Zeitpunkt der Wirkung der Entscheidung

Die Beschwerdeentscheidung wird wirksam mit der **Bekanntgabe des Beschlusses** an den oder die Beteiligten, für den er seinem wesentlichen Inhalt nach bestimmt ist (vgl. § 69 i. V. m. § 40 Abs. 1). Bei einer abändernden oder aufhebenden Beschwerdeentscheidung tritt diese an die Stelle der Erstentscheidung des Ausgangsgerichts. Bei einem zurückweisenden oder verwerfenden Beschluss bleibt es bei der erstinstanzlichen Entscheidung.

Sofern das Beschwerdegericht auf Grund von Tatsachen, welche **nach Erlass der Entscheidung erster Instanz** eingetreten sind, zu einer abändernden Entscheidung gelangt (z. B. einem in erster Instanz zurückgewiesenen Antrag stattgibt), hat diese Entscheidung ausnahmsweise in der Sache keine rückwirkende Kraft, sie wirkt nur für die Zukunft.[133]

Eine Beschwerdeentscheidung, die die **Genehmigung eines Rechtsgeschäfts** zum Gegenstand hat, wird erst mit Rechtskraft wirksam (§ 69 Abs. 3 i. V. m. § 40 Abs. 2 S. 1). Diese ist, sofern noch die Möglichkeit einer Rechtsbeschwerde besteht, mit der Entscheidung auszusprechen (§ 69 Abs. 3 i. V. m. § 40 Abs. 2 S. 1). Zu den Einzelheiten siehe die Erläuterungen zu § 40. Gleiches gilt für die Beschwerdeentscheidung über einen Beschluss, durch den auf Antrag die **Ermächtigung** oder die **Zustimmung** eines anderen zu einem Rechtsgeschäft ersetzt wird oder die Beschränkung oder Ausschließung der Berechtigung

---
[127] BGHZ 18, 143/145; BayObLG FamRZ 1992, 1349; BayObLGZ 1982, 309/313.
[128] BGH NJW 1956, 1480.
[129] OLG Düsseldorf ZMR 1995, 84/85.
[130] OLG Köln FamRZ 2002, 337.
[131] BayObLG NJW 1975, 2148.
[132] BayObLG FamRZ 1994, 913 für § 27 FGG.
[133] BayObLG Rpfleger 1974, 216.

des Ehegatten oder Lebenspartners, Geschäfte mit Wirkung für den anderen Ehegatten oder Lebenspartner zu besorgen, aufgehoben wird (vgl. § 69 Abs. 3 i. V. m. § 40 Abs. 3). Sonderregelungen über das Wirksamwerden enthält das Gesetz auch in § 184 Abs. 1 S. 1 für Entscheidungen in Abstammungssachen, § 198 Abs. 1 für Entscheidungen in Adoptionssachen, § 209 Abs. 2 S. 1 für Entscheidungen in Wohnungszuweisungs- und Hausratssachen und § 324 Abs. 1 für Entscheidungen in Unterbringungssachen. Für das Landwirtschaftsverfahren gilt § 30 Abs. 1 LwVG.

56 Zu dem Verhältnis der Rechtskraft und einer Gehörsrüge nach § 44 siehe § 44 Rn 62.

57 Entscheidungen des Beschwerdegerichts, durch welche die Beschwerde gegen den die Todeserklärung aussprechenden Beschluss des AG zurückgewiesen wird, werden mit Ablauf der ab öffentlicher Bekanntmachung laufenden Rechtsbeschwerdefrist wirksam.[134]

2. Anordnung der sofortigen Wirksamkeit

58 In den Fällen, in denen die Wirksamkeit einer Entscheidung von dem Eintritt der **formellen Rechtskraft** abhängt (z. B. §§ 40 Abs. 2, Abs. 5, 184 Abs. 1, 198 Abs. 1 S. 1, 209 Abs. 2 S. 1, 324 Abs. 1), kann das Beschwerdegericht in den ausdrücklich bestimmten Fällen die sofortige Wirksamkeit seiner Entscheidung anordnen (so z. B. nach § 69 Abs. 3 i. V. m. § 40 Abs. 3 S. 2, 3; § 198 Abs. 1 S. 2; § 209 Abs. 2 S. 2, Abs. 3; 324 Abs. 2). Zu den Einzelheiten siehe die Erläuterungen zu den einzelnen Vorschriften.

59 Für **Landwirtschaftssachen** der freiwilligen Gerichtsbarkeit enthält § 30 Abs. 2 LwVG eine Sondervorschrift. Das Gericht und auch das Beschwerdegericht kann einen Beschluss, der einen vollstreckbaren Inhalt hat, gegen oder ohne Sicherheitsleistung für vorläufig vollstreckbar erklären und dem Schuldner auf Antrag nachlassen, die Vollstreckung gegen Sicherheitsleistung abzuwenden.[135]

IX. Kosten und Gebühren

60 Bei Zurückverweisung bilden die Verfahren einen Rechtszug, so dass die Gerichtsgebühr nur einmal anfällt (vgl. § 31 Abs. 1 FamGKG); für den Rechtsanwalt ist das weitere Verfahren ein neuer Rechtszug (vgl. § 21 Abs. 1 RVG). Zu den Kosten und Gebühren der Beschwerdeentscheidung siehe § 58 Rn 116.

Unterabschnitt 2. Rechtsbeschwerde

Statthaftigkeit der Rechtsbeschwerde

70 (1) Die Rechtsbeschwerde eines Beteiligten ist statthaft, wenn sie das Beschwerdegericht oder das Oberlandesgericht im ersten Rechtszug in dem Beschluss zugelassen hat.

(2) ¹Die Rechtsbeschwerde ist zuzulassen, wenn
1. die Rechtssache grundsätzliche Bedeutung hat oder
2. die Fortbildung des Rechts oder die Sicherung einer einheitlichen Rechtsprechung eine Entscheidung des Rechtsbeschwerdegerichts erfordert.

²Das Rechtsbeschwerdegericht ist an die Zulassung gebunden.

(3) ¹Die Rechtsbeschwerde gegen einen Beschluss des Beschwerdegerichts ist ohne Zulassung statthaft in
1. Betreuungssachen zur Bestellung eines Betreuers, zur Aufhebung einer Betreuung, zur Anordnung oder Aufhebung eines Einwilligungsvorbehalts,
2. Unterbringungssachen und Verfahren nach § 151 Nr. 6 und 7 sowie
3. Freiheitsentziehungssachen.

---

[134] BGH NJW 1953, 1547.
[135] Dazu Barnstedt/Steffen § 30 Rn 65.

² In den Fällen des Satzes 1 Nr. 2 und 3 gilt dies nur, wenn sich die Rechtsbeschwerde gegen den Beschluss richtet, der die Unterbringung oder die freiheitsentziehende Maßnahme anordnet.

(4) Gegen einen Beschluss im Verfahren über die Anordnung, Abänderung oder Aufhebung einer einstweiligen Anordnung oder eines Arrests findet die Rechtsbeschwerde nicht statt.

Übersicht

	Rn
I. Normzweck	1
II. Anwendungsbereich	2
III. Funktion und Ausgestaltung der Rechtsbeschwerde	4
IV. Zulassungsrechtsbeschwerde (Abs. 1)	10
1. Anwendungsbereich	10
a) Allgemeines	10
b) Beschwerdeentscheidungen	12
c) Erstinstanzliche Entscheidungen des OLG	19
2. Zulassungsgründe (Abs. 2 S. 1)	20
a) Allgemeines	20
b) Grundsätzliche Bedeutung der Rechtssache	21
c) Fortbildung des Rechts	25
d) Sicherung einer einheitlichen Rechtsprechung	28
3. Zulassungsentscheidung	32
a) Funktionelle Zuständigkeit	32
b) Form und Inhalt	35
c) Nachholung	40
d) Unanfechtbarkeit	41
e) Bindung des BGH	42
V. Zulassungsfreie Rechtsbeschwerde	45
1. Bereich der freiwilligen Gerichtsbarkeit (Abs. 3)	45
2. Ehesachen und Familienstreitsachen	47
VI. Ausschluss der Rechtsbeschwerde in Eilverfahren (Abs. 4)	48
VII. Sondervorschriften	49
VIII. Kosten und Gebühren	58
1. Gerichtsgebühren	58
2. Außergerichtliche Kosten	60
3. Verfahrenswert; Geschäftswert	61

I. Normzweck

§ 70 ist neben dem das Rechtsmittel der befristeten Beschwerde einführenden § 58 **1** weitere grundlegende Vorschrift im Rahmen der Neugestaltung des Rechtsmittelsystems durch das FGG-RG. **Abs. 1** eröffnet im Rechtsmittelzug des FamFG für alle Angelegenheiten mit Ausnahme der in Abs. 3 aufgeführten Sachen eine Zulassungsrechtsbeschwerde zum BGH als dritter, zur Rechtsvereinheitlichung bestimmter Instanz.[1] **Abs. 2** regelt Voraussetzungen und Wirkung der Zulassung. Dabei normiert S. 1 die Zulassungsgründe, die denjenigen der Zulassungsbeschwerde in vermögensrechtlichen Angelegenheiten (§ 61 Abs. 3 S. 1) entsprechen. Nach S. 2 hat die Zulassung der Rechtsbeschwerde wie diejenige der Beschwerde (§ 61 Abs. 3 S. 2) grundsätzlich bindende Wirkung. **Abs. 3** eröffnet für bestimmte[2] Betreuungssachen sowie für Unterbringungs- und Freiheitsentziehungssachen die Rechtsbeschwerde gegen die Entscheidungen des insoweit zuständigen LG ohne Zulassung. **Abs. 4** schließt die Rechtsbeschwerde gegen Entscheidungen in Verfahren auf Erlass einer einstweiligen Anordnung oder eines Arrests aus.

---
[1] BT-Drs. 16/6308 S. 167: „Rechtsvereinheitlichungsinstanz".
[2] BT-Drs. 16/9733 S. 290.

II. Anwendungsbereich

2 Die Rechtsbeschwerde nach §§ 70 ff. stellt für **alle Angelegenheiten des FamFG** (§ 1) sowie alle dort ergehenden anfechtbaren Entscheidungen, d. h. sowohl für Hauptsacheentscheidungen wie für anfechtbare Neben- und Zwischenentscheidungen ein **einheitliches Rechtsmittel** dar (s. Rn 12a u. 19). Sie ist nach § 113 Abs. 1 S. 1 auch in Ehesachen (§ 121) und Familienstreitsachen (§ 112) anzuwenden. Zur Übergangsregelung siehe die Erläuterungen zu Art. 111 FGG-RG.

3 Die §§ 70 ff. finden auch Anwendung, wenn in Spezialgesetzen allgemein auf das FamFG oder auf dessen Rechtsmittel verwiesen wird, wie z. B. für Landwirtschaftssachen (§ 9 LwVG), Personenstandssachen (§ 51 Abs. 1 S. 1 PStG), Verschollenheitssachen (§§ 13 Abs. 1, 29 Abs. 3 VerschG);[3] für Verfahren nach dem Adoptionswirkungsgesetz (§ 5 Abs. 3 S. 1 AdWirkG) und nach dem Transsexuellengesetz (§ 4 Abs. 1 TSG); für Ausschlussverfahren nach § 39a WpÜG (§ 39b Abs. 1 WpÜG).[4] In Grundbuchsachen (vgl. § 78 GBO) und Schiffsregistersachen (vgl. § 83 SchiffsregO) sind die §§ 71 ff. entsprechend anzuwenden (s. Rn 56).

III. Funktion und Ausgestaltung der Rechtsbeschwerde

4 Nach der Einschätzung des Gesetzgebers wird die **Rechtsbeschwerde zum BGH** diesem in weitaus stärkerem Umfang als die auf weitere Beschwerde zum OLG (§ 27 FGG) vorgesehene Divergenzvorlage nach § 28 Abs. 2 FGG[5] Gelegenheit geben, die Materien der freiwilligen Gerichtsbarkeit durch Leitentscheidungen zu prägen und fortzuentwickeln, weil die Beteiligten nunmehr die Möglichkeit haben, den BGH unmittelbar anzurufen.[6] In den früher der ZPO unterfallenden Ehesachen (§ 121) und Familienstreitsachen (§ 112) sind auf zugelassene Revision (§ 543 Abs. 1 Nr. 1 ZPO) ebenso wie in den selbständigen Familiensachen der freiwilligen Gerichtsbarkeit auf zugelassene Rechtsbeschwerde (§ 621e Abs. 2 S. 1 Nr. 1 ZPO a. F.) eine Fülle solcher Grundsatzentscheidungen durch den BGH ergangen, obwohl die im Gesetz vorgesehene Nichtzulassungsbeschwerde (§ 621e Abs. 2 S. 1 Nr. 2 ZPO a. F.) nach der Übergangsregelung des § 26 Nr. 9 EGZPO a. F. nicht stattgefunden hat. Dies hat den Gesetzgeber zu der Auffassung veranlasst, es bestehe kein praktisches Bedürfnis für eine **Nichtzulassungsbeschwerde**,[7] weshalb sie für alle im FamFG geregelten Angelegenheiten **nicht vorgesehen** ist.

5 Die Rechtsbeschwerde nach §§ 70 ff. vereint Elemente der zivilprozessualen Rechtsbeschwerde (§§ 574 ff. ZPO) und der Revision (§§ 542 ff. ZPO), ohne einem dieser Rechtsmittel vollständig zu entsprechen. Für den Bereich der freiwilligen Gerichtsbarkeit ist eine kraft Gesetzes, d. h. **ohne Zulassung** statthafte Rechtsbeschwerde gegen Endentscheidungen allein für die in **§ 70 Abs. 3** aufgeführten Sachen vorgesehen; dort muss auch zur Zulässigkeit des Rechtsmittels kein Zulassungsgrund gegeben sein.

6 Die Rechtsbeschwerdeinstanz ist nur zur **Rechtsanwendungskontrolle** (§ 72 Abs. 1) und nicht zur Nachprüfung von Tatfragen bestimmt. Der BGH überprüft in dem durch den Rechtsbeschwerdeantrag (§ 71 Abs. 3 Nr. 1) bestimmten Umfang der Anfechtung (§ 74 Abs. 3 S. 1) die Anwendung des materiellen Rechts ohne Beschränkung auf die in der Rechtsbeschwerdebegründung (§ 71 Abs. 3 Nr. 2) erhobenen Rügen (§ 74 Abs. 3 S. 2). Damit dient die Rechtsbeschwerde in erster Linie[8] nicht der Durchsetzung materieller Gerechtigkeit im Einzelfall, sondern der jeweils im Allgemeininteresse liegenden **Gewährleistung einer einheitlichen Rechtsanwendung** und **Fortbildung des Rechts.** Verfahrensfehler werden nur auf Rüge geprüft, soweit nicht von Amts wegen eine Prüfung der Voraussetzungen für eine Sachentscheidung des Rechtsbeschwerdegerichts zu erfolgen hat (§ 74 Abs. 3 S. 3). Wird mit dem Rechtsmittel eine verfahrensfehlerhafte Feststellung

---

[3] BT-Drs. 16/6308 S. 349.
[4] BT-Drs. 16/6308 S. 352.
[5] Vgl. 15. A. § 28 FGG Rn 7 ff.
[6] BT-Drs. 16/6308 S. 167.
[7] BT-Drs. 16/6308 S. 225.
[8] BT-Drs. 14/4722 S. 66.

entscheidungserheblicher Tatsachen geltend gemacht, ist es zur **Wahrung rechtsstaatlicher Grundsätze bei der Tatsachenfeststellung** bestimmt (§ 74 Abs. 3 S. 4 FamFG i. V. m. § 559 Abs. 2 ZPO).

Bei Entscheidungsreife hat das Rechtsbeschwerdegericht regelmäßig eine **eigene Sachentscheidung** zu treffen (§ 74 Abs. 6 S. 1). Dabei ist das Rechtsmittel zurückzuweisen, wenn der angefochtenen Entscheidung zwar eine Rechtsverletzung zugrunde liegt, sich aber im Ergebnis als richtig erweist (§ 74 Abs. 2). Dies gilt nur dann nicht, wenn ein absoluter Rechtsbeschwerdegrund (§ 72 Abs. 3 FamFG i. V. m. § 547 ZPO) vorliegt, weil in einem solchen Fall die Ursächlichkeit der Gesetzesverletzung für die Entscheidung unwiderlegbar vermutet wird. 7

Bei Erforderlichkeit weiterer Ermittlungen ist auf **Aufhebung und Zurückverweisung** zu erkennen, die bei beim Vorliegen besonderer Gründe auch an das erstinstanzliche Gericht erfolgen kann (§ 74 Abs. 6 S. 2). 8

Nach § 75 ist gegen ohne Zulassung beschwerdefähige erstinstanzliche Beschlüsse die **Sprungrechtsbeschwerde** eröffnet. Sie dient der Verfahrensbeschleunigung in Fällen, in denen der entscheidungserhebliche Sachverhalt feststeht und es nur auf die Klärung von Rechtsfragen ankommt.[9] 9

IV. Zulassungsrechtsbeschwerde (Abs. 1)

1. Anwendungsbereich

a) **Allgemeines.** Nach **Abs. 1** findet in allen Angelegenheiten außer den in Abs. 3 abschließend genannten die Rechtsbeschwerde gegen **Beschwerdeentscheidungen des LG und OLG** sowie gegen **erstinstanzliche Entscheidungen des OLG** auf Zulassung statt. Die Überschreitung eines bestimmten Beschwerdewerts durch die der Rechtsbeschwerde unterliegende Entscheidung ist nicht erforderlich.[10] Unterbleibt die Zulassung, wird die Beschwerdeentscheidung, im Gegensatz zu kraft Gesetzes und somit unabhängig von einem Rechtsprechungsakt unanfechtbaren Entscheidungen,[11] nicht bereits mit ihrem Erlass (§ 38 Abs. 3 S. 3), sondern erst dann formell rechtskräftig (§ 45), wenn die Frist zur Einlegung der Rechtsbeschwerde (§ 71 Abs. 1 S. 1) ungenutzt verstreicht oder das Rechtsbeschwerdegericht über eine in dieser Frist eingelegte Rechtsbeschwerde entscheidet. 10

Die Zulassung durch ein AG ist ausnahmslos ausgeschlossen, auch wenn es nach § 11 Abs. 2 S. 3 RPflG über eine Erinnerung gegen die Entscheidung eines Rechtspflegers (s. Anhang zu § 58 Rn 2 ff.) befunden hat.[12] 11

b) **Beschwerdeentscheidungen.** Mit der Zulassungsrechtsbeschwerde sind **Endentscheidungen** des Beschwerdegerichts anfechtbar, d. h. solche, mit denen über die Beschwerde entschieden und damit die zweite Instanz beendet wird. Dabei erfasst das Rechtsmittel auch denjenigen Teil der Beschwerdeentscheidung, der einen erst in der Beschwerdeinstanz anhängig gemachten Verfahrensgegenstand betrifft.[13] Aufgrund der Einheitlichkeit des nach Abs. 1 eröffneten Rechtsmittels kommen, wie nach der inhaltsgleich übernommenen Regelung des § 574 Abs. 1 S. 1 Nr. 2 ZPO, zwei Fallgruppen in Betracht: 12
– Anfechtung von Beschlüssen, die **über die befristete Beschwerde** (§ 58 Abs. 1) entscheiden;
– Anfechtung von Beschlüssen, die **über die sofortige Beschwerde** (entsprechend §§ 567–572 ZPO) befinden, mithin in den bei § 58 Rn 93 f. aufgeführten Fällen.

Ob auf entsprechend §§ 567–572 ZPO ergangene Beschlüsse die §§ 70 ff. anzuwenden sind, ist **streitig**. Der V. Zivilsenat des BGH[14] hat zur Prüfung der Statthaftigkeit der Rechtsbeschwerde § 574 Abs. 1 S. 1 Nr. 2 ZPO herangezogen. Ihm ist der XII. Zivilsenat 12a

---

[9] BT-Drs. 16/6308 S. 211.
[10] BGH NJW-RR 2005, 939.
[11] BGH FamRZ 2008, 2019; FamRZ 1990, 283.
[12] BGH NJW-RR 2007, 285.
[13] BGH NJW-RR 1994, 61.
[14] BGH FGPrax 2010, 154 (Verfahrenskostenhilfe).

gefolgt,[15] nachdem er zuvor § 70 Abs. 1 zugrunde gelegt hatte.[16] Im Gesetz ist die entsprechende Anwendung der **§§ 574 ff. ZPO** nicht vorgesehen. Die Begründung liefert keinen ausreichenden Hinweis für einen dahin gehenden Willen des Gesetzgebers. Das gilt auch für den dort angeführten Umstand, dass für auf der Grundlage von Vorschriften der ZPO ergangene Neben- und Zwischenentscheidungen zur Harmonisierung der Verfahrensodnungen nicht die befristete Beschwerde nach § 58, sondern die sofortige Beschwerde entsprechend §§ 567–572 ZPO vorgesehen ist.[17] Denn zum einen ergehen auch Hauptsacheentscheidungen in Ehesachen und Familienstreitsachen in entsprechender Anwendung von ZPO-Vorschriften (§ 113 Abs. 1 S. 2), was der Gesetzgeber aber nicht zum Anlass genommen hat, insoweit in § 117 die §§ 574 ff. ZPO für entsprechend anwendbar zu erklären. Zum anderen findet die sofortige Beschwerde entsprechend §§ 567–572 ZPO auch gegen Entscheidungen statt, gegen die früher die Beschwerde nach § 19 FGG oder die sofortige Beschwerde nach § 22 Abs. 1 FGG gegeben war (vgl. §§ 284, 322, 355 Abs. 1, 372 Abs. 1). Das entspricht der **Konzeption eines einheitlichen Rechtsmittels,** das aus der Vereinheitlichung der Entscheidungsform (§ 38 Abs. 1 S. 1) für Neben- und Zwischenentscheidungen sowie für Hauptsacheentscheidungen resultiert und zur Folge hat, dass die §§ 70 ff. Elemente der zivilprozessualen Rechtsbeschwerde und der Revision miteinander verbinden (s. Rn 5). Praktische Relevanz kommt der Streitfrage nur in den **Angelegenheiten nach § 70 Abs. 3** zu, wo als Ausnahme von § 70 Abs. 1 die Zulassungsfreiheit normiert ist. Diese ist jedoch nach dem Willen des Gesetzesgebers Entscheidungen vorbehalten, die in höchstpersönliche Rechte der Beteiligten eingreifen und freiheitsentziehende Maßnahmen anordnen.[18] Darunter fallen allgemein Entscheidungen im Verfahrenskostenhilfeverfahren und die anderen nach dem allgemeinen Teil des FamFG mit der sofortigen Beschwerde entsprechend §§ 567–572 ZPO anfechtbaren Neben- und Zwischenentscheidungen nicht, weshalb § 70 Abs. 1 einschlägig und somit ebenso wie bei Zugrundelegung von § 574 Abs. 1 S. 1 Nr. 2 ZPO die Zulassung erforderlich ist. Andererseits ordnen die entsprechend §§ 567–572 ZPO anfechtbaren Entscheidungen nach §§ 284 u. 322 in Betreuungs- und Unterbringungssachen freiheitsentziehende Maßnahmen an, sodass sie vom Normzweck des § 70 Abs. 3 erfasst sind (s. Rn 46 a). Dies spricht ebenso wie die inhaltsgleiche Übernahme der Regelung des § 574 Abs. 1 S. 1 Nr. 2 ZPO im Normtext des § 70 Abs. 1 dafür, im Rechtsmittelsystem der §§ 70 ff zu bleiben.

13 Die Rechtsbeschwerde findet auf Zulassung auch statt, wenn der Beschluss des Beschwerdegerichts solche **Zwischenentscheidungen des erstinstanzlichen Gerichts** zum Gegenstand hat, die nach dem Gesetz hinsichtlich ihrer Anfechtbarkeit **als Endentscheidung anzusehen** sind, mithin insbesondere solche, mit denen in Streitsachen die Zulässigkeit des Antrages bejaht (§ 280 Abs. 2 S. 1 ZPO analog) oder über den Grund des geltend gemachten Anspruchs (§ 304 Abs. 2 1. Halbs. ZPO analog) vorab entschieden wird (s. § 58 Rn 17). Gleiches gilt für die Anfechtung einer Entscheidung über die Beschwerde gegen einen **Ergänzungsbeschluss** (§ 43), weil dieser eine Endentscheidung darstellt.[19]

14 Eine mit der Zulassungsrechtsbeschwerde anfechtbare Endentscheidung liegt auch vor, wenn das Beschwerdegericht keine das erstinstanzliche Erkenntnis ersetzende Sachentscheidung getroffen, sondern diese einem anderen Gericht überlassen hat, weil dadurch das Beschwerdeverfahren beendet wird. Das gilt insbesondere für eine **Aufhebung und Zurückverweisung** an die erste Instanz (§ 69 Abs. 1).[20]

15 Hat das Beschwerdegericht eine Beschwerde gegen eine nicht selbstständig anfechtbare (§ 58 Abs. 2), **auf verfahrensrechtliche Fragen beschränkte Zwischenentscheidung** durch Sachentscheidung beschieden, findet die Rechtsbeschwerde hingegen grundsätzlich nicht statt, weil die Beschwerdeentscheidung dann ihrem Inhalt nach ebenfalls eine Zwischenentscheidung darstellt.[21] Etwas anderes gilt **ausnahmsweise,** wenn die Zwischenent-

---

[15] BGH FGPrax 2011, 103 (Ablehnung eines Antrags auf Verfahrensbeteiligung, § 7 Abs. 5).
[16] So BGH NJW 2010, 3029; NJW-RR 2010, 1297 (Verfahrenskostenhilfe).
[17] BT-Drs. 16/6308 S. 203.
[18] BT-Drs. 16/9733 S. 290.
[19] BGH NJW 2000, 3008.
[20] BayObLG FamRZ 1991, 724.
[21] BGH NJW 1988, 1733.

scheidung des erstinstanzlichen Gerichts in ihrer Wirkung einer Endentscheidung entspricht und dieser deshalb gleichkommt (s. § 58 Rn 17). Entscheidet das erstinstanzliche Gericht z. B. in einer Familienstreitsache (§ 112) durch gesonderten Beschluss, dass eine Unterbrechung des Verfahrens wegen Eröffnung des Insolvenzverfahrens über das Vermögen des Antragsgegners eingetreten sei (§ 113 Abs. 1 S. 2 FamFG i. V. m. § 240 ZPO), kann der Antragsteller diesen wie eine Endentscheidung mit der Beschwerde anfechten, soweit er geltend macht, der erhobene Anspruch betreffe nicht die Insolvenzmasse. Gegen die darauf ergehende Sachenentscheidung des Beschwerdegerichts findet die Zulassungsrechtsbeschwerde statt.[22]

Gegen einen Beschluss des Beschwerdegerichts, mit dem die Beschwerde gegen eine Entscheidung des erstinstanzlichen Gerichts im **Wiederaufnahmeverfahren** (§ 48 Abs. 2 FamFG i. V. m. §§ 578 ff. ZPO) beschieden wird, findet unabhängig davon, ob dort die Wiederaufnahme abgelehnt oder eine neue Sachentscheidung erlassen wird, die Rechtsbeschwerde auf Zulassung statt. Denn nach § 591 ZPO ist der Rechtsmittelzug gegeben, der gegen eine Entscheidung der mit dem Wiederaufnahmeantrag befassten Instanz eröffnet ist. Gleiches gilt für die Beschwerdeentscheidung gegen eine Zwischenentscheidung (§ 280 Abs. 2 S. 1 ZPO analog), mit der das Erstgericht in Stattgabe des Wiederaufnahmeantrags seinen früheren Beschluss aufhebt;[23] Gegenstand des Rechtsbeschwerdeverfahrens sind dann die Zulässigkeit und die Begründetheit des Antrags.[24] Auch gegen einen Beschluss des OLG, mit dem es über einen gegen seine Beschwerdeentscheidung gerichteten Wiederaufnahmeantrag befindet, ist die Rechtsbeschwerde statthaft (§ 48 Abs. 2 FamFG i. V. m. § 591 ZPO).[25]

Die Zulassungsrechtsbeschwerde ist auch gegen den Beschluss über eine Beschwerde gegen die **Kostenentscheidung** gegeben, wenn diese nach § 58 oder entsprechend §§ 567–572 ZPO eröffnet ist (s. dazu § 58 Rn 95 ff.). In solchen Fällen darf aber die Zulassung nicht aus materiell-rechtlichen Gründen erfolgen, sondern muss sich auf die Anwendung der einschlägigen Kostenvorschrift selbst beziehen.[26] Im Anwendungsbereich der §§ 567–572 ZPO ist die Rechtsbeschwerde trotz Zulassung nicht statthaft, wenn die Beschwerde wegen Nichterreichens der Beschwerdesumme unzulässig war (s. Rn 42 u. § 61 Rn 4 f.).[27]

Hat das Beschwerdegericht im **Verfahrenskostenhilfeverfahren** über eine sofortige Beschwerde nach §§ 76 Abs. 2, 113 Abs. 1 S. 2 FamFG i. V. m. §§ 127 Abs. 2 u. 3, 567–572 ZPO entschieden, kommt die Zulassung der Rechtsbeschwerde nur in Betracht, wenn es um Fragen des Verfahrens der Verfahrenskostenhilfe oder um die persönlichen Voraussetzungen ihrer Bewilligung geht.[28] Das Rechtsmittel findet also nicht gegen die Verneinung der hinreichenden Aussicht der beabsichtigten Rechtsverfolgung statt. Wirft diese Rechtsfragen auf, die in der Sache eine Zulassung nach Abs. 2 S. 1 begründen würden, ist bei Vorliegen der persönlichen Voraussetzungen Verfahrenskostenhilfe zu bewilligen.[29] Auch in Angelegenheiten nach § 70 Abs. 3 findet die Rechtsbeschwerde im Verfahrenskostenhilfeverfahren nur auf Zulassung statt,[30] weil nach dem Zweck dieser Vorschrift Zulassungsfreiheit nur gegenüber solchen Beschlüssen besteht, die über die dort aufgeführten Maßnahmen befinden, wozu die Entscheidung über die Bewilligung von Verfahrenskostenhilfe nicht zählt (s. Rn 12 a).

c) Erstinstanzliche Entscheidungen des OLG. Mit der Zulassungsrechtsbeschwerde nach § 70 Abs. 1 sind weiterhin Entscheidungen des OLG anfechtbar, die dieses nicht als Beschwerdegericht, d. h. nicht über das vor ihm gegen eine erstinstanzliche Entscheidung anhängige Rechtsmittel, sondern **als erstinstanzliches Gericht** trifft. Danach findet die Rechtsbeschwerde statt, wenn das OLG in erster Instanz über die Hauptsache entscheidet,

---

[22] BGH NJW 2005, 290.
[23] BGH NJW 2005, 222.
[24] BGH NJW 1993, 1928.
[25] BGH NJW 1982, 2071.
[26] BGH NJW 2010, 2053; NJW 2007, 1591.
[27] BGH NJW-RR 2011, 143.
[28] BGH FamRZ 2010, 1147; NJW-RR 2005, 1018.
[29] BGH VersR 2006, 718; NJW 2003, 1126.
[30] BGH FGPrax 2010, 154 (unter Anwendung von § 574 Abs. 1 S. 1 Nr. 2 ZPO).

wie über den Antrag auf gerichtliche Entscheidung bei der Anerkennung ausländischer Entscheidungen in Ehesachen (§ 107 Abs. 7).[31] Ebenso ist das Rechtsmittel gegen solche Neben- und Zwischenentscheidungen gegeben, die das OLG **als Beschwerdegericht** erlässt und die, hätte sie das AG oder das LG in erster Instanz getroffen,[32] nach ausdrücklicher gesetzlicher Regelung mit der sofortigen Beschwerde entsprechend §§ 567–572 ZPO anfechtbar wären. Das gilt z. B. für einen Beschluss, mit dem das gegen ein Mitglied des OLG-Senats gerichtete Ablehnungsgesuch für unbegründet erklärt wird.[33] Insoweit stellt die Rechtsbeschwerde eine **Erstbeschwerde** dar. Diese ist auch gegeben, wenn nicht das OLG, sondern das LG als Beschwerdegericht eine in erster Instanz entsprechend §§ 567–572 ZPO anfechtbare Entscheidung trifft.

2. Zulassungsgründe (Abs. 2 S. 1)

20   a) **Allgemeines.** Die in **Abs. 2 S. 1** bestimmten Zulassungsgründe entsprechen den in § 61 Abs. 3 S. 1 für die Zulassungsbeschwerde in vermögensrechtlichen Angelegenheiten vorgesehenen und sind die gleichen wie sie im Zivilprozess für die zulassungsabhängige Rechtsbeschwerde (§ 574 Abs. 3 S. 1 ZPO) und die Revision (§ 543 Abs. 2 S. 1 ZPO) gelten. Deshalb sind die Grundsätze, die der BGH in Ausgestaltung der Voraussetzungen dieser Zulassungsgründe für Zivilprozesssachen aufgestellt hat, auch auf das FamFG-Verfahren anzuwenden. Ebenso ist der in der Begründung zum ZPO-RG zum Ausdruck gebrachte Wille des Gesetzgebers zu beachten, wonach die Zulassungsgründe der Erforderlichkeit einer Entscheidung des Rechtsbeschwerdegerichts zur Fortbildung des Rechts (Abs. 2 S. 1 Nr. 2 1. Alt.) oder zur Sicherung einer einheitlichen Rechtsprechung (Abs. 2 S. 1 Nr. 2 2. Alt.) denjenigen der grundsätzlichen Bedeutung der Rechtssache (Abs. 2 S. 1 Nr. 1) konkretisieren sollen, ohne ihn jedoch darauf zu beschränken.[34] Darum kann sich die grundsätzliche Bedeutung auch unter anderen Gesichtspunkten ergeben. Für die Beurteilung, ob ein Zulassungsgrund vorliegt, ist auf die im Zeitpunkt der Zulassungsentscheidung bestehenden Verhältnisse abzustellen, insbesondere auf die bis dahin ergangene höchstrichterliche Rechtsprechung.[35]

21   b) **Grundsätzliche Bedeutung der Rechtssache.** Grundsätzliche Bedeutung i. S. d. **Abs. 2 S. 1 Nr. 1** hat eine Rechtssache dann,
- wenn sie eine entscheidungserhebliche,[36] klärungsbedürftige und klärungsfähige **Rechtsfrage** aufwirft, die über den konkreten Einzelfall hinaus in einer unbestimmten, d. h. quantitativ nicht überschaubaren Vielzahl von Fällen auftreten kann und deshalb das abstrakte **Interesse der Allgemeinheit** an der einheitlichen Entwicklung und Handhabung des Rechts berührt[37] oder
- wenn es zwar nicht um die Klärung einer für eine Vielzahl von Fällen bedeutsamen Rechtsfrage geht, aber die **Auswirkungen der Rechtssache auf die Allgemeinheit** deren Interessen in besonderem Maße berühren, insbesondere aufgrund ihres Gewichts für die beteiligten Verkehrskreise.[38]

22   Klärungsbedürftig ist eine Rechtsfrage, wenn ihre Beantwortung zweifelhaft ist oder zu ihr unterschiedliche Auffassungen vertreten werden und die Frage höchstrichterlich noch nicht geklärt ist.[39] Nicht erforderlich ist, dass sie in Rechtsprechung und Lit. umstritten ist.[40]

23   Betrifft eine Rechtsfrage Übergangsrecht oder auslaufendes Recht, hat sie in aller Regel keine grundsätzliche Bedeutung, außer wenn ihre Klärung für einen nicht überschaubaren Personenkreis in nicht absehbarer Zukunft von Bedeutung ist,[41] insbesondere weil noch

---

[31] BT-Drs. 16/6308 S. 222.
[32] BGH NJW-RR 2009, 210.
[33] BGH NJW-RR 2005, 294; NJW 2004, 163.
[34] BT-Drs. 14/4722 S. 67.
[35] BVerfG NJW 2008, 2493.
[36] BGH NJW 2003, 831.
[37] BGH FamRZ 2004, 1275; NJW 2002, 2957.
[38] BGH NJW 2003, 65.
[39] Musielak/Ball § 543 Rn 5 a.
[40] BGH NJW 2003, 3765.
[41] BGH NJW-RR 2006, 1719.

über eine erhebliche Anzahl von Fällen nach diesem Recht zu entscheiden ist oder die Frage für das neue Recht von Bedeutung bleibt.[42]

Entfällt nach Einlegung der Rechtsbeschwerde oder Einreichen eines Verfahrenskostenhilfeantrags die zunächst gegebene grundsätzliche Bedeutung der Rechtssache, weil der BGH die Rechtsfrage inzwischen anders entschieden hat als das Beschwerdegericht, ist die angefochtene Entscheidung zur Sicherung einer einheitlichen Rechtsprechung (s. Rn 28 ff.) aufzuheben, damit die der Rechtsprechung des BGH widersprechende Beschwerdeentscheidung nicht rechtskräftig wird.[43] Dieselbe Rechtsfrage kann aber erneut grundsätzliche Bedeutung erlangen, wenn sie durch Rechtsprechung und Lit. unter Auseinandersetzung mit der höchstrichterlichen Entscheidung nicht nur vereinzelt weiterhin anders beantwortet wird und dabei neue und zu einer Überprüfung der Rechtsauffassung des BGH Veranlassung gebende Argumente herangezogen werden.[44] 24

c) Fortbildung des Rechts. Der in **Abs. 2 S. 1 Nr. 2 1. Alt.** geregelte Zulassungsgrund deckt sich weitgehend mit dem der grundsätzlichen Bedeutung der Rechtssache.[45] Danach ist zur Fortbildung des Rechts eine Entscheidung des Rechtsbeschwerdegerichts als Leitentscheidung für die Rechtspraxis geboten, wenn der vom Beschwerdegericht entschiedene Einzelfall Veranlassung gibt, **Leitsätze für die Auslegung und Anwendung von Vorschriften** des materiellen und formellen Rechts aufzustellen oder Gesetzeslücken auszufüllen.[46] 25

Dazu besteht nach der Rechtsprechung des BGH nur dann Anlass, wenn es für die rechtliche Beurteilung typischer oder verallgemeinerungsfähiger Lebenssachverhalte an einer richtungweisenden Orientierungshilfe ganz oder teilweise fehlt[47] und der vorliegende Fall in diesem Sinne eine **verallgemeinerungsfähige rechtliche Frage** aufwirft.[48] 26

Wenn die anzuwendenden Vorschriften auslaufendes Recht betreffen, kommt der Zulassungsgrund nur in Betracht, wenn es noch auf eine Vielzahl von anhängigen Altverfahren anzuwenden sind und ihre Handhabung für die Tätigkeit des Rechtsbeschwerdegerichts von allgemeiner Bedeutung ist.[49] 27

d) Sicherung einer einheitlichen Rechtsprechung. Zur Sicherung einer einheitlichen Rechtsprechung ist eine Entscheidung des Rechtsbeschwerdegerichts nach **Abs. 2 S. 1 Nr. 2 2. Alt.** zuzulassen, wenn vermieden werden soll, dass schwer erträgliche Unterschiede in der Rechtsprechung entstehen oder fortbestehen,[50] insbesondere im Fall der **Divergenz.** Sie liegt vor, wenn die Beschwerdeentscheidung ein und dieselbe entscheidungserhebliche Rechtsfrage durch Aufstellen eines abstrakten Rechtssatzes anders beantwortet als die Entscheidung eines höherrangigen Gerichts, eines anderen gleichrangigen Gerichts oder eines anderen Spruchkörpers des Beschwerdegerichts.[51] Nicht ausreichend ist, dass zwei Gerichte bei identischem Sachverhalt zu unterschiedlichen Ergebnissen kommen. Hinzukommen muss, dass beiden Entscheidungen **unterschiedliche Rechtssätze** zu Grunde liegen.[52] Erforderlich ist, dass das Beschwerdegericht bei Anwendung des die Vergleichsentscheidung tragenden Rechtssatzes zu einer anderen Entscheidung gelangen würde.[53] 28

Somit müssen die Entscheidung des Beschwerdegerichts und die Vergleichsentscheidung auf der im Ergebnis abweichenden Beantwortung der gleichen Rechtsfrage beruhen. Das ist nicht der Fall, wenn die Entscheidung, von der abgewichen werden soll, zusätzlich auf eine Hilfsbegründung gestützt ist, die sie selbstständig trägt. Die andere Entscheidung muss nicht 29

---

[42] BGH NJW 2003, 1943.
[43] BGH NJW-RR 2007, 400.
[44] Musielak/Ball § 543 Rn 5 a.
[45] BGH NJOZ 2003, 2290.
[46] BGH NJW-RR 2007 1022; NJW 2002, 3029.
[47] BGH NJW 2003, 1943.
[48] BGH NJW 2004, 289; NJW 2003, 437.
[49] BGH NJW 2003, 3352.
[50] BT-Drs. 16/6308 S. 209.
[51] BGH NJW 2002, 2473.
[52] BGH NJW-RR 2007, 1676; NJW 2004, 1167.
[53] BGH NJW 1993, 2241.

notwendig zum gleichen Tatbestand und zur selben gesetzlichen Vorschrift ergangen sein, maßgeblich ist allein die **Gleichheit der Rechtsfrage**. Hieran fehlt es, wenn sich der Verfahrensgegenstand, über den das Beschwerdegericht zu befinden hat, von dem der anderen Entscheidung zugrunde liegenden im Tatsächlichen so unterscheidet, dass es letztlich auch um eine andere Rechtsfrage geht.[54]

30   Zur Feststellung der Abweichung von der Entscheidung eines anderen Beschwerdegerichts ist auf dessen zuletzt ergangene Entscheidung zu der Rechtsfrage abzustellen; dabei ist gleichgültig, ob jeweils dieselbe Kammer bzw. derselbe Senat entschieden hat, weil jede Kammer bzw. jeder Senat das andere Gericht repräsentiert.[55] Auch bei der Prüfung, ob die Entscheidung des Beschwerdegerichts von der Rechtsprechung des BGH abweicht, ist dessen jüngste Entscheidung maßgebend. Existieren aber einander widersprechende Entscheidungen verschiedener BGH-Senate, ist die Rechtsbeschwerde auch dann zuzulassen, wenn von der älteren Entscheidung abgewichen wird.

31   Ist es nach Erlass der anderen Entscheidung zu einer Änderung des dort angewendeten Rechts gekommen, ist eine die Zulassung begründende Divergenz nur dann zu bejahen, wenn die Rechtsfrage in ihrem entscheidungserheblichen Kern fortbesteht. Beruht dagegen die Abweichung gerade auf der Rechtsänderung, liegt der Zulassungsgrund nicht vor. Gleiches gilt, wenn die Abweichung auf einer zwischenzeitlich ergangenen, alle Gerichte bindenden Entscheidung des BVerfG (§ 31 Abs. 1 BVerfGG) beruht.[56]

3. Zulassungsentscheidung

32   **a) Funktionelle Zuständigkeit.** Nach **Abs. 1** hat über die Zulassung der Rechtsbeschwerde das **Beschwerdegericht** oder das **OLG im ersten Rechtszug** zu befinden. Die Entscheidung ergeht **von Amts wegen,** weil das Gericht auch ohne Antrag eines Beteiligten das Vorliegen eines Zulassungsgrundes zu prüfen und bei dessen Bejahung die Zulassung zwingend auszusprechen hat. Es besteht **kein Ermessen.**

33   In den Fällen der sofortigen Beschwerde entsprechend §§ 567–572 ZPO ist der nach Maßgabe von § 568 Abs. 1 S. 1 ZPO für die Entscheidung zuständige **originäre Einzelrichter nicht zur Zulassung befugt.** Hält er einen der Zulassungsgründe des Abs. 2 S. 1 für gegeben, hat er das Verfahren dem Beschwerdegericht, d. h. dem Kollegium zu übertragen. Denn der hinsichtlich der Übertragungspflicht gebrauchte Begriff der grundsätzlichen Bedeutung der Rechtssache (§ 568 S. 2 Nr. 2 ZPO) ist im weitesten Sinne zu verstehen, so dass das Kollegium nicht nur über eine Zulassung der Rechtsbeschwerde aus diesem Grund, sondern auch über eine solche zur Fortbildung des Rechts oder zur Sicherung einer einheitlichen Rechtsprechung entscheiden muss.[57] Die vom Einzelrichter erkannte Zulassung ist zwar wirksam, das Rechtsbeschwerdegericht hat aber die angefochtene Beschwerdeentscheidung wegen Verstoßes gegen das Gebot des gesetzlichen Richters (Art. 101 Abs. 1 S. 2 GG) von Amts wegen aufzuheben und an den Einzelrichter zurückzuverweisen, weil eine objektiv willkürliche Zuständigkeitsüberschreitung vorliegt (s. § 72 Rn 35).[58] Das gilt selbst dann, wenn das Rechtsbeschwerdegericht einen Zulassungsgrund für nicht gegeben hält.[59] Denn der Verfassungsverstoß liegt gerade darin, dass der Einzelrichter mit seiner Zulassungsentscheidung die Beurteilung der grundsätzlichen Bedeutung dem Kollegium als dem insoweit gesetzlich zuständigen Richter entzogen hat.[60] Nach Zurückverweisung hat der Einzelrichter unter Bindung an die rechtliche Beurteilung des Rechtsbeschwerdegerichts (§ 74 Abs. 6 S. 4) zu prüfen, ob er einen Zulassungsgrund weiter für gegeben hält; ist dies der Fall, muss er nunmehr die Entscheidung dem Beschwerdegericht übertragen.[61] Ein Ermessen steht ihm dabei nicht zu.[62]

---

[54] BayObLG FamRZ 1988, 1102.
[55] BGH FGPrax 2004, 282.
[56] OLG Schleswig FGPrax 1998, 244.
[57] BGH NJOZ 2005, 230; NJW 2003, 3712.
[58] BGH NJW 2003, 1254.
[59] BGH NJW-RR 2004, 1717.
[60] BGH NJW-RR 2006, 286.
[61] BGH NJW-RR 2003, 936.
[62] BGH NJW 2004, 448.

Dagegen ist der **fakultative Einzelrichter** nach § 68 Abs. 4 FamFG i. V. m. § 526 **34** ZPO, dem die Entscheidung durch Beschluss des Beschwerdegerichts zur Entscheidung übertragen wurde, nach dem Willen des Gesetzgebers durch den Übertragungsbeschluss selbst dann als gesetzlicher Richter zur Entscheidung über die Beschwerde und damit **zur Zulassung der Rechtsbeschwerde befugt,** wenn er im Gegensatz zum Kollegium die grundsätzliche Bedeutung der Sache bejaht.[63] Etwas anderes hat aber dann zu gelten, wenn der Einzelrichter erst aufgrund einer nach Übertragung eingetretenen wesentlichen Änderung der Verfahrenslage die grundsätzliche Bedeutung bejaht, weil er dann nach § 68 Abs. 4 2. Halbs. FamFG i. V. m. § 526 Abs. 2 S. 1 Nr. 1 ZPO die Sache dem Kollegium zur Entscheidung über eine Übernahme vorzulegen hat.[64]

b) Form und Inhalt. Die Zulassung hat nach Abs. 1 **im Beschluss** zu erfolgen, mit **35** dem das Beschwerdegericht über die Beschwerde gegen die erstinstanzliche Endentscheidung oder gegen eine entsprechend §§ 567–572 ZPO selbständig anfechtbare Neben- oder Zwischenentscheidung des erstinstanzlichen Gerichts befindet. Gleiches gilt für einen Beschluss, in dem das OLG in erster Instanz über die Hauptsache entscheidet oder eine entsprechend §§ 567–572 ZPO beschwerdefähige Entscheidung trifft.

Die Zulassung muss sich aus dem der Anfechtung unterliegenden Beschluss selbst ausdrücklich ergeben.[65] Sie kann **in der Formel oder in den Gründen** ausgesprochen **36** werden. Es ist jedoch zweckmäßig, die Zulassungsentscheidung in die Formel aufzunehmen. Eine dort ohne Einschränkung erfolgte Zulassung kann in den Gründen konkretisiert oder beschränkt werden.[66] Dies muss aber klar und eindeutig erfolgen.[67] Andernfalls, d. h. auch im Zweifelsfall ist davon auszugehen, dass sich die Zulassung auf den gesamten in der Beschwerdeinstanz anhängigen Verfahrensstoff erstreckt.[68] Siehe dazu Rn 38.

Die Nichtzulassung braucht dagegen nicht ausdrücklich ausgesprochen zu werden und ist **37** auch dann anzunehmen, wenn die gesamte Entscheidung keine Äußerung des Gerichts zur Frage der Zulassung enthält.[69] Aus Gründen der Rechtssicherheit ist aber ein Ausspruch geboten, wenn ein Beteiligter die Zulassung angeregt („beantragt") hat.

Die Zulassung kann nur dann mit **Beschränkung** auf eine bestimmte Rechtsfrage **38** erfolgen, wenn diese ausschließlich einen tatsächlich und rechtlich selbständigen Teil des Verfahrensgegenstandes betrifft, der mithin einer Teilentscheidung und einem nur darauf gerichteten Rechtsmittel zugänglich wäre.[70] In einem solchen Fall erfolgt die Zulassung allein für den von dieser Frage betroffenen, d. h. durch ihre Beantwortung beschwerten Beteiligten.[71] Das gilt z. B. dann, wenn in einer den nachehelichen Unterhalt betreffenden Unterhaltssache (§ 231 Abs. 1 Nr. 2) die Rechtsbeschwerde nur hinsichtlich der Frage einer Befristung des Unterhaltsanspruchs erfolgt, weil der geltend gemachte Unterhalt in zeitlicher Hinsicht teilbar ist.[72] Eine derartige Beschränkung setzt aber im Hinblick auf das verfassungsrechtliche Gebot der Rechtsmittelklarheit zu ihrer Wirksamkeit voraus, dass der von der Zulassung erfasste Teil des Verfahrensgegenstandes aus der Beschwerdeentscheidung heraus **eindeutig identifizierbar** ist. Ergibt sich die Beschränkung erst aus den Gründen, insbesondere aus der Begründung der Zulassungsentscheidung, muss ihre Auslegung zu einem klaren und zweifelsfreien Ergebnis im Sinne einer Beschränkung der Zulassung führen.[73] Hat etwa das Beschwerdegericht in einer Unterhaltssache (§ 231 Abs. 1) in der Beschlussformel die Rechtsbeschwerde uneingeschränkt zugelassen, bezieht sich die Zulassungsfrage aber nur auf einen Teil des gegenständlichen Unterhaltszeitraums, liegt im Regelfall die Annahme nahe, das Beschwerdegericht habe die Zulassung auf diesen

---

[63] BGH NJW 2003, 2900.
[64] BayObLG FGPrax 2004, 117; offen gelassen in BGH NJW 2003, 2900.
[65] BGH NJOZ 2008, 3057.
[66] BGH NJW 2008, 2351; NJW-RR 2005, 715.
[67] BGH NJW-RR 2001, 485; NJW-RR 1998, 505 („mit ausreichender Klarheit").
[68] BGH NJW 1992, 1039.
[69] BayObLG NJW-RR 2000, 148; OLG Düsseldorf FGPrax 1997, 73.
[70] BGH NJW 2011, 1227; NJW 2007, 1466.
[71] BGH BeckRS 2011, 02771; NJW-RR 2004, 426.
[72] BGH NJW 2009, 989.
[73] BVerfG NJOZ 2011, 469.

Teilzeitraum beschränken wollen.[74] Auf die Frage der Zulässigkeit der Beschwerde kann die Zulassung nicht wirksam beschränkt werden.[75] Eine unwirksame Beschränkung der Zulassung durch das Beschwerdegericht hat zur Folge, dass zwar die Beschränkung, nicht aber die Zulassung der Rechtsbeschwerde unwirksam ist, so dass dann das Rechtsmittel als unbeschränkt zugelassen gilt.[76]

39 Eine die Rechtsbeschwerde als statthaftes Rechtsmittel aufführende und somit falsche Rechtsbehelfsbelehrung (§ 39) ersetzt die für deren Statthaftigkeit notwendige Zulassung nicht.[77]

40 **c) Nachholung.** Auf die für die Zulassung der Rechtsbeschwerde entsprechend geltenden Ausführungen zu § 61 Rn 36–39 wird verwiesen.

41 **d) Unanfechtbarkeit.** Eine Nichtzulassungsbeschwerde ist nicht gegeben (s. Rn 4). Auch die Zulassung ist unanfechtbar.

42 **e) Bindung des BGH.** Das Rechtsbeschwerdegericht ist nach **Abs. 2 S. 2** an die Zulassung gebunden. Eine Prüfung der Zulassungsvoraussetzungen durch den BGH hat deshalb nur im Rahmen des § 74a (Zurückweisungsbeschluss) und des § 75 (Zulassung der Sprungrechtsbeschwerde) zu erfolgen. Eine Bindung besteht hingegen **nicht, wenn** die **Rechtsbeschwerde nach dem Gesetz nicht statthaft** ist, weil sie dann auch durch Zulassung nicht eröffnet werden kann (s. auch § 61 Rn 42). Das gilt erst recht, wenn schon die **Beschwerde nicht eröffnet** war.[78] Ebenso wenig, wenn die **Zulassungsentscheidung fehlerhaft ergangen** und deshalb unwirksam ist, insbesondere bei einer unzulässigen Nachholung (s. Rn 40).[79] Eine solche liegt auch vor, wenn das Beschwerdegericht bei seiner ursprünglichen Entscheidung irrtümlich davon ausgegangen ist, die Rechtsbeschwerde sei schon nach dem Gesetz statthaft.[80]

43 Wegen des Ausschlusses der Unzuständigkeitsrüge durch § 72 Abs. 2 ist die Rechtsbeschwerde nicht allein wegen solcher Rechtsfragen zuzulassen, die nur für die vom Beschwerdegericht bejahte Zuständigkeit maßgeblich sind.[81] Trotzdem ist der BGH auch dann an die Zulassung gebunden, wobei jedoch das Rechtsmittel ohne Prüfung als unbegründet zurückzuweisen ist.

44 Keine Bindung besteht an die durch das AG erkannte Zulassung.[82]

V. Zulassungsfreie Rechtsbeschwerde

1. Bereich der freiwilligen Gerichtsbarkeit (Abs. 3)

45 Nach **Abs. 3 S. 1** findet in auf Bestellung eines Betreuers, Aufhebung einer Betreuung und Anordnung oder Aufhebung eines Einwilligungsvorbehalts gerichteten **Betreuungssachen** (§§ 271 Nr. 1 u. 2, 294), in **Unterbringungssachen** (§ 312), in die **Unterbringung eines Minderjährigen** betreffenden Kindschaftssachen (§ 151 Nr. 6 u. 7) und in **Freiheitsentziehungssachen** (§ 415) die Rechtsbeschwerde gegen die insoweit vom LG, in Kindschaftssachen durch das OLG, zu treffende Beschwerdeentscheidung **ohne Zulassung** statt. Der Gesetzgeber wollte in diesen personenbezogenen, elementare Persönlichkeitsrechte der Beteiligten betreffenden Angelegenheiten eine weitere Überprüfungsinstanz ohne Zulassungsvoraussetzungen zur Verfügung stellen.[83] Die ursprünglich in Abs. 3 S. 2 vorgesehene und § 574 Abs. 2 ZPO entsprechende Regelung, wonach die Zulässigkeit des Rechtsmittels von einem durch das Rechtsmittelgericht zu prüfenden Zulassungsgrund

---

[74] BGH NJW 2004, 1324; NJW 2003, 1518.
[75] BGH NJW 2007, 1466; NJW 2001, 2259.
[76] BGH NJW 2003, 2529.
[77] BGH NJW-RR 2007, 1071; OLG Karlsruhe FGPrax 1999, 183; OLG Köln FGPrax 2005, 205; OLG Schleswig NJW-RR 2008, 675; OLG Stuttgart FGPrax 2009, 114.
[78] BGH FGPrax 2011, 101.
[79] BGH NJW 2011, 1516.
[80] BGH NJW-RR 2009, 1349.
[81] OLG Schleswig FGPrax 2010, 109.
[82] BGH NJW-RR 2007, 285.
[83] BT-Drs. S. 16/9733 S. 290.

abhängig gewesen wäre, wurde im Gesetzgebungsverfahren gestrichen.[84] Danach ist ein **unmittelbarer Zugang zum BGH** eröffnet. Die Zulassungsfreiheit ändert aber nichts an dem vor dem BGH bestehenden **Anwaltszwang** (§ 10 Abs. 4).[85]

In **Betreuungssachen** gilt die Zulassungsfreiheit für die in S. 1 Nr. 1 aufgeführten Angelegenheiten ohne Einschränkung. Sie erstreckt sich nach dem auf den **Schutz höchstpersönlicher Rechte des Betroffenen** gerichteten Normzweck auf alle von § 271 Nr. 1 u. 2 erfassten Verfahren und somit auch auf die Verlängerung einer bestehenden Betreuung (§ 295), selbst wenn sich der Betroffene dort nur gegen die Auswahl des Betreuers wendet.[86] Weil jedoch die Ausnahmevorschrift des Abs. 3 nach dem Willen des Gesetzgebers nur den Rechtsschutz des Betroffenen erweitern soll, ist es im Wege teleologischer Reduktion gerechtfertigt, die Anwendung trotz des ohne eine solche Einschränkung abgefassten Normtextes auf Rechtsmittel zu beschränken, die durch den Betroffenen selber (§ 275) oder in seinem Interesse bzw. in seinem Namen (§ 303 Abs. 2–4) eingelegt wurden.[87] Bereits deshalb findet die Rechtsbeschwerde des Betreuers gegen seine Entlassung (§ 1908 b Abs. 1 BGB) nur auf Zulassung statt.[88]

Nach **S. 2** findet in **Unterbringungssachen** und **Freiheitsentziehungssachen** (S. 1 Nr. 2 u. 3) die zulassungsfreie Rechtsbeschwerde nur gegen Beschlüsse statt, die eine Unterbringung oder eine freiheitsentziehende Maßnahme anordnen, d. h. **unmittelbar freiheitsentziehende Wirkung** für den Rechtsmittelführer haben.[89] In diesen Fällen bedarf es auch dann keiner Zulassung, wenn sich die Hauptsache bereits erledigt hat und allein das Ziel verfolgt wird, die durch die Entscheidung bewirkte Verletzung des Grundrechts auf persönliche Freiheit (Art. 2 Abs. 2 GG) festzustellen (s. § 74 Rn 9).[90] Dagegen verbleibt es z. B. für eine Rechtsbeschwerde der beteiligten Behörde, die sich gegen die Verkürzung einer freiheitsentziehenden Maßnahme richtet, beim Erfordernis der Zulassung.[91]

Der auf den Grundrechtsschutz des Betroffenen gerichtete gerichtete Normzweck erfordert es aber auch, in **Betreuungs- und Unterbringungssachen** (S. 1 Nr. 1 u. 2) die Rechtsbeschwerde gegen solche Entscheidungen ohne Zulassung zu eröffnen, mit denen über eine nach §§ 284 Abs. 3 S. 2, 322 gegen die Anordnung der Unterbringung zur Begutachtung und gegen deren Verlängerung gegebene sofortige Beschwerde entsprechend §§ 567–572 ZPO befunden wird (s. Rn 12a; a. M. Budde § 285 Rn 11).

2. Ehesachen und Familienstreitsachen

In Ehesachen (§ 121) und Familienstreitsachen (§ 112) findet die Rechtsbeschwerde aufgrund der in § 117 Abs. 1 S. 4 geregelten entsprechenden Anwendung von § 522 Abs. 1 S. 4 ZPO kraft Gesetzes, d. h. ohne Zulassung statt, wenn die **Beschwerde als unzulässig verworfen** wurde. Ebenso wenn **Wiedereinsetzung** gegen die Versäumung der Beschwerdefrist **versagt** wurde,[92] weil diese Entscheidung gemäß § 113 Abs. 1 S. 2 FamFG i. V. m. § 238 Abs. 2 S. 1 ZPO nach den für die versäumte Rechtshandlung geltenden Vorschriften anfechtbar ist. Gleiches gilt nach § 117 Abs. 2 S. 1 FamFG i. V. m. § 514 Abs. 2 S. 2 ZPO und § 565 ZPO analog (s. § 74 Rn 61), wenn das Beschwerdegericht **durch zweiten Versäumnisbeschluss entschieden** hat.[93] In diesen Fällen ist aber – auch wenn eine ausdrückliche Verweisung in § 117 Abs. 1 S. 4 fehlt – § 574 Abs. 2 ZPO entsprechend anzuwenden, so dass ein Zulassungsgrund (§ 70 Abs. 2 S. 1) vorliegen muss, der in der Rechtsbeschwerdebegründung darzutun ist (s. § 71 Rn 47 ff.) und im Rahmen der Zulässigkeitsprüfung (§ 74 Abs. 1) zu prüfen ist.[94]

---

[84] BT-Drs. S. 16/9831.
[85] BGH BtPrax 2010, 234.
[86] BGH FGPrax 2010, 288.
[87] A. M. BGH NJW 2011, 1739 (Rechtsbeschwerde des Klägers gegen die Ablehnung der von ihm angeregten Bestellung eines Betreuers für den prozessunfähigen Beklagten durch das Betreuungsgericht).
[88] BGH FGPrax 2011, 118 (kein Fall von § 271 Nr. 1 u. 2).
[89] BT-Drs. 16/12717 S. 60.
[90] BGH FGPrax 2010, 150 u. 152.
[91] BGH FGPrax 2010, 98.
[92] BGH NJW 2011, 386.
[93] BGH NJW-RR 2008, 876; NJW 1979, 166.
[94] BGH FamRZ 2009, 220; NJW 2003, 2172.

VI. Ausschluss der Rechtsbeschwerde in Eilverfahren (Abs. 4)

48 Nach **Abs. 4** ist die Rechtsbeschwerde im einstweiligen Anordnungsverfahren (§§ 49 ff., 119 Abs. 1) und im Arrestverfahren (§ 119 Abs. 2) in allen Angelegenheiten ausnahmslos nicht eröffnet, einschließlich der Freiheitsentziehungssachen.[95] Das **gilt auch für die Kostenentscheidung**.[96] Eine gleichwohl erfolgte Zulassung der Rechtsbeschwerde entfaltet keine Bindungswirkung.[97] Der Rechtsmittelausschluss erstreckt sich aber nicht auf die Entscheidung über die Zulässigkeit des Rechtswegs (s. Rn 54). Auch im Verfahrenskostenhilfeverfahren gilt er nicht.[97a]

VII. Sondervorschriften

49 In einer Reihe von Fällen ist die Statthaftigkeit der Rechtsbeschwerde durch Gesetz abweichend von § 70 geregelt, z. B.:

50 • In **Ehesachen und Familienstreitsachen** ist gegen bestimmte Entscheidungen die Rechtsbeschwerde ohne Zulassung statthaft. Siehe dazu Rn 47. Im Arrestverfahren oder einstweiligen Anordnungsverfahren findet jedoch auch in diesen Fällen keine Rechtsbeschwerde statt, da § 70 Abs. 4 ohne Ausnahme gilt.[98]

51 • Ausgeschlossen ist die Rechtsbeschwerde gegen Entscheidungen über die Festsetzung der Vergütung und Auslagen der Gründungsprüfer (§ 35 Abs. 3 S. 3 2. Halbs. **AktG**) sowie der gerichtlich bestellten Vorstandsmitglieder (§ 85 Abs. 3 2. Halbs. AktG), Aufsichtsratsmitglieder (§ 104 Abs. 6 S. 3 2. Halbs. AktG), Sonderprüfer (§ 142 Abs. 6 S. 3 2. Halbs. AktG) und Vertreter zur Geltendmachung von Schadenersatzansprüchen der AG (§ 147 Abs. 2 S. 7 2. Halbs. AktG); ferner der gerichtlich bestellten Mitglieder des Aufsichtsrats der SE (§ 30 Abs. 4 S. 3 2. Halbs. **SE-Ausführungsgesetz**). Dem Gesetzgeber erschien eine höchstrichterliche Klärung insoweit auftretender Fragen nicht geboten.[99]

52 • Im Anwendungsbereich des **FamGKG** findet gegen Entscheidungen betreffend den Kostenansatz (§ 57 Abs. 7 FamGKG), die Anordnung einer Vorauszahlung (§ 58 Abs. 1 S. 2 FamGKG), die Festsetzung des Verfahrenswerts (§ 59 Abs. 1 S. 4 FamGKG) und die Auferlegung einer Verzögerungsgebühr (§ 60 S. 2 FamGKG) **keine Rechtsbeschwerde** statt (s. § 58 Rn 99 ff.). Das betrifft auch die Wertfestsetzung für die Rechtsanwaltsgebühren und die Festsetzung der Vergütung aus der Staatskasse, weil insoweit die §§ 33 Abs. 6, 56 Abs. 2 RVG eine vorrangige und in Familiensachen nicht anwendbare Sonderregelung (s. Rn 53) treffen. Eine vom OLG zugelassene Rechtsbeschwerde ist als unzulässig zu verwerfen.[100]

53 • Im Anwendungsbereich der **KostO** findet gegen eine Beschwerdeentscheidung des LG auf Zulassung die als Rechtsbeschwerde ausgestaltete **weitere Beschwerde zum OLG** betreffend den Kostenansatz (§ 14 Abs. 5 KostO) und die Festsetzung des Geschäftswerts (§ 31 Abs. 3 S. 5 KostO) statt (s. § 58 Rn 104 f.). Gleiches gilt für die Festsetzung der Rechnungsgebühren (§ 139 Abs. 3 S. 3 KostO), die Wertfestsetzung für die Rechtsanwaltsgebühren und die Festsetzung der Vergütung aus der Staatskasse (§§ 33 Abs. 6, 56 Abs. 2 **RVG**) sowie die gerichtliche Festsetzung der Vergütung, der Entschädigung oder des Vorschusses nach dem JVEG (§ 4 Abs. 5 **JVEG**). Wurde in einer dieser Angelegenheiten statt der weiteren Beschwerde die Rechtsbeschwerde zum BGH zugelassen und eingelegt, ist sie in eine weitere Beschwerde umzudeuten und an das OLG abzugeben.[101] In **Notarkostensachen** sieht § 156 Abs. 4 KostO gegen die Beschwerdeentscheidung des OLG die Rechtsbeschwerde zum BGH nach §§ 70 ff. vor (s. § 58 Rn 86).[102]

---

[95] BGH FGPrax 2011, 148; BeckRS 2010, 30548.
[96] BGH NJW 2003, 3565; NJW-RR 2003, 1075.
[97] BGH NJW 2003, 1531.
[97a] BGH MDR 2011, 805.
[98] BGH NJW 2003, 69.
[99] BT-Drs. 16/6308 S. 353 f., 355.
[100] BGH NJW-RR 2011, 142.
[101] BGH NJW-RR 2009, 424.
[102] BT-Drs. 16/6308 S. 337 f.

- Nach **§ 17a GVG** ist die Rechtsbeschwerde gegen Beschlüsse gegeben, mit denen das 54 Beschwerdegericht, mithin auch das LG[103] in Antragsverfahren das Rechtsmittel gegen Entscheidungen beschieden hat, in denen die **Verweisung an das Gericht des zulässigen Rechtswegs** (Abs. 2) oder vorab die **Zulässigkeit des beschrittenen Rechtswegs** (Abs. 3) ausgesprochen oder über die **funktionelle Zuständigkeit** der angerufenen Abteilung innerhalb derselben Gerichtsbarkeit (Abs. 6) entschieden wurde (s. § 58 Rn 88). Zwar handelt es sich nach dem Wortlaut von § 17 Abs. 4 S. 4 GVG um eine Beschwerde eigener Art, diese ist aber jedenfalls wie eine Rechtsbeschwerde zu behandeln.[104] Sie ist in Abweichung von § 70 Abs. 3 **auch in Eilverfahren**, d. h. in Verfahren auf Erlass eines Arrests oder einer einstweiligen Anordnung auf Zulassung eröffnet, weil § 17a Abs. 4 GVG insoweit keine Einschränkung enthält.[105] Die Zulassung hat nach § 17a Abs. 4 S. 5 GVG zu erfolgen, wenn die Rechtsfrage grundsätzliche Bedeutung hat oder das OLG von einer Entscheidung des BGH oder des GmS-OGB abweicht. Hat das erstinstanzliche Gericht die Zulässigkeit des Rechtswegs trotz insoweit erhobener Rüge entgegen § 17a Abs. 3 S. 2 GVG erst in der Endentscheidung bejaht und ist deshalb das Beschwerdegericht auf die dagegen gerichtete Beschwerde mit der Rechtswegfrage befasst, hat es bei Wiederholung der erstinstanzlichen Rüge der Unzulässigkeit des Rechtswegs als Ausnahme von § 17a Abs. 5 GVG selbst in das Vorabverfahren einzutreten und über eine Zulassung der (Rechts-)Beschwerde an den BGH zu befinden.[106] Dies erübrigt sich nur, wenn das Beschwerdegericht die Zulässigkeit des Rechtswegs bejaht und im Fall der Vorabentscheidung keinen Anlass sähe, die Beschwerde an den BGH zuzulassen.[107]
- Gegen die Beschwerdeentscheidung des OLG im Verfahren auf **Zulassung der** 55 **Zwangsvollstreckung** nach §§ 16 ff. IntFamRVG (s. § 58 Rn 75) ist gemäß **§ 28 IntFamRVG** die Rechtsbeschwerde zum BGH nach Maßgabe von § 574 Abs. 1 Nr. 1 ZPO ohne Zulassung statthaft und entsprechend § 574 Abs. 2 ZPO nur bei Vorliegen eines Zulassungsgrundes zulässig.[108] Nach §§ 29, 30 IntFamRVG sind hinsichtlich Einlegung und Begründung sowie Verfahren und Entscheidung die weiteren Vorschriften der ZPO-Rechtsbeschwerde weitgehend entsprechend anzuwenden. Für Angelegenheiten der freiwilligen Gerichtsbarkeit sind aber die §§ 574 Abs. 4, 577 Abs. 2 S. 1 bis 3 und § 556 ZPO von der Verweisung ausgenommen, so dass dort keine Anschlussrechtsbeschwerde stattfindet, der BGH bei seiner Prüfung nicht an die Rechtsbeschwerdeanträge gebunden ist sowie ein Verlust des Rügerechts betreffend Verfahrensmängel nicht erfolgt. Nach § 30 Abs. 1 IntFamRVG kann der BGH nur überprüfen, ob der Beschluss auf einer Verletzung des Rechts der Europäischen Gemeinschaft, eines Anerkennungs- und Vollstreckungsvertrags, sonstigen Bundesrechts oder einer anderen Vorschrift beruht, deren Geltungsbereich sich über den Bezirk eines OLG hinaus erstreckt. Danach hat der Gesetzgeber von einer Anpassung an die FamFG-Rechtsbeschwerde abgesehen.
- Gegen die Beschwerdeentscheidung des OLG über den Antrag des Verletzten auf 56 richterliche Anordnung der **Verwendung von Verkehrsdaten** i. S. d. § 3 Nr. 30 Telekommunikationsgesetz im Auskunftsverfahren nach §§ 101 UrhG, 140b PatG, 24b GebrauchsMG, 19 MarkenG, 46 GeschmacksMG u. 37b SortenSchG findet jeweils nach Abs. 9 S. 4 der vorgenannten Vorschriften i. V. m. §§ 70 ff. FamFG auf Zulassung die Rechtsbeschwerde zum BGH statt.
- In **Justizverwaltungssachen** befindet das OLG im ersten Rechtszug über den Antrag 57 auf gerichtliche Entscheidung (§ 23 EGGVG). Dagegen findet nach § 29 EGGVG auf Zulassung die Rechtsbeschwerde zum BGH statt (s. Anhang zu § 58 Rn 30 ff.).
- In **Therapieunterbringungssachen** gelten zwar nach § 3 ThUG die Vorschriften des 57a Allgemeinen Teils des FamFG entsprechend, die Rechtsbeschwerde und die Sprungrechtsbeschwerde sind dort aber ausgeschlossen, § 17 ThUG. Stattdessen hat sich der

---

[103] BGH NJW 2003, 2913.
[104] BGH NJW 2003, 433; NJW-RR 2003, 277.
[105] BGH NJW 2007, 1819; NJW 2003, 1194.
[106] BGH NJW 1993, 1799.
[107] BGH NJW 1996, 1890; NJW 1996, 591.
[108] BGH FamRZ 2008, 1168.

§ 71　Abschnitt 5. Rechtsmittel

Gesetzgeber in § 18 ThUG für eine an § 28 Abs. 2 u. 3 FGG[109] angelehnte **Divergenzvorlage** zur Sicherstellung der Einheitlichkeit der Rechtsprechung[110] entschieden. Auf eine solche Vorlage tritt der BGH jedoch nicht zwingend an die Stelle des OLG, sondern kann sich auf die Entscheidung der Divergenzfrage beschränken und die Hauptsacheentscheidung dem Beschwerdegericht übertragen.

VIII. Kosten und Gebühren

1. Gerichtsgebühren

58　Für die Tätigkeit des Gerichts im Rechtsbeschwerdeverfahren fällt eine Verfahrensgebühr an. Ihre Höhe richtet sich für
- **Ehesachen einschließlich aller Folgesachen** nach Nr. 1130 KV FamGKG,
- **selbständige Familienstreitsachen** nach Nr. 1213 KV FamGKG (Vereinfachtes Verfahren über den Unterhalt Minderjähriger) oder nach Nr. 1225 KV FamGKG (übrige Verfahren),
- **selbstständige Familiensachen der freiwilligen Gerichtsbarkeit** nach Nr. 1316 KV FamGKG (Kindschaftssachen) oder nach Nr. 1325 KV FamGKG (übrige Verfahren).

Bei Rücknahme der Rechtsbeschwerde oder des Antrags ermäßigt sich die Gebühr in unterschiedlicher Höhe, je nachdem ob die Rücknahme vor Eingang der Rechtsbeschwerdebegründung oder erst danach erklärt wird. Wird ein Verbundverfahren (§ 137) nur zum Teil durch Rücknahme beendet, ist die Ermäßigung unter Anwendung der Wertvorschrift des § 44 FamGKG auf die erledigten Sachen zu beschränken, Nr. 1132 KV FamGKG.

59　In **Angelegenheiten der freiwilligen Gerichtsbarkeit** entsteht nach § 131 KostO eine Gebühr nur für die Zurückweisung oder Verwerfung der Rechtsbeschwerde (Abs. 2 Nr. 1) sowie bei Rücknahme des Rechtsmittels (Abs. 2 Nr. 2). Richtet sich dieses aber gegen Entscheidungen des Betreuungsgerichts und ist es vom Betreuten oder Pflegling oder in seinem Interesse eingelegt, ist das Rechtsbeschwerdeverfahren in jedem Fall gebührenfrei (Abs. 5).

2. Außergerichtliche Kosten

60　In den in Vorbemerkung 3.2.2 aufgeführten Angelegenheiten, also in Familiensachen und Landwirtschaftssachen sowie in Ausschlussverfahren nach § 39 a WpÜG (s. Rn 3) entsteht für den Rechtsanwalt die Verfahrensgebühr nach Nr. 3208 VV RVG, in den übrigen Sachen eine solche nach Nr. 3502 VV RVG. Bei Teilnahme an einem Erörterungstermin oder einer mündlichen Verhandlung kommt die Terminsgebühr nach Nr. 3210 bzw. Nr. 3513 hinzu.

3. Verfahrenswert; Geschäftswert

61　Die Ausführungen zu § 58 Rn 119 f. gelten entsprechend. Darauf wird verwiesen.

Frist und Form der Rechtsbeschwerde

71 (1) ¹Die Rechtsbeschwerde ist binnen einer Frist von einem Monat nach der schriftlichen Bekanntgabe des Beschlusses durch Einreichen einer Beschwerdeschrift bei dem Rechtsbeschwerdegericht einzulegen. ²Die Rechtsbeschwerdeschrift muss enthalten:
1. die Bezeichnung des Beschlusses, gegen den die Rechtsbeschwerde gerichtet wird, und
2. die Erklärung, dass gegen diesen Beschluss Rechtsbeschwerde eingelegt werde.

³Die Rechtsbeschwerdeschrift ist zu unterschreiben. ⁴Mit der Rechtsbeschwerdeschrift soll eine Ausfertigung oder beglaubigte Abschrift des angefochtenen Beschlusses vorgelegt werden.

---

[109] Vgl. 15. A. § 28 FGG Rn 7 ff.
[110] BT-Drs. 17/3403 S. 59.

(2) ¹Die Rechtsbeschwerde ist, sofern die Beschwerdeschrift keine Begründung enthält, binnen einer Frist von einem Monat zu begründen. ²Die Frist beginnt mit der schriftlichen Bekanntgabe des angefochtenen Beschlusses. ³§ 551 Abs. 2 Satz 5 und 6 der Zivilprozessordnung gilt entsprechend.

(3) Die Begründung der Rechtsbeschwerde muss enthalten:
1. die Erklärung, inwieweit der Beschluss angefochten und dessen Aufhebung beantragt werde (Rechtsbeschwerdeanträge);
2. die Angabe der Rechtsbeschwerdegründe, und zwar
    a) die bestimmte Bezeichnung der Umstände, aus denen sich die Rechtsverletzung ergibt;
    b) soweit die Rechtsbeschwerde darauf gestützt wird, dass das Gesetz in Bezug auf das Verfahren verletzt sei, die Bezeichnung der Tatsachen, die den Mangel ergeben.

(4) Die Rechtsbeschwerde- und die Begründungsschrift sind den anderen Beteiligten bekannt zu geben.

Übersicht

	Rn
I. Normzweck und Anwendungsbereich	1
II. Einlegung der Rechtsbeschwerde	2
1. Einlegung beim BGH (Abs. 1 S. 1)	2
2. Einlegungsfrist (Abs. 1 S. 1)	5
3. Anwaltszwang	8
4. Einlegung mit modernen Kommunikationsmitteln	14
5. Notwendiger Inhalt der Rechtsbeschwerdeschrift (Abs. 1 S. 2 u. 3)	17
a) Bezeichnung der angefochtenen Entscheidung	17
b) Anfechtungserklärung	18
c) Unterschrift	20
6. Beifügung einer Entscheidungsabschrift (Abs. 1 S. 4)	24
III. Begründung der Rechtsbeschwerde	25
1. Begründungsfrist (Abs. 2)	25
2. Notwendiger Inhalt der Begründung (Abs. 3)	32
a) Allgemeines	33
b) Rechtsbeschwerdeanträge	33
c) Angabe der Rechtsbeschwerdegründe	36
d) Begründung einer zulassungsfreien Rechtsbeschwerde	45
IV. Bekanntgabe an die anderen Beteiligten (Abs. 4)	50

I. Normzweck und Anwendungsbereich

§ 71 regelt die Voraussetzungen einer form- und fristgerechten Einlegung der Rechtsbeschwerde für das **gesamte FamFG-Verfahren,** einschließlich Ehesachen und Familienstreitsachen. Die Vorschrift entspricht im Wesentlichen dem für die zivilprozessuale Rechtsbeschwerde geltenden § 575 ZPO und führt gegenüber der Rechtslage nach § 29 FGG[1] eine Begründungspflicht ein. **Abs. 1** legt die Einlegungsfrist und den notwendigen Inhalt der Rechtsbeschwerdeschrift sowie den Adressaten der Rechtsmitteleinlegung fest. **Abs. 2** bestimmt die für die Begründung der Rechtsbeschwerde einzuhaltende Frist und regelt deren Verlängerung durch Verweisung auf die für die Revisionsbegründung geltenden Vorschriften. **Abs. 3** normiert Rechtsbeschwerdeantrag und Rechtsbeschwerdegründe als notwendigen Inhalt der Begründung, während **Abs. 4** die Bekanntgabe der Rechtsbeschwerdeschrift und der Begründung an die anderen Beteiligten vorschreibt. Zur Übergangsregelung siehe die Erläuterungen zu Art. 111 FGG-RG. 1

II. Einlegung der Rechtsbeschwerde

1. Einlegung beim BGH (Abs. 1 S. 1)

Nach **Abs. 1 S. 1** kann die Rechtsbeschwerde wirksam nur beim Rechtsmittelgericht eingelegt werden, also beim BGH (§ 133 GVG). Die **Einlegung bei einem vorinstanzli-** 2

---
[1] Vgl. 15. A. § 29 FGG Rn 32.

chen Gericht wahrt die Rechtsmittelfrist nicht, auch nicht eine solche beim OLG. Dies soll der Beschleunigung des Verfahrens dienen.[2] Bei einer Weiterleitung der Rechtsmittelschrift durch das unzuständige Gericht wird die Einlegung erst mit dem Eingang beim Rechtsbeschwerdegericht wirksam und wahrt die Frist nur, wenn dieser noch rechtzeitig erfolgt.

3   Eine **Wiedereinsetzung** (§ 17) gegen die Versäumung der Rechtsbeschwerdefrist wegen Einlegung beim unzuständigen Gericht kommt nur in Betracht, wenn der Rechtsbeschwerdeführer die fristgerechte Weiterleitung im ordentlichen Geschäftsgang ohne Weiteres erwarten konnte.[3] Eine darauf gerichtete Fürsorgepflicht als Ausdruck eines fairen Verfahrens (Art. 2 Abs. 1 GG i. V. m. Art. 20 Abs. 3 GG) besteht jedenfalls dann, wenn das angegangene Gericht im bisherigen Instanzenzug mit dem Verfahren befasst war.[4] Andererseits ist auch dieses Gericht regelmäßig nicht dazu verpflichtet, den Rechtsbeschwerdeführer oder seinen Bevollmächtigten innerhalb der Rechtsmittelfrist von der Einreichung der Rechtsbeschwerdeschrift beim unzuständigen Gericht zu unterrichten, weil sonst den Beteiligten und ihren Bevollmächtigten die Verantwortung für die Einhaltung der Formalien abgenommen und den unzuständigen Gerichten übertragen würde.[5] Aus dem gleichen Grund besteht auch keine generelle Verpflichtung zur sofortigen Prüfung bei Eingang der Rechtsmittelschrift.[6] Siehe auch § 17 Rn 28 f.

4   In **Betreuungs-, Unterbringungs- und Freiheitsentziehungssachen** gibt es auch für Betroffene, denen durch eine Unterbringung oder sonstige Maßnahme die Freiheit entzogen wurde und deren Rechtsmittel sich gerade gegen die eigene Freiheitsentziehung richtet, **keine Ausnahmeregelung** hinsichtlich der für die Rechtsmitteleinlegung zuständigen Gerichts. Daraus ergibt sich für diesen Personenkreis, anders als bei der früher nach § 29 Abs. 1 S. 1 FGG zulässigen persönlichen Einlegung der weiteren Beschwerde (§ 27 FGG) zu Protokoll der Geschäftsstelle,[7] keine Verkürzung des verfassungsrechtlich garantierten Rechtsschutzes, weil die Betroffenen wegen des allgemein geltenden Erfordernisses der schriftlichen Einlegung durch einen beim BGH zugelassenen Anwalt den in ihrer Freiheit nicht beschränkten Bürgern gleichgestellt (Art. 3 Abs. 1 GG) sind.

2. Einlegungsfrist (Abs. 1 S. 1)

5   Nach **Abs. 1 S. 1** ist die Rechtsbeschwerde **innerhalb eines Monats** einzulegen. Eine Verlängerung ist nicht vorgesehen, weshalb es sich um eine **Notfrist** handelt. Die Frist beginnt am Tag der schriftlichen Bekanntgabe (§§ 41, 15) der angefochtenen Entscheidung an den Rechtsmittelführer.

6   Eine **Ersatzfrist von fünf Monaten nach Erlass** (§ 38 Abs. 3 S. 3) des Beschlusses, wie sie für die befristete Beschwerde (§ 63 Abs. 3 S. 2) gilt, ist **nicht in das Gesetz aufgenommen** worden. Deshalb beginnt die Einlegungsfrist erst, wenn die schriftliche Bekanntgabe tatsächlich bewirkt (§ 69 Abs. 3 i. V. m. § 41 Abs. 1) ist. Das kann zwar im Einzelfall dem vom Gesetzgeber mit der Monatsfrist verfolgten besonderen Beschleunigungsinteresse[8] zuwiderlaufen und dem zeitnahen Eintritt von Rechtssicherheit entgegenstehen. Aber eine entsprechende Anwendung von § 63 Abs. 3 S. 2 erscheint wegen des klaren Gesetzeswortlauts nicht gerechtfertigt.[9]

7   Die **Fristauslösung** erfolgt nur **durch wirksame schriftliche Bekanntgabe.** Diese setzt zunächst voraus, dass sie eine Ausfertigung der anfechtbaren Entscheidung zum Gegenstand hat[10] und sich auf den vollständigen Beschluss einschließlich der Gründe erstreckt.[11] Außerdem muss die Bekanntgabe die anzufechtende Entscheidung, d. h. deren Urschrift im Wesentlichen wortgetreu und richtig wiedergeben. Dabei schaden jedoch

---

[2] BT-Drs. 16/6308 S. 209.
[3] BGH NJW-RR 2009, 408.
[4] BVerfG NJW 1995, 3173; BGH NJW 2006, 3499.
[5] BVerfG NJW 2001, 1343.
[6] BVerfG NJW 2006, 1579.
[7] BGH FGPrax 2002, 20.
[8] BT-Drs. 16/6308 S. 209.
[9] Ebenso Prütting/Helms/Abramenko § 71 Rn 6; Zöller/Feskorn § 71 FamFG Rn 2.
[10] BGH NJW 2010, 2519.
[11] BT-Drs. 16/6308 S. 197.

kleine Fehler nicht, wenn der Beteiligte aus der ihm bekannt gegebenen Ausfertigung den Inhalt der Urschrift und insbesondere den Umfang seiner Beschwer erkennen kann.[12] Auch Auslassungen stehen der die Frist auslösenden Bekanntgabe nicht entgegen, wenn dadurch das Verständnis der Entscheidung zwar stellenweise erschwert, aber nicht vereitelt wird.[13] Nur wenn der Beschluss insgesamt nicht klar genug ist, um die Grundlage für die Entschließungen und das weitere Handeln der Beteiligten zu bilden, beginnt nach erfolgter Berichtigung des Beschlusses mit der Bekanntgabe des Berichtigungsbeschlusses (§ 42, in Ehesachen und Familienstreitsachen § 113 Abs. 1 S. 2 FamFG i. V. m. § 319 ZPO) eine neue Rechtsmittelfrist (s. § 42 Rn 44).[14]

3. Anwaltszwang

Aus § 10 Abs. 4 S. 1 bzw. § 114 Abs. 2 für Familiensachen folgt, dass die Rechtsbeschwerde durch einen Rechtsanwalt eingelegt werden muss, der **beim BGH zugelassen** ist. Das gilt auch in Verfahrenskostenhilfesachen.[15] **8**

Wurde die Rechtsbeschwerdeschrift durch einen anderen Rechtsanwalt eingereicht, ist regelmäßig bereits aus diesem Grund Wiedereinsetzung (§ 17) gegen die Versäumung der Rechtsbeschwerdefrist nicht zu gewähren, weil von einem dem Beteiligten zuzurechnenden Verschulden des Verfahrensbevollmächtigten auszugehen ist. Auf die Erläuterungen zu § 17 wird verwiesen. **9**

Die Einlegung durch einen **Notar,** der in der Angelegenheit für den Rechtsbeschwerdeführer einen Antrag beim Gericht erster Instanz gestellt hat, genügt nicht. Insoweit beschränkt § 10 Abs. 4 S. 1 die Vertretungsbefugnis des Notars i. S. d. § 24 Abs. 1 S. 2 BNotO. Ebenso wenig ist ein Notar, der Rechtsbeschwerde im eigenen Namen einlegt, vom Anwaltszwang befreit, auch wenn er in amtlicher Eigenschaft handelt. Etwas anderes gilt nur bei ausdrücklicher Regelung, wie nach § 156 Abs. 4 S. 2 KostO in Notarkostensachen (s. § 58 Rn 86). **10**

Dagegen sind **Behörden und juristische Personen des öffentlichen Rechts** einschließlich der von ihnen zur Erfüllung ihrer öffentlichen Aufgaben gebildeten Zusammenschlüsse vom Anwaltszwang befreit (§§ 10 Abs. 4 S. 2, 114 Abs. 3). Dieses **Behördenprivileg** gilt stets, wenn die Behörde oder juristische Person des öffentlichen Rechts die Rechtsbeschwerde im eigenen Namen einlegt, etwa ein öffentlich-rechtlicher Versorgungsträger in Versorgungsausgleichssachen (§ 217) oder die zur Anfechtung der Vaterschaft berechtigte Behörde (§ 1600 Abs. 1 Nr. 5 BGB) in Abstammungssachen nach § 169 Nr. 4. Erfolgt die Rechtsmitteleinlegung dagegen im Namen eines Dritten, besteht Befreiung vom Anwaltszwang nur, wenn es sich beim vertretenen Beteiligten ebenfalls um eine Behörde bzw. eine juristische Person des öffentlichen Rechts handelt und die das Rechtsmittel einlegende Behörde oder juristische Person des öffentlichen Rechts als vertretungsberechtigtes Organ bzw. gesetzlicher Vertreter handelt oder nach dem Gesetz zur Vertretung berufen ist. Hat eine vertretungsberechtigte Behörde eine andere Behörde zur Rechtsmitteleinlegung bevollmächtigt, etwa die Aufsichtsbehörde eine ihr nachgeordnete Behörde, besteht ebenfalls kein Anwaltszwang. Die Vertretung muss dann jeweils durch **Beschäftigte mit Befähigung zum Richteramt** erfolgen (s. § 10 Rn 24). **11**

Auch wenn die Behörde als gesetzlicher Vertreter einer Person des Privatrechts, z. B. das Jugendamt als Beistand (§ 1712 BGB), Vormund (§§ 1791 b, 1791 c BGB) oder Pfleger (§§ 1909, 1912, 1913 BGB) tätig wird, ist die Vertretung des Rechtsbeschwerdeführers durch einen beim BGH zugelassenen Rechtsanwalt nicht erforderlich. Etwas anderes gilt aber, wenn die Behörde bei Einlegung der Rechtsbeschwerde als rechtsgeschäftlich bestellter Vertreter (Bevollmächtigter) einer natürlichen oder juristischen Person des Privatrechts in deren Namen handelt.[16] **12**

Der BGH hat seine frühere Rechtsprechung, wonach dem Bezirksrevisor als **Vertreter der Landeskasse** eine ihm durch Gesetz zugewiesene besondere Rechtsstellung zukam und **13**

---

[12] BGH NJW 2001, 1653; NJW-RR 2000, 1665.
[13] BGH NJW-RR 2005, 1658.
[14] BGH NJW-RR 2001, 211; NJW 1995, 1033.
[15] BGH NJW-RR 2010, 1297.
[16] BGH NJW 1967, 2059; NJW 1958, 1092 zu § 29 Abs. 1 S. 3 FGG.

er deshalb als unmittelbar postulationsfähig galt,[17] im Hinblick auf eine den §§ 10 Abs. 4 S. 2, 114 Abs. 3 S. 2 entnommene, von einer Beteiligtenstellung unabhängige Wertung des Gesetzgebers aufgegeben.[18] Danach muss sich das Land im Rechtsbeschwerdeverfahren durch einen Beschäftigten mit der **Befähigung zum Richteramt** vertreten lassen. Dies kann auch ein (mit Justizverwaltungsaufgaben betrauter, § 4 Abs. 2 Nr. 1 DRiG) Richter[19] oder ein Staatsanwalt[20] sein. Die Vertretungsbefugnis ist landesrechtlich geregelt.

4. Einlegung mit modernen Kommunikationsmitteln

14   Die Einlegung der Rechtsbeschwerde durch Telekopie **(Telefax)** ist zulässig, wobei aber das Original der so übermittelten Beschwerdeschrift vom zugelassenen Rechtsanwalt eigenhändig unterzeichnet sein und die Unterschrift auf der beim Gericht eingehenden Kopie abgebildet sein muss (§ 130 Nr. 6 ZPO analog). Die anschließende Einreichung des Originals ist zur Wirksamkeit der Rechtsbeschwerdeeinlegung nicht erforderlich und mangels anderweitiger Anhaltspunkte mit der Folge als erneute Einlegung aufzufassen, dass es sich um ein einheitliches Rechtsmittel handelt, über dessen Zulässigkeit nur unter Berücksichtigung der mehreren, in ihrer Wirksamkeit voneinander abhängigen Einlegungsakte entschieden werden kann.[21] Ob die Kopiervorlage von einem postulationsfähigen Rechtsanwalt unterschrieben und dessen Unterschrift auf der Kopie wiedergegeben ist, stellt das Rechtsbeschwerdegericht im Wege des Freibeweises fest.[22]

15   Zulässig ist ferner die elektronische Übertragung einer den Inhalt der Rechtsbeschwerdeschrift wiedergebenden Textdatei mit eingescannter Unterschrift des Rechtsanwalts auf ein Faxgerät des BGH **(Computerfax).**[23] Eine in Computerschrift erfolgte Wiedergabe des Namens genügt nicht.[24] Andererseits erfüllt eine eingescannte Unterschrift das Formerfordernis nicht, wenn die Rechtsbeschwerdeschrift mit Hilfe eines gewöhnlichen Faxgeräts und nicht unmittelbar aus dem Computer versandt wurde.[25] Dass die Rechtsprechung bei einem herkömmlichen Telefax an dem Erfordernis der eigenhändigen Unterschrift auf dem Original festhält, ist verfassungskonform.[26] Wird eine vom Verfahrensbevollmächtigten eigenhändig unterschriebene Rechtsbeschwerdeschrift entgegen dessen Anweisung nicht auf herkömmlichem Weg gefaxt, sondern als Computerfax mit eingescannter Unterschrift elektronisch übermittelt, stellt dies lediglich eine äußerliche, d. h. technische Veränderung des durch eigenhändige Unterschrift autorisierten Schriftsatzes dar und ist unschädlich.[27]

16   Weiterhin genügt nach § 14 Abs. 2 FamFG i. V. m. § 130 a Abs. 1 ZPO die Aufzeichnung und Übertragung der Rechtsbeschwerdeschrift als elektronisches Dokument **(E-Mail),** wenn dieses vom Rechtsanwalt mit einer den Anforderungen des Signaturgesetzes genügenden **elektronischen Signatur** versehen wurde (s. § 14 Rn 11).[28] Die Vornahme der Signatur durch einen Dritten unter Verwendung der Signaturkarte des beim BGH zugelassenen Anwalts wahrt das Formerfordernis nur, wenn dieser zuvor den Inhalt des Schriftsatzes im Einzelnen geprüft und sich zu Eigen gemacht hat.[29] Der elektronische Rechtsverkehr mit dem BGH ist seit dem 1. 9. 2007 möglich. Die einzuhaltende Form der Einreichung elektronischer Dokumente und die Bekanntgabe der Betriebsvoraussetzungen sind in §§ 2 u. 3 der auf Grund von § 130 a Abs. 2 S. 1 ZPO erlassenen Verordnung über den elektronischen Rechtsverkehr beim BGH und beim Bundespatentgericht vom 24. 8. 2007 (BGBl. I, S. 2130) geregelt.

---

[17] BGH FamRZ 2005, 1164 u. 16. A.
[18] BGH FGPrax 2010, 264.
[19] BGH NJW 2010, 3446.
[20] BGH NJW 2010, 3449.
[21] BGH NJW 1993, 3141.
[22] BGH NJOZ 2004, 1430.
[23] GmS-OGB NJW 2000, 2340.
[24] BGH NJW 2005, 2086.
[25] BGH NJW 2006, 3784.
[26] BVerfG NJW 2007, 3117.
[27] BGH NJW-RR 2008, 1119.
[28] BGH NJW 2010, 2134; NJW-RR 2009, 357.
[29] BGH NJW 2011, 1294.

5. Notwendiger Inhalt der Rechtsbeschwerdeschrift (Abs. 1 S. 2 u. 3)

a) Bezeichnung der angefochtenen Entscheidung. Nach **Abs. 1 S. 2 Nr. 1** muss der Beschluss, gegen den sich die Rechtsbeschwerde richten soll, in der Rechtsbeschwerdeschrift so konkret bezeichnet sein, dass dem Rechtsbeschwerdegericht und den anderen Beteiligten eine **eindeutige Identifizierung** möglich ist. Anzugeben sind die Beteiligten, das Gericht, das den angefochtenen Beschluss erlassen hat, das Datum des Erlasses dieser Entscheidung und ihr Geschäftszeichen.[30] Fehlerhafte oder unvollständige Angaben sind nur dann unschädlich, wenn aufgrund der sonstigen erkennbaren Umstände, insbesondere mit Hilfe des weiteren Inhalts der Rechtsbeschwerdeschrift und einer beigefügten Abschrift des angefochtenen Beschlusses für das Rechtsbeschwerdegericht und die anderen Beteiligten nicht zweifelhaft bleibt, welche Entscheidung angefochten werden soll.[31] Diese Gewissheit muss sich für das Gericht noch innerhalb der Rechtsbeschwerdefrist ergeben.[32] Erforderlich ist die klare **Zuordnung zu einem bestimmten Verfahren,** so dass dessen Akten ohne Schwierigkeiten beigezogen werden können.[33]

b) Anfechtungserklärung. Nach **Abs. 1 S. 2 Nr. 2** muss die Rechtsbeschwerdeschrift die Erklärung enthalten, dass gegen den dort bezeichneten Beschluss Rechtsbeschwerde eingelegt wird. Diese Erklärung ist **konstitutives Element** des Rechtsmittels. Sie muss, insbesondere in Abgrenzung zum Antrag auf Verfahrenskostenhilfe für eine lediglich beabsichtigte Rechtsbeschwerde, den Anfechtungswillen des Rechtsbeschwerdeführers zum Ausdruck bringen und zu erkennen geben, dass die angegebene Entscheidung einer Überprüfung durch das Rechtsbeschwerdegericht unterstellt wird.[34] Der Umfang dieser Anfechtung muss aus der Erklärung nicht hervorgehen. Auch die ausdrückliche Bezeichnung als Rechtsbeschwerde ist nicht erforderlich.

Der Formvorschrift des **Abs. 1 S. 2 Nr. 2** wird nur entsprochen, wenn **innerhalb der Rechtsmittelfrist** zweifelsfrei angegeben wird, für wen und gegen wen die Rechtsbeschwerde eingelegt werden soll.[35] Dies hat, ggf. durch Auslegung, aus der Rechtsbeschwerdeschrift entweder für sich allein oder mit Hilfe etwa sonst vorliegender Unterlagen eindeutig erkennbar zu sein. Dabei muss aus Gründen der Rechtssicherheit insbesondere hinsichtlich der Person des Rechtsbeschwerdeführers bei verständiger Würdigung des gesamten Vorgangs der Rechtsmitteleinlegung jeder Zweifel ausgeschlossen sein,[36] weil mit dem Rechtsmittel ein neuer Verfahrensabschnitt vor einem anderen Gericht eröffnet wird und anders ein geordneter Verfahrensablauf nicht gewährleistet werden kann.[37] Liegt beim Eingang einer Rechtsbeschwerdeschrift bereits diejenige eines anderen Beteiligten vor, kann sich auch aus dieser und der ihr beigefügten Abschrift des angefochtenen Beschlusses rechtzeitig ergeben, für und gegen wen das weitere Rechtsmittel eingelegt ist. Das gilt selbst dann, wenn die beiden Rechtsmittel zunächst unterschiedlichen Spruchkörpern des Rechtsbeschwerdegerichts zugegangen sind.[38]

c) Unterschrift. Nach **Abs. 1 S. 3** ist die Rechtsbeschwerdeschrift zu unterschreiben. Das hat durch einen beim BGH zugelassenen Rechtsanwalt (§ 10 Abs. 4 S. 1 bzw. § 114 Abs. 2) zu erfolgen,[39] bei Rechtsbeschwerden von Behörden und juristischen Personen des öffentlichen Rechts durch den vertretungsberechtigten Beschäftigten mit Befähigung zum Richteramt (§ 10 Abs. 4 S. 2 bzw. § 114 Abs. 3 S. 2), ebenso bei einer Rechtsbeschwerde der Landeskasse (s. Rn 13).

Die Rechtsbeschwerdeschrift muss **vom Rechtsanwalt eigenhändig** unterzeichnet sein, was Wirksamkeitsvoraussetzung ist.[40] Ein abgekürztes Handzeichen (Paraphe) genügt

---

[30] BGH NJW 2001, 1070.
[31] BVerfG NJW 1991, 3140.
[32] BGH NJW 2006, 1003; NJW-RR 2000, 1371.
[33] BGH NJW 2003, 1950.
[34] BGH NJW-RR 1998, 507.
[35] BGH NJW-RR 2006, 284.
[36] BGH NJW 2002, 1430.
[37] BGH NJW-RR 2007, 413.
[38] BGH NJW-RR 2008, 1161.
[39] BGH NJW 2002, 2181.
[40] BGH NJW 2001, 1581.

nicht.[41] Leserlichkeit der Unterschrift ist nicht notwendig, aber ein die Identität des Unterzeichners ausreichend kennzeichnender individuell gestalteter Namenszug, der die Absicht einer vollen Unterschrift erkennen lässt.[42] Ob eine solche vorliegt, beurteilt sich zunächst nach dem äußeren Erscheinungsbild.[43] Die Entscheidung über die Identifizierbarkeit des Verfassers ist aber aufgrund einer Gesamtwürdigung aller verfügbaren Umstände zu treffen.[44] Dabei kann eine dem Schriftzug beigefügte vollständige Namenswiedergabe in Maschinen- oder Stempelschrift zur Deutung vergleichend herangezogen werden.[45] Bei Ablauf der Rechtsmittelfrist muss außer Zweifel stehen, dass die Rechtsbeschwerdeschrift von dem Unterschriftsleistenden herrührt.[46] Bis zu diesem Zeitpunkt ist eine Nachholung der Unterschrift auf der eingereichten Rechtsbeschwerdeschrift zulässig. Sonst kommt Wiedereinsetzung in den vorigen Stand in Betracht, wenn das Büropersonal des Rechtsanwalts allgemein angewiesen ist, sämtliche ausgehenden Schriftsätze vor der Absendung auf das Vorhandensein einer Unterschrift zu überprüfen.[47] Eine fehlende Unterschrift auf der Urschrift ist aber unschädlich, wenn der Beglaubigungsvermerk unter der gleichzeitig eingereichten Abschrift vom Rechtsanwalt handschriftlich vollzogen ist[48] oder wenn sich aus anderen, eine Beweisaufnahme nicht erfordernden Umständen eine der Unterschrift vergleichbare Gewähr dafür ergibt, dass der Rechtsanwalt die **Verantwortung für den Inhalt** der Rechtsbeschwerdeschrift übernommen und diese willentlich in den Rechtsverkehr gebracht hat.[49] Diese Voraussetzung ist auch erfüllt, wenn eine nicht unterschriebene Rechtsbeschwerdeschrift als eine fest mit einem unterschriebenen Anschreiben verbundene Anlage eingereicht wird.[50]

22 Das Gesetz verlangt nur die Unterzeichnung, nicht auch die Abfassung der Rechtsbeschwerdeschrift durch einen beim BGH zugelassenen Rechtsanwalt. Denn Sinn und Zweck der Unterschrift ist die Führung des Nachweises, dass der Rechtsanwalt sich den Inhalt der Rechtsmittelschrift zu Eigen macht und die unbedingte Verantwortung dafür übernimmt.[51] Eine vorweg geleistete Blankounterschrift genügt nur, wenn der darüber angeordnete Text gemäß ausdrücklicher Weisung und aufgrund so genauer Festlegung des postulationsfähigen Rechtsanwalts erstellt wurde, dass dieser die eigenverantwortliche Prüfung des Inhalts bestätigen kann.[52] Außerdem muss die Verwendung von Blankounterschriften auf Ausnahmesituationen beschränkt bleiben sowie eine auf den Einzelfall bezogene Anleitung und Überwachung durch den zugelassenen Rechtsanwalt sichergestellt sein.[53]

23 Bei der Rechtsbeschwerdeschrift einer **Behörde** oder juristischen Person des öffentlichen Rechts (§§ 10 Abs. 4 S. 2, 114 Abs. 3 S. 2) ist es als ausreichend anzusehen, wenn sie durch den vor dem BGH auftrittsberechtigten Beschäftigten nicht eigenhändig unterzeichnet ist, sondern eine beglaubigte und mit einem Dienststempel versehene, den Namen des verantwortlichen Verfassers in Maschinenschrift ausweisende Abschrift eingereicht wird.[54] Denn das bietet eine der Unterschrift vergleichbare Gewähr für die Urheberschaft.

6. Beifügung einer Entscheidungsabschrift (Abs. 1 S. 4)

24 Nach **Abs. 1 S. 4** soll mit der Rechtsbeschwerdeschrift eine Ausfertigung oder beglaubigte Abschrift des angefochtenen Beschlusses eingereicht werden. Hierbei handelt es sich um eine bloße **Ordnungsvorschrift,** deren Befolgung die zur Zulässigkeit des Rechts-

---

[41] BGH NJW 1994, 55.
[42] BGH NJW 2005, 3775; NJW 1997, 3380.
[43] BGH NJW 1994, 55, NJW 1987, 957.
[44] BGH NJW-RR 2010, 358.
[45] BGH NJW-RR 1997, 760; NJW-RR 1991, 511.
[46] BGH NJW-RR 2004, 1364.
[47] BGH NJW-RR 2003, 1366; NJW-RR 2003, 277.
[48] BGH NJW-RR 2008, 1020.
[49] BGH NJW 2005, 2086.
[50] BGH NJW 2010, 3661.
[51] BVerfG NJW 2007, 3117; BGH NJW 2003, 2028; NJW 1986, 1760.
[52] BGH NJW 2005, 2709.
[53] BAG NJW 1983, 1447.
[54] GmS-OGB NJW 1980, 172.

mittels erforderliche Identifizierung der vom Rechtsmittel betroffenen Entscheidung (s. Rn 17) erleichtern und das Rechtsbeschwerdegericht möglichst frühzeitig über den Inhalt dieser Entscheidung informieren soll.[55]

III. Begründung der Rechtsbeschwerde
1. Begründungsfrist (Abs. 2)

Die form- und fristgerechte Begründung der Rechtsbeschwerde ist ebenfalls Voraussetzung der Zulässigkeit des Rechtsmittels und muss nach **Abs. 2 S. 1** innerhalb von **1 Monat** erfolgen. Diese Frist beginnt nach **Abs. 2 S. 2** wie diejenige zur Einlegung des Rechtsmittels mit der schriftlichen Bekanntgabe des angefochtenen Beschlusses. Die Begründung kann schon in der Rechtsbeschwerdeschrift enthalten sein oder einem gesonderten Schriftsatz vorbehalten bleiben. 25

Im Gegensatz zur Einlegungsfrist ist die Begründungsfrist keine Notfrist, sondern **kann auf Antrag** durch den Vorsitzenden des Rechtsbeschwerdegerichts **verlängert werden.** Dies ist ohne vom Gesetz vorgegebene zeitliche Begrenzung möglich, wenn der andere Beteiligte einwilligt (**Abs. 2 S. 3** i. V. m. § 551 Abs. 2 S. 5 ZPO). Ohne diese Einwilligung kann die Frist um bis zu zwei Monate verlängert werden, wenn dadurch das Verfahren nicht verzögert wird oder der Rechtsbeschwerdeführer erhebliche Gründe für eine Verlängerung darlegt; in beiden Fällen entscheidet der Vorsitzende nach freier Überzeugung (Abs. 2 S. 3 i. V. m. § 551 Abs. 2 S. 6 1. Halbs. ZPO). Kann dem Rechtsbeschwerdeführer innerhalb der verlängerten Frist nicht für einen angemessenen Zeitraum Akteneinsicht gewährt werden, kann der Vorsitzende die Frist ohne Einwilligung des anderen Beteiligten auf Antrag um bis zu zwei Monate nach bewirkter Übersendung der Verfahrensakten erneut verlängern (Abs. 2 S. 3 i. V. m. § 551 Abs. 2 S. 6 2. Halbs. ZPO). Damit soll es dem Rechtsbeschwerdeführer im Hinblick auf den erforderlichen Anwaltswechsel bzw. die erstmalige Bestellung eines Anwalts ermöglicht werden, die gesamte Rechtsbeschwerdebegründung erst anfertigen zu müssen, wenn dieser Einsicht in die Verfahrensakten nehmen konnte.[56] Der Verlängerungsantrag muss ebenfalls durch einen beim BGH zugelassenen Rechtsanwalt gestellt werden. 26

Die **Entscheidung über die Fristverlängerung** setzt keine Feststellung der rechtzeitigen Einlegung des Rechtsmittels und deshalb auch keine entsprechende Darlegung voraus, weil über die Rechtzeitigkeit erst bei Entscheidung über die Zulässigkeit (§ 74 Abs. 1 S. 1) zu befinden ist.[57] Voraussetzung einer wirksamen Verlängerung ist, dass der Antrag bis zum Ablauf des letzten Tages der Frist beim Rechtsbeschwerdegericht eingeht, selbst wenn er ein falsches Aktenzeichen enthält. Dem Inhalt des Antrags muss aber wenigstens durch Auslegung zu entnehmen sein, auf welches Verfahren er sich bezieht.[58] Weil die Verlängerung Voraussetzung der Zulässigkeit des Rechtsmittels ist und sowohl deren Bejahung wie die Verwerfung der Rechtsbeschwerde wegen Fristversäumung (§ 74 Abs. 1 S. 2) eine Entscheidung über den Verlängerungsantrag zwingend voraussetzen, ist der Antrag durch **Verfügung des Vorsitzenden** ausdrücklich zu bescheiden. Sie wird mit Bekanntgabe an den Verfahrensbevollmächtigten des Rechtsbeschwerdeführers wirksam.[59] Diese kann durch formlose Mitteilung (§ 15 Abs. 3) erfolgen, auch telefonisch. Weicht die Bekanntgabe von der durch den Vorsitzenden verfügten Verlängerung ab, ist der Wortlaut der bekannt gegebenen Verfügung maßgeblich, weil sich der Verfahrensbevollmächtigte grundsätzlich auf den objektiven Inhalt der Mitteilung verlassen darf.[60] Wird die Frist um einen bestimmten Zeitraum verlängert und fällt der letzte Tag der ursprünglichen Frist auf einen Sonntag, einen allgemeinen Feiertag oder einen Sonnabend, beginnt der verlängerte Teil der Frist erst mit dem Ablauf des nächstfolgenden Werktags, § 16 Abs. 2 FamFG i. V. m. § 222 Abs. 2 ZPO (s. § 16 Rn 19).[61] 27

---

[55] BT-Drs. 16/6308 S. 209.
[56] BT-Drs. 15/1508 S. 21.
[57] BGH NJW-RR 2005, 792.
[58] BGH NJW 2003, 3418.
[59] BGH NJW 1990, 1797.
[60] BGH NJW 1999, 1036.
[61] BGH NJW 2006, 700.

28 Die **Einwilligung des anderen Beteiligten** in die Fristverlängerung muss nicht schriftlich und gegenüber dem Rechtsbeschwerdegericht erklärt, sondern kann auch vom Verfahrensbevollmächtigten des Rechtsbeschwerdeführers eingeholt werden.[62] Dann ist sie aber im Verlängerungsantrag ausdrücklich darzulegen.[63] Nur ausnahmsweise reicht eine konkludente Darlegung, etwa bei wiederholter Antragstellung.[64]

29 **Erhebliche Gründe** für eine Fristverlängerung sind insbesondere Vergleichsverhandlungen, Krankheit oder Urlaub des Verfahrensbevollmächtigten oder des Beteiligten, berufliche Überlastung des Anwalts und die Notwendigkeit einer (weiteren) Rücksprache mit dem Beteiligten,[65] ferner eine erst kurz vor Fristablauf erfolgte Bevollmächtigung des (neuen) Anwalts und dadurch erforderliche Einarbeitung in die Sache.[66] Die Gründe sind im Einzelnen darzutun und auf Verlangen näher zu substantiieren oder glaubhaft zu machen.[67] Wird aber ein nach der höchstrichterlichen Rechtsprechung als erheblich anerkannter Grund geltend gemacht, darf der Anwalt regelmäßig auch ohne nähere Substantiierung und Glaubhaftmachung auf eine positive Bescheidung seines Antrags vertrauen.[68] Der Vertrauensschutz gilt jedoch nur so lange, bis das Rechtsbeschwerdegericht über den Verlängerungsantrag entschieden hat. Wird ihm nur teilweise stattgegeben, kann der Beteiligte nicht mehr auf eine antragsgemäße Verlängerung vertrauen, außer wenn durch deren Versagung die Verfahrensgrundrechte auf effektiven Rechtsschutz und ein faires Verfahren verletzt werden.[69] Nur dann kommt Wiedereinsetzung (§ 17) gegen die Versäumung der Begründungsfrist in Betracht.[70]

30 **Bei Bewilligung von Verfahrenskostenhilfe** für die Durchführung einer beabsichtigten Rechtsbeschwerde und Beantragung von Wiedereinsetzung in den vorigen Stand gegen die Versäumung der Einlegungsfrist und der Begründungsfrist bestehen Zweifel darüber, wann für den bedürftigen Beteiligten die **Frist zur Nachholung der Begründung** beginnt. Der für die zivilprozessuale Rechtsbeschwerde vertretenen Auffassung, diese Frist beginne schon mit der Bekanntgabe der Bewilligung von Verfahrenskostenhilfe, liegt der Umstand zugrunde, dass nach § 234 Abs. 1 ZPO die Wiedereinsetzungs- und damit auch die Nachholungsfrist (§ 236 Abs. 2 S. 2 ZPO) betreffend die Einlegung zwei Wochen (S. 1), diejenige wegen der Begründung hingegen einen Monat (S. 2) seit Bewilligung der Verfahrenskostenhilfe beträgt, weshalb die bedürftige und die bemittelte Partei dann im Hinblick auf die Länge der Begründungsfrist von einem Monat im Ergebnis gleich gestellt sind.[71] Das lässt sich auf das FamFG-Verfahren nur für Ehesachen und Familienstreitsachen übertragen, weil allein dort die Wiedereinsetzungsfrist von einem Monat gilt (§ 117 Abs. 5 FamFG i. V. m. § 234 Abs. 1 S. 2 ZPO).[72] Dagegen hat der Gesetzgeber für den Bereich der freiwilligen Gerichtsbarkeit in § 18 Abs. 1 u. 3 S. 2 bei der Bemessung der Wiedereinsetzungsfrist nicht differenziert und sich für eine einheitliche Frist von zwei Wochen zur Nachholung der versäumten Rechtshandlung, d. h. auch der Begründung des Rechtsmittels entschieden. Deshalb erscheint es geboten, die Regelung des § 18 Abs. 3 S. 2 zur verfassungsrechtlich gebotenen Vermeidung einer Benachteiligung des bedürftigen Beteiligten bei seiner Rechtswahrnehmung[73] und einer sachlich nicht gerechtfertigten Ungleichbehandlung gegenüber der für Ehesachen und Familienstreitsachen geltenden Rechtslage in der Weise auszulegen, dass die Frist zur Nachholung der Begründung einen Monat (Abs. 2 S. 1) beträgt und mit Bekanntgabe der Bewilligung von Verfahrenskostenhilfe beginnt.[74]

---

[62] BGH NJW 2005, 72.
[63] BGH NJW-RR 2005, 865.
[64] BGH NJW 2006, 2192.
[65] BGH NJW 2010, 1610.
[66] BGH NJW-RR 2000, 799.
[67] BGH NJW 1999, 430.
[68] BVerfG NJW 2000, 1634; BAG NJW 1995, 1446.
[69] BGH NJW-RR 2008, 76.
[70] BGH NJW-RR 2004, 785.
[71] BGH NJW 2008, 3500.
[72] BT-Drs. 16/6308 S. 225; BT-Drs. 16/12717 S. 61.
[73] BGH NJW 2003, 3782 (zur ZPO-Rechtsbeschwerde).
[74] BGH FGPrax 2010, 154; anders 16. Aufl. (zwei Wochen nach Bekanntgabe der Entscheidung über die Wiedereinsetzung gegen die Versäumung der Einlegungsfrist).

Werden dem Rechtsbeschwerdeführer die Verfahrensakten nicht rechtzeitig zur Ver- 31
fügung gestellt, kann die Wiedereinsetzungsfrist hinsichtlich der Begründung des Rechtsmittels angemessen verlängert werden (**Abs. 2 S. 3** i. V. m. § 551 Abs. 2 S. 6 2. Halbs. ZPO).[75]

2. Notwendiger Inhalt der Begründung (Abs. 3)

a) **Allgemeines.** Die Begründung der Rechtsbeschwerde muss einen bestimmten An- 32
trag (Abs. 3 Nr. 1) und die Angabe der Rechtsbeschwerdegründe (Abs. 3 Nr. 2) enthalten. Welche Gründe insoweit in Betracht kommen, ist in § 72 geregelt.

b) **Rechtsbeschwerdeanträge.** Der Rechtsbeschwerdeantrag erfordert nach **Abs. 3** 33
Nr. 1 die Erklärung, inwieweit der vom Rechtsmittel betroffene Beschluss angefochten und dessen Aufhebung (§ 74 Abs. 5) beantragt werden soll. Damit legt der Antrag den **Umfang der Anfechtung** fest und bestimmt zugleich, inwieweit die Sache dem Rechtsbeschwerdegericht zur Prüfung und Entscheidung anfällt (§ 74 Abs. 3 S. 1). Ist der Wortlaut des Antrags unklar, ist unter Heranziehung des weiteren Inhalts der Rechtsbeschwerdebegründung das Begehren des Rechtsbeschwerdeführers durch Auslegung zu ermitteln, und zwar so, wie es nach den Maßstäben der Rechtsordnung vernünftig ist und dem Interesse des Beteiligten entspricht.[76] Führt auch dies nicht zur Feststellung des konkreten Rechtsschutzziels, ist das Rechtsmittel unzulässig.

Das **Fehlen eines förmlichen Antrags** ist unschädlich, wenn die innerhalb der Begrün- 34
dungsfrist eingereichten Schriftsätze des Rechtsbeschwerdeführers ihrem gesamten Inhalt nach eindeutig ergeben, in welchem Umfang und mit welchem Ziel der Beschluss des Beschwerdegerichts angefochten werden soll. Dafür genügt regelmäßig ein auf Aufhebung und Zurückverweisung gerichtetes Begehren.[77]

Wird die Rechtsbeschwerde unbeschränkt eingelegt, gelangt das Verfahren im gesamten 35
Umfang der durch die angefochtene Entscheidung bewirkten Beschwer (§ 59 Abs. 1) des Rechtsbeschwerdeführers in die Rechtsbeschwerdeinstanz. Eine **Beschränkung des Rechtsmittels** ist in Bezug auf einen tatsächlich und rechtlich selbstständigen Teil des Verfahrensgegenstandes, der einer selbstständig anfechtbaren Teil- oder Zwischenentscheidung zugänglich gewesen wäre, zulässig. Das gilt z. B. für die Beschränkung auf einen bestimmten Teil des in der Beschwerdeinstanz gegenständlichen Unterhaltszeitraums.[78] Dagegen kann das Rechtsmittel nicht wirksam auf die Frage der Zulässigkeit der Beschwerde beschränkt werden.[79] Bei einer zulässigen Beschränkung kann die Rechtsbeschwerde bis zur Entscheidung des Rechtsbeschwerdegerichts, in Ehesachen (§ 121) und Familienstreitsachen (§ 112) bis zum Ende der mündlichen Verhandlung, erweitert werden. Etwas anderes gilt nur, wenn der in der Rechtsbeschwerdebegründung enthaltene Antrag zugleich als Rechtsmittelverzicht im Übrigen zu verstehen ist; dass seine Fassung hinter der Beschwer zurückbleibt, reicht dazu jedoch regelmäßig nicht aus.[80] Die Erweiterung muss sich aber im Rahmen der Rechtsbeschwerdebegründung bewegen,[81] d. h. von den innerhalb der Begründungsfrist geltend gemachten Rechtsbeschwerdegründen erfasst sein.

c) **Angabe der Rechtsbeschwerdegründe.** Die nach **Abs. 3 Nr. 2** geforderte Angabe 36
der Rechtsbeschwerdegründe (§ 72) dient der Verfahrenskonzentration auf die Rechtsprüfung und setzt voraus, dass der Rechtsbeschwerdeführer die von ihm im Einzelnen anzuführenden Anfechtungsgründe bestimmt bezeichnet. Das Begründungserfordernis soll gewährleisten, dass die Sache für die Rechtsbeschwerdeinstanz ausreichend vorbereitet wird. Dazu gehört eine aus sich heraus verständliche Angabe, in welchen bestimmten Punkten und aus welchen Erwägungen die angefochtene Entscheidung für unrichtig gehalten wird.[82]

---

[75] BGH NJW-RR 2008, 146.
[76] BGH NJW-RR 2005, 1659.
[77] BGH NJW 2006, 2705; NJW-RR 1996, 833.
[78] BGH FamRZ 2004, 612; FamRZ 2003, 590.
[79] BGH NJW 2007, 1466; NJW 1987, 3264.
[80] BGH NJW 1985, 3079.
[81] BGH NJW-RR 1988, 66.
[82] BVerfG NJW-RR 2002, 135; BGH NJW-RR 2008, 1308.

Danach ist eine **Auseinandersetzung mit den tragenden Gründen des angefochtenen Beschlusses** erforderlich. Der Mindestgehalt dieser Auseinandersetzung hängt aber vom Einzelfall ab, insbesondere vom Inhalt der angegriffenen Gründe. Beschränken sich diese etwa hinsichtlich der entscheidungserheblichen Rechtsfrage in einem knappen Satz auf einen einzigen Gesichtspunkt, reicht es aus, wenn die Rechtsbeschwerdebegründung diese Rechtsauffassung angreift und ähnlich kurz darlegt, warum sie unrichtig sein soll.[83] Insgesamt genügt es aber nicht, die Entscheidung mit formelhaften Wendungen zu rügen oder lediglich auf das Vorbringen des Rechtsbeschwerdeführers in der Beschwerdeinstanz zu verweisen.[84] Nur wenn die Rechtsbeschwerde ausschließlich auf neue, ausnahmsweise zu berücksichtigende Tatsachen (s. § 74 Rn 35 ff.) gestützt wird und diese auch unter Zugrundelegung der Rechtsauffassung des Beschwerdegerichts zu einer anderen Beurteilung der Sache führen können, braucht sich der Rechtsbeschwerdeführer damit nicht auseinanderzusetzen.[85]

37 Ist die Rechtsbeschwerde unbeschränkt eingelegt, muss sie den gesamten Beschluss in Frage stellen und dazu grundsätzlich alle tragenden Erwägungen der angefochtenen Entscheidung beanstanden, auch hinsichtlich quantitativ abgegrenzter Teile des Verfahrensgegenstandes.[86] Beruht die Entscheidung auf einem einheitlichen, alle Teile erfassenden gemeinsamen Grund, genügt ein dagegen im Ganzen gerichteter Angriff.[87] Hat das Beschwerdegericht eine von ihm erkannte Rechtsfolge auf mehrere voneinander unabhängige, selbständig tragende rechtliche Erwägungen gestützt, muss die Rechtsbeschwerdebegründung im Einzelnen ergeben, warum nach Auffassung des Rechtsmittelführers jede dieser Erwägungen nicht trägt.[88] Etwas anderes gilt nur dann, wenn ausnahmsweise der allein auf einen einzigen jener selbständigen Gründe bezogene Angriff aus Rechtsgründen zugleich alle anderen zu Fall bringt.[89]

38 Danach ist unter einer Angabe der Rechtsbeschwerdegründe i. S. d. Abs. 3 Nr. 2 deren **Darlegung** zu verstehen. Deshalb hat der Rechtsbeschwerdeführer die Anfechtungsgründe, die er geltend machen will, nicht nur eindeutig zu benennen, sondern deren Voraussetzungen – also bei einer Sachrüge die konkreten Umstände, aus denen sich eine Verletzung des materiellen Rechts ergibt **(Abs. 3 Nr. 2 a)** und bei einer Verfahrensrüge die einzelnen Tatsachen, die einen Verfahrensfehler ergeben **(Abs. 3 Nr. 2 b)** – substantiiert vorzutragen. Die Bezeichnung der verletzten Rechtsnorm ist nicht erforderlich. Es genügt auch die konkludente Rüge der fehlerhaften Anwendung einer konkreten Norm.[90] Der Rechtsfehler ist aber so aufzuzeigen, dass Gegenstand und Richtung des Rechtsbeschwerdeangriffs erkennbar sind.[91]

39 Die Darlegung muss auch die mögliche **Entscheidungserheblichkeit** der gerügten Rechtsverletzung umfassen, soweit sie nicht ohne Weiteres aus dem angefochtenen Beschluss ersichtlich ist. Dazu ist aufzuzeigen, aus welchem nach § 74 Abs. 3 S. 4 FamFG i. V. m. § 559 ZPO noch zu berücksichtigenden Vorbringen des Rechtsbeschwerdeführers sich die Ursächlichkeit der Rechtsverletzung für die angefochtene Entscheidung ergibt oder aus welchem verfahrensfehlerhaft festgestellten Sachverhalt sie folgt.[92]

40 Bei einer **Rüge der Verletzung des Anspruchs auf rechtliches Gehör** ist auszuführen, was der Rechtsbeschwerdeführer zu einer bestimmten Tatsache, einer konkreten Rechtsfrage oder einem bestimmten Vorbringen eines anderen Beteiligten vorgetragen hätte, wenn ihm das Beschwerdegericht hierzu, insbesondere durch einen Hinweis (§ 28 Abs. 1, in Ehesachen und Familienstreitsachen § 113 Abs. 1 S. 2 FamFG i. V. m. § 139 ZPO), Gelegenheit bzw. Veranlassung gegeben hätte. Mithin ist der infolge Gehörsverlet-

---

[83] BGH NJW 2000, 364.
[84] BGH NJW 2003, 4435; NJW 2000, 1576.
[85] BGH NJW 2002, 1130.
[86] BGH NJW 2000, 947; NJW 1997, 1309.
[87] BGH NJW 1998, 1399; NJW 1994, 2289.
[88] BGH NJW 1998, 1081; BAG NJW 2008, 2206.
[89] BGH NJW 2007, 1534.
[90] BGH NJW-RR 1990, 480.
[91] BAG NJW 2004, 1683.
[92] BGH NJW 2003, 831.

zung unterbliebene Vortrag vollständig nachzuholen[93] und darzulegen, dass das Beschwerdegericht bei einem solchen Vorbringen möglicherweise anders entschieden hätte.[94] Wird das Übergehen eines bestimmten Tatsachenvortrags geltend gemacht, muss nicht nur dargelegt werden, aus welchen Umständen sich dies ergibt[95] und dass dieser Vortrag berücksichtigungsfähig war,[96] sondern es ist die Ursächlichkeit der Nichtberücksichtigung für die angefochtene Entscheidung argumentativ nachzuvollziehen. Entsprechendes gilt für das gerügte Übergehen eines Beweisantritts, nachdem zuvor unter Bezeichnung von Beweisthema und Beweismittel angegeben wurde, zu welchem Punkt eine gebotene Beweisaufnahme unterblieben sein soll.[97]

Wird die **Rüge rechtsfehlerhafter Tatsachenfeststellung** erhoben, muss konkret dargestellt werden, dass sich dies aus der Beschwerdeentscheidung und dem dort zur Grundlage gemachten Akteninhalt bzw. dem in Bezug genommenen Vorbringen der Beteiligten ergibt und deshalb die nach § 74 Abs. 3 S. 4 FamFG i. V. m. § 559 ZPO grundsätzlich bestehende Bindung des Rechtsbeschwerdegerichts entfällt (siehe dazu im einzelnen § 74 Rn 26 ff.). In **Ehesachen und Familienstreitsachen** kann eine Unrichtigkeit tatbestandlicher Feststellungen auch geltend gemacht werden, wenn und soweit der Rechtsbeschwerdeführer einen Antrag auf Tatbestandsberichtigung nach § 113 Abs. 1 S. 2 FamFG i. V. m. § 320 ZPO (s. § 38 Rn 59) gestellt hatte und sich aus dem den Antrag zurückweisenden Beschluss des Beschwerdegerichts ergibt, dass die zweitinstanzliche Tatsachenfeststellung widersprüchlich ist.[98] 41

Nach Ablauf der Begründungsfrist kommt ein **Nachschieben von Rügen** hinsichtlich der Verletzung materiellen Rechts **(Abs. 3 Nr. 2 a)** bis zum Erlass der Entscheidung des Rechtsbeschwerdegerichts, in Ehesachen (§ 121) und Familienstreitsachen (§ 112) bis zum Schluss der mündlichen Verhandlung, ohne Einschränkung in Betracht. Denn nach § 74 Abs. 3 S. 1 u. 2 hat das Rechtsbeschwerdegericht die angefochtene Entscheidung im Umfang der Rechtsbeschwerdeanträge ohne Bindung an die geltend gemachten Rechtsbeschwerdegründe und somit uneingeschränkt auf inhaltliche Richtigkeit zu prüfen.[99] Verfahrensrügen **(Abs. 3 Nr. 2 b)** können dagegen nach Fristablauf nur noch nachgeholt werden, soweit sie Mängel betreffen, die das Rechtsbeschwerdegericht nach § 74 Abs. 3 S. 3 von Amts wegen zu berücksichtigen hat. Dies sind nur solche, die einer Sachentscheidung des Rechtsbeschwerdegerichts entgegenstehen (s. § 74 Rn 19 ff.). 42

Wurde innerhalb der Begründungsfrist eine den Mindestanforderungen des Abs. 3 genügende und deshalb wirksame, jedoch **inhaltlich unvollständige Begründung** eingereicht, etwa weil diese einen quantitativ abgrenzbaren Teil des Verfahrensgegenstandes nicht erfasst, kommt eine Wiedereinsetzung in den vorigen Stand zur teilweisen Nachholung der Begründung oder zur nachträglichen Geltendmachung von Verfahrensrügen nicht in Betracht. Denn dann fehlt es an einer Fristversäumung i. S. d. § 17 Abs. 1 bzw. § 113 Abs. 1 S. 2 FamFG i. V. m. § 233 ZPO; das Institut der Wiedereinsetzung dient nicht dazu, inhaltliche Unvollständigkeiten einer an sich fristgerecht eingereichten Rechtsmittelbegründung zu heilen.[100] Davon zu unterscheiden ist der Fall, dass Teile der Rechtsbeschwerdebegründung aufgrund unvollständiger Übermittlung nicht rechtzeitig an das Rechtsmittelgericht gelangt sind. Denn dann kann es nicht auf den zufälligen Umstand ankommen, ob der fristgerecht eingegangene Rest des Schriftsatzes die Mindestanforderungen an eine Rechtsmittelbegründung wahrt.[101] 43

Mit der **Rechtsbeschwerde gegen einen kassatorischen Beschluss** nach § 69 Abs. 1 S. 3, in Ehesachen und Familienstreitsachen nach § 117 Abs. 2 S. 1 FamFG i. V. m. § 538 Abs. 2 S. 1 Nr. 1 ZPO, kann geltend gemacht werden, dass in erster Instanz kein wesentli- 44

---

[93] BGH NJW-RR 2003, 1003; NJW-RR 1988, 208.
[94] BAG NJW 2005, 1885.
[95] BAG NZA 2005, 652.
[96] BAG NJW 2006, 1614.
[97] BAG NJW 2005, 2637.
[98] BGH NJW 2011, 1513.
[99] BGH NJW 1999, 2817.
[100] BGH NJW 1997, 1309.
[101] BGH NJW 2000, 364.

cher Verfahrensmangel vorgelegen hat, keine umfangreiche oder aufwändige Beweiserhebung erforderlich war und das Beschwerdegericht die Voraussetzungen bzw. die Grenzen seines Ermessens verkannt oder dieses gar nicht ausgeübt hat. Die Tatsachen, aus denen sich dieser Verfahrensmangel ergeben soll, müssen nach Abs. 3 Nr. 2 b im Einzelnen bezeichnet werden. Zwar können dabei auch materiell-rechtliche Erwägungen der angefochtenen Entscheidung gerügt werden; das allein reicht aber ohne Darlegung, dass in der Sache selbst zu entscheiden war (§ 69 Abs. 1 S. 1), für eine ordnungsgemäße Verfahrensrüge nicht aus.[102]

45   d) **Begründung einer zulassungsfreien Rechtsbeschwerde.** Es sind **zwei Anwendungsfälle** zu unterscheiden.

46   aa) *Bereich der freiwilligen Gerichtsbarkeit.* Die Rechtsbeschwerde findet ausschließlich gegen die in **§ 70 Abs. 3** aufgeführten Entscheidungen in Betreuungs-, Unterbringungs- und Freiheitsentziehungssachen sowie in Kindschaftssachen nach § 151 Nr. 6 u. 7 kraft Gesetzes statt (s. § 70 Rn 45 ff.). Dabei sind in der Rechtsbeschwerdeschrift auch **keine besonderen Zulässigkeitsvoraussetzungen** darzulegen, weil solche nicht bestehen.

47   bb) *Ehesachen und Familienstreitsachen.* Die Rechtsbeschwerde findet wegen der in § 117 Abs. 1 S. 4 u. Abs. 2 S. 1 geregelten Verweisung auf **§§ 522 Abs. 1 S. 4, 514 Abs. 2 S. 2 ZPO** kraft Gesetzes statt, wenn das Beschwerdegericht die Beschwerde als unzulässig verwirft, Wiedereinsetzung gegen die Versäumung der Beschwerdefrist versagt oder durch zweiten Versäumnisbeschluss entscheidet. Dann ist § 574 Abs. 2 ZPO entsprechend anzuwenden (s. § 70 Rn 47).[103] In diesen Fällen ist somit für die Zulässigkeit des Rechtsmittels ein **Zulassungsgrund erforderlich,** den der Rechtsbeschwerdeführer darzulegen hat (§ 575 Abs. 3 Nr. 2 ZPO analog).

48   Dazu hat der Rechtsbeschwerdeführer den behaupteten Zulassungsgrund nicht nur zu benennen, sondern er muss darüber hinaus zu dessen Voraussetzungen substantiiert vortragen.[104] Dies hat so zu erfolgen, dass das Rechtsbeschwerdegericht die Voraussetzungen der Zulassung nicht anhand der Akten ermitteln muss, sondern sie allein aufgrund der Lektüre von Rechtsbeschwerdebegründung und angefochtener Entscheidung prüfen kann.[105] Hat das Beschwerdegericht allerdings die Rechtsbeschwerde irrtümlich zugelassen, kann es im Einzelfall als Förmelei erscheinen, die bereits vom Beschwerdegericht vorweggenommene Darlegung eines Zulassungsgrundes ausdrücklich zu wiederholen; dann genügt auch eine stillschweigende Bezugnahme auf die Begründung des Zulassungsausspruchs.[106] Beruht der Beschluss des Beschwerdegerichts auf mehreren selbstständig tragenden Begründungen, ist die Rechtsbeschwerde nur zulässig, wenn hinsichtlich jeder dieser Begründungen die Zulässigkeitsvoraussetzungen dargelegt werden.[107]

49   Wird die Zulässigkeit der Rechtsbeschwerde auf **grundsätzliche Bedeutung** gestützt, ist vorzutragen, dass die Rechtssache tatsächlich eine klärungsbedürftige entscheidungserhebliche Rechtsfrage aufwirft, die sich in einer unbestimmten Vielzahl von Fällen stellen kann. Dabei ist insbesondere auszuführen, aus welchen Gründen, in welchem Umfang und von welcher Seite die betreffende Rechtsfrage umstritten ist.[108] Zur Darlegung des Zulassungsgrundes der **Fortbildung des Rechts** ist eine entscheidungserhebliche abstrakte Rechtsfrage herauszustellen und substantiiert darauf einzugehen, inwiefern ein allgemeines Interesse klärungsbedürftig ist.[109] Bei Einlegung des Rechtsmittels zur **Sicherung einer einheitlichen Rechtsprechung** wegen Divergenz ist die Darlegung erforderlich, dass die angefochtene Entscheidung dieselbe Rechtsfrage anders beantwortet als die Entscheidung eines höherrangigen oder eines anderen gleichrangigen Gerichts oder eines anderen Spruchkörpers des Beschwerdegerichts.[110] Dazu muss der Rechtsbeschwerdeführer die Vorent-

---

[102] BGH NJW-RR 2008, 585; NJW 1997, 1710.
[103] BGH NJW 2003, 2172.
[104] BGH NJW-RR 2010, 784.
[105] BGH NJW 2003, 65.
[106] BGH FamRZ 2005, 792.
[107] BGH NJW-RR 2006, 1346; NJW-RR 2006, 142.
[108] BGH NJW 2003, 1943.
[109] BGH MDR 2010, 229.
[110] BGH NJW 2002, 2473.

scheidung konkret benennen und zitieren sowie deren angeblich divergierenden abstrakten Rechtssatz demjenigen der angefochtenen Entscheidung gegenüberstellen und vortragen, inwiefern beide nicht übereinstimmen.[111] Will er diesen Zulassungsgrund aus einer Wiederholungs- oder Nachahmungsgefahr (s. § 75 Rn 11) herleiten, sind darauf bezogene Darlegungen nur entbehrlich, wenn sich eine solche Gefahr bereits aus der rechtlichen Begründung des Beschwerdegerichts oder aus offenkundigen Umständen ergibt.[112] Wurde die Beschwerde als unzulässig verworfen, ohne dies dem Beschwerdeführer unter Angabe des in Aussicht genommenen Grundes anzukündigen, ist schon allein wegen dieser Gehörsverletzung eine Entscheidung des BGH zur Sicherung einer einheitlichen Rechtsprechung erforderlich.[113] Ebenso, wenn das Beschwerdegericht gleichzeitig die Beschwerde als unzulässig verworfen und die vom Beschwerdeführer innerhalb der Begründungsfrist (§ 117 Abs. 1 S. 3) beantragte Verfahrenskostenhilfe für das Beschwerdeverfahren versagt hat.[114]

IV. Bekanntgabe an die anderen Beteiligten (Abs. 4)

Nach **Abs. 4** sind sowohl die Rechtsbeschwerdeschrift wie die Begründungsschrift den anderen Beteiligten nach Maßgabe von § 15 Abs. 2 bekannt zu geben. Die **Wirksamkeit des Rechtsmittels hängt davon nicht ab.**[115] Die Bekanntgabe ist jedoch nach § 15 Abs. 1 erforderlich, weil erst durch sie die Frist zur Anschließung ausgelöst wird (§ 73 S. 1).   50

Gründe der Rechtsbeschwerde

72 (1) ¹Die Rechtsbeschwerde kann nur darauf gestützt werden, dass die angefochtene Entscheidung auf einer Verletzung des Rechts beruht. ²Das Recht ist verletzt, wenn eine Rechtsnorm nicht oder nicht richtig angewendet worden ist.

(2) Die Rechtsbeschwerde kann nicht darauf gestützt werden, dass das Gericht des ersten Rechtszugs seine Zuständigkeit zu Unrecht angenommen hat.

(3) **Die §§ 547, 556 und 560 der Zivilprozessordnung gelten entsprechend.**

Übersicht

	Rn
I. Normzweck und Anwendungsbereich	1
II. Verletzung des Rechts (Abs. 1)	2
1. Begriff des Rechts (Abs. 1 S. 1)	2
2. Begriff der Rechtsverletzung (Abs. 1 S. 2)	5
3. Ermessensausübung	8
a) Allgemeines	8
b) Schätzungsermessen	9
c) Handlungsermessen	10
d) Beurteilungsermessen	15
4. Anwendung unbestimmter Rechtsbegriffe	17
5. Anwendung von Denkgesetzen und Erfahrungssätzen	22
III. Ursächlichkeit der Rechtsverletzung (Abs. 1 S. 1)	25
IV. Absolute Rechtsbeschwerdegründe (Abs. 3 i. V. m. § 547 ZPO)	30
1. Allgemeines	30
2. Nicht vorschriftsmäßige Besetzung des Gerichts (§ 547 Nr. 1 ZPO)	31
3. Mitwirkung eines ausgeschlossenen Richters (§ 547 Nr. 2 ZPO)	36
4. Mitwirkung eines erfolgreich abgelehnten Richters (§ 547 Nr. 3 ZPO)	37
5. Nicht vorschriftsmäßige Vertretung eines Beteiligten (§ 547 Nr. 4 ZPO)	38
6. Verletzung der Vorschriften über die Öffentlichkeit (§ 547 Nr. 5 ZPO)	41
7. Fehlende Begründung der Beschwerdeentscheidung (§ 547 Nr. 6 ZPO)	42
V. Ausschluss der Unzuständigkeitsrüge (Abs. 2)	47
VI. Verlust des Rügerechts bei Verfahrensfehlern (Abs. 3 i. V. m. § 556 ZPO)	51
VII. Bindung an Feststellungen zu ausländischem Recht (Abs. 3 i. V. m. § 560 ZPO)	53

---

[111] BGH NJW 2003, 65.
[112] BGH NJW 2004, 2222; NJW 2004, 1960.
[113] BGH NJW-RR 2010, 1075 (Versäumung der Begründungsfrist).
[114] BGH FamRZ 2011, 881.
[115] BGH NJW 1976, 108.

I. Normzweck und Anwendungsbereich

1 § 72 regelt für **alle Angelegenheiten des FamFG** (§ 1), was mit der Rechtsbeschwerde erfolgreich gerügt werden kann und legt damit die Voraussetzungen für die Begründetheit des Rechtsmittels fest. Zugleich wird der dem Rechtsbeschwerdegericht eröffnete Prüfungsumfang eingegrenzt. **Abs. 1** bestimmt in S. 1 ebenso wie der durch das FGG-RG neu gefasste § 545 Abs. 1 ZPO, dass nur eine – für die angefochtene Entscheidung ursächliche – Rechtsverletzung geltend gemacht werden kann und definiert diese in S. 2 in Übereinstimmung mit § 546 ZPO. **Abs. 2** schließt wie § 545 Abs. 2 ZPO die Prüfung der Zuständigkeit des erstinstanzlichen Gerichts in der Rechtsbeschwerdeinstanz aus. **Abs. 3** normiert durch Verweisung auf die entsprechenden Revisionsvorschriften, bei welchen Rechtsverletzungen die Ursächlichkeit für die angefochtene Entscheidung unwiderlegbar vermutet wird (§ 547 ZPO) und dass Verfahrensfehler, auf deren Rüge in der Beschwerdeinstanz wirksam verzichtet wurde, nicht geltend gemacht werden können (§ 556 ZPO); die Verweisung auf § 560 ZPO bewirkt die Bindung an tatrichterliche Feststellungen des Beschwerdegerichts über Inhalt und Bestehen ausländischen Rechts. Zur Übergangsregelung siehe die Erläuterungen zu Art. 111 FGG-RG.

II. Verletzung des Rechts (Abs. 1)

1. Begriff des Rechts (Abs. 1 S. 1)

2 Das nach **Abs. 1** der Überprüfung durch das Rechtsbeschwerdegericht unterliegende „Recht" ist identisch mit dem in Art. 2 EGBGB und § 12 EGZPO definierten „Gesetz". Mithin bedeutet auch dieser Begriff: **jede Rechtsnorm.** Er ist im materiellen Sinn zu verstehen und erfasst deshalb nicht nur formelle, sondern alle allgemein verbindlichen objektiven Normen des materiellen und des Verfahrensrechts, die nach dem dafür nach öffentlichem Recht vorgesehenen Verfahren wirksam zustande gekommen sind. Dazu gehören auch Gesetzeskraft entfaltende Entscheidungen des BVerfG (§ 31 Abs. 2 BVerfGG); aufgrund gesetzlicher Ermächtigung erlassene Rechtsverordnungen; Verwaltungsvorschriften, soweit sie nicht nur innerdienstliche Anweisungen darstellen, sondern für Dritte die Grundlage von Rechtsansprüchen bilden oder eine bindende rechtliche Verpflichtung zur Folge haben;[1] in innerstaatliches Recht umgesetzte Staatsverträge und multilaterale Abkommen; die anerkannten Regeln des Völkerrechts (Art. 25 GG); das Recht der Europäischen Gemeinschaft; autonome Satzungen juristischer Personen des öffentlichen Rechts, wie diejenige der Versorgungsanstalt des Bundes und der Länder;[2] der normative Teil von Tarifverträgen;[3] Gewohnheitsrecht,[4] nicht aber eine bloß tatsächliche Übung im Sinne einer Verkehrssitte oder eines Handels- bzw. Börsenbrauchs.[5]

3 Keine Rechtsnormen im oben bezeichneten Sinn sind Satzungen juristischer Personen des Privatrechts und auf Rechtsgeschäft beruhende Bestimmungen. Sie werden aber in der Rechtsprechung hinsichtlich ihrer Überprüfbarkeit **Rechtsnormen gleichgestellt,** soweit sie keinen individualrechtlichen Charakter haben, sondern auf einen nicht abgrenzbaren Personenkreis Anwendung finden und solche Bedeutung für den Rechtsverkehr haben, dass ein Interesse der Allgemeinheit an ihrer einheitlichen Handhabung besteht. Darunter können auch Satzungen von Kapitalgesellschaften, öffentlichen Kreditanstalten und anderen privatrechtlich verfassten Vereinigungen fallen, insbesondere wenn diese im wirtschaftlichen oder sozialen Bereich eine überragende Machtstellung innehaben;[6] ebenso Gesellschaftsverträge einer Publikums-KG[7] und Vereinssatzungen;[8] ferner inländische Allgemeine Ge-

---

[1] BGH MDR 1970, 210.
[2] BGH NVwZ 2008, 455.
[3] BAG NJW 1985, 1238.
[4] OLG Hamburg NJW-RR 1990, 76.
[5] BGH NJW 1966, 502.
[6] BGH NJW 1989, 1724.
[7] BGH NJW 1975, 1318.
[8] BGH NJW 1986, 1033.

schäftsbedingungen.[9] Gleiches gilt für Satzungen privatrechtlich organisierter Versorgungsträger (§ 219 Nr. 2 u. 3).

Abs. 1 S. 1 übernimmt die Neufassung des § 545 Abs. 1 ZPO durch das FGG-RG, in 4 der die in § 545 Abs. 1 ZPO a. F. vorgesehene Beschränkung des revisiblen Rechts auf Bundesrecht oder Vorschriften, deren Geltungsbereich sich über den Bezirk eines OLG hinaus erstreckt, aufgegeben worden ist. Damit stimmt die Formulierung im Wortlaut mit § 27 Abs. 1 S. 1 FGG insoweit überein, dass nur von einer Verletzung „des Rechts" die Rede ist. Im Anwendungsbereich jener Vorschrift hatte das zur Folge, dass nicht nur Landes- und lokales Recht in vollem Umfang durch das Gericht der weiteren Beschwerde nachzuprüfen war, sondern auch **ausländisches Recht**.[10] Davon kann für § 72 Abs. 1 S. 1 nicht ausgegangen werden. Die im Gesetzgebungsverfahren erfolgte Neufassung des § 545 Abs. 1 ZPO wird damit begründet, dass im Hinblick auf die nunmehr eröffnete Möglichkeit der Revisionszulassung durch das LG künftig alle Rechtsnormen der revisionsrechtlichen Prüfung unterliegen, unabhängig davon, ob sie in mehreren OLG-Bezirken Anwendung finden.[11] Dabei ist auf die neuere Rechtsprechung Bezug genommen, die insoweit den Begriff des OLG als „Berufungsgericht" auslegt.[12] Danach wollte der Gesetzgeber ersichtlich nur die Revisibilität von Landes-[13] und anderem regional begrenztem Recht eröffnen.[14] Dafür spricht zudem, dass § 560 ZPO, der eine Bindung an die Feststellungen des Berufungsgerichts über Bestehen und Inhalt des nach § 545 Abs. 1 ZPO nicht revisiblen Rechts normiert, unverändert beibehalten wurde. Deshalb ist davon auszugehen, dass eine **Überprüfung der Anwendung** ausländischen Rechts in der Revisionsinstanz wie bisher **unzulässig** ist,[15] was wegen der in § 72 Abs. 3 enthaltenen Verweisung auf § 560 ZPO auch in der Rechtsbeschwerdeinstanz des FamFG-Verfahrens zu gelten hat.[16]

2. Begriff der Rechtsverletzung (Abs. 1 S. 2)

In **Abs. 1 S. 2** ist die Rechtsverletzung als **unterbliebene** oder **unrichtige Anwen-** 5 **dung** des Rechts definiert. Damit ist klargestellt, dass in der Rechtsbeschwerdeinstanz keine Tatfragen, sondern ausschließlich Rechtsfragen überprüft werden dürfen. Die Prüfung erfasst aber sowohl die materiell-rechtliche Richtigkeit der angefochtenen Entscheidung wie deren verfahrensfehlerfreies Zustandekommen, weshalb auch die Feststellung des tatsächlichen Sachverhalts auf eine Verletzung des Verfahrensrechts nachzuprüfen ist. Dabei treten im konkreten Einzelfall häufig Abgrenzungsschwierigkeiten auf, weshalb sich in der Rechtsprechung bestimmte Fallgestaltungen dazu herausgebildet haben, wann von einer Prüfung der Rechtsanwendung auszugehen ist.

Eine **Verletzung des materiellen Rechts** liegt vor, wenn das Beschwerdegericht eine 6 auf den festgestellten Sachverhalt nach Maßgabe ihrer Tatbestandsmerkmale anzuwendende Norm nicht berücksichtigt, etwa weil es sie übersieht oder irrtümlich für ungültig hält. Ebenso wenn es die Tatbestandsmerkmale einer angewendeten Rechtsnorm verkennt oder falsch auslegt **(Interpretationsfehler)** oder eine Norm anwendet, deren Tatbestandsmerkmale durch den Sachverhalt nicht erfüllt werden **(Subsumtionsfehler)** oder die nicht mehr bzw. noch nicht gültig ist **(Gültigkeitsirrtum)**.

Eine **Rechtsverletzung bei der Feststellung des Sachverhalts** liegt insbesondere vor, 7 wenn die Aufklärungspflicht (§ 26) oder das rechtliche Gehör zu Tatfragen und Beweisergebnissen verletzt (§ 37 Abs. 2), ein erforderlicher Beweis nicht erhoben, das Ergebnis einer Beweiserhebung nicht aktenkundig gemacht (§ 29 Abs. 3), eine nicht zu den Akten gelangte und damit nicht zum Inhalt des Verfahrens gewordene Erkenntnisgrundlage verwertet (§ 37 Abs. 1) oder das Beweisergebnis falsch gewürdigt wurde.

---

[9] BGH NJW 2005, 2919; NJW 1991, 36.
[10] Vgl. 15. A. § 27 FGG Rn 21 a. E.
[11] BT-Drs. 16/9733 S. 301.
[12] BGH NJW-RR 2008, 251; NJW 2005, 2919.
[13] BT-Drs. 16/6308 S. 210.
[14] Vgl. auch Ambrosius ZRP 2007, 143.
[15] Musielak/Ball § 545 Rn 7; Thomas/Putzo § 545 Rn 8/9; Zöller/Heßler § 545 Rn 8.
[16] Ebenso Bumiller/Harders § 72 Rn 4; a. M. SBW/Unger § 72 Rn 3; Prütting/Helms/Abramenko § 72 Rn 10.

3. Ermessensausübung

8 **a) Allgemeines.** Ebenso wenig wie die objektive Richtigkeit der tatsächlichen Feststellungen des Beschwerdegerichts hat das Rechtsbeschwerdegericht die Angemessenheit und Zweckmäßigkeit der angefochtenen Entscheidung zu untersuchen.[17] Deshalb ist das **Ergebnis** der ihr zugrunde liegenden Ausübung eines gesetzlich eingeräumten Ermessens **nicht nachprüfbar.** Mithin ist eine Prüfung, ob das Beschwerdegericht von diesem Ermessen in tatsächlicher Hinsicht richtigen Gebrauch gemacht hat, d. h. ob die Ermessensentscheidung sachlich richtig ist, ausgeschlossen. Zu überprüfen ist lediglich, ob überhaupt die Voraussetzungen für eine Ermessensentscheidung vorlagen und falls ja, ob das Beschwerdegericht sein Ermessen ausgeübt oder die Notwendigkeit dazu verkannt hat;[18] ob es die gesetzlichen Grenzen des Ermessens überschritten[19] oder davon einen unsachgemäßen, Sinn und Zweck des Gesetzes zuwiderlaufenden Gebrauch gemacht hat;[20] ob es von ungenügenden oder verfahrensfehlerhaft zustande gekommenen Tatsachenfeststellungen ausgegangen ist,[21] wesentliche Umstände unerörtert gelassen[22] oder Umstände mitberücksichtigt hat, die nach der ermächtigenden Norm des materiellen oder des Verfahrensrechts nicht maßgebend sein dürfen.[23] Das Recht ist auch verletzt, wenn das Beschwerdegericht angenommen hat, in der Freiheit des ihm zustehenden Ermessens stärker eingeschränkt zu sein als dies tatsächlich der Fall ist.

9 **b) Schätzungsermessen.** Ein entsprechend § 287 ZPO frei ausgeübtes Schätzungsermessen kann in der Regel nicht schon deshalb mit der Rechtsbeschwerde beanstandet werden, weil der vom Beschwerdegericht für richtig gehaltene Betrag zu hoch oder zu niedrig erscheint. Denn es ist nur nachzuprüfen, ob der Tatrichter alle für die Schätzung maßgeblichen Anknüpfungstatsachen und Bewertungsfaktoren berücksichtigt[24] und sich damit ausreichend auseinandergesetzt hat;[25] ob seine Entscheidung auf nach den Denkgesetzen und zwingenden Erfahrungssätzen unrichtigen Maßstäben oder aber auf offenbar unsachlichen Erwägungen beruht[26] und ob die Anforderungen an die Darlegung der tatsächlichen Anhaltspunkte für die Ausübung des Schätzungsermessens überspannt wurden.[27] Diese Grundsätze gelten auch für die Überprüfung der Wertfestsetzung des Beschwerdegerichts, wenn dieses das Rechtsmittel wegen Nichterreichens der Beschwerdesumme (§ 61 Abs. 1) als unzulässig verworfen hat und dagegen in einer Familienstreitsache (§ 112) die zulassungsfreie Rechtsbeschwerde eingelegt wurde (s. § 70 Rn 47).[28]

10 **c) Handlungsermessen.** Ein Handlungsermessen ist dem Gericht eingeräumt, wenn nach der anzuwendenden Rechtsnorm mehrere Entscheidungen als rechtmäßig in Betracht kommen, wenn also nicht nur eine einzige Entscheidung richtig sein kann. Das gilt z. B. hinsichtlich der Erteilung oder Versagung einer vormundschaftsrechtlichen Genehmigung, wobei das Familiengericht aber insoweit gebunden ist, als es in erster Linie auf das Interesse, d. h. das Wohl des Mündels abzustellen hat.[29] In einem solchen Fall ist das Beschwerdegericht als zweite Tatsacheninstanz befugt, unter mehreren möglichen Maßnahmen die ihm am zweckmäßigsten erscheinende zu wählen. Dann ist jede sich im Rahmen der Ermächtigung haltende mögliche Entscheidung rechtsfehlerfrei zustande gekommen. Vielfach ist ein

---

[17] BayObLG FamRZ 1999, 101; FamRZ 1997, 1289; OLG Hamm FamRZ 1993, 365.
[18] BayObLG NJW-RR 1992, 1159; NJW-RR 1990, 52.
[19] BGH NJW-RR 1992, 866; NJW 1989, 3222.
[20] BGH FamRZ 1990, 1097.
[21] BGH FamRZ 2011, 285.
[22] OLG Karlsruhe FamRZ 1995, 431; OLG Zweibrücken FamRZ 1995, 684.
[23] KG Rpfleger 1988, 261.
[24] BGH NJW 1995, 2227.
[25] BGH NJW 1998, 2741.
[26] BGH NJW-RR 1993, 795; NJW 1991, 1544; BayObLG FamRZ 1996, 1171; OLG Schleswig FamRZ 1998, 185; OLG Zweibrücken FGPrax 2000, 198.
[27] BGH NJW 1993, 2673.
[28] BGH NJW-RR 2010, 1081.
[29] BGH NJW 1986, 2829; BayObLG FPR 2002, 160; Jürgens/v. Crailsheim § 1828 Rn 21; Palandt/Diederichsen § 1828 Rn 8; a.M. MünchKommBGB/Wagenitz § 1828 Rn 15; Staudinger/Engler § 1828 Rn 15: Anwendung eines unbestimmten Rechtsbegriffs.

derartiges Ermessen eingeräumt, wenn **Kann-Vorschriften** anzuwenden und keine Normen aufgestellt sind, die das Ermessen des Gerichts einengen.[30] Davon zu unterscheiden sind aber diejenigen Fälle, in denen durch Kann-Vorschriften gerade kein Ermessen eingeräumt, sondern die richterliche Entscheidungsbefugnis festgelegt ist, von der Gebrauch gemacht werden muss, wenn die normierten sachlichen Voraussetzungen für die im Gesetz vorgesehene Entscheidung vorliegen.[31] Dies ist etwa bei der Prüfung einer Aussetzung oder Einschränkung des Umgangsrechts bzw. seines Vollzuges nach § 1684 Abs. 4 BGB der Fall. Ebenso enthalten bestimmte **Soll-Vorschriften** trotz ihres Wortlauts eine konkrete Handlungsanweisung. Das gilt z. B. für § 56 BGB, wonach die Eintragung eines Vereins mit weniger als sieben Mitgliedern zu unterbleiben hat, wie sich aus der Pflicht zur Zurückweisung der Anmeldung (§ 60 BGB) ergibt. Gleiches gilt für §§ 1781 u. 1782 BGB; die gegen die dortige Anweisung verstoßende Bestellung einer untauglichen oder durch die Eltern des Mündels ausgeschlossenen Person zum Vormund ist zwar wirksam, stellt aber einen Entlassungsgrund (§ 1886 BGB) dar.[32]

Die vom Beschwerdegericht nach § 69 Abs. 1 S. 2 u. 3, in Ehesachen (§ 121) und Familienstreitsachen (§ 112) nach § 117 Abs. 2 S. 1 FamFG i. V. m. § 538 Abs. 2 S. 1 ZPO erkannte, seinem pflichtgemäßen Ermessen unterliegende **Aufhebung und Zurückverweisung** ist darauf zu überprüfen, ob das Gericht die Alternative zwischen Zurückverweisung und eigener Sachentscheidung gesehen, mithin sein Ermessen erkannt und ausgeübt hat;[33] ferner ob es bei der Ermessensausübung den Gesichtspunkt der Verfahrensökonomie erwogen und dabei durch eine weitere Verteuerung und Verzögerung des Verfahrens bedingte Nachteile für die Beteiligten berücksichtigt hat.[34] Im Fall des § 69 Abs. 1 S. 3 FamFG bzw. § 538 Abs. 2 S. 1 Nr. 1 ZPO ist auch zu prüfen, ob das Beschwerdegericht dargelegt hat, dass und inwieweit eine noch ausstehende Beweiserhebung so umfangreich oder aufwändig ist, dass eine Zurückverweisung unter Berücksichtigung der Interessen der Beteiligten gerechtfertigt erscheint.[35] Das Ermessen ist jedenfalls dann verletzt, wenn zur Vermeidung einer mit dem Rechtsstaatsgebot des Grundgesetzes nicht im Einklang stehenden Verfahrensverzögerung allein das Absehen von einer Zurückverweisung sachdienlich war.[36] Hält das Beschwerdegericht die Sache für entscheidungsreif und trifft deshalb eine **eigene Sachentscheidung,** kommt ein Ermessensfehler im Hinblick auf den Grundsatz des § 69 Abs. 1 S. 1 FamFG bzw. § 538 Abs. 1 ZPO und den Ausnahmecharakter der Regelungen des § 69 Abs. 1 S. 2 u. 3 bzw. § 538 Abs. 2 S. 1 ZPO nicht in Betracht; einer besonderen Begründung für die Sachdienlichkeit der Sachentscheidung bedarf es deshalb nicht.[37] Hat das Beschwerdegericht aber eine Aufhebung und Zurückverweisung unterlassen, weil sich ihm diese Frage aufgrund seiner materiell-rechtlichen Beurteilung der Sache gar nicht stellte, kann das Rechtsbeschwerdegericht das darauf gerichtete Ermessen selber ausüben.[38]

Beim **Absehen von der erneuten Durchführung einzelner Verfahrenshandlungen** durch das Beschwerdegericht nach § 68 Abs. 3 S. 2, insbesondere eines Erörterungstermins (§ 32 Abs. 1 S. 1), einer mündlichen Verhandlung (§ 113 Abs. 1 S. 2 FamFG i. V. m. § 128 Abs. 1 ZPO) oder einer persönlichen Anhörung (§ 33 Abs. 1 S. 1), ist in der Rechtsbeschwerdeinstanz auf Verfahrensrüge (§ 71 Abs. 3 Nr. 2 b) zu prüfen, ob das Gericht das ihm insoweit eingeräumte pflichtgemäße Ermessen[39] tatsächlich ausgeübt und dessen Grenzen beachtet hat. Dazu gehört auch die Prüfung, ob der bei dieser Ermessensentscheidung anzuwendende Rechtsbegriff der Sachdienlichkeit verkannt wurde.[40] Hat sich jedoch das

---

[30] BayObLG FamRZ 1985, 1157.
[31] OLG Stuttgart FamRZ 1980, 491.
[32] Palandt/Diederichsen § 1781 Rn 2 u. § 1782 Rn 1.
[33] BGH NJW-RR 2010, 1048; NJW 2001, 2551.
[34] BGH NJW-RR 2005, 928.
[35] BGH NZBau 2005, 224.
[36] BGH NJW-RR 2004, 1537.
[37] BGH NJW 2001, 3702; NJW-RR 1986, 1029.
[38] BGH NJW-RR 1994, 379.
[39] BT-Drs. 16/6308 S. 207.
[40] BGH NJW-RR 1990, 505.

Beschwerdegericht in seiner Entscheidung nicht damit auseinandergesetzt, warum nach seiner Auffassung die nochmalige Vornahme einer bereits in erster Instanz erfolgten Verfahrenshandlung nicht sachdienlich erscheint, etwa weil davon keine weitere Aufklärung des Sachverhalts (§ 26) zu erwarten oder das rechtliche Gehör (Art. 103 Abs. 1 GG) bereits im erforderlichen Umfang gewährt worden sei, ist von fehlender bzw. nicht ausreichender Prüfung der Sachdienlichkeit auszugehen. Dann kann das Rechtsbeschwerdegericht darüber befinden und auf diese Weise das Ermessen selber ausüben.[41] War danach die Durchführung der unterbliebenen Verfahrenshandlung sachdienlich, ist die Sache unter Aufhebung der angefochtenen Entscheidung zwecks Nachholung an das Beschwerdegericht zurückzuverweisen (§ 74 Abs. 6 S. 2 u. 3). Andernfalls greift die Rüge nicht durch, so dass eine ersetzende Sachentscheidung des Rechtsbeschwerdegerichts (§ 74 Abs. 6 S. 1) ergehen kann.

13 In **Ehesachen** (§ 121) und **Familienstreitsachen** (§ 112) ist vorab zu prüfen, ob der Beteiligten der zur Gewährung rechtlichen Gehörs bestimmte[42] **Hinweis nach § 117 Abs. 3** auf die beabsichtigte Nichtdurchführung einer Verfahrenshandlung erteilt wurde. War dies nicht der Fall, fehlte es dem Beschwerdegericht an der erforderlichen Tatsachengrundlage für die Ausübung seines Ermessens, wenn der Rechtsbeschwerdeführer seinen mangels Gehörsgewährung unterbliebenen Vortrag neuer, die Durchführung der Verfahrenshandlung rechtfertigender Gesichtspunkte nachholt. Dann ist eine Zurückverweisung geboten.

14 Weitere **Beispiele** für die Einräumung eines Handlungsermessens: Hinzuziehung weiterer Personen als Verfahrensbeteiligte (§ 7 Abs. 3); Verfahrensverbindung und Verfahrenstrennung (§ 20); Aussetzung des Verfahrens (§ 21);[43] Erlass einer einstweiligen Anordnung (§ 49); Genehmigung der Anlage von Mündelgeld (§ 1811 BGB); Ersetzung der Zustimmung des Ehegatten (§ 1369 Abs. 2 BGB); Ernennung des Testamentsvollstreckers (§ 2200 Abs. 1 BGB); Entziehung der Vertretungsmacht des Vormunds (§ 1796 BGB);[44] Bestellung eines Gegenvormunds (§ 1792 BGB); Bestellung mehrerer Vormünder (§ 1775 BGB); Auswahl des Vormunds (§ 1779 Abs. 2 BGB),[45] des Pflegers oder des Betreuers (§ 1897 Abs. 5 BGB);[46] Regelung des Umgangs mit dem Kind (§ 1684 Abs. 3 BGB).

15 d) **Beurteilungsermessen.** Ein Beurteilungsermessen ist dem Beschwerdegericht eingeräumt, wenn auf Grund ausdrücklicher Vorschrift eine **Entscheidung nach billigem Ermessen** zu treffen ist. Dann kann zwar nur eine einzige denkbare Entscheidung richtig sein; diese ist aber in das pflichtgemäße billige, d. h. wertende Ermessen des Tatrichters gestellt. Für die Nachprüfung durch das Rechtsbeschwerdegericht gelten dieselben Grundsätze wie für die Nachprüfung der Ausübung des Handlungsermessens, jedoch stellt dabei die Billigkeit einen Bewertungsfaktor dar.[47]

16 **Beispiele** für die Einräumung eines Beurteilungsermessens: Kostenentscheidungen nach §§ 81 Abs. 1 S. 1, 132 Abs. 1, 150 Abs. 4, 243; Bestimmung des Verfahrenswerts nach § 42 FamGKG; Entscheidungen nach §§ 1361a Abs. 2,[48] 1382 Abs. 4 BGB.

4. Anwendung unbestimmter Rechtsbegriffe

17 Das Rechtsbeschwerdegericht hat zu prüfen, ob die vom Beschwerdegericht angewendete Rechtsnorm statt der Einräumung eines Ermessens einen unbestimmten Rechtsbegriff enthält. Die Abgrenzung kann im Einzelfall schwierig sein. So ist etwa über die Erteilung einer vormundschaftsrechtlichen Genehmigung nach pflichtgemäßem Ermessen zu entscheiden, wobei jedoch das Wohl des Mündels maßgebliches Kriterium der Ermessensaus-

---

[41] BGH NJW 1993, 3072.
[42] BT-Drs. 16/6308 S. 225.
[43] BayObLG WE 1991, 80; OLG Hamm FamRZ 1994, 657.
[44] BGH NJW 1975, 345.
[45] BayObLG FamRZ 1993, 241.
[46] BayObLG FamRZ 1994, 530; OLG Karlsruhe FamRZ 1995, 431.
[47] BayObLG FamRZ 1972, 294.
[48] BayObLG NJW 1972, 949.

übung ist und einen unbestimmten Rechtsbegriff darstellt. Ein solcher ist gegeben, wenn die Tatbestandsmerkmale der Norm aufgrund einer wertenden Beurteilung des zuvor vom Tatrichter festzustellenden Sachverhalts auszufüllen sind. Die Frage, ob die tatsächlichen Umstände in ihrer Gesamtheit die Merkmale des unbestimmten Rechtsbegriffs erfüllen, stellt eine Rechtsfrage und ihre unrichtige Beantwortung eine Rechtsverletzung dar.[49] Deshalb unterliegt die Anwendung eines unbestimmten Rechtsbegriffs grundsätzlich der vollen Nachprüfung durch das Rechtsbeschwerdegericht.[50] Es hat also eine **Nachprüfung der Subsumtion** des Sachverhalts unter diesen Begriff zu erfolgen.

Dabei sind die vom Beschwerdegericht rechtsfehlerfrei festgestellten Tatsachen für das Rechtsbeschwerdegericht nach § 74 Abs. 3 S. 4 FamFG i. V. m. § 559 Abs. 2 ZPO bindend (s. § 74 Rn 26 ff.), ihre Beurteilung im Hinblick auf die Ausfüllung des unbestimmten Rechtsbegriffs ist aber nachzuprüfen.[51] Insoweit ist darauf abzustellen, ob das Beschwerdegericht den unbestimmten Rechtsbegriff zutreffend erfasst und ausgelegt, d. h. insbesondere die dem Begriff zugrunde liegenden Wertungsmaßstäbe erkannt hat, und ob alle für die Beurteilung wesentlichen Umstände berücksichtigt sowie vollständig und widerspruchsfrei ohne Verstoß gegen Denkgesetze oder Erfahrungssätze (s. Rn 22 ff.) gewürdigt sind.[52] Erweist sich danach die Subsumtion als rechtsfehlerhaft, darf das Rechtsbeschwerdegericht die Anknüpfungstatsachen nur dann selbst daraufhin würdigen, ob sie den unbestimmten Rechtsbegriff ausfüllen, wenn keine weiteren tatsächlichen Feststellungen mehr erforderlich sind und die Sache deshalb entscheidungsreif ist (§ 74 Abs. 6 S. 1).[53]

Dem Tatrichter ist aber ein **Beurteilungsspielraum** zuzubilligen, wenn es – etwa in Bezug auf persönliche Voraussetzungen – auf eine individualisierende, weitgehend der tatsächlichen Würdigung zugehörige Betrachtungsweise des Einzelfalls[54] ankommt oder wenn es um eine **Prognose** geht.[55] Das gilt auch für die im Wesentlichen von den Umständen des Einzelfalls abhängende Frage, ob ein Anspruch verwirkt ist.[56] Dagegen unterliegt es der uneingeschränkten Überprüfung des Rechtsbeschwerdegerichts, ob ein Verhalten nach dem vom Beschwerdegericht festgestellten Sachverhalt als sittenwidrig anzusehen ist.[57]

Hat das Beschwerdegericht einen unbestimmten Rechtsbegriff nicht abschließend geprüft, weil es darauf nach seiner Rechtsmeinung für die Entscheidung nicht ankommt, kann das Rechtsbeschwerdegericht selbst beurteilen, ob der gegebene Sachverhalt diesen Begriff ausfüllt.[58]

Beispiele unbestimmter Rechtsbegriffe: Triftige Gründe (§§ 1303 Abs. 3,[59] 1746 Abs. 3 BGB);[60] schwerwiegende Gründe (§§ 1757 Abs. 4 Nr. 2, 1763 Abs. 1 BGB);[61] besondere Gründe (§ 1612 Abs. 2 S. 2 BGB);[62] wichtige Gründe (§§ 2227 Abs. 1;[63] 1908 b Abs. 1 BGB);[64] gröbliche Pflichtverletzung (§ 1748 Abs. 1 u. 2 BGB);[65] unverhältnismäßiger Nachteil (§ 1748 Abs. 1 BGB);[66] sittlich gerechtfertigt (§ 1767 Abs. 1 BGB);[67] Pflichtwidrigkeit (§ 1837 Abs. 2 BGB);[68] Gefährdung des Mündelinteresses (§ 1886 BGB);[69] Gefähr-

---

[49] OLG Hamm FamRZ 1985, 642; FamRZ 1982, 194.
[50] BGH NJW-RR 2004, 1298; NJW-RR 2003, 1441.
[51] BayObLG FamRZ 1994, 530; FamRZ 1988, 770; OLG Schleswig NJW-RR 1991, 710.
[52] BGH NJW-RR 2011, 89; NJW 1994, 2093.
[53] BGH NJW 1993, 2178.
[54] OLG Köln NJW-RR 1987, 1414.
[55] BGH BeckRS 2010, 13122.
[56] BGH NJW 1993, 2178; NJW-RR 1989, 818.
[57] BGH NJW 2003, 2825.
[58] BGH NJW 1995, 2635.
[59] BayObLG FamRZ 1983, 66.
[60] BayObLG FamRZ 1989, 1336.
[61] BayObLG FamRZ 2000, 768.
[62] BayObLG FamRZ 1991, 1224; OLG Hamm FamRZ 1985, 642.
[63] BayObLG NJW-RR 2004, 366; OLG Hamm FamRZ 1994, 1419.
[64] BayObLG FamRZ 1995, 1235.
[65] BayObLG FamRZ 2002, 1142; FamRZ 1999, 1688.
[66] OLG Karlsruhe FamRZ 1999, 1686.
[67] BayObLG FamRZ 2005, 546; FamRZ 2002, 1651.
[68] BayObLG FamRZ 2002, 108.
[69] BayObLG FGPrax 2004, 239.

dung des Kindeswohls (§ 1666 Abs. 1 BGB);[70] unbillig (§ 1578 b BGB);[71] grobe Unbilligkeit (§ 1383 Abs. 1 BGB);[72] (Un)Zumutbarkeit (§ 1908 b Abs. 2 BGB);[73] Eignung (§ 1897 Abs. 1 BGB);[74] unbillige Härte (§ 94 Abs. 3 S. 1 Nr. 2 SGB XII);[75] Wirtschaftsfähigkeit (§ 6 Abs. 6 u. 7 HöfeO).[76]

5. Anwendung von Denkgesetzen und Erfahrungssätzen

22 Eine Rechtsverletzung kann auch in der Verletzung von Denkgesetzen und feststehenden, d. h. zwingenden Erfahrungssätzen bestehen. Sie stehen solchen Normen gleich, die den Maßstab für die Beurteilung und Bewertung der vom Tatrichter festgestellten Tatsachen darstellen.[77] **Denkgesetze** kommen Naturgesetzen gleich. Verstöße hiergegen sind z. B. Rechenfehler, Kreisschlüsse, Begriffsvertauschung und die unrichtige Annahme, ein Schluss sei zwingend. Zwingende **Erfahrungssätze** sind solche, die allgemein und ohne jede Ausnahme gelten sowie einen bestimmten Grad an Wahrscheinlichkeit für die Gestaltung eines Sachverhalts oder eines Geschehensablaufs zum Inhalt haben.

23 Den Beweiswert von Erfahrungssätzen im Einzelfall zu beurteilen ist grundsätzlich Sache der freien Beweiswürdigung des Tatrichters.[78] Der Nachprüfung durch das Rechtsbeschwerdegericht unterliegen aber die **Feststellung von Existenz und Inhalt** des vom Beschwerdegericht herangezogenen Erfahrungssatzes;[79] ferner dessen Anwendung auf den festgestellten Sachverhalt sowie die Anwendung eines falschen bzw. gar nicht bestehenden und die unterbliebene Anwendung eines im Einzelfall einschlägigen Erfahrungssatzes. Nachzuprüfen ist auch, ob der angewendete Erfahrungssatz tatsächlich absolute Geltung hat. Lassen Erfahrungssätze Ausnahmen zu, können sie zwar nur bei der tatrichterlichen Beweiswürdigung eine Rolle spielen und sind insoweit der Nachprüfung in der Rechtsbeschwerdeinstanz entzogen. Sind sie aber im angefochtenen Beschluss nicht erörtert, obgleich die Umstände ein Eingehen hierauf nahe gelegt haben, kann darin ein Verstoß gegen die Amtsermittlungspflicht (§ 26) und die Pflicht zur Begründung der Beschwerdeentscheidung (§ 69 Abs. 2), mithin eine Rechtsverletzung liegen.[80] Die Qualifizierung eines zu verallgemeinernden Sachverhalts als gerichtsbekannt stellt nicht die Anwendung eines Erfahrungssatzes, sondern eine der Überprüfung durch das Rechtsbeschwerdegericht grundsätzlich entzogene Tatsachenfeststellung dar.[81]

24 Wie Erfahrungssätze sind **Regeln der Sprache** in ihrer Anwendung auf den Sachverhalt durch das Rechtsbeschwerdegericht nachprüfbar. Darunter fallen solche Regeln, die eine beim Gebrauch der deutschen Sprache allgemein bestehende Übung, d. h. einen allgemeinen Sprachgebrauch und die sich daraus ergebende Erfahrung feststellend wiedergeben.

III. Ursächlichkeit der Rechtsverletzung (Abs. 1 S. 1)

25 Die Rechtsbeschwerde ist begründet, wenn die Entscheidung des Beschwerdegerichts i. S. d. **Abs. 1 S. 1** auf einer Verletzung des Rechts beruht. Dabei ist hinsichtlich der Verletzung des materiellen und des Verfahrensrechts zu unterscheiden. Auf einer **Verletzung des materiellen Rechts** beruht die Entscheidung des Beschwerdegerichts nur dann, wenn ein **ursächlicher Zusammenhang** besteht. Dafür ist die positive Feststellung durch das Rechtsbeschwerdegericht erforderlich, dass die angefochtene Entscheidung ohne Rechtsverletzung im Ergebnis anders ausgefallen wäre.[82]

---

[70] BayObLG FamRZ 1996, 1031.
[71] BGH NJW 2009, 3783.
[72] OLG Hamm FamRZ 1978, 687.
[73] BayObLG FamRZ 2002, 195.
[74] BayObLG FamRZ 1994, 530.
[75] BGH NJW 2010, 2957; NJW-RR 2004, 1298.
[76] BGH NJW 1962, 2153; NJW 1959, 101; OLG Köln NJW-RR 2006, 225.
[77] BGH NJW-RR 1993, 653; NJW 1954, 550.
[78] BGH NJW 1973, 1411.
[79] BGH NJW-RR 1993, 653.
[80] BayObLG FamRZ 1979, 290.
[81] BGH NJW 1993, 2674.
[82] BayObLG FamRZ 1982, 958; OLG Köln FamRZ 1982, 844.

In Bezug auf **Verfahrensfehler** reicht es dagegen aus, wenn die angefochtene Entscheidung auf dem Verstoß beruhen kann, die **Möglichkeit einer im Ergebnis anderen Entscheidung** also nicht auszuschließen ist.[83] Eine Heilung von Verfahrensmängeln steht der Begründetheit der Rechtsbeschwerde entgegen; ebenso der entsprechend § 295 ZPO zulässige Verzicht auf die Befolgung der verletzten Verfahrensvorschrift, wenn diese ausschließlich dem Interesse des verzichtenden Beteiligten dient (s. Rn 51 f.).[84] Wird eine Verletzung des rechtlichen Gehörs geltend gemacht, ist die Rechtsverletzung dann als ursächlich für die Beschwerdeentscheidung anzusehen, wenn nicht ausgeschlossen werden kann, dass das Beschwerdegericht bei Berücksichtigung des übergangenen Vorbringens anders entschieden hätte.[85]

Ausnahme: Beim Vorliegen eines der in Abs. 3 i. V. m. § 547 ZPO abschließend aufgeführten, **absolute Rechtsbeschwerdegründe** darstellenden Verfahrensfehler (s. Rn 30 ff.) ist die angefochtene Entscheidung ohne weitere Prüfung als auf einer Rechtsverletzung beruhend anzusehen.[86]

Auf einer schon **in erster Instanz** erfolgten Rechtsverletzung beruht die Beschwerdeentscheidung nur, wenn das Beschwerdegericht die darauf beruhende erstinstanzliche Entscheidung bestätigt oder das rechtsfehlerhafte erstinstanzliche Verfahren zur Grundlage seiner ersetzenden Sachentscheidung macht. Denn dann macht das Beschwerdegericht die Rechtsverletzung des erstinstanzlichen Gerichts zu seiner eigenen. Dagegen beruht die Beschwerdeentscheidung nicht auf dem erstinstanzlichen Rechtsverstoß, wenn ihn das Beschwerdegericht geheilt, z. B. das nicht gewährte rechtliche Gehör nachgeholt hat.

Das Rechtsbeschwerdegericht hat den ursächlichen Zusammenhang zwischen Beschwerdeentscheidung und Rechtsverletzung zu prüfen und frei zu würdigen (§ 37 Abs. 1, in Ehesachen und Familienstreitsachen § 113 Abs. 1 S. 2 FamFG i. V. m. § 286 ZPO). Bei der Prüfung, ob ein solcher Zusammenhang bei einer Verletzung der Aufklärungspflicht (§ 26) besteht bzw. nicht auszuschließen ist, können auch neue Tatsachen berücksichtigt werden.[87] Beruht die angefochtene Entscheidung nach ihrer Begründung zwar auf einer Rechtsverletzung, stellt sie sich aber aus anderen Gründen im Ergebnis als richtig dar, ist die Rechtsbeschwerde nach § 74 Abs. 2 zurückzuweisen, außer wenn ein absoluter Rechtsbeschwerdegrund vorliegt (s. § 74 Rn 56 ff.). Für die Feststellung, ob die Entscheidung ohne Rechtsverletzung anders ausgefallen wäre, ist das vom Beschwerdegericht verlautbarte Erkenntnis maßgebend, d. h. der Rechtsfolgenausspruch und somit regelmäßig die Beschlussformel, nicht die Gründe.

IV. Absolute Rechtsbeschwerdegründe (Abs. 3 i. V. m. § 547 ZPO)

1. Allgemeines

Weist das Zustandekommen der angefochtenen Entscheidung einen Verfahrensfehler in Gestalt eines absoluten Rechtsbeschwerdegrundes nach **Abs. 3 i. V. m. § 547 ZPO** auf, wird seine **Ursächlichkeit** für die Entscheidung **unwiderlegbar gesetzlich vermutet.** Das gilt auch, wenn schon der erstinstanzliche Beschluss als auf einer solchen Rechtsverletzung beruhend anzusehen ist und das Beschwerdegericht seine Entscheidung auf das rechtsfehlerhafte Verfahren der ersten Instanz gestützt hat. Ob ein absoluter Rechtsbeschwerdegrund vorliegt, ist nach § 74 Abs. 3 S. 3 nicht von Amts wegen, sondern nur auf gemäß § 71 Abs. 3 Nr. 2 b erhobene Verfahrensrüge zu prüfen,[88] sofern er nicht eine unverzichtbare Verfahrensvoraussetzung betrifft[89] oder das Verfahren als willkürlich erscheinen lässt.[90] Das Vorliegen eines absoluten Rechtsbeschwerdegrundes

---

[83] BGH NVwZ 2011, 127.
[84] BGH NJW-RR 2000, 1664; OLG Hamm OLGZ 1968, 334.
[85] BGH NJW 2003, 3205.
[86] BGH NJW 2003, 585.
[87] BayObLG FamRZ 1994, 1191.
[88] BGH NJW 2007, 909.
[89] BGH NJW 1992, 512.
[90] BGH NJW-RR 2004, 1294.

ersetzt nicht die nach § 70 Abs. 1 zur Statthaftigkeit der Rechtsbeschwerde erforderliche Zulassung.[91]

2. Nicht vorschriftsmäßige Besetzung des Gerichts (§ 547 Nr. 1 ZPO)

31 Dieser Rechtsbeschwerdegrund liegt nach dem nach Abs. 3 entsprechend geltenden § 547 Nr. 1 ZPO vor, wenn das Gericht in gesetzwidriger Besetzung entschieden hat. Das ist zunächst der Fall, wenn ein Richter bei der Entscheidung mitgewirkt hat, dem die Befähigung zum Richteramt (§§ 5 ff. DRiG) fehlte, dessen Ernennung nicht dem Gesetz (§§ 8 ff. DRiG) entsprach oder der die Fähigkeit zur Bekleidung des Richteramts durch Strafurteil verloren hatte (§ 45 StGB). Ein bloßer Mangel des seiner Bestellung (§ 17 DRiG) zugrunde liegenden Auswahlverfahrens reicht nicht aus, außer wenn dieser Fehler die Zusammensetzung der Richterbank im konkreten Einzelfall als manipuliert erscheinen lässt oder wenn er dazu führt, dass von der Durchführung einer nach Landesrecht erforderlichen Wahl überhaupt nicht mehr gesprochen werden kann.[92]

32 Ein Verfahrensfehler i. S. d. § 547 Nr. 1 ZPO liegt auch vor, wenn die Entscheidung durch ein Gericht erlassen wurde, dessen Besetzung auf einer nicht gesetzeskonform (§§ 21 a–21 i GVG) zustande gekommenen Geschäftsverteilung beruht[93] oder das unter willkürlichem Verstoß gegen die Geschäftsverteilung tätig wurde.[94] Ebenso, wenn ein Beschwerdegericht entscheidet, nach dessen interner Geschäftsverteilung die Zuteilung der einzelnen Sachen auf die Kollegiumsmitglieder nicht nach abstrakt-generellen und hinreichend bestimmten Kriterien erfolgt.[95] Außerdem wenn das erkennende Gericht nicht in der durch Gesetz (§§ 21 f, 22, 22 b, 23 b Abs. 3, 23 c, 59, 70, 75, 105–110, 115, 192 GVG) vorgeschriebenen Besetzung entschieden hat.[96] Letzteres ist insbesondere gegeben, wenn das Gericht nicht mit der vorgeschriebenen Zahl von Richtern besetzt war, z. B. weil im Landwirtschaftsverfahren ohne Vorliegen der Voraussetzungen des § 20 LwVG von der Beteiligung der ehrenamtlichen Richter abgesehen wurde; wenn die KfH des LG nicht ordnungsgemäß besetzt war. Ebenso wenn die Vorschriften über die Mitwirkung von Richtern auf Probe oder kraft Auftrags (§ 68 Abs. 4 2. Halbs. FamFG; §§ 22 Abs. 5, 23 b Abs. 3, 23 c Abs. 2, 70 Abs. 2 GVG i. V. m. §§ 12 ff., 29 DRiG)[97] verletzt oder die Vorschriften über die Stellvertretung (§§ 21 f Abs. 2, 70 Abs. 1, 117 GVG) nicht beachtet sind, etwa weil die Aufgaben des Vorsitzenden Richters im Kollegium des Beschwerdegerichts ständig durch den vom Präsidium bestimmten Vertreter wahrgenommen werden, da sich die Wiederbesetzung der frei gewordenen Stelle verzögert[98] oder weil eine nach ihrer Dauer nicht absehbare krankheitsbedingte Verhinderung vorliegt;[99] wenn im OLG-Senat ein Hilfsrichter mitwirkt, der bereits als Richter für eine Planstelle erprobt und als geeignet befunden wurde und nur deswegen erneut als Hilfsrichter tätig wird, weil die Justizverwaltung ihn wegen einer allgemeinen Beförderungssperre nicht in eine Planstelle einweisen konnte.[100] Bei Mitwirkung eines tauben oder blinden Richters ist nur dann von nicht vorschriftsmäßiger Besetzung auszugehen, wenn die unmittelbare eigene Wahrnehmung für die Entscheidungsfindung unerlässlich war.[101]

33 Der absolute Rechtsbeschwerdegrund ist auch gegeben, wenn entgegen § 68 Abs. 4 2. Halbs. die Beschwerde einem Richter auf Probe zur Entscheidung als **Einzelrichter** übertragen worden ist. Ferner wenn nach wirksamer[102] Bestellung eines Einzelrichters das vollbesetzte Beschwerdegericht[103] oder bei fehlender bzw. unwirksamer Bestellung der

---

[91] BAG NZA 2001, 912.
[92] BGH NJW 2005, 2317; NJW 2004, 3784.
[93] BGH NJW 1994, 1735.
[94] BGH NJW 1976, 1688.
[95] BGH NJW-RR 2009, 1264; NJW-RR 2009, 1220.
[96] BVerfG NJW 1965, 1219; BGH NJW 1977, 1696; BayObLG WE 1989, 207.
[97] BGH NJW 1986, 1349; OLG Hamburg FamRZ 1978, 424.
[98] BGH NJW 1985, 2337.
[99] BGH NJW 2006, 154.
[100] BGH NJW 1985, 2336.
[101] OLG Frankfurt ZMR 1995, 166; ZMR 1994, 381; Schulze MDR 1995, 670/671.
[102] OLG Zweibrücken FGPrax 2005, 50.
[103] BVerfG NJW-RR 2010, 268.

Einzelrichter entschieden hat.[104] Die Unwirksamkeit der Bestellung kann nur unter den engen Voraussetzungen der willkürlichen Verletzung des Anspruchs auf den gesetzlichen Richter (Art. 101 Abs. 1 S. 2 GG) im Wege verfassungskonformer Auslegung von § 526 Abs. 3 ZPO geltend gemacht werden.[105] Entscheidet der Einzelrichter und lässt wegen grundsätzlicher Bedeutung der Rechtssache die Rechtsbeschwerde zu, liegt eine nicht vorschriftsmäßige Besetzung aufgrund Nichtvorlage der Sache an das voll besetzte Beschwerdegericht nur dann vor, wenn sich die grundsätzliche Bedeutung erst aus einer wesentlichen Änderung der Verfahrenslage nach Erlass des Übertragungsbeschlusses ergeben hat (s. § 70 Rn 34). Hat aber in den Fällen, in denen kraft ausdrücklicher gesetzlicher Regelung die sofortige Beschwerde entsprechend §§ 567–572 ZPO stattfindet, der **originäre Einzelrichter** die Rechtsbeschwerde zugelassen, war das Beschwerdegericht stets nicht vorschriftsmäßig besetzt (s. § 70 Rn 33).

Zur Erhebung einer formgerechten **Besetzungsrüge** (§ 71 Abs. 3 Nr. 2 b) ist die bestimmte Angabe der Einzeltatsachen erforderlich, aus denen sich die gesetzwidrige Besetzung ergibt. Handelt es sich dabei um gerichtsinterne Vorgänge, muss der Rechtsbeschwerdeführer zumindest darlegen, dass er das ihm Mögliche und Zumutbare zu deren Aufklärung unternommen hat.[106] Die Rüge darf nicht auf bloßen Verdacht erhoben werden.[107] Abzustellen ist auf die Mitwirkung an der dem Beschluss des Beschwerdegerichts zugrunde liegenden Schlussberatung, in Ehesachen (§ 121) und Familienstreitsachen (§ 112) auf die Mitwirkung an der letzten mündlichen Verhandlung in der Beschwerdeinstanz.[108] 34

Im Falle der Zulassung der Rechtsbeschwerde durch den originären Einzelrichter (s. Rn 33) liegt eine **willkürliche Zuständigkeitsüberschreitung** vor, von der die Eröffnung des Rechtsmittels abhängt und die somit den Rechtsmittelzug beeinflusst. Diesen Verstoß gegen das Verfahrensgrundrecht des gesetzlichen Richters (Art. 101 Abs. 1 S. 2 GG) hat das Rechtsbeschwerdegericht ausnahmsweise **von Amts wegen zu berücksichtigen.**[109] 35

3. Mitwirkung eines ausgeschlossenen Richters (§ 547 Nr. 2 ZPO)

Die Mitwirkung eines nach § 6 FamFG i. V. m. § 41 ZPO ausgeschlossenen Richters ist nach Abs. 3 i. V. m. **§ 547 Nr. 2 ZPO** ebenfalls absoluter Rechtsbeschwerdegrund. Das gilt aber nicht, wenn bereits ein auf den Ausschluss gestütztes Ablehnungsgesuch in dem dafür nach § 6 Abs. 1 FamFG i. V. m. §§ 42 ff. ZPO vorgesehenen Verfahren rechtskräftig für unbegründet erklärt wurde. Denn dann ist diese Frage der Prüfung durch das Rechtsbeschwerdegericht entzogen. 36

4. Mitwirkung eines erfolgreich abgelehnten Richters (§ 547 Nr. 3 ZPO)

Dieser Rechtsbeschwerdegrund ist nach Abs. 3 i. V. m. **§ 547 Nr. 3 ZPO** nur gegeben, wenn ein gegen ein Mitglied des Beschwerdegerichts gerichtetes, auf die Besorgnis der Befangenheit gestütztes **Ablehnungsgesuch** (§ 6 Abs. 1 FamFG i. V. m. § 42 ZPO) **rechtskräftig für begründet erklärt** wurde. Dem steht eine für begründet erklärte Selbstablehnung (§ 6 Abs. 1 FamFG i. V. m. § 48 ZPO) gleich. Die Rechtsbeschwerde kann dagegen nicht darauf gestützt werden, ein Richter hätte im Beschwerdeverfahren wegen Besorgnis der Befangenheit abgelehnt werden können. Das gilt selbst dann, wenn der Ablehnungsgrund erst aus der Beschwerdeentscheidung ersichtlich wird.[110] Eine unterbliebene Ablehnung kann mit dem Rechtsmittel nicht nachgeholt werden.[111] Über die Besorgnis der Befangenheit ist ausschließlich im gesonderten Ablehnungsverfahren (§ 6 37

---

[104] BGH NJW 2001, 1357; NJW 1993, 600; BayObLG FGPrax 2004, 77; OLG Zweibrücken FGPrax 2003, 268.
[105] BGH NJW 2007, 1466.
[106] BGH NJW-RR 1995, 700.
[107] BGH NJW 1992, 512.
[108] BGH NJW-RR 2009, 210; NJW 1986, 2115.
[109] BGH NJW 2003, 1254.
[110] BGH NJW 1993, 400.
[111] BGH NJW 2006, 695.

Abs. 1 FamFG i. V. m. §§ 42 ff. ZPO) und in derjenigen Instanz zu befinden, in der die Ablehnungsgründe auftreten. Auch wenn ein abgelehnter Richter des Beschwerdegerichts am angefochtenen Beschluss und somit unter Verletzung der Wartepflicht nach § 6 FamFG i. V. m. § 47 ZPO mitgewirkt hat, kann der absolute Rechtsbeschwerdegrund nach dem klaren Wortlaut des Gesetzes erst dann angenommen werden, wenn die Ablehnung rechtskräftig für begründet erklärt wurde.[112] Gleiches gilt für eine Selbstablehnung. Hat ein Richter des Beschwerdegerichts pflichtwidrig eine nach § 6 FamFG i. V. m. § 48 ZPO gebotene Anzeige unterlassen, reicht dies zwar für einen absoluten Rechtsbeschwerdegrund nicht aus, stellt aber einen Verfahrensfehler i. S. d. § 71 Abs. 3 Nr. 2b dar.[113] Entsteht ein die Besorgnis der Befangenheit rechtfertigender Grund erst nach Unterzeichnung der Beschwerdeentscheidung (§ 38 Abs. 3 S. 2), liegt ein Rechtsbeschwerdegrund selbst dann nicht vor, wenn dies noch vor Erlass (§ 38 Abs. 3 S. 3) des Beschlusses geschieht; denn der Erlass ist lediglich ein der Entscheidungsfindung nachfolgender formaler Akt.[114]

5. Nicht vorschriftsmäßige Vertretung eines Beteiligten (§ 547 Nr. 4 ZPO)

38   Nach Abs. 3 i. V. m. **§ 547 Nr. 4 ZPO** betrifft dieser Rechtsbeschwerdegrund sowohl die gesetzliche wie die rechtsgeschäftliche Vertretung im Beschwerdeverfahren. Er kann nur von dem nicht ordnungsgemäß vertretenen Beteiligten mit der Rechtsbeschwerde geltend gemacht werden, weil es dem anderen Beteiligten an der erforderlichen Beschwer (§ 59 Abs. 1) fehlt.[115] Allerdings stellt die ordnungsgemäße Vertretung eine vom Rechtsbeschwerdegericht **von Amts wegen** zu prüfende Verfahrensvoraussetzung dar. Lag sie im Zeitpunkt der Entscheidung des Beschwerdegerichts bzw. bei der letzten mündlichen Verhandlung nicht vor, ist deshalb die angefochtene Entscheidung auf zulässige Rechtsbeschwerde auch ohne Rüge zwingend aufzuheben und die Sache an das Beschwerdegericht zurückzuverweisen.[116]

39   Eine dem Gesetz nicht entsprechende Vertretung liegt vor, wenn ein verfahrensunfähiger Beteiligter anstelle seines gesetzlichen Vertreters im Verfahren aufgetreten ist; wenn nicht derjenige gesetzliche Vertreter gehandelt hat, der zur Vertretung in der den Verfahrensgegenstand bildenden Angelegenheit berufen ist; wenn der aufgetretene Bevollmächtigte in Wirklichkeit gar nicht bevollmächtigt war, z. B. wegen Unwirksamkeit der Vollmacht (§ 11). Die gesetzliche Vertretung muss von Beginn des Verfahrens an vorhanden sein; jedoch kann die Verfahrensführung des Verfahrensunfähigen auch noch im Rechtsbeschwerdeverfahren durch nachträgliche ausdrückliche oder stillschweigende Genehmigung des gesetzlichen Vertreters rückwirkend geheilt werden.[117] Fehlt die vorgeschriebene Vertretung nur in der ersten, nicht aber in der Beschwerdeinstanz, kann von einer Genehmigung der erstinstanzlichen Verfahrensführung auszugehen sein. An der erforderlichen Vertretung fehlt es auch, wenn in einer Familienstreitsache (§ 112) trotz Eröffnung des Insolvenzverfahrens über das Vermögen eines Beteiligten und dadurch bewirkter Verfahrensunterbrechung (§ 113 Abs. 1 S. 2 FamFG i. V. m. § 240 S. 1 ZPO) eine Entscheidung ergeht, selbst wenn dem Gericht die Insolvenzeröffnung bei Erlass (§ 38 Abs. 3 S. 3) seiner Entscheidung nicht bekannt war.[118] In Unterhaltssachen (§ 231 Abs. 1) ist dies auf den Umfang des Verfahrensgegenstandes beschränkt, der den vor Eröffnung des Insolvenzverfahrens fällig gewordenen Unterhalt betrifft, weil allein dieser zur Insolvenzmasse gehört (§§ 35 Abs. 1, 40 S. 1 InsO).[119]

40   § 547 Nr. 4 ZPO ist entsprechend anzuwenden, wenn eine **vorgeschriebene Beteiligung unterblieben** ist, indem das Beschwerdegericht demjenigen, der zum Beschwerde-

---

[112] Zöller/Heßler § 547 Rn 4.
[113] BGH NJW 1995, 1677.
[114] BGH NJW 2001, 1502.
[115] BGH NJW 1974, 2283.
[116] BGH NJW 2003, 585.
[117] BGH NJW 1989, 984; OLG Hamm FamRZ 1988, 314.
[118] BGH MDR 2009, 583; NJW 2007, 2702.
[119] BGH NJW 2005, 1279; OLG Brandenburg FamRZ 2008, 286; OLG Hamm FamRZ 2005, 279; OLG Karlsruhe NJW-RR 2006, 1302; Musielak/Stadler § 240 Rn 5.

verfahren hinzuzuziehen war (§ 7 Abs. 2), dort angefallene Schriftsätze, Terminsladungen, Sitzungsprotokolle bzw. Vermerke über Termine und persönliche Anhörungen (§ 28 Abs. 4) sowie Ermittlungsergebnisse nicht zugeleitet und ihm auch nicht die Entscheidung bekannt gegeben hat.[120] Dann ist diese aufzuheben, ohne dass es auf ihre sachliche Richtigkeit ankommt.[121] Eine Beteiligung in der Rechtsbeschwerdeinstanz heilt den Verfahrensfehler regelmäßig nicht, weil nicht von vornherein auszuschließen ist, dass das Beschwerdegericht bei ordnungsgemäßer Beteiligung andere oder ergänzende tatsächliche, entscheidungserhebliche Feststellungen getroffen hätte.[122] Etwas anderes gilt ausnahmsweise dann, wenn die Beteiligung eine weitere Sachaufklärung weder notwendig macht noch erwarten lässt, sondern allein der Gewährung rechtlichen Gehörs dient;[123] ebenso wenn der am Beschwerdeverfahren nicht Beteiligte die dortige Verfahrensführung in der Rechtsbeschwerdeinstanz genehmigt.[124]

6. Verletzung der Vorschriften über die Öffentlichkeit (§ 547 Nr. 5 ZPO)

Dieser absolute Rechtsbeschwerdegrund setzt nach Abs. 3 i. V. m. **§ 547 Nr. 5 ZPO** 41 voraus, dass eine Entscheidung „aufgrund" mündlicher Verhandlung ergeht und bei deren Durchführung die Vorschriften über die Öffentlichkeit verletzt sind. Weil in den Angelegenheiten des FamFG der Mündlichkeitsgrundsatz nur in Ehesachen und Familienstreitsachen gilt, ergeht lediglich dort die Entscheidung „aufgrund" einer mündlichen Verhandlung (s. § 32 Rn 7 f.). § 547 Nr. 5 ZPO ist aber auch im Bereich der freiwilligen Gerichtsbarkeit entsprechend anzuwenden, wenn dort ein Termin (§ 32) oder eine Anhörung (§ 34) stattfindet und im Anschluss daran ohne Fortsetzung des schriftlichen Verfahrens entschieden wird (s. unten). Da nach **§ 170 GVG** für alle Angelegenheiten des FamFG der **Grundsatz der Nichtöffentlichkeit** gilt, kommt der Verfahrensfehler einer Verletzung der Vorschriften über die Öffentlichkeit in Betracht, wenn ein Termin bzw. eine mündliche Verhandlung entgegen § 170 Abs. 1 S. 1 GVG **öffentlich** oder entgegen § 170 Abs. 1 S. 2 GVG i. V. m. Art. 6 Abs. 1 EMRK **nicht öffentlich** durchgeführt wurde (s. § 32 Rn 23 ff.). Weil die Beteiligten auf die Einhaltung der Vorschriften über die Öffentlichkeit nicht wirksam verzichten können, ist bei deren Verletzung die angefochtene Entscheidung aufzuheben und an das Beschwerdegericht zurückzuverweisen.[125] Ein solcher Verfahrensverstoß stellt aber dann keinen absoluten Rechtsbeschwerdegrund dar, wenn im Anschluss an die mündliche Verhandlung, den Termin oder die Anhörung das schriftliche Verfahren fortgesetzt bzw. in dieses übergegangen (§ 113 Abs. 1 S. 2 FamFG i. V. m. § 128 Abs. 2 ZPO) wurde und die Entscheidung dort ergangen ist.[126]

7. Fehlende Begründung der Beschwerdeentscheidung (§ 547 Nr. 6 ZPO)

Der in Abs. 3 i. V. m. **§ 547 Nr. 6 ZPO** normierte absolute Rechtsbeschwerdegrund ist 42 zunächst gegeben, wenn die in § 69 Abs. 2 vorgeschriebene Begründung der Beschwerdeentscheidung vollständig fehlt. Er liegt aber auch dann vor, wenn die sich äußerlich als Gründe darstellenden bzw. so bezeichneten Ausführungen die für die Entscheidung maßgeblichen tatsächlichen Feststellungen und rechtlichen Erwägungen nicht erkennen lassen, weil sie unverständlich und verworren oder inhaltlos sind;[127] wenn der maßgebliche **Sachverhalt**, über den entschieden wird, und die **Anträge** der Beteiligten **nicht** zumindest sinngemäß **wiedergegeben** sind,[128] selbst bei einem die Beschwerde in einer Familienstreitsache (§ 112) wegen Nichterreichens der Beschwerdesumme (§ 61 Abs. 1) als unzulässig verwerfenden Beschluss;[129] wenn das in Bezug genommene, in einem Protokoll oder

---

[120] BGH NJW 1992, 2636; BayObLG FamRZ 1989, 201.
[121] BGH NJW 1984, 494; BayObLG FamRZ 1997, 218.
[122] BGH NJW 2002, 2109.
[123] BGH NJW 1998, 755; BayObLG NZM 2004, 344.
[124] BGH NJW 1969, 188; BayObLG FamRZ 1997, 218.
[125] BGHZ 124, 204 (fehlende Öffentlichkeit); OLG Köln NJW-RR 1986, 560 (unzulässige Öffentlichkeit).
[126] BGH NJW 2005, 3710; BayObLG WuM 1991, 210; OLG Düsseldorf WE 1995, 278.
[127] BVerwG NJW 1998, 3290.
[128] BGH NJW 2010, 3372; BayObLG NJW-RR 2000, 1435; OLG Zweibrücken FamRZ 2000, 117.
[129] BGH NJW-RR 2010, 1582.

Aktenvermerk (§§ 28 Abs. 4, 29 Abs. 3) nicht ausreichend dokumentierte **Ergebnis einer persönlichen Anhörung oder Beweiserhebung nicht** ergänzend so konkret **mitgeteilt und gewürdigt** wird, dass zuverlässig geprüft werden kann, ob und inwieweit alle entscheidungserheblichen Fragen behandelt worden sind;[130] wenn in Fällen mit Auslandsberührung eine Darlegung dazu fehlt, welche Rechtsordnung anhand des deutschen internationalen Privatrechts (Art. 3 EGBGB) ermittelt[131] und der Entscheidung zugrunde gelegt worden ist;[132] wenn zu für die Entscheidungsfindung wesentlichen Punkten Gründe vollständig fehlen und die Begründung den Schluss zulässt, dass die Entscheidung des Gerichts auf einer allenfalls den äußeren Wortlaut, nicht aber den Sinn des Vortrags der Beteiligten erfassenden Wahrnehmung beruht.[133]

43 Geht dagegen der angefochtene Beschluss nicht ausdrücklich auf alle denkbaren Gesichtspunkte ein, liegt darin noch kein Fehlen der Gründe; denn diese müssen nur ergeben, dass eine sachentsprechende Beurteilung überhaupt stattgefunden hat.[134] Gleiches gilt, wenn zur Begründung einer Rechtsansicht lediglich auf Rechtsprechung und Schrifttum verwiesen ist, soweit dies in nachprüfbarer Weise erfolgt.[135] Der absolute Rechtsbeschwerdegrund ist aber gegeben beim Übergehen eines sachlich geeigneten selbständigen Verteidigungsvorbringens wie z. B. einer rechtsvernichtenden Einwendung[136] und beim Fehlen von Erwägungen zu einem selbständigen, von der Entscheidung betroffenen Teil des Verfahrensgegenstandes.[137] Ebenso wenn der Beschluss nur Ausführungen zur Hilfsbegründung eines Antrags enthält, nicht aber zu dessen selbständiger Hauptbegründung, sofern diese möglicherweise zum Erfolg führen kann.[138] Des Weiteren bei fehlender und nicht ersetzbarer Unterschrift einer verkündeten (§ 41 Abs. 2) Entscheidung.[139] Sachlich unzutreffende Gründe stehen fehlenden Gründen nicht gleich.[140] Die Bezugnahme auf Aktenbestandteile stellt nur dann einen absoluten Rechtsbeschwerdegrund dar, wenn er pauschal bzw. so wenig konkret erfolgt, dass deshalb die Beschwerdeentscheidung nicht überprüft werden kann.[141] Eine Bezugnahme auf die Gründe einer zwischen allen Beteiligten ergangenen und ihnen bekannt gegebenen anderen Entscheidung des Beschwerdegerichts reicht zur Begründung aus.[142] Ebenso die Verweisung auf die Gründe einer in anderer Sache ergangenen Entscheidung, wenn die Beteiligten im Beschwerdeverfahren eindeutig Kenntnis davon erlangt haben.[143] Siehe auch § 38 Rn 63 ff.

44 Nach einem für grundsätzlich alle Verfahrensarten anerkannten Grundsatz ist eine auf mündliche Verhandlung ergehende Beschwerdeentscheidung, egal ob sie im Termin verkündet oder schriftlich bekannt gegeben wurde, als nicht mit Gründen versehen anzusehen, wenn die Gründe nicht binnen fünf Monaten nach der mündlichen Verhandlung vollständig schriftlich niedergelegt, von den Richtern besonders unterschrieben und der Geschäftsstelle übergeben worden sind.[144] Das gilt unabhängig davon, ob die jeweilige Verfahrensordnung die Fünfmonatsfrist als absolute Frist für die Rechtsmitteleinlegung vorsieht, was in § 71 Abs. 1 nicht der Fall ist (s. § 71 Rn 6); denn der Grundsatz dient der Vermeidung von Fehlerinnerungen und damit der Rechtssicherheit.[145]

45 Dass die vom Beschwerdegericht bestätigte erstinstanzliche Entscheidung entgegen § 38 Abs. 3 S. 1 nicht mit Gründen versehen ist, genügt für eine Anwendung von § 547

---

[130] BayObLG FamRZ 1994, 913; OLG Karlsruhe FamRZ 1997, 688; OLG Köln FamRZ 1999, 314.
[131] BGH NJW 1996, 54; NJW 1992, 3106.
[132] BGH NJW 1988, 3097.
[133] BGH NJW 2009, 2137 (Verstoß gegen den Anspruch auf rechtliches Gehör).
[134] BGH NJW-RR 1995, 700; KG NJW-RR 1994, 278.
[135] BGH NJW 1991, 2761.
[136] BGH NJW 1994, 1470; NJW 1983, 2318.
[137] BGH NJW-RR 1993, 706.
[138] BGH NJW 1995, 2551.
[139] BGH NJW-RR 2007, 141; NJW 1977, 765.
[140] BGH NJW 1981, 1045.
[141] BayObLG NJW-RR 1997, 396.
[142] BGH NJW 1994, 803.
[143] BGH NJW-RR 1991, 1406.
[144] GmS-OGB NJW 1993, 2603; BGH NJW-RR 2005, 1151; NJW-RR 2001, 1642.
[145] BGH FamRZ 2004, 1277.

Nr. 6 ZPO nicht. Dann erscheint aber für die Prüfung, ob die Begründung der Beschwerdeentscheidung den Anforderungen des § 69 Abs. 2 genügt, insbesondere im Hinblick auf § 26 ein strengerer Maßstab gerechtfertigt als bei einer hinreichend begründeten erstinstanzlichen Entscheidung. Im letzteren Fall ist eine Bezugnahme auf die Gründe der erstinstanzlichen Entscheidung ausreichend,[146] soweit sie auch nach Würdigung des zweitinstanzlichen Vorbringens durch das Beschwerdegericht die angefochtene Entscheidung tragen.

Wird die fehlende Auseinandersetzung mit einem bestimmten Vortrag gerügt, ist ausnahmsweise unter dem Gesichtspunkt der Verfahrensökonomie eine Aufhebung und Zurückverweisung nicht geboten, wenn die Rechtsbeschwerde aus anderen Gründen Erfolg hat, so dass es auf das unerörtert gebliebene Vorbringen nicht ankommt.[147] **46**

V. Ausschluss der Unzuständigkeitsrüge (Abs. 2)

Nach **Abs. 2** kann mit der Rechtsbeschwerde nicht geltend gemacht werden, das erstinstanzliche Gericht sei entgegen seiner Annahme **örtlich, sachlich** oder **funktionell** unzuständig und habe deshalb keine Sachentscheidung treffen dürfen. Der Gesetzgeber bezweckt mit der jetzigen Regelung ebenso wie mit dem für die Beschwerde geltenden § 65 Abs. 4 die Vermeidung von ausschließlich die fehlende Zuständigkeit des erstinstanzlichen Gerichts rügenden Rechtsmitteln und die Entlastung des Rechtsmittelgerichts von rein verfahrensrechtlichen Streitigkeiten.[148] **47**

Damit unterscheidet sich die Vorschrift nach Wortlaut und Begründung von §§ 545 Abs. 2 u. 576 Abs. 2 ZPO, wonach neben der Bejahung auch die **Verneinung der Zuständigkeit** nicht als Rechtsverletzung (Abs. 1) gerügt werden kann. Mit jener Regelung sollen allein auf die Frage der Zuständigkeit gestützte Rechtsmittel zur Verfahrensbeschleunigung und Entlastung des BGH vermieden werden.[149] Eine in diesem Sinne erweiternde Auslegung von Abs. 2 kommt nach dessen eindeutigem Wortlaut nicht in Betracht, zumal bei einer beabsichtigten Harmonisierung mit den Vorschriften der ZPO auch insoweit eine Verweisung in Abs. 3 nahe gelegen hätte. Das gilt auch für Ehesachen (§ 121) und Familienstreitsachen (§ 112), weil Abs. 2 auch dort anzuwenden ist, wie aus § 117 folgt. **48**

Hat somit das erstinstanzliche Gericht seine Zuständigkeit verneint und das Beschwerdegericht die Entscheidung bestätigt, ist im FamFG-Verfahren auf Rüge die Zuständigkeit zu prüfen, während im Zivilprozess das hinsichtlich der Zuständigkeitsfrage zugelassene Rechtsmittel ohne Prüfung als unbegründet zurückzuweisen[150] und das kraft Gesetzes eröffnete als unzulässig zu verwerfen ist.[151] **49**

In Anwendung der zur Revision ergangenen Rechtsprechung des BGH[152] ist davon auszugehen, dass Abs. 2 nicht für die **internationale Zuständigkeit** gilt und dass diese in der Rechtsbeschwerdeinstanz ebenso wie in jedem anderen Rechtszug nicht nur auf Rüge, sondern **von Amts wegen zu prüfen** ist. **50**

VI. Verlust des Rügerechts bei Verfahrensfehlern (Abs. 3 i. V. m. § 556 ZPO)

Nach Abs. 3 i. V. m. **§ 556 ZPO** kann ein Verfahrensfehler des Beschwerdegerichts nicht mit der Rechtsbeschwerde geltend gemacht werden, wenn der Beteiligte in der Beschwerdeinstanz sein Rügerecht nach Maßgabe von **§ 295 ZPO** verloren hat. Aufgrund der Verweisung gilt diese Vorschrift **auch im Bereich der freiwilligen Gerichtsbarkeit** entsprechend, was in Ehesachen und Familienstreitsachen bereits aus § 113 Abs. 1 S. 2 folgt. Auf im öffentlichen Interesse liegende Verfahrensvorschriften kann aber nicht wirksam verzichtet werden (§ 295 Abs. 2 ZPO). Das gilt insbesondere für von Amts wegen zu **51**

---

[146] BGH NJW 1996, 2577.
[147] BGH NJW 2003, 3421.
[148] BT-Drs. 16/6308 S. 210 u. 206.
[149] BT-Drs. 14/4722 S. 106; BGH NJW-RR 2007, 1509.
[150] BGH NJW 2009, 1974; NJW-RR 2006, 930.
[151] BGH NJW 2000, 2822.
[152] BGH NJW-RR 2008, 1381; NJW 2003, 2916.

prüfende Verfahrensvoraussetzungen.¹⁵³ Auch das Recht auf den gesetzlichen Richter (Art. 101 Abs. 1 S. 2 GG) ist unverzichtbar,¹⁵⁴ ebenso die Beachtung des Grundsatzes der Nichtöffentlichkeit (§ 170 Abs. 1 GVG).¹⁵⁵ Der Ausschluss der Rüge gilt im Hinblick auf § 6 FamFG i. V. m. § 43 ZPO auch, wenn der Rechtsbeschwerdeführer die Verletzung der Pflicht des Beschwerdegerichts zur Unparteilichkeit geltend macht, ohne im Beschwerdeverfahren ein Ablehnungsgesuch angebracht zu haben.¹⁵⁶

52 Ein schon in erster Instanz aufgetretener Verfahrensfehler kann in Ehesachen und Familienstreitsachen mit der Rechtsbeschwerde nicht gerügt werden, wenn dies nicht bis zum Schluss der letzten mündlichen Verhandlung vor dem Beschwerdegericht erfolgt ist.¹⁵⁷ In den anderen Angelegenheiten des FamFG gilt dies, wenn die Rüge bis zum Erlass (§ 38 Abs. 3 S. 3) der Beschwerdeentscheidung unterblieben ist.

VII. Bindung an Feststellungen zu ausländischem Recht (Abs. 3 i. V. m. § 560 ZPO)

53 Nach Abs. 3 i. V. m. § 560 ZPO sind die Feststellungen des Beschwerdegerichts über Bestehen und Inhalt des von ihm angewendeten ausländischen Rechts in der Rechtsbeschwerdeinstanz bindend, weil sie tatsächlichen Feststellungen gleichstehen.¹⁵⁸ Ob das Beschwerdegericht das ausländische Recht und aus diesem Recht hergeleitete Rechtsgrundsätze richtig angewendet hat, ist vom Rechtsbeschwerdegericht nicht zu prüfen (s. Rn 4). Das gilt selbst dann, wenn es um dem deutschen Recht ähnliche oder gar wortgleiche Vorschriften geht.¹⁵⁹ Auf die Auslegung ausländischer Normen gerichtete Rügen sind auch dann unzulässig, wenn sie eine Verletzung der Denkgesetze oder allgemeinen Erfahrungssätze (s. Rn 22 ff.) betreffen.¹⁶⁰

54 Beruht jedoch die Anwendung ausländischen Rechts auf einer dem deutschem Recht, insbesondere den von Amts wegen zu beachtenden **Kollisionsnormen** des deutschen internationalen Privatrechts¹⁶¹ angehörenden Vorfrage, unterliegt diese in vollem Umfang der Beurteilung durch das Rechtsbeschwerdegericht. Dazu gehört auch, ob die Anwendung mit dem deutschen ordre public (Art. 6 EGBGB) vereinbar ist.¹⁶² Gleiches gilt für die Frage, ob das Beschwerdegericht bei der Feststellung des ausländischen Rechts **deutsches Verfahrensrecht** verletzt hat,¹⁶³ insbesondere die Pflicht zur Gewährung rechtlichen Gehörs (Art. 103 Abs. 1 GG) und zur Amtsermittlung (§ 26). Art und Weise der nach § 26 bzw. analog § 293 ZPO von Amts wegen vorzunehmenden Ermittlung ausländischen Rechts unterliegen zwar pflichtgemäßem Ermessen.¹⁶⁴ Aber dessen Ausübung ist darauf zu prüfen, ob der Tatrichter unter Ausschöpfung der ihm zugänglichen Erkenntnismöglichkeiten auch die konkrete Ausgestaltung des Rechts in der ausländischen Rechtspraxis, d. h. insbesondere die ausländische Rechtsprechung berücksichtigt hat, anstatt sich auf die Heranziehung der einschlägigen Rechtsquellen zu beschränken.¹⁶⁵

55 Hat das Beschwerdegericht **ausländisches Recht nicht ermittelt** und deshalb nicht angewendet, ist das Rechtsbeschwerdegericht auf entsprechende Rüge in der Feststellung und Anwendung dieses Rechts frei.¹⁶⁶ Das gilt aber nicht, wenn davon auszugehen ist, dass das Beschwerdegericht in seiner Entscheidung nicht erwähntes Recht kennt und lediglich

---

[153] BGH NJW 1995, 1032.
[154] BGH NJW 2009, 1351; 1993, 600.
[155] OLG Köln NJW-RR 1986, 560.
[156] BGH NJW 2006, 695.
[157] BGH NJW 1996, 2734.
[158] BGH NJW 1992, 438; so auch BT-Drs. 16/6308 S. 210; a. M. SBW/Unger § 72 Rn 32; Prütting/Helms/Abramenko § 72 Rn 11.
[159] BGH NJW-RR 1996, 732.
[160] BGH NJW 1994, 1408.
[161] BGH NJW-RR 2005, 1593; NJW-RR 2004, 308.
[162] BGH NJW-RR 2008, 1169.
[163] BGH NJW 1992, 2026.
[164] BGH NJW 1995, 1032; NJW 1992, 2026; BayObLG NJW-RR 1999, 576.
[165] BGH NJW 2003, 2685.
[166] BGH NJW 2002, 3335.

für nicht anwendbar gehalten hat.[167] Die Grenze zwischen zulässiger Überprüfung der Ermittlung ausländischen Rechts und unzulässiger Überprüfung der richtigen Anwendung kann im Einzelfall schwer zu ziehen sein.[168] Erst nach Erlass des angefochtenen Beschlusses in Kraft getretenes ausländisches Recht ist ohne Einschränkung zu berücksichtigen.[169]

Anschlussrechtsbeschwerde

§ 73 [1] Ein Beteiligter kann sich bis zum Ablauf einer Frist von einem Monat nach der Bekanntgabe der Begründungsschrift der Rechtsbeschwerde durch Einreichen einer Anschlussschrift beim Rechtsbeschwerdegericht anschließen, auch wenn er auf die Rechtsbeschwerde verzichtet hat, die Rechtsbeschwerdefrist verstrichen oder die Rechtsbeschwerde nicht zugelassen worden ist. [2] Die Anschlussrechtsbeschwerde ist in der Anschlussschrift zu begründen und zu unterschreiben. [3] Die Anschließung verliert ihre Wirkung, wenn die Rechtsbeschwerde zurückgenommen, als unzulässig verworfen oder nach § 74 a Abs. 1 zurückgewiesen wird.

I. Normzweck und Anwendungsbereich

§ 73 führt ohne Beschränkung auf bestimmte Verfahrensgegenstände, d. h. für **alle An-** 1 **gelegenheiten** (§ 1) die Anschlussrechtsbeschwerde in das FamFG-Verfahren ein und regelt allgemein deren Voraussetzungen und Wirkung, wobei letztere derjenigen der Anschlussbeschwerde nach § 66 entspricht. Die Vorschrift ist dem für die zivilprozessuale Anschlussrechtsbeschwerde geltenden § 574 Abs. 4 ZPO nachgebildet,[1] die ihrerseits an § 554 ZPO angelehnt ist. Zur Übergangsregelung siehe die Erläuterungen zu Art. 111 FGG-RG.

II. Voraussetzungen

Die Anschlussrechtsbeschwerde ist unter entsprechender Anwendung der zur Anschluss- 2 revision (§ 554 ZPO) ergangenen Rechtsprechung[2] nicht als Rechtsmittel, sondern als Antrag bzw. Angriffsmittel im Rahmen der Rechtsbeschwerde zu qualifizieren. Ihre Zulässigkeit setzt die (schon bzw. noch) bestehende **Anhängigkeit der Rechtsbeschwerde eines anderen Beteiligten** gegen denjenigen Beschluss des Beschwerdegerichts voraus, der Gegenstand der Anschließung sein soll. Mit ihr kann nur ein Rechtsschutzziel verfolgt werden, das sich gegen den Rechtsbeschwerdeführer richtet und über die Zurückweisung seines Rechtsmittels hinausgeht, also die Abänderung der Beschwerdeentscheidung zu Ungunsten des Rechtsbeschwerdeführers und gleichzeitig zu Gunsten des sich anschließenden Beteiligten zum Inhalt hat.[3] Gegenstand der Anschlussrechtsbeschwerde kann ebenso wie bei der Rechtsbeschwerde nur der Verfahrensgegenstand sein, über den das Beschwerdegericht entschieden hat. Deshalb sind neue Sachanträge unzulässig (s. § 74 Rn 16). Auch ein im Beschwerdeverfahren unterlassener Angriff gegen die erstinstanzliche Entscheidung kann nicht nachgeholt werden.[4]

Bei einer Beschränkung der Zulassung für den Rechtsbeschwerdeführer[5] oder der einge- 3 legten Rechtsbeschwerde auf einen selbständigen Teil des Verfahrensgegenstandes braucht die Anschließung nicht allein diesen zu betreffen,[6] muss aber mit ihm rechtlich oder tatsächlich in einem unmittelbaren inneren Zusammenhang stehen.[7]

Darauf, ob eine Rechtsbeschwerde des die Anschließung erklärenden Beteiligten mangels 4 für ihn erfolgter Zulassung[8] unstatthaft oder wegen Versäumung der für ihn laufenden

---

[167] BGH NJW-RR 1996, 3151; NJW-RR 1996, 732.
[168] Vgl. Pfeiffer NJW 2002, 3306.
[169] BGH NJW 1962, 961.
[1] BT-Drs. 16/6308 S. 210.
[2] BGH NJW 1996, 321; NJW 1980, 1790.
[3] BGH NJW-RR 2011, 521 (Landwirtschaftssache).
[4] BGH NJW 1983, 1858.
[5] BGH NJW-RR 2006, 1328.
[6] BGH NJW 2003, 2525.
[7] BGH NJW 2008, 920; NJW 2001, 3543; offen gelassen in BGH NJW-RR 2006, 1328; NJW 2003, 2525.
[8] BGH NJW-RR 2005, 651.

Rechtsbeschwerdefrist unzulässig wäre, kommt es nach **S. 1 2. Halbs.** ebenso wenig an wie darauf, ob er auf eine eigene Rechtsbeschwerde verzichtet hat. Dagegen steht ein erst nach Einlegung der Rechtsbeschwerde erklärter Verzicht auf die Anschließung deren Zulässigkeit entgegen (§ 67 Abs. 1 analog).

5 Während nach § 70 Abs. 1 u. 2 die Statthaftigkeit der Rechtsbeschwerde von einer Zulassung abhängt, gilt dies nicht für die Anschlussrechtsbeschwerde. Deshalb ist auch **kein Zulassungsgrund erforderlich,** so dass die Anschlussrechtsbeschwerde keine Rechtsfrage grundsätzlicher Bedeutung aufwerfen und keine Entscheidung des Rechtsbeschwerdegerichts zur Rechtsfortbildung oder Vereinheitlichung der Rechtsprechung erforderlich machen muss.

6 Die Anschlussrechtsbeschwerde setzt aufgrund ihres begrenzten Rechtsschutzziels (s. Rn 2) anders als die Anschlussbeschwerde (s. § 66 Rn 8b) eine Rechtsbeeinträchtigung (§ 59 Abs. 1) des sich anschließenden Beteiligten durch die Beschwerdeentscheidung, d. h. eine **Beschwer** voraus, wie bei der Anschlussrevision.[9] Eine Beschwer durch die erstinstanzliche Entscheidung genügt nicht. Will sich in Versorgungsausgleichssachen (§ 217) ein Versorgungsträger der Rechtsbeschwerde eines Ehegatten oder eines anderen Versorgungsträgers anschließen, muss diese ein bei ihm bestehendes oder zu begründendes Anrecht betreffen (s. § 59 Rn 72 f.).

7 Eine für den Fall des (teilweisen) Erfolgs der Rechtsbeschwerde eingelegte **Hilfsanschlussrechtsbeschwerde** ist zulässig.[10] Eine **Gegenanschließung** durch den Rechtsbeschwerdeführer, d. h. eine Anschließung an die über den Gegenstand der Rechtsbeschwerde hinausgehende Anschlussrechtsbeschwerde, hat der Gesetzgeber nicht vorgesehen, weshalb sie als unzulässig anzusehen ist.[11]

8 Eine unstatthafte oder nicht form- und fristgerecht eingelegte bzw. begründete Rechtsbeschwerde kann in eine Anschließung umgedeutet und als solche behandelt werden, wenn deren Zulässigkeitsvoraussetzungen vorliegen und die **Umdeutung** dem erkennbaren Willen des Rechtsbeschwerdeführers entspricht.

III. Frist und Form (S. 1 1. Halbs., S. 2)

1. Frist

9 Die Anschließung muss nach **S. 1 1. Halbs.** als weitere Voraussetzung der Zulässigkeit in einer bestimmten Frist erfolgen, nämlich innerhalb eines Monats nach Bekanntgabe der Rechtsbeschwerdebegründungsschrift (§ 71 Abs. 4) an denjenigen Beteiligten, der sich der Rechtsbeschwerde anschließen will. Es handelt sich wie bei der Rechtsbeschwerdefrist um eine **Notfrist**. Das ergibt sich daraus, dass eine Verlängerung nicht vorgesehen ist. Eine Wiedereinsetzung ist möglich (§ 74 Abs. 4 i. V. m. § 17, in Ehesachen und Familienstreitsachen § 113 Abs. 1 S. 2 FamFG i. V. m. § 233 ZPO).

2. Form

10 Die Anschließung erfordert nach **S. 1 1. Halbs.** das Einreichen einer **Anschlussschrift** beim Rechtsbeschwerdegericht. Die Einreichung kann durch Übermittlung mit modernen Kommunikationsmitteln erfolgen (s. § 71 Rn 14 ff.). Die Anschlussschrift muss nicht als solche bezeichnet werden, aber klar und eindeutig den Willen des Beteiligten zum Ausdruck bringen, eine Änderung der Beschwerdeentscheidung zu seinen Gunsten zu erreichen.[12] Sie hat nach **S. 2** bereits die Begründung der Anschließung zu enthalten. Es ist aber ebenso wie bei der Anschlussrevision[13] eine Nachholung und Ergänzung bis zum Ablauf der Anschließungsfrist als zulässig anzusehen.

11 In der **Begründung** sind die mit der Anschließung verfolgten Anträge aufzuführen und zu begründen. Obwohl eine ausdrückliche Verweisung im Gesetz fehlt, ist die Ein-

---

[9] BGH NJW 1995, 2563.
[10] BGH NJW 1992, 1897.
[11] BGH NJW 2008, 920; Musielak/Ball § 554 Rn 8, Zöller/Hessler § 554 Rn 8.
[12] BGH NJW 1990, 447.
[13] Musielak/Ball § 554 Rn 9; Thomas/Putzo/Reichold § 554 Rn 4.

haltung der in § 71 Abs. 3 vorgeschriebenen Form zu fordern, so dass wie bei der Anschlussrevision[14] eine vom Rechtsbeschwerdeführer erhobene und den Gegenstand der Anschließung erfassende Verfahrensrüge nicht auch zu Gunsten des Beteiligten wirkt, der sie in der Begründung seiner Anschlussbeschwerde unterlassen hat. Es sind alle Anträge und Gründe zulässig, die der sich dem Rechtsmittel anschließende Beteiligte nach Maßgabe von § 71 Abs. 3 und § 72 mit einer eigenen Rechtsbeschwerde hätte geltend machen können. Die Anschließungsanträge begrenzen analog § 74 Abs. 3 S. 1 die Prüfung der Begründetheit der Anschlussbeschwerde durch das Rechtsbeschwerdegericht (s. § 74 Rn 14).

Die nach **S. 2** erforderliche **Unterschrift** hat wie bei der Rechtsbeschwerdebegründung von einem beim BGH zugelassenen Rechtsanwalt zu stammen, bei Behörden und juristischen Personen des öffentlichen Rechts von dem dort auftrittsberechtigten Beschäftigten (s. § 71 Rn 20 ff.).

IV. Unselbständigkeit (S. 3)

Die Anschlussrechtsbeschwerde hat, ebenso wie die Anschlussbeschwerde (§ 66 S. 2), **akzessorische Natur,** weil sie in ihrem Bestand von der Zulässigkeit und der weiteren Durchführung der Rechtsbeschwerde bis zur Sachentscheidung abhängt. Sie wird deshalb nach **S. 3** wirkungslos, wenn die Rechtsbeschwerde zurückgenommen, gemäß § 74 Abs. 1 als unzulässig verworfen oder durch Beschluss nach § 74a zurückgewiesen wird. Wird die Rechtsbeschwerde nur in Bezug auf einen selbständigen Teil des Verfahrensgegenstandes zurückgenommen oder als unzulässig verworfen, beschränkt sich der Wirkungsverlust auf diesen Teil.[15] Eines gesonderten Ausspruchs der Wirkungslosigkeit bedarf es nicht; er kann jedoch zur Klarstellung erfolgen.

Verliert die Anschlussrechtsbeschwerde ihre Wirkung und ist die Rechtsbeschwerdefrist für den Beteiligten, der sich angeschlossen hatte, noch nicht abgelaufen, kommt eine Fortführung seiner formgerecht erfolgten Anschließung als Rechtsbeschwerde in Betracht, wenn eine nach § 70 Abs. 1 u. 2 erforderliche Zulassung (auch) zu seinen Gunsten vorliegt und er auf das Rechtsmittel nicht verzichtet hat.

V. Kosten und Gebühren
1. Kostenentscheidung

Weil die Anschlussrechtsbeschwerde als Antrag bzw. Angriffsmittel innerhalb der Rechtsbeschwerde aufzufassen ist, kann der für Rechtsmittel im **Bereich der freiwilligen Gerichtsbarkeit** geltende **§ 84** nicht direkt angewendet werden. Die Anschließung ist aber im Rahmen der nach dieser Vorschrift i. V. m. **§ 81** über die Kosten der Rechtsbeschwerdeeinstanz zu treffenden Billigkeitsentscheidung zu berücksichtigen.

Dabei kommt es regelmäßig in Betracht, dem die Anschließung erklärenden Beteiligten die dadurch verursachten Kosten anteilig aufzuerlegen, soweit die Anschlussrechtsbeschwerde unzulässig oder unbegründet ist. Ebenso wenn die Anschließung an eine von vornherein unzulässige Rechtsbeschwerde oder erst dann erfolgt, nachdem diese schon zurückgenommen, nach § 74 Abs. 1 als unzulässig verworfen oder nach 74a zurückgewiesen worden ist.[16] Nimmt der Rechtsbeschwerdeführer sein zulässiges Rechtsmittel nach wirksamer Anschließung zurück, sind ihm nach § 84 regelmäßig auch die Kosten der Anschließung aufzuerlegen,[17] soweit dies nicht ausnahmsweise der Billigkeit (§ 81 Abs. 1 S. 1) widerspricht.

In **Ehesachen und Familienstreitsachen** gelten nach § 113 Abs. 1 S. 2 i. V. m. den Kostenvorschriften der ZPO die gleichen Grundsätze.[18] Dabei besteht aber ein Ermessen des Rechtsbeschwerdegerichts nur in **Unterhaltssachen,** § 243.

---
[14] BGH NJW 1994, 801.
[15] Musielak/Ball § 554 Rn 10.
[16] BGH NJW 1981, 1790.
[17] BGH NJW-RR 2005, 651.
[18] Vgl. Musielak/Ball § 554 Rn 13.

2. Verfahrenswert; Geschäftswert

18 Kommt in Familiensachen dem Gegenstand der Anschließung ein selbständiger Verfahrenswert (§ 40 Abs. 1 u. 2 FamGKG) zu, ist er **entsprechend § 39 Abs. 2 FamGKG** dem Wert der Rechtsbeschwerde hinzuzurechnen; der Wert einer Hilfsanschlussrechtsbeschwerde nur, soweit über sie entschieden wird. Gleiches hat in Angelegenheiten der freiwilligen Gerichtsbarkeit hinsichtlich des Geschäftswerts (§ 39 KostO) zu gelten.

Entscheidung über die Rechtsbeschwerde

§ 74 (1) [1]Das Rechtsbeschwerdegericht hat zu prüfen, ob die Rechtsbeschwerde an sich statthaft ist und ob sie in der gesetzlichen Form und Frist eingelegt und begründet ist. [2]Mangelt es an einem dieser Erfordernisse, ist die Rechtsbeschwerde als unzulässig zu verwerfen.

(2) Ergibt die Begründung des angefochtenen Beschlusses zwar eine Rechtsverletzung, stellt sich die Entscheidung aber aus anderen Gründen als richtig dar, ist die Rechtsbeschwerde zurückzuweisen.

(3) [1]Der Prüfung des Rechtsbeschwerdegerichts unterliegen nur die von den Beteiligten gestellten Anträge. [2]Das Rechtsbeschwerdegericht ist an die geltend gemachten Rechtsbeschwerdegründe nicht gebunden. [3]Auf Verfahrensmängel, die nicht von Amts wegen zu berücksichtigen sind, darf die angefochtene Entscheidung nur geprüft werden, wenn die Mängel nach § 71 Abs. 3 und § 73 Satz 2 gerügt worden sind. [4]Die §§ 559, 564 der Zivilprozessordnung gelten entsprechend.

(4) Auf das weitere Verfahren sind, soweit sich nicht Abweichungen aus den Vorschriften dieses Unterabschnitts ergeben, die im ersten Rechtszug geltenden Vorschriften entsprechend anzuwenden.

(5) Soweit die Rechtsbeschwerde begründet ist, ist der angefochtene Beschluss aufzuheben.

(6) [1]Das Rechtsbeschwerdegericht entscheidet in der Sache selbst, wenn diese zur Endentscheidung reif ist. [2]Andernfalls verweist es die Sache unter Aufhebung des angefochtenen Beschlusses und des Verfahrens zur anderweitigen Behandlung und Entscheidung an das Beschwerdegericht, oder, wenn dies aus besonderen Gründen geboten erscheint, an das Gericht des ersten Rechtszugs zurück. [3]Die Zurückverweisung kann an einen anderen Spruchkörper des Gerichts erfolgen, das die angefochtene Entscheidung erlassen hat. [4]Das Gericht, an das die Sache zurückverwiesen ist, hat die rechtliche Beurteilung, die der Aufhebung zugrunde liegt, auch seiner Entscheidung zugrunde zu legen.

(7) Von einer Begründung der Entscheidung kann abgesehen werden, wenn sie nicht geeignet wäre, zur Klärung von Rechtsfragen grundsätzlicher Bedeutung, zur Fortbildung des Rechts oder zur Sicherung einer einheitlichen Rechtsprechung beizutragen.

Übersicht

	Rn
I. Normzweck; Anwendungsbereich	1
II. Vorabprüfung der Zulässigkeit (Abs. 1)	2
1. Allgemeines	2
2. Statthaftigkeit	3
3. Einhaltung von Form und Frist	5
4. Rechtsbeschwerdeberechtigung	6
5. Rechtsschutzbedürfnis	8
6. Zulassungsgrund	10
7. Verwerfungsbeschluss	11
III. Prüfung der Begründetheit (Abs. 3)	14
1. Antragsbindung (Abs. 3 S. 1)	14
a) Anfallwirkung	14
b) Unzulässigkeit neuer Sachanträge	16
2. Keine Bindung an Sachrügen (Abs. 3 S. 2)	17

	Rn
3. Beschränkte Prüfung in Bezug auf Verfahrensmängel (Abs. 3 S. 3)	19
a) Prüfung von Amts wegen	19
b) Prüfung auf Verfahrensrüge	24
4. Beschränkte Prüfung tatsächlicher Feststellungen (Abs. 3 S. 4 i. V. m. § 559 ZPO)	26
a) Bindung an Feststellungen des Beschwerdegerichts	26
b) Berücksichtigung neuer Tatsachen und Beweismittel	35
aa) In Bezug auf die Sache	35
bb) In Bezug auf das Verfahren	39
c) Auslegung von Erklärungen, Urkunden und Verträgen	43
d) Berücksichtigung von die Hauptsache erledigenden Tatsachen	51
5. Bei der Prüfung anzuwendendes Recht	53
a) Materielles Recht	53
b) Verfahrensrecht	55
IV. Unbegründetheit trotz Rechtsverletzung (Abs. 2)	56
V. Anwendung der erstinstanzlichen Vorschriften (Abs. 4)	59
VI. Entscheidung des Rechtsbeschwerdegerichts (Abs. 2, 5 u. 6)	62
1. Allgemeines	62
2. Zurückweisung der Rechtsbeschwerde	63
3. Aufhebung des Beschlusses und eigene Sachentscheidung	66
a) Aufhebung	66
b) Ersetzende Sachentscheidung	67
c) Verschlechterungsverbot	79
4. Aufhebung des Beschlusses und Zurückverweisung	82
a) Voraussetzungen der Zurückverweisung	82
b) Adressat der Zurückverweisung	86
c) Folgen der Zurückverweisung	91
VII. Absehen von einer Begründung (Abs. 3 S. 4 i. V. m. § 564 ZPO, Abs. 7)	97
VIII. Kosten und Gebühren	100

I. Normzweck; Anwendungsbereich

§ 74 legt für **alle Angelegenheiten** des FamFG (§ 1) den Verfahrensstoff der Rechtsbeschwerdeinstanz, den gegenständlichen Umfang der Prüfungsbefugnis des Rechtsbeschwerdegerichts und die inhaltlichen Grenzen der Prüfung fest, regelt das bei der Entscheidungsfindung einzuhaltende Verfahren und bestimmt die Grundlagen der Entscheidung sowie deren Inhalt und Form. Die Vorschrift ist an den für die zivilprozessuale Rechtsbeschwerde geltenden § 577 ZPO angelehnt und verweist wie dieser auf bestimmte Regelungen des Revisionsrechts. Zur Übergangsregelung siehe die Erläuterungen zu Art. 111 FGG-RG. **1**

II. Vorabprüfung der Zulässigkeit (Abs. 1)

1. Allgemeines

Nach **Abs. 1 S. 1** hat das Rechtsbeschwerdegericht vor Beginn der Sachprüfung **von Amts wegen** festzustellen, ob die Rechtsbeschwerde zulässig ist. Dabei sind über den Gesetzeswortlaut hinaus sämtliche Zulässigkeitsvoraussetzungen zu prüfen. Bei negativem Ausgang dieser Prüfung hat nach **Abs. 1 S. 2** eine **Verwerfung des Rechtsmittels** als unzulässig zu erfolgen. Die Zulässigkeit der Beschwerde ist eine Frage der Begründetheit der Rechtsbeschwerde und erst in diesem Zusammenhang zu prüfen (s. Rn 20 f.). **2**

2. Statthaftigkeit

Bei einer zulassungsabhängigen Rechtsbeschwerde (§ 70 Abs. 1) ist zu prüfen, ob das Beschwerdegericht die Rechtsbeschwerde nach § 70 Abs. 2 S. 1 im angefochtenen Beschluss zugelassen oder die Zulassung wirksam nachgeholt (s. § 70 Rn 40) hat und ob die Zulassung – zumindest auch – zu Gunsten des Rechtsbeschwerdeführers erfolgt ist. Wurde **3**

§ 74   4–9   Abschnitt 5. Rechtsmittel

die Zulassung wirksam beschränkt (s. § 70 Rn 38), muss die Rechtsbeschwerde den von der Zulassung erfassten Teil des Verfahrensgegenstandes betreffen.

4   Bei einer gegen die Entscheidung eines LG ohne Zulassung eingelegten Rechtsbeschwerde ist prüfen, ob sie eine der in § 70 Abs. 3 abschließend aufgeführten Angelegenheiten betrifft und somit keine besonderen Zulässigkeitsvoraussetzungen bestehen.

3. Einhaltung von Form und Frist

5   Es ist zu prüfen, ob die Einlegungsfrist (s. § 71 Rn 5 ff.) eingehalten ist; ob die Rechtsbeschwerdeschrift von einem beim BGH zugelassenen Rechtsanwalt oder einem dort auftrittsberechtigten Beschäftigten der die Rechtsbeschwerde führenden Behörde oder juristischen Person des öffentlichen Rechts bzw. der Landeskasse eingelegt ist (s. § 71 Rn 8 ff.), ob sie den vorgeschriebenen Inhalt hat (s. § 71 Rn 17 ff.) und unterschrieben ist (s. § 71 Rn 20 ff.); ob die Rechtsbeschwerde rechtzeitig (s. § 71 Rn 25 ff.) und formgerecht (s. § 71 Rn 32 ff.) begründet worden ist.

4. Rechtsbeschwerdeberechtigung

6   Zu prüfen ist, ob der Rechtsbeschwerdeführer durch die angefochtene Entscheidung beschwert ist. Die **formelle Beschwer** ist gegeben, wenn die eigene Beschwerde des Rechtsbeschwerdeführers zurückgewiesen oder als unzulässig verworfen[1] oder die ihm günstige erstinstanzliche Entscheidung auf die Beschwerde eines anderen Beteiligten zu seinem Nachteil abgeändert oder aufgehoben worden ist. Die darüber hinaus erforderliche **materielle Beschwer** liegt vor, wenn der Rechtsbeschwerdeführer durch die Beschwerdeentscheidung in einem subjektiven Recht (s. § 59 Rn 6 ff.) beeinträchtigt (s. § 59 Rn 9 ff.) ist. Die Beeinträchtigung darf bis zur Einlegung des Rechtsmittels nicht entfallen sein. Ebenso wenig darf sich die Hauptsache erledigt haben; bei der vorinstanzlichen Anordnung oder Bestätigung freiheitsentziehender Maßnahmen bestehen jedoch Ausnahmen (s. Rn 9). Darüber hinaus darf der Rechtsbeschwerdeführer nicht auf die Rechtsbeschwerde wirksam verzichtet haben (§ 67 Abs. 1 analog).

7   Hat das Beschwerdegericht die einen Antrag (§ 23) zurückweisende erstinstanzliche Entscheidung bestätigt oder diesen Antrag durch eigene, ersetzende Sachentscheidung auf Beschwerde des Antragsgegners zurückgewiesen, ist zu prüfen, ob der Rechtsbeschwerdeführer Antragsteller ist. Nur dieser ist nach § 59 Abs. 2 zur Einlegung der Rechtsbeschwerde berechtigt.[2]

5. Rechtsschutzbedürfnis

8   Geprüft wird, ob der zur Einlegung der Rechtsbeschwerde berechtigte Beteiligte auch ein Rechtsschutzbedürfnis an einer Hauptsacheentscheidung des Rechtsbeschwerdegerichts hat, weil sonst sein Rechtsmittel unzulässig ist.[3] Das Rechtsschutzbedürfnis fehlt, wenn die Beschwerdeentscheidung verfahrensmäßig überholt ist[4] oder aus anderen Gründen kein schützenswertes Interesse an einer Aufhebung der angefochtenen Entscheidung besteht, insbesondere bei Erledigung der Hauptsache. Entfällt das Rechtsschutzbedürfnis für eine Sachentscheidung erst nach Einlegung der Rechtsbeschwerde, wird dadurch das Rechtsmittel zur Hauptsache nachträglich unzulässig.[5]

9   Hat das Beschwerdegericht auf Beschwerde der den Antrag stellenden Verwaltungsbehörde (§ 417 Abs. 1) eine **freiheitsentziehende Maßnahme** angeordnet oder auf Beschwerde des Betroffenen deren Anordnung durch das erstinstanzliche Gericht bestätigt, kann es zur Gewährleistung effektiven Rechtsschutzes (Art. 19 Abs. 4 GG) geboten sein, trotz Durchführung bzw. Beendigung dieser Maßnahme nach Erlass der Beschwerdeentscheidung ausnahmsweise ein Rechtsschutzbedürfnis des Betroffenen an der **Feststellung**

---

[1] BGH NJW 1989, 1860.
[2] BayObLG FamRZ 2000, 1231 zu § 27 FGG.
[3] BGH FamRZ 1978, 396.
[4] BayObLG FamRZ 1990, 551; OLG Düsseldorf FamRZ 1998, 1268.
[5] KG OLG-NL 1998, 250.

der Rechtswidrigkeit des Grundrechtseingriffs zu bejahen. Insoweit ist **§ 62 entsprechend** anzuwenden;[6] auf die dortige Kommentierung wird verwiesen. Wegen der Änderung des Rechtsschutzziels und somit des Verfahrensgegenstandes ist ein auf die Feststellung der Rechtswidrigkeit gerichteter Antrag erforderlich, andernfalls ist die Rechtsbeschwerde unzulässig.[7] Im Einzelfall kann allerdings der ursprüngliche Antrag des Betroffenen entsprechend auszulegen sein.[8] Gegenstand der Überprüfung durch das Rechtsbeschwerdegericht ist auch in solchen Fällen nur die Rechtmäßigkeit der Beschwerdeentscheidung.[9] Hat also das LG den auf Entlassung aus der Unterbringung gerichteten Antrag abgelehnt, ist nur über die Rechtmäßigkeit dieser Entscheidung zu befinden und nicht die Rechtswidrigkeit der Unterbringungsanordnung des AG festzustellen.[10]

6. Zulassungsgrund

Das Vorliegen eines geltend gemachten (s. § 71 Rn 47 ff.) Zulassungsgrundes (§ 70 Abs. 2 S. 1) als Zulässigkeitsvoraussetzung ist analog § 574 Abs. 2 ZPO zu prüfen, wenn in einer **Ehesache oder Familienstreitsache** in den bei § 70 Rn 47 aufgeführten Fällen eine kraft Gesetzes, d. h. ohne Zulassung statthafte Rechtsbeschwerde vorliegt. Dafür ist der Zeitpunkt der Entscheidung des Rechtsbeschwerdegerichts maßgeblich.[11] Richtet sich das Rechtsmittel dagegen, dass die Beschwerde wegen Nichterreichens der Beschwerdesumme (§ 61 Abs. 1) als unzulässig verworfen wurde (§ 117 Abs. 1 S. 4 FamFG i. V.m § 522 Abs. 1 S. 4 ZPO) und hat das OLG die Zulassungsentscheidung (§ 61 Abs. 2) des AG, das die Beschwerdesumme für erreicht gehalten und deshalb keine Veranlassung zur Zulassung hatte, nicht nachgeholt (s. § 70 Rn 40 i. V. m. § 61 Rn 39), kann der BGH im Rahmen der Erheblichkeit dieses Verfahrensfehlers prüfen, ob eine Zulassung der Beschwerde geboten gewesen wäre.[12] Für diese Prüfung ist auf den Zeitpunkt der Entscheidung des Beschwerdegerichts abzustellen (s. § 70 Rn 20 a. E.). War die Nachholung der Beschwerdezulassung nicht geboten, ist die Rechtsbeschwerde unzulässig, wenn sich auch aus den weiteren vom Rechtsbeschwerdegericht zu berücksichtigenden Umständen ein Zulassungsgrund nicht ergibt.

7. Verwerfungsbeschluss

Die Zulässigkeit der Rechtsbeschwerde ist nur zu bejahen, wenn die dafür erforderlichen Tatsachenvoraussetzungen positiv festgestellt werden. Bleiben sie ungeklärt, trifft den Rechtsbeschwerdeführer die **Feststellungslast** mit der Folge, dass die Zulässigkeit ebenso zu verneinen ist wie beim Nichtvorliegen der Zulässigkeitsvoraussetzungen. Dann hat das Rechtsbeschwerdegericht das Rechtsmittel nach **Abs. 1 S. 2** durch Beschluss (§ 38) als unzulässig zu verwerfen. Es besteht **kein Ermessen**. Betrifft die Rechtsbeschwerde mehrere selbständige Teile eines mehrgliedrigen Verfahrensgegenstandes, sind die Voraussetzungen der Zulässigkeit für jeden dieser Teile getrennt zu beurteilen, weshalb dann das Rechtsmittel ggf. nur teilweise als unzulässig zu verwerfen ist. Kann jedoch die Zulässigkeit der Beschwerde und damit die Statthaftigkeit der Rechtsbeschwerde mangels Sachverhaltsdarstellung in der angefochtenen Entscheidung (§ 72 FamFG i. V. m. § 547 Nr. 6 ZPO) nicht festgestellt werden, muss diese von Amts wegen aufgehoben und die Sache zurückverwiesen werden.[13]

Hat auch ein anderer Beteiligter Rechtsbeschwerde eingelegt, darf der Verwerfungsbeschluss nicht ergehen, wenn und solange eine Behandlung des unzulässigen Rechtsmittels als Anschlussrechtsbeschwerde (s. § 73 Rn 8) in Betracht kommt.[14] Wegen Versäumung

---

[6] BGH FGPrax 2010, 150.
[7] OLG Karlsruhe FGPrax 2003, 99.
[8] OLG Karlsruhe/Freiburg FGPrax 2003, 145.
[9] BayObLG NJW-RR 2004, 8; OLG Zweibrücken FGPrax 2004, 95.
[10] BayObLG BtPrax 2003, 184.
[11] BGH NJW 2003, 3781.
[12] BGH FamRZ 2011, 882; NJW-RR 2010, 934.
[13] BGH NJW-RR 2005, 916.
[14] BGH NJW 1996, 2659.

der Einlegungs- oder Begründungsfrist kann die Rechtsbeschwerde nicht als unzulässig verworfen werden, bevor über eine beantragte oder von Amts wegen zu gewährende (§ 18 Abs. 3 S. 3, in Ehesachen und Familienstreitsachen § 113 Abs. 1 S. 2 FamFG i. V. m. § 236 Abs. 2 S. 2 2. Halbs. ZPO) Wiedereinsetzung entschieden wurde.[15] Gleiches gilt für eine nach § 71 Abs. 1 S. 3 FamFG i. V. m. § 551 Abs. 2 S. 5 u. 6 ZPO beantragte Fristverlängerung.[16]

13 Die Entscheidung kann in allen Angelegenheiten ohne Termin bzw. mündliche Verhandlung, d. h. **im schriftlichen Verfahren** ergehen (§ 552 Abs. 2 ZPO analog). Sie ist unanfechtbar und bindet das Rechtsbeschwerdegericht (§ 318 ZPO analog). Vor der Verwerfung ist dem Rechtsbeschwerdeführer rechtliches Gehör zu gewähren.[17] Ein Verstoß dagegen kann mit der Anhörungsrüge (§ 44) geltend gemacht werden. Der Verwerfungsbeschluss ist zu begründen, soweit davon nicht nach der auch insoweit anzuwendenden[18] Regelung des § 74 Abs. 7 (s. Rn 99) abgesehen werden kann.

III. Prüfung der Begründetheit (Abs. 3)

1. Antragsbindung (Abs. 3 S. 1)

14 a) **Anfallwirkung.** Nach **Abs. 3 S. 1** ist das Rechtsbeschwerdegericht nur im Rahmen der Rechtsbeschwerdeanträge zur Prüfung der Begründetheit des angefochtenen Beschlusses befugt. Diese **Festlegung der Prüfungskompetenz** setzt aber voraus, dass die Anträge einen Verfahrensgegenstand betreffen, über den das Beschwerdegericht entschieden hat. Dieser muss im Anwendungsbereich von § 70 Abs. 1 außerdem von der Zulassung erfasst sein.[19] Nur unter diesen Voraussetzungen fällt die Sache dem Rechtsbeschwerdegericht an. Soweit sich ein Rechtsbeschwerdeantrag nicht in den Grenzen der Anfallwirkung bewegt, unterliegt er nicht der Sachentscheidungskompetenz des Rechtsbeschwerdegerichts. Gleiches gilt, wenn der Antrag auf ein im Beschwerdeverfahren noch nicht geltend gemachtes Angriffsmittel gestützt wird, wie etwa die erst jetzt erklärte Anfechtung (§ 2078 BGB) einer letztwilligen Verfügung[20] oder die erstmalig erhobene Einrede der Verjährung.[21] Ein bisher am Verfahren nicht beteiligter Dritter kann nicht als neuer Antragsgegner eingeführt werden.

15 Hat das Beschwerdegericht den **Hauptantrag** zurückgewiesen und dem **Hilfsantrag** stattgegeben, fällt wegen der jeweils erforderlichen Beschwer auf die Rechtsbeschwerde des Antragstellers die Sache nur im Umfang des Hauptantrags, auf das Rechtsmittel des Antragsgegners dagegen nur hinsichtlich des Hilfsantrags an.[22] Soweit dann die Rechtsbeschwerde des Antragstellers Erfolg hat, ist das den Hilfsantrag betreffende Erkenntnis des Beschwerdegerichts von Amts wegen aufzuheben, weil diese Entscheidung unter der auflösenden Bedingung stand, dass dem Hauptantrag nicht stattgegeben wird.[23] Ist demgegenüber in der Beschwerdeinstanz dem Hauptantrag stattgegeben worden, fällt auf die Rechtsbeschwerde des Antragsgegners die Sache zugleich im Umfang des Haupt- und des Hilfsantrags an, weil sein Rechtsmittel das Antragsbegehren nicht einschränken kann.[24] Deshalb darf das Rechtsbeschwerdegericht bei eigener Sachentscheidung (Abs. 6 S. 1) auf Abweisung des Hauptantrags und Stattgabe des Hilfsantrags erkennen.[25]

16 b) **Unzulässigkeit neuer Sachanträge.** Ein Antrag, der den Gegenstand der Beschwerdeinstanz ändert oder erweitert, ist grundsätzlich unzulässig und macht die Rechtsbeschwerde unbegründet, soweit sie davon betroffen ist. Das ist stets der Fall, wenn der

---

[15] BGH NJW-RR 2005, 792.
[16] BGH NJW-RR 2001, 931.
[17] BGH NJW-RR 2006, 142.
[18] BT-Drs. 16/9733 S. 290.
[19] BGH NJW 1996, 527.
[20] BayObLG FamRZ 1995, 1523.
[21] BGHZ 1, 234.
[22] BGH NJW 1994, 2765.
[23] BGH NJW 2001, 1127.
[24] BGH NJW-RR 2005, 220; NJW 1999, 3779.
[25] BGH NJW 1992, 112.

Antrag auf neues tatsächliches Vorbringen gestützt wird.[26] Gleiches gilt, wenn der Rechtsmittelantrag den Übergang vom Amts- zum Antragsverfahren verfolgt, wie z. B. bei der erstmaligen Geltendmachung des schuldrechtlichen Versorgungsausgleichs anstelle des öffentlichrechtlichen.[27] Ebenso wenn ein nach seinen Voraussetzungen und Wirkungen anders ausgestalteter Rechtsfolgenauspruch als der zunächst begehrte verfolgt wird,[28] wie beim Wechsel vom Feststellungs- zum Leistungsantrag oder vom Leistungs- zum Abänderungsantrag (§§ 238 ff.) bzw. umgekehrt. Nur wenn der neue Antrag lediglich eine Beschränkung oder Modifizierung des früheren Antrags unter Beibehaltung seiner tatsächlichen Grundlage[29] darstellt und sich auf den bereits vom Beschwerdegericht festgestellten und vollständig, d. h. auch unter dem jetzt maßgeblichen rechtlichen Gesichtspunkt[30] gewürdigten Sachverhalt stützt,[31] ist er als zulässig anzusehen. Diese Voraussetzungen müssen auch erfüllt sein, wenn ein bisher als Hauptantrag gestellter Antrag in der Rechtsbeschwerdeinstanz als Hilfsantrag verfolgt[32] oder ein Hilfsantrag eingeführt[33] wird. Dagegen kann ein Hilfsantrag nicht mehr zum Hauptantrag gemacht werden, egal ob das Beschwerdegericht über ihn in der Sache entschieden hat oder nicht, weil dann eine unzulässige Antragserweiterung im Sinne einer Antragskumulierung vorliegt.[34] Auch ein in echten Streitsachen der freiwilligen Gerichtsbarkeit sowie in Ehesachen (§ 121) und Familienstreitsachen (§ 112) zulässiger, der zivilprozessualen Widerklage entsprechender Widerantrag (§ 113 Abs. 5 Nr. 2) ist in der Rechtsbeschwerdeinstanz ausgeschlossen.

2. Keine Bindung an Sachrügen (Abs. 3 S. 2)

Nach **Abs. 3 S. 2** ist das Rechtsbeschwerdegericht bei seiner Prüfung der Begründetheit des zuvor (Abs. 1) als zulässig erkannten Rechtsmittels nicht an die Rechtsbeschwerdegründe gebunden, soweit damit eine Rechtsverletzung geltend gemacht wird (§ 71 Abs. 3 Nr. 2 a). Vielmehr hat es im Rahmen der Rechtsbeschwerdeanträge und der Anfallwirkung (s. Rn 14 f.) die Rechtmäßigkeit, d. h. die **inhaltliche Richtigkeit** der angefochtenen Entscheidung **von Amts wegen** nach allen Richtungen uneingeschränkt[35] **zu prüfen** und kann deshalb den angefochtenen Beschluss bei einer von ihm festgestellten entscheidungserheblichen Rechtsverletzung auch dann aufheben, wenn diese nicht gerügt worden ist. 17

Demgegenüber darf das Rechtsbeschwerdegericht nach **Abs. 3 S. 3** Verfahrensfehler, die nicht bereits von Amts wegen zu beachten sind, nur auf formgerechte Rüge (§ 71 Abs. 3 Nr. 2 b) prüfen und berücksichtigen. 18

3. Beschränkte Prüfung in Bezug auf Verfahrensmängel (Abs. 3 S. 3)

a) Prüfung von Amts wegen. Das Rechtsbeschwerdegericht hat stets zu prüfen, ob das bisherige Verfahren **Grundlage einer Sachentscheidung** in der Rechtsbeschwerdeinstanz sein kann und ob die dafür notwendigen Voraussetzungen fortbestehen. 19

Dazu gehört zunächst die **Zulässigkeit der Beschwerde**, weil es ohne sie kein gültiges und rechtswirksames Rechtsbeschwerdeverfahren geben kann.[36] Das Rechtsbeschwerdegericht hat nach dem gesamten Inhalt des Beschwerdeverfahrens einschließlich dort angefallener Tatsachenfeststellungen selbständig zu würdigen, ob die von Amts wegen zu prüfenden Zulässigkeitsvoraussetzungen der Beschwerde vorliegen.[37] Dabei ist neues tatsächliches Vorbringen (nur) zu berücksichtigen, wenn das Beschwerdegericht das Rechtsmittel als zulässig angesehen und eine ersetzende Sachentscheidung getroffen hat. Denn allein dann ist die 20

---

[26] BGH NJW 1993, 1207.
[27] BGH NJW 1990, 1847.
[28] BGH NJW 1989, 170.
[29] BGH NJW-RR 1991, 1136.
[30] BGH NJW-RR 1993, 774.
[31] BGH NJW 1998, 2969.
[32] BGH NJW-RR 1990, 122.
[33] BGH NJW 1998, 1857.
[34] BGH NJW 2007, 913.
[35] BGH NJW 1999, 2817.
[36] BGH NJW 2004, 1112; NJW 2001, 226.
[37] BGH NJW 1992, 512.

Zulässigkeit der Beschwerde Voraussetzung für die Fortsetzung des Verfahrens in der Rechtsbeschwerdeinstanz, wohingegen die Zulässigkeit bei einer Verwerfung der Beschwerde gerade den alleinigen Verfahrensgegenstand der Rechtsbeschwerde darstellt.[38] Eine auf nicht statthafte Beschwerde ergangene und deshalb ebenfalls unzulässige Sachentscheidung kann das Rechtsbeschwerdegericht nicht aufheben, weil dann die Rechtsbeschwerde trotz Zulassung nicht eröffnet ist.[39] War die Beschwerde statthaft, aber aus anderen Gründen unzulässig, ist eine gleichwohl ergangene Sachentscheidung des Beschwerdegerichts auf zulässige Rechtsbeschwerde aufzuheben und die Beschwerde als unzulässig zu verwerfen.[40]

21 Zu prüfen sind insbesondere die Beachtung von Form (§ 64) und Frist (§ 63) der Beschwerdeeinlegung; die Beschwerdeberechtigung (§ 59); das Fehlen eines wirksamen Verzichts auf die Beschwerde (§ 67 Abs. 1);[41] ggf. die Wiedereinsetzung gegen die Versäumung der Beschwerdefrist (§§ 17ff.) sowie in Ehesachen (§ 121) und Familienstreitsachen (§ 112) Statthaftigkeit, Form und Frist des Einspruchs gegen eine Versäumnisentscheidung (§ 113 Abs. 1 FamFG i. V. m. § 341 Abs. 1 ZPO), auch wenn diese schon in erster Instanz ergangen ist;[42] ferner das Fehlen einer anderweitigen Rechtshängigkeit der Angelegenheit[43] oder einer rechtskräftigen Entscheidung über den Verfahrensgegenstand. Dabei ist die Prüfung auch darauf zu erstrecken, ob die erstinstanzliche Entscheidung nur zum Teil in zulässiger Weise angefochten worden und die Prüfungsbefugnis des Rechtsbeschwerdegerichts deshalb entsprechend begrenzt ist.[44]

21a In vermögensrechtlichen Angelegenheiten (s. § 61 Rn 2ff.) ist außerdem die Einhaltung der **Beschwerdesumme** (§ 61 Abs. 1) und bei deren Unterschreitung das Vorliegen einer Zulassung der Beschwerde (§ 61 Abs. 2) zu prüfen. Hatte das erstinstanzliche Gericht keine Veranlassung zur Zulassung, weil es von einem 600 € übersteigenden Beschwerdewert ausgegangen ist, und hat das Beschwerdegericht die Rechtsbeschwerde zugelassen, obwohl es die Beschwerdesumme für nicht erreicht hält, ist im Hinblick auf die Identität der in § 61 Abs. 3 S. 1 Nr. 1 und in § 70 Abs. 2 S. 1 geregelten Zulassungsgründe davon auszugehen, dass das Beschwerdegericht auch die Voraussetzungen für die Zulassung der Beschwerde als erfüllt angesehen und diese Zulassung nachgeholt hätte (s. § 61 Rn 39), wenn ihm die Notwendigkeit dafür bewusst gewesen wäre. In einem solchen Fall ist die Beschwerde als zugelassen zu behandeln.[45]

22 Weiterhin sind **Mängel der Beschwerdeentscheidung** (§ 69) von Amts wegen zu berücksichtigen. Ein solcher Mangel liegt insbesondere vor, wenn die Beschlussformel in sich selbst unauflösbar widersprüchlich[46] oder so unbestimmt ist, dass sich auch unter Berücksichtigung der Gründe keine Klarheit ergibt und der Beschluss deshalb insgesamt keine Rechtswirkungen erzeugen kann;[47] wenn der Beschluss keinen der Vollstreckung fähigen Inhalt hat;[48] wenn aus den Gründen nicht ersichtlich ist, von welchem Sach- und Streitstand das Beschwerdegericht ausgegangen ist, welches Rechtsmittelbegehren die Beteiligten verfolgt haben und welche tatsächlichen Feststellungen der Entscheidung zu Grunde liegen, so dass dem Rechtsbeschwerdegericht keine Nachprüfung möglich ist;[49] wenn die Entscheidung nach erfolgter Aufhebung und Zurückverweisung an das erstinstanzliche Gericht auf erneute Beschwerde die entsprechend § 318 ZPO bestehende Bindung des Beschwerdegerichts an seine frühere rechtliche Beurteilung oder nach Aufhebung und Zurückverweisung durch das Rechtsbeschwerdegericht die Bindung an dessen Rechtsauffassung nicht berücksichtigt.[50] Richtet sich die Rechtsbeschwerde gegen einen Abände-

---

[38] BGH NJW 2004, 71.
[39] BGH NJW-RR 2006, 286.
[40] BGH NJW 2011, 926; NJW 2009, 3653.
[41] OLG Hamm FamRZ 1990, 1262.
[42] BGH NJW 1981, 1673.
[43] BGH NJW 1990, 45.
[44] BGH NJW 1999, 2817.
[45] BGH NJW 2008, 218.
[46] BGH NJW-RR 2001, 1351.
[47] BGH NJW-RR 1996, 659.
[48] BGH NJW 1993, 324.
[49] BGH NJW 2004, 293; FamRZ 2003, 1273.
[50] BGH NJW 1992, 2831.

rungsbeschluss im Unterhaltsverfahren (§ 231 Abs. 1), ist von Amts wegen auch zu prüfen, inwieweit eine an die Grundlagen des abzuändernden Beschlusses bestehende Bindung (§ 238 Abs. 4 2. Halbs.) beachtet wurde, weil es dabei um die für das Verfahren in allen Instanzen maßgebende Grundlegung geht, auf der die Sachprüfung aufbaut und die der Disposition der Beteiligten entzogen ist.[51]

Schließlich hat das Rechtsbeschwerdegericht die für eine Sachentscheidung erforderlichen allgemeinen **Verfahrensvoraussetzungen** unabhängig von einer Rüge und ohne Bindung an Feststellungen des Beschwerdegerichts in jeder Richtung tatsächlich und rechtlich selbst zu prüfen und festzustellen.[52] Dabei ist auch neuer Tatsachenvortrag zu berücksichtigen, egal ob dies zum Wegfall oder zum Eintritt von Verfahrensvoraussetzungen führt.[53] Das gilt insbesondere für das Vorliegen des erforderlichen Antrags (§ 23);[54] die Beteiligtenfähigkeit (§ 8)[55] und die Verfahrensfähigkeit (§ 9);[56] die gesetzliche Vertretung; die Wirksamkeit einer Verfahrensvollmacht (§ 11);[57] die Verfahrensführungsbefugnis.[58]

b) Prüfung auf Verfahrensrüge. Alle nicht von Amts wegen zu prüfenden Verfahrensmängel sind nur auf frist- (§ 71 Abs. 2) und formgerecht (§ 71 Abs. 3 Nr. 2 b) erhobene **Rüge** prüfen. Unterbleibt diese und liegen Verfahrensfehler vor, sind sie unberücksichtigt zu lassen, selbst wenn die Beschwerdeentscheidung darauf beruht. Denn dann ist das Rechtsbeschwerdegericht insoweit an das mangelhafte Verfahren der Vorinstanz gebunden.[59]

Der Rechtsbeschwerdegegner kann im Wege einer sog. **Gegenrüge** Verfahrensfehler bis zur Entscheidung des Rechtsbeschwerdegerichts, in Ehesachen (§ 121) und Familienstreitsachen (§ 112) bis zum Schluss der mündlichen Verhandlung vor dem Rechtsbeschwerdegericht, geltend machen, und zwar auch hilfsweise für den Fall, dass die Rechtsbeschwerde sonst Erfolg hat.[60]

4. Beschränkte Prüfung tatsächlicher Feststellungen (Abs. 3 S. 4 i. V. m. § 559 ZPO)

a) Bindung an Feststellungen des Beschwerdegerichts. Durch **Abs. 3 S. 4** wird in entsprechender Anwendung von **§ 559 ZPO** bestimmt, welche Tatsachengrundlage für die Entscheidung des Rechtsbeschwerdegerichts maßgebend ist und inwieweit dieses eigene Tatsachenfeststellungen treffen und vom Beschwerdegericht gewürdigte Tatsachen eigenständig, also auch abweichend beurteilen darf.

Im **Bereich der freiwilligen Gerichtsbarkeit**, d. h. außer in Ehesachen und Familienstreitsachen hat das Rechtsbeschwerdegericht seiner Prüfung den **bei Erlass der Beschwerdeentscheidung** gegebenen Sachverhalt zugrunde zu legen, wie er sich aus den Akten ergibt (s. § 37 Rn 3 ff.). Dieser ist insbesondere den Gründen der Beschwerdeentscheidung sowie den dort in Bezug genommenen Vermerken (§ 28 Abs. 4) über Erörterungstermine und persönliche Anhörungen sowie über Ergebnisse der Beweiserhebung (§ 29 Abs. 3) zu entnehmen. Auch in den Gründen nicht ausdrücklich festgestellte Tatsachen, die sich aber aus dem weiteren Akteninhalt eindeutig als Grundlage der Entscheidung (§ 37 Abs. 1) ergeben, können berücksichtigt werden.[61]

In **Ehesachen** (§ 121) und **Familienstreitsachen** (§ 112) ist aufgrund des insoweit geltenden Mündlichkeitsgrundsatzes (§ 113 Abs. 1 S. 2 FamFG i. V. m. § 128 Abs. 1 ZPO) der **bis zum Schluss der mündlichen Verhandlung** vor dem Beschwerdegericht angefallene, sich aus dessen Entscheidung einschließlich dort enthaltener wirksamer Bezugnah-

---
[51] BGH NJW-RR 1990, 194.
[52] BGH NJW-RR 2008, 1169.
[53] BGH NJW 2004, 71.
[54] BGH FGPrax 2010, 210 u. 158 (Antrag der zuständigen Behörde nach § 417 Abs. 1).
[55] BGH NJW 2004, 2523.
[56] BGH NJW 2000, 289.
[57] BGH NJW 1992, 627.
[58] BGH NJW-RR 1987, 57; BayObLG NJW-RR 2000, 990; NJW-RR 1999, 1259.
[59] Zöller/Hessler § 557 Rn 11.
[60] Musielak/Ball § 557 Rn 19.
[61] BayObLG FamRZ 1989, 1124.

men oder aus dem Sitzungsprotokoll ergebende Tatsachenstoff für die Prüfung durch das Rechtsbeschwerdegericht maßgeblich (Abs. 3 S. 4 FamFG i. V. m. § 559 Abs. 1 S. 1 ZPO).[62] Wenn in der Entscheidung auf die gewechselten Schriftsätze nebst Anlagen verwiesen wird, ist davon auszugehen, dass deren Inhalt zum Bestandteil der mündlichen Verhandlung gemacht worden ist.[63] Aber auch ohne ausdrückliche Bezugnahme erstreckt sich die mündliche Verhandlung im Zweifel auf den gesamten bis zum Termin angefallenen Akteninhalt.[64] Dazu gehört auch der Inhalt beigezogener Akten.

29   Damit ist in der Rechtsbeschwerdeinstanz eine **Nachprüfung tatsächlicher Verhältnisse grundsätzlich ausgeschlossen.** Die Bindung an die Feststellungen des Beschwerdegerichts entfällt nur dann, wenn diese Gegenstand einer formgerechten (§ 71 Abs. 3 Nr. 2 b) und begründeten Rüge sind.

30   Diese grundsätzliche Bindung besteht auch hinsichtlich der **Tatsachenwürdigung** durch das Beschwerdegericht. Sie ist nur darauf nachprüfbar, ob der Tatrichter den maßgebenden Sachverhalt ausreichend aufgeklärt, sich bei dessen Beurteilung ausweislich der Gründe (§ 69 Abs. 2) mit allen wesentlichen Umständen auseinandergesetzt und hierbei nicht gegen gesetzliche oder allgemein anerkannte Beweisregeln und Grundsätze, z. B. betreffend die Verteilung der Beweislast und den Anscheinsbeweis, sowie gegen Denkgesetze und zwingende Erfahrungssätze oder den allgemeinen Sprachgebrauch (s. § 72 Rn 22 ff.) verstoßen hat.[65] Dazu gehören auch die erforderliche Gewichtung von Indizien und die Auseinandersetzung mit deren Zuverlässigkeit.[66] Auch die Frage, ob auf den vorliegenden Sachverhalt die Grundsätze über den Beweis des ersten Anscheins anwendbar sind, unterliegt der Prüfung durch das Rechtsbeschwerdegericht.[67] Deshalb müssen in der angefochtenen Entscheidung die Erwägungen, die für die tatrichterliche Würdigung maßgeblich gewesen sind, nachvollziehbar dargelegt sein und erkennen lassen, dass eine sachentsprechende Beurteilung überhaupt stattgefunden hat. Fehlt es an einer solchen Darlegung, besteht keine Bindung des Rechtsbeschwerdegerichts.[68] Gleiches gilt, wenn der vom Beschwerdegericht (zutreffend) wiedergegebene übereinstimmende Tatsachenvortrag der Beteiligten widersprüchlich ist und deshalb keine geeignete Entscheidungsgrundlage bildet.[69] Ebenso wenn die Beweisanforderungen zu hoch angesetzt oder vernachlässigt worden sind.[70] Mit der Rechtsbeschwerde kann aber nicht geltend gemacht werden, dass die tatsächlichen Folgerungen des Beschwerdegerichts nicht die einzig möglichen, d. h. nicht zwingend sind, oder dass eine andere Schlussfolgerung ebenso nahe oder noch näher gelegen hätte.[71]

31   Unter Verletzung des Rechts (§ 72 Abs. 1) sind Tatsachen insbesondere festgestellt, wenn die nach § 30 Abs. 1 entsprechend anwendbaren **Vorschriften über die förmliche Beweisaufnahme** nicht beachtet sind, z. B. wenn ein Zeuge unter Verletzung seines Zeugnisverweigerungsrechts (§ 384 ZPO) oder ein Beteiligter irrtümlich als Zeuge vernommen worden ist; wenn bei der Entscheidung berücksichtigte Beweisergebnisse unter Verletzung des Grundsatzes der Beteiligtenöffentlichkeit oder unter Versagung des rechtlichen Gehörs (§ 30 Abs. 4) gewonnen worden sind. Ebenso wenn ein vom Gericht eingeholtes Gutachten verwertet wurde, obwohl die Ablehnung des Sachverständigen noch nicht rechtskräftig für unbegründet erklärt worden war. Dass der Sachverständige hätte abgelehnt werden können, kann die Rechtsbeschwerde dagegen nicht stützen.[72] Beruht die Beweiswürdigung auf einer rechtlichen Voraussetzung, die nicht mit dem Gesetz in Einklang steht, verletzt auch die Würdigung als solche das Recht.[73] Die Beurteilung der Glaubwürdigkeit von Zeugen und der Glaubhaftigkeit von Zeugenaussagen

---

[62] BGH NJW-RR 2003, 1290.
[63] BGH NJW-RR 2002, 381.
[64] BGH NJW-RR 1996, 379.
[65] BGH NJW-RR 2005, 897; BayObLG FamRZ 1999, 819.
[66] BGH NJW 1998, 2736.
[67] BGH NJW 2006, 2262; NJW 2004, 3623.
[68] BGH NJW 1999, 423; NJW 1991, 1894.
[69] BGH NJW 2000, 3133.
[70] BGH NJW 1999, 486; NJW 1998, 2969; BayObLG FamRZ 1996, 566.
[71] BGH FGPrax 2000, 130; BayObLG FamRZ 1995, 1235; BtPrax 1994, 136.
[72] BayObLG NZM 2000, 1011.
[73] OLG Köln Rpfleger 1982, 287.

oder eidesstattlichen Versicherungen kann vom Rechtsbeschwerdegericht nicht nachgeprüft werden.[74]

Eine Nachprüfung der Entscheidung über die **Glaubhaftmachung** einer Tatsache findet grundsätzlich nicht statt. Die Rechtsbeschwerde kann nur darauf gestützt werden, dass das Beschwerdegericht den Begriff der Glaubhaftmachung verkannt oder zulässige Mittel der Glaubhaftmachung gesetzwidrig zurückgewiesen hat. Außerdem darf das Rechtsbeschwerdegericht die Würdigung der Mittel der Glaubhaftmachung ebenso wie die übrige Tatsachenfeststellung darauf prüfen, ob das Beschwerdegericht alle wesentlichen Umstände berücksichtigt und nicht gegen gesetzliche Beweisregeln, Denkgesetze oder zwingende Erfahrungssätze verstoßen hat, ferner ob die Anforderungen an die Glaubhaftmachung zu hoch oder zu niedrig angesetzt worden sind.[75]

Die **Würdigung eines Sachverständigengutachtens** ist darauf zu prüfen, ob das Beschwerdegericht das Ergebnis des Gutachtens kritiklos hingenommen oder unter Nachvollziehung der Argumentation des Sachverständigen dessen Feststellungen und Schlussfolgerungen selbständig auf ihre Tragfähigkeit geprüft und sich eine eigene Überzeugung gebildet[76] sowie auf die Aufklärung etwaiger Widersprüche hingewirkt hat.[77] Der Tatrichter darf zwar von dem Gutachten abweichen, muss aber seine abweichende Überzeugung nachvollziehbar begründen und erkennen lassen, dass diese Beurteilung auf hinreichenden sachlichen Gründen beruht und nicht durch einen Mangel an eigener Sachkunde beeinflusst ist; andernfalls bewegt er sich bei seiner Überzeugungsbildung außerhalb des tatrichterlichen Ermessens.[78] Ob das Gutachten im Ergebnis zutrifft oder nicht, ist grundsätzlich Sache der freien richterlichen Beweiswürdigung (§ 37 Abs. 1, in Ehesachen und Familienstreitsachen § 113 Abs. 1 S. 2 FamFG i. V. m. § 286 ZPO) und der Nachprüfung durch das Rechtsbeschwerdegericht entzogen, weil diesem eine eigene Würdigung verwehrt ist und der vom Beschwerdegericht gezogene Schluss nur rechtlich möglich, nicht aber zwingend sein muss.[79]

Die Tatsachenfeststellung des Beschwerdegerichts ist ebenfalls rechtsfehlerhaft (§ 72 Abs. 1), wenn ihr eine **unzureichende Sachverhaltsaufklärung** zugrunde liegt. Das trifft auch zu, wenn eine entscheidungserhebliche Tatsache irrtümlich als unstreitig angesehen und deshalb der Beurteilung ohne Aufklärung zugrunde gelegt wurde. Ergeben sich vom Beschwerdegericht für die Entscheidung herangezogene tatsächliche Feststellungen nicht aus den Akten oder stehen sie gar zu diesen in Widerspruch, muss aus den Gründen der Beschwerdeentscheidung ohne weitere Ermittlungen unmittelbar nachvollziehbar hervorgehen, wie das Gericht zu ihnen gelangt ist. Andernfalls handelt es sich um **aktenwidrige Feststellungen,** die verfahrensfehlerhaft getroffen und für das Rechtsbeschwerdegericht nicht bindend sind.[80] Das ist auch der Fall, wenn das Beschwerdegericht schriftsätzliches Vorbringen berücksichtigt, das auf bestimmte Unterlagen Bezug nimmt, ohne dass diese beigefügt oder zur Akte nachgereicht sind.[81] Ein Rechtsfehler liegt weiterhin vor, wenn die Feststellungen in sich **Widersprüche, Unklarheiten oder Lücken** aufweisen und deshalb dem Rechtsbeschwerdegericht keine hinreichend sichere Beurteilung des Beteiligtenvorbringens erlauben.[82] Beim **Übergehen von Tatsachenvortrag und Beweisangeboten** in der Beschwerdeinstanz (§ 65 Abs. 3) liegt eine Rechtsverletzung vor, wenn die vorgebrachten und unter Beweis gestellten Tatsachen entscheidungserheblich sind und das angebotene Beweismittel geeignet ist.

b) Berücksichtigung neuer Tatsachen und Beweismittel. Neue Tatsachen sind solche, die bei Erlass der Beschwerdeentscheidung bzw. beim Schluss der letzten mündlichen Verhandlung in Ehesachen (§ 121) und Familienstreitsachen schon (§ 112) bestan-

---

[74] BayObLG FamRZ 1998, 1469; FamRZ 1991, 1354.
[75] BayObLG NJW-RR 1996, 583; NJW-RR 1992, 1159; OLG Frankfurt Rpfleger 1993, 115.
[76] BayObLG FamRZ 1999, 817.
[77] BGH NJW 1994, 2419.
[78] BGH NJW 1989, 2948; NJW 1982, 2874; BayObLG FamRZ 1994, 720.
[79] BayObLG Rpfleger 1985, 240.
[80] BayObLG FamRZ 1997, 1242.
[81] BGH NJW 1995, 1841.
[82] BGH NJW 2000, 3007; NJW-RR 1995, 1058.

den, aber noch nicht vorgebracht waren oder die erst danach eingetreten sind. Hinsichtlich der Zulässigkeit ihrer Berücksichtigung in der Rechtsbeschwerdeinstanz ist zu differenzieren:

36   aa) *In Bezug auf die Sache.* Neue Tatsachen dürfen grundsätzlich weder durch die Beteiligten noch durch das Gericht in das Verfahren eingeführt werden.[83] Insoweit gilt der Grundsatz, dass die Entscheidungsgrundlage abgeschlossen ist.[84] Davon macht die Rechtsprechung **aus Gründen der Verfahrensökonomie,** also im Interesse einer möglichst raschen und Kosten sparenden Erledigung der Sache bei Vermeidung eines neuen Verfahrens[85] Ausnahmen, wenn die Berücksichtigung neuer tatsächlicher Umstände keine nennenswerte Mehrarbeit verursacht.[86]

37   Dies betrifft zunächst solche Tatsachen, die in dem Sinn **offenkundig** sind, dass sie auf rechtskräftiger Gerichtsentscheidung[87] oder bestandskräftigem Verwaltungsakt[88] beruhen. Diese sind vom Rechtsbeschwerdegericht von Amts wegen zu berücksichtigen. Darunter fallen z. B. die Eheschließung[89] oder die rechtskräftige Ehescheidung;[90] die Anerkennung einer ausländischen Entscheidung in Ehesachen (§ 107); die Einbürgerung;[91] die Erteilung einer gerichtlichen[92] oder behördlichen[93] Genehmigung; eine Registereintragung;[94] die Bestellung eines Liquidators;[95] die Beendigung einer anderweitigen Rechtshängigkeit der Sache;[96] die Aufhebung des die Ausreisepflicht (§ 50 Abs. 1 AufenthG) begründenden Verwaltungsakts, die Aussetzung der Abschiebung (§ 60a AufenthG) und die aufschiebende Wirkung von Rechtsbehelfen gegen den Verwaltungsakt, der den Aufenthalt beendet (§ 84 Abs. 2 S. 1 AufenthG). Ferner Tatsachen, die dem Rechtsbeschwerdegericht aus anderen vor ihm anhängigen oder anhängig gewesenen Verfahren **gerichtsbekannt** sind.[97] Schließlich solche, die ohne weitere Ermittlungen und tatrichterliche Beurteilung feststehen, weil sie entweder **unstreitig** oder eindeutig **aus den Akten ersichtlich** sind,[98] wie der Eintritt der Volljährigkeit oder die Vollendung der vor dem Tatrichter geltend gemachten Verjährung.[99]

38   Voraussetzung für eine Berücksichtigung neuer Tatsachen ist aber stets, dass sie **schützenswerte Belange anderer Beteiligter nicht verletzt.**[100] Davon ist insbesondere bei Tatsachen auszugehen, die eine Wiederaufnahme des Verfahrens nach § 48 Abs. 2 FamFG i. V. m. §§ 578 ff. ZPO rechtfertigen würden.[101] Außerdem sind die Beteiligten zur Gewährung rechtlichen Gehörs darauf hinzuweisen, dass das Rechtsbeschwerdegericht diese Tatsachen zur Grundlage seiner Entscheidung machen will.[102]

39   bb) *In Bezug auf das Verfahren.* Neue Tatsachen sind zu berücksichtigen, wenn sie nach § 71 Abs. 2 u. 3 Nr. 2b form- und fristgerecht zur Begründung einer Verfahrensrüge vorgebracht werden (Abs. 3 S. 4 i. V. m. § 559 Abs. 1 S. 2 ZPO). Ebenso wenn von ihnen die Zulässigkeit der Rechtsbeschwerde oder die Zulässigkeit des Verfahrens abhängt[103] oder wenn aus ihnen die Heilung eines Verfahrensmangels folgt.[104]

---

[83] BGH NJW-RR 1986, 1130; BayObLG NJW 1990, 775.
[84] BGH NJW 1988, 3092.
[85] BGH NJW-RR 1998, 1284; NJW 1990, 2754; BayObLG NJW-RR 1996, 7.
[86] BGH NJW 2010, 2277; NJW 2009, 3783.
[87] BGH NJW 1994, 579.
[88] BGH NJW 1998, 989.
[89] BayObLG NJW 1976, 2076.
[90] BGH NJW 2002, 1130; KG FGPrax 1999, 33.
[91] BGH NJW 1977, 498; NJW 1970, 1007; OLG Düsseldorf FamRZ 1977, 56.
[92] BGH MDR 1985, 394.
[93] BGH NJW-RR 1998, 1284.
[94] BayObLG NJW-RR 2001, 1047.
[95] OLG Köln FGPrax 2007, 281.
[96] BGH MDR 1984, 383.
[97] BGH NJW 1998, 3498.
[98] OLG Jena BeckRS 2010, 14671; BayObLG FamRZ 2001, 1245.
[99] BGH NJW 1990, 2754.
[100] BGH NJW 2002, 220; NJW 2001, 1272.
[101] BGH NJW 1977, 498; OLG Karlsruhe FamRZ 1977, 148.
[102] BGH NJW-RR 1993, 1122.
[103] OLG Köln NJWE-FER 2000, 187.
[104] OLG Hamm NJW-RR 1995, 1414.

40 Tatsachen, die eine **Verfahrensrüge** begründen können, sind z. B. solche betreffend die Gerichtsbarkeit, die vorschriftsmäßige Besetzung des Gerichts,[105] die Zulässigkeit der Beschwerde, das Vorliegen des erforderlichen Verfahrensantrags und die Antragsbefugnis des Antragstellers, die Geschäfts- bzw. Verfahrensfähigkeit, die gesetzliche Vertretung, die Anerkennung eines ausländischen Scheidungsurteils,[106] die Voraussetzungen der Verfahrensstandschaft,[107] die ermessensfehlerhafte bzw. unterlassene Ermittlung ausländischen Rechts (s. § 72 Rn 54 f.).[108]

41 Tatsachen, welche die Zulässigkeit der Rechtsbeschwerde oder der Fortsetzung des Verfahrens betreffen, sind **von Amts wegen** zu berücksichtigen. Sie können vom Rechtsbeschwerdegericht auch selbständig, d. h. erstmals ermittelt oder durch eigene Ermittlungen uneingeschränkt auf ihre Richtigkeit überprüft werden.[109] Beziehen sie sich auf die Zulässigkeit der Beschwerde, gilt dies aber nur, wenn das Beschwerdegericht die Zulässigkeit bejaht hat; ist die Beschwerde als unzulässig verworfen worden, können dagegen erhobene Rügen grundsätzlich nur auf Tatsachen gestützt werden, die schon in der Beschwerdeinstanz vorgetragen worden sind (s. auch Rn 20).[110]

42 Zu berücksichtigende Tatsachen, aus denen sich die rückwirkende Heilung eines Verfahrensmangels ergibt, sind z. B. die erst im Rechtsbeschwerdeverfahren erklärte Genehmigung der Verfahrenshandlungen nicht vertretungsberechtigter Eltern durch den inzwischen bestellten Ergänzungspfleger des minderjährigen Kindes;[111] der Eintritt und die Wiedererlangung der Verfahrensfähigkeit.[112]

43 c) **Auslegung von Erklärungen, Urkunden und Verträgen.** Bei rechtsgeschäftlichen Willenserklärungen und geschäftsähnlichen Handlungen ist nicht nur die Feststellung der Erklärungshandlung Sache des Tatrichters, sondern auch deren Würdigung, also die Feststellung des Erklärungsinhalts. Denn für diese Auslegung kommt es auf die zugrunde liegenden Tatumstände an, so dass sie eine tatrichterliche Würdigung darstellt. Das Rechtsbeschwerdegericht ist deshalb nur dann nicht an die Würdigung des Beschwerdegerichts gebunden, wenn das Recht verletzt ist (§ 72 Abs. 2). Ist das der Fall, kann das Rechtsbeschwerdegericht die Auslegung selbst vornehmen, wenn weitere Feststellungen zur tatsächlichen Auslegungsgrundlage nicht mehr erforderlich sind und damit die Sache zur Endentscheidung reif (§ 74 Abs. 6 S. 1) ist.[113]

44 Danach hat das Rechtsbeschwerdegericht die Auslegung **nur eingeschränkt,** nämlich darauf **zu prüfen,** ob sie nach den Denkgesetzen und zwingenden Erfahrungssätzen (s. § 72 Rn 22 f.) möglich ist, mit den gesetzlichen (z. B. §§ 133, 157 BGB) oder allgemein anerkannten Auslegungsregeln in Einklang steht, dem klaren Sinn und Wortlaut der Erklärung nicht widerspricht, alle wesentlichen Umstände berücksichtigt und nicht auf gerügten Verfahrensfehlern beruht.[114] Das Recht ist auch verletzt, wenn in den Gründen der angefochtenen Entscheidung nicht alle für die Auslegung erheblichen Umstände, d. h. der Auslegungsstoff umfassend gewürdigt oder die dazu angestellten Erwägungen nicht nachvollziehbar dargelegt sind.[115] Die Prüfung hat sich weiterhin darauf zu erstrecken, ob die Auslegung den Interessen der Beteiligten zum Zeitpunkt der Abgabe der Willenserklärung entspricht, also interessengerecht ist.[116] Ebenso auf die Frage, ob der Tatrichter zutreffend eine Willenserklärung aufgrund ihres Wortlauts als eindeutig und nicht auslegungsfähig angesehen[117] oder ihr aufgrund der zugrunde liegenden Umstände einen

---

[105] BGH NJW 1995, 2791.
[106] BayObLG FamRZ 1977, 751.
[107] BayObLG MDR 1990, 57.
[108] BGH NJW 1995, 1032; NJW 1992, 2026; OLG Saarbrücken NJW 2002, 1209.
[109] BGH BeckRS 2011, 10300.
[110] BGH NJW 2004, 71.
[111] BGH NJW 1989, 984.
[112] BayObLG FamRZ 1976, 711.
[113] BGH NJW-RR 2010, 1508; NJW 2003, 2158.
[114] BGH NJW 1995, 3251; NJW 1992, 1967; OLG Köln FGPrax 2000, 34.
[115] BGH NJW 1999, 1022; NJW 1992, 170.
[116] BGH NJW 2001, 3777; NJW 1998, 3268.
[117] BGH NJW-RR 1993, 945.

anderen Inhalt beigemessen hat als denjenigen, der nach dem allgemeinen Sprachgebrauch (s. § 72 Rn 24) dem Wortlaut entspricht.[118]

45 Die Prüfung im vorbezeichneten Umfang hat das Rechtsbeschwerdegericht – anders als die von einer Verfahrensrüge abhängige Überprüfung der Feststellungen des Beschwerdegerichts zu den für die Auslegung erheblichen Tatsachen und Begleitumständen,[119] also zum Erklärungstatbestand – ohne Bindung an die geltend gemachten Rechtsbeschwerdegründe **von Amts wegen** vorzunehmen.[120] Denn bei der erforderlichen Subsumtion des festgestellten Sachverhalts unter einen nach den Auslegungsregeln heranzuziehenden Gesichtspunkt handelt es sich um die Anwendung sachlichen Rechts, weshalb sie auf allgemeine, d. h. auf Aufhebung der angefochtenen Entscheidung gerichtete Sachrüge zu prüfen ist.[121]

46 Die dargelegten Grundsätze gelten auch, wenn **letztwillige Verfügungen** und Verträge auszulegen sind, insbesondere **Eheverträge,**[122] **Unterhaltsvereinbarungen**[123] und **Erbverträge.**[124] Dabei ist für die Auslegung zwar in erster Linie der Inhalt der die Erklärungen verkörpernden Urkunde maßgeblich; aber es sind auch Begleitumstände ihrer Errichtung einzubeziehen, soweit sie für den Erklärungsempfänger einen Schluss auf den Sinngehalt der Erklärung zulassen.[125] Das gilt insbesondere für das Zustandekommen von Verträgen.[126] Insoweit ist auch zu prüfen, ob das Beschwerdegericht eine gebotene ergänzende Vertragsauslegung unterlassen hat.[127] Die Würdigung, dass ein Vertrag, etwa wegen seines absolut widerspruchsvollen oder widersinnigen Inhalts, einer Auslegung nicht zugänglich ist, kommt nur in Ausnahmefällen als rechtsfehlerfrei in Betracht.[128] Bei der Auslegung eines Testaments sind neben § 133 BGB die besonderen gesetzlichen Auslegungsregeln (z.B. §§ 2069, 2087 Abs. 2 BGB) zu beachten und ihre Anwendung nachzuprüfen.[129] Weiter ist zu prüfen, ob sich das Beschwerdegericht mit einer zur Auslegung gehörenden Frage überhaupt nicht auseinandergesetzt, in Betracht kommende andere Auslegungsmöglichkeiten nicht in Erwägung gezogen oder dem Testament einen Inhalt gegeben hat, der sich seinem Wortlaut nicht entnehmen und auch nicht auf rechtsfehlerfrei festgestellte andere Anhaltspunkte für den im Testament zum Ausdruck kommenden Erblasserwillen stützen lässt.[130] Liegt danach ein Auslegungsfehler vor, kann das Rechtsbeschwerdegericht eine eigene Auslegung vornehmen und in der Sache selbst entscheiden, wenn der tatsächliche Sachverhalt keiner weiteren Klärung bedarf.[131]

47 Bei einem gerichtlichen **Vergleich** (§ 36) ist wegen dessen Doppelnatur als Verfahrenshandlung und Vertrag (§ 779 BGB) fraglich, ob wie bei letzterem in der Rechtsbeschwerdeinstanz nur eine beschränkte Prüfung auf Auslegungsfehler[132] oder eine uneingeschränkte Prüfung wie bei Verfahrenshandlungen (s. Rn 48) zuzulassen ist.[133] Letzteres kommt indessen nur in Betracht, wenn Gegenstand der durch Auslegung zu klärenden Frage der Vergleich als Verfahrenshandlung ist, insbesondere seine verfahrensbeendende Wirkung (s. § 36 Rn 46 ff.). Soweit es hingegen um den materiell-rechtlichen Inhalt des Vergleichs geht, ist die Prüfung zu beschränken.

48 **Verfahrenshandlungen** der Beteiligten kann das Rechtsbeschwerdegericht ohne Bindung an die Auslegung durch das Beschwerdegericht und in freier Würdigung selbst

---

[118] BGH NJW 1983, 672; OLG Frankfurt Rpfleger 1994, 24.
[119] BGH NJW 1996, 838.
[120] BGH NJW 2004, 2232; NJW 1995, 45.
[121] BGH NJW 1998, 3268.
[122] BGH NJW 2007, 2848; NJW 2006, 1268.
[123] BGH NJW 2009, 1667.
[124] OLG München FGPrax 2008, 116.
[125] BGH NJW-RR 1993, 945.
[126] BGH NJW 2004, 2232.
[127] BGH NJW 1998, 1219; NJW 1997, 652.
[128] BGH NJW 2007, 2848.
[129] BGH NJW 1960, 959; BayObLG FamRZ 1992, 988; OLG Köln FamRZ 1989, 549.
[130] BGH NJW 1993, 2168; BayObLG FamRZ 1994, 1358.
[131] BGH NJW 1962, 1715; BayObLG NJW-RR 1989, 1286.
[132] BGH NJW-RR 1996, 932; BayObLG NJOZ 2004, 2628; KG FGPrax 2004, 31.
[133] Offen gelassen z. B. in BGH NJW 2000, 1942; NJW 1995, 652.

auslegen.¹³⁴ Das gilt insbesondere für den Inhalt von Anträgen (§ 23),¹³⁵ also auch von Registeranmeldungen.¹³⁶ Dem Rechtsbeschwerdegericht obliegt insoweit die **uneingeschränkte Beurteilung** des gesamten schriftsätzlichen und mündlichen Vortrags der Beteiligten darauf, welche verfahrensrechtliche Bedeutung ihm zukommt. Davon ist auch schlüssiges Verhalten erfasst, wie z. B. das Schweigen auf Vorbringen eines anderen Beteiligten.¹³⁷ Die Auslegung hat sich an dem Grundsatz zu orientieren, dass im Zweifel dasjenige gewollt ist, was nach den Maßstäben der Rechtsordnung vernünftig ist und dem recht verstandenen Interesse des Beteiligten entspricht.¹³⁸ Dabei sind alle Gegebenheiten des Einzelfalls zu berücksichtigen, einschließlich solcher außerhalb einer schriftlichen Erklärung.¹³⁹

Keiner Einschränkung unterliegt auch die Würdigung behördlicher Handlungen.¹⁴⁰ Das gilt insbesondere für **Verwaltungsakte** und **Gerichtsentscheidungen**.¹⁴¹ Ferner für **Grundbucheintragungen** sowie die dort in Bezug genommenen Eintragungsbewilligungen und sonstigen Urkunden,¹⁴² wie z. B. Teilungserklärungen oder Gemeinschaftsordnungen.¹⁴³ **49**

Gleiches gilt für **andere Urkunden,** bei denen nur eine Auslegung allein aus ihrem Inhalt heraus in Betracht kommt und die deshalb **wie Rechtsnormen zu behandeln** sind. Das betrifft z. B. Satzungen von Vereinen¹⁴⁴ sowie von Kapitalgesellschaften, soweit sie körperschaftsrechtliche Regelungen enthalten,¹⁴⁵ auch wenn es sich um eine geänderte Satzung handelt, die mangels Registereintragung noch keine rechtliche Wirksamkeit erlangt hat;¹⁴⁶ Allgemeine Geschäftsbedingungen¹⁴⁷ sowie Formularerklärungen/-verträge¹⁴⁸ und andere, zur allgemeinen Regelung einer beliebigen Zahl künftiger, gleich gelagerter Einzelfälle erarbeitete Vertragswerke;¹⁴⁹ ferner Stiftungsurkunden.¹⁵⁰ Maßgeblich ist insoweit jeweils der Sinn, wie er aus objektiver Sicht dem niedergelegten Wortlaut unmittelbar als dessen nächstliegende Bedeutung zu entnehmen ist. **50**

d) **Berücksichtigung von die Hauptsache erledigenden Tatsachen.** Das Rechtsbeschwerdegericht hat **nach Abschluss der Beschwerdeinstanz** – also nach Erlass (§ 38 Abs. 3 S. 3) der Beschwerdeentscheidung bzw. nach Schluss der letzten mündlichen Verhandlung in Ehesachen (§ 121) und Familienstreitsachen (§ 112) – eingetretene Tatsachen, die den Verfahrensgegenstand erledigen, d. h. die Voraussetzungen einer Sachentscheidung entfallen lassen, in echten Streitsachen der freiwilligen Gerichtsbarkeit sowie in Ehesachen und Familienstreitsachen nur auf entsprechende Verfahrenserklärung der Beteiligten, im Übrigen aber von Amts wegen zu beachten. Im letzteren Fall kann das Rechtsbeschwerdegericht auch die zur Feststellung der Erledigung erforderlichen Tatsachen eigenständig treffen. **51**

Hat das Beschwerdegericht trotz bereits **in der Beschwerdeinstanz** eingetretener Erledigung der Hauptsache objektiv unrichtig eine Sachentscheidung getroffen, kann der dadurch beschwerte Beteiligte dies mit der Rechtsbeschwerde geltend machen und rügen, dass die eingetretene Unzulässigkeit der Beschwerde nicht erkannt bzw. berücksichtigt worden ist.¹⁵¹ Auf eine solche Rechtsbeschwerde ist die Beschwerde unter Aufhebung der **52**

---

¹³⁴ BGH NJW-RR 1996, 1210; NJW 1992, 1768.
¹³⁵ OLG Zweibrücken NJW-RR 1995, 397.
¹³⁶ BayObLG NJW-RR 2000, 990.
¹³⁷ BGH NJW 1999, 579.
¹³⁸ BGH NJW 2003, 3418.
¹³⁹ BGH NJW 2000, 3216.
¹⁴⁰ BGH NJW 1998, 2138.
¹⁴¹ BGH NJW 1983, 886.
¹⁴² BGH NJW 1997, 2956; NJW 1993, 1329; KG NJW-RR 1992, 214.
¹⁴³ BGH NJW 2003, 3476; OLG Köln ZMR 2001, 68.
¹⁴⁴ BGH NJW 1986, 1033; OLG Düsseldorf NJW-RR 1989, 894.
¹⁴⁵ BGH NJW 1992, 892; BayObLG NJW-RR 1986, 713.
¹⁴⁶ BayObLG NJW-RR 1993, 494.
¹⁴⁷ BGH NJW 2005, 2919; NJW 1991, 36.
¹⁴⁸ BGH NJW 2001, 1270; NJW 1993, 1854.
¹⁴⁹ BGH NJW 2000, 2503.
¹⁵⁰ BGH NJW 1957, 708.
¹⁵¹ BGH NJW 1978, 1380; BayObLG NZM 2000, 556; OLG Köln NJOZ 2004, 643.

angefochtenen Entscheidung als unzulässig zu verwerfen (§ 74 Abs. 6 S. 1), wenn sie der Beschwerdeführer nicht bereits auf die Kosten beschränkt hatte.[152]

5. Bei der Prüfung anzuwendendes Recht

53 a) **Materielles Recht.** Für das Rechtsbeschwerdegericht ist dasjenige materielle Recht maßgebend, das im Bereich der freiwilligen Gerichtsbarkeit bei Erlass (§ 38 Abs. 3 S. 3) seiner Entscheidung, in Ehesachen (§ 121) und Familienstreitsachen (§ 112) beim Schluss der vor ihm erfolgten mündlichen Verhandlung Gültigkeit hat, auch wenn das Beschwerdegericht diese Rechtslage noch nicht berücksichtigen konnte.[153] Deshalb ist grundsätzlich auch jedes neue Gesetz, sofern es nach seinem zeitlichen Geltungswillen den Verfahrensgegenstand bzw. das streitige Rechtsverhältnis erfasst, zu berücksichtigen,[154] falls es nicht lediglich verkündet, sondern bereits in Kraft getreten ist.[155] Wird danach die angefochtene Beschwerdeentscheidung erst durch die Gesetzesänderung im Ergebnis richtig, ist die Rechtsbeschwerde zurückzuweisen; entsprechendes gilt im umgekehrten Fall. Ein Rechtsgrund für eine Aufhebung und Zurückverweisung, um dem Beteiligten, zu dessen Nachteil sich die Änderung auswirkt, Gelegenheit zur Anpassung seines Sachvortrags vor dem Beschwerdegericht zu eröffnen, besteht nur, wenn durch die gesetzliche Neuregelung die Grundlage der angefochtenen Entscheidung in einer Weise berührt wird, die sie nachträglich als nicht mehr gesetzeskonform erscheinen lässt.[156]

54 Ist dagegen noch das alte Recht auf den zur Entscheidung stehenden Sachverhalt anwendbar, hat das Rechtsbeschwerdegericht dieses Recht der Prüfung der Beschwerdeentscheidung auf Rechtsfehler (§ 72 Abs. 1) zugrunde zu legen.[157]

55 b) **Verfahrensrecht.** Nach Erlass der Beschwerdeentscheidung bzw. nach Schluss der letzten mündlichen Verhandlung in Ehesachen (§ 121) und Familienstreitsachen (§ 112) erfolgte Änderungen im Verfahrensrecht sind, soweit nicht eine ausdrückliche Übergangsvorschrift (wie Art. 111 FGG-RG) etwas anderes bestimmt, in der Rechtsbeschwerdeinstanz zu berücksichtigen.[158] Für die Beurteilung der Zulässigkeit der Rechtsbeschwerde ist grundsätzlich das bei Einlegung des Rechtsmittels geltende Recht maßgeblich, also auch eine gesetzliche Neuregelung. Das gilt aber nicht, wenn dadurch die Anfechtbarkeit der Beschwerdeentscheidung in einer den Rechtsschutz unbillig, d. h. mit dem Justizgewährungsanspruch nicht zu vereinbarenden Weise verkürzt würde, wie bei Einführung einer (nicht mehr nachholbaren) Zulassung.[159] Dann ist ausnahmsweise das vom Beschwerdegericht anzuwendende Recht zugrunde zu legen.

IV. Unbegründetheit trotz Rechtsverletzung (Abs. 2)

56 Nach **Abs. 2** ist die Rechtsbeschwerde als unbegründet zu behandeln und deshalb zurückzuweisen, wenn die Prüfung zwar eine Verletzung des Rechts (§ 72 Abs. 1 S. 2) ergibt, die angefochtene Entscheidung aber gleichwohl, d. h. aus einem von der Rechtsverletzung nicht betroffenen und selbständig tragenden anderen Grund **im Ergebnis inhaltlich richtig** ist. Denn dann fehlt es an der nach § 72 Abs. 1 S. 1 erforderlichen Ursächlichkeit der Rechtsverletzung.

57 Das gilt nicht nur bei der Verletzung des materiellen Rechts, sondern auch bei auf zulässige Rüge festgestellten und deshalb zu berücksichtigenden Verfahrensfehlern, wenn sich der Mangel nicht auf das Ergebnis auswirkt. Das ist z. B. der Fall, wenn die Entscheidung auch bei Anwendung der richtigen statt der vom Beschwerdegericht zugrunde gelegten falschen Beweisregel zutrifft;[160] wenn eine Verletzung des rechtlichen Gehörs nicht

---

[152] BayObLG NZM 2004, 623.
[153] BGH NJW 2005, 1508; NJW 1983, 2443.
[154] BGH NJW 1993, 2241; KG NJW 1995, 62.
[155] BGH NJW-RR 1993, 258.
[156] BGH NJW 1995, 2170.
[157] BGH NJW 1993, 295.
[158] BGH NJW 1978, 889.
[159] BayObLG NJW 1990, 396.
[160] BGH NJW-RR 2006, 1098.

entscheidungserheblich ist, weil es auf die davon betroffenen Feststellungen nicht ankommt und die rechtsfehlerfrei zustande gekommenen Feststellungen den angefochtenen Beschluss tragen;[161] wenn der Verfahrensfehler durch neue Tatsachen, die das Rechtsbeschwerdegericht ausnahmsweise berücksichtigen darf (s. Rn 35 ff.), geheilt wird. Die Rechtsbeschwerde ist auch zurückzuweisen, wenn sich ohne die Rechtsverletzung kein für den Rechtsbeschwerdeführer günstigeres Ergebnis als das vom Beschwerdegericht erkannte ergeben würde. Ebenso wenn zwar ein – nicht von Amts wegen zu beachtender – Verfahrensfehler vorliegt, dieser aber nicht oder nicht frist- und formgerecht (§ 71 Abs. 2 u. 3 Nr. 2 b) gerügt worden ist.

Beim Vorliegen eines absoluten Rechtsbeschwerdegrundes i. S. d. § 72 Abs. 3 FamFG **58** i. V. m. § 547 ZPO (s. § 72 Rn 30 ff.) hat das Rechtsbeschwerdegericht die angefochtene Entscheidung in jedem Fall aufzuheben. Dann findet Abs. 2 keine Anwendung.

V. Anwendung der erstinstanzlichen Vorschriften (Abs. 4)

Nach **Abs. 4** sind in der Rechtsbeschwerdeinstanz die Vorschriften des für das erst- **59** instanzliche Verfahren geltenden Abschnitts 2 im Allgemeinen Teil, also die §§ 23–37 entsprechend anzuwenden, soweit sich aus §§ 70–75 nichts Abweichendes ergibt. Diese Regelung entspricht im Ergebnis inhaltlich dem für das Beschwerdeverfahren geltenden § 68 Abs. 3 S. 1. Wie dort[162] gelten die Vorschriften des Abschnitts 1, also die §§ 1–22a unmittelbar.

In **Ehesachen** (§ 121) und in **Familienstreitsachen** (§ 112) gelten nach § 113 Abs. 1 **60** S. 2 die Allgemeinen Vorschriften der ZPO (§§ 1–252 ZPO) und die Vorschriften der ZPO über das Verfahren vor dem LG (§§ 253–494 ZPO) entsprechend. Daraus ergibt sich insbesondere, dass regelmäßig mündlich zu verhandeln ist (§ 128 ZPO). Die den Einzelrichter betreffenden §§ 348–350 ZPO sind nicht anzuwenden (§ 555 Abs. 2 ZPO analog). Nach § 117 Abs. 2 S. 2 ist wie in der Beschwerdeinstanz eine Güteverhandlung (§ 278 Abs. 2–5 ZPO) nicht obligatorisch.

Eine § 565 ZPO nachgebildete, die entsprechende **Anwendung bestimmter Be-** **61** **schwerdevorschriften** anordnende Regelung sieht das Gesetz nicht vor. Gleichwohl kommt eine solche Heranziehung zum systemkonformen Schließen von Regelungslücken in Betracht. Das gilt insbesondere für den Verzicht auf die Rechtsbeschwerde (§ 67 Abs. 1 u. 3) und ihre Rücknahme (§ 67 Abs. 4) sowie für die Berechtigung zur Einlegung des Rechtsmittels (§ 59) und die Befugnis Minderjähriger zur Führung der Rechtsbeschwerde (§ 60). Auch eine Aussetzung der Vollziehung der angefochtenen Beschwerdeentscheidung kommt bei gegebenem Rechtsschutzbedürfnis in Betracht (§ 64 Abs. 3 2. Halbs.).[163] Zur entsprechenden Anwendung von § 62 siehe Rn 9 u. § 62 Rn 38 f.

VI. Entscheidung des Rechtsbeschwerdegerichts (Abs. 2, 5 u. 6)

1. Allgemeines

In **Abs. 2, 5 u. 6** ist geregelt, welchen Inhalt die Entscheidung des Rechtsbeschwerde- **62** gerichts als Ergebnis der Prüfung der Begründetheit des zuvor als zulässig erkannten Rechtsmittels haben kann, unter welchen Voraussetzung das Rechtsbeschwerdegericht zu einer eigenen Sachentscheidung befugt ist oder die Sache zurückzuverweisen hat, an welches Gericht die Zurückverweisung erfolgen kann und welche Folgen sie für dieses Gericht hat.

2. Zurückweisung der Rechtsbeschwerde

Das Rechtsbeschwerdegericht hat die Rechtsbeschwerde zurückzuweisen, wenn sie **63** **unbegründet** ist. Das ist der Fall,

---

[161] BGH NJW 2003, 3205.
[162] BT-Drs. 16/6308 S. 207.
[163] BGH FGPrax 2010, 158 u. 97; offen gelassen in BGH FGPrax 2010, 102.

§ 74   64–68   Abschnitt 5. Rechtsmittel

– wenn der angefochtene Beschluss nicht auf einer Verletzung des Rechts (§ 72 Abs. 1) beruht, also auch wenn zwar eine Rechtsverletzung vorliegt, die Entscheidung sich aber aus anderen Gründen als im Ergebnis richtig erweist **(Abs. 2)**;
– wenn das erstinstanzliche Verfahren einen nur auf Rüge zu berücksichtigenden Verfahrensmangel aufweist, dieser jedoch nicht oder nicht frist- und formgerecht (§ 71 Abs. 2 u. 3 Nr. 2 b) gerügt worden ist.

Treffen die Voraussetzungen der Zurückweisung nur auf einen selbständigen Teil eines mehrgliedrigen Verfahrensgegenstandes zu, ist sie darauf zu beschränken.

64   Bei der Zurückweisung kann das Rechtsbeschwerdegericht die Formel des angefochtenen Beschlusses ohne inhaltliche Änderung umformulieren, wenn dies zur Klarstellung zweckmäßig erscheint. Hat das Beschwerdegericht eine unzulässige Beschwerde aus sachlichen Gründen zurückgewiesen, kann das Rechtsbeschwerdegericht die Rechtsbeschwerde mit der Maßgabe zurückweisen, dass die Beschwerde als unzulässig verworfen wird.[164]

65   Hat das Beschwerdegericht in einer **Ehesache oder Familienstreitsache** die Beschwerde zu Unrecht als unzulässig verworfen statt sie wegen Säumnis des Beschwerdeführers durch Versäumnisentscheidung zurückzuweisen (§ 117 Abs. 2 S. 1 FamFG i. V. m. § 539 Abs. 1 ZPO), kann das Rechtsbeschwerdegericht die Beschwerde nicht zurückweisen, sondern hat die Sache unter Aufhebung des angefochtenen Beschlusses an das Beschwerdegericht zurückzuverweisen, weil dem Beschwerdeführer sonst unter unzulässiger Verkürzung seiner Verfahrensrechte der gegen die Versäumnisentscheidung gegebene Einspruch genommen würde.[165]

3. Aufhebung des Beschlusses und eigene Sachentscheidung

66   **a) Aufhebung.** Das Rechtsbeschwerdegericht hat den angefochtenen Beschluss nach **Abs. 5** aufzuheben, wenn die zulässige Rechtsbeschwerde **begründet** ist, d. h. wenn die Beschwerdeentscheidung auf einer Verletzung des materiellen Rechts oder auf einem Verfahrensmangel beruht, der von Amts wegen zu berücksichtigen oder frist- und formgerecht gerügt worden ist. Treffen die Voraussetzungen der Aufhebung nur auf einen selbständigen Teil des Verfahrensgegenstandes zu, ist sie darauf zu beschränken, wie im Gesetz ausdrücklich klargestellt ist („soweit"). Die Aufhebung ist stets auf den Umfang der Anfallwirkung (s. Rn 14 f.) begrenzt.

67   **b) Ersetzende Sachentscheidung.** Nach **Abs. 6 S. 1** hat das Rechtsbeschwerdegericht aus Gründen der Verfahrensökonomie regelmäßig[166] in der Sache selbst zu entscheiden, wenn und soweit diese **zur Endentscheidung reif** ist. Die Entscheidung des Rechtsbeschwerdegerichts ersetzt den aufgehobenen Beschluss, so dass damit die Beschwerde neu beschieden wird. Daraus folgt, dass es sich sowohl um eine sachliche, d. h. über den Verfahrensgegenstand befindende wie um eine rein verfahrensrechtliche Entscheidung handeln kann.

68   Eine Entscheidung über den Verfahrensgegenstand setzt voraus, dass **keine Aufklärung** entscheidungserheblicher Tatsachen **mehr erforderlich** ist. Das trifft zu, wenn das Beschwerdegericht den entscheidungserheblichen Sachverhalt erschöpfend und rechtsfehlerfrei aufgeklärt hat, wenn dieser in echten Streitsachen der freiwilligen Gerichtsbarkeit sowie in Ehesachen (§ 121) und Familienstreitsachen (§ 112) in vollem Umfang unstreitig ist oder wenn die ausnahmsweise zulässige Berücksichtigung neuer Tatsachen (s. Rn 35 ff.) die Entscheidungsreife herbeiführt. Dann geht es nur um die richtige Anwendung des Gesetzes auf den feststehenden Sachverhalt, mithin um dessen Subsumtion unter die Tatbestandsvoraussetzungen der maßgeblichen Norm.[167] Dies gilt auch in Fällen, in denen das Beschwerdegericht nicht in der Sache entschieden, sondern die Beschwerde zu Unrecht als unzulässig verworfen hat (s. aber Rn 71).[168]

---

[164] BayObLG FamRZ 1990, 1379; KG FamRZ 1991, 1101; OLG Hamm FamRZ 1989, 542; OLG Karlsruhe/Freiburg FGPrax 2005, 219.
[165] BGH NJW 1995, 2563.
[166] BT-Drs. 16/6308 S. 211.
[167] BayObLG FamRZ 1999, 1692; FamRZ 1994, 775.
[168] BayObLG NJW-RR 2001, 654; OLG Frankfurt NJW-RR 1994, 75.

Das **Rechtsbeschwerdegericht tritt** für eine ersetzende Sachentscheidung vollständig **an die Stelle des Beschwerdegerichts**[169] und kann eine eigenständige, von derjenigen des aufzuhebenden Beschlusses abweichende Tatsachenwürdigung vornehmen,[170] Urkunden und Willenserklärungen uneingeschränkt selbst auslegen[171] sowie ein durch die anzuwendende Norm eingeräumtes, vom Beschwerdegericht rechtsfehlerhaft ausgeübtes Ermessen selbständig ausüben.[172] Sind bei fehlerhafter Subsumtion des Sachverhalts unter einen unbestimmten Rechtsbegriff weitere tatsächliche Feststellungen weder erforderlich noch zu erwarten, kann das Rechtsbeschwerdegericht die Anknüpfungstatsachen dahin würdigen, ob sie die Subsumtion zulassen.[173] Hat das Beschwerdegericht für die Entscheidung maßgebliches ausländisches Recht nicht angewendet, darf das Rechtsbeschwerdegericht dies tun und dazu jenes Recht selber feststellen (s. § 72 Rn 55).[174]

69

Die ersetzende Sachentscheidung des Rechtsbeschwerdegerichts kann – unter Aufhebung der Beschwerdeentscheidung (Abs. 5) – lauten auf:
- Zurückweisung oder Verwerfung der Beschwerde, d. h. **Wiederherstellung der erstinstanzlichen Entscheidung,** soweit der Beschwerde stattgegeben worden ist;
- **Abänderung oder Aufhebung der erstinstanzlichen Entscheidung,** soweit die Beschwerde zurückgewiesen oder verworfen worden ist;
- Ersetzung der Verwerfung der Beschwerde als unzulässig durch eine Zurückweisung als unbegründet oder umgekehrt.

70

Hat das Beschwerdegericht die **Beschwerde als unzulässig verworfen,** ist das Rechtsbeschwerdegericht zu einer sachlichen Entscheidung nur befugt, wenn dem angefochtenen Beschluss eine für die abschließende rechtliche Beurteilung ausreichende tatsächliche Grundlage zu entnehmen ist und für den Fall einer Zurückverweisung der Sache bei zutreffender rechtlicher Würdigung des Sachverhalts ein anderes Ergebnis als das vom Rechtsbeschwerdegericht für richtig erachtete nicht möglich erscheint.[175] Die Sach- und Rechtslage muss sich also so darstellen, dass auf die Rechtsbeschwerde gegen eine nach Zurückverweisung getroffene neue Entscheidung des Beschwerdegerichts eine andere Beurteilung durch das Rechtsbeschwerdegericht als die jetzige ausgeschlossen ist, so dass sich die Zurückverweisung als überflüssige, mit dem Gebot der Verfahrensökonomie unvereinbare Maßnahme darstellt.[176] Deshalb darf für den Fall der Zurückverweisung, d. h. der Wiedereröffnung der zweiten Tatsacheninstanz weder eine entscheidungserhebliche Änderung des festgestellten Sachverhalts[177] noch eine solche des Sachvortrags zu erwarten sein. Liegen diese Voraussetzungen vor, hat das Rechtsbeschwerdegericht seine Entscheidung ohne Rücksicht auf eventuelle, die Begründetheit der Beschwerde betreffende Hilfserwägungen des Beschwerdegerichts zu treffen; diese sind als bloße Hinweise zur Rechtslage aufzufassen und gelten als ungeschrieben.[178]

71

Bei der ersetzenden Sachenentscheidung ist die Entscheidungskompetenz des Rechtsbeschwerdegerichts wie diejenige des Beschwerdegerichts[179] grundsätzlich **auf den Gegenstand des erstinstanzlichen Beschlusses beschränkt.** Hat das erstinstanzliche Gericht über einen gar nicht gestellten Antrag (§ 23) entschieden, kann das Rechtsbeschwerdegericht den erstinstanzlichen Beschluss ersatzlos aufheben, wenn das Beschwerdegericht dies unterlassen hat.[180] Hat jedoch das Beschwerdegericht in einer echten Streitsache der freiwilligen Gerichtsbarkeit oder in einer Familienstreitsache (einschließlich Scheidungsfolgesachen) unter Verstoß gegen die dort nach § 113 Abs. 1 S. 2 entsprechend geltende Rege-

72

---

[169] BGHZ 35, 135/142 f.
[170] BayObLG NJW-RR 1993, 780; OLG Hamm FamRZ 1991, 1103; OLG Schleswig FamRZ 1994, 781.
[171] BGH NJW 1991, 1180; BayObLG NJW-RR 1991, 1222.
[172] BayObLG NJW 1990, 1857; OLG Oldenburg FamRZ 1999, 472.
[173] BGH NJW 1993, 2178.
[174] BGH NJW 1997, 2233.
[175] BGH NJW 1999, 794.
[176] BGH NJW 1983, 1047.
[177] BGH NJW 1992, 2080.
[178] BGH NJW 1990, 2125.
[179] BGH FGPrax 2011, 78.
[180] BayObLG WE 1991, 165.

lung des § 308 Abs. 1 S. 1 ZPO einen nicht geltend gemachten Anspruch zuerkannt oder einen nicht zur Entscheidung gestellten Anspruch aberkannt, kann das Rechtsbeschwerdegericht aus Gründen der Verfahrensökonomie anstelle einer Zurückverweisung ausnahmsweise auch über diesen Verfahrensgegenstand abschließend entscheiden und damit den Verfahrensverstoß heilen, wenn eine Endentscheidung ohne weitere Ermittlungen und ohne Beschränkung der Verteidigungsmöglichkeiten des anderen Beteiligten möglich sowie sachdienlich ist.[181] Richtet sich die Rechtsbeschwerde gegen eine Teilentscheidung (§ 301 ZPO analog), darf das Rechtsbeschwerdegericht den noch nicht beschiedenen Teil des Verfahrensgegenstandes nicht an sich ziehen und darüber entscheiden, weil ihm die Sache insoweit nicht angefallen ist.[182]

73 Hat das Beschwerdegericht einen Antrag (§ 23) auf die Beschwerde des Antragsgegners zu Unrecht als unzulässig abgewiesen oder eine darauf lautende erstinstanzliche Entscheidung auf Beschwerde des Antragstellers bestätigt, kann das Rechtsbeschwerdegericht als Ergebnis seiner Sachprüfung den Antrag als unbegründet abweisen[183] oder ihm stattgeben.[184]

74 Aufgrund der ersetzenden Sachentscheidung des Rechtsbeschwerdegerichts etwa erforderliche **Ausführungshandlungen** sind dem erstinstanzlichen Gericht vorbehalten, wie z.B. die Bestellung eines Pflegers. Hat das Beschwerdegericht auf Aufhebung einer Pflegschaft erkannt, kann deshalb auf begründete Rechtsbeschwerde nur deren neuerliche Anordnung verfügt werden.[185]

75 In echten Streitsachen der freiwilligen Gerichtsbarkeit und in Familienstreitsachen (einschließlich Scheidungsfolgesachen) kann das Rechtsbeschwerdegericht eine **Zwischenentscheidung über den Grund** eines auch in der Rechtsbeschwerdeinstanz nach Grund und Betrag streitigen Anspruchs (§ 304 Abs. 1 ZPO analog) erlassen, wenn die Sache nur insoweit entscheidungsreif ist und zur Anspruchshöhe noch weiterer Aufklärung bedarf, weshalb sie in diesem Umfang an das Beschwerdegericht zurückzuverweisen ist.[186]

76 Wird in Unterhaltssachen (§ 231 Abs. 1) und Güterrechtssachen (§ 261 Abs. 1) ein Zahlungsanspruch mit einem **Stufenantrag** (§ 113 Abs. 1 S. 2 FamFG i.V.m. § 254 ZPO) geltend gemacht und hat das Beschwerdegericht diesen insgesamt abgewiesen oder eine darauf lautende erstinstanzliche Endscheidung bestätigt, kann das Rechtsbeschwerdegericht auf begründete Rechtsbeschwerde des Antragstellers eine Teilentscheidung über den Auskunftsanspruch erlassen und die Sache im Übrigen, d.h. wegen der Leistungsstufe an das Beschwerdegericht zurückverweisen. In besonders gelagerten Einzelfällen ist dabei die Verbindung mit einer Zwischenentscheidung über den Grund zulässig, wenn eine Leistungspflicht des Antragsgegners bereits abschließend feststeht.[187]

77 Beim **Fehlen einer Verfahrensvoraussetzung** (s. Rn 23) ist nur dann eine ersetzende Sachentscheidung des Rechtsbeschwerdegerichts in Gestalt einer Abänderung der erstinstanzlichen Entscheidung und Abweisung des Antrags (§ 23) als unzulässig geboten, wenn schon das Beschwerdegericht, hätte es das Fehlen der Verfahrensvoraussetzung erkannt, dies tun musste oder wenn es nach Zurückverweisung der Sache durch das Rechtsbeschwerdegericht wegen Entfallens der Verfahrensvoraussetzung in der Rechtsbeschwerdeinstanz so zu verfahren hätte. Litt dagegen schon das Verfahren erster Instanz an einem solchen Verfahrensmangel und wäre dieser, wie z.B. die Zustellung der Antragsschrift in einer Ehesache oder Familienstreitsache (§ 113 Abs. 1 S. 2 FamFG i.V.m. §§ 253 Abs. 1, 261 Abs. 1 ZPO), noch zu beheben, hätte das Beschwerdegericht dem erstinstanzlichen Gericht durch Zurückverweisung Gelegenheit dazu geben müssen. Dies hat dann das Rechtsbeschwerdegericht durch Aufhebung der Beschwerdeentscheidung und Zurückverweisung der Sache an das erstinstanzliche Gericht nachzuholen (s. Rn 83).[188]

---

[181] BGH NJW 1991, 1683.
[182] BGH NJW 2001, 78.
[183] BGH NJW-RR 2003, 931; NJW-RR 1994, 175.
[184] BGH NJW 1992, 436.
[185] OLG Hamm NJW-RR 1986, 79; OLG Karlsruhe/Freiburg FGPrax 2003, 229.
[186] BGH NJW 1995, 1093.
[187] BGH NJW 1999, 1706.
[188] BGH NJW 1992, 2099.

Bei einer **Rechtsbeschwerde gegen einen kassatorischen Beschluss,** der nach § 69 **78**
Abs. 1 S. 2 u. 3, in einer Ehesache oder Familienstreitsache nach § 117 Abs. 2 S. 1 FamFG
i. V. m. § 538 Abs. 2 S. 1 ZPO, auf Aufhebung der erstinstanzlichen Entscheidung und
Zurückverweisung der Sache erkennt, kann geltend gemacht werden, das Beschwerdegericht habe sein Ermessen fehlerhaft ausgeübt (s. § 72 Rn 11) oder es liege kein für die
erstinstanzliche Entscheidung ursächlicher Verfahrensmangel vor.[189] Das Rechtsbeschwerdegericht ist dann zur Nachprüfung sachlichrechtlicher Ausführungen des Beschwerdegerichts grundsätzlich nur berechtigt, soweit sie die Grundlage der Aufhebung und Zurückverweisung bilden.[190] Erweist sich diese als rechtsfehlerhaft, kommt bei gegebener Entscheidungsreife ausnahmsweise eine eigene Sachentscheidung aus verfahrensökonomischen
Gründen in Betracht, wenn im Falle einer Zurückverweisung an das Beschwerdegericht
dieses bei zutreffender rechtlicher Würdigung zu keinem anderen Ergebnis gelangen könnte
als das Rechtsbeschwerdegericht.[191]

c) Verschlechterungsverbot. Da § 74 für alle Angelegenheiten des FamFG gilt, ist die **79**
Bindung an die Rechtsbeschwerdeanträge (Abs. 3 S. 1) **auch in Amtsverfahren** zu
berücksichtigen. Durch die Formulierung seiner Rechtsmittelanträge kann der Rechtsbeschwerdeführer also den Verfahrensgegenstand der Rechtsbeschwerdeinstanz auf einen
abtrennbaren Teil der Beschwerdeentscheidung wirksam begrenzen.[192] Gleichzeitig legen
die Anträge auch das **Rechtschutzziel bindend** fest, so dass auf die Rechtsbeschwerde
allgemein eine Abänderung zum Nachteil des Rechtsbeschwerdeführers (reformatio in
peius) nicht in Betracht kommt, sondern nur auf die Anschlussrechtsbeschwerde eines
anderen Beteiligten.

Eine solche Schlechterstellung liegt nicht vor, wenn ein Beteiligter gegen den seinen **80**
Antrag (§ 23) als unzulässig abweisenden oder eine entsprechende Entscheidung des erstinstanzlichen Gerichts bestätigenden Beschluss des Beschwerdegerichts Rechtsbeschwerde
einlegt und das Rechtsbeschwerdegericht im Wege der ersetzenden Sachentscheidung
(Abs. 6 S. 1) nunmehr den Antrag als unbegründet abweist.[193] Gleiches gilt, wenn der
Antragsgegner Rechtsbeschwerde gegen eine auf Abweisung des Antrags als unzulässig
lautende Beschwerdeentscheidung einlegt und das Rechtsbeschwerdegericht diese Entscheidung unbeschränkt aufhebt, so dass dem Antrag jetzt stattgegeben werden kann.[194]
Ferner ist kein Verstoß gegen das Verschlechterungsgebot gegeben, wenn das Rechtsbeschwerdegericht die Verwerfung der Beschwerde durch eine Zurückweisung als unbegründet ersetzt[195] oder umgekehrt.

Diese Beurteilung ergibt sich aus dem **Zweck** des Verschlechterungsverbots. Dieser ist **81**
allein darauf gerichtet, dem Rechtsbeschwerdeführer das zu bewahren, was ihm ohne die
Anfechtung der Beschwerdeentscheidung erhalten geblieben wäre.[196] In den vorgenannten
Fällen hat er noch keine Rechtsposition erlangt, die in diesem Sinne als Besitzstand
anzusehen wäre.

4. Aufhebung des Beschlusses und Zurückverweisung

a) Voraussetzungen der Zurückverweisung. Bei Begründetheit der zulässigen **82**
Rechtsbeschwerde kommt nach **Abs. 6 S. 2** auch eine Zurückverweisung der Sache zur
anderweitigen Behandlung und erneuten Entscheidung unter Aufhebung des angefochtenen Beschlusses (Abs. 5) in Betracht. Die Zurückverweisung ist obligatorisch, wenn ein
absoluter Rechtsbeschwerdegrund (§ 72 Abs. 3 FamFG i. V. m. § 547 ZPO) vorliegt
oder **weitere Ermittlungen erforderlich** sind. Im Übrigen steht die Zurückverweisung
im pflichtgemäßen Ermessen des Rechtsbeschwerdegerichts. Zwar spricht der Wortlaut des

---

[189] BGH NJW 1996, 2155.
[190] BGH NJW-RR 1994, 377; NJW-RR 1993, 442.
[191] BGH IPrax 1998, 479; NJW-RR 1996, 753.
[192] BT-Drs. 16/6308 S. 210 f.
[193] BGH NJW-RR 2003, 931; NJW 1988, 2114.
[194] BGH MDR 1962, 976.
[195] BGH NJW 1998, 2058; NJW 1996, 2100.
[196] BGH NJW-RR 1994, 1272.

Abs. 6 S. 2 gegen die Einräumung eines solchen Ermessens. Aber in der Gesetzesbegründung ist von der Möglichkeit einer Zurückverweisung die Rede, von der das Rechtsbeschwerdegericht Gebrauch machen kann.[197] Dementsprechend hat das Rechtsbeschwerdegericht nach Abs. 6 S. 1 bei gegebener Entscheidungsreife regelmäßig in der Sache selbst zu entscheiden (s. Rn 67).

83 Hat das Beschwerdegericht nicht in der Sache entschieden, sondern die **Beschwerde als unzulässig verworfen,** ist eine eigene Sachentscheidung des Rechtsbeschwerdegerichts nur unter engen Voraussetzungen (s. Rn 71) zulässig. Wenn **schwere Verfahrensmängel** vorliegen, ist in der Regel eine Zurückverweisung sachgerecht. Das gilt vor allem bei einem Verstoß gegen den Anspruch auf rechtliches Gehör (Art. 103 Abs. 1 GG), zumal ein solcher Mangel in der Rechtsbeschwerdeinstanz grundsätzlich nur in Bezug auf das Gehör zu Rechtsfragen, nicht jedoch zu Tatfragen geheilt werden kann. Hat das Beschwerdegericht in einer Kindschaftssache entgegen § 158 keinen Verfahrensbeistand für das Kind oder in einer Betreuungs- oder Unterbringungssache entgegen § 276 bzw. § 317 keinen Verfahrenspfleger für den Betroffenen bestellt, ist ebenfalls aufzuheben und zurückzuverweisen, weil dann der entscheidungserhebliche Sachverhalt nicht verfahrensfehlerfrei festgestellt worden ist.[198]

84 Soweit zur eigenen Sachentscheidung die **Anwendung ausländischen Rechts** erforderlich ist und das Beschwerdegericht dies unterlassen hat, darf das Rechtsbeschwerdegericht dieses Recht zwar selber feststellen und anwenden, kann aber die Sache auch zurückverweisen (§ 563 Abs. 4 ZPO analog).

85 In **Ehesachen** (§ 121) ist die dem Verbund von Scheidung und Folgesachen (§ 137 Abs. 1) Rechnung tragende Sondervorschrift des **§ 147** zu beachten. Danach kann das Rechtsbeschwerdegericht bei teilweiser Aufhebung einer Verbundentscheidung auf Antrag eines Beteiligten die Aufhebung und Zurückverweisung an das Beschwerdegericht um den nicht angefochtenen Teil erweitern, wenn eine solche **erweiterte Aufhebung** wegen des tatsächlichen oder rechtlichen Zusammenhangs mit dem angefochtenen Entscheidungsteil geboten erscheint. Wegen der Einzelheiten siehe die Kommentierung zu § 147.

86 b) **Adressat der Zurückverweisung.** Nach **Abs. 6 S. 2 1. Halbs.** ist die Sache **regelmäßig** an das **Beschwerdegericht** zurückzuverweisen. Dabei kann nach **Abs. 6 S. 3** durch die Zurückverweisung auch ein **anderer Spruchkörper** für die erneute Behandlung und Entscheidung der Sache zuständig werden, d. h. zum gesetzlichen Richter (Art. 101 Abs. 1 S. 2 GG) bestimmt werden. Dies kann sachgerecht sein, wenn sich aus der angefochtenen Entscheidung der Eindruck ergibt, das erkennende Gericht habe sich in seiner Beurteilung bereits in einer Weise festgelegt, dass eine Voreingenommenheit nicht auszuschließen ist.[199] Das wird nur **ausnahmsweise** der Fall sein. Richtete sich die Rechtsbeschwerde gegen eine Teilentscheidung, erfasst ein solcher Zuständigkeitswechsel auch den noch nicht beschiedenen Teil des Verfahrensgegenstandes.[200] Ein Richter, der an der Beschwerdeentscheidung mitgewirkt hat und jetzt aufgrund Geschäftsverteilung dem Spruchkörper angehört, an den die Sache zurückverwiesen wurde, ist nicht von der Ausübung des Richteramtes ausgeschlossen, weil die nach § 6 Abs. 1 entsprechend anwendbare Regelung des § 41 Nr. 6 ZPO insoweit nicht gilt. Den verfassungsrechtlich geschützten Belangen der Beteiligten wird in solchen Fällen durch die den besonderen Umständen des Einzelfalls Rechnung tragende Möglichkeit der Ablehnung nach § 6 Abs. 1 FamFG i. V. m. §§ 42 ff. ZPO genügt.[201]

87 Hatte das Beschwerdegericht die Entscheidung einem seiner Mitglieder zur Entscheidung als **Einzelrichter** übertragen (§ 68 Abs. 4), bleibt dieser auch nach Aufhebung und Zurückverweisung zuständiger gesetzlicher Richter.[202]

---

[197] BT-Drs. 16/6308 S. 211.
[198] BayObLG FamRZ 2003, 1044 zu § 67 FGG.
[199] BT-Drs. 16/6308 S. 211.
[200] Zöller/Heßler § 563 Rn 1.
[201] BVerfG NJW 2001, 3533.
[202] OLG Zweibrücken FGPrax 2004, 257.

Nach **Abs. 6 S. 2 2. Halbs.** kommt **ausnahmsweise**, nämlich aus besonderen Grün- 88
den, das **erstinstanzliche Gericht** als Adressat der Zurückverweisung in Betracht. Darüber, ob solche Gründe vorliegen, hat das Rechtsbeschwerdegericht nach pflichtgemäßem
Ermessen zu befinden.[203] Sie liegen regelmäßig vor, wenn die Beschwerdeentscheidung
und die erstinstanzliche Entscheidung auf der gleichen Rechtsverletzung beruhen;[204] wenn
die noch notwendigen Ermittlungen zweckmäßigerweise vom erstinstanzlichen Gericht
vorzunehmen sind;[205] wenn infolge Begründetheit der Rechtsbeschwerde dem erstinstanzlichen Gericht vorbehaltene Maßnahmen notwendig sind, wie die Anordnung einer Vor-
mundschaft/Pflegschaft oder die Erteilung eines Erbscheins (s. Rn 74).[206]

Im **Notarbeschwerdeverfahren** ist die Sache im Fall des Abs. 6 S. 2 2. Halbs. an den 89
Notar zurückzuverweisen, weil dieser hier die Stellung der ersten Instanz einnimmt (s. § 58
Rn 83).[207]

Keine Zurückverweisung im vorbezeichneten Sinn, sondern im Ergebnis eine solche 90
durch das Beschwerdegericht **im Wege der ersetzenden Sachentscheidung** des Rechtsbeschwerdegerichts (s. Rn 67 ff.) liegt vor, wenn schon das Beschwerdegericht die Sache
nach § 69 Abs. 1 S. 2 oder 3 bzw. in Ehesachen und Familienstreitsachen nach § 117
Abs. 2 S. 1 FamFG i. V. m. § 538 Abs. 2 ZPO hätte zurückverweisen müssen und dies
nunmehr nachzuholen ist.[208] Das kommt z. B. in Betracht, wenn das erstinstanzliche Gericht
das Fehlen einer noch herzustellenden Verfahrensvoraussetzung nicht erkannt,[209] den Antrag ohne die erforderlichen Ermittlungen als unzulässig abgewiesen,[210] eine unzulässige
Teilentscheidung erlassen[211] oder statt durch den funktionell zuständigen Richter durch den
Rechtspfleger entschieden hat.[212]

c) Folgen der Zurückverweisung. Die Zurückverweisung bedeutet, beschränkt auf 91
ihren Umfang, eine **Wiedereröffnung der Beschwerdeinstanz** und somit der zweiten
Tatsacheninstanz. Das Beschwerdegericht darf deshalb die Sache nicht seinerseits an das
erstinstanzliche Gericht zurückverweisen, sondern hat die Sache anderweitig zu behandeln
und erneut zu entscheiden.[213] Dabei sind neue Tatsachenbehauptungen, weitere Beweiserhebungen und von den früheren abweichende tatsächliche Feststellungen zulässig (§ 65
Abs. 3). Vielfach werden weitere Ermittlungen auf Grund von Hinweisen des Rechtsbeschwerdegerichts angezeigt sein.

Nach **Abs. 6 S. 2** hat die Zurückverweisung stets unter **Aufhebung des Beschwerde-** 92
verfahrens zu erfolgen. Sie ist damit nicht auf durch die Rechtsverletzung (§ 72 Abs. 1)
betroffene Teile des Verfahrens beschränkt, so dass davon auch rechtsfehlerfrei zustande
gekommene Tatsachenfeststellungen erfasst sind. Gleichwohl erscheint es zur Schaffung
einer Tatsachengrundlage für die neue Entscheidung des Beschwerdegerichts bereits im
Hinblick auf den Grundsatz der Verfahrensökonomie nicht geboten, vom Rechtsbeschwerdegericht unbeanstandet gebliebene Beweiserhebungen und andere Ermittlungen zu wiederholen, soweit sie nicht aufgrund neuer tatsächlicher oder rechtlicher Gesichtspunkte
vom Erfordernis weiterer Aufklärung erfasst sind.

Nach **Abs. 6 S. 4** entfaltet die Zurückverweisung eine **Bindungswirkung für das** 93
Gericht, an das die Zurückverweisung erfolgt. Sie bezieht sich auf die für die Aufhebung und Zurückverweisung durch das Rechtsbeschwerdegericht ursächliche, d. h. diese
unmittelbar herbeiführende rechtliche Beurteilung.[214] Das Tatsachengericht hat sie seiner
neuen Entscheidung zugrunde zu legen. Dabei erstreckt sich die Bindung auch auf die der

---

[203] BayObLG NJW 1994, 668.
[204] BayObLG FGPrax 1999, 246; OLG Düsseldorf FGPrax 2003, 157; OLG Hamburg NJW-RR 1990, 1289; OLG Karlsruhe FamRZ 1995, 1012.
[205] BGH NJW 1993, 2241; BayObLG FamRZ 1982, 644.
[206] OLG Hamm FamRZ 1985, 1185.
[207] OLG Zweibrücken FGPrax 2004, 48.
[208] BGH NJW 1999, 55.
[209] BGH NJW 1992, 2099.
[210] BGH NJW 1989, 1860.
[211] BGH NJW-RR 1994, 379.
[212] BGH NJW-RR 2005, 1299.
[213] BayObLG NJW-RR 1999, 452; NJW-RR 1992, 191.
[214] BGH BeckRS 2011, 05066; FamRZ 1999, 22.

Beurteilung rechtslogisch vorhergehenden Gründe, soweit sie notwendige Voraussetzung für die Aufhebung der Beschwerdeentscheidung waren;[215] ebenso auf ihr zugrunde liegende Tatsachenfeststellungen, die das Rechtsbeschwerdegericht ausnahmsweise selbst treffen konnte (s. Rn 35 ff.).[216] Keine Bindung besteht dagegen an bloße rechtliche Hinweise und Empfehlungen für das weitere Verfahren.[217] Von der Bindungswirkung ebenfalls nicht erfasst sind Verfahrensvoraussetzungen, die nicht ausdrücklich Gegenstand der aufhebenden Entscheidung waren, sodass das Beschwerdegericht diese eigenständig beurteilen und insoweit zu einem von seiner früheren Entscheidung und derjenigen des Rechtsbeschwerdegerichts abweichenden Ergebnis gelangen kann.[218] Wurde die angefochtene Entscheidung nur wegen Verfahrensmängeln aufgehoben, ist das Beschwerdegericht hinsichtlich der sachlichrechtlichen Beurteilung frei.[219]

94 Soweit danach eine Bindung an die Beurteilung des Rechtsbeschwerdegerichts besteht, darf das Tatsachengericht hiervon bei seiner neuen Entscheidung nur abweichen, wenn sich nach erfolgter Zurückverweisung ein neuer Sachverhalt ergibt, für den diese Beurteilung nicht zutrifft;[220] wenn sich das anzuwendende Recht ändert; wenn eine der Beurteilung entgegenstehende Entscheidung des BVerfG ergeht (§ 31 Abs. 1 BVerfGG); wenn das Rechtsbeschwerdegericht seine der Aufhebung und Zurückverweisung zugrunde liegende Rechtsprechung ändert;[221] wenn sich der Verfahrensgegenstand ändert, z. B. weil im Erbscheinsverfahren zwar noch derselbe Nachlass betroffen ist, aber nun über einen anderen Erbscheinsantrag zu entscheiden ist.[222]

95 Auch das **Rechtsbeschwerdegericht** ist im oben dargelegten Umfang an seine der Aufhebung unmittelbar zugrunde liegende rechtliche Beurteilung gebunden, wenn es später im Instanzenzug nochmals mit der Sache befasst wird **(§ 318 ZPO analog).**[223] Diese Bindung entfällt unter den gleichen Voraussetzungen wie dies für das vorinstanzliche Gericht der Fall ist.

96 Hat das Beschwerdegericht die Sache an die erste Instanz zurückverwiesen, wurde dagegen keine Beschwerde eingelegt und gelangt die Sache nach Beschwerde gegen die neue erstinstanzliche Entscheidung in die Rechtsbeschwerdeinstanz, ist das Rechtsbeschwerdegericht ebenso wie das Beschwerdegericht entsprechend § 318 ZPO an die der Aufhebung der Ausgangsentscheidung zugrunde liegende Rechtsauffassung gebunden.[224]

VII. Absehen von einer Begründung (Abs. 3 S. 4 i. V. m. § 564 ZPO, Abs. 7)

97 Das Gesetz sieht in Abs. 3 S. 4 u. Abs. 7 über die auch insoweit anzuwendende[225] Regelung des § 38 Abs. 4 (s. § 38 Rn 68 ff.) hinaus eine weitere, doppelte Einschränkung der Pflicht des Rechtsbeschwerdegerichts zur Begründung seiner Entscheidung vor.

98 Zunächst bedarf es nach **Abs. 3 S. 4 i. V. m. § 564 S. 1 ZPO** keiner Begründung der Auffassung des Rechtsbeschwerdegerichts, wonach erhobene Verfahrensrügen keinen Erfolg haben. Dies gilt unabhängig davon, ob der geltend gemachte Verfahrensmangel als nicht gegeben erachtet oder ob die Rüge als unzulässig, d. h. nicht frist- oder formgerecht erhoben (§ 71 Abs. 2 u. 3 Nr. 2 b) angesehen wird. Weil die Vorschrift mit Ausnahme der absoluten Rechtsbeschwerdegründe (§ 72 Abs. 3 FamFG i. V. m. § 547 ZPO), deren Nichtdurchgreifen stets begründet werden muss (§ 564 S. 2 ZPO), keine Einschränkung vorsieht, erfasst sie auch Gehörsrügen.[226]

---

[215] BGH NJW-RR 2002, 929.
[216] BGH NJW 1995, 3115.
[217] BGH FamRZ 1990, 282.
[218] BGH BeckRS 2011, 05066.
[219] BGH NJW 1988, 496.
[220] BGH NJW 1995, 3115; FamRZ 1985, 691.
[221] GmS-OGB NJW 1973, 1273.
[222] BayObLG FamRZ 1998, 1198.
[223] BGH FamRZ 1999, 22.
[224] BGH NJW 1992, 2831.
[225] BT-Drs. 16/6308 S. 211.
[226] BGH NJW 2005, 1432.

Abs. 7 soll den BGH sowohl beim Verwerfungsbeschluss (Abs. 1) wie bei der Sachentscheidung (Abs. 2, 5 u. 6) entlasten.[227] Danach kann das Rechtsbeschwerdegericht von einer Begründung ganz oder teilweise absehen, wenn bzw. soweit diese nicht geeignet wäre, zur Klärung von Rechtsfragen grundsätzlicher Bedeutung, zur Rechtsfortbildung oder zur Sicherung einer einheitlichen Rechtsprechung beizutragen.

VIII. Gebühren und Kosten

Auf § 70 Rn 58 ff. wird verwiesen.

Zurückweisungsbeschluss

74a (1) **Das Rechtsbeschwerdegericht weist die vom Beschwerdegericht zugelassene Rechtsbeschwerde durch einstimmigen Beschluss ohne mündliche Verhandlung oder Erörterung im Termin zurück, wenn es davon überzeugt ist, dass die Voraussetzungen für die Zulassung der Rechtsbeschwerde nicht vorliegen und die Rechtsbeschwerde keine Aussicht auf Erfolg hat.**

(2) **Das Rechtsbeschwerdegericht oder der Vorsitzende hat zuvor die Beteiligten auf die beabsichtigte Zurückweisung der Rechtsbeschwerde und die Gründe hierfür hinzuweisen und dem Rechtsbeschwerdeführer binnen einer zu bestimmenden Frist Gelegenheit zur Stellungnahme zu geben.**

(3) **Der Beschluss nach Absatz 1 ist zu begründen, soweit die Gründe für die Zurückweisung nicht bereits in dem Hinweis nach Absatz 2 enthalten sind.**

I. Normzweck und Anwendungsbereich

§ 74a ermöglicht dem Rechtsbeschwerdegericht **in allen Angelegenheiten** des FamFG (§ 1) eine Erledigung zugelassener Rechtsbeschwerden ohne Termin und zielt damit in erster Linie auf Ehesachen (§ 121) und Familienstreitsachen (§ 112) ab, in denen wegen Anwendbarkeit der ZPO (§ 113 Abs. 1 S. 2) grundsätzlich mündlich zu verhandeln ist.[1] Dementsprechend ist die Regelung derjenigen des § 552a ZPO nachgebildet. Zur Übergangsregelung siehe die Erläuterungen zu Art. 111 FGG-RG.

II. Voraussetzungen des Zurückweisungsbeschlusses (Abs. 1 2. Halbs.)

Es muss eine wegen **Zulassung durch das Beschwerdegericht** statthafte und zulässige Rechtsbeschwerde vorliegen. Auf die nach § 70 Abs. 3 oder entsprechend § 574 Abs. 1 S. 1 Nr. 1 ZPO kraft Gesetzes statthafte, d. h. zulassungsfreie Rechtsbeschwerde (s. § 70 Rn 45 ff.) findet § 74a keine Anwendung.

Das Rechtsbeschwerdegericht muss als Ergebnis der Vorabprüfung nach § 74 Abs. 1 S. 1 die **Zulässigkeit der Rechtsbeschwerde** festgestellt haben. Ansonsten ist das Rechtsmittel bereits nach § 74 Abs. 1 S. 2 als unzulässig zu verwerfen (s. § 74 Rn 2 ff.).

Als erste der beiden kumulativen Voraussetzungen des **Abs. 1 2. Halbs.** darf zur Überzeugung (§ 37 Abs. 1, in Ehesachen und Familienstreitsachen § 113 Abs. 1 S. 2 FamFG i. V. m. § 286 ZPO) des Rechtsbeschwerdegerichts **kein Zulassungsgrund** (§ 70 Abs. 2 S. 1) vorliegen, also weder der vom Beschwerdegericht zugrunde gelegte noch ein anderer, insbesondere auch nicht derjenige eines Rechtsfehlers von allgemeiner Bedeutung (s. § 75 Rn 11 f.). Dabei ist auf den Zeitpunkt der Beschlussfassung des Rechtsbeschwerdegerichts[2] abzustellen. Mithin reicht es aus, wenn ein ursprünglich gegebener Zulassungsgrund inzwischen entfallen ist, insbesondere wenn das Rechtsbeschwerdegericht die der Zulassung zugrunde liegende Rechtsfrage in einer anderen Sache entschieden hat.[3] Andererseits kann die Rechtssache auch wegen eines erst nach Erlass der Beschwerdeentscheidung aufgetretenen Meinungsstreits grundsätzliche Bedeutung erlangt haben.[4]

---

[227] BT-Drs. 16/9733 S. 290.
[1] BT-Drs. 16/9733 S. 290.
[2] BT-Drs. 16/9733 S. 291; BGH NJW-RR 2005, 650.
[3] BGH NJW-RR 2005, 650.
[4] BGH NJW 2005, 154.

5 Weiter darf die Rechtsbeschwerde nach Abs. 1 2. Halbs. von vornherein **insgesamt**,[5] d. h. auch nicht wegen des Teils eines mehrgliedrigen Verfahrensgegenstandes, **keine Erfolgsaussicht** bieten. Dazu hat das Rechtsbeschwerdegericht die Begründetheit des Rechtsmittels nach Aktenlage prüfen, ggf. unter Berücksichtigung der Rechtsmittelerwiderung und einer Replik. Als Ergebnis dieser Prüfung muss sich die Rechtsbeschwerde als aussichtslos darstellen.[6] Das kommt nur in Betracht, wenn aufgrund einer prognostischen Bewertung der Schluss gerechtfertigt ist, das Vorbringen des Rechtsbeschwerdeführers könne auch im Fall einer mündlichen Verhandlung oder eines Erörterungstermins dem Rechtsmittel nicht zum Erfolg verhelfen.[7] Eine „offensichtliche" Unbegründetheit braucht hingegen nicht vorzuliegen.[8] Das Rechtsbeschwerdegericht darf die Erfolgsaussicht auch dann verneinen, wenn die angefochtene Entscheidung seiner Überzeugung nach zwar auf einer Verletzung des Rechts beruht (§ 72 Abs. 1), sich aber aus anderen Gründen im Ergebnis als richtig erweist (§ 74 Abs. 2). Haben mehrere Beteiligte auf Zulassung Rechtsbeschwerde eingelegt, kann bei Vorliegen der Voraussetzungen das Rechtsmittel einzelner von ihnen vorab ohne mündliche Verhandlung oder Erörterungstermin zurückgewiesen werden.[9] Ein Zurückweisungsbeschluss kann aber nach dem Willen des Gesetzgebers nicht auf einen Teil des von einer Rechtsbeschwerde betroffenen Verfahrensgegenstandes beschränkt werden (s. oben: „insgesamt").[10]

III. Verfahren (Abs. 2)

6 Nach **Abs. 2** hat das Rechtsbeschwerdegericht oder dessen Vorsitzender die Beteiligten auf den beabsichtigten Erlass eines Zurückweisungsbeschlusses und die dafür maßgeblichen Gründe hinzuweisen, unter Setzung einer angemessenen **Erklärungsfrist für den Rechtsbeschwerdeführer**. Die Frist kann nach § 16 Abs. 2 FamFG i. V. m. §§ 224 Abs. 2, 225 ZPO auf Antrag bei Glaubhaftmachung erheblicher Gründe verlängert werden (s. dazu § 16 Rn 30 ff.). Die Gelegenheit zur schriftlichen Stellungnahme stellt die Gewährung rechtlichen Gehörs hinreichend sicher, weil sich aus Art. 103 Abs. 1 GG grundsätzlich kein Anspruch auf einen Erörterungstermin (§ 32) oder eine mündliche Verhandlung ergibt und es Sache des Gesetzgebers ist zu entscheiden, in welcher Weise das rechtliche Gehör gewährt werden soll.[11] Der **Hinweis** muss aber unmissverständlich sein und dem Rechtsbeschwerdeführer die Möglichkeit eröffnen, sein Vorbringen sachdienlich zu ergänzen,[12] und zwar gerade im Hinblick auf die Gründe des in Aussicht genommenen Zurückweisungsbeschlusses. Der Hinweis hat aus Gründen der Rechtssicherheit schriftlich zu erfolgen. Seine tatsächliche Erteilung ist aktenkundig zu machen (§ 74 Abs. 4 i. V. m. § 28 Abs. 3).

7 Ergeben sich aus der Stellungnahme des Rechtsbeschwerdeführers neue, in der Rechtsbeschwerdeinstanz zu berücksichtigende Gesichtspunkte, die im Gegensatz zur bisherigen Beurteilung eine Begründetheit der Rechtsbeschwerde in Betracht kommen lassen, ist in Ehesachen (§ 121) und Familienstreitsachen (§ 112) mündlich zu verhandeln (§ 113 Abs. 1 S. 2 FamFG i. V. m. § 128 Abs. 1 ZPO), während in den anderen Angelegenheiten ein Erörterungstermin (§ 32) sachgerecht erscheinen wird. Zuvor ist jedoch dem anderen Beteiligten rechtliches Gehör zu gewähren.

8 Lassen sich aufgrund der Stellungnahme zwar die im Hinweis mitgeteilten, auf die seinerzeitige Aktenlage bezogenen Gründe für eine Zurückweisung nicht oder nicht unverändert aufrechterhalten, erweist sich aber das Rechtsmittel im Ergebnis weiterhin als aussichtslos, ist es zur Gehörsgewährung nur bei wesentlich neuem Vorbringen erforderlich, einen ergänzenden Hinweis zu erteilen und dem Rechtsbeschwerdeführer eine Frist zur weiteren Äußerung zu setzen.[13]

---

[5] BT-Drs. 16/9733 S. 291.
[6] Zöller/Hessler § 552 a Rn 3.
[7] BT-Drs. 14/4722 S. 97 zu § 522 Abs. 2 ZPO, dem § 552 a ZPO nachempfunden ist.
[8] BVerfG NJW 2003, 281; OLG Celle NJW 2002, 2800.
[9] BGH NJW-RR 2007, 1022.
[10] A. M. SBW/Unger § 74 a Rn 5.
[11] BVerfG NJW 2005, 1485.
[12] BGH NJW 2002, 3317.
[13] BGH NJW 2005, 3067.

Dass die in Abs. 1 2. Halbs. aufgeführten Voraussetzungen vorliegen und unter Berücksichtigung der (ggf. weiteren, s. Rn 8) Stellungnahme fortdauern, muss das Rechtsbeschwerdegericht jeweils **einstimmig** feststellen. Trifft dies zu, ist der Zurückweisungsbeschluss zwingend ohne mündliche Verhandlung bzw. Erörterungstermin zu erlassen. Ein Handlungsermessen besteht, wie bei § 522 Abs. 2 ZPO,[14] insoweit nicht.

IV. Entscheidung (Abs. 1 1. Halbs., Abs. 3)

Nach **Abs. 3** ist der einstimmig zu fassende **(Abs. 1 1. Halbs.)** **Zurückweisungsbeschluss** (nur) zu begründen, soweit nicht die Gründe für die Zurückweisung schon im Hinweis nach Abs. 2 enthalten sind und deren Darstellung im Beschluss bloße Wiederholung wäre. Eine Bezugnahme auf die mitgeteilten Gründe reicht somit aus. Dass die Stellungnahme des Rechtsbeschwerdeführers diese Gründe nicht entkräftet, ist aber durch Darlegung der dafür maßgeblichen Erwägungen zu begründen.

Der Umfang der **Begründung** hängt sowohl im Rahmen des Hinweises nach Abs. 2 wie auch beim Zurückweisungsbeschluss vom Einzelfall ab. Hält das Rechtsbeschwerdegericht den angefochtenen Beschluss in allen angegriffenen Punkten für richtig, kann auch eine Bezugnahme auf seine zutreffenden Gründe genügen. Insbesondere wenn mit der Rechtsbeschwerde die Verletzung von Verfahrensgrundrechten gerügt worden ist, sind jedoch deren Nichtvorliegen oder das Fehlen ihrer Entscheidungsursächlichkeit zur Erleichterung einer eventuellen verfassungsrechtlichen Überprüfung darzulegen.[15]

Der Zurückweisungsbeschluss ist **unanfechtbar,** auch wenn dies im Gesetz nicht ausdrücklich erwähnt ist. Er wird mit seinem Erlass (§ 38 Abs. 3 S. 3) rechtskräftig, ebenso die angefochtene Entscheidung. Die Rechtskraft wird durch eine begründete Anhörungsrüge nach § 44, in Ehesachen und Familienstreitsachen nach § 113 Abs. 1 S. 2 FamFG i. V. m. § 321 a ZPO, durchbrochen. Gleiches gilt für eine Wiederaufnahme nach § 48 Abs. 2 FamFG i. V. m. §§ 578 ff., 584 Abs. 1 3. Alt. ZPO, weil der Beschluss im Sinne dieser Vorschriften die Endentscheidung darstellt.[16] Dagegen kann das Rechtsbeschwerdegericht den Zurückweisungsbeschluss nicht aufheben oder ändern, weil es daran entsprechend § 318 ZPO gebunden ist.[17]

V. Kosten und Gebühren

Auf § 70 Rn 58 ff. wird verwiesen. Eine Ermäßigung der gerichtlichen Verfahrensgebühr ist nicht vorgesehen.

Sprungrechtsbeschwerde

75 (1) ¹Gegen die im ersten Rechtszug erlassenen Beschlüsse, die ohne Zulassung der Beschwerde unterliegen, findet auf Antrag unter Übergehung der Beschwerdeinstanz unmittelbar die Rechtsbeschwerde (Sprungrechtsbeschwerde) statt, wenn
1. die Beteiligten in die Übergehung der Beschwerdeinstanz einwilligen und
2. das Rechtsbeschwerdegericht die Sprungrechtsbeschwerde zulässt.
²Der Antrag auf Zulassung der Sprungrechtsbeschwerde und die Erklärung der Einwilligung gelten als Verzicht auf das Rechtsmittel der Beschwerde.

(2) Für das weitere Verfahren gilt § 566 Abs. 2 bis 8 der Zivilprozessordnung entsprechend.

Übersicht

	Rn
I. Normzweck	1
II. Anwendungsbereich (Abs. 1 S. 1)	2

---
[14] BVerfG NJW 2003, 281.
[15] BT-Drs. 14/4722 S. 98 zu § 522 Abs. 2 ZPO.
[16] BGH NJW-RR 2007, 767.
[17] BGH NJW-RR 1995, 765.

	Rn
III. Zulassungsverfahren	5
1. Allgemeines	5
2. Zulassungsantrag (Abs. 2 i. V. m. § 566 Abs. 2 ZPO)	6
3. Einwilligung der übrigen Beteiligten (Abs. 1 S. 1 Nr. 1)	9
4. Zulassung durch das Rechtsbeschwerdegericht (Abs. 1 S. 1 Nr. 2)	10
a) Prüfung der Zulassungsvoraussetzungen	10
b) Entscheidung	15
IV. Rechtsfolgen von Antrag und Einwilligung (Abs. 1 S. 2)	18
V. Verfahren nach der Zulassung (Abs. 2 i. V. m. § 566 Abs. 7 u. 8 ZPO)	20
VI. Kosten und Gebühren	24
1. Gerichtsgebühren	24
2. Außergerichtliche Kosten	26
3. Verfahrenswert, Geschäftswert	29

I. Normzweck

1 § 75 regelt Voraussetzungen und Verfahren der Sprungrechtsbeschwerde. Die Vorschrift ist dem für die Sprungrevision geltenden § 566 ZPO nachgebildet und erklärt dessen Regelungen für weitgehend entsprechend anwendbar. Das Rechtsmittel ist für Fälle bestimmt, in denen der entscheidungserhebliche Sachverhalt feststeht und es deshalb keiner zweiten Tatsacheninstanz bedarf, weil es zur Entscheidung ausschließlich auf Rechtsfragen ankommt. Dann eröffnet die Sprungrechtsbeschwerde eine Zeit und Kosten sparende Verfahrenserledigung. Zur Übergangsregelung siehe die Erläuterungen zu Art. 111 FGG-RG.

II. Anwendungsbereich (Abs. 1 S. 1)

2 Nach **Abs. 1 S. 1** kommt für alle Angelegenheiten des FamFG (§ 1) die Sprungsrechtsbeschwerde nur gegen solche erstinstanzlichen Endentscheidungen (§ 58 Abs. 1) in Betracht, die **ohne Zulassung mit der Beschwerde anfechtbar** sind. Dies trifft stets auf Beschlüsse in nichtvermögensrechtlichen Angelegenheiten zu, auf solche in vermögensrechtlichen Angelegenheiten nur wenn der Beschwerdewert den Betrag von 600 € übersteigt (§ 61 Abs. 1). Betrifft die Entscheidung einen mehrgliedrigen Verfahrensgegenstand und kommt ein Zulassungsgrund (§ 70 Abs. 2 S. 1) lediglich hinsichtlich eines selbständigen, d. h. einem eingeschränkten Rechtsmittel zugänglichen Teils in Betracht, muss die allein darauf bezogene Beschwer die Wertgrenze überschreiten.[1]

3 Der in § 70 Abs. 4 geregelte Ausschluss der Rechtsbeschwerde gegen Entscheidungen in Verfahren auf Erlass einer einstweiligen Anordnung oder eines Arrests nimmt diese Beschlüsse auch von der Sprungrechtsbeschwerde aus.

4 In Ehesachen (§ 121) und Familienstreitsachen (§ 112) ist die Sprungrechtsbeschwerde gegen eine zweite Versäumnisentscheidung ohne Rücksicht auf die Wertgrenze des § 61 Abs. 1 statthaft (§ 117 Abs. 2 S. 1 FamFG i. V. m. § 514 Abs. 2 S. 2 ZPO).

III. Zulassungsverfahren

1. Allgemeines

5 Zur Statthaftigkeit der Sprungrechtsbeschwerde müssen die in Abs. 1 S. 1 Nr. 1 (Einwilligung der Beteiligten) und Nr. 2 (Zulassung durch das Rechtsbeschwerdegericht) aufgeführten Voraussetzungen erfüllt sein. Ob dies der Fall ist, entscheidet das Rechtsbeschwerdegericht auf Antrag in einem gesonderten Beschlussverfahren. Die Zulässigkeit der Rechtsbeschwerde ist nicht Gegenstand dieses Verfahrens (s. Rn 21).

---

[1] BGH NJW 2003, 143.

2. Zulassungsantrag (Abs. 2 i. V. m. § 566 Abs. 2 ZPO)

Der auf Zulassung der Sprungrechtsbeschwerde gerichtete Antrag muss nach Abs. 2 i. V. m. **§ 566 Abs. 2 ZPO** in der Frist und Form des § 71 Abs. 1 sowie unter Beachtung des Anwaltszwangs (s. § 71 Rn 8 ff.) durch **Einreichung eines Schriftsatzes beim BGH** gestellt werden. Läuft die Beschwerdefrist (§ 63) früher ab als die Rechtsbeschwerdefrist (§ 71 Abs. 1 S. 1), ist sie für die rechtzeitige Antragstellung maßgeblich; denn der Gesetzgeber wollte den Beteiligten nicht die Möglichkeit einräumen, durch die Wahl der Sprungrechtsbeschwerde die Rechtsmittelfrist zu verlängern.[2] Das soll jetzt im Gesetz klargestellt werden, s. Einl. Rn. 15 b. Der Antrag hemmt den Eintritt der formellen Rechtskraft des erstinstanzlichen Beschlusses (Abs. 2 i. V. m. § 566 Abs. 3 S. 1 ZPO). Er kann auch noch nach Einlegung der Beschwerde eingereicht werden; diese ist bzw. wird aber wegen der dann eintretenden Verzichtswirkung (s. Rn 18) unzulässig.

Die Zulassungsschrift muss die **Darlegung eines Zulassungsgrundes** i. S. d. § 70 Abs. 2 S. 1 enthalten (Abs. 2 i. V. m. § 566 Abs. 2 S. 3 ZPO). Dies hat so zu erfolgen, dass das Rechtsbeschwerdegericht die Voraussetzungen der Zulassung allein aufgrund der Antragsschrift und der angefochtenen Entscheidung prüfen kann.[3] Beruht der erstinstanzliche Beschluss auf mehreren selbständig tragenden Begründungen, sind hinsichtlich jeder einzelnen von ihnen die Zulässigkeitsvoraussetzungen darzulegen.[4] Die Darlegung muss auch die mögliche Entscheidungserheblichkeit der gerügten Rechtsverletzung umfassen, soweit sie nicht ohne weiteres aus dem angefochtenen Beschluss ersichtlich wird.

Dem Antrag ist die schriftliche **Einwilligung der übrigen Beteiligten** beizufügen (Abs. 2 i. V. m. § 566 Abs. 2 S. 4 1. Halbs. ZPO). Sie kann aber auch noch innerhalb der Antragsfrist nachgereicht werden.[5] Eine Fristverlängerung kommt nicht in Betracht, weil die Einwilligung **notwendiger Bestandteil** des Antrags ist und somit in der dafür geltenden Notfrist zur Akte gelangt sein muss. Deshalb ist nur Wiedereinsetzung (§ 17, in Ehesachen und Familienstreitsachen § 113 Abs. 1 S. 2 FamFG i. V. m. § 233 ZPO) möglich.[6]

3. Einwilligung der übrigen Beteiligten (Abs. 1 S. 1 Nr. 1)

Die nach **Abs. 1 S. 1 Nr. 1** erforderliche Einwilligungserklärung stellt im Hinblick auf die damit verbundene Verzichtswirkung (s. Rn 18) eine **Verfahrenshandlung** dar, weshalb die für deren wirksame Vornahme allgemein erforderlichen Voraussetzungen vorliegen müssen. Sie ist **unwiderruflich**[7] und hat schriftlich oder zur Niederschrift der Geschäftsstelle (§ 25) zu erfolgen. In Ehesachen (§ 121) und Folgesachen (§ 137 Abs. 2 u. 3) sowie in selbständigen Familienstreitsachen (§ 112) muss die Einwilligung wegen des dort bestehenden Anwaltszwangs (§ 114 Abs. 1) durch den Verfahrensbevollmächtigten erklärt werden, wobei aber im Gegensatz zum Zulassungsantrag eine Vertretung durch den erstinstanzlichen Anwalt genügt (Abs. 2 i. V. m. § 566 Abs. 2 S. 4 2. Halbs. ZPO). Die Einwilligungserklärung muss vom Beteiligten bzw. seinem gesetzlichen Vertreter oder vom Verfahrensbevollmächtigten handschriftlich unterzeichnet sein und mit dem Zulassungsantrag im Original überreicht werden,[8] außer wenn die Einwilligung unter Einsatz moderner Kommunikationsmittel (s. § 71 Rn 14 ff.) erklärt wird.[9] Hat auch ein Beteiligter, dessen Einwilligung erforderlich ist, einen Antrag auf Zulassung der Sprungrechtsbeschwerde gestellt, ersetzt dies seine Einwilligungserklärung nicht.[10]

---

[2] Ebenso Heggen FGPrax 2011, 51 mit ausführlicher Begründung zum Fall des § 63 Abs. 2 Nr. 2.
[3] BGH NJW 2003, 65.
[4] BGH NJW-RR 2006, 1346; NJW-RR 2006, 142.
[5] BGH NJW 1984, 2890.
[6] BGH NJW-RR 2007, 1075.
[7] BGH NJW 1984, 2890.
[8] BGH NJW 1984, 2890.
[9] BGH NJW-RR 2007, 1075.
[10] BAG NZA 1998, 1288 zu § 76 ArbGG.

4. Zulassung durch das Rechtsbeschwerdegericht (Abs. 1 S. 1 Nr. 2)

10 **a) Prüfung der Zulassungsvoraussetzungen.** Das Rechtsbeschwerdegericht prüft, ob
- die erstinstanzliche Entscheidung ohne Zulassung, d. h. kraft Gesetzes der Beschwerde unterliegt,
- der Antrag form- und fristgerecht ist und
- ein Zulassungsgrund i. S. d. § 70 Abs. 2 S. 1 (s. § 70 Rn 20 ff.) vorliegt.

11 Dabei ist der Zulassungsgrund der Sicherung einer einheitlichen Rechtsprechung (§ 70 Abs. 2 S. 1 Nr. 2 1. Alt.) auch dann zu bejahen, wenn die erstinstanzliche Entscheidung einen entscheidungserheblichen **Rechtsfehler von allgemeiner Bedeutung** aufweist, der eine Korrektur durch das Rechtsbeschwerdegericht gebietet. Das ist insbesondere der Fall, wenn zu besorgen ist, dass dem Rechtsfehler ohne Korrektur eine **Wiederholungsgefahr** oder ein **Nachahmungseffekt** zukommen könnte.[11] Dies kann sich daraus ergeben, dass das erstinstanzliche Gericht erkennbar von einem nicht formulierten, unrichtigen abstrakten Rechtssatz ausgegangen ist.[12] Ein grundlegendes Missverständnis der höchstrichterlichen Rechtsprechung begründet eine strukturelle Wiederholungsgefahr und erfordert, wenn die angefochtene Entscheidung darauf beruht, die Zulassung.[13] Eine, gemessen an der Rechtsprechung des BGH, fehlerhafte Entscheidung nur in einem Einzelfall reicht selbst dann nicht aus, wenn sie offensichtlich oder schwerwiegend ist.[14] Vielmehr muss es sich um einen Rechtsfehler von symptomatischer Bedeutung handeln.[15] Ein solcher liegt auch vor, wenn das erstinstanzliche Gericht in ständiger Praxis eine höchstrichterliche Rechtsprechung nicht berücksichtigt.[16] Die Abweichung von einer zum Zeitpunkt des Beschlusses zwar erlassenen aber noch nicht veröffentlichten BGH-Entscheidung begründet eine Wiederholungsgefahr regelmäßig nicht.[17]

12 Der vorgenannte Zulassungsgrund ist auch gegeben, wenn die erstinstanzliche Entscheidung auf einem so gravierenden Rechtsfehler beruht, dass sie das **Vertrauen der Allgemeinheit in eine funktionierende Rechtsprechung** zu beschädigen droht.[18] Dazu muss das Gericht bei der Auslegung oder Anwendung von Vorschriften des materiellen Rechts oder des Verfahrensrechts gegen grundlegende, verfassungsrechtlich abgesicherte Gerechtigkeitsanforderungen verstoßen haben und die Entscheidung deshalb von Verfassungs wegen einer Korrektur bedürfen.[19] Dies trifft insbesondere zu, wenn der Beschluss objektiv willkürlich ist[20] oder in entscheidungserheblicher Weise Verfahrensgrundrechte eines Beteiligten verletzt,[21] insbesondere dessen Anspruch auf rechtliches Gehör[22] oder effektiven Rechtsschutz.

13 Eine Zulassung der Sprungrechtsbeschwerde zur Sicherung einer einheitlichen Rechtsprechung kommt aber nicht in Betracht, wenn mehrere Rechtsfehler des erstinstanzlichen Gerichts zu einer im Ergebnis richtigen Entscheidung geführt haben.[23] Gleiches gilt, wenn eine falsche Entscheidung alternativ auf mehreren Rechtsfehlern beruht und sich darunter einer befindet, an dessen Bereinigung ein Interesse der Allgemeinheit nicht besteht.[24]

14 Auf eine **Verfahrensrüge** kann die Zulassung nicht ausgesprochen werden, es sei denn sie betrifft einen von Amts wegen zu berücksichtigenden Verfahrensfehler (Abs. 2 i. V. m. **§ 566 Abs. 4 S. 2 ZPO**).

---

[11] BGH NJW 2003, 754; NJW 2002, 3029.
[12] BGH NJW 2004, 1960.
[13] BGH NJW 2005, 154.
[14] BGH NJW-RR 2007, 724; NJW 2003, 831.
[15] BGH NJW-RR 2007, 1300; NJW 2002, 2473.
[16] BGH NJW 2003, 65.
[17] BGH NJW 2003, 3781; NJW 2003, 2319.
[18] BGH NJW 2005, 153.
[19] BGH NJW 2003, 1943.
[20] BVerfG NJW 2005, 3345; BGH NJW 2003, 831.
[21] BGH NJW 2004, 2222; NJW-RR 2004, 1717.
[22] BGH NJW 2005, 2710; NJW 2005, 1950.
[23] BGH NJW 2004, 1167.
[24] BGH NJW 2004, 72.

b) Entscheidung. Nach Abs. 2 i. V. m. **§ 566 Abs. 5 ZPO** entscheidet das Rechts- 15 beschwerdegericht über den Zulassungsantrag durch nicht anfechtbaren, zuzustellenden (§ 566 Abs. 5 S. 2 ZPO) Beschluss. Dieser kann auch in Ehesachen (§ 121) und Familienstreitsachen (§ 112) **ohne Termin** ergehen (§ 113 Abs. 1 S. 2 FamFG i. V. m. § 128 Abs. 4 ZPO).

Bei Ablehnung des Zulassungsantrags wird das Verfahren mit Erlass (§ 38 Abs. 3 S. 3) des 16 Beschlusses beendet und die erstinstanzliche Entscheidung rechtskräftig (Abs. 2 i. V. m. § 566 Abs. 6 ZPO). In diesem Fall ist der Beschluss zu begründen, wobei jedoch die entsprechende Anwendung von § 74 Abs. 7 gerechtfertigt erscheint. Vor Zulassung der Sprungrechtsbeschwerde muss den übrigen Beteiligten rechtliches Gehör (Art. 103 Abs. 1 GG) gewährt werden.

Bei Zulassung der Rechtsbeschwerde wird das Verfahren als Rechtsbeschwerdeverfahren 17 fortgesetzt. Eine Beschränkung der Zulassung (s. § 70 Rn 38) unter teilweiser Ablehnung des Antrags ist zulässig.

IV. Rechtsfolgen von Antrag und Einwilligung (Abs. 1 S. 2)

Nach **Abs. 1 S. 2** gelten der Zulassungsantrag und die Einwilligungserklärung jeweils als 18 **Verzicht auf die Beschwerde** (§ 67 Abs. 1), der im Sinne einer abschließenden Entscheidung[25] über das zur Verfügung stehende Rechtsmittel **endgültig** ist und eine eingelegte Beschwerde unzulässig macht. Die Verzichtswirkung kann nicht beseitigt werden und bleibt auch bei Rücknahme, Zurückweisung oder Verwerfung des Zulassungsantrags bestehen.[26] Die Einwilligung gilt aber erst **mit Einreichung des Zulassungsantrags** als Rechtsmittelverzicht. Unterbleibt der Antrag, kann der in die Übergehung der Beschwerdeinstanz einwilligende Beteiligte in zulässiger Weise Beschwerde einlegen, soweit auch er durch die erstinstanzliche Entscheidung beschwert (§ 59 Abs. 1) ist. Etwas anderes gilt nur, wenn sich aus seiner Einwilligungserklärung durch Auslegung (§§ 133, 157 BGB) ergibt, dass die Erklärung zugleich einen rechtsgeschäftlichen Verzicht enthält und dieser im Beschwerdeverfahren durch Einrede geltend gemacht wird (§ 67 Abs. 3).[27]

Außergerichtlich können die Beteiligten bereits **vor Erlass der erstinstanzlichen Ent-** 19 **scheidung** eine nicht dem Anwaltszwang unterliegende, materiellrechtlich bindende **Vereinbarung** treffen, wonach gegen die erstinstanzliche Entscheidung nur Sprungsrechtsbeschwerde und keine Beschwerde eingelegt werden dürfe.[28] Das gilt auch im Amtsverfahren der freiwilligen Gerichtsbarkeit. Denn die Dispositionsbefugnis der Beteiligten darüber, ob gegen eine Entscheidung ein Rechtsmittel eingelegt wird und ob ein bereits eingelegtes Rechtsmittel durchgeführt werden soll, besteht uneingeschränkt.[29] Die trotz eines solchen vertraglichen Verzichts eingelegte Beschwerde wird unzulässig, wenn sich ein Beteiligter im Beschwerdeverfahren darauf beruft (§ 67 Abs. 3) oder die Zulassung der Sprungrechtsbeschwerde beantragt. Weigert sich dann der Rechtsbeschwerdegegner, die Einwilligung in die Übergehung der Beschwerdeinstanz als Verfahrenshandlung (s. Rn 9) formgerecht zu erklären, steht seiner Geltendmachung des Verzichts auf die Beschwerde der Arglisteinwand entgegen.[30] In einem solchen Fall kann der Zulassungsantrag als Beschwerde umzudeuten sein, worauf die Sache vom Rechtsbeschwerdegericht an das Beschwerdegericht abzugeben und dieses Rechtsmittel durchzuführen ist.

V. Verfahren nach der Zulassung (Abs. 2 i. V. m. § 566 Abs. 7 u. 8 ZPO)

Nach Abs. 2 i. V. m. **§ 566 Abs. 7 ZPO** ist bei Zulassung der Sprungrechtsbeschwerde 20 das Verfahren als **Rechtsbeschwerdeverfahren** fortzusetzen, wobei der Zulassungsantrag als Einlegung der Rechtsbeschwerde gilt und mit Zustellung des Zulassungsbeschlusses die Frist zur Begründung der Rechtsbeschwerde (§ 71 Abs. 2 S. 1) beginnt.

---

[25] BT-Drs. 16/6308 S. 211.
[26] Thomas/Putzo/Reichold § 566 Rn 13.
[27] BGH NJW 1997, 2387.
[28] BGH NJW 1986, 198.
[29] BGH FamRZ 1999, 1585.
[30] BGH NJW 1985, 2335.

21 Nach Abs. 2 i. V. m. **§ 566 Abs. 8 S. 1 ZPO** richtet sich das weitere Verfahren nach den für die Rechtsbeschwerde geltenden Vorschriften. Mithin ist zunächst die Zulässigkeit der Sprungrechtsbeschwerde zu prüfen (§ 74 Abs. 1 S. 1), weil der Zulassungsbeschluss allein die Statthaftigkeit betrifft. Fehlt es daran, ist das Rechtsmittel als unzulässig zu verwerfen (§ 74 Abs. 1 S. 2).

22 Obwohl die Sprungrechtsbeschwerde nicht auf eine Verfahrensrüge (§ 71 Abs. 3 Nr. 2b) gestützt werden kann, wenn kein von Amts wegen zu berücksichtigender Verfahrensfehler vorliegt (s. Rn 14), hat nach § 74 Abs. 3 S. 1 u. 2 auf eine zugelassene Sprungrechtsbeschwerde auch dann eine Prüfung der angefochtenen Entscheidung auf die Verletzung materiellen Rechts zu erfolgen, wenn das Rechtsmittel ausschließlich mit unzulässigen Verfahrensrügen begründet wurde.[31]

23 Eine Zurückverweisung (§ 74 Abs. 6 S. 2) muss an das erstinstanzliche Gericht erfolgen (Abs. 2 i. V. m. **§ 566 Abs. 8 S. 2 ZPO**). Wird gegen die neue erstinstanzliche Entscheidung Beschwerde eingelegt, ist das Beschwerdegericht an die der Aufhebung zugrunde liegende Rechtsauffassung des Rechtsbeschwerdegerichts gebunden (Abs. 2 i. V. m. **§ 566 Abs. 8 S. 3 ZPO**).

VI. Kosten und Gebühren

1. Gerichtsgebühren

24 Soweit der Zulassungsantrag abgelehnt wird, fällt eine Verfahrensgebühr an. Ihre Höhe richtet sich für
- **Ehesachen einschließlich aller Folgesachen** nach Nr. 1140 KV FamGKG,
- **selbständige Familienstreitsachen** nach Nr. 1216 KV FamGKG (Vereinfachtes Verfahren über den Unterhalt Minderjähriger) oder nach Nr. 1228 KV FamGKG (übrige Verfahren),
- **selbständige Familiensachen der freiwilligen Gerichtsbarkeit** nach Nr. 1319 KV FamGKG (Kindschaftssachen) oder nach Nr. 1328 KV FamGKG (übrige Verfahren).

Bei Rücknahme des Antrags oder anderweitiger Erledigung des Verfahrens ermäßigt sich die Gebühr nur in selbständigen Familienstreitsachen mit Ausnahme des vereinfachten Verfahrens über den Unterhalt Minderjähriger, Nr. 1229 KV FamGKG.

25 In **Angelegenheiten der freiwilligen Gerichtsbarkeit** ist die Ablehnung des Zulassungsantrags gebührenfrei, § 131 Abs. 3 KostO.

2. Außergerichtliche Kosten

26 Es entstehen die für das Rechtsbeschwerdeverfahren vorgesehenen Gebühren. Auf § 70 Rn 60 wird verwiesen.

27 Das Zulassungsverfahren und das sich ggf. anschließende Rechtsbeschwerdeverfahren gelten nach § 16 Nr. 11 1. Halbs. RVG dieselbe Angelegenheit. Die Gebühren fallen deshalb nur einmal an (§ 15 Abs. 2 S. 1 RVG).

28 Die Einholung und die Erklärung der Einwilligung in die Übergehung der Beschwerdeinstanz gehören zum Rechtszug, weshalb sie mit der Verfahrensgebühr abgegolten sind (§ 19 Abs. 1 S. 2 Nr. 9 RVG). Eine gesonderte Gebühr entsteht deshalb nur, wenn sich die anwaltliche Tätigkeit darauf beschränkt, Nr. 3403 VV RVG.

3. Verfahrenswert, Geschäftswert

29 Im Verfahren über die Zulassung der Sprungrechtsbeschwerde ist der für die Rechtsbeschwerde maßgebliche Wert zugrunde zu legen, was für Familiensachen in § 40 Abs. 3 FamGKG ausdrücklich festgestellt ist und allgemein gilt. Auf § 70 Rn 61 wird verwiesen.

---

[31] Musielak/Ball § 566 Rn 12.

Abschnitt 6. Verfahrenskostenhilfe

Voraussetzungen

76 (1) **Auf die Bewilligung von Verfahrenskostenhilfe finden die Vorschriften der Zivilprozessordnung über die Prozesskostenhilfe entsprechende Anwendung, soweit nachfolgend nichts Abweichendes bestimmt ist.**

(2) **Ein Beschluss, der im Verfahrenskostenhilfeverfahren ergeht, ist mit der sofortigen Beschwerde in entsprechender Anwendung der §§ 567 bis 572, 127 Abs. 2 bis 4 der Zivilprozessordnung anfechtbar.**

Übersicht

	Rn
I. Normzweck	1
II. Anwendungsbereich	3
III. Einzelerläuterungen	5
1. Allgemeines	5
a) Prozesskostenhilfe; Verfahrenskostenhilfe	5
b) Beratungshilfe	6
c) Berechtigte	7
d) Fälle der Gewährung von Verfahrenskostenhilfe	8
e) Fälle der Versagung von Verfahrenskostenhilfe	9
f) Auslandsfälle	10
2. Voraussetzungen für Bewilligung der Verfahrenskostenhilfe (§ 114 ZPO)	11
a) Antrag	11
b) Unaufbringbarkeit der Kosten	12
c) Hinreichende Erfolgsaussicht	13
d) Fehlende Mutwilligkeit	17
e) Rechtsschutzbedürfnis	18
f) Einzelfälle	19
3. Einsatz von Einkommen und Vermögen (§ 115 ZPO)	20
a) Nettoeinkommen	20
b) Vermögen (§ 115 Abs. 3 ZPO); Prozesskostenvorschussanspruch	24
c) Tabellenanwendung	25
d) Ratenzahl	26
4. Beteiligte kraft Amts, juristische Personen; beteiligtenfähige Vereinigungen (§ 116 ZPO)	27
5. Antrag (§ 117 ZPO)	28
a) Zuständigkeit	28
b) Antragsinhalt; Vordruck	29
c) Wiederholung des Antrags	32
d) Verfahrenskostenhilfe für Beschwerde	33
6. Prüfungsverfahren (§ 118 ZPO)	34
a) Rechtliches Gehör	34
b) Ermittlungen des Gerichts	35
c) Außergerichtliche Kosten	36
7. Grenzen der Bewilligung von Verfahrenskostenhilfe (§ 119 ZPO)	37
a) Umfang der Bewilligung	37
b) Rückwirkende Bewilligung	38
c) Verfahrenskostenhilfe für Vollstreckung	39
d) Erleichterung in höherer Instanz	40
8. Festsetzung und Änderungen der Monatsraten (§ 120 ZPO)	41
9. Beiordnung eines Rechtsanwalts	42
10. Wirkung der Verfahrenskostenhilfebewilligung (§ 122 ZPO)	43
11. Kostenerstattung an Gegner (§ 123 ZPO)	46
12. Aufhebung der Verfahrenskostenhilfebewilligung (§ 124 ZPO)	47
13. Einziehung der Gerichtskosten vom Gegner (§ 125 ZPO)	48
14. Beitreibung der Anwaltskosten (§ 126 ZPO)	49
15. Entscheidungen (§ 127 Abs. 1 ZPO)	50

	Rn
16. Rechtsmittel (Abs. 2 i. V. m. § 127 Abs. 2 bis 4 ZPO	51
a) Allgemeines	51
b) Rechtsmittel für den Antragsteller	53
c) Rechtsmittel für die Staatskasse	56
d) Rechtsmittel für den Verfahrensgegner	57
e) Beschwerdeverfahren	58
f) Rechtsbeschwerde; Nachholung der Begründung	60
g) Kosten und Gebühren, Streitwert	61

I. Normzweck

1   Das Grundgesetz (Art. 3 Abs. 1, 20 Abs. 3) gebietet eine weitgehende Angleichung der Lage von Bemittelten und Unbemittelten bei der Verwirklichung des Rechtsschutzes.[1] Es handelt sich um eine Art Sozialhilfe in besonderen Lebenslagen.[2] Völlig gleich sind die Prozesschancen aber nicht, weil z. B. der Anwalt des Armen bei höheren Streitwerten ein viel geringeres Honorar aus der Staatskasse erhält als vom Normalzahler (vgl. § 49 RVG). Im Zivilprozess gibt es daher Prozesskostenhilfe (§§ 114 ff. ZPO); im FamFG spricht man für dieselbe Erscheinung von Verfahrenskostenhilfe, weil im FamFG „Verfahren" und nicht „Prozesse" im engeren Sinn geregelt sind. Im Entwurf zu § 76 wurde noch zwischen Antragsverfahren und Amtsverfahren differenziert;[3] bei Amtsverfahren sollte Verfahrenskostenhilfe schon dann bewilligt werden, wenn die Rechtsverteidigung nicht offensichtlich ohne Aussicht auf Erfolg ist; das wurde im Gesetzgebungsverfahren zwecks Kosteneinsparung[4] beseitigt. Deshalb ist jetzt (wie früher in § 14 FGG) eine Regelung durch Gesamtverweisung auf §§ 114 ff. ZPO erfolgt, mit zwei Ausnahmen (§§ 77, 78 FamFG). Zum **Übergangsrecht** (Stichtag: 1. 9. 2009) siehe Art. 111 FGG-RG und die dortigen Ausführungen.

2   § 76 verweist nur auf die **entsprechende Anwendung** von §§ 114 ff. ZPO, so dass die Unterschiede des Verfahrens der freiwilligen Gerichtsbarkeit gegenüber dem ZPO-Verfahren zu berücksichtigen sind. Der BGH[5] sieht in der Verweisung eine gesetzgeberische Form der Analogie; sie nehme auf das gesamte Prozesskostenhilferecht Bezug. Den sachlichen Verschiedenheiten zwischen Verweisungsnorm und verwiesenem Rechtsbereich sei Rechnung zu tragen. Das Prozesskostenhilferecht sei bei seiner entsprechenden Anwendung mithin so umzugestalten, dass es ohne Systembruch dem allgemeinen Teil des FGG entspreche.

II. Anwendungsbereich

3   § 76 ist nicht auf alle im FamFG geregelten Verfahren anwendbar. Keine Anwendung findet § 76 in Ehesachen (§ 121) und Familienstreitsachen (§ 112) sowie bei § 269 Abs. 2; statt dessen gelten dort die ZPO-Regelungen unmittelbar (§ 113 Abs. 1), d. h. die §§ 114 ff. ZPO. Für den Antrag auf Unterhalt (§ 231 Abs. 1) wird also Prozesskostenhilfe bewilligt, jedoch gem. § 113 Abs. 5 Nr. 1 verbal angepasst, für eine Unterhaltssache nach § 231 Abs. 2 unmittelbar Verfahrenskostenhilfe. In Familiensachen, die nicht Familienstreitsachen sind, gelten dagegen die §§ 76 ff.

4   Die Vorschriften der §§ 76 ff. gelten auch für landesrechtliche Angelegenheiten sowie wenn andere als gerichtliche Behörden nach Landesrecht zuständig sind (§§ 486 ff.), wie z. B. Bezirksnotare in Baden-Württemberg.

---

[1] BVerfG NJW-RR 2003, 1216; NJW 1997, 2745.
[2] Allgemein dazu Vogel FPR 2009, 381; Heistermann FPR 2009, 403; Liceni-Kierstein FPR 2009, 397; Reinken FPR 2009, 406; Bruns FPR 2009, 33; Nickel FPR 2009, 391 und NJW 2011, 1117; Büttner FF 2009, 242.
[3] BT-Drucks. 16/6308 S. 27.
[4] BT-Drucks. 16/9733 S. 360.
[5] NJW 2006, 2122 noch zum FGG.

III. Einzelerläuterungen[6]

1. Allgemeines

a) Prozesskostenhilfe; Verfahrenskostenhilfe. § 76 nennt das Institut, das in der ZPO Prozesskostenhilfe genannt wird, „Verfahrenskostenhilfe". Es betrifft die Kosten der Prozessführung (hier: Verfahrensführung), also das gerichtliche Verfahren. Wegen der verwirrenden Lage ist ein Antrag jeweils so auszulegen, dass er passt; wer Prozesskostenhilfe beantragt, dem darf der Antrag nicht deshalb zurückgewiesen werden, weil für seinen Fall das richtige Wort Verfahrenskostenhilfe gewesen wäre. Unberührt von Verfahrenskostenhilfe bleiben kostenrechtlichen Vergünstigungen wie § 10 KostVfg (Absehen vom Kostenansatz).

b) Beratungshilfe. Beratungshilfe nach dem BerHG[7] dagegen wird nur für den Bereich außerhalb eines gerichtlichen Verfahrens gewährt, auch zwischen den Instanzen (Prüfung der Erfolgsaussichten eines beabsichtigten Rechtsmittels[8]), auch in Verfahren nach dem FamFG.

c) Berechtigte. Im Zivilprozess kann nur einer „Partei" Verfahrenskostenhilfe bewilligt werden; dementsprechend kann im Bereich des FamFG grundsätzlich nur einem **Beteiligten** im Sinne von § 7 bzw. den jeweiligen Beteiligtenkatalogen (§ 7 Rn 35 ff.) Verfahrenskostenhilfe gewährt werden. Verfahrenskostenhilfeberechtigt ist deshalb jedenfalls der Antragsteller und der Antragsgegner. Inwieweit auch alle vom Gericht hinzugezogenen weiteren Beteiligten, die sich im Verfahren äußern, unabhängig davon, ob sie einen eigenen Antrag stellen,[9] Verfahrenskostenhilfe erhalten können, ist problematisch. Die Gesetzesbegründung[10] meint, wer sich aufgrund besonderer persönlicher Nähe im Interesse eines anderen Beteiligten am Verfahren beteiligt (z. B. Ehegatten und Verwandte im Betreuungs- und Unterbringungsverfahren, §§ 274 Abs. 4, 315 Abs. 4), könne keine Verfahrenskostenhilfe erhalten. Die Bewilligung von Verfahrenskostenhilfe solle dazu dienen, die **Verfolgung eigener Rechte** zu gewährleisten; eine Erstreckung auf Personen, die sich aus altruistischer Motivation am Verfahren beteiligen, sei wegen des Amtsermittlungsgrundsatzes (vgl. § 78 Rn 6 f.) und weil ggf. ohnehin ein Verfahrenspfleger bestellt werde, nicht geboten. Indes hat die frühere Rechtsprechung in Sonderfällen auch solchen Personen Verfahrenskostenhilfe bewilligt;[11] daran ist festzuhalten.

d) Fälle der Gewährung von Verfahrenskostenhilfe. Sie kann bewilligt werden z. B. für das gerichtliche Verfahren, für das Mahnverfahren,[12] für die Vollstreckung (vgl. § 119 Abs. 2 ZPO), für die Anordnung von oder für die Verteidigung gegen Zwangsmittel,[13] für **Amts-** wie für **Antragsverfahren,** auch in Landwirtschaftsverfahren (§ 9 LwVG), für Anträge in Grundbuchsachen, für Anträge in anderen Sonderverfahren der freiwilligen Gerichtsbarkeit, für das Kind im Sorgerechtsverfahren,[14] für das Vermittlungsverfahren (§ 165 FamFG),[15] für den Betroffenen in einem Betreuungsverfahren (vgl. aber Rn 19),[16] früher für die Streithelferin (im Vaterschaftsprozess),[17] für anwaltlichen Beistand eines mittellosen Zeugen,[18] für Verfahren nach § 29 EGGVG, für die Rechtsbeschwerde zum

---

[6] Schrifttum: Kalthoener/Büttner/Wrobel-Sachs, Prozess- und Verfahrenskostenhilfe, Beratungshilfe, 5. Aufl. 2010; Schoreit/Groß, Beratungshilfe, Prozesskostenhilfe, Verfahrenkostenhilfe, 10. Aufl. 2010; Zimmermann, Prozesskostenhilfe, 3. Aufl. 2007.
[7] BerHG vom 18. 6. 1980 (BGBl. I S. 689). Dazu Nickel NJW 2011, 1117.
[8] BGH NJW-RR 2007, 1439.
[9] BT-Drucks. 16/6308 S. 212.
[10] BT-Drucks. 16/6308 S. 213; Götsche FamRZ 2009, 383.
[11] OLG Köln FamRZ 1992, 199 (Großmutter des Kindes im Sorgerechtsverfahren); a. A. Götsche FamRZ 2009, 383.
[12] LG Stuttgart Rpfleger 2005, 32; Wielgoß NJW 1991, 2070.
[13] OLG Brandenburg FamRZ 2006, 1776 (zu § 33 FGG).
[14] AG Essen FamRZ 2002, 1713.
[15] OLG Frankfurt FamRZ 2007, 566; OLG Hamm FamRZ 1998, 1303 (zu § 52 a FGG).
[16] LG Karlsruhe FamRZ 1999, 1091; LG Münster NJW 2009, 2389.
[17] OLG Düsseldorf DAVorm 1993, 588.
[18] OLG Düsseldorf MDR 1993, 71; a. A. Götsche FamRZ 2009, 383.

BGH,[19] für den Vergleich nach § 118 Abs. 1 S. 3 ZPO,[20] für ein selbständiges Beweisverfahren in Familienstreitsachen.[21] Der **Notar** hat nach § 17 Abs. 2 BNotO (vorläufige) Gebührenfreiheit zu gewähren.[22]

9 **e) Fälle, in denen keine Verfahrenskostenhilfe bewilligt werden kann.** Keine Verfahrenskostenhilfe kann gewährt werden z. B. für das Verfahrenskostenbewilligungsverfahren selbst,[23] für das Verfahrenskostenhilfebeschwerdeverfahren,[24] für eine Mediation,[25] bzw. für bestimmte Kleinstverfahren wegen der geringen Kosten (§ 115 Abs. 4 ZPO). Ob für einen in erster Instanz noch nicht gestellten Antrag im Beschwerdeverfahren Verfahrenskostenhilfe bewilligt werden kann,[26] hängt davon ab, ob der Antrag zulässig in zweiter Instanz erstmals gestellt werden kann, was z. B. bei einem Erbscheinsverfahren nicht der Fall ist. Für eine bloße „verfahrensbegleitende" Rechtswahrnehmung ohne Antrag oder Gegenantrag scheidet eine Bewilligung von Verfahrenskostenhilfe aus;[27] ebenso für eine Zuständigkeitsbestimmung nach § 5.[28] Einem **Verfahrenspfleger** kann keine Verfahrenskostenhilfe bewilligt werden (er schuldet selbst keine Kosten, § 276 Abs. 7; er wird aus der Staatskasse bzw. vom vermögenden Betroffenen vergütet, § 277). Dasselbe gilt für den **Verfahrensbeistand** (§ 158).

10 **f) Auslandsfälle.** Auch Ausländern (ohne Rücksicht auf verbürgte Gegenseitigkeit) und Staatenlosen kann Verfahrenskostenhilfe bewilligt werden. Lebt der Ausländer im Ausland kann eine Anpassung[29] der Regelsätze (§ 115 ZPO) erfolgen, **§§ 114 S. 2, 1078 Abs. 3 ZPO**.[30] Keine Verfahrenskostenhilfe kann bewilligt werden für einen Antrag hier ansässiger Unterhaltsgläubiger nach **§ 3 AUG**;[31] für einen Anerkennungsantrag nach § 107.[32] Für im Inland eingehende Unterhaltsklagen (von ausländischen Unterhaltsgläubigern) ist in der Regel Verfahrenskostenhilfe zu gewähren, ohne dass die wirtschaftlichen Verhältnisse zu prüfen sind, § 9 AUG.[33] Für ein Gesuch gemäß **Ausführungsgesetz zum UN-Übereinkommen** v. 20. 6. 1956 über Geltendmachung von Unterhaltsansprüchen im Ausland: keine Verfahrenskostenhilfe, weil es sich um ein Verwaltungsverfahren handelt.[34] **Vollstreckbarerklärung eines ausländischen (EG-)Unterhaltstitels:** vgl. Art. 38 ff. VO (EG) Nr. 44/2001 bzw. Art. 31 ff. LGVÜ: aus der nach Art. 54 VO vorgelegten ausländischen Bescheinigung ergibt sich (unter Nr. 5), ob im Ausland Verfahrenskostenhilfe gewährt wurde. Dann ist ohne Weiteres auch im Inland Verfahrenskostenhilfe zu bewilligen (Art. 50 VO bzw. Art. 44 LGVÜ). **Anträge nach dem Haager Übereinkommen über den Zivilprozess** vom 1. 3. 1954 (BGBl. II 1958 S. 576); die maßgeblichen Bestimmungen sind Art. 20 bis 23.

---

[19] BGH NJW 2003, 1192.
[20] BGH NJW 2004, 2595.
[21] OLG Köln FamRZ 2010, 1585.
[22] Dazu Appell DNotZ 1981, 596; sie erstreckt sich nicht auf die Auslagen. Lehnt der Notar die Bewilligung der (vorläufigen) Gebührenfreiheit ab, ist Beschwerde an das LG (nach § 15 BNotO) gegeben, LG Kaiserslautern DNotZ 1971, 767; a. M. Appell DNotZ 1981, 603 (Dienstaufsichtsbeschwerde) mwN.
[23] BGH FamRZ 2004, 1708; NJW 1984, 2106; OLG Koblenz FamRZ 2010, 1687; KG FamRZ 2005, 526; OLG Nürnberg FamRZ 2002, 758; OLG Bamberg JurBüro 1993, 547; anders in Sonderfällen, KG FamRZ 2006, 1284; OLG Bamberg NJW-RR 2005, 651; OLG Braunschweig FamRZ 2006, 961.
[24] BayObLG FamRZ 1988, 210; OLG Saarbrücken BeckRS 2010, 15518, str.
[25] OLG Dresden NJW-RR 2007, 80; a. A. Vogel FPR 2009, 383; Spangenberg FamRZ 2009, 834.
[26] Verneinend OLG Nürnberg BeckRS 2010, 04861.
[27] OLG Zweibrücken FamRZ 1999, 1092.
[28] Vogel FPR 2009, 381.
[29] Nagel/Gottwald § 4 Rn 97.
[30] In der Regel aber keine Änderung der Vermögensfreibeträge, BGH NJW-RR 2008, 1453.
[31] KG FamRZ 2006, 1210.
[32] OLG Stuttgart FamRZ 2011, 384.
[33] Uhlig-Berard NJW 1987, 1521.
[34] OLG Braunschweig IPRrax 1987, 236; OLG Frankfurt FamRZ 1987, 302; Böhmer IPrax 1993, 223.

2. Voraussetzungen für Bewilligung der Verfahrenskostenhilfe (§ 114 ZPO)

§ 114 ZPO

Eine Partei, die nach ihren persönlichen und wirtschaftlichen Verhältnissen die Kosten der Prozessführung nicht, nur zum Teil oder nur in Raten aufbringen kann, erhält auf Antrag Prozesskostenhilfe, wenn die beabsichtigte Rechtsverfolgung oder Rechtsverteidigung hinreichende Aussicht auf Erfolg bietet und nicht mutwillig erscheint. Für die grenzüberschreitende Prozesskostenhilfe innerhalb der Europäischen Union gelten ergänzend die §§ 1076 bis 1078.

a) Antrag. Verfahrenkostenhilfe wird nur auf ausdrücklichen Antrag bewilligt; dies gilt auch in einem Amtsverfahren. Der Antrag auf PKH ist als Antrag auf Verfahrenskostenhilfe auszulegen und umgekehrt. Anwaltszwang besteht nicht, vgl. § 10. Eine Bewilligung ohne Antrag ist wirksam.[35] Zum Antrag in bestimmten Auslandsfällen vgl. §§ 1077, 1078 ZPO. Der Antrag nach dem HKÜ ist beim Bundesamt für Justiz zu stellen; dazu § 43 IntFamRVG. Es kann zweifelhaft sein, ob die Antragstellung nur für den Fall der Verfahrenskostenhilfebewilligung erfolgt (dann sind Verfahrenskostenhilfeantrag und Entwurf des Hauptantrags dem Gegner formlos zur Stellungnahme mitzuteilen und das Verfahren über den Hauptantrag erst nach Verfahrenskostenhilfebewilligung einzuleiten) oder unabhängig davon. Der Zusammenhang und die Begleitumstände[36] geben Anhaltspunkte, z. B. fehlende Unterschrift beim Hauptantrag, Bezeichnung als „beabsichtigt" oder „Entwurf"; gegebenenfalls ist eine Rückfrage beim Antragsteller zweckmäßig. Im Zweifel ist bei paralleler Antragstellung anzunehmen, dass der Hauptantrag nur gestellt sein soll, wenn Verfahrenskostenhilfe bewilligt ist. Einstweilige Anordnung und Hauptsache sind selbständig (§ 51 Abs. 3 S. 1), so dass zwei Anträge gestellt werden müssen.

b) Unaufbringbarkeit der Kosten. Weiterhin erforderlich ist die Unaufbringbarkeit der Kosten der Verfahrensführung nach den persönlichen Verhältnissen (z. B. längere Erkrankung) und wirtschaftlichen Verhältnissen (Einkommen und Vermögen, § 115 ZPO) des Antragstellers (§ 114 S. 1 ZPO), was eine Schätzung der Gesamtkosten des Rechtsstreits für die jeweilige Instanz voraussetzt. Unaufbringbarkeit fehlt, wenn eine Rechtsschutzversicherung für die Kosten einsteht,[37] oder wenn ein Anspruch auf **Verfahrenskostenvorschuss**[38] gegen einen Dritten besteht (z. B. gegen Eltern, Ehegatten, vgl. §§ 1361a Abs. 4, 1610 BGB).[39] Letzteres setzt voraus, dass der Vorschussberechtigte bedürftig ist, der Vorschussverpflichtete leistungsfähig ist, der Streit eine persönliche Angelegenheit betrifft, die Zahlung des Vorschusses zumutbar ist und auch alsbald durchsetzbar ist.[40] Kann der Verpflichtete den Vorschuss nur in Raten leisten, ist dem Antragsteller Raten-Verfahrenskostenhilfe zu gewähren.[41] Für die Geltendmachung der von einem Sozialhilfeträger rückübertragenen Unterhaltsansprüche ist der Leistungsberechtigte grundsätzlich nicht bedürftig, da ihm ein Anspruch auf Verfahrenskostenvorschuss gegen den **Sozialhilfeträger** zusteht.[42] Unaufbringbarkeit fehlt ferner, wenn Vermögenseinsatz oder Kreditaufnahme zumutbar ist.

c) Hinreichende Erfolgsaussicht. Notwendig ist die (tatsächlich und rechtlich) hinreichende Erfolgsaussicht der beabsichtigten Rechtsverfolgung. Die Anforderungen dürfen **nicht überspannt** werden; es genügt, dass eine Beweisaufnahme ernsthaft in Betracht kommt und keine konkreten und nachvollziehbaren Anhaltspunkte dafür vorliegen, dass die Beweisaufnahme mit großer Wahrscheinlichkeit zum Nachteil des Antragstellers ausgehen würde; eine Beweisantizipation ist nur in eng begrenztem Rahmen zulässig.[43] Wer

---
[35] OLG Zweibrücken FamRZ 2003, 1021.
[36] BGH NJW-RR 1987, 376; KG FamRZ 2008, 1646; OLG Köln FamRZ 1997, 375.
[37] BGH MDR 1982, 126 = VersR 1981, 1070.
[38] BAG NJW 2008, 1400.
[39] BGH Rpfleger 1993, 302; OLG München FamRZ 1996, 1021; OLG Koblenz FamRZ 1997, 679; Knops/Knops FamRZ 1997, 208; Schwolow FuR 1998, 297.
[40] BGH NJW-RR 2008, 1532; FamRZ 2004, 1633; KG FamRZ 2003, 773.
[41] BGH FamRZ 2004, 1633; OLG Koblenz FamRZ 1991, 346; a. A. BSG MDR 1994, 512; OLG Bamberg JurBüro 2000, 483; OLG München FamRZ 1993, 714.
[42] BGH NJW 2008, 1950 mwN; str.
[43] BVerfG NJW 2010, 1658; NJW 2008, 1060; NJW-RR 2005, 500.

sich auf die Ansicht des BGH berufen kann, hat immer Erfolgsaussicht.[44] Schwierige ungeklärte Rechtsfragen dürfen im Verfahrenskostenhilfeverfahren nicht abschließend geklärt werden.[45]

14   Die h. M.[46] stellt für die Beurteilung der Erfolgsaussicht auf den **Zeitpunkt der Entscheidung über den Verfahrenskostenhilfenantrag** ab; die a. A.[47] legt den Zeitpunkt der Entscheidungsreife zugrunde, um Fälle der Verzögerung durch das Gericht angemessener lösen zu können. Erfolgsaussicht kann auch jeweils für entgegengesetzte Anträge der Beteiligten bestehen.[48]

15   § 76 differenziert nicht danach, ob es sich um ein **Antrags- oder Amtsverfahren** handelt, ob es um Verfahrenskostenhilfe für den Antragsteller oder Antragsgegner geht.[49] Bei Antragsverfahren mit Erfordernis eines **Sachantrags** (z. B. Erbscheinsverfahren) ist die hieraus erkennbare Rechtsverfolgung bzw. Rechtsverteidigung Kriterium für die Prüfung der Erfolgsaussicht. Lässt das Gesetz allerdings zur Verfahrenseinleitung einen bloßen **Verfahrensantrag** genügen (wie bei der Hausratsteilung, § 203), der nicht begründet werden muss, ist bei Vorliegen der persönlichen und wirtschaftlichen Voraussetzungen für diese Rechtsverfolgung und auch für die Rechtsverteidigung des Antragsgegners in einem solchen Verfahren stets Verfahrenskostenhilfe zu gewähren.[50] Beteiligte in Antragsverfahren, die nicht Antragsteller oder Antragsgegner sind, können nur dann Verfahrenskostenhilfe erhalten, wenn das aus ihrem Vorbringen erkennbare Verfahrensziel Aussicht auf Erfolg hat.

16   In **Amtsverfahren** hat die beabsichtigte gerichtliche Maßnahme oft Eingriffscharakter. Eine Prognose über die Erfolgsaussicht kann am Anfang nur schwer getroffen werden; oft hängt das Ergebnis von erst noch einzuholenden Gutachten ab. Für die Erfolgsaussicht genügt es, dass unter Zugrundelegung des Vorbringens des Beteiligten eine Beeinträchtigung seiner Rechte durch den Verfahrensausgang hinreichend wahrscheinlich ist,[51] und dass die beabsichtigte Rechtsverteidigung nicht offensichtlich ohne Aussicht auf Erfolg ist. Hierbei ist ein weiter Maßstab anzulegen. Nur wenn die Rechtsverteidigung unter keinem möglichen Aspekt zum Erfolg führen kann, ist die Bewilligung von Verfahrenskostenhilfe abzulehnen. Erfolgsaussicht kann z. B. schon dann anzunehmen sein, wenn der Beteiligte im Verfahren ein nach der Verfahrensordnung vorgesehenes Ziel verfolgt bzw. seine Lage darin verbessern kann und will.[52] Zu den berechtigten Personen vgl. oben Rn 7.

17   **d) Fehlende Mutwilligkeit.** Die Rechtsverfolgung darf nicht mutwillig erscheinen. Der Amtsermittlungsgrundsatz (§ 26) allein begründet noch keine Mutwilligkeit der Rechtsverteidigung.[53] Mutwillig ist eine Rechtsverfolgung, wenn sie von einem verständigen bemittelten Beteiligten unterlassen würde.[54] Mutwillig **kann** es sein, wenn eine Familiensache isoliert (und also teurer) und nicht schon im Verbund betrieben wird;[55] in der Regel ist das bei Folgesachen aber nicht der Fall.[56] Jedenfalls kann dann allenfalls für die Mehrkosten Verfahrenskostenhilfe versagt werden.[57] Wenn eine bedürftige Partei mit der Geltendmachung von Unterhalt ohne nachvollziehbaren Grund wartet und so den Streitwert in die Höhe treibt, kann das mutwillig sein.[58] Wer ein Umgangsverfahren beantragt, ohne vorher das Jugendamt um Vermittlung zu bemühen, handelt keinesfalls

---

[44] OLG Köln FamRZ 2008, 1979.
[45] BVerfG FamRZ 2003, 833; BGH NJW-RR 2003, 1438; OLG Saarbrücken FamRZ 2006, 1395.
[46] BGH FamRZ 2005, 786; OLG Frankfurt JurBüro 1982, 1260; OLG Naumburg FamRZ 2000, 431; OVG Hamburg FamRZ 2005, 463.
[47] KG FamRZ 2000, 838; OLG Karlsruhe NJW-RR 2005, 805; OLG Stuttgart FamRZ 2005, 1266.
[48] Zöller/Geimer § 114 Rn 27.
[49] Anders OLG Frankfurt MDR 1987, 61; OLG Karlsruhe FamRZ 1991, 1438; s. a. Büte FPR 2009, 14.
[50] BT-Drucks. 16/6308 S. 212.
[51] BT-Drucks. 16/6308 S. 212 zur ursprünglich beabsichtigten Gesetzesfassung.
[52] H.M. in Scheidungssachen: OLG Bremen FamRZ 1985, 622; OLG Saarbrücken FamRZ 1985, 723; ebenso in Umgangssachen: OLG Nürnberg FamRZ 2002, 109.
[53] BVerfG Rpfleger 2002, 212; BVerfGE 7, 53.
[54] OLG Karlsruhe FamRZ 1998, 93; OLG Stuttgart FamRZ 1994, 636.
[55] OLG Dresden FamRZ 2001, 230.
[56] BGH NJW 2005, 1498 (Zugewinnausgleich).
[57] OLG Düsseldorf FamRZ 1992, 457; OLG Köln NJW-RR 1994, 1093; umstritten.
[58] OLG Celle FamRZ 2011, 50.

mutwillig;[59] denn das ist nicht vorgeschrieben und verzögert die Erledigung. Desgleichen müssen vor einem gerichtlichen Verfahren keine Schiedsstellen, *Mediatoren* (vgl. auch § 36a Abs. 1 S. 1 „das Gericht kann ... eine gerichtsnahe Mediation ... vorschlagen) und dergleichen bemüht werden. Der Antrag eines Kindes auf Umgang mit einem umgangsunwilligen Elternteil ist nicht mutwillig,[60] weil ein Sinneswandel nicht gänzlich ausgeschlossen ist.

Parallele Rechtsverfolgung: Wird eine **einstweilige Anordnung** nach § 214/§ 1 GewSchG beantragt und schließlich erlassen, ist streitig, ob es mutwillig ist, wenn gleichzeitig ein Hauptsacheverfahren nach dem GewSchG betrieben wird. Das wird teils bejaht.[61] Da jedoch die Regelung nur „vorläufig" ist und bei einem „reichen" Antragsteller in derartigen Fällen der Hauptsacheantrag nicht mangels Rechtsschutzbedürfnis oder Mutwilligkeit abgelehnt wird,[62] ist diese Auffassung unzutreffend;[63] im Regelfall liegt keine Mutwilligkeit vor. Das gilt grundsätzlich auch für andere Fälle, wenn eine einstweilige Anordnung möglich ist, etwa beim Unterhalt (§ 246). **17a**

e) Rechtsschutzbedürfnis. Es fehlt, wenn nach Abschluss des Verfahrens oder der Instanz der Verfahrenskostenhilfeantrag erstmals gestellt wurde, weil Verfahrenskostenhilfe die Verfahrensführung erst ermöglichen soll, nicht aber rückwirkend die Kostenlast lindern soll. Zweifelhaft ist, ob die Fälle des Missbrauchs der Verfahrenskostenhilfe hierher zählen, in denen der Antragsteller die Notwendigkeit der Inanspruchnahme von Verfahrenskostenhilfe selbst verschuldet. Bei **Scheidung von Scheinehen** ist das Rechtsschutzbedürfnis umstritten.[64] Wer rechtsmissbräuchlich die Ehe geschlossen und hierfür ein Entgelt erhalten hat, den trifft grds. die Pflicht, hiervon Rücklagen zu bilden, um die Kosten der Scheidung finanzieren zu können.[65] **18**

f) Einzelfälle. Abstammungsverfahren: Hier genügt schon eine gewisse Wahrscheinlichkeit für einen Erfolg,[66] weil ja die entscheidenden Gutachten erst im Hauptverfahren eingeholt werden. **Betreuung:** Wenn ein Betroffener, gegen den ein Betreuungsverfahren (§ 1896 BGB) eingeleitet wurde, Verfahrenskostenhilfe unter Anwaltsbeiordnung beantragt, ist bei Prüfung des § 114 ZPO unter „Erfolgsaussicht" zu verstehen, dass eine Betreuung möglicherweise nicht oder nur eingeschränkt angeordnet wird, und dass eine Person als Betreuer gefunden werden kann, mit der der Betroffene nach Möglichkeit einverstanden ist. Demgemäß wird auch die Auffassung vertreten,[67] dass wegen der Besonderheiten des begehrten Rechtsschutzes in Betreuungsverfahren die Voraussetzungen des § 114 ZPO schon zu bejahen seien, wenn schwerwiegende Eingriffe in die Rechte und Lebensstellung des Betroffenen im Raume stehen, wie etwa eine umfassende Betreuung, ein Einwilligungsvorbehalt, die Wohnungsauflösung oder die geschlossene Unterbringung (vgl. § 78 Rn 5, 13). Selbst wenn danach die Voraussetzungen des § 114 ZPO vorliegen, fragt sich, ob ein Anwalt beigeordnet werden muss oder ob es genügt, (billigerer) wenn ein anwaltlicher Verfahrenspfleger (§ 276 FamFG) bestellt wird; in der Regel ist letzteres der Fall. **Erbschein:** Der bedürftige Antragsteller kann Verfahrenskostenhilfe mit Anwaltsbeiordnung für ein Erbscheinsverfahren erhalten; wird ihm später der Erbschein erteilt und kommt er so zu Vermögen, kann die Verfahrenskostenhilfebewilligung geändert werden (§ 120 Abs. 4 S. 1 ZPO), es kann z. B. eine einmalige Zahlung in Höhe der bisherigen Kosten angeordnet werden. **Gewaltschutz:** In der Regel ist VKH zu bewilligen.[68] **Nach-** **19**

---

[59] A. A. Keuter FamRZ 2009, 1891.
[60] OLG Stuttgart OLGR 2008, 765.
[61] OLG Zweibrücken NJW 2010, 540.
[62] OLG Jena BeckRS 2010, 14326.
[63] OLG Frankfurt FamRZ 2011, 661; OLG Hamm NJW 2010, 539; OLG Stuttgart FamRZ 2010, 1266; Abramenko FGPrax 2010, 217.
[64] OLG Hamm FamRZ 2001, 1081; OLG Karlsruhe FamRZ 2003, 1760; OLG Koblenz NJW-RR 2009, 1308; FamRZ 2004, 548; OLG Naumburg FamRZ 2004, 548; OLG Saarbrücken FamRZ 2009, 626; OLG Hamm FamRZ 2011, 660.
[65] BGH NJW 2005, 2781.
[66] OLG Brandenburg FamRZ 2007, 151; OLG Stuttgart FamRZ 2005, 1266; OLG Hamm NJW-RR 2011, 505; OLG Schleswig NJW-RR 2011, 506; a. A. OLG Oldenburg NJW 2011, 941.
[67] LG Karlsruhe FamRZ 1999, 1091; Klüsener Rpfleger 1992, 466.
[68] OLG Zweibrücken NJW 2010, 541; OLG Bremen NJW 2010, 2067.

lasspflegschaft: Wenn ein bedürftiger Gläubiger die Anordnung einer Nachlasspflegschaft beantragen will (§ 1961 BGB), wird er i. d. R. keine Verfahrenskostenhilfe erhalten können, weil er keinen Kostenvorschuss zu leisten hat und Anwaltsbeiordnung i. d. R. nicht erforderlich ist. **Scheidung.** Erfolgsaussicht kann für beide Beteiligte bestehen. Sie ist hier schon dann anzunehmen, wenn der Gegner ein nach der Verfahrensordnung vorgesehenes Ziel verfolgt bzw. seine Lage darin verbessern kann und will.[69] Sie fehlt für den Gegner, wenn er kein konkretes Ziel verfolgt und sich passiv verhält.[70] Für die Scheidung nach pakistanischem Recht besteht Erfolgsaussicht, wenn die Ehefrau damit einverstanden ist.[71] **Sorgerechtsregelung; Umgangsrecht**[72]: Für das Kriterium „Erfolgsaussicht" wird kein besonders konkretes Regelungsziel gefordert; es genügt, dass der Antragsteller seine Lage verbessern will.[73] Eine vorherige Mediation ist nicht erforderlich.[74] Auch das Jugendamt muss nicht zwingend vorher eingeschaltet werden.[75]

3. Einsatz von Einkommen und Vermögen (§ 115 ZPO)

§ 115 ZPO

(1) Die Partei hat ihr Einkommen einzusetzen. Zum Einkommen gehören alle Einkünfte in Geld oder Geldeswert. Von ihm sind abzusetzen:
1. a) die in § 82 Abs. 2 des Zwölften Buches Sozialgesetzbuch bezeichneten Beträge;
   b) bei Parteien, die ein Einkommen aus Erwerbstätigkeit erzielen, ein Betrag in Höhe von 50 vom Hundert des höchsten durch Rechtsverordnung nach § 28 Abs. 2 Satz 1 des Zwölften Buches Sozialgesetzbuch festgesetzten Regelsatzes für den Haushaltsvorstand;
2. a) für die Partei und ihren Ehegatten oder ihren Lebenspartner jeweils ein Betrag in Höhe des um 10 vom Hundert erhöhten höchsten durch Rechtsverordnung nach § 28 Abs. 2 Satz 1 des Zwölften Buches Sozialgesetzbuch festgesetzten Regelsatzes für den Haushaltsvorstand;
   b) bei weiteren Unterhaltsleistungen auf Grund gesetzlicher Unterhaltspflicht für jede unterhaltsberechtigte Person 70 vom Hundert des unter Buchstabe a genannten Betrages;
3. die Kosten der Unterkunft und Heizung, soweit sie nicht in einem auffälligen Missverhältnis zu den Lebensverhältnissen der Partei stehen;
4. weitere Beträge, soweit dies mit Rücksicht auf besondere Belastungen angemessen ist; § 1610 a des Bürgerlichen Gesetzbuchs gilt entsprechend.

Maßgeblich sind die Beträge, die zum Zeitpunkt der Bewilligung der Prozesskostenhilfe gelten. Das Bundesministerium der Justiz gibt jährlich die vom 1. Juli bis zum 30. Juni des Folgejahres maßgebenden Beträge nach Satz 3 Nr. 1 Buchstabe b und Nr. 2 im Bundesgesetzblatt bekannt. Diese Beträge sind, soweit sie nicht volle Euro ergeben, bis zu 0,49 Euro abzurunden und von 0,50 Euro an aufzurunden. Die Unterhaltsfreibeträge nach Satz 3 Nr. 2 vermindern sich um eigenes Einkommen der unterhaltsberechtigten Person. Wird eine Geldrente gezahlt, so ist sie an Stelle des Freibetrages abzusetzen, soweit dies angemessen ist.

(2) Von dem nach den Abzügen verbleibenden, auf volle Euro abzurundenden Teil des monatlichen Einkommens (einzusetzendes Einkommen) sind unabhängig von der Zahl der Rechtszüge höchstens 48 Monatsraten aufzubringen, und zwar bei einem

einzusetzenden Einkommen (Euro)	eine Monatsrate von (Euro)
bis 15	0
50	15
100	30

---

[69] OLG Bamberg NJW-RR 1995, 5; OLG Saarbrücken FamRZ 1985, 723.
[70] OLG Karlsruhe FamRZ 1985, 724.
[71] OLG Frankfurt FamRZ 2009, 1504.
[72] Dazu OLG Brandenburg NJW-RR 2010, 1158; OLG Celle NJW 2010, 1008; Nickel NJW 2011, 1117; Motzer FPR 2009, 158.
[73] OLG Nürnberg FamRZ 2002, 109; OLG Rostock DAVorm 1995, 867; OLG Dresden NJW-RR 2010, 1155; OLG Rostock NJW-RR 2010, 1154.
[74] OLG Hamm FamRZ 2003, 1758.
[75] OLG Brandenburg FamRZ 2003, 1760; OLG Düsseldorf FamRZ 2011, 51; OLG Karlsruhe FamRZ 2002, 1712.

einzusetzenden Einkommen (Euro)	eine Monatsrate von (Euro)
150	45
200	60
250	75
300	95
350	115
400	135
450	155
500	175
550	200
600	225
650	250
700	275
750	300
über 750	300 zuzüglich des 750 übersteigenden Teils des einzusetzenden Einkommens.

(3) Die Partei hat ihr Vermögen einzusetzen, soweit dies zumutbar ist. § 90 des Zwölften Buches Sozialgesetzbuch gilt entsprechend.

(4) Prozesskostenhilfe wird nicht bewilligt, wenn die Kosten der Prozessführung der Partei vier Monatsraten und die aus dem Vermögen aufzubringenden Teilbeträge voraussichtlich nicht übersteigen.

a) Nettoeinkommen. Das Nettoeinkommen, das für die eventuellen Raten gemäß Tabelle maßgebend ist, berechnet sich wie folgt:

Bruttoeinkünfte in Geld und Geldeswert, einschließlich Sachbezügen, $^1/_{12}$ des Jahresurlaubsgeldes und des Weihnachtsgeldes, Sozialleistungen, Arbeitslosengeld (SGB II),[76] Grundsicherung,[77] Mieteinnahmen (aber keine fiktiven Mieteinnahmen beim Wohnen im eigenen Haus wegen § 115 Abs. 1 Nr. 3 ZPO). Nicht Erziehungsgeld (§ 8 BErzGG), Elterngeld nur im Rahmen von § 10 BEEG; Kindergeld ist Einkommen bei dem Elternteil, dem es ausbezahlt wird, soweit es nicht zur Bestreitung des notwendigen Lebensunterhalts eines minderjährigen Kindes zu verwenden ist.[78] In Ausnahmefällen können **fiktive Einkünfte** zugerechnet werden, wenn der Antragsteller rechtsmißbräuchlich handelt, etwa wenn Erwerbsmöglichkeiten leichtfertig nicht genutzt werden.[79]

§ 82 SGB XII Begriff des Einkommens:

(1) Zum Einkommen gehören alle Einkünfte in Geld oder Geldeswert mit Ausnahme der Leistungen nach diesem Buch, des befristeten Zuschlags nach § 24 des Zweiten Buches, der Grundrente nach dem Bundesversorgungsgesetz und nach den Gesetzen, die eine entsprechende Anwendung des Bundesversorgungsgesetzes vorsehen und der Renten oder Beihilfen nach dem Bundesentschädigungsgesetz für Schaden an Leben sowie an Körper oder Gesundheit, bis zur Höhe der vergleichbaren Grundrente nach dem Bundesversorgungsgesetz. Bei Minderjährigen ist das Kindergeld dem jeweiligen Kind als Einkommen zuzurechnen, soweit es bei diesem zur Deckung des notwendigen Lebensunterhaltes benötigt wird.

(2) Von dem Einkommen sind abzusetzen

1. auf das Einkommen entrichtete Steuern,
2. Pflichtbeiträge zur Sozialversicherung einschließlich der Beiträge zur Arbeitsförderung,
3. Beiträge zu öffentlichen oder privaten Versicherungen oder ähnlichen Einrichtungen, soweit diese Beiträge gesetzlich vorgeschrieben oder nach Grund und Höhe angemessen sind, sowie geförderte Altersvorsorgebeiträge nach § 82 des Einkommensteuergesetzes, soweit sie den Mindesteigenbeitrag nach § 86 des Einkommensteuergesetzes nicht überschreiten,

---

[76] BGH FamRZ 2010, 1324; NJW-RR 2008, 595.
[77] OLG Stuttgart FamRZ 2008, 1261; a. A. OLG Koblenz FamRZ 2008, 421.
[78] BGH NJW 2005, 2393; Einzelheiten sind umstritten.
[79] BGH NJW 2009, 3658; variantenreich streitig.

4. die mit der Erzielung des Einkommens verbundenen notwendigen Ausgaben,
5. das Arbeitsförderungsgeld und Erhöhungsbeträge des Arbeitsentgelts im Sinne von § 43 Satz 4 des Neunten Buches.

(3) Bei der Hilfe zum Lebensunterhalt und Grundsicherung im Alter und bei Erwerbsminderung ist ferner ein Betrag in Höhe von 30 vom Hundert des Einkommens aus selbständiger und nichtselbständiger Tätigkeit der Leistungsberechtigten abzusetzen, höchstens jedoch 50 vom Hundert des Eckregelsatzes. Abweichend von Satz 1 ist bei einer Beschäftigung in einer Werkstatt für behinderte Menschen von dem Entgelt ein Achtel des Eckregelsatzes zuzüglich 25 vom Hundert des diesen Betrag übersteigenden Entgelts abzusetzen. Im Übrigen kann in begründeten Fällen ein anderer als in Satz 1 festgelegter Betrag vom Einkommen abgesetzt werden.

(4) (weggefallen)

22   **Abzuziehen sind** gemäß
- **§ 115 Abs. 1 S. 3 Nr. 1 a ZPO** die auf das Einkommen zu entrichtenden Steuern (Lohnsteuer, Solidaritätszuschlag, Kirchensteuer), Sozialversicherungsbeiträge, u. U. Altersvorsorgebeiträge[80] und bestimmte weitere Versicherungsbeiträge, Werbungskosten wie z. B. Fahrtkosten, Arbeitsförderungsgeld und Erhöhungsbeträge des Arbeitsentgelts.
- **§ 115 Abs. 1 S. 3 Nr. 1 b ZPO:** eine Pauschale für Erwerbstätige (Höhe: Rn 23);
- **§ 115 Abs. 1 S. 3 Nr. 2 ZPO:** der eigene Grundfreibetrag (Pauschale; Höhe: Rn 23) sowie Grundfreibeträge für den Ehegatten und weitere Unterhaltsberechtigte, wobei aber deren eigenes Einkommen abzuziehen ist und wenn als Unterhalt eine Geldrente (bei Getrenntleben etc.) bezahlt wird, der Barbetrag (§ 115 Abs. 1 S. 8).
- **§ 115 Abs. 1 S. 3 Nr. 3 ZPO:** die Kosten der Warmmiete; nicht abzugsfähig sind dagegen die allgemeine Strom- und Wasserkosten, diese fallen unter den Grundfreibetrag (Rn 23).[81]
- **§ 115 Abs. 1 S. 3 Nr. 4 ZPO:** weitere besondere Belastungen, z. B. für Medikamente. Nicht abziehbar sind Geldstrafen-Raten.[82]

23   Die vorgenannten Monats-Pauschalen werden jährlich zum 1. 7. neu festgesetzt (Abs. 1 S. 5). Nach der **Prozesskostenhilfebekanntmachung (PKHB** 2011)[83] beträgt der Erwerbstätigenfreibetrag 182 €, der Grundfreibetrag des Antragstellers 400 €, der Grundfreibetrag des Ehegatten des Antragstellers ebenfalls 400 € und für jedes Kind je nach Alter 237 bis 320 €. Das gilt ab 30. 3. 2011. Bezahlte Unterhaltsrenten sind in der Regel in dieser Höhe (und nicht nur in Höhe der Pauschale) abziehbar.[84]

24   **b) Vermögen (§ 115 Abs. 3 ZPO).** Auch eine **Lebensversicherung** muss grds. eingesetzt werden, z. B. durch „Beleihung".[85] Wegen § 90 Abs. 3 S. 2 SGB XII stellt sich die Frage, was gilt, wenn die Lebensversicherung zur angemessenen Alterssicherung dienen sollte.[86] Die subjektive Zweckbestimmung reicht jedenfalls nicht, weil sonst auch Sparguthaben, Goldbarren und sonstiges Vermögen immer geschützt wären, wenn der Antragsteller den Alterssicherungszweck einwendet. Desgleichen muss ein beruflich nicht benötigtes **Auto** eingesetzt werden,[87] etwa bei einem Rentner. Ebenso ein **Bausparguthaben**.[88] Ob **Abfindungen** für den Verlust des Arbeitsplatzes oder für einen Unterhaltsverzicht als Vermögen oder als Einkommensvorauszahlungen anzusehen sind ist umstritten[89] und hängt vom Zweck und der Höhe ab; liegt eine Unterhaltsersatzleistung vor wird man das als

---

[80] Einzelheiten dazu bei Liceni-Kierstein FPR 2009, 397.
[81] BGH NJW-RR 2008, 595.
[82] BGH FamRZ 2011, 554.
[83] BGBl. I S. 606.
[84] Vgl. Künkel DAVorm 1995, 19.
[85] BGH FamRZ 2010, 1646 mit Anm. Zimmermann zu den Einzelheiten; OLG Saarbrücken FamRZ 2010, 1685. Vielfältig umstritten.
[86] OLG Brandenburg FamRZ 2011, 52; Liceni-Kierstein FPR 2009, 397.
[87] BVerwG FamRZ 2010, 1728; OLG Stuttgart FamRZ 2010, 1685; Einzelheiten umstritten, Kasuistik bei Nickel FPR 2009, 391.
[88] Str., vgl. OLG Brandenburg FamRZ 2011, 52; OLG Naumburg OLG-Report 2003, 529; OLG Nürnberg FamRZ 2006, 1284.
[89] Vgl. Nickel FPR 2009, 391; OLG Karlsruhe FamRZ 2002, 1196; OLG Nürnberg FamRZ 2008, 1261.

Einkommen bewerten müssen. Nicht eingesetzt werden muss ein **Barvermögen** bis 2600 € zuzüglich 614 € für den Ehegatten und 256 € für jeden Unterhaltsberechtigten; doch sind diese Zahlen nicht bindend. Das selbstgenutzte **Einfamilienhaus** bzw. Eigentumswohnung sind ebenfalls nicht einzusetzen. Schwierigkeiten bereitet die Frage der „Angemessenheit" des Hausgrundstücks; hier werden bei Einfamilienhäusern und Eigentumswohnungen Wohnflächen von 120 bis 130 Quadratmetern als Obergrenze diskutiert und beim Grundstück eine Obergrenze von 500 Quadratmeter.[90] Was geschehen soll, wenn die Wohnfläche größer ist, ist unklar; denn ein Umzug kostet auch Geld. Bei einem zu großen Grundstück ist allerdings nur eine Beleihung zumutbar; es kann nicht sein, dass jemand sein Haus zur Prozessfinanzierung verkaufen muss, weil er es dann, wenn er den Prozess gewonnen hat, ja nicht mehr zurückkaufen kann. Wer erhebliches Vermögen besaß und sich jetzt als mittellos bezeichnet, muss den **Vermögensverlust** glaubhaft und nachvollziehbar darlegen.[91]

Wer Anspruch auf **Prozesskostenvorschuss** (Verfahrenskostenvorschuss)[92] hat, z. B. gegen leistungsfähige Unterhaltsverpflichtete (wie Ehegatten, § 1360 a Abs. 4 BGB), gilt als „vermögend"; Voraussetzung ist allerdings, dass der Vorschuss alsbald realisierbar ist,[93] dass also kein Prozess deswegen geführt werden muss. Denkbar ist, dass Unterhalts- und Zugewinnausgleichsansprüche der Ehefrau gegen ihren früheren Ehemann vom jetzigen Ehemann zu finanzieren sind.[94] Umstritten ist die Rechtslage, wenn ein Vorschussanspruch gegen einen Ehegatten besteht, der selbst verfahrenskostenhilfeberechtigt ist.[95] Hätte der Verpflichtete Anspruch auf ratenfreie Verfahrenskostenhilfe, besteht kein Anspruch. Andernfalls hat er den Vorschuss in Raten zu zahlen.[96]

Bei rückübertragenen Unterhaltsansprüchen (§ 94 Abs. 5 S. 2 SGB XII; § 7 Abs. 4 S. 3 UVG) kann ein solcher **Vorschussanspruch** auch gegen den Sozialhilfeträger bestehen;[97] dann ist derjenige, der einen solchen Kostenübernahmeanspruch hat, nicht bedürftig.

§ 76 SGB XII Einzusetzendes Vermögen:

(1) Einzusetzen ist das gesamte verwertbare Vermögen.

(2) Die Sozialhilfe darf nicht abhängig gemacht werden vom Einsatz oder von der Verwertung

1. eines Vermögens, das aus öffentlichen Mitteln zum Aufbau oder zur Sicherung einer Lebensgrundlage oder zur Gründung eines Hausstandes erbracht wird,
2. eines Kapitals einschließlich seiner Erträge, das der zusätzlichen Altersvorsorge im Sinne des § 10 a oder des Abschnitts XI des Einkommensteuergesetzes dient und dessen Ansammlung staatlich gefördert wurde,
3. eines sonstigen Vermögens, solange es nachweislich zur baldigen Beschaffung oder Erhaltung eines Hausgrundstücks im Sinne der Nummer 8 bestimmt ist, soweit dieses Wohnzwecken behinderter (§ 53 Abs. 1 Satz 1 und § 72) oder pflegebedürftiger Menschen (§ 61) dient oder dienen soll und dieser Zweck durch den Einsatz oder die Verwertung des Vermögens gefährdet würde,
4. eines angemessenen Hausrats; dabei sind die bisherigen Lebensverhältnisse der nachfragenden Person zu berücksichtigen,
5. von Gegenständen, die zur Aufnahme oder Fortsetzung der Berufsausbildung oder der Erwerbstätigkeit unentbehrlich sind,
6. von Familien- und Erbstücken, deren Veräußerung für die nachfragende Person oder ihre Familie eine besondere Härte bedeuten würde,
7. von Gegenständen, die zur Befriedigung geistiger, insbesondere wissenschaftlicher oder künstlerischer Bedürfnisse dienen und deren Besitz nicht Luxus ist,

---

[90] Vgl. Nickel FPR 2009, 381.
[91] BGH NJW-RR 2008, 953 (230 000 € Bargeld seien ihm gestohlen worden).
[92] Einzelheiten zum Vorschussanspruch vgl. Heistermann FPR 2009, 403.
[93] BGH NJW-RR 2008, 1531.
[94] Vgl. BGH FamRZ 2010, 189.
[95] Vgl. OLG Celle FamRZ 2010, 53; OLG Stuttgart FamRZ 2009, 1163.
[96] OLG Saarbrücken FamRZ 2010, 749.
[97] BGH NJW 2009, 1950; früher umstritten.

8. eines angemessenen Hausgrundstücks, das von der nachfragenden Person oder einer anderen in den § 19 Abs. 1 bis 3 genannten Person allein oder zusammen mit Angehörigen ganz oder teilweise bewohnt wird und nach ihrem Tod von ihren Angehörigen bewohnt werden soll. Die Angemessenheit bestimmt sich nach der Zahl der Bewohner, dem Wohnbedarf (zum Beispiel behinderter, blinder oder pflegebedürftiger Menschen), der Grundstücksgröße, der Hausgröße, dem Zuschnitt und der Ausstattung des Wohngebäudes sowie dem Wert des Grundstücks einschließlich des Wohngebäudes,
9. kleinerer Barbeträge oder sonstiger Geldwerte; dabei ist eine besondere Notlage der nachfragenden Person zu berücksichtigen.

(3) Die Sozialhilfe darf ferner nicht vom Einsatz oder von der Verwertung eines Vermögens abhängig gemacht werden, soweit dies für den, der das Vermögen einzusetzen hat, und für seine unterhaltsberechtigten Angehörigen eine Härte bedeuten würde. Dies ist bei der Leistung nach dem Fünften bis Neunten Kapitel insbesondere der Fall, soweit eine angemessene Lebensführung oder die Aufrechterhaltung einer angemessenen Alterssicherung wesentlich erschwert würde.

25   c) **Tabellenanwendung.** Eine Interpolation der Tabelle (Errechnung von Zwischenwerten bei geringfügiger Überschreitung) findet nicht statt.[98]

26   d) **Ratenzahl.** Bei Raten-Verfahrenskostenhilfe hat der Antragsteller maximal 48 Raten aufzubringen (§ 115 Abs. 2 ZPO); machen seine Gesamtkosten z. B. 8000 € aus und die Monatsrate 200 €, dann zahlt er letztlich das Verfahren selbst und erhält nur eine zinslose Stundung.

4. Beteiligte kraft Amts; juristische Personen; beteiligtenfähige Vereinigungen (§ 116 ZPO)

§ 116 ZPO

Prozesskostenhilfe erhalten auf Antrag
1. eine Partei kraft Amtes, wenn die Kosten aus der verwalteten Vermögensmasse nicht aufgebracht werden können und den am Gegenstand des Rechtsstreits wirtschaftlich Beteiligten nicht zuzumuten ist, die Kosten aufzubringen;
2. eine inländische juristische Person oder parteifähige Vereinigung, wenn die Kosten weder von ihr noch von den am Gegenstand des Rechtsstreits wirtschaftlich Beteiligten aufgebracht werden können und wenn die Unterlassung der Rechtsverfolgung oder Rechtsverteidigung allgemeinen Interessen zuwiderlaufen würde.

§ 114 Satz 1 letzter Halbsatz ist anzuwenden. Können die Kosten nur zum Teil oder nur in Teilbeträgen aufgebracht werden, so sind die entsprechenden Beträge zu zahlen.

27   Inländische und ausländische Beteiligte kraft Amts usw. (vgl. § 116 Abs. 1 ZPO): z. B. Testamentsvollstrecker (jedoch nicht, wenn der Testamentsvollstrecker selbst beteiligt ist, z. B. bei § 2227 BGB), Insolvenzverwalter,[99] Zwangsverwalter, Nachlassverwalter (§ 1982 BGB), rechtsfähige Vereine,[100] nicht dagegen gesetzliche Vertreter (wie z. B. der Nachlasspfleger). Wirtschaftlich beteiligt sind bei Anordnung der Testamentsvollstreckung die Erben, Pflichtteilsberechtigten, Vermächtnisnehmer. Der Nachlasspfleger für die unbekannten Erben muss nachweisen, dass der Nachlass die Kosten nicht tragen kann, auf die Verhältnisse der unbekannten Erben kommt es nicht an.[101] Für ausländische juristische Personen ist Verfahrenskostenhilfe nicht vorgesehen. Beteiligtenfähige Vereinigungen sind z. B. OHG, KG.

5. Antrag (§ 117 ZPO)

§ 117 ZPO

(1) Der Antrag auf Bewilligung der Prozesskostenhilfe ist bei dem Prozessgericht zu stellen; er kann vor der Geschäftsstelle zu Protokoll erklärt werden. In dem Antrag ist das Streitverhältnis

---

[98] H. M., z. B. OLG Düsseldorf NJW 1981, 1791; OLG München MDR 1982, 761.
[99] BGH NJW 1998, 1868.
[100] BayObLG Rpfleger 1988, 98.
[101] BVerfG NJW 1998, 525; BGH NJW 1964, 1418; a. A. OVG Hamburg Rpfleger 1996, 464.

unter Angabe der Beweismittel darzustellen. Der Antrag auf Bewilligung von Prozesskostenhilfe für die Zwangsvollstreckung ist bei dem für die Zwangsvollstreckung zuständigen Gericht zu stellen.

(2) Dem Antrag sind eine Erklärung der Partei über ihre persönlichen und wirtschaftlichen Verhältnisse (Familienverhältnisse, Beruf, Vermögen, Einkommen und Lasten) sowie entsprechende Belege beizufügen. Die Erklärung und die Belege dürfen dem Gegner nur mit Zustimmung der Partei zugänglich gemacht werden, es sei denn, der Gegner hat gegen den Antragsteller nach den Vorschriften des bürgerlichen Rechts einen Anspruch auf Auskünfte und Vermögen des Antragstellers. Dem Antragsteller ist vor der Übermittlung seiner Erklärung an den Gegner Gelegenheit zur Stellungnahme zu geben. Er ist über die Übermittlung seiner Erklärung zu unterrichten.

(3) Der Bundesminister der Justiz wird ermächtigt, zur Vereinfachung und Vereinheitlichung des Verfahrens durch Rechtsverordnung mit Zustimmung des Bundesrates Vordrucke für die Erklärung einzuführen.

(4) Soweit Vordrucke für die Erklärung eingeführt sind, muss sich die Partei ihrer bedienen.

a) Zuständigkeit. Für die Bewilligung von Verfahrenskostenhilfe ist zuständig, wer für die Entscheidung in der Hauptsache zuständig ist (§§ 117 Abs. 1, 127 Abs. 1 ZPO); also der Richter bzw. (für die dem § 20 Nr. 4 und Nr. 5 RPflG entsprechenden Geschäfte, § 25a n. F. RPflG) der Rechtspfleger. Wurde vor dem 1. 9. 2009 ein PKH-Antrag in einer Zivilsache gestellt, für die jetzt das Familiengericht zuständig ist, hat nunmehr das Familiengericht über den Antrag zu entscheiden.[102] Zur Entscheidung vgl. § 127 Abs. 1 ZPO. **28**

b) Antragsinhalt; Vordruck. Neben § 117 ZPO gilt § 23 FamFG. Für den Antrag besteht kein **Anwaltszwang**, auch nicht in Familiensachen, auch nicht beim BGH. Folge des **§ 117 Abs. 2 S. 2 ZPO** ist, dass ggf. die persönlichen Verhältnisse auch in der mündlichen Verhandlung bei Erörterung des Verfahrenskostenhilfeantrages nur in Abwesenheit des Gegners besprochen werden dürfen, außer der Antragsteller ist mit Erörterung in Anwesenheit einverstanden. Die in § 117 Abs. 3 ZPO genannte VO **(PKH-VV)** ist am 17. 10. 1994[103] ergangen. In **Auslandsfällen** gelten u. U. andere Vordrucke (vgl. § 1077 Abs. 2 ZPO).[104] **29**

§ 117 Abs. 1 S. 2, Abs. 2 ZPO enthalten Ausnahmen vom Grundsatz des § 26 FamFG; grundsätzlich hat der Antragsteller die Entscheidungsgrundlagen beizubringen, wie sich auch aus § 118 Abs. 2 S. 4 ZPO ergibt.

Dem Gesuch sind folgende Unterlagen beizufügen: **30**
- Antrag mit Darstellung des Streitverhältnisses.
- Erklärung des Beteiligten über seine persönlichen und wirtschaftlichen Verhältnisse. Der amtliche Vordruck für die Darlegung der finanziellen Verhältnisse ist zu verwenden, anderenfalls kann der Antrag nach erfolglosem Hinweis als unbegründet abgelehnt werden.[105] Unzulässig ist es, wenn z. B. in der Spalte über Bankguthaben kein Eintrag erfolgt; entweder ist das Guthaben anzugeben, oder „null" (oder das Minus) einzutragen. Lückenhaftes Ausfüllen soll folgenlos sein, wenn die Lücken durch die beigefügten Anlagen geschlossen werden können.[106] Der Antrag muss eigenhändig (vom Antragsteller oder seinem Vertreter) unterschrieben sein,[107] der Vordruck dagegen nicht. **Sozialhilfeempfänger** müssen die Abschnitte E bis J des Vordrucks zunächst nicht ausfüllen, wenn sie den letzten Bewilligungsbescheid des Sozialamts beifügen; das Gericht kann aber das Ausfüllen verlangen (§ 2 II, III der PKH-VV[108]). Hält das Gericht den Bescheid für ungenügend, muss der Antragsteller Gelegenheit zur Aufklärung erhalten.[109] Bei **minderjährigen Kindern** muss ebenfalls zunächst der Vordruck nicht

---

[102] OLG Braunschweig NJW 2010, 452.
[103] BGBl. I S. 3001.
[104] Siehe auch BGBl. I S. 2004, 3538.
[105] OLG Oldenburg NJW 1981, 1793; Zöller/Geimer § 117 Rn 19.
[106] BGH 1986, 62; NJW 1983, 2145 mwN.
[107] BGH NJW 1994, 2097; ferner BGH NJW 1986, 62.
[108] LG Koblenz MDR 1999, 503.
[109] BVerfG NJW 2000, 275.

ausgefüllt werden (§ 2 I PKH-VV); das Gericht kann aber das Ausfüllen verlangen (§ 2 III PKH-VV). Der Vordruck über die finanziellen Verhältnisse und die Belege sind dem Gegner zwecks **„Datenschutz"** nicht zugänglich; das hat das FGG-RG abgeschwächt: Verwandte, getrennt lebende Ehegatten und geschiedene Ehegatten sind unterhaltspflichtig und daher auch auskunftspflichtig (§§ 1605, 1361 Abs. 4 S. 4, 1580 BGB); deshalb hat der Gegner in derartigen Verfahren einen Anspruch auf Einsicht in diese Unterlagen (§ 117 Abs. 2 S. 2 ZPO). Wird dem Gegner diese Einsicht verweigert, liegt insoweit eine anfechtbare Entscheidung vor,[110] weil die Einsicht mit der Entscheidung über die Verfahrenskostenhilfe nichts zu tun hat, sondern in die Fallgruppe § 13 (bzw. § 299 ZPO) gehört.

31 Der Vordruck verlangt eine Vielzahl von **Belegen;** in der Praxis werden meist nur solche zum Einkommen und ggf. zum Bankkonto vorgelegt.[111] Bei fehlenden Belegen ist vor Entscheidung Fristsetzung erforderlich, vgl. § 118 Abs. 2 S. 4 ZPO.[112] Eine Bezugnahme auf in anderen Verfahren abgegebene Bescheinigungen genügt nicht.[113] Der verheiratete Antragsteller muss Belege über das Einkommen des Ehegatten beifügen,[114] auch über das Vermögen des Ehegatten wegen der Frage des Verfahrenskostenvorschusses;[115] wenn er darüber keine ausreichenden Kenntnisse hat muss das toleriert werden, weil eine Auskunftsklage unzumutbar wäre. Die Belege müssen in deutscher Sprache verfasst sein.[116]

32 **c) Wiederholung des Antrags.** Beschlüsse, die Verfahrenskostenhilfe formell rechtskräftig ablehnen, sind **keiner materiellen Rechtskraft** fähig.[117] Wurde der Antrag mangels Armut abgelehnt, kann unproblematisch ein neuer Antrag gestellt werden, wenn sich die finanziellen Verhältnisse verschlechtert haben. Wurde der Antrag aus materiellrechtlichen Gründen abgelehnt, kann einem neuen Antrag das Rechtsschutzinteresse fehlen, wenn er mit derselben Begründung nochmals gestellt wird.[118] Im Übrigen kann das Rechtsschutzbedürfnis für einen wiederholten Antrag nur verneint werden, wenn das Recht zur Stellung eines erneuten Antrags missbraucht wird, was eine Frage des Einzelfalls ist.[119]

33 **d) Verfahrenskostenhilfe für Beschwerde.** Für die Frage der Erfolgsaussicht kommt es auf den voraussichtlichen Erfolg in der Sache selbst und nicht auf einen davon losgelösten Erfolg des Rechtsmittels an;[120] vgl. § 119 ZPO. Innerhalb der Beschwerdefrist muss neben dem Antrag auch ein **neues Verfahrenskostenhilfeformular** (mit Belegen[121]) vorgelegt werden;[122] jedoch genügt, wenn sich nichts geändert hat, die Bezugnahme auf das Formular erster Instanz mit ausdrücklicher Zusatzerklärung, dass sich nichts geändert hat.[123] Der BGH[124] verlangt bei Sozialhilfeempfängern für die zweite Instanz das Beifügen eines Sozialhilfebescheids neuesten Datums. War der Antragsteller in erster Instanz unterlegen, muss das Verfahrenskostenhilfegesuch erkennen lassen, in welchen Punkten, in welchem Umfang und aus welchen Gründen die Partei das erstinstanzliche Urteil angreifen möchte und warum die anzufechtende Entscheidung für unrichtig gehalten wird.[125]

---

[110] A. A. Vogel FPR 2009, 381 (unanfechtbar).
[111] Haferanke FPR 2009, 386.
[112] LAG Düsseldorf JurBüro 1987, 1561.
[113] OLG Nürnberg FamRZ 1985, 824.
[114] BGH FamRZ 2004, 99.
[115] OLG Koblenz MDR 2006, 649.
[116] OLG Hamm JurBüro 2000, 259.
[117] BGH FamRZ 2004, 940; OLG Hamm FamRZ 2004, 1218; OLG Zweibrücken MDR 2004, 236.
[118] BGH FamRZ 2004, 940 (es waren schon drei ablehnende Beschlüsse ergangen); OLG Naumburg OLG-NL 2003, 91; OLG Oldenburg FamRZ 2003, 1302.
[119] BGH NJW 2009, 857.
[120] BGH AnwBl 2007, 94.
[121] Vgl. BGH FamRZ 2005, 196.
[122] BGH FamRZ 2003, 89; FamRZ 1993, 688; OLG Saarbrücken NJW-RR 2000, 664.
[123] BGH FamRZ 2004, 1961; NJW 1997, 1078; OLG Frankfurt MDR 1999, 569.
[124] BGH VersR 1998, 1397.
[125] OLG Dresden FamRZ 2004, 121; OLG Schleswig NJW-RR 1999, 432.

Empfangszuständigkeit. Unklar ist, wo der Antrag auf Bewilligung der Verfahrens- 33a kostenhilfe für eine beabsichtigte Beschwerde einzureichen ist: beim Erstgericht (AG, z. B. Familien-, Betreuungs-, Nachlassgericht) oder beim Beschwerdegericht (OLG in Familiensachen, Nachlasssachen etc.; bzw. LG in Betreuungs- und Unterbringungssachen). Das Problem kommt von § 64 Abs. 1 FamFG, wonach beispielsweise in Familiensachen die Beschwerde beim Familiengericht einzureichen ist, obwohl das OLG darüber entscheidet; die ZPO kennt diese merkwürdige Trennung der Empfangs- von der Entscheidungszuständigkeit nicht. Wird der Antrag beim Familiengericht eingereicht, legt dieses die Akte dem OLG vor, das über den Verfahrenskostenhilfeantrag entscheidet und z. B. bewilligt; dann werden die Akten zurückgeleitet zum Familiengericht, wo die Beschwerde eingereicht wird; nun werden die Akten mit der Beschwerde erneut an das OLG weitergeleitet. Die Verweisung in § 76 auf § 117 Abs. 1 ZPO spricht dafür, dass der Verfahrenskostenhilfeantrag beim OLG zu stellen ist;[126] der Wortlaut des § 64 Abs. 1 deutet allerdings eher auf eine Einlegung beim Familiengericht hin.[127] Wegen der unklaren Lage sollte der Antrag vorerst sowohl beim FamG wie beim OLG eingereicht werden (vgl. auch § 64 Rn 4 a).[128]

Wird **Verfahrenskostenhilfe für eine beabsichtigte Beschwerde** nach dem Ablauf 33b der Rechtsmittelfrist **verweigert**, bleibt dem Antragsteller nach der Bekanntgabe der Entscheidung noch eine Frist von höchstens drei bis vier Tagen für die Überlegung, ob er das Rechtsmittel auf eigene Kosten durchführen will; danach beginnt die zweiwöchige Frist für das Wiedereinsetzungsgesuch und die damit zu verbindende Einlegung des Rechtsmittels; das gilt auch dann, wenn das Gericht nicht die Mittellosigkeit der Partei, sondern die Erfolgsaussicht der beabsichtigten Rechtsverfolgung verneint hat.[129]

6. Prüfungsverfahren (§ 118 ZPO)

§ 118 ZPO

(1) Vor der Bewilligung der Prozesskostenhilfe ist dem Gegner Gelegenheit zur Stellungnahme zu geben, wenn dies nicht aus besonderen Gründen unzweckmäßig erscheint. Die Stellungnahme kann vor der Geschäftsstelle zu Protokoll erklärt werden. Das Gericht kann die Parteien zur mündlichen Erörterung laden, wenn eine Einigung zu erwarten ist; ein Vergleich ist zu gerichtlichem Protokoll zu nehmen. Dem Gegner entstandene Kosten werden nicht erstattet. Die durch die Vernehmung von Zeugen und Sachverständigen nach Absatz 2 Satz 3 entstandenen Auslagen sind als Gerichtskosten von der Partei zu tragen, der die Kosten des Rechtsstreits auferlegt sind.

(2) Das Gericht kann verlangen, dass der Antragsteller seine tatsächlichen Angaben glaubhaft macht. Es kann Erhebungen anstellen, insbesondere die Vorlegung von Urkunden anordnen und Auskünfte einholen. Zeugen und Sachverständige werden nicht vernommen, es sei denn, daß auf andere Weise nicht geklärt werden kann, ob die Rechtsverfolgung oder Rechtsverteidigung hinreichende Aussicht auf Erfolg bietet und nicht mutwillig erscheint; eine Beeidung findet nicht statt. Hat der Antragsteller innerhalb einer von dem Gericht gesetzten Frist Angaben über seine persönlichen und wirtschaftlichen Verhältnisse nicht glaubhaft gemacht oder bestimmte Fragen nicht oder ungenügend beantwortet, so lehnt das Gericht die Bewilligung von Prozeßkostenhilfe insoweit ab.

(3) Die in Absatz 1, 2 bezeichneten Maßnahmen werden von dem Vorsitzenden oder einem von ihm beauftragten Mitglied des Gerichts durchgeführt.

a) Rechtliches Gehör. In der Regel ist erforderlich, dem „Gegner" rechtliches Gehör 34 zu gewähren (aber unzweckmäßig bei Verfahrenskostenhilfe für die Vollstreckung). Voraussetzung ist eine Beteiligung im entgegengesetzten Sinn, wie etwa bei Versorgungsausgleichsverfahren, bei Hausratsverfahren bzw. bei weiteren echten Streitsachen. Das Gehör erstreckt sich nicht auf die Angaben des Antragstellers über seine persönlichen und wirtschaftlichen Verhältnisse (§ 117 Abs. 2 S. 2); der „Gegner" hat also (ausgenommen in dort

---

[126] Nickel MDR 2010, 1227.
[127] SBW/Unger § 64 Rn 6.
[128] Fölsch NJW 2010, 3352.
[129] BGH NJW-RR 2009, 789.

genannten Fällen) kein Einsichtsrecht in das Sonderheft über die finanziellen Verhältnisse des Antragstellers. Aber natürlich kann er sich vorbeugend dazu äußern, etwa indem er dem Gericht vorsorglich die ihm bekannten Einkunftsquellen des „vergesslichen" Antragstellers mitteilt.

35 **b) Ermittlungen des Gerichts.** § 118 Abs. 2 ZPO nennt Glaubhaftmachung, Vorlegung von Urkunden, Einholen von Auskünften; Zeugen und Sachverständige nur zum Teil „Erfolgsaussicht/Mutwilligkeit", nicht zu den wirtschaftlichen Verhältnissen. Im Einzelfall kann z. B. die Vorlage von Kontoauszügen verlangt werden.[130]

36 **c) Außergerichtliche Kosten.** Die außergerichtlichen Kosten des Bewilligungsverfahrens werden nicht erstattet, § 118 Abs. 1 S. 4 ZPO, auch nicht im Beschwerdeverfahren (§ 127 Abs. 4 ZPO). Ein Kostenbeschluss nach § 81 FamFG scheidet daher aus. Der Antragsteller schuldet seinem Anwalt, wenn keine Verfahrenskostenhilfe bewilligt wird, eine Gebühr nach Nr. 3335 VV RVG. Beauftragt der Antragsgegner einen Anwalt mit der Stellungnahme zum Verfahrenskostenhilfeantrag und wird daraufhin Verfahrenskostenhilfe abgelehnt, hat der Gegner also seinen Anwalt selbst zu zahlen (§ 16 RVG; Nr. 3335 VV RVG) und bekommt nichts erstattet; der Gesetzgeber sieht keine Unbilligkeit, weil für das Verfahrenskostenhilfeverfahren kein Anwaltszwang besteht. **Gerichtsgebühren** für das Verfahrenskostenhilfeverfahren fallen nicht an, weder bei Bewilligung noch bei Ablehnung (anders bei erfolgloser Beschwerde; Nr. 1812 KV GKG).

7. Grenzen der Bewilligung von Verfahrenskostenhilfe (§ 119 ZPO)

§ 119 ZPO

(1) Die Bewilligung der Prozesskostenhilfe erfolgt für jeden Rechtszug besonders. In einem höheren Rechtszug ist nicht zu prüfen, ob die Rechtsverfolgung oder Rechtsverteidigung hinreichende Aussicht auf Erfolg bietet oder mutwillig erscheint, wenn der Gegner das Rechtsmittel eingelegt hat.

(2) Die Bewilligung von Prozesskostenhilfe für die Zwangsvollstreckung in das bewegliche Vermögen umfasst alle Vollstreckungshandlungen im Bezirk des Vollstreckungsgerichts einschließlich des Verfahrens auf Abgabe der eidesstattlichen Versicherung.

37 **a) Umfang der Bewilligung.** Die Wirkung beginnt mit dem Wirksamwerden des bewilligenden Beschlusses (in der Praxis mit dem Tag, ab dem laut Beschluss Verfahrenskostenhilfe bewilligt wurde; meist „ab Antragstellung") und endet grundsätzlich mit der Instanz. Sie gilt für die jeweilige Instanz, für das Verfahren im Umfang zurzeit der Bewilligung (bei Erweiterung ist ein neuer Antrag und eine neue Bewilligung erforderlich). Probleme tauchen bei der **Stufenklage** (§ 254 ZPO; „Stufenantrag" im FamFG) auf. Grundsätzlich erstreckt sich die Bewilligung auch auf den noch nicht bezifferten Leistungsantrag; wenn aber der Antragsteller später missbräuchlich (und nicht nur im Rahmen der erteilten Auskunft) seinen Anspruch beziffert und so den Streitwert in die Höhe treibt, dann ist fraglich, wie das verhindert werden kann.[131] Denkbar ist, nach Erteilung der Auskunft einen klarstellenden Beschluss über den Umfang der Verfahrenskostenhilfe zu erlassen. Verfahrenskostenhilfe für die Instanz gilt auch noch für die Gehörsrüge nach § 44[132] sowie für das weitere Verfahren nach Zurückverweisung;[133] für im Laufe des Verfahrens ergehende vorläufige Anordnungen; die einstweilige Anordnung im Sinne von §§ 49 ff. ist aber selbstständig (§ 51 Abs. 3 S. 1), so dass hierfür Verfahrenskostenhilfe gesondert beantragt und bewilligt werden muss.[134] Verfahrenskostenhilfe gilt für das Kostenfestsetzungsverfahren (§ 85), für das Abänderungsverfahren, für das Verfahren nach Abgabe, für die Verweisung. Die für die Scheidung erfolgte Bewilligung von Verfahrenskostenhilfe erstreckt sich auch

---

[130] OLG Celle FamRZ 2010, 1751.
[131] Dazu Reinken FPR 2009, 406; OLG Brandenburg FamRZ 2008, 1354; OLG Hamm FamRZ 2006, 133; OLG München FamRZ 2005, 42: OLG Zweibrücken FamRZ 2007, 1109; OLG Stuttgart FamRZ 2011, 387.
[132] Vogel FPR 2009, 381.
[133] Vgl. BGH NJW 1983, 944.
[134] Vogel FPR 2009, 381.

auf die abgetrennter Folgesache „Versorgungsausgleich".[135] Die Verfahrenskostenhilfe für das Verfahren erstreckt sich aber nur nach diesbezüglicher Bewilligung auf die nach der ZPO erfolgende Vollstreckung (§ 119 Abs. 2 ZPO), nicht aber auf Wiederaufnahmeverfahren. Mit dem Tod des „armen" Beteiligten endet die Verfahrenskostenhilfe, die Erben müssen sie neu beantragen. Erweiterungen der Verfahrenskostenhilfe durch Beschluss sind möglich (und z. B. bei Antragsänderung notwendig). In Familiensachen vgl. § 149 (Verfahrenskostenhilfe für die Scheidungssache erstreckt sich auch auf den Versorgungsausgleich).

b) Rückwirkende Bewilligung der Verfahrenskostenhilfe. Eine rückwirkende Bewilligung der Verfahrenskostenhilfe, frühestens auf den Zeitpunkt des Eingangs eines dem § 117 ZPO entsprechenden Antrags, ist zulässig,[136] auch noch nach Beendigung der Instanz, aber nur ab dem Zeitpunkt der Bewilligungsreife;[137] denn die Verzögerung der Entscheidung darf nicht zu Lasten des Antragstellers gehen. Es gibt Fälle, in denen **erst im Termin** Verfahrenskostenhilfe beantragt wird, der Antragsteller aber die Unterlagen über sein Einkommen etc nicht dabei hat; dann kann ihm eine angemessen lange (verlängerbare) Frist zur Vorlage gesetzt werden,[138] die Endentscheidung kann ergehen und die Verfahrenskostenhilfe kann nachträglich bewilligt werden. Wird dagegen der Antrag erst nach Abschluss der Instanz gestellt, kann ihm nicht mehr stattgegeben werden,[139] weil der Zeitablauf zeigte, dass Verfahrenskostenhilfe nicht erforderlich war. Anders, wenn noch eine Kostenentscheidung aussteht.[140] Maßgebender Zeitpunkt ist (für Erfolgsaussicht und Hilfsbedürftigkeit) in der Regel der der Entscheidung,[141] nicht der des Antragseingangs. 38

c) Verfahrenskostenhilfe für Vollstreckung. Sie gehört nicht mehr zum Rechtszug, muss daher besonders beantragt und bewilligt werden. Zuständig ist das Gericht, das für die jeweilige Vollstreckungsmaßnahme zuständig ist, also das AG, in dessen Bezirk die Zwangsvollstreckung stattfinden soll (§§ 117 Abs. 1 S. 3, 764 Abs. 2 ZPO), z. B. bei Forderungspfändung das AG, in dessen Bezirk der Schuldner wohnt (§ 828 Abs. 2 ZPO); dort der Rechtspfleger (§§ 20, 25 a RPflG). Die „Erfolgsaussicht" kann in der Regel nicht geprüft werden, weil vorher nicht bekannt ist, ob beim Schuldner etwas zu holen ist. 39

d) Erleichterung in höherer Instanz (§ 119 Abs. 1 S. 2 ZPO). Wer in erster Instanz gesiegt hat, hat damit die Erfolgsaussicht seines Anliegens bewiesen. Wenn der Gegner das Rechtsmittel eingelegt hat, erhält der „Sieger" der ersten Instanz daher Verfahrenskostenhilfe für die Beschwerdeinstanz, wenn er weiterhin „arm" ist. § 119 Abs. 1 S. 2 ZPO setzt einen Beteiligten im entgegengesetzten Sinn voraus (vgl. oben Rn 7). 40

8. Festsetzung und Änderungen der Monatsraten (§ 120 ZPO)

§ 120 ZPO

(1) Mit der Bewilligung der Prozesskostenhilfe setzt das Gericht zu zahlende Monatsraten und aus dem Vermögen zu zahlende Beträge fest. Setzt das Gericht nach § 115 Abs. 1 Satz 3 Nr. 4 mit Rücksicht auf besondere Belastungen von dem Einkommen Beträge ab und ist anzunehmen, dass die Belastungen bis zum Ablauf von vier Jahren ganz oder teilweise entfallen werden, so setzt das Gericht zugleich diejenigen Zahlungen fest, die sich ergeben, wenn die Belastungen nicht oder nur in verringertem Umfang berücksichtigt werden, und bestimmt den Zeitpunkt, von dem an sie zu erbringen sind.

---

[135] OLG Brandenburg FamRZ 2011, 53.
[136] BGH NJW 1985, 921; NJW 1982, 446; BayObLG FamRZ 1984, 73; Rpfleger 1978, 316; OLG Bamberg JurBüro 1985, 141.
[137] OLG Köln MDR 2010, 1329. Insoweit auch noch nach dem Tod des Antragstellers, BFH FamRZ 2011, 35; str. Vgl. Landzettel FamRZ 2011, 345.
[138] OLG Saarbrücken FamRZ 2010, 1750. Auch stillschweigend, OLG Frankfurt FamRZ 2011, 126.
[139] Str. OLG Karlsruhe AnwBl. 1982, 77; a. A. OLG Frankfurt JurBüro 1982, 744.
[140] OLG München FamRZ 2001, 1309.
[141] Zöller/Geimer § 119 Rn 44, str. Darstellung der Meinungen bei Zimmermann Rn 169 bis 179.

(2) Die Zahlungen sind an die Landeskasse zu leisten, im Verfahren vor dem Bundesgerichtshof an die Bundeskasse, wenn Prozesskostenhilfe in einem vorherigen Rechtszug nicht bewilligt worden ist.

(3) Das Gericht soll die vorläufige Einstellung der Zahlungen bestimmen,
1. wenn abzusehen ist, dass die Zahlungen der Partei die Kosten decken;
2. wenn die Partei, ein ihr beigeordneter Rechtsanwalt oder die Bundes- oder Landeskasse die Kosten gegen einen anderen am Verfahren Beteiligten geltend machen kann.

(4) Das Gericht kann die Entscheidung über die zu leistenden Zahlungen ändern, wenn sich die für die Prozesskostenhilfe maßgebenden persönlichen oder wirtschaftlichen Verhältnisse wesentlich geändert haben; eine Änderung der nach § 115 Abs. 1 Satz 3 Nr. 2 Satz 1 maßgebenden Beträge ist nur auf Antrag und nur dann zu berücksichtigen, wenn sie dazu führt, dass keine Monatsrate zu zahlen ist. Auf Verlangen des Gerichts hat sich die Partei darüber zu erklären, ob eine Änderung der Verhältnisse eingetreten ist. Eine Änderung zum Nachteil der Partei ist ausgeschlossen, wenn seit der rechtskräftigen Entscheidung oder sonstigen Beendigung des Verfahrens vier Jahre vergangen sind.

41   Verfahrenskostenhilfe wird entweder ratenfrei oder mit Ratenzahlung (maximal 48 Monatsraten, § 115 Abs. 1 Satz 4 ZPO) und/oder mit Vermögenszuzahlung (§ 115 Abs. 2 ZPO) bewilligt. Die Ratenhöhe muss begründet werden.[142] Maßgebend sind die Verhältnisse des Antragstellers zurzeit der gerichtlichen Entscheidung.[143] Gibt die Verfahrenskostenhilfepartei die in § 120 Abs. 4 S. 2 ZPO geforderte Erklärung nicht ab, hat das eine gefährliche Folge (§ 124 Nr. 2 ZPO).

9. Beiordnung eines Rechtsanwalts

42   Die Beiordnung eines Rechtsanwalts ist in § 78 FamFG speziell geregelt. Zu den Einzelheiten siehe die dortigen Erläuterungen.

10. Wirkung der Verfahrenskostenhilfebewilligung (§ 122 ZPO)

§ 122 ZPO

(1) Die Bewilligung der Prozesskostenhilfe bewirkt, dass
1. die Bundes- oder Landeskasse
   a) die rückständigen und die entstehenden Gerichtskosten und Gerichtsvollzieherkosten,
   b) die auf sie übergegangenen Ansprüche der beigeordneten Rechtsanwälte gegen die Partei nur nach den Bestimmungen, die das Gericht trifft, gegen die Partei geltend machen kann,
2. die Partei von der Verpflichtung zur Sicherheitsleistung für die Prozesskosten befreit ist,
3. die beigeordneten Rechtsanwälte Ansprüche auf Vergütung gegen die Partei nicht geltend machen können.

(2) Ist dem Kläger, dem Berufungskläger oder dem Revisionskläger Prozesskostenhilfe bewilligt und ist nicht bestimmt worden, dass Zahlungen an die Bundes- oder Landeskasse zu leisten sind, so hat dies für den Gegner die einstweilige Befreiung von den in Absatz 1 Nr. 1 Buchstabe a bezeichneten Kosten zur Folge.

43   Die Bewilligung bewirkt nach § 122 Abs. 1 Nr. 1 ZPO, dass der Beteiligte, dem Verfahrenskostenhilfe bewilligt wurde, an die Gerichtskasse und an den Gerichtsvollzieher keine Gerichtskosten (Gebühren und Auslagen), wie sie nach der KostO und dem FamGKG anfallen, zahlen muss; ist ihm allerdings Verfahrenskostenhilfe mit Raten bewilligt, hat er die festgesetzten Raten an die Gerichtskasse zu zahlen, höchstens in Höhe von 48 Raten. Es entfällt ferner die Vorschusspflicht nach §§ 8 KostO, 14 FamGKG. Wichtig ist in Sorgerechtsverfahren, dass die Partei bei Verfahrenskostenhilfebewilligung das kinderpsychologische Gutachten (als Teil der gerichtlichen Auslagen) nicht selbst zahlen muss; ebenso wenig das Abstammungsgutachten in Abstammungssachen.

44   § 122 Abs. 1 Nr. 3 ZPO besagt, dass der Verfahrenskostenhilfe-Anwalt von seinem Mandanten keine Vergütung verlangen darf, soweit er beigeordnet wurde. Ist er nur zu den

---
[142] OLG Saarbrücken FamRZ 2010, 1753.
[143] BayObLG Rpfleger 1991, 196; OLG Bremen FamRZ 1983, 637.

Bedingungen eines ortsansässigen Anwalts beigeordnet, kann er somit seine Fahrtkosten vom Mandanten fordern.[144] Der Anwalt erhält aus der Staatskasse seine Vergütung, bei Streitwerten über 3000 € allerdings nur weniger, als von einem privaten Mandanten (§ 49 RVG); gewinnt die Verfahrenkostenhilfe-Partei den Prozess und werden dem Gegner die Kosten auferlegt, kann der Anwalt der Verfahrenskostenhilfepartei aber zu seiner vollen Vergütung kommen (§ 126 ZPO). Hat die bedürftige Partei gewonnen, hat sie ferner einen durchsetzbaren Kostenerstattungsanspruch gegen die unterlegene Partei auch dann, wenn ihr zahlungsfreie Verfahrenskostenhilfe bewilligt wurde.[145]

§ 122 Abs. 2 ZPO setzt einen Antragsgegner voraus. Hat der Antragsteller mehrere Zeugen benannt und wurde ihm ratenfreie Verfahrenskostenhilfe bewilligt, darf vom Antragsgegner kein Auslagenvorschuss für die von ihm benannten Zeugen gefordert werden, soweit überhaupt im Verfahren ein Auslagenvorschuss für Zeugen gefordert werden kann.

11. Kostenerstattung an Gegner (§ 123 ZPO)

§ 123 ZPO

Die Bewilligung der Prozesskostenhilfe hat auf die Verpflichtung, die dem Gegner entstandenen Kosten zu erstatten, keinen Einfluss.

Verliert der Beteiligte, dem Verfahrenskostenhilfe bewilligt worden ist, das Verfahren und wird ihr gemäß § 81 FamFG auferlegt, den übrigen Beteiligten die Kosten zu erstatten, dann besteht diese Verpflichtung; nur von den eigenen Anwaltskosten und den Gerichtskosten „befreit" die Bewilligung der Verfahrenskostenhilfe.

12. Aufhebung der Verfahrenskostenhilfebewilligung (§ 124 ZPO)

§ 124 ZPO

Das Gericht kann die Bewilligung der Prozesskostenhilfe aufheben, wenn
1. die Partei durch unrichtige Darstellung des Streitverhältnisses die für die Bewilligung der Prozeßkostenhilfe maßgebenden Voraussetzungen vorgetäuscht hat;
2. die Partei absichtlich oder aus grober Nachlässigkeit unrichtige Angaben über die persönlichen oder wirtschaftlichen Verhältnisse gemacht oder eine Erklärung nach § 120 Abs. 4 Satz 2 nicht abgegeben hat;
3. die persönlichen oder wirtschaftlichen Voraussetzungen für die Prozesskostenhilfe nicht vorgelegen haben; in diesem Falle ist die Aufhebung ausgeschlossen, wenn seit der rechtskräftigen Entscheidung oder sonstigen Beendigung des Verfahrens vier Jahre vergangen sind;
4. die Partei länger als drei Monate mit der Zahlung einer Monatsrate oder mit der Zahlung eines sonstigen Betrages im Rückstand ist.

Die Vorschrift erfasst nicht Änderungen des Bewilligungsbeschlusses wegen Änderung der wirtschaftlichen Verhältnisse des Antragstellers. Bei Verschlechterung der Verhältnisse kann der Antragsteller einen neuen Bewilligungsantrag stellen;[146] bei Verbesserung kann die Verfahrenskostenhilfebewilligung durch das Gericht für die Zukunft zu Lasten des Bedürftigen abgeändert werden (vgl. § 120 Abs. 4 ZPO).

13. Einziehung der Gerichtskosten vom Gegner (§ 125 ZPO)

§ 125 ZPO

(1) Die Gerichtskosten und die Gerichtsvollzieherkosten können von dem Gegner erst eingezogen werden, wenn er rechtskräftig in die Prozesskosten verurteilt ist.

(2) Die Gerichtskosten, von deren Zahlung der Gegner einstweilen befreit ist, sind von ihm einzuziehen, soweit er rechtskräftig in die Prozesskosten verurteilt oder der Rechtsstreit ohne Urteil über die Kosten beendet ist.

---

[144] OLG Nürnberg FamRZ 2001, 1157; str.
[145] BGH NJW 2009, 2962; a. A. OLG Hamm Rpfleger 2003, 138.
[146] BGH NJW-RR 2006, 197.

48 Im Verfahren des FamFG gibt es keine Urteile, nur Beschlüsse; § 125 ZPO ist entsprechend zu lesen. Eine **Kostenverurteilung** kann nach §§ 81 ff. FamFG erfolgen. Rechtskraft der Kostenentscheidung: § 45 FamFG. **Abs. 1** verlangt entgegengesetzte Beteiligte. **Abs. 2** findet auch Anwendung, wenn der andere Beteiligte nach der Sachlage kraft Gesetzes (KostO; FamGKG) kostenpflichtig ist. Wegen Auferlegung der Kosten vgl. §§ 81 ff. FamFG, 3 KostO, 21 ff. FamGKG.

14. Beitreibung der Anwaltskosten (§ 126 ZPO)

§ 126 ZPO

(1) Die für die Partei bestellten Rechtsanwälte sind berechtigt, ihre Gebühren und Auslagen von dem in die Prozesskosten verurteilten Gegner im eigenen Namen beizutreiben.

(2) Eine Einrede aus der Person der Partei ist nicht zulässig. Der Gegner kann mit Kosten aufrechnen, die nach der in demselben Rechtsstreit über die Kosten erlassenen Entscheidung von der Partei zu erstatten sind.

49 Statt „Partei" ist zu lesen: „Beteiligte". Die Vorschrift findet nur Anwendung, wenn im Verfahren Beteiligte mit entgegengesetzten Interessen vorhanden sind und zugleich der Gegner hinsichtlich der Kosten ersatzpflichtig (§§ 81 ff. FamFG) ist.

15. Entscheidungen (§ 127 Abs. 1 ZPO)

§ 127 ZPO

(1) Entscheidungen im Verfahren über die Prozesskostenhilfe ergehen ohne mündliche Verhandlung. Zuständig ist das Gericht des ersten Rechtszuges; ist das Verfahren in einem höheren Rechtszug anhängig, so ist das Gericht dieses Rechtszuges zuständig. Soweit die Gründe der Entscheidung Angaben über die persönlichen und wirtschaftlichen Verhältnisse der Partei enthalten, dürfen sie dem Gegner nur mit Zustimmung der Partei zugänglich gemacht werden.

50 Die Entscheidung erfolgt durch **Beschluss** (§ 38 FamFG) des mit der Sache befassten Gerichts, der den Beteiligten nach § 41 FamFG bekannt zu geben ist; er enthält zugleich ggf. die Anordnung der Ratenzahlungen, die Beiordnung eines Anwalts, bei Rückwirkung der Bewilligung den datumsmäßigen Beginn; keine Kostenentscheidung. Wird der Antrag abgelehnt, ist der Beschluss dem Antragsteller zuzustellen (§ 41 Abs. 1 S. 2). Entspricht der Beschluss dem gestellten Antrag, ist keine Begründung notwendig (§ 38 Abs. 4; Ausnahme in Abs. 5). Da allerdings die Staatskasse wegen der Ratenhöhe ein Rechtsmittel hat, müsste, wenn Verfahrenskostenhilfe ohne Ratenzahlungsanordnung bewilligt wird, eine Rechtsmittelbelehrung erfolgen, bei Raten-Verfahrenskostenhilfe dagegen nicht.

16. Rechtsmittel (Abs. 2 i. V. m. § 127 Abs. 2 bis 4 ZPO)

§ 127 ZPO

(2) Die Bewilligung der Prozesskostenhilfe kann nur nach Maßgabe des Absatzes 3 angefochten werden. Im Übrigen findet die sofortige Beschwerde statt; dies gilt nicht, wenn der Streitwert der Hauptsache den in § 511 genannten Betrag nicht übersteigt, es sei denn, das Gericht hat ausschließlich die persönlichen oder wirtschaftlichen Voraussetzungen für die Prozesskostenhilfe verneint. Die Notfrist des § 569 Abs. 1 Satz 1 beträgt einen Monat.

(3) Gegen die Bewilligung der Prozesskostenhilfe findet die sofortige Beschwerde der Staatskasse statt, wenn weder Monatsraten noch aus dem Vermögen zu zahlende Beträge festgesetzt worden sind. Die Beschwerde kann nur darauf gestützt werden, daß die Partei nach ihren persönlichen und wirtschaftlichen Verhältnissen Zahlungen zu leisten hat. Die Notfrist des § 569 Abs. 1 Satz 1 beträgt einen Monat und beginnt mit der Bekanntgabe des Beschlusses. Nach Ablauf von drei Monaten seit der Verkündung der Entscheidung ist die Beschwerde unstatthaft. Wird die Entscheidung nicht verkündet, so tritt an die Stelle der Verkündung der Zeitpunkt, in dem die unterschriebene Entscheidung der Geschäftsstelle übergeben wird. Die Entscheidung wird der Staatskasse nicht von Amts wegen mitgeteilt.

(4) Die Kosten des Beschwerdeverfahrens werden nicht erstattet.

a) Allgemeines. § 76 Abs. 2 FamFG ordnet bezüglich der Rechtsmittel die entsprechende Geltung der §§ 567 bis 572, 127 Abs. 2 bis 4 ZPO an. Die Verweisung bedeutet: **beschwerdefähig** sind nach h. M. nicht nur Endentscheidungen im Verfahrenskostenhilfeverfahren (Bewilligung, Ablehnung), sondern auch im Verfahrenskostenhilfeverfahren ergangene Beweisbeschlüsse, wenn sie die Beweisaufnahme des Hauptverfahrens vorwegnehmen[147] oder wenn übertriebene Sachaufklärung erfolgt.[148] Die Bestimmung eines mündlichen Erörterungstermins ist dagegen nicht anfechtbar.[149] Wird Beschwerde eingelegt ist die Nichtabhilfeentscheidung zu begründen.[150] Zu den näheren Einzelheiten des Beschwerdeverfahrens siehe auch die Ausführungen bei § 58 Rn 89 ff.

Gegen Verfahrenskostenhilfeentscheidungen des Rechtspflegers, die unanfechtbar wären, wenn sie vom Richter getroffen worden wären, ist die sofortige Erinnerung (Frist: ein Monat, wie bei § 127 Abs. 3 S. 3 ZPO) zulässig, § 11 Abs. 2 RPflG.[151]

b) Rechtsmittel für den Antragsteller: er kann alle ihm ungünstigen Beschlüsse des Gerichts erster Instanz anfechten (z. B. Versagung der Verfahrenskostenhilfe, Teil-Versagung; Anordnung von Raten, Höhe der Raten, Zahlung aus dem Vermögen, Ablehnung der Anwaltsbeiordnung, Bewilligung erst ab späterem Zeitpunkt). Die Verfahrenskostenhilfebeschwerde soll grundsätzlich nicht an die Instanz gelangen können, an die die zugehörige Hauptsache nicht kommen kann, weil die Beschwerdesumme der Hauptsache nicht erreicht ist (vgl. § 127 Abs. 2 S. 2 2. Halbs. ZPO), damit die Sachfrage nicht auf dem Umweg über eine Verfahrenskostenhilfebeschwerde von einem unzuständigen Gericht präjudiziert werden soll.[152] Deshalb ist zu differenzieren:

Ist die **Hauptsache selbst nicht beschwerdefähig** (z. B. wegen zu geringen Streitwerts, § 61 FamFG), ist zu unterscheiden: bei Ablehnung der Verfahrenskostenhilfe wegen fehlender Erfolgsaussicht: Beschluss unanfechtbar; bei Ablehnung wegen fehlender Armut: Beschluss anfechtbar (§ 127 Abs. 2 Satz 2 ZPO). Ist Verfahrenskostenhilfe für eine einstweilige Anordnung beantragt, aber abgelehnt worden, ist die sofortige Beschwerde nicht statthaft, wenn die Hauptsachenentscheidung nach § 57 S. 1 FamFG unanfechtbar wäre;[153] anders, wenn sie nach § 57 S. 2 FamFG anfechtbar wäre. Bei Unstatthaftigkeit können jedoch Gegenvorstellungen erhoben werden.[154] Ferner kann ein neuer Verfahrenskostenhilfeantrag gestellt werden, für den ein Rechtsschutzbedürfnis besteht, wenn neue Tatsachen vorgetragen werden.[155]

Die Beschwerde ist auch noch zulässig, wenn sie **nach rechtskräftigem Abschluss des Hauptsacheverfahrens eingelegt** wird;[156] begründet kann sie aber nur sein, wenn die Verfahrenskostenhilfe rückwirkend bewilligt werden könnte, weil der Verfahrenskostenhilfeantrag vor Verfahrensabschluss gestellt wurde und damals Erfolgsaussicht bestanden hätte. Die a. A. hält die Beschwerde nach Instanzende für unzulässig[157] oder nur für zulässig, wenn die Beschwerdeeinlegung vor Instanzende nicht möglich war.[158]

c) Rechtsmittel für die Staatskasse (d. h. den Bezirksrevisor). Für sie ist die sofortige Beschwerde nur im Rahmen von § 127 Abs. 3 ZPO zulässig:

Gegen ratenlose Bewilligung durch das Gericht erster Instanz, aber nur mit dem Ziel, eine Ratenanordnung zu erreichen; diese sofortige Beschwerde ist trotz § 127 Abs. 2 Satz 2 ZPO auch bei einem Hauptsachestreitwert unter 600,01 € zulässig. Außerdem muss die

---

[147] OLG Köln FamRZ 1999, 305.
[148] OLG Nürnberg FamRZ 2003, 1020.
[149] OLG Zweibrücken FamRZ 2004, 35.
[150] OLG Jena FamRZ 2010, 1692.
[151] LAG Nürnberg Rpfleger 2001, 17.
[152] Vgl. Zöller/Philippi § 127 Rn 22.
[153] OLG Hamm FGPrax 2010, 165; BGH NJW 2005, 1659; OLG Bamberg FamRZ 2004, 38; OLG Hamm FamRZ 2006, 352 (diese zum FGG).
[154] OLG Hamm FGPrax 2010, 165.
[155] BGH FamRZ 2009, 496; FamRZ 2004, 940; OLG Hamm FGPrax 2010, 165.
[156] OLG Brandenburg MDR 1999, 54; OLG Köln FamRZ 1985, 828; OLG München MDR 1987, 240; a. A. OLG Karlsruhe FamRZ 2002, 102.
[157] OLG Bamberg JurBüro 1987, 141.
[158] BFH BB 1984, 2249.

Dreimonatsfrist des § 127 Abs. 3 S. 4 ZPO (sie läuft ab Verfahrenskostenhilfebewilligung, nicht ab Hauptsacheentscheidung) gewahrt werden.[159] Gegen zweitinstanzliche Beschlüsse hat die Staatskasse keine sofortige Beschwerde (§ 567 ZPO).

Gegen sonstige Verfahrenskostenhilfebewilligung gibt es keine Beschwerde der Staatskasse mit dem Ziel der Verfahrenskostenhilfeversagung,[160] etwa weil keinerlei Erfolgsaussicht bestehe; das zu prüfen steht der Staatskasse nicht zu. § 127 Abs. 3 S. 6 ZPO (d. h. nur stichprobenweise Überprüfung der Akten durch den Bezirksrevisor ist statthaft) ist nicht verfassungswidrig.[161] Für die Staatskasse gilt als Beschwerdefrist: ein Monat ab Erlangung der Kenntnis vom Beschluss (nicht: ab Zustellung, weil sie nicht erfolgt), § 127 Abs. 3 S. 3 ZPO.

57 **d) Rechtsmittel für den Verfahrensgegner.** Obwohl er einen Schaden hat, wenn das Gericht dem Antragsteller leichtfertig Verfahrenskostenhilfe bewilligt, besteht für ihn kein eigenes Beschwerderecht.[162] Für den Anwalt, der nicht beigeordnet wurde, besteht mangels eigenem Recht auf Beiordnung ebenfalls kein Beschwerderecht.[163] Eine Ausnahme kann z. B. gelten, wenn die Verfahrenskostenhilfeaufhebung (nebst Anwaltsbeiordnung) rückwirkend ausgesprochen wurde.[164]

58 **e) Beschwerdeverfahren.** Die **Beschwerdefrist** für den Antragsteller beträgt **ein Monat** (§ 127 Abs. 2 S. 3 ZPO); auch dann, wenn die Hauptsache einer anderen Beschwerdefrist unterliegt, z. B. zwei Wochen (§ 63 Abs. 2). Die Frist beginnt mit Zustellung des Beschlusses (§ 127 Abs. 2 S. 3 ZPO), hilfsweise fünf Monate ab Erlass oder Bekanntgabe.[165]

59 **Zuständigkeit** zur Entscheidung über die Beschwerde ist das OLG (§ 119 Abs. 1 Nr. 1 b GVG) bzw. das LG; je nachdem welches Gericht zur Entscheidung für die Beschwerde in der Hauptsache zuständig ist. **Unzulässig** ist die sofortige Beschwerde, wenn das Beschwerdegericht als solches (OLG, LG) die Verfahrenskostenhilfeentscheidung getroffen hat, § 567 Abs. 1 ZPO (nicht „im ersten Rechtszug"); hier kommt nur Rechtsbeschwerde zum BGH in Frage, was aber eine Zulassung voraussetzt. Die **Betragsgrenze** des § 567 Abs. 2 ZPO (200 €) gilt nicht, weil keine Kostenentscheidung angegriffen wird; es spielt also keine Rolle, welchen Kosten durch die Versagung der Verfahrenskostenhilfe bei einem Beteiligten entstehen.

Weitere Formalien. Es besteht kein Anwaltszwang, § 569 Abs. 3 Nr. 2 ZPO. Das Verbot der **reformatio in peius** gilt.[166] Der Beschwerdebeschluss enthält keine Kostenentscheidung, weil Kosten (z. B. Anwaltskosten) nicht erstattet werden (§ 127 Abs. 4 ZPO).

60 **f) Rechtsbeschwerde.** Gegen den Beschwerdebeschluss kann (nur bei Zulassung) durch einen beim BGH zugelassenen Anwalt Rechtsbeschwerde zum BGH (§ 133 GVG) eingelegt werden (§§ 574 ff. ZPO; nicht § 70 FamFG[167]). § 114 Abs. 4 Nr. 5 gilt nur für die Vertretung innerhalb der Instanz, nicht für die Rechtsbeschwerde. Legt ein (beim BGH nicht zugelassener) Rechtsanwalt die zugelassene Rechtsbeschwerde ein, und nach Hinweis, dann nochmals ein BGH-Anwalt, aber jetzt zu spät, dann könnte zwar Wiedereinsetzung bewilligt werden (§ 17), was aber eine schuldlose Fristversäumung voraussetzt; ist der Beteiligte anwaltlich vertreten, hat sich der Anwalt rechtlich kundig zu machen, sein Fehler wird dem Beteiligten zugerechnet, weshalb Wiedereinsetzung in solchen Fällen anwaltlicher Vertretung in der Regel ausscheidet.[168] Die Statthaftigkeit der Rechtsbeschwerde setzt auch dann die Zulassung voraus, wenn in der Hauptsache die Rechtsbeschwerde ohne

---

[159] LSG Thüringen JurBüro 2001, 98.
[160] BGH NJW-RR 2010, 494; NJW 1993, 135.
[161] BVerfG NJW 1995, 581.
[162] BGH NJW 2002, 3554.
[163] OLG Karlsruhe FamRZ 1991, 462.
[164] OLG Zweibrücken Rpfleger 1984, 115.
[165] MünchKommZPO/Motzer § 127 Rn 18; vgl. OLG Hamm FamRZ 2006, 1553.
[166] BayObLG FamRZ 1991, 1339; OLG Zweibrücken FamRZ 1985, 301.
[167] So ausdrücklich BGH FGPrax 2010, 154; BGH NJW-RR 2010, 1297 dagegen zieht §§ 70 ff. heran. Ausführlich dazu Fölsch FamRZ 2011, 260 (bejaht § 574 ZPO).
[168] BGH NJW-RR 2010, 1297.

Zulassung (nach § 70 Abs. 3) statthaft wäre, wie bei bestimmten Betreuungssachen, Unterbringungssachen, Freiheitsentziehungssachen.[169] Die Rechtsbeschwerde kann bei Verfahrenskostenhilfeablehnung nur wegen solcher Fragen zugelassen werden, die das Verfahren oder die persönlichen Voraussetzungen betreffen,[170] nicht also die Erfolgsaussicht. Zur Vertretung von Behörden vor dem BGH vgl. § 10 Abs. 4 (§ 10 Rn 24). Auch der **Bezirksrevisor** als Vertreter der Staatskasse darf vor dem BGH nur vertreten, wenn er die Befähigung zum Richteramt hat, also „Volljurist" ist,[171] was bei einem Rechtspfleger sehr selten der Fall ist.

Hat ein Beteiligter die **Frist für die Einlegung und Begründung** der Rechtsbeschwerde schuldlos versäumt und wurde ihm deshalb vom BGH gegen die Versäumung beider Fristen **Wiedereinsetzung** (§ 17) gewährt, dann beträgt die Frist zur Nachholung der versäumten Rechtsbeschwerdebegründung „in verfassungskonformer Anwendung" von §§ 18 Abs. 1, Abs. 3 Satz 2, 71 Abs. 2 Satz 1 einen Monat (nicht nur zwei Wochen, wie für die Einlegung der Rechtsbeschwerde, § 18) und beginnt mit der Bewilligung der Verfahrenskostenhilfe.[172]

g) Kosten und Gebühren. Gericht: bei erfolgreicher Beschwerde entsteht keine 61 Gerichtsgebühr. Bei erfolgloser Beschwerde wird eine Gerichtsgebühr von pauschal 50 € erhoben (Nr. 1812 KV GKG; Nr. 1912 KV FamGKG; § 131 b KostO). Anwaltsgebühren: § 16 Nr. 2 RVG; Nr. 3335 VV RVG. Wird Verfahrenskostenhilfe abgelehnt oder zwar bewilligt, aber ohne Anwaltsbeiordnung, richtet sich der **Streitwert** sowohl des Beschwerdeverfahrens wie des Rechtsbeschwerdeverfahrens nach Ansicht des BGH[173] nach dem Wert der Hauptsache, nicht nach dem Kosteninteresse des Beschwerdeführers (d. h. der Höhe der zu ersparenden Anwaltsgebühren); das überzeugt nicht,[174] denn zwar will die Partei die Hauptsache erlangen, aber zunächst will sie nur die Anwaltsgebühren sparen.

Bewilligung

§ 77 (1) ¹Vor der Bewilligung der Verfahrenskostenhilfe kann das Gericht den übrigen Beteiligten Gelegenheit zur Stellungnahme geben. ²In Antragsverfahren ist dem Antragsgegner vor der Bewilligung Gelegenheit zur Stellungnahme zu geben, wenn dies nicht aus besonderen Gründen unzweckmäßig erscheint.

(2) Die Bewilligung von Verfahrenskostenhilfe für die Vollstreckung in das bewegliche Vermögen umfasst alle Vollstreckungshandlungen im Bezirk des Vollstreckungsgerichts einschließlich des Verfahrens auf Abgabe der Versicherung an Eides statt.

I. Normzweck und Anwendungsbereich

Die Vorschrift regelt einige Einzelheiten des Verfahrens, wobei sie sich eng an den 1 Zivilprozess anlehnt (vgl. §§ 118, 119 ZPO). Sie gilt nicht in Ehesachen und Familienstreitsachen (§ 113 Abs. 1); dort gelten die ZPO und (für die Erstreckung der Verfahrenskostenhilfe) die Sonderregelung in § 149 FamFG.

II. Anhörung der anderen Beteiligten

1. Umfang der Anhörungspflicht

Abs. 1 Satz 1 stellt es in Amtsverfahren grundsätzlich in das freie Ermessen des Gerichts, ob es anderen Beteiligten Gelegenheit zur Stellungnahme gibt. Wegen der Vielzahl von Beteiligten (§ 7), deren Anschriften oft unbekannt sind, ist dies erforderlich, um das 2

---

[169] BGH FGPrax 2010, 154.
[170] BGH NJW 2003, 1126.
[171] BGH FGPrax 2010, 264; die anders lautende Entscheidung BGH FamRZ 2005, 1164 ist durch Gesetzesänderung überholt.
[172] BGH FGPrax 2010, 154.
[173] BGH FGPrax 2010, 321; VGH München NJW 2007, 861.
[174] VGH Mannheim NJW 2009, 1692; VGH München BeckRS 2010, 53452.

§ 78   Abschnitt 6. Verfahrenskostenhilfe

Verfahrenskostenhilfeverfahren möglichst schnell und flexibel auszugestalten. In Antragsverfahren, die mit einem **zu begründenden Sachantrag** eingeleitet werden (z. B. Erbscheinsantrag), ist dem Antragsgegner gemäß **Satz 2** aber regelmäßig Gelegenheit zur Stellungnahme zu geben, soweit hiergegen nicht besondere Gründe sprechen. In sonstigen Antragsverfahren (wenn also ein **Verfahrensantrag** ausreicht), ist die Anhörung anderer Beteiligter nur dann notwendig, wenn ihre verfahrensrechtliche Stellung durch die Gewährung von Verfahrenskostenhilfe berührt werden würde. Das wird in der Regel nur dann der Fall sein, wenn der andere Beteiligte das Verfahren mit einem den Absichten des Verfahrenskostenhilfeantragstellers entgegengesetzten Ziel führt.[1] Wird anderen Beteiligten Gelegenheit zur Stellungnahme gegeben, richtet sich das weitere Verfahren nach § 118 Abs. 1 S. 2 bis 4 ZPO. Das Gericht kann die Beteiligten zu einem Termin laden, wenn eine Einigung zu erwarten ist; die Anwendung von Zwangsmitteln ist jedoch ausgeschlossen.

2. Umfang der Gewährung des rechtlichen Gehörs

3   Das rechtliche Gehör erstreckt sich nicht auf die Angaben des Antragstellers über seine persönlichen und wirtschaftlichen Verhältnisse (§ 117 Abs. 2 S. 2 ZPO mit Ausnahmen in S. 3 und 4); der „Gegner" hat also kein Einsichtsrecht in das Sonderheft über die finanziellen Verhältnisse des Antragstellers.

III. Verfahrenskostenhilfe für die Vollstreckung

4   § 77 Abs. 2 entspricht wörtlich der Vorschrift des § 119 Abs. 2 ZPO; die Vorschrift wurde zur Klarstellung aufgenommen. Sie gilt nicht, wenn Verfahrenskostenhilfe für die Vollstreckung in das unbewegliche Vermögen bewilligt wurde.

Beiordnung eines Rechtsanwalts

78 (1) Ist eine Vertretung durch einen Rechtsanwalt vorgeschrieben, wird dem Beteiligten ein zur Vertretung bereiter Rechtsanwalt seiner Wahl beigeordnet.

(2) Ist eine Vertretung durch einen Rechtsanwalt nicht vorgeschrieben, wird dem Beteiligten auf seinen Antrag ein zur Vertretung bereiter Rechtsanwalt seiner Wahl beigeordnet, wenn wegen der Schwierigkeit der Sach- und Rechtslage die Vertretung durch einen Rechtsanwalt erforderlich erscheint.

(3) Ein nicht in dem Bezirk des Verfahrensgerichts niedergelassener Rechtsanwalt kann nur beigeordnet werden, wenn hierdurch besondere Kosten nicht entstehen.

(4) Wenn besondere Umstände dies erfordern, kann dem Beteiligten auf seinen Antrag ein zur Vertretung bereiter Rechtsanwalt seiner Wahl zur Wahrnehmung eines Termins zur Beweisaufnahme vor dem ersuchten Richter oder zur Vermittlung des Verkehrs mit dem Verfahrensbevollmächtigten beigeordnet werden.

(5) Findet der Beteiligte keinen zur Vertretung bereiten Anwalt, ordnet der Vorsitzende ihm auf Antrag einen Rechtsanwalt bei.

Übersicht

	Rn
I. Normzweck und Anwendungsbereich	1
II. Verfahren mit Anwaltszwang (Abs. 1)	3
III. Verfahren ohne Anwaltszwang (Abs. 2)	4
1. Allgemeines	4
2. Schwere des Eingriffs in Betreuungssachen	5
3. Amtsermittlungsgrundsatz	6
4. Einzelfälle	8

---

[1] BT-Drucks. 16/6308 S. 213.

	Rn
IV. Beiordnungsverfahren; Auswahl des Anwalts	20
1. Antrag	20
2. Zuständigkeit	21
3. Vollmacht	22
4. Vertretungsbereitschaft	23
5. Notanwalt (Abs. 5)	24
6. Betreuer; Verfahrenspfleger als Verfahrenskostenhilfe-Anwalt	25
a) Allgemeines	25
b) Betreuer	26
c) Verfahrenspfleger	27
7. Anwaltswechsel	28
a) Wechsel veranlasst vom Beteiligten	28
b) Wechsel veranlasst vom Anwalt	29
V. Ortsferne Anwälte (Abs. 3)	30
1. Allgemeines	30
2. Begriff der besonderen Kosten	31
3. Verzicht des Anwalts	32
4. Keine Einschränkung im Beschluss	35
VI. Beweisanwalt; Verkehrsanwalt (Abs. 4)	36
1. Beweisanwalt	36
2. Verkehrsanwalt	37
VII. Wirkungen der Beiordnung	38

I. Normzweck und Anwendungsbereich

Die Vorschrift regelt die Frage, wann einem Beteiligten (auf Kosten der Staatskasse) ein **1** Rechtsanwalt beizuordnen ist. § 78 lehnt sich eng an § 121 ZPO an, modifiziert die Regelung aber geringfügig (Wegfall des Beiordnungskriteriums der Waffengleichheit; Rn 17). Abs. 3 bis 5 entsprechen inhaltlich voll § 121 Abs. 3 bis 5 ZPO. Ein **Prozesskostenhilfebegrenzungsgesetz** ist in der Diskussion.[1]

§ 78 ist **nicht anwendbar** in Ehesachen (§ 121) und Familienstreitsachen (§ 112); statt **2** dessen gelten hierfür die ZPO-Regelungen entsprechend (§ 113 Abs. 1 FamFG), d. h. die §§ 114 ff. ZPO.

II. Verfahren mit Anwaltszwang (Abs. 1)

Wann Anwaltszwang besteht ergibt sich für Familiensachen aus § 114 Abs. 1 bis 3: vor **3** dem Familiengericht und dem OLG müssen sich die Ehegatten in Ehesachen und Folgesachen, die Beteiligten in selbständigen Familienstreitsachen durch einen Rechtsanwalt vertreten lassen. Vor dem BGH müssen sich die Beteiligten durch einen beim BGH zugelassenen Anwalt vertreten lassen. In den Sachen der freiwilligen Gerichtsbarkeit besteht in erster und zweiter Instanz kein Anwaltszwang; vor dem BGH müssen sich die Beteiligten durch einen bei diesem Gericht zugelassenen Rechtsanwalt vertreten lassen (§ 10 Abs. 4 mit Einschränkungen). Hier ist, wenn die Voraussetzungen des § 76 vorliegen, vom Gericht nicht nur Verfahrenskostenhilfe zu bewilligen, sondern auch ein Anwalt beizuordnen. Nur ein zur Vertretung bereiter Anwalt kann beigeordnet werden (Ausnahme Abs. 5); Rn 24. Auch eine **Anwaltssozietät** (BGB-Gesellschaft) kann nach Auffassung des BGH[2] beigeordnet werden, nicht nur ein Mitglied der Sozietät persönlich. Der Beteiligte muss neben dem Verfahrenskostenhilfe-Antrag keinen Beiordnungsantrag stellen; aus dem Anwaltszwang ergibt sich von selbst, dass er einen Anwalt haben muss. Der vom Beteiligten ausgewählte Anwalt kann in Vertretung des Beteiligten seine eigene Beiordnung beantragen.

---

[1] Vgl. Zimmermann FamRZ 2010, 1137.
[2] BGH NJW 2009, 440.

III. Verfahren ohne Anwaltszwang (Abs. 2)[3]

1. Allgemeines

4   In Familiensachen besteht z. B. kein Anwaltszwang im Falle des § 114 Abs. 4. In den Sachen der freiwilligen Gerichtsbarkeit (z. B. Adoption, Betreuung, Unterbringung, Freiheitsentziehung, Vormundschaft, Pflegschaft, Nachlass- und Teilungssachen; Registersachen) besteht kein Anwaltszwang in erster und zweiter Instanz. Die Beteiligten können daher das Verfahren selbst betreiben (§ 10 Abs. 1) oder sich durch einen Rechtsanwalt vertreten lassen (§ 10 Abs. 2). Nur bei Erforderlichkeit wird ein Anwalt in Verfahrenskostenhilfe beigeordnet. Es kommt auf den **Einzelfall** an, ob die Vertretung durch einen Anwalt erforderlich erscheint.[4] Das BVerfG[5] stellt auf objektive Kriterien ab und subjektiv auf die Fähigkeit des Beteiligten, sich mündlich und schriftlich auszudrücken. Entscheidend sei, ob ein Bemittelter in der Lage des Unbemittelten vernünftigerweise einen Rechtsanwalt mit der Wahrnehmung seiner Interessen beauftragt hätte. Davon ist regelmäßig auszugehen, wenn im Kenntnisstand und in den Fähigkeiten der Prozessparteien ein deutliches Ungleichgewicht besteht. **Objektiv** ist der Umfang und die Schwierigkeit der Sach- und Rechtslage wesentlich, **subjektiv** die Gewandtheit bzw. Ungewandtheit der Partei.[6] Es darf nicht nur auf objektive Kriterien abgestellt werden.[7] Nach Meinung von BT-Drucks. 16/6308 S. 214 sind dagegen nur objektive Gerichtspunkte maßgebend, ist für die Beiordnung „ausschließlich die Schwierigkeit der Sach- und Rechtslage" maßgebend.[8] Diese Auffassung ist unzutreffend,[9] nur von finanziellen Interessen der Staatskasse geprägt und verfassungswidrig. Was für den Akademiker noch selbst zu bewältigen ist, mag für einen einfachen Menschen unüberwindbar sein; für den pensionierten Nachlassrichter als Beteiligten mag ein erbrechtliches Problem einfach sein, für den langjährigen Mietrichter nicht und für den Verwaltungsrichter erst recht nicht.[10] Das Verfahren kann sich für einen Beteiligten auch allein wegen einer schwierigen Sachlage oder allein wegen einer schwierigen Rechtslage so kompliziert darstellen, dass auch ein bemittelter Beteiligter einen Rechtsanwalt hinzuziehen würde. Jeder der genannten Umstände kann also die Beiordnung eines Rechtsanwalts erforderlich machen.[11] Den **Streitwert** des Beschwerdeverfahrens, wenn die Beiordnung eines Anwalts abgelehnt wird, bemisst der BGH[12] mit dem Wert der Hauptsache, nicht mit der Höhe der ersparten Anwaltskosten.

2. Schwere des Eingriffs in Betreuungssachen

5   Die Schwere des Eingriffs in die Rechte eines Beteiligten soll nach Meinung der Gesetzesbegründung[13] die Voraussetzungen für die Beiordnung eines Rechtsanwalts auf Basis der Verfahrenskostenhilfe regelmäßig nicht erfüllen. In **Betreuungs- und Unterbringungsverfahren** seien die Interessen des Beteiligten vielmehr in hinreichendem Umfang durch die Bestellungen eines Verfahrenspflegers (z. B. §§ 276, 317) gewährt. Dieser nehme in rechtlich und tatsächlich einfach und durchschnittlich gelagerten Fällen die Interessen des Betroffenen wahr. Dagegen solle die Beiordnung eines Rechtsanwalts nur dann erfolgen, wenn der Fall rechtlich und tatsächlich so schwierig gelagert ist, dass es erforderlich erscheint, dem Betroffenen zur hinreichenden Wahrung seiner Rechte einen Rechtsanwalt beizuordnen. Dieser von fiskalischen Interessen geprägten Auffassung ist entgegen zu halten,

---

[3] Dazu Büte FuR 2010, 361; Heinemann FamFR 2010, 385; Heistermann FPR 2009, 403; Motzer FPR 2009, 158; Vogel FPR 2009, 381; Waller FF 2010, 50.
[4] BGH NJW 2010, 3029; OLG Hamburg FamRZ 2010, 1689.
[5] BVerfG NJW-RR 2007, 1723; BGH NJW 2010, 3029.
[6] BGH NJW 2010, 3029; NJW 2003, 3136; OLG Bremen NJW 2010, 2067; OLG Hamburg FamRZ 2011, 129.
[7] BVerfG NJW-RR 2007, 1723 (zu § 121 Abs. 2 ZPO).
[8] Zustimmend KG NJW-RR 2010, 1157; Götsche FamRZ 2009, 383.
[9] BGH NJW 2010, 3029; OLG Celle NJW 2010, 1008.
[10] Vgl. OLG Hamburg FamRZ 2010, 1459.
[11] BGH NJW 2010, 3029; OLG Düsseldorf FamFR 2010, 280.
[12] BGH FamRZ 2010, 1892.
[13] BT-Drucks. 16/6308 S. 214. Ausdrücklich a. A. BGH NJW 2010, 3029. Vgl. Rn 4.

dass ein Verfahrenspfleger keine juristische Ausbildung braucht; jeder kann dazu bestellt werden. Die Beiordnung eines Laien ersetzt ohnehin keinen Anwalt. Im Übrigen ist ein Verfahrenspfleger nicht weisungsgebunden; er ist nicht gehalten, das in das Verfahren einzuführen, was dem Beteiligten wichtig erscheint, im Gegensatz zum Rechtsanwalt.

3. Amtsermittlungsgrundsatz

Dass in einem Verfahren der Amtsermittlungsgrundsatz herrscht (§ 26) macht eine Anwaltsbeiordnung nicht entbehrlich,[14] weil der Anwalt Parteivertreter ist und daher eine andere Aufgabe hat als der Richter. Zwar haben die Beteiligten keine dem Zivilprozess vergleichbare Verantwortung für die Beibringung der entscheidungsrelevanten Tatsachen; aber ohne Anstoß von außen werden Tatsachen selten vom Gericht von Amts wegen ermittelt (z. B. im Nachlassverfahren über die Testierunfähigkeit, im Betreuungsverfahren über die Erforderlichkeit). Das Aufspüren von Literatur und Rechtsprechung, die für einen Beteiligten spricht, erfolgt ebenfalls kaum von Amts wegen. Ob der Ausgang des Verfahrens vom Ergebnis der Sachverhaltsermittlung abhängt, ist auch unter Beachtung des Amtsermittlungsgrundsatzes unerheblich.[15]

Dies gilt auch für die Fälle, in denen die Beteiligten entgegengesetzte Ziele verfolgen, wie etwa in Umgangsverfahren; dass hier das Finden einer dem Wohl des Kindes angemessenen Lösung im Vordergrund steht und nicht das Interesse des einen oder anderen Elternteils ändert nichts daran, dass oft ein Anwalt erforderlich ist, um darzulegen, was für das Wohl des Kindes spricht. Soweit die Gesetzesbegründung[16] meint, in Nachlasssachen oder in Betreuungssachen sei das Verfahren nicht „wesentlich von zwei sich kontradiktorisch gegenüberstehenden Beteiligten geprägt", ist dies unrichtig, wie die praktische Erfahrung zeigt; gerade bei Fragen der Testamentsauslegung streiten die Beteiligten erbittert.

4. Einzelfälle zur Frage der Anwaltsbeiordnung[17]

Abstammungsverfahren: die Erforderlichkeit eines Anwalts ist eine Frage des Einzelfalls.[18] Im Vaterschaftsfeststellungsverfahren ist dem Beklagten, dem Verfahrenskostenhilfe bewilligt wird, wegen der Bedeutung der Statusfeststellung auf seinen Antrag regelmäßig sogleich (und nicht erst nach Eingang eines die Vaterschaft bejahenden Abstammungsgutachtens) ein Rechtsanwalt beizuordnen.[19]

Adoption. Ersetzung der Einwilligung nach § 1748 BGB. Es sollte in der Regel ein Anwalt beigeordnet werden.[20]

Beschwerdeeinlegung: wenn das Rechtsmittel zu Protokoll des Rechtspflegers erklärt werden kann, wird die Anwaltsbeiordnung oft für überflüssig gehalten.[21] Für die Beschwerdebegründung kann das aber nicht gelten.

Betreuungsverfahren: Anwaltsbeiordnung für den Betroffenen ist nur sinnvoll, wenn nicht ohnehin schon ein **anwaltlicher Verfahrenspfleger** bestellt wurde (Rn 25 ff.).

Gewaltschutzsache: Frage des Einzelfalls.[22] Einige Gerichte sind recht kleinlich.[23]

---

[14] BVerfG FamRZ 2002, 531; NJW 1997, 2103; OLG Brandenburg FamRZ 1997, 1285; OLG Frankfurt NJW 2007, 230; a. A. ein Teil der Rechtsprechung, z. B. OLG Hamm FamRZ 1997, 1095; OLG Nürnberg NJW-RR 1995, 388.
[15] BVerfG NJW-RR 2007, 1723.
[16] BT-Drucks. 16/6308 S. 214; zustimmend Götsche FamRZ 2009, 383; a. A. BGH NJW 2010, 3029.
[17] Streicher FamRZ 2011, 509; Büte FuR 2010, 361; FPR 2009, 14.
[18] BGH NJW 2010, 3029; OLG Dresden MDR 2010, 1330 (in der Regel Anwalt); OLG Köln FamRZ 2003, 107; OLG Saarbrücken FamRZ 2010, 1001 (nur ganz ausnahmsweise); OLG Schleswig FamRZ 2011, 388; a. A. immer Beiordnung eines Anwalts: OLG Frankfurt NJW 2007, 230; a. A. kein Anwalt, wenn das Jugendamt auftritt: OLG Oldenburg FamRZ 2002, 106.
[19] BGH NJW 2007, 3644.
[20] Hoffmann FamRZ 2010, 1394; streitig.
[21] OLG Köln Rpfleger 1996, 116.
[22] OLG Brandenburg FamRZ 2010, 1689; OLG Bremen NJW 2010, 2067; OLG Celle NJW-RR 2010, 1154.
[23] So etwa OLG Celle FPR 2010, 579.

Mahnverfahren: in der Regel kein Anwalt beizuordnen.[24]

11 **Scheidungssache:** es gilt § 121 ZPO; zur Anwaltsbeiordnung für den Antragsgegner vgl. § 138; zur Erstreckung der Verfahrenskostenhilfe: § 149. Bei einvernehmlicher Scheidung kann derselbe Anwalt nicht beiden Ehegatten beigeordnet werden.[25] Über Scheidung von Scheinehen vgl. § 76 Rn 18.

12 **Sorgerechtsverfahren, Umgangsrecht:**[26] Frage des Einzelfalls;[27] im Regelfall[28] ist ein Anwalt erforderlich;[29] so auch bei einem Streit über die Hormonbehandlung eines kleinwüchsigen Kindes;[30] aber nicht, wenn Eltern und Jugendamt derselben Meinung sind und dies auch dem Gericht billigenswert erscheint;[31] nicht, wenn eine vermögende Partei keinen Anwalt beauftragt hätte;[32] nicht für Umgangsausgestaltung;[33] nicht für ein Verfahren nach § 165;[34] für ein Verfahren nach § 1634 BGB bei Beteiligung eines Ausländers.[35]

13 **Unterbringungsverfahren** (§ 1906 BGB; LandesPsychKG bzw. UnterbrG): Anwaltsbeiordnung für den Betroffenen ist nur sinnvoll, wenn nicht ohnehin schon ein **anwaltlicher Verfahrenspfleger** bestellt wurde (Rn 25 ff.).

14 **Unterhalt,** einstweilige Anordnung darauf: Anwalt erforderlich.[36] Unterhalt, Kindergeldverrechnung: Anwalt erforderlich.[37] Ebenso für vereinfachte Unterhaltsfestsetzung wegen der Kompliziertheit.[38]

15 **Vermittlungsverfahren** nach § 165. Wenn die eine Seite anwaltlich vertreten ist, wird die Anwaltsbeiordnung auch für die andere Seite erforderlich sein.[39]

16 **Vollstreckung:** im Einzelfall für die Lohnpfändung;[40] Erforderlichkeit bejaht für Unterhaltsvollstreckung;[41] für erweiterte Pfändung nach § 850 d ZPO.[42] Der Anwalt kann nicht mit der Begründung abgelehnt werden, das Kind, welches Unterhalt vollstrecken will, könne die Beistandschaft des Jugendamts (§ 1712 BGB) beantragen.[43]

17 In der **Mobiliarvollstreckung** benötigt der Beteiligte nach h. M.[44] keinen Rechtsanwalt, um den Gerichtsvollzieher zu beauftragen oder eine eidesstattliche Versicherung zur Offenbarung der Vermögensverhältnisse zu beantragen.[45]

18 **Waffengleichheit.** Nach § 121 Abs. 2 2. Alt. ZPO ist im Zivilprozess immer dann ein Anwalt beizuordnen, wenn der Gegner durch einen Rechtsanwalt vertreten ist. Das FamFG hat diesen Automatismus aus fiskalischen Gründen nicht übernommen. Dass ein gegensätzlich Beteiligter anwaltlich vertreten ist, ist deshalb nur ein weiteres (aber gewichtiges) Abwägungskriterium,[46] führt aber nicht zwingend dazu, dass immer ein Anwalt beizuord-

---

[24] BGH FamRZ 2010, 634.
[25] OLG Frankfurt FamRZ 2010, 1687.
[26] Götsche ZFE 2010, 100; Motzer FPR 2009, 158; Waller FF 2010, 50; Nickel NJW 2011, 1117.
[27] BGH NJW-RR 2009, 794; NJW 2010, 3029; KG FamFR 2010, 208; OLG Brandenburg FamRZ 2010, 2009; OLG Düsseldorf FGPrax 2010, 55 (vom BGH aufgehoben); OLG Hamburg MDR 2010, 701.
[28] Besser: Durchschnittsfall. Denn der BGH NJW-RR 2009, 794 meint, es gebe keinen „Regelfall".
[29] OLG Düsseldorf BeckRS 2010, 11707; OLG Frankfurt FamRZ 2010, 1094; OLG Hamm FamRZ 2003, 1936; FamRZ 1997, 754; OLG Saarbrücken AnwBl 1990, 54.
[30] OLG Dresden NJW-RR 2010, 1155.
[31] KG JurBüro 1991, 403; OLG Bamberg JurBüro 1989, 417; a. A. OLG Düsseldorf FamRZ 1987, 963 (immer Anwalt beiordnen).
[32] OLG Brandenburg NJW-RR 2010, 1158.
[33] OLG Saarbrücken FamRZ 2010, 1690.
[34] OLG Karlsruhe FamRZ 2010, 2010.
[35] OLG Hamm FamRZ 1997, 1095.
[36] Vgl. OLG Düsseldorf FamRZ 1982, 513.
[37] OLG Braunschweig MDR 2002, 539; OLG München FamRZ 2002, 837.
[38] OLG Bamberg FamRZ 2000, 1225; OLG Schleswig MDR 2000, 706; OLG Zweibrücken MDR 2006, 577; a. A. OLG München MDR 1999, 301.
[39] OLG Frankfurt. FamRZ 2009, 1079; OLG Brandenburg FamRZ 2009, 1080; FamRZ 2008, 2208; OLG Dresden FamRZ 2004, 122; OLG München FamRZ 2000, 1225.
[40] BGH NJW 2003, 3136.
[41] BGH FamRZ 2003, 1921.
[42] BGH FamRZ 2006, 856; FamRZ 2004, 789.
[43] BGH NJW 2006, 1204.
[44] BGH FamRZ 2003, 1921.
[45] Koritz FPR 2007, 447.
[46] OLG Bremen NJW 2010, 2067; OLG Celle NJW-RR 2010, 1154; a. A. Götsche FamRZ 2009, 383.

nen ist, wenn der „Gegner" von einem Anwalt vertreten wird. Der BGH[47] sagt dazu: „Auch wenn der Grundsatz der Waffengleichheit kein allein entscheidender Gesichtspunkt für die Beiordnung eines Rechtsanwalts im Rahmen der Verfahrenskostenhilfe mehr ist, kann der Umstand der anwaltlichen Vertretung anderer Beteiligter ein Kriterium für die Erforderlichkeit zur Beiordnung eines Rechtsanwalts wegen der Schwierigkeit der Sach- oder Rechtslage sein." Für Familienstreitsachen und Ehesachen dagegen sind nach § 113 Abs. 1 die Vorschriften der ZPO über die Prozesskostenhilfe entsprechend anzuwenden sind, also auch § 121 Abs. 2 S. 2 ZPO und damit das Erfordernis der Anwaltsbeiordnung, wenn der Gegner anwaltlich vertreten ist.

Zwangsvollstreckung: je nach Einzelfall Anwalt erforderlich.[48] 19

IV. Beiordnungsverfahren; Auswahl des Anwalts

1. Antrag

Im Falle des Abs. 1 ist kein Antrag erforderlich, im Falle des Abs. 2 schon. Der Beteiligte 20 kann den Antrag stellen oder der Anwalt als Vertreter des Beteiligten, nicht der Anwalt im eigenen Namen. Ein Antrag kann auch stillschweigend gestellt werden.[49] Er muss vor Erlass der Entscheidung gestellt werden. **Auswahl** des Anwalts: Bei einvernehmlicher Scheidung kann derselbe Anwalt wegen des Vertretungsverbots nicht beiden Ehegatten beigeordnet werden.[50] Ein Anwalt, der mit dem Anwalt des Verfahrensgegners seine Kanzlei in Bürogemeinschaft betreibt, ist zwar nicht gesetzlich ausgeschlossen;[51] da aber wegen der gemeinsamen Schreibkräfte, Telefon, Posteingang, nicht ausgeschlossen ist, dass der eine Anwalt ihm nicht zustehende Informationen erhält, sollte das unterbleiben.

2. Zuständigkeit

Die Anwaltsbeiordnung erfolgt im Verfahrenskostenhilfebewilligungsbeschluss des Ge- 21 richts, kann aber auch nachgeholt werden. Zuständig ist der Richter, in seinem Zuständigkeitsbereich (vgl. §§ 20, 25 a RPflG) der Rechtspfleger.

3. Vollmacht

Verfahrensbevollmächtigter ist der beigeordnete Anwalt erst, wenn ihm der Beteiligte 22 Vollmacht erteilt hat. Zur Beiordnung als Beistand vgl. § 138.

4. Vertretungsbereitschaft

In der Praxis bevollmächtigt der Beteiligte einen Anwalt und dieser beantragt dann 23 Verfahrenskostenhilfe unter seiner Beiordnung. Beantragt ausnahmsweise der Beteiligte selbst Verfahrenskostenhilfe und nennt einen Anwalt, kann davon ausgegangen werden, dass dieser Anwalt vertretungsbereit ist, eine Rückfrage erübrigt sich in der Regel. Fehlte die Vertretungsbereitschaft kann er nach Beiordnung die Übernahme ablehnen; dann wird ein anderer Anwalt bestellt. Der Antragsteller kann einen Anwalt namentlich vorschlagen; an den Vorschlag ist das Gericht gebunden (Ausnahme: Abs. 3). Nennt der Beteiligte trotz Aufforderung keinen Anwalt oder überlässt er die Auswahl dem Gericht, wählt der Vorsitzende einen Anwalt aus. Auch eine **Anwaltssozietät** (also eine BGB-Gesellschaft, nicht nur ein Einzelanwalt) kann bestellt werden,[52] desgleichen eine Anwalts-GmbH[53] oder eine Anwalts-Partnerschaftsgesellschaft. Auch wenn ein Beteiligter selbst Anwalt ist, kann ihm gegebenenfalls ein anderer Anwalt in Verfahrenskostenhilfe beigeordnet werden, wenn die Angelegenheit seiner bisherigen Anwaltstätigkeit fern liegt.[54] Ein Beteiligter, der selbst

---

[47] BGH NJW 2010, 3029.
[48] BGH FamRZ 2010, 288; OLG Stuttgart FamRZ 2011, 128; OLG Hamm FamRZ 2004, 1116.
[49] OLG Naumburg FamRZ 2007, 916; MünchKommZPO/Motzer § 121 Rn 15.
[50] OLG Frankfurt FamRZ 2010, 1687.
[51] OLG Hamburg FamRZ 2010, 2011.
[52] BGH NJW 2009, 440; a. A. OLG Düsseldorf AnwBl 1991, 223; OLG Karlsruhe FamRZ 1996, 1428.
[53] OLG Nürnberg FamRZ 2003, 106.
[54] A. A. BAG NJW 2008, 604.

Anwalt ist, kann aber nicht sich selbst beigeordnet werden,[55] so dass er z. B. an seiner eigenen Scheidung noch verdient.

5. Notanwalt, Abs. 5

24 Der Beteiligte muss sich um einen vertretungsberechtigten Anwalt bemühen; das kann Probleme z. B. beim BGH bereiten, wenn der Streitwert gering ist, weil dort nur ca. 40 Anwälte zugelassen sind. Bemühen heißt: mindestens 4 bis 5 Anwälte ansprechen,[56] was substantiiert (d. h. mit Namen des Anwalts und dessen Ablehnung) vorzutragen und nachzuweisen ist. Der nach Abs. 5 beigeordnete Anwalt muss grundsätzlich das Mandat übernehmen, § 48 BRAO. Vgl. §§ 78 b, 121 Abs. 5 ZPO.

6. Betreuer, Verfahrenspfleger als Verfahrenskostenhilfe-Anwalt

25 **a) Allgemeines.** Ist für den Beteiligten ein Betreuer oder Pfleger bestellt und ist dieser selbst Anwalt, fragt sich, ob er noch im Sinne von § 78 beigeordnet werden kann. Die Frage ist gebührenrechtlich bedeutsam.

26 **b) Betreuer.** Wenn einem Beteiligten ein Betreuer bestellt wurde (§ 1896 BGB) und dieser Betreuer Anwalt ist, kann er grundsätzlich gleichwohl in Verfahrenskostenhilfe beigeordnet werden, z. B. für einen Zivilprozess vor dem LG.[57] Ist der Betreute mittellos, zahlt die Staatskasse die Betreuervergütung des anwaltlichen Betreuers. Die Stundenzahl ist pauschaliert (§ 5 VBVG), so dass Zusatzarbeit nicht gesondert honoriert wird.[58] Würde ein nichtjuristischer Betreuer einen Anwalt beauftragen, könnte er dessen Kosten u. U. gemäß § 1835 Abs. 3 BGB zusätzlich in Rechnung stellen; dasselbe gilt, wenn der Betreuer selbst Anwalt ist. Ist der Betreute nicht mittellos, zahlt der Betreute die Vergütung des anwaltlichen Betreuers; auch hier kommt § 1835 Abs. 3 BGB zur Anwendung (jedoch können dann die Regelsätze abgerechnet werden). In beiden Fällen hat der Betreute also ohnehin einen Anwalt und die Beiordnung dieses Anwalts in Verfahrenskostenhilfe kommt daher in der Regel nicht in Betracht, wenn sie vergütungsmäßig für den Anwalt keinen Vorteil bringt. Ein Anwalt, der zugleich Betreuer des Beteiligten ist, kann trotzdem als Verkehrsanwalt beigeordnet werden, Abs. 4.[59]

27 **c) Verfahrenspfleger.** Hatte derjenige, gegen den ein Betreuungsverfahren eingeleitet wird, einen Anwalt beauftragt, dann könnte dieser Anwalt in Wege der Verfahrenskostenhilfe beigeordnet werden; es wäre aber nicht sinnvoll, ihn zum anwaltlichen Verfahrenspfleger zu bestellen (Rn 26), weil dadurch seine Vergütung geschmälert würde;[60] auch § 276 Abs. 4 FamFG geht für das Betreuungsverfahren davon aus (ebenso § 317 Abs. 4). Anders ist es, wenn von vornherein ein Anwalt zum Verfahrenspfleger bestellt wurde; ihn nun noch in Verfahrenskostenhilfe beizuordnen (damit er höher abrechnen kann) macht keinen Sinn, weil ohnehin bereits anwaltliche Vertretung besteht.

7. Anwaltswechsel[61]

28 **a) Wechsel veranlasst vom Beteiligten.** Ohne Grund kann auf Wunsch des Antragstellers der ursprünglich beigeordnete Anwalt ausgewechselt werden, wenn die beteiligten Anwälte dem Gericht mitteilen, dass sie insoweit auf Gebühren verzichten, dass insgesamt der Gebührenaufwand der Staatskasse nicht steigt.[62] Dagegen ist es nicht zulässig, dass das Gericht den Vergütungsanspruch des neuen Anwalts ohne dessen Zustimmung

---

[55] OLG Frankfurt FamRZ 1992, 1320; OLG Koblenz MDR 1987, 852.
[56] BGH NJW-RR 2004, 864 lässt das Ansprechen von nur vier BGH-Anwälten nicht genügen.
[57] OLG Hamm FamRZ 1995, 747 (allerdings noch zum alten Vergütungsrecht).
[58] Anders nach dem aufgehobenen BVormVG; deshalb ist die vielfach noch zitierte ältere Rechtsprechung und Literatur überholt.
[59] OLG Hamm FamRZ 2000, 763.
[60] BT-Drucks. 16/6308 S. 214 bezeichnet die Beiordnung in diesen Fällen als „vorrangig".
[61] Dazu Müller FuR 2004, 152.
[62] OLG Celle FamRZ 2004, 1881; OLG Hamm FamRZ 2006, 1551; OLG Köln FamRZ 2004, 123; OLG Nürnberg MDR 2003, 712; Müller FuR 2004, 152.

beschränkt.⁶³ Hiergegen kann der benachteiligte Anwalt Beschwerde einlegen; mangels gesetzlicher Grundlage dürfte die Beschränkung aber ohnehin unwirksam sein.⁶⁴ Fallen Mehrkosten für zwei Anwälte an und hatte der Antragsteller einen **wichtigen Grund** für den Anwaltswechsel, ist durch Änderungsbeschluss die Beiordnung auszuwechseln. Hatte der frühere Anwalt durch schuldhaftes Verhalten den Wechsel verursacht, erhält er keine Vergütung aus der Staatskasse (§ 54 RVG). Für den wichtigen Grund kommt es darauf an, ob eine vermögende Partei, die ihren Anwalt selbst zahlen muss, wechseln würde.⁶⁵ Vom Verfahrenskostenhilfebeteiligten kann noch mehr verlangt werden. Diskutiert werden: Unfähigkeit des Anwalts; Störung des Vertrauensverhältnisses.⁶⁶ Fallen Mehrkosten an und hatte der Antragsteller keinen wichtigen Grund für den Anwaltswechsel, ist die Beiordnung eines neuen Anwalts durch anfechtbaren⁶⁷ Beschluss abzulehnen.⁶⁸ Kündigt der Beteiligte seinem Verfahrenskostenhilfeanwalt, kann ein weiterer Anwalt nur aus triftigen Gründen beigeordnet werden.⁶⁹

b) Wechsel veranlasst vom Anwalt. Der Anwalt kann die Aufhebung der Beiordnung 29 verlangen, wenn hierfür ein wichtiger Grund vorliegt (§ 48 Abs. 2 BRAO), wie Kündigung der Vollmacht durch den Mandanten,⁷⁰ Wegfall des Vertrauensverhältnisses.⁷¹ Sein Gebührenanspruch gegen die Staatskasse bleibt dadurch erhalten (Ausnahme: § 54 RVG). Die in der Praxis manchmal vorkommenden Beschlüsse, die den einen Anwalt entpflichten und einen neuen Anwalt in Verfahrenskostenhilfe beiordnen mit der „Maßgabe, dass Gebühren insgesamt nur einmal geltend gemacht werden können", sind daher gesetzwidrig und auf Beschwerde aufzuheben.⁷²

V. Ortsferne Anwälte (Abs. 3)

1. Allgemeines

Um anwaltliche Fahrtkosten zu sparen, erwartet der Staat von der Verfahrenskostenhilfe- 30 partei, dass sie einen Anwalt am Gerichtsort beauftragt (d.h. einen im Bezirk des Gerichts niedergelassenen Anwalt) und zahlt ihr ggf. Reisekosten zur Anwaltsinformation. Ein Anwalt, der nicht im Bezirk niedergelassen ist, darf nur beigeordnet werden, wenn hierdurch besondere Kosten nicht entstehen.

2. Begriff der besonderen Kosten

Es handelt sich um Zusatzkosten: hauptsächlich Reisekosten des auswärtigen Anwalts zum 31 hiesigen Gericht und Abwesenheitsgeld (Nr. 7003, 7005 VV RVG); ferner zusätzliche Kosten des Antragstellers für Fahrten. Wenn die Kosten, die dem Antragsteller dadurch erwachsen würden, dass er zu notwendigen Informationsgesprächen mit einem Anwalt am Gerichtsort anreisen müsste, ähnlich hoch wären wie der Reiseaufwand des auswärtigen Anwalts zur Wahrnehmung der Gerichtstermine, dann entstehen ohnehin keine Zusatzkosten.⁷³

3. Verzicht des Anwalts

Mehrkosten fallen nicht an, wenn der Anwalt erklärt, zu den Bedingungen eines orts- 32 ansässigen Anwalts tätig zu werden.⁷⁴ Das Gericht nimmt dann diese Klausel in den Beiordnungsbeschluss auf.⁷⁵ Nur beides zusammen, Verzichtserklärung und Feststellung im

---

63 OLG Hamm FamRZ 2006, 1551; OLG Karlsruhe FamRZ 1998, 632.
64 KG JurBüro 1981, 706; OLG Köln FamRZ 2004, 123; a. A. OLG Bremen JurBüro 1993, 51.
65 OLG Köln JurBüro 1995, 534; VGH Kassel JurBüro 1987, 1563.
66 OLG Koblenz JurBüro 2003, 470.
67 OLG Rostock FamRZ 2003, 1938.
68 BGH NJW-RR 1992, 189; OLG Hamm FamRZ 1995, 748; OLG Koblenz FamRZ 1986, 375.
69 BayObLG Rpfleger 1990, 200.
70 OLG Bamberg JurBüro 1989, 1589.
71 OLG Bamberg JurBüro 1992, 622.
72 OLG Celle NJW 2008, 2511.
73 OLG Frankfurt FamRZ 2008, 1355; OLG Hamm NJW 2005, 1724; OLG Nürnberg NJW 2005, 687.
74 OLG Celle FamRZ 1991, 962; OLG Karlsruhe Justiz 1985, 354.
75 Die Klausel ist zulässig, BGH NJW 2006, 1881; FamRZ 2004, 1362.

Beschluss, beschränken den Vergütungsanspruch gegenüber der Staatskasse. Der Anwalt kann bei beschränkter Beiordnung seine Reisekosten (Nr. 7003 VV RVG) trotz §§ 79 FamFG, 122 ZPO von dem „armen" Mandanten fordern,[76] weil er eben insoweit nicht beigeordnet wurde, die Sperre nach § 122 ZPO also nicht eintritt.

33 Äußert sich der Anwalt zum Verzicht nicht, dann enthält sein Beiordnungsantrag regelmäßig ein **konkludentes Einverständnis,** weil zu unterstellen ist, dass einem Anwalt §§ 78 Abs. 3 FamFG, 121 Abs. 3 ZPO bekannt ist.[77]

34 Verzichtet der Anwalt **ausdrücklich nicht** auf die Reisekosten, dann kann er nicht zu den Bedingungen eines ortsansässigen Anwalts beigeordnet werden. Der Antragsteller muss sich dann einen anderen Anwalt suchen oder die Differenz selbst zahlen. Wird der Anwalt trotz Widerspruch gleichwohl nur beschränkt beigeordnet, hat er ein eigenes Beschwerderecht.[78]

4. Keine Einschränkung im Beschluss

35 Enthält ein Beiordnungsbeschluss die Einschränkung nicht (versehentlich? bewusst?), dann erfolgte eine unbeschränkte Beiordnung und der Anwalt erhält seine Reisekosten aus der Staatskasse;[79] das folgt aus dem Gesetzestext, der andernfalls dahin lauten müsste, dass ortsferne Anwälte keine Mehrkosten erhalten. In manchen Fällen ist ein auswärtiger Anwalt trotz der Mehrkosten beizuordnen, etwa wenn dadurch ein Verkehrsanwalt (§ 78 Abs. 4) erspart wird; erfolgt in diesen Fällen eine Anwaltsbeiordnung mit Kostenbeschränkung hat der Anwalt ein eigenes Beschwerderecht.[80]

VI. Beweisanwalt; Verkehrsanwalt (Abs. 4)

1. Beweisanwalt

36 Auf Antrag kann dem Beteiligten (zusätzlich) ein Anwalt zur Wahrnehmung eines Termins zur Beweisaufnahme vor dem ersuchten Richter beigeordnet werden (§ 78 Abs. 4 1. Alt.). Besondere Umstände müssen dies erfordern, etwa weite Entfernung;[81] schwierige Beweisaufnahme. Will der Hauptbevollmächtigte die weite Reise selbst unternehmen, sollte er vorher eine Klärung der Erforderlichkeit beim Gericht beantragen (§ 46 Abs. 2 RVG). Vergütung des Beweisanwalts: Nr. 3401 VV RVG; § 49 RVG.

2. Verkehrsanwalt

37 Der Beteiligte hat das Recht, seinen Anwalt zu informieren; wenn dieser nicht dort niedergelassen ist, wo der Antragsteller wohnt, fragt sich, welche Information zumutbar ist. Nur selten kann der Beteiligte auf telefonische Information verwiesen werden. Schriftliche Information ist nur bei einfachen Sachen und schreibgewandten Beteiligten zumutbar. In der Regel darf der Beteiligte also (mindestens) eine Informationsreise zum Anwalt am Sitz des Gerichts unternehmen; für diese Kosten ist auf Antrag Verfahrenskostenhilfe zu bewilligen.[82] Die Reise zum Gerichtstermin ist Mittellosen ebenfalls aus der Staatskasse zu bezahlen.[83] Denkbar ist, dass es billiger ist, wenn der Beteiligte an seinem Wohnsitz einen Anwalt aufsucht, diesen informiert und dieser sog. Verkehrsanwalt dann den Anwalt am Gerichtsort schriftlich informiert. Auf Antrag kann dem Beteiligten daher zusätzlich ein Verkehrsanwalt **(Korrespondenzanwalt)** beigeordnet werden; besondere Umstände müs-

---

[76] OLG Nürnberg FamRZ 2001, 1157; streitig.
[77] BGH NJW 2006, 3783; KG NJW-RR 2005, 925; OLG Düsseldorf FamRZ 2006, 1613; OLG Karlsruhe NJW 2005, 2718; OLG Rostock NJOZ 2009, 43.
[78] OLG Düsseldorf FamRZ 1993, 819; a. A. OLG Hamm FamRZ 2004, 708.
[79] OLG Brandenburg BeckRS 2008, 21112; OLG Naumburg NJOZ 2008, 4059; OLG Nürnberg MDR 2008, 112; OLG Oldenburg FamRZ 2004, 1804; OLG Stuttgart NJOZ 2008, 2006.
[80] BGH FamRZ 2007, 37; FamRZ 2004, 1362; OLG Köln FamRZ 2005, 2008; OLG Nürnberg NJW 2005, 687.
[81] Vgl. BGH NJW 2004, 2749.
[82] OLG Celle NdsRpfl. 1987, 213; OLG Koblenz JurBüro 1982, 774; MünchKommZPO/Motzer § 121 Rn 35.
[83] Zimmermann Rn 527 mit Nachweis der Verwaltungsvorschrift.

sen dies erfordern (§ 78 Abs. 4 2. Alt.), etwa wenn dem Beteiligten eine Informationsreise zu seinem Verfahrensbevollmächtigten am Sitz des Gerichts z. B. wegen Alter, Krankheit, Körperbehinderung oder sozialer und wirtschaftlicher Bindung unzumutbar erscheint, die Rechtslage besonders schwierig ist oder die Kosten des Verkehrsanwalts nur unwesentlich höher als die einer Informationsreise sind.[84] Vergütung des Verkehrsanwalts: Nr. 3400 VV RVG; § 49 RVG.

VII. Wirkungen der Beiordnung

Folge der Beiordnung ist, dass der beigeordnete Anwalt vom Beteiligten (soweit beigeordnet) kein Honorar verlangen kann, sondern aus der Staatskasse bezahlt wird, freilich bei höheren Streitwerten nur mit einem ermäßigten Tarif (§ 49 RVG). Zum Vergütungsanspruch des beigeordneten Anwalts vgl. § 122 Abs. 1 Nr. 3 ZPO. **38**

Anwendung der Zivilprozessordnung

79 *(entfallen)*

---

[84] OLG Hamm FamRZ 2000, 1227.

Abschnitt 7. Kosten

Umfang der Kostenpflicht

80
¹Kosten sind die Gerichtskosten (Gebühren und Auslagen) und die zur Durchführung des Verfahrens notwendigen Aufwendungen der Beteiligten. ²§ 91 Abs. 1 Satz 2 der Zivilprozessordnung gilt entsprechend.

Übersicht

	Rn
I. Normzweck und Anwendungsbereich	1
II. Kostenwesen im Allgemeinen	3
III. Begriff der Kosten	4
1. Gegenstand der Kostenentscheidung	4
2. Zur Durchführung des Verfahrens notwendige Aufwendungen	5
3. Klärung der Notwendigkeit	6
4. Gerichtskosten	8
a) Allgemeines	8
b) Gebühren; Auslagen	9
c) GKG	10
d) FamGKG	11
e) KostO	12
f) Bundesrechtliche Sonderregelungen	16
g) Landesrechtliche Sonderregelungen	17
h) Kostenbefreiungen	18
i) Niederschlagung von Kosten	19
j) Kosten der Notare	20
k) Beitreibung	21
5. Aufwendungen der Beteiligten	22
a) Allgemeines	22
b) Reisekosten des Beteiligten (§ 91 Abs. 1 S. 2 ZPO)	24
c) Zeitversäumnis des Beteiligten	26
d) Sonstige Aufwendungen des Beteiligten	27
e) Rechtsanwaltskosten der Beteiligten	28
f) Nicht erstattungsfähige Aufwendungen	38

I. Normzweck und Anwendungsbereich

1 Die Vorschrift definiert, was Kosten im Sinne von §§ 80 ff. sind. Eine solche Definition fehlte im FGG; nur die Erstattungspflicht war früher in § 13a FGG geregelt.[1] Satz 1 lehnt sich an 162 Abs. 1 VwGO an, Satz 2 entspricht dem bisherigen § 13a Abs. 3 FGG. Da ausdrücklich aus §§ 91 ff. ZPO nur der § 91 Abs. 1 S. 2 ZPO für anwendbar erklärt wird, folgt daraus, dass § 91 ZPO im Übrigen und auch §§ 91a, 92 ff. ZPO keine Anwendung finden. Die Überschrift „Umfang der Kostenpflicht" passt nicht zum Text der Vorschrift. Denn S. 1 enthält nur eine (an sich überflüssige) Definition der „Kosten" und nichts zur Frage der „Kostenpflicht". Nur S. 2 befasst sich mit einer Erstattungsfrage und gehört eher zur Kostenfestsetzung.

2 § 80 ist nicht anwendbar in **Ehesachen** (§ 121) und **Familienstreitsachen** (§ 112); stattdessen gelten dort die ZPO-Regelungen (§ 113 Abs. 1), was hauptsächlich für die Anwendbarkeit von § 91 Abs. 2 ZPO von Bedeutung ist. Denn nach § 91 Abs. 2 S. 1 ZPO sind Anwaltskosten immer erstattungsfähig, auch wenn sie nicht „notwendig" waren; das gilt in Ehesachen und Familienstreitsachen. In den sonstigen Verfahren dagegen werden Anwaltskosten eines Beteiligten nicht unbedingt erstattet (vgl. § 85 Rn 9).

---

[1] Amtliche Begründung zu § 13a FGG: BR-Drucks. 138/56 S. 282 ff.

II. Kostenwesen im Allgemeinen[2]

Es sind verschiedene Fragestellungen zu unterscheiden: (1) Die Kostenordnung bzw. das FamGKG regelt, ob Gerichtskosten (Gebühren und Auslagen des Gerichts) anfallen, in welcher Höhe und wer Kostenschuldner ist. (2) Aus dem Rechtsanwaltsvergütungsgesetz (RVG) ergibt sich, ob und in welcher Höhe ein Beteiligter seinem Rechtsanwalt eine Vergütung schuldet. (3) Ob ein Beteiligter einem anderen Beteiligten irgendwelche Kosten zu erstatten hat, kann sich aus einer gerichtlichen Entscheidung nach §§ 81, 83, 84 ergeben (**prozessualer Kostenerstattungsanspruch**). Eine Erstattungspflicht kann sich aber auch aus geschlossenen Verträgen, außergerichtlichen Vergleichen und sonstigen materiellrechtlichen Anspruchsgrundlagen ergeben (**materiellrechtlicher Kostenerstattungsanspruch**); dieser Anspruch muss grundsätzlich in einem selbständigen Zivilprozess verfolgt werden. (4) Eine gerichtliche Kostenentscheidung ist nur eine **Kostengrundentscheidung** („Dem X werden die Kosten auferlegt"). Wie hoch die erstattenden Kosten sind wird in einem gesonderten Verfahren, dem Kostenfestsetzungsverfahren (§ 85), festgestellt; eine wenig ökonomische Verfahrensweise.

3

III. Begriff der Kosten

1. Gegenstand der Kostenentscheidung

Gegenstand der Kostenentscheidung des Gerichts sind die einem Beteiligten erwachsenen **Gerichtskosten** und die zur Durchführung des Verfahrens notwendigen **Aufwendungen** eines oder mehrerer Beteiligten, § 80 S. 1. Die Gerichtskosten standen unter der Geltung von § 13a FGG nur in Ausnahmefällen zur Disposition der Kostenentscheidung, weil sie in der Regel starr den §§ 2ff. KostO folgten; jetzt ist das in § 81 Abs. 1 S. 2 geändert. Das frühere Kriterium „zur zweckentsprechenden Erledigung der Angelegenheit (§§ 13a FGG, 91 Abs. 1 S. 1 ZPO) ist entfallen, was aber an der Auslegung nichts ändert; denn „notwendig" ist nur, was zur „zweckentsprechenden" Erledigung gehört. Außerdem wird in § 80 S. 2 zur Erläuterung des Kostenbegriffs auf § 91 Abs. 1 S. 2 ZPO verwiesen (vgl. Rn 24).

4

2. Zur Durchführung des Verfahrens notwendige Aufwendungen

Zur Durchführung des Verfahrens notwendige Aufwendungen sind Kosten, wenn sie in dem Zeitpunkt, in dem sie aufgewendet wurden, nach der allgemeinen Verkehrsanschauung objektiv aufzuwenden waren. Notwendig ist, was nicht überflüssig ist. Zwar hat ein Beteiligter die Verfahrenskosten so gering zu halten, wie zumutbar ist (Grundsatz der **sparsamen** im Gegensatz zur **optimalen Prozessführung**[3]); doch ist kein Beteiligter verpflichtet, besondere Anstrengungen zu treffen oder Risiken einzugehen, damit der andere Beteiligte möglichst wenig Kosten zu erstatten hat. Ob im Zeitpunkt der Kostenfestsetzung aus der späteren Sicht die Aufwendung als nicht notwendig erscheint, ist unerheblich; ebenso kommt es auf die subjektive Einstellung des Beteiligten nicht an. Zu berücksichtigen ist stets der Grundsatz der Verhältnismäßigkeit des Kostenaufwands.[4] Zur Notwendigkeit von Anwaltskosten vgl. § 85 Rn 9.

5

3. Klärung der Notwendigkeit

Ob bestimmte Kostenpositionen (z.B. Anwaltskosten, Fahrtkosten) zu erstatten sind, wird im Kostenfestsetzungsverfahren (§ 85 Rn 4) geklärt; doch könnte das Gericht die Frage auch vorziehen und bereits in der Kostengrundentscheidung bestimmen, dass z.B. der Beteiligte X die Kosten des Rechtsanwalts des Beteiligten Y oder dessen Reisekosten oder eine sonstige Kostenposition zu erstatten hat; denn § 81 Abs. 1 S. 1 sagt, dass das

6

---
[2] Dazu Keske, FuR 2010, 433.
[3] Dazu MünchKommZPO/Giebel § 91 Rn 38.
[4] OLG Schleswig SchlHA 1984, 48.

Gericht auch nur die Erstattung eines Teils „der Kosten" auferlegen kann; das ist nicht nur eine Quote (¼ etc.), sondern kann auch eine Kostenart betreffen.

7 Es ist Sache des Kostenschuldners, sich gegen einen überhöhten Kostenansatz oder Gegenstandswert zu wehren (§§ 14, 30 KostO; §§ 57 ff. FamGKG).

4. Gerichtskosten

8 **a) Allgemeines.** Bezüglich der anfallenden Gerichtskosten (= Gebühren und Auslagen) sind verschiedene Gesetze einschlägig. Folge ist, dass sich für denselben Vorgang oft drei Regelungen finden: fällt die Beschwerde gegen die Ablehnung der Prozesskostenhilfe bzw. Verfahrenskostenhilfe unter das GKG, regelt Nr. 1812 KV die Gebühr; fällt sie unter das FamGKG (abgedruckt im Anhang), gilt Nr. 1912 KV; ist die KostO einschlägig, regelt § 131 b KostO die Gebühr.

9 **b) Gebühren; Auslagen.** Gebühren sind Geldbeträge, die für individuell zuordenbare Leistungen berechnet werden; bei einer Gebühr kann die Justiz Geld verdienen (so etwa in den Nachlassverfahren, wo ein Überschuss erwirtschaftet wird). Bei Auslagen werden dagegen Aufwendungen weitergegeben; theoretisch kann kein Überschuss anfallen, aber auch kein Verlust. Die Auslagen sind im GKG und im FamGKG in Kostenverzeichnissen erfasst (Nr. 9000 ff. KV GKG; Nr. 2000 KV FamGKG), in der KostO in §§ 136 ff.

10 **c) GKG.** Das GKG regelt die Kosten (Gebühren und Auslagen) für Verfahren nach der ZPO **vor den ordentlichen Gerichten** (§ 1 Abs. 1 Nr. 1 GKG) und in 15 anderen Verfahren (§ 1 Abs. 1 Nr. 2 bis 16 GKG). Es regelt auch das Mahnverfahren im Falle des § 113 Abs. 2 FamFG (Beispiel: Mahnverfahren wegen eines Unterhaltsrückstandes) und der Verfahren, soweit das Vollstreckungs- oder Arrestgericht zuständig ist (§ 1 Abs. 1 Nr. 1 GKG; § 1 S. 3 FamGKG). Vorrangig ist aber in solchen Fällen das FamGKG (§ 1 Abs. 1 S. 2 GKG). Die Auslagen sind in Nr. 9000 ff. FamGKG geregelt.

11 **d) FamGKG.** Das (im Anhang abgedruckte) FamGKG regelt die Gerichtskosten (Gebühren und Auslagen) in **Familiensachen** (§ 111 FamFG; sowohl in Familienstreitsachen wie in gewöhnlichen Familiensachen). Die Auslagen sind in Nr. 2000 ff. KV FamGKG geregelt. Wer Kostenschuldner ist regelt § 21 FamGKG. Das FamGKG unterscheidet:
- Hauptsacheverfahren in Ehesachen einschließlich aller Folgesachen (§ 137 FamFG); Nr. 1110 ff. KV FamGKG;
- Hauptsacheverfahren in selbständigen Familienstreitsachen; Nr. 1210 ff. KV FamGKG;
- Hauptsacheverfahren in selbständigen Familiensachen der freiwilligen Gerichtsbarkeit (nämlich Kindschaftssachen; übrige Familiensachen der freiwilligen Gerichtsbarkeit); Nr. 1310 ff. KV FamGKG;
- einstweiliger Rechtsschutz in Familienstreitsachen; Abstammungssachen; Volljährigenadoption; Wohnungszuweisungs- und Hausratssachen; Gewaltschutz; Versorgungsausgleich; Unterhaltssachen, Güterrechtssachen und sonstige Familiensachen (§ 266 FamFG), die nicht Familienstreitsachen sind. Nr. 1410 ff. KV FamGKG;
- Vollstreckung (§ 35 FamFG: Nr. 1502 KV FamGKG; §§ 86 ff. FamFG: Nr. 1601 bis 1603 FamGKG); Verfahren mit Auslandsbezug (Nr. 1710 ff. FamGKG).

12 **e) KostO.** Die KostO regelt andere **Angelegenheiten der freiwilligen Gerichtsbarkeit,** wie die Gerichtskosten in Betreuungssachen (§§ 271 bis 311 FamFG; §§ 92 ff. KostO), Unterbringungssachen (§§ 312 bis 339 FamFG; § 128 b KostO), sog. Zuweisungssachen (§ 340 FamFG; z. B. bestimmte Pflegschaften); Freiheitsentziehungssachen (§§ 415 bis 432 FamFG; § 128 c KostO), Nachlasssachen (§§ 345 bis 362 FamFG; §§ 106 ff. KostO), Teilungssachen (§§ 363 bis 373 FamFG); § 116 KostO), Registersachen und unternehmensrechtliche Verfahren (§§ 374 bis 409 FamFG; §§ 79, 79 a KostO; HRegGebV), weitere Angelegenheiten der freiwilligen Gerichtsbarkeit (§§ 410 bis 414 FamFG; § 124 KostO); Aufgebotssachen (§§ 433 bis 484 FamFG; § 128 d KostO).

13 **Einstweilige Anordnungen** in Betreuungssachen und betreuungsgerichtlichen Zuweisungssachen (vgl. § 340; z. B. bestimmte Pflegschaften) sind gerichtsgebührenfrei (§ 91 S. 2 KostO), aber nicht auslagenfrei. Dasselbe gilt für einstweilige Anordnungen in Unterbrin-

gungssachen (§ 128 b KostO). Einstweilige Anordnungen in Sorgerechts- und Umgangsverfahren dagegen unterliegen der Gebühr nach Nr. 1410 KV FamGKG und den Auslagen nach Nr. 2000 ff. KV FamGKG.

Die **KostO** regelt Gerichtsgebühren (§§ 2 ff. KostO) und gerichtliche Auslagen (§§ 136 bis 139 KostO). Sie hat kein eigenes Kostenverzeichnis wie das GKG und das FamGKG. Zu nennen sind: Auslagen für Fotokopien (§ 136 Abs. 1 Nr. 1 KostO), Zahlungen an Zeugen und Sachverständige (§ 137 Abs. 1 Nr. 5 KostO; JVEG), an Verfahrenspfleger (§ 137 Abs. 1 Nr. 16 KostO). In §§ 2 bis 6 bestimmt die KostO, wer im Rechtsverhältnis zur Gerichtskasse die Gerichtskosten zu zahlen hat. Das Gericht kann durch Beschluss von der Erhebung von Gerichtskosten absehen (§ 81 Abs. 1 S. 2). Es kann anordnen, dass Gerichtskosten, die nach der KostO von einem Beteiligten zu tragen sind, von einem anderen Beteiligten ganz oder teilweise zu erstatten sind (§ 81); das ist vor allem wegen der hohen Auslagen, z. B. für Gutachten, bedeutsam.[5]

Die KostO wird ergänzt durch die **Kostenverfügung**,[6] die bundeseinheitlich beschlossen und von sämtlichen Landesjustizverwaltungen in Kraft gesetzt worden ist.

f) Bundesrechtliche Sonderregelungen. Bundesrechtliche Sonderregelungen finden sich z. B. in § 156 KostO (Einwendungen gegen die Kostenrechnung des Notars).

g) Landesrechtliche Sonderregelungen. Landesrechtliche Sonderregelungen bestehen aufgrund des Vorbehalts in §§ 158, 159 KostO.[7] Sie gelten für das Verfahren zwecks anderweitiger Festsetzung von Alteneils- und ähnlichen Bezügen, für die in landesrechtlichen Vorschriften vorgesehenen Geschäfte der freiwilligen Gerichtsbarkeit. Zu nennen sind Kostenvorschriften der landesrechtlichen Unterbringungsgesetze (PsychKG), des Höferechts (Hamburg, Niedersachsen, Nordrhein-Westfalen, Schleswig-Holstein, Bremen, Rheinland-Pfalz), die Katasterfortführungsgebühr (Bayern).

h) Kostenbefreiungen. Es gibt **persönliche** (bezogen auf die Person des Kostenschuldners, z. B. Bund, Länder, § 11 Abs. 1 KostO) und **sachliche** Befreiungen (nach Art des Geschäfts). Zu unterscheiden ist weiter: Kostenbefreiung (bezieht sich auf Gebühren und Auslagen) und bloße Gebührenbefreiung (dann sind aber Auslagen zu zahlen). Die Befreiung gewährt die KostO oder sonstiges Bundesrecht[8] oder Landesrecht.[9] Für Notare gelten die Befreiungsvorschriften gem. §§ 141, 144 KostO.[10] Wer z. B. durch Vergleich die Kostenschuld eines (nicht befreiten) Kostenschuldners übernimmt (z. B. der Bund durch Erklärungen gegenüber einem Notar; vgl. § 3 Nr. 2 KostO), kann sich nicht auf eine ihm sonst zustehende Gebührenermäßigung berufen.[11] Der Übernehmer wird dann Gesamtschuldner neben dem Kostenschuldner, § 5 KostO, der nicht von seiner Haftung frei wird.[12]

i) Niederschlagung von Kosten. Für die **Niederschlagung** (Erlass) von Kosten gelten besondere Bestimmungen (§ 40 KostVfg).[13]

j) Kosten der Notare. Die KostO regelt auch die **Kosten der Notare**, §§ 140 bis 157 KostO.

k) Beitreibung. Für die **Beitreibung** der Gebühren und Auslagen ist die JBeitrO[14] maßgebend. Über Beitreibung der Kosten der Notare vgl. § 155 KostO.

---

[5] OLG Frankfurt FamRZ 1994, 253 (kinderpsychologisches Gutachten).
[6] Text z. B. bei Hartmann, unter VII.
[7] Zusammengestellt bei Korintenberg/Hellstab Anh. C.
[8] Zusammengestellt bei Korintenberg/Hellstab Anh. C.
[9] Übersicht bei Korintenberg/Hellstab Anh. C. Landesrechtliche Befreiungen erstrecken sich nicht auf Gerichte des Bundes, BGH MDR 1972, 308.
[10] Übersicht über die restlichen Befreiungen bei Korintenberg/Hellstab Anh. C.
[11] BayObLG JurBüro 1984, 1552; OLG Celle Rpfleger 1991, 28; OLG Zweibrücken Rpfleger 1996, 305; a. M. OLG Stuttgart DNotZ 1985, 572 wegen § 12 Abs. 1 KostO.
[12] BayObLG JurBüro 1984, 1552.
[13] Vgl. die Übersicht bei Hartmann unter VII D.
[14] Abgedruckt bei Hartmann unter IX. Durchführungs- und Ergänzungsvorschriften bei Piller/Hermann Nr. 7, insbesondere die EBAO v. 20. 11. 1974 i. d. F. vom 1. 4. 2001.

5. Aufwendungen der Beteiligten

22   **a) Allgemeines.** § 80 S. 1 kennt den Begriff der außergerichtlichen Kosten (als Gegensatz zu den Gerichtskosten) nicht, sondern spricht (unscharf) von Aufwendungen. „Aufwendungen" erwähnen z. B. 256 BGB (Verzinsung von Aufwendungen), § 670 BGB (Ersatz von Aufwendungen), § 1648 BGB (Aufwendungen der Eltern für ihr Kind), § 1835 BGB (freiwillige[15] Vermögensopfer, die der Betreuer für den Betreuten erbringt). Die Freiwilligkeit passt bei § 80 nur bedingt, denn der Beteiligte fährt zum Gerichtstermin, um Nachteile für sich abzuwenden, aber nicht zur Freizeitgestaltung. Am besten passt § 670 BGB: es genügen deshalb auch Vermögensopfer, die nicht im engeren Sinn freiwillig sind, sondern sich als notwendige Folge des Verfahrens ergeben,[16] wie Steuern, Kosten eines anderen Rechtsstreits, entstandene Schäden. Zu den Aufwendungen zur Durchführung des Verfahrens gehören andererseits nicht **Vergütungen für Betreuer** und Verfahrenspfleger, die ein Betroffener zu zahlen hatte,[17] obwohl die Betreuung bzw. Unterbringung zu Unrecht erfolgte. Auch die Kosten der Verpflegung und medizinischen Behandlung eines Untergebrachten sind nicht zur Durchführung des Verfahrens notwendig. Desgleichen nicht die **Kosten eines betreuten Umgangs** bei einem Kind.[18]

23   Eine weitere Unschärfe bringt § 80 S. 1, indem die **Aufwendungen der Beteiligten** als Kosten im Sinne von §§ 81 ff. deklariert werden. Wer Beteiligter ist, regelt § 7 in Verbindung mit den zahlreichen Beteiligungskatalogen des FamFG (§ 7 Rn 35). Wenn sich aber ein materiell Beteiligter am gerichtlichen Verfahren in keiner Weise beteiligt, dann kann es weder sein, das ihm Kosten auferlegt werden, noch dass er eine Kostenerstattung erhält (wenn er z. B. Auslagen für eine anwaltliche Beratung hatte). Es handelt sich um keine Aufwendungen zur Durchführung des Verfahrens. Insofern wirkt die frühere Unterscheidung zwischen formell und materiell Beteiligten fort.

§ 91. ZPO-Grundsatz und Umfang der Kostenpflicht

(1) … ²Die Kostenerstattung umfasst auch die Entschädigung des Gegners für die durch notwendige Reisen oder durch die notwendige Wahrnehmung von Terminen entstandene Zeitversäumnis; die für die Entschädigung von Zeugen geltenden Vorschriften sind entsprechend anzuwenden.

24   **b) Reisekosten des Beteiligten (§ 91 Abs. 1 S. 2 ZPO).** Sie sind Aufwendungen. Nach § 80 S. 2 gilt § 91 Abs. 1 S. 2 ZPO entsprechend. Das Reiseziel ist in § 91 Abs. 1 S. 2 ZPO nicht eingeschränkt, so dass nicht nur Reisen zum Gericht darunter fallen. Die Reise muss „notwendig" gewesen sein, aus damaliger Sicht. Auch wenn ein Beteiligter durch einen Anwalt vertreten ist und das Gericht kein persönliches Erscheinen des Beteiligten angeordnet hat, ist eine Reise zum Termin in der Regel notwendig, weil der Beteiligte das Recht hat, sich ein eigenes Bild vom Verfahrensgang zu machen und seine Sache selbst darzulegen.[19] Auch notwendige Reisen zur Information des Bevollmächtigten oder bestellten Rechtsanwalts können erstattungsfähig sein.[20] Nicht notwendig ist dagegen die Reise zu einem bloßen Verkündungstermin, weil das Ergebnis auch durch einen Telefonanruf in Erfahrung gebracht werden kann.

25   Anfall und erstattungsfähige Höhe der Reisekosten richtet sich nach dem JVEG. Zu den Reisekosten des Beteiligten gehören auch Übernachtungs- und Verpflegungskosten, und zwar die örtlichen Durchschnittskosten.[21]

26   **c) Zeitversäumnis des Beteiligten (§ 91 Abs. 1 S. 2 ZPO).** Die durch die notwendige Wahrnehmung von Terminen entstandene Zeitversäumnis kann erstattungsfähig sein. Dazu zählt nicht nur der Zeitaufwand während des Gerichtstermins, sondern auch während

---

[15] BGH NJW 1989, 2816; NJW 1973, 46.
[16] BGHZ 8, 222/229.
[17] OLG München MDR 2006, 759.
[18] OLG Naumburg FamRZ 2008, 2048.
[19] OLG Düsseldorf NJW-RR 1996, 1342; OLG Köln JurBüro 2006, 599; MünchKommZPO/Giebel § 91 Rn 130.
[20] OLG Hamm MDR 1985, 59; OLG Stuttgart AnwBl. 1983, 191.
[21] OLG Karlsruhe NJW-RR 2003, 1654.

Umfang der Kostenpflicht 27–31 § 80

einer Reise; ferner der Zeitverlust für die Information des Anwalts. **Höhe der Entschädigung** für Zeitversäumnis: § 20 JVEG; Höhe bei **Verdienstausfall:** § 22 JVEG.[22]

d) Sonstige Aufwendungen des Beteiligten. § 80 spricht von den zur Durchführung 27 des Verfahrens notwendigen Aufwendungen der Beteiligten. Das ist sehr weit gefasst, auch die Aufwendungen zur Verfahrenseinleitung zählen dazu. Dazu gehören z. B. Kosten für eigene Ermittlungen,[23] Auslagen für die Information des eigenen Anwalts, Kosten für Kopien, für Porto, Fotos. Erstattungspflichtig können auch die Kosten eines Gutachtens über Fragen des ausländischen Rechts sein.[24] Mehrkosten durch Anrufen des unzuständigen Gerichts sind nicht zwingend dem Antragsteller aufzuerlegen.[25]

e) Rechtsanwaltskosten der Beteiligten[26]

aa) Notwendigkeit von Anwaltskosten. Nach § 91 Abs. 2 ZPO sind die gesetzlichen Gebüh- 28 ren und Auslagen eines Rechtsanwalts stets in allen Prozessen zu erstatten. Auf § 91 Abs. 2 ZPO ist in § 80 aber nicht Bezug genommen. Daraus ist zu entnehmen, dass die gesetzlichen Gebühren und Auslagen des Rechtsanwalts eines Beteiligten (RVG) nicht zwingend zu den erstattungsfähigen Kosten zählen,[27] auch nicht im Falle des § 91 Abs. 2 S. 3 ZPO, sondern nur, wenn eine gewisse Schwierigkeit, also Notwendigkeit, besteht.[28] Die Rechtsprechung zu § 121 Abs. 2 ZPO gibt Hinweise („wenn die Vertretung durch einen Rechtsanwalt erforderlich erscheint"); sie hat aber eine andere Zielrichtung, nämlich die Ausgaben der Staatskasse zu senken. Der nichtrechtskundige Beteiligte kann nicht erkennen, ob sein Fall schwierig ist oder nicht; das kann nicht zu seinen Lasten gehen. Jetzt ist Anwaltsbeiziehung im Regelfall üblich und zu erstatten, wenn sie nicht für den Beteiligten erkennbar unnötig ist. Ob Anwaltsbeiziehung notwendig war, entscheidet der Rechtspfleger im späteren Kostenfestsetzungsverfahren (§ 85) oder zuvor das Gericht in der Kostenentscheidung mit bindender Wirkung für das Kostenfestsetzungsverfahren (Rn 6).

bb) Gebührentatbestände. In Angelegenheiten der freiwilligen Gerichtsbarkeit richtet sich 29 die Gebühr des Rechtsanwalts bei **außergerichtlicher Tätigkeit** nach Nr. 2300 ff. VV RVG (Geschäftsgebühr). Teilweise Anrechnung der Geschäftsgebühr auf die spätere Verfahrensgebühr, vgl. Vorbemerkung 3(4) vor Nr. 3100 VV RVG. Zur Rahmengebühr vgl. § 14 RVG. Bloße Beratungsgebühr: § 34 RVG. Aufwendungen: Nr. 7000 ff. VV RVG.

Bei **Vertretung gegenüber dem Gericht** richten sich die Gebühren nach Nr. 3100 ff. 30 VV RVG. Im gerichtlichen Verfahren können somit anfallen: Verfahrensgebühr, Termingebühr; Einigungsgebühr (Nr. 1000, 1003 VV RVG); eine Beweisgebühr gibt es nicht mehr. Bei Freiheitsentziehung und Unterbringung: Nr. 6300 ff. VV RVG. Honorarvereinbarungen sind im Rahmen von § 4 RVG zulässig, ein Erfolgshonorar ebenfalls im Rahmen von § 34 RVG.

cc) Gebührenhöhe. **Erste Instanz:** Die Verfahrensgebühr beträgt 1,3 (Nr. 3100 VV RVG); 31 wenn aber in einem Verfahren der freiwilligen Gerichtsbarkeit lediglich ein Antrag (ohne Begründung) gestellt wird, oder nur eine Entscheidung entgegen genommen wird, oder der Antrag gestellt und die Entscheidung entgegen genommen wird, beträgt die Verfahrensgebühr nur 0,8 (Nr. 3101 Nr. 3 VV RVG). Nr. 3 ist aber nicht einschlägig, wenn der gestellte Antrag begründet wurde,[29] wie aus dem Wort „lediglich" folgt. Die Ermäßigung nach Nr. 3 gilt ferner nicht (d. h. es bleibt bei 1,3) bei einem streitigen Verfahren der

---

[22] Dass § 91 ZPO nur von „Zeitversäumnis" spricht, dagegen §§ 20, 22 JVEG zwischen Zeitversäumnis und Verdienstausfall differenzieren, ist ein Redaktionsversehen; vgl. MünchKommZPO/Giebel § 91 Rn 131.
[23] BGH NJW 1990, 2060 (Privatdetektivkosten bei Kindesentführung).
[24] OLG Frankfurt VersR 1980, 1123; OLG Koblenz VersR 1982, 1173 (spanisches Recht); LG Bremen Rpfleger 1965, 235; LG Nürnberg-Fürth JurBüro 1966, 225; Mümmler JurBüro 1974, 15; Erstattung von Übersetzungskosten: Schneider JurBüro 1967, 689.
[25] OLG Frankfurt FamRZ 1994, 1602.
[26] Enders JurBüro 2001, 113 (noch zur BRAGO, teils überholt): Klinger/Ruby ZEV 2004, 181.
[27] BayObLG FGPrax 1999, 77; OLG München Rpfleger 1996, 215 (in echten Streitsachen allerdings seien analog § 91 Abs. 2 ZPO die Anwaltsgebühren ohne Prüfung der Notwendigkeit zu erstatten); OLG Stuttgart NJW 1962, 1403; LG Bremen WuM 1999, 598; Jansen/von König § 13a Rn 38.
[28] Die Notwendigkeit richtet sich nach dem Einzelfall, BayObLGZ 1961, 173; OLG Stuttgart NJW 1962, 1403; AG Hamburg NJW 1989, 2955; Jansen/von König § 13a Rn 38.
[29] Schneider/Wolf/Onderka, VV 3101 Rn 129; a. A. Gerold/Schmidt/Müller-Raabe, VV 3101 Rn 117.

freiwilligen Gerichtsbarkeit, wie z. B. Familiensachen, Landwirtschaftssachen; Nr. 3101 Nr. 3 (2) VV RVG. Bei mehreren Auftraggebern (z. B. Miterben) erhöht sich die Verfahrensgebühr gem. Nr. 1008 VV RVG, § 7 RVG.[30] In „derselben" Angelegenheit kann ein Anwalt die Gebühren nur einmal fordern (§ 15 Abs. 2 S. 1 RVG). Dazu stellt § 17 Nr. 4 b RVG klar, dass das Verfahren in der Hauptsache und ein Verfahren über einen Antrag auf eine einstweilige Anordnung in einem Verfahren der freiwilligen Gerichtsbarkeit „verschiedene" Angelegenheiten sind.

32   Im gerichtlichen Verfahren bei Freiheitsentziehung (also nach §§ 415 ff., den landesrechtlichen Unterbringungsgesetzen und für das Verfahren nach §§ 1906, 1631 b BGB) gelten Nr. 6300 ff. VV RVG

33   **Beschwerdeverfahren:** Verfahrensgebühr von 0,5[31] und evtl. Terminsgebühr von 0,5 (Nr. 3500, 3513 VV RVG); eine Ausnahme besteht für die in Vorbem. 3.2.1 aufgeführten FamFG-Verfahren: Verfahrensgebühr von 1,6. Ebenso ist es im Rechtsbeschwerdeverfahren.

34   *dd) Gegenstandswert.* Er richtet sich nach § 23 RVG, d. h. in der Regel nach den für die Gerichtsgebühren geltenden Wertvorschriften. Vgl. dazu §§ 48 GKG, 55 FamGKG, 18 ff. KostO und § 3 ZPO. In Betreuungssachen richtet sich der Wert, aus dem der Anwalt abrechnen kann, nach § 23 Abs. 3 S. 2 RVG.[32] Der Regelwert beträgt also 4000 €. Geht es um eine Betreuung mit Vermögenssorge, Einwilligungsvorbehalt, ist ein Wert in Höhe von etwa 15% des Vermögens angemessen.[33] Sind Gesundheitsvorsorge und schwere Eingriffe in Persönlichkeitsrechte betroffen oder ist die Sache sonst besonders umfangreich und schwierig, ist (auch bei vermögenslosen Personen) ein höherer Wert als der Regelwert angemessen.[34]

35   *ee) Verfahrenskostenhilfe; Beratungshilfe.* Für die Vergütung in Verfahrenskostenhilfe beigeordneter Rechtsanwälte treffen §§ 45 ff. RVG Bestimmungen. Bei Beratungshilfe: Schutzgebühr vom Ratsuchenden nach § 8 BerHG; Anspruch gegen die Landeskasse nach § 44 RVG; Anspruch gegen den Gegner nach § 9 BerHG.

36   *ff) Verfahrenspfleger; Verfahrensbeistand.* Anwalt als Verfahrenspfleger: Vergütung nach §§ 277, 317, 419 FamFG. Anwalt als Pfleger, als Betreuer: Vergütung nach § 1836 BGB, VBVG. Anwalt als Verfahrensbeistand des Kindes: § 158 Abs. 7 FamFG.

37   *gg) Gerichtliche Festsetzung.* Die **gerichtliche Festsetzung** der gesetzlichen Vergütung, die dem Rechtsanwalt (als Prozessbevollmächtigten etc.) gegenüber seinem Auftraggeber zusteht, regelt § 11 RVG; die Vorschrift gilt auch im Verfahren der freiwilligen Gerichtsbarkeit. Das Festsetzungsverfahren ist dem Rechtspfleger übertragen, § 21 Nr. 2 RPflG. Soweit Rahmengebühren (§ 14 RVG) anfallen, ist die Festsetzung aber nur dann zulässig, wenn der Anwalt die Mindestgebühr verlangt oder der Auftraggeber der Höhe der Vergütung ausdrücklich zugestimmt hat, wobei die Zustimmungserklärung vorzulegen ist (§ 11 Abs. 8 RVG), weil dann kein Bemessungsproblem auftaucht; in den anderen Fällen ist der Anwalt auf den Zivilprozess angewiesen. Die Festsetzung von Betreuervergütungen etc. erfolgt nach § 168 FamFG.

38   **f) Nicht erstattungsfähige Aufwendungen.** Der allgemeine Verfahrensaufwand wird nicht erstattet, also z. B. Anschaffung von Literatur, Recherchen in Datenbanken, der sonstige Zeitaufwand für das Verfahren (soweit er nicht als Aufwand für Reisen und Termine unter Rn 26 fällt),[35] etwa der Zeitaufwand für Aktenstudium, Lesen und Anfertigen von Schriftsätzen,[36] für Information Dritter über das Verfahren. **Immaterielle Nachteile,** wie

---

[30] Nach BGH NJW 1984, 2296 hängt (bei Wohnungseigentümern) die Gebührenerhöhung nicht von einer tatsächlichen oder im Regelfalle eintretenden Mehrbelastung des Anwalts durch die mehreren Auftraggeber ab (h. M.). Die a. M. verlangt wegen des Sinnes der Vorschrift Fallgruppen, bei denen typischerweise durch die Mehrheit von Beteiligten eine Mehrarbeit des RA erforderlich ist, so z. B. OLG Köln JurBüro 1985, 66.
[31] BGH FGPrax 2011, 36; OLG Köln Beschl. v. 19. 1. 2011 2 Wx 6/11; OLG München ZEV 2007, 99; ZEV 2006, 366; OLG Schleswig ZEV 2006, 366; a. A. Ruby ZEV 2006, 367 (für Gebührensatz 1,6).
[32] BayObLG NJW-RR 2001, 1301.
[33] LG Mainz BtPrax 1998, 36. Anders im Ansatz OLG Jena FamRZ 1998, 491 (nichtvermögensrechtlich auch bei Vermögenssorge).
[34] Vgl. OLG Hamm FamRZ 1993, 1229.
[35] BGH NJW 1976, 1256.
[36] OLG Stuttgart MDR 1989, 921; MünchKommZPO/Schindler § 80 FamFG Rn 11.

durch den Gerichtstermin entgangener Urlaubsgenuss, durch das Verfahren verdorbene Weihnachten, fallen nicht unter § 80.[37] Wenn sich der Ausländer Briefe des Gerichts übersetzen lässt, werden die Übersetzungskosten grundsätzlich nicht erstattet.[38]

Grundsatz der Kostenpflicht

81 (1) ¹Das Gericht kann die Kosten des Verfahrens nach billigem Ermessen den Beteiligten ganz oder zum Teil auferlegen. ²Es kann auch anordnen, dass von der Erhebung der Kosten abzusehen ist. ³In Familiensachen ist stets über die Kosten zu entscheiden.

(2) Das Gericht soll die Kosten des Verfahrens ganz oder teilweise einem Beteiligten auferlegen, wenn
1. der Beteiligte durch grobes Verschulden Anlass für das Verfahren gegeben hat;
2. der Antrag des Beteiligten von vornherein keine Aussicht auf Erfolg hatte und der Beteiligte dies erkennen musste;
3. der Beteiligte zu einer wesentlichen Tatsache schuldhaft unwahre Angaben gemacht hat;
4. der Beteiligte durch schuldhaftes Verletzen seiner Mitwirkungspflichten das Verfahren erheblich verzögert hat;
5. *der Beteiligte einer richterlichen Anordnung zur Teilnahme an einem kostenfreien Informationsgespräch über Mediation oder über eine sonstige Möglichkeit der außergerichtlichen Konfliktbeilegung nach § 156 Abs. 1 Satz 3 oder einer richtlicherlichen Anordnung zur Teilnahme an einer Beratung nach § 156 Abs. 1 Satz 4 nicht nachgekommen ist, sofern der Beteiligte dies nicht genügend entschuldigt hat.**

(3) Einem minderjährigen Beteiligten können Kosten in Verfahren, die seine Person betreffen, nicht auferlegt werden.

(4) Einem Dritten können Kosten des Verfahrens nur auferlegt werden, soweit die Tätigkeit des Gerichts durch ihn veranlasst wurde und ihn ein grobes Verschulden trifft.

(5) Bundesrechtliche Vorschriften, die die Kostenpflicht abweichend regeln, bleiben unberührt.

Übersicht

	Rn
I. Normzweck und Anwendungsbereich	1
II. Die Kostenentscheidung	3
1. Grundlagen	3
2. Pflicht zur Kostenentscheidung	4
3. Unstatthafte Kostenentscheidungen	6
4. Inhalt der Kostenentscheidung	8
a) Trennung Gerichtskosten und außergerichtliche Kosten	8
b) Anordnung der teilweisen Erstattung	9
c) Kosten werden gegeneinander aufgehoben	10
d) Auferlegung von Gerichtskosten	12
e) Beteiligung mehrerer Personen auf einer Seite	15
f) Verfahrenskostenhilfe	16
g) Verfahrensverbindung	17
5. Absehen von Gerichtskostenerhebung (Abs. 1 S. 2)	18
a) Gerichtskosten	18
b) Unrichtige Sachbehandlung	20
c) Kostenbefreiung	21
6. Pflicht zur Kostenentscheidung in Familiensachen (Abs. 1 S. 3)	22
7. Kostenansatz, Geschäftswert und Kostenfestsetzung	23
a) Kostenansatz	23
b) Kostenvorschuss	24

---

[37] OLG Köln JurBüro 1986, 445; OLG München Rpfleger 1973, 190; a. M. OLG Celle JurBüro 1982, 107.
[38] BayObLG NJW-RR 1999, 1375.
* Vgl. Fußnote zu § 36a bzw. Vorwort.

	Rn
c) Festsetzung des Geschäftswerts	25
d) Kostenfestsetzung	27
III. Kostenerstattung nach billigem Ermessen (Abs. 1)	28
1. Ermessensentscheidung (Abs. 1 Satz 1)	28
a) Allgemeines	28
b) Beteiligte	29
c) Antragsverfahren	32
d) Amtsverfahren	33
e) Auftretende gesetzliche Vertreter	34
f) Beteiligte kraft Amts	35
g) Behörden	36
h) Im entgegengesetzten Sinn beteiligt	40
i) Notwendigkeit der Kosten	41
j) Rechtsschutzbedürfnis	42
2. Kostenerstattung nach Billigkeit	44
a) Grundsätze	44
b) Unterliegen eines Beteiligten	46
c) Ermessenskriterien	48
d) Zurückweisung des Antrags	49
IV. Regelbeispiele für Billigkeit (Abs. 2)	50
1. Anlass für das Verfahren (Abs. 2 Nr. 1)	51
2. Aussichtsloser Antrag (Abs. 2 Nr. 2)	57
3. Unwahre Angaben (Abs. 2 Nr. 3)	61
4. Verletzung von Mitwirkungspflichten (Abs. 2 Nr. 4)	63
5. Verstoß gegen Mediation- und Beratungsauflage *(Abs. 2 Nr. 5)*	65
V. Minderjährige Beteiligte (Abs. 3)	66
VI. Kostenauferlegung auf einen Dritten (Abs. 4)	69
1. Allgemeines	69
2. Anwendungsbereich	70
3. Der Dritte als Veranlasser	71
4. Grobes Verschulden des Dritten	75
5. Ermessensentscheidung	76
6. Auferlegungsfähige Kosten	77
7. Weitere Kostenträger	78
VII. Erstattungsberechtigung Nichtbeteiligter	79
VIII. Sondervorschriften (Abs. 5)	80
IX. Anfechtung der Kostenentscheidung	81
1. Anfechtung einer isolierten Kostenentscheidung	81
2. Anfechtung von Hauptsache und Kostenentscheidung	82
3. Entscheidung; Anfechtung nur der Kostenentscheidung	83
4. Ehesachen und Familienstreitsachen	84
5. Anschlussbeschwerde	85
6. Rechtsbeschwerde	86

I. Normzweck und Anwendungsbereich

1 § 81 regelt, welchem Beteiligten (vgl. § 7; Sondervorschriften § 7 Rn 35 ff.) die Kosten im Sinne von § 80 (also Gebühren und Auslagen) auferlegt werden können; dabei meint Abs. 1 S. 1 und S. 3 sowohl Gerichtskosten wie außergerichtliche Kosten, Abs. 1 S. 2 dagegen nur die Gerichtskosten. Die Vorschrift entspricht zum Teil dem früheren § 13a FGG. Nichtbeteiligten (d.h. Dritten) können Kosten nach Abs. 4 auferlegt werden. Auf §§ 80 bis 82, 84 wird in § 87 Abs. 5 verwiesen; bei Beschlüssen im Vollstreckungsverfahren richtet sich die Kostenentscheidung also nach diesen Vorschriften. §§ 80 ff. gelten auch für die Kosten in Sachen der einstweiligen Anordnungen (§ 51 Abs. 4). Die Kosten einer Akteneinsicht hat der zu tragen, der sie beantragt (§ 13 Abs. 3).

2 § 81 ist **nicht anwendbar** in **Ehesachen (§ 121) und Familienstreitsachen (§ 112)**; stattdessen gelten die ZPO-Regelungen (§ 113 Abs. 1), d.h. §§ 91 ff. ZPO, soweit nicht im FamFG abweichende Bestimmungen vorhanden sind. Die Kostentragung in Scheidungssachen und Folgesachen ist in § 150 FamFG (bei Eheaufhebung § 132 FamFG) geregelt, in **Unterhaltssachen** in § 243 FamFG. Für die **Vaterschaftsanfechtung** enthält § 183 eine Sonderregelung; für die Vaterschaftsfeststellung bleibt es bei §§ 80 ff.[1]

II. Die Kostenentscheidung[2]

1. Grundlagen

Drei verschiedene Rechtsverhältnisse sind auseinander zu halten: 3
- Die Pflicht der Beteiligten, an die Gerichtskasse **Gerichtsgebühren** zu zahlen und gerichtliche Auslagen zu erstatten; sie ist in der KostO bzw. im FamGKG geregelt.
- Die Pflicht eines Beteiligten, **seinem Anwalt die Vergütung** zu zahlen und seine Auslagen sowie die Umsatzsteuer zu begleichen; sie ergibt sich dem Grunde nach aus dem geschlossenen Geschäftsbesorgungsvertrag mit dem Anwalt und der Höhe nach aus dem RVG. Zu den Eigenkosten eines Beteiligten gehören auch dessen Kosten für Fahrten, Kopien, Verdienstausfall usw.
- Die Frage, ob ein Beteiligter einem **anderen Beteiligten** dessen Kosten (definiert in § 80; nämlich die vorgenannten Positionen) ganz oder teilweise zu erstatten hat oder nicht; nur dafür ist § 81 einschlägig.

2. Pflicht zur Kostenentscheidung

Eine allgemeine Verpflichtung, über die Kosten zu entscheiden, besteht in der freiwilligen Gerichtsbarkeit nicht,[3] anders als im Zivilprozess (§ 308 Abs. 2 ZPO). Die Endentscheidung in der Hauptsache muss (zugleich, § 82) eine Kostenentscheidung nur enthalten, wenn dies gesetzlich vorgeschrieben ist (z. B. nach § 81 Abs. 1 S. 3 für Familiensachen; nach § 92 Abs. 2 bei Festsetzung von Ordnungsmitteln oder Anordnung der Gewaltanwendung; nach § 353 Abs. 1 bei Erbscheinseinziehung) oder dem Gericht angemessen erscheint oder von einem Beteiligten beantragt wird.[4] Aber auch, wenn dies nicht vorgeschrieben ist, sollte das Gericht jedenfalls dann über die Kosten entscheiden, wenn Anwaltskosten angefallen sind; schon, um Nachfragen der Beteiligten bei Gericht, wer kostenpflichtig sei, zu vermeiden. Bei **einstweiligen Anordnungen** gelten die allgemeinen Vorschriften (§ 51 Abs. 4), so dass grundsätzlich eine Kostenentscheidung zulässig (in Familiensachen notwendig) und gegebenenfalls nach §§ 81 ff. zu treffen ist.[5] Denn auch nach § 18 Nr. 1, 2 RVG sind einstweilige Anordnungen vergütungsrechtlich besondere Angelegenheiten. Zur **Nachholung der Kostenentscheidung** vgl. § 82 Rn 6. 4

Enthält die Entscheidung **keinen Kostenausspruch,** weder im Rubrum noch in den 5 Gründen, liegt darin in der Regel die stillschweigende Entscheidung, dass keine Kostenerstattung stattfindet.[6] Dann hat derjenige die Gerichtskosten (Gebühren und Auslagen) zu tragen, der nach der KostO bzw. dem FamGKG Kostenschuldner ist. Die jeweiligen Anwaltskosten hat dann derjenige zu tragen, der einen Anwalt mandatiert hat (bei Bewilligung von Verfahrenskostenhilfe die Staatskasse; §§ 76 ff.). Seine sonstigen außergerichtlichen Kosten hat jeder Beteiligte selbst zu tragen.

3. Unstatthafte Kostenentscheidungen

Unstatthaft ist eine Kostenentscheidung im Verfahrenskostenhilfeverfahren (Bewilligung 6 oder Ablehnung; vgl. § 76 FamFG i. V. m. § 118 Abs. 1 S. 4 ZPO), bei Geschäftswertfestsetzungen, weil hier keine Kosten erstattet werden (z. B. § 31 Abs. 5 S. 2 KostO), im

---

[1] OLG Celle FamRZ 2010, 1840.
[2] Finke FPR 2010, 331; Keske FPR 2010, 339; Krause/Lambert FamRB 2009, 123; Zimmermann FamRZ 2009, 377.
[3] BT-Drucks. 16/6308 S. 215.
[4] MünchKommZPO/Schindler § 81 FamFG Rn 21.
[5] Frühere Rechtsprechung: Keine Kostenentscheidung bei einstweiliger Unterbringung (OLG Hamm FamRZ 1995, 1595; a. A. OLG Schleswig FamRZ 1994, 781). Bei vorläufiger Anordnung über die Herausgabe eines Kindes bejahte BayObLG FamRZ 1994, 978 die Notwendigkeit einer Kostenerstattungsregelung. Bei vorläufiger Anordnung auf Herausgabe eines Kindes verneint von OLG Karlsruhe FamRZ 1998, 568.
[6] Schneider MDR 1987, 199; a. M. OLG Hamm Rpfleger 1966, 334.

Kostenfestsetzungsbeschluss nach § 85 FamFG i. V. m. §§ 103 ff. ZPO,[7] in der Regel bei Teilentscheidungen (wenn die Kostenentscheidung vom Gesamtergebnis abhängt),[8] bei Zwischenverfügungen. Dem Verfahrensbeistand dürfen keine Kosten auferlegt werden (§ 158 Abs. 8), ebenso wenig dem Verfahrenspfleger (§ 317 Abs. 7), dem Minderjährigen in Personenangelegenheiten (§ 81 Abs. 3). Werden trotzdem in diesen Fällen Kosten auferlegt, ist dies in **eindeutigen** Fällen der Gesetzwidrigkeit (z. B. Kostenauferlegung auf Verfahrenspfleger, Verfahrensbeistand, entgegen § 158 Abs. 8) für den Kostenbeamten unbeachtlich;[9] andernfalls nach allgemeinen Regeln verbindlich[10] und der Betroffene ist auf Rechtsmittel angewiesen.[11] Im Verfahren gegen die Kostenberechnung des Notars fallen vor dem LG keine Gerichtsgebühren an (§ 156 Abs. 6 KostO).

7   Einem **Kostenbefreiten** (z. B. Bund, Länder, bestimmte öffentliche Anstalten und Kassen) können keine Gerichtskosten auferlegt werden (§§ 11 KostO, 2 Abs. 1 FamGKG). Geschieht es trotzdem, sind Kosten nicht zu erheben und bereits erhobene Kosten zurückzuzahlen (§ 2 Abs. 3 FamGKG). Wenn ein Kostenbefreiter in einem Vergleich Gerichtskosten übernimmt, werden sie von der Justizkasse nicht angesetzt (vgl. § 2 Abs. 3 S. 2 FamFG). Zwischen Gebührenbefreiung und Auslagenbefreiung ist im Übrigen zu trennen. Einem Kostenbefreiten (z. B. der Staatskasse) können aber die außergerichtlichen Kosten eines anderen Beteiligten auferlegt werden.[12]

4. Inhalt der Kostenentscheidung

8   **a) Trennung Gerichtskosten und außergerichtliche Kosten.** Wird eine Kostenentscheidung getroffen, dann sollte sie nicht lauten „Dem Antragsteller werden die Kosten auferlegt", weil dann möglicherweise Unklarheit herrscht, was auferlegt wurde (wessen Kosten? Welche Kostenart?). Zumindest sollte differenziert werden zwischen Gerichtskosten und außergerichtlichen Kosten;[13] der Beteiligte, dessen Kosten zu erstatten sind, ist identifizierbar anzugeben. Wird gleichwohl in einem Beschluss über „die Kosten des Verfahrens" entschieden, ist darunter in der Regel auch die Tragung und Erstattung der außergerichtlichen Kosten der anderen Beteiligten zu verstehen (Auslegungsfrage).[14] Ein ausdrücklicher Ausspruch („Kosten werden nicht erstattet") oder wenigstens eine Stellungnahme in den Gründen ist zu empfehlen, wenn nach Auffassung des Gerichts eine Kostenerstattung nicht für veranlasst erachtet wird,[15] weil sonst Beteiligte glauben, die Kostenentscheidung sei vergessen worden und Ergänzung beantragen. Der Ausspruch, dass ein Antrag „kostenpflichtig" zurückgewiesen wird, enthält jedenfalls dann nicht die Anordnung einer Erstattung außergerichtlicher Kosten, wenn das AG ihn (in den Gründen) nur auf § 130 KostO stützt.[16]

9   **b) Anordnung der teilweisen Erstattung.** Da Kosten auch teilweise auferlegt werden können, wie Abs. 1 S. 1 sagt, sind alle Formen der Abgrenzung statthaft. Es kann gequotelt werden (z. B. $^2/_3$ zu $^1/_3$); es können Kosten nur bis zu einem bestimmten Betrag auferlegt werden;[17] es können z. B. einem Beteiligten nur die Anwaltskosten[18] eines anderen Beteiligten (ganz oder teilweise) oder nur die Gerichtskosten (ganz oder teilweise) oder nur Fahrtkosten oder sonstige Sonderkosten etc. auferlegt werden. Wird ein Erbschein beantragt

---

[7] A. A. MünchKommZPO/Schindler § 81 FamFG Rn 25, wenn bei einem Beteiligten Auslagen angefallen sind.
[8] BayObLG Beschl. v. 30. 4. 1982, 2 Z 42/81 n. v.
[9] OLG Stuttgart MDR 2010, 102.
[10] BGH NJW 2011, 453.
[11] MünchKommZPO/Schindler § 81 FamFG Rn 27.
[12] OLG München FamRZ 2007, 1913.
[13] OLG Celle FamRZ 2010, 1840 für ein Vaterschaftsfeststellungsverfahren; a. A. Prütting/Helms/Feskorn § 81 Rn 7 (Quote der Gesamtkosten).
[14] BayObLG Rpfleger 1960, 95; BayObLGZ 1959, 139/143; OLG Oldenburg NJW 1956, 427; a. M. KG OLGZ 1969, 276; OLGZ 1968, 99; OLG Schleswig SchlHA 1961, 340.
[15] BayObLGZ 1963, 183/191.
[16] KG Rpfleger 1968, 152; LG Berlin JurBüro 1980, 1146.
[17] Lappe Rpfleger 1985, 423.
[18] BayObLGZ 1958, 29/30; Tschischgale Rpfleger 1961, 101.

und wurde in dem Verfahren allein aufgrund der Einwendungen eines anderen Beteiligten ein Sachverständigengutachten eingeholt, können dem anderen Beteiligten die Kosten des Gutachtens auferlegt werden.[19] Dies bindet den Rechtspfleger im späteren Kostenfestsetzungsverfahren.

c) Kosten werden gegeneinander aufgehoben. Dieser Satz lehnt sich an § 92 Abs. 1 S. 2 ZPO an, der aber nicht entsprechend gilt.[20] Er ist oft unklar und sollte daher unterlassen werden. Sind nur zwei gegensätzlich Beteiligte vorhanden, wird man ihn in der Regel im Sinne von § 83 Abs. 1 auslegen können (jeder trägt seine Anwaltskosten und sonstigen eigenen außergerichtlichen Kosten sowie ½ der Gerichtskosten);[21] oft aber ist vom Gericht nur gemeint, dass lediglich jede Seite ihre Anwaltskosten selbst tragen soll und es bezüglich der Gerichtskosten bei der KostO bleibt. Ein wesentlicher Unterschied zwischen Kostenaufhebung und Kostenteilung zeigt sich, wenn nur ein Beteiligter einen Anwalt beauftragte oder sonst hohe Kosten (z. B. Fahrtkosten) hatte; denn bei Kostenteilung werden sämtliche Kosten in einen Topf geworfen und quotal aufgeteilt, bei Kostenaufhebung dagegen werden nur die Gerichtskosten geteilt.

Beispiel (Erbscheinsverfahren, bei dem auf Antrag des Beteiligten zu 1 die Erteilung eines Erbscheins angeordnet wird und bei dem sich der gesetzliche Erbe, Beteiligter zu 2, dagegen wandte): „*Der Beteiligte zu 2 hat die dem Beteiligten zu 1 erwachsenen außergerichtlichen Kosten zu erstatten.*" Würde man formulieren „Dem Antragsgegner werden die Kosten auferlegt", dann könnte man annehmen, dass der Gegner auch die Erbscheinsgebühren (§§ 107, 49 KostO) zu erstatten hat, was unrichtig wäre, denn diese Gebühren müsste der Antragsteller auch dann selbst tragen, wenn sich niemand gegen seinen Antrag gewandt hätte.

d) Auferlegung von Gerichtskosten. Bezüglich der anfallenden Gerichtskosten (= Gebühren und Auslagen) sind verschiedene Gesetze einschlägig:
- Das **FamGKG** regelt die Gerichtskosten in Familiensachen (einschließlich der der Familiensachen der freiwilligen Gerichtsbarkeit), soweit nichts anderes bestimmt ist (§ 1 FamGKG); darunter fällt z. B. eine Entscheidung über Kindesherausgabe, Umgangsrecht.
- Die **KostO** regelt die Gerichtskosten der meisten Angelegenheiten der freiwilligen Gerichtsbarkeit, soweit es sich nicht um Familiensachen handelt. Vgl. § 80 Rn 12.

Ob und in welcher Höhe in FamFG-Verfahren Gerichtskosten zu erheben sind und wer diese Kosten zu tragen hat, ist in der KostO (§§ 2–6, 18 ff., 129 ff., 136 ff.) und im FamGKG (dort in eine Kostenverzeichnis) geregelt und im Einzelfall vom Kostenbeamten zu prüfen (§ 14 KostO; § 18 FamGKG; §§ 4 ff. KostVfG.). Insoweit ist grundsätzlich für eine gerichtliche Kostenentscheidung bezüglich der Gerichtskosten kein Bedürfnis und auch Raum;[22] Ausnahme Abs. 1 S. 2; vgl. unten Rn 18. Ein Ausspruch, über die Kostentragungspflicht („Der Antragsteller hat die Gerichtskosten zu tragen") ist daher unnötig, wenn sich dies sowieso aus dem Gesetz ergibt. Wird er (ohne gesetzliche Grundlage) trotzdem und falsch getroffen, so hat er die Bedeutung einer nicht bindenden Anweisung an den Kostenbeamten.[23] In den in § 21 Abs. 1 S. 2 FamGKG genannten Sonderfällen (erste Instanz in Gewaltschutzsachen; vgl. § 52 IntFamRVG; Minderjähriger als Antragsteller in Personenverfahren, vgl. § 81 Abs. 3; Verfahrensbeistand, vgl. § 158 Abs. 8) ist der Antragsteller nicht automatisch Kostenschuldner; deshalb ist insoweit eine Kostenentscheidung erforderlich (§ 24 FamGKG). Das Institut des „Interesseschuldners", welches § 2 Nr. 2 KostO kennt, wurde insoweit nicht ins FamGKG übernommen.

Ist nach § 2 KostO der Beteiligte X Kostenschuldner und erlegt das Gericht die Gerichtskosten dem Beteiligten Y auf, erlischt dadurch die Kostenhaftung des X grundsätzlich nicht; Y wird nur weiterer Kostenschuldner, wie § 3 Nr. 1 KostO („Kostenschuldner ist ferner") zeigt und was bedeutsam ist, wenn Y zahlungsunfähig ist. Beide haften als Gesamtschuldner

---
[19] LG Frankenthal ZEV 2005, 529.
[20] BayObLGZ 1969, 138/144.
[21] BayObLGZ 1978, 247; OLG Brandenburg FamRZ 2006, 279.
[22] BayObLG Rpfleger 1959, 384; Rpfleger 1958, 120; LG Düsseldorf JurBüro 1980, 1072.
[23] Korintenberg/Lappe § 3 Rn 3.

(§ 5 KostO). Ebenso ist es im Fall des § 24 FamGKG. Wenn aber das Gericht die Kosten ausdrücklich dem Beteiligten Y auferlegt hat (§ 81 Abs. 1 S. 2), dann bedeutet das im Zweifel, dass X nicht auf diesem Umweg trotzdem zu Kosten herabgezogen werden darf; denn sie bedeutet dann, dass von der Erhebung von Kosten gegen diesen Beteiligten abgesehen wird. Er haftet auch nicht als Antragsteller.[24]

15   **e) Beteiligung mehrerer Personen auf einer Seite.** Sind in einem Verfahren mehr als zwei Personen beteiligt, stehen sich z. B. in einem Erbscheinsverfahren auf der einen Seite der Testamentserbe, auf der anderen Seite zwei oder drei gesetzliche Erben, die sich am Verfahren beteiligt haben, gegenüber, so erhebt sich die Frage, ob Letztere, wenn ihre Erstattungspflicht angeordnet wird, für die Kosten als Gesamtschuldner oder anteilsmäßig (und mit welchen Anteilen: „Kopfanteil" oder „Erbanteil"?) haften. § 5 KostO bzw. §§ 26, 27 FamGKG kann nicht herangezogen werden, denn diese Bestimmung gilt nur für Gerichtskosten; § 100 Abs. 1 ZPO ist nicht für entsprechend anwendbar erklärt. Es muss daher auf § 420 BGB zurückgegriffen und gleichmäßige Teilhaftung der mehreren Schuldner für die Kosten, also nicht gesamtschuldnerische Haftung, angenommen werden.[25] Bei unterschiedlichem Gewicht der Interessen der Beteiligten kann die Verteilung der Haftung auch anders vorgenommen werden.[26] Haben sich in einem solchen Fall von den mehreren auf der einen Seite materiell Beteiligten nicht alle, sondern z. B. von dreien nur zwei formell beteiligt, so können nur diesen Kosten auferlegt werden, nur sie können erstattungspflichtig sein.[27] In der Kostenentscheidung sollte in diesen Fällen geregelt werden, wer welche Kosten zu erstatten hat.

16   **f) Verfahrenskostenhilfe.** Wird sie einem Beteiligten bewilligt (§§ 76 ff.), hat das auf die Fassung der Kostenentscheidung keinen Einfluss. Werden dem Beteiligten, dem Verfahrenskostenhilfe bewilligt wurde, die Gerichtskosten bzw. seine Anwaltskosten auferlegt, hat er sie nur im Rahmen von § 122 ZPO zu bezahlen. Wird ihm aufgegeben, die Anwaltkosten des Gegners zu erstatten, hilft ihm die Bewilligung der Verfahrenskostenhilfe nicht (§ 123 ZPO).

17   **g) Verfahrensverbindung.** Bei Verfahrensverbindung entsprechend § 20 wird eine gemeinsame Kostenentscheidung getroffen, anders bei gemeinsamer Entscheidung über verschiedene Anträge nur zur Verfahrensvereinfachung.[28]

5. Absehen von Gerichtskostenerhebung (Abs. 1 S. 2)

18   **a) Gerichtskosten.** Nach Abs. 1 S. 2 kann das Gericht in seiner Kostenentscheidung auch anordnen, dass von der Erhebung der Kosten (ganz oder teilweise) abzusehen ist (vgl. § 42 Abs. 1 S. 1 LwVG). Kosten sind Gebühren und Auslagen (§ 80); die Gerichtsgebühren sind meist gering, die Auslagen für Sachverständigengutachten können dagegen in die Tausende gehen. Das Vorhandensein mehrerer gegensätzlich Beteiligter ist nicht Tatbestandsvoraussetzung (anders als bei Abs. 1 S. 1). Die Bestimmung betrifft nur die Gerichtskosten (Gebühren und Auslagen),[29] obwohl S. 2 an S. 1 anschließt („Kosten") und dieser an § 80 S. 1. Denn dass der **Anwalt** von seinem Mandanten kein Honorar und keine Auslagenerstattung erhalten soll, kann das Gericht nicht beschließen, außer es bewilligt Verfahrenkostenhilfe. Möglicherweise ergibt die Auslegung deshalb, dass ein Beschluss eine fehlformulierte Bewilligung von Verfahrenskostenhilfe (§§ 76 ff.) darstellt. Auch die sonstigen außergerichtlichen Kosten kann Abs. 1 S. 2 nicht betreffen, weil z. B. private Reisekosten nicht im Rechtssinne „erhoben" werden.

19   Die Gesetzesbegründung[30] sagt: ein Absehen von Kostenerhebung „wird regelmäßig dann in Betracht kommen, wenn es nach dem **Verlauf oder dem Ausgang des Verfahrens** unbillig erscheint, die Beteiligten mit den Gerichtskosten des Verfahrens zu belas-

---

[24] Finke FPR 2010, 331.
[25] BayObLG Rpfleger 1974, 91; BayObLGZ 1963, 15/19; OLG Köln Rpfleger 1987, 23; a. M. Tschischgale Rpfleger 1961, 97/103 (Gesamtschuldner); MünchKommZPO/Schindler § 81 FamFG Rn 30, 36 (wenn mehrere Beteiligte gemäß gemeinsamem Tatplan vorsätzlich handeln).
[26] BayObLG Rpfleger 1977, 26.
[27] Zimmermann Rpfleger 1958, 71.
[28] BayObLGZ 1967, 25/29.
[29] BT-Drucks. 16/6308 S. 215; MünchKommZPO/Schindler § 81 FamFG Rn 15.
[30] BT-Drucks. 16/6308 S. 215.

Grundsatz der Kostenpflicht 20–24 § 81

ten". Es handelt sich um eine Erweiterung des § 16 KostO. Beispiele werden in der Gesetzesbegründung nicht angegeben. Wird ein Erbschein erteilt, ist nicht vorstellbar, dass die Erhebung der Gerichtsgebühr entfällt (wieso sollte der Erbschein kostenlos sein?); anders ist es schon bei den Auslagen des Gerichts, z. B. für Zeugen und Sachverständige. Die Anordnung der Nichterhebung wird allenfalls in Familiensachen in Frage kommen; zur Auswirkung vgl. Rn 14. Zu beachten ist ferner der Anwendungsbereich von § 81 (vgl. oben Rn 2); bei der Scheidung oder beim Unterhaltsstreit kann deshalb das Gericht nicht von der Erhebung der Gerichtskosten absehen.

b) Unrichtige Sachbehandlung. In Frage kommt daneben ein Ausspruch des Gerichts 20 nach § 16 KostO bzw. § 20 FamGKG über die Nichterhebung von Gerichtskosten wegen unrichtiger Sachbehandlung.[31]

c) Kostenbefreiung. Denkbar ist ferner ein Ausspruch darüber, dass z. B. auf Grund 21 § 11 KostO Gerichtsgebühren nicht in Ansatz kommen (etwa wenn unklar ist, ob eine beteiligte Kasse oder Anstalt unter § 11 KostO fällt[32]). Auch an die Bewilligung von Verfahrenskostenhilfe (§§ 76 ff.) ist zu denken.

6. Pflicht zur Kostenentscheidung in Familiensachen (Abs. 1 S. 3)

In Familiensachen ist vom Gericht stets über die Kosten zu entscheiden, auch in selbst- 22 ändigen Familiensachen der freiwilligen Gerichtsbarkeit.[33] Da aber nach § 113 Abs. 1 S. 1 in Ehesachen (§ 121) und Familienstreitsachen (§ 112) der § 81 nicht anzuwenden ist, bedeutet das, dass § 81 Abs. 1 S. 3 sich nur auf die in § 111 Nr. 2 bis 11 aufgezählten abzüglich der in § 112 genannten Sonderfälle bezieht; für den Unterhaltsstreit mit Ehegatten und Kindern ist also § 81 Abs. 1 S. 3 nicht einschlägig, sondern an sich die ZPO, was aber in § 243 wieder geändert wird. Für Unterhaltssachen nach dem Bundeskindergeldgesetz usw. (§ 231 Abs. 2) ist dagegen § 81 Abs. 1 S. 3 einschlägig, aber nicht § 243 (§ 231 Abs. 2 S. 2). vielmehr gilt für die Kostenentscheidung §§ 81 ff. Wird die **Kostenentscheidung übersehen**, ist sie nachzuholen (§ 82 Rn 6). Die Kostenentscheidung in Scheidungssachen und Folgesachen richtet sich nach § 150. Für **Abstammungssachen** enthält § 183 bezüglich der Kostentragung eine Sonderregelung.

7. Kostenansatz, Geschäftswert und Kostenfestsetzung

a) Kostenansatz. Die Zuständigkeit zum Kostenansatz (sie beinhaltet die Aufstellung 23 der Kostenrechnung über die an die Staatskasse zu entrichtenden Kosten) und das einschlägige Verfahren ergibt sich aus §§ 14 Abs. 1 KostO, 18 FamGKG, 1 ff., 4 ff., 27 ff. KostVfg; Erinnerungen[34] und Beschwerde gegen den Kostenansatz sowie dessen Berichtigung im Verwaltungsweg sind in § 14 Abs. 2 bis 10 KostO bzw. § 57 FamGKG geregelt.

b) Kostenvorschuss. Er kann nach Maßgabe von § 8 Abs. 1, Abs. 2 KostO bzw. § 16 24 FamGKG erhoben werden. Die Erhebung eines Kostenvorschusses, von dessen Zahlung die Amtshandlung nicht abhängt (§ 8 Abs. 1 KostO), ordnet der Kostenbeamte selbstständig an. Wenn aber die Vornahme des Geschäfts von der Vorauszahlung von Kosten abhängig gemacht werden soll (§ 8 Abs. 2 KostO), hat der Kostenbeamte vor Einforderung des Vorschusses eine Entscheidung des Richters (Rechtspflegers) einzuholen (§ 22 KostVfg; über Sicherstellung nach § 8 Abs. 2 KostO vgl. § 23 KostVfg.). Wird nach § 8 Abs. 2 KostO die Amtshandlung von der Zahlung oder Sicherstellung eines Vorschusses abhängig gemacht, so ist gegen diese Anordnung auch wegen der Höhe des Vorschusses die Be-

---

[31] Beispiel BGH BeckRS 2011, 01157 (falsche Rechtsbehelfsbelehrung, deshalb Rechtsmittel eingelegt, das verworfen wird).
[32] Zusammenstellung der Kassen bei Hartmann § 2 GKG Rn 8.
[33] BT-Drucks. 16/6308 S. 215.
[34] Für die Entscheidung über die Erinnerung gegen den Kostenansatz ist bei Kosten für ein dem Rechtspfleger übertragenes Geschäft der Rechtspfleger zuständig, § 4 Abs. 1 RPflG (BayObLG NJW-RR 2002, 1118; OLG Zweibrücken Rpfleger 1998, 332; h. M.). Hat der Rechtspfleger als Kostenbeamter die Kostenrechnung aufgestellt, ist er ausgeschlossen, als Rechtspfleger über die Erinnerung gegen den eigenen Kostenansatz zu entscheiden (BayObLG Rpfleger 1993, 485, h. M.).

schwerde nach §§ 19, 20, 21, 23, 24 Abs. 1, 25, 30 zulässig (§ 8 Abs. 3 KostO mit weiteren Sonderbestimmungen) bzw. nach § 58 FamGKG. Eine Sondervorschrift enthält § 43 Abs. 2 LwVG.

25 **c) Festsetzung des Geschäftswerts.** Die Festsetzung des Geschäftswerts erfolgt durch das Gericht, wenn ein Zahlungspflichtiger oder die Staatskasse dies beantragen oder es sonst angemessen erscheint (§ 31 Abs. 1 KostO bzw. § 55 FamGKG). Die Beschwerde hiergegen richtet sich nach § 31 Abs. 3 KostO bzw. § 59 FamGKG.

26 **Sondervorschriften:** z.B. § 34 Abs. 2 LwVG; § 30 Abs. 3 EGGVG; § 138 Abs. 2 S. 6 UrhG; §§ 99 Abs. 6, 132 Abs. 5, 169 Abs. 3, 260 Abs. 4 AktG.

27 **d) Kostenfestsetzung.** Die Kostenentscheidung ist in der Regel nur einen Grundentscheidung; wie hoch die zu erstattenden Beträge sind, wird im Kostenfestsetzungsverfahren geklärt. Die Zuständigkeit und das Verfahren für die Festsetzung der im Verhältnis der Beteiligten zueinander zu erstattenden Kosten ist in § 85 durch Verweisung auf die §§ 103 ff. ZPO geregelt.

III. Kostenerstattung nach billigem Ermessen (Abs. 1)

1. Ermessensentscheidung (Abs. 1 Satz 1)

28 **a) Allgemeines.** Das FamFG weicht vom starren Erfolgsgrundsatz der ZPO (§ 91 ZPO) ab und ermöglicht eine flexible Kostenverteilung. Nachteil ist, dass eine Kostenentscheidung für den anwaltlichen Berater nicht vorhersehbar ist (anders als im Zivilprozess) und die Rechtssicherheit leidet. Die Regelung in § 81 entspricht teils dem früheren § 13a FGG. Ein **Antrag** auf Kostenentscheidung ist nicht erforderlich,[35] wohl aber ein Rechtsschutzbedürfnis (Rn 42) für eine Regelung. **Mehrere Beteiligte.** Mehr als eine Person muss an einer Angelegenheit beteiligt sein, damit eine Kostenerstattungsregelung getroffen werden kann; dies ergibt sich daraus, dass von „den Beteiligten" die Rede ist. Abs. 1 Satz 2 dagegen ist sowohl bei einem einzigen Beteiligten wie bei mehreren Beteiligten anwendbar.

29 **b) Beteiligte.** Wer Beteiligter ist, regelt § 7. In zahlreichen Fällen ist zusätzlich in Katalogen geregelt, wer in einem konkreten Verfahren Beteiligter ist, so in §§ 172, 188, 204, 212, 219, 274, 315, 345, 412, 418. Wer ein Testament entgegen § 2259 BGB nicht beim Nachlassgericht abliefert, wird dadurch noch nicht Beteiligter;[36] die überflüssigen Kosten des Nachlassverfahrens können ihm daher nicht nach § 81 auferlegt werden; sie sind in einem **Zivilprozess** geltend zu machen.[37] Beteiligter kann jede natürliche und juristische Person sein (§ 8 Nr. 1); ferner Vereinigungen, Personengruppen und Einrichtungen, soweit ihnen ein Recht zustehen kann (§ 8 Nr. 2); Behörden (§ 8 Nr. 3).

30 *aa) Beteiligter im Sinn des § 81.* Die Regelung spricht nur von „den Beteiligten". Das muss aber einschränkend gelesen werden: Kostenpflichtig kann grundsätzlich nur der **formell** am Verfahren Beteiligte werden.[38] Einem an einer Angelegenheit nur **materiell** Beteiligten, der sich nicht selbst am Verfahren beteiligt hat,[39] können grundsätzlich weder Kosten eines anderen Beteiligten auferlegt werden,[40] noch kann er als erstattungsberechtigt erklärt werden; eine andere Kostenentscheidung wäre in der Regel ermessensmissbräuchlich. Die frühere Unterscheidung zwischen formeller und materieller Beteiligung wirkt hier fort und muss denjenigen schützen, der sich vom gerichtlichen Verfahren fernhält. Es ist nicht einzusehen, dass z.B. dann, wenn ein Erbe durch seinen Anwalt aufgrund Testaments einen Erbschein beantragt, der gesetzliche Erbe, der vom Nachlassgericht hinzugezogen wurde (§ 345 Abs. 1), sich aber am Verfahren nicht beteiligt, die Anwaltskosten des Antragstellers zu erstatten hat.

31 *bb) Nichtbeteiligte.* Einem **Nichtbeteiligten** können erst recht keine Kosten auferlegt werden (Ausnahme: § 81 Abs. 4); das sind z.B. Richter, Rechtspfleger, Gerichtsvollzieher.

---

[35] OLG Hamm Rpfleger 1966, 334.
[36] A. A. LG Duisburg FamRZ 2008, 1136.
[37] § 2259 BGB ist Schutzgesetz im Sinne von § 823 Abs. 2 BGB; vgl. OLG Brandenburg ZEV 2008, 287.
[38] BGHZ 31, 92; BayObLGZ 1972, 354/364; KG FamRZ 1968, 472; Jansen/von König § 13a Rn 4; jew. zu § 13a FGG.
[39] BayObLGZ 1966, 49/64 ff.; 1965, 333/341; vgl. Jansen/von König § 13a Rn 4; jew. zu § 13a FGG.
[40] A. A. für die Fälle des § 7 Abs. 2 Nr. 2 Prütting/Helms/Feskorn § 81 Rn 3.

Lehnt der **Notar** eine Amtshandlung ab, so dass der Urkundsbeteiligte Beschwerde einlegt (§ 15 Abs. 2 BeurkG), gilt der Notar als Nichtbeteiligter, weil er als erste Instanz gilt, so dass ihm keine außergerichtliche Kosten des „Beschwerdeführers" auferlegt werden können.[41] Dies gilt auch für das **Bundesamt für Justiz,** welches in dem Zwangsgeldverfahren nach § 335 HGB die Stellung der ersten Instanz hat.[42] Im Verfahren nach § 107 (Anerkennung einer Scheidung) ist die **Landesjustizverwaltung** nicht Beteiligte, sondern erste Instanz.

c) Antragsverfahren. In Antragsverfahren (Beispiel: Erbscheinsantrag, § 2353 BGB; Hausratsteilung und Wohnungszuweisung, § 203) ist der Antragsteller immer formell Beteiligter (§ 7 Abs. 1); auch wenn er sich auf das weitere Verfahren nicht einlässt, sondern sich auf den Anstoß beschränkt, können ihm daher Kosten auferlegt werden. Allerdings sind Antragsverfahren nur solche, bei denen der Antrag **Verfahrenvoraussetzung** ist, nicht solche Verfahren, bei denen jemand unter der Bezeichnung „Antrag" in Wahrheit nur ein Amtsverfahren anregt (vgl. § 24 Abs. 1). Dritte können aber aufgrund von Sondervorschriften (§ 7 Rn 35) zunächst materiell Beteiligte sein oder als solche gelten, sich dann am Verfahren beteiligen und erstattungsfähige Kosten haben, so der Vermieter im Wohnungszuweisungsverfahren (§ 204).[43]

d) Amtsverfahren. In Amtsverfahren können einem materiell Beteiligten, der sich aber nicht am Verfahren beteiligt hat, keine Kosten auferlegt werden;[44] das ergibt sich zwar nicht eindeutig aus § 81, wäre aber ein Ermessensmissbrauch. Er kann nach § 81 auch keine Kosten erstattet erhalten.

e) Auftretende gesetzliche Vertreter. Dem für den Betroffenen auftretenden Betreuer, Nachlasspfleger, Verfahrenspfleger, Verfahrensbeistand können persönlich keine Kosten auferlegt werden;[45] so ausdrücklich §§ 158 Abs. 8, 276 Abs. 7, 317 Abs. 7, 419 Abs. 5 S. 2. Der Vertretene ist als (kostenpflichtiger bzw. kostenberechtigter) Beteiligter anzusehen. Allerdings sind Verfahrenspfleger und Verfahrensbeistände keine gesetzlichen „Vertreter", sondern sind weisungsunabhängig; sie können daher sogar gegen den Willen des Beteiligten tätig werden und ihm zuzurechnende Kosten verursachen. Wenn der Vertreter in eigener Sache handelt (z. B. wegen seiner Vergütung, seiner Entlassung) können ihm persönlich Kosten auferlegt werden. Dasselbe gilt für **gewillkürte Vertreter** (Rechtsanwälte des Beteiligten, Bevollmächtigte, auch sog. Vorsorgebevollmächtigte).

f) Parteien kraft Amts. Parteien kraft Amts (z. B. Insolvenzverwalter,[46] Zwangsverwalter, Nachlassverwalter nach § 1981 BGB, Testamentsvollstrecker) sind als solche Träger der Kostenpflicht, haften aber in der Regel nur mit dem von ihnen verwalteten Vermögen.[47] Persönlicher Kostenschuldner ist aber z. B. der Testamentsvollstrecker in einem seine Entlassung betreffenden Verfahren; ihm können daher auch auf Grund § 81 Kosten auferlegt werden. Dies schließt jedoch sein Recht nicht aus, die Kosten dem Nachlass zu entnehmen oder gegen die Erben geltend zu machen, wenn er sich in dem Verfahren in berechtigter Verteidigung des letzten Willens des Testators befunden hat; die Entscheidung hierüber ist aber im Zivilprozess zu treffen.[48]

g) Behörden. Behörden sind beteiligtenfähig (§ 8 Nr. 3), auch wenn sie nicht selbst rechtsfähig sind.[49] Grundsätzlich können sie daher sowohl Erstattungsschuldner wie Erstattungsgläubiger sein. Es ist zu unterscheiden:
- Erfüllt eine Behörde in einem Verfahren lediglich eine **ihr allgemein obliegende öffentliche Aufgabe,** werden also z. B. das Jugendamt nach §§ 162 Abs. 1, 205, 213

---

[41] BayObLG Rpfleger 1972, 101; KG KostRsp. FGG § 13a Nr. 46; OLG Düsseldorf MittRhNotK 1978, 46; OLG Naumburg FGPrax 2005, 272; OLG Schleswig FGPrax 2008, 132.
[42] OLG Köln FGPrax 2009, 29; FGPrax 2008, 216.
[43] OLG Hamburg FamRZ 1994, 716, zum § 7 HausratsVO a. F.
[44] BayObLG FamRZ 1967, 515; FamRZ 1965, 625; Jansen/von König § 13a Rn 4.
[45] OLG Karlsruhe FamRZ 1997, 1547.
[46] LG Freiburg ZIP 1982, 477 (Auferlegung einer Sicherheit).
[47] MünchKommZPO/Schindler § 81 FamFG Rn 10.
[48] OLG Hamburg MDR 1963, 423.
[49] BGHZ 31, 92; OLG Zweibrücken FGPrax 2010 (Standesamtsaufsichtsbehörde); auch der Vereinsvormund: BayObLG FamRZ 1978, 150.

oder die Betreuungsbehörde nach § 279 Abs. 2 nur gehört, bzw. holt das Registergericht eine gutachtliche Äußerung der Industrie- und Handelskammer, Handwerkskammer (§ 380 Abs. 1 S. 2) oder der Organe des land- und forstwirtschaftlichen Berufsstandes ein, so ist die Behörde (bzw. die Körperschaft) dadurch nicht Beteiligter im kostenrechtlichen Sinne des § 81;[50] das stellt § 7 Abs. 5 klar.

38 • Nimmt eine Behörde als **Rechtssubjekt oder Organ eines öffentlichen Rechtsträgers** im Verfahren bestimmte Rechte, z. B. Vermögensrechte (Fiskus als Erbe) aber auch sonstige Rechte, wahr oder kann sie in dieser Eigenschaft von einer Entscheidung betroffen werden,[51] so ist sie am Verfahren auch kostenrechtlich beteiligt. In diesem Fall kann sie im Sinne des § 81 erstattungspflichtig und auch erstattungsberechtigt werden.[52] Ist eine Dienststelle Vertreterin eines öffentlichen Rechtssubjekts, z. B. des Bundes oder eines Landes, dann ist in diesem Fall der öffentlich-rechtliche Rechtsträger selbst Beteiligter und § 81 gilt lediglich für ihn.[53]

39 • Oft steht Behörden im Verfahren der freiwilligen Gerichtsbarkeit ein **Antrags- oder Beschwerderecht** im öffentlichen Interesse zu, z. B. der Betreuungsbehörde (Beschwerderecht, § 303 Abs. 1), dem Jugendamt,[54] der anerkannten Einrichtung nach dem bad.-württ. UnterbringungsG,[55] der Verwaltungsbehörde im Freiheitsentziehungssachen (vgl. § 430,[56] Kostenschuldner ist die Körperschaft, nicht der Justizfiskus[57]), dem Staatsanwalt im Todeserklärungsverfahren (§§ 16 Abs. 2 a, 17 VerschG), der Standesamtsaufsichtsbehörde in Personenstandssachen.[58] Üben diese Behörden in einem bestimmten Verfahren ein solches Recht aus oder werden sie von Amts wegen hinzugezogen, ist § 81 anwendbar. Soweit also nicht Sondervorschriften bestehen, muss auch für Behörden, die im Verfahren im öffentlichen Interesse als Beteiligte auftreten, § 81 gelten.[59] Der Behörde können daher die **Anwaltskosten der Gegenseite auferlegt** werden, wenn sie mit einem Antrag oder einer Beschwerde keinen Erfolg hat. Beteiligte sind auch die Industrie- und Handelskammer,[60] die Organe des land- und forstwirtschaftlichen Berufsstandes im Verfahren beim Registergericht (§ 380 Abs. 2),[61] die Träger der Versorgungslast im Verfahren über den Versorgungsausgleich (§ 219),[62] das Finanzamt im Umstellungsverfahren,[63] u. U. die Polizei.[64] In Landwirtschaftssachen wird die Ansicht vertreten, dass die Landwirtschaftsbehörde, die sich am Verfahren, z. B. durch Beschwerdeeinlegung, beteiligt hat, auch in Ansehung der Kostenerstattung als Beteiligte gilt.[65]

40 **h) Im entgegengesetzten Sinn beteiligt.**[66] Im entgegengesetzten Sinn beteiligt müssen die Personen sein, also unterschiedliche Entscheidungen anstreben, weil es sonst nicht

---

[50] BGH NJW 1960, 148; BayObLGZ 1967, 385/389; OLG Hamm BB 1964, 1197; OLG Stuttgart DieJ 1973, 141; Jansen/von König § 13 a Rn 5. Das Finanzamt ist nicht Beteiligter eines von ihm angeregten Pflegschaftsverfahrens (§ 364): BayObLG Rpfleger 1986, 293.
[51] Beispiele bei Zimmermann Rpfleger 1958, 209.
[52] BGHZ 31, 92.
[53] Tschischgale Rpfleger 1961, 99.
[54] BayObLG FamRZ 1989, 652; ZBlJR 1983, 554; KG FamRZ 1985, 527; OLG Düsseldorf FamRZ 1968, 43/45; OLG Frankfurt DAV 1962, 329; LG München II JurBüro 1980, 1387.
[55] OLG Karlsruhe FamRZ 1995, 488.
[56] Dazu BayObLGZ 1980, 288; BayObLGZ 1978, 140.
[57] BayObLGZ 1980, 288 (Abschiebungshaft).
[58] BayObLG FamRZ 1985, 201/204; OLG Hamm StAZ 1983, 200; OLG Zweibrücken FGPrax 2010, 162; StAZ 1985, 132; a. A. KG StAZ 2000, 216; OLG Frankfurt StAZ 1996, 330 (bei Berichtigung abgeschlossener Eintragungen); OLG Stuttgart StAZ 2005, 77; LG Kiel StAZ 2008, 246 (sie sei keine Beteiligte, weshalb ihr keine außergerichtlichen Kosten auferlegt werden dürften).
[59] BGH NJW 1960, 148; OLG Neustadt Rpfleger 1963, 36: Landesjugendamt; OLG Zweibrücken FGPrax 2010, 162.
[60] OLG Oldenburg Rpfleger 1958, 381.
[61] Vgl. OLG Oldenburg Rpfleger 1958, 381.
[62] OLG Naumburg FamRZ 2001, 1374; OLG Saarbrücken JurBüro 1982, 1092.
[63] OLG Köln MDR 1960, 771.
[64] BGHZ 31, 92: Polizeipräsident im Legitimationsverfahren.
[65] BGH MDR 1955, 605; BayObLGZ 1956, 11/23; a. M. z. B. Rötelmann MDR 1956, 160.
[66] BayObLG NJW-RR 1993, 530; FamRZ 1993, 602 stellt darauf ab, in wessen Interesse die Beteiligten zu handeln glaubten; OLG Düsseldorf MittRhNotK 1978, 46; MünchKommZPO/Schindler § 81 FamFG Rn 30 stellt auf „entgegengesetzte Beteiligungsrichtung" ab.

sinnvoll ist, dass ein Beteiligter einem anderen gleichgerichteten Beteiligten dessen Kosten erstatten muss. Beantragen drei Personen einen gemeinschaftlichen Erbschein und wird er erteilt, können nicht die Gerichtskosten für den Erbschein nur einem Antragsteller auferlegt werden, weil die drei Antragsteller nicht entgegengesetzt beteiligt sind. Gegensätzlich beteiligt sind z. B. der sich auf ein Testament stützende Erbscheinsantragsteller und der sich auf das gesetzliche Erbrecht stützende Gegner;[67] die Eltern bei einem Streit über die Zuteilung der elterlichen Sorge (§ 1672 BGB); Eltern/Großmutter des Kindes (§ 1666 BGB);[68] Pflegeeltern/Eltern (Kindesherausgabe).[69] Im entgegengesetzten Sinn zu seinem Mündel (Betreuten, Kind) Beteiligter ist auch der Vormund (Betreuer, Eltern), wenn sie sich im Verfahren nach §§ 1906, 1631b BGB gegenüberstehen.[70] Das Gleiche gilt auch, wenn sich in betreuungsgerichtlichen Verfahren Betreuer und Gegenbetreuer gegenüberstehen.

i) Notwendigkeit der Kosten. Bei der Entscheidung über die Kostenerstattungspflicht ist grundsätzlich die Frage, welche Aufwendungen zur zweckentsprechenden Erledigung der Angelegenheit notwendig waren, nicht zu prüfen. Über sie entscheidet der Rechtspfleger im Kostenfestsetzungsverfahren nach pflichtgemäßem Ermessen (§§ 85 FamFG, 104 ZPO).[71] Wenn das Gericht beim Beschluss nach § 81 die Kosten eines Beteiligten dem anderen Beteiligten nur teilweise auferlegt (Rn 9) oder ihm nur bestimmte Kosten aufbürdet oder bestimmte Kosten von der Erstattung ausnimmt, so ist der Rechtspfleger im Kostenfestsetzungsverfahren an diese Entscheidung gebunden,[72] denn er kann sein Ermessen nur im Rahmen des Beschlusses über die Kostentragungspflicht ausüben.

j) Rechtsschutzbedürfnis. Vor Erlass einer Kostenentscheidung nach § 81, auch der zwingend vorgeschriebenen nach Abs. 1 S. 3, wird das Gericht in der Regel auch prüfen, ob für den als erstattungsberechtigt anzusehenden Beteiligten ein Rechtsschutzbedürfnis für eine Kostenentscheidung besteht.[73] Ist z. B. der Antrag oder der Beschwerdeschriftsatz noch keinem anderen Beteiligten mitgeteilt worden, weil der Antrag zuvor zurückgenommen wurde oder das Rechtsmittel entweder unzulässig oder von vornherein aussichtslos war, so sind bei den anderen Beteiligten noch keine Kosten angefallen, die Gegenstand einer Erstattungspflicht sein könnten, so dass die Notwendigkeit einer Kostenentscheidung entfällt.[74] Wurde der Antrag zwar mitgeteilt, sind aber bei einem Erstattungsberechtigten Kosten erkennbar nicht angefallen, entfällt ebenfalls eine Erstattungsanordnung.[75] Wird im Beschwerdeverfahren der Beschwerdeschriftsatz einem anderen Beteiligten zur Stellungnahme mitgeteilt, so wird er dadurch formell Beteiligter, auch wenn er keine Stellungnahme einreicht.[76] Diesem Beteiligten können zwar, etwa durch Erholung von Informationen, Kosten erwachsen sein, doch wird hier angenommen werden können, dass für einen Beteiligten, der im Verfahren nicht hervorgetreten ist, sich nicht beteiligt hat, kein Rechtsschutzbedürfnis an einer Kostenentscheidung besteht.[77] Die Kostenentscheidung nach § 81 hat sich auf diejenigen Beteiligten zu beschränken, die am Verfahren mitgewirkt, insbesondere zur Sache Stellung genommen haben.[78] Wurde dem Beteiligten Verfahrenskostenhilfe mit Anwaltsbeiordnung bewilligt, besteht in der Regel kein Bedürfnis dafür, seine Anwaltskosten einem anderen Beteiligten aufzuerlegen;[79] anders ist es, wenn bei einem höheren Streitwert der Anwalt vom Gegner mehr fordern kann als aus der Staatskasse (vgl. § 49 RVG).

---

[67] OLG Hamm JMBl.NW 1964, 275.
[68] BayObLG FamRZ 1994, 1413.
[69] BayObLG FamRZ 1994, 978.
[70] Jansen/von König § 13a Rn 7.
[71] KG FamRZ 1968, 472; Jansen/von König § 13a Rn 23.
[72] Jansen/von König § 13a Rn 12, 23.
[73] Zimmermann Rpfleger 1958, 71/72; Tschischgale Rpfleger 1961, 99.
[74] BayObLG FamRZ 1985, 740; FamRZ 1985, 76.
[75] OLG Bamberg FamRZ 1985, 524.
[76] BGH NJW 1960, 148.
[77] Ebenso BGHZ 31, 92; BayObLG FamRZ 1996, 878; FamRZ 1985, 538.
[78] BayObLGZ 1963, 227/230; BayObLGZ 265/271.
[79] OLG München FamRZ 2006, 1461.

43 Kommt als Kostenerstattungsberechtigter eine am Verfahren beteiligte **Behörde** in Betracht, so wird eine Kostenentscheidung zu ihren Gunsten auch im Fall des § 81 nur erforderlich sein, wenn anzunehmen ist, dass ihr über den bloßen Verwaltungsaufwand hinaus besondere Kosten erwachsen sind;[80] das sind z. B. Reisekosten von Behördenvertretern zu einem Gerichtstermin.[81]

2. Kostenerstattung nach Billigkeit

44 **a) Grundsätze.** § 81 Abs. 1 S. 1 stellt auf „billiges Ermessen" ab,[82] im Gegensatz zum starren Erfolgsprinzip des § 91 ZPO; die Gesetzesbegründung betont allerdings die stärkere Anknüpfung an die Kostenregeln des Zivilprozessrechts.[83] Anders als unter der Geltung von § 13 a Abs. 1 S. 1 FGG[84] ist es daher **nicht mehr Grundregel,** dass im FamFG-Verfahren jeder Beteiligte seine außergerichtlichen Kosten selbst zu tragen hat; die Auferlegung der Kosten bedarf nicht mehr besonderer Rechtfertigung im Einzelfall.[85] Die Anwendung der Grundregel ist zwar für das Gericht bequem, weil man sich dort Arbeit für die Begründung, die Kostenfestsetzung und die Vollstreckung spart, entspricht aber nicht der Rechtsempfinden der Bürger und ist oft nicht sachgerecht. Die Entscheidung nach Billigkeit ist schwieriger als die Entscheidung nach § 91 ZPO; sie erfordert eine **sorgfältige Abwägung** aller Gesichtspunkte und deren Niederlegung in der Begründung des Beschlusses.[86] Die Billigkeitsentscheidung ist willkürlich (und demzufolge verfassungswidrig), wenn das Gericht den Sachverhalt offensichtlich unzureichend würdigt.[87] Das Beurteilungsermessen bei der Billigkeitserwägung ist im Rechtsbeschwerdeverfahren nur beschränkt nachprüfbar.[88]

45 Bei Vollstreckung einer Entscheidung über die **Herausgabe von Personen** und die Regelung des Umgangs können dem Verpflichteten Ordnungsgeld bzw. Ordnungshaft auferlegt sowie die Anwendung von unmittelbarem Zwang (Gewalt) gestattet werden; in einem solchen Fall sind dem Verpflichteten die Kosten des Verfahrens aufzuerlegen (§ 92 Abs. 2), ein Ermessen besteht nicht.

46 **b) Unterliegen eines Beteiligten.** Das Unterliegen eines Beteiligten erfordert es zwar nicht unbedingt, seine Verpflichtung zur Kostenerstattung anzuordnen;[89] doch wird dies jedenfalls in streitigen Sachen der Regelfall sein;[90] Regelbeispiele nennt Abs. 2. Denn es ist für einen Beteiligten nicht verständlich, dass er „gewonnen" hat und gleichwohl seine Anwaltskosten selbst zahlen soll. Allerdings kann im Einzelfall aus besonderen Gründen ausnahmsweise dem **Obsiegenden** auferlegt werden, Kosten zu erstatten;[91] das ist nicht beschränkt auf die Fälle des § 81 Abs. 2.

47 Zur Erledigung des Verfahrens durch **Vergleich** siehe § 83 Abs. 1, durch **Antragsrücknahme** und **Erledigung der Hauptsache** vgl. § 83 Abs. 2. Einem Beteiligten können aber nicht Kosten auferlegt werden, die der Gegner in einem gerichtlichen Vergleich übernommen hat.[92]

48 **c) Ermessenskriterien.** Das sind z. B. (neben der Tatsache des Unterliegens) die Verfahrensführung; das Vorbringen unwahrer Behauptungen;[93] wenn dem Antragsteller die

---

[80] BVerwG Rpfleger 1989, 255; BayObLGZ 1963, 223/226; VGH Kassel NVwZ-RR 1999, 213; abw. Hüttenhofer Rpfleger 1987, 292; OLG Stuttgart MDR 1990, 635.
[81] OLG Bamberg JurBüro 1992, 242; OLG München JurBüro 1992, 170.
[82] BayObLG Rpfleger 1960, 95; KG NJW 1965, 1538; OLG Hamm JMBl.NW 1966, 104/105.
[83] BT-Drucks. 16/6308 S. 215.
[84] BayObLG FamRZ 2001, 1311; FamRZ 1963, 521.
[85] MünchKommZPO/Schindler § 81 FamFG Rn 6. Anders nach § 13 a FGG: z. B. BayObLG FamRZ 2001, 1311; OLG Bamberg FamRZ 1999, 103; OLG Hamm FamRZ 1983, 1264. Nach Prütting/Helms/Feskorn § 81 Rn 9 gilt die bisherige Grundregel weiter; anders Rakete-Dombek FPR 2009, 12/17.
[86] OLG Hamm FamRZ 1967, 572.
[87] BVerfG NJW 1994, 1645.
[88] BayObLGZ 1973, 30/33.
[89] BayObLGZ 1963, 183/190; OLG Frankfurt DAVorm 1962, 329.
[90] BGH NJW-RR 2008, 794; OLG Saarbrücken FGPrax 2010, 270 (Gewaltschutzsache).
[91] BayObLGZ 1975, 286.
[92] BayObLG Rpfleger 1963, 120.
[93] Das ist nicht schon bei jedem unzutreffenden Sachvortrag der Fall, BayObLG Beschl. v. 23. 3. 1984 1 Z 107/82, n. v.

Aussichtslosigkeit seines Antrags von vornherein erkennbar war;[94] wenn ein Beteiligter ein Verfahren durch Verzug[95] oder schuldhaftes Verhalten veranlasst hat.[96] Ferner können die wirtschaftlichen und persönlichen Verhältnisse eine Rolle spielen,[97] jedenfalls in Familiensachen, aber nicht in Nachlasssachen; auch die Art der Verfahrensführung (schuldhafte Veranlassung von Mehrkosten, ohne dass bereits grobes Verschulden nach Abs. 2 Nr. 1 vorliegt).[98] Bei rein vermögensrechtlichen Streitigkeiten unter sich nicht nahe stehenden Beteiligten entspricht die Kostenerstattung in der Regel der Billigkeit. Bei Familienstreitigkeiten ist hinsichtlich der Auferlegung einer Kostenerstattungspflicht Zurückhaltung geboten.[99] Wenn sich ein Anwalt in eigener Sache selbst vertritt, ist für eine analoge Anwendung von § 91 Abs. 2 S. 3 ZPO ist im allgemeinen kein Raum;[100] es entspricht nicht der Billigkeit, dass ihm fiktive Anwaltskosten erstattet werden.

d) Antragsverfahren. Im Antragsverfahren, bei denen ein Antrag Verfahrensvoraussetzung ist, ist die **Zurückweisung des Antrags** in der Regel ein ausreichender Grund, um eine Kostenerstattung zu verfügen.[101] Anderes kann gelten, wenn die Stellung des Antrags auf unverschuldeter Unkenntnis der tatsächlichen oder rechtlichen Verhältnisse beruht; das gilt nicht, wenn bei entsprechender Erkundigung über die Sach- und Rechtslage der das Verfahren einleitende Antrag nicht gestellt worden wäre.[102] 49

IV. Regelbeispiele für Billigkeit (Abs. 2)

In Abs. 2 sind Fälle zusammengestellt, bei denen es in der Regel billigem Ermessen entspricht, wenn ein bestimmter Beteiligter alle oder wenigstens einen Teil der Kosten trägt. Jedoch ist das keine abschließende Regelung. Die dort genannten Fälle sind aber so eng gefasst, dass sie praktisch nicht vorkommen können. Aus den in Abs. 2 aufgezählten Fällen darf deshalb nicht der Schluss gezogen werden, dass es nur in völlig absurden Fällen angemessen ist, alle Kosten einem Beteiligten aufzuerlegen, und dass im Regelfall jeder Beteiligte seinen Anwalt selbst zahlen muss (denn die anderen Kostenpositionen spielen vom Betrag her keine Rolle). Verweigert die Mutter dem Vater den mündlich vereinbarten Umgang mit dem Kind, worauf dieser mit Anwaltshilfe vor dem Familiengericht den Umgang erzwingt, kann es nicht sein, dass der Vater seine Anwaltskosten selbst tragen muss; sonst könnte jeder nach Belieben einen anderen folgenlos schädigen. 50

1. Anlass für das Verfahren (Abs. 2 Nr. 1)

Das Gericht soll die Kosten des Verfahrens ganz oder teilweise dem Beteiligten auferlegen, der **durch grobes Verschulden Anlass für das Verfahren** gegeben hat. Der Anlassgeber muss ein „Beteiligter" sein (§ 7 und Beteiligtenkataloge; § 7 Rn 35). Einem Nichtbeteiligten können somit nach Abs. 2 Nr. 1 keine Kosten auferlegt werden. Das Verfahren kann ein Antragsverfahren sein oder ein von Amts wegen eingeleitetes Verfahren. Gemeint ist nicht nur die Initialzündung, also der Verfahrensbeginn; ein Beteiligter kann auch ein schon laufendes Verfahren durch grobes Verschulden verteuern, so dass dann eine (teilweise) Kostenauferlegung angebracht sein kann. 51

§ 81 Abs. 2 Nr. 1 hat die nach § 13a Abs. 1 S. 2 FGG zwingende Auferlegung der Kosten bei grobem Verschulden beseitigt; auch bei grobem Verschulden besteht ein **Ermessen des Gerichts,** allerdings ist grobes Verschulden ein Regelbeispiel für die rechte Ausübung des Ermessens. Es müssen also besondere Gründe vorliegen, wenn das Gericht 52

---

[94] BayObLG WE 1980, 78.
[95] OLG Frankfurt OLGZ 1980, 83.
[96] BayObLG FamRZ 1991, 846.
[97] Z. B. Verwandtschaft, BayObLG Rpfleger 1991, 357.
[98] BGH Rpfleger 1980, 19; BayObLGZ 1961, 183.
[99] BayObLG FamRZ 2001, 1405; FamRZ 1985, 515; KG NJW 1965, 1538; OLG Frankfurt FamRZ 1985, 831; OLG Hamm FamRZ 1983, 1264; AG Detmold FamRZ 1990, 648 (Tötung des Kindes während des Sorgerechtsverfahrens).
[100] BGH JurBüro 2003, 207; KG FamRZ 2004, 1385; OLG München NJW-RR 2007, 773.
[101] Anders zu § 13a FGG: z.B. BayObLG FamRZ 1991, 846; OLG Düsseldorf FamRZ 1978, 343.
[102] Zimmermann Rpfleger 1958, 70.

trotz groben Verschuldens eines Beteiligten ihm keine Kosten auferlegt; denn andernfalls ist das Ermessen nicht pflichtgemäß ausgeübt worden.

53   **Grobes Verschulden** verlangt Vorsatz oder eine Außerachtlassung der nach den Umständen erforderlichen Sorgfalt in ungewöhnlich großem Maße unter Nichtbeachtung dessen, was jedem einleuchten muss.[103] Ob es vorliegt ist von Amts wegen zu ermitteln (§ 26). Ist schon Vorsatz in der Gerichtspraxis nicht nachweisbar, dann erst recht nicht grobes Verschulden; deshalb sind auch keine entsprechenden Entscheidungen veröffentlicht. Nr. 1 ist deshalb letztlich gegenstandslos. Das Verschulden kann sowohl in einem verfahrensmäßigen Verhalten eines Beteiligten als auch im materiellen Recht begründet sein.[104] Der erstere Fall kann bei falschem, unzureichendem oder verspätetem Vorbringen eines Beteiligten gegeben sein, wenn hierdurch eine überflüssige Beweisaufnahme verursacht wird. Die Stellung eines erkennbar aussichtslosen Antrags ist in Abs. 2 Nr. 2 speziell geregelt, aber nicht abschließend. Ein Beteiligter hat sich das Verschulden eines Vertreters und Verfahrensbevollmächtigten wie eigenes anrechnen zu lassen (vgl. § 9 Abs. 4).[105]

54   Wird ein solches Verhalten von Amts wegen festgestellt, dann ist das Ermessen dahin eingeschränkt, dass das Gericht im Regelfall diesem Beteiligten die einem anderen Beteiligten (z. B. Verfahrensgegner) hierdurch erwachsenen außergerichtlichen Kosten, z. B. die der anwaltlichen Vertretung oder der Reisekosten zum Beweistermin, auferlegen muss. In welchem Umfang die Pflicht zur Kostenerstattung aufzuerlegen ist, hängt vom Einzelfall ab. Es ist denkbar, dass z. B. im Verfahren erster Instanz die Erstattung bestimmter Kosten angeordnet werden muss, im Übrigen aber gemäß S. 1 von einer solchen Anordnung abgesehen werden kann.

55   Abs. 2 Nr. 1 setzt nicht die **Verursachung zusätzlicher Kosten** voraus;[106] alle Kosten des Verfahrens im Sinne von §§ 80, 81 Abs. 1 sind (ganz oder teilweise) auferlegungsfähig. Bei grobem Verschulden eines Beteiligten können diesem nicht nur die außergerichtlichen Kosten eines Beteiligten, sondern auch die entstandenen Gerichtskosten (vor allem die Aufwendungen) auferlegt werden (vgl. § 80), mit der Folge, dass er weiterer Kostenschuldner im Sinne von § 3 Nr. 1 KostO wird.[107]

56   Die Regelung gilt **in allen Rechtszügen** und enthält einen Fall der Kostentrennung, der vom Ausgang des Verfahrens unabhängig ist. Abs. 2 Nr. 1 ist auch einschlägig, wenn im Verfahren auf Beschwerde (Rechtsbeschwerde) an sich die Kosten dem Beteiligten aufzuerlegen sind, dessen Rechtsmittel unbegründet war. Hier kann es geboten sein, einzelne Kosten einem anderen Beteiligten aufzuerlegen, falls sie durch sein grobes Verschulden verursacht worden sind.[108]

2. Aussichtsloser Antrag (Abs. 2 Nr. 2)

57   Das Gericht soll die Kosten des Verfahrens ganz oder teilweise einem Beteiligten auferlegen, wenn der Antrag des Beteiligten **von vornherein keine Aussicht auf Erfolg** hatte und der Beteiligte dies erkennen musste. Nr. 2 regelt einen konkreten Fall groben Verschuldens. Nr. 2 gilt nur, wenn ein Antrag Verfahrensvoraussetzung ist, nicht in auf Anregung („Antrag") eingeleiteten Amtsverfahren.[109]

58   Dass ein Antrag **von vornherein** keine Erfolgsaussicht hat, ist angesichts der unterschiedlichen Rechtsprechung und der häufigen Änderung von Gerichtsentscheidungen im Beschwerdeverfahren selten vorstellbar.[110] Man wird formale und nicht zu beseitigende Mängel eines Antrags darunter einordnen können, etwa wenn ein Antrag bei einem eindeutig

---

[103] KG NJW 1965, 1540; OLG Brandenburg FamRZ 1996, 496; OLG Hamm FamRZ 1983, 1264; Jansen/von König § 13a Rn 18.
[104] Zimmermann Rpfleger 1958, 69/71; Jansen/von König § 13a Rn 18 will nur verfahrensrechtliches Verschulden heranziehen.
[105] OLG Celle NJW 1977, 1350.
[106] BT-Drucks. 16/6308 S. 216.
[107] Korintenberg/Lappe § 3 Rn 8; Rohs/Wedewer/Belchaus § 3 Rn 2.
[108] Tschischgale Rpfleger 1961, 105; Zimmermann Rpfleger 1958, 69.
[109] MünchKommZPO/Schindler § 81 FamFG Rn 39.
[110] Deshalb will MünchKommZPO/Schindler § 81 FamFG Rn 38 eine „sehr geringe Erfolgswahrscheinlichkeit" genügen lassen; so steht es aber nicht im § 81.

unzuständigen Gericht eingereicht wird, z. B. ein Antrag auf Festsetzung der Vergütung des Testamentsvollstreckers von einem Rechtsanwalt beim Nachlassgericht (statt durch Klage beim Prozessgericht) gestellt wird.[111] Zur Orientierung kann § 114 ZPO herangezogen werden, der ebenfalls von Erfolgsaussicht spricht, aber einen anderen Zweck (nämlich Zahlungspflichten der Staatskasse zu vermeiden) verfolgt.

Es genügt nicht, dass ein Antrag zurückgewiesen wird oder dass sich schon vorher, während des Verfahrens, etwa nach einer Beweisaufnahme, die Aussichtslosigkeit abzeichnete; die Aussichtslosigkeit muss schon **bei Einreichung** bestanden haben. Bei Verfahren, die von Amts wegen eingeleitet werden (z. B. Erbscheinseinziehung, § 2361 BGB), gibt es keinen Antrag im Rechtssinne, allenfalls eine Anregung (selbst wenn sie als „Antrag" bezeichnet wird). Solche Anregungen fallen nicht unter Nr. 2, allenfalls unter Abs. 4. **59**

Der Beteiligte musste die Aussichtslosigkeit **bei Antragstellung erkennen.** Die Erkenntnis seines Anwalts oder gesetzlichen Vertreters wird ihm zugerechnet,[112] § 9 Abs. 4 (gesetzlicher Vertreter) bzw. § 11 Satz 5 i. V. m. § 85 Abs. 2 ZPO (Verfahrensbevollmächtigter). Theoretisches Regulativ ist, dass der Mandanten dann einen Regressanspruch gegen seinen Anwalt hat. Die Annahme, dass einem Rechtsanwalt durch Amtsermittlung nachweisbar ist, dass er in sicherem Wissen um die Aussichtslosigkeit einen Antrag stellte, ist abwegig. **60**

3. Unwahre Angaben (Abs. 2 Nr. 3)

Das Gericht soll die Kosten des Verfahrens ganz oder teilweise einem Beteiligten auferlegen, wenn der Beteiligte **zu einer wesentlichen Tatsache schuldhaft unwahre Angaben** gemacht hat (Nr. 3). Es handelt sich um einen speziell geregelten Fall des groben Verschuldens. Beteiligte: § 7 und Sonderregelungen (§ 7 Rn 35). **61**

§ 27 Abs. 2 verlangt, dass die Beteiligten ihre Erklärungen über tatsächliche Umstände vollständig und der Wahrheit gemäß abgeben. Vgl. den ähnlichen Begriff („unrichtige Angaben") in § 124 Nr. 2 ZPO. Unter „unwahren Angaben" sind nicht nur Falschangaben zu verstehen, sondern auch Verschweigen notwendiger Angaben. Im Erbscheinsverfahren sind z. B. in §§ 2354 bis 2356 BGB die erforderlichen Angaben bezeichnet. In sonstigen Verfahren ist es angesichts der Amtsermittlungspflicht des Gerichts (§ 26) schwierig, festzustellen, welche Angaben ein Beteiligter zu machen hatte. Nur Falschangaben zu den Tatsachen, die tragend sind, können kostenschädlich sein.[113] Dem Beteiligten muss ein Verschulden (Vorsatz oder Fahrlässigkeit) treffen; ein „grobes" Verschulden, wie bei Abs. 2 Nr. 1, ist nicht Voraussetzung. Ein Beteiligter hat sich das Verschulden eines Vertreters und Verfahrensbevollmächtigten wie eigenes anrechnen zu lassen (vgl. § 9 Abs. 4; § 11 Satz 5).[114] **62**

4. Verletzung von Mitwirkungspflichten (Abs. 2 Nr. 4)

Das Gericht soll die Kosten des Verfahrens ganz oder teilweise einem Beteiligten auferlegen, wenn der Beteiligte (§ 7 nebst Beteiligungskatalogen) durch **schuldhaftes Verletzen seiner Mitwirkungspflichten** das Verfahren erheblich verzögert hat Es handelt sich um einen speziell geregelten Fall des groben Verschuldens. Darunter fällt unzureichendes oder verspätetes Vorbringen. Zu den Mitwirkungspflicht vgl. § 27. Angesichts des Amtsermittlungsgrundsatzes bestehen sie nur beschränkt. Daneben kann einem Beteiligten eine **Verzögerungsgebühr** nach § 32 FamGKG auferlegt werden,[115] wovon aber in der Praxis kein Gebrauch gemacht wird. **63**

Zu dem Merkmal der **erheblichen Verzögerung** kann die Rechtsprechung zu § 296 ZPO fruchtbar gemacht werden, wobei aber die im Verfahren der freiwilligen Gerichtsbarkeit geltende Amtsermittlungspflicht (§ 26) zu beachten sind, ferner die Verfahrens- **64**

---

[111] A. M. OLG Bremen MDR 1963, 314. Nach dem Gesetzestext (§ 168 FamFG) ist eindeutig das Nachlassgericht nicht zuständig, sondern Klage beim Prozessgericht ist notwendig.
[112] OLG Celle NJW 1977, 1350; MünchKommZPO/Schindler § 81 FamFG Rn 40.
[113] MünchKommZPO/Schindler § 81 FamFG Rn 43.
[114] OLG Celle NJW 1977, 1350.
[115] Dazu Krause FPR 2010, 336.

leitungspflichten des Gerichts (§ 28). Es kommt auf die Verzögerung des ganzen Verfahrens an. Für die Frage, ob Verzögerung vorliegt, ist zu vergleichen, ob das Verfahren durch die Berücksichtigung des verspäteten Vorbringens länger dauert als bei seiner Nichtberücksichtigung (absoluter Verzögerungsbegriff[116]). Zum Verschulden vgl. Rn 62; wer sein Verhalten genügend entschuldigen kann, handelt nicht schuldhaft.

5. Verstoß gegen Mediations- und Beratungsauflage *(Abs. 2 Nr. 5)*

65   *Nach dem Entwurf des MediationsG soll das Gericht die Kosten des Verfahrens ganz oder teilweise einem Beteiligten auferlegen, wenn der Beteiligte einer richterlichen Anordnung zur Teilnahme an einem kostenfreien Informationsgespräch über Mediation oder über eine sonstige Möglichkeit der außergerichtlichen Konfliktbeilegung nach § 156 Abs. 1 S. 3 oder einer richterlichen Anordnung zur Teilnahme an einer Beratung nach § 156 Abs. 1 Satz 4 (elterliche Sorge, Umgangsrecht, Kindesherausgabe) nicht nachgekommen ist*, sofern der Beteiligte dies nicht genügend entschuldigt hat. Darunter fallen z. B. Erkrankung, Missverstehen einer unklaren gerichtlichen Anordnung. Die Bestimmung wurde im Interesse des Kindeswohls getroffen und soll eine einvernehmliche Regelung der Eltern über das Sorge- und Umgangsrecht fördern.[117] Allenfalls Zusatzkosten wegen Nichtteilnahme an der Beratung können einem Beteiligten auferlegt werden, denn für die Sowiesokosten des Verfahrens, die vor der Säumnis schon angefallen sind, fehlt ein Grund. Waren beide Eltern säumig, sind jedem Elternteile die Hälfte der Zusatzkosten aufzuerlegen.[118] Wenn dem säumigen Beteiligten Verfahrenskostenhilfe bewilligt worden war, hat er ohnehin eine Verfahrenskosten zu tragen; Nr. 5 hat dann keinen Sinn. „Strafen" wegen Missachtung des Familiengerichts gibt es nicht. Nr. 5 ist rechtspolitisch verfehlt.

V. Minderjährige Beteiligte (Abs. 3)

66   Einem minderjährigen Beteiligten können Kosten (im Sinne von § 80) in Verfahren, die seine **Person** betreffen, nicht auferlegt werden. Deshalb kann dem Kind insoweit keine Verfahrenskostenhilfe bewilligt werden. Wann Minderjährigkeit vorliegt regelt § 2 BGB. Wenn ein Ausländer nach § 2 BGB volljährig ist, nach seinem Heimatrecht aber noch minderjährig, wird er hinsichtlich Abs. 3 als volljährig behandelt, weil es sich um eine kostenrechtliche Bestimmung handelt.[119] Die Regelung entspricht dem früheren § 94 Abs. 3 S. 2 KostO. Sie gilt z. B. für Verfahren nach §§ 1632 Abs. 4, 1640 Abs. 3, 1666, 1667[120] BGB, Übertragung der elterlichen Sorge oder ihrer Ausübung; Übertragung des Rechts, für die Person oder das Vermögen des Kindes zu sorgen; Entscheidungen nach §§ 1684 bis 1686 BGB; Übertragung der Entscheidungsbefugnis nach § 1628 BGB; Kindesherausgabe; Bestimmung des Umgangs mit einem Kind nach § 1632 Abs. 3 BGB. Auch eine bruchteilsmäßige Verteilung auf die Eltern (getrennt nach Anteil des Vaters und Anteil der Mutter) ist zulässig.[121] Das Kind kann auch nicht zum Entscheidungsschuldner (§ 24 Nr. 1 FamGKG) gemacht werden. **Dem Kind** können keine Kosten auferlegt werden, **den anderen Beteiligten** (z. B. Eltern) schon. Fraglich ist, ob Abs. 3 auch in Abstammungssachen gilt; man wird das verneinen müssen, weil § 183 insoweit eine speziellere Regelung ist,[122] so dass dem Kind (da es kostenpflichtig werden kann) Verfahrenskostenhilfe bewilligt werden kann. Unklar ist z. B., wenn „die Gerichtskosten gegeneinander aufgehoben" werden; § 92 Abs. 1 S. 2 ZPO gilt nicht entsprechend.[123] Das Gericht muss berück-

---

[116] BGHZ 86, 31; BGHZ 75, 138. Gegen die Anwendbarkeit MünchKommZPO/Schindler § 81 FamFG Rn 46.
[117] BT-Drucks. 16/6308.
[118] MünchKommZPO/Schindler § 81 FamFG Rn 49.
[119] MünchKommZPO/Schindler § 81 FamFG Rn 52.
[120] Nach MünchKommZPO/Schindler § 81 FamFG Rn 53 liegt bei § 1667 BGB Vermögensbezogenheit vor.
[121] BayObLG NJW 1960, 579.
[122] Diehl FuR 2010, 542.
[123] BayObLGZ 1969, 138/144; BayObLGZ 1960, 223. Eine solche Formulierung ist dahin auszulegen, dass bei zwei Beteiligte jeder die Hälfte etwaiger Gerichtskosten und seine eigenen außergerichtlichen Kosten zu tragen hat, BayObLGZ 1978, 247.

sichtigen, dass die Gerichtsgebühren minimal sind, die Auslagen (z. B. für ein kinderpsychologisches Gutachten) können einige tausend € ausmachen, desgleichen Anwaltskosten. Bei der Ausübung des billigen Ermessens (Abs. 1 S. 1) ist wesentlich, wer die jeweiligen Kosten veranlasst hat.

Bei Verfahren, die das **Vermögen des Minderjährigen** betreffen, etwa bei einem Erbscheinsantrag, ist eine Kostenauferlegung zulässig. **67**

Die Antragstellerhaftung (§ 22 FamGKG) bleibt unberührt; das Gericht kann aber anordnen, von der Erhebung der Gerichtskosten (Gebühren, Auslagen) ganz oder teilweise abzusehen, § 80 Abs. 1 S. 2. Die Verpflichtung des Kindes, seinem beauftragten Rechtsanwalt Honorar zu zahlen, wird von Abs. 3 nicht berührt; ist das unerwünscht, muss Verfahrenskostenhilfe bewilligt werden oder einem anderen Beteiligten müssen diese Anwaltskosten auferlegt werden. Einem Minderjährigen können ferner Kosten nach Abs. 4 (Rn 69 ff.) auferlegt werden.[124] Desgleichen kann einem Minderjährigen die Verzögerungsgebühr nach § 32 FamGKG auferlegt werden;[125] das wäre aber in der Regel angesichts der Minderjährigkeit ein Ermessensmißbrauch. **68**

VI. Kostenauferlegung auf einen Dritten (Abs. 4)

1. Allgemeines

Einem Dritten können Kosten des Verfahrens nur auferlegt werden, soweit die Tätigkeit des Gerichts durch ihn veranlasst wurde und ihn ein grobes Verschulden trifft. Dritter kann grundsätzlich nur sein, wer kein „Beteiligter" ist; vgl. Rn 30. Ein nicht formell am Verfahren beteiligte Person, die aber materiell beteiligt ist, kann theoretisch zugleich „Dritter" im Sinne des Abs. 4 sein. Auch ein Minderjähriger kann Dritter sein (Rn 68). Für **Betreuungs- und Unterbringungssachen** bestehen zusätzliche Sonderregelungen in §§ 307, 337. In Scheidungs- und Folgesachen, wie z. B. eine Ehewohnungssache muss der Drittbeteiligte (z. B. der Vermieter) seine außergerichtlichen Kosten selbst tragen (§ 150 Abs. 3); jedoch kann das Gericht anderweitig entscheiden (§ 150 Abs. 4). **69**

2. Anwendungsbereich

Abs. 4 gilt insbesondere bei Amtsverfahren. In Antragverfahren ist der Antragsteller Beteiligter (§ 7 Abs. 1), also nicht Dritter, so dass ihm schon nach § 81 Kosten auferlegt werden können; dasselbe gilt für den Antragsgegner, wenn er sich beteiligt. Doch können auch in Antragsverfahren Dritte böswillig Kosten verursachen (in einem Erbscheinserteilungsverfahren kann z. B. ein Außenstehender wider besseres Wissen gegenüber dem Nachlassgericht die Behauptung aufstellen, der Erblasser sei testierunfähig gewesen und dadurch hohe Gutachterkosten verursachen). Abs. 4. stellt nicht auf ein bestimmtes Verfahrensende ab, gilt also nicht nur bei Ablehnung einer Maßnahme, kann auch bei Anordnung zum Zug kommen. **70**

3. Der Dritte als Veranlasser

Eine Tätigkeit des Gerichts muss von einer Person, die nicht Beteiligter ist (vgl. § 7 und Beteiligungskataloge; § 7 Rn 35), verursacht worden sein. Sie muss nicht den Anstoß zum Verfahren gegeben haben; es genügt, dass sie ein Teilstück (z. B. eine Beweisaufnahme, eine Gutachtenserholung) veranlasst hat. Mitveranlassung genügt, wenn es ohne den Tatbeitrag des Dritten nicht zum Verfahren gekommen wäre. Erfasst sind Fälle, in denen Nachbarn, Verwandte, Altenheime, Behörden usw. durch Anzeigen oder „Anträge" mittelbar oder unmittelbar das Verfahren des Gerichts (etwa ein **Betreuungs- oder Unterbringungsverfahren,** ein Sorgerechtsverfahren, Erbscheinseinziehungsverfahren, die Anordnung einer Nachlasspflegschaft usw.) oder innerhalb eines schon laufenden Verfahrens kostenverursachende Tätigkeiten (beispielsweise eine Beweisaufnahme) veranlassen. **71**

---

[124] MünchKommZPO/Schindler § 81 FamFG Rn 54.
[125] Krause FPR 2010, 336.

72 **Sonstigen Dritten** können keine Kosten auferlegt werden, also nicht dem Richter oder Rechtspfleger, dem Urkundsbeamten der Geschäftsstelle, dem Gerichtsvollzieher, dem gesetzlichen Vertreter (Sonderfall: Abs. 3), Rechtsanwälten und anderen Bevollmächtigten; dem **Verfahrenspfleger** (§§ 276 Abs. 7, 317 Abs. 7, 419 Abs. 5), **Verfahrensbeistand** (§ 158 Abs. 8). Denkbar ist die Heranziehung von **Vertretern ohne Vertretungsmacht**[126] zur Kostentragung oder von Zeugen und Sachverständigen im Verfahren nach § 30 FamFG i. V. m. §§ 380, 387, 390, 409 ZPO. Im Verfahren über die gerichtliche Bestellung eines anderen Abschlussprüfers (§ 318 HGB) können nach Erledigung der Hauptsache die Kosten weder der Abschlussprüfungsgesellschaft noch der zu prüfenden Gesellschaft auferlegt werden.[127]

73 Der „**Staatskasse**" können die Kosten in der Regel nach § 81 Abs. 1 nicht auferlegt werden,[128] wohl aber in Sonderfällen, wie z. B. nach § 307 **(Betreuungssachen)**, § 337 **(Unterbringungssachen)**.

74 Im **Freiheitsentziehungsverfahren** (§§ 415 ff.) können die Auslagen des Betroffenen der Körperschaft, der die Verwaltungsbehörde angehört (z. B. der kreisfreien Stadt, dem Landkreis), auferlegt werden (§ 430), nicht aber „der Staatskasse".

4. Grobes Verschulden des Dritten

75 Diesen Dritten muss zusätzlich zur Veranlassung ein grobes Verschulden treffen. Das Verschulden muss bei Antragstellung bzw. Verfahrensanregung bzw. späterer Kostenverursachung vorgelegen haben. Es muss festgestellt werden (§ 26), ein Ermessen bei der Sachverhaltsaufklärung gestattet Abs. 4 nicht. Bei ungeklärter Schuld entfällt die Auferlegung auf den Dritten. Grobes Verschulden setzt Vorsatz (doloses Verhalten) oder Außerachtlassung der nach den Umständen erforderlichen Sorgfalt in ungewöhnlich großem Maße unter Nichtbeachtung dessen voraus, was jedem einleuchten muss. Dazu gehören leichtfertige, auf falschen Behauptungen beruhende, entstellte Anregungen.[129] Unter Geltung des § 13a FGG gab es dazu keine veröffentlichen Entscheidungen, weil grobes Verschulden nicht nachweisbar ist, da es immer irgendeine „Ausrede" gibt. Die Abgrenzung von der Wahrnehmung berechtigter Interessen ist im Einzelfall schwierig. Wer, weil er sich bedroht fühlt, eine Unterbringung anregt, darf nicht aus Angst vor den Kosten davon abgehalten werden. Ein Dritter hat sich das Verschulden eines gesetzlichen Vertreters oder Verfahrensbevollmächtigten wie eigenes anrechnen zu lassen; § 9 Abs. 4 (gesetzlicher Vertreter) bzw. § 11 S. 5 FamFG i. V. m. § 85 Abs. 2 ZPO (Verfahrensbevollmächtigter). Bei minderjährigen Dritten wird § 828 BGB entsprechend anwenden müssen.[130] Mitverschulden mehrerer ist möglich. Dann können die Kosten allen als Gesamtschuldnern oder jedem ein Teil auferlegt werden.

5. Ermessensentscheidung

76 Abs. 4 gestattet eine Ermessensentscheidung („können"). Die Ausübung des Ermessens ist in der Entscheidung (Beschluss, § 38) zu begründen. Auch hier kommt es auf „Billigkeit" an. Dem Dritten ist vor der Kostenauferlegung **rechtliches Gehör** zu gewähren.

6. Auferlegungsfähige Kosten

77 Auferlegt werden können „Kosten" des Verfahrens im Sinne von § 80. Das können die gesamten Kosten des Verfahrens sein, oder eine Quote davon, oder auch nur Sonderkosten (wie Kosten des Gutachtens, der Zeugen, Anwaltskosten). Obergrenze sind die Kosten des Verfahrens, die auf seine Tätigkeit zurückgehen, also nicht sog. Sowiesokosten; hätte das Gericht ohnehin ein Gutachten erholt, hat es keine Mehrkosten verursacht, dass ein Böswil-

---

[126] OLG Frankfurt MDR 1983, 943; Rpfleger 1980, 315; OLG Karlsruhe FamRZ 1997, 1547; MünchKommZPO/Schindler § 81 FamFG Rn 57.
[127] BayObLG FGPrax 2002, 79.
[128] BayObLG Rpfleger 1990, 200; Rpfleger 1988, 385; Prütting/Helms/Feskorn § 81 Rn 4.
[129] Ähnlich Bienwald § 13a FGG Rn 5; Kupfernagel BtPrax 1994, 11.
[130] MünchKommZPO/Schindler § 81 FamFG Rn 62.

liger dies ebenfalls anregt. Wenn eine Betreuung als von Anfang an unberechtigt aufgehoben wird, dann hatte der vermögende Betreute gleichwohl seinem **Betreuer** eine **Vergütung** zu zahlen;[131] das sind keine „Kosten des Verfahrens".[132] Allenfalls über eine Klage, gestützt auf Amtspflichtverletzung (§ 839 BGB; Art. 34 GG) könnte der Betreute Ersatz dieser Vergütung erlangen.

7. Weitere Kostenträger

Beim Tod des veranlassenden Dritten können die Kosten den Erben des Dritten auferlegt werden. Hat ein Rechtsanwalt im Auftrag eines Mandanten einen leichtfertigen Antrag gestellt, sind die Kosten dem Mandanten, nicht dem Anwalt aufzuerlegen; über den Regress gegen den Anwalt bekommt er möglicherweise Ersatz. Anders ist es, wenn der Anwalt im eigenen Namen tätig wird. Hat eine juristische Person durch eine leichtfertige Anregung das Verfahren veranlasst, sind wegen der Schuldbezogenheit der Kostenentscheidung die Kosten der natürlichen Person aufzuerlegen, die verantwortlich für die juristische Person gehandelt hat.[133]

78

VII. Erstattungsberechtigung Nichtbeteiligter

Ein materiell Nichtbeteiligter kann nicht zum Gläubiger eines Kostenerstattungsanspruchs gemacht werden. Beteiligt sich ein Vermächtnisnehmer von sich aus an einem Erbscheinseinziehungsverfahren und beauftragt einen Anwalt mit einer Stellungnahme, können ihm daher seine Anwaltskosten nach § 81 nicht erstattet werden.[134] Problematischer ist es, wenn das **Gericht Nichtbeteiligte hinzuzieht,** ohne dass das nach § 7 Abs. 2 oder den Sondervorschriften (§ 7 Rn 35) zulässig wäre; wenn ihnen also z. B. ein Antrag oder eine Beschwerde zur Stellungnahme zugesandt wird und sie daraufhin einen Anwalt beauftragen, der einen Schriftsatz an das Gericht anfertigt; auch hier wird angenommen, dass ihre Kosten nicht erstattungsfähig sind.[135] Das verdient keine Zustimmung. § 7 Abs. 6 ist hier nicht einschlägig, weil er Personen betrifft, die anzuhören sind.

79

VIII. Sondervorschriften (Abs. 5)

Bundesrechtliche Vorschriften, die die Kostenpflicht (von §§ 80 ff.) abweichend regeln, bleiben unberührt. Sondervorschriften über die Kostenerstattung enthalten z. B. § 118 Abs. 1 S. 4 ZPO (auf den § 76 Abs. 1 FamFG verweist); § 30 Abs. 2 EGGVG,[136] § 45 LwVG,[137] § 34 VerschG. Ferner sind zu nennen: Für Ehesachen und Familienstreitsachen § 113 Abs. 1, der auf die ZPO verweist; Eheaufhebung § 132; Ehescheidung § 150; Unterhaltssachen § 243; Verfahrensbeistand § 158 Abs. 8; Anfechtung der Vaterschaft § 183; Betreuungs- und Unterbringungssachen §§ 307, 337; Verfahrenspfleger §§ 276 Abs. 7; 317 Abs. 7; 419 Abs. 5 S. 2; Löschungsverfahren § 393; Auflösungsverfahren in Registersachen § 399.

80

IX. Anfechtung der Kostenentscheidung

1. Anfechtung einer isolierten Kostenentscheidung in Sachen der freiwilligen Gerichtsbarkeit, etwa nach Erledigung der Hauptsache, nach Antragsrücknahme. Die Gesetzesbegründung geht von der Anfechtbarkeit aus.[138] Sie schreibt: „Die in Abs. 2 neu

81

---

[131] BayObLG FamRZ 1997, 701; MünchKommBGB/Wagenitz § 1836 Rn 3.
[132] OLG München MDR 2006, 759; Zimmermann Rpfleger 1999, 535; a. A. LG Krefeld Rpfleger 1999, 222.
[133] BVerfG NJW 1981, 2457.
[134] BayObLG FamRZ 2001, 380.
[135] BayObLG FamRZ 2001, 380.
[136] OLG Hamm MDR 1984, 806; Rpfleger 1974, 228.
[137] BGH MDR 1994, 632; NJW 1955, 1796; OLG Celle Rpfleger 1975, 63; OLG Jena OLG-NL 1999, 259; Feldhaus AgrarR 1981, 128; Herminghausen NJW 1956, 456.
[138] BT-Drucks. 16/6308 S. 216.

eingeführte Orientierung der Kostenentscheidung am Verfahrensverhalten der Beteiligten hat zur Folge, dass das in § 20a Abs. 1 S. 1 FGG ausgesprochene Verbot der isolierten Anfechtung der Kostenentscheidung nicht in das FamFG übernommen werden konnte". Gegen Auslagenentscheidungen nach § 13a Abs. 2 FGG war schon früher die Beschwerde statthaft (§ 20a Abs. 1 S. 2 FGG), ebenso gegen isolierte Kostenentscheidungen (§ 20a Abs. 2 FGG). Daran hat sich nichts geändert. Für die Anfechtung gilt daher §§ 58 ff.[139] Allerdings muss in **vermögensrechtlichen** Sachen bei den umstrittenen Kosten der Wert von 600,01 € erreicht sein (§ 61), oder die Zulassung der Beschwerde; andernfalls ist bei einer Rechtspflegerentscheidung nur Erinnerung (§ 11 RPflG) möglich, wobei dann im Wege der Abhilfe die Zulassung nachgeholt werden kann.[140] Bei einer **nicht vermögensrechtlichen** Sache muss für die Anfechtung der Hauptsacheentscheidung nebst Kostenentscheidung der Beschwerdewert nicht erreicht sein (§ 61), weshalb streitig ist, ob dies dann auch für die Anfechtung der isolierten Kostenentscheidung (oder die isolierte Anfechtung der Kostenentscheidung) gilt. Beispiel: Streit um das Sorgerecht, Umgangsrecht. Überwiegend[141] wird der Beschwerdewert auch in diesen Fällen gefordert, da das FamFG insoweit nicht eindeutig differenziert und Belastungen mit Kosten, Auslagen, Vergütungen bis 600 € für so geringfügig ansieht, dass ein Rechtsmittel dagegen verweigert wird (was rechtspolitisch allerdings nicht vertretbar ist); nach a. A.[142] muss hier kein Beschwerdewert erreicht sein. Zu beachten ist, dass im Beschwerdeverfahren nur geprüft wird, ob Fehler bei der Ermessensausübung unterlaufen sind, wenn die Kostenentscheidung im Ermessen des Gerichts stand.

2. Anfechtung von Hauptsache und Kostenentscheidung

82   Hier kommt es auf die Zulässigkeit des Rechtsmittels in der Hauptsache an; die Kostenentscheidung wird in der Beschwerde automatisch mitgeprüft. Ob die Kostenentscheidung eine Belastung von mehr als 600 € zur Folge hat (§ 61), spielt keine Rolle.

3. Entscheidung über Hauptsache und Kosten, Anfechtung nur der Kostenentscheidung

83   Der Beteiligte kann sich mit der Hauptsachenentscheidung abfinden und nur die Kostenentscheidung mit Beschwerde angreifen;[143] so etwa in Verfahren zur elterlichen Sorge,[144] Umgangsverfahren, Erbscheinssachen, Betreuungssachen. Allerdings muss insoweit der Beschwerdewert erreicht sein (Rn 81),[145] selbst wenn die Hauptsache (wie beim Sorgerecht, Umgangsrecht) nicht vermögensrechtlich ist; denn in der Beschwerdeinstanz geht es nur noch um die vermögensrechtliche Frage der Kosten. Die Summe der Kosten, welche Beschwerdegegenstand sind, muss also mehr als 600 € betragen. – Denkbar sind Fälle, in denen die Hauptsache den Beschwerdewert zwar nicht erreicht, aber die umstrittenen Kosten (etwa wegen hoher Gutachterkosten, Anwaltskosten) mehr als 600 € ausmachen; dann wird man das Rechtsmittel gegen die gesamte Entscheidung als isolierte Anfechtung der Kostenentscheidung auslegen müssen, wenn der Beschwerdeführer, entsprechend belehrt, diesen Weg gewählt hätte.[146]

---

[139] OLG Naumburg FamRZ 2011, 577; OLG Stuttgart NJW 2010, 383; OLG Nürnberg NJW 2010, 1468; OLG Oldenburg FuR 2010, 531; MünchKommZPO/Schindler § 81 FamFG Rn 74; a. A. nur Schael FPR 2009, 8/10.
[140] OLG Stuttgart FGPrax 2010, 111.
[141] OLG Stuttgart NJW 2010, 383; Horndasch/Viefhues/Götsche § 81 Rn 27; Sternal FGPrax 2010, 112.
[142] OLG Nürnberg NJW 2010, 1468; Prütting/Helms/Feskorn § 81 Rn 83.
[143] OLG Naumburg FamRZ 2011, 577; OLG Oldenburg FuR 2010, 531; OLG Stuttgart NJW 2010, 383; Horndasch/Viefhues/Götsche § 81 Rn 27; Prütting/Helms/Feskorn § 81 Rn 32.
[144] OLG Stuttgart NJW 2010, 383.
[145] OLG Celle FamRZ 2010, 1840; OLG Karlsruhe FamRZ 2010, 1695; a. A. OLG Nürnberg NJW 2010, 1468.
[146] MünchKommZPO/Schindler § 81 FamFG Rn 79.

4. Ehesachen und Familienstreitsachen

Im Anwendungsbereich der ZPO (wie Unterhalt, Zugewinn; § 112 FamFG) verbietet 84 zwar § 99 Abs. 1 ZPO (der nach § 113 Abs. 1 S. 2 FamFG zur Anwendung kommt) eine Teilanfechtung nur der Kostenentscheidung, wenn zugleich über die Hauptsache entschieden wurde. Dies ist in der ZPO gerechtfertigt, weil die Kostenentscheidung in der ZPO strikt dem Unterliegensgrundsatz folgt. Aber auch dort hat die Rechtsprechung in Ausnahmefällen eine Beschwerde bei greifbarer Gesetzwidrigkeit vorgesehen,[147] etwa wenn der Amtsrichter der Klage stattgab, aber die Kosten mutwillig dem Kläger (anstatt dem Beklagten, § 91 ZPO) auferlegte. Umso mehr muss das gelten, wenn eine Kostenentscheidung dem Ermessen des Gerichts überlassen ist, also keine Voraussehbarkeit und Rechtssicherheit besteht; als Korrektiv muss in solchen Fällen die Anfechtbarkeit bejaht werden. Dies spricht für eine isolierte Anfechtbarkeit der Kostenentscheidung jedenfalls im Falle des § 243 FamFG,[148] trotz § 99 ZPO, nach den Regeln der §§ 58 ff., so dass eine Kostenbeschwerdewert von mehr als 600 € erreicht sein muss (§ 61).

5. Anschlussbeschwerde

Sie ist gegen Kostenentscheidungen im Rahmen von § 66 zulässig. 85

6. Rechtsbeschwerde

Die Rechtsbeschwerde gegen die Kostenentscheidung ist nach §§ 70 ff. statthaft, aber 86 nicht bei einstweiliger Anordnung und im Arrestverfahren (§ 70 Abs. 4). Auch eine gesetzwidrige Zulassung würde die Rechtsbeschwerde nicht zulässig machen.

Zeitpunkt der Kostenentscheidung

§ 82 Ergeht eine Entscheidung über die Kosten, hat das Gericht hierüber in der Endentscheidung zu entscheiden.

I. Anwendungsbereich

§ 81 ist nicht anwendbar in Ehesachen (121) und Familienstreitsachen (§ 112); stattdessen 1 gelten die ZPO-Regelungen (§ 113 Abs. 1), d. h. §§ 91 ff., 308, 319 ZPO, aber variiert durch §§ 150, 243 FamFG. Eine Sondervorschrift enthält § 353 Abs. 1 S. 2 für die Einziehung oder Kraftloserklärung von Erbscheinen; danach soll die Kostenentscheidung zugleich mit der Endentscheidung ergehen.

Für die Anwendung des § 82 ist es gleichgültig, ob es sich um ein von Amts wegen oder 2 auf Antrag eingeleitetes Verfahren, um ein echtes Streitverfahren oder eine sonstige Angelegenheit handelt.

II. Fälle der Kostenentscheidung

Eine Kostenentscheidung **muss** erfolgen in den Fällen § 81 Abs. 1 S. 3 (Familiensachen), 3 § 92 Abs. 2 (Vollstreckungsverfahren bei Herausgabe einer Person und Regelung des Umgangs), § 353 Abs. 1 (Erbscheinseinziehung); sonst steht sie im Ermessen des Gerichts. Sie kommt nur bei der ein Verfahren oder einen selbständigen Abschnitt innerhalb einer anhängigen Angelegenheit abschließenden Entscheidung in Betracht, ferner bei Erledigung der Hauptsache, Antragsrücknahme, nach Vergleichsabschluss (§ 83); weiter, wenn ein Beteiligter eine Entscheidung über die Kosten beantragt (wer die Gerichtskosten zu tragen hat, ergibt sich zwar aus der KostO bzw. dem FamGKG, so dass eine Entscheidung dahingehend an sich ausscheidet; doch gestattet § 80 Abs. 1 S. 2 eine abweichende Gerichts-

---

[147] OLG Dresden FamRZ 2000, 34; OLG Karlsruhe FamRZ 1997, 1417; OLG Zweibrücken NJW 2002, 2722; a. A. MünchKommZPO/Giebel § 99 Rn 16.
[148] OLG Köln FamRZ 2011, 579; OLG Hamm FamRZ 2011, 582; OLG Oldenburg NJW 2010, 2815; Musielak/Borth § 243 Rn 1; MünchKommZPO/Dötsch § 243 FamFG Rn 3,4; a. A. viele, etwa OLG Oldenburg FamRZ 2011, 578; SBW/Unger § 58 Rn 14; Bömelburg FPR 2010, 153. Rspr.Übersicht bei Streicher FamRZ 2011, 509.

entscheidung). Wird gegen eine Zwischenverfügung oder einstweilige Anordnung Beschwerde eingelegt, stellt die auf das Rechtsmittel ergehende Entscheidung eine solche über einen selbständigen Verfahrensgegenstand dar; auf sie ist daher §§ 81, 82 anwendbar.[1]

4 **Keine Kostenentscheidung** erfolgt im Verfahrenskostenhilfeverfahren (weder bei Bewilligung noch bei Ablehnung; vgl. § 118 Abs. 1 S. 4 ZPO), bei Geschäftswertfestsetzungen, bei der Kostenfestsetzung, bei Teilendentscheidungen[2] sowie bei Zwischenverfügungen. Weitere Fälle vgl. § 81 Rn 6, 7. Über **einstweilige Anordnungen vgl. § 51 Abs. 4** und § 81 Rn 4.

III. Zeitpunkt der Kostenentscheidung

5 Will das Gericht über die Kosten entscheiden, dann bestimmt § 82 als Zeitpunkt, dass die Kostenentscheidung gleichzeitig mit der Endentscheidung zu ergehen hat (anders in § 353 Abs. 1).[2a] Das lehnt sich an § 161 Abs. 1 VwGO an; Zweck soll sein, dass die Beteiligten gleichzeitig mit der Bekanntgabe der Endentscheidung „auch Gewissheit über die Verteilung der Kosten haben".[3] Das hat wenig Sinn. Ergeht keine Hauptsacheentscheidung, etwa bei Antragsrücknahme, Erledigung oder Vergleich, ist § 82 nicht einschlägig. § 82 ist nur eine Ordnungsvorschrift.

IV. Nachholung der Kostenentscheidung

6 Kostenentscheidungen hängen nicht davon ab, dass ein Kostenantrag gestellt wurde. Wird über die Hauptsache entschieden, ohne dass das Gericht eine Entscheidung im Kostenpunkt erlassen hat, obwohl dies notwendig gewesen wäre, so kann der Beschluss **auf Antrag** um die Kostenentscheidung ergänzt werden (§ 43 Abs. 1); dafür gilt eine Zweiwochenfrist (§ 43 Abs. 2; ähnlich § 321 ZPO).[4] Antragsberechtigt ist, wer eine ihm günstige Kostenentscheidung anstrebt. Dabei ist nicht Voraussetzung, dass im Verfahren ein Beteiligter vor Erlass der Entscheidung einen Kostenantrag stellte,[5] wie der Wortlaut des § 43 zeigt (über Kosten ist im Allgemeinen von Amts wegen zu entscheiden, ein Antrag hat nur die Bedeutung einer Anregung); lediglich ein Ergänzungsantrag wird gefordert, es erfolgt also nach § 43 keine Ergänzung von Amts wegen. Das ist befremdlich: Wenn das Gericht über die Kosten entscheiden muss, wie bei § 81 Abs. 1 S. 3 und § 92 Abs. 2, dann kann es nicht zu Lasten eines Beteiligten gehen, dass dies unterlassen wurde. In diesen Fällen ist daher eine Ergänzung ohne Antrag erforderlich (Rn 8).

7 Wenn hingegen das Gericht es unterlassen oder übersehen hat, im Rahmen des § 81 die Frage der Kostenerstattungspflicht überhaupt zu erwägen, wenn es also in seinem Ermessen stand, ob es eine Kostenentscheidung trifft, dann muss die Frist des § 43 Abs. 2 gewahrt werden.

Abgrenzung zur Beschwerde: Wurde eine Kostenentscheidung unterlassen, dann kann dies auch bedeuten, dass das Gericht stillschweigend die Anordnung einer Kostenerstattung ablehnte (wie es frühere Praxis war); in diesem Fall ist nicht die Ergänzung gegeben, sondern die Erinnerung bzw. Beschwerde gegen die stillschweigende Ablehnung. Wenn beide Fälle (Übersehen/konkludente Ablehnung) für den Beteiligten nicht eindeutig von einander abzugrenzen sind sollten beide Rechtsschutzmöglichkeiten für zulässig erachtet werden.[6]

V. Offenbare Unrichtigkeit

8 Bei offenbarer Unrichtigkeit des Beschlusses, ähnlich einem Schreibfehler bzw. Rechenfehlers, kann der Beschluss um die Kostenentscheidung berichtigt werden, § 42 (der § 319

---

[1] BayObLGZ 1965, 290/293, zu § 13a Abs. 1 FGG.
[2] BayObLG Beschl. v. 30. 4. 1982, 2 Z 42/81, n. v.
[2a] Also nicht als Zwischenentscheidung, OLG Zweibrücken BeckRS 2011, 08387.
[3] BT-Drucks. 16/6308 S. 216.
[4] BayObLG Rpfleger 1989, 187; Rpfleger 1963, 120; OLG Frankfurt Rpfleger 1978, 138; OLG Hamm, Rpfleger 1966, 334; MünchKommZPO/Schindler § 81 FamFG Rn 28.
[5] Verkannt in BT-Drucks. 16/6308 S. 197 (zu § 43).
[6] MünchKommZPO/Schindler § 81 FamFG Rn 28.

ZPO entspricht). Das erfolgt von Amts wegen, ein Antrag ist nicht Voraussetzung, eine Frist besteht nicht. § 42 ist auch einschlägig, wenn das Gericht die Frage der Kostenerstattung erwogen, in die Entscheidung jedoch **versehentlich** kein Ausspruch darüber aufgenommen hat, oder wenn eine gesetzlich vorgeschriebene Kostenentscheidung fehlt. Das Gericht kann dann den Beschlusssatz oder die Gründe im Wege der Berichtigung ergänzen.[7]

Auch das Beschwerdegericht (Rechtsbeschwerdegericht) kann auf Beschwerde (Rechtsbeschwerde) gegen die Hauptsacheentscheidung in diesen Fällen die Entscheidung über die Kosten des Verfahrens erster Instanz nachholen oder im Wege der Berichtigung ergänzen.[8]   9

VI. Verstoß gegen § 82

Wird eine Kostenentscheidung nachgeholt, obwohl dies nach den obigen Ausführungen **nicht zulässig** wäre, ist die Entscheidung nicht nichtig, sondern allenfalls anfechtbar. Denn § 82 ist nur als Ordnungsvorschrift zu verstehen, sie rechtfertigt keine materielle Unrichtigkeit. Auch die unzulässige Kostenentscheidung ist bei der Kostenfestsetzung zu beachten, solange sie nicht aufgehoben ist.   10

Kostenpflicht bei Vergleich, Erledigung und Rücknahme

83

(1) ¹Wird das Verfahren durch Vergleich erledigt und haben die Beteiligten keine Bestimmung über die Kosten getroffen, fallen die Gerichtskosten jedem Teil zu gleichen Teilen zur Last. ²Die außergerichtlichen Kosten trägt jeder Beteiligte selbst.

(2) **Ist das Verfahren auf sonstige Weise erledigt oder wird der Antrag zurückgenommen, gilt § 81 entsprechend.**

Übersicht

	Rn
I. Normzweck und Anwendungsbereich	1
II. Vergleich	3
1. Regelung	3
2. Kostentragung	4
a) Vergleich mit ausdrücklicher Kostenregelung	4
b) Vergleich ohne ausdrückliche Kostenregelung	5
c) Vergleich ohne Kostenregelung und Ausschluss des § 82	6
3. Außergerichtlicher Vergleich	7
4. Höhe der Kosten	8
III. Erledigung der Hauptsache	11
1. Begriff	11
2. Kostenentscheidung	12
3. Ermessenskriterien	14
IV. Antragsrücknahme	16
1. Voraussetzung	16
2. Grundregel	17
3. Ermessenskriterien	18

I. Normzweck und Anwendungsbereich

Die Vorschrift regelt Kostenfolgen, wenn das Verfahren durch Vergleich, Antragsrücknahme oder auf sonstige Weise erledigt wird. Im FGG war keine entsprechende Regelung enthalten; § 13 a FGG wurde angewandt. § 83 betrifft nur den vor Gericht abgeschlossenen Vergleich, nicht den außergerichtlichen Vergleich.   1

§ 83 ist nicht anwendbar in Ehesachen (§ 121) und Familienstreitsachen (§ 112); statt dessen gelten die ZPO-Regelungen (§ 113 Abs. 1), d.h. §§ 91 ff. ZPO. Für den Vergleich   2

---

[7] OLG Hamm Rpfleger 1966, 334.
[8] BayObLG FamRZ 1976, 363/366; KG FamRZ 1968, 472; OLG Hamm FamRZ 1976, 159/161; Rpfleger 1966, 334.

ist deshalb § 98 ZPO anwendbar, für die Erledigung der Hauptsache § 91a ZPO, für die Antragsrücknahme § 269 ZPO. Besonderheiten: §§ 150, 243 FamFG.

II. Vergleich

1. Regelung

3 Das FamFG regelt den Vergleich in § 36, teils durch Verweisung auf die ZPO: die ZPO regelt u. a. die Protokollierung (§ 160 Abs. 3 Nr. 1 ZPO), eine Sonderform des Zustandekommens (§ 278 Abs. 6 ZPO), Kosten in § 98 ZPO (ähnlich wie jetzt § 83 Abs. 1) und die Vollstreckbarkeit in § 794 Abs. 1 Nr. 1 ZPO (ähnlich wie jetzt § 86 Abs. 1 Nr. 2 bzw. Nr. 3). Zu den Einzelheiten des Vergleichs siehe die Erläuterungen zu § 36.

2. Kostentragung

4 **a) Vergleich mit ausdrücklicher Kostenregelung.** Enthält der Vergleich eine Kostenregelung, gilt diese; wer „sämtliche Kosten" übernimmt, trägt auch die Vergleichskosten.[1] Sind im Vergleich die „Kosten des Rechtsstreits". übernommen worden, bezieht sich das in der Regel nur auf die notwendigen (erstattungsfähigen) Kosten, einschließlich der Kosten des Vergleichs selbst.[2] Es ist Auslegungssache, ob auch Kosten versäumter Termine, Kosten von selbständigen Beweisverfahren, Kosten vor unzuständigen Gerichten bei Verweisung bzw. Abgabe des Verfahrens darunter fallen. Vor allem ist zu beachten, dass nach § 80 (da § 91 Abs. 2 ZPO nicht für anwendbar erklärt wurde) die Anwaltskosten der Beteiligten nicht zwingend erstattungsfähig sind (§ 85 Rn 9). Zu beachten ist ferner, dass eine **Übernahmeerklärung** bezüglich der Gerichtskosten (§ 3 Nr. 2 KostO; § 24 Nr. 2 FamGKG) die Zahlungspflicht von Mitschuldnern gegenüber der Gerichtskasse nicht berührt, wie aus § 3 KostO und § 24 FamGKG („ferner") folgt.[3] Das bedeutet: Hat A einen Antrag im Sinne des § 21 FamGKG gestellt und wird im Vergleich vereinbart, dass der Antragsgegner B „die Kosten" trägt, muss A trotzdem diese Kosten tragen, wenn B nicht zahlt, weil A nach § 21 FamGKG als Antragsschuldner subsidiär Kostenschuldner ist. Wegen § 26 Abs. 2 FamGKG („Sollvorschrift") muss die Gerichtskasse keineswegs immer zuvor bei B die Vollstreckung versuchen.[4] Wichtig ist ferner, dass das Haftungsprivileg des § 26 Abs. 3 FamGKG nur für Fälle des § 24 Nr. 1 FamGKG gilt, nicht aber für § 24 Nr. 2 FamGKG. Das bedeutet: Wurde dem Antragsteller A im vorigen Beispiel Verfahrenskostenhilfe bewilligt und hat im Vergleich der B alle Kosten übernommen, kann A, wenn B nicht zahlt, als Antragsteller zur Zahlung herangezogen werden. In den Verfahrenskostenhilfefällen sollte deshalb keine Kostenregelung getroffen werden, sondern vom Gericht über die Kosten entschieden werden, damit dem A das Haftungsprivileg bleibt.[5] Übernimmt in einem Vergleich ein **Kostenbefreiter** (§ 11 KostO; § 2 FamGKG), z. B. ein Bundesland, Gerichtskosten, muss er sie bezahlen.[6] Fällt das Verfahren unter das FamGKG sind Kosten vom Kostenbefreiten hingegen nicht zu erheben (§ 2 Abs. 3 S. 2 FamGKG).

5 **b) Vergleich ohne ausdrückliche Kostenregelung.** Enthält der Vergleich keine Kostenregelung, trägt von den Kosten des Verfahrens und des Vergleichs (unten Rn 8 ff.) jeder am Vergleich Beteiligte seine außergerichtlichen Kosten (also die Anwaltskosten und die eigenen Kosten, wie Fahrtkosten); Abs. 1 S. 2. Dadurch wird ein Kostenfestsetzungsverfahren eingespart. Ferner trägt „jeder Teil" einen Teil der Gerichtskosten (wie in § 92 Abs. 1 S. 2 ZPO). Das ist dann klar, wenn nur ein Antragsteller und ein Antragsgegner vorhanden ist (dann trägt jeder $^1/_2$). Das Kostenrecht geht von gegensätzlich Beteiligten aus; stehen auf einer Seite mehrere Personen gleichgerichtet gelten sie als „ein" Teil (z. B. ein Antragsteller und als Antragsgegner fünf Miterben: hier sind nur zwei Teile vorhanden, wobei sich den einen Teil fünf Personen teilen). Das Gericht kann einen entsprechenden

---

[1] OLG Düsseldorf MDR 1999, 119.
[2] OLG Düsseldorf MDR 1999, 119.
[3] Finke FPR 2010, 331.
[4] Einzelheiten Binz/Dörndorfer/Petzold/Zimmermann GKG/JVEG/FamGKG § 26 FamGKG Rn 6.
[5] Finke FPR 2010, 331.
[6] BayObLG DNotZ 1985, 567; OLG Celle Rpfleger 1991, 28; OLG Zweibrücken Rpfleger 1996, 305; str.

(deklaratorischen) Kostenbeschluss erlassen. Ist im Vollstreckungsverfahren ein Vergleich geschlossen worden und nichts über die Kosten vereinbart, gilt § 83 Abs. 1 FamFG und nicht § 788 ZPO.[7] Ein Vergleich ohne Kostenregelung kann sinnvoll sein, wenn einem Beteiligten Verfahrenskostenhilfe bewilligt wurde (oben Rn 4), weil das Haftungsprivileg des § 26 Abs. 3 FamGKG nur für Fälle des § 24 Nr. 1 FamGKG (= Gerichtliche Entscheidung) gilt, nicht aber für § 24 Nr. 2 FamGKG (= Vergleich), wobei aber § 24 Nr. 2 FamGKG im zweiten Halbsatz eine Gleichstellung für möglich hält (dazu Rn 6).

c) Vergleich ohne Kostenregelung und Ausschluss des § 83. Ist ausdrücklich im Vergleich keine Kostenregelung enthalten und zusätzlich die Anwendung des § 83 ausgeschlossen, etwa indem die Kostenscheidung „dem Gericht überlassen" wird, kann nach §§ 83 Abs. 2, 81 über die Kosten entschieden werden, weil eine sonstige Erledigung vorliegt.[8] § 24 Nr. 2 zweiter Halbsatz (Vergleich ohne Kostenbestimmung) dürfte in solchen Fällen nicht anwendbar sein, da § 83 ausgeschlossen wird. 6

3. Außergerichtlicher Vergleich

Ein außergerichtlicher Vergleich hat auf das Verfahren keine unmittelbare Auswirkung. Nimmt der Antragsteller anschließend seinen Antrag zurück oder erklären die Beteiligten das Verfahren übereinstimmend für erledigt, so ist § 83 Abs. 2 anzuwenden, wenn der außergerichtliche Vergleich keine Kostenregelung enthält. 7

4. Höhe der Kosten

Zu unterscheiden ist zwischen den Kosten des Verfahrens und den Kosten des Vergleichs. Kosten des Vergleichs sind vor allem die zusätzlichen Anwaltsgebühren nach Nr. 1003 VV RVG (also 1,0). Die höhere Gebühr der Nr. 1000 VV RVG (also 1,5) kommt nur zum Zuge, wenn über den Streitgegenstand noch kein gerichtliches Verfahren anhängig war, also z. B. etwas mitvergleichen wurde. Nr. 1000, 1003 VV RVG gilt auch für Vergleiche, die kein gegenseitiges Nachgeben enthalten, weil es in Nr. 1000 VV RVG „Einigung" heißt, im Gegensatz zu § 779 BGB. 8

Eine allgemeine Ermäßigung der Gerichtskosten, weil das Verfahren durch Vergleich endet (wie nach Nr. 1211 Nr. 3 KV GKG), gibt es in der **KostO** nicht; auch kommt § 81 Abs. 1 S. 2 zwar bei Antragsrücknahme und Erledigung in Betracht, aber wohl nicht beim Vergleich. Fällt das Verfahren unter das **FamGKG**, erfolgt bei Vergleich eine Gebührenermäßigung (Nr. 1111 Nr. 3, Nr. 1122 Nr. 3, Nr. 1221 Nr. 3, 1224 Nr. 3, Nr. 1321, Nr. 1324 KV FamGKG usw.). 9

Der Abschluss eines Vergleiches **erhöht die Gerichtskosten nicht;** etwas anderes gilt in Familiensachen, wenn der Wert des Vergleichsgegenstandes den Wert des Verfahrensgegenstandes übersteigt (Nr. 1500 KV FamGKG); dann schuldet gegenüber der Gerichtskasse jeder Vergleichsbeteiligte diese Gebühr (§ 21 Abs. 2 FamGKG). Doch kann im Vergleich etwas Anderes vereinbart werden (§ 24 Nr. 2 FamGKG), was aber nicht gegen die Gerichtskasse wirkt. 10

III. Erledigung der Hauptsache

1. Begriff

Die Hauptsache ist erledigt, wenn nach Einleitung des Verfahrens der Verfahrensgegenstand durch ein Ereignis, welches eine Veränderung der Sach- und Rechtslage herbeiführt, weggefallen ist.[9] Beispiele: die begehrte Auskunft wird erteilt; die Betreuung wird aufgehoben; der Betreute ist gestorben; das Kind ist gestorben; der Untergebrachte wird entlassen; der zu entlassende Testamentsvollstrecker kündigt sein Amt. Das Gericht ist an die übereinstimmende Erklärung der Beteiligten, die Hauptsache sei erledigt, nicht gebunden, wenn sie über den Verfahrensgegenstand nicht disponieren können;[10] ob tatsächlich Erledigung 11

---

[7] BGH BeckRS 2007, 01685.
[8] MünchKommZPO/Schindler § 83 FamFG Rn 12.
[9] BayObLG FamRZ 1991, 846; NJW-RR 1990, 1287.
[10] BGH NJW 1982, 2505; BayObLG FamRZ 2001, 1311; FamRZ 1982, 601.

eingetreten ist, hat das Gericht daher in **Amtsverfahren** nachzuprüfen. In **Antragsverfahren** dagegen nimmt das FamFG eine zwingende Bindung an die übereinstimmenden Erledigungserklärungen der Beteiligten an,[11] wie man aus § 22 Abs. 3 FamFG entnehmen kann. Zu den weiteren Einzelheiten der Erledigung siehe § 22 Rn 24 ff.

2. Kostenentscheidung

12   Das Gericht muss nur im Falle des 81 Abs. 1 S. 3 (Familiensachen) und bei § 92 Abs. 2 (Vollstreckungsverfahren) sowie bei § 353 Abs. 1 (Erbscheinseinziehung) eine Kostenentscheidung treffen, ferner, wenn ein Beteiligter eine Kostenentscheidung beantragt.[12] Im Übrigen steht es im Ermessen des Gerichts, ob eine Kostenentscheidung getroffen wird. § 83 Abs. 2 verweist auf die entsprechende Anwendung von § 81. Die Ermessenserwägungen des Gerichts sind in der Entscheidung darzulegen. Den **Grundsatz** des § 13 a FGG, wonach auch bei Erledigung der Hauptsache grundsätzlich jeder Beteiligte seine außergerichtlichen Kosten (also in erster Linie seine Anwaltskosten) selbst zu tragen hatte und nur ausnahmsweise etwas anderes angeordnet werden durfte, sollte man nicht fortführen, weil das oft zu unbilligen Ergebnissen führt. Andererseits ist der Fall anders gelagert als bei Antragsrücknahme: dort wird es die Regel sein, dass der Antragsteller die Kosten des Verfahrens zu tragen hat, weil er den Antrag meist deshalb zurücknimmt, um einem Unterliegen zuvorzukommen. Bei Erledigung der Hauptsache dagegen können die Gründe, die zur Erledigung nach Beginn des Verfahrens führten, vielfältig sein; es muss eine Risikoabwägung erfolgen. Für die Anordnung der Kostenerstattung kann es genügen, dass der Beteiligte unterlegen wäre.[13]

13   Das Gericht hat sein Ermessen sachgerecht ausüben und hat folgende **Möglichkeiten:**
- **Einem Beteiligten** werden die Kosten des Verfahrens ganz auferlegt (er hat dann auch die Gerichtskosten zu zahlen und die außergerichtlichen Kosten der anderen Beteiligten zu erstatten); einige solcher Fälle nennt § 81 Abs. 2, aber nicht abschließend. Es handelt sich nicht um Ausnahmen, sondern um Regelbeispiele für die Ermessensausübung, die nicht bindend sind („soll") und auch nicht die Meßlatte zeigen.
- Es wird **zwischen den Beteiligten gequotelt**; das kann entweder alle Kosten betreffen (z. B. $1/3$ dem Antragsteller, $2/3$ dem Antragsgegner; ein bestimmter Euro-Betrag[14] der Antragsgegner, alle übrigen Kosten der Antragsteller) oder nur bestimmte Sonderkosten[15] (z. B. der Antragsgegner trägt seine Anwaltkosten, alle anderen Kosten trägt der Antragsteller; Kosten des Gutachtens trägt der Antragsgegner, weil er es veranlasst hat[16]).
- Es wird **von der Erhebung der Gerichtskosten abgesehen** (§ 81 Abs. 1 S. 2); auch das kann ganz oder teilweise erfolgen („Die Gerichtskosten werden um $1/3$ ermäßigt"). Daneben kommt eine Entscheidung nach § 16 KostO bzw. § 20 FamGKG (falsche Sachbehandlung durch das Gericht) in Frage. Beides betrifft nicht nur Gerichtsgebühren, sondern auch gerichtliche Auslagen (etwa für Zeugen, für Gutachten).

3. Ermessenskriterien

14   Alle Umstände des Einzelfalles sind zu berücksichtigen.[17] § 91 a ZPO ist nicht unmittelbar anwendbar.[18] Als besonderer Billigkeitsgrund für die Auferlegung der Kosten kann das voraussichtliche Unterliegen eines Beteiligten in Betracht gezogen werden;[19] auch wer ein Verfahren veranlasst hat, spielt eine Rolle.[20] Müsste ein rechtlich und/oder tatsächlich

---

[11] BT-Drucks. 16/6308 S. 365.
[12] Vgl. Jansen/von König § 13 a Rn 26.
[13] BGH NJW-RR 2008, 794; OLG Brandenburg FamRZ 2005, 2078.
[14] Lappe Rpfleger 1985, 423.
[15] BayObLGZ 1958, 29/30; Tschischgale Rpfleger 1961, 101.
[16] LG Frankenthal ZEV 2005, 529.
[17] KG Rpfleger 1959, 385; OLG Celle NdsRpfl. 1961, 199; OLG Hamm Rpfleger 1958, 187.
[18] BGHZ 28, 117.
[19] BGH NJW-RR 2008, 794; OLG Brandenburg FamRZ 2005, 2078; OLG Saarbrücken FGPrax 2010, 270 (Gewaltschutzsache).
[20] AG Bamberg FamRZ 2008, 1098.

schwierig gelagerter Fall hinsichtlich aller für dessen Ausgang bedeutsamen Fragen aufwändig überprüft werden, ist das nach Erledigung der Hauptsache entbehrlich;[21] dann können z. B. bei zwei gegensätzlich Beteiligten jedem $^1/_2$ der Kosten auferlegt werden. Wenn aber ein Beteiligter davon abgesehen hat, einen Anwalt zu beauftragen, um sich Kosten zu sparen, sollten nur die Gerichtskosten geteilt werden und im übrigen jedem Beteiligten seine außergerichtlichen Kosten auferlegt werden, damit dem Sparsamen sein Vorteil bleibt. Die Art der Verfahrensführung und die wirtschaftlichen Verhältnisse der Beteiligten können berücksichtigt werden.[22] Die Rechtsprechung zu § 13 a FGG hatte bei Familienstreitigkeiten angenommen, bei Auferlegung von Kosten sei Zurückhaltung geboten;[23] das ist jedenfalls dann zweifelhaft, wenn die Kosten wegen Einschaltung von Anwälten und Erholung von Gutachten nicht mehr nur geringfügig sind und ein Beteiligter vorwerfbar gehandelt hat. Weitere Erhebungen, z. B. Beweisaufnahmen zur Aufklärung eines streitigen Sachverhalts zwecks Kostenentscheidung nach Erledigung der Hauptsache sind grundsätzlich unzulässig.[24]

Erledigt sich die Hauptsache eines **Unterbringungsverfahrens durch Entlassung** und wird auf Antrag die Rechtswidrigkeit der Unterbringungsanordnung festgestellt (§ 62), können die notwendigen Auslagen des Betroffenen der Staatskasse auferlegt werden.[25]

IV. Antragsrücknahme

1. Voraussetzung

Voraussetzung ist, dass der **Antrag Verfahrensvoraussetzung** war. Oft wird von einem „Antrag" gesprochen und geschrieben und dieser dann „zurückgenommen", obwohl nach den materiell- und verfahrensrechtlichen Bestimmungen ein **Amtsverfahren** vorlag. Dann handelt es sich in Wirklichkeit nur um Anregungen (vgl. § 24 Abs. 1); deren Rücknahme hat nicht die Kostenfolgen des § 83 Abs. 2. Solche Fälle sind z. B. der „Antrag", einen Erbschein einzuziehen (§ 2361 BGB), einen Betreuer zu bestellen (§ 1896 BGB), einen Nachlasspfleger zu bestellen (§ 1960 BGB).

2. Grundregel

Die Rücknahme des Antrags stellt das FamFG der Zurückweisung des Antrags gleich und unterwirft sie daher (über § 83 Abs. 2) dem § 81. Wer einen Antrag zurücknimmt, tut dies meist deshalb, weil eine Zurückweisung bevorsteht. Eine Kostenentscheidung muss nach Antragsrücknahme nicht zwingend getroffen werden; anders ist es in Familiensachen (§ 81 Abs. 1 S. 3), bei § 92 Abs. 2 (Vollstreckungsverfahren) sowie bei § 353 Abs. 1 (Erbscheinseinziehung) und wenn ein Beteiligter eine Kostenentscheidung beantragt. In der Entscheidung sind die Ermessenserwägungen im Einzelnen darzulegen. Für die Kostenentscheidung bestehen die **Möglichkeiten** oben Rn 13.

3. Ermessenskriterien

Die Rechtsprechung zu § 13 a FGG nahm an, dass Antragsrücknahme allein noch kein Grund sei, dem Antragsteller alle Kosten aufzuerlegen.[26] Sie verwendete als Abwägungskriterien, ob die Stellung des Antrags auf unverschuldeter Unkenntnis der tatsächlichen oder

---

[21] BayObLG FamRZ 1991, 846; BayObLGZ 1973, 30; KG NJW 1965, 1540; OLG Frankfurt JurBüro 1973, 323; NJW 1962, 2113.
[22] KG OLGZ 1972, 358/360; LG Mannheim ZMR 1967, 142.
[23] BayObLG FamRZ 2000, 1311; FamRZ 1989, 886; KG FamRZ 1966, 239; NJW 1965, 1538; OLG Brandenburg FamRZ 2005, 2078; OLG Düsseldorf FamRZ 1982, 186; FamRZ 1977, 56. Anders, wenn der Vater das Kind während des isolierten Sorgerechtsverfahrens tötet, AG Detmold FamRZ 1990, 648.
[24] BayObLG WuM 1993, 210; FamRZ 1991, 846. Zur internationalen Zuständigkeit für die Kostenentscheidung nach Erledigung der Hauptsache: BayObLG Rpfleger 1978, 316.
[25] BayObLG BayVerwBl 2004, 603; OLG München NJW-RR 2006, 1377. Zu Abschiebungshaftsachen vgl. BeckRS 2011, 17013.
[26] BayObLG FamRZ 1991, 846; OLG Brandenburg FamRZ 2008, 1267; OLG-NL 1996, 18 (Rücknahme des Sorgerechtsantrags); OLG Düsseldorf FamRZ 1978, 343; OLG Hamburg MDR 1970, 854; OLG Karlsruhe FamRZ 2005, 2077; OLG Zweibrücken FamRZ 2004, 1589.

rechtlichen Verhältnisse beruht; das Vorbringen unwahrer Behauptungen;[27] ob dem Antragsteller die Aussichtslosigkeit seines Antrags von vornherein erkennbar war;[28] wenn ein Beteiligter ein Verfahren durch Verzug[29] oder schuldhaftes Verhalten veranlasst hat;[30] wirtschaftliche und persönliche Verhältnisse der Beteiligten,[31] die Art der Verfahrensführung (schuldhafte Veranlassung von Mehrkosten).[32] Diese Gesichtspunkte finden sich jetzt in § 81 Abs. 2. Bei rein vermögensrechtlichen Streitigkeiten unter sich nicht nahe stehenden Beteiligten entsprach die Kostenerstattung nach früherer Rechtsprechung eher der Billigkeit.[33] Bei Familienstreitigkeiten nahm man an, hinsichtlich der Auferlegung einer Kostenerstattungspflicht sei Zurückhaltung geboten.[34]

19 Die frühere Grundregel, wonach grundsätzlich jeder Beteiligte seine außergerichtlichen Kosten selbst zu tragen hat (die Gerichtskostentragung ergab sich ohnehin aus der KostO) und nur ausnahmsweise etwas anderes angeordnet wurde, sollte nicht mehr angewandt werden, weil sie oft zu **unbilligen Ergebnissen** führt. Dass sich das Gericht dadurch ein Kostenfestsetzungsverfahren spart, stand im Hintergrund, darf aber keine Rolle spielen. Dass der wegen der unbilligen Kostenentscheidung verärgerte Beteiligte an der Gerechtigkeit zweifelt, wurde bisher zu wenig beachtet. Wenn ein Beteiligter seinen Antrag zurücknimmt, dann sollte es die Regel sein, dass dem Gegner dessen Anwaltskosten zu erstatten hat, weil er Veranlasser ist. Deshalb müssen zur Rücknahme **nicht** noch **besondere Gründe** hinzutreten, damit es billig erscheint, dass der Antragsteller die Kosten des Verfahrens trägt. Wer ein Verfahren vom Zaun bricht und den Gegner zu ungelegener Zeit zum Aufwand von Zeit, Geld und psychischer Belastung zwingt, soll sich im Regelfall nicht einfach folgenlos herausziehen können. Sonst könnte jeder vermögende Beteiligte einen anderen (weniger bemittelten) in ein Verfahren zwingen, den Antrag dann zurücknehmen, und der Gegner bliebe auf seinen Anwaltskosten sitzen.

20 Im Übrigen ist jetzt (§ 81 Abs. 1 S. 2) eine Entscheidung des Gerichts, dass von der **Erhebung der Gerichtskosten** abgesehen wird, möglich, was unter Geltung des FGG nur in Sonderfällen denkbar war. Auch im Zivilprozess ist es der Regelfall, dass derjenige, der seine Klage zurücknimmt, alle Kosten zu tragen hat (§ 269 Abs. 3 S. 2 ZPO mit Relativierung in S. 2 und S. 3). Im Einzelfall mag es freilich angemessen sein, dem Antragsteller, der seinen Antrag zurücknahm, nicht die Kosten des Gegners aufzuerlegen, nämlich wenn besondere Gründe dafür vorliegen.

Rechtsmittelkosten

84 Das Gericht soll die Kosten eines ohne Erfolg eingelegten Rechtsmittels dem Beteiligten auferlegen, der es eingelegt hat.

Übersicht

	Rn
I. Normzweck und Anwendungsbereich	1
II. Rechtsmittel	3
III. Pflicht zur Kostenentscheidung	6
IV. Kostenerstattung bei erfolgreichem Rechtsmittel	8
1. Eigene Entscheidung	8
2. Aufhebung und Zurückverweisung	9
3. Entscheidungen des Rechtsbeschwerdegerichts	10

---

[27] Das ist nicht schon bei jedem unzutreffenden Sachvortrag der Fall, BayObLG Beschl. v. 23. 3. 1984 – 1 Z 107/82, n. v.
[28] BayObLG WE 1980, 78.
[29] OLG Frankfurt OLGZ 1980, 83.
[30] BayObLG FamRZ 1991, 846.
[31] Z. B. Verwandtschaft, BayObLG Rpfleger 1991, 357.
[32] BGH Rpfleger 1959, 385; BayObLG Rpfleger 1980, 19; BayObLGZ 1961, 183.
[33] OLG Hamburg FamRZ 1994, 716; AG Detmold FamRZ 1996, 1292.
[34] BayObLG FamRZ 2001, 1405; FamRZ 1985, 515; KG NJW 1965, 1538; Rpfleger 1959, 386; OLG Frankfurt FamRZ 1985, 831; Rpfleger 1978, 316 mwN; OLG Hamm FamRZ 1983, 1264.

	Rn
V. Kostenerstattung bei erfolglosem Rechtsmittel	12
1. Regelfall	12
2. Ausnahmen	13
3. Kosten des Rechtsmittels	14
4. Verhältnis zur KostO; zum FamGKG	15
5. Erfolglosigkeit eines Rechtsmittels	16
6. Teilerfolg	17
7. Mehrere Rechtsmittel	18
VI. Kostenentscheidung bei Zurücknahme des Rechtsmittels	19
1. Erfolglosigkeit	19
2. Ausnahmen von der Grundregel	20
3. Vorsorgliche Beschwerde	22
4. Rücknahme der zweiten Beschwerde	23
5. Isolierte Kostenentscheidung	24
6. Anfechtung	25
VII. Kostenentscheidung bei Erledigung der Hauptsache	26
1. Erledigung vor Einlegung der Beschwerde	26
2. Erledigung nach Einlegung der Beschwerde	27
3. Erledigung nach Erlass des Beschwerdebeschlusses	31
4. Vergleich	32
5. Feststellung der Rechtswidrigkeit; Unterbringung	33
VIII. Anschlussrechtsmittel	35

I. Normzweck und Anwendungsbereich

Die Vorschrift entspricht teils dem früheren § 13a Abs. 1 S. 2 FGG. Aus der zwingenden **1** Vorschrift hat man jetzt eine Sollvorschrift gemacht, in Abkehr auch von § 97 ZPO. Das schmälert die Rechtssicherheit; für den Anwalt wird es schwieriger, die Folgen des Ausgangs eines Rechtsstreits dem Mandanten vorherzusagen. Letztlich werden also die Kosten sowohl der ersten Instanz wie der Beschwerdeinstanzen nach Billigkeit auferlegt. Die bisherige Rechtsprechung ist überholt, soweit sie zur zwingenden Kostenauferlegung ergangen ist. Zum **Übergangsrecht** siehe die Erläuterungen zu Art. 111 FGG-RG (Stichtag 1. 9. 2009).

§ 81 regelt nur das erfolglose Rechtsmittel, nicht das erfolgreiche. § 81 ist ferner **nicht** **2** **anwendbar** in Ehesachen (§ 121) und Familienstreitsachen (§ 112); stattdessen gelten die ZPO-Regelungen (§ 113 Abs. 1), d. h. §§ 91 ff., 97 ZPO. Sonderregelungen enthalten §§ 150, 243 FamFG.

II. Rechtsmittel

Rechtsmittel im Sinne des § 84 sind die Beschwerde (befristete Beschwerde nach **3** §§ 58 ff., sofortige Beschwerde nach §§ 567 ff. ZPO, soweit darauf verwiesen wird, wie beispielsweise in § 7 Abs. 5) und die Rechtsbeschwerde. Bei der **Erinnerung** gegen die Entscheidung des Rechtspflegers handelt es sich nicht um ein Rechtsmittel, sondern lediglich um einen Rechtsbehelf; dafür gilt § 81, nicht aber § 84.[1] § 84 gilt auch nicht für das Verfahren bei unbegründetem Widerspruch, Einspruch, Wiedereinsetzung in den vorigen Stand.[2] Die **Anschlussbeschwerde** (§ 66) gilt nicht als „Rechtsmittel", so dass bei der Entscheidung nicht § 84, sondern § 81 heranzuziehen ist (Rn 35; § 66 Rn 20).

Entsprechend § 80 kann die Kostenentscheidung erfassen: die Gerichtskosten (Gebühren **4** und Auslagen), die Anwaltskosten der Beteiligten (Gebühren und Auslagen), die sonstigen außergerichtlichen Kosten der Beteiligten (z. B. Fahrtkosten, Kopien, Verdienstausfall bei Terminswahrnehmung). Da § 80 nur auf § 91 Abs. 1 S. 2 ZPO verweist, aber nicht auf § 91 Abs. 1 S. 1, Abs. 2 bis Abs. 4 ZPO, folgt daraus, dass die Anwaltskosten des obsiegenden Beteiligten nicht zwingend (wie im Zivilprozess) zu erstatten sind, sondern nur nach

---

[1] MünchKommZPO/Schindler § 84 FamFG Rn 3.
[2] Jansen/von König § 13a Rn 14.

Lage des Einzelfalls;[3] das wird zwar grundsätzlich erst im Kostenfestsetzungsverfahren geprüft (§ 85 Rn 9); da es aber um Ermessensausübung geht, kann sich schon die Kostenentscheidung damit bindend für das Kostenfestsetzungsverfahren befassen („Dem X werden die Anwaltskosten des Y auferlegt").

5 **Sondervorschriften:** z. B. § 45 LwVG.

III. Pflicht zur Kostenentscheidung

6   Beschwerdegericht ist das LG bzw. das OLG (§§ 72, 119 Abs. 1 GVG). Es besteht keine Pflicht, in der Beschwerdeentscheidung eine Kostenentscheidung zu treffen (Ausnahme: Familiensachen, §§ 81 Abs. 1 S. 3, 92 Abs. 2, 353 Abs. 1); fehlt sie, bleibt es bezüglich der Gerichtskosten bei der Regelung der KostO bzw. des FamGKG und eine Erstattung außergerichtlicher Kosten findet dann nicht statt, so dass sie von jedem Beteiligten selbst zu tragen sind. Im Regelfall sollte allerdings eine Kostenentscheidung erfolgen, schon um Nachfragen der Beteiligten wegen der angeblichen Lückenhaftigkeit der Entscheidung zu vermeiden. Zur Nachholung der Kostenentscheidung vgl. § 82 Rn 6. Eine **Kostenscheidung entfällt** bei Beschwerde gegen den Kostenansatz (§ 14 Abs. 9 S. 2 KostO), bei Streitwertbeschwerden (§ 31 Abs. 5 S. 2 KostO), bei der Verfahrenskostenhilfebeschwerde (§ 76 Abs. 2 FamFG i. V. m. § 127 Abs. 4 ZPO; allerdings fällt bei Zurückweisung der Beschwerde eine Gerichtsgebühr an, wobei aber Nr. 1912 KV FamFG bzw. Nr. 1812 KV GKG den Gebührenpflichtigen bestimmen). Über die Kosten eines Beteiligten, der im Beschwerdeverfahren nicht hervorgetreten ist (also vermutlich keine Kosten hatte), ist nicht zu entscheiden.[4]

7   Ist der **Beschwerdeführer** nach Einlegung der Beschwerde **gestorben** und ist seine Rechtsstellung auf seine Erben übergegangen (zu bejahen z. B. bei Erbscheinssachen; zu verneinen z. B. bei Unterbringungssachen), so ist bei der Kostenentscheidung nach §§ 81, 84 in entsprechender Anwendung des § 780 ZPO für die Kostenhaftung der Erben der **Vorbehalt der beschränkten Erbenhaftung** von Amts wegen einzufügen.[5]

IV. Kostenerstattung bei erfolgreichem Rechtsmittel

1. Eigene Entscheidung

8   Hebt das Beschwerdegericht auf das Rechtsmittel die Entscheidung des AG auf und **entscheidet es selbst abschließend,** so ist für die Kosten des Verfahrens der ersten und zweiten Instanz § 81 einschlägig. Sonderregelungen wie § 337 für Kosten in Unterbringungsverfahren sind zu beachten. Da § 81 im Übrigen einschlägig ist, könnte das Beschwerdegericht deshalb jetzt auch von der Erhebung von Gerichtskosten für eine oder beide Instanzen absehen (§ 81 Abs. 1 S. 2). War das Verfahren zunächst im Zivilprozess anhängig, so dass es zur **Verweisung** kam, ist § 17b Abs. 2 S. 2 GVG anzuwenden.[6] Einem Nichtbeteiligten können bei erfolgreichem Rechtsmittel keine Kosten auferlegt werden; lehnt der Notar eine Amtshandlung ab, so dass der Beteiligte Beschwerde einlegt (§ 15 Abs. 2 BeurkG), gilt der Notar als Nichtbeteiligter, weil er gewissermaßen die erste Instanz ist, so dass ihm keine Kosten auferlegt werden können.[7] Obsiegt der Betreuer bzw. Nachlasspfleger mit seinem auf eine höhere Vergütung gerichteten Rechtsmittel, entspricht es der Billigkeit, seine zur Rechtsverfolgung notwendigen Aufwendungen der **Staatskasse** als Schuldnerin der Vergütung aufzuerlegen.[8]

---

[3] BayObLG FGPrax 1999, 77; OLG Koblenz NJW-RR 1996, 1256; OLG München Rpfleger 1996, 215; OLG Stuttgart NJW 1962, 1403; Jansen/von König § 13 a Rn 38.
[4] BayObLG FamRZ 2001, 1311.
[5] BayObLGZ 1964, 433/443.
[6] OLG Hamm NJW-RR 2000, 1022; OLG Köln 2007, 285.
[7] BayObLG Rpfleger 1972, 101; OLG Düsseldorf MittRhNotK 1978, 46; OLG Naumburg FGPrax 2005, 272; OLG Schleswig FGPrax 2008, 132.
[8] OLG München FamRZ 2007, 1913.

2. Aufhebung und Zurückverweisung

Hebt das Beschwerdegericht den Beschluss der Vorinstanz auf und verweist es die Sache[9] an das AG zurück, so unterbleibt eine Entscheidung über die Kosten des Beschwerdeverfahrens.[10] Es ist wieder der mit der Sache befassten Vorinstanz überlassen, ob sie bei ihrer neuerlichen Entscheidung, die hinsichtlich der Kosten nach § 80 bis § 83 zu treffen ist, von einer Auferlegung der Kosten des Beschwerdeverfahrens absehen will oder ob sie, weil dies billigem Ermessen entspricht, die Kosten, die einem Beteiligten durch das gesamte Verfahren oder nur diejenigen, die ihm durch das Beschwerdeverfahren erwachsen sind, einem anderen Beteiligten auferlegen will.[11]

3. Entscheidungen des Rechtsbeschwerdegerichts

Hebt das Rechtsbeschwerdegericht die Beschlüsse **der Vorinstanzen** auf und verweist es die Sache an das AG zurück (§ 74 Abs. 6 S. 2 zweite Alt.), so gilt für dessen neuerliche Entscheidung § 81 entsprechend; es ist ferner über die Kosten der Beschwerde und der Rechtsbeschwerde zu entscheiden. War ein Rechtsmittel voll erfolgreich, ist insoweit § 84 heranzuziehen.[12]

Hebt das Rechtsbeschwerdegericht **nur die Entscheidung des OLG bzw. das LG** (vgl. §§ 72, 119 Abs. 1 Nr. 1 b GVG) auf und verweist es die Sache an das OLG bzw. LG zurück (§ 74 Abs. 6 S. 2 erste Alt.), so ist zu unterscheiden:

- **Weist** das Beschwerdegericht nunmehr **die Beschwerde** eines Beteiligten gegen die Entscheidung des AG **zurück**, so wird es in der Regel die Kosten des gesamten Beschwerdeverfahrens (das Beschwerdeverfahren vor Einlegung der Rechtsbeschwerde sowie das Verfahren nach Zurückverweisung gelten als eine Instanz[13]) dem Beschwerdeführer aufzuerlegen (§ 84). Es bleibt aber seinem Ermessen überlassen, ob es z. B. die Kosten der Rechtsbeschwerde demjenigen auferlegen will, dessen Beschwerde als unbegründet zurückgewiesen wird, oder ob es von einer Anordnung der Kostenerstattung hinsichtlich dieser Kosten absehen will.[14] Dies gilt auch, wenn praktisch infolge der Zurückweisung der Beschwerde die Rechtsbeschwerde keinen sachlichen Erfolg hatte.
- **Hebt** das Beschwerdegericht dann die Entscheidung des AG **auf und entscheidet es selbst** in der Sache, so gilt für die Kosten der ersten Instanz § 81, für die Kosten des Beschwerdeverfahrens und des Rechtsbeschwerdeverfahrens § 84.
- Hebt das **Rechtsbeschwerdegericht** die Entscheidung des Beschwerdegerichts auf und entscheidet es selbst abschließend in der Sache, gilt für die Kosten der ersten Instanz § 81, für die Kosten der zweiten und dritten Instanz § 84.

V. Kostenerstattung bei erfolglosem Rechtsmittel

1. Regelfall

Das Beschwerdegericht (siehe Rn 6) soll die Kosten eines ohne Erfolg eingelegten Rechtsmittels dem Beteiligten auferlegen, der es eingelegt hat (§ 84).[15] Es handelt sich (wie auch bei § 97 ZPO) um einen Fall der Kostentrennung (zwischen den Kosten erster und zweiter Instanz). Wenn das Rechtsmittel erfolglos ist, wird die Entscheidung erster Instanz rechtskräftig, auch im Kostenpunkt. Über die Kosten erster Instanz kann also das Rechts-

---

[9] Bei Verweisung einer vermeintlichen FG-Sache an das AG-Streitgericht kann das Beschwerdegericht über die Kosten der Beschwerde entspr. § 281 Abs. 3 ZPO entscheiden, BayObLG Rpfleger 1979, 318. Zur Kostenerstattung im umgekehrten Fall: Mümmler JurBüro 1979, 1771.
[10] BayObLG FamRZ 2000, 485; BayObLGZ 1960, 254/261; OLG Hamm FamRZ 1993, 823; MünchKommZPO/Schindler § 84 FamFG Rn 7; Jansen/von König § 13 a Rn 17.
[11] BayObLG FamRZ 2000, 485; OLG Hamm FamRZ 1993, 823; Tschischgale Rpfleger 1961, 103.
[12] MünchKommZPO/Schindler § 84 FamFG Rn 9.
[13] So ausdrücklich § 37 GKG.
[14] BayObLGZ 1963, 183/191; Absehen z. B. dann, wenn es wesentlich um die Klärung umstrittener Rechtsfragen ging oder unterschiedliche Entscheidungen der Vorinstanzen vorlagen, BayObLG FamRZ 1980, 1001.
[15] OLG München FGPrax 2010, 160 zu § 15 SpruchG.

§ 84   13–16   Abschnitt 7. Kosten

mittelgericht nicht mehr entscheiden, nur noch über die Kosten des Rechtsmittelverfahrens. Zum Begriff der Kosten vgl. Rn 4. Zur Frage der Gesamtschuld oder Teilschuld bei mehreren Beteiligten auf einer Seite vgl. § 81 Rn 15.

2. Ausnahmen

13   Aus § 84 folgt, dass das Beschwerdegericht (Rn 6) nach seinem Ermessen die Kosten des Rechtsmittels auch (aber nur ausnahmsweise[16]) ganz dem Sieger auferlegen kann oder sie zwischen Sieger und Verlierer quoteln kann, auch dergestalt, dass nur die Erstattung abtrennbarer Positionen (z. B. der Anwaltskosten) angeordnet wird. Die Gesetzesbegründung verlangt für eine Abweichung von der Regel „besonders gelagerte Fälle" und nennt hier die Rücknahme des Rechtsmittels. Entsprechend § 97 Abs. 2 ZPO kann man auch Fälle darunter fassen, bei denen ein Beteiligter auf Grund eines neuen Vorbringens obsiegt, das er im früheren Rechtszug geltend zu machen imstande war; so wenn ein Erbe erfolglos die Entlassung des Testamentsvollstreckers beantragt (§ 2227 BGB) und dann in der Beschwerde obsiegt, weil er ihm bisher schon bekannte Entlassungsgründe nun nachschiebt.

3. Kosten des Rechtsmittels

14   Es gilt der Kostenbegriff des § 80. Nach § 13 a FGG mussten Kostenerstattungsschuldner und Kostenerstattungsgläubiger an einer Angelegenheit (im gegensätzlichen Sinn) „beteiligt" sein. Davon ist auch für §§ 81, 84 FamFG auszugehen. Nur für den **Kostenerstattungsschuldner** trifft zu, dass die formelle Beteiligung ausreicht; wer Beschwerde gegen eine im FamFG-Verfahren ergangene Entscheidung erhebt, ist schon damit Beteiligter im kostenrechtlichen Sinn.[17] **Kostenerstattungsgläubiger** kann hingegen grundsätzlich nur sein, wer sich nicht formell am Verfahren beteiligt hat oder beteiligt wurde, sondern als **materiell Beteiligter** oder aufgrund einer sonstigen Beschwerdebefugnis berechtigt war, am Beschwerdeverfahren teilzunehmen.[18] Beantragt ein Beteiligter einen Erbschein, legt er gegen die Antragszurückweisung Beschwerde ein, beteiligt sich dann ein Vermächtnisnehmer aus eigenem Antrieb und ohne Veranlassung durch das Gericht anwaltlich am Beschwerdeverfahren, und ist die Beschwerde ohne Erfolg, dann sind die Kosten des Vermächtnisnehmers nicht vom Beschwerdeführer zu erstatten.[19]

4. Verhältnis zur KostO; zum FamGKG

15   Die Pflicht zur Tragung der Gerichtskosten ergibt sich kraft Gesetz aus § 2 Nr. 1 KostO;[20] eine entsprechende Regelung findet sich in § 21 FamGKG. Dort ist jeweils der Kostenschuldner angegeben. Die Pflicht zur Tragung der Gerichtskosten gegenüber der Staatskasse braucht deshalb vom Gericht in der Kostenentscheidung nicht ausdrücklich ausgesprochen zu werden. Zu den erstattungspflichtigen Kosten können auch Gerichtskosten gehören, die der erstattungsberechtigte Beteiligte zur zweckentsprechenden Erledigung der Angelegenheit hat aufwenden müssen oder für die er nach den Vorschriften der KostO bzw. des FamGKG haftet (§§ 3 KostO, 24 FamGKG).

5. Erfolglosigkeit eines Rechtsmittels

16   § 13 a Abs. 1 S. 2 FGG stellte auf „unbegründete" Rechtsmittel ab, was aber von der Rechtsprechung auf unzulässige Rechtsmittel ausgedehnt wurde.[21] Die Neuregelung hat diese Rechtsprechung übernommen: nicht nur unbegründete, sondern auch unzulässige Rechtsmittel fallen unter § 84, gleichgültig, weshalb das Rechtsmittel ohne Erfolg war.

---

[16] BGH NJW 1958, 1493; OLG Köln FGPrax 2005, 76; OLG Schleswig FGPrax 2008, 132.
[17] BGHZ 31, 92/102; BayObLG FamRZ 2001, 380.
[18] BayObLG FamRZ 2001, 380; KG FamRZ 1988, 1207; FamRZ 1968, 472.
[19] BayObLG FamRZ 2001, 380.
[20] BayObLGZ 1958, 31/32; OLG Frankfurt FamRZ 1994, 250; OLG Hamm Rpfleger 1958, 87; a. M. Tschischgale Rpfleger 1961, 104.
[21] BayObLGZ 1998, 82.

Unbegründet ist es auch, wenn die Entscheidung des Beschwerdegerichts den Beschwerdeführer schlechter stellt,[22] ebenso wenn die Beschwerde mit der Maßgabe zurückgewiesen wird, dass sie statt als unbegründet als unzulässig verworfen wird.[23] Auch wenn das Beschwerdegericht auf Grund eigener Sachaufklärung, die an sich das AG hätte vornehmen sollen, die Beschwerde nur dem Ergebnis nach zurückweist, war sie erfolglos.[24]

6. Teilerfolg

Ist der Beschwerdegegenstand teilbar und wird ein Teilerfolg erreicht, dann ist bei der Kostenentscheidung nach Instanzen zu trennen. § 81 ist anzuwenden, wenn z. B. die Beschwerde nur im Kostenpunkt Erfolg hatte.[25] **17**

7. Mehrere Rechtsmittel

Sind in ein und derselben Angelegenheit die von im entgegengesetzten Sinne Beteiligten eingelegten Beschwerden erfolglos geblieben, ist grundsätzlich eine Kostenquotelung veranlasst, falls eine Entscheidung, wonach jedem Beteiligten die Kosten seines Rechtsmittels auferlegt werden, bei der Kostenfestsetzung nicht abrechenbar ist; im Einzelfall (Rn 13) können aber auch einem Beteiligten alle Kosten auferlegt werden. **18**

VI. Kostenentscheidung bei Zurücknahme des Rechtsmittels

1. Erfolglosigkeit

Ein Rechtsmittel, das eingelegt und dann zurückgenommen wird, war im Sinne des Gesetzes erfolglos (obwohl darüber nicht entschieden wurde) und fällt daher unter § 84.[26] §§ 516 Abs. 3, 565 ZPO sind nicht entsprechend anwendbar.[27] Das Beschwerdegericht kann eine Kostenentscheidung treffen; sie muss dann nicht (bzw. nur auf Antrag) getroffen werden, wenn es billigenswert erscheint, dass sich die Tragung der Gerichtskosten nach der KostO (z. B. §§ 131, 2 Nr. 1 KostO) bzw. dem FamGKG richtet und außergerichtliche Kosten (wie Anwaltskosten) nicht angefallen sind. Wird die Beschwerde (Rechtsbeschwerde) noch vor Mitteilung der Beschwerdeschrift an die übrigen Beteiligten zurückgenommen, ist eine Kostenentscheidung nicht veranlasst,[28] weil ersichtlich beim Gegner keine Kosten angefallen sein können. Bei der Zurücknahme eines Rechtsmittels entspricht es in der Regel der Billigkeit, dass derjenige, der das Rechtsmittelverfahren in Gang gebracht hat, die einem anderen Beteiligten dadurch erwachsenen Kosten erstattet.[29] Es genügt die Rücknahme, besondere Gründe müssen nicht hinzutreten, um dem Rechtsmittelführer die Kosten aufzuerlegen. **19**

2. Ausnahmen von der Grundregel

Besondere Umstände können (als Ausnahme) für eine andere Beurteilung sprechen.[30] Der Fall der durch Beschluss zurückgewiesenen Beschwerde unterscheidet sich vom Fall der **20**

---

[22] Z. B. im Kostenpunkt, BayObLG Rpfleger 1959, 384.
[23] BayObLGZ 1964, 94/101.
[24] A. M. LG Stade NdsRpfl. 1965, 202.
[25] BayObLG FGPrax 2005, 217; MünchKommZPO/Schindler § 84 FamFG Rn 4.
[26] BT-Drucks. 16/6308 S. 216; a. A. MünchKommZPO/Schindler § 84 FamFG Rn 19, der § 81 Abs. 1 s. 1 anwenden will.
[27] BGHZ 28, 117; OLG Schleswig FGPrax 2008, 132.
[28] BayObLG Beschl. v. 22. 3. 1984, 1 Z 104/83.
[29] BGHZ 78, 117; BGHZ 28, 117/123; BayObLG FamRZ 2001, 1405; FamRZ 1998, 436; KG NJW-RR 1993, 831; JurBüro 1992, 811; OLG Schleswig FGPrax 2008, 132; OLG Stuttgart MDR 1983, 492; abweichend LG Koblenz FamRZ 1999, 102.
[30] Z. B. bei einem Streit zwischen dem Betreuer und seinem Bruder, BayObLG FamRZ 2001, 1405; wenn die Aussichtslosigkeit des Rechtsmittels nicht ohne Weiteres erkennbar war, BayObLG FamRZ 1996, 1560 (bedenklich); weil sich die Beteiligten durch Vergleich ohne Kostenregelung geeinigt haben, keine Kostenerstattung, BayObLG FamRZ 1995, 1208; oder wenn die Einlegung des Rechtsmittels objektiv veranlasst war, KG NJW-RR 1993, 83.

zurückgenommenen Beschwerde dadurch, dass die Beschwerde, wäre sie nicht zurückgenommen worden, möglicherweise doch Erfolg gehabt hätte, also für den Gegner ein Restrisiko vorhanden war. In Frage kommt, die Erfolgsaussichten des Rechtsmittels im Zeitpunkt der Zurücknahme zu berücksichtigen, soweit eine Beurteilung in dieser Richtung ohne Weiteres (d. h. bei summarischer Prüfung und ohne Beweisaufnahme) möglich ist.[31] In vermögensrechtlichen Sachen haben die Erfolgsaussichten ein besonderes Gewicht.[32] Bei Streitigkeiten unter Familienangehörigen hatte die frühere Rechtsprechung Zurückhaltung bei der Kostenauferlegung für geboten erachtet,[33] was in dieser Allgemeinheit nicht mehr vertretbar erscheint. In Betracht kommen kann auch, in welchem Maße die Einlegung des Rechtsmittels bei objektiver Betrachtungsweise veranlasst war und/oder seine Rücknahme auf Grund eines **gerichtlichen Hinweises** bei schwieriger Rechtslage erfolgte.[34]

21 Im Rahmen der Ermessensausübung kann es auch geboten sein, die **Kosten zu quoteln** oder nach trennbaren Positionen aufzuteilen; etwa die Kosten eines erst in zweiter Instanz erholten Sachverständigengutachtens oder die Anwaltskosten eines Beteiligten von der Erstattung auszunehmen.

3. Vorsorgliche Beschwerde

22 Hat ein Beschwerdeführer die Beschwerde ausdrücklich nur vorsorglich (z. B. zur Fristwahrung) eingelegt, bestellt aber der Gegner sogleich einen Anwalt für das Beschwerdeverfahren und nimmt der Beschwerdeführer hierauf die Beschwerde zurück, sind ihm in der Regel trotzdem die Kosten aufzuerlegen.[35] Im Einzelfall mag es unbillig sein, wenn es nämlich dem Gegner zugemutet werden konnte, mit Aufwendungen für das Beschwerdeverfahren (z. B. Anwaltsbeauftragung) bis zur Klarstellung, ob die Beschwerde durchgeführt wird, zu warten und die Beschwerde dann alsbald zurückgenommen wird;[36] grundsätzlich muss sich ein Beschwerdegegner seine Fristen aber nicht verkürzen lassen und wenn er selbst nicht rechtskundig ist, darf er sofort einen Rechtsanwalt beauftragen, weil er mit „nur zur Fristwahrung" nichts anfangen kann und kein Risiko eingehen muss.

4. Rücknahme der zweiten Beschwerde

23 Die Befristung (§ 63) führt dazu, dass möglicherweise zwei Beschwerden gegen die selbe Entscheidung eingelegt werden, so von zwei verschiedenen Rechtsanwälten des Beteiligten oder bei Zweifel über die Ordnungsmäßigkeit (Faxeingang etc.) der ersten Beschwerde. Gleichwohl liegt nur ein Rechtsmittel vor,[37] über das einheitlich zu entschieden ist. Wird eine der beiden Beschwerden zur Klarstellung „zurückgenommen" entfällt eine Kostenentscheidung darüber.

5. Isolierte Kostenentscheidung

24 Hält das Gericht eine Regelung für geboten, so erlässt es eine Entscheidung nur über die Kosten. Eine Entscheidung ist auch dann zu erlassen, wenn ein Beteiligter dies beantragt.[38]

---

[31] BayObLGZ 1973, 30/32; OLG Karlsruhe FamRZ 1988, 1303; OLG Zweibrücken JurBüro 1983, 747; LG Düsseldorf JurBüro 1980, 1072.
[32] BayObLGZ 1975, 233/234, 1973, 30/32.
[33] BayObLG FamRZ 2001, 1405; BayObLG ZBlJR 1983, 554; OLG Hamm FamRZ 1983, 1264; OLG Karlsruhe FamRZ 1988, 1303.
[34] OLG Schleswig FGPrax 2008, 132; keine Erstattung, wenn die Erbscheinsbeschwerde bei schwieriger Rechtslage infolge Hinweis des Beschwerdegerichts zurückgenommen wurde, BayObLG FamRZ 1998, 436.
[35] Höhe: Nr. 3200, 3201 VV RVG; BGH NJW 2003, 2992; OLG Oldenburg FamRZ 2006, 499; OLG Saarbrücken OLGR 2006, 1096.
[36] OLG Celle FamRZ 2005, 221; vgl. ferner BGHZ 28, 117; BayObLGZ 1967, 286/294; OLG Karlsruhe DieJ 1972, 389; OLG Nürnberg RdL 1966, 158; OLG Stuttgart DieJ 1973, 141; MünchKommZPO/Schindler § 84 FamFG Rn 21.
[37] BGH NJW-RR 2006, 644; VersR 1978, 720.
[38] Vgl. KG Rpfleger 1972, 108.

Die Entscheidung ergeht nach Aktenlage; weitere Ermittlungen (etwa Beweisaufnahmen über die Erfolgsaussicht) erfolgen nicht.[39] Da die Rücknahme zur Rechtskraft der Kostenentscheidung der ersten Instanz führt, kann diese vom Beschwerdegericht nicht mehr geändert werden.[40]

6. Anfechtung

Die Kostenentscheidung des Beschwerdegerichts unterliegt der Rechtsbeschwerde (§§ 70 ff.), falls sie zugelassen wurde. Das FamFG verzichtet auf eine Sonderregelung für die Anfechtung von Kostenentscheidungen.[41]

VII. Kostenentscheidung bei Erledigung der Hauptsache

1. Erledigung vor Einlegung der Beschwerde

Erledigt sich die Hauptsache nach Erlass der das Verfahren abschließenden Entscheidung des ersten Rechtszuges, aber vor Einlegung der Beschwerde, die gleichwohl anschließend eingelegt wird, so ist die Beschwerde unzulässig.[42] Sie ist zu verwerfen, die Kostenentscheidung richtet sich nach § 84; die Kostenentscheidung der Vorinstanz kann nicht nachgeprüft werden. Besonderheiten gelten, wenn der Betroffene aus der Unterbringung entlassen wurde, bevor er Beschwerde einlegen konnte, vgl. Rn 33.

2. Erledigung nach Einlegung der Beschwerde

Tritt die Erledigung der Hauptsache nach Erlass des Beschlusses erster Instanz, aber nach Einlegung der Beschwerde gegen diese Entscheidung ein, so ist das Rechtsmittel zur Hauptsache anfangs zulässig gewesen, dann unzulässig geworden[43] (zu Ausnahmen vgl. § 62). Der Beschwerdeführer kann seinen Beschwerdeantrag auf die Kosten beschränken;[44] das Gericht muss den Beschwerdeführer, auch wenn er anwaltlich vertreten ist, in der Regel darauf hinweisen.[45] In diesem Fall ist Gegenstand der Beschwerde die Kostenfrage.

Das Beschwerdegericht hat seine Kostenentscheidung aus § 83 Abs. 2, 81 zu treffen, nicht aus § 84;[46] § 91 a ZPO ist nicht entsprechend anwendbar.[47] Ein wichtiges Abwägungskriterium ist dabei, welcher Beteiligte ohne Eintritt des erledigenden Ereignisses voraussichtlich unterlegen gewesen wäre.[48] Weitere Erhebungen (Beweisaufnahmen zur Aufklärung eines streitigen Sachverhalts) sind in der Regel unzulässig.[49] Die Art der Verfahrensführung, die wirtschaftlichen Verhältnisse der Beteiligten können herangezogen werden.[50]

Hält der Beschwerdeführer trotz Erledigung der Hauptsache und gerichtlichem Hinweis die **Beschwerde in vollem Umfang aufrecht,** so ist sie zu verwerfen,[51] die Kostenentscheidung ergibt sich dann aus § 84.

---

[39] Vgl. BayObLGZ 1975, 233/235.
[40] BayObLGZ 1997, 148; a. A. BayObLGZ 1975, 284 zu § 13a FGG.
[41] BT-Drucks. 16/6308 S. 204.
[42] BayObLGZ 1989, 228; BayObLG NJW-RR 1988, 198; OLG Düsseldorf FamRZ 1996, 375; MünchKommZPO/Schindler § 83 FamFG Rn 22. Bedenken bei Maurer FamRZ 1991, 891.
[43] BayObLG Rpfleger 1978, 315; BayObLGZ 1971, 182; OLG Hamm Rpfleger 1977, 20.
[44] OLG Frankfurt NJW 1962, 2113.
[45] BayObLG Rpfleger 1988, 241; FamRZ 1982, 601; OLG München OLGR 2006, 578.
[46] BayObLG FamRZ 2001, 1311; FamRZ 2000, 498; KG FamRZ 1993, 84; OLG Hamm NJW 1958, 915; Jansen/von König § 13a Rn 22.
[47] BGHZ 28, 117; § 91 a ZPO wird entsprechend angewendet bei Erledigung der Hauptsache im Landwirtschaftsverfahren, OLG Köln RdL 1963, 124.
[48] BayObLG FamRZ 2001, 1311.
[49] BayObLG WuM 1993, 210; FamRZ 1991, 846. Zur internationalen Zuständigkeit für die Kostenentscheidung nach Erledigung der Hauptsache: BayObLG Rpfleger 1978, 316.
[50] KG OLGZ 1972, 358/360.
[51] BGH FamRZ 1987, 470; Rpfleger 1978, 315; OLG Hamm OLGZ 1977, 30; Jansen/von König § 13a Rn 22.

30 Bei Erledigung der Hauptsache im Rechtsmittelverfahren kann eine Entscheidung über die Gerichtskosten für **alle Rechtszüge** geboten sein;[52] das gilt auch für die außergerichtlichen Kosten.

3. Erledigung nach Erlass des Beschwerdebeschlusses

31 Tritt die Erledigung der Hauptsache nach Erlass des Beschlusses über die Beschwerde, aber vor Einlegung der (zugelassenen) Rechtsbeschwerde beim BGH ein, so gilt das unter Rn 26 Angeführte entsprechend.[53] Erledigt sich die Hauptsache während des Rechtsbeschwerdeverfahrens, so sind die in Rn 27 ff. entwickelten Grundsätze anzuwenden. Wird in diesem Fall die Rechtsbeschwerde auf die Kostenfrage beschränkt, so ist Gegenstand des Rechtsmittels nur noch die Entscheidung über die Kosten der drei Rechtszüge auf Grund § 81.[54] In diesem Fall muss auch eine Entscheidung über die Gerichtskosten ergehen, selbst wenn und soweit sie nur klarstellende Bedeutung hat.[55]

4. Vergleich

32 Erledigt sich die Hauptsache durch Abschluss eines wirksamen Vergleichs, so wird sich, wenn im Vergleich selbst eine Vereinbarung über die Tragung der Kosten erhalten ist, insbesondere wenn es sich um einen gerichtlichen Vergleich handelt, eine Entscheidung hierüber erübrigen. Ist dies nicht der Fall, so wird nach § 83 Abs. 1 entschieden, dass die Kosten gegeneinander aufgehoben werden; Gerichtskosten fallen jedem Teil anteilig zur Last (wobei die Teile klarzustellen sind: wenn drei Miterben einen gemeinschaftlichen Erbschein beantragen und ein Antragsgegner vorhanden ist, entfällt $1/2$ auf die drei Miterben und nicht etwa auf jeden Beteiligten $1/4$) und jeder Beteiligte hat seine außergerichtlichen Kosten selbst zu tragen.

5. Feststellung der Rechtswidrigkeit; Unterbringung

33 Hat sich die angefochtene Entscheidung in der Hauptsache erledigt, spricht das Beschwerdegericht auf Antrag aus, dass die Entscheidung des AG den Beschwerdeführer in seinen Rechten verletzt hat, wenn der Beschwerdeführer ein berechtigtes Interesse an der Feststellung hat (§ 62 Abs. 1). Es handelt sich hierbei um eine gesetzliche Fixierung der obergerichtlichen Rechtsprechung[56] der letzten Jahre. Hauptanwendungsfall ist die Anordnung der **Unterbringung** (nach PsychKG, UnterbrG) oder die Genehmigung der Unterbringung durch den Betreuer (§ 1906 BGB). Die Unterbringung erledigt sich in der Hauptsache dann dadurch, dass der Betroffene entlassen worden ist. Hier muss unterschieden werden, ob die Entlassung vor oder nach Einlegung der Beschwerde erfolgte:
– Wurde der Betroffene vorher entlassen, kann der Betroffene nicht beim Beschwerdegericht beantragen, dass dieses die Rechtswidrigkeit feststellt, denn § 62 spricht von einer „angefochtenen" Entscheidung.
– Hatte der Betroffene noch Beschwerde eingelegt und wurde er während des Beschwerdeverfahrens dann entlassen, dann kann der Betroffene seine Beschwerde beschränken auf die Kosten; das ist sinnvoll, wenn ihm das Feststellungsinteresse fehlen würde. Es gelten dann bezüglich der Kostenentscheidung die allgemeinen Regeln der Erledigung der Hauptsache.[57] Der Beschwerdeführer muss die Beschwerde aber nicht auf die Kosten beschränken; er kann sie (falls er ein Feststellungsinteresse hat) weiterführen mit dem Ziel, die Rechtswidrigkeit der Unterbringung festzustellen;[58] hat er damit Erfolg, sind der Staatskasse die Kosten aufzuerlegen.

---

[52] BayObLG FamRZ 2001, 1311; FamRZ 1968, 649; OLG Düsseldorf, NJW-RR 1997, 1375.
[53] Vgl. BayObLG NJW-RR 1988, 198; BayObLGZ 1964, 149.
[54] Vgl. BayObLG FamRZ 1982, 601; Rpfleger 1978, 315; OLG Frankfurt DNotZ 1964, 307; OLG Hamm Rpfleger 1958, 187; OLG Schleswig FamRZ 1996, 1344.
[55] BayObLG FamRZ 1989, 886; BayObLGZ 1963, 80/81; Demharter ZMR 1987, 203.
[56] BVerfGE 104, 220; BVerfG NJW 1998, 2432.
[57] BT-Drucks. 16/6308 S. 205.
[58] BayObLG FGPrax 2002, 281; FamRZ 1991, 846; OLG Schleswig NJW-RR 2008, 380.

Kostenfestsetzung 1, 2 § 85

Im Übrigen ist bei der Kostenentscheidung in Unterbringungssachen § 337 zu beachten, **34** der auch für die Beschwerdeinstanz gilt.

VIII. Anschlussrechtsmittel

Sie sind nach § 66 statthaft, gelten aber nicht als Rechtsmittel im engeren Sinn, so dass § 84 nicht unmittelbar anzuwenden ist, wohl aber nach seiner Wertung. Die Kostenentscheidung ist hinsichtlich der Anschlussbeschwerde dem § 81 zu entnehmen, bezüglich der Beschwerde bleibt es bei § 84. Wer sich einer *unzulässigen* Beschwerde anschließt, der soll, wenn die Beschwerde verworfen wird, die Kosten seiner Anschlussbeschwerde selbst tragen, wenn dies der Billigkeit entspricht (§ 81). Nimmt der Beschwerdeführer seine zulässige Beschwerde zurück, so dass die Anschlussbeschwerde wirkungslos wird (§ 66 S. 2), dann sollten dem Beschwerdeführer die Gerichtskosten auferlegt werden, während die außergerichtlichen Kosten der beiden Beteiligten nach Billigkeit verteilt werden sollen; regelmäßig wird der Beschwerdeführer die Kosten der Anschlussbeschwerde zu tragen haben, weil er sie durch seine Beschwerde provoziert hat.[59] Hat die Anschlussbeschwerde Erfolg, die Beschwerde dagegen nicht, hat der Beschwerdeführer auch die Kosten der Anschlussbeschwerde zu tragen. Werden Beschwerde und Anschlussbeschwerde zurückgewiesen, dann wird über die Kosten wie bei wechselseitig eingelegten Rechtsmitteln entschieden (Rn 18).

Kostenfestsetzung

§ 85
Die §§ 103 bis 107 der Zivilprozessordnung über die Festsetzung des zu erstattenden Betrags sind entsprechend anzuwenden.

Übersicht

	Rn
I. Normzweck und Anwendungsbereich	1
II. Verweisung	3
III. Kostenfestsetzung	4
1. Titel	4
2. Antrag	6
3. Entscheidung	8
4. Vereinfachter Kostenfestsetzungsbeschluss	10
5. Verteilung nach Quoten (§ 106 ZPO)	11
6. Vollsteckung	12
IV. Rechtsmittel gegen den Kostenfestsetzungsbeschluss	13
1. Beschwer bis 200 €	13
2. Beschwer über 200 €	16
V. Rechtsbeschwerde	18
VI. Änderung nach Geschäftswertfestsetzung	19
VII. Kosten und Gebühren	20

I. Normzweck und Anwendungsbereich

Das FamFG verzichtet auf ein eigenständiges Kostenfestsetzungsverfahren, sondern ver- **1** weist insoweit (wie auch früher § 13 a Abs. 3 FGG) auf das Festsetzungsverfahren der ZPO. Sinngemäß ist nicht nur auf die Festsetzung verwiesen, sondern auch auf die Rechtsbehelfe und Rechtsmittel gegen den Festsetzungsbeschluss. Für den Beschlussinhalt gelten dagegen §§ 38, 39. Das Festsetzungsverfahren ist ein selbständiges Verfahren im Sinn des Art. 111 Abs. 2 FGG-ReformG.[1]

§ 85 ist **nicht anwendbar** in Ehesachen (§ 121) und Familienstreitsachen (§ 112); statt- **2** dessen gelten die ZPO-Regelungen (§ 113 Abs. 1), d. h. §§ 91 ff., 103 ff. ZPO unmittelbar.

---
[59] A. A. MünchKommZPO/Schindler § 84 FamFG Rn 25, wenn sich die Anschlussbeschwerde als von vornherein aussichtslos darstellte.
[1] OLG Köln FGPrax 2010, 267.

II. Verweisung

3   Das FamFG verweist in § 85 auf die entsprechenden Bestimmungen der ZPO:

§ 103 Kostenfestsetzungsgrundlage; Kostenfestsetzungsantrag. (1) Der Anspruch auf Erstattung der Prozesskosten kann nur auf Grund eines zur Zwangsvollstreckung geeigneten Titels geltend gemacht werden.

(2) Der Antrag auf Festsetzung des zu erstattenden Betrages ist bei dem Gericht des ersten Rechtszuges anzubringen. Die Kostenberechnung, ihre zur Mitteilung an den Gegner bestimmte Abschrift und die zur Rechtfertigung der einzelnen Ansätze dienenden Belege sind beizufügen.

§ 104 Kostenfestsetzungsverfahren. (1) Über den Festsetzungsantrag entscheidet das Gericht des ersten Rechtszuges. Auf Antrag ist auszusprechen, dass die festgesetzten Kosten vom Eingang des Festsetzungsantrags, im Falle des § 105 Abs. 2 von der Verkündung des Urteils ab mit fünf Prozentpunkten über dem Basiszinssatz nach § 247 des Bürgerlichen Gesetzbuchs zu verzinsen sind. Die Entscheidung ist, sofern dem Antrag ganz oder teilweise entsprochen wird, dem Gegner des Antragstellers unter Beifügung einer Abschrift der Kostenrechnung von Amts wegen zuzustellen. Dem Antragsteller ist die Entscheidung nur dann von Amts wegen zuzustellen, wenn der Antrag ganz oder teilweise zurückgewiesen wird; im übrigen ergeht die Mitteilung formlos.

(2) Zur Berücksichtigung eines Ansatzes genügt, daß er glaubhaft gemacht ist. Hinsichtlich der einem Rechtsanwalt erwachsenden Auslagen für Post- und Telekommunikationsdienstleistungen genügt die Versicherung des Rechtsanwalts, daß diese Auslagen entstanden sind. Zur Berücksichtigung von Umsatzsteuerbeträgen genügt die Erklärung des Antragstellers, daß er die Beträge nicht als Vorsteuer abziehen kann.

(3) Gegen die Entscheidung findet sofortige Beschwerde statt. Das Beschwerdegericht kann das Verfahren aussetzen, bis die Entscheidung, auf die der Festsetzungsantrag gestützt wird, rechtskräftig ist.

§ 105 Vereinfachter Kostenfestsetzungsbeschluss. (1) Der Festsetzungsbeschluß kann auf das Urteil und die Ausfertigungen gesetzt werden, sofern bei Eingang des Antrags eine Ausfertigung des Urteils noch nicht erteilt ist und eine Verzögerung der Ausfertigung nicht eintritt. Eine besondere Ausfertigung und Zustellung des Festsetzungsbeschlusses findet in diesem Falle nicht statt. Den Parteien ist der festgesetzte Betrag mitzuteilen, dem Gegner des Antragstellers unter Beifügung der Abschrift der Kostenberechnung. Die Verbindung des Festsetzungsbeschlusses mit dem Urteil soll unterbleiben, sofern dem Festsetzungsantrag auch nur teilweise nicht entsprochen wird.

(2) Eines Festsetzungsantrags bedarf es nicht, wenn die Partei vor der Verkündung des Urteils die Berechnung ihrer Kosten eingereicht hat; in diesem Fall ist die dem Gegner mitzuteilende Abschrift der Kostenberechnung von Amts wegen auszufertigen.

§ 106 Verteilung nach Quoten. (1) Sind die Prozeßkosten ganz oder teilweise nach Quoten verteilt, so hat nach Eingang des Festsetzungsantrags das Gericht den Gegner aufzufordern, die Berechnung seiner Kosten binnen einer Woche bei Gericht einzureichen. Die Vorschriften des § 105 sind nicht anzuwenden.

(2) Nach fruchtlosem Ablauf einer einwöchigen Frist ergeht die Entscheidung ohne Rücksicht auf die Kosten des Gegners, unbeschadet des Rechts des letzteren, den Anspruch auf Erstattung nachträglich geltend zu machen. Der Gegner haftet für die Mehrkosten, die durch das nachträgliche Verfahren entstehen.

§ 107 Änderung nach Streitwertfestsetzung. (1) Ergeht nach der Kostenfestsetzung eine Entscheidung, durch die der Wert des Streitgegenstandes festgesetzt wird, so ist, falls diese Entscheidung von der Wertberechnung abweicht, die der Kostenfestsetzung zugrunde liegt, auf Antrag die Kostenfestsetzung entsprechend abzuändern. Über den Antrag entscheidet das Gericht des ersten Rechtszuges.

(2) Der Antrag ist binnen einer Frist von einem Monat bei der Geschäftsstelle anzubringen. Die Frist beginnt mit der Zustellung und, wenn es einer solchen nicht bedarf, mit der Verkündung des den Wert des Streitgegenstandes festsetzenden Beschlusses.

(3) Die Vorschriften des § 104 Abs. 3 sind anzuwenden.

III. Kostenfestsetzung[2]

1. Titel

Die Kostenfestsetzung nach **§ 103 Abs. 1 ZPO** setzt einen zur Vollstreckung geeigneten Titel voraus. Solche Titel sind nach § 86 Abs. 1: die Beschlüsse des Gerichts (Richter, Rechtspfleger), gerichtliche Vergleiche (§ 36) und sonstige Titel im Sinne des § 794 ZPO (soweit die Beteiligten über den Gegenstand des Verfahrens verfügen können, was z. B. bezüglich des Erbrechts nicht der Fall ist) sowie gerichtlich gebilligte Vergleiche über die Umgangsregelung (§ 156 Abs. 2). Beschlüsse sind mit dem Wirksamwerden vollstreckbar (§ 86 Abs. 2); wirksam werden die Beschlüsse nach § 40 durch Bekanntmachung. **Kosten der Vollstreckung** werden entweder nach § 788 Abs. 1 ZPO ohne Festsetzungsbeschluss vom Vollstreckungsorgan (z. B. Gerichtsvollzieher) mit beigetrieben oder nach § 788 Abs. 2 i. V. m. § 103 Abs. 2 ZPO vom Vollstreckungsgericht festgesetzt. Werden Kindesherausgabe und Umgangsregelung vollstreckt, ist die ZPO nicht anwendbar; es wird dann eine selbständige Kostengrundentscheidung getroffen (§ 87 Abs. 5) und zwar nach den Regeln der §§ 80 bis 82, 84; da sich an diese Vorschriften der § 85 anschließt folgt hierauf ein Kostenfestsetzungsverfahren nach §§ 103 bis 107 ZPO.[3]

Hat nach Einlegung der Beschwerde das Beschwerdegericht die Vollziehung des angefochtenen Beschlusses ausgesetzt (§ 64 Abs. 3), bildet die Kostenentscheidung keinen zur Vollstreckung geeigneten Titel mehr. Tritt die Wirksamkeit der Entscheidung erst nach Rechtskraft der Entscheidung ein (§ 40 Abs. 2 und 3), so bildet die Kostenentscheidung erst nach Rechtskraft des Beschlusses einen zur Vollstreckung geeigneten Titel.

2. Antrag

Zur Einreichung des Antrags um Kostenfestsetzung (**§ 103 Abs. 2 ZPO**) ist der durch den Titel als Gläubiger ausgewiesene Beteiligte befugt. Antragsgegner ist der, dem in dem Titel die Kosten auferlegt sind, bzw. der sie in einem Vergleich übernommen hat. Der Erteilung einer vollstreckbaren Ausfertigung des Beschlusses (Vergleichs) bedarf es nicht, jedoch ist in den Fällen, in denen die Entscheidung erst mit der Rechtskraft wirksam wird, vom Rechtspfleger die Rechtskraft festzustellen (§ 46).

Der Antrag ist bei der Geschäftsstelle des Gerichts erster Instanz anzubringen (§ 103 Abs. 2 S. 1 ZPO). Dies gilt auch dann, wenn sich der Titel nur auf Kosten bezieht, die im Beschwerdeverfahren (bzw. Rechtsbeschwerdeverfahren) erwachsen sind. Über die dem Antrag beizulegende Kostenberechnung vgl. § 103 Abs. 2 ZPO und **§ 104 Abs. 2 ZPO**; wichtig ist der Zinsantrag und die Erklärung zur Vorsteuerabzugsberechtigung.

3. Entscheidung

Über den Antrag entscheidet der Rechtspfleger[4] des Gerichts erster Instanz (**§ 104 Abs. 1 ZPO** i. V. m. § 21 Abs. 1 Nr. 1 RPflG). In Beschwerdeverfahren nach § 156 Abs. 1 KostO oder nach § 335 HGB, in denen die erste Instanz der Notar bzw. das Bundesamt für Justiz sind, erfolgt die Kostenfestsetzung durch den Rechtspfleger des Landgerichts als der ersten mit der Sache befassten gerichtlichen Instanz.[5]

Der Rechtspfleger hat zu prüfen, ob die formellen Voraussetzungen der Kostenfestsetzung vorliegen (Zuständigkeit, Vollstreckungstitel, Antragsberechtigung) und ob der Kostenansatz glaubhaft gemacht ist (§ 104 Abs. 2 ZPO). Da in § 80 der § 91 Abs. 2 ZPO nicht für anwendbar erklärt ist, hat, wenn die Kostenentscheidung nichts dazu sagt, der Rechtspfleger im Kostenfestsetzungsverfahren darüber zu entscheiden, ob zur Festsetzung beantragte **Anwaltskosten** nach Grund und Höhe festsetzungsfähig sind.[6] In der Regel ist das

---

[2] Dazu N. Schneider FPR 2010, 343.
[3] MünchKommZPO/Schindler § 85 FamFG Rn 17.
[4] In Baden-Württemberg entscheiden in ihrem Zuständigkeitsbereich die Notare im Landesdienst (§ 1, LFGG); in Baden die dem Notariat gegebenenfalls zugewiesenen Rechtspfleger oder der Notar (§ 35 Abs. 1 RPflG); wegen der Vollstreckung verweist § 5 Abs. 1 LFGG auf die Vorschriften des FamFG.
[5] BayObLG FGPrax 1999, 77 sowie KG BeckRS 2005, 07361 – jeweils für die Notarkostenbeschwerde; OLG Köln FGPrax 2008, 216 für das Bundesamt für Justiz.
[6] BayObLG FGPrax 1999, 77; Jansen/von König § 13 a Rn 38.

bejahen, weil es üblich und angesichts der komplizierten Rechtsprobleme fast immer notwendig ist, Anwälte beizuziehen,[7] auch wenn kein Anwaltszwang besteht; der Laie kann nicht überblicken, ob eine Sache rechtlich einfach ist oder nicht. Sind in der Kostenentscheidung Anwaltsgebühren als erstattungsfähig bezeichnet ist der Rechtspfleger daran gebunden.[8] Der Rechtspfleger ist an die Kostenentscheidung gebunden, selbst wenn er sie für falsch hält; ist sie zweifelsfrei gesetzwidrig[9] (etwa wenn einem Verfahrensbeistand entgegen § 158 Abs. 6 Kosten auferlegt werden) wird er das Gericht darauf hinweisen und die Festsetzung vorerst zurückstellen, bis geklärt ist, ob das ein Versehen war. Der Höhe nach sind die gesetzlichen Gebühren nach dem RVG zu ersetzen, vereinbarte höhere Gebühren nicht.[10] Inwieweit im Kostenfestsetzungsverfahren ein **Prozesskostenvorschuss**, den ein Beteiligter geleistet hat, zu verrechnen ist, ist sehr umstritten;[11] jedenfalls darf der Vorschusszahler im Ergebnis nicht doppelt belastet werden.

Dem Kostenschuldner ist vor Festsetzung **rechtliches Gehör** zu gewähren. Über den Inhalt der Entscheidung und ihre Bekanntmachung vgl. § 104 Abs. 1 ZPO; §§ 38, 39. Der Festsetzungsbeschluss ist zu begründen, wenn die Festsetzung geltend gemachter Kosten abgelehnt wird oder wenn Kosten festgesetzt werden, deren Erstattungsfähigkeit zweifelhaft ist, oder wenn sonst über schwierige Fragen zu entscheiden ist.

4. Vereinfachter Kostenfestsetzungsbeschluss

10   Der vereinfachte Kostenfestsetzungsbeschluss ist im Falle des § 105 ZPO möglich; dem Urteil entspricht der Beschluss, der Verkündung des Urteils der Erlass dieses Beschlusses.

5. Verteilung nach Quoten (§ 106 ZPO)

11   Eine Verteilung nach Quoten liegt z. B. vor, wenn dem Antragsteller $^1/_3$, dem Antragsgegner $^2/_3$ der Kosten auferlegt werden. Dann ergehen nicht zwei Kostenfestsetzungsbeschlüsse, sondern es wird vom Rechtspfleger in einem Beschluss verrechnet. Wegen des Verfahrens siehe § 106 Abs. 1 und 2 ZPO. Versäumt der andere Beteiligte die Wochenfrist,[12] dann werden die Kosten des Antragstellers voll (unverrechnet) festgesetzt; der andere Beteiligte kann dann die Festsetzung seiner Kosten beantragen und ist auf spätere Aufrechnung[13] angewiesen.

6. Vollstreckung

12   Die Vollstreckung aus dem Kostenfestsetzungsbeschluss erfolgt nach § 95, also nach den Regeln der ZPO (§§ 794 Abs. 1 Nr. 2, 795, 795 a, 798 ZPO). Die Vollstreckung ist auf Grund einer vollstreckbaren Ausfertigung des Beschlusses durchzuführen, § 724 ZPO (Ausnahmen §§ 105, 795 a ZPO); tritt Rechtsnachfolge ein: § 727 ZPO.

IV. Rechtsmittel gegen den Kostenfestsetzungsbeschluss

1. Beschwer bis 200 €

13   Gegen den Kostenfestsetzungsbeschluss sowie gegen den Beschluss, der Kostenfestsetzung als unbegründet ablehnt, können Antragsteller und Antragsgegner bei einer Beschwer bis 200 € sofortige Erinnerung einlegen, § 104 Abs. 3 S. 1 mit §§ 567 Abs. 2, 569 ZPO, §§ 11 Abs. 2, 21 Abs. 1 Nr. 1 RPflG. Die Beschwerdefrist beträgt zwei Wochen (nicht ein Monat, wie bei § 63). Bei Versäumung kommt Wiedereinsetzung in Frage (§ 233 ZPO);

---

[7] MünchKommZPO/Schindler § 80 FamFG Rn 10.
[8] BGH NJW 2011, 453.
[9] OLG Stuttgart MDR 2010, 102 verneint in einem solchen Fall eine Bindung.
[10] MünchKommZPO/Schindler § 80 FamFG Rn 10.
[11] Es gibt mindestens drei Meinungen: OLG Celle FamRZ 1985, 731; OLG Düsseldorf Rpfleger 2005, 483; OLG Nürnberg NJW-RR 1999, 1088. Dazu nun BGH NJW-RR 2010, 718.
[12] Und auch die Zeitspanne bis zur Hinausgabe des Beschlusses, LG Berlin JurBüro 1986, 1092.
[13] Lappe MDR 1983, 992.

hat der Gegner rechtzeitig Erinnerung eingelegt, ist noch nach Fristablauf Anschlusserinnerung zulässig.[14] Über die Erinnerung entscheidet der Rechtspfleger durch Beschluss.

Hilft der Rechtspfleger der Erinnerung voll ab (§ 11 Abs. 2 S. 2 RPflG), muss er zugleich über die außergerichtlichen Kosten des Erinnerungsverfahrens entscheiden; sachlich liegt ein neuer Kostenfestsetzungsbeschluss vor, so dass der beschwerte Gegner dagegen nun die sofortige Erinnerung bzw. Beschwerde hat.[15] **Hilft der Rechtspfleger nur zum Teil ab oder nicht,** entfällt eine Kostenentscheidung,[16] sie ist nicht notwendig. Der Rechtspfleger legt die Erinnerung nebst seinem Nichtabhilfebeschluss dem erstinstanzlichen Gericht vor (§ 11 Abs. 2 S. 3 RPflG), also beim AG dem Amtsrichter. 14

Der **Richter** prüft, ob er die Vollstreckung aussetzt (§ 570 Abs. 2 ZPO) und hat dann die Entscheidungsalternativen nach § 11 Abs. 2 S. 4 RPflG, nämlich Abhilfe oder Zurückweisung der Erinnerung, wobei die Entscheidung den Erinnerungsführer nicht verschlechtern darf. Die Richterentscheidung ist in allen Fällen unanfechtbar (§ 567 Abs. 2 ZPO). Eine Zulassung der Beschwerde ist im Gesetz nicht vorgesehen.[17] 15

2. Beschwer über 200 €

Gegen den Kostenfestsetzungsbeschluss sowie gegen den Beschluss, der die Kostenfestsetzung als unbegründet ablehnt, können Antragsteller und Antragsgegner sofortige Beschwerde einlegen,[18] § 104 Abs. 3 S. 1 mit §§ 567 Abs. 2 ZPO, 11 RPflG. Mindestwert: 200,01 € (§ 567 Abs. 2 ZPO), § 61 (Wert mehr als 600 €) ist nicht einschlägig. Frist: zwei Wochen ab Zustellung (§ 569 ZPO); bei Versäumung Wiedereinsetzung, § 233 ZPO; nach Fristablauf ist evtl. Anschlusserinnerung zulässig (§ 567 Abs. 3 S. 1 ZPO). Vor der Entscheidung ist rechtliches Gehör zu gewähren. Der Rechtspfleger muss prüfen, ob er der sofortigen Beschwerde abhilft (§ 572 Abs. 1 S. 1 ZPO). Andernfalls erfolgt die Vorlage an das Beschwerdegericht (OLG, § 119 Abs. 1 Nr. 1 b GVG; ausgenommen Freiheitsentziehungssachen und von den Betreuungsgerichten entschiedene Sachen: hierfür ist das LG zuständig; § 72 GVG); der Amtsrichter ist mit der Sache nicht befasst. 16

Das **Beschwerdegericht** hat folgende Alternativen: 17
- Aufhebung und Rückgabe, wenn der Beschwerdewert nicht erreicht ist;
- Verwerfung als unzulässig (§ 572 Abs. 2 ZPO);
- Zurückweisung; Aufhebung der angefochtenen Entscheidung und eigene Entscheidung über den Kostenfestsetzungsantrag oder Vorgehen nach § 572 Abs. 3 ZPO.

Eine Verschlechterung des Beschwerdeführers ist unzulässig. Es trifft jeweils eine Entscheidung über die Kosten des Beschwerdeverfahrens (entsprechend §§ 91, 92, 97 ZPO).

V. Rechtsbeschwerde

Eine Beschwerde gegen den Beschluss des Beschwerdegerichts ist nur statthaft, wenn sie vom Beschwerdegericht (OLG bzw. LG) im Beschluss zugelassen wurde, § 574 ZPO.[19] Die Zulassung ist nicht nachholbar; eine Nichtzulassungsbeschwerde gibt es nicht. Frist: ein Monat ab Zustellung (§ 575 ZPO). Die Rechtsbeschwerde ist beim BGH einzulegen durch einen beim BGH zugelassenen Rechtsanwalt (§ 133 GVG); Inhalt: § 575 ZPO. Ein bestimmter Beschwerdewert ist nicht erforderlich, auch Kleinstbeträge könnten zum BGH kommen.[20] Zuständig zur Entscheidung ist der BGH. 18

VI. Änderung nach Geschäftswertfestsetzung

Ergeht nach der Kostenfestsetzung eine Entscheidung, durch die der Geschäftswert festgesetzt wird (z. B. § 31 Abs. 1 i. V. m. §§ 14 KostO, 18 ff. KostO, 50 FamGKG), so ist, 19

---

[14] KG Rpfleger 1973, 221.
[15] OLG München Rpfleger 1989, 55.
[16] OLG München Rpfleger 1977, 70.
[17] Schneider FPR 2010, 343; MünchKommZPO/Schindler § 85 FamFG Rn 38; unstreitig.
[18] OLG Köln FGPrax 2010, 267; Schneider FPR 2010, 343.
[19] BayObLG NJW-RR 2002, 1726.
[20] Schneider FPR 2010, 343.

falls diese Entscheidung von der Wertberechnung abweicht, die der Kostenfestsetzung zugrunde liegt, auf Antrag des durch die Kostenfestsetzung beschwerten Beteiligten, die Festsetzung entsprechend abzuändern **(§ 107 Abs. 1 ZPO)**. Ist die Festsetzung noch nicht rechtskräftig, so kann der Beteiligte zwischen der Beschwerde nach § 104 Abs. 3 ZPO und dem Antrag nach § 107 Abs. 1 ZPO wählen. Die Rechtsmittel gegen die auf Antrag nach § 107 Abs. 1 ergehende Entscheidung des Rechtspflegers sind dieselben wie die gegen den ersten Beschluss.

VII. Kosten und Gebühren

20   Im **Kostenfestsetzungsverfahren des Rechtspflegers** ergeht keine Kostenentscheidung; Gerichtsgebühren werden dafür nicht erhoben (§ 135 KostO); der Anwalt erhält ebenfalls keine zusätzliche Gebühr (§ 16 Nr. 12 RVG).

21   Im Erinnerungsverfahren und Beschwerdeverfahren ist dagegen eine Kostenentscheidung nach §§ 80ff. zu treffen. **Erinnerung:** Gerichtskosten fallen nicht an (§ 11 Abs. 4 RPflG); Anwaltsgebühr: § 18 Nr. 5 RVG mit RVG VV 3500. **Beschwerde:** Gerichtsgebühr Nr. 1812 KV GKG; Anwaltsgebühr § 18 Nr. 5 RVG mit Nr. 3500 VV RVG.

22   Der **Anwalt** kann nach § 11 RVG beantragen, dass seine Vergütung gegen seinen eigenen (z.B. zahlungsunwilligen) Mandanten festgesetzt wird; hierfür gelten §§ 103 ff. ZPO entsprechend.

Abschnitt 8. Vollstreckung

Unterabschnitt 1. Allgemeine Vorschriften

Vollstreckungstitel

86 (1) Die Vollstreckung findet statt aus
1. gerichtlichen Beschlüssen;
2. gerichtlich gebilligten Vergleichen (§ 156 Abs. 2);
3. weiteren Vollstreckungstiteln im Sinne des § 794 der Zivilprozessordnung, soweit die Beteiligten über den Gegenstand des Verfahrens verfügen können.

(2) Beschlüsse sind mit Wirksamwerden vollstreckbar.

(3) Vollstreckungstitel bedürfen der Vollstreckungsklausel nur, wenn die Vollstreckung nicht durch das Gericht erfolgt, das den Titel erlassen hat.

Übersicht

	Rn
I. Normzweck	1
1. Bisherige Rechtslage	1
2. Rechtslage nach dem FamFG	2
II. Anwendungsbereich	4
1. Geltungsbereich der §§ 86 ff.	4
2. Übergangsregelung	6
III. Titel (Abs. 1)	7
1. Allgemeines	7
2. Gerichtliche Beschlüsse (Abs. 1 Nr. 1)	9
3. Gerichtlich gebilligte Vergleiches gem. § 156 Abs. 2 (Abs. 1 Nr. 2)	10
4. Weitere Vollstreckungstitel im Sinne des § 794 ZPO (Abs. 1 Nr. 3)	11
a) Allgemeines	11
b) Vergleiche	12
c) Vollstreckbare Urkunden	13
5. Urteile	14
IV. Vollstreckbarkeit (Abs. 2)	15
V. Vollstreckungsklausel (Abs. 3)	17
1. Allgemeines	17
2. Zuständigkeit	18
3. Kosten und Gebühren	19

I. Normzweck

1. Bisherige Rechtslage

Die wesentlichen Bestimmungen über die Vollstreckung in Verfahren der freiwilligen Gerichtsbarkeit und in Familiensachen enthalten **Buch 1 Abschnitt 8** sowie die **§§ 35 und 120.** Diese Vorschriften haben die bis zum Inkrafttreten des FamFG geltende, bruchstückhafte und unübersichtliche Regelung der Vollstreckung, insbesondere § 33 FGG, abgelöst. **1**

2. Rechtslage nach dem FamFG

Buch 1 Abschnitt 8 beginnt im ersten Unterabschnitt mit den allgemeinen Vorschriften, §§ 86, 87. Die §§ 88 bis 94 betreffen die Vollstreckung von Entscheidungen über die Herausgabe von Personen und die Regelung des Umgangs; die §§ 95 bis 96 a die Vollstreckung nach der ZPO. Die Vollstreckung gerichtlicher Anordnungen findet sich in § 35, die Vollstreckung in Familienstreitsachen in § 120. Besondere Regelungen zur Vollstreckung **2**

§ 86 3–6   Abschnitt 8. Vollstreckung

enthalten die §§ 53, 55 für einstweilige Anordnungen, § 77 Abs. 3 für die Bewilligung von Verfahrenskostenhilfe, die §§ 214 Abs. 2, 216 für Gewaltschutzsachen, § 242 für die Einstellung der Vollstreckung in Unterhaltssachen, § 371 Abs. 2 für Teilungssachen, §§ 388 ff. für die Durchsetzung registerrechtlicher Verfügungen und § 409 Abs. 3 für die bestätigte Dispache.

3   § 86 regelt in Abs. 1 und 3 allgemeine Vollstreckungsvoraussetzungen. Abs. 2 betrifft die Vollstreckbarkeit von Entscheidungen. Die Norm bezieht sich sowohl auf die Vollstreckung von Entscheidungen über die Herausgabe von Personen und die Regelung des Umgangs gem. den §§ 88 bis 94 als auch auf die Vollstreckung nach der ZPO gem. den §§ 95 bis 96a.

II. Anwendungsbereich

1. Geltungsbereich der §§ 86 ff.

4   Die §§ 86 ff. enthalten **keine abschließende Regelung der Vollstreckung** nach dem FamFG. Sie betreffen nur die **Vollstreckung verfahrensabschließender Entscheidungen.** Demgegenüber werden gerichtliche Anordnungen mit vollstreckbarem Inhalt, die verfahrensleitenden Charakter haben, nach § 35 vollstreckt (Einzelheiten s. § 35 Rn 3).[1]

5   Buch 1 Abschnitt 8 gilt unabhängig davon, ob die zu vollstreckende Entscheidung auf einem **Amts- oder Antragsverfahren** beruht, wobei allerdings gem. § 87 Abs. 1 unterschiedliche Verfahrensregelungen vorgesehen sind. Die §§ 86 ff. sind gem. § 113 Abs. 1 S. 1 nicht anzuwenden auf **Ehesachen** (§ 121) und **Familienstreitsachen** (§ 112). Deren Vollstreckung richtet sich nach der ZPO, § 120 Abs. 1 (Einzelheiten s. § 120 Rn 4–11). Ausgenommen vom Anwendungsbereich sind ferner Beschlüsse in **Unterbringungs- und Freiheitsentziehungssachen,** die durch Zuführung gem. § 326 bzw. Vorführung gem. § 420 Abs. 1 durchgesetzt werden.

2. Übergangsregelung

6   Auf Vollstreckungsverfahren, die bis zum Inkrafttreten des FamFG eingeleitet worden sind oder deren Einleitung bis zum Inkrafttreten beantragt wurde, sind gem. Art. 111 Abs. 1 S. 1 FGG-RG weiterhin die bis zum Inkrafttreten geltenden Regelungen anzuwenden. Sofern sich das dem Vollstreckungstitel zugrunde liegende Verfahren gem. Art. 111 Abs. 1 S. 1 FGG-RG noch nach dem bis zum Inkrafttreten des FamFG geltenden Recht richtete, ist **für ein nach diesem Zeitpunkt eingeleitetes bzw. beantragtes Vollstreckungsverfahren das FamFG anwendbar.**[2] Zur einstweiligen Anordnung s. § 53 Rn 1. Die Vollstreckung ist nicht die Fortsetzung des Erkenntnisverfahrens. Es handelt sich vielmehr um ein selbstständiges Verfahren[3] mit besonderen Regelungen über Rechtsmittel (§ 87 Abs. 4), Kosten (§ 87 Abs. 5) und Zuständigkeit (§ 88 Abs. 1). Dem steht Art. 111 Abs. 2 FGG-RG nicht entgegen. Zwar ist danach jedes gerichtliche Verfahren, das mit einer Endentscheidung abgeschlossen wird, ein selbstständiges Verfahren i. S. v. Art. 111 Abs. 1 FGG-RG, während in Vollstreckungsverfahren keine mit der Beschwerde (§ 58) anfechtbare Endentscheidungen, sondern mit der sofortigen Beschwerde in entsprechender Anwendung der §§ 567 bis 572 ZPO anfechtbare Entscheidungen (§ 87 Abs. 4) ergehen. Doch gilt Art. 111 Abs. 2 FGG-RG den Gesetzesmaterialien zufolge nur für Bestandsverfahren wie Betreuung, Vormundschaft oder Beistandschaft,[4] und nicht für Vollstreckungsverfahren. Schwierigkeiten, die sich aus der Anwendung alten Rechts für das Erkenntnisverfahren und neuen Rechts für das Vollstreckungsverfahren im Zusammenhang mit Vorschriften ergeben, die besondere Anforderungen an den zu vollstreckenden Titel stellen, z. B. § 86 Abs. 1 Nr. 1 und 2 oder 89 Abs. 2, sind im Wege der Auslegung zu beheben (s.

---

[1] OLG Celle FGPrax 2010, 189.
[2] OLG Hamm, FGPrax 2010, 166; OLG Karlsruhe FGPrax 2010, 105; Thomas/Putzo/Hüßtege vor § 606 Rn 5a; Giers FPR 2010, 74, 75.
[3] BGH FamRZ 1990, 35; OLG Hamm, FGPrax 2010, 166; OLG Karlsruhe FGPrax 2010, 105.
[4] BT-Drs. 16/11903 S. 61.

Rn 14 und § 89 Rn 12). Zur Übergangsregelung für die Festsetzung von Ordnungsmitteln gem. § 890 ZPO aus Alttiteln s. § 95 Rn 1.

III. Titel (Abs. 1)

1. Allgemeines

Das FamFG übernimmt mit den §§ 86 Abs. 1 und 3, 87 Abs. 2 die **allgemeinen** **Vollstreckungsvoraussetzungen** der ZPO,[5] nämlich Titel, Klausel und Zustellung,[6] mit verfahrenstypischen Abweichungen. Diese Voraussetzungen gelten für alle in den §§ 86 ff. genannten vollstreckbaren Entscheidungen. § 86 Abs. 1 stellt nun erstmals klar, dass auch in FamFG-Verfahren ein vollstreckbarer Titel Grundlage der Vollstreckung ist.[7] Der Titel muss einen **vollstreckungsfähigen Inhalt** haben. Probleme ergeben sich vor allem hinsichtlich der Vollstreckungsfähigkeit von Umgangsregelungen, s. dazu § 89 Rn 4. Zur Klausel s. Rn 17, zur Zustellung § 87 Rn 11.

Besondere Vollstreckungsvoraussetzungen sind im FamFG nicht vorgesehen. Die vorläufige Vollstreckbarkeit gegen Sicherheitsleistung (§ 751 Abs. 2 ZPO) kommt im Hinblick auf Abs. 2 bei der Vollstreckung nach dem FamFG nicht in Betracht (s. Rn 15, auch zur Sonderregelung für Landwirtschaftssachen). Zug um Zug Leistungen (§§ 756, 765 ZPO) sind nach materiellem Recht im Anwendungsbereich des Buches 1 Abschnitt 8 nicht vorgesehen. Möglich ist dagegen die Abhängigkeit der Vollstreckung vom Eintritt eines Kalendertages, z. B. in Personenherausgabetiteln („Herausgabe des Kindes am …"). Da eine Regelung im FamFG fehlt, ist **§ 751 Abs. 1 ZPO entsprechend** anzuwenden.

2. Gerichtliche Beschlüsse (Abs. 1 Nr. 1)

Gerichtliche Beschlüsse stellen einen Vollstreckungstitel dar. Beschlüsse i. S. v. Abs. 1 Nr. 1 sind insbesondere die **Endentscheidungen gem. § 38 Abs. 1**. Dazu gehören auch die einstweiligen Anordnungen nach § 49 (s. § 53 Rn 2).[8] Ferner fallen darunter andere **verfahrensabschließende Beschlüsse mit vollstreckbarem Inhalt**, z. B. Beschlüsse über die Festsetzung von Vorschuss, Aufwendungsersatz, Aufwandsentschädigung und Vergütung des Vormunds bzw. Gegenvormunds (§ 168 Abs. 1) oder des Betreuers (§ 292 Abs. 1) gegen den Mündel oder Betreuten; zu den Einzelheiten s. § 95 Rn 5. **Kostenfestsetzungsbeschlüsse** gem. § 85 FamFG i. V. m. § 104 ZPO sind ebenfalls Titel i. S. v. Abs. 1 Nr. 1[9] und nicht i. S. v. Abs. 1 Nr. 3 FamFG i. V. m. § 794 Abs. 1 Nr. 2 ZPO, da Abs. 1 Nr. 3 nur eine Auffangregelung für in den vorangehenden Ziffern nicht genannte Titel enthält. Nicht zu den gem. Abs. 1 Nr. 1 vollstreckbaren Beschlüssen zählen die verfahrensleitenden Verfügungen, für die § 35 gilt (s. Rn 4). Die Festsetzung der **Verwahrervergütung** gem. § 410 Abs. 1 Nr. 3 stellt wie gem. § 165 Abs. 2 FGG keinen vollstreckbaren Titel dar (s. § 410 Rn 11). Keine Vollstreckungstitel i. S. v. Abs. 1 Nr. 1 sind ferner Beschlüsse, die im Rahmen der Zwangsvollstreckung eines Titels erlassen werden wie Beschlüsse über die Festsetzung von Zwangs- und Ordnungsmitteln nach §§ 888, 890 ZPO oder die Ermächtigung zur Vornahme vertretbarer Handlungen gem. § 887 Abs. 1 ZPO. Diese Beschlüsse sind bereits selbst Vollstreckungsmaßnahmen, die deswegen auch keiner Klausel bedürfen.[10] Eine Ausnahme gilt nur für den Vorschusstitel nach § 887 Abs. 2 ZPO.[11] Wegen des Inhalts und der Rechtsgrundlagen der nach Abs. 1 Nr. 1 vollstreckbaren Beschlüsse im Einzelnen s. § 88 Rn 3 und § 95 Rn 4–17.

---

[5] OLG Hamm v. 9. 6. 2010 II-10 WF 92/10 = BeckRS 2011, 02975.
[6] Thomas/Putzo/Seiler vor § 704 Rn 13 zum Zivilprozess.
[7] BT-Drs. 16/6308 S. 216; OLG Hamm Beschl. v. 9. 6. 2010 II-10 WF 92/10 = BeckRS 2011, 02975.
[8] Prütting/Helms/Stößer § 86 Rn 14.
[9] Prütting/Helms/Stößer § 86 Rn 14.
[10] MünchKommZPO/Wolfsteiner § 724 Rn 10; Hk-ZV/Giers § 724 Rn 3; a. A. Prütting/Helms/Stößer § 86 Rn 4; MünchKommZPO/Zimmermann § 86 FamFG Rn 15.
[11] MünchKommZPO/Wolfsteiner § 724 Rn 10; Hk-ZV/Giers § 724 Rn 3.

3. Gerichtlich gebilligte Vergleiche gem. § 156 Abs. 2 (Abs. 1 Nr. 2)

10   Die Zulässigkeit des gerichtlich gebilligten **Vergleichs über den Umgang oder die Herausgabe eines Kindes** folgt aus § 156 Abs. 2. Weiterhin ausgeschlossen bleibt damit die Vollstreckung aus bloßen Vereinbarungen der Beteiligten, die nicht gerichtlich gebilligt wurden. Vollstreckungsgrundlage ist der Vergleich, nicht die gerichtliche Billigung. Diese macht den Vergleich nur zum vollstreckbaren Titel (s. § 156 Rn 11).[12] Ein gerichtlich gebilligter Vergleich ist nicht möglich über die elterliche Sorge oder das Aufenthaltsbestimmungsrecht als Teil der elterlichen Sorge.[13]

4. Weitere Vollstreckungstitel im Sinne des § 794 ZPO (Abs. 1 Nr. 3)

11   **a) Allgemeines.** § 86 Abs. 1 Nr. 3 enthält eine Auffangregelung für weitere Titel, die nicht bereits gem. Nr. 1 oder Nr. 2 zur Vollstreckung geeignet sind. Die Vorschrift verweist zwar insgesamt auf § 794 ZPO. Die Verweisung betrifft jedoch nur den **gerichtlichen Vergleich** (§ 794 Abs. 1 Nr. 1 ZPO) und die **vollstreckbare Urkunde** (§ 794 Abs. 1 Nr. 5 ZPO). Der Kostenfestsetzungsbeschluss (§ 794 Abs. 1 Nr. 2 ZPO) ist bereits nach § 86 Abs. 1 Nr. 1 Vollstreckungstitel (s. Rn 9). Dasselbe gilt für beschwerdefähige Entscheidungen (§ 794 Abs. 1 Nr. 3 ZPO), die ebenfalls in Beschlussform ergehen. Der Vollstreckungsbescheid (§ 794 Abs. 1 Nr. 4 ZPO) kann nur im Familienstreitverfahren ergehen (§ 113 Abs. 2), deren Vollstreckung sich nicht nach §§ 86 ff., sondern gem. § 120 Abs. 1 nach der ZPO richtet. Ein vollstreckbarer Anwaltsvergleich (§ 794 Abs. 1 Nr. 4 b ZPO), kann ebenfalls nur im Familienstreitverfahren geschlossen werden.[14] Schiedsverfahren (§ 794 Abs. 1 Nr. 4 a ZPO) kommen in FamFG-Verfahren nur selten vor.

12   **b) Vergleiche.** Vergleiche, die gem. § 36 allein im gerichtlichen Verfahren geschlossen werden können,[14a] sind nur insoweit als Vollstreckungstitel geeignet, **als die Beteiligten über den Verfahrensgegenstand verfügen können.** Für Kindschaftssachen gem. § 151 Nr. 1 bis 3 gilt die Sonderregelung in § 86 Abs. 1 Nr. 2. Im Übrigen ist zu unterscheiden zwischen Amts- und Antragsverfahren (Einzelheiten dazu s. § 87 Rn 2). In **Amtsverfahren** ist ein den Gegenstand des Verfahrens betreffender Vergleich nicht möglich, weil es an der Dispositionsbefugnis der Beteiligten fehlt. Ein Vergleich kann allenfalls über ihrer Verfügungsgewalt unterliegende Nebenfragen, z. B. die Kostentragung, geschlossen werden (Einzelheiten § 36 Rn 16). In **Antragsverfahren** können Vergleiche geschlossen werden, soweit die Dispositionsfähigkeit der Beteiligten reicht. Z. B. ist im Erbscheinsverfahren ein Vergleich zwar nicht über die Erbenstellung selbst, jedoch über die Ausübung von die Erbfolge beeinflussenden Gestaltungsrechten möglich, wie die Ausschlagung einer Erbschaft, die Anfechtung einer letztwilligen Verfügung, die Zahlung einer Abfindung oder die Auseinandersetzung des Nachlasses (s. § 36 Rn 18).[15]

13   **c) Vollstreckbare Urkunden.** Für die Aufnahme vollstreckbarer Urkunden gelten die vorstehenden Ausführungen zu den Vergleichen mit der Maßgabe entsprechend, dass diese nicht auf Abgabe einer Willenserklärung lauten dürfen.

5. Urteile

14   In § 86 Abs. 1 sind Urteile nicht genannt, weil § 38 Abs. 1 als einzige Form der Endentscheidung den Beschluss vorsieht. Dennoch kommt die Vollstreckung aus Urteilen in Betracht, wenn sich aufgrund der Übergangsregelung das Erkenntnisverfahren nach altem Recht und das Vollstreckungsverfahren nach dem FamFG richtet (s. Rn 6). Allerdings ergehen auch bei Anwendung alten Rechts die nach §§ 86 ff. zu vollstreckenden Entscheidungen überwiegend als Beschluss. Eine Entscheidung durch Urteil kommt z. B. in Betracht, wenn diese noch im **Scheidungsverbund gem. § 623 ZPO a. F.** erfolgt ist. § 86 Abs. 1 ist daher über seinen Wortlaut hinaus auch auf entsprechende Urteile anzuwenden.

---

[12] Johannsen/Henrich/Büte § 86 FamFG Rn 5; Thomas/Putzo/Hüßtege § 156 FamFG Rn 10; a. A. KG FamRZ 2011, 588: Grundlage der Vollstreckung ist die gerichtliche Billigung.
[13] MünchKommZPO/Zimmermann § 86 FamFG Rn 18.
[14] MünchKommZPO/Zimmermann § 86 FamFG Rn 19; Johannsen/Henrich/Büte § 86 FamFG Rn 6.
[14a] Zu den Formalien des Vergleichs OLG Hamm v. 11. 4. 2011 II-4 WF 185/10 = BeckRS 2011, 14150.
[15] BayObLG FGPrax 1997, 229 = NJW-RR 1997, 1368.

IV. Vollstreckbarkeit (Abs. 2)

Für die Vollstreckbarkeit enthält Abs. 2 eine von der ZPO abweichende Regelung. **15** Während die Vollstreckung nach der ZPO gem. § 704 ZPO aus rechtskräftigen oder vorläufig vollstreckbaren Endurteilen stattfindet, stellt Abs. 2 für Beschlüsse i. S. v. Abs. 1 Nr. 1 auf das Wirksamwerden ab (siehe dazu Rn 16). Mit Wirksamwerden tritt die unbedingte Vollstreckbarkeit ein. Eine **vorläufige Vollstreckbarkeit ist grundsätzlich nicht vorgesehen**. Eine **Ausnahme** hiervon gilt für **Landwirtschaftssachen**. Die gerichtlichen Entscheidungen in Landwirtschaftssachen (abgesehen von Landpachtsachen i. S. v. § 1 Nr. 1 a LwVG, für welche gem. § 48 Abs. 1 LwVG die ZPO gilt) werden in der Hauptsache nach § 30 Abs. 1 LwVG erst mit Rechtskraft wirksam. Soweit der Beschluss einen vollstreckbaren Inhalt hat, kann das Landwirtschaftsgericht aufgrund der (möglicherweise wegen eines Redaktionsversehens nicht durch Art. 43 FGG-RG geänderten) Regelung in § 30 Abs. 2 LwVG diesen gegen oder ohne Sicherheitsleistung für vorläufig vollstreckbar erklären oder dem Schuldner auf Antrag nachlassen, die Vollstreckung durch Sicherheitsleistung abzuwenden (s. dazu auch § 95 Rn 20).

Der **Zeitpunkt des Wirksamwerdens** richtet sich nach den für das jeweilige Verfahren **16** geltenden Regelungen. Grundsätzlich werden Beschlüsse mit Bekanntgabe wirksam, §§ 40 Abs. 1, 41. Wenn die Entscheidung durch Zustellung bekannt gegeben wird (§ 41 Abs. 1 S. 2), ist mit dem Wirksamwerden zugleich die entsprechende Vollstreckungsvoraussetzung gem. § 87 Abs. 2 erfüllt. Folgende Sonderregelungen gelten, soweit die Entscheidungen einen vollstreckbaren Inhalt haben können:

- **Einstweilige Anordnungen**: Das Gericht kann gem. 53 Abs. 2 in Gewaltschutzsachen sowie in sonstigen Fällen, in denen hierfür ein besonderes Bedürfnis besteht, anordnen, dass die Vollstreckung vor Zustellung an den Verpflichteten zulässig ist. In diesem Fall wird die einstweilige Anordnung mit Erlass wirksam (s. dazu § 53 Rn 6, zur Vollstreckbarkeit der einstweiligen Anordnung im Übrigen s. § 53 Rn 2).
- **Ehewohnungs- und Haushaltssachen** gem. § 209 Abs. 2, 3 sowie Gewaltschutzsachen gem. § 216: Endentscheidungen werden mit Rechtskraft wirksam. In Ehewohnungssachen nach § 200 Abs. 1 Nr. 1 und Gewaltschutzsachen soll das Gericht die sofortige Wirksamkeit anordnen. Mit der Anordnung der sofortigen Wirksamkeit kann das Gericht in diesem Verfahren auch die Zulässigkeit der Vollstreckung vor der Zustellung an den Antragsgegner anordnen. Die Wirksamkeit tritt dann mit Übergabe an die Geschäftsstelle zwecks Bekanntmachung ein (s. dazu § 216 Rn 4).
- **Versorgungsausgleichssachen** gem. § 227 sowie Verfahren über die Stundung des Pflichtteils gem. §§ 362, 264: Die Endentscheidungen werden mit Rechtskraft wirksam.
- **Teilungssachen** gem. § 371 Abs. 1: Vereinbarungen nach § 366 Abs. 1 und Auseinandersetzungen nach § 368 werden mit Rechtskraft des Bestätigungsbeschlusses wirksam.
- **Bestätigung einer Dispache** gem. § 409 Abs. 2: Der Bestätigungsbeschluss wird erst mit Rechtskraft wirksam.

V. Vollstreckungsklausel (Abs. 3)

1. Allgemeines

Das FamFG geht zwar grundsätzlich davon aus, dass die Klausel nicht Voraussetzung der **17** Vollstreckung ist. Es gelten jedoch weitreichende Ausnahmen. Erforderlich ist die Klausel, wenn die Vollstreckung nicht durch das Gericht erfolgt, das den Titel erlassen hat. Damit bedarf es dieser Vollstreckungsvoraussetzung sowohl bei der **Vollstreckung durch** ein **anderes Gericht**, insbesondere nach § 88 Abs. 1, als auch bei der Vollstreckung durch **Beteiligte**.[16] Sofern der Berechtigte aus einem Unterlassungstitel die Anordnung von Ordnungsmitteln gem. § 95 Abs. 1 Nr. 4 i. V. m. § 890 ZPO beantragt, bedarf es jedoch keiner Klausel, da das Prozessgericht Vollstreckungsorgan ist.[17] Für die **einstweilige An-**

---

[16] Prütting/Helms/Stößer § 86 Rn 21.
[17] Prütting/Helms/Stößer § 96 Rn 2.

§ 87   Abschnitt 8. Vollstreckung

ordnung werden diese Ausnahmen durch § 53 Abs. 1 eingeschränkt (s. § 53 Rn 5). Zur Vollstreckung aus bestätigten Dispachen s. § 409 Rn 7 ff.

2. Zuständigkeit

18 Das FamFG enthält keine Regelungen über die Erteilung der Klausel. Für **Zuständigkeit, Verfahren und Rechtsbehelfe** sind deshalb die §§ 724 bis 734, 793, 797 Abs. 2 ZPO, §§ 11, 20 Nr. 12 RPflG anzuwenden. Für die gem. § 95 nach der ZPO zu vollstreckenden Verfahren folgt dies aus der Verweisung in § 95 Abs. 1 a. E. Hinsichtlich der Personenherausgabe- und Umgangsverfahren sind die genannten Vorschriften entsprechend anzuwenden. Die entsprechende Anwendung wird in der Anlage 1 zu § 3 Abs. 2 FamGKG Hauptabschnitt 6 Nr. 1600 bis 1603 stillschweigend vorausgesetzt. Die Zuständigkeit für die **Erteilung der Klausel** richtet sich nach §§ 724 Abs. 2 ZPO, 20 Nr. 12 RPflG. Zuständig ist immer der Urkundsbeamte der Geschäftsstelle bzw. für die sog. qualifizierten Klauseln (aufgeführt in § 20 Nr. 12 RPflG) und die weitere vollstreckbare Ausfertigung, § 733 ZPO (mit landesrechtlichem Vorbehalt zur Übertragung auf den Urkundsbeamten, § 36 b Abs. 1 Nr. 3 RPflG) der Rechtspfleger des Gerichts, von dem der Titel stammt.[18] Das gilt auch, wenn es sich um eine einstweilige Anordnung handelt. Bei Anhängigkeit in der höheren Instanz ist der Urkundsbeamte bzw. Rechtspfleger dieses Gerichts zuständig.

3. Kosten und Gebühren

19 **Gerichtsgebühren** werden für die erstmalige Erteilung der Klausel nicht erhoben. Gebühren nach dem **RVG** fallen ebenfalls nicht an, weil die erstmalige Klauselerteilung zum Rechtszug gehört, § 19 Abs. 1 S. 2 Nr. 13 RVG. Für das Verfahren über den Antrag auf Erteilung einer weiteren vollstreckbaren Ausfertigung wird eine Gerichtsgebühr nach Anlage 1 zu § 3 Abs. 2 FamGKG Hauptabschnitt 6 Nr. 1600 bzw. § 134 Abs. 4 KostO erhoben. Dieses Verfahren gilt in Bezug auf die Rechtsanwaltsgebühren als besondere Angelegenheit, § 18 Abs. 1 Nr. 5 RVG.

Verfahren; Beschwerde

87 (1) ¹Das Gericht wird in Verfahren, die von Amts wegen eingeleitet werden können, von Amts wegen tätig und bestimmt die im Fall der Zuwiderhandlung vorzunehmenden Vollstreckungsmaßnahmen. ²Der Berechtigte kann die Vornahme von Vollstreckungshandlungen beantragen; entspricht das Gericht dem Antrag nicht, entscheidet es durch Beschluss.

(2) Die Vollstreckung darf nur beginnen, wenn der Beschluss bereits zugestellt ist oder gleichzeitig zugestellt wird.

(3) ¹Der Gerichtsvollzieher ist befugt, erforderlichenfalls die Unterstützung der polizeilichen Vollzugsorgane nachzusuchen. ²§ 758 Abs. 1 und 2 sowie die §§ 759 bis 763 der Zivilprozessordnung gelten entsprechend.

(4) Ein Beschluss, der im Vollstreckungsverfahren ergeht, ist mit der sofortigen Beschwerde in entsprechender Anwendung der §§ 567 bis 572 der Zivilprozessordnung anfechtbar.

(5) Für die Kostenentscheidung gelten die §§ 80 bis 82 und 84 entsprechend.

§ 758 ZPO. Durchsuchung; Gewaltanwendung. (1) Der Gerichtsvollzieher ist befugt, die Wohnung und die Behältnisse des Schuldners zu durchsuchen, soweit der Zweck der Vollstreckung dies erfordert.

(2) Er ist befugt, die verschlossenen Haustüren, Zimmertüren und Behältnisse öffnen zu lassen.

§ 759 ZPO. Zuziehung von Zeugen. Wird bei einer Vollstreckungshandlung Widerstand geleistet oder ist bei einer in der Wohnung des Schuldners vorzunehmenden Vollstreckungshandlung weder der Schuldner noch eine zu seiner Familie gehörige oder in dieser Familie dienende erwachsene Person anwesend, so hat der Gerichtsvollzieher zwei erwachsene Personen oder einen Gemeinde- oder Polizeibeamten als Zeugen zuzuziehen.

---

[18] Lettau S. 111; a. A. Friederici/Kemper/von Harbou § 86 Rn 12: in jedem Fall Rechtspflegerzuständigkeit.

§ 760 ZPO. Akteneinsicht; Aktenabschrift. Jeder Person, die bei dem Vollstreckungsverfahren beteiligt ist, muss auf Begehren Einsicht der Akten des Gerichtsvollziehers gestattet und Abschrift einzelner Aktenstücke erteilt werden. Werden die Akten des Gerichtsvollziehers elektronisch geführt, erfolgt die Gewährung von Akteneinsicht durch Erteilung von Ausdrucken, durch Übermittlung von elektronischen Dokumenten oder durch Wiedergabe auf einem Bildschirm.

§ 762 ZPO. Protokoll über Vollstreckungshandlungen. (1) Der Gerichtsvollzieher hat über jede Vollstreckungshandlung ein Protokoll aufzunehmen.

(2) Das Protokoll muss enthalten:
1. Ort und Zeit der Aufnahme;
2. den Gegenstand der Vollstreckungshandlung unter kurzer Erwähnung der wesentlichen Vorgänge;
3. die Namen der Personen, mit denen verhandelt ist;
4. die Unterschrift dieser Personen und den Vermerk, dass die Unterzeichnung nach Vorlesung oder Vorlegung zur Durchsicht und nach Genehmigung erfolgt sei;
5. die Unterschrift des Gerichtsvollziehers.

(3) Hat einem der unter Nummer 4 bezeichneten Erfordernisse nicht genügt werden können, so ist der Grund anzugeben.

§ 763 ZPO. Aufforderungen und Mitteilungen. (1) Die Aufforderungen und sonstigen Mitteilungen, die zu den Vollstreckungshandlungen gehören, sind von dem Gerichtsvollzieher mündlich zu erlassen und vollständig in das Protokoll aufzunehmen.

(2) Kann dies mündlich nicht ausgeführt werden, so hat der Gerichtsvollzieher eine Abschrift des Protokolls zuzustellen oder durch die Post zu übersenden. Es muss im Protokoll vermerkt werden, dass diese Vorschrift befolgt ist. Eine öffentliche Zustellung findet nicht statt.

Übersicht

	Rn
I. Normzweck und Anwendungsbereich	1
II. Amts- und Antragsverfahren (Abs. 1)	2
1. Allgemeines	2
2. Amtsverfahren	3
a) Allgemeines	3
b) Reine Amtsverfahren	4
c) Amts- und Antragsverfahren	5
d) Entscheidung des Gerichts	6
3. Antragsverfahren	7
4. Vollstreckungsantrag	9
5. Vollstreckungsverfahren	10
III. Zustellung (Abs. 2)	11
IV. Befugnisse des Gerichtsvollziehers (Abs. 3)	13
V. Rechtsmittel (Abs. 4)	14
VI. Kosten und Gebühren (Abs. 5)	17

I. Normzweck und Anwendungsbereich

Das FamFG enthält in §§ 86 und 87 allgemeine Vorschriften für die Vollstreckung gem. Buch 1 Abschnitt 8 (zu dessen Anwendungsbereich s. § 86 Rn 4). Die **allgemeinen Vollstreckungsvoraussetzungen** – Titel und Klausel (s. § 86 Rn 7, 17) – sind in § 86 Abs. 1 und 3 geregelt. § 87 enthält darüber hinaus als weitere Vollstreckungsvoraussetzung die Zustellung (Abs. 2) sowie Vorschriften über den Antrag (Abs. 1), die Befugnisse des Gerichtsvollziehers (Abs. 3), die Rechtsbehelfe (Abs. 4) und die Kostenentscheidung (Abs. 5). Zur **Übergangsregelung** s. § 86 Rn 6. **1**

II. Amts- und Antragsverfahren (Abs. 1)

1. Allgemeines

Das FamFG unterscheidet in § 87 Abs. 1 zwischen **Amts- und Antragsverfahren.** Von dieser Unterscheidung hängt ab, auf welche Art und Weise die Vollstreckung eingeleitet wird. **2**

2. Amtsverfahren

3 a) Allgemeines. Gemäß § 87 Abs. 1 S. 1 wird das Gericht in Verfahren, die von Amts wegen eingeleitet werden können, auch hinsichtlich der Vollstreckung von Amts wegen tätig. Abs. 1 S. 1 erfasst die reinen Amtsverfahren, die nur von Amts wegen eingeleitet werden können (siehe dazu § 23 Rn 5), und diejenigen Verfahren, die sowohl von Amts wegen als auch auf Antrag eingeleitet werden können (siehe dazu § 23 Rn 6). **Reine Amtsverfahren** sind z. B. die **Kindschaftssachen** gem. § 1666 BGB. Zu den **Verfahren, die von Amts wegen und auf Antrag eingeleitet werden können,** zählen z. B. diejenigen nach den §§ 1632 Abs. 4, 1682, 1686 BGB. **Umgangsverfahren** gem. den §§ 1684, 1685 BGB werden zwar in der Praxis überwiegend auf Antrag eingeleitet, das Gericht kann aber von Amts wegen tätig werden, wenn es zum Wohl des Kindes angezeigt ist.[1] Zu den Versorgungsausgleichssachen s. Rn 7.

4 b) Reine Amtsverfahren. Bei reinen Amtsverfahren bestimmt das Gericht die im Fall der Zuwiderhandlung vorzunehmenden Vollstreckungsmaßnahmen. Es entscheidet damit über das „ob" der Vollstreckung, z. B. die Frage, ob unmittelbarer Zwang (§ 90) anzuwenden ist. Wenn die Auswahl zwischen mehreren zur Verfügung stehenden Vollstreckungsmaßnahmen besteht, insbesondere zwischen Ordnungsgeld in unterschiedlicher Höhe und Ordnungshaft (§ 89 Abs. 1), entscheidet das Gericht ferner über das „wie" der Vollstreckung.[2]

5 c) Amts- und Antragsverfahren. Bei Verfahren, die sowohl von Amts wegen als auch auf Antrag eingeleitet werden können, muss das Gericht gem. Abs. 1 S. 2 über einen **Antrag des Berechtigten** auf Vornahme von Vollstreckungshandlungen entscheiden. Insbesondere im Umgangsverfahren wird dieser Antrag der Regelfall sein, da das Gericht die Ausübung des Umgangsrechts nicht überwacht. Hier wird der Umgangsberechtigte sich i. d. R. an das Gericht wenden, wenn der Umgangspflichtige sich nicht dem Titel entsprechend verhält. Zur Vollstreckung eines Titels, mit dem das Kind sein Recht auf Umgang geltend macht, s. § 89 Rn 5. Der Begriff des Berechtigten entspricht demjenigen des Beteiligten in § 7 Abs. 1, Abs. 2 Nr. 2 (s. § 7 Rn 9–13). Wurde das dem Titel zugrunde liegende Verfahren auf einen Antrag hin eingeleitet, ist der Antragsteller auch berechtigt, die Vornahme von Vollstreckungshandlungen zu beantragen. Wenn das Gericht **von Amts wegen** tätig wurde ist **antragsberechtigt** der Beteiligte, dessen Recht durch das Verfahren unmittelbar betroffen wird. Zu Form und notwendigem Inhalt des Antrages s. Rn 9.

6 d) Entscheidung des Gerichts. Wenn das Gericht **dem Antrag entspricht,** braucht diese Entscheidung nicht ausdrücklich in einem Beschluss niedergelegt zu werden. Es reicht aus, dass die Vollstreckung eingeleitet und der Antragsteller durch eine Abschrift dieser Verfügung oder durch eine gesonderte Mitteilung davon in Kenntnis gesetzt wird. Sofern das Gericht **dem Antrag nicht entspricht,** z. B. weil die Durchsetzung des Umgangsrechts nicht dem Wohl des Kindes dient (s. § 89 Rn 5), ist der Antragsteller förmlich durch Beschluss zu bescheiden. Gegen diesen Beschluss kann der Antragsteller nach § 87 Abs. 4 sofortige Beschwerde einlegen (siehe dazu Rn 14). Das Rechtsmittelgericht wird dann die aus Sicht des erstinstanzlichen Gerichts gegen die Vollstreckung sprechenden Gründe überprüfen. Teilt es die Auffassung des erstinstanzlichen Gerichts, wird die Beschwerde zurückgewiesen. Andernfalls weist das Rechtsmittelgericht das erstinstanzliche Gericht an, die Vollstreckung vorzunehmen. Wenn das Gericht **dem Antrag teilweise entspricht,** insbesondere ein geringeres Ordnungsgeld als beantragt oder Ordnungsgeld statt Ordnungshaft anordnet, ist die sofortige Beschwerde ebenfalls zulässig.[3]

3. Antragsverfahren

7 In Antragsverfahren (siehe dazu § 23 Rn 7) erfolgt die Vollstreckung nur auf Antrag. Zu diesen Verfahren zählen, soweit sie mit einer vollstreckungsfähigen Entscheidung abge-

---

[1] OLG Zweibrücken FamRZ 2004, 1589; BeckOK-BGB/Veit § 1684 Rn 38; Johannsen/Henrich/Jaeger § 1684 BGB Rn 21; a. A. Socha FamRZ 2010, 947: Antragsverfahren.
[2] Baumbach/Hartmann § 87 FamFG Rn 2.
[3] Jansen/von König § 33 Rn 47 zur Rechtslage nach § 33 FGG.

schlossen werden können, z. B. die **Ehewohnungs- und Haushaltssachen** (§ 203 Abs. 1), **Gewaltschutzsachen** (§§ 1, 2 GewSchG) und das **Herausgabeverfahren** nach § 1632 Abs. 1 BGB.[4] In Versorgungsausgleichssachen erfolgt die Vollstreckung nur auf Antrag, soweit im Hauptsacheverfahren ein Antrag notwendig ist (§ 223).

Aus – jeweils bestätigten – Vereinbarungen nach § 366, Auseinandersetzungen nach §§ 368, 373 und Dispachen nach § 409, wird nur auf Antrag vollstreckt. Dasselbe gilt für die Vollstreckung aus Beschlüssen über die Festsetzung von **Vorschuss, Aufwendungsersatz, Aufwandsentschädigung** und **Vergütung** des Vormunds bzw. Gegenvormunds (§ 168 Abs. 1) oder des Betreuers (§ 292 Abs. 1) gegen den Mündel oder Betreuten (Einzelheiten s. § 95 Rn 5). Soweit die Vollstreckung in einem Verfahren über die Stundung des Pflichtteilsanspruchs (§ 362) in Betracht kommt, insbesondere aus einem in diesem Verfahren geschlossenen Vergleich, handelt es sich ebenfalls um ein reines Antragsverfahren. Zur Festsetzung der Verwahrervergütung gem. § 410 Abs. 1 Nr. 3 s. § 86 Rn 9 und § 410 Rn 11.

4. Vollstreckungsantrag

Die Anforderungen an Form und Inhalt des Antrages stimmen bei der Vollstreckung nach dem FamFG und nach der ZPO nicht überein. Soweit das FamFG auf die ZPO verweist (§ 95) ist ein **Vollstreckungsantrag nach den §§ 753, 754 ZPO** erforderlich, d. h. ein auf eine bestimmte Vollstreckungshandlung gerichteter, schriftlicher, elektronischer oder mündlicher Antrag in Verbindung mit der vollstreckbaren Ausfertigung (soweit eine Vollstreckungsklausel erforderlich ist). Für die Vollstreckung nach dem FamFG gilt § 23. Es reicht aus, wenn sich aus dem Antrag die Person des Antragstellers und das Ziel der abgegebenen Erklärung entnehmen lassen.[5] Insbesondere ist es nicht notwendig, ein konkretes Ordnungsmittel zu benennen. Im Zweifel ist der Antrag auszulegen.[6] Die **Rücknahme** des Antrages ist nach der ZPO,[7] wie nach dem FamFG jederzeit möglich.[8] Ggf. schon erfolgte Vollstreckungsmaßnahmen sind nach Antragsrücknahme aufzuheben.

5. Vollstreckungsverfahren

§ 87 trägt zwar die Überschrift „Verfahren", regelt dieses jedoch nicht abschließend. Es ist daher auf die allgemeinen Regelungen des FamFG zurückzugreifen. Das Gericht kann auch im Vollstreckungsverfahren die Sache mit den Beteiligten in einem **Termin** erörtern, § 32. Dies kann vor allem in Umgangsverfahren sachdienlich sein. Die **Anhörung** der Beteiligten ist gem. § 34 Abs. 1 Nr. 1 zur Gewährleistung rechtlichen Gehörs erforderlich, soweit der Zweck des Verfahrens dadurch nicht gefährdet wird, z. B. bei der Anwendung unmittelbaren Zwangs (§ 90). Zur Anhörung bei der Vollstreckung von Entscheidungen über die Herausgabe von Personen und zur Regelung des Umgangs s. § 92 Rn 2. Eine **Beweisaufnahme** ist möglich und erfolgt i. d. R. **formlos** nach § 29. Die **Verfahrenskostenhilfe** richtet sich nach den allgemeinen Vorschriften (§§ 76 ff.).

III. Zustellung (Abs. 2)

Systematisch nicht überzeugend wird die dritte allgemeine Vollstreckungsvoraussetzung, die Zustellung, in § 87 Abs. 2 behandelt, während Titel und Klausel in § 86 Abs. 1 und 3 geregelt sind. Die Vorschrift ist § 750 Abs. 1 S. 1 ZPO nachgebildet[9] und gewährleistet, dass sich der Schuldner aufgrund des zugestellten Beschlusses über Anlass und Umfang der bevorstehenden Vollstreckung informieren kann.[10] Die Zustellung dient damit der Ge-

---

[4] BeckOK-BGB/Veit § 1632 Rn 10.
[5] OLG Frankfurt FPR 2003, 146.
[6] OLG Brandenburg FamRZ 2006, 1776.
[7] MünchKommZPO/Heßler § 753 Rn 42.
[8] Johannsen/Henrich/Büte § 87 FamFG Rn 3.
[9] BT-Drs. 16/6308 S. 217.
[10] MünchKommZPO/Heßler § 750 Rn 9.

währleistung rechtlichen Gehörs in der Zwangsvollstreckung.[11] Sie ist außerdem Voraussetzung der Wirksamkeit des Titels i. S. v. § 86 Abs. 2, wenn der Beschluss durch Zustellung gem. § 41 Abs. 1 S. 2 bekannt gemacht wird. In Ausnahmefällen ist die **Vollstreckung vor der Zustellung** möglich. So kann das Gericht bei Erlass einer einstweiligen Anordnung in Gewaltschutzsachen sowie in sonstigen Fällen, in denen hierfür ein besonderes Bedürfnis besteht, anordnen, dass die Vollstreckung der einstweiligen Anordnung vor Zustellung an den Verpflichteten zulässig ist, § 53 Abs. 2. In diesem Fall wird die einstweilige Anordnung mit Erlass wirksam (s. dazu § 53 Rn 6). Zur Vollstreckbarkeit der einstweiligen Anordnung im Übrigen s. § 53 Rn 2. In Ehewohnungssachen nach § 200 Abs. 1 Nr. 1 und Gewaltschutzsachen soll das Gericht die sofortige Wirksamkeit der Endentscheidung anordnen, §§ 209 Abs. 2 S. 2, 216 Abs. 1 S. 2. Mit der Anordnung der sofortigen Wirksamkeit kann das Gericht auch die Zulässigkeit der Vollstreckung vor der Zustellung an den Antragsgegner anordnen, §§ 209 Abs. 3, 216 Abs. 2. Die Wirksamkeit tritt dann mit Übergabe an die Geschäftsstelle zwecks Bekanntmachung ein.

12 Im Übrigen bedarf es zur Vollstreckung immer der Zustellung, die spätestens mit Beginn der Vollstreckung vorzunehmen ist. Hinsichtlich der Durchführung der Zustellung trifft Abs. 2 keine Regelung. Erforderlich ist die **förmliche Zustellung** gem. § 15 Abs. 2 S. 1 1. Alt. Die Aufgabe zur Post (§ 15 Abs. 2 S. 1 2. Alt) reicht nicht aus, weil in diesem Fall der für die Vollstreckung notwendige urkundliche Nachweis fehlt. Zuzustellen ist nach dem Wortlaut von Abs. 2 der Beschluss. Dieser Wortlaut ist zu eng und nicht mit demjenigen von § 86 Abs. 1 abgestimmt. Die Vorschrift ist dahin auszulegen, dass nicht nur ein Beschluss, sondern jeder **Titel**, d. h. auch ein Vergleich nach § 86 Abs. 1 Nr. 2, Abs. 3 FamFG i. V. m. § 794 Abs. 1 Nr. 1 ZPO, sowie eine **vollstreckbare Urkunde** nach § 86 Abs. 1 Nr. 3 FamFG i. V. m. § 794 Abs. 1 Nr. 5 ZPO, förmlich zuzustellen ist. Die Zustellung von Beschlüssen erfolgt gem. § 41 von Amts wegen (§ 41 Rn 6). Vergleiche und vollstreckbare Urkunden werden im Parteiwege zugestellt. Aus Abs. 2 folgt nicht, ob auch die **Klausel** zuzustellen ist. Dem Zweck der Zustellung entsprechend, dem Schuldner rechtliches Gehör zu gewähren, muss die Klausel in den Fällen des § 750 Abs. 2 ZPO ebenfalls zugestellt werden.

IV. Befugnisse des Gerichtsvollziehers (Abs. 3)

13 Das FamFG enthält keine zentrale Bestimmung über die **funktionelle Zuständigkeit** der Vollstreckungsorgane. Wenn sich die Vollstreckung nach der ZPO richtet (§ 95), sind die danach maßgeblichen Zuständigkeitsvorschriften zu beachten. Die Zuständigkeit für die Vollstreckung nach dem FamFG ist im Unterabschnitt 2 geregelt. Soweit der Gerichtsvollzieher zur Vollstreckung berufen ist, werden seine Befugnisse in Abs. 3 näher geregelt. Abs. 3 S. 1 entspricht § 33 Abs. 2 S. 3 FGG. Der Gerichtsvollzieher kann selbständig um Unterstützung durch die Polizei bitten, wenn ihm diese Unterstützung notwendig erscheint. Er bedarf dazu keiner Ermächtigung des Gerichts. Das Gericht vermag sich nicht direkt an die Polizei mit der Bitte um Vollziehung zu wenden.[12] Ein Vergleich mit § 758 Abs. 3 ZPO zeigt, dass der Einsatz der Polizei nach Abs. 3 S. 1 nicht auf den Fall der Beseitigung von Widerstand beschränkt ist. Im Übrigen verweist Abs. 3 S. 2 auf folgende Vorschriften:

- § 758 Abs. 1 ZPO: Befugnis des Gerichtsvollziehers zur Durchsuchung mit Einverständnis des Schuldners. Bei dessen Weigerung gelten die §§ 91 oder 95 FamFG i. V. m. § 758 a ZPO.
- § 758 Abs. 2 ZPO: Befugnis des Gerichtsvollziehers zur Öffnung von Türen und Behältnissen.
- § 759 ZPO: Zuziehung von Zeugen. Der Auffassung, ein zur Gewaltanwendung herbeigerufener Polizeibeamter sei kein geeigneter Zeuge,[13] kann jedenfalls für die Vollstreckung nach dem FamFG nicht gefolgt werden, weil die danach gebotenen Vollstre-

---
[11] BVerfG NJW 1992, 224.
[12] Jansen/von König § 33 Rn 65 zur Rechtslage nach § 33 FGG.
[13] MünchKommZPO/Heßler § 759 Rn 14.

ckungsmaßnahmen überwiegend eilbedürftig sind und die Effektivität der Vollstreckung nicht durch eine zu enge Auslegung des § 759 ZPO beeinträchtigt werden darf.
- § 760 ZPO: Akteneinsicht und -abschrift
- § 762 ZPO: Protokoll über Vollstreckungshandlungen
- § 763 ZPO: Aufforderungen und Mitteilungen zu Vollstreckungshandlungen

V. Rechtsmittel (Abs. 4)

Für die Rechtsmittel gegen Beschlüsse im Vollstreckungsverfahren gelten nicht die §§ 58 ff. FamFG, sondern die §§ 567 bis 572 ZPO entsprechend (s. dazu § 58 Rn 89 ff.). Damit ist die **sofortige Beschwerde** zulässig, auch wenn der Rechtspfleger entschieden hat (§ 11 Abs. 1 RPflG). Zu den Einzelheiten des Beschwerdeverfahrens siehe § 58 Rn 89. **14**

Soweit sich die Vollstreckung nach dem FamFG richtet, ist die sofortige Beschwerde der **einzige zulässige Rechtsbehelf** gegen Beschlüsse im Vollstreckungsverfahren. Mit der sofortigen Beschwerde kann auch die Kostenentscheidung im Ordnungsgeldverfahren nach § 89 FamFG isoliert angegriffen werden.[14] Soweit es um die Art und Weise der Vollstreckung von Ordnungsmitteln oder unmittelbarem Zwang geht kann Erinnerung, § 766 ZPO, eingelegt werden. Bei der Vollstreckung nach den Vorschriften der ZPO (§ 95) sind hingegen auch die weiteren danach zulässigen Rechtsbehelfe, z. B. der Vollstreckungsabwehrantrag, § 767 ZPO, eröffnet (Einzelheiten s. § 95 Rn 19). Die **Rechtsbeschwerde** kann zugelassen werden; sie findet nur bei **ausdrücklicher Zulassung** statt (s. dazu auch § 70 Rn 12 a).[15] **15**

Der **Erfüllungseinwand** ist schon im Vollstreckungsverfahren zu berücksichtigen,[16] kann aber auch mit dem jeweils zulässigen Rechtsbehelf – Vollstreckung nach FamFG: sofortige Beschwerde gem. §§ 567 ff. ZPO entsprechend, Vollstreckung nach ZPO: sofortige Beschwerde gem. § 793 ZPO entsprechend oder Vollstreckungsabwehrantrag (§ 767 ZPO)[17] – geltend gemacht werden. **16**

VI. Kosten und Gebühren (Abs. 5)

Abs. 5 betrifft die **Kostengrundentscheidung** im Vollstreckungsverfahren und verweist auf die § 80 bis 82 und 84. Über die Kostentragungspflicht ist gem. § 82 mit der Endentscheidung nach den Grundsätzen des § 81 zu befinden. Sofern nicht, wozu vor allem in Amtsverfahren Anlass bestehen kann, gem. § 81 Abs. 1 S. 2 von der Kostenerhebung abzusehen ist, werden vor allem § 81 Abs. 2 Nr. 1 (Anlass zum Verfahren durch grobes Verschulden) oder Nr. 2 (von vornherein fehlende Erfolgsaussicht) einschlägig sein. Für die **Rechtsmittelkosten** gilt § 84. Wegen der in den einzelnen Vollstreckungsverfahren anfallenden Gebühren wird verwiesen auf §§ 92 Rn 5, 93 Rn 11 und 95 Rn 22. **17**

Unterabschnitt 2. Vollstreckung von Entscheidungen über die Herausgabe von Personen und die Regelung des Umgangs

Grundsätze

88 (1) **Die Vollstreckung erfolgt durch das Gericht, in dessen Bezirk die Person zum Zeitpunkt der Einleitung der Vollstreckung ihren gewöhnlichen Aufenthalt hat.**

(2) **Das Jugendamt leistet dem Gericht in geeigneten Fällen Unterstützung.**

---

[14] OLG Hamm FGPrax 2010, 166.
[15] BGH NJW-RR 2011, 217 = FamRZ 2011, 368 für die Beschwerde nach § 7 Abs. 5; MünchKommZPO/Zimmermann § 87 FamFG Rn 9; a. A. OLG Karlsruhe NJW 2010, 2142 keine Rechtsbeschwerde.
[16] BGH NJW 2005, 367 zum Verfahren nach der ZPO; Johannsen/Henrich/Büte § 87 FamFG Rn 6.
[17] BGH NJW 2005, 367.

I. Normzweck

1 Der Unterabschnitt 2 regelt detailliert die Vollstreckung von Entscheidungen über die Herausgabe von Personen und/oder die Regelung des Umgangs.

2 § 88 behandelt unter der missverständlichen Überschrift „Grundsätze" nicht die Grundsätze der Vollstreckung, die in § 86 und § 87 geregelt sind, sondern zwei unterschiedliche Bereiche ohne inneren Zusammenhang: Abs. 1 trifft für die Vollstreckung eine § 151 Abs. 2 entsprechende Regelung der örtlichen Zuständigkeit. Abs. 2 normiert in Anlehnung an § 9 Abs. 1 Nr. 4 IntFamRVG, wonach das Jugendamt in geeigneten Fällen Unterstützung bei der Vollstreckung gerichtlicher Entscheidungen leistet, eine Unterstützungspflicht des Jugendamtes gegenüber dem Gericht bei der Durchsetzung von Entscheidungen über die Herausgabe von Personen und die Regelung des Umgangs.[1]

II. Anwendungsbereich

3 Die §§ 88 ff. gelten aufgrund der systematischen Stellung der Normen nur für die Vollstreckung von Entscheidungen über die **Herausgabe von Personen** (§§ 1632 Abs. 1, 1666 BGB) und die **Regelung des Umgangs** (§§ 1632 Abs. 2, 1684, 1685 BGB).

Letztere können auch Herausgabeanordnungen enthalten, wenn die Herausgabe zur Durchführung des Umgangs gem. § 1684 Abs. 3 BGB angeordnet wird.[2] Für Herausgabeanordnungen gem. § 1632 Abs. 1 BGB, die **sich sowohl gegen den anderen Elternteil als auch gegen Dritte** richten können, ergeben sich unterschiedliche Vollstreckungszuständigkeiten, wenn neben der Herausgabe des Kindes auch diejenige seiner persönlichen Gegenstände angeordnet wird.[3] Die Herausgabe von Gegenständen wird gem. § 95 Abs. 1 Nr. 2 nach der ZPO (§§ 883 ff.) durch den Gerichtsvollzieher vollstreckt (s. § 95 Rn 8), die Kindesherausgabe dagegen gem. §§ 88 ff. durch das Gericht, in dessen Bezirk das Kind zum Zeitpunkt der Einleitung der Vollstreckung seinen gewöhnlichen Aufenthalt hat.

Werden beide Vollstreckungen zugleich durchgeführt, ist jedoch von einer **Annexkompetenz** des Gerichts zur Vollstreckung des gesamten Titels gem. §§ 88 ff. auszugehen, um Probleme zu vermeiden, die sich aus der nicht sinnvollen (und wohl auch nicht gewollten) Zuständigkeitsverteilung ergeben können.[4] Zur **Übergangsregelung** s. § 86 Rn 6.

III. Zuständigkeit (Abs. 1)

1. Allgemeines

4 Der Gesetzesbegründung zufolge soll Abs. 1 nur die **örtliche Zuständigkeit** regeln.[5] Es handelt sich darüber hinaus auch um eine Bestimmung der **sachlichen Zuständigkeit** des Gerichts und zwar des AG (Familiengerichts). Zur Annexkompetenz bei über die Personenherausgabe hinausgehenden Herausgabeverpflichtungen s. Rn 3. Da die der Vollstreckung zugrunde liegende Entscheidungen über Personenherausgabe und Umgang in die richterliche Zuständigkeit fallen (§ 14 Abs. 1 Nr. 6 und 7 RPflG), ist für die Vollstreckung ebenfalls die **funktionelle Zuständigkeit des Richters** gegeben.

2. Örtlich zuständiges Gericht

5 Örtlich zuständig ist das Gericht, in dessen Bezirk „die Person" zum Zeitpunkt der Einleitung der Vollstreckung ihren gewöhnlichen Aufenthalt hat. **Person** ist das Kind, welches herauszugeben ist bzw. mit welchem der Umgang stattfinden soll; ggf. kommt auch

---

[1] BT-Drs. 16/6308 S. 217.
[2] Zimmermann FPR 2008, 420/423.
[3] Nach ersatzloser Streichung von § 50 d FGG lässt sich eine solche Anordnung nur noch auf eine extensive Auslegung des § 1632 Abs. 1 BGB stützen; zur materiell-rechtlichen Grundlage dieser Anordnung s. Erman/Michalski § 1632 Rn 16.
[4] Ebenso Palandt/Diederichsen § 1632 Rn 8; Haußleiter/Gomille § 95 Rn 3; krit. Hk-Zv/Wolf FamFG Rn 210.
[5] BT-Drs. 16/6308 S. 217.

die Herausgabe des Betroffenen im Betreuungsverfahren in Betracht. Entscheidender Zeitpunkt ist die **Einleitung der Vollstreckung,** es gilt also der Grundsatz der perpetuatio fori. Da das Vollstreckungsverfahren ein selbständiges Verfahren ist (s. § 86 Rn 6), begründet Abs. 1 eine **vom Erkenntnisverfahren** (vgl. hierzu § 151) **unabhängige örtliche Zuständigkeit** für die Vollstreckung. Dies entspricht der früheren Rechtslage, wonach die örtliche Zuständigkeit für die Vollstreckung gem. § 33 FGG unabhängig vom Ausgangsverfahren nach §§ 43 Abs. 1, 36 Abs. 1 FGG zu prüfen war.[6]

3. Gewöhnlicher Aufenthalt

Im Unterschied zu § 36 Abs. 1 FGG stellt § 88 Abs. 1 nicht auf den Wohnsitz, sondern auf den **gewöhnlichen Aufenthalt** der Person ab, welcher von Amts wegen festzustellen ist;[7] siehe dazu § 3 Rn 8. Der Verzicht auf das Merkmal des Wohnsitzes vermeidet Probleme, die sich aus dem abgeleiteten Wohnsitz des Kindes gem. § 11 BGB und insbesondere dem bei Trennung begründeten Doppelwohnsitz ergeben konnten.[8] Eine Legaldefinition des gewöhnlichen Aufenthalts findet sich in **§ 30 Abs. 3 S. 2 SGB I.** Danach hat jemand seinen gewöhnlichen Aufenthalt dort, wo er sich unter Umständen aufhält, die erkennen lassen, dass er an diesem Ort oder in diesem Gebiet nicht nur vorübergehend verweilt. Die Begründung eines gewöhnlichen Aufenthaltes setzt im Unterschied zum Wohnsitz nicht voraus, dass der Aufenthalt langfristig fest eingeplant ist. Es genügt, dass der Aufenthalt bei Einleitung der Vollstreckung zukunftsoffen ist und die Person dort den örtlichen Schwerpunkt ihrer Lebensverhältnisse hat.[9] Abgesehen von einem zeitlich unbedeutenden oder von vornherein nur kurz befristeten Verweilen, z.B. bei einem Besuch oder auf der Durchreise, setzt die Begründung eines gewöhnlichen Aufenthalts also nicht eine bestimmte Aufenthaltsdauer voraus. Er kann gegebenenfalls schon vom ersten Tag der Aufenthaltnahme an anzunehmen sein. Zur Beurteilung sind subjektive wie objektive Elemente heranzuziehen. Für das subjektive Element ist dabei nicht ein rechtserheblicher, sondern der tatsächliche, ausdrücklich oder konkludent geäußerte Wille maßgeblich. Lässt sich dieser nicht feststellen sind die objektiven Umstände allein entscheidend.[10]

Dabei kann auf die zum – seit dem 1. 1. 2011 durch das KSÜ abgelöste (siehe dazu § 99 Rn 2) – **MSA**[11] entwickelten Kriterien zurückgegriffen werden. Ein Minderjähriger hat dort seinen gewöhnlichen Aufenthalt, wo es zur sozialen Einbindung in die Lebensverhältnisse am Aufenthaltsort und damit zu einer tatsächlichen Verlegung des Daseinsmittelpunktes gekommen ist.[12] Gewöhnlicher Aufenthalt ist der **Ort des tatsächlichen Mittelpunkts der Lebensführung des Minderjährigen** und des Schwerpunktes seiner sozialen Bindungen. Dies gilt insbesondere in familiärer und schulischer Hinsicht.[13] Bei **Unterbringung in einem Heim** ist § 109 SGB XII, wonach der Aufenthalt in einer Einrichtung nicht als gewöhnlicher Aufenthalt gilt, nicht entsprechend anzuwenden. Entscheidend sind vielmehr die tatsächlichen Verhältnisse, so dass das Gericht zuständig ist, in dessen Bezirk sich das Heim befindet.[14] Dasselbe gilt bei einem **Internatsaufenthalt,** wenn der Minderjährige am Ort des Internats das gesamte Schuljahr verbringt, und bei einem nicht nur vorübergehenden Aufenthalt des Minderjährigen mit seiner Mutter in einem **Frauenhaus.**[15] Zu weiteren Einzelheiten s § 99 Rn 29–32.

---

[6] BGH FamRZ 1990, 35.
[7] OLG Saarbrücken Beschl. v. 18. 8. 2004 9 UF 84/04 = Beck RS 2005, 00473 zu § 36 FGG.
[8] S. dazu z. B. BayObLG FamRZ 2000, 166; OLG Brandenburg FGPrax 2003, 129.
[9] VGH München Beschl. v. 14. 8. 2008 – 12 ZB 07.3384.
[10] OVG Münster Urteil v. 22. 3. 2006 – 12 A 2633/04.
[11] Haager Übereinkommen v. 5. 10. 1961 über die Zuständigkeit der Behörden und das anzuwendende Recht auf dem Gebiet des Schutzes von Minderjährigen; s. dazu § 99 Rn 2, 6, 12, 20 ff.
[12] BGH NJW 1981, 520.
[13] OLG Frankfurt Beschl. v. 15. 8. 2001 – 2 WF 153/01 = BeckRS 2001, 30199410; IPRspr 2001, Nr. 92, 190.
[14] OLG Dresden Rpfleger 2001, 129; OLG München IPRspr 2005, Nr. 198, 543; jew. zu § 36 FGG.
[15] OLG Hamm FamRZ 2000, 1294; NJW-RR 1997, 1165; jeweils zu § 36 FGG.

IV. Unterstützungspflicht des Jugendamtes (Abs. 2)

8 Abs. 2 bestimmt eine Unterstützungspflicht des Jugendamtes gegenüber dem Gericht bei der Durchsetzung von Entscheidungen über die Herausgabe von Personen und die Regelung des Umgangs.[16] Die Hinzuziehung eines Mitarbeiters des Jugendamts soll die Anwendung unmittelbaren Zwangs (§ 90) möglichst entbehrlich machen oder wenigstens gering halten.[17] Die Unterstützungspflicht umfasst auch die Tätigkeit des Gerichtsvollziehers, soweit dieser im Auftrag des Gerichts tätig wird.[18] Es entsprach bereits vor Inkrafttreten des FamFG üblicher Praxis, vor allem bei der Vollstreckung von **Herausgabeanordnungen** und Anordnungen über den **begleiteten Umgang**, das Jugendamt um Unterstützung zu ersuchen. Nunmehr wird eine entsprechende Unterstützungspflicht ausdrücklich festgelegt. Grenzen der Unterstützungspflicht sind § 88 Abs. 2 nicht zu entnehmen.[19]

Ordnungsmittel

89 (1) ¹Bei der Zuwiderhandlung gegen einen Vollstreckungstitel zur Herausgabe von Personen und zur Regelung des Umgangs kann das Gericht gegenüber dem Verpflichteten Ordnungsgeld und für den Fall, dass dieses nicht beigetrieben werden kann, Ordnungshaft anordnen. Verspricht die Anordnung eines Ordnungsgelds keinen Erfolg, kann das Gericht Ordnungshaft anordnen. ²Die Anordnungen ergehen durch Beschluss.

(2) Der Beschluss, der die Herausgabe der Person oder die Regelung des Umgangs anordnet, hat auf die Folgen einer Zuwiderhandlung gegen den Vollstreckungstitel hinzuweisen.

(3) ¹Das einzelne Ordnungsgeld darf den Betrag von fünfundzwanzigtausend Euro nicht übersteigen. ²Für den Vollzug der Haft gelten § 901 Satz 2, die §§ 904 bis 906, 909, 910 und 913 der Zivilprozessordnung entsprechend.

Fassung von Satz 2 ab 1. 1. 2013:[1] *Für den Vollzug der Haft gelten § 802 g Abs. 1 Satz 2 und Abs. 2, die §§ 802 h und 802 j Abs. 1 der Zivilprozessordnung entsprechend.*

(4) ¹Die Festsetzung eines Ordnungsmittels unterbleibt, wenn der Verpflichtete Gründe vorträgt, aus denen sich ergibt, dass er die Zuwiderhandlung nicht zu vertreten hat. ²Werden Gründe, aus denen sich das fehlende Vertretenmüssen ergibt, nachträglich vorgetragen, wird die Festsetzung aufgehoben.

§ 901 ZPO. Erlass eines Haftbefehls. ... In dem Haftbefehl sind der Gläubiger, der Schuldner und der Grund der Verhaftung zu bezeichnen.

§ 904 ZPO. Unzulässigkeit der Haft. Die Haft ist unstatthaft:
1. gegen Mitglieder des Bundestages, eines Landtages oder einer zweiten Kammer während der Tagung, sofern nicht die Versammlung die Vollstreckung genehmigt;
2. (weggefallen)
3. gegen den Kapitän, die Schiffsmannschaft und alle übrigen auf einem Seeschiff angestellten Personen, wenn sich das Schiff auf der Reise befindet und nicht in einem Hafen liegt.

§ 905 ZPO. Haftunterbrechung. Die Haft wird unterbrochen:
1. gegen Mitglieder des Bundestages, eines Landtages oder einer zweiten Kammer für die Dauer der Tagung, wenn die Versammlung die Freilassung verlangt;
2. (weggefallen)

§ 906 ZPO. Haftaufschub. Gegen einen Schuldner, dessen Gesundheit durch die Vollstreckung der Haft einer nahen und erheblichen Gefahr ausgesetzt wird, darf, solange dieser Zustand dauert, die Haft nicht vollstreckt werden.

§ 909 ZPO. Verhaftung. (1) Die Verhaftung des Schuldners erfolgt durch einen Gerichtsvollzieher. Dem Schuldner ist der Haftbefehl bei der Verhaftung in beglaubigter Abschrift zu übergeben.

---

[16] BT-Drs. 16/6308 S. 217.
[17] Hammer FPR 2008, 413/415.
[18] BT-Drs. 16/6308 S. 218.
[19] MünchKommZPO/Zimmermann § 88 Rn 10; a. A. Baumbach/Hartmann § 88 FamFG Rn 2.
[1] Gesetz zur Reform der Sachaufklärung in der Zwangsvollstreckung vom 29. 7. 2009 (BGBl. I S. 2258).

(2) Die Vollziehung des Haftbefehls ist unstatthaft, wenn seit dem Tage, an dem der Haftbefehl erlassen wurde, drei Jahre vergangen sind.

§ 910 ZPO. Anzeige vor der Verhaftung. Vor der Verhaftung eines Beamten, eines Geistlichen oder eines Lehrers an öffentlichen Unterrichtsanstalten ist der vorgesetzten Dienstbehörde von dem Gerichtsvollzieher Anzeige zu machen. Die Verhaftung darf erst erfolgen, nachdem die vorgesetzte Behörde für die dienstliche Vertretung des Schuldners gesorgt hat. Die Behörde ist verpflichtet, ohne Verzug die erforderlichen Anordnungen zu treffen und den Gerichtsvollzieher hiervon in Kenntnis zu setzen.

§ 913 ZPO. Haftdauer. Die Haft darf die Dauer von sechs Monaten nicht übersteigen. Nach Ablauf der sechs Monate wird der Schuldner von Amts wegen aus der Haft entlassen.

I. Normzweck und Anwendungsbereich

§ 89 knüpft an § 890 ZPO an und berechtigt das Gericht, zur Durchsetzung eines Vollstreckungstitels über die Herausgabe von Personen und/oder die Regelung des Umgangs Ordnungsmittel zu verhängen. Die Vorschrift verzichtet auf die Androhung eines Ordnungsmittels, die nach § 890 Abs. 2 ZPO der Festsetzung vorausgehen muss. Mit diesem Verzicht soll das Vollstreckungsverfahren beschleunigt und effektiver werden. Zugleich soll verhindert werden, dass sich der Streit über die Hauptsacheentscheidung in das Vollstreckungsverfahren verlagert. 1

Die Vorschrift gilt nicht für die Vollstreckung von Entscheidungen nach dem Haager Kindesentführungsübereinkommen (HKÜ), der VO (EG) Nr. 2201/2003 (Brüssel II a) und dem Europäischen Sorgerechtsübereinkommen (SorgeRÜbk), die sich nach § 44 IntFamRVG richtet.[2] Die Befugnis zur Verhängung von Ordnungsmitteln weicht von der früheren Regelung in § 33 FGG ab, wo die Verhängung von Zwangsmitteln vorgesehen war. Zur **Übergangsregelung** s. Rn 12 und § 86 Rn 6. 2

II. Voraussetzungen der Anordnung (Abs. 1, 2 und 4)

1. Allgemeine Vollstreckungsvoraussetzungen

Ordnungsmittel können bei Zuwiderhandlung gegen einen Vollstreckungstitel über die Herausgabe von Personen und die Regelung des Umgangs verhängt werden. Ein **Antrag** ist gem. § 87 Abs. 1 erforderlich, soweit es sich bei dem Erkenntnisverfahren um ein Antragsverfahren handelt, insbesondere also bei Herausgabeverfahren nach § 1632 Abs. 1 BGB (Einzelheiten s. § 87 Rn 2–9). Es muss ein **vollstreckbarer Titel** i. S. v. § 86 Abs. 1. vorliegen (s. § 86 Rn 7). Der Titel kann auch in einem einstweiligen Anordnungsverfahren ergangen sein (s. § 86 Rn 9). 3

Weiterhin muss der Titel **wirksam** sein, § 86 Abs. 2 (s. § 86 Rn 15). Klausel und Zustellung sind unter den Voraussetzungen der §§ 86 Abs. 3, 87 Abs. 2 bzw. abweichender Spezialregelungen (Einzelheiten s. § 86 Rn 17 und § 87 Rn 11) notwendig.

Der Titel benötigt einen **vollstreckbaren Inhalt**; insbesondere muss er hinreichend bestimmt sein. Erforderlich sind eine konkrete Entscheidung auf Herausgabe des Kindes oder eine konkrete Regelung des Umgangsrechts. So genügt nicht lediglich eine sich aus dem Gesetz ergebende Sorgerechtsentscheidung (z. B. §§ 1666, 1666 a, 1671, 1672, 1674, 1680, 1684, 1696 BGB); hinzukommen muss eine ausdrückliche Herausgabeanordnung (§ 1632 Abs. 1 BGB).[3] Die Vollstreckbarkeit einer Umgangsregelung setzt nicht voraus, dass diese detailliert bezeichnete Verpflichtungen der Beteiligten, insbesondere zum Bereithalten und Abholen des Kindes enthält.[4] Es reicht aus, wenn in der Entscheidung allein der Umgang geregelt wurde. Voraussetzung ist jedoch, dass der Titel genaue und erschöpfende Bestim- 4

---

[2] OLG Karlsruhe NJW-RR 2008, 1682; OLG Stuttgart Justiz 2007, 164 = BeckRS 2006, 14200; MünchKommZPO/Zimmermann § 89 FamFG Rn 2.
[3] OLG Hamm v. 9. 6. 2010 II-10 WF 92/10 = BeckRS 2011, 02975; Friederici/Kemper/Völker/Clausius § 89 Rn 6.
[4] OLG Celle FamRZ 2006, 556; Johannsen/Henrich/Büte § 89 FamFG Rn 4; a. A. OLG Saarbrücken FamRZ 2007, 2095; MünchKommZPO/Zimmermann § 89 FamFG Rn 14; Muster einer Umgangsregelung bei Giers FamRB 2007, 341/342.

mungen über Art, Ort und Zeit des Umgangs enthält.[5] Darüber hinaus müssen die Modalitäten des Umgangs wie Abholen oder Bringen, Ersatztags-, Ferien- und Urlaubsregelung bestimmt werden.[6] Das gilt auch für den betreuten Umgang. Das Gericht darf dessen Ausgestaltung nicht einem mitwirkungsbereiten Dritten, z. B. einem den betreuten Umgang organisierenden Verein überlassen.[7] Soweit in einer Entscheidung über den Umgang **Unterlassungspflichten** begründet werden erfolgt die Vollstreckung ebenfalls nach § 89.[8]

2. Prüfungsumfang des Gerichts

5   Hintergrund der in Abs. 1 S. 1 enthaltenen **Kann-Regelung** ist die Entscheidung des BVerfG zur zwangsweisen **Durchsetzung der Umgangspflicht**.[9] Danach dient ein Umgang mit dem Kind, der nur mit Zwangsmitteln gegen seinen umgangsunwilligen Elternteil durchgesetzt werden kann, in der Regel nicht dem Kindeswohl. Der durch die Zwangsmittelandrohung (nach § 33 FGG) bewirkte Eingriff in das Grundrecht des Elternteils auf Schutz der Persönlichkeit ist nicht gerechtfertigt, sofern es nicht im Einzelfall hinreichende Anhaltspunkte dafür gibt, dass ein erzwungener Umgang dem Kindeswohl dienen wird.[10] Die Kann-Regelung ermöglicht dem Gericht eine flexible Handhabung. Darüber hinaus kann von Ordnungsmitteln zur Durchsetzung einer Umgangsregelung abgesehen werden, wenn ein **Vermittlungsverfahren** anhängig ist oder das Gericht ein solches Verfahren für aussichtsreich hält (s. § 92 Rn 6).

6   Im Übrigen muss sich das Gericht jedoch bei der Ermessensausübung in erster Linie davon leiten lassen, dass die Vollstreckung der effektiven Durchsetzung einer gerichtlichen Entscheidung dient, die auch und gerade unter Berücksichtigung des Kindeswohls getroffen wurde,[11] so dass eine erneute Prüfung nicht nur nicht geboten, sondern unzulässig ist (s. Rn 7). Häufig wird sich daher das (Entschließungs-)**Ermessen auf Null reduzieren** und dem Gericht nur das Auswahlermessen verbleiben.[12] Sofern ein **Vermittlungsverfahren** anhängig ist und kein Antrag nach § 93 Abs. 1 Nr. 5 gestellt wurde, hat das Gericht im Rahmen des ihm zustehenden Ermessens zu prüfen, ob das bereits begonnene Vermittlungsverfahren voraussichtlich zu einer tragfähigen Umgangsrechtsregelung führen wird, oder ob es zur effektiven Durchsetzung der Entscheidung geboten ist, auch Vollstreckungsmaßnahmen zu ergreifen (s. § 92 Rn 7).

7   Die vor Inkrafttreten des FamFG streitige Frage, ob das Gericht im Vollstreckungsverfahren die Vereinbarkeit der Entscheidung mit dem Kindeswohl und eine ggf. gebotene Abänderung der zu vollstreckenden Entscheidung berücksichtigen musste,[13] ist für die Vollstreckung nach § 89 ohne Belang. Hier gilt der allgemeine vollstreckungsrechtliche Grundsatz, dass **das Bestehen des vollstreckbaren Anspruchs nicht mehr zu prüfen** ist, und dass nur eine Entscheidung über die Einstellung die Vollstreckung hindert.[14] Dies folgt aus § 93 Abs. 1 Nr. 4, wonach die Vollstreckung eingestellt werden kann, wenn die Abänderung einer Entscheidung beantragt wird. Es sind ein Abänderungsverfahren, das auch von Amts wegen eingeleitet werden kann,[15] und die Einstellung der Vollstreckung erforderlich, um die Verhängung von Ordnungsmitteln abzuwenden. Im Vollstreckungsverfahren selbst sind dagegen Abänderungsgründe nicht zu prüfen. Eine gesonderte Prüfung der Verein-

---

[5] OLG Köln JAmt 2011, 166 = BeckRS 2011, 01839; Palandt/Diederichsen § 1684 BGB Rn 43; Giers FamRB 2007, 341.
[6] OLG Koblenz FamRZ 2007, 1682.
[7] OLG Saarbrücken FamRZ 2010, 1922; OLG Stuttgart NJW-RR 2007, 1083.
[8] OLG Celle v. 17. 6. 2011 10 UF 125/11 = BeckRS 2011, 16742; OLG Saarbrücken NJW-RR 2011, 436; a. A. Johannsen/Henrich/Büte § 95 FamFG Rn 8; MünchKommZPO/Zimmermann § 95 FamFG Rn 11: Vollstreckung gem. § 95 Abs. 1 Nr. 4.
[9] BT-Drs. 16/9733 S. 291; Altrogge FPR 2009, 34/37.
[10] BVerfG NJW 2008, 1287.
[11] BT-Drs. 16/9733 S. 292; OLG Schleswig v. 3. 3. 2011 15 UF 2/11 = BeckRS 2011, 13741; zur sich aus der EMRK ergebenden Vollstreckungspflicht des Staates s. EGMR FamRZ 2008, 1736.
[12] Ebenso Prütting/Helms/Stößer § 89 Rn 9; Friederici/Kemper/Völker/Clausius § 89 Rn 8.
[13] Dafür OLG Karlsruhe FamRZ 2007, 1180; dagegen OLG Düsseldorf FamRZ 1993, 1349; OLG Hamm NJW-RR 1996, 324; OLG Karlsruhe FamRZ 2005, 1698.
[14] Prütting/Helms/Stößer § 89 Rn 19.
[15] OLG Hamburg FamRZ 1994, 1128.

barung von Ordnungsmitteln mit dem Kindeswohl ist nicht im Regelfall sondern nur ausnahmsweise vor deren Verhängung zur Durchsetzung einer Umgangspflicht notwendig (s. Rn 5).[16]

3. Schuldhafte Zuwiderhandlung (Abs. 1); Entlastungsbeweis (Abs. 4)

Der Verpflichtete muss dem Vollstreckungstitel schuldhaft zuwiderhandeln. Eine **Zuwi-** 8 **derhandlung** ist ein Verhalten, das im Widerspruch zu der sich aus dem Titel ergebenden Verpflichtung steht.[17] Zur Verhängung von Ordnungsmitteln bei mehrfachen Zuwiderhandlungen s. Rn 15. Eine Zuwiderhandlung liegt bei einem Herausgabetitel vor, wenn die betreffende Person nicht (freiwillig) herausgegeben wird. Einer Umgangsregelung handelt nicht nur derjenige zuwider, der den Umgang aktiv vereitelt. Vielmehr besteht die Wohlverhaltenspflicht (§ 1684 Abs. 2 BGB) auch bei der Durchführung einer Umgangsregelung. Dagegen verstößt z.B., wer es einem achtjährigen Kind freistellt, die Umgangskontakte wahrzunehmen. Denn dem einen Elternteil obliegt es, den Kontakt zum anderen Elternteil nicht allein zuzulassen, sondern positiv zu fördern.[18]

Ordnungsmittel dürfen nur nach einer **schuldhaften Zuwiderhandlung** oder Unter- 9 lassung festgesetzt werden. Das Erfordernis eines Verschuldens folgt aus dem in § 89 Abs. 4 vorgesehenen Entlastungsbeweis. Verschulden bedeutet i. S. v. § 276 Abs. 1 BGB Vorsatz oder Fahrlässigkeit.[19] Die Festsetzung unterbleibt nach **§ 89 Abs. 4,** wenn der Verpflichtete Gründe vorträgt, aus denen sich ergibt, dass er die Zuwiderhandlung nicht zu vertreten hat. Daraus folgt, dass das **Verschulden des Verpflichteten vermutet** wird.[20] Er trägt die Feststellungslast dafür, dass er die Zuwiderhandlung nicht zu vertreten hat.[21] Der Verpflichtete hat die Umstände, die die unterbliebene Durchführung der Entscheidung begründen, im Einzelnen darzustellen, da diese Umstände regelmäßig in seiner Sphäre liegen und im Nachhinein objektiven Feststellungen häufig nur schwer zugänglich sind. Das Absehen von der Anordnung eines Ordnungsmittels oder dessen nachträgliche Aufhebung (s. dazu Rn 20) kommen nur in Betracht, wenn der Verpflichtete detailliert erläutern kann, warum er an der Befolgung der gerichtlichen Anordnung gehindert war.[22]

§ 89 Abs. 4 ist den Gesetzesmaterialien zufolge insbesondere für **Umgangsverfahren** 10 geschaffen worden. Sofern sich ein Elternteil auf den der Umgangsregelung entgegenstehenden Willen des Kindes beruft, soll ein fehlendes Vertretenmüssen nur anzunehmen sein, wenn er im Einzelnen darlegt, wie er auf das Kind eingewirkt hat, um es zum Umgang zu bewegen.[23] Der Verpflichtete muss nachweisen, seiner Wohlverhaltenspflicht (§ 1684 Abs. 2 BGB) genügt zu haben. Abgesehen davon, dass dieser „Anscheinsbeweis für das Verschulden des Umgangspflichtigen" vor dem Hintergrund von Art. 6 GG nicht unbedenklich erscheint,[24] ist zu berücksichtigen, dass die vom Gesetzgeber geforderte Einwirkung auf das Kind mit dessen zunehmendem Alter an Bedeutung verliert. In der Regel ist zwar anzunehmen, dass der Widerstand kleinerer Kinder mit erzieherischen Mittel überwunden werden kann. Bei größeren Kindern ist von einer derartigen Einwirkungsmöglichkeit dagegen nicht mehr auszugehen, so dass die Durchführung des Umgangsrechts regelmäßig nicht mehr mit erzieherischen Mitteln erreicht werden kann.[25] Die **Altersgrenze** wird bei etwa neun bis elf Jahren gezogen.[26]

---

[16] Im Ergebnis ebenso MünchKommZPO/Zimmermann § 89 FamFG Rn 18.
[17] MünchKommZPO/Gruber § 890 Rn 9.
[18] OLG Saarbrücken NJW-RR 2007, 796.
[19] MünchKommZPO/Zimmermann § 89 FamFG Rn 10.
[20] KG FamRZ 2011, 588; OLG Nürnberg v. 12. 7. 2010 11 WF 522/10 = BeckRS 17287; Prütting/Helms/ Stößer § 89 Rn 14.
[21] OLG Saarbrücken ZKJ 2011, 104 = BeckRS 2010, 30592.
[22] BT-Drs. 16/6308 S. 218.
[23] BT-Drs. 16/6308 S. 218.
[24] Stellungnahme der Sachverständigen Nake für den Rechtsausschuss S. 8 f., im Internet unter http://dip21.bundestag.de/dip21/btd/16/09/097/1609733.pdf.
[25] OLG Hamm FamRZ 2008, 1371.
[26] OLG Hamm FamRZ 2008, 1371; OLG Karlsruhe FPR 2002, 103; FamRZ 2005, 1698; Prütting/Helms/ Stößer § 89 Rn 17; MünchKommZPO/Zimmermann § 89 FamFG Rn 26.

4. Belehrung (Abs. 2)

11 Die nach § 890 Abs. 2 ZPO notwendige Androhung wird für das FamFG durch die Belehrung nach Abs. 2 ersetzt, welche dem Verpflichteten deutlich machen soll, dass der Verstoß gegen den Titel die Festsetzung von Vollstreckungsmaßnahmen nach sich zieht[27] **(Warnfunktion)**. Mit der Belehrung ist darauf hinzuweisen, dass die Zuwiderhandlung gegen die mit dem Titel auferlegt Verpflichtung die Verhängung von Ordnungsmitteln zur Folge haben kann. Sie kann wie folgt lauten:

„Bei schuldhafter Zuwiderhandlung gegen die sich aus diesem Beschluss ergebende(n) Verpflichtung(en) kann das Gericht gegenüber dem Verpflichteten Ordnungsgeld bis zur Höhe von 25 000 € und für den Fall, dass dieses nicht beigetrieben werden kann, Ordnungshaft bis zu 6 Monaten anordnen. Verspricht die Anordnung eines Ordnungsgeldes keinen Erfolg, kann das Gericht Ordnungshaft bis zu 6 Monaten anordnen. Die Festsetzung eines Ordnungsmittels unterbleibt, wenn der Verpflichtete Gründe vorträgt, aus denen sich ergibt, dass er die Zuwiderhandlung nicht zu vertreten hat."

12 Die Belehrung erfolgt bereits mit dem Beschluss, der Grundlage der Vollstreckung ist. Ein Antrag ist nicht erforderlich.[28] Abs. 2 gilt auch für negative Umgangsregelungen wie einen Umgangsausschluss.[29] Die Belehrung ist in den **Tenor des Beschlusses** aufzunehmen, kann aber auch an das Ende des Beschlusses gesetzt werden, wenn sie sich deutlich von der Begründung abhebt und mit einer entsprechenden Überschrift versehen ist. Die Belehrung steht **nicht im Ermessen des Gerichts**.[30] Sie muss auch erfolgen, wenn die zu vollstreckende Entscheidung eine Umgangspflicht betrifft, die nur im Ausnahmefall gem. § 89 vollstreckt werden kann (s. Rn 5).[31] Ohne die Belehrung kann nicht vollstreckt werden.[32] Abs. 2 enthält keine Regelung darüber, ob und ggf. wie die Belehrung bei **gerichtlich gebilligten Vergleichen** (§§ 156 Abs. 2, 86 Abs. 1 Nr. 2) zu erfolgen hat. Die Warnfunktion der Belehrung ist auch bei Vergleichen nicht entbehrlich. Das Gericht muss deshalb die Belehrung in die gerichtliche Billigung aufnehmen.[33] Die **Belehrung kann nachgeholt** werden.[34] Dafür spricht, dass ohne die Belehrung ein Ordnungsmittel nicht verhängt werden darf und die Durchsetzung einer gerichtlichen Regelung nicht an einem bloßen, unschwer nachholbarem Versäumnis des Gerichts scheitern sollte. Die Nachholung ist deshalb auch noch in der Beschwerdeinstanz möglich.[35] Zur Anfechtbarkeit der Belehrung s. Rn 20. Wenn für das Erkenntnisverfahren aufgrund der **Übergangsregelung** in Art. 111 FGG-RG noch altes Recht gilt, für die Vollstreckung dagegen bereits das FamFG (s. § 86 Rn 6), ist die Belehrung auch in den nach altem Recht erlassenen Titel aufzunehmen. Falls die Belehrung fehlt, insbesondere weil der Titel vor Inkrafttreten des FamFG erlassen wurde, muss die Belehrung durch besonderen Beschluss nachgeholt und bekannt gemacht werden,[36] z. B. mit der Zustellung eines Antrages des Berechtigten auf Verhängung von Ordnungsmitteln. Die Androhung von Zwangsmitteln gem. § 33 FGG ersetzt die Belehrung nicht.[37]

---

[27] BT-Drs. 16/6308 S. 218.
[28] Friederici/Kemper/Völker/Clausius § 89 Rn 19.
[29] OLG Saarbrücken NJW-RR 2011, 436.
[30] OLG Koblenz FamRZ 2010, 1930.
[31] Altrogge FPR 2009, 34/38.
[32] OLG Brandenburg FuR 2011, 171, Prütting/Helms/Stößer § 89 Rn 10; a. A. MünchKommZPO/Zimmermann § 89 FamFG Rn 9.
[33] BVerfG FamRZ 2011, 957; Johannsen/Henrich/Büte § 89 FamFG Rn 10; vorausgesetzt von OLG Frankfurt FamRZ 2010, 917.
[34] BVerfG FamRZ 2011, 957; OLG Koblenz FF 2010, 378; Prütting/Helms/Stößer § 89 Rn 11; a. A. Johannsen/Henrich/Büte § 89 FamFG Rn 9; SBW/Schulte-Bunert § 89 Rn 10.
[35] OLG Brandenburg FuR 2011, 171; OLG Karlsruhe FGPrax 2010, 105; OLG Koblenz FamRZ 2010, 1930.
[36] OLG Hamm FGPrax 2010, 166; OLG Koblenz FamRZ 2010, 1930.
[37] OLG Brandenburg FamRZ 2011, 830; OLG Karlsruhe – 5. Senat – FGPrax 2010, 105; OLG Koblenz FamRZ 2010, 1930; ebenso OLG München FGPrax 2010, 168 zu § 35 Abs. 2 FamFG; a. A. OLG Karlsruhe – 2. Senat – FGPrax 2010, 167; MünchKommZPO/Zimmermann § 89 FamFG Rn 7.

III. Anordnung von Ordnungsmitteln

§ 89 sieht die Anordnung von **Ordnungsgeld bzw. Ordnungshaft** vor, während nach früherer Rechtslage (§ 33 FGG) Zwangsmittel festgesetzt wurden. Zwischen der Festsetzung und Anordnung besteht allein ein terminologischer und kein inhaltlicher Unterschied. Dagegen unterscheiden sich Zwangs- und Ordnungsmittel inhaltlich dadurch, dass Zwangsmittel allein dazu dienen, die geschuldete Erfüllung herbeizuführen,[38] während sich Ordnungsmittel nicht in dieser Beugefunktion erschöpfen, sondern auch **Sanktionscharakter** haben.[39] Ordnungsmittel dürfen deshalb noch festgesetzt und vollstreckt werden, wenn die geschuldete Handlung wegen Zeitablaufs nicht mehr vorgenommen werden kann.[40] Damit soll die Effektivität der Vollstreckung von Umgangs- und Herausgabeentscheidungen erhöht werden.[41] 13

Das Gericht kann entweder **Ordnungsgeld** und für den Fall, dass dieses nicht beigetrieben werden kann, Ordnungshaft anordnen oder sogleich auf **Ordnungshaft** erkennen, wenn die Anordnung eines Ordnungsgeldes keinen Erfolg verspricht. Damit ist das Ordnungsgeld nachrangig.[42] Ordnungsgeld und Ordnungshaft dürfen nicht kumulativ angeordnet werden.[43] 14

Das Ordnungsgeld beträgt nach Art. 6 Abs. 1 EGStGB mindestens 5 € und nach § 89 Abs. 3 höchstens 25 000 €. Die Ordnungshaft dauert entsprechend Art. 6 Abs. 2 EGStGB mindestens 1 Tag und darf gem. § 89 Abs. 3 S. 2 FamFG i. V. m. § 913 ZPO – bzw. ab 1. 1. 2013: § 802j ZPO[44] – nicht mehr als 6 Monate betragen. Die Höhe des Ordnungsgeldes und die Dauer der Ordnungshaft stehen im pflichtgemäßen Ermessen des Gerichts, wobei die jeweiligen Umstände des Einzelfalls zu berücksichtigen sind, so z. B. die wirtschaftlichen Verhältnisse des Verpflichteten, der Grad des Verschuldens sowie die Intensität des Verstoßes.[45]

Die Anordnung eines Ordnungsgeldes ist als nicht erfolgversprechend anzusehen, wenn dieses voraussichtlich angesichts der Einkommens- und Vermögensverhältnisse des Pflichtigen nicht beigetrieben werden kann.[46] Zur Beurteilung darf das Gericht Umstände berücksichtigen, die ihm im Rahmen der Entscheidung über die Verfahrenskostenhilfe gem. § 76 bekannt geworden sind. Ordnungshaft ist ferner angebracht, wenn sich der Pflichtige voraussichtlich selbst durch die erfolgreiche Vollstreckung von Ordnungsgeld nicht wird beeindrucken lassen. Die Verhängung von Ordnungshaft verstößt in diesem Fall nicht gegen Art. 5 EMRK.[47]

Die **wiederholte Anordnung** von Ordnungsmitteln ist zulässig.[48] Bei **mehrfacher Zuwiderhandlung** können Ordnungsmittel mehrfach verhängt werden. Mehrere Einzelakte, mit denen der Verpflichtete gegen die titulierte Verpflichtung verstößt, können auch im Zwangsvollstreckungsverfahren nicht unter dem Gesichtspunkt des Fortsetzungszusammenhangs zu einer einheitlichen Tat zusammen gefasst werden.[49] Wegen desselben Sachverhalts kann ein Ordnungsmittel nur einmal festgesetzt werden.[50] Die Anordnung kann erstmalig im Beschwerdeverfahren erfolgen.[51] 15

---

[38] OLG Celle FamRZ 2008, 1552.
[39] BGH NJW 2004, 506; OLG Karlsruhe FamRZ 2008, 2223; OLG Nürnberg v. 12. 7. 2010 11 WF 522/10 = BeckRS 2011, 17287; Prütting/Helms/Stößer § 89 Rn 4.
[40] OLG Karlsruhe FamRZ 2008, 2223 für Ordnungsmittel nach § 44 IntFamRVG; MünchKommZPO/ Zimmermann § 89 FamFG Rn 1.
[41] BT-Drs. 16/6308 S. 218.
[42] Prütting/Helms/Stößer § 89 FamFG Rn 5; Johannsen/Henrich/Büte § 89 FamFG Rn 13.
[43] Friederici/Kemper/Völker/Clausius § 89 Rn 11.
[44] Gesetz zur Reform der Sachaufklärung in der Zwangsvollstreckung vom 29. 7. 2009 (BGBl. I S. 2258).
[45] OLG Saarbrücken ZKJ 2011, 104 = BeckRS 2010, 30592.
[46] OLG Stuttgart Justiz 2007, 164 = BeckRS 2006, 14200 zu § 44 IntFamRVG.
[47] EGMR FamRZ 2008, 1317.
[48] MünchKommZPO/ Zimmermann § 89 FamFG Rn 27.
[49] Für die Vollstreckung nach der ZPO BGH NJW 2009, 921; MünchKommZPO/Gruber § 890 Rn 13; a. A für § 89 FamFG MünchKommZPO/Zimmermann § 89 FamFG Rn 27.
[50] A. A. Prütting/Helms/Stößer § 89 Rn 20: Wiederholung zulässig, wenn zuvor ergebnislos versucht wurde, die Vollstreckung der gerichtlichen Anordnung durchzusetzen.
[51] OLG Schleswig v. 3. 3. 2011 15 UF 2/11 = BeckRS 13741.

IV. Verfahren; Kosten; Vollstreckung

16 Die Anordnung der Ordnungsmittel erfolgt durch zu begründenden (§ 38 Abs. 3) **Beschluss**. Dieser ist mit einer **Rechtsbehelfsbelehrung** (§ 39) und einer **Kostenentscheidung** (§ 92 Abs. 2) zu versehen, sowie gem. § 41 Abs. 1 S. 2 dem Verpflichteten durch Zustellung bekannt zu geben. Gegenüber dem Berechtigten genügt eine formlose Bekanntgabe. Die Zustellung an den Berechtigten ist im Hinblick auf § 87 Abs. 4 erforderlich, wenn seinem Antrag auf Anordnung nicht entsprochen wurde, § 87 Abs. 1 S. 2. Eine Vollstreckungsklausel ist nicht notwendig, weil der Beschluss bereits eine Vollstreckungsmaßnahme und kein Vollstreckungstitel ist, § 86 Abs. 1 und 3.[52]

17 Wegen des Verfahrens und der Kosten wird im Übrigen auf § 92 verwiesen.

18 Die **Vollstreckung des Ordnungsgeldes** erfolgt gem. § 1 Abs. 1 Nr. 3 JBeitrO i. V. m. der Einforderungs- und Beitreibungsanordnung (EBAO) vom 1. 4. 2001[53] von Amts wegen. Vollstreckungsbehörde i. S. v. § 2 JBeitrO ist gem. den §§ 1 Abs. 1 Nr. 3, 2 Nr. 2 EBAO der Vorsitzende des nach § 88 zuständigen Familiengerichts (s. § 88 Rn 4),[54] wobei die Durchführung gem. § 31 Abs. 3 RPflG dem Rechtspfleger obliegt.

19 Hinsichtlich der **Vollstreckung der Ordnungshaft** verweist § 89 Abs. 3 auf die §§ 901 S. 2, 904, 905, 906, 909, 910 und 913 ZPO bzw. ab dem 1. 1. 2013[55] auf die § 802g Abs. 1 Satz 2 und Abs. 2, die §§ 802h und 802j Abs. 1 ZPO. Das Gericht kann einen Haftbefehl erlassen (§ 901 ZPO, ab 1. 1. 2013: § 802g Abs. 1 ZPO) und den Gerichtsvollzieher mit der Verhaftung beauftragen (§ 909 ZPO, ab 1. 1. 2013: § 802g Abs. 2 ZPO). Der Auftrag kann nur vom Gericht und nicht vom Herausgabe- oder Umgangsberechtigten erteilt werden.[56] Der Gerichtsvollzieher ist befugt, erforderlichenfalls die Unterstützung der polizeilichen Vollzugsorgane nachzusuchen (§ 87 Abs. 3 S. 1).

V. Rechtsbehelfe, Aufhebung

20 Gegen die Anordnung von Ordnungsmitteln ist allein die **sofortige Beschwerde** (§ 87 Abs. 4 ZPO) zulässig.[57] Der Warnhinweis gem. Abs. 2 ist nicht anfechtbar, weil es sich dabei nicht um einen Beschluss i. S. v. § 87 Abs. 4 handelt.[58] Die sofortige Beschwerde ist dagegen eröffnet, wenn das Gericht die Erteilung des Hinweises durch Beschluss ablehnt.[59] Gegen Maßnahmen bei der Vollstreckung von Ordnungsmitteln kann Erinnerung (§ 766 ZPO) eingelegt werden (Einzelheiten s. § 87 Rn 15). Die **Aufhebung** des Ordnungsmittels kann gem. § 89 Abs. 4 S. 2, auf eine erfolgreiche sofortige Beschwerde hin oder in den Fällen des § 93 Abs. 2 (s. § 93 Rn 15) erfolgen. Abgesehen davon ist das Gericht jedoch nicht berechtigt, von sich aus oder auf Antrag einmal festgesetzte Ordnungsmittel aufzuheben.[60] Zwar konnten Zwangsmitteln gem. § 33 FGG jederzeit aufgehoben werden. Die Befugnis des Gerichts beruhte auf § 18 FGG.[61] Eine entsprechende Vorschrift ist für das Vollstreckungsverfahren nach dem FamFG nicht mehr vorgesehen. § 48 Abs. 1 ist nicht anwendbar, da die Verhängung von Ordnungsmitteln keine Endentscheidung darstellt.[62]

---

[52] MünchKommZPO/Wolfsteiner § 724 Rn 10; Hk-ZV/Giers § 724 Rn 3 jeweils für Beschlüsse im Rahmen der Zwangsvollstreckung nach der ZPO.
[53] BAnz 2001, 9164; zu finden auch im Internet unter http://vwvbund.juris.de/bsvwvbund_01042001_RB22.htm.
[54] MünchKommZPO/Gruber § 890 Rn 38; Thomas/Putzo/Seiler § 890 Rn 32; Zöller/Stöber § 890 Rn 23; jew. für die Vollstreckung gem. § 890 ZPO.
[55] Gesetz zur Reform der Sachaufklärung in der Zwangsvollstreckung vom 29. 7. 2009 (BGBl. I S. 2258).
[56] MünchKommZPO/Zimmermann § 89 FamFG Rn 31.
[57] MünchKommZPO/Zimmermann § 89 FamFG Rn 32; a.A. Friederici/Kemper/Völker/Clausius § 89 Rn 23: Beschwerde nach §§ 58ff.
[58] OLG Frankfurt FamRZ 2010, 917; OLG Köln FamRZ 2011, 574; OLG Nürnberg v. 28. 4. 2011 7 UF 487/11 = BeckRS 2011, 10442; MünchKommZPO/Zimmermann § 89 FamFG Rn 32.
[59] BVerfG FamRZ 2011, 957; Borth FamRZ 2010, 918; a. A. OLG Frankfurt FamRZ 2010, 917.
[60] Thomas/Putzo/Seiler § 890 Rn 35 für die Vollstreckung gem. § 890 ZPO.
[61] Jansen/von König § 33 Rn 54.
[62] BT-Drs. 16/6308 S. 195.

Anwendung unmittelbaren Zwanges

90 (1) Das Gericht kann durch ausdrücklichen Beschluss zur Vollstreckung unmittelbaren Zwang anordnen, wenn
1. die Festsetzung von Ordnungsmitteln erfolglos geblieben ist;
2. die Festsetzung von Ordnungsmitteln keinen Erfolg verspricht;
3. eine alsbaldige Vollstreckung der Entscheidung unbedingt geboten ist.

(2) ¹Anwendung unmittelbaren Zwanges gegen ein Kind darf nicht zugelassen werden, wenn das Kind herausgegeben werden soll, um das Umgangsrecht auszuüben. ²Im Übrigen darf unmittelbarer Zwang gegen ein Kind nur zugelassen werden, wenn dies unter Berücksichtigung des Kindeswohls gerechtfertigt ist und eine Durchsetzung der Verpflichtung mit milderen Mitteln nicht möglich ist.

I. Normzweck und Anwendungsbereich

§ 90 ergänzt § 89 und betrifft ausschließlich die Durchsetzung eines Vollstreckungstitels zur Herausgabe von Personen und/oder zur Regelung des Umgangs. Der Wortlaut der Vorschrift enthält keine Beschränkung auf das Herausgabeverfahren. Die Regelung in Abs. 1 Nr. 1 bis 3 ist ein Ausprägung des Verhältnismäßigkeitsgrundsatzes. Das Gericht wird ermächtigt, im Rahmen der Vollstreckung unmittelbaren Zwang anzuordnen. Die Vollstreckung von Entscheidungen nach dem Haager Kindesentführungsübereinkommen (HKÜ), der VO (EG) Nr. 2201/2003 (Brüssel II a) und dem Europäischen Sorgerechtsübereinkommen (SorgeRÜbk) richtet sich nicht nach § 90, sondern nach § 44 IntFamRVG.[1] Zur **Übergangsregelung** § 86 Rn 6.

II. Unmittelbarer Zwang

Unmittelbarer Zwang ist nach der **Legaldefinition** in § 2 Abs. 1 und 2 UZwG die Einwirkung auf Personen oder Sachen durch körperliche Gewalt, ihre Hilfsmittel und durch Waffen; körperliche Gewalt wird definiert als jede unmittelbare körperliche Einwirkung auf Personen oder Sachen. Auch geringfügige Beeinträchtigungen, wie ein kurzfristiges Festhalten oder das Hochheben eines Kleinkindes, fallen darunter.[2]

III. Voraussetzungen (Abs. 1)

1. Verhältnismäßigkeitsgrundsatz

Ungeschriebene Voraussetzung der Anwendung unmittelbaren Zwangs ist die Beachtung des Verhältnismäßigkeitsgrundsatzes. Nach diesem Grundsatz ist bei der Wahl von Zwangsmaßnahmen zunächst das **mildeste Mittel** einzusetzen; erst wenn der Einsatz erfolglos war oder aus anderen Gründen keinen Erfolg verspricht, können härtere Zwangsmaßnahmen angewandt werden. Bei der Vollstreckung nach §§ 89, 90 ist daher grundsätzlich zunächst das zur Durchsetzung geeignete Ordnungsmittel anzuordnen.[3] Erst wenn diese Maßnahme erfolglos geblieben ist oder keinen Erfolg verspricht, kommt die Anwendung unmittelbaren Zwangs in Betracht.[4] Bei der Vollstreckung von **Umgangsregelungen** ist unmittelbarer Zwang, soweit er sich nicht gegen das Kind richtet (§ 90 Abs. 2 S. 1) zwar grundsätzlich möglich, im Regelfall aber nicht sinnvoll und deshalb nicht anzuordnen, weil er nicht als geeignet erscheint, einen nicht nur einmaligen, sondern dauerhaften Umgang zu gewährleisten.[5] Bei der Vollstreckung von **Herausgabeanordnungen** kann auch unmittelbarer Zwang angebracht sein, jedoch soll das Gericht, sofern nicht Gefahr im Verzug vorliegt, behutsam vorgehen. Empfehlenswert ist es, zunächst das Gespräch mit den Beteiligten und

---

[1] OLG Karlsruhe NJW-RR 2008, 1682; OLG Stuttgart Justiz 2007, 164 = BeckRS 2006, 14200; MünchKommZPO/Zimmermann § 89 FamFG Rn 1.
[2] Hammer FPR 2008, 413/415.
[3] Prütting/Helms/Stößer § 89 Rn 2.
[4] OLG Brandenburg NJW-RR 2001, 1089; Prütting/Helms/Stößer § 90 Rn 2.
[5] Giers FamRB 2007, 341/344.

ggf. auch der herauszugebenden Person zu suchen sowie das Jugendamt um Unterstützung zu bitten.[6]

2. Die Tatbestände im Einzelnen

4   Ausgehend davon, dass zuerst das mildeste Mittel zu ergreifen ist, kann unmittelbarer Zwang angeordnet werden, wenn die **Festsetzung von Ordnungsmitteln erfolglos** geblieben ist (Nr. 1). Das Gesetz verwendet hier im Gegensatz zu § 89, wo die Anordnung von Ordnungsmitteln vorgesehen ist, den in § 33 FGG bzw. § 890 ZPO benutzten Begriff der Festsetzung. Dieser Begriff steht hier für Anordnung und Vollstreckung. Erst wenn die Vollstreckung nicht möglich ist oder sich der Verpflichtete davon nicht beeindrucken lässt, kann unmittelbarer Zwang angeordnet werden. Dies ist ferner möglich, wenn die **Festsetzung von Ordnungsmitteln keinen Erfolg verspricht** (Nr. 2). Nur falls das Gericht, insbesondere aus dem Erkenntnisverfahren, den begründeten Eindruck gewonnen hat, dass der Verpflichtete trotz Verhängung von Ordnungsmitteln der Anordnung zuwider handeln wird, darf direkt unmittelbarer Zwang angeordnet werden. Ausreichend ist eine beharrliche Weigerung, der Herausgabeanordnung zu folgen.[7] Letztlich kann unmittelbarer Zwang angeordnet werden, wenn die **alsbaldige Vollstreckung der Entscheidung unbedingt geboten** ist (Nr. 3). Davon ist auszugehen, wenn die mit einem vorübergehenden Absehen von der Vollstreckung verbundenen Nachteile und Beeinträchtigungen größer sind als diejenigen, die die Anwendung unmittelbaren Zwangs mit sich bringt. Unmittelbarer Zwang ist insbesondere geboten, wenn Gefahr für das herauszugebende Kind droht, z. B. wenn ein Mädchen nach dem erklärten Willen des herausgabepflichtigen Elternteils zur Beschneidung ins Ausland verbracht werden soll. In diesem Fall muss oberstes Ziel die effektive Gefahrenabwehr für das Kind sein.[8] Auch im Übrigen kann nach dem Rechtsgedanken der früheren Regelung in § 33 Abs. 3 S. 4 FGG die Notwendigkeit, später ggf. mit ungewissem Ergebnis im Ausland vollstrecken zu müssen, die sofortige Anwendung unmittelbaren Zwangs rechtfertigen.

3. Ermessensentscheidung

5   Das Gericht entscheidet über die Anordnung unmittelbaren Zwangs auch in Antragsverfahren ohne besonderen Antrag **von Amts wegen.** In Antragsverfahren (s. § 87 Rn 7) bedarf es allerdings eines allgemein auf die Durchführung der Vollstreckung gerichteten Antrages (s. § 87 Rn 9). Wird die Anordnung unmittelbaren Zwangs ausdrücklich beantragt, vom Gericht jedoch nicht angeordnet, ist der Antragsteller nach § 87 Abs. 1 S. 2 zu bescheiden. Abs. 1 enthält eine **Kann-Regelung.** Bei seiner Ermessensentscheidung muss das Gericht prüfen, ob die Anwendung unmittelbaren Zwangs zur Durchsetzung der Entscheidung **geeignet und geboten** ist. Davon ist bei Umgangsregelungen, unabhängig von der grundsätzlichen Unzulässigkeit unmittelbaren Zwangs gegen das Kind (§ 90 Abs. 2 S. 1) nur im Ausnahmefall auszugehen (s. Rn 3). Herausgabeanordnungen sind dagegen grundsätzlich auch durch Anwendung unmittelbaren Zwangs durchzusetzen.[9] Deshalb wird sich das Ermessen auf Null reduzieren, wenn nicht besondere Gründe gegen den unmittelbaren Zwang sprechen. Eine **Überprüfung der Ausgangsentscheidung** findet, wie bei der Anordnung von Ordnungsmitteln (s. § 89 Rn 7), nicht statt. Es ist ferner nicht zu prüfen, wie ein künftiges Sorgerechtsverfahren ausgehen wird.[10]

4. Entscheidung des Gerichts

6   Für die Anordnung einer Gewaltanwendung bedarf es eines **ausdrücklichen Beschlusses** des Gerichts (§ 90 Abs. 1). Auf diese Weise sollen das Gericht zu **wiederholter**

---

[6] BT-Drs. 16/6308 S. 218.
[7] OLG Brandenburg v. 22. 9. 2006 – 15 UF 189/06 = BeckRS 2010, 27969 zu § 44 IntFamRVG.
[8] Dazu BGH NJW 2005, 672.
[9] S. auch EGMR FamRZ 2008, 1317; FamRZ 2008, 1736 im Hinblick auf die EMRK.
[10] OLG Brandenburg v. 22. 9. 2006 – 15 UF 189/06 = BeckRS 2010, 27969 für die Rückführung nach dem HKÜ.

Prüfung veranlasst und übereilte Entscheidungen vermieden werden.[11] Eine Verbindung mit der zu vollstreckenden Grundentscheidung ist nur ausnahmsweise zulässig, wenn die Voraussetzungen des § 90 Abs. 1 Nr. 3 vorliegen.[12] In allen anderen Fällen ist in einem gesonderten Beschluss die Prüfung geboten, ob im konkreten Fall unmittelbarer Zwang anzuwenden ist. Zur Anhörungspflicht s. § 92 Rn 3.

In den Tenor des Beschlusses ist aufzunehmen, dass und zu welchem Zweck unmittelbarer Zwang angeordnet wird, und dass der Gerichtsvollzieher mit der Durchführung beauftragt wird. Es reicht nicht aus, dass die Gewaltanwendung in den Gründen eines Herausgabebeschlusses genehmigt wird.[13] Ferner können die Modalitäten der Durchführung geregelt werden, z. B. die Hinzuziehung des Jugendamts nach § 88 Abs. 2 oder eines Arztes bei Gesundheitsgefahr. Der Beschluss ist zu **begründen** (§ 38 Abs. 3) und mit einer **Rechtsbehelfsbelehrung** zu versehen (§ 39).[14] Eine Kostenentscheidung ist im Hinblick auf die anfallenden Kosten des Gerichtsvollziehers (s. § 92 Rn 5) gem. § 92 Abs. 2 notwendig. Einer Vollstreckungsklausel bedarf es nicht, weil der Beschluss kein Vollstreckungstitel nach § 86 Abs. 1 und 3 ist, sondern bereits eine Vollstreckungsmaßnahme (s. § 89 Rn 16). Die **Bekanntgabe** erfolgt gem. § 41 Abs. 1 S. 2 durch Zustellung, die mit dem Beginn der Vollstreckung erfolgen kann und sollte. Die §§ 213 Nr. 1 S. 3, 213 a Nr. 2 S. 3 GVGA in der seit 2003 geltenden Fassung, wonach die besondere Verfügung lediglich vorzuzeigen und auf Verlangen eine Abschrift zu erteilen ist, sind nicht mehr anzuwenden. Im Übrigen gelten für das Verfahren § 92 und für die Rechtsbehelfe § 87 Abs. 4. Zu den Kosten s. § 92 Rn 5.

5. Durchführung

Den Auftrag zu Anwendung unmittelbaren Zwangs erteilt nicht der Begünstigte, sondern das Gericht.[15] Zur Durchführung ist der **Gerichtsvollzieher** befugt, der seinerseits die polizeilichen Vollzugsorgane um Unterstützung ersuchen kann, § 87 Abs. 3. Gerichtswachtmeister, deren Zuständigkeit für die Vollstreckung von gerichtlichen Verfügungen nach § 33 FGG in einfachen Fällen angenommen wurde,[16] sind mit der Anwendung unmittelbaren Zwanges allenfalls dann zu beauftragen, wenn die Personenherausgabe im Gericht durchgeführt werden soll. Die **§§ 213, 213 a GVGA** in der seit 2003 geltenden Fassung sind bis zu einer Neuregelung nur noch insoweit anwendbar, als sie mit §§ 87 Abs. 3, 90 vereinbar sind (s. auch Rn 7). Problematisch erscheint insbesondere die Befugnis des Gerichtsvollziehers gem. § 213 a Nr. 1 S. 3 GVGA, eine Kindesherausgabe in entsprechender Anwendung von § 113 GVGA, der Ausführungsvorschrift zu § 765 a Abs. 2 ZPO, aufzuschieben. Die Einstellung der Vollstreckung, welche im FGG nicht geregelt war, steht nach § 93 an und für sich allein dem Gericht zu. Dennoch sprechen gute Gründe dafür, **§ 765 a Abs. 2 ZPO entsprechend** anzuwenden. Wenn z. B. ein Beteiligter ernsthaft mit Suizid droht oder mit der Anwendung unmittelbaren Zwangs aus anderen Gründen eine Gefahr verbunden ist, die sich bei Erlass des anordnenden Beschlusses nicht absehen ließ, muss ein Vollstreckungsaufschub vor Ort durch das Vollstreckungsorgan möglich sein.[17] Sofern sich das Gericht allerdings mit den Gründen bereits im anordnenden Beschluss auseinandergesetzt hat, indem es z. B. eine ernsthafte Suizidgefahr bei ausreichenden Vorkehrungen zur ärztlichen Betreuung nicht für gegeben erachtete und entsprechende Vorkehrungen anordnete, darf der Gerichtsvollzieher nicht diese Entscheidung durch seine eigene ersetzen.

---

[11] Jansen/von König § 33 Rn 64.
[12] Haußleiter/Gomille § 90 Rn 5; weitergehend MünchKommZPO/Zimmermann § 90 FamFG Rn 5: Stufenweises Vorgehen nicht vorgeschrieben.
[13] Ebenso Musielak/Borth § 90 Rn 3: ausdrücklicher Beschluss; Haußleiter/Gomille § 90 Rn 6; a.A. MünchKommZPO/Zimmermann § 90 FamFG Rn 6.
[14] MünchKommZPO/Zimmermann § 90 FamFG Rn 12.
[15] OLG Hamburg FamRZ 1994, 1128 zu § 33 FGG; MünchKommZPO/Zimmermann § 90 FamFG Rn 19; Johannsen/Henrich/Büte § 90 FamFG Rn 11.
[16] Zimmermann 15. A. § 33 FGG Rn 40; Jansen/von König § 33 Rn 65.
[17] Ebenso im Ergebnis MünchKommZPO/Zimmermann § 90 FamFG Rn 18.

IV. Gewalt gegen das Kind (Abs. 2)

9   Da der Gesetzgeber in § 90 Abs. 2 die Gewaltanwendung gegen ein Kind ausdrücklich vorsieht und deren Voraussetzung regelt, ist grundsätzlich von der Zulässigkeit auszugehen.[18] Zu einer evtl. Altersgrenze s. Rn 10. Angesichts der hinter § 90 stehenden gesetzgeberischen Intention, die Anwendung unmittelbaren Zwangs auf eine neue, im Vergleich zu § 33 Abs. 2 FGG rechtsstaatlichen Anforderungen besser genügende Grundlage zu stellen, kann ferner nicht zweifelhaft sein, dass nunmehr **§ 90 die einzige und ausreichende Ermächtigungsgrundlage** darstellt.

10 Die **Voraussetzungen,** unter denen die Anwendung unmittelbaren Zwangs gegen ein Kind zulässig ist, sind trotz der Bemühungen des Gesetzgebers um eine im Vergleich zu § 33 Abs. 2 FGG verbesserte Regelung immer noch nicht für die Praxis brauchbar definiert. Wie schon nach § 33 Abs. 2 S. 2 FGG darf unmittelbarer Zwang nach Abs. 2 S. 1 gegen ein Kind nicht zugelassen werden, wenn das Kind herausgegeben werden soll, um das Umgangsrecht auszuüben. Darüber hinaus begnügt sich das Gesetz mit einer Leerformel. Zunächst darf kein milderes Mittel zur Verfügung stehen. Das folgt bereits aus dem immer zu berücksichtigenden **Verhältnismäßigkeitsgrundsatz** (s. Rn 3). Im Übrigen ist das **Kindeswohl** entscheidender Gesichtspunkt. Zu beachten ist allerdings, dass dieses auch schon der entscheidende Gesichtspunkt bei der zu vollstreckenden Grundentscheidung ist. Danach ist davon auszugehen, dass die Herausgabe des Kindes seinem Wohl dient. Im Rahmen des Abs. 2 S. 2 ist nur noch abzuwägen, ob die gegen den Widerstand des Kindes vorgenommene Herausnahme mit geringeren oder größeren Beeinträchtigungen verbunden ist als sein Verbleib bei der herausgabepflichtigen Person. Dabei spielt das **Alter des Kindes** eine entscheidende Rolle, was entgegen den Gesetzesmaterialien[19] nicht ausdrücklich in das Gesetz aufgenommen wurde. Je älter das Kind ist, desto größere Bedeutung kommt seinem eigenen Willen zu.[20] Mit zunehmendem Alter wird also der der Herausgabe entgegenstehende Wille beachtlicher. Die Altersgrenze, ab welcher i. d. R. eine mit Gewalt gegen das Kind verbundene Herausnahme nicht mehr erfolgen sollte, kann in Anlehnung an §§ 60, 159, 164 bei 14 Jahren gezogen werden.[21] Jenseits dieser Altersgrenze darf unmittelbarer Zwang nur noch in Ausnahmefällen angeordnet werden, insbesondere bei akuter Gefährdung des Kindes, z. B. durch eine inzestuöse Beziehung oder die beabsichtigte Beschneidung eines Mädchens (s. Rn 4).

Richterlicher Durchsuchungsbeschluss

91
(1) ¹**Die Wohnung des Verpflichteten darf ohne dessen Einwilligung nur aufgrund eines richterlichen Beschlusses durchsucht werden.** ²**Dies gilt nicht, wenn der Erlass des Beschlusses den Erfolg der Durchsuchung gefährden würde.**

(2) **Auf die Vollstreckung eines Haftbefehls nach § 94 in Verbindung mit § 901 – Fassung ab 1. 1. 2013: § 802 g –[1] der Zivilprozessordnung ist Absatz 1 nicht anzuwenden.**

(3) ¹**Willigt der Verpflichtete in die Durchsuchung ein oder ist ein Beschluss gegen ihn nach Absatz 1 Satz 1 ergangen oder nach Absatz 1 Satz 2 entbehrlich, haben Personen, die Mitgewahrsam an der Wohnung des Verpflichteten haben, die Durchsuchung zu dulden.** ²**Unbillige Härten gegenüber Mitgewahrsamsinhabern sind zu vermeiden.**

(4) **Der Beschluss nach Absatz 1 ist bei der Vollstreckung vorzulegen.**

I. Normzweck und Anwendungsbereich

1   § 91 schafft eine **ausdrückliche Ermächtigungsgrundlage für den Erlass der Durchsuchungsanordnung.** Verfassungsrechtliche Bedenken bleiben dennoch, weil das

---
[18] Johannsen/Henrich/Büte § 90 FamFG Rn 8.
[19] BT-Drs. 16/6308 Rn 218.
[20] BVerfG FamRZ 2008, 1737.
[21] Prütting/Helms/Stößer § 89 Rn 5; Giers FGPrax 2006, 195/196.
[1] Gesetz zur Reform der Sachaufklärung in der Zwangsvollstreckung vom 29. 7. 2009 (BGBl. I S. 2258).

FamFG im Unterschied zu den Polizeigesetzen (z. B. § 70 BPolG) nicht das Zitiergebot (Art. 13 Abs. 2, 19 Abs. 1 GG) beachtet.[2] Die § 758 a ZPO nachgebildete Vorschrift gilt ausschließlich für Verfahren über die Herausgabe von Personen und die Regelung des Umgangs. Soweit § 95 für die Vollstreckung wegen einer Geldforderung, zur Herausgabe einer beweglichen oder unbeweglichen Sache, zur Vornahme einer vertretbaren oder nicht vertretbaren Handlung, zur Erzwingen von Duldungen und Unterlassungen oder zur Abgabe einer Willenserklärung sowie § 120 für die Vollstreckung in Ehesachen und Familienstreitsachen auf die Vorschriften der ZPO verweisen, ist § 758 a ZPO anwendbar. Zur Übergangsregelung s. § 86 Rn 6; zu den Kosten s. § 92 Rn 5.

II. Durchsuchung der Wohnung (Abs. 1)

Eine **Durchsuchung** besteht in einem ziel- und zweckgerichteten Suchen staatlicher 2 Organe nach Personen oder Sachen oder zur Ermittlung des Sachverhalts, um etwas aufzuspüren, was der Inhaber der Wohnung von sich aus nicht offenlegen oder herausgeben will.[3] Wenn bei der Vollstreckung einer Herausgabeanordnung in einer Wohnung diese gegen den Willen des Inhabers betreten wird, sind die Voraussetzungen einer Durchsuchung gegeben. Ein Durchsuchungsbeschluss ist daher grundsätzlich für die Vollstreckung von Herausgabeanordnungen in der Wohnung des Verpflichteten ohne dessen Einwilligung notwendig.[4] Der Begriff der **Wohnung** ist weit auszulegen. Dazu gehören alle Räumlichkeiten, die den häuslichen oder beruflichen Zwecken ihres Inhabers dienen, also auch Geschäftsräume.[5] Adressat des Durchsuchungsbeschlusses ist der **Verpflichtete**. Zur Duldung der Durchsuchung durch Dritte s. Rn 6.

III. Entbehrlichkeit eines Durchsuchungsbeschlusses (Abs. 1 und 2)

Eine richterliche Durchsuchungsgenehmigung ist nach Abs. 1 S. 1 im Fall der **Einwilligung** 3 entbehrlich. Diese erteilt der Verpflichtete, in seiner Abwesenheit jeder zur Familie gehörende Hausgenosse.[6] Nach § 91 Abs. 1 S. 2 bedarf es keiner richterlichen Genehmigung, wenn der Erlass des Beschlusses den **Erfolg der Durchsuchung gefährden** würde. Eine Gefährdung liegt vor, wenn anzunehmen ist, dass der Verpflichtete eine herauszugebende Person bis zum Erlass des Beschlusses wegschaffen würde.[7] Letztlich bedarf es keiner Durchsuchungsgenehmigung zur **Vollstreckung eines Haftbefehls,** § 91 Abs. 2. Das Gesetz nennt hier nur den in der Praxis selten vorkommenden Haftbefehl gem. § 94 FamFG i. V. m. § 901 ZPO bzw. ab 1. 1. 2013 § 802 g ZPO.[8] Darunter fällt aber auch der Haftbefehl gem. § 89 Abs. 1, Abs. 3 S. 2 FamFG i. V. m. § 901 S. 2 ZPO bzw. ab 1. 1. 2013 § 802 g S. 2 ZPO.[9]

IV. Verfahren

Die Entscheidung über die Durchsuchung erfolgt wie diejenige über die Anwendung 4 unmittelbaren Zwangs von Amts wegen. Das gilt auch für Antragsverfahren.[10] In Antragsverfahren (s. § 87 Rn 7) bedarf es allerdings eines allgemein auf die Durchführung der Vollstreckung gerichteten Antrages (s. § 87 Rn 9). Die sachliche und örtliche Zuständigkeit folgt aus § 88 Abs. 1. Funktionell zuständig ist der Richter. Dieser entscheidet durch einen **Beschluss,** in dem die Adresse der Wohnung und die vorzunehmende Vollstreckungshandlung genau zu bezeichnen sind. Zur Anhörung s. § 92 Rn 3. Der Beschluss bedarf einer **Begründung** (§ 38 Abs. 3), einer **Rechtsbehelfsbelehrung** (§ 39) und einer Kos-

---

[2] Hammer FPR 2008, 413/417.
[3] BVerfG NJW 1987, 2499.
[4] Harnacke DGVZ 2006, 17/20.
[5] MünchKommZPO/Heßler § 758 a Rn 4.
[6] MünchKommZPO/Heßler § 758 a Rn 30.
[7] Thomas/Putzo/Seiler § 758 a Rn 10 zur Vollstreckung der Herausgabe von Sachen.
[8] Gesetz zur Reform der Sachaufklärung in der Zwangsvollstreckung vom 29. 7. 2009 (BGBl. I S. 2258).
[9] Johannsen/Henrich/Büte § 91 FamFG Rn 3; Haußleiter/Gomille § 91 Rn 7.
[10] SBW/Schulte-Bunert § 91 Rn 8; a. A. Prütting/Helms/Stößer § 91 Rn 4; MünchKommZPO/Zimmermann § 91 FamFG Rn 5.

tenentscheidung (§ 92 Abs. 2) im Hinblick auf die anfallenden Kosten des Gerichtsvollziehers (s. § 92 Rn 5). Eine Vollstreckungsklausel ist nicht notwendig, weil der Beschluss kein Vollstreckungstitel gem. § 86 Abs. 1 und 3 ist, sondern bereits eine Vollstreckungsmaßnahme (s. § 89 Rn 16). Die **Bekanntgabe** erfolgt gem. § 41 Abs. 1 S. 2 durch Zustellung. Die **Vorlage** des Beschlusses (§ 91 Abs. 4) erlaubt die Durchsuchung vor Zustellung.[11] Für das Verfahren gilt im übrigen § 92. Zulässiger Rechtsbehelf ist die sofortige Beschwerde, § 87 Abs. 4. Nach Abschluss der Durchsuchung kann sofortige Beschwerde nicht mehr eingelegt werden. In diesem Fall kommt ein Antrag auf Feststellung in Betracht, dass der Betroffene in seinen Rechten verletzt wurde, § 62 Abs. 1, Abs. Nr. 1. Gegenüber dem Vorgehen – oder der Untätigkeit – des Gerichtsvollziehers kann Erinnerung, § 766 ZPO, eingelegt werden.

5   Nach § 758 a ZPO ist ein **vorsorglicher Durchsuchungsbeschluss** nicht zulässig. Der Schuldner muss zunächst die Durchsuchung verweigert haben, andernfalls fehlt es am Rechtsschutzbedürfnis für einen Antrag des Gläubigers.[12] Derartige Bedenken bestehen im Amtsverfahren nach § 91 nicht. Wenn das Gericht den Eindruck gewonnen hat, der Verpflichtete werde den mit der Vollstreckung der Herausgabeanordnung beauftragten Gerichtsvollzieher nicht einlassen, kann der Durchsuchungsbeschluss ohne vorherige Zutrittsverweigerung erlassen werden, um eine Verfahrensverzögerung zu vermeiden.[13]

V. Duldungspflicht Dritter (Abs. 3)

6   Bei Einwilligung in die Durchsuchung, Vorliegen oder Entbehrlichkeit (Abs. 1 S. 2) eines Durchsuchungsbeschlusses sind Personen, die Mitgewahrsam an der Wohnung haben, zur Duldung der Durchsuchung verpflichtet. Das gilt entsprechend für Personen, die die Wohnung mitbewohnen, ohne Mitgewahrsam zu begründen.[14] Ob nach § 758 a Abs. 3 ZPO darüber hinaus auf einen Durchsuchungsbeschluss gegen den der **Durchsuchung widersprechenden Dritten** verzichtet kann, und ob auf der Grundlage des gegen den Verpflichteten erlassenen Beschlusses auch Räume, die **Dritten allein vorbehalten** sind, durchsucht werden dürfen,[15] oder ob es darüber hinaus einer gegen den Dritten gerichteten Durchsuchungsanordnung bedarf,[16] ist streitig. Für § 91 ist der erstgenannten Auffassung zuzustimmen. Es geht hier nicht um die Suche nach pfändbaren oder herauszugebenden Sachen, sondern nach Personen und zwar i. d. R. nach Kindern. Schon die Grundentscheidung setzt voraus, dass die Herausgabe dem Kindeswohl dient. Gegenüber diesem Zweck müssen Interessen von Dritten, in deren Räumen sich das Kind aufhält, zurücktreten. **Unbillige Härten,** die z. B. bei einer Erkrankung des Dritten vorliegen können,[17] sind zu vermeiden. Vermeiden ist dabei im Sinne von Rücksichtnehmen, nicht im Sinne eines Abstandnehmens von der Vollstreckung zu verstehen.

7   Der Gerichtsvollzieher ist nach § 87 Abs. 3 S. 2 FamFG i. V. m. § 758 Abs. 1 ZPO ferner befugt, vom Schuldner nicht **bewohnte Wohnräume eines Dritten zu betreten,** wenn konkrete Anhaltspunkte dafür vorliegen, dass sich der Schuldner dort mit der herauszugebenden Person aufhält.[18] Bei Widerstand des Dritten bedarf es theoretisch eines Durchsuchungsbeschlusses. Regelmäßig werden jedoch die Voraussetzungen des § 91 Abs. 1 S. 2 vorliegen, wenn sich der Verpflichtete mit der herauszugebenden Person in der Wohnung eines Dritten verbirgt.

---

[11] Thomas/Putzo/Seiler § 758 a Rn 5 zu § 758 a ZPO.
[12] Zöller/Stöber § 758 a Rn 19.
[13] MünchKommZPO/Zimmermann § 91 FamFG Rn 6; a. A. Johannsen/Henrich/Büte § 91 FamFG Rn 4; SBW/Schulte-Bunert § 91 Rn 9; BeckOK/Sieghörtner § 91 Rn 4; Haußleiter/Gomille § 91 Rn 9.
[14] Thomas/Putzo/Seiler § 758 a Rn 21.
[15] Dafür OVG Bautzen NVwZ 1999, 891; MünchKommZPO/Heßler § 758 a Rn 19; Thomas/Putzo/Seiler § 758 a Rn 22.
[16] Dafür Musielak/Lackmann § 758 a Rn 7; Hk-ZPO/Kindl § 758 a Rn 3.
[17] Hk-ZPO/Kindl § 758 a Rn 3.
[18] Musielak/Lackmann § 758 Rn 5 zur Herausgabe von Sachen.

Vollstreckungsverfahren

§ 92 (1) ¹Vor der Festsetzung von Ordnungsmitteln ist der Verpflichtete zu hören. ²Dies gilt auch für die Anordnung von unmittelbarem Zwang, es sei denn, dass hierdurch die Vollstreckung vereitelt oder wesentlich erschwert würde.

(2) Dem Verpflichteten sind mit der Festsetzung von Ordnungsmitteln oder der Anordnung von unmittelbarem Zwang die Kosten des Verfahrens aufzuerlegen.

(3) ¹Die vorherige Durchführung eines Verfahrens nach § 165 ist nicht Voraussetzung für die Festsetzung von Ordnungsmitteln oder die Anordnung von unmittelbarem Zwang. ²Die Durchführung eines solchen Verfahrens steht der Festsetzung von Ordnungsmitteln oder der Anordnung von unmittelbarem Zwang nicht entgegen.

I. Normzweck und Anwendungsbereich

§ 92 regelt – entgegen dem Wortlaut der amtlichen Überschrift – **nicht das gesamte Verfahren** der Vollstreckung von Entscheidungen über die Herausgabe von Personen und/oder die Regelung des Umgangs, sondern ergänzt lediglich die in § 87 sowie den §§ 89 bis 91 enthaltenen Verfahrensvorschriften hinsichtlich der Anhörung (Abs. 1), der Kostenentscheidung (Abs. 2) und des Verhältnisses zum Vermittlungsverfahren (Abs. 3). Wegen des Verfahrens im Übrigen wird auf die Kommentierung von § 87 sowie § 89 Rn 16, § 90 Rn 6 und § 91 Rn 4 verwiesen. 1

II. Anhörung (Abs. 1)

Nach Abs. 1 S. 1 ist die **Anhörung des Verpflichteten** notwendig, bevor ein Ordnungsmittel angeordnet (der Gesetzgeber benutzt – wohl versehentlich – den überkommenen Begriff der Festsetzung) wird. Den Gesetzesmaterialien zufolge übernimmt Abs. 1 S. 1 die klarstellende Regelung aus § 891 S. 2 ZPO.[1] Die Anhörung nach § 891 S. 2 ZPO kann allerdings mündlich oder schriftlich erfolgen. Bei anwaltlicher Vertretung reicht sogar allein die Anhörung des Verfahrensbevollmächtigten aus.[2] Die Anhörungspflicht des Gerichts bliebe, wenn die für § 891 S. 2 ZPO geltenden Maßstäbe angewandt würden, hinter den zu § 33 FGG entwickelten Grundsätzen zurück. Danach wurde die **persönliche Anhörung** beider Eltern und des Kindes für erforderlich gehalten.[3] Die Verletzung der der Amtsaufklärung dienenden Pflicht zur persönlichen Anhörung stellte einen Verfahrensmangel dar, der ohne Weiteres zur Aufhebung und Zurückverweisung der Sache führte.[4] Es besteht kein Anlass, unter Geltung des FamFG die **persönliche Anhörung aller Beteiligten** durch die ggf. nur schriftliche Anhörung des Verpflichteten oder seines Verfahrensbevollmächtigten zu ersetzen. Daher sind die für **Kindschaftssachen** geltenden Regelungen zur Anhörung des Kindes, der Eltern und des Jugendamts (§§ 159, 160, 162) auch in der Vollstreckung zu beachten. Der im Erkenntnisverfahren bestellte Verfahrenspfleger braucht nur angehört zu werden, wenn seine Bestellung nicht bereits mit Rechtskraft der Endentscheidung gem. § 158 Abs. 6 Nr. 1 geendet hatte. 2

Die Anhörungspflicht gilt ebenso vor der **Anordnung von unmittelbarem Zwang**, sofern dadurch nicht die Vollstreckung vereitelt oder wesentlich erschwert wird.[5] Im Fall des § 90 Abs. 1 Nr. 3 scheidet daher eine vorherige Anhörung aus. Auch vor dem **Erlass eines Durchsuchungsbeschlusses** ist die Anhörung grundsätzlich geboten, obwohl der Gesetzgeber dies nicht ausdrücklich normiert hat. Wie im Fall des § 758a ZPO kann auf die Anhörung verzichtet werden, wenn sie den Vollstreckungserfolg gefährden könnte.[6] Der Verzicht auf die Anhörung ist zu begründen.[7] 3

---

[1] BT-Drs. 16/6308 S. 219.
[2] MünchKommZPO/Gruber § 891 Rn 4.
[3] BayObLG FamRZ 1998, 1129; OLG Hamm FamRZ 2004, 1797; Jansen/von König § 33 Rn 37.
[4] OLG Hamm FamRZ 2004, 1797.
[5] BeckOKFamFG/Sieghörtner § 92 Rn 1.
[6] OLG Hamm NJOZ 2002, 1721 zu § 758a ZPO; a. A. Haußleiter/Gomille § 92 Rn 3: keine Anhörung; ähnlich MünchKommZPO/Zimmermann § 91 FamFG Rn 7: Anhörung kann i. d. R. unterbleiben; a. A. SBW/Schulte-Bunert § 91 Rn 9: grundsätzlich Anhörung.
[7] OLG Hamm NJOZ 2002, 1721 zu § 758a ZPO.

III. Kosten und Gebühren (Abs. 2)

4 Für die **Kostengrundentscheidung** enthält Abs. 2 eine von § 87 Abs. 5 abweichende Regelung. Während das Gericht danach auf der Grundlage von § 81 entscheiden kann, wem die Kosten des Vollstreckungsverfahrens zur Last fallen, sind die mit der Anordnung (das Gesetz spricht von Festsetzung, s. Rn 2) von Ordnungsmitteln oder unmittelbarem Zwang verbundenen Kosten zwingend dem Verpflichteten aufzuerlegen. Wenn das Gericht dagegen einen entsprechenden Antrag des Berechtigten gem. 87 Abs. 1 S. 2 zurückweist, gilt für die Kostenentscheidung wiederum § 87 Abs. 5. Soweit das Gericht einen **Durchsuchungsbeschluss** (§ 91) erlässt, oder die **Abgabe der eidesstattlichen Versicherung** anordnet (§ 94), ist Abs. 2 seinem Wortlaut nach nicht anwendbar. Es erscheint jedoch gerechtfertigt, Abs. 2 in diesen Fällen entsprechend anzuwenden, da Voraussetzung der Maßnahmen nach den §§ 89, 90, wie derjenigen nach den §§ 91, 94, eine Zuwiderhandlung des Verpflichteten ist.[8]

5 Die **Gerichtsgebühren** richten sich nach Hauptabschnitt 6 der Anlage 1 zu § 3 Abs. 2 FamGKG. Danach werden Gebühren erhoben für die Anordnung von Ordnungsmitteln und die Abgabe der eidesstattlichen Versicherung. Die Anordnung unmittelbaren Zwangs gem. § 90 löst dagegen keine Gerichtsgebühren aus.[9] Die KostO ist gem. § 1 Abs. 2 KostO nicht anwendbar. Für die **Rechtsanwaltsvergütung** gilt die Vollstreckung gem. § 18 Abs. 1, Abs. 2 Nr. 2 RVG als besondere Angelegenheit, wobei unmittelbarer Zwang und Durchsuchung gem. § 19 Abs. 2 Nr. 1 RVG zur Vollstreckung in diesem Sinne gehören.[10] Die Höhe der Vergütung richtet sich nach Teil 3, Abschnitt 3, Unterabschnitt 3 der Anlage 1 zu § 2 Abs. 2 RVG. Der Wert der anwaltlichen Tätigkeit ist auf Antrag gem. § 33 Abs. 1 RVG durch Beschluss festzusetzen. Er richtet sich nicht nach der Höhe des beantragten Ordnungsgeldes sondern nach dem Interesse des Gläubigers an der Durchsetzung des Titels.[11] **Gerichtsvollziehergebühren** fallen nach der Anlage zu § 9 GvKostG an für die Pfändung bei Vollstreckung aus einem Ordnungsgeldbeschluss (Nr. 205), die Personenherausgabe (Nr. 230), die Anwendung von unmittelbarem Zwang (Nr. 250), die Abnahme der eidesstattlichen Versicherung (Nr. 260) und die Verhaftung aufgrund eines Ordnungshaftbeschlusses oder im Rahmen des Verfahrens der eidesstattlichen Versicherung gem. § 94 (Nr. 270).

IV. Verhältnis zum Vermittlungsverfahren (Abs. 3)

6 Nach Abs. 3 S. 1 können Ordnungsmittel und unmittelbarer Zwang auch **ohne vorherige Durchführung eines Vermittlungsverfahrens** (§ 165) angeordnet werden. Vermittlungs- und Vollstreckungsverfahren sind zwei voneinander unabhängige Verfahrensarten. Nach den Gesetzesmaterialien steht es im freien Ermessen des Gerichts, zwischen diesen Möglichkeiten diejenigen Maßnahmen zu wählen, die am ehesten geeignet erscheinen, die Umgangs- oder Sorgerechtsentscheidung effektiv zu vollziehen.[12] Ein solches Ermessen ist dem Gericht jedoch schon deshalb nicht eingeräumt, weil das Vermittlungsverfahren gem. § 165 Abs. 1 nur für Umgangssachen gilt und nur auf Antrag durchgeführt wird. Es bleibt dem Gericht jedoch unbenommen, vor der Anordnung von Ordnungsmitteln zur Durchsetzung einer Umgangsregelung anzuregen, ein Vermittlungsverfahren durchzuführen und nach Antragstellung die Vollstreckung gem. § 93 Abs. 1 Nr. 5 einzustellen (s. § 93 Rn 5).

7 Gem. Abs. 3 S. 2 kann auch **bei Durchführung eines Vermittlungsverfahrens** die Vollstreckung betrieben werden. Hier muss das Gericht im Rahmen des ihm zustehenden Ermessens (s. § 89 Rn 6) entscheiden, ob es hinreichend wahrscheinlich ist, dass das Ergebnis des bereits begonnenen Vermittlungsverfahrens eine tragfähige Umgangsrechts-

---

[8] A. A. MünchKommZPO/Zimmermann § 92 FamFG Rn 6; BeckOKFamFG/Sieghörtner § 92 Rn 3.
[9] A. A. MünchKommZPO/Zimmermann § 90 FamFG Rn 26, wonach FamGKG KV 1602 einschlägig sein soll, die Vorschrift betrifft aber nur Ordnungsmittel.
[10] Musielak/Borth § 90 Rn 5, § 91 Rn 8.
[11] OLG München AGS 2011, 248 = BeckRS 2011, 05389.
[12] BT-Drs. 16/6308 S. 219.

regelung sein wird oder ob es zur effektiven Durchsetzung der Entscheidung geboten ist, auch Vollstreckungsmaßnahmen zu ergreifen.[13]

Einstellung der Vollstreckung

93 (1) ¹Das Gericht kann durch Beschluss die Vollstreckung einstweilen einstellen oder beschränken und Vollstreckungsmaßregeln aufheben, wenn
1. Wiedereinsetzung in den vorigen Stand beantragt wird;
2. Wiederaufnahme des Verfahrens beantragt wird;
3. gegen eine Entscheidung Beschwerde eingelegt wird;
4. die Abänderung einer Entscheidung beantragt wird;
5. die Durchführung eines Vermittlungsverfahrens (§ 165) beantragt wird.

²In der Beschwerdeinstanz ist über die einstweilige Einstellung der Vollstreckung vorab zu entscheiden. Der Beschluss ist nicht anfechtbar.

(2) Für die Einstellung oder Beschränkung der Vollstreckung und die Aufhebung von Vollstreckungsmaßregeln gelten die § 775 Nr. 1 und 2 und § 776 der Zivilprozessordnung entsprechend.

I. Normzweck und Anwendungsbereich

Die Vorschrift regelt die Einstellung oder Beschränkung[1] der Vollstreckung von Entscheidungen über die Herausgabe von Personen und/oder die Regelung des Umgangs sowie die Aufhebung von Vollstreckungsmaßnahmen. § 93 enthält eine an den §§ 707, 719 Abs. 1 ZPO orientierte Regelung, die um **typische Fallkonstellationen** des FamFG-Verfahrens ergänzt wurde.[2] Die Auslegung der §§ 707, 719 Abs. 1 ZPO kann auch für die Auslegung von § 93 Abs. 1 herangezogen werden. Dort ist festgelegt, unter welchen Voraussetzungen das Gericht die Vollstreckung einstellen kann. § 93 Abs. 2 betrifft die Folgen der Einstellung. Zur Übergangsregelung s. § 86 Rn 6. Für einstweilige Anordnungen gilt nicht § 93, sondern § 55. 1

II. Voraussetzungen der Einstellung (Abs. 1 S. 1)

1. Antrag auf Wiedereinsetzung in den vorigen Stand (Abs. 1 S. 1 Nr. 1)

Das Gericht kann die Einstellung oder Beschränkung der Vollstreckung sowie die Aufhebung von Vollstreckungsmaßnahmen anordnen, wenn ein Antrag auf Wiedereinsetzung in den vorigen Stand nach § 17 gestellt wurde. Danach ist demjenigen, der ohne sein Verschulden verhindert war, eine gesetzliche Frist für die Einlegung eines Rechtsbehelfs einzuhalten, auf Antrag Wiedereinsetzung in den vorigen Stand zu gewähren. Die Entscheidung obliegt nach § 19 Abs. 1 dem Gericht, das über den Rechtsbehelf zu entscheiden hat, also im Fall der Beschwerde gegen eine Herausgabe- oder Umgangsentscheidung dem OLG, im Fall der Rechtsbeschwerde dem BGH (s. § 19 Rn 3). Danach käme bei einem Antrag auf Wiedereinsetzung wegen Versäumung der Rechtsbeschwerdefrist (§ 71 Abs. 1 S. 1) die Einstellung der Vollstreckung in Betracht. Dem steht jedoch entgegen, dass nach § 93 Abs. 1 S. 1 Nr. 3 eine Einstellung nur bei Einlegung der Beschwerde, nicht aber bei Einlegung der Rechtsbeschwerde erfolgen kann (s. Rn 4). Da der Schutz des Verpflichteten nach einem Wiedereinsetzungsantrag nicht weiter gehen darf, als nach einem fristgerecht eingelegten Rechtsbehelf ist der Anwendungsbereich des Abs. 1 S. 1 Nr. 1 auf die **Wiedereinsetzung wegen Versäumung der Beschwerdefrist** (§ 63) zu beschränken.[3] Zuständig für die Entscheidung ist das Beschwerdegericht. 2

---

[13] BT-Drs. 16/6308 S. 219.
[1] Es wird hier stets der Begriff der Einstellung verwandt, soweit es nicht auf den konkreten Inhalt der Maßnahme ankommt.
[2] BT-Drs. 16/6308 S. 219.
[3] Ebenso BeckOKFamFG/Sieghörtner § 39 Rn 3; Haußleiter/Gomille § 93 Rn 2.

2. Antrag auf Wiederaufnahme des Verfahrens (Abs. 1 S. 1 Nr. 2)

3   Die Einstellung oder Beschränkung der Vollstreckung sowie die Aufhebung von Vollstreckungsmaßnahmen sind ebenfalls im Fall der Wiederaufnahme möglich. Nach § 48 Abs. 2 kann ein rechtskräftig beendetes Verfahren in entsprechender Anwendung der Vorschriften des Buches 4 der ZPO wiederaufgenommen werden. Das nach § 584 Abs. 1 ZPO für die Wiederaufnahme zuständige Gericht (s. § 48 Rn 20) entscheidet auch über die Einstellung der Vollstreckung.[4]

3. Beschwerde (Abs. 1 S. 1 Nr. 3)

4   Die Vorschrift übernimmt die gem. § 719 Abs. 1 S. 1 ZPO bei Berufung eröffnete Einstellungsmöglichkeit für das Beschwerdeverfahren nach §§ 58 ff. Die Beschwerde muss sich demnach auf die **zu vollstreckende** Entscheidung beziehen und nicht auf die Entscheidung im Vollstreckungsverfahren. Soweit eine Beschwerde nach § 87 Abs. 4 gegen die Anordnung von Ordnungsmitteln (§ 89) eingelegt wurde bedarf es ohnehin keiner Einstellung, weil diese Beschwerde gem. § 87 Abs. 4 FamFG i. V. m. § 570 ZPO aufschiebende Wirkung hat. Die Beschwerde muss **eingelegt** sein. Ein Antrag auf Bewilligung von Verfahrenskostenhilfe reicht nicht aus.[5] Notwendig ist ferner die **Statthaftigkeit der Beschwerde**.[6] Die Einstellung gem. Abs. 1 S. 1 Nr. 3 kommt nicht in Betracht, wenn eine unstatthafte Beschwerde eingelegt wird. Die Zulässigkeit der Beschwerde ist nicht unbedingte Voraussetzung für die Anwendung von Abs. 1 S. 1 Nr. 3,[7] jedoch wird bei einer unzulässigen Beschwerde eine Einstellung regelmäßig nicht in Betracht kommen. Erhebliche Bedeutung hat neben der Zulässigkeit die Erfolgsaussicht der Beschwerde (s. Rn 7). Die Entscheidung erfolgt durch das **Beschwerdegericht**. Für die Rechtsbeschwerde fehlt eine § 719 Abs. 2 ZPO entsprechende Vorschrift. Daher ist die Einstellung nach Einlegung der Rechtsbeschwerde nicht möglich.[8]

4. Antrag auf Abänderung einer Entscheidung (Abs. 1 S. 1 Nr. 4)

5   Abs. 1 Nr. 4 sieht eine Ermächtigung zur Einstellung bei Anhängigkeit eines Abänderungsverfahrens (§ 48) vor. Erforderlich ist, dass der Abänderungsantrag anhängig gemacht und sichergestellt ist, dass er alsbald zugestellt wird. Ein Antrag auf Bewilligung von Verfahrenskostenhilfe genügt allein nicht.[9] Über die Einstellung entscheidet das für das Abänderungsverfahren zuständige Gericht.

5. Antrag auf Durchführung eines Vermittlungsverfahrens (Abs. 1 S. 1 Nr. 5)

6   Nach § 92 Abs. 3 ist die vorherige Durchführung eines Vermittlungsverfahrens gem. § 165 nicht Voraussetzung für die Anordnung von Ordnungsmitteln oder unmittelbarem Zwang. Ferner steht die Durchführung eines Vermittlungsverfahrens der Anordnung von Ordnungsmitteln oder unmittelbarem Zwang nicht entgegen. Abs. 1 S. 1 Nr. 5 bestimmt zum Ausgleich, dass nach einem Antrag auf Durchführung eines Vermittlungsverfahrens die Vollstreckung eingestellt werden kann. Zuständig für die Einstellung ist das für das Vermittlungsverfahren nach § 152 zuständige Gericht.[10] Dies wird i. d. R. nach § 88 Abs. 1 auch für die Vollstreckung zuständig sein. Die Zuständigkeiten können jedoch auseinanderfallen, wenn das Kind nach Einleitung der Vollstreckung und vor dem Antrag auf Durchführung eines Vermittlungsverfahrens den gewöhnlichen Aufenthalt wechselt.

---

[4] Johannsen/Henrich/Büte § 93 FamFG Rn 4; a. A. Prütting/Helms/Stößer § 93 Rn 3: Zuständigkeit richtet sich nach § 88 Abs. 1.
[5] MünchKommZPO/Krüger § 719 Rn 3; Musielak/Lackmann § 719 Rn 2; jew. zu § 719 Abs. 1 ZPO.
[6] MünchKommZPO/Krüger § 719 Rn 3 zu § 719 Abs. 1 ZPO.
[7] MünchKommZPO/Krüger § 719 Rn 3 zu § 719 Abs. 1 ZPO.
[8] MünchKommZPO/Zimmermann § 93 FamFG Rn 8; Haußleiter/Gomille § 93 Rn 2.
[9] MünchKommZPO/Schmidt § 769 Rn 11; Hk-ZPO/Kindl § 769 Rn 3; jew. zu § 769 ZPO.
[10] Johannsen/Henrich/Büte § 93 FamFG Rn 7; a. A. Prütting/Helms/Stößer § 93 Rn 3: Zuständigkeit richtet sich nach § 88 Abs. 1.

III. Entscheidung des Gerichts/Verfahren

1. Entscheidung des Gerichts

Das Gericht muss nach **pflichtgemäßem Ermessen** entscheiden, ob die Vollstreckung 7 fortgesetzt oder eingestellt wird. Maßgebliches Kriterium ist wie bei der Einstellung nach §§ 707, 719 ZPO die **Erfolgsaussicht** der in Nr. 1 bis 5 genannten Verfahren.[11] Die zu § 769 ZPO vertretene Auffassung, neben der Erfolgsaussicht sei die Abwägung der für Gläubiger und Schuldner drohenden Nachteile maßgeblich,[12] kann zumindest für das Amtsverfahren nach § 93 nicht gefolgt werden. Alleiniger Maßstab ist das im Erkenntnisverfahren geprüfte Kindeswohl. Nur wenn dieses voraussichtlich den Erfolg eines Verfahrens nach Nr. 1 bis 5 begründen wird, ist die Einstellung der Vollstreckung geboten.

Die Vollstreckung kann eingestellt oder beschränkt werden. Einstellung bedeutet Nicht- 8 Fortsetzung der Vollstreckung, Beschränkung bezieht sich auf einen Teil der Vollstreckung.[13] Eine **Beschränkung** ist in Herausgabeverfahren nicht vorstellbar, da es ein mehr oder weniger an Herausgabe nicht gibt. In Umgangsverfahren ist eine Beschränkung theoretisch möglich, insbesondere auf bestimmte Umgangstermine, dem Kindeswohl aber i. d. R. nicht dienlich. Ferner können getroffene Vollstreckungsmaßregeln mit der Folge aus Abs. 2 aufgehoben werden.

Die Einstellung ist immer vorläufig und durch den Ausgang des Verfahrens nach Abs. 1 9 Nr. 1 bis 5 bedingt. Das Gericht sollte dies durch einen Zusatz (z. B. *„bis zur Entscheidung über die Beschwerde ..."*) kenntlich machen. Auch ohne diesen Zusatz endet die Einstellungswirkung mit dem Abschluss des Verfahrens, aufgrund dessen eingestellt wurde.

2. Verfahren und Form der Entscheidung; Kosten

Die Entscheidung des Gerichts ergeht **von Amts wegen**[14] durch **Beschluss.** Ein Antrag 10 des Verpflichteten ist entsprechend § 87 Abs. 1 S. 2 zu bescheiden. Der Beschluss bedarf einer Begründung, § 38 Abs. 3. Ein Termin ist nach § 32 möglich, jedoch im Regelfall nicht angebracht.

Eine **Kostenentscheidung** ist entbehrlich. Das Verfahren ist gerichtsgebührenfrei und 11 gehört für die Rechtsanwaltsvergütung nach § 19 Abs. 1 S. 2 Nr. 12 RVG zum Rechtszug. Nur bei Entscheidung aufgrund Termins entstehen die Verfahrens- und Termingebühr nach Nr. 3328, 3332 VV RVG. Diese gelten jedoch als Kosten der Hauptsache, so dass es einer gesonderten Entscheidung über die Kostentragung nicht bedarf.[15]

Eine **Rechtsbehelfsbelehrung** ist nicht notwendig, da der Beschluss nach Abs. 1 S. 3 12 nicht anfechtbar ist (s. Rn 13).

IV. Anfechtbarkeit der Entscheidung

§ 93 Abs. 1 S. 3 bezieht sich auf **sämtliche Beschlüsse** gem. Abs. 1 und nicht nur auf 13 die Beschlüsse des Beschwerdegerichts gem. Abs. 1 S. 2. Denn § 93 ist § 707 ZPO nachgebildet. Dort findet sich die entsprechende Regelung in einem besonderen Absatz, woraus sich die Unanfechtbarkeit aller Entscheidungen ergibt. Auch wenn es gesetzestechnisch günstiger gewesen wäre, den Inhalt von Abs. 1 S. 3 in einem besonderen Absatz unterzubringen, weist das Vorbild des § 707 Abs. 2 ZPO eindeutig auf die Unanfechtbarkeit sämtlicher Entscheidungen hin. Da sich der Gesetzgeber in Kenntnis der neueren Rechtsprechung zu § 707 ZPO, die eine außerordentliche Beschwerde wegen greifbarer Gesetzwidrigkeit nicht (mehr) zulässt,[16] für die Unanfechtbarkeit des Beschlusses entschieden hat,

---

[11] BGH NJW-RR 2002, 1090 zu § 719 Abs. 2 ZPO; MünchKommZPO/Krüger § 719 Rn 5 zu § 719 Abs. 1 ZPO.
[12] OLG Zweibrücken FPR 2002, 165; MünchKommZPO/Schmidt § 769 Rn 16; a. A. Zöller/Herget § 769 Rn 6: nur Erfolgsaussicht.
[13] MünchKommZPO/Schmidt § 775 Rn 5.
[14] Prütting/Helms/Stößer § 93 Rn 3; Haußleiter/Gomille § 93 Rn 3.
[15] MünchKommZPO/Krüger § 707 Rn 27, zu § 707 ZPO.
[16] BGH NJW 2004, 2224.

kommt eine **außerordentliche Beschwerde selbst** bei schweren Mängeln, z. B. fehlender Begründung, nicht in Betracht. Ebenfalls unanfechtbar sind Beschlüsse, mit denen ein Antrag auf Einstellung zurückgewiesen wird. In diesem Fall kann jedoch bei Änderung der Sachlage ein erneuter Einstellungsantrag gestellt werden.[17]

V. Entsprechende Anwendung der §§ 775 Nr. 1 und 2, 776 ZPO (Abs. 2)

§ 775 ZPO. Einstellung oder Beschränkung der Zwangsvollstreckung. Die Zwangsvollstreckung ist einzustellen oder zu beschränken:
1. wenn die Ausfertigung einer vollstreckbaren Entscheidung vorgelegt wird, aus der sich ergibt, dass das zu vollstreckende Urteil oder seine vorläufige Vollstreckbarkeit aufgehoben oder dass die Zwangsvollstreckung für unzulässig erklärt oder ihre Einstellung angeordnet ist;
2. wenn die Ausfertigung einer gerichtlichen Entscheidung vorgelegt wird, aus der sich ergibt, dass die einstweilige Einstellung der Vollstreckung oder einer Vollstreckungsmaßregel angeordnet ist oder dass die Vollstreckung nur gegen Sicherheitsleistung fortgesetzt werden darf;

§ 776 ZPO. Aufhebung von Vollstreckungsmaßregeln. In den Fällen des § 775 Nr. 1, 3 sind zugleich die bereits getroffenen Vollstreckungsmaßregeln aufzuheben. In den Fällen der Nummern 4, 5 bleiben diese Maßregeln einstweilen bestehen; dasselbe gilt in den Fällen der Nummer 2, sofern nicht durch die Entscheidung auch die Aufhebung der bisherigen Vollstreckungshandlungen angeordnet ist.

1. Allgemeines

14 Den Gesetzesmaterialien zufolge bestimmt Abs. 2 die Folgen einer dauerhaften Einstellung der Vollstreckung und verweist insoweit auf die entsprechenden Vorschriften der §§ 775 Nr. 1 und 2, 776 ZPO.[18] Das ist insofern unrichtig, als nur § 775 Nr. 1 die dauerhafte, § 775 Nr. 2 ZPO dagegen die einstweilige Einstellung der Vollstreckung betrifft.[19] Abs. 2 betrifft also die **dauerhafte und die einstweilige Einstellung.** § 776 behandelt die Folgen der Einstellung für getroffene Vollstreckungsmaßnahmen.

2. Entsprechende Anwendung des §§ 775 Nr. 1, 776 ZPO

15 § 775 Nr. 1 ZPO ist entsprechend anzuwenden, soweit darin die Folgen einer das zu vollstreckende Urteil aufhebenden Entscheidung geregelt sind. Wenn ein in Abs. 1 Nr. 1 bis 5 genanntes Verfahren **zur Aufhebung oder Abänderung der zu vollstreckenden Entscheidung** geführt hat, sind bereits getroffene Vollstreckungsmaßregeln aufzuheben, § 776 S. 1 ZPO.[20] Das Gericht hebt daher von Amts wegen bereits angeordnete Ordnungsmittel auf. Wenn das Ordnungsgeld bereits vollstreckt wurde, ist die Rückzahlung des Ordnungsgeldes anzuordnen. Der Verpflichtete ist nicht auf den Klageweg zu verweisen.[21] Das Vollstreckungsgericht hat eine Rückzahlungsanordnung zu erlassen und die Sache an die nach § 13 Einforderungs- und Beitreibungsanordnung (EBAO) v. 1. 4. 2001[22] zuständige Kasse abzugeben.[23] Eine vollstreckte Herausgabeanordnung ist rückgängig zu machen. Die weiteren Alternativen des § 775 Nr. 1 ZPO gehen von der vorläufigen Vollstreckbarkeit der Entscheidung und der Anwendung der §§ 732, 766, 767, 768, 771 und 793 ZPO aus. Beide Voraussetzungen treffen für die Entscheidungen über die Herausgabe von Personen und (bzw. oder) die Regelung des Umgangs nicht zu. Die entsprechende Anwendung scheidet daher aus.

---

[17] MünchKommZPO/Zimmermann § 93 FamFG Rn 15.
[18] BT-Drs. 16/6308 S. 219.
[19] MünchKommZPO/Schmidt § 775 Rn 14.
[20] Thomas/Putzo/Hüßtege § 93 FamFG Rn 11.
[21] OLG Hamm WRP 2002, 472; MünchKommZPO/Gruber § 890 Rn 20; jew. zu § 890 ZPO. OLG Zweibrücken InVo 2000, 287, zu § 888 ZPO; a. A. Zöller/Stöber § 890 Rn 26.
[22] BAnz 2001, 9164; zu finden auch im Internet unter http://vwvbund.juris.de/bsvwvbund_01042001_RB22.htm.
[23] OLG Hamm WRP 2002, 472.

3. Entsprechende Anwendung des §§ 775 Nr. 2, 776 ZPO

§ 775 Nr. 2 betrifft die einstweilige Einstellung der Vollstreckung oder die Anordnung, **16** dass die Vollstreckung nur gegen Sicherheitsleistung fortgesetzt werden darf, was im Verfahren nach § 93 nicht möglich ist. Der Anwendungsbereich beschränkt sich daher auf die **einstweilige Einstellung** nach § 93 Abs. 1. Nach § 776 S. 2, 2. Halbs. bleiben getroffene Vollstreckungsmaßregeln bestehen, soweit nicht das Gericht zugleich gem. § 93 Abs. 1 S. 1 deren Aufhebung angeordnet hat (s. Rn 8).

Eidesstattliche Versicherung

94 ¹Wird eine herauszugebende Person nicht vorgefunden, kann das Gericht anordnen, dass der Verpflichtete eine eidesstattliche Versicherung über ihren Verbleib abzugeben hat. ²§ 883 Abs. 2 bis 4, § 900 Abs. 1 und die §§ 901, 902, 904 bis 910 sowie 913 der Zivilprozessordnung gelten entsprechend.

Fassung ab 1.1.2013:[1] *§ 883 Abs. 2 und 3 der Zivilprozessordnung gilt entsprechend.*

§ 883 ZPO. Herausgabe bestimmter beweglicher Sachen.

(2) Wird die herauszugebende Sache nicht vorgefunden, so ist der Schuldner verpflichtet, auf Antrag des Gläubigers zu Protokoll an Eides statt zu versichern, dass er die Sache nicht besitze, auch nicht wisse, wo die Sache sich befinde.

(3) Das Gericht kann eine der Sachlage entsprechende Änderung der eidesstattlichen Versicherung beschließen.

(4) Die Vorschriften der §§ 478 bis 480, 483 gelten entsprechend.

§ 900 ZPO. Verfahren zur Abnahme der eidesstattlichen Versicherung. (1) Das Verfahren beginnt mit dem Auftrag des Gläubigers zur Bestimmung eines Termins zur Abgabe der eidesstattlichen Versicherung. Der Gerichtsvollzieher hat für die Ladung des Schuldners zu dem Termin Sorge zu tragen. Er hat ihm die Ladung zuzustellen, auch wenn dieser einen Prozessbevollmächtigten bestellt hat; einer Mitteilung an den Prozessbevollmächtigten bedarf es nicht. Dem Gläubiger ist die Terminsbestimmung nach Maßgabe des § 357 Abs. 2 mitzuteilen.

§ 901 ZPO. Erlass eines Haftbefehls. Gegen den Schuldner, der in dem zur Abgabe der eidesstattlichen Versicherung bestimmten Termin nicht erscheint oder die Abgabe der eidesstattlichen Versicherung ohne Grund verweigert, hat das Gericht zur Erzwingung der Abgabe auf Antrag einen Haftbefehl zu erlassen. In dem Haftbefehl sind der Gläubiger, der Schuldner und der Grund der Verhaftung zu bezeichnen. Einer Zustellung des Haftbefehls vor seiner Vollziehung bedarf es nicht.

§ 902 ZPO. Eidesstattliche Versicherung des Verhafteten. (1) Der verhaftete Schuldner kann zu jeder Zeit bei dem zuständigen Gerichtsvollzieher des Amtsgerichts des Haftortes verlangen, ihm die eidesstattliche Versicherung abzunehmen. Dem Verlangen ist ohne Verzug stattzugeben. Dem Gläubiger ist die Teilnahme zu ermöglichen, wenn er dies beantragt hat und die Versicherung gleichwohl ohne Verzug abgenommen werden kann.

(2) Nach Abgabe der eidesstattlichen Versicherung wird der Schuldner aus der Haft entlassen und der Gläubiger hiervon in Kenntnis gesetzt.

(3) Kann der Schuldner vollständige Angaben nicht machen, weil er die dazu notwendigen Unterlagen nicht bei sich hat, so kann der Gerichtsvollzieher einen neuen Termin bestimmen und die Vollziehung des Haftbefehls bis zu diesem Termin aussetzen. § 900 Abs. 1 Satz 2 bis 4 gilt entsprechend.

§ 904 ZPO. Unzulässigkeit der Haft. Die Haft ist unstatthaft:
1. gegen Mitglieder des Bundestages, eines Landtages oder einer zweiten Kammer während der Tagung, sofern nicht die Versammlung die Vollstreckung genehmigt;
2. (weggefallen)
3. gegen den Kapitän, die Schiffsmannschaft und alle übrigen auf einem Seeschiff angestellten Personen, wenn sich das Schiff auf der Reise befindet und nicht in einem Hafen liegt.

---

[1] Gesetz zur Reform der Sachaufklärung in der Zwangsvollstreckung vom 29.7.2009 (BGBl. I S. 2258).

§ 905 ZPO. Haftunterbrechung. Die Haft wird unterbrochen:

1. gegen Mitglieder des Bundestages, eines Landtages oder einer zweiten Kammer für die Dauer der Tagung, wenn die Versammlung die Freilassung verlangt;

2. (weggefallen)

§ 906 ZPO. Haftaufschub. Gegen einen Schuldner, dessen Gesundheit durch die Vollstreckung der Haft einer nahen und erheblichen Gefahr ausgesetzt wird, darf, solange dieser Zustand dauert, die Haft nicht vollstreckt werden.

§ 909 ZPO. Verhaftung. (1) Die Verhaftung des Schuldners erfolgt durch einen Gerichtsvollzieher. Dem Schuldner ist der Haftbefehl bei der Verhaftung in beglaubigter Abschrift zu übergeben.

(2) Die Vollziehung des Haftbefehls ist unstatthaft, wenn seit dem Tage, an dem der Haftbefehl erlassen wurde, drei Jahre vergangen sind.

§ 910 ZPO. Anzeige vor der Verhaftung. Vor der Verhaftung eines Beamten, eines Geistlichen oder eines Lehrers an öffentlichen Unterrichtsanstalten ist der vorgesetzten Dienstbehörde von dem Gerichtsvollzieher Anzeige zu machen. Die Verhaftung darf erst erfolgen, nachdem die vorgesetzte Behörde für die dienstliche Vertretung des Schuldners gesorgt hat. Die Behörde ist verpflichtet, ohne Verzug die erforderlichen Anordnungen zu treffen und den Gerichtsvollzieher hiervon in Kenntnis zu setzen.

§ 913 ZPO. Haftdauer. Die Haft darf die Dauer von sechs Monaten nicht übersteigen. Nach Ablauf der sechs Monate wird der Schuldner von Amts wegen aus der Haft entlassen.

I. Normzweck und Anwendungsbereich

1 Die Vorschrift betrifft nur die Verfahren auf **Personenherausgabe** (s. § 88 Rn 3). Geregelt ist die Abgabe der eidesstattlichen Versicherung für den Fall, dass die herauszugebende Person nicht vorgefunden wird. Die praktische Bedeutung ist gering; zur Übergangsvorschrift s. § 86 Rn 6.

II. Verfahren

2 Das Gericht ordnet die Abgabe der eidesstattlichen Versicherung auch dann von Amts wegen an, wenn das Personenherausgabeverfahren ein Antragsverfahren gem. § 1632 Abs. 1 BGB ist (s. § 87 Rn 7). Ein entsprechender Antrag ist nach § 87 Abs. 1 S. 2 zu bescheiden. Es handelt sich, wie bei der Anordnung von Ordnungsmitteln, um eine **Ermessensentscheidung des Gerichts.** Funktionell zuständig ist der Richter, welcher durch **Beschluss** entscheidet. Die Abnahme der eidesstattlichen Versicherung erfolgt durch den Gerichtsvollzieher (§ 900 Abs. 1 ZPO bzw. § 883 Abs. 2 S. 2 ZPO i. d. ab 1. 1. 2013 geltenden Fassung[2]). Wenn der Verpflichtete zum Termin erscheint und zur Abgabe der eidesstattlichen Versicherung bereit ist, hat er nach dem für die Herausgabe von Sachen geltenden entsprechend anzuwendenden § 883 Abs. 2 S. 1 ZPO zu Protokoll an Eides statt zu versichern, dass sich die herauszugebenden Person nicht bei ihm aufhält, und er auch nicht weiß, wo sie sich aufhält. Gem. § 883 Abs. 4 bzw. Abs. 2 S. 3 n. F. ZPO gelten die Vorschriften der §§ 478 bis 480 und 483 ZPO über die Eidesleistung entsprechend. Wenn der Verpflichtete nicht zur Abgabe der eidesstattlichen Versicherung bereit ist oder erst gar nicht erscheint, kann das Gericht nach § 901 ZPO einen **Haftbefehl** erlassen, der wiederum im Auftrag des Gerichts vom Gerichtsvollzieher vollstreckt wird. Auf dessen Vollzug sind die §§ 901, 902 und 904 bis 906, 909 und 910 ZPO anzuwenden. Soweit das Gesetz auch auf die §§ 907 und 908 verweist, handelt es sich um ein Redaktionsversehen, da diese Vorschriften mit Wirkung von dem 1. 1. 1977 weggefallen sind. Ab dem 1. 1. 2013 gelten die §§ 802g bis 802i ZPO. Die Haft darf gem. § 913 ZPO bzw. § 802j Abs. 1 ZPO i. d. F. ab 1. 1. 2013 geltenden Fassung nicht länger als 6 Monate dauern.

---

[2] Gesetz zur Reform der Sachaufklärung in der Zwangsvollstreckung vom 29. 7. 2009 (BGBl. I S. 2258). .

III. Kosten und Gebühren; Rechtsbehelfe

Wegen der Kosten wird verwiesen auf § 92 Rn 5. Die Anordnung der eidesstattlichen **3** Versicherung ist gem. § 87 Abs. 4 mit der **sofortigen Beschwerde** in entsprechender Anwendung der §§ 567 bis 572 ZPO anfechtbar (s. dazu § 58 Rn 89). Dasselbe gilt, falls das Gericht einem Antrag nach § 87 Abs. 1 S. 2 nicht entspricht. Die das Widerspruchsverfahren regelnde Bestimmung des § 900 Abs. 4 ZPO, die zum 1. 1. 2013 aufgehoben wird, ist ausdrücklich nicht entsprechend anwendbar. Gegen den **Erlass des Haftbefehls** ist ebenfalls die sofortige Beschwerde in entsprechender Anwendung der §§ 567 bis 572 ZPO zulässig (s. dazu § 58 Rn 89 ff.).

Unterabschnitt 3. Vollstreckung nach der Zivilprozessordnung

Anwendung der Zivilprozessordnung

95 (1) Soweit in den vorstehenden Unterabschnitten nichts Abweichendes bestimmt ist, sind auf die Vollstreckung
1. wegen einer Geldforderung,
2. zur Herausgabe einer beweglichen oder unbeweglichen Sache,
3. zur Vornahme einer vertretbaren oder nicht vertretbaren Handlung,
4. zur Erzwingung von Duldungen und Unterlassungen oder
5. zur Abgabe einer Willenserklärung

die Vorschriften der Zivilprozessordnung über die Zwangsvollstreckung entsprechend anzuwenden.

(2) An die Stelle des Urteils tritt der Beschluss nach den Vorschriften dieses Gesetzes.

(3) ¹Macht der aus einem Titel wegen einer Geldforderung Verpflichtete glaubhaft, dass die Vollstreckung ihm einen nicht zu ersetzenden Nachteil bringen würde, hat das Gericht auf seinen Antrag die Vollstreckung vor Eintritt der Rechtskraft in der Entscheidung auszuschließen. ²In den Fällen des § 707 Abs. 1 und des § 719 Abs. 1 der Zivilprozessordnung kann die Vollstreckung nur unter derselben Voraussetzung eingestellt werden.

(4) Ist die Verpflichtung zur Herausgabe oder Vorlage einer Sache oder zur Vornahme einer vertretbaren Handlung zu vollstrecken, so kann das Gericht durch Beschluss neben oder anstelle einer Maßnahme nach den §§ 883, 885 bis 887 der Zivilprozessordnung die in § 888 der Zivilprozessordnung vorgesehenen Maßnahmen anordnen, soweit ein Gesetz nicht etwas Anderes bestimmt.

Übersicht

	Rn
I. Normzweck	1
II. Anwendungsbereich	2
III. Vollstreckungsvoraussetzungen	3
IV. Vollstreckungen im Einzelnen (Abs. 1)	4
1. Wegen einer Geldforderung (Abs. 1 Nr. 1)	4
2. Herausgabe einer beweglichen oder unbeweglichen Sache (Abs. 1 Nr. 2, Abs. 4)	8
3. Vornahme einer vertretbaren oder nicht vertretbaren Handlung (Abs. 1 Nr. 3, Abs. 4)	11
4. Erzwingung von Duldungen und Unterlassungen (Abs. 1 Nr. 4)	15
5. Abgabe einer Willenserklärung (Abs. 1 Nr. 5)	17
V. Entscheidung durch Beschluss (Abs. 2)	18
VI. Rechtsbehelfe	19
VII. Ausschluss der Vollstreckung (Abs. 3)	20
VIII. Kosten und Gebühren	22

I. Normzweck

1 § 95 ersetzt die zahlreichen Verweisungen auf die ZPO, die vor Inkrafttreten des FamFG galten.[1] Es handelt sich um eine Auffangvorschrift, die erst eingreift, wenn keine spezialgesetzlichen Regelungen einschlägig sind. Zur **Übergangsregelung** s. § 86 Rn 6. Für die Vollstreckung zur Erzwingung von Duldungen oder Unterlassungen nach den § 95 Abs. 1 Nr. 4 i. V. m. § 890 Abs. 1 S. 1 ZPO ist ferner zu beachten, dass ausschließlich zuständig das Zivilgericht als Prozessgericht des ersten Rechtszugs ist, in dem der Vollstreckungstitel geschaffen wurde, wenn im Zeitpunkt der Beschlussfassung im Erkenntnisverfahren eine Zivilsache entschieden worden ist. Darauf, ob es sich bei dem Vollstreckungsverfahren nach Art. 111 Abs. 1 S. 1 FGG-RG um eine Familiensache handelt, weil der Gegenstand des Erkenntnisverfahrens nach dem Inkrafttreten des FamFG eine Familiensache wäre und das Vollstreckungsverfahren nach dem 1. 9. 2009 eingeleitet worden ist, kommt es nicht an.[2]

II. Anwendungsbereich

2 § 95 gilt nicht für sämtliche in Abs. 1 genannten Verpflichtungen. Spezialregelungen enthalten § 120 Abs. 1 für Ehesachen (§ 121) und Familienstreitsachen (§ 112) sowie die §§ 326, 420 Abs. 1 für die Zuführung bzw. Vorführung in Unterbringungs- und Freiheitsentziehungssachen. Für die Vollstreckung gerichtlicher Anordnungen ist § 35 anzuwenden (s. § 86 Rn 4). Soweit sich die Vollstreckung nach den §§ 86 ff. richtet, ist jeweils vorrangig zu prüfen, ob die Vollstreckung nach Unterabschnitt 2 (§§ 88 bis 94) zu erfolgen hat. Die sprachliche Fassung von § 95 Abs. 1, 1. Halbs., ist insoweit missglückt, als es statt „in den vorstehenden Unterabschnitten" heißen müsste: „in dem vorstehenden Unterabschnitt". Denn Unterabschnitt 1 enthält allgemeine, auch für die Vollstreckung nach Unterabschnitt 3 geltende Regelungen (s. Rn 3). Damit scheiden Beschlüsse über die Herausgabe von Personen und die Regelung des Umgangs aus dem Anwendungsbereich des § 95 aus, auch wenn sie z. B. Duldungs- oder Unterlassungspflichten i. S. v. § 95 Abs. 1 Nr. 4 enthalten (s. § 89 Rn 4).

III. Vollstreckungsvoraussetzungen

3 Die allgemeinen Vollstreckungsvoraussetzungen ergeben sich nicht aus der ZPO, sondern aus Unterabschnitt 1. Für die Vollstreckung sind notwendig ein vollstreckbarer Titel gem. § 86 Abs. 1 und 2 (s. § 86 Rn 7, 15), eine Klausel, soweit nach §§ 86 Abs. 3, 53 Abs. 1 erforderlich (s. § 86 Rn 17, § 53 Rn 5), und die Zustellung gem. § 87 Abs. 2 (s. § 87 Rn 11). Zu den besonderen Vollstreckungsvoraussetzungen s. § 86 Rn 8.

IV. Die Vollstreckungen im Einzelnen (Abs. 1)

1. Wegen einer Geldforderung (Abs. 1 Nr. 1)

4 Geldforderungen werden vor allem in Familienstreitsachen tituliert, für deren Vollstreckung indes § 95 nicht einschlägig ist (s. Rn 2). Der Anwendungsbereich ist daher eingeschränkt. Abs. 1 Nr. 1 gilt vor allem für die Vollstreckung von

- **Kostenfestsetzungsbeschlüssen** (§ 85 FamFG i. V. m. § 104 Abs. 1 ZPO), soweit diese nicht Familienstreitsachen betreffen. Denn der Kostenfestsetzungsbeschluss teilt hinsichtlich der Vollstreckbarkeit das Schicksal der Kostengrundentscheidung;[3]
- **Ehewohnungs- und Haushaltssachen** (§§ 200, 269 Nr. 4), soweit gem. den §§ 1361a Abs. 3 S. 2, 1361b Abs. 3 S. 2, 1568b BGB, §§ 13 Abs. 2 S. 2, 14 Abs. 3 S. 2, 17 LPartG Ausgleichszahlungen zugunsten eines Ehegatten oder gem. § 209 Abs. 1 die Erstattung von Umzugskosten (s. § 209 Rn 4) angeordnet werden;
- **Versorgungsausgleichssachen** (§§ 217, 269 Nr. 6), soweit Leistungspflichten eines Ehegatten oder Dritten begründet werden: Anspruch auf eine schuldrechtliche Aus-

---

[1] Einzelheiten bei Giers 16. Aufl. § 95 Rn 1.
[2] OLG Hamm FamRZ 2010, 920.
[3] OLG Naumburg Rpfleger 2002, 38.

gleichsrente (§ 20 VersAusglG); Anspruch auf Ausgleich von Kapitalzahlungen (§ 22 VersAusglG); Anspruch auf Abfindung (§ 23 VersAusglG); Anspruch gegen den Versorgungsträger (§ 25 VersAusglG); Anspruch gegen die Witwe oder den Witwer (§ 26 VersAusglG) sowie entsprechende Ansprüche nach § 20 LPartG; die Übertragung und Begründung von Rentenanwartschaften (gem. § 10 VersAusglG: interne Teilung) hat dagegen rechtsgestaltenden Charakter und bedarf keiner Vollstreckung;
- **Teilungsvereinbarungen** und Auseinandersetzungen in Teilungssachen (§§ 366, 368, 371, 373);
- bestätigten **Dispachen** (§ 409);[4]
- Beschlüssen gem. § 95 Abs. 1 Nr. 3 FamFG i. V. m. § 887 Abs. 2 ZPO (s. Rn 13).

Fraglich erscheint die Anwendung auf Beschlüsse über die Festsetzung von **Vorschuss, Aufwendungsersatz, Aufwandsentschädigung und Vergütung des Vormunds** bzw. **Gegenvormunds** (§ 168 Abs. 1) oder des Betreuers (§ 292 Abs. 1) gegen den Mündel oder Betreuten. Gem. §§ 56 g Abs. 6, 69 e Abs. 1 FGG war der Festsetzungsbeschluss ein für den Vormund, Gegenvormund oder Betreuer nach der ZPO vollstreckbarer Titel.[5] Nach der JBeitrO wurden nur an die Staatskasse zu leistende Zahlungen vollstreckt. Im FamFG fehlt eine §§ 56 g Abs. 6, 69 e Abs. 1 FGG entsprechende Vorschrift. § 1 Nr. 4 b JBeitrO nimmt die §§ 168, 292 Abs. 1 insgesamt in Bezug. Daraus könnte zu schließen sein, dass sämtliche Festsetzungsbeschlüsse nach der JBeitrO zu vollstrecken sind. Dies ist den Gesetzesmaterialien zufolge, die diese Beschlüsse gerade als Beispiel für nach § 95 Abs. 1 Nr. 1 zu vollstreckende Titel nennen,[6] jedoch nicht gewollt. § 1 Nr. 4 b JBeitrO ist deshalb in dem Sinne auszulegen, dass weiterhin nur Entscheidungen über Zahlungen, die an die Staatskasse zu leisten sind, danach vollstreckt werden. Hinsichtlich der Festsetzung gegen den Mündel oder Betreuten ist dagegen § 95 Abs. 1 Nr. 1 anzuwenden. Dieselben Erwägungen gelten für die Festsetzung gleichartiger Ansprüche des Pflegers, Nachlasspflegers und Nachlassverwalters.

Keine Anwendung findet § 95 Abs. 1 Nr. 1 für die Vollstreckung aus Festsetzungsbeschlüssen im **vereinfachten Verfahren** über den Unterhalt Minderjähriger gem. § 253. Dieses Verfahren zählt zu den Unterhaltssachen i. S. v. § 231 Abs. 1 Nr. 1 und damit zu den Familienstreitsachen, § 112 Nr. 1.[7] **Ordnungsgelder** gem. § 89 sowie nach aus Titeln zur Erzwingung von Duldungen und Unterlassungen i. S. v. § 95 Abs. 1 Nr. 4 FamFG (s. Rn 15) i. V. m. § 890 ZPO werden nicht nach § 95 Abs. 1 Nr. 1, sondern gem. § 1 Abs. 1 Nr. 3 JBeitrO vollstreckt (s. § 89 Rn 18). Dasselbe gilt für **Zwangsgelder** gem. Nr. 3 i. V. m. § 888 ZPO (s. Rn 14) und § 389. Die gem. § 410 Nr. 3 festgesetzte Verwahrervergütung gibt dem Verwahrer keine Möglichkeit zur Vollstreckung, sondern ist lediglich bindend für das Prozessgericht (s. § 410 Rn 11).

Geldforderungen werden aufgrund eines Auftrages des Berechtigten (Gläubigers i. S. d. ZPO, vgl. § 754 ZPO) im Wege der Vollstreckung in das bewegliche oder unbewegliche Vermögen gem. den **§§ 803 ff. ZPO** vollstreckt.

2. Herausgabe einer beweglichen oder unbeweglichen Sache (Abs. 1 Nr. 2, Abs. 4)

Die Herausgabe beweglicher Sachen betrifft vornehmlich die Vollstreckung von Titeln auf Herausgabe folgender Gegenstände:
- **Persönliche Sachen des Kindes**.[8] Misslich erscheint insoweit, dass für die Vollstreckung der Personenherausgabe, die sich nach Unterabschnitt 2 richtet, und der Herausgabe der Sachen unterschiedliche Verfahrensvorschriften gelten. Soweit ein Kind und seine persönlichen Sachen zugleich herauszugeben sind ist deshalb von einer Annexkompetenz des Gerichts zur Vollstreckung auch wegen der persönlichen Sachen nach Unterabschnitt 2 auszugehen (s. § 88 Rn 3 auch zur materiell-rechtlichen Grundlage).

---

[4] BT-Drs. 16/6308 S. 219.
[5] AG Essen FamRZ 2008, 1977.
[6] BT-Drs. 16/6308 S. 219.
[7] Die vom Autor in FGPrax 2006, 195/197 und FPR 2008, 441 vertretene a. A. wird für die endgültige Fassung des Gesetzes nicht aufrecht erhalten.
[8] BT-Drs. 16/6308 S. 219.

- **Wohnungsschlüssel, § 209 Abs. 1** (s. § 209 Rn 4)
- **Haushaltsgegenstände,** §§ 200, 269 Nr. 5 FamFG, §§ 1361a Abs. 3, § 1568b BGB, §§ 13, 17 LPartG.
- **Nachlassgegenstände** und zum früheren Gesamtgut gehörende Gegenstände aufgrund von Teilungsvereinbarungen und Auseinandersetzungen in Teilungssachen, §§ 366, 368, 371, 373.[9]

9   Unbewegliche Sachen sind vornehmlich herauszugeben aufgrund von Titeln in **Ehewohnungssachen**, §§ 200, 269 Nr. 4 FamFG, §§ 1361b, 1568a BGB, §§ 14, 17 LPartG, und in **Gewaltschutzsachen**, § 210 und § 2 GewSchG. Die in den Gesetzesmaterialien geäußerte Auffassung, die Herausgabe einer Wohnung unterfalle der Vollstreckung zur Vornahme einer vertretbaren Handlung gem. § 95 Abs. 1 Nr. 3,[10] ist unrichtig. Schon aus § 887 Abs. 3 ZPO folgt, dass die Herausgabe und damit auch die Räumung keine vertretbare Handlung im Sinne des Vollstreckungsrechts ist. Für die Räumung gilt ausschließlich § 885 ZPO, hier i. V. m. § 95 Abs. 1 Nr. 2.[11] Das gilt auch für die und die Wiedereinräumung des Besitzes.[12]

10   Die Herausgabevollstreckung richtet sich nach den **§§ 883 ff. ZPO**.[13] Sie erfolgt aufgrund eines Auftrages des Berechtigten (Gläubigers i. S. d. ZPO; § 754 ZPO)[14] durch den **Gerichtsvollzieher**. Für die Vollstreckung einer einstweiligen Anordnung in Gewaltschutzsachen, soweit Gegenstand des Verfahrens Regelungen aus dem Bereich der Ehewohnungssachen sind, und in Ehewohnungssachen, gilt ergänzend § 96 Abs. 2.

10a Als problematisch erweist sich bei der Vollstreckung von Räumungstiteln in Ehewohnungs- und Gewaltschutzsachen die Anwendung von § 885 Abs. 2–4 ZPO, wenn die Haushaltsgegenstände noch nicht verteilt sind. Auch in diesem Fall sind die Vorschriften über das Wegschaffen der Gegenstände des Schuldners grundsätzlich anwendbar.[15] Das Gericht muss jedoch, um ein Wegschaffung der in der Wohnung befindlichen Sachen zu verhindern, nicht zwingend die Anwendung von § 885 Abs. 2 bis 4 ZPO ausschließen.[16] Der Gläubiger kann den Vollstreckungsauftrag im Hinblick auf die noch nicht erfolgte Hausratsteilung ebenso beschränken wie der Gläubiger, der sich auf sein Vermieterpfandrecht beruft.[17] Auch die Hausratsteilung ist eine im Vollstreckungsverfahren nicht zu prüfende materiell-rechtliche Frage, so dass die Vollstreckung beschränkt werden kann, wenn die Haushaltsgegenstände noch nicht verteilt sind.[18] Zur Vollstreckung gegen Dritte, die sich in der Wohnung dauerhaft aufhalten und Mitbesitz daran begründet haben, ist ein Titel gegen den Dritten erforderlich. Das gilt für den Lebensgefährten des in der Wohnung verbliebenen Ehepartners[19] wie für den Untermieter.[20]

10b Eine von der ZPO abweichende Regelung enthält **Abs. 4**. Danach kann das Gericht neben oder anstelle der Herausgabevollstreckung gem. § 888 ZPO **Zwangsmittel** anordnen (s. Rn 14). Dadurch soll eine möglichst effektive Vollstreckung ermöglicht werden. Das Gericht entscheidet im Einzelfall nach pflichtgemäßem Ermessen.[21] Das FamFG eröffnet damit eine Vollstreckungsmöglichkeit, die bei der Vollstreckung eines Räumungstitels nach ZPO nicht gegeben ist.[22] Große praktische Bedeutung hat die Vorschrift für die Herausgabe unbeweglicher Sachen nicht, da die Vollstreckung durch den Gerichtsvollzieher

---

[9] BT-Drs. 16/6308 S. 219.
[10] BT-Drs. 16/6308 S. 220.
[11] Thomas/Putzo/Hüßtege § 95 FamFG Rn 4; BeckOK/Sieghörtner § 95 FamFG Rn 4; a. A. Musielak/Borth § 95 Rn 4; Haußleiter/Gomille § 95 Rn 4.
[12] Eckebrecht FPR 2008, 436/440.
[13] Für Gewaltschutzsachen Hohloch FPR 2008, 430/433; für Wohnungszuweisungssachen OLG Saarbrücken InVo 2006, 68; Eckebrecht FPR 2008, 436/437.
[14] Eckebrecht FPR 2008, 436/437.
[15] A. A. KG FamRZ 1987, 1290; OLG Saarbrücken FuR 2005, 574.
[16] So aber OLG Karlsruhe FPR 1997, 155.
[17] Dazu BGH NJW-RR 2009, 1384.
[18] Giers FPR 2010, 564/565.
[19] BGH NJW 2008, 1959.
[20] BGH NJW-RR 2003, 1450.
[21] BT-Drs. 16/6308 S. 220.
[22] S. dazu BGH, NJW-RR 2007, 1091.

i. d. R. wesentlich effektiver ist als das Zwangsgeldverfahren nach § 888 ZPO.[23] Die Verhängung von Zwangsmitteln kann jedoch bei der Vollstreckung der Herausgabe von Wohnungsschlüsseln in Ehewohnungssachen und von Hausrat in Haushaltssachen effektiver sein als die Abnahme der eidesstattlichen Versicherung gem. § 883 Abs. 2 ZPO, wenn der Schuldner vorgibt, die herauszugebenden Gegenstände nicht im Besitz zu haben.[24]

3. Vornahme einer vertretbaren oder nicht vertretbaren Handlung (Abs. 1 Nr. 3, Abs. 4)

Beschlüsse, mit denen dem Verpflichteten die Vornahme einer **vertretbaren Handlung** aufgegeben wird, sind im Anwendungsbereich des § 95 sehr selten. Die in den Gesetzesmaterialien genannte Räumung unterfällt § 95 Abs. 1 Nr. 2 (s. Rn 9). Die ebenfalls dort erwähnte Inventarerrichtung gem. §§ 1640 Abs. 3, 1802 Abs. 3 BGB[25] ist, da sie auf eine Verfügung des Gerichts hin erfolgt, gem. § 35 zu vollstrecken (s. § 35 Rn 8). Wenn der Erbe die Inventarerrichtung nach § 1994 BGB unterlässt, ist Folge nicht die Vollstreckung sondern die unbeschränkte Erbenhaftung.[26] Als Titel kommen daher vor allem Vergleiche und vollstreckbare Urkunden (§ 86 Nr. 3 FamFG i. V. m. § 794 Abs. 1 Nr. 1 und 5 ZPO) in Betracht, die die Verpflichtung zur Vornahme einer vertretbaren Handlung enthalten.

Unvertretbare Handlungen sind vor allem die Erteilung von Auskünften, z. B. im Versorgungsausgleichsverfahren gem. § 4 VersAusglG oder durch den Vorstand einer Aktiengesellschaft auf Antrag eines Aktionärs gem. § 132 AktG. auf Dazu zählen ferner die Verpflichtung zur Nennung des Vaters des nichtehelichen Kindes,[27] zur Kündigung eines Untermietverhältnisses in einem Ehewohnungsverfahren[28] und die Mitteilung einer Bilanz und eines Jahresabschlusses oder sonstiger Aufklärungen sowie die Vorlegung der Bücher und Papiere auf Antrag eines Kommanditisten gem. § 166 Abs. 3 HGB.[29]

Die Vollstreckung erfolgt durch das Gericht des ersten Rechtszuges. Funktionell zuständig ist der Richter. Zur Durchsetzung eines Titels auf Vornahme einer vertretbaren Handlungen wird der Berechtigte gem. **§ 887 ZPO** auf seinen Antrag hin ermächtigt, die vertretbare Handlung auf Kosten des Verpflichteten vornehmen zu lassen. Der Berechtigte kann ferner verlangen, dem Verpflichteten die Vorauszahlung der dadurch entstehenden Kosten zu aufzugeben. Die Vollstreckung dieses Titels richtet sich wiederum nach § 95 Abs. 1 Nr. 1. Außerdem können gem. § 95 Abs. 4 neben oder anstelle dieser Maßnahmen gem. § 888 ZPO Zwangsmittel angeordnet werden (Einzelheiten s. Rn 14).

Für die unvertretbaren Handlungen gilt **§ 888 ZPO**. Auf Antrag des Berechtigten ist der Verpflichtete zur Vornahme der Handlung durch Zwangsgeld bis zu 25 000 € und für den Fall, dass dieses nicht beigetrieben werden kann, durch Zwangshaft oder durch Zwangshaft anzuhalten. Das Zwangsgeld soll nach der h. M. zu § 888 ZPO nicht gem. § 1 Nr. 3 JBeitrO von Amts wegen, sondern auf Antrag des Gläubigers gem. §§ 803 ff. ZPO zugunsten der Staatskasse vollstreckt werden.[30] Dem steht der eindeutige, auch durch Art. 48 FGG-RG nicht geänderte Wortlaut von § 1 Nr. 3 JBeitrO entgegen, so dass jedenfalls die nach § 95 Abs. 1 Nr. 3, Abs. 4 FamFG i. V. m. § 888 ZPO verhängten Zwangsgelder von Amts wegen zu vollstrecken sind.[31]

4. Erzwingung von Duldungen und Unterlassungen

Duldungstitel sind im Bereich des § 95 selten. In Betracht kommen z. B. die Duldung der Probeentnahme nach § 1598a Abs. 2 BGB oder der Einsichtnahme in Bücher und

---

[23] Cirullies Rn 448.
[24] Giers FPR 2010, 564/566.
[25] BT-Drs. 16/6308 S. 220.
[26] MünchKommBGB/Siegmann § 1994 Rn 11.
[27] BGH NJW 2008, 2919.
[28] Giers FPR 2010, 564/566.
[29] OLG München FGPrax 2010, 307.
[30] BGH NJW 1983, 1859; MünchKommZPO/Gruber § 888 Rn 31; Musielak/Lackmann § 888 Rn 15; Thomas/Putzo/Hüßtege § 888 Rn 15; a. A. Baumbach/Hartmann § 888 Rn 18.
[31] BeckOK/Sieghörtner § 95 FamFG Rn 6.

Schriften durch Aktionäre und Gläubigernach § 273 Abs. 3 AktG[32] sowie Verpflichtungen zur Duldung in Vergleichen und vollstreckbaren Urkunden, § 86 Nr. 3 FamFG i. V. m. § 794 Abs. 1 Nr. 1 und 5 ZPO. Unterlassungspflichten werden insbesondere in Gewaltschutzsachen gem. § 1 GewSchG oder als Schutzanordnungen gem. § 209 Abs. 1, z. B. Betretungsverbote, in Ehewohnungssachen[33] (Einzelheiten s. § 209 Rn 4) tituliert. Die Vollstreckung von auf § 1 GewSchG gestützten Unterlassungstiteln erfolgt allein nach § 95 Abs. 1 Nr. 4, nicht nach § 35.[34] Im Zusammenhang mit Umgangsregelungen bestehende Duldungs- und Unterlassungspflichten werden nach Unterabschnitt 2 vollstreckt (s. Rn 2).

16 Die Vollstreckung richtet sich nach **§ 890 ZPO**.[35] Sachlich zuständig ist das Gericht des ersten Rechtszuges, funktionell zuständig der Richter. Zur Übergangsregelung s. Rn 1. Das Gericht kann nach vorheriger Androhung bei Zuwiderhandlung auf Antrag des Berechtigten den Verpflichteten zu einem Ordnungsgeld bis zu 250 000 € und für den Fall, dass dieses nicht beigetrieben werden kann, zur Ordnungshaft oder zur Ordnungshaft bis zu sechs Monaten zu verurteilen. Die (fehlerhafte) Androhung eines Zwangsmittels nach § 35 macht die nach § 890 Abs. 2 ZPO erforderliche Androhung von Ordnungsmitteln nicht entbehrlich.[36] Für die Festsetzung der Ordnungsmittel ist erforderlich, dass die Zuwiderhandlung unstreitig oder bewiesen ist. Das gilt auch wenn eine einstweilige Anordnung Vollstreckungstitel ist.[37] Wegen der Vollstreckung der Ordnungsmittel s. § 89 Rn 18, 19.

5. Abgabe einer Willenserklärung (Abs. 1 Nr. 5)

17 Die Abgabe einer Willenserklärung wird vollstreckt, wenn der der Ehegatte, der Anspruch auf Überlassung der Ehewohnung hat, oder die zu deren Vermietung berechtigte Person gem. § 1568 a Abs. 5 BGB den titulierten Anspruch auf Begründung eines Mietverhältnisses zu ortsüblichen Bedingungen durchsetzt.[38] Eine entsprechende Verpflichtung kann ferner z. B. in Teilungsvereinbarungen und Auseinandersetzungen in Teilungssachen (§§ 366, 368, 371, 373) enthalten sein oder sich aus einem Vergleich ergeben (§ 86 Nr. 3 FamFG i. V. m. § 794 Abs. 1 Nr. 1 ZPO). Vollstreckbare Urkunden (§ 86 Nr. 3 FamFG i. V. m. § 794 Abs. 1 Nr. 5 ZPO) dürfen dagegen keine derartige Verpflichtung enthalten. Die Vollstreckung richtet sich nach **§ 894 ZPO**. Die Willenserklärung gilt mit Rechtskraft des Titels als abgegeben.

V. Entscheidung durch Beschluss (Abs. 2)

18 Nach § 95 Abs. 2 tritt an die Stelle des Urteils, von dessen Vollstreckung die ZPO in §§ 704 ff. ausgeht, der Beschluss. Für die Titel folgt dies bereits aus § 86 Abs. 1 Nr. 1 (zur Vollstreckung von Urteilen aus der Zeit vor Inkrafttreten des FGG-RG s. § 86 Rn 14). Abs. 2 hat daher nur Bedeutung für Entscheidungen im Vollstreckungsverfahren, die allerdings auch nach der ZPO überwiegend durch Beschluss ergehen (s. Rn 19). Die Beschlüsse müssen den Anforderungen von §§ 38 ff. genügen, insbesondere begründet werden (§ 38 Abs. 1) und eine Rechtsbehelfsbelehrung enthalten (§ 39).

VI. Rechtsbehelfe

19 Für die Rechtsbehelfe gelten § 87 Abs. 4 und ergänzend die Vorschriften der ZPO. Im Vollstreckungsverfahren ergehende Beschlüsse sind mit der **sofortigen Beschwerde** anfechtbar, § 87 Abs. 4. Dies gilt auch bei Entscheidungen des Rechtspflegers, § 11 Abs. 1 RPflG.[39] Gegenüber Vollstreckungsmaßnahmen des Gerichtsvollziehers oder Maßnahmen des Vollstreckungsgerichts im Rahmen der Vollstreckung nach Abs. 1 Nr. 1 ist die Er-

---

[32] BT-Drs. 16/6308 S. 220.
[33] Eckebrecht FPR 2008, 436/439.
[34] OLG Celle FGPrax 2010, 189; OLG Zweibrücken FamRZ 2010, 1369.
[35] OLG Celle FGPrax 2010, 189; OLG Zweibrücken FamRZ 2010, 1369.
[36] OLG Celle NJW 2010, 2223.
[37] OLG Hamm FPR 2011, 232.
[38] Giers FPR 2010, 564/566.
[39] Baumbach/Hartmann § 95 FamFG Rn 10.

innerung (§ 766 ZPO) gegeben.[40] Auch die weiteren in Buch 8 der ZPO vorgesehenen Rechtsbehelfe können eingelegt werden, insbesondere sind der **Vollstreckungsabwehrantrag** (§ 767 ZPO) und die **Drittwiderspruchsklage** (§ 771 ZPO) zulässig. Über diese ist nach Abs. 2 nicht durch Urteil, sondern im Interesse der Einheitlichkeit des FamFG-Verfahrens durch Beschluss zu entscheiden.[41] Für den notwendigen Inhalt, die Bekanntgabe, die Berichtigung, die Ergänzung und die Rechtskraft des Beschlusses sowie für die Anhörungsrüge gilt Buch 1 Abschnitt 3. Die danach maßgeblichen Bestimmungen verdrängen die entsprechenden Regelungen der ZPO.[42] Gegen diese Beschlüsse ist nach dem durch Art. 29 FGG-RG nicht geänderten § 511 Abs. 1 ZPO die Berufung nicht zulässig. Da es sich um Endentscheidungen handelt ist nicht die sofortige Beschwerde gem. § 87 Abs. 4 sondern die Beschwerde gem. § 58 gegeben.[43] Eine Gesetzeslücke besteht insoweit, als die Zuständigkeit für die Beschwerdeentscheidung im Fall des § 771 ZPO nicht geregelt ist, wenn erstinstanzlich das nach § 771 Abs. 1 ZPO, § 23 Nr. 1 GVG zuständige AG (Zivilabteilung) entschieden hat. In diesem Fall ist § 119 Abs. 1 Nr. 1 a GVG analog anzuwenden. Sofern das nach §§ 771 Abs. 1 ZPO, 71 GVG zuständige LG entschieden hat, gilt für die Zuständigkeit zur Entscheidung über die Beschwerde § 119 Abs. 1 Nr. 2 GVG.

VII. Ausschluss der Vollstreckung (Abs. 3)

Abs. 3 betrifft den Ausschluss der Vollstreckung wegen einer **Geldforderung** vor Rechtskraft des Beschlusses. Der Anwendungsbereich der Vorschrift ist gering, da die nach Abs. 1 Nr. 1 zu vollstreckenden Beschlüsse überwiegend erst mit Rechtskraft wirksam und damit gem. § 86 Abs. 2 vollstreckbar werden (z. B. Entscheidungen in Ehewohnungs- und Haushaltssachen gem. § 209 Abs. 2, sowie Versorgungsausgleichssachen gem. § 224 Abs. 1, Vereinbarungen und Auseinandersetzungen gem. § 371 Abs. 1, Bestätigungen von Dispachen gem. § 409 Abs. 2). Anwendbar ist Abs. 3 daher vornehmlich auf § 95 Abs. 1 Nr. 1 unterfallende Kostenfestsetzungsbeschlüsse und Entscheidungen in Ehewohnungssachen, soweit die sofortige Wirksamkeit angeordnet wird. Nicht anwendbar ist Abs. 3 auf einstweilige Anordnungen. Die Einstellung der Vollstreckung daraus richtet sich nach § 55. In **Landwirtschaftssachen** gilt nicht Abs. 3, sondern § 30 Abs. 2 LwVG, wonach der Beschluss für vorläufig vollstreckbar erklärt werden kann. 20

Das Gericht entscheidet nur auf Antrag, der auch noch nach dem Termin, § 32, bis zur Rechtskraft des Titels gestellt werden kann.[44] Voraussetzung für den Ausschluss der Vollstreckung ist, dass die Vollstreckung dem Verpflichteten einen **nicht zu ersetzenden Nachteil** bringen würde. Das gilt auch für die Einstellung nach Einlegung der in § 707 Abs. 1 genannten Rechtsbehelfe (Wiedereinsetzung, Wiederaufnahme, Anhörungsrüge). Ferner verweist § 95 Abs. 3 S. 2 auf § 719 Abs. 1 ZPO. Da die dort genannten Rechtsbehelfe (Einspruch, Berufung) nach dem FamFG nicht vorgesehen sind, ist Abs. 3 S. 2 dahin auszulegen, dass S. 1 auch für die Einstellung nach Einlegung einer **Beschwerde** (§ 58) gilt. Zu den Modalitäten der Einstellung in diesem Fall s. § 120 Rn 18. Der Begriff des nicht zu ersetzenden Nachteils ist auszulegen wie in §§ 707 Abs. 1 S. 2, 719 Abs. 2 ZPO. Es reicht nicht jeder mit der Vollstreckung verbundene Schaden aus. Genügend ist aber, dass im Falle der Aufhebung oder Abänderung des Vollstreckungstitels der Berechtigte voraussichtlich wegen Mittellosigkeit nicht in der Lage sein wird, den beigetriebenen Geldbetrag zurückzuzahlen (s. dazu auch § 120 Rn 17).[45] Der Verpflichtete muss grundsätzlich **glaubhaft machen,** dass ihm durch die Vollstreckung ein nicht zu ersetzender Nachteil entsteht. Darauf kann jedoch verzichtet werden, wenn bereits nach dem unstreitigen 21

---

[40] MünchKommZPO/Zimmermann § 95 FamFG Rn 27; Lettau S. 111; a. A. Baumbach/Hartmann § 95 FamFG Rn 10: sofortige Beschwerde.
[41] Prütting/Helms/Stößer § 95 Rn 21; MünchKommZPO/Zimmermann § 95 FamFG Rn 15.
[42] BT-Drs. 16/6308 S. 220.
[43] A. A. MünchKommZPO/Zimmermann § 95 FamFG Rn 28; Lettau S. 110: sofortige Beschwerde.
[44] MünchKommZPO/Zimmermann § 95 Rn 18; BeckOK/Sieghörtner § 95 FamFG Rn 14; a. A. Thomas/Putzo/Hüßtege § 95 FamFG Rn 9: Vor Erlass der Entscheidung; ebenso OLG Hamm v. 1. 3. 2011 II-8 UF 40/11 = BeckRS 2011, 07430 zu § 120 Abs. 2 FamFG.
[45] BGH NJW-RR 2007, 1138.

§ 96 1   Abschnitt 8. Vollstreckung

Vortrag der Beteiligten glaubhaft ist, dass dem Antragsgegner durch die Vollstreckung aus dem für sofort wirksam erklärten Beschluss des Amtsgerichts ein derartiger Nachteil entstehen kann.[46]

VIII. Kosten und Gebühren

22 Die Erhebung der **Gerichtsgebühren** ist je nach Zuständigkeit der Gerichte unterschiedlich geregelt. Soweit das Familiengericht zuständig ist, gilt Hauptabschnitt 6 der Anlage 1 zu § 3 Abs. 2 FamGKG. Für die Tätigkeit des Vollstreckungsgerichts in Familiensachen gilt nach S. 2 der Vorbemerkung zu diesem Hauptabschnitt gem. § 1 S. 1 Nr. 1 a GKG ausschließlich das GKG. In den verbleibenden Fällen ist § 134 KostO anzuwenden. Die **Gerichtsvollziehergebühren** richten sich nach dem GVKostG. Die **Rechtsanwaltsvergütung** gilt die Vollstreckung gem. § 18 Abs. 1, Abs. 2 Nr. 1 RVG als besondere Angelegenheit. Die Höhe der Vergütung folgt aus Teil 3 Abschnitt 3 Unterabschnitt 3 der Anlage 1 zu § 2 Abs. 2 RVG.

Vollstreckung in Verfahren nach dem Gewaltschutzgesetz und in Ehewohnungssachen

§ 96

(1) ¹Handelt der Verpflichtete einer Anordnung nach § 1 des Gewaltschutzgesetzes zuwider, eine Handlung zu unterlassen, kann der Berechtigte zur Beseitigung einer jeden andauernden Zuwiderhandlung einen Gerichtsvollzieher zuziehen. ²Der Gerichtsvollzieher hat nach § 758 Abs. 3 und § 759 der Zivilprozessordnung zu verfahren. ³Die §§ 890 und 891 der Zivilprozessordnung bleiben daneben anwendbar.

(2) ¹Bei einer einstweiligen Anordnung in Gewaltschutzsachen, soweit Gegenstand des Verfahrens Regelungen aus dem Bereich der Ehewohnungssachen sind, und in Ehewohnungssachen ist die mehrfache Einweisung des Besitzes im Sinne des § 885 Abs. 1 der Zivilprozessordnung während der Geltungsdauer möglich. ²Einer erneuten Zustellung an den Verpflichteten bedarf es nicht.

§ 890 ZPO. Erzwingung von Unterlassungen und Duldungen. (1) Handelt der Schuldner der Verpflichtung zuwider, eine Handlung zu unterlassen oder die Vornahme einer Handlung zu dulden, so ist er wegen einer jeden Zuwiderhandlung auf Antrag des Gläubigers von dem Prozessgericht des ersten Rechtszuges zu einem Ordnungsgeld und für den Fall, dass dieses nicht beigetrieben werden kann, zur Ordnungshaft oder zur Ordnungshaft bis zu sechs Monaten zu verurteilen. Das einzelne Ordnungsgeld darf den Betrag von 250 000 Euro, die Ordnungshaft insgesamt zwei Jahre nicht übersteigen.

(2) Der Verurteilung muss eine entsprechende Androhung vorausgehen, die, wenn sie in dem die Verpflichtung aussprechenden Urteil nicht enthalten ist, auf Antrag von dem Prozessgericht des ersten Rechtszuges erlassen wird.

(3) Auch kann der Schuldner auf Antrag des Gläubigers zur Bestellung einer Sicherheit für den durch fernere Zuwiderhandlungen entstehenden Schaden auf bestimmte Zeit verurteilt werden.

§ 891 ZPO. Verfahren; Anhörung des Schuldners; Kostenentscheidung. Die nach den §§ 887 bis 890 zu erlassenden Entscheidungen ergehen durch Beschluss. Vor der Entscheidung ist der Schuldner zu hören. Für die Kostenentscheidung gelten die §§ 91 bis 93, 95 bis 100, 106, 107 entsprechend.

I. Normzweck und Anwendungsbereich

1 Die Vorschrift ergänzt § 95. Abs. 1 betrifft die Vollstreckung in Verfahren nach dem Gewaltschutzgesetz. Abs. 2 regelt die mehrfache Vollziehung von einstweiligen Anordnungen in Gewaltschutzsachen, soweit Gegenstand des Verfahrens Regelungen aus dem Bereich der Ehewohnungssachen sind, und in Ehewohnungssachen. Der Anwendungsbereich des Abs. 2 beschränkt sich auf die Wohnung betreffende Entscheidungen in Gewaltschutz-

---

[46] OLG Frankfurt FamRZ 2010, 1370; a. A. OLG Bremen FamRZ 2011, 322 jeweils zu § 120 Abs. 2 FamFG.

und Ehewohnungssachen. Nicht erfasst werden Entscheidungen zum Sorge- und Umgangsrecht, soweit darin, insbesondere gem. § 1666 Abs. 3 Nr. 3 BGB, über die Herausgabe oder Überlassung einer Wohnung entschieden wird. Zur **Übergangsregelung** s. § 86 Rn 6.

II. Gewaltschutzsachen

Die Vollstreckung in Gewaltschutzsachen erfolgt je nach dem Inhalt des Titels gem. § 95 Abs. 1 Nr. 2 oder Nr. 4. Soweit der Titel die Verpflichtung enthält, **eine Handlung zu unterlassen,** gilt ergänzend Abs. 1. Unterlassungspflichten können vor allem begründet werden hinsichtlich des Betretens der Wohnung der verletzten Person (§ 1 Abs. 1 S. 3 Nr. 1 GewSchG) des Aufenthalts in einem bestimmten Umkreis dieser Wohnung (§ 1 Abs. 1 S. 3 Nr. 2 GewSchG), des Aufsuchens bestimmter Orte, an denen sich die verletzte Person regelmäßig aufhält (§ 1 Abs. 1 S. 3 Nr. 3 GewSchG), der Kontaktaufnahme (§ 1 Abs. 1 S. 3 Nr. 4 GewSchG) und des Herbeiführens von Zusammentreffen (§ 1 Abs. 1 S. 3 Nr. 5 GewSchG). Aus dem Titel (Tenor oder Gründe) muss sich ausdrücklich ergeben, dass **das Unterlassungsgebot auf § 1 GewSchG beruht.**[1] Unerheblich ist, ob es sich bei dem Titel um eine Endentscheidung, eine einstweilige Anordnung oder einen Vergleich[2] handelt. 2

Die geschuldete Unterlassung muss bestimmt und eindeutig bezeichnet sein. Für die Auslegung ist die zu § 890 ZPO entwickelte **Kerntheorie** heranzuziehen.[3] Danach sind nicht nur die nach dem Wortlaut des Titels verbotenen Handlungen untersagt, sondern darüber hinaus alle Handlungen, die nach der Verkehrsauffassung der verbotenen gleichwertig sind, weil sie im Kern mit der Verletzungshandlung übereinstimmen.[4] Erforderlich ist eine **andauernde Zuwiderhandlung** des Verpflichteten gegen das Unterlassungsgebot, indem sich dieser z. B. in der Wohnung aufhält, deren Betreten ihm untersagt wurde.[5] Dieses Erfordernis bewirkt, dass eine Vollstreckung nach Abs. 1 selten möglich ist, da Gerichtsvollzieher i. d. R. nicht ständig, sondern nur während ihrer Sprechzeiten zu erreichen sind. Wenn die Zuwiderhandlung bis dahin beendet ist, kann keine Vollstreckung nach Abs. 1 mehr erfolgen. Im Unterschied zu § 890 ZPO ist ein **Verschulden nicht erforderlich.**[6] 3

Der Berechtigte beauftragt den **Gerichtsvollzieher,** die Zuwiderhandlung zu beseitigen. Dieser kann bei Widerstand Gewalt anwenden und die Unterstützung der Polizei in Anspruch nehmen, § 96 Abs. 1 S. 2 FamFG i. V. m. § 758 Abs. 3 ZPO. Letzteres folgt bereits aus § 87 Abs. 3. Dasselbe gilt für die Notwendigkeit, gem. § 96 Abs. 1 S. 2 FamFG i. V. m. § 759 ZPO Zeugen hinzuzuziehen, wenn bei einer Vollstreckungshandlung Widerstand geleistet oder ist bei einer in der Wohnung des Schuldners vorzunehmenden Vollstreckungshandlung weder der Schuldner noch eine zu seiner Familie gehörige oder in dieser Familie dienende erwachsene Person anwesend ist. Einzelheiten s. bei § 87 Rn 13. Daneben oder stattdessen kann der Berechtigte gem. § 95 Abs. 1 Nr. 4 FamFG i. V. m. §§ 890, 891 ZPO die Verhängung von Ordnungsmitteln beantragen, deren Verhängung jedoch ein Verschulden des Verpflichteten voraussetzt Zur Notwendigkeit einer Klausel s. § 86 Rn 17. Wegen der Kosten s. § 95 Rn 22. 4

III. Ehewohnungssachen

In Ehewohnungssachen gem. § 200 Abs. 1 und Gewaltschutzsachen gem. § 210, soweit Gegenstand des Verfahrens Regelungen aus dem Bereich der Ehewohnungssachen sind, erfolgt die Vollstreckung grundsätzlich gem. § 95 Abs. 1 Nr. 2 FamFG i. V. m. § 885 ZPO. Abs. 2 bestimmt für **einstweilige Anordnungen** ergänzend, dass eine **mehrfache Voll-** 5

---

[1] Johannsen/Henrich/Büte § 96 FamFG Rn 2; BeckOK/Sieghörtner § 96 FamFG Rn 2; a. A. Haußleiter/Gomille § 96 Rn 2.
[2] Johannsen/Henrich/Büte § 96 FamFG Rn 2.
[3] Johannsen/Henrich/Büte § 96 FamFG Rn 2; BeckOK/Sieghörtner § 96 FamFG Rn 3.
[4] Musielak/Lackmann § 890 Rn 4.
[5] MünchKommZPO/Zimmermann § 96 FamFG Rn 2.
[6] SBW/Schulte-Bunert § 96 Rn 4.

§ 96a 1, 2　　　　　　　　　　　　　　　　　　　　　　　　Abschnitt 8. Vollstreckung

streckung, d. h. eine wiederholte Räumung, zulässig ist. Der Titel wird durch die erste Vollstreckungshandlung nicht verbraucht. Eine erneute Zustellung ist gem. Abs. 2 S. 2 nicht erforderlich. Allerdings ist keine Vollstreckung mehr möglich, wenn die einstweilige Anordnung gem. § 56 außer Kraft getreten ist.

6　　Unerheblich ist, ob sich der Verpflichtete **gegen oder mit dem Willen des Berechtigten** erneut in der Wohnung aufhält. Die Räumung kann auch erfolgen, wenn der Verpflichtete vom Berechtigten zunächst wieder aufgenommen wurde. Der Berechtigte verliert dadurch nicht die Befugnis, erneut zu vollstrecken.[7] Nach Wiederaufnahme kann der Verpflichtete gem. § 54 die Aufhebung der Entscheidung beantragen und auf diesem Weg eine erneute Vollstreckung verhindern.[8] Wegen der Kosten s. § 95 Rn 22.

Vollstreckung in Abstammungssachen

96a　(1) **Die Vollstreckung eines durch rechtskräftigen Beschluss oder gerichtlichen Vergleich titulierten Anspruchs nach § 1598 a des Bürgerlichen Gesetzbuchs auf Duldung einer nach den anerkannten Grundsätzen der Wissenschaft durchgeführten Probeentnahme, insbesondere die Entnahme einer Speichel- oder Blutprobe, ist ausgeschlossen, wenn die Art der Probeentnahme der zu untersuchenden Person nicht zugemutet werden kann.**

(2) **Bei wiederholter unberechtigter Verweigerung der Untersuchung kann auch unmittelbarer Zwang angewendet insbesondere die zwangsweise Vorführung zur Untersuchung angeordnet werden.**

I. Normzweck und Anwendungsbereich

1　　Die Vorschrift wurde zunächst mit dem Gesetz zur Klärung der Vaterschaft unabhängig vom Anfechtungsverfahren vom 26. 3. 2008[1] als § 56 Abs. 4 S. 1 und 3 in das FGG eingefügt. Sie trägt dem Prinzip der informationellen Selbstbestimmung (Art. 1 Abs. 1 GG) Rechnung und regelt die Vollstreckung titulierter Ansprüche aus **§ 1598 a BGB**. Danach können zur Klärung der leiblichen Abstammung des Kindes der Vater jeweils von Mutter und Kind, die Mutter jeweils von Vater und Kind und das Kind jeweils von beiden Elternteilen verlangen, dass diese in eine genetische Abstammungsuntersuchung einwilligen und die Entnahme einer für die Untersuchung geeigneten genetischen Probe dulden. Die Probe muss nach den anerkannten Grundsätzen der Wissenschaft entnommen werden. Auf Antrag eines Klärungsberechtigten hat das Familiengericht eine nicht erteilte Einwilligung zu ersetzen und die Duldung einer Probeentnahme anzuordnen. Zur **Übergangsregelung** s. § 86 Rn 6.

II. Ausschluss der Probeentnahme (Abs. 1)

1. Allgemeines

2　　Der Verpflichtete hat nach dem Titel (rechtskräftiger Beschluss oder gerichtlicher Vergleich) die Probeentnahme zu dulden. Dabei wird es sich nach den Richtlinien der Bundesärztekammer für die Erstattung von Abstammungsgutachten aus dem Jahr 2002[2] i. d. R. um eine Blutprobe, ggf. auch um eine Speichelprobe handeln. Die Vollstreckung erfolgt gem. § 95 Abs. 1 Nr. 4 FamFG i. V. m. §§ 890, 891 ZPO durch Verhängung von Ordnungsmitteln auf Antrag des Berechtigten. Trotz vollstreckbaren Titels ist die Vollstreckung nach Abs. 1 ausgeschlossen, wenn die Art der Probeentnahme dem Verpflichteten nicht zugemutet werden kann. Das ist anzunehmen, wenn für ihn **gesundheitliche Schäden** zu befürchten sind,[3] die über die mit der Entnahme üblicherweise verbundenen Beeinträchtigungen hinausgehen. Weitere Weigerungsgründe sind nicht anzuerkennen. Insbesondere

---

[7] MünchKommZPO/Zimmermann § 96 FamFG Rn 7; Thomas/Putzo/Hüßtege § 96 FamFG Rn 6; a. A. Prütting/Helms/Stößer § 96 Rn 9; SBW/Schulte-Bunert § 96 Rn 7.
[8] MünchKommZPO/Zimmermann § 96 FamFG Rn 7; Thomas/Putzo/Hüßtege § 96 FamFG Rn 6.
[1] BGBl. I S. 441.
[2] FamRZ 2002, 1159.
[3] BT-Drs. 16/6561 S. 16.

sind nicht die zu § 372a ZPO entwickelten Maßstäbe anzulegen. Denn es handelt sich nicht um die Durchsetzung einer gerichtlichen Verfügung im Verlauf des Verfahrens, sondern um die Vollstreckung eines Titels, dem ein abgeschlossenes Erkenntnisverfahren vorausgegangen ist. Ob die Abstammungsuntersuchung zur Klärung der Vaterschaft erforderlich ist, wird bereits im Erkenntnisverfahren abschließend geprüft.

2. Entscheidung des Gerichts

Nicht ausdrücklich geregelt ist, auf welche Weise sich der Betroffene auf die Unzumutbarkeit der Probeentnahme berufen kann. Denn § 96a Abs. 1 hat die Regelung aus § 56 Abs. 4 S. 2 FGG, wonach über die Rechtmäßigkeit einer Verweigerung das Gericht durch Beschluss entscheidet, das die Entscheidung erlassen hat, nicht übernommen. Damit steht kein besonderes Verfahren mehr zur Überprüfung der Verweigerung zur Verfügung.[4] Dem Betroffenen bleibt zur Herbeiführung einer gerichtlichen Entscheidung nur die **sofortige Beschwerde** gem. § 87 Abs. 4. Diese ist entweder gegen die Verhängung von Ordnungsmitteln gem. § 95 Abs. 1 Nr. 4 FamFG i. V. m. §§ 890, 891 ZPO oder die Anordnung unmittelbaren Zwangs gem. § 96a Abs. 2 einzulegen.[5] Eine Erinnerung, § 766 ZPO, gegen die Vorführung durch den Gerichtsvollzieher die die Art und Weise der Zwangsvollstreckung betrifft, ist dagegen nicht möglich, da der Gerichtsvollzieher nur die Vollstreckungsvoraussetzungen prüfen muss. Sie ist jedoch zulässig, wenn der Gerichtsvollzieher sich weigert, die Vorführung vorzunehmen.[6]

III. Unmittelbarer Zwang (Abs. 2)

Voraussetzung des unmittelbaren Zwangs ist die **wiederholte unberechtigte Verweigerung** der Untersuchung. In diesem Fall kann das Gericht auf Antrag des Berechtigten unmittelbaren Zwang anordnen. Die Berechtigung des Verpflichteten zur Verweigerung wird, sofern keine Entscheidung im Beschwerdeverfahren (s. Rn 3) vorliegt, inzidenter geprüft. Das Anordnungsverfahren ist nicht geregelt. Die §§ 90 Abs. 1, 92 Abs. 1 sind entsprechend anzuwenden. Das Gericht entscheidet nach Anhörung des Verpflichteten durch gem. § 38 Abs. 3 zu begründenden und gem. § 39 mit einer Rechtsbehelfsbelehrung zu versehenden **Beschluss,** der wiederum mit der sofortigen Beschwerde anfechtbar ist, § 87 Abs. 4. Es trifft die zur Vollstreckung notwendigen Anordnungen, insbesondere die Anordnung zur zwangsweisen Vorführung zur Untersuchung. Die Vorführung erfolgt durch den Gerichtsvollzieher, für dessen Gebühren Nr. 270 KV GVKostG (zwangsweise Vorführung) gilt. Wegen der **Kosten** wird im Übrigen auf § 92 Rn 5 verwiesen.

---

[4] Ebenso BeckOK/Sieghörtner § 96a FamFG Rn 4; a. A. Musielak/Borth § 96a Rn 2.
[5] Ebenso BeckOK/Sieghörtner § 96a FamFG Rn 4; wohl auch SBW/Schulte-Bunert § 96a Rn 4.
[6] MünchKommZPO/Zimmermann § 96a FamFG Rn 7.

Abschnitt 9. Verfahren mit Auslandsbezug

Unterabschnitt 1. Verhältnis zu völkerrechtlichen Vereinbarungen und Rechtsakten der Europäischen Gemeinschaft

Vorrang und Unberührtheit

97 (1) ¹Regelungen in völkerrechtlichen Vereinbarungen gehen, soweit sie unmittelbar anwendbares innerstaatliches Recht geworden sind, den Vorschriften dieses Gesetzes vor. ²Regelungen in Rechtsakten der Europäischen Gemeinschaft bleiben unberührt.

(2) Die zur Umsetzung und Ausführung von Vereinbarungen und Rechtsakten im Sinne des Absatzes 1 erlassenen Bestimmungen bleiben unberührt.

Übersicht

	Rn
I. Normzweck	1
II. Verhältnis des FamFG zu völkerrechtlichen Vereinbarungen und Rechtsakten der EG	2
1. Völkerrechtliche Vereinbarungen (Abs. 1 S. 1)	2
2. Rechtsakte der EG (Abs. 1 S. 2, Abs. 2)	3
III. Verfahrensfragen	6
1. Prüfung der internationalen Zuständigkeit	6
2. Prinzip der lex fori	7
3. Grundsatz der perpetuatio fori	8
4. Territorialitätsprinzip, Zustellung und Beweisaufnahme im Ausland	9
5. Rechtshängigkeit bei ausländischem Gericht	10
6. Zuständigkeitsvereinbarung	11
7. Verweisung, Abgabe	12
8. Ermittlungspflicht	13

I. Normzweck

1   Das internationale Zivilverfahrensrecht (IZVR), das sich vornehmlich mit den Fragen befasst, wann deutsche Gerichte international zuständig sind und welche Wirkungen ausländische Entscheidungen im Inland haben,[1] beruht nicht nur auf dem autonomen (nationalen) Recht, sondern auch auf nationales Recht verdrängendem EG-Recht und auf Staatsverträgen. § 97 begründet nicht den Vorrang von Staatsverträgen und EG-Recht vor den Regelungen des FamFG, sondern stellt dies nur klar, weil sich der Vorrang bereits aus der allgemeinen Regel ergibt, nach der das speziellere das allgemeinere Gesetz verdrängt.[2] Die Vorschrift hat also nach dem Willen des Gesetzgebers in erster Linie nur **Hinweisfunktion** für die Rechtspraxis.[3] Eine dem Abs. 1 entsprechende Regelung findet sich für das internationale Privatrecht (IPR) in Art. 3 Abs. 2 EGBGB.

II. Verhältnis des FamFG zu völkerrechtlichen Vereinbarungen und Rechtsakten der EG

1. Völkerrechtliche Vereinbarungen (Abs. 1 S. 1)

2   Die **allgemeinen Regeln des Völkerrechts** sind nach Art. 25 GG Bestandteil des Bundesrechts und gehen den Gesetzen vor. **Völkerrechtliche Vereinbarungen** bzw. Staatsverträge haben aber nur Vorrang, wenn sie nach Art. 59 Abs. 2 GG Bestandteil des

---

[1] von Hoffmann/Thorn § 3 Rn 1.
[2] SBW/Baetge § 97 Rn 3, 9.
[3] BT-Drs. 16/6308 S. 220.

innerstaatlichen Rechts geworden sind. Das setzt voraus, dass der Staatsvertrag in nationales Recht umgesetzt worden ist. Dies geschieht nach Art. 59 Abs. 2 GG dadurch, dass die jeweils für die Bundesgesetzgebung zuständigen Körperschaften der völkerrechtlichen Inkraftsetzung in der Form eines Bundesgesetzes zustimmen (Ratifizierung), der Bundespräsident (Art. 59 Abs. 1 GG) eine Verpflichtungserklärung abgibt, die nach dem Vertrag erforderliche Zahl der Ratifikationsurkunden hinterlegt ist und das Zustimmungsgesetz mit dem Vertragstext im BGBl. Band II veröffentlicht wird.

2. Rechtsakte der EG (Abs. 1 S. 2, Abs. 2)

Der Vorrang vor dem nationalen Recht bezieht sich, was Abs. 1 S. 2 und Abs. 2 klarstellt, auch auf Regelungen in Rechtsakten der EG – bzw. nunmehr der Europäischen Union[4] – sowie dazu ergangenen Umsetzungs- und Ausführungsbestimmungen. Bei Rechtsakten der EU, an deren Zustandekommen die Europäische Kommission, der Europäische Rat, der Rat der Europäischen Union (auch Ministerrat genannt) und das Europäische Parlament beteiligt sind, wird unterschieden zwischen

- **EG bzw. EU-Verordnungen** (diese sind gemäß Art. 288 Abs. 2 AEUV (= vormals Art. 249 Abs. 2 EGV) ohne nationalen Umsetzungsakt unmittelbar in den Mitgliedstaaten gültig), z. B. die auf der Grundlage des EG-Vertrages vom 25. 3. 1957[5] i. d. F. des Vertrages von Nizza vom 26. 2. 2001 (Art. 65 EGV a. F.)[6] erlassene VO (EG) Nr. 2201/2003 vom 27. 11. 2003, EuEVO);
- **EG-Richtlinien** (diese sind erst ab der Umsetzung in nationales Recht bindend); diese fallen als nationales Recht, das aufgrund von Richtlinien harmonisiert ist, nicht unter Abs. 2, weil derartige Akte, die der Erfüllung einer gemeinschaftlichen Verpflichtung dienen, dem nationalen Kollisionsrecht gegebenenfalls als spezielleres oder späteres Recht vorgehen;[7]
- und **Entscheidungen** (das sind Rechtsakte, die einen Einzelfall regeln und daher einem Verwaltungsakt im öffentlichen Recht ähnlich sind).

Die einheitliche **Auslegung** der EG-Verordnungen wird durch den EuGH im Rahmen von Vorlageverfahren nach Art. 267 AEUV (= vormals Art. 234 EGV) sichergestellt, der die Bestimmungen **autonom** aus dem Gemeinschaftsrecht heraus, d. h. nicht auf ein bestimmtes nationales Recht gerichtet auslegt.[8]

§ 199 enthält eine Ergänzung zu § 97 Abs. 2 für das **AdWirkG,** da dieses Gesetz über die Umsetzung und Ausführung von Rechtsakten i. S. d. § 97 Abs. 2 hinausgeht. Die Vorschriften des AdWirkG gehen als Spezialvorschriften denjenigen des FamFG vor.[9]

III. Verfahrensfragen

1. Prüfung der internationalen Zuständigkeit

Unter internationaler Zuständigkeit ist die Verteilung der Rechtssachen, die Auslandsberührung haben, unter die Gerichte verschiedener Staaten im internationalen Rechtsverkehr zu verstehen. Die Regeln hierüber besagen also, wann deutsche – oder vom inländischen Standpunkt aus – ausländische Gerichte anzurufen sind bzw. entscheiden dürfen, wenn z. B. ein Beteiligter Ausländer ist oder seinen Wohnsitz im Ausland hat. Die internationale Zuständigkeit ist neben der örtlichen eine selbständige Verfahrensvoraussetzung. Sie ist in jeder Lage des Verfahrens von Amts wegen zu prüfen.[10] Im gerichtlichen Verfahren ist sie grundsätzlich nicht vor, sondern nach Feststellung der örtlichen Zuständigkeit zu prüfen; denn einem örtlich unzuständigen Gericht kann nicht die Prüfung der internationalen

---

[4] Vgl. Konsolidierte Fassung des Vertrages über die Europäische Union (Abl. EU 2010 C 83 S. 13).
[5] BGBl. II S. 766.
[6] BGBl. II S. 1667; abgedruckt in Jayme/Hausmann unter Nr. 0–1.
[7] Vgl. BT-Drucks. 10/5632 S. 39.
[8] Coester FF 2009, 269/270; Hay S. 13 f.
[9] BT-Drs. 16/6308 S. 248.
[10] St. Rspr. BGH NJW 2003, 426 = FamRZ 2003, 370; NJW 1999, 848.

Zuständigkeit zugemutet werden.[11] Doch gilt auch hier der Grundsatz der Verfahrensökonomie.[12] Fehlt die internationale Zuständigkeit, so ist der Antrag abzuweisen.

2. Anzuwendendes Verfahrensrecht (Prinzip der lex fori)

7   Der Grundsatz der lex fori besagt, dass sich Verfahrensfragen stets nur nach dem jeweiligen Prozessrecht des erkennenden Gerichts bestimmen.[13] Ein international zuständiges deutsches Gericht wendet daher deutsches Verfahrensrecht an. Aus der **lex fori** ergibt sich somit die zulässige Verfahrensart, sie entscheidet über die Handlungen des Gerichts und der Parteien, die Beweiswürdigung (vgl. § 369 ZPO),[14] die Erstattung von Kosten, die Rechtsmittel etc.[15] Hängt die Zuständigkeit des Gerichts vom Wohnsitz oder gewöhnlichen Aufenthalt einer Person ab, ist auch die Frage, ob ein Ausländer einen Wohnsitz oder gewöhnlichen Aufenthalt im Inland hat, nach deutschem Recht zu beurteilen;[16] aus demselben Grund ist z. B. die Feststellung eines ausländischen Gerichts, dass eine Prozessvoraussetzung nach dem ausländischen Recht gegeben ist oder nicht, für das deutsche Gericht ohne Wirkung.[17] Kennt das deutsche Verfahrensrecht allerdings ein nach materiellem ausländischen Recht zu beurteilendes Begehren nicht, so ist zunächst das deutsche Verfahrensrecht anzuwenden, dem die dem ausländischen Rechtsinstitut vergleichbare Regelung unterliegt.[18] Deutsche Gerichte können so auf Trennung unter Aufrechterhaltung des Ehebandes erkennen, wenn diese nach dem maßgebenden ausländischen Recht zulässig ist und nach den deutschen Gesetzen die Scheidung der Ehe dem Bande nach zulässig wäre (so nach italienischem Recht),[19] oder zB ein Nachlassverwalterzeugnis bei einer „administration" nach New Yorker Recht ausstellen.[20]

3. Fortdauer der Zuständigkeit (Grundsatz der perpetuatio fori)

8   Der Grundsatz der **perpetuatio fori** – der besagt, dass die Zuständigkeit der Gerichte mit Eintritt der Rechtshängigkeit erhalten bleibt, auch wenn sich die tatsächlichen Voraussetzungen, die die Zuständigkeit begründet haben, verändern – gilt im Grundsatz in entsprechender Anwendung der §§ 2 Abs. 2 FamFG, 261 Abs. 3 Nr. 2 ZPO auch für das IZVR,[21] aber nicht schlechthin. Die Entscheidung hierüber hängt ab von einer Abwägung der Interessen der Beteiligten (Fürsorgebedürfnis und Sachnähe des entscheidenden Gerichts) und der Zielrichtung der §§ 97 ff., nicht anerkennungsfähige Entscheidungen zu verhindern.[22] Es besteht daher für die Anwendung des Grundsatzes der perpetuatio fori dann kein Raum, wenn die internationale Zuständigkeit in einem völkerrechtlichen Vertrag besonders geregelt ist und diese Regelung einen Schutzzweck verfolgt, der bei Anwendung des perpetuatio-Grundsatzes unterlaufen würde.[23] Daher wird eine Ausnahme von dem Grundsatz bei Entscheidungen über die elterliche Sorge bei der Verlegung des Aufenthalts eines Kindes gemacht, weil dem Kindeswohl durch eine Entscheidung des Gerichts am Aufenthaltsort im Einzelfall besser Rechnung getragen werden kann.[24] Eine weitere

---

[11] KG FamRZ 1961, 383; OLG Celle DAVorm 1972, 428; OLG Hamm NJW 1969, 385; OLG Stuttgart JR 1963, 421 mit Anm. v. Jansen; a.M. Staudinger/van Hein Art. 24 EGBGB Rn 98; MünchKommZPO/Coester-Waltjen § 640 a Rn 5.
[12] S. Kralik ZZP 74, 2, 34; Roth IPRax 1989, 279.
[13] BGH NJW-RR 1993, 130; NJW 1985, 552.
[14] von Hoffmann/Thorn § 3 Rn 10.
[15] Hay S. 3.
[16] BGH NJW-RR 1993, 4; NJW-RR 1993, 130; NJW-RR 1992, 579.
[17] BGH NJW 1985, 552.
[18] MünchKommZPO/Bernreuther § 606 a Rn 12.
[19] BGH NJW 1967, 2109 = FamRZ 1967, 452.
[20] BGH NJW 1967, 2109 = FamRZ 1967, 452; Kegel/Schurig S. 871; von Hoffmann/Thorn § 3 Rn 11.
[21] BAG NJW 1979, 1119; BayObLG FamRZ 1993, 1469; OLG Koblenz FamRZ 1974, 189; OLG München IPRax 1988, 354; Zöller/Greger § 261 Rn 12; a. A. Damrau, FS für Bosch, S. 103/113; Stein/Jonas/Roth § 261 Rn 40; offen gelassen vom BGH NJW 2002, 2955 = FamRZ 2002, 1182.
[22] BayObLG FamRZ 1997, 959; OLG Hamburg IPRax 1987, 319; OLG Zweibrücken FamRZ 1973, 479; Mansel IPRax 1988, 298; MünchKommZPO/Rauscher § 99 FamFG Rn 58.
[23] BGH NJW 2002, 2955 = FamRZ 2002, 1182.
[24] KG NJW 1998, 1565 = FamRZ 1998, 440; OLG Hamburg IPRax 1989, 319; OLG München OLGR 1994, 128; von Hoffmann/Thorn § 3 Rn 71.

Ausnahme betrifft den Wegfall der gegenseitigen Anerkennung von Entscheidungen in Ehe- und Familiensachen, damit die deutsche Entscheidung in ihrer Wirkung nicht von vornherein auf Deutschland beschränkt bleibt, sondern auch jenseits der deutschen Grenzen anerkannt wird.[25]

4. Territorialitätsprinzip, Zustellung und Beweisaufnahme im Ausland

Dieses völkerrechtliche Prinzip besagt, dass die Gerichtsbarkeit als hoheitliche Handlung auf das eigene Staatsgebiet beschränkt ist. Die deutschen Gerichte dürfen daher grundsätzlich im Ausland keine Verfahrenshandlungen vornehmen, z. B. eine Zustellung oder Beweisaufnahme, sie müssen insoweit den Weg der internationalen Rechtshilfe beschreiten,[26] es sei denn, es ist ihnen aufgrund einer völkerrechtlichen Vereinbarung möglich. Zu beachten ist insoweit für Zustellungen das HZÜ (Haager Übereinkommen über die Zustellung gerichtlicher und außergerichtlicher im Ausland in Zivil- oder Handelssachen vom 15. 1. 1965[27]), das im Verhältnis der EU-Mitgliedsstaaten – mit Ausnahme von Dänemark – durch die EuZVO vom 29. 5. 2000, VO (EG) Nr. 1348/2000, abgelöst worden ist. Für die Beweisaufnahme ist das **HBÜ** zu beachten (Haager Übereinkommen über die Beweisaufnahme im Ausland in Zivil- oder Handelssachen vom 18. 3. 1970[28]), das im Verhältnis der EU-Mitgliedsstaaten – mit Ausnahme von Dänemark – durch die **EuBeweisaufnahmeVO** vom 28. 5. 2001, VO (EG) Nr. 1206/2001, abgelöst worden ist.

5. Rechtshängigkeit bei ausländischem Gericht

Die Rechtshängigkeit einer Angelegenheit bei einem ausländischen Gericht oder einer ausländischen Behörde schließt die internationale Zuständigkeit des deutschen Gerichts nicht notwendig aus.[29] Ist zu erwarten, dass die ausländische Entscheidung hier anerkannt wird, ist das Verfahren unzulässig, sofern die beiden Verfahren denselben Gegenstand haben.[30] Daher kann z. B. eine **vorläufige Anordnung** getroffen werden, auch wenn im Ausland eine Entscheidung über die Hauptsache anhängig ist.

6. Zuständigkeitsvereinbarung

Eine vertragliche Zuständigkeitsvereinbarung ist in den Angelegenheiten nach §§ 98 bis 105 nicht möglich, weil es sich bei ihnen nicht um vermögensrechtliche Streitigkeiten i. S. d. § 40 Abs. 1 ZPO handelt.[31] Daher ist auch eine rügelose Einlassung nicht möglich, § 40 Abs. 2 ZPO. Vielmehr hat das Gericht seine internationale Zuständigkeit in jeder Lage des Verfahrens **von Amts wegen** zu prüfen (s. Rn 5). Auch die Zuständigkeiten nach Art. 12 Abs. 1 und Abs. 3 der VO (EG) Nr. 2201/2003 binden die Gerichte selbst bei einem Einverständnis der Ehegatten oder Sorgeberechtigten mit der Zuständigkeit des Gerichts nicht, wenn sie dem Wohl des Kindes widersprechen, was das Gericht von Amts wegen zu prüfen hat. Soweit in Art 3 a Spiegelstrich 4 der VO (EG) Nr. 2201/2003 ein Element der Vereinbarung hereinkommt, beruht auch hier der Gerichtsstand nicht auf einer Vereinbarung des Gerichtsstands, sondern auf dem gewöhnlichen Aufenthalt verbunden mit dem Einverständnis mit der Scheidung.[32] Eine Zuständigkeitsvereinbarung ermöglicht in Unterhaltssachen Art. 4 der VO (EG) Nr. 4/2009.[33]

---

[25] BGH NJW 1984, 1305 = FamRZ 1983, 1215; Staudinger/Spellenberg Rn 300; Stein/Jonas/Schlosser § 606 a Rn 3; MünchKommZPO/Bernreuther § 606 a Rn 167.
[26] von Hoffmann/Thorn § 3 Rn 110 ff.
[27] BGBl. 1977 II S. 1453.
[28] BGBl. 1999 II S. 1472.
[29] BayObLGZ 1966, 248; KG OLGZ 1975, 119; OLG Hamm FamRZ 1988, 864; OLG Karlsruhe FamRZ 1969, 161.
[30] BGH IPRax 1994, 40; OLG Karlsruhe FamRZ 1994, 47; Firsching/von Hoffmann § 3 Rn 66.
[31] Vgl. MünchKommZPO/Coester-Waltjen § 640 a Rn 5.
[32] Staudinger/Spellenberg Art. 3 EuEheVO Rn 21.
[33] ABl. EU 2009 Nr. L 7 S. 1.

7. Verweisung, Abgabe

12 Eine Zuständigkeit eines deutschen Gerichts infolge Verweisung durch ein ausländisches Gericht scheidet grundsätzlich aus. § 3 FamFG sowie § 281 Abs. 2 S. 2 ZPO finden auf die internationale Zuständigkeit keine Anwendung; die Verweisung eines ausländischen Gerichts an ein inländisches bindet dieses daher nicht.[34] Eine Ausnahme sieht Art. 15 der VO (EG) Nr. 2201/2003 im Kindersorgerecht vor. Danach kann ein an sich zuständiges Gericht auf Antrag oder von Amts wegen ein Verfahren mit Zustimmung mindestens eines Beteiligten das Verfahren ganz oder teilweise an ein Gericht eines anderen Mitgliedsstaates abgeben, wenn dieses Gericht die Situation besser beurteilen kann; ähnlich auch § 99 Abs. 3 und die hierauf verweisende Vorschrift des § 104 Abs. 2.

8. Ermittlungspflicht

13 Nach der Rechtsprechung des BGH muss das deutsche Gericht von Amts wegen nicht nur das ausländische Gesetzesrecht ermitteln und anwenden, sondern das Recht, wie es der Richter des betreffenden Landes auslegt und anwendet. Die Ermittlungspflicht des Tatrichters umfasst daher gerade auch die ausländische Rechtspraxis, wie sie in der Rechtsprechung der Gerichte des betreffenden Landes zum Ausdruck kommt. In welcher Weise er sich die notwendigen Erkenntnisse verschafft, liegt in seinem pflichtgemäßen Ermessen. Die Anforderungen sind umso größer, je detaillierter und kontroverser die Parteien eine ausländische Rechtspraxis vortragen.[35] Das Revisionsgericht überprüft lediglich, ob der Tatrichter sein Ermessen fehlerfrei ausgeübt, insbesondere die sich anbietenden Erkenntnisquellen ausgeschöpft hat.[36]

Unterabschnitt 2. Internationale Zuständigkeit

Ehesachen; Verbund von Scheidungs- und Folgesachen

98 (1) **Die deutschen Gerichte sind für Ehesachen zuständig, wenn**
1. **ein Ehegatte Deutscher ist oder bei der Eheschließung war;**
2. **beide Ehegatten ihren gewöhnlichen Aufenthalt im Inland haben;**
3. **ein Ehegatte Staatenloser mit gewöhnlichem Aufenthalt im Inland ist;**
4. **ein Ehegatte seinen gewöhnlichen Aufenthalt im Inland hat, es sei denn, dass die zu fällende Entscheidung offensichtlich nach dem Recht keines der Staaten anerkannt würde, denen einer der Ehegatten angehört.**

(2) **Die Zuständigkeit der deutschen Gerichte nach Absatz 1 erstreckt sich im Fall des Verbunds von Scheidungs- und Folgesachen auf die Folgesachen.**

Übersicht

	Rn
I. Normzweck	1
II. Anwendungsbereich	2
1. Vorrang der EuEheVO (VO (EG) Nr. 2201/2003 oder Brüssel II a-VO)	2
2. Vorrangiges Recht in Unterhaltssachen	5
3. Restzuständigkeit	6
III. Internationale Zuständigkeit, wenn nur ein Ehegatte Deutscher ist (Abs. 1 Nr 1)	7
1. Allgemeines	7
2. Deutsche Staatsangehörigkeit	8
3. Deutschen Staatangehörigen gleichgestellte Personen	9
a) VO (EG) Nr. 2201/2003	9
b) Genfer Flüchtlingskonvention	10
c) AHK-Gesetz Nr. 23	12

---

[34] Vgl. EuGHE 2005, I-01383; MünchKommZPO/Bernreuther § 606a Rn 50; Hay S. 15.
[35] BGH IPRax 2002, 302; NJW 1992, 2026.
[36] BGH NJW 1992, 2026.

Ehesachen; Verbund von Scheidungs- und Folgesachen 1–4 § 98

Rn
    d) Gesetz über die Rechtsstellung heimatloser Ausländer im Bundesgebiet 13
    e) UN-Übereinkommen über die Rechtsstellung von Staatenlosen 14
  IV. Internationale Zuständigkeit deutscher Gerichte, wenn kein Ehegatte Deutscher ist (Abs. 1 Nr. 2–4) 15
    1. Beide ausländischen Ehegatten sind im Inland (Abs. 1 Nr. 2) 15
    2. Nur ein Ehegatte ist im Inland und staatenlos (Abs. 1 Nr. 3) 17
    3. Nur ein Ehegatte ist im Inland und Ausländer (Abs. 1 Nr. 4) 18
  V. Verbundverfahren (Abs. 2) 22

I. Normzweck

Die Vorschrift entspricht in Verbindung mit § 106 dem früheren § 606a Abs. 1 ZPO. **1** Sie regelt die internationale Zuständigkeit für Ehesachen i. S. d. § 121, d. h. die Frage, ob die deutschen Gerichte im Verhältnis zu den Gerichten anderer Staaten zuständig sind. Da die §§ 98 ff. nicht gelten, wenn vorrangige Regelungen bestehen und zur Anwendung kommen (s. § 97), ist der Anwendungsbereich des § 98 nicht sehr groß.

II. Vorrangiges Recht

1. Vorrang der EuEheVO (VO (EG) Nr. 2201/2003 oder Brüssel II a-VO)[1]

Diese Verordnung verdrängt nach Art. 1 Abs. 1 a die Vorschrift des § 98 in den statusän- **2** dernden Angelegenheiten nach § 121 Abs. 1 Nr. 1 (Scheidungssachen) und Nr. 2 (Verfahren auf Aufhebung der Ehe), nicht jedoch in den Angelegenheiten des § 121 Abs. 1 Nr. 3 (Feststellung des Bestehens oder Nichtbestehens einer Ehe);[2] auch die Klage auf Herstellung der Ehe nach § 1353 BGB gehört nicht mehr zu den Ehesachen. Der Durchführung der EuEheVO dient das IntFamRVG,[3] das in den §§ 12 und 13[4] Zuständigkeitskonzentrationen enthält.

Art. 3 stellt für die Zuständigkeit bei den genannten Entscheidungen in Ehesachen **3** alternativ darauf ab, dass
- mindestens einer der Ehegatten seinen gewöhnlichen Aufenthalt in einem Mitgliedsstaat hat (Art. 3 Abs. 1 a),
- oder beide[5] die Staatsangehörigkeit des Mitgliedstaates des angerufenen Gerichts besitzen, selbst wenn sie anderswo ihren Lebensmittelpunkt haben,[6] bzw. beide ihr domicile in Großbritannien oder Irland haben (Art. 3 Abs. 1 b). Im letzteren Fall kommt es nicht auf die Staatsangehörigkeit an. Haben z. B. zwei Deutsche ihr domicile in England, ist ihr „Heimatgerichtsstand" dort.[7]
- Sind danach mehrere Gerichte zuständig, so sind sie gleichrangig und der Antragsteller hat die freie Wahl unter ihnen.[8]

Die Verordnung gilt nach Art. 72 seit dem 1. 3. 2005 für die Mitgliedsstaaten der EU **4** mit Ausnahme von Dänemark.[9] Ihr **räumlicher Anwendungsbereich** erfasst daher derzeit die folgenden 25 Mitgliedsstaaten der EU samt überseeischen Gebieten:

---

[1] ABl. EG 2003 Nr. I 338 S. 1, abgedruckt Schönfelder-Ergänzungsband Nr. 103 b sowie bei Jayme/Hausmann Nr. 162; sie ist kommentiert von Siehr im MünchKommBGB im Anh. I nach Art. 21 EGBGB sowie von Spellenberg im Staudinger.
[2] OLG Karlsruhe IPRax 1985, 106 m. Anm. (und Darstellung des türkischen Rechts zum Recht auf Getrenntleben) Henrich.
[3] BGBl. I S. 162.
[4] S. dazu OLG Oldenburg FamRZ 2008, 1269.
[5] Staudinger/Spellenberg Art. 3 EuEheVO Rn 2.
[6] Staudinger/Spellenberg Art. 3 EuEheVO Rn 31.
[7] Staudinger/Spellenberg Art. 3 EuEheVO Rn 33.
[8] Staudinger/Spellenberg Art. 3 EuEheVO Rn 4 und 7.
[9] Vgl. den der VO vorangestellten Erwägungsgrund (31) des Rates der Europäischen Union, der wie folgt lautet: „(31) Gemäß den Artikeln 1 und 2 des dem Vertrag über die Europäische Union und dem Vertrag zur Gründung der Europäischen Gemeinschaft beigefügten Protokolls über die Position Dänemarks beteiligt sich Dänemark nicht an der Annahme dieser Verordnung, die für Dänemark nicht bindend oder anwendbar ist."

Belgien, Bulgarien, Deutschland, Estland, Finnland (mit den Ålandinseln), Frankreich (mit Französisch-Guayana, Guadeloupe, Martinique, la Réunion), Griechenland, Großbritannien (mit Gibraltar, aber ohne die Kanalinseln, die Isle of Man und seine Hoheitszonen auf Zypern), Irland, Italien, Lettland, Litauen, Luxemburg, Malta, Niederlande, Österreich, Polen, Portugal (mit Azoren und Madeira), Rumänien, Schweden, Slowakei, Slowenien, Spanien (mit den Balearen und den Kanarischen Inseln), Tschechien, Ungarn, Republik Zypern (griechischer Teil).

Beitrittsverhandlungen werden geführt mit: Albanien, Bosnien-Herzegowina, Montenegro, Kroatien, Serbien und Türkei. Eine spätere Mitgliedschaft führt automatisch zur Anwendung der Verordnung als unmittelbar geltendes Recht.

2. Vorrangiges Recht in Unterhaltssachen

5 Für Unterhaltsansprüche, die vor dem 30. 1. 2009 gerichtlich eingeleitet worden sind, ist vorrangig die VO (EG) Nr. 44/2001 vom 22. 12. 2000[10] (auch **EuGVO** oder Brüssel I-VO genannt) anzuwenden.[11] Für Verfahren, die ab dem 30. 1. 2009 anhängig gemacht worden sind, gilt die VO (EG) Nr. 4/2009. Sie stellt in Art. 3 maßgeblich auf den Aufenthalt ab, ermöglicht aber in Art. 4 eine Gerichtsstandsvereinbarung und sieht in Art. 5 eine rügelose Einlassung vor. Nach Art. 1 Abs. 1 findet die VO Anwendung auf alle Unterhaltspflichten, die auf einem Familien-, Verwandtschafts- oder eherechtlichen Verhältnis oder auf Schwägerschaft beruhen. Bei Sachverhalten mit Berührungspunkten zu Island, Norwegen und der Schweiz ist das **Luganer Übereinkommen** vom 16. 9. 1988[12] und im Verhältnis zu Dänemark das Brüsseler EWG-Übereinkommen vom 22. 9. 1968[13] (**EuGVÜ**) zu beachten.[14]

3. Restzuständigkeit

6 Nach Art. 7 der VO (EG) Nr. 2201/2003 sind deren Regelungen nicht abschließend. Ergibt sich aus dieser Verordnung keine internationale Zuständigkeit, bestimmt sich die Zuständigkeit nach § 98. Demnach ist § 98 anzuwenden in den Angelegenheiten nach § 121 Abs. 1 Nr. 3 (Verfahren auf Feststellung des Bestehens oder Nichtbestehens einer Ehe), während er in den Angelegenheiten nach § 121 Abs. 1 Nr. 1 und 2 (Verfahren auf Scheidung oder Aufhebung der Ehe) nur noch Bedeutung bei der Prüfung der internationalen Zuständigkeit von Gerichten in Nicht-EU-Staaten und Dänemark hat.

III. Internationale Zuständigkeit deutscher Gerichte, wenn nur ein Ehegatte Deutscher ist (Abs. 1 Nr. 1)

1. Allgemeines

7 Die internationale Zuständigkeit eines deutschen Gerichts ist nach § 98 in dem o. a. Anwendungsbereich immer gegeben, wenn einer der Ehegatten Deutscher ist oder bei der Eheschließung war. Dazu reicht aus, dass die Voraussetzung bis zur letzten mündlichen Verhandlung erfüllt ist,[15] z. B. durch Einbürgerung während des Prozesses. Es genügt nicht, wenn sie nur einmal davor oder danach gegeben war.[16] Klagt der Ehegatte der früheren Ehe oder die Verwaltungsbehörde gegen einen Ehegatten einer bigamischen Zweitehe, so ist die internationale Zuständigkeit gegeben, wenn einer der Ehegatten der zweiten Ehe Deutscher ist.[17] Die Zuständigkeit nach Nr. 1 gilt auch für Ehegatten, die außer der

---

[10] Abl. EG 2001 Nr. I. 12, S. 1; abgedruckt in Jayme/Hausmann unter Nr. 160.
[11] von Hoffmann/Thorn § 8 Rn 73 k.
[12] BGBl. II S. 2260, abgedruckt in Jayme/Hausmann unter Nr. 152.
[13] BGBl. 1972 II S. 774 und Luxemburger Protokoll über die Auslegung des Abkommens BGBl. 1972 II S. 1414; BGBl. 1998 II S. 1412.
[14] Jayme/Hausmann Fn 4 zu 152.
[15] von Hoffmann/Thorn § 8 Rn 67 b.
[16] Staudinger/Spellenberg § 606 a ZPO Rn 86.
[17] BGH FamRZ 2001, 991; FamRZ 1976, 336; OLG Karlsruhe FamRZ 1991, 92; Staudinger/Spellenberg § 606 a ZPO Rn 53.

deutschen noch andere Staatsangehörigkeiten haben (sog. Mehrstaater). Ob die deutsche Staatsangehörigkeit die effektive ist, dh ob der betroffene Ehegatte mit Deutschland am engsten verbunden ist (Art. 5 Abs. 1 EGBGB), ist dabei ohne Bedeutung.[18] Zivilrechtliche Vorfragen der deutschen Staatsangehörigkeit wie die Abstammung von deutschen Eltern oder deren Ehe sind nach den Regeln des EGBGB anzuknüpfen.[19] Entsprechend ist für die Feststellung einer ausländischen Staatsangehörigkeit das dortige Recht einschließlich seines IPR heranzuziehen.[20]

2. Deutsche Staatsangehörigkeit

Deutscher im Sinne des Abs. 1 Nr. 1 ist, **8**
- wer die deutsche Staatsangehörigkeit im Sinne des StAG[21] besitzt (Art. 116 Abs. 1 GG),
- wer, ohne die deutsche Staatsangehörigkeit zu besitzen, als Flüchtling oder Vertriebener deutscher Volkszugehörigkeit oder als dessen Ehegatte oder Abkömmling in dem Gebiet des Deutschen Reiches nach dem Stand von 1937 Aufnahme gefunden hat (Art. 116 Abs. 1 GG; Art. 9 Abs. 2 Nr. 5 des FamRAndG vom 11. 8. 1961[22]),
- wer ein Spätaussiedler iS des § 4 Abs. 1 und 2 Bundesvertriebenengesetz[23] ist.

3. Deutschen Staatsangehörigen gleichgestellte Personen

a) EuEheVO (= VO (EG) Nr. 2201/2003). Gem. Art. 7 Abs. 2 der VO kann jeder **9** Staatsangehörige eines Mitgliedstaats der EU, der seinen gewöhnlichen Aufenthalt in einem anderen Mitgliedstaat hat, die in diesem Staat geltenden Zuständigkeitsvorschriften wie ein Inländer geltend machen, wenn der Antragsgegner
- seinen gewöhnlichen Aufenthalt außerhalb eines Mitgliedstaates der EU hat,
- oder keine Staatsangehörigkeit eines Mitgliedstaates besitzt,
- oder im Fall des Vereinigten Königreichs oder Irlands sein „domicile" nicht im Hoheitsgebiet eines dieser Staaten liegt.[24]

Hat der ausländische Antragsteller, der die Staatsangehörigkeit eines Mitgliedstaats der EU hat, seinen Aufenthalt in Deutschland, so ist er also in den o. g. Verfahren einem deutschen Staatsangehörigen iS des § 98 gleichgestellt.

b) Genfer Flüchtlingskonvention. Nach Art. 16 Abs. 2 der Genfer Flüchtlingskon- **10** vention[25] sind Flüchtlinge im Rahmen des Abkommens vor deutschen Gerichten hinsichtlich des Zugangs zu ihnen Deutschen gleichzustellen, wenn sie in der Bundesrepublik Deutschland ihren gewöhnlichen Aufenthalt haben.[26] Aus dieser Gleichstellung im Zugang zu den deutschen Gerichten wird gefolgert, dass ebenso wie von einem Deutschen die internationale Zuständigkeit der deutschen Gerichte in Ehesachen von diesem Personenkreis in Anspruch genommen werden kann.[27]

---

[18] BGH NJW 1952, 184; von Hoffmann/Thorn § 8 Rn 67 b; Bedenken hat Spellenberg in Staudinger § 606 a ZPO Rn 83.
[19] BayObLG StAZ 1980, 188; OLG Düsseldorf FamRZ 1999, 328; BVerwG IPRax 1985, 95; MünchKommBGB/Sonnenberger Einl. IPR Rn 528; Staudinger/Spellenberg § 606 a ZPO a. F. Rn 64.
[20] MünchKommBGB/Sonnenberger Einl. IPR Rn 523; Staudinger/Spellenberg § 606 a ZPO a. F. Rn 64 u. 80.
[21] Vgl. Reichs- und StaatsangehörigkeitsG vom 22. 7. 1913, RGBl. S. 583, abgedruckt im Sartorius unter Nr. 15; Gesetz zur Regelung von Fragen der Staatsangehörigkeit vom 22. 2. 1955 (BGBl. I S. 65), abgedruckt im Sartorius unter Nr. 22; Zweites Gesetz zur Regelung von Fragen der Staatsangehörigkeit vom 17. 5. 1956 (BGBl. I S. 431), abgedruckt im Sartorius unter Nr. 23; Art. 3 Gesetz zur Änderung des Reichs- und StaatsangehörigkeitsG vom 20. 12. 1972 (BGBl. I S. 3714, abgedruckt im Sartorius unter Nr. 26).
[22] BGBl. I S. 1221; ausführlich hierzu Alexy NJW 1989, 2850.
[23] Gesetz vom 24. 5. 2007, neugefasst durch Bek. v. 10. 8. 2007, BGBl. I S. 1902.
[24] MünchKommZPO/Bernreuther § 606 a Rn 17; Thomas/Putzo/Hüßtege Art. 7 EuEheVO Rn 3.
[25] Genfer Abkommen über die Rechtsstellung der Flüchtlinge vom 28. 7. 1951, BGBl. 1953 II S. 559; s. dazu Palandt/Thorn Anh. II. 4 zu Art. 5 EGBGB Rn 16 ff.
[26] BGH NJW 1982, 2732 = FamRZ 1982, 996; NJW 1980, 529 = FamRZ 1979, 577.
[27] BGH NJW 1990, 636 = FamRZ 1990, 32; NJW 1985, 1283 = FamRZ 1985, 280; OLG Celle FamRZ 1991, 439; MünchKommZPO/Bernreuther § 606 a Rn 20.

11 Eine Erweiterung des Anwendungsbereichs der Genfer Flüchtlingskonvention enthalten

- §§ 2 Abs. 1, 3 **AsylVfG**.[28] Danach sind die vom Bundesamt für Migration und Flüchtlinge anerkannten Asylberechtigten den Personen, die der Genfer Flüchtlingskonvention unterfallen, deutschen Staatsangehörigen grundsätzlich gleichgestellt. Hinsichtlich des Zeitpunkts kommt es darauf an, ob der Sonderstatus bei der Eheschließung bestand.[29] Unter Art. 2 AsylVfG fallen nicht Asylbewerber, die jedoch unter eine der anderen Regelungen fallen können, insbesondere wenn sie Flüchtlinge sind.[30]
- § 1 Abs. 1 Gesetz über Maßnahmen für im Rahmen **humanitärer Hilfsaktionen** aufgenommene Flüchtlinge.[31] Danach genießen auch Flüchtlinge, die im Rahmen humanitärer Hilfsaktionen aufgenommen wurden, die Rechtsstellung von Flüchtlingen iS der Genfer Flüchtlingskonvention. Dieses Gesetz ist zwar am 1. 1. 2005 außer Kraft getreten.[32] Am bereits erfolgten Erwerb des Personalstatus durch die von der Vorschrift erfassten Flüchtlinge hat sich durch die Aufhebung nichts geändert (Art 1 § 103 Zuwanderungsgesetz).[33]

12 c) **AHK-Gesetz Nr. 23.** Nach Art. 3 Abs. 1 Gesetz Nr. 23 der Hohen Alliierten Kommission über die Rechtsverhältnisse verschleppter Personen[34] finden die Vorschriften des Sechsten Buches der ZPO auf nichtdeutsche verschleppte Personen und Flüchtlinge Anwendung, als ob sie deutsche Staatsangehörige wären. Dieses Gesetz kann, obwohl das 6. Buch der ZPO durch das FamFG aufgehoben worden ist, weiter entsprechend angewandt werden. Allerdings ist der Anwendungsbereich sehr gering, weil die Genfer Flüchtlingskonvention als die spätere Regelung vorgeht.[35] Nach Art. 10 gilt das Gesetz für Personen, die ihren Aufenthalt im Gebiet der Bundesrepublik Deutschland haben, nicht die deutsche Staatsangehörigkeit besitzen bzw. deren Staatsangehörigkeit nicht feststellbar ist und die schließlich eine amtliche Bescheinigung vorweisen können, dass sie dem Schutz der internationalen Organisation unterstehen, die von der UN mit der Betreuung verschleppter Personen und Flüchtlinge beauftragt wurde (heute der Hohe Kommissar der UN für das Flüchtlingswesen, früher die International Refugee Organisation, IRO).[36]

13 d) **Gesetz über die Rechtsstellung heimatloser Ausländer im Bundesgebiet.**[37] Dessen § 11 ergänzt das AHKGes Nr. 23. Danach sind heimatlose Ausländer im Verfahren vor allen deutschen Gerichten den deutschen Staatsangehörigen gleichgestellt.[38]

14 e) **UN-Übereinkommen über die Rechtsstellung von Staatenlosen.** Nach Art. 16 Abs. 1 und 2 des am 24. 1. 1977 für die Bundesrepublik Deutschland in Kraft getretenen UN-Übereinkommens über die Rechtsstellung von Staatenlosen vom 28. 9. 1954[39] hat ein Staatenloser im Hoheitsgebiet aller Vertragsstaaten freien und ungehinderten Zugang zu den Gerichten und muss in dem Vertragsstaat, in dem er seinen gewöhnlichen Aufenthalt hat, dessen Staatsangehörigen hinsichtlich des Zugangs zu den Gerichten einschließlich der Prozesskostenhilfe – bzw. Verfahrenskostenhilfe – und der Befreiung von der Sicherheitsleistung für Prozesskosten – bzw. Verfahrenskosten – gleichgestellt werden. Staatenlos ist nach Art. 1 des Übereinkommens eine Person, die kein Staat aufgrund seines Rechtes als Staatsangehörigen ansieht.

---

[28] Asylverfahrensgesetz vom 27. 7. 1993, BGBl. I S. 1361, in der Fassung vom 27. 8. 2007, BGBl. I S. 1970.
[29] MünchKommZPO/Bernreuther § 606 a Rn 21.
[30] OLG Hamm NJW-RR 1993, 266 = IPrax 1992, 390 m. Anm. Henrich.
[31] Gesetz vom 22. 7. 1980, BGBl. I S. 1057.
[32] Art. 15 G zur Steuerung und Begrenzung der Zuwanderung und zur Regelung des Aufenthalts und der Integration von Unionsbürgern und Ausländern (Zuwanderungsgesetz) vom 30. 7. 2004, BGBl. I S. 1950.
[33] Palandt/Thorn Anh. II. 2 zu Art. 5 EGBGB Rn 30; Staudinger/Spellenberg § 606 a ZPO Rn 96.
[34] AHKGes Nr. 23 vom 17. 3. 1950, AHKABl. 140; vgl. dazu Dölle StAZ 1950, 106; Makarov DRiZ 1950, 318; von Stackelberg NJW 1950, 808.
[35] Palandt/Thorn Anh. II. 2 zu Art. 5 EGBGB, 2. AHKGes 23, Rn 14.
[36] MünchKommZPO/Bernreuther § 606 a Rn 18; Looschelders Anhang zu Art. 5 EGBGB Rn 30.
[37] Gesetz vom 25. 4. 1951, BGBl. I S. 269, zuletzt geändert durch das Zuwanderungsgesetz v 30. 7. 2004, BGBl. I S. 1950.
[38] BGH NJW 1985, 1283 = FamRZ 1985, 280; MünchKommZPO/Bernreuther § 606 a Rn 19; Palandt/Thorn Anh. II. 2 zu Art. 5 EGBGB, 2. AHKGes 23, Rn 15.
[39] BGBl. 1976 II S. 474; BGBl. 1977 II S. 235.

IV. Internationale Zuständigkeit deutscher Gerichte, wenn kein Ehegatte Deutscher ist (Abs. 1 Nr. 2–4)

1. Beide ausländischen Ehegatten sind im Inland (Abs. 1 Nr. 2)

Die deutschen Gerichte sind in dem unter II. dargelegten Anwendungsbereich auch dann international zuständig, wenn beide Ehegatten Ausländer sind, aber ihren gewöhnlichen Aufenthalt im Zeitpunkt der letzten mündlichen Verhandlung[40] in Deutschland haben. Dabei ist es nicht erforderlich, dass die Ehegatten einen gemeinsamen gewöhnlichen Aufenthalt haben, vielmehr reicht es aus, wenn sie sich an unterschiedlichen Orten in Deutschland gewöhnlich aufhalten, ein schlichter oder tatsächlicher Aufenthalt reicht nicht aus.[41]

Die Bestimmung des **gewöhnlichen Aufenthalts** im Rahmen der Zuständigkeitsbestimmung unterliegt deutschem Recht als lex fori.[42] Nach der Rechtsprechung des BGH hat jemand einen gewöhnlichen Aufenthalt dort, wo er sich unter Umständen aufhält, die erkennen lassen, dass er an diesem Ort oder in diesem Gebiet nicht nur vorübergehend verweilt, sondern dass er dort den tatsächlichen Mittelpunkt seiner Lebensführung hat.[43] Dieser Daseinsmittelpunkt wird begründet[44]
– grundsätzlich dadurch, dass der Ausländer sich dort tatsächlich länger aufhält und soziale Bindungen zu diesem Ort hat, speziell in familiärer und beruflicher Hinsicht, die dazu geführt haben, dass die Bindung zu diesem Ort stärker ist als zu jedem anderen Ort,
– im Falle eines Wechsels des Aufenthaltsorts aus einem anderen Land ins Inland durch bloße Aufenthaltsnahme, wenn sich aus den Umständen ergibt, dass der Aufenthalt an dem neuen Ort im Inland auf längere Zeit angelegt ist und der neue Ort der neue Daseinsmittelpunkt sein soll.

2. Nur ein Ehegatte ist im Inland und staatenlos (Abs. 1 Nr. 3)

Die deutschen Gerichte sind ferner nach Nr. 3 zuständig, wenn ein Ehegatte staatenlos ist und seinen gewöhnlichen Aufenthalt (Rn 16) im Zeitpunkt der letzten mündlichen Verhandlung[45] in Deutschland hat; diese Bestimmung hat praktisch keinen Anwendungsbereich, weil der Staatenlose nach dem UN-Übereinkommen über die Rechtsstellung von Staatenlosen (Rn 14) mit den Angehörigen des Staates, in dem er seinen gewöhnlichen Aufenthalt hat, gleichgestellt ist und ihm damit der Zugang zu deutschen Gerichten schon nach Nr. 1 eröffnet ist.[46]

3. Nur ein Ehegatte ist im Inland und Ausländer (Abs. 1 Nr. 4)

Die deutschen Gerichte können in dem o. a. Anwendungsbereich (II) schließlich auch dann international zuständig sein, wenn nur ein Ehegatte, der nicht unter Nr. 1 und 3 fällt, seinen gewöhnlichen Aufenthalt (Rn 16) in Deutschland hat. Zusätzliche Voraussetzung für diesen Fall des einseitigen gewöhnlichen Aufenthalts ist aber, dass die zu fällende Entscheidung zumindest nach dem Recht eines der Staaten offensichtlich anerkannt wird, dem einer der Ehegatten angehört. Diese negative Anerkennungsprognose hat ihren Grund darin, dass „hinkende" Scheidungen und damit „hinkende" neue Ehen vermieden werden sollen,[47] dh dass Ehen bzw. Scheidungen in dem einen Land anerkannt und in dem anderen nicht anerkannt werden.

---

[40] BGH NJW 1977, 498; Johannsen/Henrich § 606 a ZPO Rn 23; MünchKommZPO/Rauscher § 98 FamFG Rn 65.
[41] Vgl. OLG Hamm IPRax 1993, 104 mit Anm. v. Dörner IPRax 1993, 87; Henrich IPRax 1986, 364.
[42] BGH NJW 1958, 830; KG NJW 1988, 649; MünchKommZPO/Rauscher § 98 FamFG Rn 59.
[43] BGH NJW 1997, 3024 = FamRZ 1997, 1070; NJW 1981, 520 = FamRZ 1981, 135.
[44] BGH NJW 1993, 2047 = FamRZ 1993, 798; Johannsen/Henrich § 606 a ZPO Rn 17; Looschelders JR 2006, 45.
[45] Johannsen/Henrich § 606 a ZPO Rn 25.
[46] MünchKommZPO/Bernreuther § 606 a Rn 34; Staudinger/Spellenberg § 606 a ZPO Rn 115.
[47] Vgl. Johannsen/Henrich § 606 a ZPO Rn 28.

19 Demnach kann ein Gericht nur dann seine internationale Zuständigkeit versagen, wenn schon ohne intensive Nachforschungen,[48] d. h. unmittelbar nach dem Gesetzeswortlaut[49] davon ausgegangen werden kann, dass keiner der Heimatstaaten der Ehegatten die Scheidung anerkennen würde. Damit ist bei Mehrstaatlern gemeint die Anerkennung nach dem effektiven Heimatrecht i. S. d. Art. 5 Abs. 1 EGBGB.[50] Bei gewöhnlichem Aufenthalt beider ausländischen Ehegatten in Deutschland kann in der Regel von einer Anerkennung der deutschen Entscheidung in den Heimatstaaten ausgegangen werden, weshalb Nr. 2 auch auf die Anerkennungsprognose verzichtet, während Nr. 4 für den Fall der Anknüpfung an den inländischen gewöhnlichen Aufenthalt nur eines Ehegatten die Anerkennungsprognose vorschreibt.[51]

20 Diese Einschränkung der internationalen Aufenthaltszuständigkeit ist restriktiv auszulegen.[52] Im Zweifel ist von der internationalen Zuständigkeit auszugehen. Es reicht daher für die Annahme der internationalen Zuständigkeit der deutschen Gerichte aus, wenn sich aufgrund der üblicherweise zur Verfügung stehenden Erläuterungswerke nicht offensichtlich ergibt, dass die Entscheidung des deutschen Gerichts in keinem der in Betracht kommenden Heimatstaaten der Parteien anerkannt wird, ein Gutachten braucht nicht eingeholt zu werden.[53] Auf die alphabetisch geordneten Länderkataloge Staudinger/Spellenberg[54] und Bergmann/Ferid, Internationales Ehe- und Kindschaftsrecht, wird verwiesen.

21 Die deutsche internationale Zuständigkeit ist evident dann ausgeschlossen, wenn das ausländische Recht keine Scheidung kennt (so in der Republik der Philippinen) oder ausschließlich Scheidungen durch die Gerichte (oder andere Stellen) des Heimatstaats zulässt.[55] Wird einer deutschen Entscheidung über die Scheidung nur die Wirkung einer Entscheidung über die Trennung zugestanden, so kann nicht von einer Anerkennungsfähigkeit ausgegangen werden.[56] Da die Frage der Anerkennungsfähigkeit aus der Sicht des in Betracht kommenden Staates zu beurteilen ist, muss der Richter in all diesen Fällen untersuchen, ob seine Entscheidung mit dem ordre public des Anerkennungsstaates vereinbar ist. Ist dies nicht der Fall, muss er seine Zuständigkeit verneinen.[57]

V. Verbundverfahren (Abs. 2)

22 Abs. 2 bestimmt für das Verbundverfahren (§ 137 Abs. 2, 3), dass die deutschen Gerichte bei bestehender internationaler Zuständigkeit für die Scheidungssache auch dann für die Folgesachen zuständig sind, wenn für letztere eine isolierte internationale Zuständigkeit nicht gegeben ist. Eine darüber hinausgehende sog. isolierte Verbundzuständigkeit, wonach die deutschen Gerichte für Folgesachen, die getrennt von der Scheidungssache anhängig gemacht werden, auch dann zuständig sind, wenn eine internationale Zuständigkeit für die Scheidungssache gegeben wäre, sieht das Gesetz aber nicht vor.[58] Für Ehesachen, die nicht mit der Scheidungssache im Verbund stehen, ist daher allein die für den jeweiligen Verfahrensgegenstand geltende Zuständigkeitsbestimmung maßgeblich.[59] Zum vorrangigen internationalen Recht
- in Versorgungsausgleichssachen s. § 102 Rn 2: vorrangige Regelungen fehlen;
- in Unterhaltssachen s. oben Rn 5;

---

[48] BT-Drs. 10/5632 S. 47.
[49] Johannsen/Henrich § 606 a Rn 31.
[50] Staudinger/Spellenberg § 606 a ZPO Rn 251; Johannsen/Henrich § 606 a ZPO Rn 30; a. A. MünchKommZPO/Rauscher § 98 FamFG Rn 79.
[51] MünchKommZPO/Bernreuther § 606 a Rn 33.
[52] OLG Nürnberg FamRZ 2001, 837.
[53] OLG Nürnberg FamRZ 2001, 837; MünchKommZPO/Bernreuther § 606 a Rn 35.
[54] § 606 a ZPO Rn 217.
[55] OLG Stuttgart für die jugoslawischen Staaten, FamRZ 2004, 1382; a. A. OLG Nürnberg (für eine kroatische Staatsangehörige) FamRZ 2001, 837.
[56] Staudinger/Spellenberg § 606 a ZPO Rn 164; MünchKommZPO/Bernreuther § 606 a Rn 45.
[57] OLG Karlsruhe NJW 1983, 1984 (Ls); MünchKommZPO/Bernreuther § 606 a Rn 39.
[58] BT-Drs. 16/6308 S. 220.
[59] BT-Drs. 16/6308 S. 220; Bumiller/Harders § 98 Rn 6, 9; SBW/Baetge § 98 Rn 41.

- in Wohnungszuweisungs- und Hausratssachen s. § 105 Rn 2: vorrangige Regelungen fehlen;
- in Güterrechtssachen s. § 105 Rn 2: vorrangige Regelungen fehlen;
- in Kindschaftssachen s. § 99 Rn 2 ff.

Kindschaftssachen

99 (1) ¹Die deutschen Gerichte sind außer in Verfahren nach § 151 Nr. 7 zuständig, wenn das Kind
1. Deutscher ist oder
2. seinen gewöhnlichen Aufenthalt im Inland hat.
²Die deutschen Gerichte sind ferner zuständig, soweit das Kind der Fürsorge durch ein deutsches Gericht bedarf.

(2) Sind für die Anordnung einer Vormundschaft sowohl die deutschen Gerichte als auch die Gerichte eines anderen Staates zuständig und ist die Vormundschaft in dem anderen Staat anhängig, kann die Anordnung der Vormundschaft im Inland unterbleiben, wenn dies im Interesse des Mündels liegt.

(3) ¹Sind für die Anordnung einer Vormundschaft sowohl die deutschen Gerichte als auch die Gerichte eines anderen Staates zuständig und besteht die Vormundschaft im Inland, kann das Gericht, bei dem die Vormundschaft anhängig ist, sie an den Staat, dessen Gerichte für die Anordnung der Vormundschaft zuständig sind, abgeben, wenn dies im Interesse des Mündels liegt, der Vormund seine Zustimmung erteilt und dieser Staat sich zur Übernahme bereit erklärt. ²Verweigert der Vormund oder, wenn mehrere Vormünder die Vormundschaft gemeinschaftlich führen, einer von ihnen seine Zustimmung, so entscheidet an Stelle des Gerichts, bei dem die Vormundschaft anhängig ist, das im Rechtszug übergeordnete Gericht. ³Der Beschluss ist nicht anfechtbar.

(4) **Die Absätze 2 und 3 gelten entsprechend für Verfahren nach § 151 Nr. 5 und 6.**

Übersicht

	Rn
I. Normzweck	1
II. Anwendungsbereich	2
1. Vorrangiges Recht	2
2. Internationale Zuständigkeit im Anwendungsbereich des vorrangigen Rechts	4
a) Übersicht	4
b) Verhältnis der EuEheVO (= Brüssel II a-VO) und der Haager Übereinkommen (KEntfÜ; KSÜ, MSA) zueinander	5
c) Aufenthalt als Zuständigkeitsanknüpfung	7
d) Räumlicher Geltungsbereich der EuEheVO (= Brüssel II a-VO) und der Haager Übereinkommen (KEntfÜ, KSÜ, MSA)	20
e) Persönlicher Anwendungsbereich der EuEheVO (= Brüssel II a-VO) und der Haager Übereinkommen (KEntfÜ, KSÜ, MSA)	24
f) Sachlicher Anwendungsbereich der EuEheVO (= Brüssel II a-VO) und der Haager Übereinkommen (KEntfÜ, KSÜ, MSA)	25
3. Restzuständigkeit nach § 99 FamFG	40
III. Internationale Zuständigkeit nach Abs. 1	41
1. Allgemeines	41
2. Staatsangehörigkeitszuständigkeit (Abs. 1 S. 1 Nr. 1)	42
3. Aufenthaltszuständigkeit (Abs. 1 S. 1 Nr. 2)	43
4. Fürsorgezuständigkeit (Abs. 1 S. 2)	47
IV. Unterbleiben der Anordnung einer Vormundschaft (Abs. 2)	48
V. Abgabe der Vormundschaft an ein ausländisches Gericht (Abs. 3)	51
VI. Pflegschaft, zivilrechtliche Unterbringung (Abs. 4)	54

I. Normzweck

1 Die Vorschrift regelt die internationale Zuständigkeit für die Kindschaftssachen i. S. d. § 151 mit Ausnahme der dort unter Nr. 7 behandelten öffentlich-rechtlichen Unterbringung Minderjähriger nach den Landesgesetzen (s. dazu § 105 Rn 2). Abs. 1 gibt den Regelungsgehalt des § 35 b Abs. 1 und 2 FGG i. V. m. §§ 43 Abs. 1, 64 Abs. 3 S. 2, 70 Abs. 4 FGG wieder. Er stellt für die Kindschaftssachen neben der internationalen Staatsangehörigkeitszuständigkeit und internationalen Aufenthaltszuständigkeit, die auch § 640 a ZPO für die Kindschaftssachen i. S. d. § 640 ZPO vorsah,[1] eine internationale Fürsorgezuständigkeit zur Verfügung, die früher in § 35 b Abs. 2 FGG geregelt war. Die Abs. 2 bis 4, die § 47 FGG i. V. m. § 70 Abs. 4 FGG entsprechen, regeln das Verhältnis gleichermaßen international zuständiger Gerichte untereinander.[2] Abs. 2 und 3 gelten nach § 102 Abs. 2 für Betreuung und Unterbringung Erwachsener entsprechend; dies entspricht §§ 47 Abs. 1, 2, 69 e FGG. Hingegen gelten die Abs. 2 und 3 nicht für die Pflegschaft für abwesende Beteiligte im Nachlassverfahren.[3]

II. Anwendungsbereich

1. Vorrangiges Recht

2 § 99 Abs. 1 bis 4[4] ist nur anwendbar, sofern nicht Gesetz gewordene internationale Abkommen und Rechtsakte der Europäischen Gemeinschaft eigene Regelungen treffen, § 97. Die Vorschrift ist in weiten Teilen verdrängt, so dass in Kindschaftssachen mit Auslandsberührung in jeder Lage des Verfahrens stets zu prüfen ist, ob folgendes Recht vorrangig ist:

- die **EuEheVO** (sog. Brüssel II a-VO oder VO (EG) Nr. 2201/2003) über die Zuständigkeit und die Anerkennung und Vollstreckung von Entscheidungen in Ehesachen und in Verfahren betreffend die **elterliche Verantwortung**, die nach Art. 72 seit dem 1. 3. 2005 für die Mitgliedsstaaten der EU mit Ausnahme von Dänemark gilt;
- im Falle der Entführung eines bis zu 16 Jahre alten Kindes aus einem Vertragsstaat in einen Vertragsstaat das Haager Übereinkommen vom 25. 10. 1980 über die zivilrechtlichen Aspekte internationaler Kindesentführung (**HKEntfÜ**);[5]
- die Bestimmungen des in Deutschland am 1. 1. 2011 in Kraft getretenen Haager Übereinkommens vom 19. 10. 1996 über die Zuständigkeit, das anzuwendende Recht, die Anerkennung, Vollstreckung und Zusammenarbeit auf dem Gebiet der elterlichen Verantwortung und der Maßnahmen zum Schutz von Kindern[6] (**KSÜ**), welches zwischen den Vertragsstaaten des KSÜ (vgl. dazu Rn 22) das Minderjährigenschutzabkommen (MSA) abgelöst hat. Das Übereinkommen, das ab dem Zeitpunkt des Inkrafttretens sofort anwendbar ist, auch in laufenden Verfahren,[7] ist von allen EU-Staaten am 1. 4. 2003 gezeichnet worden, aber noch nicht in allen EU-Staaten ratifiziert worden.
- die Bestimmungen des Haager Minderjährigenschutzabkommens vom 5. 10. 1961 (**MSA**).[8]

3 Das **deutsch-iranische Niederlassungsabkommen**[9] enthält keine Regelung der internationalen Zuständigkeit.[10] Dieses Abkommen v. 17. 2. 1929[11] wird weder von der

---

[1] Vgl. MünchKommZPO/Coester-Waltjen § 640 Rn 4.
[2] Vgl. BT-Drs. 10/504 S. 95.
[3] MünchKommZPO/Rauscher § 99 FamFG Rn 67.
[4] MünchKommZPO/Rauscher § 99 FamFG Rn 61.
[5] Das Abkommen ist abgedruckt bei Jayme/Hausmann Nr. 222 und kommentiert im MünchKommBGB/Siehr Anh. II nach Art. 21 EGBGB; zur Konkurrenz zwischen HKÜ und EuEheVO Nr. 2201/2003 vgl. Rieck NJW 2008, 182.
[6] Übersetzt und abgedruckt bei Jayme/Hausmann Nr. 535.
[7] MünchKommZPO/Rauscher § 99 FamFG Rn 31.
[8] Abgedruckt bei Jayme/Hausmann Nr. 52.
[9] Der maßgebliche Art. 8 Abs. 3 sowie die zum Geltungsbereich dieses Artikels abgegebene Erklärung, die nach dem Schlussprotokoll „einen Teil des Abkommens bildet", sind abgedruckt bei Jayme/Hausmann Nr. 22.
[10] MünchKommZPO/Rauscher § 99 FamFG Rn 7.
[11] RGBl. 1930 II S. 1006; s. dazu BGH NJW 1993, 848 mit Anm. Rauscher JR 1994, 184; NJW-RR 1993, 962 = FamRZ 1993, 1053; Schotten/Wittkowski FamRZ 1995, 264.

Kindschaftssachen 4 § 99

EuEheVO berührt noch von dem KSÜ, das nach Art. 52 Abs. 1 internationale Übereinkünfte mit Drittländern unberührt lässt. Daher gilt dieses Abkommen weiterhin für Kinder, die wie ihre Eltern iranische Staatsangehörige sind und in Deutschland wohnen. Dessen Anwendbarkeit entfällt jedoch, wenn ein Beteiligter mehrere Staatsangehörigkeiten besitzt und die iranische nicht die effektive Staatsangehörigkeit (vgl. Art. 5 EGBGB) ist.[12] Dementsprechend enthält das Abkommen auch keine kollisionsrechtlichen Regelungen.[13] Das **Haager Vormundschaftsabkommen** vom 12. 6. 1902[14] ist am 1. 6. 2009 außer Kraft getreten.[15]

2. Internationale Zuständigkeit im Anwendungsbereich des vorrangigen Rechts

a) Übersicht 4

Gewöhnlicher Aufenthalt des Kindes	Internationale Zuständigkeit	Rn	Anwendbares Recht
Inland **(Deutschland)**	deutsche Gerichte sind grundsätzlich zuständig nach Art. 8, 9, 12, 13, 15 EuEheVO	9, 10	die EuEheVO enthält kein Kollisionsrecht; aber Art. 15 bis 18 KSÜ anwendbar (Rn 6); ggfls. deutsch-iranisches Abkommen (Rn 3)
	deutsche Gerichte sind zuständig nach Art. 1 MSA, wenn es sich um ein Kind aus der Türkei oder aus Macao handelt	9	Art. 2 MSA
	bei Kindesentführungen sind deutsche Gerichte zuständig nach Art. 12 Abs. 1 HKEntfÜ i. V. m. Art. 11 EuEheVO	17	Art. 4 HKEntfÜ
Ausland, **Mitgliedsstaat der EU** mit Ausnahme von Dänemark	deutsche Gerichte können zuständig sein nach Art. 9, 10, 12, 13, 15 EuEheVO und Art. 12 Abs. 1 HKEntfÜ i. V. m. Art. 11 EuEheVO	11	Art. 15 bis 18 KSÜ (s. o.); bei Kindesentführungen gilt Art. 4 HKEntfÜ
Ausland, nicht Mitgliedsstaat der EU, aber **Vertragsstaat des KSÜ**	deutsche Gerichte können zuständig sein nach Art. 7, 8, 9, 10 KSÜ und Art. 12 Abs. 1 HKEntfÜ i. V. m. Art. 7 KSÜ	12	Art. 15 bis 18 KSÜ (Rn 6); bei Kindesentführungen gilt Art. 4 HKEntfÜ
Türkei, Macao (nicht Mitgliedsstaaten der EU und nicht Vertragsstaaten des KSÜ, aber Vertragsstaaten des MSA)	deutsche Gerichte können zuständig sein nach Art. 4 (konkurrierende Zuständigkeit), 6 und 9 MSA	13	Art. 4 MSA; bei Kindesentführungen gilt Art. 4 HKEntfÜ
Ausland, weder Mitglied der EU noch Vertragsstaat des KSÜ oder des MSA und keine Zuständigkeitsvereinbarung nach Art. 12 EuEheVO	deutsche Gerichte können zuständig sein nach § 99; vgl. Art. 16 EuEheVO	14	Art. 21 EGBGB; ggfls. deutsch-iranisches Abkommen (Rn 3)

---

[12] BGH NJW 1973, 417; KG OLGZ 1979, 187.
[13] BGH NJW 1973, 417.
[14] RGBl. 1904, S. 240.
[15] Bekanntmachung v. 19. 2. 2009 BGBl. II S. 290.

Gewöhnlicher Aufenthalt des Kindes	Internationale Zuständigkeit	Rn	Anwendbares Recht
Aufenthalt in **Deutschland**, aber gewöhnlicher Aufenthalt nicht feststellbar; Flüchtlingskinder (**schlichter Aufenthalt**)	deutsche Gerichte zuständig nach Art. 13 EuEheVO	16	Art. 15 bis 18 KSÜ anwendbar (Rn 6)

5   b) **Verhältnis der EuEheVO (= Brüssel II a-VO) und der Haager Übereinkommen (KEntfÜ, KSÜ, MSA) zueinander.** Die EuEheVO,[16] die ausschließlich die internationale Zuständigkeit, nicht aber das auf die elterliche Sorge anwendbare Recht regelt, beansprucht im Verhältnis der Mitgliedsstaaten zueinander in ihrem Anwendungsbereich nach Art. 61 Vorrang vor dem KSÜ und dem MSA, wenn das Kind seinen gewöhnlichen Aufenthalt in einem Mitgliedstaat der EU mit Ausnahme von Dänemark hat. Sie beansprucht nach Art. 60 auch Vorrang vor dem **HKEntfÜ**; nach dem Erwägungsgrund 17 zu dem Abkommen ersetzt es aber nicht das HKEntfÜ, sondern ergänzt es, insbesondere in Art 11 Abs. 2 bis 8. Das HKEntfÜ kann daher vor dem Anwendungsbereich der EuEheVO geprüft werden.[17] Das HKEntfÜ hat Vorrang vor dem MSA (Art. 34 HKEntfÜ) und dem KSÜ (Art. 50 KSÜ).

6   Das **KSÜ** tritt zwar gemäß Art. 61 EuEheVO hinter der EuEheVO zurück; dies gilt aber nur bezüglich der in Art. 5 bis 14 KSÜ geregelten internationalen Zuständigkeit und der in Art. 23 bis 28 KSÜ geregelten Anerkennung und Vollstreckung, nicht aber hinsichtlich der in Art. 15 bis 22 KSÜ enthaltenen Bestimmungen über das anzuwendende Recht, weil die EuEheVO keine Kollisionsregelungen trifft. Das **anzuwendende Recht** regelt Art. 15 Art. 1 i. V. m. Art. 21 Abs. 1 KSÜ dahin, dass die Behörden grundsätzlich ihr eigenes Recht (**lex fori**) anwenden, nach Abs. 2 können sie ausnahmsweise das Recht eines anderen Staates anwenden oder berücksichtigen, zu dem der Sachverhalt eine enge Beziehung aufweist; wechselt das Kind seinen gewöhnlichen Aufenthalt in einen anderen Staat, so bestimmt nach Art. 15 Abs. 3 das Recht des anderen Staates vom Zeitpunkt des Wechsels an die Bedingungen, unter denen die im Staat des früheren Aufenthalts getroffenen Maßnahmen angewendet werden; es gilt also nicht der Grundsatz der perpetuatio fori. Das Gleichlaufprinzip auf der Grundlage des Aufenthaltsstaats steht in Art. 15 Abs. 1 KSÜ so sehr im Vordergrund, dass es gerechtfertigt ist, es auch dann hinsichtlich des anzuwendenden Rechts als maßgeblich anzusehen, wenn sich die internationale Zuständigkeit aus der EuEheVO ergibt.[18]

7   **Einschränkungen** erfährt die EuEheVO durch das **MSA** in zweifacher Hinsicht: Da sich ein Vertragspartner des MSA durch die EuEheVO nicht einseitig gegenüber einem anderen Vertragspartner des MSA, der nicht Vertragspartner der EuEheVO ist, von seinen staatsvertraglichen Verpflichtungen lossagen kann, sind insbesondere **Art. 3 und 4 MSA** zu beachten.[19] Diese Einschränkung gilt im Verhältnis zur **Türkei** und dem Verwaltungsbezirk **Macao** der Volksrepublik China, da dieses Land und dieser Verwaltungsbezirk noch Vertragspartner des MSA sind, aber nicht zur EU gehören (Rn 23). Ferner gilt zur Bestimmung des auf die elterliche Sorge anwendbaren Rechts **Art. 2 MSA**, weil die EuEheVO nur die internationale Zuständigkeit regelt, so dass sich auch der Vorrang des Art. 60 lit. a, 61 nur hierauf und nicht auf Kollisionsregeln bezieht.[20] Nach Art 2 MSA ist das Aufenthaltsrecht anzuwenden. Die zuständigen Behörden und Gerichte haben die nach ihrem innerstaatlichen Recht vorgesehenen Maßnahmen zu treffen und dieses Recht be-

---

[16] ABl. EG 2003, Nr. I 338, S. 1, abgedruckt Schönfelder-Ergänzungsband Nr. 103b sowie bei Jayme/Hausmann Nr. 162; sie ist kommentiert im MünchKommBGB/Siehr im Anh. I nach Art. 21 EGBGB.
[17] Rausch FPR 2006, 441/444; MünchKommZPO/Rauscher § 99 FamFG Fn 7.
[18] MünchKommBGB/Siehr, Art. 21 EGBGB Anh. 1 Rn 156; Staudinger/Pirrung [2009] Vorbem. Zu Art. 19 EGBGB Rn C 216; Kropholler FS Schlosser 449/452; Thomas/Putzo/Hüßtege Art. 3 EuEheVO Rn 4; weiter differenzierend: Andrae Iprax 2006, 82/88; Rauscher/Rauscher Art. 3 EuEheVO Rn 13.
[19] MünchKommBGB/Siehr Art. 21 EGBGB Anh. I Rn 20.
[20] von Hoffmann/Thorn § 8 Rn 105.

stimmt die Voraussetzung für die Anordnung, die Änderung und die Beendigung dieser Maßnahmen. Es regelt auch deren Wirkungen sowohl im Verhältnis zwischen dem Minderjährigen und den Personen oder den Einrichtungen, denen er anvertraut ist, als auch im Verhältnis zu Dritten. Da diese Vorschrift unmittelbar auf das innerstaatliche Recht verweist, sind die von deutschen Gerichten anzuordnenden Schutzmaßnahmen nach deutschem Recht zu treffen, ohne dass es eines Rückgriffs auf die autonomen Kollisionsregeln bedarf.[21]

c) Aufenthalt als Zuständigkeitsanknüpfung. Die EuEheVO (= Brüssel II a-VO), das HKEntfÜ, das KSÜ und das MSA sind grundsätzlich kindzentriert und nicht elternzentriert,[22] d. h. es kommt grundsätzlich auf den Aufenthalt des Kindes an. Eine Ausnahme bilden Art. 12 EuEheVO bzw. Art. 10 KSÜ, nach denen aufgrund einer „Vereinbarung" der Sorgeberechtigten eine internationale Zuständigkeit des Scheidungsstaats oder des Staats, zu dem das Kind eine wesentliche Bindung hat, gegeben ist, sofern dies mit dem **Kindeswohl** vereinbar ist[23] (s. Rn 18). Grundprinzip ist, dass für die Hauptsacheentscheidung jeweils nur ein Staat zur gleichen Zeit zuständig ist (vgl. Art. 13 KSÜ).[24] In Eilfällen können die Gerichte aber auch dann, wenn das Kind seinen Aufenthalt im Ausland hat, die nach dem Recht des Mitgliedsstaats vorgesehenen Maßnahmen zum Schutz des Kindes oder dessen Vermögens treffen, Art. 20 EuEheVO. Entsprechende Regelungen enthalten Art. 11 KSÜ und Art. 9 MSA.

Hat das Kind seinen **gewöhnlichen Aufenthalt in Deutschland**, dann sind die deutschen Gerichte nach
– Art. 8 Abs. 1 EuEheVO vorbehaltlich der Art. 9, 10 und 12 EuEheVO (s. Rn 11)
– bzw. Art. 11 EuEheVO i. V. m. Art. 12 Abs. 1 HKEntfÜ
international zuständig, im persönlichen und sachlichen Anwendungsbereich dieser europarechtlichen Verordnung bzw. Haager Übereinkommen
– Entscheidungen über Maßnahmen zum Schutz der Person oder des Vermögens des Kindes
– oder über die Anordnung der Rückführung eines widerrechtlich in einen Vertragsstaat verbrachten oder dort zurückgehaltenen Kindes in den Herkunftsstaat
zu treffen. Dabei ist es unerheblich, ob die Eltern des Kindes verheiratet oder geschieden sind. Auf die **Staatsangehörigkeit** des Kindes kommt es grundsätzlich nicht an, ebenso nicht darauf, ob das Kind einem Mitgliedsstaat der EU bzw. Vertragsstaat des HKEntfÜ angehört.[25] Dies gilt aber nicht für Kinder eines Vertragsstaats des **MSA**, der weder Mitglied der EU noch Vertragsstaat des KSÜ ist, d. h. für ein türkisches Kind und ein Kind aus dem Verwaltungsbezirk Macao der Volksrepublik China. Dies ergibt sich aus Art. 60, 62 Abs. 2 EuEheVO, die im Verhältnis der Mitgliedsstaaten einen Vorrang der Verordnung gegenüber dem MSA sichern, soweit dem MSA wegen dessen staatsvertraglichen Bindungswirkung der Vorrang nicht genommen werden kann.[26]

Auch ein erst während des Verfahrens begründeter gewöhnlicher Aufenthalt führt zur Zuständigkeit des angerufenen Gerichts nach Art. 8 Abs. 1 EuEheVO, wenn nicht zuvor ein ausländisches Gericht in derselben Rechtssache angerufen wurde.[27] Dass Art. 8 Abs. 1 EuEheVO auf den **Zeitpunkt der Antragstellung** abstellt, hat lediglich die Bedeutung, dass ein einmal angerufenes Gericht international zuständig bleibt, auch wenn das Kind während des Verfahrens in einem anderen als dem angerufenen Staat einen neuen gewöhnlichen Aufenthalt erwirbt (sog. perpetuatio fori).[28]

---

[21] von Hoffmann/Thorn § 8 Rn 105.
[22] Schulz FamRZ 2011, 156/157.
[23] Coester-Waltjen FamRZ 2005, 242; Looschelders JR 2006, 47.
[24] Schulz FamRZ 2011,
[25] BGH NJW 1973, 417/418 (zum MSA); MünchKommBGB/Siehr Art. 21 EGBGB Anh. I Rn 28; Staudinger/Henrich EGBGB Art 21 Rn 141; von Hoffmann/Thorn § 8 Rn 99.
[26] Andrae IPrax 2006, 82/84 f; Hohloch IPrax 2010, 567/568; MünchKommZPO/Rauscher § 99 FamFG Rn 16; Staudinger/Henrich Art. 21 EGBGB Rn 141; a. A. SBW/Baetge § 99 Rn 13 (Zuständigkeit nach EuEheVO, anwendbares Recht nach MSA); Prütting/Helms/Hau § 99 Rn 20.
[27] BGH NJW 2010, 1351 = FamRZ 2010, 720.
[28] BGH NJW 2010, 1351 = FamRZ 2010, 720.

11 Hat das Kind seinen **gewöhnlichen Aufenthalt nicht in Deutschland**, dann ist zu unterscheiden:
- Hat das Kind seinen gewöhnlichen Aufenthalt in einem Staat, der **Mitglied der EU** ist, dann richtet sich die internationale Zuständigkeit nach den Art. 8 ff. EuEheVO, soweit diese Vorschriften für die Bestimmung der Zuständigkeit auf den Aufenthaltsstaat abstellen und es sich bei dem Aufenthaltsstaat nicht um Dänemark handelt, weil die EuEheVO dort nicht gilt (Erwägungsgrund 31). Die **deutschen Gerichte** können daher **zuständig** sein in den Fällen der
  - Art. 9 Abs. 1 EuEheVO: dreimonatige Aufrechterhaltung der Zuständigkeit des früheren gewöhnlichen Aufenthaltsortes des Kindes für die Änderung einer Umgangsregelung bei **rechtmäßigem Umzug** des Kindes innerhalb der EU, wenn sich der umgangsberechtigte Elternteil dort weiter gewöhnlich aufhält und auf kein Verfahren im neuen gewöhnlichen Aufenthaltsstaat des Kindes einlässt;
  - Art. 10 EuEheVO: Zuständigkeit in Fällen der Kindesentführung, s. dazu Rn 17;
  - Art. 12 EuEheVO: Vereinbarung über die Zuständigkeit, s. dazu Rn 18, 19;
  - Art. 15 EuEheVO: Verweisung aus Gründen des Kindeswohls an ein Gericht eines anderen Mitgliedstaates, zu dem das Kind eine besondere Beziehung hat, wenn dieses Gericht den Fall besser beurteilen kann.

12 - Hält sich das Kind in einem Staat auf, der nicht Mitglied der EU ist, aber **Vertragsstaat des KSÜ**, dann richtet sich die internationale Zuständigkeit grundsätzlich nach Art. 5 und 6 KSÜ, die auf den Aufenthaltstaat abstellen. Die **deutschen Gerichte** können aber **zuständig** sein bzw. werden in den Fällen der
  - Art. 7 KSÜ: Aufrechterhaltung der Zuständigkeit bei widerrechtlichem Verbringen oder Zurückhalten des Kindes;
  - Art. 8 und 9 KSÜ: Internationale Zuständigkeit aufgrund einer Abgabe oder Übernahme auf Veranlassung der Gerichte; zuständig werden können danach[29]
    (a) die Heimatgerichte,
    (b) die Gerichte im Staat der Belegenheit des Vermögens,
    (c) die Gerichte in dem Staat, in dem ein Scheidungs-, Trennungs-, Eheaufhebungs- oder Ehenichtigkeitsantrag anhängig ist,
    (d) die Gerichte eines Staats, zu dem das Kind eine enge Verbindung hat.
  - Art. 10 KSÜ (Vereinbarung über die Zuständigkeit).

13 - Hält sich das Kind in der Türkei oder dem chinesischen Verwaltungsbezirk Macao auf, richtet sich die Zuständigkeit grundsätzlich nach Art. 1 MSA,[30] der auf den Aufenthaltstaat abstellt. Die **deutschen Gerichte** können aber **zuständig** sein in den Fällen des
  - Art. 4 MSA: Eingreifen der Heimatbehörden (-gerichte), wegen des Vorrangs des Aufenthaltsstaats aber nur bei konkreter Kindeswohlgefährdung;
  - Art. 6 MSA: Übertragung der Durchführung von Maßnahmen;
  - Art. 9 MSA: Eilzuständigkeit insbesondere bei Gefährdung des Vermögens.

14 - Hält sich das Kind in einem Staat auf, der weder Mitglied der EU noch Vertragsstaat des KSÜ oder des MSA ist, und ist auch keine Zuständigkeitsvereinbarung nach Art. 12 EuEheVO getroffen,[31] dann kommt § 99 zum Zuge (vgl. auch Art. 14 EuEheVO).

15 Der Begriff **„gewöhnlicher Aufenthalt"** im Sinne von Art. 8 Abs. 1 EuEheVO und den entsprechenden Vorschriften in den Haager Übereinkommen ist nach der Rechtsprechung des EuGH dahin auszulegen, dass darunter der Ort zu verstehen ist, der Ausdruck einer gewissen sozialen und familiären Integration des Kindes ist. Hierfür sind insbesondere die Dauer, die Regelmäßigkeit und die Umstände des Aufenthalts in einem Mitgliedstaat sowie die Gründe für diesen Aufenthalt und den Umzug der Familie in diesen Staat, die Staatsangehörigkeit des Kindes, Ort und Umstände der Einschulung, die Sprachkenntnisse sowie die familiären und sozialen Bindungen des Kindes in dem betreffenden Staat zu berücksichtigen.[32]

---

[29] Schulz FamRZ 2011, 156/158.
[30] Johannsen/Henrich Rn 2.
[31] Andrae IPRax 2006, 82, 84.
[32] EuGH FamRZ 2009, 843 = IPrax 2011, 76; dazu Pirrung IPrax 2011, 50.

Eine internationale Zuständigkeit des Aufenthaltsstaats bei **schlichtem Aufenthalt** ist 16
nach **Art. 13 EuEheVO** gegeben, wenn sich kein gewöhnlicher Aufenthalt des Kindes
feststellen lässt oder das Kind Flüchtling oder seines Landes vertrieben ist. Dasselbe gilt nach
Art. 6 KSÜ für Flüchtlingskinder und Kinder, die infolge von Unruhen in ihrem Land in
ein anderes Land gelangt sind, sowie für Kinder, deren gewöhnlicher Aufenthalt nicht
festgestellt werden kann.

Die internationale Zuständigkeit in Fällen der **Kindesentführungen** regelt **Art. 10** 17
EuEheVO wie folgt: Ist das Kind widerrechtlich von einem Mitgliedstaat in einen anderen
verbracht worden, bleiben die Behörden des Mitgliedstaats, in dem das Kind unmittelbar
vor dem widerrechtlichen Verbringen oder Zurückhalten seinen gewöhnlichen Aufenthalt
hatte, so lange zuständig, bis das Kind einen gewöhnlichen Aufenthalt in einem anderen
Mitgliedstaat erlangt hat und
a) jede sorgeberechtigte Person, Behörde oder sonstige Stelle dem Verbringen oder Zurückhalten zugestimmt hat, oder
b) das Kind sich in diesem anderen Mitgliedstaat mindestens ein Jahr aufgehalten hat, nachdem die sorgeberechtigte Person, Behörde oder sonstige Stelle seinen Aufenthaltsort kannte oder hätte kennen müssen und sich das Kind sich in seiner neuen Umgebung eingelebt hat, sofern eine von vier der in Art. 10 lit. b aufgeführten Bedingungen erfüllt ist.

Eine dem Art. 10 EuEheVO entsprechende Regelung enthält **Art. 7 KSÜ**, das jedoch
nicht die in Art. 10 lit. b aufgeführten Bedingungen enthält.

Nach **Art. 12 Abs. 1 EuEheVO** haben die Gerichte des **Scheidungsstaats** eine in- 18
ternationale Annexzuständigkeit für Sorgerechtsentscheidungen und Umgangsregelungen,
wenn
• zumindest einer der Ehegatten die elterliche Verantwortung für das Kind hat und
• die Zuständigkeit der betreffenden Gerichte von den Ehegatten oder von den Trägern der elterlichen Verantwortung zum Zeitpunkt der Anrufung des Gerichts **ausdrücklich** oder auf andere **eindeutige Weise anerkannt** wurde und im Einklang mit dem **Kindeswohl** steht. Eine rügelose Einlassung genügt nicht.[33]

Art. 12 Abs. 2 regelt, wann die **Zuständigkeit endet**. Im Unterschied zu **Art. 10 KSÜ**
sieht Art. 12 lit. b EuEheVO vor, dass ein auf die Annexzuständigkeit gestütztes Verfahren
über die elterliche Verantwortung zu Ende geführt werden kann, auch wenn die Ehesache
früher rechtskräftig abgeschlossen wird. Dies ist wegen des Vorrangs der EuEheVO (Rn 4, 5)
in Deutschland maßgeblich.[34]

Für **isolierte Verfahren** sieht **Art. 12 Abs. 3 EuEheVO** eine Zuständigkeit des Ge- 19
richts eines Mitgliedstaats vor, zu dem das Kind eine **wesentliche Bindung** hat, insbesondere weil einer der Träger der elterlichen Verantwortung in diesem Mitgliedstaat seinen
gewöhnlichen Aufenthalt hat oder das Kind die Staatsangehörigkeit dieses Mitgliedstaats
besitzt, wenn alle Beteiligten des Verfahrens zum Zeitpunkt der Anrufung des Gerichts
dessen Zuständigkeit **ausdrücklich** oder auf andere **eindeutige Weise anerkannt** haben
und im Einklang mit dem **Kindeswohl** steht. Eine rügelose Einlassung genügt auch
insoweit nicht. Hat das Kind seinen gewöhnlichen Aufenthalt in einem Drittstaat, der auch
nicht Vertragspartner des KSÜ ist, so ist nach Art. 12 Abs. 4 davon auszugehen, dass die auf
Art. 12 gestützte Zuständigkeit insbesondere dann im Einklang mit dem Kindeswohl steht,
wenn sich ein Verfahren in diesem Drittstaat als unmöglich erweist.

d) Räumlicher Geltungsbereich der EuEheVO und der Haager Übereinkom- 20
men (KEntfÜ, KSÜ, MSA). Vertragsstaaten der **EuEheVO** sind alle EU-Staaten mit
Ausnahme von Dänemark, und zwar:

Belgien, Bulgarien, Deutschland, Estland, Finnland (mit den Ålandinseln), Frankreich
(mit Französisch-Guayana, Guadeloupe, Martinique, la Réunion), Griechenland, Großbritannien (mit Gibraltar, aber ohne die Kanalinseln, die Isle of Man und seine Hoheitszonen auf Zypern), Irland, Italien, Lettland, Litauen, Luxemburg, Malta, Niederlande,
Österreich, Polen, Portugal (mit Azoren und Madeira), Rumänien, Schweden, Slowakei,

---
[33] Johannsen/Henrich Rn 14.
[34] Schulz FamRZ 2011, 156/158.

Slowenien, Spanien (mit den Balearen und den Kanarischen Inseln), Tschechien, Ungarn, Republik Zypern (griechischer Teil).

21 Vertragsstaaten des **HKEntfÜ** sind: Albanien, Anguilla, Argentinien, Armenien, Australien, Bahamas, Belarus, Belgien, Belize, Bermuda, Bosnien und Herzegowina, Brasilien, Bulgarien, Burkina Faso, Chile, Costa Rica, Dänemark, Deutschland, Dominikanische Republik, Ecuador, El Salvador, Estland, Falklandinseln, Fidschi, Finnland, Frankreich, Georgien, Griechenland, Guatemala, Honduras, Hongkong, Irland, Island, Isle of Man, Israel, Italien, Jersey, Kaimaninseln, Kanada, Kolumbien, Kroatien, Lettland, Litauen, Luxemburg, Malta, Macao, Marokko, Mauritius, Mazedonien, Mexiko, Moldau, Monaco, Montenegro, Montserrat, Neuseeland, Nicaragua, Niederlande, Norwegen, Österreich, Panama, Paraguay, Peru, Polen, Portugal, Rumänien, San Marino, Schweden, Schweiz, Serbien, den Seychellen, Simbabwe, Slowakei, Slowenien, Spanien, Sri Lanka, St. Kitts und Nevis, Südafrika, Thailand, Trinidad und Tobago, Tschechische Republik, Türkei, Turkmenistan, Ukraine, Ungarn, Uruguay, Usbekistan, Venezuela, Vereinigte Staaten, Vereinigtes Königreich und Zypern.

Keine Anwendung findet das Abkommen auf die Färöer Inseln und Grönland.

22 Vertragsstaaten des **KSÜ** sind: Albanien, Armenien, Australien, Bulgarien, Deutschland, Ecuador, Estland, Kroatien, Lettland, Litauen, Marokko, Schweiz, Slowenien, Ukraine, Ungarn, Uruguay, Dominikanische Republik, Monaco, Slowakei, Tschechische Republik.

23 Von den 14 Vertragsstaaten des **MSA** gehören 11 zur EU, nämlich Deutschland, Estland, Frankreich, Italien, Lettland, Litauen, Luxemburg, Niederlande, Österreich, Polen, Portugal, Spanien. Weitere Vertragsstaaten sind die Schweiz, die **Türkei** und von China der Verwaltungsbezirk **Macao,** der früher zu Portugal gehörte.

24 **e) Persönlicher Anwendungsbereich der EuEheVO und der Haager Übereinkommen (KEntfÜ, KSÜ, MSA).** Der persönliche Bereich dieser zu beachtenden Europäischen Verordnung bzw. Übereinkommen ist nicht einheitlich. Das **KSÜ** gilt für alle Kinder bis zur Vollendung des 18. Lebensjahres (Art. 2) und das **HKEntfÜ** gilt für alle Kinder bis zur Vollendung des 16. Lebensjahres (Art. 4). Die **EuEheVO** spricht in den Art. 8 ff nur von Kindern, ohne eine zeitliche Begrenzung vorzunehmen. Daher sollte auch hier die zeitliche Grenze des Art. 2 KSÜ gelten (Vollendung des 18. Lebensjahres).[35] Das **MSA** stellt auf die Minderjährigkeit ab. Als **minderjährig** ist nach Art. 12 des Übereinkommens anzusehen, wer sowohl nach dem innerstaatlichen Recht des Staates, dem er angehört, als auch nach dem innerstaatlichen Recht seines gewöhnlichen Aufenthaltsortes minderjährig ist; es werden also die Rechtsordnungen des Heimatrechts und des Aufenthaltsrechts kumuliert.[36] Sowohl in der Türkei als auch in Macao tritt aber wie in Deutschland (§ 2 BGB) die Volljährigkeit mit Vollendung des 18. Lebensjahres ein.

25 **f) Sachlicher Anwendungsbereich der EuEheVO und der Haager Übereinkommen (KEntfÜ, KSÜ, MSA).** Das **HKEntfÜ** regelt nicht die internationale Zuständigkeit für Sorgerechtsentscheidungen (Art. 19 HKEntfÜ), sondern die internationale Zuständigkeit zur Entgegennahme eines Rücknahmeantrags (Art. 6 HKEntfÜ) und die Internationale Zuständigkeit für Entscheidungen über den Rücknahmeantrag (Art. 12 Abs. 1 HKEntfÜ).

26 **Übersicht** des sachlichen Anwendungsbereichs des § 99 einerseits sowie der EuEheVO und der Haager Abkommen zum Kindesschutz und zur Kindesentführung andererseits:

	Sachverhalt	**EuEheVO**	**KSÜ**	**MSA**	**FamFG**
a)	das Sorgerecht und das Umgangsrecht (umfasst die Personensorge und Herausgabe des Kindes)	Art. 1 Abs. 2 lit. a	Art. 3 lit. a, b	Art. 1	§ 151 Nr. 1 bis 3

---

[35] MünchKommZPO/Rauscher §. 99 FamFG Rn 14.
[36] von Hoffmann/Thorn § 8 Rn 106.

Sachverhalt	EuEheVO	KSÜ	MSA	FamFG
b) die Vormundschaft (§§ 1773 ff. BGB), die Pflegschaft (§ 1909 BGB) und entsprechende Rechtsinstitute	Art. 1 Abs. 2 lit. b	Art. 3 lit. c	Art. 1, soweit sie nicht kraft Gesetzes eintreten	§ 151 Nr. 4 und 5
c) die Bestimmung und den Aufgabenbereich jeder Person oder Stelle, die für die Person oder das Vermögen des Kindes verantwortlich ist, es vertritt oder ihm beisteht	Art. 1 Abs. 2 lit. c	Art. 3 lit. d	Art. 1	§ 151 Nr. 1
d) die Unterbringung des Kindes in einer Pflegefamilie oder einem Heim	Art. 1 Abs. 2 lit. d hiervon ausgenommen ist aber nach Art. 1 Abs. 3 lit. b) die Unterbringung in Vorbereitung einer späteren Adoption.	Art. 3 lit. e hiervon ausgenommen ist aber nach Art. 4 lit. b) die Unterbringung in Vorbereitung einer späteren Adoption.	Art. 1	§ 151 Nr. 5
e) die Maßnahmen zum Schutz des Kindes im Zusammenhang mit der Verwaltung und Erhaltung seines Vermögens oder der Verfügung darüber (dies betrifft die Vermögenssorge)	Art. 1 Abs. 2 lit. e	Art. 3 lit. g	Art. 1	§ 151 Nr. 1
f) behördliche/gerichtliche Aufsicht über die Betreuung eines Kindes durch jede Person, die für das Kind verantwortlich ist	Art. 1 Abs. 2 lit. b	Art. 3 lit. f	Art. 1	§ 151 Nr. 1
g) Namen und Vornamen des Kindes	keine Zuständigkeit gemäß Art. 1 Abs. 3 lit. c und d	keine Zuständigkeit gemäß Art. 4 lit. c und d	keine Zuständigkeit	§ 151 Nr. 1[37]
h) die Volljährigkeitserklärung				§ 151 Nr. 1[38]

---

[37] S § 151 Rn 6, 10.
[38] S. § 151 Rn 6.

27 Was unter **elterlicher Verantwortung** zu verstehen ist, definieren Art. 2 Nr. 7 EuEheVO und Art. 1 Abs. 2 KSÜ extensiv:

Art. 2 Nr. 7 EuEheVO	Art. 1 Abs. 2 KSÜ
Die elterliche Verantwortung bezeichnet die gesamten Rechte und Pflichten, die einer natürlichen oder juristischen Person durch Entscheidung oder kraft Gesetzes oder durch eine rechtlich verbindliche Vereinbarung betreffend die Person oder das Vermögen eines Kindes übertragen wurden. Elterliche Verantwortung umfasst insbesondere das Sorge- und das Umgangsrecht.	Der Begriff „elterliche Verantwortung" im Sinne des Übereinkommens erfasst die elterliche Sorge und jedes andere entsprechende Sorgeverhältnis, das die Rechte, Befugnisse und Pflichten der Eltern, des Vormunds oder eines anderen gesetzlichen Vertreters in Bezug auf die Person oder das Vermögen des Kindes bestimmt.

28 Das **Sorgerecht** bezeichnet nach Art. 2 Nr. 9 EuEheVO „die Rechte und Pflichten, die mit der Sorge für die Person eines Kindes verbunden sind, insbesondere das Recht auf die Bestimmung des Aufenthaltsortes des Kindes." Das **Umgangsrecht** erfasst nach Art. 2 Nr. 10 EuEheVO „insbesondere auch das Recht, das Kind für eine begrenzte Zeit an einen anderen Ort als seinen gewöhnlichen Aufenthaltsort zu bringen." Zur elterlichen Verantwortung zählen nach Art. 1 Abs. 2 (er entspricht im Wesentlichen dem Katalog des Art. 3 KSÜ) insbesondere die Verfahren, die auch nach § 151 Nr. 1, 2, und 5 Kindschaftssachen sind (vgl. die Tabelle Rn 26).[39]

29 Unter Art. 1 Abs. 1 lit. b EuEheVO fällt auch, ohne dass dies in der nicht abschließenden Aufzählung in Art. 1 Abs. 2 EuEheVO („insbesondere") ausdrücklich erwähnt ist, die Aufsicht des Personensorgeberechtigten durch die Gerichte und Behörden, so dass alle Maßnahmen, die nach §§ 1626 ff. BGB getroffen werden können, von Art. 1 Abs. 2 lit. a, c und e erfasst werden.[40] Art. 3 lit. f KSÜ stellt daher keine Erweiterung des Katalogs der EuEheVO dar.

30 Eine internationale Zuständigkeit ergibt sich weder aus der EuEheVO noch aus dem KSÜ und dem MSA hinsichtlich der unter § 151 Nr. 1 FamFG fallenden Verfahren, die den Namen und die Volljährigkeit betreffen; dasselbe gilt für Kindschaftssachen nach § 151 Nr. 7 und 8, Abstammungssachen nach § 169 und Adoptionssachen nach § 186. Dies ergibt sich aus Art. 1 Abs. 3 der EuEheVO bzw. Art. 4 KSÜ, welche die Verfahren auf
- Feststellung und Anfechtung des Eltern-Kind-Verhältnisses;[41]
- Adoptionsentscheidungen und Maßnahmen zur Vorbereitung einer Adoption sowie auf die Ungültigerklärung und den Widerruf der Adoption;
- Namen und Vornamen des Kindes;[42]
- die Volljährigkeitserklärung;
- Unterhaltspflichten; sie unterstehen dem EuGVO;[43]
- Trusts (d. h. die allgemeine Vermögensverwaltung; es untersteht dem EuGVO[44]) und Erbschaften;
- Maßnahmen infolge von Straftaten, die von Kindern begangen wurden;

aus ihrem Anwendungsbereich ausschließen.[45]

31 Der **sachliche Anwendungsbereich des MSA** erfasst alle zivil- und öffentlich-rechtlichen Maßnahmen, die von Behörden oder Gerichten im Einzelfall getroffen werden zum Schutze der Person und des Vermögens eines Minderjährigen. Im Einzelnen erstreckt er sich auf Vormundschaften, Pflegschaften, soweit diese nicht kraft Gesetzes eintreten, Maß-

---

[39] EuGH FamRZ 2009, 843; FamRZ 2008, 125; Coester-Waltjen FamRZ 2005, 241/242; Coester FF 2009, 269/270.
[40] MünchKommBGB/Siehr Art. 21 EGBGB Anh. I Rn 47.
[41] Erwägungsgrund 9 EuEheVO; Hohloch IPRax 2010, 567.
[42] Vgl. auch Erwägungsgrund 9 EuEheVO.
[43] Vgl. auch Erwägungsgrund 11 EuEheVO.
[44] Erwägungsgrund 9 EuEheVO; MünchKommBGB/Siehr Art. 21 EGBGB Anh. I Rn 49.
[45] Vgl. auch Erwägungsgrund 10 EuEheVO

Kindschaftssachen 32–34 § 99

nahmen nach §§ 1666, 1666a, 1667, 1678, 1680, 1681 i. V. m. 1696,[46] 1632 Abs. 3,[47] 1671, 1672,[48] 1674,[49] 1684 und 1696 BGB,[50] Genehmigungen zur Unterbringung eines Minderjährigen nach §§ 1631b, 1800 BGB[51] und das Verfahren auf Erteilung der vormundschaftsgerichtlichen Genehmigung im Zusammenhang mit einem Verfahren zur Anordnung einer Ergänzungspflegschaft nach § 1909 BGB,[52] die Entlassung eines Amtsvormunds nach § 1887 BGB;[53] die Bestellung eines Ergänzungspflegers (§ 1909 BGB),[54] vorläufige Maßnahmen nach §§ 42, 43 SGB VIII, Schutz von Kindern und Jugendlichen in Familienpflege und in Einrichtungen (§§ 44 ff. SGB VIII).

Der Anwendungsbereich des MSA erfasst nicht Einzelmaßnahmen zur Durchführung 32 der gesetzlichen Vertretung oder einer Vormundschaft oder Pflegschaft oder Maßnahmen, die selbständigen Sachgebieten angehören, z. B. solche nach §§ 1303 Abs. 2, 1752, 1912, 1960 BGB, Genehmigungen nach §§ 112, 113, 1643, 1812 ff. BGB,[55] §§ 19 Abs. 3, 25 StAG,[56] schließlich auch nicht die Feststellung des Ruhens der elterlichen Sorge nach § 1673 BGB[57] und die Entscheidungen über die Genehmigung oder den Widerruf der Anerkennung der Vaterschaft nach § 1596 Abs. 1 bzw. § 1597 Abs. 3 BGB und über die Zustimmung nach § 1599 BGB. Für alle diese Maßnahmen gilt § 99.

Art. 3 des MSA begrenzt die internationale Zuständigkeit nach Art. 1, sofern nicht die 33 Voraussetzungen für Vollstreckungs- oder Eilmaßnahmen nach Art. 8, 9 vorliegen. Danach ist ein elterliches ex-lege-Gewaltverhältnis, das nach dem innerstaatlichen Recht des Staates, dem der Minderjährige angehört, besteht (d. h. kraft Gesetzes und nicht durch gerichtliches oder behördliches Eingreifen, z. B. §§ 1626, 1680 BGB; nicht dagegen §§ 1671, 1672 BGB), in allen Vertragsstaaten anzuerkennen. Nach der Rechtsprechung des BGH schließ ein ex-lege-Gewaltverhältnis die Zuständigkeit der Gerichte des Aufenthaltsstaats nicht aus, wenn das Heimatrecht des Kindes den Eingriff in das ex-lege-Verhältnis zulässt und ihm nicht entgegensteht.[58] Eine **Schutzmaßnahme** stellt daher nur dann i. S. des Art. 3 MSA einen Eingriff in das gesetzliche Gewaltverhältnis dar, wenn das Recht des Heimatstaates regelnde Eingriffe ausschließt; lässt es dagegen regelnde Eingriffe zu, so ist unter diesen Voraussetzungen und in diesem Rahmen auch eine Zuständigkeit des Aufenthaltsstaates nach Art. 1 des Übereinkommens gegeben. Ob ein Gewaltverhältnis besteht, richtet sich nach dem Heimatrecht des Minderjährigen, hängt also von seiner Staatsangehörigkeit ab.[59] Da aber in der Türkei Eingriffe in die elterliche Sorge ebenso möglich sind wie in Deutschland, hindert die Beachtung des elterlichen Gewaltverhältnisses die deutschen Gerichte nicht, Schutzmaßnahmen für das Kind zu treffen.[60]

In den Fällen, in denen nach Art. 3 das Heimatrecht des Minderjährigen zur Anwendung 34 kommt, ist der in **Art. 16** des Übereinkommens zum Ausdruck kommende Grundsatz des kollisionsrechtlichen **ordre public** zu beachten. Art. 16 gestattet es, das Übereinkommen nicht anzuwenden, wenn dies mit der öffentlichen Ordnung offensichtlich unvereinbar ist, d. h. wenn ihre Anwendung zu einem Ergebnis führt, das mit wesentlichen Grundsätzen

---

[46] BayObLG FamRZ 1994, 913; OLG Hamm FGPrax 1997, 145 = NJW-RR 1997, 1299; OLG Stuttgart FamRZ 1980, 1152.
[47] BGH NJW 1980, 529 = FamRZ 1979, 577; NJW 1977, 150 = FamRZ 1977, 126; BayObLG NJW-RR 1992, 70 = FamRZ 1991, 216; OLG Hamburg NJW-RR 1990, 1289 = FamRZ 1989, 420; OLG Zweibrücken OLGZ 1981, 146.
[48] BGH NJW 1984 = FamRZ 1984, 686; NJW 1981, 520 = FamRZ 1981, 135.
[49] BayObLG NJW-RR 1988, 1228 = FamRZ 1988, 867; OLG Köln FamRZ 1992, 1093.
[50] BGH FamRZ 1974, 273.
[51] AG Glückstadt FamRZ 1980, 824 m. zustimm. Anm. v. Kropholler.
[52] BayObLG FamRZ 1983, 92.
[53] BayObLG NJW-RR 1992, 70 = FamRZ 1991, 216.
[54] BayObLG FamRZ 1983, 92; OLG Stuttgart FamRZ 1977, 208.
[55] S. dazu näher Jaspersen FamRZ 1996, 393; Schwimann FamRZ 1978, 303.
[56] BGBl. 1974 I S. 3714.
[57] BayObLG NJW 1976, 2077 = FamRZ 1976, 711; Kropholler MSA S. 31.
[58] BGH NJW 1997, 3024 = FamRZ 1997, 1070; NJW-RR 1986, 1130; NJW 1984, 2761 = FamRZ 1984, 686.
[59] BayObLG NJW 1975, 2146; KG FamRZ 1987, 969; OLG Karlsruhe OLGZ 1976, 1/5; OLG Stuttgart NJW 1980, 1229.
[60] Johannsen/Henrich § 99 FamFG Rn 20.

des deutschen Rechts, insbesondere mit den Grundrechten, die wesentlicher Bestandteil der deutschen Rechtsordnung sind, offensichtlich unvereinbar ist. Verstößt also die gesetzliche Regelung des Gewaltverhältnisses nach dem Heimatrecht des Minderjährigen gegen Art. 16, so entfällt der Vorbehalt des Art. 3, und die Behörden und Gerichte des Aufenthaltsstaates sind zuständig. Die Vorschrift entspricht inhaltlich Art. 6 EGBGB, dem sie allerdings vorgeht. Sie muss zurückhaltend nur bei schweren Verstößen gegen Wertvorstellungen des Grundgesetzes angewandt werden, wie sich aus der Formulierung „offensichtlich unvereinbar" ergibt.[61]

35   Nach der Ausnahmeregelung des **Art. 4 MSA** können die Heimatbehörden ein im Aufenthaltsstaat anhängiges Verfahren an sich ziehen, wenn sie der Auffassung sind, dass das Kindeswohl dies erfordert. Art. 4 begründet eine konkurrierende, jedoch gegenüber dem Aufenthaltsstaat subsidiäre Zuständigkeit der Behörden des Heimatstaates für Schutzmaßnahmen, falls sie dies im Interesse des Kindeswohls für erforderlich halten und nachdem sie die Behörden des Aufenthaltsstaates verständigt haben.[62]

36   Ist das Kind **Mehrstaater mit deutscher Staatsangehörigkeit** und hat es seinen gewöhnlichen Aufenthalt im Ausland, sind die deutschen Gerichte zum Erlass von Schutzmaßnahmen nach **Art. 4 MSA** international zuständig, z.B. wenn Angelegenheiten des Kindes in Deutschland zu regeln sind, wenn es im konkreten Fall ausnahmsweise auf die besondere Sachkunde und Kompetenz der Heimatbehörde ankommt oder die Behörden oder Gerichte des Aufenthaltsstaates nicht in der Lage oder nicht willens sind, eine im Interesse des Kindes offensichtlich gebotene Schutzmaßnahme anzuordnen. Es kommt in dieser Fallkonstellation nicht darauf an, welche Staatsangehörigkeit die effektive i. S. d. Art. 5 Abs. 1 S. 1 EGBGB ist,[63] da das MSA keine Regelungen für sog. Doppelstaater enthält. Nach der Rechtsprechung des BGH widerspricht es einer verfassungskonformen Auslegung der Zuständigkeitsregelungen des MSA, wenn deutsche Gerichte und Behörden einem deutschen Minderjährigen den Mindestschutz des Art. 4 Abs. 1 MSA, den zu garantieren der Staat verpflichtet ist, nur deshalb nicht gewähren können, weil er zusätzlich zu der deutschen Staatsangehörigkeit noch eine andere Staatsangehörigkeit besitzt.[64] Treffen hingegen **mehrere ausländische** Staatsangehörigkeiten aufeinander, dann ist an die effektive Staatsangehörigkeit i. S. d. Art. 5 Abs. 1 S. 1 EGBGB anzuknüpfen.

37   Bei Verlegung des gewöhnlichen Aufenthalts eines Minderjährigen vom Heimatstaat in einen anderen Vertragsstaat bleiben die vom Heimatstaat getroffenen Maßnahmen auch im Aufenthaltsstaat in Kraft **(Art. 5 Abs. 3 MSA)**. Die in Art. 5 Abs. 3 vorgesehene Fortdauer von Maßnahmen des Heimatstaates setzt voraus, dass dieser ebenfalls Vertragsstaat ist.[65] Die Heimatbehörden können aber die Durchführung der Maßnahmen den Behörden des Aufenthaltsstaates in ihrem Einvernehmen übertragen **(Art. 6 MSA)**. Inwieweit sich ein **Aufenthaltswechsel des Minderjährigen nach Einleitung eines** seinem Schutz dienenden **Verfahrens** auf die internationale Zuständigkeit auswirkt, ist im Übereinkommen nicht ausdrücklich geregelt. Vgl. hierzu § 97 Rn 8.

38   Eine Sonderzuständigkeit bei erheblicher Gefährdung der Person oder des Vermögens des Minderjährigen sieht **Art. 8** des Übereinkommens vor.[66] Dieser Gefährdungszuständigkeit steht kein Vorbehalt entgegen, insbesondere nicht Art. 3 MSA. Sie ist gegeben, wenn die tatsächlichen Umstände, die z.B. zur Entziehung des Personensorgerechts führen können, geeignet sind, das Kind in seiner Person ernstlich zu gefährden.[67] Wird in einem

---

[61] S. dazu BGH NJW 1997, 3024 = FamRZ 1997, 1070; NJW 1993, 848 = FamRZ 1993, 316.
[62] S. dazu näher BGH NJW 1997, 3024 = FamRZ 1997, 1070; BayObLG StAZ 1979, 38; KG OLGZ 1974, 110; OLG Celle NJW-RR 1992, 1288 = FamRZ 1993, 95; OLG Düsseldorf NJW-RR 1994, 268 = FamRZ 1993, 1108; OLG Hamm IPRax 1993, 104 m. Anm. v. Dörner 87; OLG Karlsruhe NJW-RR 1994, 1420 = FamRZ 1994, 642; OLG Stuttgart NJW 1978, 1746; Österr. OGH IPRax 1989, 245.
[63] BGH NJWE-FER 2000, 278; NJW 1997, 3024 = FamRZ 1997, 1070; a.A. von Hoffmann/Thorn § 8 Rn 108 b.
[64] BGH NJW 1997, 3024 = FamRZ 1997, 1070.
[65] BayObLG FamRZ 1976, 366; OLG Düsseldorf FamRZ 1979, 1066; OLG Hamm NJW 1975, 1083.
[66] BGH NJW 1977, 150 = FamRZ 1977, 126; BayObLG NJW-RR 1993, 457 = FamRZ 1993, 463; NJW 1992, 70 = FamRZ 1991, 216; OLG Celle ZBlJR 1984, 96; OLG Frankfurt FamRZ 1972, 266; OLG Köln FamRZ 1991, 363.
[67] OLG Hamm FG Prax 1997, 145 = NJW-RR 1997, 265.

Verfahren nach §§ 1666, 1671, 1672 oder 1696 BGB oder im Rahmen eines Ehescheidungsverfahrens nach §§ 49 ff. der Erlass einer einstweiligen Anordnung beantragt, so ist hierfür die internationale Zuständigkeit nach Art. 8 regelmäßig gegeben.[68] Die Anwendbarkeit von Art. 8 ist aber nicht auf einstweilige Anordnungen beschränkt.[69]

Art. 9 des Übereinkommens sieht eine Eilzuständigkeit der Gerichte und Behörden des Aufenthaltsortes für vorläufige Maßnahmen vor, wenn diese im konkreten Fall dringend erforderlich sind.[70]

3. Restzuständigkeit nach § 99 FamFG

Soweit sich weder aus dem persönlichen, sachlichen und räumlichen Anwendungsbereich der Artikel 8 bis 13 EuEheVO noch aus sonstigen Rechtsakten der EU oder zwischenstaatlichen Vereinbarungen eine vorrangige internationale Zuständigkeit eines deutschen Gerichts ergibt, bestimmt sich die Zuständigkeit nach § 99 (vgl. Art. 14 EuEheVO sowie § 97). Eine internationale Zuständigkeit nach § 99 ist im Anwendungsbereich der EuEheVO, des KSÜ, des MSA oder des HKEntfÜ nur in den wenigen Fällen möglich, dass das Kind seinen gewöhnlichen Aufenthalt in einem Staat hat, der weder Vertragsstaat der EuEheVO noch Vertragsstaat des KSÜ noch des MSA ist. Denn ist das Kind im Gebiet der EuEheVO, ist eine Zuständigkeit nach Art. 8 bzw. Art. 13 gegeben. Lebt das Kind in Dänemark oder einem Staat außerhalb der EU, der Mitglied des KSÜ oder des MSA ist, so gelten diese.

III. Internationale Zuständigkeit nach Abs. 1

1. Allgemeines

Die internationale Zuständigkeit eines deutschen Gerichts ist in dem unter II dargelegten Anwendungsbereich des § 99 gegeben, wenn das Kind Deutscher ist (Staatsangehörigkeitszuständigkeit) oder seinen gewöhnlichen Aufenthalt im Inland hat (Aufenthaltszuständigkeit) oder der Fürsorge durch ein deutsches Gericht bedarf (Fürsorgebedürfniszuständigkeit). Auch die Fürsorgezuständigkeit ist generell ausgestaltet und tritt gleichrangig neben die Zuständigkeiten nach Abs. 1 Nr. 1 und Nr. 2.[71]

2. Staatsangehörigkeitszuständigkeit (Abs. 1 S. 1 Nr. 1)

Besitzt das Kind die deutsche Staatsangehörigkeit, so sind die deutschen Familiengerichte ohne Rücksicht auf dessen Aufenthalt zuständig. Zur Frage, wer Deutscher i. S. d. § 99 bzw. ihm gleichgestellt ist, vgl. die Kommentierung zu § 98 Rn 6 ff. Besitzt das Kind neben der deutschen auch eine fremde Staatsangehörigkeit (deutsch-ausländischer **Mehrstaater**), so ist dies im Rahmen des § 99 unerheblich.

3. Aufenthaltszuständigkeit (Abs. 1 S. 1 Nr. 2)

Erforderlich ist, dass das Kind seinen gewöhnlichen Aufenthalt im Inland hat; ein sogen. schlichter Aufenthalt reicht nicht aus.[72] Dem Fehlen eines gewöhnlichen Aufenthaltsorts im Inland steht gleich, wenn der Aufenthalt unbekannt ist.[73] Die Bestimmung des gewöhnlichen Aufenthalts im Rahmen der Zuständigkeitsbestimmung unterliegt deutschem Recht.

Eine **gesetzliche Definition** des gewöhnlichen Aufenthalts enthält § 30 Abs. 3 S. 2 SGB I. Danach hat jemand einen gewöhnlichen Aufenthalt dort, wo er sich unter Umständen aufhält, die erkennen lassen, dass er an diesem Ort oder in diesem Gebiet nicht nur vorübergehend verweilt. Als gewöhnlicher Aufenthalt ist also **grundsätzlich** der Ort oder

---

[68] BayObLG DAVorm 1983, 78; NJW 1974, 420 = FamRZ 1974, 137; KG FamRZ 1985, 97 m. Anm. v. Wengler IPRax 1985, 334; OLG Hamburg DAVorm 1983, 151.
[69] BayObLG FamRZ 1990, 780; OLG Celle ZBlJR 1984, 96; OLG Köln FamRZ 1992, 1093.
[70] BayObLG NJW 1974, 421 = FamRZ 1974, 150.
[71] BT-Drs. 10/504 S. 94 zu § 35 b FGG.
[72] OLG Hamm IPRax 1993, 104 mit Anm. v. Dörner IPRax 1993, 87; Henrich IPRax 1986, 364.
[73] BGH NJW 1983, 285 = FamRZ 1982, 1199.

das Land, in welchem der Minderjährige den tatsächlichen Mittelpunkt seiner Lebensführung hat, anzusehen. Dieser Daseinsmittelpunkt leitet sich nicht vom Aufenthalt oder Wohnsitz der Eltern ab, sondern ist selbstständig zu bestimmen, wenn er sich auch bei Kleinkindern vor allem nach dem Aufenthalt dessen bestimmt, der das Kind versorgt.[74] Er erfordert nicht nur einen Aufenthalt von gewisser Dauer (häufig werden etwa sechs Monate für ausreichend erachtet), sondern auch das Vorhandensein weiterer sozialer Bindungen zu diesem Ort, speziell in familiärer und beruflicher bzw. – bei noch schulpflichtigen Minderjährigen – in schulischer Hinsicht.[75] Die Eingliederung in die soziale Umwelt muss also dazu geführt haben, dass die Bindung zu diesem Ort stärker ist als zu jedem anderen Ort. Der Begriff des gewöhnlichen Aufenthalts ist frei von normativen Elementen, also nicht rechtlich geprägt. Er unterscheidet sich vom Wohnsitz dadurch, dass der Wille, den Aufenthaltsort zum Mittelpunkt oder Schwerpunkt der Lebensverhältnisse zu machen, nicht erforderlich ist.[76] Nach der Rechtsprechung des BSG[77] zu § 30 SGB I haben **Asylbewerber** in der Regel keinen gewöhnlichen Aufenthalt in der Bundesrepublik Deutschland, weil Asylbewerbern der Aufenthalt hier nur zeitlich befristet und jedenfalls nicht über die Dauer des Asylverfahrens hinaus gestattet werde. Deshalb bleibe ungewiss, ob der Asylbewerber sich auch nach dem Ende des Asylverfahrens in Deutschland aufhalten dürfe. Damit lasse sich nicht erkennen, dass er hier nicht nur vorübergehend verweile, wie dies § 30 Abs. 3 S. 2 SGB I voraussetze. Etwas anderes gelte aber, wenn der Ausländer selbst bei Ablehnung seines Asylantrages grundsätzlich vor einer Abschiebung sicher war.[78] Ob die Rechtsprechung des BSG auf das Familienrecht übertragen werden kann, ist zweifelhaft.[79]

45 Im Falle eines Wechsels des Aufenthaltsorts aus einem anderen Land ins Inland wird der gewöhnliche Aufenthaltsort ausnahmsweise schon durch die bloße Aufenthaltsnahme begründet, wenn sich aus den Umständen ergibt, dass der Aufenthalt an dem neuen Ort im Inland auf längere Zeit angelegt ist und der neue Ort der neue Daseinsmittelpunkt sein soll.[80]

46 Dies gilt grundsätzlich auch, wenn der nicht oder nicht allein sorgeberechtigte Elternteil den Minderjährigen gegen den Willen des anderen, des sorgeberechtigten Elternteils, von seinem bisherigen Aufenthaltsort entfernt und in einen anderen Ort oder in einen anderen Staat verbringt oder nach einverständlicher Ausreise zu nur vorübergehendem Aufenthalt mit dem Minderjährigen auf Dauer im Ausland verbleibt, also auch in den Fällen von **Kindesentführungen;** denn der Begriff des gewöhnlichen Aufenthalts ist faktischer Natur, nicht rechtlich geprägt und nicht vom Willen des Sorgeberechtigten abhängig, so dass auch bei einer Entführung des Minderjährigen der neue Aufenthaltsort durch Eingliederung in die soziale Umwelt zum gewöhnlichen Aufenthalt werden kann.[81] Ein objektiv auf Dauer angelegter Aufenthalt scheidet jedoch dann aus, wenn der Sorgeberechtigte auf Grund eines im Aufenthaltsstaat des entführten Minderjährigen erwirkten anerkennungsfähigen Herausgabebeschlusses unverzüglich nach der Entführung die Rückführung des Minderjährigen betreibt.[82] Zur Frage der Widerrechtlichkeit der Kindesentführungen s. Art. 3 des HKEntfÜ vom 25. 10. 1980.[83] Zum gewöhnlichen Aufenthalt eines **Säuglings,** der von seiner Mutter in einen anderen Vertragsstaat der EG verbracht wurde, s. die Entscheidung des EuGH vom 21. 12. 2010 – C-497/10 PPU –.[84]

---

[74] LG Kiel DAVorm 1991, 960; Staudinger/Spellenberg § 606 a ZPO Rn 37.
[75] Ebenso MünchKommZPO/Rauscher § 99 FamFG Rn 51.
[76] BGH NJW 1997, 3024 = FamRZ 1997, 1070; NJW 1981, 520 = FamRZ 1981, 135.
[77] NVwZ 1999, Beilage Nr. 3, 31; MDR 1988, 700.
[78] BSG SGb 1999, 74; MDR 1988, 700.
[79] OLG Hamm NJW 1990, 651; Spickhoff IPRax 1990, 225; SBW/Baetge § 98 Rn 27, der zutreffend die Rechtmäßigkeit der Aufenthaltsnahme nicht als Voraussetzung für das Entstehen eines gewöhnlichen Aufenthalts ansieht.
[80] BGH NJW 1993, 2047 = FamRZ 1993, 798.
[81] BGH NJW 1981, 520 = FamRZ 1981, 135.
[82] BayObLG IPRax 1982, 106; dazu Hüßtege IPRax 1982, 95.
[83] BGBl. 1990 II S. 207; das Abkommen ist abgedruckt bei Jayme/Hausmann unter Nr. 222; s. dazu OLG Düsseldorf NJW-RR 1994, 1222 = FamRZ 1994, 181; OLG Hamm FamRZ 1991, 1346; OLG Koblenz NJW 2008, 238; OLG Stuttgart FamRZ 2001, 645.
[84] FamRZ 2011, 617.

4. Fürsorgezuständigkeit (Abs. 1 S. 2)

Nach Abs. 1 S. 2 sind die deutschen Gerichte ferner zuständig, wenn das Kind der 47 Fürsorge durch ein deutsches Gericht bedarf. Damit wird die Staatsangehörigkeits- und Aufenthaltszuständigkeit des Abs. 1 Nr. 1 und 2 durch eine Fürsorgebedürfniszuständigkeit ergänzt. Ein Fürsorgebedürfnis kann z. B. dort entstehen, wo der Schutzbedürftige sich gerade aufhält (schlichter Aufenthalt)[85] oder wo Vermögen belegen ist. Das Fürsorgebedürfnis für **asylsuchende Minderjährige**, deren Sorgeberechtigte sich im Ausland aufhalten, wird regelmäßig zu bejahen sein.[86] Die Fürsorgebedürfniszuständigkeit erfasst auch den Fall, dass deutsches Recht nach Art. 19 Abs. 2 S. 1 in Verbindung mit Art. 14 Abs. 1 Nr. 3 EGBGB, also äußerst hilfsweise, anzuwenden ist.[87]

IV. Unterbleiben der Anordnung einer Vormundschaft (Abs. 2)

Nach Abs. 2 kann die Anordnung einer Vormundschaft im Inland unter bestimmten 48 Voraussetzungen unterbleiben, falls für die Anordnung einer Vormundschaft sowohl die deutschen Gerichte wie die Gerichte eines anderen Staates zuständig sind. Das bedeutet für einen Deutschen ein Abweichen von dem Grundsatz des § 1774 BGB, dass beim Vorliegen der Voraussetzungen des § 1773 BGB die Vormundschaft von Amts wegen einzuleiten ist. Die Anordnung der Vormundschaft im Inland kann unterbleiben, wenn die Vormundschaft in dem anderen Staat anhängig ist und dies im Interesse des Mündels liegt. Die Entscheidung steht im **pflichtgemäßen Ermessen** des Gerichts, das an sich nach § 152 zur Einleitung der Vormundschaft berufen wäre.[88] Das Gericht wird dabei außer den Interessen des Mündels auch prüfen, ob die im Ausland anhängige Vormundschaft dem Mündel etwa den gleichen Schutz und dieselben Vorteile gewährt wie eine nach deutschem Recht einzuleitende Vormundschaft.[89] Von Bedeutung ist auch, ob die im Ausland angeordnete Vormundschaft hier anzuerkennen ist; nur wenn dies zu bejahen ist, kann auf die Einleitung einer Vormundschaft im Inland verzichtet werden.[90] Sind die genannten Voraussetzungen nicht gegeben, so ist auch im Inland eine Vormundschaft anzuordnen.[91] Geschieht dies, so wird damit die im Ausland angeordnete Vormundschaft für deutsche Rechtsverhältnisse unwirksam.[92]

Abs. 2 bezieht sich nur auf die Anordnung der Vormundschaft, nicht auf die Fortführung; 49 die einmal eingeleitete Vormundschaft ist fortzuführen, sofern nicht Abs. 3 eingreift.[93]

Abs. 2 ist einseitig formuliert, aber allseitig gemeint,[94] d. h. den in- und ausländischen 50 Gerichten wird das gleiche Ermessen zugebilligt.[95]

V. Abgabe der Vormundschaft an ein ausländisches Gericht (Abs. 3)

Nach Abs. 3 kann das inländische Gericht eine bei ihm bestehende Vormundschaft an 51 den Staat, dessen Gerichte für die Anordnung der Vormundschaft zuständig sind, unter bestimmten Voraussetzungen abgeben, falls für die Anordnung einer Vormundschaft sowohl die deutschen Gerichte wie die Gerichte eines anderen Staates zuständig sind. Die Vormundschaft muss im Inland bestehen, ein Vormund muss bestellt sein. Auch die Abgabe einer Amtsvormundschaft kann erfolgen.[96] Abs. 3 ist ebenso wie Abs. 2 einseitig formuliert, aber allseitig gemeint (Rn 50).[97]

---

[85] MünchKommZPO/Rauscher § 99 FamFG Rn 55.
[86] A. M. AG Duisburg ZBlJR 1989, 433.
[87] BT-Drs. 10/504 S. 92.
[88] S. hierzu OLG Karlsruhe DAVorm 1960, 231; DAVorm 1960, 134.
[89] Ebenso MünchKommZPO/Rauscher § 99 FamFG Rn 71.
[90] So auch MünchKommBGB/Klinkhardt Art. 24 EGBGB Rn 46; MünchKommZPO/Rauscher § 99 FamFG Rn 72, 73.
[91] OLG Braunschweig JZ 1955, 382.
[92] OLG Hamm FamRZ 2003, 253; MünchKommBGB/Klinkhardt Art. 24 EGBGB Rn 46.
[93] Ebenso MünchKommZPO/Rauscher § 99 FamFG Rn 74.
[94] BT-Drs. 10/504 S. 92 zu § 47 FGG.
[95] S. dazu BayObLG DAVorm 1959, 100; DAVorm 1959, 60.
[96] Schnitzerling RdJ 1962, 219.
[97] BT-Drs. 10/504 S. 92 zu § 47 FGG.

§ 100   1, 2   Abschnitt 9. Verfahren mit Auslandsbezug

52   Die Voraussetzungen der Abgabe sind folgende:
• Die Abgabe muss im Interesse des Mündels liegen; darüber entscheidet das Familiengericht nach pflichtgemäßen Ermessen.
• Der ausländische Staat muss sich zur Übernahme bereit erklärt haben. Dies ist durch Anfrage festzustellen.
• Der Vormund oder die mehreren Vormünder müssen ihre Zustimmung zur Abgabe erteilt haben. Verweigert ein Einzelvormund oder einer von mehreren Vormündern die Zustimmung, kann sie durch das dem Familiengericht im Instanzenzug übergeordnete OLG (im Fall des § 104 Abs. 2 durch das dem Betreuungsgericht übergeordnete Landgericht) ersetzt werden, Abs. 3 S. 2. Diese Entscheidung ist einer Anfechtung entzogen, Abs. 3 S. 3.

53   Die Abgabe der Vormundschaft bewirkt ihre Beendigung im Inland. Der Vormund ist deshalb nach Erfüllung der ihm nach §§ 1890 ff. BGB obliegenden Verpflichtungen zu entlassen. Jedoch muss die Vormundschaft durch das zuständige deutsche Familiengericht neu angeordnet werden, wenn dies die Interessen des Mündels erfordern oder der ausländische Staat die Vormundschaft nicht mehr führen will.

VI. Pflegschaft, zivilrechtliche Unterbringung (Abs. 4)

54   Die Regelungen in Abs. 2 über das Unterbleiben der Anordnung einer Vormundschaft und in Abs. 3 über die Abgabe der Vormundschaft an ein ausländisches Gericht gelten nach Abs. 4 auch für die Pflegschaft und die zivilrechtliche Unterbringung Minderjähriger nach § 1631 b BGB durch die Eltern, den Vormund nach §§ 1800, 1631 b BGB und den Pfleger nach §§ 1915, 1800, 1631 b BGB. Auf die Rn 48–53 wird daher Bezug genommen.

Abstammungssachen

§ 100   Die deutschen Gerichte sind zuständig, wenn das Kind, die Mutter, der Vater oder der Mann, der an Eides statt versichert, der Mutter während der Empfängniszeit beigewohnt zu haben,
1. Deutscher ist oder
2. seinen gewöhnlichen Aufenthalt im Inland hat.

I. Normzweck

1   Die Vorschrift regelt die internationale Zuständigkeit für Abstammungssachen, also für Verfahren auf Feststellung des Bestehens oder Nichtbestehens eines Eltern-Kind-Verhältnisses, insbesondere der Wirksamkeit oder Unwirksamkeit einer Anerkennung der Vaterschaft, oder auf Anfechtung der Vaterschaft, § 169. Dies war früher in § 640 a Abs. 2 S. 1 ZPO geregelt.

II. Anwendbarkeit der Norm

2   Multilaterale oder bilaterale Staatsverträge und Rechtsakte der Europäischen Gemeinschaft, die Vorrang vor dem § 100 haben würden (§ 97), bestehen nicht.[1] Die **EuEheVO** (VO (EG) Nr. 2201/2003)[2] schließt ihren Anwendungsbereich ausdrücklich in Art. 1 Abs. 3 lit. a hinsichtlich der Feststellung und Anfechtung des Eltern-Kind-Verhältnisses aus. Das in Deutschland am 1. 1. 2011 in Kraft getretene Haager Kinderschutzübereinkommen vom 19. 10. 1996[3] **(KSÜ)** enthält in Art. 4 ebenfalls die ausdrückliche Bestimmung, dass das Übereinkommen nicht auf die Feststellung und Anfechtung des Eltern-Kind-Verhältnisses anzuwenden ist. Weder die **VO (EG) Nr. 44/2001** vom 22. 12. 2000[4] noch das

---
[1] MünchKommZPO/Coester-Waltjen § 640 a Rn 3; SBW/Baetge § 100 Rn 2.
[2] ABl. EG 2003 Nr. I 338, S. 1, abgedruckt Schönfelder-Ergänzungsband Nr. 103 b sowie bei Jayme/Hausmann Nr. 162; sie ist kommentiert u. a. im Münch/KommBGB/Siehr im Anh. I nach Art. 21 EGBGB sowie bei Staudinger/Spellenberg.
[3] Abgedruckt bei Jayme/Hausmann Nr. 55.
[4] ABl. EG 2001 Nr. L 12, S. 1, abgedruckt bei Jayme/Hausmann Nr. 160.

Adoptionssachen 1, 2 § 101

Luganer Übereinkommen vom 16. 9. 1988 über die gerichtliche Zuständigkeit und die Vollstreckung gerichtlicher Entscheidungen in Zivil- und Handelssachen[5] finden nach dem jeweiligen Art. 1 auf Abstammungssachen Anwendung. Auch das Haager Minderjährigenschutzabkommen vom 5. 10. 1961 **(MSA)**[6] enthält keine eigene Regelung betreffend die Zuständigkeit in Abstammungssachen.

III. Internationale Zuständigkeit nach Nr. 1 und Nr. 2

§ 100 knüpft die internationale Zuständigkeit eines deutschen Gerichts alternativ an die Staatsangehörigkeit oder den gewöhnlichen Aufenthalt im Inland an. Beide Zuständigkeiten konkurrieren miteinander und sind gleichrangig.[7] Eine das Gericht bindende **vertragliche Zuständigkeitsvereinbarung** ist nicht möglich (s. § 97 Rn 11). 3

1. Staatsangehörigkeitszuständigkeit (Nr. 1)

Besitzt das Kind, dessen Mutter, der Vater oder der Mann, der an Eides statt versichert, der Mutter während der Empfängniszeit beigewohnt zu haben, die deutsche Staatsangehörigkeit, so sind die deutschen Familiengerichte ohne Rücksicht auf den Aufenthalt des Antragsgegners international zuständig. Zur Frage, wer Deutscher i. S. d. § 100 bzw. ihm gleichgestellt ist, vgl. die Kommentierung zu § 98 Rn 8 ff. Besitzt einer der genannten neben der deutschen auch eine fremde Staatsangehörigkeit (deutsch-ausländischer **Mehrstaater**), so ist dies im Rahmen des § 100 unerheblich, d. h. die Staatsangehörigkeit muss nicht die effektive sein.[8] 4

2. Aufenthaltszuständigkeit (Nr. 2)

Erforderlich ist, dass eine der in § 100 genannten Anknüpfungspersonen ihren gewöhnlichen Aufenthalt im Inland hat; ein sogen. schlichter Aufenthalt reicht nicht aus. Die Bestimmung des gewöhnlichen Aufenthalts im Rahmen der Zuständigkeitsbestimmung unterliegt deutschem Recht. Zur Begründung des gewöhnlichen Aufenthalts siehe § 98 Rn 16 und § 99 Rn 44–46. Ob die deutsche Statusentscheidung im Heimatstaat des Ausländers anerkannt wird, ist unerheblich.[9] 5

Adoptionssachen

101
Die deutschen Gerichte sind zuständig, wenn der Annehmende, einer der annehmenden Ehegatten oder das Kind
1. Deutscher ist oder
2. seinen gewöhnlichen Aufenthalt im Inland hat.

I. Normzweck

Die Vorschrift regelt die nicht ausschließliche (§ 106) internationale Zuständigkeit des AG für Angelegenheiten, die die Annahme eines Kindes betreffen. Sie gilt daher für alle Verrichtungen im Zusammenhang mit dem Annahmeverfahren, die in § 186 aufgezählt sind. Sie entspricht § 43 b Abs. 1 FGG. 1

II. Kein Ausschluss durch vorrangige Normen

Multilaterale oder bilaterale Staatsverträge und Rechtsakte der Europäischen Gemeinschaft, die Vorrang vor dem § 101 haben würden (§ 97), bestehen nicht.[1] Die **EuEheVO** 2

---

[5] BGBl. 1994 II S. 2660, abgedruckt bei Jayme/Hausmann Nr. 152.
[6] Abgedruckt bei Jayme/Hausmann Nr. 54.
[7] MünchKommZPO/Coester-Waltjen § 640 a Rn 4.
[8] MünchKommZPO/Coester-Waltjen § 640 a Rn 7.
[9] SBW/Baetge § 100 Rn 2.
[1] MünchKommZPO/Coester-Waltjen § 640 a Rn 3; von Hoffmann/Thorn § 8 Rn 146; SBW/Baetge § 101 Rn 9.

(VO (EG) Nr. 2201/2003)[2] schließt ihren Anwendungsbereich ausdrücklich in Art. 1 Abs. 3 lit. b hinsichtlich der Adoptionsentscheidungen und Maßnahmen zur Vorbereitung einer Adoption sowie die Ungültigerklärung und den Widerruf der Adoption aus. Das in Deutschland am 1. 1. 2011 in Kraft getretene Haager Kinderschutzübereinkommen vom 19. 10. 1996[3] (**KSÜ**) enthält in Art. 4 lit. b ebenfalls die ausdrückliche Bestimmung, dass das Übereinkommen nicht auf Adoptionsentscheidungen und Maßnahmen zur Vorbereitung einer Adoption sowie die Ungültigerklärung und den Widerruf der Adoption anzuwenden ist. Weder die **VO (EG) Nr. 44/2001** vom 22. 12. 2000[4] noch das **Luganer Übereinkommen** vom 16. 9. 1988 über die gerichtliche Zuständigkeit und die Vollstreckung gerichtlicher Entscheidungen in Zivil- und Handelssachen[5] finden nach dem jeweiligen Art. 1 auf Adoptionssachen Anwendung. Auch das Haager Minderjährigenschutzabkommen vom 5. 10. 1961 (**MSA**)[6] enthält keine eigene Regelung betreffend die Zuständigkeit in Adoptionssachen. Daher sind die deutschen Gerichte für eine Adoption nach Maßgabe des § 101 international zuständig.

III. Internationale Zuständigkeit nach Nr. 1 und 2

1. Allgemeine Grundsätze

3   Anknüpfungsperson ist alternativ der Annehmende, einer der annehmenden Ehegatten oder das Kind. Die Vorschrift knüpft gleichrangig an die Staatsangehörigkeit (Deutscher) oder den gewöhnlichen Aufenthalt in Deutschland an.

4   Eine das Gericht bindende **vertragliche Zuständigkeitsvereinbarung** ist nicht möglich (s. § 97 Rn 11). § 106 hebt den konkurrierenden Charakter der Zuständigkeitsregel ausdrücklich hervor. Neben einem deutschen kann auch ein ausländisches Gericht zuständig sein. Das international zuständige deutsche Gericht hat auch bei Beteiligung eines Ausländers **deutsches Verfahrensrecht** anzuwenden.[7]

5   Die internationale Zuständigkeit ist bei Vorliegen der Voraussetzungen des § 101 auch gegeben, wenn das Heimatrecht des Kindes die Annahme als Kind nicht kennt.[8] Dies gilt ebenfalls, wenn die im Inland vorgenommene Annahme als Kind in dem ausländischen Staat, nach dessen Recht sich die Adoption richtet, nicht anerkannt wird.[9] Es kann vorkommen, dass der deutsche Richter Adoptionen nach ausländischem Recht, das nur das **Vertragssystem** kennt, vornehmen muss. Dafür fehlen besondere Verfahrensvorschriften. Der Gesetzgeber hat darauf verzichtet, solche zu schaffen, weil die bei der Bestätigung einer nach fremdem Recht durch **Vertrag** zustande gekommenen Adoption durch das Gericht vorzunehmenden Verfahrenshandlungen denen entsprechen, die nach früherem deutschen Adoptionsrecht vorzunehmen waren, und weil den Besonderheiten einer Vertragsadoption nach fremdem Recht durch eine entsprechende Anwendung der maßgebenden deutschen Verfahrensvorschriften (§§ 186 ff.) Rechnung getragen werden kann.[10]

2. Staatsangehörigkeitszuständigkeit (Nr. 1)

6   Besitzt eine der Anknüpfungspersonen die deutsche Staatsangehörigkeit, so sind die deutschen Familiengerichte ohne Rücksicht auf den Aufenthalt der Beteiligten international zuständig. Zur Frage, wer Deutscher i. S. d. § 101 bzw. ihm gleichgestellt ist, vgl. die Kommentierung zu § 98 Rn 8 ff. Die deutsche Staatsangehörigkeit genügt auch, wenn sie nur neben einer anderen gegeben ist (**Mehrstaater**).[11]

---

[2] ABl. EG 2003 Nr. I 338, S. 1, abgedruckt Schönfelder-Ergänzungsband Nr. 103 b sowie bei Jayme/Hausmann Nr. 162.
[3] Abgedruckt bei Jayme/Hausmann Nr. 55.
[4] ABl. EG 2001 Nr. L 12, S. 1, abgedruckt bei Jayme/Hausmann Nr. 160.
[5] BGBl. 1994 II S. 2660, abgedruckt bei Jayme/Hausmann Nr. 152.
[6] Abgedruckt bei Jayme/Hausmann Nr. 54.
[7] BayObLG FamRZ 1995, 1210; s. a. NJW 1988, 2745 = FamRZ 1988, 1100.
[8] RGZ 125, 265/270; MünchKommBGB/Klinkhardt Art. 22 EGBGB Rn 75; Baer StAZ 1977, 33/38.
[9] BayObLGZ 1959, 8; KG IPRax 1983, 246; Baer StAZ 1977, 33/38; a. M. Jayme StAZ 1969, 31; StAZ 1976, 1/4.
[10] Vgl. BT-Drucks. 10/504 S. 100 u. 105; 10/5632 S. 44.
[11] MünchKommBGB/Klinkhardt Art. 22 EGBGB Rn 69.

3. Aufenthaltszuständigkeit (Nr. 2)

Im Hinblick auf den zahlenmäßigen Anstieg grenzüberschreitender Adoptionen wird auch im Aufenthaltsstaat des Kindes ein Gerichtsstand zur Verfügung gestellt. Erforderlich ist, dass eine der in § 101 genannten Anknüpfungspersonen ihren gewöhnlichen Aufenthalt im Inland hat; ein sog. schlichter Aufenthalt reicht nicht aus. Die Bestimmung des gewöhnlichen Aufenthalts im Rahmen der Zuständigkeitsbestimmung unterliegt deutschem Recht. Zur Begründung des gewöhnlichen Aufenthalts siehe § 98 Rn 16 und § 99 Rn 30 bis 32.

Versorgungsausgleichssachen

102 Die deutschen Gerichte sind zuständig, wenn
1. der Antragsteller oder der Antragsgegner seinen gewöhnlichen Aufenthalt im Inland hat,
2. über inländische Anrechte zu entscheiden ist oder
3. ein deutsches Gericht die Ehe zwischen Antragsteller und Antragsgegner geschieden hat.

I. Normzweck

Die Vorschrift führt eine ausdrückliche Regelung der internationalen Zuständigkeit für isolierte Versorgungsausgleichssachen neu ein. Bislang fehlte es für das Verfahren über den Versorgungsausgleich, das eine Scheidungsfolgenregelung zum Gegenstand hat, an einer ausdrücklichen gesetzlichen Vorschrift über die internationale Zuständigkeit. Nach der Rechtsprechung des BGH zum früheren Recht folgte sie aber auch in den Fällen, in denen über den Versorgungsausgleich nicht nach § 623 Abs. 2 und 3 ZPO im Verbund mit der Scheidungssache, sondern in einem selbständigen Verfahren entschieden wurde, der internationalen Zuständigkeit für die Scheidung nach § 606 a Abs. 1 ZPO.[1] Da es sich um eine vermögensrechtliche Entscheidung handelt, erschien dem Gesetzgeber eine Zuständigkeitsbegründung allein aufgrund der Staatsangehörigkeit der Ehegatten (§ 606 a Abs. 1 S. 1 Nr. 1 ZPO) als zu weitgehend.[2]

II. Kein Ausschluss durch vorrangige Normen

Multilaterale oder bilaterale Staatsverträge und Rechtsakte der Europäischen Gemeinschaft, die Vorrang vor dem § 102 haben würden (§ 97), bestehen nicht. Die **EuEheVO** (VO (EG) Nr. 2201/2003)[3] bezieht in Art. 3 Abs. 1 den Versorgungsausgleich und sonstige vermögensrechtliche Auswirkungen der Ehescheidung (Güterstand; Ehewohnung; Hausrat)[4] sowie die Unterhaltspflichten[5] nicht in ihren Anwendungsbereich ein, so dass sich im Rahmen der Restzuständigkeit nach Art. 7 dieser Verordnung die internationale Zuständigkeit für Versorgungsausgleichssachen nach § 102 bestimmt.

III. Internationale Zuständigkeit nach Nr. 1 bis Nr. 3

1. Aufenthaltszuständigkeit (Nr. 1)

Im Hinblick auf den unterhaltsähnlichen Charakter des Versorgungsausgleichs sieht das Gesetz eine internationale Zuständigkeit vor, wenn der Antragsgegner oder der Antragsteller seinen gewöhnlichen Aufenthalt im Inland hat, ein sogen. schlichter Aufenthalt reicht nicht aus. Die Bestimmung des gewöhnlichen Aufenthalts im Rahmen der Zuständigkeits-

---

[1] BGH NJW 1991, 3087.
[2] BT-Drs. 16/6398 S. 221; ebenso Staudinger/Spellenberg § 606 a ZPO Rn 278.
[3] ABl. EG 2003, Nr. I 338, S. 1; abgedruckt Schönfelder-Ergänzungsband Nr. 103 b sowie bei Jayme/Hausmann Nr. 162.
[4] Vgl. die Erwägungsgründe (8) und (10) der Verordnung und von Hoffmann/Thorn § 8 Rn 61.
[5] Für sie gilt nach Erwägungsgrund (11) der EuEheVO die VO (EG) Nr. 44/2001 – EuGVO – v. 22. 12. 2000, ABl. EG 2001, I 12 S. 1, abgedruckt bei Jayme/Hausmann Nr. 160.

2. Entscheidung über inländische Anrechte (Nr. 2)

4 Die internationale Zuständigkeit deutscher Familiengerichte ist in Anlehnung an die §§ 13, 23 und 23a ZPO[6] auch gegeben, wenn über Anrechte auf eine inländische Versorgung i. S. d. §§ 1587, 1587a BGB zu entscheiden ist, z. B. über Versorgungsanrechte aus einem öffentlich-rechtlichen Dienstverhältnis, aus der gesetzlichen Rentenversicherung, aus einer von einem Ehepartner erworbenen Betriebsrente oder auf eine Soldatenversorgung. Dabei hat der Gesetzgeber bedacht, dass über ausländische Anrechte oftmals nicht im Verbund mit der Scheidung entschieden wird, da dies den Ausspruch der Scheidung verzögern würde.[7]

3. Deutsches Ehescheidungsgericht (Nr. 3)

5 Damit einem Antragsteller, der ebenso wie der Antragsgegner seinen gewöhnlichen Aufenthalt im Ausland hat, der Weg zu den deutschen Gerichten infolge der Abtrennung nicht versperrt wird, soll nach Ziff. 3 die internationale Zuständigkeit für die Versorgungsausgleichssache auch dann bestehen, wenn ein deutsches Gericht die betreffende Ehe geschieden hat. Der Gesetzgeber hat diesen Weg gewählt, weil zu besorgen ist, dass der Versorgungsausgleich vor einem ausländischen Gericht möglicherweise nicht durchgeführt werden kann.[8]

Lebenspartnerschaftssachen

§ 103 (1) **Die deutschen Gerichte sind in Lebenspartnerschaftssachen, die die Aufhebung der Lebenspartnerschaft aufgrund des Lebenspartnerschaftsgesetzes oder die Feststellung des Bestehens oder Nichtbestehens einer Lebenspartnerschaft zum Gegenstand haben, zuständig, wenn**
1. **ein Lebenspartner Deutscher ist oder bei Begründung der Lebenspartnerschaft war,**
2. **einer der Lebenspartner seinen gewöhnlichen Aufenthalt im Inland hat oder**
3. **die Lebenspartnerschaft vor einer zuständigen deutschen Stelle begründet worden ist.**

(2) **Die Zuständigkeit der deutschen Gerichte nach Absatz 1 erstreckt sich im Falle des Verbundes von Aufhebungs- und Folgesachen auf die Folgesachen.**

(3) **Die §§ 99, 101, 102 und 105 gelten entsprechend.**

I. Normzweck

1 § 103 regelt die internationale Zuständigkeit der Familiengerichte in Lebenspartnerschaftssachen i. S. d. § 269 Abs. 1 Nr. 1 und 2 (zum IPR s. Art. 17b EGBGB). Die Vorschrift des § 661 Abs. 3 ZPO, die aufgrund des Art. 3 LPartG vom 16. 2. 2001 eingeführt worden war,[1] ist inhaltlich unverändert geblieben. Die internationale Zuständigkeit deutscher **Behörden** zur Registrierung von Lebenspartnerschaften besteht nur für solche deutschen Rechts, was aus der Registeranknüpfung in Art. 17b Abs. 1 EGBGB folgt.[2]

II. Kein Ausschluss durch vorrangige Normen

2 Die vorhandenen Staatsverträge oder EG-Rechtsverordnungen sind auf die von Abs. 1 erfassten Lebenspartnerschaftsangelegenheiten, die die Aufhebung der Lebenspartnerschaft aufgrund des LPartG oder die Feststellung des Bestehens oder Nichtbestehens einer Lebens-

---

[6] Vgl. dazu Staudinger/Spellenberg § 606a ZPO Rn 278.
[7] BT-Drs. 16/6398 S. 221.
[8] BT-Drs. 16/6398 S. 221.
[1] BGBl. I S. 266.
[2] MünchKommBGB/Coester Art. 17b EGBGB Rn 120.

partnerschaft zum Gegenstand haben, nicht anwendbar.³ Insbesondere erfasst auch die VO (EG) Nr. 1347/2000⁴ nur eherechtliche Fragen, sie kann auf Lebenspartnerschaften nicht erstreckt werden.⁵

III. Internationale Zuständigkeit nach Abs. 1

1. Staatsangehörigkeitszuständigkeit (Nr. 1)

Besitzt der Lebenspartner die deutsche Staatsangehörigkeit, so sind die deutschen Familiengerichte ohne Rücksicht auf dessen Aufenthalt zuständig. Zur Frage, wer Deutscher i. S. d. § 99 bzw. ihm gleichgestellt ist, vgl. die Kommentierung zu § 98 Rn 8 ff. Besitzt der Lebenspartner neben der deutschen auch eine fremde Staatsangehörigkeit (deutsch-ausländischer **Mehrstaater**), so ist dies im Rahmen des § 103 unerheblich.

2. Gewöhnlicher Aufenthalt (Nr. 2)

Eine internationale Zuständigkeit liegt auch dann vor, wenn einer der Lebenspartner seinen gewöhnlichen Aufenthalt im Inland hat, ein sogen. schlichter Aufenthalt reicht nicht aus. Die Bestimmung des gewöhnlichen Aufenthalts im Rahmen der Zuständigkeitsbestimmung unterliegt deutschem Recht. Zur Begründung des gewöhnlichen Aufenthalts siehe § 98 Rn 16 und § 99 Rn 44–46. Im Unterschied zu § 98 Abs. 1 Nr. 2 reicht bereits der Aufenthalt eines Lebenspartners und im Unterschied zur Regelung des § 98 Abs. 1 Nr. 4 ist die internationale Zuständigkeit nach Nr. 2 unabhängig davon gegeben, ob das Urteil vom Heimatrecht eines der Lebenspartner anerkannt wird. Ob diese Begünstigung der Lebenspartner gegenüber den Ehepartnern verfassungsgemäß ist, war schon nach altem Recht nicht unumstritten.⁶

3. Registrierungsort (Nr. 3)

Nach Nr. 3 besteht die internationale Zuständigkeit deutscher Gerichte immer schon dann, wenn die Lebenspartnerschaft vor einer deutschen Behörde, d. h. der landesrechtlich zuständigen Stelle begründet worden ist. Angesichts der noch geringen Verbreitung des Instituts der registrierten Partnerschaft im Ausland einerseits und der Registrierungsmöglichkeiten in Deutschland andererseits wird damit sicher gestellt, dass für hier begründete Lebenspartnerschaften auch stets eine Auflösungsmöglichkeit besteht.⁷

IV. Internationale Zuständigkeit in Verbundverfahren (Abs. 2)

Nach Abs. 2 sind für Verbundverfahren wie in Ehesachen (§ 98 Abs. 2) die deutschen Gerichte auch in Lebenspartnerschaftssachen für Folgesachen international zuständig, selbst wenn für diese eine isolierte internationale Zuständigkeit nicht gegeben ist. Eine darüber hinausgehende sog. isolierte Verbundzuständigkeit, wonach die deutschen Gerichte für Folgesachen, die getrennt von der Aufhebungssache anhängig gemacht werden, auch dann zuständig sind, wenn eine internationale Zuständigkeit für die Aufhebungssache gegeben wäre, sieht das Gesetz wie auch in § 98 Abs. 2 nicht vor. Insoweit ist daher allein die für den jeweiligen Verfahrensgegenstand geltende Zuständigkeitsbestimmung maßgeblich.

V. Internationale Zuständigkeit für andere Verfahren (Abs. 3)

Abs. 3 stellt klar, dass die Vorschriften über die internationale Zuständigkeiten für die von Abs. 1 nicht erfassten Angelegenheiten entsprechend gelten, nämlich

---

³ Wagner IPRax 2001, 281.
⁴ ABl. EG 2003, Nr. I 338, S. 1; abgedruckt Schönfelder-Ergänzungsband Nr. 103b sowie bei Jayme/Hausmann Nr. 162.
⁵ MünchKommBGB/Coester Art. 17b EGBGB Rn 119; von Hoffmann/Thorn § 8 Rn 61.
⁶ Vgl. dazu einerseits Zöller/Geimer § 606a Rn 5; a. A. MünchKommZPO/Coester-Waltjen § 661 Fn 21.
⁷ MünchKommBGB/Coester Art. 17 EGBGB Rn 123; MünchKommZPO/Coester-Waltjen § 661 Rn 29; Zöller/Geimer § 606a ZPO Rn 5 und § 661 ZPO Rn 39; Wagner IPRax 2001, 281.

- § 99 für Kindschaftssachen (§ 269 Abs. 1 Nr. 3),
- § 101 für Adoptionssachen (§ 9 Abs. 6 LPartG),
- § 102 für Versorgungsausgleichssachen (§ 269 Abs. 1 Nr. 6)
- § 105 für Sachen nach § 269 Abs. 1
  - Nr. 5 (Haushaltssachen nach § 13 LPartG),
  - Nr. 8 (gesetzliche Unterhaltspflicht)
  - Nr. 9 (Ansprüche aus dem Güterrecht)
  - Nr. 10 (Entscheidungen nach § 6 LPartG i. V. m §§ 1365 Abs. 2, 1369 Abs. 2, 1382, 1383 BGB) und
  - Nr. 11 (Entscheidungen nach § 7 LPartG i. V. m. §§ 1426, 1430 und 1452 BGB).

8 Für die durch die Lebenspartnerschaft begründeten gesetzlichen **Unterhaltsansprüche** (§ 269 Nr. 8) ist, wie bei Eheleuten, auch zwischen Lebenspartnern vorrangig die VO (EG) Nr. 44/2001 vom 22. 12. 2000[8] (auch **EuGVO** oder Brüssel I-VO genannt) für Verfahren, die bis zum 29. 1. 2009 eingeleitet wurden, anzuwenden.[9] Für Verfahren, die ab dem 30. 1. 2009 anhängig gemacht worden sind, gilt vorrangig die VO (EG) Nr. 4/2009 (vgl. dazu § 98 Rn 5). Bei Unterhaltssachverhalten mit Berührungspunkten zu Island, Norwegen und der Schweiz ist das **Luganer Übereinkommen** vom 16. 9. 1988[10] und im Verhältnis zu Dänemark das Brüsseler EWG-Übereinkommen vom 22. 9. 1968[11] (**EuGVÜ**) zu beachten.[12]

Betreuungs- und Unterbringungssachen; Pflegschaft für Erwachsene

104 (1) [1]**Die deutschen Gerichte sind zuständig, wenn der Betroffene oder der volljährige Pflegling**
1. Deutscher ist oder
2. seinen gewöhnlichen Aufenthalt im Inland hat.
[2] Die deutschen Gerichte sind ferner zuständig, soweit der Betroffene oder der volljährige Pflegling der Fürsorge durch ein deutsches Gericht bedarf.

(2) § 99 Abs. 2 und 3 gilt entsprechend.

(3) **Die Absätze 1 und 2 sind im Fall einer Unterbringung nach § 312 Nr. 3 nicht anzuwenden.**

I. Normzweck

1 Die Vorschrift regelt die internationale Zuständigkeit der Betreuungsgerichte in Betreuungssachen nach §§ 1896 ff. BGB, Unterbringungssachen nach § 1906 BGB und Pflegschaften für Erwachsene, insbesondere nach § 1911 BGB (Abwesenheitspfleger) und § 1913 BGB (Pflegschaft für unbekannte Beteiligte). Die Abs. 1 und 2 geben den Regelungsgehalt des § 35 b Abs. 1 und 2 für Pflegschaften für Erwachsene, § 69 e Abs. 1 S. 1 für Betreuungssachen und § 70 Abs. 4 FGG für Unterbringungssachen wieder.

II. Vorrang des ErwSÜ

2 Vorrang (§ 97) vor dem § 104 hat das Haager Übereinkommen über den internationalen Schutz Erwachsener (ErwSÜ) vom 13. 1. 2000.[1] Dieses Gesetz ist durch Deutschland am 3. 4. 2007 ratifiziert worden[2] und für Deutschland am 1. 1. 2009 im Verhältnis zu Frankreich und Schottland und am 1. 7. 2009 im Verhältnis zur Schweiz in Kraft getreten.[3] Es

---

[8] ABl. EG 2001 Nr. I. 12, S. 1; abgedruckt in Jayme/Hausmann unter Nr. 160.
[9] Von Hoffmann/Thorn § 8 Rn 73 k.
[10] BGBl. II S. 2260; abgedruckt in Jayme/Hausmann unter Nr. 152.
[11] BGBl. 1972 II S. 774 und Luxemburger Protokoll über die Auslegung des Abkommens BGBl. 1972 II. S. 1414 und 1998 II S. 1412.
[12] Jayme/Hausmann Fn 4 zu Nr. 152.
[1] Abgedruckt in Jayme/Hausmann unter Nr. 20.
[2] BGBl. II S. 324; vgl. BT-Drs. 16/3250; das Übereinkommen ist kommentiert in Staudinger/von Hein Vorb. zu Art. 24 EGBGB Rn 12–370; vgl. auch Helms FamRZ 2008, 1995.
[3] Jayme/Hausmann Fn 2 zu dem unter Nr. 20 abgedruckten Abkommen; Staudinger/von Hein Vorb. zu Art. 24 EGBGB Rn 5 und 12.

gilt nach seinem Art. 1 Abs. 1 i. V. m. Art 2 „bei internationalen Sachverhalten" für alle Personen über 18 Jahre, die aufgrund einer Beeinträchtigung ihrer persönlichen Fähigkeiten nicht in der Lage sind, ihre Interessen wahrzunehmen. Das Abkommen erfasst die in Art. 3 nur beispielhaft („insbesondere") aufgeführten Schutzmaßnahmen, insbesondere auch die in § 104 geregelte Betreuung, Pflegschaft für Erwachsene und Unterbringung Erwachsener. Das das ErwSÜ begleitende Umsetzungsgesetz vom 23. 3. 2007[4] ist ebenfalls am 1. 1. 2009 in Kraft getreten.[5] Sonstige multilaterale oder bilaterale Staatsverträge und Rechtsakte der Europäischen Gemeinschaft, die § 104 verdrängen, bestehen nicht. Die EuEheVO (VO (EG) Nr. 2201/2003; hierzu § 98 Rn 2–4) ist nur auf Ehesachen und Kinder anwendbar, nicht auf sonstige Erwachsene.[6]

III. Internationale Zuständigkeit nach Abs. 1

1. Personenkreis

Die Vorschrift betrifft Erwachsene, für die ein Betreuer bestellt ist oder werden soll (§ 1896 BGB), die untergebracht werden sollen oder für die ein Pfleger nach § 1911 oder § 1913 BGB bestellt werden soll. Weitere Fälle der Bestellung eines Pflegers oder Vertreters für einen Abwesenden oder Verhinderten, auf den § 1911 BGB Anwendung findet, und weitere Pfleger oder Vertreter für unbekannte Beteiligte, auf die § 1913 BGB Anwendung findet, bestehen nach folgenden Sondervorschriften:

- § 364 FamFG [Teilungssachen];
- § 81 AO [Bestellung eines Vertreters von Amts wegen] Abs. 1 Nr. 1 und 2;[7]
- § 207 S. 1 Nr. 1 und 2 BauGB;[8]
- § 119 Nr. 1 und 2 FlurbG;[9]
- § 96 GBO (Pflegerbestellung durch das Grundbuchamt für ein Rangbereinigungsverfahren):
- § 29 a Abs. 1 b LandbeschaffungsG;[10]
- § 17 SachenRBerG [Pfleger für Grundstückseigentümer und Inhaber dinglicher Rechte];[11]
- § 15 SGB X [Bestellung eines Vertreters von Amts wegen];
- §§ 290, 292 Abs. 2, § 443 Abs. 3[12] StPO (Güterpflege);
- § 16 Nr. 1 und 2 VwVfG (entsprechende Regelungen enthalten die Verwaltungsverfahrensgesetze der Länder).

2. Staatsangehörigkeitszuständigkeit (Abs. 1 S. 1 Nr. 1)

Besitzt der Betroffene oder Pflegling die deutsche Staatsangehörigkeit, so sind die deutschen Familiengerichte ohne Rücksicht auf dessen Aufenthalt zuständig. Zur Frage, wer Deutscher i. S. d. § 99 bzw. ihm gleichgestellt ist, vgl. die Kommentierung zu § 98 Rn 8 ff. Besitzt der Betroffene oder Pflegling neben der deutschen auch eine fremde Staatsangehörigkeit (deutsch-ausländischer **Mehrstaater**), so ist dies im Rahmen des § 104 unerheblich.

---

[4] BGBl. II S. 323; abgedruckt in Jayme/Hausmann unter 20 a.
[5] Vgl. dazu Wagner IPRax 2007, 11; Wagner/Beyer BtPrax 2007, 231.
[6] MünchKommBGB/Klinkhardt Art. 24 Fn 91.
[7] Vgl. hierzu BFH FamRZ 2007, 1650.
[8] Vom 27. 8. 1997 (BGBl. I S. 2141); s. hierzu OLG Düsseldorf FamRZ 1998, 1331; OLG Hamm Rpfleger 1977, 137.
[9] Vom 16. 3. 1976 (BGBl. I S. 546).
[10] Gesetz über die Landbeschaffung für Aufgaben der Verteidigung vom 1. 1. 1964.
[11] Vom 28. 9. 1994 (BGBl. I S. 2457); vgl. dazu OLG Brandenburg FamRZ 1997, 246.
[12] S. hierzu BayObLGZ 1963, 257; über Abwesenheitspflegschaft bei nachfolgender Todeserklärung s. Müller Rpfleger 1953, 115; über Abwesenheitspfleger für Deportierte s. KG JR 1967, 26. Nach OLG Koblenz FamRZ 1974, 222 soll die Bestellung eines Abwesenheitspflegers zur Wahrnehmung persönlicher Angelegenheiten des Abwesenden absolut nichtig sein.

3. Aufenthaltszuständigkeit (Abs. 1 S. 1 Nr. 2)

5 Erforderlich ist, dass der Betroffene oder Pflegling seinen gewöhnlichen Aufenthalt im Inland hat; ein sogen. schlichter Aufenthalt reicht nicht aus. Die Bestimmung des gewöhnlichen Aufenthalts im Rahmen der Zuständigkeitsbestimmung unterliegt deutschem Recht. Zur Begründung des gewöhnlichen Aufenthalts siehe § 98 Rn 16 und § 99 Rn 30 bis 32.

4. Fürsorgezuständigkeit (Abs. 1 S. 2)

6 Nach Abs. 1 S. 2 sind die deutschen Gerichte ferner zuständig, wenn der Betroffene oder Pflegling der Fürsorge durch ein deutsches Gericht bedarf. Damit wird, wie bei § 99, die Staatsangehörigkeits- und Aufenthaltszuständigkeit des Abs. 1 Nr. 1 und 2 durch eine Fürsorgebedürfniszuständigkeit ergänzt. Ein Fürsorgebedürfnis kann z. B. dort entstehen, wo der Schutzbedürftige sich gerade aufhält oder wo dessen Vermögen belegen ist.

IV. Unterbleiben der Maßnahmen (Abs. 2 1. Alt.)

7 Abs. 2 erklärt § 99 Abs. 2 für entsprechend anwendbar. Damit kann die Bestellung eines Betreuers oder Pflegers bzw. die Anordnung einer Unterbringung im Inland unterbleiben, falls für die genannten Maßnahmen sowohl die deutschen Gerichte wie die Gerichte eines anderen Staates zuständig sind, die Angelegenheit in dem anderen Staat anhängig ist und das Unterbleiben im Interesse des Betroffenen oder Pfleglings liegt. Die Entscheidung steht im **pflichtgemäßen Ermessen** des Gerichts, das an sich zur Bestellung des Betreuers oder Pflegers bzw. zur Anordnung einer Unterbringung berufen wäre. Das Gericht wird dabei außer den Interessen des Betroffenen oder Pfleglings auch prüfen müssen, ob die im Ausland anhängige Sache den gleichen Schutz und dieselben Vorteile gewährt wie eine nach deutschem Recht einzuleitende Maßnahme. Sind die genannten Voraussetzungen nicht gegeben, so ist auch im Inland ein Betreuer zu bestellen bzw. eine Pflegschaft anzuordnen. Geschieht dies, so wird damit die im Ausland getroffene Maßnahme für deutsche Rechtsverhältnisse unwirksam.

V. Abgabe der Betreuung oder Pflegschaft an ausländisches Gericht (Abs. 2 2. Alt.)

8 Nach Abs. 2 i. V. m. § 99 Abs. 3 kann das inländische Gericht eine bei ihm bestehende Betreuung oder Pflegschaft für einen Erwachsenen an den Staat, dessen Gerichte für die Betreuerbestellung bzw. Anordnung der Pflegschaft zuständig sind, unter bestimmten Voraussetzungen abgeben, falls für Betreuerbestellung bzw. Anordnung der Pflegschaft sowohl die deutschen Gerichte wie die Gerichte eines anderen Staates zuständig sind.

9 Die Voraussetzungen der Abgabe sind folgende:
- Die Abgabe muss im Interesse des Betroffenen oder Pfleglings liegen; darüber entscheidet das Familiengericht nach pflichtgemäßen Ermessen.
- Der ausländische Staat muss sich zur Übernahme bereit erklärt haben. Dies ist durch Anfrage festzustellen.
- Der Betreuer oder Pfleger müssen ihre Zustimmung zur Abgabe erteilt haben. Verweigert ein Betreuer bzw. Pfleger oder einer von mehreren Betreuern bzw. Pflegern die Zustimmung, kann sie durch das dem Familiengericht im Instanzenzug vorgeordnete OLG ersetzt werden, Abs. 2 i. V. m. § 99 Abs. 3 S. 2. Diese Entscheidung ist einer Anfechtung entzogen, Abs. 2 i. V. m. § 99 Abs. 3 S. 3.

10 Die Abgabe der Betreuung oder Pflegschaft bewirkt ihre Beendigung im Inland. Der Betreuer bzw. Pfleger ist deshalb nach Erfüllung der ihm nach §§ 1890 ff. BGB i. V. m. § 1908 i Abs. 1 S. 1 BGB bzw. § 1915 BGB obliegenden Verpflichtungen zu entlassen. Jedoch muss ein neuer Betreuer bestellt bzw. eine Pflegschaft durch das zuständige deutsche Familiengericht neu angeordnet werden, wenn dies die Interessen des Betroffenen oder Pfleglings erfordern oder der ausländische Staat die Betreuung oder Pflegschaft nicht mehr führen will.

VI. Unterbringung nach Landesrecht (Abs. 3)

Abs. 3 schließt entsprechend § 70 Abs. 4 FGG die Fälle der Anordnung einer freiheitsentziehenden Unterbringung von Erwachsenen nach den Landesgesetzen über die Unterbringung psychisch Kranker vom Anwendungsbereich der Vorschrift aus. Dies galt auch nach § 70 Abs. 4 FGG. Es gilt daher § 105 (vgl. dort Rn 2). 11

Andere Verfahren

105 In anderen Verfahren nach diesem Gesetz sind die deutschen Gerichte zuständig, wenn ein deutsches Gericht örtlich zuständig ist.

I. Normzweck

Die Vorschrift regelt die internationale Zuständigkeit für Verfahren nach dem FamFG, für die nicht ausdrücklich in den §§ 98–104 eine internationale Zuständigkeitsbestimmung getroffen worden ist. Sie folgt für diese Sachen der Rechtsprechung des BGH in der streitigen Gerichtsbarkeit, nach der die internationale Zuständigkeit der deutschen Gerichte regelmäßig aus den Vorschriften über die örtliche Zuständigkeit (§§ 12 ff. ZPO) erschlossen werden kann.[1] 1

II. Anwendungsbereich

1. Allgemeines

Ist für eine Angelegenheit nach dem FamFG die internationale Zuständigkeit gesetzlich nicht ausdrücklich in den §§ 98–104 geregelt, so ist nach der Auffangvorschrift des § 105 ein deutsches Gericht, das nach den Verfahrensvorschriften örtlich zuständig ist, auch international zuständig. Die Regeln über die örtliche Zuständig sind also insoweit doppelfunktional. § 105 greift daher insbesondere auch in folgenden Angelegenheiten ein: 2
- **Öffentlich-rechtliche Unterbringung** nach Landesgesetzen: Die internationale Zuständigkeit ergibt sich aus § 105 i. V. m. § 152 bei **Minderjährigen** und § 313 bei **Erwachsenen.**
- **Wohnungszuweisungs- und Hausratssachen:** Die internationale Zuständigkeit ergibt sich aus § 105 i. V. m. § 201. Nach dessen Nr. 1 (vgl. § 98 Abs. 2) ist während der Anhängigkeit einer Ehesache das Gericht zuständig, bei dem die Ehesache im ersten Rechtszug anhängig ist oder war. Vorrangige internationale Regelungen bestehen nicht.[2]
- **Gewaltschutzsachen:** Die internationale Zuständigkeit ergibt sich aus § 105 i. V. m. § 211; vorrangige internationale Regelungen bestehen nicht.[3]
- **Unterhaltssachen:** Sofern vorrangiges europäisches Recht (s. dazu § 98 Rn 5) nicht eingreift, ergibt sich die internationale Zuständigkeit aus § 105 i. V. m. § 232. Nach §§ 98 Abs. 2, 232 Abs. 1 Nr. 1 ist während der Anhängigkeit einer Ehesache das Gericht zuständig, bei dem die Ehesache im ersten Rechtszug anhängig ist oder war.
- **Güterrechtssachen:** Die internationale Zuständigkeit ergibt sich aus § 105 i. V. m. § 262. Nach § 262 Abs. 1 S. 1 ist während der Anhängigkeit einer Ehesache das Gericht zuständig, bei dem die Ehesache im ersten Rechtszug anhängig ist oder war (vgl. § 98 Abs. 2). Vorrangiges internationales Recht besteht nicht.[4]
- **Verfahren in sonstigen Familiensachen** i. S. d. **§ 266:** Die internationale Zuständigkeit ergibt sich aus § 105 i. V. m. § 267. Nach § 267 Abs. 1 S. 1 ist während der Anhängigkeit einer Ehesache das Gericht zuständig, bei dem die Ehesache im ersten Rechtszug anhängig ist oder war (vgl. § 98 Abs. 2).

---
[1] BGH NJW 1997, 2245; NJW 1965, 1665 (Großer Senat für Zivilsachen); Staudinger/Dörner Art. 25 EGBGB Rn 815; von Hoffmann/Thorn § 3 Rn 279; BT-Drs. 16/6308 S. 221.
[2] SBW/Baetge § 105 Rn 6.
[3] SBW/Baetge § 105 Rn 7.
[4] SBW/Baetge § 105 Rn 9.

- **Verfahren in Nachlasssachen** (Buch 4): s. Rn 3 ff.
- **Registersachen- und unternehmensrechtliche Verfahren** (Buch 5): Die internationale Zuständigkeit ergibt sich aus § 105 i. V. m. § 377.
- **Verfahren in weiteren Angelegenheiten der freiwilligen Gerichtsbarkeit** i. S. d. § 410 (Buch 6): Die internationale Zuständigkeit ergibt sich aus § 105 i. V. m. § 411.
- **Freiheitsentziehungssachen** (Buch 7): Die internationale Zuständigkeit ergibt sich aus § 105 i. V. m. § 416.
- **Verfahren in Aufgebotssachen** (Buch 8): Die internationale Zuständigkeit ergibt sich aus § 105 i. V. m.
  - § 442 Abs. 2 beim Aufgebot des Grundstückseigentümers,
  - § 447 Abs. 2 beim Aufgebot des Grundpfandrechtsgläubigers,
  - § 452 Abs. 2 beim Aufgebot des Schiffshypothekengläubigers,
  - §§ 453 Abs. 1, 452 Abs. 2 beim Aufgebot des Berechtigten bei Vormerkung, Vorkaufsrecht und Reallast,
  - § 454 Abs. 2 beim Aufgebot des Nachlassgläubigers,
  - § 465 Abs. 2 beim Aufgebot der Schiffsgläubiger,
  - § 466 beim Aufgebot zur Kraftloserklärung von Urkunden.

2. Nachlass- und Teilungssachen

3   Da die internationale Zuständigkeit der deutschen Gerichte für Nachlass- und Teilungssachen nicht anderweitig geregelt ist, ergibt sie sich gemäß § 105 aus der örtlichen Zuständigkeit nach den §§ 343, 344 (zu internationalen Abkommen Rn 5). Der Gesetzgeber hat damit der früher in ständiger Rechtsprechung angewandten sog. Gleichlauftheorie, wonach die deutschen Gerichte für Nachlasssachen nur bei Anwendung deutschen Sachrechts zuständig seien,[5] eine Absage erteilt. Für die Gleichlauftheorie in Nachlasssachen sprach, dass das Sach- und Verfahrensrecht dort besonders eng verzahnt ist.[6] Diese Ansicht war in der Literatur auf Ablehnung gestoßen, da praktisch nirgendwo sonst im Bereich des internationalen Verfahrensrechts die Zuständigkeit der deutschen Gerichte an das anwendbare Sachrecht geknüpft wird.[7]

4   Durch die auch für das Erbscheinsverfahren geltende Ableitung der internationalen von der örtlichen Zuständigkeit und die Aufgabe der Gleichlauftheorie kommt es zu einer Ausweitung der internationalen Zuständigkeit für die Erteilung eines unbeschränkten **Fremdrechtserbscheins**. Denn gemäß § 105 i. V. m. § 343 Abs. 1 sind die deutschen Gerichte insbesondere auch dann für die Erteilung eines unbeschränkten Fremdrechtserbscheins zuständig, wenn ein ausländischer Erblasser zur Zeit des Erbfalls seinen Wohnsitz bzw. Aufenthalt im Inland hatte. Daher ist § 2369 BGB dahingehend geändert werden, dass auch die Erteilung eines Erbscheins möglich ist, der auf im Inland belegene Nachlassgegenstände beschränkt ist, wenn zu einer Erbschaft Gegenstände gehören, die sich im Ausland befinden.[8] Kommt die Anwendung ausländischen Rechts in Betracht, ist die Erteilung des Erbscheins (§ 2353 BGB) dem Richter vorbehalten, § 16 Abs. 1 Nr. 6 RPflG. Zur internationalen Zuständigkeit vgl. auch § 343 Rn 38 ff. und § 348 Rn 65 ff.

5   Eine völkerrechtliche Regelung zum Nachlassrecht enthält die Anlage zu Art. 20 des deutsch-türkischen Konsularvertrages vom 28. 5. 1929 (Nachlassabkommen).[9] Vorrangige europarechtliche Regelungen bestehen nicht,[10] es liegt bislang lediglich ein Vorschlag der EU-Kommission vor für eine die internationale Zuständigkeit und das anwendbare Recht regelnde EuErbVO.[11] Die VO (EG) Nr. 44/2001 vom 22. 12. 2000[12] (auch **EuGVO** oder

---
[5] BGH NJW 1968, 353; BayObLG FamRZ 2003, 1594.
[6] Firsching Rpfleger 1972, 4.
[7] MünchKommBGB/Birk Art. 25 EGBGB Rn 317; MünchKommBGB/Sonnenberger Einl. IPR Rn 464; von Hoffmann/Thorn § 9 Rn 66.
[8] BT-Drs. 16/6308, 222.
[9] RGBl. 1930 II S. 747, 758, abgedruckt bei Jayme/Hausmann unter Nr. 62.
[10] Von Hoffmann/Thorn § 8 Rn 73 k.
[11] Abgedruckt in Jayme/Hausmann unter Nr. 61.
[12] Abl. EG 2001 Nr. I. 12 S. 1; abgedruckt in Jayme/Hausmann unter Nr. 160.

3. Personenstandssachen

Mangels besonderer Vorschriften über die internationale Zuständigkeit in Personenstandssachen, auf die das FamFG anwendbar ist (§ 48 PStG), greift auch insoweit § 105 ein. Die danach aus der örtlichen Zuständigkeit (vgl. § 50 Abs. 2 PStG) folgende internationale Zuständigkeit entspricht der früheren Rechtsprechung, wonach die internationale Zuständigkeit zur Entscheidung in diesen Angelegenheiten gegeben war, wenn eine Eintragung in deutschen Personenstandsbüchern betroffen war.[13]

4. Besondere Vorschriften über die internationale Zuständigkeit

Besondere Vorschriften enthalten
– § 12 VerschG betreffend die Todeserklärung durch deutsche Gerichte;
– Art. 1 des Münchener CIEC-Übereinkommen über die Ausstellung von Ehefähigkeitszeugnissen.[14]

Keine ausschließliche Zuständigkeit

106 Die Zuständigkeiten in diesem Unterabschnitt sind nicht ausschließlich.

Die nach den §§ 98 bis 105 begründeten internationalen Zuständigkeiten sind nicht ausschließlich. Es können daher auch ausländische Gerichte bei deutscher Staatsangehörigkeit oder gewöhnlichem Aufenthalt eines Beteiligten in Deutschland zuständig sein und ein entsprechendes Urteil eines ausländischen Gerichts anerkannt werden; die Anerkennung des Urteils eines ausländischen Gerichts in den Angelegenheiten der §§ 98 bis 105 ist also nie gem. § 328 Abs. 1 S. 1 Nr. 1 ZPO wegen einer inländischen ausschließlichen Zuständigkeit ausgeschlossen.[1] Damit wird der konkurrierende Charakter der Zuständigkeitsregel ausdrücklich hervorgehoben.

Dies galt auch schon nach der Rechtslage ab dem 1. 9. 1986 (teilweise auch vor 1986) aufgrund des an diesem Tag in Kraft getretenen Gesetzes zur Neuregelung des Internationalen Privatrechts vom 25. 7. 1986[2] (vgl. §§ 606 a Abs. 1 S. 2,[3] 640 a Abs. 2 S. 2 ZPO,[4] §§ 35 b Abs. 3, 43 b Abs. 1 S. 2 FGG). Grund der Regelung ist es, dass es den Rechtsschutzinteressen der Beteiligten entspricht, auch die internationale Zuständigkeit anderer Staaten anzuerkennen.[5]

Unterabschnitt 3. Anerkennung und Vollstreckbarkeit ausländischer Entscheidungen

Anerkennung ausländischer Entscheidungen in Ehesachen

107 (1) ¹Entscheidungen, durch die im Ausland eine Ehe für nichtig erklärt, aufgehoben, dem Ehebande nach oder unter Aufrechterhaltung des Ehebandes geschieden oder durch die das Bestehen oder Nichtbestehen einer Ehe zwischen den Beteiligten festgestellt worden ist, werden nur anerkannt, wenn die Landesjustizverwaltung festgestellt hat, dass die Voraussetzungen für die Anerkennung vorliegen. ²Hat ein Gericht oder eine Behörde des Staates entschieden, dem beide Ehegatten zur

---

[13] BayObLG FGPrax 2002, 66.
[14] BGBl. 1997 II S. 1087, abgedruckt bei Jayme/Hausmann unter Nr. 32.
[1] Staudinger/Spellenberg § 606 a ZPO Rn 28.
[2] BGBl. I S. 1142.
[3] MünchKommZPO/Bernreuther § 606 b Rn 56.
[4] MünchKommZPO/Coester-Waltjen § 640 a Rn 4.
[5] BT-Drs. 10/504 S. 89; Staudinger/Spellenberg § 606 a ZPO Rn 27.

Zeit der Entscheidung angehört haben, hängt die Anerkennung nicht von einer Feststellung der Landesjustizverwaltung ab.

(2) ¹Zuständig ist die Justizverwaltung des Landes, in dem ein Ehegatte seinen gewöhnlichen Aufenthalt hat. ²Hat keiner der Ehegatten seinen gewöhnlichen Aufenthalt im Inland, ist die Justizverwaltung des Landes zuständig, in dem eine neue Ehe geschlossen oder eine Lebenspartnerschaft begründet werden soll; die Landesjustizverwaltung kann den Nachweis verlangen, dass die Eheschließung oder die Begründung der Lebenspartnerschaft angemeldet ist. ³Wenn eine andere Zuständigkeit nicht gegeben ist, ist die Justizverwaltung des Landes Berlin zuständig.

(3) ¹Die Landesregierungen können die den Landesjustizverwaltungen nach dieser Vorschrift zustehenden Befugnisse durch Rechtsverordnung auf einen oder mehrere Präsidenten der Oberlandesgerichte übertragen. ²Die Landesregierungen können die Ermächtigung nach Satz 1 durch Rechtsverordnung auf die Landesjustizverwaltungen übertragen.

(4) ¹Die Entscheidung ergeht auf Antrag. ²Den Antrag kann stellen, wer ein rechtliches Interesse an der Anerkennung glaubhaft macht.

(5) Lehnt die Landesjustizverwaltung den Antrag ab, kann der Antragsteller beim Oberlandesgericht die Entscheidung beantragen.

(6) ¹Stellt die Landesjustizverwaltung fest, dass die Voraussetzungen für die Anerkennung vorliegen, kann ein Ehegatte, der den Antrag nicht gestellt hat, beim Oberlandesgericht die Entscheidung beantragen. ²Die Entscheidung der Landesjustizverwaltung wird mit der Bekanntgabe an den Antragsteller wirksam. ³Die Landesjustizverwaltung kann jedoch in ihrer Entscheidung bestimmen, dass die Entscheidung erst nach Ablauf einer von ihr bestimmten Frist wirksam wird.

(7) ¹Zuständig ist ein Zivilsenat des Oberlandesgerichts, in dessen Bezirk die Landesjustizverwaltung ihren Sitz hat. ²Der Antrag auf gerichtliche Entscheidung hat keine aufschiebende Wirkung. ³Für das Verfahren gelten die Abschnitte 4 und 5 sowie § 14 Abs. 1 und 2 und § 48 Abs. 2 entsprechend.

(8) Die vorstehenden Vorschriften sind entsprechend anzuwenden, wenn die Feststellung begehrt wird, dass die Voraussetzungen für die Anerkennung einer Entscheidung nicht vorliegen.

(9) Die Feststellung, dass die Voraussetzungen für die Anerkennung vorliegen oder nicht vorliegen, ist für Gerichte und Verwaltungsbehörden bindend.

(10) War am 1. November 1941 in einem deutschen Familienbuch (Heiratsregister) aufgrund einer ausländischen Entscheidung die Nichtigerklärung, Aufhebung, Scheidung oder Trennung oder das Bestehen oder Nichtbestehen einer Ehe vermerkt, steht der Vermerk einer Anerkennung nach dieser Vorschrift gleich.

Übersicht

	Rn
I. Normzweck	1
II. Scheidungen aus EU-Mitgliedstaaten	4
III. Scheidungen aus anderen Staaten	7
1. Allgemeines	8
2. Entscheidung über eine Ehe im Ausland (Abs. 1 S. 1)	8
a) Betroffene Entscheidungen	8
b) Behördliche Mitwirkung	11
c) Ausland	12
d) Privatscheidungen	13
e) Feststellungsklage	17
f) Pflicht zur Aussetzung des Verfahrens	18
3. Heimatstaatscheidungen (Abs. 1 S. 2)	19
4. Verfahren vor der Justizverwaltung	21
a) Zuständigkeit	21
b) Antrag	25
c) Frist	30
d) Antragsberechtigte	31

		Rn
e) Verfahren vor der Landesjustizverwaltung		33
f) Anerkennungsvoraussetzungen		34
g) Bescheid der Landesjustizverwaltung		35
h) Gebühren der Landesjustizverwaltung		36
i) Rechtsmittel gegen den Bescheid der Landesjustizverwaltung		37
j) Wiederaufnahme des Verfahrens		38
5. Verfahren vor dem OLG		39
a) Zuständigkeit		39
b) Form und Inhalt des Antrags		40
c) Antragsberechtigung		41
d) Frist		45
e) Wirkung des Antrags		46
f) Verfahren und Entscheidung		47
6. Rechtsbeschwerde zum BGH		50
7. Bindende Wirkung (Abs. 9)		51
8. Heiratsregistereintragungen vom 1. 11. 1941 (Abs. 10)		52
IV. Sonstige Fälle		53

I. Normzweck

Das FamFG differenziert zwischen der Anerkennung von Entscheidungen in Ehesachen (z. B. Scheidungen), **§ 107,** und der Anerkennung sonstiger ausländischer Entscheidungen (z. B. von Unterhaltsentscheidungen), **§ 108.** Die Anerkennungshindernisse sind in **§ 109** aufgezählt. Die Frage der Vollstreckung ausländischer Entscheidungen wird in **§ 110** behandelt. Zweck der Regelung des § 107 ist, dass einheitlich festgestellt wird, ob eine Scheidung (Statusänderung) bei uns anerkannt wird oder nicht;[1] andernfalls müsste jedes Gericht, Standesamt, Sozialamt, Finanzamt usw. die Frage für sich prüfen und die verschiedenen Ämter kämen möglicherweise zu unterschiedlichen Ergebnissen. Das Verfahren wird **Delibationsverfahren** genannt und findet sich gelegentlich auch im Ausland.[2] Die förmliche **Anerkennung ist nur dann entbehrlich,** wenn eine Entscheidung aus einem Mitgliedstaat der Europäischen Union (Rn 4 ff.) oder eine sog. eine Heimatstaatsscheidung (Rn 19) vorliegt. Dass mit der Anerkennung das Landesjustizministerium bzw. der OLG-Präsident betraut ist und nicht ein Gericht, ist merkwürdig[3] und nur historisch zu erklären (das Verfahren stammt aus dem Jahr 1941[4]). Beim Bundesjustizministerium wurde im 1951 bis 1990 eine **Zentralkartei aller Anerkennungsbescheide** geführt, die 1993 vernichtet wurde. Im Anwendungsbereich von § 107 ist eine Klage auf Feststellung (z. B. der Nichtigkeit einer Zweitehe) oder ein erneuter Scheidungsantrag in Deutschland unzulässig, weil das Verfahren nach § 107 vorrangig ist. Auch wenn die Frage, ob überhaupt eine Scheidung vorliegt, nur eine Vorfrage ist, etwa bei einem Unterhaltsstreit, ist sie über § 107 zu klären (eine Aussetzung des Verfahrens[5] bis zur Entscheidung der Landesjustizverwaltung ist notwendig); desgleichen bei einem Erbscheinsverfahren, falls es wegen des Ehegattenerbrechts auf die Frage der Scheidung ankommt. Für die Anerkennung und Vollstreckbarerklärung einer in einem ausländischen Scheidungsurteil getroffenen Verurteilung zu **Unterhaltszahlungen** ist das Verfahren vor der Landesjustizverwaltung nach § 107 aber nicht erforderlich.[6] Wenn aber die Unterhaltsverurteilung auf dem Scheidungsurteil beruht, ohne dieses also keinen Bestand haben kann (z. B. weil ohne Scheidung keine Unterhaltspflicht bestünde), darf sie erst nach Anerkennung des Scheidungsausspruchs für vollstreckbar erklärt werden,[7] so dass in diesen Fällen also ein Verfahren nach § 107 notwendig ist.

1

---

[1] Heiderhoff StAZ 2009, 328.
[2] Rechtsvergleichender Überblick bei Andrae/Heidrich FPR 2000, 222.
[3] Aber mit dem GG vereinbar, BGH NJW 1982, 517; MünchKommZPO/Rauscher § 107 FamFG Rn 13; MünchKommZPO/Gottwald § 328 Rn 178. Jedenfalls wäre es meines Erachtens abwegig, die Anerkennung dem juristisch nicht ausgebildeten Standesbeamten zu überlassen.
[4] Zur Geschichte vgl. Staudinger/Spellenberg Art. 7 § 1 FamRÄndG Rn 4.
[5] BGH FamRZ 1992, 1203, BayObLG FamRZ 1973, 660; OLG Köln FamRZ 1998, 1303.
[6] BGH NJW-RR 2007, 722 (Slowenien).
[7] BGH NJW-RR 2007, 722; NJW 1975, 1072.

2   § 107 entspricht weitgehend dem früheren Art. 7 § 1 FamRÄndG, deren Vorgängerin war die 4. DVO zum EheG vom 25. 10. 1941 (RGBl. 1941 S. 654).

3   § 107 enthält nur eine **Verfahrensregelung**. Der Maßstab, nach dem zu entscheiden ist, findet sich in § 109 (der § 328 ZPO entspricht), für reine Privatscheidungen im nach Art 17 Abs. 1, 14 Abs. 1 EGBGB anzuwendenden Scheidungsstatut.

II. Scheidungen aus EU-Mitgliedstaaten

4   Europarecht und Staatsverträge sind **vorrangig gegenüber § 107,** wie § 97 klarstellt. Nach der **VO (EG) Nr. 1347/2000** („Brüssel II") des Rates über die Zuständigkeit und die Anerkennung und Vollstreckung von Entscheidungen in Ehesachen und in Verfahren betreffend die elterliche Verantwortung für die gemeinsamen Kinder der Ehegatten vom 29. 5. 2000, in Kraft getreten am 1. 3. 2001, wurden Ehescheidungen ohne besonderes Verfahren bei uns anerkannt (Art. 14), sofern nicht die Versagungsgründe nach Art. 15 Abs. 1 der VO vorlagen.

5   Die VO (EG) Nr. 1347/2000 wurde mit Wirkung ab 1. 8. 2004 durch die **VO (EG) Nr. 2201/2003** („Brüssel II a")[8] vom 27. 11. 2003 ersetzt. Nach Art. 21 dieser Verordnung werden die in Art. 1 der VO genannten Entscheidungen eines Mitgliedstaats (ausgenommen Dänemark), also vor allem Ehescheidungen, in den anderen Mitgliedstaaten ohne besonderes Verfahren[9] anerkannt, wenn kein Hinderungsgrund nach Art. 22 besteht. Die Regelung gilt für nach dem 1. 3. 2001 ergangene Scheidungen aus folgenden Ländern: Belgien, Finnland, Frankreich, Griechenland, Irland, Italien, Luxemburg, Niederlande, Österreich, Portugal, Schweden, Spanien und Vereinigtes Königreich. Die Regelung gilt ferner für Scheidungen, die nach dem 1. 5. 2004 ergangen sind, aus der Tschechischen Republik, Estland, Zypern, Lettland, Litauen, Ungarn, Malta, Polen, Slowenien, Slowakischen Republik. Weiterhin gilt die Regelung für nach dem 1. 1. 2007 ergangene Scheidungen aus Bulgarien und Rumänien. In diesen Fällen ist also § 107 nicht einschlägig. Für Scheidungen aus der Zeit vor Inkrafttreten der europarechtlichen Regelungen kommt es in erster Linie auf das jeweilige frühere Recht an.[10]

6   Ist eine **Anerkennung zweifelhaft,** ist das im Verfahren nach Art. 21 Abs. 3, 28 ff. der VO Nr. 2201/2003 zu klären; keinesfalls ist das Verfahren nach § 108 Abs. 2 S. 1 gegeben.

III. Scheidungen aus anderen Staaten

1. Allgemeines

7   Das sind vorwiegend Scheidungen aus Dänemark, Osteuropa, UdSSR sowie ihrer Nachfolgestaaten, USA, Brasilien, Volksrepublik China, Korea, sonstige asiatische Staaten, Kuba, Norwegen usw. Hier richtet sich das Anerkennungsverfahren nach § 107. Staatsverträge sind vorrangig (§ 97); solche bestehen noch in Form des deutsch-schweizerischen Anerkennungs- und Vollstreckungsabkommens (Art. 3) v. 2. 11. 1929 (RGBl. II 1930 S. 1066)[11] und des deutsch-tunesischen Abkommens (Art. 27 bis 30, 32) v. 19. 7. 1966 (BGBl. II 1969 S. 890), in Kraft seit 13. 3. 1970 (BGBl II 1970 S. 125).[12] Da die Anerkennung in § 107 aber großzügiger geregelt ist, sind diese Regelungen praktisch bedeutungslos.[13]

2. Entscheidung über eine Ehe im Ausland (Abs. 1 S. 1)

8   a) **Betroffene Entscheidungen.** Erfasst werden nur nach dem ausländischen Recht wirksame (d. h. formell rechtskräftige[14]) Scheidungen einer Ehe, Nichtigerklärung einer Ehe, Aufhebung einer Ehe, Scheidung dem Ehebande nach oder unter Aufrechterhaltung

---

[8] ABl. 2003 L 338/1.
[9] Zu den Konsequenzen für das Standesamt vgl. Sturm StAZ 2002, 193.
[10] Einzelheiten bei MünchKommZPO/Rauscher § 107 FamFG Rn 9.
[11] Dazu BGH FamRZ 1987, 580; NJW 1986, 1440; OLG Düsseldorf FamRZ 1994, 1480.
[12] Dazu Justizministerium Baden-Württemberg FamRZ 2001, 1015.
[13] MünchKommZPO/Gottwald § 328 Rn 181.
[14] BayObLG FamRZ 1998, 1305; MünchKommZPO/Rauscher § 107 FamFG Rn 20; Hau FS für Spellenberg S. 441.

des Ehebandes („Trennung von Tisch und Bett"[15]), Feststellungsentscheidungen über das Bestehen oder Nichtbestehen einer Ehe. Eine Feststellung des Rechts zum Getrenntleben fällt nicht darunter.[16] Eine Nichtehe fällt ebenfalls nicht unter § 107;[17] ob ein Vorgang im Ausland eine „Ehe" war,[18] mag manchmal zweifelhaft sein.[19] Der Anwendungsbereich des § 107 ist nicht nur dann eröffnet, wenn beide Ehegatten am ausländischen Verfahren beteiligt waren,[20] wie der Wortlaut zeigt. In Fällen automatischer Ehebeendigung, etwa durch Tod, Todeserklärung, Wiederheirat nach Todeserklärung, Freiheitsstrafe, Religionswechsel,[21] fehlt eine Entscheidung, so dass § 107 darauf nicht anwendbar ist.[22] Die Zuständigkeit nach § 107 erstreckt sich nicht auf Neben- und Folgeentscheidungen der Statusurteile (z. B. Unterhalt), auch wenn sie zusammen mit diesen im Verbund geregelt wurden (vgl. aber Rn 1).[23] Ihre isolierte Anerkennung richtet sich jedenfalls nicht nach § 107.

Ob **klageabweisende Urteile** unter § 107 fallen ist streitig,[24] aber angesichts des Wortlauts von § 107 Abs. 1 eher abzulehnen,[25] wenn sie nicht gleichzeitig eine Feststellung enthalten. 9

Die Auflösung von (homosexuellen) **Lebenspartnerschaften** wird von Abs. 1 nicht erfasst, da es sich um keine Ehen in diesem Sinn handelt.[26] Zwar nennt § 328 Abs. 2 ZPO diese Partnerschaften, doch sind dort nur die Anerkennungsvoraussetzungen genannt, nicht aber das Verfahren. Solche Auflösungen werden formlos anerkannt, § 108, wenn § 109 Abs. 1 und Abs. 3 nicht entgegen stehen.[27] Abs. 1 erfasst auch nicht sonstige rechtlich verfestigte gleich- oder verschiedengeschlechtliche Lebensformen,[28] wie sie im Ausland teils vorkommen. 10

b) **Behördliche Mitwirkung.** Abs. 1 betrifft nur „Entscheidungen". Das bedeutet nach allgemeiner Auffassung, dass an dem ausländischen Ergebnis eine Behörde im weitesten Sinn, nicht unbedingt ein Gericht in unserem Sinn, in Ausübung ausländischer Hoheitsgewalt mitgewirkt hat. Es muss sich nicht um einen konstitutiven Akt gehandelt haben. Es kann sich um einseitige Erklärungen oder Verträge handeln.[29] Es genügt, wenn daran eine ausländische Behörde entsprechend den von ihr zu beachtenden Normen in irgendeiner Form, und sei es auch nur registrierend, mitgewirkt hat.[30] Die Scheidung durch den norwegischen Fylkesmann (Verwaltungsbehörde) stellt eine solche behördliche Mitwirkung dar und verstößt nicht gegen den ordre public.[31] 11

c) **Ausland.** Die Entscheidung muss im Ausland erfolgt sein. Scheidungen, an denen diplomatische Vertretungen des Auslandes in der Bundesrepublik mitgewirkt haben, die aber nicht im Ausland erfolgten (z. B. Scheidung vor der Botschaft des X-Landes in Berlin), gelten nicht als Auslandsscheidungen, so dass das Verfahren nach § 107 nicht zulässig 12

---

[15] BGHZ 47, 324; BGH FamRZ 1987, 793.
[16] Staudinger/Spellenberg Art. 7 § 1 FamRÄndG Rn 42; Andrae/Heidrich FPR 2004, 293.
[17] Kritisch dazu Henrich IPRax 1982, 250; Hau FS für Spellenberg S. 439.
[18] Dazu Sturm StAZ 1995, 343; zur pakistanischen „Handschuhehe" (der Mann wird durch einen Bevollmächtigten vertreten, die Frau ist anwesend) vgl. Hohloch JuS 2005, 753.
[19] BayObLG IPRax 1982, 250; über verschiedene Formen der „Ehe" in islamischen Staaten vgl. Rohe StAZ 2006, 93.
[20] Hau FS für Spellenberg S. 440; a. A. OVG Lüneburg FamRZ 2008, 1785. Es kann aber dann ein Verstoß gegen den ordre public vorliegen, vgl BGH FamRZ 2009, 1816 für ein polnisches Vaterschaftsurteil vom Hörensagen.
[21] OLG Köln IPRspr 1982 Nr. 43; Hau FS für Spellenberg S. 441.
[22] Prütting/Helms/Hau § 107 Rn 21; Staudinger/Spellenberg Art. 7 § 1 FamRÄndG Rn 41.
[23] BGH FamRZ 2007, 717; NJW 1975, 1072; OLG Bamberg FamRZ 2005, 1682.
[24] Staudinger/Spellenberg Art. 7 § 1 FamRÄndG Rn 49.
[25] Differenzierend Prütting/Helms/Hau § 107 Rn 19.
[26] MünchKommZPO/Rauscher § 107 FamFG Rn 4; Prütting/Helms/Hau § 107 Rn 21; Staudinger/Spellenberg Art. 7 § 1 FamRÄndG Rn 30; Wagner IPRax 2001, 281/288; Zöller/Geimer § 328 Rn 234; a. A. Andrae/Heidrich FamRZ 2004, 1624; Hausmann FS für für Henrich, S. 241/265.
[27] MünchKommZPO/Gottwald § 328 Rn 183; a. A. Andrae/Heidrich FamRZ 2004, 1622.
[28] Hau FS für Spellenberg S. 437.
[29] Staudinger/Spellenberg Art. 7 § 1 FamRÄndG Rn 31.
[30] BGH FamRZ 1990, 607 (Thailand); NJW 1982, 517 (Thailand); BayObLGZ 1978, 32; BayObLGZ 1977, 180; Hau FamRZ 2009, 821.
[31] OLG Schleswig NJW-RR 2008, 1390.

ist.³² Das gilt auch dann, wenn eine staatliche Behörde die Ehescheidung beurkundet und die Scheidung später im Standesregister des Heimatstaates registriert wird. Denn die Scheidung erfolgt auf deutschem Staatsgebiet, so dass Art. 17 Abs. 2 EGBGB einschlägig ist; der Grundsatz der Exterritorialität ausländischer Botschaften hat einen anderen Zweck und ändert daher nichts daran. Der Wortlaut des § 107 ist nicht eindeutig. Nach anderer Ansicht liegt deshalb eine „ausländische" Entscheidung vor und § 107 ist einschlägig, wenn eine Behörde in Ausübung ausländischer Hoheitsgewalt tätig geworden ist.³³ Bei mehraktigen Vorgängen muss jedenfalls der wesentliche Teil im Ausland vollzogen sein;³⁴ es schadet nicht, wenn nur noch die Beglaubigung der Unterschrift unter die Verstoßungserklärung im Inland erfolgte.³⁵

13   **d) Privatscheidungen.**³⁶ Nach unserem Rechtsverständnis erfolgt eine Scheidung durch staatliche Gerichte, nicht durch kirchliche Stellen, nicht durch Vereinbarung der Beteiligten. Anders ist es zum Teil im Ausland. Die Scheidung durch Vertrag ist in Ostasien (z. B. Japan, Thailand) verbreitet. In islamischen Rechtsordnungen ist die Scheidung durch einseitige Erklärung (Verstoßung) häufig. In afrikanischen Gewohnheitsrechten gibt es Scheidungen durch Vereinbarung der Eheleute oder auch durch einseitiges Aufkündigen, oder Scheidung durch Vertrag der Familien und durch eine Entscheidung von Dorfältesten, Sippenoberhäuptern. Auch ausländische Privatscheidungen, in denen die Eheauflösung durch einseitigen Akt eines Ehegatten oder durch einverständliches Handeln der Ehegatten erfolgt, fallen unter den Begriff der Entscheidung im Sinne des § 107, jedenfalls dann, wenn eine entsprechende behördliche Mitwirkung erfolgte, etwa indem die Ehegatten die private Scheidung anschließend beim ausländischen Standesamt registrieren ließen.³⁷

14   Mitwirkende „Behörde" kann bei der Scheidung auch eine **religiöse Instanz sein,**³⁸ wenn ihre Tätigkeit auf dem Gebiete des Eherechts vom ausländischen Staat staatlich anerkannt ist.³⁹ Dazu gehört z. B. die Registrierung durch das **Scharia-Gericht,**⁴⁰ die Verstoßung in islamischen Rechten mit Registrierung durch religiöse Instanzen⁴¹ (eine andere Frage ist, ob der ordre public der Anerkennung entgegen steht). Auch die Übergabe des Scheidebriefs vor dem Rabbiner in Israel nach israelischem Recht und Eintragung beim Rabbinatsgericht gilt als Mitwirkung;⁴² das Rabbinat ist aber nur in Israel staatlich autorisiert, sie fehlt den Rabbinatsgerichten in den USA und in Deutschland.

15   Eine **im Inland** (vgl. Rn 12) vorgenommene Privatscheidung einer Ausländerehe kann nicht anerkannt werden, auch wenn sie nach dem als Scheidungsstatut berufenen ausländischen Recht wirksam ist.⁴³ Denn in Deutschland kann eine Ehe nach § 1564 Abs. 1 BGB nur durch gerichtliches Urteil geschieden werden; das Scheidungsmonopol der deutschen Gerichte darf nicht umgangen werden. Vgl. § 109 Rn 20.

16   Fehlt eine „Behördenmitwirkung" liegt eine **reine Privatscheidung** vor. Ob hier das Verfahren nach § 107 zulässig ist, ist umstritten;⁴⁴ als „freiwilliges" Verfahren (Rn 20) ist es möglich. Solche Privatscheidungen werden bei uns ohne staatliches Anerkennungsverfahren anerkannt, wenn die Voraussetzungen des nach Art. 17 EGBGB i. V. m. Art. 14 EGBGB

---

³² KG FamRZ 1966, 149; OLG Düsseldorf FamRZ 1968, 87; MünchKommZPO/Gottwald ZPO § 328 Rn 189; Lorbacher FamRZ 1979, 772.
³³ Staudinger/Spellenberg Art. 7 § 1 FamRÄndG Rn 35; Hau FamRZ 2009, 821.
³⁴ OLG Düsseldorf FamRZ 1974, 528; MünchKommZPO/Gottwald § 328 Rn 189.
³⁵ KG StAZ 1984, 309.
³⁶ Übersicht über die verschiedenen Meinungen bei Andrae/Heidrich FPR 2004, 293; MünchKommZPO/ Gottwald § 328 Rn 191.
³⁷ BGH FamRZ 1990, 607; NJW 1982, 517; Prütting/Helms/Hau § 107 Rn 26.
³⁸ MünchKommZPO/Gottwald § 328 Rn 187; Perles FamRZ 1980, 978.
³⁹ Staudinger/Spellenberg Art. 7 § 1 FamRÄndG Rn 32; MünchKommZPO/Gottwald § 328 Rn 187.
⁴⁰ OLG Düsseldorf FPR 2003, 468; OLG Koblenz FamRZ 1993, 563; Justizministerium Baden-Württemberg FamRZ 2001, 1018.
⁴¹ OLG Düsseldorf FPR 2003, 468 (Libanon); OLG Koblenz FamRZ 1993, 563.
⁴² BayObLG FamRZ 1985, 1258. Zu den Rabbinatscheidungen vgl. BGH NJW-RR 2008, 1169 = FamRZ 2008, 1409; FamRZ 2004, 1952; KG FamRZ 1994, 839; Henrich IPrax 1995, 86; Herfarth IPrax 2002, 17; Scheftelowitz FamRZ 1995, 593.
⁴³ BGH NJW 1982, 517.
⁴⁴ Nachweise bei Staudinger/Spellenberg Art. 7 § 1 FamRÄndG Rn 38.

maßgebenden Rechts vorliegen;[45] auf § 328 ZPO oder § 107 FamFG kommt es nicht an. Auch bei der Anerkennung von Privatscheidungen ist der deutsche „ordre public" zu beachten.

e) Feststellungsklage. Wenn kein Anerkennungsmonopol der Landesjustizverwaltung nach § 107 besteht, kann vor dem Familiengericht auf Feststellung (§ 256 ZPO) der inländischen Wirksamkeit oder Unwirksamkeit der ausländischen Entscheidung geklagt werden.[46] Darunter fallen Nichtehen, Heimatstaatscheidungen, Klageabweisungen sowie reine Privatscheidungen (Rn 16).[47] Ist eine Entscheidung nach § 107 bestands- bzw. rechtskräftig, steht dies einer Feststellungsklage entgegen. Soweit aber ein freiwilliges Verfahren nach § 107 zulässig ist (Rn 20), fehlt einer Feststellungsklage das Feststellungsinteresse, weil die Entscheidung nach § 107 wegen § 107 Abs. 9 weiter wirkt als ein Feststellungsurteil.

f) Pflicht zur Aussetzung des Verfahrens. Kommt es in einem Verfahren auf die Frage an, ob eine Partei geschieden ist oder nicht, fragt sich, ob das Verfahren ausgesetzt werden muss (§ 21 FamFG), damit eine Klärung durch die Landesjustizverwaltung erreicht werden kann, auch wenn keine Partei dies beantragt. Das ist zu verneinen;[48] die Aussetzung liegt im Ermessen des Gerichts. Eine Aussetzung von Amts wegen ist jedenfalls dann nicht geboten, wenn die Voraussetzungen für die Anerkennung des ausländischen Scheidungsausspruchs offensichtlich nicht vorliegen.[49]

3. Heimatstaatscheidungen (Abs. 1 S. 2)

Nach Abs. 1 S. 2 fallen Heimatstaatscheidungen nicht unter § 107. Wenn sich zwei Personen in ihrer gemeinsamen Heimat nach ihrem dortigen Recht scheiden lassen, gilt das im Entscheidungsstaat und muss deshalb in der weltweiten Geltung privilegiert werden. Über ihre Anerkennung wird als Vorfrage entschieden. Beide Eheleute müssen zum Zeitpunkt des Erlasses des „Scheidungsurteils" (nach dem dortigen Staatsangehörigkeitsrecht) die Staatsangehörigkeit des Staates gehabt haben, das die Scheidung aussprach. S. 2 stellt darauf ab, ob ein Gericht oder eine Behörde (unter der Geltung von Art. 7 § 1 FamRÄndG war das umstritten) entschieden hat; deshalb muss die Vorschrift auch auf **Privatscheidungen** unter Mitwirkung einer Behörde anwendbar sein. Probleme tauchen auf bei Bundesstaaten und Staaten mit mehreren Rechtsordnungen. Sind beide Ehegatten US-Amerikaner müssen sie jedenfalls demselben Bundesstaat angehören.[50] Unklarheiten bestehen bei Personen mit **doppelter oder mehrfacher Staatsangehörigkeit**. Hat ein Ehegatte auch die deutsche Staatsangehörigkeit, liegt nach h. M.[51] keine Heimatstaatsscheidung vor. Bei Asylberechtigten soll Heimatstaat der Staat ihres gewöhnlichen Aufenthalts bzw. Wohnsitzes ein, selbst wenn sie noch die Staatsangehörigkeit ihres Heimatstaats haben.[52]

Freiwillige Anerkennungsverfahren. Der Wortlaut des S. 2 („hängt nicht ab ...") zwingt nicht zur Auslegung, dass ein Antrag auf ein freiwilliges Anerkennungsverfahren nicht zulässig sei. Da die Anerkennungsfähigkeit der Heimatstaatsscheidungen nicht immer offenkundig ist, also ein Bedürfnis dafür bestehen kann, erlauben die Justizverwaltungen und die Rechtsprechung[53] ein solches Verfahren, wenn ein Rechtsschutzbedürfnis besteht;[54] es hat der Vorteil der allseitigen Wirkung nach § 107 Abs. 9. Einschlägig ist § 107, nicht § 108.[55]

---

[45] BGH FamRZ 1994, 434; NJW 1990, 2194; BayObLGZ 1998, 103.
[46] Geimer NJW 1971, 2139.
[47] Staudinger/Spellenberg Art. 7 § 1 FamRÄndG Rn 71 bis 74.
[48] BGH NJW 1983, 514; a. A. KG FamRZ 1969, 96; Andrae/Heidrich FPR 2004, 293; Klinck FamRZ 2009, 741.
[49] BGH FamRZ 2001, 991; OLG Köln NJW-RR 1999, 81; a. A. MünchKommZPO/Rauscher § 107 FamFG Rn 17; Hau FS für Spellenberg S. 446.
[50] Staudinger/Spellenberg Art. 7 § 1 FamRÄndG Rn 60.
[51] BayObLG FamRZ 1993, 452; FamRZ 1990, 897; OLG Düsseldorf FamRZ 1980, 698; Palandt/Thorn Art. 17 EGBGB Rn 33; a. A. Staudinger/Spellenberg Art. 7 § 1 FamRÄndG Rn 63 (differenzierend); Hau FS für Spellenberg S. 445.
[52] Staudinger/Spellenberg Art. 7 § 1 FamRÄndG Rn 64.
[53] BGH NJW 1990, 3081; BayObLG FamRZ 2002, 1637; Palandt/Thorn Art. 17 EGBGB Rn 33; Staudinger/Spellenberg Art. 7 § 1 FamRÄndG Rn 70; Hau FS für Spellenberg S. 447.
[54] BayObLG FamRZ 2002, 1637; a. A. Staudinger/Spellenberg Art. 7 § 1 FamRÄndG Rn 127.
[55] Hau FamRZ 2009, 821; Klinck FamRZ 2009, 741.

4. Verfahren vor der Justizverwaltung

21 **a) Zuständigkeit. Sachlich zuständig** zur Anerkennung ausländischer Entscheidungen in Ehesachen ist die Landesjustizverwaltung, d. h. das Justizministerium (Justizsenator) des jeweiligen Bundeslandes (Abs. 2). Jedes Bundesland kann die Zuständigkeit vom Ministerium auf einen (oder mehrere) OLG-Präsidenten übertragen (Abs. 3); demzufolge sind in Baden-Württemberg, Bayern (OLG-Präsident München), Brandenburg, Bremen, Hessen (OLG-Präsident Frankfurt), Niedersachsen, Nordrhein-Westfalen (OLG-Präsident Düsseldorf), Saarland, Sachsen (OLG-Präsident Dresden) und Sachsen-Anhalt (OLG-Präsident Naumburg) die OLG-Präsidenten als Teil der Justizverwaltung zuständig, in den anderen Ländern (Berlin, Hamburg, Mecklenburg-Vorpommern, Rheinland-Pfalz, Schleswig-Holstein, Thüringen) die Landesjustizministerien.[56]

22 **Örtlich zuständig** ist die Justizverwaltung desjenigen Bundeslandes, in dem einer der Ehegatten seinen gewöhnlichen Aufenthalt hat (Abs. 2 S. 1). Dabei kann es sich um den Antragsteller oder den Antragsgegner[57] handeln. „Gewöhnlicher" Aufenthalt ist mehr als ein „vorübergehender" Aufenthalt. Ein Wohnsitz ist nicht erforderlich. Es genügt ein Mittelpunkt der Lebensführung. Er kann auch in verschiedenen Bundesländern bestehen; dann ist § 2 Abs. 1 analog anzuwenden. Ist ein Antrag bei einer Landesjustizverwaltung eingegangen, steht dies dem Antrag eines anderen Beteiligten bei einer anderen Landesjustizverwaltung entgegen (es handelt sich um dieselbe Angelegenheit, § 2 Abs. 1), was durch ein Informationssystem der Justizverwaltungen abgesichert ist. Eine Zuständigkeitsvereinbarung ist unzulässig. Der Zeitpunkt des Antragseingangs ist maßgebend für das Vorliegen der Zuständigkeit. Die einmal begründete Zuständigkeit der Landesjustizverwaltung und die daran anknüpfende Zuständigkeit des OLG besteht fort, wenn der Antragsteller nach Antragseingang bei der Landesjustizverwaltung seinen Aufenthaltsort ändert (perpetuatio fori).[58]

23 Hat **keiner** der **Ehegatten** seinen gewöhnlichen **Aufenthalt** in Deutschland, ist die Justizverwaltung des Bundeslandes zuständig, in dem eine neue Ehe oder eine homosexuelle registrierte Lebenspartnerschaft begründet werden soll (Abs. 2 S. 2); dabei kommt es auf den Sitz des Standesamts an (§§ 11, 12 PStG). Der Aufenthalt des Verlobten ist belanglos. Die Ergänzung um die Lebenspartnerschaft war zur Lösung des seltenen Falles eingefügt worden, dass die Anerkennung der Scheidung von beidseits nicht im Inland ansässigen Ehegatten begehrt wird, um künftig eine Lebenspartnerschaft im Inland einzugehen.[59]

24 Hilfsweise ist die **Justizverwaltung in Berlin** (Justizsenator) zuständig (Abs. 2 S. 2), falls irgendein Inlandsbezug besteht. Dies ist z. B. der Fall, wenn keiner der Ehegatten mehr lebt oder keiner von ihnen seinen gewöhnlichen Aufenthalt im Inland hat und eine Eheschließung im Inland nicht beabsichtigt ist,[60] so bei Anträgen von Erben.[61]

25 **b) Antrag.** Das Verfahren nach § 107 wird nur auf Antrag eingeleitet (Abs. 4 S. 1). Von Amts wegen wird kein Verfahren eingeleitet. Der Antrag ist beim Justizministerium des Bundeslandes bzw. beim zuständigen OLG (Rn 21, 22) einzureichen. Auch das Standesamt kann den Antrag aufnehmen und an die Landesjustizverwaltung weiterleiten, wenn bei ihm eine Ehe eingegangen werden soll und ihm obliegende Prüfung ergibt, dass eine ausländische Scheidung der Anerkennung bedarf (§§ 159 Abs. 4, 159 b der Dienstanweisung für die Standesbeamten). Eine Antragspflicht besteht nicht (wer nicht auf die Wirkungen des Verfahrens nach § 107 angewiesen ist, kann sich den Antrag also sparen). Besondere Formalien sind für den Antrag nicht zu beachten (vgl. § 23), insbesondere gibt es keinen **Anwaltszwang**. Der Antrag kann lauten, dass die ausländische Entscheidung anerkannt oder dass sie nicht anerkannt wird. Es ist anzugeben, um welche ausländische Entscheidung es geht. **Verfahrenskostenhilfe** kann nicht bewilligt werden.[62]

---

[56] Fundstellen der Verordnungen bei MünchKommZPO/Rauscher § 107 FamFG Rn 39; Prütting/Helms/Hau § 107 Rn 36.
[57] BayObLG FamRZ 1997, 423.
[58] BayObLG FamRZ 1979, 1015.
[59] BT-Drucks. 16/6308 S. 371.
[60] Staudinger/Spellenberg Art. 7 § 1 FamRÄndG Rn 119.
[61] BGH FamRZ 1990, 1100.
[62] OLG Stuttgart FamRZ 2011, 384.

Die **Verwaltungspraxis**[63] verlangt, dass ein bestimmtes Antragsformular[64] vollständig 26 ausgefüllt und unterschrieben wird; zudem wird die Vorlage von verschiedenen Urkunden im Original gefordert, so beispielsweise in Bayern:
- Heiratsurkunde oder Familienbuchauszug oder Heiratsregisterauszug der geschiedenen Ehe zum Nachweis der Eheschließung.
- Vollständige Ausfertigung oder vom Gericht des Entscheidungsstaates erteilte beglaubigte Abschrift der ausländischen Entscheidung mit Tatbestand und Gründen. Soweit es sich um eine behördliche Scheidung handelt, ist eine Scheidungsurkunde oder ein Scheidungsregisterauszug vorzulegen.
- Nachweis der Rechtskraft der ausländischen Entscheidung (entweder durch Rechtskraftvermerk auf dem Urteil, durch gesonderte Urkunde oder durch Beischreibung im Personenstandsregister).
- Nachweis über die Registereintragung bei Ländern, in denen diese zur Wirksamkeit der Entscheidung erforderlich ist.
- Nachweis der Staatsangehörigkeit beider Ehegatten der geschiedenen Ehe (z. B. durch beglaubigte Passkopien der Ehegatten).
- Von einem anerkannten Übersetzer in Deutschland angefertigte Übersetzungen sämtlicher fremdsprachiger Schriftstücke.
- Bescheinigung über den Verdienst/das Einkommen der Antragstellerin/des Antragstellers (wegen der Gebührenberechnung).
- Nachweis über die in Bayern beabsichtigte Eheschließung durch Vorlage der Anmeldung zur Eheschließung, sofern keiner der Ehegatten der geschiedenen Ehe in Bayern wohnhaft ist.
- Schriftliche Vollmacht, falls der Antrag durch einen Bevollmächtigten gestellt wird.

Form der vorzulegenden Urkunden. Vorzulegen sind die Urkunden im Original; 27 bei Pässen wird eine beglaubigte Kopie akzeptiert. Die Unterlagen werden von der Behörde nach Abschluss des Verfahrens an den Einreicher zurückgegeben. Die Originale der Urkunden sind grundsätzlich mit der **Legalisation** (d. h. der Bestätigung, dass die Unterschriften auf der Urkunde und evtl. die Siegel echt sind und der Unterzeichner zur Ausstellung der Urkunden berechtigt war[65]) der zuständigen deutschen Auslandsvertretung (Deutsche Botschaft, deutsches Konsulat; § 13 Abs. 1 und 2 KonsularG) oder mit der Apostille der zuständigen ausländischen Heimatbehörde zu versehen. Nach Art. 3 Abs. 1 des Haager Übereinkommens vom 5. 10. 1961 (BGBl. 1965 II S. 876)[66] zur Befreiung ausländischer öffentlicher Urkunden von der Legalisation tritt im Verhältnis zwischen den Vertragsstaaten an die Stelle der Legalisation die Apostille; diese stellt eine widerlegbare Vermutung für die Echtheit der Urkunde dar (Art. 5 Abs. 2 des Übereinkommens). Die Kosten der Legalisation bzw. Apostille hat der Antragsteller zu tragen. Weder Legalisation noch Apostille brauchen Urkunden aus den Ländern der europäischen Gemeinschaft, Türkei, Schweiz, USA, Kanada, Australien, Neuseeland. Es gibt ferner Länder, wo man erfahrungsgemäß zwar echte, aber inhaltlich falsche Urkunden auf den Marktplätzen oder sonst wo kaufen kann (z. B. ein echtes Scheidungsurteil des zuständiges Richters mit Originalsiegel; aber es gab keine Scheidung); hierfür gelten besondere Richtlinien.[67]

Übersetzungen der vorzulegenden Urkunden. Von sämtlichen fremdsprachigen 28 Schriftstücken ist dem Antrag eine Übersetzung in die deutsche Sprache beizufügen. Übersetzt werden muss von der Urkundensprache direkt in die deutsche Sprache, also nicht von Bantu in Englisch und Englisch in Deutsch, sondern von Bantu in Deutsch. Ein in der Bundesrepublik Deutschland zugelassener Übersetzer muss beauftragt werden. Eine Liste der im jeweiligen Bundesland zugelassenen Urkundenübersetzer findet man meist im

---

[63] Informationen aus der Internetseite „Justiz in Bayern. Oberlandesgericht München".
[64] Im Internet als dpf-Datei herunter zu laden z. B. von: „Justiz in Bayern. Oberlandesgericht München". Eine Beteiligung des Standesamts ist entgegen dem Formular nicht notwendig.
[65] Vgl. die Definition in Art. 1 des Londoner Übereinkommens v. 7. 6. 1971, BGBl. II S. 86.
[66] Abgedruckt z. B. bei Jayme/Hausmann, Internationales Privat- und Verfahrensrecht.
[67] Einzelheiten: Homepage des Auswärtigen Amtes; „Internationaler Urkundsverkehr/Legalisation von Urkunden".

Internet.[68] Auf die Übersetzung englischsprachiger Urkunden wird von einigen Justizverwaltungen verzichtet.

29 Der Antrag kann vom Antragsteller bis zur Entscheidung **zurückgenommen** werden, ohne dass der Gegner zustimmen müsste.[69] Vgl. § 22.

30 **c) Frist.** Eine Frist für den Antrag besteht nicht. Eine Verwirkung des Antragsrechts ist angesichts der Bedeutung des Status nicht möglich.[70]

31 **d) Antragsberechtigte.** Das sind alle, die ein rechtliches Interesse an der Anerkennung (oder der Nichtanerkennung,[71] vgl. Abs. 9) glaubhaft machen (Abs. 4 S. 2). Wirtschaftliche Interessen genügen nicht, auch nicht ein berechtigtes Interesse. Ein rechtliches Interesse ist gegeben, wenn das Rechtsverhältnis des Antragstellers zu einer anderen Person durch die Anerkennung oder Nichtanerkennung der Ehe beeinflusst wird. Das sind immer die betroffenen Ehegatten, auch der Partner der Zweitehe,[72] die Kinder aus der aufgelösten Ehe und aus der Zweitehe. Ein rechtliches Interesse hat auch ein Erbe[73] des verstorbenen geschiedenen Ehegatten (nicht aber die potentiellen Erben eines noch nicht gestorbenen Ehegatten). Es fehlt dem Verlobten,[74] der mit dem im Ausland Geschiedenen eine neue Ehe eingehen möchte (hier soll sich der Geschiedene um die Frage kümmern). Das Antragsrecht wird vererbt.[75]

32 **Behörden.** Die in § 1316 Abs. 1 BGB genannte Verwaltungsbehörde ist antragsberechtigt.[76] Sozialversicherungsträger, die Rentenversicherungsanstalten und andere Versicherungen sind antragsberechtigt, wenn ihre Verpflichtung zur Leistung von der Anerkennung oder Nichtanerkennung der ausländischen Scheidung abhängt.[77] Dasselbe gilt für Finanzämter, wenn fiskalische Interessen das rechtfertigen.[78] Gerichte sind nicht antragsberechtigt,[79] weil sie nicht in eigenen Rechten betroffen sind; ebenso nicht das Standesamt, weil es nicht in seinen Rechten betroffen ist.

33 **e) Verfahren vor der Landesjustizverwaltung.** Das Verfahrensrecht der jeweiligen LandesVwVfG gilt dafür nicht. Die Einordnung in das FamFG spricht dafür, §§ 1 ff. FamFG anzuwenden. Jedenfalls ist der Sachverhalt von Amts wegen aufzuklären (vgl. § 26). Dem Antragsteller kann aufgegeben werden, bestimmte Unterlagen vorzulegen (§ 27); eine Übersetzung und Legalisation kann verlangt werden, soweit der Antragsteller dazu finanziell in der Lage ist (Verfahrenskostenhilfe dafür gibt es nicht, weil ein Verfahren vor einer Verwaltungsbehörde vorliegt). Zeugen können vernommen werden (§§ 29, 30). Dem Antragsgegner ist rechtliches Gehör zu gewähren;[80] das geschieht schriftlich, in der Praxis mit einer Frist von ca. zwei Wochen. Zu beteiligen sind ferner (im Rahmen des Möglichen) diejenigen, für die eine Entscheidung der Landesjustizverwaltung rechtliche Konsequenzen hat,[81] z.B. alle, die selbst antragsberechtigt gewesen wären. Wenn aber der Antrag ohnehin abzuweisen ist entfällt eine Anhörung des anderen Ehegatten und sonstiger Beteiligter;[82] sie würden sonst veranlasst, vorhersehbar unsinnig Kosten (z.B. für einen Anwalt) aufzuwenden. Kann der Sachverhalt nicht aufgeklärt werden geht das zu Lasten des Antragstellers.[83] Das Verfahren vor der Justizverwaltung dauert bis zu zwei Monaten.

---

[68] Z.B.: Homepage Justiz in Bayern. Service. Stichwort „Übersetzer/Dolmetscher".
[69] Streitig, vgl. OLG Düsseldorf NJW 1980, 349; Staudinger/Spellenberg Art. 7 § 1 FamRÄndG Rn 122.
[70] Staudinger/Spellenberg Art. 7 § 1 FamRÄndG Rn 151; a.A. BayObLG FamRZ 2002, 1637 (Unterlassen eines Rechtsmittels gegen das ausländische Scheidungsurteil; freiwilliges Anerkennungsverfahren); FamRZ 1976, 700.
[71] BGH NJW 1958, 831.
[72] BGH FamRZ 2001, 991; OLG Düsseldorf FamRZ 1976, 355.
[73] BGH FamRZ 1990, 1100.
[74] Staudinger/Spellenberg Art. 7 § 1 FamRÄndG Rn 130; streitig, anders die Praxis der Verwaltung.
[75] BGH FamRZ 1990, 1100.
[76] Staudinger/Spellenberg Art. 7 § 1 FamRÄndG Rn 135.
[77] BSG FamRZ 1977, 636; KG NJW 1970, 2169.
[78] MünchKommZPO/Gottwald § 328 Rn 189; a.A. Staudinger/Spellenberg Art. 7 § 1 FamRÄndG Rn 139.
[79] BGH NJW 1983, 514.
[80] Geimer NJW 1969, 1651; Reinl FamRZ 1969, 454.
[81] Staudinger/Spellenberg Art. 7 § 1 FamRÄndG Rn 151.
[82] KG OLGZ 1976, 38.
[83] Vgl. BayObLG FamRZ 1979, 1014.

f) Anerkennungsvoraussetzungen. Grundsatz ist die Anerkennung, wenn die formellen Voraussetzungen gegeben sind. Die Frage, ob die Anerkennung ausgeschlossen ist, richtet sich nach § 109.

g) Bescheid der Landesjustizverwaltung. Das Verfahren wird mit einem Bescheid der Landesjustizverwaltung abgeschlossen. In Frage kommen: Zurückweisung des Antrags als unzulässig bzw. als unbegründet. Ist der Antrag zulässig und begründet, stellt die Landesjustizverwaltung fest, „dass die Voraussetzungen für die Anerkennung vorliegen" (Abs. 6 S. 1) bzw. auf entsprechenden Antrag, dass sie nicht vorliegen (Abs. 8). Eine Begründung und eine Rechtsmittelbelehrung sind gesetzlich nicht vorgeschrieben, aber angebracht. Der Bescheid wird mit der Bekanntgabe an den Antragsteller **wirksam** (Abs. 6 S. 2); die Zustellung des Bescheids ist erforderlich, weil mit Bekanntgabe die Monatsfrist (Rn 37) läuft. Auf den Zeitpunkt der Bekanntgabe an die anderen Beteiligten kommt es für das Wirksamwerden nicht an. Mit fruchtlosem Ablauf der Rechtsmittelfrist wird der Bescheid der Landesjustizverwaltung bestandskräftig[84] (anders als unter Geltung des Art. 7 § 1 FamRÄndG). Den Beteiligten, denen rechtliches Gehör gewährt wurde, sollte der Bescheid mitgeteilt werden. Im Bescheid kann bestimmt werden, dass die Entscheidung erst **nach dem Ablauf einer bestimmten Frist wirksam** wird (Abs. 6 S. 3); damit kann verhindert werden, dass der Antragsteller sofort eine neue Ehe eingeht, noch bevor der Antragsgegner das OLG anrufen kann. Die Frist kann verlängert werden.

h) Gebühr der Landesjustizverwaltung. Nr. 204 JVKostO (früher Art. 7 § 2 Abs. 1 FamRÄndG), also zwischen 10 und 300 €. Die Höhe ist abhängig vom Einkommen der Antragsteller. Es ist daher im Antragsvordruck das monatliche Nettoeinkommen des Antragsteller in Euro anzugeben und ein entsprechender Einkommensnachweis (z. B. Verdienstbescheinigung; Sozialhilfebescheid; Angaben, wovon der Lebensunterhalt bestritten wird) beizufügen sowie Angaben zum Vermögen zu machen. Unterhaltsberechtigte Personen sind anzugeben. Diese Angaben sind freiwillig; wer keine Angaben macht, bei dem wird die Höchstgebühr angesetzt.

i) Rechtsmittel gegen den Bescheid der Landesjustizverwaltung. Obwohl ein Verwaltungsakt vorliegt, ist nicht der Weg zu den Verwaltungsgerichten eröffnet, sondern zum OLG (Abs. 5 und 6). Es liegt eine öffentlich-rechtliche Streitsache der freiwilligen Gerichtsbarkeit vor.[85] Nach Abs. 7 S. 3 gelten u. a. die §§ 58 bis 75. Der Bescheid der Landesjustizverwaltung wird also wie eine gerichtliche Entscheidung erster Instanz behandelt; das Anrufen des OLG wie eine befristete Beschwerde hiergegen. Der Bescheid der Landesjustizverwaltung ist nicht mehr wie früher unbefristet angreifbar, sondern nur noch binnen einer **Frist von einem Monat** (§ 63).[86] Unter Geltung des FamRÄndG gab es keine Frist; Stichtag: 1. 9. 2009 (Übergangsrecht Art. 111 FGG-RG). Nach § 64 ist der Antrag auf Entscheidung durch das OLG bei der Landesjustizverwaltung bzw. beim OLG-Präsidenten (wenn dieser als Justizverwaltung entschieden hat) einzulegen; die Landesjustizverwaltung bzw. der OLG-Präsident kann abhelfen (§ 68 Abs. 1 S. 1); § 107 Abs. 7 S. 3. Eine Zulassung des Antrags auf Entscheidung durch das OLG durch die Landesjustizverwaltung ist nicht möglich oder gar erforderlich, da eine nichtvermögensrechtliche Sache vorliegt und im übrigen § 107 Abs. 5, Abs. 6 hierzu Sonderregelungen enthält.

j) Wiederaufnahme des Verfahrens. Der Bescheid der Landesjustizverwaltung kann formell bestandskräftig werden. Deshalb sieht § 48 Abs. 2 die Möglichkeit einer Wiederaufnahme des Verfahrens unter den dort genannten engen Voraussetzungen vor.

5. Verfahren vor dem OLG

a) Zuständig zur Entscheidung über den Antrag ist ein Zivilsenat des OLG (welcher richtet sich nach dem Geschäftsverteilungsplan), in dessen Bezirk die Landesjustizverwaltung (bzw. der OLG-Präsident, wenn dieser entschieden hat) ihren Sitz hat (Abs. 7). Merkwür-

---

[84] Prütting/Helms/Hau § 107 Rn 51.
[85] BayObLG MDR 1967, 923.
[86] BT-Drucks. 16/6308 S. 222.

dig ist dies in den Fällen, in denen der OLG-Präsident als Justizverwaltungsbehörde zuvor entschieden hatte; über die Richtigkeit befinden nun die Richter des OLG, die seiner Dienstaufsicht unterliegen; trotzdem hält man sich traditionell in den Senaten nicht für befangen. Jedenfalls kann der OLG-Präsident nicht Vorsitzender des OLG-Senats sein, der nun entscheidet.

40 **b) Form und Inhalt des Antrags.** Nach § 64 ist der Antrag auf Entscheidung durch das OLG an sich bei der Landesjustizverwaltung einzulegen (§ 107 Abs. 7 S. 3 mit § 64); der BGH[87] hält aber wegen Abs. 5 und 6 die Einlegung beim OLG für geboten. Dies kann schriftlich oder zu Protokoll geschehen. Anwaltszwang besteht nicht. Der Antrag lautet bei Antragsablehnung durch die Landesjustizverwaltung: Aufhebung des Bescheides der Landesjustizverwaltung und auf neue Entscheidung durch das OLG; hatte die Landesjustizverwaltung dem Antrag stattgegeben: Aufhebung und Abweisung des Antrags; hatte die Landesjustizverwaltung den Antrag abgewiesen: Aufhebung und Stattgabe.[88]

41 **c) Antragsberechtigung.** Nach § 107 Abs. 7 S. 3 ist u. a. § 59 (Beschwerdeberechtigte) anwendbar; das ist aber gegenstandslos, weil Abs. 5 und 6 die Antragsberechtigten abschließend bezeichnen. Hier differenziert § 107 je nach dem Inhalt des Bescheids der Landesjustizverwaltung:

42 *aa) Ablehnung.* Lehnt die Landesjustizverwaltung den Antrag (als unzulässig oder unbegründet) ab, kann der seinerzeitige **Antragsteller** beim zuständigen OLG eine Entscheidung beantragen (Abs. 5; § 59 Abs. 2).

43 **Dritte.** Unter der Geltung von § 20 Abs. 2 FGG, der § 59 Abs. 2 FamFG entspricht, war aus prozessökonomischen Erwägungen anerkannt,[89] dass über den Wortlaut hinaus auch alle diejenigen beschwerdeberechtigt sind, die antragsberechtigt gewesen wären, aber keinen Antrag gestellt haben. In der Sache ist der Antrag nach § 107 eine Beschwerde gegen einen Bescheid der Landesjustizverwaltung. Übertragen auf § 107 heißt das, dass das Recht, den Antrag an das OLG zu stellen, auch allen Dritten zusteht, die einen Anerkennungsantrag bei der Landesjustizverwaltung hätten stellen können.[90]

44 *bb) Stattgabe.* Stellt die Landesjustizverwaltung fest, dass die Voraussetzungen für die Anerkennung vorliegen, kann nur ein Ehegatte, der den Antrag nicht gestellt hat, beim zuständigen OLG die Entscheidung beantragen (Abs. 6 S. 1). Der Ehegatte, der bei der Landesjustizverwaltung Erfolg hatte, kann also nicht das OLG anrufen; es fehlt ihm die formelle Beschwer.[91] Hat er es sich inzwischen anders überlegt, bleibt ihm nur die neue Heirat. Angesichts der Bedeutung der Statusentscheidung ist dies bedenklich. Ist der beschwerdeberechtigte Ehegatte inzwischen verstorben oder hatten beide Ehegatten die Anerkennung beantragt wird im Weg verfassungskonformer Auslegung angenommen, dass jedem **Dritten,** der ein rechtliches Interesse an der Anerkennung oder Nichtanerkennung hat, die Anrufung des OLG gegen eine positiven Anerkennungsbescheid gestattet ist.[92] Der Dritte braucht aber eine materielle Beschwer, also einen rechtlichen Nachteil durch den Bescheid der Landesjustizverwaltung.

45 **d) Frist.** Es besteht eine Frist von **einem Monat** für den Antrag auf Entscheidung durch das OLG (§ 107 Abs. 7 S. 3 mit § 63); sie beginnt mit der schriftlichen Bekanntgabe des Bescheids (§ 63 Abs. 3); spätestens mit Ablauf von fünf Monaten nach Erlass des Beschlusses (d. h. Übergabe des Beschlusses an die Geschäftsstelle bzw. Verlesen der Bescheidsformel in Anwesenheit der Betroffenen, § 38 Abs. 3 S. 3). Bei Fristversäumung ist Wiedereinsetzung denkbar (§§ 17 ff.), da der Weg zum OLG als Rechtsbehelf anzusehen ist. Die Wiedereinsetzung kann nicht deshalb versagt werden, weil der andere Ehegatte inzwischen unter

---

[87] BGH FamRZ 2011, 788.
[88] BayObLG FamRZ 2002, 1423; FamRZ 1990, 650; Staudinger/Spellenberg Art. 7 § 1 FamRÄndG Rn 182.
[89] BayObLG NJW-RR 1992, 150; NJW-RR 1990, 1265.
[90] KG FamRZ 2004, 275; OLG Koblenz IPRax 1988, 359; Staudinger/Spellenberg Art. 7 § 1 FamRÄndG Rn 189; Hau FamRZ 2009, 821; a. A. KG FamRZ 1969, 96.
[91] BayObLGZ 1975, 296; OLG Bremen OLGZ 1966, 373.
[92] KG OLGZ 1984, 38; OLG Koblenz NJW-RR 1988, 1159; Staudinger/Spellenberg Art. 7 § 1 FamRÄndG Rn 192.

Vorlage des vermeintlich rechtskräftigen Bescheids eine neue Ehe eingegangen ist.[93] Bedenkt man, wie kleinlich in der Gerichtspraxis oft die Wiedereinsetzung gehandhabt wird, ist dies verfassungsrechtlich bedenklich; es ist nicht vorstellbar, dass ein im Ausland Geschiedener als in Deutschland verheiratet gelten muss und ihm eine zweite Ehe in Deutschland daher versagt wird (Art. 6 GG), weil sein Anwalt die Monatsfrist versäumt hat. Ist der Bescheid vom OLG-Präsidenten erlassen, genügt zur Fristwahrung auch ein Antrag, der nur „an das OLG" gerichtet ist. Unter der Geltung von Art. 7 § 1 FamRÄndG war der Antrag nicht fristgebunden. **Übergangsrecht:** Art. 111 FGG-RG.

e) Wirkung des Antrags. Der Antrag auf Entscheidung durch das OLG hat keine aufschiebende Wirkung (Abs. 7 S. 2); doch kann das OLG einstweilige Anordnungen erlassen (Abs. 7 S. 3; §§ 49 ff.). **46**

f) Verfahren und Entscheidung. Dafür gilt grundsätzlich das FamFG. Eine mündliche Verhandlung ist nicht vorgeschrieben; Anwaltszwang besteht nicht (§ 10), auch nicht, wenn das OLG eine mündliche Erörterung durchführt. Die Verweisung in Abs. 7 S. 3 bedeutet, dass das OLG vor seiner Entscheidung einstweilige Anordnungen erlassen kann (§ 64 Abs. 3; siehe dazu § 64 Rn 57 bis 71), z. B. die Wirkung des Bescheids (die an sich mit der Bekanntgabe eingetreten ist, wenn die Landesjustizverwaltung keine Frist nach Abs. 6 S. 3 bestimmt hat) aussetzen kann. **47**

Auch Abschnitt 5 (§§ 58 bis 75) sind anwendbar; der Antrag auf Entscheidung durch das OLG wird also **wie eine Beschwerde** gegen den Bescheid der Landesjustizverwaltung behandelt und §§ 58 ff. gelten. Das bedeutet zugleich, dass die Landesjustizverwaltung keine Beteiligte im Verfahren vor dem OLG ist,[94] weil sie eben nur die erste Instanz war und nicht eigene Rechte wahrnimmt. Deshalb können ihr auch nicht nach §§ 80 ff. Kosten auferlegt werden. Anderen Beteiligten ist vor dem OLG rechtliches Gehör zu gewähren. Zur Begründung des Antrags vgl. § 65; zum Gang des Verfahrens vor dem OLG § 68; elektronische Aktenführung ist möglich (§ 14 Abs. 1 und 2). Zur Entscheidung des OLG vgl. § 69. Es darf über den durch den Antrag abgesteckten Verfahrensgegenstand nicht hinausgehen. **48**

Gerichtsgebühr des OLG: Verfahren über den Antrag nach § 107 Abs. 5, Abs. 6 und Abs. 8, wenn der Antrag zurückgewiesen wird: § 1 FamGKG; Nr. 1714 KV FamGKG; bei Rücknahme: Nr. 1715 KV FamGKG; Auslagen (z. B. für Gutachten) sind zu zahlen: Nr. 2005 KV FamGKG. **49**

6. Rechtsbeschwerde zum BGH

Gegen den Beschluss des OLG ist im Rahmen von §§ 70 ff. die Rechtsbeschwerde zum BGH (§ 133 GVG) möglich, denn Abs. 7 S. 3 verweist (auch) auf §§ 70 ff. Voraussetzung ist eine Zulassung durch das OLG. Früher war die Entscheidung des OLG unanfechtbar, es bestand nur eine Pflicht zur Vorlage an den BGH bei Divergenz, § 28 Abs. 2 FGG. Vor dem BGH muss sich der Beschwerdeführer durch einen beim BGH zugelassenen Rechtsanwalt vertreten lassen (§ 10 Abs. 4). **Übergangsrecht:** Art. 111 FGG-RG. **50**

7. Bindende Wirkung (Abs. 9)

Die (rechtskräftige) Feststellung (der Landesjustizverwaltung oder des OLG, BGH), dass die Voraussetzungen für die Anerkennung vorliegen oder nicht vorliegen, ist für Gerichte und Verwaltungsbehörden in Deutschland bindend (Abs. 9). Die Feststellung erwächst in materielle Rechtskraft. Die Ehe gilt bei Anerkennung der Scheidung rückwirkend auf den Zeitpunkt der Rechtskraft der ausländischen Scheidung auch für Deutschland als aufgelöst Eine Anerkennung der Nebenentscheidungen des Scheidungsurteils (z. B. Unterhalt, Sorgerecht, Versorgungsausgleich) ist damit nicht verbunden. Welche Wirkungen das anerkannte ausländische Urteil im Inland hat bestimmt sich nach dem jeweiligen ausländischen Recht. Die Ablehnung eines Antrags aus sachlichen Gründen führt keine Bindungswirkung herbei. **51**

---

[93] BGH NJW 1953, 423.
[94] A. A. Staudinger/Spellenberg Art. 7 § 1 FamRÄndG Rn 196.

8. Heiratsregistereintragungen vom 1. 11. 1941 (Abs. 10)

52 War am 1. 11. 1941 in einem deutschen Familienbuch (Heiratsregister) aufgrund einer ausländischen Entscheidung die Nichtigerklärung, Aufhebung, Scheidung oder Trennung oder das Bestehen oder Nichtbestehen einer Ehe vermerkt, steht der Vermerk einer Anerkennung nach § 107 gleich.

IV. Sonstige Fälle

53 Ist weder ein Verfahren nach § 107 noch eine automatische Anerkennung nach den EG-Verordnungen möglich, richtet sich die Anerkennung nach allgemeinen Grundsätzen, d. h. nach § 108 FamFG bzw. nach § 328 ZPO. Die Anerkennungsfähigkeit der ausländischen Entscheidung wird in Deutschland als Vorfrage geprüft.

Anerkennung anderer ausländischer Entscheidungen

§ 108 (1) Abgesehen von Entscheidungen in Ehesachen werden ausländische Entscheidungen anerkannt, ohne dass es hierfür eines besonderen Verfahrens bedarf.

(2) ¹Beteiligte, die ein rechtliches Interesse haben, können eine Entscheidung über die Anerkennung oder Nichtanerkennung einer ausländischen Entscheidung nicht vermögensrechtlichen Inhalts beantragen. ²§ 107 Abs. 9 gilt entsprechend. ³Für die Anerkennung oder Nichtanerkennung einer Annahme als Kind gelten jedoch die §§ 2, 4 und 5 des Adoptionswirkungsgesetzes, wenn der Angenommene zur Zeit der Annahme das 18. Lebensjahr nicht vollendet hatte.

(3) ¹Für die Entscheidung über den Antrag nach Absatz 2 Satz 1 ist das Gericht örtlich zuständig, in dessen Bezirk zum Zeitpunkt der Antragstellung
1. der Antragsgegner oder die Person, auf die sich die Entscheidung bezieht, sich gewöhnlich aufhält oder
2. bei Fehlen einer Zuständigkeit nach Nummer 1 das Interesse an der Feststellung bekannt wird oder das Bedürfnis der Fürsorge besteht.

²Diese Zuständigkeiten sind ausschließlich.

Übersicht

	Rn
I. Normzweck	1
II. Wesen der Anerkennung	2
1. Grundsatz	
2. Anerkennung im Allgemeinen	5
a) Allgemeines	5
b) Entscheidungen	6
c) Rechtskraft	8
c) Einstweilige Anordnungen	9
d) Keine Anerkennung	10
3. Anerkennung als Vorfrage	11
4. Änderung ausländischer Entscheidungen	14
III. Einzelne Fallgruppen	15
1. Elterliche Verantwortung, Sorgerecht, Umgangsrecht, Kinderherausgabe	15
2. Adoptionen	20
a) Rechtsgrundlagen	20
b) Arten der Adoption	21
c) Anerkennung ausländischer Adoptionen	22
3. Vormundschaft, Pflegschaft	28
4. Ausländische Entmündigungen	29
5. Genehmigungen	30
6. Betreuungsgerichtliche Entscheidungen	31
7. Nachlassgerichtliche Entscheidungen im Allgemeinen	33
8. Erbscheine	35
9. Testamentsvollstreckerzeugnisse	38
10. Todeserklärungen	39

	Rn
IV. Europarecht, Staatsverträge	40
1. Vorrang der Abkommen	40
2. Europäisches Recht	42
a) EWG-Übereinkommen	42
b) VO (EG) Nr. 44/2001	43
c) VO (EG) Nr. 2201/2003	44
d) VO (EG) Nr. 805/2004	46
e) VO (EG) Nr. 4/2009	47
3. Multilaterale Anerkennungsverträge	48
4. Bilaterale Staatsverträge	54
5. Bundesamt für Justiz	66
V. Anerkennungsfeststellungsverfahren (Abs. 2)	67
1. Allgemeines	67
2. Antragsberechtigter	73
3. Rechtliches Interesse	73
4. Entscheidungen nichtvermögensrechtlichen Inhalts	74
5. Entscheidungen vermögensrechtlichen Inhalts	75
6. Sonderfall Adoption	77
a) Volljähriger Adoptierter	77
b) Minderjähriger Adoptierter	78
VI. Zuständigkeit für die gerichtliche Klärung (Abs. 3)	79
1. Entscheidungen nichtvermögensrechtlichen Inhalts	79
2. Minderjähriger Adoptierter	80

I. Normzweck*

1 Die Vorschrift normiert den Grundsatz der automatischen Anerkennung, von dem auch § 328 ZPO und der frühere § 16 a FGG ausgehen. In Abs. 2 S. 1 wird für bestimmte Fälle ein Anerkennungsfeststellungsverfahren neu eingeführt, das es bisher nur in Sonderfällen gab. Besondere Verfahren i. S. d. 2. Halbs. sind z. B. sog. **Delibations- oder Exequaturverfahren** (wie nach § 107 für Ehesachen; §§ 722, 723 ZPO in den dort genannten Sachen).

II. Wesen der Anerkennung

1. Grundsatz

2 Anerkennung bedeutet nicht, dass die ausländische Entscheidung durch die Anerkennung einer inländischen Entscheidung gleichgestellt wird; die unerwünschte Folge wäre, dass eine ausländische Entscheidung in einigen Staaten sogar eine stärke Wirkung als im eigenen Staat hätte und in verschiedenen Staaten unterschiedliche Wirkungen. Deshalb bedeutet Anerkennung nur, dass die Entscheidung grundsätzlich im Inland die Wirkung entfaltet, die ihr der Entscheidungsstaat beilegt;[1] macht eine ausländische Entscheidung einen Mann nur zum „Zahlvater", wird er durch die Anerkennung nicht in Deutschland zum wirklichen Vater. Das Recht des ausländischen Staats bestimmt insbesondere den sachlichen und persönlichen Umfang der Rechtskraft.[2]

3 Es können nur solche **Entscheidungswirkungen** im Inland anerkannt werden, die als solche dem deutschen Recht bekannt sind.[3] Darin liegt das Hauptproblem: lässt das ausländische Recht Tatsachenfeststellungen (z. B. Geschäftsunfähigkeit) in den Entscheidungsgründen (z. B. Geschäftsunfähigkeit) an der Rechtskraft teilnehmen, wird das bei uns nicht anerkannt;[4] gibt das ausländische Recht z. B. einer Entmündigung die Wirkung, dass die

---

* Zu § 108 siehe Hau FamRZ 2009, 821; Klinck FamRZ 2009, 741.
[1] BT-Drucks. 10/504; MünchKommZPO/Rauscher § 108 FamFG Rn 16; MünchKommZPO/Gottwald § 328 Rn 4; zum Begriff „Anerkennung" vgl. Müller ZZP 79, 199. Zur umstrittenen Frage, wie diese Einschränkung im Einzelnen zu verstehen ist, vgl. Klinck FamRZ 2009, 741 Fn 4.
[2] BGH NJW 1983, 515; BayObLGZ 1981, 246/255.
[3] MünchKommZPO/Rauscher § 108 FamFG Rn 18; Zöller/Geimer § 328 ZPO Rn 41, 43; differenzierend MünchKommZPO/Gottwald § 328 Rn 5.
[4] MünchKommZPO/Rauscher § 108 FamFG Rn 18.

Geschäftsfähigkeit des Betroffenen wegfällt, kann dies bei uns so nicht anerkannt werden, weil Derartiges bei uns jetzt unbekannt ist (§ 6 BGB – Entmündigung – ist seit 1992 aufgehoben); kennt das ausländische Recht eine „Adoption", bei der das Kind mit seiner bisherigen Familie verwandt bleibt und nur Namen und Unterhaltanspruch, aber kein Erbrecht, gegen den Adoptierenden erwirbt (sog. schwache Adoption), erkennen wir das in Deutschland nicht ohne Weiteres als Volladoption im Sinne des deutschen Rechts an (vgl. Rn 21). Die unerfreuliche, aber unvermeidbare Folge ist freilich wiederum, dass die jeweiligen eigenen Rechte die anzuerkennenden Urteilswirkungen unterschiedlich begrenzen.

4 Anerkennungsfähig sind als prozessrechtlich einzuordnende Entscheidungswirkungen; in Betracht kommt vor allem die **Gestaltungswirkung**.

2. Anerkennung im Allgemeinen[5]

5 **a) Allgemeines.** Ausländische Entscheidungen in FamFG-Angelegenheiten (d.h. ihre einzelnen Wirkungen) werden in Deutschland grundsätzlich anerkannt,[6] wie Abs. 1 besagt. Ausnahmen gelten zum Teil in Ehesachen (§ 107). In den Fällen des § 109 ist die Anerkennung ausgeschlossen. Ein besonderes Anerkennungsfeststellungsverfahren ist nach Abs. 2 möglich. Europarecht und Staatsverträge haben Vorrang.

6 **b) Entscheidungen.** Im Sinne von § 108 sind das alle gerichtlichen Entscheidungen, die bestimmt und geeignet sind, eine rechtliche Wirkung für die Beteiligten zu äußern und die nicht dem streitigen Verfahren zuzurechnen sind. Die analoge Anwendung auf Entscheidungen **ausländischer Behörden oder Notariate** kommt in Betracht, wenn diese in ihrer Stellung deutschen Gerichten entsprechen.[7] Deshalb können auch Prozessvergleiche und vollstreckbare öffentliche Urkunden anerkannt werden;[8] schließlich kommen sie unter staatlich vorgesehener Mitwirkung zustande. Rein private Entscheidungen (z.B. reine Privatscheidungen; dazu § 107 Rn 16), Entscheidungen **religiöser Stellen** (Religionsgerichte) fallen nicht darunter (vgl. aber § 107 Rn 14). Entscheidungen aus der ehemaligen DDR fallen unter Art. 18 Einigungsvertrag (BGBl. 1990 II S. 885).

7 §§ 107 ff. setzen voraus, dass es sich (in **Abgrenzung zum Anwendungsbereich des § 328 ZPO**) um Entscheidungen auf dem Gebiet der Familiensachen und der freiwilligen Gerichtsbarkeit handelt (§ 1). Streitig ist, nach welchen Kriterien abzugrenzen ist; die Frage hat allerdings kaum Bedeutung, weil beide Vorschriften weitgehend identisch sind (das Gegenseitigkeitserfordernis des § 328 Abs. 1 Nr. 5 ZPO fehlt teilweise bei § 108). Vereinzelt[9] wird darauf abgestellt, ob der Entscheidung ein streitiges Verfahren zugrunde lag (§ 328 ZPO) oder ein nichtstreitiges Verfahren (§ 108), also auf die ausländische Einordnung; die h.M.[10] sagt indes zu Recht, dass §§ 107 ff. anzuwenden sind, wenn die ausländische Entscheidung, wäre sie von einem deutschen Gericht gefällt worden, den Familiensachen bzw. der freiwilligen Gerichtsbarkeit (d.h. dem FamFG, ausgenommen die Fälle §§ 95 Abs. 1, 120, weil dort auf die ZPO verwiesen wird) zuzuordnen wäre, und § 328 ZPO in den anderen Fällen. Ein ausländisches Pflichtteilszahlungsurteil wird daher nach § 328 ZPO anerkannt, ein Erbschein u.U. nach § 108; ein Adoptionsurteil aus Madagaskar,

---

[5] MünchKommZPO/Gottwald § 328 Rn 48; Soergel/Kegel Rn 390 ff. vor Art. 7 EGBGB; Zöller/Geimer § 328 ZPO Rn 106. Aus der Rechtsprechung: BGH FamRZ NJW 1983, 2775; MDR 1979, 919; BayObLGZ 1981, 246.

[6] BGH NJW 1989, 2197; BayObLGZ 1966, 425; BayObLGZ 1964, 385/389.

[7] BayObLGZ 1999, 352; BayObLGZ 1967, 310; LG Frankfurt/M. FamRZ 1995, 637 (Anerkennung, obwohl die ungarische Adoption durch die Vormundschaftsbehörde ausgesprochen wurde); BT-Drucks. 10/504 S. 93; MünchKommZPO/Rauscher § 108 FamFG Rn 8; Geimer FS für Ferid S. 97 (für unmittelbare Anwendung).

[8] Dagegen MünchKommZPO/Rauscher § 108 FamFG Rn 12; Horndasch/Viefhues/Hohloch § 108 Rn 29; Geimer FS für Ferid S. 97, weil keine prozessualen Wirkungen entfaltet würden; MünchKommZPO/Gottwald § 328 Rn 59. In vielen Staatsverträgen ist vorgesehen, dass sie für vollstreckbar erklärt werden können, MünchKommZPO/Gottwald § 722 Rn 10.

[9] Z.B. Ferid/Firsching, Großbritannien Rn 87.

[10] BGH NJW 1975, 1072; BayObLGZ 1973, 345/350; LG München IPRax 1998, 117, 118; MünchKommZPO/Rauscher § 108 FamFG Rn 8; Zöller/Geimer ZPO § 328 Rn 90; Bengel/Reimann/Haas, Kap. 9 Rn 458.

das dort der streitigen Gerichtsbarkeit zugeordnet ist, wird bei uns nach § 108 (i. V. m. dem AdWirkG) anerkannt.[11]

c) Rechtskraft. Die ausländische Entscheidung muss nach dem ausländischen Recht wirksam sein.[12] Formelle Rechtskraft und Unabänderlichkeit werden nicht vorausgesetzt; das ergibt sich aus dem Wortlaut von § 108. Es genügt, wenn die Entscheidung „bestimmt und geeignet ist, eine rechtliche Wirkung für die Beteiligten zu äußern";[13] nach anderer Ansicht[14] sind nur solche Entscheidungen anerkennungsfähig, die rechtskraftfähig sind.

d) Einstweilige Anordnungen. Eilentscheidungen, summarische Entscheidungen sind ebenfalls anerkennungsfähig,[15] obwohl sie den Rechtsstreit nicht endgültig erledigen bzw. nur in einem einseitigen Verfahren ergangen sind, also nicht die Qualität einer alle Belange der Beteiligten abwägenden „Entscheidung" erreichen. Dasselbe gilt für Entscheidungen über eine Kostenerstattungspflicht.

e) Keine Anerkennung. An tatsächliche Feststellungen ausländischer Gerichte, Behörden, Nachlassbehörden (z. B. zur Testierfähigkeit) sind unsere Gerichte und Behörden nicht gebunden, hier liegt keine „Entscheidung" vor.[16] Auch die Berichtigung eines Geburtseintrags im türkischen Familienregister durch ein türkisches Gericht (der Betroffene wurde vier Jahre „älter" gemacht) hat keinen anerkennungsfähigen Inhalt.[17]

3. Anerkennung als Vorfrage

Über die Anerkennung ausländischer Entscheidungen kann als Vorfrage im jeweiligen Verfahren der freiwilligen Gerichtsbarkeit, familiengerichtlichen Verfahren oder sonstigen Erkenntnisverfahren entschieden werden.[18] Beantragt z. B. jemand unter Vorlage eines ausländischen Erbscheins seine Eintragung als Eigentümer im **Grundbuch,** stellt er beim Grundbuchamt einen entsprechenden Grundbuchberichtigungsantrag (§ 35 GBO); das Grundbuchamt entscheidet dann selbst, ob es den Antragsteller als Erben anerkennt oder nicht (vgl. Rn 35, 38) und gegen die Ablehnung kann Beschwerde eingelegt werden (§ 71 GBO). Ein besonderes externes Anerkennungsverfahren wird nicht durchgeführt;[19] deshalb kann es zu unterschiedlichen Ergebnissen kommen (das eine Grundbuchamt erkennt den Erbschein an, das andere nicht). Das nimmt der Gesetzgeber hin.

Bei **ausländischen Scheidungen** ist ein Anerkennungsverfahren vorgeschrieben (§ 107); dass dieselben Eheleute beim Finanzamt A als geschieden gelten und beim Sozialamt B als verheiratet, schien dem Gesetzgeber nicht vertretbar. Bei Scheidungen aus EG-Staaten ab bestimmten Stichtagen ist kein Anerkennungsverfahren durchzuführen (§ 107 Rn 5).

Bei sonstigen ausländischen **nichtvermögensrechtlichen** Entscheidungen kann in Zweifelfällen ein Beteiligter ein Feststellungsverfahren beantragen (Abs. 2; **vermögensrechtliche** Entscheidungen vgl. Rn 67 ff.); damit ist die frühere Rechtsprechung[20] gegenstandslos, die eine diesbezügliche Feststellung im Verfahren der freiwilligen Gerichtsbarkeit

---

[11] BayObLG FamRZ 2001, 1641; Klinck FamRZ 2009, 741.
[12] BayObLGZ 1959, 9/25; Habscheid FamRZ 1981, 1143; Raape/Sturm § 19 B 1.
[13] BT-Drucks. 10/504 S. 93; MünchKommZPO/Rauscher § 108 FamFG Rn 14; vgl. Gotthardt ZfRV 1991, 2.
[14] Geimer FS für Ferid S. 117.
[15] MünchKommZPO/Rauscher § 108 FamFG Rn 15; Geimer FS für Ferid S. 96. Für den Bereich der Sorgerechtsentscheidungen h. M., OLG Frankfurt NJW 1992, 3108; OLG Karlsruhe FamRZ 1984, 819; Klinck FamRZ 2009, 741; Krefft, Vollstreckung und Abänderung ausländischer Entscheidungen der freiwilligen Gerichtsbarkeit, 1993, S. 119; Roth IPRax 1988, 75/81; Winkel, Grenzüberschreitendes Sorge- und Umgangsrecht, 2001, S. 239. Zur Abänderbarkeit vgl. BGH NJW 1983, 2777.
[16] BayObLG FamRZ 1991, 1237 (Schweiz). Zur Frage, ob eine bloße „Registrierung" (z. B. des Namens eines Kindes durch ein ausländisches Standesamt) eine Entscheidung ist vgl. Klenck FamRZ 2009, 741; Funken FamRZ 2008, 2091; EuGH FamRZ 2008, 2089.
[17] OLG Düsseldorf FamRZ 1997, 1480; dazu Hepting FamRZ 1997, 1480.
[18] BGHZ 64, 22; BayObLG FamRZ 1977, 139; KG OLGZ 1975, 121; FamRZ 1974, 146; OLG Hamm FamRZ 1976, 529.
[19] BGH NJW 1989, 2197.
[20] BayObLGZ 1976, 178; BayObLGZ 1959, 28; OLG Hamm NJW 1975, 1083; Geimer FS für Ferid S. 110.

zuließ, wenn durch eine ausländische Entscheidung die Sorge für ein Kind geregelt war; angesichts Abs. 2 ist die diesbezügliche Regelung in § 7 Abs. 2, Abs. 3 SorgeRÜbkAG aufgehoben. Für bestimmte Adoptionen kann die Wirksamkeit nach dem AdWirkG festgestellt werden (Rn 20 ff.). Ausländische Adoptionen können in Deutschland wiederholt werden, wenn sie schwächere Wirkungen als hiesige Adoptionen haben,[21] es sei denn, sie werden bei uns in eine Volladoption umgewandelt.

4. Änderung ausländischer Entscheidungen

14 Ausländische Entscheidungen können grundsätzlich durch die deutschen Gerichte geändert werden; die Abänderung erfolgt nach dem von unserem IPR berufenen Sachstatut (weder zwingend nach dem Recht des Entscheidungsstaats noch unbedingt nach deutschem Recht als lex fori).[22] Ausländische Sorgerechtsentscheidungen können durch das deutsche Familiengericht geändert werden, wenn das anwendbare Recht dies zulässt und das deutsche Gericht international zuständig ist (Art. 8 VO (EG) Nr. 2201/2003);[23] eine solche Änderung kann materiell nach § 1696 BGB zulässig sein. § 108 äußert sich nicht zur Frage, ob die Anerkennung einer Rechtskraftwirkung nach fremdem Verfahrensrecht unter dem Vorbehalt einer nachträglichen abändernden deutschen Entscheidung steht, wie dies für vergleichbare innerstaatliche Entscheidungen gilt.[24]

III. Einzelne Fallgruppen

1. Elterliche Verantwortung; Sorgerecht; Umgangsrecht; Kindesherausgabe

15 Abkommen sind vorrangig (§ 97). Nur hilfsweise richtet sich die Anerkennung nach § 108.[25]

16 Zu den vorrangigen Abkommen zählt vor allem die **VO (EG) Nr. 2201/2003**[26] des Rates vom 27. 11. 2003 über die Zuständigkeit und die Anerkennung und Vollstreckung von Entscheidungen in Ehesachen und in Verfahren betreffend die elterliche Verantwortung (auch EuEheVO oder **Brüssel IIa-VO** genannt), in Kraft ab 1. 3. 2005. Die frühere VO (EG) Nr. 1347/2000 ist aufgehoben. Ausführungsgesetz: IntFamRVG (nicht AVAG). Anwendungsbereich vgl. Art. 1: Ehescheidung; elterliche Verantwortung für eheliche und nichteheliche Kinder, z. B. Sorgerecht (Personen- und Vermögenssorge), Umgangsrecht; Aufenthaltsbestimmung; Vormundschaft, Pflegschaft und entsprechende Rechtsinstitute; Bestimmung und Aufgabenkreis jeder Person bzw. Stelle, die für die Person des Kindes verantwortlich ist, es vertritt oder ihm beisteht; Unterbringung des Kindes in einer Pflegefamilie oder einem Heim; Maßnahmen zum Schutz des Kindes. Ausgenommen sind Abstammung, Adoption, Unterhaltspflichten und Erbschaft. Räumlicher Geltungsbereich: im Vertragsgebiet der EG (Art. 299 EG).

17 Bei **internationaler Kindesentführung**[27] bleibt es auch im Anwendungsbereich der VO (EG) Nr. 2001/2003 bei der Anwendbarkeit des Haager Übereinkommens über die zivilrechtlichen Aspekte internationaler Kindesentführung vom 25. 10. 1980 (BGBl. 1990 II S. 206),[28] vgl. Art. 11 der VO.

18 In ihrem Anwendungsbereich (räumlich, zeitlich) geht die VO (EG) Nr. 2201/2003 der Anerkennung nach dem Europäischen Übereinkommen über die Anerkennung und Voll-

---

[21] OLG Frankfurt FamRZ 1992, 985; Zenger FamRZ 1993, 595.
[22] BGH FamRZ 1983, 806; Prütting/Helms/Hau § 108 Rn 26.
[23] BGH NJW-RR 1986, 1130; OLG Karlsruhe FamRZ 1984, 819; OLG Oldenburg FamRZ 1983, 94; Beitzke IPRax 1984, 314; Mansel IPRax 1987, 298; Schwimann FamRZ 1959, 325; Soergel/Kegel Art. 19 EGBGB Rn 54, 55.
[24] BT-Drucks. 10/504 S. 93.
[25] Für Sorgerecht: OLG Köln NJW-RR 2010, 1225 (Entscheidung aus Malaysia); OLG Frankfurt FamRZ 2000, 1426; Hess. VGH FamRZ 1999, 993; VG Koblenz FamRZ 1993, 988. Für Umgangsrecht: OLG Bamberg FamRZ 2000, 1098; FamRZ 1999, 951 (Chile). Für Kindesherausgabe OLG Hamm FamRZ 1987, 506.
[26] ABl. EG 2003 Nr. L 338 S. 1. Kommentiert in MünchKommZPO/Gottwald Bd. 3 Anhang.
[27] Coester FS für Schlosser, S. 135; Dutta/Scherpe FamRZ 2006, 901; Finger FuR 2005, 443.
[28] Kommentiert bei Palandt/Thorn Anh. nach Art. 24 EGBGB.

streckung von Entscheidungen über das Sorgerecht für Kinder und die Wiederherstellung der Sorgerechtsverhältnisse (**ESÜ**; Ausführung nach IntFamRVG) v. 20. 5. 1980 (BGBl. 1990 II S. 220) vor.

Das **Minderjährigenschutzabkommen (MSA)** v. 5. 10. 1961[29] wurde im Anwendungsbereich der VO (EG) Nr. 2201/2003 von dieser im Wesentlichen[30] verdrängt (Art. 60 lit. a VO), galt aber z. B. weiter für Restzuständigkeiten und für die Anerkennung von Entscheidungen aus Dänemark, aus Nichtmitgliedstaaten der EU wie Schweiz, Türkei, Macao (China).[31] Seit dem 1. 1. 2011 ist MSA durch das **KSÜ** (Haager Übereinkommen v. 19. 10. 1996) ersetzt worden; vgl. § 99 Rn 4).[32]   **19**

2. Adoptionen[33]

a) **Rechtsgrundlagen.** Das deutsche Adoptionsrecht ist unübersichtlich. Zur Adop- **20** tionsvermittlung gibt es ein Adoptionsvermittlungsgesetz; zur Mitwirkung des Jugendamts: SGB VIII; materielles Adoptionsrecht: §§ 1741 ff. BGB; LPG. Das für Inlandsadoptionen mit Auslandsbezug maßgebende IPR findet sich in Art. 22, 23 EGBGB. Bei der Anerkennung von Auslandsadoptionen gibt es Annahmeverhältnisse, für die das Haager Adoptionsübereinkommen vom 29. 5. 1993 (BGBl. 1993 II S. 1035) maßgebend ist und andere Annahmeverhältnisse. Bei diesen anderen muss danach differenziert werden, ob es sich um ausländische Vertrags- oder Dekretadoptionen handelt. Das Adoptionswirkungsgesetz gibt u. a. die Möglichkeit, eine Auslandsadoption in ein Annahmeverhältnis nach deutschen Sachvorschriften umzuwandeln.

b) **Arten der Adoption**   **21**

aa) Volladoption. Nach dem anwendbaren ausländischen Recht erlangt das adoptierte Kind durch die Adoption die rechtliche Stellung eines leiblichen Kindes des/der Annehmenden; Verwandtschaftsverhältnisse zur leiblichen Familie erlöschen. Wenn die ausländische Adoption die Wirkungen einer solchen Volladoption hat, ist durch das Familiengericht eine Feststellung nach § 2 Abs. 2 S. 1 Nr. 1 AdWirkG auszusprechen.

bb) Starke Adoption. Hier verliert das adoptierte Kind durch die Adoption einerseits die rechtlichen Bande zu seinen leiblichen Eltern und gewinnt entsprechende Rechte und Pflichten gegenüber dem/den Annehmenden, ohne dass aber die Wirkungen einer Volladoption entfaltet werden.

cc) Schwache Adoption.[34] Hier entsteht durch die Adoption zwar ein mehr oder weniger starkes Eltern-Kind-Verhältnis zu den Annehmenden, aber wesentliche Rechtsbeziehungen, z. B. Erbrechte, zu den leiblichen Eltern bleiben erhalten; der Adoptierende wird nicht beerbt. Nach § 2 Abs. 2 S. 1 Nr. 2 AdWirkG wird vom Familiengericht nur festgestellt, dass das Annahmeverhältnis in Ansehung der elterlichen Sorge und der Unterhaltspflicht des Annehmenden einem nach den deutschen Sachvorschriften begründeten Annahmeverhältnis gleichsteht; eine Umwandlung ist nach § 3 Abs. 2 AdWirkG möglich.

dd) Andere Rechtsverhältnisse. Sie sind vielgestaltig. In den islamischen Staaten gibt es die Kafala, das ist eine Art Vormundschaft, jedenfalls keine Adoption nach dem AdWirkG.

c) **Anerkennung ausländischer Adoptionen.** Je nach der Struktur der ausländischen **22** Adoption (Ausspruch und Aufhebung einer Adoption) ist zu unterscheiden:

---

[29] Kommentiert bei Palandt/Thorn Anh. nach Art. 24 EGBGB.
[30] Coester-Waltjen FamRZ 2005, 244.
[31] Palandt/Thorn Anh. zu Art. 24 EGBGB Rn 2 vor Art. 1 MSA.
[32] Schulz FamRZ 2011, 156; 2006, 1309; FamRZ 2003, 1351.
[33] Baumann, Verfahren und anwendbares Recht bei Adoptionen mit Auslandsberührung, 1992; Emmerling de Oliviera MittBayNot 2010, 249; Fuchs IPRax 2001, 116; Griep, Anerkennung von Auslandsadoptionen, 1989; Hepting StAZ 1986, 305; Klinkhardt IPRax 1987, 157; Krapf-Buhmann, Die Anerkennung ausländischer Adoptionen im Inland, 1989; Reinhardt, ZRP 2006, 244; Steiger, Das neue Recht der internationalen Adoption und Adoptionsvermittlung, 2002; Wandel BWNotZ 1992, 17; Weitzel NJW 2008, 186; IPRax 2007, 308.
[34] Dazu Hölscher, Die Adoption mit schwacher Wirkung in der erbrechtlichen Gestaltung, 2010.

23   aa) *Anerkennung der Adoption Volljähriger.*[35] Bei der **Adoption Volljähriger** stehen manchmal problematische Ziele (z. B. Ersparnis von Erbschaftsteuer; Aufenthaltserlaubnis; Adelstitel) im Vordergrund. Das Haager Übereinkommens von 1993 (Rn 27) findet keine Anwendung auf Personen, die das 18. Lebensjahr bereits vollendet haben (Art. 3 HAÜ).
- **Vertragliche** bzw. **rechtsgeschäftliche Adoptionen** werden bei uns nur anerkannt, wenn sie nach dem Recht wirksam sind, das nach Art. 22, 23 EGBGB berufen wird.[36]
- **Ausländische Adoptionsentscheidungen** eines Gerichts oder einer Behörde, z. B. Dekrete oder Bestätigungen von Adoptionsverträgen, werden bei uns nach § 108 anerkannt.[37] § 109 Abs. 1 Nr. 2 steht z. B. entgegen, wenn die Zustimmung der leiblichen Eltern des Kindes oder des Ehegatten des Annehmenden fehlten;[38] § 109 Abs. 1 Nr. 4 steht z. B. entgegen, wenn die Adoption nur bezweckt, dem Kind die Aufenthaltsberechtigung bei uns zu verschaffen,[39] oder wenn ein deutsches Kind im Ausland unter Verletzung von Art. 23 EGBGB adoptiert wurde.[40]
- Bei der **Volladoption** erwirbt das Kind die volle Stellung eines ehelichen Kindes; das Ausland kennt zum Teil „schwache" Adoptionen mit geringerer Wirkung (d. h. das frühere Eltern-Kind-Verhältnis wird nicht gänzlich beendet). Eine ausländische „schwache" Adoption wird nicht als Volladoption transformiert.[41] Ob eine solche Adoption gegen den deutschen Ordre public (§ 109 Abs. 1 Nr. 4) verstößt, ist streitig.[42] Eine „schwache" ausländische Adoption kann bei uns wiederholt werden.[43]

24   bb) *Anerkennung der Adoption Minderjähriger.* Adoptionen Minderjähriger, die in einem **Vertragsstaat** des Haager Übereinkommens von 1993 (Rn 27) erfolgten, werden in allen anderen Vertragsstaaten kraft Gesetzes anerkannt, wenn die zuständige Behörde des Staates, in dem sie durchgeführt worden ist, bescheinigt, dass sie gemäß dem Übereinkommen zustande gekommen ist (Art. 23 Abs. 1 HAÜ). Die Anerkennung kann nur nach Art. 24 HAÜ versagt werden (dazu § 109 Rn 21).

25   Die Anerkennung von Dekretadoptionen aus einem **Nichtvertragsstaat** richtet sich nach § 108. Die Anerkennung von reinen Vertragsadoptionen richtet sich danach, ob die Voraussetzungen nach dem gemäß Art. 22, 23 EGBGB aus deutscher Sicht anwendbaren Recht eingehalten worden sind.[44]

26   cc) *Adoptionswirkungsgesetz.*[45] Sowohl für Adoptionsentscheidungen nach dem HAÜ (Rn 27) wie für solche aus Nichtvertragsstaaten gilt das **Adoptionswirkungsgesetz** v. 5. 11. 2001.[46] Es ist nur auf Minderjährige anwendbar, d. h. nicht, wenn der Adoptierte zur Zeit der Annahme das 18. Lebensjahr vollendet hatte (§ 1 S. 2 AdWirkG). Es gilt sowohl

---

[35] Frank FamRZ 2007, 1693.
[36] Palandt/Thorn Art. 22 EGBGB Rn 11; Siehr, § 8 IV.
[37] Zur Anerkennung ausländischer Adoptionen vgl. z. B.: BGH FamRZ 1989, 378 (US-Adoption); BayObLG FamRZ 2000, 771 (Kasachstan); BayObLGZ 2000, 180 (Madagaskar); BayObLGZ 1999, 356; BayObLGZ 1964, 390; OLG Düsseldorf FamRZ 1996, 699 (US-Adoption); OLG Köln NJW-RR 2009, 1374 (Kasachstan); FamRZ 1997, 638 (Polen); FamRZ 1964, 467; OLG Zweibrücken StAZ 1985, 132; LG Berlin FamRZ 1990, 1393 (niederländische Adoption); LG Frankfurt/M. FamRZ 1995, 637 (ungarische Adoption); LG Stuttgart StAZ 2000, 48; AG Diepholz StAZ 1996, 334 (Kasachstan); AG Rottweil FamRZ 1991, 229 (jugoslawische Adoption); Hess. VGH FamRZ 1994, 956 (türkische Adoption); VGH München NJW 1989, 3107 (österreichische Adoption); Sperling StAZ 2010, 330 (Frankreich); Emmerling de Oliviera MittBayNot 2010, 249; Müller/Sieghörtner/Emmerling de Oliveira, Adoptionsrecht in der Praxis 2007; Palandt/Thorn Art. 22 EGBGB Rn 12; Siehr, § 8; Soergel/Lüderitz Art. 22 EGBGB; Steiger DNotZ 2002, 184; Wiedau StAZ 2000, 376.
[38] BayObLGZ 2000, 184; str.
[39] Palandt/Thorn Art. 22 EGBGB Rn 13.
[40] Vgl. OLG Düsseldorf FamRZ 1996, 700; Palandt/Thorn Art. 22 EGBGB Rn 13; str.
[41] AG Schöneberg IPRax 1983, 190; AG St. Ingbert StAZ 1983, 317. Anders, wenn die ausl. Adoption unter das Haager Übereinkommen v. 29. 5. 1993 fällt und das deutsche Recht eine solche Umwandlung gestattet (Art. 27 des Haager Übereinkommens).
[42] Vgl. Palandt/Thorn Art. 22 EGBGB Rn 14 m. w. N.
[43] OLG Frankfurt FamRZ 1992, 985 mit Anm. Zenger FamRZ 1993, 595; a. A. AG Brühl IPRax 2001, 141 (Bolivien).
[44] Müller/Sieghörtner/Emmerling de Oliveira, Rn 242.
[45] Hoffmann ZKJ 2006, 542 (zur deutschen Anerkennungspraxis); Weitzel NJW 2008, 186; IPRax 2007, 308.
[46] BGBl. 2001 I S. 2950.

für Adoptionen, welche auf einer ausländischen Entscheidung als auch für solche, welche auf ausländischen Sachvorschriften beruhen (Dekret- oder Vertragsadoption). Es gilt auch für Altfälle. Die rechtlichen Maßstäbe lässt das AdWirkG unberührt, die Anerkennung wird also versagt, wenn die Versagungsgründe nach § 108 vorliegen (§ 108 Abs. 2 S. 3 sagt zwar, dass für die Nichtanerkennung die §§ 2, 4, 5 AdWirkG gelten; diese enthalten jedoch nichts dazu, lediglich § 5 Abs. 3 S. 1 AdWirkG sagt, dass das Familiengericht im Verfahren der freiwilligen Gerichtsbarkeit entscheidet). Auf Antrag stellt das Familiengericht fest, ob eine Annahme als Kind anzuerkennen ist (Dekretadoption) oder wirksam ist (Vertragsadoption), § 1 AdWirkG, und nimmt eventuelle Umwandlungen „schwacher" Adoptionen vor (§ 3 AdWirkG); damit besteht kaum mehr ein Bedürfnis für die Wiederholung einer ausländischen Adoption im Inland. Die Zuständigkeit ist auf die Familiengerichte am Sitz eines OLG konzentriert (§ 5 AdWirkG).

dd) Haager Übereinkommen. Das **Haager Adoptionsübereinkommen** vom 15. 11. 1965[47] hat Deutschland nicht gezeichnet.[48] Das Haager Übereinkommen **(HAÜ)** vom 29. 5. 1993 (BGBl. 1993 II S. 1035)[49] ist von Deutschland[50] ratifiziert worden und ab 1. 3. 2002 in Kraft. Im Verhältnis zu den Vertragsstaaten ist bezüglich der Anerkennung primär auf Art. 23–27 abzustellen. Das HAÜ regelt weder die internationale Zuständigkeit noch das auf die Adoption anwendbare Recht; die Staatsangehörigkeit der Beteiligten spielt keine Rolle. Adoptionen, die unter das Abkommen fallen, werden bei uns anerkannt, ohne dass eine Anerkennungsentscheidung erforderlich wäre (Art. 23 Abs. 1 HAÜ). Im Ausland gibt es Volladoptionen und schwache Adoptionen (das Verwandtschaftsverhältnis zur bisherigen Familie erlischt nicht; kein Erbrecht[51] oder nur ein schwaches Erbrecht zum Adoptierenden). Nach Art. 27 Abs. 1 HAÜ kann eine ausländische „schwache" Adoption bei uns in eine Volladoption umgewandelt werden. Das Feststellungsverfahren nach § 2 AdWirkG kommt aber auch hier in Betracht,[52] weil unklar sein kann, ob ein Grund für die Nichtanerkennung besteht. Zur internationalen Zuständigkeit deutscher Gerichte für eine Adoption vgl. §§ 101, 187 Abs. 1, Abs. 2, Abs. 4. Anzuwendendes Recht: Art. 22, 23 EGBGB.

3. Vormundschaft, Pflegschaft

Vgl. Art. 24 EGBGB. Die Anordnung und Aufhebung einer Vormundschaft oder Pflegschaft wird nach § 108 anerkannt.[53] Bei Minderjährigen ist primär das MSA heranzuziehen, soweit es nicht im Anwendungsbereich der VO (EG) Nr. 2201/2003 von dieser verdrängt wird. Im Verhältnis zum Iran: Abkommen von 1929; im Verhältnis zu Österreich: Vormundschaftsabkommen von 1927. Ausländische Vormundschaften über Volljährige, bei uns seit 1992 nicht mehr zulässig und durch die Betreuung (§§ 1896 ff. BGB) abgelöst, können nach § 108 anerkannt werden.

4. Ausländische Entmündigungen

Sie können nach § 108 anerkannt werden,[54] obwohl in Deutschland die Entmündigung (welche die Geschäftsfähigkeit beseitigte) 1992 abgeschafft und durch die Betreuung (welche die Geschäftsfähigkeit unberührt lässt) ersetzt wurde. Doch kann sie bei uns allenfalls die Wirkungen haben, die eine Betreuung mit dem Aufgabenkreis „alle Angelegenheiten" nebst Einwilligungsvorbehalt (§ 1903 BGB) haben kann, was aus dem Rechtsgedanken des

---

[47] RabelsZ 1966, 730.
[48] Siehr § 8 I.
[49] Abgedruckt Jayme/Hausmann Nr. 223; dazu Weitzel NJW 2008, 186.
[50] Die Vertragsstaaten sind im Internet auf der Seite des Bayerischen Landesjugendamts unter „Auslandsadoptionen" über eine Suchmaschine (z. B. Google) abrufbar; ferner unter www.bundesjustizamt.de; Jayme/Hausmann Abschnitt 223.
[51] Z. B. Thailand; Uruguay (OLG Düsseldorf IPRax 1999, 180); vgl. Müller/Sieghörtner/Emmerling de Oliveira Rn 255, 365 ff. Zum Erbrecht des adoptierten Kindes vgl. Heiderhoff FamRZ 2002, 1682.
[52] BT-Drucks. 14/6011 S. 46; Steiger DNotZ 2002, 184/196.
[53] Siehr § 16 IV.
[54] Palandt/Thorn Art. 7 EGBGB Rn 9; Nitzinger S. 130; Oelkers S. 275; a. A. Erman/Hohloch Art. 8 EGBGB Rn 2, weil das deutsche Recht eine Entmündigung nicht mehr kenne.

Art. 9 § 1 BtG gefolgert werden kann.[55] Die ausländische Entmündigung eines **Deutschen** mit ständigem Aufenthalt in Deutschland dürfte aber wegen § 109 Abs. 1 Nr. 4 nicht anerkennungsfähig sein.[56] Das Haager Entmündigungsabkommen vom 17. 7. 1905 wurde von Deutschland gekündigt,[57] kommt also nicht mehr zum Zug; vgl. Rn 31.

5. Genehmigungen

30   Ausländische Genehmigungen zu Rechtsgeschäften, z. B. in Gestalt eines Dekrets,[58] sind nach § 108 anerkennungsfähig,[59] ohne dass zwischen Innengenehmigung (hier ist das Geschäft auch ohne Genehmigung wirksam) und Außengenehmigung (hier ist das Geschäft nur bei Genehmigung wirksam) zu unterscheiden ist. Denn es handelt sich in beiden Fällen um eine gerichtliche „Entscheidung." Andere meinen, die Anerkennung einer Genehmigung bestimme sich nach dem gem. Art. 24 Abs. 3 EGBGB anzuwendenden Recht, weil die Genehmigung die Vertretungsmacht des Betreuers erweitere.[60]

6. Betreuungsrechtliche Entscheidungen[61]

31   Vgl. Art. 24 EGBGB. Wird nach ausländischem Recht ein Betreuer bestellt oder eine vergleichbare Maßnahme angeordnet (Vormundschaft über Volljährigen, Sachwalterschaft nach österreichischem Recht usw.), bei der die Geschäftsfähigkeit nicht beseitigt wird (sonst erfolgt die Einordnung als Entmündigung), wurde die Entscheidung früher nach § 16a FGG anerkannt,[62] unabhängig davon, ob ein Ausländer oder ein Deutscher betroffen ist. Jetzt ist § 108 einschlägig. Für die Rechtsstellung des bestellten Vertreters (Umfang der Vertretungsmacht) kommt es auf die Wirkungen an, die nach dem Recht des anordnenden Staates bestehen, Art. 24 EGBGB.[63]

32   Im Verhältnis zu den (derzeit noch wenigen) Vertragsstaaten ist das **Haager Übereinkommen über den internationalen Schutz Erwachsener** (ErwSÜ) v. 13. 11. 2000 vorrangig.[64] Das Übereinkommen soll Entscheidungen auf dem Gebiet des Schutzes von Erwachsenen (insbesondere von Personen mit Beeinträchtigungen, die eines gesetzlichen Vertreters bedürfen) international anerkennen. Das Übereinkommen ist von Deutschland ratifiziert worden und zum 1. 1. 2009 in Kraft getreten.[65] Mitgliedstaaten sind Deutschland, Frankreich, Großbritannien (nur Landesteil Schottland) und die Schweiz. Weitere Staaten, die unterzeichnet, aber bisher nicht ratifiziert haben, sind: Finnland, Griechenland, Irland, Italien, Luxemburg, Niederlande, Polen, Tschechische Republik und Zypern.[66] Anwendungsbeispiel:[67] Ein Schotte heiratet eine Deutsche. Das Ehepaar lebt in Deutschland. Der Schotte beginnt an altersbedingter Demenz zu leiden. Es stellt sich die Frage, welche Gerichte für die Bestellung eines Betreuers für den Ehemann zuständig sind. Außerdem muss geklärt werden, ob sich die Betreuung nach deutschem oder schottischem Recht richtet. Nach dem Übereinkommen sind die deutschen Gerichte zuständig, weil der Betroffene hier seinen gewöhnlichen Aufenthalt hat; das deutsche Betreuungsgericht wendet deutsches und nicht schottisches Betreuungsrecht an. Da das Übereinkommen in

---

[55] Vgl. Staudinger/Kropholler Art. 24 EGBGB Rn 126; Nitzinger (Fn 61) S. 130; Oelkers (Fn 61) S. 318.
[56] Vgl. Nitzinger (Fn 61) S. 133; Oelkers (Fn 61) S. 292.
[57] BGBl. 1992 II S. 272.
[58] BGH FamRZ 1989, 380. Zweifelnd Geimer FS für Ferid S. 119.
[59] Prütting/Helms/Hau § 108 Rn 21; Richardi, Anerkennung und Vollstreckung ausländischer Akte der freiwilligen Gerichtsbarkeit, 1991, S. 76.
[60] Nitzinger S. 141. Anders auch Geimer FS für Ferid S. 89/93, weil die Genehmigung zu einem Rechtsgeschäft als Hilfsgeschäft der lex causae zu unterstellen sei.
[61] Über ausländische Betreuungen vgl. Nitzinger, Das Betreuungsrecht im internationalen Privatrecht, 1998; Oelkers, Internationales Betreuungsrecht, 1996; Röthel BtPrax 2006, 90.
[62] Palandt/Thorn Art. 24 EGBGB Rn 9.
[63] Nitzinger (Fn 61) S. 135 m. w. N.
[64] Ausführungsgesetz vom 17. 3. 2007, BGBl. I S. 314: vgl. auch Guttenberger BtPrax 2006, Heft 3; Helms FamRZ 2008, 1995; Lachwitz BtPrax 2008, 112; Siehr RabelsZ 2000, 715; Wagner IPrax 2007, 11.
[65] BGBl. 2007 II S. 323; Ausführungsgesetz BGBl. 2007 I S. 314.
[66] S. www.wiki.btprax.de/Haager Übereinkommen.
[67] Entnommen der Pressemitteilung des BJM vom 14. 12. 2006.

Schottland ebenfalls gilt, ist gewährleistet, dass der in Deutschland bestellte Betreuer dort auch anerkannt wird. Das deutsche Gericht stellt ihm dazu eine besondere Bescheinigung aus, die auch in Schottland Beweiswert hat. Dies ist beispielsweise wichtig, wenn der Betreute dort noch Vermögen (etwa ein Grundstück oder ein Bankkonto) hat, über das der Betreuer Verfügungen treffen will.

7. Nachlassgerichtliche Entscheidungen im Allgemeinen

Abkommen. EuGVÜ (Art. 1), LGVÜ (Art. 1), VO (EG) Nr. 805/2004 (Europäischer Vollstreckungstitel über unbestrittene Forderungen), VO (EG) Nr. 44/2001, VO (EG) Nr. 2201/2003 erfassen nachlassgerichtliche Entscheidungen nicht. Dasselbe gilt für die zahlreichen bilateralen Abkommen (Rn 54 ff.); ausgenommen § 17 der Anlage zu § 20 des Deutsch-Türkischen Konsularvertrages von 1929,[68] wonach Erbscheine und Testamentsvollstreckerzeugnisse anerkannt werden, soweit sie bewegliches Vermögen betreffen, was keine nennenswerte praktische Bedeutung hat, weil der türkische Erbnachweis schwächere Wirkungen hat als nach deutschem Recht.[69] Unter den Deutsch-Österreichischen Vertrag von 1959 fallen österreichische Einantwortungsbeschlüsse, da sie der Rechtskraft fähig sind;[70] das Lugano Übereinkommen (Rn 42), bzw. das EuGVÜ und jetzt die VO (EG) Nr. 2201/2003 (Art. 69) haben Vorrang. Das Haager Übereinkommen über die internationale Abwicklung von Nachlässen vom 2. 10. 1973,[71] welches einen anzuerkennenden internationalen formblattmäßigen Erbnachweis vorsieht, ist für die Bundesrepublik Deutschland noch nicht in Kraft.[72] Der deutsch-israelische Vertrag vom 20. 7. 1977 (BGBl. 1980 II S. 926) befasst sich mit erbrechtlichen Angelegenheiten in Art. 6 Abs. 2.

Die Anerkennung nachlassgerichtlicher Entscheidungen richtet sich daher im Wesentlichen nach §§ 108 ff.[73] bzw. nach § 328 ZPO, wobei es nach unserer Auffassung auf die Einordnung nach unserem Verständnis ankommt (Rn 7). Deshalb gelten für Erbscheine, Testamentsvollstreckerzeugnisse, Nachlasspflegerbestellungen §§ 108 ff., ebenso für die Anerkennung der Bestellung von (dem deutschen Recht unbekannten) „Nachlassverwaltern, Nachlassabwicklern", falls sich ihre Befugnisse nach ihrem Recht auch auf den in Deutschland belegenen Nachlass beziehen.[74] Für das ausländische Urteil, das einer Pflichtteilsklage stattgibt oder in einem Zivilprozess zwischen Erbanwärtern in einem Feststellungsurteil ein Testament für wirksam oder nichtig erklärt, gilt hingegen § 328 ZPO.

8. Erbscheine

Deutsche Erbscheine sind nur Zeugnisse über bestimmte erbrechtliche Verhältnisse (§ 2353 BGB), sie stellen das Erbrecht nicht rechtskräftig oder sonst verbindlich fest und können ohne zeitliche Begrenzung bei Unrichtigkeit eingezogen werden (§ 2361 BGB); es besteht Gutglaubensschutz (§§ 2365, 2366 BGB). Die Anerkennungsfähigkeit ausländischer „Erbscheine" ist deshalb problematisch.[75] Nur Griechenland, (das ehemalige) Elsass-Lothringen und Südtirol/Trient haben gerichtliche Erbscheine in unserem Sinn. In den romanisch geprägten Ländern ist eine „acte de notoriete" Nachweismittel, in Österreich eine Einantwortungsurkunde,[76] in Dänemark ein Nachlassverzeichnis; im Bereich des common law geht der Nachlass zunächst auf einen zwischenberechtigte Person über (personal

---

[68] Dazu LG München I FamRZ 2007, 1251.
[69] Dörner ZEV 1996, 90/96; Kaufhold ZEV 1997, 399/403.
[70] LG Hamburg IPRax 1992, 251; Bengel/Reimann/Haas Kap. 9 Rn 456; Hoyer IPRax 1986, 345; Krzywon BWNotZ 1989, 133.
[71] Abgedruckt in Staudinger/Dörner Rn 121 ff. vor Art. 25 EGBGB.
[72] Bengel/Reimann/Haas Kap. 9 Rn 457.
[73] OLG Düsseldorf FamRZ 1996, 699: Anerkennung eines „Dekrets" eines US-Nachlassgerichts nach § 16 a FGG.
[74] Bengel/Reimann/Haas, Kap. 9 Rn 459; Gruber Rpfleger 2000, 250; Pinckernelle/Spreen DNotZ 1967, 195.
[75] Vgl. OLG Zweibrücken Rpfleger 1990, 121 (österreichische Einantwortung); LG Köln MittRhNotK 1990, 285; Bungert IPRax 1992, 225; Geimer FS für Ferid S. 117; Kaufhold ZEV 1997, 401; Krzywon BWNotZ 1989, 133; Palandt/Thorn Art. 24 EGBGB Rn 22; Soergel/Schurig Art. 25 EGBGB Rn 74.
[76] Burandt/Rojahn/Solomon, 120 „Österreich" Rn 198.

representative).⁷⁷ Von wirtschaftlicher Bedeutung ist die Frage der Anerkennung vor allem, wenn auf Grund des ausländischen Erb-Papiers hier eine **Grundbuchberichtigung** erfolgen soll (§ 35 GBO). Die Rechtsprechung lehnt die Anerkennung ausländischer „deklaratorischer" Erbscheine zu Recht ab;⁷⁸ ausschlaggebend sind vorwiegend praktische Erwägungen. Denn in Frankreich werden zum Teil von einem Notar errichtete Urkunden auf der Grundlage zweier Zeugenaussagen und einiger amtlicher Dokumente als Erbnachweis verwendet(acte de notariete); im übrigen ist eine Klärung durch Erbschaftsklage notwendig;⁷⁹ in Italien können zum Teil unter Eid abgegebene Erklärungen genügen.⁸⁰ Der betroffene Erbe ist im Übrigen nicht in Not: denn er kann für den in Deutschland belegenen Nachlass einen deutschen Erbschein beantragen (§§ 2353, 2369 BGB; § 352 FamFG) und hat deshalb allenfalls Kostennachteile. Das deutsche Nachlassgericht wendet ggf. das ausländische Erbrecht an (vgl. Art. 25 EGBGB) und ermittelt es ggf. durch Einholung eines Gutachtens. Eine internationale Zuständigkeit des deutschen Nachlassgerichts ergibt sich aus § 105 FamFG, eine örtliche Zuständigkeit jedenfalls aus § 342 Abs. 3 FamFG. In der Literatur wollen allerdings einige solche ausländische Erb-Zeugnisse anerkennen.⁸¹ DDR-Erbscheine wurden früher grundsätzlich bei uns anerkannt.⁸² Es besteht im deutschen Nachlassverfahren ferner keine Bindung an einen bereits im Ausland erteilten Erbschein.⁸³ An Feststellungen ausländischer Behörden, Nachlassbehörden (z. B. zur Testierfähigkeit) oder an eine „Erbbescheinigung" sind unsere Gerichte nicht gebunden.⁸⁴

36   Probleme ergeben sich auch beim **ordre public** (§ 109 Abs. 1 Nr. 4), vor allem, wenn es um islamische Rechtsordnungen⁸⁵ geht. Ob der Umstand, dass weibliche gesetzliche Erben nur halb soviel erben wie männliche Erben (Sure 4, 11–12), einen Verstoß darstellt, ist streitig.⁸⁶ Wenn ein islamischer Vater (Zahnarzt in Deutschland) hier christliche Kinder hinterlässt, die aber wegen Religionsverschiedenheit nach islamischem Recht nicht erben, verstößt das gegen den ordre public;⁸⁷ eine ägyptische Erbbescheinigung, wonach der Erblasser von seinen Brüdern zu je ²/₁₁ und seinen Schwestern zu je ¹/₁₁ beerbt wurde, kann deshalb bei Inlandsbezug nicht anerkannt werden.

37   **Europäische Erbscheine.**⁸⁸ Das Europäische Parlament schlägt die Einführung eines „Europäischen Erbscheins" vor: „Verordnung des Europäischen Parlaments und des Rates über die Zuständigkeit, das anzuwendende Recht, die Anerkennung und die Vollstreckung von Entscheidungen und öffentlichen Urkunden in Erbsachen sowie zur Einführung eines Europäischen Nachlasszeugnisses" (EU-ErbVO; Entwurf der Europäischen Kommission vom 14. 10. 2009⁸⁹). Er soll das für den Erbfall geltende Recht, die Erbbegünstigten, die Nachlassverwalter und deren diesbezügliche Befugnisse sowie die zum Nachlass gehörenden Nachlassgegenstände festlegen und von einer Behörde ausgestellt werden, die nach dem innerstaatlichen Recht ermächtigt ist, Urkunden auszustellen. Zuständig wäre danach das Gericht des letzten gewöhnlichen Aufenthalts des Erblassers; danach würde sich grds. auch das materielle Erbrecht richten; die Entscheidungen werden grds. wechselseitig anerkannt. Ein **„Europäisches Nachlasszeugnis"** (gemäß Formblatt auf Antrag erteilt) weist die Stellung als Erbe, Vermächtnisnehmer, Testamentsvollstrecker, Fremdverwalter aus; es tritt neben den nationa-

---

77 Beispiel: Darstellung des Nachlassrechts in Kalifornien: Pfaller, Das Nachlassverfahren, 2002.
78 BayObLG NJW-RR 1991, 1089 (Schweizer Erbbescheinigung); BayObLGZ 1965, 377; KG NJW-RR 1997, 1095; NJW 1954, 1331; OLG Bremen BeckRS 2011, 14303 (englischer „Erbschein"), MünchKommZPO/Rauscher § 108 FamFG Rn 17. Vgl. Gronle, Nachweis nach § 35 GBO durch ausländische Erbzeugnisse, 2001.
79 Vgl. Burandt/Rojahn/Lauck, 120 „Frankreich" Rn 82.
80 Vgl. Burandt/Rojahn/Frank, 120 „Italien" Rn 103; Bengel/Reimann/Haas, Kap. 9 Rn 467 bis 471.
81 Bengel/Reimann/Haas, Kap. 9 Rn 460; Gotthardt ZfRV 1991, 2.
82 KG OLGZ 1985, 179; OLG Karlsruhe OLGZ 1981, 399.
83 BayObLG NJW-RR 1991, 1099; BayObLGZ 1965, 377.
84 BayObLG FamRZ 1991, 1237 (Schweiz).
85 Andrae NJW 2007, 1730; Pattar, Islamisch inspiriertes Erbrecht und deutscher Ordre Public, 2007.
86 Bejahend: Dörner IPRax 1994, 35 (zutreffend); Lorenz IPRax 1993, 148; verneinend: OLG Hamm FamRZ 1993, 111.
87 OLG Hamm FamRZ 2005, 1705; dazu Lorenz ZEV 2005, 440; Looschelders IPRax 2006, 462.
88 Dazu Kousoula, Europäischer Erbschein, 2009; Schroer, Europäischer Erbschein, 2010.
89 Zum Entwurf: Dörner ZEV 2010, 221; Wagner DNotZ 2010, 506.

len Erbschein. Diese EU-ErbVO soll nur gelten für Personen, die nach ihrem Inkrafttreten gestorben sind. Ein konkretes Datum des Erlasses und des Inkrafttretens ist noch nicht bekannt.

9. Testamentsvollstreckerzeugnisse

Die Anerkennung ausländischer Testamentsvollstreckerzeugnisse richtet sich nach §§ 108 ff.; hier tauchen ähnliche Probleme wie bei Erbscheinen auf. Zum Europarecht vgl Rn 37. Im **Grundbuchverkehr** jedenfalls wird man sie daher nicht anerkennen können.[90] Abgesehen davon gilt auch hier der Grundsatz, dass der nach ausländischem Recht eingesetzte „Testamentsvollstrecker" (der dort eine andere Bezeichnung führt, z. B. Willensvollstrecker, executor, trustee, personal representative) allenfalls die Befugnisse haben kann, die ihm nach der dortigen Rechtsordnung eingeräumt worden sind.

10. Todeserklärungen

§§ 108 ff. sind auch auf ausländische Todeserklärungen anwendbar.[91]

IV. Europarecht, Staatsverträge

1. Vorrang der Abkommen

Sondervorschriften über die Anerkennung und Vollstreckung ausländischer Entscheidung sind in einer Reihe von Staatsverträgen enthalten.[92]

Regelungen in völkerrechtlichen Vereinbarungen gehen im Rahmen von § 97 den Bestimmungen des FamFG vor. Regelungen in Rechtsakten der europäischen Gemeinschaft bleiben unberührt (§ 97 Abs. 1 S. 2). Das entspricht Art. 3 Abs. 2 EGBGB.

2. Europäisches Recht

a) EWG-Übereinkommen über die gerichtliche Zuständigkeit und die Vollstreckung gerichtlicher Entscheidungen in Zivil- und Handelssachen **(EuGVÜ)** v. 27. 9. 1968 (BGBl. 1972 II S. 773); Ausführungsgesetz: AVAG. Es gilt zwar grundsätzlich auch auf dem Gebiet der freiwilligen Gerichtsbarkeit,[93] im Übrigen ohnehin nur noch beschränkt.[94] Art. 1 Abs. 2 klammert aber Entscheidungen der freiwilligen Gerichtsbarkeit im Wesentlichen aus.[95] Für das **Luganer-Abkommen** (LGVÜ) gilt dasselbe.

b) VO (EG) Nr. 44/2001. VO (EG) Nr. 44/2001 des Rates vom 22. 11. 2000 über die gerichtliche Zuständigkeit und die Anerkennung und Vollstreckung von Entscheidungen in Zivil- und Handelssachen (auch genannt: EuGVVO, EuGVO; **Brüssel I-VO**). Die Entscheidungen werden grundsätzlich anerkannt (Art. 33), Anerkennungshindernisse vgl. Art. 34. Ausführungsgesetz: AVAG. Geltungsbereich: die VO gilt ab 1. 3. 2002 (Art. 66); zu Dänemark vgl. das Abkommen vom 19. 10. 2005. Sachlicher Anwendungsbereich: vgl. Art. 1 und 71: Zivil- und Handelssachen; **Unterhalt**;[96] nicht anwendbar ist es[97] für alle Ehesachen (dafür gilt die VO (EG) Nr. 1347/2000 und deren Nachfolge-VO; Rn 44), für Vormundschaft, Betreuung, Pflegschaft, Nachlasssachen, Sorgerechtsstreit, Hausratssachen, Erbrecht, Erbschein, Insolvenzen (dafür: VO (EG) Nr. 1346/2000), soziale Sicherheit, Schiedsgerichtsbarkeit. Räumlich: im Vertragsgebiet der EG (vgl. Art. 299 EG a. F.). Der Komplex der freiwilligen Gerichtsbarkeit ist also wie beim EuGVÜ und Luganer Übereinkommen ausgeklammert.

---

[90] Jansen/Wick § 16 a Rn 36; MünchKommBGB/Birk Art. 25 EGBGB Rn 361; Staudinger/Dörner Art. 25 EGBGB Rn 874.
[91] BGH IPRax 1982, 155; MDR 1962, 972; OLG Frankfurt JZ 1962, 119.
[92] Erläuterungen zu den Verträgen bei Bülow/Böckstiegel Internationaler Rechtsverkehr; Geimer/Schütze Internationale Urteilsanerkennung I 1, II; Nagel/Gottwald Internationales Zivilprozessrecht 6. Aufl. 2007; Soergel/Kegel Vorbem. 397 vor Art. 7 EGBGB.
[93] Bülow/Böckstiegel Internationaler Rechtsverkehr B I 1 a III.
[94] MünchKommZPO/Gottwald § 328 Rn 19.
[95] Kropholler EuGVÜ Art. 1 Rn 12, 21.
[96] Botur FamRZ 2010, 1860.
[97] Dazu MünchKommZPO/Gottwald Art. 1 EuGVO Rn 9 ff.

44 c) **VO (EG) Nr. 2201/2003** des Rates vom 27. 11. 2003 über die Zuständigkeit und die Anerkennung und Vollstreckung von Entscheidungen in Ehesachen und in Verfahren betreffend die elterliche Verantwortung (auch EuEheVO oder **Brüssel II a-VO** genannt), in Kraft ab 1. 3. 2005. Die frühere VO (EG) Nr. 1347/2000 (sog. **Brüssel II-VO**) ist aufgehoben. Ausführungsgesetz: IntFamRVG (nicht AVAG). Anwendungsbereich vgl. Art. 1. Ehescheidung; elterliche Verantwortung für die gemeinsamen Kinder der Ehegatten, **Sorgerecht, Umgangsrecht;** Vormundschaft, Pflegschaft und entsprechende Rechtsinstitute; Bestimmung und Aufgabenkreis jeder Person bzw. Stelle, die für die Person des Kindes verantwortlich ist, es vertritt oder ihm beisteht; Unterbringung des Kindes in einer Pflegefamilie oder einem Heim; Maßnahmen zum Schutz des Kindes. Ausgenommen sind z. B. Abstammung; Adoption; Unterhalt; Erbschaft. Räumlicher Geltungsbereich: im Vertragsgebiet der EG (vgl. Art. 299 EG a. F.). Die in einem Mitgliedsstaat ergangenen Entscheidungen werden in den anderen Mitgliedsstaaten anerkannt, ohne dass es hierfür eines besonderen Verfahrens bedarf (Art. 21 Abs. 1 VO). In der Sache darf die Entscheidung nicht nachgeprüft werden (Art. 26 VO); auch die Zuständigkeit des Gerichts des Ursprungsstaats darf nicht nachgeprüft werden (Art. 24 VO). Die **Gründe für eine Nichtanerkennung** finden sich in Art. 23 VO.

45 Gibt es unter den Interessierten (das kann auch eine Behörde, z. B. das Jugendamt, sein) **Streit über die Anerkennungsfähigkeit,** ist sie im Verfahren nach Art. 21 Abs. 3 VO (mit § 32 IntFamRVG) zu klären; örtlich zuständig ist das Familiengericht nach §§ 10 ff. IntFamRVG.

46 d) **VO (EG) Nr. 805/2004** vom 21. 4. 2004 zur Einführung eines Europäischen Vollstreckungstitels über unbestrittene Forderungen. Sie werden in den anderen Mitgliedsstaaten anerkannt (Art. 5). Die VO ist nicht anzuwenden auf den Personenstand, die Rechts- und Handlungsfähigkeit, die gesetzliche Vertretung natürlicher Personen, ehelichen Güterstand, Erbrecht, Testamentsrecht (Art. 2 Abs. 2).

47 e) **VO (EG) Nr. 4/2009 vom 18. 12. 2008** über die Zuständigkeit, das anwendbare Recht, die Anerkennung und Vollstreckung von Entscheidungen und die Zusammenarbeit in Unterhaltssachen. Die VO nimmt Bezug auf das Haager Übereinkommen von 2007 und das Haager Protokoll von 2007. Die wechselseitigen Unterhaltsentscheidungen werden anerkannt. Die Verordnung ist anwendbar ab dem Tag der Anwendbarkeit des Haager Protokolls von 2007 in der Gemeinschaft, frühestens ab 18. 6. 2011 (Art. 76 VO). Vgl. § 110 Rn 14.

3. Multilaterale Anerkennungsverträge

48 • **Haager Übereinkommen über die Anerkennung und Vollstreckung von Unterhaltsentscheidungen** v. 2. 10. 1973 (BGBl. 1986 II S. 826).[98]

49 • **Haager Übereinkommen über die Anerkennung und Vollstreckung von Entscheidungen auf dem Gebiet der Unterhaltspflicht gegenüber Kindern** v. 15. 4. 1958 (BGBl. 1961 II S. 1006) mit AusführungsG v. 18. 7. 1961 (BGBl. I S. 1033). Es hat nur noch für wenige Staaten Bedeutung.[99]

50 • **Haager Übereinkommen über den Zivilprozess** v. 1. 3. 1954 (BGBl. 1958 II S. 576) mit AusführungsG v. 18. 12. 1958 (BGBl. I S. 939). Nach Art. 18 ff. sind Kostenentscheidungen anzuerkennen und für vollstreckbar zu erklären.

51 • **Haager Übereinkommen** über die zivilrechtlichen Aspekte internationaler Kindesentführung v. 25. 10. 1980 (HKÜ), BGBl. 1990 II S. 207. Ausführungsgesetz: IntFamRVG.

52 • **Europäisches Übereinkommen** über die Anerkennung und Vollstreckung von Entscheidungen über das Sorgerecht für Kinder und die Wiederherstellung des Sorgeverhältnisses v. 20. 5. 1980 **(ESÜ)**, BGBl. 1990 II S. 220; Ausführungsgesetz: nicht mehr das SorgeRÜbkAG (ab 1. 3. 2005 aufgehoben), sondern das IntFamRVG. Das ESÜ regelt die Anerkennung und Vollstreckung von Sorgerechtsentscheidungen. In vielen Fällen wird das ESÜ durch die VO (EG) Nr. 2201/2003 verdrängt (Art. 60 VO).

---

[98] Martiny FamRZ 2008, 1681. Erläutert bei MünchKommZPO/Gottwald Band 3 Schlussanhang.
[99] Martiny FamRZ 2008, 1681 Fußnote 66. Wichtig: Österreich.

- **Haager Übereinkommen über den Schutz von Kindern** und die Zusammenarbeit 53
  auf dem Gebiet der **internationalen Adoption** v. 29. 5. 1993 (BGBl. 2001 II S. 1034),
  in Kraft seit 1. 3. 2002.[100] Vgl. oben Rn 20, 23, 24, 27.
- **Haager Kinderschutzübereinkommen** v. 19. 10. 1996 (BGBl. 2009 II S. 602; 53a
  2010 II S. 1527), in Kraft seit 1. 1. 2011. Vgl. Rn 19.

4. Bilaterale Staatsverträge

Das **Europarecht** hat, soweit einschlägig, Vorrang (Art. 69 VO (EG) Nr. 220/2003). 54
- **Deutsch-belgisches Abkommen** v. 30. 6. 1958 (BGBl. 1959 II S. 766) mit AusfG v.
  26. 6. 1959 (BGBl. I S. 425); in Kraft seit 27. 1. 1961 (BGBl. 1960 II S. 2408).[101] Unter
  dieses Abkommen fallen auch Entscheidungen auf dem Gebiet der freiwilligen Gerichtsbarkeit, durch die über Ansprüche der Parteien endgültig erkannt ist (Art. 1 Abs. 1, 3 des
  Abkommens). Das Abkommen ist weitgehend ersetzt durch die VO (EG) Nr. 44/2001.
- **Deutsch-griechisches Abkommen** v. 4. 11. 1961 (BGBl. 1963 II S. 109, 1278) mit 55
  AusfG v. 5. 2. 1963 (BGBl. I S, 129); in Kraft seit 18. 9. 1963 (BGBl. II S. 1278);[102] für
  das Verfahren der freiwilligen Gerichtsbarkeit siehe Art. 1 Abs. 1 des Vertrags. Das
  Abkommen ist weitgehend ersetzt durch die VO (EG) Nr. 44/2001.
- **Deutsch-britisches Abkommen** v. 14. 7. 1960 (BGBl. 1961 II S. 302) mit AusfG v. 56
  28. 3. 1961 (BGBl. I S. 301); in Kraft seit 15. 7. 1961 (BGBl. II S. 1025). Es nennt unter
  den gerichtlichen Entscheidungen, durch die über Ansprüche der Parteien entschieden
  wird, diejenigen der freiwilligen Gerichtsbarkeit nicht ausdrücklich (vgl. Art. 1 Abs. 2 des
  Abkommens).[103] Die VO (EG) Nr. 44/2001 hat Vorrang.
- **Deutsch-israelischer Vertrag** v. 20. 7. 1977 (BGBl. 1980 II S. 926); in Kraft seit 1. 1. 57
  1981; er regelt Sachen der freiwilligen Gerichtsbarkeit in Art. 2, 6.[104]
- **Deutsch-italienisches Abkommen** v. 9. 3. 1936 (RGBl. 1937 II S. 145) mit AVO 58
  hierzu v. 18. 5. 1937 (RGBl. II S. 143); wieder anwendbar lt. Bek. v. 23. 12. 1953
  (BGBl. II S. 986). Es enthält aber keine ausdrückliche Bestimmung über die Anerkennung von Entscheidungen auf dem Gebiet der freiwilligen Gerichtsbarkeit.[105] Die VO
  (EG) Nr. 44/2001 hat Vorrang.
- **Deutsch-schweizerisches Abkommen** v. 2. 11. 1929 (RGBl. 1930 II 1066) nebst 59
  AVO hierzu v. 23. 8. 1930 (RGBl. II S. 1209). Es enthält keine ausdrückliche Bestimmung über die Anerkennung von Entscheidungen auf dem Gebiet der freiwilligen
  Gerichtsbarkeit, wird aber offenbar auch auf diese angewendet.[106] Das LugÜ hat Vorrang,
  soweit anwendbar (Art. 55, 56, 1 II Nr. 1 LGVÜ).
- **Deutsch-niederländisches Abkommen** v. 30. 8. 1962 (BGBl. 1965 II S. 26, 1155) 60
  mit AG v. 15. 1. 1965 (BGBl. I S. 17); in Kraft seit 15. 9. 1965 (BGBl. II S. 1155; auch
  BGBl. 1971 II S. 11).[107] Für das Verfahren der freiwilligen Gerichtsbarkeit siehe Art. 1
  Abs. 1 des Vertrags. Die VO (EG) Nr. 44/2001 hat Vorrang.
- **Deutsch-österreichisches Abkommen** v. 6. 6. 1959 (BGBl. 1960 II S. 1225) mit AG 61
  v. 8. 3. 1960 (BGBl. I S. 169); in Kraft seit 29. 5. 1960 (BGBl. II S. 1523).[108] Dieses
  Abkommen schließt Entscheidungen aus dem Gebiet der freiwilligen Gerichtsbarkeit (im
  streitigen Verfahren oder im Verfahren Außerstreitsachen), in denen über Ansprüche der

---

[100] Dazu Bornhofen StAZ 2002, 1; Rudolf ZfRV 2001, 183; Steiger, Das neue Recht der internationalen Adoption und Adoptionsvermittlung, 2002.
[101] BGHZ 64, 22; Harries RabelsZ 1961, 629/636; Matscher ZZP 86, 404/429; Nagel NJW 1960, 986.
[102] Pouliadis IPRax 1985, 357; Schlösser NJW 1964, 485.
[103] Dazu BGH NJW 1978, 1114; NJW 1968, 354; OLG Karlsruhe FamRZ 1984, 819.
[104] Pirrung IPRax 1982, 130.
[105] BGH NJW 1983, 2776; BayObLGZ 1973, 345/350; Siehr IPRax 1984, 309. Nach BGH NJW 1983, 2775/6 soll es Entscheidungen der freiwilligen Gerichtsbarkeit erfassen, a.A. zutreffend MünchKomm-ZPO/Gottwald, ZPO, Vertrag Art. 1 Rn 2.
[106] Bülow/Böckstiegel/Müller B II 660.8; 660.13; Firsching NJW 1955, 613/614; Hauser/Tobler JR 1987, 353.
[107] BGH NJW 1977, 151; BayObLGZ 1976, 174/179; OLG Hamm FamRZ 1976, 529.
[108] BayObLGZ 1981, 246/253; LG Limburg StAZ 1964, 163; Matscher ZZP 86, 404/407; Schönherr AWDBB 1964, 80; Sedlacek ZfRV 1960, 58; Thoma NJW 1966, 1057.

Parteien entschieden wird, ein (Art. 1 Abs. 1 des Abkommens). Die VO (EG) Nr. 44/2001 hat Vorrang.

62 • **Deutsch-tunesisches Abkommen** v. 19. 7. 1966 (BGBl. 1969 II S. 889) mit AG v. 29. 4. 1969 (BGBl. I S. 333); in Kraft seit 13. 3. 1970 (BGBl. 1970 II S. 125); für das Verfahren der freiwilligen Gerichtsbarkeit vgl. Art. 27 des Abkommens.[109]

63 • **Deutsch-norwegischer Vertrag** v. 17. 6. 1977 (BGBl. 1981 II S. 342); in Kraft seit 3. 10. 1981; er ist anwendbar auf Streitverfahren der freiwilligen Gerichtsbarkeit.[110] Das LugÜ hat Vorrang.

64 • **Deutsch-spanischer Vertrag** v. 14. 11. 1983 (BGBl. 1987 II S. 35); in Kraft seit 18. 4. 1988; er ist nach Art. 1 III auf Sachen der freiwilligen Gerichtsbarkeit anwendbar.[111] Die VO (EG) Nr. 44/2001 hat Vorrang.

65 • **Minderjährigenschutzabkommen.** Übereinkommen über die Zuständigkeit der Behörden und das anzuwendende Recht auf dem Gebiet des Schutzes der Minderjährigen **(MSA)** v. 5. 10. 1961 (BGBl. 1971 II S. 217). Zum **KSÜ** (in Kraft seit 1. 1. 2011) vgl. Rn 19.

5. Bundesamt für Justiz

66 Das Bundesamt für Justiz in Bonn ist nach § 3 des IntFamRVG zentrale Behörde z. B. für folgende Aufgaben: Art. 53 der VO (EG) Nr. 2201/2003 (Rn 44); Art. 6 des HKÜ (Rn 17); Art. 2 des ESÜ (Rn 18, 52). Derzeit ist der Rechtsverkehr nach dem Haager Übereinkommen mit 72 Vertragsstaaten und nach dem Europäischen Übereinkommen mit 32 Vertragsstaaten eröffnet.

V. Anerkennungsfeststellungsverfahren (Abs. 2)

1. Allgemeines

67 Über die Frage, ob tatsächlich eine ausländische Entscheidung anerkannt wird, konnte unter der Geltung des FGG in der Regel nicht isoliert im FGG-Verfahren entschieden werden. Im Anwendungsbereich des SorgeRÜbkAG konnte auf Antrag isoliert festgestellt werden, dass eine Sorgerechtsentscheidung anzuerkennen ist (§ 7 Abs. 1 SorgeRÜbkAG); das SorgeRÜbkAG wurde zum 1. 3. 2005 aufgehoben und durch das IntFamRVG ersetzt.

68 In § 109 Abs. 2 ist nun allgemein ein Feststellungsverfahren neu eingeführt worden. Entschieden wird durch **Beschluss** (§ 38). Tenor: „Die Entscheidung des ... wird in der Bundesrepublik Deutschland anerkannt". Es wird von Amts wegen ermittelt (§ 26). Die Kostenentscheidung richtet sich nach §§ 81 ff. Die **gerichtliche Feststellung,** dass eine ausländische Entscheidung anerkannt wird oder nicht anerkannt wird, ist für deutsche Gerichte und Verwaltungsbehörden bindend (§ 108 Abs. 2 S. 2 mit § 107 Abs. 9). **Rechtsmittel:** §§ 58 ff. § 108 Abs. 2 ist nicht einschlägig, wenn Anerkennungsverfahren nach Art. 33 Abs. 2 EuGVO, Art. 21 Abs. 3 EheVO, §§ 32, 16 IntFamRVG, AdwirkG, Art. 24 KSÜ oder Art. 23 ErwSÜAG (Rn 32) möglich sind.

69 Es besteht **keine Verpflichtung,** ein Feststellungsverfahren nach Abs. 2 einzuleiten („können"); der Beteiligte kann, wie früher, die Hauptsache geltend machen und die Anerkennungsfähigkeit als Vorfrage behandeln lassen. Betreibt ein Beteiligter ein Hauptsacheverfahren, z. B. vor dem Prozessgericht, fragt sich, ob der Beklagte durch einen Antrag nach Abs. 2 das Verfahren stören kann, weil eine Aussetzung vorgenommen werden müsste; vom Grundsatz her ist das zu bejahen, weil die Feststellung im Verfahren der freiwilligen Gerichtsbarkeit bindend ist (§ 107 Abs. 9), während das Zivilurteil im Grundsatz Rechtskraft nur gegen den Gegner entfaltet (§§ 325 ff. ZPO).

70 Soweit eine Angelegenheit der Disposition der Beteiligten unterliegt, können sie die Nichtanerkennung **vereinbaren.**

---

[109] Arnold NJW 1970, 1478; Ganske AWDBB 1970, 145.
[110] Pirrung IPRax 1982, 130.
[111] Zum Vertrag vgl. Böhmer IPRax 1988, 334; Löber RIW 1987, 429.

Gerichtsgebühr für das Verfahren nach § 108 Abs. 2: Nr. 1714 KV FamGKG (bei 71
Antragszurückweisung), Nr. 1715 KV GKG (bei Antragsrücknahme). Auslagen (z. B. für
Gutachten) sind immer zu zahlen (Nr. 2005 KV FamGKG).

2. Antragsberechtigter

Der Antrag richtet sich nach § 23. Es muss ein Sachantrag, nicht nur ein Verfahrensantrag 72
gestellt werden. Der Antrag kann sowohl lauten, dass die näher angegebene ausländische
Entscheidung anerkannt wird, wie dass sie nicht anerkannt wird. Antragsberechtigt ist ein
Beteiligter (§ 7 und Sonderregelungen, § 7 Rn 35). Antragsgegner ist derjenige, der aus der
Anerkennung Vorteile für sich ableitet.

3. Rechtliches Interesse

Der Antragsberechtigte muss ein rechtliches Interesse an der begehrten Entscheidung 73
haben. Das ist mehr als ein wirtschaftliches oder berechtigtes Interesse. Ein rechtliches
Interesse hat der, dessen Rechtsstellung durch die ausländische Entscheidung betroffen ist.

4. Entscheidungen nichtvermögensrechtlichen Inhalts

§ 108 gewährt das Feststellungsverfahren nicht, wenn die ausländische Entscheidung 74
einen „vermögensrechtlichen" Inhalt hat, weil in diesen Fällen § 110 Abs. 2 mit § 95
Abs. 1 einschlägig sei. Wann ein „vermögensrechtlicher" Inhalt vorliegt, ist oft unklar; § 61
hilft kaum. Nichtvermögensrechtlich sind sicherlich alle Entscheidungen über elterliche
Sorge, über Umgangsrecht, Kindesherausgabe, Vormundschaft, freiheitsentziehende Unterbringung, Adoption Volljähriger. Die Verknüpfung mit §§ 110 Abs. 2, 95 Abs. 1 rechtfertigt, als nichtvermögensrechtlich ferner alle Entscheidungen einzustufen, die keinen nach
§ 95 vollstreckungsfähigen Inhalt haben. Denn andernfalls bestünde eine Lücke, was wohl
nicht gewollt war. Ist streitig, ob ein ausländisches Testamentsvollstreckerzeugnis bei uns
anerkannt wird, wird daher das Feststellungsverfahren gegeben sein.

5. Entscheidungen vermögensrechtlichen Inhalts

Bei Entscheidungen vermögensrechtlichen Inhalts (z. B. auf Zahlung; Herausgabe einer 75
Sache; Vornahme einer Handlung; Erzwingung von Duldungen und Unterlassungen;
Abgabe einer Willenserklärung; vgl. § 95 Abs. 1) ist die Vollstreckbarkeit durch Beschluss
auszusprechen, was voraussetzt, dass sie anzuerkennen ist (§ 110 Abs. 1). Deshalb ist für
solche Entscheidungen ein Bedürfnis für eine isolierte Feststellung der Anerkennung nicht
vorhanden;[112] die Zuständigkeitsregelung in Abs. 3 bezieht sich daher nicht darauf.

Vermögensrechtlich ist auch ein ausländischer **„Erbschein"**. Ein Feststellungsverfahren 76
nach § 108 Abs. 2 S. 1 ist daher nicht möglich. Hier bleibt es bei der Anerkennung als
Vorfrage. Der angebliche Erbe ist bei Grundstücken auf das Verfahren nach §§ 71 ff. GBO
angewiesen; bei Bankguthaben des Erblassers auf die Klage gegen die Bank vor dem
Prozessgericht.

6. Sonderfall Adoption

a) **Volljähriger Adoptierter.** Das AdWirkG gilt dafür nicht (§ 1 AdWirkG). Deshalb 77
ist bei Streit darüber, ob die Adoption wirksam bzw. unwirksam ist, das Verfahren nach
Abs. 2 S. 1 eröffnet; es liegt eine nichtvermögensrechtliche Angelegenheit vor (obwohl es
letztlich meist um Unterhalt und Erbrecht geht). Bei den Beteiligten wird man sich zweckmäßig an § 4 AdWirkG anlehnen. Vgl. Rn 20 ff.

b) **Minderjähriger Adoptierter.** Dazu sagt § 108 Abs. 2 S. 3, dass hier kein Fest- 78
stellungsverfahren nach Abs. 2 S. 1 stattfindet, sondern das Verfahren nach §§ 2, 4, 5
AdWirkG. Den Antrag regelt § 2 AdWirkG, die Antragsberechtigung § 4 AdWirkG. Vgl.
Rn 20 ff.

---

[112] BT-Drs. 16/6308 S. 222.

VI. Zuständigkeit für die gerichtliche Klärung (Abs. 3)

1. Entscheidungen nichtvermögensrechtlichen Inhalts

79 **Örtlich** ausschließlich zuständig (§ 108 Abs. 3 S. 2) für das Verfahren und die Entscheidung ist das AG (§ 23 a Abs. 2 GVG), in dessen Bezirk zum Zeitpunkt der Antragstellung (d. h. des Antragseingangs) der Antragsgegner oder die Person, auf die sich die Entscheidung bezieht (z. B. das Kind), sich gewöhnlich aufhält (Abs. 3 S. 1 Nr. 1) oder bei Fehlen einer Zuständigkeit nach Nr. 1 das Interesse an der Feststellung bekannt wird oder das Bedürfnis der Fürsorge besteht (Abs. 3 S. 1 Nr. 2). Die internationale Zuständigkeit ergibt sich aus §§ 98 bis 105. Vermögensrechtliche Angelegenheiten: Rn 75.

2. Minderjähriger Adoptierter

80 Die **örtliche** und **internationale Zuständigkeit** ergibt sich aus §§ 101, 187 Abs. 1, 2, 4. Zuständig ist das Familiengericht am Sitz des OLG; es entscheidet im Verfahren der freiwilligen Gerichtsbarkeit (§ 5 AdWirkG).

Anerkennungshindernisse

109 (1) Die Anerkennung einer ausländischen Entscheidung ist ausgeschlossen,
1. wenn die Gerichte des anderen Staates nach deutschem Recht nicht zuständig sind;
2. wenn einem Beteiligten, der sich zur Hauptsache nicht geäußert hat und sich hierauf beruft, das verfahrenseinleitende Dokument nicht ordnungsgemäß oder nicht so rechtzeitig mitgeteilt worden ist, dass er seine Rechte wahrnehmen konnte;
3. wenn die Entscheidung mit einer hier erlassenen oder anzuerkennenden früheren ausländischen Entscheidung oder wenn das ihr zugrunde liegende Verfahren mit einem früher hier rechtshängig gewordenen Verfahren unvereinbar ist;
4. wenn die Anerkennung der Entscheidung zu einem Ergebnis führt, das mit wesentlichen Grundsätzen des deutschen Rechts offensichtlich unvereinbar ist, insbesondere wenn die Anerkennung mit den Grundrechten unvereinbar ist.

(2) ¹Der Anerkennung einer ausländischen Entscheidung in einer Ehesache steht § 98 Abs. 1 Nr. 4 nicht entgegen, wenn ein Ehegatte seinen gewöhnlichen Aufenthalt in dem Staat hatte, dessen Gerichte entschieden haben. ²Wird eine ausländische Entscheidung in einer Ehesache von den Staaten anerkannt, denen die Ehegatten angehören, steht § 98 der Anerkennung der Entscheidung nicht entgegen.

(3) § 103 steht der Anerkennung einer ausländischen Entscheidung in einer Lebenspartnerschaftssache nicht entgegen, wenn der Register führende Staat die Entscheidung anerkennt.

(4) Die Anerkennung einer ausländischen Entscheidung, die
1. Familienstreitsachen,
2. die Verpflichtung zur Fürsorge und Unterstützung in der partnerschaftlichen Lebensgemeinschaft,
3. die Regelung der Rechtsverhältnisse an der gemeinsamen Wohnung und an den Haushaltsgegenständen der Lebenspartner oder
4. Entscheidungen nach § 6 Satz 2 des Lebenspartnerschaftsgesetzes in Verbindung mit den §§ 1382 und 1383 des Bürgerlichen Gesetzbuchs oder
5. Entscheidungen nach § 7 Satz 2 des Lebenspartnerschaftsgesetzes in Verbindung mit §§ 1426, 1430 und 1452 des Bürgerlichen Gesetzbuchs

betrifft, ist auch dann ausgeschlossen, wenn die Gegenseitigkeit nicht verbürgt ist.

(5) Eine Überprüfung der Gesetzmäßigkeit der ausländischen Entscheidung findet nicht statt.

Anerkennungshindernisse 1–3 § 109

Übersicht

	Rn
I. Normzweck	1
II. Ausschluss der Anerkennung	2
1. Zuständigkeitsmangel (Abs. 1 Nr. 1)	3
2. Fehlende Einlassungsmöglichkeit für einen Beteiligten (Abs. 1 Nr. 2)	5
a) Hauptsache	8
b) Keine Berücksichtigung von Amts wegen	9
c) Beteiligter	10
d) Verfahrenseinleitendes Schriftstück	11
e) Schriftstück nicht ordnungsmäßig mitgeteilt	12
f) Schriftstück nicht rechtzeitig mitgeteilt	13
3. Kollision mehrerer Entscheidungen (Abs. 1 Nr. 3)	14
4. Ordre public (Abs. 1 Nr. 4)	18
5. Gegenseitigkeit	25
III. Ausschluss der Anerkennung in Ehesachen	26
1. Scheidungen in EU-Staaten	26
2. Scheidungen in anderen Staaten (Abs. 2)	27
IV. Anerkennung von Entscheidungen in Lebenspartnerschaftssachen (Abs. 3)	30
V. Anerkennung sonstiger ausländischer Entscheidungen (Abs. 4); Unterhalt	31
VI. Verbot der Nachprüfung in der Sache (Abs. 5)	34

I. Normzweck

§ 109 regelt in Abs. 1, wann die Anerkennung einer ausländischen Entscheidung ausgeschlossen ist. Die Regelung lehnt sich an den früheren § 16a FGG an und entspricht (mit Abweichungen) § 328 ZPO, Art. 27 EuGVÜ, Art. 22, 23 VO (EG) Nr. 2201/2003 und Art. 34 der VO (EG) Nr. 44/2001. Abs. 2 gleicht dem aufgehobenen § 606a Abs. 2 ZPO. **Abgrenzung zu § 328 ZPO** vgl. § 108 Rn 7. 1

II. Ausschluss der Anerkennung

Grundsätzlich werden ausländische Entscheidungen bei uns anerkannt (§§ 107, 108). Eine Anerkennung einer ausländischen Entscheidung (und damit auch eine Vollstreckung, § 110) in Deutschland ist in den in § 109 genannten Fällen ausgeschlossen; zwischenstaatliche Anerkennungs- und Vollstreckungsverträge gehen aber vor. Auf § 109 Abs. 1 Nr. 2 muss sich der Betroffene berufen, die übrigen Voraussetzungen sind vom Gericht von Amts wegen zu prüfen (§ 26); sind sie unaufklärbar, kann die ausländische Entscheidung nicht anerkannt werden. 2

1. Zuständigkeitsmangel (Abs. 1 Nr. 1)

Vgl. § 328 Abs. 1 Nr. 1. Die Vorschrift geht vom sog. **Spiegelbildprinzip**[1] aus. Wenn die Gerichte des ausländischen Staates nach **deutschem** Recht, gälte es dort, nicht zuständig sind, ist die Anerkennung der ausländischen Entscheidung bei uns ausgeschlossen. Zweck der Regelung ist der Beklagtenschutz. Es kommt nicht darauf an, ob der ausländische Staat nach seinem eigenen Recht international zuständig war;[2] auch nicht, ob sich das ausländische Gericht auf eine zutreffende Vorschrift seines eigenen Rechts berufen hat; auch nicht, ob das konkrete ausländische Gericht, das tätig wurde, nach deutschem Recht örtlich zuständig war.[3] Irgendein Gericht des ausländischen Staats muss nach deutschem Recht (d. h. wenn dort deutsches Recht gegolten hätte) im Zeitpunkt des Erlasses der ausländischen Entscheidung, zumindest des Verfahrensbeginns, international zuständig gewesen 3

---

[1] BayObLG NJW 1976, 1037; OLG Bamberg FamRZ 2000, 1098 (US-Regelung); MünchKommZPO/Rauscher § 109 FamFG Rn 11; MünchKommZPO/Gottwald § 328 Rn 63; Gottwald IPRax 1984, 59; ZZP 95, 3/10.
[2] MünchKommZPO/Gottwald § 328 Rn 64.
[3] RGZ 107, 308; RGZ 75, 147.

sein.[4] Maßgeblicher Zeitpunkt für das Vorliegen der Zuständigkeitstatsachen ist grundsätzlich derjenige, der dem tatsächlichen Erkenntnisstand des ausländischen Urteils zugrunde liegt, also z. B. derjenige der letzten mündlichen Verhandlung vor dem ausländischen Gericht,[5] nicht aber der Zeitpunkt der hiesigen Anerkennungsprüfung. Eine konkurrierende Zuständigkeit des deutschen und des ausländischen Gerichts steht der Anerkennung nicht entgegen.[6] Bei Bundesstaaten mit eigenen Gerichten der Teilstaaten (USA; Kanada) genügt die internationale Zuständigkeit des Gesamtstaates.[7] An Nr. 1 scheitert z. B. die Anerkennung einer Ehescheidung von zwei Deutschen während ihres Urlaubs in Florida/USA, weil sich die internationale Zuständigkeit des deutschen Familiengerichts aus § 98 ergibt und die örtliche Zuständigkeit aus § 122 FamFG.

4   Nr. 1 kommt nicht zum Zug, wenn nach **Anerkennungsverträgen** die Zuständigkeit des ausländischen Gerichts nicht nachgeprüft werden darf (z. B. Art. 35 VO (EG) 44/2001).

2. Fehlende Einlassungsmöglichkeit für einen Beteiligten (Abs. 1 Nr. 2)

5   Vgl. § 328 Abs. 1 Nr. 2 ZPO, Art. 22 lit. b VO (EG) Nr. 2201/2003. Die Anerkennung ist ausgeschlossen, wenn einem Beteiligten, der sich zur Hauptsache nicht geäußert hat und sich hierauf beruft, das verfahrenseinleitende Dokument (Schriftstück), z. B. die Klage oder der Antrag, nicht ordnungsgemäß oder nicht so rechtzeitig mitgeteilt worden ist, dass er seine Rechte wahrnehmen konnte. Zweck ist, sicherzustellen, dass die Beteiligten vom ausländischen Verfahren Kenntnis erhalten haben, damit sie ihre Rechte im ausländischen Staat wahrnehmen konnten,[8] das rechtliche Gehör also insoweit gewahrt wurde. Die Regelung ist im ZPO-Bereich wichtig, weil dort meist Versäumnisurteile zur Anerkennung anstehen; im deutschen Verfahren der freiwilligen Gerichtsbarkeit gibt es grundsätzlich keine Versäumnisentscheidungen (vgl. § 26), so dass ein anderer Blickwinkel besteht.

6   § 109 Abs. 1 Nr. 2 steht einer Anerkennung auch dann entgegen, wenn der Beteiligte später von der Entscheidung Kenntnis erlangte und dagegen Rechtsmittel hätte einlegen können, dies aber unterlassen hat (anders z. B. Art. 34 Nr. 2 der VO (EG) Nr. 44/2001). Nr. 2 gilt auch für Annexentscheidungen, z. B. den Kostenfestsetzungsbeschluss nach der Kostengrundentscheidung; die Einlassungsmöglichkeit muss also auch zum Kostenfestsetzungsantrag gewährt worden sein.[9]

7   Abs. 1 Nr. 2 gilt sinngemäß dann nicht, wenn eine Entscheidung im einseitigen Verfahren erlassen werden muss, damit sie einen Überraschungseffekt hat (ZPO: Arrest).

8   **a) Hauptsache.** Abgestellt wird darauf, ob sich der Beteiligte zur Hauptsache (nicht: zu Verfahrensfragen, Zuständigkeit, Richterablehnung, zur Prozesskostenhilfe, zu einstweiligen Anordnungen) äußern konnte; von einer „Einlassung" ist nicht die Rede. Es kommt nicht darauf an, in welchem Land der Beteiligte wohnt oder sich aufhält.

9   **b) Keine Berücksichtigung von Amts wegen.** Die Nichtäußerung wird nur berücksichtigt, wenn sich der Betroffene darauf beruft („und sich hierauf beruft"); jedoch kann andernfalls Nr. 4 in Frage kommen.[10]

10 **c) Beteiligter.** Hier wird man von den Beteiligtenbegriffen des § 7 FamFG und der Sonderregelungen (§ 7 Rn 35) ausgehen müssen.[11]

11 **d) Verfahrenseinleitendes Schriftstück.**[12] Das ist entweder ein amtliches, gerichtliches Schriftstück („Dokument") oder der Antrag bzw. die Klage eines Beteiligten, die

---

[4] BGH NJW 1983, 2275; NJW 1977, 150; BayObLG FamRZ 2001, 1622; OLG Bamberg FamRZ 2000, 1289; Habscheid FamRZ 1981, 1143.
[5] BGH NJW 1999, 3198; MünchKommZPO/Rauscher § 109 FamFG Rn 13; im Einzelnen umstritten.
[6] Vgl. BayObLGZ 1981, 246/251; BayObLGZ 1966, 425; OLG Hamm FamRZ 1976, 529; OLG Köln JZ 1961, 327.
[7] BGH NJW 1999, 3198 (USA; es hatte aber ein Bundesgericht entschieden); MünchKommZPO/Gottwald § 328 Rn 69; a. A. OLG Hamm IPrax 1998, 474.
[8] BT-Drucks. 10/504.
[9] MünchKommZPO/Rauscher § 109 FamFG Rn 29.
[10] MünchKommZPO/Rauscher § 109 FamFG Rn 22.
[11] MünchKommZPO/Rauscher § 109 FamFG Rn 23.
[12] Vgl. Frank, Das verfahrenseinleitende Schriftstück..., 1998.

Anregung[13] einer beliebigen Person oder Stelle. Inhaltlich muss es so viel enthalten, dass der Beteiligte weiß, worum es geht, sein Risiko einschätzen kann und zweckentsprechend vortragen und sich verteidigen kann; gegebenenfalls müssen ihm auch Anlagen mitgeteilt werden. Die „wesentlichen Klagegründe" müssen ihm mitgeteilt worden sein; eine genaue Bezifferung ist zwar nicht zwingend, aber der Beteiligte muss seine finanzielle Inanspruchnahme einigermaßen abschätzen können. Nur das „verfahrenseinleitende" Dokument muss mitgeteilt werden, nicht die erst im Laufe des Verfahrens an sich (wenn sich der Betroffene beteiligt hätte) ihm mitzuteilenden weiteren Schriftstücke. Bei Antragserweiterung oder Ausdehnung des Verfahrensgegenstandes von Amts wegen ist hingegen auch das entsprechende spätere Schriftstück ein weiteres verfahrenseinleitendes Schriftstück, also mitzuteilen.[14]

e) Schriftstück nicht ordnungsmäßig mitgeteilt. Rechtzeitige Mitteilung allein genügt nicht. Förmliche Zustellung ist nicht (mehr) erforderlich, nur Mitteilung. Für die Ordnungsmäßigkeit kommt es auf das ausländische Recht (oder ein für den Ursprungsstaat geltendes Abkommen) an. Auch öffentliche Zustellungen oder sonstige fiktive Zugangsannahmen können „ordnungsmäßig" sein. Entspricht z. B. eine bedenkliche Ersatzzustellung oder öffentliche Zustellung zwar ausländischem Recht, kann gleichwohl Nr. 4 in Frage kommen. **12**

f) Schriftstück nicht rechtzeitig mitgeteilt. Hier kommt es darauf an, dass selbst bei ordnungsgemäßer Mitteilung die Frist so lange ist, dass eine Äußerung möglich und zumutbar ist.[15] Bei arglistigem Vorgehen eines anderen Beteiligten kann ergänzend Nr. 4 herangezogen werden. Nr. 2 ist eine Beteiligtenschutzvorschrift und aus der allgemeinen ordre-public-Klausel (Nr. 4) ausgegliedert. Durch die Ausgestaltung als Einrede soll vermieden werden, dass in jedem Fall die Prüfung der Ordnungsmäßigkeit einer Zustellung (die häufig schwierig ist) vorgenommen werden muss.[16] **13**

3. Kollision mehrerer Entscheidungen (Abs. 1 Nr. 3)

Vgl. § 328 Abs. 1 Nr. 3. Die Anerkennung der ausländischen Entscheidung ist ausgeschlossen, wenn die Entscheidung mit einer hier erlassenen oder anzuerkennenden früheren ausländischen Entscheidung oder wenn das ihr zugrunde liegende Verfahren mit einem früher hier rechtshängig gewordenen Verfahren unvereinbar ist. Die Beteiligten der jeweiligen Verfahren müssen nicht identisch sein. Drei Fallgruppen sind zu unterscheiden: **14**

- Die ausländische Entscheidung ist mit einer **in Deutschland erlassenen Entscheidung unvereinbar.** Die (hier erlassene) deutsche Entscheidung braucht nicht vor der Entscheidung erlassen worden zu sein, um deren Anerkennung es geht.[17] Eine inländische Entscheidung über Prozesskostenhilfe steht der Anerkennung der ausländischen Hauptsacheentscheidung nicht entgegen;[18] wohl aber eine inländische einstweilige Anordnung.[19] **15**
- Die ausländische Entscheidung ist mit einer anderen **früheren anzuerkennenden ausländischen Entscheidung unvereinbar.** Eine ausländische Entscheidung kann also der Anerkennung einer anderen ausländischen Entscheidung nur entgegenstehen, wenn sie früher gefällt ist.[20] **16**
- Das der ausländischen Entscheidung zugrunde liegende Verfahren ist mit einem **früher in Deutschland rechtshängig gewordenen deutschen Verfahren unvereinbar.** Die frühere Rechtshängigkeit eines deutschen Verfahrens führt zur Versagung der Anerkennung: ergeht eine deutsche Sorgerechtsentscheidung, dann eine abändernde türkische **17**

---

[13] MünchKommZPO/Rauscher § 109 FamFG Rn 25.
[14] MünchKommZPO/Rauscher § 109 FamFG Rn 25.
[15] MünchKommZPO/Rauscher § 109 FamFG Rn 28; Bassenge/Roth/Althammer § 109 Rn 3 fordert die Wahrung einer dem deutschen Recht entsprechenden Einlassungsfrist.
[16] BT-Drucks. 10/504 S. 88; nur „Mitteilung" ist erforderlich.
[17] OLG Hamburg FamRZ 1988, 425.
[18] BGH NJW 1984, 568.
[19] BGH NJW 1992, 3108.
[20] BT-Drucks. 10/504 S. 88; vgl. OLG Hamm NJW 1976, 2081.

Gerichtsentscheidung, welche die frühere deutsche unbeachtet lässt, ist die türkische Entscheidung nicht anerkennungsfähig.[21]

4. Ordre public (Abs. 1 Nr. 4)[22]

18   Vgl. § 328 Abs. 1 Nr. 4 ZPO; Art. 6 EGBGB. Die Anerkennung ist zu versagen, wenn sie zu einem Ergebnis führt, das mit wesentlichen Grundsätzen des deutschen Rechts (ordre public) offensichtlich unvereinbar ist, insbesondere wenn die Anerkennung mit den Grundrechten unvereinbar ist (z. B. Eheschließungsfreiheit, Gleichstellung von Mann und Frau, Religionsfreiheit). Die Formel ist insoweit ausführlicher, als nicht mehr nur auf die „guten Sitten" oder den „Zweck eines deutschen Gesetzes" abgestellt wird. Doch kommt es auf **unsere Wertvorstellungen** an, jedenfalls wenn eine Inlandsbeziehung vorliegt.[23] Die unverzichtbaren Erfordernisse der materiellverfahrensrechtlichen und materiellprivatrechtlichen Gerechtigkeit müssen gewahrt sein.[24] Dies kann z. B. fehlen, wenn im Ausland rechtliches Gehör versagt wurde,[25] wenn das Gericht nicht neutral ist.

19   **Familienrecht:** ein Verstoß liegt vor, wenn die Anerkennung der Herausgabe des Kindes oder die Sorge- und Umgangsentscheidung gegen dessen Wohl verstößt.[26] Eine **Vaterschaftsfeststellung** durch ein türkisches Gericht allein auf Grund von Zeugenaussagen und Parteiangaben (und ohne Abstammungsgutachten, obwohl die Vaterschaft bestritten war) soll nicht gegen Nr. 4 verstoßen;[27] das ist absurd und nicht mehr vertretbar. Der BGH[28] hat die Ansicht vertreten, dass ein die Anerkennung eines ausländischen Urteils ausschließender Verstoß gegen den verfahrensrechtlichen ordre public nicht vorliegt, wenn das ausländische Gericht allein auf Grund der Aussage der Mutter eine Vaterschaft festgestellt hat, weil eine Begutachtung des mutmaßlichen Vaters nicht möglich war. Wenn Geschlechtsverkehr in der fraglichen Zeit eingeräumt wird und der Mann die medizinische Untersuchung vereitelt, kann die Aussage der Mutter ausreichen und die Anerkennung verstößt nicht gegen den ordre public.[29] Wenn aber der Geschlechtsverkehr bestritten wird und das ausländische Gericht seine Statusentscheidung auf eine Aussage vom Hörensagen gestützt, statt das vom „Vater" angebotene Sachverständigengutachten einzuholen und die Aussage des „Vaters" zur Kenntnis zu nehmen, scheidet eine Anerkennung aus.[30]

20   **Ausländische Privatscheidungen** werden im Inland in ihrer statusrechtlichen Wirkung anerkannt (dazu § 107 Rn 13); doch kann der Anerkennung der ordre public (Art. 6 EGBGB) entgegenstehen. Probleme gibt es hier vor allem beim islamischen Recht.[31] Bei der einseitigen Verstoßung durch den Ehemann (talaq) nach islamischem Recht kann wegen Verletzung von Art. 1 GG (Schutz der Menschenwürde), Art. 3 Abs. 2 GG (Grundsatz der Gleichberechtigung von Männern und Frauen; denn die Frau hat kein einseitiges Verstoßungsrecht) und Art. 6 GG (Schutz der Ehe) die Anwendung des ordre public in Frage kommen,[32] außer die Frau ist mit der Scheidung einverstanden. Die Unauflösbarkeit der Ehe nach kanonischem Recht verstößt gegen den deutschen ordre public.[33]

---

[21] OLG Frankfurt FamRZ 1992, 463.
[22] Dazu BGHZ 88, 17/24; NJW 1984, 2766; NJW 1980, 531; Habscheid FamRZ 1981, 1144.
[23] Deshalb nicht, wenn z. B. nur iranische Staatsbürger beteiligt sind, OLG Celle IPRax 1989, 390.
[24] Vgl. BGH NJW 1983, 2775; NJW 1977, 150; OLG Düsseldorf FamRZ 1982, 534.
[25] BGH NJW 1977, 150; BayObLG NJW 1974, 418; KG NJW 1977, 1017; OLG Frankfurt OLGZ 1985, 257.
[26] BGH NJW 1977, 150; BayObLG FamRZ 1985, 737; BayObLGZ 1974, 317; OLG Düsseldorf FamRZ 1982, 534; OLG Hamm FamRZ 1987, 506 (Sorgerechtsentscheidung New Jersey/USA); OLG Koblenz FamRZ 1989, 204 (britische Sorgerechtsentscheidung); Winkel, Grenzüberschreitendes Sorge- und Umgangsrecht, S. 244: Bei Herausgabe eines Kindes ist auch der Missbrauch des Sorgerechts zu prüfen und bei Gewaltanwendung das Persönlichkeitsrecht des Kindes.
[27] BSG FamRZ 1997, 638; OLG Köln FamRZ 2008, 1763 (Polen; nur Anhörung der Großmutter; aufgehoben von BGH NJW 2009, 3306); differenzierend OLG Karlsruhe FamRZ 2008, 431. Zustimmend Prütting/Helms/Hau § 109 Rn 61.
[28] BGH NJW 1986, 2193; NJW 1997, 2051.
[29] BGH NJW 1986, 2371; NJW 1997, 2051.
[30] BGH NJW 2009, 3306 (zu einem polnischen Urteil).
[31] Dazu Andrae NJW 2007, 1730.
[32] Vgl. dazu OLG Koblenz NJW-RR 1993, 70; OLG München IPRax 1989, 238.
[33] BGH NJW-RR 2007, 145 (Ostkirche in Syrien) unter Aufgabe von BGH NJW 1964, 976 und 2013; dazu Elwan/Menhofer StAZ 2007, 325.

Bei **Adoption** von ausländischen Kindern durch deutsche Eltern sind die ausländi- 21
schen Stellen aus unserer Sicht nach §§ 101, 187 zuständig. Eine in einem **Vertragsstaat**
des Haager Adoptionsübereinkommens von 1993 (HAÜ) vollzogene Adoption (§ 108
Rn 27) wird auf der Grundlage einer hierüber ausgestellten Bescheinigung nach Art. 23
des HAÜ in allen anderen Vertragsstaaten kraft Gesetzes anerkannt (für Nichtvertragsstaaten folgt dasselbe, ohne Bescheinigung, aus § 108). Die Anerkennung kann nach
Art. 24 HAÜ bei uns nur versagt werden, wenn die Adoption der „öffentlichen Ordnung" im Anerkennungsstaat „offensichtlich widerspricht, wobei das Wohl des Kindes zu
berücksichtigen ist." Das kann in einem Verfahren nach § 2 AdWirkG vor dem deutschen Familiengericht geklärt werden (§ 108 Rn 26).[34] Man kann sich vorstellen, dass
diese Bescheinigung in bestimmten Staaten leichtfertig ausgestellt wird. Die im ausländischen Heimatstaat des Kindes ausgestellte Bescheinigung kann bei uns auf Antrag durch
die Bundeszentralstelle für Auslandsadoptionen überprüft werden (§ 9 AdÜbAG); das ist
aber nur eine formelle Prüfung (Echtheit der Stempel usw.). Ob im Ausland ein Verstoß
gegen den ordre public erfolgte, wird von der Bundeszentralstelle nicht geprüft.[35] Die
Bundeszentralstelle hat die bei ihr nach § 5 Abs. 3 S. 4 AdWirkG zur Stellungnahme
eingegangenen Verfahren auf Anerkennung und Wirkungsfeststellung untersucht und das
Ergebnis veröffentlicht.[36]

Bei **Nichtvertragstaaten** kommt bezüglich der Nichtanerkennung § 109 zum Zug, vor 22
allem § 108 Abs. 1 Nr. 4.[37] Aus Nichtvertragsstaaten des HAÜ ist eine Auslandsadoption
auch ohne Einschaltung einer deutschen Vermittlungsstelle möglich.

Hat das international zuständige ausländische Gericht ein **Adoptionsurteil** erlassen, ist 23
grundsätzlich davon auszugehen, dass es das Kindeswohl berücksichtigt hat; die Anerkennung setzt nicht voraus, dass die Adoption nach den Vorschriften des von Art. 22 EGBGB
berufenen Adoptionsstatuts vorgenommen wurde.[38] Bei Adoptionen kommt es in Hinblick
auf Nr. 4 vor allem darauf an, dass das Kindeswohl hinreichend beachtet wurde (dazu
gehört u. a. die angemessene Begutachtung der Adoptionsbewerber[39]) und dass Mitwirkungsrechte der leiblichen Eltern und des Kindes gewahrt wurden.[40] Es soll Fälle geben, in
denen ausländische leibliche Eltern Analphabeten sind und nicht wissen, was sie unterschreiben. Maßgebend ist der Zeitpunkt, in dem über die Anerkennung entschieden wird.[41]
Durch den Zeitablauf zwischen Entscheidung und Anerkennung kann somit eine zunächst
anerkennungsfähige Sorgerechts- oder Umgangsentscheidung nicht mehr anerkennungsfähig werden, weil sich Bindungen des Kindes anderweitig entwickelt haben, und umgekehrt. Auch ein schwerwiegender Mangel einer ausländischen Adoptionsentscheidung
(Kind aus Haiti: die Adoption wurde ohne vorherigen unmittelbaren Kontakt zwischen den
Eltern und dem Kind ausgesprochen) hindert die Anerkennung für den deutschen Rechtskreis nicht, wenn sich nachträglich erweist, dass das Adoptionsverhältnis dem Kindeswohl
entspricht.[42]

Erbrecht: dass nach islamischem Recht Frauen als gesetzliche Erben nur halb soviel 24
erben wie Männer (Sure 4, 11–12), oder dass ein Christ wegen Religionsverschiedenheit[43]
seinen muslimischen Vater nicht beerben kann, verstößt nach unserem Verständnis gegen
den ordre publik.[44]

---

[34] Dazu Weitzel IPRax 2007, 308; OLG Köln FamRZ 2010, 49; OLG Düsseldorf FamRZ 2009, 1078; KG FamRZ 2006, 1405.
[35] Müller/Sieghörtner/Emmerling de Oliveira Rn 248.
[36] Schlauss FamRZ 2007, 1699.
[37] Besonders problematisch sind Adoptionen aus Haiti, Kasachstan; vgl. Schlauss FamRZ 2007, 1899.
[38] BayObLG StAZ 2000, 300.
[39] LG Karlsruhe IPRax 2007, 328.
[40] Steiger DNotZ 2002, 184/198.
[41] BGH FamRZ 1989, 378; OLG Hamm FamRZ 1987, 506; Winkel, Grenzüberschreitendes Sorge- und Umgangsrecht, 2001, S. 244.
[42] AG Hamm IPRax 2007, 326.
[43] OLG Hamm FamRZ 2005, 1705.
[44] KG NJW-RR 2008, 1109; streitig.

5. Gegenseitigkeit

25 Eine Verbürgung der Gegenseitigkeit ist bei § 109 (wie schon bei § 16a FGG) ohne Bedeutung, ihr Fehlen unschädlich.[45] Die entsprechende Regelung in § 328 Abs. 1 Nr. 5 ZPO wurde nicht übernommen. Ausnahmen: Abs. 4.

III. Ausschluss der Anerkennung in Ehesachen (§ 121)

1. Scheidungen in EU-Staaten

26 Regelungen in Rechtsakten der Europäischen Union gehen dem § 109 vor (§ 97). Das ist die VO (EG) Nr. 2201/2003. Nach Art. 21 VO werden die in einem Mitgliedstaat der EU (mit Ausnahme Dänemarks) ergangenen Entscheidungen in den anderen Mitgliedsstaaten anerkannt. Nach **Art. 22** nennt **Gründe für die Nichtanerkennung;** die fehlende Zuständigkeit des ausländischen Gerichts ist dort nicht genannt. Nach Art. 24 der VO darf die Zuständigkeit des Gerichts, das die ausländische Entscheidung erlassen hat, nicht überprüft werden. Wenn gegen eine Person ein Scheidungsverfahren in einem unzuständigen Staat betrieben wird, muss sie das dort durch Rechtsbehelfe rügen; bei der Frage der späteren Anerkennung der Scheidung ist ihr das verwehrt. Im Übrigen darf die ausländische Entscheidung „keinesfalls" in der Sache selbst nachgeprüft werden (Art. 26 VO).

2. Scheidungen in anderen Staaten (Abs. 2)

27 Wenn die Entscheidung aus anderen Staaten stammt, also Osteuropa, Asien, Amerika usw., dann kann der Anerkennung § 109 Abs. 1 Nr. 1 bis 4 entgegenstehen. Ob die Gegenseitigkeit verbürgt ist, spielt keine Rolle. Ferner kommt Abs. 3 zum Zug. Diplomatische Immunität hindert die Anerkennung einer Scheidung nicht.[46] Ausländische Entscheidungen in Ehesachen werden bei uns im Verfahren nach § 107 anerkannt. Die deutschen Gerichte sind für Ehesachen nach § 98 international zuständig. Die Anerkennung einer ausländischen Entscheidung ist grundsätzlich ausgeschlossen, wenn das ausländische Gericht, falls dort deutsches Recht gegolten hätte, nach deutschem Recht nicht zuständig ist, § 109 Abs. 1 Nr. 1 (Spiegelbildprinzip; Rn 3). Lassen sich zwei Ausländer, von denen einer seinen **Aufenthalt in Deutschland** hat, im Ausland scheiden, wäre an sich ein deutsches Gericht für die Scheidung zuständig gewesen. Denn nach § 98 Abs. 1 Nr. 4 sind die deutschen Gerichte zuständig, wenn bei zwei ausländischen Ehegatten ein Ehegatte seinen gewöhnlichen Aufenthalt[47] im Inland hat, der andere irgendwo im Ausland, es sei denn, dass die zu fällende Entscheidung offensichtlich nach dem Recht keines der Staaten anerkannt würde, dem einer der Ehegatten angehört (so[48] etwa Andorra, das ausländische Scheidungen nicht anerkennt; die Philippinen, wo die ausländische Scheidung katholischer philippinischer Staatsbürger nicht anerkannt wird; Ägypten, wo ägyptische Gerichte ausschließlich zuständig sind, wenn der Gegner Ägypter ist).

28 Wenn die Scheidung im Ausland erfolgt, kann sie im vorgenannten Fall an sich bei uns nicht anerkannt werden. Das schränkt **Abs. 2 S. 1** ein: die ausländische Scheidung kann bei uns trotzdem anerkannt werden, wenn einer der beiden Ehegatten seinen gewöhnlichen Aufenthalt im ausländischen Urteilsstaat hatte. Beispiel: eine Chinesin mit Aufenthalt in Deutschland und ein Russe mit Aufenthalt in Indien sind verheiratet; lässt sich der Russe in Indien scheiden, kann das bei uns anerkannt werden; lässt er sich trotz Aufenthalts in Indien in Afrika scheiden, nicht.

---

[45] Da § 328 Abs. 1 Nr. 5, Abs. 2 ZPO z.T. aber Verbürgung der Gegenseitigkeit voraussetzt, kommt es darauf an, ob eine ausl. Entscheidung als zivilprozessuale Entscheidung (dann § 328 ZPO) oder als Entscheidung der freiwilligen Gerichtsbarkeit (dann § 108 FamFG) aufzufassen ist. Dazu Geimer FS für Ferid S. 96.

[46] BGH FamRZ 2011, 788 (deutscher Diplomat mit Sitz in Albanien lässt sich von Italienerin, wohnhaft Albanien, in Albanien scheiden).

[47] Deutscher Aufenthalt ist auch bei einem US-Armeeangehörigen möglich (OLG Zweibrücken NJW-RR 1999, 948); bei einem Asylbewerber nach einiger Zeit (OLG Hamm NJW 1990, 651; Spickhoff IPrax 1990, 225).

[48] Beispiele aus MünchKommZPO/Bernreuther § 606a Rn 45.

Abs. 2 S. 2 erweitert die Anerkennungsbereitschaft nochmals. Wenn im Beispiel die 29 afrikanische Scheidung in China und Russland anerkannt wird, kann sie auch bei uns anerkannt werden (Abs. 2 S. 2). Das gilt nur bei Ausländerehen ohne Beteiligung eines deutschen Ehegatten.[49]

IV. Anerkennung von Entscheidungen in Lebenspartnerschaftssachen (Abs. 3)

Lebenspartnerschaften (registrierte Verbindung homosexueller Personen; zu unter- 30 scheiden von den „Lebensgefährten") werden inzident anerkannt; ein Verfahren nach § 107 ist nicht möglich (§ 107 Rn 10). Es handelt sich bei Lebenspartnerschaften um keine „Ehen". Der Anerkennung der ausländischen Entscheidung kann § 109 Abs. 1 Nr. 1 bis 4 entgegenstehen; das relativiert § 109 Abs. 3. Die internationale Zuständigkeit der deutschen Gerichte in Lebenspartnerschaftssachen richtet sich nach § 103. Da demnach eine weitgehende deutsche Zuständigkeit besteht, wären oft ausländische Gerichte aus unserer Sicht unzuständig mit der Folge, dass deren Entscheidungen bei uns wegen § 109 Abs. 1 Nr. 1 nicht anerkannt werden könnten. Um das zu vermeiden, **verbietet Abs. 3 den Ausschluss der Anerkennung** einer ausländischen Entscheidung nach § 103, wenn der das Register (z.B. Standesamtsregister) führende Staat (zu diesem Begriff vgl. Art. 17b Abs. 1 EGBGB) die Entscheidung anerkennt. Die internationale Zuständigkeit deutscher Gerichte ist auch dann gegeben, wenn nur die Registrierung der Partnerschaft in Deutschland stattgefunden hat. Niemand käme auf die Idee, einen Ehegerichtsstand immer dort anzunehmen, wo die Ehegatten irgendwann einmal geheiratet haben. Bei den homosexuellen registrierten Partnerschaften hat man (politisch bedingt) ein Bedürfnis für einen solchen exorbitanten Gerichtsstand gesehen, weil solche Partnerschaften in vielen ausländischen Rechtsordnungen nicht anerkannt sind, so dass möglicherweise überhaupt kein Gerichtsstand zur Verfügung stünde.[50]

V. Anerkennung sonstiger ausländischer Entscheidungen (Abs. 4); Unterhalt

Nach § 328 Abs. 1 Nr. 5 ZPO ist die Anerkennung des Urteils eines ausländischen 31 Gerichts ausgeschlossen, wenn die **Gegenseitigkeit** nicht verbürgt ist. Davon macht dann § 328 Abs. 2 ZPO Ausnahmen (z.B. für Lebenspartnerschaftssachen), dort kann also trotz fehlender Gegenseitigkeit eine ausländische Entscheidung anerkannt werden. § 109 Abs. 1 dagegen lässt (wie schon der frühere § 16a FGG) eine Anerkennung grundsätzlich auch dann zu, wenn keine Gegenseitigkeit verbürgt ist; davon macht Abs. 4 Ausnahmen (wobei der Vorrang von Staatsverträgen und Europarecht zu beachten ist). Die Feststellung der Gegenseitigkeit hat von Amts wegen zu erfolgen (§ 26) und bereitet erhebliche praktische Probleme, weil oft aktuelle Literatur dazu fehlt.

Die Anerkennung sonstiger ausländischer Entscheidungen ist nach § 109 Abs. 1 aus- 32 geschlossen. In bestimmten Fällen fügt § 109 Abs. 4 zu den in Abs. 1 genannten vier Gründen einen weiteren **Anerkennungshinderungsgrund** hinzu, nämlich die fehlende Verbürgung der Gegenseitigkeit[51] (also wie bei § 328 Nr. 5 ZPO); die Formulierung „auch" ist misslich, besser wäre „ferner". Dadurch sollen ausländische Staaten gezwungen werden, deutsche Entscheidungen anzuerkennen.[52] Der betroffenen Partei nützt das nicht. Solche Fälle sind:

- **Familienstreitsachen** (§ 112): **Unterhaltssachen** nach § 231 Abs. 1 und **Lebenspartnerschaftssachen** nach § 269 Abs. 1 Nr. 7 und Nr. 8. Zu den Unterhaltssachen gehört die durch Verwandtschaft oder Ehe begründete gesetzliche Unterhaltspflicht sowie Ansprüche nach § 1615 l oder § 1615 m BGB. 33

---

[49] BayObLG FamRZ 1992, 548.
[50] MünchKommZPO/Coster-Waltjen § 661 Rn 31.
[51] Eine Liste zur Verbürgung der Gegenseitigkeit findet sich bei MünchKommZPO/Gottwald § 328 Rn 120 ff.
[52] Prütting/Helms/Hau § 109 Rn 67.

- Die **Verpflichtung zur Fürsorge und Unterstützung** in der partnerschaftlichen Lebensgemeinschaft.
- Die Regelung der **Rechtsverhältnisse an der gemeinsamen Wohnung und am Hausrat** der Lebenspartner.
- **Entscheidungen nach § 6 S. 2 LPG** i. V. m. §§ 1382 und 1383 BGB (Stundung des Zugewinns, Ausgleich durch Übertragung von Vermögensgegenständen).
- **Entscheidungen nach § 7 S. 2 LPG** i. V. m. §§ 1426, 1430 und 1452 BGB (bestimmte Fragen betreffend das Gesamtgut bei Gütergemeinschaft).

VI. Verbot der Nachprüfung in der Sache (Abs. 5)

34 Abs. 5 verbietet im Rahmen der Anerkennung, die Gesetzmäßigkeit der ausländischen Entscheidung, also die Richtigkeit, nachzuprüfen. Weder tatsächliche noch rechtliche Gründe, weder Verfahrensfehler noch Fehler in der Beweiswürdigung dürfen dazu führen, dass eine Anerkennung zu versagen ist. Nur die jeweils geregelten Versagungsgründe dürfen zur Verweigerung der Anerkennung führen. Wer von einem unrichtigen Urteil im Ausland betroffen ist muss dort die gegebenen Rechtsbehelfe geltend machen. Dieses Verbot der revision au fond findet sich in allen Anerkennungsregelungen, z. B. in Art. 26 der VO (EG) Nr. 2201/2003; Art. 36 der VO (EG) Nr. 44/2201; § 723 Abs. 1 ZPO.

Vollstreckbarkeit ausländischer Entscheidungen

110 (1) Eine ausländische Entscheidung ist nicht vollstreckbar, wenn sie nicht anzuerkennen ist.

(2) ¹Soweit die ausländische Entscheidung eine in § 95 Abs. 1 genannte Verpflichtung zum Inhalt hat, ist die Vollstreckbarkeit durch Beschluss auszusprechen. ²Der Beschluss ist zu begründen.

(3) ¹Zuständig für den Beschluss nach Absatz 2 ist das Amtsgericht, bei dem der Schuldner seinen allgemeinen Gerichtsstand hat, und sonst das Amtsgericht, bei dem nach § 23 der Zivilprozessordnung gegen den Schuldner Klage erhoben werden kann. ²Der Beschluss ist erst zu erlassen, wenn die Entscheidung des ausländischen Gerichts nach dem für dieses Gericht geltenden Recht die Rechtskraft erlangt hat.

I. Normzweck

1 Die Vorschrift befasst sich mit der Vollstreckbarkeit von ausländischen Entscheidungen in Familiensachen und in Angelegenheiten der freiwilligen Gerichtsbarkeit, die bisher im FGG (abgesehen von § 16 a FGG) nicht besonders geregelt war; sie lehnt sich an die bisherige Rechtsprechung an und fügt Regelungen entsprechend §§ 722, 723 ZPO ein. Die Vollstreckbarkeit spielt in der freiwilligen Gerichtsbarkeit keine große Rolle, weil oft nichts zu vollstrecken ist, etwa wenn ein Erbschein oder ein Testamentsvollstreckerzeugnis erteilt wurde. Anders ist es bei Unterhaltsentscheidungen.

II. Voraussetzungen der Zwangsvollstreckung

2 Anerkennungsfähigkeit einer ausländischen Entscheidung bedeutet noch nicht Vollstreckbarkeit in Deutschland. Eine Zwangsvollstreckung setzt bei uns einen Vollstreckungstitel voraus. Allein damit kann man meist auch noch nicht vollstrecken, erforderlich ist vielmehr eine „vollstreckbare Ausfertigung" des Titels, das ist eine Ausfertigung, die mit einer bestimmten Klausel (vgl. § 725 ZPO) versehen ist, der sog. **Vollstreckungsklausel**. Zweck ist die Erleichterung der Tätigkeit für das Vollstreckungsorgan (Gerichtsvollzieher, Vollstreckungsgericht etc), das die sachliche Richtigkeit des Titels nicht mehr überprüfen darf.

3 In einigen Fällen ist eine **Vollstreckungsklausel** in der Regel **nicht erforderlich**, so bei Vollstreckungsbescheiden (vgl. § 796 Abs. 1 ZPO), beim Europäischen Mahnbescheid (vgl. Art. 19 EuMahnVO) und bei einem Vollstreckungstitel nach der VO (EG) Nr. 805/2004, wenn er als „Europäischer Vollstreckungstitel" bestätigt ist (§ 1082 ZPO);

in Wirklichkeit war, ist und bleibt der Titel natürlich national, weil es kein Europäisches AG gibt.

Für die Durchsetzung von **Unterhaltsansprüchen**[1] kommen z. B. in Betracht:[2] Haager Übereinkommen vom 24. 10. 1956 (BGBl. 1961 II S. 1012), Haager Übereinkommen vom 2. 10. 1973 (BGBl. 1986 II S. 837); New Yorker UN-Übereinkommen über die Geltendmachung von Unterhaltsansprüchen im Ausland vom 20. 6. 1956 (BGBl. 1956 II S. 149); VO (EG) Nr. 805/2004; Haager Übereinkommen über die Anerkennung und Vollstreckung von Entscheidungen auf dem Gebiet der Unterhaltspflicht gegenüber Kindern vom 15. 4. 1958 (BGBl. 1961 II S. 1005); VO (EG) Nr. 4/2009. Bei Unterhaltstiteln besteht die Möglichkeit der Rechtshilfe nach dem UNUÜ bzw. dem AUG.

III. Vorrang von Europarecht und Abkommen

Wenn anderweitige Regelungen gelten, ist § 110 nicht einschlägig (§ 97). Solche Regelungen finden sich im **Europarecht und in zwischenstaatlichen Abkommen.** Deshalb ist der Anwendungsbereich von § 108 gering; hauptsächlich fallen nur noch Entscheidungen aus den USA, Kanada, Südafrika, Osteuropa und Asien unter § 110.

1. AVAG

Die Ausführung folgender zwischenstaatlicher Verträge bzw. Durchführung von EG-Verordnungen richtet sich nach dem AVAG, wie § 1 AVAG bestimmt:
- zwischenstaatliche Verträge vom 27. 9. 1968 und vom 16. 9. 1988 (§ 108 Rn 42);
- Haager Übereinkommen vom 2. 10. 1973 über die Anerkennung und Vollstreckung von Unterhaltsentscheidungen (§ 108 Rn 48);
- Verträge mit Norwegen, Israel, Spanien (§ 108 Rn 57, 63, 64);
- VO (EG) Nr. 44/2001 (§ 108 Rn 43);
- Abkommen mit Dänemark vom 19. 10. 2005 (ABl. EU Nr. L 299 S. 62).

Aus diesbezüglichen Titeln kann nicht unmittelbar in Deutschland vollstreckt werden. Eine **Vollstreckbarerklärung** ist notwendig. Der im Ursprungsstaat vollstreckbare Titel wird dadurch zur Zwangsvollstreckung zugelassen, dass er auf Antrag mit der deutschen Vollstreckungsklausel versehen wird (§ 4 AVAG). Dafür ist das LG zuständig (§ 3 AVAG); über den Antrag auf Erteilung der Vollstreckungsklausel entscheidet der Vorsitzende einer Zivilkammer durch Beschluss, ohne Anhörung des Verpflichteten (§ 6 Abs. 1 AVAG) und ohne mündliche Verhandlung. Anwaltszwang besteht nicht. Weitere Einzelheiten zum Antrag und zum Verfahren regeln §§ 4 ff. AVAG. Auf Grund des Beschlusses des Vorsitzenden erteilt der Urkundsbeamte der Geschäftsstelle des LG die **Vollstreckungsklausel** in der Form des § 9 AVAG. Kosten des Verfahrens: sie sind vom Schuldner zu tragen, § 788 ZPO, § 8 Abs. 1 S. 4 AVAG. Für die Kostenfestsetzung ist nicht etwa das LG zuständig, sondern das AG als Vollstreckungsgericht.[3] Gerichtsgebühren: Nr. 1510 KV GKG. Anwaltsgebühren: Nr. 3100 VV RVG.

2. IntFamRVG

Die Vollstreckung richtet sich in folgenden Fällen nach dem IntFamRVG (das SorgeR-ÜbkAG ist seit 1. 3. 2005 aufgehoben):
- Durchführung der VO (EG) Nr. 2201/2003 (sie betrifft allerdings nicht Unterhaltspflichten; Art. 1 Abs. 3 e VO);
- Ausführung des Haager Kindesentführungsübereinkommens (HKÜ) vom 25. 10. 1980 (§ 108 Rn 51);
- Ausführung des Europäischen Sorgerechtsübereinkommens (ESÜ) vom 20. 5. 1980 (§ 108 Rn 52).

---

[1] Einzelheiten: Martiny FamRZ 2008, 1681; Faetan JAmt 2007, 181
[2] Palandt/Thorn EGBGB Anh. zu Art. 18.
[3] OLG München FamRZ 2002, 408.

9   Eine zentrale Behörde, nämlich das Bundesamt für Justiz in Bonn, wird in den in § 3 IntFamRVG genannten Fällen tätig, etwa im Rahmen der Ermittlung des Aufenthalts eines entführten Kindes (§ 7 IntFamRVG).

10 Zuständig für die Zwangsvollstreckung nach Art. 41, 42 der VO (EG) Nr. 2201/2003 ist ein Familiengericht (§ 10 IntFamRVG), für Verfahren nach dem HKÜ ebenfalls ein Familiengericht (§ 11 IntFamRVG), jeweils mit Zuständigkeitskonzentration (§ 12 IntFamRVG). Das Verfahren regelt § 16 IntFamRVG. Es ist zu unterscheiden:

11 • Titel über das **Umgangsrecht,** für die der Ursprungsmitgliedstaat eine formblattmäßige Bescheinigung nach Art. 41 Abs. 2 der VO ausgestellt hat (die Entscheidung wird für vollstreckbar erklärt), sind ohne Vollstreckbarerklärung in dem Staat, in dem vollstreckt werden soll, vollstreckbar (Art. 16); eine Vollstreckungsklausel in dem Staat, in dem vollstreckt werden soll, ist nicht erforderlich.

12 • Titel über die **Rückgabe eines Kindes,** für die der Ursprungsmitgliedsstaat eine formblattmäßige Bescheinigung nach Art. 42 Abs. 2 der VO ausgestellt hat (die Entscheidung wird für vollstreckbar erklärt), sind ohne Vollstreckbarerklärung in dem Staat, in dem vollstreckt werden soll, vollstreckbar (Art. 16). Eine Vollstreckungsklausel in dem Staat, in dem vollstreckt werden soll, ist nicht erforderlich.

13 • **Sonstige** von der VO (EG) Nr. 2201/2003 erfasste Titel werden dadurch zur Zwangsvollstreckung zugelassen, dass sie auf Antrag mit der Vollstreckungsklausel versehen werden (Art. 16). Für den Antrag besteht kein Anwaltszwang. Der Gegner wird nicht gehört. Eine mündliche Verhandlung findet nicht statt (Art. 18 VO). Anders ist es bei der Vollstreckbarerklärung nach dem ESÜ (Art. 10 Abs. 1b, 15 Abs. 1 ESÜ); vgl. § 19 IntFamRVG. Das Gericht beschließt, dass der Titel mit der **Vollstreckungsklausel** zu versehen ist (§ 20 IntFamRVG); der Urkundsbeamte erteilt hierauf die Klausel in der in § 23 IntFamRVG genannten Form. Kosten: § 20 Abs. 2 IntFamRVG, der auf § 107 FamFG verweist.

14 **VO (EG) Nr. 4/2009** des Rates vom 18. 12. 2008 über die Zuständigkeit, das anwendbare Recht, die Anerkennung und Vollstreckung von Entscheidungen und die Zusammenarbeit in **Unterhaltssachen.**[4] Die VO nimmt Bezug auf das Haager Übereinkommen von 2007 und das Haager Protokoll von 2007. Die wechselseitigen Unterhaltsentscheidungen werden anerkannt. Bei der Vollstreckung wird differenziert: Die in der VO geregelte Abschaffung des Anerkennungsverfahrens und die unmittelbare Vollstreckung von Unterhaltsentscheidungen aus anderen EU-Staaten ohne Erfordernis eines Anerkennungsverfahrens gilt nur für Entscheidungen aus Staaten, die durch das Haager Protokoll von 2007 gebunden sind (Art. 17 ff. VO; Abschaffung des Exequaturverfahrens). Für Entscheidungen aus anderen EU-Staaten ist weiterhin ein Anerkennungsverfahren nach Maßgabe von Art. 23, 24 VO erforderlich, damit Vollstreckbarkeit eintritt. Zum Inhalt des Antrags vgl. Art. 28 VO. Zentrale Behörde ist das Bundesamt für Justiz in Bonn. Die Verordnung ist anwendbar ab dem Tag der Anwendbarkeit des Haager Protokolls von 2007 in der Gemeinschaft, frühestens ab 18. 6. 2011 (Art. 76 VO).

15 **Gerichtsgebühren:** Nr. 1710 bis 1715 KV FamGKG. Kostenschuldner: § 21 Abs. 1 S. 2 Nr. 2 FamGKG, § 81 Abs. 3 FamFG. Anwaltsgebühren: Nr. 3100 VV RVG.

16 Titel auf **Herausgabe eines Kindes oder Umgang** werden (sowohl im innerstaatlichen wie grenzüberschreitenden Verfahren) nach §§ 88 bis 94 FamFG vollstreckt (§ 44 IntFamRVG wurde aufgehoben).

IV. Fälle des § 110 FamFG

1. Anerkennungsfähigkeit als Voraussetzung der Vollstreckung

17 Grundsätzlich können ausländische Entscheidungen in Deutschland durch deutsche Gerichte und Behörden vollstreckt werden. Die Vollstreckung erfolgt nach den Regeln des FamFG (z. B. §§ 35, 86 ff.) oder den Vorschriften der ZPO (§ 95). Voraussetzung ist aber, dass die ausländische Entscheidung bei uns anzuerkennen ist (Abs. 1), also anerkennungsfähig ist. Die Anerkennungsfähigkeit ist entweder vorgeschrieben oder sie kann in nicht-

---
[4] ABl. EG Nr. 7/2009 vom 10. 1. 2009 S. 1.

vermögensrechtlichen Sachen isoliert durch Beschluss des deutschen Gerichts festgestellt werden (§ 108 Abs. 2, 3) oder von der vollstreckenden Stelle als Vorfrage geprüft werden; die Anerkennung ist ausgeschlossen in den Fällen des § 109 Abs. 1 Nr. 1 bis 4, bei Unterhaltsentscheidungen ferner nach § 109 Abs. 4 Nr. 1.

2. Unterhaltsentscheidungen in einem ausländischen Scheidungsurteil

Für die Anerkennung und Vollstreckbarerklärung einer in einem ausländischen Scheidungsurteil getroffenen weiteren Nebenentscheidung, zum Beispiel einer Verurteilung zu Unterhaltszahlungen, ist das Verfahren vor der Landesjustizverwaltung nach § 107 nicht erforderlich.[5] Nur wenn die weitere Entscheidung auf dem Ehescheidungsurteil beruht, ohne dieses also keinen Bestand haben kann (d. h. ohne Trennung bzw. Scheidung kein derartiger Unterhaltsanspruch bestünde), darf sie erst nach Anerkennung des Scheidungsausspruchs für vollstreckbar erklärt werden.[6]

3. Beschluss über die Vollstreckbarkeit (Abs. 2)

a) Allgemeines. Die Anerkennungsfähigkeit macht die Entscheidung noch nicht im Inland vollstreckbar; sie muss ihr im Inland verliehen werden (sog. **Exequatur**).

Soweit die ausländische Entscheidung eine in § 95 Abs. 1 genannte Verpflichtung zum Inhalt hat, ist die Vollstreckbarkeit durch Beschluss auszusprechen. § 95 Abs. 1 betrifft:
- Vollstreckung einer Geldforderung;
- Herausgabe einer beweglichen oder unbeweglichen Sache (also nicht: eines Kindes);
- Vollstreckung der Pflicht zur Vornahme einer vertretbaren oder nicht vertretbaren Handlung;
- Erzwingung von Duldungen und Unterlassungen;
- Vollstreckung der Abgabe einer Willenserklärung.

In diesen Fällen erfolgt die Vollstreckung nach den Vorschriften der ZPO über die Zwangsvollstreckung (§ 95 Abs. 1); es ist also eine Vollstreckungsklausel erforderlich (§ 724 ZPO).

In den in § 95 Abs. 1 nicht genannten Fällen ist ein Vollstreckbarkeitsbeschluss weder zulässig noch erforderlich; hier werden die Anerkennungsfähigkeit und damit die Vollstreckbarkeit weiterhin als Vorfrage geprüft.

b) Antrag. Der Beschluss über die Vollstreckbarkeit ergeht auf Antrag des Vollstreckungsgläubigers. Anwaltszwang besteht nicht (§ 10).

c) Zuständigkeit. Örtlich zuständig ist das AG, bei dem der Schuldner seinen allgemeinen Gerichtsstand hat, und sonst das AG, bei dem nach § 23 ZPO gegen den Schuldner Klage erhoben werden kann, wo also der Schuldner Vermögen hat (Abs. 3 S. 1), sei es auch geringer als der titulierte Anspruch. Auch bei einem hohen Streitwert ist das LG nicht zuständig. Die Vollstreckbarerklärung ist Familiensache, wenn die entschiedene Sache nach deutschem Recht als Familiensache anzusehen ist.[7]

d) Voraussetzungen. Das deutsche Gericht prüft nur, ob die ausländische Entscheidung (nach ausländischem Recht) formell rechtskräftig ist, ob sie anerkennungsfähig ist (Abs. 1; entspricht § 723 Abs. 2 S. 2 ZPO) und, wenn materiellrechtliche Einwendungen erhoben sind, z. B. Zahlung nach Urteilserlass, ob sie zulässig[8] und begründet sind. Eine sonstige **sachliche Nachprüfung der ausländischen Entscheidung** ist unzulässig. Die Gesetzmäßigkeit der Entscheidung (also ob dort die Tatsachen richtig festgestellt und das in- und ausländische Recht richtig angewandt wurde), darf also nicht nachgeprüft werden (§ 109 Abs. 5; entspricht § 723 Abs. 1 ZPO); hier hätte sich der Vollstreckungsschuldner mit Rechtsmitteln im Staat, von dem die ausländische Entscheidung stammt, wehren müssen. Eine gewisse Kontrolle gibt es aber, weil im Rahmen von § 108 das ausländische

---
[5] BGH NJW-RR 2007, 722 (Slowenien).
[6] BGH NJW-RR 2007, 722; NJW 1975, 1072.
[7] BGH NJW 1983, 2775; vgl. § 10 Abs. 3 AUG; MünchKommZPO/Rauscher § 110 FamFG Rn 17.
[8] BGH NJW 1982, 1947; NJW 1980, 2025.

Verfahren rudimentär nachgeprüft werden kann und über den ordre public die materielle Rechtsanwendung, allerdings in sehr engen Grenzen.

26 Der Beschluss darf erst erlassen werden, wenn die Entscheidung des ausländischen Gerichts nach dem für das ausländische Gericht geltenden Recht die **Rechtskraft** erlangt hat (Abs. 3 S. 2; entspricht § 723 Abs. 2 S. 1 ZPO); diese Rechtskraft muss der Antragsteller nachweisen, wobei er sich aller Beweismittel bedienen kann. Gemeint ist formelle Rechtskraft nach dem Recht des Ursprungsstaats, also Unanfechtbarkeit mit ordentlichen Rechtsmitteln oder jedenfalls eine Wirkung, die den Bestand des Titels im ausländischen Staat sichert.[9] Nicht notwendig ist, dass im ausländischen Staat die Rechtskraft Voraussetzung der Vollstreckung ist.

27 **e) Verfahren.** Eine mündliche Verhandlung ist nicht notwendig. Dem Vollstreckungsschuldner muss grundsätzlich rechtliches Gehör gewährt werden. **Gegenstand des Verfahrens** ist nicht der Anspruch (z. B. auf Zahlung) selbst, sondern die Zulässigkeit der inländischen Zwangsvollstreckung aus dem ausländischen Titel. Soweit Amtsprüfung zu erfolgen hat (vgl. § 26), sind daher Anerkenntnis und Vergleich ausgeschlossen, über den Anspruch selbst aber möglich. Anstelle des Verfahrens nach § 110 kann der Antragsteller den Anspruch auch selbständig geltend machen.[10] Der Schuldner kann Einwendungen erheben,[11] soweit sie nach dem maßgeblichen ausländischen Präklusionszeitpunkt zulässig sind (vgl. § 767 Abs. 2 ZPO), z. B. Zahlung nach Urteilserlass, spätere Aufhebung des Titels. Der Schuldner darf nicht auf Rechtsbehelfe im Urteilsstaat verwiesen werden.[12]

28 **f) Entscheidung.** Sie erfolgt durch **Beschluss** (nicht durch Urteil); vgl. § 38. Er lautet z. B. „*Die Zwangsvollstreckung aus . . . (Bezeichnung des Titels) zugunsten des . . . (Bezeichnung des Antragstellers) gegen den . . . (Bezeichnung des Schuldners) ist zulässig. Die zu vollstreckende Entscheidung lautet: . . .* (Angabe der Formel der ausländischen Entscheidung in deutscher Sprache)." Die Kostenentscheidung ergeht nach §§ 80 ff. Eine „vorläufige Vollstreckbarkeit" entfällt. Eine Begründung und eine Rechtsmittelbelehrung sind notwendig. Gerichtsgebühren: wie oben Rn 15.

Im Tenor erfolgt **keine Umrechnung** des zu zahlenden Geldbetrags in Euro; erst in der Zwangsvollstreckung wird umgerechnet.[13] Der Schuldner kann nach § 244 BGB in Euro zahlen. Zu erforderlichen Devisengenehmigungen: § 32 AWG.

29 Ist der **ausländische Titel unbestimmt,** z. B. ein Urteilsbetrag an einen Inflations-Index[14] geknüpft; oder an einen Währungsausgleich;[15] oder es werden „gesetzliche" Zinsen zugesprochen;[16] oder die „jeweilige" Mehrwertsteuer,[17] kann er in der Entscheidung über die Vollstreckbarkeit konkretisiert werden.[18] Voraussetzung ist, dass der Antragsteller die rechtlichen Grundlagen zweifelsfrei nachweist, z. B. Kopien aus ausländischen Gesetzblättern mit Übersetzung vorlegt, und die Frage damit unzweifelhaft geklärt ist. Ein nicht hinreichend konkreter Titel darf jedenfalls nicht für vollstreckbar erklärt werden, der Antragsteller ist auf Antragsergänzung hinzuweisen.[19] Eine Vollstreckbarerklärung scheidet deshalb bei einem Unterhaltsurteil aus, das auf Unterhaltszahlung in Höhe von „$^{1}/_{4}$ des Nettoeinkommens" des Unterhaltspflichtigen lautet;[20] oder auf Unterhalt „bei ernsthaftem Studium".[21] Unbestimmt und nicht bestimmbar ist auch eine Kostengrundentscheidung[22]

---

[9] MünchKommZPO/Gottwald § 723 Rn 3.
[10] Vgl. BGH NJW 1979, 2477; NJW 1964, 1626.
[11] BGH NJW 1987, 1146; NJW 1983, 1270; OLG Düsseldorf FamRZ 1989, 97.
[12] MünchKommZPO/Gottwald § 722 Rn 46.
[13] Zu Umrechnungsfragen vgl. Palandt/Grüneberg § 244 Rn 20.
[14] BGH NJW 1986, 1440; OLG Zweibrücken IPRax 2006, 49; a. A. OLG Düsseldorf FamRZ 1982, 630.
[15] BGH NJW 1993, 1801.
[16] BGH NJW 1990, 3084; OLG Celle NJW 1988, 2183; MünchKommZPO/Gottwald § 722 Rn 21; a. A. OLG Düsseldorf IPrax 1985, 160; OLG München IPRax 1988, 291.
[17] LG Hamburg RIW/AWD 1979, 419.
[18] BGH NJW 1986, 1440; OLG Hamburg RIW/AWD 1994, 424.
[19] BGH NJW 1993, 1801 für italienischen Titel.
[20] AG Wiesbaden FamRZ 2006, 562.
[21] OLG Karlsruhe IPrax 2002, 527.
[22] LG Hamburg IPrax 1977 Nr. 154.

(„Dem X werden die Kosten auferlegt"); hier muss der Gläubiger eine bezifferte Kostenfestsetzung im Ursprungsland beantragen.

V. Praktische Handhabung

Für den Praktiker ist die Unterhaltsvollstreckung im Ausland kaum durchschaubar. Hier kann eine Anfrage beim Bundesamt für Justiz (Auslandsunterhalt) Bonn helfen. Für den Gerichtsvollzieher ist die Vollstreckung aus ausländischen Titeln im Inland schwierig. Deshalb zählt § 71 GVGA die ausländischen Vollstreckungstitel auf und bestimmt, dass der Gerichtsvollzieher bei Zweifeln über die Vollstreckbarkeit den Vorgang seiner vorgesetzten Dienstbehörde vorlegen soll und deren Weisung abwartet.

Buch 2. Verfahren in Familiensachen

Abschnitt 1. Allgemeine Vorschriften

Familiensachen

111 Familiensachen sind
1. Ehesachen,
2. Kindschaftssachen,
3. Abstammungssachen,
4. Adoptionssachen,
5. Ehewohnungs- und Haushaltssachen,
6. Gewaltschutzsachen,
7. Versorgungsausgleichssachen,
8. Unterhaltssachen,
9. Güterrechtssachen,
10. sonstige Familiensachen,
11. Lebenspartnerschaftssachen.

Übersicht

	Rn
I. Normzweck	1
II. Standort der Verfahrensvorschriften in Familiensachen	2
III. Begriff der Familiensachen	4
1. Anwendungsbereich des § 111	4
2. Qualifikation als Familiensache; Nichtfamiliensache	5
3. Arten von Familiensachen	6
4. Konkrete Bestimmung der Familiensachen	8
5. Familiensachen kraft materiellrechtlichen Sachzusammenhangs	9
6. Familiensachen kraft verfahrensrechtlichen Sachzusammenhangs	10
a) Zwischen- und Nebenverfahren	10
b) Selbstständiges Beweisverfahren	11
c) Abänderungs- bzw. Wiederaufnahmeverfahren	12
d) Vollstreckungsverfahren	13
e) Verfahren nach ausländischem Recht	17
7. Verfahren, die nicht zu den Familiensachen zählen	18
IV. Das Verfahren in Familiensachen	19
1. Vorschriften über das familiengerichtliche Verfahren im FamFG	19
2. Selbständige Verfahren in Familiensachen oder Verbund von Scheidungs- und Folgesachen	20
3. Familiensachen als selbständige Verfahren	21
4. Grundsätze des familiengerichtlichen Verfahrens	28
a) Verfahrensrechtliche Zuordnung der jeweiligen Familiensache	28
b) Einheitliches Verfahrensrecht für alle Arten von Familiensachen	29
c) Unterschiedliches Verfahrensrecht in Familiensachen	30
5. Anwendung des GVG	33
V. Das Familiengericht	34
1. Allgemeines, Zuständigkeitskonzentrationen	34
2. Abteilungen für Familiensachen	35
3. Besetzung des Familiengerichts mit Familienrichtern als Einzelrichter	36
4. Bildung von Familiengerichten	37
a) § 23 b Abs. 2 GVG	37
b) § 23 b Abs. 3 GVG	42
c) Familiensenate bei den Oberlandesgerichten	43
d) BGH	51
e) Ermächtigung der Landesgesetzgeber	52

	Rn
5. Sachliche Zuständigkeit; Rechtsweg; Zuständigkeitsstreit	53
6. Örtliche Zuständigkeit; Zuständigkeitsstreit	54
7. Zuständigkeitsrügen	55
8. Internationale Zuständigkeit	56
9. Funktionelle Zuständigkeit	57
VI. Kosten und Gebühren	58

I. Normzweck

1 Die Vorschrift zählt die einzelnen Arten von Familiensachen auf und führt das **Große Familiengericht** ein, bei dem alle Zuständigkeiten für Rechtsstreitigkeiten zusammengeführt sind, die durch den sozialen Verband von Ehe und Familie entstehen. Durch § 111 Nr. 2, 4, 6 und 10 wird der Kreis der Familiensachen gegenüber der früheren Gesetzeslage deutlich erweitert (s. näher Rn 3). Den Schwerpunkt des familiengerichtlichen Verfahrens sieht der Gesetzgeber im Aspekt der Fürsorge des Gerichts für die Beteiligten und in der erhöhten staatlichen Verantwortung für die materielle Richtigkeit der gerichtlichen Entscheidung, weswegen ihn der bisherige Standort des familiengerichtlichen Verfahrens im Buch 6 der ZPO nicht mehr überzeugt hat.[1] Das Verfahrensmodell der ZPO ist für Streitgegenstände konzipiert, die der Dispositionsmacht der Parteien unterliegen und im Regelfall keinen besonderen Grundrechtsschutz genießen. Dieses Modell hält der Gesetzgeber für familienrechtliche Angelegenheiten nur als bedingt geeignet. Ihr besonderer Charakter verlangt nach einer eigenständigen, aus den Besonderheiten der Verfahrensgegenstände entwickelten Verfahrensordnung, in der Elemente der ZPO lediglich ergänzend herangezogen werden können.[2] Als Definitionsnorm der Familiensachen tritt § 111 an die Stelle der bisherigen Katalogvorschriften der §§ 23b Abs. 1 Satz 2 GVG, 621 Abs. 1 ZPO, die nun entfallen sind. Zum Übergangsrecht s. die Kommentierung zu Art. 111 des FGG-RG.

II. Standort der Verfahrensvorschriften in Familiensachen

2 In Buch 1 und 2 fasst das FamFG das **Familienverfahrensrecht** an einem einheitlichen Standort zusammen und verweist nur in dem vom Gesetzgeber für notwendig erachteten Umfang auf andere Verfahrensordnungen (ZPO). Ausgangsnorm für das Familienverfahrensrecht ist § 1, der anordnet, dass das FamFG, und nicht wie früher die ZPO, primär für das Verfahren in Familiensachen gilt. Die umfangreiche Verweisung auf Vorschriften der ZPO in § 113 Abs. 1 S. 2 für Ehe- und Familienstreitsachen, aber auch im Allgemeinen Teil des FamFG für die Familiensachen der freiwilligen Gerichtsbarkeit (FG-Familiensachen) führt zu einer nicht immer übersichtlichen Gemengelage zweier Verfahrensordnungen, des FamFG und der ZPO.

3 Das FamFG lässt die Grundstruktur des familiengerichtlichen Verfahrens mit dem Verbundprinzip in Scheidungssachen (vgl. § 137) und der Unterscheidung zwischen den Familiensachen der freiwilligen Gerichtsbarkeit (FG-Familiensachen) sowie den Ehesachen und den Familienstreitsachen bestehen. Während auf die FG-Familiensachen früher nach §§ 621a Abs. 1 ZPO, 64 Abs. 3 FGG primär die Vorschriften des FGG anzuwenden waren, unterstehen sie nun dem FamFG. Die Ehe- und Familienstreitsachen hatten früher als sog. ZPO-Familiensachen ihre gesetzliche Grundlage allein in der ZPO. Nun haben sie ihren gesetzlichen Definitionsstandort und einen Teil ihrer Verfahrensregeln zwar im FamFG (vgl. §§ 112 ff.). Durch die umfassende Verweisung auf die Verfahrensvorschriften der ZPO nach § 113 (vgl. Rn 2 und § 113 Rn 4) unterstehen sie jedoch nach wie vor in weiten Zügen der ZPO. Das Verfahren in Ehe- und Familienstreitsachen richtet sich somit teils nach den Vorschriften des FamFG, teils nach den Vorschriften der ZPO. Das Vormundschaftsgericht ist aufgelöst; seine Aufgaben in Bezug auf Minderjährige und die Adoption Volljähriger sind in die Zuständigkeit des Familiengerichts übernommen worden. Die Zuständigkeit des Großen Familiengerichts ist um alle Rechts-

---

[1] BT-Drs. 16/6308 S. 162.
[2] BT-Drs. 16/6308 S. 162.

streitigkeiten im Zusammenhang mit Trennung, Scheidung und Beendigung eines Verlöbnisses zwischen (ehemals) Verlobten, (ehemaligen) Eheleuten, Eltern, sowie zwischen (Schwieger-)Eltern und (Schwieger-)Kindern und auch dritten Personen, und um die entsprechenden Lebenspartnerschaftssachen nach § 269 erweitert, jeweils soweit es sich nicht um eine arbeits-, wohnungseigentums- oder erbrechtliche Streitigkeit handelt; für einen Teil dieser Streitigkeiten, insbesondere diejenigen außerhalb des Güterrechts, waren bislang die allgemeinen Zivilgerichte zuständig. Sie fallen nun als sonstige Familiensachen nach § 266 (s. näher dort) ebenso in die Zuständigkeit des Familiengerichts wie alle Gewaltschutzsachen, für die bislang teilweise ebenfalls die allgemeinen Zivilgerichte zuständig waren.

III. Begriff der Familiensachen

1. Anwendungsbereich des § 111

§ 111 definiert den Kreis der Familiensachen originär. Soweit der Begriff Familiensache in anderen Rechtsvorschriften erwähnt ist, erschließt sich die Bestimmung dieses Begriffs aus § 111.[3] § 13 GVG weist die Familiensachen zusammen mit den bürgerlichen Rechtsstreitigkeiten und den Angelegenheiten der freiwilligen Gerichtsbarkeit ausdrücklich als Zivilsachen aus (s. auch Rn 33).

2. Qualifikation als Familiensache; Nichtfamiliensache

Ob ein Verfahren eine Familiensache ist, richtet sich allein nach der Begründung des geltend gemachten Anspruchs oder der geltend gemachten materiellrechtlichen Norm auf der Grundlage des Tatsachenvortrags des antragstellenden Beteiligten;[4] in Fällen mit Auslandsberührung bestimmt sich die Qualifikation eines Verfahrens als Familiensache grundsätzlich nach deutschem Recht als lex fori.[5] Dass bei der Entscheidung auf Grund des Verteidigungsvorbringens familienrechtliche Fragen eine Rolle spielen, macht das Verfahren nicht zur Familiensache.[6] Wird ein einheitlicher verfahrensrechtlicher Anspruch auf verschiedene sachlich-rechtliche Anspruchsgrundlagen gestützt, von denen nur einer das Verfahren zur Familiensache machen würde, so kommt dem FamG grundsätzlich der Vorrang zu, es sei denn, die anderen Anspruchsgrundlagen bilden den rechtlichen Schwerpunkt des Verfahrens.[7] Umfasst ein familiengerichtliches Verfahren eine Familiensache und eine **Nichtfamiliensache**, ist letztere nach § 20 abzutrennen und zu verweisen bzw. abzugeben; ist eine Trennung nicht möglich, entscheidet das Familiengericht insgesamt.[8] Dies gilt auch für einen **Widerantrag**, der auf einen nichtfamilienrechtlichen Anspruch gestützt wird.[9] Wird eine Nichtfamiliensache **hilfsweise** geltend gemacht, ist zunächst der Hauptantrag zu verbescheiden; erst wenn er abgewiesen wird, kann das Verfahren wegen des Hilfsantrags verwiesen bzw. abgegeben werden.[10] Das Familiengericht kann über die **Aufrechnung** mit einer Gegenforderung, die vor dem allgemeinen Zivilgericht einzuklagen wäre, entscheiden; es ist auch möglich, den Rechtsstreit gemäß §§ 113 Abs. 1 S. 2 FamFG, 148 ZPO bis zu einer rechtskräftigen Entscheidung über die Gegenforderung auszusetzen.[11]

3. Arten von Familiensachen

Die in § 111 definierten Familiensachen unterfallen in 3 wesentliche Gruppen: Ehesachen, Familienstreitsachen und Familiensachen der freiwilligen Gerichtsbarkeit. **Ehesachen**

---

[3] BT-Drs. 16/6308 S. 223.
[4] BGH NJW 1980, 2476 = FamRZ 1980, 988; FamRZ 1990, 851.
[5] BGH NJW 1981, 126 = FamRZ 1980, 1107; OLG Karlsruhe FamRZ 1997, 33.
[6] BGH NJW 1980, 2476 = FamRZ 1980, 988; FamRZ 1984, 35.
[7] BGH NJW 1983, 1913 = FamRZ 1983, 155.
[8] BGH FamRZ 1979, 215.
[9] BGH FamRZ 1979, 215.
[10] BGH FamRZ 1981, 1047; FamRZ 1979, 215.
[11] OLG Köln NJW-RR 1992, 1287 = FamRZ 1992, 450.

(vgl. näher § 121 Rn 3 ff.) unterliegen der eingeschränkten Amtsermittlung (§ 127); das für sie geltende Verfahren ist nach § 113 Abs. 1 S. 1 teils im Allgemeinen Teil des FamFG (Entscheidung durch Beschluss gem. § 38, Notwendigkeit einer Rechtsbehelfsbelehrung gem. § 39, Rechtsmittel gem. §§ 58 ff., Verfahren mit Auslandsbezug gem. §§ 97 ff.), teils in den Allgemeinen Vorschriften über die Verfahren in Familiensachen (§§ 111 ff.), insbesondere aber im Abschnitt 2 des Buches 2 (§§ 121 ff.) und teils auf Grund der Verweisung des § 113 Abs. 1 S. 2 in der ZPO geregelt. Für die **Familienstreitsachen** (vgl. näher § 112 Rn 2) gilt grundsätzlich nicht die Amtsermittlung, sondern der Beibringungsgrundsatz; die Verfahrensvorschriften der Familienstreitsachen ähneln denen der Ehesachen, sie finden sich – wie vorstehend dargestellt – also sowohl im FamFG, und hier insbesondere auch im Abschnitt 9 des Buches 2 für Unterhaltssachen (§§ 231 ff.), im Abschnitt 10 für Güterrechtssachen (§§ 261 ff.), im Abschnitt 11 für sonstige streitige Familiensachen (§§ 266 ff.) und im Abschnitt 12 für die entsprechenden streitigen Lebenspartnerschaftssachen (§§ 269 f.), als auch in der ZPO (§ 113 Abs. 1 S. 2). Die **Familiensachen der freiwilligen Gerichtsbarkeit** (FG-Familiensachen), das sind die Sachen nach § 111 Nr. 2–7, unterliegen mit der Ausnahme der Regelung des § 177 für Abstammungssachen der uneingeschränkten Amtsermittlung (§ 26); es gilt allein das Verfahrensrecht des FamFG, allerdings mit einzelnen Verweisungen auf die ZPO, etwa für die Verfahrenskostenhilfe gem. § 76, Kosten gem. §§ 80 S. 2, 85 und die Zwangsvollstreckung gem. § 95. Entsprechendes gilt gem. § 270 für die Lebenspartnerschaftssachen.

7 Die verfahrensmäßige **Verbindung** von Ehe-, Familienstreitsachen und FG-Familiensachen ist nur im Rahmen des Scheidungsverbunds (s. § 137) sowie als gesetzlich vorgesehene Verbindung von Familienstreitsachen und FG-Familiensachen im güterrechtlichen Verfahren nach §§ 264 Abs. 2, 265 sowie bei sachlichem Zusammenhang als Verbindung eines Unterhaltsfamilienstreitverfahrens und eines Versorgungsausgleichsanpassungsverfahrens wegen Unterhaltsgefährdung nach §§ 33 f. VersAusglG[12] zulässig. Ansonsten sind sie streng getrennt zu führen, was sich insbesondere auch daraus ergibt, dass sie unterschiedlichen Verfahrensmaximen unterliegen (s. Rn 6 und § 126 Abs. 2).[13]

4. Konkrete Bestimmung der Familiensachen

8 Die Frage, welche konkreten Verfahren unter den einzelnen Familiensachen der Nr. 1 bis 11 zu verstehen sind, wird nicht in § 111 beantwortet, sondern in den Abschnitten 2 bis 12 des Buches 2 des FamFG definiert, also in § 121 (Ehesachen), § 151 (Kindschaftssachen), § 169 (Abstammungssachen), § 186 (Adoptionssachen), § 200 (Ehewohnungs- und Haushaltssachen), § 210 (Gewaltschutzsachen), § 217 (Versorgungsausgleichssachen), § 231 (Unterhaltssachen), § 261 (Güterrechtssachen), § 266 (sonstige Familiensachen) und § 269 (Lebenspartnerschaftssachen). Auf die Kommentierungen dieser Vorschriften wird verwiesen. Familiensachen sind auch die zu diesen Sachen gehörenden **Eilverfahren,** nämlich die einstweilige Anordnung nach §§ 49 ff., 119 Abs. 1 S. 1 sowie der Arrest in Familienstreitsachen nach § 119 Abs. 2[14] und gem. § 119 Abs. 1 S. 1, Abs. 2 S. 2 das Verfahren auf Schadensersatz nach § 945 ZPO sowie das vereinfachte Verfahren über den Unterhalt Minderjähriger nach §§ 249 ff.

5. Familiensachen kraft materiellrechtlichen Sachzusammenhangs

9 Mit einer Familiensache hängen sachlich zusammen **Nebenansprüche** von Familiensachen, wie Auskunftsansprüche zur Durchsetzung familienrechtlicher Ansprüche,[15] Ansprüche auf Verzugs- und Prozesszinsen, Ansprüche aus Verträgen, durch die Familien-

---

[12] Gutdeutsch FamRZ 2010, 1140 schlägt de lege ferenda eine Zuständigkeit des Unterhaltsgerichts auch für damit zusammenhängende Anpassungssachen nach § 33 VersAusglG, eine korrespondierende Abgabepflicht des Versorgungsausgleichsgerichts und eine Pflicht zur Verbindung der Anpassungssache mit der Unterhaltssache vor.
[13] Zöller/Philippi, 27. Aufl., § 621 ZPO Rn 100.
[14] BGH NJW 1980, 191 = FamRZ 1980, 46 für den Fall, dass der Arrest bei dem Amtsgericht beantragt wird, in dessen Bezirk sich der mit Arrest zu belegende Gegenstand befindet.
[15] BGH NJW 1984, 2040 = FamRZ 1984, 465.

Familiensachen sachen näher ausgestaltet werden,[16] Schadensersatzansprüche wegen Verletzung familienrechtlicher Verpflichtungen,[17] familienrechtliche Rückgewähransprüche[18] und Ansprüche auf Aufwendungsersatz aus familienrechtlicher Geschäftsführung ohne Auftrag.[19] Zu Einzelheiten s. die Kommentierung der in Rn 8 genannten Vorschriften.

6. Familiensachen kraft verfahrensrechtlichen Sachzusammenhangs.

a) Zwischen- und Nebenverfahren. Zwischen- und Nebenverfahren sind dann Familiensachen, wenn das Verfahren der Hauptsache Familiensache ist:
- Verfahren über die **Ablehnung** eines Familienrichters und Sachverständigen in einer Familiensache;[20]
- die Bewilligung der **Verfahrenskostenhilfe** (§§ 76 ff., 149, 113 Abs. 1 S. 2 FamFG, 114 ff. ZPO, s. auch § 231 Rn 25 f.) einschließlich eingehender Ersuchen um grenzüberschreitende Prozesskostenhilfe (§ 1078 ZPO) in einer Familiensache,[21] dagegen nicht das Verfahren der Beratungshilfe;[22]
- **Verfahrenskostenvorschuss**verfahren (s. § 149 Rn 5 aE; § 231 Rn 25 f.);[23]
- **Kostenfestsetzungs**verfahren (§§ 85, 113 Abs. 1 S. 2 FamFG, 103 ff. ZPO, 11, 55 RVG), Verfahren nach dem **FamGKG**, einschließlich Streitwertbestimmung, auch nach § 32 RVG. Ein Verfahren über die Kosten ist wie die Hauptsache Familiensache selbst dann, wenn die Hauptsache sowohl eine Familiensache als auch eine Nichtfamiliensache zum Gegenstand hat, die Kosten einheitlich die gesamte Hauptsache betreffen und eine Zuordnung bestimmter Teile der Kosten zu dem Teil der Hauptsache, die nicht Familiensache ist, nicht möglich ist.[24]

b) Selbstständiges Beweisverfahren. Das selbständige Beweisverfahren stellt gem. § 486 Abs. 1 ZPO eine Familiensache dar, wenn die Hauptsache, das ist nicht ein Eilantrag nach §§ 49, 119 Abs. 2,[25] bei einem Familiengericht als Verfahrensgericht anhängig ist; für Familienstreitsachen gilt die Verweisung nach § 113 Abs. 1 S. 2 auf § 486 ZPO.[26] Mangels Anhängigkeit der Hauptsache liegt eine Familiensache vor, wenn das Familiengericht nach dem Vortrag des Antragstellers zur Entscheidung in der Hauptsache berufen wäre (§ 486 Abs. 2 ZPO). In Fällen dringender Gefahr ist nicht das Familiengericht, sondern die allgemeine Zivilabteilung des AG zuständig (§ 486 Abs. 3 ZPO).

c) Abänderungs- bzw. Wiederaufnahmeverfahren. Verfahren auf Abänderung familiengerichtlicher Titel (§§ 48 Abs. 1, 166, 230, 238 ff.)[27] und Wiederaufnahme (§§ 48 Abs. 2, 118 FamFG, 590 ZPO) stellen Familiensachen dar.

d) Vollstreckungsverfahren. Verfahren der Vollstreckung aus Entscheidungen und Vergleichen in den **Familiensachen der freiwilligen Gerichtsbarkeit** sind gem. §§ 35, 86 ff. Familiensachen; dies gilt auch für die Vollstreckbarerklärung einer ausländischen Entscheidung, die die Herausgabe eines Kindes an den anderen Elternteil anordnet und Anträge auf Bewilligung, Verlängerung oder Verkürzung einer Räumungsfrist.

In **Ehe- und Familienstreitsachen** richtet sich gem. § 120 Abs. 1 die Vollstreckung nach den Vorschriften der ZPO, so dass folgendes zu beachten ist:

War das zu Grunde liegende Verfahren Familiensache und ist das Vollstreckungsverfahren dem **Verfahrensgericht** zugewiesen, dann ist auch das Vollstreckungsverfahren Familiensache. Das gilt für die Erteilung eines Rechtskraftzeugnisses nach §§ 113 Abs. 1 S. 2

---

[16] BGH NJW 1979, 2046 = FamRZ 1979, 907; FamRZ 1979, 220.
[17] BGH NJW 1994, 1416 = FamRZ 1994, 626.
[18] BGH NJW 1994, 1416 = FamRZ 1994, 626; NJW 1978, 1531 = FamRZ 1978, 582.
[19] BGH NJW 1979, 660 = FamRZ 1979, 218.
[20] BGH NJW 1979, 1463 = FamRZ 1979, 472; NJW 1979, 551 = FamRZ 1979, 222.
[21] BGH FamRZ 1979, 217; NJW 1978, 1811 = FamRZ 1978, 672.
[22] BGH NJW 1985, 2537 = FamRZ 1984, 774.
[23] Zur Anrechnung des Verfahrenskostenvorschussanspruchs im Kostenfestsetzungsverfahren bei Quotelung s. BGH FamRZ 2010, 452.
[24] BGH NJW 1981, 346 = FamRZ 1981, 19.
[25] Baumbach/Hartmann § 486 Rn 6.
[26] OLG Köln FamRZ 2010, 1585 (Wert des Grundbesitzes bei Zugewinngemeinschaft).
[27] BGH NJW 1982, 941 = FamRZ 1982, 262.

FamFG, 706 ZPO, für die Erteilung einer Vollstreckungsklausel (§ 732 ZPO), für darauf gerichtete Anträge und dagegen erhobene Einwendungen (§§ 724 ff. ZPO),[28] für Anträge auf Bestätigung inländischer Titel als Vollstreckungstitel (§ 1079 ZPO) und Anträge auf Berichtigung oder Widerruf gerichtlicher Bestätigungen (§ 1081 ZPO) sowie für die Zwangsvollstreckung nach den §§ 887, 888[29] und 890 ZPO. Familiensachen sind auch der Vollstreckungsabwehrantrag nach § 767 ZPO, wenn der titulierte Anspruch Familiensache ist[30] (s. auch § 231 Rn 16), und der Antrag aus § 826 BGB, mit der der Schuldner sich gegen die Vollstreckung eines Familiensachentitels wendet,[31] der Antrag auf Herausgabe eines solchen Titels, Schadensersatz- und Bereicherungsansprüche nach Aufhebung eines vorläufig vollstreckbaren Familiensachentitels gem. § 717 ZPO und der Streit über die Erstattung der Avalprovision, die für eine Bürgschaft bezahlt wurde, um die Vollstreckung aus einem Familiensachentitel abzuwenden.[32] Ob eine Drittwiderspruchsklage oder ein -antrag nach § 771 ZPO Familiensache ist, richtet sich danach, ob das die Veräußerung hindernde Recht im Familienrecht wurzelt.[33] Diese Voraussetzung fehlt der rein prozessualen Widerspruchsklage nach § 774 ZPO.[34]

16 Ist die Vollstreckung dagegen nicht dem Verfahrensgericht, sondern anderen Vollstreckungsorganen (Gerichtsvollzieher, Vollstreckungsgericht) zugewiesen, dann sind die Familiengerichte auch in Familiensachen für die Vollstreckung nicht zuständig. Die Zuständigkeit von Gerichtsvollzieher und Vollstreckungsgericht bleibt vielmehr unberührt.[35] Dies gilt für die Vollstreckung wegen einer Geldforderung nach §§ 803 ff. ZPO,[36] für Anträge auf Vollstreckungsschutz nach § 765 a ZPO, für Erinnerungen nach § 766 ZPO,[37] für die Abnahme der eidesstattlichen Versicherung nach §§ 807, 899 ff. ZPO[38] und für die Erwirkung der Herausgabe von Sachen nach § 883 ZPO.

17 **e) Verfahren nach ausländischem Recht.** Ist nach ausländischem Recht zu entscheiden, so liegt eine Familiensache vor, wenn das Verfahren einer der vorstehend genannten Familiensache nach deutschem Recht zugerechnet werden kann. Zu Einzelheiten hierzu s. die Erläuterungen zu §§ 97 ff.

7. Verfahren, die nicht zu den Familiensachen zählen

18 Keine Familiensachen dagegen sind **Honorarklagen** von Verfahrensbevollmächtigten für die Tätigkeit in einer Familiensache oder Klagen wegen Anwaltshaftung; eine Zuständigkeit des Familiengerichts ist auch nicht als konkurrierende nach §§ 34, 35 ZPO begründet[39] (s. auch Rn 47). **Rechtshilfe** in Familiensachen hat das Familiengericht nur zu leisten, wenn der Geschäftsverteilungsplan des AG dies regelt.[40] Die Entscheidung über die Ablehnung von Rechtshilfe richtet sich nach § 159 GVG.

IV. Das Verfahren in Familiensachen

1. Vorschriften über das familiengerichtliche Verfahren im FamFG

19 Der Allgemeine Teil des FamFG (§§ 1 bis 110 FamFG) enthält allgemeine Vorschriften für alle Familiensachen, für Ehesachen und Familienstreitsachen allerdings nur in eingeschränktem Umfang, da in den allgemeinen Vorschriften des Zweiten Buches des FamFG

---

[28] OLG Düsseldorf FamRZ 1980, 378; FamRZ 1978, 427; OLG Hamburg FamRZ 1981, 980; OLG Hamm FamRZ 1979, 848.
[29] OLG Karlsruhe FamRZ 2010, 1839.
[30] BGH FamRZ 1992, 538; NJW 1978, 1811 = FamRZ 1978, 672.
[31] OLG Karlsruhe FamRZ 1982, 400.
[32] Zöller/Philippi, 27. Aufl., § 621 ZPO Rn 17 b.
[33] BGH NJW 1985, 3066 = FamRZ 1985, 903.
[34] BGH NJW 1979, 929 = FamRZ 1979, 219.
[35] BGH NJW 1979, 1048 = FamRZ 1979, 421.
[36] OLG Celle FamRZ 1979, 57; OLG Düsseldorf FamRZ 1977, 725; OLG Nürnberg FamRZ 1979, 524.
[37] OLG Düsseldorf NJW 1978, 1012 = FamRZ 1978, 524; FamRZ 1978, 913.
[38] LG Mainz NJW 1978, 171.
[39] BGH NJW 1986, 1178 = FamRZ 1986, 347 mit Anm. v. Bosch.
[40] OLG Stuttgart FamRZ 1984, 716.

§ 113 Abs. 1 S. 1 in wesentlichen Punkten für diese Verfahren die Vorschriften des FamFG für unanwendbar erklärt und § 113 Abs. 1 S. 2 auf Vorschriften der ZPO verweist. Der Zweite Abschnitt des Zweiten Buches (§§ 121 bis 150) regelt – in Ergänzung zu den allgemeinen Verfahrensvorschriften der ZPO – die Besonderheiten des Verfahrens in Ehesachen und im besonderen das Verfahren in Scheidungs- und Folgesachen, während die Abschnitte 3 bis 12 (§§ 151 bis 270) die besonderen Vorschriften für die übrigen Familiensachen, nämlich die Kindschaftssachen, die Abstammungssachen, die Adoptionssachen, die Wohnungszuweisungs- und Haushaltssachen, die Gewaltschutzsachen, die Versorgungsausgleichssachen, die Unterhaltssachen, die Güterrechtssachen und die Lebenspartnerschaftssachen zum Inhalt haben.

2. Selbständige Verfahren in Familiensachen oder Verbund von Scheidungs- und Folgesachen

Das Verfahren in den Familiensachen nach § 111 Nr. 2 (Kindschaftssachen), Nr. 5 (Ehewohnungs- und Haushaltssachen), Nr. 7 (Versorgungsausgleichssachen), Nr. 8 (Unterhaltssachen) und Nr. 9 (Güterrechtssachen) kann für jede einzelne Familiensache isoliert von einer Scheidungssache und damit **selbständig** oder, wenn die Ehesache eine Scheidungssache ist, unter den in § 137 genannten Voraussetzungen **im Verbund mit der Scheidungssache** durchgeführt werden (s. näher § 137 Rn 3). Ein solcher Verbund kommt in Betracht, wenn die Ehegatten in einer Familiensache der in § 137 Abs. 2 S. 1, Abs. 3 genannten Art eine Regelung für den Fall der Scheidung begehren und das Verfahren rechtzeitig anhängig machen; ist dies geschehen, dann ist über alle anhängigen anderen Familiensachen gleichzeitig und zusammen mit der Scheidungssache zu verhandeln und, sofern dem Scheidungsantrag stattgegeben wird, zu entscheiden (§ 137 Abs. 1). Das Gesetz verwendet in § 137 Abs. 1 für diese anderen Familiensachen, die mit der Scheidungssache im Verbund stehen, die Bezeichnung **Folgesachen** (s. darüber näher § 137 Rn 5 ff.). Ist eine andere Familiensache keine Folgesache, dann wird sie verfahrensmäßig selbständig und isoliert von etwaigen anderen Familiensachen abgewickelt. Sie wird deshalb überwiegend als selbständige oder isolierte Familiensache bezeichnet. Entsprechendes gilt gem. § 270 Abs. 2 in Lebenspartnerschaftssachen.

3. Familiensachen als selbständige Verfahren

Diese kommen – entsprechendes gilt gem. § 270 in Lebenspartnerschaftssachen – vor allem in Betracht:
- als **Folgeverfahren einer Ehesache** im Sinne von § 121 Nr. 2 und 3, die keine Scheidungssache ist, also insbesondere Folgeverfahren der in § 111 Nr. 2 bis 10 genannten Art, die sich aus einer beantragten Auflösung einer Ehe durch Aufhebung ergeben; ein Verbund von Ehesache und Folgesachen ist gem. § 137 nur in Scheidungssachen nach § 121 Nr. 1 zulässig, nicht aber in den in § 121 Nr. 2 und 3 normierten Ehesachen (s. § 137 Rn 4);
- als **Familiensachen nach § 111 Nr. 2, 5, 8** (§ 231 Abs. 1 Nr. 1), **9, 10,** die bereits vor der Anhängigkeit einer Ehesache bei dem nach den allgemeinen Vorschriften örtlich zuständigen Familiengericht eingeleitet worden sind. Wird allerdings eine Ehesache der von jenen Familiensachen betroffenen Ehegatten oder Lebenspartnern rechtshängig, so sind diese Familiensachen nach §§ 153, 202, 233, 263, 268 von Amts wegen an das Gericht der Ehesache abzugeben (Zuständigkeitskonzentration; s. näher Rn 34 ff.); ob sie in den Verbund mit einer Scheidungssache gelangen, richtet sich nach § 137 Abs. 2 bis 4. Als selbständige Verfahren in Betracht kommen insbesondere Verfahren nach §§ 1632, 1671 ff., 1684 ff. BGB, 10 ff. IntFamRVG (s. hierzu näher Rn 45), 1360, 1361, 1361 a, 1361 b, 1601 ff. BGB; sie müssen isoliert von der Scheidungssache und den mit dieser im Verbund stehenden Folgesachen fortgeführt werden, wenn sich ihr Verfahrensgegenstand auf die Zeit bis zur Scheidung, nicht auf die Zeit danach, bezieht (s. dazu näher § 137 Rn 5);
- als **Folgeverfahren einer Scheidungssache,** die nicht die Voraussetzungen des § 137 Abs. 2 bis 4 erfüllen, solange die Scheidungssache noch anhängig ist, z. B. Familiensachen,

die nicht rechtzeitig eingeleitet werden oder die als selbständige Familiensachen nach §§ 141 S. 2 und 3, 142 Abs. 2 S. 2 und 3 fortgeführt werden (s. dazu dort);

25 • als Familiensachen, die erst nach rechtskräftigem Abschluss einer Ehesache eingeleitet werden, wie insbesondere Abänderungsverfahren nach §§ 166, 238 ff. sowie Verfahren wegen schuldrechtlicher Versorgungsausgleichszahlungen nach §§ 21 ff. VersAusglG und Abänderungsverfahren nach §§ 51 ff. VersAusglG, 225 ff. FamFG und die in Rn 23 genannten familiengerichtlichen Verfahren;

26 • Familiensachen, die von vornherein nicht Folgesachen nach § 137 Abs. 2 und 3 sein können, wie **Abstammungssachen** (§ 111 Nr. 3), **Adoptionssachen** (§ 111 Nr. 4), **Gewaltschutzsachen** (§ 111 Nr. 6), **Unterhaltssachen** (§ 111 Nr. 8), soweit sie nicht die Unterhaltspflicht gegenüber einem gemeinschaftlichen Kind für die nacheheliche Zeit, wie auch das vereinfachte Verfahren über den Unterhalt Minderjähriger (§ 137 Abs. 2 Nr. 2), und nicht die durch Ehe begründete gesetzliche Unterhaltspflicht für die nacheheliche Zeit betreffen, und sonstige Familiensachen (§ 111 Nr. 10);

27 • Verfahren der **einstweiligen Anordnung nach §§ 49 ff.**; dies ist ein selbstständiges Verfahren, auch wenn eine Hauptsache anhängig ist (§ 51 Abs. 3). Gleiches gilt für den Arrest in Familienstreitsachen nach § 119 Abs. 2 FamFG, §§ 919, 926 ZPO.

27 a • familiengerichtliche **Vollstreckung**sverfahren (s. Rn 13) nach Abschluss des Erkenntnisverfahrens.[41] Soweit sie nur der Vorbereitung bzw. Bezifferung von im Scheidungsverbund (s. § 137 Rn 12) oder im selbstständigen Verfahren geltend gemachter Hauptansprüche dienen, sind sie als selbstständige Nebenverfahren zu qualifizieren.[42]

4. Grundsätze des familiengerichtlichen Verfahrens

28 a) **Verfahrensrechtliche Zuordnung der jeweiligen Familiensache.** Das Verfahren für die Familiensachen der freiwilligen Gerichtsbarkeit (**FG-Familiensachen**; vgl. zum Begriff oben Rn 6) einschließlich der entsprechenden Scheidungsfolgesachen (vgl. § 137 Rn 6) richtet sich im Verfahren vor dem FamG ausschließlich nach den Grundsätzen und Vorschriften des FamFG. Für die **Ehesachen** (vgl. zum Begriff oben Rn 6, 8 und § 121 Rn 3 ff.) und **Familienstreitsachen** (vgl. zum Begriff oben Rn 6, 8 und § 112 Rn 2) gilt dies nicht. Nach Maßgabe des § 113 (vgl. dort Rn 4) folgen diese Verfahren in wesentlichen Zügen den Vorschriften der ZPO und nur insoweit den Vorschriften des FamFG, als dieses nicht auf die Vorschriften der ZPO verweist. § 113 Abs. 1 S. 1 und 2 spricht den Grundsatz aus, dass sich das Verfahren in den Ehe- und Familienstreitsachen nach den Vorschriften der ZPO richtet, sofern nicht bestimmte Vorschriften der ZPO von der Anwendung ausgenommen sind. Zur verfahrensrechtlichen Zuordnung der jeweiligen Arten von Familiensachen s. im Übrigen oben Rn 6.

29 b) **Einheitliches Verfahrensrecht für alle Arten von Familiensachen.** Nach §§ 38 Abs. 1 S. 1, 113 Abs. 1 S. 1, 116 Abs. 1 ergeht in allen Familiensachen die **Endentscheidung durch Beschluss,** nicht durch Urteil (§ 38 Abs. 1 S. 1); einheitlich sind auch die Beschlussformalien nach § 38 Abs. 2 bis 6. In allen Familiensachen ist jeder Beschluss mit einer Rechtsbehelfsbelehrung zu versehen (§ 39). Das System der **einstweiligen Anordnung** nach §§ 49 ff., 119 und den weiteren Vorschriften im besonderen Teil des FamFG (s. § 49 Rn 7) erstreckt sich auf sämtliche Familiensachen mit Ausnahme der Ehesachen nach § 111 Nr. 1, deren Endentscheidungen gemäß § 116 Abs. 2 erst mit Rechtskraft wirksam werden und bei denen eine vorläufige Rechtsgestaltung sinnlos wäre (s. § 116 Rn 7); die Unterscheidung in einstweilige Anordnungen im Rahmen einer Ehesache nach §§ 620 ff. ZPO a. F. und einstweilige Anordnungen im Rahmen isolierter Familiensachen nach §§ 621 g, 644, 127 a, 621 f ZPO a. F. ist entfallen. Die **Hauptrechtsmittel** in Familiensachen (Beschwerde und Rechtsbeschwerde) richten sich einheitlich nach §§ 58 ff., in Ehe- und Familienstreitsachen modifiziert durch § 117. **Weitere Rechtsmittel** sind gegen bestimmte, im FamFG ausdrücklich aufgeführte Nebenentscheidungen (z. B. §§ 6 Abs. 2, 7

---

[41] BGH FamRZ 1990, 35 (Durchsetzung einer gerichtlichen Umgangsregelung).
[42] OLG Karlsruhe FamRZ 2010, 1839 (Vollstreckungsverfahren nach § 888 ZPO zur Auskunftserteilung und Belegvorlage innerhalb einer Stufenklage).

Abs. 5, 21 Abs. 2, 76 Abs. 2, 87 Abs. 4) die sofortige Beschwerde nach Maßgabe der §§ 567 ff. ZPO (siehe dazu § 58 Rn 89 ff.). Als **Rechtsbehelfe** kommen hinzu der Einspruch (§§ 143, 39) und die Erinnerung (§§ 39 FamFG, 57 FamGKG, 11 Abs. 2 RPflG). Der **Rechtsmittelzug** geht in allen Familiensachen unmittelbar vom AG zum OLG als zweiter Instanz. Berufung und Revision nach den Vorschriften der ZPO sowie die Vorlage nach § 28 Abs. 2 und 3 FGG sind entfallen. Das **Verfahrensrecht bei Auslandsbezug** ist einheitlich in §§ 97 ff. geregelt, die grundsätzliche **Nichtöffentlichkeit** von Verhandlungen, Erörterungen und Anhörungen in Familiensachen in § 170 Abs. 1 S. 1 GVG und die Öffentlichkeit der Entscheidungsverkündung in § 173 Abs. 1 GVG.

c) Unterschiedliches Verfahrensrecht in Familiensachen   30

aa) Anwendbare Vorschriften des FamFG. Von den Allgemeinen Vorschriften des Buchs 1 des FamFG sind anwendbar:
- **§ 1** (Anwendungsbereich des FamFG) in allen Familiensachen (s. § 113 Abs. 1 S. 1);
- **§§ 2 bis 37** (Allgemeine Vorschriften, Verfahren im ersten Rechtszug) **nur in Familiensachen der freiwilligen Gerichtsbarkeit** (s. § 113 Abs. 1 S. 1; zum Begriff der selbständigen FG-Familiensachen s. oben Rn 20 ff.); nach § 6 Abs. 1 S. 1 (Ausschließung und Ablehnung der Gerichtspersonen) gelten aber die §§ 41 bis 49 ZPO, nach §§ 6 Abs. 2, 7 Abs. 5, 21 Abs. 2, 33 Abs. 3 S. 5, 35 Abs. 5 die Vorschriften über die sofortige Beschwerde nach §§ 567 ff. ZPO, nach § 9 Abs. 5 (Verfahrensfähigkeit) die §§ 53 ff. ZPO, nach § 10 Abs. 4 S. 3 (Beiordnung eines Notanwalts durch den BGH) die §§ 78 b und c ZPO, nach § 11 S. 5 (Verfahrensvollmacht) die §§ 81 ff. ZPO, nach § 13 Abs. 5 (Akteneinsicht bei elektronischer Führung der Gerichtsakten) der § 299 Abs. 3 ZPO, nach §§ 14 bis 17 (elektronische Akte und Dokument; Bekanntgabe und formlose Mitteilung; Fristen) die dort angegebenen Vorschriften der ZPO, nach § 21 Abs. 1 (Aussetzung des Verfahrens) der § 249 ZPO und nach §§ 29 Abs. 3 (Amtsverschwiegenheit und Zeugnisverweigerungsrecht), 32 Abs. 1 S. 2 (Terminsort und -änderung), 32 Abs. 3 (Erörterung im Wege der Bild- und Tonübertragung), 35 Abs. 3 S. 3 und Abs. 4 (Vollstreckung von Zwangsmitteln), 36 Abs. 3 und 4 (schriftlicher Vergleich und Berichtigung) die dort angegebenen Vorschriften der ZPO;
- **§§ 38, 39** (Entscheidung durch Beschluss, Rechtsbehelfsbelehrung) in allen Familiensachen (s. § 113 Abs. 1 S. 1; s. näheres bei den Erläuterungen zu §§ 38, 39);
- **§§ 40 bis 46 S. 2, 47 und 48** (weitere Vorschriften über den Beschluss, Abänderung und Wiederaufnahme) **nur in Familiensachen der freiwilligen Gerichtsbarkeit** (s. § 113 Abs. 1 S. 1); nach § 42 Abs. 3 S. 2 gelten aber für die Beschlussberichtigung die Vorschriften über die sofortige Beschwerde nach §§ 567 ff. ZPO und nach § 48 Abs. 2 für die Wiederaufnahme die dort angegebenen Vorschriften der ZPO;
- **§§ 49 bis 75** (einstweilige Anordnung, Rechtsmittel) in allen Familiensachen (s. § 113 Abs. 1 S. 1); allerdings gehen die im Buch 2 normierten Sondervorschriften vor;
- **§§ 76 bis 96** (Verfahrenskostenhilfe, Kosten, Vollstreckung) **nur in Familiensachen der freiwilligen Gerichtsbarkeit** (s. § 113 Abs. 1 S. 1); hinsichtlich der Verfahrenskostenhilfe gelten allerdings im Wesentlichen die §§ 114 ff. ZPO (s. dazu § 76 Rn 3) und die Vorschriften über die sofortige Beschwerde nach §§ 567 ff. ZPO, § 80 S. 2 verweist auf § 91 Abs. 1 S. 2 ZPO, § 85 erklärt das Kostenfestsetzungsverfahren der ZPO für anwendbar, auf das Vollstreckungsverfahren nach dem FamFG sind vielfältige Vorschriften der ZPO anwendbar;
- **§§ 97 bis 110** (Verfahren mit Auslandsbezug) in allen Familiensachen.

bb) Vorschriften aus der ZPO. Von den Vorschriften der ZPO sind – neben den vorstehend   31
für Familiensachen der freiwilligen Gerichtsbarkeit genannten – folg. Vorschriften anwendbar:

Nach § 113 Abs. 1 S. 2 gelten **in Ehe- und Familienstreitsachen** die Allgemeinen Vorschriften der ZPO und die Vorschriften der ZPO über das Verfahren vor den Landgerichten entsprechend. Dies bedeutet im Grundsatz die Geltung der §§ 1 bis 494 a ZPO. Allerdings sind in § 113 Abs. 4 und 5 sowie in den §§ 114 bis 150, 231 bis 270 Sondervorschriften enthalten, die wiederum gegenüber den Vorschriften der ZPO vorrangig sind. Zu Einzelheiten s. näher § 112 Rn 3, § 113 Rn 10 ff.

32 cc) *Vorschriften des VersAusglG.* Zu der Anwendung der Vorschriften des VersAusglG s. die Kommentierung zu §§ 217 ff.

5. Anwendung des GVG

33 Gem. § 2 EGGVG, §§ 12, 13 GVG gilt das GVG unmittelbar für die Familiensachen (s. näher § 1 Rn 5). Denn die Vorschriften des GVG sind auf die ordentliche Gerichtsbarkeit anzuwenden (§ 2 EGGVG), vor die alle Zivilsachen gehören, zu denen die Familiensachen zählen (§ 13 GVG; vgl. Rn 4).

V. Das Familiengericht

1. Allgemeines

34 § 23 b GVG begründet die besondere Zuständigkeit des Familiengerichts. § 23 a Abs. 1 S. 1 Nr. 1 GVG siedelt es in erster Instanz bei dem AG an. Für den Zuständigkeitsbereich des Familiengerichts kennzeichnend sind **Zuständigkeitskonzentrationen in mehrfacher Hinsicht:** § 23 b Abs. 2 GVG stellt sicher, dass die gesamten, von einem bestimmten Familiengericht zu entscheidenden Familiensachen desselben Personenkreises auch vor denselben Richter gelangen (s. Rn 37). § 23 b Abs. 2 S. 3 und 4 GVG bestimmt eine Zuständigkeitskonzentration bei internationalen Streitigkeiten um Kinder (s. Rn 41). § 123 normiert eine Konzentration von Ehesachen, die dieselbe Ehe betreffen. Die Vorschriften der §§ 153, 202, 218 Nr. 1 für die Kindschafts-, Wohnungszuweisungs-, Haushalts- und Versorgungsausgleichssachen sowie der §§ 233, 263 für die Unterhalts- und Güterrechtssachen und außerdem des § 268 für die – allerdings nicht scheidungsverbundfähigen – sonstigen Familiensachen gewährleisten die konzentrierte Zuständigkeit des Gerichts der Scheidungssache und zusätzlich die Einhaltung des Scheidungsverbundprinzips für jede selbstständige Familiensache, die nach § 137 Abs. 2 und 3 verbundfähig ist (s. § 137 Rn 24). Weitere Zuständigkeitskonzentrationen ergeben sich aus § 5 Abs. 1 und 2 AdWirkG und § 260. § 23 d GVG ermächtigt die Länder, die Familiensachen bei bestimmten Amtsgerichten zu konzentrieren (s. Rn 52).

2. Abteilungen für Familiensachen

35 § 23 b Abs. 1 GVG sieht vor, dass bei den Amtsgerichten Abteilungen für Familiensachen gebildet werden. Diese bezeichnet das Gesetz als Familiengerichte. Damit enthält es eine Legaldefinition, an die in anderen Vorschriften (z. B. §§ 114 Abs. 1, 151 FamFG, §§ 112 f., 1357 Abs. 2 S. 1, 1671 Abs. 1 BGB, §§ 10 Abs. 1, 14 Abs. 1, 18 Abs. 1 und 2, 34 Abs. 1 VersAusglG) angeknüpft wird. § 23 b Abs. 1 GVG ist eine rein gerichtsorganisatorische Vorschrift, die den Bestimmungen der §§ 60, 78 a Abs. 1 S. 1, § 93 Abs. 1 GVG über die Zivil-, Straf-, Strafvollstreckungskammern und Kammern für Handelssachen vergleichbar ist und anordnet, dass bei allen Amtsgerichten mindestens eine Abteilung für Familiensachen einzurichten ist, die die dem Familiengericht in den gesetzlichen Vorschriften zugewiesenen Aufgaben wahrzunehmen hat.[43] Daraus folgt, dass es sich bei dem Familiengericht um einen Spezialspruchkörper handelt, der kraft Gesetzes besteht. Deshalb ist die Frage nach der Stellung des Familiengerichts innerhalb des AG und nach dem Verhältnis des Familiengerichts zu anderen Abteilungen des AG keine Frage der funktionellen oder sachlichen Zuständigkeit. Vielmehr beruht die zwingende Zuweisung aller Familiensachen an das Familiengericht auf der gesetzlich vorgeschriebenen Geschäftsverteilung, die der Regelungsbefugnis des Präsidiums des Gerichts entzogen ist.[44] Das Präsidium bestimmt nur die personelle Besetzung des Familiengerichts sowie die Abgrenzung der Aufgaben des Familiengerichts unter mehreren Familienrichtern des Gerichts und entscheidet, ob die Richter des Familiengerichts mit weiteren Aufgaben befasst wird (s. dazu Rn 38 f.). Bestehen bei einem AG mehrere Abteilungen für Familiensachen, haben sich die

---

[43] BGH NJW 1978, 1531 = FamRZ 1978, 582.
[44] BGH NJW 1978, 1531 = FamRZ 1978, 582.

Familiensachen

Familienrichter untereinander zu vertreten, wobei § 23 b Abs. 3 GVG zu beachten ist (s. Rn 42).[45]

3. Besetzung des Familiengerichts mit Familienrichtern als Einzelrichter

Die Abteilungen für Familiensachen sind mit Familienrichtern besetzt (§ 23 b Abs. 3 S. 1 GVG). Diese erledigen die ihnen obliegenden Geschäfte als Einzelrichter, und nicht als **Kollegialgericht** (§ 22 Abs. 1 und 4 GVG); zu der fachlichen Qualifikation des Familienrichters vgl. unten Rn 42. **36**

4. Bildung von Familiengerichten

a) § 23 b Abs. 2 GVG. Die Norm regelt den Fall, dass wegen des Umfangs der Familiensachen bei einem AG mehrere Abteilungen für Familiensachen gebildet werden. In diesen Fällen sollen alle Familiensachen, die denselben Personenkreis betreffen, derselben Abteilung zugewiesen werden (**Zuständigkeitskonzentration innerhalb des Familiengerichts**). **37**

Die Bildung mehrerer Abteilungen für Familiensachen soll grundsätzlich nicht dadurch erreicht werden, dass dem Familienrichter andere Geschäfte als Familiensachen zugewiesen werden.[46] Das Präsidium des Gerichts ist zwar hieran nicht gebunden; denn die ursprüngliche Muss-Vorschrift ist im Laufe der Gesetzgebung in eine Sollvorschrift umgewandelt worden, so dass § 23 b Abs. 2 S. 1 GVG nur eine Richtlinie für die Geschäftsverteilung, nicht aber bezüglich des Aufgabenkreises eines Richters eine Geschäftsverteilung durch das Gesetz selbst darstellt.[47] Jedoch wird das Präsidium eine andere als die in § 23 b Abs. 2 S. 1 GVG vorgesehene Geschäftsverteilung nur dann vornehmen dürfen, wenn das wegen der besonderen Umstände des Einzelfalls sachgerecht erscheint.[48] Deshalb wird von der Möglichkeit, z.B. allen Zivilrichtern eines AG neben Zivilsachen jeweils Familiensachen eines bestimmten Personenkreises zuzuweisen oder Familiensachen unter mehrere Familienrichter nach Sachgebieten, wie Ehesachen, Unterhaltsstreitigkeiten usw. aufzuteilen, nur in besonders begründeten Ausnahmefällen Gebrauch gemacht werden dürfen. Im Übrigen wird die zuletzt genannte Möglichkeit durch § 23 b Abs. 2 S. 2 GVG, der auf jeden Fall den Verfahrensverbund sicherstellen will, weitgehend ausgeschlossen. **38**

Ist ein Familiengericht mit den ihm zugewiesenen Familiensachen nicht ausgelastet, so können ihm auch andere Verfahren zugewiesen werden; als solche werden wegen der familienrechtlichen Sachnähe vor allem Betreuungs- und Unterbringungssachen in Betracht kommen. **39**

§ 23 b Abs. 2 S. 2 GVG regelt die Abgabe einer bei einer anderen Abteilung des AG für Familiensachen (Familiengericht) anhängigen Familiensache an das Familiengericht der Ehesache zur Herstellung einer einheitlichen Zuständigkeit des Familiengerichts der Ehesache (vgl. auch §§ 123, 137 Abs. 4). Die Abgabe erfolgt formlos von Amts wegen ohne Bindungswirkung; § 281 ZPO ist insoweit nicht anwendbar. Das Präsidium des AG (Rn 38) entscheidet den Zuständigkeitsstreit zwischen Familienrichtern desselben AG, soweit kein Streit über die Qualifikation der Sache als Familiensache besteht.[49] Für das Verhältnis anderer Abteilungen des AG (Prozessabteilung, Betreuungsgericht u.a.) zum Familiengericht gilt § 17 a Abs. 6 GVG (s. Rn 48, 50, 53).[50] **40**

---

[45] Zöller/Lückemann § 23 b GVG Rn 12.
[46] BT-Drs. 7/650, S. 189; 7/4361 S. 60; Kissel/Mayer § 23 b Rn 8, 12; a. A. Zöller/Lückemann § 23 b GVG Rn 10.
[47] BT-Drs. 7/650 S. 189; 7/4361 S. 60; BT-Drs. 16/6308 S. 319; ähnlich Kissel/Mayer § 23 b Rn 8, 12, der die Errichtung einer weiteren Abteilung für Familiensachen nur dann für zulässig hält, wenn dies wegen Überlastung der vorhandenen voll ausgelasteten Abteilung(en) erforderlich wird; a. A. Zöller/Lückemann § 23 b GVG Rn 10.
[48] BT-Drs. 7/4361 S. 60; Baumbach/Hartmann § 23 b GVG Rn 4; Kissel/Mayer § 23 b Rn 8; a. A. Zöller/Lückemann § 23 b GVG Rn 10.
[49] Zöller/Lückemann § 23 b GVG Rn 6.
[50] Prütting/Helms § 111 Rn 50, 54; a. A. unter Hinweis auf veraltete Rechtsprechung Zöller/Lückemann § 23 b GVG Rn 7.

41 § 23b Abs. 2 S. 3 und 4 GVG normiert eine **Zuständigkeitskonzentration bei internationalen Streitigkeiten** um Kinder. Wird bei einer Abteilung eines Familiengerichts ein Antrag in einem Verfahren nach den §§ 10 bis 12 IntFamRVG anhängig, so ist eine bei einer anderen Abteilung dieses Familiengerichts im ersten Rechtszug anhängige Familiensache, die dasselbe Kind betrifft, von Amts wegen an die mit der internationalen Streitigkeit befasste Abteilung abzugeben, es sei denn der Antrag ist offensichtlich unzulässig. Auf übereinstimmenden Antrag der Eltern ist durch Abgabe diese Zuständigkeitskonzentration auch auf andere Familiensachen der Eltern, insbesondere auch eine Ehesache, zu erstrecken.

42 b) **§ 23 b Abs. 3 GVG.** Dort ist bestimmt, dass die Abteilungen für Familiensachen mit Familienrichtern besetzt werden und dass Richter auf Probe im ersten Jahr nach ihrer Ernennung von der Wahrnehmung dieser Aufgaben, auch als Vertreter,[51] ausgeschlossen sind. Das muss sinngemäß auch für den ersuchten Richter gelten.[52] Die gleichwohl von einem Richter auf Probe erlassene Entscheidung ist im Rechtsmittelwege aufzuheben; die Sache kann an das Familiengericht zurückverwiesen werden, wenn zur Entscheidung eine umfangreiche oder aufwändige Beweiserhebung notwendig wäre und ein Beteiligter die Zurückverweisung beantragt (§ 69 Abs. 1 S. 3). Der Wunsch des Gesetzgebers, für die Familiengerichte besonders erfahrene und qualifizierte Richter zu gewinnen,[53] war berechtigt. Es ist aber nicht gelungen, dafür die erforderlichen Voraussetzungen zu schaffen.[54]

43 c) **Familiensenate bei den Oberlandesgerichten.** Da § 119 Abs. 2 GVG die Vorschriften des § 23 b Abs. 1 und 2 GVG für entsprechend anwendbar erklärt, sind auch bei den Oberlandesgerichten Abteilungen für Familiensachen (Familiensenate) zu bilden. Für die Zuweisung der den Familiensenaten obliegenden Geschäfte gilt § 23 b Abs. 2 GVG entsprechend. Auf das dort Gesagte wird verwiesen (Rn 37 ff.). Zur Entscheidung durch den Einzelrichter in der Beschwerdeinstanz s. § 68 Abs. 4.

44 Die Familiensenate der Oberlandesgerichte sind nach § 119 Abs. 1 Nr. 1a GVG für die Entscheidung über Rechtsmittel gegen Entscheidungen der Familiengerichte zuständig. Das gilt auch für alle Nebenverfahren und -entscheidungen, so z.B. für Beschwerden in Kostenfestsetzungsverfahren, die zu einer Familiensache gehören.[55]

45 Für die Rechtsmittelzuständigkeit der Familiensenate gilt das **Prinzip der formellen Anknüpfung.** Dieses ist für den Rechtsuchenden überschaubar und vermeidet Zweifel und Unsicherheiten, die sich aus der für das allgemeine Rechtsmittelrecht atypischen materiellen Anknüpfung[56] ergeben. § 119 Abs. 1 Nr. 1a GVG besagt deshalb ausdrücklich, dass die Oberlandesgerichte zuständig sind für die Verhandlung und Entscheidung über die Beschwerden gegen Entscheidungen in den „von den Familiengerichten entschiedenen Sachen". Maßgebend ist grundsätzlich allein, welcher Spruchkörper in erster Instanz entschieden hat, ohne dass es auf die materiell-rechtliche Qualifikation als Familiensache oder Nichtfamiliensache ankommt.[57] Ergeben sich aber auf Grund unterschiedlicher Kennzeichnung des Gerichts und des Verfahrensgegenstandes Zweifel darüber, ob das AG als Familiengericht oder als allgemeines Prozessgericht entschieden hat, kann die Endentscheidung nach dem **Meistbegünstigungsgrundsatz** sowohl beim LG als auch beim OLG angefochten werden.[58]

46 Das hat **folgende Auswirkungen:**
Hat das Familiengericht entschieden, ist das OLG als Rechtsmittelgericht anzurufen. Hat die Prozessabteilung des AG entschieden, führt der Rechtsmittelweg zum Landgericht.[59]

---

[51] BVerfGE 53, 257 = NJW 1980, 692; Baumbach/Hartmann § 23 b GVG Rn 8.
[52] Kissel/Mayer § 23 b Rn 10; a. M. Diederichsen NJW 1977, 601/605; Baumbach/Hartmann § 23 b GVG Rn 8.
[53] BT-Drs. 7/650 S. 79/80; 189; 7/4361 S. 24.
[54] S. dazu Kissel/Mayer § 23 b Rn 15; Salgo FamRZ 1984, 221/226 f.
[55] BGH FamRZ 1978, 585.
[56] Vgl. dazu etwa BGH NJW 1979, 43 = FamRZ 1978, 873.
[57] BGH NJW-RR 1995, 380 = FamRZ 1995, 351.
[58] BGH NJW-RR 1995, 380 = FamRZ 1995, 351.
[59] BT-Drs. 10/2888 S. 20; BGH FamRZ 1992, 665.

Die Frage, ob innerhalb des OLG der Familiensenat oder der allgemeine Zivilsenat zur Verhandlung und Entscheidung über das eingelegte Rechtsmittel berufen ist, beantwortet sich ebenfalls nach dem Prinzip der formellen Anknüpfung.[60] **47**

Hat das **Prozessgericht** in einer Familiensache entschieden, so ist gegen diese Entscheidung das allgemeine Rechtsmittel der ZPO (Berufung zum LG oder OLG) gegeben. Solange die – im Anwaltsprozess dem Anwaltszwang unterliegende[61] – Zuständigkeitsrüge nicht wirksam erhoben worden ist (§ 17a Abs. 3 S. 2, 6 GVG), darf die Frage, ob eine Familiensache vorliegt, nicht geprüft werden (§ 17a Abs. 5, 6 GVG; s. auch Rn 50, 53 und § 1 Rn 67); das LG oder der Zivilsenat des OLG ist an die durch die Entscheidung in der Hauptsache in dem angefochtenen Urteil stillschweigend bejahte Zulässigkeit des beschrittenen Rechtswegs gebunden[62] und hat über das Rechtsmittel in der Hauptsache zu entscheiden.[63] **48**

Ist das **LG das zuständige Rechtsmittelgericht,** so wahrt nur ein beim LG eingelegtes Rechtsmittel die Rechtsmittelfrist; ein beim OLG eingelegtes Rechtsmittel kann nicht zur Verweisung an das LG oder an das Familiengericht führen.[64] Ergeht gleichwohl ein Verweisungsbeschluss, so ist er nicht bindend.[65] **49**

Hat ein **Spruchkörper der freiwilligen Gerichtsbarkeit**, etwa das Betreuungsgericht (§§ 23a Abs. 2, 23c GVG; s. Einl. Rn 66 und zu den wesentlichen Angelegenheiten der freiwilligen Gerichtsbarkeit § 1 Rn 24ff.), in einer Familiensache entschieden, so ist gegen diese Entscheidung das allgemeine Rechtsmittel des FamFG (Beschwerde zum Landgericht) gegeben. Solange die Zuständigkeitsrüge nicht wirksam erhoben worden ist (§ 17a Abs. 3 S. 2, 6 GVG), darf auch hier die Frage, ob eine Familiensache vorliegt, nicht geprüft werden (§ 17a Abs. 5, 6 GVG; s. Rn 48); es hat das LG über das Rechtsmittel in der Hauptsache zu entscheiden. Dies gilt allerdings nur bei Streitsachen der freiwilligen Gerichtsbarkeit, über die im Antragsverfahren zu entscheiden ist (vgl. dazu § 23 Rn 7); denn in Verfahren, die von Amts wegen einzuleiten sind (vgl. dazu § 23 Rn 5), fehlt es bereits im Ausgangspunkt an der Beschreitung eines Rechtswegs, so dass für die Anwendung von § 17a GVG von vornherein kein Raum ist.[66] Ergibt die Prüfung des LG danach in einem amtswegigen Verfahren, wie einer Betreuungssache, das Vorliegen einer Familiensache, so hat das LG die Entscheidung des Betreuungsgerichts aufzuheben und die Sache an das zuständige Familiengericht zu verweisen oder abzugeben. **50**

d) BGH. Für den BGH ist in **§ 133 GVG** die Bildung eines besonderen Familiensenats nicht vorgeschrieben.[67] **51**

e) Ermächtigung der Landesgesetzgeber. § 23d GVG[68] ermächtigt die Länder, die Familiensachen und – ganz oder teilweise – die Angelegenheiten der freiwilligen Gerichtsbarkeit (Betreuungs- und Unterbringungssachen) bei bestimmten Amtsgerichten zu konzentrieren. Von den verschiedenen Ermächtigungen können die Länder in einem Akt oder getrennt Gebrauch machen. Die Zusammenfassung der Familiensachen bei einem AG für den Bereich mehrerer Amtsgerichte soll es ermöglichen, den Gedanken des besonders sachkundigen und deshalb spezialisierten Familienrichters voll zur Geltung zu bringen.[69] Außerdem soll durch die Konzentration der Familiensachen auf wenige Gerichte die Heranbildung einheitlicher Rechtsprechungsgrundsätze gefördert werden.[70] Deshalb lässt § 23d GVG eine Konzentration dann zu, wenn sie der sachlichen Förderung der Verfahren **52**

---

[60] Zöller/Lückemann § 119 GVG Rn 6.
[61] BGH NJW 2008, 3572.
[62] Zur grundsätzlich bindenden Verweisung im Verfahren zur Bewilligung von Prozesskostenhilfe s. OLG Braunschweig FamRZ 2010, 1101; BGH NJW-RR 2004, 1437.
[63] BGH NJW 2008, 3572 = FamRZ 2009, 219; zur Zurückverweisung bei willkürlicher Bejahung der Zuständigkeit durch das Erstgericht s. Zöller/Lückemann § 119 GVG Rn 6.
[64] BGH NJW 1991, 231 = FamRZ 1991, 682.
[65] BGH NJW 1991, 231 = FamRZ 1991, 682.
[66] BT-Drs. 16/6308 S. 318.
[67] BT-Drs. 7/650 S. 190.
[68] S. dazu näher GVG- und ZPO-Kommentare zu § 23d GVG.
[69] BT-Drucks. 7/650 S. 189.
[70] BT-Drucks. 7/650 S. 189.

dient oder zur Sicherung einer einheitlichen Rechtsprechung geboten erscheint. Die Konzentration der Zuständigkeit nach § 23 d GVG bezieht sich nur auf Familiensachen, nicht auf die in Familiensachen zu leistende Rechtshilfe; letztere bleibt vielmehr nach wie vor Aufgabe des jeweils zuständigen AG[71] (s. auch Rn 18).

5. Sachliche Zuständigkeit; Rechtsweg; Zuständigkeitsstreit

53   § 23 a Abs. 1 S. 1 Nr. 1 GVG begründet die **ausschließliche** (§ 23 a Abs. 1 S. 2 GVG) **sachliche** Zuständigkeit der Amtsgerichte für Familiensachen (s. näher Kommentare zu § 23 a GVG). Die Regelung tritt an die Stelle der bisherigen einzelgesetzlichen Zuweisungen in §§ 23 a GVG, 64 Abs. 1 FGG, 11 Abs. 1 HausratsVO. Für das **Verhältnis der Familiengerichte** (s. Rn 34 ff.) **zu anderen Abteilungen desselben AG** (Prozessabteilung, Betreuungsgericht u. a.), und **zu anderen Gerichten erster Instanz** (Prozessabteilung, Betreuungsgericht u. a. eines anderen AG, Zivilkammer eines LG) und umgekehrt gilt § 17 a GVG (s. Rn 48, 50 und näher § 1 Rn 46 ff.).[72] Hält ein Gericht den zu ihm beschrittenen Rechtsweg für unzulässig, spricht es dies gem. § 17 a Abs. 2 S. 1 GVG nach gegebenenfalls schriftlicher (Abs. 4 S. 1) Anhörung aus und verweist den Rechtsstreit zugleich an das zuständige Gericht des zulässigen Rechtswegs (bei Zuständigkeit mehrerer Gerichte s. Abs. 2 S. 2). Nach Abs. 2 S. 3 ist die Verweisung für das Gericht, an das der Rechtsstreit verwiesen worden ist, hinsichtlich des Rechtsweges bindend. Das aufnehmende Gericht kann nicht in einen dritten Rechtsweg weiterverweisen; innerhalb des Rechtswegs ist aus sonstigen Zuständigkeitsgründen eine weitere Verweisung zulässig (s. § 1 Rn 57).[73] Auch eine unrichtige Verweisung ist bindend (Abs. 2 S. 3, Abs. 5; s. § 1 Rn 54 ff.); den Parteien/Beteiligten steht der vorrangige Rechtsschutz nach Abs. 4 S. 3–6 offen (s. Rn 48, 50; s. § 1 Rn 63 ff.).[74] Eine Bindungswirkung tritt ausnahmsweise dann nicht ein, wenn die mangels Beschwerdeeinlegung keiner gerichtlichen Überprüfung unterliegende Verweisung „extrem" rechtswidrig[75] ist (s. näher § 3 Rn 37[76]). Dann kann das aufnehmende Gericht – ausnahmsweise (s. § 1 Rn 55)[77] – zur Klärung des **Zuständigkeitsstreits** entsprechend § 36 Abs. 1 Nr. 6, Abs. 2 ZPO das zunächst höhere Gericht, gegebenenfalls das obere Gericht, zu dessen Bezirk das zuerst mit der Sache befasste Gericht gehört,[78] anrufen. Hat ein Gericht in einem Prozess- oder Verfahrenskostenhilfeverfahren die Unzulässigkeit des Rechtswegs ausgesprochen und die Sache an ein anderes Gericht verwiesen, ist es dem anderen Gericht verwehrt, die Rechtswegzuständigkeit im Rahmen der Entscheidung über das Prozess- oder Verfahrenskostenhilfegesuch abweichend zu beurteilen. Eine Verweisung nach § 281 ZPO kann nicht in eine Verweisung nach § 17 a Abs. 6 GVG umgedeutet werden.[79]

6. Örtliche Zuständigkeit; Zuständigkeitsstreit

54   Die örtliche Zuständigkeit der Familiengerichte ist je nach betroffener Familiensache an verschiedenen Stellen geregelt (s. §§ 2 ff., 152 ff., 170, 187, 201, 211, 218 für FG-Familiensachen i. S. der Rn 6, 28; s. §§ 113 Abs. 1 S. 1 und 2, 122 f., 232 f., 262 f., 267 f. für Ehe- und Familienstreitsachen). Die örtliche Zuständigkeit ist weithin als eine **ausschließliche** ausgestaltet (§§ 10 IntFamRVG, 122 Abs. 1, 152 Abs. 1, 170 Abs. 1, 187 Abs. 1, 201, 211, 218, 232 Abs. 1 und 2, 262 Abs. 1, 267 Abs. 1 FamFG). Dies bedeutet, dass ein anderer Gerichtsstand, insbesondere durch Vereinbarung, nicht in Betracht kommt. Zur **Zuständigkeitskonzentration** bei internationalen Streitigkeiten um Kinder s. Rn 41 und bei dem Gericht der Ehesache §§ 123 S. 1, 153, 202, 233, 263, 268. Ein **Zuständigkeitsstreit**

---

[71] OLG Stuttgart FamRZ 1984, 716.
[72] OLG München FamRZ 2010, 2090.
[73] Zöller/Lückemann § 17 a GVG Rn 12.
[74] OLG Hamm FamRZ 2010, 2089.
[75] BGH BeckRS 2010, 30936 = MDR 2011, 253.
[76] Zöller/Lückemann § 17 a GVG Rn 13.
[77] BGH NJW-RR 2010, 209.
[78] Zöller/Lückemann § 17 a GVG Rn 13: Das oberste Bundesgericht der Gerichtsbarkeit des anrufenden Gerichts.
[79] OLG München FamRZ 2010, 2090.

zwischen Familiengerichten ist in FG-Familiensachen nach den Vorschriften des FamFG (s. näher die Erläuterungen bei § 5), in Ehe- und Familienstreitsachen nach §§ 113 Abs. 1 S. 1 und 2 FamFG, 281, 36 f. ZPO (s. § 113 Rn 4) zu klären.

7. Zuständigkeitsrügen

Nach §§ 65 Abs. 4, 72 Abs. 2 können die Beschwerde und die Rechtsbeschwerde nicht darauf gestützt werden, dass das Familiengericht seine Zuständigkeit zu Unrecht **bejaht** hat; eine Prüfung der Zuständigkeit des Familiengerichts in der Beschwerde- und Rechtsbeschwerdeinstanz von Amts wegen ist damit ausgeschlossen. Die Rüge, das Familiengericht habe seine Zuständigkeit zu Unrecht **verneint**, ist dagegen in den weiteren Instanzen zulässig. Diese Regelungen gelten für die örtliche, gerichtsinterne und funktionelle Zuständigkeit, nicht aber für die internationale Zuständigkeit und die Zuständigkeitsfragen nach § 17 a Abs. 6 GVG. Wegen der weitergehenden Einzelheiten s. § 1 Rn 46 ff., § 65 Rn 18 ff., § 72 Rn 47 ff. und oben Rn 48, 50, 53 f. 55

8. Internationale Zuständigkeit

Zur internationalen Zuständigkeit in Familiensachen s. §§ 98 ff. und oben Rn 55. 56

9. Funktionelle Zuständigkeit

Zur Entscheidung in allen Familiensachen einschließlich Lebenspartnerschaftssachen ist grundsätzlich der Richter berufen. Der Richtervorbehalt ergibt sich aus § 14 RPflG, die dem Rechtspfleger übertragenen Aufgaben aus §§ 3, 25 RPflG. Zudem ist der Urkundsbeamte der Geschäftsstelle in Familiensachen tätig (§§ 25 Abs. 2, 46). 57

VI. Kosten und Gebühren

Das Gesetz über Gerichtskosten in Familiensachen **(FamGKG)** stellt dem FamFG ein einheitliches Gerichtskostenrecht zur Seite. Die frühere zweigleisige Verweisung auf GKG und KostO entfällt. Ein einheitliches Gerichtskostenrecht für alle Familiensachen stellt für die gerichtliche Praxis eine erhebliche Vereinfachung dar. Im Aufbau und in seiner Systematik lehnt sich das FamGKG an das GKG an und führt zum Wegfall des Interessenschuldners der KostO für Amtsverfahren. Für Kindschaftssachen gelten aus sozialpolitischen Gründen niedrigere Gebührensätze als für die übrigen Familiensachen. Es werden Anreize für eine konsensuale Streitbeilegung und zu Gunsten des Verbundverfahrens gegenüber der isolierten Familiensache gegeben. Die Rechtsanwaltsgebühren richten sich nach dem **RVG**. 58

Familienstreitsachen

112 Familienstreitsachen sind folgende Familiensachen:
1. Unterhaltssachen nach § 231 Abs. 1 und Lebenspartnerschaftssachen nach § 269 Abs. 1 Nr. 8 und 9,
2. Güterrechtssachen nach § 261 Abs. 1 und Lebenspartnerschaftssachen nach § 269 Abs. 1 Nr. 10 sowie
3. sonstige Familiensachen nach § 266 Abs. 1 und Lebenspartnerschaftssachen nach § 269 Abs. 2.

I. Normzweck

§ 112 enthält die Definition des gegenüber dem bisherigen Recht neu eingeführten Begriffs der **Familienstreitsachen.** Sie sind Familiensachen, ebenso wie die Ehesachen und die Familiensachen der freiwilligen Gerichtsbarkeit; zu diesen 3 verschiedenen Arten von Familiensachen s. § 111 Rn 6. Die Kategorie der Familienstreitsachen ist mit den bisherigen ZPO-Familiensachen nach § 621 Abs. 1 Nr. 4, 5, 8, 11 ZPO weitgehend, aber nicht vollständig identisch. Abweichungen ergeben sich insbesondere im Verfahren in Ab- 1 stammungssachen, das – anders als früher in § 640 Abs. 1 ZPO geregelt – nunmehr ein einheitliches Verfahren der freiwilligen Gerichtsbarkeit ist. Ehesachen sind keine Familienstreitsachen, sondern unterliegen eigenen Verfahrensregeln, die insbesondere in Abschnitt 2 (§§ 121 ff.) enthalten sind; allerdings folgt das Verfahren in Ehe- und Familienstreitsachen gemäß § 113 Abs. 1 in weiten Zügen dem ZPO-Prozess (s. § 113 Rn 4 ff.). Keine Familienstreitsachen sind auch die Familiensachen der freiwilligen Gerichtsbarkeit, deren Verfahren sich nach den Vorschriften des Allgemeinen Teils des FamFG (§§ 1 bis 110) und den jeweiligen besonderen Vorschriften der §§ 151 ff. richtet.

II. Konkrete Bestimmung der Familienstreitsachen

2 Zur Bestimmung einer Familienstreitsache verweist § 112 für Unterhaltssachen auf §§ 231 Abs. 1, 269 Abs. 1 Nr. 8 und 9, für Güterrechtssachen auf §§ 261 Abs. 1, 269 Abs. 1 Nr. 10 und für sonstige Familiensachen auf §§ 266 Abs. 1, 269 Abs. 2. Danach sind Familienstreitsachen ausschließlich bestimmte Teile der Unterhalts-, Güterrechts- und sonstigen Familiensachen und die jeweils entsprechenden Lebenspartnerschaftssachen; zu den Einzelheiten s. § 231 Rn 2, 4 ff., § 261 Rn 10 und § 266 Rn 21. **Keine Familienstreitsachen** sind Ehesachen (§ 121), Kindschaftssachen (§ 151), Abstammungssachen (§ 169), Adoptionssachen (§ 186), Wohnungszuweisungs- und Haushaltssachen (§ 200), Versorgungsausgleichssachen (§ 217), die Unterhaltssachen nach § 231 Abs. 2 (Verfahren nach § 3 Abs. 2 Satz 3 BKGG und § 64 Abs. 2 Satz 3 EStG), die Güterrechtssachen nach § 266 Abs. 2 (Verfahren über einen Antrag nach § 1357 Abs. 2 Satz 1 BGB) sowie die entsprechenden Lebenspartnerschaftssachen nach § 269 Abs. 1 Nr. 1 bis 6, 10 und 11.

III. Verfahren in Familienstreitsachen

3 Das Verfahren in Familienstreitsachen bestimmt sich gem. § 113 Abs. 1 S. 1 in weiten Zügen nicht nach dem FamFG, sondern gem. § 113 Abs. 1 S. 2 nach der ZPO (zu Einzelheiten s. § 111 Rn 2, 6, 28 ff., § 113 Rn 1, 4 ff.). Hinzu kommen die besonderen Verfahrensvorschriften des FamFG für Unterhaltssachen nach §§ 232–260, für Güterrechtssachen nach §§ 261–265 und für sonstige Familienstreitsachen nach §§ 266–268, die § 270 auch für die entsprechenden Lebenspartnerschaftsstreitsachen für anwendbar erklärt. Damit hält das FamFG an der Unterscheidung zwischen Amtsermittlung in den Familiensachen der freiwilligen Gerichtsbarkeit (s. § 26), der eingeschränkten Amtsermittlung in Ehesachen (s. § 127) und dem Beibringungsgrundsatz in Familienstreitsachen fest, verbessert aber die Möglichkeiten des Gerichts in Familienstreitsachen zur Verfahrensförderung und Sachverhaltsaufklärung, etwa durch Ausbau der Auskunftsrechte und Auskunfts- und Belegpflichten im Unterhaltshauptsacheverfahren. Versäumnisentscheidungen in vermögensrechtlichen Streitigkeiten, auch im Unterhaltshauptsacheverfahren, sind unverändert möglich.

IV. Verfahren der einstweiligen Anordnung in Familienstreitsachen

4 Das gegenüber dem Hauptsacheverfahren selbständige Verfahren auf Erlass einer einstweiligen Anordnung in Familienstreitsachen richtet sich gemäß § 113 Abs. 1 S. 1 nach §§ 49 ff., wobei allerdings gem. § 51 Abs. 2 S. 1 die Vorschriften, die für eine entsprechende Hauptsache gelten, maßgebend sind, also auch § 113 Abs. 1 S. 2 mit der Verweisung auf die Vorschriften der ZPO, soweit sich nicht aus den Besonderheiten des einstweiligen Rechtsschutzes etwas anderes ergibt (s. näher § 51 Rn 13). Dies bedeutet im Ergebnis, dass auch das Verfahren der einstweiligen Anordnung eine Familienstreitsache ist, wenn auch modifiziert durch die Vorschriften der §§ 49 ff., wobei insbesondere § 51 Abs. 2 S. 3 hervorzuheben ist, wonach eine Versäumnisentscheidung im Verfahren der einstweiligen Anordnung ausgeschlossen ist.

Anwendung von Vorschriften der Zivilprozessordnung

113 (1) ¹In Ehesachen und Familienstreitsachen sind die §§ 2 bis 37, 40 bis 45, 46 Satz 1 und 2 sowie §§ 47 und 48 sowie 76 bis 96 nicht anzuwenden. ²Es gelten die Allgemeinen Vorschriften der Zivilprozessordnung und die Vorschriften der Zivilprozessordnung über das Verfahren vor den Landgerichten entsprechend.

(2) In Familienstreitsachen gelten die Vorschriften der Zivilprozessordnung über den Urkunden- und Wechselprozess und über das Mahnverfahren entsprechend.

(3) In Ehesachen und Familienstreitsachen ist § 227 Abs. 3 der Zivilprozessordnung nicht anzuwenden.

(4) In Ehesachen sind die Vorschriften der Zivilprozessordnung über
1. die Folgen der unterbliebenen oder verweigerten Erklärung über Tatsachen,
2. die Voraussetzungen einer Klageänderung,
3. die Bestimmung der Verfahrensweise, den frühen ersten Termin, das schriftliche Vorverfahren und die Klageerwiderung,
4. die Güteverhandlung,
5. die Wirkung des gerichtlichen Geständnisses,
6. das Anerkenntnis,
7. die Folgen der unterbliebenen oder verweigerten Erklärung über die Echtheit von Urkunden,
8. den Verzicht auf die Beeidigung des Gegners sowie von Zeugen oder Sachverständigen

nicht anzuwenden.

(5) Bei der Anwendung der Zivilprozessordnung tritt an die Stelle der Bezeichnung
1. Prozess oder Rechtsstreit die Bezeichnung Verfahren,
2. Klage die Bezeichnung Antrag,
3. Kläger die Bezeichnung Antragsteller,
4. Beklagter die Bezeichnung Antragsgegner,
5. Partei die Bezeichnung Beteiligter.

I. Normzweck

Die Vorschrift regelt das **maßgebende Verfahrensrecht für Ehe- und Familienstreitsachen**. Abs. 1 ordnet für diese Familiensachen die entsprechende Anwendung der Allgemeinen Vorschriften der ZPO und der Vorschriften der ZPO über das Verfahren vor den Landgerichten an. Diese Vorschriften treten an die Stelle der entsprechenden, ausdrücklich genannten Vorschriften des FamFG, mit Ausnahme der Vorschrift des § 227 Abs. 3 ZPO (Abs. 3) und der in Abs. 4 genannten Vorschriften der ZPO; im Übrigen bleibt es bei der Anwendung der im Buch 1 genannten Vorschriften des FamFG. Wesentlich für die Anwendung der ZPO ist, dass der Gesetzgeber inhaltlich im Grundsatz an der Unterscheidung zwischen der Amtsermittlung in den Sachen der freiwilligen Gerichtsbarkeit nach § 26 bzw. früher nach § 12 FGG und dem den Zivilprozess prägenden, der Parteiherrschaft entspringenden Beibringungsgrundsatz[1] in den Ehe- und Familienstreitsachen festhält, womit auch eine Versäumnisentscheidung in vermögensrechtlichen Streitigkeiten, insbesondere auch in Unterhaltssachen, möglich ist.[2] Auch unter Beibehaltung dieser Zweispurigkeit hielt der Gesetzgeber die nach früherem Recht bestehenden Möglichkeiten der Gerichte zur Verfahrensförderung und Sachverhaltsaufklärung für verbesserungsfähig, weshalb er insbesondere die Auskunftsrechte und die Auskunfts- und Belegpflichten der Beteiligten im Unterhaltsverfahren gestärkt hat (s. hierzu näher §§ 235 f.). Nach Abs. 2 gelten in Familienstreitsachen die Vorschriften der ZPO über den Urkunden- und den Wechselprozess und über das Mahnverfahren entsprechend, so dass auch Zahlungsansprüche in Familienstreitsachen im Mahnverfahren geltend gemacht werden können. Abs. 4 regelt die Ausnahmen von der Anwendung zivilprozessualer Vorschriften in Ehesachen. Abs. 5 passt bei der Anwendung der ZPO auf Ehe- und Familienstreitsachen die Terminologie in Familiensachen an diejenige des FamFG an. Auf diese Weise wird die Begrifflichkeit für alle Familiensachen innerhalb des FamFG, also für Ehe-, Familienstreitsachen und Familiensachen der freiwilligen Gerichtsbarkeit vereinheitlicht.

---

[1] S. näher Baumbach/Hartmann Grdz. § 128 Rn 19.
[2] BT-Drs. 16/6308 S. 162.

2 Abs. 1 tritt ohne inhaltliche Änderung an die Stelle des aufgehobenen § 608 ZPO. Abs. 2 bringt ebenfalls keine inhaltliche Änderung, sondern dient der Klarstellung. Abs. 3 entspricht der Regelung des bisherigen § 227 Abs. 3 Nr. 3 ZPO. In Abs. 4 sind die bisher an verschiedenen Stellen geregelten Ausnahmen von der Anwendung zivilprozessualer Vorschriften in einer übersichtlichen Aufzählung zusammengefasst; inhaltlich ergeben sich gegenüber dem bisherigen Rechtszustand nur geringfügige Modifikationen: die Nr. 1 und 5 bis 8 entsprechen dem bisherigen § 617 ZPO. Nr. 2 enthält einen Teil des Regelungsgehalts des bisherigen § 611 Abs. 1 ZPO. Nr. 3 übernimmt den Inhalt des bisherigen § 611 Abs. 2 ZPO, schließt jedoch darüber hinaus auch §§ 272 Abs. 1, 2, 275 Abs. 1 S. 2, Abs. 2, 277 ZPO von der Anwendung aus; diese Regelungen sind im Eheverfahren entbehrlich, zumal die §§ 273, 279 Abs. 2, 3, 282 ZPO weiterhin anwendbar sind.[3] Nr. 4 trägt der Besonderheit der höchstpersönlichen Verfahrensgegenstände in Ehesachen Rechnung. Zudem besteht angesichts der vorhandenen Sondervorschriften ein Bedürfnis für eine gesonderte Güteverhandlung in Ehesachen nicht. Abs. 5 ordnet in den Nr. 1 bis 5 an, dass an die Stelle bestimmter zivilprozessualer Bezeichnungen die entsprechenden Bezeichnungen des FamFG treten. Für Ehesachen ersetzt er den bisherigen § 622 Abs. 3 ZPO. Auf diese Weise soll die Begrifflichkeit innerhalb des FamFG vereinheitlicht werden.

II. Anwendungsbereich

3 § 113 betrifft **nur** das Verfahren in **Ehe- und Familienstreitsachen**, nicht aber in Familiensachen der freiwilligen Gerichtsbarkeit (zu diesen drei Arten von Familiensachen s. § 111 Rn 6), auf die die Allgemeinen Vorschriften des FamFG anzuwenden sind, also auch die in § 113 Abs. 1 S. 1 genannten Vorschriften (s. § 111 Rn 28 ff.).

III. Anwendung von Vorschriften der ZPO (Abs. 1)

1. Ausschluss von Vorschriften des FamFG (Abs. 1 S. 1)

4 Abs. 1 S. 1 und 2 schließen fast alle Vorschriften aus dem Allgemeinen Teil des FamFG aus und ersetzen sie durch die für das zivilprozessuale Verfahren geltenden Bestimmungen. Insoweit folgt das Verfahren vor dem Familiengericht in **Ehe- und Familienstreitsachen** den Regeln der ZPO und damit eher einheitlichen Vorschriften; insgesamt sind die Verfahren in Familiensachen aber uneinheitlich (s. § 111 Rn 30 ff.). **Anwendbar** in Ehe- und Familienstreitsachen sind aus dem Allgemeinen Teil des FamFG § 1 (Anwendungsbereich), § 38 (Entscheidung durch Beschluss[4]), § 39 (Rechtsbehelfsbelehrung), § 46 S. 3 und 4 (Erteilung eines Rechtskraftzeugnisses in Ehesachen, Anfechtbarkeit), §§ 49–57 (Verfahren der einstweiligen Anordnung, modifiziert durch § 119), §§ 58–75 (Rechtsmittel, ergänzt durch § 117) und §§ 97–110 (Verfahren mit Auslandsbezug); der in Abs. 1 S. 1 nicht erwähnte § 96a betrifft die Abstammungssachen, die als FG-Familiensachen nicht zu den Ehe- und Familienstreitsachen gehören (s. § 111 Rn 6), weshalb diese Norm von vornherein nicht für diese Arten von Familiensachen gilt. **Ausgeschlossen** werden in Ehe- und Familienstreitsachen die §§ 2 bis 37, 40 bis 45, 46 S. 1 und 2, 47, 48, 76 bis 96. Sie werden ersetzt zum einen durch die Vorschriften des FamFG für Ehe- und Familienstreitsachen (§§ 113 bis 270) und zum anderen durch die Allgemeinen Vorschriften der ZPO (§§ 1 bis 252 ZPO) und die Vorschriften der ZPO über das Verfahren vor den Landgerichten (§§ 253 bis 494a ZPO). Im Einzelnen:

§ 2	Abs. 1 zur örtlichen Zuständigkeit durch § 35 ZPO, Abs. 2 durch § 261 Abs. 3 Nr. 2 ZPO;
§ 3	über die Verweisung bei Unzuständigkeit durch § 281 ZPO;
§ 4	über die Abgabe an ein anderes Gericht durch §§ 123, 263, 268 FamFG;

---

[3] BT-Drs. 16/6308 S. 223.
[4] Dazu, ob in Ehe- und Familienstreitsachen die als Beschluss zu treffende Endentscheidung entsprechend § 311 Abs. 1 ZPO „im Namen des Volkes" ergeht, s. § 38 Rn 41 (verneinend), § 116 Rn 5a und die Diskussion in FamRZ 2010, 85, 703 ff.

§ 5	über die Bestimmung des örtlich zuständigen Gerichts durch §§ 36, 37 ZPO;
§ 6	über den Ausschluss vom Richteramt durch §§ 41 bis 49 ZPO (s. a. § 6 Rn 1);
§ 7	über Beteiligte durch die Vorschriften der ZPO über die Parteien, wobei allerdings nach § 113 Abs. 5 Nr. 3 bis 5 an die Stelle der Bezeichnung Kläger die Bezeichnung Antragsteller, an die Stelle des Beklagten die Bezeichnung Antragsgegner und an die Stelle der Partei die Bezeichnung Beteiligter tritt;
§ 8	über die Beteiligtenfähigkeit durch § 50 ZPO (s. a. § 8 Rn 1 f.);
§ 9	über die Verfahrensfähigkeit durch die §§ 51 ff. ZPO (s. a. § 9 Rn 2), § 125 gilt vorrangig;
§ 10	über Bevollmächtigte durch § 114 FamFG (s. dazu näher dort, auch zum Anwaltszwang in Folgesachen);
§ 11	über die Verfahrensvollmacht durch §§ 114 Abs. 5 FamFG, 78 ff. ZPO;
§ 12	über den Beistand durch § 90 ZPO;
§ 13	über die Akteneinsicht durch § 299 ZPO;
§ 14	über elektronische Akte und elektronisches Dokument durch §§ 130 a, 298 a, 299 a ZPO;
§ 15	über Bekanntgabe und formlose Mitteilung durch §§ 329, 270, 166 ff. ZPO;
§ 16	über Fristen durch §§ 221 ff. ZPO;
§§ 17 bis 19	über Wiedereinsetzung in den vorigen Stand durch §§ 117 Abs. 5 FamFG, 230 ff. ZPO; in systemkonformer Analogie gilt die Vermutung fehlenden Verschuldens bei unzutreffender oder fehlender Rechtsbehelfsbelehrung nach § 17 Abs. 2 gleichwohl im Rahmen von § 233 ZPO für Ehe- und Familienstreitsachen (s. § 39 Rn 15); zu Berichtigung oder Nachholung einer unrichtigen oder fehlenden Rechtsbehelfsbelehrung s. § 39 Rn 15 f. und § 42 Rn 28);
§ 20	über Verfahrensverbindung und -trennung durch §§ 126, 137, 140 FamFG, 145, 147, 150 ZPO;
§ 21	über die Verfahrensaussetzung durch §§ 136 FamFG, 148 ff. ZPO;
§ 22	über die Antragsrücknahme durch §§ 141, 134 FamFG, 269 ZPO;
§ 23	über den verfahrenseinleitenden Antrag und § 24 über die Anregung des Verfahrens durch §§ 124 FamFG, 253 ZPO;
§ 25	über Anträge und Erklärungen zur Niederschrift der Geschäftsstelle durch §§ 114 Abs. 4 Nr. 3 FamFG, 78 Abs. 3, 129 a ZPO;
§ 26	über die Ermittlung von Amts wegen durch §§ 127, 236 f. FamFG, 139, 142 ff., 273, 308 ZPO und den zivilprozessualen Beibringungsgrundsatz;
§ 27	über die Mitwirkung der Beteiligten durch § 138 ZPO; § 27 Abs. 2 ist wortgleich mit § 138 Abs. 1 ZPO;
§ 28	über die Verfahrensleitung durch §§ 136, 139, 159 ff. ZPO;
§§ 29, 30	über die Beweiserhebung durch §§ 284, 355 ff., 159 ff. ZPO;
§ 31	über die Glaubhaftmachung durch den wortgleichen § 294 ZPO;
§ 32	über den Termin durch §§ 128, 128 a, 217, 219, 227 Abs. 1, 2 und 4 ZPO;
§§ 33, 34	über das persönliche Erscheinen und die persönliche Anhörung der Parteien durch §§ 128 FamFG, 141 ZPO;
§ 35	über Zwangsmittel, und zwar gem. § 120 Abs. 1 FamFG § 35 Abs. 1 durch § 888 Abs. 1 S. 1 ZPO, § 35 Abs. 2 durch § 890 Abs. 2 ZPO, § 35 Abs. 3 S. 1 durch § 888 Abs. 1 S. 2 ZPO, § 35 Abs. 3 S. 2 durch § 891 S. 3 ZPO, § 35 Abs. 3 S. 3 durch § 888 Abs. 1 S. 3 ZPO, § 35 Abs. 4 durch die in diesem Abs. genannten Vorschriften der ZPO und § 35 Abs. 5 durch § 793 ZPO;
§ 36	über den Vergleich durch §§ 278, 159 ff. ZPO;
§ 37	über die Grundlage der Entscheidung durch § 286 ZPO (s. zur gerichtlichen Tatsachenfeststellungspflicht nach § 286 Abs. 1 S. 2 ZPO im Unterhaltsverfahren s. § 231 Rn 23);
§ 40	über das Wirksamwerden eines Beschlusses durch § 116 Abs. 2 und 3 FamFG;
§ 41	über die Bekanntgabe der Endentscheidung durch § 329 ZPO;

§ 329 ZPO Beschlüsse und Verfügungen

(1) Die auf Grund einer mündlichen Verhandlung ergehenden Beschlüsse des Gerichts müssen verkündet werden. Die Vorschriften der §§ 309, 310 Abs. 1 und des § 311 Abs. 4 sind auf Beschlüsse des Gerichts, die Vorschriften des § 312 und des § 317 Abs. 2 Satz 1, Abs. 3 bis 5 auf Beschlüsse des Gerichts und auf Verfügungen des Vorsitzenden sowie eines beauftragten oder ersuchten Richters entsprechend anzuwenden.

(2) Nicht verkündete Beschlüsse des Gerichts und nicht verkündete Verfügungen des Vorsitzenden oder eines beauftragten oder ersuchten Richters sind den Parteien formlos mitzuteilen. Enthält die Entscheidung eine Terminsbestimmung oder setzt sie eine Frist in Lauf, so ist sie zuzustellen.

(3) Entscheidungen, die einen Vollstreckungstitel bilden oder die der sofortigen Beschwerde oder der Erinnerung nach § 573 Abs. 1 unterliegen, sind zuzustellen.

Bekanntgabe und Erlass einer Endentscheidung sind zu unterscheiden. Letzterer bestimmt sich auch in Ehe- und Familienstreitsachen nach § 38 Abs. 3 S. 3. Einzelheiten dazu s. bei § 38 Rn 88 ff.

§ 42	über die Berichtigung der Endentscheidung durch §§ 319 f. ZPO;
§ 43	über die Ergänzung der Endentscheidung durch § 321 ZPO;
§ 44	über die Abhilfe bei Verletzung des Anspruchs auf rechtliches Gehör durch § 321 a ZPO; eine begründete Anhörungsrüge führt in einem Unterhaltsverfahren dazu, dass im Fortsetzungsverfahren ohne Neubeurteilung des Anspruchs insgesamt nur über den – abgrenzbaren – Teil des Verfahrensgegenstandes verhandelt und entschieden wird, der von der Gehörsrüge in entscheidungserheblicher Weise betroffen ist;[5]
§ 45	über die formelle Rechtskraft durch § 116 Abs. 2 in Ehesachen und § 116 Abs. 3 S. 1 in Familienstreitsachen;
§ 46	S. 1 und 2 über das **Rechtskraftzeugnis** durch § 706 ZPO;
§ 46	S. 3 (amtswegige Erteilung des Rechtskraftzeugnisses) gilt in Ehesachen, § 46 S. 4 (Anfechtbarkeit), in Ehe- und Familienstreitsachen; ein Rechtsbehelf gegen die Nichterteilung eines Notfristzeugnisses ist unstatthaft, da es sich um eine interne Auskunftserteilung zwischen Geschäftsstellen verschiedener Gerichte handelt; anfechtbar ist die Entscheidung über die Erteilung oder Versagung des Rechtskraftzeugnisses, wobei inzidenter geprüft werden kann, ob zur Erteilung eines Rechtskraftzeugnisses ein vorheriges Notfristzeugnis erforderlich war;[6] zur Bescheinigung nach Art. 39 EuEheVO s. § 46 Rn 11;
§ 47	hat keine Entsprechung in Ehe- und Familienstreitsachen;
§ 48	über Abänderung und Wiederaufnahme durch §§ 238 ff., 118;
§§ 76 ff.	durch §§ 114 ff. ZPO; allerdings verweist § 76 ebenso wie § 113 Abs. 1 S. 2 auf die Vorschriften der ZPO über die Prozesskostenhilfe, so dass auf die Kommentierung zu § 76 hingewiesen werden kann; in Ehe- und Familienstreitsachen gelten statt § 77 §§ 118, 119 ZPO und statt § 78 § 121 ZPO; § 149 ist Sonderregelung für Versorgungsausgleichsfolgesachen; terminologisch sollte – entsprechend dem durch das „FamFG-Reparaturgesetz"[7] korrigierten Wortlaut der §§ 149, 242 und unbeirrt von abweichender und unkorrigiert gebliebener Terminologie im FamGKG – im Geltungsbereich des FamFG wegen § 113 Abs. 5 Nr. 1, wonach in Ehe- und Familienstreitsachen bei der Anwendung der ZPO an die Stelle der Bezeichnung Prozess Verfahren tritt (s. unten Rn 17), einheitlich der Begriff **Verfahrenskostenhilfe** statt Prozesskostenhilfe verwandt werden;[8] für die Zwangsvollstreckung ist die Notwendigkeit der Beiordnung eines Rechts-

---

[5] OLG Koblenz FamRZ 2010, 2013 (LS) = BeckRS 2010, 15757.
[6] BGH FamRZ 2010, 284.
[7] BGBl. 2009 I S. 2449.
[8] § 76 Rn 1, 5; Horndasch/Viefhues/Roßmann § 149 Rn 1 ff.; Johannsen/Henrich/Althammer § 113 FamFG Rn 16; Prütting/Helms § 113 Rn 25.

Anwendung von Vorschriften der Zivilprozessordnung 5–7 § 113

anwalts nach § 121 Abs. 2 ZPO für jede einzelne Vollstreckungsmaßnahmen zu prüfen (s. auch § 120 Rn 21);[9] zur Verfahrenskostenhilfe für die Scheidungs- und -folgesachen s. § 149 Rn 3 ff., zur Beiordnung eines Rechtsanwalts in einer Scheidungssache s. § 138, zur Verfahrenskostenhilfe in Unterhaltsstreitsachen s. § 231 Rn 25 und zu Verfahrenskostenhilfe und Wiedereinsetzung bei Versäumung der Frist zur Beschwerdebegründung s. § 117 Rn 26;

§§ 80 ff. durch §§ 132, 150, 243 FamFG, 91 ff. ZPO; durch den Verweis in § 80 S. 2 FamFG zum Umfang der Kostenerstattung auf § 91 Abs. 1 S. 2 ZPO und in § 85 FamFG zur Kostenfestsetzung auf §§ 103–107 ZPO ergibt sich jedoch in wesentlichen Punkten ein Gleichlauf, weshalb insbesondere auf § 80 Rn 23 ff. und § 85 Rn 3 ff. verwiesen werden kann; zur Anfechtung von (isolierten) Kostenentscheidungen s. § 58 Rn 95 ff., insb. Rn 97 und 97a; § 243 Rn 11; zum Mindestwert des Beschwerdegegenstands bei der Anfechtbarkeit von Kosten- und Auslagenentscheidungen s. § 61 Rn 3; zur Erwirkung eines Kostenfestsetzungsbeschlusses bedarf der Rechtsnachfolger des im Titel ausgewiesenen Kostengläubigers nach § 727 ZPO einer Umschreibung des Titels in Gestalt einer auf ihn lautenden vollstreckbaren Ausfertigung;[10]

§§ 88 ff. durch §§ 120 FamFG, 705 ff. ZPO, aber wegen des Wegfalls der vorläufigen Vollstreckbarkeit nach § 120 Abs. 2 ohne §§ 708 bis 714, 716 bis 718, 720 ZPO (s. § 120 Rn 12).

2. Verfahrensgrundsätze der ZPO

a) Dispositionsmaxime. Dieser Grundsatz wurzelt in der Herrschaft der Beteiligten 5 über Beginn, Verlauf und Ende des Verfahrens und steht im Gegensatz zu von Amts wegen eingeleiteten, betriebenen und beendeten Verfahren. Die Beteiligten bestimmen durch die Antragstellung den Verfahrensbeginn (§§ 124, 113 Abs. 1 S. 2 FamFG, 253 ZPO), durch den Inhalt des Antrags und die Antragsänderung seinen Umfang (§§ 113 Abs. 1 S. 2 FamFG, 308, 263 ZPO) und durch Antragsrücknahme seine Beendigung (§§ 141, 113 Abs. 1 S. 2 FamFG, 269 ZPO). Die Säumnis eines Beteiligten kann zum Erlass einer Versäumnisentscheidung gegen ihn führen (§§ 330 ff. ZPO). Ausnahmen zur Dispositionsmaxime bestehen in Ehesachen, die von dem eingeschränkten Amtsermittlungsgrundsatz beherrscht sind (§§ 113 Abs. 4, 127, 130 Abs. 2).

b) Beibringungsgrundsatz. Er bedeutet, dass das Gerichtsverfahren nicht dem Amts- 6 ermittlungsgrundsatz unterliegt, sondern die Beschaffung des Verfahrensstoffes den Beteiligten obliegt und das Gericht nur das von den Beteiligten vorgetragene Tatsachenmaterial seiner Entscheidung zu Grunde legen darf. Von den Beteiligten übereinstimmend Vorgetragenes oder Zugestandenes muss das Gericht grundsätzlich übernehmen (§§ 288, 138 Abs. 3 ZPO), auch wenn es an der Richtigkeit zweifelt. Allerdings unterliegen die Beteiligten der Wahrheitspflicht (§ 138 Abs. 1 ZPO) und der Pflicht zur vollständigen Erklärung über die von dem Gegner behaupteten Tatsachen (§ 138 Abs. 2 ZPO); mit Nichtwissen dürfen Tatsachen nur dann bestritten werden, wenn sie weder eigene Handlungen des Beteiligten noch Gegenstand seiner eigenen Wahrnehmung gewesen sind (§ 138 Abs. 4 ZPO). Das Gericht ist zwar zu einer aktiven materiellen Verfahrensleitung berechtigt und verpflichtet, begrenzt aber durch das von den Beteiligten unterbreitete Sach- und Streitverhältnis (§§ 139, 278 Abs. 2, 141, 142 Abs. 1, 143, 144, 273, 448 ZPO). Die Beweismittel zu beschaffen haben grundsätzlich die Beteiligten.

c) Mündlichkeitsgrundsatz. Gem. §§ 128 Abs. 1, 309 ZPO muss das Gericht not- 7 wendig mit den Beteiligten mündlich verhandeln. Ein schriftliches Verfahren ist nur zulässig mit Zustimmung der Parteien (§ 128 Abs. 2 ZPO), es sei denn es handelt sich um eine reine Kostenentscheidung (§ 128 Abs. 3 ZPO) oder um der Endentscheidung vorangehen-

---

[9] BGH FamRZ 2010, 288 = BeckRS 2010, 00019.
[10] BGH FamRZ 2010, 1160.

de Zwischenentscheidungen (§ 128 Abs. 4 ZPO). Der Mündlichkeitsgrundsatz erstreckt sich als Unmittelbarkeitsgrundsatz auch auf die Beweisaufnahme (§ 355 ZPO).

3. Entsprechende Anwendung von Vorschriften der ZPO (Abs. 1 S. 2)

7a a) Anwendbar sind
die in den vor- und nachstehenden Rn genannten Vorschriften der ZPO und

§ 254 ZPO: Die Stufenklage der ZPO ist nach der Terminologie des § 113 Abs. 5 (s. dort Rn 17) als Stufenantrag zu behandeln, soll aber durch die gerichtlichen Auskunfts- und Versicherungsverlangen nach § 235 verdrängt werden (s. dort Rn 2); zur Verfahrenskostenhilfe bei Stellung eines Stufenantrags s. § 231 Rn 26.

§ 265 ZPO: Die Vorschrift erfasst sowohl die rechtsgeschäftliche Veräußerung und Abtretung eines rechtshängigen Anspruchs als auch – über § 412 BGB – den **gesetzlichen Forderungsübergang** (s. zum Übergang von Unterhaltsansprüchen kraft Einzelrechtsnachfolge § 231 Rn 12). Durch diese Ereignisse wird ein laufendes Verfahren nicht unterbrochen. Der bisherige Beteiligte führt das Verfahren mit eigener Prozessführungsbefugnis im eigenen Namen fort. Der Antrag auf Leistung ist an den Rechtsnachfolger umzustellen. Widrigenfalls ist der Antrag bezüglich der Zeiträume nach dem Gläubigerwechsel als unbegründet abzuweisen.

§ 286 ZPO: s. näher § 231 Rn 23
§ 287 ZPO: s. näher § 231 Rn 24

b) Nicht anwendbar sind

§ 313 ZPO: § 113 Abs. 1 S. 1 FamFG normiert die Geltung von § 38 FamFG (s. oben Rn 4) und schließt damit die Anwendung von § 313 ZPO aus (s. § 38 Rn 41).[11]

§§ 296 ff. ZPO im erstinstanzlichen Verfahren und
§§ 530, 531, 533 ZPO in der Beschwerdeinstanz:
§ 115 schließt die Anwendung dieser Vorschriften aus (s. § 115 Rn 10).

c) Differenziert anwendbar ist

§ 333 ZPO: uneingeschränkt in Familienstreitsachen (s. § 114 Rn 14), jedoch nur eingeschränkt in Ehesachen (s. näher § 130 Rn 4 f., 6, 6 a).

IV. Urkunden- und Wechselprozess und Mahnverfahren in Familienstreitsachen (Abs. 2)

8 Die Anwendung der Vorschriften der ZPO über den Urkunden- und Wechselprozess (§§ 592 bis 605 a ZPO) und über das Mahnverfahren (§§ 688 bis 703 d ZPO) gewährt einem Anspruchsinhaber in Familienstreitsachen die Möglichkeit, schneller als im normalen streitigen Antragsverfahren zu einem vollstreckbaren Titel zu gelangen. Dieser Vorteil des Urkundenprozesses besteht insbesondere bei güterrechtlichen Ansprüchen und Ansprüchen nach § 266 Abs. 1 Nr. 1 bis 5 bei sonstigen Familiensachen, wenn der Anspruchsinhaber über eine – nicht selbst vollstreckbare – Urkunde verfügt, die sämtliche zur Begründung des Anspruchs erforderlichen Tatsachen beweist, aber auch bei Unterhaltsansprüchen, da im Urkundenprozess Klage auf zukünftige Leistung nach §§ 257 bis 259 ZPO zulässig ist.[12] Im Mahnverfahren besteht die zuletzt genannte Möglichkeit nicht, weil hier gem. §§ 688

---

[11] Rasch FPR 2010, 150.
[12] Zöller/Greger § 592 Rn 1.

Abs. 1, 692 Abs. 1 Nr. 3 ZPO nur die bis zum Ablauf der Widerspruchsfrist fälligen Beträge, also praktisch nur die Rückstände geltend gemacht werden können.[13] Im Mahnantrag ist gem. § 690 Abs. 1 Nr. 5 ZPO das AG – Familiengericht – als das für das streitige Verfahren zuständige Gericht anzugeben, um insbesondere in güterrechtlichen Streitigkeiten und in den sonstigen Familiensachen deutlich zu machen, dass eine Zuständigkeit des AG gegeben ist, obwohl der Streitwert die Schwelle für die allgemeine sachliche Zuständigkeit des AG (5000 EUR) übersteigt (§ 23 Nr. 1 GVG). Zur Anspruchskonkretisierung im Mahnantrag s. BGH NJW 2008, 3498, wegen der Einzelheiten der Rechtsverfolgung im Urkunden- und Wechselprozess sowie im Mahnverfahren s. näher die ZPO-Kommentare.

V. Beschleunigungsgebot in Ehe- und Familienstreitsachen (Abs. 3)

In Ehe- und Familienstreitsachen ist § 227 Abs. 3 ZPO[14] nicht anzuwenden. Da der Allgemeine Teil des FamFG (§§ 1 bis 110) eine § 227 Abs. 3 ZPO vergleichbare Regelung nicht enthält, gilt dies auch für Familiensachen der freiwilligen Gerichtsbarkeit. Dies bedeutet im Ergebnis, dass in allen – einem besonderen Beschleunigungsbedürfnis unterliegenden – Familiensachen ein in der üblichen Urlaubszeit, nämlich für die **Zeit vom 1. Juli bis 31. August,** den früheren Gerichtsferien, bestimmter Verhandlungstermin **nicht** wie im Zivilprozess auf Antrag ohne jegliche Begründung innerhalb einer Woche nach Zugang der Terminsbestimmung **zu verlegen ist,** sondern nur unter den strengeren Voraussetzungen des § 227 Abs. 1, 2 ZPO, also bei Vorliegen erheblicher Gründe, die gegebenenfalls glaubhaft zu machen sind. § 227 Abs. 1 S. 2 Nr. 1 bis 3 ZPO lautet in der ab dem 1. 9. 2009 gültigen Fassung:

(1) Aus erheblichen Gründen kann ein Termin aufgehoben oder verlegt sowie eine Verhandlung vertagt werden. Erhebliche Gründe sind insbesondere nicht
1. das Ausbleiben einer Partei oder die Ankündigung, nicht zu erscheinen, wenn nicht das Gericht dafür hält, dass die Partei ohne ihr Verschulden am Erscheinen verhindert ist;
2. die mangelnde Vorbereitung einer Partei, wenn nicht die Partei dies genügend entschuldigt;
3. das Einvernehmen der Parteien allein.

VI. Einschränkung der Beteiligtenherrschaft in Ehesachen (Abs. 4)

In **Ehesachen** (s. zu den Arten der Ehesachen § 121 Rn 3 ff.) und diesen gleichgestellten Lebenspartnerschaftssachen ist die Herrschaft der Beteiligten über das Verfahren (s. näher Rn 5) und den Verfahrensstoff (s. näher oben Rn 6) eingeschränkt, da gem. § 127 der eingeschränkte – Amtsermittlungsgrundsatz gilt; Abs. 4 ist nicht auf Scheidungsfolgesachen anwendbar. Weder der Vortrag noch das Schweigen von Beteiligten bindet das Gericht; unerheblich ist, ob es sich um eheerhaltenden oder – feindlichen Tatsachenstoff handelt. Vielmehr hat das Gericht grundsätzlich von Amts wegen die zur Feststellung der entscheidungserheblichen Tatsachen erforderlichen Ermittlungen durchzuführen und seine Überzeugung in freier Beweiswürdigung zu bilden (s. § 127 Rn 4 ff.), weil ein öffentliches Interesse daran besteht, dass der Rechtsstatus der Ehe nicht dem Belieben der Beteiligten überlassen ist, sondern den objektiven Verhältnissen folgt. Dies hat zur Folge, dass die **Wirkungen folgender Prozesshandlungen,** die nach der ZPO den Verfahrensbeteiligten grundsätzlich freistehen, **in Ehesachen nicht eintreten:**

Abs. 4 Nr. 1: Unterlässt oder verweigert ein Beteiligter die Erklärung zu Tatsachen, die die Gegenseite vorgetragen hat, hat dies nach § 138 Abs. 3 ZPO zur Folge, dass die nicht ausdrücklich bestrittenen Tatsachen als zugestanden anzusehen sind und das Gericht eine Beweisaufnahme über diese Tatsachen nicht durchzuführen hat. Dies gilt nach Abs. 4 Nr. 1 nicht in Ehesachen. Das Familiengericht hat selbst ohne Rücksicht auf die Einlassung eines Beteiligten die Richtigkeit der entscheidungserheblichen Tatsachen zu ermitteln. Verspätete

---

[13] Wendl/Schmitz § 10 Rn 221.
[14] Der BGH (NJW 2010, 2440) hat den Anwendungsbereich des § 227 Abs. 3 ZPO dahin beschränkt, dass kein Anspruch auf Verlegung von in der Zeit vom 1. 7. bis 31. 8 bestimmter Termine besteht, wenn das Verfahren besonderer Beschleunigung bedarf, nachdem seine Erledigung durch unabweisbare Terminsänderung verzögert und obendrein durch Flucht in die Säumnis verschleppt worden ist.

Erklärungen eines Beteiligten zu eigenem Vortrag können allerdings unter den Voraussetzungen des § 115 S. 1 zurückgewiesen werden (zu Einzelheiten s. dort).

12 **Abs. 4 Nr. 2:** Der Antragsteller kann in Ehesachen ohne die Einschränkungen des § 263 ZPO, also ohne Zustimmung des Antragsgegners und ohne Rücksicht auf Sachdienlichkeit, seinen **Antrag ändern** und die Antragsgründe wechseln; ob hierin eine Antragsänderung liegt, muss nicht entschieden werden.[15] Zulässig ist insbesondere der Übergang vom Scheidungs- zum Aufhebungsantrag und umgekehrt sowie die Änderung der Rangfolge verbundener (zur Verbindung von Ehesachen, die dieselbe Ehe betreffen, s. § 126 Rn 4 f.) Begehren und ihrer Reihenfolge als Haupt- und Hilfsanträge.[16] Zu beachten ist aber, dass nach § 126 Abs. 2 außerhalb des Scheidungsverbunds eine Verbindung von Ehesachen mit anderen Familiensachen unzulässig ist. Eine Antragsänderung kann nicht nach § 115 S. 1 als verspätet zurückgewiesen werden (s. § 115 Rn 3).

13 **Abs. 4 Nr. 3:** Nr. 3 schließt die Anwendung der auf Verfahrensbeschleunigung zielenden Vorschriften der ZPO über die Bestimmung der Verfahrensweise (§ 272 ZPO), über den frühen ersten Termin (§ 275 ZPO), das schriftliche Vorverfahren (§ 276 ZPO) und die Klageerwiderung (§ 277 ZPO) aus. Daher sind dem Antragsgegner auch nicht die strengen Fristen zur Antragserwiderung nach den genannten Vorschriften zu setzen; dies würde auch Abs. 4 Nr. 1 widersprechen, wonach unterbliebene oder verweigerte Erklärungen über Tatsachen keine Rechtsnachteile nach sich ziehen (s. Rn 11). **Anwendbar** sind § 273 **ZPO** über die Terminsvorbereitung, § 279 Abs. 2 ZPO, wonach im Termin der streitigen mündlichen Verhandlung die Beweisaufnahme unmittelbar folgen soll, § 279 Abs. 3 ZPO, wonach im Anschluss an die Beweisaufnahme das Gericht erneut den Sach- und Streitstand und, soweit bereits möglich, das Ergebnis der Beweisaufnahme mit den Beteiligten zu erörtern hat, § 282 ZPO über die Rechtzeitigkeit des Vorbringens[17] sowie § 356 ZPO, wonach einem Beteiligten eine Frist zur Beseitigung eines Hindernisses für die Beweisaufnahme gesetzt werden kann.[18] Verstöße gegen §§ 282, 356 ZPO können die Zurückweisung von Vorbringen wegen Verspätung nach § 115 S. 1 bewirken (s. § 115 Rn 4).

14 **Abs. 4 Nr. 4:** Eine Güteverhandlung nach § 278 Abs. 2 bis 5 ZPO findet in Ehesachen nicht statt. Dies trägt der Besonderheit der höchstpersönlichen Verfahrensgegenstände in Ehesachen Rechnung.[19]

15 **Abs. 4 Nr. 5, 6:** Beide Vorschriften bewirken, dass die Beteiligten nicht durch ein gerichtliches Geständnis nach § 288 ZPO und nicht durch ein Anerkenntnis nach § 307 ZPO über den Verfahrensstoff verfügen können. Als Beweisumstände können Geständnis und Anerkenntnis jedoch verwertet werden, ebenso wie das Fallenlassen von Behauptungen.

16 **Abs. 4 Nr. 7, 8:** Unterbliebene oder verweigerte Erklärungen über die Echtheit von Urkunden nach § 439 Abs. 3 ZPO und der Verzicht auf die Beeidigung des Gegners sowie von Zeugen oder Sachverständigen (§§ 452 Abs. 3, 391, 402 ZPO) haben in Ehesachen aus den in Rn 10 ff. genannten Gründen ebenfalls keine Folgen.

VII. Von der ZPO abweichende Terminologie in Ehe- und Familienstreitsachen (Abs. 5)

17 Abs. 5 sorgt bei der Anwendung der ZPO in Ehe- und Familienstreitsachen für die Anpassung der zivilprozessualen Bezeichnungen Prozess, Klage, Kläger, Beklagter und Partei an die Bezeichnungen des FamFG und vereinheitlich damit die Begrifflichkeit innerhalb des FamFG und für alle Familiensachen. In Familiensachen dürfen daher nur die Begriffe **Verfahren, Antrag, Antragsteller, Antragsgegner und Beteiligter** verwandt werden, nicht aber die Begriffe Prozess, Klage, Kläger, Beklagter und Partei. Zur einheitlichen Verwendung des Begriffs **Verfahrenskostenhilfe** statt Prozesskostenhilfe im FamFG s. oben Rn 4 „§§ 76 ff.".

---

[15] BGH NJW-RR 1989, 72 = FamRZ 1989, 153.
[16] BGH NJW-RR 1989, 72 = FamRZ 1989, 153.
[17] BT-Drs. 16/6308 S. 223.
[18] OLG Hamm FamRZ 2003, 616.
[19] BT-Drs. 16/6308 S. 223.

Vertretung durch einen Rechtsanwalt; Vollmacht

114 (1) Vor dem Familiengericht und dem Oberlandesgericht müssen sich die Ehegatten in Ehesachen und Folgesachen und die Beteiligten in selbständigen Familienstreitsachen durch einen Rechtsanwalt vertreten lassen.

(2) Vor dem Bundesgerichtshof müssen sich die Beteiligten durch einen bei dem Bundesgerichtshof zugelassenen Rechtsanwalt vertreten lassen.

(3) ¹Behörden und juristische Personen des öffentlichen Rechts einschließlich der von ihnen zur Erfüllung ihrer öffentlichen Aufgaben gebildeten Zusammenschlüsse können sich durch eigene Beschäftigte oder Beschäftigte anderer Behörden oder juristischer Personen des öffentlichen Rechts einschließlich der von ihnen zur Erfüllung ihrer öffentlichen Aufgaben gebildeten Zusammenschlüsse vertreten lassen. ²Vor dem Bundesgerichtshof müssen die zur Vertretung berechtigten Personen die Befähigung zum Richteramt haben.

(4) Der Vertretung durch einen Rechtsanwalt bedarf es nicht
1. im Verfahren der einstweiligen Anordnung,
2. wenn ein Beteiligter durch das Jugendamt als Beistand vertreten ist,
3. für die Zustimmung zur Scheidung und zur Rücknahme des Scheidungsantrags und für den Widerruf der Zustimmung zur Scheidung,
4. für einen Antrag auf Abtrennung einer Folgesache von der Scheidung,
5. im Verfahren über die Verfahrenskostenhilfe,
6. in den Fällen des § 78 Abs. 3 der Zivilprozessordnung sowie
7. für den Antrag auf Durchführung des Versorgungsausgleichs nach § 3 Abs. 3 des Versorgungsausgleichsgesetzes und die Erklärungen zum Wahlrecht nach § 15 Abs. 1 und 3 des Versorgungsausgleichsgesetzes.

(5) ¹Der Bevollmächtigte in Ehesachen bedarf einer besonderen auf das Verfahren gerichteten Vollmacht. ²Die Vollmacht für die Scheidungssache erstreckt sich auch auf die Folgesachen.

I. Normzweck und Anwendungsbereich

Die Vorschrift normiert den Umfang des **Anwaltszwangs** in Familiensachen. Anwaltszwang bedeutet die Notwendigkeit der Vertretung eines Verfahrensbeteiligten durch einen Rechtsanwalt. Der Anwaltszwang ist notwendig insbesondere zum Schutz von rechtsunkundigen Verfahrensbeteiligten durch sachgerechte Rechtsberatung. Zu den grundsätzlichen Fragen des Anwaltszwangs s. die ZPO-Kommentare zu § 78 ZPO. 1

§ 114 übernimmt den Anwaltszwang in Familiensachen nach dem insoweit aufgehobenen § 78 Abs. 1 S. 5, Abs. 2, 3 ZPO. Damit stimmt § 114 Abs. 1 im Wesentlichen mit dem bisherigen Rechtszustand überein mit Anwaltszwang für Ehe- und alle Folgesachen, erst- und zweitinstanzliche Güterrechtsverfahren und zweitinstanzliche Unterhaltsstreitigkeiten sowie zivilprozessuale Streitigkeiten, für die bislang die Landgerichte zuständig waren und die nun als sonstige Familiensachen nach § 266 Abs. 1 und Lebenspartnerschaftssachen nach § 269 Abs. 2 in der Form der Familienstreitsache (vgl. § 112 Nr. 3) in die Zuständigkeit des FamG übernommen sind. Gleiches gilt für Familiensachen der freiwilligen Gerichtsbarkeit, deren Verfahren sich ausschließlich nach dem FamFG richtet, und für die unverändert kein Anwaltszwang besteht. Erweitert wird der Anwaltszwang auf erstinstanzliche Unterhaltsstreitigkeiten und zivilprozessuale Streitigkeiten, für die bislang die Amtsgerichte zuständig waren und die nun als sonstige Familiensachen nach § 266 Abs. 1 und Lebenspartnerschaftssachen nach § 269 Abs. 2 in der Form der Familienstreitsache (vgl. § 112 Nr. 3) in die Zuständigkeit des Familiengerichts übernommen sind. § 114 Abs. 2 entspricht inhaltlich dem bisherigen § 78 Abs. 1 S. 5 i.V.m. S. 4 ZPO. § 114 Abs. 3 enthält ein umfassendes Behördenprivileg und entspricht dem bisherigen § 78 Abs. 4 ZPO. § 114 Abs. 4 bestimmt Ausnahmen vom Anwaltszwang. Abs. 4 Nr. 1 entspricht der bisherigen Regelung nach §§ 620 a Abs. 2 S. 2, 78 Abs. 5 ZPO. Abs. 4 Nr. 2 entlässt – anders als bisher – das Jugendamt als Beistand auch in zweiter Instanz aus dem Anwaltszwang. Abs. 4 Nr. 3 verneint – ebenfalls anders als bislang – den Anwaltszwang für die Rücknahme 2 des Scheidungsantrags. Gleiches gilt gemäß Abs. 4 Nr. 4 für einen Abtrennungsantrag. Abs. 5 S. 1 entspricht dem bisherigen § 609 ZPO, S. 2 dem bisherigen § 624 Abs. 1 ZPO.

3 Die allgemeinen Vorschriften in Buch 1 des FamFG sehen grundsätzlich nur in dem Rechtsbeschwerdeverfahren vor dem BGH Anwaltszwang vor (§§ 10 Abs. 4, 114 Abs. 2). § 114 Abs. 2 regelt den Anwaltszwang in Familiensachen und ist insoweit eine Spezialregelung gegenüber § 10 Abs. 4.[1] Der durch § 114 Abs. 1 angeordnete Anwaltszwang betrifft das erst- und zweitinstanzliche Verfahren in Ehesachen (vgl. § 111 Rn 6, zum Begriff der Ehesache s. näher § 122 Rn 3 ff., 7 f.), Folgesachen (vgl. § 137 Rn 3, 5 ff.) und selbständigen Familienstreitsachen (vgl. § 111 Rn 3 sowie § 112).

II. Erst- und zweitinstanzlicher Anwaltszwang (Abs. 1)

1. Ehe- und Folgesachen

4 Der Grundsatz des Anwaltszwanges in Familiensachen gilt uneingeschränkt für die **Ehegatten** in Ehesachen bzw. für die **Lebenspartner** in den Ehesachen entsprechenden **Lebenspartnerschaftssachen** (§ 269 Nr. 1, 2) und in allen Folgesachen in allen Rechtszügen, also auch für Folgesachen in den Familiensachen der freiwilligen Gerichtsbarkeit nach § 137 Abs. 2 S. 1 Nr. 1, 3, S. 2 und Abs. 3.[2] Bereits das 1. EheRG hat diese Regelung für Ehegatten wegen der besonderen Bedeutung, die Folgesachen bei einer Zusammenfassung mit der Scheidungssache erhalten, für erforderlich gehalten. Der Anwaltszwang erstreckt sich nur auf die Ehegatten bzw. Lebenspartner, nicht auf Dritte, auch nicht auf die zuständige Behörde als Beteiligte in Ehesachen nach § 129; diese hat § 114 Abs. 3 zu beachten. **Für Dritte,** die am Verfahren in einer Folgesache beteiligt sind, besteht der Anwaltszwang nach Abs. 2 **nur für die Rechtsbeschwerde vor dem BGH;** denn anders als bei Ehegatten hat für Dritte, die sich am Verfahren beteiligen, die Folgesache kein größeres Gewicht und eröffnet keine weitergehenden verfahrensrechtlichen Möglichkeiten als bei ihrer isolierten Durchführung.[3] Deshalb werden Drittbeteiligte in Folgesachen dem Anwaltszwang nur noch in gleichem Umfang unterstellt wie in einem isoliert durchgeführten Verfahren. Sie können das Rechtsmittel selbst einlegen oder durch einen Bevollmächtigten einlegen lassen.

5 Anwaltszwang für die **Ehegatten** bzw. **Lebenspartner** gilt auch für solche **Folgesachen,** die zunächst als selbständige Familiensachen anhängig gemacht worden waren und später nach Einleitung eines Scheidungsverfahrens gem. § 137 Abs. 4 in eine Folgesachen übergeleitet worden sind (s. dazu § 137 Rn 24). Mit der Überleitung in den Scheidungsverbund tritt ohne weiteres Anwaltszwang ein.

6 Der Anwaltszwang bleibt auch bestehen, wenn eine **Folgesache** von einem Ehegatten **durch isolierte Anfechtung aus dem Scheidungsverbund gelöst** wird. Deshalb müssen Beschwerden eines Ehegatten gegen die in einem Verbundbeschluss enthaltenen Entscheidungen über Folgesachen, auch soweit diese dem Bereich der freiwilligen Gerichtsbarkeit angehören, von einem Rechtsanwalt eingelegt werden (s. § 145 Rn 6).

7 An dem Charakter einer Folgesache ändert sich gem. § 137 Abs. 5 S. 1 auch nichts dadurch, dass das Gericht eine **Folgesache nach § 137 Abs. 2 abtrennt** und über die Scheidung vorweg entscheidet (s. § 137 Rn 25). Die abgetrennte Folgesache unterliegt auch weiterhin dem Anwaltszwang.[4] Auch wenn der Scheidungsausspruch bereits rechtskräftig geworden ist, kann in der abgetrennten Folgesache Beschwerde von einem Ehegatten nur durch einen Rechtsanwalt eingelegt werden.[5]

8 **Kein Anwaltszwang im ersten und zweiten Rechtszug** besteht dagegen gem. § 137 Abs. 5 S. 2 in abgetrennten Kindschafts-Folgesachen nach § 137 Abs. 3 (s. dort Rn 27) sowie in Folgesachen, die nach Rücknahme oder Abweisung des Scheidungsantrags als

---

[1] BGH FamRZ 2010, 1425.
[2] S. auch BGH NJW 1979, 766 = FamRZ 1979, 232.
[3] BT-Drs. 10/2888 S. 22.
[4] BGH NJW 1981, 233 = FamRZ 1981, 29.
[5] BGH NJW 1981, 233 = FamRZ 1981, 29.

selbständige Familiensachen nach §§ 141 S. 3, 142 Abs. 2 S. 3 fortgeführt werden (s. dazu § 141 Rn 11, § 142 Rn 17).

2. Selbständige Familienstreitsachen

In selbständigen Familienstreitsachen (zum Begriff s. § 112 Rn 2) müssen sich alle Beteiligten in allen Rechtszügen durch einen Rechtsanwalt vertreten lassen, so auch Dritte nach §§ 1365, 1368, 1390 BGB. Auch das erstinstanzliche Unterhaltsverfahren ist wegen der erheblichen Auswirkungen und häufig existenziellen Folgen sowie der ständig zunehmenden Komplexität des materiellen Unterhaltsrechts nicht allein durch die Beteiligten selbst zu führen. Die Einführung des Zwangs zur anwaltlichen Vertretung bereits im erstinstanzlichen Verfahren dient auch dem Schutz der Beteiligten, insbesondere der Unterhaltsberechtigten, und der Gewährung von Waffengleichheit.

3. Vollstreckungsverfahren

Anwaltszwang nach Maßgabe der vorstehenden Rn 4 bis 9 besteht in Vollstreckungsverfahren nach §§ 120 Abs. 1 FamFG, 887 ff., 793, 569 Abs. 3 Nr. 1 ZPO, auch im Rahmen einer Folgesache, soweit das Verfahrensgericht zuständig ist.[6] Kein Anwaltszwang herrscht, soweit in selbständigen Verfahren die Vollstreckung von Titeln in Familiensachen der freiwilligen Gerichtsbarkeit nach §§ 86 ff. betrieben wird (s. § 111 Rn 15).

III. Drittinstanzlicher Anwaltszwang (Abs. 2)

Vor dem BGH müssen sich alle Beteiligten durch einen bei dem BGH zugelassenen Rechtsanwalt vertreten lassen. Dies gilt auch für die wirksam zugelassene Rechtsbeschwerde in Verfahrenskostenhilfesachen.[7] Eine Ausnahme vom Anwaltszwang besteht nur für Behörden und juristische Personen des öffentlichen Rechts (Abs. 3; Rn 12).

IV. Behördenprivileg (Abs. 3)

Behörden und juristische Personen des öffentlichen Rechts einschließlich der von ihnen zur Erfüllung ihrer öffentlichen Aufgaben gebildeten Zusammenschlüsse unterliegen nicht dem Anwaltszwang (s. auch § 129 Rn 4). Sie können sich durch eigene Beschäftigte oder Beschäftigte anderer Behörden oder juristischer Personen des öff. Rechts vertreten lassen (Abs. 3 S. 1). Zu den Behörden gehört das Jugendamt, auch soweit es als Vormund oder (Unterhalts-)Pfleger bestellt ist, zu den juristischen Personen des öffentlichen Rechts die Träger der gesetzlichen Rentenversicherung und regelmäßig öffentlich-rechtliche Versorgungsträger; entscheidend ist die Rechtsform des Versicherungsträgers. Vor dem BGH müssen die zur Vertretung berechtigten Personen die Befähigung zum Richteramt haben (Abs. 3 S. 2). Das gilt ausnahmslos, also auch für den für die Staatskasse tätigen Bezirksrevisor.[8]

V. Folgen des Anwaltszwangs

1. Postulationsfähigkeit

Der Anwaltszwang bewirkt, dass nur ein zugelassener Rechtsanwalt prozessual handeln und im Verfahren wirksam Erklärungen abgeben kann. Dies gilt auch für den Abschluss eines Vergleichs in Ehe- und Folgesachen sowie in selbstständigen Familienstreitsachen.[9] Die Postulationsfähigkeit ist von Amts wegen zu prüfende Verfahrenshandlungsvoraussetzung.[10] Sie muss daher bei Vornahme der Verfahrenshandlung gegeben sein.[11] Das Fehlen

---
[6] Zöller/Vollkommer § 78 Rn 13, 24, 27 c).
[7] BGH FamRZ 2010, 1425.
[8] BGH FamRZ 2010, 1544.
[9] BGH NJW 1991, 1743.
[10] BGH NJW 2005, 3773.
[11] BGH NJW 2005, 3773.

§ 114 14–18 Abschnitt 1. Allgemeine Vorschriften

der Postulationsfähigkeit führt zur Unwirksamkeit der Verfahrenshandlung,[12] im Termin zur Säumnis.

2. Position des Beteiligten

14 Soweit Anwaltszwang herrscht, ist die Verfahrenshandlung des Beteiligten selbst unwirksam.[13] Im Umfang des Anwaltszwangs gilt ein im Termin ohne Rechtsanwalt anwesender Beteiligter als nicht erschienen. Der Beteiligte ist säumig und es kann – bei Vorliegen der sonstigen Voraussetzungen – eine Versäumnisentscheidung gegen ihn ergehen (s. § 130 Rn 4 f., § 142 Rn 10, 12, § 143 Rn 3). Im Rahmen der Rechtsbehelfsbelehrung nach § 39 ist über die für die Einlegung des Rechtsbehelfs einzuhaltende Form, und damit auch über die Frage des Anwaltszwangs, so verständlich zu belehren, dass jeder rechtsunkundige Beteiligte in die Lage versetzt wird, gegebenenfalls auch ohne die Hinzuziehung eines Rechtsanwaltes den zulässigen Rechtsbehelf gegen eine ergangene Entscheidung einlegen zu können (s. näher § 39 Rn 13). Ein nicht anwaltlich vertretener Beteiligter kann am Verfahren teilnehmen, soweit es vom Amtsermittlungsgrundsatz beherrscht wird (§§ 26, 127), insbesondere auch Beweisanträge stellen. Nach § 138 ist in einer Scheidungssache dem anwaltlich nicht vertretenen Antragsgegner für die Scheidungssache und eine Kindschaftssache als Folgesache von Amts wegen im ersten Rechtszug ein Rechtsanwalt beizuordnen, wenn dies nach der freien Überzeugung des Familiengerichts zum Schutz des Beteiligten unabweisbar erscheint.

3. Heilung der Unwirksamkeit

15 Die Unwirksamkeit einer Prozesshandlung ist heilbar,[14] allerdings nicht rückwirkend, so dass fristgebundene Prozesshandlungen nur innerhalb der für sie geltenden Frist genehmigt werden können.[15]

VI. Ausnahmen des Anwaltszwangs (Abs. 4)

16 Gem. Abs. 4 **Nr. 1** besteht im selbstständigen Verfahren der **einstweiligen Anordnung** nach §§ 49 ff. und in einem anschließenden Beschwerde- und Vollstreckungsverfahren kein Anwaltszwang. Für die Familiensachen der freiwilligen Gerichtsbarkeit ergibt sich dies bereits unmittelbar aus den Vorschriften des Allgemeinen Teils des FamFG, die keinen Anwaltszwang statuieren. Für Familienstreitsachen ordnet zudem § 119 Abs. 1 S. 1 ausdrücklich die Anwendung der Vorschriften der §§ 49 ff. an (s. § 49 Rn 8); ein Rechtsmittel gegen einstweilige Anordnungen in Familienstreitsachen sieht § 57 nicht vor. Dass Vollstreckungsverfahren auf Grund einer einstweiligen Anordnung ohne Anwaltszwang zu betreiben sind, folgt für Familiensachen der freiwilligen Gerichtsbarkeit aus §§ 86 ff. und für die dazugehörigen Beschwerdeverfahren aus §§ 87 Abs. 4 FamFG, 569 Abs. 3 Nr. 1 ZPO, für Familienstreitsachen nebst Beschwerdeverfahren aus §§ 120 Abs. 1 FamFG, 887 ff., 793, 569 Abs. 3 Nr. 1 ZPO.

17 Nach Abs. 4 **Nr. 2** bedarf es keiner anwaltlichen Vertretung, wenn das Kind in einem Unterhaltsverfahren durch das Jugendamt als Beistand vertreten ist (§ 1712 BGB). Den Fachkräften des Jugendamtes (vgl. § 55 Abs. 2 SGB VIII) werden hinreichende Rechtskenntnisse zugetraut. Wegen des Ausschlusses des sorgeberechtigten Elternteils von der Vertretung des Kindes im Unterhaltsverfahren, wenn das Kind durch das Jugendamt als Beistand vertreten wird, s. § 234. Zum Jugendamt als Vormund oder Pfleger s. Rn 12.

18 Abs. 4 **Nr. 3** nimmt die Zustimmung zur Scheidung (s. § 134 Rn 1, 3 ff.) und zur Rücknahme des Scheidungsantrags nach § 141 (s. dort Rn 3 und § 134 Rn 7 f.) sowie den Widerruf der Zustimmung zur Scheidung (s. § 134 Rn 1, 9 ff.) vom Anwaltszwang aus. Diese Erklärungen sind zudem nach §§ 134 Abs. 1, Abs. 2 S. 2, 114 Abs. 4 Nr. 6 FamFG, 78 Abs. 3 ZPO vom Anwaltszwang befreit (s. auch nachstehend Rn 21).

---

[12] BGH NJW 1992, 1700.
[13] BGH NJW 1992, 1700.
[14] BGH NJW-RR 2007, 278.
[15] BGH NJW 2007, 2124; BGH NJW 1990, 3085.

Dadurch, dass nach Abs. 4 **Nr. 4** Anträge nach § 140 auf Abtrennung einer Folgesache 19 von der Scheidung vom Anwaltszwang ausgenommen sind, soll vermieden werden, dass ein Anwalt allein aus diesem Grund hinzugezogen werden muss. Die Möglichkeit des Abtrennungsantrags soll für diejenigen Ehegatten, die das Verfahren als Antragsgegner anwaltsfrei betreiben können, nicht ausgeschlossen sein.

Abs. 4 **Nr. 5** nimmt das Verfahren über die Verfahrenskostenhilfe vom Anwaltszwang 20 innerhalb der jeweiligen Instanz und im Verfahren über die Beschwerde gegen einen Beschluss, der im Verfahrenskostenhilfeverfahren ergangen ist, aus. Dies bedeutet, dass der Abschluss eines Vergleichs im Verfahren über die Verfahrenskostenhilfe nach §§ 113 Abs. 1 S. 2 FamFG, 118 Abs. 1, 2. Halbs. ZPO ohne Anwaltsmitwirkung möglich ist.[16] Die Rechtsbeschwerde zum BGH kann allerdings auch in Verfahrenskostenhilfesachen wirksam nur durch einen beim BGH zugelassenen Rechtsanwalt eingelegt werden (s. Rn 11).[17]

Nach Abs. 4 **Nr. 6** bedarf es keiner anwaltlichen Vertretung in den Fällen des § 78 21 Abs. 3 ZPO n. F. Diese Fälle betreffen das Verfahren vor einem beauftragten (s. §§ 113 Abs. 1 S. 2 FamFG, 118 Abs. 3, 361 ZPO) oder ersuchten Richter (s. §§ 128 Abs. 3, 113 Abs. 1 S. 2 FamFG, 278 Abs. 5 S. 1, 362 ZPO) sowie Prozesshandlungen, die vor dem Urkundsbeamten der Geschäftsstelle vorgenommen werden können (s. §§ 257 S. 1, 113 Abs. 1 S. 2 FamFG, 44 Abs. 1, 2. Halbs., 117 Abs. 1 S. 1 2. Halbs., 248 Abs. 1, 2. Halbs., 281 Abs. 2 S. 1, 386 Abs. 1, 402, 408, 569 Abs. 3, 571 Abs. 4, 573 Abs. 1 S. 2, 696 Abs. 4 S. 2 ZPO). § 64 Abs. 2 S. 2 stellt klar, dass in Ehe- und Familienstreitsachen die Beschwerdeeinlegung nicht zur Niederschrift der Geschäftsstelle erfolgen kann, also für die Beschwerdeeinlegung Anwaltszwang besteht.

Abs. 4 **Nr. 7** stellt klar, dass der Antrag, einen Versorgungsausgleich trotz kurzer Ehezeit 22 durchzuführen (§ 3 Abs. 3 VersAusglG), nicht dem Anwaltszwang unterliegt. Dasselbe gilt für die Erklärung der ausgleichsberechtigten Person bei der externen Teilung, ob ein für sie bestehendes Anrecht ausgebaut oder ein neues Anrecht begründet werden soll (§ 15 Abs. 1 VersAusglG) und für die Zustimmungserklärung der ausgleichspflichtigen Person zur Wahl der Zielversorgung (§ 15 Abs. 3 VersAusglG).

VII. Vollmacht (Abs. 5)

Die besondere, auf das konkrete Verfahren gerichtete Vollmacht ist in allen Ehesachen (s. 23 § 121 Rn 3 ff.) und entsprechenden Lebenspartnerschaftssachen erforderlich (Abs. 5 S. 1). Die besondere Vollmacht haben Antragsteller und Antragsgegner auszustellen, auch in den Fällen der Beiordnung im Wege der Verfahrenskostenhilfe sowie nach § 138, in diesem Fall soweit ein Verfahrensbevollmächtigter bestellt ist. Das Verfahrensziel der konkret betriebenen Ehesache ist zu bezeichnen; im Falle der Antragsänderung ist eine entsprechende Vollmachtsänderung erforderlich. Die Vollmacht kann stillschweigend erteilt werden.[18] Nach §§ 113 Abs. 1 S. 2 FamFG, 88 Abs. 2 ZPO ist im Anwaltsverfahren die Erteilung der besonderen Vollmacht nur auf Rüge zu prüfen. Der Umfang der Verfahrensvollmacht richtet sich nach § 81 ZPO. Eine Beschränkung auf einzelne Verfahrenshandlungen, wie den Abschluss eines Scheidungsfolgenvergleichs oder den Verzicht auf Rechtsmittel gegen den Scheidungsausspruch, ist gem. § 83 ZPO unwirksam; die beschränkte Vollmacht gilt als in dem gesetzlichen Umfang erteilt.[19] Dies bedeutet, dass ein Rechtsanwalt, dem ein bislang anwaltlich nicht vertretener Beteiligter nach Verkündung des Scheidungsbeschlusses im Verhandlungstermin für den Rechtsmittelverzicht Vollmacht erteilt, als Verfahrensbevollmächtigter in das Rubrum des Scheidungsbeschlusses aufzunehmen und dieser ihm nach § 172 ZPO zuzustellen ist.

Nach Abs. 5 S. 2 erstreckt sich die Vollmacht für die Scheidungssache auf die Folgesa- 24 chen. Die Ehegatten können aber ihre Vollmacht auf die Scheidungssache oder auf einzelne Folgesachen beschränken.[20] Eine solche Beschränkung entfaltet dem anderen Ehegatten

---

[16] BGH FamRZ 1986, 458.
[17] BGH FamRZ 2010, 1425.
[18] BGH FamRZ 1995, 1484.
[19] Zöller/Philippi § 83 Rn 10.
[20] Zöller/Philippi § 83 Rn 11.

und dem Gericht gegenüber nur Wirkung, wenn sie ihnen ausdrücklich mitgeteilt worden ist.[21]

25 Wird irrtümlich eine Nichtfamiliensache vor dem FamG anhängig gemacht, so richtet sich der Anwaltszwang nach den für ein Verfahren dieser Art sonst maßgebenden Vorschriften; wie bisher § 78 ZPO enthält auch § 114 keine Regelung über den Anwaltszwang in solchen Fällen.[22]

Zurückweisung von Angriffs- und Verteidigungsmitteln

115 [1]In Ehesachen und Familienstreitsachen können Angriffs- und Verteidigungsmittel, die nicht rechtzeitig vorgebracht werden, zurückgewiesen werden, wenn ihre Zulassung nach der freien Überzeugung des Gerichts die Erledigung des Verfahrens verzögern würde und die Verspätung auf grober Nachlässigkeit beruht. [2]Im Übrigen sind die Angriffs- und Verteidigungsmittel abweichend von den allgemeinen Vorschriften zuzulassen.

I. Normzweck

1   Die Vorschrift enthält eine Präklusionsvorschrift für verspätet vorgebrachte Angriffs- und Verteidigungsmittel. Sie entspricht inhaltlich den bisherigen §§ 615, 621 d ZPO und enthält wesentliche Rechtsbegriffe des § 296 Abs. 2 ZPO. Die Vorschrift des § 115 ist einerseits notwendig, weil das FamFG eine Präklusion grundsätzlich nicht vorsieht; soweit der Amtsermittlungsgrundsatz gilt, verbietet sich der Ausschluss von Parteivortrag. Andererseits richtet sich das Verfahren in Ehe- und Familienstreitsachen nach § 113 Abs. 1 S. 2 im Wesentlichen nach den allgemeinen Vorschriften der ZPO, so dass deren strenge Präklusionsvorschriften anzuwenden wären. Das weitgehende besondere Beschleunigungsgebot des allgemeinen Zivilprozesses gilt aber nicht in Familiensachen, da die Verwirklichung des materiellen Rechts Vorrang haben soll gegenüber einer schnellen Verfahrensbeendigung, vor allem in Rechtsbereichen mit existenzieller Bedeutung, wie dem Unterhaltsrecht. Die Zurückweisung verspäteten Vorbringens in Ehe- und Familienstreitsachen kann daher nur unter wesentlich engeren Voraussetzungen erfolgen als im allgemeinen zivilprozessualen Verfahren (s. dazu Rn 10).

II. Voraussetzungen der Zurückweisung

1. Die Voraussetzungen des S. 1

2   **a) Anwendungsbereich.** Die Zurückweisung verspäteten Vorbringens kann nur in Ehe- und Familienstreitsachen erfolgen, gem. § 270 auch in den diesen Sachen entsprechenden Lebenspartnerschaftssachen. Wegen des Amtsermittlungsgrundsatzes nach § 26 darf in den FG-Familiensachen verspätetes Vorbringen nicht zurückgewiesen werden.

3   **b) Angriffs- und Verteidigungsmittel.** Hierunter fällt sämtliches Vorbringen des Antragstellers oder des Antragsgegners zur Durchsetzung seiner Rechtsposition: Behauptungen, Bestreiten, Einwendungen, Beweismittel und Beweiseinreden (s. auch § 282 ZPO). Keine zurückweisbare Angriffs- und Verteidigungsmittel sind Antragsänderung (s. auch § 113 Rn 12) und Widerantrag (s. § 124 Rn 11).

4   **c) Verspätetes Vorbringen.** Nicht rechtzeitig vorgebracht sind Angriffs- und Verteidigungsmittel, wenn sie später vorgebracht werden, als es sorgfältiger und auf Förderung des Verfahrens bedachter Verfahrensführung entspricht. Der Maßstab ergibt sich aus § 282 ZPO, dessen Anwendbarkeit auf Ehe- und Familienstreitsachen § 113 Abs. 1 S. 2 anordnet (s. auch § 113 Rn 13). Soweit der Amtsermittlungsgrundsatz nach § 127 in Ehesachen und nach §§ 235 f. in Unterhaltssachen greift, darf Sachvortrag auch dann nicht als verspätet zurückgewiesen werden, wenn die Voraussetzungen des § 115 erfüllt sind.[1]

---

[21] BGH NJW 1955, 545.
[22] BT-Drs. 10/2886 S. 22; Bergerfurth FamRZ 1985, 545/546; Schroeder JurBüro 1986, 655/656; Diederichsen NJW 1962, 1462/1463 Fn. 29.
[1] Zöller/Philippi Rn 1.

d) Verfahrensverzögerung. Die Zurückweisung wegen Verspätung darf nur erfolgen, 5
wenn die Verspätung zu einer Verzögerung des Verfahrens führt. Dies ist der Fall, wenn das
Verfahren durch die Endentscheidung abgeschlossen werden könnte, die Zulassung des
verspäteten Vorbringens aber seine Vertagung notwendig macht. Erfolgt das Vorbringen
zwar spät, kann das Gericht aber durch pflichtgemäßes Handeln die Verzögerung vermeiden,
fehlt es an der Kausalität der Verspätung für die Verfahrensverzögerung, so dass das
späte Vorbringen nicht verspätet ist. Dies geschieht nicht selten im Verbundverfahren, wenn
etwa ein spätes Vorbringen zum Unterhalt unschädlich ist, weil zur Regelung der elterlichen
Sorge eine neue Entwicklung eingetreten ist, die weitere Ermittlungen erfordert. Ein
Verbundverfahren verzögert sich nur, wenn seine Erledigung im Gesamten verschoben
wird.[2]

e) Freie Überzeugung des Gerichts. Ob die Zulassung verspäteten Vorbringens die 6
Erledigung des Verfahrens verzögern würde, hat das Familiengericht im Rahmen seines
pflichtgemäßen Ermessens ohne Beweiserhebung zu entscheiden. Beabsichtigt das Gericht
die Zurückweisung wegen Verspätung, gebieten § 139 ZPO, Art. 103 Abs. 1 GG den
entsprechenden gerichtlichen Hinweis an den von der Zurückweisung betroffenen Beteiligten;
dies kann nur unterbleiben, wenn der Gegner die Verspätung rügt und auf eine
Zurückweisung anträgt und das Gericht dem betroffenen Beteiligten Gelegenheit zur
Äußerung gibt.

f) Grobe Nachlässigkeit. Dieser Maßstab erfordert mehr als leichte Fahrlässigkeit, 7
nämlich eine besondere Sorglosigkeit. In Ausübung des dem Gericht eingeräumten Ermessens
ist abzuwägen der Nachteil, den die Verzögerung des Verfahrens für den Gegner des
verspätet Vortragenden bringt, mit dem Nachteil, der dem verspätet Vortragenden durch
die Zurückweisung seines Vorbringens entstehen wird.[3] Das Verschulden eines Bevollmächtigten
steht dem des Beteiligten gleich (§§ 114, 113 Abs. 1 S. 2 FamFG, 85 Abs. 2
ZPO).

g) Beschwerdeinstanz. Angriffs- und Verteidigungsmittel, die das Familiengericht zu 8
Recht als verspätet zurückgewiesen hat, können in der Beschwerdeinstanz erneut vorgebracht
werden, jedoch bei Vorliegen der unter den vorstehenden Rn 3 bis 7 genannten
Voraussetzungen des S. 1 vom Beschwerdegericht zurückgewiesen werden. Die allgemeinen
Vorschriften der ZPO über die Zurückweisung in zweiter Instanz dürfen nicht
angewandt werden (s. Rn 10).

h) Verzögerungsgebühr. Gem. § 32 FamGKG kann in einer selbständigen Familien- 9
streitsache, nicht aber in einer Scheidungsfolgesache einem verzögernden Beteiligten von
Amts wegen eine besondere Verzögerungsgebühr auferlegt werden.

2. Keine Anwendung allgemeiner Vorschriften (S. 2)

Weitere Vorschriften über die Zurückweisung verspäteten Vorbringens sind nicht anzu- 10
wenden. Das betrifft §§ 296 ff. ZPO im erstinstanzlichen Verfahren sowie §§ 530, 531, 533
ZPO in der Beschwerdeinstanz.

Entscheidung durch Beschluss; Wirksamkeit

116 (1) Das Gericht entscheidet in Familiensachen durch Beschluss.
(2) Endentscheidungen in Ehesachen werden mit Rechtskraft wirksam.
(3) [1]Endentscheidungen in Familienstreitsachen werden mit Rechtskraft wirksam.
[2]Das Gericht kann die sofortige Wirksamkeit anordnen. [3]Soweit die Endentscheidung
eine Verpflichtung zur Leistung von Unterhalt enthält, soll das Gericht die sofortige
Wirksamkeit anordnen.

---

[2] BGH NJW 1986, 135; NJW 1981, 1217; NJW 1980, 2355.
[3] Zöller/Philippi Rn 5.

I. Normzweck

1 Abs. 1 normiert, dass – entsprechend der für Endentscheidungen geltenden allgemeinen Regelung des § 38 Abs. 1 S. 1 – **in allen Familiensachen** nach § 111 Nr. 1–11 durch Beschluss entschieden wird; damit realisiert das FamFG in allen Verfahren eine einheitliche Entscheidungsform und schafft diejenige durch Urteil ab. Abs. 2 bestimmt, dass Endentscheidungen in **Ehesachen** nach §§ 111 Nr. 1, 121 Nr. 1–3 erst mit Rechtskraft wirksam werden; dies ist vor dem Hintergrund zu sehen, dass es sich bei Entscheidungen in Ehesachen regelmäßig um Entscheidungen mit rechtsgestaltendem Charakter handelt. Nach Abs. 3 S. 1 werden auch Endentscheidungen in **Familienstreitsachen** nach §§ 111 Nr. 8–11, 112 Nr. 1–3 erst mit Rechtskraft wirksam; im Gegensatz zu Ehesachen kann das Gericht aber nach S. 2 die sofortige Wirksamkeit anordnen mit der Folge einer sofortigen Vollstreckbarkeit nach § 120 Abs. 2. Nach S. 3 soll das Gericht die sofortige Wirksamkeit anordnen, soweit die Entscheidung eine Verpflichtung zur Leistung von **Unterhalt** enthält. Die Ausgestaltung als Soll-Vorschrift bringt die Bedeutung des Unterhalts zur Sicherung des Lebensbedarfs zum Ausdruck. Durch Abs. 3 S. 2 und 3 wird das Rechtsinstitut der vorläufigen Vollstreckbarkeit in Familienstreitsachen entbehrlich.[1] Die Wirksamkeit von Entscheidungen in **Familiensachen der freiwilligen Gerichtsbarkeit** nach § 111 Nr. 2–7, 11 bestimmt sich nach § 40; zu Einzelheiten s. dort. Für die Wirksamkeit von Scheidungsfolgesachen ist § 148 zu beachten (s. § 148 Rn 4 f., § 120 Rn 6 ff.).

2 Da früher das Verfahrensrecht der Ehe- und ZPO-Familiensachen in §§ 606 ff. ZPO angesiedelt war, galten die in der ZPO verwendeten Entscheidungsformen Urteil und Beschluss direkt für diese Familiensachen; Abs. 1 ordnet demgegenüber an, dass es weder in Ehe- noch in Familienstreitsachen Urteile gibt. Abs. 2 entspricht inhaltlich dem aufgehobenen § 704 Abs. 2 ZPO. Abs. 3 normiert ein neues Konzept der vorläufigen Vollstreckbarkeit.

II. Anwendungsbereich

3 Abs. 1 regelt die Entscheidungsform für **alle Familiensachen.** Abs. 2 gilt nur für Endentscheidungen in **Ehesachen,** Abs. 3 nur für Endentscheidungen in **Familienstreitsachen.**

III. Entscheidung durch Beschluss (Abs. 1)

4 In allen Familiensachen ist nur durch Beschluss[2] zu entscheiden. Urteile gibt es weder in Ehe- noch in Familienstreitsachen.[3] Die Beschlussform gilt für sämtliche Entscheidungen, sei es End-, Teil-, Versäumnis-, Anerkenntnis-, Verzicht-, Zwischen- oder Nebenentscheidung (s. zu den Beschlussarten näher § 38 Rn 9 ff.).

5 Hinsichtlich der Beschlussform und des **Beschlussinhalts** gelten die Vorschriften der §§ 38 Abs. 2 bis 6 (s. näher § 38 Rn 40 ff.) und 39 (Rechtsbehelfsbelehrung). Einer Begründung bedarf der als Endentscheidung ergehende Beschluss nicht, soweit die Voraussetzungen des § 38 Abs. 4 Nr. 1 bis 3 gegeben sind (s. dort Rn 68 ff.). Dies gilt aber nicht in Ehesachen, mit Ausnahme der eine Scheidung aussprechenden Entscheidung (§ 38 Abs. 5 Nr. 1; s. dort Rn 72), und wenn zu erwarten ist, dass der Beschluss im Ausland geltend gemacht werden wird (§ 38 Abs. 5 Nr. 4; s. dort Rn 72). Im zuletzt genannten Fall ist ein ohne Begründung hergestellter Beschluss nach § 38 Abs. 6 zu vervollständigen (s. näher dort Rn 76). Gem. §§ 224 Abs. 2, 69 Abs. 2 und 3 sind Entscheidungen über den Versorgungsausgleich stets zu begründen. Der Erlass des Beschlusses richtet sich gem. § 113 Abs. 1 S. 1 nach § 38 Abs. 3 S. 3 (s. § 38 Rn 88 ff.; § 113 Rn 4 vor § 42), die Bekanntgabe nach § 329 ZPO (s. § 113 Rn 4 „§ 41"). Zum Nachweis der Beschlussverkündung in Ehe- und Familienstreitsachen s. § 39 Rn 94.

---

[1] BT-Drs. 16/6308 S. 224.
[2] Den Unterhaltsbeschluss beleuchtet näher Rasch FPR 2010, 150.
[3] BT-Drs. 16/6308 S. 224.

Der Beschluss ergeht in Ehe- und Familienstreitsachen nicht im Namen des Volkes, wie **5a**
dies § 331 Abs. 1 ZPO vorsieht (s. § 38 Rn 41; § 113 Fn 4).

IV. Endentscheidung (Abs. 2, 3)

1. Begriff der Endentscheidung

Endentscheidungen sind **die Instanz in der Hauptsache ganz oder teilweise end-** **6**
gültig beendende Entscheidungen nach §§ 113 Abs. 1 S. 2 FamFG, 300 ZPO (zur
Legaldefinition der Endentscheidung s. § 38 Rn 4).[4] Die Endentscheidung in Familiensachen ergeht ausnahmslos in der Form des Beschlusses (Abs. 1, s. Rn 4). Sie kann in Ehe- und Familienstreitsachen auch als Teil- und Versäumnisentscheidung sowie zur Feststellung der Erledigung der Hauptsache mit Kostenentscheidung oder nach Antragsrücknahme als Kostenentscheidung,[5] in Familienstreitsachen als Anerkenntnis- oder Verzichtsentscheidung (s. für Ehesachen aber § 113 Abs. 4 Nr. 6) erlassen werden, insbesondere auch im Scheidungsverbundverfahren als Vorweg-Teilendentscheidung über vorbereitende Auskunftsansprüche (s. § 137 Rn 12) oder als Teilendentscheidung über die Scheidung und weitere entscheidungsreife Folgesachen bei Abtrennung weiterer Folgesachen nach § 140 Abs. 2, die gem. § 137 Abs. 5 S. 1 ihren Charakter als Folgesachen behalten (s. auch § 38 Rn 37 ff.). Endentscheidung in diesem Sinn ist auch die das selbständige Verfahren der einstweiligen Anordnung in der Instanz abschließende Entscheidung (s. dazu §§ 51 Abs. 2 S. 2, Abs. 3 S. 1, 53, 57, 58 Abs. 1). Endentscheidungen sind **nicht** Zwischen- oder Nebenentscheidungen (vgl. auch § 58 Abs. 2) und verfahrensleitende Anordnungen. Zum Begriff der Endentscheidung s. im Einzelnen § 38 Rn 3 ff., 8; § 58 Rn 16 ff.

2. Wirksamkeit einer Endentscheidung in Ehesachen (Abs. 2)

Abs. 2 bestimmt, dass Endentscheidungen in **Ehesachen** erst **mit Rechtskraft wirksam** **7**
werden. Dies ist deshalb gerechtfertigt, weil es sich bei Endentscheidungen in Ehesachen um Entscheidungen mit rechtsgestaltendem Charakter handelt, die keines Vollstreckungsaktes bedürfen und bei denen eine nur vorläufige Rechtsgestaltung problematisch wäre. Daher kommt bei Ehesachen eine Anordnung der sofortigen Wirksamkeit nach Abs. 3 S. 2 nicht in Betracht.[6] Soweit es sich nicht um eine Endentscheidung handelt – wie z. B. bei der Aussetzung nach § 136 –, wird die Entscheidung entsprechend §§ 113 Abs. 1 S. 2 FamFG, 329 ZPO wirksam.[7] In Scheidungssachen werden die Endentscheidungen in Folgesachen gem. § 148 nicht vor der Rechtskraft des Scheidungsausspruchs wirksam (wegen der Einzelheiten s. nachstehend Rn 8 und die Erläuterungen zu § 148).

3. Wirksamkeit einer Endentscheidung in Familienstreitsachen (Abs. 3 S. 1)

Abs. 3 S. 1 normiert – wie Abs. 2 für Ehesachen –, dass Endentscheidungen in **Famili-** **8**
enstreitsachen, also in Unterhaltssachen nach § 231 Abs. 1, Güterrechtssachen nach § 261 Abs. 1 und sonstigen Familiensachen nach § 266 Abs. 1 sowie den dazugehörigen Lebenspartnerschaftssachen (s. § 112 Rn 2), erst **mit Rechtskraft wirksam** werden; dies gilt auch für die Endentscheidungen in Familienstreitsachen, die als Scheidungsfolgesachen im Scheidungsverbund ergehen (s. §§ 137, 142 und vorstehend Rn 7). Da nach § 120 Abs. 2 S. 1 Endentscheidungen in Familienstreitsachen erst mit Wirksamwerden vollstreckbar sind (s. § 120 Rn 2), hängt hiernach der Beginn der Vollstreckung grundsätzlich vom Eintritt der Rechtskraft ab; für die Endentscheidungen in Folgesachen gilt zusätzlich § 148, wonach diese Entscheidungen vor Rechtskraft des Scheidungsausspruchs nicht wirksam werden können (s. vorstehend Rn 7 und nachstehend Rn 11). Dies ist eine Abkehr von § 704 ZPO, wonach die Zwangsvollstreckung stattfindet aus Endurteilen, die rechtskräftig *oder* für vorläufig vollstreckbar erklärt sind. Allerdings kann das Familiengericht nach Abs. 3 S. 2 die sofortige Wirksamkeit der Endentscheidung in Familienstreitsachen anordnen (s. näher

---

[4] Vgl. BGH FamRZ 2008, 1168 zu § 621 e Abs. 1 ZPO a. F.
[5] BT-Drs. 16/12717 – Begründung zu Art. 8 Ziffer 1 Buchstabe m.
[6] BT-Drs. 16/6308 S. 224.
[7] BT-Drs. 16/6308 S. 224.

Rn 9). Wird die Endentscheidung mit Rechtskraft wirksam, ist sie nach § 120 Abs. 2 S. 1 kraft Gesetzes vollstreckbar, ohne dass es hierzu einer Vollstreckbarerklärung des Gerichts bedürfte (s. näher § 120 Rn 2).

4. Anordnung der sofortigen Wirksamkeit in Familienstreitsachen (Abs. 3 S. 2)

9 Im Gegensatz zu Ehesachen kann in Familienstreitsachen das Familiengericht jeder Instanz die sofortige Wirksamkeit seiner Endentscheidung anordnen mit der Folge einer sofortigen Vollstreckbarkeit kraft Gesetzes nach § 120 Abs. 2 (s. oben Rn 8 aE). Die Anordnung der sofortigen Wirksamkeit steht im pflichtgemäßen Ermessen des Familiengerichts unter Abwägung aller Umstände[8] und erfolgt **von Amts wegen**, ohne dass es eines Antrags bedarf. Abwägungskriterien gibt weder der Gesetzeswortlaut noch die Gesetzesbegründung; zur Anordnung der sofortigen Wirksamkeit in Unterhaltssachen s. nachstehend Rn 10. Insbesondere zur Leistung verpflichtende Versäumnisentscheidungen sind für sofort wirksam zu erklären (s. auch § 142 Rn 12); dem Verpflichteten steht die Möglichkeit des Rechtsschutzes nach §§ 120 Abs. 2 S. 3 FamFG, 719 Abs. 1 ZPO zu. Im Übrigen kann der Verpflichtete nach § 120 Abs. 2 S. 2 glaubhaft machen, dass die Vollstreckung der noch nicht rechtskräftigen Endentscheidung ihm einen nicht zu ersetzenden Nachteil bringen würde, und beantragen, dass das Gericht in der Endentscheidung die Vollstreckung vor Eintritt der Rechtskraft einstellt oder beschränkt (s. dazu näher § 120 Rn 13 ff.). Ordnet das Gericht die sofortige Wirksamkeit an, steht dies in seiner Wirkung der Erklärung der vorläufigen Vollstreckbarkeit ohne Sicherheitsleistung nach §§ 120 Abs. 1 FamFG, 708 ZPO gleich, auch wenn § 708 ZPO bei der Vollstreckung von Beschlüssen in Familiensachen nicht anwendbar ist.[9] Unterlässt das Gericht eine Entscheidung über die Anordnung der sofortigen Wirksamkeit in der Endentscheidung, kann in der Instanz lediglich binnen einer zweiwöchigen Frist ab Beschlusszustellung nach §§ 120 Abs. 1 FamFG, 716, 321 Abs. 2 ZPO die Ergänzung der Endentscheidung begehrt werden. Im Beschwerdeverfahren ist nach §§ 113 Abs. 1 S. 1, 64 Abs. 3 eine einstweilige Zahlungsanordnung (s. § 64 Rn 61) und nach §§ 120 Abs. 1 FamFG, 718 Abs. 1 ZPO eine Vorabentscheidung über die sofortige Wirksamkeit möglich.[10]

5. Anordnung der sofortigen Wirksamkeit in Unterhaltssachen (Abs. 3 S. 3)

10 Nach Abs. 3 S. 3 soll das Gericht die sofortige Wirksamkeit anordnen, soweit die Entscheidung eine Verpflichtung zur Leistung von Unterhalt enthält (zur Problematik des § 120 Abs. 2 S. 2 s. dort Rn 14 f.). Die Ausgestaltung als Soll-Vorschrift bringt die Bedeutung des Unterhalts zur Sicherung des Lebensbedarfs zum Ausdruck. Auf eine Anordnung der sofortigen Wirksamkeit kann daher teilweise oder vollständig verzichtet werden, wenn z. B. das Jugendamt nach §§ 33 Abs. 2 S. 4 SGB II, 94 Abs. 4 S. 2 SGB XII oder 7 Abs. 4 S. 1 UVG übergegangene Ansprüche geltend macht oder wenn neben dem laufenden Unterhalt länger zurückliegende Unterhaltsrückstände verlangt werden.[11] Die zeitliche Begrenzung der Unterhaltsrückstände kann nach der gesetzgeberischen Wertung in § 708 Nr. 8 ZPO bestimmt werden, also nach der Zeit vor dem der Klagerhebung vorausgehenden letzten Vierteljahr.[12]

11 In Familienstreitfolgesachen, die nach § 142 Abs. 1 im Scheidungsverbund durch einheitlichen Beschluss entschieden werden, ist § 148 zu beachten, wonach die Endentscheidungen in Folgesachen vor Rechtskraft des Scheidungsausspruchs nicht wirksam werden können (vgl. dort und vorstehend Rn 8). Da aber der Scheidungsausspruch, weil unstreitig, häufig vor der Unterhaltsfolgesache rechtskräftig wird, wirkt die Anordnung der sofortigen Wirksamkeit der Unterhaltsfolgesache nach Abs. 3 S. 3 für die Zeit ab Rechtskraft der Scheidung und kann wie folgt tenoriert werden: „Die sofortige Wirksamkeit der Entschei-

---

[8] Baumbach/Hartmann § 116 FamFG Rn 4.
[9] BT-Drs. 16/6308 S. 226.
[10] Prütting/Helms § 116 Rn 29; OLG Bamberg FamRZ 1990, 184 (zu §§ 708 ff. ZPO).
[11] BT-Drs. 16/6308 S. 224.
[12] Rasch FPR 2010, 150.

dung über den nachehelichen Unterhalt wird für die Zeit ab der Rechtskraft der Scheidung angeordnet".

Rechtsmittel in Ehe- und Familienstreitsachen

117 (1) ¹In Ehesachen und Familienstreitsachen hat der Beschwerdeführer zur Begründung der Beschwerde einen bestimmten Sachantrag zu stellen und diesen zu begründen. ²Die Begründung ist beim Beschwerdegericht einzureichen. ³Die Frist zur Begründung der Beschwerde beträgt zwei Monate und beginnt mit der schriftlichen Bekanntgabe des Beschlusses, spätestens mit Ablauf von fünf Monaten nach Erlass des Beschlusses. ⁴§ 520 Abs. 2 Satz 2 und 3 sowie § 522 Abs. 1 Satz 1, 2 und 4 der Zivilprozessordnung gelten entsprechend.

(2) ¹Die §§ 514, 516 Abs. 3, 521 Abs. 2, 524 Abs. 2 Satz 2 und 3, die §§ 528, 538 Abs. 2 und § 539 der Zivilprozessordnung gelten im Beschwerdeverfahren entsprechend. ²Einer Güteverhandlung bedarf es im Beschwerde- und Rechtsbeschwerdeverfahren nicht.

(3) Beabsichtigt das Beschwerdegericht von einzelnen Verfahrensschritten nach § 68 Abs. 3 Satz 2 abzusehen, hat das Gericht die Beteiligten zuvor darauf hinzuweisen.

(4) Wird die Endentscheidung in dem Termin, in dem die mündliche Verhandlung geschlossen wurde, verkündet, kann die Begründung auch in die Niederschrift aufgenommen werden.

(5) Für die Wiedereinsetzung gegen die Versäumung der Fristen zur Begründung der Beschwerde und Rechtsbeschwerde gelten die §§ 233 und 234 Abs. 1 Satz 2 der Zivilprozessordnung entsprechend.

§ 233 ZPO. Wiedereinsetzung in den vorigen Stand. War eine Partei ohne ihr Verschulden verhindert, eine Notfrist oder die Frist zur Begründung der Berufung, der Revision, der Nichtzulassungsbeschwerde oder der Rechtsbeschwerde oder die Frist des § 234 Abs. 1 einzuhalten, so ist ihr auf Antrag Wiedereinsetzung in den vorigen Stand zu gewähren.
...

§ 234 ZPO. Wiedereinsetzungsfrist. (1) Die Wiedereinsetzung muss innerhalb einer zweiwöchigen Frist beantragt werden. Die Frist beträgt einen Monat, wenn die Partei verhindert ist, die Frist zur Begründung der Berufung, der Revision, der Nichtzulassungsbeschwerde oder der Rechtsbeschwerde einzuhalten.
...

§ 514 ZPO. Versäumnisurteile. (1) Ein Versäumnisurteil kann von der Partei, gegen die es erlassen ist, mit der Berufung oder Anschlussberufung nicht angefochten werden.

(2) Ein Versäumnisurteil, gegen das der Einspruch an sich nicht statthaft ist, unterliegt der Berufung oder Anschlussberufung insoweit, als sie darauf gestützt wird, dass der Fall der schuldhaften Versäumung nicht vorgelegen habe. § 511 Abs. 2 ist nicht anzuwenden

§ 516 ZPO. Zurücknahme der Berufung.
...

(3) Die Zurücknahme hat den Verlust des eingelegten Rechtsmittels und die Verpflichtung zur Folge, die durch das Rechtsmittel entstandenen Kosten zu tragen. Diese Wirkungen sind durch Beschluss auszusprechen.

§ 520 ZPO. Berufungsbegründung.
...

(2) Die Frist für die Berufungsbegründung beträgt zwei Monate und beginnt mit der Zustellung des in vollständiger Form abgefassten Urteils, spätestens aber mit Ablauf von fünf Monaten nach der Verkündung. Die Frist kann auf Antrag von dem Vorsitzenden verlängert werden, wenn der Gegner einwilligt. Ohne Einwilligung kann die Frist um bis zu einem Monat verlängert werden, wenn nach freier Überzeugung des Vorsitzenden der Rechtsstreit durch die Verlängerung nicht verzögert wird oder wenn der Berufungskläger erhebliche Gründe darlegt.
...

§ 521 ZPO. Zustellung der Berufungsschrift und -begründung.
...

(2) Der Vorsitzende oder das Berufungsgericht kann der Gegenpartei eine Frist zur schriftlichen Berufungserwiderung und dem Berufungskläger eine Frist zur schriftlichen Stellungnahme auf die Berufungserwiderung setzen. § 277 gilt entsprechend.

§ 522 ZPO. Zulässigkeitsprüfung; Zurückweisungsbeschluss. (1) Das Berufungsgericht hat von Amts wegen zu prüfen, ob die Berufung an sich statthaft und ob sie in der gesetzlichen Form und Frist eingelegt und begründet ist. Mangelt es an einem dieser Erfordernisse, so ist die Berufung als unzulässig zu verwerfen. Die Entscheidung kann durch Beschluss ergehen. Gegen den Beschluss findet die Rechtsbeschwerde statt.
...

§ 524 ZPO. Anschlussberufung.
...

(2) Die Anschließung ist auch statthaft, wenn der Berufungsbeklagte auf die Berufung verzichtet hat oder die Berufungsfrist verstrichen ist. Sie ist zulässig bis zum Ablauf der dem Berufungsbeklagten gesetzten Frist zur Berufungserwiderung. Diese Frist gilt nicht, wenn die Anschließung eine Verurteilung zu künftig fällig werdenden wiederkehrenden Leistungen (§ 323) zum Gegenstand hat.

§ 528 ZPO. Bindung an die Berufungsanträge. Der Prüfung und Entscheidung des Berufungsgerichts unterliegen nur die Berufungsanträge. Das Urteil des ersten Rechtszuges darf nur insoweit abgeändert werden, als eine Abänderung beantragt ist.

§ 538 ZPO. Zurückverweisung.
...

(2) Das Berufungsgericht darf die Sache, soweit ihre weitere Verhandlung erforderlich ist, unter Aufhebung des Urteils und des Verfahrens an das Gericht des ersten Rechtszuges nur zurückverweisen,
1. soweit das Verfahren im ersten Rechtszuge an einem wesentlichen Mangel leidet und auf Grund dieses Mangels eine umfangreiche oder aufwändige Beweisaufnahme notwendig ist,
2. wenn durch das angefochtene Urteil ein Einspruch als unzulässig verworfen ist,
3. wenn durch das angefochtene Urteil nur über die Zulässigkeit der Klage entschieden ist,
4. wenn im Falle eines nach Grund und Betrag streitigen Anspruchs durch das angefochtene Urteil über den Grund des Anspruchs vorab entschieden oder die Klage abgewiesen ist, es sei denn, dass der Streit über den Betrag des Anspruchs zur Entscheidung reif ist,
5. wenn das angefochtene Urteil im Urkunden- oder Wechselprozess unter Vorbehalt der Rechte erlassen ist,
6. wenn das angefochtene Urteil ein Versäumnisurteil ist oder
7. wenn das angefochtene Urteil ein entgegen den Voraussetzungen des § 301 erlassenes Teilurteil ist

und eine Partei die Zurückverweisung beantragt. Im Fall der Nummer 3 hat das Berufungsgericht sämtliche Rügen zu erledigen. Im Fall der Nummer 7 bedarf es eines Antrags nicht.

§ 539 ZPO. Versäumnisverfahren. (1) Erscheint der Berufungskläger im Termin zur mündlichen Verhandlung nicht, so ist seine Berufung auf Antrag durch Versäumnisurteil zurückzuweisen.

(2) Erscheint der Berufungsbeklagte nicht und beantragt der Berufungskläger gegen ihn das Versäumnisurteil, so ist das zulässige tatsächliche Vorbringen des Berufungsklägers als zugestanden anzunehmen. Soweit es den Berufungsantrag rechtfertigt, ist nach dem Antrag zu erkennen; soweit dies nicht der Fall ist, ist die Berufung zurückzuweisen.

(3) Im Übrigen gelten die Vorschriften über das Versäumnisverfahren im ersten Rechtszug sinngemäß.

I. Normzweck

1 § 117 enthält besondere Vorschriften für die **Ehe- und Familienstreitsachen.** Die Norm ergänzt die allgemeinen Rechtsmittelvorschriften der §§ 58 ff., die nach § 113 Abs. 1

S. 1 auch für die Ehe- und Familienstreitsachen gelten und nicht durch die Rechtsmittelvorschriften der ZPO ersetzt werden. Damit ist die Beschwerde nach §§ 58 ff. einheitliches Rechtsmittel auch gegen erstinstanzliche Entscheidungen in Ehe- und Familienstreitsachen; gleiches gilt für die Rechtsbeschwerde nach §§ 70 ff. Die Besonderheiten der Familienstreitsachen veranlassten den Gesetzgeber, sie im Rechtsmittelzug trotz ihrer Eigenschaft als Streitsache abweichend von den allgemeinen Zivilsachen zu behandeln: Die zivilprozessuale Berufung wird wegen der grundsätzlichen Bindung des Gerichts an erstinstanzliche Feststellungen (§ 529 Abs. 1 ZPO), der Pflicht des Gerichts zur Zurückweisung verspäteten Vorbringens (§ 531 Abs. 2 ZPO), der Einschränkung der Anschlussberufung (§ 524 Abs. 2 ZPO) und wegen des weitgehenden Ausschlusses von Klageänderung, Aufrechnung und Widerklage (§ 533 ZPO) den Bedürfnissen des familiengerichtlichen Verfahrens, die Tatsachenfeststellung an das häufig im Fluss befindliche Geschehen anzupassen, nicht immer gerecht. Diese Vorschriften der Berufung, denen die Vorstellung zugrunde liegt, dass im Zivilprozess über einen abgeschlossenen Lebenssachverhalt gestritten wird, sind mit der Dynamik eines Trennungsgeschehens häufig schwer vereinbar und lassen, etwa in Unterhaltssachen, die Berücksichtigung veränderter Einkommens- und Vermögensverhältnisse nur in eingeschränktem Maße zu. Solche Änderungen sind aber sinnvollerweise bereits im Rechtsmittelverfahren und nicht erst in einem neuen Verfahren zu berücksichtigen. Bereits aus diesen Erwägungen ergibt sich, dass die Rechtsmittelinstanz in Familienstreitsachen als volle zweite Tatsacheninstanz ausgestaltet ist.[1]

Die Rechtsmittel gegen Endentscheidungen in Ehe- und ZPO-Familiensachen ergaben 2 sich früher unmittelbar aus der ZPO. Dies änderte das FamFG grundlegend. Die allgemeinen Vorschriften der ZPO über Berufung und Revision sind daher im Grundsatz nicht anwendbar. § 117 erklärt dann aber doch einzelne Vorschriften der ZPO für anwendbar, so dass sich an der bisherigen Rechtslage verhältnismäßig wenig ändert; allerdings ist die Beschwerdeinstanz nunmehr als volle zweite Tatsacheninstanz ausgestaltet und die Restriktionen der Zivilprozessreform 2002 sind nicht in das FamFG übernommen. Der Wegfall der Anschlussberufungsfrist in § 524 Abs. 2 S. 3 ZPO für Unterhaltssachen bleibt erhalten. Da die Rechtsbeschwerde den gleichen inhaltlichen und formellen Voraussetzungen wie die Revision nach § 543 ZPO unterliegt, wird das frühere Recht insoweit in der Sache nicht geändert. Die Nichtzulassungsbeschwerde in Familiensachen wird nicht eingeführt.

II. Anwendungsbereich

1. Rechtsmittelvorschriften in Ehe- und Familienstreitsachen

§ 117 gilt nur für Rechtsmittel gegen **Endentscheidungen in Ehe- und Familien-** 3 **streitsachen;** für die Familiensachen der freiwilligen Gerichtsbarkeit gelten ausschließlich die Rechtsmittelvorschriften des Buches 1 des FamFG. Zum Begriff der Endentscheidung s. näher § 116 Rn 6. Der Kreis der Ehesachen ergibt sich aus § 121 Nr. 1 bis 3 (s. dazu näher § 121 Rn 3 ff.) und der Kreis der gem. § 270 den Ehesachen gleichstehenden Lebenspartnerschaftssachen aus § 269 Abs. 1 Nr. 1, 2. Die Familienstreitsachen sind in § 112 Nr. 1 bis 3 benannt (zur Qualifikation als Familienstreitsache s. § 112 Rn 2). Danach sind Familienstreitsachen ausschließlich bestimmte Teile der Unterhalts-, Güterrechts- und sonstigen Familiensachen und die diesen Sachen jeweils entsprechenden Lebenspartnerschaftssachen. Nicht Familienstreitsachen sind Ehesachen (§ 121), Kindschaftssachen (§ 151), Abstammungssachen (§ 169), Adoptionssachen (§ 186), Wohnungszuweisungs- und Haushaltssachen (§ 200), Versorgungsausgleichssachen (§ 217), die Unterhaltssachen nach § 231 Abs. 2 (Verfahren nach § 3 Abs. 2 Satz 3 BKGG und § 64 Abs. 2 Satz 3 Einkommensteuergesetz), die Güterrechtssachen nach § 266 Abs. 2 (Verfahren über einen Antrag nach § 1357 Abs. 2 Satz 2 BGB) sowie die entsprechenden Lebenspartnerschaftssachen nach § 269 Abs. 1 Nr. 1 bis 6, 10 und 11.

Entscheidungen in Ehe- und Familienstreitsachen, die über die Verteilung der Kosten 4 nach übereinstimmender Erledigungserklärung und nach Antragsrücknahme ergehen, sind

---

[1] BT-Drs. 16/6308 S. 225.

Endentscheidungen, die gem. §§ 113 Abs. 1 S. 2 FamFG, 91 a Abs. 2, 269 Abs. 5 ZPO mit der sofortigen Beschwerde nach §§ 567 ff. ZPO anfechtbar sind.[2]

2. Rechtsmittelvorschriften in den sonstigen Familiensachen

5 In allen übrigen Familiensachen gelten die **allgemeinen Rechtsmittelvorschriften der §§ 58 ff.**, die nach § 113 Abs. 1 S. 1 auch auf die Ehe- und Familienstreitsachen Anwendung finden und nicht durch die Rechtsmittelvorschriften der ZPO ersetzt werden. Ausgangspunkt für die besonderen Rechtsmittelvorschriften in Ehe- und Familienstreitsachen ist, dass das Rechtsmittel der Beschwerde in Familiensachen insgesamt als volle unbeschränkte zweite Tatsacheninstanz ausgestaltet ist, dass gem. § 68 Abs. 3 auf das Verfahren in der Beschwerdeinstanz die Vorschriften über das Verfahren in erster Instanz, also hier gem. § 113 Abs. 1 S. 2 die Vorschriften der ZPO, Anwendung finden und das Beschwerdeverfahren in Familienstreitsachen – wie früher auch – als Streitverfahren unter Geltung des Beibringungsgrundsatzes geführt wird.[3] Wegen der Einzelheiten der allgemeinen Rechtsmittelvorschriften des FamFG wird auf die Erläuterungen der §§ 58 ff. verwiesen. Im Folgenden werden nur die in § 117 normierten Besonderheiten kommentiert.

III. Sachantrag, Begründung, Frist (Abs. 1)

1. Beschwerdeantrag und -begründung (Abs. 1 S. 1 und 2)

6 Abs. 1 S. 1 statuiert abweichend von § 65 eine allgemeine Begründungspflicht für Beschwerden in Ehe- und Familienstreitsachen. Diese Verpflichtung beruht für Familienstreitsachen auf der auch in zweiter Instanz grundsätzlich geltenden Parteimaxime, die sich aus der Anwendbarkeit der ZPO ergibt; § 68 Abs. 3 verweist für den Gang des Beschwerdeverfahrens auf die erstinstanzlichen Verfahrensvorschriften, in Ehe- und Familienstreitsachen gem. § 113 Abs. 1 S. 2 also grundsätzlich auf die Vorschriften der ZPO. Eine Überprüfung der Entscheidung von Amts wegen findet nicht statt; der Beschwerdeführer muss vielmehr durch den obligatorischen Sachantrag bezeichnen, in welchem Umfang er die erstinstanzliche Entscheidung angreift und welche Gründe er hierfür ins Feld führt.[4] Für den Beschwerdeantrag reicht es aus, wenn die Beschwerdebegründung erkennen lässt, in welcher Weise der angefochtene Beschluss abgeändert werden soll.[5] Über die Form der Beschwerdebegründung besagt das FamFG nichts (§ 65); mangels Verweisung in § 117 gilt § 520 Abs. 3 bis 5 ZPO nicht. Während die Beschwerde selbst nach § 64 Abs. 1 bei dem erstinstanzlichen Gericht einzulegen ist, dessen Entscheidung angefochten wird, ist die Beschwerdebegründung gem. § 117 Abs. 1 S. 2 bei dem Beschwerdegericht einzureichen, bei dem die Akten nach §§ 113 Abs. 1 S. 1, 64 Abs. 1, 68 Abs. 1 S. 1 Halbs. 2 und S. 2 bereits vorliegen. Enthält die Beschwerdeschrift bereits die Beschwerdebegründung, geht diese mit Vorlage der Akten nach § 68 Abs. 1 S. 1 Halbs. 2 bei dem Beschwerdegericht ein; dass Beschwerdeschrift und Beschwerdebegründungsschrift in verschiedenen Schriftstücken enthalten sein müssten, ist sowohl dem FamFG als auch der ZPO fremd. Allerdings trägt der Beschwerdeführer das Risiko, dass die Akten mit der die Beschwerdebegründung enthaltenden Beschwerdeschrift nicht[6] innerhalb der Frist des Abs. 1 S. 3 (s. nachstehend Rn 7 f.) bei dem Beschwerdegericht eingehen.

2. Beschwerdebegründungsfrist (Abs. 1 S. 3)

7 Nach Abs. 1 S. 3 beträgt die Frist zur Begründung der Beschwerde zwei Monate (s. auch vorstehend Rn 6 aE). Die Regelung ist angelehnt an § 520 Abs. 2 S. 1 ZPO. Allerdings ist nicht – wie in § 520 Abs. 2 S. 1 ZPO – die „Zustellung der in vollständiger Form abgefassten" Entscheidung für den Fristbeginn maßgebend, sondern die schriftliche

---

[2] BT-Drs. 16/12717 – Begründung zu Art. 8 Ziffer 1 Buchstabe m.
[3] BT-Drs. 16/6308 S. 225.
[4] BT-Drs. 16/6308 S. 225.
[5] BGH NJW 2006, 2705 = FamRZ 2006, 1029 zum Berufungsantrag.
[6] OLG Stuttgart BeckRS 2010, 199795 (begründete Untätigkeitsbeschwerde bei Nichtvorlage trotz viermaliger Anforderung innerhalb von 2 1/2 Monaten).

Bekanntgabe des Beschlusses. Diese hat nach §§ 113 Abs. 1 S. 2 FamFG, 317 Abs. 1 S. 1 ZPO gleichwohl durch Zustellung von Amts wegen zu erfolgen; nach § 113 Abs. 1 S. 1 gilt § 41 nicht.[7] Spätestens beginnt die Beschwerdebegründungsfrist mit Ablauf von fünf Monaten nach Erlass der Endentscheidung. Dieser besteht gem. §§ 113 Abs. 1 S. 2 FamFG, 310 Abs. 1 S. 1 ZPO in der Verkündung, gem. §§ 113 Abs. 1 S. 2 FamFG, 310 Abs. 3 ZPO in der Zustellung an Verkündungs statt. Ergeht nach §§ 113 Abs. 1 S. 2 FamFG, 321 ZPO ein Ergänzungsbeschluss nach Ablauf der Beschwerdefrist, aber noch vor Ablauf der Beschwerdebegründungsfrist gegen den ursprünglichen Beschluss, so bleibt für den Lauf der Beschwerdebegründungsfrist die Zustellung des Ursprungsbeschlusses maßgebend; der Ergänzungsbeschluss wirkt sich auf den Lauf der Begründungsfrist nicht aus.[8] Zur Wiedereinsetzung gegen die Versäumung der Beschwerdebegründungsfrist s. Rn 24 ff.

3. Anwendung der §§ 520 Abs. 2 S. 2, 3, 522 Abs. 1 S. 1, 2, 4 ZPO (Abs. 1 S. 4)

a) Verlängerung der Beschwerdebegründungsfrist. Die entsprechende Anwendung 8 des § 520 Abs. 2 S. 2 ZPO erlaubt dem Vorsitzenden des Beschwerdegerichts auf Antrag die Verlängerung der Beschwerdebegründungsfrist immer dann, wenn der Antragsgegner einwilligt. Ohne diese Einwilligung kann die Frist nach § 520 Abs. 2 S. 3 ZPO aber nur um bis zu einem Monat verlängert werden, wenn nach freier Überzeugung des Vorsitzenden das Verfahren durch die Verlängerung nicht verzögert wird oder wenn der Beschwerdeführer erhebliche Gründe darlegt. Der Verlängerungsantrag ist – wie die Begründung selbst (s. vorstehend Rn 6) – rechtzeitig (s. vorstehend Rn 7) bei dem Beschwerdegericht einzureichen. Damit kann dieses auch kontrollieren, ob die unverzügliche Vorlage der Akten nach § 68 Abs. 1 S. 1 Halbs. 2 erfolgt ist (s. vorstehend Rn 6).

b) Prüfung der Zulässigkeit. Verwerfungsbeschluss. § 522 Abs. 1 S. 1, 2 und 4 9 ZPO gilt entsprechend. Dies beruht darauf, dass nach § 117 das Beschwerdeverfahren in Ehe- und Familienstreitsachen näher an die Berufung des Zivilprozessrechts angelehnt ist als das allgemeine Beschwerdeverfahren nach dem FamFG, das eine Prüfung der Zulässigkeit der Beschwerde nur hinsichtlich der Einhaltung der Beschwerdefrist (§ 68 Abs. 2 S. 1 und 2) vorsieht, nicht aber bezüglich der Beschwerdebegründungsfrist, da es bei selbständigen Familiensachen der freiwilligen Gerichtsbarkeit einer Beschwerdebegründung nicht zwingend bedarf (s. § 65 Rn 3). Dies ist in Ehe- und Familienstreitsachen anders; hier hat das Ausbleiben der Beschwerdebegründung die Unzulässigkeit des Rechtsmittels zur Folge.[9] Deswegen hat das Beschwerdegericht entsprechend § 522 Abs. 1 S. 1 ZPO von Amts wegen zu prüfen, ob die Beschwerde an sich statthaft und ob sie in der gesetzlichen Form und Frist eingelegt und begründet ist. Mangelt es an einem dieser Erfordernisse, so ist die Beschwerde als unzulässig zu verwerfen (s. § 522 Abs. 1 S. 2 ZPO). Gegen den Beschwerdeverwerfungsbeschluss findet die Rechtsbeschwerde statt, und zwar ohne dass diese zugelassen wurde (s. § 522 Abs. 1 S. 4 ZPO).

4. Einstimmiger Zurückweisungsbeschluss

Auch wenn § 117 nicht auf § 522 Abs. 2 ZPO verweist, steht es dem Beschwerdegericht frei, die Beschwerde unter den Voraussetzungen der Vorschrift des § 522 Abs. 2 ZPO[10] durch einstimmigen Beschluss zurückzuweisen, wenn es davon überzeugt ist, dass die Beschwerde keine Aussicht auf Erfolg hat, die Rechtssache keine grundsätzliche Bedeutung hat und die Fortbildung des Rechts oder die Sicherung einer einheitlichen Rechtsprechung eine Entscheidung des Beschwerdegerichts nicht erfordert und die Beteiligten zuvor auf die beabsichtigte Beschwerdezurückweisung und die Gründe hierfür un-

---

[7] Prütting/Helms § 116 Rn 14; a. A. ohne nähere Begründung Baumbach/Hartmann § 117 FamFG Rn 7.
[8] BGH NJW 2009, 443.
[9] BT-Drs. 16/6308 S. 372.
[10] BGH BeckRS 2010, 18046 = FamFR 2010, 393: Dem in erster Instanz siegreichen Berufungsbeklagten darf Prozesskostenhilfe nicht verweigert werden, weil eine Entscheidung des Berufungsgerichts über ein Vorgehen nach § 522 Abs. 2 ZPO noch ausstehe oder bereits angekündigt worden sei.

ter Fristsetzung zur Stellungnahme hingewiesen worden sind.[11] Denn das Beschwerdegericht kann im Beschwerdeverfahren über §§ 68 Abs. 3 S. 2, 117 Abs. 3 dieses Ziel erreichen (s. unten Rn 19). Danach kann das Beschwerdegericht nach vorherigem Hinweis von der Durchführung eines Termins, einer mündlichen Verhandlung oder einzelnen Verfahrenshandlungen absehen, wenn diese bereits im ersten Rechtszug vorgenommen wurden und von einer erneuten Vornahme keine zusätzlichen Erkenntnisse zu erwarten sind. Ein Absehen vom Termin kommt insbesondere dann in Betracht, wenn die Beschwerde bereits nach dem schriftlichen Vorbringen des Beschwerdeführers aussichtslos erscheint.[12]

IV. Die Regelungen des Abs. 2

1. Einspruch gegen Versäumnisurteil nach § 514 ZPO (Abs. 2 S. 1)

11   In erstinstanzlichen Ehe- und Familienstreitsachen findet ein Versäumnisverfahren statt (§§ 130 Abs. 1, 142 Abs. 1 S. 2, 113 Abs. 1 S. 2 FamFG, 330 ff. ZPO). Ein echter Versäumnisbeschluss, der in erster Instanz auf Grund der Säumnis des Beteiligten ergeht, gegen den er erlassen wird, kann nicht mit der Beschwerde oder Anschlussbeschwerde angefochten werden (entsprechende Anwendung des § 514 Abs. 1 ZPO nach § 117 Abs. 2 S. 1); vielmehr ist nur der Einspruch statthaft (§§ 113 Abs. 1 S. 2 FamFG, 338 ZPO). Zum Einspruch gegen eine Versäumnisentscheidung im Rahmen einer Scheidungsverbundentscheidung s. § 143. Mit Beschwerde und Anschlussbeschwerde angefochten werden kann nur ein zweiter Versäumnisbeschluss nach §§ 113 Abs. 1 S. 2 FamFG, 345 ZPO, allerdings nur insoweit, als Beschwerde und Anschlussbeschwerde darauf gestützt werden, dass ein Fall der schuldhaften Versäumung nicht vorgelegen habe (entsprechende Anwendung des § 514 Abs. 2 S. 1 ZPO nach § 117 Abs. 2 S. 1); weder muss eine Beschwerdesumme erreicht noch die Beschwerde zugelassen werden (entsprechende Anwendung des § 514 Abs. 2 S. 2 ZPO nach § 117 Abs. 2 S. 1, die zur Nichtanwendung von §§ 511 Abs. 2 ZPO, 61 Abs. 1 und 2 FamFG führt). Die ordnungsgemäße Terminsbestimmung ist Voraussetzung für die Säumnis des im Termin nicht erschienenen Beteiligten. Ein Termin zur mündlichen Verhandlung über den Einspruch gegen einen Versäumnisbeschluss darf erst nach dem Eingang des Einspruchs bei Gericht bestimmt werden.[13]

2. Folgen der Beschwerderücknahme nach § 516 Abs. 3 ZPO (Abs. 2 S. 1)

12   Die Beschwerderücknahme zieht den Verlust des Rechtsmittels und die Verpflichtung zur Tragung der durch das Rechtsmittel entstandenen Kosten in Ehe- und Familienstreitsachen nach sich (§ 516 Abs. 3 S. 1 ZPO); dies ist durch Beschluss auszusprechen (§§ 516 Abs. 3 S. 2 ZPO, 113 Abs. 1 S. 1, 38 Abs. 1 S. 1, 116 Abs. 1 FamFG).

3. Frist zur schriftlichen Beschwerdeerwiderung und zur schriftlichen Stellungnahme auf die Beschwerdeerwiderung nach § 521 Abs. 2 ZPO (Abs. 2 S. 1)

13   Diese Vorschrift schafft den prozessualen Anknüpfungspunkt für die Befristung der Anschlussbeschwerde nach § 524 Abs. 2 S. 2 ZPO (s. unten Rn 14).

4. Befristete und unbefristete Anschlussbeschwerde nach § 524 Abs. 2 S. 2 und 3 (Abs. 2 S. 1)

14   **a) Fälle der befristeten Anschlussbeschwerde.** Für **Ehe- und Familienstreitsachen** führt § 117 Abs. 2 S. 1 durch den Verweis auf § 524 Abs. 2 S. 2 ZPO grundsätzlich die Befristung der Anschlussbeschwerde ein; zur Ausnahme s. nachstehend Rn 15 f.[14] Die An-

---

[11] OLG Karlsruhe FamRZ 2011, 232; zu den verfassungsrechtlichen Anforderungen an einen Beschluss nach § 522 Abs. 2 ZPO s. BVerfG NJW 2009, 572.
[12] BT-Drs. 16/6308 S. 412.
[13] BGH NJW 2011, 928.
[14] BT-Drs. 16/9733 S. 292.

schlussbeschwerde ist im Falle ihrer gesetzlichen Befristung nur zulässig bis zum Ablauf der dem Beschwerdegegner gesetzten Frist zur Beschwerdeerwiderung. Die Fristsetzung bedarf der Zustellung einer beglaubigten Abschrift der richterlichen Verfügung gem. §§ 117 Abs. 2 S. 1 FamFG, 525, 329 Abs. 2 S. 2 ZPO.[15] Ist keine Frist gesetzt, ist die Anschließung bis zum Schluss der mündlichen Verhandlung möglich.[16] Die Befristung schafft § 521 Abs. 2 ZPO. Nach Ablauf der Anschlussbeschwerdeeinlegungsfrist ist eine Antragserweiterung des Anschlussbeschwerdeführers zulässig, soweit die fristgerecht eingereichte Anschlussbeschwerdebegründung die Erweiterung abdeckt.[17]

Die zwingende Befristung von Anschlussrechtsmitteln im **Scheidungsverbund** regelt § 145. Wegen Einzelheiten s. die Erläuterungen dort.

b) Fälle der unbefristeten Anschlussbeschwerde. In den übrigen Familiensachen gilt § 66, wonach die unbefristete Anschlussbeschwerde statthaft ist (s. zu Einzelheiten § 66).

Keine Anwendung findet die Befristung der Anschlussbeschwerde auch gemäß § 524 Abs. 2 S. 3 ZPO bei **künftig fällig werdenden wiederkehrenden Leistungen,** insbesondere also in Unterhaltssachen nach § 112 Nr. 1. Die Anschließung an eine gegnerische Beschwerde ist bis zum Schluss der letzten mündlichen Verhandlung in der Beschwerdeinstanz zulässig; dies setzt nicht voraus, dass die zur Begründung vorgetragenen Umstände erst nach der letzten mündlichen Verhandlung in erster Instanz entstanden sind.[18]

5. Bindung an Berufungsanträge nach § 528 ZPO (Abs. 2 S. 1)

Die entsprechende Anwendung des § 528 ZPO stellt klar, dass das Beschwerdegericht in Ehe- und Familienstreitsachen an die Anträge der Beteiligten gebunden ist. Damit wird der Verfahrensgegenstand des Beschwerdeverfahrens durch die Anträge in ihrer Auslegung durch die Beschwerdebegründung[19] bestimmt. Maßgebend ist der geforderte Gesamtbetrag, nicht unselbstständige Bestandteile des geltend gemachten Anspruchs. Das Beschwerdegericht darf zwar weniger, nicht aber anderes zusprechen als beantragt. Zudem gilt das Verschlechterungsverbot (Verbot der reformatio in peius). Das Beschwerdegericht darf die erstinstanzliche Entscheidung nicht auf das Rechtsmittel des Beschwerdeführers zu dessen Lasten über die mit der angegriffenen Entscheidung vorhandene Beschwer hinaus weiter abändern; das ist nur möglich, wenn der Gegner Anschlussbeschwerde einlegt. Wegen der weiteren Einzelheiten zu § 528 ZPO s. die ZPO-Kommentare.

6. Zurückverweisung nach § 538 Abs. 2 ZPO (Abs. 2 S. 1)

In Ehe- und Familienstreitsachen richtet sich die Zurückverweisung vom Beschwerdegericht an die erste Instanz entgegen § 69 Abs. 1 S. 2 nach **§ 538 Abs. 2 ZPO.** Nach § 69 Abs. 1 S. 1 hat das Beschwerdegericht in der Sache selbst zu entscheiden; dies entspricht im Wesentlichen § 538 Abs. 1 ZPO. Wegen der Voraussetzungen der Aufhebung der erstinstanzlichen Entscheidung und der Zurückverweisung an das Gericht des ersten Rechtszugs wird auf die Erläuterungen in den ZPO-Kommentaren zu § 538 Abs. 2 ZPO verwiesen. In den Fällen des § 538 Abs. 2 S. 1 Nr. 1 bis 6 ZPO darf die Zurückverweisung nur erfolgen, wenn ein Beteiligter die Zurückverweisung beantragt. Wenn der angefochtene Beschluss eine entgegen den Voraussetzungen des § 301 ZPO erlassene Teilentscheidung ist (§ 538 Abs. 2 S. 1 Nr. 7 ZPO), bedarf es nach § 538 Abs. 2 S. 3 ZPO eines Antrags nicht (zur Unzulässigkeit einer Teilentscheidung im Scheidungsverbund s. § 142 Rn 4).

7. Versäumnisverfahren in der Beschwerdeinstanz nach § 539 ZPO (Abs. 2 S. 1)

Die Vorschrift über die Statthaftigkeit der Berufung gegen erstinstanzliche Versäumnisentscheidungen, nämlich § 514 ZPO, ist nach § 117 Abs. 2 S. 1 in Ehe- und Familien-

---

[15] BGH NJW 2009, 515.
[16] Zöller/Heßler § 524 Rn 10.
[17] BGH NJW 2005, 3067.
[18] BGH NJW 2009, 1271 = FamRZ 2009, 579.
[19] BGH NJW-RR 2005, 1659.

streitsachen entsprechend anwendbar (s. Rn 11). Da danach bei diesen Familiensachen in der ersten Instanz ein Versäumnisverfahren stattfindet (zur Unzulässigkeit von Versäumnisentscheidungen in FG-Familiensachen s. § 26 Rn 9; § 142 Rn 11), wird es auch im Beschwerdeverfahren grundsätzlich zugelassen[20] (vgl. zum grundsätzlichen Gleichlauf von erst- und zweitinstanzlichen Verfahren §§ 113 Abs. 1 S. 1, 68 Abs. 3 S. 1; s. § 68 Rn 41). Zum Eintritt der Säumnis bei Verstoß gegen den gem. § 114 Abs. 1–3 in Ehe-, Folge- und Familienstreitsachen geltenden Anwaltszwang s. § 114 Rn 4 ff., 13 f., 130 Rn 4.

Allerdings ist bezüglich Versäumnisentscheidungen erstinstanzlich ein Unterschied zwischen Ehe- und Familienstreitsachen zu beachten: Während in Familienstreitsachen gem. § 113 Abs. 1 S. 2 die Vorschriften der ZPO über Versäumnisentscheidungen (§§ 330 ff. ZPO) uneingeschränkt gelten (s. § 38 Rn 14 ff.), ist in Ehesachen gem. § 130 Abs. 1 nur gegen den Antragsteller ein Versäumnisbeschluss zulässig (§ 130 Rn 4; § 38 Rn 17), hingegen gem. § 130 Abs. 2 gegen den Antragsgegner unzulässig (§ 130 Rn 6; § 38 Rn 17). Dies führt im Beschwerdeverfahren zu unterschiedlichen Konstellationen:

20a Erscheint bei **Familienstreitsachen** der Beschwerdeführer im Termin zur mündlichen Verhandlung nicht, so ist seine Beschwerde auf Antrag durch Versäumnisbeschluss zurückzuweisen (s. § 539 Abs. 1 ZPO). Erscheint der Beschwerdegegner nicht und beantragt der Beschwerdeführer gegen ihn die Versäumnisentscheidung, so ist das zulässige tatsächliche Vorbringen des Beschwerdeführers als zugestanden anzunehmen (s. § 539 Abs. 2 S. 1 ZPO). Soweit es den Beschwerdeantrag rechtfertigt, ist nach dem Antrag zu erkennen; soweit dies nicht der Fall ist, ist die Beschwerde zurückzuweisen (s. § 539 Abs. 2 S. 2 ZPO). Im Übrigen gelten die Vorschriften über das erstinstanzliche Versäumnisverfahren im zweiten Rechtszug sinngemäß (s. § 539 Abs. 3 ZPO). Wegen der weiteren Einzelheiten wird auf die ZPO-Kommentare zu § 539 ZPO verwiesen.

Bei **Ehesachen** s. die Kommentierung in § 130 Rn 5.

8. Keine zweit- und drittinstanzliche Güteverhandlung (Abs. 2 S. 2)

21 Abs. 2 S. 2 entspricht §§ 525 S. 2, 555 Abs. 1 S. 2 ZPO und ergänzt die allgemeinen Vorschriften der §§ 68 Abs. 3, 74 Abs. 4 für den Bereich der Familienstreitsachen. Einer Güteverhandlung bedarf es danach im Beschwerde- und Rechtsbeschwerdeverfahren nicht.

V. Absehen von Verfahrensschritten im Beschwerdeverfahren (Abs. 3)

22 Nach § 68 Abs. 3 S. 2 kann das Beschwerdegericht – abweichend von § 68 Abs. 3 S. 1, wonach sich das Beschwerdeverfahren nach den Vorschriften über das Verfahren im ersten Rechtszug bestimmt – von der Durchführung eines Termins, einer mündlichen Verhandlung oder einzelner Verfahrenshandlungen absehen, wenn diese bereits im ersten Rechtszug vorgenommen wurden und von einer erneuten Vornahme keine zusätzlichen Erkenntnisse zu erwarten sind (wegen Einzelheiten hierzu s. § 68 Rn 57 ff., wobei aber in Ehe- und Familienstreitsachen die Amtsermittlungspflicht nach § 26 nicht gilt, s. § 113 Abs. 1 S. 1). § 117 Abs. 3 bestimmt nun, dass das Gericht die Beteiligten auf seine Absicht hinzuweisen hat, von der Durchführung einzelner Verfahrensschritte nach § 68 Abs. 3 S. 2 abzusehen. Diese Hinweispflicht ist an die Möglichkeit der Zurückweisung von Berufungen im Beschlussverfahren gem. § 522 Abs. 2 und 3 ZPO und die in diesem Rahmen bestehende Hinweispflicht des Gerichts nach § 522 Abs. 2 S. 2 ZPO angelehnt;[21] zur Zulässigkeit eines Zurückweisungsbeschlusses des Beschwerdegerichts nach Maßgabe des § 522 Abs. 2 ZPO s. Rn 10 oben. Dem Beschwerdeführer wird mit dem gerichtlichen Hinweis die Möglichkeit eröffnet, dem Beschwerdegericht weitere Gesichtspunkte zu unterbreiten, die eine erneute Durchführung der mündlichen Verhandlung oder der nicht für erforderlich erachteten Verfahrenshandlungen rechtfertigen.

---

[20] BT-Drs. 16/6308 S. 225.
[21] BT-Drs. 16/6308 S. 225.

VI. Begründung der Beschwerdeentscheidung (Abs. 4)

Die Endentscheidung des Beschwerdegerichts ist gem. § 69 Abs. 2 zu begründen (zu Einzelheiten s. § 69 Rn 42 ff.). § 117 Abs. 4 bestimmt, dass die gem. § 69 Abs. 2 erforderlichen Darlegungen der Beschwerdeentscheidung auch in das Protokoll der mündlichen Verhandlung aufgenommen werden können, wenn der Beschluss in dem Termin, in dem die mündliche Verhandlung geschlossen wird, also gegebenenfalls auch am Schluss der Sitzung,[22] verkündet wird. Diese Vorschrift ist an § 540 Abs. 2 S. 2 ZPO angelehnt. Sie setzt die Anwendbarkeit der Vorschriften über die Durchführung der mündlichen Verhandlung (§ 128 ZPO) sowie der Vorschriften über die Abfassung des Protokolls (§§ 160 ff. ZPO) voraus und ist aus diesem Grund auf Ehe- und Familienstreitsachen beschränkt. Ein Protokollbeschluss ist nicht empfehlenswert, wenn die Rechtsbeschwerde nach § 70 Abs. 1 zugelassen wird, weil die Gefahr besteht, dass die inhaltlichen Anforderungen an die Beschlussbegründung nicht eingehalten werden (s. näher § 69 Rn 44; § 38 Rn 53, 62).

VII. Wiedereinsetzung (Abs. 5)

Abs. 5 normiert die entsprechende Anwendbarkeit der §§ 233, 234 Abs. 1 S. 2 ZPO für Ehe -und Familienstreitsachen, da die allgemeinen Vorschriften des FamFG über die Wiedereinsetzung (§§ 17–19) insoweit nach § 113 Abs. 1 S. 1 nicht anwendbar sind. Damit wird klargestellt, dass eine Wiedereinsetzung auch bei Versäumung der Frist zur **Begründung** der Beschwerde und der Rechtsbeschwerde möglich ist und die Wiedereinsetzungsfrist in diesen Fällen einen Monat beträgt (§ 234 Abs. 1 S. 2 ZPO) beginnend mit dem Tag, an dem das Hindernis behoben ist, bzw. bis zum Ablauf eines Jahres von dem Ende der versäumten Frist an gerechnet (§ 113 Abs. 1 S. 2 FamFG, 234 Abs. 1 und 2 ZPO). Bei Wiedereinsetzung wegen Versäumung der Frist zur **Beschwerdeeinlegung** gilt die zweiwöchige Wiedereinsetzungsfrist des § 234 Abs. 1 S. 1 ZPO.[23] Zu den Voraussetzungen der Wiedereinsetzung s. § 17 Rn 5 ff. und die ZPO-Kommentare zu §§ 233, 234 ZPO, zu Verfahrenskostenhilfe und Wiedereinsetzung bei Versäumung der Frist zur Rechtsmitteleinlegung s. § 17 Rn 21 ff.

Zu beachten ist, dass die in § 17 Abs. 2[24] normierte Vermutung des fehlenden Verschuldens einer Fristversäumung bei unterbliebener oder fehlerhafter Rechtsbehelfsbelehrung nach § 113 Abs. 1 S. 1 in Ehe- und Familienstreitsachen nicht gilt. Bei einem rechtsunkundigen Beteiligten kann in diesen Fällen der unterbliebenen oder fehlerhaften Rechtsbehelfsbelehrung ein Verschulden einer Fristversäumung in Ehe- und Familienstreitsachen zwar entfallen. Bei anwaltlicher Vertretung ist ein die Fristversäumung verursachender Rechtsirrtum regelmäßig aber verschuldet und verhindert eine Wiedereinsetzung.[25]

Versäumt ein mittelloser Beteiligter die Frist zur Beschwerdeeinlegung und -begründung, kommt eine Wiedereinsetzung in den vorigen Stand nach Entscheidung über die beantragte Verfahrenskostenhilfe nur in Betracht, wenn die Mittellosigkeit für die Fristversäumung ursächlich geworden ist.[26] Die Mittellosigkeit eines Beteiligten ist auch dann ursächlich für die Versäumung der Beschwerde- und Beschwerdebegründungsfrist geworden, wenn sein erstinstanzlicher Verfahrensbevollmächtigter ein ordnungsgemäßes Verfahrenskostenhilfegesuch für eine beabsichtigte Beschwerde einreicht und dieses vor Ablauf der Beschwerdebegründungsfrist begründet. Die Begründung eines Verfahrenskostenhilfegesuchs für eine noch beabsichtigte Beschwerde ist nicht mit einer vollständig erstellten Beschwerdebegründung gleichzusetzen.[27]

---

[22] BGH NJW 2004, 1666.
[23] BT-Drs. 16/12717 – Begründung zu Art. 8 Ziffer 1 Buchstabe m.
[24] S. § 17 Rn 36.
[25] BGH FamRZ 2010, 1425.
[26] BGH FamRZ 2011, 230; NJW 2008, 2855.
[27] BGH FamRZ 2011, 230.

VIII. Beschwer bei Verpflichtung zur Erteilung einer Auskunft in Familienstreitsachen

27 Für die Bemessung der Beschwer eines Rechtsmittels gegen die Verpflichtung zur Erteilung einer Auskunft ist auf den Aufwand an Zeit und Kosten abzustellen, den die Erfüllung des titulierten Anspruchs erfordert, sowie auf etwaige Geheimhaltungsinteressen des Verpflichteten, nicht aber auf den Wert des Auskunftsanspruchs. Als Stundensatz für den eigenen Zeitaufwand kann der Verpflichtete nur den eigenen Aufwand und daher nicht den Stundensatz geltend machen, den er Dritten für seine berufliche Tätigkeit in Rechnung stellt. Ein zu berücksichtigendes Geheimhaltungsinteresse scheidet aus, wenn der Verpflichtete Auskünfte der Art, zu deren Erteilung er verpflichtet ist, zu Werbezwecken in seinem Internetauftritt nutzt.[28] Die Kosten eines Sachverständigen können nur berücksichtigt werden, wenn sie zwangsläufig entstehen, weil der Auskunftspflichtige selbst zu einer sachgerechten Auskunftserteilung nicht in der Lage ist.[29]

Wiederaufnahme

118 Für die Wiederaufnahme des Verfahrens in Ehesachen und Familienstreitsachen gelten die §§ 578 bis 591 der Zivilprozessordnung entsprechend.

1 Die Vorschrift ordnet – wie § 48 Abs. 2 für die Verfahren der freiwilligen Gerichtsbarkeit – auch in Ehe- und Familienstreitsachen (zur näheren Definition vgl. § 112 Rn 2) die Geltung der Wiederaufnahmevorschriften der Zivilprozessordnung an. Damit ergibt sich kein Unterschied zu der bisherigen Rechtslage unter dem alleinigen Regime der ZPO. Es gelten die §§ 578 ff. ZPO, allerdings gem. § 113 Abs. 5 mit der Begrifflichkeit des FamFG (s. § 113 Rn 17). Auf die Erläuterungen zu § 48 Rn 15, 16 und in den ZPO-Kommentaren zu §§ 578 ff. ZPO wird verwiesen.

2 Eine **Wiederaufnahme der Scheidungssache** erstreckt sich ohne weiteres auch auf die Folgesachen.[1] Dies ergibt sich bereits aus § 137, wonach eine Entscheidung in einer Folgesache nur für den Fall der Ehescheidung zu treffen ist (s. § 117 Rn 5). Zudem ist infolge des Zeitablaufs zu vermuten, dass die den Entscheidungen über Folgesachen zu Grunde liegenden Verhältnisse eine Änderung bedingen. Dagegen lässt die auf eine oder mehrere Folgesachen beschränkte Wiederaufnahme die rechtskräftige Scheidung unberührt. Eine Zurückweisung des Scheidungsantrags im Wiederaufnahmeverfahren führt dazu, dass die früheren Entscheidungen in Folgesachen gegenstandslos werden.

Einstweilige Anordnung und Arrest

119 (1) In Familienstreitsachen sind die Vorschriften dieses Gesetzes über die einstweilige Anordnung anzuwenden. In Familienstreitsachen nach § 112 Nr. 2 und 3 gilt § 945 der Zivilprozessordnung entsprechend.

(2) ¹Das Gericht kann in Familienstreitsachen den Arrest anordnen. ²Die §§ 916 bis 934 und die §§ 943 bis 945 der Zivilprozessordnung gelten entsprechend.

I. Normzweck

1 Abs. 1 S. 1 stellt klar – was bereits § 113 Abs. 1 S. 1 anordnet –, dass die einstweilige Anordnung nach dem FamFG (§§ 49 ff.), die für Familiensachen der freiwilligen Gerichtsbarkeit direkt gilt, auch in **Familienstreitsachen** statthaft ist. Insofern ist der vorläufige Rechtsschutz für alle der Vollstreckung zugänglichen Verfahrensgegenstände des Familienrechts einheitlich ausgestaltet. Da Endentscheidungen in Ehesachen ausschließlich rechtsgestaltende Wirkung haben (vgl. näher § 120 Rn 4), kommt hier eine einstweilige Anordnung ebenso wenig in Betracht wie hinsichtlich der Hauptsache eine Vollstreckung (s. auch Rn 3). Zu beachten sind **Sondervorschriften** über die einstweilige Anordnung in be-

---
[28] BGH NJW-RR 2010, 786.
[29] BGH NJW-RR 2007, 1009 (Zugewinnausgleich).
[1] Prütting/Helms § 117 Rn 4; zur Wiederaufnahme in FG-Familiensachen s. näher § 18 Rn 71 ff.

stimmten Familienstreitsachen (vgl. Rn 6). Für die einstweilige Anordnung in güterrechtlichen Familienstreitsachen (§ 112 Nr. 2) und in sonstigen Familiensachen (§§ 112 Nr. 3, 266), nicht aber für Unterhaltssachen (§ 112 Nr. 1) gilt gem. Abs. 1 S. 2 die **Schadensersatzpflicht** nach § 945 ZPO, wenn sich die einstweilige Anordnung als ungerechtfertigt erweist. Abs. 2 lässt in Familienstreitsachen den **Arrest** nach §§ 916 ff. ZPO zu und erklärt bestimmte dieser Vorschriften für entsprechend anwendbar.

§ 119 Abs. 1 S. 1 tritt für Familienstreitsachen an die Stelle der §§ 127 a, 620 Nr. 4 bis 6, 8 (zum persönlichen Gebrauch bestimmte Sachen), 10, 644 ZPO (s. auch § 49 Rn 2). Die Vorschriften des FamFG bringen einen Systemwechsel mit der Aufgabe der Verfahrensabhängigkeit der einstweiligen Anordnung von der Einleitung eines Verfahrens in der Hauptsache hin zur Hauptsacheunabhängigkeit der einstweiligen Anordnung nach § 51 Abs. 3 S. 1; deshalb entfällt auch die Anknüpfung der einstweiligen Anordnung an Ehesachen in § 620 a Abs. 2 S. 1 ZPO. Die Hauptsacheunabhängigkeit soll gegenüber dem früheren Recht nach der ZPO auch in Familienstreitsachen zu einer Vereinfachung und Beschleunigung des Verfahrens führen.[1] Wegen der Einzelheiten wird auf die Begründung zu §§ 49 ff. verwiesen. Das Verfahren der einstweiligen Anordnung entspricht im Übrigen den bisherigen Vorschriften der §§ 620 a ff. ZPO. Der bisherigen Rechtslage nach den §§ 644, 620 ff. ZPO[2] folgt auch die in § 119 Abs. 1 S. 2 normierte Nichtanwendung eines Schadensersatzanspruchs nach § 945 ZPO in Unterhaltssachen nach § 112 Nr. 1; zu beachten ist aber 248 Abs. 5 S. 2. § 119 Abs. 1 S. 1 sieht – wie im früher geltenden Recht – die Möglichkeit der Anordnung des persönlichen oder dinglichen Arrestes in Familienstreitsachen vor.

II. Anwendungsbereich

Abs. 1 S. 1 und Abs. 2 gelten für **alle Familienstreitsachen** nach § 112 Nr. 1 bis 3 (zur Qualifikation als Familienstreitsache s. § 112 Rn 2). Danach sind Familienstreitsachen ausschließlich bestimmte Teile der Unterhalts-, Güterrechts- und sonstigen Familiensachen und der diesen Sachen jeweils entsprechenden Lebenspartnerschaftssachen. Nicht Familienstreitsachen sind Ehesachen (§ 121), Kindschaftssachen (§ 151), Abstammungssachen (§ 169), Adoptionssachen (§ 186), Ehewohnungs- und Haushaltssachen (§ 200), Versorgungsausgleichssachen (§ 217), die Unterhaltssachen nach § 231 Abs. 2 (Verfahren nach § 3 Abs. 2 S. 3 BKGG und § 64 Abs. 2 S. 3 EStG), die Güterrechtssachen nach § 266 Abs. 2 (Verfahren über einen Antrag nach § 1357 Abs. 2 Satz 1 BGB) sowie die entsprechenden Lebenspartnerschaftssachen nach § 269 Abs. 1 Nr. 1 bis 6, 10 und 11.

Der Anwendungsbereich des **Abs. 1 S. 2** über die Geltung der Schadensersatzpflicht gem. § 945 ZPO erstreckt sich hingegen nur auf die **Familienstreitsachen nach § 112 Nr. 2 und 3**, also die Güterrechtssachen nach § 261 Abs. 1 und die sonstigen Familiensachen nach § 266 Abs. 1 sowie die entsprechenden Lebenspartnerschaftssachen nach § 269 Abs. 1 Nr. 9 und Abs. 2, nicht hingegen auf die Unterhaltssachen. Für Ehesachen gilt § 119 grundsätzlich nicht (s. oben Rn 1 f.).

III. Einstweilige Anordnung in Familienstreitsachen (Abs. 1 S. 1)

1. Anwendbare Vorschriften

§ 119 ordnet für die einstweiligen Anordnungen in Familienstreitsachen die Anwendbarkeit der Vorschriften der §§ 49 bis 57 an; dies ergibt sich auch aus § 113 Abs. 1 S. 1, der die Anwendbarkeit der genannten Vorschriften nicht ausschließt. Wegen der grundsätzlichen Einzelheiten wird auf die Kommentierung dieser Vorschriften verwiesen.

2. Voraussetzungen für den Erlass einer einstweiligen Anordnung

Jede einstweilige Anordnung bedarf einer materiell-rechtlichen Grundlage (s. § 49 Rn 10) und es muss ein dringendes Bedürfnis für ein sofortiges familiengerichtliches Tä-

---
[1] BT-Drs. 16/6308 S. 226.
[2] Vgl. BGH NJW 2000, 742.

tigwerden bestehen (s. § 49 Rn 17); die zuletzt genannte Voraussetzung entfällt nach § 246 Abs. 1 in Unterhaltssachen, für die auch das Verbot der Vorwegnahme der Hauptsache nicht gilt (s. § 246 Rn 4). Zu weiteren Voraussetzungen s. § 51 Abs. 1 S. 1 und 2. Die einstweilige Anordnung ergeht als Beschluss (§ 38).

3. Besondere Vorschriften in Unterhaltssachen

6 Zu Sondervorschriften über einstweilige Anordnungen in Unterhaltssachen s. §§ 246 ff.

4. Ausschluss einer einstweiligen Verfügung

7 Da das FamFG nicht auf die §§ 934 ff. ZPO verweist, ist die einstweilige Verfügung in Familienstreitsachen ausgeschlossen;[3] dies gilt ausnahmslos auch in Unterhaltssachen.[4]

IV. Entsprechende Anwendbarkeit des § 945 ZPO (Abs. 1 S. 2)

8 Abs. 1 S. 2 ordnet in Übereinstimmung mit der früher geltenden Rechtslage in Familienstreitsachen nach § 112 Nr. 2 und 3 mit Ausnahme der Unterhaltssachen die entsprechende Geltung des § 945 ZPO an. In Unterhaltssachen ist ein entsprechender Schadensersatzanspruch in den bisherigen §§ 644, 620 ff. ZPO nicht vorgesehen; auch der BGH hat eine entsprechende Anwendung des § 945 ZPO abgelehnt.[5]

V. Arrest (Abs. 2)

9 Abs. 2 S. 1 sieht – wie im früheren Recht[6] – vor, dass in Familienstreitsachen (s. zu ihnen näher oben Rn 3) neben der einstweiligen Anordnung, die einen vorläufigen Leistungstitel verschafft, auch der persönliche oder der dingliche Arrest möglich ist. S. 2 ordnet die Geltung der diesbezüglichen Vorschriften der ZPO ausdrücklich an. Zum Arrest in Güterrechtssachen s. § 261 Rn 10.

10 Der Arrest findet zur **Sicherung der Zwangsvollstreckung** in das bewegliche oder unbewegliche Vermögen wegen einer Geldforderung oder wegen eines Anspruchs statt, der in eine Geldforderung übergehen kann (§ 916 Abs. 1 ZPO). Die Zulässigkeit des Arrestes wird nicht dadurch ausgeschlossen, dass der Anspruch betagt oder bedingt ist, es sei denn, dass der bedingte Anspruch wegen der entfernten Möglichkeit des Eintritts der Bedingung einen gegenwärtigen Vermögenswert nicht hat (§ 916 Abs. 2 ZPO). Der Arrest dient nicht der Befriedigung des Gläubigers und ist nicht bedingt durch das Vorliegen eines Vollstreckungstitels über einen Anspruch (zur Titelwirkung s. § 926 ZPO).

11 Die Anordnung eines Arrestes setzt das Vorliegen eines Arrestanspruchs und eines Arrestgrundes voraus (§ 920 Abs. 1 ZPO). Beide sind **glaubhaft** zu machen (§ 920 Abs. 2 ZPO). Anwaltszwang besteht nicht (§ 920 Abs. 3 ZPO). Die Zuständigkeit des Arrestgerichts ergibt sich aus §§ 919, 943 f. ZPO.

12 Der **Arrestanspruch** erfordert eine bestimmt bezeichnete Forderung (§ 920 Abs. 1 ZPO). In Familienstreitsachen sind dies auch künftige Unterhalts- und Zugewinnausgleichsforderungen. **Unterhaltsansprüche**[7] setzen Klagbarkeit voraus: Die Sicherung von Trennungsunterhalt hängt von der Trennung der Ehegatten, die Sicherung von nachehelichem Unterhalt von dem Eintritt der Rechtshängigkeit des Scheidungsantrags ab, wobei unter Abwägung der beiderseitigen Interessen je nach den Umständen des zu beurteilenden Falles von einem **Sicherungszeitraum** von höchstens fünf Jahren auszugehen ist,[8] bei Trennungsunterhalt höchstens bis zur Rechtskraft der Ehescheidung; Kindesunterhalt kann auch über die Zeit der Volljährigkeit hinaus gesichert werden.[9] Zukünftige Ansprüche we-

---

[3] OLG Karlsruhe FamRZ 2011, 234 (Veräußerungsverbot nach § 938 Abs. 2 ZPO).
[4] BT-Drs. 16/6308 S. 226; s. auch § 49 Rn 3.
[5] BGH NJW 2000, 742.
[6] Zöller/Vollkommer 27. Aufl. § 916 Rn 8.
[7] Zu Einzelheiten der Sicherung von Unterhaltsansprüchen durch dinglichen Arrest s. Menne FamRZ 2004, 6.
[8] OLG Hamm FamRZ 1995, 1427.
[9] Zöller/Vollkommer § 916 Rn 8.

gen **Zugewinnausgleichs** ergeben sich aus § 1378 BGB (Zugewinnausgleichsforderung) ab Rechtshängigkeit des Scheidungsantrags (§ 1384 BGB)[10], § 1385 BGB (vorzeitiger Zugewinnausgleich) und § 1390 BGB (Ansprüche des Ausgleichsberechtigten gegen Dritte); § 1389 BGB ist aufgehoben.

Der **Arrestgrund** ist gegeben, wenn zu besorgen ist, dass ohne die Arrestverhängung die Vollstreckung des Urteils vereitelt oder wesentlich erschwert werden würde, etwa wenn das Urteil im Ausland vollstreckt werden müsste (s. § 917 Abs. 1 und 2 ZPO). Maßgebend ist die Verhinderung einer Verschlechterung der Lage des Gläubigers in Bezug auf das Schuldnervermögen nach dem objektiven Urteil eines verständigen, gewissenhaft prüfenden Menschen, unabhängig von einem Verschulden des Schuldners.[11] Diese Voraussetzung liegt etwa vor, wenn der auf Zugewinnausgleich in Anspruch genommene Ehegatte wissentlich eine grob falsche Auskunft über sein Endvermögen erteilt, auf deren Grundlage ein Antrag auf Zugewinnausgleich keine Erfolgsaussicht bietet und diese Auskunft den anderen Ehegatten deshalb von der Klageerhebung Abstand nehmen lässt.[12] **13**

Zum Inhalt der Entscheidung über das Arrestgesuch s. §§ 921 ff. ZPO, zum Widerspruchsverfahren s. §§ 924 ff. ZPO, zur Aufhebung wegen veränderter Umstände s. § 927 ZPO, zur Arrestvollziehung § 928 ff. ZPO. Die entsprechende Anwendbarkeit des § 945 ZPO über die Schadensersatzpflicht (s. oben Rn 8) gilt auch hier. **14**

Gegen die Ablehnung eines Antrags auf Anordnung eines dinglichen Arrests nach § 119 Abs. 2 S. 1 ist die Beschwerde nach § 58 und nicht die sofortige Beschwerde nach § 567 ZPO das statthafte Rechtsmittel, da die Ablehnung eine Endentscheidung nach § 38 Abs. 1 S. 1 darstellt und § 119 Abs. 2 nicht auf die ZPO-Beschwerderegelungen verweist.[13] **15**

Vollstreckung

120 (1) Die Vollstreckung in Ehesachen und Familienstreitsachen erfolgt entsprechend den Vorschriften der Zivilprozessordnung über die Zwangsvollstreckung.

(2) ¹Endentscheidungen sind mit Wirksamwerden vollstreckbar. ²Macht der Verpflichtete glaubhaft, dass die Vollstreckung ihm einen nicht zu ersetzenden Nachteil bringen würde, hat das Gericht auf seinen Antrag die Vollstreckung vor Eintritt der Rechtskraft in der Endentscheidung einzustellen oder zu beschränken. ³In den Fällen des § 707 Abs. 1 und des § 719 Abs. 1 der Zivilprozessordnung kann die Vollstreckung nur unter denselben Voraussetzungen eingestellt oder beschränkt werden.

(3) Die Verpflichtung zur Eingehung der Ehe und zur Herstellung des ehelichen Lebens unterliegt nicht der Vollstreckung.

I. Normzweck und Anwendungsbereich

Die Vorschrift gilt nur für Ehe- und Familienstreitsachen, insbesondere für die Vollstreckung von Titeln über unterhalts- und güterrechtliche Forderungen, nicht aber für die sonstigen Familiensachen. Abs. 1 bestimmt, dass in **Ehe- und Familienstreitsachen** – abgesehen von den Regelungen der Abs. 2 und 3 sowie des § 242 – an die Stelle der Vorschriften der §§ 86 bis 96a über die Vollstreckung in Buch 1 (Allgemeiner Teil) grundsätzlich die Vorschriften über die Vollstreckung in Buch 8 der ZPO (§§ 704 bis 915 h) treten. Die Vollstreckung in Ehe- und Familienstreitsachen ist schon bislang entsprechend den Vorschriften der Zivilprozessordnung über die Zwangsvollstreckung erfolgt; anderes galt gem. § 621 a Abs. 1 S. 1 ZPO nur für die Familiensachen der freiwilligen Gerichtsbarkeit. Bei dieser unterschiedlichen Behandlung von Ehe- und Familienstreitsachen einerseits und den sonstigen Familiensachen andererseits bleibt es im Grundsatz: die Vollstreckung von Ehe- und Familienstreitsachen regelt § 120, diejenige von den übrigen Familiensachen bestimmt sich nach §§ 86 ff. Letztlich kommt es dann doch wieder zu einem **1**

---

[10] OLG Karlsruhe FamRZ 2007, 408; zu den verschiedenen Fallkonstellationen s. Palandt/Brudermüller § 1384 Rn 5 ff.
[11] Thomas/Putzo/Reichold § 917 Rn 1; Zöller/Vollkommer § 917 Rn 4 ff.; Menne FamRZ 2004, 6.
[12] OLG Frankfurt FamRZ 1996, 747.
[13] OLG Karlsruhe FamRZ 2011, 234; OLG München FamRZ 2011, 746; a. A. Prütting/Helms § 119 Rn 9.

Gleichlauf, denn auch in den zuletzt genannten Familiensachen werden nach Maßgabe des § 95 die Vorschriften der ZPO für anwendbar erklärt. Mit der Aufhebung des § 704 Abs. 2 ZPO, der das Verbot der vorläufigen Vollstreckbarkeit von Ehesachen vorsah, ist eine inhaltliche Änderung nicht verbunden (vgl. Rn 3); denn nach § 116 Abs. 2 werden Endentscheidungen in Ehesachen erst mit Rechtskraft wirksam.[1] Zur Abgrenzung der Zuständigkeiten in Vollstreckungssachen s. § 111 Rn 13 ff.

2 Abs. 2, der dem § 62 ArbGG nachgebildet ist, regelt ausschließlich die Vollstreckbarkeit von Endentscheidungen (vgl. zu diesem Begriff § 116 Rn 6) in Familienstreitsachen. Er enthält für deren Vollstreckung vor Eintritt der Rechtskraft ein völlig neues Konzept; bislang galt die vorläufige Vollstreckbarkeit nach Maßgabe von §§ 708 ff. ZPO. Für Entscheidungen über die sonstigen Familiensachen der freiwilligen Gerichtsbarkeit und deren Vollstreckung ist nur das FamFG einschlägig, und zwar hinsichtlich der Vollstreckung dessen §§ 86 ff. (s. Rn 6), das abgestufte System der §§ 708 ff. ist im Geltungsbereich des FamFG nicht anwendbar. Abs. 2 S. 1 bestimmt als Ausnahme zu Abs. 1 und den Zwangsvollstreckungsvorschriften der ZPO, aber genau wie § 86 Abs. 2, dass Endentscheidungen in Ehe- und Familienstreitsachen, die nach 116 Abs. 1 und somit entsprechend § 38 in der Form des Beschlusses zu ergehen haben, **mit Wirksamwerden** bereits kraft Gesetzes **vollstreckbar** sind, ohne dass es hierzu einer Vollstreckbarerklärung des Gerichts bedarf; demgegenüber verlangen §§ 704, 708 ff. ZPO die Anordnung der vorläufigen Vollstreckbarkeit. Abs. 2 S. 2 bestimmt, dass – abweichend von den Vorschriften der §§ 708 ff. ZPO über die vorläufige Vollstreckbarkeit – die **Vollstreckung** nur dann mit der Endentscheidung in der Hauptsache einzustellen oder zu beschränken ist, wenn der Verpflichtete glaubhaft macht, dass die Vollstreckung für ihn einen **nicht zu ersetzenden Nachteil** bringen würde. Hierdurch soll vermieden werden, dass durch die Vollstreckung vor Eintritt der Rechtskraft ein Schaden entsteht, der auch im Fall des Erfolgs eines Rechtsmittels nicht mehr rückgängig zu machen ist. Abs. 2 S. 3 regelt die Fälle der §§ 707 Abs. 1, 719 Abs. 1 ZPO.

3 Abs. 3 entspricht den bisherigen §§ 888 Abs. 3, 894 Abs. 2 ZPO mit Ausnahme der Verurteilung zur Leistung von Diensten aus einem Dienstvertrag. Die in Abs. 3 genannten Verpflichtungen sind nach dem FamFG als sonstige Familiensachen nach § 266 Abs. 1 Nr. 1 und 2 zu qualifizieren und nicht vollstreckbar.

II. Vollstreckung in Ehe- und Familienstreitsachen (Abs. 1)

1. Vollstreckung in Ehesachen

4 **a) Endentscheidungen in Ehesachen.** Gem. § 121 Nr. 1 bis 3 fallen hierunter Scheidungssachen, Verfahren auf Aufhebung der Ehe und Verfahren auf Feststellung des Bestehens oder Nichtbestehens einer Ehe (s. näher § 121 Rn 3 ff.). Diese Verfahren sind Statussachen. Die in diesen Verfahren als Beschlüsse ergehenden Endentscheidungen (zum Begriff der Endentscheidung s. § 116 Rn 6) sind **Gestaltungsentscheidungen,** die unmittelbar die Rechtslage gestalten und keiner Vollstreckung bedürfen. Die Entscheidungen werden gem. § 116 Abs. 2 erst mit Rechtskraft wirksam (s. § 116 Rn 7). Da die Vollstreckung aber gem. § 120 Abs. 2 S. 1 die Wirksamkeit der Entscheidung voraussetzt, kommt auch hinsichtlich einer Kostenentscheidung in Ehesachen eine Vollstreckung vor Eintritt der Rechtskraft der Entscheidung in der Hauptsache nicht in Betracht.

5 **b) Vollstreckung gerichtlicher Anordnungen in Ehesachen.** Gerichtliche Anordnungen in Ehesachen sind nach den Vorschriften der **ZPO** zu vollstrecken. Dies ergibt sich nicht nur aus § 120 Abs. 1, sondern insbesondere schon aus den besonderen, für diese Anordnungen geltenden Vorschriften des § 128 Abs. 4 betreffend das Ordnungsmittel gegen nicht persönlich erschienene Ehegatten und im Übrigen aus den Allgemeinen Vorschriften der ZPO und den Vorschriften der ZPO über das Verfahren vor den Landgerichten, die gem. § 113 Abs. 1 S. 2 an die Stelle der entsprechenden erstinstanzlichen Vorschriften des FamFG treten (s. näher § 113 Rn 4), wie z. B. aus § 142 Abs. 2 S. 2, 144 Abs. 2 S. 2, 390, 411 Abs. 2 S. 2 ZPO.

---

[1] BT-Drs. 16/6308 S. 325.

2. Vollstreckung in Scheidungsfolgesachen

a) Allgemeines. Im Fall der Ehescheidung ist gem. § 142 Abs. 1 über sämtliche im Verbund (zu diesem Begriff s. näher § 137 Rn 3) stehenden Familiensachen, das sind die Folgesachen nach § 137 Abs. 2 und 3 (s. näher § 137 Rn 5 ff.), durch einheitlichen Beschluss zu entscheiden (s. § 142 Rn 3). Die Endentscheidungen in Folgesachen werden – abweichend von §§ 40, 116 Abs. 3 (s. dort Rn 8 ff.) – gem. § 148 **nicht wirksam vor Rechtskraft des Scheidungsausspruchs** (s. § 148 Rn 4 f.). Da der Eintritt der Wirksamkeit der Endentscheidung nach Abs. 2 S. 1 Voraussetzung ist für die Vollstreckbarkeit (s. Rn 12), ist die Vollstreckung von Endentscheidungen in Folgesachen nicht vor der Rechtskraft des Scheidungsausspruchs zulässig (s. auch § 137 Rn 5). Im Übrigen ist zu unterscheiden, ob es sich um die Vollstreckung einer Entscheidung in Folgesachen aus dem Bereich der Familiensachen der freiwilligen Gerichtsbarkeit oder aus dem Bereich der Familienstreitsachen handelt. Vor der Rechtskraft des Scheidungsausspruchs vollstreckbar sind wirksam gewordene Endentscheidungen über vorbereitende Ansprüche auf Auskunft, Belegvorlage, Wertermittlung etc. (s. § 137 Rn 12; § 142 Rn 3 f.).

b) Vollstreckung in Folgesachen, die zu den Familiensachen der freiwilligen Gerichtsbarkeit gehören. Folgesachen im Bereich der Familiensachen der freiwilligen Gerichtsbarkeit sind die in § 137 Abs. 2 Nr. 1 und 3, Abs. 3 genannten Versorgungsausgleichs- (s. näher § 137 Rn 7), Ehewohnungs- und Haushalts- (s. näher § 137 Rn 9) sowie Kindschaftssachen (s. näher § 137 Rn 11). Eine Endentscheidung in diesen Familiensachen wird grundsätzlich, nämlich soweit diese isoliert von einer Scheidungssache und damit selbstständig geführt werden (s. § 111 Rn 20 ff.), gem. § 40 Abs. 1 mit Bekanntgabe wirksam (s. näher § 40 Rn 17 ff., 22) und damit gemäß § 86 Abs. 2 vollstreckbar (s. näher § 86 Rn 15). Dieser Grundsatz gilt aber nur modifiziert für die Scheidungsverbundentscheidung in Folgesachen der freiwilligen Gerichtsbarkeit. Denn die Vollstreckbarkeit von Verbundendentscheidungen in diesen Folgesachen setzt den Eintritt der Rechtskraft des Scheidungsausspruchs voraus (s. Rn 6). Demgemäß sind diese Folgesachen frühestens ab dem Zeitpunkt des Eintritts der Rechtskraft des Scheidungsausspruchs wirksam und vollstreckbar. Die Vollstreckung dieser Entscheidungen erfolgt nicht gem. § 120 Abs. 1, sondern nach §§ 86 ff. Auf die Erläuterungen dieser Vorschriften wird verwiesen. Die **Vollstreckung gerichtlicher Anordnungen in FG-Folgesachen** richtet sich nach **§§ 33, 35**.

c) Vollstreckung in Folgesachen, die zu den Familienstreitsachen gehören. Familienstreitfolgesachen sind die in § 137 Abs. 2 Nr. 2 und 4 genannten Unterhalts- (s. näher § 137 Rn 8) und Güterrechtssachen (s. näher § 137 Rn 10). Eine Endentscheidung in diesen Familiensachen wird grundsätzlich gem. § 116 Abs. 3 S. 1 erst mit Rechtskraft wirksam (s. näher § 116 Rn 8), wobei nach § 116 Abs. 3 S. 2 und 3 die sofortige Wirksamkeit angeordnet werden kann (s. näher § 116 Rn 9 f.) bzw. soll (s. näher § 116 Rn 10). Gemäß Abs. 2 S. 1 beginnt damit die Vollstreckbarkeit in diesen Folgesachen frühestens mit dem Zeitpunkt, in dem die Entscheidung wirksam geworden ist (s. auch Rn 9). Die Vollstreckbarkeit von Verbundendentscheidungen in diesen Folgesachen setzt gem. § 148 den Eintritt der Rechtskraft des Scheidungsausspruchs voraus (s. Rn 5). Demgemäß sind diese Folgesachen frühestens ab dem Zeitpunkt des Eintritts der Rechtskraft des Scheidungsausspruchs vollstreckbar. Die Vollstreckung dieser Entscheidungen erfolgt nicht gem. §§ 86 ff., sondern nach § 120 Abs. 1 FamFG i. V. m. den Vorschriften über die Vollstreckung in Buch 8 der **ZPO**, insbesondere §§ 732, 766, 793 ZPO. Zur Zwangsvollstreckung in Kindesunterhaltsstreitsachen s. näher § 231 Rn 27.

3. Vollstreckung in selbständigen Familienstreitsachen

a) Vollstreckung aus Endentscheidungen in Familienstreitsachen. Familienstreitsachen sind – über die in Rn 8 genannten Familienstreitfolgesachen hinaus – gem. § 112 Nr. 1 bis 3 Unterhalts- und Güterrechtsverfahren sowie sonstige Familiensachen nach § 266, soweit es sich nicht um eine arbeits-, wohnungseigentums- oder erbrechtliche Streitigkeit handelt, und die entsprechenden Familienpartnerschaftssachen nach § 269 (s.

§ 120 10–13 Abschnitt 1. Allgemeine Vorschriften

näher § 112 Rn 2). Endentscheidungen (zum Begriff s. näher § 116 Rn 6) in Familienstreitsachen werden gem. § 116 Abs. 3 S. 1 **mit Rechtskraft wirksam**, sofern das Gericht nicht gem. § 116 Abs. 3 S. 2 und 3 die **sofortige Wirksamkeit** der Entscheidung anordnet (s. näher § 116 Rn 8 ff.). Gemäß § 120 Abs. 2 S. 1 beginnt damit die Vollstreckbarkeit in diesen Familiensachen mit dem Zeitpunkt, in dem die Entscheidung wirksam geworden ist (s. auch Rn 8). Bei der Verpflichtung zur Abgabe einer Willenserklärung durch Beschluss gilt die Erklärung erst mit Rechtskraft des Beschlusses als abgegeben (§ 894 Abs. 1 S. 1 ZPO). Auf die Zwangsvollstreckung sind nach Abs. 1 die Vorschriften in Buch 8 der ZPO anzuwenden (s. oben Rn 8). Zur Zwangsvollstreckung in Kindesunterhaltsstreitsachen s. näher § 231 Rn 27.

10   Die **Vollstreckung gerichtlicher Anordnungen** in Familienstreitsachen richtet sich – ähnlich wie bei den in Rn 5 genannten Anordnungen in Ehesachen – nach § 120 Abs. 1 iVm. den Allgemeinen Vorschriften der ZPO und den Vorschriften der ZPO über das Verfahren vor den Landgerichten, die gem. § 113 Abs. 1 S. 2 an die Stelle der entsprechenden erstinstanzlichen Vorschriften des FamFG treten (s. näher § 113 Rn 4), wie z. B. aus §§ 142 Abs. 2 S. 2, 144 Abs. 2 S. 2, 390, 411 Abs. 2 S. 2 ZPO.

11   **b) Vollstreckung aus weiteren Vollstreckungstiteln.** Weitere Vollstreckungstitel in Familienstreitsachen ergeben sich aus §§ 794, 795 a, 796, 796 a ZPO. Die Vollstreckung dieser Titel folgt ebenfalls den Vorschriften über die Vollstreckung in Buch 8 der ZPO.

III. Die Regelung des Abs. 2

1. Sofortige Vollstreckbarkeit von Endentscheidungen in Ehe- und Familienstreitsachen (Abs. 2 S. 1)

12   Abs. 2 S. 1 bestimmt, dass **Endentscheidungen** (zum Begriff dieser Entscheidungsform s. näher § 116 Rn 6) in Ehe- und Familienstreitsachen (zum Kreis dieser Familiensachen s. näher vorstehend Rn 4, 6, 9) **mit Wirksamwerden** bereits kraft Gesetzes **vollstreckbar** sind (zu den verschiedenen Zeitpunkten des Wirksamwerdens von Endentscheidungen in Ehe- und Familienstreitsachen s. näher vorstehend Rn 4, 6 ff., 9 ff.), ohne dass es hierzu einer Vollstreckbarerklärung des Gerichts bedarf. Daraus folgt, dass entgegen der Verweisung in Abs. 1 auf die Zwangsvollstreckungsvorschriften der ZPO die Bestimmungen der **§§ 708 bis 713 ZPO** bei der Vollstreckung aus Endentscheidungen in Ehe- und Familienstreitsachen **nicht anwendbar** sind, die §§ 714 bis 720 a ZPO nur eingeschränkt.[2] Der **Ausspruch der vorläufigen Vollstreckbarkeit** ist ebenso **untersagt** wie die **Anordnung einer Sicherheitsleistung.** Deshalb sind auch die §§ 720, 720 a, 751 Abs. 2 ZPO hier gegenstandslos. Ordnet das Gericht die sofortige Wirksamkeit nach § 116 Abs. 3 S. 2 an (vgl. § 116 Rn 9), steht dies in seiner Wirkung der Erklärung der vorläufigen Vollstreckbarkeit ohne Sicherheitsleistung nach §§ 120 Abs. 1 FamFG, 708 ZPO gleich, auch wenn § 708 ZPO bei der Vollstreckung von Beschlüssen in Familiensachen nicht anwendbar ist.[3]

2. Einstellung oder Beschränkung der Vollstreckung von Endentscheidungen in Ehe- und Familienstreitsachen vor Rechtskraft (Abs. 2 S. 2)

13   **a) Sofortige Wirksamkeit vor Rechtskraft.** Abs. 2 S. 2 betrifft **nur Familienstreitsachen,** da Endentscheidungen in Ehesachen nach § 116 Abs. 2 ausnahmslos erst mit Rechtskraft wirksam werden (s. § 116 Rn 7) und daher eine Vollstreckung vor Rechtskraft ausscheidet; die Anordnung einer sofortigen Wirksamkeit nach § 116 Abs. 3 S. 2 ist nur in Familienstreitsachen, nicht aber in Ehesachen möglich (s. § 116 Rn 3, 9 f.). Nach § 116 Abs. 3 S. 2 und 3 werden Endentscheidungen in Familienstreitsachen nach pflichtgemäßem gerichtlichen Ermessen – als Ausnahme zu § 116 Abs. 3 S. 1, wonach Endentscheidungen erst mit Rechtskraft wirksam werden – sofort mit ihrem Erlass und nicht erst mit Rechtskraft vollstreckbar (s. zu den Voraussetzungen näher § 116 Rn 9). Denn das Gericht kann die sofortige Wirksamkeit anordnen und **soll** von dieser Befugnis bei einer Verpflichtung

---

[2] BT-Drs. 16/6308 S. 226.
[3] BT-Drs. 16/6308 S. 226.

zur Leistung von Unterhalt Gebrauch machen, insbesondere soweit die Unterhaltsleistung zur Sicherung des Lebensbedarfs des Unterhaltsgläubigers dient (s. § 116 Rn 10).[4] Unterhaltsforderungen sind damit in der Regel sofort vollstreckbar, ohne dass der Verpflichtete die Vollstreckung – vom Ausnahmefall des nicht zu ersetzenden Nachteils abgesehen (s. nachstehende Rn 17) – durch Sicherheitsleistung abwenden kann.

b) Einstellung oder Beschränkung der Vollstreckung einer sofort wirksamen Endentscheidung. § 120 Abs. 2 S. 2 gilt für Endentscheidungen in der Hauptsache; für einstweilige Anordnungen geht § 55 vor.[5] § 120 Abs. 2 S. 2 ermöglicht dem Gericht auf – entsprechend § 714 Abs. 1 ZPO bis zum Schluss der mündlichen Verhandlung zu stellenden, in den Gründen der Endentscheidung zu verbescheidenden – **Antrag des Verpflichteten** die Einstellung oder Beschränkung der Vollstreckung einer von ihm selbst für sofort wirksam und damit vollstreckbar erklärten Endentscheidung in deren Tenor vor Eintritt der Rechtskraft, wenn der Verpflichtete **glaubhaft** macht (§ 294 ZPO),[6] dass die Vollstreckung ihm einen **nicht zu ersetzenden Nachteil** bringen würde. Der Ausspruch der sofortigen Wirksamkeit und der Einstellung oder Beschränkung der Vollstreckung hat sonach in der gleichen Endentscheidung zu erfolgen. Denn auch dann, wenn die Abwägung im Rahmen des § 116 Abs. 3 S. 2 und 3 zur Anordnung der sofortigen Wirksamkeit geführt hat, kann der Schuldner eine Einstellung oder Beschränkung der Zwangsvollstreckung vor Eintritt der Rechtskraft verlangen, wenn ihm die Vollstreckung einen nicht zu ersetzenden Nachteil bringen würde. Der Gesetzgeber meint, dass diese flexiblen Regelungen den Schuldner vor einem Schaden durch eine Vollstreckung des Gläubigers schützen und das Institut der vorläufigen Vollstreckbarkeit insgesamt entbehrlich machen.[7] Diese Anordnungsweise soll nach den Gesetzesmaterialien § 62 Abs. 1 S. 2 ArbGG nachgebildet sein.[8] Allerdings ist nach dieser Vorschrift die Vollstreckung nicht einzustellen oder zu beschränken, womit die Wirkungen des § 775 ZPO (zum Gesetzeswortlaut s. § 93 Rn 1) gemeint sein dürften, sondern die – nach § 62 Abs. 1 S. 1 ArbGG kraft Gesetzes vorgesehene – vorläufige Vollstreckbarkeit ist auszuschließen, wobei ein **Ausschluss der Zwangsvollstreckung gegen Sicherheitsleistung nicht in Betracht** kommt (s. oben Rn 12).[9] Der Ausschluss der Zwangsvollstreckung entspricht der in § 95 Abs. 3 für die Familiensachen der freiwilligen Gerichtsbarkeit genannten Regelung (s. § 95 Rn 20). Als **Beschränkung der Vollstreckung** ist die Einstellung der Vollstreckung über einen bestimmten Betrag hinaus oder der Ausschluss bestimmter Vollstreckungsmaßnahmen möglich.[10]

Dass die Vollstreckung nach Abs. 2 S. 2 einzustellen oder zu beschränken ist, steht in sachlichem Widerspruch zu § 116 Abs. 3 S. 2. Denn nach dieser Vorschrift steht die Anordnung der sofortigen Wirksamkeit im pflichtgemäßen Ermessen des Familiengerichts unter Abwägung aller Umstände.[11] Macht der Verpflichtete nun glaubhaft, dass die Vollstreckung ihm einen nicht zu ersetzenden Nachteil bringen würde, spricht alles dafür, dass das Gericht bereits die Anordnung der sofortigen Wirksamkeit der Endentscheidungen nach § 116 Abs. 3 S. 2 unterlässt, anstatt in der gleichen Entscheidung einerseits die sofortige Wirksamkeit anzuordnen und andererseits zugleich die Vollstreckung nach § 120 Abs. 2 S. 2 einzustellen oder zu beschränken.

Verfehlt ist die sofortige Vollstreckbarkeit von Geld-, insbesondere von Unterhaltsforderungen vor Rechtskraft der Entscheidung ohne jegliche Sicherungsmaßnahmen einerseits und die Einstellung oder Beschränkung der Zwangsvollstreckung ebenfalls ohne jegliche Sicherungsmaßnahmen andererseits. Es besteht kein Anlass, das starre und wenig auf die Bedürfnisse der Praxis abgestimmte des „Alles oder Nichts" aus § 62 ArbGG für die Zahlungstitel nach dem FamFG zu übernehmen. Der Schuldner wird damit im Unterschied zu den §§ 708 ff. ZPO weder durch eine Sicherheit des Gläubigers gegen Vollstreckungs-

---

[4] BT-Drs. 16/6308 S. 412.
[5] Thomas/Putzo/Hüßtege § 120 FamFG Rn 6; Prütting/Helms § 120 Rn 10.
[6] OLG Bremen BeckRS 2010, 24666 = FamRZ 2011, 322; OLG Hamm FamRZ 2011, 589.
[7] BT-Drs. 16/6308 S. 412.
[8] BT-Drs. 16/6308 S. 226.
[9] Germelmann/Matthes/Prütting § 62 Rn 33; a. A. Rasch FPR 2010, 150/152.
[10] Prütting/Helms § 120 Rn 6, 9.
[11] Baumbach/Hartmann § 116 FamFG Rn 4.

schäden abgesichert noch steht ihm eine Abwendungsbefugnis zu. Schadensersatzansprüche wegen unberechtigter Vollstreckung sind im FamFG selbst nicht geregelt und bei entsprechender Anwendung von § 717 ZPO nur schwer durchsetzbar. Der Ausschluss der Vollstreckung bei nicht zu ersetzendem Nachteil nach § 120 Abs. 2 S. 2 hilft dem Gläubiger kaum. Darüber hinaus ist die Aufhebung von Vollstreckungsmaßnahmen nicht vorgesehen. Wesentlich sachgerechter wäre eine flexible Regelung mit weitreichender Entscheidungsbefugnis des Gerichts.[12]

17 c) **Nicht zu ersetzender Nachteil.** Dasselbe Tatbestandsmerkmal findet sich in §§ 707 Abs. 1 S. 2, 719 Abs. 2 ZPO als Voraussetzung der Einstellung ohne Sicherheitsleistung sowie in § 712 Abs. 1 S. 1 ZPO und § 62 Abs. 1 S. 2 ArbGG. Im Rahmen von §§ 707, 719 ZPO muss ein nicht zu ersetzender Nachteil gerade durch die Vollstreckung ausgelöst werden. Nach Auffassung des BGH[13] würde wegen des klaren Wortlauts des § 719 Abs. 2 ZPO die Zwangsvollstreckung dem Schuldner einen nicht zu ersetzenden Nachteil bringen, wenn im Falle der Aufhebung oder Abänderung des Vollstreckungstitels der Gläubiger voraussichtlich wegen Mittellosigkeit nicht in der Lage sein wird, den beigetriebenen Geldbetrag zurückzuzahlen. Der Verlust einer **nicht geschuldeten** Geldsumme ist ein Nachteil, und dieser Nachteil ist, wenn der Empfänger wegen Zahlungsunfähigkeit auf Dauer nicht zur Rückerstattung in der Lage ist, auch unersetzlich. Während in den Fällen des § 719 ZPO allerdings das Rechtsmittelgericht entscheidet, soll gem. § 120 Abs. 2 S. 2 das erkennende Gericht in der Endentscheidung über die Einstellung oder Beschränkung der Zwangsvollstreckung entscheiden. Fraglich ist dabei, ob ein erstinstanzliches Gericht, das erkannt hat, dass eine bestimmte Geldsumme zu zahlen ist, diese als nicht geschuldet beurteilen wird. Zudem widerspricht diese Auffassung der gesetzgeberischen Entscheidung im Rahmen von § 116 Abs. 3 S. 3, nach der bei einer Endentscheidung, die eine Verpflichtung zur Leistung von Unterhalt enthält, die sofortige Wirksamkeit angeordnet werden **soll** (s. § 116 Rn 10). Geschieht dies, erscheint es allerdings nicht sinnvoll, die Vollstreckung sofort wieder einzustellen, sondern nur die Vollstreckung der Höhe nach zu beschränken, so dass jedenfalls ein notwendiger Unterhalt des Gläubigers sichergestellt wird. Daher wird es jedenfalls im Rahmen von Unterhaltsbeschlüssen als nicht ausreichend anzusehen sein, dass ein Rückforderungsanspruch wegen möglicher Überzahlung nicht durchsetzbar sein könnte. Denn dies ist eine regelmäßige Vollstreckungsfolge, die vom Schuldner hinzunehmen ist.[14]

17a In den Fällen des Vollstreckungsabwehrantrags nach § 767 ZPO und des Drittwiderspruchsantrags nach § 771 ZPO gilt § 120 Abs. 2 nach seinem Wortlaut nicht, so dass – ebenso wie nach § 242 (s. dort Rn 9) – die Einstellung der Zwangsvollstreckung gegen Sicherheitsleistung möglich ist.[15]

3. Einstellung oder Beschränkung der Vollstreckung in den Fällen der §§ 707 Abs. 1, 719 Abs. 1 ZPO (Abs. 2 S. 3)

18 Wird die Wiedereinsetzung in den vorigen Stand (s. § 117 Rn 24) oder eine Wiederaufnahme des Verfahrens (s. § 118) beantragt oder die Rüge der Verletzung des Anspruchs auf rechtliches Gehör nach §§ 113 Abs. 1 S. 2 FamFG, 321a ZPO erhoben (**Fälle des § 707 Abs. 1 ZPO**) oder wird gegen einen für sofort wirksam erklärten Beschluss (s. Rn 13) gem. §§ 113 Abs. 1 S. 2 FamFG, 338 ZPO, gegebenenfalls i. V. m. § 143 FamFG Einspruch oder gem. §§ 113 Abs. 1 S. 1, 58 Beschwerde eingelegt (**Fälle des § 719 Abs. 1 ZPO**), so gelten die in §§ 707 Abs. 1, 719 Abs. 1 ZPO genannten Rechtsfolgen,[16] und nicht diejenigen in § 120 Abs. 2 S. 2 (s. Rn 14 ff.),[17] wonach die Vollstreckung – im

---

[12] Giers FPR 2008, 441/444.
[13] BGH NJW-RR 2007, 1138 zu § 719 Abs. 2 ZPO; OLG Bremen BeckRS 2010, 24666 = FamRZ 2011, 322; OLG Hamm (1. Familiensenat) FamRZ 1996, 113; a. A. OLG Koblenz, FamRZ 2005, 468; OLG Hamm (12. Familiensenat) FamRZ 1997, 1489.
[14] OLG Hamm FamRZ 1997, 1489.
[15] Prütting/Helms § 120 Rn 12.
[16] Thomas/Putzo/Hüßtege § 120 FamFG Rn 7; Prütting/Helms § 120 Rn 8; Rüntz/Viefhues FamRZ 2010, 1285, 1292.
[17] MünchKommZPO/Fischer § 120 FamFG Rn 14; Zöller/Philippi § 120 FamFG Rn 4.

Beschwerdeverfahren (s. § 64 Rn 60) gem. § 64 Abs. 3 durch das Beschwerdegericht im Wege der einstweiligen Anordnung – nur eingestellt oder beschränkt werden kann, wenn der Verpflichtete einen nicht zu ersetzenden Nachteil (s. Rn 17) glaubhaft macht. Diese Regelung soll § 62 Abs. 1 S. 3 ArbGG nachgebildet sein;[18] sinnvoll ist das nicht, zumal bei der Abänderung von Unterhaltsbeschlüssen § 242 gilt, der die entsprechende Anwendung von § 769 ZPO anordnet, wonach – ebenso wie nach §§ 707 Abs. 1, 719 Abs. 1 ZPO (s. Rn 18 a) – die einstweilige Einstellung der Zwangsvollstreckung gegen oder ohne Sicherheitsleistung erfolgen kann (s. § 242 Rn 9). Der Antrag nach Abs. 2 S. 3 setzt nicht voraus, dass bereits in erster Instanz ein solcher gestellt wurde.[19]

18a Nach §§ 707 Abs. 1, 719 Abs. 1 ZPO kann das Gericht auf Antrag anordnen, dass die Zwangsvollstreckung gegen oder ohne Sicherheitsleistung einstweilen eingestellt werde oder nur gegen Sicherheitsleistung stattfinde und dass die Vollstreckungsmaßregeln gegen Sicherheitsleistung aufzuheben seien. Die Zwangsvollstreckung aus einem Versäumnisbeschluss darf gem. § 719 Abs. 1 S. 2 ZPO nur gegen Sicherheitsleistung eingestellt werden, es sei denn, der Versäumnisbeschluss ist nicht in gesetzlicher Weise ergangen oder der säumige Beteiligte macht glaubhaft, dass seine Säumnis unverschuldet war. Die Einstellung der Zwangsvollstreckung ohne Sicherheitsleistung ist nur zulässig, wenn glaubhaft gemacht wird, dass der Schuldner zur Sicherheitsleistung nicht in der Lage ist[20] und die Vollstreckung einen nicht zu ersetzenden Nachteil (s. dazu Rn 17) bringen würde (s. § 707 Abs. 1 S. 3 ZPO).

18b Der Beschluss über die einstweilige Einstellung ist unanfechtbar (s. §§ 58 Abs. 1, 70 Abs. 4 FamFG, 707 Abs. 2 S. 2, 719 Abs. 1 S. 1 ZPO). Bei Abänderungsbeschlüssen nach §§ 238 ff. FamFG gilt § 242.

IV. Vollstreckungsverbot des Abs. 3

19 Die Verpflichtung zur Eingehung der Ehe (s. § 1297 BGB) oder Lebenspartnerschaft und zur Herstellung des ehelichen Lebens (s. § 121 Rn 2) unterliegt nicht der Vollstreckung. Das Vollstreckungsverbot gilt nicht für die Vollstreckung eines Beschlusses auf Entfernung eines Störers aus der Ehewohnung[21] (s. § 266 Rn 10) oder für die bloße Aufnahme eines Ehegatten in die Ehewohnung und die Gestattung des Verbleibs dort.[22] Entscheidend ist, dass kein mittelbarer oder unmittelbarer Druck zur Herstellung des ehelichen Lebens ausgeübt wird.[23] Regelmäßig vollstreckbar ist auch der titulierte Anspruch auf Nennung des Vaters des nichtehelichen Kindes. Die grundrechtlich geschützten Interessen der Mutter sind im Erkenntnisverfahren zu wahren. Nur dann, wenn im Einzelfall besondere, die Belange des Gläubigers deutlich überwiegende Interessen der Schuldnerin vorliegen, ist ausnahmsweise von einer Nichtvollstreckbarkeit auszugehen.[24] Klagbar und vollstreckbar ist auch der Anspruch aus einer ehevertraglichen Abrede, in der sich der Ehegatte, dessen Name nicht zum Ehenamen bestimmt worden ist, verpflichtet, im Falle der Auflösung der Ehe seinen Geburtsnamen oder den von ihm bis zur Bestimmung des Ehenamens geführten Namen wieder anzunehmen.[25]

V. Rechtsbehelfe; Kosten und Gebühren

20 In Ehe- und Familienstreitsachen finden nach der Verweisung in Abs. 1 gegen in Vollstreckungsverfahren ergehende Beschlüsse die Rechtsbehelfe nach §§ 732, 765 a, 766, 793 ZPO statt. Ergänzend wird auf die Erläuterungen dieser Vorschriften in ZPO-Kommentaren und § 95 Rn 19 verwiesen. Unanfechtbar ist aber der Beschluss über die einstweilige Einstellung nach Abs. 2 S. 3 (s. Rn 18 b). Hinsichtlich der Kosten und Gebühren wird auf

---

[18] BT-Drs. 16/6308, 226.
[19] OLG Bremen BeckRS 2010, 24666 = FamRZ 2011, 322.
[20] S. BGH NJW 2010, 1081.
[21] BGH NJW 1952, 975; OLG Karlsruhe FamRZ 1980, 139.
[22] OLG Hamm MDR 1965, 577.
[23] OLG Frankfurt NJW 1974, 2325.
[24] BGH FamRZ 2008, 1751.
[25] BGH FamRZ 2008, 859.

§ 120   21   Abschnitt 1. Allgemeine Vorschriften

die Erläuterungen in § 95 Rn 22 verwiesen. Die Einstellung und Beschränkung nach § 120 Abs. 2 S. 2 und 3 ist gebührenfrei; das Verfahren gehört zum Rechtszug (§ 19 Abs. 1 S. 2 Nr. 11 RVG).

VI. Verfahrenskostenhilfe

21   Die Notwendigkeit der Beiordnung eines Rechtsanwalts für die Zwangsvollstreckung gem. §§ 113 Abs. 1 S. 2 FamFG, 121 Abs. 2 ZPO hängt von den persönlichen Fähigkeiten und Kenntnissen des antragstellenden Beteiligten und von der Schwierigkeit der im konkreten Fall zu bewältigenden Rechtsmaterie ab.[26] Maßgebend ist die jeweilige Zwangsvollstreckungsmaßnahme; dies gilt auch im Rahmen der eingeschränkten pauschalen Bewilligung von Verfahrenskostenhilfe nach §§ 113 Abs. 1 S. 2 FamFG, 119 Abs. 2 ZPO.[27]

---

[26] BGH NJW 2003, 3136 = FamRZ 2003, 1547; a. A. OLG Stuttgart FamRZ 2011, 128 (zur Vollstreckung eines Unterhaltstitels ist Rechtsanwaltsbeiordnung grundsätzlich erforderlich).
[27] BGH FamRZ 2010, 288; a. A. OLG Stuttgart FamRZ 2011, 128 (zur Vollstreckung eines Unterhaltstitels ist Rechtsanwaltsbeiordnung grundsätzlich erforderlich).

Abschnitt 2. Verfahren in Ehesachen; Verfahren in Scheidungssachen und Folgesachen

Unterabschnitt 1. Verfahren in Ehesachen

Ehesachen

121 Ehesachen sind Verfahren

1. auf Scheidung der Ehe (Scheidungssachen),
2. auf Aufhebung der Ehe und
3. auf Feststellung des Bestehens oder Nichtbestehens einer Ehe zwischen den Beteiligten.

I. Normzweck

§ 121 enthält die gesetzliche Definition der Ehesachen. Ehesachen sind ausschließlich die in Nr. 1 bis 3 genannten Verfahren auf **Ehescheidung**, **Eheaufhebung** und **Feststellung des Bestehens oder Nichtbestehens einer Ehe** zwischen den Beteiligten. Zu den nur teilweise entsprechenden Lebenspartnerschaftssachen s. § 269 Abs. 1 Nr. 1 und 2. 1

Die Vorschrift unterscheidet sich von der im bisherigen § 606 Abs. 1 S. 1 ZPO enthaltenen Begriffsbestimmung lediglich dadurch, dass Verfahren auf **Herstellung des ehelichen Lebens** nicht mehr zu den Ehesachen zählen. Die zahlenmäßige und praktische Bedeutung dieser Verfahren war gering. Die Herstellungsklage wurde als Anachronismus empfunden. Wegen des früher in § 888 Abs. 3 ZPO geregelten Vollstreckungsverbots war das Rechtsschutzbedürfnis für das Verfahren oftmals zweifelhaft. Dies galt besonders für eine negative Feststellungsklage auf Feststellung des Rechts zum Getrenntleben. Diese Ansprüche können als sonstige Familiensache (§ 266 Abs. 1 Nr. 2; s. § 266 Rn 12) vor dem Familiengericht weiterhin geltend gemacht werden. Es handelt sich dann jedoch um eine Familienstreitsache, also um ein Verfahren, für das die Besonderheiten des Verfahrens in Ehesachen, insbesondere der Amtsermittlungsgrundsatz, nicht gelten.[1] Mit der Aufhebung des Buches 6 der ZPO sind die speziellen Vorschriften der §§ 631, 632 ZPO für die Verfahren auf Eheaufhebung und Feststellung des Bestehens oder Nichtbestehens einer Ehe ersatzlos entfallen. 2

II. Definition der Ehesachen

1. Scheidungssachen (Nr. 1)

Scheidungssachen sind Verfahren auf Scheidung der Ehe, für die die besonderen Verfahrensvorschriften des Unterabschnitts 2 (§§ 133 bis 150) gelten. Die Scheidungsvoraussetzungen ergeben sich aus §§ 1564 bis 1568 BGB. Eine Ehe kann nur durch richterliche Entscheidung auf Antrag eines oder beider Ehegatten geschieden werden (§ 1564 S. 1 BGB). Die richterliche Entscheidung ergeht durch Beschluss (§ 116 Abs. 1). Die Ehe ist mit der Rechtskraft des die Scheidungssache abschließenden Beschlusses aufgelöst (§§ 1564 S. 2 BGB, 116 Abs. 2). 3

2. Verfahren auf Aufhebung der Ehe (Nr. 2)

Ehesachen sind auch Verfahren auf Aufhebung der Ehe. Das Eheaufhebungsverfahren richtet sich allein nach den Vorschriften des Verfahrens in Ehesachen (§§ 121 bis 132). Die Voraussetzungen für eine Aufhebung der Ehe finden sich in §§ 1313 bis 1318 BGB. Eine Ehe kann nur durch richterliche Entscheidung auf Antrag aufgehoben werden (§ 1313 S. 1 BGB). Die richterliche Entscheidung ergeht durch Beschluss (§ 116 Abs. 1). Die Ehe ist mit 4

---

[1] BT-Drs. 16/6308 S. 226.

der Rechtskraft des das Eheaufhebungsverfahren abschließenden Beschlusses aufgelöst (§§ 1313 S. 2 BGB, 116 Abs. 2 FamFG). Hängt die Entscheidung eines zivilprozessualen Rechtsstreits davon ab, ob eine Ehe aufhebbar ist und ist die Aufhebung beantragt, so hat das Zivilgericht gem. § 152 ZPO auf Antrag das zivilprozessuale Verfahren auszusetzen; erst wenn das Verfahren über die Aufhebung erledigt ist, findet die Aufnahme des ausgesetzten Verfahrens statt.

3. Verfahren auf Feststellung des Bestehens oder Nichtbestehens einer Ehe zwischen den Beteiligten (Nr. 3)

5   Ehesachen sind weiter Verfahren auf Feststellung des Bestehens oder Nichtbestehens einer Ehe zwischen den Beteiligten. Antragsbefugt sind nur die Ehegatten. Das Verfahren kommt in Betracht bei Zweifeln über die Wirksamkeit einer Eheschließung oder einer Eheauflösung, insbesondere bei Wirksamkeit oder Auflösung nach ausländischem Recht. Bei Streit über das Bestehen oder Nichtbestehen einer Ehe ist die Aussetzung zivilprozessualer Rechtsstreitigkeiten nach § 154 ZPO möglich. Zu weiteren Einzelheiten s. die Erläuterungen zu §§ 129, 132.

4. Verfahren nach ausländischen Rechtsordnungen

6   Für die Zuordnung von bestimmten nach ausländischen Rechtsordnungen vorgesehenen Verfahren zu den Ehesachen, wie etwa das Trennungsverfahren nach italienischem Recht,[2] ergibt sich keine Veränderung gegenüber dem früheren Rechtszustand. Sie sind regelmäßig als Ehesachen zu qualifizieren.

III. Das gerichtliche Verfahren

1. Verfahren in Ehesachen

7   Das Verfahren in Ehesachen bestimmt sich primär nach den Vorschriften des FamFG, da Ehesachen den Familiensachen unterfallen (vgl. § 111 Nr. 1) und durch die Aufhebung des Buches 6 der ZPO der primäre Regelungsstandort der Familiensachen von der ZPO in das FamFG überführt worden ist. Allerdings bestimmt § 113 Abs. 1 S. 1, dass in Ehesachen die §§ 2 bis 37, 40 bis 46 S. 1 und 2, 47, 48 sowie 76 bis 96 des Allgemeinen Teils des FamFG nicht anzuwenden sind; es gelten insoweit vielmehr die Allgemeinen Vorschriften der ZPO und die Vorschriften der ZPO über das Verfahren vor den Landgerichten entsprechend (näheres s. § 113 Rn 4). Als besondere Vorschriften für Verfahren in Ehesachen sind des Weiteren die Abs. 3 bis 5 des § 113 sowie §§ 114 bis 118 und 120 bis 132 zu beachten.

2. Verfahren in Scheidungs- und Folgesachen

8   Auf das Verfahren in Scheidungssachen sind die vorstehend dargestellten Vorschriften (Rn 7) anzuwenden, da Scheidungssachen den Ehesachen unterfallen (vgl. § 121 Nr. 1). Zudem gelten für das Verfahren in Scheidungs- und Folgesachen die besonderen Vorschriften der §§ 133 bis 150.

3. Kosten und Gebühren

9   Die Kostenentscheidung in Scheidungs- und Folgesachen (Nr. 1) richtet sich nach § 150 (s. näher dort), diejenige in Eheaufhebungssachen (Nr. 2) nach § 132 (s. näher dort und insbesondere auch Rn 9), diejenige in Verfahren auf Feststellung des Bestehens oder Nichtbestehens einer Ehe zwischen den Beteiligten (Nr. 3) nach §§ 113 Abs. 1 S. 1 und 2 FamFG, 91 ff. ZPO.

10 Der Verfahrenswert ist in allen Ehesachen des § 121 Nr. 1 bis 3 nach § 43 FamGKG zu bestimmen; für die Einkommensverhältnisse ist das in drei Monaten erzielte Nettoeinkommen der Ehegatten einzusetzen (§ 43 Abs. 2 FamGKG). Die Höhe des Verfahrenswertes im Scheidungsverbundverfahren einschließlich Kindschaftsfolgesachen regeln §§ 44, 48 (Woh-

---

[2] BGH NJW 1988, 636 = FamRZ 1987, 792; NJW 1967, 2109 = FamRZ 1967, 452.

Örtliche Zuständigkeit 1–4 § 122

nungszuweisungs- und Haushaltsfolgesachen), § 50 (Versorgungsausgleichfolgesachen), § 51 (Unterhaltsfolgesachen) und § 52 (Güterrechtsfolgesachen) FamGKG. Die Gerichtsgebühren in Ehesachen ergeben sich aus Hauptabschnitt 1 des Kostenverzeichnisses FamGKG (abgedruckt im Anhang), die Rechtsanwaltsgebühren aus dem RVG.

Örtliche Zuständigkeit

122 Ausschließlich zuständig ist in dieser Rangfolge:
1. das Gericht, in dessen Bezirk einer der Ehegatten mit allen gemeinschaftlichen minderjährigen Kindern seinen gewöhnlichen Aufenthalt hat;
2. das Gericht, in dessen Bezirk einer der Ehegatten mit einem Teil der gemeinschaftlichen minderjährigen Kinder seinen gewöhnlichen Aufenthalt hat, sofern bei dem anderen Ehegatten keine gemeinschaftlichen minderjährigen Kinder ihren gewöhnlichen Aufenthalt haben,
3. das Gericht, in dessen Bezirk die Ehegatten ihren gemeinsamen gewöhnlichen Aufenthalt zuletzt gehabt haben, wenn einer der Ehegatten bei Eintritt der Rechtshängigkeit im Bezirk dieses Gerichts seinen gewöhnlichen Aufenthalt hat,
4. das Gericht, in dessen Bezirk der Antragsgegner seinen gewöhnlichen Aufenthalt hat,
5. das Gericht, in dessen Bezirk der Antragsteller seinen gewöhnlichen Aufenthalt hat,
6. das Amtsgericht Schöneberg in Berlin.

I. Normzweck

§ 122 enthält eine feste Rangfolge von Anknüpfungskriterien zur Bestimmung des für 1 die Ehesache örtlich zuständigen Gerichts. Die Zuständigkeit ist als eine ausschließliche ausgestaltet, so dass der Antragsteller unter den Gerichtsständen nicht wählen kann. Dass die örtliche Zuständigkeit in Ehesachen nicht nach § 2 zu bestimmen ist, normiert § 113 Abs. 1 Satz 1. Die Verweisung auf die Vorschriften der ZPO nach § 113 Abs. 1 Satz 2 greift hier nicht, da § 122 als Spezialregelung vorgeht.

Die zuständigkeitsbegründenden Umstände entsprechen im wesentlichen den im bisheri- 2 gen § 606 Abs. 1 und 2 ZPO genannten, mit Ausnahme des Kriteriums des gemeinsamen gewöhnlichen Aufenthalts aus § 606 Absatz 1 Satz 1 ZPO. In Folge der regelmäßig bei Einleitung einer Ehesache erfolgten räumlichen Trennung der Ehegatten haben sie keinen gemeinsamen gewöhnlichen Aufenthalt mehr, so dass dieses Kriterium verzichtbar ist.[1] Die neue Nr. 2 dient der Präzisierung.

II. Örtliche Zuständigkeit

1. Gewöhnlicher Aufenthalt

Der Begriff ist wie in den bisherigen §§ 606 ZPO, 45 FGG zu verstehen.[2] Der gewöhn- 3 liche Aufenthalt einer Person ist der tatsächliche Mittelpunkt des Lebens, an dem sich die Person überwiegend aufhält,[3] vor allem in familiärer und beruflicher Hinsicht.[4] Er wird von einer auf längere Dauer[5] angelegten sozialen Eingliederung gekennzeichnet und ist allein von der tatsächlichen, bei Geschäftsunfähigen vom Willen unabhängigen Situation geprägt. Zu weiteren Einzelheiten s. § 98 I Nr. 2 und dort Rn 16.

2. Aufenthalt mit allen gemeinschaftlichen minderjährigen Kindern (Nr. 1)

Primärer Gerichtsstand für Ehesachen ist der gewöhnliche Aufenthalt eines der Ehegatten 4 mit **allen** gemeinschaftlichen **minderjährigen** Kindern. Der Aufenthalt der Kinder als Anknüpfungspunkt ist sachgerecht, weil die Zuständigkeitskonzentration (vgl. dazu § 111

---
[1] BT-Drs. 16/6308 S. 226.
[2] BT-Drs. 16/6308 S. 226.
[3] BGH FamRZ 2002, 1182.
[4] OLG Karlsruhe FamRZ 1992, 316.
[5] OLG Düsseldorf FamRZ 2010, 1178 (6 Monate).

Rn 34 und § 124 Rn 6 ff.) bei dem Gericht der Ehesache für Kindschaftssachen nach §§ 152 Abs. 1, 153 eine Zusammenführung dieser Familiensachen bewirkt und dadurch die Mitarbeit des örtlich zuständigen Jugendamts (vgl. §§ 87 b, 86 SGB VIII) erleichtert wird.[6] Der Aufenthalt eines Kindes allein begründet noch keine Zuständigkeit nach Nr. 1; ebenso wenig, wenn sich nur ein Teil oder nur die Mehrzahl der Kinder oder das älteste Kind bei diesem Ehegatten, die übrigen bei dem anderen Ehegatten, oder sich alle Kinder bei einem Dritten befinden.[7] Befinden sich dagegen die Kinder teilweise bei einem Dritten und teilweise bei einem Ehegatten, so ist Nr. 1 entsprechend anzuwenden.[8] Dasselbe gilt, wenn ein Elternteil zwar nicht in Wohngemeinschaft mit dem Kind lebt, aber doch eine dauernde Bindung auf Grund des engen räumlichen Bereichs eines Dorfes besteht[9] oder ein Elternteil und das Kind an verschiedenen Orten im gleichen Gerichtsbezirk sich aufhalten.[10] Maßgebend ist allerdings der gewöhnliche Aufenthalt des Ehegatten, nicht derjenige der Kinder. Dies ergibt sich aus dem Wortlaut der Nr. 1, nach dem es auf **seinen** gewöhnlichen Aufenthalt ankommt, also auf den des Ehegatten und nicht den der Kinder. Unerheblich ist danach, ob die Kinder sich rechtmäßig bei diesem Ehegatten aufhalten. Lebt das einzige Kind der Ehegatten seit mehr als 6 Monaten in einer Pflegefamilie, besteht keine Zuständigkeit nach Nr. 1.[11]

3. Aufenthalt mit einem Teil der gemeinschaftlichen minderjährigen Kindern, sofern bei dem anderen Ehegatten keine gemeinschaftlichen minderjährigen Kinder ihren gewöhnlichen Aufenthalt haben (Nr. 2)

5 Dieser sekundäre Gerichtsstand bewirkt, dass sich die örtliche Zuständigkeit des Gerichts auch in den Fällen an dem Aufenthalt der gemeinschaftlichen minderjährigen Kinder orientiert, in denen nur ein Teil der Kinder bei einem Elternteil lebt, während der andere Teil der Kinder sich bei Dritten, etwa Großeltern, sonstigen Verwandten oder Pflegepersonen, befindet. Andernfalls wäre nach Nr. 3 ff. die Zuständigkeit eines Gerichts begründet, in dessen Bezirk sich keines der gemeinschaftlichen Kinder aufhält. Dies ist im Hinblick auf eine mögliche Kindschaftsfolgesache nicht sachgerecht.[12] Die Zuständigkeit nach Nr. 2 greift dann nicht, wenn bei dem anderen Ehegatten auch nur ein gemeinschaftliches minderjähriges Kind seinen gewöhnlichen Aufenthalt hat. Hier ist der gewöhnliche Aufenthalt des Kindes maßgebend. Ein Kind hat seinen gewöhnlichen Aufenthalt dort, wo sein faktischer Daseinsmittelpunkt liegt, d. h. dort, wo es die seinem Alter entsprechenden sozialen Bindungen entfaltet und verfestigt hat. Voraussetzung für die Begründung eines gewöhnlichen Aufenthalts ist dabei entweder, dass nach den konkreten Umständen der neue Aufenthaltsort künftig anstelle des bisherigen Daseinsmittelpunkt sein soll oder dass sich aus der Dauer des Aufenthalts und dem Grad der sozialen Verwurzelung ergibt, dass der Daseinsmittelpunkt des Kindes sich nunmehr an dem neuen Ort befindet.[13] Ein nur vorübergehender Aufenthalt genügt nicht; in der Regel ist für die Dauer des Aufenthalts eine Zeitspanne von sechs Monaten erforderlich.[14] Der gewöhnliche Aufenthalt des Kindes ergibt sich nicht automatisch aus dem gewöhnlichen Aufenthalt des Elternteils, sondern ist selbstständig festzustellen.[15] Die Rechtmäßigkeit eines Aufenthaltswechsels des Kindes ist unerheblich; entscheidend ist nur die dauernde soziale Eingliederung des Kindes.[16]

---

[6] BGH NJW-RR 1987, 1348 = FamRZ 1987, 1020; FamRZ 1984, 370; OLG Hamm NJW-RR 1997, 1165 = FamRZ 1997, 1294; FamRZ 1993, 963; OLG Nürnberg NJW-RR 1997, 514 = FamRZ 1997, 1400; 1025; zum Aufenthalt von Ehefrau und Kind in einem Frauenhaus s. OLG Saarbrücken FamRZ 1990, 1119 m. Anm. v. Burgard.
[7] BGH NJW-RR 1992, 902; NJW-RR 1987, 1348 = FamRZ 1987, 1020.
[8] BGH FamRZ 1984, 370 zu § 606 Abs. 1 S. 2 ZPO.
[9] OLG Frankfurt FamRZ 1984, 806; OLG Hamm NJW-RR 1989, 1486 = FamRZ 1989, 641.
[10] OLG Hamm NJW-RR 1989, 1486 = FamRZ 1989, 641.
[11] OLG Düsseldorf FamRZ 2010, 1178.
[12] BT-Drs. 16/9733 S. 363.
[13] OLG Karlsruhe FamRZ 2005, 287.
[14] OLG Karlsruhe FamRZ 2005, 287.
[15] BGH FamRZ 1997, 1070.
[16] OLG Zweibrücken FamRZ 2008, 1258.

4. Letzter gemeinsamer gewöhnlicher Aufenthalt der Ehegatten (Nr. 3)

Ist eine Zuständigkeit nach Nr. 1 und 2 nicht gegeben, kommt der tertiäre Gerichtsstand als weiterer Hilfsgerichtsstand in Betracht. Er bestimmt sich nach dem letzten gemeinsamen gewöhnlichen Aufenthaltsort der Ehegatten, sofern mindestens **ein Ehegatte bei Eintritt der Rechtshängigkeit** dort seinen gewöhnlichen Aufenthalt noch oder wieder hat. Der gemeinsame Aufenthalt entspricht dem Mittelpunkt des Ehelebens, wo sich die persönlichen, familiären und hauswirtschaftlichen Beziehungen der Ehegatten vereinen. Eine gemeinsame ständige Wohnung ist ebenso wenig erforderlich wie eine ununterbrochene Anwesenheit; berufsbedingte Abwesenheit schadet nicht.

5. Gewöhnlicher Aufenthalt des Antragsgegners (Nr. 4)

Der nächste Hilfsgerichtsstand ergibt sich aus dem gewöhnlichen Aufenthaltsort des Antragsgegners. Zum Begriff des gewöhnlichen Aufenthalts s. näher Rn 3. Der Antragsgegner hat auch dann keinen gewöhnlichen Aufenthalt im Inland, wenn sein Aufenthalt unbekannt ist.[17]

6. Gewöhnlicher Aufenthalt des Antragstellers (Nr. 5)

Greifen die vorrangigen Gerichtsstände nach Nr. 1 bis 4 nicht, ist der gewöhnliche Aufenthalt des Antragstellers maßgebend. Zum Begriff des gewöhnlichen Aufenthalts s. näher Rn 3.

7. Amtsgericht Schöneberg in Berlin (Nr. 6)

Letztrangig zuständig ist das Familiengericht beim AG Schöneberg in Berlin. Dies ist der Fall, wenn kein Ehegatte im Inland lebt.

8. Amtswegige Prüfung

Seine örtliche Zuständigkeit prüft das Familiengericht von Amts wegen. Stellt es seine Unzuständigkeit fest, verweist es nach §§ 113 Abs. 1 S. 2 FamFG, 281 Abs. 1 ZPO auf Antrag des Antragstellers an das zuständige Familiengericht. Beschwerde und Rechtsbeschwerde können nicht darauf gestützt werden, dass das Gericht des ersten Rechtszugs seine Zuständigkeit zu Unrecht angenommen hat (§§ 65 Abs. 4, 72 Abs. 2).

9. Konkurrenz mehrerer Ehesachen

§ 123 löst das Problem der Konkurrenz mehrerer anhängiger Ehesachen im Inland. Sind Ehesachen, die dieselbe Ehe betreffen, bei verschiedenen Gerichten im ersten Rechtszug anhängig und ist auch nur eine Ehesache davon eine Scheidungssache, müssen die übrigen Ehesachen von Amts wegen an das Gericht der Scheidungssache abgegeben werden (§ 123 S. 1). Ansonsten erfolgt die Abgabe an das Gericht der Ehesache, die zuerst rechtshängig geworden ist (§ 123 S. 2). Zu Einzelheiten s. § 123. Eine Abgabe aus Zweckmäßigkeitsgründen (§ 4) ist in Ehesachen nicht zulässig (§ 113 Abs. 1 S. 1).

10. Gerichtliche Bestimmung der örtlichen Zuständigkeit

Gem. § 113 Abs. 1 S. 1 richtet sich diese Bestimmung nicht nach § 5, sondern gem. § 113 Abs. 1 S. 2 nach den §§ 36, 37 ZPO. Das zuerst mit der Sache befasste Familiengericht hat die für die örtliche Zuständigkeit maßgebenden Verhältnisse zu klären.[18] Weitere Einzelheiten s. bei den ZPO-Kommentaren.

---

[17] BGH NJW 1983, 285 = FamRZ 1982, 1199.
[18] BGH NJW-RR 1993, 130.

III. Internationale und sachliche Zuständigkeit

13 Zur internationalen Zuständigkeit s. § 111 Rn 56, zur Begründung der sachlichen Zuständigkeit s. § 111 Rn 53.

Abgabe bei Anhängigkeit mehrerer Ehesachen

123 [1] Sind Ehesachen, die dieselbe Ehe betreffen, bei verschiedenen Gerichten im ersten Rechtszug anhängig, sind, wenn nur eines der Verfahren eine Scheidungssache ist, die übrigen Ehesachen von Amts wegen an das Gericht der Scheidungssache abzugeben. [2] Ansonsten erfolgt die Abgabe an das Gericht der Ehesache, die zuerst rechtshängig geworden ist. [3] § 281 Abs. 2 und 3 Satz 1 der Zivilprozessordnung gilt entsprechend.

I. Normzweck

1 Die Vorschrift, die – bis auf Satz 3 – im früheren Recht keine Entsprechung hat, sieht eine Zusammenführung sämtlicher gleichzeitig bei einem deutschen Gericht im ersten Rechtszug anhängiger Ehesachen vor, die dieselbe Ehe betreffen. Regelungstechnisch ist sie in Anlehnung an den bisherigen § 621 Abs. 3 ZPO konzipiert. Die Abgabe von Amts wegen ist **unabhängig davon** angeordnet, ob die Ehesachen **denselben Streitgegenstand** haben oder nicht.[1] Bei Identität des Gegenstands – so etwa, wenn beide Ehegatten die Scheidung begehren – ergibt sich aus §§ 113 Abs. 1 S. 2 FamFG, 261 Abs. 3 Nr. 1 ZPO, dass dem zeitlich nachfolgenden Verfahren der Einwand der anderweitigen Rechtshängigkeit entgegensteht. In diesem Falle wäre nach früherem, bis zum Inkrafttreten des FamFG geltenden Recht der Antrag als unzulässig abzuweisen gewesen, sofern nicht ein Verweisungsantrag gestellt worden wäre (s. Rn 2). Nunmehr können die Verfahren zusammengeführt bzw. verbunden (vgl. dazu § 126 Abs. 1) werden unter Berücksichtigung bisherigen Beteiligtenvortrags. Die örtliche Konzentration von Ehesachen, die dieselbe Ehe betreffen, bei einem Familiengericht entspricht dem für Familiensachen kennzeichnenden Prinzip der Zuständigkeitskonzentration (s. näher § 111 Rn 34).

2 Durch die nun eingeführte Abgabe von Amts wegen nach S. 1 und 2 sind die bisherigen Regelungen des § 606 Abs. 2 S. 3, 4 ZPO entbehrlich geworden. S. 3 entspricht inhaltlich dem aufgehobenen § 621 Abs. 3 Satz 2 ZPO.

II. Anwendungsbereich

3 § 123 gilt nur für Ehesachen. Dies sind Scheidungssachen, Verfahren auf Aufhebung der Ehe und Verfahren auf Feststellung des Bestehens oder Nichtbestehens einer Ehe nach § 121 Nr. 1 bis 3 bzw. die entsprechenden Lebenspartnerschaftssachen. Zu den verschiedenen Arten von Ehesachen s. § 121 Rn 3 ff. Die Abgabe darf nur von einem Familiengericht erster Instanz erfolgen. Nicht übergeleitet werden in der Rechtsmittelinstanz anhängige Ehesachen, da der dort fortgeschrittene Verfahrensstand einen Zuständigkeitswechsel als ungeeignet erscheinen lässt.[2] Verweist aber die Rechtsmittelinstanz die Ehesache an das Familiengericht zurück (§ 69 Abs. 1 S. 2 und 3), hat sie die Ehesache an das nach § 123 S. 1 und 2 zuständige Familiengericht der Ehesache überzuleiten.[3]

III. Abgabevoraussetzungen

1. Konkurrenz von Scheidungs- und sonstigen Ehesachen (S. 1)

4 Sind Ehesachen, die dieselbe Ehe betreffen, bei verschiedenen Gerichten im ersten Rechtszug anhängig (s. zum Eintritt der Anhängigkeit näher § 124 Rn 4) und ist eine

---

[1] BT-Drs. 16/6308 S. 227; zur Konkurrenz mehrerer Ehesachen nach früherem Recht s. Zöller/Philippi 27. Aufl. § 606 Rn 14, zur Konkurrenz mehrerer Scheidungssachen nach früherem Recht Zöller/Philippi 27. Aufl. § 606 Rn 15.
[2] BGH FamRZ 1985, 800 zu § 621 Abs. 3 Satz 2 ZPO.
[3] BGH NJW 1980, 1392 = FamRZ 1980, 444 zu § 621 Abs. 3 Satz 2 ZPO.

Ehesache davon eine Scheidungssache, so sind die übrigen Verfahren von Amts wegen an das Gericht der Scheidungssache abzugeben. Der Vorrang der Scheidungssache gründet auf dem Verbundprinzip, das für die beiden anderen Arten von Ehesachen nicht gilt (s. § 137 Rn 4). Darauf, welche Ehesache zuerst rechtshängig geworden ist, kommt es in dieser Konstellation nicht an. Der Einwand der anderweitigen Rechtshängigkeit kann der Scheidungssache, sollte sie das zeitlich nachfolgende Verfahren sein, nicht entgegenstehen, da die übrigen Ehesachen nicht denselben Streitgegenstand haben.[4]

2. Konkurrenz von Ehesachen ohne Scheidungssache (S. 2)

Ist keine der dieselbe Ehe betreffenden im ersten Rechtszug bei einem inländischen **5** Gericht anhängigen Ehesachen eine Scheidungssache oder ist mehr als eine Scheidungssache in der dargestellten Weise anhängig, ordnet Satz 2 an, dass die Abgabe von Amts wegen an dasjenige Gericht zu erfolgen hat, bei dem die zuerst rechtshängig gewordene Ehesache noch anhängig ist. Insoweit bleibt es bei dem Prioritätsprinzip.

IV. Das Verfahren der Abgabe (S. 3)

S. 3 erklärt die Vorschriften des § 281 Abs. 2 und 3 S. 1 ZPO über die Verweisung **6** auf das Verfahren der Abgabe nach S. 1 und 2 für entsprechend anwendbar. Anträge und Erklärungen zur Zuständigkeit des Gerichts können vor dem Urkundsbeamten der Geschäftsstelle abgegeben werden (§ 281 Abs. 2 S. 1 ZPO) und unterliegen damit gem. § 114 Abs. 4 Nr. 6 nicht dem Anwaltszwang (s. § 114 Rn 21). Das Verfahren wird mit Eingang der Akten bei dem in dem Beschluss des abgebenden Gerichts bezeichneten Gericht anhängig (§ 281 Abs. 2 S. 3 ZPO); der Beschluss muss zugleich die Erklärung der eigenen Unzuständigkeit des abgebenden Gerichts enthalten, weshalb er zu begründen ist. Das Verfahren bei dem abgebenden und dem neuen Gericht bildet eine Einheit; Prozesshandlungen und auch der Eintritt der Rechtshängigkeit wirken fort. Die Abgabe ist nicht anfechtbar (§ 281 Abs. 2 S. 2 ZPO) und für das Adressatgericht grundsätzlich bindend (§ 281 Abs. 2 S. 4 ZPO). Nur ausnahmsweise entsteht keine Bindung, nämlich wenn der Verweisung jegliche rechtliche Grundlage fehlt, so dass sie als objektiv willkürlich erscheint,[5] oder wenn den Beteiligten rechtliches Gehör versagt worden ist, die Verweisung also erfolgt ist, ohne den Beteiligten vorher Gelegenheit zur Stellungnahme zu geben.

Kosten, die bis zur Abgabe entstanden sind, werden gem. § 281 Abs. 3 S. 1 ZPO als **7** Teil der Kosten bei dem neuen Gericht behandelt. Die Anwendbarkeit des § 281 Abs. 3 S. 2 ZPO scheidet aus, weil S. 3 diese Regelung nicht in Bezug nimmt.

Antrag

§ 124

[1]Das Verfahren in Ehesachen wird durch Einreichung einer Antragsschrift anhängig. [2]Die Vorschriften der Zivilprozessordnung über die Klageschrift gelten entsprechend.

I. Normzweck, Terminologie

§ 124 bestimmt – entsprechend § 113 Abs. 5 Nr. 2 – die Terminologie des **verfahrens-** **1** **einleitenden Aktes in Ehesachen** und regelt, welche Vorschriften darauf anzuwenden sind.

Satz 1 der Vorschrift entspricht inhaltlich dem bisherigen § 622 Abs. 1 ZPO. Abwei- **2** chend vom bisher geltenden Recht findet die Regelung jedoch nicht nur für Scheidungssachen, sondern für **alle Ehesachen** Anwendung. Satz 2 entspricht dem bisherigen § 622 Abs. 2 Satz 2 ZPO.

Gesetzlicher Standort der Vorschriften für das Verfahren in Ehesachen ist das FamFG **3** (§§ 111 Nr. 1, 113 ff., 121 ff.). Nach § 23 erfolgt in Verfahren der freiwilligen Gerichts-

---
[4] BT-Drs. 16/6308 S. 227.
[5] BGH NJW 2004, 3201.

barkeit die Verfahrenseinleitung eines Beteiligten durch Einreichung eines Antrags. § 113 Abs. 1 S. 1 erklärt allerdings § 23 in Ehesachen für nicht anwendbar, sondern ordnet die Geltung der Vorschriften der ZPO über das Verfahren vor den Landgerichten an (§ 113 Abs. 1 S. 2); nach § 253 Abs. 1 ZPO heißt das verfahrenseinleitende Schriftstück im Zivilprozess Klageschrift. Gleichwohl will der Gesetzgeber für eine **einheitliche Terminologie des verfahrenseinleitenden Aktes** in Familiensachen sorgen. Deshalb bestimmt § 113 Abs. 5 Nr. 2, dass in Ehesachen bei der Anwendung der ZPO an die Stelle der Bezeichnung Klage die Bezeichnung Antrag tritt. Dies wiederholt § 124 S. 1. Entsprechend lautet die Bezeichnung für die eine Ehesache einleitende Person nicht Kläger, sondern Antragsteller (§ 113 Abs. 5 Nr. 3) und an die Stelle des Beklagten tritt der Antragsgegner (§ 113 Abs. 5 Nr. 4).

II. Anhängigkeit und Rechtshängigkeit der Ehesache (S. 1)

1. Voraussetzungen

4 **a) Anhängigkeit.** Die Einreichung der Antragsschrift der Ehesache (zum Inhalt s. Rn 9) bei dem Familiengericht bewirkt die Anhängigkeit der Ehesache (zum Begriff der Ehesache vgl. § 121 Rn 3 ff.). Wird lediglich ein Antrag auf Bewilligung von Verfahrenskostenhilfe gestellt, tritt die Anhängigkeit der Ehesache nicht ein. Bei gleichzeitiger Einreichung eines Verfahrenskostenhilfegesuchs und einer Antragsschrift der Ehesache wird neben dem Verfahrenskostenhilfegesuch auch die Ehesache als solche anhängig, es sei denn, der Antragsteller stellt eindeutig klar, dass er den Antrag nur unter der Voraussetzung der Bewilligung der Verfahrenskostenhilfe stellen will, etwa indem er dies im Text selbst unmissverständlich kundtut oder die Eheantragsschrift nur als Anlage zum Verfahrenskostenhilfegesuch einreicht, als Entwurf bezeichnet oder nicht unterschreibt.[1] Die Behandlung der Antragsschrift durch das Familiengericht erfolgt gem. S. 2 nach den Vorschriften der ZPO; dies gilt bereits nach § 113 Abs. 1 S. 1 und 2. Gem. §§ 253 Abs. 1, 271 Abs. 1 ZPO ist die beglaubigte Abschrift der Antragsschrift einschließlich aller ihrer Anlagen[2] von Amts wegen (§ 166 Abs. 2 ZPO) – nach Vorauszahlung der vollen Gebühr für das Verfahren im Allgemeinen nach Maßgabe der §§ 14 Abs. 1 S. 1, 15 FamGKG – dem für den Rechtszug bestellten Verfahrensbevollmächtigten des Antragsgegners (§ 172 Abs. 1 S. 1 ZPO) bzw. diesem selbst zuzustellen (s. auch Rn 9).

5 **b) Rechtshängigkeit.** Mit der Antragszustellung ist die Rechtshängigkeit der Ehesache eingetreten (§ 261 ZPO). Anhängigkeit und Rechtshängigkeit enden nicht durch bloßes Nichtbetreiben der Ehesache oder durch Weglegen der Akte nach § 7 AktO.[3] Sie enden vielmehr durch Rücknahme des Antrags nach § 113 Abs. 1 S. 2 FamFG, § 269 ZPO (zur Zurücknahme des Scheidungsantrags s. § 141), durch übereinstimmende Erledigungserklärungen beider Ehegatten, mit dem Tod eines Ehegatten (s. § 131) oder mit Rechtskraft des Beschlusses in der Ehesache.[4]

2. Wirkung von Anhängigkeit und Rechtshängigkeit auf die Zuständigkeit

6 **a) Allgemeines.** Anhängigkeit und Rechtshängigkeit einer Ehesache führen in unterschiedlicher Weise zu der für Familiensachen kennzeichnenden Zuständigkeitskonzentration (s. zu den fünf verschiedenen Arten von Zuständigkeitskonzentrationen § 111 Rn 34).

7 **b) Zuständigkeitskonzentration aufgrund der Anhängigkeit.** Gem. § 123 S. 1 führt die Anhängigkeit einer **Scheidungssache** zur Konzentration sämtlicher Ehesachen, die dieselbe Ehe betreffen, bei dem Familiengericht der Scheidungssache; die übrigen Ehesachen sind von Amts an wegen dieses Gericht abzugeben (s. dazu näher die Erläuterungen zu § 123). Die Anhängigkeit einer **Ehesache** führt zur Zuständigkeitskonzentration bei

---

[1] BGH FamRZ 1996, 1142.
[2] BGH NJW 2007, 775.
[3] BGH NJW-RR 1993, 898.
[4] BGH NJW 1986, 3141 = FamRZ 1986, 454.

dem Gericht der Ehesache für die folg. Familiensachen der betreffenden Beteiligten: Kindschaftssachen nach § 152 Abs. 1, Ehewohnungs- und Haushaltssachen nach § 201 Nr. 1, Versorgungsausgleichssachen nach § 218 Nr. 1, Unterhaltssachen nach § 232 Abs. 1 Nr. 1, Güterrechtssachen nach § 262 Abs. 1 und sonstige Familiensachen nach § 267 Abs. 1.

c) Auswirkung der Rechtshängigkeit auf die Zuständigkeit. Gem. § 123 S. 2 ist bei der Konkurrenz verschiedener Ehesachen, von denen keine eine Scheidungssache ist, das Gericht der Ehesache vorrangig, die **zuerst rechtshängig** geworden ist. Die Rechtshängigkeit einer Ehesache bewirkt weiter, dass das Familiengericht auch für andere Familiensachen derselben Beteiligten ausschließlich zuständig wird und zwar für selbstständige Kindschaftssachen nach § 153, für Ehewohnungs- und Haushaltssachen nach § 202, für Versorgungsausgleichssachen nach § 218 Nr. 1, für Unterhaltssachen nach § 233, für Güterrechtssachen nach § 263 und für sonstige Familiensachen nach § 268; diese Familiensachen sind von Amts wegen an das Gericht der Ehesache abzugeben.

III. Antragsschrift (S. 2)

1. Inhalt der Antragsschrift

Nach S. 2 sind die Vorschriften der ZPO über die Klageschrift entsprechend auf die Antragsschrift in Ehesachen anzuwenden. Dabei ist die in § 113 Abs. 5 vorgegebene Terminologie zu beachten (s. vorstehend Rn 3). Nach § 253 Abs. 2 Nr. 1 ZPO muss die Antragsschrift die Bezeichnung der Beteiligten und des angerufenen Gerichts und nach § 253 Abs. 2 Nr. 2 ZPO die bestimmte Angabe des Gegenstandes der Ehesache (zu den verschiedenen Arten der Ehesachen s. § 121 Rn 3 ff.) und den Tatsachenkomplex, aus dem der Antragsteller den von ihm erstrebten Erfolg der Ehesache ableitet,[5] sowie einen bestimmten Antrag enthalten. Den weitergehenden Inhalt der Antragsschrift in einer Scheidungssache regelt § 133. Anstelle des Werts des Streitgegenstandes nach § 253 Abs. 3 Alt. 1 ZPO, der nicht angegeben werden muss, weil die gerichtliche Zuständigkeit nicht davon abhängt, sollten die monatlichen Nettoeinkommen der Ehegatten und deren Vermögen aufgeführt werden, da hiervon nach § 43 FamGKG die Bestimmung des Verfahrenswerts wesentlich abhängt. Gem. § 253 Abs. 4 ZPO sind außerdem die allgemeinen Vorschriften über die vorbereitenden Schriftsätze nach §§ 130 ff. ZPO anzuwenden; zu beachten ist insbesondere, dass der Verfahrensbevollmächtigte des Antragstellers gem. § 130 Nr. 6 ZPO, § 114 Abs. 1 FamFG die Antragsschrift unterzeichnet. Dieser ist nach § 253 Abs. 5 ZPO eine Abschrift beizufügen für die Zustellung an den Antragsgegner (s. Rn 4).

2. Mängel der Antragsschrift

Mängel der Antragsschrift können bis zum Schluss der mündlichen Verhandlung behoben werden. Geschieht dies nicht, ist der Antrag als unzulässig abzuweisen. Erhält der Antragsgegner ein Schriftstück, das inhaltlich sämtlichen Anforderungen entspricht, werden Mängel nach §§ 113 Abs. 1 S. 2 FamFG, 295 ZPO geheilt.[6]

3. Widerantrag

Stellt der andere Ehegatte innerhalb eines bereits eingeleiteten Verfahrens einen Wider- oder Gegenantrag in einer Ehesache, bedarf dieser nicht der Schriftform, sondern kann auch in der mündlichen Verhandlung nach §§ 113 Abs. 1 S. 2 FamFG, 297 Abs. 1 S. 3 ZPO zu gerichtlichem Protokoll gestellt werden. Wird der Erstantrag wirksam zurückgenommen, bevor der Widerantrag rechtshängig wird, ist letzterer als Erstantrag zu behandeln.[7] Dieser muss dann die formellen Voraussetzungen einer Antragsschrift (s. Rn 9) erfüllen.[8] In jedem Fall ist der Anwaltszwang nach § 114 Abs. 1 FamFG zu beachten.

---

[5] BGH MDR 1976, 1005.
[6] BGH NJW 1984, 926 = FamRZ 1984, 368.
[7] BGH FamRZ 1983, 38.
[8] KG FamRZ 2011, 657.

Verfahrensfähigkeit

125 (1) In Ehesachen ist ein in der Geschäftsfähigkeit beschränkter Ehegatte verfahrensfähig.

(2) ¹Für einen geschäftsunfähigen Ehegatten wird das Verfahren durch den gesetzlichen Vertreter geführt. ²Der gesetzliche Vertreter bedarf für den Antrag auf Scheidung oder Aufhebung der Ehe der Genehmigung des Familien- oder Betreuungsgerichts.

I. Normzweck und Anwendungsbereich

1 § 113 Abs. 1 S. 1 und 2 sieht vor, dass in **Ehesachen** § 9 als Regelung des Allgemeinen Teils des FamFG über die Verfahrensfähigkeit nicht anzuwenden ist, sondern §§ 52 bis 58 ZPO als Teil der Allgemeinen Vorschriften der ZPO. § 125 ergänzt für Ehesachen die §§ 52 bis 58 ZPO über die Verfahrensfähigkeit.

2 Abs. 1 entspricht dem bisherigen § 607 Abs. 1 ZPO, Abs. 2 S. 1 dem bisherigen § 607 Abs. 2 S. 1 ZPO. Von § 607 Abs. 2 S. 2 ZPO unterscheidet sich Abs. 2 S. 2 dadurch, dass Verfahren auf Herstellung des ehelichen Lebens nicht mehr erwähnt werden, da sie keine Ehesachen mehr sind (s. § 121 Rn 2, § 266 Rn 12). Für die erforderliche Genehmigung ist jetzt nicht mehr das Vormundschaftsgericht, sondern in Folge dessen Wegfalls (s. § 111 Rn 4) das Familiengericht oder im Falle der Betreuung das Betreuungsgericht zuständig.

3 § 125 ist nur anzuwenden auf Ehesachen i. S. d. § 121 (s. zum Begriff der Ehesachen § 121 Rn 3 ff.). Die Vorschrift erstreckt sich nicht auf Folgesachen nach § 137 Abs. 2 und 3, die nach § 137 Abs. 1 zusammen mit der Scheidungssache zu verhandeln sind, und das Zwangsvollstreckungsverfahren;[1] insoweit gelten die allgemeinen Vorschriften zur Verfahrensfähigkeit nach §§ 9, 113 Abs. 1 S. 2 FamFG, 52 bis 58 ZPO. Das Anhängigmachen einer Folgesache durch Antragstellung (s. § 137 Abs. 2 Nr. 2 bis 4) sowie die Vornahme wirksamer Verfahrenshandlungen und die Abgabe wirksamer Verfahrenserklärungen zu Folgesachen erfolgen durch den gesetzlichen Vertreter (§ 1633 BGB).

II. Verfahrensfähigkeit beschränkt geschäftsfähiger Ehegatten (Abs. 1)

4 Nach §§ 113 Abs. 1 S. 2 FamFG, 52 ZPO sind beschränkt Geschäftsfähige nicht verfahrensfähig. Hiervon macht § 125 Abs. 1 für Ehesachen eine Ausnahme und ergänzt für den Antrag auf Eheaufhebung § 1316 Abs. 2 S. 2 BGB, nach dem ein minderjähriger Ehegatte den Aufhebungsantrag nur selbst stellen kann und er nicht der Zustimmung seines gesetzlichen Vertreters bedarf. Damit wird die Entscheidungsfreiheit eines beschränkt geschäftsfähigen Ehegatten in seiner persönlichen Eheangelegenheit respektiert, und zwar unabhängig davon, ob der beschränkt Geschäftsfähige als Antragsteller oder Antragsgegner auftritt. Beschränkt geschäftsfähige Ehegatten sind nach § 106 BGB Minderjährige, die gem. § 1303 BGB von der Vollendung des 16. Lebensjahres an heiraten können. Die Verfahrensfähigkeit gilt für alle Verfahrenshandlungen, die mit der jeweiligen Ehesache zusammenhängen, und fingiert die volle Geschäftsfähigkeit für alle Rechtsgeschäfte, die für die Führung eines Verfahrens in Ehesachen erforderlich sind, insbesondere die Bestellung eines Verfahrensbevollmächtigten und die Zahlung eines Kostenvorschusses an die Gerichtskasse. Eine vorsorgliche Betreuerbestellung für einen Minderjährigen nach § 1908a S. 1 BGB wird erst mit dem Eintritt der Volljährigkeit wirksam (§ 1908a S. 2 BGB), so dass während der Minderjährigkeit der nach § 113 Abs. 1 S. 2 anwendbare § 53 ZPO nur greift, wenn der Minderjährige geschäftsunfähig ist (s. Rn 5).[2]

---

[1] Zöller/Philippi § 125 FamFG Rn 1.
[2] A. A. Baumbach/Hartmann § 125 FamFG Rn 3, der jedoch übersieht, dass BGH NJW 1987, 49 = FamRZ 1987, 928 nicht den Fall eines Minderjährigen betrifft.

III. Verfahren bei einem geschäftsunfähigen Ehegatten (Abs. 2)

1. Gesetzlicher Vertreter geschäftsunfähiger Ehegatten (Abs. 2 S. 1)

Ob ein Ehegatte geschäftsunfähig ist, bestimmt sich nach § 104 BGB und ist nach §§ 113 Abs. 1 S. 2 FamFG, 56 ZPO vom Gericht in jeder Verfahrensphase von Amts wegen zu prüfen. Im Falle der Geschäftsunfähigkeit ist ein Betreuer nach § 1896 BGB oder ein Verfahrenspfleger nach §§ 113 Abs. 1 S. 2 FamFG, 57 ZPO mit dem Wirkungskreis der konkreten Verfahrensvertretung zu bestellen, für einen geschäftsunfähigen Minderjährigen handelt der Vormund (§ 1793 BGB) oder Ergänzungspfleger (§§ 1903, 1915, 1793 BGB). Gem. § 113 Abs. 1 S. 2 FamFG, § 53 ZPO geht das Verfahrenshandeln der genannten Vertretungspersonen demjenigen des Ehegatten vor.[3] Verliert ein Ehegatte im Verlauf einer Ehesache die Verfahrensfähigkeit, wird das Verfahren nach § 113 Abs. 1 S. 2, § 241 ZPO unterbrochen; bei anwaltlicher Vertretung ist § 246 ZPO zu beachten. Der gegen einen verfahrensunfähigen Beteiligten gestellte Antrag ist nur dann als unzulässig zurückzuweisen, wenn der Mangel nicht auf Antrag des Antragstellers durch Bestellung eines Verfahrenspflegers nach § 57 ZPO behoben werden kann; dies ist nach § 57 Abs. 1 ZPO bei Gefahr im Verzug der Fall, und zwar, wenn die Verwirklichung der Rechte des Antragstellers ohne die Pflegerbestellung ernstlich gefährdet, wenn nicht vereitelt würde, wobei genügen kann, dass ein Aufschub mit erheblichen Nachteilen für den Antragsteller verbunden oder ein Abwarten unzumutbar wäre.[4] Das von einem verfahrensunfähigen Beteiligten eingelegte Rechtsmittel ist zulässig, unabhängig davon, ob er geltend macht, von der Vorinstanz zu Unrecht als verfahrensfähig oder nicht verfahrensfähig behandelt worden zu sein, oder ob er eine Sachentscheidung angreift und eine andere Sachentscheidung erstrebt.[5] Bleibt die Verfahrensunfähigkeit unerkannt, wird die Endentscheidung rechtskräftig; möglich ist ein Nichtigkeitsantrag nach § 579 Abs. 1 Nr. 4 ZPO.

2. Genehmigung des Familien- oder Betreuungsgerichts (Abs. 2 S. 2)

Der gesetzliche Vertreter eines geschäftsunfähigen Ehegatten (s. näher Rn 5) bedarf für den verfahrensrechtlich wirksamen – andernfalls unzulässigen, aber nachträglich genehmigungsfähigen – Antrag auf Scheidung oder Aufhebung der Ehe sowie entsprechende Wideranträge der Genehmigung des Familiengerichts, wenn der Vormund des minderjährigen Beteiligten handelt, beim volljährigen Beteiligten des Betreuungsgerichts. Zuständig ist der Richter; §§ 3, 25 RPflG enthalten keine Übertragung auf den Rechtspfleger. Stellt ein geschäftsunfähiger Ehegatte einen Scheidungsantrag, so wird dieser Mangel geheilt, wenn der gesetzliche Vertreter die Antragstellung genehmigt und dieser seinerseits die Genehmigung des Familien- oder Betreuungsgerichts erhält.[6] Maßstab für die Erteilung der Genehmigung ist das wohlverstandene Interesse eines geistig behinderten Ehegatten und sein besonderes Schutzbedürfnis; sein Scheidungswunsch wegen Scheiterns seiner Ehe darf nicht allein deshalb abgewehrt werden, weil er infolge seiner Behinderung jedes Verständnis für die Ehe und damit auch für deren Scheitern verloren hat.[7]

Mehrere Ehesachen; Ehesachen und andere Verfahren

126 (1) Ehesachen, die dieselbe Ehe betreffen, können miteinander verbunden werden.

(2) ¹Eine Verbindung von Ehesachen mit anderen Verfahren ist unzulässig. ²§ 137 bleibt unberührt.

---

[3] BGH NJW 1987, 49 = FamRZ 1987, 928.
[4] BGH BeckRS 2010, 04099 = FamRZ 2010, 548 zum Anspruch des verfahrensunfähigen Beteiligten auf Gewährung rechtlichen Gehörs und der gerichtlichen Verpflichtung, dafür Sorge zu tragen, dass diesem Beteiligten ermöglicht wird, für eine ordnungsgemäße Vertretung zu sorgen, s. BGH NJW-RR 2011, 284.
[5] BGH NJW-RR 2011, 284; FamRZ 2010, 548.
[6] OLG Hamm FamRZ 1990, 166.
[7] BGH FamRZ 2002, 316.

(3) **Wird in demselben Verfahren Aufhebung und Scheidung beantragt und sind beide Anträge begründet, so ist nur die Aufhebung der Ehe auszusprechen.**

I. Normzweck und Anwendungsbereich

1 Abs. 1 ermöglicht die Verbindung sämtlicher Ehesachen, die dieselbe Ehe betreffen, in einem familiengerichtlichen Verfahren. Die Verbindungsmöglichkeit schafft eine effektive Verfahrensführung und ergänzt § 123, der – mit Vorrang der Scheidungssache – die örtliche Konzentration von Ehesachen, die dieselbe Ehe betreffen, bei einem Familiengericht anordnet (s. § 123 Rn 1, und auch § 111 Rn 34). Abs. 2 S. 1 untersagt eine Verbindung von Ehesachen mit anderen Verfahren. Die Vorschrift bezweckt, dass andere Verfahrensgegenstände in das Verfahren einer Ehesache nicht miteinbezogen werden. Abs. 2 S. 2 stellt klar, dass das Verbot des S. 1 nicht für den Verbund von Scheidungssache und Folgesachen gilt. Abs. 3 gibt dem Ausspruch der Eheaufhebung den Vorrang vor dem Scheidungsausspruch.

2 Abs. 1 der Vorschrift bewirkt gegenüber dem bisherigen § 610 Abs. 1 ZPO eine Erweiterung, da nunmehr auch Anträge auf Feststellung des Bestehens oder Nichtbestehens einer Ehe zwischen den Beteiligten erfasst werden; die Gründe, die bislang für eine Unterteilung der Ehesachen in zwei Gruppen (vgl. §§ 610 Abs. 1, 632 Abs. 2 ZPO) maßgeblich waren, sind heute nicht mehr von Bedeutung.[1] Abs. 2 S. 1 entspricht im Wesentlichen dem bisherigen § 610 Abs. 2 S. 1 ZPO; die dortige Erwähnung der Widerklage erschien dem Gesetzgeber entbehrlich.[2] Abs. 2 S. 2 korrespondiert mit dem bisherigen § 610 Abs. 2 S. 2 ZPO, Abs. 3 mit dem bisherigen § 631 Abs. 2 S. 3 ZPO.

3 § 126 regelt das Verhältnis konkurrierender **Ehesachen, sofern sie dieselbe Ehe betreffen,** und schließt außerhalb des Scheidungsverbundes die Verbindung von Ehesachen mit anderen Verfahren, insbesondere auch anderen Familiensachen nach § 113 Nr. 2 bis 11 aus. Zu den verschiedenen Arten von Ehesachen des § 121 Nr. 1 bis 3 s. § 121 Rn 3 ff. Die frühere Klage auf Herstellung der ehelichen Gemeinschaft nach § 606 Abs. 1 S. 1 Alt. 3 ZPO zählt nicht mehr zu den Ehesachen (s. § 121 Rn 2).

II. Verbindung von Ehesachen (Abs. 1)

4 Nach § 113 Abs. 1 S. 1 ist § 20 als die allgemeine Regelung des FamFG über die Verbindung von Familiensachen auf Ehesachen nicht anzuwenden. Stattdessen verweist § 113 Abs. 1 S. 2 für die Ehesachen auf § 260 ZPO, der die Verbindung mehrerer Ansprüche in einer Klage zulässt, wenn für sämtliche Ansprüche das Prozessgericht zuständig und dieselbe Prozessart zulässig ist. Diese Voraussetzungen sind bei einer Verbindung von Ehesachen, die dieselbe Ehe betreffen, erfüllt, denn für Ehesachen ist gemäß §§ 23 a Abs. 1 Nr. 1 GVG, 111 Nr. 1 FamFG nur das Familiengericht zuständig (vgl. § 111 Rn 34) und die örtliche Konzentration von Ehesachen, die dieselbe Ehe betreffen, sieht § 123 bereits vor. Zudem gelten für alle Ehesachen einheitlich die besonderen Verfahrensvorschriften der §§ 121 bis 128, 130, 131, insbesondere der eingeschränkte Amtsermittlungsgrundsatz nach § 127. Bei einer Verbindung von erfolgreichen Aufhebungs- und Scheidungsanträgen ordnet Abs. 3 den Vorrang der Eheaufhebung an (s. Rn 7).

III. Verbindung von Ehesachen mit anderen Verfahren (Abs. 2)

1. Grundsatz der Unzulässigkeit einer Verbindung (Abs. 2 S. 1)

5 Abs. 2 S. 1 untersagt eine Verbindung von Ehesachen mit anderen Verfahren, auch im Wege des Widerantrags (s. Rn 2), mit Ausnahme der Konstellation des Scheidungsverbundverfahrens (S. 2; s. Rn 6). Damit wird vermieden, dass Verfahren mit unterschiedlichen Verfahrensmaximen (strenger und eingeschränkter Amtsermittlungsgrundsatz, Beibringungsgrundsatz) vermischt werden. Hieraus ergibt sich auch, dass ein anderer Verfahrensgegenstand, der, aus welchem Grund auch immer, Teil des Eheverfahrens wurde, nach § 113 Abs. 1 S. 2 FamFG, § 145 ZPO von Amts wegen abzutrennen ist. Dies gilt auch in höheren

---

[1] BT-Drs. 16/6308 S. 227; s. zum früheren Rechtszustand Zöller/Philippi 27. Aufl. § 610 ZPO Rn 1.
[2] BT-Drs. 16/6308 S. 227.

Instanzen.³ Eine Abtrennung erfolgt aber nicht, wenn das unzulässig mit einer Ehesache verbundene weitere Begehren nur hilfsweise geltend gemacht wird. Dieses ist vielmehr als unzulässig abzuweisen, da ein Hilfsbegehren nicht Gegenstand eines selbstständigen Verfahrens sein kann.⁴ Die Abweisung kann dadurch vermieden werden, dass der Hilfsantrag – gegebenenfalls nach einem rechtlichen Hinweis – durch Antragsänderung in einen Hauptantrag umgestellt wird; in der Rechtsbeschwerdeinstanz ist dies jedoch nicht statthaft.⁵

2. Zulässigkeit des Scheidungsverbunds (Abs. 2 S. 2)

Abs. 2 S. 2 nimmt von dem Verbot der Verfahrensverbindung nach S. 1 den Verbund **6** von Scheidungs- und Folgesachen nach § 137 aus. Dies beruht darauf, dass das Scheidungsverbundverfahren bereits keine unzulässige Verfahrensverbindung darstellt; die einzelnen im Verbund zu verhandelnden und zu entscheidenden Verfahren werden nicht vermischt und folgen je ihren eigenen Verfahrensmaximen (s. näher § 137 Rn 3).

IV. Konkurrenz von Aufhebungs- und Scheidungsantrag (Abs. 3)

Die Konkurrenz von jeweils begründetem Aufhebungs- und Scheidungsantrag in dem- **7** selben Verfahren löst Abs. 3 zu Gunsten der Eheaufhebung. Dies gilt unabhängig davon, ob die Anträge durch Widerantrag von beiden Ehegatten oder kumulativ, auch hilfsweise, von einem Ehegatten allein gestellt werden. Auch wenn Aufhebungs- und Scheidungsantrag unterschiedliche Verfahrensgegenstände betreffen, ist eine Teilentscheidung über einen Antrag zwar grundsätzlich zulässig, insbesondere im Falle des Eventualverhältnisses der Anträge,⁶ sinnvollerweise aber zu unterlassen, um sich widersprechende Entscheidungen, insbesondere in verschiedenen Instanzen, zu vermeiden. Wird trotzdem teilweise entschieden, etwa auch bei Säumnis eines Antragstellers einer Eheaufhebungssache durch Versäumnisentscheidung nach § 130 Abs. 1, führt der Vorrang der Eheaufhebung nach Abs. 3 dazu, dass ein zeitlich vorausgehender Scheidungsausspruch auflösend bedingt ist und seine Wirkung verliert, falls dem Aufhebungsantrag rechtskräftig stattgegeben wird.⁷ Hat ein Aufhebungsantrag Erfolg, führt der gesetzliche Vorrang der Eheaufhebung nach Abs. 3 zur Gegenstandslosigkeit des Scheidungsantrags. Wird ein Aufhebungsantrag abgewiesen und ist dabei ein hilfsweises Scheidungsbegehren übergangen worden, findet eine Entscheidungsergänzung nach §§ 113 Abs. 1 S. 2 FamFG, 321 ZPO statt;⁸ hier besteht nicht die Gefahr einander widersprechender Entscheidungen über den Bestand der Ehe. Ist eine Ehe durch rechtskräftigen Scheidungsbeschluss mit Wirkung für die Zukunft aufgelöst, ist ein nachträglich gestellter Antrag auf Eheaufhebung mangels Rechtsschutzinteresses für ein erneutes Begehren auf (nochmalige) Herbeiführung derselben, bereits eingetretenen Gestaltungswirkung unzulässig; durch eine Gestaltungsentscheidung, etwa auch in der Form einer Feststellungsentscheidung, kann der Antragsteller aber die rechtliche Tragweite der Eheauflösung durch Scheidung nachträglich um die Rechte aus einer Eheaufhebung erweitern mit der Folge eines klagbaren Anspruchs darauf, dass der Auflösung seiner (näher bezeichneten) Ehe durch die (ebenfalls näher bezeichnete) Scheidungsentscheidung nunmehr die Rechtsfolgen der Eheaufhebung beigegeben werden.⁹

Eingeschränkte Amtsermittlung

127 (1) **Das Gericht hat von Amts wegen die zur Feststellung der entscheidungserheblichen Tatsachen erforderlichen Ermittlungen durchzuführen.**

(2) **In Verfahren auf Scheidung oder Aufhebung der Ehe dürfen von den Beteiligten nicht vorgebrachte Tatsachen nur berücksichtigt werden, wenn sie geeignet sind, der**

---

³ BGH NJW 2007, 909 = FamRZ 2007, 368; FamRZ 2007, 124.
⁴ BGH NJW 2007, 909 = FamRZ 2007, 368; FamRZ 2007, 124.
⁵ BGH NJW 2007, 909 = FamRZ 2007, 368; FamRZ 2007, 124.
⁶ BGH NJW 1995, 2361.
⁷ Zöller/Philippi 27. Aufl. § 610 ZPO Rn 12 ff.
⁸ Zöller/Philippi § 126 FamFG Rn 3.
⁹ BGH NJW 1996, 2727 = FamRZ 1996, 1209.

Aufrechterhaltung der Ehe zu dienen oder wenn der Antragsteller einer Berücksichtigung nicht widerspricht.

(3) In Verfahren auf Scheidung kann das Gericht außergewöhnliche Umstände nach § 1568 des Bürgerlichen Gesetzbuchs nur berücksichtigen, wenn sie von dem Ehegatten, der die Scheidung ablehnt, vorgebracht worden sind.

I. Normzweck und Anwendungsbereich

1   Abs. 1 enthält den Grundsatz der Amtsermittlung in Ehesachen. Die Formulierung entspricht § 26. § 127 Abs. 2 und 3 schränkt den Amtsermittlungsgrundsatz für bestimmte Eheverfahren ein.

2   Abs. 1 entspricht § 616 Abs. 1 ZPO, Abs. 2 entspricht § 616 Abs. 2 ZPO und Abs. 3 entspricht § 616 Abs. 3 ZPO. Die Textfassung des § 616 Abs. 2 ZPO wurde ohne inhaltliche Änderung umgestellt, um die Verständlichkeit zu erhöhen.

3   § 127 Abs. 1 gilt für alle Ehesachen nach § 121 Nr. 1 bis 3, Abs. 2 nur für Scheidungs- und Aufhebungssachen, Abs. 3 nur für Scheidungssachen. Zu den verschiedenen Arten von Ehesachen s. näher § 121 Rn 3 ff. Die frühere Klage auf Herstellung der ehelichen Gemeinschaft nach § 606 Abs. 1 S. 1 Alt. 3 ZPO zählt nicht mehr zu den Ehesachen (s. § 121 Rn 2).

II. Amtsermittlungsgrundsatz (Abs. 1)

4   Nach § 26 hat das Gericht von Amts wegen die zur Feststellung der entscheidungserheblichen Tatsachen erforderlichen Ermittlungen durchzuführen (s. näher § 26 Rn 10 ff.). Die Anwendung dieser Vorschrift auf Ehesachen schließt § 113 Abs. 1 S. 1 zwar aus, führt sie aber in § 127 Abs. 1 wieder ein, mit den Modifikationen der Abs. 2 und 3. Der Amtsermittlungsgrundsatz in Ehesachen sorgt dafür, dass der Sachverhalt bezüglich des rechtlichen Status von (potenziellen) Ehegatten im öffentlichen Interesse objektiv festgestellt wird und nicht der Dispositionsmaxime der Verfahrensbeteiligten überlassen ist, wie dies bei den Familienstreitsachen der Fall ist (s. § 112 Rn 3). Dies hat zur Folge, dass das Gericht die entscheidungserheblichen Tatsachen von Amts wegen festzustellen hat, wobei es nicht an den Vortrag und die Beweisangebote der Verfahrensbeteiligten gebunden ist. Die Berücksichtigung von einem Beteiligten vorgebrachter entscheidungserheblicher Tatsachen und Beweisangebote hängt nicht davon ab, ob er anwaltlich vertreten ist. Das Gericht kann deshalb auch gegen den Willen der Parteien Ermittlungen anstellen, wenn ihm etwa durch Jugendamtsberichte entscheidungserhebliche Tatsachen bekannt werden, die die Ehegatten in ihrem Vortrag nicht erwähnt haben. Demgemäß schränkt § 113 Abs. 4 Nr. 1 bis 8 für Ehesachen die zivilprozessualen Grundsätze über die Dispositionsmaxime der Verfahrensbeteiligten ein (s. § 113 Rn 10 ff.) und lässt § 130 Abs. 2 eine Versäumnisentscheidung und eine Entscheidung nach Aktenlage gegen den Antragsgegner nicht zu (s. § 130 Rn 6).

III. Eingeschränkte Amtsermittlung in Scheidungs- und Aufhebungssachen (Abs. 2)

5   In Verfahren auf Scheidung und Aufhebung der Ehe ist der Amtsermittlungsgrundsatz eingeschränkt. Das Gericht darf von den Beteiligten nicht vorgebrachte Tatsachen nur berücksichtigen, sofern sie **ehefreundlich** wirken, also wenn sie geeignet sind, der Aufrechterhaltung der Ehe zu dienen, etwa wenn die Lebensgemeinschaft der Ehegatten doch noch besteht bzw. erwartet werden kann, dass die Ehegatten sie wiederherstellen (§ 1565 Abs. 1 S. 2 BGB), das Interesse der gemeinschaftlichen Kinder die Voraussetzungen der Härteklausel nach § 1568 BGB erfüllt oder eine Aufhebung der Ehe wegen Bestätigung (§ 1315 Abs. 1 S. 1 Nr. 1 bis 4 BGB) oder wegen Zusammenlebens (§ 1315 Abs. 1 S. 1 Nr. 5 BGB) ausgeschlossen ist. **Ehefeindliche** Tatsachen darf das Gericht nach § 127 Abs. 2 letzte Alt. allerdings berücksichtigen, wenn der die Scheidung oder Aufhebung begehrende Antragsteller einer Berücksichtigung nicht widerspricht. Der Widerspruch kann

aber auch konkludent erklärt werden.[1] Ein Widerspruch liegt auch in einer Unvereinbarkeit des Tatsachenvortrags des Antragstellers mit den Umständen, die das Gericht von Amts wegen seiner Entscheidung zu Grunde legen will.[2] In Folge der ehefreundlichen Wirkung des Widerspruchs ist dieser von Amts wegen zu berücksichtigen und unterliegt damit nicht dem Anwaltszwang nach § 114. Bei einem Aufhebungsantrag wegen Doppelehe ist § 127 dahin auszulegen, dass die früher geschlossene Ehe zu schützen ist.[3]

IV. Eingeschränkte Amtsermittlung bei § 1568 Alt. 2 BGB (Abs. 3)

§ 1568 2. Alt. BGB schließt eine Ehescheidung trotz Scheiterns aus, wenn und solange die Scheidung für den Antragsgegner, der sie ablehnt, auf Grund außergewöhnlicher Umstände eine so schwere Härte darstellen würde, dass die Aufrechterhaltung der Ehe auch unter Berücksichtigung der Belange des Antragstellers ausnahmsweise geboten erscheint. Diese außergewöhnlichen Umstände von Amts wegen zu ermitteln, verbietet Abs. 3. Es ist allein auf das Vorbringen des Antragsgegners abzustellen, der selbst beurteilen soll, ob er an der gescheiterten Ehe festhalten will. Das Familiengericht hat über die Härteklausel des § 1568 BGB zu belehren. Ihre Geltendmachung unterliegt nicht dem Anwaltszwang nach § 114.[4] Die Einschränkung der Amtsermittlung nach Abs. 3 greift nicht, wenn die Aufrechterhaltung der Ehe im Kindesinteresse liegt (§ 1568 Alt. 1 BGB).

V. Auslagenvorschuss

Bei Beweiserhebungen, die das Gericht von Amts wegen vornimmt, hat es nicht von Gesetzes wegen, sondern gem. § 16 Abs. 3 FamGKG nach Ausübung richterlicher **Ermessens** einen Vorschuss zur Deckung der Auslagen zu erheben.

Persönliches Erscheinen der Ehegatten

128 (1) ¹Das Gericht soll das persönliche Erscheinen der Ehegatten anordnen und sie anhören. ²Die Anhörung eines Ehegatten hat in Abwesenheit des anderen Ehegatten stattzufinden, falls dies zum Schutz des anzuhörenden Ehegatten oder aus anderen Gründen erforderlich ist. ³Das Gericht kann von Amts wegen einen oder beide Ehegatten als Beteiligte vernehmen, auch wenn die Voraussetzungen des § 448 der Zivilprozessordnung nicht gegeben sind.

(2) Sind gemeinschaftliche minderjährige Kinder vorhanden, hat das Gericht die Ehegatten auch zur elterlichen Sorge und zum Umgangsrecht anzuhören und auf bestehende Möglichkeiten der Beratung hinzuweisen.

(3) Ist ein Ehegatte am Erscheinen verhindert oder hält er sich in so großer Entfernung vom Sitz des Gerichts auf, dass ihm das Erscheinen nicht zugemutet werden kann, kann die Anhörung oder Vernehmung durch einen ersuchten Richter erfolgen.

(4) Gegen einen nicht erschienenen Ehegatten ist wie gegen einen im Vernehmungstermin nicht erschienenen Zeugen zu verfahren; die Ordnungshaft ist ausgeschlossen.

I. Normzweck

§ 128 regelt in Abweichung von §§ 33, 34 und in Ergänzung der nach § 113 Abs. 1 S. 2 grundsätzlich anwendbaren §§ 141, 448 ZPO für das Verfahren **in Ehesachen** die Voraussetzungen für die gerichtliche Anordnung eines persönlichen Erscheinens der Ehegatten, ihrer Anhörung und ihrer Vernehmung sowie die Erweiterung des Gegenstandes der Anhörung bei Vorhandensein gemeinschaftlicher minderjähriger Kinder und die Folgen eines Verstoßes gegen die Anordnung des persönlichen Erscheinens.

Die Vorschrift enthält im Wesentlichen den Regelungsgehalt des bisherigen § 613 ZPO. Die Aufgliederung in mehrere Absätze macht die Norm besser lesbar. Abs. 1 S. 1 entspricht

---

[1] Prütting/Helms § 127 Rn 4; Zöller/Philippi § 127 FamFG Rn 5.
[2] BGH NJW 1980, 1335 = FamRZ 1979, 1007.
[3] BGH FamRZ 1986, 880.
[4] Prütting/Helms § 127 Rn 5; Zöller/Philippi § 127 FamFG Rn 6.

dem bisherigen § 613 Abs. 1 S. 1 1. Halbs. ZPO. S. 2 statuiert die aus dem bisherigen § 613 Abs. 1 S. 1 ZPO bekannte Befugnis des Gerichts, die Ehegatten von Amts wegen als Beteiligte zu vernehmen. Die gewählte Formulierung bringt das Verhältnis zu den Vorschriften der ZPO über die Parteivernehmung deutlicher als bisher zum Ausdruck. Abs. 2 unterscheidet sich vom bisherigen § 613 Abs. 1 S. 2 ZPO im Wesentlichen dadurch, dass das Gericht in dem Fall, dass gemeinschaftliche minderjährige Kinder vorhanden sind, die Ehegatten nicht nur wie bisher zur elterlichen Sorge, sondern auch zum Umgangsrecht anhören muss. Diese Erweiterung entspricht dem Anliegen des FamFG, die tatsächliche Wahrnehmung von Umgangskontakten zu verbessern. Den Ehegatten soll ihre fortbestehende Verantwortung für die von Trennung und Scheidung betroffenen Kinder deutlich gemacht werden. Die im zweiten Satzteil enthaltene Formulierung betreffend die Möglichkeiten der Beratung ist gegenüber dem bisherigen § 613 Abs. 1 S. 2 ZPO gestrafft, ohne dass damit eine inhaltliche Veränderung verbunden wäre. Abs. 3 entspricht inhaltlich dem bisherigen § 613 Abs. 1 S. 3 ZPO, Abs. 4 dem bisherigen § 613 Abs. 2 ZPO.

II. Anwendungsbereich

3   § 128 gilt in allen Ehesachen, nicht aber in den Scheidungsfolgesachen nach § 137 Abs. 2 und 3 und auch nicht in dem selbstständigen Verfahren der einstweiligen Anordnung. Auf die Folgesachen, die Familienstreitsachen sind, sind die zivilprozessualen Vorschriften über das persönliche Erscheinen und die persönliche Anhörung der Beteiligten direkt anzuwenden (s. § 113 Rn 4 „§§ 33, 34"). Für Folgesachen in den Familiensachen der freiwilligen Gerichtsbarkeit gelten die entsprechenden Vorschriften des Allgemeinen Teils des FamFG (§§ 26, 33, 34) und die für diese Folgesachen normierten besonderen Verfahrensvorschriften des FamFG (§§ 157, 159 ff., 207, 221).

III. Anhörung zur Ehesache (Abs. 1)

1. Anordnung des persönlichen Erscheinens (Abs. 1 S. 1)

4   Gem. § 113 Abs. 1 S. 2 FamFG i. V. m. § 128 Abs. 1 ZPO hat das Gericht in Ehesachen mit den Beteiligten notwendig mündlich zu verhandeln (s. § 113 Rn 7). Nach § 128 Abs. 1 S. 1 Alt. 2 FamFG soll das Gericht die Ehegatten zudem persönlich anhören (s. näher nachstehende Rn 5). Deshalb normiert § 128 Abs. 1 S. 1 Alt. 1 FamFG, dass das Gericht grundsätzlich – und damit über die Anforderungen des § 141 Abs. 1 S. 1 ZPO hinaus – das persönliche Erscheinen der Ehegatten zu dem Verhandlungs- und Anhörungstermin anordnen soll. Wird das persönliche Erscheinen angeordnet, so ist jeder Ehegatte von Amts wegen zu laden (§ 113 Abs. 1 S. 2 FamFG, § 141 Abs. 2 S. 1 ZPO). Die Ladung (§ 113 Abs. 1 S. 2 FamFG, §§ 214, 217, 218, 172 Abs. 1 ZPO) nebst der Anordnung des persönlichen Erscheinens ist dem Ehegatten selbst mitzuteilen, auch wenn er einen Verfahrensbevollmächtigten bestellt hat; der Zustellung bedarf die Ladung nicht (§ 113 Abs. 1 S. 2 FamFG, § 141 Abs. 2 S. 2 ZPO). In der Ladung ist der Ehegatte auf die Folgen seines Ausbleibens hinzuweisen (§ 113 Abs. 1 S. 2 FamFG, § 141 Abs. 3 S. 3 ZPO). Da der Gegenstand der persönlichen Anhörung in § 128 Abs. 1 S. 1 nicht näher bezeichnet ist (s. zum Zweck der persönlichen Anhörung nachstehend Rn 5), bedarf es nicht der Angabe eines Themas der Anhörung. Von der Anordnung des persönlichen Erscheinens eines Ehegatten ist dessen Verfahrensbevollmächtigter (§ 113 Abs. 1 S. 2 FamFG, § 172 Abs. 1 ZPO) und der Verfahrensbevollmächtigte des anderen Ehegatte, hilfsweise dieser selbst zu benachrichtigen (§§ 113 Abs. 1 S. 2 FamFG, 273 Abs. 4 S. 1 ZPO). Liegen die Voraussetzungen des Abs. 3 vor (s. nachstehend Rn 9), ist von der Anordnung des persönlichen Erscheinens abzusehen.

2. Persönliche Anhörung (Abs. 1 S. 1)

5   Dass die Ehegatten in Ehesachen persönlich erscheinen, damit das Gericht sie anhören kann, gebietet der eingeschränkte Amtsermittlungsgrundsatz des § 127. Durch die Anhörung kann der Sachverhalt näher aufgeklärt werden, die persönliche Sichtweise der Ehe-

gatten in ihren höchstpersönlichen Angelegenheiten geäußert werden und dem Gericht ein persönlicher Eindruck von den Ehegatten, auch soweit sie verfahrensunfähig sind (s. dazu § 125), vermittelt werden. In einer Scheidungssache prüft das Gericht bei der persönlichen Anhörung des anwaltlich nicht vertretenen Antragsgegners nach § 138 Abs. 1 S. 2, ob die Beiordnung eines Rechtsanwalts zum Schutz des Beteiligten unabweisbar erscheint (§ 138 Abs. 1 S. 1). Erscheint ein Ehegatte trotz Ladung nicht, sollte das Gericht sein persönliches Erscheinen nach Maßgabe von Abs. 4 erzwingen (s. Rn 10); dies gilt auch, wenn der Ehegatte sich im Ausland aufhält.[1] Allerdings ist Abs. 3 zu berücksichtigen, wonach die Anhörung durch einen ersuchten Richter erfolgen kann, im Ausland auch im Wege der Rechtshilfe. Ist der Aufenthalt des Antragsgegners unbekannt, braucht er nicht angehört zu werden.[2] Eine Anhörung kann ausnahmsweise unterbleiben, wenn der Sachverhalt ausreichend geklärt ist, der Ehegatte in mehreren Terminen unentschuldigt fernbleibt und sich hieraus gerechtfertigt schließen lässt, er wolle den Fortgang des Verfahrens sabotieren.[3] Die Anhörung unterbleibt, soweit eine gesetzliche Vermutung, etwa für das Scheitern der Ehe (§ 1566 Abs. 2 BGB), greift und der Amtsermittlungsgrundsatz endet (§ 127 Abs. 2 und 3).

3. Getrennte persönliche Anhörung (Abs. 1 S. 2)

Die Anhörung eines Ehegatten kann grundsätzlich in Anwesenheit des anderen Ehegatten erfolgen. Abs. 1 S. 2 stellt ausdrücklich klar, dass eine getrennte Anhörung der Ehegatten aber dann stattzufinden hat, wenn dies zum Schutz eines Ehegatten oder aus anderen gleichwertigen Gründen erforderlich ist. Dies gilt insbesondere, um Bedrohungen und Einschüchterungen der von Zwangsheirat Betroffenen zu unterbinden.[4] Von der Frage der getrennten Anhörung zu unterscheiden ist das Anwesenheitsrecht bzw. die Anwesenheitspflicht eines jeden Ehegatten bei der mündlichen Verhandlung.[5] Ein Anwesenheitsrecht bei dieser besteht für jeden Ehegatten. Dies folgt aus dem Grundsatz der Parteiöffentlichkeit nach § 113 Abs. 1 S. 2 FamFG, § 357 Abs. 1, 370 Abs. 1 ZPO, § 169 GVG; Beteiligten kann nur nach §§ 177 f. GVG die Teilnahme an der mündlichen Verhandlung untersagt werden. An der mündlichen Verhandlung muss dagegen ein Ehegatte nicht zwingend teilnehmen (s. § 130). Um die verschiedenen Verfahrensstadien deutlich zu trennen, ist es daher sinnvoll, den zur Anwesenheit verpflichtenden Beginn der Anhörung eines Ehegatten mit einem besonderen Beschluss hierüber einzuleiten.

4. Vernehmung der Ehegatten (Abs. 1 S. 3)

Das Ergebnis der persönlichen Anhörung würdigt das Gericht gemäß §§ 113 Abs. 1 S. 2 FamFG, 286 ZPO frei. Es kann darüber hinaus in Ausübung des Amtsermittlungsgrundsatzes nach § 127 im Wege des Strengbeweises die Ehegatten als Beteiligte nach §§ 113 Abs. 1 S. 2 FamFG, 445 ff. ZPO über streitige oder von Amts wegen aufzuklärende Tatsachen vernehmen. Im Protokoll ist klarzustellen, ob Ehegatten nur angehört oder förmlich vernommen werden.[6] Das Gericht hat nach seinem pflichtgemäßen Ermessen einen oder – nach dem Grundsatz der Waffengleichheit[7] – beide Ehegatten zu vernehmen. Da sich die Beteiligtenvernehmung hier – anders als im Zivilprozess, in dem der Beibringungsgrundsatz zu beachten ist – aus dem Amtsermittlungsgrundsatz ergibt, gelten die die Parteivernehmung einschränkenden Grundsätze der §§ 445 ff. ZPO, insbesondere zum Beweisantritt, zur Erschöpfung anderer Beweismittel und der Subsidiarität der Parteivernehmung (§§ 445, 447, 450 Abs. 2 ZPO),[8] nicht. Es ist zweckmäßig, aber nicht notwendig,

---

[1] OLG Hamm FamRZ 2000, 898.
[2] BGH NJW-RR 1994, 642 = FamRZ 1994, 434.
[3] OLG Koblenz FamRZ 2001, 1159.
[4] BT-Drs. 16/6308 S. 373.
[5] Zöller/Greger § 128 FamFG Rn 1; diese Fragen vermischt BT-Drs. 16/9733 S. 363 mit unzutreffendem Zitat der vorstehenden Fundstelle.
[6] BGH FamRZ 1969, 82.
[7] Zöller/Greger § 448 Rn 2 a.
[8] S. zu diesen Grundsätzen Zöller/Greger vor § 445 Rn 4 ff.

die Äußerungen der Ehegatten zu protokollieren.[9] Der Gang der Vernehmung ergibt sich aus §§ 450 ff. ZPO, die zu protokollierenden Vorgänge aus §§ 160 ff. ZPO. Das Erscheinen des Ehegatten kann nach Maßgabe des Abs. 4 erzwungen werden (s. Rn 10).

IV. Anhörung zur elterlichen Sorge und zum Umgangsrecht (Abs. 2)

8   Sind gemeinschaftliche minderjährige Kinder vorhanden, ist das Gericht verpflichtet, die Ehegatten auch zur elterlichen Sorge und zum Umgangsrecht anzuhören und auf bestehende Möglichkeiten der Beratung hinzuweisen. Zweck dieser Anhörung ist, den Ehegatten ihre fortbestehende elterliche Verantwortung für ihre von Trennung und Scheidung betroffenen Kinder deutlich zu machen und sie auf ihre Elternautonomie in Sorge- und Umgangsrechtsfragen, die Rechtsfolgen der gemeinsamen elterlichen Sorge, insbesondere nach § 1687 BGB, und auf die Regelungsmöglichkeiten zur elterlichen Sorge nach §§ 1666 ff., 1671, 1684 BGB hinzuweisen. Besonders hervorzuheben ist die kindespsychologische Bedeutung des Umgangs des Kindes mit dem Elternteil, in dessen Obhut es sich nicht ständig befindet. Darüberhinaus sind den Eltern – möglichst schriftlich – die Möglichkeiten ihrer Beratung durch Stellen und Dienste der Träger der Jugendhilfe, etwa nach § 17 Abs. 2 SGB VIII, darzustellen unter Angabe von Namen, Adressen und Telefonnummern dieser Institutionen. Durch die Anhörung soll sich das Gericht zugleich Informationen darüber verschaffen, ob das autonome Handeln der Eltern das Wohl ihres Kindes gefährdet und amtswegige Maßnahmen nach §§ 1666 ff. BGB ergriffen werden müssen.

V. Anhörung oder Vernehmung durch einen ersuchten Richter (Abs. 3)

9   Nur aus den in Abs. 3 genannten Gründen: Verhinderung am Erscheinen oder Aufenthalt in so großer Entfernung vom Sitz des Gerichts, dass das Erscheinen nicht zugemutet werden kann, erfolgt die Anhörung oder Vernehmung durch einen ersuchten Richter. Angesichts der Bedeutung der Ehesachen ist es allerdings regelmäßig einem in Deutschland ansässigen Ehegatten anzusinnen, auch vor einem weit entfernten Gericht zu erscheinen, vor allem wenn es dem Gericht auf den unmittelbaren persönlichen Eindruck des Ehegatten ankommt. Bei Mittellosigkeit zahlt die Staatskasse die Reisekosten (s. Nr. 2007 Nr. 2 KV-FamGKG, §§ 3, 5 JVEG[10]). Das Rechtshilfeersuchen wegen einer Anhörung bezeichnet den Gegenstand der Anhörung hinreichend deutlich; infolge des Amtsermittlungsgrundsatzes ist eine allzu genaue Bezeichnung entbehrlich.[11] Ein Ersuchen um Vernehmung erfordert gem. §§ 113 Abs. 1 S. 2 FamFG, 450 ZPO einen Beweisbeschluss. Bei Bewilligung von Verfahrenskostenhilfe kommt nach § 121 Abs. 4 ZPO die Beiordnung eines Beweisanwalts in Betracht. Zur Zuständigkeit des Familiengerichts zur Rechtshilfe in Familiensachen s. § 111 Rn 18, zum Ausschluss eines Richters auf Probe als ersuchter Richter s. § 111 Rn 42 und zur Unanwendbarkeit des § 23 d GVG auf die in Familiensachen zu leistende Rechtshilfe s. § 111 Rn 52 a. E.

VI. Ordnungsmittel (Abs. 4)

10   Erscheint ein ordnungsgemäß geladener (zu den Voraussetzungen s Rn 4) Ehegatte nicht, sind ihm die durch sein Ausbleiben verursachten Kosten und ein Ordnungsgeld von 5 bis 1000 € aufzuerlegen (Abs. 4 1. Halbs. i. V. m. § 380 Abs. 1 ZPO, Art. 6 Abs. 1 EGStGB). Bei wiederholtem Ausbleiben sind die Maßnahmen zu wiederholen; auch kann die zwangsweise Vorführung angeordnet werden (Abs. 4 1. Halbs. i. V. m. § 380 Abs. 2 ZPO). Die Ordnungshaft ist ausgeschlossen (Abs. 4 2. Halbs.). Die Ordnungsmittel kann auch der ersuchte Richter festsetzen. Kein Zwang darf gegen einen Ehegatten ausgeübt werden, wenn er ausdrücklich erklärt hat, sich nicht äußern zu wollen. Denn nur das Erscheinen, nicht eine Äußerung kann erzwungen werden. Als Rechtsmittel gegen erstinstanzliche Entscheidungen findet die sofortige Beschwerde nach §§ 567 ff. ZPO statt. Dies ergibt sich aus Abs. 4 1. Halbs. i. V. m. § 380 Abs. 3 ZPO und entspricht der für die Familiensachen

---

[9] BGH FamRZ 1969, 82.
[10] S. näher Zöller/Geimer § 122 ZPO Rn 26 f.
[11] S. KG NJW-RR 1990, 586.

Mitwirkung der Verwaltungsbehörde oder dritter Personen

der freiwilligen Gerichtsbarkeit geltenden parallelen Regelung des § 33 Abs. 3 S. 5 FamFG; §§ 58 ff. sind unanwendbar, da sie nur bezüglich Endentscheidungen gelten (s. auch § 58 Rn 16). Der über ein Ordnungsmittel ergehende Beschluss ist gem. §§ 113 Abs. 1 S. 1, 39 mit einer Rechtsbehelfsbelehrung zu versehen. Gegen Entscheidungen des ersuchten Richters ist Erinnerung nach § 573 ZPO einzulegen. Durch das Unterlassen der Auferlegung der durch das Ausbleiben verursachten Kosten ist der andere erschienene Ehegatte beschwert und damit beschwerdeberechtigt. Gegen eine Entscheidung des Beschwerdegerichts über ein Ordnungsmittel findet nur nach Zulassung die Rechtsbeschwerde statt (§ 574 ZPO).

Mitwirkung der Verwaltungsbehörde oder dritter Personen

129 (1) **Beantragt die zuständige Verwaltungsbehörde oder bei Verstoß gegen § 1306 des Bürgerlichen Gesetzbuchs die dritte Person die Aufhebung der Ehe, ist der Antrag gegen beide Ehegatten zu richten.**

(2) ¹**Hat in den Fällen des § 1316 Abs. 1 Nr. 1 des Bürgerlichen Gesetzbuchs ein Ehegatte oder die dritte Person den Antrag gestellt, ist die zuständige Verwaltungsbehörde über den Antrag zu unterrichten.** ²**Die zuständige Verwaltungsbehörde kann in diesen Fällen, auch wenn sie den Antrag nicht gestellt hat, das Verfahren betreiben, insbesondere selbständig Anträge stellen oder Rechtsmittel einlegen.** ³**Im Fall eines Antrags auf Feststellung des Bestehens oder Nichtbestehens einer Ehe zwischen den Beteiligten gelten die Sätze 1 und 2 entsprechend.**

I. Normzweck

Im Gegensatz zum Scheidungsverfahren, dessen Einleitung allein den Ehegatten obliegt, kann gem. § 1316 Abs. 1 Nr. 1 und 2 BGB im Eheaufhebungsverfahren (s. näher § 121 Rn 4) die zuständige Verwaltungsbehörde und im Fall der Doppelehe (§ 1306 BGB) auch die dritte Person den verfahrenseinleitenden Antrag stellen. Zudem wirkt die Verwaltungsbehörde auch dann am Eheaufhebungsverfahren mit, wenn sie nicht selbst Antragstellerin ist. Darüberhinaus ist die Verwaltungsbehörde am Verfahren auf Feststellung des Bestehens oder Nichtbestehens einer Ehe beteiligt. § 129 regelt die dadurch bedingten verfahrensrechtlichen Besonderheiten. Die Verfahrensbeteiligung der Verwaltungsbehörde dient dem öffentlichen Interesse an der Einhaltung wesentlicher Vorschriften des Eheschließungsrechts. 1

§ 129 Abs. 1 entspricht dem bisherigen § 631 Abs. 3 ZPO, § 129 Abs. 2 S. 1 und 2 dem bisherigen § 631 Abs. 4 ZPO, § 129 Abs. 2 S. 3 in der Sache der Regelung des bisherigen § 632 Abs. 3 ZPO. 2

II. Anwendungsbereich

§ 129 betrifft die Ehesachen nach § 121 Nr. 2 (**Eheaufhebung**; s. näher § 121 Rn 4), nicht aber ein Verfahren über die Folgen der Eheaufhebung nach § 1318 BGB, und die Ehesachen nach § 121 Nr. 3 (**Feststellung des Bestehens oder Nichtbestehens einer Ehe**; s. näher § 121 Rn 5). Abs. 1 und Abs. 2 S. 1 und 2 regeln die Mitwirkung der Verwaltungsbehörde und dritter Personen im Eheaufhebungsverfahren, Abs. 2 S. 3 die Mitwirkung im Feststellungsverfahren nach § 121 Nr. 3. Die Antragsberechtigung der Ehegatten, der Verwaltungsbehörde und Dritter ergibt sich aus § 1316 Abs. 1 Nr. 1 BGB. Die Ehegatten sind zudem nach Maßgabe des § 1316 Abs. 1 Nr. 2 und Abs. 2 BGB antragsbefugt. 3

III. Mitwirkung der Verwaltungsbehörde und des ersten Ehegatten im Verfahren auf Aufhebung der Ehe

1. Antragstellung der Verwaltungsbehörde (Abs. 1 Alt. 1)

a) **Antragsberechtigung der Verwaltungsbehörde.** Gem. § 1316 Abs. 1 Nr. 1 BGB ist die zuständige Verwaltungsbehörde bei Verstoß gegen § 1303 BGB (Erfordernis der Ehemündigkeit), § 1304 BGB (Heiratsunfähigkeit eines Geschäftsunfähigen), § 1306 BGB 4

(Verbot der Doppelehe und -lebenspartnerschaft), § 1307 BGB (Eheverbot der Verwandtschaft), § 1311 BGB (persönliche Eheerklärung) sowie in den Eheaufhebungsfällen des § 1314 Abs. 2 Nr. 1 und 5 BGB zur Einleitung eines **Eheaufhebungsverfahrens** berechtigt. Für die Behörde gilt gem. § 114 Abs. 3 kein Anwaltszwang (s. § 114 Rn 12). Die Antragsberechtigung der Verwaltungsbehörde umfasst nicht das Verfahren auf Feststellung des Bestehens oder Nichtbestehens einer Ehe (s. Rn 9); der die Antragsberechtigung der Behörde normierende § 1316 BGB betrifft wie alle Vorschriften des Dritten Titels des Abschnitts 1 des Buches 4 des BGB (§§ 1313 ff. BGB) nur die Eheaufhebung.

5   **b) Ehegatten als Antragsgegner.** Abs. 1 bestimmt, dass der Antrag der Verwaltungsbehörde gegen beide Ehegatten zu richten ist. Diese sind notwendige Streitgenossen gem. §§ 113 Abs. 1 S. 2 FamFG, 62 ZPO,[1] auch wenn sie einander widersprechende Anträge stellen. Keine Streithilfe besteht zwischen einem Ehegatten und der Verwaltungsbehörde.[2]

6   **c) Zuständige Verwaltungsbehörde** nach § 1316 Abs. 1 Nr. 1 S. 2 BGB ist:[3]
- das Regierungspräsidium Tübingen für Baden-Württemberg,
- die Regierung von Mittelfranken für Bayern,
- die Bezirksverwaltungen für Berlin,
- das Ministerium des Inneren für Brandenburg,
- die Standesämter für Bremen,
- die Bezirksämter für Hamburg,
- das Regierungspräsidium für Hessen,
- die Landkreise und kreisfreien Städte für Mecklenburg-Vorpommern,
- die Landkreise, kreisfreien Städte und die großen selbständigen Städte für Niedersachsen,
- die Bezirksregierung Köln bzw. Arnsberg für Nordrhein-Westfalen,
- die Aufsichts- und Dienstleistungsdirektion für Rheinland-Pfalz,
- das Landesverwaltungsamt für das Saarland,
- die Landesdirektionen für Sachsen,
- die Landkreise und kreisfreien Städte für Sachsen-Anhalt,
- die Landräte und Bürgermeister kreisfreier Städte für Schleswig-Holstein,
- das Landesverwaltungsamt für Thüringen.

2. Antragstellung der dritten Person (Abs. 1 Alt. 2)

7   Bei Verstoß gegen das Verbot der Doppelehe nach § 1306 BGB ist auch der erste Ehegatte des doppelt Verheirateten als dritte Person gem. § 1316 Abs. 1 Nr. 1 BGB antragsberechtigt. Ist der erste Ehegatte von dem doppelt Verheirateten geschieden worden, kann er die Aufhebung der Doppelehe nur verlangen, wenn er hieran ein objektives Interesse hat.[4] Der erste Ehegatte verliert nach § 1317 Abs. 3 BGB seine Aktivlegitimation, wenn die zweite Ehe geschieden oder aufgehoben wird oder durch Tod endet.[5] Nach Abs. 1 ist der Antrag der dritten Person gegen beide Ehegatten zu richten mit der Folge des in Rn 5 Ausgeführten.

3. Unterrichtung der Behörde, wenn sie nicht den Antrag gestellt hat (Abs. 2 S. 1 und 2)

8   Hat in den Fällen des § 1316 Abs. 1 Nr. 1 des Bürgerlichen Gesetzbuchs ein Ehegatte (s. Rn 3) oder die dritte Person (s. Rn 7) den Antrag auf Aufhebung der Ehe gestellt, ist die zuständige Verwaltungsbehörde von dem Gericht über den Antrag zu unterrichten, damit sie das öffentliche Interesse wahrnehmen kann. In diesen Fällen kann die Behörde das Verfahren selbständig betreiben, sich zu dem Vortrag der Beteiligten äußern, Anträge stellen und für oder gegen den Bestand der Ehe plädieren.[6] Sie kann einem Beteiligten als notwen-

---

[1] BGH NJW 1976, 1590; OLG Dresden FamRZ 2004, 952.
[2] OLG München NJW 1957, 954.
[3] Vgl. zu den Verordnungen StAZ 2009, 29.
[4] BGH FamRZ 2002, 604.
[5] BGH FamRZ 2001, 685.
[6] OLG Karlsruhe FamRZ 1991, 92.

Säumnis der Beteiligten

diger Streitgenosse (§ 62 ZPO) beitreten. Zudem kann sie nach Maßgabe der §§ 58 ff. eigenständig Rechtsmittel einlegen.

IV. Mitwirkung der Verwaltungsbehörde im Verfahren auf Feststellung des Bestehens oder Nichtbestehens einer Ehe (Abs. 2 S. 3)

Dieses Feststellungsverfahren soll zwischen den Beteiligten klären, ob eine Ehe geschlossen oder wirksam aufgelöst wurde. Das Rechtsschutzbedürfnis eines solchen Feststellungsantrags fehlt, wenn eine Anerkennung nach § 107 versagt wird. Die Anerkennungsverfahren nach § 107 und nach Art. 21 ff. Brüssel II a-VO gehen vor. Antragsberechtigt und Beteiligte im Feststellungsverfahren sind grundsätzlich nur die Ehegatten bzw. Scheinehegatten, nicht die Verwaltungsbehörde (s. auch Rn 4). Indem Abs. 2 S. 3 die Sätze 1 und 2 des Abs. 2 für entsprechend anwendbar erklärt, wird der Verwaltungsbehörde die Möglichkeit eröffnet, nach der gebotenen Unterrichtung durch das Gericht zur Wahrung des öffentlichen Interesses im Umfang des in Rn 8 Erläuterten selbständig am Feststellungsverfahren teilzunehmen.

9

Säumnis der Beteiligten

130 (1) Die Versäumnisentscheidung gegen den Antragsteller ist dahin zu erlassen, dass der Antrag als zurückgenommen gilt.

(2) Eine Versäumnisentscheidung gegen den Antragsgegner sowie eine Entscheidung nach Aktenlage ist unzulässig.

I. Normzweck

§ 130 regelt, teilweise abweichend vom bisherigen Rechtszustand, die Folgen der Säumnis eines Ehegatten für sämtliche Ehesachen in gleicher Weise. Abs. 1 behandelt die Säumnis des Antragstellers, Abs. 2 die des Antragsgegners.

1

§ 130 Abs. 1 erstreckt im Falle der Säumnis des Antragstellers die bislang nach § 632 Abs. 4 ZPO nur für Feststellungsverfahren geltende Regelung, wonach die Versäumnisentscheidung dahin zu erlassen ist, dass der Antrag als zurückgenommen gilt, auf alle Ehesachen. Früher erging in Verfahren auf Scheidung und Aufhebung der Ehe in diesem Fall nach § 330 ZPO ein Versäumnisurteil auf Abweisung des Antrags. Die Rücknahmefiktion als einheitlicher Inhalt der Versäumnisentscheidung bei Säumnis des Antragstellers sieht der Gesetzgeber für alle Ehesachen als vorzugswürdig an.[1] Abs. 2 beruht auf demselben Gedanken. Die 1. Alt. des Abs. 2 entspricht dem bisherigen § 612 Abs. 4 ZPO.

2

II. Anwendungsbereich

§ 130 gilt für sämtliche Ehesachen (zu den verschiedenen Arten von Ehesachen s. § 121 Rn 3 ff.), nicht aber für die Folgesachen in Scheidungssachen. Deren Schicksal richtet sich nach §§ 141, 142 Abs. 1 S. 2, 143.

3

III. Versäumnisentscheidung gegen den Antragsteller (Abs. 1)

1. Erste Instanz

In Ehesachen herrscht für die Ehegatten und dritte Personen Anwaltszwang (s. § 114 Rn 4), nicht aber für die zuständige Verwaltungsbehörde (s. § 114 Rn 12, § 129 Rn 4). Im Umfang des Anwaltszwangs gilt ein im Termin ohne Rechtsanwalt anwesender Beteiligter als nicht erschienen; der Beteiligte ist säumig und kann selbst keine wirksamen Verfahrenshandlungen vornehmen (s. § 114 Rn 13 f.). Ist der Antragsteller im Verhandlungstermin säumig (zu den Voraussetzungen s. §§ 330, 333, 335, 337 ZPO), ergeht gem. §§ 116 Abs. 1, 113 Abs. 1 S. 2 FamFG, 330 ZPO auf Antrag Versäumnisbeschluss gegen ihn (s. auch § 117 Rn 20). Der Inhalt des Versäumnisbeschlusses lautet in Ehesachen entgegen § 330 ZPO nicht auf Antragsabweisung, sondern auf **Antragsrücknahme,** und zwar

4

---

[1] BT-Drs. 16/6308 S. 228.

sowohl im Fall der Zulässigkeit des Antrags als auch im Fall seiner Unzulässigkeit. Die Antragsabweisung nach § 330 ZPO hätte die materiell rechtskräftige Aberkennung des geltend gemachten Anspruchs zur Folge.[2] Da in Ehesachen ein erhöhtes öffentliches Interesse an einer materiell richtigen Entscheidung besteht (s. dazu § 129 Rn 1 aE), soll hier allein aufgrund des Umstands der Säumnis keine grundsätzlich der materiellen Rechtskraft fähige Entscheidung ergehen.[3] Der Antrag des Antragsgegners auf Erlass des Versäumnisbeschlusses beinhaltet seine eventuell erforderliche Zustimmung zur Antragsrücknahme (s. dazu § 141 Rn 5 f.). Wird der Versäumnisbeschluss nicht durch den allein zulässigen, binnen der Notfrist von zwei Wochen ab Zustellung des Versäumnisbeschlusses durch Einreichung einer Einspruchsschrift einzulegenden und in dieser oder in einem besonderen Schriftsatz innerhalb der Einspruchsfrist zu begründenden Rechtsbehelf des Einspruchs oder erfolglos angefochten (s. §§ 338 ff. ZPO), wird die **Rechtshängigkeit** des Antrags der Ehesache **beendet.** Der Antrag kann neu gestellt werden. Eine **Entscheidung nach Aktenlage** (§ 331a ZPO) erscheint nach dem Wortlaut des Abs. 1, der im Gegensatz zu Abs. 2 diese Entscheidungsform nicht erwähnt, möglich, ist jedoch jedenfalls insoweit **unzulässig,**[4] als sie eine der materiellen Rechtskraft fähige Sachentscheidung enthalten würde, die der in Abs. 1 angeordneten Rechtsfolge der Antragsrücknahme widerspräche[5] (s. auch nachstehend Rn 7). Im Falle des Widerantrags ergeht keine Versäumnisentscheidung gegen den Widerantragsteller; denn der Widerantragsteller ist zugleich Antragsgegner, so dass gem. § 130 Abs. 2 Alt. 1 eine Versäumnisentscheidung gegen ihn als Antragsgegner unzulässig ist (s. nachstehend Rn 6), und zudem über Antrag und Widerantrag einheitlich zu entscheiden ist (s. näher § 124 Rn 11). Nach §§ 113 Abs. 1 S. 2 FamFG, 62 ZPO darf gegen den säumigen Antragsteller keine Versäumnisentscheidung ergehen, wenn die zuständige Verwaltungsbehörde im Termin erschienen ist und beide Beteiligte als notwendige Streitgenossen anzusehen sind (s. dazu § 129 Rn 8). Sind Antragsteller und Antragsgegner säumig, ist die Anordnung des Ruhens des Verfahrens nach §§ 113 Abs. 1 S. 2 FamFG, 251a Abs. 3 ZPO sinnvoll, da das beiderseitige Ausbleiben auf Versöhnung beruhen kann.

2. Zweite Instanz

5   Es gelten die vorstehend unter Rn 4 genannten Grundsätze für das Verfahren in erster Instanz, da sich gem. §§ 113 Abs. 1 S. 1, 68 Abs. 3 S. 1 das Beschwerdeverfahren nach den Vorschriften über das Verfahren im ersten Rechtszug bestimmt;[6] die grundsätzliche Zulässigkeit des Versäumnisverfahrens im Beschwerdeverfahren in Ehesachen normiert § 117 Abs. 2 S. 1 mit der Verweisung auf § 539 ZPO (s. § 117 Rn 20) und damit auch dessen Abs. 3, der die sinngemäße Geltung der Vorschriften über das Versäumnisverfahren im ersten Rechtszug im zweiten Rechtszug anordnet.

6   Maßgebend ist danach gem. Abs. 1 (s. oben Rn 4), ob der Antragsteller, nicht ob der Beschwerdeführer säumig ist.[7] Insoweit erscheint die undifferenzierte Verweisung in § 117 Abs. 2 S. 2 auf § 539 ZPO als problematisch (s. auch § 117 Rn 20). Dies führt zu folgenden Konstellationen:

7   Hat die erste Instanz den Antrag in der Ehesache nach Sachprüfung abgewiesen und ist der **Antragsteller als Beschwerdeführer** in der Beschwerdeinstanz säumig, ist die dagegen eingelegte Beschwerde des säumigen Antragstellers durch Versäumnisentscheidung mit der Maßgabe zurückzuweisen, dass der Scheidungsantrag als zurückgenommen gilt.[8] Dies ist die Konsequenz der gesetzgeberischen Entscheidung, dass in Ehesachen ein erhöhtes öffentliches Interesse an einer materiell richtigen Entscheidung besteht und deshalb allein aufgrund des Umstands der Säumnis keine grundsätzlich der materiellen Rechtskraft fähige

---

[2] Zöller/Herget § 330 ZPO Rn 6.
[3] BT-Drs. 16/6308 S. 228.
[4] A.A. Baumbach/Hartmann § 130 FamFG Rn 3; Johannsen/Henrich/Markwardt § 130 FamFG Rn 3; Zöller/Philippi § 130 FamFG Rn 1.
[5] So in der Sache auch BT-Drs. 16/6308 S. 228.
[6] A.A. MünchKommZPO/Hilbig § 130 FamFG Rn 10; Zöller/Philippi § 130 FamFG Rn 5.
[7] A.A. Prütting/Helms § 130 Rn 10.
[8] Musielak/Borth § 130 Rn 7; a.A. Prütting/Helms § 130 Rn 10 (Zurückweisung der Beschwerde).

Entscheidung ergehen soll (s. oben Rn 4); dies wäre aber der Fall, wenn die Beschwerde zurückgewiesen und die Antragsabweisung dadurch in Rechtskraft erwachsen würde.

Ist in der angegriffenen erstinstanzlichen Entscheidung dem Scheidungsantrag stattgegeben und der **Antragsteller als Beschwerdegegner** in der Beschwerdeinstanz säumig, ist nach dem Rechtsbegehren des Antragsgegners als Beschwerdeführer zu unterscheiden: 8

Begehrt dieser die Antragsabweisung, ist auf die Beschwerde des Antragsgegners die erstinstanzliche Entscheidung aufzuheben und nach § 130 Abs. 1 Versäumnisentscheidung gegen den Antragsteller dahin zu erlassen, dass der Scheidungsantrag als zurückgenommen gilt.[9]

Akzeptiert der Antragsgegner die Stattgabe des Scheidungsantrags und begehrt lediglich die Einhaltung des Verbundprinzips (s. § 140 Rn 20 f., § 142 Rn 4), ist über den Antrag auf Aufhebung der erstinstanzlichen Entscheidung und Zurückverweisung zur erneuten Verhandlung und Entscheidung kontradiktorisch zu entscheiden.[10]

Die vorstehenden Grundsätze gelten auch in zweiter Instanz im Falle des Widerantrags für den Widerantragsteller (s. dazu vorstehend Rn 4 und § 124 Rn 11). 9

IV. Entscheidungen gegen den Antragsgegner (Abs. 2)

1. Keine Versäumnisentscheidung gegen den Antragsgegner (Abs. 2 Alt. 1)

Gegen den säumigen Antragsgegner darf wegen des erhöhten öffentlichen Interesses an einer materiell richtigen Entscheidung (s. Rn 4) keine Versäumnisentscheidung in der Ehesache ergehen; denn diese würde nur auf das Vorbringen des Antragstellers gestützt sein und im Regelfall zur Auflösung der Ehe führen, wodurch der nach Art. 6 Abs. 1 GG gebotene Schutz der Ehe unterlaufen würde. Vielmehr gilt durch die Säumnis des Antragsgegners der Sachvortrag des Antragstellers als bestritten; das Gericht muss das Vorbringen sachlich nachprüfen, gem. § 127 von Amts wegen die zur Feststellung der entscheidungserheblichen Tatsachen erforderlichen Ermittlungen durchführen und auf Grund einseitiger streitiger Verhandlung entscheiden. Dies setzt eine ordnungsgemäße Ladung des Antragsgegners und die rechtzeitige Mitteilung der Sachanträge des Antragstellers voraus; ansonsten ist zu vertagen (entsprechende Anwendung der §§ 113 Abs. 1 S. 2 FamFG, 335 ZPO). Unter den Voraussetzungen des § 128 ist das persönliche Erscheinen des Antragsgegners zu dessen Anhörung anzuordnen und gegebenenfalls zu erzwingen (s. § 128 Rn 4 ff., 10). Ergeht eine einseitig kontradiktorische Entscheidung, ist sie nicht durch Einspruch, sondern durch die Rechtsmittel nach §§ 58 ff. anfechtbar. 10

Greift der **Antragsgegner erster Instanz als Rechtsmittelführer** den Scheidungsausspruch durch die erste Instanz an und ist er in zweiter Instanz säumig, verdrängen §§ 117 Abs. 2 FamFG, 539 ZPO die Regelung des § 130 Abs. 2, da der Antragsgegner erster Instanz als Rechtsmittelführer auch durch eine Rücknahme seines Rechtsmittels, also gleichermaßen wie durch Säumnis, den Scheidungsausspruch erster Instanz rechtskräftig werden lassen kann.[11] Ist der **Antragsgegner erster Instanz als Rechtsmittelgegner** in zweiter Instanz säumig, verfolgt also der Antragsteller erster Instanz seinen dort zurückgewiesenen Scheidungsantrag in zweiter Instanz weiter, verdrängen §§ 130 Abs. 2, 127 (eingeschränkte Amtsermittlung), 113 Abs. 4 Nr. 5 (mangelnde Bindungswirkung gerichtlicher Geständnisse) die Regelungen der §§ 117 Abs. 2 FamFG, 539 ZPO, so dass der Erlass einer Versäumnisentscheidung ausgeschlossen ist und die Grundsätze der vorstehenden Rn 10 gelten mit der Folge, dass in zweiter Instanz streitig zu verhandeln ist.[12] 11

2. Keine Entscheidung nach Aktenlage gegen den Antragsgegner (Abs. 2 Alt. 2)

Dass auch eine Entscheidung nach Aktenlage gegen den Antragsgegner unzulässig ist, sieht der Gesetzgeber wegen des erhöhten öffentlichen Interesses an einer materiell richtigen 12

---

[9] A. A. MünchKommZPO/Hilbig § 130 FamFG Rn 11 (keine Versäumnisentscheidung wegen § 113 Abs. 4 Nr. 5); Prütting/Feskorn § 117 Rn 57 (Versäumnisentscheidung nach voller Sachprüfung).
[10] Im Ergebnis ebenso OLG Oldenburg FamRZ 2010, 2015, allerdings mit anderer Begründung.
[11] Musielak/Borth § 130 Rn 8.
[12] MünchKommZPO/Hilbig § 130 FamFG Rn 11; Prütting/Helms § 130 Rn 11.

§ 131 1–6 Abschnitt 2. Verfahren in Ehesachen

Entscheidung (s. Rn 4) als eine nach dem Sinn der Vorschrift des § 130 konsequente Erweiterung bzw. Klarstellung an.[13]

Tod eines Ehegatten

131 Stirbt ein Ehegatte, bevor die Endentscheidung in der Ehesache rechtskräftig ist, gilt das Verfahren als in der Hauptsache erledigt.

I. Normzweck

1 § 131 regelt die verfahrensrechtlichen Folgen des Todes eines Ehegatten, bevor die Endentscheidung in einer Ehesache rechtskräftig ist. Nach §§ 113 Abs. 1 S. 2 FamFG, 239 ZPO würde das Verfahren in der Hauptsache der Ehesache nach dem Tod eines Ehegatten unterbrochen sein und mit dem Rechtsnachfolger des verstorbenen Ehegatten fortgesetzt werden. Diese Vorgehensweise wird der besonderen Situation einer Ehesache nicht gerecht, bei der es um höchstpersönliche Rechtsbeziehungen der Ehegatten geht. Deshalb bestimmt § 131, dass die Ehesache durch den Tod als in der Hauptsache erledigt anzusehen ist, ohne dass es entsprechender Beteiligtenerklärungen bedarf. Nur ausnahmsweise findet eine Feststellung der Erledigung in der Hauptsache statt (s. Rn 8). Im Übrigen setzt sich das Verfahrensverhältnis zwischen dem überlebenden Ehegatten und den Erben des Verstorbenen wegen der Kosten fort (s. Rn 10).

2 Die Vorschrift entspricht dem bisherigen § 619 ZPO. Die sprachlichen Anpassungen führen zu keiner inhaltlichen Veränderung.

II. Anwendungsbereich

3 § 131 gilt für **alle Ehesachen** nach § 121 Nr. 1 bis 3, in allen Instanzen und auch im Wiederaufnahmeverfahren. Die Erledigung der Scheidungssache erstreckt sich im Scheidungsverbund auf die Folgesachen. Diese sind nur in dem – infolge des Todes nicht eintretenden – Fall der Ehescheidung (s. nachstehend Rn 7) zu verbescheiden (s. § 137 Rn 5); vor der – infolge des Todes nun nicht mehr eintretenden – Rechtskraft des Scheidungsausspruchs werden Entscheidungen in Folgesachen nicht wirksam (s. § 148). **§ 131 ist nicht anzuwenden**, wenn ein Ehegatte nach Rechtskraft des Scheidungsausspruchs, aber vor rechtskräftiger Entscheidung einer Folgesache stirbt.[1]

III. Voraussetzungen

1. Rechtshängigkeit

4 Voraussetzung für die Anwendbarkeit des § 131 ist der Eintritt der Rechtshängigkeit des die Ehesache einleitenden Antrags (vgl. zum Eintritt der Rechtshängigkeit § 124 Rn 5).

5 **a) Tod vor Eintritt der Rechtshängigkeit.** Ist der **Antragsgegner** bereits vor der Zustellung des Antrags gestorben, unterbleibt die Zustellung. Der Antrag ist mangels Existenz eines Gegners als unzulässig abzuweisen[2] oder zurückzunehmen. Eine Kostenentscheidung unterbleibt, da ein Kosten erstattender Gegner nicht vorhanden ist. Stirbt der **Antragsteller** vor der Zustellung des Antrags, unterbleibt die Zustellung gleichfalls. Mangels Rechtshängigkeit stellt sich die Frage einer Kostenerstattung nicht und eine Kostenentscheidung ist nicht veranlasst. Bei Zustellung des Antrags trotz Tod des Antragstellers nach Anhängigkeit des Antrags, ist die Hauptsache erledigt; zur Kostenentscheidung s. Rn 10 f.

6 **b) Tod nach Eintritt der Rechtshängigkeit.** Gem. §§ 113 Abs. 1 S. 2 FamFG, 239 ZPO tritt im Falle des Todes eines Beteiligten eine Unterbrechung des Verfahrens bis zu dessen Aufnahme durch die Rechtsnachfolger ein. Dies gilt nach §§ 113 Abs. 1 S. 2 FamFG, 246 ZPO nicht, wenn der verstorbene Beteiligte durch einen Verfahrensbevollmächtigten vertreten wird;[3] das Gericht hat jedoch auf Antrag des Bevollmächtigten oder

---

[13] BT-Drs. 16/6308 S. 228.
[1] BGH FamRZ 2011, 11.
[2] BGH NJW 1957, 989.

eines anderen Beteiligten die Aussetzung des Verfahrens anzuordnen. Die während der Aussetzung von einem Beteiligten zur Hauptsache vorgenommenen Verfahrenshandlungen sind nach § 249 Abs. 2 ZPO dem anderen Beteiligten gegenüber ohne rechtliche Wirkung. Durch die nach dem Schluss der mündlichen Verhandlung eintretende Verfahrensaussetzung wird nach § 249 Abs. 3 ZPO die Verkündung der auf Grund dieser Verhandlung zu erlassenden Gerichtsentscheidung nicht gehindert. Die Aufnahme des ausgesetzten Verfahrens erfolgt nach § 250 ZPO durch Zustellung eines bei Gericht einzureichenden Schriftsatzes. Ist der Antragsgegner verstorben und das Verfahren wegen anwaltlicher Vertretung des Antragsgegners nicht ausgesetzt, kann der Antragsteller den Antrag bis zum Beginn der mündlichen Verhandlung des Verfahrensbevollmächtigten des Antragsgegners wirksam zurücknehmen (s. § 141 Rn 5).

2. Keine Rechtskraft der Endentscheidung

Die Erledigung der Ehesache durch Tod tritt nur ein, sofern die Endentscheidung (zum Begriff s. § 116 Rn 6) in der Ehesache vor dem Tod nicht rechtskräftig geworden ist (s. dazu § 148 Rn 3). Umgekehrt kann die Rechtskraft der Endentscheidung nach dem Tod nicht mehr erreicht werden, auch nicht etwa durch Rücknahme eines Rechtsmittels, da § 131 die Erledigung vor Eintritt der Rechtskraft anordnet (s. auch nachstehend Rn 8). **7**

IV. Folgen der Erledigung durch Tod

1. Feststellung der Erledigung

Mit dem Tod eines Ehegatten tritt die **Erledigung** der Ehesache in der Hauptsache gem. § 131 **von Gesetzes wegen** ein; ein dies feststellender oder einen Antrag auf Erledigterklärung zurückweisender gerichtlicher Beschluss hat dementsprechend ausschließlich deklaratorische Wirkung.[4] Einer Erledigungserklärung bedarf es nicht, da Endentscheidungen in Ehesachen als Gestaltungsentscheidungen gem. § 116 Abs. 2 erst mit Rechtskraft wirksam werden.[5] Auf Antrag kann die Erledigung in der Hauptsache durch Beschluss festgestellt werden, wenn hieran ein Rechtsschutzbedürfnis besteht, etwa bei Unklarheit oder Streit über den Eintritt der Erledigung oder wenn der Eintritt der Rechtskraft des Scheidungsausspruchs zweifelhaft ist, da der Frage, ob ein Ehegatte geschieden oder verwitwet ist, erhebliche Bedeutung zukommen kann, etwa für die Versorgung des überlebenden Ehegatten.[6] Danach ist ein klarstellender Feststellungsausspruch über die Erledigung des Versorgungsausgleichsverfahrens und außerdem über die Erledigung des Ehescheidungsverfahrens zulässig und geboten, wenn im Anschluss an die – zunächst eingetretene und auch von dem Urkundsbeamten der Geschäftsstelle bestätigte – Rechtskraft des Scheidungsausspruches einer der beteiligten Ehegatten verstirbt, der Überlebende, gestützt auf die Bewilligung der rechtzeitig beantragten Verfahrenskostenhilfe, die Regelung des Versorgungsausgleichs mit der befristeten Beschwerde angreift und ihm insoweit wegen Versäumung der Beschwerdefrist die Wiedereinsetzung in den vorigen Stand gewährt worden ist mit der Folge der rückwirkenden Beseitigung der Rechtskraft nach § 145 Abs. 1.[7] **8**

2. Anfechtung von Endentscheidungen trotz Erledigung

Ergeht, etwa in Unkenntnis des Todes eines Ehegatten, eine Endentscheidung, ist diese hinsichtlich Ehescheidung und Folgesachen wirkungslos. Gleiches gilt für die Rechtsmittelentscheidung bei Eintritt des Todes vor Eintritt der Rechtskraft.[8] Geltung beansprucht nur die Kostenentscheidung.[9] Ist eine Endentscheidung in der Hauptsache wirkungslos, ist ein **9**

---

[3] BGH NJW 1981, 686 = FamRZ 1981, 245.
[4] BGH FamRZ 2011, 11.
[5] OLG Saarbrücken FamRZ 2010, 480.
[6] BGH FamRZ 2011, 11.
[7] OLG Zweibrücken FamRZ 1995, 619.
[8] OLG Karlsruhe NJW-RR 1996, 773 = FamRZ 1996, 264.
[9] BGH NJW 1981, 686 = FamRZ 1981, 245; OLG Düsseldorf FamRZ 2005, 386.

V. Kosten

10 Die Erledigung der Ehesache betrifft nur die Hauptsache, nicht die Kosten des Verfahrens, da insoweit nicht das Rechtsverhältnis zwischen den Ehegatten, sondern zwischen dem überlebenden Ehegatten und den Erben des Verstorbenen betroffen ist, die nach §§ 113 Abs. 1 S. 2 FamFG, 239 ZPO in das Verfahren eintreten. Gem. §§ 113 Abs. 1 S. 1 und 2 FamFG, 308 Abs. 2 ZPO bedarf die Kostenentscheidung keines Antrags eines Beteiligten und kann nach §§ 113 Abs. 1 S. 1 und 2 FamFG, 128 Abs. 3 ZPO ohne mündliche Verhandlung ergehen.

11 Nach § 150 Abs. 2 S. 2 Alt. 3 sind die Kosten der Scheidungssache und der Folgesachen aller Instanzen[11] gegeneinander aufzuheben (s. § 150 Rn 6). Für die Ehesachen nach § 121 Nr. 2 und 3 gelten gem. §§ 113 Abs. 1 S. 1 und 2 FamFG, 91, 91 a, 92, 97 ZPO die allgemeinen Kostengrundsätze. Die für Eheaufhebungssachen nach § 121 Nr. 2 geltende Kostenvorschrift des § 132 enthält für den Fall des Todes nach § 131 keine Kostenbestimmung (s. auch § 132 Rn 9). Gegen die Kostenentscheidung ist die Beschwerde nach §§ 58, 61 zulässig, wenn der Wert des Beschwerdegegenstandes 600 € übersteigt, oder sie ausdrücklich zugelassen wird.[12] Da die Erledigung der Ehesache in der Hauptsache von Gesetzes wegen eintritt (s. oben Rn 8), liegt kein Fall des § 91 a ZPO (s. dazu § 58 Rn 97 a) vor.

VI. Verfahrenskostenhilfe im Falle des Todes

12 Mit dem Tod endet die einem Beteiligten bewilligte Verfahrenskostenhilfe; die Erben müssen sie neu beantragen (s. § 76 Rn 37). Die Bewilligung von Verfahrenskostenhilfe ist personengebunden und nicht vererblich; auch bei pflichtwidriger Verzögerung durch das Gericht kann einem verstorbenen Beteiligten Verfahrenskostenhilfe nicht bewilligt werden.[13] Eine Beschwerde gegen die Ablehnung der Bewilligung von Verfahrenskostenhilfe durch den Rechtsanwalt im eigenen Namen ist unzulässig (s. a. § 76 Rn 57).[14]

Kosten bei Aufhebung der Ehe

132 (1) ¹Wird die Aufhebung der Ehe ausgesprochen, sind die Kosten des Verfahrens gegeneinander aufzuheben. ²Erscheint dies im Hinblick darauf, dass bei der Eheschließung ein Ehegatte allein die Aufhebbarkeit der Ehe gekannt hat oder ein Ehegatte durch arglistige Täuschung oder widerrechtliche Drohung seitens des anderen Ehegatten oder mit dessen Wissen zur Eingehung der Ehe bestimmt worden ist, als unbillig, kann das Gericht die Kosten nach billigem Ermessen anderweitig verteilen.

(2) Absatz 1 ist nicht anzuwenden, wenn eine Ehe auf Antrag der zuständigen Verwaltungsbehörde oder bei Verstoß gegen § 1306 des Bürgerlichen Gesetzbuchs auf Antrag des Dritten aufgehoben wird.

I. Normzweck

1 Die Vorschrift regelt die Kostentragung im Verfahren einer bestimmten Ehesache, nämlich im Verfahren auf **Aufhebung der Ehe** nach § 121 Nr. 2 (s. hierzu näher § 121 Rn 4).

2 Abs. 1 S. 1 der Vorschrift entspricht dem bisherigen § 93 a Abs. 3 S. 1 ZPO. Abs. 1 S. 2 enthält den Regelungsgehalt der zweiten Satzhälfte des bisherigen § 93 a Abs. 3 S. 2 ZPO.

---

[10] BGH NJW 1981, 686 = FamRZ 1981, 245; OLG Düsseldorf FamRZ 2005, 386.
[11] OLG Köln FamRZ 2010, 1105.
[12] MünchKommZPO/Hilbig § 131 FamFG Rn 13; Prütting/Helms § 131 Rn 14.
[13] OLG Frankfurt FamRZ 2011, 385; OLG Karlsruhe FamRZ 1999, 240; a. A. Landzettel FamRZ 2011, 345; s. a. BSG MDR 1988, 610.
[14] OLG Frankfurt FamRZ 2011, 385.

Abs. 2 entspricht dem bisherigen § 93 a Abs. 4 ZPO; in diesem Fall gelten die allgemeinen kostenrechtlichen Vorschriften der ZPO.

II. Kostenentscheidung bei erfolgreichem Antrag auf Eheaufhebung eines oder beider Ehegatten (Abs. 1 S. 1)

1. Grundregel des Abs. 1 S. 1

Ist ein Eheaufhebungsantrag eines Ehegatten erfolgreich, gilt die Grundregel, dass die Kosten des Verfahrens gegeneinander aufzuheben sind. Diese Abweichung von der zivilprozessualen Kostenverteilung nach Erfolg und Unterliegen ist gerechtfertigt, weil die Ehegatten gemeinsam die nun aufgehobene Ehe eingegangen sind und der zivilprozessuale Beibringungsgrundsatz hier nicht gilt, sondern das Gericht nach § 127 den der Entscheidung zu Grunde zu legenden Sachverhalt zu ermitteln hat.

2. Anderweitige Kostenverteilung nach Billigkeit (Abs. 1 S. 2)

Dem Veranlasserprinzip folgend ordnet Abs. 1 S. 2 an, dass nach billigem Ermessen die Kosten anderweitig, also nicht durch ein gegeneinander Aufheben, zu verteilen sind, wenn bei der Eheschließung ein Ehegatte allein die Aufhebbarkeit der Ehe gekannt hat oder ein Ehegatte durch arglistige Täuschung oder widerrechtliche Drohung seitens des anderen Ehegatten oder mit dessen Wissen zur Eingehung der Ehe bestimmt worden ist. Die Billigkeitsklausel eröffnet dem Gericht eine Ermessensentscheidung, die im Ergebnis regelmäßig dazu führt, dass dem betreffenden Ehegatten, dem das genannte vorwerfbare Verhalten bei Eingehung der Ehe allein zur Last fällt, die gesamten Verfahrenskosten aufzuerlegen sind. Bei Mitverschulden des anderen Ehegatten können die Kosten gequotelt werden. Die Kostengrundentscheidung ist nicht nach Eintritt der Rechtskraft in entsprechender Anwendung des § 319 Abs. 1 ZPO zu ändern, wenn der Streitwert abgeändert wird.[1]

III. Kostenentscheidung bei Eheaufhebung auf Antrag der Behörde oder einer dritten Person (Abs. 2)

Die oben in Rn 3 und 4 genannten Grundsätze gelten nicht, wenn das Eheaufhebungsverfahren auf Antrag der zuständigen Behörde (s. hierzu näher § 129 Rn 4) oder einer dritten Person (s. hierzu näher § 129 Rn 7) betrieben wird. In diesem Fall gelten nach § 113 Abs. 1 S. 1 und 2 die allgemeinen kostenrechtlichen Vorschriften der ZPO.[2] Das bedeutet:

(1) Ist der **Aufhebungsantrag der Behörde oder des Dritten erfolgreich,** haben die Ehegatten als Antragsgegner (s. § 129 Rn 5 und 7) die Kosten nach §§ 113 Abs. 1 S. 1 und 2 FamFG, 91 Abs. 1, 100 Abs. 1 ZPO je zur Hälfte zu tragen.

(2) Wird der **Aufhebungsantrag der Behörde abgewiesen,** trägt die Behörde nach §§ 113 Abs. 1 S. 1 und 2 FamFG, 91 Abs. 1 ZPO die außergerichtlichen Kosten der Antragsgegner. Ein Ausspruch über die Gerichtskosten unterbleibt, da die Behörde nach § 2 Abs. 1 FamGKG von der Zahlung der Kosten befreit ist. Betreibt die Behörde das Verfahren nach § 129 Abs. 2 S. 2 FamFG (s. § 129 Rn 8), ist sie nicht kostenpflichtiger Beteiligter. Dies ist sie aber dann, wenn sie selbstständig ein Rechtsmittel einlegt und mit diesem unterliegt.[3]

(3) Ist der **Aufhebungsantrag des Dritten erfolglos,** trägt dieser die Kosten nach §§ 113 Abs. 1 S. 1 und 2 FamFG, 91 Abs. 1 ZPO.

---
[1] BGH FamRZ 2008, 1925.
[2] BT-Drs. 16/6308 S. 228.
[3] OLG Karlsruhe FamRZ 1991, 92.

IV. Kostentragung bei Abweisung des Eheaufhebungsantrags eines oder beider Ehegatten

9 Diesen Fall regelt § 132 nicht. Es gelten die allgemeinen Kostenvorschriften der ZPO, so dass nach §§ 113 Abs. 1 S. 1 und 2 FamFG, 91 Abs. 1 ZPO im Falle der Antragsabweisung der unterlegene Antragsteller die Verfahrenskosten zu tragen hat. Werden Antrag und Gegenantrag auf Eheaufhebung abgewiesen, sind die Kosten nach §§ 113 Abs. 1 S. 1 und 2 FamFG, 92 Abs. 1 ZPO gegeneinander aufzuheben.

V. Rechtsmittel gegen die Kostenentscheidung, Verfahrenswert, Gebühren, Verfahrenskostenhilfe

10 Hinsichtlich der Rechtsmittel gegen die Kostenentscheidung s. die Erläuterungen zu § 58 Rn 95 ff., insb. Rn 96 a; § 61 Rn 21; zu Verfahrenswert und Gebühren s. näher § 121 Rn 10; zur Verfahrenskostenhilfe bei Auflösung einer Scheinehe s. § 149 Rn 3 Fn 6.

Unterabschnitt 2. Verfahren in Scheidungssachen und Folgesachen

Inhalt der Antragsschrift

133 (1) Die Antragsschrift muss enthalten:
1. Namen und Geburtsdaten der gemeinschaftlichen minderjährigen Kinder sowie die Mitteilung ihres gewöhnlichen Aufenthalts,
2. die Erklärung, ob die Ehegatten eine Regelung über die elterliche Sorge, den Umgang und die Unterhaltspflicht gegenüber den gemeinschaftlichen minderjährigen Kindern sowie die durch die Ehe begründete gesetzliche Unterhaltspflicht, die Rechtsverhältnisse an der Ehewohnung und an den Haushaltsgegenständen getroffen haben, und
3. die Angabe, ob Familiensachen, an denen beide Ehegatten beteiligt sind, anderweitig anhängig sind.

(2) Der Antragsschrift sollen die Heiratsurkunde und die Geburtsurkunden der gemeinschaftlichen minderjährigen Kinder beigefügt werden.

I. Normzweck

1 Nach Abs. 1 S. 1 sind auf Scheidungssachen nicht die Vorschriften des § 23 über den verfahrenseinleitenden Antrag, sondern nach § 124 S. 2 die Vorschriften des § 253 ZPO über die Klageschrift anzuwenden (s. näher § 124 Rn 9). Abs. 1 nennt weitere Angaben, die zum notwendigen Inhalt der Antragsschrift in einer Scheidungssache gehören. Die Norm enthält somit eine Ergänzung zu den Anforderungen des § 124.

2 Abs. 1 der Vorschrift erweitert und präzisiert gegenüber dem bisherigen § 622 Abs. 2 ZPO die in der Antragsschrift anzugebenden Umstände. Nr. 2 tritt an die Stelle des aufgehobenen § 630 Abs. 1 ZPO. Abs. 2 ist dem bisherigen Recht unbekannt.

II. Die Antragsschrift

1. Terminologie

3 Terminologisch folgt das FamFG nicht der ZPO. Der das Scheidungsverfahren einleitende Schriftsatz wird Antragsschrift, nicht Klageschrift genannt (s. Rn 1). Bei der Anwendung der ZPO tritt gem. § 113 Abs. 5 an die Stelle der Bezeichnung Prozess oder Rechtsstreit die Bezeichnung Verfahren, an die Stelle von Klage die Bezeichnung Antrag, an die Stelle von Kläger die Bezeichnung Antragsteller, an die Stelle von Beklagter die Bezeichnung Antragsgegner, an die Stelle von Partei die Bezeichnung Beteiligter (s. auch § 113 Rn 17).

2. Notwendiger Inhalt der Antragsschrift (Abs. 1)

Die Mitteilung der in Abs. 1 genannten Umstände bereits in der Antragsschrift macht Nachfragen entbehrlich und dient der Verfahrensbeschleunigung.

Nach Abs. 1 **Nr. 1** sind **Namen** und **Geburtsdaten** sowie **gewöhnlicher Aufenthaltsort der gemeinschaftlichen minderjährigen Kinder,** das sind leibliche und gemeinsam adoptierte Kinder, der zu scheidenden Ehegatten anzugeben. Dieses Erfordernis besteht, um das Jugendamt gemäß § 17 Abs. 3 SGB VIII korrekt benachrichtigen zu können. Zudem hat das Familiengericht im Scheidungsverfahren gem. § 128 Abs. 2 die Ehegatten zur elterlichen Sorge und zum Umgangsrecht anzuhören und auf bestehende Möglichkeiten der Beratung hinzuweisen. Die Angabe des persönlichen Aufenthalts der Kinder ermöglicht auch ein frühzeitiges Erkennen von Problemen bei der örtlichen Zuständigkeit (vgl. § 122). Gegebenenfalls ist zweckmäßigerweise auch mitzuteilen, dass die elterliche Sorge entzogen oder eingeschränkt ist oder dass die Ehegatten keine gemeinsamen Kinder haben.

Abs. 1 **Nr. 2** erweitert den **notwendigen** Inhalt eines Scheidungsantrags. Der Antrag hat eine Erklärung des Antragstellers zu enthalten, ob die Ehegatten **Einvernehmen über die elterliche Sorge,** den **Umgang** und die **Unterhaltspflicht** gegenüber den gemeinschaftlichen minderjährigen Kindern sowie die durch die Ehe begründete gesetzliche Unterhaltspflicht und die **Rechtsverhältnisse an der Ehewohnung und an den Haushaltsgegenständen** getroffen haben. Hierdurch sollen die Ehegatten veranlasst werden, sich vor Einleitung des Scheidungsverfahrens über die bedeutsamen Scheidungsfolgen Klarheit zu verschaffen. Das Familiengericht kann dann bereits zu Beginn des Verfahrens feststellen, ob und in welchem Ausmaß über die genannten Punkte Streit besteht und den Ehegatten gezielte Hinweise auf entsprechende Beratungsmöglichkeiten erteilen, um zu einer möglichst ausgewogenen Scheidungsfolgenregelung im Kindesinteresse und im Interesse eines wirtschaftlich schwächeren Ehepartners beizutragen.[1] Zu den materiellrechtlichen Wirkungen dieser Norm s. nachstehend Rn 10.

Nach Abs. 1 **Nr. 3** ist in der Antragsschrift anzugeben, ob **Familiensachen,** an denen beide Ehegatten beteiligt sind (zum Begriff der Familiensachen und deren Arten s. § 111 Rn 4 ff.), **anderweitig anhängig** sind. Diese Angabe ist zur Herstellung oder Wahrung der Zuständigkeitskonzentration nach § 123 (Ehesachen), §§ 152 Abs. 1, 153 (Kindschaftssachen), §§ 201 Nr. 1, 202 (Wohnungszuweisungs- und Haushaltssachen), § 218 Nr. 1 (Versorgungsausgleichssachen), §§ 232, 233 (Unterhaltssachen), §§ 262 Abs. 1, 263 (Güterrechtssachen) sowie §§ 267 Abs. 1, 268 (sonstige Familiensachen) und § 270 für die den vorstehend genannten Familiensachen entsprechenden Lebenspartnerschaftssachen erforderlich (s. zu der sechsfachen Zuständigkeitskonzentration in Familiensachen § 111 Rn 34).

Die Angaben nach Abs. 1 Nr. 1 bis 3 stellen **zwingende Formerfordernisse** der Antragsschrift dar. Fehlen sie auch nur teilweise, ist der Scheidungsantrag unzulässig und abzuweisen.[2] Allerdings hat das Gericht nach §§ 113 Abs. 1 S. 2 FamFG, 139 Abs. 3 ZPO auf Mängel und die damit verbundene Folge der Antragsabweisung hinzuweisen.

3. Beifügung der Heirats- und Geburtsurkunden

Abs. 2 bestimmt, dass die Heiratsurkunde und die Geburtsurkunden der gemeinschaftlichen **minderjährigen Kinder** der Antragsschrift beigefügt werden sollen und stellt damit eine aus dem eingeschränkten Amtsermittlungsgrundsatz resultierende Ausnahme zu dem über § 113 Abs. 1 S. 2 FamFG anwendbaren § 131 Abs. 3 ZPO dar, nach dem dem Gegner bereits bekannte Urkunden nicht vorgelegt werden müssen, sondern das Erbieten genügt, Einsicht zu gewähren. Dass die als **Soll-Vorschrift** ausgestaltete Verpflichtung des § 133 Abs. 2 FamFG nur besteht, wenn dem Antragsteller die Urkunden auch zugänglich sind, versteht sich von selbst (s. auch § 131 Abs. 1 ZPO); es kann unbillig sein, den Antragsteller mit der Beibringung von Urkunden aus dem Ausland zu belasten, wenn sie

---

[1] BT-Drs. 16/9733 S. 363; OLG Hamm FamRZ 2010, 1581.
[2] OLG Hamm FamRZ 2010, 1581.

sich bereits im Besitz des Antragsgegners befinden.³ Im Übrigen obliegt die Tatsachenfeststellung dem Gericht im Rahmen seiner Amtsermittlungspflicht.⁴ Der Heiratsurkunde kommt für die korrekte Erfassung der Namen und Geburtsdaten der Ehegatten sowie des Datums der standesamtlichen Eheschließung erhebliche praktische Bedeutung bei, zumal inzwischen an zahlreichen Gerichten die Grunddaten bereits bei Anlage der Gerichtsakte, also zu Beginn des Verfahrens in ein EDV-Programm eingegeben werden müssen.

III. Einvernehmliche Scheidung

10   Abs. 1 Nr. 2 tritt nach dem Willen des Gesetzgebers an die Stelle des aufgehobenen § 630 Abs. 1 ZPO und soll dessen Rechtsgedanken in das Verfahrensrecht des FamFG transportieren.⁵ Damit verbindet sich jedoch eine gravierende **Änderung des materiellen Rechts.** Denn § 630 Abs. 1 ZPO war nach seinem Wortlaut in seiner Verknüpfung mit § 1566 Abs. 1 BGB zu würdigen. Danach waren die Voraussetzungen der einverständlichen Scheidung mit der Folge der unwiderleglichen Vermutung des Scheiterns der Ehe nur gegeben, wenn zusätzlich zu den Bedingungen des § 1566 Abs. 1 BGB (einjähriges Getrenntleben und übereinstimmender Scheidungsantrag oder Zustimmung des Antragsgegners) den Anforderungen des § 630 Abs. 1 ZPO genügt war, nämlich der übereinstimmende Vorschlag der Ehegatten zur elterlichen Sorge und zum Umgangsrecht sowie eine Einigung über den Unterhalt der gemeinsamen Kinder und des Ehegatten, letzteres regelmäßig in Form eines vollstreckbaren Titels, und der Rechtsverhältnisse an der Ehewohnung und am Hausrat. Waren sich die Ehegatten über eine der in § 630 Abs. 1 ZPO genannten Scheidungsfolgen nicht einig, kam ihnen nach damals herrschender Meinung die Vermutung des § 1566 Abs. 1 BGB nicht zugute mit der Folge der vollen Nachweispflicht des antragstellenden Ehegatten für das Scheitern der Ehe.⁶ Nach der neuen Regelung in Abs. 1 Nr. 2 kann nunmehr jede Ehe geschieden werden, wenn die Ehegatten **ein Jahr getrennt leben** und **der Scheidung zustimmen.** Mit der – nach § 114 Abs. 4 Nr. 3 nicht dem Anwaltszwang unterliegenden – Zustimmung des Antragsgegners werden für diesen Rechtsfolgen für die nacheheliche Zeit ausgelöst, die dieser – nach § 114 Abs. 4 Nr. 3 nicht notwendig anwaltlich beratene – Ehegatte vielfach nicht überblicken kann. Ob das Scheidungsrecht damit noch in hinreichendem Maß die von der Institutsgarantie der Ehe nach Art. 6 Abs. 1 GG gebotenen eheerhaltenden Elemente enthält, ist zweifelhaft.⁷ Dass § 630 Abs. 1 ZPO in der familiengerichtlichen Praxis angeblich „leergelaufen" ist, da das Scheitern der Ehe nach dem Vortrag einer zumindest einjährigen Trennungszeit zur Vermeidung unnötiger Formalismen in Fällen unstreitiger Scheidungen schlicht unterstellt wurde,⁸ vermag die Aushöhlung eines verfassungsrechtlich gebotenen Schutzes nicht zu rechtfertigen.

Zustimmung zur Scheidung und zur Rücknahme; Widerruf

134 (1) **Die Zustimmung zur Scheidung und zur Rücknahme des Scheidungsantrags kann zur Niederschrift der Geschäftsstelle oder in der mündlichen Verhandlung zur Niederschrift des Gerichts erklärt werden.**

(2) ¹**Die Zustimmung zur Scheidung kann bis zum Schluss der mündlichen Verhandlung, auf die über die Scheidung der Ehe entschieden wird, widerrufen werden.** ²**Der Widerruf kann zur Niederschrift der Geschäftsstelle oder in der mündlichen Verhandlung zur Niederschrift des Gerichts erklärt werden.**

---

³ BT-Drs. 16/6308 S. 413.
⁴ BT-Drs. 16/6308 S. 413.
⁵ BT-Drs. 16/9733 S. 363.
⁶ Zöller/Philippi 27. Aufl. § 630 ZPO Rn 2 m. w. N.
⁷ So auch Münch FamRB 2008, 251.
⁸ BT-Drs. 16/9733 S. 363; s. dagegen die Rechtsprechungsübersicht bei Zöller/Philippi 27. Aufl. § 630 ZPO Rn 2.

I. Normzweck

Nach § 114 Abs. 1 besteht in Scheidungssachen **Anwaltszwang**. Diesen **suspendiert** § 134 Abs. 1 **für die Zustimmung** zur Scheidung und zur Rücknahme des Scheidungsantrags. Damit wird den Ehegatten eine Möglichkeit gegeben, die mit einer Scheidung verbundenen Verfahrenskosten zu reduzieren, indem der Antragsgegner der Scheidung zu Protokoll der Geschäftsstelle oder in der mündlichen Verhandlung zustimmt.[1] § 134 Abs. 2 regelt den **Widerruf der Zustimmung** zur Scheidung und dessen Form. Abs. 2 S. 1 entspricht dem bisherigen § 630 Abs. 2 S. 1 ZPO. Nach S. 2 kann auch der Widerruf, wie bisher, zu Protokoll der Geschäftsstelle oder in der mündlichen Verhandlung erfolgen.

II. Materiellrechtliche Wirkung der Zustimmung zur Scheidung

Abs. 1 S. 1 Alt. 1 entspricht dem bisherigen § 630 Abs. 2 S. 2 ZPO. Anders als beim bisherigen § 630 Abs. 1 ZPO besteht jedoch keine Verknüpfung des Verfahrensrechts mit dem materiellen Scheidungsrecht mehr. Damit wird bewirkt, dass eine Regelung über bestimmte Scheidungsfolgen nicht mehr Voraussetzung für das Eingreifen der unwiderlegbaren Vermutung für das Scheitern der Ehe gemäß § 1566 Abs. 1 BGB ist. Die Familiengerichte können in den Fällen, in denen die Ehegatten seit mindestens einem Jahr getrennt leben und beide der Scheidung zustimmen, ohne aber eine Regelung über die Scheidungsfolgen getroffen zu haben, kraft dieser Vermutung das Scheitern der Ehe feststellen und die Scheidung aussprechen. Weitere Feststellungen zum Scheitern der Ehe sind bei beiderseitiger Scheidungswilligkeit nicht mehr erforderlich. S. zur Kritik § 133 Rn 10.

III. Form der Zustimmung zur Scheidung (Abs. 1 Alt. 1)

1. Zustimmung zur Scheidung

Die widerrufliche (s. Rn 9) Zustimmung zur Scheidung muss ausdrücklich erklärt werden. Die Erklärung, dem Scheidungsantrag nicht entgegenzutreten oder sich ihm nicht zu widersetzen, genügt nicht.[2] Die Zustimmung ist materiellrechtliche Willenserklärung und Prozesshandlung.[3]

2. Form der Zustimmung zur Scheidung

Die Form der Zustimmung zur Scheidung regeln §§ 113 Abs. 1 S. 2 FamFG, 129 a, 160 Abs. 4 ZPO.

Die **Niederschrift zur Geschäftsstelle** erfolgt nach §§ 113 Abs. 1 S. 2 FamFG, 129 a Abs. 1 ZPO durch Abgabe der Zustimmungserklärung zu Protokoll der Geschäftsstelle eines jeden AG (zur Geschäftsstelle und dessen Urkundsbeamten s. § 153 GVG). Nach §§ 113 Abs. 1 S. 2 FamFG, 129 a Abs. 2 S. 1 ZPO hat die Geschäftsstelle das Protokoll unverzüglich an das zuständige Gericht zu übermitteln, an das die Erklärung gerichtet ist. Die Wirkung der Zustimmung tritt ein, wenn das Protokoll bei dem zuständigen Gericht eingegangen ist (§ 129 a Abs. 2 S. 2 ZPO). Die Übermittlung des Protokolls kann mit Zustimmung des Ehegatten, der die Zustimmungserklärung hat protokollieren lassen, diesem überlassen werden (§ 129 a Abs. 2 S. 3 ZPO).

In der mündlichen Verhandlung wird die Zustimmungserklärung zur Niederschrift des Gerichts erklärt. Dies kann ein Ehegatte gem. §§ 113 Abs. 1 S. 2 FamFG, 160 Abs. 4 S. 1 ZPO beantragen. Das Gericht kann zwar von der Aufnahme der Erklärung in das Protokoll absehen (§ 160 Abs. 4 S. 2 ZPO); ein diesbezüglicher Beschluss ist unanfechtbar (§ 160 Abs. 4 S. 3 Halbs. 1 ZPO), weshalb dann nur die schriftliche Einführung der Erklärung in das Verfahren möglich ist. Die Ablehnung der Aufnahme der Zustimmungserklärung in das Protokoll wäre jedoch eine richterliche Dienstpflichtverletzung, da es auf die Feststellung

---
[1] BT-Drs. 16/6308 S. 229.
[2] OLG Zweibrücken FamRZ 1990, 59.
[3] OLG Karlsruhe FamRZ 1998, 1606.

§ 135   Abschnitt 2. Verfahren in Ehesachen

der Zustimmungserklärung wegen ihrer materiellrechtlichen Wirkung ankommt (§§ 1566 Abs. 1 BGB, 160 Abs. 4 S. 2 ZPO).

IV. Form der Zustimmung zur Rücknahme des Scheidungsantrags (Abs. 1 Alt. 2)

1. Zustimmung zur Rücknahme des Scheidungsantrags

7   Die Rücknahme des Scheidungsantrags und ihre Folgen regelt § 141 (s. dazu die Erläuterungen dort). Gem. §§ 113 Abs. 1 S. 2 FamFG, 269 Abs. 1 ZPO kann der Scheidungsantrag **ohne Zustimmung des Antragsgegners** nur bis zum Beginn der mündlichen Verhandlung des Antragsgegners zur Hauptsache zurückgenommen werden (s. näher § 141 Rn 5). Nach dem Verhandeln des Antragsgegners zur Hauptsache hängt die Wirksamkeit der Rücknahme von dessen **Zustimmung** ab.

2. Form der Zustimmung zur Rücknahme des Scheidungsantrags

8   Sie ist gegenüber dem Gericht, bei dem die Scheidungssache anhängig ist, zu erklären und als Prozesshandlung bedingungsfeindlich und unanfechtbar. Die Form der Zustimmung zur Rücknahme des Scheidungsantrags entspricht der der Zustimmung zur Scheidung (s. oben Rn 3). Gemäß § 134 Abs. 1 kann die Zustimmung zu Rücknahme auch zur Niederschrift der Geschäftsstelle des jeweiligen Gerichts oder in der mündlichen Verhandlung zur Niederschrift des Gerichts erklärt werden; der Anwaltszwang ist daher suspendiert. Auf die Erläuterungen oben Rn 5 f. wird verwiesen.

V. Widerruf der Zustimmung zur Scheidung (Abs. 2)

1. Widerruf der Zustimmung zur Scheidung (Abs. 2 S. 1)

9   Der Widerruf der Zustimmung zur Scheidung lässt die Vermutung für das Scheitern der Ehe gemäß § 1566 Abs. 1 BGB (s. oben Rn 2) entfallen. Die Zustimmung zur Scheidung kann **bis zum Schluss der mündlichen Verhandlung,** auf die über die Scheidung der Ehe entschieden wird, das ist gegebenenfalls auch die letzte mündliche Verhandlung in der Rechtsmittelinstanz,[4] widerrufen werden. Ein Ehegatte, der der Scheidung zugestimmt hat, kann gegen den Scheidungsausspruch ein **Rechtsmittel** einlegen und gleichzeitig die Zustimmung widerrufen; einer formellen Beschwer bedarf es nicht.[5]

2. Form des Widerrufs der Zustimmung zur Scheidung (Abs. 2 S. 2)

10   Die Form des Widerrufs der Zustimmung zur Scheidung entspricht der der Zustimmung zur Scheidung (s. oben Rn 3). Gemäß Abs. 2 S. 2 kann die Zustimmung zu Rücknahme auch zur Niederschrift der Geschäftsstelle des jeweiligen Gerichts oder in der mündlichen Verhandlung zur Niederschrift des Gerichts erklärt werden; der Anwaltszwang ist suspendiert. Auf die Erläuterungen oben Rn 5 f. wird verwiesen.

Außergerichtliche Streitbeilegung über Folgesachen

135

(1) [1]Das Gericht kann anordnen, dass die Ehegatten einzeln oder gemeinsam an einem kostenfreien Informationsgespräch über Mediation oder eine sonstige Möglichkeit der außergerichtlichen Streitbeilegung anhängiger Folgesachen bei einer von dem Gericht benannten Person oder Stelle teilnehmen und eine Bestätigung hierüber vorlegen. [2]Die Anordnung ist nicht selbständig anfechtbar und nicht mit Zwangsmitteln durchsetzbar.

(2) **Das Gericht soll in geeigneten Fällen den Ehegatten eine außergerichtliche Streitbeilegung anhängiger Folgesachen vorschlagen.**

---

[4] BGH NJW 1984, 1302 = FamRZ 1984, 350.
[5] BGH NJW 1984, 1302 = FamRZ 1984, 350.

I. Normzweck

Die Vorschrift überträgt den Gedanken einer Schlichtung außerhalb des Streitgerichts 1 in das familienrechtliche Verfahren nach dem Vorbild des § 278 Abs. 5 S. 2 ZPO. In Familiensachen ergibt sich aus den Besonderheiten der Verfahrensgegenstände und wegen der persönlichen Beziehung der Beteiligten typischerweise ein besonderes Bedürfnis nach Möglichkeiten zur **Förderung einverständlicher Konfliktlösungen,** die gegebenenfalls auch über den konkreten Verfahrensgegenstand hinausreichen. Es erscheint daher angemessen, den Gesichtspunkt der außergerichtlichen Konfliktbeilegung in diesem Rechtsbereich noch stärker hervorzuheben als im allgemeinen Zivilprozessrecht, zumal vor dem Hintergrund von Bemühungen auf europäischer Ebene, Mediation[1] und sonstige Möglichkeiten außergerichtlicher Konfliktbeilegung zu fördern und verstärkt zur Anwendung zu bringen.[2] Durch das geplante Mediationsgesetz soll Abs. 2 aufgehoben und das Wort Konfliktbeilegung – anstelle von Streitbeilegung – eingeführt werden (s. auch die Erläuterungen zu §§ 23, 36 a).

§ 135 hat in seiner konkreten Ausformung im bisherigen Recht keine Entsprechung. 2

II. Anwendungsbereich

Die Vorschrift gilt für das Scheidungsverbundverfahren, und zwar für die zwischen den 3 Ehegatten **streitigen Folgesachen**, sowohl aus dem Bereich der Familienstreitsachen als auch der Familiensachen der freiwilligen Gerichtsbarkeit. In Kindschaftsfolgesachen ist als lex specialis § 156 Abs. 1 und 2 zu beachten.

III. Informationsgespräch (Abs. 1)

1. Anordnung der Teilnahme an einem Informationsgespräch (Abs. 1 S. 1)

Abs. 1 S. 1 eröffnet in Scheidungsverfahren dem Familiengericht die Möglichkeit, die 4 Ehegatten zunächst darauf zu verweisen, einzeln oder gemeinsam an einem Informationsgespräch über Mediation oder einer sonstigen Form außergerichtlicher Streitbeilegung teilzunehmen und eine Bestätigung hierüber vorzulegen. Für die Information über die Möglichkeiten außergerichtlicher Streitbeilegung erscheinen die Anbieter derartiger Maßnahmen geeigneter als das Familiengericht. Der Gesetzgeber prognostiziert, dass aufgrund der gesetzlichen Vorschrift die Familiengerichte zunehmend eine größere Übersicht über das insbesondere in ihrem Bezirk vorhandene Angebot an Dienstleistungen der außergerichtlichen Streitbeilegung erhalten. Durch das Erfordernis eines Informationsgesprächs soll die Erörterung über die Möglichkeiten einer außergerichtlichen Streitbeilegung über Folgesachen sichergestellt werden. Durch eine Information des Familiengerichts etwa lediglich in Form eines Merkblatts würde der Zweck der Vorschrift nicht erreicht.[3]

2. Freiwilligkeit (Abs. 1 S. 2)

Die Vorschrift gibt dem Gericht keine Kompetenz, die Parteien zur Teilnahme an 5 einem Informationsgespräch oder zur Durchführung einer Mediation zu zwingen. Nach S. 2 ist die Anordnung nicht mit Zwangsmitteln nach § 35 durchsetzbar, aber als Zwischenentscheidung auch nicht selbstständig anfechtbar. Die Ehegatten sind frei in der Entscheidung, ob sie nach der Information einer Mediation näher treten wollen oder nicht. Kommt ein Beteiligter der Anordnung des Gerichts zur Teilnahme an einem Informationsgespräch nicht nach und legt die in Abs. 1 S. 1 genannte Bestätigung nicht vor, kann dies jedoch nach § 150 Abs. 4 S. 2 kostenrechtliche Folgen nach sich ziehen (s. § 150 Rn 8).

---

[1] S. Mediations-RegE BT-Drs. 17/5335 zur Umsetzung der EU-Richtlinie 2008/52.
[2] BT-Drs. 16/6308 S. 229.
[3] BT-Drs. 16/6308 S. 229.

3. Ermessensentscheidung

6 Ob das Familiengericht die Auflage zu einem Informationsgespräch erteilt, liegt in seinem freien Ermessen. Voraussetzung ist, dass die Wahrnehmung des Informationsgesprächs für die Ehegatten zumutbar ist, was z. B. in Fällen häuslicher Gewalt zu verneinen sein kann. Zumutbar muss für beide Ehegatten auch die Anreise zum Informationsgespräch sein, was bei größerer Entfernung ausgeschlossen sein kann. Weiterhin muss ein – für die Beteiligten kostenfreies – Angebot für Informationsgespräche oder Informationsveranstaltungen, etwa durch Anbieter außergerichtlicher Streitbeilegung, wie die Bundes-Arbeitsgemeinschaft für Familienmediation bestehen; ein Anspruch gegen die Staatskasse auf Kostenersatz besteht nicht.[4] Die Anordnung der Teilnahme ist nicht selbstständig anfechtbar (Abs. 1 S. 2; s. Rn 5).

IV. Außergerichtliche Streitbeilegung (Abs. 2)

7 Abs. 2 folgt dem Vorbild des § 278 Abs. 5 S. 2 ZPO und verdrängt diesen in Folgesachen, die Familienstreitsachen sind. Die Norm ist im Unterschied zu der zivilprozessualen Regelung als Soll-Vorschrift ausgestaltet. Für eine Übernahme auch des § 278 Abs. 5 S. 3 ZPO besteht angesichts der Besonderheiten des Verbundverfahrens kein Bedürfnis.

Aussetzung des Verfahrens

136 (1) ¹**Das Gericht soll das Verfahren von Amts wegen aussetzen, wenn nach seiner freien Überzeugung Aussicht auf Fortsetzung der Ehe besteht.** ²**Leben die Ehegatten länger als ein Jahr getrennt, darf das Verfahren nicht gegen den Widerspruch beider Ehegatten ausgesetzt werden.**

(2) **Hat der Antragsteller die Aussetzung des Verfahrens beantragt, darf das Gericht die Scheidung der Ehe nicht aussprechen, bevor das Verfahren ausgesetzt war.**

(3) ¹**Die Aussetzung darf nur einmal wiederholt werden.** ²**Sie darf insgesamt die Dauer von einem Jahr, bei einer mehr als dreijährigen Trennung die Dauer von sechs Monaten nicht überschreiten.**

(4) **Mit der Aussetzung soll das Gericht in der Regel den Ehegatten nahe legen, eine Eheberatung in Anspruch zu nehmen.**

I. Normzweck

1 Die Vorschrift fördert erkennbare eheerhaltende Tendenzen, dient der Aussöhnung der Ehegatten und ermöglicht zu diesem Zweck die Aussetzung des Scheidungsverfahrens, damit die Ehegatten sich Zeit nehmen können, eine Eheberatung in Anspruch zu nehmen. Gem. § 113 Abs. 1 S. 2 kann daneben auch die Aussetzung des Verfahrens nach §§ 148, 246 ff. ZPO und das Ruhen des Verfahrens nach §§ 251, 251 a Abs. 3 ZPO angeordnet werden.

2 § 136 entspricht dem bisherigen § 614 ZPO. Der Wegfall des Regelungsinhalts des § 614 Abs. 1 sowie die entsprechende Änderung in § 614 Abs. 3 ZPO haben ihren Grund darin, dass die bisherigen Herstellungsklagen keine Ehesachen mehr sind (s. § 121 Rn 2). Die übrigen Anpassungen sind rein sprachlicher Natur.

II. Anwendungsbereich

3 Die Vorschrift gilt in allen Instanzen eines Scheidungsverfahrens, nicht aber, wie aus der Stellung der Vorschrift in dem für Verfahren in Scheidungssachen geltenden Unterabschnitt 2 des Abschnitts 2 des Buchs 2 des FamFG (§§ 133 ff.) folgt, für die Ehesachen nach § 121 Nr. 2 (Aufhebung der Ehe) und Nr. 3 (Feststellung des Bestehens oder Nichtbestehens einer Ehe). Sind Ehesachen nach § 126 verbunden, greift § 136 nur ein, soweit über einen Scheidungsantrag vorrangig und nicht nur hilfsweise zu verhandeln und zu entscheiden ist, wobei zu beachten ist, dass § 126 Abs. 3 den Vorrang der Eheaufhebung anordnet, sofern Aufhebungs- und Scheidungsantrag begründet sind (s. näher § 126 Rn 7).

---

[4] A. A. Spangenberg FamRZ 2009, 834/835.

Erst wenn ein vorrangiger Aufhebungsantrag durch Teilentscheidung abgewiesen ist, kommt die Aussetzung des nun allein anhängigen Scheidungsverfahrens in Betracht. Die Aussetzung erstreckt sich auch auf die **Folgesachen,** da nach § 137 über diese nur für den Fall der Scheidung zu entscheiden ist (s. § 137 Rn 5). Zudem kommt für Folgesachen die gerichtliche Anordnung einer außergerichtlichen Streitbeilegung nach § 135 in Betracht. Daneben sind gem. § 113 Abs. 1 S. 2 die allgemeinen Verfahrensbestimmungen über die Aussetzung nach §§ 148 ff., 246 ff. ZPO und das Ruhen des Verfahrens nach §§ 251, 251 a Abs. 3 ZPO anwendbar.

III. Aussetzung des Scheidungsverfahrens von Amts wegen (Abs. 1)

1. Voraussetzungen (Abs. 1 S. 1)

Das Scheidungsverfahren ist auszusetzen, wenn Aussicht auf Fortsetzung der Ehe besteht. 4
Dies ist der Fall, wenn konkrete Anhaltspunkte für eine Aussöhnung vorliegen, wenn also beide Ehegatten Anzeichen von Versöhnungsbereitschaft erkennen lassen.[1] Liegt dies ersichtlich vor, kommt auch eine Aussetzung in Betracht, wenn die Ehegatten länger als drei Jahre getrennt leben und die gesetzliche Vermutung für das Scheitern der Ehe nach § 1566 Abs. 2 BGB gegeben ist. Eine pauschale Hoffnung des Gerichts, die Ehegatten könnten sich wieder annähern, ist nicht ausreichend; dies ist insbesondere der Fall, wenn beide Ehegatten einer Aussetzung widersprechen, weil sie sich dann offensichtlich nicht versöhnen wollen (s. auch Rn 5). Die für eine Aussetzung erforderliche Tatsachengrundlage kann das Gericht im Rahmen der persönlichen Anhörung der Ehegatten nach § 128 Abs. 1 S. 1 Alt. 2 gewinnen. Ist der Scheidungsantrag abweisungsreif, hat das Gericht zu entscheiden und nicht auszusetzen.

2. Keine Aussetzung bei mehr als einjährigem Getrenntleben und Widerspruch beider Ehegatten (Abs. 1 S. 2)

Leben die Ehegatten länger als ein Jahr getrennt und widersprechen beide Ehegatten der 5
Aussetzung, ist diese unzulässig. Denn in diesem Falle dürfte eine einvernehmliche Scheidung vorliegen, aufgrund derer die unwiderlegbare Vermutung für das Scheitern der Ehe gem. § 1566 Abs. 1 BGB eingreift (s. § 133 Rn 10, § 134 Rn 2).

IV. Aussetzungsantrag des Antragstellers (Abs. 2)

Auf dem Anwaltszwang unterliegenden Antrag des Antragstellers sowie erst recht auf 6
Antrag beider Ehegatten muss das Familiengericht das Scheidungsverfahren aussetzen, und zwar unabhängig davon, ob das Gericht die Aussetzung für zweckmäßig hält[2] oder ein Beteiligter der Aussetzung widerspricht; für die Aussetzung genügt, dass ein Ehegatte die Ehe nicht als zerstört ansieht.[3] Rechtsmissbräuchlich und daher abzulehnen ist der Aussetzungsantrag aber, wenn der Antragsteller zur Fortsetzung der Ehe nicht bereit ist. Dies gilt auch, wenn der Scheidungsantrag verfrüht gestellt ist und der Nachweis der unzumutbaren Härte nach § 1565 Abs. 2 BGB misslingt, so dass der Scheidungsantrag infolge Entscheidungsreife zurückzuweisen ist.[4]

V. Wiederholung und Dauer der Aussetzung (Abs. 3)

Die Aussetzung darf nur einmal wiederholt werden (Abs. 3 S. 1) und insgesamt die 7
Gesamthöchstdauer von einem Jahr, bei einer mehr als dreijährigen Trennung die Dauer von sechs Monaten nicht überschreiten. Die Dauer der Trennung bemisst sich vom Trennungsbeginn bis zur Verkündung des Aussetzungsbeschlusses. Eine kürzere Aussetzung kann angeordnet werden. Aussetzungen in erster und zweiter Instanz sind zusammenzurechnen.

---

[1] OLG Düsseldorf FamRZ 1978, 609.
[2] BGH NJW 1977, 717.
[3] OLG Saarbrücken FamRZ 2010, 394.
[4] OLG Karlsruhe FamRZ 1998, 1606.

VI. Verfahren, Rechtsmittel

8 **Zuständig** ist das jeweilige Gericht, bei dem das Scheidungsverfahren anhängig ist. Die Zuständigkeit des mit der Scheidungssache befassten Gerichts endet nicht mit der Entscheidung in der Hauptsache über den Scheidungsantrag, sondern erst mit Rechtskraft oder Einlegung eines Rechtsmittels.[5] Im Aussetzungsbeschluss soll das Gericht in der Regel den Ehegatten nahe legen, eine **Eheberatung** in Anspruch zu nehmen (Abs. 4).

9 Der **Beschluss** über die Aussetzung oder deren Ablehnung ist nach allgemeinen Grundsätzen zu begründen und zuzustellen (§§ 113 Abs. 1 S. 2 FamFG, 329 Abs. 2 S. 2 ZPO). Gegen die Aussetzung und deren Ablehnung ist die **sofortige Beschwerde** nach §§ 113 Abs. 1 S. 2 FamFG, 252 ZPO statthaft.[6] § 58 FamFG greift nicht, da der Aussetzungsbeschluss keine Endentscheidung nach Abs. 1 erster Halbs. darstellt. Mangels Beschwer ist die Beschwerde des Ehegatten unzulässig, der den Aussetzungsbeschluss angreift, dem Scheidungsantrag des Antragstellers aber zustimmt, ohne einen eigenen Scheidungsantrag zu stellen.[7]

10 Die **Wirkung der Aussetzung** folgt aus §§ 113 Abs. 1 S. 2 FamFG, 249 ZPO und erfasst das gesamte Verbundverfahren, nicht aber ein nach §§ 113 Abs. 1 S. 1, 51 Abs. 3 S. 1 selbstständiges Verfahren der einstweiligen Anordnung. Materiellrechtliche Fristen, etwa nach § 1565 Abs. 2 BGB, werden durch die Aussetzung nicht unterbrochen. Mit dem Ende der gerichtlich angeordneten Aussetzung beginnen die prozessualen Fristen von selbst zu laufen, eine Aufnahme des Verfahrens ist nicht erforderlich. Das Gericht wird nicht von Amts wegen, sondern gem. §§ 113 Abs. 1 S. 2 FamFG, 250 ZPO erst nach Einreichung eines die Verfahrensaufnahme oder die -fortsetzung anzeigenden Anwaltsschriftsatzes einen neuen Verhandlungstermin bestimmen, da die Aussetzung der Eheerhaltung und nicht der Ehescheidung dienen soll. Ein neuer Scheidungsantrag ist wegen der Rechtshängigkeit des Scheidungsantrags im ausgesetzten Verfahren unzulässig (§§ 113 Abs. 1 S. 2 FamFG, 261 Abs. 3 Nr. 1 ZPO).

Verbund von Scheidungs- und Folgesachen

137 (1) Über Scheidung und Folgesachen ist zusammen zu verhandeln und zu entscheiden (Verbund).

(2) ¹Folgesachen sind
1. Versorgungsausgleichssachen,
2. Unterhaltssachen, sofern sie die Unterhaltspflicht gegenüber einem gemeinschaftlichen Kind oder die durch Ehe begründete gesetzliche Unterhaltspflicht betreffen mit Ausnahme des vereinfachten Verfahrens über den Unterhalt Minderjähriger,
3. Ehewohnungs- und Haushaltssachen und
4. Güterrechtssachen,

wenn eine Entscheidung für den Fall der Scheidung zu treffen ist und die Familiensache spätestens zwei Wochen vor der mündlichen Verhandlung im ersten Rechtszug in der Scheidungssache von einem Ehegatten anhängig gemacht wird. ²Für den Versorgungsausgleich ist in den Fällen der §§ 6 bis 19 und 28 des Versorgungsausgleichsgesetzes kein Antrag notwendig.

(3) Folgesachen sind auch Kindschaftssachen, die die Übertragung oder Entziehung der elterlichen Sorge, das Umgangsrecht oder die Herausgabe eines gemeinschaftlichen Kindes der Ehegatten oder das Umgangsrecht eines Ehegatten mit dem Kind des anderen Ehegatten betreffen, wenn ein Ehegatte vor Schluss der mündlichen Verhandlung im ersten Rechtszug in der Scheidungssache die Einbeziehung in den Verbund beantragt, es sei denn, das Gericht hält die Einbeziehung aus Gründen des Kindeswohls nicht für sachgerecht.

---

[5] BGH NJW 1977, 717.
[6] Baumbach/Hartmann § 136 FamFG Rn 6.
[7] OLG Karlsruhe FamRZ 1998, 1606.

(4) **Im Fall der Verweisung oder Abgabe werden Verfahren, die die Voraussetzungen des Absatzes 2 oder des Absatzes 3 erfüllen, mit Anhängigkeit bei dem Gericht der Scheidungssache zu Folgesachen.**

(5) ¹ Abgetrennte Folgesachen nach Absatz 2 bleiben Folgesachen; sind mehrere Folgesachen abgetrennt, besteht der Verbund auch unter ihnen fort. ² Folgesachen nach Absatz 3 werden nach der Abtrennung als selbständige Verfahren fortgeführt.

Übersicht

	Rn
I. Normzweck	1
II. Scheidungsverbund (Abs. 1 S. 1)	3
1. Begriff des Verbunds	3
2. Anwendungsbereich	4
III. Folgesachen (Abs. 2, 3)	5
1. Entscheidung für den Fall der Ehescheidung (Abs. 2 S. 1 Halbs. 2)	5
2. Zulässige Arten von Folgesachen	6
a) Versorgungsausgleichssachen	7
b) Unterhaltssachen	8
c) Ehewohnungs- und Haushaltssachen	9
d) Güterrechtssachen	10
e) Kindschaftssachen	11
f) Auskunftsansprüche	12
3. Beteiligte	13
4. Anwendung ausländischen Rechts	14
IV. Antragsverbund (Abs. 2 S. 1, Abs. 3)	15
1. Folgesachen	15
2. Anhängigkeit der Folgesache	16
3. Behandlung der Antragsschrift	17
4. Zeitpunkt der Anhängigkeit der Folgesache	18
a) Folgesachen mit besonderer Fristbindung	20
b) Folgesachen mit einfacher Fristbindung	21
5. Ablehnung der Einbeziehung in den Verbund	22
V. Zwangsverbund (Abs. 2 S. 2)	23
VI. Verbund durch Verweisung oder Abgabe (Abs. 4)	24
VII. Folgen der Abtrennung von Folgesachen (Abs. 5)	25
1. Allgemeines	25
2. Folgesachen nach Abs. 2	26
3. Folgesachen nach Abs. 3	27

I. Normzweck

Das FamFG hält an dem Institut des Verbunds von Scheidungssachen und Folgesachen fest. Der Verbund dient dem Schutz des wirtschaftlich schwächeren Ehegatten und wirkt übereilten Scheidungsentschlüssen entgegen, weil den Ehegatten die Auswirkungen ihrer Scheidung vor Augen geführt werden.[1] 1

§ 137 übernimmt im Kern den Regelungsgehalt des § 623 ZPO, modifiziert ihn jedoch in verschiedenen Richtungen, insbesondere inwieweit Kindschaftssachen in den Verbund einzubeziehen sind und wie Folgesachen vom Verbund abzutrennen sind. Die in Abs. 2 S. 1 Nr. 1 bis 4 aufgezählten Verfahrensgegenstände entsprechen mit leichten Modifikationen (s. Rn 8) im Grundsatz den im bisherigen § 623 Abs. 1 S. 1 ZPO genannten Gegenständen. Eine Erweiterung ergibt sich bei Unterhalts- und Güterrechtssachen, da hierzu nunmehr auch die jeweiligen Verfahren der freiwilligen Gerichtsbarkeit gehören (vgl. §§ 231 Abs. 2, 261 Abs. 2). Kindschaftssachen sind nach § 137 Abs. 3 nicht mehr kraft Gesetzes, sondern auf Antrag eines Ehegatten in den Verbund aufgenommen; angesichts der voraussetzungslosen Abtrennungsmöglichkeit nach dem bisherigen § 623 Abs. 2 S. 2 ZPO war die automatische Einbeziehung von Kindschaftssachen in den Verbund ohne Sinn.[2] Der späteste Zeitpunkt für die Geltendmachung bestimmter Antragsfolgesachen ist 2

---

[1] BGH NJW 1983, 1317 = FamRZ 1983, 461.

vorverlegt: Folgesachen nach Abs. 2 S. 1 sind spätestens zwei Wochen vor der mündlichen Verhandlung im ersten Rechtszug anhängig zu machen. Nach Abs. 4 werden – im Wesentlichen in Übereinstimmung mit dem bisherigen § 623 Abs. 5 ZPO, aber nunmehr in sämtlichen Fällen der Überleitung – automatisch sämtliche an das Gericht der Scheidungssache verwiesenen oder abgegebenen Familiensachen zu Folgesachen, sofern für sie die Voraussetzungen nach Abs. 2 und 3 gegeben sind. Abs. 5 stellt die Folgen der Abtrennung nach § 140 klar. Diese waren bislang nur für die Abtrennung nach dem bisherigen § 623 Abs. 2 S. 4 ZPO, nicht aber nach den bisherigen §§ 623 Abs. 1 S. 2, 628 ZPO gesetzlich geregelt. Abs. 5 S. 2 entspricht dem bisherigen § 623 Abs. 2 S. 4 ZPO, erstreckt die Anordnung der Fortführung als selbstständige Verfahren aber auf sämtliche Fälle der Abtrennung von Folgesachen nach Abs. 3.

II. Scheidungsverbund (Abs. 1 S. 1)

1. Begriff des Verbunds

3   Abs. 1 S. 1 enthält erstmals eine **Legaldefinition** des Begriffs Verbund. Dieser bewirkt, dass über Scheidung und Folgesachen zusammen zu verhandeln ist und gem. § 142 Abs. 1 im Fall der Scheidung über sämtliche im Verbund stehenden Familiensachen durch einheitlichen Beschluss zu entscheiden ist (sog. **Verhandlungs- und Entscheidungsverbund**; s. auch § 111 Rn 7). Darin liegt keine Verfahrensverbindung (s. unten Rn 5). Die Ehesache und sämtliche Folgesachen, also der gesamte Scheidungsverbund, unterliegen nach § 114 dem **Anwaltszwang** (s. § 114 Rn 4). Die Scheidungssache und jede Folgesache sind im Rahmen des Verbunds je für sich eigenständig, so dass es sinnvoll ist, für jede dieser Sachen eine eigene Akte zu führen und einen jeweils eigenständigen Schriftsatz zu der betreffenden Akte zu reichen (s. § 139 Rn 6), zumal gem. § 139 außer den Ehegatten weitere Beteiligte am Verbund teilnehmen, diese allerdings nur insoweit, als ihre Folgesache betroffen ist (s. § 139 Rn 1, 8). Wesentlicher Grund für die **Eigenständigkeit von Scheidungs- und jeder Folgesache** ist der verfahrensmäßige Unterschied zwischen Ehe-, Familienstreitsache und FG-Familiensache (s. näher unten Rn 6 und § 111 Rn 28). Missachtet das Familiengericht den Entscheidungsverbund und spricht die Ehescheidung ohne die notwendige Entscheidung über die Folgesachen aus, liegt ein wesentlicher Verfahrensmangel vor, der zur Aufhebung des Urteils und regelmäßig zur Zurückverweisung der Sache an das Familiengericht führt, ohne dass es eines entsprechenden Antrags bedarf (§ 69 Abs. 1 S. 2). Zur einheitlichen Endentscheidung im Entscheidungsverbund s. näher § 142 Rn 3.

2. Anwendungsbereich

4   Der Verbund mit Folgesachen ist auf Verfahren in Scheidungssachen begrenzt, wie sich aus der Stellung des § 137 im Unterabschnitt 2 (§§ 133 ff., Verfahren in Scheidungs- und Folgesachen) ergibt. Eine Ausweitung auf andere Ehesachen nach Unterabschnitt 1 (§§ 121 ff.) ist ausgeschlossen. Zulässig sind Folgesachen aber in scheidungsähnlichen Verfahren nach ausländischem Sachrecht, wie Ehetrennungsverfahren nach italienischem Recht.[3] Zulässig ist es nach § 126 Abs. 3 Aufhebung und Scheidung derselben Ehe in demselben Verfahren zu begehren, mit Vorrang der Eheaufhebung. Kommt es zur Eheaufhebung, ist die Verbindung mit Folgesachen unzulässig. Ist der Eheaufhebungsantrag unzulässig, tritt auf Grund des bislang hilfsweisen, nun jedoch zu verbescheidenden Scheidungsantrags der Scheidungsverbund ein.

III. Folgesachen (Abs. 2, 3)

1. Entscheidung für den Fall der Ehescheidung (Abs. 2 S. 1 Halbs. 2)

5   Folgesachen stehen im Eventualverhältnis zur Ehescheidung; Anträge zu Folgesachen sind hilfsweise für den Fall der Ehescheidung gestellt. Ist dem Scheidungsantrag stattzuge-

---

[2] BT-Drs. 16/6308 S. 230.
[3] OLG Karlsruhe FamRZ 1999, 1680; Baumbach/Hartmann § 137 FamFG Rn 3.

ben, ist gem. §§ 137 Abs. 1, 142 Abs. 1 über Scheidung und Folgesachen zusammen zu verhandeln und zu entscheiden (s. oben Rn 3, § 142 Rn 1). Vor Rechtskraft des Scheidungsausspruchs werden die Entscheidungen in Folgesachen nicht wirksam (§ 148). Dies bedeutet zugleich, dass die Entscheidungen in Folgesachen Wirksamkeit nur für die Zeit ab der Rechtskraft des Scheidungsausspruchs haben. Wird der Scheidungsantrag zurückgenommen oder abgewiesen, werden Folgesachen grundsätzlich gegenstandslos (vgl. §§ 141 S. 1, 142 Abs. 2 S. 1; zu Ausnahmen s. §§ 141 S. 2 und 3, 142 Abs. 2 S. 2 und 3). Folgesachenverfahren sind Erkenntnisverfahren; die über Folgesachen im Scheidungsverbund ergehenden Entscheidungen bedürfen vielfach der Vollstreckung. Diese Vollstreckungsverfahren (s. § 111 Rn 13 ff.) nach Abschluss des Scheidungsverbundverfahrens sind keine Folgesachen, sondern selbstständige Verfahren,[4] die außerhalb des Scheidungsverbunds stattfinden. Anderes gilt für die notwendig innerhalb des Scheidungsverbunds durchzuführenden Vollstreckungsverfahren wegen der die Verbundentscheidung in einer Folgesache vorbereitenden Teilentscheidung über die in Rn 12 genannten Ansprüche.

2. Zulässige Arten von Folgesachen

Abs. 2 und 3 legen fest, welche Familiensachen Folgesachen sein können. Nicht aufgenommen in den Katalog der möglichen Folgesachen sind andere Familiensachen, wie etwa die sonstigen Familiensachen nach § 266, um einer Überfrachtung des Verbundverfahrens mit der Folge einer übermäßigen Verzögerung der Scheidung zu begegnen. Hinsichtlich des auf das Verfahren der jeweiligen Folgesache anzuwendenden Verfahrensrechts ist zu unterscheiden, ob es sich um eine **Folgesache in einer Familiensache der freiwilligen Gerichtsbarkeit,** deren Verfahrensrecht sich – wie jeder Familiensache der freiwilligen Gerichtsbarkeit – direkt nach dem FamFG, und hierbei insbesondere nach den besonderen Verfahrensvorschriften der §§ 23 bis 37, 151 ff., 200 ff. und 217 ff. richtet (s. § 111 Rn 28), oder um eine **Familienstreitfolgesache** handelt, deren Verfahrensrecht sich – wie jeder Familienstreitsache – nach Maßgabe des § 113 Abs. 1 S. 1 und 2 teils nach dem FamFG, im Wesentlichen aber nach der ZPO bestimmt (s. § 112 Rn 3). **Folgesachen können sein:** 6

a) **Versorgungsausgleichssachen** (s. zu den einzelnen Arten von Versorgungsausgleichssachen § 217 Rn 3 ff.), die **Folgesachen in den Familiensachen der freiwilligen Gerichtsbarkeit** sind, werden zu Folgesachen entweder auf Antrag nach Abs. 2 S. 1 Nr. 1 (s. unten Rn 15) oder von Amts wegen nach Abs. 2 S. 2 (s. unten Rn 23); unzulässig ist im Scheidungsverbund die Entscheidung über Ausgleichsansprüche nach der Scheidung gem. §§ 20 ff. VersAusglG, dem früheren schuldrechtlichen Versorgungsausgleich, dem Grunde nach[5] und die Feststellung, dass nach Durchführung des Wertausgleichs bei der Scheidung gem. §§ 9 ff. VersAusglG, dem früheren öffentlich-rechtlichen Versorgungsausgleich, im Übrigen ein späterer (schuldrechtlicher) Versorgungsausgleich vorbehalten bleibt.[6] 7

b) **Unterhaltssachen**; diese **Familienstreitfolgesachen** betreffen ausschließlich für die nacheheliche Zeit, also **ab Rechtskraft der Scheidung,** die Unterhaltspflicht gegenüber einem gemeinschaftlichen Kind der Ehegatten, mit Ausnahme des vereinfachten Verfahrens über den Unterhalt Minderjähriger nach §§ 249 ff., und die durch die Ehe der Ehegatten begründete gesetzliche Unterhaltspflicht nach §§ 1569 ff. BGB (s. zu den einzelnen Arten von Unterhaltssachen § 231 Rn 4 ff.); hierzu gehören nunmehr grundsätzlich auch die jeweiligen Verfahren der freiwilligen Gerichtsbarkeit (vgl. §§ 231 Abs. 2).[7] Unzulässig ist die Geltendmachung von Unterhalt im Scheidungsverbund für die Trennungszeit, also die Zeit bis zur Rechtskraft der Ehescheidung;[8] solche Verfahren sind nach §§ 113 Abs. 1 S. 2 FamFG, 145 Abs. 1 ZPO vom Scheidungsverbund abzutrennen. Für den Ehegattenunterhalt folgt dies aus dem Grundsatz der Nichtidentität von Trennungs- und 8

---

[4] BGH FamRZ 1986, 789; 1988, 1256.
[5] BGH FamRZ 1984, 251.
[6] BGH FamRZ 1995, 1481; 2004, 1024.
[7] BT-Drs. 16/6308 S. 230.
[8] BGH FamRZ 1982, 781; 1985, 578.

nachehelichem Unterhalt.⁹ Die Rechtshängigkeit eines selbständigen Kindesunterhaltsverfahrens nach § 231 Abs. 1 Nr. 1 steht gem. §§ 113 Abs. 1 S. 2 FamFG, 261 Abs. 3 Nr. 1 ZPO der Einbeziehung einer Kindesunterhaltssache für die nacheheliche Zeit in den Scheidungsverbund entgegen, es sei denn das rechtshängige Verfahren betrifft Kindesunterhalt ausdrücklich nur für die Zeit bis zur Rechtskraft der Scheidung; der Grundsatz der Nichtidentität gilt nicht für Kindesunterhalt. Die **Abänderung eines Titels** über **Kindesunterhalt** nach §§ 238 f. ist im Scheidungsverbund möglich, soweit nur die nacheheliche Zeit betroffen ist.

8 a   Gem. § 1629 Abs. 3 S. 1 BGB kann der Ehegatte/Elternteil, dem die elterliche Sorge zur Geltendmachung von Kindesunterhalt allein zusteht (§ 1629 Abs. 1 S. 1 BGB) oder in dessen Obhut[10] sich bei gemeinsamer elterlicher Sorge das gemeinschaftliche Kind befindet (§ 1629 Abs. 2 S. 2 BGB), Unterhaltsansprüche des Kindes während der Anhängigkeit der Ehesache **nur im eigenen Namen** als **gesetzlicher Verfahrensstandschafter** geltend machen (s. auch Rn 13); eine von einem Elternteil erwirkte gerichtliche Entscheidung und ein zwischen den Eltern geschlossener gerichtlicher Vergleich wirken auch für und gegen das Kind (§ 1629 Abs. 3 S. 2 BGB). Die gesetzliche Verfahrensstandschaft endet insbesondere mit der Rechtskraft der Ehescheidung, wobei ein in gesetzlicher Prozessstandschaft eingeleitetes Verfahren auch in dieser Form zum Abschluss gebracht werden kann,[11] und mit der Änderung der gesetzlichen Vertretung bzw. einem Obhutswechsel, womit der Antrag des bisher betreuenden Elternteils unzulässig wird, dieser allerdings im Wege der Antragsänderung einen eigenen familienrechtlichen Ausgleichsanspruch gegen den nun betreuenden Elternteil geltend machen kann.[12] Bei Eintritt der Volljährigkeit des Kindes kommt es zu einem Beteiligtenwechsel kraft Gesetzes (s. auch Rn 13). Zur Verfahrenskostenhilfe bei Verfahrensstandschaft s. § 231 Rn 25 und zur Zwangsvollstreckung in Kindesunterhaltsstreitsachen s. näher § 231 Rn 27.

8 b   Statthaft ist die Geltendmachung von Unterhalt im Scheidungsverbund im Wege des **Stufenantrags** nach §§ 113 Abs. 1 S. 2 FamFG, 254 Abs. 1 ZPO (s. dazu näher Rn 12, § 235 Rn 1 f., zur Stufenklage § 113 Rn 7 a „§ 254 ZPO"). Ändern sich die Unterhaltsverhältnisse nach Erlass der Scheidungsverbundentscheidung bis zur Rechtskraft der Scheidung, kann dies im Wege der **Beschwerde**, insbesondere auch der **Anschlussbeschwerde**, geltend gemacht werden (s. § 145 Rn 4 ff., § 238 Rn 47 ff.). Der Unterhaltsschuldner kann bei gegebenem Feststellungsinteresse **negativen Feststellungsantrag** stellen, dass er weniger oder keinen nachehelichen Unterhalt schuldet, wenn der Unterhaltsberechtigte sich, auch im Rahmen eines außerhalb des Scheidungsverbunds geführten selbstständigen einstweiligen Anordnungsverfahrens nach §§ 49 ff., für die nacheheliche Zeit höheren Unterhalts berühmt oder wenn eine einstweilige Anordnung besteht, die über die Rechtskraft der Ehescheidung hinaus Bestand hat[13] (vgl. auch § 54 Rn 9, § 56 Rn 4, § 231 Rn 17, § 246 Rn 8), und die Einleitung eines Hauptsacheverfahrens über nachehelichen Unterhalt nach § 52 unterblieben ist (vgl. § 246 Rn 8 f.);

9   c) **Ehewohnungs- und Haushaltssachen** für die nacheheliche Zeit nach § 200 Abs. 1 Nr. 2 und Abs. 2 Nr. 2 (s. zu den einzelnen Arten dieser Familiensachen § 200 Rn 5 ff.) sind **Folgesachen in den Familiensachen der freiwilligen Gerichtsbarkeit;**

10   d) **Güterrechtssachen** (s. zu den einzelnen Arten § 261 Rn 2 ff.), die die Zeit ab Rechtskraft der Scheidung betreffen (§§ 1378 Abs. 1, 1477 Abs. 2,[14] 1478 Abs. 2[15] BGB), stellen **Familienstreitfolgesachen** dar; hierzu gehören nunmehr grundsätzlich auch die jeweiligen Verfahren der freiwilligen Gerichtsbarkeit (vgl. § 261 Abs. 2).[16] Dazu zählt nicht

---

[9] BGH FamRZ 1980, 1099; 1981, 242.
[10] Zu Einzelheiten s. Palandt/Diederichsen § 1629 Rn 31, zum Wechselmodell BGH NJW 2006, 2258.
[11] BGH FamRZ 1990, 283.
[12] S. dazu BGH FamRZ 1989, 850.
[13] S. hierzu ausdrücklich BT-Drs. 16/6308 S. 202; BGH NJW 1995, 2032; zum Verhältnis von Feststellungs- und Leistungsentscheidung s. BGH NJW 1997, 870.
[14] OLG Karlsruhe FamRZ 1982, 286.
[15] BGH FamRZ 1988, 925.
[16] BT-Drs. 16/6308 S. 230.

das Verfahren auf vorzeitigen Zugewinnausgleich nach § 1386 BGB[17] und auf Zustimmungsersetzung nach §§ 1365 Abs. 2, 1369 Abs. 2, 1426, 1430 und 1452 BGB, da sie nicht für den Fall der Scheidung Geltung beanspruchen;

e) **Kindschaftssachen** (s. zu den einzelnen Arten § 151 Rn 3), die **Folgesachen in den Familiensachen der freiwilligen Gerichtsbarkeit** sind, aber nur soweit die – antragsabhängige – Übertragung oder die – amtswegige – Entziehung der elterlichen Sorge (§§ 1671, 1666 Abs. 1 und 2 BGB), das – von Amts wegen zu regelnde – Umgangsrecht (§ 1684 BGB) oder die – antragsabhängige – Herausgabe eines gemeinschaftlichen Kindes der Ehegatten (§ 1632 Abs. 1 BGB) einschließlich der – grundsätzlich amtswegigen – Verbleibensanordnung (§ 1632 Abs. 4 BGB) oder das Umgangsrecht eines Ehegatten mit dem Kind des anderen Ehegatten (§ 1685 Abs. 2 BGB) betroffen ist, aber auch entsprechende Abänderungsverfahren nach § 1696 BGB für die Zeit ab der Rechtskraft der Scheidung;

f) **Auskunfts-, Belegvorlage-, Wertermittlungsansprüche** und **Ansprüche auf Abgabe** einer **eidesstattlichen** oder **schriftlichen Versicherung** aus dem Bereich Versorgungsausgleich, Unterhalt und Güterrecht können im Scheidungsverbund nicht isoliert geltend gemacht werden, sondern nur – hinsichtlich der Familienfolgesache der freiwilligen Gerichtsbarkeit in der Form eines Zwischenantrags, hinsichtlich der Familienstreitfolgesachen im Rahmen eines Stufenantrags – zur Vorbereitung bzw. Bezifferung des Ausgleichs- oder Zahlungsanspruchs.[18] Über diesen ist dann nach § 142 Abs. 1 zusammen mit dem Ausspruch der Ehescheidung im Scheidungsverbund zu entscheiden. Die genannten vorbereitenden Ansprüche sind vorweg durch Beschluss als Teilentscheidung ohne Kostenentscheidung zu verbescheiden. Die Teilentscheidung über die vorbereitenden Ansprüche und die einheitliche Endentscheidung über den Ausgleichs- oder Zahlungsanspruch dürfen sich nicht widersprechen. Eine Zwangsvollstreckung einer Teilentscheidung über einen vorbereitenden Anspruch ist vorab durchzuführen, was im Einzelfall zu einer deutlichen Verzögerung der Scheidungsverbundendentscheidung führen kann.

3. Beteiligte

Nur in einem notwendigen Umfang sind außer den Ehegatten weitere Personen oder Institutionen am Verbundverfahren beteiligt. Bei dem **Versorgungsausgleich** sind dies die in § 219 Nr. 2 und 3 genannten Versorgungsträger, in **Ehewohnungssachen** die in § 204 genannten Beteiligten. Wegen der gesetzlichen Verfahrensstandschaft des Ehegatten, in dessen Obhut sich ein gemeinschaftliches Kind befindet (§ 1629 Abs. 3 S. 1 BGB; s. Rn 8), ist die Beteiligung minderjähriger Kinder im Scheidungsverbundverfahren ausgeschlossen. **Kindesunterhalt** im Scheidungsverbund kann auch jeder Ehegatte im eigenen Namen im Scheidungsverbund geltend machen, der die Übertragung der elterlichen Sorge im Rahmen der Kindschaftsfolgesache auf sich begehrt; denn für den Fall der Sorgerechtsübertragung im Scheidungsverbundbeschluss muss auch der Kindesunterhalt zu Gunsten des Sorgerechtinhabers tituliert sein. Die **gesetzliche Verfahrensstandschaft** (s. auch Rn 8) dauert über die Rechtskraft der Scheidung bis zum Abschluss des Unterhaltsverfahrens fort; dies gilt nur dann nicht, wenn die elterliche Sorge einem anderen zusteht.[19] Ist oder wird das Kind volljährig, muss die Unterhaltssache abgetrennt werden, da das Kind selbst an Stelle des Elternteils in das Verfahren eintritt;[20] gleiches gilt bei Eintritt der Vormundschaft oder **Unterhaltspflegschaft**[21] oder bei Beteiligung einer weiteren Person in einer Güterrechtsfolgesache (§ 140 Abs. 1). Erhält der Elternteil die elterliche Sorge, der auf Kindesunterhalt in Anspruch genommen ist, hat der andere Elternteil die Kindesunterhaltsfolgesache in der Hauptsache für erledigt zu erklären, andernfalls ist sein Antrag mangels Vertretungsbefugnis für das Kind als unzulässig abzuweisen. Dass und inwieweit in

---

[17] KG FamRZ 2001, 166 mit krit. Anmerkung Gottwald.
[18] BGH NJW 1997, 2176 = FamRZ 1997, 811; FamRZ 1995, 597; FamRZ 1982, 151; NJW 1979, 1603 = FamRZ 1979, 690.
[19] BGH FamRZ 1990, 283.
[20] BGH FamRZ 1990, 283; NJW-RR 1985, 323 = FamRZ 1985, 471.
[21] OLG Dresden FamRZ 2010, 1995 (Ergänzungspflegschaft zur Geltendmachung von Kindesunterhalt gegenüber dem allein sorgeberechtigten Vater).

Kindschaftsfolgesachen Dritte zu beteiligen sind, ergibt sich aus §§ 158 ff.; zu Einzelheiten s. dort. Die Art und Weise der Verfahrensteilnahme weiterer Beteiligter und dritter Personen regelt § 139; zu Einzelheiten s. dort. Zur Zwangsvollstreckung in Kindesunterhaltsstreitsachen s. näher § 231 Rn 27.

4. Anwendung ausländischen Rechts

14   Ist auf Folgesachen ausländisches Sachrecht anzuwenden, können Scheidungsfolgen im Scheidungsverbund geltend gemacht werden, die dem deutschen Recht unbekannt sind, soweit die Scheidungsfolge als Familiensache nach § 111 zu qualifizieren ist.[22] Zu Folgesachen im Ehetrennungsverfahren nach ausländischem Recht s. Rn 4.

IV. Antragsverbund (Abs. 2 S. 1, Abs. 3)

1. Folgesachen

15   Mit Ausnahme der in Rn 23 genannten besonderen Versorgungsausgleichsverfahren, hinsichtlich derer ein Zwangsverbund besteht, entsteht der Scheidungsverbund nur, wenn ein Ehegatte eine andere, antragsabhängige Versorgungsausgleichssache nach Abs. 2 S. 1 Nr. 1 (s. dazu im Einzelnen Rn 23), eine Unterhaltssache nach Abs. 2 S. 1 Nr. 2, eine Ehewohnungs- oder Haushaltssache nach Abs. 2 S. 1 Nr. 3 oder eine Güterrechtssache nach Abs. 2 S. 1 Nr. 4 bei dem Gericht der Scheidungssache anhängig macht und sich aus der entsprechenden, nach § 114 Abs. 1 dem Anwaltszwang unterliegenden (s. § 114 Rn 4) **Antragsschrift** – zumindest konkludent – ergibt, dass die Familiensache für den Fall der Ehescheidung, und damit ausschließlich für die nacheheliche Zeit, zu entscheiden ist (vgl. Rn 5); eines besonderen verfahrensrechtlichen Antrags bedarf es hier nicht. Bei einer Kindschaftssache nach Abs. 3 setzt die Einleitung des Scheidungsverbunds aber voraus, dass ein Ehegatte den verfahrensrechtlichen, nach § 114 Abs. 1 dem Anwaltszwang unterliegenden (s. § 114 Rn 4) **Antrag** auf Einbeziehung in den Verbund stellt.

2. Anhängigkeit der Folgesache

16   Die Anhängigkeit einer Folgesache der freiwilligen Gerichtsbarkeit nach Abs. 2 S. 1 Nr. 1 bis 4 tritt ein mit der **Einreichung einer** anwaltlichen (zum Anwaltszwang s. § 114 Abs. 1) **Antragsschrift** (§§ 23, 113 Abs. 5 Nr. 2, Abs. 1 S. 2 FamFG, 253 ZPO), in der die Folgesache mit der nach §§ 23 Abs. 1, 113 Abs. 1 S. 2 FamFG, 253 Abs. 2 ZPO erforderlichen Begründung unbedingt zur alsbaldigen Entscheidung des Familiengerichts gestellt wird. Bei gleichzeitiger Einreichung eines Verfahrenskostenhilfegesuchs und einer Antragsschrift wird neben dem Verfahrenskostenhilfegesuch auch die Folgesache als solche anhängig, es sei denn, der antragstellende Beteiligte stellt eindeutig klar, dass er den Antrag nur unter der Voraussetzung der Verfahrenskostenhilfebewilligung stellen will, etwa indem er dies im Text selbst unmissverständlich kundtut oder die Antragsschrift nur als Anlage zum Verfahrenskostenhilfegesuch einreicht, sie als Entwurf bezeichnet oder nicht unterschreibt;[23] mit der Einreichung eines Verfahrenskostenhilfegesuchs allein entsteht der Scheidungsverbund nicht.[24]

3. Behandlung der Antragsschrift

17   Die Antragsschrift in einer Folgesache der freiwilligen Gerichtsbarkeit nach Abs. 2 S. 1 Nr. 1 und 3 ist an die übrigen Beteiligten zu übermitteln (§ 23 Abs. 2), in einer Familien-

---

[22] KG FamRZ 1980, 471 (Morgengabe); OLG Karlsruhe FamRZ 2003, 725 (Ehebruchsentschädigung nach türkischem Recht); OLG Karlsruhe FamRZ 1999, 1680; Baumbach/Hartmann § 137 FamFG Rn 3; Jayme IPRax 1985, 46; IPRax 1990, 254; Roth ZZP 103, 18; a. A. KG FamRZ 2005, 1685 (Morgengabe).
[23] BGH FamRZ 1996, 1142.
[24] Zum Meinungsstand s. BVerfG NJW-RR 2002, 793 = FamRZ 2002, 665; a. A. OLG Koblenz, NJW 2008, 2929 = FamRZ 2008, mit krit. Anm. Unger und Keuter FamRZ 2009, 276; Baumbach/Hartmann § 137 FamFG Rn 10; Johannsen/Henrich/Markwardt § 137 FamFG Rn 14 a. E.; MünchKommZPO/ Heiter § 137 FamFG Rn 35 mit dem Hinweis, dass ein isolierter Antrag auf Verfahrenskostenhilfe für eine beabsichtigte Folgesache das Familiengericht zur Vertagung bis zur Entscheidung über den Verfahrenskostenhilfeantrag zwingt; Prütting/Helms § 137 Rn 50.

streitfolgesache nach Abs. 1 S. 1 Nr. 2 und 4 dem gegnerischen Beteiligten zuzustellen (§§ 113 Abs. 1 S. 2 FamFG, 253 Abs. 1 ZPO). Dies darf nach § 14 Abs. 1 S. 2 FamGKG nicht von einem Vorschuss abhängig gemacht werden.

4. Zeitpunkt der Anhängigkeit der Folgesache

Zu unterscheiden ist zwischen zwei verschiedenen Zeitpunkten für die rechtzeitige 18 Einbeziehung von Familiensachen als Folgesachen in den Scheidungsverbund:

a) Folgesachen mit besonderer Fristbindung 19

aa) Zweiwochenfrist. Die Familiensachen nach Abs. 2 S. 1 Nr. 1 bis 4 (Rn 15) müssen **spätestens zwei Wochen vor der mündlichen Verhandlung** im ersten Rechtszug in der Scheidungssache von einem Ehegatten anhängig gemacht werden.[25] Diese Frist geht auf eine Anregung des Bundesrates zurück,[26] der die Bundesregierung zugestimmt hat. Die Scheidungsfolgesachen sollen nicht mehr – wie früher – noch in der mündlichen Verhandlung des ersten Rechtszugs anhängig gemacht werden können. Dadurch soll vermieden werden, dass im Scheidungsverbund „Verhandlungsmasse" geschaffen wird, taktische Vorteile entstehen und Terminverzögerungen notwendig werden. Eine Zurückweisung nach § 115 ist nicht möglich, da die an sich zulässige Einführung eines neuen Verfahrensgegenstands kein Angriffs- oder Verteidigungsmittel i. S. dieser Vorschrift darstellt. Die Frist von zwei Wochen dürfte zu kurz gewählt sein, um den gewünschten Erfolg zu erreichen. Zu einer Terminsverschiebung wird es vielfach kommen, denn die Antragsschrift ist dem oder den übrigen Beteiligten zur Kenntnis zu geben (vgl. Rn 17); es ist rechtliches Gehör zu gewähren. Nach §§ 113 Abs. 1 S. 2 FamFG, 274 Abs. 3 S. 1 ZPO muss zwischen der Zustellung der Antragsschrift und dem Termin zur mündlichen Verhandlung ein Zeitraum von mindestens zwei Wochen liegen, wobei diese Einlassungsfrist allerdings nach §§ 113 Abs. 1 S. 2 FamFG, 226 Abs. 1 ZPO abgekürzt werden kann, wofür aber ein Antrag eines Beteiligten Voraussetzung ist. Die Einhaltung der Mindestladungsfrist von einer Woche gem. §§ 113 Abs. 1 S. 2 FamFG, 217 ZPO ist nicht ausreichend.[27] Im Übrigen gelten die Grundsätze über die Wiedereröffnung der mündlichen Verhandlung nach §§ 113 Abs. 1 S. 2 FamFG, 296 a ZPO.

bb) Folgen der Fristversäumnis. „**Mündliche Verhandlung**" i.S. des Abs. 2 S. 1 ist die 20 **letzte** mündliche Verhandlung, in der der gesamte Scheidungsverbund, also die Scheidungssache selbst und sämtliche Folgesachen, entscheidungsreif ist und auf die die einheitliche Endentscheidung (§ 142 Abs. 1) ergeht.[28] Wird eine neue mündliche Verhandlung oder das diese nach §§ 113 Abs. 1 S. 2 FamFG, 128 Abs. 2 ZPO ersetzende schriftliche Verfahren erforderlich, liegt keine Fristversäumnis nach Abs. 2 S. 1 vor und die anhängig gemachte Familiensache ist als Folgesache in den Scheidungsverbund einzubeziehen. Ist der Scheidungsverbund entscheidungsreif und ergeht die einheitliche Endentscheidung, ist die verspätet als Folgesache geltend gemachte Familiensache als selbstständige Familiensache zu behandeln; hierin liegt keine Abtrennung nach § 140, sondern nach § 145 ZPO.[29] Die Fortführung der Folgesache als selbständige Familiensache ist nur im Rahmen eines Rechtsmittels gegen den Scheidungsbeschluss anfechtbar (s. § 140 Rn 20).[30] Entsprechendes gilt bei einer Abweisung des Antrags in der Folgesache als unzulässig.[31] Soweit der mit der abzutrennenden Folgesache geltend gemachte Anspruch die Rechtskraft der Ehescheidung

---

[25] Zur Fristberechnung s. OLG Hamm BeckRS 2008, 09244; a. A. Grandel FF 2011, 133.
[26] BT-Drs. 16/6308 S. 374 Nr. 43.
[27] OLG Oldenburg FPR 2011, 53 = FamRZ 2010, 2015 mit Anm. Löhnig, die Rechtsbeschwerde ist beim BGH – XII ZB 447/10 – anhängig (4 Wochen); OLG Stuttgart NJW 2011, 1522; Hoppenz FPR 2011, 23, 25 (20 Tage).
[28] OLG Hamm FamRZ 2010, 2091; Musielak/Borth § 137 Rn 27; SBW/Schröder § 137 Rn 3; Johannsen/Henrich/Markwardt § 137 FamFG Rn 14; instruktiv Gerhards NJW 2010, 1697 f.; a. A. MünchKommZPO/Heiter § 137 FamFG Rn 47; Prütting/Helms § 137 Rn 47, der auf den Grundsatz der Einheit der mündlichen Verhandlung abstellt.
[29] MünchKommZPO/Heiter § 137 FamFG Rn 45, 50; vgl. auch BGH NJW 1997, 2176 = FamRZ 1997, 811; a. A. Musielak/Borth § 137 Rn 28: Antragsabweisung als unzulässig.
[30] OLG Bremen NJW-RR 2011, 294 = FamRZ 2011, 753; OLG Oldenburg FamRZ 2010, 2015.
[31] OLG Stuttgart NJW 2011, 1522.

voraussetzt, wie bei dem Anspruch auf nachehelichen Unterhalt oder Zugewinnausgleich bei Scheidung, ist die Fortsetzung als selbstständige Familiensache nur zulässig, wenn diese Voraussetzung bei der ersten mündlichen Verhandlung erfüllt ist; andernfalls ist der Antrag auf Ansprüche oder Zeiträume, die nicht die Rechtskraft der Ehescheidung voraussetzen, umzustellen, zurückzunehmen oder als unzulässig abzuweisen.[32] Bei Beschwerdeeinlegung wird diese Familiensache nicht automatisch zur Folgesache in der zweiten Instanz. Anderes gilt aber, wenn das Beschwerdegericht die Scheidungssache unter Aufhebung einer den Scheidungsantrag ablehnenden Endentscheidung an das Familiengericht zurückverweist; dann sind alle, auch die nun neu rechtzeitig anhängig gemachten Folgesachen in den Scheidungsverbund einzubeziehen.[33]

21 **b) Folgesachen mit einfacher Fristbindung** sind die Kindschaftssachen nach Abs. 3 (s. Rn 11). Der hier erforderliche **verfahrensrechtliche Antrag** auf Einbeziehung in den Verbund (s. Rn 15) kann frühestens mit der Einreichung des Scheidungsantrags und muss spätestens vor dem **Schluss der mündlichen Verhandlung** in der ersten Instanz der Scheidungssache gestellt werden; nach §§ 23, 24 und wegen des hier geltenden Amtsermittlungsgrundsatzes (§ 26) ist Rechtshängigkeit eines Sachantrags ebenso wenig erforderlich wie eine schlüssige Sachantragsbegründung.[34] Kindschaftssachen sind daher nicht mehr, auch wenn sie gleichzeitig mit der Scheidungssache, jedoch unabhängig von ihr anhängig sind, kraft Gesetzes in den Verbund aufzunehmen.

5. Ablehnung der Einbeziehung in den Verbund (Abs. 3 letzter Halbs.)

22 Hält das Familiengericht die Einbeziehung der Kindschaftssache aus Gründen des Kindeswohls nicht für sachgerecht, etwa weil die Endentscheidung in der Kindschaftssache drängt und ein Abwarten bis zur vollständigen Scheidungsverbundentscheidung dem Kindeswohl widerspricht, lehnt es die Einbeziehung der Kindschaftssache als Folgesache in den Verbund ab und führt die Sache als selbständige Familiensache fort (s. Rn 27). Die Entscheidung ist gem. § 140 Abs. 6 Halbs. 2 nicht selbstständig anfechtbar (s. dazu § 140 Rn 19 f.).

V. Zwangsverbund (Abs. 2 S. 2)

23 Antragsunabhängig und **von Amts wegen als Folgesache einzuleiten** ist das Versorgungsausgleichsverfahren in den Fällen der §§ 6–19, 28 VersAusglG (Wertausgleich bei der Scheidung durch interne oder externe Teilung, auch eines Anrechts der Privatvorsorge wegen Invalidität, u. U. durch schuldrechtlichen Ausgleich,[35] oder auf Grund Vereinbarung aller betroffenen Beteiligten, gegebenenfalls auch der teilweise oder vollständige Ausschluss des Versorgungsausgleichs), ebenso auch im Fall des § 3 Abs. 3 VersAusglG (Ausschluss des Versorgungsausgleichs bei kurzer Ehezeit),[36] und zwar unabhängig von einer – materiellrechtlich und nicht i. S. d. Abs. 2 S. 1 Nr. 1 verfahrensrechtlich zu verstehenden[37] sowie nicht nach Abs. 2 S. 1 fristgebundenen[38] – Antragstellung eines Ehegatten (dazu besteht nach § 114 Abs. 4 Nr. 7 kein Anwaltszwang, s. dort Rn 22), da nach § 224 Abs. 3 in der Beschlussformel zum Versorgungsausgleich festzustellen ist, inwieweit ein Wertausgleich bei der Scheidung nach § 3 Abs. 3 VersAusglG nicht stattfindet, insoweit also eine gerichtliche und gegebenenfalls auch anwaltliche Prüfung der Voraussetzungen dieser Vorschrift zu erfolgen hat. Die Einleitung als Folgesache unterbleibt, wenn der Scheidungsantrag von vornherein abweisungsreif ist,[39] von vornherein feststeht, dass die Ehegatten keine Versorgungsanwartschaften erworben haben oder nach Art. 17 Abs. 3 S. 1 2. Halbs. EGBGB ein Versorgungsausgleich nicht durchzuführen ist. Die Einleitung der Folgesache liegt noch

---

[32] Hoppenz FPR 2011, 23.
[33] Musielak/Borth § 137 Rn 27.
[34] OLG Zweibrücken FamRZ 1998, 1525.
[35] MünchKommBGB/Dörr Vor §§ 217–229 Rn 5.
[36] Johannsen/Henrich/Hahne § 3 VersAusglG Rn 13; MünchKommZPO/Heiter § 137 FamFG Rn 61; a. A. Johannsen/Henrich/Markwardt § 137 FamFG Rn 6.
[37] MünchKommZPO/Heiter § 137 FamFG Rn 61.
[38] OLG Karlsruhe NJW 2010, 2445; OLG Dresden NJW-RR 2011, 154 = FamRZ 2011, 483.
[39] KG FamRZ 1979, 169.

nicht in der Anfrage des Familiengerichts bei den Parteien, ob in der Ehezeit Versorgungsanwartschaften erworben wurden, sondern beginnt mit der Aufnahme von Ermittlungen durch das Familiengericht.[40] **Antragsabhängig** nach Abs. 2 S. 1 Nr. 1 ist hingegen die Durchführung des Versorgungsausgleichs nach Art. 17 Abs. 3 S. 2 EGBGB, des – im Scheidungszeitpunkt nur ausnahmsweise gegebenen – Ausgleichs sonstiger Ansprüche nach der Scheidung gem. §§ 20 ff. VersAusglG[41] und der Anpassung wegen Unterhalts nach §§ 33 f. VersAusglG.[42]

VI. Verbund durch Verweisung oder Abgabe (Abs. 4)

Abs. 4 stellt klar, dass es Folgesachen nur beim Gericht der Scheidungssache geben kann. Die Vorschrift beruht auf dem Konzentrationsprinzip für Familiensachen. Dieses sichert § 23 b Abs. 2 GVG innerhalb der Familiengerichte eines AG und gewährleisten bezüglich jeder selbstständigen Familiensache, die nach Abs. 2 und 3 verbundfähig ist, die Vorschriften der §§ 153, 202, 218 Nr. 1 für die Kindschafts-, Ehewohnungs-, Haushalts- und Versorgungsausgleichssachen sowie §§ 233, 263 für die Unterhalts- und Güterrechtssachen und außerdem § 268 für die – jedoch nicht verbundfähigen – sonstigen Familiensachen (s. § 111 Rn 34). Die Rechtshängigkeit der Ehesache führt nach diesen Vorschriften von Amts wegen zur Abgabe an das Gericht der Ehesache. Möglich ist auch die Verweisung nach §§ 3, 113 Abs. 1 S. 2 FamFG, 281 ZPO und die Abgabe nach § 4 an das Gericht der Scheidungssache. In allen diesen Fällen der Verweisung oder Abgabe werden die Familiensachen, die nach Abs. 2 oder 3 verbundfähig sind (s. Rn 4), mit der Anhängigkeit bei dem Gericht der Scheidungssache automatisch zu Folgesachen mit der Folge des Anwaltszwang (s. § 114 Rn 5). Ihren Charakter als Folgesachen verlieren die Familiensachen wieder mit Abtrennung nach Abs. 3 letzter Halbs. und nach § 140.

VII. Folgen der Abtrennung von Folgesachen (Abs. 5)

1. Allgemeines

Abs. 5 regelt die Folgen der Abtrennung für die Folgesachen nach Abs. 2 und 3. Die Abtrennung bedeutet, dass der Scheidungsbeschluss, obwohl er eigentlich eine Teilentscheidung ist, mit einer Kostenentscheidung nach § 150 zu versehen ist.[43] Das abgetrennte Verfahren ist auch dann fortzusetzen, wenn gegen den Scheidungsausspruch Beschwerde eingelegt wird (s. dazu § 140 Rn 20). Der Antrag in der abgetrennten Folgesache kann in seinem Umfang geändert werden, gegebenenfalls um einen Auskunftsantrag erweitert werden.[44] Eine vor der Abtrennung bewilligte Verfahrenskostenhilfe wirkt fort (s. unten Rn 26).[45]

2. Folgesachen nach Abs. 2

Die hier betroffenen Folgesachen nach Abs. 2 sind näher oben in Rn 7 bis 10 beschrieben. Es handelt sich um Versorgungsausgleichs-, Unterhalts-, Ehewohnungs- und Haushalts- sowie Güterrechtssachen. Ihre Abtrennung vom Scheidungsverbund erfolgt unter den Voraussetzungen des § 140 (s. näher dort Rn 2). Abs. 5 legt fest, dass die Eigenschaft als Folgesache für die Verfahren, die die Voraussetzungen des Abs. 2 erfüllen, auch nach einer Abtrennung fortbesteht.[46] Dies ist sachgerecht, da die Abtrennung nichts daran ändert, dass eine Entscheidung für den Fall der Scheidung zu treffen ist. Folgesachenantrag und -ent-

---

[40] BGH NJW 1992, 3293 = FamRZ 1992, 176.
[41] MünchKommBGB/Dörr Vor §§ 217–229 Rn 5.
[42] Gutdeutsch FamRZ 2010, 1140; Bergner NJW 2010, 3545; s. auch § 111 Rn 7.
[43] OLG Karlsruhe FamRZ 1996, 881; OLG Naumburg FamRZ 2008, 1203.
[44] Zöller/Philippi 27. Aufl. § 628 ZPO Rn 19.
[45] OLG Brandenburg FamRZ 2011, 53; OLG Dresden FamRZ 2002, 1415.
[46] BGH NJW 2011, 1141 = FamRZ 2011, 635; danach gilt dies aber nicht für Übergangsfälle nach Art. 111 Abs. 4 FGG-RG, die als selbständige Familiensachen fortzuführen sind, wofür Verfahrenskostenhilfe neu zu beantragen und zu entscheiden ist. Gebührenrechtlich gelten §§ 150 Abs. 5 S. 2 FamFG, 15 Abs. 2 S. 1, 21 Abs. 3 RVG (s. § 150 Rn 11 aE).

scheidung sind dahin zu fassen, dass die Entscheidung nur die Zeit ab Rechtskraft der Ehescheidung betrifft; ist die Rechtskraft des Scheidungsausspruchs eingetreten, ist dieses Datum ausdrücklich anzugeben. Folgesache bleibt auch eine nach § 140 Abs. 1 wegen Beteiligung einer weiteren Person abgetrennte Unterhalts- und Güterrechtsfolgesache.[47] Allerdings ist eine zulässige Antragsänderung dahin möglich, dass eine Entscheidung nicht nur für den Fall der Ehescheidung, sondern auch für die Trennungszeit begehrt wird; dann verliert die Sache ihren Charakter als Folgesache.[48] Die fortbestehende Eigenschaft als Folgesache bedeutet, dass weiterhin Anwaltszwang nach § 114 besteht (s. oben Rn 3).[49] Sind mehrere Folgesachen abgetrennt, besteht der Verbund unter ihnen fort (Abs. 5 S. 1 Halbs. 2) und es ist eine einheitliche Entscheidung für den Fall der Scheidung zu treffen. Die Kostenfolge für die abgetrennten Folgesachen ergibt sich aus § 150 (s. näher dort). Gebührenmäßig gelten die Scheidungssache und die abgetrennten Folgesachen als ein Verfahren (§ 44 Abs. 1 FamGKG); sie werden als einheitliches Verfahren abgerechnet.[50] Die für das Scheidungsverbundverfahren bewilligte Verfahrenskostenhilfe erstreckt sich auf die abgetrennte Folgesache (s. § 149 Rn 7).

3. Folgesachen nach Abs. 3

27 Kindschaftsfolgesachen nach Abs. 3 werden nach einer Abtrennung gem. § 140 Abs. 2 Nr. 3 (s. näher dort Rn 6) stets als **selbständige Familiensachen,** also ohne die Beschränkung auf den Fall der Ehescheidung und damit auch auf die Zeit vor Rechtskraft der Scheidung bezogen, weitergeführt.[51] Da Kindschaftsfolgesachen als nun selbstständige Kindschaftssachen FG-Familiensachen sind, besteht kein Anwaltszwang mehr (s. § 114 Rn 8). Die Kindschaftssache steht nicht mit der zusammen mit ihr nach § 140 Abs. 3 abgetrennten Unterhaltsfolgesache (s. näher dort Rn 6) im Verbund; ist die Sorgerechtsentscheidung für die Unterhaltsentscheidung vorgreiflich, kann das Unterhaltsverfahren nach §§ 113 Abs. 1 S. 2 FamFG, 148 ZPO ausgesetzt werden.[52] Die Kostenpflicht der nun selbständigen Kindschaftssache bestimmt sich nach § 81 (s. näher dort und § 150 Rn 11). Gebührenmäßig gilt das Verfahren der früheren Folgesache gem. § 6 Abs. 2 FamGKG als Teil der nun selbständigen Familiensache. Diese ist so zu behandeln, als sei sie nie im Verbund gewesen. Dies bedeutet, dass diese Sache bei der Gebührenberechnung des Scheidungsverfahrens unberücksichtigt bleibt.[53] Verfahrenskostenhilfe muss neu beantragt und bewilligt werden (s. auch § 149 Rn 7).

Beiordnung eines Rechtsanwalts

§ 138 (1) ¹Ist in einer Scheidungssache der Antragsgegner nicht anwaltlich vertreten, hat das Gericht ihm für die Scheidungssache und eine Kindschaftssache als Folgesache von Amts wegen zur Wahrnehmung seiner Rechte im ersten Rechtszug einen Rechtsanwalt beizuordnen, wenn diese Maßnahme nach der freien Überzeugung des Gerichts zum Schutz des Beteiligten unabweisbar erscheint; § 78 c Abs. 1 und 3 der Zivilprozessordnung gilt entsprechend. ²Vor einer Beiordnung soll der Beteiligte persönlich angehört und dabei auch darauf hingewiesen werden, dass und unter welchen Voraussetzungen Familiensachen gleichzeitig mit der Scheidungssache verhandelt und entschieden werden können.

(2) **Der beigeordnete Rechtsanwalt hat die Stellung eines Beistands.**

---

[47] BT-Drs. 16/6308 S. 230 mit dem Hinweis, dass die früher umstrittene Frage bei Abtrennung nach § 623 Abs. 1 S. 2 ZPO nun zu Gunsten der Beibehaltung der Eigenschaft als Folgesache geklärt ist.
[48] So grundsätzlich BT-Drs. 16/6308 S. 230.
[49] BGH FamRZ 1998, 1505.
[50] BT-Drs. 16/6308 S. 301 zu § 6 a. E.
[51] BGH NJW 2011, 1141 = FamRZ 2011, 635 Rn 8.
[52] Zöller/Philippi 27. Aufl. § 623 ZPO Rn 32k.
[53] BT-Drs. 16/6308 S. 301.

I. Normzweck

§ 138 regelt die amtswegige Beiordnung eines Rechtsanwalts, um einem Antragsgegner, der es entgegen dem Anwaltszwang nach § 114 Abs. 1 in einer **Scheidungs- und Kindschaftsfolgesache** (s. dazu § 137 Abs. 3 und § 137 Rn 11) unterlässt, sich anwaltlich vertreten zu lassen, eine umfassende rechtliche Beratung zukommen zu lassen. Die Vorschrift dient dem Schutz des Antragsgegners und stärkt zum einen eheerhaltende Tendenzen, da ein anwaltlich vertretener Antragsgegner besser die Gesichtspunkte zur Geltung bringen kann, die gegen eine Ehescheidung sprechen, als ein nicht anwaltlich vertretener Beteiligter, und zum anderen einen am Kindeswohl orientierten Verfahrensverlauf, da durch die anwaltliche Vertretung des Antragsgegners dessen und des gemeinschaftlichen Kindes Position deutlich herausgearbeitet werden kann und nicht nur die Interessen des die Scheidung begehrenden Ehegatten verfolgt werden, der als Antragsteller nach § 114 Abs. 1 zwangsläufig anwaltlich vertreten sein muss. Allerdings darf nicht unberücksichtigt bleiben, dass in Scheidungs- und Kindschaftssachen nach § 127 Abs. 1 und 2 sowie nach § 26 der Amtsermittlungsgrundsatz gilt, so dass das Gericht von sich aus alle Tatsachen zu ermitteln hat, die für den Erhalt der Ehe und das Kindeswohl sprechen, und der Gesetzgeber nach § 114 Abs. 4 Nr. 3 die Zustimmung zur Scheidung ausdrücklich vom Anwaltszwang freigestellt hat.

§ 138 Abs. 1 entspricht im Ausgangspunkt dem bisherigen § 625 Abs. 1 ZPO. § 138 Abs. 1 S. 1 stellt aber nicht mehr wie bisher auf einen bestimmten Antrag zur Regelung der elterlichen Sorge nach § 1671 Abs. 1 BGB ab. Abs. 1 S. 2 enthält zum Inhalt des anlässlich der Anhörung zu erteilenden Hinweises gegenüber dem bisherigen Recht eine Präzisierung. Abs. 2 entspricht wörtlich dem bisherigen § 625 Abs. 2 ZPO.

II. Anwendungsbereich

Die Norm ist nur anzuwenden auf die Scheidungssache und eine Kindschaftssache als Folgesache (s. Rn 1), da nur in diesen Sachen die aus Rn 1 ersichtlichen Schutzzwecke zu verfolgen sind, dagegen nicht auf die übrigen Folgesachen nach § 137 Abs. 2. Nach dem Wortlaut des § 138 Abs. 1 S. 1 Halbs. 1 („für … eine Kindschaftssache als Folgesache") bezieht sich die Beiordnung auf alle in § 137 Abs. 3 genannten Verfahrensgegenstände von Kindschaftssachen, also die Übertragung oder Entziehung der elterlichen Sorge, das Umgangsrecht oder die Herausgabe eines gemeinschaftlichen Kindes der Ehegatten und das Umgangsrecht eines Ehegatten mit dem Kind des anderen Ehegatten, wenn der andere Ehegatte als Antragsteller deren Einbeziehung in den Verbund beantragt hat. Die Beiordnung ist **auf den ersten Rechtszug beschränkt**; sie findet in den Rechtsmittelinstanzen nicht statt.

III. Beiordnung nach Anhörung (Abs. 1)

1. Gegenstand der Anhörung (Abs. 1 S. 2)

Jeder Antragsgegner kann von sich aus einen Rechtsanwalt bevollmächtigen und im Scheidungsverbundverfahren als Verfahrensbevollmächtigten bestellen oder im Falle der Bedürftigkeit nach §§ 113 Abs. 1 S. 2 FamFG, 114, 121 ZPO im Rahmen eines Antrags auf Bewilligung von Verfahrenskostenhilfe um die Beiordnung eines Rechtsanwalts nachsuchen. Geschieht dies nicht, muss das Gericht prüfen, ob gleichwohl eine anwaltliche Beratung des Antragsgegners in dessen Interesse dringend geboten ist. Voraussetzung ist, dass dies **zum Schutze des Antragsgegners unabweisbar** erscheint. Da die Beiordnung nur der letzte Ausweg zum Schutze des Antragsgegners sein soll, bestimmt § 138 Abs. 1 S. 2, dass der Antragsgegner vor der Beiordnung **persönlich gehört** und dabei über die Tragweite der Scheidung sowie über die Möglichkeiten einer gleichzeitigen Erledigung der Scheidung und der Scheidungsfolgen **aufgeklärt** werden soll. Die Anhörung (s. zu ihr auch § 128 Abs. 1) ist in aller Regel notwendig und wegen der Erforderlichkeit des persönlichen Eindrucks vom Familienrichter und nicht von einem ersuchten Richter (s. zu dieser

Möglichkeit § 128 Abs. 3) vorzunehmen.¹ Die Ausgestaltung als Sollvorschrift stellt klar, dass die Beiordnung auch bei Unterlassen des Hinweises über die gleichzeitige Erledigung von Scheidung und Scheidungsfolgen wirksam ist.

2. Beiordnung eines Rechtsanwalts (Abs. 1 S. 1)

5   Darüber entscheidet das Gericht auf Grund des Ergebnisses der persönlichen Anhörung des Antragsgegners nach freier Überzeugung. Es wird von der Möglichkeit einer Beiordnung Gebrauch machen, wenn es nach der gesamten Sachlage zu dem Ergebnis kommen muss, dass der Antragsgegner unabhängig von seiner wirtschaftlichen Lage aus Gleichgültigkeit, Unkenntnis, mangelnder Übersicht über seine Lage und die Konsequenzen einer Scheidung oder auch aufgrund einer Beeinflussung durch den anderen Ehegatten seine Rechte in unvertretbarer Weise nicht hinreichend wahrnimmt.² Die Beiordnung kommt deshalb nicht in Betracht, wenn der Antragsgegner in voller Kenntnis aller Umstände keinen Verfahrensbevollmächtigten bestellt,³ der Scheidungsantrag eindeutig unschlüssig ist⁴ oder alle Fragen des Scheidungsverfahrens einvernehmlich geregelt sind und nur noch der Versorgungsausgleich vorzunehmen ist.⁵ Dagegen ist immer ein Anwalt beizuordnen, wenn bei Prüfung der Entziehung der elterlichen Sorge nach § 137 Abs. 3 der Schutz eines Kindes des Antragsgegners dessen sachgemäße Beratung erfordert.⁶

3. Entscheidung über die Beiordnung (Abs. 1 S. 1 Halbs. 2)

6   Der Beiordnungsbeschluss ist zu begründen;⁷ dazu genügt die Wiedergabe des Gesetzestextes nicht.⁸ Der beizuordnende Rechtsanwalt wird in entsprechender Anwendung des § 78 c Abs. 1 ZPO durch den Familienrichter aus der Zahl der in dem Bezirk des Familiengerichts niedergelassenen Rechtsanwälte ausgewählt (§ 138 Abs. 1 S. 1 2. Halbs.). Der ausgewählte Rechtsanwalt muss die Beiordnung übernehmen (§ 48 Abs. 1 Nr. 3 BRAO).

4. Rechtsmittel (Abs. 1 S. 1 Halbs. 2)

7   In entsprechender Anwendung des § 78 c Abs. 3 S. 1 ZPO steht dem Antragsgegner und dem beigeordneten Rechtsanwalt gegen die Auswahl des Anwalts die sofortige Beschwerde zu; diese kann der Rechtsanwalt nur mit einem wichtigen Grund begründen (§ 48 Abs. 2 BRAO). Darüberhinaus kann der Antragsgegner auch die Beiordnung eines Rechtsanwalts selbst anfechten,⁹ da eine Beiordnung gegen den erklärten Willen des Antragsgegners einen schwerwiegenden Eingriff in die Rechtsstellung eines uneingeschränkt Geschäftsfähigen darstellt und der Antragsgegner nach § 39 RVG dem Rechtsanwalt gegenüber vergütungs- und vorschusspflichtig wird. Wird durch – zu begründenden – Beschluss die Beiordnung abgelehnt, so ist dagegen ein Rechtsmittel wegen fehlender Beschwer nicht gegeben; der Antragsgegner kann selbst einen Rechtsanwalt bevollmächtigen.¹⁰ Der Vergütungsanspruch des beigeordneten Rechtsanwalts richtet sich im Verzugsfalle des Antragsgegners nach § 45 Abs. 2 RVG gegen die Staatskasse.

---

[1] OLG Düsseldorf FamRZ 1978, 918; OLG Hamm NJW-RR 1987, 952 = FamRZ 1986, 1122; OLG Oldenburg FamRZ 1980, 179.
[2] OLG Hamm NJW-RR 1998, 1459 = FamRZ 1998, 1123.
[3] OLG Hamm NJW-RR 1998, 1459 = FamRZ 1998, 1123.
[4] OLG Hamm FamRZ 1982, 86.
[5] KG FamRZ 1978, 607.
[6] Baumbach/Hartmann § 138 FamFG Rn 3.
[7] OLG Hamm NJW-RR 1987, 952 = FamRZ 1986, 1122.
[8] OLG Düsseldorf FamRZ 1978, 918.
[9] KG FamRZ 1978, 607; OLG Düsseldorf FamRZ 1978, 918; OLG Hamm NJW-RR 1987, 952 = FamRZ 1986, 1122; FamRZ 1982, 86; OLG Oldenburg FamRZ 1980, 179; Zöller/Philippi Rn 4; a. M. Baumbach/Hartmann § 138 FamFG Rn 5.
[10] Zöller/Philippi Rn 5.

IV. Stellung des beigeordneten Rechtsanwalts (Abs. 2)

Der Rechtsanwalt hat nur die Stellung eines Beistands nach § 90 ZPO. Er muss sich deshalb auf eine Erläuterung der Tragweite der Scheidung und der Scheidungsfolgen beschränken; außerdem kann er neben dem Antragsgegner schriftlich und mündlich in der Verhandlung vortragen, soweit es nicht von diesem sofort widerrufen oder berichtigt wird (§ 90 Abs. 2 ZPO). An den Rechtsanwalt kann nicht wirksam zugestellt werden, da er nicht von dem Antragsgegner für den Rechtszug bestellt ist (§§ 113 Abs. 1 S. 2 FamFG, 172 Abs. 1 S. 1 ZPO).[11] Findet sich der Antragsgegner nach der Beiordnung zur Vollmachterteilung bereit, so wird der beigeordnete Rechtsanwalt ohne weiteres zum Prozessbevollmächtigten.[12] 8

Einbeziehung weiterer Beteiligter und dritter Personen

139 (1) ¹Sind außer den Ehegatten weitere Beteiligte vorhanden, werden vorbereitende Schriftsätze, Ausfertigungen oder Abschriften diesen nur insoweit mitgeteilt oder zugestellt, als der Inhalt des Schriftstücks sie betrifft. ²Dasselbe gilt für die Zustellung von Entscheidungen an dritte Personen, die zur Einlegung von Rechtsmitteln berechtigt sind.

(2) Die weiteren Beteiligten können von der Teilnahme an der mündlichen Verhandlung insoweit ausgeschlossen werden, als die Familiensache, an der sie beteiligt sind, nicht Gegenstand der Verhandlung ist.

I. Normzweck

§ 139 Abs. 1 regelt die durch das **Verbundprinzip** von Scheidungs- und Folgesachen nach § 137 bedingte Besonderheit, dass an dem Scheidungsverbundverfahren, allerdings beschränkt auf bestimmte Folgesachen, außer den Ehegatten weitere Beteiligte teilnehmen, wobei auf Seiten der Ehegatten das Verfassungsgebot der Achtung der Intimsphäre des Einzelnen,[1] auf Seiten der übrigen Beteiligten das verfassungsrechtliche Gebot der Gewährung rechtlichen Gehörs nach Art. 103 Abs. 1 GG[2] zu beachten ist. § 139 löst das Spannungsverhältnis dadurch, dass den weiteren Beteiligten die Kenntnis von Sachvortrag und die Teilnahme an mündlichen Verhandlungen nur insoweit gestattet ist, als sie in Bezug auf die jeweilige Folgesache betroffen sind. § 27 als allgemeine Vorschrift des FamFG über die Mitwirkung von Beteiligten ist nach § 113 Abs. 1 S. 1 nicht in der Scheidungssache und den Familienstreitfolgesachen anzuwenden (s. § 113 Rn 4); hingegen gilt § 27 für die Familienfolgesachen der freiwilligen Gerichtsbarkeit (s. § 111 Rn 30). 1

§ 139 Abs. 1 entspricht bis auf geringfügige Veränderungen der Formulierung dem bisherigen § 624 Abs. 4 ZPO. Neu ist die in Abs. 2 vorgesehene Möglichkeit, die weiteren Beteiligten von der Teilnahme an der mündlichen Verhandlung im Verbund insoweit auszuschließen, als nicht über die sie betreffenden Familiensachen verhandelt wird. 2

II. Weitere Beteiligte und dritte Personen

1. Keine weitere Beteiligung an der Scheidungssache

An der Scheidungssache selbst findet keine Beteiligung weiterer Personen statt. Beteiligte sind hier nur die Ehegatten (s. hingegen zur Mitwirkung der Verwaltungsbehörde und dritter Personen in den Ehesachen nach § 121 Abs. 2 und 3 die Erläuterungen zu § 129). 3

2. Keine weitere Beteiligung an Familienstreitfolgesachen

Dies sind Unterhaltssachen (s. § 137 Rn 8) und Güterrechtssachen (s. § 137 Rn 10). An ihnen sind im Scheidungsverbund ebenfalls nur die Ehegatten beteiligt. Wird in diesen 4

---

[11] BGH NJW 1995, 1225 = FamRZ 1995, 416.
[12] BT-Drs. 7/650, S. 210.
[1] BVerfGE 27, 344/350 = NJW 1970, 555.
[2] BGH FamRZ 1998, 1024.

§ 140 Abschnitt 2. Verfahren in Ehesachen

Folgesachen außer den Ehegatten eine weitere Person Beteiligter des Verfahrens, ist die Folgesache nach § 140 Abs. 1 abzutrennen (s. § 140 Rn 3). Wegen der gesetzlichen Verfahrensstandschaft des Ehegatten, in dessen Obhut sich ein gemeinschaftliches Kind befindet (§ 1629 Abs. 2 S. 2, Abs. 3 S. 1 BGB), ist die Beteiligung minderjähriger Kinder im Scheidungsverbundverfahren ausgeschlossen (s. näher § 137 Rn 13).

3. Beteiligung an Familienfolgesachen der freiwilligen Gerichtsbarkeit

5   Dies sind Versorgungsausgleichssachen nach § 137 Abs. 2 S. 1 Nr. 1 und Abs. 2 S. 2 (s. § 137 Rn 7), Ehewohnungs- und Haushaltssachen nach § 137 Abs. 2 S. 1 Nr. 3 (s. § 137 Rn 9) und Kindschaftssachen nach § 137 Abs. 3 (s. § 137 Rn 11). Bei dem Versorgungsausgleich sind dies die in § 219 Nr. 2 und 3 genannten Versorgungsträger, in Wohnungszuweisungssachen die in § 204 genannten Beteiligten, insbesondere der Wohnungsvermieter und, wenn die Kinder im Haushalt der Ehegatten leben, das Jugendamt auf seinen Antrag. Dass und inwieweit in Kindschaftsfolgesachen Dritte, auch hier vor allem das Jugendamt, aber auch der Verfahrensbeistand und im Beschwerdeverfahren das mindestens 14 Jahre alte, geschäftsfähige Kind, zu beteiligen sind, ergibt sich aus §§ 158 ff.; zu Einzelheiten s. dort.

III. Gerichtliche Einbeziehung der weiteren Beteiligten und Dritten
1. Mitteilung von Schriftstücken (Abs. 1 S. 1)

6   Vorbereitende Schriftsätze, Ausfertigungen oder Abschriften sind weiteren Beteiligten und dritten Personen nur insoweit mitzuteilen oder zuzustellen, als der Inhalt des Schriftstücks sie betrifft, also soweit sie in ihrer Rechtsstellung betroffen sind. Um dies ohne bürokratischen Aufwand zu bewerkstelligen, ist es sinnvoll, für die Scheidungssache selbst und für jede Folgesache eine eigene Akte zu führen und einen jeweils eigenständigen Schriftsatz nebst Abschriften zu den betreffenden Akten zu reichen (s. § 137 Rn 3). Entsprechendes gilt für Rechtsmittel- und Rechtsmittelbegründungsschriften.[3]

2. Zustellung von Entscheidungen (Abs. 1 S. 2)

7   Endentscheidungen in Scheidungsverbundsachen sind zuzustellen (§§ 113 Abs. 1 S. 2 FamFG, 317 Abs. 1 S. 1 ZPO; s. § 117 Rn 7). Die Zustellung erfolgt an weitere Beteiligte und dritte Personen, soweit sie zur Einlegung von Rechtsmitteln berechtigt sind (s. näher §§ 59, 60). Der Inhalt der zuzustellenden Abschrift der Entscheidung ist darauf beschränkt, dass er weitere Beteiligte und Dritte betrifft. Dasselbe gilt für die Mitteilung sonstiger Beschlüsse nach §§ 113 Abs. 1 S. 2 FamFG, 329 Abs. 2 S. 1 und 2, Abs. 3 ZPO.

3. Beschränkung der Teilnahme an der mündlichen Verhandlung (Abs. 2)

8   Nach § 170 S. 1 GVG ist die mündliche Verhandlung im Scheidungsverbundverfahren nicht öffentlich. Am Verbundverfahren Beteiligte haben jedoch das Recht zur Teilnahme an der Verhandlung, damit sie in ihrem Anspruch auf rechtliches Gehör nicht beeinträchtigt werden. Dieser ist jedoch beschränkt auf die Folgesache und den Verhandlungsstoff, der sie betrifft. Zum Schutz der Ehegatten und Beteiligter an anderen Folgesachen ist es daher gerechtfertigt, die Anwesenheit auf den Stoff zu beschränken, der der Beteiligung entspricht.

Abtrennung

140 (1) Wird in einer Unterhaltsfolgesache oder Güterrechtsfolgesache außer den Ehegatten eine weitere Person Beteiligter des Verfahrens, ist die Folgesache abzutrennen.

(2) ¹Das Gericht kann eine Folgesache vom Verbund abtrennen. ²Dies ist nur zulässig, wenn

---
[3] BGH FamRZ 1998, 1024.

1. in einer Versorgungsausgleichsfolgesache oder Güterrechtsfolgesache vor der Auflösung der Ehe eine Entscheidung nicht möglich ist,
2. in einer Versorgungsausgleichsfolgesache das Verfahren ausgesetzt ist, weil ein Rechtsstreit über den Bestand oder die Höhe eines Anrechts vor einem anderen Gericht anhängig ist,
3. in einer Kindschaftsfolgesache das Gericht dies aus Gründen des Kindeswohls für sachgerecht hält oder das Verfahren ausgesetzt ist,
4. seit der Rechtshängigkeit des Scheidungsantrags ein Zeitraum von drei Monaten verstrichen ist, beide Ehegatten die erforderlichen Mitwirkungshandlungen in der Versorgungsausgleichsfolgesache vorgenommen haben und beide übereinstimmend deren Abtrennung beantragen oder
5. sich der Scheidungsausspruch so außergewöhnlich verzögern würde, dass ein weiterer Aufschub unter Berücksichtigung der Bedeutung der Folgesache eine unzumutbare Härte darstellen würde, und ein Ehegatte die Abtrennung beantragt.

(3) Im Fall des Absatzes 2 Nr. 3 kann das Gericht auf Antrag eines Ehegatten auch eine Unterhaltsfolgesache abtrennen, wenn dies wegen des Zusammenhangs mit der Kindschaftsfolgesache geboten erscheint.

(4) [1]In den Fällen des Absatzes 2 Nr. 4 und 5 bleibt der vor Ablauf des ersten Jahres seit Eintritt des Getrenntlebens liegende Zeitraum außer Betracht. [2]Dies gilt nicht, sofern die Voraussetzungen des § 1565 Abs. 2 des Bürgerlichen Gesetzbuchs vorliegen.

(5) Der Antrag auf Abtrennung kann zur Niederschrift der Geschäftsstelle oder in der mündlichen Verhandlung zur Niederschrift des Gerichts gestellt werden.

(6) Die Entscheidung erfolgt durch gesonderten Beschluss; sie ist nicht selbständig anfechtbar.

I. Normzweck

§ 140 ermöglicht in jeder Instanz durch eine Vorabentscheidung entweder über den Scheidungsantrag oder über bestimmte Folgesachen die Auflösung des Verbunds von Scheidungs- und Folgesachen nach § 137 und hebt den Zwang zur einheitlichen Endentscheidung nach § 142 im Umfang der konkreten Abtrennung einer Folgesache auf. Unter den Voraussetzungen des Abs. 1 ist das Gericht zur Abtrennung verpflichtet (s. unten Rn 3), während die Abtrennungsmöglichkeiten nach Abs. 2 und 3 als Kann-Vorschrift ausgestaltet sind. Im Ergebnis führt dies zu keinem wesentlichen Unterschied, da Abs. 2 S. 2 Nr. 1 bis 5 die Zulässigkeitsvoraussetzungen für die Abtrennung im Einzelnen aufführt; bei ihrem Vorliegen ist das gerichtliche Ermessen dahingehend eingeschränkt, dass die Abtrennung auszusprechen ist.[1]

Die Vorschrift fasst die bislang an verschiedenen Stellen geregelten wesentlichen Möglichkeiten der Abtrennung einer Folgesache zusammen und gestaltet sie weitgehend einheitlich. Abs. 1 entspricht im Wesentlichen dem bisherigen § 623 Abs. 1 S. 2 ZPO, Abs. 2 S. 1 dem bisherigen § 628 S. 1 1. Halbs. ZPO, Abs. 2 S. 2 Nr. 1 dem bisherigen § 628 S. 1 Nr. 1 ZPO, Abs. 2 S. 2 Nr. 2 dem bisherigen § 628 S. 1 Nr. 2 ZPO. Durch Abs. 2 S. 2 Nr. 3 werden die Abtrennungsvoraussetzungen für Kindschaftsfolgesachen gegenüber dem bisherigen Rechtszustand vollständig neu geregelt; Nr. 3 ersetzt die voraussetzungslose Abtrennung auf Antrag eines Ehegatten nach dem bisherigen § 623 Abs. 2 S. 2 ZPO, die seit Einführung dieser Vorschrift weitgehend bedeutungslos gewordene Regelung des bisherigen § 627 ZPO sowie § 628 S. 1 Nr. 3 ZPO. Abs. 2 S. 2 Nr. 4 enthält erstmals eine erleichterte Abtrennungsmöglichkeit der Folgesache Versorgungsausgleich. Abs. 2 S. 2 Nr. 5 beinhaltet in modifizierter Form den bisherigen Abtrennungsgrund des § 628 S. 1 Nr. 4 ZPO. Abs. 3 ersetzt – ebenfalls in modifizierter Form – § 623 Abs. 2 S. 3 ZPO.

II. Abtrennung bei Beteiligung weiterer Personen (Abs. 1)

In einer Unterhaltsfolgesache (vgl. zum Begriff Unterhaltssache § 231 Rn 4 ff., zum Begriff Unterhaltsfolgesache § 137 Rn 8) kann durch den Eintritt der Volljährigkeit eines

---
[1] S. BGH NJW 1991, 2491 = FamRZ 1991, 1043.

bislang in gesetzlicher Verfahrensstandschaft nach § 1629 BGB von einem Ehegatten im eigenen Namen vertretenen gemeinschaftlichen Kindes das volljährige Kind oder durch die Anordnung einer Ergänzungspflegschaft zur Geltendmachung von Kindesunterhalt ein Unterhaltspfleger oder in einer Güterrechtsfolgesache (vgl. zum Begriff Güterrechtssache § 261 Rn 2 ff., zum Begriff Güterrechtsfolgesache § 137 Rn 10) außer den Ehegatten **eine weitere Person** (s. auch § 137 Rn 13), so nach § 1368 BGB (Geltendmachung der Unwirksamkeit einer Verfügung gegen Dritten), § 1371 Abs. 4 BGB (Antragsteller ist der Abkömmling eines verstorbenen Ehegatten), § 1390 BGB (Antragsgegner ist ein beschenkter Dritter), **Beteiligter des Verfahrens** werden. In diesem Fall, in dem dann nicht mehr nur eine Entscheidung für den Fall der Scheidung der Ehe zu treffen ist und die Sache die Kriterien für eine Folgesache (vgl. dazu § 137 Rn 5) nicht mehr erfüllt, ist das Familiengericht verpflichtet,[2] die Folgesache abzutrennen.

III. Abtrennung nach Abs. 2

1. Abtrennung nach Abs. 2 S. 2 Nr. 1

4   Nach Nr. 1 ist eine Ehe vorab zu scheiden, wenn in einer Versorgungsausgleichsfolgesache oder Güterrechtsfolgesache vor der Auflösung der Ehe eine Entscheidung nicht möglich ist. Große praktische Bedeutung kommt dieser Regelung nicht zu. Voraussetzung für ihre Anwendung ist, dass sich im Rahmen des Versorgungsausgleichs ein Versorgungsanrecht bzw. im Rahmen des Güterrechts Vermögenspositionen oder die Ausgleichsforderung selbst vor Eintritt der Rechtskraft des Scheidungsausspruchs nicht zuverlässig bewerten lassen.[3]

2. Abtrennung nach Abs. 2 S. 2 Nr. 2

5   Nach Nr. 2 ist eine Ehe vorab zu scheiden, wenn in einer Versorgungsausgleichsfolgesache das Verfahren nach § 221 Abs. 2 oder 3 ausgesetzt ist, weil ein Rechtsstreit über den Bestand oder die Höhe eines Anrechts vor einem anderen Gericht (Sozial-, Verwaltungs-, Arbeitsgericht) anhängig ist. Zum Verfahren nach § 221 s. näher die Erläuterungen dort.

3. Abtrennung einer Kindschaftsfolgesache

6   **a) Abtrennung nach Abs. 2 S. 2 Nr. 3.** Nach Nr. 3 ist eine Kindschaftsfolgesache (zu den verschiedenen Arten von Kindschaftsfolgesachen s. § 137 Rn 11) vom Scheidungsverbund abzutrennen, wenn das Gericht dies **aus Gründen des Kindeswohls** für **sachgerecht** hält oder das Verfahren der Kindschaftsfolgesache nach § 21 **ausgesetzt** ist (zu den Einzelheiten der Verfahrensaussetzung nach § 21 s. die Erläuterungen dort).[4] Die voraussetzungslose Abtrennung auf Antrag eines Ehegatten nach dem bisherigen § 623 Abs. 2 S. 2 ZPO ist entfallen. Die Abtrennung aus Gründen des Kindeswohls nach der 1. Alt. ist insbesondere gerechtfertigt, wenn das Bedürfnis für eine schnelle Entscheidung in einer Kindschaftsfolgesache besteht, das Familiengericht hieran im Verbund jedoch wegen fehlender Entscheidungsreife eines anderen Verfahrensgegenstands gehindert ist. Der Abtrennung kann aber auch entgegenstehen, dass ein durch die fehlende Entscheidungsreife einer anderen Folgesache nötig werdendes Zuwarten mit der Entscheidung in der Kindschaftsfolgesache dem Kindeswohl eher nützt, etwa weil Anzeichen dafür bestehen, dass sich dadurch die Chancen für eine einvernehmliche Regelung verbessern und der Umgang vorläufig durch eine einstweilige Anordnung geregelt ist.[5] Maßgeblich sind die konkreten Umstände des Einzelfalls.

7   **b) Zeitgleiche Abtrennung einer Unterhaltsfolgesache (Abs. 3).** Abs. 3 ermöglicht im Fall der Abtrennung einer Kindschaftsfolgesache auch eine Unterhaltsfolgesache (zu den verschiedenen Arten von Unterhaltsfolgesachen s. § 137 Rn 8) vom Scheidungs-

---

[2] BT-Drs. 16/6308 S. 230.
[3] S. etwa BGH FamRZ 1984, 254; FamRZ 1982, 991.
[4] BT-Drs. 16/6308 S. 237.
[5] BT-Drs. 16/6308 S. 231.

verbund abzutrennen. Voraussetzungen dieser Abtrennungsmöglichkeit sind der **Antrag eines Ehegatten** und wegen der Schutzfunktion des Scheidungsverbunds das Erfordernis eines **Zusammenhangs** von Unterhaltsfolgesache und Kindschaftsfolgesache. Ein Zusammenhang besteht zwischen der Sorgerechtsregelung nach § 1671 BGB und der Geltendmachung von Betreuungsunterhalt nach § 1570 BGB, wenn aus Gründen des Kindeswohls eine Vorabentscheidung erforderlich ist und in diesem Zusammenhang Kindes- und Betreuungsunterhalt sichergestellt werden muss.[6] Ein Zusammenhang ist im Regelfall zu verneinen, wenn sich die Entscheidung in der Kindschaftsfolgesache nicht auf die konkrete Unterhaltsfolgesache auswirken kann,[7] etwa wenn der Aufenthalt des gemeinschaftlichen Kindes bei dem unterhaltsbegehrenden Ehegatten unstreitig ist und außerhalb des Scheidungsverbunds Kindes- und Ehegattenunterhalt für die Trennungszeit unschwer durch einstweilige Anordnung oder ein selbstständiges Antragsverfahren geregelt werden kann.[8] Zu beachten ist, dass kein Wertungswiderspruch zu den übrigen Abtrennungsmöglichkeiten nach Abs. 2 entsteht; Abs. 3 bezweckt nicht, eine vorschnelle Scheidung zu ermöglichen.

4. Abtrennung nach Abs. 2 S. 2 Nr. 4, Abs. 4

Nr. 4 enthält eine erleichterte Abtrennungsmöglichkeit der Folgesache **Versorgungs-** **8** **ausgleich.** Voraussetzung ist zunächst, dass die Ehegatten in den Versorgungsausgleichssachen die erforderlichen Mitwirkungshandlungen nach § 220 Abs. 3 (zu Einzelheiten s. dort) vorgenommen haben und übereinstimmend die Abtrennung beantragen; die Anträge unterliegen gem. §§ 140 Abs. 5 (s. nachstehend Rn 16), 114 Abs. 4 Nr. 4 FamFG, 78 Abs. 3 ZPO nicht dem Anwaltszwang. Darüber hinaus muss eine Frist von drei Monaten abgelaufen sein. Diese beginnt grundsätzlich mit Rechtshängigkeit des Scheidungsantrags, im Fall eines verfrühten Scheidungsantrags nach Maßgabe des Abs. 4 jedoch erst mit Ablauf des Trennungsjahres (vgl. Rn 9 f.). Die Frist von drei Monaten geht zurück auf einen Vorschlag des Bundesrates, der jegliche Frist für überflüssig hielt.[9] Die vollständige Streichung des Fristerfordernisses hielt der Gesetzgeber nicht für sachgerecht. Denn auch die Prüfung der Auskünfte durch das Gericht nach deren Weiterleitung durch die Versorgungsträger nimmt einen gewissen Zeitraum in Anspruch. Die 3-Monatsfrist ermöglicht die Einholung der erforderlichen Auskünfte im Versorgungsausgleich, insbesondere die Klärung des Versicherungskontos der Ehegatten, und erscheint angemessen, um vermeidbare Verfahrensverzögerungen nach Vornahme der Mitwirkungshandlungen durch die Ehegatten auszuschließen, zugleich aber eine der Bedeutung der Folgesache Versorgungsausgleich angemessene, sorgfältige Prüfung der Auskünfte durch das Gericht zu ermöglichen.[10] Damit ergibt sich eine deutliche Verkürzung der Verfahrensdauer.[11]

5. Abtrennung nach Abs. 2 S. 2 Nr. 5, Abs. 4

a) **Allgemeines.** Nr. 5 modifiziert den bisherigen Abtrennungsgrund des § 628 S. 1 **9** Nr. 4 ZPO. Die Vorschrift ist auf alle Folgesachen anzuwenden. Sie setzt eine außergewöhnliche Verzögerung des Scheidungsausspruchs voraus, die unter Berücksichtigung der Bedeutung der noch nicht entscheidungsreifen Folgesache eine unzumutbare Härte für den die Abtrennung beantragenden Ehegatten darstellt. Abgesehen von der Frage, ab welchem Zeitpunkt die außergewöhnliche Verzögerung zu bemessen ist (s. Rn 10), kann weiterhin auf die diesbezügliche frühere Rechtsprechung zurückgegriffen werden.[12]

b) **Außergewöhnliche Verzögerung.** Nach der Rechtsprechung des BGH[13] ist diese **10** Voraussetzung gegeben, wenn das Verbundverfahren **länger als 2 Jahre dauert,** berechnet

---

[6] S. BGH NJW 2009, 76 = FamRZ 2008, 2193 zu § 623 Abs. 2 S. 3 ZPO.
[7] BT-Drs. 16/6308 S. 231; s. auch BGH NJW 2009, 74 = FamRZ 2008, 2268.
[8] S. BGH NJW 2009, 76 = FamRZ 2008, 2193 zu § 623 Abs. 2 S. 3 ZPO.
[9] BT-Drs. 16/6308 S. 374 (Nr. 44).
[10] BT-Drs. 16/9733 S. 364.
[11] S. näher BT-Drs. 16/6308 S. 231.
[12] BT-Drs. 16/6308 S. 231.
[13] BGH NJW 1991, 1616 = FamRZ 1991, 687.

ab dem Zeitpunkt der Rechtshängigkeit des Scheidungsantrags. Hinsichtlich der 2-Jahresfrist hat diese Rechtsprechung unverändert Gültigkeit.[14] Für die Ermittlung der Verfahrensdauer ergibt sich demgegenüber durch die Vorschrift des Abs. 4 eine Änderung. Denn nach Abs. 4 bleibt der vor Ablauf des ersten Jahres seit Eintritt des Getrenntlebens liegende Zeitraum außer Betracht. Danach kommt der Feststellung des Zeitpunktes der Trennung der Ehegatten besondere Bedeutung zu; nunmehr **beginnt die 2-Jahresfrist nach Ablauf des Trennungsjahres.** Dies gilt allerdings nicht, sofern die Voraussetzungen des § 1565 Abs. 2 BGB vorliegen, also eine Härtefallscheidung vor Ablauf des Trennungsjahres möglich ist; in diesem Falle ist der Zeitpunkt der Trennung maßgebend. Unberücksichtigt bleiben Zeiten, in denen das Scheidungsverfahren nicht betrieben wird, ruht oder ausgesetzt ist.[15] Hingegen zählt die Dauer des Rechtsmittelverfahrens.[16] Der **Grund der Verzögerung** ist für die Feststellung ihrer Außergewöhnlichkeit **unmaßgeblich,** insbesondere muss die Verzögerung nicht durch die Erledigung der betreffenden Folgesache im Verbund bedingt sein; es reichen auch andere Verzögerungsgründe, wie etwa eine Überlastung des Gerichts, aus.[17] Die Verzögerung muss noch nicht eingetreten sein; es ist ausreichend, dass sie **droht.**[18] Kann aber **demnächst** das Scheidungsverbundverfahren umfassend beendet werden, ist eine Vorabentscheidung zu unterlassen.[19]

11   **c) Unzumutbare Härte**

aa) Begriff. Das Kriterium, dass ein weiterer Aufschub unter Berücksichtigung der Bedeutung der Folgesache eine unzumutbare Härte darstellen würde, ist in demselben Sinn zu verstehen wie im früheren Recht des § 628 ZPO.[20] Die unzumutbare Härte liegt nicht bereits in der außergewöhnlichen Verzögerung. Vielmehr muss das Interesse des Antragstellers (s. zum Antragserfordernis Rn 15) an der Scheidung das Interesse des anderen Ehegatten an der umfassenden Verbundentscheidung überwiegen.

12   *bb) Interesse des Antragstellers.* Für den Antragsteller kann sein Wunsch nach **Wiederheirat** sprechen, sei es weil er dadurch den Ehelichkeitsstatus für sein erwartetes Kind erlangen will[21] oder weil seine Lebenserwartung durch hohes Alter oder schlechten Gesundheitszustand begrenzt ist;[22] allein der Wille, wieder zu heiraten, genügt aber nicht.[23] Eine unzumutbare Härte kann aber vorliegen, wenn der Antragsgegner die Absicht des Antragstellers, wieder zu heiraten, hintertreibt, indem er Folgesachen **verzögerlich** behandelt[24] oder ohne berechtigten Anlass Folgesachen **später als nötig** anhängig macht.[25] Verzögert der Antragsteller selbst, kann er sich nicht auf das Kriterium der unzumutbaren Härte berufen.[26] Nicht unzumutbar ist, dass der Antragsteller während der Trennungszeit erheblich höheren Unterhalt zahlen muss als nach der Scheidung.[27] Unzumutbar sein kann allerdings die Erhebung eines Abänderungsantrags, wenn der andere Ehegatte einen Beschluss über Trennungsunterhalt besitzt, Grund zu der Annahme besteht, dass nach materiellem Recht

---

[14] BT-Drs. 16/6308 S. 231; MünchKommZPO/Heiter § 140 FamFG Rn 52; a. A. Musielak/Borth § 140 Rn 9 und Gerhards NJW 2010, 1697, 1698, die für eine 1-Jahresfrist plädieren; Prütting/Helms § 140 Rn 22 weist darauf hin, dass auch eine Verfahrensdauer von einem bis eineinhalb Jahren in Betracht kommt, wenn sich in einem konkreten Gerichtsbezirk eine deutlich schnellere Erledigungspraxis feststellen lässt; Johannsen/Henrich/Markwardt § 140 FamFG Rn 10 gibt unter Bezugnahme auf OLG Hamm FamRZ 2007, 651 und OLG Stuttgart FamRZ 2005, 121 als Richtwert der Praxis einen Zeitraum von eineinhalb bis zwei Jahren an, da der überwiegende Teil der Verbundverfahren in diesem Zeitabschnitt abgeschlossen werden könnten.
[15] BGH NJW 1987, 1772 = FamRZ 1986, 898.
[16] BGH NJW 1987, 1772 = FamRZ 1986, 898.
[17] BT-Drs. 16/6308 S. 231.
[18] OLG Stuttgart FamRZ 2001, 928.
[19] OLG Stuttgart FamRZ 1992, 320.
[20] BT-Drs. 16/6308 S. 231.
[21] BGH NJW 1987, 1772 = FamRZ 1986, 898.
[22] OLG Brandenburg FamRZ 1996, 751.
[23] OLG Karlsruhe FamRZ 2005, 1195.
[24] OLG München NJW-RR 2008, 887; OLG Naumburg FamRZ 2002, 331.
[25] OLG Frankfurt NJW-RR 1988, 774 = FamRZ 1988, 966.
[26] KG FamRZ 2000, 1292.
[27] OLG Koblenz FamRZ 1990, 769.

erheblich weniger Trennungsunterhalt geschuldet ist und der Unterhaltsberechtigte die Folgesache verzögert, um möglichst lange Trennungsunterhalt zu beziehen.[28]

cc) Interesse des Antragsgegners. Hier ist insbesondere die wirtschaftliche Bedeutung der abzutrennenden Folgesache für den der Abtrennung widersprechenden Ehegatten zu berücksichtigen. Dies ergibt sich aus Sinn und Zweck des Verbundprinzips, das dem wirtschaftlich schwächeren Ehegatten die Klärung der unterhalts- und vermögensrechtlichen Folgen der Scheidung ermöglichen soll (vgl. § 137 Rn 1). Je existenzieller die zu klärende Frage ist, wie insbesondere der Elementar- und Krankenvorsorgeunterhalt, desto eher muss das Interesse des Antragstellers zurücktreten. Geringeres Gewicht kommen bei Aufstockungsunterhalt dem Zugewinnausgleich[29] und bei erwerbsfähigen Ehegatten dem Versorgungsausgleich[30] zu. Ob eine einstweilige Anordnung zu Gunsten des Antragsgegners dessen Interesse mindert, hängt vom Einzelfall ab.[31]

dd) Zustimmung des Antragsgegners. Die Zustimmung zur Abtrennung kann in die Interessenabwägung einfließen.[32] Grundsätzlich gilt aber, dass das Verbundprinzip des § 137 zwingendes Recht ist[33] und der übereinstimmende Wille beider Ehegatten ohne Bedeutung ist.

d) Abtrennungsantrag. Die Abtrennung nach Abs. 2 S. 2 Nr. 5 erfolgt nicht von Amts wegen, sondern auf Antrag eines Ehegatten. Der Antrag unterliegt gem. Abs. 5, §§ 114 Abs. 4 Nr. 4 FamFG, 78 Abs. 3 ZPO nicht dem Anwaltszwang (s. nachstehend Rn 16).

IV. Verfahren (Abs. 5 und 6)

1. Antragserfordernis

Durch das bei dieser Vorschrift in Abs. 2 Nr. 4, 5 und Abs. 3 vorgesehene Antragserfordernis wird eine Abtrennung von Amts wegen ausgeschlossen. Der Antrag auf Abtrennung kann in der ersten Instanz und im Rechtsmittelverfahren gestellt werden. Er unterliegt nach Abs. 5 und §§ 114 Abs. 4 Nr. 4 FamFG, 78 Abs. 3 ZPO nicht dem Anwaltszwang (s. zu diesem Erfordernis § 114 Rn 4 ff. und zum beigeordneten Rechtsanwalt § 138). Die Antragstellung kann zur Niederschrift der Geschäftsstelle (vgl. hierzu näher § 25 Rn 16 ff.) oder in der mündlichen Verhandlung zur Niederschrift des Gerichts (vgl. hierzu näher § 160 Abs. 3 Nr. 2 ZPO und § 28 Rn 24 ff.) erfolgen. Vor der Abtrennung ist dem Antragsgegner rechtliches Gehör zu gewähren.[34]

2. Entscheidung über den Abtrennungsantrag

Abs. 6 S. 1 ordnet an, dass die – stattgebende oder ablehnende – Entscheidung über den Ablehnungsantrag in einem gesonderten Beschluss erfolgt. Sie kann also nicht Teil der Verbundentscheidung sein, mit der die Scheidung ausgesprochen wird. Der Beschluss ist zu begründen. Denn auch wenn er unanfechtbar ist (s. nachstehend Rn 19), unterliegt die Abtrennung im Rahmen des Rechtsmittels gegen den Scheidungsbeschluss (s. nachstehend Rn 20) der vollen Überprüfung.[35]

3. Inhalt des Beschlusses

Enthält der Scheidungsverbund mehrere Folgesachen, sind die Abtrennungsvoraussetzungen für jede Folgesache gesondert zu prüfen, innerhalb jeder Folgesache auch für jeden selbständigen, abtrennbaren Teil einer Folgesache.[36] Liegen die Abtrennungsvoraussetzungen (teilweise) nicht vor, ist der Abtrennungsantrag (teilweise) abzulehnen.

---

[28] BGH NJW 1991, 2491 = FamRZ 1991, 1043.
[29] BGH NJW 1987, 1772 = FamRZ 1986, 898.
[30] OLG Zweibrücken FamRZ 1998, 1525.
[31] S. OLG Karlsruhe FamRZ 1999, 98; OLG Zweibrücken FamRZ 1998, 1525.
[32] BGH NJW 1991, 2491 = FamRZ 1991, 1043.
[33] BGH NJW 1991, 2491 = FamRZ 1991, 1043.
[34] Vgl. BGH NJW 1987, 1772 = FamRZ 1986, 898.
[35] BGH NJW-RR 1996, 1025 = FamRZ 1996, 1333.
[36] BGH FamRZ 1984, 572.

4. Unanfechtbarkeit des Beschlusses

19 Dass der – dem Abtrennungsantrag stattgebende oder ihn ablehnende – Beschluss nicht selbstständig anfechtbar ist, ergibt sich bereits aus seinem Charakter als Zwischenentscheidung und ist in Abs. 6 S. 2 für beide Fälle klargestellt.[37] Zum gleichwohl gegebenen Rechtsschutz s. Rn 20.

5. Rechtsmittel gegen die Abtrennung

20 Auch wenn der Abtrennungsbeschluss selbst unanfechtbar ist (s. Rn 19), bleibt der die Abtrennung ablehnende Ehegatte nicht ohne Rechtsschutz. Wird dem Scheidungsantrag zu Unrecht vor der Entscheidung über eine Folgesache stattgegeben, entsteht eine selbstständige Beschwer, die mit Rechtsmitteln gegen den Scheidungsbeschluss gerügt werden kann.[38] Ist in einer Folgesache vor der Ehescheidung entschieden, kann die Auflösung des Scheidungsverbunds im Rahmen des Rechtsmittels gegen die Endentscheidung in der Folgesache gerügt werden. Das Rechtsmittel kann sich auf das Ziel beschränken, lediglich die Vorwegentscheidung zu beseitigen und dadurch den Scheidungsverbund wiederherzustellen.[39]

21 Wurde zu Unrecht abgetrennt, liegt eine unzulässige Teilentscheidung vor, die zu Aufhebung und Zurückverweisung führt. Zu Einzelheiten s. § 142 Rn 4. Eine Zurückverweisung unterbleibt, wenn das Familiengericht inzwischen über die abgetrennte Folgesache entschieden hat oder das Beschwerdegericht die entscheidungsreife Folgesache an sich zieht und mitentscheidet.

6. Folgen der Abtrennung

22 Die Rechtsfolgen der Abtrennung sind in § 137 Abs. 5 geregelt.[40] Zu Einzelheiten s. § 137 Rn 25 f. Auch im Fall der Anfechtung des Scheidungsausspruchs ist die abgetrennte Folgesache verfahrensmäßig weiter zu fördern; widrigenfalls ist Beschwerde nach §§ 113 Abs. 1 S. 2 FamFG, 252 ZPO analog statthaft.[41]

7. Kosten und Gebühren

23 Zu Einzelheiten s. § 137 Rn 26, 27 aE.

Rücknahme des Scheidungsantrags

141 [1]Wird ein Scheidungsantrag zurückgenommen, erstrecken sich die Wirkungen der Rücknahme auch auf die Folgesachen. [2]Dies gilt nicht für Folgesachen, die die Übertragung der elterlichen Sorge oder eines Teils der elterlichen Sorge wegen Gefährdung des Kindeswohls auf einen Elternteil, einen Vormund oder Pfleger betreffen, sowie für Folgesachen, hinsichtlich derer ein Beteiligter vor Wirksamwerden der Rücknahme ausdrücklich erklärt hat, sie fortführen zu wollen. [3]Diese werden als selbständige Familiensachen fortgeführt.

I. Normzweck

1 Die Vorschrift regelt das Schicksal der Folgesachen (vgl. zum Begriff der Folgesache § 137 Rn 5) bei Rücknahme des Scheidungsantrags. Grundsätzlich hängt nach § 137 Abs. 1 die Entscheidung über Folgesachen von der Entscheidung über die Ehescheidung ab (Eventualverhältnis nach §§ 113 Abs. 1 S. 2 FamFG, 260 ZPO); mit Rücknahme des Scheidungsantrags wird die Folgesache gegenstandslos. § 141 bestimmt die Ausnahmen von

---

[37] BT-Drs. 16/6308 S. 232; im Gegensatz dazu hat BGH NJW 2009, 76 = FamRZ 2008, 2193 den die Abtrennung nach § 623 Abs. 2 S. 3 ZPO ablehnenden Beschluss nach § 567 Abs. 1 Nr. 2 ZPO für anfechtbar gehalten.
[38] BGH NJW 2009, 74 = FamRZ 2008, 2268 zu § 628 S. 1 Nr. 4 ZPO.
[39] BGH FamRZ 2006, 1029.
[40] BGH FamRZ 1979, 690.
[41] BT-Drs. 16/6308 S. 231.

diesem Grundsatz. Die Vorschrift gilt nicht für die Rücknahme von Anträgen in Folgesachen; diese unterliegt ebenfalls dem Anwaltszwang nach § 114 Abs. 1.

§ 141 S. 1 stimmt in der Sache mit dem bisherigen § 626 Abs. 1 S. 1 Halbs. 1 und 2 ZPO überein. S. 2 Alt. 1 und S. 3 entsprechen dem bisherigen § 626 Abs. 1 S. 1 Halbs. 3 und 4 ZPO, S. 2 Alt. 2 und S. 3 dem bisherigen § 626 Abs. 2 S. 1 ZPO. Die kostenrechtlichen Vorschriften des bisherigen § 626 Abs. 1 S. 2 und Abs. 2 ZPO sind nunmehr in § 150 enthalten.

II. Rücknahme des Scheidungsantrags (S. 1)

1. Form der Rücknahmeerklärung

Die Rücknahme des Scheidungsantrags unterliegt gem. § 114 Abs. 1 dem Anwaltszwang und kann in jeder Lage des Verfahrens und in jeder Instanz durch einen **Rechtsanwalt** erklärt werden, und zwar gem. §§ 113 Abs. 1 S. 2 FamFG, 269 Abs. 2 S. 2 ZPO in der mündlichen Verhandlung oder durch Einreichung eines Schriftsatzes.

2. Wirksamkeit der Rücknahme

Die Rücknahme ist gegenüber dem Gericht, bei dem die Scheidungssache anhängig ist, zu erklären und als Prozesshandlung bedingungsfeindlich und unanfechtbar. Sie kann schlüssig erklärt werden, setzt aber ein eindeutiges Verhalten voraus.[1]

Gem. §§ 113 Abs. 1 S. 2 FamFG, 269 Abs. 1 ZPO kann der Scheidungsantrag **ohne Zustimmung des Antragsgegners** nur bis zum Beginn der mündlichen Verhandlung des Antragsgegners zur Hauptsache zurückgenommen werden. Nach der Rechtsprechung des BGH,[2] an der festzuhalten ist, erfordert die mündliche Verhandlung des Antragsgegners nicht einen konkreten Antrag des Rechtsanwalts des Antragsgegners; ausreichend ist, dass der Prozessbevollmächtigte des Antragsgegners dessen **Standpunkt zum Scheidungsbegehren** zu erkennen gibt, etwa auch durch die Erklärung des Bevollmächtigten, der Antragsgegner trete dem Scheidungsantrag nicht entgegen; auf den Zeitpunkt der Antragstellung nach §§ 113 Abs. 1 S. 2 FamFG, 137 Abs. 1 ZPO kommt es dabei nicht an. Kein Verhandeln zur Hauptsache ist in bloßen prozessualen Ausführungen, etwa nur zur Zulässigkeit des Scheidungsantrags,[3] zu sehen. Aus dem Erfordernis der anwaltlichen Vertretung des Antragsgegners nach § 114 Abs. 1 folgt, dass der Antragsteller seinen Scheidungsantrag bis zur Rechtskraft des Scheidungsbeschlusses zurücknehmen kann, wenn der Antragsgegner in der mündlichen Verhandlung nicht anwaltlich vertreten war.[4]

Nach dem Verhandeln des Antragsgegners zur Hauptsache hängt die Wirksamkeit der Rücknahme gem. §§ 113 Abs. 1 S. 2 FamFG, 269 Abs. 1 ZPO von dessen **Zustimmung** ab. Sie ist gegenüber dem Gericht, bei dem die Scheidungssache anhängig ist, zu erklären und als Verfahrenshandlung bedingungsfeindlich und unanfechtbar. Die Zustimmung zur Rücknahme des Scheidungsantrags unterliegt gem. § 114 Abs. 4 Nr. 3 nicht dem Anwaltszwang (s. § 114 Rn 18) und kann daher auch durch den Antragsteller selbst oder einen Vertreter (beachte dazu § 114 Abs. 5) sowie gem. § 134 Abs. 1 auch zur Niederschrift der Geschäftsstelle des Gerichts oder in der mündlichen Verhandlung zur Niederschrift des Gerichts erklärt werden. Im Übrigen entspricht die Form der Einwilligung der der Rücknahmeerklärung des Scheidungsantrags (s. Rn 3).

3. Wirkung der wirksamen Rücknahme für das Scheidungsverfahren

Mit der wirksamen Rücknahme des Scheidungsantrags ist das Scheidungsverfahren einschließlich der nicht fortzuführenden (s. Rn 8 ff.) Folgesachen gem. §§ 113 Abs. 1 S. 2 FamFG, 269 Abs. 3 S. 1 ZPO als nicht anhängig geworden anzusehen; eine bereits ergangene, noch nicht rechtskräftige Endentscheidung über den Scheidungsantrag wird wir-

---

[1] BGH FamRZ 1996, 1143.
[2] BGH NJW-RR 2004, 1297 = FamRZ 2004, 1364.
[3] BGH FamRZ 1987, 800.
[4] BGH NJW-RR 2004, 1297 = FamRZ 2004, 1364.

kungslos, ohne dass es ihrer ausdrücklichen Aufhebung bedarf. Zur Kostenentscheidung s. § 150 Rn 5 f. Der Beschluss über die Wirkungen der Rücknahme nach §§ 113 Abs. 1 S. 2 FamFG, 269 Abs. 3, 4 ZPO ergeht auf Antrag ohne mündliche Verhandlung.

4. Grundsätzliche Wirkung der wirksamen Rücknahme für Folgesachen

8   Anträge zu Folgesachen werden hilfsweise für den Fall der Ehescheidung gestellt (s. oben Rn 1 und § 137 Rn 5). Mit Rücknahme des Scheidungsantrags werden die Folgesachen gegenstandslos. Auch dies kann nach §§ 113 Abs. 1 S. 2 FamFG, 269 Abs. 4 ZPO festgestellt werden (s. Rn 7).

III. Fortführung von Folgesachen (S. 2)

1. Zwingende Fortführung der Kindschaftsfolgesache (S. 2 1. Alt.)

9   Da die Rücknahme des Scheidungsantrags regelmäßig auf einer Versöhnung der Ehegatten oder zumindest auf einer ihr Verhältnis tendenziell befriedenden Vereinbarung beruht, erscheint es dem Verhältnis der Ehegatten zueinander und zu dem gemeinschaftlichen Kind abträglich, wenn jede nur zulässige Kindschaftsfolgesache (s. zu den verschiedenen Arten von Kindschaftsfolgesachen § 137 Rn 11) zwingend fortzusetzen wäre.[5] Dies gilt aber nicht für Kindschaftsfolgesachen, die die (teilweise) Übertragung der elterlichen Sorge wegen Gefährdung des Kindeswohls nach §§ 1671 Abs. 2 und 3, 1666 Abs. 1 und 2 BGB auf einen Elternteil, einen Vormund oder einen Pfleger zum Gegenstand haben. Denn im Falle der Kindeswohlgefährdung darf im Interesse des Kindeswohls die Regelung der elterlichen Sorge nicht der Disposition der Ehegatten unterliegen.

2. Fortführung anderer Folgesachen nach Beteiligtenerklärung (S. 2 2. Alt.)

10   Die anderen Folgesachen, das sind die Folgesachen nach § 137 Abs. 2 S. 1 Nr. 1 und S. 2 (Versorgungsausgleichssachen), Abs. 2 S. 1 Nr. 2 (Unterhaltssachen), Abs. 2 S. 1 Nr. 3 (Ehewohnungs- und Haushaltssachen), Abs. 2 S. 1 Nr. 4 (Güterrechtssachen) und § 137 Abs. 3 (sonstige Kindschaftsfolgesachen), können fortgeführt werden, wenn **ein Beteiligter** vor Wirksamwerden der Rücknahme (s. Rn 4) ausdrücklich **erklärt** hat, sie fortführen zu wollen. Die ausdrückliche Erklärung unterliegt dem Anwaltszwang nach § 114 Abs. 1,[6] da die Erklärung nach § 141 S. 2 Alt. 2 im Katalog des § 114 Abs. 4 nicht erwähnt ist. Die Erklärung kann auch der Beteiligte abgeben, der die Folgesache nicht anhängig gemacht hat.[7] Die Rechtsfolge der Fortsetzung tritt ohne gerichtliche Entscheidung, allein durch eine Erklärung des Beteiligten selbst ein.[8] Allerdings sind die Anträge dahin umzustellen, dass nunmehr keine Entscheidung für den Fall der Scheidung mehr begehrt wird. Ob dann bei fortbestehender Trennung der Ehegatten oder wieder aufgenommener ehelicher Lebensgemeinschaft eine Regelung in Betracht kommt, bestimmt sich nach dem materiellen Recht. Die Fortführung einer Versorgungsausgleichsache ist nur sinnvoll, wenn die Rücknahme des Scheidungsantrags auf einer im Inland anerkannten Auslandsscheidung beruht.[9]

IV. Fortführung von Folgesachen als selbständige Familiensachen (S. 3)

11   Die Fortführung von Familiensachen von Amts wegen und ohne weitere gerichtliche Anordnung ist verfahrensökonomisch und vermeidet unnötige Kosten durch Wiederholung der Beweisaufnahme. Als selbständige Familiensachen sind Familiensachen der freiwilligen Gerichtsbarkeit weiter zu betreiben nach den Regelungen des Allgemeinen Teils des FamFG (s. § 111 Rn 30) und den besonderen Verfahrensvorschriften der §§ 151 ff., die Familienstreitsachen nach Maßgabe des § 113 Abs. 1 S. 1 und 2 (s. § 113 Rn 4) und den

---

[5] Stellungnahme des Bundesrates, der die Bundesregierung zugestimmt hat, s. BT-Drs. 16/9733 S. 374.
[6] OLG Hamm NJW-RR 2005, 1023.
[7] OLG Stuttgart FamRZ 2006, 714.
[8] BT-Drs. 16/6308 S. 232.
[9] OLG Hamm NJW-RR 2005, 1023.

Die früher bejahte[10] entsprechende Anwendung der Bestimmungen über die Fortführung von Folgesachen als selbstständige Familiensachen im Fall des Todes scheidet aus,[11] da nach § 141 S. 2 Alt. 2 der maßgebende Zeitpunkt für die Abgabe der Fortführungserklärung das Wirksamwerden der Rücknahme ist, im Falle des die Erledigung der Hauptsache kraft Gesetzes bewirkenden Todes (s. § 131 Rn 8) die Fortführungserklärung also vor dem Tod abgegeben werden müsste. Im Übrigen kann der überlebende Antragsteller den Scheidungsantrag nach § 141 zurücknehmen und damit die Rechtsfolgen von S. 2 und 3 herbeiführen. 12

Einheitliche Endentscheidung; Abweisung des Scheidungsantrags

142 (1) ¹Im Fall der Scheidung ist über sämtliche im Verbund stehenden Familiensachen durch einheitlichen Beschluss zu entscheiden. ²Dies gilt auch, soweit eine Versäumnisentscheidung zu treffen ist.

(2) ¹Wird der Scheidungsantrag abgewiesen, werden die Folgesachen gegenstandslos. ²Dies gilt nicht für Folgesachen nach § 137 Abs. 3 sowie für Folgesachen, hinsichtlich derer ein Beteiligter vor der Entscheidung ausdrücklich erklärt hat, sie fortführen zu wollen. ³Diese werden als selbständige Familiensachen fortgeführt.

(3) Enthält der Beschluss nach Absatz 1 eine Entscheidung über den Versorgungsausgleich, so kann insoweit bei der Verkündung auf die Beschlussformel Bezug genommen werden.

I. Normzweck

§ 142 knüpft an § 137 Abs. 1 an, der bestimmt, dass über Scheidung und Folgesachen zusammen zu verhandeln und zu entscheiden ist (Scheidungsverbund). § 142 bestimmt, wie bereits § 116 Abs. 1 für alle Familiensachen und im Übrigen auch § 38, die Entscheidungsform des Beschlusses – und nicht wie bisher nach der ZPO des Urteils – als maßgebend für die Endentscheidung des Scheidungsverbundes und regelt das Schicksal der Folgesachen (vgl. zu Begriff und Arten der Folgesachen § 137 Rn 5) bei Ausspruch der Scheidung (Abs. 1) sowie bei Abweisung des Scheidungsantrags (Abs. 2). Grundsätzlich hängt nach § 137 Abs. 1 die Entscheidung über Folgesachen von der Entscheidung über die Ehescheidung ab (Eventualverhältnis nach §§ 113 Abs. 1 S. 2 FamFG, 260 ZPO; s. § 137 Rn 5); mit Abweisung des Scheidungsantrags werden die Folgesachen gegenstandslos. Abs. 2 S. 2 und S. 3 bestimmen die Ausnahmen von diesem Grundsatz. Die kostenrechtlichen Vorschriften sind in § 150 enthalten (s. Rn 7). 1

§ 142 unterscheidet sich vom bisherigen § 629 Abs. 1 ZPO nicht in der Grundstruktur, sondern in der Formulierung und in der Berücksichtigung der neuen einheitlichen Entscheidungsform des Beschlusses. Abs. 1 S. 2 entspricht dem bisherigen § 629 Abs. 2 S. 1 ZPO. Abs. 2 S. 1 enthält die im ersten Satzteil des bisherigen § 629 Abs. 3 S. 1 ZPO enthaltene Regelung, wonach im Fall der Abweisung des Scheidungsantrags die Folgesachen gegenstandslos werden. S. 2 macht hiervon eine Ausnahme für Kindschaftsfolgesachen sowie für solche Folgesachen, hinsichtlich derer ein Beteiligter vor der Entscheidung ausdrücklich erklärt hat, sie fortsetzen zu wollen. Die Rechtsfolge tritt hier nicht mehr, wie bislang in § 629 Abs. 3 ZPO vorgesehen, durch eine gerichtliche Entscheidung, sondern durch eine Erklärung des Beteiligten selbst ein. Dass sämtliche bisherigen Folgesachen, die nach S. 2 trotz Abweisung des Scheidungsantrags fortzusetzen sind, daraufhin zu selbständigen Familiensachen werden, ist in S. 3 ausdrücklich angeordnet. Bislang ergab sich dies aus § 629 Abs. 3 S. 2 ZPO. 2

---
[10] S. näher Zöller/Philippi 27. Aufl. § 619 ZPO Rn 12, § 626 Rn 9 f.
[11] A. A. Baumbach/Hartmann § 141 FamFG Rn 7.

II. Einheitliche Endentscheidung (Abs. 1 S. 1)

1. Entscheidungsreife

3   Sind die materiellrechtlichen Scheidungsvoraussetzungen nach §§ 1565 ff. BGB oder bei ausländischem Scheidungsstatut nach ausländischem Sachrecht erfüllt und **sämtliche Folgesachen,** soweit sie nach § 137 Abs. 2 und 3 zulässig in den Verbund aufgenommen und nicht nach § 140 abgetrennt worden sind, **endgültig entscheidungsreif,** ist über alle im Verbund stehenden Familiensachen durch einheitlichen Beschluss in dessen Tenor zu entscheiden; die Verbundentscheidung darf nicht eine Teilentscheidung enthalten.[1] Die erforderliche Entscheidungsreife besteht nicht, wenn ein zulässiger Stufenantrag oder vorab ein Auskunftsantrag gestellt und die Zahlungsstufe noch nicht zur Entscheidung reif ist. Bei im Verbundverfahren anhängigen Stufenanträgen über nachehelichen Unterhalt und Zugewinnausgleich dürfen die Auskunftsansprüche nicht vorweg durch Teilentscheidung abgewiesen werden, weil die Gefahr des Widerspruchs zur abschließenden Verbundentscheidung besteht.[2] Bei Abschluss eines Widerrufsvergleichs in einer Folgesache darf der Scheidungsbeschluss erst nach Ablauf der Widerrufsfrist verkündet werden, da andernfalls eine unzulässige faktische Abtrennung vorliegt, weswegen der Scheidungsbeschluss bei Vergleichswiderruf als unzulässige Teilentscheidung (s. Rn 4) der Aufhebung und Zurückverweisung unterliegt.[3] Eine Verfahrensaussetzung nach § 153 ZPO wegen Anfechtung der Ehelichkeit eines Kindes der Ehegatten führt zur Aussetzung des gesamten Scheidungsverbundverfahrens,[4] es sei denn eine Abtrennung nach § 140 wird vorgenommen.[5] Wird eine Antragsfolgesache (s. § 137 Rn 15 ff.) übergangen, ist fristgerecht die Ergänzung der Endentscheidung nach §§ 43, 113 Abs. 1 S. 2 FamFG, § 321 ZPO zu beantragen; bei Amtsfolgesachen (s. § 137 Rn 23) bedarf es der förmlichen Antragstellung nicht.

2. Unzulässigkeit einer Teilentscheidung

4   Teilentscheidungen über Folgesachen im Scheidungsverbund sind unzulässig (s. bereits Rn 3).[6] Auch dürfen einzelne Ansprüche nicht nach §§ 113 Abs. 1 S. 2 FamFG, 145 ZPO abgetrennt werden. Gestattet sind allein Abtrennungen nach § 140 FamFG (s. näher § 140 Rn 1). Zur Zulässigkeit von Teilentscheidungen bei Auskunftsansprüchen im Rahmen von Stufenanträgen s. vorstehend Rn 3; dabei handelt es sich nicht um die einheitliche Scheidungsverbundentscheidung. Teilanträge im Sinne von Teilklagen sind in Familienstreitfolgesachen zulässig;[7] über den Teilantrag ist in vollem Umfang zu entscheiden. Zur Zulässigkeit von Teilentscheidungen über den Versorgungsausgleich s. § 224 Rn 5. Hat das Familiengericht eine unzulässige Teilentscheidung getroffen, hebt sie das Beschwerdegericht – soweit eine Ehe- oder Familienstreitfolgesache betroffen ist – gem. §§ 117 Abs. 2 S. 1 FamFG, 538 Abs. 2 S. 1 Nr. 7, Abs. 2 S. 3 ZPO und – soweit eine FG-Folgesache betroffen ist – gem. § 69 Abs. 1 S. 2 auf und verweist das Verbundverfahren an die erste Instanz zurück (s. § 117 Rn 19, § 69 Rn 14). Unterlässt das Beschwerdegericht dies und gelangt die Sache an das Rechtsbeschwerdegericht, holt dieses die Aufhebung und die Zurückverweisung an die erste Instanz nach. Dies ist allerdings nur sinnvoll, wenn bei dem Familiengericht noch eine Verbundentscheidung erreicht werden kann. Ist dies nicht der Fall und sind Folgesachen bei dem Beschwerdegericht anhängig, ist an dieses zurückzuverweisen, da nur so der Verbund wiederhergestellt werden kann.[8]

---

[1] Zöller/Vollkommer § 301 ZPO Rn 3.
[2] OLG Hamm FamRZ 2007, 402 mit krit. Anmerkung Heistermann.
[3] OLG Köln FamRZ 2010, 317.
[4] OLG München FamRZ 1996, 950.
[5] OLG Oldenburg FamRZ 1980, 71.
[6] BGH NJW 2009, 74 a. E. = FamRZ 2008, 2268 a. E.; OLG Brandenburg FamRZ 2004, 384.
[7] Gottwald FamRZ 2002, 1266.
[8] BGH NJW 2009, 74 = FamRZ 2008, 2268; BGH NJW-RR 1994, 379.

3. Form und Inhalt

Form und Inhalt des einheitlichen Beschlusses ergeben sich aus §§ 113 Abs. 1 S. 1, 38, **5** 116 (wegen der Einzelheiten s. § 116 Rn 4 f. und § 38). Zur Anordnung der sofortigen Wirksamkeit in Unterhaltsfolgesachen s. § 116 Rn 11.

4. Begründung

Einer Begründung bedarf die Verbundentscheidung nach §§ 113 Abs. 1 S. 1, 38 Abs. 4 **6** Nr. 1 bis 3, Abs. 5 Nr. 1 nur in bestimmten Teilen nicht, und zwar insbesondere der Scheidungsausspruch bei Rechtsmittelverzicht nach Abs. 4 Nr. 3 und Entscheidungen über Familienstreitfolgesachen bei Anerkenntnis, Verzicht oder Versäumnis nach Abs. 4 Nr. 1. Ansonsten muss die Verbundentscheidung zum Scheidungsausspruch und zu allen mitentschiedenen Folgesachen eine Begründung enthalten; die Entscheidung über den Versorgungsausgleich ist nach § 224 Abs. 2 zu begründen.

5. Kostenentscheidung

In der einheitlichen Kostenentscheidung ist über die Kosten der Scheidungssache und **7** zugleich über die Kosten der Verfahren der Folgesachen zu entscheiden (sog. Kostenverbund). Wegen der Einzelheiten s. § 150.

6. Anordnung der sofortigen Wirksamkeit

Der Scheidungsausspruch wird gemäß § 116 Abs. 2 erst mit **Rechtskraft** wirksam **8** (s. § 116 Rn 7); die Anordnung einer sofortigen Wirksamkeit, auch hinsichtlich der Kostenentscheidung, kommt hier nicht in Betracht. Dies gilt ausnahmslos auch für die Endentscheidung über den Versorgungsausgleich (§ 224 Abs. 1) und grundsätzlich für die Endentscheidungen in den Familienstreitfolgesachen (§ 116 Abs. 3 S. 1) sowie in Ehewohnungs- und Haushaltsfolgesachen (§ 209 Abs. 2 S. 1). In Güterrechtsfolgesachen kann nach § 116 Abs. 3 S. 2 die sofortige Wirksamkeit und in Unterhaltsfolgesachen sowie in Ehewohnungsfolgesachen soll nach §§ 116 Abs. 3 S. 3, 209 Abs. 2 S. 2 die sofortige Wirksamkeit angeordnet werden (s. § 116 Rn 9 f., § 209 Rn 6). Die sofortige Wirksamkeit tritt allerdings nach § 148 nicht vor Rechtskraft des Scheidungsausspruchs ein (s. § 148 Rn 5). Die Anordnung der sofortigen Wirksamkeit bewirkt, dass ab der Rechtskraft des Scheidungsausspruchs die für sofort wirksam erklärte Endentscheidung in der Folgesache unabhängig von der Einlegung eines Rechtsbehelfs gegen sie vollstreckt werden kann. In Familienstreitfolgesachen wird dies von § 120 Abs. 2 S. 1 bestimmt, wobei das Gericht allerdings auf Antrag des Verpflichteten nach § 120 Abs. 2 S. 2 die Vollstreckung vor Eintritt der Rechtskraft in der Endentscheidung einstellen oder beschränken kann. In Kindschaftsfolgesachen bedarf es der Anordnung der sofortigen Wirksamkeit nicht, da nach § 40 die Endentscheidung mit Bekanntgabe wirksam wird; auch hier gilt aber § 148 mit der Folge, dass die Endentscheidung in Kindschaftsfolgesachen frühestens mit Eintritt der Rechtskraft des Scheidungsausspruchs wirksam und gegebenenfalls vollstreckbar wird. Zur Zwangsvollstreckung in Kindesunterhaltsstreitsachen s. näher § 231 Rn 26.

7. Rechtsbehelfsbelehrung

Nach §§ 113 Abs. 1 S. 1, 39 hat der Beschluss eine Rechtsbehelfsbelehrung zu enthalten **9** (wegen der Einzelheiten s. die Erläuterungen zu § 39).

III. Versäumnisentscheidung (Abs. 1 S. 2)

1. Scheidungsantrag

Gem. § 130 Abs. 1 kann ein Scheidungsantrag durch Versäumnisbeschluss mit der Folge **10** zurückgewiesen werden, dass der Antrag als zurückgenommen gilt (zu Einzelheiten s. § 130 Rn 4 f.). Dagegen ist eine Versäumnisentscheidung gegen den Antragsgegner nach § 130 Abs. 2 unzulässig; bei Säumnis des Antragsgegners ist in der Sache über den Scheidungsantrag zu entscheiden (zu Einzelheiten s. § 130 Rn 6). Diese Regelungen des § 130 Abs. 1 und 2 gelten nicht für die Scheidungsfolgesachen (s. nachstehend Rn 11 und § 130 Rn 3).

2. Folgesachen in den Familiensachen der freiwilligen Gerichtsbarkeit

11   In den Folgesachen der Familiensachen der freiwilligen Gerichtsbarkeit (s. näher § 137 Rn 6, 7, 9, 11, 12) ist eine Versäumnisentscheidung in jedem Fall unzulässig, da das FamFG ein Säumnisverfahren nicht kennt (s. § 26 Rn 9). Unterbleiben hinsichtlich dieser Sachen Anträge im Verhandlungstermin nach § 137 Abs. 1, ist über diese Folgesachen in der Scheidungsverbundentscheidung in der Sache zu befinden.

3. Familienstreitfolgesachen

12   **a) Teilversäumnisentscheidung.** Im Fall der Säumnis ergeht im Scheidungsverbund über die unterhalts- und güterrechtlichen Familienstreitfolgesachen (s. § 137 Rn 8 und 10) eine Teilversäumnisentscheidung, sofern dem Scheidungsantrag stattzugeben ist (s. vorstehend Rn 3), da über Folgesachen nur für den Fall der Ehescheidung zu entscheiden ist (s. § 137 Rn 5). Die Voraussetzungen der Säumnis ergeben sich aus §§ 113 Abs. 1 S. 2 FamFG, 330 ff. ZPO (s. § 130 Rn 4). Ein Ehegatte ist wegen des nach § 114 Abs. 1 auch in Folgesachen herrschenden Anwaltszwangs (s. § 114 Rn 4) säumig, wenn er zwar erschienen, aber mangels anwaltlicher Vertretung nicht wirksam verhandeln kann (s. § 114 Rn 14). Nach §§ 330, 331 ZPO bedarf die Versäumnisentscheidung eines wirksamen Antrags des Gegners. Grundsätzlich ist die Verbundentscheidung, soweit sie aufgrund Säumnis ergeht, als Teilversäumnisbeschluss zu bezeichnen; dies kann sich aber auch aus den Entscheidungsgründen ergeben.[9] Im Umfang der einem Sachantrag stattgebenden Teilversäumnisentscheidung wird regelmäßig deren sofortige Wirksamkeit nach § 116 Abs. 3 S. 2 und 3 FamFG anzuordnen sein (s. § 116 Rn 9 f.). Unter den Voraussetzungen der §§ 113 Abs. 1 S. 2 FamFG, 331 a, 251 a Abs. 2 ZPO kann das Gericht auch nach Aktenlage entscheiden. Verhandeln beide Ehegatten nicht, kann das Gericht nach §§ 113 Abs. 1 S. 2 FamFG, 227 Abs. 1 ZPO vertagen oder nach §§ 113 Abs. 1 S. 2 FamFG, 251 a Abs. 3 ZPO das Ruhen des Verfahrens anordnen, wogegen die sofortige Beschwerde nach §§ 113 Abs. 1 S. 2 FamFG, 252 ZPO in Betracht kommt.[10]

13   **b) Einspruch.** Gegen die Teilversäumnisentscheidung ist gem. § 143 Einspruch nach §§ 113 Abs. 1 S. 2 FamFG, 338 ff. ZPO – und nicht Beschwerde nach §§ 113 Abs. 1 S. 1, 58 ff. FamFG – einzulegen, über den zunächst zu verhandeln und zu entscheiden ist (s. näher § 143 Rn 4). Der Meistbegünstigungsgrundsatz gilt, wenn unklar bleibt, ob die Teilentscheidung auf Grund der Säumnis ergangen ist; dann kann auch Beschwerde eingelegt werden.[11] Eine Umdeutung ist möglich, zumal beide Rechtsbehelfe bei dem Familiengericht einzulegen sind (§§ 340 Abs. 1 ZPO, 64 Abs. 1 FamFG). Allerdings beträgt die Einspruchsfrist nur zwei Wochen (§§ 113 Abs. 1 S. 2 FamFG, 339 Abs. 1 ZPO), die Beschwerdefrist hingegen einen Monat (§ 63 Abs. 1 FamFG). Ist der Einspruch zulässig, wird das Verfahren, soweit der Einspruch reicht, in die Lage zurückversetzt, in der es sich vor Eintritt der Versäumnis befand (§§ 113 Abs. 1 S. 2 FamFG, 342 ZPO). Der Einspruch berührt nicht die Fristen für Beschwerde oder Rechtsbeschwerde gegen die Teile des Verbundbeschlusses, die keine Teilversäumnisentscheidung sind.[12]

IV. Folgen der Abweisung des Scheidungsantrags (Abs. 2)

1. Gegenstandslosigkeit der Folgesachen (Abs. 2 S. 1)

14   Wird der Scheidungsantrag als unzulässig oder unbegründet abgewiesen, werden die Folgesachen nach Abs. 2 S. 1 grundsätzlich gegenstandslos, da über Folgesachen nur für den

---

[9] BGH FamRZ 1994, 1521.
[10] OLG Köln NJW-RR 1992, 1022.
[11] BGH FamRZ 1988, 945; OLG Köln FamRZ 1995, 888.
[12] BGH FamRZ 1986, 897.

Fall der Ehescheidung zu entscheiden ist (s. § 137 Rn 5). Diese Folge tritt kraft Gesetzes ein, ohne gerichtlichen Ausspruch und ohne Antragstellung.[13] Die Kostenentscheidung ergibt sich aus § 150 Abs. 2 S. 1 und 2, Abs. 4.

2. Fortführung von Kindschaftsfolgesachen (Abs. 2 S. 2 Alt. 1)

Kindschaftsfolgesachen sind nach § 137 Abs. 3 Kindschaftssachen, die die Übertragung oder Entziehung der elterlichen Sorge, das Umgangsrecht oder die Herausgabe eines gemeinschaftlichen Kindes der Ehegatten oder das Umgangsrecht eines Ehegatten mit dem Kind des anderen Ehegatten betreffen (s. § 137 Rn 11). Ihre Einbeziehung in den Scheidungsverbund erfolgte nicht von Amts wegen, sondern nur nach rechtzeitiger Antragstellung eines Ehegatten, wobei das Gericht des ersten Rechtszugs die Einbeziehung in den Scheidungsverbund aus Gründen des Kindeswohls für sachgerecht gehalten hat (s. § 137 Rn 22). Das Kindeswohl rechtfertigt es, diese Folgesachen trotz Abweisung des Scheidungsantrags von Amts wegen (s. § 23 Rn 5) sofort als selbständige Familiensachen fortzuführen, um ungeachtet des Schicksals der Ehe und des (Nicht-)Erfolgs des Scheidungsantrags in Beschwerde- und Rechtsbeschwerdeinstanz eine kindeswohlgerechte Regelung zu erreichen.

3. Fortführung anderer Folgesachen nach Beteiligtenerklärung (Abs. 2 S. 2 Alt. 2)

Die anderen Folgesachen, das sind die Folgesachen nach § 137 Abs. 2 S. 1 Nr. 1 und S. 2 (Versorgungsausgleichssachen), Abs. 2 S. 1 Nr. 2 (Unterhaltssachen), Abs. 2 S. 1 Nr. 3 (Ehewohnungs- und Haushaltssachen) und Abs. 2 S. 1 Nr. 4 (Güterrechtssachen), können fortgeführt werden, wenn **ein Beteiligter** vor der Entscheidung ausdrücklich **erklärt** hat, sie fortführen zu wollen. Der Grund für die Abweisung des Scheidungsantrags ist dabei unerheblich.[14] Die ausdrückliche Erklärung unterliegt dem Anwaltszwang nach § 114 Abs. 1, da die Erklärung nach § 142 Abs. 2 S. 2 Alt. 2 im Katalog des § 114 Abs. 4 nicht erwähnt ist. Sie kann nicht nur bis zum Schluss der mündlichen Verhandlung, sondern nach dem Wortlaut des § 142 Abs. 2 S. 2 Alt. 2 **bis zum Erlass des die Scheidung abweisenden Beschlusses** abgegeben werden; beabsichtigt das Gericht die Abweisung, hat es die Beteiligten darauf hinzuweisen und Gelegenheit zur Abgabe der Erklärung zu geben. Da die Rechtsfolge der Fortführung der Folgesache als selbständige Familiensache nicht mehr wie früher in § 629 Abs. 3 ZPO vorgesehen durch einen gerichtlichen Ausspruch, sondern **durch die Erklärung des Beteiligten selbst eintritt**,[15] wird diese sofort wirksam und die verselbständigte Familiensache ist sofort fortzuführen, ohne Rücksicht auf ein Rechtsmittel gegen die Abweisung des Scheidungsantrags (s. auch vorstehende Rn 15).[16]

V. Fortführung von Folgesachen als selbständige Familiensachen (Abs. 2 S. 3)

Die Fortführung von Familiensachen von Amts wegen und ohne weitere gerichtliche Anordnung ist verfahrensökonomisch und vermeidet unnötige Kosten durch Wiederholung der Beweisaufnahme. Als selbständige Familiensachen sind die Familiensachen der freiwilligen Gerichtsbarkeit weiter zu betreiben nach den Regelungen des Allgemeinen Teils des FamFG (s. § 111 Rn 30) und den besonderen Verfahrensvorschriften der §§ 151 ff., die Familienstreitsachen nach Maßgabe des § 113 Abs. 1 S. 1 und 2 (s. § 113 Rn 4) und den besonderen Verfahrensvorschriften der §§ 231 ff. Der Anwaltszwang in den nun selbständigen Familiensachen der freiwilligen Gerichtsbarkeit entfällt (s. § 114 Rn 8).

---

[13] BGH NJW-RR 1994, 834 = FamRZ 1994, 827.
[14] BGH FamRZ 1984, 256 (anzuerkennende Auslandsscheidung).
[15] BT-Drs. 16/6308 S. 232.
[16] BGH FamRZ 1984, 256 ist überholt.

VI. Form der Verkündung der Entscheidung über den Versorgungsausgleich (Abs. 3)

18 Die Regelung in Abs. 3 ermöglicht es dem Gericht, bei der Verkündung des einheitlichen Scheidungsverbundbeschlusses nach §§ 113 Abs. 1 S. 2 FamFG, 329 Abs. 1 (s. § 113 Rn 4 „§ 41"), 310 Abs. 1 S. 1 Alt. 1, 311 Abs. 2 S. 1 ZPO für die Entscheidung zum Versorgungsausgleich auf die Beschlussformel Bezug zu nehmen. Damit wird einem Bedürfnis der Praxis Rechnung getragen: Sind die Ehegatten bei der Verkündung anwesend, was in Scheidungssachen die Regel ist, steht für sie der Ausspruch zur Scheidung im Mittelpunkt des Interesses und ihrer Wahrnehmung. Die eher technische Entscheidungsformel betreffend die Regelung des Versorgungsausgleichs, bestehend aus Wertbeträgen, Kontonummern, Bezeichnungen der Versorgungsträger usw., können und wollen die Ehegatten und ihre Vertreter in diesem Moment regelmäßig nicht nachvollziehen. Die Einzelheiten erschließen sich ohnehin nur bei der Erörterung der beabsichtigten Regelung in der mündlichen Verhandlung bzw. bei der Lektüre der getroffenen Entscheidung. Deshalb ist die Bezugnahme auf die Beschlussformel bei der Verkündung ausreichend.[17]

Einspruch

§ 143 Wird im Fall des § 142 Abs. 1 Satz 2 gegen die Versäumnisentscheidung Einspruch und gegen den Beschluss im Übrigen ein Rechtsmittel eingelegt, ist zunächst über den Einspruch und die Versäumnisentscheidung zu verhandeln und zu entscheiden.

I. Normzweck

1 Nach § 142 Abs. 1 S. 1 ist im Fall der Scheidung über sämtliche im Verbund stehenden Familiensachen durch einheitlichen Beschluss zu entscheiden (s. § 142 Rn 3). Dies gilt gem. § 142 Abs. 1 S. 2 auch, soweit eine Versäumnisentscheidung zu treffen ist (s. § 142 Rn 12). § 143 regelt das Verhältnis der Rechtsbehelfe Einspruch und Rechtsmittel in diesem Fall.

2 § 143 entspricht inhaltlich dem bisherigen § 629 Abs. 2 S. 2 ZPO.

II. Teilversäumnisentscheidung in Familienstreitfolgesachen

3 Ist dem Scheidungsantrag stattzugeben (s. § 142 Rn 3), ergeht im Fall der Säumnis des Antragsgegners über die unterhalts- und güterrechtlichen Familienstreitfolgesachen (s. § 137 Rn 8 und 10) eine Teilversäumnisentscheidung (s. § 142 Rn 12). Diese ist Teil der Verbundentscheidung, die weder gem. § 130 Abs. 2 hinsichtlich des Scheidungsausspruchs gegen den Antragsgegner als Versäumnisentscheidung ergehen darf (s. § 130 Rn 6) noch hinsichtlich der Folgesachen in den FG-Familiensachen, da diese Entscheidungsform den für diese Familiensachen geltenden Vorschriften des FamFG unbekannt ist (s. § 142 Rn 11).[1] Der Klarheit halber sollte der Scheidungsverbundbeschluss daher als Teilversäumnis- und Endbeschluss bezeichnet werden. Dass die Teilentscheidung wegen Säumnis ergangen ist, kann sich auch aus den Entscheidungsgründen des Scheidungsverbundbeschlusses ergeben.[2] Bei nicht behebbarer Unzulässigkeit eines Antrags in einer Familienstreitfolgesache ist er trotz Säumnis nicht durch Versäumnisentscheidung, sondern durch einseitig kontradiktorische Endentscheidung abzuweisen.[3] Ist die Unzulässigkeit bei Fortsetzung des Verfahrens durch Einspruch behebbar, etwa wenn der Antragsteller im Fall des Stufenantrags den Zahlungsantrag nicht beziffert, kann der Antrag durch Teilversäumnisentscheidung – ausdrücklich im Tenor, um den Umfang der Rechtskraft klarzustellen – als unzulässig abgewiesen werden.[4]

---

[17] BT-Drs. 16/10144 S. 93.
[1] OLG Stuttgart NJW-RR 1997, 1228 = FamRZ 1997, 1486; a. A. OLG München FamRZ 1995, 378.
[2] BGH FamRZ 1994, 1521.
[3] BGH NJW 1986, 1041.
[4] Zöller/Philippi 27. Aufl. § 629 ZPO Rn 4 a m. w. N.

III. Reihenfolge der Rechtsbehelfe

Ergeht der Scheidungsverbundbeschluss im Fall der Säumnis des Antragsgegners teilweise als einseitig kontradiktorische Endentscheidung hinsichtlich des Scheidungsausspruchs und gegebenenfalls auch hinsichtlich einer Folgesache in einer Familiensache der freiwilligen Gerichtsbarkeit (vgl. § 142 Rn 10 f.), teilweise als Teilversäumnisentscheidung hinsichtlich Familienstreitfolgesachen (s. vorstehend Rn 3), kann der säumige Antragsgegner bezüglich der kontradiktorischen Endentscheidung nur das Rechtsmittel der Beschwerde oder – nach Zulassung – der Rechtsbeschwerde, bezüglich der Teilversäumnisentscheidung nur Einspruch einlegen.[5] Kann nicht eindeutig geklärt werden, ob eine Teilversäumnisentscheidung vorliegt (s. dazu vorstehend Rn 3), gilt der Grundsatz der Meistbegünstigung und es kann auch ein Rechtsmittel eingelegt werden.[6] 4

Werden sowohl Rechtsmittel als auch Einspruch eingelegt, bestimmt § 143, dass zunächst über den Einspruch vor dem Gericht zu verhandeln und zu entscheiden ist, das die Teilversäumnisentscheidung erlassen hat. Wird sodann gegen die auf den Einspruch ergangene Entscheidung Beschwerde oder – nach Zulassung – Rechtsbeschwerde eingelegt, wird in der nächsten Instanz der Verbund wieder hergestellt. Damit wird die Gefahr widersprechender Entscheidungen gebannt, die bestünde, wenn in der einen Instanz über den Einspruch und gleichzeitig in der nächsten Instanz über das Rechtsmittel entschieden würde. 5

Verzicht auf Anschlussrechtsmittel

§ 144

Haben die Ehegatten auf Rechtsmittel gegen den Scheidungsausspruch verzichtet, können sie auch auf dessen Anfechtung im Wege der Anschließung an ein Rechtsmittel in einer Folgesache verzichten, bevor ein solches Rechtsmittel eingelegt ist.

I. Normzweck

Die Vorschrift regelt die Möglichkeit, auf schnellstem Wege die Rechtskraft des Scheidungsausspruchs zu erreichen. Dafür können die Ehegatten durch einen **Rechtsmittelverzicht** die Teilrechtskraft des Scheidungsausspruchs und ggfls. einzelner Folgesachen herbeiführen. Um den Scheidungsausspruch rechtskräftig werden zu lassen, genügt es aber nicht, dass die Ehegatten auf ihr Hauptrechtsmittel gegen ihn verzichten. Denn ein solcher Verzicht hindert sie nicht daran, sich dem Rechtsmittel eines weiteren Beteiligten in einer Folgesache anzuschließen und den Scheidungsausspruch anzufechten.[1] Der Rechtsmittelverzicht muss sich deshalb auf **Rechtsmittel** und **Anschlussrechtsmittel** erstrecken.[2] 1

§ 144 entspricht inhaltlich dem bisherigen § 629 a Abs. 4 ZPO. 2

II. Verzicht auf Anschlussrechtsmittel

1. Anschlussrechtsmittel

Nach § 66 kann sich ein Beschwerdeberechtigter der Beschwerde gegen den Scheidungsausspruch auch dann anschließen, wenn er gem. § 67 Abs. 1 auf die Beschwerde verzichtet hat oder die für ihn geltende Beschwerdefrist verstrichen ist (sog. Anschlussbeschwerde; vgl. § 66 Rn 3 ff.). Entsprechendes gilt gem. § 73 für die Anschlussrechtsbeschwerde. 3

2. Zeitpunkt des Verzichts auf Anschlussrechtsmittel

Grundsätzlich kann nach § 67 Abs. 2 auf ein Anschlussrechtsmittel erst nach Einlegung des Hauptrechtsmittels verzichtet werden. Dies würde bedeuten, dass auch auf Anschluss- 4

---

[5] BGH FamRZ 1988, 945; FamRZ 1986, 897.
[6] BGH FamRZ 1988, 945.
[1] BGH FamRZ 1997, 804.
[2] BGH NJW-RR 1994, 386 = FamRZ 1994, 300.

rechtsmittel in Folgesachen und für die Anschließung an eine Anfechtung des Scheidungsausspruchs erst nach Einlegung des Hauptrechtsmittels verzichtet werden kann. Damit könnte der Scheidungsausspruch erst verhältnismäßig spät rechtskräftig werden. Hiervon macht § 144 ausdrücklich eine Ausnahme: Haben Ehegatten auf Rechtsmittel gegen den Scheidungsausspruch verzichtet, können sie auch auf dessen Anfechtung im Wege der Anschließung an ein Rechtsmittel in einer Folgesache verzichten, bereits bevor ein solches Rechtsmittel eingelegt ist.

3. Form des Verzichts auf Rechtsmittel und Anschlussrechtsmittel

5   Die Ehegatten selbst können **außergerichtlich** ohne Mitwirkung eines Rechtsanwalts durch einseitige Erklärung oder durch Vertrag auf ein eingelegtes Rechtsmittel verzichten. Als Folge dieses Verzichts wird der Scheidungsausspruch nicht unmittelbar rechtskräftig. Vielmehr ist das Rechtsmittel auf Einrede des Gegners zu verwerfen (§ 67 Abs. 3).[3]

6   Gem. § 67 Abs. 1 und 2 ist der Verzicht auf die Beschwerde und die Anschlussbeschwerde nach Bekanntgabe des Scheidungsverbundbeschlusses **gegenüber dem Gericht** zu erklären. Die Verzichtserklärung unterliegt dem **Anwaltszwang** nach § 114 Abs. 1.[4] Kraft seiner Prozessvollmacht ist der Rechtsanwalt zum Verzicht ermächtigt; eine Beschränkung der Vollmacht ist unwirksam (§§ 113 Abs. 1 S. 2 FamFG, 83 Abs. 1 ZPO; s. näher § 114 Rn 23).[5] Auch der vom Prozessbevollmächtigten weisungswidrig erklärte Rechtsmittelverzicht ist grundsätzlich wirksam.[6] Wird vollständig auf Rechtsmittel verzichtet, so umfasst der Verzicht auch die Folgesachen.[7] Der Rechtsmittelverzicht ist nicht anfechtbar und nur widerruflich, soweit er von einem Restitutionsgrund nach § 580 ZPO betroffen ist.[8]

7   Ein **ausdrücklich erklärter Verzicht** auf Anschlussrechtsmittel kann **im Einzelfall entbehrlich** sein, wenn sich aus den Umständen oder zusätzlichen Erklärungen ergibt, dass die Ehegatten hinsichtlich der Scheidung eine Teilrechtskraft erzielen wollten und sich dies mit dem objektiven Erklärungsinhalt des Rechtsmittelverzichts deckt.[9] **Inhalt und Tragweite eines ausdrücklich erklärten Rechtsmittelverzichts** gegen eine Scheidungsverbundentscheidung ist danach zu beurteilen, wie die Verzichtserklärung bei objektiver Betrachtung zu verstehen ist. Die Wirksamkeit eines in der mündlichen Verhandlung im Anschluss an die Verkündung der Verbundentscheidung erklärten Rechtsmittelverzichts ist nicht davon abhängig, dass er ordnungsgemäß protokolliert wurde. Sind das Protokoll oder die vorläufige Protokollaufzeichnung unter Verstoß gegen §§ 113 Abs. 1 S. 2 FamFG, 162 Abs. 1 ZPO den Beteiligten nicht vorgelesen bzw. nicht abgespielt und von ihnen nicht genehmigt worden, fehlt dem Protokoll insoweit zwar die Beweiskraft einer öffentlichen Urkunde. Allerdings kann der Rechtsmittelverzicht unstreitig sein oder im Wege einer Beweisaufnahme bewiesen werden. Ein alle in der Scheidungsverbundentscheidung entschiedenen Folgesachen erfassender Rechtsmittelverzicht liegt regelmäßig vor, wenn die Verzichtserklärung lautet: „Beide Parteien erklären, dass sie auf die Einlegung von Rechtsmittel, Anschlussrechtsmittel und die Stellung des Antrags gemäß § 147 verzichten."[10]

4. Verzicht auf das Antragsrecht nach § 147

8   Auf ein Antragsrecht nach § 147 (s. dazu die Erläuterungen bei § 147 und dort insbesondere Rn 5) muss zur Herbeiführung der Teilrechtskraft nur dann verzichtet werden, wenn der Scheidungsausspruch in die Beschwerdeinstanz gelangt ist; denn im Fall der zugelassenen Rechtsbeschwerde erweitert § 147 die Anfechtungsmöglichkeit. In allen anderen Fäl-

---

[3] BGH FamRZ 1997, 999.
[4] BGH NJW-RR 2007, 1451 = FamRZ 2007, 1631.
[5] BGH NJW-RR 1994, 386 = FamRZ 1994, 300.
[6] BGH FamRZ 1997, 999.
[7] BGH FamRZ 1986, 1089.
[8] BGH NJW-RR 1994, 386 = FamRZ 1994, 300.
[9] BGH NJW 1984, 2829 = FamRZ 1984, 467.
[10] BGH NJW-RR 2007, 1451 = FamRZ 2007, 1631.

len ist ein solcher Verzicht nicht notwendig.[11] Ob in einem Verzicht auf Anschlussrechtsmittel in der Regel zugleich ein Verzicht auf das Antragsrecht nach § 147 erblickt werden kann,[12] ist zweifelhaft.

Befristung von Rechtsmittelerweiterung und Anschlussrechtsmittel

145 (1) Ist eine nach § 142 einheitlich ergangene Entscheidung teilweise durch Beschwerde oder Rechtsbeschwerde angefochten worden, können Teile der einheitlichen Entscheidung, die eine andere Familiensache betreffen, durch Erweiterung des Rechtsmittels oder im Wege der Anschließung an das Rechtsmittel nur noch bis zum Ablauf eines Monats nach Zustellung der Rechtsmittelbegründung angefochten werden; bei mehreren Zustellungen ist die letzte maßgeblich.

(2) ¹Erfolgt innerhalb dieser Frist eine solche Erweiterung des Rechtsmittels oder Anschließung an das Rechtsmittel, so verlängert sich die Frist um einen weiteren Monat. ²Im Fall einer erneuten Erweiterung des Rechtsmittels oder Anschließung an das Rechtsmittel innerhalb der verlängerten Frist gilt Satz 1 entsprechend.

I. Normzweck

Die Vorschrift regelt die Fristen für Rechtsmittelerweiterung und Anschlussrechtsmittel bei teilweiser Anfechtung der einheitlichen Scheidungsverbundentscheidung nach § 142 (s. dort Rn 3) durch Hauptrechtsmittel eines oder mehrerer Beteiligten. Durch die Fristensetzung soll verhindert werden, dass sich die Ehescheidung durch Rechtsmittel in Folgesachen unzumutbar verzögert; vielmehr verfolgt das Gesetz den Zweck, die vorzeitige (Teil-) Rechtskraft einzelner Entscheidungen einer Verbundentscheidung, insbesondere des Scheidungsausspruchs, unabhängig von dem weiteren Schicksal von Folgesachen zu ermöglichen. Der Scheidungsausspruch wird somit spätestens mit Ablauf der Fristen der Abs. 1 und 2 (s. Rn 12 f.) rechtskräftig, wenn er nicht zuvor angefochten wird.[1] Zu der Möglichkeit, den Scheidungsausspruch noch früher rechtskräftig werden zu lassen, nämlich durch Rechtsmittelverzicht, s. die Erläuterungen zu § 144. Nach § 148 hängt die Wirksamkeit einer Entscheidung zu Folgesachen vom Eintritt der Rechtskraft des Scheidungsausspruchs ab. Gem. § 113 Abs. 1 S. 1 ist das Rechtsmittelsystem der §§ 58 ff. auf die Anfechtung einer Scheidungsverbundentscheidung anzuwenden, modifiziert aber durch die Bestimmungen des § 117. Wegen der Einzelheiten s. die Kommentierung der genannten Vorschriften.

1

§ 145 enthält den Regelungsgegenstand des bisherigen § 629 a Abs. 3 ZPO. Mit der Überarbeitung der Formulierung bewirkt die Vorschrift – ohne Veränderung des sachlichen Gehalts – eine Anpassung an die Kategorien des allgemeinen Rechtsmittelrechts des FamFG. Dadurch soll auch die Verständlichkeit gegenüber dem bisherigen Recht erhöht werden.[2]

2

II. Zustellung und Rechtskraft der Verbundentscheidung

Eine Verbundentscheidung wird nur dann **formell rechtskräftig,** wenn sie von keinem Verfahrensbeteiligten mehr mit einem Rechtsmittel angefochten werden kann (zum Eintritt der Rechtskraft s. näher § 148 Rn 3). Deshalb ist es erforderlich, dass sie nicht nur den Ehegatten, sondern auch allen am Verbundverfahren beteiligten Dritten (s. dazu § 139 Rn 6) ordnungsmäßig **zugestellt** wird; nach § 113 Abs. 1 S. 1 und 2 sind in Ehesachen nicht die Vorschriften des FamFG über die Bekanntgabe von Entscheidungen, sondern diejenigen der ZPO über die Zustellung anzuwenden (s. § 113 Rn 4). Das Zustellungserfordernis gilt bei Beschwerden gegen Entscheidungen zum Versorgungsausgleich grundsätzlich für alle beteiligten Versicherungs- und Versorgungsträger (s. näher unten Rn 12).[3]

3

---

[11] OLG Hamm FamRZ 1995, 943; a. M. OLG Celle FamRZ 1980, 176; das KG FamRZ 1979, 530; 727 hält einen Verzicht nach § 147 immer für notwendig.
[12] OLG Hamm FamRZ 1979, 944.
[1] BGH FamRZ 2011, 31.
[2] BT-Drs. 16/6308 S. 232.
[3] BGH NJW 1998, 2679 = FamRZ 1998, 1024.

III. Arten der Anfechtung der Verbundentscheidung

1. Hauptrechtsmittel, Hemmung des Eintritts der Rechtskraft

4   Die dem Scheidungsantrag stattgebende und zugleich Folgesachen bescheidende Verbundentscheidung (s. Rn 1 und § 142 Rn 3) kann mit den Hauptrechtsmitteln der Beschwerde nach § 58, der zugelassenen Rechtsbeschwerde nach § 70 oder der Sprungrechtsbeschwerde nach § 75 angefochten werden durch einen Ehegatten oder dritte Beteiligte, soweit sie nach § 59 und § 60 beschwerdeberechtigt sind, die Voraussetzungen des § 61 erfüllt sind und Rechtsbeschwerde und Sprungrechtsbeschwerde statthaft sind. Die rechtzeitige Einlegung eines an sich statthaften Rechtsmittels hemmt gem. §§ 113 Abs. 1 S. 2 FamFG, 705 ZPO den Eintritt der Rechtskraft der Scheidungsverbundentscheidung insgesamt.[4] Angefochten werden kann von den Ehegatten die **Verbundentscheidung in allen ihren Teilen** oder hinsichtlich einzelner Teile, wie des **Scheidungsausspruchs oder bestimmter Folgesachen** nach § 137 Abs. 2 und 3 (s. § 137 Rn 6 ff.), von Dritten die sie betreffenden Teile der Verbundentscheidung. Die **Hemmungswirkung** nach §§ 113 Abs. 1 S. 2 FamFG, 705 ZPO erfasst zunächst auch die den Rechtsmittelführer begünstigenden Teile der Verbundentscheidung, außerdem umfasst sie im Falle einer Teilanfechtung zunächst auch die nicht angefochtenen Teile. Ein den Rechtsmittelführer begünstigender oder von ihm nicht angegriffener Teil wird – vom Fall des Rechtsmittelverzichts abgesehen – erst rechtskräftig, wenn er nicht mehr durch eine Erweiterung der Rechtsmittelanträge oder ein Anschlussrechtsmittel in das Rechtsmittelverfahren einbezogen werden kann; dabei führt bereits die grundsätzlich gegebene Möglichkeit, das Rechtsmittel trotz vorheriger Beschränkung auszudehnen, zur umfassenden Hemmung der Rechtskraft der den Rechtsmittelführer belastenden Entscheidungsteile, wobei unerheblich ist, ob eine Rechtsmittelerweiterung zulässig wäre, insbesondere ob sie sich im Rahmen der Rechtsmittelbegründung bewegen würde.[5] Ist eine Scheidungsverbundentscheidung des Familiengerichts in zulässiger Weise in vollem Umfang angefochten worden und wird die Beschwerde gegen den Scheidungsausspruch wegen einer Antragsänderung nachträglich unzulässig, bleibt die Zulässigkeit des Rechtsmittels hinsichtlich der Folgeentscheidungen davon unberührt; ein Fall des § 145 liegt dann nicht vor (s. dazu näher unten Rn 9).[6] Eine unzulässige Hauptbeschwerde kann in eine zulässige Anschlussbeschwerde umgedeutet werden; dies wird in aller Regel dem mutmaßlichen Willen des Beteiligten entsprechen, der ein unzulässiges Hauptrechtsmittel als zulässiges Anschlussrechtsmittel retten will.[7]

2. Teilanfechtung

5   Ist die Scheidungsverbundentscheidung nur teilweise mit einem Hauptrechtsmittel angegriffen, kann der Hauptbeschwerdeführer dem fristgerecht eingelegten und begründeten Hauptrechtsmittel nach Fristablauf (s. Rn 12 f.) keine weiteren Gründe, die bisher unangefochtene Verfahrensteile betreffen, nachschieben.[8] Eine Erweiterung des Rechtsmittels (s. dazu näher unten Rn 7) ist über die ursprüngliche Begründung hinaus nur innerhalb der Begründungsfrist zulässig.[9] Nach Ablauf dieser Frist ist eine Erweiterung des Hauptrechtsmittels auf einen anderen Verfahrensgegenstand nur zulässig, wenn sich die Gründe hierfür bereits aus der Rechtsmittelbegründungsschrift ergeben.[10] Aus Vorstehendem folgt beispielsweise: Ist zunächst nur gegen die Unterhaltsregelung einer Verbundentscheidung Beschwerde eingelegt worden, so kann das Rechtsmittel nach Ablauf der Begründungsfrist nicht mehr auf die Regelung des Versorgungsausgleichs erweitert werden.[11] Ficht ein Ehe-

---

[4] BGH FamRZ 2011, 31.
[5] BGH FamRZ 2011, 31.
[6] BGH NJW-RR 1994, 834 = FamRZ 1994, 827.
[7] BGH NJW 2009, 443 = FamRZ 2009, 418 (LS).
[8] BGH NJW 1983, 179 = FamRZ 1982, 1196; OLG Köln FamRZ 1998, 762.
[9] BGH NJW 1981, 2360 = FamRZ 1981, 946 zur Erweiterung des Rechtsmittels innerhalb der Begründungsfrist; zu einem Ausnahmefall s. BGH NJW 1987, 1024 = FamRZ 1986, 895.
[10] BGH FamRZ 2005, 1538; FamRZ 1985, 267.
[11] BGH NJW 1986, 1494 = FamRZ 1986, 455.

gatte die Entscheidung über die Folgesache Ehegattenunterhalt mit der Begründung an, er könne den Unterhalt nicht bezahlen, würde diese Begründung auch für eine Beschwerdeerweiterung auf die Folgesache Kindesunterhalt passen mit der Folge einer Erweiterungsmöglichkeit. Desweiteren kann die Rechtsmittelbegründung für eine Folgesache auch Anfechtungsgründe für den Scheidungsausspruch enthalten, dessen Anfechtung vorbehalten wird. Dann kann das Rechtsmittel später auf den Scheidungsausspruch erweitert werden.[12] Im Regelfall wird die Erweiterung eines Rechtsmittels auf eine andere Folgesache jedoch ausgeschlossen sein.[13] Unsicherheiten hierüber hindern aber den Eintritt der Rechtskraft. Diese zu beurteilen, gehört nicht zu der Aufgabe des Urkundsbeamten, der die Rechtskraft nach leicht feststellbaren Kriterien wie Zustellung, Fristablauf, Nichteingang einer Rechtsmittelschrift beurteilen können muss; die Feststellung, ob ein rechtzeitig eingelegtes Rechtsmittel zulässig ist, hat allein das Gericht selbst zu treffen.[14]

Eine isoliert angefochtene Folgesache bleibt Folgesache; denn diese Eigenschaft geht nicht dadurch verloren, dass die Folgesache durch isolierte Anfechtung aus dem Entscheidungsverbund gelöst wird.[15] Deshalb müssen Beschwerden gegen die in einer Verbundentscheidung enthaltenen Teilentscheidungen über Folgesachen, auch soweit diese Folgesachen in den Familiensachen der freiwilligen Gerichtsbarkeit sind, von einem Rechtsanwalt eingelegt werden; es gilt also auch insoweit Anwaltszwang (s. § 114 Rn 6). **6**

3. Rechtsmittelerweiterung

Die nur hinsichtlich einzelner Teile angefochtene Verbundentscheidung kann ergänzend dadurch angegriffen werden, dass der Hauptrechtsmittelführer sein Rechtsmittel erweitert. Ist gegen Teile einer Verbundentscheidung Beschwerde eingelegt worden, so kann das Rechtsmittel in der Begründungsschrift zulässigerweise auf andere Teile der Entscheidung erstreckt werden.[16] Eine Rechtsmittelerweiterung ist ebenso wie im isolierten Verfahren möglich, so dass der Rechtsmittelangriff auf jeden anderen Teil der Verbundentscheidung ausgedehnt werden kann, wenn dies durch die Begründung gedeckt ist. Darüber hinaus ist eine Erweiterung nach Ablauf der Begründungsfrist (s. dazu näher oben Rn 5)[17] einschließlich der Fristen nach Abs. 1 und 2 (s. Rn 12 f.)[18] nicht mehr möglich. **7**

4. Anschlussrechtsmittel

Zur grundsätzlichen Zulässigkeit der Anschlussbeschwerde nach dem FamFG s. näher § 66 Rn 3 ff. Durch die Möglichkeit von Anschlussrechtsmitteln wird jedem Ehegatten Gelegenheit gegeben, einem Rechtsmittelangriff des anderen Ehegatten oder eines Drittbeteiligten, z.B. eines Versorgungsträgers, des Jugendamts, des Vermieters, entgegenzutreten. Die Anschließung kann sich sowohl gegen den bereits mit einem Hauptrechtsmittel angegriffenen Teil der Entscheidung als auch gegen einen bisher nicht angefochtenen Teil der Verbundentscheidung richten.[19] Damit können auch Teile der angefochtenen Entscheidung zur Nachprüfung gestellt werden, die wegen des Ablaufs der Rechtsmittelfrist nicht mehr Gegenstand eines selbständigen Hauptrechtsmittels sein können. Nicht angefochtene Teile der Entscheidung erwachsen nicht in Rechtskraft, solange sie noch mit einem unselbständigen Anschlussrechtsmittel angefochten werden können. Die Fristen nach Abs. 1 und 2 (s. Rn 12 f.) ermöglichen die vorzeitige (Teil-)Rechtskraft einzelner Entscheidungen einer Verbundentscheidung, insbesondere des Scheidungsausspruchs, unabhängig von dem weiteren Schicksal von Folgesachen (s. oben Rn 1). **8**

Jedoch kann in Versorgungsausgleichsverfahren der Anschließung eines Ehegatten an das Rechtsmittel des Versorgungsträgers das Rechtsschutzbedürfnis fehlen und damit zur **9**

---

[12] OLG Koblenz FamRZ 1990, 769.
[13] BGH NJW 1987, 1024 = FamRZ 1986, 895.
[14] OLG Hamburg FamRZ 1990, 185.
[15] BGH FamRZ 1979, 908; NJW 1979, 766 = FamRZ 1979, 232.
[16] BGH NJW 1981, 2360 = FamRZ 1981, 946.
[17] BGH NJW-RR 1994, 834 = FamRZ 1994, 827.
[18] BGH FamRZ 2011, 31.
[19] BGH NJW 1998, 2679 = FamRZ 1998, 1024.

Unzulässigkeit der Anschlussbeschwerde führen, wenn das Gericht auf das Rechtsmittel des Versorgungsträgers, ungehindert durch das Verbot der Schlechterstellung des Rechtsmittelführers, ohnehin die dem Gesetz entsprechende Entscheidung über den Versorgungsausgleich zu treffen hat.[20] Die gleichen Erwägungen treffen auch auf eine Anschlussbeschwerde eines Versorgungsträgers an ein Rechtsmittel eines anderen Versorgungsträgers zu.[21] Das gilt nicht, wenn der Ehegatte seine Ziele nicht im Rahmen der Hauptbeschwerde verfolgen kann, z. B. wenn nur auf Antrag des Ehegatten eine Herabsetzung des Ausgleichsanspruchs erreicht werden kann,[22] ebenso wenn der Versorgungsträger die Entscheidung über den Versorgungsausgleich nur teilweise angefochten hat; in diesen Fällen kann der Ehegatte oder ein anderer Versorgungsträger mit einer unselbständigen Anschlussbeschwerde den nicht vom Hauptrechtsmittel erfassten Teil der Entscheidung anfechten.[23]

10 Die umfassende Anschließungsbefugnis der Ehegatten haben verfahrensbeteiligte Dritte nicht; ihre Anschließung muss sich gegen den Rechtsmittelführer richten. So kann sich ein Versorgungsträger nur dem Rechtsmittel im Rahmen eines Verfahrens über den Versorgungsausgleich, das Jugendamt nur in einer Sorgerechtssache anschließen, nicht aber z. B. das Jugendamt, um den Versorgungsausgleich anzufechten oder umgekehrt. In Sorgerechtssachen ist die unselbständige Anschlussbeschwerde eines Beteiligten nicht zulässig; ihr kommt lediglich die Bedeutung eines Antrags im Sinne einer Anregung zu.[24] Allerdings kann sich das Jugendamt einem Rechtsmittel anschließen, das die Regelung des Umgangs betrifft, um die Regelung der elterlichen Sorge anzufechten.[25]

11 Die unselbständige Anschließung ist grundsätzlich vorbehaltlich der nach § 145 geltenden Fristen (s. dazu unten Rn 12 f.) in der Beschwerdeinstanz bis zum Ablauf eines Monats nach der Zustellung der Beschwerdebegründungsschrift (§§ 117 Abs. 2 S. 1 FamFG, 524 Abs. 2 S. 2 ZPO; s. § 117 Rn 14; zu Ausnahmen, auch des § 524 Abs. 2 S. 3 ZPO, s. § 117 Rn 17), in der Rechtsbeschwerdeinstanz bis zum Ablauf eines Monats nach Zustellung (so ausdrücklich § 145 Abs. 1, s. unten Rn 12) der Rechtsbeschwerdebegründung (§ 73 S. 1) möglich, und zwar auch ohne Zulassung der Rechtsbeschwerde (§ 73 S. 1 letzte Alt.). Die durch die unselbständige Anschließung erlangte Befugnis, in einem noch nicht abgeschlossenen Rechtsmittelverfahren durch Anträge die Grenzen des Verfahrens im zweiten Rechtszug zu bestimmen, erlischt mit der Rücknahme oder Verwerfung des Hauptrechtsmittels (§§ 66 S. 2, 73 S. 3).[26]

5. Umfang der Anfechtung, Auslegung von Rechtsmittelanträgen

11a Ob und inwieweit eine Scheidungsverbundentscheidung angefochten wird, ob und inwieweit also eine Scheidungsverbundentscheidung mangels Anfechtung rechtskräftig wird, richtet sich nach den Rechtsmittelanträgen und kann – spätestens – der Rechtsmittelbegründung entnommen werden.[27] Weiter sind sämtliche sonstigen Umstände des Einzelfalls zu berücksichtigen, die allerdings bis zum Ablauf der Fristen des Abs. 1 und 2 (s. Rn 12 f.) dem Gericht bekannt und dem Rechtsmittelgegner zugänglich sein müssen. Im Zweifel richtet sich die Auslegung von Anträgen und Erklärungen danach, was nach den Maßstäben der Rechtsordnung vernünftig ist und der recht verstandenen Interessenlage entspricht.[28]

---

[20] BGH FamRZ 1987, 918; NJW 1985, 968 = FamRZ 1985, 59; NJW 1985, 2266 = FamRZ 1985, 267; OLG München NJW-RR 1993, 778 = FamRZ 1993, 1320.
[21] OLG Koblenz FamRZ 1987, 955.
[22] OLG Frankfurt FamRZ 1986, 178.
[23] BGH = FamRZ 1987, 918; OLG Celle FamRZ 1985, 939; OLG Frankfurt FamRZ 1987, 954.
[24] OLG Hamm FamRZ 1981, 202.
[25] Zöller/Philippi 27. Aufl. § 629 a ZPO Rn 29.
[26] BGH FamRZ 1981, 657 mit Anm. Borgmann.
[27] BGH NJW-RR 1994, 834 = FamRZ 1994, 827.
[28] BGH FamRZ 2011, 31.

IV. Befristung von Rechtsmittelerweiterung und Anschlussbeschwerde (Abs. 1)

Die nach Vorstehendem eröffneten Möglichkeiten zu einer **nachträglichen Anfech-** 12
tung von Teilen einer einheitlichen Entscheidung, die zunächst nicht angefochten worden sind, sind gem. § 145 Abs. 1 und 2 zeitlich befristet. Die Regelung lässt die Grundsätze von Rechtsmittelerweiterung und unselbständiger Rechtsmittelanschließung unberührt (s. vorstehend Rn 7 ff.). Nach § 145 Abs. 1 kann, wenn eine nach § 142 Abs. 1 einheitlich ergangene Entscheidung teilweise durch Beschwerde oder Rechtsbeschwerde angefochten worden ist, eine Änderung von Teilen der einheitlichen Entscheidung, die **eine andere Familiensache** betreffen, nur noch bis zum Ablauf **eines Monats nach Zustellung der Rechtsmittelbegründung,** bei mehreren Zustellungen bis zum Ablauf eines Monats nach der letzten Zustellung, beantragt werden. Voraussetzung ist eine einheitliche Entscheidung nach § 142 Abs. 1, in der Regel eine Verbundentscheidung von Scheidungsausspruch und Folgesachen, aber auch wenn nur über letztere einheitlich entschieden worden ist; dagegen nicht isoliert ergangene Entscheidungen oder Entscheidungen in nach der Abtrennung gem. § 137 Abs. 5 S. 2 selbständig fortgeführten Kindschaftsfolgesachen. Weiter ist erforderlich, dass die einheitliche Entscheidung teilweise mit einem Hauptrechtsmittel angegriffen worden ist, so dass nach allgemeinem Verfahrensrecht noch die Möglichkeit zu einem nachträglichen Angriff auf andere Entscheidungsteile, die andere Familiensachen betreffen und die nicht vom Hauptrechtsmittel erfasst worden sind, eröffnet ist, sei es durch Rechtsmittelerweiterung oder durch Anschließung.[29] Die Frist ist keine Notfrist[30] und lehnt sich an §§ 524 Abs. 2, 554 Abs. 1 ZPO an; bei unverschuldeter Fristversäumung kommt Wiedereinsetzung in Betracht. Erfolgt innerhalb der Monatsfrist keine weitere Anfechtung, so können die nicht angegriffenen Entscheidungsteile in Rechtskraft erwachsen; das ist vor allem für den Scheidungsausspruch von Bedeutung.[31] Die Rechtsmittelbegründung muss **allen Beteiligten,** die durch die angefochtene Teilentscheidung betroffen sind, **zugestellt werden;** andernfalls beginnt die Frist des Abs. 1 nicht zu laufen.

Das **Zustellungserfordernis** gilt bei Beschwerden gegen Entscheidungen zum Versor- 13
gungsausgleich grundsätzlich für alle beteiligten Versicherungs- und Versorgungsträger (s. oben Rn 3). Demgemäß sind Versorgungsausgleichs-Beschwerden in der Regel allen beteiligten Versorgungsträgern zuzustellen. Die Anwendung oder Nichtanwendung der Härteregelung beeinträchtigt unmittelbar nur die Rechtsstellung der Ehegatten, nicht hingegen diejenige der beteiligten Versicherungsträger, so dass diese durch die Handhabung der Härteregelung nicht in ihrer Rechtsposition betroffen werden und ihnen daher mangels eigener Beschwer kein (eigenes) Beschwerderecht gegen eine auf die Anwendung der Härteregelung gestützte Entscheidung zum Versorgungsausgleich zusteht.[32] Auch wenn das von einem Ehegatten eingelegte Hauptrechtsmittel ausschließlich auf die Handhabung einer Härteregelung, etwa nach § 27 VersAusglG, bezogen ist, ist mangels Beschränkbarkeit der Beschwerde auf die Anwendung oder Nichtanwendung der Härteklausel eine Beteiligung der Versorgungs- und Versicherungsträger an dem Beschwerdeverfahren sachgerecht und teilweise notwendig. Das hat zur Folge, dass auch eine lediglich auf die Handhabung einer Härteregelung gestützte Beschwerde eines Ehegatten gegen die Entscheidung über den Versorgungsausgleich nach § 139 den am erstinstanzlichen Verfahren beteiligten Versicherungs- und Versorgungsträgern zugestellt werden soll.[33]

V. Fristverlängerungen (Abs. 2)

Wird nach den Grundsätzen der vorstehenden Rn 12 nachträglich eine **zulässige** 14
Rechtsmittelerweiterung oder -anschließung vorgenommen, so entsteht eine neue

---

[29] BGH NJW-RR 1993, 260.
[30] OLG Celle FamRZ 1990, 646; OLG Karlsruhe FamRZ 1988, 412; 1987, 412; OLG Köln FamRZ 1987, 1059; OLG Frankfurt FamRZ 1986, 1122 mit abl. Anm. Bergerfurth FamRZ 1987, 177.
[31] BGH NJW-RR 1993, 260.
[32] BGH FamRZ 1981, 132.
[33] BGH NJW 1998, 2679 = FamRZ 1998, 1024 zu § 1587 c BGB.

Verfahrenslage, der § 145 Abs. 2 S. 1 und 2 Rechnung trägt. Nach S. 1 verlängert sich die Frist des Abs. 1, wenn eine Abänderung beantragt wird, um einen weiteren Monat. Erfolgt innerhalb der Monatsfrist keine weitere Anfechtung, so erwachsen die nicht angegriffenen Entscheidungsteile in Rechtskraft. Nach S. 2 gilt S. 1 entsprechend, wenn **in der verlängerten Frist erneut eine Abänderung beantragt** wird. Auf den Angriff des Rechtsmittelgegners – das können der Ehegatte, beide Ehegatten oder ein Drittbeteiligter sein – kann somit der Hauptrechtsmittelführer mit einem Gegenangriff erwidern.[34]

Zurückverweisung

146 (1) ¹Wird eine Entscheidung aufgehoben, durch die der Scheidungsantrag abgewiesen wurde, soll das Rechtsmittelgericht die Sache an das Gericht zurückverweisen, das die Abweisung ausgesprochen hat, wenn dort eine Folgesache zur Entscheidung ansteht. ²Das Gericht hat die rechtliche Beurteilung, die der Aufhebung zugrunde gelegt wurde, auch seiner Entscheidung zugrunde zu legen.

(2) **Das Gericht, an das die Sache zurückverwiesen wurde, kann, wenn gegen die Aufhebungsentscheidung Rechtsbeschwerde eingelegt wird, auf Antrag anordnen, dass über die Folgesachen verhandelt wird.**

I. Normzweck

1   Die Vorschrift regelt das Verfahren bei Abweisung des Scheidungsantrags in erster Instanz, jedoch Aufhebung dieser Entscheidung in der Rechtsmittelinstanz.

2   § 146 Abs. 1 S. 1 übernimmt die Regelung des bisherigen § 629b Abs. 1 S. 1 ZPO. Der wesentliche Unterschied liegt darin, dass die bislang zwingende Anordnung der Zurückverweisung nunmehr als Soll-Vorschrift ausgestaltet ist. § 146 Abs. 1 S. 2 und Abs. 2 entsprechen dem bisherigen § 629b Abs. 1 S. 2, Abs. 2 ZPO.

II. Verfahren bei Zurückverweisung der Sache (Abs. 1)

1. Aufhebung und Zurückverweisung (Abs. 1 S. 1)

3   **a) Folgen der Abweisung des Scheidungsantrags für Folgesachen.** Wird der Scheidungsantrag als unzulässig oder unbegründet abgewiesen, werden die Folgesachen nach § 142 Abs. 2 S. 1 grundsätzlich **gegenstandslos**, da über Folgesachen nur für den Fall der Ehescheidung zu entscheiden ist (s. § 142 Rn 14). Diese Folge tritt aber nach § 142 Abs. 2 S. 2 nicht ein für Folgesachen nach § 137 Abs. 3 (Kindschaftsfolgesachen; s. § 142 Rn 15) sowie für Folgesachen, hinsichtlich derer ein Beteiligter vor der Entscheidung ausdrücklich erklärt hat, sie fortführen zu wollen (s. § 142 Rn 16). Diese werden nach § 142 Abs. 2 S. 3 **als selbständige Familiensachen fortgeführt** (s. § 142 Rn 17).

4   **b) Voraussetzungen und Wirkungen der Zurückverweisung.** Hält das Rechtsmittelgericht den Scheidungsantrag für zulässig und begründet, hat es die angegriffene Entscheidung aufzuheben, durch die der Scheidungsantrag abgewiesen wurde. Steht bei **dem Gericht, das die Abweisung ausgesprochen hat,** eine **Folgesache** zur Entscheidung an, soll das Rechtsmittelgericht die Sache zurückverweisen, und zwar an das Gericht, das den Scheidungsantrag abgewiesen hat. Dies bedeutet, dass das OLG als Beschwerdegericht an das erstinstanzliche Familiengericht zu verweisen hat, der BGH als Rechtsbeschwerdegericht entweder an das OLG oder an das Familiengericht, je nachdem, welches dieser Gerichte den Scheidungsantrag abgewiesen hat. Durch die Zurückverweisung tritt der Scheidungsverbund nach §§ 137 Abs. 1, 142 Abs. 1 wieder ein. Dies gilt aber nur bezüglich der nach § 142 Abs. 2 S. 1 gegenstandslos gewordenen Folgesachen (s. Rn 3), auch soweit sie von Amts wegen zu betreiben sind (s. § 137 Rn 23). Soweit Folgesachen nach § 142 Abs. 2 S. 3 als selbständige Familiensachen fortgeführt wurden, haben sie ihren Charakter als Folgesachen verloren;[1] es steht dann bei dem Gericht, das die Abweisung ausgesprochen

---

[34] BT-Drs. 10/2888 S. 31, 45, 51.
[1] A.A. Zöller/Philippi § 146 FamFG Rn 4 (Die Selbständigkeit tritt erst mit Rechtskraft des den Scheidungsantrag abweisenden Beschlusses ein).

hat, keine Folgesache zur Entscheidung an, so dass in diesem Fall die Voraussetzungen für die Zurückweisung nach § 146 Abs. 1 S. 1 nicht gegeben sind. Allerdings können nach erfolgter Zurückverweisung unter den Voraussetzungen des § 137 Abs. 2 und 3 (s. § 137 Rn 15) neue Folgesachen in den Scheidungsverbund aufgenommen werden. § 146 Abs. 1 S. 1 ist entsprechend anzuwenden, wenn ein Eheaufhebungsantrag in der Beschwerdeinstanz aufgrund einer zulässigen Antragsänderung in einen Ehescheidungsantrag geändert wird.[2]

2. Bindung an die Rechtsauffassung des Rechtsmittelgerichts (Abs. 1 S. 2)

Um das Rechtsmittelverfahren im Falle der Zurückverweisung nicht gegenstandslos werden zu lassen, hat das Gericht, an das zurückverwiesen wird, die rechtliche Beurteilung, die der Aufhebung zugrunde gelegt wurde, auch seiner Entscheidung zugrunde zu legen (vgl. § 69 Abs. 1 S. 4; s. hierzu näher § 69 Rn 27 ff.). Allerdings können neue entscheidungserhebliche Tatsachen oder eine zwischenzeitliche Änderung der Rechtsauffassung des zurückverweisenden Gerichts berücksichtigt werden.

3. Absehen von der Zurückverweisung nach Abs. 1 S. 1

Nach Abs. 1 S. 1 soll (nicht: muss) das Rechtsmittelgericht die Sache an die Vorinstanz zurückverweisen. Deshalb kann das Beschwerdegericht in begründeten Ausnahmefällen, um das Verfahren zeitnah zum Abschluss zu bringen, von einer Zurückverweisung absehen, wenn die anstehende Folgesache durch Abtrennung vom Verbund bereits gelöst war oder die Folgesache durch eine Vereinbarung[3] oder in sonstiger Weise[4] ohne größeren Verfahrensaufwand vor dem Rechtsmittelgericht zum Abschluss gebracht werden kann. Ein Absehen von der Zurückverweisung wird in der Regel nicht in Betracht kommen, wenn ein Beteiligter auf der Zurückverweisung besteht.[5]

III. Verfahren bei Anfechtung der Zurückverweisung (Abs. 2)

Mit der Einlegung der zugelassenen Rechtsbeschwerde wird der Eintritt der Rechtskraft der Zurückverweisungsentscheidung des OLG gehemmt. Da danach ungewiss ist, ob es zum Scheidungsausspruch kommen wird, ist eine sofortige Weiterbehandlung von Folgesachen nicht verfahrensökonomisch. Gleichwohl eröffnet Abs. 2 die Antragsbefugnis eines Beteiligten, in Folgesachen zu verhandeln; die Entscheidung darf jedoch nur gemeinsam mit dem Scheidungsausspruch ergehen. Die Entscheidung über den Antrag auf Verhandlung der Folgesachen steht im pflichtgemäßen Ermessen des Gerichts unter Abwägung der Eilbedürftigkeit der Folgesache und der voraussichtlichen Dauer des Rechtsbeschwerdeverfahrens. Die Ablehnung des Antrags ist gemäß §§ 113 Abs. 1 S. 1, 58 Abs. 1 Hs. 2 und Abs. 2 unanfechtbar (s. § 58 Rn 24 ff.).[6]

Erweiterte Aufhebung

147 [1]Wird eine Entscheidung auf Rechtsbeschwerde teilweise aufgehoben, kann das Rechtsbeschwerdegericht auf Antrag eines Beteiligten die Entscheidung auch insoweit aufheben und die Sache zur anderweitigen Verhandlung und Entscheidung an das Beschwerdegericht zurückverweisen, als dies wegen des Zusammenhangs mit der aufgehobenen Entscheidung geboten erscheint. [2]Eine Aufhebung des Scheidungsausspruchs kann nur innerhalb eines Monats nach Zustellung der Rechtsmittelbegründung oder des Beschlusses über die Zulassung der Rechtsbeschwerde, bei mehreren Zustellungen bis zum Ablauf eines Monats nach der letzten Zustellung, beantragt werden.

---

[2] OLG Stuttgart FamRZ 2007, 1111.
[3] OLG Zweibrücken FamRZ 2006, 1210 (Genehmigung nach § 1587 o BGB).
[4] OLG Oldenburg FamRZ 1998, 1528 (Einverständnis).
[5] BT-Drs. 16/6308 S. 232 f.
[6] A. A. Baumbach/Hartmann § 146 FamFG Rn 6.

I. Normzweck

1 § 147 entspricht inhaltlich dem bisherigen § 629 c ZPO.[1] Die Vorschrift regelt das Verfahren bei Aufhebung einer erst- oder zweitinstanzlichen Entscheidung in der **Rechtsbeschwerdeinstanz** und dient dort der ergänzenden **Durchsetzung des Verbundprinzips,** dessen Geltung für die erste Instanz §§ 137 (Verbund von Scheidungs- und Folgesachen), 142 (Einheitliche Endentscheidung über Scheidungs- und Folgesachen) und für die zweite Instanz §§ 145 (Erweiterung von Rechtsmittel und Anschlussrechtsmittel auf Scheidungs- und Folgesachen), 146 (Zurückverweisung zur Entscheidung von Folgesachen) anordnen, und der **inhaltlichen Abstimmung von Scheidungs- und Folgesachen.** Denn der Scheidungsverbund erfasst vielfach inhaltlich zusammenhängende Folgesachen, wie elterliche Sorge sowie Kindes- und Ehegattenbetreuungsunterhalt nach § 1570 BGB. Während § 145 für die Beschwerdeinstanz die Erweiterung von Rechtsmittel und Anschlussrechtsmittel auf vom Hauptrechtsmittel unangefochten gebliebene andere Scheidungs- und Folgesachen ermöglicht, ist dies für die Rechtsbeschwerdeinstanz nicht vorgesehen. Um gleichwohl eine inhaltliche Abstimmung verschiedener im Scheidungsverbund vom Beschwerdegericht noch nicht rechtskräftig entschiedener Familiensachen zu gewährleisten, eröffnet § 147 den Ehegatten die **Antragstellung zur erweiterten Aufhebung und Zurückverweisung** solcher Familiensachen in die Beschwerdeinstanz. Zum Verzicht auf das Antragsrecht s. § 144 Rn 8.

II. Voraussetzungen der Aufhebung und Zurückverweisung

1. Teilweise Aufhebung auf Rechtsbeschwerde oder Sprungrechtsbeschwerde

2 Der **BGH** als Rechtsbeschwerdegericht nach § 133 GVG muss eine Verbundentscheidung eines OLG als Beschwerdegericht nach § 119 Abs. 1 Nr. 1 a GVG teilweise aufheben. Die Aufhebung kann den Scheidungsausspruch oder die Entscheidung in einer Folgesache durch das OLG erfassen, und zwar unabhängig davon, ob die jeweilige Entscheidung durch Rechtsbeschwerde angefochten ist; der – nach § 147 S. 2 hinsichtlich des Scheidungsausspruchs fristabhängige – Antrag nach § 147 verhindert den Eintritt der Rechtskraft. Die Sprungrechtsbeschwerde steht der Rechtsbeschwerde gleich (s. § 75 Rn 20 und unten Rn 6).

3 **§ 147 ist nicht anwendbar,** wenn der BGH ein Rechtsmittel zurückweist oder verwirft, eine Verbundentscheidung des OLG in vollem Umfang aufhebt oder ändert, einen Scheidungsausspruch aufhebt und den Scheidungsantrag abweist mit der Folge der Gegenstandslosigkeit der Folgesachen nach § 142 Abs. 2 S. 1, oder einen den Scheidungsantrag abweisenden Beschluss aufhebt, da in diesem Fall § 146 Abs. 1 S. 1 gilt.

2. Zusammenhang der (Teil-)Entscheidungen

4 Erforderlich ist ein Zusammenhang zwischen der (Teil-)Entscheidung des OLG, die auf die Rechtsbeschwerde hin aufgehoben wird, und der (Teil-)Entscheidung, die nach § 147 aufzuheben ist.[2] Insbesondere die Entscheidung über die elterliche Sorge wirkt sich häufig auf andere Folgesachen, wie das Umgangsrecht,[3] die Kindesherausgabe, den Kindesunterhalt,[4] den Ehegattenunterhalt oder die Ehewohnungszuweisung aus. Auch die Entscheidung über Versorgungs- und Zugewinnausgleich kann in einem Zusammenhang stehen, ebenso Nebenentscheidungen über die Stundung der Ausgleichsschuld nach § 1382 BGB und über die Übertragung von Vermögensgegenständen unter Anrechnung auf diese Schuld nach § 1383 BGB. Ein Zusammenhang zwischen dem Scheidungsausspruch und einer Folgesache wird selten festzustellen sein, kann jedoch bei einem von dem BGH nach

---

[1] Zur Bedeutung des § 629 c ZPO innerhalb des Rechtsmittelsystems des Verbundverfahrens s. Deneke FamRZ 1987, 1214.
[2] BGH NJW 1987, 1024 = FamRZ 1986, 895.
[3] BGH FamRZ 1994, 827.
[4] BGH FamRZ 1986, 895.

§ 1671 Abs. 2 Nr. 1 Hs. 2 und Abs. 3 BGB nicht akzeptierten übereinstimmenden Elternvorschlag nach § 1671 Abs. 2 Nr. 1 Hs. 1 BGB in Betracht kommen.

3. Antrag eines Beteiligten

Der Antrag lautet auf Aufhebung und Zurückverweisung einer bestimmten Teilentscheidung und muss nach § 114 Abs. 2 durch einen bei dem BGH zugelassenen Rechtsanwalt gestellt werden. Der Antrag steht grundsätzlich nur den Ehegatten zu, nicht aber weiteren an Folgesachen Beteiligten, wie Versorgungsträger und Vermieter, die regelmäßig nur an einer einzigen Folgesache beteiligt sind, so dass ein Zusammenhang mit anderen Folgesachen nicht besteht. Eine Antragsbefugnis des Jugendamts kann sich ergeben, wenn es an mehreren im Zusammenhang stehenden Folgesachen teilnimmt. Wird die Entscheidung über die Folgesache elterliche Sorge aufgehoben, entfallen die Entscheidungen über Umgang und Kindesherausgabe von selbst; ein Antrag nach § 147 ist dann entbehrlich. 5

4. Antragsfrist bezüglich Scheidungsausspruch (S. 2)

Während der Antrag auf Aufhebung einer Folgesachenentscheidung bis zum Schluss der mündlichen Verhandlung gestellt werden kann, muss der Antrag auf Aufhebung des Scheidungsausspruchs nach S. 2 innerhalb eines Monats nach Zustellung der Rechtsmittelbegründung oder des Beschlusses über die Zulassung der Rechtsbeschwerde im Fall der Sprungrechtsbeschwerde nach § 75 Abs. 1 S. 1 Nr. 2, bei mehreren Zustellungen bis zum Ablauf eines Monats nach der letzten Zustellung, gestellt werden. 6

5. Aufschub des Rechtskrafteintritts

Solange ein Antrag nach § 147 gestellt werden kann, werden auch die Teile einer zweitinstanzlichen Verbundentscheidung nicht rechtskräftig, für die das OLG die Rechtsbeschwerde an den BGH nicht zugelassen hat. Nur für den Scheidungsausspruch sieht S. 2 einen früheren Zeitpunkt für einen Rechtskrafteintritt vor. 7

6. Zurückverweisung an das OLG

Die Zurückverweisung erfolgt nach S. 1 an das Beschwerdegericht, also an das OLG als Tatsachengericht. Eine Sachentscheidung des BGH über ihm nicht selbst angefallene Entscheidungen widerspräche seiner Stellung als Rechtsinstanz (§ 72 Abs. 1). 8

Wirksamwerden von Entscheidungen in Folgesachen

148 Vor Rechtskraft des Scheidungsausspruchs werden die Entscheidungen in Folgesachen nicht wirksam.

I. Normzweck

Die Vorschrift ist Folge des Verbundprinzips in Scheidungssachen. Nach § 137 Abs. 1 ist über Scheidung und Folgesachen zusammen zu verhandeln und zu entscheiden (Verbund; s. § 137 Rn 3). Folgesachen sind die in § 137 Abs. 2 und 3 genannten Familiensachen (s. § 137 Rn 6). Über **Scheidungsfolgesachen** ist eine Entscheidung nur für den Fall der Scheidung zu treffen (s. § 137 Rn 5). Wird der Scheidungsantrag zurückgenommen oder abgewiesen, werden die Folgesachen gegenstandslos (s. § 141 Rn 8, § 142 Rn 14). Gem. § 116 Abs. 2 wird die Ehescheidung mit Rechtskraft wirksam (s. § 116 Rn 7). **Vor dem Zeitpunkt des Eintritts der Rechtskraft der Scheidung** können sonach gem. § 148 die für den Fall der Scheidung getroffenen Entscheidungen in Folgesachen von vornherein **nicht wirksam** werden. Dies gilt auch für die nach § 140 **abgetrennten Folgesachen** nach § 137 Abs. 2, die gem. § 137 Abs. 5 S. 1 ihre Eigenschaft als Folgesache behalten (s. § 137 Rn 26). 1

§ 148 entspricht inhaltlich dem bisherigen § 629 d ZPO. 2

II. Rechtskraft des Scheidungsausspruchs

3 Der Scheidungsausspruch wird rechtskräftig, wenn
- beide Ehegatten nach § 144 auf Rechtsmittel (s. § 145 Rn 4) gegen ihn verzichten (s. § 144 Rn 1, 3, 8),
- gegen die erst- oder zweitinstanzliche Endentscheidung binnen der nach §§ 113 Abs. 1 S. 1, 63 Abs. 1 und 3, 71 Abs. 1 S. 1, 75 Abs. 1 S. 1, Abs. 2 FamFG, 566 Abs. 2 S. 2, 548 ZPO bestimmten Beschwerde- und Rechtsbeschwerdefristen weder eine Beschwerde noch eine Rechtsbeschwerde eingelegt wird (s. näher die Erläuterung zu § 63),
- bei Einlegung von Beschwerde oder Rechtsbeschwerde binnen der nach § 145 normierten Fristen keine Rechtsmittelerweiterung und keine Anschließung an ein Rechtsmittel bezüglich des Scheidungsausspruchs erfolgt
- durch die Verkündung einer Endentscheidung, die den Scheidungsausspruch aufrecht erhält, durch den BGH als letzte Instanz,
- **nicht** aber bereits dadurch, dass das Beschwerdegericht nach §§ 113 Abs. 1 S. 1, 70 Abs. 1 in seiner Beschwerdeentscheidung die Rechtsbeschwerde nicht zugelassen hat. Dies erscheint zwar nach §§ 120 Abs. 1 FamFG, 705 S. 1 und 2 ZPO naheliegend. Denn nach diesen Vorschriften wird der Eintritt der Rechtskraft nur durch rechtzeitige Einlegung eines zulässigen Rechtsmittels gehemmt; nach § 70 Abs. 1 ist die Rechtsbeschwerde aber nur statthaft, wenn sie zugelassen ist, wobei § 45 das gleiche besagt, der jedoch nach § 113 Abs. 1 S. 1 auf Ehe- und Familienstreitsachen nicht anwendbar ist. Nach der Rechtsprechung des BGH[1] allerdings wird eine gerichtliche Entscheidung nur dann mit ihrer Verkündung, Zustellung oder sonstigen Bekanntgabe rechtskräftig, wenn ein Rechtsmittel gegen die Entscheidung schon an sich nicht statthaft ist. Darunter ist ein Rechtsmittel zu verstehen, das ohne Rücksicht auf besondere Zulässigkeitsvoraussetzung nicht gegeben ist. Unstatthaftigkeit eines Rechtsmittels bedeutet danach die generelle Unanfechtbarkeit der gerichtlichen Entscheidung kraft Gesetzes, ohne dass es noch eines richterlichen Rechtsfindungsaktes bedürfte, sei es durch das Erstgericht, sei es durch das Rechtsmittelgericht. An einer solchen generellen Unanfechtbarkeit fehlt es indessen, wenn sich die Unanfechtbarkeit der Entscheidung nicht unmittelbar aus dem Gesetz, sondern erst aus dem weiteren Umstand ergibt, dass das Erstgericht das Rechtsmittel nicht zugelassen hat; denn auch die Zulassung oder Nichtzulassung ist ein Akt richterlicher Rechtsfindung. Auch der Umstand, dass nach dem FamFG, wie früher durch § 26 Nr. 9 EGZPO, die Nichtzulassung eines Rechtsmittels in Familiensachen der Nachprüfung entzogen ist, ändert nichts daran, dass das Gesetz eine Rechtsbeschwerde gegen eine Entscheidung des OLG in Familiensachen vorsieht, auch wenn es deren Statthaftigkeit von der weiteren Voraussetzung einer Zulassung durch das OLG abhängig macht.

III. Wirksamwerden der Entscheidungen in Folgesachen

4 Die Wirksamkeit einer Entscheidung in Folgesachen (zum Begriff s. Rn 1) tritt nach § 148 frühestens mit Rechtskraft der Ehescheidung ein. Allerdings ist zwischen Folgesachen in Familiensachen der freiwilligen Gerichtsbarkeit und Familienstreitfolgesachen zu unterscheiden: Entscheidungen in Familienfolgesachen der freiwilligen Gerichtsbarkeit werden gem. § 40 Abs. 1 mit Bekanntgabe wirksam (zu Einzelheiten s. die Erläuterungen bei § 40), Endentscheidungen in Familienstreitsachen gem. § 116 Abs. 3 S. 1 hingegen erst mit Rechtskraft, es sei denn, das Gericht hat gem. § 116 Abs. 3 S. 2 und 3 die sofortige Wirksamkeit der Endentscheidung angeordnet (s. näher § 116 Rn 8).

5 § 148 schiebt die Wirksamkeit der Entscheidung in den Folgesachen bis zur Rechtskraft des Scheidungsausspruchs auf. Damit wird für die Folgesachen in den Familiensachen der freiwilligen Gerichtsbarkeit § 40 Abs. 1, für die Familienstreitfolgesachen § 116 Abs. 3 ausgeschlossen. Die Vorschrift des § 148 beruht auf der Erwägung, dass in den Folgesachen nur Regelungen für den Fall und die Zeit nach der Scheidung getroffen werden und dass

---

[1] BGH NJW-RR 2008, 1673 = FamRZ 2008, 2019.

für die Zeit bis zur Rechtskraft der Scheidung entweder durch einstweilige Anordnungen oder durch ein selbständiges Verfahren (s. § 111 Rn 23 f.) geholfen werden kann. § 148 spricht von Wirksamkeit, nicht von formeller Rechtskraft der Folgesachen; beide können zu verschiedenen Zeitpunkten eintreten. Ist die formelle Rechtskraft der Folgesachen früher als die Rechtskraft des Scheidungsausspruchs eingetreten, so wird die Folgesache zunächst nicht wirksam, d. h. erst nach der Rechtskraft des Scheidungsausspruchs darf die Vollstreckungsklausel erteilt und darf vollstreckt werden. § 148 gilt für alle Folgesachen, auch für nach § 140 Abs. 2 S. 2, Abs. 3 S. 2 abgetrennte und für mit Rechtsmittel angefochtene, dagegen nicht für selbständige Familiensachen. Der Eintritt der Rechtskraft des Scheidungsausspruchs ist im Hinblick darauf, dass Anschlussrechtsmittel eingelegt werden können (s. oben Rn 3 und § 145 Rn 8, 14) und dass der BGH nach § 147 den nicht angefochtenen Scheidungsausspruch mit aufheben kann, in vielen Fällen weit hinausgeschoben.

IV. Vollstreckbarkeit von Ehescheidung und Folgesachen

Die Endentscheidung über den Scheidungsausspruch ist eine Gestaltungsentscheidung 6 und einer Vollstreckung nicht zugänglich (s. näher § 120 Rn 4). Zur Anordnung der sofortigen Wirksamkeit von Folgesachen in den Familiensachen der freiwilligen Gerichtsbarkeit und Familienstreitfolgesachen und zu deren Vollstreckung s. näher § 116 Rn 11 (Unterhaltsfolgesachen), § 120 Rn 6 ff.

Erstreckung der Bewilligung von Verfahrenskostenhilfe

149
Die Bewilligung der Verfahrenskostenhilfe für die Scheidungssache erstreckt sich auf eine Versorgungsausgleichsfolgesache, sofern nicht eine Erstreckung ausdrücklich ausgeschlossen wird.

I. Normzweck

Die Vorschrift ist Folge des Verbundprinzips und bestimmt, inwieweit sich die Bewilligung der Verfahrenskostenhilfe für die Scheidungssache auf eine Versorgungsausgleichsfolgesache erstreckt. 1

§ 149 entspricht inhaltlich dem bisherigen § 624 Abs. 2 ZPO. 2

II. Verfahrenskostenhilfe für die Scheidungssache

Für die Verfahrenskostenhilfe gelten in Scheidungssachen nach § 113 Abs. 1 S. 1 und 2 3 die §§ 114 bis 127 ZPO (s. zum Wortlaut dieser Vorschriften und zu weiteren Einzelheiten die Erläuterungen zu §§ 76 ff., insb. § 76 Rn 18, 19 „Scheidung", § 78 Rn 11). § 149 hindert das Gericht nicht an der nach § 114 S. 1 ZPO erforderlichen Prüfung, ob die **Rechtsverfolgung** des der Verfahrenskostenhilfe bedürftigen Ehegatten hinreichende Aussicht auf Erfolg bietet. Deshalb kann für einen nach § 133 Abs. 1 Nr. 1 bis 3 unzulässigen (s. § 133 Rn 8) oder unschlüssigen Scheidungsantrag keine Verfahrenskostenhilfe gewährt werden. Dies ist etwa der Fall, wenn die Voraussetzungen nicht dargelegt werden, unter denen nach § 1565 Abs. 2 BGB eine Ehe vor Ablauf des Trennungsjahres geschieden werden kann.[1] Zur **Rücknahme des Scheidungsantrags** kann Verfahrenskostenhilfe bewilligt werden,[2] da dies der Eheerhaltung dient.[3] Ein Verfahrenskostenhilfeantrag für eine Scheidung nach türkischem Recht ist begründet, wenn der Scheidungsantrag wegen des Widerspruches des anderen Ehegatten zwar unbegründet ist, die rechtskräftige Abweisung aber mit der nachfolgenden Trennungszeit eine unwiderlegliche Zerrüttungsvermutung begründet.[4] Ist das deutsche Scheidungsgericht international zuständig, darf

---
[1] OLG Köln FamRZ 2004, 1117.
[2] OLG Karlsruhe FamRZ 2000, 1020 (Rücknahme führt zu einem unmittelbaren Vorteil für den Ehegatten, nämlich zur Verbesserung des Versorgungsausgleichs für ihn).
[3] Zöller/Philippi 27. Aufl. § 114 ZPO Rn 41 a; allerdings dürfen der Staatskasse keine unnötigen Mehrkosten entstehen, vgl. dazu oben § 78 Rn 28.
[4] OLG Karlsruhe FamRZ 2002, 890; zu weiteren Fällen mit Auslandsbezug s. Motzer FamRBinternational 2008, 16.

Verfahrenskostenhilfe nicht mit der Begründung versagt werden, ein Scheidungsverfahren könne im Ausland einfacher durchgeführt werden.[5] Einen Ehegatten, der rechtsmissbräuchlich eine **Scheinehe** geschlossen und hierfür ein Entgelt erhalten hat, trifft grundsätzlich die Pflicht, hiervon Rücklagen zu bilden, um die Kosten eines Scheidungsverfahrens finanzieren zu können; nur wenn der Ehegatte im Einzelnen darlegt, zur Bildung von Rücklagen nicht imstande gewesen zu sein, können die wirtschaftlichen Voraussetzungen für die Bewilligung von Verfahrenskostenhilfe erfüllt sein.[6] Zur Verfahrenskostenhilfe bei **Tod** s. § 131 Rn 12.

4 Die Bewilligung von Verfahrenskostenhilfe für den Antragsgegner setzt die Zustellung des Scheidungsantrags an ihn voraus.[7] Nach Zustellung ist zu beachten, dass nach dem in §§ 114 Abs. 1 und 2, 138 offenbarten Willen des Gesetzgebers in Scheidungsverfahren regelmäßig beide Ehegatten anwaltlich beraten und vertreten sein sollen. Der Antragsgegner kann dem Scheidungsverfahren nicht ausweichen, auch wenn er mit der Scheidung einverstanden ist.[8] Deshalb darf bei Bewilligung von Verfahrenskostenhilfe für den Antragsgegner nicht darauf abgestellt werden, ob seine Abwehr des Scheidungsantrags Erfolg verspricht oder ob er zur Versöhnung bereit ist.[9] Nach § 48 Abs. 4 S. 2 Nr. 4 RVG erfasst die Verfahrenskostenhilfe für den Scheidungsantrag ohne weiteres auch die Rechtsverteidigung gegen einen Scheidungswiderantrag. Dagegen erstreckt sich die Bewilligung von Verfahrenskostenhilfe für das Scheidungsverfahren und die Folgesachen nicht auf das selbstständige Verfahren der einstweiligen Anordnung nach §§ 49 ff., auch dann nicht, wenn sich die einstweilige Anordnung auf eine entsprechende Folgesache bezieht. In der **Beschwerdeinstanz** ist dem Antragsgegner als Beschwerdeführer Verfahrenskostenhilfe nur zu bewilligen, wenn seine Rechtsverfolgung hinreichende Erfolgsaussicht hat.

5 Wird Verfahrenskostenhilfe erst im Haupttermin einer Ehesache begehrt, scheitert die Bewilligung der Verfahrenskostenhilfe nicht allein an den Grundsätzen, dass Verfahrenskostenhilfe nur insoweit gewährt werden kann, als nach Antragstellung noch weitere Kosten anfallen und dass die Terminsgebühr nach Nr. 3104 VV RVG bereits mit der bloßen vertretungsbereiten Anwesenheit des Rechtsanwalts im stattfindenden Termin, also bereits zu Terminbeginn und damit schon vor Vornahme der an die Postulationsfähigkeit geknüpften Verfahrenshandlung, entsteht; denn maßgebend ist, ob die wesentlichen, dem Anwaltszwang unterliegenden Verfahrenshandlungen erst **nach dem Aufruf der Ehesache** vorzunehmen sind, so dass darauf abzustellen ist, ob der Verfahrenskostenhilfeantrag im Termin so spät gestellt wird, dass der Antragsteller danach der Hilfe eines Rechtsanwalts nicht mehr bedarf.[10] Versäumt ein Ehegatte es, rechtzeitig vor Eintritt der Rechtskraft des Scheidungsausspruchs eine einstweilige Anordnung auf Zahlung eines Verfahrenskostenvorschusses durch den anderen Ehegatten zu beantragen, macht er sich selbst bedürftig und es kann ihm für die dann mutwillige Rechtsverfolgung keine Verfahrenskostenhilfe bewilligt werden.[11]

III. Verfahrenskostenhilfe für Versorgungsausgleichsfolgesachen

6 Nach § 149 erstreckt sich die Bewilligung der Verfahrenskostenhilfe für die Scheidungssache auch auf die Versorgungsausgleichsfolgesachen nach § 137 Abs. 2 S. 1 Nr. 1 und S. 2, soweit diese nicht vom Gericht **ausdrücklich ausgenommen** werden. Dies kann etwa der Fall sein, wenn eine Rechtsverfolgung zur Durchführung des schuldrechtlichen Versorgungsausgleichs keine hinreichende Erfolgsaussicht bietet. In Versorgungsausgleichssachen bedarf ein Ehegatte allerdings wegen der schwierigen Rechtsmaterie in besonderem Maße der anwaltlichen Beratung; im Übrigen gelten hier die oben in Rn 4 dargelegten

---

[5] OLG Karlsruhe FamRZ 2010, 2095.
[6] BGH FamRZ 2011, 872; NJW 2005, 2781 = FamRZ 2005, 1477 zum Eheaufhebungsverfahren; OLG Hamm FamRZ 2011, 660 zur Einschaltung der Verwaltungsbehörde als einfacherer Weg zur Eheaufhebung.
[7] OLG Zweibrücken FamRZ 1985, 301.
[8] OLG Bamberg FamRZ 1995, 370.
[9] OLG Hamburg FamRZ 2003, 1017.
[10] OLG Karlsruhe FamRZ 2006, 874; FamRZ 1996, 1287.
[11] OLG Zweibrücken FamRZ 2000, 757.

Grundsätze für die Bewilligung von Verfahrenskostenhilfe zu Gunsten des Antragsgegners einer Scheidungssache entsprechend. Daher wird Ehegatten nur ausnahmsweise Verfahrenskostenhilfe für Versorgungsausgleichsfolgesachen, insbesondere soweit ein interner oder externer Ausgleich betroffen ist, versagt werden können. Eine Einschränkung der Bewilligung der Verfahrenskostenhilfe muss in den die Scheidungssache betreffenden Bewilligungsbeschluss ausdrücklich aufgenommen werden, ist also nachträglich nicht möglich. In der Rechtsmittelinstanz sind §§ 113 Abs. 1 S. 2 FamFG, 119 Abs. 1 S. 2 ZPO zu beachten.[12] Zur Weitergeltung bzw. Neubeantragung von Verfahrenskostenhilfe bei Abtrennung und Fortführung der Folgesache s. nachstehend Rn 7.

IV. Verfahrenskostenhilfe für sonstige Folgesachen

Die Bewilligung der Verfahrenskostenhilfe für die Scheidungssache erstreckt sich nur auf die Versorgungsausgleichsfolgesachen (s. vorstehend Rn 6); für alle anderen Folgesachen muss die Verfahrenskostenhilfe besonders bewilligt werden. Für die Verfahrenskostenhilfe gelten in Folgesachen der Familiensachen der freiwilligen Gerichtsbarkeit die §§ 76 ff. und in Familienstreitfolgesachen nach § 113 Abs. 1 S. 1 und 2 die §§ 114 bis 127 ZPO (s. zum Wortlaut dieser Vorschriften und zu weiteren Einzelheiten die Erläuterungen zu §§ 76 ff. und die ZPO-Kommentare sowie zur Verfahrenskostenhilfe in Unterhaltsstreitsachen § 231 Rn 25 f.). Die Bewilligung der Verfahrenskostenhilfe gilt weiter, wenn der Verbund nach § 140 durch Abtrennung einer Folgesache gelöst wird und die Sache nach § 137 Abs. 5 S. 1 Folgesache bleibt (s. § 137 Rn 26), nicht aber im Falle der Aussetzung nach dem VAÜG und späterer Wiederaufnahme nach § 50 VersAusglG[13] und nicht wenn die Folgesache nach § 137 Abs. 5 S. 2 nach der Abtrennung als selbstständiges Verfahren fortgeführt wird (s. § 137 Rn 27). Nach § 48 Abs. 3 RVG erstreckt sich die Anwaltsbeiordnung in der Scheidungssache auf eine Scheidungsfolgenvereinbarung, die den Ehegatten- und Kindesunterhalt, die elterliche Sorge, die Regelung des Umgangs mit einem Kind, die Rechtsverhältnisse an der Ehewohnung und den Haushaltsgegenständen und die Ansprüche aus dem ehelichen Güterrecht betrifft. 7

Kosten in Scheidungssachen und Folgesachen

150 (1) Wird die Scheidung der Ehe ausgesprochen, sind die Kosten der Scheidungssache und der Folgesachen gegeneinander aufzuheben.

(2) ¹Wird der Scheidungsantrag abgewiesen oder zurückgenommen, trägt der Antragsteller die Kosten der Scheidungssache und der Folgesachen. ²Werden Scheidungsanträge beider Ehegatten zurückgenommen oder abgewiesen oder ist das Verfahren in der Hauptsache erledigt, sind die Kosten der Scheidungssache und der Folgesachen gegeneinander aufzuheben.

(3) Sind in einer Folgesache, die nicht nach § 140 Abs. 1 abzutrennen ist, außer den Ehegatten weitere Beteiligte vorhanden, tragen diese ihre außergerichtlichen Kosten selbst.

(4) ¹Erscheint in den Fällen der Absätze 1 bis 3 die Kostenverteilung insbesondere im Hinblick auf eine Versöhnung der Ehegatten oder auf das Ergebnis einer als Folgesache geführten Unterhaltssache oder Güterrechtssache als unbillig, kann das Gericht die Kosten nach billigem Ermessen anderweitig verteilen. ²Es kann dabei auch berücksichtigen, ob ein Beteiligter einer richterlichen Anordnung zur Teilnahme an einem Informationsgespräch nach § 135 Abs. 1 nicht nachgekommen ist, sofern der Beteiligte dies nicht genügend entschuldigt hat. ³Haben die Beteiligten eine Vereinbarung über die Kosten getroffen, soll das Gericht sie ganz oder teilweise der Entscheidung zugrunde legen.

(5) ¹Die Vorschriften der Absätze 1 bis 4 gelten auch hinsichtlich der Folgesachen, über die infolge einer Abtrennung gesondert zu entscheiden ist. ²Werden Folgesachen

---

[12] Zu Ausnahmen von der Bewilligung von Verfahrenskostenhilfe für den Rechtsmittelgegner s. Zöller/Geimer § 119 ZPO Rn 56.
[13] BGH NJW 2011, 1141 = FamRZ 2011, 635; s. dazu § 137 Fn 1 und § 150 Rn 11 aE.

als selbständige Familiensachen fortgeführt, sind die hierfür jeweils geltenden Kostenvorschriften anzuwenden.

I. Normzweck

1   Die Vorschrift regelt die **Kostenverteilung in Scheidungs- und Folgesachen.** Sie geht als Spezialregelung für die Verbundentscheidung den allgemeinen Bestimmungen des FamFG für selbständige Familiensachen, wie etwa § 243, vor.[1] Gem. § 113 Abs. 1 S. 1 gelten auch die allgemeinen Kostenbestimmungen der §§ 80 ff. nicht für Scheidungssachen; vielmehr sind nach § 113 Abs. 1 S. 2 grundsätzlich die allgemeinen Vorschriften der ZPO, darunter §§ 91 ff. ZPO, anzuwenden; den erfolgsabhängigen §§ 91, 92 ZPO geht aber § 150 vor. § 150 Abs. 1 enthält den Grundsatz der Kostenaufhebung im Fall der Scheidung. Abs. 2 gibt erstmals eine umfassende Regelung zur Kostenverteilung für den Fall der sonstigen Beendigung des Verbundverfahrens. Nach Abs. 3 haben Drittbeteiligte ihre Kosten grundsätzlich selbst zu tragen. Abs. 4 gibt dem Familiengericht die Möglichkeit zu einer von den Absätzen 1 bis 3 abweichenden Kostenverteilung nach billigem Ermessen. Abs. 5 behandelt die Kosten bei Abtrennung von Folgesachen.

2   § 150 Abs. 1 entspricht inhaltlich im Wesentlichen dem bisherigen § 93 a Abs. 1 S. 1 ZPO. Abs. 4 S. 1 enthält im Vergleich zum bisherigen § 93 a Abs. 1 S. 2 ZPO nicht mehr den dort in Nr. 1 genannten Gesichtspunkt der unverhältnismäßigen Beeinträchtigung der Lebensführung, der nur selten praktisch relevant war; demgegenüber ist der Aspekt einer Versöhnung der Ehegatten zusätzlich aufgenommen. Abs. 4 S. 3 liegt die Regelung des bisherigen § 93 a Abs. 1 S. 3 ZPO zu Grunde; die Ausgestaltung als Soll-Vorschrift berücksichtigt eine Vereinbarung der Beteiligten über die Verfahrenskosten stärker als bisher.[2]

II. Anwendungsbereich

3   § 150 gilt nur für Scheidungssachen; § 132 Abs. 1 S. 1 ordnet gleiches für Eheaufhebungssachen an. § 150 erfasst die durch eine Scheidungssache (vgl. § 121 Nr. 1) und sämtliche Folgesachen (vgl. § 137 Abs. 2 und 3) anfallenden Gerichtskosten (vgl. dazu die Regelungen des FamGKG) sowie die den Beteiligten entstehenden außergerichtlichen Kosten, nicht aber Kosten eines Verfahrens der einstweiligen Anordnung, da dieses gem. §§ 113 Abs. 1 S. 1, 51 Abs. 3 ein selbständiges Verfahren ist. Der persönliche Anwendungsbereich der Vorschrift umfasst die Ehegatten und sämtliche weiteren Verfahrensbeteiligten.

III. Kostenaufhebung bei Scheidung (Abs. 1)

4   Abs. 1 enthält den Grundsatz der Kostenaufhebung im Fall der Scheidung für die Scheidungssache und die Folgesachen. Kostenaufhebung bedeutet, dass jeder Ehegatte die Hälfte der gerichtlichen Kosten und seine gesamten außergerichtlichen Kosten zu tragen hat (s. § 92 Abs. 1 S. 2 ZPO). Der Gleichlauf der Kostenregelung für die Scheidungssache und die Folgesachen beruht auf dem Verbundprinzip des § 137 (vgl. dort Rn 3); er ist allerdings unter den Voraussetzungen des Abs. 4 (s. Rn 8) für eine Korrektur nach billigem Ermessen offen. § 150 Abs. 1 regelt nur die Kostentragung zwischen den Ehegatten; dass andere Beteiligte keine Erstattungsansprüche gegen die Ehegatten haben, bestimmt Abs. 3. Der Grundsatz der Kostenaufhebung gilt gem. Abs. 5 S. 1 auch hinsichtlich der Folgesachen, über die infolge einer Abtrennung gesondert zu entscheiden ist, nicht aber gem. Abs. 5 S. 2 für die abgetrennten Folgesachen, die als selbständige Familiensachen fortgeführt werden (s. näher Rn 5).

---

[1] BT-Drs. 16/6308 S. 233.
[2] BT-Drs. 16/6308 S. 233.

IV. Abweisung und Rücknahme eines Scheidungsantrags (Abs. 2)

1. Abweisung und Rücknahme eines einseitigen Scheidungsantrags (Abs. 2 S. 1)

Stellt nur ein Ehegatte einen Scheidungsantrag und wird dieser als unzulässig oder unbegründet abgewiesen oder von dem Ehegatten zurückgenommen (vgl. zur Rücknahme des Scheidungsantrags § 141), trägt der Antragsteller die Kosten der Scheidungssache und der Folgesachen, die im Scheidungsverbund nur hilfsweise für den Fall des Erfolgs des Scheidungsantrags anhängig sind (vgl. § 137 Rn 5) und nach § 142 Abs. 2 S. 1 bei Abweisung des Scheidungsantrags gegenstandslos werden. Diese Kostenregelung betrifft gem. Abs. 5 S. 1 auch abgetrennte Folgesachen, über die, ohne dass sie zu selbstständigen Familiensachen geworden sind, gesondert zu entscheiden ist. Anderes gilt für nach § 137 Abs. 3 abgetrennte Folgesachen sowie für Folgesachen, hinsichtlich derer ein Beteiligter vor Wirksamwerden der Rücknahme ausdrücklich erklärt hat, sie fortführen zu wollen (s. §§ 142 Abs. 2 S. 2, 3, 141 S. 2, 3). Auf diese zu selbstständigen Familiensachen gewordenen ehemaligen Folgesachen sind die für die jeweilige Art der Familiensache (Familienstreitsache oder Familiensache der freiwilligen Gerichtsbarkeit) geltenden allgemeinen Kostenvorschriften anzuwenden.

5

2. Abweisung und Rücknahme beiderseitiger Scheidungsanträge; Erledigung (Abs. 2 S. 2)

Stellen beide Ehegatten Scheidungsantrag und werden ihre Anträge abgewiesen oder nehmen sie die Anträge zurück, sind die Kosten der Scheidungssache und der Folgesachen gegeneinander aufzuheben. Bei beiderseitiger Antragstellung handelt es sich um denselben Verfahrensgegenstand, nämlich die Ehescheidung. Die gleiche Kostenfolge gilt bei Erledigung des Scheidungsverfahrens, sei es durch übereinstimmende Erledigungserklärung, etwa bei Aussöhnung, oder durch Tod (s. § 131).

6

V. Kosten weiterer Beteiligter (Abs. 3)

Weitere Beteiligte im Scheidungsverbundverfahren können sein in Versorgungsausgleichsfolgesachen Versorgungsträger, in Ehewohnungszuweisungsfolgesachen Vermieter und in Kindschaftsfolgesachen etwa das Jugendamt (s. näher § 139 Rn 5). Diese Beteiligungen führen nicht zur Abtrennung, wie es § 140 Abs. 1 in einer Unterhaltsfolgesache oder einer Güterrechtsfolgesache bei Beteiligung einer weiteren Person anordnet. Die genannten Drittbeteiligten haben ihre außergerichtlichen Kosten grundsätzlich selbst zu tragen. Das Familiengericht kann jedoch nach Abs. 4 eine abweichende Bestimmung treffen. Einem Verfahrensbeistand sind nach § 158 Abs. 8 keine Kosten aufzuerlegen.

7

VI. Anderweitige Kostenverteilung (Abs. 4)

1. Unbilligkeit der Kostenregelung nach Abs. 1 bis 3 (Abs. 4 S. 1 und 2)

Erscheint in den Fällen der Absätze 1 bis 3 die Kostenverteilung als unbillig, kann das Familiengericht die Kosten nach billigem Ermessen anderweitig verteilen. Dies bedeutet, dass die Kosten einem Ehegatten vollständig auferlegt oder nach den Bestimmungen des § 92 ZPO verteilt werden. Das Ermessen ist pflichtgemäß auszuüben; das Beschwerdegericht darf das Ermessen der ersten Instanz nicht durch sein eigenes Ermessen ersetzen.[3] Der Gesetzgeber gibt beispielhaft („insbesondere") folg. Ermessensgesichtspunkte vor:

8

(1) eine **Versöhnung** der Ehegatten, also mehr als nur ein Zusammenleben über kürzere Zeit nach § 1567 Abs. 2 BGB; dieses Kriterium dürfte in der Praxis wenig sinnvoll sein, da ein Streit über Kosten nach einer erfolgreichen Versöhnung erneut eine Ehekrise hervorrufen könnte; im Ergebnis kommt hier sinnvollerweise eine Kostenentlastung des ehedem die Scheidung begehrenden Ehegatten zu Lasten des anderen Ehegatten in Betracht;

---

[3] BGH FamRZ 2007, 894.

(2) das **Ergebnis** einer als Folgesache geführten Unterhaltssache oder Güterrechtssache; hierunter ist das Obsiegen bzw. Unterliegen nach §§ 91, 92 ZPO,[4] hinsichtlich einer Unterhaltsfolgesache nach § 243 S. 2 Nr. 1, also einschließlich der Dauer der Unterhaltsverpflichtung, zu verstehen; andere Folgesachen als die vorstehend genannten werden von dieser Regelung nicht erfasst;
(3) **Nichtbefolgung** einer richterlichen Anordnung zur Teilnahme an einem **Informationsgespräch** nach § 135 Abs. 1, sofern der Beteiligte dies nicht genügend entschuldigt hat.

Andere Ermessensgesichtspunkte, etwa eine unverhältnismäßige Beeinträchtigung der Lebensführung eines Ehegatten durch eine Kostentragung (s. Rn 2) oder Mehrkosten nach § 95 ZPO und hinsichtlich einer Unterhaltsfolgesache die in § 243 S. 2 Nr. 2 bis 4 genannten Umstände (unzureichende Auskunftserteilung und Belegvorlage, Verstoß gegen verfahrensrechtliche Auskunftpflicht und sofortiges Anerkenntnis), müssen hinsichtlich ihres konkreten Gewichts den vorstehend unter (1) bis (3) genannten gleichkommen. Maßgebend sind die Umstände des Einzelfalls.

2. Vereinbarung der Parteien über die Kosten (Abs. 4 S. 3)

9   Das Familiengericht soll dem Kostenausspruch im Scheidungsverbundurteil ganz oder teilweise eine Kostenvereinbarung der Parteien zu Grunde legen. Durch die Änderung zu dem bisherigen § 93a Abs. 1 S. 2 ZPO ist das Gericht an die Vereinbarung stärker gebunden als früher (vgl. Rn 2). Das Gericht wird nur in Ausnahmefällen von der Parteivereinbarung abweichen können.

VII. Kosten der Folgesachen außerhalb des Scheidungsverbundes (Abs. 5)

1. Abgetrennte Verbundfolgesachen (Abs. 5 S. 1)

10   Folgesachen, die nach § 140 Abs. 2 und 3 vom Scheidungsverbund abgetrennt worden sind (s. näher § 140 Rn 4 ff.), werden nicht in der einheitlichen Entscheidung nach §§ 137 Abs. 1, 142 Abs. 1, sondern zu einem anderen Zeitpunkt entschieden. Daher sind zwei getrennte Kostenentscheidungen zu treffen,[5] eine im verbleibenden Verbund und die andere in der oder den abgetrennten Folgesache(n), unter denen nach Abtrennung der Verbund fortbesteht (s. § 137 Rn 26).[6] Gleichwohl **gelten** gem. Abs. 5 S. 1 die **Kostenvorschriften der Abs. 1 bis 4** für diese abgetrennten Folgesachen. Gebührenmäßig gelten die Scheidungssache und die abgetrennten Folgesachen als ein Verfahren (§ 44 Abs. 1 FamGKG); sie werden als **einheitliches Verfahren** abgerechnet.[7] Zu Einzelheiten der Kostenfestsetzung s. näher die Erläuterungen zu § 44 Abs. 1 FamGKG.

2. Selbständige Folgesachen (Abs. 5 S. 2)

11   Folgesachen, die nach § 140 Abs. 1 abgetrennt worden sind (s. näher § 140 Rn 3), sowie Kindschaftsfolgesachen nach § 137 Abs. 3 (s. dort Rn 11) und Unterhaltsfolgesachen, die nach § 140 Abs. 2 Nr. 3, Abs. 3 abgetrennt worden sind (s. näher § 140 Rn 6 f.), werden gem. § 137 Abs. 5 als selbstständige Familiensache fortgeführt (s. § 137 Rn 27). Das gleiche gilt nach § 141 S. 3 (s. dort Rn 11) bei Rücknahme des Scheidungsantrags für die in § 141 S. 2 genannten Folgesachen (s. dort Rn 9) und nach § 142 Abs. 2 S. 3 (s. dort Rn 17) bei Abweisung des Scheidungsantrags für die in § 142 Abs. 2 S. 2 genannten Folgesachen (s. dort Rn 16). In den sich hierdurch ergebenden verschiedenen Verfahren sind verschiedene Kostenentscheidungen zu treffen, und zwar nach den für die **jeweilige** Familiensache **maßgebenden Kostenvorschriften.** Das sind für die Familiensachen der freiwilligen Gerichtsbarkeit nach § 137 Abs. 2 S. 1 Nr. 1 und S. 2 (Versorgungsausgleichssachen), Abs. 2 S. 1 Nr. 3 (Ehewohnungs- und Haushaltssachen) und § 137 Abs. 3 (Kindschafts-

---

[4] S. OLG Saarbrücken FamRZ 2008, 698.
[5] S. OLG Karlsruhe FamRZ 1996, 881.
[6] OLG Dresden FamRZ 2002, 1415.
[7] BT-Drs. 16/6308 S. 301 zu § 6 a. E.

sachen) die Vorschriften der §§ 80 bis 85 und für die Familienstreitsachen nach §§ 112 Nr. 1, 137 Abs. 2 S. 1 Nr. 2 (Unterhaltssachen) und §§ 112 Nr. 2, 137 Abs. 2 S. 1 Nr. 4 (Güterrechtssachen) gem. § 113 Abs. 1 S. 1 und 2 die Vorschriften der §§ 243 FamFG, 91 ff. ZPO. Gebührenrechtlich sind selbständige Verfahren als neue Angelegenheiten zu behandeln. Soweit im Scheidungsverbund für die nun selbständige Sache Gebühren verdient und abgerechnet wurden, sind sie nach §§ 15 Abs. 2 S. 1, 21 Abs. 3 RVG in der neuen selbständigen Familiensache anzurechnen.[8]

VIII. Rechtsmittelkosten im Scheidungsverbundverfahren

1. Erfolglose Rechtsmittel

Die Kosten eines ohne Erfolg eingelegten Rechtsmittels trägt gemäß §§ 113 Abs. 1 S. 2 FamFG, **97 Abs. 1 ZPO** der Rechtsmittelführer, mit Ausnahme der Kosten weiterer Beteiligter, die ihre außergerichtlichen Kosten nach § 150 Abs. 3 selbst zu tragen haben (s. oben Rn 7), sofern nicht nach Abs. 4 eine abweichende Bestimmung zu treffen ist (s. oben Rn 8). Dies gilt auch für Familienfolgesachen der freiwilligen Gerichtsbarkeit; § 84 regelt dies im Ergebnis ebenso.[9] Allerdings sind die Kosten des Rechtsmittelverfahrens dem obsiegenden Beteiligten ganz oder teilweise aufzuerlegen, wenn er auf Grund eines neuen Vorbringens obsiegt, das er in einem früheren Rechtszug geltend zu machen im Stande war (**§ 97 Abs. 2 ZPO**). § 97 Abs. 2 ZPO ist insbesondere **entsprechend** anzuwenden, wenn der Scheidungsantrag ohne schlüssigen Vortrag zu den Voraussetzungen des § 1565 Abs. 2 BGB vor Ablauf des Trennungsjahres gestellt wurde und das Obsiegen in der Beschwerdeinstanz letztlich auf bloßem Zeitablauf beruht; denn im Scheidungsverfahren besteht im Hinblick auf § 127 keine Möglichkeit für den Gegner, gem. § 93 ZPO durch ein sofortiges Anerkenntnis nach Ablauf des Trennungsjahres der Kostenbelastung zu entgehen. Nicht gerechtfertigt erscheint die Anwendung des § 97 Abs. 2 ZPO etwa dann, wenn es wegen des Ablaufs des Trennungsjahrs offenbleibt und bleiben kann, ob die erste Instanz die Anwendung des § 1565 Abs. 2 BGB zu Recht abgelehnt hat, wenn beide Ehegatten die Scheidung verfrüht angestrebt haben oder wenn sich der Antragsgegner trotz Eintritts der Voraussetzungen des § 1565 Abs. 1 BGB in zweiter Instanz einer Scheidung weiterhin widersetzt hat.[10]

§ 97 Abs. 1 und 2 ZPO ist auch auf **Drittbeteiligte** an Folgesachen in Familiensachen der freiwilligen Gerichtsbarkeit (s. zum Kreis dieser Beteiligten § 139 Rn 5) anzuwenden mit Ausnahme des Verfahrensbeistands, dem nach § 158 Abs. 8 von vornherein keine Kosten auferlegt werden dürfen (s. § 158 Rn 50).[11] Im Ergebnis folgt dies auch aus § 84 (s. oben Rn 12).

2. Erfolgreiche Rechtsmittel

Vom Fall des § 97 Abs. 2 ZPO abgesehen (s. oben Rn 12), hat der Antragsteller nach § 150 Abs. 2 S. 1 (s. oben Rn 5) die gesamten Kosten sämtlicher Instanzen des Scheidungsverbundverfahrens zu tragen, wenn das Rechtsmittel des Antragsgegners zur Aufhebung des Scheidungsausspruchs und Abweisung des Scheidungsantrags führt, sofern nicht gem. § 150 Abs. 4 S. 1 und 2 nach billigem Ermessen eine anderweitige Kostenverteilung geboten ist (s. oben Rn 8). Werden aufgrund eines Rechtsmittels Scheidungsanträge beider Ehegatten abgewiesen oder ist ein Rechtsmittelverfahren in der Hauptsache erledigt, sind die Kosten der Scheidungssache und der Folgesachen gem. § 150 Abs. 2 S. 2 gegeneinander aufzuheben (s. oben Rn 6). Führt das Rechtsmittel eines Ehegatten erfolgreich zu Ehescheidung und Regelung von Folgesachen, tritt Kostenaufhebung nach § 150 Abs. 1 ein (s. oben Rn 4), sofern nicht gem. § 150 Abs. 4 S. 1 und 2 nach billigem Ermessen eine anderweitige Kostenverteilung geboten ist (s. oben Rn 8). Betrifft das Rechtsmittel allein Familienstreit-

---

[8] BGH NJW 2011, 1141 = FamRZ 2011, 635; zur Berechnung s. OLG Celle NJW 2010, 3791.
[9] BT-Drs. 16/6308 S. 325 (zu Nr. 5 § 97 ZPO) hält § 84 entgegen des Wortlauts von § 113 Abs. 1 S. 1 einheitlich für alle Verfahren nach dem FamFG für anwendbar.
[10] BGH FamRZ 1997, 347.
[11] BT-Drs. 16/6308 S. 240.

folgesachen, liegt die anderweitige Kostenverteilung gem. § 150 Abs. 4 S. 1 nach dem Ergebnis des Obsiegens bzw. Unterliegens nahe (s. oben Rn 8). Für das erfolgreiche Rechtsmittel eines Ehegatten in Familienfolgesachen der freiwilligen Gerichtsbarkeit gilt der Grundsatz der Kostenaufhebung nach §§ 150 Abs. 1, 81 Abs. 1. Hat ein Rechtsmittel gegen eine Verbundentscheidung teilweise Erfolg und wird es im Übrigen zurückgewiesen wird, kann die Quotelung der Kosten erfolgen.[12]

15 **Erfolgreiche Drittbeteiligte** an Folgesachen in Familiensachen der freiwilligen Gerichtsbarkeit tragen nach Abs. 3 ihre außergerichtlichen Kosten selbst (s. oben Rn 7). Es besteht kein Anlass, Abs. 3 nur auf das erstinstanzliche Verfahren anzuwenden. Das Rechtsmittelgericht kann jedoch nach Abs. 4 eine abweichende Bestimmung zu Gunsten eines erfolgreichen Beteiligten treffen (s. oben Rn 8). Im Rahmen einer abweichenden Kostenregelung in Folgesachen der freiwilligen Gerichtsbarkeit nach Abs. 4 können auch die Ermessenskriterien des § 81 Abs. 2 Nr. 1 bis 5 Berücksichtigung finden. Im Verhältnis zwischen den Ehegatten sind deren außergerichtliche Kosten und die Gerichtskosten nach § 150 Abs. 1 und 4 zu verteilen (s. oben Rn 4, 8). Nach § 97 Abs. 2 ZPO (s. oben Rn 12) kann der **erfolgreiche Drittbeteiligte** die Kosten des Rechtsmittelverfahrens zu tragen haben. Dies ist der Fall, wenn in einer Versorgungsausgleichsfolgesache ein Versicherungsträger aufgrund seiner neuen Auskunft die Änderung der erstinstanzlichen Entscheidung erfolgreich betreibt, die korrigierte Auskunft bei Anwendung der im Rechtsverkehr erforderlichen Sorgfalt unschwer bereits in erster Instanz hätte erteilt werden können und es dann eines Rechtsmittels nicht bedurft hätte.[13]

3. Rechtsmittelrücknahme

16 Die Beschwerderücknahme zieht nach § 117 Abs. 1 S. 1 (s. dort Rn 12) den Verlust des Rechtsmittels und die Verpflichtung zur Tragung der durch das Rechtsmittel entstandenen Kosten in **Ehe- und Familienstreitsachen** nach sich (§ 516 Abs. 3 S. 1 ZPO); dies ist durch Beschluss auszusprechen (§§ 516 Abs. 3 S. 2 ZPO, 113 Abs. 1 S. 1, 38 Abs. 1 S. 1, 116 Abs. 1 FamFG). In **FG-Familiensachen** gilt § 84 (s. dazu auch § 67 Rn 18 sowie zu Kosten und Gebühren dort Rn 22).

IX. Rechtsmittel gegen Kostenentscheidungen; Verfahrenswert, Gebühren

17 Hinsichtlich der Rechtsmittel gegen die Kostenentscheidung s. die Erläuterungen zu § 58 Rn 95 ff., insb. Rn 96 a; § 61 Rn 21; zum Verfahrenswert und zu den Gebühren s. § 121 Rn 10.

---

[12] BGH FamRZ 1983, 44; OLG Hamburg FamRZ 1990, 299.
[13] OLG Naumburg BeckRS 2002, 30250185.

Abschnitt 3. Verfahren in Kindschaftssachen

Kindschaftssachen

151 Kindschaftssachen sind die dem Familiengericht zugewiesenen Verfahren, die
1. die elterliche Sorge,
2. das Umgangsrecht,
3. die Kindesherausgabe,
4. die Vormundschaft,
5. die Pflegschaft oder die gerichtliche Bestellung eines sonstigen Vertreters für einen Minderjährigen oder für eine Leibesfrucht,
6. die Genehmigung der freiheitsentziehenden Unterbringung eines Minderjährigen (§§ 1631 b, 1800 und 1915 des Bürgerlichen Gesetzbuchs),
7. die Anordnung der freiheitsentziehenden Unterbringung eines Minderjährigen nach den Landesgesetzen über die Unterbringung psychisch Kranker oder
8. die Aufgaben nach dem Jugendgerichtsgesetz

betreffen.

Übersicht

	Rn
I. Normzweck	1
II. Der Katalog der Kindschaftssachen	3
1. Den Familiengerichten zugewiesene Sachen	3
2. Die elterliche Sorge (Nr. 1)	4
3. Das Umgangsrecht (Nr. 2)	8
4. Die Kindesherausgabe (Nr. 3)	9
5. Die Vormundschaft (Nr. 4)	10
6. Die Pflegschaft und Bestellung eines sonstigen Vertreters (Nr. 5)	11
a) Pflegschaften	11
b) Sonstige Vertreter des Minderjährigen	13
7. Genehmigung oder Anordnung der Unterbringung (Nr. 6)	14
8. Anordnung der freiheitsentziehenden Unterbringung nach den Landesgesetzen über die Unterbringung psychisch Kranker (Nr. 7)	15
9. Die Aufgaben nach dem JGG (Nr. 8)	16
III. Das gerichtliche Verfahren	17
1. Sachliche Zuständigkeit	17
2. Funktionelle (interne) Zuständigkeit	18
a) Zuständige Abteilung innerhalb des AG und OLG	18
b) Richtervorbehalt	20
3. Ausschließliche Geltung des FamFG; Folgesachen	21
4. Beteiligung und Verfahrensfähigkeit der Kinder in Kindschaftssachen	22
5. Anwaltszwang; Beiordnung eines Anwalts	23
IV. Kosten und Gebühren	25

I. Normzweck

Die Vorschrift legt den Anwendungsbereich des 3. Abschnitts des zweiten Buches fest. **1** Dabei definiert sie den Begriff der **Kindschaftssachen** neu. Wurde dieser früher für die in § 640 Abs. 2 ZPO aufgezählten Verfahren, die überwiegend das Abstammungsrecht betrafen, verwandt, umfasst er nun die unter Nr. 1 bis 8 aufgezählten Angelegenheiten. Dazu zählen die im bisherigen § 621 Abs. 1 Nr. 1 bis 3 ZPO und teilweise auch die dort unter Nr. 12 genannten Familiensachen sowie weitere bislang überwiegend dem Vormundschaftsgericht zugewiesene Gegenstände. Diese betreffen im Wesentlichen die Verantwortung für die Person oder das Vermögen eines Minderjährigen oder dessen Vertretung. Durch den Begriff Kindschaftssachen soll der für die überwiegende Zahl der davon umfass-

§ 151 2, 3   Abschnitt 3. Verfahren in Kindschaftssachen

ten Einzelverfahren gemeinsame Gesichtspunkt, dass das Kind im Zentrum des Verfahrens steht, hervorgehoben werden.[1] Betreuungssache und nicht Kindschaftssache ist das Verfahren auf Bestellung eines **Betreuers für einen Minderjährigen** (§ 1908 a BGB), die erst mit dem Eintritt seiner Volljährigkeit wirksam wird (vgl. § 279 Abs. 4).

2   Eine wesentliche Neuerung des FamFG liegt in der Schaffung des sog. „Großen Familiengerichts". Das Vormundschaftsgericht ist abgeschafft. Für die Kindschaftssachen sind nunmehr umfassend die Familiengerichte zuständig. Die bisher dem Vormundschaftsgericht zugewiesenen Aufgaben in dem Bereich der Betreuung und Unterbringung werden von dem Betreuungsgericht wahrgenommen, das daneben auch zuständig ist für die dem Betreuungsgericht ausdrücklich zugewiesenen Verfahren (sog. „betreuungsgerichtliche Zuweisungssachen", § 340), insbesondere für die Verfahren, die die Pflegschaft mit Ausnahme der Pflegschaft für Minderjährige oder für eine Leibesfrucht sowie die gerichtliche Bestellung eines sonstigen Vertreters für einen Volljährigen betreffen.

II. Der Katalog der Kindschaftssachen

1. Den Familiengerichten zugewiesene Verfahren

3   Kindschaftssachen i. S. d. §§ 151 ff. sind die Sachen, die in Nr. 1 bis 8 aufgeführt und den Familiengerichten im materiellen Recht, insbesondere im BGB, zugewiesen sind, nämlich in

- § 1617 Abs. 2 und 3 BGB (Übertragung des Namensbestimmungsrechts auf einen Elternteil),
- § 1618 S. 4 BGB (Ersetzung der Einwilligung eines Elternteils bei der Einbenennung),
- § 1628 BGB (Übertragung einer Sorgerechtsentscheidung auf einen Elternteil bei Meinungsverschiedenheit der Eltern),
- § 1630 Abs. 2 BGB (Entscheidung des Familiengerichts bei Streit zwischen Eltern und Pfleger),
- § 1630 Abs. 3 BGB (Übertragung von Angelegenheiten der elterlichen Sorge auf einen Pfleger),
- § 1631 Abs. 3 BGB (Unterstützung der Eltern bei der Ausübung der Personensorge),
- § 1631 b BGB (Genehmigung der mit Freiheitsentziehung verbundenen Unterbringung),
- § 1632 Abs. 3 BGB (Entscheidung des Familiengerichts bei Streit zwischen Eltern über die Herausgabe und den Umgang des Kindes),
- § 1632 Abs. 4 BGB (Verbleibensanordnung bei Familienpflege),
- § 1640 BGB (Entgegennahme und Prüfung eines von den Eltern für das Kind zu fertigenden Vermögensverzeichnisses),
- § 1643 BGB (Genehmigung von Rechtsgeschäften),
- § 1645 BGB (Genehmigung eines Erwerbsgeschäftes),
- § 1666 BGB (Maßnahmen bei Gefährdung des Kindeswohls),
- § 1667 BGB (Maßnahmen bei Gefährdung des Kindesvermögens),
- § 1671 BGB (Übertragung der elterlichen Sorge bei Getrenntleben),
- § 1672 BGB (Einverständliche Übertragung der elterlichen Sorge der Mutter auf den Vater oder auf beide Elterteile),
- § 1673 Abs. 2 BGB (Gerichtliche Entscheidung bei Meinungsverschiedenheit zwischen minderjährigem Elternteil und gesetzlichem Vertreter des Kindes),
- § 1674 BGB (Feststellung des Ruhens und Wiederauflebens der elterlichen Sorge),
- § 1678 Abs. 2 BGB (Übertragung der elterlichen Sorge auf einen Elternteil, wenn die elterliche Sorge des anderen Teils, dem sie allein zustand, ruht),
- § 1680 Abs. 2 BGB (Übertragung der elterlichen Sorge auf einen Elternteil, wenn der andere, dem sie allein zustand, verstirbt),
- § 1680 Abs. 3 BGB (Übertragung der elterlichen Sorge auf einen Elternteil, wenn dem anderen die elterliche Sorge entzogen wird),

---
[1] BT-Drs. 16/6308 S. 233.

Kindschaftssachen 3a–5 § 151

- § 1681 Abs. 1 BGB (Übertragung der elterlichen Sorge auf einen Elternteil, wenn der andere, dem sie allein zustand, für tot erklärt oder seine Todeszeit nach dem VerschG festgestellt ist),
- § 1681 Abs. 2 BGB (Entscheidung über den Rückfall des Sorgerechts, wenn ein für tot erklärter Elternteil noch lebt),
- § 1682 BGB (Verbleibensanordnung zugunsten von Bezugspersonen),
- § 1684 Abs. 3 und 4 BGB (Umgangsregelung des Kindes mit den Eltern),
- § 1685 Abs. 3 BGB (Umgangsregelung des Kindes mit den Großeltern, Geschwistern und anderen Bezugspersonen; Anordnung einer Umgangspflegschaft),
- §§ 1687 Abs. 2, 1687a BGB (Einschränkung oder Ausschließung der Befugnis zur alleinigen Entscheidung in Angelegenheiten des täglichen Lebens und der tatsächlichen Betreuung),
- § 1688 Abs. 3 BGB (Einschränkung der Befugnisse der Pflegeperson),
- § 1693 BGB (Maßnahmen bei Verhinderung der Eltern),
- § 1696 BGB (Abänderung gerichtlicher Entscheidungen).

Auch Verfahrensgegenstände, die mit einer der Zuweisungsregelungen aus sachlichen **3a** oder verfahrensrechtlichen Gründen in Zusammenhang stehen, sind mit umfasst, z. B. das **Zwangsgeldverfahren** nach § 35, wenn ein die Personensorge betreffender Beschluss des Gerichts mit Zwangsmitteln durchgesetzt werden soll, das Verfahren auf Bewilligung von **Verfahrenskostenhilfe** nach §§ 76 ff., das **Kostenfestsetzungsverfahren** nach § 85 und das **Vollstreckungsverfahren** nach §§ 88 ff.

2. Die elterliche Sorge (Nr. 1)

Nr. 1 erfasst die Verfahren, die nach der Legaldefinition in § 1626 Abs. 1 BGB die **4** **elterliche Sorge**, nämlich die Person und das Vermögen des Kindes betreffen, und dem Familiengericht zugewiesen sind. Sind zugleich auch die Voraussetzungen nach Nr. 2 bis 8 gegeben, so geht letztere als speziellere Vorschrift vor.[2] Dies trifft z. B. zu bei der Entlassung eines Vormunds sowie der Auswahl und Bestellung eines neuen Vormunds nach § 1779 BGB; diese Fälle betreffen die Sorge für die Person und das Vermögen des Mündels, fallen aber unter Nr. 4.

Das materielle Recht, insbesondere das BGB weist den Familiengerichten einmal Ange- **5** legenheiten zu, die die gesamte elterliche Sorge, also die **Personen- und Vermögenssorge**, betreffen. Dies können Verfahren sein nach

- § 1628 BGB (Übertragung des Entscheidungsrechts auf einen Elternteil, wenn sich diese bei Fragen nicht einigen können, die für das Kind von erheblicher Bedeutung sind),
- § 1629 Abs. 2 S. 3 BGB (Entziehung der Vertretung des Kindes nach § 1796),
- § 1630 Abs. 2 BGB (Entscheidung bei unterschiedlicher Auffassung von Eltern und Pfleger),
- § 1630 Abs. 3 BGB (Übertragung der elterlichen Sorge auf eine Pflegeperson),
- §§ 1671, 1672 BGB (Übertragung der elterlichen Sorge bei Getrenntleben der Eltern auf einen Elternteil),
- § 1674 BGB (Feststellung des Ruhens der elterlichen Sorge),
- § 1678 Abs. 2 BGB (Übertragung der elterlichen Sorge bei tatsächlicher Verhinderung oder Ruhen der elterlichen Sorge eines Elternteils auf den anderen Elternteil),
- § 1680 Abs. 1 S. 2 BGB (Übertragung der elterlichen Sorge bei Tod des Elternteils, dem die Sorge zustand, auf den anderen Elternteil),
- § 1680 Abs. 2 BGB (Übertragung der elterlichen Sorge auf den einen Elternteil, wenn dem anderen die elterliche Sorge ganz oder teilweise entzogen ist),
- § 1681 Abs. 1 S. 2, 3 BGB (Übertragung der elterlichen Sorge auf einen Elternteil bei Todeserklärung des anderen),
- § 1693 BGB (gerichtliche Maßnahmen bei Verhinderung der Eltern),
- § 1696 BGB (Abänderung und Überprüfung gerichtlicher Anordnungen),
- § 1626a BGB (elterliche Sorge nicht miteinander verheirateter Eltern).

---

[2] BT-Drs. 16/6308 S. 234.

6 Nur um die **Personensorge** geht es in Verfahren
- nach § 112 Abs. 2 BGB (Genehmigung der Ermächtigung zum selbständigen Betrieb eines Erwerbsgeschäfts),
- nach § 113 Abs. 3 BGB (Genehmigung der Ermächtigung, in Dienst oder Arbeit zutreten),
- nach § 1303 Abs. 2 bis 4, § 1315 Abs. 1 Satz 1 Nr. 1 BGB (Befreiung vom Gebot, nicht vor Eintritt der Volljährigkeit zu heiraten),
- nach § 1617 Abs. 2 S. 1 BGB (Übertragung des Namensbestimmungsrechts auf einen Elternteil, weil die Bestimmung des Namens Ausfluss der elterlichen Sorge ist),[3]
- nach § 1618 BGB (Einbenennung),
- nach § 1626 c BGB (Ersetzung der Zustimmung des gesetzlichen Vertreters zur Sorgeerklärung beschränkt geschäftsfähiger Elternteile),
- nach §§ 1629 Abs. 2, 1796 BGB (Entziehung der Vertretungsmacht für einzelne Angelegenheiten),
- nach § 1630 BGB Abs. 3 (Übertragung von Angelegenheiten der elterlichen Sorge auf Pflegepersonen),
- nach § 1631 Abs. 3 BGB (Unterstützung der Eltern bei Ausübung der Personensorge),
- nach §§ 1666 Abs. 1, 2, 1666 a BGB (Maßnahmen bei Gefährdung des Kindeswohls),
- nach § 1686 S. 2 BGB (Streitigkeiten der Eltern über Fragen der Auskunft über die persönlichen Verhältnisse des Kindes),
- nach §§ 1687 Abs. 2, 1687 a BGB (Einschränkung oder Ausschluss der Befugnisse des Elternteils, bei dem das Kind lebt),
- nach § 1688 Abs. 3 S. 2 und Abs. 4 BGB (Einschränkungen oder Ausschluss von Befugnissen der Pflegepersonen und der dort nach §§ 34 ff. SGB VIII gleichgestellten Hilfspersonen),
- nach § 2 Abs. 3 und § 7 RelKEG[4] (Entscheidung bei Streit über die religiöse Erziehung der Kinder);
- nach § 16 Abs. 3 VerschG (Genehmigung des Antrags des gesetzlichen Vertreters des Verschollenen auf Einleitung eines Aufgebotsverfahrens),
- nach §§ 19 Abs. 3, 25 StAG (Genehmigung der Entlassung einer Person, die unter elterlicher Sorge oder unter Vormundschaft steht, aus dem Staatsverband),
- Genehmigungen nach §§ 3 Abs. 1 S. 3, 6 Abs. 2 S. 1, 7 Abs. 3 S. 2, 9 Abs. 3 S. 1 des TranssexuellenG v. 10. 9. 1980,[5]
- die im Verhältnis des Kindes zu den Eltern bzw. eines Elternteiles die Feststellung des Bestehens oder Nichtbestehens der elterlichen Sorge zum Gegenstand haben. Diese Verfahren sind nach § 169 keine Abstammungssachen mehr (vgl. den bisherigen § 640 Abs. 2 Nr. 3 ZPO). Sie betreffen das Eltern-Kind Verhältnis und nicht einen Streit zwischen den Eltern zur elterlichen Sorge nach den 1627 ff. BGB. In Betracht kommen einmal die Fälle, in denen die Volljährigkeit des Kindes (§ 2 BGB) wegen Unklarheit über den Geburtszeitpunkt, über die Wirksamkeit einer früher auch im deutschen Recht möglichen, heute nur nach ausländischem Recht erfolgten Volljährigkeitserklärung oder über den nach ausländischem Recht zu beurteilenden Volljährigkeitseintritt zweifelhaft ist,[6] aber auch der Streit zwischen Kind und Eltern bzw. einem Elternteil über das Bestehen einer gemeinsamen Sorge im Falle von Sorgeerklärungen nach § 1626 a Abs. 1 Nr. 1 BGB.[7]

7 Nur die **Vermögenssorge** betreffen die dem Familiengericht zugewiesenen Verfahren
- nach § 1491 BGB auf Erteilung der Genehmigung zum Verzicht eines unter elterlicher Sorge oder unter Vormundschaft stehenden Abkömmlings auf seinen Anteil am Gesamtgut,

---

[3] BT-Drs. 13/8511 S. 71; BGH FamRZ NJW-RR 2000, 665 = FamRZ 1999, 1648.
[4] Abgedruckt im Schönfelder Ergänzungsband unter Nr. 45 k, kommentiert im MünchKommBGB Anhang zu § 1631.
[5] BGBl. I S. 1654.
[6] MünchKommZPO/Bernreuter § 640 Rn 65; Musielak/Borth § 640 Rn 8.
[7] Vgl. MünchKommZPO/Bernreuter § 640 Rn 65.

- nach §§ 1484, 1492 BGB auf Erteilung der Genehmigung zur Ablehnung oder zur Aufhebung der Gütergemeinschaft, wenn der überlebende Ehegatte minderjährig ist,
- nach § 1493 BGB auf Gestattung der Fortsetzung der Gütergemeinschaft bei beabsichtigter Wiederverehelichung oder Begründung einer Lebenspartnerschaft, wenn ein anteilsberechtigter Abkömmling minderjährig ist,
- auf Genehmigung und Ersetzung der Zustimmung gem. § 1639 Abs. 2 BGB i. V. m. § 1803 Abs. 2 und 3 BGB bei Abweichungen von den Anordnungen des Erblassers oder des Zuwendenden,
- auf Anordnung der Aufnahme eines Vermögensverzeichnisses nach § 1640 Abs. 3 BGB;
- nach § 1643 BGB i. V. m. §§ 1821, 1822, 1825, 1828 BGB auf Genehmigung von Rechtsgeschäften,
- nach § 1644 BGB auf Genehmigung von Vermögensüberlassungen an das Kind,
- auf Ersetzung von Erklärungen des Inhabers der elterlichen Sorge gemäß § 1666 Abs. 3 BGB,
- nach § 1645 BGB für die Genehmigung eines neuen Erwerbsgeschäfts im Namen des Kindes,
- nach § 1683 Abs. 2 und 3 BGB auf Gestattung, dass die Auseinandersetzung bei einer Vermögensgemeinschaft zwischen einem Elternteil und dem Kind nach der Wiederheirat des Elternteils, dem die Vermögenssorge zusteht, nach der Eheschließung vorgenommen wird oder ganz oder teilweise unterbleibt,
- auf Bestellung eines Pflegers nach § 1909 BGB im Fall des § 1638 BGB (Beschränkung der Vermögenssorge),
- nach § 2290 Abs. 3 BGB auf Genehmigung der Aufhebung eines Erbvertrags,
- nach § 2347 BGB auf Genehmigung eines Erbverzichtsvertrags,
- nach § 3 Abs. 2 S. 3, Abs. 3 S. 4 BKGG, § 64 Abs. 2 und 3 EStG auf Entscheidung über die Anspruchsberechtigung des Kindergeldes, wenn mehrere Berechtigte sich nicht einigen können; die Entscheidung, wer zum Kreis der Anspruchsberechtigten zählt, obliegt der Familienkasse und ist für das Familiengericht bindend.[8]

3. Das Umgangsrecht (Nr. 2)

Entscheidungen über das **Umgangsrecht**, das nach § 1626 Abs. 3 BGB in der Regel zum Wohl des Kindes gehört, beinhalten Eingriffe in die Personensorge, die das Recht umfasst, den Umgang des Kindes auch mit Wirkung für und gegen Dritte durch Umgangsgebote, Umgangserlaubnisse und Umgangsverbote zu bestimmen. Die Entscheidungen sind den Familiengerichten zugewiesen in
- § 1632 Abs. 2 und 3 BGB (Regelung des Umgangs des Kindes auch mit Wirkung für und gegen Dritte),
- § 1684 Abs. 3 und 4 (Regelung des höchstpersönlichen Rechts des Kindes[9] auf Umgang mit den Eltern und der elterlichen Umgangsrechte mit dem Kind),
- § 1685 Abs. 3 i. V. m. 1684 Abs. 3 und 4 BGB (Regelung des Umgangs des Kindes mit den Großeltern, Geschwistern und engen Bezugspersonen).

Erfasst sind auch die entsprechenden Abänderungsverfahren nach § 166 FamFG, § 1696 BGB.[10]

4. Die Kindesherausgabe (Nr. 3)

Entscheidungen über die **Herausgabe des Kindes** bzw. eine **Verbleibensanordnung** sind den Familiengerichten zugewiesen in
- § 1632 Abs. 1 und 3 BGB (Herausgabeanordnung; eine solche Entscheidung kommt nach § 42 Abs. 3 Nr. 2 SGB VIII auch im Falle einer Inobhutnahme durch das Jugendamt in Betracht),

---

[8] OLG Hamm NJWE-FER 1997, 191.
[9] BVerfGE 121, 69 = NJW 2008, 1287; BGH NJW 2008, 2586 = FamRZ 2008, 1334; NJW 2008, 1287 = FamRZ 2008, 845.
[10] Bahrenfuss/Schlemm § 151 Rn 4; MünchKommZPO/Heilmann § 151 FamFG Rn 28.

- § 1632 Abs. 4 BGB (Verbleibensanordnung im Fall der Familienpflege),
- § 1682 BGB (Verbleibensanordnung zugunsten eines Stiefelternteils, der Großeltern oder volljähriger Geschwister).

Unter die Vorschrift fällt in entsprechender Anwendung des § 1632 Abs. 3 BGB auch der Streit der Sorgeberechtigten um die Herausgabe der Leiche des Kindes und der Streit über den Bestattungsort,[11] nicht aber der Streit über die Kosten der Beerdigung des Kindes (§§ 1968, 1615 Abs. 2 BGB).[12]

5. Die Vormundschaft (Nr. 4)

10 Nr. 4 umfasst sämtliche den Familiengerichten insbesondere im BGB zugewiesenen Verfahren, die die Bestimmung der **Person** oder der **Rechte** oder **Pflichten des Vormunds** betreffen. Es zählen hierher
- die Genehmigung der Ermächtigung zum selbständigen Betrieb eines Erwerbsgeschäfts nach § 112 BGB,
- die Genehmigung der Ermächtigung, in Dienst oder Arbeit zutreten nach § 113 Abs. 3 BGB,
- die Anordnung der Vormundschaft von Amts wegen, auch schon vor der Geburt nach § 1774 BGB,
- die Auswahl und Bestellung des Vormunds nach §§ 1779, 1789 BGB,
- die Entscheidung über die Ablehnung der Vormundschaft nach § 1786 Abs. 2 BGB,
- die vorläufige Sorge für den Mündel bis zur Bestellung oder bei Verhinderung des Vormundes gemäß § 1846 BGB,
- die Entziehung der Vertretungsmacht für einzelne Angelegenheiten nach § 1796 BGB,
- die Entscheidungen über Meinungsverschiedenheiten bei mehreren Vormündern nach §§ 1797 und 1798 BGB,
- die nach § 1828 BGB gegenüber dem Vormund zu erklärenden Genehmigungen des Vormundschaftsrechts nach
  - § 1821 BGB (Genehmigung für Rechtsgeschäfte über Grundstücke, Schiffe oder Schiffsbauwerke),
  - § 1822 BGB (Genehmigung für sonstige Geschäfte),
  - § 1825 BGB (Allgemeine Ermächtigung),
- Entscheidungen über die Festsetzung
  - der Vergütung nach den 1836 BGB,
  - des Ersatzes von Aufwendungen nach § 1835 BGB sowie
  - einer Aufwandsentschädigung nach § 1836 BGB,
- die Beratung des Vormunds und die Aufsicht über dessen Tätigkeit nach § 1837 Abs. 1 und 2 BGB einschließlich einer Zwangsgeldfestsetzung nach § 1837 Abs. 3 BGB und Maßnahmen nach §§ 1666, 1666 a, 1696, 1837 Abs. 4 BGB,
- die Rechnungsprüfung nach § 1843 BGB,
- die Aufhebung der Anordnung einer Befreiung gemäß § 1857 BGB,
- die Aufhebung der Vormundschaft im Falle der Verschollenheit oder der Todeserklärung des Mündels nach § 1884 BGB,
- die Entlassung des Vormunds nach §§ 1886 bis 1889 BGB,
- Rechnungsprüfung und Beurkundung der Rechnungsanerkennung gemäß § 1892 BGB,
- die Erteilung der Genehmigung zum Antrag auf Namensänderung nach § 2 NamÄndG,
- die Genehmigung der Bestimmung des Vormunds über die religiöse Erziehung des Mündels nach §§ 3 Abs. 2, 7 RelKEG,[13]
- die Genehmigung der Anlegung von Mündelgeld nach § 56 Abs. 3 SGB VIII,
- die Genehmigung, ein Aufgebotsverfahren nach § 16 Abs. 3 VerschG zu beantragen.

---

[11] LG Paderborn FamRZ 1981, 700; MünchKommZPO/Heilmann § 151 FamFG Rn 37; Zöller/Philippi § 621 Rn 36.
[12] OLG Schleswig SchlHA 1981, 67; MünchKommZPO/Bernreuter § 621 FamFG Rn 48.
[13] Abgedruckt im Schönfelder Ergänzungsband unter Nr. 45 k.

6. Die Pflegschaft und Bestellung eines sonstigen Vertreters (Nr. 5)

a) Pflegschaften. Nr. 5 erfasst zunächst die dem Familiengericht zugewiesenen Verfahren, welche die Pflegschaft betreffen. Es sind dies die Verfahren
- über die Auswahl und Bestellung eines
  - Umgangspflegers gemäß § 1684 Abs. 3 BGB,
  - sonstigen Ergänzungspflegers nach den § 1909 i. V. m. §§ 1789, 1915 BGB,[14] z. B. in den Fällen rechtlicher Verhinderung der Eltern gemäß § 1629 Abs. 3,
  - Pflegers für eine Leibesfrucht nach den § 1912 i. V. m. §§ 1789, 1915 BGB,
  - Pflegers für einen unbekannten minderjährigen Beteiligten nach den § 1913 i. V. m. § 1789, 1915 BGB,
  - eines Pflegers nach § 17 SachenRBerG für einen minderjährigen Grundstückseigentümer oder Inhaber dinglicher Rechte auf Antrag des Nutzers,
- auf Entscheidung über die Ablehnung der Pflegschaft nach §§ 1786 i. V. m. 1915 BGB,
- über die Beratung und Aufsicht des Pflegers nach §§ 1837 ff. i. V. m. § 1915 Abs. 1 BGB,
- über die Entlassung des Pflegers nach §§ 1886 ff. i. V. m. § 1915 Abs. 1 BGB,
- nach §§ 3 Abs. 2, 7 RelKEG[15] (Genehmigung der Bestimmung des Pflegers über die religiöse Erziehung des Kindes).

Dem Familiengericht zugewiesen sind aber nur Pflegschaften über Minderjährige und über eine Leibesfrucht, Pflegschaften über Volljährige gehören zu den sog. „betreuungsrechtlichen Zuweisungssachen" i. S. des § 340. Für diese Pflegschaften sind die Betreuungsgerichte zuständig. Für die Bestellung eines Pflegers für einen minderjährigen Beteiligten im grundbuchrechtlichen Verfahren auf Klarstellung der Rangverhältnisse tritt nach § 96 GBO an die Stelle des Familiengerichts das **Grundbuchamt**.

b) Sonstige Vertreter des Minderjährigen. Die Bestellung eines sonstigen **Vertreters** ist insbesondere in Spezialregelungen außerhalb des BGB vorgesehen; es kann sich auch dabei die Situation ergeben, dass der Vertretene minderjährig ist. Zu nennen sind
- § 81 AO (Bestellung eines Vertreters von Amts wegen auf Ersuchen der Finanzbehörden für einen minderjährigen Beteiligten),
- § 207 BauGB (von Amts wegen bestellter Vertreter für den Minderjährigen auf Ersuchen der zuständigen Behörde),
- § 119 FlurbG (Bestellung eines geeigneten Vertreters für einen Minderjährigen auf Ersuchen der Flurbereinigungsbehörde),
- § 29a LandbeschaffungsG (Bestellung eines rechts- und sachkundigen Vertreters entsprechend den Vorschriften des BGB über die Bestellung eines Pflegers auf Ersuchen der Enteignungsbehörde im Verfahren auf Beschaffung von Grundstücken durch den Bund für Aufgaben der Verteidigung) und
- § 15 SGB X (Bestellung eines Vertreters von Amts wegen für einen minderjährigen Beteiligten auf Ersuchen der Behörde).

7. Genehmigung oder Anordnung der freiheitsentziehenden Unterbringung (Nr. 6)

Nr. 6 erfasst als Kindschaftssachen die dem Familiengericht im BGB zugewiesenen Verfahren, welche die **Unterbringung Minderjähriger** betreffen. Als Entscheidungen kommen insoweit in Betracht die Genehmigung der Unterbringung durch die Eltern nach § 1631 b BGB und die Genehmigung der Unterbringung durch den Vormund oder Pfleger nach § 1631 b i. V. m. §§ 1800 und 1915 BGB, aber auch die Unterbringungsmaßnahme, die das Familiengericht nach §§ 1846, 1915 BGB als einstweilige Maßregel anordnet, weil ein Vormund oder Ergänzungspfleger noch nicht bestellt ist oder an der Erfüllung seiner Pflichten verhindert ist (vgl. § 167 Rn 4). Streitig ist, ob § 1631 b BGB auch anzuwenden ist, wenn es um unterbringungsähnliche Maßnahmen nach § 1906 Abs. 4 BGB geht. Diese Vorschrift betrifft nicht Minderjährige, sondern Erwachsene, für die ein Betreuer bestellt ist. Eine entsprechende ausdrückliche Regelung für Minderjährige fehlt, so dass fraglich ist, ob

---
[14] KG NJW-RR 2010, 1087; OLG Oldenburg NJW 2010, 1888.
[15] Abgedruckt im Schönfelder Ergänzungsband unter Nr. 45 k.

§ 1906 Abs. 4 BGB auf Minderjährige entsprechend anwendbar ist.[16] Wendet man § 1906 Abs. 4 BGB entsprechend an, so gelten über § 176 Abs. 1 auch die Vorschriften der §§ 312 ff., wobei an die Stelle des Verfahrenspflegers der Verfahrensbeistand tritt. Eine entsprechende Anwendung des § 1906 Abs. 4 BGB auf Kinder ist aber zweifelhaft, weil § 1906 Abs. 4 BGB ausschließlich Betreute betrifft, so dass ein mit der familiengerichtlichen Genehmigung verbundener Eingriff in die Elternrechte einer ausdrücklichen gesetzlichen Regelung bedarf. Zum Verfahren s. § 167.

8. Anordnung der freiheitsentziehenden Unterbringung eines Minderjährigen nach den Landesgesetzen über die Unterbringung psychisch Kranker (Nr. 7)

15   Nr. 7 erfasst als Kindschaftssachen die **öffentlich-rechtliche Unterbringung Minderjähriger,** die den Familiengerichten in den Landesgesetzen über die Unterbringung psychisch Kranker zugewiesen sind. Das Verfahrensrecht war früher in § 70 Abs. 1 Nr. 3 FGG geregelt. Die Unterbringungsvoraussetzungen sind in den einzelnen Ländern ähnlich geregelt, wenn auch die Terminologie nicht immer einheitlich ist. Untergebracht werden können Personen, die an einer Geisteskrankheit oder Geistesschwäche bzw. einer Psychose, einer psychischen Störung, die in ihrer Auswirkung einer Psychose gleichkommt, einer Suchtkrankheit oder an Schwachsinn leiden. Erforderlich ist weiter eine erhebliche Gefährdung der öffentlichen Sicherheit und Ordnung oder eine schwerwiegende Selbstgefährdung.[17] Zum Verfahren s. § 167, zu den landesgesetzlichen Vorschriften über die Unterbringung s. § 167 Rn 6.

9. Die Aufgaben nach dem JGG (Nr. 8)

16   Zu Kindschaftssachen zählen schließlich die aufgrund des JGG dem Familiengericht obliegenden Aufgaben. Dabei geht es um die Festsetzung von Erziehungsmaßregeln nach § 9 JGG durch das Familiengericht (vgl. §§ 53, 104 Abs. 4 JGG) als Rechtsfolge einer Straftat des Jugendlichen. In Betracht kommen auch Entscheidungen nach § 67 Abs. 4 S. 3 JGG, wonach dem Erziehungsberechtigten oder dem gesetzlichen Vertreter nach dem Entzug ihrer Verfahrensrechte ein Pfleger zu bestellen ist.

III. Das gerichtliche Verfahren

1. Sachliche Zuständigkeit

17   Die sachliche Zuständigkeit des AG in Kindschaftssachen ergibt sich aus § 23 a Abs. 1 S. 1 Nr. 1 GVG i. V. m. § 111 Nr. 2 FamFG. Es handelt sich um eine ausschließliche Zuständigkeit, § 23 a Abs. 1 S. 2. Für die Entscheidung über Beschwerden gegen Entscheidungen der Familiengerichte ist das OLG zuständig, § 119 Abs. 1 Nr. 1 a GVG; für die Rechtsbeschwerde der BGH, § 133 GVG.

2. Funktionelle (interne) Zuständigkeit

18   **a) Zuständige Abteilung innerhalb des AG und OLG.** Die Zuständigkeit des Familiengerichts folgt aus § 23 b Abs. 1 GVG (vgl. hierzu § 111 Rn 34 ff.). Funktionell zuständig im Beschwerdeverfahren ist ein Familiensenat des OLG, § 119 Abs. 2 GVG i. V. m. § 23 b Abs. 1 GVG. Für den BGH ist in § 133 GVG die Bildung eines besonderen Familiensenats nicht vorgeschrieben.

19   Hat anstelle des Familiengerichts eine andere Abteilung des Amtsgerichts entschieden (z. B. das Prozessgericht) und handelt es sich um ein **Antragsverfahren** (§ 23), so gilt nach § 17 a Abs. 6 GVG das in § 17 a GVG geregelte besondere Verfahren zur Entscheidung über den Rechtsweg entsprechend (vgl. § 1 Rn 49; § 111 Rn 50) und nicht § 281 ZPO.[18] Der

---

[16] Für eine entsprechende Anwendung sprechen sich aus: MünchKommBGB/Huber § 1631 b Rn 8 m. w. N.; Palandt/Diederichsen § 1631 b Rn 2; SBW/Ziegler § 151 Rn 2; Staudinger/Salgo § 1631 b Rn 14; a. A. LG Essen FamRZ 1993, 1347; Bienwald § 70 FGG Rn 6; Schwab FamRZ 1990, 681/687.
[17] BayObLG NJW 1999, 1789.
[18] OLG Hamm NJW 2010, 2740 = FamRZ 2010, 2089; OLG München FamRZ 2010, 2090.

nach § 17a Abs. 2 GVG erlassene Unzuständigkeits- und Verweisungsbeschluss unterliegt der Anfechtung mit der sofortigen Beschwerde (§ 17a Abs. 4 S. 3 GVG i. V. m. § 567 ZPO; vgl. § 1 Rn 63). Für die amtswegien Verfahren gilt § 17a GVG nicht, weil es an einem „Beschreiten des Rechtswegs" im Sinne des § 17a Abs. 1 GVG fehlt (vgl. § 1 Rn 50). Die fehlende Zuständigkeit ist daher auch ohne Rüge zu beachten und führt zur ersatzlosen Aufhebung der Entscheidung des Prozessgerichts durch das Beschwerdegericht.[19]

b) Richtervorbehalt. Funktionell zuständig ist in den Kindschaftssachen nach § 3 Nr. 2a RPflG grundsätzlich der Rechtspfleger; dem Richter sind aber nach § 14 Abs. 1 RPflG vorbehalten: 20

(1) Verfahren, die die Feststellung des Bestehens oder Nichtbestehens der elterlichen Sorge eines Beteiligten für den anderen zum Gegenstand haben;
(2) die Maßnahmen auf Grund des § 1666 BGB zur Abwendung der Gefahr für das körperliche, geistige oder seelische Wohl des Kindes;
(3) die Übertragung der elterlichen Sorge nach den §§ 1671, 1672, 1678 Abs. 2 und 3 sowie § 1681 Abs. 1 und 2 BGB;
(4) die Entscheidung über die Übertragung von Angelegenheiten der elterlichen Sorge auf die Pflegeperson nach § 1630 BGB;
(5) die Entscheidung von Meinungsverschiedenheiten zwischen den Sorgeberechtigten;
(6) die Ersetzung der Sorgeerklärung nach Art. 224 § 2 Abs. 3 EGBGB;
(7) die Regelung des persönlichen Umgangs zwischen Eltern und Kindern sowie Kindern und Dritten nach § 1684 Abs. 3 und 4, § 1685 BGB, die Entscheidung über die Beschränkung oder den Ausschluss des Rechts zur alleinigen Entscheidung in Angelegenheiten des täglichen Lebens nach den §§ 1687, 1687a BGB sowie über Streitigkeiten, die eine Angelegenheit nach § 1632 BGB betreffen;
(8) die Entscheidung über den Anspruch auf Herausgabe eines Kindes nach § 1632 Abs. 1 BGB sowie die Entscheidung über den Verbleib des Kindes bei der Pflegeperson nach § 1632 Abs. 4 BGB oder bei dem Ehegatten, Lebenspartner oder Umgangsberechtigten nach § 1682 BGB;
(9) die Anordnung einer Pflegschaft auf Grund dienstrechtlicher Vorschriften, soweit hierfür das Familiengericht zuständig ist;
(10) die Anordnung einer Vormundschaft oder einer Pflegschaft über einen Angehörigen eines fremden Staates einschließlich der vorläufigen Maßregeln nach Art. 24 EGBGB;
(11) die religiöse Kindererziehung betreffenden Maßnahmen nach § 1801 BGB sowie §§ 2, 3 und 7 des Gesetzes über die religiöse Kindererziehung vom 15. 7. 1921;
(12) die Ersetzung der Zustimmung
a) eines Sorgeberechtigten zu einem Rechtsgeschäft,
b) eines gesetzlichen Vertreters zu der Sorgeerklärung eines beschränkt geschäftsfähigen Elternteils nach § 1626c Abs. 2 S. 1 BGB,
c) des gesetzlichen Vertreters zur Bestätigung der Ehe nach § 1315 Abs. 1 S. 3 2. Halbs. BGB;
(13) die Befreiung vom Erfordernis der Volljährigkeit nach § 1303 Abs. 2 BGB und die Genehmigung einer ohne diese Befreiung vorgenommenen Eheschließung nach § 1315 Abs. 1 S. 1 Nr. 1 BGB;
(14) die im Jugendgerichtsgesetz genannten Verrichtungen mit Ausnahme der Bestellung eines Pflegers nach § 67 Abs. 4 S. 3 des JGG;
(15) ... (§ 14 Abs. 1 Nr. 15 RPflG betrifft die Adoptionssachen)
(16) die Befreiung vom Eheverbot der durch die Annahme als Kind begründeten Verwandtschaft in der Seitenlinie nach § 1308 Abs. 2 BGB.

3. Ausschließliche Geltung des FamFG; Folgesachen

Die Kindschaftssachen gehören wie die Abstammungssachen (§ 169), Adoptionssachen (§ 186) sowie Ehewohnungs- und Haushaltssachen (§ 200) zu den Familiensachen, deren Verfahren sich **ausschließlich** nach den Vorschriften des **FamFG** (Allgemeiner Teil und 21

---

[19] BayObLG NJWE-FER 1999, 431 = FamRZ 2000, 300; OLG Zweibrücken NJW-RR 1999, 1682.

jeweils besondere Vorschriften) richten. Die Kindschaftssachen nach Nr. 1 bis 3 können für den Fall der Scheidung **Folgesachen** nach § 137 Abs. 3 sein, über die nach § 137 Abs. 1 im Verbund zu entscheiden ist.

4. Beteiligung und Verfahrensfähigkeit der Kinder in Kindschaftssachen

22 Minderjährige Kinder sind nach § 8 Nr. 1 beteiligtenfähig. Nach § 7 Abs. 2 Nr. 1 sind sie in den kindschaftsrechtlichen Verfahren nach § 151 als **formell Beteiligte** hinzuzuziehen,[20] soweit sie unmittelbar betroffen sind. Verfahrensfähig sind Kinder gemäß § 9 Abs. 1 Nr. 3 grundsätzlich erst nach Vollendung des 14. Lebensjahres, wenn sie ein ihnen nach bürgerlichem Recht zustehendes Recht geltend machen; das kommt bei Umgangskonflikten gemäß § 1684 Abs. 1 BGB nur in Betracht, wenn das Kind sein Umgangsrecht durchsetzen will, nicht aber, wenn es das Umgangsrecht eines Elternteils abwehren möchte.[21] Bei Sorgekonflikten herrscht generell das Kindeswohl, nicht das Kindesrecht.[22] Ansonsten ist ein beschränkt geschäftsfähiger Minderjähriger (§§ 106 ff. BGB) nur unter den Voraussetzungen des § 9 Abs. 1 Nr. 2 verfahrensfähig, also dann, wenn er für den Gegenstand des Verfahrens nach bürgerlichem Recht als geschäftsfähig anerkannt ist. Zur Frage, ob minderjährige Kinder auch in Abstammungssachen verfahrensfähig sind, vgl. § 172 Rn 3–5. Soweit Kinder nicht verfahrensfähig sind, handeln für sie die nach bürgerlichem Recht dazu befugten Personen, § 9 Abs. 2. Sind diese an der Wahrnehmung der Verfahrensrechte der Kinder verhindert, ist unter den Voraussetzungen des § 158 ein Verfahrensbeistand, in Angelegenheiten, die sich nur auf die Vermögenssorge beziehen, ein Ergänzungspfleger nach § 1909 BGB[23] zu bestellen (vgl. § 158 Rn 6).

5. Anwaltszwang; Beiordnung eines Anwalts

23 In der ersten und zweiten Instanz besteht grundsätzlich kein Anwaltszwang, so dass die Beteiligten das dort Verfahren selbst betreiben können, § 10 Abs. 1. Anwaltszwang besteht aber, wenn die Kindschaftssache nach § 137 Abs. 1 in den Scheidungsverbund einbezogen wird, §§ 114 Abs. 1, 138 Abs. 1 (Ausnahmen regelt § 114 Abs. 4); ist die Sache beim BGH, gilt § 10 Abs. 4 bzw. § 114 Abs. 2, wenn die Kindschaftssache nach § 137 Abs. 1 in den Scheidungsverbund einbezogen wird.

24 Ob im Rahmen der bewilligten Verfahrenskostenhilfe ein Anwalt beigeordnet werden muss, richtet sich nach § 78. Danach muss festgestellt werden, dass die Vertretung durch einen Rechtsanwalt erforderlich erscheint, weil die Sach- und Rechtslage schwierig ist. Nach der Rechtsprechung des BGH lässt sich diese Feststellung nur nach einer Abwägung im **Einzelfall** unter Berücksichtigung objektiver wie subjektiver Kriterien treffen.[24] Entscheidend sei, ob ein bemittelter Rechtssuchender in der Lage des Unbemittelten vernünftigerweise einen Rechtsanwalt mit der Wahrnehmung seiner Interessen beauftragt hätte. Dabei komme es auf die Perspektive eines juristischen Laien, der ohne besondere Vorkenntnisse um Rechtsschutz nachsuche, und die persönlichen Fähigkeiten des Antragstellers, sich mündlich oder schriftlich auszudrücken, an.[25] Auch könne der Umstand der anwaltlichen Vertretung anderer Beteiligter ein Kriterium für die Erforderlichkeit zur Beiordnung eines Rechtsanwalts wegen der Schwierigkeit der Sach- oder Rechtslage sein. Ein pauschaliertes Abstellen auf den Amtsermittlungsgrundsatz verstoße gegen das Prinzip der Rechtsschutzgleichheit.[26]

---

[20] BT-Drs. 16/9733 S. 352.
[21] Coester FF 2009, 269/277.
[22] Coester FF 2009, 269/277.
[23] KG NJW-RR 2010, 1087; OLG Oldenburg NJW 2010, 1888; Schürmann FamFR 2009, 153; Sonnenfeld NotBZ 2009, 295/299; a. A. BJS/Elzer § 41 Rn 17; MünchKommZPO/Ulrici § 41 FamFG Rn 14.
[24] BGH NJW 2010, 3029 = FamRZ 2010, 1427 betreffend ein Umgangsrechtsverfahren; OLG Celle NJW 2010, 1008; OLG Dresden NJW-RR 2010, 1155; OLG Düsseldorf NJW 2010, 1211; OLG Schleswig FamRZ 2010, 582; vgl. hierzu auch Büte FPR 2011, 17/18; Heinemann FamFR 2010, 385; a. A. KG NJW-RR 2010; OLG Rostock NJW-RR 2010, 1154.
[25] So auch BVerfGE 63, 380 = NJW 1983, 1599; NJW 1997, 2103.
[26] So auch BVerfG NJW-RR 2007, 1713.

IV. Kosten und Gebühren

Die **Kostenentscheidung** richtet sich nach §§ 80 ff. Die **Gerichtskosten** sind im FamGKG geregelt. Nach der Vorbemerkung 1.3.1. Abs. 1 **vor** Nr. 1310 KV FamGKG werden 25
- für eine Pflegschaft für eine Leibesfrucht,
- für ein Verfahren, das die freiheitsentziehende Unterbringung eines Minderjährigen betrifft, und
- für ein Verfahren, das Aufgaben nach dem JGG betrifft,

keine Gebühren erhoben.

Zu den einzelnen Gebühren s. Nr. 1310 bis 1319 KV FamGKG: 26
- Nr. 1310 KV FamGKG: die Verfahrensgebühr beträgt grundsätzlich 0,5 der Gebühr nach § 28 FamGKG. Nach Abs. 1 entsteht die Gebühr aber nicht für Verfahren, die in den Rahmen einer Vormundschaft oder Pflegschaft fallen. Nach Abs. 2 werden für die Umgangspflegschaft neben der Gebühr für das Verfahren, in dem diese angeordnet worden ist, keine Gebühren erhoben.
- Nr. 1311 KV FamGKG betrifft die Jahresgebühr bei einer Vormundschaft oder Dauerpflegschaft (sofern das Vermögen des Minderjährigen nach Abzug der Verbindlichkeiten mehr als 25 000 € beträgt),
- Nr. 1312 KV FamGKG regelt die Jahresgebühr bei einer Dauerpflegschaft, die nicht unmittelbar das Vermögen betrifft; nach § 4 FamGKG sind die besonderen Vorschriften für die Dauerpflegschaft nicht auf die Umgangspflegschaft anzuwenden.
- Nr. 1313 KV FamGKG regelt die Verfahrensgebühr bei einer Pflegschaft für einzelne Rechtshandlungen.
- Nr. 1314 und 1315 KV FamGKG betreffen die Gebühren im Beschwerdeverfahren.
- Nr. 1316 bis 1319 KV FamGKG regeln die Gebühren der Rechtsbeschwerde.

Der **Verfahrenswert** bestimmt sich nach §§ 45, 46 FamGKG, für das Rechtsmittelverfahren nach § 40 FamGKG und für die einstweilige Anordnung nach § 41 FamGKG. Bei Kindschaftssachen nach Nr. 1–3 beträgt der Verfahrenswert regelmäßig 3000 €, § 45 Abs. 1 FamGKG. Nach § 45 Abs. 2 FamGKG ist eine Kindschaftssache nach Abs. 1 auch dann als ein Gegenstand zu bewerten, wenn sie mehrere Kinder betrifft. Im Verbund gilt § 44. 27

Für die Vergütung des **Verfahrensbeistands** gilt § 158 Abs. 7 (s. dazu die Kommentierung zu § 158 Rn 45 bis 49. 28

Örtliche Zuständigkeit

152 (1) Während der Anhängigkeit einer Ehesache ist unter den deutschen Gerichten das Gericht, bei dem die Ehesache im ersten Rechtszug anhängig ist oder war, ausschließlich zuständig für Kindschaftssachen, sofern sie gemeinschaftliche Kinder der Ehegatten betreffen.

(2) Ansonsten ist das Gericht zuständig, in dessen Bezirk das Kind seinen gewöhnlichen Aufenthalt hat.

(3) Ist die Zuständigkeit eines deutschen Gerichts nach den Absätzen 1 und 2 nicht gegeben, ist das Gericht zuständig, in dessen Bezirk das Bedürfnis der Fürsorge bekannt wird.

(4) ¹Für die in den §§ 1693 und 1846 des Bürgerlichen Gesetzbuchs und in Artikel 24 Abs. 3 des Einführungsgesetzes zum Bürgerlichen Gesetzbuche bezeichneten Maßnahmen ist auch das Gericht zuständig, in dessen Bezirk das Bedürfnis der Fürsorge bekannt wird. ²Es soll die angeordneten Maßnahmen dem Gericht mitteilen, bei dem eine Vormundschaft oder Pflegschaft anhängig ist.

I. Normzweck

Die Vorschrift regelt die örtliche Zuständigkeit für Verfahren in Kindschaftssachen gegenüber den früheren Bestimmungen in dem FGG (§§ 36, 37, 43) und der ZPO (§ 640 a) in wesentlichen Punkten neu. Maßgeblich ist nicht mehr, wie noch in § 36 Abs. 1 1

§ 152 2–4 Abschnitt 3. Verfahren in Kindschaftssachen

S. 1 FGG und § 640a ZPO, der Wohnsitz des Kindes und auch nicht der Geschwistergerichtsstand nach § 36 Abs. 1 S. 2 FGG. Der dem bisherigen § 36 Abs. 1 S. 2 FGG zugrunde liegenden Problematik, das für Geschwisterkinder unterschiedliche Familiengerichte örtlich zuständig sind, kann nur durch eine Abgabe aus wichtigem Grund nach § 4 begegnet werden.[1] § 152 beschränkt sich auf die drei Anknüpfungspunkte Anhängigkeit der Ehesache, gewöhnlicher Aufenthalt des Kindes und Fürsorgebedürfnis, die in dieser Reihenfolge zu prüfen sind.[2] Die Fürsorgebedürftigkeitszuständigkeit in Abs. 3 entspricht der Regelung in § 99 Abs. 1 Nr. 3 über die internationale Zuständigkeit, Abs. 4 entspricht dem bisherigen § 44 FGG. Die internationale Zuständigkeit ist in § 99 geregelt.

II. Feststellung der örtlichen Zuständigkeit

1. Maßgeblicher Zeitpunkt

2 Der für die Feststellung der örtlichen Zuständigkeit maßgebliche Zeitpunkt bestimmt sich danach, wann das Gericht erstmals mit der Sache befasst wurde (§ 2 Abs. 1; vgl. die Kommentierung dort). In Antragsverfahren (§ 23) ist dies der Fall, wenn ein Antrag mit dem Ziel der Erledigung durch dieses Gericht eingegangen ist. In Amtsverfahren ist ein Gericht mit einer Sache befasst, wenn es amtlich von Tatsachen Kenntnis erlangt, die Anlass zu gerichtlichen Maßnahmen sein können, etwa durch eine Anregung nach § 24. Nach dem Grundsatz der **perpetuatio fori** bleibt die einmal gegebene Zuständigkeit gem. § 2 Abs. 2 bei Veränderung der sie begründenden Umstände erhalten; den Fall, dass eine Ehesache nachträglich anhängig wird, behandelt § 153. Abänderungsverfahren nach § 1696 BGB und Verfahren zur Durchsetzung einer Umgangsregelung sind aber selbständige Verfahren, für die die Zuständigkeit unabhängig vom Ausgangsverfahren[3] neu nach § 152 bzw. § 88 zu bestimmen ist.

2. Zuständigkeitskonzentration bei Anhängigkeit der Ehesache (Abs. 1)

3 Abs. 1 verwirklicht die Zuständigkeitskonzentration beim **Gericht der Ehesache,** solange dort eine Ehesache anhängig ist. Ehesachen sind die Verfahren auf Scheidung einer Ehe, Aufhebung einer Ehe oder Feststellung des Bestehens oder Nichtbestehens einer Ehe (s. § 121). Für die Zuständigkeit ist also zunächst maßgeblich, ob eine vorrangige Ehesache durch Einreichen einer entsprechenden Antragsschrift anhängig geworden ist (s. § 124 S. 1) bzw. nachträglich wird, § 153. Ist dies der Fall, so ist das Gericht der Ehesache **ausschließlich** zuständig. Wird der Sachantrag in der Ehesache von der Bewilligung von Verfahrenskostenhilfe abhängig gemacht, greift Abs. 1 noch nicht ein, wohl aber, wenn ein Wiederaufnahmeantrag nach § 121 gestellt ist.[4] Die Rechtshängigkeit der Ehesache wird durch das bloße Nichtbetreiben der Sache ebenso wenig beendet wie durch den Umstand, dass die Akte nach Maßgabe der Aktenordnung weggelegt wurde. Solange der Scheidungsantrag nicht zurückgenommen wird, dauert die Anhängigkeit an, mit der Folge, dass das angerufene Familiengericht für die Ehesache und die Folgesachen ausschließlich zuständig bleibt.[5] Endet die Anhängigkeit einer Ehesache zwischen Einreichung und Zustellung des Antrags in der Kindschaftssache, so entfällt die Zuständigkeit des Gerichts der Ehesache nicht.[6]

4 Für eine im Zeitpunkt der Anhängigkeit der Ehesache bereits bei einem anderen Gericht rechtshängige Familiensache wird die örtliche Zuständigkeit des mit der Ehesache befassten Gerichts erst durch Verweisung oder Abgabe an das Gericht der Ehesache nach Rechtshängigkeit der Ehesache begründet.[7] Für ein im Verbund mit einer Ehesache anhängig gemachtes Kindschaftsverfahren bleibt es gemäß dem Grundsatz der perpetuatio fori (§ 2

---

[1] BT-Drs. 16/6308 S. 234.
[2] Bahrenfuss/Schlemm § 152 Rn 1.
[3] BGH NJW-RR 1986, 1007 = FamRZ 1986, 789.
[4] MünchKommZPO/Heilmann § 152 FamFG Rn 11.
[5] BGH NJW 1993, 898 zu § 621 Abs. 2 ZPO.
[6] Vgl. BGH NJW 1986, 3141.
[7] OLG Hamm FamRZ 2008, 1258.

Abs. 2) auch nach rechtskräftiger Entscheidung über die Ehesache bei der Zuständigkeit des Gerichts der Ehesache.[8]

Die Vorschrift begründet eine **ausschließliche Zuständigkeit**, von der das Gesetz eine Ausnahme macht bei Fürsorgemaßregeln nach §§ 1693, 1846 BGB, Art. 24 EGBGB; in diesen Angelegenheiten ist auch das in Abs. 4 bezeichnete Gericht zuständig. Die Ehegatten können daher nicht eine wirksame Gerichtsstandsvereinbarung treffen, § 40 Abs. 2 ZPO. Die Vorschrift umfasst alle Kindschaftssachen nach § 151, die **gemeinschaftliche Kinder der Ehegatten** i. S. d. §§ 1591, 1592 BGB betreffen – und damit weitere Verfahren als bisher § 621 Abs. 2 S. 1 Nr. 1 bis 3 ZPO –, aber nicht die Zuständigkeit des Gerichts der Ehesache z. B. für die Regelung des persönlichen Umgangs des Kindes mit Stiefvater oder Stiefmutter nach § 1685 Abs. 2.[9] Daher ist der Kreis der von der Zuständigkeitskonzentration erfassten Verfahren mit den Verfahren, die als Folgesachen in den Verbund einbezogen werden können (Verfahrenskonzentration, vgl. § 137 Abs. 3), wie bereits im bisherigen Recht, nicht identisch.[10]

3. Gewöhnlicher Aufenthalt des Kindes (Abs. 2)

Soweit eine Ehesache nicht anhängig ist, ist nach Abs. 2 der gewöhnliche Aufenthalt des Kindes das zentrale Anknüpfungskriterium für die Zuständigkeit, ein sog. schlichter Aufenthalt reicht nicht aus. Im Gegensatz zum bisherigen Recht wird nicht mehr auf den Begriff des Wohnsitzes abgestellt. Dies konnte zu Problemen führen, wenn ein Kind einen Doppelwohnsitz in verschiedenen Gerichtsbezirken hatte; das Kind hatte einen Doppelwohnsitz, wenn beide Eltern sorgeberechtigt waren und verschiedene Wohnsitze hatten. In diesen Fällen war nach früherem Recht das zuerst mit der Sache befasste Gericht zuständig.[11] Wegen der Definition des gewöhnlichen Aufenthalts, der selbständig und unabhängig vom gewöhnlichen Aufenthalt der Sorgeberechtigten zu bestimmen ist,[12] wird auf § 98 Rn 16 und § 99 Rn 44 bis 46 sowie § 122 Rn 3 verwiesen.

4. Fürsorgezuständigkeit (Abs. 3)

Abs. 3 entspricht der Regelung in § 99 Abs. 1 Nr. 3 über die internationale Zuständigkeit. Ist eine örtliche Zuständigkeit eines deutschen Gerichts nicht nach Abs. 1 oder 2 gegeben, ist nach Absatz 3 das Gericht zuständig, in dessen Bezirk das **Bedürfnis der Fürsorge** hervortritt. Insoweit kommt in Betracht, dass sich der Aufenthalt des Kindes noch nicht zu einem gewöhnlichen Aufenthalt verdichtet hat oder ein gewöhnlicher Aufenthalt des Kindes im Inland nicht feststellbar ist, weil dessen Aufenthaltsorts im Inland unbekannt ist oder im Ausland liegt. Aber auch wenn das Kind noch nicht geboren ist, ist auf Abs. 3 zurückzugreifen.[13] Ein Fürsorgebedürfnis kann z. B. dort entstehen, wo der Schutzbedürftige sich gerade aufhält oder wo Vermögen belegen ist.

III. Fürsorgemaßregeln (Abs. 4)

1. Sachlich-rechtliche Bedeutung

Die §§ 1693, 1846 BGB betreffen die sich aus Art. 6 Abs. 2 S. 2 GG ergebende Sorge des Familiengerichts für ein unter elterlicher Sorge stehendes Kind oder einen Mündel bei vollständiger oder teilweiser Verhinderung der Eltern oder des Vormunds oder vor der Bestellung des Vormunds.[14] Art. 24 Abs. 3 EGBGB betrifft vorläufige Maßregeln zur Fürsorge für einen Ausländer, über den im Inland eine Vormundschaft, Betreuung oder Pflegschaft angeordnet werden soll, vor der Anordnung.[15]

---

[8] BGH NJW 1998, 609 = FamRZ 1998, 609; MünchKommZPO/Heilmann § 152 FamFG Rn 11.
[9] Jaeger FPR 2006, 410; Stößer FamRZ 2009, 656/657.
[10] BT-Drs. 16/6308 S. 235.
[11] BGH NJW-RR 1993, 130 = FamRZ 1993, 307.
[12] BGH NJW 1997, 3024 = FamRZ 1997, 1070; OLG Hamm BeckRS 2010, 20164.
[13] BT-Drs. 16/6308 S. 235.
[14] KG FamRZ 1962, 200.
[15] BT-Drs. 10/504 S. 74.

9 Das Familiengericht kann z. B. nach § 1909 BGB einen Ergänzungspfleger bestellen oder, falls diese z. B. zeitlich zu spät käme, nach § 1846 BGB selbst durch Abgabe einer Willenserklärung als Vertreter des Kindes handeln oder Vermögen in Verwahrung nehmen usw.[16] Für Unterbringungsmaßnahmen nach § 1846 BGB[17] gilt aber nicht § 152 Abs. 4, sondern § 167 i. V. m. § 334.

2. Örtliche Zuständigkeit bei Fürsorgemaßregeln

10 Für alle diese Maßregeln ist **neben** dem nach Abs. 1 oder 2 zuständigen Gericht dasjenige Gericht zuständig, in dessen Bezirk das Fürsorgebedürfnis hervortritt. Dieses Gericht hat nicht bloß das Recht, sondern auch, sofern nach seinem **pflichtgemäßen Ermessen** ein Einschreiten erforderlich ist, die Pflicht, sich mit der Sache zu befassen, sobald es von der Notwendigkeit einer Tätigkeit Kenntnis erlangt oder ein Antrag bei ihm gestellt wird, vorausgesetzt, dass das nach Abs. 1 oder 2 zuständige Gericht in der Sache noch nicht tätig geworden ist. Es darf also seine Tätigkeit nicht mit der Begründung ablehnen, dass das nach Abs. 1 oder 2 zuständige Gericht ebenso leicht zu erreichen sei oder die Sache ebenso schnell erledigen könne. Die Tätigkeit des nach Abs. 4 zuständigen Gerichts bleibt aber auf **einstweilige Maßregeln** unter Vorbehalt der Entscheidung durch das nach Abs. 1 oder 2 zuständige Gericht beschränkt.

3. Dauer der Zuständigkeit, Abgabe

11 Dadurch, dass ein Familiengericht einstweilige Maßregeln im Interesse des Mündels getroffen hat, wird es nicht für die einzuleitende Vormundschaft zuständig,[18] vielmehr endet seine Zuständigkeit mit der Anordnung der vorläufigen Maßregel und Abgabe an das nach Abs. 1 oder 2 zuständige Gericht,[19] sofern nicht eine Zuständigkeit nach Abs. 3 besteht. Unter mehreren zuständigen Gerichten entscheidet das Zuvorkommen (§ 2 Abs. 1). Fällt das Fürsorgebedürfnis weg, so erlischt die Zuständigkeit nach Abs. 4; das Verfahren ist an das nach Abs. 1 oder 2 zuständige Gericht abzugeben,[20] das verpflichtet ist, das Verfahren fortzuführen. Wird das nach Abs. 1 oder 2 zuständige Gericht tätig, so erlischt ebenfalls die Zuständigkeit des nach Abs. 4 berufenen Gerichts; die von ihm erlassenen Maßregeln werden gegenstandslos, wenn das nach Abs. 1 oder 2 zuständige Gericht eine abweichende Regelung trifft. Das Familiengericht kann, wenn es die Sache übernommen hat, auch Verfügungen des nach Abs. 4 tätig gewordenen Gerichts aufheben (§ 54). Hat das nach Abs. 1 oder 2 zuständige Gericht die Sache zur Fortführung übernommen, so ist für die Entscheidung über ein Rechtsmittel gegen eine noch von dem nach Abs. 4 tätig gewordenen Gericht erlassene und aufrechterhalten gebliebene Verfügung das OLG, das dem nach Abs. 1 oder 2 zuständigen Gericht vorgeordnet ist, ausschließlich zuständig.[21]

12 Zum Verfahren der **Abgabe** in Kindschaftssachen vgl. § 4 Rn 17 bis 25; zur Abgabe an das Gericht der Ehesache vgl. § 153; zur **Verweisung** bei eigenmächtiger Änderung des Aufenthalts des Kindes s. § 154.

4. Anzeigepflicht

13 Dem nach Abs. 4 zuständigen Gericht obliegt hinsichtlich seiner Tätigkeit eine **Anzeigepflicht** gegenüber dem Gericht, bei dem eine Vormundschaft oder Pflegschaft anhängig ist. Durch eine Unterlassung der Anzeige wird die Wirksamkeit seiner richterlichen Handlungen aber nicht beeinflusst.

---

[16] Vgl. MünchKommBGB/Schwab § 1846 Rn 7.
[17] BayObLG NJW-RR 2000, 524 = FamRZ 2000, 566; OLG Schleswig NJW-RR 2001, 1370.
[18] Vgl. zur Vorgängerregelung 15. A. § 44 FGG Rn 3.
[19] BayObLG FGPrax 1996, 145 = FamRZ 1996, 1339.
[20] BayObLG FGPrax 1996, 145 = FamRZ 1996, 1339.
[21] BayObLGZ 1970, 279; KG FamRZ 1979, 859.

5. Funktionelle Zuständigkeit

Für Maßnahmen nach §§ 1693, 1846 BGB ist der **Rechtspfleger** zuständig, soweit nicht § 14 Abs. 1 Nr. 4 bis 8 RPflG einschlägig ist (sonst § 3 Nr. 2 a RPflG). Maßnahmen nach Art. 24 Abs. 3 EGBGB kann nur der Richter treffen (§ 14 Abs. 1 Nr. 4 RPflG). 14

Abgabe an das Gericht der Ehesache

153 [1] Wird eine Ehesache rechtshängig, während eine Kindschaftssache, die ein gemeinschaftliches Kind der Ehegatten betrifft, bei einem anderen Gericht im ersten Rechtszug anhängig ist, ist diese von Amts wegen an das Gericht der Ehesache abzugeben. [2] § 281 Abs. 2 und 3 Satz 1 der Zivilprozessordnung gilt entsprechend.

§ 281 ZPO. Verweisung bei Unzuständigkeit

(2) [1] Anträge und Erklärungen zur Zuständigkeit des Gerichts können vor dem Urkundsbeamten der Geschäftsstelle abgegeben werden. [2] Der Beschluss ist unanfechtbar. [3] Der Rechtsstreit wird bei dem im Beschluss bezeichneten Gericht mit Eingang der Akten anhängig. [4] Der Beschluss ist für dieses Gericht bindend.

(3) [1] Die im Verfahren vor dem angegangenen Gericht erwachsenen Kosten werden als Teil der Kosten behandelt, die bei dem im Beschluss bezeichneten Gericht erwachsen. [2] Dem Kläger sind die entstandenen Mehrkosten auch dann aufzuerlegen, wenn er in der Hauptsache obsiegt.

I. Normzweck

Die Vorschrift regelt in Ergänzung zu § 152 die örtliche Zuständigkeit einer Kindschaftssache bei **nachträglicher** Rechtshängigkeit einer Ehesache. Für den Fall, dass eine Kindschaftssache bereits bei einem Familiengericht im ersten Rechtszug anhängig ist und nachträglich die Ehesache bei einem anderen Gericht rechtshängig wird, soll im Interesse einer gemeinsamen Erledigung bei ein und demselben Gericht[1] eine nachträgliche Konzentration der Verfahren durch Abgabe der Sache an das Gericht der Ehesache eintreten. Die Regelung umfasst alle Kindschaftssachen nach § 151, die ein gemeinschaftliches Kind der Ehegatten betreffen. Sie entspricht im Wesentlichen dem § 621 Abs. 3 ZPO a. F., findet aber wegen des weiter gefassten Begriffs der Kindschaftssachen in § 151 auf zusätzliche Verfahren Anwendung. S. 2 entspricht § 123 S. 3. Parallelvorschriften enthalten § 202 für Verfahren in Ehe- und Haushaltssachen, § 233 für Verfahren in Unterhaltssachen und § 263 für Verfahren in Güterrechtssachen. 1

II. Örtliche Zuständigkeit bei nachträglicher Rechtshängigkeit einer Ehesache (S. 1)

1. Anhängigkeit einer Kindschaftssache in der ersten Instanz

Die Abgabe (§ 4) setzt zunächst voraus, dass eine Kindschaftssache, die ein gemeinschaftliches Kind der Ehegatten i. S. d. §§ 1591, 1592 BGB betrifft, im ersten Rechtszug anhängig ist. Die Anhängigkeit beginnt mit dem Eingang des Antrags (§ 23) bei Gericht, bei Verfahren, die von Amts wegen einzuleiten sind (§ 24), mit der Einleitung gerichtlicher Ermittlungen.[2] Da das Kindschaftsverfahren anhängig sein muss, kann sie nur abgegeben werden, solange sie in erster Instanz anhängig ist, d. h. solange in erster Instanz noch keine Entscheidung getroffen ist. Ist die erstinstanzliche Entscheidung schon ergangen, ist für eine Abgabe kein Raum mehr.[3] Es kommt insoweit nicht darauf an, ob die Instanz formell beendet ist; das ist erst mit der Rechtskraft der Entscheidung oder der Einlegung eines Rechts- 2

---

[1] BT-Drs. 7/650, S. 204 (RegE zum 1. EheRG).
[2] MünchKommZPO/Bernreuther § 621 Rn 169; Musielak/Borth § 621 Rn 21; Zöller/Philippi § 621 Rn 92.
[3] BGH NJW 1986, 2058 = FamRZ 1985, 800.

mittels der Fall.[4] Kommt es im Rechtsmittelverfahren zu einer Zurückverweisung der Familiensache an die erste Instanz, so greift die Verfahrenskonzentration wieder ein mit der Folge, dass die Zuständigkeit des Gerichts der Ehesache an die Stelle der örtlichen Zuständigkeit nach § 152 tritt. Eine in der Rechtsmittelinstanz anhängige Kindschaftssache kann daher (frühestens) bei Zurückverweisung an das Familiengericht abgegeben werden.[5]

2. Nachträgliche Rechtshängigkeit einer Ehesache

3   Weitere Voraussetzung der Abgabe ist, dass eine Ehesache rechtshängig wird (§ 261 Abs. 1 ZPO i. V. m. § 124 FamFG), d. h. dass die Antragsschrift der Ehesache nach § 253 Abs. 1 ZPO i. V. m. § 113 FamFG zugestellt worden ist.[6] Eine Abgabe ist daher noch nicht möglich, wenn im Rahmen eines Verfahrenskostenhilfeverfahrens lediglich ein beabsichtigter Antrag bzw. ein Entwurf für einen Antrag zu einer Ehesache zum Familiengericht eingereicht wurde, weil hierdurch ein Antrag nicht rechtshängig wird. Ist schon vor Anhängigkeit der Kindschaftssache die Ehesache rechtshängig oder auch nur anhängig, ergibt sich die Zuständigkeit des Gerichts der Ehesache aus § 152 Abs. 1.

3. Bereitwilligkeit des anderen Gerichts

4   Da die Abgabe nach § 4 erfolgt, muss nach dessen S. 1 vor der Abgabeentscheidung das übernehmende Gericht seine Bereitschaft zur Übernahme erklärt haben.[7] Dessen Bereitwilligkeit hängt jedoch nicht von seinem Belieben ab. Liegen die Voraussetzungen nach Rn 2 und 3 vor, so ist die Übernahme des Verfahrens Pflicht des anderen Gerichts. Auf die Kommentierung zu § 4 wird verwiesen. Bei Streit der Gerichte entscheidet das nach § 5 zuständige Gericht.

4. Anhörung der Beteiligten

5   Vor der Abgabe ist den Beteiligten nach § 4 S. 2 rechtliches Gehör zu gewähren.[8] Nur so ist gewährleistet, dass über die Voraussetzungen der – grundsätzlich bindenden und nicht anfechtbaren – Abgabe aufgrund des allseitigen Vortrags der Beteiligten entschieden werden kann. Deren Zustimmung ist aber nicht erforderlich.

5. Die Abgabe

6   Die Abgabe an das Gericht der Ehesache hat **von Amts wegen** zu erfolgen. Ein entsprechender Antrag hat daher nur die Bedeutung einer Anregung. Die Abgabe einer Kindschaftssache gem. § 153 an das Gericht der Ehesache erfolgt auch dann, wenn das Gericht der Ehesache bereits früher mit der Familiensache befasst war und gem. § 281 Abs. 1 ZPO an das abgebende Gericht verwiesen hatte.[9]

7   Die Abgabe kann **ohne mündliche Verhandlung** ergehen, S. 2 i. V. m. § 281 Abs. 2 S. 2 ZPO. Eine bestimmte Form ist nicht vorgeschrieben; es kann auch stillschweigend abgegeben werden.[10] Ein Begründungszwang besteht nicht,[11] eine Begründung ist insbesondere nicht erforderlich, wenn die Beteiligten übereinstimmend die Abgabe beantragen.[12]

---

[4] BGH NJW 1986, 2058 = FamRZ 1985, 800.
[5] BGH NJW 1980, 1392 = FamRZ 1980, 444.
[6] OLG Hamm FamRZ 2011, 58 = BeckRS 2010, 20164.
[7] A. A. MünchKommZPO/Heilmann § 153 FamFG Rn 2.
[8] Vgl. BVerfGE 61, 37 = NJW 1982, 2367; BGH NJW 1979, 984; NJW 1978, 1163 = FamRZ 1978, 402.
[9] OLG Hamm FamRZ 2000, 841 zu § 621 Abs. 3 ZPO.
[10] BayObLG FGPrax 1998, 145; OLG Hamm FamRZ 2010, 1460.
[11] A. A. MünchKommZPO/Heilmann, § 153 FamFG Rn 10.
[12] BGH FamRZ 1988, 943.

III. Unanfechtbarkeit und Wirkung der Abgabe

1. Grundsatz der Unanfechtbarkeit (§ 281 Abs. 2 S. 2 ZPO)

Die Entscheidung über die Abgabe ist nach § 153 S. 2 FamFG i. V. m. § 281 Abs. 2 S. 2 ZPO unanfechtbar. Die gesetzlich angeordnete Verbindlichkeit eines Abgabebeschlusses wird nicht dadurch in Frage gestellt, dass er auf einem Rechtsirrtum des Gerichts beruht oder sonst fehlerhaft ist. Aus rechtsstaatlichen Gründen (Art. 20 Abs. 3 u. Art. 101 Abs. 1 GG) kann ein Abgabebeschluss jedoch dann nicht als verbindlich hingenommen werden, wenn er auf Willkür beruht, weil ihm jede rechtliche Grundlage fehlt.[13] Von Willkür kann aber dann nicht gesprochen werden, wenn das abgebende Gericht aus unverschuldeter Unkenntnis der maßgebenden Umstände die eigene Zuständigkeit verneint und die Sache auf den übereinstimmenden Wunsch der Beteiligten an ein anderes Gericht abgibt.[14] Dagegen ist Willkür z. B. in den Fällen anzunehmen, in denen ein nach geltendem Recht unzweifelhaft zuständiges Gericht gleichwohl die Rechtssache an ein anderes Gericht abgibt, weil es offenbar eine bereits vor längerer Zeit vorgenommene Gesetzesänderung nicht zur Kenntnis genommen hat, mit der gerade solche Abgaben unterbunden werden sollen.[15]

2. Wirkung der Abgabe

Die Entscheidung über die Abgabe hat nach § 153 S. 2 FamFG i. V. m. § 281 Abs. 2 S. 3 und 4 ZPO die Wirkung, dass die Sache bei dem Gericht der Ehesache mit Eingang der Akten anhängig wird und für dieses Gericht bindend ist. Die Bindung gilt nicht nur hinsichtlich derjenigen Zuständigkeitsfrage, derentwegen abgegeben worden ist (soweit also abgebendes und angewiesenes Gericht in der Zuständigkeitsfrage konkurrieren), sondern auch hinsichtlich sonstiger Zuständigkeitsfragen, soweit das abgebende Gericht die Zuständigkeit auch in dieser Hinsicht geprüft und bejaht hat.[16] Sie gilt ferner auch, soweit die Prozessabteilung eines AG ein Verfahren unrichtigerweise nicht als familienrechtliche Streitigkeit beurteilt und mit Rücksicht auf den Streitwert an das Landgericht abgegeben hat.[17]

Gibt ein Gericht einen Rechtsstreit, den es irrtümlich für eine Kindschaftssache hält, an das „Familiengericht beim AG" ab, ändert sich dadurch die materielle Rechtsnatur der Streitigkeit als Nichtkindschaftssache nicht. Die Abgabe ist daher für das AG zwar bindend und dieses ist nicht mehr befugt, seine Zuständigkeit zu verneinen und die Sache an das abgebende Gericht zurückzugeben. Die Bindung besteht aber nur für das Gericht, an das die Sache verwiesen wird, nicht dagegen auch für Abteilungen und Spruchkörper innerhalb dieses Gerichts, wie es die Familiengerichte sind, so dass das Verfahren, falls es keine Kindschaftssache i. S. d. § 151 ist, an die Zivilabteilung des AG abgegeben werden kann.[18]

Von der Abgabe erfasst werden auch selbständige Verfahren des einstweiligen Rechtsschutzes, d. h. der Arrest und die einstweilige Verfügung.[19] Während der Anhängigkeit einer Kindschaftssache in der Rechtsbeschwerdeinstanz ist für Entscheidungen über den Erlass einer einstweiligen Anordnung nicht der BGH, sondern das Gericht des ersten Rechtszuges zuständig; an dessen Stelle tritt jedoch das Gericht der Ehesache, wenn diese inzwischen bei einem anderen Familiengericht rechtshängig geworden ist.[20]

---

[13] BGH in ständiger Rechtsprechung NJW 1993, 1273; NJW-RR 1990, 708 = FamRZ 1990, 865.
[14] BGH NJW-RR 1990, 708 = FamRZ 1990, 865.
[15] BGH NJW 1993, 1273.
[16] BGH NJW-RR 1998, 1219 = FamRZ 1999, 501.
[17] BGH NJW-RR 1998, 1219 = FamRZ 1999, 501.
[18] BGH NJW 1980, 1282 = FamRZ 1980, 557.
[19] Musielak/Borth § 621 Rn 21.
[20] BGH NJW 1980, 1392 = FamRZ 1980, 444.

IV. Kosten (§ 281 Abs. 3 S. 1 ZPO)

12   Hinsichtlich der bis zur Abgabe angefallenen Kosten gilt nach § 153 S. 2 FamFG die Regelung in § 281 Abs. 3 S. 1 ZPO. Danach werden die bis zur Abgabe angefallenen Kosten als Teil der Kosten des Gerichts der Ehesache behandelt. Nicht heranzuziehen ist § 281 Abs. 3 S. 2 ZPO, weil das mit der Kindschaftssache zuerst befasste Gericht bei Verfahrenseinleitung nicht unzuständig war.

Verweisung bei einseitiger Änderung des Aufenthalts des Kindes

154
¹Das nach § 152 Abs. 2 zuständige Gericht kann ein Verfahren an das Gericht des früheren gewöhnlichen Aufenthaltsorts des Kindes verweisen, wenn ein Elternteil den Aufenthalt des Kindes ohne vorherige Zustimmung des anderen geändert hat. ²Dies gilt nicht, wenn dem anderen Elternteil das Recht der Aufenthaltsbestimmung nicht zusteht oder die Änderung des Aufenthaltsorts zum Schutz des Kindes oder des betreuenden Elternteils erforderlich war.

I. Normzweck

1   Die Vorschrift ist durch das FamFG erstmals eingeführt worden. Der Gesetzgeber wollte damit auf die häufig zu beobachtende Praxis reagieren, dass in Konfliktsituationen, die zur Trennung und zum Auszug eines Elternteils führen, beide Partner zu einseitigen Handlungsweisen zum Nachteil des anderen Partners neigen. Dies geschieht unter anderem auch dadurch, dass ein Elternteil ohne Zustimmung des anderen mit dem gemeinsamen Kind (§§ 1591, 1592 BGB) wegzieht, obwohl die Bestimmung des Aufenthaltsrechts, das nach § 1631 Abs. 1 BGB Teil der Personensorge ist, grundsätzlich beiden Elternteilen zusteht. Diese Verhaltensweise kann die anschließenden Bemühungen um eine vernünftige Lösung des Konflikts im Interesse des Kindes wegen der einseitig geschaffenen räumlichen Distanz zwischen dem Kind und dem Umgangsberechtigten erschweren. Mit einem überraschend durchgeführten Wegzug mit dem Kind kann dieser Elternteil durch die Einreichung eines möglicherweise schon vorher vorbereiteten Antrags ohne Weiteres die Zuständigkeit des Gerichts am neuen Aufenthaltsort des Kindes (§ 152 Abs. 2) begründen. Dieser eigenmächtigen Vorgehensweise, die die bisherigen sozialen Bindungen des Kindes nicht berücksichtigt und dem Kindeswohl abträglich sein kann, soll mit der Vorschrift begegnet werden, indem dem Elternteil, der durch sein Handeln unrechtmäßig für ihn günstige Fakten schaffen will, nicht auch noch der Vorteil des ortsnahen Gerichts verschafft wird.¹ Der trennungswillige Elternteil muss daher grundsätzlich zunächst eine einverständliche Lösung suchen und nach deren Scheitern sich um eine umgehende gerichtliche Regelung bei dem für den gewöhnlichen Aufenthaltsort des Kindes zuständigen Gericht bemühen. Ausnahmen hiervon kommen nur unter den Voraussetzungen des S. 2 in Betracht. Im Interesse an einer zügigen Verfahrensweise hat der Gesetzgeber statt einer Abgabe nach § 4 eine Verweisung nach § 3 gewählt, um auf diese Weise etwaige Verfahrensverzögerungen durch Zuständigkeitsstreitigkeiten der Gerichte auszuschalten, die das Kind belastende Folgen haben können.

II. Verweisung bei widerrechtlicher Änderung des Aufenthalts des Kindes

1. Voraussetzungen der Verweisung

2   **a) Grundsatz (S. 1).** Gemäß S. 1 setzt die nach § 3 zu vollziehende Verweisung voraus, dass der Elternteil, dem das Aufenthaltsbestimmungsrecht über das Kind nicht oder nicht allein zusteht, den gewöhnlichen Aufenthalt des Kindes (vgl. dazu § 99 Rn 30, 31) ohne zuvor erteilter Zustimmung des anderen Elternteils ändert, indem er z.B. mit dem gemeinsamen Kind wegzieht oder es bei einem Dritten unterbringt. Dabei ist in den Blick zu nehmen, dass im Falle eines Wechsels des Aufenthaltsorts der gewöhnliche Aufenthaltsort ausnahmsweise schon durch die bloße Aufenthaltsnahme begründet werden kann, wenn

---

¹ Vgl. BT-Drs. 16/6308 S. 235; OLG Hamm FamRZ 2011, 55.

sich aus den Umständen ergibt, dass der Aufenthalt an dem neuen Ort auf längere Zeit angelegt ist und der neue Ort der neue Daseinsmittelpunkt sein soll.² Die Zustimmung im Sinne des § 154 ist keine rechtsgeschäftliche Erklärung, sondern eine tatsächliche Willensbekundung.³

b) Ausschluss der Verweisung (S. 2). Eine Verweisung durch das Aufenthaltsgericht ist nach S. 2 einmal dann nicht möglich, wenn dem anderen Elternteil das Aufenthaltsbestimmungsrecht nicht zusteht, weil es dann auf dessen Zustimmung nicht ankommen kann. Ferner liegt zum Zwecke der Gewährleistung eines effektiven Rechtsschutzes für Opfer häuslicher Gewalt die Voraussetzung der Verweisung an den früheren Aufenthaltsort des Kindes auch dann nicht vor, wenn der Wegzug zum Schutz des Kindes oder des betreuenden Elternteils erforderlich war.⁴

2. Anhörung der Beteiligten

Die Verweisung erfolgt nach § 3. Gemäß dessen Abs. 1 S. 2 ist den Beteiligten vor der Verweisung rechtliches Gehör zu gewähren. Nur so ist gewährleistet, dass über die Voraussetzungen der – grundsätzlich bindenden und nicht anfechtbaren Verweisung – aufgrund des allseitigen Vortrags der Beteiligten entschieden werden kann. Auf die Kommentierung zu § 3 wird insoweit verwiesen.

3. Die Entscheidung über die Verweisung

a) Zuständiges Gericht. Liegen die Voraussetzungen der Verweisung im Zeitpunkt der Entscheidung vor, so **kann** das angerufene Gericht des neuen Aufenthaltsorts des Kindes (§ 152 Abs. 2) ein dort anhängig gemachtes Kindschaftsverfahren an das Gericht des früheren gewöhnlichen Aufenthalts verweisen. Da nur das nach § 152 Nr. 2 zuständige Gericht das Verfahren verweisen kann, besteht für das nach § 152 Nr. 1 vorrangige Gericht der Ehesache die Verweisungsmöglichkeit nach § 155 nicht.

b) Ermessensentscheidung. Die Entscheidung liegt im pflichtgemäßen Ermessen des Gerichts. Als Grund dafür, dass die Sache nicht an das bisher zuständige Gericht abgegeben werden soll, kommt in Betracht, dass die Abgabe aus anderen Gründen als der Schutz vor häuslicher Gewalt dem Kindeswohl widerspricht. Insoweit ist auch das Gebot der Verfahrensbeschleunigung (§ 155) bei den Ermessenserwägungen in den Blick zu nehmen.⁵ Auch eine nachträgliche Zustimmung ist bei der Entscheidung über die Verweisung zu berücksichtigen.⁶ Ansonsten dürfte die Ermessensentscheidung in aller Regel dahin zu treffen sein, das Verfahren zu verweisen, weil das Gesetz schon ausdrücklich den Fall, dass die Handlungsweise des eigenmächtig handelnden Elternteils wegen Gewalt und Drohungen gegen den Ehegatten gerechtfertigt ist, von der Verweisung ausgenommen hat.

4. Bindungswirkung der Verweisung

Nach § 3 Abs. 3 S. 2 ist der Verweisungsbeschluss für das als zuständig bezeichnete Gericht **bindend** und nach § 3 Abs. 3 S. 1 nicht anfechtbar.

5. Kosten der Verweisung

Über die Kosten ist in der Endentscheidung zu befinden, der Verweisungsbeschluss selbst enthält keine Kostenentscheidung, § 3 Abs. 4.

---

² Vgl. BGH NJW 1993, 2047 = FamRZ 1993, 798.
³ MünchKommZPO/Heilmann § 154 FamFG Rn 8.
⁴ BT-Drs. 16/9733 S. 364.
⁵ Vgl. MünchKommZPO/Heilmann § 154 FamFG Rn 10.
⁶ MünchKommZPO/Heilmann § 154 FamFG Rn 10.

Vorrang- und Beschleunigungsgebot

155 (1) Kindschaftssachen, die den Aufenthalt des Kindes, das Umgangsrecht oder die Herausgabe des Kindes betreffen, sowie Verfahren wegen Gefährdung des Kindeswohls sind vorrangig und beschleunigt durchzuführen.

(2) ¹Das Gericht erörtert in Verfahren nach Absatz 1 die Sache mit den Beteiligten in einem Termin. ²Der Termin soll spätestens einen Monat nach Beginn des Verfahrens stattfinden. ³Das Gericht hört in diesem Termin das Jugendamt an. ⁴Eine Verlegung des Termins ist nur aus zwingenden Gründen zulässig. ⁵Der Verlegungsgrund ist mit dem Verlegungsgesuch glaubhaft zu machen.

(3) Das Gericht soll das persönliche Erscheinen der verfahrensfähigen Beteiligten zu dem Termin anordnen.

(4) Hat das Gericht ein Verfahren nach Absatz 1 zur Durchführung einer gerichtsnahen oder gerichtsinternen Mediation oder eines anderen Verfahrens der außergerichtlichen Konfliktbeilegung ausgesetzt, nimmt es das Verfahren in der Regel nach drei Monaten wieder auf, wenn die Beteiligten keine einvernehmliche Regelung erzielen.

I. Normzweck

1   Die Vorschrift[1] entspricht § 50 e FGG, der durch das Gesetz zur Erleichterung familiengerichtlicher Maßnahmen bei Gefährdung des Kindeswohls vom 4. 7. 2008 eingeführt worden ist.[2] Sie soll im Interesse des Kindeswohls insbesondere eine Verkürzung der Verfahrensdauer in sorge- und umgangsrechtlichen Verfahren bewirken und normiert daher ein umfassendes Vorrang- und Beschleunigungsgebot. Mit der schnellen Terminierung soll eine Eskalierung des Elternkonflikts vermieden werden. In vielen Fällen vermeidet nämlich nur eine sofortige Regelung die Gefahr einer für das Kindeswohl abträglichen Unterbrechung von Umgangskontakten zwischen dem Kind und dem nicht betreuenden Elternteil (vgl. aber Rn 4).[3]

1 a   Abs. 4 soll durch das geplante Mediationsgesetz eingefügt werden. Er regelt das Spannungsverhältnis zwischen der Pflicht, das Verfahren zu beschleunigen, und der Pflicht, auf eine einvernehmliche Regelung hinzuwirken (§ 156) dahin, dass ein Verfahren nach Abs. 1, das im Hinblick auf die Durchführung einer Mediation oder außergerichtlichen Konfliktbeilegung i. S. d. § 36 a ausgesetzt ist, nach drei Monaten wieder aufgenommen wird, wenn bis dahin kein Einvernehmen erzielt wurde.

1 b   Die Vorschrift, aber auch das sonstige deutsche Verfahrensrecht[4] sieht keine Rechtsfolgen bei Verstößen gegen die Pflicht zur vorrangigen Bearbeitung vor. In Betracht kommt jedoch, dass der EGMR einem verletzten Beteiligten eine Entschädigung nach Art. 41 EMRK zuspricht wegen Verletzung der sich aus Art. 6 EMRK ergebenden Pflicht, binnen angemessener Zeit eine gerichtliche Entscheidung herbeizuführen.[5]

II. Vorrang- und Beschleunigungsgebot (Abs. 1)

1. Geltungsbereich

2   Das **Vorrang- und Beschleunigungsgebot** gilt für die in Abs. 1 aufgezählten Kindschaftssachen, die
- den Aufenthalt (§ 1631 Abs. 1 BGB) oder
- die Herausgabe des Kindes (§ 1632 BGB) oder
- das Umgangsrecht (§ 1684, 1685 BGB) oder
- Verfahren wegen Gefährdung des Kindeswohls (§ 1666, 1666 a BGB)

betreffen. Verweisungen enthalten § 1800 BGB für den Vormund und §§ 1915, 1800 BGB für den Pfleger mit dem entsprechende Wirkungskreis. Das Gebot richtet sich an das

---

[1] Sie ist der Regelung über Kündigungsverfahren in § 61 a Abs. 1 ArbGG nachgebildet.
[2] BGBl. I S. 1188; BT-Drs. 16/8941.
[3] BT-Drs. 16/6308 S. 235/236.
[4] EGMR NJW 2006, 2389 = FamRZ 200, 1449.
[5] BT-Drs. 16/6308 S. 235/236. Vgl. hierzu EGMR FamRZ 2009, 1037.

jeweils mit der Sache befasste Gericht in allen Rechtszügen.[6] Die Vorschrift gilt auch für Abänderungsverfahren nach § 166 sowie einstweilige Anordnungen. Gerade bei vorläufigen Regelungen besteht regelmäßig ein besonderes Bedürfnis für eine zeitnahe Entscheidung, z. B. über einen Antrag zur Regelung des Umgangs nach Trennung der Eltern.

Das Beschleunigungsgebot gilt in jeder Lage des Verfahrens und in jeder Instanz[7] und ist u. a.[8]
- bei der Anberaumung von Terminen (früher Termin nach Abs. 2),
- bei der Verlegung von Terminen nach Abs. 2 S. 4 (zwingender Grund),
- bei der Entscheidung über die Verweisung nach § 154,
- bei der Fristsetzung für die Stellungnahme zu Anträgen und Schriftsätzen,
- bei der Prüfung des Erlasses einer einstweiligen Anordnung nach § 156 Abs. 3 S. 1,
- bei der Anordnung der Teilnahme an einer Beratung nach § 156 Abs. 3 S. 3 und 4,
- bei der Bestellung eines Verfahrensbeistands, der nach § 158 Abs. 3 so früh wie möglich zu bestellen ist,
- bei der Fristsetzung für die Abgabe eines Sachverständigengutachtens (vgl. § 163),
- bei der Kostenentscheidung nach § 81 Abs. 2 Nr. 4 und
- bei der Bekanntgabe von Entscheidungen

zu beachten.

2. Inhalt

Maßstab für die Frage, ob eine Sache vorrangig zu bearbeiten ist, ist das in allen Phasen des Verfahrens zu beachtende Gebot der Orientierung am **Kindeswohl**. Dieses prägt und begrenzt zugleich das Beschleunigungsgebot, das aber auch nach dem Willen des Gesetzgebers nicht schematisch gehandhabt werden muss.[9] Zwar hat das Gericht die Verfahren nach Abs. 1 im Zweifelsfall vorrangig und beschleunigt zu bearbeiten, um nicht die Sachentscheidung durch Zeitablauf faktisch zu präjudizieren, weil jeder Tag das Kind von seinen Eltern weiter entfremden und die Beziehung zu anderen Personen, zu denen es in Obhut gebracht ist, verfestigen kann.[10] Dabei ist insbesondere in den Blick zu nehmen, dass ein Kind ein ganz anderes Zeitgefühl hat als ein Erwachsener – ihm kann schon eine Woche als Ewigkeit erscheinen[11] –, und dass es für jüngere Kinder eine Katastrophe bedeutet, wenn sie von ihren Hauptbezugspersonen getrennt werden und aus ihrer vertrauten Umgebung gerissen werden.[12]

Im Einzelfall kann aber, jedenfalls in einem Hauptsacheverfahren, auch einmal ein Zuwarten mit dem Verfahrensabschluss oder ein zeitaufwändiger zusätzlicher Verfahrensschritt erforderlich oder sinnvoll sein. Längere Gerichtsverfahren können nämlich im Einzelfall sogar von Vorteil für das Kind sein, wenn gerade durch Zeitablauf Klärungsprozesse in der Familie möglich werden und sich damit auch die Selbstheilungskräfte in der Familie mobilisieren können.[13] Ebenso kann im Einzelfall von einer frühen Terminierung dann abgesehen werden, wenn das Kindeswohl eine solche offensichtlich nicht erfordert; ein solcher Fall ist z. B. gegeben, wenn ein bestehender Umgang nur geringfügig erweitert oder geändert werden soll.[14] Zu beachten ist schließlich, dass das Beschleunigungsgebot nicht eine schnelle Entscheidung um jeden Preis bedeutet, es soll die Verfahrensdauer verkürzt werden, was aber nicht auf Kosten der Verfahrensgarantien gehen darf.[15]

Die bevorzugte Erledigung kann, sofern nicht die Geschäftsverteilung des Gerichts besondere personelle Regelungen vorsieht, nur auf Kosten anderer anhängiger Sachen

---

[6] Götz FF/FamFG spezial 2009, 20/21.
[7] Coester FF 2009, 269/271.
[8] Vgl. dazu auch Salgo FF 2010, 352/355.
[9] BT-Drs. 16/6308 S. 235.
[10] MünchKommZPO/Heilmann § 156 FamFG Rn 3; Coester FF 2009, 269/271.
[11] Coester FF 2009, 269/271; Salgo FF 2010, 352/354.
[12] Salgo FF 2010, 352/353 unter Hinweis auf Brisch, „Bindung und Umgang", Brühler Schriften zum Familienrecht, Bd. 15, S. 89.
[13] Balloff FPR 2011, 12/13.
[14] BT-Drs. 16/6308; S. 235.
[15] So zutreffend MünchKommZPO/Heilmann § 156 FamFG Rn 26; Salgo FF 2010, 352/356.

durchgeführt werden; dies übersieht die Gesetzesbegründung, in der es heißt, eine Bevorzugung habe nur im Notfall auf Kosten anderer Verfahren zu erfolgen.[16] Sie darf aber nur auf Kosten anderer Verfahren als die in § 155 genannten Kindschaftssachen erfolgen. Bevorrechtigt sind Verfahren wegen der Gefährdung des Kindeswohls z. B. gegenüber Ehesachen, Unterhaltssachen oder Güterrechtssachen.[17]

III. Erörterungstermin (Abs. 2 und 3)

1. Erörterung mit den Beteiligten (Abs. 2 S. 1)

7   Zur Durchsetzung des Beschleunigungsgebots begründet Abs. 2 S. 1 die Verpflichtung des Familiengerichts, die Kindschaftssache und die ihr zugrunde liegende Problematik mit den Beteiligten mündlich in einem Termin zu erörtern. Dabei soll das Familiengericht im Interesse des Wohls des Kindes versuchen, die Eltern im persönlichen Gespräch wieder auf den Weg zur Übernahme gemeinsamer Verantwortung zu bringen.[18] Kommt es nicht zu einer Einigung, muss das Gericht nach § 156 Abs. 3 mit den Beteiligten und dem Jugendamt den Erlass einer einstweiligen Anordnung erörtern; dies gilt aber nicht in den Verfahren wegen Gefährdung des Kindeswohls (vgl. die Kommentierung zu § 156).

2. Zeitpunkt des Erörterungstermins (Abs. 2 S. 2)

8   Der Erörterungstermin soll nach Abs. 2 S. 2 einen Monat nach Beginn des Verfahrens stattfinden. Das Verfahren beginnt in Antragsverfahren mit der Einreichung des Antrags (§ 23) und in Verfahren, die auf Anregung eines Beteiligten hin amtswegig eingeleitet werden (§ 24), mit dem Eingang der Anregung. Dies gilt auch dann, wenn lediglich die Bewilligung von Verfahrenskostenhilfe für ein bestimmtes Verfahren beantragt wird; die vorgeschaltete Anhörung im Rahmen des § 77 Abs. 1 darf daher nicht zu einer Versäumung der Frist führen.[19] Da S. 2 als **Sollvorschrift** ausgestaltet ist, handelt es sich um eine grundsätzlich verpflichtende Zeitvorgabe für das Gericht, die nur in Ausnahmefällen überschritten werden darf. Es muss stets bedacht werden, dass ein früher Termin dazu beitragen kann, es zu verhindern, dass sich Konflikte durch ein monatelanges Ausleben und Zufügen neuer Verletzungen verfestigen.[20] Ein Ausnahmefall kann im Einzelfall in der Sache selbst begründet sein, wenn z. B. der Hauptsache ein Verfahren auf einstweilige Anordnung in derselben Sache mit mündlicher Verhandlung unmittelbar vorausgegangen ist oder wenn die Antragsschrift öffentlich zugestellt werden muss oder wenn es lediglich um eine relativ geringfügige Ausweitung eines bereits praktizierten Umgangs geht. Ein Ausnahmefall kann aber auch in der Sphäre des Gerichts liegen, z. B. in Krankheitsfällen, wenn auch eine Vertretung nicht möglich ist.[21]

3. Persönliche Anhörung eines Jugendamtsvertreters (Abs. 2 Satz 3)

9   S. 3 verpflichtet das Gericht, einen Vertreter des Jugendamts im Erörterungstermin **persönlich anzuhören.** Der Gesetzgeber verspricht sich von einer mündlichen Anhörung größere Vorteile als von einer schriftlichen Stellungnahme.[22] So könne sich der Jugendamtsvertreter in einer mündlichen Stellungnahme zum aktuellen Sachstand äußern, so wie er sich im Termin darstellt, und dabei unmittelbar auf Fragen und sonstige Reaktionen der Beteiligten eingehen. Zudem könne sich ein Elternteil möglicherweise eher durch einen schriftlichen Bericht in ein schlechtes Licht gesetzt und benachteiligt fühlen und sich in einer „Trotz"-Reaktion noch weiter von der Übernahme gemeinsamer Elternverantwortung entfernen. Diese Argumente überzeugen in ihrer Allgemeinheit nicht. Denn ein nur mündlich vorgetragener Jugendamtsbericht erschwert dem Richter eine gründliche Vor-

---

[16] BT-Drs. 16/6308; S. 235.
[17] Salgo FF 2010, 352/356.
[18] BT-Drs. 16/6308 S. 236.
[19] Stößer FamRZ 2009, 656/659.
[20] Stötzel FPR 2010, 425/426.
[21] BT-Drs. 16/6308 S. 236.
[22] BT-Drs. 16/6308 S. 236.

bereitung des Termins und birgt die Gefahr, dass bei vehementem Widerspruch der Eltern eine geordnete Darstellung der Tatsachen in Rede und Gegenrede untergeht.[23]

4. Terminverlegung (Abs. 2 S. 4 und 5)

Eine **Terminverlegung** ist nach S. 4 nur aus zwingenden Gründen zulässig. In Abweichung zu § 32 Abs. 1 S. 2 FamFG i. V. m. § 227 Abs. 1 ZPO reichen damit erhebliche Gründe für eine Verlegung nicht aus.[24] Zwingende Gründe sind nur solche, die eine Teilnahme am Termin tatsächlich unmöglich machen, wie z. B. eine Erkrankung. Kein ausreichender Grund ist das Vorliegen einer Terminkollision für den Verfahrensbevollmächtigten oder sonstigen Vertreter eines Beteiligten in einem anderen Verfahren, sofern es sich nicht ebenfalls um eine der in Abs. 1 aufgeführten Angelegenheiten handelt. Dieser hat vielmehr in der anderen Sache einen Verlegungsantrag zu stellen, dem das andere Gericht wegen des Vorrangs der Kindschaftssache stattzugeben hat.[25]

Der in Anspruch genommene Verlegungsgrund muss nach S. 5 gleichzeitig mit dem Antrag auf Verlegung glaubhaft gemacht werden (s. dazu § 31). Dies ist wegen der bevorrechteten Behandlung der Sache erforderlich, um dem Gericht sofort bei Eingang des Antrags eine Überprüfung zu ermöglichen.

5. Anordnung des persönlichen Erscheinens der Beteiligten (Abs. 3)

Nach Abs. 3 soll das Gericht das persönliche Erscheinen zu dem Termin anordnen. Nur so ist neben der Aufklärung des Sachverhalts die in Abs. 1 vorgeschriebene mündliche Erörterung möglich. Die Erörterung kann aber auch im Hinblick auf die Pflicht des Gerichts nach § 156 Abs. 1, auf ein Einvernehmen der Beteiligten hinzuwirken, regelmäßig nur dann zu einem sinnvollen Ergebnis führen, wenn sich die Beteiligten im Termin nicht vertreten lassen können.[26]

Die Pflicht zur Anordnung des persönlichen Erscheinens beschränkt sich auf die verfahrensfähigen Beteiligten. Wer verfahrensfähiger Beteiligter ist, regelt § 9; auf die Kommentierung in § 151 Rn 22 wird verwiesen. Soweit die Anhörung eines nach § 9 nicht verfahrensfähigen Kindes in Betracht kommt, entscheidet das Gericht hierüber nach § 159.

Auch Abs. 3 ist als „Soll"-Vorschrift ausgestaltet. Dies ermöglicht es dem Gericht, ausnahmsweise von der Anordnung des persönlichen Erscheinens zu einem gemeinsamen Termin mit allen Beteiligten abzusehen. So kann es z. B. in Fällen erkennbarer familiärer Gewalt auch angezeigt sein, eine getrennte Anhörung der Beteiligten durchzuführen.[27]

Die Folgen eines unentschuldigten Fernbleibens, auf die gemäß § 33 Abs. 4 in der Ladung hingewiesen werden muss, bestimmen sich nach § 33 Abs. 3 (Ordnungsgeld, Anordnung der Vorführung).

IV. Wiederaufnahme des Verfahrens (Abs. 4)

Der nach dem Regierungsentwurf zum geplanten Mediationsgesetz anzufügende Abs. 4 dient der Wahrung des in den Kindschaftssachen nach Abs. 1 geltenden Vorrang- und Beschleunigungsgebots. Er stellt sicher, dass Verfahren, die wegen einer vom Gericht nach § 156 vorgeschlagenen außergerichtlichen Konfliktbeilegung oder richterlichen Mediation ausgesetzt worden sind (§ 21), in der Hauptsache zeitnah weiter betrieben werden. Die Hauptsache soll unabhängig von einer ggf. nach § 156 Abs. 3 S. 2 erlassenen einstweiligen Anordnung **in der Regel** nach drei Monaten wieder aufgenommen werden. Damit schließt es das Gesetz nicht aus, in einzelnen Fällen **ausnahmsweise** der außergerichtlichen Konfliktbeilegung oder der richterlichen Mediation mehr Zeit einzuräumen.[28]

---

[23] So zutreffend Götz FF/FamFG spezial 2009, 20/21.
[24] Ebenso Bumiller/Harders § 155 Rn 5; SBW/Ziegler § 155 Rn 9.
[25] BT-Drs. 16/6308 S. 236.
[26] BT-Drs. 16/6308 S. 236.
[27] BT-Drs. 16/6308 S. 236.
[28] Gesetzesentwurf zum Mediationsgesetz, BR-Drs. 60/11 S. 28.

§ 156 Hinwirken auf Einvernehmen

156 (1) ¹Das Gericht soll in Kindschaftssachen, die die elterliche Sorge bei Trennung und Scheidung, den Aufenthalt des Kindes, das Umgangsrecht oder die Herausgabe des Kindes betreffen, in jeder Lage des Verfahrens auf ein Einvernehmen der Beteiligten hinwirken, wenn dies dem Kindeswohl nicht widerspricht. ²Es weist auf Möglichkeiten der Beratung durch die Beratungsstellen und -dienste der Träger der Kinder- und Jugendhilfe insbesondere zur Entwicklung eines einvernehmlichen Konzepts für die Wahrnehmung der elterlichen Sorge und der elterlichen Verantwortung hin. ³Das Gericht soll in geeigneten Fällen auf die Möglichkeit der Mediation oder sonstigen außergerichtlichen Streitbeilegung hinweisen. *(beabsichtigteNeufassung: Das Gericht kann anordnen, dass die Eltern einzeln oder gemeinsam an einem kostenfreien Informationsgespräch über Mediation oder über eine sonstige Möglichkeit der außergerichtlichen Konfliktbeilegung bei einer von dem Gericht benannten Person oder Stelle teilnehmen und eine Bestätigung hierüber vorlegen.)* ⁴Es kann *(ferner)* anordnen, dass die Eltern an einer Beratung nach Satz 2 teilnehmen. ⁵Die Anordnung ist *(Die Anordnungen nach den Sätzen 3 und 4 sind)* nicht selbständig anfechtbar und nicht mit Zwangsmitteln durchsetzbar.

(2) ¹Erzielen die Beteiligten Einvernehmen über den Umgang oder die Herausgabe des Kindes, ist die einvernehmliche Regelung als Vergleich aufzunehmen, wenn das Gericht diese billigt (gerichtlich gebilligter Vergleich). ²Das Gericht billigt die Umgangsregelung, wenn sie dem Kindeswohl nicht widerspricht.

(3) ¹Kann in Kindschaftssachen, die den Aufenthalt des Kindes, das Umgangsrecht oder die Herausgabe des Kindes betreffen, eine einvernehmliche Regelung im Termin nach § 155 Abs. 2 nicht erreicht werden, hat das Gericht mit den Beteiligten und dem Jugendamt den Erlass einer einstweiligen Anordnung zu erörtern. ²Wird die Teilnahme an einer Beratung, *(beabsichtigte Neufassung: an einem kostenfreien Informationsgespräch über Mediation oder einer sonstigen Möglichkeit der außergerichtlichen Konfliktbeilegung)* oder eine schriftliche Begutachtung angeordnet, soll das Gericht in Kindschaftssachen, die das Umgangsrecht betreffen, den Umgang durch einstweilige Anordnung regeln oder ausschließen. ³Das Gericht soll das Kind vor dem Erlass einer einstweiligen Anordnung persönlich anhören.

Übersicht

	Rn
I. Normzweck	1
II. Konsensuale Streitbeilegung als gesetzliches Ziel (Abs. 1)	2
1. Gerichtliche Pflicht, auf einvernehmliche Lösungen hinzuwirken (S. 1)	2
2. Anwendungsbereich	4
3. Hinweis auf Möglichkeit der Beratung durch Beratungsstellen (S. 2)	5
4. Anordnung der Teilnahme an einem Informationsgespräch über Mediation oder sonstiger außergerichtlicher Konfliktbeilegung (S. 3)	6
5. Anordnung der Teilnahme an einer Beratung (S. 4)	8
6. Unanfechtbarkeit; Folgen der Nichtteilnahme an einem Informationsgespräch oder an einer Beratung (Abs. 1 S. 5)	10
III. Herausgabe- und Umgangsregelung durch Vergleich (Abs. 2)	11
1. Allgemeines	11
2. Einvernehmen der Beteiligten	12
3. Gerichtliche Billigung	13
a) Form der Billigung	13
b) Negative Kindeswohlprüfung	14
IV. Umgangsregelung durch einstweilige Anordnung (Abs. 3)	15
1. Geltungsbereich	15
2. Voraussetzungen einer einstweiligen Anordnung	16
a) Nichtzustandekommen einer Einigung im Termin nach § 155 Abs. 2	16
b) Einholung eines Gutachtens oder Teilnahme an einer außergerichtlichen Konfliktbeilegung	17
c) Sollvorschrift	19
d) Persönliche Anhörung des Kindes	20
e) Verfahrenseinleitender Antrag oder von Amts wegen	21
3. Erlass einer positiven oder negativen Umgangsregelung	22

	Rn
4. Rechtsmittel, Vollstreckung	24
5. Kosten	25

I. Normzweck

Abs. 1 der Vorschrift entspricht weitgehend dem § 52 Abs. 1 FGG. Bereits durch diese **1** mit dem KindRG vom 16. 12. 1997[1] eingefügte Regelung sollte im Interesse der Kinder der Gedanke einer selbstständigen Konfliktlösung durch die Eltern gestärkt werden. Das Gesetz geht im Grundsatz weiterhin davon aus, dass sich bei einer Streitbeilegung durch Inanspruchnahme von Beratungsstellen außerhalb des Gerichts die Belastung des Kindes vermindern lässt im Vergleich zu einem gerichtlichen Verfahren mit richterlichen Anhörungen, Sachverständigengutachten, Ermittlungen des Jugendamtes etc.[2] Dieses Anliegen hat der Gesetzgeber weiterentwickelt durch die nicht anfechtbare Anordnung der Teilnahme an einer Beratung in Abs. 1 S. 4. Die Regelung in Abs. 2 S. 2 ist angelehnt an den bisherigen § 52a Abs. 4 S. 3 FGG. Abs. 3 entspricht § 52 Abs. 3 FGG in der Fassung des Gesetzes zur Erleichterung familiengerichtlicher Maßnahmen bei Gefährdung des Kindeswohls vom 4. 7. 2008.[3] Die Vorschrift soll in Abs. 1 S. 3, 4 und 5 sowie in Abs. 3 S. 2 durch das Mediationsgesetz geändert werden; die Kommentierung stützt sich auf den Regierungsentwurf zum Mediationsgesetz vom 1. 4. 2011.[4]

II. Konsensuale Streitbeilegung als gesetzliches Ziel (Abs. 1)

1. Gerichtliche Pflicht, auf einvernehmliche Lösungen hinzuwirken (Abs. 1 S. 1)

Um das gesetzliche Ziel einer selbstständigen Konfliktlösung durch die Eltern zu ver- **2** wirklichen, legt Abs. 1 S. 1 dem Familiengericht in einem Kindschaftsverfahren, das in den in Rn 4 dargestellten Anwendungsbereich fällt, die Pflicht auf, in jeder Lage des Verfahrens, d. h. **in allen Tatsacheninstanzen,**[5] auf ein Einvernehmen der Beteiligten hinzuwirken. S. 2 bis 4 enthalten hierzu besondere Regelungen. Insbesondere sind großzügigere gerichtliche Anordnungen als die üblichen ohne Absprache mit den Beteiligten kaum möglich, sie können nur die Eltern selbst für sich einvernehmlich festlegen.[6]

Die Pflicht, auf ein Einvernehmen hinzuwirken, hat dort ihre Grenze, wo das Einver- **3** nehmen dem Kindeswohl widersprechen würde. Deshalb wird das Gericht nicht aus der Pflicht genommen, die Einigung im Hinblick auf das Kindeswohl zu überprüfen.[7] Diese Selbstverständlichkeit hat der Gesetzgeber ausdrücklich festgehalten, obwohl bereits durch die Ausgestaltung des S. 1 als Soll-Vorschrift klargestellt ist, dass es Ausnahmen von der Pflicht, eine einvernehmliche Regelung anzusteuern, geben kann. Ein Hinwirken auf ein Einvernehmen ist im Hinblick auf das Kindeswohl insbesondere in Fällen der **häuslichen Gewalt,**[8] des fortwirkenden hohen **elterlichen Konfliktniveaus**[9] und der **Vernachlässigung des Kindes** besonders gründlich zu prüfen. Einen generellen Ausschluss hat der Gesetzgeber in § 36a auch im Hinblick auf die Empfehlung Nr. R (98) des Ministerkomitees des Europarats[10] bei Gewaltschutzsachen (§ 210) nicht ausgesprochen.[11]

2. Anwendungsbereich

Abs. 1 gilt für Kindschaftssachen, die **4**
- die elterliche Sorge bei Trennung und Scheidung (§§ 1626 ff. BGB),

---

[1] BGBl. I S. 2942.
[2] Vgl. dazu BT-Drs. 13/4899 S. 133.
[3] BGBl. I S. 1188, BT-Drs. 16/8941.
[4] Vgl. BT-Drs. 17/5335.
[5] Ebenso MünchKommZPO/Schumann, § 156 FamFG Rn 8; Reinken FPR 2010, 428/429; a. A. Lipp/Schumann/Veit/Maier S. 105/108 unten (für die zweite Instanz „Appellcharakter").
[6] MünchKommBGB/Finger § 1684 Rn 19.
[7] Stötzel FPR 2010, 425/426.
[8] BT-Drs. 16/6308 S. 236.
[9] Salgo FF 2010, 352/358.
[10] FamRZ 1998, 1019.
[11] Regierungsentwurf zum Mediationsgesetz BT-Drs. 17/5335 S. 23.

- den Aufenthalt des Kindes (§ 1631 Abs. 1 BGB),
- die Herausgabe des Kindes (§ 1632 BGB) und
- das Umgangsrecht (§§ 1684, 1685 BGB)

betreffen. Verfahren, die die Gefährdung des Kindeswohls (§§ 1666, 1666 a BGB) zum Gegenstand haben, fallen nicht unter § 156, weil sie von Amts wegen zu betreibende Verfahren sind, die der Disposition der Beteiligten entzogen sind. Der Katalog des Abs. 1 ist abschließend, nicht unter § 156 fällt daher z. B. das Verfahren auf Abänderung der elterlichen Unterhaltsbestimmung nach § 1612 Abs. 2 BGB.[12]

3. Hinweis auf Möglichkeiten der Beratung durch Beratungsstellen (Abs. 1 S. 2)

5 Nach S. 2 soll das Familiengericht auf die Möglichkeiten der Beratung durch die Beratungsstellen und -dienste der Träger der – öffentlichen oder freien – Kinder- und Jugendhilfe (§§ 3 ff. SGB VIII), insbesondere zur Entwicklung eines einvernehmlichen Konzepts für die Wahrnehmung der elterlichen Sorge und der elterlichen Verantwortung hinweisen, insbesondere also auf die Hilfen zur Förderung der Erziehung in der Familie nach §§ 16 ff. SGB VIII, zu deren Leistung die Träger der öffentlichen Jugendhilfe verpflichtet sind, § 3 Abs. 3 S. 2 SGB VIII.

4. Anordnung der Teilnahme an einem Informationsgespräch über Mediation oder sonstiger außergerichtlicher Konfliktbeilegung (Abs. 1 S. 3)

6 S. 3 sieht entsprechend der Regelung in § 135 eine gerichtliche Anordnung vor, mit der die Eltern verpflichtet werden können,
- einzeln oder gemeinsam an einem Informationsgespräch teilzunehmen, in dem sie
  – über Mediation (s. dazu die Kommentierung zu § 36 a) oder
  – über sonstige Möglichkeiten der außergerichtlichen Konfliktbeilegung bei einer von dem Gericht benannten Person oder Stelle aufgeklärt werden,
- und hierüber eine Teilnahmebescheinigung vorzulegen.

Insoweit besteht nicht die gerichtliche Kompetenz, die Teilnahme an einer Mediation anzuordnen. Dies widerspräche dem Ziel der Mediation nach § 1 Abs. 1 MediationsG, wonach Mediation ein vertrauliches und strukturiertes Verfahren ist, bei dem die Beteiligten eines Verfahrens mit Hilfe eines oder mehrerer Mediatoren **freiwillig** und **eigenverantwortlich** eine einvernehmliche Beilegung ihres Konfliktes anstreben sollen.[13] Deshalb bezieht sich die den Eltern auferlegte Pflicht nur auf die Teilnahme an einem Informationsgespräch und zur Vorlage einer Bescheinigung hierüber. Dies ist auch durch die Bezugnahme auf S. 2 in S. 4 klargestellt. Zu den Folgen, wenn ein Beteiligter der richterlichen Anordnung nicht nachkommt, s. Rn 10.

7 S. 3 ist als Kannvorschrift ausgestaltet, d. h. es steht im pflichtgemäßen **Ermessen** des Gerichts, ob es die Auflage zur Teilnahme an einem Informationsgespräch erteilt.[14] Auf die Möglichkeit, den Konflikt mit Hilfe eines Mediators oder durch sonstige außergerichtliche Mittel der Konfliktbeilegung zu lösen, sollte daher nur in **geeigneten Fällen** hingewiesen werden; dies war in § 156 Abs. 3 in der Fassung des FamFG-RG ausdrücklich festgeschrieben. Eine Mediation kann dann hilfreich sein, wenn die Beteiligten bereit sind, sich zur selbständigen Lösung des Konflikts zusammen zu setzen und gegenseitig zuzuhören, und akzeptieren, dass eine unparteiliche Stelle den Blick für andere Lösungen als bislang angedacht eröffnen können.[15] Unter dieser Voraussetzung ist eine Mediation gerade in den Kindschaftssachen des § 156 ein besonders geeignetes Instrument dafür, dass die Beteiligten selbst Abmachungen über den Umgang mit dem Kind treffen, die für alle tragbar sind. Dadurch kann die Grundlage geschaffen werden, auch in Zukunft wieder rücksichtsvoll miteinander umzugehen, die notwendig ist, weil die Beteiligten sich immer wieder begegnen werden und miteinander zumindest so auskommen müssen, dass ihre Gespräche in diesen Angelegenheiten noch zu praktischen Ergebnissen führen können. Tatsächliche Vo-

---

[12] OLG Köln NJWE-FER 2001, 266 = FamRZ 2002, 111.
[13] Vgl. zur Mediation Wacker ZRP 2009, 239.
[14] So zu § 135 Weber Rn 6.
[15] Reinken FPR 2010, 428/429.

5. Anordnung der Teilnahme an einer Beratung (Abs. 1 S. 4 und 5)

S. 4, der einer Empfehlung des Deutschen Familiengerichtstags entspricht,[18] gibt dem **8** Familiengericht die verbindliche Kompetenz, die Eltern zur Teilnahme an einer Beratung durch die Beratungsstellen und -dienste der Träger der Jugendhilfe zu verpflichten. In der Anordnung soll das Gericht im Einvernehmen mit dem Jugendamt festlegen, bei welcher Beratungsstelle und binnen welcher Frist die Eltern sich beraten lassen sollen. Daher muss das Gericht vor Erlass dieser Anordnung dem Jugendamt Gelegenheit zur Stellungnahme geben.[19] Das Jugendamt ist hierzu nach § 50 SGB VIII verpflichtet. Eine Maßnahme nach S. 4 kommt in Betracht, wenn es den Eltern im Termin nicht gelingt, Einvernehmen über die Regelung der sorge- und umgangsrechtlichen Fragen zu erreichen. Nach Abs. 3 S. 2 soll das Familiengericht in diesen Fällen den Umgang durch eine einstweilige Anordnung regeln.

Anders als in § 52 Abs. 2 FGG ist es in § 156 nicht mehr vorgesehen, das Verfahren **9** auszusetzen, wenn die Beteiligten eine Bereitschaft zu einer außergerichtlichen Beratung zugesagt haben oder dies zu erwarten ist. Dies hat seinen Grund darin, dass die Verpflichtung zur Beratung nicht mehr zu einer Verzögerung des Verfahrens führen darf.[20] Eine **Aussetzung des Verfahrens** kommt nur unter den Voraussetzungen des § 21 in Betracht.

6. Unanfechtbarkeit; Folgen der Nichtteilnahme an einem Informationsgespräch oder an einer Beratung (Abs. 1 S. 5)

Die Anordnung zur Teilnahme an einem Informationsgespräch nach S. 3 und zur Teil- **10** nahme an einer Beratung nach S. 4 ist als Zwischenentscheidung nicht selbständig anfechtbar (§ 58 Abs. 1). Dies stellt S. 5 klar. Zudem stellt er klar, dass die Beratung nicht mit Zwangsmitteln durchsetzbar ist; denn damit ließe sich die für eine einvernehmliche Streitbeilegung notwendige Bereitschaft zur Zusammenarbeit kaum herbeiführen.[21] Das Gericht kann aber nach § 81 Abs. 2 Nr. 5 einem Beteiligten einer richterlichen Anordnung nach S. 3 und 4 die Kosten des Verfahrens ganz oder teilweise auferlegen, wenn er der Anordnung nicht nachkommt und dies nicht genügend entschuldigt. Weigern sich die Eltern in einem Umgangsverfahren, an einem Gespräch nach S. 3 oder Beratung nach S. 4 teilzunehmen, ist sofort nach Abs. 3 S. 2 und 3 vorzugehen, d. h. eine Entscheidung darüber zu treffen, ob ein Umgang zu regeln oder auszuschließen ist.

III. Herausgabe- und Umgangsregelung durch Vergleich (Abs. 2)

1. Allgemeines

Abs. 2 ergänzt § 36 Abs. 1 und regelt den Vergleich über den Umgang und die Heraus- **11** gabe des Kindes. Der Anspruch auf Kindesherausgabe folgt aus dem elterlichen Aufenthaltsbestimmungsrecht (§ 1631 Abs. 1 BGB),[22] das Recht zur Bestimmung des Umgangs aus dem elterlichen Aufsichts- und Erziehungsrecht (§ 1631 Abs. 1 BGB). Der Umgang des Kindes mit dem nicht sorgeberechtigten Elternteil ist in § 1684 Abs. 1 BGB als ein Pflichtrecht konstruiert. Auch wenn es wünschenswert ist, dass die Eltern sich über die Ausübung des Umgangsrechts und Rechts auf Herausgabe des Kindes einigen, erfährt eine solche Einigung erst durch ihre familiengerichtliche Billigung eine das Umgangs- oder Herausgaberecht konkretisierende konstitutive Wirkung.[23] Daher ist eine Einigung der Beteiligten

---

[16] Reinken FPR 2010, 428/429.
[17] Weber § 135 Rn 6; a. A. Spangenberg FamRZ 2009, 834/835.
[18] FamRZ 2005, 1962/1964.
[19] BT-Drs. 16/6308 S. 237.
[20] BT-Drs. 16/6308 S. 237.
[21] Jansen/Zorn § 52 Rn 4.
[22] BVerfGE 68, 176 = NJW 1985, 423.
[23] Vgl. zum Umgangsrecht BGH NJW-RR 2005, 1524 = FamRZ 2005, 1471.

über den Umgang oder die Herausgabe nur dann als Vergleich aufzunehmen, sofern das Familiengericht die Umgangsregelung billigt (Rn 13). Hierzu ist das Gericht verpflichtet, wenn die Vereinbarung der Beteiligten dem Kindeswohl nicht widerspricht (Rn 14).

2. Einvernehmen der Beteiligten

12 Da sich der Vergleich auf alle formell Beteiligten erstreckt, müssen ihm alle Beteiligten im Grundsatz zustimmen.[24] Ist das Kind verfahrensfähig nach § 9 Abs. 1 Nr. 3 (s. dazu § 151 Rn 22), so muss es seine Zustimmung erteilen. Ist für das Kind ein Verfahrensbeistand bestellt, so muss auch dieser als Beteiligter des Verfahrens dem zustimmen (§ 158 Abs. 3 S. 2; vgl. § 158 Rn 39), dasselbe gilt für das Jugendamt im Falle der Beteiligung nach § 162 Abs. 2 und sonstige Kann-Beteiligte nach § 161.[25] Nach dem Wortlaut der Vorschrift könnten diese Beteiligten eine Vereinbarung der Eltern verhindern. Eingriffe in das Elternrecht sind aber verfassungsrechtlich nur möglich, wenn das Wohl des Kindes bei der Sorgerechtsausübung gefährdet wird.[26] Daher ist eine einschränkende Auslegung erforderlich, dass eine Ablehnung nur unter dieser verfassungsrechtlichen Vorgabe möglich ist.[27]

3. Gerichtliche Billigung

13 **a) Form der Billigung.** Gerichtlich gebilligt wird eine Vereinbarung nicht bereits dadurch, dass sie in einem gerichtlichen Vergleich protokolliert wird. Vielmehr muss die Entscheidung, durch die das Gericht die in der Vereinbarung enthaltene Umgangs- oder Herausgaberegelung sich ausdrücklich zu eigen macht,[28] in Beschlussform (§ 38) ergehen[29] und zu ihrer Wirksamkeit den Beteiligten, für die sie bestimmt ist, bekanntgemacht werden (§ 40).[30] Das folgt daraus, dass eine rechtsverbindliche, vollstreckbare Umgangsregelung mit dem minderjährigen Kind nicht durch die Beteiligten allein begründet werden kann,[31] sondern wegen des entscheidenden Maßstabes des Kindeswohls nur durch das Gericht; die Einigung der Eltern hat nur den Charakter eines Entscheidungsvorschlags.[32] Erfährt die Einigung aber erst durch die Billigung des Familiengerichts eine das Umgangsrecht konkretisierende konstitutive Bedeutung,[33] so ist die Zustimmung des Familiengerichts letztlich eine sachliche Endentscheidung i. S. d. § 38 Abs. 1 S. 1, die im Hinblick auf § 89 Abs. 2 auch auf die Folgen einer Zuwiderhandlung hinzuweisen hat.[34] Mit der gerichtlichen Billigung einer von den Eltern getroffenen Vereinbarung wird so eine bindende, etwaige bisherige Umgangsregelungen ersetzende[35] und nach § 86 Abs. 1 Nr. 2 für den Umgangsberechtigten als **Vollstreckungsgrundlage** taugliche Umgangs- oder Herausgaberegelung getroffen.[36] Für die **Form des Vergleichs** gelten nach § 36 Abs. 2 FamFG die §§ 159 ZPO entsprechend (s. hierzu § 36 Rn 24–27). Lehnt das Familiengericht die Umgangsregelung ab, muss die Nichtbilligung Aufnahme in das Protokoll finden und ist das Verfahren auf Regelung des Umgangs oder die Herausgabe des Kindes fortzuführen. Die Ablehnung der Genehmigung der Vereinbarung ist als Zwischenentscheidung nicht anfechtbar.[37]

---

[24] MünchKommZPO/Schumann § 156 FamFG Rn 17.
[25] BT-Drs. 16/6308, S. 237; MünchKommZPO/Schumann § 156 FamFG Rn 17.
[26] BVerfG FamRZ 2002, 1021 = FPR 220, 530.
[27] MünchKommZPO/Schumann § 156 FamFG Rn 17.
[28] Johannsen/Henrich/Büte § 156 FamFG Rn 10.
[29] KG BeckRS 2010, 29600; Thomas/Putzo/Hüßtege § 156 FamFG Rn 10; a. A. Johannsen/Henrich/ Büte § 156 FamFG Rn 10.
[30] AG Ludwigslust FamRZ 2010, 488.
[31] Vgl. OLG Karlsruhe FPR 1999, 247 = FamRZ 1999, 325; a. A. Haußleiter NJW-Spezial 2011, 68.
[32] OLG Frankfurt FamRZ 2011, 394; OLG Zweibrücken FamRZ 1997, 217.
[33] BGH NJW-RR 2005, 1524 = FamRZ 2005, 1471 zum alten Recht.
[34] OLG München BeckRS 2008, 10662 = OLGR 2008, 304 m. Anm. Giers juris PR-FamR 27/2008 Anm. 1; OLG Frankfurt FamRZ 2011, 394; OLG Zweibrücken NJWE-FER 1996, 42 = FamRZ 1997, 217; Haußleiter/Fest § 156 Rn 16; Thomas/Putzo/Hüßtege § 156 FamFG Rn 10.
[35] Haußleiter/Fest § 156 Rn 18.
[36] BGH NJW-RR 2005, 1524 = FamRZ 2005, 1471; zu Vollstreckungsproblemen bei der Durchsetzung von Umgangs- und Herausgaberechten vgl. Kraeft FPR 2002, 611.
[37] OLG Frankfurt FamRZ 2011, 394.

b) Negative Kindeswohlprüfung. Die in Abs. 2 S. 2 vorgesehene negative Kindes- 14
wohlprüfung bezieht sich entgegen dessen Wortlaut nicht nur auf die von den Beteiligten
erzielte einvernehmliche Regelung zum Umgang des Kindes, sondern auch auf die Einigung über die Kindesherausgabe.[38] Widerspricht die von den Eltern gewünschte Umgangs-
oder Herausgaberegelung dem Kindeswohl, wofür Anhaltspunkte vorliegen müssen,[39] stößt
der Grundsatz, die konsensuale und nachhaltige Bereinigung des Elternkonflikts im gerichtlichen Verfahren aktiv zu unterstützen, an ihre Grenzen, so dass das Gericht die Einigung
der Eltern nicht billigen darf. Dies betrifft nach der Gesetzesbegründung insbesondere Fälle,
in denen die Situation des Kindes im Elternkonflikt eine gerichtliche Regelung zwingend
erforderlich macht, die von den Eltern in eigener Verantwortung nicht oder nicht ausreichend klar erreicht werden kann, so insbesondere in Fällen der Traumatisierung des
Kindes nach erlebter häuslicher Gewalt.[40]

IV. Umgangsregelung durch einstweilige Anordnung (Abs. 3)

1. Geltungsbereich

Abs. 3 gilt für die Kindschaftssachen, die 15
– den Aufenthalt und den Umgang des Kindes mit Dritten (§ 1632 Abs. 1, 2 BGB) und
– das Umgangsrecht des Kindes mit den Eltern und anderen Bezugspersonen (§§ 1684,
1685 BGB) betreffen.
Nicht erfasst sind die Verfahren wegen Gefährdung des Kindeswohls, die in § 157 gesondert
geregelt sind.

2. Voraussetzungen einer einstweiligen Anordnung

a) Nichtzustandekommen einer Einigung im Termin nach § 155 Abs. 2. Abs. 3. 16
S. 1 begründet die Verpflichtung des Familiengerichts, mit den Beteiligten und dem
Jugendamt den Erlass einer einstweiligen Anordnung (§ 49) zu erörtern, wenn es in dem
frühen ersten Termin nach § 155 Abs. 2 nicht zu einer einvernehmlichen Regelung kommt
oder das Gericht die von den Eltern gefundene Regelung, die den Aufenthalt, das
Umgangsrecht oder die Herausgabe des Kindes betrifft, ausnahmsweise nicht billigen kann.
Sinn dieser Vorschrift ist es zu verhindern, dass die Verfahrensverzögerung, die infolge der
nicht möglichen oder nicht genehmigungsfähigen Einigung der Beteiligten unvermeidlich
eintritt, nicht eine für das Kindeswohl abträgliche Situation herbeiführt oder „vollendete
Tatsachen" schafft,[41] insbesondere eine Entfremdung zwischen Kind und Elternteil, die, da
sie nicht mehr rückgängig gemacht werden kann, zunächst anderen Lösungsmöglichkeiten
im Wege steht und spätere Regelungen enorm erschweren kann.[42] Dabei ist in den Blick
zu nehmen, dass jüngere Kinder den Verlust einer Bezugsperson schneller als endgültig
empfinden als ältere Kinder.[43]

b) Einholung eines Gutachtens oder Teilnahme an einer außergerichtlichen 17
Konfliktbeilegung. Nach Abs. 3 S. 2 soll das Gericht in Kindschaftssachen, die das
Umgangsrecht betreffen, den Umgang dann durch einstweilige Anordnung nach § 49
regeln, wenn
• das Gericht eine schriftliche Begutachtung anordnet,
• das Gericht die Teilnahme an einer Beratung nach Abs. 1 S. 4 anordnet,
• die Beteiligten sich auf Vorschlag des Gerichts für eine außergerichtliche oder richterliche
Mediation entscheiden oder

---

[38] So zutreffend MünchKommZPO/Schumann § 156 FamFG Rn 13 unter Hinweis darauf, dass es sich um ein Redaktionsversehen handeln müsse, da das Einvernehmen über die Kindesherausgabe im Gesetzgebungsverfahren nachträglich in § 156 Abs. 1 eingefügt worden sei.
[39] MünchKommZPO/Schumann § 156 FamFG Rn 15.
[40] BT-Drs. 16/9733 S. 293.
[41] BT-Drs. 16/6308 S. 237.
[42] Vgl. OLG Hamm NJW-RR 1996, 770 = FamRZ 1996, 424.
[43] Schmid FPR 2011, 5/6.

- die Beteiligten sich auf Vorschlag des Gerichts für ein anderes Verfahren der außergerichtlichen Konfliktbeilegung entscheiden.

18 Abs. 3 S. 2 soll nach dem Gesetzentwurf der Bundesregierung zum **MediationsG** vom 1. 4. 2011 ergänzt werden. Die Ergänzung trägt dem Vorrang- und Beschleunigungsgebot des § 155 Rechnung. Die schon bislang bestehende Verpflichtung des Gerichts, in Umgangsrechtsstreitigkeiten bei Anordnung der Teilnahme an einer Beratung oder einer schriftlichen Begutachtung eine einstweilige Anordnung zu erlassen, wird auf Fälle der außergerichtlichen Konfliktbeilegung oder richterlichen Mediation ausgedehnt,[44] um so umfassend zu verhindern, dass die durch die Begutachtung oder Teilnahme an Beratungsgesprächen oder einer Mediation eintretenden Verfahrensverzögerungen zu Lasten des Kindes gehen, insbesondere zu einer Entfremdung zwischen Kind und Elternteil führen.

19 c) **Sollvorschrift.** Abs. 3 S. 2 ist als Sollvorschrift formuliert. Von der danach grundsätzlich bestehenden Pflicht zum Erlass einer einstweiligen Anordnung kann das Gericht nur in Ausnahmefällen absehen. Ein solcher Fall ist z. B. im Fall einer positiven Regelung gegeben, wenn bereits zum Zeitpunkt der mündlichen Verhandlung absehbar ist, dass die Anordnung nur zu einer unwesentlichen Verzögerung führt.[45]

20 d) **Persönliche Anhörung des Kindes.** Nach Abs. 3 S. 3 soll das Gericht das Kind vor Erlass einer einstweiligen Anhörung persönlich anhören (§ 159). Die persönliche Anhörung des Kindes ist erforderlich, einmal um sich einen persönlichen Eindruck von dem Kind zu verschaffen, zum anderen aber auch deshalb, weil dessen Rechte durch die Entscheidung unmittelbar betroffen sind und das Kind deshalb materiell beteiligt ist.[46] Da Abs. 3 als Sollvorschrift ausgestaltet ist, ist von einer grundsätzlich bestehenden Pflicht zur Anhörung auszugehen, von der **nur im Ausnahmefall** abgesehen werden kann. Ist wegen einer besonderen Eilbedürftigkeit der Anordnung eine vorherige Anhörung nicht möglich, so ist die Anhörung unverzüglich nachzuholen; dies war in § 620a Abs. 3 i.V.m. § 621g S. 2 ZPO a.F. noch ausdrücklich geregelt, dieser Grundgedanke des Gesetzes gilt aber weiterhin.

21 e) **Verfahrenseinleitender Antrag oder von Amts wegen.** Ein Antrag eines Beteiligten auf Erlass einer einstweiligen Anordnung ist erforderlich in den Verfahren, die nach bürgerlichem Recht nur auf Antrag betrieben werden können (§ 51 Abs. 1 S. 1), z. B. nach § 1632 Abs. 2 BGB (Verfahren der Eltern auf Herausgabe des Kindes von einem Dritten und Bestimmung des Umgang des Kindes mit einem Dritten).[47] Hingegen ist ein Antrag nicht erforderlich in den Verfahren, die nach bürgerlichem Recht von Amts wegen eingeleitet und betrieben werden können, z. B. nach §§ 1684 Abs. 3, 4, 1685 Abs. 3 BGB (Umgang des Kindes mit den Eltern und anderen Bezugspersonen).

3. Erlass einer positiven oder negativen Umgangsregelung

22 Möglich ist einmal, eine Umgangsregelung **positiv zu regeln**, um dadurch während des Laufs des Verfahrens der Gefahr einer Entfremdung zwischen dem Kind und demjenigen, der den Umgang begehrt, entgegenzuwirken, weil es durch die Beratungsanordnung oder durch eine sachverständige Begutachtung notgedrungen zu einer Verfahrensverzögerung kommt. Hierzu kann es aber auch kommen, wenn der Sachverständige sein Gutachten nur mündlich erstatten soll. Denn auch dieses kann nicht von heute auf morgen erstattet werden, sondern erfordert eine genauso gründliche Exploration wie eine schriftliche Begutachtung, und kann sich ebenso wie ein schriftliches Gutachten verzögern, sei es wegen Terminschwierigkeiten des Sachverständigen oder wegen Verhinderung oder Boykottierung der zu untersuchenden Person. Daher sollte das Gericht auch in diesen Fällen den Erlass einer einstweiligen Anordnung erwägen.[48]

---

[44] RefE Mediationsgesetz BR-Drs. 60/11 S. 28.
[45] BT-Drs. 16/6308, 237 und 16/8914, 18.
[46] Vgl. zum Umgangsrecht BGH NJW 2008, 2586 = FamRZ 2008, 1334 m.Anm. Luthin; Schael FamRZ 2009, 265/266.
[47] MünchKommZPO/Schumann § 156 FamFG Rn 21.
[48] Ebenso SBW/Ziegler § 156 Rn 10.

Möglich ist aber auch, einen Umgang im Wege der einstweiligen Anordnung vorläufig 23
auszuschließen. Diese ausdrückliche Klarstellung im Gesetzestext entspricht der Änderung des § 52 Abs. 3 FGG durch Art. 2 Nr. 3 des Gesetzes zur Erleichterung familiengerichtlicher Maßnahmen bei Gefährdung des Kindeswohls vom 4. 7. 2008.[49]

4. Rechtsmittel, Vollstreckung

Nach § 57 sind Entscheidungen in Verfahren der einstweiligen Anordnung im Geltungs- 24
bereich des § 156 nur anfechtbar, wenn das Gericht des ersten Rechtszugs aufgrund mündlicher Erörterung entschieden hat über das Aufenthaltsbestimmungsrecht, die Herausgabe des Kindes an den anderen Elternteil oder über einen Antrag auf Verbleiben des Kindes bei einer Pflege- oder Bezugsperson, nicht aber, wenn es über das Umgangsrecht entschieden hat (siehe § 47 Rn 6).[50] Die Entscheidung kann nach § 86 Abs. 1 Nr. 1 vollstreckt werden.

5. Kosten

Im Falle des Erlasses einer einstweiligen Anordnung muss das Gericht gemäß § 51 Abs. 4 25
eine Kostenentscheidung nach § 81 treffen, weil es sich um ein selbständiges Verfahren handelt; eine Nachholung der Entscheidung kann nur unter den Voraussetzungen des § 42 erfolgen.[51] Zu den Gerichtskosten s. § 151 Rn 17, 18; der Verfahrenswert bestimmt sich nach § 41 FamGKG. Der Rechtsanwalt erhält bei einer Einigung eine Einigungsgebühr nach Nr. 1000 Abs. 5 S. 3 VV RVG und Nr. 1003 Abs. 2 VV RVG.[52]

Erörterung der Kindeswohlgefährdung; einstweilige Anordnung

§ 157

(1) ¹In Verfahren nach den §§ 1666 und 1666a des Bürgerlichen Gesetzbuchs soll das Gericht mit den Eltern und in geeigneten Fällen auch mit dem Kind erörtern, wie einer möglichen Gefährdung des Kindeswohls, insbesondere durch öffentliche Hilfen, begegnet werden und welche Folgen die Nichtannahme notwendiger Hilfen haben kann. ²Das Gericht soll das Jugendamt zu dem Termin laden.

(2) ¹Das Gericht hat das persönliche Erscheinen der Eltern zu dem Termin nach Absatz 1 anzuordnen. ²Das Gericht führt die Erörterung in Abwesenheit eines Elternteils durch, wenn dies zum Schutz eines Beteiligten oder aus anderen Gründen erforderlich ist.

(3) In Verfahren nach den §§ 1666 und 1666a des Bürgerlichen Gesetzbuchs hat das Gericht unverzüglich den Erlass einer einstweiligen Anordnung zu prüfen.

I. Normzweck

Das Gesetz regelt in dieser Vorschrift die Erörterung der Kindeswohlgefährdung beson- 1
ders. Die Erörterung bewegt sich im Rahmen des § 26, ist aber ersichtlich auf den in § 1666a BGB gesetzlich verankerten Grundsatz der Verhältnismäßigkeit zugeschnitten und trägt dem hohen Rang des als Grundrecht geschützten Elternrechts auf Pflege und Erziehung ihrer Kinder (Art. 6 Abs. 2 S. 1 GG) wie auch der Bedeutung von Eingriffen der staatlichen Gemeinschaft in die Familie und die elterliche Sorge Rechnung.[1] Die Regelung entspricht § 50f FGG,[2] der durch das Gesetz zur Erleichterung familiengerichtlicher Maßnahmen bei Gefährdung des Kindeswohls vom 4. 7. 2008 eingeführt worden war, sowie § 50a Abs. 1 S. 3 FGG.

---

[49] BGBl. I S. 1188; BT-Drs. 16/8914.
[50] MünchKommZPO/Schumann § 156 FamFG Rn 22.
[51] Müller-Rabe NJW 2010, 2009/2013.
[52] Vgl. für eine einvernehmliche Regelung nach § 1671 Abs. 2 BGB OLG Braunschweig FamRZ 2008, 1465; OLG Bremen NJW-RR 2010, 224; OLG Celle NJW 2010, 2982.
[1] Vgl. BayObLG FGPrax 1995, 155; OLG Düsseldorf NJW-RR 1994, 1288; OLG Zweibrücken NJW-RR 1986, 1330 = FamRZ 1986, 1037.
[2] BGBl. I S. 1188.

Engelhardt

II. Erörterung der Kindeswohlgefährdung (Abs. 1 und 2)

1. Erforderlichkeit eines Erörterungstermins

2 Abs. 1 S. 1 ist eine Sollvorschrift. Daher hat das Familiengericht in den Fällen, in denen es von einer Gefährdung oder auch einer nur **möglichen Gefährdung** des Kindeswohls erfährt, grundsätzlich einen Termin zur Erörterung der Kindeswohlgefährdung anzuberaumen (Rn 4). Es hat aber die Möglichkeit, in Ausnahmefällen von der obligatorischen Erörterung ganz abzusehen. Das kommt etwa in offensichtlich unbegründeten Verfahren in Betracht. Das Familiengericht kann ein persönliches Erörterungsgespräch andererseits aber auch dann durchführen, wenn der Sachverhalt unterhalb der Schwelle zur Kindeswohlgefährdung liegt, die Eltern aber schon im Vorfeld noch stärker als bisher in die Pflicht genommen werden sollen und auf sie eingewirkt werden soll, öffentliche Hilfen in Anspruch zu nehmen und mit dem Jugendamt zu kooperieren. Es ist nämlich in den Blick zunehmen, dass das Jugendamt das Familiengericht bereits dann anzurufen hat, wenn eine Gefährdung möglich ist, also noch nicht sicher feststeht, die Eltern aber bei der Abschätzung des Gefährdungsrisikos nicht mitwirken, vgl. **§ 8a Abs. 3 SGB VIII**, der folgenden Wortlaut hat:

> [1] Hält das Jugendamt das Tätigwerden des Familiengerichts für erforderlich, so hat es das Gericht anzurufen; dies gilt auch, wenn die Personensorgeberechtigten oder die Erziehungsberechtigten nicht bereit oder in der Lage sind, bei der Abschätzung des Gefährdungsrisikos mitzuwirken. [2] Besteht eine dringende Gefahr und kann die Entscheidung des Gerichts nicht abgewartet werden, so ist das Jugendamt verpflichtet, das Kind oder den Jugendlichen in Obhut zu nehmen.

2. Gegenstand der Erörterung

3 **a) Inhalt des Gesprächs.** Gegenstand der Erörterung, ob und wie eine Gefährdung abgewendet werden kann, sind vor allem die öffentlichen Hilfen, die das SGB VIII, insbesondere in den §§ 16 ff. (Förderung der Erziehung in der Familie) und §§ 27 ff. (Förderung von Kindern in Tageseinrichtungen und in Kindertagespflege) zur Verfügung stellt und auf die die Sorgeberechtigten einen Anspruch haben.[3] Dabei kann das Gericht die Eltern veranlassen, diese Hilfsangebote anzunehmen unter Hinweis auf die Verbindlichkeit eines vom Träger der öffentlichen Jugendhilfe nach § 36 Abs. 2 SGB VIII aufgestellten Hilfsplans und die weitreichenden Konsequenzen, wenn die Hilfen nicht angenommen werden, nämlich die Entziehung des Sorgerechts nach §§ 1666, 1666a BGB. Der Umfang der Erörterung ergibt sich im Einzelfall aus der Amtsermittlungspflicht (§ 26) und der Gewährung rechtlichen Gehörs (§§ 28 Abs. 1, 34 Abs. 1 Nr. 1). § 36 Abs. 2 SGB VIII lautet:

> **§ 36 SGB VIII. Mitwirkung, Hilfeplan**
>
> (2) [1] Die Entscheidung über die im Einzelfall angezeigte Hilfeart soll, wenn Hilfe voraussichtlich für längere Zeit zu leisten ist, im Zusammenwirken mehrerer Fachkräfte getroffen werden. [2] Als Grundlage für die Ausgestaltung der Hilfe sollen sie zusammen mit dem Personensorgeberechtigten und dem Kind oder dem Jugendlichen einen Hilfeplan aufstellen, der Feststellungen über den Bedarf, die zu gewährende Art der Hilfe sowie die notwendigen Leistungen enthält; sie sollen regelmäßig prüfen, ob die gewählte Hilfeart weiterhin geeignet und notwendig ist. [3] Werden bei der Durchführung der Hilfe andere Personen, Dienste oder Einrichtungen tätig, so sind sie oder deren Mitarbeiter an der Aufstellung des Hilfeplans und seiner Überprüfung zu beteiligen. [4] Erscheinen Maßnahmen der beruflichen Eingliederung erforderlich, so sollen auch die für die Eingliederung zuständigen Stellen beteiligt werden.

4 **b) Verhältnis zu § 155 Abs. 2 und § 160.** Die Erörterung nach § 157 bildet einen **eigenen Verfahrensabschnitt**, der neben die Erörterung nach § 155 Abs. 2 tritt. Das Gericht kann aber die Erörterung nach § 155 Abs. 2 mit dem Gespräch zur Erörterung über die Kindeswohlgefährdung verbinden.[4] Neben diesen Erörterungspflichten besteht die

---

[3] Vgl. zu dem Erörterungstermin Götz FF/FamFG spezial 2009, 20/22.
[4] BT-Drs. 16/6815 S. 17 und 16/6308 S. 237.

Pflicht zur persönlichen Anhörung der Eltern, die sich nach der Grundvorschrift des § 160 Abs. 1 S. 2 richtet und in erster Linie der Feststellung des Sachverhalts und der Gewährung des rechtlichen Gehörs dient.

3. Teilnehmer des Erörterungstermins (Abs. 1 und 2)

a) Anordnung des persönlichen Erscheinens der Eltern. Bestimmt das Gericht einen Termin zur Erörterung der Kindeswohlgefährdung, dann **muss** es nach Abs. 2 S. 1 das persönliche Erscheinen der Eltern anordnen. Das Erörterungsgespräch hat u. a. Warnfunktion,[5] so dass die Erörterung der Abwehr der Kindeswohlgefährdung mit den Eltern dann keinen Sinn macht, wenn sie nicht persönlich an dem Gespräch teilnehmen müssten, sondern sich im Termin vertreten lassen könnten. Insoweit unterscheidet sich die Vorschrift von § 155 Abs. 3, der die Anordnung des persönlichen Erscheinens nicht zwingend, sondern nur als Sollvorschrift ausgestaltet.

b) Gemeinsame Erörterung mit beiden Elternteilen. Im Grundsatz ist die Erörterung der Kindeswohlgefährdung mit beiden Elternteilen gemeinsam durchzuführen. Ein wesentliches Ziel der gerichtlichen Erörterung ist es nämlich, die Eltern gemeinsam „an einen Tisch" zu bringen, weil das Erörterungsgespräch auch Verbindlichkeiten bei der Einhaltung von Regeln herstellen soll.[6] Zu beteiligen ist auch der nicht sorgeberechtigte Elternteil; dies ist insbesondere auch deswegen erforderlich, weil eine Übertragung der Sorge auf ihn in Betracht kommt, wenn der sorgeberechtigte Elternteil das Kind nicht selbst erziehen kann (vgl. § 1680 Abs. 3 BGB).[7]

c) Getrennte Erörterung mit nur einem oder beiden Elternteilen. Von dem Grundsatz der gemeinsamen Anhörung der Eltern gibt es aber Ausnahmen. Abs. 2 S. 2 spricht zunächst Konstellationen an, in denen eine gemeinsame Anhörung im Hinblick auf im Vorfeld ausgeübte oder angedrohte Gewalthandlungen für einen Elternteil mit einem besonderen Gefährdungsrisiko verbunden wäre, das durch gerichtsorganisatorische Maßnahmen nicht oder nicht ausreichend sicher ausgeschaltet werden kann oder angesichts sonstiger Umstände vermieden werden sollte.[8] Da neben dem im Mittelpunkt stehenden Schutz der Kinder aber auch der Schutz der übrigen Verfahrensbeteiligten beachtet werden muss, hat das Gericht zur Verhinderung eines Zusammentreffens der Eltern von einer gemeinsamen Erörterung mit beiden Elternteilen dann abzusehen, wenn aufgrund bestimmter Tatsachen feststeht oder auch nur zu befürchten ist, dass eine getrennte Anhörung zum Schutz eines Elternteils erforderlich ist.

Das Gericht hat in solchen Fällen zu entscheiden, ob die Durchführung der Erörterung mit nur einem Elternteil in Abwesenheit des anderen Elternteils ausreicht oder ob es aus Gründen des Kindeswohls sinnvoll ist, die Erörterung mit beiden Elternteilen getrennt voneinander durchzuführen. Eine Erörterung mit nur einem Elternteil kommt etwa in Betracht, wenn das Kind seit längerem allein von diesem Elternteil betreut wird.[9]

Als andere Gründe, die einer gemeinsamen Anhörung entgegenstehen können, kommen etwa ein länger andauernder Auslandsaufenthalt oder eine schwerwiegende, die Mobilität einschränkende Erkrankung eines Elternteils in Betracht.[10]

d) Teilnahme des Kindes. Nach Abs. 1 soll das Familiengericht in Verfahren nach §§ 1666, 1666a BGB „in geeigneten Fällen" auch mit dem Kind persönlich erörtern, wie eine mögliche Gefährdung des Kindeswohls abgewendet werden kann. In den Gesetzesmaterialien werden als Beispiele die Fälle genannt, dass eine Drogensucht oder wiederholte Straffälligkeit des Kindes bzw. Jugendlichen Anlass zu dem Verfahren gegeben hat.[11] In diesen Fällen ist gerade auch eine Erörterung mit den gefährdeten Kindern angezeigt, um den Beteiligten die Hilfsmöglichkeiten nach dem SGB VIII (Kinder- und Jugendhilfe) auf-

---

[5] Stößer FamRZ 2009, 656/659.
[6] Stößer FamRZ 2009, 656/659.
[7] Vgl. Orgis JAmt 2008, 243; Stößer FamRZ 2009, 656/659.
[8] BT-Drs. 16/8914 S. 13.
[9] BT-Drs. 16/8914 S. 13.
[10] BT-Drs. 16/8914 S. 13.
[11] BT-Drs. 16/6308 S. 238.

§ 158

zuzeigen und auch ihnen die Folgen der §§ 1666, 1666a BGB deutlich vor Augen zu führen.

11 **e) Jugendamtsvertreter.** Das Jugendamt als sozialpädagogische Fachbehörde und Leistungsträger etwaiger Hilfemaßnahmen soll regelmäßig in das Gespräch um die Abwendung der Kindesgefährdung eingebunden werden. Die Mitwirkung des Jugendamts an dem Gespräch kann von wesentlicher Bedeutung sein bei der Erörterung der Möglichkeiten einer effektiven Gefahrenabwehr, da es gilt, den Hilfebedarf einzuschätzen und die Geeignetheit und Erforderlichkeit einer Hilfe zu beurteilen (§ 27 Abs. 1 SGB VIII). Gleichzeitig können so etwaige Hürden bei der Kooperation der Beteiligten abgebaut werden.[12]

III. Einstweilige Anordnung (Abs. 3)

12 Abs. 3 regelt die Verpflichtung des Gerichts, den Erlass einer einstweiligen Anordnung (§§ 49 ff.) unverzüglich nach der Verfahrenseinleitung zu prüfen. Die Regelung bezieht sich ausdrücklich nur auf Verfahren nach §§ 1666, 1666a BGB. Hinsichtlich der einstweiligen Regelung des Aufenthalts des Kindes, der Herausgabe des Kindes und des Umgangsrechts mit dem Kind bzw. des Ausschlusses eines Umgangs gilt § 156 Abs. 3. Zur Anfechtbarkeit einer einstweiligen Anordnung nach mündlicher Erörterung wird auf § 57 S. 2 Nr. 1 verwiesen.

IV. Kosten

13 Im Falle des Erlasses einer einstweiligen Anordnung muss das Gericht gemäß § 51 Abs. 4 eine Kostenentscheidung nach § 81 treffen, weil es sich um ein selbständiges Verfahren handelt; eine Nachholung der Entscheidung kann nur unter den Voraussetzungen des § 42 erfolgen.[13] Zu den Gerichtskosten s. § 151 Rn 17, 18; der Verfahrenswert bestimmt sich nach § 41 FamGKG. Zu den Rechtsanwaltsgebühren s. Nr. 1000 Anm. Abs. 5 S. 3 VV RVG und Nr. 1003 Anm. Abs. 2 VV RVG, wonach die Gebühr auch entsteht für die Mitwirkung an einer Vereinbarung, über deren Gegenstand nicht vertraglich verfügt werden kann, wenn hierdurch eine gerichtliche Entscheidung entbehrlich wird oder wenn die Entscheidung der getroffenen Vereinbarung folgt.[14]

Verfahrensbeistand

158
(1) Das Gericht hat dem minderjährigen Kind in Kindschaftssachen, die seine Person betreffen, einen geeigneten Verfahrensbeistand zu bestellen, soweit dies zur Wahrnehmung seiner Interessen erforderlich ist.

(2) Die Bestellung ist in der Regel erforderlich,
1. wenn das Interesse des Kindes zu dem seiner gesetzlichen Vertreter in erheblichem Gegensatz steht,
2. in Verfahren nach den §§ 1666 und 1666a des Bürgerlichen Gesetzbuchs, wenn die teilweise oder vollständige Entziehung der Personensorge in Betracht kommt,
3. wenn eine Trennung des Kindes von der Person erfolgen soll, in deren Obhut es sich befindet,
4. in Verfahren, die die Herausgabe des Kindes oder eine Verbleibensanordnung zum Gegenstand haben, oder
5. wenn der Ausschluss oder eine wesentliche Beschränkung des Umgangsrechts in Betracht kommt.

(3) ¹Der Verfahrensbeistand ist so früh wie möglich zu bestellen. ²Er wird durch seine Bestellung als Beteiligter zum Verfahren hinzugezogen. ³Sieht das Gericht in den Fällen des Absatzes 2 von der Bestellung eines Verfahrensbeistands ab, ist dies in der Endentscheidung zu begründen. ⁴Die Bestellung eines Verfahrensbeistands oder deren

---
[12] BT-Drs. 16/6308 S. 238.
[13] Müller-Rabe NJW 2010, 2009/2013.
[14] Nach OLG Celle NJW 2010, 2982 entsteht bei einer Vereinbarung im amtswegigen Verfahren nach § 1666 BGB keine Einigungsgebühr.

Aufhebung sowie die Ablehnung einer derartigen Maßnahme sind nicht selbständig anfechtbar.

(4) ¹Der Verfahrensbeistand hat das Interesse des Kindes festzustellen und im gerichtlichen Verfahren zur Geltung zu bringen. ²Er hat das Kind über Gegenstand, Ablauf und möglichen Ausgang des Verfahrens in geeigneter Weise zu informieren. ³Soweit nach den Umständen des Einzelfalls ein Erfordernis besteht, kann das Gericht dem Verfahrensbeistand die zusätzliche Aufgabe übertragen, Gespräche mit den Eltern und weiteren Bezugspersonen des Kindes zu führen sowie am Zustandekommen einer einvernehmlichen Regelung über den Verfahrensgegenstand mitzuwirken. ⁴Das Gericht hat Art und Umfang der Beauftragung konkret festzulegen und die Beauftragung zu begründen. ⁵Der Verfahrensbeistand kann im Interesse des Kindes Rechtsmittel einlegen. ⁶Er ist nicht gesetzlicher Vertreter des Kindes.

(5) Die Bestellung soll unterbleiben oder aufgehoben werden, wenn die Interessen des Kindes von einem Rechtsanwalt oder einem anderen geeigneten Verfahrensbevollmächtigten angemessen vertreten werden.

(6) Die Bestellung endet, sofern sie nicht vorher aufgehoben wird,
1. mit der Rechtskraft der das Verfahren abschließenden Entscheidung oder
2. mit dem sonstigen Abschluss des Verfahrens.

(7) ¹Für den Ersatz von Aufwendungen des nicht berufsmäßigen Verfahrensbeistands gilt § 277 Abs. 1 entsprechend. ²Wird die Verfahrensbeistandschaft berufsmäßig geführt, erhält der Verfahrensbeistand für die Wahrnehmung seiner Aufgabe nach Absatz 4 in jedem Rechtszug jeweils eine einmalige Vergütung in Höhe von 350 Euro. ³Im Falle der Übertragung von Aufgaben nach Absatz 4 Satz 3 erhöht sich die Vergütung auf 550 Euro. ⁴Die Vergütung gilt auch Ansprüche auf Ersatz anlässlich der Verfahrensbeistandschaft entstandener Aufwendungen sowie die auf die Vergütung anfallende Umsatzsteuer ab. ⁵Der Aufwendungsersatz und die Vergütung sind stets aus der Staatskasse zu zahlen. ⁶Im Übrigen gilt § 168 Abs. 1 entsprechend.

(8) Dem Verfahrensbeistand sind keine Kosten aufzuerlegen.

Übersicht

	Rn
I. Normzweck	1
II. Voraussetzungen der Bestellung (Abs. 1 und 2)	3
1. Anwendungsbereich	3
2. Erforderlichkeit	7
3. Die Voraussetzungen der Bestellung nach der Grundnorm des Abs. 1	9
4. Die Voraussetzungen der Bestellung nach Abs. 2 S. 1	11
a) Regel-Ausnahmevorschrift	11
b) Erheblicher Interessengegensatz (Abs. 2 Nr. 1)	12
c) Entziehung der elterlichen Sorge (Abs. 2 Nr. 2)	13
d) Trennung des Kindes von seiner Familie (Abs. 2 Nr. 3)	15
e) Anordnung der Herausgabe oder des Verbleibens (Abs. 2 Nr. 4)	17
f) Ausschluss oder wesentliche Beschränkung des Umgangsrechts (Abs. 2 Nr. 5)	18
III. Aufgaben des Verfahrensbeistands (Abs. 4 S. 1 bis 3)	19
1. Allgemeines	19
2. Die originären gesetzlichen Aufgaben des Verfahrensbeistands	20
a) Feststellung und Geltendmachung des Interesses des Kindes (Abs. 4 S. 1)	20
b) Unterrichtung des Kindes (Abs. 4 S. 2)	27
3. Zusätzliche Aufgaben aufgrund Übertragung durch das Gericht (Abs. 4 S. 3)	28
IV. Die Entscheidung des Gerichts über die Bestellung	30
1. Pflicht zur Verfahrensbeistandsbestellung	30
2. Zeitpunkt der Bestellung (Abs. 3 S. 1)	31
3. Die Auswahlentscheidung	32
4. Feststellung der berufsmäßigen Führung	34
5. Tenorierung	36
6. Begründung der Entscheidung (Abs. 3 S. 3)	38
7. Wirkung der Bestellung; Rechtsstellung des Verfahrensbeistands	39
8. Absehen von und Aufhebung der Bestellung nach Abs. 5	40

	Rn
9. Aufhebung der Bestellung aus sonstigen Gründen	42
10. Rechtsmittel gegen die Bestellung (Abs. 3 S. 4)	43
V. Beendigung der Bestellung (Abs. 6)	44
VI. Aufwendungsersatz und Vergütung (Abs. 7)	45
1. Ansprüche des ehrenamtlich tätigen Verfahrensbeistands	45
2. Ansprüche des berufsmäßig tätigen Verfahrensbeistands	47
3. Festsetzung der Ansprüche	50
VII. Auferlegung von Verfahrenskosten (Abs. 8)	51
VIII. Kosten und Gebühren	52

I. Normzweck

1 Da minderjährige Kinder grundsätzlich nicht formell Beteiligte in einem Verfahren vor dem Familiengericht sind (vgl. § 7 Rn 36; zur Verfahrensfähigkeit des Kindes s. § 151 Rn 22), ist es für die am Kindeswohl zu orientierende Entscheidung von besonderer Bedeutung, dass ihre Interessen in einer Weise in das Verfahren eingebracht werden, die ihrer grundrechtlichen Position hinreichend Rechnung trägt, insbesondere in den Fällen, in denen die Eltern wegen entgegenstehender Interessen dazu nicht in der Lage sind. Aus diesem Grund ist – 200 Jahre nach Einführung der obligatorischen Bestellung eines Curators zur eigenständigen Interessenvertretung für das Kind im Scheidungsprozess im Preußischen Allgemeinen Landrecht[1] – erstmals durch das am 1. 7. 1998 in Kraft getretene KindRG v. 16. 12. 1997[2] die Rechtsfigur eines Verfahrenspflegers in das FGG eingefügt worden. Die Vorschrift des § 158 ersetzt den im bisherigen § 50 FGG geregelten Verfahrenspfleger durch einen Verfahrensbeistand für minderjährige Kinder und beseitigt wesentliche Streit- und Zweifelsfragen aus dem Bereich des bisherigen § 50 FGG. So regelt **Abs. 3 S. 4** die Streitfragen, die mit der isolierten Anfechtung der Bestellung und Ablehnung der Bestellung des Verfahrensbeistands im Zusammenhang mit der Vorgängerregelung aufgetreten waren. Die neue Bezeichnung des Verfahrenspflegers als „Verfahrensbeistand" soll dessen Funktion und Aufgabenstellung hervorheben. Abs. 4 S. 1 bis 3 enthalten erstmals Bestimmungen über Aufgaben und **Abs. 4 S. 5** und 6 über die Rechtsstellung des Verfahrensbeistands. **Abs. 5** entspricht dem bisherigen § 50 Abs. 3 FGG, **Abs. 6** dem bisherigen § 50 Abs. 4 FGG.

1 a Abs. 7 ändert den bisherigen § 50 Abs. 5 FGG für den berufsmäßig handelnden Verfahrensbeistand dahin ab, dass dessen Vergütung auf eine Fallpauschale umgestellt wird; diese vom Rechtsausschuss durchgesetzte Regelung wird sehr kritisch beurteilt, weil sie die Bestellung qualifizierter Verfahrensbeistände verhindere.[3] Das BVerfG hat insoweit noch nicht eine abschließende Entscheidung getroffen, sondern darauf hingewiesen, dass zunächst eine umfassende fachgerichtliche Klärung über bestehende einfachrechtliche Unklarheiten im Hinblick auf die neue Vergütungsregelung zu klären seien, wie etwa die Frage, ob die Fallpauschale bei mehreren Kindern für jedes Kind gesondert oder nur einmal anfällt, ob sie für jeden Verfahrensgegenstand entsteht und ob sie sowohl für das einstweilige Anordnungsverfahren als auch für das anschließende Hauptsacheverfahren gewährt wird. Erst nach Klärung dieser Fragen und fachgerichtlicher Ermittlungen und Bewertungen der einzelnen Sachverhalte könnten sich Anhaltspunkte für das Ausmaß und die Wirkung der neuen Vergütungsregelung ergeben, die Voraussetzung einer abschließenden verfassungsrechtlichen Prüfung durch das BVerfG seien; insbesondere könne ein etwa mehrfaches Entstehen der Fallpauschale für in einem Verfahren betroffene Geschwisterkinder im Rahmen einer Mischkalkulation unzulängliche Einnahmen in anderen Fällen ausgleichen.[4] Vgl. zu den vom BVerfG angesprochenen Fallpauschalen Rn 47 und 48.

---

[1] Vgl. hierzu Salgo ZKJ 2009, 49/50; ders. Lipp/Schumann/Veit S. 153/186.
[2] BGBl. I S. 1942, vgl. dazu BT-Drs. 13/4899 S. 129.
[3] Ausführlich Salgo ZKJ 2009, 49, der die Regelung für verfassungswidrig hält; Bode ZKJ 2009, 410/412; Coester FF 2009, 269/279; Koritz FPR 2009, 331; Knödler ZKJ 2010, 135/139; Menne ZKJ 2008, 461; Prenzlow ZKJ 2008, 464; Wacker/Prenzlow FPR 2011, 15.
[4] BVerfG NJW 2010, 359 = FamRZ 2010, 185.

Die Vorschrift ist zurückzuführen auf Art. 12 des Übereinkommens der Vereinten **2** Nationen über die Rechte des Kindes vom 20. 11. 1989[5], das für die Bundesrepublik Deutschland am 5. 4. 1990 **ohne unmittelbare innerstaatliche Anwendbarkeit** in Kraft getreten ist.[6] Art. 12 lautet:

[**Mitspracherecht; rechtliches Gehör**] (1) Die Vertragsstaaten sichern dem Kind, das fähig ist, sich eine eigene Meinung zu bilden, das Recht zu, diese Meinung in allen das Kind berührenden Angelegenheiten frei zu äußern, und berücksichtigen die Meinung des Kindes angemessen und entsprechend seinem Alter und seiner Reife.

(2) Zu diesem Zweck wird dem Kind insbesondere Gelegenheit gegeben, in allen das Kind berührenden Gerichts- oder Verwaltungsverfahren entweder unmittelbar oder durch einen Vertreter oder eine geeignete Stelle im Einklang mit den innerstaatlichen Verfahrensvorschriften gehört zu werden.

II. Voraussetzungen der Bestellung (Abs. 1 und 2)

1. Anwendungsbereich

Die Bestellung eines Verfahrensbeistands kommt in Betracht in allen gerichtlichen Ver- **3** fahren – einschließlich einstweiliger Anordnungen[7] –, welche die **Personensorge** des Kindes unmittelbar oder mittelbar betreffen. Einbezogen sind damit alle Verfahren, welche die Lebensführung und Lebensstellung des Kindes betreffen, soweit sie sich nicht ausschließlich auf das **Vermögen** beziehen.

Verfahren, die die Person des Kindes betreffen, sind nicht nur solche, die die elterliche **4** Sorge oder die Personensorge betreffen, sondern auch alle sonstigen Kindschaftssachen, die das Kind betreffen und nicht ausschließlich vermögensrechtlicher Art sind. Dies können auch Kindschaftssachen nach § 151 Nr. 4 bis 7 sein. Unter die die **Person betreffenden Angelegenheiten** fallen insbesondere folgende: §§ 112, § 1618,[8] § 1629 i. V. m. § 1796; §§ 1630 Abs. 2, 3, 1631 Abs. 3, 1631 b (s. Rn 5), 1632;[9] 1666 Abs. 1, 1671, 1672, 1674, 1678 Abs. 2, 1680, 1681, § 1682,[10] 1684, 1685, 1687, 1687 a, 1688, 1693, 1694, 1696, 1746 Abs. 3, 1748, 1749 Abs. 1, 1751 Abs. 3, 1760, 1763, 1764 Abs. 3, 1765 Abs. 2, 1773, 1792, 1801, 1887, 1889, 1915 BGB; §§ 19, 25 StAG; §§ 2, 11 NamensÄndG.

Auch in einem **Unterbringungsverfahren** eines Kindes (§ 1631 b BGB) ist im Gegen- **5** satz zur früheren Rechtslage[11] gemäß § 167 Abs. 1 S. 2 nunmehr nach § 158 ein Verfahrensbeistand und nicht nach § 317 ein Verfahrenspfleger zu bestellen. Die Verfahrensvorschriften des 3. Buches des FamFG über die Unterbringung nach §§ 312 gelten nur für Erwachsene; zuständiges Gericht ist insoweit das Betreuungsgericht. Eine dem § 70 Abs. 1 Nr. 1 a FGG entsprechende Regelung gibt es also nicht mehr, vielmehr gehört die Unterbringung von Kindern nach § 151 Nr. 6 und 7 zu den Kindschaftssachen des zweiten Buches des FamFG, zuständig zur Entscheidung hierüber sind die Familiengerichte.

Da sich das **Genehmigungsverfahren** nach den §§ 1828, 1829 BGB nur auf die **6** Vermögenssorge bezieht, wird es wie nach bisheriger Rechtslage, die *Bork* für verfassungswidrig hielt,[12] nicht von § 158 erfasst. Eine analoge Anwendung ist ausgeschlossen,[13] so dass für diese Verfahren gegebenenfalls nur die Bestellung eines **Ergänzungspflegers** nach § 1909 BGB in Betracht kommt.[14]

---

[5] BGBl. II S. 122.
[6] Bek. v. 10. 7. 1992, BGBl. II S. 990.
[7] OLG Frankfurt NJWE-FER 1999, 239.
[8] Vgl. hierzu OLG Rostock FamRZ 2000, 695; Oelkers/Kreutzfeld FamRZ 2000, 645.
[9] Vgl. hierzu OLG Köln FamRZ 1999, 314.
[10] Staudinger/Salgo § 1682 Rn 41.
[11] 15. A. § 50 Rn 20; Bienwald Rn 117, 389; Staudinger/Bienwald Vorbem. zu §§ 1909–1921 Rn 6.
[12] FamRZ 2002, 65.
[13] A. A. BJS/Elzer § 41 Rn 17; MünchKommZPO/Ulrici § 41 FamFG Rn 14; Heinemann DNotZ 2009, 6/17; Vossius NJW 2009, 3344/3356.
[14] Ebenso KG NJW-RR 2010, 1087; OLG Oldenburg NJW 2010, 1888; Schürmann FamFR 2009, 153; Sonnenfeld NotBZ 2009, 295/299; Notarinstitut DNotI-Report 2009, 145.

2. Erforderlichkeit

7 Voraussetzung einer Verfahrensbeistandsbestellung nach Abs. 1 und 2 ist, dass sie erforderlich ist. Maßgeblich für die Erforderlichkeit einer eigenen Interessenvertretung für das Kind ist die aus den konkreten Umständen des Einzelfalls abzuleitende Gefahr, dass die Interessen des Kindes
- nicht durch die allgemeinen Verfahrensgarantien,[15] nämlich
  - den Amtsermittlungsgrundsatz (§ 12),
  - die persönliche Anhörung des Kindes (§ 159),
  - die Mitwirkung der Pflegeperson (§ 161),
  - die Mitwirkung des Jugendamtes (§ 162),
  - die Hinzuziehung von Sachverständigen (§ 163)
- oder nicht durch einen Verfahrensbevollmächtigten (Abs. 5) hinreichend gewahrt werden oder dass
- weder die Eltern noch ein bestellter Ergänzungspfleger intellektuell oder aus sonstigen Gründen in der Lage sind, die Interessen des Kindes wahrzunehmen,[16] und so im Verfahren aus dem streitigen Vortrag der Beteiligten (Eltern, Jugendamt etc.) kein klares Bild erkennbar wird, wo der Wille und die Interessen des Kindes liegen oder liegen könnten.[17]

8 Ein Absehen von der Bestellung kommt hingegen insbesondere bei Entscheidungen von geringer Tragweite in Betracht, die sich auf die Rechtspositionen der Beteiligten und auf die künftige Lebensgestaltung des Kindes nicht in erheblichem Umfang auswirken. Die Erforderlichkeit kann weiter fehlen, wenn alle beteiligten Personen und Stellen gleichgerichtete Verfahrensziele verfolgen.[18]

3. Die Voraussetzungen der Bestellung nach der Grundnorm des Abs. 1

9 Abs. 1 enthält die Grundnorm für die Bestellung eines Verfahrensbeistands. Die Vorschrift hat gegenüber den in Abs. 2 behandelten Fallgruppen eine eigenständige Bedeutung und darf nicht mit deren Voraussetzungen vermengt werden, weil dies die Voraussetzungen der Verfahrensbeistandsbestellung nach Abs. 1 erheblich einengen würde. Denn Abs. 1 stellt auf das Erfordernis der Wahrnehmung der Kindesinteressen ab, ohne dass es auf die in den Fällen des Abs. 2 aufgestellten weiteren Voraussetzungen ankommt, wie z. B. auf einen bestehenden Interessengegensatz in Abs. 2 Nr. 1.[19] Ob sich die Interessen des Kindes mit denen des Inhabers der elterlichen Sorge decken, kann sich nämlich auch erst im Laufe des Verfahrens, in dem sich die Eltern mit konträren Anträgen oder Auffassungen gegenüberstehen, herausstellen.

10 Im Unterschied zu den Fällen des Abs. 2 Nr. 1 ermöglicht daher die allgemeine Regelung in Abs. 1 die Bestellung eines Verfahrensbeistands auch in solchen Fällen, in denen nicht von vornherein feststeht, zu welchem Elternteil das Kind in dem Verfahren in einem Interessengegensatz steht oder ob ein Interessenkonflikt zu beiden Eltern besteht.[20] Eine Verfahrensbeistandsbestellung nach Abs. 1 kommt ferner in Betracht, wenn die Eltern oder ein Elternteil intellektuell nicht in der Lage sind, die Position des Kindes und seine Interessen zu vertreten.[21]

4. Die Voraussetzungen der Bestellung nach Abs. 2

11 **a) Regel-Ausnahmevorschrift.** Abs. 2 nennt die Fälle, in denen die Bestellung eines Verfahrensbeistands in der Regel erforderlich und damit vorgeschrieben ist. Soll trotz Vor-

---

[15] OLG Frankfurt FamRZ 1999, 1293; Brock/Breideneichen FuR 2001, 399.
[16] Brock/Breideneichen FuR 2001, 399.
[17] Vgl. Brock/Breideneichen FuR 2001, 399.
[18] BT-Drs. 16/6308 S. 238; BT-Drs. 13/4899 S. 132; BayObLG FGPrax 1999, 147 = FamRZ 1999, 1154; OLG Düsseldorf FamRZ 2008, 1775; Schael FamRZ 2009, 265/268.
[19] Bienwald Rn 51; Engelhardt FamRZ 2001, 525/527.
[20] Bienwald Rn 51.
[21] So auch MünchKommZPO/Schumann § 158 FamFG Rn 6 Fn. 34.

liegens eines Regelbeispiels im Einzelfall von einer Bestellung abgesehen werden, bedarf dies besonderer Gründe, die das Gericht im Einzelnen darzulegen hat. Die in Nr. 1 bis 5 enthaltenen Regelbeispiele können auch als Orientierung zur Auslegung des Begriffs der Erforderlichkeit in Abs. 1 dienen.

b) Erheblicher Interessengegensatz (Abs. 2 Nr. 1). Die Regelung in Nr. 1, die dem bisherigen § 50 Abs. 2 Nr. 1 FGG entspricht, nennt für die Erforderlichkeit der Verfahrensbeistandsbestellung die Voraussetzungen, unter denen das Familiengericht den Eltern nach § 1629 Abs. 2 S. 3 BGB oder dem Vormund nach § 1796 BGB die Vertretungsmacht entziehen kann: bei einem erheblichen Interessengegensatz zwischen Kind und seinem gesetzlichen Vertreter.[22] Bei gemeinsamer Sorge genügt ein erheblicher Interessengegensatz nur zu einem Sorgeberechtigten.[23] Wird ein solcher Gegensatz festgestellt, dann steht damit auch fest, dass der gesetzliche Vertreter nicht mehr geeignet ist, die Interessen des Kindes im Verfahren zu vertreten, so dass grundsätzlich ein selbständiger Interessenvertreter zu bestellen ist,[24] sofern nicht – bei gemeinsamer Sorge – die sachgerechte Interessenvertretung durch den anderen gewährleistet erscheint.[25] Allerdings ist für die Verfahrensbeistandsbestellung nicht erforderlich, dass die Unüberbrückbarkeit der Interessen erwiesen ist;[26] es genügt vielmehr, wenn nach den Umständen des Einzelfalls die Möglichkeit besteht, dass die Kindesinteressen den Interessen der Eltern nachgeordnet und damit nicht mehr sachgerecht verfolgt werden.[27] Für die Annahme eines erheblichen Interessengegensatzes reicht es nach der obergerichtlichen Rechtsprechung nicht allein aus, dass die Eltern widerstreitende Anträge gestellt haben.[28]

c) Entziehung der elterlichen Sorge (Abs. 2 Nr. 2). Unter Nr. 2 fallen Verfahren nach §§ 1666, 1666a BGB, soweit mit ihnen die Entziehung der gesamten Personensorge – das ist die elterliche Sorge mit Ausnahme der Vermögenssorge – oder Teilen davon verbunden ist. Diese zu schwerwiegenden Eingriffen in das Elternrecht führenden Verfahren berühren die Zuordnung des Kindes zu seiner Familie und sind regelmäßig für ein Kind von erheblicher Bedeutung.[29] Gegenstand eines Verfahrens nach §§ 1666, 1666a BGB ist häufig ein – u. U. noch zu klärendes – Fehlverhalten gegenüber dem Kind (Misshandlung, Vernachlässigung, sexueller Missbrauch; häusliche Gewalt); daher steht das Kind in diesen Verfahren oft in einem Loyalitätskonflikt, der es daran hindert, die eigenen Interessen hinreichend wahrzunehmen – das Kind zeigt nicht selten Überanpassungsbereitschaft und will trotz schweren Fehlverhaltens der Eltern bei ihnen bleiben – und dies zum Ausdruck zu bringen. Zum Schutz des Kindes ist daher regelmäßig ein Verfahrensbeistand zu bestellen. Für die Bestellung reicht es aus, dass das eingeleitete Verfahren die in Nr. 2 genannten Folgen haben kann, ohne dass deren Eintritt feststehen muss.[30]

Von der Bestellung eines Verfahrensbeistands kann in den Fällen der Nr. 2 nur ausnahmsweise abgesehen werden. Ein Ausnahmefall ist z. B. gegeben, wenn zwischen den Beteiligten des Verfahrens nach §§ 1666, 1666a BGB Einigkeit darüber besteht, dass eine andere Maßnahme als die Trennung des Kindes von seiner Familie nicht in Betracht kommt, wenn auch die Anhörung des Jugendamtes nach § 162 und des Kindes nach § 159 keine anderen Gesichtspunkte aufzeigt,[31] und wenn das Kind bei der Anhörung durch das Gericht oder im Rahmen der Begutachtung durch einen Sachverständigen seine Interessen hinreichend wahrnehmen kann und nicht zu erwarten ist, dass ein Verfahrensbeistand zusätzliche Gesichtspunkte vortragen kann.

---

[22] KG FamRZ 2003, 1478; OLG Hamm FamRZ 1999, 41; OLG Köln FuR 2000, 276; OLG München FamRZ 1999, 667.
[23] So auch MünchKommZPO/Schumann § 158 FamFG Rn 8.
[24] BT-Drs. 13/4899 S. 131.
[25] Staudinger/Coester § 1671 Rn 291.
[26] OLG Frankfurt FamRZ 1999, 1293 m. Anm. Dormann/Spangenberg; OLG München FamRZ 1999, 667.
[27] OLG Hamm FamRZ 1999, 41.
[28] OLG Düsseldorf NJW 2000, 1274 = FamRZ 2000, 1298; OLG Frankfurt FamRZ 1999, 1293 m. Anm. Dormann/Spangenberg; OLG Köln NJW-RR 2001, 76.
[29] BT-Drs. 13/4899 S. 131.
[30] OLG München FamRZ 1999, 667.
[31] BT-Drs. 13/4899 S. 132.

15 **d) Trennung des Kindes von der Person, in deren Obhut es ist (Abs. 2 Nr. 3).**
Auch in diesen die Zuordnung des Kindes zu seinen Eltern bzw. Pflegeeltern betreffenden Verfahren, z. B. nach §§ 1666, 1666a BGB oder auch § 1696 Abs. 1 BGB,[32] besteht häufig ein erheblicher Interessenkonflikt des Kindes zu den Verfahrensbeteiligten.[33] Nicht selten wünscht sich das Kind die Absicherung seiner Zugehörigkeit zu den Pflegeeltern, wenn es zu ihnen gute Beziehungen entwickelt hat und bei ihnen positiv erlebte Sozialisationschancen hatte; wenn es in dieser Situation den emotionalen Ansprüchen der Eltern ausgesetzt ist, befindet es sich in einem erheblichen Interessenwiderstreit in einer für seinen weiteren Lebensweg bedeutsamen Angelegenheit und bedarf deshalb i. d. R.[34] der Bestellung eines Interessenvertreters, der allein die Interessen des Kindes wahrnimmt, wozu die gesetzlichen Vertreter wegen eigener Interessen nicht in der Lage sind. Für die Anwendung der Nr. 3 ist es ohne Belang, wer die Trennung anstrebt, insbesondere ob es das Kind selbst, das Jugendamt, ein Elternteil oder ein außenstehender Dritter ist, oder ob das Gericht eine derartige Maßnahme in Betracht zieht.[35] Nr. 3 findet aber keine Anwendung, wenn die Pflegefamilie zur Fortführung der Pflege nicht mehr bereit ist und deshalb kein Konflikt zwischen den das Personensorgerecht ausübenden Eltern und der Pflegefamilie besteht.[36]

16 Auch in den Fällen der Nr. 3 kann aber im Einzelfall von der Bestellung eines Verfahrensbeistands abgesehen werden. Zu denken ist an den Fall, dass das Kind im Rahmen der Begutachtung durch einen Sachverständigen und bei seiner richterlichen Anhörung unmissverständlich und unbeeinflusst von den Beteiligten seine Wünsche zum Ausdruck bringen konnte und nicht zu erwarten ist, dass ein Verfahrensbeistand zusätzlich für die Entscheidung erheblichen Sachvortrag beibringen kann.[37]

17 **e) Anordnung der Herausgabe oder des Verbleibens (Abs. 2 Nr. 4).** Die Regelung in Nr. 4 betrifft Verfahren, die die Herausgabe des Kindes nach § 1632 Abs. 1, 3 BGB oder eine Verbleibensanordnung nach §§ 1632 Abs. 4, 1682 BGB zum Gegenstand haben. Auch hierbei geht es wie bei Nr. 3 um den grundsätzlichen Aufenthalt des Kindes. Da die Zuordnung der genannten Verfahren zu Nr. 3 zweifelhaft sein kann, werden diese Fallkonstellationen in Nr. 4 besonders erwähnt, ohne dass es auf das Vorliegen der Tatbestandsmerkmale der Nr. 3 ankommt.[38]

18 **f) Ausschluss oder wesentliche Beschränkung des Umgangsrechts (Abs. 2 Nr. 5).** Nach der neu eingefügten Nr. 5 ist ein Verfahrensbeistand in der Regel zu bestellen, wenn wegen einer drohenden Kindeswohlgefährdung ein Ausschluss oder eine wesentliche Beschränkung des Umgangsrechts nach § 1684 Abs. 4 S. 1, 2 BGB beantragt oder vom Gericht erwogen wird. Die Situation ist in solchen Fällen regelmäßig von einem schweren Grundkonflikt oder von Vorwürfen gegenüber dem Umgangsberechtigten geprägt und mit der Konstellation in Nr. 2 vergleichbar;[39] allerdings gilt dies bei der Beschränkung des Umgangsrechts nur, wenn diese **wesentlich** ist, d. h. wenn sie über eine einmalige oder vorrübergehende Beschränkung hinausgeht.[40] Das Recht auf Umgang mit seinen Eltern steht dem Minderjährigen als höchstpersönliches Recht zu; der verfahrenseinleitende Antrag kann daher nur von ihm gestellt werden,[41] er muss aber gesetzlich vertreten sein, und zwar durch den sorgeberechtigten Elternteil oder, im Falle eines Interessenkonflikts, nach der Rechtsprechung des BVerfG und des BGH – jeweils zum alten Recht – durch einen zu bestellenden Verfahrenspfleger;[42]

---

[32] BT-Drs. 16/6308 S. 132; MünchKommZPO/Schumann § 158 FamFG Rn 10.
[33] Vgl. auch BVerfG NJW 1999, 633 = FamRZ 1999, 85.
[34] OLG Celle FamRZ 2002, 1356; OLG Köln NJWE-FER 1999, 96 = FamRZ 1999, 314.
[35] BT-Drs. 16/6308 S. 238.
[36] BayObLG NJWE-FER 1999, 87 = FamRZ 1999, 1457.
[37] Ebenso BayObLG NJWE-FER 2000, 231 = FamRZ 2001, 565; OLG Koblenz FamRZ 2001, 515; OLG Saarbrücken DAVorm 2000, 689.
[38] BT-Drs. 16/6308 S. 239.
[39] BT-Drs. 16/6308 S. 239.
[40] BT-Drs. 16/9733 S. 366.
[41] BGH NJW 2008, 2586 = FamRZ 2008, 1334.
[42] BVerfGE 121, 69 = NJW 2008, 1287; BGH NJW 2008, 2586 = FamRZ 2008, 1334.

dies ist aber mit der Rechtsstellung des Verfahrensbeistands kaum zu vereinbaren (s. dazu Rn 39).[43]

III. Aufgaben des Verfahrensbeistands (Abs. 4 S. 1 bis 3)

1. Allgemeines

Die Frage, welche Aufgaben der Verfahrensbeistand wahrzunehmen hat, ist von zentraler Bedeutung, hängt es doch hiervon entscheidend ab, welche berufliche und persönliche Qualifikation er für sein Amt haben muss, um diese dem Gesetzeszweck entsprechend wahrnehmen zu können. In Weiterentwicklung zur Regelung des § 50 FGG enthält das Gesetz nunmehr in Abs. 4 S. 1 und 2 konkrete Angaben dazu, was zu den originären Aufgaben eines Verfahrensbeistands zählt, und in Abs. 4 S. 3, welche Aufgaben ihm zusätzlich gerichtlich zugewiesen werden können.

2. Die originären gesetzlichen Aufgaben des Verfahrensbeistands

a) Feststellung und Geltendmachung des Interesses des Kindes (Abs. 4 S. 1). Kinder haben auf Grund ihrer grundrechtlichen Stellung als Rechtssubjekt aus Art. 2 GG in ihre Person betreffenden streitigen Auseinandersetzungen ihrer Eltern einen Anspruch darauf, dass Eltern wie Staat ihre Entscheidungen auf das Kindeswohl, das verfassungsrechtlich in Art. 6 Abs. 2 und Art. 2 Abs. 1 GG verankert ist, ausrichten.[44] Durch die Tätigkeit des Verfahrensbeistands soll gewährleistet werden, dass der Kindeswille, der möglicherweise weder von den Eltern noch von dem Gericht zutreffend erkannt oder formuliert wird, so authentisch wie möglich[45] und nicht in durch andere interpretierter Form[46] vorgetragen wird, weil dieser Wille ein essentielles Element[47] des vom Gericht zu ermittelnden Kindeswohls ist.[48] Dies erfordert, dass der Verfahrensbeistand, der nach Abs. 4 S. 1 das Interesse des Kindes ermitteln und im gerichtlichen Verfahren **ausschließlich** dieses Interesse zu vertreten hat,[49] sich auf die persönliche Sicht des Kindes, dessen Ängste und Wünsche[50] und insbesondere dessen Perspektive und Einstellung konzentriert und in das Verfahren einbringt.[51]

Die Feststellung des Interesses des Kindes umfasst in erster Linie die Ermittlung des Willens des Kindes, den er deutlich in das Verfahren einzubringen hat.[52] Da auch der Verfahrensbeistand in das System zur Sicherung des Kindeswohls eingebunden ist, endet seine Pflicht, dem Gericht die persönlichen Anliegen des Kindes authentisch mitzuteilen, und sein Einsatz für die Verwirklichung oder Durchsetzung dieser Wünsche und Vorstellungen dort, wo dieser Kindeswille **offensichtlich** dem Wohl des Kindes widerspricht.[53] Hier zieht auch Art. 10 Abs. 1 des Europäischen Übereinkommens über die Ausübung von Kinderrechten vom 25. 1. 1996[54] die Grenze. Danach hat „in einem das Kind berührenden Verfahren vor einer Justizbehörde der Vertreter, sofern dies nicht dem Wohl des Kindes offensichtlich widersprechen würde, die Meinung des Kindes festzustellen und der Justizbehörde diese Meinung vorzutragen."

Der Verfahrensbeistand darf dem Kind in dem Verfahren bei Bedarf zur Seite stehen,[55] er ist aber nicht berechtigt, gezielten Einfluss auf den Willen bzw. auf Willensäußerungen des

---

[43] So auch Schael FamRZ 2009, 265/268.
[44] BVerfGE 59, 360; BVerfGE 24, 119; Hohmann-Dennhardt ZfJ 2001, 77/78.
[45] OLG Braunschweig OLGR 2001, 80; Deutscher Familiengerichtstag 2000, 118; HB-VB/Salgo Rn 69.
[46] Hohmann-Dennhardt ZfJ 2001, 77; .
[47] Staudinger/Coester § 1666 Rn 71.
[48] BVerfGE 99, 145 = NJW 1999, 631; BVerfGE 10, 59.
[49] BGH FamRZ 2010, 1060.
[50] HB-VB/Zitelmann Rn 499.
[51] Vgl. zu dem Gesichtspunkt der Konzentration auf die Perspektive und Einstellung des Kindes HB-VB/Salgo Rn 71 ff.
[52] BT-Drs. 16/6308 S. 239.
[53] OLG Hamm FamRZ 2008, 427; HB-VB/Salgo Rn 69 und HB-VB/Bauer Rn 353.
[54] BGBl. 2001 II S. 1074; BGBl. 2002 II S. 2472; vgl. hierzu BT-Drs. 14/5438.
[55] KG NJW-RR 2001, 73 = FamRZ 2000, 1300.

Kindes zu nehmen, so schädigend sich die Verwirklichung der von dem Kind erstrebten Verfahrensziele auch auswirken könnte.[56] Er darf nicht in der Weise beratend tätig werden, dass er dessen Willen solange bildet, bis er mit dem – vom Verfahrensbeistand angenommenen – Kindeswohl identisch ist.[57] Stellt er fest, dass das Kind – noch – nicht eigene Vorstellungen hat, so hat er diese Erkenntnis dem Gericht mitzuteilen. Andererseits darf er, sofern das Kind über die notwendige Einsichtsfähigkeit verfügt, nicht Angaben des Kindes weitergeben, wenn es eine Weitergabe nicht will (§ 68 SGB VIII analog).[58] Der Meinung, ihm obliege es, das Kind zu beraten, ob es Angaben machen soll,[59] kann in dieser Allgemeinheit nicht zugestimmt werden. Der Verfahrensbeistand wird gerade bestellt, um mit dessen Hilfe, aber unbeeinflusst von ihm, den kindlichen Willen zum Verfahrensgegenstand zu machen. Dieses Ziel darf grundsätzlich nicht ausgerechnet vom Verfahrensbeistand blockiert werden, es sei denn, es läge ein offensichtlicher Widerspruch vor zwischen Kindeswille und Kindeswohl (Rn 21).

23 Da der Verfahrensbeistand nicht nur dem von dem Kind geäußerten Willen verpflichtet ist, sondern dem Interesse des Kindes, hat er bei seiner Stellungnahme sowohl das subjektive Interesse des Kindes (Wille des Kindes) als auch das objektive Interesse des Kindes (Kindeswohl) einzubeziehen. Dieses Verständnis der Aufgaben des Verfahrensbeistands entspricht der eigenständigen Stellung des Verfahrensbeistands, der, anders als ein in fremdem Namen handelnder Verfahrensbevollmächtigter, selbst Beteiligter ist (Abs. 3 S. 2).[60] Da der Verfahrensbeistand aber nicht als **Sachverständiger** hinzugezogen ist und weder diesen ersetzen noch **Aufgaben des Jugendamts** übernehmen soll, ist er nicht befugt, den Willen des Kindes durch eigene gutachterliche oder sachverständige Tätigkeit (z. B. Durchführung von Testreihen) zu ermitteln;[61] hält er eine sachverständige Klärung insoweit für erforderlich, ist es seine Pflicht, die Erholung eines Gutachtens anzuregen.[62]

24 Die **Form der Stellungnahme** ist gesetzlich nicht vorgeschrieben. Seine Stellungnahme kann der Verfahrensbeistand daher sowohl schriftlich als auch mündlich im Termin abgegeben. Eine mündliche Stellungnahme wird insbesondere dann in Betracht kommen, wenn die Bestellung zeitnah zu einem Termin nach § 155 Abs. 2 erfolgt. Sofern er in seiner Stellungnahme von dem geäußerten Willen des Kindes abweichen will, muss er dies deutlich zum Ausdruck bringen.[63]

25 Da der Verfahrensbeistand den erklärten oder zu ermittelnden Willen des Kindes[64] erkennen und formulieren muss und zur Beschaffung der hierzu notwendigen Informationen nicht nur auf den Akteninhalt und die gerichtliche Anhörung des Kindes (§ 159) angewiesen sein kann, ist er befugt, **außergerichtlich** mit dem Kind in **Kontakt** zu treten; dies sollte nach Möglichkeit in einem Raum stattfinden, der dem Kind bekannt ist und in dem es sich sicher fühlt, damit sich ein Vertrauensverhältnis aufbauen kann.[65] Aus dieser Befugnis folgt indes nicht, dass der Verfahrensbeistand auch berechtigt wäre, dies gegen den Willen der Eltern **zwangsweise durchzusetzen**.[66] Hierzu bedürfte es einer gesetzlichen Ermächtigung, weil den gesetzlichen Vertretern mit der Bestellung des Verfahrensbeistands das Recht zur Bestimmung des persönlichen Umgangs ihres Kindes nicht entzogen oder eingeschränkt worden ist. Aus demselben Grund sind sie zur Einräumung einer persönlichen Kontaktaufnahme nicht verpflichtet.[67]

26 Die Aufgaben des Verfahrensbeistands sind strikt auf das konkrete gerichtliche Verfahren, für das er bestellt wurde, beschränkt.[68] Es ist daher nicht seine Aufgabe, erzieherische oder

---

[56] HB-VB/Zitelmann Rn 485.
[57] Kunkel Kind-Prax 2000, 139.
[58] Kunkel FPR 2000, 111; Röchling/Kunkel Kap. IX Rn 22.
[59] A. A. Bienwald Rn 876 [Beratung]; FamRefK/Maurer § 50 FGG Rn 9.
[60] BT-Drs. 16/6308 S. 239.
[61] OLG München FamRZ 2002, 563; Röchling Kap. II Rn 103; Borth Kind-Prax 2000, 48/51.
[62] Borth Kind-Prax 2000, 48/51.
[63] Fricke ZfJ 1998, 51/57; Hohmann-Dennhardt ZfJ 2001, 77/80.
[64] Vgl. auch BVerfG FamRZ 2000, 1280.
[65] Prentzlow ZKJ 2008, 464.
[66] Ebenso KG ZKJ 2008, 120; a. A. Fricke ZfJ 1999, 51/56; Schön FuR 2001, 349/353.
[67] Ebenso OLG Brandenburg NJW-RR 2001, 76 = FamRZ 2000, 1295.
[68] BT-Drs. 16/6308 S. 240.

therapeutische Aktivitäten zu entfalten[69] oder die erzieherischen und sozialen Gesichtspunkte mit dem Jugendamt zu erörtern.[70] Auch ist er nicht befugt, an Stelle der Eltern Hilfe zur Erziehung für das Kind geltend zu machen;[71] hierzu ist er auch deshalb nicht berechtigt, weil er nicht Ergänzungspfleger ist.

b) Unterrichtung des Kindes (Abs. 4 S. 2). Aus seiner verfahrensrechtlichen Stellung folgen das Recht und die Pflicht des Verfahrensbeistands, das Kind über Gegenstand, Ablauf und den möglichen Ausgang des Verfahrens in geeigneter Weise zu informieren. Bei dieser Pflicht handelt sich um das Gegenstück zur Geltendmachung des Interesses des Kindes, weil das Kind ohne Unterstützung oftmals nicht in der Lage ist, die verfahrensmäßigen Abläufe zu verstehen. Eine altersgemäße Information, ggf. auch über den wesentlichen Inhalt der Verfahrensakten, erleichtert dem Kind die Wahrnehmung der eigenen Position.[72] Die Unterrichtung kann etwa in der Weise geschehen, dass er nach jedem Anhörungstermin dem Kind den Ausgang der gerichtlichen Verhandlung erläutert.[73]

3. Zusätzliche Aufgaben aufgrund Übertragung durch das Gericht (Abs. 4 S. 3)

Neben den originären sich aus dem Gesetz ergebenden Aufgaben in S. 1 und 2 kann das Familiengericht dem Verfahrensbeistand im Einzelfall nach S. 3 weitere Aufgaben übertragen, die originär dem Gericht oder dem Jugendamt obliegen. Soweit nach den Umständen des Einzelfalls ein Erfordernis besteht, kann das Gericht dem Verfahrensbeistand z. B. die zusätzliche Aufgabe übertragen, Gespräche mit den Eltern und weiteren Bezugspersonen des Kindes zu führen sowie am Zustandekommen einer einvernehmlichen Regelung über den Verfahrensgegenstand mitzuwirken. In diesem Fall hat das Gericht Art und Umfang der Beauftragung konkret festzulegen und die Beauftragung zu begründen. Als weitere Bezugspersonen kommen insbesondere Eltern, Geschwister, Großeltern, Pflegepersonen, Kindergärtnerinnen oder Lehrer in Betracht, die zu befragen im Einzelfall erforderlich sein kann, um für Zwecke des familiengerichtlichen Verfahrens den Willen des Kindes zu ermitteln.[74]

Nur wenn der Verfahrensbeistand insoweit ergänzend beauftragt wird, ist er auch befugt, **Daten** bei den genannten Personen und Stellen zu erheben und an das Gericht, Jugendamt oder andere Stellen weiter zu geben, § 68 SGB VIII analog.[75] Abgesehen von der Beschaffung der Informationen, die für die Verschaffung eines verlässlichen Bildes der kindlichen Interessen und Wünsche und deren Darstellung erforderlich ist, darf er keine Tatsachen ermitteln,[76] weder im familiären Umfeld noch durch eigene gutachterliche Tätigkeit.[77] Hält er, weil das Kind im konkreten Fall seine Wünsche und Interessen nicht artikulieren kann, sachverständige Ermittlungen für erforderlich, um die Interessen und Wünsche des Kindes zu ermitteln, so hat er das Recht und die Pflicht, die Hinzuziehung eines Sachverständigen anzuregen.[78] Hält er die Vernehmung von Zeugen für erforderlich, so hat er dies dem Gericht mitzuteilen.[79]

---

[69] OLG München FamRZ 2002, 563.
[70] A. A. OLG Karlsruhe FamRZ 2001, 1166 m. Anm. Bienwald und Luthin.
[71] Röchling Kap. II Rn 103.
[72] BT-Drs. 16/6308 S. 240.
[73] Vgl. OLG Frankfurt FamRZ 2002, 335, das es aber für erforderlich hält, dass dieses Gespräch im Gerichtsgebäude stattfindet.
[74] OLG München FamRZ 2002, 563; Bienwald Rn 425; Kunkel Kind-Prax 2000, 139/140.
[75] Vgl. hierzu Röchling/Kunkel Kap. IX Rn 20.
[76] KG NJW-RR 2001, 73 = FamRZ 2000, 1300; OLG Brandenburg FamRZ 2001, 1541; OLG Frankfurt FamRZ 1999, 1293; OLG Schleswig OLGR 2000, 177 = BeckRS 200030093339; Bienwald Rn 876 [Ermittlungen]; Kunkel Kind-Prax 2000, 139, 140; Motzer FamRZ 1999, 1101, 1105; Palandt/Diederichsen Einf § 1626 Rn 5; a. A. Fricke ZfJ 1999, 51/52.
[77] Röchling, Kapitel II Rn 103; HB-VB/Bauer Rn 1520.
[78] Röchling, Kapitel II Rn 102.
[79] Stadler/Salzgeber FPR 1999, 329/333.

IV. Die Entscheidung des Gerichts über die Bestellung

1. Pflicht zur Verfahrensbeistandsbestellung (Abs. 1)

30 Hat das Gericht nach **konkreter Einzelfallprüfung** festgestellt, dass auch unter Berücksichtigung der sonstigen verfahrensrechtlichen Vorkehrungen die Voraussetzungen des § 158 gegeben sind und daher eine selbständige Interessenvertretung erforderlich ist, weil sonst die Wahrung der Kindesinteressen nicht gewährleistet ist, dann muss es **zwingend** einen Verfahrensbeistand bestellen. Es handelt sich schon nach dem Gesetzeswortlaut um eine bindende Verpflichtung des Gerichtes, bei Vorliegen der Voraussetzungen des § 158 einen Verfahrensbeistand zu bestellen. In der Sache war dies aber auch beim bisherigen § 50 FGG herrschende Auffassung.[80]

2. Zeitpunkt der Bestellung (Abs. 3 S. 1)

31 Wann das Gericht einen Verfahrensbeistand zu bestellen hat, hängt von der Verfahrenssituation ab. Das Gesetz fordert, ihn so früh wie möglich zu bestellen. Damit ist Raum für Anfangsermittlungen, um offensichtlich unnötige Bestellungen zu vermeiden.[81] Sobald sich im Laufe des Verfahrens die Erforderlichkeit einer Beistandsbestellung ergibt, soll das Gericht baldmöglichst einen Verfahrensbeistand bestellen, um die Interessenwahrnehmung für das Kind zu gewährleisten.[82] Die Entscheidung über die Bestellung eines Verfahrensbeistands kann auch erst nach einer persönlichen Anhörung des Kindes (§ 159) oder nach Einholung eines Sachverständigengutachtens getroffen werden, das Aufschluss über die Fähigkeit des Kindes ergeben kann, seine eigenen Interessen zu vertreten. Der Verfahrensbeistand muss in jedem Fall so rechtzeitig bestellt werden, dass er noch vor der Entscheidung des Gerichts gehört werden kann und gewährleistet ist, dass er Einfluss auf die Gestaltung und den Ausgang des Verfahrens nehmen kann.[83] Der Grundsatz, zunächst Anfangsermittlungen durchzuführen, kann allerdings mit dem Beschleunigungsgebot in § 155 kollidieren, wenn nämlich die Anfangsermittlungen in dem einen Monat zwischen Eingang der Akte und dem Anhörungstermin noch nicht abgeschlossen sind. Die Frage, ob dann der Verfahrensbeistand vor oder nach Abschluss der Anfangsermittlungen zu bestellen ist, lässt sich aber nicht einheitlich beantworten. Ist absehbar, dass ein zweiter Termin stattfinden wird, wird eine vorherige Bestellung nicht erforderlich sein, andernfalls wird vorsorglich ein Verfahrensbeistand zu bestellen sein, um die Rechte des Kindes hinreichend wahren zu können.[84]

3. Die Auswahlentscheidung

32 Das Gericht soll nur eine Person zum Verfahrensbeistand bestimmen, die persönlich und fachlich geeignet ist, das Interesse des Kindes festzustellen und sachgerecht in das Verfahren einzubringen. Die Auswahl des Verfahrensbeistands steht im pflichtgemäßen Ermessen des Gerichts. Ein Recht auf Auswahl einer bestimmten Person steht dem Kind nicht zu.[85] Eine besondere fachliche Qualifikation ist gesetzlich nicht fixiert. Das Gericht hat damit die Möglichkeit, unter Berücksichtigung der Besonderheiten des Einzelfalls eine geeignete Person auszuwählen, z. B. einen Sozialarbeiter, einen Sozialpädagogen, einen Kinderpsychologen oder einen Rechtsanwalt. Da die dem Verfahrensbeistand obliegenden Pflichten andere sind als die Aufgaben des Rechtsanwalts nach § 3 BRAO und die Verfahrenspflegschaft keine anwaltsspezifische oder dem Anwaltsberuf vorbehaltene Tätigkeit ist,[86] kommt die Bestellung eines Rechtsanwalts grundsätzlich nur in Betracht, soweit es schwer-

---

[80] 15. A. § 50 FGG Rn 33.
[81] BT-Drs. 13/4899, S. 130; OLG Dresden FamRZ 2000, 1296; Menne ZKJ 2009, 68/69.
[82] BT-Drs. 13/4899, S. 130.
[83] BVerfG Beschl. v. 26. 8. 1999 – 1 BvR 1403/99, n. v., in Ausschnitten zitiert in Röchling S. 265 Rn 11; Heilmann Kind-Prax 2000, 79/81.
[84] Vgl. zu dem Problem Jaeger FPR 2006, 410/414; Menne ZKJ 2009, 68/69 und FPR 2006, 44/45.
[85] HB-VB/Bauer Rn 304.
[86] BVerfG (für den Verfahrenspfleger im Betreuungsrecht) NJWE-FER 2000, 282 = FamRZ 2000, 1280 m. Anm. Bienwald.

punktmäßig auf Rechtskenntnisse ankommt. Nach den Gesetzesmotiven zu der Vorgängerregelung in § 50 FGG kommen unter Umständen „engagierte Laien, die auch mit dem Kind verwandt sein können" in Betracht;[87] dabei kommt es entscheidend darauf an, ob das Kind gerade zu ihnen ein besonderes Vertrauen hat, weil die Interessen umso besser gewahrt werden können, je größer das Vertrauen des Kindes in seinem Verfahrensbeistand ist.[88] Hier dürfte jedoch Zurückhaltung geboten sein, weil in aller Regel nur ein Verfahrensbeistand mit besonderer Qualifikation die ihm auferlegte Aufgabe in dem Verfahren wahrnehmen kann. Einschlägige Kenntnisse auf dem Gebiet des Verfahrensrechts, des Familien- und Kindschaftsrechts, gegebenenfalls auf dem Gebiet des SGB VIII sind daher ebenso erforderlich wie das notwendige Einfühlungsvermögen, sich mit dem Kind in einer dessen Entwicklungsstand entsprechenden Weise verständigen und ihm die Aufgabenstellung der Verfahrenspflegschaft verdeutlichen zu können, sowie schließlich die Fähigkeit, den vom Kind geäußerten Willen mündlich wie schriftlich im gerichtlichen Verfahren zur Geltung zu bringen.[89]

Das **Jugendamt** sollte in den Fällen, in denen es nach § 162 i. V. m. § 50 SGB VIII **33** bereits als Fachbehörde mitzuwirken hat, nicht zum Verfahrensbeistand bestellt werden, weil eine Beteiligung in doppelter Funktion nicht zu den gewünschten zusätzlichen Informationen führen kann und die Erforderlichkeit der Bestellung eines Verfahrensbeistands voraussetzt, dass die Interessen des Kindes durch die sonstigen verfahrensrechtlichen Vorkehrungen (s. o. Rn 2) nicht hinreichend gewahrt sind.[90] Dasselbe gilt, wenn das Jugendamt als Amtsvormund oder Gegenvormund §§ 1791 b, 1791 c, 1792 BGB beteiligt ist. Der vom Gericht hinzugezogene **Sachverständige** kann nicht zum Verfahrensbeistand bestellt werden, weil dann sowohl seine aus der Sachverständigenbeauftragung folgende Pflicht zur Neutralität mit seiner Pflicht, als Verfahrensbeistand Interessenvertreter des Kindes zu sein, als auch seine Stellung als Hilfsperson des Gerichts mit der sich aus der Bestellung zum Verfahrensbeistand ergebenden Beteiligtenstellung kollidieren würden. Ob ein Mitarbeiter eines Vereins oder einer Behörde als **Vereinsverfahrensbeistand** oder **Behördenverfahrensbeistand** bestellt werden kann, war nach früherer Rechtslage zweifelhaft.[91] Im Hinblick darauf, dass Abs. 7 insgesamt auf § 277 Abs. 1 verweist und dessen Abs. 4 nicht ausnimmt, dürfte nun § 1897 Abs. 2 BGB anwendbar sein.[92] Zu beachten ist aber die in dieser Vorschrift genannte Beschränkung, dass nur der Mitarbeiter eines nach § 1908 f BGB **anerkannten** Betreuungsvereins als Verfahrensbeistand bestellt werden kann.[93]

4. Feststellung der berufsmäßigen Führung

Das Gericht hat bei der Bestellung die Feststellung zu treffen, dass der Verfahrensbeistand **34** sein Amt berufsmäßig führt, weil diese Feststellung nach Abs. 7 für die Vergütung des Verfahrensbeistands und damit für dessen Rechtstellung konstitutive Wirkung hat[94] und für das Festsetzungsverfahren bindend ist.[95] Wurde sie unterlassen[96] oder erfüllt der Verfahrensbeistand die Voraussetzungen erst nachträglich,[97] so kann sie nachgeholt werden. Rückwirkend kann eine solche Entscheidung aber nur bis zum Zeitpunkt des entsprechenden

---

[87] BT-Drs. 13/4899, S. 130.
[88] S. dazu FamRefK/Maurer Rn 28.
[89] Vgl. Hohmann-Dennhardt ZfJ 2001, 77, 81; Peters/Schimke Kind-Prax, 1999, 143; Salgo ZKJ 2009, 49/55, ders. in Lipp/Schumann/Veit S. 153/183; Schön FuR 2001, 349; Willutzki Kind-Prax 2001, 107.
[90] Vgl. hierzu OLG Naumburg FamRZ 2000, 300; Bienwald Rn 235, 243; DIV-Gutachten DAVorm 1999, 39; Fricke ZFJ 1999, 51/53; HB-VB/Maywald Rn 1651 ff. zu Mitarbeitern des Jugendamtes; Kunkel Kind-Prax 2000, 139; Salgo FPR 1999, 313/318; Törnig ZfJ 2001, 457;.
[91] Zweifelnd auch OLG Hamm FamRZ 2001, 1540; Bienwald Rn 227 hält § 1897 Abs. 2 für nicht anwendbar.
[92] Vgl. zum früheren Recht: BVerfG FamRZ 2000, 414 für das Betreuungsrecht; vgl. auch OLG Köln FamRZ 2001, 1400 (für den Pfleger) m. Anm. Zimmermann; Schindler FamRZ 2001, 1349/1350.
[93] OLG Hamm FamRZ 2001, 1540.
[94] BayObLG NJW-RR 2001, 580 = FamRZ 2000, 1450; OLG Hamm FGPrax 2001, 18 = FamRZ 2001, 1482.
[95] BGH NJW 2011, 453 = FamRZ 2011, 203.
[96] FamRefK/Bienwald, § 1836 Rn 6; Palandt/Diederichsen § 1836 Rn 4; Karmasin FamRZ 1999, 349.
[97] BayObLG FGPrax 2001, 79 = FamRZ 2001, 124; Wagenitz/Engers FamRZ 1998, 1273/1274.

Antrags des Verfahrensbeistands getroffen werden.[98] Zur verfahrensrechtlichen Möglichkeit der Auslegung und Berichtigung der Bestellung s. die Kommentierung zu § 277 Rn 5. Die funktionelle Zuständigkeit für diese Entscheidung bestimmt sich danach, wer den Verfahrensbeistand bestellt hat. Hat der Richter ihn bestellt, kann der Rechtspfleger sie nicht z. B. im Festsetzungsverfahren nachholen, diese wäre nach § 8 Abs. 4 RPflG unwirksam.[99]

35 Zweifelhaft ist, ob der Verfahrensbeistand gegen die Ablehnung der Feststellung der berufsmäßigen Führung **Beschwerde** einlegen kann. Ein nach früherem Recht gemäß §§ 19, 20 FGG bestehendes Anfechtungsrecht[100] dürfte nach neuem Recht nicht mehr gegeben sein,[101] weil nach § 58 die Beschwerde nur gegen Endentscheidungen eröffnet ist und nicht gegen Zwischenentscheidungen, zu denen die Bestellung eines Verfahrensbeistands zweifellos gehört. Dem berufsmäßig tätigen Verfahrensbeistand ist daher dringend zu raten, sich sofort an das ihn bestellende Gericht zu wenden, wenn seine Bestellung den Zusatz der Berufsmäßigkeit nicht enthält; diese nur deklaratorische Entscheidung kann das Gericht jederzeit nachholen, gegebenenfalls im Wege der Berichtigung (vgl. § 42 Rn 10 und 14). Ist das Gericht hierzu nicht bereit, hat er nur die Möglichkeit, seine Tätigkeit nicht aufzunehmen. Der Staatskasse steht umgekehrt gegen die Feststellung der berufsmäßigen Führung auch keine Beschwerdemöglichkeit zu, weil es sich eben um eine nicht anfechtbare Zwischenentscheidung handelt.

5. Tenorierung

36 Soweit sich der Aufgabenkreis originär aus dem Gesetz ergibt (Abs. 4 S. 1 und 2), bedarf es nicht der Festlegung eines Aufgaben- oder Wirkungskreises. Das Gericht braucht daher, sofern es bei den originären Aufgaben bleiben soll, nur zum Ausdruck zu bringen, dass eine bestimmte Person zum Verfahrensbestand bestellt wird, die gegebenenfalls ihr Amt berufsmäßig führt (Rn 25, 26).

37 Macht das Familiengericht von der ihm in Abs. 4 S. 4 eingeräumten Möglichkeit Gebrauch, dem Verfahrensbeistand zusätzliche Aufgaben zu übertragen, nämlich Gespräche mit den Eltern und weiteren Bezugspersonen des Kindes zu führen und/oder am Zustandekommen einer einvernehmlichen Regelung über den Verfahrensgegenstand mitzuwirken, sind die zusätzlichen Aufgaben konkret (vorzugsweise) im Tenor oder in den Gründen darzulegen.

6. Begründung der Entscheidung (Abs. 3 S. 3)

38 Die Entscheidung über die Verfahrensbeistandsbestellung bedarf – da die Bestellung nicht isoliert anfechtbar ist – grundsätzlich keiner Begründung. Hiervon gibt es zwei Ausnahmen: Die erste enthält Abs. 3 S. 3, der inhaltlich dem bisherigen § 50 Abs. 2 S. 2 FGG entspricht: danach hat das Gericht bei einem Absehen von der Verfahrensbeistandsbestellung in den Fällen des Abs. 2 in der das Verfahren abschließenden Entscheidung nachprüfbar[102] zu begründen, weshalb es keinen Verfahrensbeistand bestellt hat. Die zweite Ausnahme enthält Abs. 4 S. 4: Hat das Gericht den obligatorischen Aufgabenkreis des Verfahrensbeistands erweitert, indem es ihm die zusätzliche Aufgabe überträgt, Gespräche mit den Eltern und weiteren Bezugspersonen des Kindes zu führen sowie am Zustandekommen einer einvernehmlichen Regelung über den Verfahrensgegenstand mitzuwirken, dann muss es diese Maßnahme begründen. Eine fehlende Begründung stellt in diesen Fällen einen Verfahrensmangel dar, der – ebenso wie rechtsfehlerhaftes Absehen von der Bestellung – unter den Voraussetzungen des § 69 Abs. 1 S. 2 und 3 zur Aufhebung der Entscheidung in den Rechtsmittelinstanzen führen kann.[103]

---

[98] BayObLG FGPrax 2001, 79 = FamRZ 2001, 124.
[99] BayObLG NJWE-FER 2001, 269 = FamRZ 2001, 1484.
[100] So für den Betreuer: BayObLG FGPrax 2001, 79 = NJW-RR 2001, 943.
[101] So auch MünchKommZPO/Schumann § 158 FamFG Rn 43.
[102] OLG Saarbrücken NJW-RR 2010, 1446.
[103] OLG Brandenburg NJW-RR 2000, 1532 = FamRZ 2001, 170.

7. Wirkung der Bestellung; Rechtstellung des Verfahrensbeistands

Mit dem Akt der Bestellung wird der Verfahrensbeistand unmittelbar zum **Beteiligten aus eigenem Recht**.[104] Damit hat er im Verfahren eine eigenständige Stellung, die eine formelle Beteiligung erforderlich macht. Aus seiner Stellung als Beteiligter folgt, dass er nicht wie ein Sachverständiger wegen Besorgnis der Befangenheit abgelehnt werden kann.[105] Da er mit seiner Hinzuziehung alle Rechte und Pflichten eines Beteiligten erhält **(Abs. 3 S. 2)**, muss er einem gerichtlich gebilligten Vergleich nach § 156 Abs. 2 zustimmen (vgl. aber die in Rn 12 zu § 156 dargestellte Einschränkung). Nach **Abs. 4 S. 5** kann er unabhängig von der Beeinträchtigung eigener materieller Rechte im Interesse des Kindes Rechtsmittel einlegen, aber auch zurücknehmen. Er ist jedoch gemäß **Abs. 8** nicht zur Kostentragung heranzuziehen. Da er selbst Beteiligter und nicht etwa gesetzlicher Vertreter des Kindes ist **(Abs. 4 S. 6)**, ist er auch als solches in den gerichtlichen Entscheidungen zu bezeichnen und **nicht** als Vertreter des Kindes;[106] dieses wird auch weiterhin von seinen Eltern bzw. von der nach bürgerlichem Recht dazu befugten Person vertreten (§ 9 Abs. 2), an die etwaige Zustellungen nach § 15 Abs. 2 zu bewirken sind.[107] Er vertritt nicht an Stelle der Eltern, sondern neben ihnen die Kindesinteressen „wie ein gesetzlicher Vertreter"[108] als Vertreter eigener Art.[109] Er handelt in eigenem Namen und hat nicht die Funktion, rechtliche Willenserklärungen für das Kind abzugeben oder entgegen zu nehmen. Rechtsmittel kann er daher nur im Interesse des Kindes, nicht namens des Kindes einlegen[110] und für Zustellungen ist bei Verhinderung des gesetzlichen Vertreters ein Ergänzungspfleger nach § 1909 BGB zu bestellen (vgl. Rn 6).[111] Durch diese gesetzliche Ausgestaltung wird der Eingriff in das Elternrecht möglichst gering gehalten und eine sachwidrige Verlagerung von Aufgaben auf den Verfahrensbeistand vermieden.[112]

8. Absehen von und Aufhebung der Bestellung im Fall des Abs. 5

Diese Vorschrift behandelt einen Spezialfall mangelnder Erforderlichkeit der Bestellung eines Verfahrensbeistands.[113] Danach soll die Bestellung eines Verfahrensbeistands **unterbleiben** oder **aufgehoben** werden, wenn das Kind von einem Rechtsanwalt oder einem anderen geeigneten Verfahrensbevollmächtigten vertreten wird (entsprechende Vorschriften enthalten § 276 Abs. 4 und § 317 Abs. 4). Das über 14 Jahre alte Kind kann z. B. in einem Beschwerdeverfahren nach § 60 Beteiligter sein und wirksam einen Bevollmächtigten bestellen.[114] Auch kann der gesetzliche Vertreter einen Verfahrensbevollmächtigten für das Kind bestellt haben. In diesen Fällen ist nach Abs. 5 in der Regel die Bestellung eines Verfahrensbeistands nicht oder nicht mehr erforderlich;[115] Es soll aber nicht ein beliebiger, sondern nur ein ausschließlich **für das Kind** beauftragter Verfahrensbevollmächtigter die Bestellung eines Verfahrensbeistands überflüssig machen.[116] Dabei ist aber zu berücksichtigen, dass ein nicht vom Gericht bestellter Rechtsanwalt konzeptionell Willensvertreter ist und deshalb die Gefahr besteht, dass er bei Beauftragung durch die Eltern nicht zu allererst das Kindeswohl, sondern als parteilicher Interessenvertreter seiner Mandanten deren Willen im Blick hat.[117]

---

[104] Schael FamRZ 2009, 265/268.
[105] OLG Celle FGPrax 2003, 128; OLG München FamRZ 2005, 635.
[106] Schael FamRZ 2009, 265/268; a. A. BGH NJW 2008, 2586 = FamRZ 2008, 1334.
[107] Schael FamRZ 2009, 265/269.
[108] OLG Hamm FamRZ 1999, 41; Kunkel Kind-Prax 2000, 139; Salgo FPR 1999, 317; a. A. Borth Kind-Prax 2000, 48/49.
[109] BVerfG NJWE-FER 2000, 282 = FamRZ 2000, 1280; Schael FamRZ 2009, 265/268.
[110] OLG Oldenburg NJW 2010, 1888 m. Anm. Keuter NJW 2010, 1851.
[111] KG NJW-RR 2010, 1087.
[112] BT-Drs. 16/6308 S. 240.
[113] Brock/Breideneichen FuR 2001, 399.
[114] Bienwald Rn 576.
[115] BT-Drs. 13/4899 S. 132.
[116] Bienwald Rn 63; a. A. OLG Köln NJW-RR 2000, 374 = FamRZ 2000, 635.
[117] Coester FF 2009, 269/278; Stötzel FPR 2010, 425/426.

41 Das Gericht hat aber die Möglichkeit, an der Bestellung eines Verfahrensbeistands festzuhalten, wenn nicht gewährleistet ist, dass die Interessen des Kindes angemessen vertreten werden, etwa weil der von den Eltern Bevollmächtigte mit der Zielrichtung beauftragt wurde, die Interessen des Kindes in einer ihren Interessen entsprechenden Weise wahrzunehmen. Die Eltern sollen nicht die Möglichkeit haben, durch die Bestellung eines ihnen genehmen Verfahrensbevollmächtigten die gesetzlich vorgesehene Interessenwahrnehmung durch einen unabhängigen Interessenvertreter zu unterlaufen. In Einzelfällen kann auch trotz Tätigwerdens eines Verfahrensbevollmächtigten für das als gesetzlichen Vertreter tätige Jugendamt ein Verfahrensbeistand erforderlich sein.[118] Bestellt das Gericht trotz eines für das Kind beauftragten Verfahrensbevollmächtigten einen Verfahrensbeistand, so vertreten beide die Interessen des Kindes. Beantragen die Eltern **Verfahrenskostenhilfe** und die Beiordnung des von ihnen eingeschalteten Rechtsanwalts, kann dem Antrag nicht stattgegeben werden, wenn das Kind nicht formell Beteiligter des Verfahrens ist; die Bewilligung von Verfahrenskostenhilfe kommt daher nur in Betracht, wenn das Kind selbst die Stellung eines Beteiligten hat.[119]

9. Aufhebung der Bestellung aus sonstigen Gründen

42 Der Verfahrensbeistand unterliegt im Gegensatz zu dem Pfleger nach dem BGB nicht der **Aufsicht** des Gerichts. Das Gericht hat daher keine Möglichkeit, auf die Art der Wahrnehmung der Aufgaben durch den Verfahrensbeistand Einfluss zu nehmen; stellt es aber fest, dass der Verfahrensbeistand untätig ist, hat es ihn zu entpflichten und einen anderen zu bestellen, weil es auf die Einhaltung der Verfahrensvorschriften zu achten hat[120] und seine verfahrensleitende Zwischenverfügung, mir der es den Verfahrensbeistand bestellt hat, grundsätzlich jederzeit abändern kann.[121] Einen weiteren Fall der Aufhebung sieht Abs. 5 vor, dazu Rn 40.

10. Rechtsmittel gegen die Bestellung (Abs. 3 S. 4)

43 Nachdem es in Rechtsprechung und Literatur zur Frage der Anfechtbarkeit der Bestellung eines Verfahrenspflegers nach § 50 FGG nicht zu einer einheitlichen Auffassung kam,[122] auch nicht, nachdem der BGH die Anfechtung der Bestellung eines Verfahrenspflegers im Betreuungsrecht nach § 67 wegen ihres Charakters als Zwischenentscheidung für nicht gegeben ansah,[123] stellt das Gesetz in Abs. 3 S. 4 nunmehr klar, dass die Entscheidung über die Bestellung oder Aufhebung der Bestellung eines Verfahrensbeistands sowie über die Ablehnung einer derartigen Maßnahme nicht selbständig anfechtbar ist. Der Ausschluss der Anfechtbarkeit, der insbesondere Verfahrensverzögerungen durch Rechtsmittel verhindern will, ist umfassend und nicht auf eine Anfechtung durch einzelne Beteiligte beschränkt. Erfasst ist damit aber lediglich die isolierte Anfechtbarkeit einer Verfahrensbeistandsbestellung. Das Rechtsmittel gegen die Endentscheidung kann demgegenüber auch damit begründet werden, das Gericht habe einen Verfahrensbeistand zu Unrecht bestellt oder abberufen oder die Bestellung eines Verfahrensbeistands zu Unrecht unterlassen oder abgelehnt. Es liegt weder in der Bestellung noch im Fall des Unterlassens der Bestellung ein derart schwerwiegender Eingriff in Rechte der Beteiligten vor, dass eine isolierte Anfechtbarkeit geboten wäre. Dies gilt insbesondere für die Eltern des betroffenen Kindes, weil diese im Fall der Bestellung eines Verfahrensbeistands weiterhin in vollem Umfang zur Vertretung des Kindes berechtigt bleiben.[124] Der Gesichtspunkt einer möglichen Kostenbe-

---

[118] OLG Köln FamRZ 2001, 845.
[119] Bienwald Rn 555 und 559; das OLG Hamburg FamRZ 2001, 775 sieht – zu § 50 FGG – stets einen Vorrang der Verfahrenspflegschaft vor der Anwaltsbeiordnung nach §§ 14 FGG, 114 ZPO.
[120] Vgl. KG ZKJ 2008, 120; Bienwald Rn 346, 349; allgemein zur Entpflichtung des Verfahrenspflegers Menne ZKJ 2008, 111.
[121] OLG Hamm FamRZ 2007, 2002.
[122] Vgl. 15. A. § 50 FGG Rn 45.
[123] BGH FGPrax 2003, 224 = NJW-RR 2003, 1369.
[124] BT-Drs. 16/6308 S. 239; 15. A. § 50 FGG Rn 48.

V. Beendigung der Bestellung (Abs. 6)

Die Bestellung erfolgt nicht für jeden Rechtszug gesondert; vielmehr stellt Abs. 6 (wie **44** auch in § 276 für den Verfahrenspfleger in Betreuungssachen) auf die formelle Rechtskraft der das Verfahren abschließenden Entscheidung ab, so dass für die Beschwerdeinstanz keine erneute Bestellung eines Verfahrensbeistands zu erfolgen braucht. Der Verfahrensbeistand, der zugunsten des Kindes ein Rechtsmittel eingelegt hat, kann daher das Rechtsmittelverfahren auch durchführen. Wird die erstinstanzliche Entscheidung über die Bestellung vom Beschwerdegericht nicht aufgehoben oder abgeändert, hat der Verfahrensbeistand im Rechtsmittelverfahren dieselben Befugnisse wie in der 1. Instanz.[126] § 158 ermächtigt den Verfahrensbeistand zur Vertretung der Kinder ausschließlich in den kindschaftsrechtlichen Verfahren, in denen er als Verfahrensbeistand bestellt worden ist. Auf die Verfahren über die Festsetzung seiner Vergütung erstreckt sich seine Bestellung nicht.[127] Dies gilt auch für ein sich anschließendes verfassungsgerichtliche Verfahren, in denen er nicht gesondert als Verfahrensbeistand bestellt worden ist,[128] weil das Amt nach Abs. 6 mit dem Abschluss des familiengerichtlichen Verfahrens endet, sodass eine erneute Bestellung erforderlich ist. Ein Ruhen der Verfahrensbeistandschaft ist gesetzlich nicht vorgesehen, es kommt daher in einem nicht abgeschlossenen Verfahren nicht in Betracht.[129]

VI. Aufwendungsersatz und Vergütung (Abs. 7)

1. Ansprüche des ehrenamtlich tätigen Verfahrensbeistands

Der nicht berufsmäßig tätige Verfahrensbeistand erhält gem. Abs. 7 Ersatz seiner **Auf-** **45** **wendungen** (§ 1835 Abs. 1 und 2 BGB) nach Maßgabe des § 277 aus der Staatskasse (§ 277 Abs. 5). Eine Behörde oder ein Verein erhalten als Verfahrensbeistand keinen Aufwendungsersatz, § 277 Abs. 1 S. 2. Wegen der Einzelheiten wird auf die Kommentierung zu § 277 verwiesen.

Einen Anspruch auf **Vergütung** gewährt das Gesetz dem ehrenamtlich tätigen Verfah- **46** rensbeistand nicht. Er führt sein Amt daher ebenso wie der ehrenamtlich tätige Vormund oder Pfleger oder Betreuer unentgeltlich, § 1836 Abs. 1 S. 1 i. V. m. §§ 1915, 1908 i Abs. 1 BGB. Eine Regelung, nach der die Ausnahmevorschrift des § 1836 Abs. 2 BGB entsprechend gilt, enthält das Gesetz nicht, auch nicht für den Verfahrenspfleger in Betreuungs-, Unterbringungs- oder Freiheitsentziehungssachen, §§ 277 Abs. 2, 318, 419 Abs. 5.

2. Ansprüche des berufsmäßig tätigen Verfahrensbeistands

Die Ansprüche des berufsmäßig tätigen Verfahrensbeistands auf Aufwendungsersatz und **47** Vergütung hat der Gesetzgeber mit dem Inkrafttreten des FamFG zum 1. 9. 2009 im Interesse einer Verminderung des Abrechnungs- und Kontrollaufwands pauschaliert.[130] Der berufsmäßig tätige Verfahrensbeistand erhält demnach aus der Staatskasse (§ 277 Abs. 5) grundsätzlich eine Fallpauschale von **350 €**, die die Vergütung und den Aufwendungsersatz einschließlich der Mehrwertsteuer einschließt. Abs. 7 S. 4 stellt klar, dass diese Pauschale für jede Instanz gilt, in der der Verfahrensbeistand tätig wird. Die Pauschale erhält er im Beschwerdeverfahren nicht schon durch die Beschwerdeeinlegung, sondern erst, wenn er seine Aufgaben nach Abs. 4 auch tatsächlich wahrnimmt.[131] Ist der Verfahrensbeistand für **mehrere Kinder** bestellt, so erhält er die Pauschale für jedes Kind gesondert, zumal er in diesen Fällen die Interessen eines jeden Kindes separat feststellen und zu Gehör bringen

---

[125] BGH NJW 1981, 1563.
[126] OLG Stuttgart BeckRS 2011, 07791.
[127] BVerfG FPR 2004, 22 = FamRZ 2004, 1267.
[128] BVerfG FPR 2004, 22 = FamRZ 2004, 1267; a. A. Röchling Kapitel I Rn 43; Walter FamRZ 2001, 1.
[129] OLG Dresden FamRZ 2002, 1211; MünchKommZPO/Schumann § 158 FamFG Rn 40.
[130] Zur Kritik s. oben Rn 1.
[131] BT-Drs. 16/12717 S. 72.

muss, so dass sich sein – oft zeitaufwendiger – Arbeitsaufwand auch tatsächlich erheblich erhöht.[132]

48 Wird einem Kind sowohl im Hauptsacheverfahren als auch im parallel geführten **einstweiligen Anordnungsverfahren** ein Verfahrensbeistand bestellt, so fällt in jedem dieser Verfahren die Vergütung nach Maßgabe des Abs. 7 an, ohne dass eine Anrechnung der einen Vergütung auf die andere in Betracht kommt. Dies folgt insbesondere aus dem – verfahrensbezogenen – Wortlaut der Norm und der in § 51 Abs. 3 S. 1 ausdrücklich geregelten Selbstständigkeit des Verfahrens der einstweiligen Anordnung vom Verfahren der Hauptsache.[133] Dasselbe gilt, wenn der Verfahrensbeistand für ein Kind in mehreren Verfahren, z. B. in einem Sorgerechtsverfahren und parallel hierzu in einem Verfahren auf Genehmigung der Unterbringung bestellt wird.[134]

49 Die Pauschale von 350 € erhöht sich auf **550 €** für den Fall, dass das Familiengericht dem Verfahrenspfleger bei der Bestellung ausdrücklich einen erweiterten Aufgabenkreis nach Abs. 4 S. 3 zuweist, nämlich die Führung von Gesprächen mit den Eltern oder anderen Bezugspersonen des Kindes oder die Mitwirkung an einer einvernehmlichen Regelung (Rn 28).

3. Zeitpunkt der Entstehung der Ansprüche; Festsetzung der Ansprüche

50 Für das Entstehen des Vergütungsanspruchs genügt es, wenn der Verfahrensbeistand in irgendeiner Weise im Interesse des Kindes tätig geworden ist, unerheblich ist, in welchem Umfang er bereits tätig geworden ist, da eine Fallpauschale anfällt.[135] Für die Festsetzung der Ansprüche gegen die Staatskasse gilt § 168. Der Anspruch auf Aufwendungsersatz und Vergütung beruht ausschließlich auf der Wirksamkeit seiner Bestellung und wird nicht dadurch berührt, dass die gerichtliche Entscheidung selbst fehlerhaft ist.[136] Die vom Staat zunächst aufgebrachten Kosten werden anschließend von diesem gegenüber den Verfahrensbeteiligten als Gerichtskosten (Auslagen) nach Maßgabe der Kostenvorschriften des FamGKG erhoben.

VII. Auferlegung von Verfahrenskosten (Abs. 8)

51 Abs. 8 bestimmt, dass dem Verfahrensbeistand keine Verfahrenskosten auferlegt werden können. Die Regelung gilt sowohl für das erstinstanzliche Verfahren wie auch für ein Rechtsmittelverfahren. Sie hat ihren Grund darin, dass der Verfahrensbeistand allein im Interesse des Kindes tätig wird und nur in dessen Interesse ein Rechtsmittel einlegen kann (Abs. 4 S. 4). Eine entsprechende Regelung enthält hinsichtlich der Gerichtskosten § 21 Abs. 1 S. 2 Nr. 4 FamGKG.

VIII. Kosten und Gebühren

52 Bestellung und Aufhebung sind gebührenfrei, Nr. 1310 Anlage 1 KV FamGKG. Die Kosten der an den Verfahrensbeistand zu zahlenden Beträge sind gerichtliche Auslagen, die nach Nr. 2013 KV FamGKG in voller Höhe von dem Kostenschuldner erhoben werden, von dem Minderjährigen jedoch nur nach Maßgabe des § 1836 c BGB. Kostenschuldner ist, wem das Gericht gemäß § 81 Abs. 1 S. 1 nach billigem Ermessen die Kosten auferlegt.

Persönliche Anhörung des Kindes

159
(1) ¹Das Gericht hat das Kind persönlich anzuhören, wenn es das 14. Lebensjahr vollendet hat. ²Betrifft das Verfahren ausschließlich das Vermögen des Kindes, kann von einer persönlichen Anhörung abgesehen werden, wenn eine solche nach der Art der Angelegenheit nicht angezeigt ist.

---

[132] So auch BGH NJW 2010, 3446; OLG Celle NJW 2010, 2446; OLG Frankfurt FamRZ 2010, 666; OLG Rostock FamRZ 2010, 1181; OLG Stuttgart FGPrax 2010, 111 m. Anm. Sternal.
[133] BGH NJW 2011, 199 = FamRZ 2011, 199; Johannsen/Henrich/Büte § 158 FamFG Rn 29.
[134] BGH NJW 2011, 1451 = FamRZ 2011, 467.
[135] BGH NJW 2010, 3449; OLG München NJW-RR 2010, 1448 = FamRZ 2010, 1757.
[136] OLG Hamm FamRZ 2001, 1540.

(2) Hat das Kind das 14. Lebensjahr noch nicht vollendet, ist es persönlich anzuhören, wenn die Neigungen, Bindungen oder der Wille des Kindes für die Entscheidung von Bedeutung sind oder wenn eine persönliche Anhörung aus sonstigen Gründen angezeigt ist.

(3) Von einer persönlichen Anhörung nach Absatz 1 oder Absatz 2 darf das Gericht aus schwerwiegenden Gründen absehen. Unterbleibt eine Anhörung allein wegen Gefahr im Verzug, ist sie unverzüglich nachzuholen.

(4) [1]Das Kind soll über den Gegenstand, Ablauf und möglichen Ausgang des Verfahrens in einer geeigneten und seinem Alter entsprechenden Weise informiert werden, soweit nicht Nachteile für seine Entwicklung, Erziehung oder Gesundheit zu befürchten sind. [2]Ihm ist Gelegenheit zur Äußerung zu geben. [3]Hat das Gericht dem Kind nach § 158 einen Verfahrensbeistand bestellt, soll die persönliche Anhörung in dessen Anwesenheit stattfinden. [4]Im Übrigen steht die Gestaltung der persönlichen Anhörung im Ermessen des Gerichts.

I. Normzweck

Die Vorschrift verpflichtet das Familiengericht vor einer Entscheidung in einer Kindschaftssache i. S. d. § 151, also in allen die Person oder das Vermögen des Kindes betreffenden Angelegenheiten, das Kind grundsätzlich persönlich anzuhören, um so das betroffene Kind in das Verfahren einzubeziehen. Die grundsätzliche Verpflichtung zur persönlichen, d. h. mündlichen Anhörung beruht einmal auf der Erwägung, dass ein Kind sich nicht hinreichend schriftlich äußern kann und bei schriftlicher Anhörung die Gefahr einer Beeinflussung durch die Eltern besonders groß ist, außerdem aber auch darauf, dass dem Eindruck, den das Gericht durch eine persönliche Anhörung gewinnt, erhebliche Bedeutung zukommt.[1] Die persönliche Anhörung des Kindes ist daher eine besondere Art der Sachaufklärung (§ 26),[2] sie dient aber auch der Sicherstellung rechtlichen Gehörs,[3] um so in verfahrensrechtlicher Hinsicht die hinreichende Berücksichtigung der grundrechtlichen Stellung des betroffenen Kindes zu garantieren;[4] denn auch das Kind ist Träger eigener Grundrechte, insbesondere der Menschenwürde (Art. 1 Abs. 1 GG) und des allgemeinen Persönlichkeitsrechts (Art. 2 Abs. 1 GG). 1

§ 159 entspricht dem verfassungsrechtlichen Gebot, bei Sorgerechtsentscheidungen den Willen des Kindes zu berücksichtigen, soweit dies mit seinem Wohl vereinbar ist.[5] Eine Entscheidung, die den Belangen des Kindes gerecht wird, kann in der Regel nur ergehen, wenn das Kind in dem gerichtlichen Verfahren die Möglichkeit erhalten hat, seine persönlichen Beziehungen zu den übrigen Familienmitgliedern erkennbar werden zu lassen.[6] Denn jede gerichtliche Lösung eines Konflikts zwischen den Eltern, die sich auf die Zukunft des Kindes auswirkt, muss nicht nur auf das Wohl des Kindes ausgerichtet sein, sondern das Kind auch in seiner Individualität als Grundrechtsträger berücksichtigen, weil die sorgerechtliche Regelung entscheidenden Einfluss auf das weitere Leben des Kindes nimmt und es daher unmittelbar betrifft. Hierzu gehört, dass der vom Kind aufgrund seines persönlichen Empfindens und seiner eigenen Meinung geäußerte Wille als Ausübung seines Rechts auf Selbstbestimmung bei der Entscheidung über sein zukünftiges Verbleiben bei einem Elternteil hinreichend Berücksichtigung findet.[7] 2

Die Regelung der Kindesanhörung in § 159 unterscheidet sich vom bisherigen § 50 b FGG durch einen veränderten Aufbau, insbesondere hinsichtlich der Durchführung der Anhörung, die nun in einem eigenen Absatz geregelt ist, aber ausdrücklich auch für Anhörungen des unter vierzehn Jahre alten Kindes gilt; dies galt altersentsprechend auch schon im Rahmen des § 50 b FGG.[8] Die Norm betrifft alle Kinder in Kindschaftssachen, 3

---

[1] BT-Drs. 7/2060 S. 43.
[2] BGH NJW 1985, 1702/1705 = FamRZ 1985, 169/172.
[3] BGH NJW 1985, 1702/1705 = FamRZ 1985, 169/172.
[4] BVerfGE 64, 180 = NJW 1983, 2491.
[5] BVerfG FamRZ 2008, 1737.
[6] BVerfGE 55, 171/182 = NJW 1981, 217.
[7] BVerfG FamRZ 2008, 1737.
[8] S. 15. A. § 50 b FGG Rn 16 und 22.

§ 159 4–8   Abschnitt 3. Verfahren in Kindschaftssachen

also auch Mündel, d. h. unter Vormundschaft stehende Minderjährige, was im Gegensatz zur Regelung in § 50 b Abs. 4 FGG nicht mehr eigens ausgesprochen worden ist.

II. Anhörung des über 14 Jahre alten Kindes (Abs. 1)

1. Zwingende Anhörung in Angelegenheiten der Personensorge (S. 1)

4   Die Vorschrift betrifft die Anhörungspflicht für heranwachsende Kinder. Sie beruht auf der Erwägung, dass das materielle Recht dem Gedanken der zunehmenden Selbstverantwortung eines heranwachsenden Kindes in verschiedenen Vorschriften (z. B. in §§ 1626 Abs. 2, 1671 Abs. 2 Nr. 1 BGB) Rechnung getragen hat, und dass das Verfahrensrecht hieraus für die Anhörung eines Kindes Konsequenzen zu ziehen hat.[9] Hat der Kindeswille bei einem Kleinkind noch eher geringes Gewicht, weil das Kind noch nicht in der Lage ist, sich einen eigenen Willen zu bilden, so kommt ihm mit zunehmendem Alter und Einsichtsfähigkeit des Kindes vermehrt Bedeutung zu.[10] Nur dadurch, dass der wachsenden Fähigkeit eines Kindes zu eigener Willensbildung und selbständigem Handeln Rechnung getragen wird, kann das auch mit dem Elternrecht aus Art. 6 Abs. 2 GG verfolgte Ziel, dass ein Kind sich durch Erziehung zu einer eigenverantwortlichen und gemeinschaftsfähigen Persönlichkeit entwickeln kann, erreicht werden.[11] Deshalb schreibt Abs. 1 S. 1 **zwingend** vor, dass ein Kind, welches das vierzehnte Lebensjahr vollendet hat, in den besonders einschneidenden Angelegenheiten der Personensorge stets persönlich, d. h. mündlich, angehört werden muss, ohne dass es auf die in Abs. 2 aufgestellten besonderen Voraussetzungen der Anhörung ankommt; von ihr darf nur unter den Voraussetzungen des Abs. 3 abgesehen werden.[12]

5   Verfahren, die die Person des Kindes betreffen, sind nicht nur solche, die die elterliche Sorge oder die Personensorge betreffen, sondern auch alle sonstigen Kindschaftssachen, die das Kind betreffen und nicht ausschließlich vermögensrechtlicher Art sind. Dies können auch Kindschaftssachen nach § 151 Nr. 4 bis 7 sein. Eine Aufzählung der den Familiengerichten zugewiesenen Angelegenheiten, die nur die Personensorge oder die Personen- und Vermögenssorge betreffen, enthalten Rn 5 und 6 zu § 151.

2. Anhörung in Angelegenheiten der Vermögenssorge (S. 2)

6   Nach Abs. 1 S. 2 soll das Kind in Angelegenheiten der Vermögenssorge persönlich angehört werden, wenn dies nach der Art der Angelegenheit angezeigt erscheint. Ist dies nicht der Fall, genügt eine schriftliche Anhörung; diese ist aus Gründen des rechtlichen Gehörs stets erforderlich.[13] Die Anknüpfung an die Vollendung des vierzehnten Lebensjahres und damit an die beschränkte Geschäftsfähigkeit stimmt mit den Regelung der §§ 9 Abs. 1 Nr. 3, 60 und 167 überein, die einem Kind unter den gleichen Voraussetzungen für das Verfahren bzw. für die Beschwerdeinstanz eine eigenständige Verfahrensfähigkeit zuerkennt.[14]

7   Zu den dem Familiengericht zugewiesenen Verfahren, die nur die Vermögenssorge betreffen, vgl. § 151 Rn 7.

III. Anhörung des noch nicht 14 Jahre alten Kindes (Abs. 2)

1. Erforderlichkeit

8   a) **Erheblichkeit der Neigungen, Bindungen oder des Willens (1. Alt.).** Abs. 2 verpflichtet das Familiengericht, das Kind persönlich, also mündlich, anzuhören, wenn die Neigungen, Bindungen oder der Wille des Kindes für die Entscheidung von Bedeutung sind. Das wird in der Regel der Fall sein in Verfahren nach § 1671 BGB, kann aber auch in

---

[9] BT-Drs. 8/2788 S. 73; Luthin FamRZ 1981, 111.
[10] BVerfG FamRZ 2008, 1737; FamRZ 2007, 1078.
[11] BVerfG FamRZ 2008, 1737; NJW 2008, 1287 = FamRZ 2008, 845.
[12] BayObLG FamRZ 1993, 1350.
[13] MünchKommZPO/Schumann § 159 FamFG Rn 3; s. a. BayObLG FamRZ 1982, 640.
[14] BT-Drs. 8/2788 S. 74.

Verfahren nach §§ 1628, 1631 Abs. 3, 1632 Abs. 3, 4,[15] 1666,[16] 1684 ff. BGB eine Rolle spielen;[17] dasselbe gilt für Verfahren nach § 1696 BGB. Eine Entscheidung, die den Belangen des Kindes gerecht wird, kann in aller Regel nur ergehen, wenn das Kind in dem gerichtlichen Verfahren die Möglichkeit erhalten hat, seine persönlichen Bindungen zu den übrigen Familienmitgliedern erkennbar werden zu lassen.[18] Ein vom Kind kundgetaner Wille kann ferner Ausdruck von Bindungen zu einem Elternteil sein, die es geboten erscheinen lassen können, ihm nachzukommen.[19] Denn hat ein Kind zu einem Elternteil eine stärkere innere Beziehung entwickelt, so muss dies bei der Sorgerechtsentscheidung berücksichtigt werden.[20] Die Vorschrift wird vorwiegend bei Kindern in Betracht kommen, die nach ihrem Alter bereits in der Lage sind, entsprechende Empfindungen zu bilden und erkennbar werden zu lassen.[21] Eine Anhörung kann auch bei kleineren Kindern, etwa von einem Alter ab **drei Jahren**,[22] für die Entscheidung in Sorgerechtssachen bedeutsam sein; kleine Kinder haben zwar noch keinen eigenen Willen, aber durchaus schon beachtenswerte Wünsche, Tendenzen, Präferenzen und als Gegenstück Aversionen gegenüber einem Elternteil, die in der Verhaltensweise und den Reaktionen des Kindes gegenüber den Eltern erkennbar werden können und die für die Entscheidung wichtig sind.[23] Betrifft der Streit der Eltern um die Ausübung des Umgangsrechts allgemeine Fragen der Sicherheit, so bedarf es nicht der Kindesanhörung, weil ein Fall des § 159 nicht vorliegt.[24]

b) Anhörung aus sonstigen Gründen (2. Alt.). Eine persönliche Anhörung muss auch erfolgen, wenn es zur Feststellung des Sachverhalts angezeigt erscheint, dass sich das Gericht von dem Kind einen unmittelbaren Eindruck verschafft. Auf den unmittelbaren Eindruck wird es, vor allem bei kleinen Kindern, ankommen, wenn beurteilt werden soll, ob das Kind bereits in der Lage ist, einen eigenen Willen zu bilden und zu äußern.[25] Zudem ist nicht auszuschließen, dass der persönliche Eindruck von dem Verhalten Aufschluss über die Empfindungen auch eines kleinen Kindes gibt. Die Anhörung ist durch etwaige in einem Sachverständigengutachten wiedergegebene Äußerungen des Kindes nicht zu ersetzen, weil das Gericht einen eigenen Eindruck – auch zum Zwecke der gebotenen Überprüfung des Gutachtens – gewinnen und das Kind vor Gericht selbst zu Wort kommen soll.[26]

2. Pflicht zur Anhörung

Ist eine Anhörung nach den vorgenannten Grundsätzen erforderlich – trotz der alternativen Gesetzesfassung können beide Voraussetzungen kumulativ zusammentreffen – dann ist das Gericht zur Anhörung verpflichtet, selbst wenn die Eltern übereinstimmend darum bitten, hiervon abzusehen, um dem Kind das Erscheinen vor Gericht zu ersparen. Das Kind braucht nur dann nicht angehört zu werden, wenn Gründe für ein Absehen von der Anhörung nach Abs. 3 vorliegen.

IV. Ausnahmen von der Anhörungspflicht (Abs. 3)

1. Absehen bei schwerwiegenden Gründen (S. 1)

Nach Abs. 3 S. 1 darf das Gericht nur aus schwerwiegenden Gründen von der in Absatz 1 und 2 geregelten Anhörung absehen. Die Vorschrift gilt für alle Fälle der Anhö-

---

[15] BVerfGE 76, 201/215 = NJW 1988, 125; BayObLG FamRZ 1997, 223.
[16] BayObLG FamRZ 1988, 871; OLG Hamm FamRZ 1999, 36; OLG Saarbrücken DAVorm 2000, 689.
[17] BVerfG NJW 2008, 1287 = FamRZ 2008, 845; FamRZ 2007, 1078; BGH FamRZ 1984, 1084; OLG Saarbrücken NJW-RR 2007, 796 = FamRZ 2007, 927; s. aber OLG Zweibrücken NJW 1986, 3033.
[18] BVerfGE 55, 171/182 = NJW 1981, 217.
[19] BVerfG FamRZ 2008, 1737.
[20] BVerfG FamRZ 2008, 1737; BVerfGE 55, 171/184 = NJW 1981, 217.
[21] BT-Drs. 7/2728 S. 73; BayObLG FamRZ 1997, 223.
[22] Vgl. BVerfG FamRZ 2010, 1622; FamRZ 2007, 1078; BayObLG NJW-RR 1997, 1437; KG FamRZ 1983, 1159; OLG Frankfurt FamRZ 1997, 571; OLG Hamm FamRZ 2011, 55; OLG Zweibrücken MDR 1998, 721.
[23] BayObLG NJWE-FER 1997, 112 = FamRZ 1997, 223; OLG Köln FamRZ 1980, 1153.
[24] OLG München FamRZ 1998, 974.
[25] BT-Drs. 7/2728 S. 73; BayObLG NJW-RR 1995, 387 = FamRZ 1995, 185.
[26] BayObLG NJW-RR 1997, 1437.

rung nach Abs. 1 und 2, also auch in Verfahren nach §§ 1666, 1666 a BGB. Die Regelung verlangt eine Abwägung des Interesses an einer eingehenden Sachaufklärung gegen das Interesse des Anzuhörenden, von der Anhörung freigestellt zu werden; je notwendiger die gesetzlich abgestufte Anhörung ist, desto gravierender müssen die Gründe sein, die ein Absehen von der Anhörung rechtfertigen. Will das Gericht von der Anhörung absehen, müssen die tragenden Gründe in der Entscheidung dargelegt werden.

12 **Schwerwiegende Gründe,** die es gebotenen erscheinen lassen, von einer persönlichen Anhörung des Kindes abzusehen, liegen insbesondere dann vor, wenn durch die Anhörung das Kind aus seinem seelischen Gleichgewicht gebracht wird und eine Beeinträchtigung seines Gesundheitszustandes zu besorgen ist.[27] So kann das Familiengericht in Fällen, in denen es um die Bestellung eines Ergänzungspflegers zur Ausübung eines Zeugnisverweigerungsrechts durch Minderjährige geht, zur Vermeidung der Belastung durch mehrfache Vernehmungen nach Abs. 3 von der Anhörung des Kindes absehen, zumal die Frage der Verstandesreife hinsichtlich seines Zeugnisverweigerungsrechts erst bei seiner Vernehmung in dem Straf- oder sonstigen Verfahren endgültig geklärt werden kann.[28] Es muss sich also um triftige, das Wohl des Kindes nachhaltig berührende Gründe handeln.[29] So liegt z.B. kein schwerwiegender Grund vor, wenn der Kindeswille noch ungefestigt ist und das Kind in der Entwicklung noch nicht so weit fortgeschritten ist, dass es zu einer vernünftigen Eigenbeurteilung fähig wäre[30] oder wenn ausgeführt wird, die Voraussetzungen des Abs. 2 seien nicht gegeben, weil das Kind aus tatsächlichen Gründen keine Bindungen und Neigungen zu den Eltern oder einem Elternteil entwickeln konnte.[31] Alle diese Gesichtspunkte sind im Rahmen von Abs. 2, nicht aber als schwerwiegender Grund im Sinne von Abs. 3, zu berücksichtigen.[32]

2. Nachholung bei Gefahr im Verzug (S. 2)

13 Nach S. 2 ist die Anhörung, wenn sie allein wegen Gefahr im Verzuge unterbleibt, unverzüglich nachzuholen. Diese Verpflichtung gilt nicht nur für die erste Instanz, sondern auch für die zweite.[33] Gefahr im Verzug liegt dann vor, wenn eine gesteigerte Dringlichkeit für die vom Gericht vorgesehene Maßnahme besteht und bei einer durch die Anhörung bedingten Verzögerung Gefahren für das Kind zu besorgen wären. Unverzüglich bedeutet, dass sich das Gericht über den normalen Geschäftsbetrieb hinaus um eine möglichst kurzfristige Nachholung der Anhörung bemüht (vgl. zum Begriff der Unverzüglichkeit bei freiheitsentziehenden Maßnahmen § 332 Rn 2).

V. Durchführung der Anhörung (Abs. 4)

1. Unterrichtung des Kindes (S. 1)

14 Nach Abs. 4 S. 1 soll das Kind bei der Anhörung, soweit nicht Nachteile für seine Entwicklung oder Erziehung zu befürchten sind, über den Gegenstand und möglichen Ausgang des Verfahrens in geeigneter Weise, z. B. durch ein Gespräch, unterrichtet werden. Damit soll einerseits erreicht werden, dass das Kind in einer Weise unterrichtet wird, die seiner Beurteilungs- und Einsichtsfähigkeit entspricht; andererseits soll vermieden werden, dass das Kind Informationen erhält, die geeignet sind, ihm zu schaden.[34] Die Kenntnis des Sachverhalts ist erforderlich, damit das Kind von seinem Recht zur Äußerung Gebrauch machen kann (vgl. Rn 15).

---

[27] BGH NJW-RR 1986, 1130; BayObLG NJW-RR 1993, 43; KG FamRZ 1981, 204; OLG Hamm Rpfleger 1985, 27; OLG Köln FamRZ 1997, 1549; OLG Rostock DAVorm 1995, 1150; OLG Schleswig OLGR 2008, 316 = BeckRS 200807591.
[28] BayObLG FGPrax 1997, 225.
[29] BayObLG FamRZ 1988, 871.
[30] So aber BayObLG FamRZ 1982, 192; FamRZ 1981, 999; FamRZ 1981, 814; dagegen mit Recht OLG Hamburg FamRZ 1983, 527.
[31] BayObLG FamRZ 1982, 192.
[32] So zutreffend Luthin FamRZ 1981, 1149; Baer FamRZ 1982, 221/233.
[33] BayObLG NJW-RR 1993, 43.
[34] BT-Drs. 8/2788 S. 74.

2. Gelegenheit zur Äußerung (S. 2)

S. 2 gibt dem Kind in allen Fällen, in denen es nach Abs. 1 oder Abs. 2 anzuhören ist,[35] ein eigenes Recht auf Äußerung und damit auf eigenständige Wahrnehmung seines Anspruchs auf rechtliches Gehör. Dieses Recht kann es i. d. R. nur ausüben, wenn ihm zuvor der Sachverhalt nach S. 1 vom Gericht vermittelt worden ist. Aus der Gesetzesformulierung, dass dem Kind „Gelegenheit zur Äußerung" gegeben werden müsse, folgt, dass das Kind nicht verpflichtet ist, Angaben zu machen.[36]

3. Anwesenheit des Verfahrensbeistands (S. 3) und anderer Personen

Um dem Kind zu helfen, die für ihn ungewohnte, möglicherweise auch als bedrohlich empfundene Anhörungssituation vor dem – dem Kind fremden – Gericht zu bewältigen und sich den Fragen des Gerichts zu öffnen, soll die Anhörung **im Regelfall** im Beisein des Verfahrensbeistands durchgeführt werden.[37] Dieser ist daher zu dem Termin zu laden. Das Familiengericht kann allerdings von der Hinzuziehung des Verfahrensbeistands ausnahmsweise absehen, wenn dies im Einzelfall aus Gründen einer besseren Sachaufklärung geboten ist. Hierüber hat das Familiengericht nach pflichtgemäßem Ermessen zu entscheiden. Dabei ist aber in jedem Fall zu beachten, dass es dem Verfahrensbeistand möglich sein muss, seine gesetzliche Aufgabe, dem Willen und den Interessen des Kindes Geltung zu verschaffen, sinnvoll zu erfüllen. Auch in Anwesenheit des Verfahrensbeistands lässt sich durch die Gestaltung der Anhörung (s. Rn 17) bewerkstelligen, dass das Gericht einen unmittelbaren Eindruck von dem Kind erhält. Insbesondere unterliegt es der Verfahrensgestaltung des Gerichts, ob und wann etwa Fragen des Verfahrenspflegers an das Kind zugelassen werden.[38]

Das Gericht entscheidet über die **Anwesenheit der Eltern und ihrer Verfahrensbevollmächtigten** bei der Anhörung des Kindes nach pflichtgemäßem Ermessen; es ist nicht gehalten, die Anwesenheit nur ausnahmsweise im Einzelfall aus Gründen des Kindeswohls – gegebenenfalls durch besonderen Beschluss – einzuschränken oder auszuschließen.[39] Häufig wird es geboten sein, die persönliche Anhörung des Kindes in Abwesenheit der Eltern und ihrer Verfahrensbevollmächtigten durchzuführen, weil das Kind bei wahrheitsgemäßen Angaben in Konflikte zu den Eltern geraten kann und weil die Anwesenheit der Eltern die Unbefangenheit des Kindes beeinträchtigen kann. Die Eltern und ihre Verfahrensbevollmächtigten haben deshalb grundsätzlich kein Recht, bei der Anhörung des Kindes anwesend zu sein; ihnen ist entsprechend dem Grundsatz des rechtlichen Gehörs jedoch das Ergebnis der Anhörung bekanntzugeben.

4. Gestaltung der Anhörung (S. 4)

Die Art und Weise der Anhörung hat sich an dem Ziel der Anhörung auszurichten, dem Richter von dem betreffenden Kind einen persönlichen Eindruck zu verschaffen und möglichst seinen Willen sowie seine Neigungen und Bindungen kennen zu lernen; außerdem ist aber auch auf die Persönlichkeit und das Alter des Kindes Rücksicht zu nehmen.[40] Daher haben die Gerichte bei der Anhörung ihre Verfahrensweise im Einzelfall unter Berücksichtigung des Alters des Kindes, seines Entwicklungsstandes und vor allem seiner häufig durch die Auseinandersetzung zwischen den Eltern besonders angespannten seelischen Verfassung so zu gestalten, dass sie möglichst zuverlässig die Grundlagen einer am Kindeswohl orientierten Entscheidung erkennen können; die Gerichte haben gemäß S. 4 nach **pflichtgemäßem Ermessen** zu entscheiden, welche der vorhandenen verfahrensmäßigen Möglichkeiten sie wählen, z. B.

---

[35] Fehmel DAVorm 1981, 169/174; a. M. BT-Drs. 8/2788 S. 74.
[36] Ebenso SBW/Ziegler § 159 Rn 14.
[37] BT-Drs. 16/9733 S. 369.
[38] BGH FamRZ 2010, 1060 = FamRZ 2010, 1060; Anmerkung Rauscher LMK 2010, 305039.
[39] BGH NJW 1987, 1024/1026 = FamRZ 1986, 895/896; KG FamRZ 1980, 1156; OLG Hamm Rpfleger 1985, 27; OLG Köln FamRZ 1997, 1549.
[40] OLG Karlsruhe FamRZ 1994, 915.

19
- ob sie Kinder einmal oder mehrmals anhören,
- Geschwister einzeln oder zusammen anhören,
- in An- oder Abwesenheit der Eltern und deren Verfahrensbevollmächtigten anhören (s. Rn 17),
- in welchen Räumlichkeiten die Anhörung erfolgen soll, an Gerichtsstelle oder in der vertrauten familiären Umgebung; dabei ist entscheidend, dass eine positive und geschützte Gesprächssituation geschaffen wird, die dem Kind ein offenes Artikulieren seiner Wünsche und Bedürfnisse ermöglicht,
- ob sie einen Psychologen als Sachverständigen hinzuziehen,[41]
- ob die Anhörung in zeitlichem Zusammenhang mit dem Erörterungstermin oder zu einem anderen Zeitpunkt durchgeführt wird[42]
- und ob sie als – zusätzliches – Mittel der Anhörung einen soziometrischen Test verwenden, der nach Auffassung des OLG Karlsruhe etwa bei Kindern ab 6–7 Jahren objektivierbare und verlässliche Ergebnisse zu liefern vermag und daher verwandt werden kann.[43]

20 Für die Anhörung genügt es nicht, wenn das Gericht lediglich Gelegenheit hat, das Kind im Sitzungssaal zu beobachten, sich aber nicht unmittelbar mit dem Kind befasst und die eventuell gewonnenen Eindrücke nicht in den Akten niederlegt.[44] Ebenso stellt die Beobachtung des Kindes durch eine Einwegscheibe keine persönliche Anhörung dar, weil bei dieser Verfahrensweise der Richter nicht mit dem Kind ins Gespräch kommen und das Kind nicht seinen Standpunkt darlegen kann.[45] Der Erfolg einer Anhörung wird entscheidend davon abhängen, in welchem Maße der Richter die Fähigkeit zur Einfühlung in die besondere psychologische Situation des Kindes besitzt und ob es ihm gelingt, mit dem Kind ins Gespräch zu kommen.[46] Um dies zu ermöglichen, ist es notwendig, dass die Vormundschafts- und Familienrichter in den Grundsätzen der Pädagogik und Psychologie weiterzubilden.[47] Der Gesetzgeber hat die Gestaltung der Anhörung in das pflichtgemäße Ermessen des Gerichts gestellt, um einer Einflussnahme von Verfahrensbeteiligten auf die Gestaltung der Anhörung, insbesondere auf die Frage, welche Personen dabei anwesend sind, entgegenwirken zu können.

5. Verfahrensfragen

21 **a) Anhörung durch einen beauftragten oder ersuchten Richter.** Die Anhörung kann grundsätzlich auch durch einen beauftragten Richter (Berichterstatter) des Kollegialgerichts erfolgen (vgl. § 160 Rn 12–14); dann darf aber die Anhörung nur in ihrem objektiven Ertrag und als persönlicher Eindruck des beauftragten Richters verwertet werden.[48] Ist es dagegen – wie gerade in Sorgerechtsangelegenheiten häufig – angezeigt, dass sich das erkennende Gericht als solches einen persönlichen Eindruck verschafft, reicht die Anhörung durch den beauftragten Richter nicht aus und muss die Anhörung gegebenenfalls vor dem vollbesetzten Kollegialgericht wiederholt werden.[49] Die Anhörung kann auch im Wege der Rechtshilfe durch einen ersuchten Richter erfolgen; jedoch sollte dies wegen der Bedeutung des persönlichen Eindrucks nur ausnahmsweise geschehen. Ein entsprechendes **Rechtshilfeersuchen** darf vom Rechtshilfegericht nicht abgelehnt werden.[50]

22 **b) Anhörung durch das Beschwerdegericht.** Die Verpflichtung zur persönlichen Anhörung des Kindes gilt grundsätzlich auch für das Beschwerdegericht; die **nochmalige**

---

[41] BVerfGE 55, 171/182 = NJW 1981, 217; BayObLG FamRZ 1984, 935; OLG Bamberg FamRZ 1994, 1045; KG FamRZ 1983, 1159; OLG Karlsruhe FamRZ 1994, 915; OLG Rostock DAVorm 1995, 1150.
[42] BT-Drs. 16/6308 S. 240.
[43] OLG Karlsruhe FamRZ 1995, 1001; Johannsen/Henrich/Büte § 159 FamFG Rn 11.
[44] BayObLG NJWE-FER 1997, 112 = FamRZ 1997, 223.
[45] OLG Karlsruhe FamRZ 1994, 915.
[46] BVerfGE 55, 171/182 = NJW 1981, 217; OLG Karlsruhe FamRZ 1994, 915.
[47] BT-Drs. 8/2788 S. 42; Baer FamRZ 1982, 221/232; Luthin FamRZ 1981, 111/114.
[48] BGH NJW 1985, 1702 = FamRZ 1985, 169.
[49] BGH FamRZ 2010, 1060; OLG Hamm FamRZ 2011, 55.
[50] OLG Düsseldorf FamRZ 1980, 934; OLG Frankfurt Rpfleger 1980, 391.

persönliche Anhörung ist also die Regel.[51] Da der persönliche Eindruck des Kindes von besonderer Bedeutung sein kann, ist das Beschwerdegericht gehalten, das Kind immer dann nochmals anzuhören, wenn davon Aufschlüsse für die Entscheidungsfindung zu erwarten sind; hiervon wird insbesondere auszugehen sein, wenn die Anhörung durch das Gericht der 1. Instanz schon längere Zeit zurückliegt.[52] Hat das Gericht 1. Instanz aus Gründen nach Abs. 3 von der Anhörung des Kindes abgesehen, so hat das Gericht 2. Instanz unter Berücksichtigung der seither eingetretenen tatsächlichen Veränderungen selbständig zu entscheiden, ob eine Anhörung weiterhin unterbleiben darf.[53] Das Beschwerdegericht wird jedoch, ohne dass schwerwiegende Gründe im Sinne von Abs. 3 vorzuliegen brauchen, von einer erneuten persönliche Anhörung des Kindes ausnahmsweise dann absehen können, wenn weder neue entscheidungserhebliche Tatsachen vorgetragen noch eine Änderung des rechtlichen Gesichtspunkts eingetreten sind und auch der Zeitablauf oder sonstige Gründe die nochmalige Anhörung nicht geboten erscheinen lassen (vgl. auch § 160 Rn 15–17).[54]

c) Verstoß gegen die Anhörungspflicht. Hat das Gericht erster oder zweiter Instanz 23 gegen die Anhörungspflicht verstoßen, so liegt ein **Verfahrensfehler** vor, der in der Regel zur Aufhebung der Entscheidung durch das Rechtsbeschwerdegericht nötigt.[55] Das Beschwerdegericht darf nur unter den Voraussetzungen des § 69 Abs. 1 S. 2 und 3 die Sache zurückverweisen.

d) Anfechtbarkeit der Anordnung der persönlichen Anhörung. Die Anordnung 24 der persönlichen Anhörung eines Kindes im Sorgerechtsverfahren ist als verfahrensleitende Zwischenverfügung **nicht anfechtbar**.

e) Niederschrift über die Anhörung. Über das Ergebnis der Anhörung ist nach § 29 25 Abs. 4 eine Niederschrift zu fertigen; auf § 160 Rn 11 und die Kommentierung zu § 29 wird verwiesen.

VI. Kosten und Gebühren

Die Anhörung in den Kindschaftsverfahren, durch die das Gericht seiner verfahrensrecht- 26 lichen Pflicht aus §§ 159, 169 genügt, löst keine besonderen anwaltlichen Gebühren aus, auch entsteht nicht eine Terminsgebühr nach Nr. 3104 Abs. 1 Nr. 1 VV RVG, wenn das Gericht von einer Anhörung absieht.[56] Die Entscheidung des BGH für das – frühere – Verfahren der freiwilligen Gerichtsbarkeit in Wohnungseigentumssachen, wonach die Terminsgebühr auch dann entsteht, wenn im Einverständnis mit den Beteiligten oder aus besonderen Gründen ausnahmsweise ohne mündliche Verhandlung entschieden wird,[57] kann nicht entsprechend angewandt werden, weil der Termin nach § 44 WEG a. F. nicht mit dem Anhörungstermin nach §§ 159, 160 gleichzusetzen ist.

Anhörung der Eltern

160 (1) ¹In Verfahren, die die Person des Kindes betreffen, soll das Gericht die Eltern persönlich anhören. ²In Verfahren nach den §§ 1666 und 1666a des Bürgerlichen Gesetzbuchs sind die Eltern persönlich anzuhören.

(2) ¹In sonstigen Kindschaftssachen hat das Gericht die Eltern anzuhören. ²Dies gilt nicht für einen Elternteil, dem die elterliche Sorge nicht zusteht, sofern von der Anhörung eine Aufklärung nicht erwartet werden kann.

---

[51] BayObLG NJW-RR 1997, 1437; KG FamRZ 1983, 1159/1161; OLG Hamm FamRZ 1999, 36; OLG Zweibrücken FamRZ 1989, 544; 1990, 544; a. M. Luthin FamRZ 1981, 1149/1150; FamRZ 1981111/115; FamRZ 1979, 986.
[52] BayObLG NJW-RR 1997, 1437.
[53] BayObLG FamRZ 1995, 500.
[54] BayObLG FamRZ 1985, 635; OLG Düsseldorf FGPrax 1995, 62 = NJW 1995, 1970; OLG Zweibrücken FamRZ 1990, 544.
[55] Vgl. zum früheren Recht OLG Brandenburg FPR 2003, 336 = FamRZ 2003, 624; OLG Schleswig JA 2008, 278.
[56] OLG Koblenz FGPrax 2008, 178; OLG Stuttgart, FamRZ 2007, 233; a. A. OLG Schleswig OLGR 2007, 475 = BeckRS 2007, 10868.
[57] BGH NJW 2006, 2495.

(3) **Von der Anhörung darf nur aus schwerwiegenden Gründen abgesehen werden.**
(4) **Unterbleibt die Anhörung allein wegen Gefahr im Verzug, ist sie unverzüglich nachzuholen.**

I. Normzweck

1   Die Anhörungspflicht der Eltern eines Kindes beruht darauf, dass Entscheidungen auf dem Gebiet der Kindschaftssachen in besonderem Maße in die persönlichen Verhältnisse und Beziehungen eingreifen können, und dass es deshalb in solchen Verfahren für die Entscheidungsfindung von besonderer Bedeutung ist, wenn das Gericht selbst einen Eindruck von den Betroffenen gewinnt und sie persönlich zu Wort kommen können.[1] Die Vorschrift, die im Wesentlichen § 50 a FGG entspricht, gilt auch in Verfahren, die lediglich eine **vorläufige Anordnung** betreffen, z. B. eine solche nach §§ 1666, 1666 a BGB. Die Folgen des unentschuldigten Ausbleibens eines Beteiligten in einem Anhörungstermin regelt § 34 Abs. 3, ist das persönliche Erscheinen angeordnet, gilt § 33 Abs. 3.

II. Die Anhörung in Personensorgeverfahren (Abs. 1)

1. Persönliche Anhörung

2   Abs. 1 schreibt die Anhörung der Eltern des Kindes, also beider Elternteile vor. Die Anhörung erfolgt persönlich, d. h. mündlich. Sie bezweckt mehr als nur die Sicherstellung des rechtlichen Gehörs, sie dient vielmehr in erster Linie der nach § 26 gebotenen Sachaufklärung. Dabei steht nicht so sehr die Ermittlung äußerer Sachverhalte als vielmehr die Erforschung psychologisch bedeutsamer Umstände im Vordergrund.[2] Die Anhörung verlangt, dass sich das Gericht von dem Anzuhörenden einen persönlichen Eindruck verschafft.[3] Damit der Richter diesen Eindruck gewinnen kann, ist er zur Herstellung eines mündlichen Kontakts verpflichtet, der ihm eine intensive Beschäftigung mit dem Anzuhörenden einschließlich der Wahrnehmung von Eigenschaften, Verhaltensweisen, Ansichten, Bemerkungen und dergl.[4] ermöglicht. In den Fällen der §§ 1666, 1666 a BGB verfolgt die persönliche Anhörung der Eltern noch den weiteren, auf den Grundsatz der Verhältnismäßigkeit zugeschnittenen Zweck, der in § 157 genannt wird; es soll mit den Eltern besonders geklärt werden, wie die Gefährdung des Kindeswohls abgewendet werden kann. Eine mündliche Anhörung des Verfahrensbevollmächtigten und fernmündliche Gespräche mit einem Elternteil reichen nicht aus, um von der persönlichen Anhörung absehen zu können.[5]

2. Grundsätzliche Pflicht zur persönlichen Anhörung (S. 1)

3   Abs. 1 S. 1 gilt für alle Verfahren, die die Personensorge für ein Kind betreffen, mit Ausnahme der Verfahren nach §§ 1666, 1666 a BGB. Verfahren, die die Person des Kindes betreffen, sind nicht nur solche, die die elterliche Sorge oder die Personensorge betreffen, sondern auch alle sonstigen Kindschaftssachen, die das Kind betreffen und nicht ausschließlich vermögensrechtlicher Art sind. Dies können auch Kindschaftssachen nach § 151 Nr. 4 bis 7 sein. Welche Verfahren hierzu zählen, ist in der Kommentierung zu § 151 unter Rn 5 und 6 aufgelistet. Das Wort „soll" bedeutet nicht, dass das Gericht nach seinem Ermessen von einer Anhörung absehen darf.[6] Eine Anhörungspflicht besteht z. B. nicht, wenn das Gericht sich für örtlich unzuständig hält.[7] Auch der Elternteil ist zu hören, gegen den sich das Verfahren nicht richtet.

---

[1] S. dazu BT-Drs. 7/2060 S. 43 u. 8/2788 S. 41.
[2] BGH NJW 1985, 1702 = FamRZ 1985, 169; BayObLG FamRZ 1996, 119; OLG Düsseldorf FamRZ 1995, 1294; OLG Hamm FamRZ 1999, 36.
[3] BGH NJW 1985, 1702 = FamRZ 1985, 169; BayObLG FamRZ 1995, 500; NJW 1980, 2422; OLG Hamm FamRZ 1989, 203; OLG München FamRZ 1980, 623; OLG Zweibrücken FamRZ 1986, 1037.
[4] BayObLG FamRZ 1984, 936; OLG Hamm FamRZ 1999, 36.
[5] BayObLG FamRZ 1985, 100.
[6] KG FamRZ 1981, 709; OLG Hamm FamRZ 1989, 203.
[7] OLG Düsseldorf NJW-RR 1994, 268 = FamRZ 1993, 1108.

3. Zwingende Pflicht zur Anhörung in Verfahren nach §§ 1666, 1666a BGB (S. 2)

In den besonders schwerwiegenden Verfahren nach den §§ 1666, 1666a BGB sind nach S. 2 die (sorgeberechtigten) Eltern stets persönlich anzuhören, um mit ihnen zu klären, wie die Gefährdung des Kindeswohls abgewendet werden kann. Damit ist eine mündliche Anhörung zwingend vorgeschrieben. Ein Abweichen hiervon ist nur unter den Voraussetzungen des Abs. 3 möglich,[8] es sei denn, es sind von vornherein keine tatsächlichen Anhaltspunkte dafür vorhanden, dass Maßnahmen nach § 1666 BGB in Betracht kommen.[9]

III. Anhörung in sonstigen Kindschaftssachen (Abs. 2)

1. Zwingende mündliche oder schriftliche Anhörung (S. 1)

Abs. 2 regelt die Anhörung in den Kindschaftssachen des § 151, die nicht die Person des Kindes betreffen. Das Gesetz verlangt insoweit keine persönliche Anhörung, so dass sie schriftlich erfolgen kann. Allerdings handelt es sich auch insoweit um eine zwingende Pflicht zur Anhörung, weil eine – zumindest schriftliche – Anhörung der sorgeberechtigten Elternteile zur Gewährleistung des rechtlichen Gehörs in jeder Kindschaftssache geboten ist.

2. Anhörung des nicht sorgeberechtigten Elternteils (S. 2)

S. 2 regelt die Anhörung eines nichtsorgeberechtigten Elternteils in den Angelegenheiten des S. 1. Dabei kann es sich um den Vater eines Kindes handeln, der im Zeitpunkt der Geburt des Kindes nicht mit dessen Mutter verheiratet war und dem die Sorge nicht nach § 1626a Abs. 1 BGB zusteht,[10] oder um einen Elternteil, dem das Sorgerecht (z. B. nach § 1666 BGB) entzogen worden ist oder um die Fälle, in denen das Familiengericht einem Elternteil nach § 1672 BGB die elterliche Sorge allein überträgt. Die Regelung gilt auch, wenn beiden Eltern die Sorge entzogen ist und ihr Kind unter Vormundschaft steht. Die Anhörung soll die Regel sein; denn auch der Elternteil, dem die Sorge nicht zusteht, kann, wenn zwischen ihm und dem Kind engere Beziehungen und ein an sich wünschenswerter persönlicher Kontakt bestehen, durch seine Kenntnis der Situation zu einer ausgewogenen und guten Entscheidung beitragen.[11] Nur dies wird auch grundsätzlich der Bedeutung und der Tragweite einer Lösung des familienrechtlichen Bandes gerecht.[12] Kann ein solcher sachlicher Beitrag nicht erwartet werden, so darf das Gericht von der Anhörung absehen.[13] Auch unter den Voraussetzungen des Abs. 3 kann von einer Anhörung abgesehen werden.

IV. Absehen von der Anhörung (Abs. 3)

Nach Abs. 3 darf das Gericht nur aus schwerwiegenden Gründen von der Anhörung absehen. Die Vorschrift gilt für alle Fälle der Anhörung nach Abs. 1 und 2, also auch in Verfahren nach §§ 1666, 1666a BGB. Die Regelung verlangt eine Abwägung des Interesses an einer eingehenden Sachaufklärung gegen das Interesse des Anzuhörenden, von der Anhörung freigestellt zu werden; je notwendiger die gesetzlich abgestufte Anhörung ist, desto gravierender müssen die Gründe sein, die ein Absehen von der Anhörung rechtfertigen. Will das Gericht von der Anhörung absehen, müssen die tragenden Gründe in der Entscheidung dargelegt werden.

Schwerwiegende Gründe, aus denen im Einzelfall von einer Anhörung der Eltern abgesehen werden kann, liegen z. B. vor bei nicht absehbarer Dauer eines Auslandsaufenthalts,[14] bei sonstiger Unerreichbarkeit,[15] wenn die Anhörung zu erheblichen Nachteilen für das

---

[8] BayObLG FGPrax 1995, 155; OLG Düsseldorf NJW-RR 1994, 1288.
[9] BayObLG FamRZ 1993, 1350.
[10] BayObLG FamRZ 1989, 1336/1338.
[11] BT-Drs. 8/2788 S. 41.
[12] OLG Hamm Beck RS 200921727.
[13] BayObLG FamRZ 1989, 1340.
[14] BayObLG FamRZ 1981, 814.
[15] BayObLG FamRZ 1984, 205; 1987, 1080.

Kind führen könnte, wenn eine Verständigung mit dem Anzuhörenden nicht möglich ist oder dessen Anhörung eine ernstliche Beeinträchtigung seines Gesundheitszustandes befürchten ließe[16] oder wenn die in Betracht kommenden Maßnahmen durch eine Anhörung unmöglich gemacht würden.[17] Als Grund für ein Absehen von der persönlichen Anhörung kann im Einzelfall auch in Betracht kommen, wenn die Eltern schriftlich ihr Einverständnis zu der geplanten Maßnahme erteilt und beantragt haben, von der Pflicht zum persönlichen Erscheinen entbunden zu werden.[18]

9 Ein schwerwiegender Grund liegt aber nicht vor, wenn ein Elternteil seinen tatsächlichen Aufenthalt verschweigt; erforderlich ist vielmehr, dass er durch förmliche Ladung oder auf sonstige Weise nicht erreichbar ist und sein Aufenthalt trotz ausreichender Ermittlungen nicht feststellbar ist.[19] Auch das Nichterscheinen zu einem Termin auf Ladung hin stellt für sich allein keinen schwerwiegenden Grund dar.[20] Bestehen derartige Gründe nur gegen eine mündliche Anhörung, ist dagegen eine schriftliche Anhörung möglich, so ist wenigstens diese vorzunehmen.[21]

V. Nachholung der Anhörung (Abs. 4)

10 Auch Eilbedürftigkeit kann ein schwerwiegender Grund i. S. d. Abs. 3 sein, der den Anspruch auf Anhörung zunächst ausschließt.[22] Jedoch bestimmt Abs. 4, dass die Anhörung, wenn sie allein wegen Gefahr im Verzuge (zum Begriff vgl. § 159 Rn 13) unterbleibt, unverzüglich nachzuholen ist. Damit soll sichergestellt werden, dass eine grundsätzlich erforderliche Anhörung, von der lediglich wegen Eilbedürftigkeit abgesehen werden muss, nicht endgültig unterbleibt.[23] Dies gilt insbesondere auch beim Erlass von einstweiligen Anordnungen. Hat das Gericht wegen Eilbedürftigkeit von der persönlichen Anhörung der Eltern abgesehen, so muss diese unverzüglich, spätestens jedoch durch das Beschwerdegericht nachgeholt werden.[24]

VI. Die Durchführung der persönlichen Anhörung

1. Sitzungsniederschrift

11 Das Ergebnis der mündlichen Anhörung, insbesondere welchen persönlichen Eindruck die Eltern hinsichtlich ihrer Fähigkeit zur Ausübung der elterlichen Sorge hinterlassen haben, und in den Verfahren nach §§ 1666, 1666a BGB, welche Möglichkeiten zur Abwendung der Gefährdung des Kindeswohls erörtert worden sind, muss sich aus der Sitzungsniederschrift oder aus einem Aktenvermerk (vgl. § 28 Abs. 4) aussagekräftig ergeben; denn nur so kann das Rechtsmittelgericht die Beweisergebnisse würdigen und prüfen, ob und inwieweit alle entscheidungserheblichen Fragen erörtert worden sind,[25] oder ob und gegebenenfalls mit welchem Schwerpunkt eine erneute Anhörung zu erfolgen hat; dem Rechtsbeschwerdegericht ist nur dann eine Überprüfung des Verfahrens auf Rechtsfehler möglich. Die Verletzung des Gebots, das Ergebnis der mündlichen Anhörung in den Akten niederzulegen, stellt einen Verfahrensfehler dar.[26]

---

[16] BayObLG FamRZ 1987, 87; OLG Hamm FamRZ 1968, 614.
[17] BayObLGZ 1980, 202/205.
[18] KG FamRZ 2006, 1291.
[19] BayObLG FamRZ 1984, 199; FamRZ 1987, 1080.
[20] LG Köln Rpfleger 1984, 101 = FamRZ 1984, 421.
[21] Baer FamRZ 1982, 221/232.
[22] BayObLGZ 1980, 202; OLG Karlsruhe FamRZ 1993, 90.
[23] BT-Drs. 8/2788 S. 73.
[24] BayObLG FamRZ 1980, 1150.
[25] BGH NJW 2001, 2472 = FamRZ 2001, 907; OLG Saarbrücken NJW-RR 2010, 1446.
[26] BGH NJW 2001, 2472 = FamRZ 2001, 907.

2. Übertragung der Anhörung auf den Rechtspfleger, ersuchten oder beauftragten Richter

In den dem Richter vorbehaltenen Verfahren (§ 14 RPflG) kann die persönliche Anhörung nicht dem Rechtspfleger übertragen werden. Die vom Rechtspfleger als Urkundsbeamten der Geschäftsstelle aufgenommenen Erklärungen der Eltern genügen nicht den Anforderungen des § 160 und dürfen nicht als richterliche Anhörung verwertet werden.[27]

Die vom Gesetz geforderte persönliche Anhörung schließt eine Anhörung durch den beauftragten Richter nicht aus. Dass das Gesetz die persönliche Anhörung vorschreibt, bedeutet nämlich lediglich, dass eine nur schriftliche Anhörung nicht genügt, sondern eine Anhörung durch den Richter zu erfolgen hat. Dies muss nicht der Richter sein, der die Entscheidung zu treffen hat, sondern kann auch ein ersuchter Richter sein, was insbesondere in Betracht kommt, wenn die Beteiligten sich weit entfernt vom Gerichtsort aufhalten.[28]

Auch eine Anhörung durch den **beauftragten Richter** des Beschwerdegerichts (Berichterstatter) ist zulässig.[29] Den persönlichen Eindruck, den der beauftragte Richter von den Beteiligten gewonnen hat, darf das Beschwerdegericht unterstützend heranziehen, wenn dieser bei der Entscheidung mitwirkt.[30] Darüber, ob eine Anhörung durch alle Mitglieder des Beschwerdegerichts erfolgt, entscheidet das Gericht nach seinem Ermessen; sie ist nur dann geboten, wenn das Gericht es für notwendig erachtet, dass alle Richter einen persönlichen Eindruck gewinnen.[31] Die Entscheidungsgründe müssen angeben, warum eine Anhörung vor der vollbesetzten Kammer nicht für erforderlich erachtet wurde.[32]

3. Erneute Anhörung im Beschwerdeverfahren

Die Verpflichtung zur persönlichen Anhörung der sorgeberechtigten Eltern gilt grundsätzlich auch für das Beschwerdegericht. Die nochmalige persönliche Anhörung ist also die Regel.[33] Hat das Familiengericht in einem Verfahren nach § 1666 BGB von der persönlichen Anhörung der Eltern wegen Eilbedürftigkeit abgesehen, so muss sie spätestens durch das Beschwerdegericht nachgeholt werden.[34] Hat das Familiengericht in einem solchen Falle die Anhörung bereits unverzüglich nachgeholt, so muss das OLG die Eltern erneut persönlich anhören, wenn weder die Niederschrift über die Anhörung noch der sonstige Akteninhalt erkennen lassen, welchen persönlichen Eindruck die Eltern hinterlassen haben und welche Möglichkeiten zur Abwendung der Gefährdung des Kindeswohls erörtert wurden.[35]

Eine erneute persönliche Anhörung durch das Beschwerdegericht ist auch dann erforderlich, wenn neue Tatsachen vorgetragen worden sind[36] oder wenn sich der rechtliche Gesichtspunkt geändert hat.[37] Dies gilt ferner, wenn die Anhörung durch das AG schon längere Zeit zurückliegt und wesentliche Ermittlungsergebnisse gewonnen wurden, die bei der erstinstanzlichen Anhörung noch nicht bekannt waren[38] oder wenn sich seit der Änderung durch das Gericht 1. Instanz der Verfahrensgegenstand geändert hat und sich wesentlich neue Erkenntnisse ergeben haben.[39] Auch dann, wenn geklärt werden soll, wie der Wechsel des Kindes von der Pflegefamilie zu den leiblichen Eltern am besten durch-

---

[27] OLG München OLGZ 1980, 191 = FamRZ 1980, 623.
[28] BGH NJW 1985, 1702 = FamRZ 1985, 169; BayObLG NJW-RR 1994 = FamRZ 1994, 913; OLG Köln FamRZ 1995, 1509.
[29] BGH NJW 1985, 1702 = FamRZ 1985, 169; BayObLG FamRZ 1988, 973.
[30] BGH NJW 1985, 1702 = FamRZ 1985, 169; BayObLGZ 1983, 231/234.
[31] BGH NJW 1985, 1702 = FamRZ 1985, 169; BayObLG FamRZ 1989, 652.
[32] BayObLG FamRZ 1987, 412/413.
[33] BT-Drs. 7/2060 S. 43; BayObLG FamRZ 1997, 686; OLG Hamm, FamRZ 1999, 36; OLG Stuttgart NJW-RR 1989, 1355 = FamRZ 1989, 1110; OLG Zweibrücken NJW-RR 1986, 1330 = FamRZ 1986, 1037.
[34] BayObLG FamRZ 1995, 500; OLG Düsseldorf NJW-RR 1994, 1288 = FamRZ 1994, 1541.
[35] BayObLG FamRZ 1983, 66; OLG Hamburg FamRZ 1981, 1105; OLG Düsseldorf FGPrax 1995, 62 = NJW 1995, 1970.
[36] BayObLG NJW-RR 1987, 1225; OLG Frankfurt FamRZ 1982, 430.
[37] OLG Frankfurt FamRZ 1980, 826; OLG Stuttgart NJW-RR 1989, 1355 = FamRZ 1989, 1110.
[38] BayObLG NJW-RR 1987, 1225.
[39] BayObLG FGPrax 1995, 155.

geführt werden könnte, ist eine nochmalige Anhörung der Eltern im Beschwerdeverfahren geboten.[40] Eine erneute Anhörung kann schließlich im Hinblick auf die Beurteilung der Glaubwürdigkeit oder des persönlichen Eindrucks eines Beteiligten angebracht sein; sie ist jedoch geboten, wenn das Beschwerdegericht die Glaubwürdigkeit oder den persönlichen Eindruck oder die Angaben eines Elternteils anders beurteilen will als das Erstgericht.[41]

17 Somit kann eine erneute persönliche Anhörung der Eltern in der zweiten Instanz nur dann unterbleiben, wenn die erstinstanzlichen Anhörungen erst kurze Zeit zurückliegen und ihre Ergebnisse in den Akten niedergelegt sind, das Gericht zweiter Instanz die Angaben in gleicher Weise würdigt wie das erstinstanzliche Gericht, seine Entscheidung nicht auf den persönlichen Eindruck von den Beteiligten stützt sowie weder neue entscheidungserhebliche Tatsachen vorgetragen sind, noch eine Änderung des rechtlichen Gesichtspunktes eingetreten ist und auch der Zeitablauf oder sonstige Gründe der Sachaufklärung die persönliche Anhörung nicht geboten erscheinen lassen.[42] Schwerwiegende Gründe, die ein Absehen von der Anhörung rechtfertigen können, müssen wegen der Bedeutung, die der Gesetzgeber der Anhörung beimisst, ausdrücklich dargelegt werden.[43]

4. Verstoß gegen die Anhörungspflicht

18 Hat das Gericht erster oder zweiter Instanz gegen die Anhörungspflicht verstoßen, so liegt ein **Verfahrensfehler** vor, der in der Regel zur Aufhebung der Entscheidung durch das Rechtsbeschwerdegericht nötigt.[44] Das Beschwerdegericht darf nur unter den Voraussetzungen des § 69 Abs. 1 S. 2 und 3 die Sache zurückverweisen.

VII. Kosten und Gebühren

19 Zur Frage der Gebühren nach Nr. 3104 Abs. 1 Nr. 1 VV RVG s. § 159 Rn 26.

Mitwirkung der Pflegeperson

161 (1) ¹Das Gericht kann in Verfahren, die die Person des Kindes betreffen, die Pflegeperson im Interesse des Kindes als Beteiligte hinzuziehen, wenn das Kind seit längerer Zeit in Familienpflege lebt. ²Satz 1 gilt entsprechend, wenn das Kind aufgrund einer Entscheidung nach § 1682 des Bürgerlichen Gesetzbuchs bei dem dort genannten Ehegatten, Lebenspartner oder Umgangsberechtigten lebt.

(2) **Die in Absatz 1 genannten Personen sind anzuhören, wenn das Kind seit längerer Zeit in Familienpflege lebt.**

I. Normzweck

1 Die Vorschrift verbessert die Stellung der im bisherigen § 50 c FGG genannten Pflegeperson des Kindes im gerichtlichen Verfahren durch Beteiligung und Anhörung. Abs. 1 regelt die Hinzuziehung durch das Gericht; dies sah § 50 c FGG noch nicht vor. Die Pflegepersonen waren nicht umfassend berechtigt, in einem Kindschaftsverfahren Anträge zu stellen. Dies galt z.B. in einem Verfahren, das eine Sorgerechtsentscheidung des Familiengerichts betraf,[1] auch wenn sie sich an einem solchen Verfahren durch Anregungen beteiligen konnten. Anders war es im Verfahren nach §§ 1630 Abs. 3, 1632 Abs. 4, 1688 Abs. 3 und 4 BGB, in dem die Pflegeeltern eine Verbleibensanordnung erwirken konnten, wenn das Pflegekind zur Unzeit aus ihrer Familie genommen werden sollte. In diesem Verfahren hatten sie ein Antrags- und Beschwerderecht und deshalb auch einen Anspruch auf rechtliches Gehör.[2] Abs. 2 ergänzt die §§ 159 und 160 und regelt, unter welchen Voraussetzungen zusätzlich noch die Anhörung der Pflegeperson eines Kindes erforderlich ist.

---

[40] OLG Oldenburg FamRZ 1981, 811.
[41] BayObLG FamRZ 1996, 1352.
[42] BayObLG FGPrax 1995, 155; KG FamRZ 1981, 590.
[43] BGH FamRZ 1980, 1086; OLG Hamm FamRZ 1996, 421.
[44] OLG Schleswig JA 2008, 278.
[1] BGH NJW 2005, 2149 = FamRZ 2005, 975; NJW 1999, 3718 = FamRZ 2000, 219.
[2] BGH NJW 2005, 2149 = FamRZ 2005, 975.

II. Beteiligung von Pflege- und Bezugspersonen (Abs. 1)

1. Beteiligung der Pflegeperson (S. 1)

a) Anwendungsbereich. S. 1 dient dem Schutz von Kindern, die in Familienpflege sind, und steht insbesondere mit § 1632 Abs. 4 in Zusammenhang. Danach kann das Familiengericht, falls ein Kind längere Zeit in Familienpflege lebt und die Eltern das Kind von der Pflegeperson wegnehmen wollen, anordnen, dass das Kind bei der Pflegeperson verbleibt, wenn und solange das Kindeswohl durch die Wegnahme gefährdet würde. Die Vorschrift betrifft aber alle Angelegenheiten, die die Personen des Kindes betreffen, und geht damit über den engen Bereich des § 1632 BGB weit hinaus. Verfahren, die die Person des Kindes betreffen, sind nicht nur solche, die die elterliche Sorge oder die Personensorge betreffen, sondern auch alle sonstigen Kindschaftssachen, die das Kind betreffen und nicht ausschließlich vermögensrechtlicher Art sind. Dies können auch Kindschaftssachen nach § 151 Nr. 4 bis 7 sein. Zu denken ist z. B. an den Fall der Entlassung und Neubestellung eines Vormunds für das Kind. Sie erstreckt sich aber nicht auf Angelegenheiten der Vermögenssorge und nach S. 1 auch nicht auf Fälle, in denen ein Pflegeverhältnis erst kurze Zeit besteht.

b) Entscheidung im Interesse des Kindes. Die Regelung in S. 1 eröffnet dem Familiengericht die Möglichkeit, Pflegepersonen nach § 7 Abs. 3 von Amts wegen hinzuzuziehen. Das dem Gericht bei der Entscheidung eingeräumte Ermessen ist begrenzt durch das Interesse des Kindes an der Hinzuziehung; weitere Umstände, die bei der Ausübung des gerichtlichen Ermessens zu berücksichtigen sind, werden im Gesetz nicht genannt. Ein Interesse des Kindes ist zu bejahen, wenn die Hinzuziehung dem Kindeswohl dienen kann.[3] Bei länger andauernden Pflegeverhältnissen kann es im Interesse des Kindes liegen, die Pflegeperson formell am Verfahren zu beteiligen und ihr die mit der Beteiligung verbundenen Rechte und Pflichten aufzuerlegen. Hierdurch wird sichergestellt, dass die Pflegeperson über den Fortgang des Verfahrens und über die Beweisergebnisse informiert wird und aktiv auf den Verlauf des Verfahrens Einfluss nehmen kann. Zugleich kann sie – z. B. bei der Regelung des Umgangs mit einem Kind – unmittelbar in die Entscheidung des Gerichts mit einbezogen werden. Der Begriff der „längeren Zeit" entspricht der Formulierung in §§ 1630 Abs. 3, 1632 Abs. 4 BGB.

c) Beschwerderecht. Eine verfahrensrechtliche Beschwerdebefugnis sieht das Gesetz – anders als bei der Mitwirkung des Jugendamts nach § 162 Abs. 3 S. 2 in § 161 für die Pflegeperson nicht vor. Die Rechtsmittelbefugnis richtet sich daher allein nach einer Beschwer der Pflegeperson.

2. Beteiligung der Bezugsperson (S. 2)

S. 2 steht mit § 1682 BGB in Zusammenhang. Das Familiengericht kann dieselbe Anordnung wie bei Pflegepersonen nach § 1682 BGB bzw. § 1682 i. V. mit § 1685 Abs. 1 BGB bei Bezugspersonen treffen, wenn das Kind seit längerer Zeit in einem Haushalt mit einem Elternteil und dessen Ehegatten bzw. Lebenspartner oder mit Großeltern und Geschwistern gelebt hat und der andere Elternteil, der nach §§ 1678, 1680, 1681 BGB den Aufenthalt des Kindes nunmehr alleine bestimmen kann, das Kind heraus verlangt.

III. Anhörung der Pflege- oder Bezugsperson (Abs. 2)

Die Pflege- oder Bezugsperson muss nach Abs. 2 angehört werden, wenn sich das Kind längere Zeit bei ihm aufgehalten hat. Denn auf Grund ihrer Betreuung kennt sie in der Regel die Situation des Kindes besonders gut, so dass die Verwertung dieser Kenntnisse einer besseren Entscheidungsfindung dient.[4] Ein Absehen von der Anhörung der Pflegeperson ist im Unterschied zur früheren Regelung in § 50c FGG nicht mehr möglich. Die

---

[3] BT-Drs. 16/6308 S. 241.
[4] Vgl. BT-Drs. 8/2788 S. 74 und BT-Drs. 13/4899 S. 132 zu §§ 50c FGG; BGH NJW 1999, 3718 = FamRZ 2000, 219; OLG Hamm FGPrax 1995, 127.

Anhörung muss allerdings nicht mündlich, sie kann auch schriftlich erfolgen. Über die Form und Gestaltung der Anhörung entscheidet das Gericht nach billigem Ermessen. Ein Absehen von der Anhörung, etwa wegen Nichterreichbarkeit der Person, sieht das Gesetz nicht vor. Dabei geht der Gesetzgeber offensichtlich davon aus, dass die Pflege- oder Bezugsperson erreichbar ist, weil Abs. 1 voraussetzt, dass das Kind bei dieser Person im Zeitpunkt der Entscheidung (noch) „lebt" und damit erreichbar ist. Für die Nachholung der Anhörung bei Entscheidungen, die keinen Aufschub dulden, ist § 160 Abs. 4 entsprechend heranzuziehen.[5]

Mitwirkung des Jugendamts

162 (1) [1]Das Gericht hat in Verfahren, die die Person des Kindes betreffen, das Jugendamt anzuhören. [2]Unterbleibt die Anhörung wegen Gefahr im Verzug, ist sie unverzüglich nachzuholen.

(2) Das Jugendamt ist auf seinen Antrag an dem Verfahren zu beteiligen.

(3) [1]Dem Jugendamt sind alle Entscheidungen des Gerichts bekannt zu machen, zu denen es nach Absatz 1 Satz 1 zu hören war. [2]Gegen den Beschluss steht dem Jugendamt die Beschwerde zu.

I. Normzweck

1 § 162 schreibt die Anhörungs- und Beteiligungspflicht des Jugendamtes vor einer gerichtlichen Entscheidung vor. Eine die Tätigkeit des Jugendamts regelnde Korrespondenznorm enthält § 50 SGB VIII. Im Gegensatz zur bisherigen Gesetzesformulierung in § 49a Abs. 1 FGG und § 50 SGB VIII a. F. sind die betroffenen Verfahren nunmehr im FamFG allgemein gefasst und in § 50 SGB VIII konkret in einer Aufzählung bezeichnet. § 50 SGB VIII hat folgenden Wortlaut:

§ 50 SGB VIII. Mitwirkung in Verfahren vor den Familiengerichten

(1) [1]Das Jugendamt unterstützt das Familiengericht bei allen Maßnahmen, die die Sorge für die Person von Kindern und Jugendlichen betreffen. [2]Es hat in folgenden Verfahren nach dem Gesetz über das Verfahren in Familiensachen und in den Angelegenheiten der freiwilligen Gerichtsbarkeit mitzuwirken:
1. Kindschaftssachen (§ 162 FamFG),
2. Abstammungssachen (§ 176 FamFG),
3. Adoptionssachen (§ 188 Abs. 2, §§ 189, 194, 195 FamFG),
4. Wohnungszuweisungssachen (§ 204 Abs. 2, § 205 FamFG),
5. Gewaltschutzsachen (§§ 212, 213 FamFG).

(2) [1]Das Jugendamt unterrichtet insbesondere über angebotene und erbrachte Leistungen, bringt erzieherische und soziale Gesichtspunkte zur Entwicklung des Kindes oder des Jugendlichen ein und weist auf weitere Möglichkeiten der Hilfe hin. [2]In Kindschaftssachen informiert das Familiengericht in dem Termin nach § 155 Abs. 2 des Gesetzes über das Verfahren in Familiensachen und in den Angelegenheiten der freiwilligen Gerichtsbarkeit über den Stand des Beratungsprozesses.

II. Anhörung des Jugendamtes (Abs. 1)

1. Anhörungspflicht (S. 1)

2 **a) Zweck und Inhalt.** Die Anhörungspflicht ist eine Form der Sachaufklärung; sie stellt eine besonders geregelte Ermittlungs- und Entscheidungshilfe für das Gericht dar, die das Gericht wahrnehmen muss, um seine Beurteilung auf profunde Informationen und Einschätzungen der Situation und Hilfeperspektiven für das Kind und dessen Familie stützen zu können.[1] Das Jugendamt wird als **kompetente Fachbehörde** gehört. Es hat nicht nur die erforderlichen Ermittlungen anzustellen und die ermittelten Tatsachen dem Gericht mit-

---
[5] So auch SBW/Ziegler § 161 Rn 6.
[1] Katzenstein FPR 2011, 20.

zuteilen, sondern soll auf Grund seiner besonderen Erfahrung alle für das konkrete Verfahren maßgebenden Aspekte zur Geltung bringen und dem Gericht einen bestimmten Entscheidungsvorschlag unterbreiten.[2] Der vom Jugendamt erstellte Bericht stellt dann grundsätzlich keine geeignete Grundlage für eine Sorgerechtsentscheidung dar, wenn die örtlichen Verhältnisse sowie das Umfeld beider Elternteile nicht durch einen Hausbesuch geklärt worden sind.[3] In Adoptionssachen muss das Jugendamt unter den Voraussetzungen des § 189 eine fachliche Äußerung abzugeben.[4] Zwischen Gericht und Jugendamt besteht aber kein Über- und Unterordnungsverhältnis.[5] Das Jugendamt kann zur Erfüllung seiner Aufgaben nach § 76 SGB VIII anerkannte Träger der freien Jugendhilfe beiziehen. Die Vorschrift lautet:

§ 76 SGB VIII. Beteiligung anerkannter Träger der freien Jugendhilfe an der Wahrnehmung anderer Aufgaben

(1) Die Träger der öffentlichen Jugendhilfe können anerkannte Träger der freien Jugendhilfe an der Durchführung ihrer Aufgaben nach den §§ 42, 43, 50 bis 52a und 53 Abs. 2 bis 4 beteiligen oder ihnen diese Aufgaben zur Ausführung übertragen.

(2) Die Träger der öffentlichen Jugendhilfe bleiben für die Erfüllung der Aufgaben verantwortlich.

b) Anwendungsbereich. Verfahren, die die Person des Kindes betreffen, sind nicht nur solche, die die elterliche Sorge oder die Personensorge betreffen, sondern auch alle sonstigen Kindschaftssachen, die das Kind betreffen und nicht ausschließlich vermögensrechtlicher Art sind. Dies können auch Kindschaftssachen nach § 151 Nr. 4 bis 7 sein.

c) Umfang der Anhörungspflicht. Die gerichtliche Pflicht, das Jugendamt anzuhören, besteht bei allen Kindern, nicht nur bei solchen, denen das Jugendamt bereits Hilfe gewährt hat oder bei denen es schon als Vormund oder Pfleger tätig geworden ist; sie ist unabhängig davon, ob das Kind die deutsche oder eine ausländische Staatsangehörigkeit besitzt oder ob deutsches oder ausländisches Recht anzuwenden ist.[6] Die Anhörungspflicht besteht auch dann, wenn das Gericht die in Betracht zu ziehenden Maßnahmen ablehnen will.[7] Allerdings kann von einer Anhörung ausnahmsweise abgesehen werden, wenn von vornherein keine tatsächlichen Anhaltspunkte dafür vorhanden sind, dass solche Maßnahmen überhaupt in Betracht kommen.[8]

d) Form und Zeitpunkt der Anhörung. Form und Zeitpunkt der Anhörung sind nicht näher geregelt, abgesehen davon, dass sie vor der Entscheidung erfolgen muss. Die Anhörung wird in aller Regel schriftlich,[9] kann aber auch mündlich, in Eilfällen telefonisch, erfolgen. Sie muss geschehen, bevor das Gericht entscheidet; im Übrigen hat das Gericht den Zeitpunkt nach seinem Ermessen zu bestimmen. Dabei hat es zu berücksichtigen, dass es nach § 7 Abs. 4 verpflichtet ist, das Jugendamt schon von der Einleitung des Verfahrens zu unterrichten (s. Rn 10). Die Übersendung der gerichtlichen Entscheidung an das Jugendamt stellt keine Anhörung im Sinne des § 194 dar.

e) Zuständiges Jugendamt. Welches örtlich zuständige Jugendamt das Gericht anzuhören hat, ergibt sich aus § 87b SGB VIII. Die demnach begründete Zuständigkeit bleibt bis zum Abschluss des Verfahrens bestehen (§ 87b Abs. 2 S. 1 SGB VIII); allerdings kann sich die Pflicht auch zur Anhörung des Jugendamts am neuen Aufenthaltsort der Eltern oder des Kindes aus § 26 ergeben.[10] Die insoweit maßgeblichen Vorschriften des SGB VIII lauten:

---

[2] BGH NJW 1987, 1024 = FamRZ 1986, 895; OLG Karlsruhe NJWE-FER 1998, 4; OLG Köln NJW-RR 1995, 1410 = FamRZ 1995, 1593; OLG Stuttgart FamRZ 2006, 1857; Jansen/Zorn § 49 Rn 9.
[3] OLG Köln FamRZ 2001, 1535 Ls.; FamRZ 1999, 1517.
[4] OLG Stuttgart FamRZ 2006, 1857.
[5] BGH FamRZ 1954, 219.
[6] OLG Hamm FamRZ 1972, 309.
[7] OLG Hamm Rpfleger 1985, 294; FamRZ 1974, 29.
[8] BayObLG FamRZ 1987, 87.
[9] Vgl. OLG Brandenburg FamRZ 2000, 1038; Oberloskamp FamRZ 1992, 1241.
[10] BayObLG FamRZ 1995, 626.

§ 87 b SGB VIII. Örtliche Zuständigkeit für die Mitwirkung in gerichtlichen Verfahren

(1) ¹Für die Zuständigkeit des Jugendamts zur Mitwirkung in gerichtlichen Verfahren (§§ 50 bis 52) gilt § 86 Abs. 1 bis 4 entsprechend. ²Für die Mitwirkung im Verfahren nach dem Jugendgerichtsgesetz gegen einen jungen Menschen, der zu Beginn des Verfahrens das 18. Lebensjahr vollendet hat, gilt § 86 a Abs. 1 und 3 entsprechend.

(2) ¹Die nach Absatz 1 begründete Zuständigkeit bleibt bis zum Abschluss des Verfahrens bestehen. ²Hat ein Jugendlicher oder ein junger Volljähriger in einem Verfahren nach dem Jugendgerichtsgesetz die letzten sechs Monate vor Abschluss des Verfahrens in einer Justizvollzugsanstalt verbracht, so dauert die Zuständigkeit auch nach der Entlassung aus der Anstalt so lange fort, bis der Jugendliche oder junge Volljährige einen neuen gewöhnlichen Aufenthalt begründet hat, längstens aber bis zum Ablauf von sechs Monaten nach dem Entlassungszeitpunkt.

(3) Steht die örtliche Zuständigkeit nicht fest oder wird der zuständige örtliche Träger nicht tätig, so gilt § 86 d entsprechend.

§ 86 SGB VIII. Örtliche Zuständigkeit für Leistungen an Kinder, Jugendliche und ihre Eltern

(1) ¹Für die Gewährung von Leistungen nach diesem Buch ist der örtliche Träger zuständig, in dessen Bereich die Eltern ihren gewöhnlichen Aufenthalt haben. ²An die Stelle der Eltern tritt die Mutter, wenn und solange die Vaterschaft nicht anerkannt oder gerichtlich festgestellt ist. ³Lebt nur ein Elternteil, so ist dessen gewöhnlicher Aufenthalt maßgebend.

(2) ¹Haben die Elternteile verschiedene gewöhnliche Aufenthalte, so ist der örtliche Träger zuständig, in dessen Bereich der personensorgeberechtigte Elternteil seinen gewöhnlichen Aufenthalt hat; dies gilt auch dann, wenn ihm einzelne Angelegenheiten der Personensorge entzogen sind. ²Steht die Personensorge im Fall des Satzes 1 den Eltern gemeinsam zu, so richtet sich die Zuständigkeit nach dem gewöhnlichen Aufenthalt des Elternteils, bei dem das Kind oder der Jugendliche vor Beginn der Leistung zuletzt seinen gewöhnlichen Aufenthalt hatte. ³Hatte das Kind oder der Jugendliche im Fall des Satzes 2 zuletzt bei beiden Elternteilen seinen gewöhnlichen Aufenthalt, so richtet sich die Zuständigkeit nach dem gewöhnlichen Aufenthalt des Elternteils, bei dem das Kind oder der Jugendliche vor Beginn der Leistung zuletzt seinen tatsächlichen Aufenthalt hatte. ⁴Hatte das Kind oder der Jugendliche im Fall des Satzes 2 während der letzten sechs Monate vor Beginn der Leistung bei keinem Elternteil einen gewöhnlichen Aufenthalt, so ist der örtliche Träger zuständig, in dessen Bereich das Kind oder der Jugendliche vor Beginn der Leistung zuletzt seinen gewöhnlichen Aufenthalt hatte; hatte das Kind oder der Jugendliche während der letzten sechs Monate keinen gewöhnlichen Aufenthalt, so richtet sich die Zuständigkeit nach dem tatsächlichen Aufenthalt des Kindes oder des Jugendlichen vor Beginn der Leistung.

(3) Haben die Elternteile verschiedene gewöhnliche Aufenthalte und steht die Personensorge keinem Elternteil zu, so gilt Absatz 2 Satz 2 und 4 entsprechend.

(4) ¹Haben die Eltern oder der nach den Absätzen 1 bis 3 maßgebliche Elternteil im Inland keinen gewöhnlichen Aufenthalt, oder ist ein gewöhnlicher Aufenthalt nicht feststellbar, oder sind sie verstorben, so richtet sich die Zuständigkeit nach dem gewöhnlichen Aufenthalt des Kindes oder des Jugendlichen vor Beginn der Leistung. ²Hatte das Kind oder der Jugendliche während der letzten sechs Monate vor Beginn der Leistung keinen gewöhnlichen Aufenthalt, so ist der örtliche Träger zuständig, in dessen Bereich sich das Kind oder der Jugendliche vor Beginn der Leistung tatsächlich aufhält.

§ 86 a SGB VIII. Örtliche Zuständigkeit für Leistungen an junge Volljährige

(1) Für Leistungen an junge Volljährige ist der örtliche Träger zuständig, in dessen Bereich der junge Volljährige vor Beginn der Leistung seinen gewöhnlichen Aufenthalt hat.

(2) Hält sich der junge Volljährige in einer Einrichtung oder sonstigen Wohnform auf, die der Erziehung, Pflege, Betreuung, Behandlung oder dem Strafvollzug dient, so richtet sich die örtliche Zuständigkeit nach dem gewöhnlichen Aufenthalt vor der Aufnahme in eine Einrichtung oder sonstige Wohnform.

(3) Hat der junge Volljährige keinen gewöhnlichen Aufenthalt, so richtet sich die Zuständigkeit nach seinem tatsächlichen Aufenthalt zu dem in Absatz 1 genannten Zeitpunkt; Absatz 2 bleibt unberührt.

§ 86 d SGB VIII. Verpflichtung zum vorläufigen Tätigwerden

Steht die örtliche Zuständigkeit nicht fest oder wird der zuständige örtliche Träger nicht tätig, so ist der örtliche Träger vorläufig zum Tätigwerden verpflichtet, in dessen Bereich sich das Kind oder der Jugendliche, der junge Volljährige oder bei Leistungen nach § 19 der Leistungsberechtigte vor Beginn der Leistung tatsächlich aufhält.

f) Verstoß gegen die Anhörungspflicht. Die Anhörung des Jugendamts nach § 162 ist zwingend vorgeschrieben. Wird sie unterlassen, so stellt das einen schweren Verfahrensfehler dar, der zur Aufhebung der Entscheidung führen kann (§ 69 Abs. 1 S. 2 und 3) und dazu in der Rechtsbeschwerdeinstanz regelmäßig führen wird.[11] Ein Beschwerderecht des Jugendamts ergibt sich aus Abs. 3 S. 2.

g) Anhörung im Beschwerdeverfahren. Im Beschwerdeverfahren braucht die Anhörung grundsätzlich nicht wiederholt zu werden.[12] Jedoch ist eine erneute Anhörung im Beschwerdeverfahren erforderlich, wenn sich die maßgebenden Verhältnisse seit der erstinstanzlichen Anhörung wesentlich verändert haben.[13]

2. Nachholung bei einstweiligen Anordnungen (S. 2)

Nach S. 2 kann das Familiengericht bei Gefahr im Verzuge (zum Begriff vgl. § 159 Rn 13) schon vor Anhörung des Jugendamts einstweilige Anordnungen treffen. Die Vorschrift hat ihren Grund darin, dass das Familiengericht gezwungen sein kann, Ad-hoc-Entscheidungen durch vorläufige Anordnungen zu treffen, die eine vorherige Beteiligung des Jugendamts nicht zulassen.[14] Wird von einer vorherigen Anhörung des Jugendamts, die auch telefonisch erfolgen kann, abgesehen, so ist diese **unverzüglich** nachzuholen, d. h. sie muss erfolgen, sobald sie ohne jede vorwerfbare Verzögerung möglich ist.

III. Beteiligtenstellung des Jugendamtes auf Antrag (Abs. 2)

Abs. 2 räumt dem Jugendamt, das allein durch die Anhörung noch nicht zum Beteiligten wird (vgl. § 7 Abs. 6), die Wahlmöglichkeit ein, durch einen entsprechenden Antrag die Stellung eines Verfahrensbeteiligten zu erlangen. Stellt es diesen Antrag, so ist das Gericht zur Hinzuziehung des Jugendamtes als Verfahrensbeteiligten verpflichtet. Stellt das Jugendamt in einem Antragsverfahren einen Sach- oder Verfahrensantrag, ist es schon deshalb nach § 7 Abs. 1 Beteiligter,[15] das gleiche gilt, wenn es eine Beschwerde einlegt. Um das Jugendamt in die Lage zu versetzen, von dem Recht, sich an dem Verfahren zu beteiligen, Gebrauch zu machen, ist das Familiengericht nach § 7 Abs. 4 verpflichtet, das Jugendamt von der Einleitung des Verfahrens zu benachrichtigen und über das Antragsrecht zu belehren. Die Beteiligung kann formlos, aber auch durch Beschluss erfolgen; ein **besonderer Beschluss** ist nur bei einer – mit der sofortigen Beschwerde anfechtbaren – Ablehnung eines Beiziehungsantrags vorgeschrieben, § 7 Abs. 5.

Hat das Jugendamt einen Antrag auf Beteiligung gestellt, dann hat es alle Rechte und Pflichten eines Beteiligten. Mithin hat es einen Anspruch auf Einsicht in die Gerichtsakten (§ 13 Abs. 1) einschließlich des Rechts auf Einsicht in ein vom Gericht eingeholtes Sachverständigengutachten – ohne förmliche Beteiligung dürfte sich aber regelmäßig aus dem Gesichtspunkt des berechtigten Interesses ein Anspruch auf Akteneinsicht aus § 13 Abs. 2 ergeben –.

Als Beteiligter hat das Jugendamt auch das Recht, Anträge zu stellen (§ 25); dies ist aber dadurch eingeschränkt, dass es mangels materiell-rechtlicher Ermächtigung keine Sach-

---

[11] BGH NJW 1987, 1024.
[12] BGH NJW 1987, 1024; BayObLG FamRZ 1997, 685; NJW-RR 1995, 387.
[13] BGH NJW 1987, 1024; BayObLG NJW-RR 1995, 387.
[14] BT-Drs. 11/5948 S. 148; 11/6748 S. 83.
[15] BT-Drs. 16/6308 S. 241.

anträge stellen kann, so dass es in der Sache nur bestimmte Maßnahmen nach § 24 anregen kann.[16] Auch kann es nicht einen Vergleich schließen, weil es nicht über den Verfahrensgegenstand verfügen kann, § 36 Abs. 1 S. 1.[17] Zur Zustimmung des Jugendamts zum gerichtlich gebilligten Vergleich vgl. § 156 Rn 12.

13 Das Erscheinen eines Mitarbeiters des Jugendamts zu einem Anhörungstermin kann aber nicht erzwungen werden, weil ein einzelner Mitarbeiter des Jugendamts nicht Beteiligter sein kann.[18]

14 Aus einer Beteiligtenstellung des Jugendamts kann sich im Einzelfall auch die Pflicht zur Kostenerstattung ergeben (§ 81 Abs. 1 und 2).

IV. Bekanntmachung und Beschwerderecht (Abs. 3)

1. Bekanntmachung gerichtlicher Entscheidungen (Abs. 3 S. 1)

15 Nach Abs. 3 S. 1 sind dem Jugendamt, auch wenn es sich nicht förmlich beteiligt hat, alle gerichtlichen Entscheidungen bekannt zu machen (§ 41), zu denen es nach Abs. 1 S. 1 zu hören war. Diese Vorschrift dient nicht nur der notwendigen Information der Fachbehörde, sondern gewährleistet vor allem die notwendige vertrauensvolle Zusammenarbeit zwischen Gericht und Jugendbehörden.

2. Beschwerderecht des Jugendamtes (Abs. 3 S. 2)

16 Abs. 3 S. 2 gewährt dem Jugendamt eine von § 59 unabhängige Beschwerdebefugnis. Dies, die Pflicht zur Anhörung (Abs. 1) und die Verpflichtung, dem Jugendamt die Entscheidung bekanntzumachen (Abs. 3 S. 1) zeigen, dass es Wille des Gesetzgebers ist, das Jugendamt am gesamten Verfahren aktiv teilnehmen zu lassen.[19] Mit Einlegung der Beschwerde wird das Jugendamt Beteiligter des Verfahrens, sofern dies nicht schon vorher aufgrund einer Erklärung nach Abs. 2 geschehen ist.

Fristsetzung bei schriftlicher Begutachtung; Inhalt des Gutachtenauftrags; Vernehmung des Kindes

163 (1) **Wird schriftliche Begutachtung angeordnet, setzt das Gericht dem Sachverständigen zugleich eine Frist, innerhalb derer er das Gutachten einzureichen hat.**

(2) **Das Gericht kann in Verfahren, die die Person des Kindes betreffen, anordnen, dass der Sachverständige bei der Erstellung des Gutachtenauftrags auch auf die Herstellung des Einvernehmens zwischen den Beteiligten hinwirken soll.**

(3) **Eine Vernehmung des Kindes als Zeuge findet nicht statt.**

I. Normzweck

1 Die Vorschrift des Abs. 1 dient – wie § 155 – der Verfahrensbeschleunigung. Eine Verpflichtung des Gerichts zur Fristsetzung bei einem Gutachtenauftrag gab es im bisherigen Recht nicht. § 411 Abs. 1 S 2 ZPO, der im Wege des Strengbeweises auch in Kindschaftssachen Anwendung fand, sah lediglich vor, dass das Gericht dem Sachverständigen eine Frist setzen **kann.** Die Regelung beruht auf der Erkenntnis, dass die Einholung eines schriftlichen Sachverständigengutachtens oftmals zu einer erheblichen Verlängerung der Verfahrensdauer führt. Die Vorschrift ist aber sprachlich misslungen. Den Gutachtenauftrag erstellt das Gericht, der Sachverständige erfüllt den Auftrag, indem er das Gutachten erstellt (oder erstattet); richtig hätte es daher so lauten müssen, wie es der Gesetzgeber ursprünglich

---
[16] Vgl. § 24 Rn 5; Katzenstein FPR 2011, 20/21.
[17] Katzenstein FPR 2011, 20/21.
[18] OLG Oldenburg NJW-RR 1996, 650; MünchKommZPO/Schumann § 162 FamFG Rn 6; a. A. Katzenstein FPR 2011, 20/21.
[19] Katzenstein FPR 2011, 20.

im Gesetzgebungsverfahren vorgesehen hatte:[1] „… dass der Sachverständige bei der Erfüllung des Gutachtenauftrags …"

Abs. 2 zielt auf ein „lösungsorientiertes Gutachten"[2] und gibt deshalb dem Familiengericht die Befugnis, den Sachverständigen auch damit zu beauftragen, zum Wohle des Kindes auf eine einvernehmliche Kooperation der Eltern hinzuwirken. Diese Aufgabe erfordert vom Sachverständigen neben einer entsprechenden Qualifikation viel Fingerspitzengefühl, um sich nicht der Gefahr der Ablehnung wegen Besorgnis der Befangenheit nach § 30 Abs. 1 i. V. m. § 406 ZPO auszusetzen.[3] Die Gefahr, dass der Sachverständige bei seinem Auftrag, Einvernehmen mit den Eltern zu erzielen, Gefahr laufen könnte, das Kindeswohl hintanzustellen,[4] ist zwar zu sehen, darf aber letztlich nicht dazu führen, generell von dem Einholen eines lösungsorientierten Gutachtens abzusehen, da dieses auch gute Perspektiven für das Kind eröffnen kann.

Abs. 3 will aus Gründen des Kindeswohls eine zusätzliche Belastung des Kindes durch eine Befragung als Zeuge in Anwesenheit der Eltern und weiterer Beteiligter ausschließen,[5] und schiebt damit dem in der Praxis nicht selten anzutreffenden Versuch, die Kinder als Zeugen zu benennen, einen Riegel vor.[6]

II. Fristsetzung (Abs. 1)

1. Pflicht zur Fristsetzung

Nach Abs. 1 **muss** das Gericht im Fall der Anordnung einer schriftlichen Begutachtung in einer Kindschaftssache dem Sachverständigen zwingend eine Frist für die Einreichung des Gutachtens setzen. Die Fristsetzung hat nach dem Wortlaut der Vorschrift („zugleich") bereits mit der Anordnung der Begutachtung zu erfolgen; sie sollte im Sinne einer Transparenz gegenüber den Beteiligten und deren Kontrollmöglichkeit vorzugsweise in dem Beschluss erfolgen, möglich ist aber auch, die Frist bei dem Gutachtenauftrag zu setzen.[7] Die Dauer der zu setzenden Frist richtet sich nach den Umständen des Einzelfalls, insbesondere nach dem Verfahrensgegenstand.[8] Zugleich sollte dem Sachverständigen aufgegeben werde, mit Eingang des Auftrags zu prüfen, ob eine Erledigung innerhalb der gesetzten Frist voraussichtlich erreicht werden kann, und mitzuteilen, wenn dies nicht der Fall ist. Die Fristsetzung ist ebenso wie die Anordnung der Begutachtung als Zwischenentscheidung nicht selbständig mit der Beschwerde anfechtbar, § 58.

2. Verhängung eines Ordnungsgeldes

a) Versäumung der Frist. Versäumt der Sachverständige die Frist, so kann gegen ihn ein Ordnungsgeld verhängt werden. Das dabei zu beachtende Verfahren ergibt sich aus § 30 Abs. 1 FamFG i. V. m. § 411 Abs. 2 ZPO. Im Rahmen der Prüfung, ob ein Ordnungsgeld festgesetzt werden soll, muss berücksichtigt werden, ob die Versäumung der Frist auf eine unzureichende Mitwirkung der Beteiligten zurückzuführen ist.

b) Mitwirkungspflicht der Eltern. Die Verpflichtung der Eltern zur Mitwirkung an der Erstellung eines Gutachtens folgt aus § 27 Abs. 1. Die Mitwirkung ist allerdings nicht erzwingbar. Weigern sich die Eltern, an einer Begutachtung teilzunehmen, können ihnen nach § 81 Abs. 1 und Abs. 2 Nr. 4 Kosten auferlegt werden.[9]

---

[1] Vgl. BT-Drs. 16/6308 S. 41.
[2] BT-Drs. 16/6308 S. 169; s. dazu Ernst FPR 2009, 345.
[3] Vgl. Völker FPR 2008, 287; kritisch auch Lipp/Schumann/Veit/Coester 39/55.
[4] MünchKommZPO/Schumann § 163 FamFG Rn 9.
[5] BT-Drs. 16/9733 S. 367.
[6] Götz FF/FamFG spezial 2009, 20.
[7] Ernst FPR 2009, 345.
[8] Ernst FPR 2009, 345.
[9] BT-Drs. 16/6308 S. 242.

III. Hinwirken auf Einvernehmen (Abs. 2)

1. Inhalt des Gutachtens

7   Der Sachverständige hat sein Gutachten grundsätzlich nur zu den im Beweisbeschluss bezeichneten Punkten zu erstatten (vgl. § 403 ZPO), wobei das Gericht bei streitigem Sachverhalt zu bestimmen hat, welche Tatsachen der Begutachtung zugrunde zu legen sind (§ 404a Abs. 3 ZPO). Dieses Gutachten endet herkömmlicherweise mit einer Empfehlung oder einem Entscheidungsvorschlag des Sachverständigen, z. B. zur Frage, welcher Elternteil zur Wahrnehmung der elterlichen Sorge besser geeignet oder in welchem Umfang ein Umgang des Kindes mit dem anderen Elternteil zu empfehlen ist.

2. Ergänzender Auftrag

8   Das Familiengericht kann in Kindschaftsverfahren, die die Person des Kindes betreffen – das sind alle Kindschaftssachen i. S. d. § 151 mit Ausnahme der nur die Vermögenssorge betreffenden Angelegenheiten –, den Sachverständigen auch damit beauftragen, die Eltern zur Erzielung eines Einvernehmens und zur Wahrnehmung ihrer elterlichen Verantwortung bei der Regelung der elterlichen Sorge und des Umgangs zu bewegen. Dies stellt Abs. 2 ausdrücklich klar, um so die Umsetzung des vom Sachverständigen gemachten Entscheidungsvorschlags zu fördern, insbesondere wenn ein Elternteil gegenüber dem Vorschlag eine skeptische oder ablehnende Haltung einnimmt.

9   Nach den Vorstellungen des Gesetzgebers sollte der Sachverständige bei Ausübung dieser **zusätzlichen Beratertätigkeit** die Eltern oder Pflegeeltern zunächst über die negativen psychologischen Auswirkungen einer auf der Grundlage seines Gutachtens zu treffenden Entscheidung auf alle Familienmitglieder aufklären. Sodann sollte er versuchen, bei den Eltern Verständnis und Feinfühligkeit für die von den Interessen der Erwachsenen abweichenden Bedürfnisse und für die psychische Lage des Kindes zu wecken. Gelingt dies, kann er mit den Eltern einvernehmlich ein Konzept zur zukünftigen Gestaltung des Lebensmittelpunktes des Kindes und dessen Umgangs erarbeiten.[10] Die gemeinsamen lösungsorientierten Gespräche mit den Sorgerechtsinhabern sollten soweit möglich im Beisein der Kinder stattfinden. Vorstellbar ist zwar, dass in die Vermittlungsbemühungen weitere Personen als die Eltern einbezogen werden, das Gesetz beschränkt sich aber ausdrücklich auf die Beteiligten des jeweiligen Verfahrens, also etwa auch auf das Jugendamt (§ 162 Abs. 2). Der Sachverständige „soll" aber nur auf ein Einvernehmen hinwirken, er „muss" es also nicht; stellt er fest, dass bei den Beteiligten keine Problemsicht, Hilfeakzeptanz und Veränderungsbereitschaft vorhanden ist, muss er den Versuch abbrechen, mit den Beteiligten eine Lösung zu erarbeiten und dem Gericht das Gutachten vorlegen.[11]

10   Die Beauftragung des Sachverständigen mit der Erstellung eines lösungsorientierten Gutachtens sollte in Fällen einer akuten oder wiederholten Kindeswohlgefährdung (z. B. Misshandlung; sexueller Missbrauch; Vernachlässigung; eine das Kindeswohl beeinträchtigende krankhafte Persönlichkeitsstörung; Drogensucht) unterbleiben. Vielmehr muss das Gericht in diesen Fällen selbst zügig alle Maßnahmen zum Schutz des Kindes zu veranlassen.[12]

IV. Verbot der Vernehmung der Kinder als Zeugen (Abs. 3)

11   Abs. 3 schließt eine Vernehmung des Kindes als Zeugen aus. Die Anhörung des Kindes, durch die das Gericht seinen verfahrensrechtlichen Pflichten aus § 159 und § 26 (Amtsermittlung) genügt, ist ebenso kein Akt der förmlichen Beweisaufnahme. Auch die in § 30 Abs. 3 begründete Verpflichtung des Gerichts zur Durchführung einer förmlichen Beweisaufnahme führt in Kindschaftssachen nicht dazu, dass das Kind als Zeuge vernommen wird.

---

[10] BT-Drs. 16/6308 S. 242; vgl. hierzu Balloff FF 2008, 98; Flügge FPR 2008, 1; Jaeger FPR 2006, 410.
[11] Balloff FPR 2011, 12/13.
[12] Vgl. Balloff FPR 2011, 12/14.

Bekanntgabe der Entscheidung an das Kind

164 ¹Die Entscheidung, gegen die das Kind das Beschwerderecht ausüben kann, ist dem Kind selbst bekannt zu machen, wenn es das 14. Lebensjahr vollendet hat und nicht geschäftsunfähig ist. ²Eine Begründung soll dem Kind nicht mitgeteilt werden, wenn Nachteile für dessen Entwicklung, Erziehung oder Gesundheit zu befürchten sind. ³§ 38 Abs. 4 Nr. 2 ist nicht anzuwenden.

I. Normzweck

Die Vorschrift regelt in Ergänzung zu § 41 Abs. 1 S. 1 die Bekanntmachung der Entscheidung in einer Kindschaftssache an ein (mindestens) 14 Jahre altes Kind,[1] dem nach § 60 ein Beschwerderecht zusteht. Sie entspricht in S. 1 und 2 dem bisherigen § 59 Abs. 2 FGG, ohne dass besonders hervorgehoben wird, dass sie auch für Mündel, d.h. unter Vormundschaft stehende Kinder gilt. 1

II. Bekanntmachung

1. Grundsatz der Bekanntgabe der vollständigen Entscheidung an das Kind

S. 1 schreibt vor, dass jede Entscheidung, gegen die das Kind das Beschwerderecht ausüben kann (s. dazu § 60), dem Kind, das im Zeitpunkt des Erlasses der Entscheidung (s. hierzu die Legaldefinition in § 38 Abs. 3 S. 3) das 14. Lebensjahr vollendet hat, auch selbst bekannt zu machen ist; vollendet das Kind erst nach dem Erlass der Entscheidung das 14. Lebensjahr – und sei es auch innerhalb der Beschwerdefrist –, dann greift Abs. 1 nicht ein. Aus S. 2 folgt, dass grundsätzlich die vollständige Entscheidung dem 14 Jahre alten Kind mitzuteilen ist. Eine Bekanntmachung an den gesetzlichen Vertreter des Kindes genügt daher nicht; ebenso wenig genügt eine Bekanntgabe nur an den etwaigen Verfahrensbevollmächtigten des Kindes (§ 15 Abs. 2 i. V. m. § 172 ZPO)[2] oder nur an den nach § 158 bestellten Verfahrensbeistand. 2

Persönliche Voraussetzung des Beschwerderechts ist nach § 60 die Vollendung des 14. Lebensjahres im Zeitpunkt der Entscheidung und das Nichtvorliegen des in § 104 Nr. 2 BGB aufgeführten Grundes der Geschäftsunfähigkeit (ein die freie Willensbildung ausschließender Zustand krankhafter Störung der Geistestätigkeit, sofern der Zustand seiner Natur nach nicht vorübergehend ist). Mithin ist dem (mindestens) 14 Jahre alten, nicht geschäftsunfähigen Kind in den seine Person unmittelbar oder mittelbar betreffenden Angelegenheiten und in den sonstigen Angelegenheiten, in denen das Kind vor der Entscheidung nach § 159 gehört werden soll, die Entscheidung stets zuzustellen. Soweit ein beschränkt geschäftsfähiges Kind nach § 9 Abs. 1 Nr. 2 verfahrensfähig ist (s. dazu § 151 Rn 22), sind ihm ebenfalls alle Entscheidungen des ersten Rechtszuges bekannt zu machen. 3

2. Absehen von der Bekanntgabe der Begründung

Nach S. 2 soll eine Begründung der bekannt zu machenden Entscheidung dem Kind dann nicht mitgeteilt werden, wenn Nachteile für dessen Entwicklung, Erziehung oder Gesundheit zu befürchten sind. Das entspricht den in § 159 Abs. 3 sowie in § 54 Abs. 2 JGG enthaltenen Regelungen. Damit wird zugleich klargestellt, dass eine Entscheidung ohne Begründung die Rechtsmittelfrist in Lauf setzt. Eine Beschränkung auf die Bekanntgabe der Entscheidungsformel kann auch dann angeordnet werden, wenn Nachteile i. S. d. S. 2 nur auf einen Teil der Entscheidung zutrifft.[3] 4

Die Entscheidung darüber, ob dem Kind die Begründung mitzuteilen ist, trifft der Richter bzw., in seinem Zuständigkeitsbereich, der Rechtspfleger, und in der Rechtsmittelinstanz der Vorsitzende. Diese Entscheidung ist **nicht selbständig anfechtbar**. 5

---
[1] Vgl. zur Beteiligtenstellung Minderjähriger Schael FamRZ 2009, 265.
[2] So auch MünchKommZPO/Schumann § 164 FamFG Rn 4.
[3] Vgl. BT-Drs. 10/2888 S. 46 zur Vorgängerregelung des § 59 Abs. 2 FGG

3. Folgen einer unterbliebenen Bekanntmachung

6 Wird dem Kind die Entscheidung unter Verstoß gegen § 164 S. 1 oder S. 2 nicht bekannt gemacht, so wird die Entscheidung nach § 40 Abs. 1 nicht formell rechtskräftig. Kann die schriftliche Bekanntgabe nicht bewirkt werden, greifen §§ 63, 45 S. 1 Abs. 3 S. 2 ein, so dass die Entscheidung mit Ablauf von sechs Monaten nach Erlass des Beschlusses (§ 38 Abs. 3 S. 3) rechtskräftig wird.

4. Begründungserfordernis (S. 3)

7 Nach § 38 Abs. 4 Nr. 2 muss ein Beschluss dann nicht begründet werden, wenn gleichgerichteten Anträgen der Beteiligten stattgegeben wird oder der Beschluss nicht dem erklärten Willen eines Beteiligten widerspricht. Diese Regelung gilt nach der ausdrücklichen Regelung in S. 3 nicht in Kindschaftssachen. Daher ist die Entscheidung immer zu begründen, auch wenn sie dem Kind nicht mitzuteilen ist, und auch, wenn sie den gestellten Anträgen entspricht oder dem erklärten Willen der Beteiligten nicht widerspricht.

8 Dagegen ist die Anwendung des § 38 Abs. 4 Nr. 3 nicht ausgeschlossen, wonach ein Beschluss nicht begründet zu werden braucht, wenn er in Gegenwart aller Beteiligten mündlich bekannt gegeben wurde und alle Beteiligten auf Rechtsmittel verzichtet haben. Zwar schließt S. 3 auch den § 38 Abs. 4 Nr. 1 nicht aus; jedoch ist eine Versäumnisentscheidung oder Entscheidung aufgrund eines Anerkenntnisses oder Verzichts ohnehin in Kindschaftssachen nicht möglich.

Vermittlungsverfahren

§ 165 (1) ¹Macht ein Elternteil geltend, dass der andere Elternteil die Durchführung einer gerichtlichen Entscheidung oder eines gerichtlich gebilligten Vergleichs über den Umgang mit dem gemeinschaftlichen Kind vereitelt oder erschwert, vermittelt das Gericht auf Antrag eines Elternteils zwischen den Eltern. ²Das Gericht kann die Vermittlung ablehnen, wenn bereits ein Vermittlungsverfahren oder eine anschließende außergerichtliche Beratung erfolglos geblieben ist.

(2) ¹Das Gericht lädt die Eltern unverzüglich zu einem Vermittlungstermin. ²Zu diesem Termin ordnet das Gericht das persönliche Erscheinen der Eltern an. ³In der Ladung weist das Gericht darauf hin, welche Rechtsfolgen ein erfolgloses Vermittlungsverfahren nach Absatz 5 haben kann. ⁴In geeigneten Fällen lädt das Gericht auch das Jugendamt zu dem Termin.

(3) ¹In dem Termin erörtert das Gericht mit den Eltern, welche Folgen das Unterbleiben des Umgangs für das Wohl des Kindes haben kann. ²Es weist auf die Rechtsfolgen hin, die sich ergeben können, wenn der Umgang vereitelt oder erschwert wird, insbesondere darauf, dass Ordnungsmittel verhängt werden können oder die elterliche Sorge eingeschränkt oder entzogen werden kann. ³Es weist die Eltern auf die bestehenden Möglichkeiten der Beratung durch die Beratungsstellen und -dienste der Träger der Kinder- und Jugendhilfe hin.

(4) ¹Das Gericht soll darauf hinwirken, dass die Eltern Einvernehmen über die Ausübung des Umgangs erzielen. Kommt ein gerichtlich gebilligter Vergleich zustande, tritt dieser an die Stelle der bisherigen Regelung. ²Wird ein Einvernehmen nicht erzielt, sind die Streitpunkte im Vermerk festzuhalten.

(5) ¹Wird weder eine einvernehmliche Regelung des Umgangs noch Einvernehmen über eine nachfolgende Inanspruchnahme außergerichtlicher Beratung erreicht oder erscheint mindestens ein Elternteil in dem Vermittlungstermin nicht, stellt das Gericht durch nicht anfechtbaren Beschluss fest, dass das Vermittlungsverfahren erfolglos geblieben ist. ²In diesem Fall prüft das Gericht, ob Ordnungsmittel ergriffen, Änderungen der Umgangsregelung vorgenommen oder Maßnahmen in Bezug auf die Sorge ergriffen werden sollen. ³Wird ein entsprechendes Verfahren von Amts wegen oder auf einen binnen eines Monats gestellten Antrag eines Elternteils eingeleitet, werden die Kosten des Vermittlungsverfahrens als Teil der Kosten des anschließenden Verfahrens behandelt.

I. Normzweck

Die Vorschrift übernimmt und erweitert das Vermittlungsverfahren gemäß dem bisherigen § 52a FGG, der durch das KindRG v. 16. 12. 1997[1] in das FGG eingefügt worden war, und passt die Vorschrift an einigen Stellen an die durch das FamFG veränderte Rechtslage an. Das Ziel der Vermittlung ist in Abs. 4 S. 1 festgehalten: das Gericht soll ein Einvernehmen zwischen den Eltern über die Ausübung des Umgangs erreichen, um eine das Kind belastende gerichtliche Vollstreckung des Umgangsrechts entbehrlich zu machen[2] und die Belastung der Kinder bei der Ausübung und Durchsetzung des Umgangs möglichst gering zu halten.[3] Gegenstand der Vorschrift ist ein eingehend geregeltes, **formalisiertes selbstständiges Vermittlungsverfahren** vor dem Familiengericht bei Streitigkeiten der Eltern über den Umgang mit dem gemeinschaftlichen Kind.[4] Wird daher ein Vermittlungsverfahren nach § 165 beantragt, so darf bis zu dessen Abschluss nicht ein Zwangsgeld angedroht werden.[5] Indes ergibt sich aus § 165 nicht, dass die Durchführung eines Vermittlungsverfahrens vorrangig gegenüber einer zwangsweisen Durchsetzung einer gerichtlichen Umgangsregelung ist.[6] Vielmehr haben die Eltern die freie Wahl zwischen Vermittlungsverfahren nach § 165, Vollstreckungsverfahren nach § 92 oder Abänderungsverfahren nach § 1696 BGB.[7] Allerdings würde es sich anbieten, wenn in eine von den Eltern getroffene Umgangsregelung, die gerichtlich gebilligt werden soll, aufgenommen wird, dass vor einer Vollstreckungsmaßnahme das Vermittlungsverfahren durchgeführt werden soll.[8] 1

Die Vermittlung vor erstmaliger Einleitung eines gerichtlichen Umgangsverfahrens obliegt weiterhin außergerichtlichen Beratungsstellen, insbesondere der Beratung durch das Jugendamt (§ 18 Abs. 3 S. 3 SGB VIII). Eine Inanspruchnahme der außergerichtlichen Beratung ist aber nicht Voraussetzung für einen Antrag auf gerichtliche Hilfe bei der Vollziehung einer gerichtlichen oder einvernehmlich erzielten Umgangsregelung zwischen den Eltern.[9] 2

II. Anwendungsbereich

Das Vermittlungsverfahren steht nur zur Verfügung, wenn eine Umgangsregelung besteht und der Vorwurf erhoben wird, der andere Elternteil vereitle oder erschwere das bestehende Umgangsrecht.[10] Von der Vorschrift erfasst werden einmal die Fälle, in denen eine gerichtliche Entscheidung über den Umgang der Eltern mit ihrem gemeinschaftlichen Kind bereits vorliegt, und zum anderen die Fälle, in denen die Eltern sich bereits selbst mit gerichtlicher Billigung über eine Umgangsregelung im Wege des Vergleichs (§ 156 Abs. 2) geeinigt hatten. In beiden Fällen war das Gericht zuvor mit der Umgangsregelung befasst und soll nunmehr im Konfliktfall bei der Vollziehung der von ihm getroffenen bzw. gebilligten Umgangsentscheidung vermitteln. 3

Eine außergerichtliche Einigung scheidet daher ebenso aus dem Anwendungsbereich aus wie ein nur gerichtlich protokollierter, aber nicht ausdrücklich durch eigene Entscheidung gebilligter Vergleich, weil nur dieser vollstreckungsfähig ist (vgl. § 156 Rn 13).[11] Da Verfahrensgegenstand das Umgangsrecht der Eltern mit dem gemeinschaftlichen Kind bildet, werden die Umgangsrechte des Kindes mit anderen Bezugspersonen, z. B. mit den Großeltern oder Geschwistern (§ 1685 BGB), von § 165 nicht erfasst. 4

---

[1] BGBl. I S. 2942.
[2] OLG Zweibrücken NJW-RR 2000, 1107 = FamRZ 2000, 299.
[3] BT-Drs. 13/4899 S. 134; s. dazu Jopt ZBlJR 1996, 203; Rauscher FamRZ 1998, 329; Prinz zu Wied FuR 1998, 193.
[4] Vgl. Prinz zu Wied FuR 1998, 193; Weisbrodt DAVorm 2000, 195/201.
[5] OLG Zweibrücken NJW-RR 2000, 1107 = FamRZ 2000, 299.
[6] OLG Bamberg NJW-FER 2001, 24 = FamRZ 2001, 169; OLG Rostock FamRZ 2002, 967.
[7] MünchKommZPO/Schumann § 165 FamFG Rn 3.
[8] Reinken FPR 2010, 428/430.
[9] OLG Hamm FamRZ 1998, 1303.
[10] Reinken FPR 2010, 428/430.
[11] OLG Hamm NJW 1970, 1425; OLGR München 2008, 304.

III. Die Regelung des Abs. 1

1. Antrag eines Elternteils als Verfahrensvoraussetzung

5   Die Einleitung des Verfahrens setzt nach Abs. 1 S. 2 einen Antrag eines Elternteils (§ 23) voraus, der geltend macht, der andere Elternteil vereitele oder erschwere die Vollziehung der gerichtlichen Besuchsregelung bzw. des gerichtlich gebilligten Vergleichs der Eltern, die in dem vorausgegangenen Verfahren getroffen war. Dieser erforderliche Verfahrensantrag kann in dem Antrag auf Ausschluss des Umgangsrechts liegen, der als Sachantrag lediglich die Vorstellung des Antragstellers enthält, wie letztlich eine Einigung der Eltern zum Umgangsrecht aussehen könnte.[12] Eine Antragsberechtigung des Kindes, des Verfahrensbeistands oder des Jugendamts ist nicht vorgesehen.[13]

2. Entscheidung des Gerichts

6   **a) Örtliche und funktionelle Zuständigkeit.** Das es sich bei dem Vermittlungsverfahren um ein selbständiges Verfahren handelt, kann die örtliche Zuständigkeit nach § 152 eine andere sein als bei der Erstentscheidung; der Grundsatz der Fortdauer der Zuständigkeit gilt nicht (vgl. § 152 Rn 2).[14] Das Familiengericht entscheidet nach § 14 Abs. 1 Nr. 7 RPflG durch den Richter.

7   **b) Voraussetzungen einer ablehnenden Entscheidung.** Das Familiengericht, kann unter den Voraussetzungen des Abs. 1 S. 1 die Durchführung des Vermittlungsverfahrens ablehnen, anderenfalls hat es nach Abs. 2 einen Termin anzuberaumen. Voraussetzung einer Ablehnung einer Vermittlung ist nach Abs. 1 S. 2, dass entweder bereits ein Vermittlungsverfahren oder eine im Anschluss an ein vorangegangenes Vermittlungsverfahren durchgeführte außergerichtliche Beratung, auf die sich die Eltern in dem Vermittlungsverfahren verständigt hatten, erfolglos geblieben ist. Damit soll verhindert werden, dass Eltern wiederholt Vermittlungsverfahren anstrengen, obwohl diese keinen Erfolg versprechen. Dies würde nämlich zu nicht vertretbaren Verzögerungen führen, weil sonst für den uneinsichtigen Elternteil die Möglichkeit bestände, den Umgang mit Hilfe eines weiteren gerichtlichen Verfahrens hinauszuschieben. Die Ablehnung durch Beschluss (§ 38) steht im Ermessen des Gerichtes und ist zu begründen.

8   **c) Rechtsmittel gegen die ablehnende Entscheidung.** Die Entscheidung über die Ablehnung der Durchführung eines Vermittlungsverfahrens ist mit der Beschwerde nach § 58 anfechtbar. Mit der Beschwerde kann aber nicht geltend gemacht werden, dass ein Fall eines erfolglos gebliebenen früheren Vermittlungsverfahrens nicht vorliege. Dies ergibt sich aus Abs. 5 S. 1, wonach bei einem erfolglosen Vermittlungsverfahren die Entscheidung des Gerichts, das Verfahren sei erfolglos verlaufen, nicht anfechtbar ist. Dieser Rechtsmittelausschluss kann nicht dadurch umgangen werden, dass ein erneuter Antrag nach Abs. 1 gestellt wird.

IV. Anberaumung eines Vermittlungstermins (Abs. 2)

1. Ladung der Eltern und Anordnung des persönlichen Erscheinens

9   Lehnt das Gericht die Vermittlung nicht ab, hat es nach Abs. 2 S. 1 unverzüglich, d. h. ohne schuldhaftes Zögern (§ 121 Abs. 1 BGB) einen Vermittlungstermin anzuberaumen. Damit eine ausreichende und unmittelbare Erörterung der Konfliktsituation mit den Eltern möglich ist,[15] muss das Familiengericht nach S. 2 das persönliche Erscheinen beider Elternteile anordnen, deren Erscheinen aber wegen Abs. 5 S. 1 **nicht erzwingbar** ist.

---

[12] OLG Hamm FamRZ 1998, 1303.
[13] Reinken FPR 2010, 428/430.
[14] Ebenso BJS/Zorn Rn 7.
[15] BT-Drs. 13/4899 S. 134.

2. Hinweis auf die Rechtsfolgen eines erfolglosen Vermittlungsverfahrens

Nach S. 3 muss das Gericht in der Ladung der Eltern auf die Rechtsfolgen eines erfolglosen Vermittlungsverfahrens hinweisen: diese bestehen nach Abs. 5 S. 2 darin, dass das Gericht bei Nichterscheinen eines Elternteils oder der Erfolglosigkeit des Vermittlungsverfahrens von Amts wegen zu prüfen hat, ob Ordnungsmittel ergriffen (§ 89), Änderungen der Umgangsregelungen vorgenommen (§ 1696 BGB) oder Maßnahmen in Bezug auf die Sorge (§ 1666 BGB) ergriffen werden sollen.

3. Hinzuziehung des Jugendamtes

Nach Abs. 2 S. 4 soll das Gericht in geeigneten Fällen das Jugendamt zum Termin hinzuziehen. Dies bietet sich an, wenn überlegt werden soll, ob und inwieweit mit Hilfe des Jugendamtes der Konflikt gelöst werden kann, oder wenn das Jugendamt sich an dem vorausgegangenem Umgangsverfahren beteiligt hatte.[16] Das Erscheinen eines Mitarbeiters des Jugendamts kann aber nicht erzwungen werden, weil ein einzelner Mitarbeiter des Jugendamts nicht Beteiligter sein kann.[17]

4. Bestellung eines Verfahrensbeistands

Da das Vermittlungsverfahren gegenüber dem vorangegangenen gerichtlichen Verfahren ein eigenständiges Verfahren bildet, muss unter den Voraussetzungen des § 158 für das Kind ein Verfahrensbeistand bestellt werden.[18] Dies gilt auch, wenn für das vorangegangene Verfahren ein Verfahrensbeistand bestellt war: denn dessen Bestellung endete nach § 158 Abs. 6 mit der Rechtskraft der das Verfahren abschließenden Entscheidung bzw. mit dem sonstigen Abschluss des Verfahrens.

5. Beiordnung eines Anwalts im Rahmen der Verfahrenskostenhilfe

Die Beiordnung eines Anwalts für das Vermittlungsverfahren richtet sich nach § 78 Abs. 2. Eine Anwaltsbeiordnung wird aber kaum in Betracht kommen, weil es in dem Vermittlungsverfahren – nur – um die Vermittlung bei dem elterlichen Konflikt anlässlich der Durchführung der bereits gerichtlich ergangenen oder genehmigten Umgangsregelung geht.[19]

6. Rechtsmittel

Ein Rechtsmittel gegen die Anberaumung des Termins gibt es nicht. Sie stellt eine sog. Zwischenentscheidung dar und nicht eine nach § 58 Abs. 1 anfechtbare Endentscheidung.

V. Das Verfahren im Vermittlungstermin (Abs. 3 und 4)

1. Belehrungspflichten (Abs. 3)

Abs. 3 schreibt vor, worüber das Gericht in dem Termin die Eltern, deren Bemühungen um eine einvernehmliche Regelung gestärkt werden sollen, belehren soll:
- über die Folgen des Unterbleibens des Umgangs für das Kindeswohl (S. 1),
- über die Rechtsfolgen, die sich aus der Vereitelung oder Erschwerung des Umgangs ergeben können (S. 2; Ordnungsmittel nach § 89, gerichtliche Maßnahmen nach §§ 1666, 1671 BGB, Änderungen der Umgangsregelungen nach § 1696 BGB),
- über die Möglichkeit der Beratung durch die Beratungsstellen und -dienste der Träger der Jugendhilfe (S. 3).

---

[16] Vgl. BT-Drs. 13/4899 S. 134.
[17] OLG Oldenburg NJW-RR 1996, 650; MünchKommZPO/Schumann § 165 FamFG Rn 6.
[18] MünchKommZPO/Schumann § 165 FamFG Rn 11.
[19] OLG Hamm FamRZ 1988, 1303; OLGR Naumburg 2006, 364; vgl. auch OLG Celle FamRZ 2010, 1363; a. A. OLG München FamRZ 2000, 1225 LS.

2. Hinwirken auf Einvernehmen; Vergleich; Inhalt des Terminsvermerks (Abs. 4)

16   Das **Ziel der Vermittlung** ist in Abs. 4 S. 1 festgehalten: das Gericht soll ein Einvernehmen zwischen den Eltern über die Ausübung des Umgangs erreichen. Die dem Gericht auch in § 156 Abs. 1 aufgegebene Verpflichtung, auf ein Einvernehmen hinzuwirken, bzw. das gesetzliche Ziel einer selbstständigen Konfliktlösung ist für das Kind von eminenter Bedeutung, weil durch ein Einvernehmen seiner Eltern die das Kind belastende gerichtliche Vollstreckung des Umgangsrechts entbehrlich[20] und die Belastung des Kindes bei der Ausübung und Durchsetzung des Umgangs so gering wie möglich gehalten wird.[21]

17   Kommt eine Einigung der Eltern über die Ausübung des Umgangs zustande, ist die Regelung, sofern sie von der bisherigen gerichtlichen Regelung abweicht und zur Überzeugung des Gerichts dem Kindeswohl nicht widerspricht, als **gerichtlich gebilligter Vergleich** zu protokollieren (§ 156 Abs. 2); dieser vom Familiengericht nach Überprüfung als eigene Entscheidung übernommene Vergleich tritt an die Stelle der bisherigen Umgangsregelung und ist Vollstreckungsgrundlage nach § 86 Abs. 1 Nr. 2.

18   Kommt es nicht zu einer Einigung über die Ausübung des Umgangs, so ist dies im **Terminsvermerk** (§ 28 Abs. 4) als Ergebnis der Vermittlung niederzulegen; dabei sind nach S. 3 auch die Streitpunkte im Protokoll festzuhalten. Auch muss wegen Abs. 5 S. 1 niedergelegt werden, ob sich die Beteiligten formlos, d. h. ohne förmlichen Vergleichsschluss i. S. d. § 156 Abs. 2 geeinigt oder zumindest auf eine außergerichtliche Beratung durch das Jugendamt verständigt haben.

VI. Folgen eines erfolglos gebliebenen Vermittlungsverfahrens (Abs. 5)

1. Erfolglose Vermittlungsverfahren

19   Erfolglos sind Vermittlungsverfahren,
– in denen weder eine Einigung über den Umgang noch über eine Inanspruchnahme außergerichtlicher Beratung zustande gekommen ist, oder
– in denen zumindest ein Elternteil nicht zum Vermittlungstermin erschienen ist und eine Einigung daher nicht zustande kommen konnte.

2. Feststellung der Erfolglosigkeit

20   Soweit das Vermittlungsverfahren erfolglos geblieben ist, hat das Gericht dies ausdrücklich durch Beschluss festzustellen. Die Entscheidung über die Feststellung, das Vermittlungsverfahren sei erfolglos geblieben, ist nach Abs. 5 S. 2 **nicht anfechtbar**.

21   Folgen der Feststellung:
– das Gericht kann ein weiteres gerichtliches Vermittlungsverfahren ablehnen (Abs. 1 S. 2),
– das Gericht hat nach Abs. 5 S. 2 zu prüfen, ob Ordnungsmittel nach § 89 ergriffen, Änderungen der Umgangsregelungen vorgenommen (§ 1696 BGB) oder Maßnahmen in Bezug auf die Sorge (§§ 1666, 1671 BGB) ergriffen werden sollen.

VII. Kosten (Abs. 5 S. 3)

22   Das Gesetz hat für das gerichtliche Vermittlungsverfahren im Interesse der Förderung der einvernehmlichen Konfliktlösung **keine Gerichtsgebühren** eingeführt.[22] Dieser kostenrechtliche Anreiz, der schon für die Vorgängerregelung in § 52 a FGG galt, hat das Gesetz in Abs. 5 beibehalten.[23] Die Kosten des Vermittlungsverfahrens sind nach Abs. 5 S. 3 Kosten eines nachfolgenden Verfahrens nach § 89 oder nach §§ 1666, 1671, 1696 BGB, **sofern** dieses im Anschluss an ein erfolgloses Vermittlungsverfahren von Amts wegen oder auf einen binnen einem Monat nach Bekanntgabe der gerichtlichen Feststellung, das Vermittlungsverfahren sei erfolglos geblieben, gestellten Antrag eines Elternteils eingeleitet

---

[20] OLG Zweibrücken NJW-RR 2000, 1107 = FamRZ 2000, 299.
[21] BT-Drs. 13/4899 S. 134; s. dazu Jopt ZBlJR 1996, 203; Rauscher FamRZ 1998, 329; Prinz zu Wied FuR 1998, 193.
[22] Vgl. zu § 52 a FGG BT-Drs. 13/4899 S. 135.
[23] A. A. Bahrenfuss/Schlemm § 165 Rn 11.

wird. Hinsichtlich der Gerichtskosten für das Verfahren und des Verfahrenswertes wird auf § 151 Rn 25–27 verwiesen.

Nach § 17 Nr. 8 RVG sind dagegen das Vermittlungsverfahren nach § 165 und ein sich anschließendes gerichtliches Verfahren verschiedene Angelegenheiten. Die Frage, wonach sich der Gegenstandswert bestimmt, ist in der Rechtsprechung streitig. Nach der einen Auffassung[24] ist § 23 Abs. 3 S. 2 RVG anzuwenden, nach anderer, m. E. zutreffender Ansicht gilt § 30 Abs. 2 KostO.[25]

Abänderung und Überprüfung von Entscheidungen und gerichtlich gebilligten Vergleichen

166 (1) **Das Gericht ändert eine Entscheidung oder einen gerichtlich gebilligten Vergleich nach Maßgabe des § 1696 des Bürgerlichen Gesetzbuchs.**

(2) **Eine länger dauernde kindesschutzrechtliche Maßnahme hat das Gericht in angemessenen Zeitabständen zu überprüfen.**

(3) **Sieht das Gericht von einer Maßnahme nach den §§ 1666 bis 1667 des Bürgerlichen Gesetzbuchs ab, soll es seine Entscheidung in einem angemessenen Zeitabstand, in der Regel nach drei Monaten, überprüfen.**

I. Normzweck

Die Vorschrift, die den verfahrensrechtlichen Gehalt des § 1696 BGB übernimmt, ist für den Bereich der Kindschaftssachen als Spezialvorschrift zu den Regelungen des allgemeinen Teils über die Abänderung gerichtlicher Entscheidungen in § 48 Abs. 1 und gerichtlich gebilligter Vergleiche (vgl. § 156 Abs. 2) zu verstehen.[1] Sie betrifft die Abänderung von **Entscheidungen in der Hauptsache**, während sich die Abänderung einer Entscheidung im Verfahren auf Erlass einer **einstweiligen Anordnung** nach § 54 richtet.[2]

II. Abänderung einer gerichtlichen Entscheidung (Abs. 1)

1. Abänderung von Amts wegen

Das Überprüfungsverfahren ist ein selbständiges Verfahren, dass nach § 23 von Amts wegen einzuleiten ist, gegebenenfalls auch auf Anregung eines Beteiligten. Abs. 1 gibt dem Familiengericht die verfahrensrechtliche Befugnis zur Abänderung einer von ihm erlassenen Entscheidung – darunter fällt nach dem Gesetzeswortlaut auch die Genehmigung eines Vergleichs –, wenn die Voraussetzungen des § 1696 BGB erfüllt sind, wenn also die Änderung einer Entscheidung zum Sorge- oder Umgangsrecht oder ein gerichtlich gebilligter Vergleich aus triftigen, das Wohl des Kindes nachhaltig berührenden Gründen angezeigt ist. Da im Zeitpunkt einer langfristig angelegten gerichtlichen Entscheidung der weitere Verlauf der Entwicklung des Kindes und der Verhältnisse in seinem Elternhaus nicht vorhersehbar sind, muss eine Sorgerechtsentscheidung von Zeit zu Zeit auf ihre Notwendigkeit überprüft werden, insbesondere auch vor dem Hintergrund, dass für die leiblichen Eltern die Trennung von ihrem Kind der stärkste vorstellbare Eingriff in das Elternrecht ist, der nur bei strikter Wahrung des Grundsatzes der Verhältnismäßigkeit mit dem Grundgesetz vereinbar ist.[3] Das Elternrecht aus Art. 6 Abs. 2 GG lässt Maßnahmen des Staates nämlich nur im Rahmen seines Wächteramtes zu und gibt den Eltern daher ein Abwehrrecht gegen staatliche Eingriffe.[4] Der Schutz von Familie aus Art. 6 Abs. 1 GG und des Erziehungsberechtigten aus Art. 6 Abs. 3 GG erstreckt sich auch auf die Pflegefamilie, so dass Art. 6 Abs. 3 GG bei Entscheidungen über die Herausnahme des Kindes aus seiner

---

[24] OLG Brandenburg NJW-RR 2006, 704 = FamRZ 2006, 1859; OLG Düsseldorf BeckRS 2010, 27509.
[25] OLGR Naumburg 2006, 364; OLG Nürnberg JurBüro 2006, 200; OLG Zweibrücken OLGR 2008, 704; Geske Kap. 17 Rn 91; Schneider/Herget Rn 5985.
[1] BT-Drs. 16/6308 S. 242.
[2] BT-Drs. 16/6308 S. 242.
[3] BVerfGE 60, 79 = NJW 1982, 1379.
[4] BVerfGE 61, 358 = NJW 1983, 101; KG FamRZ 2008, 810.

„sozialen" Familie auch auf Seiten der Pflegeeltern nicht außer acht bleiben darf.[5] Bei Entscheidungen im Bereich des Art. 6 Abs. 2, 3 GG ist allerdings immer das Wohl des Kindes und dessen Grundrechtsposition aus Art. 2 Abs. 1 i. V. m. Art. 1 Abs. 1 GG in den Blickpunkt zu nehmen, das auch bei Interessenkollisionen zwischen dem Kind und seinen Eltern und/oder den Pflegeeltern letztlich bestimmend sein muss.[6]

2. Örtliche Zuständigkeit

3 Da das Überprüfungs- und Abänderungsverfahren eine selbständige Angelegenheit darstellt, kann die **örtliche Zuständigkeit** eine andere sein als bei der Erstentscheidung; der Grundsatz der Fortdauer der Zuständigkeit gilt insoweit nicht.[7]

III. Überprüfung einer stattgebenden kindesschutzrechtlichen Entscheidung (Abs. 2)

4 Abs. 2 entspricht dem bisherigen § 1696 Abs. 3 BGB. Danach hat das Familiengericht bei länger dauernden kindesschutzrechtlichen Maßnahmen, die in § 1696 Abs. 2 BGB definiert sind als Maßnahmen, die zur Abwendung einer Kindeswohlgefährdung oder zum Wohl des Kindes erforderlich sind, auch ohne besonderen Anlass ein Überprüfungsverfahren einzuleiten. Das Gesetz sieht keine bestimmten Fristen vor, innerhalb deren die Überprüfung zu erfolgen hat; es überlässt vielmehr dem Gericht die Bemessung des Zeitraums. Der Überprüfungszeitraum muss lediglich angemessen sein. Hierbei kommt es auf den Einzelfall an, insbesondere auf die Umstände, die zu der Kindesschutzmaßnahme geführt haben, und die Einschätzung des Gerichts, ob im konkreten Fall oder üblicherweise mit einer Besserung der die Entscheidung tragenden Umstände gerechnet werden kann. Hinreichender Anlass für eine Überprüfung wird in aller Regel auch bestehen, wenn ein Beteiligter eine Abänderung der getroffenen Maßnahme anregt. Ansonsten können auch die Zeiträume, nach deren Ablauf nach bisheriger Praxis des Gerichts üblicherweise ein Überprüfungsverfahren eingeleitet worden ist, einen Anhalt für eine erforderlich werdende Überprüfung geben.[8]

IV. Überprüfung einer ablehnenden kindesschutzrechtlichen Entscheidung (Abs. 3)

5 Abs. 3 verpflichtet das Gericht aus Kindesschutzgründen, auch einen Beschluss, mit dem es die Anordnung einer Schutzmaßnahme nach §§ 1666 bis 1667 BGB abgelehnt hat, in einem angemessenen zeitlichen Abstand daraufhin zu überprüfen, ob diese Entscheidung noch immer sachgerecht ist. Diese Überprüfungspflicht soll der Gefahr begegnen, dass es – entgegen der Annahme des Gerichts in der früheren ablehnenden Entscheidung – nicht gelingt, die Gefährdung für das Kind abzuwenden und das Gericht hiervon nichts erfährt. Wie in den Fällen des Abs. 2 sieht das Gesetz auch in Abs. 3 keine bestimmten Fristen vor, innerhalb deren die Überprüfung zu erfolgen hat, und überlässt auch hier dem Gericht den individuell zu bemessenden Zeitraum. Das Gericht wird bei seiner Entscheidung insbesondere in den Blick zu nehmen haben, ob es aufgrund der Zusagen der Eltern das Verfahren ohne eine Maßnahme abgeschlossen hatte, weil gerade in solchen Fällen im Interesse des Kindes eine nochmalige zeitnahe Befassung des Gerichts mit dem Fall gewährleistet sein soll.[9] Dabei kann dann z. B. geklärt werden, ob die Eltern nach dem für sie folgenlosen Gerichtsverfahren tatsächlich mit dem Jugendamt kooperieren oder ihrem Kind notwendige Hilfen vorenthalten. Nehmen Eltern z. B. entgegen ihrer Zusage in dem früheren Gerichtstermin Jugendhilfeleistungen nicht in Anspruch, kann das Gericht nun weitergehende Maßnahmen prüfen. Zum Zweck der Überprüfung kann das Gericht auch das Jugendamt um Mitteilung der Ergebnisse der Hilfeplangespräche und der durchgeführten Hilfen bitten.

---

[5] BVerfG NJW 2003, 2151 = FamRZ 816; NJW 1999, 3623 = FamRZ 1999, 1417.
[6] Vgl. BVerfG NJW 1985, 423 = FamRZ 1985, 39.
[7] Vgl. zu § 1696 BGH FamRZ 1990, 1101.
[8] OLG Düsseldorf FamRZ 1999, 615.
[9] Vgl. BT-Drs. 16/6308 S. 243.

In Betracht kommt auch die Anhörung der Eltern oder des Kindes. Die Ausgestaltung als Soll-Vorschrift ermöglicht es, eine nochmalige Überprüfung in offensichtlich unbegründeten Fällen auszuschließen, insbesondere, wenn auch das Jugendamt keine gerichtlichen Maßnahmen (mehr) für erforderlich hält.[10] Die Zuständigkeit der Kinder- und Jugendhilfe, das Familiengericht in eigener Verantwortung erneut anzurufen, bleibt von der Regelung in Abs. 3 unberührt.

Anwendbare Vorschriften bei Unterbringung Minderjähriger

167 (1) ¹In Verfahren nach § 151 Nr. 6 sind die für Unterbringungssachen nach § 312 Nr. 1, in Verfahren nach § 151 Nr. 7 die für Unterbringungssachen nach § 312 Nr. 3 geltenden Vorschriften anzuwenden. ²An die Stelle des Verfahrenspflegers tritt der Verfahrensbeistand.

(2) Ist für eine Kindschaftssache nach Absatz 1 ein anderes Gericht zuständig als dasjenige, bei dem eine Vormundschaft oder eine die Unterbringung erfassende Pflegschaft für den Minderjährigen eingeleitet ist, teilt dieses Gericht dem für das Verfahren nach Absatz 1 zuständigen Gericht die Anordnung und Aufhebung der Vormundschaft oder Pflegschaft, den Wegfall des Aufgabenbereiches Unterbringung und einen Wechsel in der Person des Vormunds oder Pflegers mit; das für das Verfahren nach Absatz 1 zuständige Gericht teilt dem anderen Gericht die Unterbringungsmaßnahme, ihre Änderung, Verlängerung und Aufhebung mit.

(3) Der Betroffene ist ohne Rücksicht auf seine Geschäftsfähigkeit verfahrensfähig, wenn er das 14. Lebensjahr vollendet hat.

(4) In den in Absatz 1 Satz 1 genannten Verfahren sind die Elternteile, denen die Personensorge zusteht, der gesetzliche Vertreter in persönlichen Angelegenheiten sowie die Pflegeeltern persönlich anzuhören.

(5) Das Jugendamt hat die Eltern, den Vormund oder den Pfleger auf deren Wunsch bei der Zuführung zur Unterbringung zu unterstützen.

(6) ¹In Verfahren nach § 151 Nr. 6 und 7 soll der Sachverständige Arzt für Kinder- und Jugendpsychiatrie und -psychotherapie sein. ²In Verfahren nach § 151 Nr. 6 kann das Gutachten auch durch einen in Fragen der Heimerziehung ausgewiesenen Psychotherapeuten, Psychologen, Pädagogen oder Sozialpädagogen erstattet werden.

I. Normzweck

Die Vorschrift regelt die Verfahrensvorschriften für die zivilrechtliche und öffentlich-rechtliche Unterbringung Minderjähriger. Diese Verfahren zählen zu den Kindschaftssachen, für die erstinstanzlich die Familiengerichte und zweitinstanzlich die Oberlandesgerichte zuständig sind, während für die in den §§ 312 ff. geregelte Unterbringung Erwachsener erstinstanzlich die Betreuungsgerichte und zweitinstanzlich die Landgerichte zuständig sind. 1

II. Anwendbare Verfahrensvorschriften aus dem Verfahrensrecht der §§ 313 ff. über die Unterbringung Erwachsener (Abs. 1)

1. Zivilrechtliche Unterbringung

a) Genehmigung der Unterbringung Minderjähriger nach § 1631b BGB. In den Kindschaftssachen nach **§ 151 Nr. 6,** die die Genehmigung der freiheitsentziehenden Unterbringung eines Minderjährigen nach § 1631b BGB betreffen, sind die für Unterbringungssachen Erwachsener geltenden Vorschriften nach §§ 312 ff. mit der Maßgabe anzuwenden, dass nicht ein Verfahrenspfleger nach § 317, sondern ein **Verfahrensbeistand** nach § 158 mit den dort genannten Rechten und Pflichten zu bestellen ist.[1] Es gilt daher auch für die Vergütung nicht § 318, sondern § 158 Abs. 7. Zur Frage der Anwendbarkeit des § 1906 Abs. 4 BGB vgl. § 151 Rn 14. 2

---

[10] Vgl. zu allem BT-Drs. 16/6308 S. 243; Götz FF/FamFG spezial 2009, 20/23.
[1] Ebenso MünchKommZPO/Heilmann § 167 FamFG Rn 23; a. A. Bumiller/Harders § 167 Rn 12.

3 Für das Verfahren gelten demnach ausschließlich folgende Vorschriften (auf die Kommentierung der §§ 313 ff. wird verwiesen):

	Vorschrift	Besonderheiten
Örtliche Zuständigkeit – ausschließliche – für Eilmaßnahmen	§ 313[2] – Abs. 1, – Abs. 2	
Abgabe der Unterbringungssache	§ 314	
Beteiligte	§ 315	
Verfahrensfähigkeit	§ 316	Abs. 3: der Minderjährige muss mindestens 14 Jahre sein; s. Rn 8
Verfahrensbeistand	§ 158	dieser ist zu bestellen, wenn nach § 317 für die Unterbringung eines Erwachsenen ein Verfahrenspfleger zu bestellen ist;[3]
Anhörung – des Minderjährigen – sonstiger Beteiligter und der zuständigen Behörde	§ 319 § 320	Abs. 4: Anhörung – der Eltern – des gesetzlichen Vertreters – der Pflegeeltern s. Rn 9
Gutachten – Einholung eines – Vorführung zur Untersuchung, Unterbringung zur Begutachtung	§ 321 § 322	Abs. 6: Qualifikation des Sachverständigen; s. Rn 11
Beschluss – Beschlussformel – Wirksamwerden – Bekanntgabe	§ 323 § 324 § 325	
Vollzug – Behördliche Unterstützung – gerichtliche Überprüfung – Aussetzung des Vollzugs	§ 326 § 327 § 328	Abs. 5: Unterstützung durch das Jugendamt; s. Rn 10
Unterbringung – Dauer – Verlängerung – Aufhebung	§ 329 – Abs. 1 – Abs. 2 § 330	
einstweilige Anordnung – bei gesteigerter Dringlichkeit – Dauer der einstw. Anordnung – einstweilige Maßregeln bei einer Unterbringungsmaßnahme nach § 1846 BGB	§ 331 § 332 § 333 § 334	
Beschwerde – ergänzendes Beschwerderecht – bei Einlegung durch den Minderjährigen auch beim Amtsgericht am Ort der Unterbringung	§ 335 § 336	S. Rn 15.
Kosten in Unterbringungssachen	§ 337	

[2] Ebenso MünchKommZPO/Heilmann § 167 FamFG Rn 6; a. A. Bumiller/Harders § 167 Rn 5.
[3] BT-Drs. 16/6308 S. 243.

	Vorschrift	Besonderheiten
Mitteilung von Entscheidungen an Gerichte und Behörden	§ 338 i. V. m. §§ 308, 311	Abs. 2: Unterrichtungspflicht der Gerichte; s. Rn 7
Benachrichtigung von **Angehörigen**	§ 339	

b) Anordnung der einstweiligen Unterbringung nach § 1846 BGB. Zu den zivilrechtlichen Unterbringungen zählt auch eine Unterbringungsmaßnahme, die das Familiengericht nach § 1846 BGB als einstweilige Maßregel anordnet, weil ein Vormund noch nicht bestellt oder an der Erfüllung seiner Pflichten verhindert ist. § 1846 BGB gilt nach § 1915 BGB auch für die Pflegschaft. Dass insoweit grundsätzlich auch die Verfahrensvorschriften aus dem Recht der Unterbringung Erwachsener mit den Besonderheiten nach Rn 2 anzuwenden sind, ergibt sich aus § 334, der die einstweilige Maßregel nach § 1846 BGB zum Gegenstand hat.

2. Unterbringung psychisch kranker Minderjähriger nach Landesrecht

In den Unterbringungssachen betreffend die Anordnung der Unterbringung psychisch kranker Minderjähriger nach öffentlich-rechtlichen Vorschriften des jeweiligen Landesrechts – das sind die Fälle des **§ 151 Nr. 7** –, sind ebenfalls die für Unterbringung Erwachsener (§ 312 Nr. 3) geltenden Verfahrensvorschriften anzuwenden. Auch insoweit gilt aber die Modifikation in S. 2, dass an die Stelle des Verfahrenspflegers der Verfahrensbeistand tritt. Für die örtliche Zuständigkeit gilt § 313 Abs. 3, hinsichtlich der ansonsten geltenden Verfahrensvorschriften wird auf Rn 3 verwiesen.

Landesrechtliche Vorschriften zur Unterbringung:[4]
- **Baden-Württemberg:** Unterbringungsgesetz i. d. F. vom 2. 12. 1991, GBl. S. 794;
- **Bayern:** Unterbringungsgesetz i. d. F. vom 5. 4. 1992, GVBl. 1992, S. 60;
- **Berlin:** PsychKG vom 7. 3. 1995, GVBl. S. 86;
- **Brandenburg:** BbgPsychKG vom 8. 2. 1996, GVBl. S. 26;
- **Bremen:** PsychKG vom 19. 12. 2000, Brem. GBl. S. 471;
- **Hamburg:** HmbPsychKG vom 27. 9. 1995, HmbGVBl. 1995 S. 235;
- **Hessen:** Freiheitsentziehungsgesetz vom 19. 5. 1952, GVBl. S. 111;
- **Mecklenburg-Vorpommern:** PsychKG M-V vom 13. 4. 2000, GVOBl. S. 182;
- **Niedersachsen:** NPsychKG vom 16. 6. 1997, Nds. GVBl. S. 272;
- **Nordrhein-Westfalen:** PsychKG vom 17. 12. 1999, GV. NRW S. 662;
- **Rheinland-Pfalz:** PsychKG vom 17. 11. 1999, GVBl. 1999, S. 473;
- **Saarland:** Unterbringungsgesetz vom 11. 11. 1992, Amtsbl. S. 1271;
- **Sachsen:** Sächs. PsychKG vom 10. 10. 2007, SächsGVBl. S. 422;
- **Sachsen-Anhalt:** PsychKG LSA vom 30. 1. 1992, GVBl. LSA S. 88;
- **Schleswig-Holstein:** PsychKG vom 14. 1. 2000, GVOBl. S. 206;
- **Thüringen:** Thür.PsychKG vom 2. 2. 1994, GVBl. S. 81.

III. Sonderregelungen für das Verfahren der Unterbringung Minderjähriger (Abs. 2 bis 6)

1. Gegenseitige Unterrichtungspflicht der Gerichte (Abs. 2)

Die Vorschrift schreibt – wie **§ 313 Abs. 4** für die Unterbringung Erwachsener – eine gegenseitige Unterrichtungspflicht der Gerichte vor, wenn für eine Unterbringungsmaßnahme ein anderes Gericht als dasjenige zuständig ist, bei dem eine Vormundschaft oder eine die Unterbringung erfassende Pflegschaft für den Minderjährigen eingeleitet ist. Seitens dieses Gerichts erstreckt sich die Mitteilungspflicht auf die Aufhebung der Vormundschaft oder Pflegschaft, den Wegfall des Aufgabenbereiches Unterbringung und einen Wechsel in der Person des Vormunds oder Pflegers. Das für die Unterrichtungsmaßnahme zuständige

---

[4] Texte abgedruckt im Anhang von Marschner/Volckart/Lesting, Freiheitsentziehung und Unterbringung.

Gericht hat die Unterbringungsmaßnahme, ihre Änderung, Verlängerung oder Aufhebung mitzuteilen. Diese Unterrichtungspflicht soll sicherstellen, dass einerseits der mit der Vormundschaft oder Pflegschaft befasste Richter und andererseits der mit der Unterbringungsmaßnahme befasste Richter über die Entwicklung des von ihm betreuten Falles im Bilde bleiben.

2. Verfahrensfähigkeit (Abs. 3)

8   Die Vorschrift regelt die Verfahrensfähigkeit **ergänzend zu § 316**, nach dem der betroffene Volljährige in Unterbringungsverfahren unabhängig von seiner Geschäftsfähigkeit verfahrensfähig ist. Dies schränkt Abs. 3 dahin ein, dass die Verfahrensfähigkeit für Kinder erst mit Vollendung des 14. Lebensjahres beginnt. Ein 14 Jahre altes Kind hat daher im Verfahren alle Befugnisse eines Geschäftsfähigen. Es kann insbesondere alle Angriffs- und Verteidigungsmittel vorbringen, Verfahrenskostenhilfe beantragen, Ablehnungsgesuche stellen und Rechtsmittel selbst einlegen, ohne auf die Hilfe Dritter angewiesen zu sein; es kann auch selbst einen Verfahrensbevollmächtigten bestellen, insbesondere einen Rechtsanwalt mit seiner Vertretung beauftragen.[5] Folge der Verfahrensfähigkeit ist auch, dass Verfahrenshandlungen, z. B. Zustellungen, ihm gegenüber wirksam vorgenommen werden können.[6]

3. Mündliche Anhörung des gesetzlichen Vertreters (Abs. 4)

9   Die Regelung schreibt zwingend vor, dass zum Schutz des Minderjährigen dessen Elternteile, denen die Personensorge zusteht, der gesetzliche Vertreter in persönlichen Angelegenheiten und die Pflegeeltern persönlich anzuhören sind, damit sich das Gericht einen persönlichen Eindruck von diesen Personen verschaffen kann.[7] Durch die persönliche, also mündliche Anhörung sollen Kommunikationsschwierigkeiten vermieden und nicht sogleich ins Auge fallende Entwicklungsstörungen des betroffenen Minderjährigen dem Gericht vermittelt werden; die Pflegeeltern sind einbezogen worden, weil diese häufig über die aktuellsten Erkenntnisse verfügen, die für die Entscheidung erheblich sind.[8] Es braucht kein Pflegeverhältnis im Sinne von §§ 27, 33, 44 SGB VIII zu bestehen; vielmehr genügt ein tatsächliches Pflegeverhältnis, wie z. B. wenn Angehörige das Kind in Pflege haben.[9] Wenn das Pflegeverhältnis erst seit kurzem nicht mehr besteht, wird eine Anhörung der ehemaligen Pflegeeltern nach § 26 in Betracht kommen.[10]

4. Unterstützung des Vollzugs durch das Jugendamt (Abs. 5)

10 Während die öffentlich-rechtliche Unterbringung durch die nach den Unterbringungsgesetzen der Länder zuständige Behörde vollzogen wird, werden die zivilrechtlichen Unterbringungen von den Eltern, dem Vormund oder Pfleger durchgeführt, das Gericht erteilt lediglich seine Genehmigung (§§ 1631b, 1800, 1915 BGB). Auf deren Wunsch hat das Jugendamt sie dabei zu unterstützen. Dies stellt Abs. 5 ausdrücklich klar. Hierdurch erhalten die Eltern bzw. der Vormund oder Pfleger eine Anlaufstelle, an die sie sich mit dem Wunsch um Unterstützung wenden können, z. B. durch die Zurverfügungstellung eines Spezialfahrzeugs oder den Transport begleitendes Fachpersonal (vgl. § 326 Rn 2). Die Befugnisse des Jugendamts bei der Zuführung zur Unterbringung richten sich nach Abs. 1 S. 1 in Verbindung mit **§ 326 Abs. 2**.[11] Nach § 326 Abs. 2 S. 1 kann das Jugendamt gegen den Minderjährigen „Gewalt" nur anwenden, wenn es dazu durch ergänzende gerichtliche Anordnung ausdrücklich ermächtigt worden ist. Diese Ermächtigung stellt eine gesonderte gerichtliche Entscheidung dar, die den Verhältnismäßigkeitsgrundsatz zu wahren hat; sie kann bereits mit der Unterbringungsgenehmigung verbunden werden (vgl. § 326 Rn 3). Ist

---

[5] Einschränkend OLG Saarbrücken FGPrax 1999, 108.
[6] BayObLG NJW-RR 2001, 724 = FamRZ 2000, 1445.
[7] OLG Naumburg NJW-RR 2010, 1516 = FamRZ 2010, 1919.
[8] BT-Drs. 11/4528 S. 184.
[9] Bienwald § 70 d FGG Rn 12.
[10] Bienwald § 70 d FGG Rn 12.
[11] BT-Drs. 16/6308 S. 243.

das Jugendamt zur Gewaltanwendung ermächtigt, darf es nach § 326 Abs. 2 S. 2 um die Unterstützung der polizeilichen Vollzugsorgane nachsuchen.

5. Qualifikation des Sachverständigen (Abs. 6)

Die Vorschrift regelt die Qualifikation des Sachverständigen für die Erstattung eines Gutachtens bei Unterbringungsmaßnahmen *abweichend von § 321*. Der ärztliche Sachverständige soll bei der zivilrechtlichen wie öffentlich-rechtlichen Unterbringung in der Regel Arzt für Kinder- und Jugendpsychiatrie und -psychotherapie sein und nicht, wie es bei der Unterbringung Erwachsener als Grundsatz vorgeschrieben ist, „Arzt für Psychiatrie".

Abweichend von diesem Regelfall kann das Gutachten bei der zivilrechtlichen Unterbringung, also in Verfahren nach § 151 Nr. 6, ausnahmsweise auch durch einen in Fragen der Heimerziehung ausgewiesenen Psychotherapeuten, Psychologen, Pädagogen oder Sozialpädagogen erstattet werden. Zwar handelt es sich gerade bei stark verhaltensauffälligen Kindern, für die eine geschlossene Unterbringung in Betracht kommt, um eine psychiatrische Hochrisikogruppe, für die im Regelfall eine psychiatrische Begutachtung erforderlich ist.[12] Da aber im Einzelfall von vornherein nur eine Unterbringung in einem Heim der Kinder- und Jugendhilfe in Betracht kommen kann, ohne dass ein psychiatrischer Hintergrund im Raum steht, hat der Gesetzgeber diese Ausnahmeregelung geschaffen.[13]

IV. Abänderung, Rechtsmittel, Kosten

1. Abänderung der Entscheidung

Die Abänderung einer zivilrechtlichen Unterbringungsentscheidung nach § 151 Nr. 6 richtet sich, soweit es sich um eine Hauptsacheentscheidung handelt, nach § 166. Bei einstweiligen Entscheidungen nach §§ 331 bis 333 FamFG oder § 1846 BGB gilt § 54.

Die Abänderung einer öffentlich-rechtlichen Unterbringungsentscheidung nach § 151 Nr. 7 richtet sich nach den jeweiligen Landesgesetzen (s. dazu Rn 6).

2. Rechtsmittel

Soweit es sich um eine Hauptsacheentscheidung handelt, ist gegen die Unterbringungsentscheidung der Rechtsweg nach §§ 58 ff. eröffnet. Bei einer vorläufigen Maßnahme nach §§ 331 bis 333 FamFG oder § 1846 BGB gilt nicht der Rechtswegausschluss nach § 57 Abs. 1 S. 1, vielmehr gelten auch insoweit die §§ 58 ff.[14] mit der Besonderheit in § 63 Abs. 2 Nr. 1, wonach die Frist zur Einlegung der Beschwerde bei einer einstweiligen Unterbringung zwei Wochen beträgt. Die Annahme, es gelte § 57 Abs. 1 S. 1 übersieht, dass § 167 auf die für die Unterbringungssachen geltenden Verfahrensvorschriften verweist, die ein Beschwerderecht voraussetzen, was sich in der Vorschrift über das ergänzende Beschwerderecht in § 335 zeigt. Nach § 336 kann der verfahrensfähige Minderjährige (Rn 8) die Beschwerde abweichend von § 64 auch bei dem Gericht einlegen, in dessen Bezirk er untergebracht ist.

Die Bestellung eines Sachverständigen ist nicht selbständig anfechtbar, weil es sich insoweit um eine Zwischenentscheidung handelt und nicht um eine Endentscheidung, § 58 i. V. m. § 38 Abs. 1 (Legaldefinition der Endentscheidung).

Zur Frage, ob die Rechtmäßigkeit einer erfolgten Mitteilung nach §§ 308, 311 gerichtlich überprüft werden kann und ob insoweit die Beschwerde nach § 58 FamFG eröffnet oder ein Antrag auf gerichtliche Entscheidung nach § 22 Abs. 1 EGGVG zu stellen ist, s. § 308 Rn 14.

---

[12] BT-Drs. 16/6308 S. 243.
[13] BT-Drs. 16/6308 S. 243.
[14] Ebenso OLG Celle FamRZ 2010, 1844; OLG Dresden FamRZ 2010, 1845; OLG Frankfurt FamRZ 2010, 907; OLG Hamm MDR 2010, 1192; Kretz BtPrax 2009, 160/165; Prütting/Helms/Stößer § 57 Rn 14; a. A. OLG Koblenz NJW 2010, 880 = FamRZ 2010, 908.

3. Kosten und Gebühren

18 Über die Kosten ist nach §§ 81 ff. zu entscheiden.[15] Nach § 81 Abs. 3 können dem Minderjährigen keine Kosten auferlegt werden.

19 Die **Auslagen des Minderjährigen** können nach § 337 Abs. 1 unter den dort genannten Voraussetzungen ganz oder teilweise der Staatskasse auferlegt werden. Bei einer öffentlich-rechtlichen Unterbringung nach den Landesgesetzen können die Auslagen des Minderjährigen unter den Voraussetzungen des § 337 Abs. 2 der Körperschaft auferlegt werden, der die antragstellende Verwaltungsbehörde angehört.

20 Nach der Vorbemerkung 1.3.1. Abs. 1 vor Nr. 1310 KV FamGKG werden für ein Verfahren, das die freiheitsentziehende Unterbringung eines Minderjährigen betrifft, **keine Gerichtsgebühren** erhoben.

21 Für die Vergütung des **Verfahrensbeistands** gilt § 158 Abs. 7 (s. dazu die Kommentierung zu § 158 Rn 52–56).

22 Die Vergütung des **Rechtsanwalts** richtet sich nach Nr. 6300 bis 6303 VV RVG.

Beschluss über Zahlungen des Mündels

168 (1) ¹Das Gericht setzt durch Beschluss fest, wenn der Vormund, Gegenvormund oder Mündel die gerichtliche Festsetzung beantragt oder das Gericht sie für angemessen hält:

1. Vorschuss, Ersatz von Aufwendungen, Aufwandsentschädigung, soweit der Vormund oder Gegenvormund sie aus der Staatskasse verlangen kann (§ 1835 Abs. 4 und § 1835 a Abs. 3 des Bürgerlichen Gesetzbuchs) oder ihm nicht die Vermögenssorge übertragen wurde;
2. eine dem Vormund oder Gegenvormund zu bewilligende Vergütung oder Abschlagszahlung (§ 1836 des Bürgerlichen Gesetzbuchs).

²Mit der Festsetzung bestimmt das Gericht Höhe und Zeitpunkt der Zahlungen, die der Mündel an die Staatskasse nach den §§ 1836 c und 1836 e des Bürgerlichen Gesetzbuchs zu leisten hat. ³Es kann die Zahlungen gesondert festsetzen, wenn dies zweckmäßig ist. ⁴Erfolgt keine Festsetzung nach Satz 1 und richten sich die in Satz 1 bezeichneten Ansprüche gegen die Staatskasse, gelten die Vorschriften über das Verfahren bei der Entschädigung von Zeugen hinsichtlich ihrer baren Auslagen sinngemäß.

(2) ¹In dem Antrag sollen die persönlichen und wirtschaftlichen Verhältnisse des Mündels dargestellt werden. ²§ 118 Abs. 2 Satz 1 und 2 sowie § 120 Abs. 2 bis 4 Satz 1 und 2 der Zivilprozessordnung sind entsprechend anzuwenden. ³Steht nach der freien Überzeugung des Gerichts der Aufwand zur Ermittlung der persönlichen und wirtschaftlichen Verhältnisse des Mündels außer Verhältnis zur Höhe des aus der Staatskasse zu begleichenden Anspruchs oder zur Höhe der voraussichtlich vom Mündel zu leistenden Zahlungen, kann das Gericht ohne weitere Prüfung den Anspruch festsetzen oder von einer Festsetzung des vom Mündel zu leistenden Zahlungen absehen.

(3) ¹Nach dem Tode des Mündels bestimmt das Gericht Höhe und Zeitpunkt der Zahlungen, die der Erbe des Mündels nach § 1836 e des Bürgerlichen Gesetzbuchs an die Staatskasse zu leisten hat. ²Der Erbe ist verpflichtet, dem Gericht über den Bestand des Nachlasses Auskunft zu erteilen. ³Er hat dem Gericht auf Verlangen ein Verzeichnis der zur Erbschaft gehörenden Gegenstände vorzulegen und an Eides statt zu versichern, dass er nach bestem Wissen und Gewissen den Bestand so vollständig angegeben habe, als er dazu imstande sei.

(4) ¹Der Mündel ist zu hören, bevor nach Absatz 1 eine von ihm zu leistende Zahlung festgesetzt wird. ²Vor einer Entscheidung nach Absatz 3 ist der Erbe zu hören.

(5) Auf die Pflegschaft sind die Absätze 1 bis 4 entsprechend anzuwenden.

---

[15] OLG Naumburg NJW-RR 2010, 1516 = FamRZ 2010, 1919.

Übersicht

	Rn
I. Normzweck	1
II. Anwendungsbereich	2
III. Festsetzung der Vergütung und Aufwandsentschädigung im Verwaltungsweg	4
IV. Förmliches Festsetzungsverfahren	6
1. a) Funktionelle Zuständigkeit	6
b) Örtliche Zuständigkeit	7
2. Gerichtliche Entscheidung über Auslagen und Vergütung	8
a) Einleitung des förmlichen Verfahrens	8
b) Antrag und Antragsberechtigung; Abtretung	9
c) Ermittlungen von Amts wegen	10
d) Glaubhaftmachung	11
e) Prüfung der wirtschaftlichen Leistungsfähigkeit	12
f) Anhörung und Bestellung eines Verfahrenspflegers	13
g) Fehlerhafte Anordnung der Vormundschaft	14
h) Fehlende Feststellung der berufsmäßigen Führung	15
i) Zeitpunkt der Entstehung des Vergütungsanspruchs; Zeitraum der Vergütung	16
j) Tod des Mündels	17
k) Ausschlussfristen	18
l) Verjährung	19
m) Einwendungen, Gegenforderungen	20
n) Materielle Rechtskraft	22
3. Gerichtliche Festsetzung des Rückgriffanspruchs des Staates gegen den Mündel	23
a) Allgemeines	23
b) Prüfung der wirtschaftlichen Leistungsfähigkeit	25
c) Anhörung	26
d) Vorläufige Einstellung	27
e) Änderung der Entscheidung	28
f) Ausschluss der Abänderbarkeit	29
4. Festsetzung des Regressanspruchs gegen den Erben (Abs. 3)	30
V. Rechtsmittel	33
1. Statthaftigkeit; Zuständigkeit	33
2. Beschwerdebefugnis	36
3. Reformatio in peius	37
VI. Wirksamwerden; Zwangsvollstreckung	38
1. Wirksamwerden des erstinstanzlichen Festsetzungsbeschlusses	38
2. Zwangsvollstreckung	39
VII. Entscheidungen des Prozessgerichts	40

I. Normzweck

Die Vorschrift entspricht dem bisherigen § 56g FGG in der Fassung des Zweiten **1** Betreuungsrechtsänderungsgesetzes vom 21. 4. 2005,[1] mit Ausnahme der im Hinblick auf den Allgemeinen Teil des FamFG entbehrlichen Absätze 5 und 6. Die Vorschrift trifft die verfahrensrechtlichen Regelungen für die Festsetzung von Ansprüchen nach den §§ 1835 ff. BGB nicht nur in Vormundschaftssachen und Pflegschaftssachen (Abs. 5), sondern auch für die Festsetzung von Ansprüchen des Verfahrensbeistands (§ 158 Abs. 7 S. 6), des Betreuers (§ 292 Abs. 1) sowie des Verfahrenspflegers in Betreuungssachen (§ 277 Abs. 5), Unterbringungssachen (§ 318 i. V. m. § 277 Abs. 5) und Freiheitsentziehungssachen (§ 419 Abs. 5 i. V. m. § 277 Abs. 5).

II. Anwendungsbereich

Die Vorschrift **2**
- gilt für die Festsetzung von Aufwendungsersatz- und Vergütungsansprüchen des Vormunds, Pflegers, Betreuers etc. **gegen die Staatskasse;**

---

[1] BGBl. I S. 1073.

§ 168 3, 4   Abschnitt 3. Verfahren in Kindschaftssachen

- gilt für die Festsetzung der Vergütungsansprüche des Vormunds **gegen den Mündel,** des Pflegers **gegen den Minderjährigen,** des Betreuers **gegen den Betreuten;**
- gilt nicht, soweit sich der Aufwendungsersatzanspruch des Vormunds **gegen den Mündel** richtet; in diesem Fall kann sich der Vormund die Beträge, auf die er Anspruch hat, selbst aus dem Vermögen des Mündels nehmen, da zu seinem Aufgabenkreis die Vermögenssorge kraft Gesetzes gehört (§ 1793 BGB);[2] die gerichtliche Kontrolle erfolgt über §§ 1837, 1843 BGB; bei Streit ist Klage wegen Grund und Höhe vor dem ordentlichen Gericht zu erheben;[3] eine Festsetzung durch das Familiengericht kommt nicht in Betracht (zum Ausnahmefall bei Tod des Mündels s. Rn 17); das Festsetzungsverfahren nach § 168 ist aber für die gegen den Mündel gerichteten Aufwendungsersatzansprüche des **früheren** Vormunds bzw. Betreuers eröffnet, weil dieser die Beträge nicht mehr unmittelbar dem Mündelvermögen entnehmen kann;[4]
- gilt für die Festsetzung der Aufwendungsersatzansprüche des Pflegers oder Betreuers **gegen den Minderjährigen bzw. Betreuten,** sofern diesen nicht die Vermögenssorge übertragen ist; gehört hingegen die Vermögenssorge zu ihren Aufgabenkreisen, dann kommt eine Festsetzung der Aufwendungsersatzansprüche ebenso wie beim Vormund nicht in Betracht[5] (zum Ausnahmefall s. Rn 17); bei Streit gilt daher das oben zum Vormund Gesagte entsprechend;
- (entsprechend Abs. 1 Nr. 1) für die Festsetzung einer Vergütungs-/Aufwandsentschädigung nach dem Tod des Mündels oder Betreuten etc. gegen dessen Erben (s. Rn 17), es sei denn, der Betreuer hat den Betreuten allein beerbt,[6]
- für die Festsetzung von Regressansprüchen der Staatskasse nach §§ 1836 c bis 1836 e BGB gegen den Mündel und dessen Erben.

3   Das als Vormund tätige **Jugendamt** und der als Vormund tätige **Verein** haben **gegen die Staatskasse** keinen Anspruch auf Aufwendungsersatz und Aufwandsentschädigung (§§ 1835 Abs. 5, 1835 a Abs. 5 BGB) und weder gegen die Staatskasse noch gegen den Mündel einen Vergütungsanspruch (§ 1836 Abs. 4 BGB); sie haben lediglich **gegen den vermögenden Mündel** einen Anspruch auf Ersatz von Aufwendungen, § 1835 Abs. 5 BGB. Ist ein **Vereinsbetreuer** bestellt (§ 1897 Abs. 2 BGB), so kann gemäß § 7 VBVG nicht dieser, sondern nur der Verein Aufwendungsersatz und Vergütung verlangen und nach § 168 festsetzen lassen. Eine Festsetzung kann auch erfolgen, soweit es um eine vom Gericht zuvor nach § 1836 b S. 1 Nr. 1 BGB bewilligte **Vergütungspauschale** geht.

III. Festsetzung der Vergütung und Aufwandsentschädigung im Verwaltungsweg (Abs. 1 S. 4)

4   Abs. 1 S. 4 verweist für die Festsetzung von Ansprüchen, die sich gegen die Staatskasse richten, auf das Verfahren nach dem **JVEG,** sofern nicht eine Festsetzung nach Abs. 1 erfolgt. Das JVEG ist aber nur **sinngemäß** anzuwenden. Eine sinngemäße Anwendung führt hier dazu, dass die gegen die Staatskasse festzusetzende Vergütung und Aufwandsentschädigung wie im Verfahren nach dem JVEG auch im vereinfachten Verwaltungsweg durch den Urkundsbeamten der Geschäftsstelle – Anweisungsstelle – geprüft und zur Auszahlung angewiesen werden kann. Der Verweis auf das JVEG bedeutet also nicht, dass damit das gerichtliche Festsetzungs- und Beschwerdeverfahren nach § 4 JVEG eröffnet ist.[7] Vielmehr kann derjenige, der mit der Höhe des ausgezahlten Betrages nicht einverstanden ist, nur einen Antrag auf gerichtliche Festsetzung nach § 168 stellen. Dabei ist aber die 15monatige **Ausschlussfrist** des § 2 VBVG zu beachten, die nach ihrem Zweck unabhängig davon zu laufen beginnt, ob eine förmliche Festsetzung des Anspruchs durch den Rechtspfleger beantragt oder „nur" die beanspruchte Vergütung geltend wird, die sodann

---

[2] Vgl. Karmasin BtPrax 1998, 123.
[3] OLG Köln NJWE-FER 1998, 152 = FamRZ 1998, 1451; Palandt/Diederichsen § 1835 Rn 5.
[4] BayObLG BeckRS 2004, 09703; OLG Hamm FamRZ 2004, 1065.
[5] BayObLG NJWE-FER 2001, 121 = FamRZ 2001, 793.
[6] BayObLG NJWE-FER 2001, 209 = FamRZ 2001, 866; OLG Hamm FamRZ 2004, 1065; OLG Jena FGPrax 2001, 22; OLG Schleswig NJWE-FER 2000, 149; Knittel § 56 g FGG Rn 31.
[7] BayObLG NJW-RR 2000, 148 = FamRZ 1999, 1590 zu § 56 g FGG.

vom Urkundsbeamten festgesetzt und zur Auszahlung angewiesen wird.[8] Durch die Ausschlussfrist soll nämlich der Abrechnungszeitraum überschaubar gehalten werden, um zu verhindern, dass es infolge erheblicher Zahlungsrückstände letztlich zu einer Inanspruchnahme der Landeskassen kommt, weil der Mündel diese nicht mehr alleine aufbringen kann.[9]

Zuständig ist der **Kostenbeamte** des Gerichts, das den Vormund bestellt hat. An dem Verfahren ist die Landeskasse nicht zu beteiligen. Die Festsetzung durch den Urkundsbeamten wird wirkungslos, wenn ein Antrag nach Abs. 1 S. 1 gestellt wird.[10] In einem sich anschließenden gerichtlichen Festsetzungsverfahren ist das Gericht daher nicht an die Festsetzung durch den Urkundsbeamten der Geschäftsstelle gebunden, es kann diese also überschreiten oder unterschreiten;[11] der Vertrauensgrundsatz kann eine derartige Verfahrensweise aber dann ausschließen, wenn im Einzelfall eine Abwägung ergibt, dass dem Vertrauen des Berufsvormunds oder Berufsbetreuers auf die Beständigkeit der eingetretenen Vermögenslage gegenüber dem öffentlichen Interesse an der Wiederherstellung einer dem Gesetz entsprechenden Vermögenslage Vorrang einzuräumen ist.[12]

IV. Förmliches Festsetzungsverfahren

1. Zuständigkeit

a) Funktionelle Zuständigkeit. Für die durch einen Beschluss (§ 38) zu erfolgende Festsetzung ist das erstinstanzliche Gericht des jeweiligen Verfahrens zuständig, also das Familiengericht[13] oder Betreuungsgericht oder Nachlassgericht.[14] Für alle Entscheidungen nach § 168 ist der Rechtspfleger nach § 3 Nr. 2a RPflG zuständig; dies gilt auch für die Festsetzung der Vergütung des Verfahrenspflegers in Unterbringungssachen,[15] auch wenn die Unterbringungssachen insgesamt dem Richter vorbehalten sind. § 318 verweist auf § 277, der entsprechend anwendbar sei, § 277 Abs. 5 verweist auf § 168 Abs. 1. Hieraus ergibt sich, dass der Rechtspfleger zuständig sein sollte; soweit das RPflG hierzu schweigt, handelt es sich ersichtlich um ein Redaktionsversehen des Gesetzgebers. Der Rechtspfleger entscheidet über die Festsetzung von Aufwendungsersatz- und Vergütungsansprüchen gegen die Staatskasse, den Mündel, Pflegling oder Betreuten, die Festsetzung von Regressansprüchen der Staatskasse gegen den Mündel etc. oder dessen Erben und über die vorläufige Einstellung der Zahlungen oder Änderung der Festsetzung der Zahlungen des Mündels etc. an die Staatskasse.

b) Örtliche Zuständigkeit. Die Festsetzung der Vergütung ist kein eigenständiges Verfahren, sondern Teil des Vormundschaftsverfahrens. Die örtliche Zuständigkeit des Gerichts für die Festsetzung der Vergütung des Vormunds folgt daher ohne weiteres aus der Zuständigkeit für die Vormundschaft.[16] Im Fall der Abgabe an ein anderes Gericht nach § 4 ist, da das übernehmende Gericht für die gesamte Vormundschaft zuständig wird, für die Festsetzung das Gericht örtlich zuständig, welches das Verfahren übernommen hat.[17]

2. Die gerichtliche Entscheidung über Auslagen und Vergütung

a) Einleitung des förmlichen Verfahrens (Abs. 1). Das Gericht kann eine Entschädigung über Auslagen oder Aufwendungen oder eine Vergütung **förmlich** auf **Antrag** oder, wenn es dies für angemessen hält, **von Amts wegen** festsetzen.[18] Letzteres dürfte z. B.

---

[8] OLG Hamm BeckRS 2009, 07369.
[9] MünchKommBGB/Wagenitz § 2 VBVG Rn 1.
[10] BGH NJW 1969, 556.
[11] OLG Köln FGPrax 2006, 116; Knittel § 56 g FGG Rn 32.
[12] OLG Köln FGPrax 2006, 116.
[13] BGH NJW-RR 2007, 1373 = FamRZ 2007, 1548.
[14] KG FGPrax 2006, 76 = FamRZ 2006, 559.
[15] BGH NJW 2011, 453 = FamRZ 2011, 205; a. A. LG Kaiserslautern FamRZ 1995, 487; Bassenge/Roth § 318 Rn 1; Fröschle FamRZ 2011, 204/205.
[16] BayObLG NJW-RR 1997, 1997; OLG Naumburg FamRZ 2001, 769.
[17] BayObLG NJW-RR 1997, 966; OLG Karlsruhe NJW-RR 1998, 1304.
[18] Ebenso OLG Celle NJW 2010, 2446 = FamRZ 2010, 1182.

der Fall sein, wenn Ungewissheit über die Höhe besteht (etwa weil unklar ist, ob der Betreute seinen gewöhnlichen Aufenthalt in einem Heim i. S. d. § 5 VBVG hat) oder Anlass zu der Annahme besteht, dass die Berechnung der Entschädigung durch den Kostenbeamten (s. oben Rn 4) sachlich unrichtig ist oder die Staatskasse eine Festsetzung anregt oder der ehrenamtlich tätige Vormund bzw. der durch Krankheit gehinderte Berufsvormund Gefahr läuft, den Entschädigungsanspruch wegen Fristablaufs zu verlieren.

9   **b) Antrag und Antragsberechtigung; Abtretung.** Als Verfahrenshandlung, die Willensbekundung, aber nicht Willenserklärung i. S. d. BGB ist, ist der Antrag (§ 23) bedingungsfeindlich und kann nicht angefochten werden.[19] Für den Antrag auf Festsetzung der Vergütung gilt § 25, sofern nicht die Länder aufgrund der Ermächtigung in § 292 Abs. 2[20] Vordrucke eingeführt haben, was in den Ländern NRW[21] und Sachsen[22] möglich, bislang aber noch nicht verwirklicht ist. Antragsberechtigt sind nach Abs. 1 S. 1 der Vormund und der Mündel, infolge der Verweisungen in Abs. 5 und in den §§ 158, 292, 277, 318 und 419 der Pfleger, der Verfahrensbeistand für das Kind, der Betreuer sowie der Verfahrenspfleger in Betreuungssachen, Unterbringungssachen und Freiheitsentziehungssachen. Gehört der Vormund oder Betreuer etc. einer unter § 203 StGB fallenden Berufsgruppe an (z. B. Ehe-, Familien- oder Jugendberater, Sozialarbeiter oder Sozialpädagoge, Angehöriger eines Heilberufs, Berufspsychologe, Rechtsanwalt, Steuerberater), so können sie wegen der Geheimhaltungspflicht ihren Anspruch auf Vergütung weder verkaufen noch zu Einziehungszwecken abtreten, die entsprechenden Verträge sind gem. § 134 BGB i. V. m. § 203 I Nr. 5 StGB unwirksam.[23] Die „Erwerber" können daher auch nicht den Festsetzungsantrag stellen.

10   **c) Ermittlungen von Amts wegen.** Da das gerichtliche Festsetzungsverfahren ein Amtsverfahren ist, sind die zur Festsetzung einer angemessenen Vergütung erforderlichen Tatsachen von Amts wegen (§ 26) zu ermitteln.[24] Macht der Vormund einen bestimmten Betrag geltend, so ist dieser durch nachvollziehbare Angaben, z. B. über den Zeitaufwand sowie Art und Umfang der Aufwendungen, aufzuschlüsseln, um dem Gericht die gesetzlich vorgeschriebene Überprüfung und Festsetzung zu ermöglichen.[25]

11   **d) Glaubhaftmachung.** In dem Antrag sind nach Abs. 2 S. 1 die persönlichen und wirtschaftlichen Verhältnisse des Mündels darzustellen, deren Kenntnis das Gericht für die Entscheidung benötigt. Der Vormund ist daher auch verpflichtet, Angaben über etwaige Unterhaltsansprüche zu machen.[26] Das Gericht kann gem. § 168 FamFG Abs. 2 S. 2 i. V. m. mit § 118 Abs. 2 S. 1 und 2 ZPO verlangen, dass der Antragsteller seine tatsächlichen Angaben glaubhaft macht (vgl. dazu § 15). Es kann hierzu Erhebungen machen, insbesondere die Vorlegung von Urkunden anordnen und Auskünfte einholen. Der Rechtspfleger kann in den ihm übertragenen Aufgaben die eidesstattliche Versicherung verlangen und entgegennehmen.[27]

12   **e) Prüfung der wirtschaftlichen Leistungsfähigkeit.** Die Festsetzung von Aufwendungsersatz- und Vergütungsansprüchen setzt eine Prüfung der wirtschaftlichen Leistungsfähigkeit voraus. Diese soll nach § 1836 c BGB unter Heranziehung der Vorschriften des SGB XII ermittelt werden. Abs. 2 S. 3 ermöglicht eine Entscheidung ohne eine eingehende Überprüfung der wirtschaftlichen Situation, sofern sie zugunsten des Mündels erfolgt und sich der Anspruch gegen die Staatskasse richtet. Eine vertiefende Überprüfung kann unterbleiben, wenn nach freier Überzeugung des Gerichts der Aufwand für eine detaillierte Ermittlung der persönlichen und wirtschaftlichen Verhältnisse des Mündels außer Verhältnis

---

[19] Vgl. § 23 Rn 45 ff.
[20] Die Vorschrift entspricht der früheren Ermächtigung in § 69 e Abs. 2 FGG.
[21] Verordnung über die Ermächtigung des Justizministeriums zum Erlass einer Rechtsverordnung nach § 69 e Abs. 2 FGG vom 12. 10. 2004, GVBl. NRW 2004, 614.
[22] Zuständigkeitsübertragungsverordnung vom 10. 12. 2004, SächsGVBl. 2004, 582.
[23] Grundlegend zu § 203 StGB BGH NJW 1991, 2955; OLG Dresden NJW 2004, 1464 = FamRZ 2004, 1390.
[24] BayObLG FamRZ 1990, 1395; OLG Düsseldorf FamRZ 1996, 232; Schreieder FGPrax 1996, 123.
[25] OLG Frankfurt FamRZ 2002, 193.
[26] LG Kleve BtPrax 1999, 201.
[27] Bassenge/Roth/Roth § 4 RPflG Rn 3; Knittel § 56 g FGG Rn 29.

steht zur Höhe des aus der Staatskasse zu begleichenden Anspruchs. Eine Pauschalentscheidung gegen die Staatskasse ist nur geboten, wenn feststeht, dass eine im Interesse des Staates anzustellende detaillierte Prüfung mehr kosten als sie einbringen würde; nur dann ist ein die Justiz entlastender Verzicht auf diese Prüfung auch fiskalisch gerechtfertigt.[28]

f) Anhörung und Bestellung eines Ergänzungs- bzw. Verfahrenspflegers. Vor 13 der Festsetzung einer von ihm zu erbringenden Zahlung ist der Mündel zu hören (Abs. 4 S. 1). Bei einer Bewilligung aus der Landeskasse entfällt die Anhörungspflicht, auch wenn später ein Regress gegen den Betroffenen in Betracht kommt.[29] Dies ergibt sich einmal aus dem Wortlaut des Abs. 4,[30] zum anderen aber auch daraus, dass die Entscheidung in einem Verfahren, das sich gegen die Staatskasse richtet, keine Bindungswirkung gegenüber dem Betroffenen entfaltet (vgl. Rn 21). Eine **mündliche** Anhörung ist nicht zwingend erforderlich.[31] Die Bestellung eines Ergänzungspflegers ist unter den Voraussetzungen des § 1909 BGB, die eines Verfahrenspflegers unter den Voraussetzungen der §§ 276, 317, 419 geboten, sofern sich der Anspruch nicht gegen die Staatskasse richtet. Sie ist insbesondere aus Gründen der Gewährung des rechtlichen Gehörs erforderlich, soweit das Gesetz eine Ausnahme von der persönlichen Anhörung zulässt.[32] Die Bestellung eines Verfahrensbeistands nach § 158 kommt nicht in Betracht, weil es sich um eine vermögensrechtliche Angelegenheit handelt, § 158 Abs. 1.[33]

g) Fehlerhafte Anordnung der Vormundschaft. Eine fehlerhafte Anordnung der 14 Vormundschaft steht der Festsetzung der Vergütung nicht entgegen,[34] auch nicht eine entgegen § 1908 d BGB zu lange aufrecht erhaltene Betreuung.[35] Voraussetzung des Vergütungsanspruchs des Vormunds oder Betreuers ist lediglich die Wirksamkeit der Bestellung, die weder durch Mängel bei der Anordnung der Vormundschaft oder Betreuerbestellung noch durch die nachträgliche Aufhebung wegen der Mängel beseitigt wird.[36]

h) Fehlende Feststellung der berufsmäßigen Führung. Nach § 1836 Abs. 1 S. 2 15 BGB, auf den Abs. 1 Nr. 2 verweist, erhält der Vormund nur dann eine Vergütung, wenn das Gericht bei der Bestellung feststellt, dass der Vormund die Vormundschaft berufsmäßig führt. Entsprechendes gilt bei Pflegschaften (§ 1915 Abs. 1 BGB), Betreuungen (§ 1908 i BGB) und Verfahrenspflegschaften, bzgl. derer § 1836 Abs. 1 S. 2 BGB entsprechend anwendbar ist (vgl. §§ 277 Abs. 2, 318 und 419 Abs. 5). Die Feststellung hat konstitutive Bedeutung und ist für das Festsetzungsverfahren bindend.[37] Indes hat der Beschluss nur klarstellende Bedeutung[38] und kann daher nachgeholt werden. Für die nachzuholende Entscheidung ist funktionell zuständig, wer für die Bestellung zuständig war (bei der Bestellung eines Betreuers der Richter).[39] Zum Beschwerderecht der Staatskasse gegen die Bestellung eines Berufsbetreuers s. § 304 Rn 4. Der Staatskasse steht gegen die Entscheidung, dass der Vormund die Vormundschaft berufsmäßig führe, kein Beschwerderecht zu,[40] ebenso nicht in Betreuungssachen der Betreuungsbehörde.[41] Bei Vereins- und Behördenbetreuern erübrigt sich die Feststellung der Berufsführung. Dies hat seinen Grund darin, dass diese Tatsache auf Grund von deren Beschäftigungsverhältnis keiner eigenen Feststellung bedarf.[42] Daher findet bei Vereinsbetreuern gemäß § 1908 e Abs. 1 S. 1 2. Halbs. BGB

---

[28] BT-Drs. 13/7158 S. 36 zu § 56 g FGG.
[29] BayObLG FGPrax 2000, 202 = FamRZ 2001, 377; Knittel § 56 g FGG Rn 45.
[30] Bienwald in einer Anm. zu LG Berlin FamRZ 2001, 1029.
[31] BayObLG FamRZ 1998, 1185.
[32] BayObLG FGPrax 2004, 124 = FamRZ 2004, 1231; KG FGPrax 1996, 223 = FamRZ 1996, 1362; OLG Frankfurt FGPrax 1997, 109; OLG Karlsruhe Rpfleger 1996, 27; Bienwald § 69 FGG Rn 4; Wesche Rpfleger 1998, 93.
[33] MünchKommZPO/Heilmann § 168 FamFG Rn 13.
[34] BayObLG FamRZ 1999, 1603; FGPrax 1997, 67 = FamRZ 1997, 701.
[35] BayObLG NJW-RR 1998, 435.
[36] BayObLG FGPrax 1997, 67 = FamRZ 1997, 701.
[37] BGH FamFR 2011, 312858.
[38] BGH FGPrax 2002, 23 = NJW 2002, 366.
[39] BayObLG NJWE-FER 2001, 269 = FamRZ 2001, 1484.
[40] BayObLG NJWE-FER 2001, 269 = FamRZ 2001, 866.
[41] OLG Schleswig FGPrax 1999, 110 = FamRZ 2000, 1444.
[42] Bienwald in einer Anm. zu LG Dresden FamRZ 2000, 181.

§ 1836 Abs. 1 S. 2 BGB keine Anwendung, und kann bei Behördenbetreuern nach § 1908 h BGB nur eine Vergütung nach § 1836 Abs. 3 BGB bewilligt werden, die voraussetzt, dass keine Feststellung der beruflichen Führung getroffen worden ist.

16 **i) Zeitpunkt der Entstehung des Anspruchs; Zeitraum der Vergütung.** Der Anspruch des Vormunds auf Vergütung entsteht in dem Moment, in dem er mit der Wahrnehmung seiner Aufgaben nach § 158 Abs. 4 begonnen hat. Das bedeutet zwar, dass allein die Entgegennahme des Bestellungsbeschlusses für das Bestehen der Vergütungspauschale nicht ausreichend ist. Es genügt jedoch, dass er in irgendeiner Weise im Kindesinteresse tätig geworden ist.[43] Da das Gesetz keine rückwirkende Kraft der Bestellung kennt, markiert die Bestellung den frühest möglichen Beginn der Vergütung, der Zeitaufwand des Vormunds vor seiner Bestellung ist daher nicht vergütungsfähig.[44] Der Anspruch auf Vergütung umfasst gegebenenfalls auch die Entschädigung für die Tätigkeit des Vormunds nach dem Tod des Mündels. Mit der Beendigung der Vormundschaft (§§ 1882, 1884 BGB) oder der Beendigung des Vormundschaftsamtes (§§ 1886 bis 1889 BGB) entfällt zwar die Befugnis des Vormunds zur gesetzlichen Vertretung; entsprechendes gilt bei der Beendigung (§ 1918 BGB) oder Aufhebung der Pflegschaft (§§ 1919, 1921 BGB) oder Beendigung des Pflegschaftsamtes (§§ 1886 bis 1889, 1915 BGB) sowie der Aufhebung der Betreuung (§ 1908 d BGB) bzw. dem Tod des Betreuten. Das Gesetz sieht aber vor, dass der Vormund/Betreuer auch nach Beendigung seines Amtes noch bestimmte Aufgaben zur Abwicklung seiner Tätigkeit durchzuführen hat, insbesondere eine Schlussrechnung nach §§ 1840, 1892, 1908 i, 1915 BGB einzureichen hat. Zu den über die Beendigung seines Amtes fortwirkenden Aufgaben kann nach §§ 1698 b, 1893 Abs. 1 S. 1, 1908 i, 1915 BGB auch eine Fortführung von Geschäften gehören, die nicht ohne Gefahr aufgeschoben werden können, bis der Erbe anderweit Fürsorge treffen kann. Daher kann sich ein Aufwendungsersatzanspruch aus tatsächlichen Gründen auch auf einen Zeitpunkt nach Beendigung der Vormundschaft/Betreuung beziehen; entsprechend beginnt der Lauf der Ausschlussfristen für die Geltendmachung von Ansprüchen (s. Rn 18) nicht vor tatsächlicher Beendigung des Amtes, wenn das Gericht nach dem Tode des Mündels oder Betreuten noch Tätigkeiten wie die Erstattung des Schlussberichts oder eine Schlussrechnung verlangt.[45] Nicht vergütungsfähig ist der Zeitaufwand für die Durchsetzung des Vergütungsanspruchs[46] und für die Erstellung des Vergütungsantrags, weil diese Tätigkeiten nur dem Interesse des Vormunds dienen und nicht der Wahrnehmung seiner Aufgaben als Vormund.[47]

17 **j) Tod des Mündels.** Auch nach dem – die Vormundschaft bzw. die Betreuung beendenden – Tod des Mündels oder Betreuten kann, da der Vergütungsanspruch eine Nachlassverbindlichkeit darstellt (§ 1967 BGB), eine noch ausstehende Vergütung des Vormunds bzw. Betreuers gegen den Nachlass (Erben) oder – bei Mittellosigkeit des Nachlasses[48] – gegen die Staatskasse entsprechend Abs. 1 Nr. 1, 2. Alt. durch das Gericht im Verfahren nach § 168 festgesetzt werden.[49] In diesem Fall sind Abs. 3 S. 2 und 3 entsprechend anzuwenden. Eine Festsetzung unterbleibt, wenn der Vormund den Mündel bzw. der Betreuer den Betreuten allein beerbt hat.[50] Da der Tod den Wegfall der Verfügungsgewalt des Vormunds oder Betreuers zur Folge hat, ist – ausnahmsweise (s. oben Rn 3) – auch der Anspruch auf Ersatz von Aufwendungen festzusetzen.[51]

18 **k) Ausschlussfristen.** Bei der Festsetzung sind einmal die in den §§ 1835 ff. BGB geregelten Ausschlussfristen von Amts wegen zu beachten, deren Ablauf – im Gegensatz zur

---

[43] BGH NJW 2010, 3449 = FamRZ 2010, 1896; BeckRS 2011, 02780 = FamFR 2011, 131.
[44] BayObLG FamRZ 2001, 866; FamRZ 2001, 575; OLG Braunschweig FamRZ 2006, 290; OLG Hamm FGPrax 2006, 116; OLG Schleswig FamRZ 1998, 1536; OLG Stuttgart BWNotZ 2002, 44.
[45] BayObLG FamRZ 1999, 465; OLG Hamm Rpfleger 1999, 180; LG Lüneburg NdsRpfl. 1996, 160.
[46] BayObLG FamRZ 1999, 1233 und 1606.
[47] BayObLG NJWE-FER 2001, 122; OLG Schleswig FGPrax 1998, 223 = FamRZ 1999, 462.
[48] Vgl. hierzu OLG Jena FGPrax 2001, 22.
[49] BayObLG FGPrax 1999, 182 = FamRZ 1999, 1609; NJWE-FER 2001, 209 = FamRZ 2001, 866; OLG Hamm NJOZ 2003, 927; OLG Jena FGPrax 2001, 22; OLG Schleswig NJWE-FER 2000, 149; Deinert FamRZ 2002, 374.
[50] OLG Jena FGPrax 2001, 22.
[51] Deinert FamRZ 2002, 374.

Verjährungsfrist – keine bloße Einrede begründet, sondern zum Erlöschen des Anspruchs führt.[52] Diese betragen 15 Monate für Aufwendungsersatz- und Vergütungsansprüche (§§ 1835 Abs. 1 S. 3, 1836 Abs. 1 S. 3 BGB i. V. m. § 2 VBVG) sowie 3 Monate für die Aufwandsentschädigung (§ 1835 a Abs. 4 BGB). Diese Ausschlussfristen beginnen für den Berufsbetreuer, der nach § 6 VBVG wie ein Vormund abrechnen muss, grundsätzlich mit der Entstehung des Anspruchs, d. h. mit der Ausführung der Tätigkeit;[53] knüpft das Gesetz die Vergütung des Berufsbetreuers nicht mehr an eine bestimmte Tätigkeit oder überhaupt an ein Tätigwerden an und billigt ihm eine von seinem konkreten Arbeitseinsatz gelöste und nur noch formal an die fortbestehende Dauer der Betreuung anknüpfende pauschale Vergütung nach §§ 4, 5 VBVG zu, kann dieser für jeden Monat, in dem die Betreuung besteht, eine Vergütung verlangen, so dass der Vergütungsanspruch grundsätzlich erst mit dem Ablauf des einzelnen Betreuungsmonats[54] bzw. Ablauf der dreimonatigen Abrechnungsperiode des § 9 VBVG zur Entstehung gelangt.[55] Verlangt das Gericht von dem Vormund/Betreuer nach der Beendigung seines Amtes durch den Tod des Mündels/Betroffenen die Erstattung einer Schlussrechnung (§ 1892 Abs. 1 BGB), so beginnt die Ausschlussfrist für den Antrag des Vormunds/Betreuers auf Festsetzung von Auslagen gegen die Staatskasse nicht vor der Einreichung der Schlussrechnung.[56] Zur Ausschlussfrist bei der Festsetzung im Verwaltungsverfahren s. Rn 4.

l) Verjährung. Wird die Einrede der Verjährung erhoben, so ist die Verjährung vom Gericht zu prüfen. Denn andernfalls erhielte der Vormund einen Vollstreckungstitel, obwohl offensichtlich ist, dass dieser materiell nicht durchsetzbar ist.[57] Die Vergütungsansprüche und Ansprüche auf Aufwendungsersatz verjähren ebenso wie die Aufwandspauschale des ehrenamtlich tätigen Vormunds gemäß § 195 BGB in 3 Jahren.

m) Einwendungen, Gegenforderungen. Es ist in der Rechtsprechung anerkannt, dass bei **Untreue** des Vormunds oder Betreuers zum Nachteil des Mündels bzw. Betreuten der Vergütungsanspruch und Aufwendungsersatzanspruch wegen eines schweren Verstoßes gegen die bestehende Treuepflicht verwirkt sein kann. Dieser **Verwirkungseinwand** ist im Festsetzungsverfahren beachtlich, wenn aufgrund einer rechtskräftigen gerichtlichen Entscheidung (z. B. Verurteilung) des Vormunds wegen Untreue zu Lasten des Mündels die Tatsachen für die Beurteilung der strafrechtlichen Vorwürfe von Unterschlagung oder Untreue feststehen.[58] Der Rechtsmissbrauchseinwand greift insbesondere durch, wenn der Berechtigte seine Pflichten in grober Weise verletzt oder sich bewusst über die Interessen der Person, für die er tätig sein sollte, hinweggesetzt hat und dieser dadurch einen schweren, ihre Existenz bedrohenden Schaden zugefügt hat, so dass sich die in der Vergangenheit entfaltete Tätigkeit des Berechtigten nachträglich als wertlos oder zumindest erheblich entwertet herausstellt, wobei auch eine Teilverwirkung in Betracht kommen kann.[59] Da nur die Zeit vergütet werden kann, die der Vormund aus seiner Sicht zur pflichtgemäßen Ausübung seiner Tätigkeit für **erforderlich** halten durfte, ist auch ein Einwand, mit dem die Berechtigung der getätigten Aufwendungen in Abrede gestellt wird, wie z. B. die Tätigkeit des Vormunds sei nicht notwendig, nicht sinnvoll oder überflüssig gewesen, im gerichtlichen Vergütungsfestsetzungsverfahren zu berücksichtigen.[60]

Einwendungen, die auf die **Schlechterfüllung** der Führung des Amtes durch den Vormund gestützt oder mit denen **Gegenforderungen** erhoben werden, können grundsätzlich nicht im Festsetzungsverfahren berücksichtigt werden. Ihre Prüfung erfolgt durch

---

[52] OLG Hamm BeckRS 2009, 07369.
[53] OLG Frankfurt FGPrax 2001, 243; OLG Köln BeckRS 2002, 07512; OLG Schleswig FGPrax 2002, 175.
[54] BGH FamRZ 2008, 1611.
[55] OLG Köln BeckRS 2009, 04270; vgl. hierzu auch BGH FamRZ 2008, 1611 und MünchKommBGB/Wagenitz § 2 VBVG Rn 3.
[56] OLG Hamm Rpfleger 1999, 180; OLG Köln NJWE-FER 2001, 16 = FamRZ 2001, 251; a. A. LG Hannover NdsRpfl. 1995, 253.
[57] BayObLG FamRZ 2000, 1455.
[58] Vgl. BayObLG FamRZ 2004, 1323; NJW 1992, 108; OLG Hamm NJW-RR 2007, 1081 = FamRZ 2007, 1185.
[59] BGH NJW 2000, 1197; NJW 1981, 1211; OLG Hamm NJW-RR 2007, 1081 = FamRZ 2007, 1185.
[60] BayObLG NJW-RR 2000, 149 = FamRZ 1999, 1591.

das Prozessgericht, das an die im Verfahren nach § 168 ergangene gerichtliche Bewilligungsentscheidung über Grund und Höhe der Vergütung gebunden ist; das gilt auch für etwaige zur Aufrechnung gestellte Schadensersatzansprüche.[61]

22 **n) Materielle Rechtskraft.** Entscheidungen über die Bewilligung oder die Ablehnung einer Vergütung oder Aufwandsentschädigung sind der materiellen Rechtskraft im Sinne des § 322 Abs. 1 ZPO fähig, weil sie in ihrem Wesen echten Streitverfahren der freiwilligen Gerichtsbarkeit sehr nahe kommen und grundsätzlich nur auf Antrag ergehen.[62] Daher ist nach rechtskräftiger Entscheidung über einen Vergütungsfestsetzungsantrag eine erneute Sachentscheidung unter denselben Beteiligten über denselben Verfahrensgegenstand unzulässig, weil in einem kontradiktorischen Streit beliebige Wiederholungen über ein und denselben Streitstoff auszuschließen sind.[63] Die Entscheidung über Vergütungsansprüche wirkt also nur **inter pares**,[64] d. h. im Verfahren auf Festsetzung der Vergütung gegen die Staatskasse nur im Verhältnis zwischen dem Betreuer und der Staatskasse und im Verfahren auf Festsetzung der Vergütung des Betreuers gegen den Betroffenen nur im Verhältnis dieser beiden. Nimmt der Betreuer zunächst die Staatskasse auf Vergütung in Anspruch, so ist die dort getroffene Feststellung, der Betroffene sei nicht mittellos, für das nachfolgende Verfahren gegen den Betroffenen nicht bindend. Dies kann allerdings zu dem unerfreulichen Ergebnis führen, dass das Gericht in dem zweiten Verfahren in der Frage der Mittellosigkeit zu einem anderen Ergebnis kommt. Dies hat zur Folge, dass der Betreuer leer ausgeht, weil das erste Verfahren rechtskräftig abgeschlossen ist. Diese Schwierigkeit kann dadurch vermieden werden, dass in Fällen, in denen die Mittellosigkeit und damit der Anspruchsgegner zweifelhaft erscheinen, das Festsetzungsverfahren auf beide Ansprüche erstreckt wird.[65]

3. Gerichtliche Festsetzung des Rückgriffanspruchs des Staates gegen den Mündel (Abs. 1 S. 2)

23 **a) Allgemeines.** Nach § 1835 Abs. 4 BGB kann der Vormund Vorschuss und Ersatz seiner Aufwendungen aus der Staatskasse verlangen, wenn der Mündel mittellos ist. Diese Vorschrift gilt nach § 1908i Abs. 1 BGB auch für den Betreuer. Wird die Vormundschaft oder Betreuung berufsmäßig geführt, so kann der Vormund oder Betreuer nach § 1836 Abs. 1 S. 2 und 3 BGB, § 1 Abs. 2 S. 2 VBVG bei Mittellosigkeit des Betreuten Aufwendungsersatz und Vergütung nach Maßgabe der §§ 4, 5 VBVG aus der Staatskasse verlangen. Die diesbezüglichen Ansprüche des Vormunds gegen den Mündel bzw. des Betreuers gegen den Betreuten gehen im Wege des gesetzlichen Forderungsübergangs auf die Staatskasse über, soweit diese Zahlungen hierauf an den Betreuer erbracht hat, und erlöschen erst in 10 Jahren vom Ablauf des Jahres an, in welchem die Staatskasse die Zahlungen erbracht hat (§§ 1836e Abs. 1 S. 1 und 2, 1908i Abs. 1 BGB). Damit soll ein Regress der Staatskasse gegen den Betreuten ermöglicht werden, wenn dieser zur Deckung des angefallenen Anspruchs zumindest teilweise oder in Raten in der Lage ist, zunächst zu Unrecht für leistungsunfähig gehalten wurde oder nachträglich leistungsfähig geworden ist.[66] Zur Realisierung dieses Regressanspruches sieht Abs. 1 S. 2 vor, dass das Gericht mit der Festsetzung der aus der Staatskasse zu erbringenden Leistungen über Aufwendungen oder Vergütungsansprüche zugleich über den Rückgriffsanspruch des Staates gegenüber dem Mündel bzw. Betreuten nach den §§ 1836c und 1836e BGB entscheiden soll.[67] Nach Abs. 1 S. 3 ist insoweit eine gesonderte Entscheidung zulässig, wenn das Gericht dies – nach seinem pflichtgemäßen Ermessen – für zweckmäßig erachtet.

24 Die vom Mündel zur Erfüllung des Regressanspruchs zu erbringenden Leistungen sind nach § 168 Abs. 2 S. 1 FamFG i. V. m. § 120 Abs. 2 ZPO an die Landeskasse zu leisten. Sie

---

[61] BayObLG FamRZ 1994, 779; NJW 1988, 1919; OLG Düsseldorf Rpfleger 1978, 410; OLG Köln FGPrax 2007, 272 = NJW-RR 2007, 1598; OLG Schleswig FGPrax 2000, 113; a. A. Damrau/Zimmermann, § 1836 BGB Rn 60 und § 56g FGG Rn 17; MünchKommBGB/Wagenitz § 1836 Rn 80.
[62] BayObLG FamRZ 1998, 1055.
[63] Vgl. BGH NJW 1993, 2942; BayObLG FamRZ 1998, 1055.
[64] BayObLG FGPrax 2000, 202 = FamRZ 2001, 377.
[65] BayObLG FGPrax 2000, 202 = FamRZ 2001, 377.
[66] Vgl. BT-Drs. 13/7158 S. 32.
[67] Vgl. dazu OLG Frankfurt NJW-RR 2009, 11 = FamRZ 2008, 2152.

werden von den Justizbehörden nach § 1 Abs. 1 Nr. 4 b JBeitrO eingezogen; nach § 8 Abs. 2 S. 1 JBeitrO gelten für die Einwendung einer beschränkten Erbenhaftung (§§ 781 ff. ZPO) die Vorschriften der §§ 767, 769, 770 ZPO sinngemäß, so dass Einwendungen nach §§ 781 ff. ZPO ggf. im Wege der Vollstreckungsgegenklage zu erheben sind.[68]

b) Prüfung der wirtschaftlichen Leistungsfähigkeit. Ebenso wie die Festsetzung 25 von Ansprüchen gegen die Staatskasse setzt auch die Festsetzung des Regressanspruchs der Staatskasse die Prüfung der wirtschaftlichen Leistungsfähigkeit des Mündels nach Maßgabe des SGB XII voraus. Auch insoweit besteht aber nach Abs. 3 die Möglichkeit, unter den dort genannten Voraussetzungen auf eine vertiefende Überprüfung der persönlichen und wirtschaftlichen Verhältnisse zu verzichten (s. oben Rn 12).

c) Anhörung. Vor der Festsetzung einer Zahlung ist der Mündel gem. Abs. 4 S. 1 zu 26 hören. Hinsichtlich der Bestellung eines Ergänzungspflegers bzw. Verfahrenspflegers gilt das oben Rn 13 Gesagte entsprechend.

d) Vorläufige Einstellung. Nach § 168 Abs. 2 S. 1 FamFG i. V. m. § 120 Abs. 3 ZPO 27 kann das Gericht die vorläufige Einstellung der Zahlungen bestimmen. Dies ist veranlasst, sobald (1) abzusehen ist, dass die geleisteten Zahlungen die anfallenden Kosten decken oder (2) die Kosten gegen einen anderen Verfahrensbeteiligten geltend gemacht werden können. Das Gericht kann die **Wiederaufnahme** der Zahlungen anordnen, wenn sich nachträglich herausstellt, dass entgegen der vorherigen Annahme noch Leistungen an die Staatskasse zu erbringen sind.

e) Änderung der Entscheidung. Nach § 168 Abs. 2 S. 1 FamFG i. V. m. § 120 Abs. 4 28 S. 1 und 2 ZPO kann das Gericht – nach pflichtgemäßem Ermessen – die Entscheidung über die Festsetzung der Zahlungen ändern, wenn sich nachträglich die persönlichen und wirtschaftlichen Verhältnisse wesentlich geändert, d. h. wesentlich verbessert oder verschlechtert haben. Eine Anzeigepflicht normiert das Gesetz nicht, der Mündel hat aber, gegebenenfalls über seinen gesetzlichen Vertreter,[69] auf Verlangen des Gerichts eine Erklärungspflicht dazu, ob eine Veränderung der Verhältnisse eingetreten ist. Bei einer Verschlechterung der Verhältnisse setzt das Gericht die Höhe der festgesetzten Zahlungen herab oder streicht sie ganz, bei einer Verbesserung erhöht es die festgesetzten Zahlungen oder setzt sie erstmals fest.

f) Ausschluss der Abänderbarkeit. Gemäß § 1836 e S. 2 BGB erlischt der auf die 29 Staatskasse übergegangene Anspruch des Vormunds gegen den Mündel in 10 Jahren vom Ablauf des Jahres an, in dem die Staatskasse die Aufwendungen oder die Vergütung bezahlt hat. Erst nach Ablauf dieser Zehnjahresfrist ist eine Abänderung ausgeschlossen, nicht schon nach 4 Jahren wie bei der Bewilligung von Prozesskostenhilfe; § 120 Abs. 4 S. 3 ZPO gilt nämlich nicht.

4. Festsetzung des Regressanspruchs gegen den Erben des Mündels (Abs. 3)

Die Ansprüche aus den §§ 1835 ff. BGB sind nach dem Tod des Mündels Nachlass- 30 verbindlichkeiten (§ 1967 BGB). Nach § 1836 e Abs. 1 S. 3 BGB haftet der Erbe des Mündels nur mit dem Wert des im Zeitpunkt des Erbfalles vorhandenen Nachlasses. Da der soziale Schutzzweck zugunsten des Mündels mit dessen Tod entfällt, findet § 1836 c BGB auf den Erben keine Anwendung (§ 1836 e Abs. 1 S. 3 letzter Halbs. BGB).

Abs. 3 regelt die Festsetzung von Zahlungen, zu denen der Erbe nach § 1836 e BGB 31 verpflichtet ist. Nach S. 2 ist er zur Auskunftserteilung über den Nachlass verpflichtet. Zu diesem Zweck hat er dem Gericht auf Verlangen ein Nachlassverzeichnis vorzulegen und die Richtigkeit seiner Angaben an Eides Statt zu versichern (zur eidesstattlichen Versicherung s. Rn 11).

Vor einer Entscheidung nach Abs. 3 ist der Erbe zu **hören** (Abs. 4 S. 2). Bei mehreren 32 Erben sind alle, bei Vor- und Nacherbschaft die Vorerben, bei Nachlasspflegschaft ist der Nachlasspfleger zu hören.[70]

---

[68] OLG Jena FGPrax 2006, 70 = FamRZ 2006, 645; OLG Stuttgart FGPrax 2007, 270 = NJW-RR 2007, 1593.
[69] FamRefK/Bienwald § 56 g FGG Rn 12.
[70] Knittel § 56 g FGG Rn 45.

V. Rechtsmittel

1. Statthaftigkeit; Zuständigkeit

33   Gegen den mit einer Rechtsmittelbelehrung zu versehenen Beschluss (§§ 38, 39) findet die Beschwerde nach §§ 58 ff. statt, wenn der Wert des Beschwerdegegenstands 600 € übersteigt oder das Gericht des ersten Rechtszugs die Beschwerde zulässt, § 61. Ist die Beschwerdesumme nicht erreicht und hat der Rechtspfleger die Beschwerde auch nicht zugelassen,[71] findet die befristete Erinnerung nach § 11 Abs. 2 RPflG statt; über diese hat der Amtsrichter zu entscheiden, es sei denn, der Rechtspfleger hilft der Erinnerung ab, § 11 Abs. 2 S. 2 RPflG. Das Verfahren endet, sofern der Amtsrichter nicht die Beschwerde zulässt (§ 61 Abs. 2; siehe dazu § 58 Rn 9), mit dessen Sachentscheidung.

34   Ist die Beschwerdesumme erreicht oder hat das Amtsgericht (Rechtspfleger oder im Abhilfeverfahren nach § 11 Abs. 2 RPflG der Richter) die Beschwerde zugelassen, entscheidet hierüber das Beschwerdegericht. In Familiensachen (§ 111) besteht nach § 68 Abs. 1 S. 2 keine Abhilfebefugnis, so dass die Beschwerde unverzüglich dem Oberlandesgericht als Beschwerdegericht (§ 119 Abs. 1 Nr. 1 a GVG) vorzulegen ist, § 68 Abs. 1 S. 1 2. Halbs. Handelt es sich nicht um eine Familiensache, muss das Amtsgericht zunächst prüfen, ob es der Beschwerde abhilft; hilft es nicht ab, muss es die Beschwerde unverzüglich dem Beschwerdegericht vorlegen, § 68 Abs. 1 S. 1.

35   Das Beschwerdegericht kann nach § 70 Abs. 1 und 2 die Rechtsbeschwerde zum BGH zulassen. Wird die Rechtsbeschwerde von der Staatskasse eingelegt, ist der Bezirksrevisor nach §§ 10 Abs. 4 S. 2 und 114 Abs. 3 S. 2 nur postulationsfähig, wenn er Volljurist ist.[72]

2. Beschwerdebefugnis

36   Die Beschwerdebefugnis des Antragstellers und Antragsgegners ergibt sich aus § 59. Hat das Amtsgericht eine Vergütung festgesetzt, die aus dem Vermögen des nicht mittellosen Mündels oder Betreuers aufzubringen ist, so steht der **Staatskasse** nicht die Befugnis zur Einlegung der Beschwerde mit dem Ziel der Herabsetzung der Vergütung zu, um den auf diese Weise frei werdenden Vermögensbetrag für einen Rückgriff im Hinblick auf in der Vergangenheit bereits gewährte Vergütungen aus der Staatskasse in Anspruch nehmen zu können.[73] Dasselbe gilt im umgekehrten Fall: gegen eine Entscheidung, mit welcher der Antrag des Betreuten auf Festsetzung von Vergütung aus der Staatskasse abgelehnt wird, ist der **Betroffene** nicht beschwerdebefugt, weil die Entscheidung für ihn nicht bindend ist (vgl. Rn 17).[74] Im Verfahren auf Festsetzung einer **Vergütung des Nachlasspflegers** ist der Erbe, Testamentsvollstrecker, Nachlassgläubiger[75] und Pflichtteilsberechtigte[76] berechtigt, in eigenem Namen Beschwerde gegen die Bewilligung einer Nachlasspflegervergütung einzulegen. Zum Beschwerderecht weiterer Personen s. § 57 Rn 23 ff.

3. Reformatio in peius

37   Im Erinnerungs- und Beschwerdeverfahren ist eine Änderung der angefochtenen Entscheidung zum Nachteil des Erinnerungs- bzw. Beschwerdeführers nicht zulässig.[77] Nach Ansicht des OLG Celle[78] ist es aber möglich, dass das Gericht einem Verfahrensbeistand eine höhere Vergütung zubilligt als von diesem veranschlagt.

---

[71] BayObLG NJW-RR 2001, 798 = FamRZ 2001, 378; OLG Hamm FGPrax 2000, 66 (danach können sowohl der Richter als auch der Rechtspfleger die Beschwerde zulassen); a. A. MünchKommBGB/Wagenitz § 1636 Rn 51; Knittel § 56 g FGG Rn 12, wonach nur der Richter die Beschwerde zulassen kann.
[72] BGH ZKJ 2010, 205.
[73] BayObLG FamRZ 2001, 1484; OLG Hamm FGPrax 2001, 18; OLG Schleswig FGPrax 1999, 110.
[74] BayObLG FGPrax 2000, 202 = FamRZ 2001, 377; a. A. LG Osnabrück FamRZ 2000, 488.
[75] BayObLG FamRZ 1986, 107.
[76] OLG Köln NJWE-FER 1999, 300 = Rpfleger 1999, 397.
[77] BGH NJW 2000, 3712; 2002, 366 a. E.; BayObLG FamRZ 2002, 130.
[78] NJW 2010, 2446 = FamRZ 2010, 1182.

VI. Wirksamwerden; Entstehen des Anspruchs; Zwangsvollstreckung

1. Wirksamwerden des erstinstanzlichen Festsetzungsbeschlusses

Von der Frage der Entstehung des Vergütungsanspruchs des Vormunds (dazu Rn 16) zu unterscheiden ist die Frage des Wirksamwerdens des Festsetzungsbeschlusses. Gemäß § 40 Abs. 1 wird der erstinstanzliche Festsetzungsbeschluss des Rechtspflegers bereits mit der nach § 41 durchzuführenden Bekanntgabe an die Beteiligten wirksam; denn es gibt keine Ausnahmeregelung, dass der Beschluss erst mit Eintritt der Rechtskraft wirksam wird. Der Vormund, Pfleger, Betreuer etc. kann daher bereits mit der Bekanntgabe der Festsetzung seine Vergütung beanspruchen und seine Ansprüche gegebenenfalls vollstrecken. Ein Rechtsmittel gegen den Feststellungsbeschluss hat keine aufschiebende Wirkung; es hindert die Vollstreckung nicht, es sei denn, die Vollziehung wird durch eine einstweilige Anordnung des Beschwerdegerichts ausgesetzt, vgl. § 64 Abs. 3. Das erstinstanzliche Gericht hat im Gegensatz zum früheren Recht (vgl. § 24 Abs. 2 FGG) keine Befugnis zu einer Aussetzungsentscheidung. 38

2. Zwangsvollstreckung

Der Beschluss ist nach § 86 Abs. 1 Nr. 1 ein Vollstreckungstitel, der nach den Vorschriften der ZPO vollstreckt wird, § 95 Abs. 1 Nr. 1, Abs. 2. Auf die Kommentierung zu §§ 86, 95 wird verwiesen. Hat das Prozessgericht einem Vormund oder einem Pfleger oder Betreuer, denen die Vermögenssorge zusteht, einen Zahlungsanspruch zuerkannt, so können diese den Betrag selbst dem verwalteten Vermögen entnehmen (vgl. Rn 2 und VII). 39

VII. Entscheidungen durch das Prozessgericht

Aus der Aufzählung in Abs. 1 S. 1 ergibt sich, dass in Fragen des **Ersatzes von Aufwendungen** (nicht: der Vergütung) des Vormunds gegen den Mündel (also nicht gegen die Staatskasse) nicht im Verfahren nach § 168 zu entscheiden ist. Vielmehr entscheidet nach § 1843 Abs. 2 BGB das Prozessgericht, wenn es zu einem Streit zwischen Vormund und Mündel über Grund und Höhe des aus dem Vermögen des Mündels zu begleichenden Aufwendungsersatzanspruchs des Vormunds gekommen ist (vgl. Rn 2).[79] Entsprechendes gilt für den Pfleger und den Betreuer, sofern ihnen die Vermögenssorge übertragen worden ist, wenn sie gegen den Pflegling bzw. Betreuten Aufwendungsansprüche geltend machen und es hierüber zu einem Streit kommt. Das Prozessgericht ist bei seiner Entscheidung nicht an die Rechtsauffassung des Familiengerichts bzw. Betreuungsgerichts gebunden, die diese etwa in einem vorangegangenen Verfahren auf Rechnungsprüfung nach § 1843 Abs. 1 BGB vertreten haben.[80] 40

Zu einer Entscheidung des Prozessgerichts kommt es auch dann, wenn der Mündel oder der Betreuer sich gegen den Beschluss des Rechtspflegers mit dem **Einwand der Schlechterfüllung** wehren will, weil dieser Einwand nicht im Festsetzungsverfahren nach § 168, sondern nur im Wege der Vollstreckungsgegenklage erhoben werden kann, wobei das Prozessgericht an die im Verfahren nach § 168 ergangene Bewilligungsentscheidung über Grund und Höhe der Vergütung gebunden ist (Rn 21). 41

Eine darüberhinausgehende Zuständigkeit des Prozessgerichts besteht nach dem klaren Wortlaut des Abs. 1 S. 1 nicht. Über die Aufwendungsersatz- und Vergütungsansprüche soll wegen der besonderen Sachnähe und Vorkenntnisse das Gericht entscheiden, das mit der Hauptsache befasst ist und deshalb weitgehend über die für die Entscheidung erforderlichen Vorgänge bereits verfügt. Für ein kostspieliges Zivilverfahren besteht daneben grundsätzlich kein Rechtsschutzinteresse.[81] 42

---

[79] BayObLG NJWE-FER 2001, 121 = FamRZ 2001, 793; OLG Köln, NJWE-FER 1998, 152 = FamRZ 1998, 1451; MünchKommBGB/Wagenitz § 1843 Rn 11.
[80] MünchKommBGB/Wagenitz § 1843 Rn 11.
[81] MünchKommBGB/Wagenitz vor § 1835 Rn 22 und § 1835 Rn 59; Soergel/Zimmermann §§ 1835 Rn 25; a. A. OLG München OLGR 2006, 139 = BeckRS 2005, 30365655; Knittel § 1835 BGB Rn 13.

Mitteilungspflichten des Standesamts

168a (1) Wird dem Standesamt der Tod einer Person, die ein minderjähriges Kind hinterlassen hat, oder die Geburt eines Kindes nach dem Tod des Vaters oder das Auffinden eines Minderjährigen, dessen Familienstand nicht zu ermitteln ist, angezeigt, hat das Standesamt dies dem Familiengericht mitzuteilen.

(2) Führen Eltern, die gemeinsam für ein Kind sorgeberechtigt sind, keinen Ehenamen und ist von ihnen binnen eines Monats nach der Geburt des Kindes der Geburtsname des Kindes nicht bestimmt worden, teilt das Standesamt dies dem Familiengericht mit.

I. Normzweck

1 Die Vorschrift regelt eine von Amts wegen vorzunehmende Pflicht des Standesamts (§ 68 PStG) zur Unterrichtung des Familiengerichts. Die Anzeigepflicht des Standesbeamten dient der Prüfung, ob familiengerichtliche Maßnahmen erforderlich sind, z.B. die Bestellung eines Vormunds oder die Übertragung des Rechts zur Bestimmung des Geburtsnamens nach § 1617 Abs. 2 BGB in den Fällen, in denen die sorgeberechtigten Eltern, die keinen Ehenamen führen, von ihrem Bestimmungsrecht keinen fristgerechten oder einvernehmlichen Gebrauch machen. Dessen getroffene Bestimmung bleibt für den Geburtsnamen weiterer gemeinsamer Kinder der Eltern bindend. Trifft er keine Entscheidung, auch nicht nach einer Fristsetzung, dann erhält das Kind den Namen des Elternteils, dem das Bestimmungsrecht übertragen ist. Die Anzeigepflicht des Standesamts besteht unbedingt; der Standesbeamte hat nicht zu prüfen, ob eine Tätigkeit des Familiengerichts im einzelnen Falle nötig wird.[1]

II. Einzelerläuterungen

1. Mitteilung von Tod und Geburt (Abs. 1)

2 Die Fälle der Anzeigepflicht des Standesbeamten nach Abs. 1, der inhaltlich dem bisherigen § 48 FGG entspricht, sind:
- **Tod einer Person** (Mann oder Frau), **die ein minderjähriges Kind hinterlassen hat,** weil die Bestellung eines Vormunds, Pflegers oder eine sonstige Maßregel erforderlich sein kann (§§ 1773, 1791 c, 1909 BGB). Die Vorschrift bezieht sich auch auf den Vater, der mit der Mutter des Kindes nicht verheiratet ist und auch nicht war.
- **Geburt eines Kindes** nach dem Tode des Vaters wegen etwaiger Bestellung eines Vormundes (s. hierzu §§ 102, 279 Abs. 1 Nr. 1 DA).
- **Auffindung eines Minderjährigen,** dessen Familienstand nicht zu ermitteln ist, weil er stets einen Vormund erhält (§§ 1773 Abs. 2 BGB, 279 Abs. 1 Nr. 3, 4 DA).

2. Mitteilung über die fehlende Bestimmung des Geburtsnamens (Abs. 2)

3 Die Mitteilungspflicht nach Abs. 2 entspricht inhaltlich dem bisherigen § 64c FGG in der Fassung des Gesetzes zur Reform des Personenstandrechts vom 19. 2. 2007.[2] Die Anzeigepflicht korrespondiert mit § 1617 Abs. 2 BGB, nach dem das Gericht einem Elternteil das Namensbestimmungsrecht überträgt, wenn die Eltern binnen eines Monats nach der Geburt keine Bestimmung getroffen haben.

3. Adressat der Anzeigen des Standesbeamten

4 Der Standesbeamte hat die Anzeige grundsätzlich dem für den Sitz des Standesamts zuständigen Gericht (oder der nach Landesrecht hierfür zuständigen Stelle) zu machen; dieses gibt sie erforderlichenfalls an das zuständige Gericht weiter.[3]

---

[1] Ebenso Bumiller/Harders § 168a Rn 1.
[2] BGBl. I S. 122.
[3] Zu § 21 a PStG a. F. § 279 Abs. 1 DA.

Abschnitt 4. Verfahren in Abstammungssachen

Abstammungssachen

169 Abstammungssachen sind Verfahren
1. auf Feststellung des Bestehens oder Nichtbestehens eines Eltern-Kind-Verhältnisses, insbesondere der Wirksamkeit oder Unwirksamkeit einer Anerkennung der Vaterschaft,
2. auf Ersetzung der Einwilligung in eine genetische Abstammungsuntersuchung und Anordnung der Duldung einer Probeentnahme,
3. auf Einsicht in ein Abstammungsgutachten oder Aushändigung einer Abschrift oder
4. auf Anfechtung der Vaterschaft.

I. Normzweck

§ 169 enthält eine Definition des Begriffs Abstammungssachen i. S. d. §§ 169 bis 187, die 1 Vorschriften über das Verfahren in Abstammungssachen enthalten. Diese Angelegenheiten zählten bislang zu den Kindschaftssachen. Sie waren nicht einheitlich im FGG angesiedelt, sondern nur für den Fall, dass die Person, gegen die die Klage zu richten ist, verstorben ist (§ 55 b FGG); die übrigen Verfahren wurden nach den Vorschriften der §§ 640 ff. ZPO geführt. Der Gesetzgeber hat sämtliche Abstammungssachen in das FamFG eingestellt, weil ein Verfahren der freiwilligen Gerichtsbarkeit flexibler ist als ein Verfahren nach der ZPO. Insbesondere die Einbeziehung weiterer Beteiligter ist problemloser möglich als in einem ZPO-Verfahren. Auch kann das Verfahren nur so ohne formalen Gegner ausgestaltet werden; denn es gibt nur den Antragsteller und die weiteren Beteiligten, was den Vorteil hat, dass die Beteiligten nicht ohne Not in die Position von Gegnern gebracht werden; dies gilt insbesondere für das Kind im Verhältnis zum anfechtenden Vater. Es bedurfte daher auch nicht einer Sonderregelung für den Fall, dass die Person, gegen die ein entsprechender Antrag gerichtet ist, verstorben ist.[1] Die in Nr. 1 und 2 geregelten Angelegenheiten gehörten nach früherem Recht zu den Kindschaftssachen (vgl. § 640 Abs. 2 Nr. 1 und 2 ZPO).

II. Definition der Abstammungssachen

1. Verfahren nach Nr. 1

Zu den Abstammungssachen des 4. Buches zählen nach der gesetzlichen Definition 2 zunächst die Verfahren auf Feststellung des Bestehens oder, als negativer Feststellungsantrag, des Nichtbestehens eines Eltern-Kind-Verhältnisses. Einbezogen sind folgende Verfahren:
- Streitigkeiten über das Bestehen oder Nichtbestehen einer Mutterschaft nach **§ 1591 BGB**;[2] diese betreffen z. B. die Frau, die ihre rechtliche Mutterschaft in Zweifel zieht mit der Begründung, das Kind sei im Krankenhaus vertauscht worden.
- Streitigkeiten über das Bestehen oder Nichtbestehen einer Vaterschaft nach **§§ 1592 Nr. 1, 1593 BGB**; hierzu zählen nicht die auf Beseitigung der Vater-Kind-Zuordnung gerichteten Verfahren der Anfechtung der Vaterschaft,[3] die deshalb gesondert in Nr. 4 aufgeführt sind. Erfasst sind aber die früher in § 1600 e Abs. 2 BGB genannten **postmortalen** Feststellungsverfahren bei Tod der Person, gegen die der Antrag gerichtet ist.
- Verfahren auf Feststellung der Wirksamkeit oder Unwirksamkeit der Anerkennung der Vaterschaft nach **§§ 1592 Nr. 2, 1594 bis 1598 BGB**.
- Verfahren, die auf die Herstellung oder Nichtherstellung einer Eltern-Kind-Zuordnung durch gerichtliche Feststellung der Vaterschaft nach **§§ 1592 Nr. 3, 1600 d BGB** gerichtet sind.

---
[1] BT-Drs. 16/6308 S. 243/244.
[2] Vgl. hierzu BGH NJW 1973, 51.
[3] MünchKommZPO/Coester-Waltjen § 640 Rn 6.

- Ein **Anerkennungsverfahren** betreffend ein **ausländisches Vaterschaftsurteil** gehört kraft Sachzusammenhangs zu den Abstammungssachen, auch wenn es sich bei dem genannten Verfahren nicht um ein Verfahren handelt, das die unmittelbare Feststellung des Bestehens eines Eltern-Kind-Verhältnisses im Sinne der Nr. 1 zum Gegenstand hat, sondern primär die Frage betrifft, ob ein ausländisches Urteil, welches diese Rechtsfolge ausspricht, hier anzuerkennen ist.[4]

Dagegen betrifft der Anspruch eines Kindes gegen seine Mutter auf Auskunft über die Person seines Vaters nicht ein Verfahren nach Nr. 1, weil die Geltendmachung des Auskunftsanspruchs nicht zwangsläufig zu einer Statusfeststellung führt, also zu einer rechtlichen Zuordnung des Kindes mit bindender Wirkung.[5]

2. Verfahren nach Nr. 2

3   Zu den Abstammungssachen i. S. d. §§ 169 ff. zählen auch die Verfahren auf Ersetzung der Einwilligung in eine genetische Abstammungsuntersuchung und Anordnung der Duldung einer Probeentnahme nach § 1598a Abs. 2 BGB. § 1598a Abs. 1 BGB gibt den Familienmitgliedern (rechtlicher Vater, Mutter, Kind) einen gerichtlich durchsetzbaren Anspruch auf Einwilligung in eine genetische Untersuchung zur Klärung der Abstammung und Duldung der Entnahme einer hierfür geeigneten Probe. Nach § 1598a Abs. 2 BGB kann das Familiengericht auf Antrag eines Klärungsberechtigten eine nicht erteilte Einwilligung ersetzen und die Duldung der Probeentnahme anordnen. Der Streit der Beteiligten über eine Einverständniserklärung zur Mitwirkung an einer Abstammungsbegutachtung ist keine Abstammungssache und kann auch nicht als Annex einer Abstammungssache oder als ihr vorgeschaltetes Verfahren angesehen werden.[6] Dem Klärungsinteresse des biologischen Vaters trägt das Gesetz allein durch die Vaterschaftsanfechtung nach § 1600 BGB und die Vaterschaftsfeststellung nach § 1600d BGB Rechnung.

3. Verfahren nach Nr. 3

4   Ergänzend zu Nr. 2 zählen nach Nr. 3 zu den Abstammungssachen i. S. d. §§ 169 ff. auch die mit Nr. 2 in Zusammenhang stehenden Verfahren auf Einsicht in ein Abstammungsgutachten oder auf Aushändigung einer Abschrift nach § 1598a Abs. 4 BGB.

4. Verfahren nach Nr. 4

5   Schließlich zählen zu den Abstammungssachen die auf Anfechtung der Vaterschaft gerichteten (Gestaltungs-)Verfahren[7] nach §§ 1600 ff. BGB. Einbezogen sind auch die bislang von § 1600e Abs. 2 BGB erfassten **postmortalen** Anfechtungsverfahren bei Tod der Person, gegen die der Antrag gerichtet ist.

III. Das gerichtliche Verfahren

1. Sachliche Zuständigkeit

6   Die sachliche Zuständigkeit des AG in Abstammungssachen ergibt sich aus § 23a Abs. 1 S. 1 Nr. 1 GVG i. V. m. § 111 Nr. 3 FamFG. Es handelt sich um eine ausschließliche Zuständigkeit, § 23a Abs. 1 S. 2. Für die Entscheidung über Beschwerden gegen Entscheidungen der Familiengerichte ist das OLG zuständig, § 119 Abs. 1 Nr. 1a GVG; für die Rechtsbeschwerde der BGH, § 133 GVG.

2. Funktionelle (interne) Zuständigkeit innerhalb des AG und OLG

7   Die Zuständigkeit des Familiengerichts, das durch den Richter entscheidet, folgt aus § 23b Abs. 1 GVG (vgl. hierzu § 111 Rn 34 ff.). Funktionell zuständig im Beschwerde-

---

[4] Vgl. zu § 640 Abs. 2 ZPO: BGH NJWE-FER 1999, 282; OLG Hamm FamRZ 1993, 438.
[5] OLG Hamm FamRZ 2000, 38.
[6] BGH FamRZ 2007, 124.
[7] BGH NJW 1999, 1862.

verfahren ist ein Familiensenat des OLG, § 119 Abs. 2 GVG i. V. m. § 23 b Abs. 1 GVG. Für den BGH ist die Bildung eines besonderen Familiensenats nicht vorgeschrieben, vgl. § 133 GVG.

Hat anstelle des Familiengerichts eine andere Abteilung des Amtsgerichts entschieden (z. B. das Prozessgericht), so gilt, da Verfahren in Abstammungssachen ausschließlich auf Antrag eingeleitet werden (§§ 23, 171), nach § 17 a Abs. 6 GVG das in § 17 a GVG geregelte besondere Verfahren zur Entscheidung über den Rechtsweg entsprechend (vgl. § 1 Rn 49; § 111 Rn 50) und nicht § 281 ZPO.[8] Der nach § 17 a Abs. 2 GVG erlassene Unzuständigkeits- und Verweisungsbeschluss unterliegt der Anfechtung mit der sofortigen Beschwerde (§ 17 a Abs. 4 S. 3 GVG i. V. m. § 567 ZPO; vgl. § 1 Rn 63).

3. Ausschließliche Geltung des FamFG

Die Abstammungssachen gehören wie die Kindschaftssachen (§ 151), Adoptionssachen (§ 169) sowie Ehewohnungs- und Haushaltssachen (§ 200) zu den Familiensachen, deren Verfahren sich ausschließlich nach den Vorschriften des FamFG (Allgemeiner Teil und jeweils besondere Vorschriften im 2. Buch) richtet.

4. Anwaltszwang; Anwaltsbeiordnung

In der ersten und zweiten Instanz besteht kein Anwaltszwang, so dass die Beteiligten das Verfahren selbst betreiben können, § 10 Abs. 1; ist die Sache beim BGH, besteht Anwaltszwang gem. § 10 Abs. 4.

Ob im Rahmen der bewilligten Verfahrenskostenhilfe ein Anwalt bestellt werden muss, richtet sich nach § 78. Danach muss festgestellt werden, dass die Vertretung durch einen Rechtsanwalt erforderlich erscheint, weil die Sach- und Rechtslage schwierig ist. Nach der Rechtsprechung des BGH legt bereits die existentielle Bedeutung der Sache die Beiordnung eines Rechtsanwalts nahe, wenn die Beteiligten des Vaterschaftsfeststellungsverfahrens entgegengesetzte Ziele verfolgten. Dies gelte erst recht, wenn damit ein Antrag auf Zahlung des Regelunterhalts verbunden sei. Die Beiordnung eines Rechtsanwalts erscheine im Vaterschaftsfeststellungsverfahren aber auch deshalb geboten, weil es sich um ein vom allgemeinen Zivilprozess stark abweichendes Verfahren eigener Art handele. Die Verfahrenskostenhilfe sei sogleich und nicht erst nach Einholung eines Sachverständigengutachtens zu bewilligen, da auch im Amtsverfahren ein mittelloser Beteiligter nicht schlechter gestellt werden dürfe als ein Beteiligter, der die Kosten selbst aufbringen könne.[9]

IV. Kosten und Gebühren

Die **Gerichtskosten** sind im FamGKG geregelt (vgl. die Vorbemerkung 1.3.2. Abs. 1 Nr. 1 vor Nr. 1320 KV FamGKG). Zu den einzelnen Gebühren:
- Nr. 1320 KV FamGKG betrifft die Verfahrensgebühr; danach wird für das Verfahren die volle Gebühr des § 28 FamGKG nach dem zweifachen Satz erhoben.
- Nr. 1321 KV FamGKG betrifft die Gebühr bei vorzeitiger Beendigung des Verfahrens; danach ermäßigt sich die Gebühr auf den halben Satz des § 28 FamGKG.
- Nr. 1322 bis Nr. 1324 KV FamGKG betreffen die Gebühren im Beschwerdeverfahren,
- Nr. 1325 bis Nr. 1328 KV FamGKG betreffen die Gebühren der Rechtsbeschwerde.

Der **Verfahrenswert** bestimmt sich nach § 47 FamGKG. Nach dessen Abs. 1 beträgt der Verfahrenswert 2000 € in den Abstammungssachen nach Nr. 1 und Nr. 4 und 1000 € in den Abstammungssachen nach Nr. 2 und Nr. 3; bei Unbilligkeit kann das Familiengericht einen niedrigeren oder höheren Wert festsetzen. Für das Rechtsmittelverfahren bestimmt sich der Verfahrenswert nach § 40 FamGKG und für die einstweilige Anordnung nach § 41 FamGKG.

Für die Vergütung des **Verfahrensbeistands** gilt nach § 174 S. 2 die Regelung in § 158 Abs. 7 (s. dazu die Kommentierung zu § 158 Rn 45–50).

---

[8] OLG Hamm NJW 2010, 2740 = FamRZ 2010, 2089; OLG München FamRZ 2010, 2090.
[9] BGH NJW 2007, 3644 = FamRZ 2007, 1968.

Örtliche Zuständigkeit

170 (1) Ausschließlich zuständig ist das Gericht, in dessen Bezirk das Kind seinen gewöhnlichen Aufenthalt hat.

(2) Ist die Zuständigkeit eines deutschen Gerichts nach Absatz 1 nicht gegeben, ist der gewöhnliche Aufenthalt der Mutter, ansonsten der des Vaters maßgebend.

(3) Ist eine Zuständigkeit nach den Absätzen 1 und 2 nicht gegeben, ist das Amtsgericht Schöneberg in Berlin ausschließlich zuständig.

I. Normzweck

1   Die Vorschrift regelt die örtliche Zuständigkeit für die in § 169 genannten Verfahren. Sie entspricht dem bisherigen § 640 a Abs. 1 ZPO, jedoch ist das Kriterium des Wohnsitzes durch das des gewöhnlichen Aufenthalts ersetzt. Die internationale Zuständigkeit ist in § 100 geregelt.

II. Ausschließliche Zuständigkeit

1. Zuständigkeit des gewöhnlichen Aufenthalts (Abs. 1 und 2)

2   Für die Frage, welches Gericht für die Abstammungssache örtlich zuständig ist, kommt es gemäß **Abs. 1** in erster Linie auf den gewöhnlichen Aufenthalt des Kindes an. Ist eine örtliche Zuständigkeit nach Abs. 1 nicht gegeben, z. B. weil das Kind seinen gewöhnlichen Aufenthalt nicht in Deutschland hat, kommt es zunächst nach **Abs. 2** auf den gewöhnlichen Aufenthalt der Mutter, wenn auch danach die örtliche Zuständigkeit eines deutschen Gerichts nicht gegeben ist, auf den gewöhnlichen Aufenthalt des Vaters an. Zum Begriff des gewöhnlichen Aufenthalts s. § 99 Rn 43–46 sowie § 122 Rn 3. Die Verfahrenskonzentration des Abs. 1 verhindert, dass mehrere Antragsteller an unterschiedlichen Orten ein Abstammungsverfahren anhängig machen können.

2. Auffangzuständigkeit des AG Schöneberg (Abs. 3)

3   Abs. 3 sieht schließlich eine Ersatzzuständigkeit des AG Berlin-Schöneberg vor für den Fall, dass weder das Kind noch seine Eltern einen gewöhnlichen Aufenthalt im Inland haben. Eine dem § 187 Abs. 4 S. 2 und dem § 343 Abs. 2 S. 2 entsprechende Regelung, nach der das AG Schöneberg die Sache aus wichtigem Grund an ein anderes Gericht verweisen kann, sieht Abs. 3 nicht ausdrücklich vor, so dass eine Abgabe nur nach § 4 in Betracht kommt, der die Abgabe aber davon abhängig macht, dass das andere Gericht sich zur Übernahme bereit erklärt hat. Von einem Redaktionsversehen wird man nicht ausgehen können. Zwar hatte sich der Bundesrat bei § 187 erfolgreich für die Beibehaltung der Formulierung in § 43 b Abs. 3 und 4 FGG eingesetzt;[1] andererseits entspricht die Regelung dem früheren Recht in § 640 a Abs. 1 S. 4 ZPO.

3. Ausschließliche Zuständigkeit

4   Da es sich um eine ausschließliche Zuständigkeit handelt, ist eine Zuständigkeitsvereinbarung oder rügelose Einlassung nicht möglich (vgl. § 40 Abs. 2 ZPO).

4. Maßgebender Zeitpunkt

5   Für die Bestimmung der örtlichen Zuständigkeit nach Abs. 1 bis 3 ist maßgeblich auf den Zeitpunkt abzustellen, in dem der Antrag nach § 171 bei dem sachlich zuständigen Gericht eingereicht wird. Ein Wechsel der maßgebenden Verhältnisse nach dem angegebenen Zeitpunkt ist unerheblich.

---

[1] BT-Drs. 16/6308 S. 380 zu Nr. 61.

Antrag

171 (1) Das Verfahren wird durch einen Antrag eingeleitet.

(2) ¹In dem Antrag sollen das Verfahrensziel und die betroffenen Personen bezeichnet werden. ²In einem Verfahren auf Anfechtung der Vaterschaft nach § 1600 Abs. 1 Nr. 1 bis 4 des Bürgerlichen Gesetzbuchs sollen die Umstände angegeben werden, die gegen die Vaterschaft sprechen, sowie der Zeitpunkt, in dem diese Umstände bekannt wurden. ³In einem Verfahren auf Anfechtung der Vaterschaft nach § 1600 Abs. 1 Nr. 5 des Bürgerlichen Gesetzbuchs müssen die Umstände angegeben werden, die die Annahme rechtfertigen, dass die Voraussetzungen des § 1600 Abs. 3 des Bürgerlichen Gesetzbuchs vorliegen, sowie der Zeitpunkt, in dem diese Umstände bekannt wurden.

I. Normzweck

Die Vorschrift legt in Abs. 1 fest, dass das Verfahren in den Abstammungssachen des § 169 nur auf Antrag, also nicht von Amts wegen, eingeleitet wird. Abs. 2 enthält von der Regelung über den verfahrenseinleitenden Antrag in § 23 Abs. 1 des Allgemeinen Teils abweichende Bestimmungen über den Inhalt des Antrags, Abs. 2 S. 2 gilt nur für die Abstammungssachen nach § 169 Nr. 4.

II. Verfahrenseinleitung durch Antrag (Abs. 1)

Nach Abs. 1 wird das Verfahren in allen Abstammungssachen des § 169 nur auf Antrag eingeleitet, das Familiengericht kann daher nicht von Amts wegen ein Verfahren einleiten, selbst wenn es, z.B. im Scheidungsverfahren, Kenntnis davon erhält, dass der rechtliche Vater nicht der biologische ist.[1] Als Verfahrenshandlung, die Willensbekundung, aber nicht Willenserklärung i. S. d. BGB ist, ist der Antrag bedingungsfeindlich und kann nicht angefochten werden;[2] zur Rücknahme s. § 22. Die rechtzeitige Einreichung des Antrags bei Gericht bewirkt bei der Anfechtung der Vaterschaft nach §§ 1600 ff. BGB zugleich die Einhaltung der in § 1600 b Abs. 1 BGB geregelten materiellrechtlichen Anfechtungsfrist von zwei Jahren ab Kenntnis der gegen die Vaterschaft sprechenden Umstände. Gemäß § 25 Abs. 3 S. 2 treten die Wirkungen einer Verfahrenshandlung bei Vornahme gegenüber einem unzuständigen Gericht jedoch erst mit Eingang beim zuständigen Gericht ein. Auf die Bekanntgabe des Antrags an die weiteren Beteiligten kommt es nicht mehr an, nachdem das Abstammungsverfahren nicht mehr durch eine Klageerhebung eingeleitet wird.

III. Mindestinhalt der Antragsschrift (Abs. 2 S. 1)

Nach S. 1 sollen in einem Verfahren, das eine Abstammungssache nach § 179 zum Gegenstand hat, das Verfahrensziel und die betroffenen Personen bezeichnet werden. Es handelt sich hierbei um die für die Abgrenzung des Verfahrensgegenstandes erforderlichen Mindestangaben. Da es sich um eine Soll-Vorschrift handelt, ist der Antrag im Fall von ungenügenden Angaben nicht sofort als unzulässig zurückzuweisen, das Gericht hat vielmehr zunächst einen entsprechenden Hinweis zu erteilen.[3]

IV. Ergänzende Darlegungspflicht in Anfechtungsverfahren nach § 1600 Abs. 1 Nr. 1 bis 4 BGB (Abs. 2 S. 2)

1. Anwendungsbereich

Nach § 1600 Abs. 1 Nr. 1 bis 5 BGB sind berechtigt, die Vaterschaft anzufechten,
- der Mann, dessen Vaterschaft nach § 1592 Nr. 1 und 2 BGB, § 1593 BGB besteht,
- der Mann, der an Eides Statt versichert, der Mutter des Kindes während der Empfängniszeit beigewohnt zu haben,

---

[1] SBW/Schwonberg § 171 Rn 2.
[2] Vgl. § 23 Rn 45 ff.; MünchKommZPO/Coester-Waltjen/Hilbig § 171 FamFG Rn 3.
[3] BT-Drs. 16/6308 S. 244.

- die Mutter,
- das Kind und
- die zuständige Behörde (anfechtungsberechtigte Behörde) in den Fällen des § 1592 Nr. 2 BGB, d. h. in den Fällen der Anerkennung einer Vaterschaft nach §§ 1594 ff. BGB.

Abs. 2 S. 2 erfasst nur Abstammungssachen, die ein Verfahren auf Anfechtung der Vaterschaft nach § 1600 Abs. 1 Nr. 1 bis 4 BGB betreffen. Konsequenz der rechtlichen Vermutungsregelungen über das Bestehen der Vaterschaft in § 1592 Nr. 1 und 2 BGB ist, dass sie zu Zweifeln über die wahre Vaterschaft führen können.[4] Das Anfechtungsverfahren gem. §§ 1600 ff. BGB dient dazu, die rechtliche und biologische Vaterschaft für ein Kind zusammenzuführen und beendet die rechtliche Vaterschaft, wenn sich im Verfahren erweist, dass das Kind nicht von seinem rechtlichen Vater abstammt. Doch kann sich der Wunsch eines rechtlichen Vaters auch allein darauf richten, zu wissen, ob das Kind wirklich von ihm abstammt, ohne zugleich seine rechtliche Vaterschaft aufgeben zu wollen. Geht es lediglich um die Verfolgung dieses Ziels, so betrifft dies die Verfahrensgegenstände des § 169 Nr. 2 und 3, für die § 171 Abs. 2 S. 2 nicht gilt.

2. Darlegung der zweifelerweckenden Indiztatsachen

5   Abs. 2 S. 2 legt fest, dass der Antragsteller in Vaterschaftsanfechtungsverfahren nach § 1600 Abs. 1 Nr. 1 bis 4 BGB die gegen die Vaterschaft sprechenden Indiztatsachen, d. h. die Umstände, die bei objektiver Betrachtung geeignet sind, Zweifel an der Abstammung zu wecken, darlegen soll.[5] Sein Vortrag muss substantiiert sein, ohne dass an die Darlegung der Umstände übertriebene Anforderungen gestellt werden. Es ist nicht erforderlich, dass die vorgetragenen Umstände die Nichtvaterschaft wahrscheinlich oder gar überwiegend wahrscheinlich machen. Andererseits reicht es nicht aus, dass der Antragsteller angibt, er sei nicht der Vater des betroffenen Kindes, seine Vaterschaft könne durch Sachverständigengutachten ausgeschlossen werden. Vielmehr muss der Antragsteller Umstände vortragen, die bei objektiver Betrachtung geeignet sind, Zweifel an der Vaterschaft zu wecken und die Möglichkeit einer anderweitigen Abstammung des Kindes, z. B. dass das Kind nicht aus seiner Ehe abstammt, als nicht ganz fernliegend erscheinen zu lassen; mit anderen Worten, er muss einen begründeten Anfangsverdacht darlegen.[6]

3. Darlegung des Zeitpunkts der Kenntnisnahme

6   Da die Anfechtungsfrist mit dem Zeitpunkt beginnt, in dem der Anfechtungsberechtigte von den Umständen erfährt, die gegen die Vaterschaft sprechen, soll der Antragsteller auch angeben, wann er die Tatsachen erfahren hat, die ihn veranlasst haben, den Anfechtungsantrag zu stellen. Durch die Angabe des Zeitpunkts soll dem Gericht eine Ermittlung der Einhaltung der zweijährigen Anfechtungsfrist nach § 1600 b Abs. 1 BGB von Amts wegen ermöglicht werden.[7] Daher darf sich der Vortrag des Antragstellers nicht auf die Behauptung beschränken, das Kind stamme nicht von ihm ab. Andernfalls könnten Ehelichkeitsanfechtungen ohne jede zeitliche Beschränkung ins Blaue hinein erhoben werden,[8] was weder im Interesse der Rechtssicherheit in den Familienbeziehungen noch im Interesse des Kindes läge[9] und gegen das durch Art. 8 EMRK garantierte Recht auf Respektierung des Privatlebens verstoßen würde.[10] Unberührt von der Frist des § 1600 b Abs. 1 BGB bleibt das Recht des Kindes, die Vaterschaft nach dem Eintritt seiner Volljährigkeit gemäß § 1600 b Abs. 3 BGB selbst anzufechten, wenn sein gesetzlicher Vertreter die Vaterschaft nicht rechtzeitig angefochten hat.

---

[4] BVerfGE 117, 202 = NJW 2007, 753.
[5] BGH NJW 2005, 497 = FamRZ 2005, 340.
[6] BGH NJW 2003, 585 = FamRZ 2003, 155; NJW 1998, 2976 = FamRZ 1998, 955; a. A. Münch-KommZPO/Coester-Waltjen § 640 Rn 85; Stein/Jonas/Schlosser § 640 Rn 32; Wellenhofer FamRZ 2005, 665; Wolf NJW 2005, 2417/2419.
[7] BT-Drs. 16/6308 S. 244.
[8] BGH NJW 1998, 2976 = FamRZ 1998, 955.
[9] BGH NJW 2006, 1657.
[10] EuGH FamRZ 2006, 181.

4. Aufklärung von Amts wegen

Werden hinreichende Umstände, die gegen die Vaterschaft sprechen, vorgetragen, hat **7** das Gericht den Sachverhalt einschließlich der Frage, ob die jeweilige Anfechtungsfrist eingehalten worden ist, von Amts wegen aufzuklären.[11] Die Feststellungslast für den Ablauf der Anfechtungsfrist richtet sich dabei nach dem materiellen Recht (§ 1600 b Abs. 1 BGB). Soweit nach Ausschöpfen der verfügbaren Beweismittel von Amts wegen noch Zweifel an der Einhaltung der Anfechtungsfrist durch den Antragsteller verbleiben, gehen diese demnach zu Lasten der weiteren Beteiligten in dem Anfechtungsverfahren.[12]

5. Materielle Rechtskraft des Anfechtungsantrags

Mit der Abweisung eines Vaterschaftsanfechtungsantrags mangels ausreichender Indiz- **8** tatsachen, die berechtigte Zweifel an der Vaterschaft des Antragstellers begründen könnten, ist weder positiv noch negativ über die Abstammung – den Status – des Kindes entschieden worden, sondern nur darüber, dass der vom Antragsteller vorgetragene Lebenssachverhalt ihn nicht berechtige, ein etwa bestehendes Anfechtungsrecht gerichtlich durchzusetzen. Danach bestimmt sich die materielle Rechtskraft des den Antrag abweisenden Beschlusses.[13] Ein zweiter Anfechtungsantrag desselben Antragstellers ist dann zulässig, wenn die Darlegung eines „Anfangsverdachts" auf einen neuen, selbständigen, nach der letzten mündlichen Verhandlung im vorangegangenen Verfahren zutage getretenen Lebenssachverhalt gestützt wird. Zu der Annahme, es liege ein neuer, selbständiger Lebenssachverhalt vor, genügt es nicht, wenn die Sachverhaltsdarstellung des Vorverfahrenes lediglich abgewandelt, ergänzt oder korrigiert wird.[14]

V. Ergänzende Darlegungspflicht in Anfechtungsverfahren nach § 1600 Abs. 1 Nr. 5 BGB (Abs. 2 S. 2)

1. Grundlage

Abs. 2 S. 3 betrifft die behördliche Anfechtung der Vaterschaftsanerkennung nach **9** § 1600 Abs. 1 Nr. 5 BGB. Die zuständige Behörde ist nach § 1600 Abs. 6 BGB entsprechend dem verfassungsrechtlichen Regelfall (vgl. Art. 84 Abs. 1 GG) von den Ländern zu bestimmen. Das Recht zur Durchführung des behördlichen Anfechtungsverfahrens setzt nach § 1600 Abs. 3 voraus, dass zwischen dem Kind und dem Anerkennenden keine sozialfamiliäre Beziehung besteht oder im Zeitpunkt der Anerkennung oder seines Todes bestanden hat und durch die Anerkennung rechtliche Voraussetzungen für die erlaubte Einreise oder den erlaubten Aufenthalt des Kindes oder eines Elternteiles geschaffen werden. Nur wenn diese Voraussetzungen gegeben sind und zusätzlich die fehlende biologische Vaterschaft gegeben ist, ist das behördliche Anfechtungsrecht begründet.

§ 1600 Abs. 1 Nr. 5 BGB ist eingefügt worden durch das Gesetz zur Ergänzung des **10** Rechts zur Anfechtung der Vaterschaft vom 13. 8. 2008,[15] das vor dem Hintergrund gefasst wurde, dass es gerade im Zusammenhang mit dem Aufenthaltsstatus der beteiligten Personen Fälle gibt, in denen Männer eine Vaterschaft anerkennen, die nicht die biologischen Väter der Kinder sind, auch kein soziales Vater-Kind-Verhältnis anstreben und oft die aus der Vaterschaft folgende Unterhaltspflicht mangels Leistungsfähigkeit nicht fürchten. In diesen Fällen dient die Anerkennung weder der rechtlichen Anerkennung des biologischen Vaters noch der Gründung einer sozialen Familie. Solche missbräuchlichen Fälle der Vaterschaftsanerkennungen können deren Akzeptanz gefährden, während der Anerkennende mit der Vaterschaftsanerkennung im Regelfall Verantwortungsbereitschaft für das Kind zeigt und u. a. unterhaltspflichtig wird.[16] Das Gesetz knüpft aber nicht allein an die missbräuchliche Anerkennung im Hinblick auf Staatsangehörigkeit und Aufenthaltsrecht an. Ein die

---

[11] BT-Drs. 16/6308 S. 244.
[12] Vgl. BT-Drs. 16/6308 S. 244.
[13] BGH NJW 2003, 585 = FamRZ 2003, 155.
[14] BGH NJW 2003, 585 = FamRZ 2003, 155.
[15] BGBl. I S. 313; dazu Löhnig FamRZ 2008, 1130.
[16] Vgl. BT-Drs. 16/3291 S. 1.

Anfechtung rechtfertigender Missbrauch der Anerkennung zu Zwecken des Aufenthaltsrechts liegt daher nicht vor, wenn eine sozial-familiäre Beziehung gegeben ist. Die Abstammung wie die sozial-familiäre Verantwortungsgemeinschaft machen gleichermaßen den Gehalt von Art. 6 Abs. 2 S. 1 GG aus.[17]

2. Darlegung der Voraussetzungen des behördlichen Anfechtungsrechts

11 a) **Allgemeines.** Die Regelung in Abs. 2 S. 3 trägt den Besonderheiten der behördlichen Anfechtung nach § 1600 Abs. 1 Nr. 5 BGB Rechnung, indem sie der Behörde aufgibt, die Umstände anzugeben, die den Tatbestand des behördlichen Anfechtungsrechts aus § 1600 Abs. 3 BGB ergeben. Dazu gehört neben der missbräuchlichen Anerkennung im Hinblick auf Staatsangehörigkeit und Aufenthaltsrecht das Fehlen einer sozial-familiären Beziehung.

12 b) **Fehlen einer sozial-familiären Beziehung.** Die zuständige Behörde muss mit ihrem Antrag auf Anfechtung des Vaterschaftsanerkenntnisses einmal darlegen, dass zwischen dem Kind und dem Anerkennenden keine sozial-familiäre Beziehung besteht oder im Zeitpunkt der Anerkennung oder seines Todes bestanden hat. Eine Anfechtung kommt nämlich nicht in Betracht, wenn jedenfalls zum Zeitpunkt der Anerkennung eine sozial-familiäre Beziehung bestanden hat, die später beendet worden ist. Für die Annahme einer sozial-familiären Beziehung ist nach der Legaldefinition in § 1600 Abs. 4 BGB maßgeblich darauf abzustellen, dass der Anerkennende für das Kind tatsächliche Verantwortung trägt. Lebt der Anerkennende mit dem Kind bereits längere Zeit in häuslicher Gemeinschaft zusammen, spricht bereits die Regelvermutung des § 1600 Abs. 4 S. 2 BGB für die Übernahme tatsächlicher Verantwortung und damit für eine sozial-familiäre Beziehung. Die Übernahme tatsächlicher Verantwortung kann sich aber auch aus der Wahrnehmung weiterer typischer Elternrechte und -pflichten ergeben. Dazu zählen z. B. der regelmäßige Umgang mit dem Kind, seine Betreuung und Erziehung sowie die Leistung von Unterhalt.[18] Das Vorliegen der Regelvermutung kann z. B. bejaht werden, wenn leiblicher Vater, Mutter und Kind über ein Jahr zusammengewohnt haben und keine Umstände ersichtlich sind, dass der Vater keine tatsächliche Verantwortung für das Kind übernommen hat.[19]

13 Das Bestehen einer familiären Lebensgemeinschaft kann nicht mit der Begründung verneint werden, von der Übernahme von Betreuungs- und Erziehungsaufgaben könne bei einem alle 14 Tage stattfindenden Umgang und etwaigen Telefonaten zwischen Vater und Kind nicht gesprochen werden. Denn eine verantwortungsvoll gelebte und dem Schutzzweck des Art. 6 GG entsprechende Eltern-Kind-Gemeinschaft lässt sich nicht allein quantitativ bestimmen, etwa nach Daten und Uhrzeiten des persönlichen Kontakts oder genauem Inhalt der einzelnen Betreuungshandlungen. Die Entwicklung eines Kindes wird nicht nur durch quantifizierbare Betreuungsbeiträge der Eltern, sondern auch durch die geistige und emotionale Auseinandersetzung geprägt.[20]

14 Keine sozial-familiäre Beziehung kann dagegen z. B. dann vorliegen, wenn der leibliche Vater nur eine vorübergehende Beziehung zu der Kindesmutter unterhielt und zwischen dem Kind und ihm nur sporadische und vereinzelte Kontakte stattfanden.[21]

15 Die anfechtende Behörde muss aber nur die ihr bekannten und in zumutbarer Weise zu ermittelnden Umstände, die gegen die Vaterschaft sprechen, vortragen. Mit Rücksicht auf die Privatsphäre der Betroffenen kann sie nämlich das (Nicht)Vorliegen einer sozial-familiären Beziehung vielfach nur eingeschränkt ermitteln. Ausreichend dürfte insoweit sein, wenn sie vorträgt, dass Vater und Kind nicht in häuslicher Gemeinschaft zusammenleben oder der anerkennende Vater nicht bereit ist, für das Kind zu sorgen oder sonstige Anhaltspunkte für das Fehlen einer sozialen Beziehung zwischen Vater und Kind bestehen, und diesen Umstand in Beziehung zur ausländerrechtlichen Situation der Beteiligten setzt. Es ist dann

---

[17] BVerfG NJW 2003, 2151.
[18] BT-Drs. 16/3291 S. 13.
[19] BGH NJW-RR 2005, 729 = FamRZ 2005, 705.
[20] BVerfG FamRZ 2006, 187.
[21] OLG Düsseldorf FamRZ 2004, 290 zu einem Fall von neun vereinzelten persönlichen Kontakten über einen Zeitraum von drei Monaten.

Sache von Vater und Kind, im Einzelnen zu ihrer Beziehung vorzutragen, weil sie die wesentlichen Umstände kennen und in zumutbarer Weise vortragen können, während die Behörde diese Umstände regelmäßig nicht kennt.[22]

c) Ausländerrechtliche Vorteile. Die Behörde muss weiter darlegen, dass durch die Anerkennung rechtliche Voraussetzungen für die erlaubte Einreise oder den erlaubten Aufenthalt des Kindes oder eines Elternteiles geschaffen werden. Der Gesetzgeber geht nach der Begründung des Gesetzes davon aus, dass die Behörde zur umfassenden Darlegung dieses staatsangehörigkeits- bzw. ausländerrechtlichen Teils des Tatbestands des § 1600 Abs. 3 BGB in der Lage sein muss, und nennt die drei nachstehenden Fallgruppen, bei deren Vorliegen von einer missbräuchlichen Vaterschaftsanerkennung auszugehen ist, wenn weder eine sozial-familiäre Beziehung zwischen Vater und Kind noch eine biologische Vaterschaft bestehen:[23]

(1) Ein **deutscher Mann** erkennt die Vaterschaft für das Kind einer unverheirateten ausländischen Mutter an.
Folge: Als Kind eines deutschen Staatsangehörigen erwirbt das Kind mit der wirksamen Vaterschaftsanerkennung die deutsche Staatsangehörigkeit (§ 4 Abs. 1 StAG). Damit werden rechtliche Voraussetzungen für die „erlaubte Einreise" oder den „erlaubten Aufenthalt" i. S. d. § 1600 Abs. 3 BGB für das Kind geschaffen. Für die Mutter des Kindes erfüllt sich durch die deutsche Staatsangehörigkeit des Kindes ein Teil des Tatbestands des § 28 Abs. 1 Nr. 3 AufenthG, wodurch rechtliche Voraussetzungen für ihre „erlaubte Einreise" oder ihren „erlaubten Aufenthalt" im Sinne des § 1600 Abs. 3 BGB geschaffen werden.

(2) Ein **ausländischer Mann mit gesichertem Aufenthaltsstatus** erkennt die Vaterschaft für das Kind einer unverheirateten Ausländerin an.
Folge: Wird das Kind aufgrund der Vaterschaftsanerkennung gemäß § 4 Abs. 3 StAG deutscher Staatsangehöriger, werden wiederum rechtliche Voraussetzungen für die „erlaubte Einreise" oder den „erlaubten Aufenthalt" im Sinne des § 1600 Abs. 3 BGB für das Kind geschaffen. Für die Mutter des Kindes erfüllt sich durch die deutsche Staatsangehörigkeit des Kindes wiederum ein Teil des Tatbestands des § 28 Abs. 1 Nr. 3 AufenthG, wodurch rechtliche Voraussetzungen für ihre erlaubte Einreise oder ihren erlaubten Aufenthalt im Sinne des § 1600 Abs. 3 BGB geschaffen werden.

(3) Ein **ausländischer Mann ohne gesicherten Aufenthaltsstatus** erkennt die Vaterschaft für das Kind einer Deutschen oder das Kind einer Ausländerin mit verfestigtem Aufenthalt an.
Folge: Ist das Kind deutscher Staatsbürger gemäß § 4 Abs. 1 oder Abs. 3 StAG, erfüllt sich durch seine deutsche Staatsangehörigkeit ein Teil des Tatbestands des § 28 Abs. 1 Nr. 3 AufenthG, wodurch rechtliche Voraussetzungen für die „erlaubte Einreise" oder den „erlaubten Aufenthalt" des Anerkennenden geschaffen werden. Der Tatbestand des § 1600 Abs. 3 BGB deckt auch diese Fallgruppe ab, indem er nicht von Vater oder Mutter, sondern vom „Elternteil" spricht.

3. Darlegung des Zeitpunkts der Kenntnisnahme

Die **Anfechtungsfrist** beträgt gemäß § 1631b Abs. 1a BGB ein Jahr. Sie beginnt, wenn die anfechtungsberechtigte Behörde von den Tatsachen Kenntnis erlangt, die die Annahme rechtfertigen, dass die Voraussetzungen für ihr Anfechtungsrecht vorliegen. Die Anfechtung ist aber spätestens nach Ablauf von fünf Jahren seit der Wirksamkeit der Anerkennung der Vaterschaft für ein im Bundesgebiet geborenes Kind ausgeschlossen; ansonsten spätestens fünf Jahre nach der Einreise des Kindes. Um die Einhaltung der Anfechtungsfrist gerichtlich überprüfen zu können, ist die Behörde verpflichtet darzulegen, wann ihr die Umstände bekannt wurden, die ihr ein Anfechtungsrecht nach § 1600 Abs. 3 BGB verleihen.

Die anfechtungsberechtigte Behörde braucht aber weder den Zweck der Vaterschaftsanerkennung erforschen und darlegen noch Zweifel an der biologischen Abstammung

---

[22] BT-Drs. 16/3291 S. 14 unter Hinweis auf BGH NJW 1998, 2976 = FamRZ 1998, 955.
[23] BT-Drs. 16/3291 S. 14.

vortragen. Beides ist ihr häufig nicht möglich, aber auch nicht zumutbar, weil diese Umstände zum Kernbereich der Privatsphäre der Betroffenen zählen.[24]

Beteiligte

172 (1) Zu beteiligen sind
1. das Kind,
2. die Mutter,
3. der Vater.

(2) **Das Jugendamt ist in den Fällen des § 176 Abs. 1 Satz 1 auf seinen Antrag zu beteiligen.**

I. Normzweck

1   Da die Entscheidungen in Abstammungssachen nach § 184 Abs. 2 für und gegen alle wirken und nach § 184 Abs. 1 S. 2 eine Abänderung ausgeschlossen ist, will die Vorschrift sicherstellen, dass aus Gründen der Rechtskrafterstreckung diejenigen formell am Verfahren beteiligt werden, die materiell beteiligt sind. Sie regelt daher in Anknüpfung an § 7 Abs. 2 Nr. 2, wer in den Abstammungssachen nach § 169 Nr. 1 bis 4 von Amts wegen oder auf Antrag zu beteiligen ist. Die Aufzählung ist nicht abschließend. Unter den Voraussetzungen des § 7 Abs. 2 Nr. 1, wonach diejenigen hinzuzuziehen sind, deren Recht durch das Verfahren unmittelbar betroffen wird, können im Einzelfall weitere Personen zu beteiligen sein.

II. Von Amts wegen zu Beteiligende (Abs. 1)

2   Abs. 1 regelt, wer stets im Abstammungsverfahren von Amts wegen als Beteiligter hinzuzuziehen ist. Dabei nennen die Nr. 1, 2 und 3 das Kind, die Mutter und den Vater.

1. Kinder; Beteiligungs- und Verfahrensfähigkeit

3   Das nach Abs. 1 Nr. 1 zu beteiligende Kind ist das Kind, um dessen Abstammung es in dem Verfahren geht. Minderjährige Kinder sind nach § 8 Nr. 1 beteiligtenfähig. Fraglich ist, ob sie nach Vollendung des 14. Lebensjahres gemäß § 9 Abs. 1 Nr. 3 **verfahrensfähig** sind. Danach sind die nach § 106 BGB beschränkt Geschäftsfähigen verfahrensfähig, soweit sie das 14. Lebensjahr vollendet haben und in einem Verfahren, das ihre Person betrifft, ein ihnen nach bürgerlichem Recht zustehendes Recht geltend machen. Der Wortlaut dieser Vorschrift, der in Übereinstimmung mit der früheren Bestimmung zum Beschwerderecht des Kindes (§ 59 FGG) steht, erfasst auch die Abstammungssachen, die Gesetzesbegründung zur nachträglichen Einführung dieser Regelung[1] spricht aber nur von der Geltendmachung eigenständiger materieller Rechte im „kindschaftsrechtlichen Verfahren", also im Verfahren nach § 151, um die „notwendige Akzessorietät zwischen materiellem Recht und Verfahrensrecht" herzustellen. Diese Formulierung in der Gesetzesbegründung greift zwar zu kurz, weil in Abstammungsverfahren beschränkt geschäftsfähige Minderjährige als Eltern ein eigenes Anfechtungsrecht haben, das sie nur selbst ausüben können (vgl. Rn 5); jedoch kommen in den übrigen Verfahren des § 169 verfahrensfähige minderjährige Beteiligte nicht in Betracht, weil es insoweit im materiellen Recht keine partielle Geschäftsfähigkeit gibt.[2] Zwar hat das „Kind" auch in Abstammungssachen nach § 1598a BGB einen materiellen Anspruch auf Einwilligung in eine genetische Untersuchung zur Klärung der leiblichen Abstammung und nach § 1600 Abs. 1 Nr. 4 BGB ein materielles Recht auf Anfechtung der Vaterschaft; nach § 1600a BGB kann für ein in der Geschäftsfähigkeit beschränktes Kind aber nur der gesetzliche Vertreter handeln. Ob vor diesem Hintergrund § 9 Abs. 1 Nr. 3 einschränkend dahin auszulegen ist, dass er nur die kindschaftsrechtlichen

---

[24] BT-Drs. 16/6308 S. 244, 245.
[1] BT-Drs. 16/9733 S. 352.
[2] MünchKommZPO/Coester-Waltjen/Hilbig § 172 FamFG Rn 29.

Verfahren erfasst, kann an dieser Stelle offen bleiben.³ Das Kind wird daher grundsätzlich von seinen Eltern vertreten (§ 1629 BGB; Ausnahme: Jugendamt als Beistand gemäß §§ 173 in den Fällen des § 1712 BGB), in einem gerichtlichen Verfahren nach § 1598 a BGB sind sie gemäß § 1629 Abs. 2 a BGB von der Vertretung ausgeschlossen, so dass insoweit ein Ergänzungspfleger nach § 1909 zu bestellen ist.⁴

2. Die Eltern

a) **Mutter, Vater.** „Mutter" ist nach § 1591 BGB die Frau, die das Kind geboren hat. Mit „Vater" gemeint ist der rechtliche Vater und nicht der leibliche (biologische). Dies gilt auch für Verfahren nach § 169 Nr. 2 auf Ersetzung der Einwilligung in eine genetische Abstammungsuntersuchung und Anordnung der Duldung einer Probeentnahme nach § 1598 a Abs. 2 BGB, weil der mutmaßliche biologische Vater in dieses Verfahren zur Klärung der Abstammung nicht einbezogen ist. Sofern der leibliche Vater Gewissheit über die Vaterschaft haben will, hat er nur die Möglichkeit, den Weg über das Anfechtungsverfahren nach § 1600 BGB oder, unter den Voraussetzungen des § 1600 d BGB, die Vaterschaftsfeststellung zu beschreiben. In diesen Verfahren ist er gemäß § 7 Abs. 1 als Antragsteller Beteiligter.

b) **Minderjährige Eltern; Beteiligten- und Verfahrensfähigkeit.** Die Beteiligtenfähigkeit minderjähriger Eltern ergibt sich aus § 8 Nr. 1. Nach § 9 Abs. 1 Nr. 3 sind sie verfahrensfähig, wenn sie das 14. Lebensjahr vollendet haben und ein eigenständiges materielles Recht geltend machen. Nach § 1600 a Abs. 2 S. 1 BGB können die Anfechtungsberechtigten im Sinne des § 1600 Abs. 1 Nr. 1 bis 3 BGB, das sind

- der Mann, dessen Vaterschaft nach § 1592 Nr. 1 und 2, § 1593 BGB besteht,
- der Mann, der an Eides statt versichert, der Mutter des Kindes während der Empfängniszeit beigewohnt zu haben, und
- die Mutter,

die Vaterschaft nur selbst anfechten. Nach § 1600 a Abs. 2 S. 2 BGB gilt dies auch, wenn sie in der Geschäftsfähigkeit beschränkt sind. Nur wenn sie geschäftsunfähig sind, kann für sie ihr gesetzlicher Vertreter anfechten. Daher sind minderjährige Eltern, die das 14. Lebensjahr vollendet haben und bei denen die Voraussetzungen des § 1600 Abs. 1 Nr. 1 bis 3 BGB vorliegen, bei der Anfechtung der Vaterschaft im Verfahren nach § 169 Abs. 4 verfahrensfähig. Dasselbe muss für die beschränkt geschäftsfähigen minderjährigen (§ 106 BGB) Eltern gelten, die noch nicht 14 Jahre alt sind, weil auch sie nach materiellem Recht anfechtungsberechtigt sind.⁵ Zur Beschwerdefähigkeit s. § 60 S. 3.

3. Weitere Personen

Weitere Personen müssen unter den Voraussetzungen des § 7 Abs. 2 Nr. 1 als Beteiligte hinzugezogen werden, z. B. im Verfahren auf Anfechtung der Vaterschaft der Mann, der an Eides Statt versichert, der Mutter während der Empfängniszeit beigewohnt zu haben (§ 1600 Abs. 1 Nr. 2 BGB), und die nach § 1600 Abs. 6 BGB zuständige anfechtungsberechtigte Behörde in den Fällen des § 1592 Nr. 2 BGB.

III. Beteiligung des Jugendamtes (Abs. 2)

Abs. 2 ermöglicht dem Jugendamt, das allein durch die Anhörung nach § 176 noch nicht zum Beteiligten wird (vgl. § 7 Abs. 6), in den beiden Fällen, in denen es nach § 176 Abs. 1 S. 1 anzuhören ist, eine Hinzuziehung als Beteiligte zu beantragen. Das Gericht hat einem diesbezüglichen Antrag zu entsprechen.⁶ § 176 Abs. 1 S. 1 sieht die Anhörung des Jugendamts als Soll-Vorschrift einmal für den Fall einer Anfechtung nach § 1600 Abs. 1 Nr. 2 BGB vor. Das sind die Fälle, in denen der Mann, der an Eides Statt versichert hatte, der

---

³ Vgl. hierzu Heiter FamRZ 2009, 85; SBW/Schwonberg § 172 Rn 10 und SBW/Schöpflin § 9 Rn 8; a. A. Zimmermann § 9 Rn 14.
⁴ Ebenso SBW/Schwonberg § 172 Rn 16.
⁵ MünchKommZPO/Coester-Waltjen § 172 FamFG Rn 30.
⁶ Vgl. BT-Drs. 16/6309 S. 245.

Mutter des Kindes während der Empfängniszeit beigewohnt zu haben, und dessen Vaterschaft deshalb das Gericht in einem Verfahren nach § 1600 d BGB festgestellt hat. Ferner soll das Gericht das Jugendamt nach § 176 S. 1 in den Fällen anhören, in denen das Kind die Vaterschaft nach § 1600 Abs. 1 Nr. 4 BGB anficht, soweit die Anfechtung für das Kind durch dessen gesetzlichen Vertreter erfolgt. Diese Anfechtung setzt nach § 1600a Abs. 4 BGB voraus, dass die Anfechtung dem Wohl des Vertretenen dient. Gerade wegen der Einschätzung dieser Frage wird das Gericht in diesen Fällen dem Jugendamt i. d. R. Gelegenheit zur Stellungnahme geben und das Jugendamt eine Beteiligung zu erwägen haben. Die Beteiligung kann formlos, aber auch durch Beschluss erfolgen; ein **besonderer Beschluss** ist nur bei einer – mit der sofortigen Beschwerde anfechtbaren – Ablehnung eines Beiziehungsantrags vorgeschrieben, § 7 Abs. 5.

Vertretung eines Kindes durch einen Beistand

173 Wird das Kind durch das Jugendamt als Beistand vertreten, ist die Vertretung durch den sorgeberechtigten Elternteil ausgeschlossen.

I. Normzweck

1 Nach § 1712 Abs. 1 BGB wird das Jugendamt auf einen bei ihm zu stellenden schriftlichen Antrag eines Elternteils (§ 1713 BGB) Beistand des Kindes für folgende Aufgaben:
– die Feststellung der Vaterschaft;
– die Geltendmachung von Unterhaltsansprüchen sowie die Verfügung über diese Ansprüche; ist das Kind bei einem Dritten entgeltlich in Pflege, so ist der Beistand berechtigt, aus dem vom Unterhaltspflichtigen Geleisteten den Dritten zu befriedigen.

Nach § 1712 Abs. 2 BGB kann der Antrag auf einzelne der in Abs. 1 bezeichneten Aufgaben beschränkt werden. Die elterliche Sorge wird durch die Beistandschaft nicht eingeschränkt, § 1716 S. 1 BGB, so dass der Beistand im rechtsgeschäftlichen Verkehr nur aufgrund einer Bevollmächtigung wirksam für das Kind handeln kann.[1] Ist das Jugendamt Beistand mit dem Aufgabenkreis zu § 1712 Abs. 1 Nr. 1, so bedarf es daher einer gesetzlichen Klarstellung, wer in diesem Verfahren das Kind vertritt, um im Verfahren gegensätzliche Erklärungen des Jugendamts und des sorgeberechtigten Elternteils zu verhindern.[2] Der sorgeberechtigte Elternteil kann allerdings die Verfahrensbeistandschaft durch schriftliches Verlangen gegenüber dem Jugendamt beenden (§ 1715 Abs. 1 Nr. 2 BGB) und so das Verfahren als gesetzlicher Vertreter fortführen.[3]

II. Ausschluss der Vertretung des Kindes durch den sorgeberechtigten Elternteil

2 Die Regelung des § 173 gibt dem mit dem Aufgabenkreis des § 1712 Abs. 1 Nr. 2 BGB zum Beistand des Kindes bestellten Jugendamt bei der Frage, wer das Kind in einem Verfahren auf Feststellung der Vaterschaft vertritt, den Vorrang vor dem sorgeberechtigten Elternteil. Dieser ist von der Vertretung ausgeschlossen.

3 Durch die Beistandschaft wird das Jugendamt gesetzlicher Vertreter des Kindes,[4] nicht jedoch zum Verfahrensbeteiligten. Die Beteiligung regelt sich allein nach §§ 172 Abs. 2, 176 Abs. 1.

4 Nach Art. 144 EGBGB [Beistandschaft für Vereine] können die Landesgesetze bestimmen, dass das Jugendamt die Beistandschaft mit Zustimmung des Elternteils auf einen rechtsfähigen Verein übertragen kann, dem dazu eine Erlaubnis nach § 54 SGB VIII erteilt worden ist.

---
[1] MünchKommZPO/Lindacher § 53a Rn 2.
[2] BT-Drs. 13/892.
[3] MünchKommZPO/Lindacher § 53a Rn 5.
[4] MünchKommZPO/Lindacher § 53a Rn 6.

Verfahrensbeistand

174 ¹Das Gericht hat einem minderjährigen Beteiligten in Abstammungssachen einen Verfahrensbeistand zu bestellen, sofern dies zur Wahrnehmung seiner Interessen erforderlich ist. ²§ 158 Abs. 2 Nr. 1 sowie Abs. 3 bis 7 gilt entsprechend.

I. Normzweck

1 Die Vorschrift ermöglicht es dem Gericht, auch in Abstammungssachen einem minderjährigen Beteiligten einen Verfahrensbeistand nach § 158 beizuordnen. Da die Interessen in der Person des gesetzlichen Vertreters eines Minderjährigen in allen Abstammungsverfahren nach § 169 mit den Interessen des Kindes im Widerstreit stehen können, ist die Möglichkeit der Beiordnung eines Verfahrensbeistands umfassend für alle Abstammungssachen eröffnet worden.

II. Voraussetzungen der Bestellung eines Verfahrensbeistands

1. Abstammungsverfahren

2 Es muss sich um eine Abstammungssache i. S. d. § 169 handeln. Hinsichtlich des Verfahrensgegenstands unterscheidet das Gesetz nicht, ob es sich um ein Verfahren auf Feststellung des Bestehens oder Nichtbestehens eines Eltern-Kind-Verhältnisses, insbesondere der Wirksamkeit oder Unwirksamkeit einer Anerkennung der Vaterschaft (§ 169 Nr. 1), auf Ersetzung der Einwilligung in eine genetische Abstammungsuntersuchung und Anordnung der Duldung einer Probeentnahme (§ 169 Nr. 2), auf Einsicht in ein Abstammungsgutachten oder Aushändigung einer Abschrift (§ 169 Nr. 3) oder auf Anfechtung der Vaterschaft (§ 169 Nr. 4) handelt.

2. Minderjähriger Beteiligter

3 Die Bestellung eines Verfahrensbeistands setzt voraus, dass das beteiligte Kind, für den der Verfahrensbeistand bestellt werden soll, minderjährig ist, d. h. das 18. Lebensjahr noch nicht vollendet hat, § 2 BGB. Als minderjährige Beteiligte kommen alle minderjährigen Beteiligten, also das Kind, dessen Vaterschaft festgestellt oder angefochten wird, eine noch minderjährige Mutter oder ein noch minderjähriger Vater in Betracht.[1] Zur Vertretung des Kindes s. § 172 Rn 2.

3. Erforderlichkeit

4 Das Gericht muss dem Kind für das Abstammungsverfahren einen Verfahrensbeistand bestellen, wenn dies zur Wahrnehmung der Interessen des Kindes erforderlich ist. Nach S. 2 i. V. m. dem dort in Bezug genommenen § 158 Abs. 2 Nr. 1 ist eine Bestellung in der Regel erforderlich, wenn das Interesse des Kindes zu dem seiner gesetzlichen Vertreter in erheblichem Gegensatz steht. Maßgeblich für die Erforderlichkeit einer eigenen Interessenvertretung für das Kind ist die aus den konkreten Umständen des Einzelfalls abzuleitende Gefahr, dass die Interessen des Kindes weder durch die allgemeinen Verfahrensgarantien (§ 158 Rn 7) noch durch das als Beistand nach § 173 tätige Jugendamt oder einen bestellten Verfahrensbevollmächtigten hinreichend gewahrt werden können und weder die Eltern noch ein bestellter Ergänzungspfleger intellektuell oder aus sonstigen Gründen in der Lage sind, die Interessen des Kindes wahrzunehmen. Dabei ist besonders in den Blick zu nehmen, dass in Abstammungssachen die Interessen des Kindes ohnehin Gegenstand des gerichtlichen Verfahrens sind, weil das Gericht auch in Abstammungssachen kraft des Amtsermittlungsgrundsatzes gehalten ist, den Sachverhalt nach allen Richtungen hin zu erforschen und dabei auch die Belange des Kindes zu berücksichtigen. Dies gibt bereits das materielle Recht z. B. in § 1600 Abs. 2 und 3 BGB vor.

---

[1] SBW/Schwonberg § 174 Rn 3.

4. Zeitpunkt und Wirkung der Bestellung; Unanfechtbarkeit

5 Nach S. 2 i. V. m. § 158 Abs. 3 ist der Verfahrensbeistand so früh wie möglich zu bestellen. Er wird durch seine Bestellung Verfahrensbeteiligter (zur Rechtsstellung des Verfahrensbeistands s. § 158 Rn 39). Die Unterlassung der Bestellung eines Verfahrensbeistands ist zu begründen. Sie ist nicht selbständig anfechtbar. Hierzu und zu weiteren Gesichtspunkten, die das Familiengericht bei der Bestellung beachten muss, s. Rn 30–42 zu § 158.

5. Aufgaben des Verfahrensbeistands

6 Nach S. 2 i. V. m. § 158 Abs. 4 ist es originäre Aufgabe des Verfahrensbeistands, das Interesse des Kindes festzustellen und im gerichtlichen Verfahren zur Geltung zu bringen sowie das Kind über Gegenstand, Ablauf und möglichen Ausgang des Verfahrens in geeigneter Weise zu informieren. Nur wenn und soweit das Gericht ihm im Einzelfall speziell mit weiteren Aufgaben beauftragt, hat er diese zu verrichten. So kann ihn das Gericht z. B. beauftragen, Gespräche mit den Eltern und weiteren Bezugspersonen des Kindes zu führen sowie am Zustandekommen einer einvernehmlichen Regelung über den Verfahrensgegenstand mitzuwirken. Auf Rn 19 bis 29 zu § 158 wird verwiesen.

6. Anderweitige Interessenvertretung

7 Die Bestellung kann gem. Abs. 2 S. 2 i. V. m. § 158 Abs. 5 unterbleiben oder aufgehoben werden, wenn die Interessen des Kindes von einem Rechtsanwalt oder einem anderen geeigneten Verfahrensbevollmächtigten angemessen vertreten werden, s. hierzu Rn 40 zu § 158.

7. Dauer der Bestellung

8 Nach S. 2 i. V. m. § 158 Abs. 6 endet die Bestellung mit rechtskräftigem Abschluss der das Verfahren abschließenden Entscheidung oder mit dem sonstigen Abschluss des Verfahrens. Der Verfahrensbeistand ist also für alle Instanzen bestellt (vgl. § 158 Rn 44).

8. Ersatz von Aufwendungen

9 Für die Vergütung des **Verfahrensbeistands** gilt nach S. 2 die Regelung in § 158 Abs. 7 (s. dazu die Kommentierung zu § 158 Rn 45–50).

Erörterungstermin; persönliche Anhörung

175 (1) ¹Das Gericht soll vor einer Beweisaufnahme über die Abstammung die Angelegenheit in einem Termin erörtern. ²Es soll das persönliche Erscheinen der verfahrensfähigen Beteiligten anordnen.

(2) ¹Das Gericht soll vor einer Entscheidung über die Ersetzung der Einwilligung in eine genetische Abstammungsuntersuchung und die Anordnung der Duldung der Probeentnahme (§ 1598a Abs. 2 des Bürgerlichen Gesetzbuchs) die Eltern und ein Kind, das das 14. Lebensjahr vollendet hat, persönlich anhören. ²Ein jüngeres Kind kann das Gericht persönlich anhören.

I. Normzweck

1 Abs. 1 verpflichtet das Gericht in einem Abstammungsverfahren nach § 169 zur Durchführung eines Erörterungstermins mit den Beteiligten. Abs. 2 übernimmt die im Rahmen des „Gesetzes zur Klärung der Vaterschaft unabhängig vom Anfechtungsverfahren" v. 26. 3. 2008 eingefügte Regelung des § 56 Abs. 1 FGG,[1] die das Erfordernis der persönlichen Anhörung in Verfahren nach § 1598a Abs. 2 BGB aufstellte. Die Folgen des unentschuldigten Ausbleibens eines Beteiligten in einem Anhörungstermin regelt § 34 Abs. 3, ist das persönliche Erscheinen angeordnet, gilt § 33 Abs. 3.

---

[1] BGBl. I S. 441.

II. Erörterungstermin (Abs. 1)

1. Gegenstand der Erörterung (Abs. 1 S. 1)

Nach Abs. 1 S. 1 soll das Gericht in einer Abstammungssache nach § 169 die Angelegenheit mit den Beteiligten in einem Termin erörtern. Der Termin soll dabei vor einer Beweisaufnahme über die Abstammung erfolgen. Hintergrund hierfür ist, dass auf diese Weise insbesondere die Frage der Einhaltung der Anfechtungsfrist geklärt werden kann, bevor etwa ein kostspieliges Abstammungsgutachten in Auftrag gegeben wird. Da die Regelung des Abs. 1 als Sollvorschrift ausgestaltet ist, kann in Ausnahmefällen von einem Erörterungstermin abgesehen werden. So kann etwa von einem Erörterungstermin in einem Verfahren auf Anfechtung der Vaterschaft abgesehen werden, wenn sich die Beteiligten schriftlich geäußert haben, der Antrag den Erfordernissen des § 171 entspricht und keine Anhaltspunkte für den Ablauf der Anfechtungsfrist ersichtlich sind.[2]

2. Anordnung des persönlichen Erscheinens der verfahrensfähigen Beteiligten (Abs. 1 S. 2)

Nach S. 2 soll das Gericht zu dem Termin das persönliche Erscheinen der verfahrensfähigen Beteiligten anordnen. Auch diese Regelung ist – im Unterschied zu der Kann-Vorschrift des § 32 – als Sollvorschrift ausgestaltet. Von der Anordnung des persönlichen Erscheinens darf daher nur in begründeten Ausnahmefällen abgesehen werden. Denn wenn das Gericht schon einen Erörterungstermin anberaumt und hiervon nicht ausnahmsweise absieht, dokumentiert es, dass ein Grund für eine Erörterung besteht. Zur Frage, in welchen Fällen das beteiligte minderjährige Kind verfahrensfähig ist, s. § 172 Rn 3, und in welchen Fällen minderjährige Eltern verfahrensfähig sind, s. § 172 Rn 5.

III. Persönliche Anhörung (Abs. 2)

Abs. 2 regelt die persönliche Anhörung der Beteiligten durch das Gericht in Verfahren nach § 1598a BGB. Er enthält eine Soll-Vorschrift für die Anhörung der beiden Elternteile und das Kind, sofern es das vierzehnte Lebensjahr vollendet hat. Zu den Eltern im Sinne des § 175 gehört, wie sich aus dem Zusammenhang mit § 1598a BGB ergibt, allein der rechtliche Vater, der mutmaßliche leibliche Vater ist nach der Gesetzesbegründung in dieses Verfahren zur Klärung der Abstammung nicht einbezogen, weil ihm zumutbar sei, den Weg über das Anfechtungsverfahren nach §§ 1600 ff. BGB zu gehen und er nicht mit seinem Klärungsinteresse Zweifel in eine funktionierende soziale Familie hineintragen können solle.[3]

Das Erfordernis der persönlichen Anhörung soll dem Umstand Rechnung tragen, dass die Ersetzung der Einwilligung in eine genetische Abstammungsuntersuchung und die Anordnung der Duldung einer Probeentnahme sich erheblich auf die persönlichen Verhältnisse und familiären Beziehungen auswirken können. Durch die persönliche Anhörung soll das Gericht einen unmittelbaren Eindruck von den Betroffenen gewinnen und die Möglichkeit erhalten, auf eine einvernehmliche Lösung hinzuwirken.[4]

Ein Kind, das das 14. Lebensjahr noch nicht vollendet, kann das Gericht persönlich anhören. Die Entscheidung hierüber ist in das Ermessen des Gerichts gestellt. Es hat daher im Einzelfall prüfen, inwieweit die Willensäußerung oder der persönliche Eindruck eines gegebenenfalls noch sehr jungen Kindes für seine Entscheidung über die Aussetzung von Bedeutung ist und auch inwieweit die gerichtliche Anhörung eine etwa bestehende Belastungssituation noch verschärfen würde.[5]

---

[2] BT-Drs. 16/6308 S. 245.
[3] BT-Drs. 16/6561 S. 20; kritisch MünchKommBGB/Wellenhofer § 1598a Rn 6; Schwab FamRZ 2008, 23.
[4] BT-Drs. 16/6561 S. 16.
[5] BT-Drs. 16/6561 S. 16.

§ 176 1–5   Abschnitt 4. Verfahren in Abstammungssachen

Anhörung des Jugendamts

176 (1) ¹Das Gericht soll im Fall einer Anfechtung nach § 1600 Abs. 1 Nr. 2 und 5 des Bürgerlichen Gesetzbuchs sowie im Fall einer Anfechtung nach § 1600 Abs. 1 Nr. 4 des Bürgerlichen Gesetzbuchs, wenn die Anfechtung durch den gesetzlichen Vertreter erfolgt, das Jugendamt anhören. ²Im Übrigen kann das Gericht das Jugendamt anhören, wenn ein Beteiligter minderjährig ist.

(2) ¹Das Gericht hat dem Jugendamt in den Fällen einer Anfechtung nach Absatz 1 Satz 1 sowie einer Anhörung nach Absatz 1 Satz 2 die Entscheidung mitzuteilen. ²Gegen den Beschluss steht dem Jugendamt die Beschwerde zu.

I. Normzweck

1   Da das Jugendamt als Fachbehörde im gerichtlichen Verfahren zur Konfliktbewältigung beitragen und möglicherweise entscheidungserhebliche Fakten vortragen kann, soll das Gericht das Jugendamt in bestimmten Fällen der Anfechtung der Vaterschaft anhören, in den sonstigen Fällen der Vaterschaftsanfechtung räumt die Vorschrift dem Familiengericht die Möglichkeit ein, das Jugendamt vor einer Entscheidung über die Vaterschaftsanfechtung anzuhören. Eine ähnliche Regelung enthielt § 49 a Abs. 2 a FGG; sie betraf aber nur das Verfahren auf Ersetzung der Einwilligung in eine Abstammungsuntersuchung nach § 1598 a Abs. 2 BGB.[1] Die Zuständigkeit des Jugendamts ist in den §§ 87 b Abs. 1, 50 SGB VIII geregelt (vgl. dazu § 162 Rn 1 und 6).

II. Die Mitwirkung des Jugendamts in Anfechtungsverfahren

1. Die Anhörung des Jugendamts (Abs. 1)

2   **a) Die grundsätzliche Pflicht zur Anhörung in den Fällen des S. 1.** Abs. 1 S. 1 sieht die Anhörung des Jugendamts als Soll-Vorschrift einmal für den Fall einer Anfechtung nach § 1600 Abs. 1 Nr. 2 BGB vor. Das sind die Fälle, in denen der Mann, der an Eides Statt versichert hatte, der Mutter des Kindes während der Empfängniszeit beigewohnt zu haben und dessen Vaterschaft deshalb das Gericht in einem Verfahren nach § 1600 d BGB festgestellt hat.

3   Ferner soll das Gericht das Jugendamt nach S. 1 in den Fällen anhören, in denen das Kind die Vaterschaft nach § 1600 Abs. 1 Nr. 4 BGB anficht, dies jedoch nur dann, wenn die Anfechtung für das Kind durch dessen gesetzlichen Vertreter erfolgt. Diese Anfechtung setzt nach § 1600 a Abs. 4 BGB voraus, dass die Anfechtung dem Wohl des Vertretenen dient. Gerade zur Einschätzung dieser Frage erschien dem Gesetzgeber eine Anhörung des Jugendamtes angezeigt.[2]

4   **b) Anhörung nach der Kann-Vorschrift des S. 2.** In den übrigen Fällen der Vaterschaftsanfechtung – nur diese und nicht die sonstigen Abstammungssachen nach § 169 sind nach dem Zusammenhang mit Abs. 1 S. 1 und Abs. 2 gemeint – kann das Gericht das Jugendamt nach seinem Ermessen anhören, wenn ein Beteiligter minderjährig und deshalb geschäftsunfähig oder in der Geschäftsfähigkeit beschränkt ist. Nach der Gesetzesbegründung bezweckt die Vorschrift u. a. auch, dass durch die Mitwirkung des Jugendamts die Einschätzung der Frage, ob eine sozial-familiäre Beziehung besteht, erleichtert wird.[3] Diese Frage ist im Rahmen der behördlichen Anfechtung nach § 1600 Abs. 1 Nr. 5 BGB zu prüfen. Daher wird gerade auch in diesen Fällen i. d. R. eine Anhörung des Jugendamtes erforderlich sein.

2. Beteiligtenstellung des Jugendamts

5   In den Fällen des Abs. 1 S. 1 ist das Jugendamt gemäß § 172 Abs. 2 auf seinen Antrag zu beteiligen, allein durch die Anhörung wird es noch nicht zum Beteiligten (vgl. § 7 Abs. 6). Auch wenn es gegen die gerichtliche Entscheidung Beschwerde einlegt, wird es hierdurch

---

[1] Vgl. dazu BT-Drs. 16/3291 S. 8.
[2] BT-Drs. 16/6308 S. 8.
[3] BT-Drs. 16/6308 S. 245.

zum Verfahrensbeteiligten im Beschwerdeverfahren. Um das Jugendamt in die Lage zu versetzen, von dem Recht, sich an dem Verfahren zu beteiligen, Gebrauch zu machen, ist das Familiengericht nach § 7 Abs. 4 verpflichtet, das Jugendamt von der Einleitung des Verfahrens zu benachrichtigen und über das Antragsrecht zu belehren.

III. Die Regelungen des Abs. 2

1. Bekanntmachung gerichtlicher Entscheidungen (Abs. 2 S. 1)

Nach Abs. 2 S. 1 sind dem Jugendamt alle gerichtlichen Entscheidungen bekannt zu machen, zu denen es nach Abs. 1 angehört worden war. Diese Vorschrift dient der notwendigen Information der am Verfahren hinzugezogenen Fachbehörde und einer ebenso notwendigen vertrauensvollen Zusammenarbeit zwischen Gericht und Jugendbehörde.

6

2. Beschwerderecht des Jugendamtes (Abs. 2 S. 2)

Abs. 1 S. 2 regelt ausdrücklich ein Beschwerderecht des Jugendamts für den Fall, dass es vom Gericht angehört worden ist. Die Vorschrift enthält eine eigenständige, von § 59 unabhängige Beschwerdeberechtigung des Jugendamts. Mit Einlegung der Beschwerde ist das Jugendamt Beteiligter des Verfahrens, sofern es sich nicht schon in einem Verfahren nach Abs. 1 S. 1 durch einen Antrag nach § 172 Abs. 2 an dem Verfahren beteiligt hat (Rn 5).

7

Eingeschränkte Amtsermittlung; förmliche Beweisaufnahme

177 (1) Im Verfahren auf Anfechtung der Vaterschaft dürfen von den beteiligten Personen nicht vorgebrachte Tatsachen nur berücksichtigt werden, wenn sie geeignet sind, dem Fortbestand der Vaterschaft zu dienen, oder wenn der die Vaterschaft Anfechtende einer Berücksichtigung nicht widerspricht.

(2) ¹Über die Abstammung in Verfahren nach § 169 Nr. 1 und 4 hat eine förmliche Beweisaufnahme stattzufinden. ²Die Begutachtung durch einen Sachverständigen kann durch die Verwertung eines von einem Beteiligten mit Zustimmung der anderen Beteiligten eingeholten Gutachtens über die Abstammung ersetzt werden, wenn das Gericht keine Zweifel an der Richtigkeit und Vollständigkeit der im Gutachten getroffenen Feststellungen hat und die Beteiligten zustimmen.

I. Normzweck

Abs. 1 durchbricht den Grundsatz der Amtsermittlung für Verfahren auf Anfechtung der Vaterschaft. Der Grund hierfür liegt darin, dass in der Regel kein öffentliches Interesse daran besteht, die Eltern-Kind-Zuordnung durch eine Anfechtung der Vaterschaft zu beseitigen.[1] Die Regelung steht in sprachlicher Übereinstimmung mit der Vorschrift des § 127 Abs. 2 über die eingeschränkte Amtsermittlung in Verfahren auf Scheidung oder Aufhebung der Ehe.

1

Wegen der besonderen Bedeutung der Frage der Abstammung hält Abs. 2 S. 1 an das für das zivilprozessuale Verfahren nach §§ 640 ff. ZPO a. F. typische Element des Strengbeweises fest;[2] hiervon macht Abs. 2 S. 2 aus Gründen der Verfahrensökonomie eine Ausnahme bei der Verwendung eines privaten Abstammungsgutachtens.

2

II. Einschränkung der Berücksichtigung ermittelter Tatsachen (Abs. 1)

1. Ausschluss anfechtungsfreundlicher Tatsachen

Nach § 26 hat das Gericht von Amts wegen die zur Feststellung der entscheidungserheblichen Tatsachen erforderlichen Ermittlungen durchzuführen. Dabei kann es grundsätzlich auch die Tatsachen berücksichtigen, die von den Beteiligten nicht vorgetragen worden sind. Abs. 1 will diesen Grundsatz nach der Gesetzesbegründung entsprechend der

3

---

[1] MünchKommZPO/Coester-Waltjen § 640 d Rn 1; Thomas/Putzo/Hüßtege § 640 d Rn 1.
[2] Vgl. BT-Drs. 16/6308 S. 245.

§ 177 4–7 Abschnitt 4. Verfahren in Abstammungssachen

früheren Regelung in § 640 d ZPO dahin einschränken, dass das Gericht bei seiner Entscheidung nur anfechtungsfeindliche Tatsachen berücksichtigen darf, sofern der Anfechtende dem nicht widerspricht. Den mit dem Gesetz beabsichtigten Willen, der früher eindeutig formuliert war, der aber mit der neuen Formulierung verständlicher ausgedrückt werden sollte,[3] gibt die jetzige Gesetzesfassung nicht richtig wieder. Denn die Voraussetzungen, unter denen nicht vorgetragene Tatsachen berücksichtigt werden dürfen, sind im Sinne von alternativen Fallgruppen formuliert („oder"), obwohl es nach wie vor gewollt ist, dass die beide Voraussetzungen (wenn sie geeignet ist, dem Fortbestand der Vaterschaft zu dienen und wenn der die Vaterschaft Anfechtende einer Berücksichtigung nicht widerspricht) in Bezug zueinander stehen. Zutreffend ist daher noch die Formulierung in § 185 Abs. 1 des Referentenentwurf zum FGG-RG, der die Voraussetzungen mit „und" und nicht mit „oder" verband: „wenn sie geeignet sind, dem Fortbestand der Vaterschaft zu dienen, und der die Vaterschaft Anfechtende einer Berücksichtigung nicht widerspricht." Es ist mit dem Gesetzeszweck und der Gesetzesbegründung nicht in Einklang zu bringen, dass die Tatsachen, die von Amts wegen ermittelt sind und dem Erfolg des Antrags entgegenstehen, bei der Entscheidung über die Anfechtungsklage auch dann berücksichtigt werden dürfen, wenn der Antragsteller einer Berücksichtigung widerspricht, oder dass auch solche Tatsachen berücksichtigt werden dürfen, die anfechtungsfreundlich sind, sofern nur der Anfechtende der Verwertung nicht widerspricht.

2. Nicht vorgebrachte Tatsachen

4   Bei der Tatbestandsvoraussetzung „nicht vorgebrachte Tatsachen" ist es, wie nach altem Recht,[4] über den Wortlaut hinaus gleichgültig, ob die Tatsachen von Amts wegen durch das Gericht eingeführt oder von den übrigen Beteiligten vorgetragen worden sind.

3. Widerspruch

5   Ein Widerspruch des Anfechtenden muss nicht ausdrücklich erfolgen;[5] er liegt vielmehr schon dann vor, wenn der Anfechtende seinerseits eindeutige und widerspruchsfreie Tatsachen behauptet, die mit den vom Gericht oder von den übrigen Beteiligten eingeführten Tatsachen unvereinbar sind.[6]

4. Entsprechende Anwendung

6   Eine entsprechende Anwendung der Vorschrift kommt bei Anwendung ausländischen Rechts bei der Anfechtung der Mutterschaft in Betracht, die es zwar im deutschen Recht nicht gibt, wohl aber in ausländischen Rechtsordnungen; Voraussetzung ist aber, dass nach dem ausländischen Recht ebenfalls ein vorrangiges Interesse an dem Erhalt der rechtlichen Mutter-Kind-Beziehung besteht und nicht an der Feststellung der tatsächlichen, biologischen Mutterschaft.[7]

III. Förmliche Beweisaufnahme in Abstammungssachen nach § 169 Nr. 1 und 4 (Abs. 2)

1. Strengbeweis nach ZPO-Vorschriften (Abs. 2 S. 1)

7   Abs. 2 S. 1 knüpft an die Vorschrift über die förmliche Beweisaufnahme in § 30 Abs. 1 und 2 an und bestimmt, dass eine Beweisaufnahme über die Frage der Abstammung stets als förmliche Beweisaufnahme nach den Vorschriften der ZPO zu erfolgen hat. Dies betrifft die Verfahren auf Feststellung des Bestehens oder Nichtbestehens eines Eltern-Kind-Verhältnisses, insbesondere der Wirksamkeit oder Unwirksamkeit einer Anerkennung der Vaterschaft nach § 169 Nr. 1, und die Verfahren auf Anfechtung der Vaterschaft nach

---

[3] Vgl. RefE zum FGG-RG S. 414.
[4] Vgl. BGH NJW 1990, 2813 = FamRZ 1990, 507.
[5] A. A. MünchKommZPO/Coester-Waltjen § 640 d Rn 2.
[6] BGH NJW 1990, 2813 = FamRZ 1990, 507; a. A. MünchKommZPO/Coester-Waltjen § 640 d Rn 4.
[7] MünchKommZPO/Coester-Waltjen § 640 d Rn 4.

§ 169 Nr. 4. Der Freibeweis (§ 29), d. h. eine Sachverhaltsaufklärung durch formlose Ermittlungen, ist insoweit ausgeschlossen. Förmliche Beweismittel nach der ZPO sind die dort in §§ 371 bis 484 enthaltenen Vorschriften über den Beweis durch Augenschein, über den Zeugenbeweis, über den Beweis durch Sachverständige, über den Urkundenbeweis und über die Vernehmung der Beteiligten einschließlich des Verfahrens bei der Abnahme von Eiden.

2. Verwendung eines privaten Abstammungsgutachtens (Abs. 2 S. 2)

Eine Ausnahme zu dem in S. 1 aufgestellten Erfordernis des Strengbeweises in den Verfahren nach § 169 Nr. 1 und 4 durch förmliche Beweisaufnahme nach den Vorschriften der ZPO enthält S. 2. Dieser eröffnet dem Gericht die Möglichkeit, abweichend zu den Bestimmungen der §§ 402 ff. ZPO im Einverständnis mit allen Beteiligten ein privates Abstammungsgutachten zu verwerten, das mit Einwilligung aller Beteiligten eingeholt worden ist, wenn das Familiengericht an den Feststellungen des Sachverständigen nicht zweifelt. Der Zwang zur Einholung eines gerichtlichen Abstammungsgutachtens wäre in diesen Fällen lediglich ein Kosten verursachender Formalismus, der den Beteiligten vielfach nicht zu vermitteln wäre.[8]

Untersuchungen zur Feststellung der Abstammung

178 (1) **Soweit es zur Feststellung der Abstammung erforderlich ist, hat jede Person Untersuchungen, insbesondere die Entnahme von Blutproben, zu dulden, es sei denn, dass ihr die Untersuchung nicht zugemutet werden kann.**

(2) **Die §§ 386 bis 390 der Zivilprozessordnung gelten entsprechend. Bei wiederholter unberechtigter Verweigerung der Untersuchung kann auch unmittelbarer Zwang angewendet werden, insbesondere die zwangsweise Vorführung zur Untersuchung angeordnet werden.**

I. Normzweck

Die Vorschrift, die inhaltlich § 372a ZPO n. F. entspricht, schafft eine Grundlage, unter welchen Voraussetzungen eine Person zur Feststellung der Abstammung eine Untersuchung, die in vielen Fällen die Abstammungsverhältnisse zuverlässiger als etwa Zeugenaussagen klären kann, zu dulden hat. Die Bestimmung deckt daher einen in der Anordnung der Blutentnahme möglicherweise liegenden Eingriff in das Grundrecht der körperlichen Unversehrtheit, das nach Art. 2 Abs. 2 S. 3 GG unter Gesetzesvorbehalt steht, d. h. durch einfaches Gesetz beschränkt werden kann.[1]

II. Anwendungsbereich

1. Von der Vorschrift erfasste Verfahren

Die Vorschrift erfasst alle bei einem Familiengericht anhängigen Verfahren, in denen die Feststellung der Abstammung für die gerichtliche Entscheidung entscheidungserheblich und beweisbedürftig ist.[2] Das gilt für familienrechtliche Verfahren zur Feststellung der Vaterschaft oder Mutterschaft, aber auch in einem Unterhaltsverfahren. Für sonstige, nicht vom Familiengericht zu entscheidende Prozesse, in denen die Abstammung als Vorfrage zu prüfen ist, z. B. in einem Erbschaftsprozess, gilt weiterhin § 372a ZPO.

2. Medizinische Untersuchungsmethoden

a) Allgemeines. Die auf die Frage der Abstammung gerichtete sachverständige Beurteilung ist kein Zeugenbeweis, sondern Beweis durch Augenschein und Sachverständigen-

---

[8] BT-Drs. 16/6308 S. 245, 246.
[1] BVerfGE 117, 202 = NJW 2007, 753; BVerfGE 5, 13 = NJW 1956, 986; BGH NJW-RR 2007, 1375 = FamRZ 2007, 1728; jeweils zu § 372a ZPO.
[2] BGH NJW 2006, 1657; OLG Oldenburg NJW 1973, 1419; OLG Stuttgart OLG NJW 1972, 2226.

gutachten.[3] Zur Feststellung der Vaterschaft werden insbesondere die folgenden medizinischen Untersuchungsmethoden verwandt:[4]

4 **b) DNA-Analyse (= DNS-Analyse).**[5] Bei dieser Methode, die auf einer Untersuchung der DNA als Trägerin der Erbsubstanz basiert, wird das für die untersuchten Personen charakteristische DNA-Profil, das auch als genetischer Fingerabdruck bezeichnet wird, ermittelt und anschließend miteinander verglichen. Bei der Untersuchung wird eine biologische Probe durch eine Blutabnahme, einen Mundhöhlenabstrich oder Hautabrieb genommen. Eine DNA-Analyse muss aber grundsätzlich gemäß Abschnitt 2.3.1 der im März 2002 veröffentlichten und gemeinsam von der Bundesärztekammer Köln (BÄK) und dem Robert-Koch-Institut Berlin (RKI) erarbeiteten neuen Richtlinien – „Richtlinien 2002"[6] – für die Erstattung von Abstammungsgutachten anhand einer entnommenen Blutprobe vorgenommen werden, da es sich bei Blut um das für ein Abstammungsgutachten geeignetste Material handelt, das gegenüber einem Schleimhautabstrich deutliche Vorteile aufweist. In den meisten Fällen kann ein sicheres Ergebnis erzielt werden, wenn auch das DNA-Profil der Mutter bekannt ist. Die Methode bietet einen positiven, d. h. bestätigenden, wie auch negativen, d. h. auszuschließenden Abstammungsnachweis. Die Wahrscheinlichkeit, dass zwei Individuen das gleiche DNA-Profil aufweisen, liegt bei ca. 1:10 Millionen (eineiige Zwillinge ausgenommen). Die DNA-Analyse enthält aber lediglich eine statistische Aussage, die eine Würdigung aller weiteren Beweisumstände nicht überflüssig macht.[7] Zur Klärung der Abstammung im Wege des „whole genome sequencing"-Verfahrens s. die Entscheidung des BVerfG vom 18. 8. 2010 – 1 BvR 811/09 –.[8]

5 **c) Blutgruppenuntersuchungen.** Dabei werden die Blutgruppen der Mutter, des Kindes und des vermutlichen Vaters ermittelt. Anschließend wird geprüft, ob ein gemeinsamer Nachkomme der Mutter und des Vaters die gleiche Blutgruppe wie das Kind hat. Dieses Verfahren kann nur in bestimmten Kombinationen eine Vaterschaft ausschließen, nicht aber bestätigen. Die Vererbungsregeln schließen eine Reihe von Ergebniskombinationen zwingend aus.

6 **d) Serologisches Gutachten.** Bei diesem umfassenderen Blutgruppengutachten werden zusätzlich weitere Blutbestandteile (HLA-Antigene und andere Proteine) in die Untersuchung eingezogen und analysiert. Die Berechnung der Vaterschaftswahrscheinlichkeit erfolgt nach dem *Essen-Möller-Verfahren*. In der medizinischen Wissenschaft wird der Standpunkt vertreten, die Vaterschaft sei ab einem nach diesem Verfahren für sie errechneten Wahrscheinlichkeitsgrad von etwa 99,8% praktisch erwiesen. Wenn keine Umstände vorliegen, die gegen die Vaterschaft eines solchen Mannes sprechen, kann das Gericht daher die Vaterschaft des Betreffenden grundsätzlich feststellen.[9]

7 **e) HLA-Gutachten.**[10] HLA bedeutet „human leucocyte antigen" und bezeichnet ein System von Gewebsantigenen beim Menschen. Wie es beim Blut verschiedene Blutgruppen (A, B, AB und 0) gibt, lassen sich auch die Gewebsgruppen des Körpers unterscheiden (derzeit sind über 70 bekannt). Chemisch gesehen besteht das HLA-System aus Proteinen (Eiweißen), die sich im Labor am leichtesten auf bestimmte weiße Blutkörperchen (Lymphozyten) bestimmen lassen.

8 **f) Erbbiologisches Ähnlichkeitsgutachten.** Dabei wird mit Hilfe von vererbbaren äußeren Merkmalen, die sich weitgehend nur subjektiv erfassen lassen und deren Erbgang sich mit den Mendel'schen Gesetzen nicht beschreiben lässt (z. B. Haut-, Augen-, Haarfar-

---

[3] BGH NJW 1990, 2937; Zöller/Greger § 372a Rn 11a.
[4] Vgl. hierzu ausführlich MünchKommBGB/Seidel § 1600d Rn 55 bis 107.
[5] DNA ist die Abkürzung von deoxyribonucleic acid, die im Deutschen Desoxyribonukleinsäure heißt (kurz DNS); vgl. hierzu BGH NJW 2006, 3416; NJW 1991, 749; zum Beweiswert eines DNA-Gutachtens im Hinblick auf biostatistische Werte aus afrikanischen Populationen vgl. OLG Hamm FamRZ 2004, 897.
[6] Bundesgesundheitsblatt 2002, 518; FamRZ 2002, 1159.
[7] BGH NJW 2006, 3416.
[8] NJW 2010, 3772 = FamRZ 2010, 1879.
[9] OLG München NJW 1984, 1826; vgl. auch BGH NJW 2006, 3416.
[10] Vgl. hierzu BGH NJW 1976, 1793; OLG Karlsruhe DAVorm 1981, 154.

be, Kopfform) die Wahrscheinlichkeit der Vaterschaft geprüft.[11] Durch ein erbbiologisches Gutachten kann der Beweiswert eines serologischen Gutachtens nicht in Frage gestellt werden.

g) Tragezeitgutachten.[12] Hier werden die Schwangerschaftsdauer und die Reifemerkmale des Kindes verglichen. Diese Merkmale können nicht für einen positiven Vaterschaftsnachweis verwendet werden, aber für den negativen Vaterschaftsnachweis von Bedeutung sein, z. B. bei ungewöhnlich kurzer oder ungewöhnlich langer Tragezeit, wenn der fragliche Vater im entsprechenden Empfängniszeitraum abwesend war. Das Verfahren kann daher nur als Ergänzung zu anderen Gutachten Verwendung finden.

III. Umfang der Duldungspflicht

1. Erforderlichkeit der vom Gericht angeordneten Maßnahme

Da die körperliche Untersuchung zur Feststellung der Abstammung einen Eingriff in die grundrechtlich geschützte körperliche Unversehrtheit (Art. 2 Abs. 2 GG) darstellt, darf sie unter Berücksichtigung des Prinzips der Verhältnismäßigkeit (Art. 20 Abs. 1 und 3 GG) nur dann angeordnet werden, wenn die Begutachtung zur Feststellung der Abstammung „erforderlich" ist. Hierzu gehört nicht nur, dass die Frage der Abstammung beweisbedürftig ist, sondern auch die Feststellung, dass gerade die Einholung eines erbbiologischen Gutachtens oder eines serologischen Blutgruppengutachtens oder eines DNA-Gutachtens nach den anerkannten Grundsätzen der Wissenschaft **geeignet** und **notwendig** ist, um die Streitfrage zu klären, und eine weniger einschneidende Beweiserhebung nicht in Betracht kommt. Dabei ist aber in den Blick zu nehmen, dass ein serologisches Gutachten und ein DNA-Gutachten eine objektive Bewertung ermöglichen und beiden daher eine größere Beweiskraft beizumessen ist als dem erbbiologischen Gutachten. Gerade aufgrund der vergleichenden serologischen und genetischen Gutachten ist auf streng naturwissenschaftlicher Grundlage der direkte Abstammungsbeweis heute in der überwiegenden Mehrzahl der Fälle möglich, so dass die durch Anhörung der Beteiligten oder Zeugenvernehmung zu klärende Frage des Beischlafs innerhalb der gesetzlichen Empfängniszeit nur noch von untergeordneter Bedeutung ist.[13] Die Abstammungsverhältnisse werden daher häufig nicht allein durch ein erbbiologisches Gutachten oder Zeugenaussagen zuverlässig zu klären sein.[14] Dennoch kann die Beweiskraft des erbbiologischen Gutachtens nicht so gering eingeschätzt werden, dass sie gegenüber dem serostatistischen Befund in jedem Falle ohne jede Bedeutung bleibt.[15]

2. Duldungspflichtige Personen

Zur Duldung der Untersuchung verpflichtet ist jede Person, die für den zu erbringenden Nachweis der Abstammung in Betracht kommt. Dies können im familiengerichtlichen Verfahren die Beteiligten und im Prozess die Parteien sein, aber auch das Kind oder Zeugen. So können auch die leiblichen Eltern eines verstorbenen Mannes, dessen Vaterschaft behauptet wird, zur Duldung verpflichtet sein.[16] Kann im Rahmen eines Vaterschaftsfeststellungsverfahrens ein als Beweismittel erforderliches DNA-Gutachten nach der gutachterlichen Stellungnahme eines Instituts für Rechtsmedizin erstellt werden anhand von Gewebeproben oder Knochenmaterial, das im Rahmen einer Exhumierung den sterblichen Überresten eines als Vater in Betracht kommenden Mannes entnommen wird, ist auch eine Exhumierung zulässig. Ein Ehepartner, dem als nächster Angehöriger das Recht der Totenfürsorge zusteht, hat kein Recht, die Exhumierung zu verweigern, sofern das Gutachten nicht aus anderen Gründen entbehrlich ist (dazu Rn 10). Einer Exhumierung steht die Achtung der Totenruhe nicht entgegen. Das Recht auf Klärung der Abstammung

---

[11] Vgl. BGH NJW 1974, 606.
[12] Vgl. dazu BGH NJW-RR 1989, 258.
[13] OLG Hamm NJW 1993, 474.
[14] Vgl. BGH NJW 1974, 606.
[15] BGH NJW 1964, 1179.
[16] OLG Dresden NJW-RR 1999, 84.

ist als übergeordnet zu bewerten, insbesondere für ein antragstellendes Kind, weil das Wissen um die eigene Herkunft von zentraler Bedeutung für das Verständnis und die Entfaltung der eigenen Individualität ist.[17]

3. Zumutbarkeit der Untersuchung für die Untersuchungsperson

12 Die Duldungspflicht setzt nach Abs. 1 schließlich voraus, dass die Untersuchung der zu untersuchenden Person zuzumuten ist. Nach § 372a ZPO a. F., den der Gesetzgeber im Grundsatz sowohl bei § 372a ZPO n. F. als auch bei § 178 unverändert beibehalten wollte,[18] bezieht sich die Unzumutbarkeit auf die Art der Untersuchung und die Folgen des Ergebnisses der Untersuchung für die untersuchte Person sowie für die in § 383 Abs. 1 Nr. 1 bis 3 ZPO bezeichneten Angehörigen, die ein Zeugnisverweigerungsrecht aus persönlichen Gründen haben, nämlich den Verlobten, den Ehegatten (auch wenn die Ehe geschieden ist), den Lebenspartner und die in Nr. 3 bezeichneten Verwandten und Verschwägerten eines Beteiligten. Bei der Prüfung der Frage, ob eine Unzumutbarkeit anzunehmen ist, ist in jedem **Einzelfall** eine **Interessenabwägung** vorzunehmen, bei der das Interesse der Person, die die Abstammung geklärt haben will, mit dem Interesse der zu untersuchenden Person zu gewichten ist.[19] In den Blick zu nehmen ist dabei aber, dass das Gericht vor der Prüfung der Zumutbarkeit bereits die Erforderlichkeit gerade des ausgewählten Untersuchungsmittels für die Beweiserhebung bejaht hat, und dass das Gesetz im Fall einer gerichtlichen Beweisanordnung im Grundsatz die Pflicht vorsieht, eine Blutentnahme und deren Untersuchung auch gegen den eigenen Willen zu dulden.[20]

13 Als Grund, der zur Weigerung der Untersuchung berechtigt, ist die Gefahr gesundheitlicher Nachteile zu nennen, den das Gesetz in § 372a ZPO noch ausdrücklich bezeichnet hatte. Die Untersuchung kann daher unzumutbar sein, wenn z. B. ein psychischer Schaden zu besorgen ist[21] oder wenn andere Beweismöglichkeiten noch nicht erschöpft sind und die Untersuchung unter ungünstigen Umständen zu keinem aussagekräftigen Ergebnis führen kann.[22] Die Furcht, dass der mögliche Vater nach der Feststellung seiner Vaterschaft auch Rechte, insbesondere auf Umgang mit den Kindern, geltend machen wird und dies für das Wohl der Kinder abträglich sein wird, macht die Untersuchung aber nicht unzumutbar.

14 Inwieweit die mögliche **Aufdeckung einer Straftat** durch das Ergebnis einer erforderlichen Untersuchung den Eingriff unzumutbar macht, ist ebenfalls im Einzelfall zu prüfen. Denn nicht jede denkbare Straftat, die durch eine Untersuchung aufgedeckt werden könnte, kann die Untersuchung unzumutbar machen.[23] Bei der erforderlichen Abwägung ist zu berücksichtigen, dass der fragliche Vater, der eine Untersuchung dulden soll, durch eigenes strafbares Handeln sich selbst in die für ihn ungünstige Verfahrenssituation gebracht hat. Wer im Verdacht steht, Vater des Kindes seiner leiblichen Tochter zu sein, muss im Kindschaftsverfahren die Blutentnahme trotz der Gefahr einer Strafverfolgung dulden. Denn das durch Art. 2 Abs. 1 i. V. m. Art. 1 Abs. 1 GG verfassungsrechtlich geschützten Interesse des Kindes, seine Abstammung festzustellen und zu kennen,[24] ist gerade von wesentlicher Bedeutung bei einem Kind, dessen Eltern möglicherweise in einer Weise nahe verwandt sind, dass daraus regelmäßig auf schwere Erbschädigungen geschlossen werden kann.[25] Auch für die Kindesmutter ist die Duldung der Blutentnahme zum Zwecke der Abstammungsuntersuchung nicht schon allein deshalb unzumutbar, weil die Untersuchung zu dem Ergebnis führen kann, dass das Kind einer Inzest-Verbindung entstammt.[26]

---

[17] OLG München NJW-RR 2000, 1603.
[18] BT-Drs. 16/6308 S. 246.
[19] Stein/Jonas/Berger § 372a Rn 8.
[20] BGH NJW 2006, 1657 = FamRZ 2006, 686; Stein/Jonas/Berger § 372a Rn 8.
[21] OLG Koblenz NJW 1976, 379 (Spritzenphobie).
[22] OLG Nürnberg FamRZ 2005, 728 (hier bestand noch die Möglichkeit der Exhumierung des Putativvaters).
[23] Stein/Jonas/Berger § 372a Rn 11.
[24] BVerfG NJW 1997, 1769 = FamRZ 1997, 869.
[25] OLG Hamm NJW 1993, 474.
[26] OLG Karlsruhe FamRZ 1992, 335.

IV. Zwischenverfahren (Abs. 2 S. 1)

1. Zwischenbeschluss; Anfechtbarkeit

Der Beweisbeschluss, der zur Feststellung der Abstammung die Einholung eines Sach- 15
verständigengutachtens anordnet, kann zwar als Zwischenentscheidung nicht mit der Beschwerde angefochten werden.[27] Der Schutz der Rechtspositionen der Beteiligten wird aber durch die Möglichkeit gewährleistet, die Untersuchung zu verweigern und über die Rechtmäßigkeit dieser Weigerung nach Abs. 2 S. 1 in entsprechender Anwendung von §§ 386 ff. ZPO zunächst einen förmlichen Zwischenbeschluss herbeizuführen,[28] der gemäß § 387 Abs. 3 ZPO mit der sofortigen Beschwerde angegriffen werden kann. Das setzt aber eine Verweigerung der Untersuchung unter Angabe von Gründen nach Maßgabe der §§ 386, 388, 389 ZPO voraus.

2. Weigerungsgründe

Die Weigerungsgründe sind in Abs. 1 abschließend geregelt.[29] Mit der Beschwerde kann 16
daher geltend gemacht werden, dass die Begutachtung nicht erforderlich sei, etwa weil
- der Feststellungsantrag unzulässig oder unschlüssig sei;[30] so ist ein heimlich eingeholtes und nicht vom Gericht angeordnetes DNA-Gutachten ungeeignet, die Schlüssigkeit einer Vaterschaftsanfechtungsklage herbeizuführen, weil es widerrechtlich, nämlich unter Verstoß gegen das Grundrecht der Gegenseite auf informationelle Selbstbestimmung, verschafft worden ist und deshalb vor Gericht nicht verwertet werden kann;[31]
- das Familiengericht nicht unmittelbar am Verfahren beteiligte Personen in die Anordnung der Abstammungsuntersuchung einbezogen habe, ohne zuvor alle zu Gebote stehenden Möglichkeiten der Aufenthaltsermittlung eines Beteiligten ausgeschöpft zu haben[32] oder ohne zuvor weitere Abkömmlinge und sonstige Verwandte des gesetzlichen Vaters heranzuziehen oder den verstorbenen gesetzlichen Vater zu exhumieren;[33]
- untersuchungsfähiges Gewebematerial des Verstorbenen auch anderweit erlangt werden könne.[34]

Da Abs. 1 auch die Zumutbarkeit der angeordneten Maßnahme als Voraussetzung der 17
Duldungspflicht normiert, kann auch diese Frage zum Gegenstand des Zwischenstreits gemacht werden. Es ist gerade der Zweck des Zwischenstreits, die weitere Verfahrensweise in der Hauptsache so weit zu klären, dass später nicht wegen der Beurteilung dieser Vorfrage eine Zurückverweisung der Sache erforderlich wird.[35]

3. Minderjährige

Anders als § 81c Abs. 3 StPO regelt weder § 372a ZPO noch § 178 FamFG, wie 18
bezüglich des Weigerungsrechts bei Minderjährigen zu verfahren ist. In § 81c Abs. 3 S. 2 StPO hat der Gesetzgeber jedoch die Grundsätze übernommen, die vom BGH (Großer Senat für Strafsachen)[36] zur Untersuchung von Beweispersonen (hier: Entnahme einer Blutprobe) entwickelt worden sind. Danach dürfen Beweispersonen, welche die zum Verständnis ihres Weigerungsrechts erforderliche geistige Reife nicht besitzen, körperlich nur untersucht werden, wenn ihr gesetzlicher Vertreter einwilligt. Diese gesetzliche Wertung, die nach § 81c Abs. 2 StPO nicht nur körperliche Untersuchungen, sondern ausdrücklich die Entnahme von Blutproben zur Abstammungsbegutachtung umfasst, ist auf Fälle des § 178 übertragbar. Hat der Minderjährige die erforderliche Verstandesreife von

---

[27] BGH NJW-RR 2007, 1375.
[28] BGH FamRZ 2007, 549; OLG Brandenburg FamRZ 2011, 397; OLG Karlsruhe FamRZ 2007, 738.
[29] OLG Karlsruhe FamRZ 2007, 738.
[30] BGH NJW 2006, 1657/1659 = FamRZ 2006, 686.
[31] BVerfGE 117, 202 = NJW 2007, 753; BGH NJW 2005, 497 = FamRZ 2005, 340; FamRZ 2005, 342.
[32] OLG Saarbrücken BeckRS 2003 30329 714.
[33] OLG Hamm NJW-RR 2005, 231 = FamRZ 2005, 1192.
[34] OLG Saarbrücken, BeckRS 2005, 08028 = OLGR 2005, 297 (betr. Exhumierungsanordnung).
[35] Vgl. hierzu Baumbach/Hartmann § 387 Rn 2.
[36] BGH NJW 1959, 445.

der Bedeutung seines Weigerungsrechts, kann er daher bei Untersuchungen zur Feststellung der Abstammung das Weigerungsrecht selbst ohne Zustimmung des gesetzlichen Vertreters ausüben. Andernfalls muss sein gesetzlicher Vertreter über die Duldung der Untersuchung entscheiden.[37]

V. Zwangsmaßnahmen (Abs. 2 S. 2)

1. Erstmalige unberechtigte Verweigerung der Untersuchung

19   Nach einer rechtskräftigen Feststellung des Fehlens eines Weigerungsrechts kann das Familiengericht die angeordnete Untersuchung mit Zwang nach § 390 ZPO durchsetzen. Da das förmliche Zwischenverfahren eine Verweigerung der Untersuchung unter Angabe von Gründen nach Maßgabe der §§ 386, 388, 389 ZPO voraussetzt, greift bei einer Weigerung ohne Angabe von Gründen § 390 ZPO sofort ein.[38] Nach dessen Abs. 1 werden der Person, die die Untersuchung verweigert, die durch die Weigerung verursachten Kosten auferlegt und wird gegen sie ein Ordnungsgeld und für den Fall, dass dieses nicht beigetrieben werden kann, Ordnungshaft festgesetzt. Nach § 390 Abs. 3 ZPO findet gegen den Beschluss die sofortige Beschwerde statt.

2. Wiederholte unberechtigte Verweigerung der Untersuchung

20   Bei wiederholter unberechtigter Verweigerung der Untersuchung kann nach Abs. 2 S. 2 auch unmittelbarer Zwang angewendet, insbesondere die zwangsweise Vorführung zur Untersuchung angeordnet werden. Als speziellere Vorschrift hat Abs. 2 S. 2 Vorrang vor § 390 Abs. 2 ZPO.[39] Nach § 390 Abs. 3 ZPO findet gegen den Beschluss die sofortige Beschwerde statt.

3. Minderjährige

21   Muss der gesetzliche Vertreter des Minderjährigen über die Duldung der Untersuchung entscheiden, weil der Minderjährige nicht die erforderliche Einsichtsfähigkeit hat (Rn 18), kann das Familiengericht die bei dem Kind angeordnete Blutentnahme durch Festsetzung von Ordnungsgeld gegen den sorgeberechtigten Elternteil erzwingen.[40] Des Weiteren besteht die Möglichkeit, familiengerichtliche Maßnahmen nach § 1666 BGB gegen die Sorgeberechtigten einzuleiten, um die Untersuchung und Blutentnahme sicherzustellen.[41]

VI. Sachverständigenkosten, Vorschuss

22   Zu den Kosten des Sachverständigen vgl. Anlage 2 zu § 10 Abs. 1 JVEG:
- Abschnitt 3 (Untersuchung, Blutentnahme, Nr. 300–307),
- Abschnitt 4 (Abstammungsgutachten, Nr. 400–415),
- Abschnitt 5 (Erbbiologisches Abstammungsgutachten, Nr. 500–503).

Die Einholung des Gutachtens darf von der Zahlung eines Vorschusses abhängig gemacht werden, wenn der Antragsteller die Kosten schuldet (§§ 14 Abs. 3, 21 FamGKG).

Mehrheit von Verfahren

179   (1) ¹Abstammungssachen, die dasselbe Kind betreffen, können miteinander verbunden werden. ²Mit einem Verfahren auf Feststellung des Bestehens der Vaterschaft kann eine Unterhaltssache nach § 237 verbunden werden.

(2) Im Übrigen ist eine Verbindung von Abstammungssachen miteinander oder mit anderen Verfahren unzulässig.

---

[37] OLG Karlsruhe NJWE-FER 1998, 89 = FamRZ 1998, 563; OLG Naumburg DAVorm 2000, 495.
[38] BGH NJW 1990, 2937.
[39] Vgl. MünchKommZPO/Zimmermann § 372a Rn 28.
[40] OLG München FamRZ 1997, 1170; OLG Naumburg DAVorm 2000, 495.
[41] OLG München FamRZ 1997, 1170; OLG Naumburg DAVorm 2000, 495.

I. Normzweck

Die Vorschrift regelt die Fälle einer möglichen Verfahrensverbindung in Abstammungssachen. Sie ist in der Sache vergleichbar mit dem bisherigen § 640 c Abs. 1 ZPO. Das Verbindungsverbot dient zwar auch der Verfahrensbeschleunigung, es soll aber vor allem die Schwierigkeiten vermeiden helfen, die sich durch eine Verbindung unterschiedlicher Verfahrensarten ergeben können.[1]

II. Die Regelungen im Einzelnen

1. Zulässigkeit der Verfahrensverbindung (Abs. 1)

Nach Abs. 1 gibt es nur zwei Fälle, in denen in einer Abstammungssache i. S. d. § 169 eine Verfahrensverbindung zulässig ist. Eine Verbindung ist einmal möglich, wenn mehrere der in § 169 aufgezählten vier Abstammungssachen dasselbe Kind betreffen. Dadurch werden sich widersprechende Entscheidungen, insbesondere wenn von verschiedenen Antragstellern die Verfahren bei verschiedenen Gerichten anhängig gemacht werden, vermieden.[2] Da es sich um „dasselbe" Kind handeln muss, kann über die Abstammung von Geschwistern nicht in einem Verfahren entschieden werden. Der zweite Fall betrifft die Regelung in § 237, wonach dann, wenn eine Vaterschaft des Mannes nach § 1592 Nr. 1 und 2 oder § 1593 BGB besteht, ein Antrag gegen einen Mann auf Zahlung des Mindestunterhalts nur zulässig ist, wenn ein Verfahren auf Feststellung der Vaterschaft nach § 169 Nr. 1 anhängig ist. Ist daher ein Verfahren nach § 169 Nr. 1 anhängig, so kann damit das Verfahren auf Zahlung des Mindestunterhalts verbunden werden. Weitere Ausnahmen von dem strikten Verbindungsverbot sind nicht aus anderen Gründen zuzulassen.

2. Verbindungsverbot (Abs. 2)

Liegen die Voraussetzungen für eine zulässige Verbindung nach Abs. 1 nicht vor, ist eine Verfahrenstrennung wegen des Verbindungsverbots zwingend erforderlich. Sie kann und muss, wenn dies in den Vorinstanzen versäumt wurde, auch noch im Rechtsbeschwerdeverfahren erfolgen.[3] Dies gilt auch, wenn die Verfahren im Verhältnis von Haupt- und Hilfsantrag erhoben sind.[4]

Erklärungen zur Niederschrift des Gerichts

§ 180

[1]Die Anerkennung der Vaterschaft, die Zustimmung der Mutter sowie der Widerruf der Anerkennung können auch in einem Erörterungstermin zur Niederschrift des Gerichts erklärt werden. [2]Das Gleiche gilt für die etwa erforderliche Zustimmung des Mannes, der im Zeitpunkt der Geburt mit der Mutter des Kindes verheiratet ist, des Kindes oder eines gesetzlichen Vertreters.

I. Normzweck

Die Vorschrift schafft eine Grundlage für die gerichtliche Beurkundung der im Rahmen der Anerkennung der Vaterschaft nach § 1597 BGB erforderlichen öffentlichen Beurkundung der Anerkennung und Zustimmungserklärungen. Sie entspricht inhaltlich dem bisherigen § 641 c ZPO in der ab dem 22. 10. 2005 gültigen Fassung.

---

[1] BGH NJW 2007, 909 = FamRZ 2007, 368 (zu § 640 c ZPO).
[2] BT-Drs. 13/4899 S. 126; BGH NJW 2002, 2109.
[3] BGH NJW 2007, 909.
[4] BGH NJW 2007, 909.

II. Regelungsgehalt

1. Anwendungsbereich

2 Die Vorschrift erfasst alle nach materiellem Recht im Rahmen der Anerkennung der Vaterschaft in öffentlich beurkundeter Form abzugebenden Erklärungen. Danach sind beurkundungsbedürftig:
- die Anerkennung der Vaterschaft nach §§ 1592 Nr. 2, 1594 BGB,
- die Zustimmung der Mutter nach § 1595 Abs. 1 BGB,
- der Widerruf der Anerkennung nach § 1597 Abs. 3 BGB,
- die nach § 1599 Abs. 2 S. 2 BGB erforderliche Zustimmung des Mannes, der im Zeitpunkt der Geburt mit der Mutter des Kindes verheiratet ist,
- die nach § 1595 Abs. 2 BGB erforderliche Zustimmung des Kindes und
- die nach § 1596 Abs. 1 und 2 BGB erforderliche Zustimmung eines gesetzlichen Vertreters.

2. Form

3 Alle in Rn 2 aufgeführten Erklärungen können im Rahmen eines Verfahrens nach § 169 in einem Erörterungstermin zur Niederschrift des Familiengerichts erklärt werden. Die Anerkennungserklärung und die sonstigen in Rn 2 aufgeführten Erklärungen sind nicht Verfahrenshandlungen, sondern materiell-rechtliche Erklärungen, für deren Wirksamkeit die Vorschriften des materiellen Rechts gelten.[1] Das Anerkenntnis muss daher persönlich abgegeben werden und nicht etwa vom Verfahrensbevollmächtigten.

4 Daneben („auch") besteht die Möglichkeit der öffentlichen Beurkundung durch
- den Notar (§ 128 BGB; § 20 BNotO);
- das Standesamt (§ 29 a Abs. 1 PStG);
- das Jugendamt (§§ 59, 60 SGB VIII);
- das AG (§ 62 Nr. 1 BeurkG; § 3 Nr. 1 f RPflG);
- im Ausland durch die deutschen Konsularbeamten (§§ 2, 10 KonsG).

3. Wirkung

5 Die formgerechte Abgabe der Vaterschaftsanerkennung und der hierzu notwendigen weiteren Erklärungen kann zur Erledigung des Verfahrens führen. Hierzu ist aber noch eine übereinstimmende Erledigungserklärung der Beteiligten erforderlich. Wird diese nicht abgegeben, ergeht eine Entscheidung, die zu begründen ist, weil § 38 Abs. 4 auf Abstammungssachen nicht anwendbar ist, § 38 Abs. 5 Nr. 2.

4. Kosten

6 Durch die gerichtliche Protokollierung entstehen keine zusätzlichen Gebühren, sie werden durch die Verfahrensgebühr der §§ 1, 3 Abs. 2 FamGKG i. V. m. Nr. 1320 des KV abgegolten.

Tod eines Beteiligten

§ 181 [1]Stirbt ein Beteiligter vor Rechtskraft der Endentscheidung, hat das Gericht die übrigen Beteiligten darauf hinzuweisen, dass das Verfahren nur fortgesetzt wird, wenn ein Beteiligter innerhalb einer Frist von einem Monat dies durch Erklärung gegenüber dem Gericht verlangt. [2]Verlangt kein Beteiligter innerhalb der vom Gericht gesetzten Frist die Fortsetzung des Verfahrens, gilt dieses als in der Hauptsache erledigt.

---

[1] MünchKommZPO/Coester-Waltjen § 641 c Rn 2.

I. Normzweck

Die Vorschrift regelt die Auswirkungen des Todes eines Beteiligten auf das Abstammungsverfahren: die übrigen Beteiligten haben die Möglichkeit, das Verfahren fortzuführen, andernfalls ist es erledigt. Nach bisheriger Rechtslage war gem. § 640 Abs. 1 ZPO a. F. i. V. m. § 619 ZPO mit dem Tod einer Partei das Verfahren in der Hauptsache als erledigt anzusehen; eine Ausnahme hiervon enthielt aber § 640 g ZPO a. F. für den Anfechtungsprozess bei Tod des klagenden Kindes oder der klagenden Mutter. § 181 enthält eine neue und einfache Verfahrensweise, die in einem Abstammungsverfahren nach § 169 für alle Beteiligten gleichermaßen Anwendung findet. Das Sonderverfahren nach dem bisherigen § 1600 e Abs. 2 BGB besteht nicht mehr.

II. Verfahrensrechtliche Folgen des Todes eines Beteiligten

1. Verfahrensfortführung (S. 1)

Im Fall des Todes eines Beteiligten muss das Familiengericht nach S. 1 die übrigen Beteiligten darauf hinweisen, dass das Verfahren nur fortgesetzt wird, wenn einer von ihnen dies innerhalb eines Monats durch Erklärung gegenüber dem Gericht verlangt. Wird ein solches Verlangen gestellt, wird dasselbe Verfahren ohne den verstorbenen Beteiligten fortgesetzt. In welcher Form der Hinweis zu erfolgen hat, ist gesetzlich nicht geregelt. Zu empfehlen ist ein Hinweisbeschluss,[1] der den Beteiligten förmlich zuzustellen ist, damit Fristbeginn und Fristablauf eindeutig zu ermitteln sind.[2]

2. Erledigung der Hauptsache (S. 2)

Verlangt keiner der Beteiligten innerhalb der gesetzten Monatsfrist die Fortsetzung des Verfahrens, so ist dieses nach S. 2 als in der Hauptsache erledigt anzusehen. Über die Kosten ist nach § 83 Abs. 2 i. V. m. § 81, ggf. unter Berücksichtigung des Rechtsgedankens aus § 183 zu entscheiden; nach § 83 Abs. 3 können einem minderjährigen Beteiligten keine Kosten auferlegt werden.

Inhalt des Beschlusses

§ 182 (1) ¹Ein rechtskräftiger Beschluss, der das Nichtbestehen einer Vaterschaft nach § 1592 des Bürgerlichen Gesetzbuchs infolge der Anfechtung nach § 1600 Abs. 1 Nr. 2 des Bürgerlichen Gesetzbuchs feststellt, enthält die Feststellung der Vaterschaft des Anfechtenden. ²Diese Wirkung ist in der Beschlussformel von Amts wegen auszusprechen.

(2) Weist das Gericht einen Antrag auf Feststellung des Nichtbestehens der Vaterschaft ab, weil es den Antragsteller oder einen anderen Beteiligten als Vater festgestellt hat, spricht es dies in der Beschlussformel aus.

I. Normzweck

Abs. 1 entspricht inhaltlich dem bisherigen § 640 h Abs. 2 ZPO, der durch das Gesetz zur Änderung der Vorschriften über die Anfechtung der Vaterschaft und das Umgangsrecht von Bezugspersonen des Kindes zum 30. 4. 2004 eingefügt worden ist. Durch ihn soll verhindert werden, dass das Kind in dem Falle der erfolgreichen Anfechtung der Vaterschaft durch den leiblichen Vater nach § 1600 b Abs. 1 Nr. 2 BGB nicht vaterlos wird, wenn dieser nicht im Wege des Anerkenntnisses oder einer eigenständigen Feststellungsklage nach § 1600 d Abs. 1 BGB in die rechtliche Vaterposition einrücken will.[1*] Auch Abs. 2, der dem bisherigen § 641 h ZPO entspricht, dient der Klarstellung, wer bei einem ausgegangenen negativen Feststellungsverfahren der rechtliche Vater ist, wenn diese in dem Verfahren geklärt ist.

---

[1] SBW/Schwonberg § 181 Rn 2.
[2] Bumiller/Harders § 181 Rn 4; SBW/Schwonberg § 181 Rn 2.
[1*] BT-Drs. 15/2253 S. 12.

II. Doppelwirkung des Beschlusses bei stattgebenden Anfechtungs- und abgewiesenen negativen Feststellungsanträgen

1. Tenor eines stattgebenden Anfechtungsantrags (Abs. 1)

2   Die Anfechtung des potenziellen leiblichen Vaters in einem Verfahren nach § 169 Nr. 4 setzt nach § 1600 Abs. 2 BGB u. a. den Nachweis seiner leiblichen Vaterschaft voraus. Die leibliche Vaterschaft ist daher Gegenstand der gerichtlichen Prüfung, auch wenn sich die Anfechtung hinsichtlich ihres Streitgegenstandes nur auf die Beseitigung des Verwandtschaftsverhältnisses von rechtlichem Vater (das BGB bezeichnet die rechtliche Vaterschaft in § 1592 BGB lediglich als „Vaterschaft") und Kind erstreckt. Abs. 1 will die rechtliche Vaterschaft des obsiegenden Antragstellers bewirken und schreibt deshalb der rechtskräftigen Vaterschaftsanfechtung, durch die das Nichtbestehen der bisherigen rechtlichen Vaterschaft nach § 1592 BGB infolge der Anfechtung nach § 1600 Abs. 1 Nr. 2 BGB festgestellt wird, zugleich die Wirkung der Feststellung der leiblichen Vaterschaft des Anfechtenden zu. Diese Feststellungswirkung ist aus Publizitätsgründen von Amts wegen im Tenor des Urteils auszusprechen. Sie wird dadurch ausdrücklich zu einer „gerichtlichen Feststellung" im Sinne des § 1592 Nr. 3 BGB, wodurch der leibliche Vater in die abstammungsrechtliche Vaterposition mit deren Rechtsfolgewirkungen einrückt.[2] Es ist daher zu tenorieren
– bei einem **erfolgreichen Antrag:**
   1. *Es wird festgestellt, dass B nicht der Vater des Kindes K ist.*
   2. *Es wird festgestellt, dass A der Vater des Kindes K ist.*
– bei einem **erfolglosen Antrag:**
   Der Antrag festzustellen, dass B der Vater des Kindes K ist, wird zurückgewiesen.

2. Tenor des abweisenden negativen Feststellungsantrags (Abs. 2)

3   Weist das Familiengericht im Verfahren nach § 169 Nr. 1 den Antrag des Antragstellers auf Feststellung, dass er nicht Vater des Kindes ist, ab, weil es den Antragssteller als leiblichen Vater festgestellt hat, so hat es gleichzeitig von Amts wegen positiv auszusprechen, dass der Antragsteller der Vater des Kindes ist. Andernfalls käme nämlich das Ergebnis der gerichtlichen Feststellung nicht deutlich zum Ausdruck.[3] Dasselbe gilt, wenn ein von einem anderen Beteiligten, z. B. der Kindesmutter oder dem Kind, gestellter negativer Anfechtungsantrag deswegen zurückgewiesen wird, weil das Gericht einen anderen Verfahrensbeteiligen als Vater festgestellt hat. Ist die Vaterschaft nicht geklärt, greift Abs. 2 nicht ein. Ist die Vaterschaft geklärt, lautet der Tenor daher
– wenn der negative Feststellungsantrag **keinen Erfolg** hat:
   1. *Der Antrag festzustellen, dass A nicht der Vater des Kindes K ist, wird zurückgewiesen.*
   2. *Es wird festgestellt, dass A der Vater des Kindes K ist.*
– wenn der negative Feststellungsantrag **Erfolg** hat:
   1. *Es wird festgestellt, dass A nicht der Vater des Kindes K ist.*
   2. *Es wird festgestellt, dass B der Vater des Kindes K ist.*

Kosten bei Anfechtung der Vaterschaft

183 Hat ein Antrag auf Anfechtung der Vaterschaft Erfolg, tragen die Beteiligten, mit Ausnahme des minderjährigen Kindes, die Gerichtskosten zu gleichen Teilen; die Beteiligten tragen ihre außergerichtlichen Kosten selbst.

I. Normzweck

1   Die Vorschrift, die inhaltlich dem bisherigen § 93c S. 1 ZPO entspricht, enthält eine vorrangige Sonderregelung für Verfahren nach § 169 Nr. 4, die die Anfechtung der Vaterschaft zum Gegenstand haben. Die Kostenprivilegierung des Unterlegenen trägt den Besonderheiten des Anfechtungsverfahrens Rechnung, da es sich bei der Anfechtung der

---

[2] Vgl. zu allem BT-Drs. 15/2253 S. 12.
[3] Baumbach/Hartmann § 641h Rn 1.

Vaterschaft um ein im öffentlichen Interesse wie im Interesse der Beteiligten geschaffenes kostspieliges Verfahren handelt.[1] Ansonsten müssten bei einem Erfolg des Anfechtungsantrags möglicherweise diejenigen die Kosten tragen, die die Voraussetzungen des Rechtsscheins der Vaterschaft (§§ 1592, 1600 c BGB) nicht geschaffen haben (z. B. der Vater oder das Kind).[2]

II. Regelungsgehalt

Die Vorschrift setzt voraus, dass der Antrag auf Anfechtung Erfolg hat. Ist dies der Fall, ist schon nach dem Wortlaut des Gesetzes zwingend[3] auszusprechen, dass die Gerichtskosten zu gleichen Teilen von den Beteiligten mit Ausnahme des minderjährigen Kindes zu tragen sind und außergerichtliche Kosten nicht zu erstatten sind.

An die für die Anfechtung besondere Kostenregelung des § 183 hat sich auch die Billigkeitsentscheidung nach übereinstimmender Erledigungserklärung zu orientieren. Erklären die Parteien eines Vaterschaftsanfechtungsprozesses das Verfahren in der Hauptsache übereinstimmend für erledigt, sind daher in der Regel die Kosten des Verfahrens unter Berücksichtigung des Rechtsgedankens des § 183 auch dann gegeneinander aufzuheben, wenn der Antrag voraussichtlich Erfolg gehabt hätte, weil dies auch bei einer für den Antragsteller günstigen streitigen Entscheidung in der Hauptsache der Fall ist.[4]

Wirksamkeit des Beschlusses; Ausschluss der Abänderung; ergänzende Vorschriften über die Beschwerde

184 (1) ¹Die Endentscheidung in Abstammungssachen wird mit Rechtskraft wirksam. ²Eine Abänderung ist ausgeschlossen.

(2) Soweit über die Abstammung entschieden ist, wirkt der Beschluss für und gegen alle.

(3) Gegen Endentscheidungen in Abstammungssachen steht auch demjenigen die Beschwerde zu, der an dem Verfahren beteiligt war oder zu beteiligen gewesen wäre.

I. Normzweck

Da die Abstammung eines Kindes von dem als Vater festgestellten Mann grundsätzlich nicht wiederholt in Frage gestellt werden soll, ordnet die Vorschrift an, dass formell rechtskräftige Endentscheidungen nicht abgeändert werden dürfen (Abs. 1) und dass die Endentscheidung bereits der Zulässigkeit eines erneuten Verfahrens entgegensteht (Folge des Abs. 2). Abs. 1 entspricht inhaltlich der bisherigen Rechtslage nach § 640 h S. 1 ZPO sowie der Regelung des § 55 b Abs. 2 FGG, Abs. 2 entspricht im Wesentlichen dem bisherigen § 640 h Abs. 1 S. 1 ZPO, Abs. 3 ist eine Neuregelung, durch welche die Beschwerdebefugnis im Vergleich zu § 59 Abs. 1 erweitert wird.

II. Rechtskraft der Entscheidung

1. Wirksamwerden mit formeller Rechtskraft (Abs. 1)

In Abstammungssachen wird die Endentscheidung, also auch die den Antrag abweisende[1*] oder die Beschwerde hiergegen zurückweisende, erst mit Eintritt der formellen Rechtskraft wirksam, d. h. mit dem Zeitpunkt, in dem die Endentscheidung für **alle Beteiligten** mit einem Rechtsmittel nicht mehr anfechtbar ist, sei es, weil die Frist zur Einlegung einer Beschwerde abgelaufen oder der Rechtsweg erschöpft ist oder alle Beschwerdeberechtigten rechtswirksam auf die Einlegung eines Rechtsmittels verzichtet haben. Abs. 1 S. 2 erklärt eine Abänderung der formell rechtskräftigen Endentscheidung für

---
[1] Vgl. BR-Drs. 624/106 S. 3; Baumbach/Hartmann § 93 c Rn 2.
[2] OLG Brandenburg FamRZ 2001, 503; Stein/Jonas/Bork § 93 c Rn 5.
[3] Baumbach/Hartmann § 93 c Rn 12; Musielak/Wolst § 93 c Rn 3; Thomas/Putzo/Hüßtege § 93 c Rn 2.
[4] OLG Brandenburg FamRZ 2001, 503; OLG Köln OLGR 2005, 633 = BeckRS 2006, 04109.
[1*] Vgl. BT-Drs. 5/3719 S. 53 zum alten Recht.

§ 185　1　　Abschnitt 4. Verfahren in Abstammungssachen

unzulässig. Allerdings ist gegen sie unter den Voraussetzungen des § 185 der rechtsbehelfsähnliche Antrag auf Wiederaufnahme des Verfahrens zulässig.

2. Wirkung der Rechtskraft (Abs. 2)

3　　Sie ergibt sich unmittelbar aus dem Gesetz. Die formell rechtskräftige Endentscheidung in einer Abstammungssache erwächst in materielle Rechtskraft, die für und gegen **alle** wirkt. Die durch die rechtsgestaltende Entscheidung herbeigeführte Veränderung der materiellen Rechtslage (z. B. Feststellung der Vaterschaft) ist daher nicht nur im Verhältnis zu allen Beteiligten, sondern auch zu **Dritten** bindend, z. B. gegenüber dem Standesbeamten, der aufgrund des Beschlusses gemäß §§ 30, 70 PStG i. V. m. § 8 PStV zur Eintragung eines entsprechenden Randvermerks im Geburtenbuch verpflichtet ist. Diese Bindungswirkung, die eine neue Umgestaltung der Rechtslage verhindern soll, steht damit auch einer späteren abweichenden Entscheidung über denselben Verfahrensgegenstand durch dasselbe oder ein anderes Gericht oder eine Behörde entgegen, auch wenn die rechtskräftig entschiedene Frage in jenen Verfahren nur eine Vorfrage betrifft.[2] Die Rechtskraft erstreckt sich aber nicht auf die dem Beschluss zugrunde liegenden Tatsachen, sondern nur auf den rechtsgestaltenden Ausspruch,[3] dass z. B. ein bestimmter Mann der Vater oder nicht der Vater des betreffenden Kindes ist. Soweit im Verfahren durch Erhebung eines Blutgruppengutachtens eine Aussage über die blutsmäßige Abstammung getroffen wird, ist sie nur ein Element des Beschlusses, das nicht in Rechtskraft erwächst.[4]

3. Beschwerde (Abs. 3)

4　　In Erweiterung zu § 59 stellt Abs. 3 sicher, dass die nach § 172 zu beteiligenden Personen berechtigt sind, gegen die Endentscheidungen in Abstammungssachen Beschwerde einzulegen, selbst wenn sie verfahrensfehlerhaft nicht formell beteiligt worden sind. Daher ist insbesondere auch die Mutter des Kindes beschwerdebefugt, selbst wenn sie nicht unmittelbar in ihren Rechten beeinträchtigt ist. Weder nach Abs. 3 noch nach § 59 beschwerdebefugt sind nur mittelbar in ihren Rechten beeinträchtigte Personen, z. B. Großeltern mit Blick auf ihr Umgangsrecht oder Geschwister im Hinblick auf einen erhöhten Unterhaltsanspruch gegen den Elternteil.[5]

Wiederaufnahme des Verfahrens

185 (1) Der Restitutionsantrag gegen einen rechtskräftigen Beschluss, in dem über die Abstammung entschieden ist, ist auch statthaft, wenn ein Beteiligter ein neues Gutachten über die Abstammung vorlegt, das allein oder in Verbindung mit den im früheren Verfahren erhobenen Beweisen eine andere Entscheidung herbeigeführt haben würde.

(2) Der Antrag auf Wiederaufnahme kann auch von dem Beteiligten erhoben werden, der in dem früheren Verfahren obsiegt hat.

(3) ¹Für den Antrag ist das Gericht ausschließlich zuständig, das im ersten Rechtszug entschieden hat; ist der angefochtene Beschluss von dem Beschwerdegericht oder dem Rechtsbeschwerdegericht erlassen, ist das Beschwerdegericht zuständig. ²Wird der Antrag mit einem Nichtigkeitsantrag oder mit einem Restitutionsantrag nach § 580 der Zivilprozessordnung verbunden, ist § 584 der Zivilprozessordnung anzuwenden.

(4) § 586 der Zivilprozessordnung ist nicht anzuwenden.

I. Normzweck

1　　Nach § 48 Abs. 2 sind die Vorschriften der ZPO über die Wiederaufnahme des Verfahrens auf die Verfahren nach dem FamFG entsprechend anwendbar. Abs. 1 ergänzt die in

---

[2] Vgl. hierzu Kollhosser/Bork Nr. 89.
[3] BGH NJW 1994, 2697 = FamRZ 1994, 694.
[4] BGH NJW 1994, 2697 = FamRZ 1994, 694.
[5] BT-Drs. 16/9733 S. 295.

§ 580 ZPO aufgezählten Restitutionsgründe für einen Restitutionsantrag um den Grund der Vorlage eines neuen Gutachtens, ohne damit aber die Möglichkeit einzuschränken, nach allgemeinen Regeln eine Wiederaufnahme zu betreiben.[1] Zweck dieser Vorschrift ist es, im Interesse des Gebots materieller Gerechtigkeit[2] unter Durchbrechung der Rechtskraft und unter Verzicht auf die förmliche Beschwer (Rn 7) eine größtmögliche Übereinstimmung der gerichtlichen Entscheidung über die Abstammung mit den wahren Abstammungsverhältnissen herbeizuführen.[3] Dabei ist in den Blick zu nehmen, dass die bei Feststellung der Vaterschaft aufgetretenen Fehler oftmals erst durch neue Forschungsergebnisse ans Licht gebracht werden können,[4] so dass die Vorschrift die Möglichkeit eröffnet, gerade diesem Umstand Geltung zu verschaffen,[5] auch wenn es aber nicht darauf ankommt, ob das neue Gutachten auf Erkenntnissen beruht, die im Zeitpunkt der Entscheidung in dem früheren Verfahren noch nicht vorlagen (Rn 4).

Die Abs. 1 bis 4 entsprechen dem bisherigen § 641i Abs. 1 bis 4 ZPO, der nach höchstrichterlicher Rechtsprechung verfassungskonform ist,[6] auch soweit die Vorschrift keine Handhabe zur Beschaffung neuer Beweismittel bietet, insbesondere nicht, wenn hierzu die Mitwirkung eines hierzu nicht bereiten Gegners oder Dritten erforderlich ist,[7] sowie im Hinblick auf das Recht auf Kenntnis der eigenen Abstammung.[8] **2**

Der in Bezug genommene § 580 ZPO lautet:

§ 580 ZPO. Restitutionsklage

Die Restitutionsklage findet statt:
1. wenn der Gegner durch Beeidigung einer Aussage, auf die das Urteil gegründet ist, sich einer vorsätzlichen oder fahrlässigen Verletzung der Eidespflicht schuldig gemacht hat;
2. wenn eine Urkunde, auf die das Urteil gegründet ist, fälschlich angefertigt oder verfälscht war;
3. wenn bei einem Zeugnis oder Gutachten, auf welches das Urteil gegründet ist, der Zeuge oder Sachverständige sich einer strafbaren Verletzung der Wahrheitspflicht schuldig gemacht hat;
4. wenn das Urteil von dem Vertreter der Partei oder von dem Gegner oder dessen Vertreter durch eine in Beziehung auf den Rechtsstreit verübte Straftat erwirkt ist;
5. wenn ein Richter bei dem Urteil mitgewirkt hat, der sich in Beziehung auf den Rechtsstreit einer strafbaren Verletzung seiner Amtspflichten gegen die Partei schuldig gemacht hat;
6. wenn das Urteil eines ordentlichen Gerichts, eines früheren Sondergerichts oder eines Verwaltungsgerichts, auf welches das Urteil gegründet ist, durch ein anderes rechtskräftiges Urteil aufgehoben ist;
7. wenn die Partei
   a) ein in derselben Sache erlassenes, früher rechtskräftig gewordenes Urteil oder
   b) eine andere Urkunde auffindet oder zu benutzen in den Stand gesetzt wird, die eine ihr günstigere Entscheidung herbeigeführt haben würde;
8. wenn der Europäische Gerichtshof für Menschenrechte eine Verletzung der Europäischen Konvention zum Schutz der Menschenrechte und Grundfreiheiten oder ihrer Protokolle festgestellt hat und das Urteil auf dieser Verletzung beruht.

II. Besonderheiten für das Verfahren der Wiederaufnahme

1. Rechtskräftiger Beschluss über die Abstammung

Grundlage des Wiederaufnahmeverfahrens ist ein Beschluss, in dem rechtskräftig über **3** die Abstammung entschieden worden ist (s. dazu § 184). Auch ein Beschluss, der nicht die Abstammung feststellt, sondern den Feststellungsantrag abweist oder die Beschwerde hiergegen zurückweist, ist ein Beschluss, in dem über die Abstammung entschieden

---

[1] Wieczorek/Schlüter § 641i Rn 6.
[2] Vgl. BVerfG NJW 1973, 1315 = FamRZ 1973, 442.
[3] BGH NJW 1994, 2697 = FamRZ 1994, 694.
[4] Wieczorek/Schlüter § 641i Rn 1.
[5] OLG Köln FamRZ 2002, 673.
[6] BVerfG NJW 1973, 1315 = FamRZ 1973, 442; BGH NJW 2003, 3708 = FamRZ 2003, 1833.
[7] BT-Drucks. 5/3719 S. 42; BVerfG NJW 1973, 1315 = FamRZ 1973, 442; BGH NJW 2003, 3708 = FamRZ 2003, 1833.
[8] BGH NJW 2003, 3708 = FamRZ 2003, 1833.

wird.⁹ Gegen einen solchen rechtskräftigen Beschluss findet die Wiederaufnahme auch insoweit statt, als das Familiengericht zugleich den mit der begehrten Vaterschaftsfeststellung verbundenen Antrag auf Verpflichtung des Antragsgegners zur Zahlung des Regelunterhalts (vgl. §§ 179 Abs. 1, 237) abgewiesen hat.¹⁰

2. Restitutionsgrund der Vorlage eines neuen Gutachtens (Abs. 1)

4 **a) Neues Gutachten.** Neben den acht Restitutionsgründen des § 580 ZPO kann in Abstammungssachen zusätzlich durch Vorlage eines neuen Gutachtens geltend gemacht werden, dass dieses Gutachten allein oder in Verbindung mit den im Vorverfahren erhobenen Beweisen möglicherweise eine andere Entscheidung herbeigeführt haben würde.¹¹ Unter neuem Gutachten ist dabei nicht ein erneutes Gutachten zu verstehen, vielmehr ist selbst dann eine Wiederaufnahme möglich, wenn das Gericht im Vorverfahren überhaupt kein Gutachten eingeholt hat.¹² Neue Gutachten über die Vaterschaft sind alle Gutachten, die Gründe für oder gegen eine Vaterschaft eines Beteiligten anführen, die sich also auf die Frage der Abstammung eines Verfahrensbeteiligten von dem anderen und damit konkret auf den im Vorverfahren zur Entscheidung gestellten Sachverhalt beziehen. Das können neben den Blutgruppengutachten auch DNA-Analysen, anthropologisch-erbbiologische Gutachten, Gutachten über die Tragezeit und auch ärztliche Äußerungen sein, die auf nach Eintritt der Rechtskraft erhobenen Befunden beruhen und sich mit der Zeugungsfähigkeit oder -unfähigkeit befassen.¹³ Daneben können auch Glaubwürdigkeitsgutachten vorgelegt werden. Dabei kommt es nicht darauf an, ob das neue Gutachten auf Forschungserkenntnissen beruht, die im Zeitpunkt der früheren Entscheidung noch nicht vorlagen; vielmehr kann das neue Gutachten auch anhand der Akten erstattet sein¹⁴ und sich auf den Versuch beschränken, darzutun, dass das die frühere Entscheidung tragende Gutachten nach schon nach dem damaligen Stand der Wissenschaft lange bekannten wissenschaftlichen Erkenntnissen falsch sei oder zwar von anerkannten wissenschaftlichen Gesetzen oder Regeln ausgehe, sie aber unzutreffend anwende und deshalb zu falschen Ergebnissen gelangt sei.¹⁵ Ferner kann das neue Gutachten Fehler eines früheren Gutachtens aufzeigen, indem es die Befunde eines bereits im Ausgangsverfahren eingeholten oder erneut verwerteten Blutgruppengutachtens eigenständig neu und anders (etwa: umfassender, nämlich unter Einbeziehung weiterer, vom Vorgutachter nicht untersuchter Blutgruppensysteme) auswertet und beurteilt.¹⁶

5 Welchen Beweiswert die neuen und die alten Gutachten haben, ob neue wissenschaftliche Erkenntnisse die im Vorverfahren erhobenen Gutachten überholt erscheinen lassen, ob das Vorgutachten schlicht falsch oder das neue Gutachten sonst überlegen ist, mithin ob das neue Gutachten geeignet ist, die Richtigkeit der früheren Entscheidung zu erschüttern, ist nicht eine Frage der Zulässigkeit des Restitutionsantrags (Rn 11), sondern wird erst nach Bejahung der Zulässigkeit erheblich, wenn im zweiten Verfahrensabschnitt (Rn 12) über das Vorliegen des Restitutionsgrundes zu befinden und wenn bei dessen Vorliegen im dritten Verfahrensabschnitt (Rn 13) die neue durch die Rechtskraft ungehinderte Sachentscheidung zu treffen ist.¹⁷

6 **b) Zeitpunkt der Vorlage des Gutachtens.** Das neue Gutachten kann bis zum Erlass der Entscheidung (§ 38 Abs. 3) vorgelegt werden und dadurch einen bis dahin unzulässigen Antrag zulässig machen. Entsprechendes gilt für die Ergänzung eines zuvor eingereichten Gutachtens.¹⁸

---

⁹ Baumbach/Hartmann § 641 i Rn 2.
¹⁰ BGH NJW 1993, 1928 = FamRZ 1989, 1067.
¹¹ BGH NJW 2003, 3708 = FamRZ 2003, 1833; FamRZ 1980, 880.
¹² BGH NJW 1994, 2697 = FamRZ 1994, 694.
¹³ BGH NJW 1989, 2128 = FamRZ 1989, 1067; NJW 1984, 2630 = FamRZ 1984, 681.
¹⁴ BGH NJW-RR 1989, 258 = FamRZ 1989, 374.
¹⁵ BGH NJW 1984, 2630 = FamRZ 1984, 681.
¹⁶ BGH NJW 2003, 3708 = FamRZ 2003, 1833.
¹⁷ BGH NJW 1984, 2630 = FamRZ 1984, 681.
¹⁸ Vgl. BGH NJW 1982, 2128 = FamRZ 1982, 690, der im Rahmen des früher anwendbaren ZPO-Rechts auf den Schluss der mündlichen Verhandlung abstellte.

3. Antragsbefugnis (Abs. 2)

Abs. 2 bestimmt in Abweichung von den allgemeinen Grundsätzen ZPO, wonach das Wiederaufnahmeverfahren eine Beschwer des Antragstellers erfordert, dass der Wiederaufnahmeantrag in Abstammungssachen auch von dem gestellt werden kann, der in dem früheren Verfahren obsiegt hat.[19] Allerdings kann das Verfahren nur von einem Beteiligten gestellt werden; gemeint ist damit ein Beteiligter des Vorverfahrens. Ein Erbe eines am Vorverfahren Beteiligten kommt wegen des höchstpersönlichen Charakters des Streits nicht als Antragsteller in Betracht.[20]

4. Kein fristgebundener Antrag (Abs. 4)

Abs. 4 erklärt für die Wiederaufnahme in Abstammungssachen die Klagfristen des § 586 ZPO (ein Monat ab Kenntnisnahme des Grundes bzw. fünf Jahre ab Rechtskraft unabhängig von der Kenntnisnahme) für unanwendbar.

5. Zuständiges Gericht (Abs. 3)

a) **Allgemeines.** Die in Abs. 3 geregelte örtliche und sachliche Zuständigkeit ist eine ausschließliche; eine Vereinbarung über die Zuständigkeit ist daher nicht möglich. Abs. 1 des in S. 2 in Bezug genommenen § 584 ZPO lautet:

§ 584 ZPO. Ausschließliche Zuständigkeit für Nichtigkeits- und Restitutionsklagen

(1) Für die Klagen ist ausschließlich zuständig: das Gericht, das im ersten Rechtszug erkannt hat; wenn das angefochtene Urteil oder auch nur eines von mehreren angefochtenen Urteilen von dem Berufungsgericht erlassen wurde oder wenn ein in der Revisionsinstanz erlassenes Urteil auf Grund des § 580 Nr. 1 bis 3, 6, 7 angefochten wird, das Berufungsgericht; wenn ein in der Revisionsinstanz erlassenes Urteil auf Grund der §§ 579, 580 Nr. 4, 5 angefochten wird, das Revisionsgericht.

§ 579 ZPO lautet:

§ 579 ZPO. Nichtigkeitsklage

(1) Die Nichtigkeitsklage findet statt:
1. wenn das erkennende Gericht nicht vorschriftsmäßig besetzt war;
2. wenn ein Richter bei der Entscheidung mitgewirkt hat, der von der Ausübung des Richteramts kraft Gesetzes ausgeschlossen war, sofern nicht dieses Hindernis mittels eines Ablehnungsgesuchs oder eines Rechtsmittels ohne Erfolg geltend gemacht ist;
3. wenn bei der Entscheidung ein Richter mitgewirkt hat, obgleich er wegen Besorgnis der Befangenheit abgelehnt und das Ablehnungsgesuch für begründet erklärt war;
4. wenn eine Partei in dem Verfahren nicht nach Vorschrift der Gesetze vertreten war, sofern sie nicht die Prozessführung ausdrücklich oder stillschweigend genehmigt hat.

(2) In den Fällen der Nummern 1, 3 findet die Klage nicht statt, wenn die Nichtigkeit mittels eines Rechtsmittels geltend gemacht werden konnte.

Der Gesetzgeber ist bei der Regelung des § 584 ZPO davon ausgegangen, dass eine Wiederaufnahme des Verfahrens aus Gründen, die auf dem Gebiet tatrichterlicher Feststellungen liegen, in die Zuständigkeit des Gerichts der letzten Tatsacheninstanz, gegebenenfalls also in die Beschwerdeinstanz gehört, während das Revisions- bzw. Rechtsbeschwerdegericht zuständig sein soll, wenn die in §§ 579, 580 Nr. 4 und 5 ZPO aufgeführten Verfahrensmängel geltend gemacht werden, weil hierdurch der Bestand der Rechtsbeschwerdeentscheidung unabhängig von dem im Beschwerdeverfahren festgestellten Sachverhalt angegriffen wird.[21]

---

[19] Einen weiteren Ausnahmefall für Ehesachen behandelt BGH NJW 1963, 1353 = FamRZ 1963, 350.
[20] OLG Stuttgart FamRZ 1982, 193; Wieczorek/Schlüter § 641 i Rn 13; im Ergebnis ebenso MünchKommZPO/Coester-Waltjen/Braun § 641 i Rn 16; Stein/Jonas/Schlosser § 641 i Rn 6.
[21] BGH WM 1980, 1350 unter Berufung auf die amtliche Begründung des Entwurfs zu § 523 ZPO.

11 **b) Zuständigkeit des Gerichts erster Instanz.** Grundsätzlich ist das Familiengericht, das im ersten Rechtszug sachlich entschieden hat, ausschließlich zur Entscheidung über den Wiederaufnahmeantrag zuständig.

12 **c) Zuständigkeit des Beschwerdegerichts.** Das OLG ist zuständig, wenn sich das Wiederaufnahmeverfahren gegen einen in der Sache ergangenen Beschluss des OLG wendet und grundsätzlich auch, wenn er sich gegen einen Beschluss des BGH richtet (zu den Ausnahmen siehe d). Es ist auch zuständig, wenn „auch nur eine von mehreren" angefochtenen Entscheidungen von dem Beschwerdegericht erlassen wurde. Dies betrifft den Fall, dass mit dem Restitutionsantrag nicht allein die Entscheidung des Rechtsbeschwerdegerichts, sondern gleichzeitig die Sachentscheidung des Beschwerde- und Rechtsbeschwerdegerichts angefochten wird, weil z.B. die Entscheidung des BGH auf den mit dem Wiederaufnahmeantrag angegriffenen tatsächlichen Feststellungen des Beschwerdegerichts beruht.[22]

13 **d) Zuständigkeit des Rechtsbeschwerdegerichts.** Der BGH ist zuständig, wenn sich der Antrag auf Wiederaufnahme des Verfahrens gegen einen von ihm in der Sache erlassenen Beschluss wendet und mit einem Nichtigkeitsantrag nach § 579 ZPO oder mit einem Restitutionsantrag nach § 580 Nr. 4, 5 ZPO verbunden wird. Die Vorschrift des § 584 ZPO wird einschränkend dahin ausgelegt, dass das OLG dann für das Nichtigkeitsverfahren zuständig ist, wenn der BGH die Rechtsbeschwerde als unzulässig verworfen hat oder unter Aufhebung der Beschwerdeentscheidung die Sache an das OLG zurückverwiesen hat, weil in diesem Fall das Rechtsbeschwerdegericht selbst nicht in der Sache entschieden hat.[23] Eine Entscheidung in der Sache liegt vor, wenn der BGH erstmals dem Antrag in der Sache stattgegeben hat oder die Rechtsbeschwerde zurückgewiesen hat.[24] Hieran ändert sich nach dem Gesetzeswortlaut auch dann nichts, wenn derselbe Verfahrensmangel auch die vorinstanzlichen Entscheidungen betrifft; es ist dann Sache des Rechtsbeschwerdegerichts, bei Vorliegen des seine Entscheidung betreffenden Nichtigkeitsgrundes in der dann erforderlichen neuen Sachentscheidung zu prüfen, ob der Beschluss des Beschwerdegerichts Bestand haben kann.[25]

6. Entscheidung des Gerichts, Prüfung in drei Verfahrensabschnitten

14 Die einzelnen in § 589 ZPO vorgezeichneten Abschnitte des gerichtlichen Verfahrens lassen sich nach der Rechtsprechung des BGH[26] wie folgt zusammenfassen:

15 **a) Prüfung der Zulässigkeit.** Soweit in einem Restitutionsverfahren in einem ersten Abschnitt die Zulässigkeit des Antrags zu prüfen ist, kommt es lediglich darauf an, ob die formalen Voraussetzungen für die Wiederaufnahme vorliegen, vor allem also, ob ein neues Gutachten vorliegt und der Antragsteller unter Berufung darauf einen Wiederaufnahmegrund behauptet. Der Antragsteller muss also geltend machen, in dem früheren Verfahren wäre – möglicherweise – eine andere Entscheidung ergangen, wenn das neue Gutachten damals bereits vorgelegt worden wäre. Dafür reicht es aus, dass eine andere Entscheidung, und sei es auch nur die Anordnung weiterer Beweiserhebungen, nach der Behauptung des Antragstellers jedenfalls nicht ausgeschlossen erscheint, auch wenn das mit dem Restitutionsantrag befasste Gericht dies als fernliegend ansieht.[27] Ob eine noch durchzuführende Beweisaufnahme eine eindeutige Aussage über die Vaterschaft des Beklagten ermöglichen würde, ist unerheblich. Denn das neue Gutachten muss nach der gesetzlichen Regelung allein oder in Verbindung mit den in dem früheren Verfahren erhobenen Beweisen geeignet sein, die Grundlage des früheren Urteils zu erschüttern, und nicht erst in Verbindung mit noch zu erhebenden Beweisen.[28]

---

[22] BGH NJW 1973, 1701.
[23] BGH NJW 1954, 1523.
[24] BGH NJW 1954, 1523.
[25] BGH WM 1980, 1350/1351.
[26] BGH NJW 2003, 3708 = FamRZ 2003, 1833.
[27] BGH NJW 2003, 3708 = FamRZ 2003, 1833.
[28] BGH NJW 2003, 3708 = FamRZ 2003, 1833.

b) Prüfung der Begründetheit. Ob die Behauptung des Antragstellers schlüssig ist und 16 zutrifft, ob also das neue Gutachten in der Tat geeignet ist, die Richtigkeit der früheren Entscheidung zu erschüttern, ist erst nach Bejahung der Zulässigkeit zu prüfen, nämlich wenn im zweiten Verfahrensabschnitt über das Vorliegen des Restitutionsgrundes zu befinden ist.[29] Welchen Beweiswert die neuen und die alten Gutachten haben, ob neue wissenschaftliche Erkenntnisse die im Vorverfahren erhobenen Gutachten überholt erscheinen lassen, ob das Vorgutachten schlicht falsch oder das neue Gutachten sonst überlegen ist, mithin ob das neue Gutachten geeignet ist, die Richtigkeit der früheren Entscheidung zu erschüttern, wird erst nach Bejahung der Zulässigkeit erheblich, nämlich wenn im zweiten Verfahrensabschnitt über das Vorliegen des Restitutionsgrundes zu befinden und wenn bei dessen Vorliegen die neue durch die Rechtskraft ungehinderte Sachentscheidung zu treffen ist.

c) Fortsetzung des Verfahrens. Nur bei begründeter Wiederaufnahme kommt es 17 sodann in der dritten Stufe des Restitutionsverfahrens zu dem ersetzenden Verfahren, in dem entweder neu entschieden oder aber die frühere Statusentscheidung bestätigt wird. Erst in diesem Verfahrensabschnitt können nunmehr alle Beweismittel ausgeschöpft werden, und auch die Bindung an die in der früheren Entscheidung vertretene Rechtsansicht entfällt, weil erst jetzt deren Rechtskraft durchbrochen ist und dasselbe Gericht (in gleicher oder anderer Besetzung) das Ausgangsverfahren fortsetzt, indem es über die Hauptsache neu verhandelt (§ 590 Abs. 1 ZPO).

7. Kosten und Gebühren

Für das Wiederaufnahmeverfahren fallen dieselben Kosten an wie bei einem neu einge- 18 leiteten Verfahren; vgl. hierzu § 169 Rn 12–14.

---

[29] BGH NJW 1984, 2630 = FamRZ 1984, 681.

Abschnitt 5. Verfahren in Adoptionssachen

Adoptionssachen

186 Adoptionssachen sind Verfahren, die
1. die Annahme als Kind,
2. die Ersetzung der Einwilligung zur Annahme als Kind,
3. die Aufhebung des Annahmeverhältnisses oder
4. die Befreiung vom Eheverbot des § 1308 Abs. 1 des Bürgerlichen Gesetzbuchs

betreffen.

I. Normzweck

1 Abschnitt 5 enthält Vorschriften über das Verfahren in Adoptionssachen. Die Bezeichnung Adoptionssachen ist in dem FamFG erstmals als Gesetzesbegriff eingeführt worden. § 186 zählt die Verfahren auf, die unter den Begriff der Adoptionssachen fallen. Im Zuge der Einführung des großen Familiengerichts und der Auflösung des Vormundschaftsgerichts als gesonderter Spruchkörper sind die Adoptionssachen wegen der vielfältigen Bezüge zu den klassischen Familiensachen[1] zu Familiensachen gemacht und damit auf das Familiengericht übertragen worden. Die für Verfahren vor dem Familiengericht einschlägigen gerichtsverfassungsrechtlichen Regelungen sind somit auch auf Adoptionssachen anzuwenden. So ist etwa Rechtsmittelgericht in Adoptionssachen nicht mehr das LG, sondern das OLG.

II. Sachlicher Geltungsbereich der Adoptionssachen

1. Annahme als Kind

2 Unter Kindesannahme i. S. d. Nr. 1 fallen sowohl die Annahme Minderjähriger gemäß §§ 1741 bis 1766 BGB als auch die Annahme Volljähriger gemäß §§ 1767 bis 1772 BGB. Einbezogen ist das gesamte Verfahren einschließlich seiner unselbstständigen Teile, wie
- die gerichtliche Genehmigung bei unterschiedlicher Staatsangehörigkeit des Annehmenden und des Kindes nach § 1746 Abs. 1 Satz 4 BGB;
- die Entgegennahme notariell beurkundeter Einwilligungserklärungen gemäß § 1750 Abs. 1 BGB;
- die Erteilung einer Bescheinigung an das Jugendamt nach § 1751 Abs. 1 S. 4 BGB;
- der Ausspruch der Annahme nach §§ 1752, 1767 Abs. 2, 1768 BGB einschließlich der Bestimmung über die Wirkungen der Annahme nach § 1772 BGB;
- die Entgegennahme einer öffentlich beglaubigten Erklärung über die Änderung des Geburtsnamens nach §§ 1757 Abs. 3, 1767 Abs. 2 BGB;
- der Ausspruch zur Namensführung nach § 1757 Abs. 4 BGB;
- die Anordnung über die Wirksamkeit des Offenbarungs- und Ausforschungsverbots nach § 1758 Abs. 2 BGB.

Hingegen ist das gesonderte Verfahren auf Rückübertragung der elterlichen Sorge nach § 1751 Abs. 3 BGB nicht eine Adoptionssache, sondern – wie sonstige Verfahren auf Übertragung der elterlichen Sorge – eine Kindschaftssache; dieses Verfahren richtet sich daher nach §§ 151 ff.

2. Ersetzung der Einwilligung zur Annahme als Kind

3 Nach Nr. 2 gehören zu den Adoptionssachen auch die Verfahren, die die Ersetzung einer fehlenden Einwilligung oder Zustimmung oder die Genehmigung einer Einwilligung zur Annahme eines Minderjährigen als Kind betreffen, also
- die Ersetzung der Einwilligung des Vormunds oder Pflegers nach § 1746 Abs. 3 BGB;
- die Ersetzung der Einwilligung eines Elternteils nach § 1748 BGB;
- die Ersetzung der Einwilligung des Ehegatten des Annehmenden nach § 1749 Abs. 1 BGB.

---

[1] BR-Drs. 309/07 S. 549.

3. Aufhebung des Annahmeverhältnisses

Zu den Verfahren nach Nr. 3 zählen
- die Aufhebung wegen fehlender Erklärungen gemäß § 1760 BGB;
- die Aufhebung von Amts wegen aus schwerwiegenden Gründen zum Wohl des Kindes gemäß § 1763 BGB;

aber auch die unselbstständigen Teile eines Aufhebungsverfahrens, wie
- die Entscheidung zur Namensführung nach der Aufhebung gemäß § 1765 Abs. 2, 3 BGB.

Nicht umfasst von Nr. 3 ist das selbstständige Verfahren auf Rückübertragung der elterlichen Sorge bzw. Bestellung eines Vormunds oder Pflegers nach § 1764 Abs. 4 BGB, weil es sich hierbei um eine Kindschaftssache handelt.

4. Befreiung vom Eheverbot

Nach § 1308 Abs. 1 BGB kann von dem grundsätzlichen Verbot einer Eheschließung zwischen Personen, deren Verwandtschaft durch Annahme als Kind begründet wurde, Befreiung erteilt werden. Da ein solches familienrechtliches Verfahren zu den Adoptionsverfahren eine große Sachnähe aufweist, zählt Nr. 4 es zu den Adoptionssachen.

III. Gerichtliches Verfahren

1. Sachliche Zuständigkeit

Die sachliche Zuständigkeit des AG in Adoptionssachen ergibt sich aus § 23a Abs. 1 S. 1 Nr. 1 GVG i. V. m. § 111 Nr. 4 FamFG. Es handelt sich um eine ausschließliche Zuständigkeit, § 23a Abs. 1 S. 2 GVG. Für die Entscheidung über Beschwerden gegen Entscheidungen der Familiengerichte ist das OLG zuständig, § 119 Abs. 1 Nr. 1a GVG; für die Rechtsbeschwerde der BGH, § 133 GVG.

2. Funktionelle (interne) Zuständigkeit

a) Zuständige Abteilung innerhalb des AG und OLG. Die Zuständigkeit des Familiengerichts folgt aus § 23b Abs. 1 GVG (vgl. hierzu § 111 Rn 34 ff.). Funktionell zuständig im Beschwerdeverfahren ist ein Familiensenat des OLG, § 119 Abs. 2 GVG i. V. m. § 23b Abs. 1 GVG. Für den BGH ist die Bildung eines besonderen Familiensenats nicht vorgeschrieben, vgl. § 133 GVG.

Hat anstelle des Familiengerichts eine andere Abteilung des Amtsgerichts entschieden (z. B. das Prozessgericht) und handelt es sich um ein **Antragsverfahren** (§ 23), so gilt nach § 17a Abs. 6 GVG das in § 17a GVG geregelte besondere Verfahren zur Entscheidung über den Rechtsweg entsprechend (vgl. § 1 Rn 49; § 111 Rn 50) und nicht § 281 ZPO.[2] Der nach § 17a Abs. 2 GVG erlassene Unzuständigkeits- und Verweisungsbeschluss unterliegt der Anfechtung mit der sofortigen Beschwerde (§ 17a Abs. 4 S. 3 GVG i. V. m. § 567 ZPO; vgl. § 1 Rn 63). Für die amtswegigen Verfahren gilt § 17a GVG nicht, weil es an einem „Beschreiten des Rechtswegs" im Sinne des § 17a Abs. 1 GVG fehlt (vgl. § 1 Rn 50). Die fehlende Zuständigkeit ist daher auch ohne Rüge zu beachten und führt zur ersatzlosen Aufhebung der Entscheidung des Prozessgerichts durch das Beschwerdegericht.[3]

b) Funktionelle Zuständigkeit nach dem RPflG. Funktionell zuständig ist in den Adoptionssachen nach § 3 Nr. 2a RPflG grundsätzlich der Rechtspfleger; dem Richter sind aber nach § 14 Abs. 1 Nr. 15 und 16 RPflG vorbehalten:
- die Befreiung vom Eheverbot der durch die Annahme als Kind begründeten Verwandtschaft in der Seitenlinie nach § 1308 Abs. 2 BGB,
- die Genehmigung der Einwilligung des Kindes zur Annahme nach § 1746 Abs. 1 Satz 4 BGB,

---
[2] OLG Hamm NJW 2010, 2740 = FamRZ 2010, 2089; OLG München FamRZ 2010, 2090.
[3] BayObLG NJWE-FER 1999, 431 = FamRZ 2000, 300; OLG Zweibrücken NJW-RR 1999, 1682.

- die Ersetzung der Einwilligung oder der Zustimmung zu einer Annahme als Kind nach § 1746 Abs. 3 BGB sowie nach den §§ 1748 und 1749 Abs. 1 BGB,
- die Entscheidungen nach §§ 1751 Abs. 3, 1764 Abs. 4, 1765 Abs. 2 BGB,
- die Entscheidung über die Annahme als Kind einschließlich der Entscheidung über den Namen des Kindes nach den §§ 1752, 1768, 1757 Abs. 4 BGB,
- die Aufhebung des Annahmeverhältnisses nach den §§ 1760, 1763, 1771 BGB,
- die Entscheidungen nach dem AdwirkG, soweit sie eine richterliche Entscheidung enthalten.

3. Ausschließliche Geltung des FamFG

10   Die Adoptionssachen gehören wie die Kindschaftssachen (§ 151), Abstammungssachen (§ 169) sowie Ehewohnungs- und Haushaltssachen (§ 200) zu den Familiensachen, deren Verfahren sich ausschließlich nach den Vorschriften des FamFG (Allgemeiner Teil und jeweils besondere Vorschriften im 2. Buch) richtet.

4. Sachliches Prüfungsverfahren

11   **a) Ausspruch der Annahme (Nr. 1).** Das gerichtliche Prüfungsverfahren vor Ausspruch der Annahme nach **§ 197** umfasst insbesondere
- die Prüfung, ob ein wirksamer verfahrenseinleitender Adoptionsantrag vorliegt (§ 23); die Antragsbefugnis ergibt sich aus dem materiellen Recht;
- die Prüfung, ob die materiellen Voraussetzungen für den Ausspruch einer Adoption vorliegen,
- die Prüfung, ob die erforderlichen notariell zu beurkundenden Einwilligungserklärungen vorliegen, die nach § 1750 Abs. 1 BGB gegenüber dem Familiengericht zu erklären sind und in dem Zeitpunkt wirksam werden, in dem sie dort zugehen; sie dürfen nach § 1750 Abs. 2 BGB nicht unter einer Bedingung oder Zeitbestimmung erteilt werden und sind unwiderruflich; sie können nicht durch einen Vertreter erteilt werden, § 1750 Abs. 3 BGB, und verlieren unter den Voraussetzungen des § 1750 Abs. 4 BGB ihre Kraft;
- die Prüfung, ob die erforderlichen Anhörungen durchgeführt sind (§ 192, 193) bzw. Äußerungen vorliegen (Adoptionsvermittlungsstelle, § 189, Jugendamt, § 194, Landesjugendamt, § 195).

Zu dem Verfahren siehe auch § 197 Rn 3 ff.

12   **b) Ersetzung der Einwilligung (Nr. 2).** Das gerichtliche Prüfungsverfahren der Ersetzung der Einwilligung nach **§ 198 Abs. 1** wird nur auf Antrag eingeleitet. Es betrifft die Verfahren
- auf Ersetzung der Einwilligung des Kindes, wenn der Vormund oder Pfleger sie verweigert (§ 1747 Abs. 3 BGB),
- auf Ersetzung der Einwilligung eines Elternteils (§ 1748 BGB),
- auf Ersetzung der Einwilligung eines Ehegatten (§ 1749 Abs. 1 S. 2 BGB).

Zu dem Verfahren siehe auch § 198 Rn 12 ff.

13   **c) Aufhebung des Annahmeverhältnisses (Nr. 3).** Das Annahmeverhältnis kann nach § 1759 BGB nur in den Fällen der §§ 1760 und 1763 BGB aufgehoben werden (Beschluss nach **§ 197 Abs. 2**).
- Das Verfahren nach § 1760 BGB betrifft die nur auf einen form- und fristgerechten **Antrag** (§ 1762 BGB) auszusprechende Aufhebung des Annahmeverhältnisses wegen Fehlens
   – des Antrags des Annehmenden,
   – der Einwilligung des Kindes oder
   – der erforderlichen Einwilligung eines Elternteils;
- Das Verfahren nach § 1763 BGB betrifft die Aufhebung einer Minderjährigenadoption zum Wohl des Kindes bei schwerwiegenden Gründen; es wird **von Amts wegen** eingeleitet, setzt also keinen Antrag voraus; wird ein Antrag gestellt, gilt er als Anregung zur Verfahrenseinleitung von Amts wegen (§ 24).

d) Befreiung vom Eheverbot (Nr. 4). Zu dem Verfahren siehe die Kommentierung zu § 198 Rn 21 ff.

5. Rechtsmittel

Die Beschwerde nach § 58 und die Rechtsbeschwerde nach § 70 sind **statthaft**
- gegen Entscheidungen in Verfahren nach Nr. 1, wenn ein Annahmeantrag abgewiesen wird (siehe § 197 Rn 24 und 30),
- gegen Entscheidungen in Verfahren nach Nr. 2, wenn eine Einwilligung oder Zustimmung versagt oder ersetzt wird,
- gegen Entscheidungen in Verfahren nach Nr. 3, wenn die Adoption aufgehoben oder die Aufhebung versagt wird (siehe § 198 Rn 19, 20)
- gegen Entscheidungen in Verfahren nach Nr. 4, wenn die Befreiung versagt wird (siehe § 198 Rn 24 ff.).

Eine Beschwerde ist **nicht statthaft**
- gegen Entscheidungen in Verfahren nach Nr. 1, wenn einem Annahmeantrag stattgegeben wird (siehe § 197 Rn 21 ff.),
- gegen Entscheidungen in Verfahren nach Nr. 4, wenn die Befreiung erteilt wird oder die Ehe geschlossen worden ist (siehe § 198 Rn 24, 25).

IV. Kosten und Gebühren

1. Verfahren betreffend eine Minderjährigenadoption

Das gesamte Verfahren der Annahme eines Minderjährigen als Kind nach §§ 1741 ff. BGB einschließlich der gerichtlichen Ersetzung von Einwilligungen nach §§ 1746 Abs. 3, 1748, 1749 Abs. 1 BGB und Namensänderung nach § 1757 BGB sind wie nach der bis zum 31. 8. 2009 geltende Rechtslage[4] gebührenfrei. Kostenschuldner für die Auslagen ist der Annehmende als Antragsteller, § 21 Abs. 1 S. 1 FamGKG.

2. Verfahren betreffend eine Erwachsenenadoption

Gerichtskosten für Adoptionssachen, die einen Volljährigen betreffen, sind im FamGKG geregelt (vgl. die Vorbemerkung 1.3.2. Abs. 1 Nr. 2 vor Nr. 1320 KV FamGKG). Nach Abs. 2 der genannten Vorbemerkung 1.3.2. werden in Adoptionssachen für Verfahren auf Ersetzung der Einwilligung zur Annahme als Kind neben den Gebühren für das Verfahren über die Annahme als Kind keine Gebühren erhoben. Kostenschuldner sind der Annehmende und der Anzunehmende als Antragsteller, § 21 Abs. 1 S. 1 FamGKG.

Zu den einzelnen Gebühren:
- Nr. 1320 KV FamGKG betrifft die Verfahrensgebühr; danach wird für das Verfahren die volle Gebühr des § 28 FamGKG nach dem zweifachen Satz erhoben.
- Nr. 1321 KV FamGKG betrifft die Gebühr bei vorzeitiger Beendigung des Verfahrens; danach ermäßigt sich die Gebühr auf den halben Satz des § 28 FamGKG.
- Nr. 1322 bis 1324 KV FamGKG betreffen die Gebühren im Beschwerdeverfahren,
- Nr. 1325 bis 1328 KV FamGKG betreffen die Gebühren der Rechtsbeschwerde.

Alle übrigen Entscheidungen, die die Aufhebung eines Annahmeverhältnisses betreffen, sind gerichtsgebührenfrei.

3. Verfahren betreffend die Befreiung vom Eheverbot des § 1308 BGB

Für den Beschluss über die Befreiung vom Eheverbot des § 1308 BGB werden dieselben Gebühren wie bei der Erwachsenenadoption erhoben, d. h. es gelten auch insoweit die Nr. 1320 bis Nr. 1328 KV FamGKG (vgl. Vorbemerkung Abs. 1 Nr. 2 zu Nr. 1320 KV FamFamGKG, wonach die Gebührentatbestände für alle Adoptionssachen, die einen Volljährigen betreffen, gelten; dies schließt nach der gesetzlichen Definition in § 186 die Verfahren nach § 1308 BGB ein).

---

[4] Vgl. hierzu Korintenberg/Lappe § 98 Rn 1 und Hartmann § 98 KostO Rn 2.

4. Verfahrenswert

20 Der Verfahrenswert bestimmt sich für das Adoptionsverfahren und das Verfahren über die Befreiung vom Eheverbot nach § 42 Abs. 2 und 3 FamGKG,[5] für das Rechtsmittelverfahren nach § 40 FamGKG und für die einstweilige Anordnung nach § 41 FamGKG.

5. Vergütung des Rechtsanwalts und Verfahrensbeistands

21 Für die Vergütung des Rechtsanwalts gilt Teil 3 des VV RVG, d. h. er erhält für die 1. Instanz grundsätzlich eine 1,3 Verfahrensgebühr nach Nr. 3100 VV RVG, für das Beschwerdeverfahren grundsätzlich eine 1,6 Verfahrensgebühr nach Nr. 3200 VV RVG; die Terminsgebühr beträgt in der ersten und zweiten Instanz 1,2 des Gebührensatzes, Nr. 3104 VV RVG und 3202 VV RVG.

22 Für die Vergütung des Verfahrensbeistands gilt nach § 191 S. 2 die Regelung in § 158 Abs. 7 (s. dazu die Kommentierung zu § 158 Rn 45 bis 49).

Örtliche Zuständigkeit

187 (1) **Für Verfahren nach § 186 Nr. 1 bis 3 ist das Gericht ausschließlich zuständig, in dessen Bezirk der Annehmende oder einer der Annehmenden seinen gewöhnlichen Aufenthalt hat.**

(2) Ist die Zuständigkeit eines deutschen Gerichts nach Absatz 1 nicht gegeben, ist der gewöhnliche Aufenthalt des Kindes maßgebend.

(3) **Für Verfahren nach § 186 Nr. 4 ist das Gericht ausschließlich zuständig, in dessen Bezirk einer der Verlobten seinen gewöhnlichen Aufenthalt hat.**

(4) **Kommen in Verfahren nach § 186 ausländische Sachvorschriften zur Anwendung, gilt § 5 Abs. 1 Satz 1 und Abs. 2 des Adoptionswirkungsgesetzes entsprechend.**

(5) ¹Ist nach den Absätzen 1 bis 4 eine Zuständigkeit nicht gegeben, ist das Amtsgericht Schöneberg in Berlin zuständig. ²Es kann die Sache aus wichtigem Grund an ein anderes Gericht verweisen.

I. Normzweck

1 § 187 regelt die örtliche Zuständigkeit des Familiengerichts für die Adoptionssachen nach § 186. **Abs. 1** entspricht im Wesentlichen dem § 43b Abs. 2 S. 1 FGG, **Abs. 2** dem § 43b Abs. 4 S. 1 FGG, **Abs. 3** dem § 44a Abs. 1 S. 1 FGG, **Abs. 4** dem § 43b Abs. 2 S. 2 FGG und **Abs. 5** dem § 43b Abs. 3 und 4 sowie § 44 Abs. 1 FGG. Maßgebend ist aber nicht mehr der Wohnsitz, sondern der gewöhnliche Aufenthalt. Abs. 4, der durch Art. 8 des Gesetzes vom 30. 7. 2009 eingefügt worden ist,[1] hat seinen Grund darin, dass wegen der Komplexität von Verfahren, in denen ausländisches Recht angewandt werden muss, ein hohes praktisches Bedürfnis dafür besteht, sich der besonderen Sachkunde hierauf spezialisierter Gerichte zu bedienen.[2] Hinsichtlich der Übergangsregelung vgl. Art. 111 FGG-RG. Die internationale Zuständigkeit ist in § 101 geregelt.

II. Zuständigkeit des gewöhnlichen Aufenthalts

1. Verfahren nach § 186 Nr. 1 bis 3

2 **a) Gewöhnlicher Aufenthalt des Annehmenden (Abs. 1).** Die örtliche Zuständigkeit richtet sich in erster Linie nach dem gewöhnlichen Aufenthalt des Annehmenden oder einer der Annehmenden, nicht des Kindes. Da wegen der rechtlichen Möglichkeit einer Inkognito-Adoption eine Vorabentscheidung des Familiengerichts über die Wirksamkeit oder Unwirksamkeit der Einwilligungserklärung der Eltern in die Adoption ihres Kindes zulässig ist, bevor der Annahmeantrag beim zuständigen Familiengericht vorliegt, sind mögliche Adoptivbewerber auch schon vor Stellung des Annahmeantrags Annehmende i. S.

---
[5] OLG Düsseldorf NJW-RR 2010, 1661.
[1] BGBl. I 2449/2470.
[2] BT-Drs. 16/12717 S. 72.

des § 187, wenn die beim Familiengericht eingehende Einwilligungserklärung der Kindeseltern sich auf sie bezieht;[3] dies gilt auch dann, wenn die die Bewerber ihre Adoptionsabsicht aufgegeben haben.[4] Hinsichtlich des Begriffs des **gewöhnlichen Aufenthalts** wird auf die Kommentierung zu § 99 Rn 44–46 sowie § 122 Rn 3 verwiesen.

b) Gewöhnlicher Aufenthalt des Kindes (Abs. 2). Hat der Annehmende oder einer der Annehmenden im Inland keinen gewöhnlichen Aufenthalt, so kommt es auf den gewöhnlichen Aufenthalt des Kindes an. Dieser leitet sich nicht vom Aufenthalt der Eltern ab, sondern ist selbständig zu bestimmen. Vgl. hierzu § 99 Rn 44–46.

c) Maßgebender Zeitpunkt. Für die Bestimmung der örtlichen Zuständigkeit nach Abs. 1–3 ist maßgeblich auf den Zeitpunkt abzustellen, in dem der Antrag, z. B. auf Ersetzung einer Einwilligung nach §§ 1748, 1749 Abs. 1 BGB, auf Ausspruch der Annahme nach §§ 1752, 1767 Abs. 2, 1768 BGB oder auf Aufhebung des Annahmeverhältnisses nach §§ 1760, 1771, 1772 S. 2 BGB, oder eine Erklärung nach § 1750 Abs. 1, § 1767 Abs. 2 BGB bei dem sachlich zuständigen Gericht eingereicht wird.[5] Ein Wechsel der maßgebenden Verhältnisse nach dem angegebenen Zeitpunkt ist unerheblich.

Diese Grundsätze gelten auch dann, wenn der Annehmende nach der notariellen Beurkundung des Antrags auf Ausspruch der Annahme verstorben ist, sofern der Ausspruch der Annahme nach dem Tode des Annehmenden nach § 1753 BGB überhaupt zulässig ist. War der Antrag nicht mehr vor dem Tode des Annehmenden bei Gericht eingereicht worden, hatte aber der Annehmende den Notar damit betraut, den Antrag bei Gericht einzureichen, so ist ausnahmsweise der Zeitpunkt maßgebend, in dem der Notar mit der Einreichung betraut worden ist, weil nach § 1753 Abs. 2 BGB nach dem Tode des Annehmenden der Ausspruch nur zulässig ist, wenn der Annehmende den Antrag beim Familiengericht eingereicht oder bei oder nach der notariellen Beurkundung des Antrags den Notar damit betraut hat, den Antrag einzureichen. Das Betrauen geschieht durch Erteilung eines Auftrags an den Notar; dieser ist nicht kraft Gesetzes zu dem Antrag ermächtigt. Der Auftrag kann durch schlüssiges Verhalten erteilt werden.[6] Hatte der Annehmende selbst den Antrag noch zu Lebzeiten bei einem unzuständigen Gericht gestellt, so kann er nicht nach seinem Tode nochmals durch den Notar beim zuständigen Gericht gestellt werden. Ist der Antrag aber von dem damit betrauten Notar beim unzuständigen Gericht eingereicht worden, so ist dies unschädlich.[7] Im Falle der Entgegennahme einer Erklärung (§§ 1750 Abs. 1, 1767 Abs. 2 BGB) braucht ein Annahmeantrag beim Gericht noch nicht vorzuliegen.[8]

Bezieht sich das Verfahren auf eine amtswegige Tätigkeit des Gerichts, wie im Falle der Ersetzung der Einwilligung oder Zustimmung des Vormunds oder Pflegers nach § 1746 Abs. 3 BGB[9] oder im Falle der Aufhebung des Annahmeverhältnisses nach § 1763 BGB, so ist der Zeitpunkt maßgebend, in dem das Gericht mit dem Verfahren befasst wird.[10]

2. Gewöhnlicher Aufenthalt eines der Verlobten (Abs. 3)

Absatz 3 regelt die örtliche Zuständigkeit des Familiengerichts für die Entscheidung über die Befreiung von einem Eheverbot, das auf einer durch Adoption begründeten Verwandtschaft in der Seitenlinie nach § 1308 Abs. 1 BGB beruht. In erster Linie ist das Familiengericht zuständig, in dessen Bezirk einer der Verlobten seinen gewöhnlichen Aufenthalt hat. Haben die Verlobten ihren gewöhnlichen Aufenthalt im Bezirk desselben Gerichts, so ist allein dieses zur Entscheidung berufen. Haben sie aber ihren gewöhnlichen Aufenthalt im Bezirk verschiedener Gerichte, so haben die Verlobten die Wahl; jedoch gebührt dem

---

[3] KG FamRZ 1981, 1111; OLG Frankfurt FamRZ 1981, 206; OLG Hamm DNotZ 1987, 308.
[4] BayObLG FamRZ 1978, 65.
[5] BayObLG FamRZ 1990, 1392; KG FamRZ 1978, 210; OLG Celle FamRZ 1979, 861; OLG München Rpfleger 1971, 68.
[6] Ebenso 15. A. § 43b FGG Rn 15 m. w. N.
[7] Schlegelberger § 66 Rn 4.
[8] KG FamRZ 1981, 1111.
[9] OLG Celle FamRZ 1979, 861.
[10] OLG Celle FamRZ 1979, 861.

§ 188   Abschnitt 5. Verfahren in Adoptionssachen

Gericht der Vorzug, das zuerst mit der Sache befasst war (§ 2 Abs. 1). Hat aber nur einer der Verlobten einen gewöhnlichen Aufenthalt im Inland, so ist das Gericht zuständig, zu dessen Bezirk der Ort dieses gewöhnlichen Aufenthalts gehört. Bei Streit oder Ungewissheit ist nach § 5 zu entscheiden.

III. Örtliche Zuständigkeit bei Inlandsadoptionen, in denen ausländische Sachvorschriften zur Anwendung kommen (Abs. 4)

8   Nach Art. 22 S. 1 EGBGB unterliegt die Annahme als Kind dem Recht des Staates, dem der Annehmende bei der Annahme angehört; Art. 22 S. 2 EGBGB enthält im Interesse der Familieneinheit eine Sonderregelung für Ehegatten: die Annahme durch einen oder beide Ehegatten unterliegt dem Recht, das nach Art. 14 Abs. 1 EGBGB für die allgemeinen Wirkungen der Ehe maßgebend ist, also dem Ehewirkungsstatut.[11] Kommen danach ausländische Sachvorschriften zur Anwendung, so ist nach **§ 5 Abs. 1 S. 1, Abs. 2 AdWirkG** das AG örtlich zuständig, das in dem Bezirk des OLG liegt, in dem der Annehmende seinen Wohnsitz bzw. Aufenthalt hat. Zum Wortlaut des § 5 AdWirkG vgl. § 199 Rn 3.

IV. Auffangzuständigkeit des AG Schöneberg (Abs. 5)

9   Nach Abs. 5 S. 1 ist das AG Schöneberg zuständig, wenn sich ein zuständiges Gericht nach den Abs. 1 bis 4 nicht ermitteln lässt. Hat der Annehmende oder einer der Annehmenden keinen gewöhnlichen Aufenthalt, so ist daher hilfsweise das AG Schöneberg in Berlin örtlich zuständig. Das AG Schöneberg kann das Verfahren im Ganzen aus wichtigen Gründen mit bindender Wirkung nach § 4 abgeben. Bei der „Verweisung" nach **Abs. 5 S. 2** handelt es sich nämlich dem Wesen nach nicht um eine Verweisung i. S. d. § 3, sondern um eine **Abgabe gemäß § 4**. Die von dem Gesetzgeber benutzte Formulierung „verweisen" soll nur die Bindungswirkung der Abgabe signalisieren, entsprechend heißt es auch in der Gesetzesbegründung, die Befugnis zur Abgabe solle sich nach § 4 richten. Daher ist für das Merkmal des wichtigen Grundes auf die zu § 4 FamFG geltenden Grundsätze zurückzugreifen, andererseits kommt es im Gegensatz zu § 4 S. 1 2. Halbs. nicht auf eine Übernahmebereitschaft des Gerichts an, an das abgegeben werden muss. Handelt es sich um einen Sonderfall der Abgabe mit Bindungswirkung, so ist fraglich, wonach sich ein Streit über die Wirksamkeit einer Abgabe richtet. In Betracht kommt ein Abgabestreit nach § 5 Abs. 1 Nr. 5 oder ein Zuständigkeitstreit nach § 5 Abs. 1 Nr. 3 oder 4; vgl. hierzu die Kommentierung zu § 5 Rn 22. Eine Nachprüfung in der Richtung, ob wichtige Gründe für die Abgabe gegeben sind, findet bei einem Zuständigkeitstreit nach § 5 nicht statt.[12] Ist das AG Schöneberg im Zeitpunkt der Abgabe nur mit einem dem Rechtspfleger übertragenen Geschäft, z. B. der Erteilung einer Bescheinigung gemäß § 1751 Abs. 1 S. 4 BGB befasst, so kann die Abgabe wirksam durch den Rechtspfleger verfügt werden, auch wenn dadurch die örtliche Zuständigkeit des anderen Gerichts für alle weiteren dem Richter vorbehaltenen Angelegenheiten der Kindesannahme begründet wird.[13]

Beteiligte

188 (1) Zu beteiligen sind
1. in Verfahren nach § 186 Nr. 1
    a) der Annehmende und der Anzunehmende,
    b) die Eltern des Anzunehmenden, wenn dieser entweder minderjährig ist und ein Fall des § 1747 Abs. 2 Satz 2 oder Abs. 4 des Bürgerlichen Gesetzbuchs nicht vorliegt oder im Fall des § 1772 des Bürgerlichen Gesetzbuchs,
    c) der Ehegatte des Annehmenden und der Ehegatte des Anzunehmenden, sofern nicht ein Fall des § 1749 Abs. 3 des Bürgerlichen Gesetzbuchs vorliegt;

---

[11] Vgl. Palandt/Thorn Art. 22 EGBGB Rn 7.
[12] KG Rpfleger 1979, 135.
[13] KG Rpfleger 1979, 135.

2. in Verfahren nach § 186 Nr. 2 derjenige, dessen Einwilligung ersetzt werden soll;
3. in Verfahren nach § 186 Nr. 3
   a) der Annehmende und der Angenommene,
   b) die leiblichen Eltern des minderjährigen Angenommenen;
4. in Verfahren nach § 186 Nr. 4 die Verlobten.

(2) Das Jugendamt und das Landesjugendamt sind auf ihren Antrag zu beteiligen.

I. Normzweck

Da die Entscheidungen in Adoptionssachen nach § 197 Abs. 3 S. 2 unabänderlich sind und deshalb für und gegen alle wirken, will die Vorschrift sicherstellen, dass aus Gründen der Rechtskrafterstreckung diejenigen formell am Verfahren beteiligt werden, die materiell beteiligt sind. Sie regelt daher in Anknüpfung an § 7 Abs. 2 Nr. 2, wer in den einzelnen Adoptionssachen nach § 186 Nr. 1 bis 4 von Amts wegen oder auf Antrag zu beteiligen ist. Die Aufzählung ist nicht abschließend. Unter den Voraussetzungen des § 7 Abs. 2 Nr. 1, wonach diejenigen hinzuzuziehen sind, deren Recht durch das Verfahren unmittelbar betroffen wird, können im Einzelfall weitere Personen zu beteiligen sein. 1

II. Von Amts wegen zu Beteiligende (Abs. 1)

1. Beteiligte in Verfahren der Kindesannahme (Nr. 1)

Abs. 1 Nr. 1 betrifft Verfahren nach § 186 Nr. 1. In diesen sind nach **Nr. 1 a** der Annehmende und der Anzunehmende zu beteiligen. Soweit die genannten Personen bereits als Antragssteller nach § 7 Abs. 1 Beteiligte sind, ist ein besonderer Hinzuziehungsakt entbehrlich. Minderjährige Kinder sind nach § 8 Nr. 1 **beteiligtenfähig**. Zur Frage, ob sie nach Vollendung des 14. Lebensjahres nach § 9 Abs. 1 Nr. 3 **verfahrensfähig** sind, s. unten Rn 10–12. 2

Abs. 1 **Nr. 1 b** ordnet die Hinzuziehung der Eltern des Anzunehmenden an einmal für den Fall, dass dieser minderjährig ist. Dies entspricht dem rechtsstaatlichen Gebot auf ein faires Verfahren, nach dem der Einzelne nicht zum bloßen Objekt staatlicher Entscheidung werden darf und ihm insbesondere die Möglichkeit gegeben werden muss, vor einer Entscheidung, die seine Rechte betrifft, zu Wort zu kommen, um Einfluss auf das Verfahren und dessen Ergebnis nehmen zu können. Die leiblichen Eltern des Anzunehmenden gehören zu den materiell Betroffenen bei einer Adoption, insbesondere erlöschen nach § 1755 Abs. 1 S. 1 BGB die Verwandtschaftsverhältnisse zwischen den bisherigen Eltern und dem von anderen Angenommenen.[1] Aber auch bei der Minderjährigenadoption ist eine Beteiligung der Eltern ausnahmsweise entbehrlich, wenn entweder eine Inkognitoadoption nach § 1747 Abs. 2 S. 2 BGB durchgeführt werden soll oder der Elternteil nach § 1747 Abs. 4 BGB zur Abgabe einer Erklärung dauernd außerstande oder sein Aufenthalt dauernd unbekannt ist. Eine Hinzuziehung der Eltern ist ferner nicht erforderlich im Fall des § 1774 Abs. 4 BGB. 3

Bei einer Volljährigenadoption ist eine Beteiligung der Eltern erforderlich, wenn sich die Wirkungen der Adoption gemäß § 1772 BGB nach den Vorschriften der Adoption eines Minderjährigen richten sollen (§§ 1754 bis 1756 BGB). Hingegen sind die leiblichen Kinder des Annehmenden nicht zu beteiligen, weil deren Einwilligung in die Adoption nicht erforderlich ist. Nach § 193 sind sie aber im Verfahren auf Annahme als Kind zu hören. 4

Nach Abs. 1 **Nr. 1 c** sind zu beteiligen der Ehegatte des Annehmenden und der Ehegatte des Anzunehmenden. 5

2. Beteiligte in Verfahren auf Ersetzung der Einwilligung zur Adoption (Nr. 2)

Abs. 1 Nr. 2 betrifft Verfahren nach § 186 Nr. 2. In diesen ist derjenige hinzuzuziehen, dessen Einwilligung ersetzt werden soll. Dies ist im Verfahren auf Ersetzung der Einwilligung eines Elternteils nach § 1748 BGB der betroffene Elternteil des Anzunehmenden 6

---

[1] BVerfG FamRZ 2008, 243.

und im Verfahren auf Ersetzung der Einwilligung des Ehegatten nach § 1749 Abs. 1 S. 2 BGB der Ehegatte des Annehmenden.

3. Beteiligte im Verfahren auf Aufhebung des Annahmeverhältnisses (Nr. 3)

7   Abs. 1 Nr. 3 bezieht sich auf Verfahren nach § 186 Nr. 3, die die Aufhebung eines Annahmeverhältnisses zu einem Minderjährigen nach §§ 1760, 1763 BGB und zu einem Volljährigen nach § 1771 BGB betreffen. Nach Nr. 3 a sind hinzuzuziehen, sofern sie nicht bereits als Antragsteller Beteiligte nach § 7 Abs. 1 sind, der Annehmende und der Angenommene, weil sie in allen Fällen auch materiell Beteiligte sind. Die leiblichen Eltern eines minderjährigen angenommenen Kindes sind nicht nur, wenn sie nach § 1762 BGB antragsberechtigt sind und den Antrag gestellt haben, sondern in allen Fällen wegen der rechtlichen Möglichkeit des Wiederauflebens des ursprünglichen Verwandtschaftsverhältnisses Beteiligte.[2] Dies ordnet Nr. 3 b ausdrücklich an.

8   Im Übrigen kommen als hinzuzuziehende Beteiligte nur solche Personen in Betracht, deren Rechte oder Interessen durch die Aufhebung des Annahmeverhältnisses unmittelbar beeinträchtigt werden können, vgl. § 7 Abs. 2 Nr. 1. Das wird nur selten der Fall sein; denn die übrigen leiblichen Verwandten des Kindes und die Personen, die durch die Annahme seine Verwandten geworden sind, werden in der Regel nur mittelbar betroffen und sind deshalb nicht Verfahrensbeteiligte; eine etwaige Beeinträchtigung ihres künftigen Erbrechts reicht dafür nicht aus.[3] Wenn allerdings durch die Aufhebung des Annahmeverhältnisses ihre Rechte unmittelbar beeinträchtigt werden, so wenn Unterhaltspflichten der leiblichen Verwandten entstehen, z. B. der Großeltern, weil die Eltern des Kindes verstorben sind, so sind sie zu beteiligen. Für den Ehegatten des leiblichen Elternteils und des Kindes gilt nichts anderes. Die leiblichen Kinder des Annehmenden sind nicht zu beteiligen, weil deren Einwilligung in die Aufhebung der Adoption nicht erforderlich ist. Dies gilt auch, wenn sie Erben des Annehmenden sind; denn das Recht des verstorbenen Annehmenden, die Aufhebung der Adoption zu beantragen, geht nicht auf den Erben über, weil dieses Recht höchstpersönlich (vgl. § 1762 Abs. 1 S. 3 BGB) und daher nicht vererblich ist.[4]

4. Beteiligte im Verfahren auf Befreiung vom Eheverbot nach § 1308 BGB (Nr. 4)

9   Abs. 1 Nr. 4 betrifft Verfahren nach § 186 Nr. 4 und regelt, dass in diesen Verfahren beide Verlobte hinzuzuziehen sind. Zum Verfahren s. § 198 Rn 21–26.

5. Verfahrensfähigkeit beteiligter beschränkt geschäftsfähiger Minderjähriger

10   **a) Verfahrensfähigkeit.** Gemäß § 9 Abs. 1 Nr. 3 sind die nach § 106 BGB beschränkt geschäftsfähigen Minderjährigen in den Verfahren nach § 186 verfahrensfähig, soweit sie das 14. Lebensjahr vollendet haben und in einem Verfahren, das ihre Person betrifft, ein ihnen nach bürgerlichem Recht zustehendes Recht geltend machen.

11   Auch wenn ein Minderjähriger bei der Adoption nach dem BGB kein eigenes Antragsrecht hat, so ist doch die **Adoption** von seinem Einverständnis abhängig, weil er von der tiefgreifenden Änderung der familienrechtlichen Verhältnisse vor allem betroffen ist.[5] Im Rahmen der Adoptionsverfahren kommen als Einwilligungserklärungen in Betracht
- die gegenüber dem Familiengericht abzugebende höchstpersönliche Einwilligung des beschränkt geschäftsfähigen Kindes nach § 1746 BGB,
- die gegenüber dem Familiengericht abzugebende höchstpersönliche Einwilligung der beschränkt geschäftsfähigen minderjährigen Eltern nach § 1747 BGB und

---

[2] Vgl. BT-Drs. 13/4899 S. 112; hinsichtlich der Beteiligung und Anhörung der Väter, die mit der Mutter des Kindes nicht verheiratet sind, s. EuGH EuGRZ 1995, 113; BVerfG FamRZ 1995, 789; BayObLG NJWE-FER 2000, 5 = FamRZ 2000, 768; KG FamRZ 1993, 1359.
[3] Erman/Holzhauer § 1759 Rn 8; MünchKommBGB/Maurer § 1759 Rn 8; Roth-Stielow § 1759 Rn 12.
[4] BayObLG NJW-RR 1986, 872 = FamRZ 1986, 719.
[5] Palandt/Diederichsen § 1746 Rn 2.

- und die gegenüber dem Familiengericht abzugebenden höchstpersönlichen Einwilligungserklärungen des beschränkt geschäftsfähigen minderjährigen Ehegatten nach § 1749 BGB.

Denn ein beschränkt geschäftsfähiger Minderjähriger kann diese Einwilligungserklärungen gemäß § 1750 Abs. 3 S. 2 BGB nur selbst erteilen, auch wenn seine Einwilligung nach § 1746 BGB der Zustimmung des gesetzlichen Vertreters bedarf, §§ 1746 Abs. 1 S. 3, 1750 Abs. 3 S. 3 BGB. Der beschränkt geschäftsfähige Minderjährige ist daher insoweit verfahrensfähig.

Im Rahmen des Verfahrens über die Befreiung vom Eheverbot nach § 1308 Abs. 1 BGB **12** sieht das materielle Recht keine Rechte vor, die ein beschränkt geschäftsfähiger Minderjähriger selbständig verfolgen kann. Er ist in diesen Verfahren daher nicht verfahrensfähig.

III. Beteiligung des Jugendamtes und Landesjugendamtes (Abs. 2)

Abs. 2 ermöglicht dem Jugendamt wie dem Landesjugendamt, die allein durch die **13** Anhörung nach §§ 194, 195 noch nicht zu Beteiligten werden (vgl. § 7 Abs. 6), eine Hinzuziehung als Beteiligte zu beantragen. Das Gericht hat einem diesbezüglichen Antrag zu entsprechen. Um das Jugendamt und Landesjugendamt in die Lage zu versetzen, von dem Recht, sich an dem Verfahren zu beteiligen, Gebrauch zu machen, ist das Familiengericht nach § 7 Abs. 4 verpflichtet, diese Behörden von der Einleitung des Verfahrens zu benachrichtigen und über ihr Antragsrecht zu belehren. Die Beteiligung kann formlos, aber auch durch Beschluss erfolgen; ein **besonderer Beschluss** ist nur bei einer – mit der sofortigen Beschwerde anfechtbaren – Ablehnung eines Beiziehungsantrags vorgeschrieben, § 7 Abs. 5.

Fachliche Äußerung einer Adoptionsvermittlungsstelle

189 ¹Wird ein Minderjähriger als Kind angenommen, hat das Gericht eine fachliche Äußerung der Adoptionsvermittlungsstelle, die das Kind vermittelt hat, einzuholen, ob das Kind und die Familie des Annehmenden für die Annahme geeignet sind. ²Ist keine Adoptionsvermittlungsstelle tätig geworden, ist eine fachliche Äußerung des Jugendamts oder einer Adoptionsvermittlungsstelle einzuholen. ³Die fachliche Äußerung ist kostenlos abzugeben.

I. Normzweck

Die Vorschrift, die im Wesentlichen dem bisherigen § 56 d FGG entspricht, will die **1** besonderen Erfahrungen, die die Adoptionsvermittlungsstellen (s. dazu AdVermiG[1] v. 27. 11. 1989, BGBl. I S. 2016), teilweise auch die Jugendämter durch ihre langjährige Tätigkeit in der Adoptionsvermittlung erworben haben, dem Gericht, das über den Lebensweg des Kindes entscheiden soll, nutzbar machen.[2] Deshalb wird das Familiengericht verpflichtet, eine fachliche Äußerung grundsätzlich der Adoptionsvermittlungsstelle, die das Kind vermittelt hat, einzuholen; denn diese Adoptionsvermittlungsstelle ist mit dem Sachverhalt am besten vertraut und deshalb am ehesten in der Lage, dem Gericht die Tatsachen und Wertungen zu vermitteln, die es für seine Entscheidungen benötigt.[3] Nur in den Fällen, in denen keine Vermittlungsstelle tätig geworden ist, darf das Gericht die fachliche Äußerung des nach § 50 i. V. m. § 87 b SGB VIII zuständigen Jugendamts oder einer nicht mit der Sache befassten Adoptionsvermittlungsstelle einholen.

II. Einholung einer fachlichen Äußerung

1. Inhalt

Die fachliche Äußerung hat sich auf die Frage zu beziehen, ob das Kind und die Familie **2** des Annehmenden für die Annahme geeignet sind. Dadurch soll dem Gericht die Entschei-

---

[1] Eine Kommentierung dieses Gesetzes von Oberloskamp findet sich in: Wiesner, SGB VIII, Anhang III.
[2] BT-Drs. 7/3061 S. 58.
[3] BT-Drs. 7/5087 S. 24.

dung darüber erleichtert werden, ob die vorgesehene Annahme des Kindes seinem Wohl dient.[4] Die fachliche Äußerung soll eine ausführliche Stellungnahme sein, die nach Sammlung aller Fakten auf Grund einer psychosozialen Beurteilung dem Richter einen Entscheidungsvorschlag macht.[5] Für die Beurteilung wird im Hinblick darauf, dass nach § 1744 BGB die Annahme in der Regel erst ausgesprochen werden soll, wenn der Annehmende das Kind eine angemessene Zeit in Pflege gehabt hat, ein gewisser Zeitraum erforderlich sein.

2. Pflicht zur Einholung einer fachlichen Äußerung, Folgen eines Verstoßes

3   Die Einholung der fachlichen Äußerung ist zwingend; sie stellt aber nicht eine förmliche Beweisaufnahme dar. Da die in § 56 d FGG für den Bericht verwandte Formulierung „gutachterliche Äußerung" eine irreführende Parallele zu einer förmlichen Beweisaufnahme ziehen konnte, hat der Gesetzgeber dies ausdrücklich durch die Formulierung „fachliche Äußerung" klargestellt. Die eingeholte Äußerung ist den Beteiligten nach Art. 103 Abs. 1 GG zur Kenntnis zu geben. Wird die Annahme ausgesprochen, so rechtfertigt aber die Nichteinholung einer fachlichen Äußerung weder die Zulässigkeit eines Rechtsmittels noch die Aufhebung des Annahmeverhältnisses nach § 1760 BGB.[6] Teilt das Jugendamt mit, zur gutachterlichen Äußerung nicht in der Lage zu sein, weil ihm ein persönliches Gespräch mit dem Kind von dem Erziehungsberechtigten nicht erlaubt worden sei, so rechtfertigt dies nicht die Zurückweisung des Adoptionsantrags.[7]

3. Verfahrensrechtliche Stellung der Adoptionsvermittlungsstelle

4   Durch die Einschaltung der Adoptionsvermittlungsstelle erhält diese nicht die Stellung einer Verfahrensbeteiligten; sie hat daher kein selbständiges Antrags- oder Beschwerderecht. Zur Möglichkeit des Jugendamtes, durch Antrag die Stellung eines Beteiligten zu erlangen, s. § 188 Abs. 2. Hat das Jugendamt eine fachliche Stellungnahme abgegeben, so räumt ihm § 194 Abs. 2 S. 2 ein eigenes Beschwerderecht unabhängig von § 59 ein. Eine Anordnung nach § 1758 BGB kommt bei der Adoptionsvermittlungsstelle und dem Jugendamt nicht in Frage.

4. Weitere Ermittlungen

5   Über die Notwendigkeit weiterer Ermittlungen lässt sich aus § 189 nichts entnehmen. Dies ist vielmehr nach den allgemeinen Grundsätzen des § 26 zu entscheiden.[8] So kann auch im Aufhebungsverfahren die Einholung einer fachlichen Äußerung geboten sein.

III. Kosten und Gebühren

6   Die fachliche Äußerung ist kostenlos zu erstatten. Dies ist in S. 3 zur Klarstellung ausdrücklich in das Gesetz aufgenommen worden.[9]

Bescheinigung über den Eintritt der Vormundschaft

190 Ist das Jugendamt nach § 1751 Abs. 1 Satz 1 und 2 des Bürgerlichen Gesetzbuchs Vormund geworden, hat das Familiengericht ihm unverzüglich eine Bescheinigung über den Eintritt der Vormundschaft zu erteilen; § 1791 des Bürgerlichen Gesetzbuchs ist nicht anzuwenden.

---

[4] BT-Drs. 7/3061 S. 58.
[5] Arndt/Oberloskamp ZBlJR 1977, 273 mit praktischen Beispielen und Vorschlägen für fachliche Äußerungen.
[6] Bassenge/Roth/Wagner § 189 Rn 1.
[7] BayObLG NJW-RR 2001, 722 = FamRZ 2001, 647.
[8] BayObLG NJW-RR 2001, 722 = FamRZ 2001, 647; LG Berlin FamRZ 1978, 148; Lüderitz NJW 1976, 1865/1869; Bischof JurBüro 1976, 1569/1591.
[9] So auch schon zum früheren Recht BT-Drs. 7/5087 S. 24.

I. Normzweck

Die Vorschrift entspricht § 1751 Abs. 1 Satz 4 BGB a. F. Sie ist verfahrensrechtlicher Natur, weil sie eine Pflicht des Gerichts regelt und nicht das Rechtverhältnis der Beteiligten untereinander, und daher zu Recht in das FamFG eingestellt worden.

Die elterliche Einwilligung in die Adoption hat nach § 1751 BGB die Wirkung, dass die noch bestehende elterliche Sorge (bis zu einer etwaigen Rückübertragung) „ruht". Haben beide Eltern eingewilligt, ruht die elterliche Sorge beider Elternteile und es tritt Amtsvormundschaft ein. Der **Zweck der Bescheinigung** liegt darin, dem Jugendamt frühzeitig Kenntnis von der Einwilligung der Eltern in die Adoption zu geben, weil ansonsten die Gefahr besteht, dass Adoptionen ohne Einschaltung des Jugendamtes in die Wege geleitet werden, von denen das Jugendamt erst dann erfährt, wenn sich das Kind möglicherweise schon über einen längeren Zeitraum in der Pflege der Adoptionsbewerber befindet. Nur so ist gewährleistet, dass das Jugendamt noch rechtzeitig auf die Notwendigkeit der Pflegeerlaubnis hinweisen und sie versagen kann, wenn das Kindeswohl dies erfordert.[1] Die Bescheinigung hat nur **deklaratorischen** Charakter, weil das Ruhen der elterlichen Gewalt und die Vormundschaft des Jugendamts nach § 1751 Abs. 1 S. 1 und 2 BGB bei Vorliegen einer wirksamen Einwilligung der Eltern in die Adoption ihres Kindes kraft Gesetzes eintreten.[2]

II. Bescheinigung für das zum Vormund gewordene Jugendamt

1. Inhalt

Dem Jugendamt ist nur der Eintritt der Vormundschaft zu bescheinigen. Für den Inhalt der Bescheinigung gilt § 1791 BGB (Bestallungsurkunde) nach S. 2 nicht.

2. Funktionelle Zuständigkeit

Funktionell zuständig für die Ausstellung der Bescheinigung ist der Rechtspfleger des Familiengerichts (§§ 3 Nr. 2a, 14 Abs. 1 Nr. 13 RPflG). Die Bescheinigung ist dem Jugendamt unverzüglich von Amts wegen zu erteilen.

3. Beschwerde

Gegen eine zu Unrecht ausgestellte Bescheinigung können die Eltern, gegen die Ablehnung der Ausstellung das Jugendamt eine **Beschwerde** nach § 58 Abs. 1 einlegen.[3]

Verfahrensbeistand

§ 191 [1]Das Gericht hat einem minderjährigen Beteiligten in Adoptionssachen einen Verfahrensbeistand zu bestellen, sofern dies zur Wahrnehmung seiner Interessen erforderlich ist. [2]§ 158 Abs. 2 Nr. 1 sowie Abs. 3 bis 7 gilt entsprechend.

I. Normzweck

Die Vorschrift ermöglicht es dem Gericht, auch in Adoptionssachen einem minderjährigen Beteiligten einen Verfahrensbeistand nach § 158 beizuordnen. § 56 f Abs. 2 FGG sah die Bestellung eines Verfahrenspflegers nur in einer bestimmten Konstellation im Aufhebungsverfahren vor. Da Interessenkollisionen in der Person des gesetzlichen Vertreters eines Minderjährigen nicht auf diese Fallkonstellation begrenzt sind, sondern in allen Adoptionsverfahren die Interessen des Kindes zu dem Annehmenden oder seinem Elternteil, dessen Einwilligung ersetzt werden soll, im Widerstreit stehen können, ist die Möglichkeit der Beiordnung eines Verfahrensbeistands umfassend für alle Adoptionssachen eröffnet worden.[1*]

---

[1] BT-Drs. 7/5087 S. 14.
[2] BayObLG DNotZ 1979, 348.
[3] BayObLG DNotZ 1979, 348; OLG Stuttgart FamRZ 1978, 207.
[1*] BT-Drs. 16/6308 S. 248.

II. Voraussetzungen der Bestellung eines Verfahrensbeistands

1. Adoptionsverfahren über einen Minderjährigen

2   Die Bestellung eines Verfahrensbeistands setzt zunächst voraus, dass das Kind minderjährig ist, d. h. das 18. Lebensjahr noch nicht vollendet hat, § 2 BGB. Hinsichtlich des Verfahrensgegenstands ist es unerheblich ist, ob es um das Verfahren der Annahme als Kind, der Aufhebung der Annahme oder um ein Verfahren der Ersetzung der Einwilligung geht.

2. Erforderlichkeit

3   Das Gericht hat dem Kind für das Adoptionsverfahren einen Verfahrensbeistand zu bestellen, wenn dies zur Wahrnehmung der Interessen des Kindes erforderlich ist. Maßgeblich für die Erforderlichkeit einer eigenen Interessenvertretung für das Kind ist die aus den konkreten Umständen des Einzelfalls abzuleitende Gefahr, dass die Interessen des Kindes weder durch die allgemeinen Verfahrensgarantien noch durch einen Verfahrensbevollmächtigten hinreichend gewahrt werden können und weder die Eltern noch ein bestellter Ergänzungspfleger intellektuell oder aus sonstigen Gründen in der Lage sind, die Interessen des Kindes wahrzunehmen (§ 158 Rn 7). Nach S. 2 i. V. m. § 158 Abs. 2 Nr. 1 ist eine Bestellung in der Regel erforderlich, wenn das Interesse des Kindes zu dem seiner gesetzlichen Vertreter in erheblichem Gegensatz steht (vgl. § 158 Rn 7).

3. Zeitpunkt und Wirkung der Bestellung; Unanfechtbarkeit

4   Nach S. 2 i. V. m. § 158 Abs. 3 ist der Verfahrensbeistand so früh wie möglich zu bestellen. Er wird durch seine Bestellung Verfahrensbeteiligter (zur Rechtsstellung des Verfahrensbeistands s. § 158 Rn 39). Die Unterlassung der Bestellung eines Verfahrensbeistands ist zu begründen. Sie ist nicht selbständig anfechtbar. Hierzu und zu weiteren Gesichtspunkten, die das Familiengericht bei der Bestellung beachten muss, s. § 158 Rn 30 bis 44. Ist die Bestellung zu Unrecht unterblieben, kann dieser Mangel in der Beschwerdeinstanz unter den weiteren Voraussetzungen des § 69 Abs. 1 S. 3 zur Zurückverweisung der Sache führen.[2]

4. Aufgaben des Verfahrensbeistands

5   Nach S. 2 i. V. m. § 158 Abs. 4 ist es originäre Aufgabe des Verfahrensbeistands, das Interesse des Kindes festzustellen und im gerichtlichen Verfahren zur Geltung zu bringen sowie das Kind über Gegenstand, Ablauf und möglichen Ausgang des Verfahrens in geeigneter Weise zu informieren. Nur wenn und soweit das Gericht ihm im Einzelfall speziell mit weiteren Aufgaben beauftragt, hat er diese zu verrichten. So kann ihn das Gericht z. B. beauftragen, Gespräche mit den Eltern und weiteren Bezugspersonen des Kindes zu führen sowie am Zustandekommen einer einvernehmlichen Regelung über den Verfahrensgegenstand mitzuwirken. Auf § 158 Rn 19 bis 29 wird verwiesen.

5. Anderweitige Interessenvertretung

6   Die Bestellung kann gem. Abs. 2 S. 2 i. V. m. § 158 Abs. 5 unterbleiben oder aufgehoben werden, wenn die Interessen des Kindes von einem Rechtsanwalt oder einem anderen geeigneten Verfahrensbevollmächtigten angemessen vertreten werden (s. hierzu § 158 Rn 40).

6. Dauer der Bestellung

7   Nach S. 2 i. V. m. § 158 Abs. 6 endet die Bestellung mit rechtskräftigem Abschluss der das Verfahrens abschließenden Entscheidung oder mit dem sonstigen Abschluss des Verfahrens. Der Verfahrensbeistand ist also für alle Instanzen bestellt (vgl. § 158 Rn 44).

---

[2] OLG Frankfurt FamRZ 1982, 848 zum früheren Recht.

7. Ersatz von Aufwendungen

Für die Vergütung des **Verfahrensbeistands** gilt nach S. 2 die Regelung in § 158 Abs. 7 (s. dazu die Kommentierung zu § 158 Rn 45–50).

8

Anhörung der Beteiligten

192 (1) **Das Gericht hat in Verfahren auf Annahme als Kind oder auf Aufhebung des Annahmeverhältnisses den Annehmenden und das Kind persönlich anzuhören.**

(2) Im Übrigen sollen die beteiligten Personen angehört werden.

(3) **Von der Anhörung eines minderjährigen Beteiligten kann abgesehen werden, wenn Nachteile für seine Entwicklung, Erziehung oder Gesundheit zu befürchten sind oder wenn wegen des geringen Alters von einer Anhörung eine Aufklärung nicht zu erwarten ist.**

I. Normzweck

Die Vorschrift regelt die Anhörung der Beteiligten i. S. d. § 188 in Adoptionssachen, während § 193 die Anhörung weiterer Personen vorsieht, die aber nicht förmlich beteiligt sind. Abs. 1 entspricht hinsichtlich der Anhörung des Kindes für den Fall, dass das Kind minderjährig ist, weitgehend dem früheren § 55 c FGG. Sie regelt aber in Abs. 3 ausdrücklich eine Ausnahme von der Anhörungspflicht; nach § 55 c FGG durfte durch die Verweisung auf § 50 b Abs. 3 FGG von der Anhörung nur aus schwerwiegenden Gründen abgesehen werden. Die Folgen des unentschuldigten Ausbleibens eines Beteiligten in einem Anhörungstermin regelt § 34 Abs. 3, ist das persönliche Erscheinen angeordnet, gilt § 33 Abs. 3.

1

II. Anhörungspflichten

1. Verfahren auf Annahme als Kind und Aufhebung des Annahmeverhältnisses

a) Pflicht zur Anhörung des Anzunehmenden und Annehmenden. Abs. 1 schreibt vor, dass in den Verfahren auf Annahme als Kind oder auf Aufhebung des Annahmeverhältnisses das volljährige anzunehmende Kind und der Annehmende ohne Ausnahme stets persönlich, d. h. mündlich, anzuhören sind. Entsprechend dem Grundtatbestand des **Abs. 1** wird auch eine persönliche Anhörung des minderjährigen Kindes in den in S. 1 aufgeführten Verfahren in der Regel erfolgen müssen; sie ist also grundsätzlich zwingend vorgeschrieben.[1] Das Adoptionsverfahren leidet an einem erheblichen Mangel, wenn das über zehn Jahre alte zu adoptierende Kind nicht angehört und die Adoption wegen Fehlens eines Eltern-Kind-Verhältnisses abgelehnt worden ist.[2] Bei der Anhörung steht wegen der besonderen Tragweite der zu treffenden Entscheidung im Vordergrund, dass sich das Gericht von dem Annehmenden und dem Kind einen persönlichen Eindruck verschafft. Daneben dient die Anhörung aber auch der erforderlichen Sachaufklärung (§ 26) und der Gewährung rechtlichen Gehörs zu den Voraussetzungen der Annahme bzw. Aufhebung der Annahme.[3] Auch bei der Adoption eines Erwachsenen sind die Antragsteller zwingend persönlich anzuhören, vor allem deshalb, um ihre Absicht zur Herstellung eines Eltern-Kind-Verhältnisses zu klären.[4] Ist der Ausspruch der Annahme eines sechzehnjährigen Kindes beantragt worden, ohne dass der Antragsteller die erforderliche Einwilligung des Kindes in die Annahme vorlegt, so ist eine persönliche Anhörung des Kindes und des Antragsteller durch das erkennende Gericht jedenfalls dann nicht geboten, wenn das Kind bei seiner Anhörung vor dem ersuchten Richter ausdrücklich eine Einwilligung in die Annahme verweigert.[5]

2

---

[1] BayObLG NJW-RR 2001, 722 = FamRZ 2001, 647; OLG Düsseldorf FamRZ 1995, 1294.
[2] BayObLG FamRZ 1993, 1480.
[3] Vgl. hierzu BVerfG FamRZ 2002, 229.
[4] BayObLG FamRZ 1982, 644.
[5] BayObLG StAZ 1997, 35.

3   Wurde in dem Adoptionsverfahren das **rechtliche Gehör eines Beteiligten verletzt**, ist das Verfahren unter Beseitigung der Rechtskraft des Adoptionsbeschlusses an das AG zur weiteren Sachverhandlung zurückzuverweisen.[6]

4   **b) Anhörung der übrigen Beteiligten.** Hinsichtlich der weiteren beteiligten Personen, die in Abs. 1 nicht genannt werden, ordnet **Abs. 2** die Anhörung in allen Adoptionsverfahren i. S. d. § 186, also nicht nur für die in Abs. 1 genannten Verfahren auf Annahme als Kind und Aufhebung des Annahmeverhältnisses, im Wege der Soll-Vorschrift an.

2. Anhörung in Verfahren auf Ersetzung der Einwilligung zur Annahme als Kind und Befreiung vom Eheverbot des § 1308 Abs. 1 BGB

5   Die Regelung in **Abs. 2** erfasst außer den weiteren Personen, die angehört werden sollen, auch die von Abs. 1 nicht erfassten Verfahren nach § 186 Nr. 2 (die Ersetzung der Einwilligung zur Annahme als Kind) und 4 (die Befreiung vom Eheverbot des § 1308 Abs. 1 des Bürgerlichen Gesetzbuchs; zum Verfahren s. § 198 Rn 21 bis 26). Für diese Verfahren ist auch für den Annehmenden und den Anzunehmenden eine Anhörung als Sollvorschrift angeordnet.

3. Absehen von der Anhörung eines minderjährigen Beteiligten (Abs. 3)

6   Ebenso wie in den Fällen, die die Angelegenheiten der Personensorge betreffen (§ 159), ist das Gericht grundsätzlich in Verfahren auf Annahme als Kind (§ 186 Nr. 1) und Aufhebung des Annahmeverhältnisses (§ 186 Nr. 3) zwingend verpflichtet, auch minderjährige Beteiligte anzuhören; in den Verfahren nach § 186 Nr. 2 und 4 soll es das Kind anhören. Diese Anhörungspflichten nach Abs. 1 und 2 gelten nach Abs. 3 jedoch nicht, wenn Nachteile für die Entwicklung, Erziehung oder Gesundheit des Kindes zu befürchten sind oder wenn wegen dessen geringen Alters von einer Anhörung eine Aufklärung nicht zu erwarten ist. Dasselbe wird dann zu gelten haben, wenn das Kind schon aus tatsächlichen Gründen keine Bindungen und Neigungen zu dem Annehmenden entwickeln konnte[7] oder wenn die Antragsberechtigung des Antragstellers fehlt und deshalb das Gericht auf den Antrag hin keine Sachprüfung vornehmen darf.[8] Von der Anhörung kann nicht schon deshalb abgesehen werden, weil das Kind beim Jugendamt zur Vorbereitung eines sozialpädagogischen Gutachtens persönlich angehört wurde.[9]

4. Durchführung der Anhörung; Beschwerdeverfahren

7   Die Beteiligten sind persönlich, also mündlich anzuhören. Dies gilt auch für das Beschwerdeverfahren. Vgl. zur Gestaltung der Anhörung des Kindes § 159 Rn 18.

Anhörung weiterer Personen

193   [1]Das Gericht hat in Verfahren auf Annahme als Kind die Kinder des Annehmenden und des Anzunehmenden anzuhören. [2]§ 192 Abs. 3 gilt entsprechend.

I. Normzweck

1   Während § 192 die Anhörung der Beteiligten regelt, behandelt § 193 die Anhörung sonstiger Personen.

---

[6] BVerfG NJW 1994, 1053 = FamRZ 1994, 493; FamRZ 1994, 687 (zur Volljährigenadoption) und BVerfGE 92, 158 = NJW 1995, 2155 (zur Minderjährigenadoption); LG Koblenz NJW-RR 2000, 959 = FamRZ 2000, 1095.
[7] OLG Oldenburg FamRZ 2004, 399.
[8] BayObLG NJW-RR 1986, 872 = FamRZ 1986, 719.
[9] BayObLG FamRZ 1993, 1480.

II. Anhörung der Kinder

1. Grundsätzliche Pflicht zur Anhörung der Kinder

S. 1 schreibt die Anhörung etwaiger Kinder des Annehmenden oder des Anzunehmenden vor. Dies ist insbesondere im Hinblick auf die §§ 1745, 1769 BGB angezeigt, die ein Verbot der Annahme vorsehen, wenn ihr überwiegende Interessen der Kinder des Annehmenden oder des Anzunehmenden entgegenstehen oder wenn zu befürchten ist, dass Interessen des Anzunehmenden durch Kinder des Annehmenden gefährdet werden. Die Kinder des Annehmenden und des Anzunehmenden sind weder in § 186 als Beteiligte genannt, noch sind sie im Regelfall Beteiligte aufgrund der allgemeinen Vorschrift des § 7. Auch wenn die Anhörung nicht notwendig mündlich sein muss, so wird doch im Hinblick auf die Amtsermittlungspflicht (§ 26) regelmäßig eine solche dann allein in Betracht kommen, wenn eine schriftsätzliche Stellungnahme nicht erwartet werden kann, wie z. B. bei minderjährigen Kindern.[1] Da die weiteren Kinder nicht Beteiligte sind, können sie zur Wahrnehmung ihrer Anhörungsmöglichkeiten nach § 193 keine Verfahrenskostenhilfe beanspruchen.[2]

2. Ausnahme von der Anhörungspflicht Minderjähriger

S. 2 erklärt § 192 Abs. 3 für entsprechend anwendbar. Diese Vorschrift ermöglicht unter engen Voraussetzungen ein Absehen von der Anhörung eines Minderjährigen, wenn Nachteile für seine Entwicklung, Erziehung oder Gesundheit zu befürchten sind oder wenn wegen des geringen Alters von einer Anhörung eine Aufklärung nicht zu erwarten ist; vgl. dazu die Kommentierung zu § 192.

III. Anhörung weiterer Personen

Im Verfahren, das die Annahme eines Minderjährigen als Kind zum Gegenstand hat, kann es darüber hinaus im Hinblick auf die Amtsermittlungspflicht (§ 26) geboten sein, weitere Familienangehörige, Verwandte oder mit den Verhältnissen vertraute Personen anzuhören. Auch die künftigen Großeltern des Kindes sollten in die Anhörung einbezogen werden.[3]

Anhörung des Jugendamts

§ 194 (1) ¹In Adoptionssachen hat das Gericht das Jugendamt anzuhören, sofern der Anzunehmende oder Angenommene minderjährig ist. ²Dies gilt nicht, wenn das Jugendamt nach § 189 eine fachliche Äußerung abgegeben hat.

(2) ¹Das Gericht hat dem Jugendamt in den Fällen, in denen dieses angehört wurde oder eine fachliche Äußerung abgegeben hat, die Entscheidung mitzuteilen. ²Gegen den Beschluss steht dem Jugendamt die Beschwerde zu.

I. Normzweck

Die Anhörungspflicht des § 194 ist eine Form der Sachaufklärung; sie stellt eine besonders geregelte Ermittlungs- und Entscheidungshilfe für das Gericht dar, die das Gericht wahrnehmen muss. Die Vorschrift ersetzt i. V. m. § 195 den Katalog des bisherigen § 49 Abs. 1 Nr. 1 bis 3 FGG. Abs. 2 stellt sicher, dass das Jugendamt in den Angelegenheiten, in denen es zu hören ist, auch alle gerichtlichen Entscheidungen erhält. Die erfolgte Anhörung macht das Jugendamt aber noch nicht zum Verfahrensbeteiligten (vgl. § 7 Abs. 6),[1*] hierzu ist vielmehr ein Antrag nach § 188 Abs. 2 erforderlich. Eine die Tätigkeit des Jugendamts regelnde Korrespondenznorm enthält § 50 SGB VIII, nach dem das Jugendamt das Familiengericht bei allen Maßnahmen unterstützt, die die Sorge für die Person von Kindern und

---

[1] So auch SBW/Sieghörtner § 194 Rn 2.
[2] OLG Düsseldorf BeckRS 2011, 00777.
[3] S. dazu Bischof JurBüro 1976, 1569/1576.
[1*] So schon zum früheren Recht OLG Jena FamRZ 1997, 1274.

Jugendlichen betreffen, und in den Adoptionssachen mitzuwirken hat (zum Wortlaut des § 50 SGB VIII vgl. § 162 Rn 1).

II. Umfang der Anhörungspflicht (Abs. 1)

1. Die einzelnen Fälle der Anhörungspflicht

2   Das Jugendamt muss nach Abs. 1 angehört werden vor einer Entscheidung über die Annahme eines minderjährigen Kindes nach § 1741 BGB, Aufhebung des Annahmeverhältnisses nach §§ 1760, 1763 BGB und Ersetzung der Einwilligung der Eltern in die Adoption nach § 1748 BGB. Die gerichtliche Pflicht, das Jugendamt in diesen Adoptionssachen anzuhören, besteht bei allen minderjährigen Kindern, nicht nur bei solchen, denen das Jugendamt bereits Hilfe gewährt hat oder bei denen es schon als Vormund oder Pfleger tätig geworden ist; sie ist unabhängig davon, ob das Kind die deutsche oder eine ausländische Staatsangehörigkeit besitzt oder ob deutsches oder ausländisches Recht anzuwenden ist.[2]

2. Ausnahmen von der Anhörungspflicht

3   Nach S. 2 ist eine Anhörung entbehrlich, wenn das Jugendamt zuvor eine fachliche Äußerung nach § 189 abgegeben hat. Zwar besteht grundsätzlich die Anhörungspflicht auch dann, wenn das Gericht die in Betracht zu ziehenden Maßnahmen ablehnen will.[3] Allerdings kann von einer Anhörung ausnahmsweise dann abgesehen werden, wenn von vornherein keine tatsächlichen Anhaltspunkte dafür vorhanden sind, dass solche Maßnahmen überhaupt in Betracht kommen.[4]

3. Zweck und Inhalt der Anhörung

4   Das Jugendamt wird als kompetente Fachbehörde gehört. Es hat nicht nur die erforderlichen Ermittlungen anzustellen und die ermittelten Tatsachen dem Gericht mitzuteilen, sondern muss auch zu den beabsichtigten Maßnahmen des Gerichts fachlich Stellung nehmen.[5] Dabei soll es auf Grund seiner besonderen Erfahrungen alle für das konkrete Verfahren maßgebenden Aspekte zur Geltung bringen und dem Gericht einen bestimmten Entscheidungsvorschlag unterbreiten.[6] Der Bericht eines Jugendamtes stellt grundsätzlich dann keine geeignete Grundlage für eine Sorgerechtsentscheidung dar, wenn die örtlichen Verhältnisse sowie das Umfeld beider Elternteile nicht durch einen Hausbesuch geklärt worden sind.[7]

4. Form und Zeitpunkt der Anhörung

5   Form und Zeitpunkt der Anhörung sind nicht näher geregelt, abgesehen davon, dass sie vor der Entscheidung erfolgen muss. Die Anhörung wird in aller Regel schriftlich, kann aber auch mündlich, in Eilfällen telefonisch, erfolgen. Sie muss geschehen, bevor das Gericht entscheidet; im Übrigen hat das Gericht den Zeitpunkt nach seinem Ermessen zu bestimmen. Dabei hat es zu berücksichtigen, dass es nach § 7 Abs. 4 verpflichtet ist, das Jugendamt schon von der Einleitung des Verfahrens und über dessen Recht aus § 188 Abs. 2, sich am Verfahren zu beteiligen, zu unterrichten. Die Übersendung der gerichtlichen Entscheidung an das Jugendamt stellt keine Anhörung im Sinne des § 194 dar.

5. Zuständiges Jugendamt

6   Welches örtlich zuständige Jugendamt das Gericht anzuhören hat, ergibt sich aus § 87 b SGB VIII. Insoweit wird auf die Kommentierung zu § 162 Rn 6 verwiesen.

---

[2] OLG Hamm FamRZ 1972, 309.
[3] OLG Hamm Rpfleger 1985, 294; FamRZ 1974, 29.
[4] BayObLG FamRZ 1987, 87.
[5] BGH FamRZ 1954, 219; OLG Stuttgart FamRZ 2006, 1857.
[6] BGH NJW 1987, 1024; OLG Karlsruhe NJWE-FER 1998, 4; OLG Köln NJW-RR 1995, 1410.
[7] OLG Köln FamRZ 1999, 1517.

6. Verstoß gegen die Anhörungspflicht

Die Anhörung des Jugendamts nach § 194 ist zwingend vorgeschrieben. Wird sie unterlassen, so stellt das einen schweren Verfahrensfehler dar, der unter den Voraussetzungen des § 69 Abs. 1 S. 3 zur Aufhebung der Entscheidung führen kann und dazu in der Rechtsbeschwerdeinstanz regelmäßig führen wird.[8] Ein Beschwerderecht des Jugendamts ergibt sich aus Abs. 2 S. 2.

7. Anhörung im Beschwerdeverfahren

Auch im Beschwerdeverfahren ist die Anhörung grundsätzlich erforderlich, § 68 Abs. 3 S. 2; hiervon kann nur abgesehen werden, wenn sich die maßgebenden Verhältnisse seit der erstinstanzlichen Anhörung wesentlich verändert haben (vgl. § 68 Rn 59, 59 a).[9]

III. Bekanntmachung und Beschwerderecht (Abs. 2)

1. Bekanntmachung gerichtlicher Entscheidungen (Abs. 2 S. 1)

Nach Abs. 2 S. 1 sind dem Jugendamt alle gerichtlichen Entscheidungen bekannt zu machen, zu denen es entweder nach Abs. 1 angehört worden war oder eine fachliche Äußerung nach § 189 abgegeben hat. Diese Vorschrift dient nicht nur der notwendigen Information der am Verfahren beteiligten Fachbehörden, sondern gewährleistet vor allem die notwendige vertrauensvolle Zusammenarbeit zwischen Gericht und Jugendbehörden.

2. Beschwerderecht des Jugendamtes (Abs. 2 S. 2)

Abs. 1 S. 2 regelt ausdrücklich ein Beschwerderecht des Jugendamts für den Fall, dass es vom Gericht angehört worden ist oder nach § 189 eine fachliche Äußerung abgegeben hat. Die Vorschrift enthält eine eigenständige, von § 59 unabhängige Beschwerdeberechtigung des Jugendamts. Legt es Beschwerde ein, so wird es hierdurch zum Verfahrensbeteiligten im Beschwerdeverfahren.

Anhörung des Landesjugendamts

§ 195

(1) ¹In den Fällen des § 11 Abs. 1 Nr. 2 und 3 des Adoptionsvermittlungsgesetzes hat das Gericht vor dem Ausspruch der Annahme auch die zentrale Adoptionsstelle des Landesjugendamts anzuhören, die nach § 11 Abs. 2 des Adoptionsvermittlungsgesetzes beteiligt worden ist. ²Ist eine zentrale Adoptionsstelle nicht beteiligt worden, tritt an seine Stelle das Landesjugendamt, in dessen Bereich das Jugendamt liegt, das nach § 194 Gelegenheit zur Äußerung erhält oder das nach § 189 eine fachliche Äußerung abgegeben hat.

(2) ¹Das Gericht hat dem Landesjugendamt alle Entscheidungen mitzuteilen, zu denen dieses nach Absatz 1 anzuhören war. ²Gegen den Beschluss steht dem Landesjugendamt die Beschwerde zu.

I. Normzweck

Die Pflicht, das Landesjugendamt in den Fällen des § 11 Abs. 1 Nr. 2 u. 3 AdVermiG anzuhören, wenn der Adoptionsbewerber oder das Kind eine ausländische Staatsangehörigkeit besitzen oder staatenlos sind oder wenn der Adoptionsbewerber oder das Kind seinen Wohnsitz oder gewöhnlichen Aufenthalt nicht im Inland haben, also bei den sog. Auslandsadoptionen, ist geboten, weil diese Adoptionen besondere Schwierigkeiten und Probleme mit sich bringen. Bei den Landesjugendämtern sind zentrale Adoptionsstellen eingerichtet. Abs. 1 entspricht dem bisherigen § 49 Abs. 2 FGG, Abs. 2 S. 1 entspricht dem bisherigen § 49 Abs. 3 FGG, soweit sich die Regelung auf das Landesjugendamt bezieht.

§ 11 AdVermiG hat folgenden Wortlaut:

---

[8] BGH NJW 1987, 1024; OLG Bremen BeckRS 2007, 03255 = OLGR 2006, 510.
[9] BGH NJW 1987, 1024; BayObLG NJW-RR 1995, 387.

§ 11 Aufgaben der zentralen Adoptionsstelle des Landesjugendamtes

(1) Die zentrale Adoptionsstelle des Landesjugendamtes unterstützt die Adoptionsvermittlungsstelle bei ihrer Arbeit, insbesondere durch fachliche Beratung,
1. wenn ein Kind schwer zu vermitteln ist,
2. wenn ein Adoptionsbewerber oder das Kind eine ausländische Staatsangehörigkeit besitzt oder staatenlos ist,
3. wenn ein Adoptionsbewerber oder das Kind seinen Wohnsitz oder gewöhnlichen Aufenthalt außerhalb des Geltungsbereichs dieses Gesetzes hat,
4. in sonstigen schwierigen Einzelfällen.

(2) In den Fällen des Absatzes 1 Nr. 2 und 3 ist die zentrale Adoptionsstelle des Landesjugendamtes vom Beginn der Ermittlungen (§ 7 Abs. 1) an durch die Adoptionsvermittlungsstellen ihres Bereiches zu beteiligen. Unterlagen der in Artikel 16 des Adoptionsübereinkommens genannten Art sind der zentralen Adoptionsstelle zur Prüfung vorzulegen.

II. Anhörungspflicht (Abs. 1)

1. Zuständige Adoptionsstelle; Beteiligtenstellung

2   Vor dem Ausspruch der Annahme muss diejenige Adoptionsstelle gehört werden, die durch die Adoptionsvermittlungsstelle des zuständigen Jugendamts am **behördlichen Verfahren der Adoptionsvermittlung** beteiligt worden war (§ 11 Abs. 2 AdVermiG).[1] Ist an diesem Verfahren eine zentrale Adoptionsstelle nicht beteiligt worden, so richtet sich nach § 194 Abs. 2 S. 2 die Zuständigkeit nach dem nach Abs. 1 anzuhörenden oder nach § 189 fachlich beteiligten Jugendamt.

3   Die Beteiligung des Landesjugendamtes an dem **gerichtlichen** Verfahren richtet sich nach § 188 Abs. 2. Um das Landesjugendamt in die Lage zu versetzen, von dem Recht, sich an dem Verfahren zu beteiligen, Gebrauch zu machen, ist das Familiengericht nach § 7 Abs. 4 verpflichtet, das Landesjugendamt von der Einleitung des Verfahrens und dessen Recht, sich am Verfahren zu beteiligen, zu benachrichtigen. Des Weiteren ist das Landesjugendamt Beteiligter, wenn es von seinem Beschwerderecht nach Abs. 2 S. 2 Gebrauch macht. Allein durch die Anhörung wird es noch nicht zum Beteiligten des Verfahrens (vgl. § 7 Abs. 6).

2. Fälle der Anhörungspflicht

4   Die Anhörungspflicht des Landesjugendamts erfasst alle Fälle von Auslandsadoptionen, also solche, in denen Annehmender oder Kind Ausländer sind oder ihren Aufenthalt im Ausland haben; ob Kind oder Annehmender teils Deutsche, teils Ausländer oder beide Ausländer sind, ist unerheblich. Die Vorschrift bezieht sich auch auf im Ausland ausgesprochene Adoptionen. Die Anhörungspflicht erstreckt sich nicht auf Aufhebungsverfahren; doch wird hier regelmäßig eine Anhörung nach § 26 geboten sein.[2]

III. Bekanntmachung und Beschwerderecht

1. Bekanntmachung gerichtlicher Entscheidungen (Abs. 2 S. 1)

5   Nach Abs. 2 S. 1 sind dem Landesjugendamt alle gerichtlichen Entscheidungen bekannt zu machen, zu denen es nach Abs. 1 anzuhören war. Im Unterschied zu § 194 Abs. 2 kommt es also nicht darauf an, ob das Landesjugendamt angehört worden ist, sondern ob es anzuhören war. Auch diese Vorschrift dient, wie § 194 Abs. 2, nicht nur der notwendigen Information der am Verfahren beteiligten Fachbehörden, sondern gewährleistet vor allem die notwendige vertrauensvolle Zusammenarbeit zwischen Gericht und der Landesjugendbehörde.

2. Beschwerderecht des Landesjugendamtes (Abs. 2 S. 2)

6   Abs. 1 S. 2 regelt ausdrücklich ein Beschwerderecht des Landesjugendamts für den Fall, dass es vom Gericht anzuhören war. Die Vorschrift enthält eine eigenständige, von § 59

---

[1] Vgl. hierzu OLG Bremen OLGR Celle 2006, 510 = BeckRS 2007, 03255.
[2] Ebenso SBW/Sieghörtner § 195 Rn 3.

Unzulässigkeit der Verbindung

196 Eine Verbindung von Adoptionssachen mit anderen Verfahren ist unzulässig.

Die Vorschrift schließt eine Verbindung von Adoptionssachen mit anderen Verfahren aus. Sie enthält damit eine Ausnahme zu § 20. Das Verfahren in Adoptionssachen ist durch zahlreiche Besonderheiten gekennzeichnet, nicht zuletzt durch das in § 1758 BGB geregelte Offenbarungs- und Ausforschungsverbot. Die Verbindung eines anderen Verfahrens mit einer Adoptionssache ist damit nicht zu vereinbaren.[1]

Beschluss über die Annahme als Kind

197 (1) [1]In einem Beschluss, durch den das Gericht die Annahme als Kind ausspricht, ist anzugeben, auf welche gesetzlichen Vorschriften sich die Annahme gründet. [2]Wurde die Einwilligung eines Elternteils nach § 1747 Abs. 4 des Bürgerlichen Gesetzbuchs nicht für erforderlich erachtet, ist dies ebenfalls in dem Beschluss anzugeben.

(2) In den Fällen des Absatzes 1 wird der Beschluss mit der Zustellung an den Annehmenden, nach dem Tod des Annehmenden mit der Zustellung an das Kind wirksam.

(3) Der Beschluss ist nicht anfechtbar. Eine Abänderung oder Wiederaufnahme ist ausgeschlossen.

Übersicht

	Rn
I. Normzweck	1
II. Sachlicher Geltungsbereich	2
III. Tätigkeit des Gerichts vor dem Beschluss über die Kindesannahme	3
1. Prüfung des Antrags	3
2. Prüfung der materiellen Voraussetzungen	5
3. Erforderliche Einwilligungen	6
4. Erforderliche Anhörungen und Ermittlungen	10
IV. Inhalt des Beschlusses über die Kindesannahme (Abs. 1)	11
1. Ausspruch der Annahme	11
2. Angabe der Gesetzesvorschriften	12
3. Feststellung der Nichterforderlichkeit einer Einwilligung nach § 1747 Abs. 4 BGB	14
4. Änderung des Namens des Kindes	15
5. Folgen unvollständiger Angaben	16
V. Bekanntmachung und Wirksamwerden des Annahmebeschlusses (Abs. 2)	17
1. Bekanntmachung	17
2. Eintritt der Wirksamkeit	19
VI. Unanfechtbarkeit und Unabänderlichkeit des Annahmebeschlusses (Abs. 3)	21
1. Unanfechtbarkeit (Abs. 3 S. 1)	21
a) Kein Rechtsmittel gegen den Annahmebeschluss	21
b) Anfechtbarkeit ablehnender Entscheidungen im Rahmen des Annahmebeschlusses	24
2. Unabänderlichkeit (Abs. 3 S. 2)	25
VII. Beschluss, der die Annahme als Kind ablehnt	28
1. Bekanntmachung	28
2. Eintritt der Wirksamkeit	29
3. Anfechtbarkeit	30
VIII. Gerichtskosten	31

---

[1] BT-Drs. 16/6308 S. 248.

I. Normzweck

1 § 197 schreibt den Inhalt eines Beschlusses vor, durch den die Annahme als Kind ausgesprochen wird, er regelt sein Wirksamwerden und bestimmt, dass er unanfechtbar und unabänderlich ist. Abs. 1 entspricht dem bisherigen § 56 e S. 1 FGG, Abs. 2 dem bisherigen § 56 e S. 2 FGG und Abs. 3 S. 1 und S. 2 dem bisherigen § 56 e S. 3 FGG.

II. Sachlicher Geltungsbereich

2 Die Vorschrift bezieht sich ausschließlich auf einen Beschluss, durch den das Gericht die Annahme als Kind ausspricht (§ 1752 Abs. 1, §§ 1767, 1768 BGB), also nicht auf andere Angelegenheiten, die die Annahme eines Kindes betreffen (s. § 186) und auf Beschlüsse, durch die ein Antrag auf Ausspruch der Annahme als Kind abgelehnt wird (s. dazu unten Rn 28–30).

III. Tätigkeit des Gerichts vor dem Beschluss über die Kindesannahme[1]

1. Prüfung des Antrags

3 Das Familiengericht – Richter (§ 14 Nr. 3 lit. f RPflG) – muss zunächst prüfen, ob im Zeitpunkt seiner Entscheidung ein wirksamer Antrag auf Ausspruch der Annahme vorliegt. Dazu ist erforderlich, dass

- bei Minderjährigen der Annehmende (§ 1752 Abs. 1 BGB) oder bei Volljährigen der Annehmende und der Anzunehmende (§ 1768 Abs. 1 BGB) einen Antrag gestellt haben,
- der Antrag nicht unter einer Bedingung oder einer Zeitbestimmung oder durch einen Vertreter gestellt worden ist (§ 1752 Abs. 2 S. 1, § 1767 Abs. 2 BGB),
- der Antrag notariell beurkundet worden ist (§ 1752 Abs. 2 S. 2, § 1767 Abs. 2 BGB),
- im Falle des § 1752 Abs. 1 BGB das Kind im Zeitpunkt der Entscheidung noch minderjährig ist, andernfalls wird der Antrag unzulässig.[2] Gegebenenfalls ist dem Antragsteller Gelegenheit zu geben, seinen Antrag umzustellen, so dass der ursprüngliche Antrag fortwirkt.[3]

4 Der Antrag – bei der Volljährigenadoption der übereinstimmende Antrag des Annehmenden und des Anzunehmenden – ist notwendige Verfahrensvoraussetzung für die Tätigkeit des Familiengerichts.[4] Die Regelung des § 1752 Abs. 1 BGB hat insoweit daher auch verfahrensrechtlichen Charakter.[5] Dies gilt auch in den Fällen, in denen das anzuwendende ausländische Adoptionsrecht dem Vertragssystem folgt.[6] Jeder der beiden Anträge kann bis zum Wirksamwerden der Entscheidung über die Annahme zurückgenommen werden.[7] Die Antragsrücknahme bedarf keiner besonderen Form.[8]

2. Prüfung der materiellen Voraussetzungen

5 Sodann sind die materiellen Voraussetzungen der Annahme, insbesondere der § 1741 Abs. 1 und des § 1767 Abs. 1 BGB (Kindeswohl und Erwartung eines Eltern-Kind-Verhältnisses bzw. ob Annahme sittlich gerechtfertigt ist) und der §§ 1743, 1767 Abs. 2 BGB (Alterserfordernis und Geschäftsfähigkeit des Annehmenden) zu prüfen. Die Interessen der Kinder des Annehmenden und des Anzunehmende (§§ 1745, 1769 BGB) sind zu beachten.

---

[1] S. dazu MünchKommBGB/Maurer § 1752 Rn 4.
[2] BayObLG FamRZ 1996, 1034; Liermann FamRZ 1997, 112; a. A. Kirchmayer StAZ 1995, 262.
[3] AG Mainz FamRZ 2001, 1641; Liermann FamRZ 1997, 112.
[4] BayObLG FamRZ 1982, 198; OLG Hamm NJW 1981, 2762 = FamRZ 1981, 498; OLG Köln NJW 1980, 63.
[5] BayObLG FamRZ 1997, 841; Palandt/Thorn Art. 22 EGBGB Rn 5; Staudinger/Henrich Art. 22 EGBGB Rn 84; a. A. MünchKommBGB/Klinkhardt Art. 22 EGBGB Rn 20.
[6] BayObLG FamRZ 1982, 198; BayObLGZ 1982, 318/320.
[7] BayObLG FamRZ 1982, 198; BayObLGZ 1982, 318/320.
[8] BayObLGZ 1982, 318; Soergel/Liermann § 1752 Rn 3, Staudinger/Frank § 1752 Rn 7; a. A. Erman/Holzhauer § 1752 Rn 4; RGRK/Dickescheid § 1752 Rn 4.

Bei gleichzeitiger Annahme von Geschwistern sind die gesetzlichen Voraussetzungen für jedes Kind einzeln zu prüfen.

3. Erforderliche Einwilligungen

Weiter ist zu prüfen, ob bei der Annahme eines Minderjährigen die erforderlichen Einwilligungen vorliegen. Bei Ersetzung einer Einwilligung durch das Familiengericht muss das Ersetzungsverfahren rechtskräftig abgeschlossen sein.[9] Erforderlich sind:
- die **Einwilligung des Kindes,**
  - das unter 14 Jahre alt oder geschäftsunfähig ist, durch seinen gesetzlichen Vertreter (§ 1746 Abs. 1 S. 2 BGB);
  - das über 14 Jahre alt ist, durch das Kind selbst (§ 1746 Abs. 1 S. 1 BGB) sowie die Zustimmung der gesetzlichen Vertreter oder Ersetzung derselben nach § 1746 Abs. 3 BGB;
  - die Einwilligung des Kindes zur Annahme bedarf bei unterschiedlicher Staatsangehörigkeit des Annehmenden und des Kindes nach § 1746 Abs. 1 S. 4 BGB der Genehmigung des Familiengerichts, es sei denn, die Annahme unterliegt deutschem Recht.[10]

Die Einwilligung muss notariell beurkundet und dem Familiengericht zugegangen sein (§ 1750 Abs. 1 BGB); sie ist widerruflich (§ 1746 Abs. 2 BGB).
- die **Einwilligung der Eltern des Kindes,**
  - der leiblichen Eltern eines Kindes nach § 1747 Abs. 1 BGB oder Ersetzung nach § 1748 BGB;
  - von den Einwilligungen kann im Falle des § 1747 Abs. 4 BGB abgesehen werden.

Bei den Einwilligungen sind bestimmte Fristen zu beachten; s. § 1747 Abs. 2 S. 1, § 1750 Abs. 4 S. 2 BGB. Die Einwilligungen müssen notariell beurkundet und dem Familiengericht zugegangen sein (§ 1750 Abs. 1 BGB).
- evtl. die **Einwilligung des Ehegatten**
  - des Annehmenden nach § 1749 Abs. 1 S. 1 BGB oder Ersetzung nach § 1749 Abs. 1 S. 2, 3 BGB;
  - des Anzunehmenden nach § 1749 Abs. 2 BGB, Ersetzung ist hier nicht möglich;
  - von den Einwilligungen kann im Falle des § 1749 Abs. 3 BGB abgesehen werden;
  - die Einwilligungen müssen notariell beurkundet und dem Familiengericht zugegangen sein (§ 1750 Abs. 1 BGB).
- Bei der **Annahme eines Volljährigen** als Kind können Einwilligungen nach § 1746 Abs. 3, § 1749 Abs. 1 BGB notwendig sein.

4. Erforderliche Anhörungen und Ermittlungen

Schließlich hat das Familiengericht zu prüfen, ob die erforderlichen Anhörungen und Ermittlungen erfolgt sind, und zwar:
- die Einholung einer gutachtlichen Äußerung der Adoptionsvermittlungsstelle, die das Kind vermittelt hat, oder des nach § 85 SGB VIII zuständigen Jugendamts, wenn keine Adoptionsvermittlungsstelle nach § 189 tätig geworden ist;
- die Anhörung des Jugendamts, falls dieses nicht schon die gutachtliche Äußerung abgegeben hat, nach § 194;
- bei Auslandsberührung die Anhörung der zentralen Adoptionsstelle des Landesjugendamts nach § 195 i. V. m. §§ 11 Abs. 1 Nr. 2, 3 Abs. 2 AdVermiG;
- über weitere Anhörungen und Ermittlungen s. § 192 und § 193.

IV. Inhalt des Beschlusses über die Kindesannahme (Abs. 1)

1. Der Ausspruch der Annahme

Hat das Familiengericht alle erforderlichen Anhörungen und Ermittlungen durchgeführt und sind die gesetzlichen Voraussetzungen für eine Annahme als Kind gegeben, so hat es

---

[9] OLG Celle DAVorm 1978, 383.
[10] S. dazu näher Jayme StAZ 1976, 1/3 sowie BT-Drs. 10/505 S. 72, 86; 13/8511 S. 75; 13/4899 S. 155.

die Annahme durch Beschluss auszusprechen. Der Beschluss hat im Tenor zunächst die Annahme als Kind (*„A nimmt B als Kind an"*) auszusprechen (§ 1752 Abs. 1 BGB). Wegen seiner einschneidenden Folgen bedarf der Beschluss des Weiteren einer Begründung.

2. Angabe der Gesetzesvorschriften

12 Abs. 1 S. 1 verlangt – im Tenor oder in die Begründung des Beschlusses – die Angabe der Normen, auf die sich die Kindesannahme gründet. Dies ist erforderlich, weil die Wirkungen der Kindesannahme verschieden sind, je nachdem, ob ein allgemeiner Fall der Annahme eines Minderjährigen als Kind (§§ 1754, 1755 BGB) vorliegt oder ob sich die Annahme auf die Vorschriften des § 1756 BGB stützt oder ob bei der Annahme eines Volljährigen als Kind ein Fall des § 1767 BGB oder des § 1772 BGB gegeben ist. Damit im Rechtsverkehr keine Unklarheiten entstehen können, um welche Art der Annahme es sich handelt, hat das Gericht daher die maßgeblichen Gesetzesvorschriften in seinem Beschluss zu benennen.[11] Es sind alle Vorschriften anzugeben, die über die rechtlichen Grundlagen der Annahme, über die durch die Annahme begründeten neuen und die erloschenen Verwandtschaftsverhältnisse Aufschluss geben.[12] Auf der Grundlage dieser Vorschriften kann eine spätere Änderung einer antragsgemäß ausgesprochenen normalen Volljährigenadoption in eine Volljährigenadoption mit den Wirkungen der Minderjährigenannahme gemäß § 1772 BGB nicht erfolgen.[13]

13 Es handelt sich dabei insbesondere um folgende fünf Fälle:[14]
(1) normale Volladoption eines Minderjährigen nach §§ 1754, 1755 Abs. 1 und Abs. 2 BGB, auch bei der nach § 1772 Abs. 1 lit. c BGB möglichen Annahme des Kindes des Ehegatten; die Voraussetzung der Minderjährigkeit muss der Anzunehmende noch im Zeitpunkt des Ausspruchs erfüllen;[15] die Möglichkeit, das eigene Kind zu adoptieren, besteht nach § 1772 Abs. 1 lit. c BGB in der Fassung des KindRG vom 16. 12. 1997 (BGBl. I 2942) nicht mehr;[16]
(2) Verwandtenadoption im zweiten oder dritten Grad mit eingeschränkter Wirkung nach § 1756 Abs. 1 BGB,
(3) Stiefkindadoption des Kindes des Ehegatten, dessen Ehe durch Tod aufgelöst worden ist, mit eingeschränkter Wirkung nach § 1756 Abs. 2 BGB,
(4) normale Annahme eines Volljährigen als Kind mit schwächerer Wirkung nach §§ 1767, 1770 BGB,
(5) ausnahmsweise Volladoption eines Volljährigen nach § 1772 BGB.

3. Feststellung der Nichterforderlichkeit der Einwilligung nach § 1747 Abs. 4 BGB

14 Nach § 1747 Abs. 4 BGB ist die Einwilligung eines Elternteils zur Annahme des Kindes nicht erforderlich, wenn er zur Abgabe einer Erklärung dauernd außerstande oder sein Aufenthalt dauernd unbekannt ist. Eine diesbezügliche Feststellung des Gerichts ist von großer Tragweite, weil eine falsche Beurteilung dieser Frage für eine Aufhebung des Annahmeverhältnisses von Bedeutung ist (s. dazu § 1760 Abs. 5 BGB).[17] Um bei einem etwaigen Aufhebungsantrag zweifelsfrei feststellen zu können, ob die Einwilligung eines Elternteils deshalb nicht eingeholt wurde, weil die Voraussetzungen des § 1747 Abs. 4 BGB für gegeben erachtet wurden, sieht es das Gesetz für erforderlich an, dies im Annahmebeschluss festzustellen.[18] Außerdem ist anzugeben, wenn die Einwilligung eines Eltern-

---
[11] BT-Drs. 7/3061 S. 58.
[12] OLG Karlsruhe StAZ 1979, 71 m. Anm. v. Kollnig (danach genügt z.B. Angabe nach § 1741 Abs. 2 S. 1 BGB); AG Bielefeld StAZ 1978, 331; Erman/Holzhauer § 1752 Rn 13.
[13] OLG Frankfurt FGPrax 2009, 17 = FamRZ 2009, 356; MünchKommBGB/Maurer § 1772 Rn 6, 9; Jansen/Sonnenfeld § 56 e Rn 40.
[14] S. dazu Bischof JurBüro 1976, 1569/1592; Lüderitz NJW 1976, 1865/1869; Mergenthaler StAZ 1977, 292.
[15] BayObLG NJW-RR 1996, 1093 = FamRZ 1996, 1034; KG FGPrax 2004, 113 = FamRZ 2004, 1315.
[16] Hierzu BT-Drs. 13/4899 S. 70, 71.
[17] BT-Drs. 7/3061 S. 38/48; 7/5087 S. 19.
[18] BT-Drs. 7/3061 S. 79; 7/5087 S. 24.

4. Änderung des Namens des Kindes

Der Beschluss über die Kindesannahme hat des Weiteren, sofern ein Antrag nach § 1757 Abs. 4 BGB gestellt worden ist und die Voraussetzungen dieser Bestimmung für gegeben erachtet werden, die beantragte Namensänderung des Kindes zu enthalten. Über einen Antrag nach § 1757 Abs. 4 BGB darf grundsätzlich nur im Zusammenhang mit dem Ausspruch der Annahme entschieden werden;[20] eine Vorabentscheidung – auch negativer Art – ist unzulässig.[21]

5. Folgen unvollständiger Angaben

Die Änderung der Namen des Kindes nach § 1757 Abs. 4 BGB und die Bestimmung nach § 1772 BGB, dass sich die Wirkungen der Annahme eines Volljährigen nach den Vorschriften über die Annahme eines Minderjährigen richten, sind **konstitutiv** und für jedes Gericht bindend;[22] ohne ihren Ausspruch treten die betreffenden Rechtswirkungen nicht ein; jedoch ist die Annahme selbst wirksam. Fehlen die übrigen in § 197 vorgeschriebenen Angaben, so hat das dagegen keine Rechtswirkungen.

V. Bekanntmachung und Wirksamwerden des Annahmebeschlusses (Abs. 2)

1. Bekanntmachung

Der Beschluss, durch den das Familiengericht die Annahme als Kind ausspricht, ist an den oder die Annehmenden gemäß Abs. 2 1. Halbs. durch Zustellung bekannt zu machen; für die Zustellung gelten die §§ 166 bis 195 ZPO. Außerdem hat die Bekanntmachung, da mit ihr wegen der Unanfechtbarkeit der Entscheidung nicht der Lauf einer Frist beginnt, nach § 41 Abs. 1 S. 1 an die übrigen Beteiligten zu erfolgen, und zwar an das Kind bzw. den Anzunehmenden oder, falls diese in der Geschäftsfähigkeit beschränkt sind, zu Händen ihres gesetzlichen Vertreters, gleichviel, ob das Kind das 14. Lebensjahr vollendet hat oder nicht.[23]

Im Falle des Ausspruchs der Annahme nach dem Tode des Annehmenden (§ 1753 Abs. 2 BGB) hat die Bekanntmachung durch Zustellung an das Kind bzw. seinen gesetzlichen Vertreter, falls es nicht voll geschäftsfähig ist, zu erfolgen, Abs. 2 2. Halbs. In der Form des § 41 Abs. 1 S. 1 oder Abs. 2 ist der Beschluss ferner bekannt zu machen an die Erben des Annehmenden und bei Annahme durch ein Ehepaar an den überlebenden Ehegatten, an diesen auch, wenn sein Kind durch den verstorbenen Ehegatten allein angenommen worden ist.

2. Eintritt der Wirksamkeit

Der Beschluss, durch den die Annahme als Kind ausgesprochen wird, wird mit der Zustellung an den Annehmenden für alle Beteiligten, also auch für das Kind bzw. den Anzunehmenden wirksam, § 40 Abs. 1. Bei Annahme durch ein Ehepaar (§ 1741 Abs. 2 S. 2 BGB) tritt die Wirksamkeit erst mit der Zustellung an beide Eheleute, also mit der zuletzt erfolgten Zustellung ein. Nimmt ein Ehegatte das Kind des anderen Ehegatten an (§ 1741 Abs. 2 S. 3 BGB), so kommt es auf die Zustellung an den Annehmenden an. Die Bekanntmachung an die übrigen Beteiligten ist für den Eintritt der Wirksamkeit ohne

---

[19] BT-Drs. 7/3061 S. 79.
[20] BayObLGZ 1979, 346 = StAZ 1980, 65 zu § 1757 Abs. 2 a. F., der jedoch dem heutigen Abs. 4 entsprach.
[21] KG FamRZ 1978, 208.
[22] BayObLG StAZ 1979, 121; OLG Celle StAZ 1979, 323; OLG Stuttgart StAZ 1979, 242; v. Bar StAZ 1979, 318/320; Diederichsen NJW 1981, 705/712; a.M. LG Regensburg StAZ 1978, 247; OLG Köln StAZ 1982, 278 m. Anm. v. Held.
[23] A. M. zum früheren Recht: Erman/Holzhauer § 1752 Rn 14; RGRK/Dickescheid § 1752 Rn 21; Soergel/Liermann § 1752 Rn 14.

Bedeutung. Die Zustellung des Beschlusses an den Annehmenden macht die Annahme als Kind für die Zukunft wirksam; sie wirkt nicht auf den Zeitpunkt der Einreichung des Annahmeantrags zurück.[24] Durch die Rücknahme eines Adoptionsantrags vor Zustellung des Adoptionsbeschlusses wird dieser nicht nichtig, sondern lediglich aufhebbar (§ 1760 Abs. 1 BGB).[25]

20 Im Falle des Ausspruchs nach dem Tode des Annehmenden (vgl. § 1753 Abs. 2 BGB) tritt die Wirksamkeit des Beschlusses ein mit der Zustellung an das Kind bzw. dessen gesetzlichen Vertreter, wenn es geschäftsunfähig oder in der Geschäftsfähigkeit beschränkt ist, auch wenn es über 14 Jahre alt ist. Der Ausspruch der Annahme hat jedoch nach § 1753 Abs. 3 BGB die gleiche Wirkung, wie wenn sie vor dem Tode des Annehmenden erfolgt wäre. Nach dem Tod des Kindes kann gemäß § 1753 Abs. 1 BGB der Ausspruch der Annahme nicht mehr erfolgen.

VI. Unanfechtbarkeit und Unabänderlichkeit des Annahmebeschlusses (Abs. 3)

1. Unanfechtbarkeit (Abs. 3 S. 1)

21 **a) Kein Rechtsmittel gegen Annahmebeschluss.** Gegen den Beschluss, durch den die Annahme als Kind ausgesprochen wird, ist nach Abs. 3 kein Rechtsmittel gegeben. Dies hat seinen Grund darin, dass die Wirksamkeit einer vom Annehmenden und vom Kind gleichermaßen angestrebten Annahme nicht unnötig hinausgeschoben wird; das bei einer möglichen Anfechtung allein beschwerdeberechtigte Kind ist dadurch geschützt, dass es vorher seine Einwilligung persönlich und notariell beurkundet erklärt haben muss und dass es diese bis zum Ausspruch der Annahme widerrufen kann (§ 1746 Abs. 2 BGB).[26] Auch der eine beantragte Namensänderung nach § 1757 Abs. 4 BGB **aussprechende** Beschluss oder der Ausspruch, der sich aus § 1757 Abs. 1 S. 1 BGB ergebenden Namen feststellt, sind unanfechtbar.[27] Denn von der Unabänderbarkeit wird nicht nur der Ausspruch der Annahme, sondern die ganze Entscheidung erfasst. Der Annahmebeschluss kann nur ausnahmsweise im Wege des Aufhebungsverfahrens angegriffen werden (s. dazu § 1760 BGB und Rn 7 zu § 198).

22 Es schaden daher weder formelle Verstöße im Verfahren noch die irrtümliche Annahme der Voraussetzungen der Adoption, sofern nur ein sachlich zuständiges Gericht (Familiengericht) entschieden hat; so ist der Annahmebeschluss nicht nichtig, wenn ein Volljähriger nach den Vorschriften der Minderjährigenadoption angenommen wird[28] oder der leibliche Vater im Annahmeverfahren nicht beteiligt worden ist[29] oder gegen das Verbot der Zweitannahme (§ 1742 BGB) verstoßen worden ist.[30] Eine **Verfassungsbeschwerde** nach § 90 BVerfGG ist nicht ausgeschlossen.[31] Wurde eine Adoption unter Verletzung des Anspruchs auf rechtliches Gehör ausgesprochen, so spricht das BVerfG nur die Beseitigung der Rechtskraft aus, damit das Familiengericht das rechtliche Gehör nachholen und anschließend darüber entscheiden kann, ob der Adoptionsbeschluss rückwirkend (so bei der Volljährigenadoption) oder nur mit Wirkung ex nunc (so bei der Minderjährigenadoption) aufzuheben oder aufrechtzuerhalten ist; bis dahin bleibt der erlassene Adoptionsbeschluss wirksam.[32]

---

[24] OLG Celle ZBlJR 1965, 138 für den Bestätigungsbeschluss nach § 1754 BGB a. F.
[25] OLG Düsseldorf NJWE-FER 1996, 67 = FamRZ 1997, 117.
[26] BT-Drs. 7/3061 S. 58/59; Lüderitz NJW 1976, 1865/1869.
[27] BayObLG StAZ 2003, 44; OLG Hamm, StAZ 1983, 200; OLG Zweibrücken FGPrax 2001, 75; a. M. OLG Köln StAZ 1982, 278; LG Braunschweig FamRZ 2000, 114; Soergel/Liermann § 1757 Rn 21; MünchKommBGB/Lüderitz § 1757 Rn 12.
[28] BayObLG NJW-RR 1996, 1093; FamRZ 1996, 1034 mit zust. Anm. v. Liermann in FamRZ 1997, 112; KG FGPrax 2004, 113 = FamRZ 2004, 1315.
[29] BayObLG FamRZ 2000, 768.
[30] BayObLG FamRZ 2000, 768.
[31] S. dazu BVerfG NJW 1988, 1963 = FamRZ 1988, 1247 mit Anm. v. Frank u. Wassermann; Bosch FamRZ 1986, 721.
[32] BVerfG NJW 1994, 1053 = FamRZ 1994, 493; FamRZ 1994, 687 (zur Volljährigenadoption) und BVerfGE 92, 158 = NJW 1995, 2155 (zur Minderjährigenadoption).

Auch ein Beschluss des Beschwerdegerichts, der den vom AG versagten Ausspruch der 23 Annahme aufhebt und sie ausspricht, kann nicht mit der Rechtsbeschwerde angefochten werden,[33] ebensowenig ein Beschluss des Beschwerdegerichts, durch den ein ablehnender Beschluss des AG aufgehoben und dieses angewiesen wird, den Ausspruch der Annahme nicht aus dem von ihm angegebenen Grund zu versagen.[34]

b) Anfechtbarkeit ablehnender Entscheidungen beim Annahmebeschluss. Dage- 24 gen ist die Ablehnung von Anträgen, die die Änderung des Namens des Kindes (§ 1757 Abs. 4 BGB) und die bei der Annahme eines Volljährigen die Wirkungen der Annahme (§ 1772 BGB) betreffen, mit der Beschwerde nach § 58 anfechtbar.[35] Über die Anfechtbarkeit des Beschlusses, durch den der Antrag auf Ausspruch der Annahme zurückgewiesen worden ist, s. unten Rn 30.

2. Unabänderlichkeit (Abs. 3 S. 2)

Der Beschluss, durch den die Annahme als Kind ausgesprochen wird, ist nach Abs. 3 S. 2 25 unabänderlich, und zwar sowohl für das Gericht, das ihn erlassen hat, als auch für die Beschwerdeinstanz. Er ist auch für jedes andere Gericht, auch für das im Verfahren nach dem PStG tätige Gericht und ebenso für den Standesbeamten bindend, sofern er nicht absolut nichtig ist.[36] Der Verlust der Abänderungsbefugnis tritt nicht erst mit der Wirksamkeit des Beschlusses ein, sondern sobald dieser erlassen ist, d. h. sobald der Beschluss an die Geschäftsstelle übergeben oder die Beschlussformel durch Verlesen bekannt gemacht worden ist, § 38 Abs. 3 S. 3. Ist der Annahmebeschluss in Unkenntnis des Todes des Kindes erlassen worden, so wird jedoch eine Aufhebung dieses unwirksamen Beschlusses zuzulassen sein.[37]

Der Unabänderlichkeit steht es nicht entgegen, wenn die nach Abs. 1 erforderlichen 26 Angaben im Annahmebeschluss zunächst unterblieben sind und später nachgeholt werden. Ebenso ist es als zulässig anzusehen, die auf Antrag vorzunehmenden Bestimmungen nach §§ 1757 Abs. 4, 1772 BGB, die im Annahmebeschluss trotz rechtzeitigen Antrags fehlerhafterweise unterblieben sind, im Wege der Ergänzung oder Berichtigung in einem späteren Beschluss nachzuholen, allerdings mit Wirkung ab Wirksamwerden des späteren Beschlusses; der Ausspruch der Annahme bleibt hiervon unberührt.[38]

Dagegen widerspricht es dem Grundsatz der Unabänderlichkeit und ist deshalb unzuläs- 27 sig, erst nach Wirksamwerden des Annahmebeschlusses **auf einen danach gestellten Antrag** hin eine Namensänderung durch einen Ergänzungsbeschluss auszusprechen;[39] ob ein solcher Beschluss nichtig ist und den Standesbeamten nicht bindet, erscheint zweifelhaft.[40]

VII. Beschluss, der die Annahme als Kind ablehnt

1. Bekanntmachung

Der Beschluss, der den Antrag auf Ausspruch der Annahme als Kind zurückweist, ist allen 28 Beteiligten nach § 41 Abs. 1 bekannt zu machen; eine förmliche Zustellung ist geboten für

---

[33] OLG Celle NdsRpfl. 1953, 221.
[34] OLG Köln JMBl.NW 1963, 9; OLG Hamm OLGZ 1965, 365.
[35] OLG Köln StAZ 1982, 278; LG Koblenz StAZ 1983, 205; LG Lübeck StAZ 98, 289; Erman/Holzhauer § 1757 BGB Rn 20; Soergel/Liermann § 1757 Rn 33; a. A.: BayObLG StAZ 1980, 65; StAZ 1979, 121; 65; Johansson/Sachse Rn 937; Palandt/Diederichsen § 1757 Rn 13.
[36] BayObLG FamRZ 1996, 1034 = NJW-RR 1996, 1093.
[37] S. dazu näher Erman/Holzhauer § 1753 Rn 4; Roth-Stielow § 1754 Rn 5.
[38] BayObLGZ NJW-RR 1986, 872 = FamRZ 1986, 719 mit Anm. v. Bosch; OLG Düsseldorf DAVorm 1983, 87; OLG Hamm Rpfleger 1983, 353; OLG Zweibrücken BeckRS 2011, 08383; s. für den Ehemann des Angenommenen OLG Frankfurt StAZ 1992, 378; Diederichsen NJW 1981, 705/712; Reichard StAZ 1982, 179.
[39] BayObLG StAZ 1980, 65 m. Anm. von Bar; a. M. OLG Köln StAZ 1982, 278; LG Regensburg StAZ 1978, 247.
[40] S. dazu BayObLGZ 1979, 346.

§ 198

denjenigen, der ein Beschwerderecht hat (Rn 30). Beteiligte sind hier dieselben Personen wie im Falle des Ausspruchs der Annahme (s. dazu § 188).

2. Eintritt der Wirksamkeit

29   Für den Beginn der Wirksamkeit des die Annahme als Kind ablehnenden Beschlusses gilt die allgemeine Regel des § 40 Abs. 1. Der Beschluss wird also wirksam mit der Bekanntmachung an den Annehmenden, im Falle des § 1753 Abs. 2 BGB mit derjenigen an das Kind und im Falle des § 1768 Abs. 1 BGB mit Bekanntmachung an den Annehmenden und den Anzunehmenden.

3. Anfechtbarkeit

30   Der Beschluss, der den Antrag auf Annahme als Kind zurückweist, ist nach der allgemeinen Regel des § 58 mit der Beschwerde anfechtbar.[41] Deshalb ist er zu begründen.[42] Beschwerdeberechtigt ist nach § 59 nur der Antragsteller, im Falle des § 1752 Abs. 1 BGB also nur der oder die Annehmenden und im Falle des § 1768 Abs. 1 BGB der Annehmende und der Anzunehmende.[43] Auch das Kind, das das 14. Lebensjahr vollendet hat, hat nach § 60 ein eigenes Beschwerderecht. Verstirbt der Annehmende während des Beschwerdeverfahrens, so ist in entsprechender Anwendung von § 1753 Abs. 2 BGB die Beschwerdeberechtigung des Annehmenden bis zur Entscheidung über das zu seinen Lebzeiten eingelegte Rechtsmittel als fortwirkend anzunehmen.[44]

VIII. Kosten und Gebühren

31   Hinsichtlich der Gerichtskosten und des Verfahrenswerts wird auf § 186 Rn 6 bis 9 verwiesen.

Beschluss in weiteren Verfahren

198 (1) ¹Der Beschluss über die Ersetzung einer Einwilligung oder Zustimmung zur Annahme als Kind wird erst mit Rechtskraft wirksam. ²Bei Gefahr im Verzug kann das Gericht die sofortige Wirksamkeit des Beschlusses anordnen. ³Der Beschluss wird mit Bekanntgabe an den Antragsteller wirksam. ⁴Eine Abänderung oder Wiederaufnahme ist ausgeschlossen.

(2) Der Beschluss, durch den das Gericht das Annahmeverhältnis aufhebt, wird erst mit Rechtskraft wirksam; eine Abänderung oder Wiederaufnahme ist ausgeschlossen.

(3) Der Beschluss, durch den die Befreiung vom Eheverbot nach § 1308 Abs. 1 des Bürgerlichen Gesetzbuchs erteilt wird, ist nicht anfechtbar; eine Abänderung oder Wiederaufnahme ist ausgeschlossen, wenn die Ehe geschlossen worden ist.

Übersicht

	Rn
I. Normzweck	1
II. Wirksamwerden eines Ersetzungsbeschlusses (Abs. 1)	2
1. Anwendungsbereich des Abs. 1	2
2. Wirksamwerden mit der Rechtskraft	4
3. Anordnung der sofortigen Wirksamkeit (Abs. 1 S. 2, 3)	5
4. Ausschluss der Abänderung oder Wiederaufnahme (Abs. 1 S. 4)	6
III. Wirksamwerden eines Beschlusses über die Aufhebung der Adoption (Abs. 2)	7
1. Materielles Recht	7
a) Allgemeines	7
b) Aufhebung einer Minderjährigenadoption auf Antrag	8

---

[41] BayObLG FamRZ 1983, 532; OLG Hamm FamRZ 1979, 1082.
[42] BayObLG FamRZ 1983, 532.
[43] BayObLG FamRZ 1997, 576; 841; OLG Celle FamRZ 1995, 829.
[44] OLG Braunschweig DAVorm 1978, 784.

		Rn
c) Aufhebung einer Minderjährigenadoption von Amts wegen		9
d) Aufhebung einer Volljährigenadoption		10
e) Wirkung der Aufhebung		11
2. Verfahrensrecht		12
a) Einleitung des Verfahrens		12
b) Antragsberechtigung		13
c) Form des Antrags, Rücknahme		15
d) Antragsfristen		16
e) Bekanntmachung und Wirksamwerden der Entscheidung (Abs. 2)		17
f) Abänderbarkeit, Wiederaufnahme (Abs. 2 2. Halbs.)		18
g) Anfechtbarkeit, Beschwerderecht		19
IV. Befreiung vom Eheverbot des § 1308 BGB (Abs. 3)		21
1. Die Entscheidung über die Befreiung		21
2. Bekanntmachung und Wirkungen der Entscheidung		22
3. Anfechtbarkeit, Abänderung der Entscheidung		24
V. Kosten und Gebühren		27

I. Normzweck

Die Vorschrift regelt den Zeitpunkt des Wirksamkeitseintritts eines Beschlusses im Fall **1** der Ersetzung einer Einwilligung oder Zustimmung zur Annahme als Kind (Abs. 1), im Fall der Aufhebung des Annahmeverhältnisses (Abs. 2) und im Fall der Befreiung vom Eheverbot nach § 1308 BGB (Abs. 3). Abs. 1 entspricht dem bisherigen § 53 Abs. 1 S. 2, Abs. 2 FGG. Abs. 2 1. Halbs. entspricht dem bisherigen § 56f Abs. 3 FGG, Abs. 2 2. Halbs. dem bisherigen § 18 Abs. 2 FGG in Verbindung mit § 60 Abs. 1 Nr. 6 FGG. Abs. 3 1. Halbs. entspricht dem bisherigen § 44a Abs. 2 S. 1 FGG, Abs. 3 2. Halbs. entspricht dem bisherigen § 44a Abs. 2 S. 2 FGG. Eine Abänderung und Wiederaufnahme des Verfahrens ist wie bisher in allen drei Fällen ausgeschlossen.

II. Wirksamwerden eines Ersetzungsbeschlusses (Abs. 1)

1. Anwendungsbereich des Abs. 1

Abs. 1 betrifft die durch den Richter (§ 14 Abs. 1 Nr. 3 lit. f RPflG) zutreffenden **2** Entscheidungen
- über die Ersetzung der fehlenden Einwilligung eines Elternteils des Minderjährigen zur Annahme als Kind durch das Familiengericht nach § 1748 BGB;
- über die Ersetzung der fehlenden Einwilligung oder Zustimmung des Vormunds oder Pflegers eines geschäftsunfähigen oder noch nicht 14 Jahre alten Kindes zur Annahme nach § 1746 Abs. 3 BGB, auch bei Volljährigen nach § 1767 Abs. 2 BGB und
- über die Ersetzung der erforderlichen Einwilligung des Ehegatten zur Annahme eines Kindes durch den anderen Ehegatten allein nach § 1749 Abs. 1 S. 2 BGB, auch bei Volljährigen nach § 1767 Abs. 2 BGB.

Ablehnende Beschlüsse in den unter Abs. 1 S. 1 fallenden Angelegenheiten treten **3** nach der Regel des § 40 Abs. 1 mit der Bekanntgabe an den Antragsteller in Wirksamkeit, für sie gilt auch nicht der in Abs. 1 S. 4 normierte Ausschluss der Abänderung und eines Wiederaufnahmeverfahrens.

2. Wirksamwerden mit der Rechtskraft

Durch Abs. 1 S. 1 ist in Abweichung vom Grundsatz des § 40 Abs. 1 (und in Überein- **4** stimmung mit der Regelung in § 40 Abs. 2, 3 für die dort genannten Fälle) der Eintritt der Wirksamkeit an die Rechtskraft geknüpft. Diese Regelung hat ihren Grund darin, dass eine Rückgängigmachung der erlassenen Verfügung die Rechtssicherheit gefährden würde. Denn auf Grund der Verfügung können dritten Personen gegenüber wirksame Rechtshandlungen vorgenommen werden.

3. Anordnung der sofortigen Wirksamkeit (Abs. 1 S. 2, 3)

5 Ist die sofortige Wirksamkeit der Verfügung angeordnet, dann tritt als Ausnahme zu Abs. 1 S. 1 nach Abs. 1 S. 2 die Wirksamkeit der Verfügung mit der Bekanntmachung an den Antragsteller ein (§ 41), ohne Rücksicht auf die etwaige Notwendigkeit der Bekanntmachung auch an dritte Personen. Die Anordnung der sofortigen Wirksamkeit ist eine Ermessensentscheidung und darf vom Gericht erster Instanz und vom Beschwerdegericht nur getroffen werden, wenn **Gefahr im Verzug** ist (**periculum in mora** = Gefahr bei einer Verzögerung), d. h., wenn von dem Aufschub der Wirksamkeit bis zur Rechtskraft eine Gefährdung der zu verfolgenden Interessen zu befürchten ist. Sie kann auf Antrag oder von Amts wegen gleichzeitig oder nachher erfolgen. Sie ist, da sie keine Endentscheidung ist, **nicht anfechtbar**, auch dann nicht, wenn gegen die ersetzende Verfügung gemäß Abs. 1 eine Beschwerde eingelegt worden ist. Dies folgt auch aus dem Zweck der vorläufigen Anordnung, für die Dauer des Verfahrens bis zum formellen Abschluss einen gesicherten, geordneten Bestand zu schaffen.[1] Das Beschwerdegericht kann die Verfügung des Familiengerichts, durch welche die sofortige Wirksamkeit angeordnet wurde, nach § 64 Abs. 3 durch einstweilige Anordnung außer Kraft setzen.

4. Ausschluss der Abänderung oder Wiederaufnahme (Abs. 1 S. 4)

6 In Abweichung zu § 48 ist es nach Abs. 1 S. 4 ausgeschlossen, eine rechtskräftige positive Entscheidung nach Abs. 1 S. 1 abzuändern oder insoweit ein Wiederaufnahmeverfahren durchzuführen.

III. Wirksamwerden eines Beschlusses über die Aufhebung der Adoption (Abs. 2)

1. Materielles Recht

7 a) **Allgemeines.** Nach § 1759 BGB kann das Annahmeverhältnis mit einem minderjährigen Adoptivkind nur in den Fällen der §§ 1760 BGB (Aufhebung wegen fehlender Erklärungen) und 1763 BGB (Aufhebung von Amts wegen) durch das Familiengericht aufgehoben werden. § 1771 BGB enthält Sonderregelungen für die Aufhebung einer Volljährigenadoption.

8 b) **Aufhebung einer Minderjährigenadoption auf Antrag.** Die Aufhebung eines Annahmeverhältnisses, das mit einem Minderjährigen begründet worden ist, kann vom Familiengericht zum einen auf Antrag wegen Mängeln bei der Begründung aufgehoben werden, und zwar, wenn es ohne Antrag des Annehmenden, ohne die Einwilligung des Kindes oder ohne die erforderliche Einwilligung eines Elternteils begründet worden ist (§ 1760 Abs. 1 BGB). Das Fehlen eines anderen gesetzlichen Erfordernisses für die Annahme ist kein Aufhebungsgrund, insbesondere nicht die fehlende Einwilligung eines Ehegatten nach § 1749 BGB oder die fehlende Zustimmung des gesetzlichen Vertreters zur Einwilligung durch das Kind nach § 1746 Abs. 1 S. 3 BGB.[2] Die unrichtige Annahme, dass ein Elternteil zur Abgabe der Erklärung dauernd außerstande oder sein Aufenthalt dauernd unbekannt sei und seine Einwilligung deshalb nicht erforderlich sei (§ 1747 Abs. 4 BGB), berechtigt dagegen ebenfalls zur Aufhebung des Annahmeverhältnisses. Diese Möglichkeiten der Aufhebung sind jedoch auch bei Vorliegen der genannten Voraussetzungen in mehrfacher Hinsicht eingeschränkt. So ist nach § 1760 Abs. 2 lit. a bis e BGB der Antrag oder eine Einwilligung nur in den genau umschriebenen fünf Fällen unwirksam, nämlich, wenn der Erklärende sich im Zustand der Bewusstlosigkeit oder einem ähnlichen Zustand befand oder unter bestimmten Voraussetzungen bei Geschäftsunfähigkeit (lit. a), bei einem beachtlichen Irrtum (lit. b), bei arglistiger Täuschung (lit. c) und bei widerrechtlicher Drohung des Erklärenden (lit. d) sowie bei Nichteinhaltung der Frist des § 1747 Abs. 2 BGB von 8 Wochen ab Geburt des Kindes (lit. e). Des Weiteren ist die Aufhebung ausgeschlossen, wenn der Erklärende nach Beseitigung des Hindernisses den Antrag oder die Einwilligung

---
[1] BayObLG NJW-RR 1987, 1226.
[2] BT-Drs. 7/3061 S. 47.

nachgeholt oder sonst zu erkennen gegeben hat, dass das Annahmeverhältnis aufrechterhalten werden soll (§ 1760 Abs. 3 und 5 BGB). Außerdem ist die Aufhebung auch ausgeschlossen, wenn die Voraussetzungen für die Ersetzung der fehlenden Einwilligung beim Ausspruch der Annahme vorgelegen haben oder wenn sie zum Zeitpunkt der Entscheidung über den Aufhebungsantrag vorliegen (§ 1761 Abs. 1 BGB) und wenn durch die Aufhebung das Wohl des Kindes erheblich gefährdet würde, es sei denn, dass überwiegende Interessen des Annehmenden die Aufhebung erfordern (§ 1761 Abs. 2 BGB).

c) Aufhebung einer Minderjährigenadoption von Amts wegen. Das Familiengericht kann das zu einem Kind begründete Annahmeverhältnis auch aufheben, wenn dies aus schwerwiegenden Gründen zum Wohle des Kindes erforderlich ist (§ 1763 Abs. 1 BGB). Falls dies zu bejahen ist, darf das Annahmeverhältnis nur aufgelöst werden, wenn feststeht, dass das Kind auch nach der Aufhebung eine Familienbindung haben wird (§ 1763 Abs. 3 BGB). Die Interessen des Annehmenden bilden also keinen Aufhebungsgrund; so rechtfertigt die ungünstige Entwicklung des Kindes nicht die Aufhebung.[3] Entscheidend ist das Kindeswohl; eine Aufhebung des Annahmeverhältnisses kommt nur ausnahmsweise in Betracht, wenn die Umstände für das Kind untragbar geworden sind.[4] Hat ein Ehepaar ein Kind angenommen, so kann das gesamte Annahmeverhältnis aufgehoben werden; es kann aber auch das zwischen dem Kind und einem der Ehegatten begründete Annahmeverhältnis aufgehoben werden (§ 1763 Abs. 2 BGB), wenn dadurch die schwerwiegenden Gründe ausgeräumt werden und wenn außerdem für die Zukunft gewährleistet ist, dass das Kind eine Familienbindung haben wird (§ 1763 Abs. 3 BGB).[5] Für die Garantie der Familienbindung reicht es aus, wenn im Falle des § 1763 Abs. 2 BGB der andere Ehegatte oder ein leiblicher Elternteil bereit ist, die Pflege und Erziehung des Kindes zu übernehmen und wenn dies dem Kindeswohl nicht widersprechen würde (Abs. 3 lit. a) oder wenn die Aufhebung eine erneute Annahme des Kindes ermöglichen soll (Abs. 3 lit. b), also begründete Aussicht für eine Vermittlung des Kindes in eine geeignete Familie besteht.[6]

d) Aufhebung einer Volljährigenadoption. Das Annahmeverhältnis, das zu einem Volljährigen begründet worden ist, kann auf Antrag des Annehmenden und des Angenommenen aufgehoben werden, wenn ein **wichtiger Grund** vorliegt (§ 1771 S. 1 BGB) oder wenn die für die Annahme erforderlichen Anträge oder Einwilligungen nicht vorgelegen haben; dabei kommt nur der Fall in Betracht, dass einer der beiden für die Annahme erforderlichen Anträge gefehlt hat oder unwirksam war (§ 1771 S. 2 und 3 BGB); im Übrigen gilt § 1760 BGB entsprechend. § 1771 S. 1 BGB ist grundsätzlich nicht anwendbar, wenn der Angenommene bei der Vornahme der Adoption minderjährig war, aber inzwischen volljährig geworden ist,[7] das gilt grundsätzlich auch dann, wenn im Fall einer Minderjährigenadoption vor der Entscheidung in der letzten Tatsacheninstanz des Aufhebungsverfahrens Volljährigkeit eintritt.[8] Damit ist auch eine spätere (zweite) Volljährigenadoption durch die leiblichen Eltern ausgeschlossen.[9] Ist beim Ausspruch der Annahme bestimmt worden, dass sich die Wirkungen der Annahme nach den Vorschriften über die Annahme eines Minderjährigen richten (§ 1772 S. 1 BGB), so kann das Annahmeverhältnis nur unter den zuletzt genannten Voraussetzungen, also in sinngemäßer Anwendung des § 1760 Abs. 1 bis 5 BGB, aufgehoben werden (§ 1772 S. 2 BGB). Eine einvernehmliche Aufhebung des Annahmeverhältnisses ist auch dann nicht möglich, wenn zwar auf die Adoption eines Minderjährigen nach altem Recht die Vorschriften über die Annahme Volljähriger angewendet werden, der Angenommene aber noch minderjährig ist.[10]

---

[3] MünchKommBGB/Maurer § 1759 Rn 4.
[4] BayObLG FamRZ 1980, 498; OLG Frankfurt FamRZ 1982, 848.
[5] MünchKommBGB/Maurer § 1763 Rn 4; Palandt/Diederichsen § 1763 Rn 6.
[6] BT-Drs. 7/3061 S. 50.
[7] BayObLG NJW-RR 1991, 1220 = FamRZ 1991, 227; OLG Düsseldorf NJW-RR 1986, 300; OLG Hamm FamRZ 1981, 498 m. Anm. v. Bosch = NJW 1981, 2762; OLG Stuttgart NJW 1988, 2386 = FamRZ 1988, 1096; OLG Zweibrücken FamRZ 1997, 577.
[8] OLG Zweibrücken FGPrax 1997, 66 = FamRZ 1997, 577, das offengelassen hat, ob für krasse Ausnahmefälle materiellen Unrechts etwas anderes gelten könne.
[9] OLG Stuttgart NJW 1988, 2386 = FamRZ 1988, 1096.
[10] BayObLG FamRZ 1990, 97.

11 **e) Wirkung der Aufhebung.** Die Aufhebung des Annahmeverhältnisses wirkt nur für die Zukunft (§ 1764 Abs. 1 S. 1 BGB). Von diesem Grundsatz besteht folgende Ausnahme: Haben die Annehmenden oder das Kind die Aufhebung beantragt und sterben sie vor Erlass des Aufhebungsbeschlusses, so wirkt dieser Beschluss auf den Zeitpunkt der Antragstellung zurück (§ 1764 Abs. 1 S. 2 BGB). Mit der Aufhebung erlöschen die durch die Annahme begründeten Verwandtschaftsverhältnisse des Kindes und seiner Abkömmlinge zu den bisherigen Verwandten und die sich aus ihnen ergebenden Rechte und Pflichten (§ 1764 Abs. 2 BGB). Gleichzeitig leben die Verwandtschaftsverhältnisse des Kindes und seiner Abkömmlinge zu den leiblichen Verwandten des Kindes und die sich aus ihnen ergebenden Rechte und Pflichten, mit Ausnahme der elterlichen Sorge, wieder auf (§ 1764 Abs. 3 BGB). Die Rückübertragung der elterlichen Sorge, regelt § 1764 Abs. 4 BGB. Besteht das Annahmeverhältnis zu einem Ehepaar und wird das Annahmeverhältnis nur teilweise aufgehoben, so treten entsprechende Wirkungen ein (§ 1764 Abs. 5 BGB).

2. Verfahrensrecht

12 **a) Einleitung des Verfahrens.** Das Verfahren, das die Aufhebung des Annahmeverhältnisses nach § 1763 BGB betrifft, ist ein **Amtsverfahren.** Dieses Verfahren hat das Familiengericht insbesondere einzuleiten, wenn es von irgendeiner Seite angeregt wird.[11] Die Verfahren, die die Aufhebung des Annahmeverhältnisses gemäß §§ 1760, 1771 BGB zum Gegenstand haben, sind **Antragsverfahren** (§§ 1760 Abs. 1, 1770 S. 1 BGB).

13 **b) Antragsberechtigung.** Im Falle des § 1760 BGB ist antragsberechtigt nur derjenige, ohne dessen Antrag oder Einwilligung das Kind angenommen worden ist (§ 1762 Abs. 1 S. 1 BGB). Das können sein: Der Annehmende (§ 1752 Abs. 1 BGB), das Kind (§ 1746 Abs. 1 S. 1 BGB), die Eltern eines Kindes (§ 1747 Abs. 1 BGB) und der gesetzliche Vertreter des Kindes (§ 1746 Abs. 1 S. 2 und 3 BGB). Der gesetzliche Vertreter kann für das geschäftsunfähige und das noch nicht 14 Jahre alte Kind und für den geschäftsunfähigen Annehmenden den Antrag stellen; in der Geschäftsfähigkeit beschränkte Antragsberechtigte bedürfen nicht der Zustimmung ihres gesetzlichen Vertreters; im Übrigen kann der Antrag nicht durch einen Vertreter gestellt werden (§ 1762 Abs. 1 S. 2 bis 4 BGB).

14 Im Falle des § 1771 BGB sind nur der Annehmende und der Angenommene antragsberechtigt (§ 1771 S. 1 BGB) bzw. der gesetzliche Vertreter, wenn einer der beiden geschäftsunfähig ist (§§ 1767 Abs. 2, 1762 Abs. 1 S. 2 BGB). Kinder des Annehmenden sind nicht antragsberechtigt, wenn sie im Annahmeverfahren nicht gehört und ihre Interessen bei der Annahme nicht berücksichtigt worden sind.[12] Die Aufhebung setzt einen gemeinsamen Antrag des Annehmenden und des Angenommenen voraus; der Antrag nur eines von beiden genügt nicht.[13]

15 **c) Form des Antrags, Rücknahme.** Der Aufhebungsantrag, der in jedem Stadium des Verfahrens zurückgenommen werden kann, bedarf nach § 1762 Abs. 3 BGB der notariellen Beurkundung.

16 **d) Antragsfristen.** Die Aufhebung unterliegt bestimmten Fristen. Der Antrag kann innerhalb von drei Jahren nach dem Ausspruch der Annahme gestellt werden (§ 1762 Abs. 2 S. 1 BGB). Innerhalb dieser absoluten zeitlichen Begrenzung läuft eine relative Jahresfrist, deren Beginn sich nach den verschiedenen Aufhebungsgründen richtet (§ 1762 Abs. 2 S. 2 BGB). Ist der Aufhebungsantrag innerhalb der Frist gestellt, so wird das Verfahren auch nach Ablauf der Drei-Jahres-Frist fortgeführt.[14] Nach Ablauf der Drei-Jahres-Frist ist eine Aufhebung des Annahmeverhältnisses nur noch von Amts wegen nach § 1763 BGB möglich. Bei den Fristen des § 1762 Abs. 2 BGB handelt es sich um **Ausschlussfristen,** die eine Wiedereinsetzung in den vorigen Stand nicht zulassen.

17 **e) Bekanntmachung und Wirksamwerden der Entscheidung (Abs. 2).** Der Beschluss, durch den das Gericht das Annahmeverhältnis aufhebt oder ablehnt, ist allen Be-

---

[11] BayObLG NJW 1968, 1528 = FamRZ 1968, 485; KG FamRZ 1962, 531.
[12] BayObLG NJW-RR 1986, 872 = FamRZ 1986, 719 mit Anm. v. Bosch.
[13] BGH NJW 1988, 1139 = FamRZ 1988, 390.
[14] BT-Drs. 7/5087 S. 20.

f) Abänderbarkeit, Wiederaufnahme (Abs. 2 2. Halbs.). Der Beschluss, durch den 18 das Gericht das Annahmeverhältnis aufhebt, ist in Abweichung zu § 48 unabänderbar (Abs. 2); dagegen kann der Beschluss, durch den die Aufhebung des Annahmeverhältnisses abgelehnt wird, nach Maßgabe des § 48 Abs. 1 geändert werden oder es kann insoweit ein Wiederaufnahmeverfahren durchgeführt werden.

g) Anfechtbarkeit, Beschwerderecht. Gegen den Beschluss, durch den das Gericht 19 das Annahmeverhältnis aufhebt, ist die Beschwerde gegeben (§§ 59, 63 Abs. 1).[15] Zum Beschwerderecht s. §§ 59, 60. Hat ein Ehepaar das Kind angenommen, so steht jedem annehmenden Ehegatten das Beschwerderecht zu, unabhängig von dem des anderen. Wird das Annahmeverhältnis nur zu einem der annehmenden Ehegatten aufgehoben (§ 1763 Abs. 2 BGB), so ist auch der andere selbständig beschwerdeberechtigt. Das Beschwerderecht besteht auch dann, wenn die Ehe der Annehmenden aufgelöst ist.[16] Auch die leiblichen Eltern des Kindes sind als Adoptionsbeteiligte nach § 59 Abs. 1 beschwerdeberechtigt.[17]

Wird ein nach §§ 1760, 1771 BGB gestellter Aufhebungsantrag zurückgewiesen, so steht 20 nur dem Antragsteller nach § 59 Abs. 2 ein Beschwerderecht zu. Wird in einem von Amts wegen einzuleitenden Verfahren nach § 1763 BGB die Aufhebung des Annahmeverhältnisses abgelehnt, so richtet sich das Beschwerderecht nach §§ 59 Abs. 1, 60.

IV. Befreiung vom Eheverbot des § 1308 BGB (Abs. 3)

1. Die Entscheidung über die Befreiung

Die Entscheidung über die Befreiung vom Eheverbot wegen der durch die Annahme als 21 Kind begründeten Verwandtschaft in der Seitenlinie erfolgt nach Ermittlung aller für die Beurteilung des Einzelfalles wesentlichen Tatsachen.[18] Nach § 1308 Abs. 2 S. 2 BGB soll die Befreiung versagt werden, wenn wichtige Gründe der Eingehung der Ehe entgegenstehen. Die wichtigen Gründe sind ein unbestimmter Rechtsbegriff; die Nichtbeachtung ist eine Gesetzesverletzung.[19] Sind keine wichtigen Gründe vorhanden, welche die Versagung der Befreiung rechtfertigen, so hat das Gericht dem Antrag zu entsprechen.[20] Das Gesetz sieht die Erteilung der Befreiung als die Regel, die Versagung als die Ausnahme an.[21] Die Entscheidung lautet entweder auf Erteilung der Befreiung oder auf Versagung.

2. Bekanntmachung und Wirkungen der Entscheidung

Die Verfügung ist den Verlobten bekannt zu machen. Die Bekanntmachung erfolgt nach 22 Maßgabe des § 41. Nach § 40 Abs. 1 wird die Erteilung mit der Bekanntmachung an die Verlobten, die Ablehnung mit der Bekanntmachung an den Antragsteller wirksam.

Die Wirkung der vor der Eheschließung erteilten Befreiung ist die Beseitigung des 23 Eheverbots des § 1308 BGB. Die Entscheidung ist für den Standesbeamten bindend.

3. Anfechtbarkeit, Abänderung der Entscheidung

Der Beschluss, durch den die Befreiung **erteilt** wird, ist **unanfechtbar** (Abs. 3 S. 1). 24 Unanfechtbar ist daher auch der Beschluss des OLG im Beschwerdeverfahren, der eine die Erteilung versagende Verfügung des Familiengerichts aufhebt und die Befreiung erteilt.

---

[15] Ebenso OLG Zweibrücken FamRZ 1997, 577.
[16] BayObLG FamRZ 1968, 485.
[17] KG FamRZ 1993, 1359; OLG Düsseldorf FGPrax 1997, 222.
[18] Über die hierbei in Betracht kommenden Tatumstände s. OLG Frankfurt FamRZ 1984, 582; OLG Hamm FamRZ 1963, 248; BVerwG FamRZ 1960, 435 mit Anm. von Bosch.
[19] KG FamRZ 1986, 993; OLG Frankfurt FamRZ 1984, 582; OLG Hamburg FamRZ 1970, 27.
[20] MünchKommBGB/Müller-Gindullis § 1308 Rn 5.
[21] KG FamRZ 1986, 993; OLG Frankfurt FamRZ 1984, 582.

25 Abs. 3 S. 2 schließt auch die Befugnis des Familiengerichts zur Abänderung (Aufhebung) der Erteilungsverfügung aus, wenn die Ehe geschlossen worden ist.
26 Die Verfügung, durch die die Befreiung **versagt** wird, ist mit **Beschwerde,** der die Versagung bestätigende Beschluss des OLG mit der Rechtsbeschwerde anfechtbar, sofern das OLG sie zugelassen hat. Beschwerdeberechtigt ist jeder der Verlobten.

V. Kosten und Gebühren

27 Hinsichtlich der Gerichtskosten und des Verfahrenswerts wird auf § 186 Rn 6 bis 9 verwiesen.

Anwendung des Adoptionswirkungsgesetzes

199 Die Vorschriften des Adoptionswirkungsgesetzes bleiben unberührt.

I. Normzweck

1 § 199 enthält eine Ergänzung zu § 97 Abs. 2 für das AdWirkG, da dieses Gesetz über die Umsetzung und Ausführung von Rechtsakten i. S. d. § 97 Abs. 2 hinausgeht. Die Vorschriften des AdWirkG gehen als Spezialvorschriften denjenigen des FamFG vor.[1]

II. Örtliche Zuständigkeit bei Entscheidungen nach §§ 2 und 3 AdWirkG

2 Für eine Annahme als Kind, die auf einer ausländischen Entscheidung oder auf ausländischen Sachvorschriften beruht, gelten die Vorschriften des AdWirkG, es sei denn, der Angenommene hatte zur Zeit der Annahme das 18. Lebensjahr vollendet, § 1 Abs. 1 AdWirkG. Nach § 5 Abs. 1 S. 1, Abs. 2 AdWirkG ist für Entscheidungen nach §§ 2 und 3 AdWirkG das AG örtlich zuständig, das in dem Bezirk des OLG liegt, in dem der Annehmende seinen Wohnsitz bzw. Aufenthalt hat.
3 Die §§ 2 bis 5 AdWirkG haben folgenden Wortlaut:

§ 2 Anerkennungs- und Wirkungsfeststellung

(1) Auf Antrag stellt das Familiengericht fest, ob eine Annahme als Kind im Sinne des § 1 anzuerkennen oder wirksam und ob das Eltern-Kind-Verhältnis des Kindes zu seinen bisherigen Eltern durch die Annahme erloschen ist.

(2) Im Falle einer anzuerkennenden oder wirksamen Annahme ist zusätzlich festzustellen,
1. wenn das in Absatz 1 genannte Eltern-Kind-Verhältnis erloschen ist, dass das Annahmeverhältnis einem nach den deutschen Sachvorschriften begründeten Annahmeverhältnis gleichsteht,
2. andernfalls, dass das Annahmeverhältnis in Ansehung der elterlichen Sorge und der Unterhaltspflicht des Annehmenden einem nach den deutschen Sachvorschriften begründeten Annahmeverhältnis gleichsteht.

Von der Feststellung nach Satz 1 kann abgesehen werden, wenn gleichzeitig ein Umwandlungsausspruch nach § 3 ergeht.

(3) Spricht ein deutsches Familiengericht auf der Grundlage ausländischer Sachvorschriften die Annahme aus, so hat es die in den Absätzen 1 und 2 vorgesehenen Feststellungen von Amts wegen zu treffen. Eine Feststellung über Anerkennung oder Wirksamkeit der Annahme ergeht nicht.

§ 3 Umwandlungsausspruch

(1) In den Fällen des § 2 Abs. 2 Satz 1 Nr. 2 kann das Familiengericht auf Antrag aussprechen, dass das Kind die Rechtsstellung eines nach den deutschen Sachvorschriften angenommenen Kindes erhält, wenn
1. dies dem Wohl des Kindes dient,

---
[1] BT-Drs. 16/6308 S. 248.

2. die erforderlichen Zustimmungen zu einer Annahme mit einer das Eltern-Kind-Verhältnis beendenden Wirkung erteilt sind und
3. überwiegende Interessen des Ehegatten oder der Kinder des Annehmenden oder des Angenommenen nicht entgegenstehen.

Auf die Erforderlichkeit und die Erteilung der in Satz 1 Nr. 2 genannten Zustimmungen finden die für die Zustimmungen zu der Annahme maßgebenden Vorschriften sowie Artikel 6 des Einführungsgesetzes zum Bürgerlichen Gesetzbuche entsprechende Anwendung. Auf die Zustimmung des Kindes ist zusätzlich § 1746 Abs. 1 Satz 1 bis 3, Abs. 2 und 3 des Bürgerlichen Gesetzbuchs anzuwenden. Hat der Angenommene zur Zeit des Beschlusses nach Satz 1 das 18. Lebensjahr vollendet, so entfällt die Voraussetzung nach Satz 1 Nr. 1.

(2) Absatz 1 gilt in den Fällen des § 2 Abs. 2 Satz 1 Nr. 1 entsprechend, wenn die Wirkungen der Annahme von den nach den deutschen Sachvorschriften vorgesehenen Wirkungen abweichen.

§ 4 Antragstellung; Reichweite der Entscheidungswirkungen

(1) Antragsbefugt sind
1. für eine Feststellung nach § 2 Abs. 1
   a) der Annehmende, im Fall der Annahme durch Ehegatten jeder von ihnen,
   b) das Kind,
   c) ein bisheriger Elternteil oder
   d) das Standesamt, das nach § 27 Abs. 1 des Personenstandsgesetzes für die Fortführung der Beurkundung der Geburt des Kindes im Geburtenregister oder nach § 36 des Personenstandsgesetzes für die Beurkundung der Geburt des Kindes zuständig ist;
2. für einen Ausspruch nach § 3 Abs. 1 oder Abs. 2 der Annehmende, annehmende Ehegatten nur gemeinschaftlich.

Von der Antragsbefugnis nach Satz 1 Nr. 1 Buchstabe d und e ist nur in Zweifelsfällen Gebrauch zu machen. Für den Antrag nach Satz 1 Nr. 2 gelten § 1752 Abs. 2 und § 1753 des Bürgerlichen Gesetzbuchs.

(2) Eine Feststellung nach § 2 sowie ein Ausspruch nach § 3 wirken für und gegen alle. Die Feststellung nach § 2 wirkt jedoch nicht gegenüber den bisherigen Eltern. In dem Beschluss nach § 2 ist dessen Wirkung auch gegenüber einem bisherigen Elternteil auszusprechen, sofern dieser das Verfahren eingeleitet hat oder auf Antrag eines nach Absatz 1 Satz 1 Nr. 1 Buchstabe a bis c Antragsbefugten beteiligt wurde. Die Beteiligung eines bisherigen Elternteils und der erweiterte Wirkungsausspruch nach Satz 3 können in einem gesonderten Verfahren beantragt werden.

§ 5 Zuständigkeit und Verfahren

(1) Über Anträge nach den §§ 2 und 3 entscheidet das Familiengericht, in dessen Bezirk ein Oberlandesgericht seinen Sitz hat, für den Bezirk dieses Oberlandesgerichts; für den Bezirk des Kammergerichts entscheidet das Amtsgericht Schöneberg. Für die internationale und die örtliche Zuständigkeit gelten die §§ 101 und 187 Abs. 1, 2 und 4 des Gesetzes über das Verfahren in Familiensachen und in den Angelegenheiten der freiwilligen Gerichtsbarkeit entsprechend.

(2) Die Landesregierungen werden ermächtigt, die Zuständigkeit nach Absatz 1 Satz 1 durch Rechtsverordnung einem anderen Familiengericht des Oberlandesgerichtsbezirks oder, wenn in einem Land mehrere Oberlandesgerichte errichtet sind, einem Familiengericht für die Bezirke aller oder mehrerer Oberlandesgerichte zuzuweisen. Sie können die Ermächtigung auf die Landesjustizverwaltungen übertragen.

(3) Das Familiengericht entscheidet im Verfahren der freiwilligen Gerichtsbarkeit. Die §§ 167 und 168 Abs. 1 Satz 1, Abs. 2 bis 4 des Gesetzes über das Verfahren in Familiensachen und in den Angelegenheiten der freiwilligen Gerichtsbarkeit sind entsprechend anzuwenden. Im Verfahren nach § 2 wird ein bisheriger Elternteil nur nach Maßgabe des § 4 Abs. 2 Satz 3 und 4 angehört. Im Verfahren nach § 2 ist das Bundesamt für Justiz als Bundeszentralstelle für Auslandsadoption, im Verfahren nach § 3 sind das Jugendamt und die zentrale Adoptionsstelle des Landesjugendamtes zu beteiligen.

(4) Auf die Feststellung der Anerkennung oder Wirksamkeit einer Annahme als Kind oder des durch diese bewirkten Erlöschens des Eltern-Kind-Verhältnisses des Kindes zu seinen bisherigen Eltern, auf eine Feststellung nach § 2 Abs. 2 Satz 1 sowie auf einen Ausspruch nach § 3 Abs. 1

§ 199   4   Abschnitt 5. Verfahren in Adoptionssachen

oder 2 oder nach § 4 Abs. 2 Satz 3 findet § 197 Abs. 2 des Gesetzes über das Verfahren in Familiensachen und in den Angelegenheiten der freiwilligen Gerichtsbarkeit entsprechende Anwendung. Im Übrigen unterliegen Beschlüsse nach diesem Gesetz der Beschwerde; sie werden mit ihrer Rechtskraft wirksam. § 4 Abs. 2 Satz 2 bleibt unberührt.

4   Die Konzentration der örtlichen Zuständigkeit für inländische Adoptionsverfahren, in denen ausländische Sachvorschriften zur Anwendung kommen, bezieht sich nur auf das Verfahren, in denen der Anzunehmende zur Zeit der Annahme das 18. Lebensjahr noch nicht vollendet hat;[2] sie gilt daher nicht für Verfahren, in denen der Anzunehmende zur Zeit der Annahme das 18. Lebensjahr vollendet hat, mag dieser nach seinem ausländischen Heimatrecht auch noch minderjährig sein.[3] Die Zuständigkeitskonzentration tritt nur bei solchen Adoptionssachen ein, die Verfahren nach §§ 3 und 4 AdWirkG zum Gegenstand haben. Dabei handelt es sich ausschließlich um Verfahren, die auf einer ausländischen Entscheidung oder auf ausländischen Sachvorschriften beruhen (vgl. § 1 S. 1 AdWirkG). Spricht ein deutsches Familiengericht die Annahme aus, hat es Feststellungen gem. § 2 Abs. 3 AdWirkG also nur dann zu treffen, wenn die Annahmeentscheidung auf der Anwendung fremden Rechts beruht; damit sind nur Fallgestaltungen erfasst, in welchen Art. 22 Abs. 1 EGBGB auf ausländisches Recht verweist, nicht jedoch solche, in denen im Hinblick auf Erforderlichkeit und Erteilung familienrechtlicher Zustimmungen gem. Art. 23 S. 1 EGBGB ausländisches Sachrecht zu beachten ist.[4]

---

[2] OLG Frankfurt NJW-RR 2007, 732 = FamRZ 2007, 839; OLG Hamm StAZ 2008, 343; OLG München FGPrax 2007, 127; OLG Rostock FGPrax 2007, 175; OLG Schleswig FamRZ 2006, 1462; OLG Stuttgart FGPrax 2007, 26; a. A. OLG Köln FGPrax 2006, 211 = FamRZ 2006, 1859.
[3] OLG München NJW-RR 2009, 592.
[4] OLG Karlsruhe StAZ 2006, 234; Steiger DNotZ 2002, 184/206; a. A. OLG Köln FGPrax 2006, 72; vgl. auch Begründung zum Gesetzentwurf der Bundesregierung, BT-Drs 14/6011 S. 47.

Abschnitt 6. Verfahren in Ehewohnungs- und Haushaltssachen

Ehewohnungssachen; Haushaltssachen

200 (1) Ehewohnungssachen sind Verfahren
1. nach § 1361 b des Bürgerlichen Gesetzbuchs,
2. nach § 1568 a des Bürgerlichen Gesetzbuchs.

(2) Haushaltssachen sind Verfahren
1. nach § 1361 a des Bürgerlichen Gesetzbuchs,
2. nach § 1568 b des Bürgerlichen Gesetzbuchs.

I. Normzweck

§ 200 definiert die Ehewohnungs- und Haushaltssachen. Die ursprüngliche Bezeichnung **1** als Wohnungszuweisungs- und Hausratssachen wurde vor Inkrafttreten des FamFG durch das Gesetz zur Änderung des Zugewinnausgleichs- und Vormundschaftsrechts vom 6. 7. 2009 (BGBl. I S. 1696) geändert. Während die Zuständigkeitsnorm des § 621 Abs. 1 Nr. 7 ZPO a. F. noch pauschal auf die – aufgehobene – HausratsVO (Verordnung über die Behandlung der Ehewohnung und des Hausrats vom 21. 10. 1944, RGBl. I 1944 S. 256) Bezug nahm, nennt § 200 nun im Einzelnen die Verfahren, die zu den Ehewohnungs- und Haushaltssachen gehören.

II. Anwendungsbereich

1. Allgemeines

§ 200 verweist ausdrücklich auf die §§ 1361 a, 1361 b, 1568 a, 1568 b BGB. Die aus- **2** drückliche Anknüpfung an diese Anspruchsgrundlagen führt zu Abgrenzungsproblemen, wenn Ansprüche auf Überlassung der Ehewohnung, Nutzungsentschädigung u. a. auf anderer Grundlage erhoben werden (Einzelheiten Rn 7 a bis 10) In **Lebenspartnerschaftssachen** gelten die §§ 200 ff. entsprechend, §§ 269 Abs. 1 Nr. 5 und 6, 270 Abs. 1 S. 2. Auf **nichteheliche Lebensgemeinschaften** ist § 200 nicht anwendbar.[1] Ausgenommen vom Anwendungsbereich sind ferner Streitigkeiten um Wohnung und Haushaltsgegenstände nach **ausländischem Recht**, die allerdings ohnehin gem. Art. 17 a EGBGB nur eine geringe Rolle spielen dürften.[2] Diese unterfallen § 266 Abs. 1 Nr. 3. Die **Übergangsregelung** folgt aus Art. 111 Abs. 1 bis 3 FGG-RG.

2. Einigung der Ehegatten

Voraussetzung für die Anwendung der HausratsVO war gem. § 1 Abs. 1 HausratsVO das **3** Nichtvorliegen einer Einigung. § 1361 a Abs. 3 BGB enthält dieses negative Tatbestandsmerkmal weiterhin. Im Fall der Einigung ging die Rechtsprechung nach altem Recht davon aus, dass ein Verfahrenshindernis bestand.[3] Den Gesetzesmaterialien zufolge soll das (Nicht-)Vorliegen einer Einigung nur noch Bedeutung für das **Rechtsschutzbedürfnis** haben.[4] Dem ist zuzustimmen. Damit ist das Familiengericht auch dann zuständig, wenn die Ehegatten sich trotz teilweiser oder vollständiger Einigung um die Ehewohnung oder um Haushaltsgegenstände streiten. Bei vollständiger Einigung fehlt jedoch das Rechtsschutzbedürfnis.[5]

---
[1] BJS/Schwab § 200 Rn 4.
[2] Vgl. Palandt/Thorn Art. 17 a EGBGB Rn 2.
[3] BGH FamRZ 1979, 789.
[4] BT-Drs. 16/6308 S. 249.
[5] SBW/Weinreich § 203 Rn 5.

3. Zuständigkeit kraft Verweisung

4 Für das Verhältnis zwischen Familien- und Prozessgericht in Ehewohnungs- und Haushaltssachen ist nach dem FamFG keine besondere Regelung vorgesehen. Es gilt § 17a Abs. 6 GVG (siehe dazu § 1 Rn 48 ff.).

III. Ehewohnungssachen

1. Ehewohnung

5 Eine Ehewohnung ist jede Räumlichkeit, die während der Ehe beiden Ehegatten **gemeinsam als Unterkunft gedient** hat oder die dafür nach den Umständen bestimmt war. Unerheblich sind die Rechtsverhältnisse an der Wohnung und die Intensität der Nutzung. Die Wohnung verliert den Charakter als Ehewohnung mit dem **endgültigen Auszug** eines Ehegatten, nicht aber schon durch das Verlassen der Wohnung aufgrund von Spannungen und Auseinandersetzungen.[6] Für die Zeit der Trennung stellt § 1361 b Abs. 4 BGB die unwiderlegliche Vermutung auf, dass der Ehegatte, der nach der Trennung aus der Ehewohnung ausgezogen ist und binnen sechs Monaten nach seinem Auszug eine ernstliche Rückkehrabsicht dem anderen Ehegatten gegenüber nicht bekundet hat, dem in der Ehewohnung verbliebenen Ehegatten das alleinige Nutzungsrecht überlassen hat. Zum Anspruch auf Nutzungsentschädigung für die von einem Ehegatten aufgegebene Ehewohnung s. Rn 8.

2. Verfahren nach § 1361 b BGB

6 Gem. § 1361 b Abs. 1 BGB kann ein Ehegatte verlangen, dass ihm der andere die Ehewohnung oder einen Teil zur alleinigen Benutzung überlässt, wenn die Ehegatten voneinander **getrennt leben** oder einer von ihnen getrennt leben will, soweit dies auch unter Berücksichtigung der Belange des anderen Ehegatten notwendig ist, um eine unbillige Härte zu vermeiden. Eine unbillige Härte kann auch dann gegeben sein, wenn das Wohl von im Haushalt lebenden Kindern beeinträchtigt ist. Steht einem Ehegatten allein oder gemeinsam mit einem Dritten das Eigentum, das Erbbaurecht oder der Nießbrauch an dem Grundstück zu, auf dem sich die Ehewohnung befindet, so ist dies besonders zu berücksichtigen. Entsprechendes gilt für das Wohnungseigentum, das Dauerwohnrecht und das dingliche Wohnrecht. Die Gewaltschutzklausel in § 1361 b Abs. 2 BGB sieht vor, dass in der Regel die gesamte Wohnung zur alleinigen Benutzung zu überlassen ist, wenn der Ehegatte, gegen den sich der Antrag richtet, den anderen Ehegatten widerrechtlich und vorsätzlich am Körper, der Gesundheit oder der Freiheit verletzt oder mit einer solchen Verletzung oder der Verletzung des Lebens widerrechtlich gedroht hat. Der Anspruch auf Wohnungsüberlassung ist nur dann ausgeschlossen, wenn keine weiteren Verletzungen und widerrechtlichen Drohungen zu besorgen sind, es sei denn, dass dem verletzten Ehegatten das weitere Zusammenleben mit dem anderen wegen der Schwere der Tat nicht zuzumuten ist.

7 Das Familiengericht kann nur eine **vorläufige Regelung** treffen.[7] Es darf weder eine endgültige Zuweisung der Wohnung noch eine Umgestaltung des Mietverhältnisses erfolgen.[8] Vermieter und Inhaber dinglicher Rechte sind deshalb gem. § 204 Abs. 1 nicht am Verfahren zu beteiligen.

7a § 1361 b BGB ist lex specialis im Verhältnis zu allgemeinen Anspruchsgrundlagen wie § 985 BGB, auf welche der Anspruch auf Überlassung der Ehewohnung gestützt werden könnte. Damit sind auch auf diese Anspruchsgrundlagen gestützte Anträge Ehewohnungssachen i. S. v. § 200 Abs. 1 Nr. 1.[9] Soweit das Gericht jedoch eine Zuweisung der Ehewohnung nach § 2 GewSchG oder § 1666 BGB vornimmt liegt keine Ehewohnungssache vor. Problematisch ist das Verhältnis von § 1361 b BGB zum **possessorischen Besitz-**

---

[6] Palandt/Brudermüller § 1361 b Rn 6.
[7] OLG München FPR 1997, 155; Palandt/Brudermüller § 1361 b Rn 2; Erman/Gamillscheg § 1361 b Rn 19.
[8] OLG München FPR 1997, 155; Bumiller/Harders § 200 Rn 3.
[9] BJS/Schwab § 200 Rn 6.

schutz. Sofern die Ehegatten nicht getrennt leben, ein Ehegatte den anderen aus der Wohnung aussperrt und dieser Wiedereinräumung des Mitbesitzes verlangt, fehlt es an einem Tatbestandsmerkmal des § 1361 b BGB – dem Getrenntleben – mit der Folge, dass § 1361 b BGB nicht einschlägig ist und keine Ehewohnungssache vorliegt. Der auf § 861 BGB gestützte Antrag leitet eine sonstige Familiensache nach § 266 Abs. 1 Nr. 2 ein.[10] Diese Fallkonstellation ist allerdings eher theoretisch. Denn wenn die Auseinandersetzung der Eheleute so weit geht, dass einer den anderen aussperrt, wird jedenfalls der Aussperrende i. d. R. beabsichtigen, sich vom anderen zu trennen. Sofern die Ehegatten getrennt leben, ist es für den Antragsteller wenig hilfreich, den possessorischen Besitzschutz als sonstige Familiensache und die – ggf. teilweise – Zuweisung der Ehewohnung als Ehewohnungssache verfahrensrechtlich unterschiedlich zu behandeln. Eine Verfahrensverbindung[11] ist nicht möglich, weil das Gericht dann in einem Verfahren unterschiedliche Verfahrensordnungen anwenden müsste. Der Antragsteller müsste also, um sein Ziel zu erreichen, zwei verschiedene Verfahren mit dem entsprechenden Kostenrisiko führen. Eine praxisgerechte, unnötige Differenzierungen vermeidende Lösung kann nur durch eine entsprechende Auslegung des materiellen Rechts erfolgen. Es ist davon auszugehen, dass § 1361 b BGB die Vorschriften des possessorischen Besitzschutzes überlagert. Wenn einem Ehegatten im Fall der Trennung der Besitz durch **verbotene Eigenmacht** entzogen wurde, kann er demnach die Wiedereinräumung des Besitzes nach § 1361 b BGB verlangen. Dabei ist der Regelungsgehalt des possessorischen Besitzschutzes einzubeziehen.[12] Damit sind auch Verfahren zwischen getrennt lebenden Eheleuten auf Einräumung des (Mit-)Besitzes nach verbotener Eigenmacht Ehewohnungssachen i. S. v. 200 Abs. 1 Nr. 1 FamFG.[13]

Der **Anspruch auf Nutzungsentschädigung** richtet sich während der Trennung allein **8** nach § 1361 b Abs. 3 S. 2 BGB. Danach kann der Ehegatte, der die Wohnung nicht mehr nutzt, von dem nutzungsberechtigten Ehegatten eine Vergütung für die Nutzung verlangen, soweit dies der Billigkeit entspricht. Das gilt nicht nur bei gerichtlicher Zuweisung, sondern auch dann, wenn der weichende Ehegatte die Ehewohnung freiwillig verlassen und dem verbleibenden Ehegatten zur Nutzung überlassen hat. Für den Anspruch auf eine Nutzungsentschädigung während der Trennungszeit verdrängt § 1361 b Abs. 3 S. 2 BGB die allgemeine Regelung des § 745 Abs. 2 BGB als lex specialis (streitig).[14] Damit unterfallen sämtliche Verfahren auf Nutzungsentschädigung für die Trennungszeit Abs. 1 Nr. 1. Das gilt auch für einen Streit um die Erstattung von Nebenkosten für die Ehewohnung.[15] Sofern das Gericht den Anspruch auf Nutzungsentschädigung auf eine andere Anspruchsgrundlage stützt, handelt es sich nicht um eine sonstige Familiensache i. S. v. § 266 Abs. 1 Nr. 3,[16] sondern ebenfalls um eine Ehewohnungssache gem. § 200 Abs. 1 Nr. 1 in entsprechender Anwendung. Andernfalls würde je nach Anspruchsgrundlage für denselben Lebenssachverhalt unterschiedliches Verfahrensrecht gelten.

Letztlich gehören zu den Ehewohnungssachen auf § 1361 b Abs. 3 S. 1 BGB gestützte **8a** **Unterlassungsgebote.** Danach hat der weichende Ehegatte alles zu unterlassen, was geeignet ist, die die Ausübung des dem anderen Teil überlassenen Rechts zur alleinigen Nutzung zu erschweren oder zu vereiteln.

3. Verfahren nach § 1568 a BGB

Die durch das Gesetz zur Änderung des Zugewinnausgleichs- und Vormundschaftsrechts **9** vom 6. 7. 2009[17] eingeführte Vorschrift betrifft die **Zuweisung der Ehewohnung anlässlich der Scheidung.** § 1568 a BGB ist als Anspruchsgrundlage ausgestaltet und bezweckt

---
[10] MünchKommZPO/Erbarth § 200 FamFG Rn 27.
[11] Dafür MünchKommZPO/Erbarth § 200 FamFG Rn 29.
[12] AG Neustadt a. Rbge FamRZ 2005, 1253 m. w. N.; Palandt/Brudermüller § 1361 b Rn 18.
[13] I. E. ebenso Johannsen/Henrich/Götz § 200 FamFG Rn 21; a. A. BJS/Schwab § 200 Rn 7; MünchKommZPO/Erbarth § 200 FamFG Rn 30.
[14] OLG Frankfurt FamRZ 2011, 373; OLG Hamm FamRZ 2011, 481; Palandt/Brudermüller § 1361 b Rn 20 m. w. N. auch für die Gegenmeinung.
[15] OLG Saarbrücken FamRZ 2010, 1981.
[16] So Johannsen/Henrich/Götz § 200 FamFG Rn 10; MünchKommBGB/Weber-Monecke § 1361 b Rn 17.
[17] BGBl. I S. 1696.

die **endgültige Überlassung der Ehewohnung** bei gleichzeitiger Umgestaltung oder Begründung eines Mietverhältnisses. Nach § 1568a Abs. 1 BGB kann ein Ehegatte verlangen, dass ihm der andere Ehegatte anlässlich der Scheidung die Ehewohnung überlässt, wenn er auf deren Nutzung unter Berücksichtigung des Wohls der im Haushalt lebenden Kinder und der Lebensverhältnisse der Ehegatten in stärkerem Maße angewiesen ist als der andere Ehegatte oder die Überlassung aus anderen Gründen der Billigkeit entspricht. § 1568a Abs. 2 BGB sieht für den Fall, dass einer der Ehegatten allein oder gemeinsam mit einem Dritten Eigentümer des Grundstücks ist, auf dem sich die Ehewohnung befindet, oder einem Ehegatten allein oder gemeinsam mit einem Dritten ein Nießbrauch, das Erbbaurecht oder ein dingliches Wohnrecht an dem Grundstück zusteht, vor, dass der andere Ehegatte die Überlassung nur verlangen kann, wenn dies notwendig ist, um eine unbillige Härte zu vermeiden. Entsprechendes gilt für das Wohnungseigentum und das Dauerwohnrecht. Nach § 1568a Abs. 3 BGB führt die Zuweisungsentscheidung zu einer Mietvertragsänderung, indem der Antragsteller mit Rechtskraft der Endentscheidung im Wohnungszuweisungsverfahren an Stelle des zur Überlassung verpflichteten Ehegatten in ein von diesem eingegangenes Mietverhältnis eintritt oder ein von beiden eingegangenes Mietverhältnis allein fortsetzt. Wenn kein Mietverhältnis über die Ehewohnung besteht, sieht § 1586a Abs. 5 BGB vor, dass der Ehegatte, der Anspruch auf deren Überlassung hat, von der zur Vermietung berechtigten Person die Begründung eines Mietverhältnisses zu ortsüblichen Bedingungen verlangen kann. Umgekehrt kann dies auch die zur Vermietung berechtigte Person von dem Ehegatten verlangen. Sonderregelungen gelten gem. § 1568a Abs. 4 BGB für Dienst- und Werkwohnungen.

9a Die Ehegatten können eine gem. § 1568a Abs. 3 Nr. 1 BGB für den Vermieter verbindliche Einigung über die Überlassung der Ehewohnung an einen Ehegatten treffen. Ein Verfahren, das zwischen ihnen im Anschluss an eine solche Mitteilung um die Ehewohnung geführt wird, z. B. eine Besitzschutzklage, ist keine Ehewohnungssache i. S. v. § 200 Abs. 1 Nr. 2 FamFG mehr,[18] sondern eine sonstige Familiensache, § 266 Abs. 1 Nr. 3 FamFG.[19]

10 Im Hinblick auf die nach Umgestaltung oder Begründung des Mietverhältnisses geschuldete Miete verzichtet § 1568a BGB auf die Regelung einer **Nutzungsentschädigung**. Dennoch kann es im Ausnahmefall zu einem Streit darüber kommen, wenn ein Ehegatte zwar die Überlassung, nicht aber die Begründung eines Mietverhältnisses verlangt.[20] Anspruchsgrundlage ist § 745 Abs. 2 BGB.[21] Kraft Sachzusammenhangs liegt auch dann – wie im Fall der nicht auf § 1361b Abs. 3 S. 2 BGB gestützten Anspruchs auf Nutzungsentschädigung während der Trennung (s. Rn 8) – eine Ehewohnungssache vor.[22]

IV. Haushaltssachen

1. Haushaltsgegenstände

11 Zu den Haushaltsgegenständen zählen alle Gegenstände, die unabhängig von Anschaffungszeitpunkt und -motiv, vom Wert und von den Eigentumsverhältnissen nach den Vermögens- und Lebensverhältnissen der Ehegatten und Kinder **für das Zusammenleben sowie für die Wohn- und Hauswirtschaft bestimmt** sind.[23] Während sich dies für kleinere bewegliche Gegenstände wie Geschirr, Besteck, Fernsehapparate und auch Möbel i. d. R. einfach feststellen lässt, ergeben sich Probleme bei eingebauten Einrichtungsgegenständen, insbesondere Einbauküchen und bei Pkw. Hier kommt es auf den Einzelfall an.[24]

---

[18] AG Tempelhof-Kreuzberg NJW 2010, 2445.
[19] Büte FPR 2010, 537/539; Heinemann MDR 2009, 1026/1028; s. dazu AG Tempelhof-Kreuzberg NJW 2010, 2445, welches für hinsichtlich eines späteren Antrages nach § 861 BGB von der Zuständigkeit des Zivilgericht ausgeht.
[20] Götz/Brudermüller FPR 2009, 38/42.
[21] OLG Köln FamRZ 2011, 372; Büte FPR 2010, 537/538.
[22] A. A. OLG Köln FamRZ 2011, 372; Johannsen/Henrich/Götz § 200 FamFG Rn 11.
[23] Palandt/Brudermüller § 1361a Rn 2; Büte FPR 2010, 537/538.
[24] Abgrenzungskriterien bei Palandt/Brudermüller § 1361a Rn 5.

2. Verfahren nach § 1361 a BGB

Gem. § 1361 a Abs. 1 BGB kann bei Getrenntleben jeder Ehegatte die ihm gehörenden **12** Haushaltsgegenstände von dem anderen Ehegatten herausverlangen. Er ist jedoch verpflichtet, sie dem anderen Ehegatten zum Gebrauch zu überlassen, soweit dieser sie zur Führung eines abgesonderten Haushalts benötigt und die Überlassung nach den Umständen des Falles der Billigkeit entspricht. § 1361 a Abs. 2 BGB sieht vor, dass Haushaltsgegenstände, die den Ehegatten gemeinsam gehören, zwischen ihnen nach den Grundsätzen der Billigkeit verteilt werden. Die Eigentumsverhältnisse bleiben gem. § 1361 a Abs. 4 BGB unberührt, sofern die Ehegatten nichts anderes vereinbaren. § 1361 a Abs. 1 S. 1 BGB gilt nach h. M. entsprechend, wenn Haushaltsgegenstände zurückverlangt werden, die ein Ehegatte **eigenmächtig entfernt** hat.[25] Auch dann liegt eine Haushaltssache vor.[26] Der Streit kann auf die **Zuweisung einzelner Gegenstände** beschränkt werden. Die Verteilung der gesamten Haushaltsgegenstände ist nicht erforderlich.

Das Gericht trifft eine **vorläufige Regelung,** ohne in die Eigentumsverhältnisse ein- **13** zugreifen. Die Entscheidung gilt **nur für die Zeit der Trennung** und verliert ihre Kraft, wenn die Ehegatten die eheliche Lebensgemeinschaft wieder aufnehmen oder die Ehe rechtskräftig geschieden wird.[27] Das Gericht kann nach § 1361 a Abs. 3 S. 2 BGB eine angemessene **Vergütung** für die Benutzung der Haushaltsgegenstände festsetzen. Der Streit um diese Vergütung ist ebenfalls eine Haushaltssache. Dasselbe gilt wie bisher kraft Sachzusammenhangs für Verfahren, die den **Schadensersatz** oder die **Herausgabe des Erlöses** nach unberechtigter Veräußerung von Haushaltsgegenständen betreffen.[28]

3. Verfahren nach § 1568 b BGB

§ 1568 b BGB wurde durch das Gesetz zur Änderung des Zugewinnausgleichs- und **14** Vormundschaftsrechts vom 6. 7. 2009[29] eingeführt. Gem. § 1568 b Abs. 1 BGB kann jeder Ehegatte verlangen, dass ihm der andere Ehegatte anlässlich der Scheidung die **im gemeinsamen Eigentum stehenden Haushaltsgegenstände** überlässt und übereignet, wenn er auf deren Nutzung unter Berücksichtigung des Wohls der im Haushalt lebenden Kinder und der Lebensverhältnisse der Ehegatten in stärkerem Maße angewiesen ist als der andere Ehegatte oder dies aus anderen Gründen der Billigkeit entspricht. Haushaltsgegenstände, die während der Ehe für den gemeinsamen Haushalt angeschafft wurden, gelten gem. § 1568 b Abs. 2 BGB für die Verteilung als gemeinsames Eigentum der Ehegatten, es sei denn, das Alleineigentum eines Ehegatten steht fest. § 1568 b Abs. 3 BGB sieht vor, dass der Ehegatte, der sein Eigentum nach Absatz 1 überträgt, eine angemessene **Ausgleichszahlung** verlangen kann.

§ 1568 b BGB ist als Anspruchsgrundlage ausgestaltet und bezweckt die Verteilung aller **15** Haushaltsgegenstände, die im gemeinsamen Eigentum der Eheleute stehen. Haushaltssachen sind nicht nur die Überlassung und Übereignung betreffenden Verfahren, sondern auch diejenigen, die die Ausgleichszahlung oder Schadensersatz und Herausgabe des Erlöses (s. Rn 13) betreffen.

V. Verfahren, Kosten und Gebühren

Das FamFG regelt in den §§ 200 bis 209 die örtliche Zuständigkeit (§§ 201, 202), den **16** Antrag (§ 203), die Beteiligung Dritter (§ 204 Abs. 1), die Beteiligung und Anhörung des Jugendamts (§§ 204 Abs. 2, 205), den Erörterungstermin (§ 207), die Folgen des Todes eines Ehegatten (§ 208) sowie die Durchführung und Wirksamkeit der Entscheidung (§ 209). § 206 enthält besondere Vorschriften für Haushaltssachen. Im Übrigen gelten die Allgemeinen Vorschriften, insbesondere – vorbehaltlich §§ 203 Abs. 2, 206 – der Amtsermittlungsgrundsatz, § 26. Die **Vollstreckung** richtet sich nach den §§ 86, 87, 95, 96. Bei

---

[25] Palandt/Brudermüller § 1361 a Rn 19 m. w. N.
[26] Musielak/Borth § 200 Rn 2.
[27] OLG Brandenburg FamRZ 2000, 1102.
[28] BeckOK/Schlünder § 200 FamFG Rn 13; a. A. Musielak/Borth § 200 Rn 10.
[29] BGBl. I S. 1696.

einer einstweiligen Anordnung in einer Ehewohnungssache ist gem. § 96 Abs. 2 im Rahmen der Vollstreckung die mehrfache Einweisung des Besitzes während der Geltungsdauer möglich (s. § 96 Rn 5). Sämtliche Ehewohnungs- und Haushaltssachen können unter den Voraussetzungen des § 137 Abs. 2 Nr. 3 als **Folgesachen** anhängig gemacht werden. Außerhalb des Verbunds besteht **kein Anwaltszwang**, § 114 Abs. 1. Das Verfahren der einstweiligen Anordnung richtet sich nach den §§ 49 ff. Zulässiger Rechtsbehelf ist die **Beschwerde**, § 58. Das gilt gegenüber einer einstweiligen Anordnung nur, wenn das Gericht über einen Antrag auf Zuweisung der Wohnung entschieden hat, § 57 S. 2 Nr. 5 (s. § 57 Rn 10). Die **Aufhebung** und **Änderung** von Entscheidungen richtet sich nach § 48 Abs. 1. Danach kann auch ein Beschluss abgeändert werden, durch den ein Antrag zurückgewiesen wurde.[30] Wie bisher rechtfertigen Entwicklungen, die zum Zeitpunkt der Erstentscheidung bereits absehbar waren, z. B. die bereits fest geplante neue Eheschließung eines Beteiligten, die Abänderung nicht.[31] Im Übrigen gelten für die Wesentlichkeit der Abänderung i. S. v. § 48 Abs. 1 S. 1 die zu § 17 HausratsVO entwickelten Kriterien.[32]

17 Der **Verfahrenswert** bestimmt sich nach § 48 FamGKG (Ehewohnungssachen nach § 200 Abs. 1 Nr. 1: 3000 €, nach § 200 Abs. 1 Nr. 2: 3000 €, Haushaltssachen nach § 200 Abs. 2 Nr. 1: 2000 €, nach § 200 Abs. 2 Nr. 2: 3000 €; bei Unbilligkeit kann das Gericht einen höheren oder niedrigeren Wert festsetzen). § 200 Abs. 1 Nr. 1 FamGKG gilt auch für Nutzungsentschädigungsansprüche nach § 1361 Abs. 3 BGB.[33] Die **Gerichtsgebühren** richten sich in selbständigen Verfahren nach Hauptabschnitt 3, Abschnitt 2, der Anlage 1 zu § 3 Abs. 2 FamGKG, im Verbund nach Hauptabschnitt 1. An **Rechtsanwaltsgebühren** fällt eine Verfahrensgebühr nach Nr. 3100 VV RVG an; zudem kann eine Terminsgebühr nach Nr. 3104 VV RVG entstehen.

Örtliche Zuständigkeit

201 Ausschließlich zuständig ist in dieser Rangfolge:

1. während der Anhängigkeit einer Ehesache das Gericht, bei dem die Ehesache im ersten Rechtszug anhängig ist oder war;
2. das Gericht, in dessen Bezirk sich die gemeinsame Wohnung der Ehegatten befindet;
3. das Gericht, in dessen Bezirk der Antragsgegner seinen gewöhnlichen Aufenthalt hat;
4. das Gericht, in dessen Bezirk der Antragsteller seinen gewöhnlichen Aufenthalt hat.

I. Normzweck und Anwendungsbereich

1 § 201 regelt die **örtliche Zuständigkeit für Ehewohnungs- und Haushaltssachen** i. S. v. § 200. Es handelt sich um eine ausschließliche Zuständigkeit in der angegebenen Rangfolge.

II. Örtliche und funktionelle Zuständigkeit

1. Ausschließliche Zuständigkeit, Rangfolge

2 § 201 begründet eine ausschließliche Zuständigkeit. Im Gegensatz zum Wahlgerichtsstand (z. B. nach § 211) kann der Antragsteller nicht unter mehreren örtlich zuständigen Gerichten wählen. Es wird vielmehr (wie in § 122) eine bestimmte Rangfolge aufgestellt. Wenn ein Antrag bei einem unzuständigen Gericht gestellt wird, ist das Verfahren gem. § 3 an das zuständige Gericht zu **verweisen**. Sofern der Gerichtsstand nach Nr. 3 gegeben ist und die Beteiligten in unterschiedlichen Amtsgerichtsbezirken ihren gewöhnlichen Aufenthalt haben, ist es möglich, dass unabhängig voneinander Verfahren mit identischem Streitgegenstand bei verschiedenen Amtsgerichten anhängig gemacht werden. In diesem Fall ist

---

[30] OLG Stuttgart NJW-RR 2011, 507.
[31] Götz/Brudermüller FPR 2009, 38/41; zum alten Recht s. AG Neustadt a. Rbge FamRZ 2007, 920.
[32] OLG Stuttgart NJW-RR 2011, 507.
[33] OLG Bamberg AGS 2011, 197 = BeckRS 2011, 04743.

Abgabe an das Gericht der Ehesache

das zuerst mit der Sache befasste Gericht gem. § 2 Abs. 1 zuständig.[1] **Funktionell zuständig** ist der Richter. Eine Übertragung auf den Rechtspfleger ist in den §§ 3, 14, 25 RPflG nicht vorgesehen.

2. Die Gerichtsstände im Einzelnen

Nach Abs. 1 S. 1 ist während der Anhängigkeit der Ehesache die **ausschließliche Zuständigkeit** des Gerichts begründet, bei dem die Ehesache i. S. v. § 121 im ersten Rechtszug anhängig ist oder war. Eine Ehesache in diesem Sinne ist auch das Wiederaufnahmeverfahren in einer Scheidungssache. 3

Die **Anhängigkeit beginnt** mit der Einreichung des Antrags in der Ehesache beim Familiengericht. Ein Verfahrenskostenhilfeantrag reicht nicht aus.[2] Die Zuständigkeit endet mit dem Ende der Anhängigkeit der Ehesache. Die **Anhängigkeit endet** mit der Rücknahme des Antrages, der übereinstimmenden Erledigung und der Rechtskraft des Scheidungsurteils.[3] Dasselbe gilt für den Tod eines Ehegatten (§ 131), der gem. § 208 allerdings auch das Verfahren in Ehewohnungs- und Haushaltssachen beendet. Nr. 1 greift nicht ein, wenn nach Rechtskraft des Scheidungsurteils noch eine Folgesache anhängig ist[4] oder die Anhängigkeit der Ehesache nach Einreichung aber vor Zustellung des Antrages in der Ehewohnungs- und Haushaltssache endet.[5] Dem Wortlaut der Vorschrift nach wird die Zuständigkeit des Gerichts der Ehesache auch begründet, wenn diese vor einem **örtlich unzuständigen Gericht** anhängig ist.[6] Die Zuständigkeit nach § 201 bleibt bestehen, wenn die Anhängigkeit der Ehesache vor Abschluss des Verfahrens nach § 200 endet.[7] Bei Anhängigkeit der Ehesache in einer höheren Instanz ist das Familiengericht zuständig, das erstinstanzlich entschieden hat.[8] 4

Nr. 2 begründet die Zuständigkeit des Gerichts, in dessen Bezirk sich die **gemeinsame Wohnung** des Antragstellers und des Antragsgegners befindet. Dieser Gerichtsstand ist insbesondere von Bedeutung, wenn ein Ehegatte gem. § 1361b BGB verlangt, dass ihm die noch gemeinsam genutzte Ehewohnung allein zugewiesen wird. Zum Begriff der gemeinsamen Wohnung s. § 200 Rn 5. Die Wohnung muss sich im Inland befinden.[9] 5

Nr. 3 stellt ab auf den **gewöhnlichen Aufenthalt** des Antragsgegners. Zum Begriff des gewöhnlichen Aufenthalts s. § 3 Rn 8. Sofern der Antragsgegner keinen gewöhnlichen Aufenthalt im Inland hat, kommt es nach Nr. 4 auf denjenigen des Antragstellers an. 6

Abgabe an das Gericht der Ehesache

202 [1] Wird eine Ehesache rechtshängig, während eine Ehewohnungs- oder Haushaltssache bei einem anderen Gericht im ersten Rechtszug anhängig ist, ist diese von Amts wegen an das Gericht der Ehesache abzugeben. [2] § 281 Abs. 2 und 3 Satz 1 der Zivilprozessordnung gilt entsprechend.

I. Normzweck und Anwendungsbereich

Die § 621 Abs. 3 ZPO a. F. entsprechende Norm dient – wie die §§ 123, 153, 233, 263, 268 – der **Zuständigkeitskonzentration** bei dem Gericht der Ehesache. Sie gilt wie § 202 für alle Ehewohnungs- und Haushaltssachen. Abzugeben ist auch ein Verfahren auf Erlass einer **einstweiligen Anordnung** (Einzelheiten s. § 50 Rn 7). 1

---

[1] Bumiller/Harders § 201 Rn 5.
[2] Horndasch/Viefhues/Kemper § 201 Rn 7; Thomas/Putzo/Hüßtege § 201 FamFG Rn 4; Haußleiter/Fest § 200 Rn 3.
[3] Horndasch/Viefhues/Kemper § 201 Rn 7.
[4] BGH NJW 1982, 1000.
[5] BGH NJW 1981, 126; Horndasch/Viefhues/Kemper § 201 Rn 8; a. A. Thomas/Putzo/Hüßtege § 201 FamFG Rn 4.
[6] Johannsen/Henrich/Götz § 201 FamFG Rn 3.
[7] MünchKommZPO/Erbarth § 201 FamFG Rn 6.
[8] Johannsen/Henrich/Götz § 201 FamFG Rn 3.
[9] BJS/Schwab § 201 Rn 3.

II. Die Abgabe

1. Voraussetzung der Abgabe (S. 1)

2   Die Abgabe an das Gericht der Ehesache erfolgt, wenn eine Ehesache rechtshängig wird, während eine Ehewohnungs- oder Haushaltssache bei einem anderen Gericht im ersten Rechtszug anhängig ist. Zu den Begriffen der Rechts- und Anhängigkeit s. § 153 Rn 2 und 3. Die Abgabe der Ehewohnungs- oder Haushaltssache ist nur bis zur abschließenden Entscheidung erster Instanz zulässig. Zur Abgabe nach Zurückverweisung s. § 153 Rn 2, zur Abgabe nach vorheriger Verweisung durch das Gericht der Ehesache s. § 153 Rn 6.

2. Verfahren, Unanfechtbarkeit und Wirkung der Abgabe, Kosten (S. 2)

3   Das Abgabeverfahren richtet sich nach § 4 (s. dazu § 153 Rn 4). Zur Unanfechtbarkeit der Abgabe und deren Wirkung sowie zu den Kosten s. § 153 Rn 8 bis 12.

Antrag

203

(1) Das Verfahren wird durch den Antrag eines Ehegatten eingeleitet.

(2) ¹Der Antrag in Haushaltssachen soll die Angabe der Gegenstände enthalten, deren Zuteilung begehrt wird. ²Dem Antrag in Haushaltssachen nach § 200 Abs. 2 Nr. 2 soll zudem eine Aufstellung sämtlicher Haushaltsgegenstände beigefügt werden, die auch deren genaue Bezeichnung enthält.

(3) Der Antrag in Ehewohnungssachen soll die Angabe enthalten, ob Kinder im Haushalt der Ehegatten leben.

I. Normzweck und Anwendungsbereich

1   § 203 enthält besondere Bestimmungen für den Antrag in Ehewohnungs- und Haushaltssachen i. S. v. § 200. **Abs. 1** bestimmt, dass es sich um Antragsverfahren handelt. **Abs. 2** sieht besondere, die Mitwirkungspflicht aus § 27 konkretisierende Bestimmungen für den Antrag in Haushaltssachen vor. Die Vorschrift wird durch die in § 206 enthaltene Regelung ergänzt. Abs. 2 S. 1 dient der Verfahrensökonomie, da der Verfahrensstoff auf die streitigen Punkte begrenzt wird. Abs. 2 S. 2 soll eine Verringerung des Umfangs gerichtlicher Ermittlungen und damit eine kürzere Verfahrensdauer bewirken.[1] **Abs. 3** bezweckt eine frühzeitige und sachgerechte Beteiligung des Jugendamts.

II. Antrag in Haushaltssachen (Abs. 1, 2)

2   Die Verfahren in Haushaltssachen werden gem. Abs. 1 **nur auf Antrag** eingeleitet. Antragsberechtigt sind nur die Ehegatten, im Fall des § 1568a Abs. 5 BGB auch die zur Vermietung berechtigte Person.[2] Der Antrag ist nicht bloßer Verfahrensantrag sondern **Sachantrag**, den das Gericht nicht überschreiten darf.[3] Das Nichtvorliegen einer **Einigung** ist nicht Voraussetzung des Antrages (s. § 200 Rn 3). Abs. 2 enthält Vorgaben für den Antrag in Haushaltssachen. Es handelt sich nicht um zwingende Vorgaben, sondern um **Soll-Vorschriften,** deren Nichteinhaltung nicht sanktioniert ist. Das Gericht soll, wenn die Angaben fehlen, auf eine Nachbesserung hinwirken und kann zu diesem Zweck außerdem Auflagen nach § 206 Abs. 1 erteilen.

3   **Sämtliche Anträge** in Haushaltssachen sollen gem. Abs. 2 S. 1 die Angabe der Gegenstände enthalten, deren Zuweisung begehrt wird. Die Angabe ist entbehrlich, wenn nur eine Nutzungsentschädigung verlangt wird. Geht es dagegen – wie im Regelfall – um die Zuteilung von Gegenständen soll der Antragsteller das **Verfahrensziel präzisieren.** Die

---

[1] BT-Drs. 16/6308 S. 249.
[2] BJS/Schwab § 203 Rn 2.
[3] Johannsen/Henrich/Götz § 203 FamFG Rn 2; BJS/Schwab § 203 Rn 4, 5; a. A. MünchKommZPO/Erbarth § 203 FamFG Rn 5; SBW/Weinreich § 203 Rn 4.

Gegenstände müssen so genau beschrieben werden, dass ein stattgebender Beschluss einen **vollstreckungsfähigen Inhalt** hat.[4]

Dem Antrag in Haushaltssachen nach § 200 Abs. 2 Nr. 2, also in Verfahren, die die **Verteilung des Haushalts nach der Scheidung** betreffen, soll zudem eine Aufstellung sämtlicher Haushaltsgegenstände (Hausratsliste) beigefügt werden, die auch deren genaue Bezeichnung enthält. Denn für eine endgültige Verteilung der Haushaltsgegenstände ist es i. d. R. erforderlich zu wissen, welche Gegenstände insgesamt zum Haushalt gehören, selbst wenn diese bereits z. T. aufgeteilt wurden. Die ohnehin notwendige Klärung des Bestandes wird damit auf den Antragsteller in die Zeit vor Einleitung des gerichtlichen Verfahrens verlagert. **4**

Für den Inhalt des Antrages gilt im Übrigen grundsätzlich § 23, doch bestehen unabhängig von Abs. 2 und § 206 vergleichsweise höhere Anforderungen an Antrag und Begründung als z. B. in Kindschaftssachen. Da am Ausgang des Verfahrens kein gesteigertes öffentliches Interesse besteht und die Verfahren Ähnlichkeit mit einem Zivilprozess haben,[5] obliegt dem Antragsteller eine **gesteigerte Darlegungslast.** Der Antragsteller muss durch die Darstellung des Sachverhalts und die Angabe der ihm bekannten Beweismittel dem Gericht Anhaltspunkte dafür liefern, welche Ermittlungen (von Amts wegen, § 26, vorbehaltlich § 206 Abs. 3) anzustellen sind.[6] Das gilt vor allem für vom Antragsgegner bestrittenen Vortrag. **5**

III. Antrag in Ehewohnungssachen (Abs. 3)

Ehewohnungssachen werden gem. Abs. 1 ebenfalls nur auf Antrag eingeleitet, der den Anforderungen des § 23 entsprechen muss. Darüber hinaus schreibt Abs. 3 lediglich die Angabe vor, ob Kinder im Haushalt der Ehegatten leben. In diesem Fall ist das **Jugendamt** gem. § 205 Abs. 1 anzuhören und gem. § 204 Abs. 2 auf Antrag zu beteiligen; ferner ist ihm nach § 205 Abs. 2 die Entscheidung mitzuteilen. Aufgrund der Angabe in der Antragsschrift vermag das Gericht sofort nach Antragseingang das Erforderliche zu veranlassen. Darüber hinaus sollte auch der Antrag in Ehewohnungssachen das Ziel des Verfahrens genau bezeichnen (insbesondere die Wohnung genau benennen) sowie begründen, warum die Zuweisung verlangt wird. **6**

Beteiligte

§ 204

(1) In Ehewohnungssachen nach § 200 Abs. 1 Nr. 2 sind auch der Vermieter der Wohnung, der Grundstückseigentümer, der Dritte (§ 1568 a Absatz 4 des Bürgerlichen Gesetzbuchs) und Personen, mit denen die Ehegatten oder einer von ihnen hinsichtlich der Wohnung in Rechtsgemeinschaft stehen, zu beteiligen.

(2) Das Jugendamt ist in Ehewohnungssachen auf seinen Antrag zu beteiligen, wenn Kinder im Haushalt der Ehegatten leben.

I. Normzweck und Anwendungsbereich

§ 204 ergänzt § 7 und regelt die Beteiligtenstellung in Ehewohnungssachen. Abs. 1 betrifft nur die Verfahren über die Zuweisung der Ehewohnung anlässlich der Scheidung gem. § 1568 a BGB und regelt die Beteiligung Dritter, deren Rechte durch die Entscheidung über die Ehewohnung betroffen werden können. Diesen soll rechtliches Gehör gewährt werden. Abs. 2 betrifft dagegen sämtliche Ehewohnungssachen und regelt die Beteiligung des Jugendamts. Dafür gilt – wie in §§ 162 Abs. 2, 212 – die sog. „**Zugriffslösung**". Damit soll unnötiger Verwaltungsaufwand bei Gerichten und Jugendämtern vermieden werden.[1] **1**

---

[4] OLG Brandenburg BeckRS 2002, 30274846.
[5] BT-Drs. 16/6308 S. 250.
[6] Bumiller/Harders § 203 Rn 3.
[1] BT-Drs. 16/6308 S. 250.

II. Beteiligung in Verfahren nach § 1568 a BGB (Abs. 1)

2 In Verfahren nach § 1568 a BGB sind der Vermieter der Wohnung, der Grundstückseigentümer, der Dritte i. S. v. § 1568 a Abs. 4 BGB und Personen, mit denen die Ehegatten oder einer von ihnen hinsichtlich der Wohnung in Rechtsgemeinschaft stehen, zu beteiligen. **Vermieter i. S. v. Abs. 1 sind** auch der Untervermieter, der Verleiher, der Verpächter oder bei Zuteilung einer Genossenschaftswohnung die Genossenschaft.[2] Unter den Begriff des **Eigentümers** fielen nach der Auslegung des § 7 HausratsVO auch der Nießbraucher[3] sowie die Inhaber eines Erbbaurechts oder dinglichen Wohnungsrechts.[4] Da der Wortlaut des Abs. 1 insoweit unverändert geblieben ist und eine Änderung auch vom Gesetzgeber nicht geplant war,[5] besteht kein Anlass, Abs. 1 enger auszulegen als § 7 HausratsVO und allein den Eigentümer als Beteiligten i. S. v. Abs. 1 zu verstehen mit der Folge, dass Nießbraucher und Inhaber eines Erbbaurechts oder dinglichen Wohnungsrechts nicht unter Abs. 1, sondern unter § 7 Abs. 2 Nr. 1 zu subsumieren wären.[6] Dritter i. S. v. § 1568 a Abs. 4 BGB ist der **Arbeitgeber oder Dienstherr,** der eine Dienst- der Werkwohnung i. S. v. § 1568 a Abs. 4 BGB gestellt hat.[7] Zu den Personen, mit denen die Ehegatten oder einer von ihnen hinsichtlich der Wohnung in **Rechtsgemeinschaft** stehen, zählen Untermieter unabhängig davon, welcher Ehegatte den Untermietvertrag abgeschlossen hat, der neue Ehepartner des in der Wohnung verbliebenen Ehegatten[8] und volljährige Kinder,[9] nicht aber weitere nahe Angehörige[10] oder Lebensgefährten,[11] die in die Wohnung aufgenommen wurden. Diese sind dennoch gem. § 7 Abs. 2 Nr. 1 zu beteiligen, wenn sie gem. § 209 Abs. 1 zur Räumung verpflichtet werden sollen (s. § 209 Rn 3 a). Minderjährige Kinder sind dagegen nicht zu beteiligen,[12] da sie keinen eigenständigen Mitbesitz an der Wohnung begründen.[13]

III. Beteiligung des Jugendamts (Abs. 2)

3 Die Beteiligung des Jugendamts erfolgt **in allen Ehewohnungssachen** auf seinen **Antrag** hin, wenn Kinder im Haushalt der Ehegatten leben. Der Wortlaut weicht geringfügig von der Parallelvorschrift des § 212 ab, wonach die Beteiligung voraussetzt, dass ein Kind in dem Haushalt lebt. Gemeint ist in jedem Fall, dass sich (mindestens) ein Kind im Haushalt befinden muss (s. § 212 Rn 2). Das Jugendamt ist aufgrund des Antrages Beteiligter i. S. v. § 7 Abs. 2 Nr. 2. Der Antrag kann nicht abgelehnt werden, die Hinzuziehung ist zwingend.[14] Allein die Anhörung gem. § 205 Abs. 1 macht das Jugendamt dagegen nicht zum Beteiligten, s. § 7 Abs. 6. Dasselbe gilt für die Zustellung der Entscheidung gem. § 205 Abs. 2. Wenn das Jugendamt keinen Antrag stellt, ist das Gericht nicht befugt, dieses gem. § 7 Abs. 3 zu beteiligen.[15] Denn § 7 Abs. 3 betrifft Personen, die über den Kreis der Beteiligten nach § 7 Abs. 2 hinaus hinzugezogen werden können.[16] Das Jugendamt ist keine Person in diesem Sinne.

---

[2] SBW/Weinreich § 204 Rn 4.
[3] OLG Celle NdsRpfl. 1961, 288.
[4] Erman/Maier § 7 HausratsVO Rn 1.
[5] BT-Drs. 16/6308 S. 249.
[6] SBW/Weinreich § 204 Rn 6; Thomas/Putzo/Hüßtege § 204 FamFG Rn 3; a. A. Johannsen/Henrich/Götz § 204 FamFG Rn 2; MünchKommZPO/Erbarth § 204 FamFG Rn 6.
[7] Horndasch/Viefhues/Kemper § 204 Rn 7.
[8] BJS/Schwab § 204 Rn 5.
[9] A. A. BJS/Schwab § 204 Rn 5.
[10] BJS/Schwab § 204 Rn 5; a. A. Johannsen/Henrich/Götz § 204 FamFG Rn 2.
[11] SBW/Weinreich § 204 Rn 8; a. A. Horndasch/Viefhues/Kemper § 204 Rn 8.
[12] SBW/Weinreich § 204 Rn 8.
[13] Zum Mitbesitz s. BGH NJW 2008, 1959.
[14] Horndasch/Viefhues/Kemper § 204 Rn 9.
[15] BJS/Schwab § 204 Rn 8; BeckOK/Schlünder § 212 FamFG Rn 4; a. A. Johannsen/Henrich/Götz § 204 FamFG Rn 4; Thomas/Putzo/Hüßtege § 204 FamFG Rn 5.
[16] BT-Drs. 16/6308 S. 179.

IV. Weitere Beteiligte in Ehewohnungs- und Haushaltssachen

In allen Ehewohnungs- und Haushaltssachen sind gem. § 7 Abs. 1 der **Antragsteller** und gem. § 7 Abs. 2 Nr. 1 der **Antragsgegner** Beteiligte. Die in Abs. 1 Genannten sind dagegen in Verfahren nach § 200 Abs. 1 Nr. 1 über die Zuweisung der Ehewohnung bei Getrenntleben gem. § 1361 b BGB ausdrücklich nicht zu beteiligen, da in deren Rechte nicht eingegriffen wird (s. § 200 Rn 7).[17]

Anhörung des Jugendamts in Ehewohnungssachen

205 (1) In Ehewohnungssachen soll das Gericht das Jugendamt anhören, wenn Kinder im Haushalt der Ehegatten leben. Unterbleibt die Anhörung allein wegen Gefahr im Verzug, ist sie unverzüglich nachzuholen.

(2) ¹Das Gericht hat in den Fällen des Absatzes 1 Satz 1 dem Jugendamt die Entscheidung mitzuteilen. ²Gegen den Beschluss steht dem Jugendamt die Beschwerde zu.

I. Normzweck und Anwendungsbereich

§ 205 regelt die Anhörung des Jugendamts in Ehewohnungssachen sowie die Mitteilung der Entscheidung und die Beschwerdebefugnis des Jugendamts in diesen Verfahren. Davon unabhängig ist die Beteiligung des Jugendamts, die sich nach § 204 Abs. 2 richtet. Die Anhörung des Jugendamts soll einerseits die Sachverhaltsaufklärung fördern und andererseits dem Gericht die Möglichkeit geben, dessen besondere Erfahrung für die eigene Entscheidungsfindung zu nutzen.[1] Die Bekanntmachung der Entscheidung dient der Information wie der Förderung der Zusammenarbeit von Gericht und Jugendamt.[2]

II. Anhörung des Jugendamts (Abs. 1)

Das Jugendamt soll in Ehewohnungssachen (§ 200 Abs. 1) angehört werden, wenn Kinder in dem Haushalt leben. Das muss, wie ein Vergleich mit § 212 zeigt, auch für den Fall gelten, dass sich nur ein Kind im Haushalt befindet. Die Anhörung ist **nicht nur vor einer ablehnenden Entscheidung vorgesehen**. Dem entspricht eine **Pflicht des Jugendamts zur Mitwirkung** gem. § 50 Abs. 1 S. 2 Nr. 4 SGB VIII. Die Ausgestaltung als Soll-Vorschrift bedingt, dass das Gericht in begründeten Fällen von der Anhörung absehen kann. Das kann in einem Hauptsacheverfahren gerechtfertigt sein, wenn eine Entscheidung über die Ehewohnung im Wege der einstweiligen Anordnung vorangegangen ist, bereits in diesem Verfahren die Belange der Kinder berücksichtigt wurden und eine abweichende Entscheidung in der Hauptsache nicht zu erwarten ist. Der Grund für die unterbliebene Anhörung ist in jedem Fall zu dokumentieren, denn die grundlos unterbliebene Anhörung stellt einen **Verfahrensfehler** dar, der mit der Beschwerde gerügt werden kann,[3] jedoch nur auf Antrag, § 69 Abs. 1 S. 3, zur Aufhebung und Zurückverweisung führt. Im **Beschwerdeverfahren** kann die Anhörung unter den Voraussetzungen des § 68 Abs. 3 S. 2 unterbleiben.

Falls die Anhörung wegen **Gefahr im Verzug** nicht erfolgt ist sie unverzüglich nachzuholen. Das betrifft vor allem das Verfahren der einstweiligen Anordnung. Vor Nachholung der Anhörung ist zu prüfen, ob davon nicht ausnahmsweise abgesehen werden kann (s. Rn 2).

III. Zustellung der Entscheidung, Beschwerdebefugnis (Abs. 2)

Gem. Abs. 2 S. 1 hat das Gericht in den Fällen des Absatzes 1 Satz 1 dem Jugendamt die Entscheidung mitzuteilen. Die Mitteilungspflicht umfasst **alle Entscheidungen**, auch

---

[17] SBW/Weinreich § 204 Rn 1.
[1] Jansen/Zorn § 49 a Rn 22.
[2] Jansen/Zorn § 49 Rn 24.
[3] MünchKommZPO/Erbarth § 205 FamFG Rn 3.

wenn die Anhörung unterblieben ist.[4] Im Hinblick auf die Beschwerdebefugnis nach Abs. 2 S. 2 hat die Mitteilung förmlich zu erfolgen. Dabei handelt es sich um eine **Beschwerdebefugnis** i. S. v. § 59 Abs. 3. Eine Beschwer, § 59 Abs. 1, ist nicht erforderlich. Die Beschwerde ist auch zulässig, wenn das Gericht zu Recht von einer Anhörung gem. Abs. 1 S. 1 abgesehen hat. Ferner hängt die Beschwerdebefugnis nicht von einer Beteiligung des Jugendamts, § 204 Abs. 2, ab.[5]

Besondere Vorschriften in Haushaltssachen

206 (1) Das Gericht kann in Haushaltssachen jedem Ehegatten aufgeben,
1. die Haushaltsgegenstände anzugeben, deren Zuteilung er begehrt,
2. eine Aufstellung sämtlicher Haushaltsgegenstände einschließlich deren genauer Bezeichnung vorzulegen oder eine vorgelegte Aufstellung zu ergänzen,
3. sich über bestimmte Umstände zu erklären, eigene Angaben zu ergänzen oder zum Vortrag eines anderen Beteiligten Stellung zu nehmen oder
4. bestimmte Belege vorzulegen

und ihm hierzu eine angemessene Frist setzen.

(2) Umstände, die erst nach Ablauf einer Frist nach Absatz 1 vorgebracht werden, können nur berücksichtigt werden, wenn dadurch nach der freien Überzeugung des Gerichts die Erledigung des Verfahrens nicht verzögert wird oder wenn der Ehegatte die Verspätung genügend entschuldigt.

(3) Kommt ein Ehegatte einer Auflage nach Absatz 1 nicht nach oder sind nach Absatz 2 Umstände nicht zu berücksichtigen, ist das Gericht insoweit zur weiteren Aufklärung des Sachverhalts nicht verpflichtet.

I. Normzweck

1 § 206 konkretisiert die allgemeine Mitwirkungspflicht, § 27, in Haushaltssachen und ergänzt § 203, welcher die Anforderungen an den Antrag in Haushaltssachen enthält. In den vermögensrechtliche Angelegenheiten betreffenden Haushaltssachen, die Ähnlichkeiten mit dem Zivilprozess aufweisen und an deren Ausgang kein besonderes öffentliches Interesse besteht, soll nicht allein das Gericht aufgrund seiner Amtsermittlungspflicht, § 26, für die **Beibringung des Tatsachenstoffes** verantwortlich sein. Diese Aufgabe obliegt auch den Beteiligten. Die ausdrückliche gesetzliche Regelung schafft Klarheit über die Befugnisse des Gerichts und die Rechtsfolgen unterlassener oder verspäteter Mitwirkung. In Haushaltssachen besteht ferner deshalb ein besonderes Bedürfnis für die **stärkere Betonung der Mitwirkungspflichten,** weil es sich typischerweise um Verfahren handelt, die eine Vielzahl von Einzelgegenständen betreffen. Hinsichtlich jedes Gegenstandes können mehrere Punkte – neben dem Verbleib das Eigentum, die Anschaffungsumstände und der Wert – streitig sein.[1] Abs. 1 nennt die Auflagen, die das Gericht erteilen kann, wobei Nr. 1 der Präzisierung des Verfahrensziels dient.[2] Abs. 2 enthält eine Präklusionsregelung, Abs. 3 begrenzt die Amtsermittlungspflicht.

II. Anwendungsbereich

2 § 206 gilt für **sämtliche Haushaltssachen** i. S. v. § 200 Abs. 2 und ermöglicht Auflagen an **jeden Ehegatten**, also auch an den Antragsgegner. Der Anwendungsbereich ist damit weiter als derjenige des § 203 Abs. 2, welcher nur den Antragsteller betrifft.

---

[4] BJS/Schwab § 205 Rn 9.
[5] BeckOK/Schlünder § 205 FamFG Rn 10; Bumiller/Harders § 205 Rn 2.
[1] BT-Drs. 16/6308 S. 250.
[2] Götz/Brudermüller FPR 2009, 38/39.

III. Auflagen (Abs. 1)

1. Allgemeines

Aus Abs. 1 ergeben sich die Auflagen, die das Gericht jedem Ehegatten erteilen kann. 3 Zur Erfüllung der Auflagen hat das Gericht eine (angemessene: die übliche 2 Wochen-Frist ist wegen der von den Beteiligten vorzunehmenden Nachforschungen i. d. R. zu kurz) **Frist** zu setzen, deren Versäumung die Folgen nach Abs. 2 und 3 bewirkt. Die Aufzählung ist **nicht abschließend**. Im Rahmen der Verfahrensleitung nach § 28 Abs. 1 können weitere Auflagen erteilt werden. Die Folgen aus Abs. 2 und 3 betreffen jedoch nur die Auflagen gem. Abs. 1.

2. Angabe der Haushaltsgegenstände (Nr. 1)

Das Gericht kann beiden Ehegatten gem. Nr. 1 aufgeben, die Haushaltsgegenstände 4 anzugeben, deren **Zuteilung** begehrt wird. Die Vorschrift hat Bedeutung für sämtliche Haushaltssachen, nicht nur für die Verteilung der Haushaltsgegenstände nach § 1361a Abs. 2 BGB.[3] Die Angabe der zuzuteilenden Gegenstände soll gem. **§ 203 Abs. 2 S. 1 schon in der Antragsschrift** enthalten sein. Wenn sie dort fehlt ist dem Antragsteller eine entsprechende Auflage zu erteilen.[4] Sie kann sich auch an den Antragsgegner richten, allerdings nur, wenn dieser ebenfalls die Zuteilung von Gegenständen begehrt. Sofern er allein aus Rechtsgründen, z. B. unter Hinweis auf sein Eigentum an den herausverlangten Gegenständen, die Abweisung des Antrages beantragt, kommt eine entsprechende Auflage nicht in Betracht.

3. Haushaltsliste (Nr. 2)

Die Auflage nach Nr. 2, eine Aufstellung sämtlicher Haushaltsgegenstände einschließlich 5 deren genauer Bezeichnung vorzulegen oder eine vorgelegte Aufstellung zu ergänzen, entspricht bisher schon geübter Praxis und ergänzt § 203 Abs. 2 S. 2. Danach soll dem Antrag in Verfahren, die die Verteilung der Haushaltsgegenstände nach der Scheidung betreffen, eine solche Aufstellung beigefügt werden. Nr. 2 hat einen größeren Anwendungsbereich, weil die Auflage auch in Verfahren, die die Verteilung der Haushaltsgegenstände nach der Trennung betreffen, erteilt werden kann, und beide Ehegatten Adressaten dieser Auflage sein können. Die Liste muss für die Entscheidung des Gerichts **erforderlich** sein.[5] Davon ist auszugehen, wenn das Gericht vor der Entscheidung über die Zuweisung eines Teils der (verbliebenen) Haushaltsgegenstände die Kenntnis benötigt, welche Gegenstände vorhanden sind oder ursprünglich vorhanden waren und welche Gegenstände der Ehegatten ggf. schon erhalten haben. Die **genaue Bezeichnung** der Gegenstände bezweckt wie bei § 203 Abs. 2, dass ein stattgebender Beschluss einen **vollstreckungsfähigen Inhalt** hat (s. § 203 Rn 3). Eine unvollständige Liste ist zu **ergänzen**.

4. Erklärung, Ergänzung, Stellungnahme (Nr. 3)

Gem. Nr. 3 haben die Beteiligten sich über bestimmte Umstände zu erklären, eigene 6 Angaben zu ergänzen oder zum Vortrag eines anderen Beteiligten Stellung zu nehmen. Es handelt sich dabei um die auch im Zivilprozess übliche Auflage, den eigenen Vortrag zu vervollständigen bzw. sich zum Vortrag der anderen Seite zu äußern.

5. Vorlage von Belegen (Nr. 4)

Die Auflage ergänzt diejenige nach Nr. 2. Die Belege sollen Aufschluss über die Person 7 des Käufers, den Anschaffungszeitpunkt und -preis geben.[6] Vorzulegen sind insbesondere Kaufbelege.

---

[3] BJS/Schwab § 206 Rn 2; Johannsen/Henrich/Götz § 206 FamFG Rn 3.
[4] BT-Drs. 16/6308 S. 250.
[5] BT-Drs. 16/6308 S. 250.
[6] Bumiller/Harders § 206 Rn 2; BT-Drs. 16/6308 S. 250.

IV. Präklusion (Abs. 2)

8 Abs. 2 setzt voraus, dass eine **Auflage nach Nr. 1 erteilt und eine Frist gesetzt** wurde und nach Ablauf der Frist Umstände vorgebracht werden. Umstände in diesem Sinne sind **Vortrag und Beweisangebote.** Nicht ausgeschlossen ist dagegen eine Veränderung des Verfahrensziels.[7] Die Angabe der Gegenstände, welche zugeteilt werden können, darf daher auch nach Fristablauf ohne negative Folgen geändert werden. Vortrag und Beweisangebote können dagegen nur berücksichtigt werden, wenn dadurch nach der freien Überzeugung des Gerichts die Erledigung des Verfahrens nicht verzögert wird oder wenn der Ehegatte die Verspätung genügend entschuldigt. Die Vorschrift entspricht § 296 Abs. 1 ZPO. Die dazu entwickelten Maßstäbe können für die Auslegung von Abs. 2 herangezogen werden, wobei aber zu berücksichtigen ist, dass das Verfahren nach dem FamFG weniger formalisiert ist als dasjenige nach der ZPO.

9 Voraussetzung für die Nichtberücksichtigung des Vortrages bzw. Beweisangebots ist zunächst eine Verzögerung bei dessen Zulassung. Nach dem auch hier anwendbaren **absoluten Verzögerungsbegriff** kommt es ausschließlich darauf an, ob das Verfahren bei Zulassung des verspäteten Vorbringens länger dauern würde als bei dessen Zurückweisung.[8] Unstreitiger Vortrag führt deshalb nicht zur Verzögerung.[9] Notwendig ist eine Kausalität des verspäteten Vortrags für die Verzögerung. Denn die Zurückweisung von Vorbringen als verspätet verstößt gegen den Anspruch auf rechtliches Gehör, wenn die Verzögerung auch bei rechtzeitigem Vorbringen eingetreten wäre.[10] Falls das Verfahren auch bei Zulassung des verspäteten Vorbringens nicht entscheidungsreif ist, z. B. wenn Zeugen verspätet benannt sind aber ohnehin noch weitere Zeugen zu hören sind, liegt keine Verzögerung vor.[11] Ferner ist das Gericht gehalten, durch **verfahrensleitende Maßnahmen** die zu spät vorgebrachten Umstände noch zu berücksichtigen,[12] z. B. einen nach Fristablauf kurz vor dem Termin benannten Zeugen zu laden. Erst wenn dies nicht möglich ist braucht das Beweisangebot nicht berücksichtigt zu werden.

10 Weiterhin darf die Verspätung **nicht entschuldigt** sein. Das Gesetz geht von einem Verschulden aus, so dass der Beteiligte sich entschuldigen muss. Die Glaubhaftmachung des Entschuldigungsgrundes, die nach § 296 Abs. 4 ZPO auf Verlangen des Gerichts zu erfolgen hat, ist in Abs. 2 nicht vorgesehen. Das Gericht muss die Entschuldigung frei würdigen. Eine Fristversäumung ist immer dann entschuldigt, wenn die **Frist unangemessen kurz** (s. Rn 3) war. Im Übrigen ist zu berücksichtigen, dass der Gesetzgeber bei den Vorschriften, die die Zurückweisung verspäteten Vorbringens vorsehen, in erster Linie an die Fälle gedacht hat, in denen ein Beteiligter eine ihm bekannte Tatsache nicht vorgetragen oder ein ihm bekanntes Beweismittel nicht benannt hat. Sie können allerdings auch dann Anwendung finden, wenn der Beteiligte unschwer in der Lage gewesen wäre, sich durch Erkundigungen bei Dritten über eine für die Entscheidung des Verfahrens wesentliche Frage Gewissheit zu verschaffen.[13] Eine darüber hinausgehende Ermittlungspflicht der Beteiligten besteht nicht,[14] sofern das Gericht nicht gem. Abs. 1 gerade derartige Ermittlungen aufgegeben hat.

V. Eingeschränkte Amtsermittlung (Abs. 3)

11 Abs. 3 ergänzt Abs. 1 und Abs. 2 um eine **Einschränkung des Amtsermittlungsgrundsatzes.** Ohne diese Einschränkung wäre die Nichtbefolgung von Auflagen nach Abs. 1 oder das Vorbringen von nach Abs. 2 nicht zu berücksichtigenden Umständen letztlich ohne Folgen, weil das Gericht den Sachverhalt dennoch im Rahmen der Amts-

---

[7] Götz/Brudermüller FPR 2009, 38/39; BT-Drs. 16/6308 S. 250.
[8] BGH NJW 1979, 1988; Thomas/Putzo/Reichold § 296 Rn 14.
[9] LG Freiburg MDR 1982, 762.
[10] BGH NJW-RR 2005, 1296.
[11] BGH NJW 1991, 1181.
[12] BVerfG NJW 1998, 2044.
[13] BGH NJW 1988, 60.
[14] BGH NJW 2003, 200.

ermittlung (§ 26) aufklären müsste. Deshalb bestimmt Abs. 3, dass das Gericht insoweit zur weiteren Aufklärung des Sachverhalts nicht verpflichtet ist, wenn ein Ehegatte einer Auflage nach Abs. 1 nicht nachkommt oder nach Abs. 2 Umstände nicht zu berücksichtigen sind. Dies betrifft allerdings nur solche Umstände, die für den Beteiligten, dem die Auflage erteilt wurde, günstig sind. Hinsichtlich diesem nachteiliger Umstände ist die Amtsermittlungspflicht dagegen nicht eingeschränkt.[15] Bestätigt die Amtsermittlung dann das verspätete Vorbringen so ist dieses trotz Verstoßes gegen Abs. 1 zu berücksichtigen.[16]

Erörterungstermin

207 [1]**Das Gericht soll die Angelegenheit mit den Ehegatten in einem Termin erörtern.** [2]**Es soll das persönliche Erscheinen der Ehegatten anordnen.**

I. Normzweck und Anwendungsbereich

Die Vorschrift dient der Sachaufklärung, der Gewährleistung rechtlichen Gehörs und der Förderung einer gütlichen Einigung. Sie gilt für alle Verfahren in Ehewohnungs- und Haushaltssachen gem. § 200. 1

II. Einzelheiten

1. Termin

Während das Gericht nach § 32 Abs. 1 einen Termin anberaumen kann, enthält § 207 S. 1 eine **Sollvorschrift**. Nur in Ausnahmefällen braucht kein Termin stattzufinden.[1] Davon darf nur aus triftigen Gründen abgesehen werden.[2] Derartige Gründe liegen vor, wenn die Sach- und Rechtslage geklärt ist und keine Aussicht auf eine gütliche Einigung besteht. Für die Beschwerdeinstanz gilt § 68 Abs. 3 S. 2 i. V. m. § 207. Es kann also von einer mündlichen Erörterung abgesehen werden, wenn diese in erster Instanz erfolgt ist und von einer erneuten Vornahme keine zusätzlichen Erkenntnisse zu erwarten sind (vgl. § 68 Rn 58 bis 60).[3] 2

2. Persönliches Erscheinen

Aus S. 2 enthält im Unterschied zu § 33 Abs. 1, wonach das Gericht das persönliche Erscheinen der Beteiligten anordnen kann, ebenfalls eine **Sollvorschrift**. Das persönliche Erscheinen braucht nicht angeordnet zu werden, wenn dieses im Verhältnis zum Wert der Wohnung oder Hausrats zu umständlich oder kostspielig wäre.[4] Die Pflicht, auf eine **gütliche Einigung** hinzuwirken (die sich gerade in Ehewohnungs- und Haushaltssachen oft anbietet), folgt aus § 36 Abs. 1 S. 2. 3

Tod eines Ehegatten

208 **Stirbt einer der Ehegatten vor Abschluss des Verfahrens, gilt dieses als in der Hauptsache erledigt.**

Die der Regelung in § 131 für Ehesachen entsprechende Vorschrift betrifft alle Verfahren in Ehewohnungs- und Haushaltssachen gem. § 200. Danach gilt das Verfahren mit dem Tod eines Ehegatten als in der Hauptsache erledigt. Denn die Rechte der Ehegatten aus den Bestimmungen über die Behandlung der Ehewohnung und der Haushaltsgegenstände sind **höchstpersönlich** und nicht vererblich. Die darauf beruhenden Verfahren sollen mit dem Tod eines Ehegatten abgeschlossen sein.[1] Das erledigte Verfahren wird wegen der 1

---

[15] Götz/Brudermüller FPR 2009, 38/39; BT-Drs. 16/6308 S. 250.
[16] BeckOK/Schlünder § 206 FamFG Rn 7; Bumiller/Harders § 206 Rn 4.
[1] Haußleiter/Fest § 207 Rn 4.
[2] Götz/Brudermüller FPR 2009, 38/40.
[3] OLG Frankfurt FamRZ 2011, 372; Haußleiter/Fest § 207 Rn 2; Johannsen/Henrich/Götz § 207 FamFG Rn 4; a. A. Horndasch/Viefhues/Kemper § 207 Rn 2; MünchKommZPO/Erbarth § 207 FamFG Rn 4.
[4] MünchKommZPO/Erbarth § 207 FamFG Rn 4.
[1] Haußleiter/Fest § 208 Rn 1.

Kosten mit dem oder den Erben fortgeführt. Die Kostenentscheidung richtet sich nach § 83 Abs. 2.² Die Erledigung kann deklaratorisch festgestellt werden.³

Durchführung der Entscheidung, Wirksamkeit

209 (1) Das Gericht soll mit der Endentscheidung die Anordnungen treffen, die zu ihrer Durchführung erforderlich sind.

(2) ¹Die Endentscheidung in Ehewohnungs- und Haushaltssachen wird mit Rechtskraft wirksam. ²Das Gericht soll in Ehewohnungssachen nach § 200 Abs. 1 Nr. 1 die sofortige Wirksamkeit anordnen.

(3) ¹Mit der Anordnung der sofortigen Wirksamkeit kann das Gericht auch die Zulässigkeit der Vollstreckung vor der Zustellung an den Antragsgegner anordnen. ²In diesem Fall tritt die Wirksamkeit in dem Zeitpunkt ein, in dem die Entscheidung der Geschäftsstelle des Gerichts zur Bekanntmachung übergeben wird. ³Dieser Zeitpunkt ist auf der Entscheidung zu vermerken.

I. Normzweck und Anwendungsbereich

1 § 209 Abs. 1 ermöglicht Annexanordnungen, die für die Durchführung der Hauptentscheidung erforderlich sind. Abs. 2 S. 1 ordnet die Wirksamkeit mit Rechtskraft an. Gem. Abs. 2 S. 2 soll das Gericht in Ehewohnungssachen nach § 200 Abs. 1 Nr. 1 die sofortige Wirksamkeit anordnen. Der Gesetzgeber hielt eine Gleichbehandlung mit den in § 2 GewSchG geregelten Fällen, für die die Anordnung der sofortigen Wirksamkeit in § 216 Abs. 1 S. 2 vorgesehen ist, für geboten.¹ Abs. 3 bezieht sich auf Abs. 2 S. 2 und sieht für Ehewohnungssachen nach § 200 Abs. 1 Nr. 1 vor, dass die Zulässigkeit der Vollstreckung vor der Zustellung angeordnet werden kann. Die auf Anregung des Bundesrates und des Rechtsausschusses eingefügte Vorschrift soll verhindern, dass sich für verheiratete Opfer häuslicher Gewalt eine Regelungslücke ergibt. Diese könnte ohne Abs. 3 entstehen, weil § 1361 b BGB teilweise als Spezialvorschrift zu § 2 GewSchG angesehen wird,² und § 216 Abs. 2 nur für Anordnungen nach dem GewSchG, nicht aber nach § 1361 b BGB gilt.³

2 Abs. 1 gilt für alle Verfahren in Ehewohnungs- und Haushaltssachen gem. § 200. Für einstweilige Anordnungen ergibt sich die Befugnis des Gerichts zu Durchführungsanordnungen nicht aus § 209 Abs. 1, sondern aus § 49 Abs. 2 S. 2. § 209 Abs. 2 S. 1 gilt ebenfalls für alle Verfahren in der **Hauptsache.** Die Wirksamkeit der einstweiligen Anordnung richtet sich nach § 53.⁴ § 209 Abs. 2 S. 2 und Abs. 3 betreffen nur Ehewohnungssachen nach § 200 Abs. 1 Nr. 1, also Verfahren nach § 1361 b BGB sowie Verfahren nach § 14 LPartG, §§ 269 Abs. 1 Nr. 5, 270 Abs. 1 S. 2.

II. Anordnungen zur Durchführung (Abs. 1)

3 Die Anordnungen zur Durchführung der Endentscheidung sind **von Amts wegen** zu erlassen. Eines Antrages bedarf es nicht.⁵ Voraussetzung einer Anordnung nach Abs. 1 ist dem klaren Wortlaut der Vorschrift zufolge eine Endentscheidung in einer Ehewohnungs- oder Haushaltssache. Damit scheidet der Erlass einer **isolierten Anordnung** gem. § 209 Abs. 1 aus.⁶

3a In **Ehewohnungssachen** kommt vor allem die Anordnung der **Räumung**⁷ und der **Herausgabe** in Betracht, denn allein die Entscheidung über die Wohnungszuweisung ist kein

---

² Johannsen/Henrich/Götz § 208 Rn 1; Horndasch/Viefhues/Kemper § 208 Rn 4.
³ Horndasch/Viefhues/Kemper § 208 Rn 4.
¹ BT-Drs. 16/6308 S. 251.
² So MünchKommBGB/Weber-Monecke § 1361 b Rn 2; a. A. Erman/Gamillscheg § 1361 b Rn 19.
³ BT-Drs. 16/6308 S. 381; BT-Drs. 16/9733 S. 295.
⁴ BT-Drs. 16/6308 S. 381.
⁵ Johannsen/Henrich/Götz § 209 Rn 3; Prütting/Helms/Neumann § 209 Rn 3; differenzierend BJS/Schwab § 209 Rn 3.
⁶ Prütting/Helms/Neumann § 209 Rn 1; a. A. Johannsen/Henrich/Götz § 209 FamFG Rn 20.
⁷ BGH FamRZ 1994, 98; Horndasch/Viefhues/Kemper § 209 Rn 5.

Durchführung der Entscheidung, Wirksamkeit 4, 5 § 209

Räumungstitel.[8] Eine entsprechende Anordnung kann auch gegenüber einem Dritten, der sich in der Wohnung aufhält, ergehen.[9] Die Anordnung ist aber nur zulässig, wenn der Dritte gem. § 204 Abs. 1 (weil er mit dem herausgabepflichtigen Ehegatten in Rechtsgemeinschaft steht, s. § 204 Rn 2) oder gem. § 7 Abs. 2 Nr. 1 beteiligt wurde. Ferner ist die Gewährung einer **Räumungsfrist** möglich.[10] Diese sollte, wenn die Entscheidung mit Rechtskraft wirksam wird, ins Verhältnis zur Rechtskraft gesetzt werden (z. B. 6 Wochen nach Rechtskraft), während bei sofortiger Wirksamkeit ein bestimmter Termin anzugeben ist. Die **Verlängerung der Räumungsfrist** ist zulässig. Jedoch ist § 721 ZPO ist nicht anwendbar, weil diese Vorschrift nur für Räumungsurteile gilt.[11] Dagegen steht dem Verpflichteten aufgrund der Verweisung in gem. § 95 Abs. 1 Nr. 2 der Antrag nach § 765 a ZPO offen.[12] Außerdem kann die Räumungsfrist gem. § 48 Abs. 1 S. 2 auf Antrag verlängert werden.

Als **weitere Anordnungen** kommen in Betracht: 4
- die Herausgabe der Wohnungsschlüssel,[13]
- die Verpflichtung, bei Auszug die persönlichen Sachen mitzunehmen,[14]
- die Anordnung, den Besitz wieder einzuräumen,[15]
- das Verbot, das Mietverhältnis an der Ehewohnung zu kündigen oder auf sonstige Weise zu beenden,[16]
- die Verpflichtung, ein Untermietverhältnis zu kündigen,
- ein Betretungsverbot,[17]
- weitere Schutzanordnungen, z. B. das Verbot, sich in einem bestimmten Umkreis der Wohnung aufzuhalten,[18]
- die Erstattung von Umzugskosten[19]
- sowie bei Zuweisung einzelner Räume die Festlegung von Zeiten zur Mitbenutzung derjenigen Räume, die nicht einem Ehegatten allein zugewiesen sind, also insbesondere von Küche und Bad.[20]

Nicht zulässig sind dagegen ein Veräußerungsverbot oder ein Verbot der Teilungsversteigerung, weil es insoweit an einer Rechtsgrundlage fehlt.[21]

In **Haushaltssachen** kann aus der Zuweisungsentscheidung (wie in Ehewohnungssachen, s. Rn 3 a) allein nicht vollstreckt werden. Notwendig ist dafür eine **Herausgabeanordnung**.[22] Weiterhin sind folgende Anordnungen möglich: 5
- die Festsetzung einer angemessenen **Vergütung** gem. § 1361 b Abs. 3 S. 2 BGB oder einer angemessenen Ausgleichszahlung gem. § 1568 b Abs. 3 BGB für die Benutzung der Haushaltsgegenstände; diese Zahlungsanordnungen müssen den zu zahlenden Betrag nennen,[23]
- das Verbot der Wegschaffung von Haushaltsgegenständen sowie das Gebot, diese Gegenstände zurückzuschaffen.[24]

---

[8] Hk-ZV/Bendtsen § 885 ZPO Rn 6; Johannsen/Henrich/Götz § 1568 a BGB Rn 23; Thomas/Putzo/Seiler § 885 Rn 3; a. A. MünchKommZPO/Erbarth § 209 FamFG Rn 5.
[9] Horndasch/Viefhues § 209 Rn 5.
[10] OLG Brandenburg Beschl. vom 27. 7. 2010 10 WF 99/10 = BeckRS 2010, 21338.
[11] Thomas/Putzo/Hüßtege § 721 Rn 1.
[12] Entsprechend OLG Brandenburg FamRZ 2011, 831 für die Verweisung in § 120 Abs. 1; a. A. Haußleiter/Fest § 209 Rn. 10; Johannsen/Henrich/Götz § 209 FamFG Rn 19.
[13] Johannsen/Henrich/Götz § 209 FamFG Rn 6.
[14] Prütting/Helms/Neumann § 209 Rn 4.
[15] Eckebrecht FPR 2008, 436/440.
[16] Prütting/Helms/Neumann § 209 Rn 4.
[17] OLG Brandenburg Beschl. vom 27. 7. 2010 10 WF 99/10 = BeckRS 2010, 21338.
[18] BJS/Schwab § 209 Rn 6.
[19] Prütting/Helms/Neumann § 209 Rn 4.
[20] OLG Brandenburg FamRZ 2004, 477.
[21] Johannsen/Henrich/Götz § 209 FamFG Rn 9.
[22] Haußleiter/Fest § 209 Rn 15; Johannsen/Henrich/Götz § 209 FamFG Rn 29; a. A. MünchKommZPO/Erbarth § 209 FamFG Rn 5.
[23] Horndasch/Viefhues/Kemper § 209 Rn 6.
[24] Johannsen/Henrich/Götz § 209 FamFG Rn 15.

III. Wirksamkeit (Abs. 2) und Vollstreckung

6 Abs. 2 S. 1 ordnet abweichend von § 40 Abs. 1 die Wirksamkeit mit **formeller Rechtskraft,** § 45, an. Damit werden Entscheidungen in Haushaltssachen und Ehewohnungssachen nach § 200 Abs. 1 Nr. 2 immer erst mit Rechtskraft wirksam. Für Ehewohnungssachen nach § 200 Abs. 1 Nr. 1 sieht Abs. 2 S. 2 vor, dass das Gericht die sofortige Wirksamkeit anordnen soll. Die **sofortige Wirksamkeit** ist damit der **Regelfall**. Mit Wirksamkeit ist die Entscheidung vollstreckbar, § 86 Abs. 2.

6 a Die **Vollstreckung** in Ehewohnungs- und Haushaltssachen richtet sich gem. § 95 Abs. 1 nach der ZPO (Einzelheiten s. § 95 Rn 4, 8–10 a, 12, 15, 17). Für einstweilige Anordnungen gilt ferner § 96 Abs. 2 (s. § 96 Rn 5).

IV. Vollstreckung vor der Zustellung (Abs. 3)

7 Über die sofortige Wirksamkeit hinaus kann das Gericht gem. Abs. 3 S. 1 die Zulässigkeit der Vollstreckung vor der Zustellung an den Antragsgegner anordnen. Fraglich erscheint, ob für diese Anordnung ein besonderes Bedürfnis besteht. Da besonders dringend regelungsbedürftige Verfahren i. d. R. durch (bis zum Wirksamwerden der Hauptsacheentscheidung geltende, § 56 Abs. 1) einstweilige Anordnung entschieden werden, für die nicht Abs. 3 sondern § 53 Abs. 2 gilt, wird für die Anordnung nach Abs. 3 im Hauptsacheverfahren häufig kein Anlass mehr gegeben sein.

8 Wenn die Zulässigkeit der Vollstreckung vor der Zustellung an den Antragsgegner angeordnet wird, tritt die Wirksamkeit gem. Abs. 2 S. 2 bereits in dem Zeitpunkt ein, in dem die Entscheidung der Geschäftsstelle des Gerichts **zur Bekanntgabe übergeben** wird. Dieser Zeitpunkt ist auf der Entscheidung zu vermerken. Wegen weiterer Einzelheiten s. § 216 Rn 4.

Abschnitt 7. Verfahren in Gewaltschutzsachen

Gewaltschutzsachen

210 Gewaltschutzsachen sind Verfahren nach den §§ 1 und 2 des Gewaltschutzgesetzes.

I. Normzweck

Abschnitt 7 regelt das Verfahren in Gewaltschutzsachen nach dem Gewaltschutzgesetz (GewSchG) v. 11. 12. 2001[1] in der Fassung des zugleich verkündeten Gesetzes zur Verbesserung des zivilgerichtlichen Schutzes bei Gewalttaten und Nachstellungen sowie zur Erleichterung der Überlassung der Ehewohnung bei Trennung (GewSchTrennG). Ziel dieses Gesetzes ist die Verbesserung des **zivilrechtlichen Schutzes bei Gewalttaten** und bei **unzumutbaren Belästigungen**.[2] Das Gewaltschutzgesetz hat sich in der Praxis bewährt. Die vorgesehenen Schutzmaßnahmen geben den Betroffenen einen effektiven und ausreichenden Schutz. § 210 weist **sämtliche Gewaltschutzverfahren** dem **Familiengericht** zu. Damit ist allerdings ein Systembruch verbunden, weil das Familiengericht auch für Verfahren zwischen Beteiligten zuständig ist, die nicht durch Ehe bzw. Lebenspartnerschaft miteinander verbunden sind oder waren und nicht miteinander verwandt sind. Diese erweiterte Zuständigkeit wird in den Gesetzesmaterialien mit der Erwägung begründet, dass nun im Regelfall **keine Zweifel mehr über die Zuständigkeit** bestehen können und mit der Klärung der Zuständigkeitsfrage verbundene Zeitverluste vermieden werden. Ferner werde das Verfahren vereinheitlicht und ermögliche im Vergleich zum Verfahren nach der ZPO eher eine den Besonderheiten des Falles angepasste Verfahrensgestaltung.[3] 1

Die **Übergangsregelung** ergibt sich aus Art. 111 Abs. 1 bis 3 FGG-RG.

II. Anwendungsbereich

Das Familiengericht ist gem. § 210 zuständig für **alle Schutzmaßnahmen nach § 1 GewSchG**. Diese Vorschrift regelt die gerichtlichen Maßnahmen zum Schutz vor Gewalt und Nachstellungen. Voraussetzung ist nach § 1 Abs. 1 S. 1 GewSchG, dass eine Person vorsätzlich den Körper, die Gesundheit oder die Freiheit einer anderen Person widerrechtlich verletzt hat. Die Vorschrift gilt nach § 1 Abs. 2 GewSchG entsprechend, wenn eine Person einer anderen mit einer Verletzung des Lebens, des Körpers, der Gesundheit oder der Freiheit widerrechtlich gedroht hat oder eine Person widerrechtlich und vorsätzlich in die Wohnung einer anderen Person oder deren befriedetes Besitztum eindringt oder eine andere Person dadurch unzumutbar belästigt, dass sie ihr gegen den ausdrücklich erklärten Willen wiederholt nachstellt oder sie unter Verwendung von Fernkommunikationsmitteln verfolgt, sofern nicht die Handlung der Wahrnehmung berechtigter Interessen dient. 2

Der Anwendungsbereich ist **nicht auf die häusliche Gewalt beschränkt**.[4] Die überwiegende Anzahl der Anträge nach dem GewSchG dürfte jedoch durch häusliche Gewalt veranlasst sein. Ausgenommen vom Anwendungsbereich ist der zivilrechtliche Schutz von Minderjährigen gegenüber Eltern und anderen sorgeberechtigten Personen, § 3 Abs. 1 GewSchG. Insoweit sieht der durch das Gesetz zur Erleichterung familiengerichtlicher Maßnahmen bei Gefährdung des Kindeswohls vom 4. 7. 2008[5] geänderte § 1666 Abs. 3 Nr. 3 und 4 BGB nun dem Gewaltschutzgesetz entsprechende Maßnahmen vor. Die auf § 1666 BGB beruhenden Verfahren sind aber keine Gewaltschutz-, sondern Kindschaftssachen (§§ 151 ff.). 3

---
[1] BGBl. I S. 3513.
[2] BT-Drs. 14/5429 S. 10.
[3] BT-Drs. 16/6308 S. 251.
[4] Jansen/Wick § 64 b Rn 2.
[5] BGBl. I S. 1188.

4 Wenn die Voraussetzungen des § 1 Abs. 1 S. 1, Abs. 2 GewSchG vorliegen, kann das Gericht gem. § 1 Abs. 1 S. 3 GewSchG auf Antrag des Verletzten insbesondere anordnen, dass der Täter es unterlässt, die Wohnung der verletzten Person zu betreten, sich in einem bestimmten Umkreis der Wohnung der verletzten Person aufzuhalten, andere Orte aufzusuchen, an denen sich die verletzte Person regelmäßig aufhält, Verbindung zur verletzten Person, auch unter Verwendung von Fernkommunikationsmitteln, aufzunehmen, und/ oder Zusammentreffen mit der verletzten Person herbeizuführen, soweit dies nicht zur Wahrnehmung berechtigter Interessen erforderlich ist. Diese Anordnungen sind nach § 1 Abs. 3 GewSchG auch zulässig, wenn eine Person die Tat in einem die freie Willensbestimmung ausschließenden Zustand krankhafter Störung der Geistestätigkeit begangen hat, in den sie sich durch geistige Getränke oder ähnliche Mittel vorübergehend versetzt hat. Sie sollen befristet und die Frist kann verlängert werden, § 1 Abs. 1 S. 2 GewSchG.

5 Das Familiengericht ist ebenfalls zuständig für alle Anordnungen zur **Überlassung einer gemeinsam genutzten Wohnung nach § 2 GewSchG**. Abs. 1 dieser Vorschrift regelt die Überlassung einer gemeinsam genutzten Wohnung für den Fall, dass die verletzte Person zum Zeitpunkt einer Tat nach § 1 Abs. 1 Satz 1 GewSchG, auch in Verbindung mit § 1 Abs. 3 GewSchG (s. o. Rn 4), mit dem Täter einen auf Dauer angelegten gemeinsamen Haushalt geführt hat. Sofern die bedrohte Person zum Zeitpunkt einer Drohung nach § 1 Abs. 2 Satz 1 Nr. 1 GewSchG, einen auf Dauer angelegten gemeinsamen Haushalt mit dem Täter geführt hat, kann sie die Überlassung der gemeinsam genutzten Wohnung verlangen, wenn dies erforderlich ist, um eine unbillige Härte zu vermeiden, § 2 Abs. 6 GewSchG. Eine unbillige Härte kann auch dann gegeben sein, wenn das Wohl von im Haushalt lebenden Kindern beeinträchtigt ist. Die Dauer der Wohnungsüberlassung hängt von den Rechtsverhältnissen an der Wohnung ab. Sie ist gem. § 2 Abs. 2 GewSchG zu befristen, wenn der verletzten Person mit dem Täter das (Wohnungs-)Eigentum, das Erbbaurecht, der Nießbrauch, das Dauer- oder das dingliche Wohnrecht an dem Grundstück, auf dem sich die Wohnung befindet, zusteht oder die verletzte Person mit dem Täter die Wohnung gemietet hat. Stehen dem Täter die genannten Rechte allein oder gemeinsam mit einem Dritten zu oder ist er allein oder gemeinsam mit einem Dritten Mieter, ist die Wohnungsüberlassung an die verletzte Person auf die Dauer von höchstens 6 Monaten (mit Verlängerungsmöglichkeit um höchstens weitere 6 Monate) zu befristen.

6 Eine Gewaltschutzsache liegt nur vor, wenn die Wohnungsüberlassung ausdrücklich auf § 2 GewSchG beruht. Verfahren nach § 1361 b BGB sind, auch wenn die Voraussetzungen einer Anordnung nach § 2 GewSchG vorliegen, keine Gewaltschutz-, sondern Ehewohnungssachen gem. § 200 Abs. 1 Nr. 1.

III. Verfahren

7 Das FamFG regelt in den §§ 211 bis 216a die örtliche Zuständigkeit (§ 211), die Beteiligung und Anhörung des Jugendamts (§§ 212, 213), die einstweilige Anordnung (§ 214), die Durchführung der Endentscheidung (§ 215), die Wirksamkeit und Vollstreckung der Entscheidung (§ 216) sowie die Mitteilung von Entscheidungen (§ 216 a). Im Übrigen gelten die Allgemeinen Vorschriften, wobei gem. § 36 Abs. 2[6] das Gericht in Gewaltschutzsachen nicht auf eine gütliche Einigung hinzuwirken braucht; zudem soll das Gericht den Beteiligten keine gerichtsnahe Mediation oder ein andere Verfahren der außergerichtlichen Konfliktbeilegung vorschlagen, § 36 a Abs. 1 S. 3.[7] Wegen weiterer Beteiliger s. § 212 Rn 3. Die **Vollstreckung** richtet sich nach den §§ 86, 87, 95, 96. Bei einer einstweiligen Anordnungen in Gewaltschutzsachen, deren Gegenstand Regelungen aus dem Bereich der Ehewohnungssachen sind, ist gem. § 96 Abs. 2 im Rahmen der Vollstreckung die mehrfache Einweisung des Besitzes während der Geltungsdauer möglich (s. § 96 Rn 5). Zulässiger Rechtsbehelf ist die Beschwerde, § 58. Das gilt auch gegenüber einer einstweiligen Anordnung, § 57 S. 2 Nr. 4. Die **Aufhebung** und **Änderung** von Entscheidungen richtet sich nach § 48 Abs. 1.

---

[6] In der Fassung der Empfehlungen des Bundesrates (BR-Drs. 60/1/11).
[7] In der Fassung der Empfehlungen des Bundesrates (BR-Drs. 60/1/11).

Örtliche Zuständigkeit 1–4 § 211

IV. Kosten und Gebühren

Der Verfahrenswert bestimmt sich nach § 49 FamGKG (Gewaltschutzsachen nach § 1 GewSchG: 2000 €, nach § 2 GewSchG: 3000 €; bei Unbilligkeit kann das Gericht einen höheren oder niedrigeren Wert festsetzen). Für die Gerichtsgebühren gilt Hauptabschnitt 3, Abschnitt 2, der Anlage 1 zu § 3 Abs. 2 FamGKG. An Rechtsanwaltsgebühren fällt eine Verfahrensgebühr an, Nr. 3100 VV RVG; eine Terminsgebühr nach Nr. 3104 VV RVG entsteht nur, wenn ein Termin stattfindet.

Örtliche Zuständigkeit

211 Ausschließlich zuständig ist nach Wahl des Antragstellers
1. das Gericht, in dessen Bezirk die Tat begangen wurde,
2. das Gericht, in dessen Bezirk sich die gemeinsame Wohnung des Antragstellers und des Antragsgegners befindet oder
3. das Gericht, in dessen Bezirk der Antragsgegner seinen gewöhnlichen Aufenthalt hat.

I. Normzweck und Anwendungsbereich

§ 211 regelt die **örtliche Zuständigkeit für Gewaltschutzsachen** i. S. v. § 210. Eine § 202 entsprechende Abgabe an das Gericht der Ehesache ist für Gewaltschutzsachen nicht vorgesehen.

II. Örtliche und funktionelle Zuständigkeit

1. Ausschließliche Zuständigkeit; Wahlgerichtsstand

§ 211 begründet eine ausschließliche Zuständigkeit. Zugleich hat der Antragsteller die Wahl zwischen mehreren örtlich zuständigen Gerichten, wenn nach Nr. 1 bis 3 verschiedene Gerichte örtlich zuständig sind. Sobald die Wahl ausgeübt ist, wird das ausgewählte Gericht ausschließlich zuständig.[1] **Funktionell zuständig** ist der Richter. Eine Übertragung auf den Rechtspfleger ist in den §§ 3, 14, 25 RPflG nicht vorgesehen.

2. Die Gerichtsstände im Einzelnen

Nach **Nr. 1** ist zuständig das Gericht, **in dessen Bezirk die Tat begangen** wurde. Der Gerichtsstand entspricht demjenigen der unerlaubten Handlung gem. § 32 ZPO. Tat ist die Verletzungshandlung i. S. v. § 1 Abs. 1 GewSchG bzw. die der Verletzung gleichgestellte Handlung i. S. v. § 1 Abs. 2 GewSchG (s. § 210 Rn 2). Tatort ist jeder Ort, an dem auch nur eines der wesentlichen Tatbestandsmerkmale verwirklicht wurde, d. h. sowohl der Handlungs- als auch der Erfolgsort.[2] Wenn danach mehrere Gerichte örtlich zuständig sind, hat der Antragsteller wiederum die Wahl.[3]

Nr. 2 begründet die Zuständigkeit des Gerichts, in dessen Bezirk sich die **gemeinsame Wohnung** des Antragstellers und des Antragsgegners befindet. Der Begriff der gemeinsamen Wohnung entspricht dem Begriff des **auf Dauer angelegten gemeinsamen Haushalts** i. S. v. § 2 Abs. 1 GewSchG.[4] Darunter wird eine Lebensgemeinschaft verstanden, die auf Dauer angelegt ist, keine weiteren Bindungen gleicher Art zulässt und sich durch innere Bindungen auszeichnet, die gegenseitiges Füreinandereinstehen begründen und über eine reine Wohn- und Wirtschaftsgemeinschaft hinausgehen. Einen gemeinsamen Haushalt führen damit nicht nur Ehegatten und eingetragene Lebenspartner, sondern auch verschieden- oder gleichgeschlechtliche nichteheliche Lebensgemeinschaften sowie dauerhafte Lebens-

---

[1] OLG Brandenburg FamRZ 2011, 56.
[2] Horndasch/Viefhues/Kemper § 211 Rn 7.
[3] Bumiller/Harders § 211 Rn 3.
[4] BeckOK/Schlünder § 211 FamFG Rn 3; a. A. Haußleiter/Fest § 211 Rn. 9; Johannsen/Henrich/Götz § 211 FamFG Rn 4.

gemeinschaften von Senioren, wenn diese das Füreinandereinstehen z. B. durch gegenseitige Vollmachten dokumentiert haben.[5] Ausreichend ist die gemeinsame Haushaltführung von Eltern und volljährigen Kindern.[6] Nicht ausreichend ist dagegen die bloße Mitversorgung von Kindern und hilflosen Menschen.

5   **Nr. 3** stellt ab auf den gewöhnlichen Aufenthalt des Antragsgegners. Dieser Gerichtsstand entspricht dem allgemeinen Gerichtsstand, §§ 12, 13 ZPO. Dabei tritt an die Stelle des Wohnsitzes der **gewöhnliche Aufenthalt** (zum Begriff s. § 3 Rn 8).

Beteiligte

212
In Verfahren nach § 2 des Gewaltschutzgesetzes ist das Jugendamt auf seinen Antrag zu beteiligen, wenn ein Kind in dem Haushalt lebt.

I. Normzweck und Anwendungsbereich

1   § 212 ergänzt § 7 und regelt die Beteiligung des Jugendamts in Verfahren, die die Überlassung einer gemeinsam genutzten Wohnung gem. § 2 GewSchG betreffen. Für die Beteiligung gilt – wie in §§ 162 Abs. 2, 204 Abs. 2 – die sog. **„Zugriffslösung"**. Damit soll unnötiger Verwaltungsaufwand bei Gerichten und Jugendämtern vermieden werden.[1]

II. Beteiligung des Jugendamts

2   Die Beteiligung des Jugendamts erfolgt in Verfahren nach § 2 GewSchG auf seinen **Antrag** hin, wenn (mindestens) ein Kind in dem Haushalt lebt. Das Jugendamt ist dann Beteiligter i. S. v. § 7 Abs. 2 Nr. 2. Der Antrag kann nicht abgelehnt werden, die Hinzuziehung ist zwingend.[2] Allein die Anhörung gem. § 213 Abs. 1 macht das Jugendamt dagegen nicht zum Beteiligten, s. § 7 Abs. 6. Dasselbe gilt für die Zustellung der Entscheidung gem. § 213 Abs. 2. Wenn das Jugendamt keinen Antrag stellt, ist das Gericht nicht befugt, dieses gem. § 7 Abs. 3 zu beteiligen.[3] Denn § 7 Abs. 3 bestimmt Personen, die über den Kreis der Beteiligten nach § 7 Abs. 2 hinaus hinzugezogen werden können.[4] Das Jugendamt ist keine Person in diesem Sinne.

III. Weitere Beteiligte

3   Gem. § 7 Abs. 1 ist der **Antragsteller** in allen Gewaltschutzverfahren Beteiligter. Dasselbe gilt für den **Antragsgegner** gem. § 7 Abs. 2 Nr. 1. In Verfahren gem. § 2 GewSchG ist ein **Dritter**, mit dem Antragsteller oder Antragsgegner hinsichtlich der gemeinsam genutzten Wohnung in einer Rechtsgemeinschaft i. S. v. § 2 Abs. 2 GewSchG (s. § 210 Rn 5) stehen, insbesondere also der Vermieter der Wohnung, nicht gem. § 7 Abs. 2 Nr. 1 zu beteiligen.[5*] Denn die Wohnungszuweisung nach § 2 GewSchG greift nicht in bestehende Rechtsverhältnisse ein.[6*]

Anhörung des Jugendamts

213
(1) ¹In Verfahren nach § 2 des Gewaltschutzgesetzes soll das Gericht das Jugendamt anhören, wenn Kinder in dem Haushalt leben. ²Unterbleibt die Anhörung allein wegen Gefahr im Verzug, ist sie unverzüglich nachzuholen.

---

[5] Palandt/Brudermüller § 2 GewSchG Rn 2; BeckOK/Schlünder § 211 FamFG Rn 3.
[6] AG Hamburg-Barmbek FamRZ 2004, 473.
[1] BT-Drs. 16/6308 S. 250 zu § 204.
[2] Bumiller/Harders § 212 Rn 2.
[3] BeckOK/Schlünder § 212 FamFG Rn 4; Prütting/Helms/Neumann § 212 Rn 4; a. A. Johannsen/Henrich/Götz § 212 FamFG Rn 5; Thomas/Putzo/Hüßtege § 212 FamFG Rn 2.
[4] BT-Drs. 16/6308 S. 179.
[5*] Horndasch/Viefhues/Kemper § 212 Rn 5; Johannsen/Henrich/Götz § 212 Rn 6; a. A. Haußleiter/Fest § 212 Rn 1; BJS/Schwab § 212 Rn 2; Bumiller/Harders § 212 Rn 1.
[6*] Palandt/Brudermüller § 2 GewSchG Rn 11.

(2) ¹Das Gericht hat in den Fällen des Absatzes 1 Satz 1 dem Jugendamt die Entscheidung mitzuteilen. ²Gegen den Beschluss steht dem Jugendamt die Beschwerde zu.

I. Normzweck und Anwendungsbereich

§ 213 regelt die Anhörung des Jugendamts in Verfahren, die die Überlassung einer gemeinsam genutzten Wohnung gem. § 2 GewSchG betreffen, die Zustellung der Entscheidung und die Beschwerdebefugnis des Jugendamts in diesen Verfahren. Davon unabhängig ist die Beteiligung des Jugendamts, die sich nach § 212 richtet. Die Anhörung des Jugendamts soll einerseits die Sachverhaltsaufklärung fördern und andererseits dem Gericht die Möglichkeit geben, dessen besondere Erfahrung für die eigene Entscheidungsfindung zu nutzen.[1] Die Bekanntmachung der Entscheidung dient der Information wie der Förderung der Zusammenarbeit von Gericht und Jugendamt.[2]

II. Anhörung des Jugendamts (Abs. 1)

Das Jugendamt soll in Verfahren nach § 2 GewSchG angehört werden, wenn Kinder in dem Haushalt leben. Das muss auch für den Fall gelten, dass sich nur ein Kind im Haushalt befindet, vgl. auch § 212. Ein Verwandtschaftsverhältnis braucht zwischen den Beteiligten und den Kindern nicht zu bestehen.[3] Die Anhörung ist **nicht nur vor einer ablehnenden Entscheidung** vorgesehen. Der Anhörungspflicht korrespondiert eine **Pflicht des Jugendamts zur Mitwirkung** gem. § 50 Abs. 1 S. 2 Nr. 5 SGB VIII. Da es sich bei Abs. 1 um eine Soll-Vorschrift handelt, kann das Gericht in begründeten Fällen von der Anhörung absehen. Ein solcher Fall liegt regelmäßig vor, wenn eine ohne Anhörung des Jugendamts angeordnete Wohnungszuweisung im Wege der einstweiligen Anordnung bereits dazu geführt hat, dass negative Auswirkungen der Tat i. S. v. § 1 GewSchG auf die Kinder nicht mehr zu befürchten sind. Der Grund für die unterbliebene Anhörung ist in jedem Fall zu dokumentieren. Wenn die Anhörung grundlos unterbleibt, liegt ein **Verfahrensfehler** vor, der mit der Beschwerde gerügt werden kann. Eine Aufhebung und Zurückverweisung erfolgt jedoch nur auf Antrag, § 69 Abs. 1 S. 3. Im **Beschwerdeverfahren** kann von einer Anhörung unter den Voraussetzungen des § 68 Abs. 3 S. 2 abgesehen werden.

Eine wegen **Gefahr im Verzug** unterbliebene Anhörung ist unverzüglich nachzuholen. Das Unterbleiben der vorherigen Anhörung wird in der Praxis eher der Regel- als der Ausnahmefall sein, da Maßnahmen nach § 2 GewSchG überwiegend als **einstweilige Anordnungen** ergehen und der zwischen Antrag und Entscheidung liegende Zeitraum meistens nicht ausreicht, um das Jugendamt zu beteiligen, so dass Gefahr im Verzug (Abs. 1 S. 2) vorliegt. Die Idealvorstellung, das Jugendamt solle vor der Entscheidung die für eine sachgerechte Äußerung erforderlichen Ermittlungen anstellen und zu den vom Gericht ins Auge gefassten Maßnahmen gutachtlich Stellung nehmen,[4] lässt sich nur im Hauptsache- und im Beschwerdeverfahren verwirklichen. Vor Nachholung der Anhörung ist zu prüfen, ob davon nicht ausnahmsweise abgesehen werden kann (s. Rn 2). Wird die Anhörung nachgeholt kann sie sich im Verfahren der einstweiligen Anordnung auf die Entscheidung des Gerichts insbesondere auswirken, wenn ein Antrag auf Abänderung (§ 54 Abs. 1 S. 2) neue Entscheidung aufgrund mündlicher Verhandlung (§ 54 Abs. 2) oder Durchführung des Hauptsacheverfahrens (§ 52 Abs. 2) gestellt oder Beschwerde (§ 57 Nr. 4) eingelegt wird. Zur Aufhebung von Amts wegen einer einstweiligen Anordnung s. § 54 Abs. 1 S. 3 (dazu § 54 Rn 4).

III. Zustellung der Entscheidung, Beschwerdebefugnis (Abs. 2)

Gem. Abs. 2 S. 1 hat das Gericht in den Fällen des Abs. 1 Satz 1 dem Jugendamt die Entscheidung mitzuteilen. Die Mitteilungspflicht umfasst **alle Entscheidungen,** auch

---

[1] Jansen/Zorn § 49 a Rn 22.
[2] Jansen/Zorn § 49 Rn 24.
[3] Horndasch/Viefhues/Kemper § 213 Rn 4.
[4] Jansen/Zorn § 49 a Rn 22.

wenn die Anhörung unterblieben ist. Im Hinblick auf die Beschwerdebefugnis nach Abs. 2 S. 2 hat die Mitteilung förmlich zu erfolgen. Dabei handelt es sich um eine **Beschwerdebefugnis** i. S. v. § 59 Abs. 3. Eine Beschwer, § 59 Abs. 1, ist nicht erforderlich. Die Beschwerde ist auch zulässig, wenn das Gericht zu Recht von einer Anhörung gem. Abs. 1 S. 1 abgesehen hat. Ferner hängt die Beschwerdebefugnis nicht von einer Beteiligung des Jugendamts, § 212, ab.[5]

Einstweilige Anordnung

214 (1) ¹Auf Antrag kann das Gericht durch einstweilige Anordnung eine vorläufige Regelung nach § 1 oder § 2 des Gewaltschutzgesetzes treffen. ²Ein dringendes Bedürfnis für ein sofortiges Tätigwerden liegt in der Regel vor, wenn eine Tat nach § 1 des Gewaltschutzgesetzes begangen wurde oder aufgrund konkreter Umstände mit einer Begehung zu rechnen ist.

(2) Der Antrag auf Erlass der einstweiligen Anordnung gilt im Fall des Erlasses ohne mündliche Erörterung zugleich als Auftrag zur Zustellung durch den Gerichtsvollzieher unter Vermittlung der Geschäftsstelle und als Auftrag zur Vollstreckung; auf Verlangen des Antragstellers darf die Zustellung nicht vor der Vollstreckung erfolgen.

I. Normzweck und Anwendungsbereich

1 § 214 ergänzt die allgemeinen Vorschriften über einstweilige Anordnungen (§§ 49 bis 57) und gilt für alle Verfahren nach dem GewSchG. Abs. 1 soll die Voraussetzungen einer einstweiligen Anordnung in Gewaltschutzsachen konkretisieren. Abs. 2 und bezweckt eine möglichst schnelle Vollziehung der einstweiligen Anordnung in Gewaltschutzsachen (1. Halbs.) sowie den Schutz des Opfers (2. Halbs.). Im Übrigen sind die allgemeinen Vorschriften anwendbar. Insoweit wird auf die Kommentierung der §§ 49 ff. verwiesen.

II. Voraussetzungen der einstweiligen Anordnung (Abs. 1)

2 Die Voraussetzungen für den Erlass einer einstweiligen Anordnung ergeben sich zunächst aus § 49 Abs. 1: Die vorläufige Maßnahme muss nach den für das Rechtsverhältnis maßgebenden Vorschriften gerechtfertigt sein und es muss ein dringendes Bedürfnis für ein sofortiges Tätigwerden des Gerichts bestehen. Die **Rechtfertigung nach den für das Rechtsverhältnis maßgebenden Vorschriften** bedeutet, dass das Gericht prüfen muss, ob die materiell-rechtlichen Voraussetzungen für den Erlass der Eilmaßnahme gegeben sind (s. § 49 Rn 10). In Gewaltschutzsachen ist daher zu prüfen, ob die Voraussetzungen der §§ 1, 2 GewSchG vorliegen. Damit wiederholt Abs. 1 S. 1 lediglich, was sich bereits aus § 49 Abs. 1 ergibt, und hat keine darüber hinaus gehende, eigenständige Bedeutung. Obwohl der Bundesrat darauf hingewiesen hatte, dass die Bestimmung überflüssig erscheint,[1] wurde sie im Gesetzgebungsverfahren beibehalten.

3 Das **dringende Bedürfnis für ein sofortiges Tätigwerden des Gerichts** i. S. v. § 49 Abs. 1 liegt vor, wenn ein Abwarten bis zur endgültigen Entscheidung nicht möglich ist, weil diese zu spät kommen würde, um die zu schützenden Interessen zu wahren (s. § 49 Rn 12). Nach Abs. 1 S. 2 soll ein derartiges dringendes Bedürfnis für ein sofortiges Tätigwerden in der Regel vorliegen, wenn eine Tat nach § 1 GewSchG begangen wurde oder aufgrund konkreter Umstände mit einer Begehung zu rechnen ist. Dies ist unproblematisch, soweit bereits eine Tat nach § 1 GewSchG begangen wurde. Die Norm ist dagegen missverständlich, soweit es für den Erlass einer einstweiligen Anordnung ausreichen soll, dass aufgrund konkreter Umstände mit einer Begehung zu rechnen ist. Denn Voraussetzung der Maßnahmen nach §§ 1, 2 GewSchG ist jeweils die Begehung der Tat, welcher die Bedrohung damit sowie bestimmte Fälle des Eindringens in die Privatsphäre (nicht aber die Bedrohung damit) nach § 1 Abs. 2 GewSchG gleichgestellt sind. Fehlt es daran, kann keine Maßnahme nach dem GewSchG angeordnet werden. Der Bundesrat hatte in seiner Stel-

---

[5] BeckOK/Schlünder § 213 FamFG Rn 9; Bumiller/Harders § 213 Rn 3.
[1] BT-Drs. 16/6308 S. 382.

lungnahme auf dieses Problem hingewiesen und vorgeschlagen, § 214 Abs. 1 S. 2 dahin zu ändern, dass ein dringendes Bedürfnis für ein sofortiges Tätigwerden in der Regel vorliegt, wenn eine Tat nach § 1 Abs. 1 und 2 S. 1 Nr. 2 GewSchG begangen wurde oder in den Fällen des § 1 Abs. 2 S. 1 Nr. 1 GewSchG und des § 2 Abs. 6 GewSchG aufgrund konkreter Umstände mit einer Begehung der angedrohten Tat zu rechnen ist.[2] Dazu heißt es in der Gegenäußerung der Bundesregierung, nach dem Vorschlag des Bundesrates wäre eine Maßnahme nicht möglich, wenn ein Antragsgegner angekündigt habe, am nächsten Tag in die Wohnung des Antragstellers einzudringen, und zu diesem Zweck konkrete Vorbereitungen getroffen habe.[3] Die Gegenäußerung übersieht, dass in diesem Fall schon nach materiellem Recht keine Maßnahme nach dem GewSchG ergehen kann. Denn die Bedrohung muss sich nach § 1 Abs. 2 S. 1 Nr. 1 GewSchG auf die Verletzung des Lebens, des Körpers, der Gesundheit oder der Freiheit beziehen, während das Eindringen in die Wohnung einer anderen Person oder deren befriedetes Besitztum gem. § 1 Abs. 2 S. 1 Nr. 2 GewSchG begangen sein muss. Es reicht gerade nicht jede Bedrohung aus, um Maßnahmen nach dem GewSchG zu ergreifen.[4]

Um eine **Übereinstimmung zwischen Abs. 1 S. 2 und dem GewSchG** zu erreichen 4 ist Abs. 1 S. 2 letztlich dahin auszulegen, dass im Fall der Bedrohung i. S. v. § 1 Abs. 2 S. 1 Nr. 1 GewSchG aufgrund konkreter Umstände mit einer Begehung zu rechnen ist.[5]

III. Vollstreckung von Amts wegen (Abs. 2, Hs. 1)

Im Fall einer ohne mündliche Erörterung (§ 32) erlassenen einstweiligen Anordnung 5 gilt der Antrag auf deren Erlass zugleich als Auftrag zur Zustellung durch den Gerichtsvollzieher unter Vermittlung der Geschäftsstelle und als Auftrag zur Vollstreckung. Ein Auftrag an den Gerichtsvollzieher wird damit **fingiert,** um eine rasche Vollziehung zu gewährleisten. Der (fingierte) Auftrag erfolgt unter Vermittlung der Geschäftsstelle. Dabei handelt es sich um die Vermittlung nicht der Geschäftsstelle des Vollstreckungsgerichts, sondern der **Geschäftsstelle des Familiengerichts** als Prozessgericht i. S. v. § 192 Abs. 3 ZPO.[6] Die Gegenauffassung[7] lässt sich mit dem Ziel der Vorschrift, eine möglichst rasche und effektive Vollstreckung zu gewährleisten, nicht vereinbaren, weil durch die Abgabe vom Familiengericht an das Vollstreckungsgericht wertvolle Zeit vergeht, ohne dass dem ein zwingender Grund oder ein Vorteil für den Antragsteller gegenübersteht.[8]

Der Urkundsbeamte des Familiengerichts kann und soll den Gerichtsvollzieher direkt 6 beauftragen, sofern der zuständige Gerichtsvollzieher bekannt ist. Wenn dies nicht der Fall ist, weil es sich um einen größeren Amtsgerichtsbezirk handelt oder die Vollstreckung in einem anderen Amtsgerichtsbezirk zu erfolgen hat, kann der Urkundsbeamte des Familiengerichts den Auftrag über die Gerichtsvollzieherverteilerstelle (§ 753 Abs. 2 ZPO) erteilen. Die Zuständigkeit des Familiengerichts für die Vermittlung des Vollstreckungsauftrages bleibt davon aber unberührt. Zur Vollstreckung s. im übrigen die Kommentierung zu §§ 53, 86, 87, 95 und 96.

IV. Vollstreckung vor der Zustellung (Abs. 2 2. Halbs.)

Nach § 53 Abs. 2 kann das Gericht in Gewaltschutzverfahren anordnen, dass die Voll- 7 streckung der einstweiligen Anordnung vor Zustellung an den Antragsgegner zulässig ist. Voraussetzung dafür ist in Antragsverfahren und damit auch in Gewaltschutzsachen i. d. R. ein Antrag, sofern sich die Voraussetzungen nicht erst nach Antragstellung ergeben (s. § 53 Rn 8). Während es sich bei der Anordnung nach § 53 Abs. 2 um eine Ermessensentscheidung des Gerichts handelt, betrifft Abs. 2 2. Halbs. ein **an den Gerichtsvollzieher ge-**

---

[2] BT-Drs. 16/6308 S. 382.
[3] BT-Drs. 16/6308 S. 418.
[4] OLG Rostock FamRZ 2007, 921.
[5] BeckOK/Schlünder § 214 FamFG Rn 4; Prütting/Helms/Neumann § 214 Rn 3; Bumiller/Harders § 214 Rn 5; a. A. Haußleiter/Fest § 214 Rn 9.
[6] Prütting/Helms/Neumann § 214 Rn 9; Thomas/Putzo/Hüßtege § § 214 FamFG Rn 5.
[7] MünchKommZPO/Erbarth § 214 FamFG Rn 7; BJS/Schwab § 214 Rn 3.
[8] Giers FPR 2011, 224/225.

richtetes Verlangen des Antragstellers, dass die Zustellung nicht vor der Vollstreckung erfolgen soll.[9] Der Gerichtsvollzieher hat diesem Verlangen zu entsprechen. Da die einstweilige Anordnung dem Antragsgegner mit Beginn der Vollstreckung zugestellt wird, bedarf es in diesem Fall keiner § 53 Abs. 2 entsprechenden Vorverlagerung des Wirksamwerdens.[10]

Durchführung der Endentscheidung

215 In Verfahren nach § 2 des Gewaltschutzgesetzes soll das Gericht in der Endentscheidung die zu ihrer Durchführung erforderlichen Anordnungen treffen.

1   § 215 entspricht § 209 Abs. 1. Die Vorschrift gilt für Verfahren, die die Überlassung einer gemeinsam genutzten Wohnung gem. § 2 GewSchG betreffen. Für einstweilige Anordnungen ergibt sich die Befugnis des Gerichts zu Durchführungsanordnungen nicht aus § 49 Abs. 2 S. 2. Wegen der zulässigen Anordnungen wird zunächst auf § 209 Rn 3 und 4 verwiesen. Insbesondere kann das Gericht **Unterlassungsanordnungen** gem. § 2 Abs. 4 GewSchG treffen. Danach hat der Täter alles zu unterlassen, was geeignet ist, die Ausübung des Nutzungsrechts an der Wohnung zu erschweren oder zu vereiteln. Soweit es der Billigkeit entspricht ist gem. § 2 Abs. 5 GewSchG eine **Vergütung für die Nutzung der Wohnung** festzusetzen, die dem Täter von der verletzten Person zu zahlen ist. Es besteht keine Bindung an Anträge.[1] Voraussetzung einer Anordnung nach § 215 ist wie im Fall des § 209 Abs. 1 (s. § 209 Rn 3) dem klaren Wortlaut der Vorschrift zufolge eine Endentscheidung in einer Gewaltschutzsache. Damit scheidet der Erlass einer **isolierten Anordnung** gem. § 215 aus.[2]

Wirksamkeit; Vollstreckung vor Zustellung

216 (1) [1]Die Endentscheidung in Gewaltschutzsachen wird mit Rechtskraft wirksam. [2]Das Gericht soll die sofortige Wirksamkeit anordnen.

(2) [1]Mit der Anordnung der sofortigen Wirksamkeit kann das Gericht auch die Zulässigkeit der Vollstreckung vor der Zustellung an den Antragsgegner anordnen. [2]In diesem Fall tritt die Wirksamkeit in dem Zeitpunkt ein, in dem die Entscheidung der Geschäftsstelle des Gerichts zur Bekanntmachung übergeben wird; dieser Zeitpunkt ist auf der Entscheidung zu vermerken.

I. Normzweck und Anwendungsbereich

1   § 216 betrifft die **Wirksamkeit der Endentscheidung im Hauptsacheverfahren.** Für einstweilige Anordnungen ist die Anordnung der sofortigen Wirksamkeit nicht erforderlich.[1*] Für die einstweilige Anordnung gilt § 53. Da Entscheidungen nach dem GewSchG überwiegend im Verfahren auf Erlass einer einstweiligen Anordnung ergehen, ist der Anwendungsbereich eher klein. Abs. 1 entspricht nicht der Zielsetzung des GewSchG. Entscheidungen in Gewaltschutzsachen sind regelmäßig eilbedürftig. Daher ist die Abweichung vom Grundsatz der Wirksamkeit mit Bekanntgabe (§ 40 Abs. 1) nicht überzeugend, auch wenn die sofortige Vollstreckbarkeit angeordnet werden soll.[2*] Abs. 2 bestimmt ohne Grund für den Eintritt der Wirksamkeit bei Zulässigkeit der Vollstreckung vor Zustellung einen von § 53 Abs. 2 abweichenden Zeitpunkt.

---

[9] BeckOK/Schlünder § 214 FamFG Rn 7; Haußleiter/Fest § 214 Rn 17; Thomas/Putzo/Hüßtege § 214 FamFG Rn 5.
[10] A. A. Bumiller/Harders § 214 Rn 7: Wirksamkeit mit Erlass.
[1] BJS/Schwab § 215 Rn 2.
[2] Prütting/Helms/Neumann § 215 Rn 1; a. A. Johannsen/Henrich/Götz § 215 FamFG Rn 8.
[1*] OLG Hamm FPR 2011, 232.
[2*] Baumbach/Hartmann § 216 FamFG Rn 1.

II. Wirksamkeit (Abs. 1)

Abs. 1 S. 1 ordnet abweichend von § 40 Abs. 1 die Wirksamkeit mit formeller Rechtskraft (§ 45) an. Zum Ausgleich sieht Abs. 1 S. 2 vor, dass das Gericht die sofortige Wirksamkeit anordnen soll. Die **sofortige Wirksamkeit** ist damit der **Regelfall**. Mit Wirksamkeit ist die Entscheidung vollstreckbar, § 86 Abs. 2. Die **Vollstreckung** richtet sich nach § 95 (s. § 95 Rn 9, 15).

III. Vollstreckung vor der Zustellung (Abs. 2)

Über die sofortige Wirksamkeit hinaus kann das Gericht gem. Abs. 2 S. 1 die Zulässigkeit der Vollstreckung vor der Zustellung an den Antragsgegner anordnen. Dafür wird sich außerhalb des Verfahrens der einstweiligen Anordnung jedoch selten ein Anlass bieten. Denn der mit der Vollstreckung vor Zustellung erstrebte Zweck, die Überraschung des Täters und der Schutz des Opfers, lassen sich im Hauptsacheverfahren nach Anhörung des Täters (§ 34 Abs. 1 Nr. 1) und ggf. einem Termin (§ 32) nicht mehr erreichen. Die für die einstweilige Anordnung in § 53 Abs. 2 vorgesehene Regelung würde ausreichen.

Falls das Gericht die Zulässigkeit der Vollstreckung vor der Zustellung an den Antragsgegner anordnet, tritt die Wirksamkeit gem. Abs. 2 S. 2 bereits in dem Zeitpunkt ein, in dem die Entscheidung der Geschäftsstelle des Gerichts **zur Bekanntmachung übergeben** wird. Dieser Zeitpunkt ist auf der Entscheidung zu vermerken. Damit wird auf die Zustellung als Voraussetzung der Vollstreckung gem. § 87 Abs. 2 verzichtet. Obwohl die Regelung insoweit mit § 53 Abs. 2 übereinstimmt, wählt der Gesetzgeber für den Eintritt der Wirksamkeit eine abweichende Regelung. Während § 53 Abs. 2 auf den Erlass der Entscheidung abstellt, also den Zeitpunkt, zu dem die Entscheidung vollständig abgesetzt, unterschrieben und in den Geschäftsgang gegeben ist (s. § 53 Rn 6), stellt Abs. 2 auf die Übergabe an die Geschäftsstelle des Gerichts zur Bekanntmachung ab. Übergabe bedeutet das Übergehen der Entscheidung aus dem Bereich des Richters in den Bereich der Geschäftsstelle.[2] Damit tritt die Wirksamkeit im Vergleich mit § 53 Abs. 2 geringfügig später ein. Diese Unterscheidung ist nicht gerechtfertigt. Eine Harmonisierung sollte erfolgen.

Mitteilung von Entscheidungen

216a [1]Das Gericht teilt Anordnungen nach den §§ 1 und 2 des Gewaltschutzgesetzes sowie deren Änderung oder Aufhebung der zuständigen Polizeibehörde und anderen öffentlichen Stellen, die von der Durchführung der Anordnung betroffen sind, unverzüglich mit, soweit nicht schutzwürdige Interessen eines Beteiligten an dem Ausschluss der Übermittlung, das Schutzbedürfnis anderer Beteiligter oder das öffentliche Interesse an der Übermittlung überwiegen. [2]Die Beteiligten sollen über die Mitteilung unterrichtet werden.

I. Normzweck und Anwendungsbereich

Die auf Vorschlag des Rechtsausschusses eingefügte Vorschrift entspricht dem Bedürfnis nach einer bundesgesetzlichen Rechtsgrundlage für die Mitteilung von Entscheidungen.[1] Damit soll sicher gestellt werden, dass Verstöße gegen Anordnungen nach dem Gewaltschutzgesetz noch effektiver unterbunden und geahndet werden können und dies nicht an einem Informationsdefizit scheitert.[2*] Die Polizei benötigt die Mitteilung insbesondere, um bei Verstößen gegen die Anordnungen Ermittlungen wegen einer Straftat nach § 4 GewSchG einleiten zu können. § 216a gilt für alle Verfahren nach dem GewSchG.

---

[2] Haußleiter/Fest § 216 Rn 17; Dose Rn 501; Prütting/Helms/Neumann § 216 Rn 6.
[1] BT-Drs. 16/9733 S. 296.
[2*] BT-Drs. 16/6308 S. 382; Leutheusser-Schnarrenberger FPR 2009, 42/45.

II. Inhalt und Adressaten der Mitteilung

2 Mitzuteilen sind Anordnungen nach den §§ 1 und 2 GewSchG sowie deren Änderung oder Aufhebung. Adressaten sind neben der Polizei andere öffentliche Stellen, insbesondere Schulen, Kindergärten und Jugendhilfeeinrichtungen in öffentlich-rechtlicher Trägerschaft.[3] Der **Umfang der Mitteilung** ist nicht vorgegeben. Gem. Ziffer XI der Anordnung über Mitteilungen in Zivilsachen (MiZi)[4] sind die Mitteilungen unverzüglich nach Erlass der gerichtlichen Entscheidung durch Übersendung einer abgekürzten Ausfertigung ohne Entscheidungsgründe zu bewirken. Die Mitteilungen sind von dem Richter zu veranlassen. Über diese Anordnung hinaus sollten aber auch die Gründe übermittelt werden, wenn der Empfänger diese kennen muss. Die Beteiligten sollen gem. S. 2 über die Mitteilung unterrichtet werden. Davon kann insbesondere abgesehen werden, wenn dem Antragsgegner der Aufenthaltsort des Antragstellers oder betroffener Kinder nicht bekannt gemacht werden soll.[5]

III. Ausnahmen

3 Die Mitteilung unterbleibt, wenn schutzwürdige Interessen eines Beteiligten an einem Ausschluss der Übermittlung das Schutzbedürfnis anderer Beteiligter oder das öffentliche Interesse an der Übermittlung überwiegen (das zwischen den Worten „Übermittlung" und „das" befindliche Komma sollte entfallen). Ein derartiger Fall wird nur selten vorliegen.

---

[3] Haußleiter/Fest § 216 a Rn 11; BeckOK/Schlünder § 216 a FamFG Rn 4; Bumiller/Harders § 216 a Rn 1; Horndasch/Viefhues/Kemper § 216 a Rn 3; a. A. gegen den klaren Wortlaut MünchKommZPO/Erbarth § 216 a FamFG Rn 2: nicht nur in öffentlich-rechtlicher Trägerschaft.
[4] I. d. Fassung der Änderung v. 28. 7. 2010 (BAnz. S. 2893) im Internet unter http://www.verwaltungsvorschriften-im-internet.de/bsvwvbund_29041998_14301R57212002.htm#ivz15.
[5] BT-Drs. 16/9733 S. 296.

Abschnitt 8. Verfahren in Versorgungsausgleichssachen

Versorgungsausgleichssachen

217 Versorgungsausgleichssachen sind Verfahren, die den Versorgungsausgleich betreffen.

I. Normzweck

Die Vorschrift soll den **Begriff der Versorgungsausgleichssache** definieren.[1] Der Wortlaut der Vorschrift ist wenig aussagekräftig, da der Bedeutungsunterschied zwischen Versorgungsausgleichssachen und Verfahren, die den Versorgungsausgleich betreffen, gering ist. Zum Verständnis der Vorschrift ist das materielle Versorgungsausgleichrecht des § 1587 BGB und des VersAusglG heranzuziehen. Versorgungsausgleichssachen gehören nach § 111 Nr. 7 zu den Familiensachen (zu den **verschiedenen Arten von Familiensachen** s. § 111 Rn 3 und zu den **Familiensachen kraft materiell- und verfahrensrechtlichen Sachzusammenhangs** s. § 111 Rn 9 f.). Entsprechendes gilt für den Versorgungsausgleich der Lebenspartner (§ 269 Abs. 1 Nr. 7 FamFG). 1

§ 217 ersetzt die bisherigen §§ 23 b Abs. 1 S. 2 Nr. 7 GVG, 621 Abs. 1 Nr. 6 ZPO und entspricht inhaltlich diesen, modifiziert allerdings durch die materiellrechtlichen Bestimmungen des VersAusglG, die an die Stelle der §§ 1587 a–p BGB, des VAHRG, des VAwMG, des VAÜG und der BarwertVO getreten sind. 2

II. Definition der Versorgungsausgleichssachen

Die Versorgungsausgleichssachen stellen die sich aus dem VersAusglG ergebenden Verfahren dar. Diese werden unterschieden in Verfahren des **Wertausgleichs bei der Scheidung** (früher: öffentlich-rechtlicher Versorgungsausgleich) und der **Ansprüche nach der Scheidung** (früher: schuldrechtlicher Versorgungsausgleich). 3

Der Wertausgleich bei der Scheidung erfolgt gem. § 137 Abs. 2 S. 2 (s. dort Rn 7, 23) **im Scheidungsverbund** (s. unten Rn 9) von Amts wegen, und zwar gem. § 9 Abs. 2 VersAusglG **vorrangig** in der Form der **internen Teilung** nach §§ 10 ff. VersAusglG durch Realteilung jedes Anrechts innerhalb des jeweiligen Versorgungssystems, gegebenenfalls nach Verrechnung von Anrechten (§ 10 Abs. 2 S. 1 und 2 VersAusglG). Die **externe Teilung** eines Anrechts nach §§ 14–17 VersAusglG durch Begründung eines Anrechts in Höhe des Ausgleichswerts bei einem anderen Versorgungsträger als demjenigen des ausgleichspflichtigen Ehegatten ist demgegenüber subsidiär. Zur Durchführung der externen Teilung s. die Erläuterungen zu § 222. 4

Der Wertausgleich der Ansprüche nach der Scheidung, der den Anspruch auf schuldrechtliche Ausgleichsrente nach § 20 VersAusglG, die Abtretung von Versorgungsansprüchen nach § 21 VersAusglG, den Anspruch auf Ausgleich von Kapitalzahlungen nach § 22 VersAusglG, den Anspruch auf Abfindung nach §§ 23 f. VersAusglG, den Anspruch auf Teilhabe an der Hinterbliebenenversorgung nach §§ 25 f. VersAusglG und den Anspruch auf Ausgleich eines Anrechts auf Privatvorsorge wegen Invalidität nach §§ 28 ff. VersAusglG betrifft, wird grundsätzlich außerhalb des Scheidungsverbunds als **selbständige Familiensache** durchgeführt (s. unten Rn 9). Ausnahmsweise kann dieser Ausgleich auch in den **Scheidungsverbund** einbezogen werden, und zwar teils von Amts wegen (so bezüglich des Ausgleichs nach § 28 VersAusglG) gem. § 137 Abs. 2 S. 2 (s. dort Rn 7, 23), teils gem. § 137 Abs. 2 S. 1 Nr. 1 (s. dort Rn 7, 15) nur auf Antrag. 5

Außerhalb des Scheidungsverbundes als **selbständige Familiensachen** finden statt die Verfahren auf Wertausgleich gegen die Erben nach dem Tod eines Ehegatten nach Rechtskraft der Ehescheidung (§ 31 VersAusglG) und auf Anpassung nach Rechtskraft einer Entscheidung über den Versorgungsausgleich nach §§ 32 ff. Vers- 6

---

[1] BT-Drs. 16/6308 S. 252.

§ 218 Abschnitt 8. Verfahren in Versorgungsausgleichssachen

AusglG,² auf Versorgungsausgleich nach im Ausland erfolgten Ehescheidungen³ sowie u. U. auf Auskunftserteilung auf Grund materiell-rechtlicher Auskunftspflichten der Beteiligten untereinander nach § 4 VersAusglG, insbesondere dann, wenn sie vorab den Versorgungsausgleich in einer Scheidungsfolgenvereinbarung regeln möchten und hierfür entsprechende Informationen benötigen (s. aber auch § 137 Rn 12 für die Geltendmachung von Auskunftsansprüchen im Scheidungsverbund).

7 Versorgungsausgleichssache ist auch ein Verfahren auf Beschränkung oder Wegfall des Versorgungsausgleichs nach §§ 27 VersAusglG, 224 Abs. 3 FamFG.

7a **Keine Versorgungsausgleichssachen** sind sonstige Verfahren zwischen Beteiligten über Grund und Höhe von Versorgungsanrechten, für die die allgemeinen Zivilgerichte (etwa bei Lebensversicherungen), die Verwaltungsgerichte (Beamtenversorgung) sowie die Sozial- (gesetzliche Rentenversicherung) und Arbeitsgerichte (betriebliche Altersversorgung) zuständig sind.

III. Verfahren in Versorgungsausgleichssachen

8 Die Verfahren in Versorgungsausgleichssachen sind Verfahren der freiwilligen Gerichtsbarkeit. Sie richten sich in erster Linie nach den §§ 1 bis 110; zur Mitwirkungs- und Verfahrensförderungslast der Beteiligten trotz Amtsermittlungsgrundsatz⁴ s. § 26 Rn 20 f. Hinzu kommen die allgemeinen Vorschriften für Verfahren in Familiensachen der §§ 111 Nr. 7, 114, 116 Abs. 1 sowie die besonderen Vorschriften für Verfahren in Versorgungsausgleichsfolgesachen der §§ 135, 137, 139 f., 142 ff. und die besonderen Vorschriften für Verfahren in Versorgungsausgleichssachen der §§ 217 bis 229. Funktionell zuständig für alle Versorgungsausgleichssachen ist nach §§ 3 Nr. 3 lit. g, 25 Nr. 2 RPflG der Richter.

IV. Selbständige Versorgungsausgleichssachen und Versorgungsausgleichsfolgesachen

9 Versorgungsausgleichssachen können als selbstständige Verfahren, und damit unabhängig von einer Scheidungssache, geführt werden (s. näher § 111 Rn 20, 25). Gelangen sie in den Scheidungsverbund, sind sie als Versorgungsausgleichsfolgesachen zusammen mit der Scheidungssache zu verhandeln und zu entscheiden (s. näher § 137 Rn 3, 7, 15, 23).

V. Abgetrennte Versorgungsausgleichsfolgesachen

10 Zur Abtrennung einer Versorgungsausgleichsfolgesache vom Scheidungsverbund und deren Folgen s. die Erläuterungen zu § 140.

VI. Kosten und Gebühren

11 Die Kostentragungspflicht ergibt sich aus §§ 80 ff. Der Verfahrenswert bestimmt sich nach § 50 FamGKG,⁵ die Höhe der Gebühren aus dem Kostenverzeichnis zum FamGKG.

Örtliche Zuständigkeit

218 Ausschließlich zuständig ist in dieser Rangfolge:

1. während der Anhängigkeit einer Ehesache das Gericht, bei dem die Ehesache im ersten Rechtszug anhängig ist oder war;

---

[2] OLG Frankfurt FamRZ 2010, 916 (Verfahren nach §§ 33, 34 VersAusglG), zur verfahrensmäßigen Verbindung eines Unterhaltsfamilienstreitverfahrens und eines Versorgungsausgleichsanpassungsverfahrens wegen Unterhaltsgefährdung nach §§ 33 f. VersAusglG s. § 111 Rn 7 bei Fn 12 und § 137 Rn 23 bei Fn 29.
[3] BGH NJW-RR 1994, 322.
[4] BGH FamRZ 2010, 2067 (Pflicht des Rechtsanwalts, trotz Untersuchungsgrundsatz die zu Gunsten des Mandanten sprechenden rechtlichen Gesichtspunkte möglichst umfassend ins Verfahren einzuführen, um den Mandanten vor einer Fehlentscheidung des Gerichts zu bewahren).
[5] OLG Stuttgart FamRZ 2010, 2098 (Nettoerwerbseinkommen ohne Berücksichtigung individueller Zu- und Abschläge); OLG Nürnberg FamRZ 2010, 2101 (Abzug von Freibeträgen für unterhaltsberechtigte Kinder).

2. das Gericht, in dessen Bezirk die Ehegatten ihren gemeinsamen gewöhnlichen Aufenthalt haben oder zuletzt gehabt haben, wenn ein Ehegatte dort weiterhin seinen gewöhnlichen Aufenthalt hat;
3. das Gericht, in dessen Bezirk ein Antragsgegner seinen gewöhnlichen Aufenthalt oder Sitz hat;
4. das Gericht, in dessen Bezirk ein Antragsteller seinen gewöhnlichen Aufenthalt oder Sitz hat;
5. das Amtsgericht Schöneberg in Berlin.

I. Normzweck

§ 218 enthält eine feste Rangfolge von Anknüpfungskriterien zur Bestimmung des für 1
Versorgungsausgleichssachen örtlich zuständigen Gerichts. Die Vorschrift ist Spezialnorm gegenüber § 2 Abs. 1 und geht diesem vor. § 218 regelt auch die örtliche Zuständigkeit im Verfahren der **einstweiligen Anordnung** nach §§ 49 ff.; denn die Zuständigkeit des Hauptsachegerichts im ersten Rechtszug nach § 50 Abs. 1 S. 1 bestimmt sich nach § 218.

Nr. 1 entspricht dem bisherigen § 621 Abs. 2 S. 1 ZPO. **Nr. 2** nennt als Kriterium den 2
gemeinsamen gewöhnlichen Aufenthalt der Ehegatten und entspricht damit im Wesentlichen dem bisherigen § 45 Abs. 1 FGG. **Nr. 3** stellt anders als der bisherige § 45 Abs. 2 S. 1 FGG auf den gewöhnlichen Aufenthalt oder Sitz eines Antragsgegners ab. **Nr. 4** benennt den gewöhnlichen Aufenthalt oder Sitz eines Antragstellers und entspricht damit dem bisherigen § 45 Abs. 2 S. 2 FGG. **Nr. 5** enthält, wie bislang § 45 Abs. 4 FGG, die Auffangzuständigkeit des AG Schöneberg in Berlin.

II. Ausschließliche Zuständigkeit des Gerichts der Ehesache (Nr. 1)

Die örtliche Konzentration von Versorgungsausgleichssachen, die dieselbe Ehe betreffen, 3
bei einem Familiengericht entspricht dem für Familiensachen kennzeichnenden Prinzip der Zuständigkeitskonzentration (s. näher § 111 Rn 34). Maßgebend ist die **gesamte Dauer der Anhängigkeit** (s. zum Eintritt der Anhängigkeit näher § 124 Rn 4) **bis zur Rechtskraft** (s. § 148 Rn 3) **der Ehesache** (zum Begriff der Ehesache vgl. § 121 Rn 3), also nicht nur einer Scheidungssache, unabhängig davon, in welcher Instanz sich die Ehesache befindet. Während dieser Zeit ist das Familiengericht ausschließlich zuständig, bei dem die Ehesache im ersten Rechtszug anhängig ist oder war. Nach dem Wortlaut von Abs. 1 Nr. 1 kommt es nur auf die Dauer der Anhängigkeit der Ehesache an, nicht auf diejenige von Folgesachen, insbesondere also auch **nicht** auf diejenige von **Versorgungsausgleichsfolgesachen** (s. § 137 Rn 8). Im Fall der Abtrennung einer Versorgungsausgleichsfolgesache nach § 140 Abs. 2 Nr. 5 und Abs. 3 (s. § 140 Rn 7, 9) und Eintritt der Rechtskraft des Scheidungsausspruchs vor Abschluss der abgetrennten Versorgungsausgleichssache bedeutet dies, dass sich ab dem Zeitpunkt des Endes der Rechtshängigkeit der Scheidungssache die Zuständigkeit einer neuen Versorgungsausgleichssache nach Nr. 2 ff. bestimmt, also zwei verschiedene Familiengerichte für Versorgungsausgleichssachen derselben Ehegatten örtlich zuständig sein können.

III. Ausschließliche Zuständigkeit des Gerichts des gewöhnlichen Aufenthalts (Nr. 2)

Sekundär ausschließlich zuständig ist das Gericht, in dessen Bezirk die Ehegatten ihren 4
gemeinsamen gewöhnlichen Aufenthalt haben oder zuletzt gehabt haben, wenn ein Ehegatte dort weiterhin seinen gewöhnlichen Aufenthalt hat. Zum Begriff des gewöhnlichen Aufenthalts s. näher § 232 Rn 8 und § 122 Rn 3.

IV. Nachrangige ausschließliche Zuständigkeiten (Nr. 3 bis 5)

Jeweils nachrangig ausschließlich zuständig ist das Gericht, in dessen Bezirk ein Antrags- 5
gegner seinen gewöhnlichen Aufenthalt oder Sitz hat (Nr. 3), das Gericht, in dessen Bezirk ein Antragsteller seinen gewöhnlichen Aufenthalt oder Sitz hat (Nr. 4), und letztendlich das AG Schöneberg in Berlin (Nr. 5).

6 Nach dem ausdrücklichen Wortlaut des § 218 kann die örtliche Zuständigkeit nicht durch den Sitz eines Versorgungsträgers bestimmt werden, maßgebend sind allein die in Nr. 1 bis 5 genannten Kriterien.[1]

Beteiligte

219 Zu beteiligen sind
1. die Ehegatten,
2. die Versorgungsträger, bei denen ein auszugleichendes Anrecht besteht,
3. die Versorgungsträger, bei denen ein Anrecht zum Zweck des Ausgleichs begründet werden soll, und
4. die Hinterbliebenen und die Erben der Ehegatten.

I. Normzweck

1 Die Vorschrift knüpft an § 7 Abs. 2 Nr. 2 (Beteiligung derjenigen, die aufgrund des FamFG oder eines anderen Gesetzes von Amts wegen oder auf Antrag zu beteiligen sind) an und regelt, wen das Gericht von Gesetzes wegen als Beteiligten hinzuzuziehen hat. § 219 bestimmt den Kreis der Beteiligten in Versorgungsausgleichssachen indessen nicht abschließend.[1*] Die Beteiligung weiterer Personen oder Stellen kann sich auch aus § 7 Abs. 2 Nr. 1 (Beteiligung derjenigen, deren Recht durch das Verfahren unmittelbar betroffen wird) und § 7 Abs. 3 (Beteiligung weiterer Personen, soweit dies im FamFG oder in einem anderen Gesetz vorgesehen ist) ergeben. Zum Beteiligtenbegriff s. im Übrigen die Erläuterungen zu § 7; zur Beteiligtenfähigkeit die Erläuterungen zu § 8. Die Zurückverweisung kommt in Betracht, wenn in erster Instanz ein notwendig zu Beteiligender nicht zum Verfahren hinzugezogen wurde.[2*]

II. Ehegatten als Beteiligte (Nr. 1)

2 Zu beteiligen sind von Gesetzes wegen immer die Ehegatten, da ihre Rechtspositionen durch das Versorgungsausgleichsverfahren unmittelbar betroffen sind. Nach § 1 VersAusglG ist jedes Versorgungsanrecht grundsätzlich – und vorbehaltlich einer ausnahmsweise gegebenen Verrechnungsmöglichkeit – gesondert zu teilen, so dass jeder Ehegatte zugleich Ausgleichspflichtiger und Ausgleichsberechtigter sein kann.

III. Träger der Versorgungslast als Beteiligte (Nr. 2)

3 Erfasst sind hier alle Versorgungsträger, bei denen Anrechte der ausgleichspflichtigen Person bestehen, auch im Verfahren nach §§ 33 ff. VersAusglG zur Anpassung einer laufenden Versorgung wegen Unterhalt.

IV. Versorgungsträger bei externer Teilung als Beteiligte (Nr. 3)

4 Erfasst sind alle Versorgungsträger, bei denen Anrechte für die ausgleichsberechtigte Person im Wege der externen Teilung zu begründen sind.

V. Hinterbliebene und Erben der Ehegatten als Beteiligte (Nr. 4)

5 In wenigen Fällen kann auch die Beteiligung von Hinterbliebenen oder Erben erforderlich sein, so etwa die Beteiligung der Witwe oder des Witwers bei der Teilhabe an der Hinterbliebenenversorgung nach den §§ 25 und 26 VersAusglG oder die Beteiligung von Hinterbliebenen im Fall der §§ 225 und 226.

---

[1] OLG Frankfurt FamRZ 2010, 916 mit Anm. Borth (Verfahren nach §§ 33 f. VersAusglG).
[1*] BT-Drs. 16/6308 S. 252.
[2*] OLG Köln FamRZ 2011, 753.

VI. Sonstige Stellen

Sonstige Stellen sind keine Beteiligten i. S. d. § 219 (s. § 220 Rn 5). 6

Verfahrensrechtliche Auskunftspflicht

220 (1) **Das Gericht kann über Grund und Höhe der Anrechte Auskünfte einholen bei den Personen und Versorgungsträgern, die nach § 219 zu beteiligen sind, sowie bei sonstigen Stellen, die Auskünfte geben können.**

(2) [1]**Übersendet das Gericht ein Formular, ist dieses bei der Auskunft zu verwenden.** [2]**Satz 1 gilt nicht für eine automatisiert erstellte Auskunft eines Versorgungsträgers.**

(3) **Das Gericht kann anordnen, dass die Ehegatten oder ihre Hinterbliebenen oder Erben gegenüber dem Versorgungsträger Mitwirkungshandlungen zu erbringen haben, die für die Feststellung der in den Versorgungsausgleich einzubeziehenden Anrechte erforderlich sind.**

(4) [1]**Der Versorgungsträger ist verpflichtet, die nach § 5 des Versorgungsausgleichsgesetzes benötigten Werte einschließlich einer übersichtlichen und nachvollziehbaren Berechnung sowie der für die Teilung maßgeblichen Regelungen mitzuteilen.** [2]**Das Gericht kann den Versorgungsträger von Amts wegen oder auf Antrag eines Beteiligten auffordern, die Einzelheiten der Wertermittlung zu erläutern.**

(5) **Die in dieser Vorschrift genannten Personen und Stellen sind verpflichtet, gerichtliche Ersuchen und Anordnungen zu befolgen.**

I. Normzweck

Entsprechend dem allgemeinen Grundsatz des § 26 (zu Einzelheiten siehe dort) hat das Familiengericht in allen Verfahren, die den Versorgungsausgleich betreffen, die zur **Aufklärung** des Sachverhalts erforderlichen Ermittlungen **von Amts wegen** durchzuführen. Dazu kann es insbesondere die Beteiligten anhören, Zeugen und Sachverständige vernehmen, Auskünfte einholen usw. Das bedeutet jedoch nicht, dass das Gericht gehalten wäre, von sich aus allen nur denkbaren Möglichkeiten nachzugehen und den Sachverhalt auch insoweit aufzuklären. Die Beteiligten sind vielmehr verpflichtet, das Gericht durch Angabe von Tatsachen und Beweismitteln zu unterstützen und dadurch den Rahmen der Ermittlungen abzustecken (s. § 26 Rn 17, 20).[1] Das gilt vor allem für Umstände, die einem Beteiligten günstig sind.[2] Das Gericht braucht nicht von sich aus nach Gründen zu forschen, die zur Anwendung der Härteklausel des § 27 VersAusglG führen könnten. Vielmehr trägt der jeweils begünstigte Beteiligte die **Darlegungs- und Beweislast** für die ihm günstigen tatsächlichen Voraussetzungen der Härteklausel.[3] Lückenhafte Angaben der Beteiligten berechtigen aber das Gericht nicht dazu, den Versorgungsausgleich nicht durchzuführen. Das Gericht kann auch im Rahmen der Wirksamkeitskontrolle gem. §§ 6 Abs. 2, 8 Abs. 1 VersAusglG die Auskunftsansprüche gemäß § 220 als Mittel zur Erforschung des Sachverhalts einsetzen. 1

Die Vorschrift fasst die Inhalte des bisherigen § 53 b Abs. 2 S. 2 und 3 FGG und des bisherigen § 11 Abs. 2 S. 1 und 2 VAHRG zusammen. 2

II. Materiellrechtlicher Auskunftsanspruch und verfahrensrechtliche Auskunftspflicht

§ 4 VersAusglG regelt die Voraussetzungen für die wechselseitigen materiellrechtlichen Auskunftsansprüche der jeweils beteiligten Ehegatten, Hinterbliebenen, Erben und Versorgungsträger über auszugleichende Versorgungen. § 220 normiert die verfahrensrechtliche Befugnis des Gerichts, Auskünfte über Anrechte einzuholen, und verpflichtet die betreffenden Personen und Stellen zur Auskunftserteilung. Diese Bestimmung erfasst alle Verfahren 3

---
[1] BGH NJW 1985, 2266.
[2] BGH NJW 1988, 1839 = FamRZ 1988, 709; OLG Karlsruhe FamRZ 1992, 689 zu § 1587 c BGB.
[3] BGH NJW 2007, 366; NJW 1990, 2745.

über den Versorgungsausgleich (zu den verschiedenen Versorgungsausgleichssachen s. näher § 217).

III. Befugnis des Gerichts zur Auskunftseinholung (Abs. 1)

4   Abs. 1 gibt dem Gericht die Befugnis, Auskünfte **über Grund und Höhe der Anrechte** einzuholen, und benennt diejenigen Personen und Stellen, die zur Auskunftserteilung verpflichtet sind. Durch diese verfahrensrechtliche Auskunftspflicht wird die sich aus § 26 ergebende Ermittlungspflicht des Gerichts (s. Rn 1) erleichtert; das Gericht ist nicht darauf angewiesen, dass Beteiligte ihre materiellrechtlichen Auskunftsansprüche geltend machen. Nach Abs. 5 sind die genannten Stellen verpflichtet, dem gerichtlichen Ersuchen Folge zu leisten, womit klargestellt ist, dass über Angelegenheiten des Versorgungsausgleichs Auskünfte erteilt werden müssen, ohne dass eine Berufung auf Pflichten zur Amtsverschwiegenheit oder auf ein etwaiges Zeugnisverweigerungsrecht möglich ist (s. näher unten Rn 12).

5   Nach Abs. 1 kann das Gericht über Grund und Höhe der Versorgungsanrechte bei den nach § 219 zu beteiligenden **Ehegatten, Hinterbliebenen, Erben** und **Versorgungsträgern** (wegen Einzelheiten s. dort) sowie bei **sonstigen Stellen** Auskünfte einholen. Sonstige Stellen, die ebenfalls Auskunft über Bestand und Höhe der Anrechte zu erteilen haben, sind beispielsweise frühere Arbeitgeber, die Arbeitsverwaltung, wenn es um die Klärung von rentenrelevanten Zeiten der Arbeitslosigkeit geht, Krankenkassen, wenn rentenrelevante Zeiten einer krankheitsbedingten Erwerbslosigkeit aufzuklären sind, oder die Verbindungsstellen der gesetzlichen Rentenversicherung, wenn ausländische Anrechte aufzuklären sind. Hierdurch erlangen diese Stellen aber nicht die Stellung eines Beteiligten (s. § 7 Abs. 6 und dort Rn 48); die Auskunftspflicht dieser Stellen besteht unabhängig davon, ob sie Verfahrensbeteiligte im formellen Sinne sind.

6   Die Auskünfte unterliegen nicht den Vorschriften über den Urkundenbeweis; sie sind teils Zeugenaussagen, teils Rechtsauskünfte.[4] Ein Einverständnis des betroffenen Ehegatten ist nicht erforderlich und kann deshalb auch nicht erzwungen werden.[5] Die Auskünfte, die öffentliche Dienststellen erteilen, haben **keine bindende Wirkung** und sind deshalb keine Verwaltungsakte. Das Gericht ist an den Inhalt der Auskunft nicht gebunden; er unterliegt der freien Beweiswürdigung.[6] Jedoch können die Ehegatten, auch derjenige, der nicht ausgleichsverpflichtet ist, wegen der Richtigkeit der erteilten Auskünfte Feststellungsklage gegen den Versicherungs- bzw. Versorgungsträger erheben. Die Ehegatten selbst haben gegenüber den Trägern der gesetzlichen Rentenversicherungen grundsätzlich einen Auskunftsanspruch nur im Rahmen der versicherungsrechtlichen Vorschriften; der Auskunftsanspruch richtet sich nach § 109 Abs. 3 SGB VI.[7]

Für die Klage eines Ehepartners gegen den Rentenversicherungsträger, dem Familiengericht Auskunft über das Versicherungsverhältnis des anderen Ehepartners zu erteilen, ist der Rechtsweg zu den Gerichten der Sozialgerichtsbarkeit ausgeschlossen.[8] Bei der Erteilung der Auskünfte handeln die Sachbearbeiter der Versicherungsträger in Ausübung hoheitlicher Tätigkeit. Die Verpflichtung zur richtigen und vollständigen Auskunft besteht nicht nur gegenüber dem Familiengericht, sondern auch gegenüber den Ehegatten.[9]

IV. Formularzwang und seine Ausnahme (Abs. 2)

7   Abs. 2 S. 1 schreibt die Verwendung eines **Formulars** vor, **soweit das Gericht dem Auskunftsverpflichteten** (s. Rn 5) **ein solches übersendet.** Auf diese Weise soll eine vollständige und EDV-gerechte Erteilung der Auskünfte sichergestellt werden. Damit kann der nach § 229 vorgesehene elektronische Rechtsverkehr zwischen den Familiengerichten und Versorgungsträgern realisiert werden (zu Einzelheiten s. dort). Der Formularzwang gilt

---

[4] BGH NJW 1998, 138 = FamRZ 1998, 89.
[5] OLG Zweibrücken FamRZ 1998, 918.
[6] BGH NJW 1998, 138 = FamRZ 1998, 89.
[7] S. dazu näher Schmeiduch FamRZ 1991, 377.
[8] BSG NJW-RR 1996, 1283.
[9] BGH FamRZ 1998, 89; s. aber OLG Hamm FamRZ 1985, 718; OLG Karlsruhe NJW 1986, 854.

insbesondere auch für betriebliche Versorgungsträger und Versicherungsunternehmen. Damit soll gewährleistet werden, dass von vornherein Unklarheiten nicht entstehen und alle für die Durchführung des Versorgungsausgleichs wesentlichen Punkte beantwortet werden.[10]

Nach Abs. 2 S. 2 gilt Abs. 2 S. 1 nicht für eine automatisiert erteilte Auskunft eines Versorgungsträgers, der für die Erteilung der Auskunft elektronische Datenverarbeitungssysteme einsetzt. In diesem Fall ist ein zusätzlicher Aufwand für den Versorgungsträger zu vermeiden, der dadurch entstünde, dass der Versorgungsträger gezwungen wäre, vom Familiengericht übersandte Vordrucke zu benutzen. Die Möglichkeit zur automatisierten Auskunft befreit den Versorgungsträger aber nicht von der Verpflichtung, im gesetzlich geregelten Umfang Auskunft zu erteilen (s. dazu Abs. 4, Rn 11).

V. Mitwirkungshandlungen gegenüber Versorgungsträgern (Abs. 3)

Abs. 3 behandelt einen besonderen Aspekt der Mitwirkungspflicht der Ehegatten, ihrer Hinterbliebenen und Erben, und zwar gegenüber den Versorgungsträgern mit dem Ziel der Feststellung der in den Versorgungsausgleich einzubeziehenden Anrechte. Es handelt sich gegenüber den im SGB VI geregelten Mitwirkungspflichten (s. etwa § 149 Abs. 4 SGB VI) um eine vollkommen eigenständige Verpflichtung, die nach § 35 mit Zwangsmitteln durchgesetzt werden kann.

Die Mitwirkungspflicht zielt nicht ausschließlich auf die Klärung des Versicherungskontos eines Ehegatten in der gesetzlichen Rentenversicherung ab. Vielmehr ist Gegenstand der Mitwirkungspflicht die Feststellung von Grund und Höhe der in den Versorgungsausgleich einzubeziehenden Anrechte. Insbesondere kann verlangt werden, dass alle erheblichen Tatsachen angegeben und Urkunden und Beweismittel beigebracht werden. Falls erforderlich, kann von dem Mitwirkungsverpflichteten auch die Stellung eines Antrags bei einem Versorgungsträger, etwa eines Kontenklärungsantrags, und die Verwendung von Versorgungsträgern vorgesehener Formulare verlangt werden.[11] In der Praxis teilen allerdings die Versorgungsträger im Einzelfall mit, welche erforderlichen Mitwirkungshandlungen nicht erbracht werden, so dass das Gericht entsprechende Anordnungen treffen kann.

VI. Umfang der Mitteilungspflicht der Versorgungsträger (Abs. 4)

Abs. 4 S. 1 normiert die Auskunftspflichten der Versorgungsträger gegenüber dem Familiengericht. Diese haben die nach § 5 Abs. 1 VersAusglG zu berechnenden Ehezeitanteile und die Vorschläge nach §§ 5 Abs. 3, 47 VersAusglG für Ausgleichswerte und korrespondierende Kapitalwerte der Anrechte mitzuteilen einschließlich einer übersichtlichen und nachvollziehbaren Berechnung, wozu auch die Benennung des angewandten versicherungsmathematischen Berechnungsverfahrens und der grundlegenden Annahmen der Berechnung, insbesondere Zinssatz, angewandte Sterbetafeln und die Höhe der vorgesehenen Kosten einer internen Teilung nach § 13 VersAusglG[12] gehören, sowie der für die Teilung maßgeblichen Regelungen, also einschlägiges Satzungsrecht oder vertragliche Bestimmungen. Bedeutsam für die Nachvollziehbarkeit der Auskunft des Versorgungsträgers Überbetriebliche Altersversorgungen sind auch die folgenden Angaben: Renteneintrittsalter des Berechtigten, ehezeitliche Rentenhöhe (monatlich oder jährlich), Bewertungsmethode des Ehezeitanteils (unmittelbar gem. § 39 VersAusglG oder zeitratierlich gem. § 40 VersAusglG), bei Einschränkung des Leistungsspektrums die Höhe des Kompensationszuschlages nach § 11 Abs. 1 Nr. 3 VersAusglG, Rechnungszins in Anwartschaftsphase, Rechnungszins in Leistungsphase, vom Versorgungsträger angenommene Anwartschafts- und Leistungsdynamik, vom Versorgungsträger angenommener Wert einer Hinterbliebenenversorgung und vom Versorgungsträger angenommener Wert der Invaliditätsversorgung.[13]

---

[10] BT-Drs. 16/6308 S. 253.
[11] BT-Drs. 16/6308 S. 253.
[12] BT-Drs. 16/10144 S. 57.
[13] Zu weiteren Einzelheiten s. Hauß FPR 2011, 26, der auch die Mitteilung der Höhe der dem Ehezeitanteil der Versorgung entsprechenden Rentenleistung fordert.

Nur so ist das Familiengericht im Stande, seiner Aufgabe nachzukommen, die mitgeteilten Werte zu prüfen und den maßgeblichen Ausgleichswert zu bestimmen. Zur Offenlegung von Geschäftsgeheimnissen, etwa geschäftsinterner Kalkulationen, ist der Versorgungsträger nicht verpflichtet. Hat ein Versorgungsträger in einem anderen Verfahren bei demselben Gericht Unterlagen eingereicht, kann er auf diese verweisen; das Familiengericht kann dann, soweit erforderlich, die entsprechenden Akten beiziehen und die Regelungen dort einsehen. Dies kann zweckmäßig sein, ist aber nicht gesetzlich vorgeschrieben, da sich der Versorgungsträger bereits bei seiner Auskunft auch dazu äußert, ob er von seinem Recht Gebrauch machen will, die externe Teilung eines Anrechts nach § 14 Abs. 2 Nr. 2 VersAusglG zu verlangen (s. hierzu § 222 Abs. 1).

12 Abs. 4 S. 2 stellt klar, dass das Familiengericht bei unvollständigen Auskünften oder in Zweifelsfällen befugt ist, den Versorgungsträger zu ergänzenden Auskünften aufzufordern. Es kann auch einen Vertreter des Versorgungsträgers zum Termin laden, um sich die Wertermittlung erläutern zu lassen. Diese Verpflichtung des Versorgungsträgers besteht auch, wenn Beteiligte einen entsprechenden Antrag bei Gericht stellen. Die hier geregelte, verfahrensrechtliche Auskunftspflicht des Versorgungsträgers besteht aber nicht diesen, sondern nur dem Gericht gegenüber.

VII. Erzwingung der Auskunftspflicht (Abs. 5)

13 Nach Abs. 5 sind die zuvor genannten Stellen verpflichtet, gerichtlichen Ersuchen und Anordnungen Folge zu leisten. Damit ist klargestellt, dass über Angelegenheiten des Versorgungsausgleichs Auskünfte erteilt werden müssen, ohne dass sich öffentliche Dienststellen auf die Pflicht zur Amtsverschwiegenheit (§ 35 SGB I) und private Stellen auf ein etwaiges Zeugnisverweigerungsrecht nach §§ 29 Abs. 2 FamFG, 383 Abs. 1 Nr. 6 ZPO berufen können.[14] Die Auskunftspflicht besteht unabhängig davon, ob die genannten Stellen am Verfahren beteiligt sind.

14 Die Erfüllung der Auskunftspflicht kann nach § 35 durch Zwangsmittel nach vorheriger Androhung (§ 35 Abs. 2, s. dort Rn 13) erreicht werden, die aber nicht gegen juristische Personen des öffentlichen Rechts verhängt werden können (a. A. Zimmermann § 35 Rn 37).[15] Gegen die Anordnung von Zwangsmaßnahmen ist die sofortige Beschwerde nach § 35 Abs. 5 gegeben.[16]

Erörterung, Aussetzung

221 (1) **Das Gericht soll die Angelegenheit mit den Ehegatten in einem Termin erörtern.**

(2) **Das Gericht hat das Verfahren auszusetzen, wenn ein Rechtsstreit über Bestand oder Höhe eines in den Versorgungsausgleich einzubeziehenden Anrechts anhängig ist.**

(3) [1]**Besteht Streit über ein Anrecht, ohne dass die Voraussetzungen des Absatzes 2 erfüllt sind, kann das Gericht das Verfahren aussetzen und einem oder beiden Ehegatten eine Frist zur Erhebung der Klage setzen.** [2] **Wird diese Klage nicht oder nicht rechtzeitig erhoben, kann das Gericht das Vorbringen unberücksichtigt lassen, das mit der Klage hätte geltend gemacht werden können.**

I. Normzweck

1 Die Vorschrift regelt in Abs. 1 als Spezialvorschrift zu § 32 den Umfang der mündlichen Erörterung in Versorgungsausgleichssachen und in Abs. 2 und 3 als Spezialvorschriften zu § 21 Abs. 1 Voraussetzungen und Dauer einer Verfahrensaussetzung bei Streit über ein

---

[14] BGH NJW 1998, 138 = FamRZ 1998, 89.
[15] So auch Kuntze FGPrax 1995, 153; MünchKomm/Strobel § 1587e Rn 8; Rolland § 1587e Rn 36; Schwab/Maurer I Rn 610; a. A. OLG Frankfurt JurBüro 1987, 97; KG FGPrax 1995, 152 = NJW-RR 1996, 252, das Maßnahmen nach § 33 zwar für zulässig, aber für ermessensfehlerhaft hält, wenn die Nichterfüllung der Auskunft auf einer allgemeinen Überlastung beruht.
[16] Zu Vollstreckungsfragen beim Versorgungsausgleich s. Bergmann FPR 2008, 434.

Anrecht. Abs. 1 orientiert sich am bisherigen § 53b Abs. 1 FGG, wobei die **Soll-Vorschrift** auf Ehegatten beschränkt ist. Abs. 2 und 3 waren bisher in § 53c FGG enthalten und vereinfachen die bisherigen Regelungen.

II. Anwendungsbereich

Abs. 1 spricht von „Angelegenheit". Gemeint sind die Versorgungsausgleichssachen nach § 217. Damit erstreckt sich die Vorschrift auf alle Verfahren, die den Versorgungsausgleich betreffen, also sowohl den öffentlich-rechtlichen als auch den schuldrechtlichen Versorgungsausgleich sowie Nebenverfahren, z. B. auf Auskunft nach § 4 VersAusglG, und Verfahren auf Anpassung nach Rechtskraft einer Entscheidung über den Versorgungsausgleich nach §§ 32 ff. VersAusglG (s. näher § 217 Rn 3). Für den Anwendungsbereich der Vorschrift ist es unerheblich, ob das jeweilige Verfahren von Amts wegen oder auf Antrag eingeleitet wird (s. dazu § 217 Rn 8, § 223 Rn 3). Ebenso ist bedeutungslos, in welcher Weise die jeweiligen Verfahren durchgeführt werden; die Vorschrift ist sowohl auf Verfahren, die als Folgesache einer Scheidungssache mit dieser im Verbund stehen, als auch auf Verfahren, die unabhängig von einer Scheidungssache als selbständige Familiensache isoliert laufen, anwendbar; sie gilt schließlich auch für eine abgetrennte Folgesache (§ 140 Abs. 2 Nr. 1, 2, 4, 5), die isoliert durchgeführt wird. Außerhalb des Anwendungsbereichs der Abs. 2 und 3 kann ein Versorgungsausgleichsverfahren nach der allgemeinen Vorschrift des § 21 Abs. 1 aus wichtigem Grund ausgesetzt werden (s. die Erläuterungen zu § 21).[1] Das dabei auszuübende Ermessen ist jedoch u. a. dann auf eine Pflicht reduziert, wenn die Voraussetzungen einer Sachentscheidung im betreffenden Verfahren nicht geklärt werden können; dem Oberlandesgericht ist es dabei regelmäßig verwehrt, das Verfahren allein zum Zwecke der Aussetzung bis zu einer Neuregelung an das Amtsgericht – Familiengericht – zurückzuverweisen (s. zudem § 21 Rn 22).[2]

III. Erörterung (Abs. 1)

Das Gericht soll **jede Versorgungsausgleichssache** mit den **Ehegatten** in einem Termin mündlich erörtern. Für die Versorgungsausgleichsfolgesachen ergibt sich dies bereits aus dem Verbundprinzip des § 137 Abs. 1, nach dem über Scheidung und Folgesachen zusammen zu verhandeln ist (s. § 137 Rn 3 und zum Begriff der Versorgungsausgleichsfolgesache § 137 Rn 7). Das Erörterungsgebot ist bedeutsam, da das materielle Versorgungsausgleichsrecht erhebliche Spielräume für Vereinbarungen der Ehegatten und für Ermessensentscheidungen des Gerichtes gewährt. Im Rahmen der Erörterung kann das Gericht bei entsprechenden Anhaltspunkten auf die Möglichkeit hinweisen, **zweckmäßige Vereinbarungen** zu schließen (§§ 6 ff. VersAusglG). Auch bei Ermessens- oder Billigkeitsentscheidungen, wie der Durchführung des Ausgleichs trotz geringer Werte nach § 18 Abs. 3 VersAusglG, einer Härtefallprüfung nach § 27 VersAusglG, der Ermittlung des Ausgleichswerts nach § 42 VersAusglG oder bei Anpassung wegen Unterhalts nach § 33 Abs. 4 VersAusglG, ist die Erörterung aller maßgeblichen Gesichtspunkte mit den Ehegatten angezeigt. Die Ehegatten sind gemäß § 33 Abs. 2 S. 1 1. Halbs. FamFG selbst zur mündlichen Erörterung zu laden. Die Anordnung ihres persönlichen Erscheinens nach § 33 Abs. 1 S. 1 FamFG ist zweckmäßig; sie kann nach § 33 Abs. 3, Abs. 4 FamFG erzwungen werden (s. § 33 Rn 15).

Die nach § 221 Abs. 1 durchzuführende mündliche Erörterung ist keine notwendige Verhandlung im Sinne von § 128 Abs. 1 ZPO.[3] Zweck der Erörterung ist die Aufklärung

---

[1] BGH FamRZ 2009, 950 (Verfahrensaussetzung nach FGG in entsprechender Anwendung von § 148 ZPO, solange wegen der Unwirksamkeit der Übergangsregelung für rentenferne Versicherte in §§ 78, 79 Abs. 1 Satz 1 VBLS für die Bewertung der in den Versorgungsausgleich einzubeziehenden Startgutschrift des Ehemanns eine rechtliche Grundlage fehlt); BGH FamRZ 2009, 954 (Unwirksamkeit der Übergangsregelungen in den Satzungen anderer Zusatzversorgungsträger des öffentlichen Dienstes); MünchKomm/Stein Rn 22.
[2] BGH FamRZ 2009, 950 (verbindliche Bewertung des Anrechts auf eine Zusatzversorgung).
[3] BGH NJW 1983, 824 = FamRZ 1983, 267 zu § 53b Abs. 1 FGG.

des Sachverhalts, die Wahrung des rechtlichen Gehörs und die Herbeiführung einer Vereinbarung (s. auch die Erläuterungen zu § 33). Nicht nur das mündlich Vorgetragene wie bei einer mündlichen Verhandlung nach § 128 Abs. 1 ZPO, sondern der gesamte Akteninhalt ist Grundlage der Entscheidung.[4] Die Anordnung der Erörterung steht nicht im Belieben des Gerichts; vielmehr ist das Gericht dazu verpflichtet. Die Fassung von § 221 Abs. 1 als **Sollvorschrift** hat lediglich die Bedeutung, dass ein Verstoß dagegen nicht stets einen wesentlichen Verfahrensmangel darstellt, sondern nur dann, wenn durch das Unterbleiben der Erörterung § 26 oder das Gebot des rechtlichen Gehörs (Art. 103 Abs. 1 GG) verletzt ist oder eine Vereinbarung der Beteiligten erwartet werden konnte. § 221 Abs. 1 gilt auch für die **Beschwerdeinstanz**.[5] Jedoch kann von einer Erörterung in der Beschwerdeinstanz abgesehen werden (vgl. § 68 Abs. 3 S. 2), wenn den Beteiligten rechtliches Gehör gewährt wurde, der Sachverhalt hinreichend aufgeklärt und eine Einigung nicht zu erwarten ist oder wenn es in erster Linie um die Entscheidung von Rechtsfragen geht,[6] so grds. in der Rechtsbeschwerdeinstanz.[7]

5 Hinsichtlich anderer Beteiligter nach § 219 Nr. 2–4, insbesondere der **Versorgungsträger**, bleibt es bei der allgemeinen Kann-Vorschrift des § 32 Abs. 1 über die Sacherörterung in einem Termin (s. zu Einzelheiten die Erläuterungen dort). Sind **Hinterbliebene** oder **Erben** der Ehegatten nach § 219 Nr. 4 Beteiligte, ist die mündliche Erörterung in entsprechender Anwendung des § 221 Abs. 1 angezeigt, da auch hier Ermessensentscheidungen, etwa nach § 31 Abs. 2 S. 2 VersAusglG, möglich sind.

IV. Zwingende Verfahrensaussetzung bei anhängigem Rechtsstreit (Abs. 2)

1. Sachlich-rechtliche Bedeutung

6 Wenn über den Bestand oder die Höhe eines in den Versorgungsausgleich einzubeziehenden Anrechts zwischen den Beteiligten Streit besteht, könnte darüber das Familiengericht selbst entscheiden oder es könnte sein Verfahren über den Versorgungsausgleich aussetzen und den Streit durch das zuständige Spezialgericht klären lassen. Abs. 2 und Abs. 3 entscheiden die Lösungsmöglichkeiten dahin, dass eine Klärung der strittigen Vorfragen in der jeweils dafür zuständigen Spezialgerichtsbarkeit stattzufinden hat. Danach hat das Familiengericht **zwingend** das Verfahren auszusetzen, wenn ein Rechtsstreit über ein Anrecht anhängig ist. So wird sichergestellt, dass es nicht zu voneinander abweichenden Ergebnissen in verschiedenen Gerichtsbarkeiten kommt und das Familiengericht auf die Entscheidung des für das jeweilige Anrecht zuständigen Fachgerichts zurückgreifen kann. Mit dieser Regelung gehen Abs. 2 und Abs. 3 über § 21 hinaus; sie enthalten für das Verfahren über den Versorgungsausgleich Sondervorschriften.

2. Voraussetzung für die Anwendbarkeit von Abs. 2

7 Voraussetzung für die Anwendbarkeit von Abs. 2 ist, dass **unter den Beteiligten Streit** über den Bestand oder die Höhe eines Anrechts besteht. Unter Beteiligten sind hier die in § 219 Nr. 1–4 genannten Personen und Versorgungsträger zu verstehen, also die Ehegatten (s. § 219 Rn 2), die Versorgungsträger, bei denen ein auszugleichendes Anrecht besteht (s. § 219 Rn 3), die Versorgungsträger, bei denen ein Anrecht zum Zwecke des Ausgleichs begründet werden soll (s. § 219 Rn 4), sowie die Hinterbliebenen und die Erben der Ehegatten (s. § 219 Rn 5), nicht aber die sonstigen Stellen, bei denen nach § 220 Abs. 1 letzte Alt. Auskünfte eingeholt werden können; bei Streit eines oder beider Ehegatten mit diesen Stellen oder auch bei einem Streit zwischen Versorgungsträgern ist § 221 nicht anwendbar; es bleibt jedoch die Aussetzung nach allgemeinen Grundsätzen möglich, insbesondere nach § 21.[8]

---

[4] BGH a. a. O.
[5] BGH a. a. O.
[6] BGH a. a. O.
[7] BGH FamRZ 1994, 884.
[8] BT-Drs. 16/10144 S. 95; OLG Düsseldorf FamRZ 1985, 1143 zu § 53 c.

Der Streit muss sich auf den **Bestand** oder die **Höhe eines Anrechts der in § 2** **8** **Abs. 1–3 VersAusglG genannten Art** erstrecken. Hierzu kann auch der Streit im Versorgungsausgleichsverfahren über die Höhe des Ehezeitanteils bzw. des Ausgleichswerts nach §§ 5, 39 ff. VersAusglG gehören, da ein Streit über Bestand oder Höhe eines Anrechts sich regelmäßig auch auf den Ausgleichswert auswirkt.[9] Soweit es aber nur um die vom Versorgungsträger vorgenommene Bewertung des Ausgleichswerts geht, ist allein das Familiengericht zuständig.[10] Zwar ist erwägenswert, auch mit diesen Streitfragen die für die jeweiligen Versorgungssysteme zuständigen Fachgerichte zu betrauen, weil dort im Zweifel ein größeres Spezialwissen für die jeweiligen Versorgungen vorhanden ist. Der Gesetzgeber hat aber gesehen, dass die Fachgerichte bei dieser Lösung mit für sie fachfremden familienrechtlichen Fragen konfrontiert wären, und hat diese Lösung wegen zu erwartender Verfahrensverzögerungen und einer insgesamt höheren Belastung der Justiz verworfen.[11] Eine Aussetzung nach § 221 ist ferner nicht gerechtfertigt, wenn ein Ehegatte, der mit einem Beamten verheiratet ist, lediglich ein Interesse an der verwaltungsgerichtlichen Feststellung hat, dass ihm der Träger der Versorgungslast nach rechtskräftiger Scheidung einen Unterhaltsbeitrag in bestimmter Höhe zu gewähren habe.[12]

3. Anhängiger Rechtsstreit

Nach Abs. 2 hat das Familiengericht das Verfahren auszusetzen, wenn ein Rechtsstreit **9** über ein Anrecht nach Rn 8 bei einem Gericht, z.B. einem Sozial-, Arbeits- oder Verwaltungsgericht, bereits anhängig ist oder während des Verfahrens über den Versorgungsausgleich anhängig wird. Das Familiengericht muss das Verfahren dann **zwingend** bis zur Erledigung des anderen Rechtsstreits **aussetzen**; Ausnahmen sind nicht möglich. Jedoch macht ein Verstoß gegen § 221 die Entscheidung über den Versorgungsausgleich nicht unwirksam. Das Gericht kann die Aussetzung zum Anlass nehmen, das im Verbund mit einer Scheidungssache stehende Verfahren nach § 140 Abs. 2 S. 1 und 2 Nr. 2 abzutrennen, und über den Scheidungsantrag und die übrigen Folgesachen vorab zu entscheiden (s. dazu näher § 140 Rn 1, 5). Das Familiengericht ist an rechtskräftige Urteile der Spezialgerichte, deretwegen das Verfahren ausgesetzt war, nur gebunden, wenn sie unter allen Beteiligten materielle Rechtskraft entfalten (s. dazu § 1 Rn 78).

V. Verfahrensaussetzung bei nicht anhängigem Rechtsstreit (Abs. 3)

Ist ein solcher Rechtsstreit nach Rn 9 in der Spezialgerichtsbarkeit noch nicht anhängig, **10** so kann das Gericht nach seinem pflichtgemäßen **Ermessen** das Verfahren aussetzen und einem oder beiden Ehegatten eine Frist zur Erhebung der Klage bestimmen (Abs. 3 S. 1). Grundsätzlich hat das Familiengericht allerdings zwei Möglichkeiten, um den Streit über den Bestand oder die Höhe eines Anrechts zu klären: Es kann die strittige Vorfrage entweder selbst entscheiden oder es kann das Verfahren über den Versorgungsausgleich nach Abs. 3 S. 1 aussetzen und muss dann einem oder beiden Ehegatten, nicht anderen Beteiligten, eine Frist zur Erhebung der Klage zwecks Klärung der Vorfrage vor dem zuständigen Spezialgericht bestimmen. Hierfür wird eine Feststellungsklage (§ 55 Abs. 1 Nr. 1 und 2 SGG)[13] vor einem Sozial-, Arbeits- oder Verwaltungsgericht in Betracht kommen. Das Familiengericht sollte in der Regel von der Möglichkeit der Aussetzung nach Abs. 3 S. 1 Gebrauch machen, da eine Entscheidung des Familiengerichts nur zwischen den Ehegatten wirkt, nicht aber die Träger der Versorgung bindet. Bestimmt das Gericht nach Abs. 3 S. 1 eine Frist, so kann es schon für die Dauer der Frist das Verfahren aussetzen.

Wird die Klage innerhalb der gesetzten Frist erhoben, so greift Abs. 2 über die zwingen- **11** de Aussetzung des Verfahrens (s. dazu oben Rn 9) ein. Lassen die Ehegatten die Frist zur Erhebung der Klage dagegen verstreichen, so kann das Familiengericht nach Abs. 3 S. 2 ein

---

[9] BT-Drs. a.a.O.
[10] BT-Drs. a.a.O.
[11] BT-Drs. a.a.O.
[12] OLG Hamm FamRZ 1982, 180.
[13] BT-Drs. 7/4361 S. 71.

Vorbringen, das ein Beteiligter mit der Klage vor dem Spezialgericht hätte geltend machen können, unberücksichtigt lassen. Durch diese Vorschrift soll Verfahrensverschleppungen begegnet werden.[14] Ein Ausschluss des Vorbringens wird allerdings nur in seltenen Fällen in Betracht kommen. Denn das Familiengericht ist nach § 26 verpflichtet, den Sachverhalt bezüglich der streitigen Vorfrage von Amts wegen aufzuklären. Indessen gibt ihm § 221 Abs. 3 S. 2 die Möglichkeit, von umfangreichen Ermittlungen abzusehen und sich mit einer Auskunft des Versorgungsträgers zu begnügen. Kommt es nach Fristablauf gleichwohl noch zur Klageerhebung vor dem Spezialgericht, so steht es im Ermessen des Familiengerichts, ob es das Verfahren über den Versorgungsausgleich noch aussetzen will (Abs. 3 S. 2). Jedoch wird auch hier der Aussetzung in der Regel der Vorrang vor der eigenen Entscheidung des Familiengerichts einzuräumen sein.[15] Macht das Familiengericht ausnahmsweise von der Aussetzung keinen Gebrauch, so kann es nach Abs. 3 S. 2 verfahren.

VI. Anfechtbarkeit

12 Die Entscheidung, durch die das Verfahren ausgesetzt oder durch die eine beantragte Aussetzung abgelehnt wird, wäre als Zwischenverfügung nach § 58 Abs. 2 grundsätzlich unanfechtbar; § 58 Abs. 1 greift nicht ein. Allerdings ist § 21 Abs. 2 entsprechend anzuwenden, so dass der Beschluss über die Aussetzung mit der **sofortigen Beschwerde** nach §§ 567–572 ZPO anfechtbar ist (s. § 21 Rn 32).[16] Über die Beschwerde entscheidet nach § 119 Abs. 1 Nr. 1 a GVG das OLG. Gegen die Beschwerdeentscheidung ist bei Zulassung die Rechtsbeschwerde gegeben (s. dazu § 58 Rn 92).

Durchführung der externen Teilung

§ 222 (1) Die Wahlrechte nach § 14 Abs. 2 und § 15 Abs. 1 des Versorgungsausgleichsgesetzes sind in den vom Gericht zu setzenden Fristen auszuüben.

(2) Übt die ausgleichsberechtigte Person ihr Wahlrecht nach § 15 Abs. 1 des Versorgungsausgleichsgesetzes aus, so hat sie in der nach Absatz 1 gesetzten Frist zugleich nachzuweisen, dass der ausgewählte Versorgungsträger mit der vorgesehenen Teilung einverstanden ist.

(3) Das Gericht setzt in der Endentscheidung den nach § 14 Abs. 4 des Versorgungsausgleichsgesetzes zu zahlenden Kapitalbetrag fest.

(4) Bei einer externen Teilung nach § 16 des Versorgungsausgleichsgesetzes sind die Absätze 1 bis 3 nicht anzuwenden.

I. Normzweck

1 Die Vorschrift regelt verfahrensrechtliche Fragen der Durchführung der externen Teilung von Anrechten nach §§ 14 ff. VersAusglG.

II. Externe Teilung von Anrechten

2 Die externe Teilung von Anrechten erfolgt im Gegensatz zur nach § 9 Abs. 2 und Abs. 3 VersAusglG vorrangigen internen Teilung durch einen Ausgleich außerhalb des Versorgungssystems des auszugleichenden Anrechts, und zwar durch Begründung eines Anrechts für den Ausgleichsberechtigten zu Lasten des Anrechts des Ausgleichspflichtigen in Höhe des Ausgleichswerts bei einem anderen Versorgungsträger als demjenigen, bei dem das Anrecht des Ausgleichspflichtigen besteht (§ 14 Abs. 1 VersAusglG). Die externe Teilung ist nur in den besonderen Fällen des § 14 Abs. 2 Nr. 1 VersAusglG (Vereinbarung der externen Teilung zwischen Ausgleichsberechtigtem und Versorgungträger des Ausgleichspflichtigen) und § 14 Abs. 2 Nr. 2 VersAuslG (Verlangen des Versorgungsträgers des Ausgleichspflichtigen nach externer Teilung bei verhältnismäßig niedrigem Ausgleichswert, s. auch § 17 VersAusglG) und des § 16 Abs. 1 VersAusglG (keine interne Teilung von be-

---

[14] BT-Drs. 7/4361 S. 71.
[15] BT-Drs. 16/10144 S. 94.
[16] OLG Nürnberg FamRZ 2010, 1462.

amtenrechtlichen Anrechten möglich) und § 16 Abs. 2 VersAusglG (zwingende externe Teilung bei Anrechten aus Beamtenverhältnis auf Widerruf und Dienstverhältnis eines Soldaten) zulässig.

Mit den differenzierten Bestimmungen zur externen Teilung wird den besonderen **3** Belangen der Beteiligten entsprochen: Wünschen der Versorgungsträger des Ausgleichspflichtigen und die ausgleichsberechtigte Person einen Transfer in ein anderes System, ist dies nach § 14 Abs. 2 Nr. 1 VersAusglG zu ermöglichen. Bei geringen Ausgleichswerten gilt dies im Interesse des Versorgungsträgers des auszugleichenden Anrechts nach § 14 Abs. 2 Nr. 2 VersAusglG auch ohne das Einverständnis der ausgleichsberechtigten Person. Diese Möglichkeit erweitert § 17 VersAusglG für die internen Durchführungswege einer betrieblichen Altersversorgung. Darüber hinaus bleibt nach § 16 Abs. 1 VersAusglG eine externe Teilung wie nach bisherigem Recht („Quasisplitting") den Trägern von Beamtenversorgungen erlaubt, solange dort noch keine Regelungen für die interne Teilung geschaffen worden sind. Immer extern auszugleichen sind schließlich die Versorgungsanwartschaften von Beamtinnen und Beamten auf Widerruf und Soldatinnen und Soldaten auf Zeit (§ 16 Abs. 2 VersAusglG).

III. Ausübung von Wahlrechten (Abs. 1)

Abs. 1 stellt klar, dass das Familiengericht für die Erklärungen, die die externe Teilung **4** eines Anrechts nach § 14 VersAusglG herbeiführen sollen, **Fristen setzen** kann, die auf begründeten Antrag auch verlängert werden können.[1] **Wahlrechte** bestehen nach §§ 14, 15 VersAusglG in **dreifacher** Form:
- gem. **§ 14 Abs. 2 Nr. 1 VersAusglG** muss die Vereinbarung der externen Teilung zwischen Ausgleichsberechtigtem und Versorgungsträger des Ausgleichspflichtigen geschlossen werden;
- gem. **§ 14 Abs. 2 Nr. 2 VersAusglG** muss der Versorgungsträger des Ausgleichspflichtigen die externe Teilung verlangen;
- gem. **§ 15 Abs. 1 VersAusglG** muss der Ausgleichsberechtigte wählen, ob in Durchführung der externen Teilung ein für ihn bestehendes Anrecht ausgebaut oder ein neues Anrecht begründet werden soll. Die Ausübung des Wahlrechts unterliegt gem. § 114 Abs. 4 Nr. 7 nicht dem Anwaltszwang (s. § 114 Rn 22).

Mit der Fristsetzung zur Vorlage der Vereinbarung, der Bekundung des Verlangens des Versorgungsträgers gegenüber dem Gericht und der Ausübung des Wahlrechts hinsichtlich der Zielversorgung durch den Ausgleichsberechtigten kann das Gericht sicherstellen, dass das Versorgungsausgleichsverfahren vorangebracht wird. Die **Berücksichtigung** einer zu einem späteren Zeitpunkt vorgelegten Vereinbarung und einer verspäteten Bekundung des Verlangens des Versorgungsträgers wird damit **ausgeschlossen.** Unterbleibt die Benennung einer Zielversorgung, erfolgt die externe Teilung nach § 15 Abs. 5 S. 1 VersAusglG durch Begründung eines Anrechts in der gesetzlichen Rentenversicherung.[2] Ist ein Anrecht im Sinne des Betriebsrentengesetzes auszugleichen, ist gem. § 15 Abs. 5 S. 2 VersAusglG ein Anrecht bei der Versorgungsausgleichskasse[3] zu begründen.

Abs. 1 sieht **keine gesetzliche Frist** vor, um für das Verfahren eine größtmögliche **5** Flexibilität zu erhalten.[4] Der Gesetzgeber ist davon ausgegangen, dass die Versorgungsträger regelmäßig bereits in der von ihnen übermittelten Auskunft an das Familiengericht mitteilen, ob sie eine externe Teilung im Rahmen einer Vereinbarung oder auf Grund ihres einseitigen Optionsrechts wünschen. Daher kann in den Auskunftsersuchen des Familiengerichts an die Versorgungsträger gem. § 220 bereits eine entsprechende Rubrik in den Formularen nach § 220 Abs. 2 S. 1 vorgesehen werden, so dass der Versorgungsträger seiner Pflicht nach § 220 Abs. 4 S. 1 Alt. 3 nachkommen kann, nämlich die für die Teilung des bei ihm bestehenden Anrechts maßgebenden Regelungen mitzuteilen, die auch darin bestehen können, dass der Versorgungsträger im Einzelfall einen Teilungsvorschlag unter-

---
[1] MünchKommBGB/Dörr Rn 5.
[2] BT-Drs. 16/10144 S. 95.
[3] BGBl I 2009, 1939, 1947; s näher Borth FamRZ 2010, 702.
[4] BT-Drs. 16/10144 S. 95.

breitet, etwa bei individuell ausgestalteten betrieblichen Versorgungszusagen. Auch die Ehegatten können sich über eine gewünschte Zielversorgung bereits in der Auskunft gem. § 220 Abs. 2 S. 1 über die vorhandenen Anrechte erklären.

IV. Zustimmung des Versorgungsträgers der gewählten Zielversorgung (Abs. 2)

6 Abs. 2 stellt klar, dass es dem Ausgleichsberechtigten obliegt, dem Familiengericht rechtzeitig, d. h. innerhalb der nach Abs. 1 gesetzten Frist (s. dazu vorstehende Rn 4) und ohne Fristsetzung spätestens bis zur Entscheidung, zugleich mit der Ausübung seines Wahlrechts nach § 15 Abs. 1 VersAusglG (s. vorstehend Rn 4) nachzuweisen, dass der ausgewählte Versorgungsträger der Zielversorgung mit der vorgesehenen Teilung zur Begründung oder zum Ausbau eines Anrechts einverstanden ist. Zu diesem Nachweis gehört die Mitteilung der einschlägigen Daten, so dass das Familiengericht den Entscheidungstenor hinreichend bestimmt fassen kann, z. B. im Hinblick auf die genaue Firmenbezeichnung des Versicherungsunternehmens oder die Tarifbezeichnung und Policennummer eines bereits bestehenden Vorsorgevertrags, der ausgebaut werden soll. In der Praxis werden die Versorgungsträger zu diesen Zwecken entsprechende Bestätigungsschreiben verwenden, die an den Ausgleichsberechtigten übersandt und von diesem dem Familiengericht vorgelegt werden können.

V. Gerichtliche Festsetzung des zu zahlenden Kapitalbetrags (Abs. 3)

7 Abs. 3 ordnet an, dass das Familiengericht in seiner Entscheidung den Betrag festsetzen muss, den der Versorgungsträger des Ausgleichspflichtigen an den von dem Ausgleichsberechtigen nach Rn 4 benannten Versorgungsträger zu zahlen hat. Denn mit der externen Teilung ist ein Transfer des entsprechenden Vorsorgevermögens verbunden, der allerdings nach § 14 Abs. 2 VersAusglG immer nur dann stattfindet, wenn der Versorgungsträger des Ausgleichspflichtigen mit dem Abfluss der Finanzierungsmittel einverstanden ist. Der insoweit vom Familiengericht festzusetzende Betrag entspricht bei Kapitalwert dem Ausgleichswert, bei anderen Bezugsgrößen – wie z. B. Rentenbeträgen – dem korrespondierenden Kapitalwert des Ausgleichswerts. Hinzuzufügen ist der Zinsanteil des Ausgleichswerts einer privaten Rentenversicherung zwischen Ehezeitende und Rechtskraft der Entscheidung.[5] Wenn der Versorgungsträger des Ausgleichspflichtigen nach Rechtskraft der Entscheidung nicht zahlt, kann der Versorgungsträger der Zielversorgung aus der gerichtlichen Entscheidung die Zwangsvollstreckung betreiben. Im Beschlusstenor ist die Fassung oder das Datum der Versorgungsregelung bzw. der konkrete Tarif der Zielversorgung (s. vorstehend Rn 6) zu benennen.[6]

VI. Nichtanwendung von Abs. 1 bis 3 (Abs. 4)

8 Findet eine externe Teilung von Anrechten aus einem öffentlich-rechtlichen Dienst- oder Amtsverhältnis nach § 16 VersAusglG statt, sind Abs. 1 bis 3 nicht anzuwenden. Denn nach § 16 Abs. 1 VersAusglG hat das Familiengericht lediglich anzuordnen, dass zu Lasten des Rechts des Ausgleichspflichtigen bei der öffentlich-rechtlichen Versorgung für den Ausgleichsberechtigten ein Anrecht bei der gesetzlichen Rentenversicherung begründet wird, wobei der Ausgleichswert nach § 16 Abs. 3 VersAusglG in Entgeltpunkte umzurechnen ist.

Antragserfordernis für Ausgleichsansprüche nach der Scheidung

223 Über Ausgleichsansprüche nach der Scheidung nach den §§ 20 bis 26 des Versorgungsausgleichsgesetzes entscheidet das Gericht nur auf Antrag.

---

[5] Borth FamRZ 2011, 337, 339 mit Tenorierungsbeispiel, der sich auch mit der Berücksichtigung von Schlussüberschüssen und Bewertungsreserven eines kapitalgestützten Anrechts und Problemen bei fondsgebundenen Versorgungen befasst.
[6] BGH FamRZ 2011, 547 (interne Teilung) mit Anm. Holzwarth, 550.

I. Normzweck

Die Vorschrift stellt klar, dass das Familiengericht den **schuldrechtlichen Versorgungs-** 1
ausgleich durch schuldrechtliche Ausgleichszahlungen **nach der Scheidung** gem.
§§ 20–26 VersAusglG nicht von Amts wegen, sondern **nur auf Antrag** durchführt. Im
früheren Recht ergab sich das Antragserfordernis aus §§ 1587f, 1587i, 1587l BGB, 3a
VAHRG.

II. Anwendungsbereich

§ 223 betrifft nur den schuldrechtlichen Versorgungsausgleich, der nach einer Eheschei- 2
dung durchgeführt werden soll. Die Durchführung des schuldrechtlichen Versorgungsausgleichs bei der Ehescheidung regelt § 137 Abs. 2 Nr. 1 (s. dort Rn 7, 15), wonach die für
den Fall der Scheidung zu treffende Versorgungsausgleichsfolgesache spätestens zwei Wochen vor der mündlichen Verhandlung im ersten Rechtszug in der Scheidungssache von
einem Ehegatten anhängig gemacht werden muss.[1]

III. Antragserfordernis und Anwaltszwang

Für die Antragstellung im isolierten Versorgungsausgleichsverfahren nach einer Eheschei- 3
dung besteht für die Ehegatten in erster und zweiter Instanz kein Anwaltszwang. Dieser gilt
nach § 114 Abs. 1 (s. dort Rn 4) für die Ehegatten nur in Versorgungsausgleichsfolgesachen
und gem. § 114 Abs. 2 (s. dort Rn 11) für alle Beteiligten in allen Versorgungsausgleichssachen vor dem BGH, für Behörden und juristische Personen des öffentlichen Rechts
allerdings mit den Erleichterungen nach § 114 Abs. 3 (s. dort Rn 12).

Entscheidung über den Versorgungsausgleich

224

(1) **Endentscheidungen, die den Versorgungsausgleich betreffen, werden erst mit Rechtskraft wirksam.**

(2) **Die Endentscheidung ist zu begründen.**

(3) **Soweit ein Wertausgleich bei der Scheidung nach § 3 Abs. 3, den §§ 6, 18 Abs. 1 oder Abs. 2 oder § 27 des Versorgungsausgleichsgesetzes nicht stattfindet, stellt das Gericht dies in der Beschlussformel fest.**

(4) **Verbleiben nach dem Wertausgleich bei der Scheidung noch Anrechte für Ausgleichsansprüche nach der Scheidung, benennt das Gericht diese Anrechte in der Begründung.**

I. Normzweck

Die Vorschrift regelt den Eintritt der Wirksamkeit versorgungsausgleichsrechtlicher End- 1
entscheidungen (Abs. 1), die gerichtliche Begründungspflicht (Abs. 2) und deren Umfang
bei unterlassenem Wertausgleich bei der Scheidung (Abs. 4) sowie den Inhalt der Beschlussformel bei Nichtstattfinden des Wertausgleichs bei der Scheidung (Abs. 3). **Abs. 1** entspricht dem bisherigen § 53g Abs. 1 FGG, **Abs. 2** dem bisherigen § 53b Abs. 3 FGG.
Abs. 3 passt den bisherigen § 53d S. 1 FGG an das neue materielle Versorgungsausgleichsrecht an. **Abs. 4** stellt neues Verfahrensrecht dar.

II. Anwendungsbereich

Abs. 1 und Abs. 2 gelten für alle Endentscheidungen, die den Versorgungsausgleich 2
betreffen (zum Begriff der Endentscheidung s. § 116 Rn 6). Sie erstrecken sich grundsätzlich auch auf Endentscheidungen, die als Folgesache einer Scheidungssache durch Verbundbeschluss ergehen (s. näher § 142 Rn 3); in diesen Fällen kann jedoch trotz der Teilrechtskraft der Entscheidung über den Versorgungsausgleich ihr Wirksamwerden nach der Son-

---

[1] Unzutreffend BT-Drs. 16/10144 S. 95, wo auf § 137 Abs. 2 S. 2 hingewiesen wird, der aber den schuldrechtlichen Versorgungsausgleich nach §§ 20–26 VersAusglG gerade nicht betrifft.

dervorschrift des § 148 noch weiter, nämlich bis zur Rechtskraft des Scheidungsausspruchs hinausgeschoben sein (s. dazu näher § 148 Rn 4). Abs. 3 bezieht sich nur auf die ausdrücklich erwähnten Fälle nach §§ 3 Abs. 3, 6, 18 Abs. 1 und 2, 27 VersAusglG, soweit ein Wertausgleich bei der Scheidung nicht stattfindet. Abs. 4 erstreckt sich nur auf die Fallkonstellationen, in denen bei der Scheidung ein Wertausgleich betreffend einzelner Anrechte nicht stattfindet und deswegen Raum für Ausgleichsansprüche nach der Scheidung verbleibt.

III. Wirksamkeit der Endentscheidung mit Rechtskraft (Abs. 1)

3   Abs. 1 bestimmt, dass Endentscheidungen, die den Versorgungsausgleich betreffen, erst **mit der Rechtskraft** wirksam werden. Die Vorschrift enthält damit eine Ausnahme von dem Grundsatz des § 40 Abs. 1. Die **formelle Rechtskraft** tritt bei Entscheidungen, die den Versorgungsausgleich betreffen, entsprechend den allgemeinen Grundsätzen mit Ablauf der Rechtsmittelfrist für alle Anfechtungsberechtigten oder in sonstigen Fällen mit der Unanfechtbarkeit ein (s. dazu § 148 Rn 3).[1] Auch wenn das OLG die Rechtsbeschwerde nicht zugelassen hat, werden Entscheidungen über den Versorgungsausgleich erst mit Ablauf der Frist für die Rechtsbeschwerde formell rechtskräftig.[2] Abs. 1 gilt nur für alle Endentscheidungen im Sinne von § 58 (s. § 58 Rn 16), also für solche, die das Verfahren für eine Instanz abschließen, nicht für Zwischenentscheidungen, die den Versorgungsausgleich betreffen, z. B. solche nach § 221 Abs. 2 und 3 über eine Verfahrensaussetzung oder nach § 220 über die verfahrensrechtliche Auskunftspflicht (s. dazu § 58 Rn 23). Im Einzelnen gilt folgendes:

4   Endentscheidungen über den Versorgungsausgleich, die als **Folgesache** einer Scheidungssache durch Verbundbeschluss ergehen, werden mit Ablauf der Rechtsmittelfrist oder dem Eintritt der Unanfechtbarkeit in den übrigen Fällen zwar formell rechtskräftig, aber nur wirksam, wenn dies auch für den Scheidungsausspruch (§ 148; s. dazu § 148 Rn 4) zutrifft. Bei einer Teilanfechtung erwachsen nicht angefochtene Teile des Verbundbeschlusses nicht in Rechtskraft, solange sie noch mit Rechtsmittelerweiterung oder Anschlussrechtsmittel angefochten werden können (s. dazu § 145 Rn 7). Der Eintritt der Rechtskraft kann dadurch weit hinausgeschoben sein.

5   Bei Endentscheidungen über Versorgungsausgleichssachen, die als Folgesache einer Scheidungssache nach § 140 von dieser **abgetrennt** worden sind und isoliert weitergeführt werden, tritt die formelle Rechtskraft nach allgemeinen Grundsätzen des FamFG ein, frühestens aber mit Eintritt der Rechtskraft des Scheidungsausspruchs nach § 148 (s. dort Rn 1). In den Fällen, in denen zunächst der Scheidungsausspruch und erst danach die Endentscheidung über den Versorgungsausgleich rechtskräftig werden, greift hinsichtlich des Wirksamwerdens § 224 Abs. 1 ohne Einschränkung ein.

5a Die vorstehend in Rn 5 genannte Abtrennung kann grundsätzlich auch dadurch erfolgen, dass über den Versorgungsausgleich im Scheidungsverbund nur teilweise entschieden wird und im Übrigen eine Abtrennung nach § 140 erfolgt. Die **Zulässigkeit von Teilentscheidungen** im Scheidungsverbund (zur grundsätzlichen Unzulässigkeit einer Teilentscheidung im Scheidungsverbund s. dagegen § 142 Rn 4) unter Abtrennung des Versorgungsausgleichsverfahrens im Übrigen setzt voraus, dass ein aussonderbarer Teil des Verfahrensgegenstandes einer selbständigen Entscheidung zugänglich ist und die Teilentscheidung unabhängig von der Entscheidung über den restlichen Verfahrensgegenstand ergehen kann.[3] Nach dem Recht des VersAusglG wird die Zulässigkeit von Teilentscheidungen einerseits erleichtert durch den in § 1 Abs. 1 VersAusglG normierten Einzelausgleich der Ehezeitanteile, der im Gegensatz zur früheren Gesamtsaldierung jedes einzelne Anrecht einer eigenständigen Beurteilung zuführt; entsprechend ist eine Beschränkung der Beschwerde und damit eine Teilanfechtung mit **Teilrechtskraft** der unangefochtenen Teile möglich.[4] Andererseits ist dem VersAusglG eine umfassende Abwägung des Wert-

---

[1] BGH NJW 1985, 2706 = FamRZ 1985, 263.
[2] BGH NJW-RR 2008, 1673 = FamRZ 2008, 2019; FamRZ 1990, 283.
[3] BGH NJW-RR 2009, 1081 = FamRZ 2009, 950 zum alten Versorgungsausgleichsrecht.
[4] BGH FamRZ 2011, 547; OLG Nürnberg MDR 2011, 607; OLG Stuttgart BeckRS 2011, 01582.

ausgleichs verschiedener Anrechte nicht fremd, wie §§ 18 Abs. 1, 19 Abs. 3, 27 VersAusglG zeigen. Danach ist eine Teilentscheidung dann möglich, wenn der Wertausgleich eines bestimmten Anrechts sowohl dem Grunde als auch der Höhe nach, gegebenenfalls auch hinsichtlich eines Teilbetrages, feststeht und ausgeschlossen ist, dass sich der Ausgleichsanspruch später, etwa im Rahmen einer Billigkeitsabwägung, verringern kann.[5] Eine Teilentscheidung über den Versorgungsausgleich liegt aber nur dann vor, wenn in der Entscheidung oder in Begleitumständen zum Ausdruck kommt, dass das Gericht über einen Teil des Verfahrensgegenstandes vorab entscheiden und den Rest später regeln will; ist es sich nicht bewusst, dass es den Versorgungsausgleich unvollständig regelt, so steht einer ergänzenden Entscheidung § 68 Abs. 1 S. 2 entgegen[6]. Auf ein Rechtsmittel gegen eine zulässige Teilentscheidung darf das Rechtsmittelgericht nicht von sich aus oder auf Antrag auf Grund unselbständiger Anschlussbeschwerde eines Beteiligten über den noch im unteren Rechtszug anhängigen Teil des Versorgungsausgleichsverfahrens mit entscheiden.[7] Hängt dagegen der nicht angegriffene Teil der Entscheidung mit dem angegriffenen untrennbar zusammen und ist letzterer daher einer gesonderten Entscheidung nicht zugänglich, so ist eine gleichwohl erklärte Beschränkung des Rechtsmittels unzulässig; das Beschwerdegericht hat die angefochtene Entscheidung in vollem Umfang zu überprüfen.[8]

Ergehen Endentscheidungen, die den Versorgungsausgleich betreffen, in einem Verfahren, das als **selbständige** Familiensache nach der Ehescheidung isoliert durchgeführt worden ist (s. § 217 Rn 9), so tritt die formelle Rechtskraft ebenfalls nach allgemeinen Grundsätzen ein. Auch hier greift hinsichtlich des Wirksamwerdens § 224 Abs. 1 ein. **6**

IV. Begründung der Endentscheidung (Abs. 2)

Abs. 2 bestimmt, dass die Endentscheidung (zum Begriff s. die vorstehenden Rn 3) über **7** den Versorgungsausgleich zu begründen ist. Die Begründungspflicht bezieht sich gem. §§ 38 Abs. 3 S. 1, 69 Abs. 2, 74 Abs. 4, 7 auf die Endentscheidungen aller Instanzen. Die tragenden Gründe sind nachvollziehbar darzustellen. Ein Verzicht der Beteiligten auf die Begründung nach § 313a Abs. 1, 2 Nr. 1 ZPO ist nicht möglich. Bei der Bekanntgabe von Versorgungsausgleichsverbundentscheidungen gem. § 137 Abs. 1, 2 Nr. 1 ist § 139 Abs. 1 S. 1, 2 zu beachten. Danach ist den Versorgungsträgern die Begründung der Scheidungsverbundentscheidung nur insoweit mitzuteilen, als sie von der Entscheidung betroffen sind, also nur bezüglich der Entscheidung über den Versorgungsausgleich. Enthält der Scheidungsverbundbeschluss nach § 142 Abs. 1 eine Entscheidung über den Versorgungsausgleich, so kann gem. § 142 Abs. 3 insoweit bei der Verkündung des Beschlusses auf die Beschlussformel Bezug genommen werden.

V. Negative Feststellung in Beschlussformel (Abs. 3)

Abs. 3 verpflichtet das Familiengericht, in der Beschlussformel der Endentscheidung über **8** den Versorgungsausgleich festzustellen, ob und inwieweit bei der Scheidung ein **Versorgungsausgleich nicht stattfindet** oder **ganz oder teilweise ausgeschlossen** ist oder **Anrechte nicht auszugleichen** sind. Betroffen hiervon sind die in der Norm abschließend aufgeführten Fälle nach § 3 Abs. 3 (Nichtstattfinden des Versorgungsausgleichs), § 6 (vollständiger oder teilweiser Ausschluss des Versorgungsausgleichs), § 18 Abs. 1 (Nichtausgleich beiderseitiger Anrechte gleicher Art), § 18 Abs. 2 (Nichtausgleich einzelner Anrechte) und § 27 VersAusglG (Beschränkung oder Wegfall des Versorgungsausgleichs), in denen eine Modifizierung des Versorgungs- bzw. Wertausgleichs bei der Scheidung in Betracht kommt. Abs. 3 stellt damit gleichzeitig klar, dass in diesen Fällen immer eine materielle Prüfung des Gerichts vorauszugehen hat.[9] Die Entscheidung nach Abs. 3 erwächst also in jedem Fall in Rechtskraft,[10] und zwar mit den tragenden Gründen der Entscheidung. In

---

[5] OLG Brandenburg NJW 2011, 159.
[6] BGH NJW 1984, 1543 = FamRZ 1984, 572 zu § 18 Abs. 2 FGG; NJW-RR 1988, 71.
[7] BGH NJW 1984, 2879 = FamRZ 1984, 990.
[8] BGH FamRZ 1984, 1214.
[9] BT-Drs. 16/10144 S. 96.
[10] BGH FamRZ 2009, 215 mit Anm. Borth zu §§ 1408 Abs. 2 BGB, 53 d FGG.

diesen hat das Gericht auszuführen, ob der Versorgungsausgleich wegen einer kurzen Ehezeit (§ 3 Abs. 3 VersAusglG), wegen einer wirksamen Vereinbarung der Ehegatten über den Versorgungsausgleich (§§ 6–8), wegen geringfügigen Ausgleichswertunterschieden beiderseitiger Anrechte gleicher Art oder wegen geringem Ausgleichswert einzelner Anrechte (§ 18 Abs. 1 oder 2 VersAusglG) oder wegen grober Unbilligkeit (§ 27 VersAusglG) ganz oder teilweise nicht stattfindet.

8a Der Tenor der Entscheidung bei einem vollständigen Nichtstattfinden oder Ausschluss des Versorgungsausgleichs kann dann lauten: *„Der Versorgungsausgleich findet nicht statt"* oder *„Der Versorgungsausgleich ist ausgeschlossen"*, bei einem teilweisen Nichtstattfinden oder Teilausschluss unter Vorbehalt von Ausgleichsansprüchen nach der Scheidung: *„Im Übrigen findet ein Wertausgleich bei der Scheidung nicht statt"* oder *„Im Übrigen ist ein Wertausgleich bei der Scheidung ausgeschlossen"*, bei einem Nichtausgleich wegen Geringfügigkeit nach § 18 Abs. 1, 2 VersAusglG: *„Der Ausgleich des Anrechts des(r) ... (Ehegatten) bei der(m) ... (Versorgungsträger) in Höhe von ... (Ausgleichswert nach § 1 Abs. 2 S. 2 VersAusglG) unterbleibt"*.[11] Beruht eine solche feststellende Tenorierung auf einer Rechtsprüfung, kommt ihr nicht nur deklaratorische, sondern konstitutive und damit rechtskraftfähige Bedeutung zu, so dass sie mit der Beschwerde nach § 58 und im Falle der Zulassung mit der Rechtsbeschwerde nach § 70 anfechtbar ist.[12]

8b Klarzustellen ist in der Beschlussformel, jedenfalls aber in den Beschlussgründen (s. vorstehend Rn 7), ob sich das Nichtstattfinden des Wertausgleichs nur auf den **Wertausgleich bei der Scheidung** (so der Wortlaut des Abs. 3), also nicht auf Ausgleichsansprüche nach der Scheidung nach §§ 20 ff. VersAusglG (s. für Ausgleichsansprüche nach der Scheidung das Antragserfordernis nach § 223) bezieht, oder diese mitumfasst; letzteres kann bei einer Vereinbarung der Ehegatten über den Versorgungsausgleich (§§ 6–8 VersAusglG)[13] und grober Unbilligkeit (§ 27 VersAusglG) der Fall sein. Verbleiben bei der Scheidung noch Anrechte für **Ausgleichsansprüche nach der Scheidung**, sind diese Anrechte gem. Abs. 4 in den Beschlussgründen zu benennen (s. Rn 10). Unterbleibt die Feststellung in der Beschlussformel, ergibt sie sich aber aus der Beschlussbegründung, ist eine Beschlussberichtigung gem. § 42, andernfalls eine Ergänzung gem. § 43 möglich.

9 Wird der Versorgungsausgleich wegen einer wirksamen Vereinbarung der Ehegatten über den Versorgungsausgleich (§§ 6–8 VersAusglG) vollständig oder teilweise ausgeschlossen, bedarf es keiner Genehmigung durch das Familiengericht, wie es im aufgehobenen alten Recht nach § 1587o Abs. 2 S. 3 BGB erforderlich war. An die Stelle des Genehmigungserfordernisses ist gem. § 8 Abs. 1 VersAusglG die Pflicht des Familiengerichts getreten, die formelle und materielle Wirksamkeit jeder Vereinbarung von Ehegatten zu prüfen, auch im Fall eines Ehevertrags nach § 1408 Abs. 2 BGB.

VI. Benennung nicht ausgeglichener Anrechte bei Scheidung (Abs. 4)

10 Abs. 4 regelt die Pflicht des Gerichts, im Rahmen des Untersuchungsgrundsatzes nach § 26 diejenigen Anrechte in der Begründung der Endentscheidung ausdrücklich zu benennen, deren Ausgleich bei der Scheidung nicht möglich ist. Dies sind die Fälle eines oder mehrerer nicht ausgleichsreifer Anrechte nach § 19 VersAusglG und der nach einer Vereinbarung der Ehegatten gem. §§ 6–8 VersAusglG dem Ausgleich nach der Scheidung gem. §§ 20–26 VersAusglG vorbehaltener Ausgleichsansprüche. Die Ehegatten sollen mit der Benennung in der Begründung der Endentscheidung bei Ehescheidung daran erinnert werden, dass noch nicht ausgeglichene Anrechte vorhanden sind, und gleichzeitig darauf hingewiesen werden, welche Anrechte dies sind. Dieser Hinweis für die Ehegatten in der Entscheidungsbegründung hat keine konstitutive Wirkung[14] und ist deshalb nicht anfechtbar.[15]

---

[11] Zu Tenorierungsvorschlägen s. MünchKommBGB/Dörr Rn 9 ff., 15 f.
[12] BGH FamRZ 2009, 215 mit Anm. Borth zu §§ 1408 Abs. 2 BGB, 53 d FGG.
[13] MünchKommBGB/Dörr Rn 13.
[14] BT-Drs. 16/10144 S. 96.
[15] BGH FamRZ 2007, 536.

Zulässigkeit einer Abänderung des Wertausgleichs bei der Scheidung

225 (1) Eine Abänderung des Wertausgleichs bei der Scheidung ist nur für Anrechte im Sinne des § 32 des Versorgungsausgleichsgesetzes zulässig.

(2) Bei rechtlichen oder tatsächlichen Veränderungen nach dem Ende der Ehezeit, die auf den Ausgleichswert eines Anrechts zurückwirken und zu einer wesentlichen Wertänderung führen, ändert das Gericht auf Antrag die Entscheidung in Bezug auf dieses Anrecht ab.

(3) Die Wertänderung nach Absatz 2 ist wesentlich, wenn sie mindestens 5 Prozent des bisherigen Ausgleichswerts des Anrechts beträgt und bei einem Rentenbetrag als maßgeblicher Bezugsgröße 1 Prozent, in allen anderen Fällen als Kapitalwert 120 Prozent der am Ende der Ehezeit maßgeblichen monatlichen Bezugsgröße nach § 18 Abs. 1 des Vierten Buches Sozialgesetzbuch übersteigt.

(4) Eine Abänderung ist auch dann zulässig, wenn durch sie eine für die Versorgung der ausgleichsberechtigten Person maßgebende Wartezeit erfüllt wird.

(5) Die Abänderung muss sich zugunsten eines Ehegatten oder seiner Hinterbliebenen auswirken.

I. Normzweck

Die Vorschrift regelt zusammen mit § 226 die Zulässigkeit einer Abänderung des bei der Scheidung festgesetzten Wertausgleichs nach der Ehescheidung, insbesondere also eine Abänderung von rechtskräftigen Scheidungsverbundentscheidungen in Versorgungsausgleichsfolgesachen, allerdings bezogen auf das jeweilige einzelne Anrecht, nicht – wie früher – auf den Ausgleichsbetrag nach Saldierung. §§ 225–227 fassen die Vorschriften zur Abänderung von Entscheidungen und Vereinbarungen in Versorgungsausgleichssachen gegenüber dem bislang geltenden § 10a VAHRG neu und modifizieren sie, vor allem auf Grund der Änderungen des materiellen Versorgungsausgleichsrechts. **Abs. 1** beschränkt die Abänderung auf die in § 32 VersAusglG genannten Anrechte der Regelsicherungssysteme. **Abs. 2** benennt die Abänderungsvoraussetzungen. **Abs. 3** orientiert sich am bisherigen § 10a Abs. 2 S. 2 VAHRG und legt die Grenzwerte für eine wesentliche Wertänderung fest. **Abs. 4** entspricht § 10a Abs. 2 Nr. 2 VAHRG (Wartezeiterfüllung), **Abs. 5** dem bisherigen § 10a Abs. 2 Nr. 3 VAHRG (Auswirkung der Abänderung zugunsten eines Ehegatten oder seiner Hinterbliebenen). Die bisherigen weiteren Abänderungsgründe nach § 10a Abs. 1 Nr. 2 und 3 VAHRG sind entfallen.

II. Beschränkte Zulässigkeit einer Abänderung (Abs. 1)

Abs. 1 lässt eine Abänderung des bei der Scheidung durchgeführten Wertausgleichs nur bezüglich der in § 32 VersAusglG aufgeführten Anrechte bei öffentlich-rechtlichen Versorgungsträgern zu. Dies sind die Anrechte nach § 2 Abs. 1 Halbs. 2 Alt. 1 und 2 VersAusglG, also Anrechte aus
- der gesetzlichen Rentenversicherung einschließlich der Höherversicherung;
- der Beamtenversorgung oder einer anderen Versorgung, die zur Versicherungsfreiheit nach § 5 Abs. 1 des SGB VI führt;
- einer berufsständischen oder einer anderen (berufsständischen) Versorgung, die nach § 6 Abs. 1 Nr. 1 oder Nr. 2 des SGB VI zu einer Befreiung von der Sozialversicherungspflicht führen kann;
- der Alterssicherung der Landwirte;
- den Versorgungssystemen der Abgeordneten und der Regierungsmitglieder im Bund und in den Ländern.

Unzulässig ist die Abänderung von Entscheidungen, die Anrechte nach § 2 Abs. 1 Halbs. 2 Alt. 3 und 4 VersAusglG betreffen, also Anrechte aus der betrieblichen Altersversorgung oder aus der privaten Alters- und Invaliditätsvorsorge, einschließlich noch verfallbare betriebliche Anrechte und nachträgliche Wertgewinne bei Anrechten, die sich aus Änderungen des Zeit-Zeit-Verhältnisses oder einer noch verfallbaren Einkommensdynamik ergeben; diese sind gem. § 19 Abs. 1, Abs. 2 Nr. 1 VersAusglG schuldrechtlich auszugleichen.¹ Ebenso ist ein Übergang vom schuldrechtlichen Versorgungsausgleich zum Ausgleich durch Begründung von Anrechten, wie es § 10 a Abs. 1 Nr. 3 VAHRG vorsah, nicht möglich, da alle Anrechte, die teilungsreif sind, im Wertausgleich bei der Scheidung vollständig geteilt werden.

III. Voraussetzungen einer zulässigen Abänderung (Abs. 2)

4   Eine Entscheidung über den Wertausgleich bei der Ehescheidung **bezüglich eines einzelnen Anrechts** ist dann abänderbar,
- wenn sich nachträglich rechtliche oder tatsächliche Umstände geändert haben, die für die Bewertung des Ausgleichswerts eines Anrechts maßgeblich sind (s. Rn 5 und 6) und
- die Veränderungen zu einer wesentlichen Wertänderung nach Abs. 3 führen (s. Rn 7) oder
- durch eine Abänderung eine für die Versorgung des Ausgleichsberechtigten maßgebende Wartezeit erfüllt wird (Abs. 4, s. Rn 8) und
- die Abänderung sich zu Gunsten eines Ehegatten oder seiner Hinterbliebenen auswirkt (Abs. 5, s. Rn 9) und
- ein Beteiligter einen entsprechenden Antrag stellt (zum Kreis der Antragsberechtigten s. § 226 Abs. 1, zum zulässigen Zeitpunkt der Antragstellung § 226 Abs. 2).

In allen Abänderungsfällen setzt die Korrektur nur bei dem einzelnen Anrecht an. Dies entspricht dem Halbteilungsprinzip des einzelnen Anrechts nach § 1 Abs. 1 VersAusglG (s. auch unten Rn 10).

5   Eine nachträgliche **Änderung rechtlicher Umstände** ist etwa gegeben, wenn sich das maßgebliche Leistungsrecht geändert hat, wie beispielsweise die rückwirkende Zuerkennung von Kindererziehungszeiten in der gesetzlichen Rentenversicherung.

6   Eine nachträgliche **Änderung tatsächlicher Umstände** liegt etwa vor bei Ausscheiden aus dem Beamtenverhältnis oder dem Eintritt einer Dienstunfähigkeit vor Erreichen der Regelaltersgrenze, die bei der nach §§ 40, 44 VersAusglG zeitratierlich zu bewertenden Beamtenversorgung zur Veränderung des Ehezeitanteils des Anrechts führen kann, oder bei nachträglichem Entstehen eines ehezeitlichen Anrechts, etwa bei nachträglicher Anrechnung von Kindererziehungszeiten als rentenrelevant. Immer muss ein Bezug zur Ehezeit gegeben sein, rein nacheheliche Veränderungen sind irrelevant.

IV. Wesentliche Wertänderung (Abs. 3)

7   Abs. 3 enthält eine relative und eine absolute Wesentlichkeitsgrenze. Die relative Grenze ist bezogen auf den Ausgleichswert des jeweils betroffenen Anrechts. Die relative Wertgrenze beträgt 5% des bisherigen Ausgleichswerts des Anrechts, die absolute Wertgrenze bei einem Rentenbetrag als maßgeblicher Bezugsgröße 1%, entsprechend der Geringfügigkeitsgrenze nach § 18 Abs. 3 VersAusglG, in allen anderen Fällen als Kapitalwert 120% der am Ende der Ehezeit maßgeblichen monatlichen Bezugsgröße nach § 18 Abs. 1 SGB IV.² Der Grenzwert von 120% beträgt bei einem **Ende der Ehezeit**

1977	2220 DM
1978	2340 DM
1979	2520 DM
1980	2640 DM
1981	2808 DM
1982	2952 DM
1983	3096 DM
1984	3276 DM
1985	3360 DM
1986	3444 DM
1987	3612 DM
1988	3696 DM
1989	3780 DM

---

[1] BT-Drs. 16/10144 S. 97.
[2] Vgl. zu den Grenzwerten die Übersicht in Beilage 2/2011 zu NJW Heft 6/2011, S. 53, und FamRZ 2011, 171 f.

Jahr	Betrag
1990	3948 DM
1991	4032 DM
1992	4200 DM
1993	4452 DM
1994	4704 DM
1995	4872 DM
1996	4956 DM
1997	5124 DM
1998	5208 DM
1999	5292 DM
2000	5376 DM
2001	5376 DM
2002	2814 €
2003	2856 €
2004	2898 €
2005	2898 €
2006	2940 €
2007	2940 €
2008	2982 €
2009	3024 €
2010	3066 €
2011	3066 €

V. Erfüllung einer Wartezeit (Abs. 4)

Abs. 4 sichert die Möglichkeit der Abänderung unabhängig von der Wesentlichkeitsgrenze nach Abs. 3, wenn sie zur Erfüllung einer Wartezeit, etwa nach §§ 50–52, 243 b SGB VI führt.

VI. Begünstigungserfordernis (Abs. 5)

Weiteres Zulässigkeitserfordernis einer Abänderung ist die positive Auswirkung zu Gunsten eines Ehegatten oder seiner Hinterbliebenen. Damit soll verhindert werden, dass von einem Versorgungsträger ein Antrag gestellt wird, der sich ausschließlich zu seinen Gunsten auswirkt. Eine mittelbare Begünstigung, etwa dadurch, dass sich die Durchführung des Abänderungsverfahrens möglicherweise, nämlich im Falle des Vorversterbens eines Ehegatten, auch für den Versorgungsträger günstig auswirkt, spricht nicht gegen die Durchführung des Abänderungsverfahrens; denn Versorgungsträgern ist ein eigenes Antragsrecht durch § 226 Abs. 1 gerade im Hinblick darauf zugebilligt, dass eine Abänderung auch ihren wirtschaftlichen Interessen entgegenkommen kann.[3] Nicht erforderlich ist, dass sich der Vorteil sofort realisiert.

VII. Keine Totalrevision

Eine Totalrevision des Wertausgleichs bei Scheidung findet nicht statt. Sie widerspräche dem Ansatz des neuen Ausgleichssystems nach dem VersAusglG, das jedes Anrecht grundsätzlich systemintern teilt. Damit kann sich die Korrektur im Abänderungsverfahren auf das jeweils betroffene Anrecht beschränken. Ein Wiederaufrollen des gesamten Ausgleichs ist entbehrlich. Zugleich kommt es nicht zur Korrektur von Wertunterschieden, die sich im Versorgungsfall auf Grund unterschiedlicher Wertentwicklung der jeweiligen Versorgungssysteme ergeben. Hierfür besteht kein Bedürfnis: Jeder Ehegatte nimmt bei der internen Teilung der Anrechte grundsätzlich an der dynamischen Wertentwicklung der nunmehr auch ihm zugeordneten Anrechte im Versorgungssystem des anderen Ehegatten teil. Im Fall einer externen Teilung kommt es zwar zu Unterschieden in der Dynamik. Diese Abweichungen sind von den Ehegatten aber auf Grund der engen Voraussetzungen der externen Teilung entweder durch

---

[3] OLG Köln FamRZ 1990, 294 zu § 10a Abs. 4 VAHRG.

eine entsprechende Vereinbarung akzeptiert worden (§ 14 Abs. 2 Nr. 1 VersAusglG) oder aber bei geringfügigen Ausgleichswerten hinzunehmen (§ 14 Abs. 2 Nr. 2 VersAusglG).

11 Das Nichtstattfinden einer Totalrevision bedeutet aber nicht, dass die Versorgungsträger gehalten sind, z. B. Berechnungs- oder Buchungsfehler auch im Abänderungsverfahren beizubehalten; objektiv falsche Versicherungskonten sind nicht fortzuführen, fehlerhafte Daten für ein etwaiges Abänderungsverfahren nicht vorzuhalten. Insoweit kann bei Vorliegen der Wertveränderungen, die nach Abs. 2 die Zulässigkeit einer Abänderung begründen (s. Rn 5 und 6), im Rahmen der begrenzten Abänderung bezüglich des betroffenen Anrechts eine Fehlerkorrektur erfolgen. Unzulässig sind hingegen Abänderungsverfahren, die allein auf Rechenfehler, fehlerhafte Bestimmung der Ehezeit oder des Ehezeitanteils eines Anrechts oder die bloße Nichtberücksichtigung einer Versorgung gestützt werden.

VIII. Weitere Einzelheiten des Abänderungsverfahrens

12 Weitere Einzelheiten des Abänderungsverfahrens regelt § 226 Abs. 3–5: Die Härteklausel des § 27 VersAusglG findet auch im Abänderungsverfahren Anwendung. Die Abänderung erfolgt rückwirkend ab dem auf die Antragstellung folgenden Monatsersten. Der Tod des antragstellenden Ehegatten kann zur Erledigung des Abänderungsverfahrens führen.

Durchführung einer Abänderung des Wertausgleichs bei der Scheidung

226 (1) **Antragsberechtigt sind die Ehegatten, ihre Hinterbliebenen und die von der Abänderung betroffenen Versorgungsträger.**

(2) **Der Antrag ist frühestens sechs Monate vor dem Zeitpunkt zulässig, ab dem ein Ehegatte voraussichtlich eine laufende Versorgung aus dem abzuändernden Anrecht bezieht oder dies auf Grund der Abänderung zu erwarten ist.**

(3) **§ 27 des Versorgungsausgleichsgesetzes gilt entsprechend.**

(4) **Die Abänderung wirkt ab dem ersten Tag des Monats, der auf den Monat der Antragstellung folgt.**

(5) **¹Stirbt der Ehegatte, der den Abänderungsantrag gestellt hat, vor Rechtskraft der Endentscheidung, hat das Gericht die übrigen antragsberechtigten Beteiligten darauf hinzuweisen, dass das Verfahren nur fortgesetzt wird, wenn ein antragsberechtigter Beteiligter innerhalb einer Frist von einem Monat dies durch Erklärung gegenüber dem Gericht verlangt. ²Verlangt kein antragsberechtigter Beteiligter innerhalb der Frist die Fortsetzung des Verfahrens, gilt dieses als in der Hauptsache erledigt. Stirbt der andere Ehegatte, wird das Verfahren gegen dessen Erben fortgesetzt.**

I. Normzweck

1 Die Vorschrift ergänzt § 225 und bestimmt Einzelheiten der Durchführung des Abänderungsverfahrens. **Abs. 1** entspricht dem bisherigen § 10a Abs. 4 VAHRG, **Abs. 3** dem bisherigen § 10a Abs. 3 VAHRG, **Abs. 4** dem bisherigen § 10a Abs. 7 S. 1 VAHRG, **Abs. 5** dem bisherigen § 10a Abs. 10 VAHRG. **Abs. 2** ist im Vergleich zu dem bisherigen § 10a Abs. 5 VAHRG geändert. Die bisher in § 10a Abs. 7 S. 2 VAHRG enthaltene Bestimmung zum Schutz des Versorgungsträgers in der Übergangszeit ist jetzt in § 30 VersAusglG enthalten.

II. Antragsberechtigung (Abs. 1)

2 Antragsberechtigt sind die Ehegatten, ihre Hinterbliebenen und die von der Abänderung betroffenen Versorgungsträger. Hinterbliebene sind die Angehörigen eines Ehegatten, auf die sich nach den Regelungen des betroffenen Anrechts eine Abänderung des Wertausgleichs vorteilhaft oder nachteilig auswirken kann, also regelmäßig die Kinder[1] und die Witwe eines Ehegatten, nicht aber eine geschiedene frühere Ehefrau, der kein Hinterbliebenenstatus zukommt.[2]

---

[1] Offen gelassen von BGH FamRZ 1993, 173.
[2] BGH FamRZ 1993, 173.

III. Antragszeitpunkt (Abs. 2)

Abs. 2 regelt, ab welchem Zeitpunkt ein Antrag auf Abänderung nach § 225 zulässig ist. **3** Maßgebend ist die zeitliche Nähe zum Leistungsfall, nicht das Lebensalter der Ehegatten. Damit können sämtliche bis zu diesem Zeitpunkt eintretenden Änderungen in einem Verfahren berücksichtigt werden. Leistungsbeginn ist entweder der erstmalige Leistungsbezug eines Ehegatten aus dem Anrecht, dessen Ausgleichswert abgeändert werden soll, oder der Zeitpunkt, zu dem die antragstellende Person durch die Abänderung die Erfüllung der entsprechenden Leistungsvoraussetzungen erwarten kann, etwa die Erfüllung der Wartezeit infolge der Erhöhung des Ausgleichsanspruchs und der daraus folgenden Wartezeitgutschrift gemäß § 52 SGB VI.

IV. Härteklausel (Abs. 3)

Abs. 3 verweist zur Entscheidung über Härtefälle im Abänderungsverfahren auf § 27 **4** VersAusglG. Dieser ermöglicht es dem Gericht die Billigkeit der zu treffenden Abänderungsentscheidung zu prüfen und so im Einzelfall von einer rechnerisch schematischen Abänderung abzusehen. Zu berücksichtigen sind dabei die wirtschaftlichen Verhältnisse der Ehegatten, insbesondere der nacheheliche Erwerb von Anrechten, die jeweilige Bedürftigkeit und die Gründe für die Veränderungen des Ehezeitanteils und damit des Ausgleichswerts.

Bei der Härtefallprüfung sind nur solche Umstände zu berücksichtigen, die nachträglich **5** entstanden sind. Deshalb bleiben die bereits bei der Erstentscheidung vorliegenden, aber nicht geltend gemachten bzw. nicht berücksichtigten Umstände im Abänderungsverfahren außer Betracht.

V. Abänderungszeitpunkt (Abs. 4)

Die Abänderungsentscheidung wirkt ab dem ersten Tag des Monats, der auf den Monat **6** der Antragstellung folgt. Der Wirkungszeitpunkt entspricht damit zugleich dem in §§ 34 Abs. 3, 36 Abs. 3, 38 Abs. 2 VersAusglG geregelten Wirkungszeitpunkten für die Anpassungsverfahren nach Rechtskraft. Die Bestimmung zum Schutz des Versorgungsträgers in der Übergangszeit befindet sich in § 30 VersAusglG.

VI. Tod des antragstellenden Ehegatten (Abs. 5 S. 1 und 2)

Der Eintritt des Todes des **antragstellenden Ehegatten** während des Abänderungs- **7** verfahrens bis zur Rechtskraft der Endentscheidung führt – ähnlich wie in Abstammungssachen gem. § 181 – nicht automatisch zur Erledigung des Abänderungsverfahrens, wie dies im Gegensatz dazu § 131 für Ehesachen und § 208 für Ehewohnungs- und Haushaltssachen vorsehen. Maßgebend ist der Tod des antragstellenden Ehegatten, nicht der des Ausgleichspflichtigen oder -berechtigten. Erlangt das Gericht Kenntnis vom Tod, hat es die übrigen antragsberechtigten Beteiligten, insbesondere Hinterbliebene, darauf hinzuweisen, dass das Verfahren nur fortgesetzt wird, wenn ein antragsberechtigter Beteiligter innerhalb einer Frist von einem Monat dies durch Erklärung gegenüber dem Gericht verlangt. Die Monatsfrist beginnt für einen Beteiligten erst zu laufen, wenn ihm der gerichtliche Hinweis zugeht.

VII. Tod des Antragsgegners (Abs. 5 S. 3)

Stirbt der Antragsgegner bzw. die Antragsgegnerin, ist das Verfahren gegen die Erben als **8** Prozessstandschafter fortzusetzen, denn die begehrte Änderung kann sich für die antragstellende Person künftig noch auswirken.

Sonstige Abänderungen

227 (1) **Für die Abänderung einer Entscheidung über Ausgleichsansprüche nach der Scheidung nach den §§ 20 bis 26 des Versorgungsausgleichsgesetzes ist § 48 Abs. 1 anzuwenden.**

§ 228   1

(2) **Auf eine Vereinbarung der Ehegatten über den Versorgungsausgleich sind die §§ 225 und 226 entsprechend anzuwenden, wenn die Abänderung nicht ausgeschlossen worden ist.**

I. Normzweck

1   Die Vorschrift bestimmt das Verfahrensrecht für die Abänderung von Entscheidungen über den schuldrechtlichen Versorgungsausgleich und für die Abänderung von Vereinbarungen über den Versorgungsausgleich.

2   Nach dem nun aufgehobenen Recht waren diese Verfahren im materiellen Versorgungsausgleichsrecht, nämlich in §§ 1587d Abs. 2, 1587g Abs. 3, 1587i Abs. 3 BGB, 3a Abs. 6, 3b Abs. 1 Nr. 2 S. 2 VAHRG, geregelt. Von diesen Fallkonstellationen verbleiben im VersAusglG nur noch die schuldrechtliche Ausgleichsrente nach § 20 VersAusglG, deren Abtretung nach § 21 VersAusglG und die Teilhabe an der Hinterbliebenenversorgung nach §§ 25, 26 VersAusglG. Hierfür gilt nun **§ 227 Abs. 1.** Anordnungen des Familiengerichts über das Ruhen der Verpflichtung zur Beitragszahlung (bisher § 1587d BGB) und die Einzahlung von Beiträgen (bisher § 3b Abs. 1 Nr. 2 S. 2 VAHRG) gibt es im neuen Teilungssystem des VersAusglG nicht; insoweit bedarf es keiner Abänderungsmöglichkeit mehr. **§ 227 Abs. 2** tritt an die Stelle von § 10a Abs. 9 VAHRG.

II. Abänderung des schuldrechtlichen Versorgungsausgleichs (Abs. 1)

3   Abs. 1 verweist für die Abänderung von Entscheidungen über (schuldrechtliche) Versorgungsausgleichsansprüche nach der Scheidung gem. §§ 20–26 VersAusglG auf § 48 Abs. 1 FamFG. Betroffen sind Entscheidungen über die schuldrechtliche Ausgleichsrente nach § 20 VersAusglG, deren Abtretung nach § 21 VersAusglG und die Teilhabe an der Hinterbliebenenversorgung nach §§ 25, 26 VersAusglG (s. Rn 2). Dort ist geregelt, dass rechtskräftige Endentscheidungen mit Dauerwirkung wegen nachträglich veränderter Tatsachen- oder Rechtsgrundlagen aufgehoben oder geändert werden können. Dazu zählen auch die vorgenannten Entscheidungen über Rentenzahlungen. Erfasst wird auch die Abänderung von Entscheidungen aus schuldrechtlichen Versorgungsausgleich nach dem früheren Recht, insbesondere soweit die Beiträge zur Kranken- und Pflegeversicherung nicht abgezogen wurden;[1] die Rechtsänderung, die durch das Nettoprinzip des § 20 Abs. 1 S. 2 VersAusglG eingetreten ist, stellt eine wesentliche Rechtsänderung im Sinne des § 48 dar.[2] Wegen weitergehender Einzelheiten wird auf die Kommentierung zu § 48 verwiesen.

III. Abänderung von Vereinbarungen (Abs. 2)

4   Abs. 2 verweist für die Abänderung von Vereinbarungen über den Versorgungsausgleich auf die Regelungen der §§ 225 und 226, hinsichtlich deren Einzelheiten auf die dortige Kommentierung verwiesen wird. Auf die Abänderungsmöglichkeit von Vereinbarungen über den Versorgungsausgleich kann gem. § 227 Abs. 2 vertraglich verzichtet werden.

Zulässigkeit der Beschwerde

228 In Versorgungsausgleichssachen gilt § 61 nur für die Anfechtung einer Kostenentscheidung.

I. Anfechtung einer Kostenentscheidung

1   Die Vorschrift bestimmt, dass die Wertgrenze des § 61 von mehr als 600 € für die Beschwerde in Versorgungsausgleichssachen mit Ausnahme der Anfechtung einer Kosten- oder Auslagenentscheidung nicht anzuwenden ist. Eine Mindestbeschwer ist in Versorgungsausgleichssachen jedenfalls für Rechtsmittel der Rentenversicherungsträger nicht sachgerecht, da sie im Ergebnis die Interessen der Versichertengemeinschaft wahrnehmen und sich wegen der Ungewissheit des künftigen Versicherungsverlaufs regelmäßig zunächst noch

---

[1] BGH FamRZ 2007, 120; 1545; zu Einzelheiten des Übergangsrechts s. Hauß FPR 2011, 27, 30 f.
[2] Borth FamRZ 2010, 1210.

nicht feststellen lässt, ob sich die getroffene Entscheidung zum Nachteil für den Versorgungsträger auswirkt oder nicht. Um eine Gleichbehandlung zu erreichen, soll die Wertgrenze des § 61 mit der dargestellten Ausnahme für alle Beteiligten in Versorgungsausgleichssachen nicht gelten.

II. Beschwerdeberechtigung in Versorgungsausgleichssachen

Zur Beschwerdeberechtigung s. die Erläuterungen zu § 59 Rn 72 ff.   **2**

III. Teilentscheidungen in Versorgungsausgleichssachen

Zur Zulässigkeit und zum Rechtsmittel gegen Teilentscheidungen s. § 224 Rn 5 a.   **3**

Elektronischer Rechtsverkehr zwischen den Familiengerichten und den Versorgungsträgern

§ 229

(1) ¹Die nachfolgenden Bestimmungen sind anzuwenden, soweit das Gericht und der nach § 219 Nr. 2 oder Nr. 3 beteiligte Versorgungsträger an einem zur elektronischen Übermittlung eingesetzten Verfahren (Übermittlungsverfahren) teilnehmen, um die im Versorgungsausgleich erforderlichen Daten auszutauschen. ²Mit der elektronischen Übermittlung können Dritte beauftragt werden.

(2) Das Übermittlungsverfahren muss
1. bundeseinheitlich sein,
2. Authentizität und Integrität der Daten gewährleisten und
3. bei Nutzung allgemein zugänglicher Netze ein Verschlüsselungsverfahren anwenden, das die Vertraulichkeit der übermittelten Daten sicherstellt.

(3) ¹Das Gericht soll dem Versorgungsträger Auskunftsersuchen nach § 220, der Versorgungsträger soll dem Gericht Auskünfte nach § 220 und Erklärungen nach § 222 Abs. 1 im Übermittlungsverfahren übermitteln. ²Einer Verordnung nach § 14 Abs. 4 bedarf es insoweit nicht.

(4) Entscheidungen des Gerichts in Versorgungsausgleichssachen sollen dem Versorgungsträger im Übermittlungsverfahren zugestellt werden.

(5) ¹Zum Nachweis der Zustellung einer Entscheidung an den Versorgungsträger genügt die elektronische Übermittlung einer automatisch erzeugten Eingangsbestätigung an das Gericht. ²Maßgeblich für den Zeitpunkt der Zustellung ist der in dieser Eingangsbestätigung genannte Zeitpunkt.

I. Normzweck

Die Vorschrift enthält die Rechtsgrundlagen für den **elektronischen Rechtsverkehr**   **1**
zwischen den Familiengerichten und den Versorgungsträgern.

II. Teilnahme am elektronischen Übermittlungsverfahren (Abs. 1 S. 1)

Abs. 1 S. 1 eröffnet für die Familiengerichte und die nach § 219 Nr. 2 und 3 beteiligten   **2**
Versorgungsträger (s. näher dort Rn 3) die Teilnahme an einem elektronischen Übermittlungsverfahren, für das spezielle Regelungen in Abs. 2 bis 5 gelten. Die Teilnahme am Übermittlungsverfahren ist für beide Seiten freiwillig. Eine förmliche Teilnahmeerklärung ist nicht vorgesehen. Die Teilnahme wird bereits durch die faktische Nutzung des Verfahrens begründet. Der Beitritt zu dem Verfahren kann auf beiden Seiten sukzessive erfolgen. Übermittelt werden können in dem Verfahren alle für den Versorgungsausgleich erforderlichen Daten; die Übermittlung ist also nicht nur in der Form eines lesbaren elektronischen Dokuments möglich.

III. Beauftragung von Dritten (Abs. 1 S. 2)

Nach Abs. 1 S. 2 können Dritte mit der elektronischen Übermittlung beauftragt werden.   **3**
Wie im allgemeinen Zustellungsrecht nach § 15 Abs. 2 S. 1 1. Alt. FamFG i. V. m. § 168

Abs. 1 ZPO können somit beliehene Unternehmer mit der Ausführung der Übermittlung beauftragt werden. Der Dritte kann als technischer Dienstleister den hoheitlichen Akt der Zustellung bewirken und Eingangsstelle für Übermittlung an das Gericht sein.

IV. Anforderungen an das Übermittlungsverfahren (Abs. 2)

4   Nach Abs. 2 Nr. 1 darf für das Übermittlungsverfahren nur ein einziger bundeseinheitlicher Standard gelten. Diese Einheitlichkeit ist bei der Übermittlung der Daten über das **Elektronische Gerichts- und Verwaltungspostfach** (EGVP) gewährleistet. Die Internetadresse des Postfachs lautet: www.egvp.de. Über dieses System wird beispielsweise bereits jetzt der elektronische Rechtsverkehr zwischen den Registergerichten und den Notaren in Handelsregistersachen abgewickelt. Eine flächendeckende Nutzbarkeit des Übermittlungsverfahrens für alle Gerichte oder alle Versorgungsträger setzt Abs. 2 Nr. 1 nicht voraus. Die technischen Einzelheiten können von der zuständigen Bund-Länder-Kommission Elektronischer Rechtsverkehr im Benehmen mit den Versorgungsträgern festgelegt werden.

5   Nach Abs. 2 Nr. 2 muss das Übermittlungsverfahren die Authentizität und die Integrität der Daten gewährleisten. Die Vorschrift knüpft damit an den Standard an, der in anderen Rechtsvorschriften, wie § 55 a Abs. 1 VwGO, für die Übermittlung eines elektronischen Dokuments an das Gericht gesetzt worden ist. Die Richtlinien des EGVP gewährleisten die erforderliche Authentizität und Integrität. Das Erfordernis einer qualifizierten elektronischen Signatur ergibt sich aus den jeweils einschlägigen Verfahrensvorschriften.

6   Nach Abs. 2 Nr. 3 sind die Daten bei Nutzung allgemein zugänglicher Netze zu verschlüsseln. Welches Verfahren hierfür angewendet wird, kann von dem Betreiber des Übermittlungsverfahrens verbindlich vorgegeben werden.

V. Pflicht zur Nutzung des Übermittlungsverfahrens (Abs. 3)

7   Abs. 3 statuiert eine Pflicht für die **Familiengerichte** und für die Versorgungsträger zur Nutzung des Übermittlungsverfahrens. Wenn das Übermittlungsverfahren technisch verfügbar ist und das Familiengericht daran teilnimmt, ist das gerichtliche Ermessen im Hinblick auf den Übermittlungsweg eingeschränkt. Durch die Nutzung des Übermittlungsverfahrens werden gerichtliche Auskunftsersuchen den Versorgungsträgern bekannt gegeben. Einer Bekanntgabe bedarf es gem. § 15 Abs. 1 regelmäßig, da gerichtliche Auskunftsersuchen an Versorgungsträger üblicherweise den Lauf einer Frist auslösen oder eine Fristbestimmung enthalten. Die Übermittlung eines gerichtlichen Auskunftsersuchens auf dem Papierwege trotz technischer Verfügbarkeit des Übermittlungsverfahrens ist unzulässig, aber nicht unwirksam, weil es sich bei Abs. 3 S. 1 lediglich um eine Ordnungsvorschrift handelt.

8   Umgekehrt besteht auch für diejenigen **Versorgungsträger**, die an dem Verfahren nach dieser Vorschrift teilnehmen, bei technischer Verfügbarkeit des Systems die Pflicht, das Übermittlungsverfahren zu benutzen. Die für die Bearbeitung geeignete Form der Übermittlung wird in den dafür vorgesehenen Gremien zwischen den Nutzern und dem Betreiber des Übermittlungsverfahrens festgelegt. Ein Verstoß gegen den vorgeschriebenen Übermittlungsweg oder die vorgeschriebene Form der Übermittlung führt auch hier nicht zur Unwirksamkeit der Erklärungen oder Auskünfte des Versorgungsträgers, da es sich bei Abs. 3 S. 1 um eine reine Ordnungsvorschrift handelt.

9   Um die Flexibilität des Übermittlungsverfahrens zu gewährleisten, hat der Gesetzgeber auf eine Verordnungsermächtigung zur Einführung des Verfahrens, wie sie etwa bei §§ 130 a, 130 b ZPO bzw. § 14 Abs. 4 FamFG besteht, verzichtet. Ein informeller Rahmen für das Übermittlungsverfahren ist ausreichend, weil dessen Benutzerkreis, bestehend aus Versorgungsträgern und Familiengerichten, überschaubar bleibt. Außerdem bleibt anders als bei § 130 a ZPO die Wirksamkeit einer Erklärung des Versorgungsträgers von einem Verstoß gegen Formvorschriften grundsätzlich unberührt. Technische Einzelheiten zur einzuhaltenden Form im Übermittlungsverfahren sind zwischen den Nutzern und dem Betrei-

VI. Zustellung von Entscheidungen an Versorgungsträger (Abs. 4)

Nach Abs. 4 ist für gerichtliche Zustellungen an Versorgungsträger das **Übermittlungsverfahren** zu nutzen. Die Vorschrift schränkt das Ermessen der Geschäftsstelle, wie eine Bekanntgabe einer Entscheidung zu bewirken ist, ein. Während es bisher in das freie Ermessen der Geschäftsstelle gestellt war, ob Zustellungen elektronisch nach § 174 Abs. 3 S. 1 ZPO ausgeführt werden, ist die Nutzung des papierlosen Übermittlungsverfahrens nunmehr bei technischer Verfügbarkeit und Teilnahme des Versorgungsträgers am Verfahren obligatorisch. Abs. 4 betrifft ausschließlich Entscheidungen in Versorgungsausgleichssachen. Die Übermittlung dieser Entscheidungen im Übermittlungsverfahren ist eine förmliche Zustellung, so dass auch das Zustellungsgebot in § 41 Abs. 1 S. 2 durch die Nutzung des Übermittlungsverfahrens erfüllt wird. Hat das Familiengericht das Gebot der Zustellung im Übermittlungsverfahren versehentlich nicht beachtet, hat dies nicht die Unwirksamkeit der Zustellung zur Folge, da es sich bei Abs. 4 ebenfalls lediglich um eine Ordnungsvorschrift handelt. Die Formvorschriften für die zu übermittelnden elektronischen Dokumente bleiben von Abs. 4 unberührt.

VII. Nachweis der Zustellung (Abs. 5)

Abs. 5 erleichtert den Nachweis der Zustellung bei **elektronischer Übermittlung** an den Versorgungsträger. Im Gegensatz zu § 15 Abs. 2 S. 1 1. Alt. FamFG i. V. m. § 174 Abs. 3 S. 3 ZPO, wonach ein elektronisches Empfangsbekenntnis mit einer qualifizierten elektronischen Signatur zu versehen ist und es sich hierbei um ein Textdokument handelt, das von der Justiz manuell ausgewertet werden muss, lässt Abs. 5 demgegenüber eine automatisiert erzeugte Eingangsbestätigung des elektronischen Postfachs des Versorgungsträgers als Zustellungsnachweis genügen. Der Nachweis wird somit nicht mehr an einen Willensakt des Empfängers gebunden. Dies kann verantwortet werden, weil die Zahl der in Betracht kommenden Empfänger überschaubar ist und weil die Zuverlässigkeit der Versorgungsträger, die an dem Übermittlungsverfahren teilnehmen, außer Frage steht. Das technische System garantiert zudem, dass fehlgeschlagene Übermittlungen den Gerichten sofort angezeigt werden, und dass fehlerhafte Eingangsbestätigungen praktisch ausgeschlossen sind.

230 *(aufgehoben)*

Abschnitt 9. Verfahren in Unterhaltssachen

Unterabschnitt 1. Besondere Verfahrensvorschriften

Unterhaltssachen

231 (1) Unterhaltssachen sind Verfahren, die
1. die durch Verwandtschaft begründete gesetzliche Unterhaltspflicht,
2. die durch Ehe begründete gesetzliche Unterhaltspflicht,
3. die Ansprüche nach § 1615 l oder § 1615 m des Bürgerlichen Gesetzbuchs

betreffen.

(2) ¹Unterhaltssachen sind auch Verfahren nach § 3 Abs. 2 Satz 3 des Bundeskindergeldgesetzes und § 64 Abs. 2 Satz 3 des Einkommensteuergesetzes. ²Die §§ 235 bis 245 sind nicht anzuwenden.

I. Normzweck und Verfahrensregeln

1 Die Vorschrift definiert den gesetzlichen Begriff der Unterhaltssachen, die nach § 111 Nr. 8 eine Unterart der Familiensachen sind (s. zu den **verschiedenen Arten von Familiensachen** § 111 Rn 6 und zu den **Familiensachen kraft materiell- und verfahrensrechtlichen Sachzusammenhangs** § 111 Rn 9 ff.). Ob ein Verfahren eine Unterhaltssache ist, bestimmt sich allein nach der Begründung des geltend gemachten Anspruchs oder der geltend gemachten materiellrechtlichen Norm auf der Grundlage des Tatsachenvortrags des antragstellenden Beteiligten;[1] in Fällen mit Auslandsberührung richtet sich die Qualifikation eines Verfahrens als Unterhaltssache grundsätzlich nach deutschem Recht als lex fori.[2] Dass bei der Entscheidung wegen in Betracht kommender Einwendungen oder auf Grund des Verteidigungsvorbringens unterhaltsrechtliche Fragen eine Rolle spielen, macht das Verfahren nicht zur Unterhaltssache.[3] Abzugrenzen ist die Unterhaltssache insbesondere von einer sonstigen Familiensache nach § 266 Abs. 1 Nr. 2, 4 und 5 (s. die Erläuterungen dort); soweit es sich jeweils um Familienstreitsachen handelt, kommt der Abgrenzung keine besondere Bedeutung zu, da Familienstreitsachen denselben Verfahrensregeln folgen (s. nachstehend Rn 2). Zu Anerkennung und Vollstreckbarkeit ausländischer Unterhaltstitel s. die Erläuterungen zu §§ 108 ff.

2 Die in Abs. 1 genannten Verfahren gehören zur Kategorie der **Familienstreitsachen** nach § 112 Nr. 1. In diesen Verfahren sind neben den allgemeinen Vorschriften der §§ 111 ff. und den besonderen Vorschriften der §§ 232 ff. gem. § 113 Abs. 1 S. 2 grundsätzlich die Vorschriften der ZPO anzuwenden; das Nähere hierzu ist in §§ 113 ff. geregelt. Wegen der Einzelheiten wird auf die Erläuterungen zu diesen Vorschriften verwiesen (s. insbesondere § 113 Rn 4 ff., unten Rn 22 ff. und auch § 111 Rn 28, 31, § 112 Rn 3).

Im Gegensatz dazu sind die in Abs. 2 S. 1 genannten unterhaltsrechtlichen Sachen keine Familienstreitsachen, sondern wie bisher **Familiensachen der freiwilligen Gerichtsbarkeit**; s. hierzu näher unten Rn 13.

II. Änderung der früheren Gesetzeslage

3 § 231 tritt an die Stelle der aufgehobenen §§ 23 b Abs. 1 S. 2 Nr. 5, 6 und 13 GVG, 621 Abs. 1 Nr. 4, 5 und 11 ZPO. **§ 231 Abs. 1 Nr. 1** entspricht den bisherigen §§ 23 b Abs. 1 S. 2 Nr. 5 GVG, 621 Abs. 1 Nr. 4 ZPO, **§ 231 Abs. 1 Nr. 2** den bisherigen §§ 23 b Abs. 1 S. 2 Nr. 6 GVG, 621 Abs. 1 Nr. 5 ZPO, **§ 231 Abs. 1 Nr. 3** den bisherigen §§ 23 b Abs. 1 S. 2 Nr. 13 GVG, 621 Abs. 1 Nr. 11 ZPO. Für die überwiegende Zahl der

---

[1] BGH FamRZ 1990, 851; NJW 1980, 2476 = FamRZ 1980, 988.
[2] BGH FamRZ 1988, 491.
[3] BGH FamRZ 1989, 166 (Aufrechnung); NJW 1980, 2476 = FamRZ 1980, 988.

betroffenen Verfahrensgegenstände, nämlich die Unterhaltsstreitsachen nach Abs. 1 Nr. 1 bis 3, hat sich das **Verfahren** schon bislang nach der ZPO und für die geringe Zahl der übrigen Verfahrensgegenstände, nämlich der Unterhaltssachen der freiwilligen Gerichtsbarkeit nach Abs. 2, nach dem FGG gerichtet; insoweit ist keine Änderung eingetreten. Modifikationen ergeben sich insbesondere dadurch, dass das Urteil durch die Entscheidungsform des **Beschlusses** ersetzt wurde (§ 116 Abs. 1) und dass an die Stelle der **Rechtsmittel** der ZPO diejenigen des FamFG getreten sind (§ 113 Abs. 1 S. 1). Eine wesentliche Veränderung gegenüber dem früheren Rechtszustand besteht darin, dass das Gericht gem. §§ 235 f. künftig unter bestimmten Voraussetzungen zur Einholung der für die Unterhaltsberechnung erforderlichen Auskünfte vom Gegner und gegebenenfalls auch von Dritten verpflichtet ist. Das frühere Recht (§ 643 ZPO) stellte ein solches Vorgehen noch in das Ermessen des Gerichts.

III. Verfahren, die die durch Verwandtschaft begründete gesetzliche Unterhaltspflicht betreffen (Abs. 1 Nr. 1)

1. Grundsatz

Nr. 1 erfasst sämtliche durch **Verwandtschaft** begründete gesetzliche Unterhaltspflichten. Dies sind Verfahren nach §§ 1601 bis 1615 BGB einschließlich des Auskunftsanspruchs nach § 1605 BGB. Den Kreis der Unterhaltspflichtigen und Unterhaltsberechtigten bestimmt § 1601 BGB: Verwandte in gerader Linie sind verpflichtet, einander Unterhalt zu gewähren. Verwandtschaft in gerader Linie definiert § 1589 S. 1 BGB: Personen, deren eine von der anderen abstammt, sind in gerader Linie verwandt. Hieraus ergeben sich die folgenden Unterhaltsverfahren: 4

2. Kindesunterhalt

Streitigkeiten über Unterhaltspflichten, die Eltern und die ihnen nach §§ 1754 Abs. 1 und 2, 1751 Abs. 4 BGB gleichgestellten Adoptiveltern gegenüber ihren ehelichen oder nichtehelichen Kindern als ihren Abkömmlingen ersten Grades betreffen. Innerhalb des Unterhaltsverfahrens ist durch den Familienrichter als Vorfrage zu klären, ob die elterliche Unterhaltsbestimmung nach § 1612 Abs. 2 BGB wirksam ist.[4] Bei Scheinvaterschaft ist der auf den Scheinvater übergegangene Anspruch des Kindes gegen seinen wirklichen Vater (§ 1607 Abs. 3 BGB) erfasst;[5] gleiches gilt für den Regressanspruch nach § 1607 Abs. 2 S. 2 BGB von Dritten, insbesondere Großeltern. Unterhaltssache ist der **familienrechtliche Ausgleichsanspruch** eines Elternteils gegen den anderen wegen Unterhaltsleistungen für ein gemeinsames Kind[6] und insbesondere wegen des staatlichen Kindergeldes.[7] Die Kosten eines Vaterschaftsanfechtungsverfahrens sind dem familienrechtlichen Ausgleichsanspruch zuzuordnen;[8] gleiches gilt für ein Verfahren wegen Aufwendungsersatzes für einen Unterhaltsberechtigten gegen den Unterhaltspflichtigen.[9] Der Anspruch auf **Freistellung** von der Unterhaltsverpflichtung für gemeinschaftliche Kinder auf Grund einer Elternvereinbarung[10] betrifft ebenso Kindesunterhalt. Entsprechendes gilt für die durch Lebenspartnerschaft begründeten Unterhaltspflichten (§ 269 Abs. 1 Nr. 8). Zur für Aktiv- und Passivverfahren innerhalb und außerhalb des Scheidungsverbunds[11] geltenden **gesetzlichen Verfahrensstandschaft** nach § 1629 Abs. 3 S. 1 BGB, die miteinander verheiratete Eltern betrifft, solange sie getrennt leben oder die Ehesache zwischen ihnen anhängig ist, und zur **Unterhaltsergänzungspflegschaft** s. § 137 Rn 8, 13. Soweit die Voraussetzungen der gesetzlichen Verfahrensstandschaft nicht vorliegen, macht der Alleininhaber der elterlichen Sorge, 5

---

[4] S. näher MünchKommBGB/Born § 1612 Rn 12.
[5] S. BGH FamRZ 2009, 32.
[6] BGH FamRZ 1980, 345; FamRZ 1978, 770; zum Beteiligtenwechsel s. OLG Frankfurt FamRZ 2007, 909.
[7] Zöller/Lorenz Rn 5; BGH FamRZ 1980, 345; OLG Köln FamRZ 1985, 1168; OLG Koblenz FamRZ 1979, 610 (vertragliche Verpflichtung zur Weiterleitung des Kindergeldes).
[8] BGH FamRZ 1988, 387; NJW 1971, 199 = FamRZ 1972, 33.
[9] OLG Frankfurt FamRZ 2003, 1300.
[10] BGH FamRZ 1989, 603; FamRZ 1979, 217.
[11] BGH NJW 1983, 2084.

der Vormund oder der Ergänzungspfleger als gesetzlicher Vertreter des Kindes dessen Unterhaltsanspruch in dessen Namen geltend (§§ 1629 Abs. 1 S. 1 und 3, 1793 Abs. 1 S. 1, 1915 Abs. 1 S. 1 BGB); gleiches gilt für den Beistand, der aber nicht gesetzlicher Vertreter ist (s. § 234 Rn 3 f.). Steht die elterliche Sorge den Eltern gemeinsam zu, kann der Elternteil, in dessen Obhut[12] sich das Kind befindet, als Vertreter des Kindes dessen Unterhaltsansprüche gegen den anderen Elternteil geltend machen (§ 1629 Abs. 2 S. 2 BGB). Zur Zwangsvollstreckung in Kindesunterhaltsstreitsachen s. näher unten Rn 27.

3. Elternunterhalt

6 Streitigkeiten über Unterhaltspflichten, die Kinder und die ihnen nach §§ 1754 Abs. 1 und 2, 1751 Abs. 4 BGB gleichgestellten Adoptivkinder gegenüber ihren ehelichen oder nichtehelichen Elternteilen als ihren Aszendenten ersten Grades betreffen.

4. Unterhalt der Enkel und entfernterer Deszedenten

7 Streitigkeiten über Unterhaltspflichten, die Großeltern oder entferntere Aszendenten gegenüber ihren ehelichen oder nichtehelichen Deszedenten zweiten und weiteren Grades betreffen (Ersatzhaftung nach § 1607 BGB). Erfasst sind auch Klagen auf Erstattung geleisteter Unterhaltsbeträge nach §§ 1584 S. 2, 1607 Abs. 2 S. 2, Abs. 3 BGB.

5. Unterhalt der Großeltern und entfernterer Aszendenten

8 Streitigkeiten über Unterhaltspflichten, die Enkel und entferntere Abkömmlinge gegenüber ihren ehelichen oder nichtehelichen Aszendenten zweiten und weiteren Grades betreffen.

IV. Verfahren, die die durch Ehe begründete gesetzliche Unterhaltspflicht betreffen (Abs. 1 Nr. 2)

9 Streitigkeiten, die die durch die Ehe begründete gesetzliche Unterhaltspflicht betreffen, sind Streitigkeiten der Ehegatten über gegenseitige Unterhaltsansprüche auf Familienunterhalt, Haushalts- und Taschengeld, Trennungs- und nachehelichen Unterhalt nach den §§ 1360 bis 1361, den §§ 1569 bis 1586 b BGB und nach den §§ 58 ff. EheG i. V. m. Art. 12 Nr. 3 Abs. 2 S. 1 EheRG, sowie Streitigkeiten über die abgeleiteten Ansprüche auf Abfindung nach § 1585 Abs. 2 BGB, auf Sicherheitsleistung nach § 1585 a BGB sowie auf Schadensersatz wegen Nichterfüllung der Unterhaltspflicht nach § 1585 b Abs. 2, 3 BGB. Erfasst sind auch Streitigkeiten wegen Unterhaltsvereinbarungen, die den Bestand eines gesetzlichen Unterhaltsanspruchs unangetastet lassen und ihn lediglich inhaltlich nach Höhe, Dauer und Modalitäten der Unterhaltsgewährung näher festlegen und präzisieren, wenn die Vereinbarung also das Wesen des Unterhaltsanspruchs nicht verändert,[13] dagegen nicht wegen solcher Vereinbarungen, die einen Unterhaltsanspruch erst vertraglich schaffen, sowie Streitigkeiten wegen eines Anspruchs auf Befreiung von Krankheitskosten und auf Zahlung von Krankenhaustagegeld, die im Rahmen einer Familienversicherung für den begünstigten Ehegatten angefallen sind,[14] und Streitigkeiten im Zusammenhang mit dem sog. steuerlichen Realsplitting.[15]

9 a Entsprechendes gilt für die durch Lebenspartnerschaft begründeten Unterhaltspflichten (§§ 12, 16 LPartG, 269 Abs. 1 Nr. 9 FamFG).

---

[12] Zu Einzelheiten s. Palandt/Diederichsen, § 1629 Rn 31, zum Wechselmodell BGH NJW 2006, 2258.
[13] BGH FamRZ 2009, 219.
[14] BGH FamRZ 1994, 626.
[15] BGH FamRZ 2008, 40; FamRZ 1984, 1211.

V. Verfahren, die Ansprüche nach § 1615 l oder § 1615 m BGB betreffen (Abs. 1 Nr. 3)

Diese Verfahren betreffen den Unterhaltsanspruch von Mutter und Vater wegen Betreuung und aus Anlass der Geburt eines gemeinschaftlichen Kindes (§ 1615 l BGB) und den Anspruch auf Beerdigungskosten für die Mutter (§ 1615 m BGB). **10**

VI. Ab- und übergeleitete Ansprüche

1. Abgeleitete Ansprüche

Unterhaltssachen nach Abs. 1 stellen auch Verfahren dar, in denen ein Anspruch auf **11** Leistung[16] oder Rückzahlung eines **Verfahrenskostenvorschusses** nach §§ 1360 a Abs. 4, 1361 Abs. 4 S. 4, 1610 BGB, ein Anspruch auf unterhaltsrechtlichen **Auskunfts- und Beleganspruch** nach §§ 1361 Abs. 4 S. 4, 1605, 1580 BGB,[17] ein Anspruch auf **Erstattung** bereits erbrachter Unterhaltsleistungen,[18] ein Anspruch auf **Rückgewähr** von Leistungen, die zum Zwecke der Erfüllung einer gesetzlichen Unterhaltspflicht erbracht worden sind,[19] und ein Anspruch auf **Sonderbedarf**[20] geltend gemacht wird.

2. Übergeleitete Ansprüche

Zu den Unterhaltssachen nach Abs. 1 zählen auch kraft **Gesamtrechtsnachfolge** über- **12** geleitete Unterhaltsansprüche der Erben des Unterhaltsberechtigten, das sind die nach §§ 1361 Abs. 4 S. 3 und 4, 1360 a Abs. 3, 1615 Abs. 1 und 2, 1586 Abs. 2 BGB vererblichen Unterhaltsansprüche, und Unterhaltsansprüche gegen Erben des Unterhaltsverpflichteten nach §§ 1361 Abs. 4 S. 4, 1360 a Abs. 3, 1615 Abs. 1, 1586 b BGB sowie kraft **Einzelrechtsnachfolge** übergegangene Unterhaltsansprüche nach §§ 1584 S. 3, 1607 Abs. 2 S. 2 BGB, 37 BAföG, 33 SGB II,[21] 203 SGB III, 94,[22] 95 SGB XII, 7 UVG einschließlich übergegangener Auskunftsansprüche. Für die gerichtliche Geltendmachung der von einem Sozialleistungsträger dem Unterhaltsberechtigten rückübertragenen Unterhaltsansprüche ist diesem mangels Bedürftigkeit insoweit **keine Verfahrenskostenhilfe** zu bewilligen, als ihm ein Anspruch auf Verfahrenskostenvorschuss gegen den Träger zusteht; lediglich dann, wenn der Unterhaltsberechtigte durch den Verweis auf den Vorschussanspruch eigene Nachteile erleiden würde oder wenn sich die Geltendmachung rückübertragener Ansprüche neben den beim Unterhaltsberechtigten verbliebenen Unterhaltsansprüchen kostenrechtlich nicht auswirkt, ist der Einsatz des Vorschusses nicht zumutbar. Für die Geltendmachung laufenden Unterhalts ab Rechtshängigkeit des Unterhaltsantrags ist dem Leistungsberechtigten indessen stets **Verfahrenskostenhilfe** zu **bewilligen,** soweit nach seinem Vortrag Erfolgsaussicht besteht und er selbst bedürftig ist; denn der Leistungsberechtigte hat ein begründetes und anerkennenswertes Interesse, den Unterhalt künftig vom Pflichtigen zu erhalten, zumal sein Antrag auf zukünftige, noch nicht übergegangene Ansprüche dem Selbsthilfegrundsatz entspricht. Sofern laufende Unterhaltsansprüche ab Rechtshängigkeit auf den Träger übergehen, bleibt der Leistungsempfänger – auch ohne Rückabtretung – nach § 265 Abs. 2 S. 1 ZPO (s. § 113 Rn 7 a „§ 265 ZPO") prozessführungsbefugt; insoweit hat er seinen Antrag auf Zahlung an den Träger umzustellen.[23]

---

[16] BGH FamRZ 2010, 189; OLG Saarbrücken NJW-RR 2010, 1515 = FamRZ 2010, 2094 (Bewilligung von Verfahrenskostenhilfe im Verfahren der einstweiligen Anordnung, wenn Verfahrenskostenvorschussanspruch gerichtlich durchgesetzt werden müsste, insbesondere bei Quotenhaftung mehrerer Vorschusspflichtiger).
[17] S. auch BGH NJW 2011, 226 (Auskunftsverpflichtung des zur Zahlung von Kindesunterhalt verpflichteten Elternteils über Einkommen seines neuen Ehegatten gem. §§ 1605 Abs. 1, 1353 Abs. 1 S. 2, 1360, 1360 a BGB).
[18] BGH FamRZ 1984, 217.
[19] BGH FamRZ 1978, 582.
[20] BGH FamRZ 1985, 49 (Erstattung von Umzugskosten).
[21] BGH FamRZ 2011, 197 (§ 33 Abs. 1 S. 2 SGB II).
[22] BGH FamRZ 2010, 1418 (§ 94 Abs. 2, Abs. 3 Nr. 2 SGB XII); FamRZ 2010, 1057 (§ 94 Abs. 4 S. 2 SGB XII).
[23] BGH FamRZ 2008, 1159 mit Anm. Günther.

VII. Unterhaltssachen als Familiensachen der freiwilligen Gerichtsbarkeit (Abs. 2)

13 Nach Abs. 2 S. 1 sind die nach dem Bundeskindergeldgesetz und dem Einkommensteuergesetz vorgesehenen Verfahren zur Bestimmung der für das Kindergeld bezugsberechtigten Personen ebenfalls Unterhaltssachen. Maßgebend hierfür ist der enge tatsächliche und rechtliche Zusammenhang mit Verfahren, die den Unterhalt des Kindes betreffen. Nach § 1612b BGB haben das Kindergeld und damit auch die Frage, wer hierfür bezugsberechtigt ist, unmittelbaren Einfluss auf die Höhe des geschuldeten Unterhalts. Die in Abs. 2 genannten Angelegenheiten sind **keine Familienstreitsachen,** sondern Verfahren der freiwilligen Gerichtsbarkeit. S. 2 nimmt daher die §§ 235 bis 245, die für Verfahren in Familienstreitsachen typische Regelungen enthalten, von der Anwendbarkeit für Unterhaltssachen nach § 231 Abs. 2 aus. Das Verfahren in Unterhaltssachen nach § 231 Abs. 2 richtet sich in erster Linie nach den Vorschriften des Buches 1; hinzu kommen die Vorschriften der § 232 bis 234. Funktionell zuständig für diese Unterhaltssachen ist nach §§ 3 Nr. 3 lit. g, 25 Nr. 2 RPflG der **Rechtspfleger,** soweit nicht ein Verfahren nach § 231 Abs. 1 anhängig ist.

VIII. Verfahrensarten in Unterhaltssachen

14 Der erfolgreiche **Leistungsantrag** führt zur Schaffung eines Vollstreckungstitels. In materielle Rechtskraft nach §§ 113 Abs. 1 S. 2 FamFG, 322 Abs. 1 ZPO erwächst aber nur der Unterhaltsbeschluss in der Hauptsache, nicht eine einstweilige Unterhaltsanordnung i. S. d. Rn 18 (s. § 238 Rn 8). Deshalb besteht ein Rechtschutzbedürfnis für ein Hauptsacheverfahren neben oder nach einem einstweiligen Anordnungsverfahren ohne Bindung an dieses,[24] für den Unterhaltsgläubiger in der Form eines Leistungsantrags, für den Unterhaltsschuldner in der Form eines Feststellungsantrags i. S. d. Rn 17.[25] Ist durch einen Hauptsachevergleich titulierter Unterhalt nur für einen bestimmten Zeitraum vereinbart worden, weil die Beteiligten davon ausgingen, für die Zeit danach werde der Unterhaltsanspruch mangels Bedürftigkeit entfallen, so ist ein für einen späteren Zeitraum behaupteter Unterhaltsanspruch im Wege des Leistungsantrags geltend zu machen.[26] Anerkennt der Unterhaltsschuldner mit einem außergerichtlichen Titel lediglich einen Sockelbetrag als Teilunterhalt, ist der restliche Unterhalt mit dem Leistungsantrag und nicht mit dem Abänderungsantrag (s. nachstehend Rn 15) geltend zu machen.[27] Erbringt der Unterhaltsschuldner nur Teilleistungen auf den geschuldeten Unterhalt, besteht für den Unterhaltsgläubiger auch dann ein **Titulierungsinteresse** am vollen Unterhalt, wenn der Schuldner zuvor nicht zur Titulierung des freiwillig gezahlten Teils aufgefordert worden ist (s. zur Kostenfolge § 243 Nr. 4; dort Rn 7 ff.).[28]

15 Die **Abänderungsverfahren** nach §§ 238 ff. bezwecken die Anpassung vorhandener Unterhaltsvollstreckungstitel an wesentlich veränderte Verhältnisse (s. im Einzelnen, auch zur Abgrenzung von Leistungs- und Abänderungsantrag, die Erläuterungen zu §§ 238 ff.). Enthält ein Unterhaltstitel eine unbezifferte Anrechnungsklausel („unter Anrechnung bereits gezahlter Beträge") und ist er deshalb wegen Unbestimmtheit nicht vollstreckungsfähig, so ist ein Abänderungsantrag nach § 238 unzulässig und an seine Stelle tritt ein Gestaltungsantrag in analoger Anwendung der §§ 113 Abs. 5 Nr. 2, 120 Abs. 1 FamFG, 767 ZPO.[29]

16 Mit dem **Vollstreckungsabwehrantrag** nach §§ 113 Abs. 5 Nr. 2, 120 Abs. 1 FamFG, 767 ZPO kann die vollständige, teil- oder zeitweise Unzulässigkeit der Zwangsvollstre-

---

[24] Rüntz/Viefhues FamRZ 2010, 1285.
[25] Zweifelnd Rüntz/Viefhues FamRZ 2010, 1285 im Hinblick auf § 52 Abs. 2, wonach die Erzwingung eines Hauptsacheverfahrens möglich ist. Diese nicht zeitnahe Möglichkeit entspricht aber nicht dem Anspruch auf effektiven Rechtsschutz.
[26] BGH FamRZ 2007, 983.
[27] BGH NJW 2007, 2249 = FamRZ 2007, 983.
[28] BGH NJW 2010, 238 = FamRZ 2010, 195.
[29] BGH NJW 2006, 695 = FamRZ 2006, 261.

ckung aus einem Unterhaltstitel aufgrund von Einwendungen gegen die Unterhaltsforderung erreicht werden (s. § 238 Rn 38 ff.).[30] Ist das Kind Gläubiger eines Titels wegen Minderjährigenunterhalts und vollstreckt der gesetzliche Vertreter des Kindes im eigenen Namen nach Eintritt der Volljährigkeit des Kindes, ist dagegen nicht der Vollstreckungsabwehrantrag, sondern wegen des Wegfalls der gesetzlichen Vertretungsmacht die Erinnerung nach § 766 ZPO zulässig, wofür die Zuständigkeit des Vollstreckungsgerichts gegeben ist (§ 764 ZPO; s. Rn 19).[31]

Der **Feststellungsantrag** nach §§ 113 Abs. 1 S. 2, Abs. 5 Nr. 2 FamFG, 256 ZPO dient der rechtskräftigen Bejahung oder Verneinung[32] eines Unterhalts- oder Vollstreckungsanspruchs (s. oben Rn 14, § 137 Rn 8, § 238 Rn 44 f.). 17

Zur schnelleren Titulierung eines Unterhaltsanspruchs stehen das Verfahren der **einstweiligen Anordnung** nach §§ 246, 50 ff., 113 Abs. 1 S. 1 und das **vereinfachte Verfahren** über den Unterhalt Minderjähriger nach §§ 249 ff. zur Verfügung. 18

Ein **Vollstreckungsverfahren** ist Unterhaltssache, soweit das Verfahren dem Familiengericht, und nicht dem Vollstreckungsgericht (§ 764 ZPO), zugewiesen ist (s. oben Rn 16 und ausführlich § 111 Rn 15 f.). 19

IX. Anwaltszwang

Gem. § 114 Abs. 1 müssen sich die Beteiligten in den Unterhaltssachen nach § 231 Abs. 1, die selbständige Familienstreitsachen darstellen (vgl. oben Rn 2), vor dem Familiengericht und dem OLG durch einen Rechtsanwalt, vor dem BGH durch einen bei dem BGH zugelassenen Rechtsanwalt vertreten lassen. Der Anwaltszwang gilt auch in Verfahren über ab- und übergeleitete Ansprüche (s. Rn 11 und 12) und die in Rn 14–17 genannten Verfahrensarten in Unterhaltssachen, soweit sie als selbständige Familienstreitsachen zu qualifizieren sind. Für das familiengerichtliche Vollstreckungsverfahren (s. Rn 19) besteht Anwaltszwang, soweit im Erkenntnisverfahren Anwaltszwang herrschte.[33] 20

Gem. § 114 Abs. 4 bedarf es der Vertretung durch einen Rechtsanwalt **nicht** im Verfahren der einstweiligen Anordnung (§ 114 Abs. 4 Nr. 1), wenn ein Beteiligter durch das Jugendamt als Beistand vertreten ist (§ 114 Abs. 4 Nr. 2, s. § 234), im Verfahren über die Verfahrenskostenhilfe (§ 114 Abs. 4 Nr. 5) und in den Fällen des § 78 Abs. 3 ZPO (§ 114 Abs. 4 Nr. 6). Wegen der Einzelheiten wird auf die Erläuterungen zu § 114 Rn 4, 9, 11 und 13 verwiesen. 21

X. Verfahren in Unterhaltsstreitsachen

Die in Abs. 1 genannten Verfahren stellen – nach § 112 Nr. 1 als zur Kategorie der Familienstreitsachen gehörig – die **Unterhaltsstreitsachen** dar. In diesen Verfahren sind neben den allgemeinen Vorschriften der §§ 111 ff. und den besonderen Vorschriften der §§ 232 ff. gem. § 113 Abs. 1 S. 2 die Vorschriften der ZPO anzuwenden (s. oben Rn 2). 22

§ 286 Abs. 1 S. 2 ZPO: Um den ehebedingten Nachteil, den ein Unterhaltsgläubiger nach § 1578 b Abs. 1 und 2 BGB erlitten hat, der Höhe nach bemessen zu können, muss der Tatrichter Feststellungen zum angemessenen Lebensbedarf des Unterhaltsberechtigten im Sinne des § 1578 b Abs. 1 S. 1 BGB und zum Einkommen treffen, das der Unterhaltsberechtigte tatsächlich erzielt bzw. gem. §§ 1574, 1577 BGB erzielen könnte; die Differenz aus den beiden Positionen ergibt den ehebedingten Nachteil.[34] 23

§ 287 ZPO: Bei feststehenden ehebedingten Nachteilen, die ein Unterhaltsgläubiger nach § 1578 b Abs. 1 und 2 BGB erlitten hat, ist eine exakte Feststellung zum hypothetisch erzielbaren Einkommen des Unterhaltsberechtigten nicht notwendig; die Tatsachengerichte können sich insoweit bei geeigneter Grundlage einer Schätzung entsprechend § 287 ZPO 24

---

[30] BGH FamRZ 2009, 198; NJW 1997, 2320; NJW 1995, 3318; zum Antrag auf Titelherausgabe nach rechtskräftiger Entscheidung über einen Vollstreckungsabwehrantrag zu Gunsten des Gläubigers analog § 371 BGB s. BGH NJW-RR 2008, 1512.
[31] OLG Nürnberg FamRZ 2010, 1010.
[32] BGH FamRZ 2009, 198 (Nichtbestehen eines Anspruchs auf Leibrentenzahlung).
[33] Zöller/Vollkommer § 78 ZPO Rn 24.
[34] BGH FamRZ 2010, 2059.

XI. Verfahrenskostenhilfe in Unterhaltsstreitsachen

25 Im Rahmen eines innerhalb und außerhalb des Scheidungsverbundes in gesetzlicher **Verfahrensstandschaft** (s. näher § 137 Rn 8, 13) gestellten Antrags auf Kindesunterhalt ist für die Bewilligung von Verfahrenskostenhilfe auf die Einkommens- und Vermögensverhältnisse des antragstellenden Elternteils als unmittelbarer Verfahrensbeteiligter und nicht auf diejenigen des Kindes abzustellen.[36] Dabei steht dem mit dem Unterhaltsschuldner während der Trennungszeit verheirateten Elternteil gemäß §§ 1361 Abs. 4 S. 4, 1360a Abs. 4 BGB gegen den Schuldner als Antragsgegner ein Anspruch auf **Verfahrenskostenvorschuss** zu (s. zu dem Anspruch näher § 76 Rn 12 und § 149 Rn 5 bei Verfahrenskostenhilfe für die Scheidungssache), und zwar auch, wenn der Unterhaltpflichtige darauf Ratenzahlungen erbringen kann, weil er selbst im Rahmen einer bewilligten Verfahrenskostenhilfe (ggf. höhere) Raten erbringen müsste.[37] Zur Geltendmachung des Anspruchs auf Verfahrenskostenvorschuss durch einstweilige Anordnung s. § 246. Mit Eintritt der Rechtskraft der Ehescheidung erlischt ein Anspruch auf Verfahrenskostenvorschuss der Ehegatten untereinander (s. auch § 149 Rn 5 aE).[38] Wird die Ehe rechtskräftig geschieden, bevor über den vor der Scheidung gestellten Antrag auf Erlass einer Vorschussanordnung entschieden worden ist, so kann sich der Vorschussschuldner aber nicht auf das (mit der Scheidung eintretende) Erlöschen seiner Vorschusspflicht gegenüber dem geschiedenen Ehegatten berufen.[39] Gleiches gilt für die Vollstreckung.[40] Nach Rechtskraft der Ehescheidung besteht ein Verfahrenskostenvorschussanspruch gegen den neuen Ehegatten für auf vermögensrechtliche Leistungen gerichtete Ansprüche gegen den alten Ehegatten, wie den Anspruch auf Zugewinnausgleich[41] und wohl auch Unterhalt.

26 Verfahrenskostenhilfe ist in Verfahren der **einstweiligen Anordnung** nach §§ 49, 246 zu bewilligen, wenn der **Verfahrenskostenvorschussanspruch** gerichtlich durchgesetzt werden müsste,[42] insbesondere bei Quotenhaftung mehrerer Vorschusspflichtiger.[43] Bei dem **Stufenantrag** (s. zur Stufenklage § 113 Rn 7 a „§ 254 ZPO", § 235 Rn 2) ist Verfahrenskostenhilfe von vornherein für sämtliche Stufen zu bewilligen.[44] Allerdings ist die Verfahrenskostenhilfe auf den später zu beziffernden Antrag beschränkt, der sich aus der Auskunft ergibt.[45] Soweit der Antragsteller mehr fordert, als sich aus der Auskunft ergibt, kann das Gericht nach der Bezifferung klarstellen, in welchem Umfang der bezifferte Antrag von der früheren Verfahrenskostenhilfebewilligung gedeckt ist.[46]

XII. Zwangsvollstreckung in Kindesunterhaltsstreitsachen

27 Zur Vollstreckung befugt ist der **Titelgläubiger,** also der nach §§ 120 Abs. 1 FamFG, 724, 725 ZPO aus Titel und Vollstreckungsklausel ersichtliche Beteiligte. Dies ist entweder das Kind, wenn es, gesetzlich vertreten durch den Alleininhaber der elterlichen Sorge, den Elternteil nach § 1629 Abs. 2 S. 2 BGB, den Vormund oder den Ergänzungspfleger, den

---

[35] BGH FamRZ 2010, 2059.
[36] BGH FamRZ 2005, 1164.
[37] BGH FamRZ 2005, 1164; 2004, 1633.
[38] BGH FamRZ 2005, 883; 1990, 280.
[39] OLG Frankfurt FamRZ 1993, 1465; Zöller/Geimer § 115 Rn 67a; a. A. OLG München FamRZ 1997, 1542.
[40] BGH FamRZ 1985, 802 (Vollstreckung aus einer einstweiligen Anordnung zur Zahlung eines Prozesskostenvorschusses auch nach Beendigung des Hauptsacheprozesses).
[41] BGH FamRZ 2010, 189 mit Anm. Borth zu weiteren Ansprüchen.
[42] Zöller/Geimer § 115 Rn 66, 71, 71 a.
[43] OLG Saarbrücken NJW-RR 2010, 1515 = FamRZ 2010, 2094.
[44] Zöller/Geimer § 114 Rn 37 mwN.
[45] OLG Karlsruhe FamRZ 1997, 98; Zöller/Geimer § 114 Rn 38.
[46] Zöller/Geimer § 114 Rn 38 mwN.

Titel im eigenen Namen erstritten hat (s. näher oben Rn 5), oder ein Elternteil als gesetzlicher Verfahrensstandschafter (s. näher § 137 Rn 8, 13). Dieser vollstreckt einen fremden Anspruch, den des Kindes, im eigenen Namen. Die so beigetriebenen Unterhaltsleistungen unterliegen einer treuhandartigen Zweckbindung zugunsten des Kindes und können weder mit Gegenforderungen gegen den Elternteil aufgerechnet werden, die nicht im Zusammenhang mit der Durchsetzung des Kindesunterhalts stehen, noch sind sie einem vollstreckungsrechtlichen Zugriff wegen anderer Forderungen gegen den Elternteil ausgesetzt.[47] Die **Vollstreckungsberechtigung** kann – ebenso wie die gesetzliche Verfahrensstandschaft – zeitweise über die Rechtskraft der Ehescheidung hinaus bestehen (s. näher unten und § 137 Rn 8, 13). Nach **Beendigung der gesetzlichen Verfahrensstandschaft** hat das Kind im eigenen Namen, während seiner Minderjährigkeit handelnd durch seinen gesetzlichen Vertreter, den ihm zustehenden Unterhaltsanspruch grundsätzlich selbst zu vollstrecken. Ist die Verfahrensstandschaft fortgefallen – etwa nach Volljährigkeit des Kindes oder nach Scheidung der Ehe –, ist eine vollstreckbare Ausfertigung des von dem Verfahrensstandschafter erstrittenen Kindesunterhaltstitels auf Antrag dem materiell Berechtigten, also dem Kind, zu erteilen. Da das Kind aber als Titelinhaber nicht genannt ist, ist die qualifizierte Klausel nach §§ 120 Abs. 1 FamFG, 727 ZPO erforderlich; entsprechendes gilt für einen neuen Gläubiger, der die Rechtsnachfolge des Kindes angetreten hat (s. dazu oben Rn 12).[48] Vollstreckt der Verfahrensstandschafter nach Fortfall der Verfahrensstandschaft im eigenen Namen, ist dagegen jedenfalls nach dem Eintritt der Volljährigkeit des Kindes wegen der Beendigung der gesetzlichen Vertretung der Vollstreckungsabwehrantrag nach §§ 120 Abs. 1 FamFG, 767 ZPO zulässig und begründet.[49] Entfällt die Vollstreckungsberechtigung des Verfahrensstandschafters bei fortbestehender Minderjährigkeit des Kindes wegen der Rechtskraft der Ehescheidung, fehlt einem darauf gestützten Vollstreckungsabwehrantrag nach §§ 120 Abs. 1 FamFG, 767 ZPO das Rechtsschutzbedürfnis, sofern der Elternteil zwar formal ohne Vollstreckungsberechtigung, aber als gesetzlicher Vertreter des Kindes im Ergebnis zutreffend die Zwangsvollstreckung durchführt.[50] Zur Beteiligtenstellung bei Titelabänderung nach Beendigung der gesetzlichen Verfahrensstandschaft s. § 238 Rn 15 ff., § 239 Rn 12, 14 ff.

Örtliche Zuständigkeit

§ 232

(1) Ausschließlich zuständig ist

1. für Unterhaltssachen, die die Unterhaltspflicht für ein gemeinschaftliches Kind der Ehegatten betreffen, mit Ausnahme des vereinfachten Verfahrens über den Unterhalt Minderjähriger, oder die die durch die Ehe begründete Unterhaltspflicht betreffen, während der Anhängigkeit einer Ehesache das Gericht, bei dem die Ehesache im ersten Rechtszug anhängig ist oder war;
2. für Unterhaltssachen, die die Unterhaltspflicht für ein minderjähriges Kind oder ein nach § 1603 Abs. 2 Satz 2 des Bürgerlichen Gesetzbuchs gleichgestelltes Kind betreffen, das Gericht, in dessen Bezirk das Kind oder der Elternteil, der auf Seiten des minderjährigen Kindes zu handeln befugt ist, seinen gewöhnlichen Aufenthalt hat; dies gilt nicht, wenn das Kind oder ein Elternteil seinen gewöhnlichen Aufenthalt im Ausland hat.

(2) Eine Zuständigkeit nach Absatz 1 geht der ausschließlichen Zuständigkeit eines anderen Gerichts vor.

(3) ¹Sofern eine Zuständigkeit nach Absatz 1 nicht besteht, bestimmt sich die Zuständigkeit nach den Vorschriften der Zivilprozessordnung mit der Maßgabe, dass in den Vorschriften über den allgemeinen Gerichtsstand an die Stelle des Wohnsitzes der gewöhnliche Aufenthalt tritt. ²Nach Wahl des Antragstellers ist auch zuständig

---

[47] BGH FamRZ 2006, 860; NJW 1991, 839 = FamRZ 1991, 295.
[48] OLG Zweibrücken FamRZ 2000, 964.
[49] OLG Brandenburg FamRZ 1997, 509.
[50] Wolf/Lecking MDR 2011, 1, 4.

1. für den Antrag eines Elternteils gegen den anderen Elternteil wegen eines Anspruchs, der die durch Ehe begründete gesetzliche Unterhaltspflicht betrifft, oder wegen eines Anspruchs nach § 1615 l des Bürgerlichen Gesetzbuchs das Gericht, bei dem ein Verfahren über den Unterhalt des Kindes im ersten Rechtszug anhängig ist;
2. für den Antrag eines Kindes, durch den beide Eltern auf Erfüllung der Unterhaltspflicht in Anspruch genommen werden, das Gericht, das für den Antrag gegen einen Elternteil zuständig ist;
3. das Gericht, bei dem der Antragsteller seinen gewöhnlichen Aufenthalt hat, wenn der Antragsgegner im Inland keinen Gerichtsstand hat.

I. Normzweck

1 § 232 enthält eine relativ feste Rangfolge von Anknüpfungskriterien zur Bestimmung des für Unterhaltssachen örtlich zuständigen Gerichts. Dass die örtliche Zuständigkeit in Unterhaltssachen nicht nach § 2 zu bestimmen ist, normiert § 113 Abs. 1 S. 1. Die allgemeine Verweisung auf die Vorschriften der ZPO nach § 113 Abs. 1 S. 2 greift hier nicht, da § 232 als Spezialregelung vorgeht; Abs. 3 verweist allerdings für bestimmte Unterhaltssachen auf die Anwendung von Zuständigkeitsvorschriften der ZPO. § 232 regelt auch die örtliche Zuständigkeit im Verfahren der **einstweiligen Anordnung** nach §§ 49 ff.; denn die Zuständigkeit des Hauptsachegerichts im ersten Rechtszug nach § 50 Abs. 1 S. 1 bestimmt sich nach § 232.

II. Änderung der früheren Gesetzeslage

2 § 232 Abs. 1 Nr. 1 entspricht inhaltlich weitgehend dem bisherigen Recht. Die im bisherigen § 621 Abs. 2 S. 1 Nr. 4 ZPO enthaltene Ausnahme für vereinfachte Verfahren „zur Abänderung von Unterhaltstiteln" ist dahingehend geändert, dass sie sich nunmehr auf das vereinfachte Verfahren für den Unterhalt Minderjähriger bezieht. Die bisherige Fassung beruhte auf einem Redaktionsversehen. Abs. 1 Nr. 2 ändert die bisherige Rechtslage dahin, dass nunmehr auch die nach § 1603 Abs. 2 S. 2 BGB gleichgestellten volljährigen Kinder einbezogen sind; dies entspricht einem praktischen Bedürfnis. Abs. 3 S. 2 Nr. 1 entspricht inhaltlich dem bisherigen § 642 Abs. 3 ZPO, Nr. 2 dem bisherigen § 35 a ZPO, Nr. 3 dem bisherigen § 23 a ZPO.

III. Ausschließliche Zuständigkeit des Gerichts der Ehesache (Abs. 1 Nr. 1)

1. Allgemeines

3 Abs. 1 Nr. 1 enthält einen ausschließlichen Gerichtsstand für **Unterhaltssachen, die die Unterhaltspflicht für ein gemeinschaftliches Kind der Ehegatten** betreffen, sowie für Unterhaltssachen, die die **durch die Ehe begründete Unterhaltspflicht** betreffen.

2. Kindesunterhaltssachen

4 Der personale und streitgegenständliche Umfang der hier betroffenen Unterhaltssachen gemeinschaftlicher Kinder von Ehegatten richtet sich nach § 231 Abs. 1 Nr. 1 (s. im Einzelnen § 231 Rn 5, 14) und Abs. 2 (s. § 231 Rn 13). Erfasst sind auch die ab- und übergeleiteten Unterhaltsansprüche (s. § 231 Rn 11 f.). Eine Differenzierung nach dem Alter des Kindes findet nicht statt; Abs. 1 Nr. 1 gilt sowohl für minderjährige als auch für volljährige Kinder. Maßgebend ist allein, dass die Unterhaltspflicht für das Kind, also dessen Unterhaltsberechtigung gegenüber seinen verheirateten oder geschiedenen Eltern, betroffen ist. Keine Anwendung findet Abs. 1 Nr. 1 auf das vereinfachte Verfahren über den Unterhalt Minderjähriger nach §§ 249 ff.; die örtliche Zuständigkeit im vereinfachten Verfahren richtet sich nach Abs. 1 Nr. 2.

3. Ehegattenunterhaltssachen

Der streitgegenständliche Umfang der Unterhaltssachen, die die durch die Ehe begründete Unterhaltspflicht betreffen, richtet sich nach § 231 Abs. 1 Nr. 2 (s. im Einzelnen § 231 Rn 9, 14). Gemeint ist ersichtlich in § 232 Abs. 1 Nr. 2 die durch die Ehe begründete **gesetzliche** Unterhaltspflicht, nicht die erst vertraglich geschaffene Verpflichtung (s. zu dieser Differenzierung § 231 Rn 9), da diese nicht durch die Ehe, sondern durch den Vertrag begründet ist. Erfasst sind auch die ab- und übergeleiteten Unterhaltsansprüche (s. § 231 Rn 11 f.). 5

4. Anhängigkeit einer Ehesache

Die örtliche Konzentration von Unterhaltssachen, die dieselbe Ehe betreffen, bei einem Familiengericht entspricht dem für Familiensachen kennzeichnenden Prinzip der Zuständigkeitskonzentration (s. näher § 111 Rn 34). Maßgebend ist die **gesamte Dauer der Anhängigkeit** (s. zum Eintritt der Anhängigkeit näher § 124 Rn 4) **bis zur Rechtskraft** (s. § 148 Rn 3) **der Ehesache** (zum Begriff der Ehesache vgl. § 121 Rn 3), also nicht nur einer Scheidungssache, unabhängig davon, in welcher Instanz sich die Ehesache befindet. Während dieser Zeit ist das Familiengericht ausschließlich zuständig, bei dem die Ehesache im ersten Rechtszug anhängig ist oder war. Nach dem Wortlaut von Abs. 1 Nr. 1 kommt es nur auf die Dauer der Anhängigkeit der Ehesache an, nicht auf diejenige von Folgesachen, insbesondere also auch **nicht** auf diejenige von **Unterhaltsfolgesachen** (s. § 137 Rn 8). Im Fall der Abtrennung einer Unterhaltsfolgesache nach § 140 Abs. 2 Nr. 5 und Abs. 3 (s. § 140 Rn 7, 9) und Eintritt der Rechtskraft des Scheidungsausspruchs vor Abschluss der abgetrennten Unterhaltssache bedeutet dies, dass sich ab dem Zeitpunkt des Endes der Rechtshängigkeit der Scheidungssache die Zuständigkeit einer neuen Unterhaltssache nach Abs. 3 bestimmt, also zwei verschiedene Familiengerichte für Unterhaltssachen derselben Familie örtlich zuständig sein können. 6

5. Rechtshängigkeit einer Ehesache

Die Zuständigkeitskonzentrationsregelung nach Abs. 1 Nr. 1 wird ergänzt durch § 233, nach dem nach dem Eintritt der Rechtshängigkeit (s. hierzu § 124 Rn 5) einer Ehesache alle bei einem anderen Gericht im ersten Rechtszug anhängigen Unterhaltssachen nach § 231 Abs. 1 Nr. 1 von Amts wegen an das Gericht der Ehesache abzugeben sind. Zur rechtzeitigen Einbeziehung von Unterhaltssachen in den Scheidungsverbund s. § 137 Abs. 2 S. 1 Nr. 2 (vgl. § 137 Rn 15). 7

IV. Ausschließliche Zuständigkeit des Gerichts des gewöhnlichen Aufenthalts (Abs. 1 Nr. 2)

Ist für eine **Kindesunterhaltssache** nach § 231 Abs. 1 Nr. 1 und Abs. 2 (s. oben Rn 4), die die Unterhaltspflicht für ein minderjähriges Kind oder ein nach § 1603 Abs. 2 S. 2 BGB gleichgestelltes Kind betrifft, eine Zuständigkeit des Gerichts der Ehesache nach den vorstehenden Rn 3 nicht gegeben,[1] tritt **nachrangig** die ausschließliche Zuständigkeit des Gerichts des gewöhnlichen Aufenthalts **des Kindes oder des Elternteils,** der auf Seiten des minderjährigen Kindes zu handeln befugt ist, ein; auf den Wohnsitz kommt es nicht an. Der **gewöhnliche Aufenthalt** einer Person ist der tatsächliche Mittelpunkt des Lebens, an dem sich die Person überwiegend aufhält,[2] vor allem in familiärer und beruflicher Hinsicht.[3] Er wird von einer auf längere Dauer angelegten sozialen Eingliederung gekennzeichnet und ist allein von der tatsächlichen, bei Geschäftsunfähigen vom Willen unabhängigen Situation geprägt; zu weiteren Einzelheiten s. die Erläuterungen zu § 122 Rn 3 sowie § 98 Rn 16. Der Eintritt der Volljährigkeit eines Kindes führt nicht zum Wegfall des Gerichtsstands nach Abs. 1 Nr. 2, der dann auch für den Unterhaltszeitraum der Volljährigkeit gilt, wie sich 8

---

[1] BT-Drs. 16/6308 S. 255.
[2] BGH FamRZ 2002, 1182.
[3] OLG Karlsruhe FamRZ 1992, 316.

bereits aus der Erstreckung dessen Anwendungsbereichs auf das nach § 1603 Abs. 2 S. 2 BGB gleichgestellte, also volljährige Kind ergibt; entscheidend ist, dass Unterhalt entweder **auch für die Zeit** der **Minderjährigkeit** gefordert wird[4] oder im Falle des § 1603 Abs. 2 S. 2 BGB **auch für die Zeit bis zur Vollendung des 21. Lebensjahres** und das Vorliegen der weiteren Voraussetzungen des § 1603 Abs. 2 S. 2 BGB (Leben des Kindes im Haushalt der Eltern oder eines Elternteils sowie allgemeine Schulausbildung) schlüssig behauptet wird. Die Handlungsbefugnis des den weiteren Gerichtsstand begründenden Elternteils ergibt sich aus §§ 1629 Abs. 1 S. 3, 1626a Abs. 2, 1671 Abs. 1 (gesetzliche Vertretung) und § 1629 Abs. 3 S. 1 BGB (gesetzliche Verfahrensstandschaft). **Zwischen den beiden alternativen Gerichtsständen** des gewöhnlichen Aufenthalts des Kindes und des Elternteils hat, wenn beide Aufenthaltsorte auseinander fallen, der Antragsteller die **Wahl.** Hat das Kind oder ein Elternteil seinen gewöhnlichen Aufenthalt im **Ausland,** greift der Gerichtsstand nach Abs. 1 Nr. 2 letzter Halbs. nicht. Zur internationalen Zuständigkeit deutscher Gerichte in diesen Auslandsfällen s. die Erläuterungen zu § 105.

V. Vorrang der Zuständigkeit nach Abs. 1 (Abs. 2)

9   Die Zuständigkeiten des Gerichts der Ehesache und des Gerichts des gewöhnlichen Aufenthalts von Kind oder Elternteil nach Abs. 1 Nr. 1 und 2 sind als ausschließliche ausgestaltet, so dass der Antragsteller unter den Gerichtsständen nicht wählen kann. Durch Vereinbarung oder rügelose Einlassung kann die Zuständigkeit eines anderen Familiengerichts nicht begründet werden (§§ 113 Abs. 1 S. 2 FamFG, 40 Abs. 2 S. 1 Nr. 2 und S. 2 ZPO). Abs. 2 ordnet den Vorrang der in Abs. 1 vorgesehenen ausschließlichen Zuständigkeit gegenüber anderen ausschließlichen Gerichtsständen an. Die Kollision mehrerer ausschließlicher Gerichtsstände hat in Unterhaltssachen insbesondere im Fall der Vollstreckungsgegenklage praktische Bedeutung. Für diesen Fall wurde früher ein Vorrang des nach §§ 767 Abs. 1, 802 ZPO ausschließlich zuständigen Gerichts des ersten Rechtszugs angenommen. Es erschien dem Gesetzgeber jedoch sachgerecht, angesichts des Gewichts der nach Abs. 1 Nr. 1 und 2 maßgeblichen Anknüpfungskriterien der hierauf gegründeten ausschließlichen Zuständigkeit nach Abs. 1 Nr. 1 und 2 den Vorrang einzuräumen.[5] Die Fallkenntnis des Gerichts des Vorprozesses ist insbesondere nach Ablauf einer längeren Zeitspanne oder im Fall eines Richterwechsels nicht mehr von ausschlaggebender Bedeutung. Maßgeblich ist in erster Linie der Inhalt der Akten, die von dem nach Abs. 1 zuständigen anderen Gericht ohne weiteres beigezogen werden können.

VI. Sonstige gerichtliche Zuständigkeiten (Abs. 3)

1. Modifizierte Gerichtsstände der ZPO (Abs. 3 S. 1)

10   Abs. 3 S. 1 verweist für den Fall, dass eine Zuständigkeit nach Abs. 1 nicht gegeben ist, auf die Vorschriften der ZPO zur örtlichen Zuständigkeit. Eine Zuständigkeit nach Abs. 1 Nr. 1 ist nicht gegeben, wenn eine Ehesache nicht anhängig ist, nach Abs. 1 Nr. 2 dann, wenn das Kind oder ein Elternteil seinen gewöhnlichen Aufenthalt im Ausland hat. Aus Gründen der Vereinheitlichung tritt in den Vorschriften der §§ 12ff. ZPO über den allgemeinen Gerichtsstand, insbesondere also in §§ 13, 15 ZPO der gewöhnliche Aufenthalt an die Stelle des Wohnsitzes; zum Begriff des gewöhnlichen Aufenthalts s. oben Rn 8. Die Gerichtsstände nach der ZPO sind nicht ausschließlich.

2. Weitere Wahlgerichtsstände (Abs. 3 S. 2 Nr. 1 bis 3)

11   Um einander widersprechende Entscheidungen über u. U. voneinander abhängende Unterhaltsansprüche durch Verfahrensverbindung nach §§ 113 Abs. 1 S. 2 FamFG, 147 ZPO zu vermeiden, ist nach **Wahl** des Antragstellers auch zuständig:

12   • nach **Nr. 1** das **Gericht,** bei dem ein Verfahren über den **Unterhalt des Kindes** jeglichen Alters im **ersten Rechtszug anhängig** ist, für Ehegattenunterhaltssachen nach

---
[4] OLG Hamm FamRZ 2001, 1012.
[5] BT-Drs. 16/6308 S. 255.

§ 231 Abs. 1 Nr. 2 (s. dort Rn 9, 11, 14 und oben Rn 5), allerdings nur außerhalb der Anhängigkeit einer Ehesache, da sonst die ausschließliche Zuständigkeit nach Abs. 1 Nr. 1 greift, und für Unterhaltssachen nach § 231 Abs. 1 Nr. 3, die das Unterhaltsverhältnis zwischen nicht verheirateten Eltern betreffen (s. § 231 Rn 10);

- nach **Nr. 2** das **Gericht,** das für den Antrag gegen **einen Elternteil** zuständig ist, **für** Kindesunterhaltssachen nach § 231 Abs. 1 Nr. 1 (s. dort Rn 5, 11, 14 und oben Rn 4), auch rein vertraglicher Natur, sofern ein Kind seine **beiden Eltern gemeinschaftlich,** nicht notwendig gleichzeitig, auf Erfüllung ihrer Unterhaltspflicht in Anspruch nimmt, wodurch eine sachgemäße Bestimmung ihres Haftungsumfangs nach § 1606 Abs. 3 S. 1 BGB erleichtert wird; hierdurch wird für den anderen Elternteil ein zusätzlicher Gerichtsstand begründet; **13**
- nach **Nr. 3** bei dem **Gericht,** bei dem der **Antragsteller seinen gewöhnlichen Aufenthalt** hat, wenn der **Antragsgegner im Inland keinen Gerichtsstand,** auch nicht den des § 23 ZPO, hat. Nr. 3 erfasst sämtliche Unterhaltssachen nach § 231, auch rein vertraglicher Art, und sämtliche Verfahrensarten (s. § 231 Rn 14). Vorrangig ist allerdings Art. 2, 5 Nr. 2 EuGVVO; s. die Erläuterungen zu § 97. **14**

Abgabe an das Gericht der Ehesache

233 [1] Wird eine Ehesache rechtshängig, während eine Unterhaltssache nach § 232 Abs. 1 Nr. 1 bei einem anderen Gericht im ersten Rechtszug anhängig ist, ist diese von Amts wegen an das Gericht der Ehesache abzugeben. [2] § 281 Abs. 2 und 3 Satz 1 der Zivilprozessordnung gilt entsprechend.

I. Normzweck

Die Vorschrift sichert die Gewährleistung des Scheidungsverbunds und damit das für Familiensachen kennzeichnende Prinzip der Zuständigkeitskonzentration (s. näher § 111 Rn 34). Der Vorschrift liegt der Gedanke zugrunde, dass es nicht zweckmäßig erscheint, das Verfahren vor dem zunächst angegangenen Gericht fortzuführen, wenn die Ehesache als das in der Regel bedeutendere Verfahren anderweitig rechtshängig wird; denn regelmäßig kann es durch den ohnehin mit der Ehesache und insbesondere mit möglichen anderen Familiensachen befassten Familienrichter besser erledigt werden.[1] Die Pflicht zur Abgabe wird durch die Vorschrift des § 133 Abs. 1 Nr. 3 erleichtert; danach ist in der Antragsschrift einer Scheidungssache anzugeben, ob Familiensachen, an denen beide Ehegatten beteiligt sind, anderweitig anhängig sind. **1**

§ 233 entspricht dem bisherigen § 621 Abs. 3 ZPO. **2**

II. Abgabe anhängiger Kindesunterhaltssachen an das Gericht der Ehesache (S. 1)

1. Kindesunterhaltssachen nach § 231 Abs. 1 Nr. 1

§ 233 dehnt den Gedanken der vorrangigen örtlichen Zuständigkeit des erstinstanzlichen Gerichts der Ehesache, der auch in § 232 Abs. 1 Nr. 1 seinen Niederschlag gefunden hat (s. dort Rn 7), auf den Fall aus, dass bei Einleitung des Eheverfahrens andere **Kindesunterhaltssachen** nach § 231 Abs. 1 Nr. 1, also nur die Familienstreitsachen (s. im Einzelnen § 231 Rn 3 ff.), derselben Familie bei einem anderen Familiengericht im ersten Rechtszug anhängig sind. Entgegen dem Wortlaut von § 233 S. 1 ist das vereinfachte Verfahren nach §§ 249 ff. nicht erfasst, wie § 232 Abs. 1 Nr. 1 zeigt (s. § 232 Rn 4). Die Abgabe eines vereinfachten Verfahrens widerspricht dessen Zweck, der auf eine schnelle Titelerrichtung abzielt. Die Abgabe hat erst ab dem Zeitpunkt der Durchführung des streitigen Verfahrens nach § 255 zu erfolgen. **3**

---

[1] S. a. BGH NJW 1998, 1312 = FamRZ 1998, 609.

2. Rechtshängigkeit einer Ehesache

4 Die in Rn 3 genannten Kindesunterhaltssachen sind nach dem Eintritt der Rechtshängigkeit einer **Ehesache** der verheirateten Eltern der Kinder, also nicht nur einer Scheidungssache (zum Begriff der Ehesache vgl. § 121 Rn 3), an das Gericht der Ehesache abzugeben. Die **Rechtshängigkeit** tritt ein mit Zustellung der Antragsschrift in der Ehesache (s. hierzu § 124 Rn 5, § 232 Rn 7). Endet die Rechtshängigkeit der Ehesache, jedoch nicht eine eingetretene Rechtshängigkeit der abgegebenen Familiensache, so bleibt das Gericht der Ehesache nach dem **Grundsatz der perpetuatio fori** nach §§ 113 Abs. 1 S. 2 FamFG, 261 Abs. 3 Nr. 1 und 2 ZPO weiter zuständig.

3. Anhängigkeit von Kindesunterhaltssachen im ersten Rechtszug

5 Die Abgabe beschränkt sich auf die im **ersten Rechtszug** bei einem anderen Familiengericht **anhängigen** Kindesunterhaltssachen, weil in einem späteren Stadium des Verfahrens eine Abgabe an das in erster Instanz tätige Gericht der Ehesache verfahrenswirtschaftlich nicht mehr sinnvoll erscheint. Die Anhängigkeit der Unterhaltssache tritt ein mit Einreichung der Antragsschrift (s. zum Eintritt der Anhängigkeit näher § 124 Rn 4). Die Abgabe erfolgt bis zum Erlass der erstinstanzlichen Entscheidung der Unterhaltssache, also auch nach Schluss der mündlichen Verhandlung und Entscheidungsreife, dagegen nicht mehr in der Zeit zwischen Erlass der Entscheidung durch Verkündung oder Zustellung und Einlegung eines Rechtsmittels oder Eintritt der Rechtskraft. Das folgt aus dem Zweck der Vorschrift, eine gemeinsame Erledigung aller anhängigen Familiensachen zu ermöglichen.[2] Auch eine entgegen den Vorschriften über die ausschließliche Zuständigkeit vor einem örtlich unzuständigen Familiengericht anhängig gemachte Unterhaltssache, z. B. weil eine Ehesache bereits rechtshängig war, ist in entsprechender Anwendung von § 233 an das zuständige Familiengericht abzugeben.

6 Die Abgabe erfolgt auch **nach Einlegung einer Beschwerde,** solange nicht über die (Nicht-)Abhilfe entschieden ist. In zweiter Instanz anhängige Unterhaltssachen werden aber nicht übergeleitet, weil der fortgeschrittene Verfahrensstand einen Zuständigkeitswechsel verbietet.[3] Wird eine Unterhaltssache jedoch vom Rechtsmittelgericht an die erste Instanz zurückverwiesen, so ist sie sogleich dem Gericht der Ehesache zuzuleiten.[4] Eine Unterhaltssache ist auch dann noch „im ersten Rechtszug anhängig", wenn ein Rechtsmittelgericht vorübergehend mit der Sache befasst ist, etwa wegen der teilweisen Versagung von Verfahrenskostenhilfe.[5] Für die Entscheidung über das Rechtsmittel ist daher nach der Verweisung der Unterhaltssache an das Gericht der Ehesache das diesem übergeordnete OLG zuständig. War die Beschwerde vor der erfolgten Überleitung bei dem dem überleitenden Gericht der Familiensache übergeordneten OLG eingegangen, hat dieses die Familiensache an jenes OLG abzugeben. Maßgebend für die Beurteilung der Frage, ob die Konzentrationswirkung des § 233 zum Zuge kommt, ist demgemäß nicht der Zeitpunkt der Überleitung, sondern derjenige des Eintritts der Rechtshängigkeit der Ehesache.

III. Verfahren, Kosten (S. 2)

7 Die Abgabe nach S. 1 erfolgt **von Amts wegen.** Sie darf erst vorgenommen werden, **wenn** die Ehesache **rechtshängig** ist; die Antragsschrift der Ehesache muss also zugestellt sein (s. oben Rn 4). S. 2 regelt durch Verweisung auf § 281 Abs. 2, 3 S. 1 ZPO die **Folgen der Abgabe.** Danach kann die Abgabe nicht angefochten werden. Sie ist für das AG als Ganzes, nicht dagegen für das Familiengericht dieses AG bindend. Die Abgabe ist dann nicht bindend, wenn sie auf dem Irrtum des abgebenden Gerichts beruht, die Ehesache sei rechtshängig.[6] Das Familiengericht ist, falls keine Familiensache vorliegt, nicht gehindert,

---

[2] BGH NJW 2001, 1499 = FamRZ 2001, 618; NJW 1986, 2058 = FamRZ 1985, 800.
[3] BGH NJW 1986, 2058 = FamRZ 1985, 800.
[4] BGH NJW 1980, 1392 = FamRZ 1980, 444.
[5] BGH FamRZ 2001, 618.
[6] BGH NJW-RR 1996, 897.

die Sache an eine andere Abteilung des AG (Betreuungsgericht, allgemeine Prozessabteilung) abzugeben.[7] Mit der Verkündung des Abgabebeschlusses gilt das Verfahren als bei dem Gericht der Ehesache anhängig. Die vor der Überleitung entstandenen Kosten sind als Teil der Kosten in dem Verfahren vor dem Gericht der Ehesache zu behandeln. § 281 Abs. 3 S. 2 ZPO ist nicht für entsprechend anwendbar erklärt; deshalb können die entstandenen Mehrkosten nicht dem Antragsteller auferlegt werden. Zu weiteren Einzelheiten s. die Erläuterungen zu § 123 Rn 6.

Vertretung eines Kindes durch einen Beistand

234 Wird das Kind durch das Jugendamt als Beistand vertreten, ist die Vertretung durch den sorgeberechtigten Elternteil ausgeschlossen.

I. Normzweck

Die Vorschrift regelt das Konkurrenzverhältnis zwischen sorgeberechtigtem Elternteil und dem Jugendamt als Beistand. Für das Verfahren in Abstammungssachen enthält § 173 eine parallele Regelung. 1

§ 234 entspricht dem bisherigen § 53 a ZPO. 2

II. Bestellung des Jugendamts als Beistand

Auf schriftlichen Antrag eines Elternteils kann das Jugendamt gemäß § 1712 Abs. 1 Nr. 2 BGB Beistand des minderjährigen Kindes werden zur Geltendmachung von Unterhaltsansprüchen nach §§ 1601 ff. BGB (s. § 231 Rn 5, 11) einschließlich der Ansprüche auf eine anstelle des Unterhalts zu gewährende Abfindung sowie die Verfügung über diese Ansprüche. Die elterliche Sorge wird durch die Beistandschaft nicht eingeschränkt. In den Aufgabenkreis des Beistands fallen nicht Unterhaltsansprüche des öffentlichen Rechts aus Renten, Arbeitslosengeld II oder nach dem UVG.[1] Die Befugnis des Beistands umfasst die außergerichtliche und gerichtliche Geltendmachung in allen Verfahrensarten (s. § 231 Rn 14) einschließlich des Abschlusses von Vergleichen sowohl auf Antragsteller- als auch Antragsgegnerseite,[2] die Durchführung der Zwangsvollstreckung und auch die Verteidigung gegen Abänderungsanträge nach §§ 238 ff.[3] 3

III. Ausschluss des Elternteils im Unterhaltsverfahren

Durch die Beistandschaft wird das Jugendamt nicht zum Verfahrensbeteiligten. Das Jugendamt ist vielmehr Vertreter des Kindes. Seine Verfahrenshandlungen haben Vorrang vor denjenigen des Elternteils. 4

Verfahrensrechtliche Auskunftspflicht der Beteiligten

235 (1) ¹Das Gericht kann anordnen, dass der Antragsteller und der Antragsgegner Auskunft über ihre Einkünfte, ihr Vermögen und ihre persönlichen und wirtschaftlichen Verhältnisse erteilen sowie bestimmte Belege vorlegen, soweit dies für die Bemessung des Unterhalts von Bedeutung ist. ²Das Gericht kann anordnen, dass der Antragsteller und der Antragsgegner schriftlich versichern, dass die Auskunft wahrheitsgemäß und vollständig ist; die Versicherung kann nicht durch einen Vertreter erfolgen. ³Mit der Anordnung nach Satz 1 oder Satz 2 soll das Gericht eine angemessene Frist setzen. Zugleich hat es auf die Verpflichtung nach Absatz 3 und auf die nach §§ 236 und 243 Satz 2 Nr. 3 möglichen Folgen hinzuweisen.

(2) Das Gericht hat nach Absatz 1 vorzugehen, wenn ein Beteiligter dies beantragt und der andere Beteiligte vor Beginn des Verfahrens einer nach den Vorschriften des

---

[7] S. BGH NJW 1980, 1282 = FamRZ 1980, 537.
[1] MünchKommBGB/v. Sachsen-Gessaphe § 1712 Rn 11 m.w.N.
[2] OLG Köln FamRZ 2002, 50.
[3] OLG Naumburg FamRZ 2006, 1223.

bürgerlichen Rechts bestehenden Auskunftspflicht entgegen einer Aufforderung innerhalb angemessener Frist nicht nachgekommen ist.

(3) Antragsteller und Antragsgegner sind verpflichtet, dem Gericht ohne Aufforderung mitzuteilen, wenn sich während des Verfahrens Umstände, die Gegenstand der Anordnung nach Absatz 1 waren, wesentlich verändert haben.

(4) **Die Anordnungen des Gerichts nach dieser Vorschrift sind nicht selbständig anfechtbar und nicht mit Zwangsmitteln durchsetzbar.**

I. Normzweck

1   Die Vorschrift verstärkt zusammen mit den Bestimmungen des § 236 die Tendenz, wesentliche Verfahrensgrundsätze der ZPO, nämlich die Dispositionsmaxime und den Beibringungsgrundsatz (vgl. dazu § 113 Rn 5), unter dem Aspekt der Fürsorge des Gerichts für die Beteiligten und einer erhöhten staatlichen Verantwortung für die materielle Richtigkeit der gerichtlichen Entscheidung zurückzudrängen (s. § 111 Rn 1). § 235 gestaltet die Bestimmungen des § 142 ZPO über die gerichtliche Anordnung der Urkundenvorlegung und des § 273 Abs. 2 Nr. 1 ZPO über die Ergänzung schriftlichen Vorbringens nach den besonderen Anforderungen des Unterhaltsverfahrens aus. Insbesondere Abs. 2 und 3 der Vorschrift dienen der Verfahrensbeschleunigung, da durch ihre Anwendung die früher vielfach unumgängliche, jedoch oftmals zeitintensive Stufenklage nach § 254 ZPO überflüssig geworden ist.[1] Im Übrigen gilt schon nach § 113 Abs. 1 S. 2 i. V. m. den Grundsätzen der ZPO: Wer einen Unterhaltsanspruch geltend macht, hat die der Begründung des Anspruchs dienenden tatsächlichen Umstände wahrheitsgemäß und vollständig anzugeben und darf nichts verschweigen, was seine Unterhaltsbedürftigkeit in Frage stellen könnte. Das gilt mit Rücksicht auf die nach § 138 Abs. 1 ZPO für alle Beteiligten bestehende prozessuale Wahrheitspflicht erst recht während eines laufenden Unterhaltsverfahrens.[2] Nach § 138 Abs. 2 und 4 ZPO muss sich jeder Beteiligte substantiiert über die von dem Gegner behaupteten Tatsachen erklären, soweit sie, wie Einkünfte, Vermögen und persönliche und wirtschaftliche Verhältnisse, Gegenstand der eigenen Wahrnehmung sind.

2   **Abs. 1 S. 1** entspricht inhaltlich im Wesentlichen dem bisherigen § 643 Abs. 1 ZPO. Die gewählte Formulierung macht jedoch deutlich, dass das Gericht Auskunft und Vorlage von Belegen in jedem Fall nur insoweit verlangen kann, als dies für die Bemessung des Unterhalts von Bedeutung ist. Eine wesentliche Veränderung gegenüber dem früheren Rechtszustand besteht darin, dass das Gericht gem. §§ 235 f. unter bestimmten Voraussetzungen zur Einholung der für die Unterhaltsberechnung erforderlichen Auskünfte vom Gegner und gegebenenfalls auch von Dritten verpflichtet ist; § 643 ZPO stellte ein solches Vorgehen noch in das Ermessen des Gerichts. **Abs. 1 S. 2** ermöglicht es dem Gericht, von einem zur Auskunft verpflichteten Beteiligten eine ausdrückliche eigenhändige schriftliche Versicherung anzufordern, dass er die Auskunft wahrheitsgemäß und vollständig erteilt hat; dies war dem früheren Verfahrensrecht unbekannt. Die Fristsetzungs- und Hinweispflichten des **Abs. 1 S. 3 und 4** sind wegen der geänderten Struktur der Vorschriften über die Auskunftspflicht gegenüber der früheren Regelung des § 643 Abs. 2 S. 2 ZPO etwas erweitert. Eine **Abs. 2** entsprechende Regelung, die die oftmals zeitintensive Stufenklage nach § 254 ZPO ablösen soll, existierte bislang nicht; gleiches gilt für die neue Regelung nach **Abs. 3** zu unaufgeforderten Informationen. Die durch **Abs. 4** ausdrücklich angeordnete Unanfechtbarkeit der Entscheidungen nach § 235 entspricht der früheren Rechtslage zu § 643 ZPO.

II. Anwendungsbereich

3   § 235 gilt nur für die Unterhaltssachen nach § 231 Abs. 1, die zur Kategorie der **Familienstreitsachen** nach § 112 Nr. 1 gehören (s. § 231 Rn 2), darunter auch die Unter-

---

[1] S. dazu die Bedenken des Bundesrates (BT-Drs. 16/6308 S. 383), denen die Bundesregierung entgegengetreten ist (BT-Drs. 16/6308 S. 418).
[2] BGH FamRZ 2000, 153.

haltsfolgesachen nach § 137 Abs. 2 Nr. 2 (s. dort Rn 8). In diesen Verfahren sind neben den besonderen Vorschriften der §§ 232 ff. nach § 113 grundsätzlich die Vorschriften der ZPO anzuwenden; die Anwendbarkeit des Verfahrensrechts des FamFG ist in weiten Teilen ausgeschlossen (s. hierzu § 113 Rn 4). Diese Tendenz zur Herrschaft der Beteiligten über das Verfahren reduziert § 235 im Sinne einer eingeschränkten Amtsermittlung durch die Normierung verfahrensrechtlicher Auskunftspflichten der Beteiligten, die an die Stelle rein materiellrechtlicher Auskunfts- und Belegpflichten (s. § 231 Rn 11) treten. § 235 ist im vereinfachten Verfahren über den Unterhalt Minderjähriger nach §§ 249 ff. und im Verfahren der einstweiligen Anordnung nach §§ 49 ff. nicht anzuwenden, da dies dem Zweck dieser Verfahren, nämlich der schnellen Errichtung eines Unterhaltstitels, widersprechen würde. Im vereinfachten Verfahren erfolgt gem. §§ 253 f. keine ins Einzelne gehende Unterhaltsbemessung; dafür steht das streitige Verfahren nach § 255 zur Verfügung, in dem § 235 anzuwenden ist. Im Verfahren der einstweiligen Anordnung spricht § 51 Abs. 2 S. 1 die eingeschränkte Geltung der für das Hauptsacheverfahren geltenden Vorschriften, zu denen § 235 zählt, aus; zudem genügt in diesem Verfahren nach § 51 Abs. 1 S. 2 die Glaubhaftmachung der für den Erlass der einstweiligen Anordnung notwendigen Voraussetzungen.

Für die Unterhaltssachen nach § 231 Abs. 2, die demgegenüber zur Kategorie der **Familiensachen** der freiwilligen Gerichtsbarkeit gehören, ist die Anwendung des § 235 nach § 231 Abs. 2 S. 2 von vornherein ausgeschlossen (s. § 231 Rn 13). Maßgebend sind hier insbesondere auch die Verfahrensvorschriften des Allgemeinen Teils des FamFG; nach § 26 hat das Gericht von Amts wegen die zur Feststellung der entscheidungserheblichen Tatsachen erforderlichen Ermittlungen durchzuführen.

III. Gerichtliche Anordnung der Auskunftserteilung und Belegvorlage (Abs. 1 S. 1)

Abs. 1 S. 1 **berechtigt** das Gericht, sowohl von dem **Antragsteller** als auch dem **Antragsgegner** als den verfahrensrechtlichen Beteiligten, also nicht von am Unterhaltsrechtsverhältnis nur materiell Beteiligten, Auskunft und Vorlage von Belegen zu verlangen, soweit es für die Bemessung des Unterhalts von Bedeutung ist,[3] also auch bei Zweifeln über die Wirksamkeit eines Unterhaltsverzichts und bei möglicher Verwirkung nach §§ 1579, 1611 BGB; ein Zurückbehaltungsrecht des Schuldners ist irrelevant. Dies ist nicht der Fall, wenn Tatsachen zwischen den Beteiligten, etwa nach §§ 113 Abs. 1 S. 2 FamFG, 138 Abs. 3 ZPO unstreitig, nach §§ 113 Abs. 1 S. 2 FamFG, 288 ZPO zugestanden oder für die Entscheidung unerheblich sind;[4] auch besteht ein Anspruch auf Auskunft über die Einkünfte und das Vermögen des getrenntlebenden oder geschiedenen Ehegatten nicht, wenn die Eheleute in wirtschaftlich so günstigen Verhältnissen gelebt haben, dass ein Teil der Einkünfte nicht für den laufenden Lebensunterhalt verwendet, sondern der Vermögensbildung zugeführt wurde, und wenn die Leistungsfähigkeit des Unterhaltsverpflichteten – auch für die Zahlung hoher Unterhaltsbeträge an den Berechtigten – außer Streit steht.[5]

Inhaltlich geht der verfahrensrechtliche Auskunftsanspruch des Gerichts über die materiellrechtlichen Auskunftspflichten hinaus: nach §§ 1360a Abs. 4, 1361 Abs. 4 S. 4, 1615 l Abs. 3, 1605, 1580 BGB kann nur Auskunft über Einkünfte und Vermögen, nicht aber über persönliche und wirtschaftliche Verhältnisse begehrt werden; gleichwohl nimmt die verfahrensrechtliche Auskunftsverpflichtung einem isoliert oder innerhalb eines Stufenantrags geltend gemachten, auf eine materiellrechtliche Auskunftspflicht gestützten Auskunftsantrag nicht das Rechtsschutzbedürfnis. Die Kenntnis über die persönlichen Verhältnisse, wie etwa weitere, vor allem vorrangige Unterhaltsverpflichtungen oder -berechtigungen, und die wirtschaftlichen Verhältnisse, wie Schuldverpflichtungen oder das Lebenshaltungskosten

---

[3] BGH NJW 1994, 2618 = FamRZ 1994, 1169.
[4] BGH FamRZ 1983, 478 (Unterhaltszahlung jenseits der Höchstsätze der Düsseldorfer Tabelle).
[5] BGH NJW 1994, 2618 = FamRZ 1994, 1169 zum materiellrechtlichen Auskunftsanspruch; OLG Karlsruhe FamRZ 2000, 1366 bei konkreter Unterhaltsbemessung und uneingeschränkter Leistungsfähigkeit; OLG Zweibrücken FamRZ 1998, 490 (Kindesunterhalt).

ersparende Zusammenleben mit einem Partner, erleichtert indessen die korrekte Unterhaltsbemessung.

5b   Diesem Zweck genügt allerdings nur ein gerichtliches Auskunfts- und Belegvorlageverlangen, das den Inhalt des für die Unterhaltsbemessung erforderlichen Verlangens möglichst **konkret bezeichnet:**[6]
- Einkünfte in Geld und Geldeswert zusammen mit den steuerlichen, sozialversicherungsrechtlichen und sonstigen relevanten Abzügen nach aufgeschlüsselten Einkommensarten und Zeiträumen (bei Unterhaltsrückständen deren Jahreszeiträume bzw. bei laufendem Unterhalt regelmäßig für abhängig Beschäftigte Zeitraum der letzten 12 Monate, bei Selbständigen Zeitraum der letzten 3 vollen Jahre),
- Vermögen und Vermögensgegenstände zu einem bestimmten Zeitpunkt einschließlich der Selbstnutzung von Immobilien,
- persönliche Verhältnisse, also Familienstand, Geburt eines oder mehrerer Kinder, Eheschließung, Ehescheidung, anderweitige Partnerschaft, erlernter Beruf, Erwerbsbiografie, Zeitpunkt der Aufnahme eines Studiums,
- wirtschaftliche Verhältnisse, wie Zahl und Höhe von Unterhaltsverpflichtungen, private Ausgaben, Zeitpunkt und Anlass von Kreditaufnahmen, Laufzeit der Kreditraten, Höhe der restlichen Darlehensschuld,
- vorzulegende Belege, die möglichst präzise zu substantiieren sind; vorzulegen sind nur vorhandene Belege, ihre Herstellung ist nicht geschuldet.

5c   Die **Auskunft** erfordert eine eigene und schriftlich verkörperte Erklärung, ein systematisches Bestandsverzeichnis des die Auskunft Erteilenden, im Falle der Minderjährigkeit seines gesetzlichen Vertreters, das jedoch nicht die gesetzliche Schriftform des § 126 BGB erfüllen muss und auch durch einen Boten, beispielsweise durch einen Rechtsanwalt, übermittelt werden darf; es genügt nicht, wenn die relevanten Angaben über mehrere Monate hinweg auf verschiedene Schriftsätze verteilt werden.[7] Die Definitionsmacht darüber, ob Einkünfte unterhaltsrechtlich irrelevant sind, steht nicht dem betroffenen Beteiligten, sondern dem Gericht zu.[8] Deshalb hat die Auskunft den Hinweis zu erhalten, dass bestimmte weitere Einkünfte vorhanden sind, diese nicht unterhaltsrelevant seien und sie erst nach einer Gerichtsentscheidung über die Relevanz im einzelnen offen gelegt werden.

5d   Mit der Anordnung nach S. 1 hat das Gericht gem. S. 3 dem Beteiligten eine **angemessene Frist** zur Erfüllung der Anordnung zu setzen (s. Rn 7) und zugleich gem. S. 4 auf dessen Verpflichtung nach Abs. 3 zur **ungefragten Information** (s. Rn 11) und auf die nach §§ 236 und 243 S. 2 Nr. 3 möglichen Folgen der **Auskunftseinholung bei Dritten** (s. § 236 Rn 3 ff.) und der **Tragung von Kosten** des Unterhaltsverfahrens (s. § 243 Rn 6) **hinzuweisen**.

IV. Schriftliche Versicherung (Abs. 1 S. 2)

6   Abs. 1 S. 2 ermöglicht es dem Gericht, vom Antragsteller oder dem Antragsgegner eine schriftliche Versicherung anzufordern, dass er **die Auskunft wahrheitsgemäß und vollständig erteilt** hat. Die schriftliche Versicherung muss durch den Beteiligten selbst abgegeben und eigenhändig unterzeichnet werden; insbesondere kann er sich hierzu nicht eines Vertreters, auch nicht eines Verfahrensbevollmächtigten bedienen,[9] sofern er volljährig und geschäftsfähig ist. Sinn dieser Neuregelung ist, in Unterhaltssachen die zeitintensiven Stufenanträge nach § 254 ZPO in möglichst weitgehendem Umfang entbehrlich zu machen. Daher ist dem Gericht mit der Anordnung der schriftlichen Versicherung ein Instrumentarium an die Hand gegeben, das – wenigstens zum Teil – die Funktion der zweiten Stufe (eidesstattliche Versicherung) einer Stufenklage erfüllt. Da diese zweite Stufe früher in Unterhaltssachen oftmals nicht beschritten wurde, erscheint es ausreichend, dass

---

[6] Zu Textbausteinen s. Zöller/Lorenz Rn 8.
[7] BGH NJW 2008, 917 mit Anm. Born = FamRZ 2008, 600 zur Auskunftserteilung nach § 260 Abs. 1 BGB im Zugewinnausgleich.
[8] Vgl. BGH FamRZ 2000, 153.
[9] BT-Drs. 16/6308 S. 255.

das Gericht zunächst eine schriftliche Versicherung verlangen kann. Diese muss jedoch, wie die eidesstattliche Versicherung auch, vom Verpflichteten selbst und nicht von einem Vertreter abgegeben werden. Das Gericht kann die Anordnung der Auskunft und Belegvorlage nach Abs. 1 S. 1 mit der Anordnung der schriftlichen Versicherung nach Abs. 1 S. 2, dass die Auskunft wahrheitsgemäß und vollständig erteilt ist, verbinden oder die Anordnungen nacheinander treffen. Bereits eine falsche Auskunftserteilung nach Abs. 1 S. 1 kann die Voraussetzungen eines (versuchten) Verfahrensbetruges nach § 263 StGB erfüllen. Mit der Anordnung nach S. 2 hat das Gericht gem. S. 3 dem Beteiligten eine **angemessene Frist** zur Erfüllung der Anordnung zu setzen (s. Rn 7) und zugleich gem. S. 4 auf dessen Verpflichtung nach Abs. 3 zur **ungefragten Information** (s. Rn 11) und auf die nach §§ 236 und 243 S. 2 Nr. 3 möglichen Folgen der **Auskunftseinholung und Beleganforderung bei Dritten** (s. § 236 Rn 3 ff.) und der **Tragung von Kosten** des Unterhaltsverfahrens (s. § 243 Rn 6) **hinzuweisen**.

V. Fristsetzung (Abs. 1 S. 3)

Abs. 1 S. 3 bestimmt, dass mit der Anordnung nach Abs. 1 S. 1 oder 2 eine angemessene 7 Frist gesetzt werden soll. Die Angemessenheit richtet sich nach der Verfügbarkeit der für die Auskunftserteilung erforderlichen Belege. Die angemessene Frist wird regelmäßig zwei Wochen, in Ausnahmefällen einen Monat betragen. Die Fristsetzung ist insbesondere für die Rechtsfolgen des § 236 bei Nichterfüllung der Auflagen von Bedeutung (s. dort Rn 3 ff.). Von der Fristsetzung kann im Ausnahmefall abgesehen werden, etwa wenn feststeht, dass der Beteiligte, an den sich die Auflage richtet, bestimmte Informationen oder Belege ohne eigenes Verschulden nicht kurzfristig erlangen kann. Bei Fristsetzung ist die verfahrensleitende Verfügung über die Anordnung nach Abs. 1 S. 1 oder 2 gem. §§ 113 Abs. 1 S. 1 FamFG, 329 Abs. 2 S. 2 ZPO zuzustellen.

VI. Hinweise (Abs. 1 S. 4)

Abs. 1 S. 4 enthält eine Verpflichtung des Gerichts, auf die Pflicht zur ungefragten 8 Information nach Abs. 4 bei wesentlichen Veränderungen derjenigen Umstände, die Gegenstand der Auflage waren (s. Rn 5), sowie auf die nach § 236 und § 243 Satz 2 Nr. 3 möglichen Folgen einer Nichterfüllung der gerichtlichen Auflagen (s. § 236 Rn 3 ff. und § 243 Rn 6) hinzuweisen.

VII. Verpflichtung des Gerichts zum Verfahren nach Abs. 1 (Abs. 2)

Nach Abs. 2 ist das **Gericht** unter den nachfolgend bei Rn 10 bestimmten Vorausset- 9 zungen zu einem Vorgehen nach Abs. 1 **verpflichtet**. Diese Regelung existierte bislang nicht. Maßgebend für die Neuregelung ist das gesetzgeberische Bestreben, die zeitaufwändigen Stufenklagen möglichst weitgehend entbehrlich zu machen. Hierzu will der Gesetzgeber mit Abs. 2 einen aus der Sicht der Beteiligten, die zur Berechnung des Unterhalts Informationen von der Gegenseite benötigen, effektiven Mechanismus zur Verfügung stellen, zumal angesichts der oftmals existenziellen Bedeutung von Unterhaltsleistungen für den Unterhaltsberechtigten und angesichts dessen, dass ungenügende Unterhaltszahlungen zu einem erhöhten Bedarf an öffentlichen Leistungen führen können, über das private Interesse des Unterhaltsgläubigers hinaus auch ein öffentliches Interesse an einer sachlich richtigen Entscheidung in Unterhaltsangelegenheiten besteht.[10]

Inhaltliche Voraussetzungen für eine **Verpflichtung des Gerichts zum Verfahren** 10 **nach Abs. 1** sind, dass
– ein Beteiligter einen entsprechenden, dem Anwaltszwang nach § 114 Abs. 1 unterliegenden **Antrag** stellt und
– der andere Beteiligte vor Beginn des Verfahrens einer **nach den Vorschriften des bürgerlichen Rechts,** das sind die in Rn 5 genannten §§ 1360a Abs. 4, 1361 Abs. 4 S. 4, 1615l Abs. 3, 1605 Abs. 1 und 2, 1580 BGB, bestehenden **Auskunfts- oder**

---
[10] BT-Drs. 16/6308 S. 256.

Belegvorlagepflicht entgegen einer Aufforderung **nicht nachgekommen** ist. Auf diese Weise wird ein Anreiz für den Auskunftsberechtigten geschaffen, die benötigten Informationen zunächst außergerichtlich anzufordern, wobei ein Vertreter des Auskunftsberechtigten auf den erforderlichen Nachweis der ordnungsgemäßen Bevollmächtigung achten sollte, andernfalls die Zurückweisung des Auskunftsverlangens mangels ordnungsgemäßer Bevollmächtigung analog § 174 S. 1 BGB möglich ist.[11] Bestehen Zweifel an der Vollständigkeit und Richtigkeit der vorgerichtlichen Auskunft, kann das Gericht nach Abs. 1 S. 2 (s. Rn 6) die schriftliche Erklärung der Richtigkeit und Vollständigkeit der Auskunft verlangen, wenn die Unvollständigkeit auf mangelnder Sorgfalt des Auskunftsschuldners beruht. Wurde die Auskunft auf Grund von Unkenntnis oder eines entschuldbaren Irrtums nicht vollständig erteilt, kann die Ergänzung verlangt werden, ggf. auch über einen Antrag nach Abs. 2.[12]

VIII. Pflicht zur ungefragten Information (Abs. 3)

11   Abs. 3 sieht eine Verpflichtung des Adressaten einer Auflage nach Abs. 1 (s. Rn 5 und 6) vor, das Gericht über **wesentliche Veränderungen** derjenigen Umstände unaufgefordert zu informieren, die Gegenstand der Auflage waren. Die Verpflichtung zur unaufgeforderten Information dient der Beschleunigung des Verfahrens. Eine ausdrückliche Verpflichtung zu ungefragten Informationen enthielt das Gesetz bislang nicht, entsprach aber grundsätzlich der Rechtsprechung des BGH.[13] Durch die inhaltliche Anknüpfung der Pflicht zur ungefragten Information des Gerichts an den Gegenstand einer gegenüber dem Beteiligten bereits ergangenen gerichtlichen Auflage wird der Umfang der Verpflichtung begrenzt, weshalb gegen die Zumutbarkeit keine Bedenken bestehen, zumal wenn das Gericht die Auflage entsprechend der Regelung nach Abs. 1 S. 4 mit dem Hinweis zu ungefragter Information verbunden hat (s. Rn 8). Streit wird allerdings oftmals darüber entstehen, ob sich die maßgebenden Umstände während des Unterhaltsverfahrens **wesentlich** verändert haben. Der dies entscheidende Maßstab entspricht den Vorschriften des § 238 Abs. 1 S. 2 und Abs. 4 (s. dort Rn 21, 85 ff.). Die Definitionsmacht darüber, ob eine wesentliche Veränderung gegeben ist, steht aber nicht dem betroffenen Beteiligten, sondern dem Gericht zu.[14] Deshalb ist ein Verfahrensbeteiligter nur bei offensichtlich völlig marginalen Veränderungen von der Pflicht zur ungefragten Information befreit.

IX. Keine Rechtsbehelfe und keine Vollstreckung (Abs. 4)

12   Abs. 4 erklärt die Entscheidungen des Gerichts nach dieser Vorschrift für nicht selbständig anfechtbar. Dass die Entscheidung nicht selbständig anfechtbar ist, ergibt sich bereits aus ihrem Charakter als Zwischenentscheidung (§§ 113 Abs. 1 S. 1, 58 Abs. 1); es wird gleichwohl zur ausdrücklichen Klarstellung noch einmal bestimmt. Letztlich bleibt der betroffene Beteiligte nicht schutzlos; nach § 58 Abs. 2 besteht die Möglichkeit der Rüge im Rahmen des Hauptrechtsmittels über die Endentscheidung.

13   Gem. Abs. 4 sind die gerichtlichen Entscheidungen nach § 235 nicht mit Zwangsmitteln durchsetzbar. Vielmehr sind als Sanktionen bei Nichterfüllung der gerichtlichen Auflagen die Folgen nach § 236 und § 243 Satz 2 Nr. 3 (s. § 236 Rn 3 ff. und § 243 Rn 6) vorgesehen, auf die das Gericht nach Abs. 1 S. 4 die Beteiligten hinzuweisen hat (s. oben Rn 8).

---

[11] Sauer FamRZ 2010, 617.
[12] MünchKommZPO/Dötsch § 235 FamFG Rn 36.
[13] BGH FamRZ 2008, 1325 (Verwirkung nach § 1579 Nr. 5 BGB); FamRZ 2000, 153; FamRZ 1997, 483 (erhöhte Verpflichtung zur ungefragten Offenbarung veränderter Verhältnisse bei Durchführung einer Unterhaltsvereinbarung im Hinblick auf eine vertragliche Treuepflicht); s. auch FamRZ 1986, 1082.
[14] BGH FamRZ 2000, 153.

X. Verfahrenstaktik, Verfahrenskostenhilfe

Das Bestimmtheitsgebot der §§ 113 Abs. 1 S. 2 FamFG, 253 Abs. 2 Nr. 2 ZPO **14** erfordert für einen Unterhaltszahlungsantrag die Bezifferung des verlangten monatlichen Unterhaltsbetrages. Deshalb besteht für den Unterhaltsgläubiger die **Wahlfreiheit** zwischen einem isolierten bezifferten Unterhaltszahlungsantrag, einem isolierten Auskunftsantrag, einem Stufenklageantrag nach §§ 113 Abs. 1 S. 2 FamFG, 254 ZPO, 38 FamGKG und einem Stufenklageantrag nach § 235 Abs. 2 i. V. m. einer entsprechenden Anwendung des § 38 FamGKG. Dieser Stufenklageantrag beinhaltet unter Darlegung der Voraussetzungen des § 235 Abs. 2 (s. Rn 10) die Aufforderung an das Gericht nach § 235 Abs. 1 vorzugehen (Stufe 1) und die Ankündigung der Bezifferung eines Zahlungsantrags nach Erledigung von Stufe 1 (Stufe 2). Dieses Vorgehen erspart dem Unterhaltsgläubiger die ungefähre Bezifferung eines vorläufigen Unterhaltsbetrags mit nachfolgender kostenriskanter Antragsrücknahme oder ggf. zeitintensiver Antragserweiterung. Entsprechend kann davon abgesehen werden, Verfahrenskostenhilfe für spekulativ überhöhte Zahlungsanträge zu bewilligen. Gebührenrechtlich maßgebend sind dabei allerdings die Vorstellungen des Unterhaltsgläubigers zu Beginn der Instanz (§ 34 S. 1 FamGKG), denen hinreichende Aussicht auf Erfolg beigelegt werden kann (§§ 113 Abs. 1 S. 2 FamFG, 114 S. 1 ZPO).

Verfahrensrechtliche Auskunftspflicht Dritter

236 (1) Kommt ein Beteiligter innerhalb der hierfür gesetzten Frist einer Verpflichtung nach § 235 Abs. 1 nicht oder nicht vollständig nach, kann das Gericht, soweit dies für die Bemessung des Unterhalts von Bedeutung ist, über die Höhe der Einkünfte Auskunft und bestimmte Belege anfordern bei

1. Arbeitgebern,
2. Sozialleistungsträgern sowie der Künstlersozialkasse,
3. sonstigen Personen oder Stellen, die Leistungen zur Versorgung im Alter und bei verminderter Erwerbsfähigkeit sowie Leistungen zur Entschädigung und zum Nachteilsausgleich zahlen,
4. Versicherungsunternehmen oder
5. Finanzämtern.

(2) Das Gericht hat nach Absatz 1 vorzugehen, wenn dessen Voraussetzungen vorliegen und der andere Beteiligte dies beantragt.

(3) Die Anordnung nach Absatz 1 ist den Beteiligten mitzuteilen.

(4) ¹Die in Absatz 1 bezeichneten Personen und Stellen sind verpflichtet, der gerichtlichen Anordnung Folge zu leisten. ²§ 390 der Zivilprozessordnung gilt entsprechend, wenn nicht eine Behörde betroffen ist.

(5) Die Anordnungen des Gerichts nach dieser Vorschrift sind für die Beteiligten nicht selbständig anfechtbar.

I. Normzweck

Die Vorschrift stellt die Sanktionsnorm zu § 235 dar. Der Anwendungsbereich des § 236 **1** entspricht daher demjenigen des § 235 (s. dort Rn 3). § 236 Abs. 1 enthält die Befugnis des Gerichts für den Fall, dass ein an dem Unterhaltsverfahren Beteiligter innerhalb der ihm nach § 235 Abs. 1 S. 3 gesetzten Frist (s. dort Rn 7) einer nach § 235 Abs. 1 bestehenden Verpflichtung, nämlich über **Einkünfte** Auskunft zu erteilen oder bestimmte **Belege** hierüber vorzulegen, nicht oder nicht vollständig nachgekommen ist, die fehlenden Auskünfte und Belege bei Dritten anzufordern.

Die Vorschrift entspricht im Ausgangspunkt dem bisherigen § 643 Abs. 2 S. 1 ZPO, **2** insbesondere durch das Zusammenspiel mit § 235 (s. Rn 1, 3), weist demgegenüber jedoch einige Veränderungen auf. Die Auskunftspflicht Dritter bezieht sich nach § 236 Abs. 1 nur noch auf die Höhe der Einkünfte und diese betreffende Belege. Die in § 236 Abs. 1 Nr. 1 bis 5 genannten Personen und Stellen entsprechen den im bisherigen § 643

Abs. 2 S. 1 Nr. 1 und 3 ZPO genannten Dritten. Die im bisherigen § 643 Abs. 2 S. 1 Nr. 2 ZPO erwähnte Auskunftsmöglichkeit gegenüber der Datenstelle der Rentenversicherungsträger wurde nicht übernommen, da sich in Unterhaltssachen kein nennenswertes praktisches Bedürfnis hierfür ergeben haben soll.[1] Die im bisherigen § 643 Abs. 2 S. 1 Nr. 3 ZPO enthaltene Begrenzung der Auskunftsbefugnisse des Gerichts bei Finanzämtern auf Unterhaltsverfahren minderjähriger Kinder ist entfallen. § 236 Abs. 4 S. 1 entspricht dem bisherigen § 643 Abs. 3 S. 1 ZPO, § 236 Abs. 4 S. 2 dem bisherigen § 643 Abs. 3 S. 2 ZPO.

II. Auskunfts- und Belegvorlagepflicht Dritter (Abs. 1)

1. Inhalt der Auskunfts- und Belegvorlagepflicht

3   Die Pflicht Dritter zu **Auskunft** und **Belegvorlage** erfasst nur die **Höhe von Einkünften** des Verfahrensbeteiligten, der nach § 235 Abs. 1 nicht rechtzeitig seiner eigenen Pflicht zu Auskunft und Belegvorlage oder schriftlicher Versicherung der wahrheitsgemäßen und vollständigen Auskunft nachgekommen ist. Nicht vom Auskunftsrecht des Gerichts gegenüber Dritten umfasst sind die weiteren in § 235 Abs. 1 erwähnten Umstände, nämlich das Vermögen sowie die persönlichen und wirtschaftlichen Verhältnisse des Verfahrensbeteiligten. Auf diese Weise wird, auch vor dem Hintergrund des Antragsrechts nach Abs. 2, eine Ausforschung verhindert und der Umfang der Inanspruchnahme der an dem Unterhaltsverfahren selbst nicht beteiligten Dritten begrenzt. Erträge des Vermögens, dessen Bestand zu einem bestimmten Stichtag für die Unterhaltsberechnung nur eine untergeordnete Rolle spielt, sind vom Begriff der Einkünfte umfasst.

2. Auskunftspflichtige Dritte

4   Auskunftspflichtige Dritte sind:
- **Arbeitgeber** einschließlich öffentlich-rechtliche Dienstherren; maßgebend ist ein Über-/Unterordnungsverhältnis, jedoch nicht generell Weisungsgebundenheit,[2] so dass auch die GmbH für den Fremdgeschäftsführer, die AG für ihre Vorstandsmitglieder und Arbeitgeber für arbeitnehmerähnliche Personen, insbesondere freie Mitarbeiter, bei wirtschaftlicher Abhängigkeit und auch für Handelsvertreter erfasst sein können;[3]
- **Sozialleistungsträger** nach §§ 12, 18 ff. SGB I sowie die Künstlersozialkasse;
- **sonstige Personen oder Stellen,** die Leistungen zur Versorgung im Alter und bei verminderter Erwerbsfähigkeit sowie Leistungen zur Entschädigung und zum Nachteilsausgleich zahlen, also Einrichtungen nach § 69 Abs. 2 Nr. 1 und 2 SGB X, deren Zahlungen nach dem LAG, dem Bundesentschädigungsgesetz, dem Gesetz über die Entschädigung für Strafverfolgungsmaßnahmen, dem Unterhaltssicherungsgesetz, dem BeamtVG, dem Soldatenversorgungsgesetz und ähnlichen Gesetzen erfolgen;
- **Versicherungsunternehmen,** gleich welcher Rechtsform, nicht aber Banken wegen des Bankgeheimnisses;[4]
- **Finanzämter**, deren Steuergeheimnis nach § 30 Abs. 4 AO durchbrochen ist.

Für die Übermittlung von Sozialdaten bestimmt § 74 Nr. 1 a SGB X, dass die Übermittlung zulässig ist, soweit sie erforderlich ist für die Durchführung eines gerichtlichen Verfahrens wegen eines gesetzlichen Unterhaltsanspruchs.

5   Die **Anordnung** der Auskunfts- und Belegeinholung **nach Abs. 1** ist den Verfahrensbeteiligten formlos **mitzuteilen** (s. Rn 7). Bei Fristsetzung und wegen der Möglichkeit der Beschwerdeeinlegung nach § 58 (s. Rn 11) ist die verfahrensleitende Verfügung über die Anordnung nach Abs. 1 gem. §§ 113 Abs. 1 S. 1 FamFG, 329 Abs. 2 S. 2 ZPO **den auskunftspflichtigen Dritten nach § 236 Abs. 1 Nr. 1–5** (s. Rn 4, 8 f.) zuzustellen.

---
[1] BT-Drs. 16/6308 S. 256.
[2] BJS/Kodal § 236 Rn 4.
[3] MünchKommZPO/Dötsch § 236 FamFG Rn 9.
[4] MünchKommZPO/Dötsch § 236 FamFG Rn 16.

III. Verpflichtung des Gerichts zum Verfahren nach Abs. 1 (Abs. 2)

Abs. 2 entspricht § 235 Abs. 2 (s. dort Rn 9) und statuiert die Verpflichtung des Gerichts zum Verfahren der Auskunftsanforderung bei Dritten nach Abs. 1, wenn dessen Voraussetzungen vorliegen (s. dazu Rn 3 und 4) und der andere Verfahrensbeteiligte, also der Unterhaltsgläubiger oder der -schuldner, dies beantragt. Der Antrag unterliegt dem Anwaltszwang nach § 114 Abs. 1.

IV. Mitteilung der Anordnung nach Abs. 1 (Abs. 3)

Abs. 3 legt fest, dass eine Anordnung nach Abs. 1 den Beteiligten mitzuteilen ist. Die Vorschrift dient der Information der Beteiligten über die Identität des auskunftspflichtigen Dritten und den konkreten Umfang der angeforderten Auskunft und der vorzulegenden Belege; auch ein vergleichbarer Beweisbeschluss würde den Beteiligten übermittelt. Die Einholung von Auskünften und Belegen bei Dritten darf nicht ohne gleichzeitige Kenntniserlangung der Beteiligten erfolgen.[5] Vielfach vermag die – wenn auch verspätete – Nachholung der Auskunftserteilung und Belegvorlage durch den Verfahrensbeteiligten selbst die Inanspruchnahme der Dritten als überflüssig erscheinen lassen, sofern nicht Zweifel an Richtigkeit oder Vollständigkeit der nachgeholten Handlung des Beteiligten die Durchführung der Anordnung nach Abs. 1 rechtfertigen.

V. Durchsetzung der Anordnung nach Abs. 1 bei Dritten (Abs. 4)

Nach Abs. 4 S. 1 sind die in Abs. 1 bezeichneten Personen und Stellen (s. Rn 4) verpflichtet, der gerichtlichen Anordnung nach Abs. 1 (s. zum Inhalt der Anordnung Rn 3) Folge zu leisten. Dies gilt gem. Abs. 4 S. 2 einschränkungslos für **staatliche Behörden,** denen Abs. 4 S. 1 als gesetzliche Ermächtigung zur Auskunftserteilung und Belegvorlage dient. Das Steuergeheimnis schützt von Unterhaltsstreitigkeiten betroffene Steuerpflichtige nicht, da diese regelmäßig bereits aufgrund materiellen Unterhaltsrechts zur Auskunftserteilung gegenüber dem Gegner verpflichtet sind (s. § 235 Rn 5) und sie sich bei Nichterteilung der danach geschuldeten Auskunft pflichtwidrig verhalten und daher keines besonderen Schutzes bedürfen (s. auch oben Rn 4);[6] zum Sozialgeheimnis s. oben Rn 4 a. E. Allerdings kann das Gericht gem. Abs. 4 S. 2 die Anordnung nach Abs. 1 nicht gegenüber **staatlichen Behörden** mit den Mitteln des § 390 ZPO (s. nachstehend Rn 9) durchsetzen. Dies ist allerdings auch nicht zwingend erforderlich, da staatliche Behörden der Fach- und Rechtsaufsicht unterliegen und sich das Gericht unter Beachtung der jeweiligen behördlichen Zuständigkeitsordnung[7] an die der betroffenen Behörde übergeordnete Instanz wenden kann, um die Befolgung der gerichtlichen Anordnung nach Abs. 1 zu bewirken.

§ 390 ZPO. Folgen der Zeugnisverweigerung

(1) Wird das Zeugnis oder die Eidesleistung ohne Angabe eines Grundes oder aus einem rechtskräftig für unerheblich erklärten Grund verweigert, so werden dem Zeugen, ohne dass es eines Antrages bedarf, die durch die Weigerung verursachten Kosten auferlegt. Zugleich wird gegen ihn ein Ordnungsgeld und für den Fall, dass dieses nicht beigetrieben werden kann, Ordnungshaft festgesetzt.

(2) Im Falle wiederholter Weigerung ist auf Antrag zur Erzwingung des Zeugnisses die Haft anzuordnen, jedoch nicht über den Zeitpunkt der Beendigung des Prozesses in dem Rechtszug hinaus. Die Vorschriften über die Haft im Zwangsvollstreckungsverfahren gelten entsprechend.

(3) Gegen die Beschlüsse findet die sofortige Beschwerde statt.

---

[5] BT-Drs. 16/6308 S. 256.
[6] BT-Drs. 16/6308 S. 256.
[7] BT-Drs. 16/6308 S. 256.

9 Gem. Abs. 4 S. 2 gilt § 390 ZPO entsprechend, soweit sich die gerichtliche Anordnung nach Abs. 1 gegen Personen und Stellen (s. Rn 4) richtet, die nicht unter den Behördenbegriff (s. vorstehend Rn 8) fallen. Dies sind in erster Linie Arbeitgeber nach Abs. 1 Nr. 1, aber auch private Versicherungsunternehmen nach Abs. 1 Nr. 4. Nach dem Wortlaut des § 390 ZPO würde eine entsprechende Anwendung dieser Vorschrift bedeuten, dass auch bei einem Arbeitgeber oder einem privaten Versicherungsunternehmen die Möglichkeit der Berufung auf ein Recht zur Weigerung, der gerichtlichen Anordnung nach Abs. 1 Folge zu leisten, bestehen kann, etwa bei einem Ehegatten des Verfahrensbeteiligten als Arbeitgeber nach §§ 113 Abs. 1 S. 2 FamFG, 383 Abs. 1 Nr. 2 ZPO oder bei sonstigen Arbeitgebern oder Versicherungsunternehmen nach § 384 ZPO. Dem steht aber die Gesetzesbegründung zu § 236 Abs. 4 S. 2 entgegen, die klarstellt, dass „insbesondere Aussage- bzw. Zeugnisverweigerungsrechte einer Auskunftserteilung nicht entgegengehalten werden können".[8]

Damit reduziert sich die entsprechende Anwendung des § 390 ZPO darauf, dass das Gericht im Falle der Weigerung gegen die der gerichtlichen Anordnung nach Abs. 1 unterliegenden Personen und Stellen, die keine Behörden sind, sofort mit den Mitteln des § 390 ZPO vorgehen kann: Ohne dass es eines Antrags bedarf, sind dem sich Weigernden die durch die Weigerung verursachten Kosten aufzuerlegen; zugleich ist gegen ihn ein **Ordnungsgeld**, dessen Höhe zwischen 5 und 1000 € liegen kann (s. näher, auch zu Beitreibung, Stundung, Umwandlung in Ordnungshaft und Verjährung Art. 6 bis 9 EGStGB), und für den Fall, dass dieses nicht beigetrieben werden kann, **Ordnungshaft** von einem Tag bis höchstens sechs Wochen festzusetzen (§ 390 Abs. 1 ZPO); zu weiteren Einzelheiten des Ordnungsgeld- und Ordnungshaftverfahrens s. die ZPO-Kommentare zu §§ 380, 390 ZPO. Im Falle wiederholter Weigerung ist auf Antrag eines Verfahrensbeteiligten Erzwingungshaft, längstens bis zum Zeitpunkt der Beendigung der Instanz, in der sich das Unterhaltsverfahren befindet, anzuordnen (§ 390 Abs. 2 ZPO). Gegen die im Verfahren nach §§ 236 Abs. 4 FamFG, 390 ZPO ergehenden Beschlüsse findet, wenn nicht eine Behörde betroffen ist, für die betroffenen auskunftspflichtigen Dritten die sofortige Beschwerde nach §§ 567 ff. ZPO statt (§ 390 Abs. 3 ZPO); s. hierzu näher § 58 Rn 89 ff. § 236 Abs. 5 schließt die Anfechtbarkeit für diese nicht aus (s. nachstehend Rn 10).

VI. Keine Rechtsbehelfe für Verfahrensbeteiligte (Abs. 5)

10 Abs. 5 erklärt die Entscheidungen des Gerichts nach dieser Vorschrift für nicht selbständig anfechtbar. Dies gilt nach dem Wortlaut des Abs. 5 **nur für die Verfahrensbeteiligten** selbst, das sind nach § 113 Abs. 5 Nr. 5 Antragsteller und Antragsgegner (s. § 113 Rn 17). Dass die Entscheidung für die Beteiligten nicht selbständig anfechtbar ist, ergibt sich bereits aus ihrem Charakter als Zwischenentscheidung (§§ 113 Abs. 1 S. 1, 58 Abs. 1); es wird gleichwohl zur ausdrücklichen Klarstellung noch einmal bestimmt. Letztlich bleibt der betroffene Beteiligte nicht schutzlos. Nach § 58 Abs. 2 besteht die Möglichkeit der Rüge im Rahmen des Hauptrechtsmittels über die Endentscheidung; ein Verfahrensfehler nach §§ 235 f. begründet aber nur dann eine Abänderung der Endentscheidung, wenn materiellrechtlich in der Hauptsache eine andere Entscheidung geboten ist.

11 Der Ausschluss der Anfechtbarkeit nach § 58 gilt ausdrücklich nicht für die nicht am Unterhaltsverfahren selbst beteiligten **Dritten nach § 236 Abs. 1 Nr. 1–5** (s. Rn 4, 9), da sie nicht die Möglichkeit haben, die Rechtmäßigkeit einer Anordnung nach Abs. 1 inzident im Rechtsmittelzug überprüfen zu lassen.[9] Deshalb liegt für diese Dritten eine Endentscheidung und keine Zwischenentscheidung nach § 58 Abs. 2 vor; im Gegensatz zu Abs. 4 S. 2, der durch die Bezugnahme auf § 390 Abs. 3 ZPO die Anwendbarkeit der §§ 567 ff. ZPO begründet, enthält Abs. 5 diese Bezugnahme nicht.[10] Im Anwendungs-

---

[8] BT-Drs. 16/6308 S. 257; Zöller/Lorenz Rn 12; a. A. MünchKommZPO/Dötsch § 236 Rn 21; s. a. BGH FamRZ 2005, 1986 zum einfachen Geheimhaltungsinteresse.
[9] BT-Drs. 16/6308 S. 257; a. A. MünchKommZPO/Dötsch § 236 FamFG Rn 25.
[10] A. A. Zöller/Lorenz § 236 ZPO Rn 17; Prütting/Helms/Bömelburg § 236 Rn 20; die für die ausschließliche Anwendbarkeit der sofortigen Beschwerde nach §§ 567 ff. ZPO plädieren.

bereich des nach Abs. 4 S. 2 entsprechend für anwendbar erklärten § 390 ZPO findet nicht die Beschwerde nach § 58, sondern die sofortige Beschwerde nach §§ 567 ff. ZPO statt (s. Rn 8 f.).

Unterhalt bei Feststellung der Vaterschaft

237 (1) Ein Antrag, durch den ein Mann auf Zahlung von Unterhalt für ein Kind in Anspruch genommen wird, ist, wenn die Vaterschaft des Mannes nach § 1592 Nr. 1 und 2 oder § 1593 des Bürgerlichen Gesetzbuchs nicht besteht, nur zulässig, wenn das Kind minderjährig und ein Verfahren auf Feststellung der Vaterschaft nach § 1600 d des Bürgerlichen Gesetzbuchs anhängig ist.

(2) Ausschließlich zuständig ist das Gericht, bei dem das Verfahren auf Feststellung der Vaterschaft im ersten Rechtszug anhängig ist.

(3) [1] Im Fall des Absatzes 1 kann Unterhalt lediglich in Höhe des Mindestunterhalts und gemäß den Altersstufen nach § 1612 a Abs. 1 Satz 3 des Bürgerlichen Gesetzbuchs und unter Berücksichtigung der Leistungen nach § 1612 b oder § 1612 c des Bürgerlichen Gesetzbuchs beantragt werden. [2] Das Kind kann einen geringeren Unterhalt verlangen. [3] Im Übrigen kann in diesem Verfahren eine Herabsetzung oder Erhöhung des Unterhalts nicht verlangt werden.

(4) Vor Rechtskraft des Beschlusses, der die Vaterschaft feststellt, oder vor Wirksamwerden der Anerkennung der Vaterschaft durch den Mann wird der Ausspruch, der die Verpflichtung zur Leistung des Unterhalts betrifft, nicht wirksam.

I. Normzweck

§ 237 regelt das Verhältnis des Verfahrens auf Feststellung der Vaterschaft, bei dem es sich um eine **Familiensache der freiwilligen Gerichtsbarkeit** handelt (s. zu den verschiedenen Arten von Familiensachen § 111 Rn 6 und zur verfahrensrechtlichen Zuordnung der jeweiligen Arten von Familiensachen § 111 Rn 28), und des **Hauptsacheverfahrens** auf Zahlung von Unterhalt in der nach Abs. 3 zulässigen Höhe, das eine **Familienstreitsache** darstellt (zum Verfahren in Familienstreitsachen s. § 112 Rn 3). Das Verfahren auf gerichtliche Feststellung der Vaterschaft nach § 1600 d BGB ist eine Abstammungssache nach § 169 Nr. 1 (s. dort Rn 2). Nach § 179 Abs. 1 S. 2 kann mit einem Verfahren auf Feststellung des Bestehens der Vaterschaft eine Unterhaltssache nach § 237 verbunden werden. Diese Unterhaltssache ist nicht notwendigerweise Teil des auf Feststellung der Vaterschaft gerichteten Abstammungsverfahrens, sondern auch im Fall der Verbindung ein **selbstständiges Verfahren**, auf das die hierfür geltenden Verfahrensvorschriften der Familienstreitsachen nach §§ 112–120 und die besonderen Verfahrensvorschriften für Unterhaltssachen nach §§ 234–236, 243, 245 anzuwenden sind und nicht etwa diejenigen des Abstammungsverfahrens.[1] Damit gilt gem. § 114 für die Unterhaltssache Anwaltszwang, für das Abstimmungsverfahren hingegen nicht. Die Bewilligung von Verfahrenskostenhilfe für die Unterhaltssache richtet sich nach §§ 113 Abs. 1 S. 2 FamFG, 114 ff. ZPO, für das Abstammungsverfahren nach §§ 76 ff. FamFG (s. § 76 Rn 19). Zur Möglichkeit, den Antragsgegner im Wege der **einstweiligen Anordnung vor Feststellung der Vaterschaft** auf Zahlung von Unterhalt in Anspruch zu nehmen, s. die Erläuterungen zu § 248.

Die Vorschrift tritt mit Veränderungen an die Stelle des bisherigen § 653 ZPO. § 237 Abs. 3 S. 1 entspricht im Wesentlichen dem bisherigen § 653 Abs. 1 S. 1 ZPO, Abs. 3 S. 2 dem bisherigen § 653 Abs. 1 S. 2 ZPO, Abs. 3 S. 3 dem bisherigen § 653 Abs. 1 S. 3 ZPO, Abs. 4 dem bisherigen § 653 Abs. 2 ZPO, wobei jedoch zusätzlich das Kriterium des Wirksamwerdens der Anerkennung der Vaterschaft aufgenommen wurde.

---

[1] BT-Drs. 16/6308 S. 257.

II. Zulässigkeit einer Unterhaltssache bei Feststellung der Vaterschaft (Abs. 1)

3 Abs. 1 regelt die Zulässigkeit eines auf Unterhaltszahlung gerichteten Hauptsacheantrags in der nach Abs. 3 zulässigen Höhe für den Fall, dass die Vaterschaft des in Anspruch genommenen Mannes nicht festgestellt ist. Der Antrag ist nur zulässig, wenn **zugleich ein Verfahren auf Feststellung der Vaterschaft anhängig ist** (s. zum Eintritt der Anhängigkeit näher § 124 Rn 4 und unten Rn 8), das **Kind minderjährig** ist und **kein anderer Mann,** auch nicht der Antragsgegner, rechtlicher und damit unterhaltspflichtiger **Vater** ist; dies kann sein nach § 1592 Nr. 1 BGB der Mann, der zum Zeitpunkt der Geburt des Kindes mit der Mutter des Kindes verheiratet ist, oder nach § 1592 Nr. 2 BGB der Mann, der die Vaterschaft anerkannt hat, oder unter den Voraussetzungen des § 1593 BGB ein verstorbener oder neuer Ehemann der Mutter. Durch die Formulierung des Abs. 1 1. und 2. Halbs., wonach es auf die Inanspruchnahme eines Mannes auf Zahlung von Unterhalt für ein Kind ohne Vorhandensein eines rechtlichen Vaters ankommt, wird deutlich zum Ausdruck gebracht, dass es sich bei dem Verfahren nach § 237, ähnlich wie bei der einstweiligen Anordnung nach § 248, um eine Durchbrechung des Grundsatzes des § 1600 d Abs. 4 BGB handelt, wonach die Rechtswirkungen der Vaterschaft grundsätzlich erst von dem Zeitpunkt an geltend gemacht werden können, zu dem diese rechtskräftig festgestellt ist. Andererseits muss das Kind nicht zwei selbständige Verfahren mit zwei getrennten Antragsschriften führen, sondern kann – bei gleichzeitig eingeleiteten Verfahren auf Vaterschaftsfeststellung und Unterhalt nach § 237 auch innerhalb einer Antragsschrift – als Annex des Abstammungsverfahrens Unterhalt in Höhe des Mindestunterhalts gegen den zunächst mutmaßlichen, aber dann rechtskräftig festgestellten oder die Vaterschaft anerkannten Vater erstreiten; auch in diesem Fall unterliegen beide Verfahren unterschiedlichen Verfahrensmaximen, das Vaterschaftsfeststellungsverfahren als Familiensache der freiwilligen Gerichtsbarkeit, das Unterhaltsverfahren als Familienstreitsache (s. näher Rn 1). Der Kindesunterhalt kann gem. § 1613 Abs. 2 Nr. 2 a BGB vom Tag der Geburt des Kindes an gefordert werden. Zum selbständigen Verfahren der einstweiligen Anordnung vor Feststellung der Vaterschaft s. § 248.

III. Ausschließliche örtliche Zuständigkeit (Abs. 2)

4 Abs. 2 bestimmt, dass für die Unterhaltssache das Gericht ausschließlich zuständig ist, bei dem das Verfahren auf Feststellung der Vaterschaft im ersten Rechtszug anhängig ist. Auf diese Weise wird die Verbindung beider Verfahren ermöglicht. Zu Begriff und Wirkungen der ausschließlichen Zuständigkeit s. § 232 Rn 9. Die Anhängigkeit endet mit Wirksamwerden der Endentscheidung.[2]

IV. Höhe des verlangten Unterhalts (Abs. 3)

5 Das Kind kann keine bezifferte Unterhaltsrente verlangen. Denn infolge der Verbindung der Unterhaltssache mit dem Abstammungsverfahren steht bei Antragstellung noch nicht fest, ob der in Anspruch genommene Mann Vater des Kindes ist. Erst dann, wenn dies festgestellt ist, kann das Kind in einem neuen Verfahren (s. dazu nachstehend Rn 7) den ihm zustehenden vollen Unterhalt nach den konkreten Einkommens- und Vermögensverhältnissen seines Vaters geltend machen.

6 Vielmehr kann das Kind nach Abs. 3 S. 1 in diesem Stadium, in dem der unterhaltspflichtige Vater noch nicht feststeht, **höchstens** Unterhalt in Höhe des **Mindestunterhalts** nach § 1612a Abs. 1 S. 2 BGB und **gemäß den Altersstufen** nach § 1612a Abs. 1 S. 3 BGB und unter **Berücksichtigung des Kindergeldes** nach § 1612b BGB und anderer kindbezogener Leistungen nach § 1612c BGB beantragen. Das Kind kann nach Abs. 3 S. 2 auch einen **geringeren Unterhalt** verlangen und damit einer beschränkten Leistungsfähigkeit des Antragsgegners genügen, allerdings nicht in Höhe einer bezifferten Unterhaltsrente

---

[2] BGH NJW 1998, 3141.

(s. vorstehend Rn 5), sondern nur in Höhe eines Prozentsatzes des jeweiligen Mindestunterhalts nach § 1612a Abs. 1 S. 1 BGB.

Eine Herabsetzung oder Erhöhung des Unterhalts im Übrigen kann nach Abs. 3 S. 3 in dem Unterhaltsverfahren nach § 237 nicht verlangt werden. Der Antragsgegner kann weder eine beschränkte oder vollständig fehlende Leistungsfähigkeit einwenden[3] noch den Erfüllungseinwand erheben noch Verjährung oder Verwirkung[4] oder mangelnde Aktivlegitimation[5] geltend machen.[6] Dafür steht das Korrekturverfahren nach § 240 zur Verfügung; wegen der Einzelheiten s. die Erläuterungen dort. 7

V. Wirksamwerden der Unterhaltsentscheidung (Abs. 4)

Voraussetzung für das Wirksamwerden der Unterhaltsentscheidung in der Hauptsache nach § 237 ist die in § 184 Abs. 1 S. 1 normierte **Rechtskraft** des Beschlusses, der die Vaterschaft entsprechend § 1600d BGB feststellt, oder das **Wirksamwerden der Anerkennung** der Vaterschaft durch den Mann mit Vorliegen sämtlicher Erfordernisse der §§ 1594 bis 1597 BGB, gegebenenfalls auch des § 1598 Abs. 2 BGB.[7] Auch in diesem Fall, in dem die Vaterschaftsanerkennung während des Verfahrens auf Vaterschaftsfeststellung erfolgt, steht die Vaterschaft in rechtlicher Hinsicht fest, so dass der Eintritt der Wirksamkeit der Unterhaltsverpflichtung gerechtfertigt ist.[8] Dass die Rechtswirkungen der Vaterschaft erst vom Zeitpunkt ihrer Feststellung an geltend gemacht werden können, ordnet materiellrechtlich § 1600d Abs. 4 BGB an. Anerkennt der mutmaßliche Vater im Vaterschaftsfeststellungsverfahren wirksam die Vaterschaft, ist das mit diesem Feststellungsverfahren verbundene oder selbständig geführte Unterhaltsverfahren nach § 237 fortzuführen und kann auch auf Antrag in ein Unterhaltsverfahren nach § 231 Abs. 1 Nr. 1 ohne die in Rn 5–7 genannten Beschränkungen übergeleitet werden. Wird der Vaterschaftsfeststellungsantrag nicht anhängig, etwa weil lediglich ein Verfahrenskostenhilfeantrag gestellt wurde und vor dessen Verbescheidung die Vaterschaft wirksam anerkannt wird, wird ein zuvor gestellter Antrag nach § 237 unzulässig mit der Folge der Erledigungserklärung des Antragstellers oder seines Antrags zur Überleitung des Verfahrens nach § 237 in ein Unterhaltsverfahren nach § 231 Abs. 1 Nr. 1. Kommt es nicht zur rechtskräftigen Feststellung der Vaterschaft oder zum Wirksamwerden der Vaterschaftsanerkennung, entfällt der Unterhaltsanspruch. 8

VI. Vollstreckbarkeit

Eine vorläufige Vollstreckbarkeit des Ausspruchs der Verpflichtung zur Leistung des Unterhalts scheidet aus (s. § 116 Rn 8). Nach § 116 Abs. 3 S. 3 soll das Gericht vielmehr die Endentscheidung zur Leistung von Unterhalt für sofortig wirksam erklären (s. näher § 116 Rn 10). Nach § 120 Abs. 2 S. 1 ist die Unterhaltsendentscheidung danach erst mit Eintritt der rechtskräftigen Feststellung der Vaterschaft vollstreckbar, und dann aber auch, wenn die Unterhaltsendentscheidung durch Rechtsmitteleinlegung nicht rechtskräftig wird. Macht der unterhaltsverpflichtete Antragsgegner aber glaubhaft, dass die Vollstreckung ihm einen nicht zu ersetzenden Nachteil bringen würde, hat das Gericht auf seinen Antrag gem. § 120 Abs. 2 S. 2 die Vollstreckung vor Eintritt der Rechtskraft in der Endentscheidung einzustellen oder zu beschränken (s. näher § 120 Rn 13). 9

Abänderung gerichtlicher Entscheidungen

238 (1) ¹Enthält eine in der Hauptsache ergangene Endentscheidung des Gerichts eine Verpflichtung zu künftig fällig werdenden wiederkehrenden Leistun-

---

[3] OLG Brandenburg FamRZ 2000, 1044; s. a. BGH FamRZ 2003, 304 zum übergangsrechtlichen Dynamisierungsverfahren von Unterhaltstiteln nach Art. 5 § 3 Abs. 2 KindUG.
[4] OLG Brandenburg FamRZ 2005, 1843.
[5] OLG Naumburg FamRZ 2006, 1395.
[6] BGH FamRZ 2003, 1095 zu § 653 Abs. 1 ZPO.
[7] MünchKommBGB/Wellenhofer § 1594 Rn 14.
[8] BT-Drs. 16/6308 S. 257.

gen, kann jeder Teil die Abänderung beantragen. ²Der Antrag ist zulässig, sofern der Antragsteller Tatsachen vorträgt, aus denen sich eine wesentliche Veränderung der der Entscheidung zugrunde liegenden tatsächlichen oder rechtlichen Verhältnisse ergibt.

(2) Der Antrag kann nur auf Gründe gestützt werden, die nach Schluss der Tatsachenverhandlung des vorausgegangenen Verfahrens entstanden sind und deren Geltendmachung durch Einspruch nicht möglich ist oder war.

(3) ¹Die Abänderung ist zulässig für die Zeit ab Rechtshängigkeit des Antrags. ²Ist der Antrag auf Erhöhung des Unterhalts gerichtet, ist er auch zulässig für die Zeit, für die nach den Vorschriften des bürgerlichen Rechts Unterhalt für die Vergangenheit verlangt werden kann. ³Ist der Antrag auf Herabsetzung des Unterhalts gerichtet, ist er auch zulässig für die Zeit ab dem Ersten des auf ein entsprechendes Auskunfts- oder Verzichtsverlangen des Antragstellers folgenden Monats. ⁴Für eine mehr als ein Jahr vor Rechtshängigkeit liegende Zeit kann eine Herabsetzung nicht verlangt werden.

(4) Liegt eine wesentliche Veränderung der tatsächlichen oder rechtlichen Verhältnisse vor, ist die Entscheidung unter Wahrung ihrer Grundlagen anzupassen.

Übersicht

	Rn
I. Normzweck	1
II. Anwendungsbereich	2
III. Zulässigkeitsvoraussetzungen (Abs. 1)	4
1. Allgemeines	4
2. Abänderbare Hauptsacheentscheidung (Abs. 1 S. 1)	8
3. Identität des Streitgegenstandes und der Beteiligten	12
a) Identität des Streitgegenstandes	12
b) Identität der Beteiligten	15
4. Rechtsschutzbedürfnis	18
a) Allgemeines	18
b) Abänderungsantrag des Unterhaltsschuldners	19
c) Abänderungsantrag des Unterhaltsgläubigers	20
5. Vortrag einer wesentlichen Veränderung der Verhältnisse (Abs. 1 S. 2)	21
a) Allgemeines	21
b) Darlegung bei Titulierung eines Teilbetrags	23
c) Darlegung bei konkreter Bedarfsbemessung	24
d) Darlegung bei Anerkenntnis- oder Versäumnisbeschluss	25
e) Darlegung bei fingierten Verhältnissen	28
IV. Verhältnis zu anderen Rechtsbehelfen	31
1. Abgrenzung zum Leistungsantrag	31
a) Allgemeines	31
b) Neuer Antrag	34
c) Zusatz- oder Nachforderungsantrag	35
d) Erstattungsantrag	37
2. Abgrenzung zum Vollstreckungsabwehrantrag	38
3. Abgrenzung zum negativen Feststellungsantrag	44
4. Geltendmachung durch Widerantrag	46
5. Geltendmachung mit Beschwerde und Anschlussbeschwerde	47
a) Beschwerde	47
b) Anschlussbeschwerde	48
6. Abänderungsverlangen bei Zulassung der Rechtsbeschwerde	50
V. Tatsachenpräklusion (Abs. 2)	51
1. Allgemeines	51
2. Unterlassene Geltendmachung im Ausgangsverfahren	53
3. Ausgeschlossene Abänderungsgründe	55
4. Präklusion bei mehreren Abänderungsverfahren	59
5. Präklusion nach Abänderung eines gerichtlichen Vergleichs	61
6. Ausnahmsweise Berücksichtigung von Alttatsachen	62
VI. Zeitliche Zulässigkeit der Abänderung (Abs. 3)	65
1. Antragszustellung als Zeitschranke (Abs. 3 S. 1)	65
2. Rückwirkende Abänderung (Abs. 3 S. 2–4)	69
a) Allgemeines	69

		Rn
	b) Antrag auf Erhöhung des Unterhalts	70
	c) Antrag auf Herabsetzung des Unterhalts	77
VII.	Begründetheit des Abänderungsantrags (Abs. 4 1. Halbs.)	79
	1. Allgemeines	79
	2. Änderung der tatsächlichen Verhältnisse	80
	a) Allgemeines	80
	b) Änderung der individuellen Verhältnisse	81
	c) Änderung der allgemeinen Verhältnisse	82
	3. Änderung der rechtlichen Verhältnisse	83
	4. Überschreiten der Wesentlichkeitsschwelle	85
	5. Beweislast	87
VIII.	Entscheidung (Abs. 4 2. Halbs.)	91
	1. Zuständigkeit	91
	2. Bindung an die Ausgangsentscheidung	94
	3. Entscheidung über gegenläufige Abänderungsanträge	99
	4. Abänderungsbeschluss	101
	a) Inhalt	101
	b) Wirkung	103
	c) Rechtsmittel; erneuter Abänderungsantrag	104
IX.	Übergangsregelung zum UnterhaltsÄndG (§ 36 EGZPO)	105
	1. Allgemeines	105
	2. Vertrauensschutz (§ 36 Nr. 1 EGZPO)	106
	3. Einschränkung der Tatsachenpräklusion (§ 36 Nr. 2 EGZPO)	109
X.	Kosten und Gebühren	110
	1. Gerichtsgebühren	110
	2. Außergerichtliche Kosten	111
	3. Verfahrenswert	112

I. Normzweck

§ 238 regelt die Abänderung gerichtlicher Entscheidungen über laufenden Unterhalt **1** wegen geänderter Verhältnisse. **Abs. 1** bestimmt, welche Art von Beschlüssen einer Abänderung zugänglich (S. 1) und welcher Tatsachenvortrag zur Zulässigkeit eines Abänderungsantrags erforderlich (S. 2) ist. **Abs. 2** schließt die Abänderung wegen Tatsachen, die schon während des vorausgegangenen Verfahrens gegeben waren, aus. **Abs. 3** legt fest, ab welchem Zeitpunkt eine Abänderung des titulierten Unterhalts zulässig ist. **Abs. 4** normiert die Voraussetzungen der Begründetheit des Antrags (1. Halbs.) und schränkt die Entscheidungskompetenz des Gerichts bei der Anpassung der früheren Entscheidung durch Bindung an deren Grundlagen ein (2. Halbs.).

II. Anwendungsbereich

Die Vorschrift gilt nur in **Unterhaltssachen nach § 231 Abs. 1** und stellt gegenüber **2** § 323 ZPO eine **Spezialregelung**[1] für gesetzliche Unterhaltsansprüche dar, d. h. für solche nach §§ 1601 ff. BGB (Verwandtenunterhalt), § 1360 BGB (Familienunterhalt), § 1361 BGB (Trennungsunterhalt), §§ 1569 ff. BGB (nachehelicher Unterhalt) und § 1615 l BGB (Unterhalt aus Anlass der Geburt). Weil das FamFG für den Fall, dass laufender Unterhalt für ein minderjähriges Kind unter Berücksichtigung kindbezogener Leistungen (§§ 1612 b, 1612 c BGB) tituliert ist und sich diese ändern, anders als nach § 655 ZPO a. F. kein vereinfachtes Abänderungsverfahren vorsieht, findet § 238 auch insoweit Anwendung. Zur Übergangsregelung siehe die Erläuterungen zu Art. 111 FGG-RG.

Die Abänderung gerichtlicher Entscheidungen, die **vertragliche Unterhaltsansprüche** **3** zum Gegenstand haben, fällt nicht unter § 238, sondern richtet sich nach **§ 323 ZPO** und ist keine Familien-, sondern eine allgemeine Zivilprozesssache.[2] Ein vertraglicher Unterhaltsanspruch liegt nur vor, wenn das den Anspruchsgrund bildende Schuldverhältnis auf Rechtsgeschäft beruht. Daran fehlt es, wenn das gesetzliche Unterhaltsverhältnis lediglich

---

[1] BT-Drs. 16/6308 S. 257.
[2] BGH NJW 1978, 1924.

inhaltlich, d. h. nach Höhe, Dauer und Modalitäten der Unterhaltsgewährung durch Vertrag näher ausgestaltet wird, ohne dass ein Austausch des Rechtsgrunds (sog. Novation) erfolgt. Entscheidend ist, ob die vertragliche Regelung die im gesetzlichen Unterhaltsrecht vorgegebenen Grundsätze zu Voraussetzungen, Umfang und Erlöschen des Anspruchs aufnimmt und abbildet, sei es auch unter erheblicher Modifikation.[3] Nur bei Vorliegen besonderer Anhaltspunkte kann ein Wille der Beteiligten angenommen werden, den gesetzlich begründeten Unterhaltsanspruch völlig auf eine vertragliche Grundlage zu stellen und ihm damit das Wesen eines gesetzlichen Anspruchs zu nehmen.[4]

III. Zulässigkeitsvoraussetzungen (Abs. 1)

1. Allgemeines

4 § 238 eröffnet die Möglichkeit, eine durch Beschluss (§ 38) erkannte **Verpflichtung zu laufendem Unterhalt**, d. h. zu künftig fällig werdenden wiederkehrenden Leistungen (§ 113 Abs. 1 S. 2 FamFG i. V. m. § 258 ZPO) auf Antrag des Schuldners oder des Gläubigers an eine **Veränderung der für die Unterhaltsbemessung maßgeblichen Verhältnisse** anzupassen. Die Vorschrift regelt einen verfahrensrechtlichen Anwendungsfall der clausula rebus sic stantibus,[5] weshalb die Abänderung nicht weiter gehen darf, als es aufgrund der veränderten Verhältnisse geboten ist.

5 Eine erneute und ggf. abweichende Beurteilung des der Ausgangsentscheidung zugrunde liegenden Tatsachenstoffs lässt § 238 nicht zu. Es geht allein um die Möglichkeit, während des früheren Verfahrens weder bereits eingetretene noch zuverlässig vorhersehbare Veränderungen nachträglich berücksichtigen zu können. Nur zu diesem Zweck und somit in begrenztem Umfang lässt das Gesetz eine Durchbrechung der Rechtskraft zu. Dies findet seine Rechtfertigung in der Notwendigkeit, die **Korrektur einer unzutreffenden Prognose** des künftigen Tatsachenverlaufs zu eröffnen, d. h. eine Anpassung des Titels an die aktuelle Lebenswirklichkeit. Der Abänderungsantrag ist somit verfahrensrechtlich ein **Gestaltungsantrag,** der aber zugleich einen **Leistungsantrag** umfasst.[6]

6 Die **Rechtskraftbindung** der früheren Beurteilung unverändert gebliebener Umstände bleibt bestehen. Das gilt selbst dann, wenn der bereits im Vorverfahren gegebene Sachverhalt dort vom Gericht unvollständig oder unzutreffend gewürdigt wurde. Sind z. B. bei der Bemessung des Unterhalts einzelne dafür maßgebliche Positionen nicht berücksichtigt worden, müssen diese regelmäßig auch im Abänderungsverfahren außer Betracht bleiben.[7] Ebenso wenig genügt es, dass die dem abzuändernden Beschluss zugrunde liegende Prognose künftiger Verhältnisse aus nachträglicher Sicht anders zu treffen wäre; vielmehr müssen diese Verhältnisse inzwischen tatsächlich anders eingetreten sein als angenommen.[8]

7 Im Hinblick auf diese Besonderheiten müssen neben den allgemeinen Verfahrensvoraussetzungen weitere, auf den spezifischen Verfahrenszweck bezogene **besondere Bedingungen der Zulässigkeit** erfüllt sein, worum es im Folgenden geht.

2. Abänderbare Hauptsacheentscheidung (Abs. 1 S. 1)

8 Nach **Abs. 1 S. 1** setzt die Abänderung eines Beschlusses voraus, dass dieser eine Verpflichtung zu künftig fällig werdenden Unterhaltsleistungen betrifft und im Hauptsacheverfahren als **Endentscheidung** (§ 38 Abs. 1 S. 1) ergangen ist. Damit ist klargestellt, dass der Abänderungsantrag **nicht** gegen eine **einstweilige Anordnung** (§§ 49, 246) stattfindet. Die dortige Unterhaltsregelung tritt mit Rechtskraft der Hauptsacheentscheidung außer Kraft (§ 56 Abs. 1 S. 2)[9] und kann bis dahin nach § 54 auf Antrag aufgehoben oder geändert werden, was im Ermessen des Gerichts steht und keine Änderung der Verhältnisse

---
[3] BGH NJW-RR 2009, 434.
[4] BGH NJW-RR 1991, 899; NJW-RR 1991, 388.
[5] BGH NJW-RR 2001, 937 zu § 323 Abs. 1 ZPO a. F.
[6] BGH NJW 2001, 2259.
[7] BGH NJW 1983, 1118.
[8] BGH NJW 1981, 2193.
[9] BGH NJW 2000, 740.

voraussetzt (s. § 54 Rn 11). Nach diesem Zeitpunkt ist der negative Feststellungsantrag gegeben (s. Rn 44).

Eine Entscheidung betrifft i. S. d. Abs. 1 S. 1 eine Verpflichtung zu künftig fällig werden- **9** den Unterhaltsleistungen zunächst, wenn sie **im Erstverfahren** dem Unterhaltsantrag für die Zukunft wenigstens teilweise stattgibt. Denn dann wirkt ihre materielle Rechtskraft über den Zeitpunkt des Erlasses hinaus, wobei die Festsetzung des Unterhalts hinsichtlich seiner materiellrechtlichen Anspruchsvoraussetzungen auf einer Prognose der künftigen Entwicklung beruht. Nur wenn die tatsächliche Entwicklung von dieser Prognose abweicht, kann der Beschluss abgeändert werden. Danach kommt ein Abänderungsantrag nicht in Betracht, wenn der Erstantrag in vollem Umfang abgewiesen wurde. In einem solchen Fall ist der Unterhalt nach Eintritt seiner vormals fehlenden Anspruchsvoraussetzungen (Bedarf und Bedürftigkeit des Unterhaltsberechtigten, Leistungsfähigkeit des Unterhaltspflichtigen) durch neuen Leistungsantrag geltend zu machen.[10]

Eine Verpflichtung zu künftig fällig werdenden Unterhaltsleistungen ist auch betroffen, **10** wenn der in einem früheren Verfahren zuerkannte Unterhaltsanspruch **im Abänderungsverfahren** auf Antrag des Schuldners ganz oder zum Teil aberkannt wurde und der Gläubiger in der Folgezeit erneut Unterhalt verlangt. Dann ist ebenfalls ein Abänderungsantrag zu erheben, weil der vorausgegangene Beschluss sowohl bei Reduzierung wie bei völliger Streichung des Unterhalts weiterhin auf einer Prognose beruht und den Rechtszustand für die Zukunft feststellt. Deshalb stellt ein späterer Antrag auf Wiedergewährung oder Erhöhung des Unterhalts abermals die Geltendmachung einer von der (letzten) Prognose abweichenden Entwicklung der Verhältnisse dar, deren Berücksichtigung § 238 ermöglicht.[11]

Auch eine **ausländische Entscheidung** kann abgeändert werden, wenn sie im Inland **11** anerkannt wurde[12] oder aufgrund von Abkommen bzw. nach europäischem Recht – insbesondere nach der VO (EG) Nr. 4/2009 vom 18. 12. 2008 (s. § 110 Rn 14) – als anerkannt gilt. Dabei ist hinsichtlich der Anwendung des anzuwendenden Rechts zu differenzieren. Die Frage, ob es zur Änderung des Titels eines Abänderungsantrags bedarf, ist verfahrensrechtlicher Natur und deshalb nach dem Recht der lex fori, d. h. nach § 238 zu beantworten.[13] Streitig ist, ob sich die **Voraussetzungen der Abänderung** aus dem inländischen **Verfahrensrecht** oder aus dem materiellen Kollisionsrecht, d. h. aus dem Unterhaltsstatut ergeben. Für § 323 ZPO a. F. hat der BGH darauf abgestellt, ob es um die Voraussetzungen für die Durchbrechung der Rechtskraft geht und dies für Abs. 1 u. 2 jener Vorschrift sowie für die Bindung an die Grundlagen der abzuändernden Entscheidung bejaht.[14] Dies hat auch für § 238 Abs. 1, 2, 3 S. 1 u. Abs. 4 zu gelten, sodass diese Regelungen anzuwenden sind. Nach der Gesetzesbegründung ist die zeitliche Einschränkung eines rückwirkenden Herabsetzungsverlangens in Abs. 3 S. 3 u. 4 ebenfalls rein verfahrensrechtlich ausgestaltet, während sich die **rückwirkende Erhöhung** gemäß Abs. 3 S. 2 nach materiellem Recht richtet,[15] also nach dem **Unterhaltsstatut**.[16] Für **Art und Höhe** der anzupassenden Unterhaltsleistung bleibt ebenfalls das dem abzuändernden Titel zugrunde liegende sachliche Recht maßgeblich, weshalb die Abänderung im Rahmen dieses Rechts entsprechend der Änderung der tatsächlichen Verhältnisse erfolgt.[17]

3. Identität des Streitgegenstandes und der Beteiligten

a) Identität des Streitgegenstandes. Die Zulässigkeit des Abänderungsverfahrens setzt **12** voraus, dass der im Ausgangsverfahren gegenständliche Unterhaltsanspruch betroffen ist. Auf die dortige Stellung der Beteiligten kommt es nicht an. Es genügt, wenn der Gläubiger

---

[10] BGH NJW 1982, 578.
[11] BGH NJW 2007, 2249; NJW 1985, 1345; OLG Zweibrücken FamRZ 1992, 974.
[12] BGH NJW 1983, 1976.
[13] BGH NJW 1992, 438.
[14] BGH NJW-RR 1992, 1474.
[15] BT-Drs. 16/6308 S. 258.
[16] A. M. Johannsen/Henrich/Brudermüller § 238 FamFG Rn 57 m. w. N.
[17] BGH NJW-RR 1993, 5.

eine Erhöhung oder der Schuldner eine Herabsetzung des titulierten Unterhalts geltend macht. Entscheidend ist mithin, dass Ausgangs- und Abänderungsverfahren das **gleiche Unterhaltsverhältnis** betreffen.

13 Darum kann ein auf **Trennungsunterhalt** lautender Beschluss nicht nach § 238 in einen solchen über nachehelichen Unterhalt abgeändert werden, weil sich dieser nach seinen rechtlichen und tatsächlichen Voraussetzungen von dem Anspruch unterscheidet, der Gegenstand des vorausgegangenen Verfahrens war. Mithin ist **nachehelicher Unterhalt** durch **Leistungsantrag** geltend zu machen.[18]

14 Ist dagegen **Kindesunterhalt** während der Minderjährigkeit unbefristet tituliert, muss das Kind auch nach Eintritt der Volljährigkeit ein Erhöhungsbegehren durch **Abänderungsantrag** geltend machen, weil der Unterhaltsanspruch unverändert auf dem Verwandtschaftsverhältnis beruht und deshalb mit dem im Vorverfahren gegenständlichen Anspruch identisch ist.[19] Ebenso hat der Schuldner die infolge Volljährigkeit eingetretene Änderung der Verhältnisse im Wege des Abänderungsantrags geltend zu machen.[20] Die Fortwirkung des Titels gilt sowohl für dynamische Titel (§ 244 FamFG i. V. m. § 1612a BGB) wie für statische, d. h. auf einen bezifferten Unterhalt lautende.[21]

15 **b) Identität der Beteiligten.** Beteiligte eines Abänderungsverfahrens können grundsätzlich nur diejenigen sein, zwischen denen der abzuändernde Titel ergangen ist oder auf die sich seine Rechtskraft erstreckt (§ 113 Abs. 1 S. 2 FamFG i. V. m. § 325 Abs. 1 ZPO), weil es sonst an der Verfahrensführungsbefugnis fehlt.[22]

16 Geht es um Abänderung von Kindesunterhalt, ist in einem nach **Beendigung der gesetzlichen Verfahrensstandschaft** (§ 1629 Abs. 3 S. 1 BGB) durch Eintritt der Scheidungsrechtskraft eingeleiteten Abänderungsverfahren nicht mehr der Elternteil, der den Titel im eigenen Namen erwirkt hat, sondern allein das Kind aktiv[23] und passiv[24] legitimiert. Das gilt auch dann, wenn der Titel noch nicht auf das Kind umgeschrieben ist.[25] Bei fortbestehender gemeinsamer elterlicher Sorge wird es in beiden Fällen durch den betreuenden Elternteil gesetzlich vertreten (§ 1629 Abs. 2 S. 2 BGB).[26] Wird die Scheidung hingegen erst während des Abänderungsverfahrens rechtskräftig, kann dieses unter Fortwirkung der Verfahrensstandschaft zum rechtskräftigen Abschluss gebracht werden, wenn bis dahin die elterliche Sorge nicht anderweitig geregelt wird. Sie endet aber auch dann mit der Volljährigkeit des Kindes, weshalb dieses in das Verfahren eintreten bzw. im Wege des Beteiligtenwechsels in Anspruch genommen werden muss.[27]

17 Soweit ein titulierter Anspruch wegen des laufenden Bezugs von Sozialhilfe durch den Unterhaltsberechtigten auch für die Zukunft auf den Sozialhilfeträger übergeht (§ 94 Abs. 1 S. 1 u. 4 S. 2 SGB XII), erfasst dieser **gesetzliche Forderungsübergang** im Umfang der öffentlichen Leistungen auch das Recht, die Erhöhung des Unterhalts wegen einer wesentlichen Änderung der Verhältnisse zu verlangen.[28] Der Schuldner hat dagegen einen auf Herabsetzung des Unterhalts gerichteten Abänderungsantrag grundsätzlich gegen denjenigen zu erheben, der den Titel erwirkt hat (§ 113 Abs. 1 S. 2 FamFG i. V. m. §§ 265 Abs. 2, 325 Abs. 1 ZPO). Nur bei vollständigem Forderungsübergang kann er ihn gegen den Rechtsnachfolger richten.[29] Ist der Anspruch lediglich teilweise übergegangen, müssen gleichzeitig der Unterhaltsberechtigte und der Leistungsträger als Antragsgegner in Anspruch genommen werden.[30] Hat aufgrund des Forderungsübergangs der Sozialhilfeträger einen Unterhaltstitel erwirkt, ist er im Abänderungsverfahren sowohl aktiv wie passiv

---

[18] BGH NJW 1981, 978; NJW 1980, 2811.
[19] BGH NJW 2006, 57; NJW 1984, 1613; OLG Saarbrücken NJW-RR 2007, 1307.
[20] OLG Koblenz NJW-RR 2007, 438.
[21] OLG Hamm FamRZ 2008, 291; FamRZ 2007, 654.
[22] BGH NJW-RR 1993, 5.
[23] OLG Karlsruhe FamRZ 1980, 1149.
[24] OLG Hamm FamRZ 1990, 1375.
[25] OLG Karlsruhe FamRZ 1980, 1059.
[26] OLG Naumburg FamRZ 2007, 1334.
[27] BGH NJW-RR 1990, 323.
[28] BGH NJW 1970, 1319.
[29] OLG Düsseldorf FamRZ 1994, 765; OLG Karlsruhe NJW-RR 2005, 1020.
[30] OLG Brandenburg NJW-RR 2003, 1448; FamRZ 1999, 1512.

legitimiert.[31] Entsprechendes gilt beim Übergang von Leistungen zur Sicherung des Lebensunterhalts (§ 33 Abs. 1 u. 3 S. 2 SGB II).

4. Rechtsschutzbedürfnis

a) Allgemeines. Das für die gerichtliche Geltendmachung subjektiver Rechte generell erforderliche Rechtsschutzinteresse wird beim Abänderungsantrag durch die Bedeutung von Unterhaltsleistungen für die Lebensstellung des Gläubigers einerseits und die laufende Belastung des Schuldners andererseits geprägt und ist deshalb besonders ausgestaltet.

b) Abänderungsantrag des Unterhaltsschuldners. Das Rechtsschutzbedürfnis entfällt grundsätzlich erst dann, wenn der Titel zurückgegeben wird, weil bis dahin eine Vollstreckung in Betracht kommt. Das gilt auch dann, wenn der Gläubiger angesichts einer wesentlichen Änderung der Verhältnisse erklärt, er werde derzeit keinen Unterhalt geltend machen.[32] Nur wenn und solange er den Titel zur Beitreibung von Unterhaltsrückständen benötigt, genügt ausnahmsweise die Erklärung, für die Zukunft auf die Rechte daraus und auf die Vollstreckung zu verzichten.[33] Ist dagegen die Vollstreckung hinsichtlich des Rückstands beendet, lässt ein solcher Verzicht das Rechtsschutzbedürfnis für einen Abänderungsantrag nicht entfallen, zumal selbst die Vorlage einer öffentlichen Urkunde, aus der sich die Befriedigung des Gläubigers ergibt, nicht die Aufhebung von Vollstreckungsmaßnahmen bewirken kann (§ 113 Abs. 1 S. 2 FamFG i. V. m. §§ 775 Nr. 4, 776 S. 2 ZPO).[34]

c) Abänderungsantrag des Unterhaltsgläubigers. Das Rechtsschutzbedürfnis ist grundsätzlich auch dann gegeben, wenn der Schuldner die verlangte Erhöhung regelmäßig und freiwillig leistet. Insoweit ist keine andere Beurteilung gerechtfertigt als hinsichtlich der Zulässigkeit eines Erstantrags.[35] Denn trotz einer durch Zahlung praktizierten Abänderungsvereinbarung bleibt der bestehende Titel Bezugsgröße für eine Abänderung. Wird diese nicht in rechtlich verbindlicher Weise verändert und kommt später wegen erneuter Änderung der Verhältnisse nunmehr eine Herabsetzung des Unterhalts in Betracht, hat es der Schuldner bei darüber bestehender Meinungsverschiedenheit ohne vorausgegangenen, auf Erhöhung gerichteten Abänderungsbeschluss in der Hand, seine Auffassung durch Kürzung des bislang freiwillig geleisteten Betrags zu verwirklichen und den Gläubiger auf einen Abänderungsantrag zu verweisen.[36]

5. Vortrag einer wesentlichen Veränderung der Verhältnisse (Abs. 1 S. 2)

a) Allgemeines. Nach **Abs. 1 S. 2** muss der Antragsteller, wie schon nach der Rechtsprechung zu § 323 ZPO a. F.,[37] zur Zulässigkeit seines Antrags Tatsachen vortragen, die auf eine wesentliche, bereits eingetretene[38] Veränderung der dem Ausgangsbeschluss zugrunde liegenden tatsächlichen und/oder rechtlichen Verhältnisse schließen lassen. Die Veränderung kann den Grund, die Höhe oder die Dauer der Unterhaltsleistung betreffen. Der Antragsteller hat die darauf bezogenen Grundlagen des abzuändernden Beschlusses und deren Änderung darzulegen, und zwar unter Einschluss des dem titulierten Unterhalt zu Grunde liegenden Rechenwegs.[39] Es ist somit eine **Differenzbetrachtung** sowohl hinsichtlich der Tatsachen wie des Zahlenwerks erforderlich. Eine Beschränkung auf einzelne für die Unterhaltsbemessung maßgebliche Faktoren genügt nicht, weil dies bei der gebotenen saldierenden Betrachtungsweise keinen Abänderungsgrund ergibt.[40] Der Vortrag muss, seine Richtigkeit unterstellt, eine dem Betrag nach wesentliche Änderung des titulierten

---

[31] BGH NJW 1992, 1624; OLG Naumburg FamRZ 2003, 1115.
[32] OLG Köln FamRZ 2006, 718.
[33] OLG Hamm FamRZ 2006, 1855; OLG München 1999, 942.
[34] OLG Karlsruhe NJWE-FER 2000, 98.
[35] Vgl. dazu BGH NJW 2010, 238; NJW 1998, 3116.
[36] OLG Zweibrücken FamRZ 1997, 620.
[37] Vgl. z. B. BGH NJW 2007, 2921.
[38] BGH NJW 1992, 364; NJW 1981, 2193.
[39] OLG Brandenburg FamRZ 2008, 797.
[40] OLG Zweibrücken FamRZ 2007, 1998.

Anspruchs in Betracht kommen lassen. Dabei ist, wie bei der Prüfung der Begründetheit (s. Rn 86), hinsichtlich der Wesentlichkeit auf die Umstände des Einzelfalls abzustellen.

22 Stützt der Antragsteller sein Abänderungsverlangen auf eine **Änderung der Bedarfssätze** der Düsseldorfer oder einer vergleichbaren Tabelle, ist darin regelmäßig auch die Behauptung zu sehen, dass sich die Einkommensverhältnisse und Lebenshaltungskosten seit der vorausgegangenen Fassung dieser Unterhaltstabelle allgemein in einem Maße verändert haben, wie dies der Änderung der Bedarfssätze entspricht, und dass diese Änderung die persönlichen Lebensverhältnisse des Antragstellers gleichermaßen betrifft.[41] Beim Kindesunterhalt stellt bereits die Höherstufung um eine Einkommensgruppe eine mit dem Abänderungsantrag geltend zu machende wesentliche Änderung dar.[42]

23 **b) Darlegung bei Titulierung eines Teilbetrags.** Ist im Ausgangsverfahren Unterhalt über einen freiwillig gezahlten Betrag hinaus zugesprochen worden, kann der **Schuldner** erst dann Abänderung begehren, wenn sich die Verhältnisse so geändert haben, dass eine Reduzierung der freiwilligen Zahlung (Sockelbetrag) für eine Anpassung des Gesamtunterhalts an die neuen Umstände nicht ausreicht, sondern dazu eine Herabsetzung des titulierten Betrags (Spitzenbetrag) erforderlich ist.[43] Nur in dem Umfang, in dem dies zutrifft, kommt eine Abänderung in Betracht, weil sich die Rechtskraftwirkung des früheren Beschlusses auf diesen Betrag beschränkt.[44] Hinsichtlich der Wesentlichkeit ist hingegen auf den bislang insgesamt gezahlten Betrag abzustellen. Deshalb hat der Antragsteller die darauf bezogene Auswirkung der Veränderung beziffert darzulegen.[45] Wenn der Gläubiger höheren Unterhalt geltend macht, gilt Rn 36.

24 **c) Darlegung bei konkreter Bedarfsbemessung.** Ist im abzuändernden Beschluss auf Zahlung von Trennungs- oder nachehelichem Unterhalt erkannt und dessen Höhe nicht nach einer Quote vom Einkommen des Unterhaltspflichtigen bzw. von der Differenz der beiderseitigen Einkünfte berechnet, sondern entsprechend dem tatsächlichen Lebensstandard nach dem konkreten Bedarf ermittelt worden, genügt bei einem auf Erhöhung abzielenden Abänderungsantrag der Vortrag, das Einkommen des Schuldners habe sich weiter verbessert, zur Darlegung einer wesentlichen Änderung der Verhältnisse nicht. Vielmehr muss der Gläubiger dartun, dass und in welchem Umfang sein konkreter Bedarf gegenüber dem seinerzeit der Verpflichtung zugrunde gelegten gestiegen ist.[46] Dagegen kann der Schuldner seinen auf Herabsetzung gerichteten Abänderungsantrag auf eine Einkommensreduzierung stützen, weil sich dadurch auch der Bedarf des Gläubigers vermindert, egal ob er konkret oder im Wege der Quotierung bemessen wurde.[47]

25 **d) Darlegung bei Anerkenntnis- oder Versäumnisbeschluss.** Wird die Abänderung eines im Erstverfahren ergangenen Anerkenntnisbeschlusses oder eines dort gegen den Antragsgegner ergangenen Versäumnisbeschlusses beantragt, unterliegt der zur Zulässigkeit des Antrags erforderliche Vortrag besonderen Anforderungen. Das folgt daraus, dass die abzuändernde Entscheidung entweder gar keine Tatsachenfeststellungen enthält (Anerkenntnisbeschluss) oder ohne Sachverhaltsaufklärung durch das Gericht als zugestanden anzusehende Tatsachen zugrunde legt (Versäumnisbeschluss). Wurde der Unterhaltsantrag durch Versäumnisbeschluss voll abgewiesen, muss der Antragsteller neuen Leistungsantrag erheben, weil es an einem Beschluss i. S. d. Abs. 1 S. 1 fehlt (s. Rn 34).

26 Ein **Anerkenntnisbeschluss** ist der Abänderung zugänglich, weil seine materielle Rechtskraft Bindungswirkung entfaltet.[48] Der Antragsteller muss vortragen, dass nachträglich eine wesentliche **Änderung der dem Beschluss zugrunde liegenden tatsächlichen Umstände** eingetreten ist. Es kommt weder auf den seinerzeit vom Unterhaltsberechtigten zur Begründung seines Anspruchs geführten Tatsachenvortrag noch auf die vom Unter-

---

[41] BGH NJW 2005, 1279; NJW 1995, 534.
[42] OLG Düsseldorf NJW 2008, 2658.
[43] BGH NJW 1985, 1343; OLG Zweibrücken NJW-RR 1993, 1218.
[44] BGH FamRZ 1995, 729; BGH NJW 1985, 1340.
[45] A. M. Johannsen/Henrich/Brudermüller § 238 FamFG Rn 73.
[46] BGH NJW-RR 1990, 194.
[47] BGH NJW 2003, 1796.
[48] BGH NJW 2002, 436.

haltspflichtigen seinem Anerkenntnis subjektiv zugrunde gelegten Verhältnisse und Beweggründe, sondern allein auf die objektive, für die Berechnung des Unterhalts maßgebliche Sachlage an. Nur wenn sich diese Berechnung nicht nachvollziehen lässt, kann eine Abänderung durch Neuberechnung des geschuldeten Unterhalts nach den gesetzlichen Vorschriften verlangt werden.[49]

Bei einem **Versäumnisbeschluss** ist danach zu differenzieren, ob es sich um einen Abänderungsantrag des Unterhaltsschuldners oder einen solchen des Unterhaltsgläubigers handelt:

- Für den **Abänderungsantrag des Schuldners** hat der BGH die bisherige Streitfrage, ob es auf die Änderung der nach § 113 Abs. 1 S. 2 FamFG i. V. m. § 331 Abs. 1 S. 1 ZPO als zugestanden zugrunde gelegten Tatsachen oder auf die **Änderung der tatsächlichen Verhältnisse** ankommt, im Sinne der zweiten Alternative entschieden.[50] Der Antragsteller kann danach geltend machen, dass sich sein Einkommen gegenüber dem im Ausgangsverfahren tatsächlich gegebenen verringert hat – jedoch wegen der sonst eingreifenden Präklusion (s. Rn 53 f.) nur, wenn und soweit diese Änderung erst nach Schluss der dem Versäumnisbeschluss vorausgegangenen Tatsachenverhandlung und nach Ablauf der Einspruchsfrist eingetreten ist. Deshalb muss der Schuldner außer seinem aktuellen Einkommen auch dasjenige dartun, das er bei Schluss der Tatsachenverhandlung im Vorverfahren und bei Ablauf der Einspruchsfrist hatte. Nur in dem Umfang, in dem sich die **bei Ablauf der Einspruchsfrist** erzielten Einkünfte verringert haben, ist eine Abänderung zulässig. Weil das im Versäumnisbeschluss zugrunde gelegte Einkommen nicht auf einer unzutreffenden Prognose des Tatsachenverlaufs (s. Rn 5) beruht, bleibt die Bindung daran nach Abs. 4 bestehen.[51] Mithin ist dieses fiktive Einkommen in dem prozentualen Verhältnis, in dem sich die tatsächlichen Einkünfte inzwischen verringert haben, anzugleichen und dann zur Berechnung des Unterhalts sowie zur Beurteilung der Wesentlichkeitsschwelle (s. Rn 85 f.) heranzuziehen.

- Der auf eine Einkommensverbesserung des Schuldners gestützte **Abänderungsantrag des Gläubigers** ist zulässig, wenn er eine Erhöhung der tatsächlichen Einkünfte des Schuldners gegenüber den im Versäumnisbeschluss zugrunde gelegten und auch insoweit bindenden fiktiven Einkünften darlegt. Dann kann sich aber der Schuldner als Antragsgegner zur Verteidigung der abzuändernden Entscheidung ohne Einschränkung auf sein im Vergleich zu den dort in die Berechnung eingestellten Einkünften schon damals tatsächlich geringeres Einkommen berufen (s. Rn 52).

e) Darlegung bei fingierten Verhältnissen. Beruht die erkannte Verpflichtung auf einer fingierten Leistungsfähigkeit des Unterhaltspflichtigen, weil dieser seine **Erwerbsobliegenheit** verletzt hat, ist hinsichtlich der Anforderungen an seinen auf Herabsetzung des Unterhalts gerichteten Antrag danach zu differenzieren, welcher Sachverhalt der Fiktion zugrunde liegt.

Hat der Unterhaltspflichtige mutwillig seinen **Arbeitsplatz aufgegeben** und ist er deshalb im Ausgangsverfahren so behandelt worden, als bestehe sein bisheriges Arbeitsverhältnis mit dem dabei erzielten Einkommen fort, ist sein Abänderungsantrag nur zulässig, wenn er geltend macht, dass er aus von ihm nicht zu vertretenden Gründen die frühere Arbeitsstelle in der Zwischenzeit ohnehin verloren oder dort kein Einkommen in bisheriger Höhe mehr erzielt hätte. Denn er muss darlegen, dass die im abzuändernden Beschluss aufgestellte Prognose, er würde ohne sein unterhaltsbezogenes Fehlverhalten weiterhin über seinen Arbeitsplatz und das frühere Einkommen verfügen, aufgrund veränderter Verhältnisse nicht mehr gerechtfertigt ist. Dagegen genügt der Vortrag, inzwischen eine Anstellung mit einem geringeren Einkommen als dem in die Unterhaltsberechnung eingestellten erlangt zu haben, nicht.[52] Gleiches hat bei einem zwar unfreiwilligen, aber durch unterhaltsbezogene Mutwilligkeit[53] verursachten Arbeitsplatzverlust zu gelten. Hat der Unterhalts-

---

[49] BGH NJW 2007, 2921.
[50] BGH NJW 2010, 2437.
[51] Johannsen/Henrich/Brudermüller § 238 FamFG Rn 99.
[52] BGH NJW 2008, 1525.
[53] BGH NJW 2000, 2351.

pflichtige später einen neuen Arbeitsplatz mit etwa gleich hohem Einkommen erlangt und verliert er diesen später durch betriebsbedingte Kündigung, genügt der darauf gestützte Vortrag eingetretener Leistungsunfähigkeit grundsätzlich zur Zulässigkeit des Abänderungsantrags, weil dann der für die Prognose maßgebliche Ursachenzusammenhang entfallen ist.[54] Abzustellen ist aber auf die Verhältnisse des Einzelfalls. Davon, dass der Prognose und damit der Fiktion fortbestehender Leistungsfähigkeit nur eine bestimmte zeitliche Dauer zukommt, kann nicht ausgegangen werden, wenn der abzuändernde Beschluss keine entsprechende Einschränkung macht.[55]

30 Hat sich der Antragsteller nach unterhaltsrechtlich nicht zu vertretendem **Verlust des Arbeitsplatzes** nicht ausreichend um eine neue Anstellung bemüht und ist ihm deshalb ein nach seinen persönlichen Voraussetzungen und den Verhältnissen am Arbeitsmarkt als erzielbar anzusehendes Einkommen zugerechnet worden,[56] muss er dartun, dass er jetzt seiner Erwerbsobliegenheit entsprechende Bemühungen zur Wiedererlangung eines Arbeitsplatzes unternommen und trotzdem keine Beschäftigung oder nur eine solche erlangt hat, die weniger einbringt als das im abzuändernden Beschluss eingestellte Einkommen.

IV. Verhältnis zu anderen Rechtsbehelfen

1. Abgrenzung zum Leistungsantrag

31 **a) Allgemeines.** Soweit nach § 238 der Abänderungsantrag eröffnet ist, steht eine andere verfahrensrechtliche Möglichkeit zur Erhöhung des titulierten Unterhalts bzw. zu dessen Neufestsetzung grundsätzlich nicht zur Verfügung. Ein Leistungs- bzw. Erstantrag (§ 113 Abs. 1 S. 2 FamFG i. V. m. § 258 ZPO) ist dann ausgeschlossen, so dass regelmäßig **kein Wahlrecht** besteht.[57] Im Einzelfall treten jedoch Abgrenzungsschwierigkeiten bei der Frage nach dem zulässigen Rechtsbehelf auf.

32 Wird bei Zulässigkeit eines Abänderungsantrags ein Leistungsantrag erhoben, kommt eine **Umdeutung** in Betracht, wenn ein darauf gerichteter Wille des Antragstellers erkennbar ist, kein schutzwürdiges Interesse des Antragsgegners entgegensteht und der Vortrag des Antragstellers die an die Zulässigkeit eines Abänderungsantrags zu stellenden Anforderungen erfüllt.[58] Gleiches gilt im umgekehrten Fall.[59]

33 Wird ein Leistungsantrag in erster Instanz wegen der Möglichkeit der Erhebung eines Abänderungsantrags als unzulässig abgewiesen, kann der Antragsteller nach **Antragsumstellung in der Beschwerdeinstanz** im Wege des Abänderungsantrags vorgehen, weil er damit sein Unterhaltsbegehren weiterverfolgt und die Beseitigung der durch den angefochtenen Beschluss eingetretenen Beschwer (§ 59 Abs. 1) begehrt. Insoweit ist die gleiche Verfahrenssituation gegeben wie im Berufungsverfahren vor der ZPO-Reform,[60] weil der Gesetzgeber die Beschwerdeinstanz im FamFG-Verfahren als volle unbeschränkte zweite Tatsacheninstanz ausgestaltet[61] und § 533 ZPO von der Verweisung in § 117 Abs. 2 S. 1 ausgenommen hat.

34 **b) Neuer Antrag.** Ist ein auf Zahlung laufenden, d. h. künftig fällig werdenden Unterhalts gerichteter **Erstantrag** wegen derzeit fehlender Bedürftigkeit des Antragstellers oder gegenwärtiger Leistungsunfähigkeit des Antragsgegners rechtskräftig **in vollem Umfang abgewiesen** worden, muss der Unterhaltsberechtigte nach Eintritt der vormals fehlenden Anspruchsvoraussetzungen im Wege eines neuen Leistungsantrags vorgehen. Denn dann liegt der Abweisung für die Zukunft keine sachliche Beurteilung nach den voraussichtlichen künftigen Verhältnissen und somit keine Prognose zu Grunde, selbst wenn gleichzeitig rückständiger Unterhalt zuerkannt wird. Deshalb kommt einem solchen Beschluss keine in

---

[54] OLG Frankfurt NJW-RR 2008, 888.
[55] BGH NJW 2008, 1525; a. M. OLG Hamm NJW 1995, 1843 (2 Jahre); OLG Koblenz FamRZ 1986, 93 (6 Jahre); Palandt/Diederichsen § 1603 Rn 55.
[56] BGH NJW 2009, 1410.
[57] OLG Düsseldorf NJW-RR 2006, 946.
[58] BGH NJW 1997, 735; NJW 1992, 438.
[59] BGH NJW 1992, 438; NJW-RR 1986, 1260.
[60] BGH NJW 2001, 2259.
[61] BT-Drs. 16/6308 S. 225.

die Zukunft reichende Rechtskraftwirkung zu, deren Durchbrechung nach § 238 es bedürfte. Dagegen beruht auch ein dem Antrag auf Zahlung laufenden Unterhalts lediglich teilweise stattgebender Beschluss auf einer Prognose und erwächst damit auch für die Zukunft in materielle Rechtskraft, so dass er insgesamt nur unter deren Durchbrechung abgeändert werden kann.[62]

c) Zusatz- oder Nachforderungsantrag. Ist dem Unterhaltsberechtigten im Vorverfahren der ihm nach seiner Vorstellung zustehende volle **Unterhalt antragsgemäß zuerkannt** worden und bleibt der titulierte Betrag aufgrund der Antragsbindung des Gerichts (§ 113 Abs. 1 S. 2 FamFG i. V. m. § 308 Abs. 1 S. 1 ZPO) hinter dem nach materiellem Recht geschuldeten Unterhalt zurück, kann die Differenz nicht im Wege eines neuen Leistungsantrags nachgefordert werden.[63] Das gilt wegen der Einheitlichkeit des Unterhaltsanspruchs[64] auch dann, wenn ein Ehegatte zunächst nur Elementar- und keinen Vorsorgeunterhalt geltend gemacht hat.[65] Eine Erhöhung des zugesprochenen Unterhalts lässt sich dann nur auf einen **Abänderungsantrag** erreichen und setzt voraus, dass sich die für die frühere Entscheidung maßgebenden Verhältnisse wesentlich geändert haben. Bis zum Eintritt einer solchen Veränderung muss sich der Unterhaltsberechtigte an seinem zunächst verfolgten Rechtsschutzziel festhalten lassen. Dabei spricht im Zweifel eine Vermutung dafür, dass im Vorverfahren der Unterhalt in voller Höhe geltend gemacht worden ist.[66] Sobald jedoch § 238 eine Unterhaltsanpassung eröffnet, kann der tatsächlich geschuldete Gesamtunterhalt mit Wirkung für die Zukunft verlangt werden, weil nach dem Zweck der Vorschrift ein weiteres Festhalten an der Nichtforderung und die fortwirkende Bindung an den früheren Beschluss unerträglich wären (s. auch Rn 62).[67] 35

Nur wenn der Unterhaltsberechtigte im vorausgegangenen Verfahren ausdrücklich nicht den vollen Unterhalt, sondern einen **Teilanspruch geltend gemacht** (sog. offener Teilantrag) oder sich wenigstens eindeutig eine Nachforderung vorbehalten hat,[68] kann er später den restlichen Unterhalt im Wege des Leistungsantrags verlangen. Das ist auch der Fall, wenn sich der Erstantrag auf denjenigen Unterhalt beschränkt, der über einen freiwillig gezahlten Betrag hinausgeht. Ein daraufhin ergehender Beschluss entscheidet, egal ob er den Teilanspruch zuspricht oder aberkennt, wegen der Beschränkung des Verfahrensgegenstandes nicht über das Bestehen eines Unterhaltsanspruchs im Umfang der freiwilligen Zahlung. Deshalb entfaltet er insoweit keine Rechtskraft, die Gegenstand einer Durchbrechung durch Abänderungsantrag sein könnte. Vielmehr beschränkt sich die Rechtskraftwirkung auf den titulierten Spitzenbetrag. Dass zu dessen Ermittlung in den Beschlussgründen notwendigerweise der Sockelbetrag als Bestandteil eines materiellrechtlich einheitlichen Anspruchs, d. h. des Gesamtunterhalts behandelt wird, bewirkt keine Erstreckung der Rechtskraft auf diese Feststellungen. Deshalb kann eine Mehrforderung mit dem **Leistungsantrag** geltend gemacht werden.[69] Entsprechendes gilt, wenn für das Kind Tabellenunterhalt tituliert ist und der Kindergartenbeitrag als vom Tabellenbetrag nicht erfasster **Mehrbedarf**[70] verlangt wird. 36

d) Erstattungsantrag. Soweit Unterhalt für eine Zeit gezahlt wurde, für die dem Unterhaltsberechtigten nachträglich eine gesetzliche Rente bewilligt wird, kommt nach Treu und Glauben (§ 242 BGB) ein Anspruch auf Erstattung der **Rentennachzahlung** in Höhe des Betrages in Betracht, um den sich der Unterhalt ermäßigt hätte, wenn die Rente schon während des Bezugs der titulierten Unterhaltsleistungen gezahlt worden wäre.[71] Denn insoweit geht es nicht um eine Abänderung des Unterhaltstitels als Rechtsgrund für 37

---

[62] BGH NJW 2005, 142; NJW-RR 1990, 390.
[63] BGH NJW 1987, 1551; NJW 1984, 1458.
[64] OLG Zweibrücken NJW-RR 1993, 1218.
[65] BGH NJW 1985, 1701.
[66] BGH NJW 2009, 1410.
[67] BGH NJW 1998, 161; NJW 1987, 1201.
[68] BGH NJW-RR 1990, 390; NJW-RR 1987, 642.
[69] BGH NJW 1991, 429; NJW 1985, 1340.
[70] BGH NJW 2009, 1816.
[71] BGH NJW 1990, 709; NJW 1989, 1990.

die Unterhaltszahlung oder eine Anrechnung von Rentenleistungen auf den zuvor ermittelten Unterhaltsbedarf, sondern um einen Erstattungsanspruch des Unterhaltspflichtigen hinsichtlich eines Zeitraums, der von der erforderlichen Anpassung des Titels über künftig fällig werdenden Unterhalt nach § 238 noch nicht erfasst wird. Dass zur Feststellung dieses Anspruchs zu prüfen ist, wie hoch der Unterhalt bei Berücksichtigung des Rentenbezuges ausgefallen wäre, steht dem nicht entgegen; denn dies hat keinen Einfluss auf den Verfahrensgegenstand und damit auch nicht auf die Rechtskraftwirkung der zu treffenden Entscheidung.[72] Von einem solchen Erstattungsantrag eigener Art ist der bereicherungsrechtliche Rückforderungsantrag nach §§ 812 ff. BGB zu unterscheiden, weshalb § 818 Abs. 3 BGB nicht zur Anwendung kommt.

2. Abgrenzung zum Vollstreckungsabwehrantrag

38 Der Abänderungsantrag ist sowohl dem Schuldner wie dem Gläubiger mit dem Ziel eröffnet, einen Unterhaltstitel unter Durchbrechung seiner Rechtskraft an veränderte Verhältnisse anzupassen, d. h. seinen Inhalt zu aktualisieren. Demgegenüber beschränkt sich das Ziel des nur vom Schuldner zu erhebenden Vollstreckungsabwehrantrags (§ 113 Abs. 1 S. 2 FamFG i. V. m. § 767 ZPO) auf die vollständige oder teilweise **Beseitigung der Vollstreckbarkeit** des Titels, dessen Inhalt und Rechtskraft aber bestehen bleiben.[73] Deshalb schließen sich die beiden Rechtsbehelfe hinsichtlich konkreter Unterhaltsforderungen grundsätzlich gegenseitig aus, so dass keine Wahlmöglichkeit besteht.[74]

39 Bei einem Vollstreckungsabwehrantrag ist der Schuldner auf materiellrechtliche, d. h. rechtsvernichtende oder rechtshemmende Einwendungen gegen den titulierten Anspruch beschränkt, die zwar nachträglich entstanden sein müssen (§ 767 Abs. 2 ZPO), aber von der im Ausgangsverfahren angestellten Prognose nicht erfasst sind. Mithin geht es allein um die Frage, ob die Zwangsvollstreckung wegen dieser Einwendungen endgültig, d. h. **unabhängig vom künftigen Tatsachenverlauf** unzulässig (geworden) ist. Für die Abgrenzung gegenüber dem Abänderungsantrag kommt es darauf an, worauf sich das Rechtsschutzziel des Antragstellers richtet.[75] Dies ist ggf. durch Auslegung zu ermitteln.[76] Einen Abänderungs- oder Vollstreckungsabwehrantrag an Abgrenzungsfragen scheitern zu lassen, erscheint jedoch aus Gründen der Verfahrensökonomie regelmäßig nicht gerechtfertigt.[77]

40 Auch unter diesem Gesichtspunkt ist die **Umdeutung** eines Vollstreckungsabwehrantrags in einen Abänderungsantrag zulässig, wenn sie dem ersichtlichen Willen des Antragstellers entspricht, kein schutzwürdiges Interesse des Antragsgegners entgegensteht und der zur Antragsbegründung geführte Vortrag die Voraussetzungen des § 238 erfüllt.[78] Entsprechendes gilt im umgekehrten Fall.[79] Vor Abweisung seines Antrags als unzulässig hat das Gericht den Antragsteller auf die Möglichkeit einer Antragsumstellung hinzuweisen, wenn diese sachdienlich ist (§ 113 Abs. 1 S. 2 FamFG i. V. m. § 139 ZPO).[80]

41 Eine nachträglich eingetretene **Verwirkung** des Unterhaltsanspruchs nach § 1579 BGB begründet eine rechtsvernichtende Einwendung und ist für sich genommen mit dem Vollstreckungsabwehrantrag geltend zu machen. In der Praxis macht aber der Schuldner häufig zugleich eine dem Abänderungsantrag unterfallende Veränderung der für die Unterhaltsbemessung maßgeblichen Verhältnisse geltend. Dann kommt es in Bezug auf den zu beurteilenden Lebenssachverhalt und das Rechtsschutzziel zu Überschneidungen der Anwendungsbereiche beider Rechtsbehelfe, die verwandten Zwecken dienen.[81] Auch in einem solchen Fall besteht grundsätzlich kein Wahlrecht. Vielmehr ist eine Verbindung beider

---

[72] BGH NJW 2005, 2313.
[73] BGH NJW 1987, 3266.
[74] BGH NJW 2005, 2313.
[75] BGH NJW 2008, 1446.
[76] BGH NJW-RR 2005, 371; NJW-RR 2000, 1446.
[77] BGH NJW 2001, 828.
[78] OLG Brandenburg NJW-RR 2002, 1586.
[79] BGH NJW-RR 1991, 899.
[80] BGH NJW 2006, 695.
[81] BGH GrZS NJW 1983, 228.

Anträge im Wege von **Haupt- und Hilfsantrag** zulässig,[82] wenn für sie der gleiche Gerichtsstand gegeben ist (s. Rn 91). Außerdem können im Rahmen eines zulässigen Abänderungsantrags Einwendungen nach § 767 ZPO berücksichtigt werden und für die Zeit ab Rechtshängigkeit (auch) eine Abänderung nach § 238 begründen, wie z. B. ein die Anwendung von § 1579 Nr. 3 oder 5 BGB rechtfertigender fortdauernder Verstoß gegen die Offenbarungspflicht (s. auch Rn 63).[83]

Die Änderung der wirtschaftlichen Verhältnisse ist stets durch **Abänderungsantrag** 42 geltend zu machen.[84] Dazu gehört auch der Eintritt des Rentenbezugs beim Unterhaltsgläubiger, weil dies im Wege der Differenzmethode bei der Unterhaltsberechnung zu berücksichtigen ist und der Vollstreckungsabwehrantrag nur eine Anrechnung der Rente auf den titulierten Unterhalt eröffnet.[85] Dass sich die Beziehung des geschiedenen Ehegatten zu einem neuen Partner zu einer Lebensgemeinschaft nach § 1579 Nr. 2 BGB verfestigt hat, ist ebenfalls ein Abänderungsgrund (s. auch Rn 57).[86] Entsprechendes gilt für die Befristung des Anspruchs auf nachehelichen Unterhalt, wenn die Gründe dafür erst nach Schluss der Tatsachenverhandlung im Vorverfahren eintreten (s. auch Rn 56).[87]

Ein **Vollstreckungsabwehrantrag** kommt insbesondere in Betracht bei Erfüllung,[88] 43 Aufrechnung,[89] Verzicht[90] oder endgültigem Wegfall der Unterhaltsvoraussetzungen.[91] Ebenso wenn aus einem auf Trennungsunterhalt lautenden Titel wegen der Zeit nach Scheidung der Ehe[92] oder aus einem auf die Minderjährigkeit des Kindes befristeten Titel wegen der Zeit ab Eintritt der Volljährigkeit weiter vollstreckt wird; wenn ein Elternteil aus dem in gesetzlicher Verfahrensstandschaft erwirkten Beschluss nach Eintritt der Volljährigkeit vorgeht[93] oder nach Wegfall seines Sorgerechts wegen rückständigen Kindesunterhalts für die Zeit, als er sorgeberechtigt war, vollstreckt.[94] Das Erreichen der Haftungssumme des § 1586 b Abs. 1 S. 3 BGB ist vom Erben des nach § 1586 a BGB wegen Wiederauflebens des Unterhaltsanspruchs Verpflichteten jedenfalls dann, wenn der bestehende Unterhaltstitel umgeschrieben (§ 113 Abs. 1 S. 2 FamFG i. V. m. § 727 ZPO) wurde,[95] im Wege des Vollstreckungsabwehrantrags geltend zu machen.[96]

3. Abgrenzung zum negativen Feststellungsantrag

Während der Abänderungsantrag gegen Endentscheidungen im Hauptsacheverfahren 44 eröffnet ist, findet der negative Feststellungsantrag gegen eine durch **einstweilige Anordnung** (§ 246) erkannte, nicht anfechtbare (§ 57 S. 1) Verpflichtung zu laufenden Unterhaltsleistungen statt, wenn die Entscheidung nicht mehr nach § 54 abgeändert werden kann. Das kommt insbesondere nach Eintritt der Scheidungsrechtskraft in Betracht, wenn ein Elternteil im Verbundverfahren (§ 137) zur Zahlung von Ehegatten-[97] oder Kindesunterhalt[98] verpflichtet wurde. Die einstweilige Anordnung trifft aufgrund einer summarischen Prüfung eine vorläufige Regelung, die jederzeit durch eine im Hauptsacheverfahren ergehende Endentscheidung abgelöst werden kann, weil sie nicht in materielle Rechtskraft erwächst. Geht die einstweilige Anordnung über Bestand oder Höhe des materiellrechtlichen Unterhaltsanspruchs hinaus, leistet der Schuldner im Umfang der Überzahlung ohne

---

[82] BGH NJW 1979, 1306.
[83] BGH NJW-RR 1990, 1410.
[84] BGH NJW-RR 1991, 1154.
[85] BGH NJW 2005, 2313.
[86] BGH NJW 2001, 828.
[87] BGH FamRZ 2001, 905; NJW 1997, 1851.
[88] BGH NJW 2006, 695 (Anrechnungsklausel); NJW 1984, 2826.
[89] BGH NJW 1993, 2105.
[90] OLG Zweibrücken NJW-RR 2009, 4.
[91] OLG Naumburg FamRZ 2006, 1402 (Wiederheirat).
[92] BGH NJW 1981, 978.
[93] OLG Hamm FamRZ 1992, 843; OLG Köln FamRZ 1995, 308.
[94] OLG Nürnberg NJW-RR 2002, 1158; OLG Schleswig FamRZ 1990, 189.
[95] BGH NJW 2004, 2896.
[96] Offen gelassen in BGH NJW 2001, 828; a. M. Graba Rn 217.
[97] BGH NJW 1983, 1330.
[98] BGH NJW 2006, 57.

rechtlichen Grund i. S. d. § 812 Abs. 1 S. 1 BGB.[99] Deshalb hat er bei fehlender Anhängigkeit der Hauptsache ein Rechtsschutzinteresse an der baldigen Feststellung des vollständigen oder teilweisen Nichtbestehens des titulierten Anspruchs. Dieses **Feststellungsinteresse** besteht trotz der in § 52 Abs. 2 eingeräumten Möglichkeit, die Anordnung der Einleitung des Hauptsacheverfahrens durch den Unterhaltsberechtigten in einer Frist von bis zu 3 Monaten zu erwirken. Insoweit ist im Interesse eines effektiven Rechtsschutzes ein Wahlrecht zwischen beiden Rechtsbehelfen zu bejahen (s. auch § 246 Rn 8).[100] Weil es nicht um die Durchbrechung materieller Rechtskraft geht, unterliegt der negative Feststellungsantrag keiner Einschränkung dahin, dass die Feststellung erst ab Rechtshängigkeit oder ab Verzug des Gläubigers mit einem Verzicht auf seine Rechte aus der einstweiligen Anordnung begehrt werden könnte.[101]

45 Ein Beschluss, der einen gegen eine einstweilige Anordnung gerichteten negativen Feststellungsantrag (teilweise) abweist, steht einem positiven Leistungsbeschluss gleich. Deshalb entfaltet er eine entsprechende Rechtskraftwirkung für die Zukunft, so dass gegen ihn der Abänderungsantrag nach § 238 stattfindet.[102]

4. Geltendmachung durch Widerantrag

46 Der Antragsgegner kann durch einen der zivilprozessualen Widerklage entsprechenden Widerantrag (§ 113 Abs. 5 Nr. 2) eine **gegenläufige Abänderung** geltend machen. Dabei steht es ihm grundsätzlich frei, im Wege eines Stufenantrags (§ 113 Abs. 1 S. 2 FamFG i. V. m. § 254 ZPO) vorzugehen und vom Antragsteller Auskunft über sein unterhaltsrelevantes Einkommen zu verlangen. Der auf Auskunft gerichtete Widerantrag ist auch mit dem bloßen Ziel zulässig, die Abweisung des Abänderungsantrags zu erreichen.[103] Jedoch kann im Einzelfall das Rechtsschutzinteresse des Antragsgegners fehlen, wenn ihm der die verfahrensrechtliche Auskunftspflicht des Antragstellers aktivierende Antrag nach § 235 Abs. 2 eröffnet ist. Jedenfalls wenn auf einen solchen Antrag die Frist zur Auskunftserteilung verstreicht und das Gericht nicht nach § 236 Abs. 1 vorgeht, entspricht der Auskunftsantrag dem schutzwürdigen Interesse des Antragsgegners. Die Erhebung des Widerantrags ist aber nicht von der eines Abänderungsantrags abhängig, sondern genauso im Fall eines Nachforderungsantrags (s. Rn 35 f.) möglich, aber auch jederzeit als selbständiger Abänderungsantrag zulässig.[104]

5. Geltendmachung mit Beschwerde und Anschlussbeschwerde

47 **a) Beschwerde.** Ändern sich nach Schluss der mündlichen Verhandlung erster Instanz oder nach dem ihm im schriftlichen Verfahren gleichstehenden Zeitpunkt (§ 113 Abs. 1 S. 2 FamFG i. V. m. § 128 Abs. 2 S. 2 ZPO) die der erstinstanzlichen Entscheidung zugrunde gelegten Verhältnisse, egal ob sie auf einen Leistungsantrag oder auf einen Abänderungsantrag ergeht, kann der durch diese Entwicklung begünstigte Beteiligte entweder Beschwerde einlegen oder einen (ggf. neuen) Abänderungsantrag erheben. Insoweit besteht also ein **Wahlrecht**.[105]

48 **b) Anschlussbeschwerde.** Legt der andere Beteiligte eine zulässige Beschwerde ein, steht dem Beschwerdegegner **kein Wahlrecht** zwischen Abänderungsantrag und Anschließung (§ 66) zu. Vielmehr muss er sich zur Verhinderung der Präklusionswirkung des § 238 Abs. 2 dem Rechtsmittel anschließen, weil es insoweit auf die letzte Tatsachenverhandlung ankommt, mithin auf diejenige im Beschwerdeverfahren (§ 65 Abs. 3). Der Gesetzgeber hat die Abänderung einer Verpflichtung zu künftig fällig werdenden Unterhaltsleistungen ersichtlich auf solche Fälle beschränkt, in denen keine zumutbare

---

[99] BGH NJW-RR 1991, 1154; NJW 1984, 2095.
[100] Ebenso Prütting/Helms/Bömelburg § 238 Rn 41; Horndasch/Viefhues/Rossmann § 246 Rn 51; a. M. Thomas/Putzo/Hüßtege § 246 FamFG Rn 9.
[101] BGH NJW-RR 1989, 709; OLG Brandenburg NJW-RR 2002, 939.
[102] OLG Hamm FamRZ 2000, 544; NJW-RR 1994, 1417.
[103] OLG Zweibrücken FamRZ 2004, 1884.
[104] BGH NJW-RR 2005, 371.
[105] BGH NJW 1993, 1795.

Möglichkeit bestand, maßgebliche Gründe für die Beurteilung schon im Vorverfahren geltend zu machen.[106] Im Fall der Anschließung spricht dafür neben Gründen der Verfahrensökonomie auch, dass vor Abschluss des Beschwerdeverfahrens ein Abänderungsantrag nicht zulässig erhoben werden kann (§ 113 Abs. 1 S. 2 FamFG i. V. m. § 261 Abs. 3 Nr. 1 ZPO) und die veränderten Tatsachen in getrennten Verfahren mehrfach, d. h. zunächst zur Verteidigung gegen die Beschwerde und später zur Begründung des Abänderungsverlangens mit der Gefahr widersprechender Entscheidungen beurteilt werden müssten.[107] Etwas anderes kommt nur im Verbundverfahren in Betracht, wenn das Rechtsmittel nicht die erstinstanzlich entschiedene Unterhaltssache (§ 137 Abs. 2 Nr. 2) betrifft, so dass dann ein Wahlrecht besteht.[108]

Die früher streitige Frage, ob die Anschlussfrist (§ 524 Abs. 2 S. 2 ZPO) im Falle einer Verpflichtung zu laufendem Unterhalt stets nicht gilt (§ 524 Abs. 2 S. 3 ZPO)[109] oder ob die Zulässigkeit der Anschließung voraussetzt, dass sich die tatsächlichen Verhältnisse seit der letzten mündlichen Verhandlung erster Instanz[110] oder gar erst nach Ablauf der Anschlussfrist[111] geändert haben, soll nach dem Willen des Gesetzgebers keine Bedeutung für das FamFG-Verfahren haben, weil die Beschwerde eine volle unbeschränkte zweite Tatsacheninstanz eröffnet.[112] Die Verweisung auf § 524 Abs. 2 S. 2 ZPO in § 117 Abs. 2 S. 1 gilt danach nur für die Familienstreitsachen nach § 112 Nr. 2 u. 3 (Güterrechtssachen und sonstige Familiensachen), nicht hingegen für solche nach § 112 Nr. 1 (Unterhaltssachen).[113] Mithin ist **keine Anschlussfrist** einzuhalten und es können Abänderungsgründe geltend gemacht werden, die schon in der ersten Instanz gegeben waren.[114] Auch rückwirkende Abänderung kann begehrt werden, weil in diesem Zusammenhang die Formulierung „künftig fällig werdende wiederkehrende Leistungen" als bloße Erläuterung[115] bzw. Definition des Unterhaltsbegriffs aufzufassen und nicht auf die künftige Fälligkeit bezogen ist.

6. Abänderungsverlangen bei Zulassung der Rechtsbeschwerde

Eine nach Schluss der letzten mündlichen Verhandlung in der Beschwerdeinstanz eingetretene Veränderung der tatsächlichen Verhältnisse kann mit der Rechtsbeschwerde oder Anschlussrechtsbeschwerde nicht geltend gemacht werden (§ 72 Abs. 1). Wird auf eine aus anderen Gründen zulässige und begründete Rechtsbeschwerde die Sache unter Aufhebung des angefochtenen Beschlusses an das Beschwerdegericht zurückverwiesen (§ 74 Abs. 6 S. 2), kann die Veränderung in der dadurch neu eröffneten zweiten Tatsacheninstanz (s. § 74 Rn 91) geltend gemacht werden.[116] Denn die Bindungswirkung des § 74 Abs. 6 S. 4 greift nicht ein, soweit sich dort ein neuer Sachverhalt ergibt, auf den die rechtliche Beurteilung durch das Rechtsbeschwerdegericht nicht zutrifft (s. § 74 Rn 94). Andernfalls, d. h. bei einer Sachentscheidung des Rechtsbeschwerdegerichts ist ein (neuer) Abänderungsantrag zu erheben.

V. Tatsachenpräklusion (Abs. 2)

1. Allgemeines

Abs. 2 regelt zum einen die Berücksichtigungsfähigkeit von Tatsachen bei der Entscheidung über den Abänderungsantrag und betrifft insoweit dessen Begründetheit. Zum anderen bezieht sich die Vorschrift auf die Zulässigkeit, weil der dazu nach Abs. 1 S. 2 erforderliche Vortrag die Geltendmachung nachträglicher Veränderungen voraussetzt. Danach kann

---

[106] BGH NJW 1998, 161; NJW 1986, 383.
[107] OLG Zweibrücken FamRZ 2004, 554.
[108] OLG Köln FamRZ 1997, 507.
[109] BGH NJW 2009, 1271.
[110] OLG Düsseldorf FamRZ 2007, 1572; OLG Zweibrücken FamRZ 2004, 1048.
[111] OLG Celle FamRZ 2007, 1821; OLG Koblenz NJW 2007, 3362; OLG Nürnberg NJW-RR 2009, 292.
[112] BT-Drs. 16/6308 S. 225.
[113] BT-Drs. 16/9733 S. 292.
[114] BT-Drs. 16/12717 S. 59.
[115] BGH NJW 2009, 1271.
[116] BGH NJW 1985, 2029.

der **Antragsteller** Umstände, die während der Anhängigkeit des Ausgangsverfahrens schon vorhanden waren (sog. Alttatsachen), dort aber nicht vorgetragen wurden und den Feststellungen des früheren Beschlusses widersprechen, nicht vorbringen. Ihm auch dies zu ermöglichen, läge außerhalb der Billigkeitsgründe, denen das Gesetz mit dem Abänderungsantrag Rechnung tragen will.[117] Dabei kommt es nicht darauf an, ob dem Antragsteller jene Umstände schon bekannt waren.

52 Für den **Antragsgegner** gilt Abs. 2 nicht uneingeschränkt entsprechend. Er kann zur Verteidigung des abzuändernden Beschlusses im Ausgangsverfahren nicht vorgetragene und nicht berücksichtigte Alttatsachen geltend machen. Denn ein solches Verteidigungsvorbringen berührt die Bindungswirkung der früheren Entscheidung nicht und schützenswerte Interessen des Antragstellers stehen nicht entgegen.[118] Auf Änderungen der seinerzeit vom Gericht zu Grunde gelegten tatsächlichen Verhältnisse kann sich aber auch der Antragsgegner erst wegen der Zeit ab Eintritt der Änderung berufen; dies gilt ebenso für eine Änderung der Rechtsprechung.[119] Betrifft der Abänderungsantrag einen Versäumnisbeschluss, kann der Antragsgegner einwenden, die dort zugrunde gelegten fingierten Verhältnisse hätten damals tatsächlich nicht vorgelegen. Macht er aber im Wege eines Widerantrags (s. Rn 46) eine gegenläufige Abänderung geltend, ist er mit Alttatsachen im gleichen Umfang präkludiert wie der Antragsteller.

2. Unterlassene Geltendmachung im Ausgangsverfahren

53 Für den Eintritt der Präklusion ist nach Abs. 2 darauf abzustellen, ob der Antragsteller die zur Begründung angeführten Abänderungsgründe noch **in der letzten Tatsachenverhandlung** des früheren Verfahrens geltend machen konnte. Dies ist ggf. die mündliche Verhandlung in der Beschwerdeinstanz (§ 65 Abs. 3). Wird die Beschwerde aber vor Eintritt in die Sachverhandlung zurückgenommen, ist auf die Schlussverhandlung erster Instanz abzustellen.[120] Zur Geltendmachung neuer Tatsachen, die erst nach dieser Verhandlung eingetreten sind, braucht zur Vermeidung der Präklusion keine Beschwerde eingelegt zu werden, weil insoweit ein Wahlrecht zwischen Rechtsmittel und Abänderungsantrag besteht (s. Rn 47).

54 Handelt es sich beim abzuändernden Titel um einen Versäumnisbeschluss, ist **zusätzlich** erforderlich, dass die Abänderungsgründe durch Einspruch (§ 113 Abs. 1 S. 2 FamFG i. V. m. § 338 ZPO) nicht mehr geltend gemacht werden konnten. Sie müssen deshalb nicht nur nach Schluss der mündlichen Tatsachenverhandlung, auf die der Beschluss ergangen ist, sondern auch erst **nach Ablauf der Einspruchsfrist** (§ 339 ZPO) entstanden sein. Darum hat der durch die Versäumnisentscheidung beschwerte Beteiligte alle vor Ablauf der Einspruchsfrist entstandenen Abänderungsgründe mit dem Einspruch im Ausgangsverfahren geltend zu machen.[121]

3. Ausgeschlossene Abänderungsgründe

55 Nach Sinn und Zweck des § 238 sind nur unvorhersehbare Veränderungen der maßgebenden tatsächlichen Verhältnisse nachträglich zu berücksichtigen, weil allein dann eine Durchbrechung der Rechtskraft gerechtfertigt ist. Daraus folgt, dass den bereits eingetretenen Tatsachen solche gleichstehen, deren **Eintritt zuverlässig vorauszusehen** war und die das Gericht deshalb bei entsprechendem Vortrag in seine Prognose hätte einbeziehen können.[122] Dies gilt nur dann nicht, wenn die Bedeutung der Tatsachen für die Bemessung des Unterhalts seinerzeit noch nicht oder jedenfalls nicht abschließend beurteilt werden konnte, weil sie erst später hervorgetreten ist, etwa infolge einer Änderung der Rechtslage oder der höchstrichterlichen Rechtsprechung.[123] Deshalb greift z. B. die Präklusion, wenn bis zum

---

[117] BGH NJW 1987, 1201.
[118] BGH NJW-RR 2001, 937.
[119] BGH NJW 2007, 1961.
[120] BGH NJW 1988, 2473.
[121] BGH NJW 1982, 1812.
[122] BGH NJW 2010, 365; NJW 2004, 3106.
[123] BGH NJW 2007, 1961.

Schluss der letzten mündlichen Tatsachenverhandlung kurz vor Jahresschluss ein zum Beginn des Folgejahres zwingend eintretender Steuerklassenwechsel nicht geltend gemacht wird.[124]

Eine **Befristung oder Begrenzung des Ehegattenunterhalts** wegen Unbilligkeit nach § **1578 b BGB** (s. dazu auch Rn 108) von einem bestimmten Zeitpunkt an setzt nicht voraus, dass dieser bereits eingetreten ist. Die Entscheidung darüber kann deshalb grundsätzlich nicht einem Abänderungsverfahren überlassen bleiben, soweit die für die Annahme der Unbilligkeit maßgeblichen Gründe bereits im Erstverfahren eingetreten oder im Wege einer sicheren Prognose zuverlässig vorauszusehen sind.[125] Ob dies zutrifft, lässt sich nur unter Berücksichtigung aller Umstände des Einzelfalls beantworten.[126] Im Wege des Abänderungsantrags lässt sich eine Befristung oder Begrenzung nur dann erreichen, wenn sich die Unbilligkeit erst aus später eingetretenen (ggf. weiteren) Gründen, d. h. aus einer Änderung der dafür wesentlichen tatsächlichen oder rechtlichen Verhältnisse ergibt.[127] Fehlt es daran und hat es der Antragsteller im Erstverfahren unterlassen, unter Vortrag der dafür sprechenden Kriterien Unbilligkeit einzuwenden, kann er diese nur noch in einem vom Unterhaltsgläubiger angestrengten Abänderungsverfahren zur Verteidigung des früheren Titels geltend machen.[128] Diese Präklusionswirkung tritt selbst dann ein, wenn die Voraussetzungen für eine Befristung oder Begrenzung im Ausgangsverfahren evident gewesen sind, ohne dass sie vom Gericht berücksichtigt wurden; denn mit dem Abänderungsantrag kann keine Korrektur des früheren Beschlusses herbeigeführt werden.[129]

Eine **Versagung oder Begrenzung des Ehegattenunterhalts** nach § **1579 Nr. 2 BGB** kann der Unterhaltspflichtige mit dem Abänderungsantrag geltend machen, wenn zwar im Ausgangsverfahren schon eine nichteheliche Lebensgemeinschaft bestand, diese aber wegen der dazu erforderlichen Mindestdauer[130] noch nicht den gesetzlichen Tatbestand einer verfestigten Lebensgemeinschaft erfüllte.[131]

Ist an den Bedarfssätzen der Düsseldorfer Tabelle ausgerichteter Kindesunterhalt tituliert, kann eine **Erhöhung des Tabellensatzes** infolge Erreichens der nächsten Altersstufe auch dann mit dem Abänderungsantrag geltend gemacht werden, wenn dies beim Schluss der Tatsachenverhandlung des vorausgegangenen Verfahrens unmittelbar bevorstand. Denn dann wurde bei der dem Titel zugrunde liegenden Prognose dem Altersfortschritt keine Bedeutung beigemessen, weshalb sie zu korrigieren ist.[132]

4. Präklusion bei mehreren Abänderungsverfahren

Bei mehreren aufeinander folgenden Abänderungsverfahren ist für die Zeitschranke des Abs. 2 auf den Schluss der Tatsachenverhandlung des letzten Verfahrens abzustellen, das mit einer Abänderung endete. Dabei kommt es für die Präklusionswirkung nicht auf die Beteiligtenstellung oder die Zielrichtung in jenem Verfahren an, maßgeblich ist vielmehr diejenige im erneuten Abänderungsverfahren.[133]

>Hat es deshalb der frühere Antragsgegner versäumt, die damals bereits bestehenden oder absehbaren, für eine gegenläufige Abänderung sprechenden Gründe geltend zu machen, kann er darauf keinen neuen Abänderungsantrag stützen. Das gilt auch dann, wenn er dazu im vorausgegangenen Verfahren einen Abänderungswiderantrag (§ 113 Abs. 5 Nr. 2) hätte erheben[134] oder sich der Beschwerde des Antragstellers hätte anschließen (§ 66) müssen.[135] Damit ist sichergestellt, dass die Auswirkung veränderter Verhältnisse auf den titulierten

---

[124] OLG Naumburg FamRZ 2008, 797; a. M. Johannsen/Henrich/Brudermüller § 238 FamFG Rn 101; Graba Rn 382.
[125] BGH NJW 2008, 148.
[126] BGH NJW-RR 2008, 1.
[127] BGH NJW 2010, 365.
[128] BGH NJW 2000, 3789; OLG Schleswig NJW-RR 2007, 502.
[129] BGH FamRZ 2001, 905.
[130] BGH NJW 1997, 1851; NJW 1989, 1083.
[131] OLG Karlsruhe FamRZ 2003, 51.
[132] OLG Karlsruhe NJW-RR 2004, 585.
[133] BGH NJW 2000, 3789.
[134] BGH NJW 1998, 161.
[135] BGH NJW 1986, 383.

Unterhaltsanspruch in einem einheitlichen Verfahren nach beiden Seiten hin geklärt wird und es bei späteren Abänderungsverfahren mit entgegen gesetzter Zielrichtung nicht je nach Beteiligtenstellung zu einander widersprechenden Beurteilungen desselben Lebenssachverhalts kommt.

5. Präklusion nach Abänderung eines gerichtlichen Vergleichs

61   Ist ein zu künftigen Unterhaltsleistungen verpflichtender gerichtlicher Vergleich (§ 794 Abs. 1 Nr. 1 ZPO) durch Beschluss abgeändert worden, gilt im erneuten Abänderungsverfahren Abs. 2. Denn dann ist nicht mehr der Vergleich, sondern die ihn abändernde gerichtliche Entscheidung Gegenstand des Abänderungsantrags.[136] Bei einer auf diesen Antrag erfolgenden Unterhaltsbemessung sind aber die Grundlagen des Vergleichs in der Ausgestaltung, die er durch den Abänderungsbeschluss erfahren hat, weiterhin zu berücksichtigen.[137] Wurde der frühere Abänderungsantrag hingegen abgewiesen, ist ein erneuter Antrag weiterhin auf Abänderung des Vergleichs gerichtet, weshalb dann keine Tatsachenpräklusion in Betracht kommt.[138]

6. Ausnahmsweise Berücksichtigung von Alttatsachen

62   Der BGH hat in ständiger Rechtsprechung zu § 323 Abs. 2 ZPO a. F. Ausnahmen vom Grundsatz der Tatsachenpräklusion für zulässig gehalten, wenn deren uneingeschränkte Anwendung zu „unerträglichen Ergebnissen" führen würde. Dem liegt eine am Zweck des Gesetzes ausgerichtete Anwendung der Präklusionsnorm, d. h. deren **teleologische Reduktion**[139] zugrunde. Dies kommt für solche bereits im Ausgangsverfahren vorhandenen Umstände in Betracht, die weder bereits Gegenstand der richterlichen Beurteilung waren noch den Feststellungen des früheren Beschlusses widersprechen, so dass ihre Berücksichtigung im Abänderungsverfahren nicht zum kontradiktorischen Gegenteil der seinerzeit erkannten Rechtsfolge führt.[140] Insoweit können auch Billigkeitserwägungen herangezogen werden, jedoch nur soweit sie auf die Umsetzung der gesetzgeberischen Konzeption des Abänderungsverfahrens abzielen. Ist z.B. Kindesunterhalt unter Anwendung der Düsseldorfer Tabelle tituliert, kann deren spätere Neufassung mit dem Abänderungsantrag geltend gemacht werden, obwohl die zugrunde liegende Änderung der allgemeinen wirtschaftlichen Verhältnisse teilweise schon vor Schluss der letzten Tatsachenverhandlung im Ausgangsverfahren eingetreten war.[141]

63   Hat ein Beteiligter für die Bemessung des Unterhalts relevante Umstände verschwiegen, kann der andere Beteiligte diese nach Kenntniserlangung mit dem Abänderungsantrag geltend machen, und zwar sowohl mit dem Begehren einer Einbeziehung dieser Umstände in die bisherige Unterhaltsberechnung wie unter dem Gesichtspunkt eines Verwirkungstatbestandes. Das ergibt sich daraus, dass der **Verstoß gegen die Offenbarungspflicht** mit der letzten Tatsachenverhandlung im Ausgangsverfahren nicht sein Ende gefunden hat, sondern fortdauert und damit in die Zukunft wirkt, weshalb die darauf bezogene Prognose des Gerichts fehlgeht.[142] Das gilt z. B., wenn der unterhaltsberechtigte geschiedene Ehegatte eigene Einkünfte, das Bestehen einer verfestigten Lebensgemeinschaft oder den Abbruch der den Unterhaltsanspruch begründenden Ausbildung (§ 1575 BGB) verschweigt.

64   Nach diesen Grundsätzen kann bei der Anpassung der Ausgangsentscheidung an die aktuellen Verhältnisse auf einen aus anderen Gründen eröffneten Abänderungsantrag zugleich eine sekundäre Fehlerberichtigung bzw. **Annexkorrektur** in der Weise erfolgen, dass es zu einer dem materiellen Recht entsprechenden Berücksichtigung von Alttatsachen

---

[136] BGH NJW 1995, 534; NJW 1988, 2473; OLG Karlsruhe FamRZ 2005, 816; OLG Hamm FamRZ 1980, 1126.
[137] BGH FamRZ 1982, 684.
[138] OLG Karlsruhe FamRZ 2005, 816.
[139] – nicht belegt –
[140] BGH NJW 1998, 161; NJW 1987, 1201.
[141] BGH NJW 1995, 534.
[142] BGH NJW-RR 1990, 1410.

kommt.¹⁴³ Dabei hat es auch unter Geltung von § 238 zu verbleiben. Im Gesetzgebungsverfahren ist die zunächst vorgesehene Härteklausel, mit der die Tatsachenpräklusion zur Vermeidung grober Unbilligkeit eingeschränkt werden sollte, gestrichen worden.¹⁴⁴ Damit ist klargestellt, dass auch weiterhin **kein allgemeiner Ausnahmetatbestand der groben Unbilligkeit** besteht.

VI. Zeitliche Zulässigkeit der Abänderung (Abs. 3)

1. Antragszustellung als Zeitschranke (Abs. 3 S. 1)

Nach dem Grundsatz des **Abs. 3 S. 1** kommt eine Abänderung erst hinsichtlich desjenigen Unterhaltszeitraums in Betracht, der mit der Erhebung des Abänderungsantrags, d. h. mit dem **Tag der Zustellung** an den Antragsgegner beginnt (§ 113 Abs. 1 S. 2 FamFG i. V. m. § 253 Abs. 1 ZPO). Eine Anwendung von § 187 Abs. 1 BGB und damit ein Abstellen auf den Folgetag scheidet aus.¹⁴⁵ Die Zeitschranke begrenzt die Abänderungsbefugnis des Gerichts und bewirkt die Unzulässigkeit eines Antrags, mit dem außerhalb des Anwendungsbereichs von Abs. 3 S. 2 bis 4 eine rückwirkende Abänderung geltend gemacht wird. 65

Eine analoge Anwendung von § 167 ZPO und damit eine Rückwirkung auf die Einreichung des Abänderungsantrags bei demnächst erfolgender Zustellung kommt nicht in Betracht, weil keine Vergleichbarkeit mit dem Regelungsgegenstand jener Norm besteht. 66

Ebenso wenig genügt im Hinblick auf den klaren Wortlaut des Gesetzes die Einreichung eines Verfahrenskostenhilfeantrags, auch wenn der Entwurf des Abänderungsantrags dem anderen Beteiligten nach § 77 Abs. 1 zur Kenntnis gelangt.¹⁴⁶ Dem um Verfahrenskostenhilfe nachsuchenden Beteiligten bleibt zur Abwendung von Rechtsnachteilen der Antrag auf sofortige Zustellung, § 15 Nr. 3 FamGKG. 67

Hat der Beschwerdegegner im Wege der **Anschlussbeschwerde** Abänderung wegen einer nach Schluss der erstinstanzlichen Verhandlung eingetretenen Veränderung geltend gemacht und geht er, nachdem die Anschließung infolge Rücknahme oder Verwerfung der Beschwerde ihre **Wirkung verloren** hat (§ 66 S. 2), im Wege des selbständigen Abänderungsantrags vor, ist auf die Einreichung der Anschlussschrift abzustellen, soweit sie die jetzt geltend gemachte Abänderung erfasst. In diesem Umfang kommt der Anschließung **Vorwirkung** zu, auf die sich der jetzige Antragsteller aber nach Treu und Glauben (§ 242 BGB) nicht beliebig lange berufen kann.¹⁴⁷ Deshalb muss die Erhebung des Abänderungsantrags noch in zeitlichem Zusammenhang mit der Beendigung des Beschwerdeverfahrens erfolgen, wobei für die Bemessung der Frist im Einzelfall darauf abzustellen ist, bis wann der Beschwerdeführer mit der Erhebung rechnen musste. Äußerste Grenze wird dabei ein Zeitraum von sechs Monaten sein (§ 204 Abs. 2 S. 1 BGB analog). 68

2. Rückwirkende Abänderung (Abs. 3 S. 2–4)

a) Allgemeines. In Abs. 3 S. 2–4 wird als Ausnahme vom rein verfahrensrechtlich definierten Grundsatz des Abs. 3 S. 1 für beide Abänderungsrichtungen die rückwirkende, d. h. bereits zu einem Zeitpunkt vor Erhebung des Abänderungsantrags einsetzende Abänderung des früheren Beschlusses ermöglicht. Das zeitliche Ausmaß der Rückwirkung ist jeweils an das Vorliegen besonderer Voraussetzungen gebunden. Diese richten sich bei der Erhöhung des titulierten Unterhalts unmittelbar nach dem materiellen Unterhaltsrecht und sind bei der Herabsetzung in Angleichung daran verfahrensrechtlich ausgestaltet.¹⁴⁸ 69

b) Antrag auf Erhöhung des Unterhalts. Nach **Abs. 3 S. 2** kann rückwirkend höherer Unterhalt geltend gemacht werden, wenn die Vorschriften des bürgerlichen Rechts 70

---
¹⁴³ Graba Rn 391 ff.; Johannsen/Henrich/Brudermüller § 238 FamFG Rn 113.
¹⁴⁴ BT-Drs. 16/9733 S. 296.
¹⁴⁵ BGH NJW 1990, 709; OLG Bamberg NJW-RR 1992, 1413; OLG Zweibrücken NJW 1994, 527.
¹⁴⁶ BGH NJW 1982, 1050; OLG Dresden FamRZ 1998, 566.
¹⁴⁷ BGH NJW 1987, 1734; a. M. OLG Köln FamRZ 1997, 507.
¹⁴⁸ BT-Drs. 16/6308 S. 258.

die Forderung von Unterhalt für die Vergangenheit ermöglichen. Dies ist nach **§ 1613 Abs. 1 BGB** für den Verwandten-, insbesondere den Kindesunterhalt der Fall. Gleiches gilt infolge Verweisung auf diese Vorschrift für den Familienunterhalt und den Trennungsunterhalt (§§ 1360 a Abs. 3, 1361 Abs. 4 S. 4 BGB) sowie für den nachehelichen Unterhalt (§ 1585 b Abs. 2 BGB).

71 Danach kann die Erhöhung des laufenden Unterhalts von dem Zeitpunkt an verlangt werden, in dem der Schuldner zur Auskunft über sein Vermögen aufgefordert worden oder nach § 286 BGB in Verzug geraten ist. Der höhere Unterhalt und damit die Abänderung des Titels kann dann nach § 1613 Abs. 1 S. 2 BGB für die Zeit ab dem Ersten des Monats begehrt werden, in dem das Auskunftsverlangen oder die Mahnung zugegangen ist (§ 130 Abs. 1 BGB). Die Beweislast für den Zugang liegt beim Gläubiger. Geht es um nachehelichen Unterhalt, erfasst die Bezugnahme in Abs. 3 S. 2 auch die materielle Verwirkungsregelung des **§ 1585 b Abs. 3 BGB**.

72 Das **Auskunftsverlangen** muss sich auf den titulierten Unterhaltsanspruch beziehen und erkennen lassen, dass der Gläubiger die Auskunft zur Prüfung eines Erhöhungsverlangens mit dem Ziel einer Geltendmachung höheren Unterhalts benötigt. Das ist insbesondere gewährleistet, wenn die Aufforderung zur Auskunftserteilung mit der Ankündigung verbunden wird, den auf der Auskunft gerechtfertigten, noch zu beziffernden Unterhalt zu verlangen (sog. **Stufenmahnung**).

73 Die **Mahnung** muss zu ihrer Wirksamkeit bestimmt und eindeutig sein. Dazu hat insbesondere deutlich zu werden, ab wann und in welchem Umfang höherer Unterhalt begehrt wird.[149] Dazu bedarf es zwar nicht ausnahmslos einer Bezifferung; aber nach dem Inhalt der Mahnung und den gesamten Umständen muss für den Schuldner klar sein, welchen genauen Betrag der Gläubiger nunmehr von ihm fordert.[150] Ist jedoch im abzuändernden Titel Unterhalt für mehrere Kinder tituliert, ist dem Bestimmtheitsgebot nur genügt, wenn der geforderte Unterhalt für jedes von ihnen konkret beziffert wird, ggf. als Prozentsatz des jeweiligen Mindestunterhalts (§ 1612 a BGB).[151]

74 Wegen höherer Unterhaltsbeträge als in der Mahnung gefordert wird kein Verzug begründet.[152] Andererseits ist die Mahnung nicht deshalb unwirksam, weil sie eine Zuvielforderung enthält, weil dann von einer Aufforderung zur Bewirkung der tatsächlich geschuldeten Leistung auszugehen ist.[153] Die Verzugswirkung entfällt auch nicht, wenn der Gläubiger mit dem Abänderungsantrag nur eine geringere Erhöhung geltend macht als angemahnt; ebenso wenn der Antrag im Hinblick auf eine Änderung der Verhältnisse oder der rechtlichen Beurteilung wieder erhöht wird.[154] Etwas anderes gilt nur, wenn sich der Schuldner nach dem Zeitablauf und wegen besonderer Umstände nach Treu und Glauben (§ 242 BGB) darauf einrichten durfte und eingerichtet hat, insoweit nicht mehr in Anspruch genommen zu werden.[155]

75 Bei einer in Bezug auf höhere Unterhaltsleistungen eindeutigen und endgültigen **Leistungsverweigerung** des Schuldners ist eine Mahnung nach Treu und Glauben entbehrlich.[156] Wie diese entfaltet die Weigerung nur Wirkung für die Zukunft, so dass es auch insoweit darauf ankommt, wann sie gegenüber dem Gläubiger erklärt wird (§ 130 Abs. 1 BGB).[157]

76 Eine Mahnung ist ebenfalls nicht erforderlich, wenn sich der Schuldner ausdrücklich zur Zahlung eines bestimmten höheren Unterhalts verpflichtet (sog. **Selbstmahnung**).[158] Dass er dem Grunde nach die Bereitschaft zur Zahlung höheren Unterhalts erklärt, genügt nicht.[159]

---

[149] OLG Karlsruhe FamRZ 1998, 742; OLG Brandenburg FamRZ 2006, 1784.
[150] BGH NJW 1984, 868.
[151] OLG Hamm FamRZ 1995, 106.
[152] BGH NJW-RR 1990, 323.
[153] BGH NJW 1983, 2318; NJW 1982, 1983.
[154] KG FamRZ 2005, 1854.
[155] BGH NJW 2003, 128.
[156] BGH NJW 1983, 2318.
[157] BGH NJW 1985, 486.
[158] OLG Zweibrücken NJW-RR 1988, 75.
[159] OLG Frankfurt FamRZ 2000, 113.

Hat der Schuldner im Hinblick auf eine Änderung der Verhältnisse freiwillig höheren Unterhalt als tituliert gezahlt und den Betrag dann wieder reduziert, entfällt die Wirkung der dadurch bis zur Höhe der freiwilligen Zahlung eingetretenen Selbstmahnung nicht.[160]

c) Antrag auf Herabsetzung des Unterhalts. Nach **Abs. 3 S. 3** kann rückwirkend 77 eine Reduzierung des titulierten Unterhalts ab dem Ersten des Monats verlangt werden, der demjenigen Monat folgt, in dem der Unterhaltsgläubiger mit dem Ziel der Herabsetzung zur Auskunft über sein Vermögen oder zum teilweisen bzw. vollständigen Verzicht auf den titulierten Unterhalt (sog. **negative Mahnung**) aufgefordert wurde. Abzustellen ist auch insoweit auf den Zugang der jeweiligen Aufforderung. Diesen hat der Unterhaltsschuldner zu beweisen.

Durch **Abs. 3 S. 4** wird in Anlehnung an § 1585b Abs. 3 BGB aus Gründen der 78 Rechtssicherheit[161] für alle Unterhaltsarten der Zeitraum von einem Jahr vor Eintritt der Rechtshängigkeit des Abänderungsantrags als verfahrensrechtlich ausgestaltete, **absolute Grenze der rückwirkenden Herabsetzung** bestimmt. Eine Ausnahme kommt nicht in Betracht, nachdem die zunächst vorgesehene, die Begrenzung der Rückwirkung allgemein einschränkende Härteklausel im Gesetzgebungsverfahren gestrichen wurde.[162]

VII. Begründetheit des Abänderungsantrags (Abs. 4 1. Halbs.)

1. Allgemeines

Die Abänderung eines Beschlusses richtet sich auch materiellrechtlich nach den in § 238 79 geregelten Voraussetzungen und nicht, wie bei der Abänderung von gerichtlichen Vergleichen, nach den Grundsätzen über die Änderung oder den Wegfall der Geschäftsgrundlage (§ 313 BGB). Denn die bestehende Unterhaltspflicht ergibt sich aus der materiellen Rechtskraft der abzuändernden Entscheidung. Das gilt auch dann, wenn diese einen Vergleich der Beteiligten abgeändert hat.[163] Während nach Abs. 1 S. 2 für die Zulässigkeit des Abänderungsantrags der schlüssige Vortrag einer wesentlichen Veränderung der dem abzuändernden Beschluss zugrunde liegenden Verhältnisse erforderlich ist, müssen sich nach **Abs. 4 1. Halbs.** zur Begründetheit des Antrags die behaupteten Tatsachen als wahr und die Veränderung als wesentlich erweisen.[164]

2. Änderung der tatsächlichen Verhältnisse

a) Allgemeines. Zur Überzeugung des Gerichts (§ 113 Abs. 1 S. 2 FamFG i. V. m. 80 § 286 ZPO) müssen sich die im abzuändernden Beschluss der Beurteilung zugrunde gelegten, für den Grund, die Höhe oder die Bezugsdauer des Unterhalts nach bürgerlichem Recht maßgeblichen Umstände nachträglich geändert haben. Dazu sind die behaupteten neuen Tatsachen festzustellen, soweit sie nicht nach Abs. 2 der Präklusion unterliegen. In Betracht kommen Umstände, die zur Beurteilung des Bedarfs und der Bedürftigkeit des Unterhaltsberechtigten sowie der Leistungsfähigkeit des Unterhaltspflichtigen heranzuziehen sind; ebenso solche, die einen bestimmten Unterhaltstatbestand ausfüllen oder entfallen lassen bzw. eine Begrenzung oder Befristung rechtfertigen. Dabei kann es sich sowohl um in der Person der Beteiligten liegende wie auch um Umstände allgemeiner Art handeln, wenn diese auf die individuellen Verhältnisse der Beteiligten schließen lassen.

b) Änderung der individuellen Verhältnisse. Eine Änderung kann sich z.B. erge- 81 ben durch: Wegfall[165] oder Wiedererlangung der Erwerbsfähigkeit;[166] Eintritt nicht nur vorübergehender Arbeitslosigkeit;[167] Hinzutreten neuer Unterhaltspflichten des Schuld-

---

[160] OLG Köln NJW-RR 2000, 73; KG FamRZ 1995, 892.
[161] BT-Drs. 16/6308 S. 258.
[162] BT-Drs. 16/9733 S. 296.
[163] BGH NJW 2007, 1961.
[164] BGH NJW 2007, 2921; FamRZ 1984, 353.
[165] OLG Zweibrücken NJW-RR 1993, 1218.
[166] BGH NJW 2001, 828.
[167] OLG Brandenburg FamRZ 1995, 1220; OLG Dresden FamRZ 1998, 767.

ners;¹⁶⁸ Wegfall einer Unterhaltspflicht;¹⁶⁹ Reduzierung des Unterhaltsbedarfs durch Aufnahme einer nichtehelichen Lebensgemeinschaft;¹⁷⁰ Verfestigung einer solchen Lebensgemeinschaft;¹⁷¹ Eintritt des Rentenbezugs;¹⁷² Aufgabe oder Verlust des Arbeitsplatzes; Abbruch einer Ausbildung durch den Unterhaltsgläubiger; Eintritt oder Erweiterung der Erwerbsobliegenheit,¹⁷³ z. B. des Betreuungsunterhalt beziehenden geschiedenen Ehegatten;¹⁷⁴ Wegfall der Kindesbetreuung;¹⁷⁵ Feststellung des Nichtbestehens der Vaterschaft zu dem betreuten Kind;¹⁷⁶ Bezug von BAföG-Leistungen durch das unterhaltsberechtigte Kind;¹⁷⁷ Wechsel in eine andere Altersstufe der Düsseldorfer Tabelle;¹⁷⁸ Eintritt der Volljährigkeit des Kindes.¹⁷⁹

82   c) **Änderung der allgemeinen Verhältnisse.** Eine Abänderung kann grundsätzlich auch mit der generellen Entwicklung der Einkommensverhältnisse und Lebenshaltungskosten begründet werden, weil diese bei Unterhaltstiteln ein Indiz für die Änderung der individuellen Verhältnisse darstellen.¹⁸⁰ Die Neufestsetzung der in den unterhaltsrechtlichen Leitlinien der Oberlandesgerichte, insbesondere in der Düsseldorfer Tabelle festgelegten Bedarfssätze bringt auf Seiten des Unterhaltsberechtigten und des Verpflichteten eine Änderung seiner wirtschaftlichen Verhältnisse zum Ausdruck.¹⁸¹ Deshalb ist im Vorbringen eines Beteiligten, der sein Abänderungsverlangen auf eine Änderung der Bedarfssätze der Düsseldorfer oder einer vergleichbaren Tabelle stützt, regelmäßig auch die Behauptung zu sehen, dass sich das Einkommen und/oder die Lebenshaltungskosten seit der vorausgegangenen Fassung dieser Tabelle allgemein in einem Maße verändert haben, wie dies der Änderung der Bedarfssätze entspricht.¹⁸² Bei einer auf Unterhaltsleistungen in ausländischer Währung erkennenden Entscheidung kommt eine Abänderung auch wegen gesunkener Kaufkraft dieser Währung in Betracht.¹⁸³

3. Änderung der rechtlichen Verhältnisse

83   Eine Änderung der dem abzuändernden Beschluss, insbesondere der dortigen Beurteilung und Gewichtung der unterhaltsrelevanten Tatsachen, zugrunde liegenden rechtlichen Verhältnisse kann sich aus einer Änderung der Gesetzeslage¹⁸⁴ und aus einer dieser gleich kommenden verfassungskonformen Auslegung des Gesetzes durch das BVerfG¹⁸⁵ sowie aus einer Änderung der höchstrichterlichen Rechtsprechung, d. h. derjenigen des BGH¹⁸⁶ ergeben. Dann kommt eine Abänderung des Unterhaltstitels für die Zeit ab Inkrafttreten der Gesetzesänderung,¹⁸⁷ soweit nicht eine Übergangsregelung zu beachten ist, oder ab Verkündung (§ 38 Abs. 3 S. 3) der maßgeblichen Entscheidung des BVerfG oder des BGH in Betracht.¹⁸⁸

84   **Beispiele:** Änderung der Gesetzeslage zu den Voraussetzungen des Betreuungsunterhalts (§ 1570 BGB) und der Begrenzung bzw. Befristung des Unterhalts wegen Unbilligkeit

---

[168] BGH NJW 2009, 1271; NJW 2009, 588 (nachehelicher Unterhalt).
[169] OLG Nürnberg NJW-RR 1996, 1089.
[170] BGH NJW 2004, 2305; NJW-RR 1987, 1282.
[171] BGH NJW 2001, 828; OLG Karlsruhe FamRZ 2003, 51.
[172] BGH NJW 2005, 2313.
[173] BGH NJW 2010, 1595.
[174] OLG Bamberg FamRZ 1999, 942.
[175] OLG Schleswig FamRZ 2008, 64.
[176] OLG Nürnberg NJW-RR 1996, 1089.
[177] OLG Nürnberg FamRZ 2003, 1025.
[178] BGH NJW 2005, 1279.
[179] OLG Koblenz NJW-RR 2007, 438.
[180] BGH NJW 1987, 2999.
[181] BGH NJW 1994, 1002.
[182] BGH NJW 2005, 1279; NJW 1995, 534.
[183] BGH NJW-RR 1993, 5.
[184] BGH NJW-RR 1991, 514.
[185] BGH NJW 1990, 3020.
[186] BGH NJW 2003, 1796.
[187] BGH NJW-RR 2007, 1513.
[188] BGH NJW 2007, 1961; NJW 2003, 1796.

(§ 1578 b BGB) sowie zu den unterhaltsrechtlichen Rangverhältnissen (§ 1609 BGB) und zur Anrechnung des Kindergeldes (§ 1612 b BGB) durch das UnterhaltsÄndG. Änderung der Rechtsprechung des BGH zur Bemessung des eheangemessenen Unterhaltsbedarfs (§ 1578 BGB) durch Einstellung der Einkünfte des während der Ehe wegen Kindesbetreuung und Haushaltsführung nicht erwerbstätigen Unterhaltsberechtigten im Wege der Differenz- statt nach der Anrechnungsmethode.[189] Beschluss des BVerfG, mit dem die Berechnung des nachehelichen Unterhalts unter Anwendung der sog. Dreiteilungsmethode auf der Grundlage des Gesamteinkommens des Unterhaltspflichtigen, des Unterhaltsberechtigten und des neuen Ehegatten unter Berücksichtigung der Unterhaltslast des Unterhaltspflichtigen für seine nachehelich geborenen[190] oder adoptierten[191] Kinder und seines Splittingvorteils aus der neuen Ehe[192] für verfassungswidrig erklärt wurde.[193]

4. Überschreiten der Wesentlichkeitsschwelle

Der Abänderungsantrag ist begründet, wenn sich bei Berücksichtigung der geänderten tatsächlichen Verhältnisse und/oder bei Anwendung des neuen Rechts bzw. der geänderten Rechtsprechung unter Wahrung der Grundlagen des früheren Beschlusses eine wesentlich andere Beurteilung hinsichtlich Bestehen, Höhe oder Dauer des streitigen Unterhaltsanspruchs[194] ergibt als im Vorverfahren. **85**

Bei der Beurteilung, ob der Unterhalt, auf den der bestehende Titel abgeändert werden soll, wesentlich höher oder niedriger ist als der früher erkannte, gibt es **keine allgemeine Wesentlichkeitsschwelle**. Zwar ist in der Praxis die Auffassung verbreitet, es müsse eine Betragsdifferenz von etwa 10% erreicht sein;[195] aber dabei handelt es sich nur um einen **Richtwert**.[196] Vor allem bei beengten wirtschaftlichen Verhältnissen der Beteiligten kann die Wesentlichkeit bereits deutlich unterhalb der vorgenannten Schwelle anzunehmen sein.[197] Das gilt z. B. beim Kindesunterhalt bei Anhebung der Tabellensätze, wenn der Mindestunterhalt (§ 1612 a BGB) nicht überschritten wird.[198] Die Höherstufung um eine Einkommensgruppe der Düsseldorfer Tabelle stellt eine wesentliche Änderung dar.[199] Auch wenn nur die Veränderung der auf den titulierten Unterhalt anzurechnenden oder bei dessen Berechnung nachvollziehbar berücksichtigten kindbezogenen Leistungen (§§ 1612 b, 1612 c BGB) geltend gemacht wird, muss die Wesentlichkeitsschwelle überschritten sein. **86**

5. Beweislast

Auch im Abänderungsverfahren gilt der allgemeine Grundsatz, dass jeder Beteiligte diejenigen Tatsachen darlegen und beweisen muss, aus denen er die von ihm angestrebte Rechtsfolge herleitet. Der **Antragsteller** trägt die Darlegungs- und Beweislast für einen Abänderungsgrund, d. h. dafür, dass sich die für die Unterhaltsbemessung maßgeblichen Verhältnisse gegenüber den im Vorverfahren zugrunde gelegten wesentlich geändert haben.[200] Er muss also sowohl die Grundlagen des abzuändernden Beschlusses wie auch die demgegenüber veränderten neuen Umstände darlegen und beweisen,[201] einschließlich ihrer Auswirkungen auf die Höhe des Unterhalts. Erst wenn eine wesentliche Veränderung feststeht, gilt hinsichtlich der Tatbestandsvoraussetzungen des Unterhaltsanspruchs die allgemeine Beweislastverteilung.[202] Dann trifft den **Antragsgegner** die Beweislast für alle den **87**

---

[189] BGH NJW 2001, 2254.
[190] BGH NJW 2008, 1663.
[191] BGH NJW 2009, 145.
[192] BGH NJW 2008, 3213.
[193] BVerfG NJW 2011, 836.
[194] BGH FamRZ 1984, 353.
[195] Offen gelassen in BGH NJW 1992, 1593; NJW 1986, 2054.
[196] OLG Hamm FamRZ 2004, 1051; OLG Düsseldorf NJW-RR 1994, 520; Graba Rn 370.
[197] BGH NJW 1992, 1621; OLG Hamm NJW 2007, 1217.
[198] OLG Hamm FamRZ 2004, 1885; OLG Naumburg FamRZ 2011, 754 (Ls.).
[199] OLG Düsseldorf NJW 2008, 2658.
[200] BGH NJW 1987, 2999; NJW 1987, 1201.
[201] BGH NJW-RR 2004, 1155.
[202] OLG Brandenburg FamRZ 2005, 815.

titulierten Anspruch begründenden, d. h. den uneingeschränkten Fortbestand des Titels rechtfertigenden Tatsachen.

88 Danach kommt es in Betracht, dass den Antragsteller die Darlegungs- und Beweislast auch für solche Tatsachen trifft, die im Ausgangsverfahren der jetzige Antragsgegner zu beweisen hatte. Dann sind die Grundsätze der so genannten sekundären Darlegungslast heranzuziehen. Danach hat der Antragsgegner im Wege des substantiierten Bestreitens zu entscheidungserheblichen Tatsachen vorzutragen, die allein aus seiner Sphäre stammen und nur in seinem Wissen stehen.[203] Insoweit ist auch die verfahrensrechtliche Auskunftspflicht nach § 235 zu berücksichtigen.

89 Steht aufgrund des vom unterhaltspflichtigen Antragsteller geführten Vortrags fest, dass der dem abzuändernden Titel zugrunde liegende Unterhaltstatbestand durch Veränderung der Verhältnisse entfallen ist, trägt der unterhaltsberechtigte Antragsgegner die Darlegungs- und Beweislast für diejenigen Tatsachen, die aufgrund eines anderen Unterhaltstatbestandes die (ggf. teilweise) Aufrechterhaltung des Titels rechtfertigen.[204]

90 Bezieht sich der abzuändernde Titel auf Minderjährigenunterhalt und macht das inzwischen volljährig gewordene Kind als Gegner des vom Vater erhobenen Abänderungsantrags nunmehr Ausbildungsunterhalt (§ 1610 Abs. 2 BGB) geltend, muss es die darauf bezogenen Tatbestandsvoraussetzungen darlegen und beweisen. Dazu gehören im Hinblick auf § 1606 Abs. 3 S. 1 BGB auch das Einkommen der Mutter[205] und die danach auf den Vater entfallende Haftungsquote.[206]

VIII. Entscheidung (Abs. 4 2. Halbs.)

1. Zuständigkeit

91 Ein Abänderungsantrag ist im allgemeinen **Gerichtsstand des Antragsgegners** zu erheben, der grundsätzlich durch dessen Wohnsitz bestimmt wird (§ 113 Abs. 1 S. 2 FamFG i. V. m. §§ 12, 13 ZPO).[207] Bei einem Wohnsitzwechsel ist nicht mehr das erstinstanzliche Gericht des Vorverfahrens zuständig, anders als beim Vollstreckungsabwehrantrag (§ 113 Abs. 1 S. 2 FamFG i. V. m. § 767 Abs. 1 ZPO). Deshalb kommt dann weder eine Erhebung beider Anträge im Wege des Haupt- und Hilfsantrags (s. Rn 41) noch eine Verfahrensverbindung in Betracht, zumal der Gerichtsstand des Vollstreckungsabwehrantrags ein ausschließlicher ist (§ 113 Abs. 1 S. 2 FamFG i. V. m. § 802 ZPO).

92 Erheben beide Beteiligte jeweils am Wohnsitz des anderen einen (gegenläufigen) Abänderungsantrag, betreffen die Anträge denselben Verfahrensgegenstand mit der Folge, dass dem später rechtshängig gewordenen Antrag nach § 113 Abs. 1 S. 2 FamFG i. V. m. § 261 Abs. 3 Nr. 1 ZPO das von Amts wegen zu beachtende Verfahrenshindernis der doppelten Rechtshängigkeit entgegensteht. Deshalb kommt keine Verweisung, sondern nur eine Abweisung als unzulässig in Betracht.[208] Der betroffene Beteiligte hat sein Abänderungsbegehren bei dem Gericht, das für den zuerst erhobenen Abänderungsantrag zuständig ist, durch einen Widerantrag (s. Rn 46) geltend zu machen (§ 113 Abs. 1 S. 2 FamFG i. V. m. § 33 ZPO).

93 Betrifft der Abänderungsantrag den **Kindesunterhalt,** ist die in § 232 Abs. 1 geregelte ausschließliche Zuständigkeit zu beachten. Auf die Erläuterungen zu dieser Vorschrift wird verwiesen. Will der Schuldner in einem einheitlichen Verfahren Abänderungsantrag gegen mehrere Gläubiger erheben, muss er nach § 113 Abs. 1 S. 2 FamFG i. V. m. § 36 Abs. 1 Nr. 3 ZPO vorgehen.[209]

---

[203] BGH NJW 1987, 1201; OLG Karlsruhe NJW-RR 1990, 712.
[204] BGH NJW 1990, 2752; OLG Köln NJW-RR 2001, 1371.
[205] OLG Hamm FamRZ 2000, 904.
[206] OLG Brandenburg NJW-RR 2003, 1448; OLG Hamm FamRZ 2003, 1025; OLG Koblenz NJW-RR 2007, 438; OLG Köln FamRZ 2000, 1043; KG FamRZ 1994, 765; a. M. OLG Naumburg NJW-RR 2009, 79; OLG Zweibrücken FamRZ 2001, 249 (Darlegungs- und Beweislast beim Vater).
[207] BGH NJW-RR 1993, 700.
[208] BGH FamRZ 1997, 488.
[209] BGH NJW 1998, 685; NJW 1986, 3209.

2. Bindung an die Ausgangsentscheidung

Nach **Abs. 4 2. Halbs.** ist weder eine freie, von der bisherigen Höhe unabhängige 94 Neufestsetzung des Unterhalts noch eine abweichende Beurteilung der Verhältnisse zulässig, die schon im abzuändernden Beschluss bewertet worden sind.[210] Es darf nur eine **Anpassung an die veränderten Verhältnisse** unter **Wahrung der Grundlagen** des abzuändernden Beschlusses erfolgen. Diese rechtliche Bindung erstreckt sich auf diejenigen unverändert gebliebenen Umstände, die im früheren Verfahren festgestellt worden sind und denen dort Bedeutung für die Unterhaltsbemessung beigelegt wurde. Deren rechtliche Bewertung darf selbst dann nicht geändert werden, wenn sie sich aus nachträglicher Sicht als falsch erweist, auch nicht aus Billigkeitsgründen. Der Abänderungsantrag eröffnet allein die Korrektur einer fehlgegangenen Prognose, nicht die Überprüfung der früheren Entscheidung zwecks Beseitigung von Fehlern bei der Rechtsanwendung und Tatsachenfeststellung; dies ist dem Rechtsmittelzug im Ausgangsverfahren vorbehalten.[211] Deshalb darf die Abänderung nicht weiter gehen als aus Gründen der veränderten Verhältnisse notwendig.[212]

Unter diesen Voraussetzungen ist über die Höhe und ggf. Dauer der Unterhaltsleistung 95 neu zu entscheiden. Dazu ist zunächst durch **Auslegung des abzuändernden Beschlusses** zu ermitteln, welche Umstände dort für die Bemessung des Unterhalts maßgebend waren und welches Gewicht ihnen zugekommen ist. Auf dieser Grundlage hat das Gericht unter Berücksichtigung der neuen, von ihm festgestellten Verhältnisse zu prüfen, inwieweit Veränderungen eingetreten sind und welche Auswirkungen sich daraus für die Höhe des Unterhalts ergeben.[213] Das Ergebnis dieser Prüfung bestimmt darüber, ob die Wesentlichkeitsschwelle überschritten ist.

Die Bindung des Gerichts kann sich danach z. B. erstrecken auf: die Ermittlung der 96 Einkommensverhältnisse, die Einbeziehung fiktiver Einkünfte oder besonderer Belastungen, einen konkret ermittelten Lebensbedarf,[214] die Berücksichtigung bzw. Nichtberücksichtigung bestimmter Einkommensanteile, wie z. B. steuerfreier Spesen[215] oder eines Kinderzuschlags.[216] Gleiches gilt grundsätzlich für die Nichtberücksichtigung einzelner Bedarfspositionen, wie z. B. des Krankenversicherungsbeitrags. Hat aber der früher außer Acht gelassene Aufwand aufgrund einer ganz ungewöhnlichen Entwicklung ein solches Gewicht gewonnen, dass ihm auch aus der Sicht des Ausgangsgerichts nunmehr Bedeutung für die Unterhaltsbemessung eingeräumt werden müsste, kann seine Einbeziehung in Betracht kommen (s. Rn 62).[217]

Keine Bindung besteht **an die** im abzuändernden Beschluss eingehaltene **Berech-** 97 **nungsweise** bzw. dort angewendete Berechnungsmethoden. Das gilt auch, soweit dazu unterhaltsrechtliche Leitlinien, Tabellen oder bestimmte Verteilungsschlüssel (Quoten)[218] herangezogen wurden. Denn dabei handelt es sich nur um Hilfsmittel zur Ausfüllung der unbestimmten Rechtsbegriffe „angemessener Unterhalt" oder „Unterhalt nach den ehelichen Lebensverhältnissen".[219] Dazu zählt auch der Berechnungsansatz, mit dem das Ausgangsgericht die alleinige Nutzung gemeinsamen Wohneigentums berücksichtigt hat; seinem Beschluss kommt eine Bindungswirkung nur insoweit zu, als dieser Umstand überhaupt in die Bemessung des Unterhalts mit eingeflossen ist.[220]

Lässt sich anhand der Gründe des abzuändernden Beschlusses und der dort durch Ver- 98 weisung in Bezug genommenen Aktenbestandteile die Berechnung des titulierten Unterhalts unter Zugrundelegung der verschiedenen dafür maßgeblichen Faktoren nicht nach-

---

[210] BGH NJW 1984, 1458.
[211] BGH NJW-RR 2001, 937; NJW-RR 1992, 1091.
[212] BGH NJW-RR 2001, 937.
[213] BGH NJW 2003, 1796; NJW-RR 1990, 194.
[214] BGH NJW-RR 1990, 194; NJW 1985, 1343.
[215] BGH NJW-RR 1987, 516.
[216] BGH NJW-RR 1990, 580.
[217] BGH NJW 1983, 1118.
[218] BGH NJW 1990, 3020.
[219] BGH NJW 1984, 1458.
[220] BGH NJW-RR 1994, 1155.

vollziehen, kommt eine Bindung nicht in Betracht. Dann ist **ausnahmsweise** eine **Neuberechnung** nach den gesetzlichen Vorschriften eröffnet.[221]

3. Entscheidung über gegenläufige Abänderungsanträge

99 Machen Antragsteller und Antragsgegner **wegen desselben Unterhaltszeitraums** in entgegengesetzter Richtung die Abänderung eines Unterhaltstitels geltend, darf nach § 113 Abs. 1 S. 2 FamFG i. V. m. § 301 ZPO weder über den Antrag noch über den Widerantrag durch (sog. **horizontalen**) Teilbeschluss entschieden werden, weil dann die Gefahr einander widersprechender Entscheidungen, auch auf Grund abweichender Beurteilung durch das Rechtsmittelgericht, besteht. Es ist somit sowohl die volle oder teilweise Stattgabe des Antrags bzw. Widerantrags wie die Antragsabweisung unzulässig.[222] Vielmehr ist stets eine einheitliche Endentscheidung (§ 38 Abs. 1 S. 1) zu treffen.

100 Beantragen die Beteiligten eine gegenläufige Abänderung des Titels **wegen unterschiedlicher Zeiträume,** ist ein (sog. **vertikaler**) Teilbeschluss nur zulässig, wenn Wertungswidersprüche zwischen Teil- und Schlussentscheidung ausgeschlossen sind. Daran fehlt es, wenn die Entscheidung hinsichtlich beider Zeiträume von derselben Vorfrage abhängt.[223] Die Teilentscheidung betreffend den einen Zeitraum muss also unabhängig davon sein, wie der Streit über den anderen ausgeht.[224]

4. Abänderungsbeschluss

101 **a) Inhalt.** Soweit der Abänderungsantrag zulässig und begründet ist, ändert das Gericht den konkret zu bezeichnenden Ausgangsbeschluss mit Wirkung auf den nach Abs. 3 festgestellten Zeitpunkt ab, indem die früher erkannte Verpflichtung, d. h. der Rechtsfolgenausspruch in der **Formel** des Abänderungsbeschlusses angepasst wird.[225] Im Übrigen ist der Antrag abzuweisen. Auch wenn es zum Wegfall des Unterhaltsanspruchs kommt („Abänderung auf Null"), ist dies durch Anpassung der Ausgangsentscheidung auszusprechen. Nach anderer Meinung ist der abzuändernde Beschluss im Umfang der (teilweisen) Begründetheit des Antrags ausdrücklich aufzuheben und in der Formel insgesamt anderweitig, d. h. neu über den Unterhaltsanspruch zu befinden.[226] Dem ist nicht zu folgen, weil ein Abänderungsantrag nicht zur Beseitigung eines rechtskräftigen Beschlusses, d. h. eines Vollstreckungstitels führen kann (s. auch Rn 103).[227]

102 Beim Abfassen der **Begründung** (§ 38 Abs. 3 S. 1) ist die Möglichkeit zu berücksichtigen, dass der Beschluss in einem erneuten Abänderungsverfahren die Grundlage einer Anpassung an veränderte Verhältnisse bildet und dann entsprechende Bindung entfaltet (Abs. 4 2. Halbs.). Deshalb sind, ggf. durch Bezugnahme (§ 113 Abs. 1 S. 2 FamFG i. V. m. § 540 Abs. 1 S. 1 Nr. 1 ZPO), die der Entscheidung zugrunde gelegten Feststellungen des abgeänderten Beschlusses anzugeben und dessen Anpassung aufgrund der im Abänderungsverfahren festgestellten neuen Umstände nachvollziehbar darzulegen.

103 **b) Wirkung.** Die frühere Entscheidung geht im Abänderungsbeschluss mit der Folge auf, dass sie einerseits wegen der Zeit bis zum Abänderungszeitpunkt weiterhin den Rechtsgrund für bis dahin erbrachte Unterhaltsleistungen und wirksam gewordene Vollstreckungsmaßnahmen bildet,[228] andererseits aber hinsichtlich dieses Zeitraums keine neuen Vollstreckungsmaßnahmen mehr ermöglicht.[229] Denn im Hinblick auf ihre Vollstreckbarkeit wird die abgeänderte Entscheidung i. S. d. § 120 Abs. 1 FamFG i. V. m. §§ 775 Nr. 1, 776 S. 1 ZPO „aufgehoben". Diese vollstreckungsrechtliche Wirkung tritt

---

[221] BGH NJW 2007, 2921.
[222] BGH NJW 1987, 441.
[223] OLG Bremen FamRZ 2007, 2089.
[224] OLG Brandenburg NJWE-FER 2000, 219.
[225] OLG Hamburg FamRZ 1982, 321; Graba Rn 535.
[226] Musielak/Borth § 238 FamFG Rn 44; Zöller/Vollkommer § 323 Rn 45.
[227] Ebenso Johannsen/Henrich/Brudermüller § 238 FamFG Rn 41.
[228] OLG Karlsruhe FamRZ 1988, 859.
[229] OLG Stuttgart Rpfleger 1985, 588; Zöller/Stöber § 775 Rn 4 a.

bereits mit dem Erlass des Abänderungsbeschlusses ein, wenn nach § 116 Abs. 3 S. 3 seine sofortige Wirksamkeit angeordnet wurde.[230] Denn § 775 Nr. 1 ZPO differenziert insoweit nicht, sondern setzt lediglich eine vollstreckbare Entscheidung (§ 120 Abs. 2 S. 1) voraus.

c) Rechtsmittel; erneuter Abänderungsantrag. Gegen die Entscheidung über den Abänderungsantrag findet die Beschwerde nach § 58 Abs. 1 statt, wenn der Wert des Beschwerdegegenstandes 600 € übersteigt oder die Beschwerde zugelassen wird (§ 61). Erwächst der Beschluss in Rechtskraft, kann nach Maßgabe von § 238 nunmehr seine Abänderung beantragt werden. Das kommt sowohl für einen Abänderungsbeschluss wie für eine den Antrag voll abweisende Entscheidung in Betracht, soweit sie auf einer Prognose beruht.

IX. Übergangsregelung zum UnterhaltsÄndG (§ 36 EGZPO)

1. Allgemeines

Bei der Abänderung von vor Inkrafttreten des UnterhaltsÄndG, d. h. vor dem 1. 1. 2008 rechtskräftig gewordenen, auf die Zahlung nachehelichen Unterhalts lautenden Urteilen (sog. Alttitel) sind nach **§ 36 EGZPO** Abweichungen gegenüber § 238 zu beachten. Zwar ist diese auf § 323 ZPO gerichtete Übergangsregelung im FGG-RG nicht für entsprechend anwendbar erklärt worden, insoweit ist jedoch von einem bloßen Redaktionsversehen auszugehen. Durch die Vorschrift wird **kein eigener Abänderungsrechtsbehelf** geschaffen; vielmehr werden lediglich die Voraussetzungen geregelt, unter denen die Gesetzesänderung einen Abänderungsgrund i. S. d. § 238 Abs. 1 darstellt.[231] Normzweck ist es, im Interesse von Rechtssicherheit und Rechtseinheit eine schnellstmögliche und umfassende Anwendung des neuen Rechts zu erreichen und durch dessen Erstreckung auf bestehende Unterhaltsansprüche zu verhindern, dass auf der Anwendung des alten Rechts beruhende unbillige Ergebnisse dauerhaft aufrechterhalten bleiben.[232] Dazu bestimmt die Regelung, dass ein schutzwürdiges Vertrauen in den Fortbestand des Titels bei der Abänderung berücksichtigt (§ 36 Nr. 1 EGZPO) und durch Einschränkung der Präklusion die Möglichkeit eröffnet wird, Alttatsachen nach Maßgabe des neuen Rechts zu beurteilen (§ 36 Nr. 2 EGZPO).

2. Vertrauensschutz (§ 36 Nr. 1 EGZPO)

Entsprechend **§ 36 Nr. 1 EGZPO** dürfen bis zum 31. 12. 2007 entstandene Umstände, die erst durch die Gesetzesänderung Bedeutung für die Unterhaltsbemessung erlangt haben, im Abänderungsverfahren nur berücksichtigt werden,
- wenn sie allein oder in der Gesamtschau mit den anderen (unveränderten oder neuen) für die Unterhaltsbemessung relevanten Tatsachen zu einer wesentlichen Änderung der Unterhaltsverpflichtung führen und
- wenn die Abänderung dem Antragsgegner im Hinblick auf sein Vertrauen in die bestehende Entscheidung zumutbar ist.

Deshalb hat zunächst eine **Wesentlichkeitsprüfung** nach den im Abänderungsverfahren geltenden Maßstäben und im Anschluss daran eine **Zumutbarkeitskontrolle** zu erfolgen.

Die Zumutbarkeit stellt eine zusätzliche Voraussetzung für die Abänderung dar und ist **im Einzelfall** zu prüfen, wobei die jeweilige Lebenssituation beider Beteiligten zu berücksichtigen ist. Dies gilt vor allem im Hinblick auf die Einführung des Grundsatzes der Eigenverantwortung des geschiedenen Ehegatten (§ 1569 BGB) und die Neuregelung der Begrenzung und Befristung des Unterhalts wegen Unbilligkeit (§ 1578 b BGB). Insoweit kommt es insbesondere darauf an, inwieweit der Gläubiger seine Lebensführung im privaten Bereich und in der beruflichen Entwicklung durch konkrete Dispositionen auf die titulierte Unterhaltsleistung eingestellt hat und wie sich deren Änderung darauf

---

[230] OLG Zweibrücken FamRZ 1986, 376; a. M. AG Hannover FamRZ 2001, 1232.
[231] BGH NJW 2010, 365.
[232] BT-Drs. 16/1830 S. 32.

auswirkt.²³³ Dabei erlaubt § 36 Nr. 1 EGZPO die Einräumung einer an der materiellen Einzelfallgerechtigkeit ausgerichteten „Schonfrist" und damit eine zeitlich und/oder betragsmäßig gestaffelte Herabsetzung des Unterhalts (§ 1578 b Abs. 3 BGB). Dies kann z. B. der geschiedenen Ehefrau Gelegenheit geben, sich auf eine jetzt früher eintretende Erwerbsobliegenheit einzurichten und um einen Arbeitsplatz zu bemühen.²³⁴

108 Bei der Entscheidung über einen Abänderungsantrag, mit dem eine nachträgliche Befristung des nachehelichem Unterhalts verlangt wird (s. Rn 109 a), ist die Zumutbarkeit nach § 36 Nr. 1 EGZPO bereits im Rahmen der nach § 1578 b BGB gebotenen umfassenden Interessenabwägung zu berücksichtigen.²³⁵

3. Einschränkung der Tatsachenpräklusion (§ 36 Nr. 2 EGZPO)

109 Entsprechend § 36 Nr. 2 EGZPO dürfen – nur – bei der erstmaligen Abänderung seit dem 1. 1. 2008 in Abweichung von § 238 Abs. 2 auch Umstände berücksichtigt werden, die schon vor Schluss der Tatsachenverhandlung im Vorverfahren entstanden sind oder dort noch durch Einspruch gegen einen Versäumnisbeschluss geltend gemacht werden konnten, wenn sie erst durch die Gesetzesänderung Bedeutung für die Unterhaltsbemessung erlangt haben. Diese Ausnahme von der Präklusion korrespondiert mit der Regelung des § 36 Nr. 1 ZPO und ermöglicht gemeinsam mit dieser für beide Beteiligten des Abänderungsverfahrens eine sach- und interessengerechte Anpassung an die aktuellen tatsächlichen und rechtlichen Verhältnisse.

109 a Wird eine **nachträgliche Befristung** des Ehegattenunterhalts (§ 1578 b Abs. 2) BGB geltend gemacht, ist hinsichtlich der Präklusion danach zu differenzieren, um welchen Unterhaltstatbestand es im abzuändernden Alttitel geht.

- Ist Unterhalt wegen Erwerbslosigkeit (**§ 1573 Abs. 1 BGB**) oder Aufstockungsunterhalt (**§ 1573 Abs. 2 BGB**) tituliert, ist der Abänderungsantrag trotz § 36 Nr. 1 EGZPO grundsätzlich unzulässig, wenn der Titel erst nach der die Gesetzesänderung vorweg nehmenden Änderung der Rechtsprechung, d. h. nach Veröffentlichung des BGH-Urteils vom 12. 4. 2006²³⁶ errichtet wurde. Denn dann konnten die erweiterten Möglichkeiten einer Unterhaltsbefristung bereits damals nach §§ 1578 Abs. 1 S. 2, 1573 Abs. 5 BGB a. F berücksichtigt werden, weshalb die Tatsachenpräklusion des § 238 Abs. 2 greift.²³⁷ Insoweit liegt auch keine Änderung der rechtlichen Verhältnisse (s. Rn 83 f.) vor.²³⁸ Eine Abänderung kommt daher nur in Betracht, wenn sich die im Vorverfahren gegebene Tatsachengrundlage zwischenzeitlich, d. h. seit dem 1. 1. 2008 geändert hat.
- Eine Befristung des Betreuungsunterhalts scheidet aus, weil **§ 1570 BGB** eine Sonderregelung für die Bemessung der Unterhaltsdauer enthält.²³⁹
- Dagegen hat § 36 Nr. 1 EGZPO für die Befristung des in einem Alttitel zuerkannten Altersunterhalts (**§ 1571 BGB**)²⁴⁰ oder Krankheitsunterhalts (**§ 1572 BGB**)²⁴¹ Bedeutung, weil diese nach § 1573 Abs. 5 BGB a. F nicht möglich war.

X. Kosten und Gebühren

1. Gerichtsgebühren

110 Es entsteht eine Verfahrensgebühr in erster Instanz nach Nr. 1220 KV FamGKG, in der Beschwerdeinstanz nach Nr. 1222 KV FamGKG und im Rechtsbeschwerdeverfahren nach Nr. 1225 KV FamGKG.

---

²³³ OLG Celle NJW-RR 2009, 302.
²³⁴ OLG Düsseldorf NJW 2008, 3005; NJW-RR 2008, 1532.
²³⁵ BGH NJW 2010, 2953.
²³⁶ BGH NJW 2006, 2401.
²³⁷ BGH NJW 2010, 365; OLG Dresden NJW 2008, 3073; OLG Saarbrücken NJW-RR 2010, 724; OLG Stuttgart NJW-RR 2009, 803.
²³⁸ BGH NJW 2010, 3582.
²³⁹ BGH NJW 2009, 1956; NJW 2009, 1876.
²⁴⁰ OLG Schleswig NJW 2009, 2223.
²⁴¹ BGH NJW 2010, 2953; NJW 2009, 989.

2. Außergerichtliche Kosten

Die Verfahrensgebühr fällt in erster Instanz nach Nr. 3100 VV RVG, in der Beschwerdeinstanz nach Nr. 3200 VV RVG und im Rechtsbeschwerdeverfahren nach Nr. 3208 VV RVG an. Hinzu kommt die Terminsgebühr nach Nr. 3104, 3202 bzw. 3210 VV RVG. **111**

3. Verfahrenswert

Der für die Gebührenbemessung maßgebliche Verfahrenswert (§ 28 FamGKG) berechnet sich nach § 51 Abs. 1 u. 2 FamGKG, wobei die Differenz zwischen dem titulierten und demjenigen Unterhalt zugrunde zu legen ist, der mit dem Abänderungsantrag im Wege der Erhöhung oder Herabsetzung geltend gemacht wird. **112**

Abänderung von Vergleichen und Urkunden

239 (1) ¹Enthält ein Vergleich nach § 794 Abs. 1 Nr. 1 der Zivilprozessordnung oder eine vollstreckbare Urkunde eine Verpflichtung zu künftig fällig werdenden wiederkehrenden Leistungen, kann jeder Teil die Abänderung beantragen. ²Der Antrag ist zulässig, sofern der Antragsteller Tatsachen vorträgt, die die Abänderung rechtfertigen.

(2) **Die weiteren Voraussetzungen und der Umfang der Abänderung richten sich nach den Vorschriften des bürgerlichen Rechts.**

Übersicht

	Rn
I. Normzweck und Anwendungsbereich	1
II. Zulässigkeitsvoraussetzungen (Abs. 1)	2
1. Zum Unterhalt verpflichtender gerichtlicher Vergleich (S. 1 1. Alt.)	2
2. Zum Unterhalt verpflichtende vollstreckbare Urkunde (S. 1 2. Alt.)	7
3. Identität des Anspruchs und der Beteiligten	12
4. Rechtsschutzbedürfnis	17
5. Vortrag eines Abänderungsgrundes (S. 2)	18
a) Allgemeines	18
b) Darlegung bei abzuänderndem Vergleich	19
c) Darlegung bei abzuändernder Urkunde	21
III. Verhältnis zu anderen Rechtsbehelfen	26
IV. Keine Tatsachenpräklusion	33
V. Zulässigkeit der rückwirkenden Abänderung	37
VI. Begründetheit des Abänderungsantrags (Abs. 2)	41
1. Allgemeines	41
2. Änderung der individuellen Verhältnisse	42
3. Änderung der allgemeinen Verhältnisse	43
4. Änderung der Rechtslage	44
5. Eintritt vereinbarter Abänderungsgründe	45
6. Beweislast	46
VII. Entscheidung	47
1. Zuständigkeit	47
2. Grundlage und Umfang der Abänderung	48
a) Allgemeines	48
b) Anpassung	49
c) Neuberechnung	52
3. Entscheidung über gegenläufige Abänderungsanträge	56
4. Abänderungsbeschluss	57
a) Inhalt	57
b) Wirkung	59
c) Rechtsmittel; erneuter Abänderungsantrag	60
VIII. Übergangsregelung zum UnterhaltsÄndG	61
IX. Kosten und Gebühren	62

I. Normzweck und Anwendungsbereich

1 § 239 stellt eine **eigenständige Regelung** für die Abänderung gerichtlicher Vergleiche und vollstreckbarer Urkunden dar, die eine Verpflichtung zu laufendem Unterhalt titulieren (Abs. 1 S. 1). Die Zulässigkeit eines Abänderungsantrags ist davon abhängig, dass der Antragsteller Abänderungsgründe vorträgt (Abs. 1 S. 2). Die Voraussetzungen der Abänderung und deren Umfang sind dem bürgerlichen Recht unterstellt (Abs. 2). Die Vorschrift gilt für **Unterhaltssachen nach § 231 Abs. 1.** Zur Übergangsregelung siehe die Erläuterungen zu Art. 111 FGG-RG.

II. Zulässigkeitsvoraussetzungen (Abs. 1)

1. Zum Unterhalt verpflichtender gerichtlicher Vergleich (S. 1 1. Alt.)

2 Nach **Abs. 1 S. 1 1. Alt.** kann ein gerichtlicher Vergleich abgeändert werden, wenn er einen Vollstreckungstitel nach § 794 Abs. 1 Nr. 1 ZPO darstellt. Dazu muss er – zumindest auch – eine Verpflichtung zu künftig fällig werdenden Unterhaltsleistungen zum Gegenstand haben und insoweit den **Ausspruch einer Zahlungsverpflichtung** enthalten. Es genügt nicht, wenn nur die Unterhaltsverpflichtung als solche festgelegt und die Kriterien der Unterhaltsberechnung bestimmt worden sind. Ebenso wenig, wenn allein rückständiger Unterhalt oder eine auf künftigen Unterhalt bezogene Abfindungszahlung[1] tituliert ist. Ein gerichtlicher Vergleich, der zu laufenden Unterhaltsleistungen für die Zeit bis zu einem bestimmten Ereignis verpflichtet, kann nach dessen Eintritt nicht mehr abgeändert werden.[2] Voraussetzung der Abänderbarkeit ist außerdem, dass der Vergleich wirksam ist und einen vollstreckungsfähigen Inhalt hat.

3 Ein **wirksamer gerichtlicher Vergleich** setzt voraus, dass er in einem zwischen den verfahrensfähigen oder gesetzlich vertretenen sowie nach materiellem Recht sachbefugten, d. h. aktiv und passiv legitimierten Beteiligten eines anhängigen Verfahrens nach Maßgabe von §§ 160 Abs. 3 Nr. 1, 162 Abs. 1, 163 ZPO protokolliert worden oder im schriftlichen Verfahren nach § 113 Abs. 1 S. 2 FamFG i. V. m. § 278 Abs. 6 S. 1 u. 2 ZPO zustande gekommen ist. Der Vergleich muss das gesamte Verfahren oder einen selbständigen Teil davon beendet haben, wobei das Unterhaltsverhältnis nicht (alleiniger) Verfahrensgegenstand zu sein braucht. Ist nur der Unterhaltsberechtigte oder nur der Unterhaltspflichtige Verfahrensbeteiligter, kann der andere Beteiligte des Unterhaltsverhältnisses dem Vergleich beitreten (s. § 36 Rn 28). Zur Wirksamkeit ist nicht erforderlich, dass der Vergleich vor dem zuständigen und vorschriftsmäßig besetzten Gericht, d. h. vor dem gesetzlichen Richter (Art. 101 Abs. 1 S. 2 GG) geschlossen wird, weshalb der Vergleich **im Gütetermin** auch durch einen **Richtermediator** protokolliert werden kann, wenn dieser durch Beschluss nach § 113 Abs. 1 S. 2 FamFG i. V. m. § 278 Abs. 5 ZPO zum beauftragten oder ersuchten Richter bestellt wurde. Wegen der Einzelheiten wird auf die hier entsprechend geltenden Ausführungen zu § 36 Rn 22 ff. Bezug genommen.

4 Ein **vollstreckungsfähiger Inhalt** setzt voraus, dass der Vergleich einen genügend bestimmten oder wenigstens bestimmbaren Inhalt hat, und zwar bezogen auf die Verpflichtung zur Zahlung künftig fällig werdenden, d. h. laufenden Unterhalts. Inwieweit dies der Fall ist, beurteilt sich nach dem protokollierten bzw. im Beschluss (§ 278 Abs. 6 S. 2 ZPO) festgestellten Wortlaut. Danach ist erforderlich, dass der Vergleich den Anspruch des Berechtigten konkret ausweist sowie Inhalt und Umfang der vereinbarten Leistungspflicht bezeichnet. Das ist der Fall, wenn der zu vollstreckende Zahlungsanspruch betragsmäßig festgelegt ist oder sich ohne weiteres errechnen lässt.[3] Wird insoweit eine Auslegung erforderlich, ist nicht entscheidend auf den übereinstimmenden Willen der Beteiligten, sondern darauf abzustellen, wie das Vollstreckungsorgan den Vergleich verständigerweise zu verstehen hat.[4] Dazu muss der Inhalt aus sich heraus eine Auslegung ermöglichen oder

---

[1] Vgl. BGH NJW 2005, 3282; NJW 1981, 818.
[2] OLG Zweibrücken FamRZ 2000, 681.
[3] BGH NJW 1983, 2262.
[4] BGH NJW 1993, 1995.

jedenfalls sämtliche Kriterien für seine Bestimmbarkeit eindeutig festlegen.[5] Enthält der Vergleich eine Anrechnungsklausel und ist ihr mangels Konkretisierung und Bezifferung nicht zu entnehmen, unter Abzug welcher Beträge der monatliche Unterhaltsanspruch zu vollstrecken ist, genügt der Titel nicht dem Bestimmtheitserfordernis und ist deshalb zur Zwangsvollstreckung nicht geeignet.[6]

Ein **im einstweiligen Anordnungsverfahren geschlossener Vergleich** kann nach 5 § 239 abgeändert werden, wenn er nach dem Willen der Beteiligten nicht nur eine vorläufige, sondern eine **endgültige Unterhaltsregelung** enthält.[7] Ebenso ein im Verfahrenskostenhilfeverfahren geschlossener Vergleich (§ 76 Abs. 1 FamFG i. V. m. § 118 Abs. 1 S. 3 ZPO).

Ein durch das Gericht oder einen Notar nach § 113 Abs. 1 S. 2 FamFG i. V. m. §§ 794 6 Abs. 1 Nr. 4 b, 796 a–c ZPO für vollstreckbar erklärter **Anwaltsvergleich** wird vom Wortlaut des § 239 nicht erfasst. Es erscheint aber eine entsprechende Anwendung gerechtfertigt. Vollstreckungstitel ist jedoch nicht der Anwaltsvergleich, sondern der die Vollstreckbarerklärung enthaltende Beschluss.[8]

2. Zum Unterhalt verpflichtende vollstreckbare Urkunde (S. 1 2. Alt.)

Nach **Abs. 1 S. 1 2. Alt.** kann eine Urkunde nur dann abgeändert werden, wenn es 7 sich um einen Vollstreckungstitel nach § 794 Abs. 1 Nr. 5 ZPO handelt. Dazu muss sie von einem deutschen Gericht oder einem deutschen Notar aufgenommen worden sein. Weiter ist erforderlich, dass sie – zumindest auch – die Verpflichtung zu künftig fällig werdenden, laufenden Unterhaltsleistungen zum Gegenstand hat und der Schuldner sich in der Urkunde insoweit wegen einer bestimmten Geldforderung der sofortigen Zwangsvollstreckung unterworfen hat.[9] Außerdem muss die Urkunde vollstreckbar, d. h. mit der Vollstreckungsklausel (§§ 795 S. 1, 724, 725 ZPO) versehen und vollstreckungsfähig sein.

Für die Beurkundung ist grundsätzlich der **Notar** zuständig, § 56 Abs. 4 BeurkG. Er 8 kann hinsichtlich aller Unterhaltstatbestände sowohl eine Unterhaltsvereinbarung wie eine einseitige Verpflichtungserklärung beurkunden. Das **Gericht** kann nach § 62 Abs. 1 Nr. 2 u. 3 BeurkG nur eine Verpflichtung zur Zahlung von Kindesunterhalt (§§ 1601 ff. BGB) oder von Unterhalt aus Anlass der Geburt (§ 1615 l BGB) beurkunden; zuständig sind die Amtsgerichte. In diesem Umfang kommt auch eine Beurkundung durch das **Jugendamt** in Betracht, § 59 Abs. 1 S. 1 Nr. 3 u. 4 SGB VIII. Eine Jugendamtsurkunde steht nach § 60 SGB VIII in ihrer vollstreckungsrechtlichen Wirkung einer vom Gericht oder Notar aufgenommen Urkunde gleich.

Zur **Vollstreckungsfähigkeit** der Urkunde ist erforderlich, dass der zu vollstreckende 9 Unterhaltsanspruch entweder betragsmäßig festgelegt ist oder sich aus der Urkunde ohne weiteres errechnen lässt.[10] Es genügt, wenn die Berechnung mit Hilfe offenkundiger, in der Urkunde konkret in Bezug genommener Daten leicht und zuverlässig möglich ist. Deshalb ist Unterhalt, der nach einer Wertsicherungsklausel angepasst werden soll, die auf den vom Statistischen Bundesamt ermittelten Preisindex für die Lebenshaltungskosten abstellt, hinreichend bestimmt.[11] Gleiches gilt für Kindesunterhalt, dessen jeweilige Höhe sich nach einem konkret ausgewiesenen Prozentsatz des Mindestunterhalts (§ 1612 a BGB) oder nach einer ausdrücklich genannten Einkommensgruppe der Düsseldorfer Tabelle richten soll.

Die **Unterwerfungserklärung** stellt eine ausschließlich auf das Zustandekommen des 10 Vollstreckungstitels gerichtete, einseitige verfahrensrechtliche Erklärung dar und kann nur im Wege des Vollstreckungsabwehrantrags (§ 113 Abs. 1 S. 2 FamFG i. V. m. §§ 795 S. 1,

---

[5] BGH NJW 1986, 1440.
[6] BGH NJW 2006, 695 („unter Anrechnung bereits gezahlter Beträge").
[7] OLG Brandenburg FamRZ 2000, 1377.
[8] BGH NJW 2006, 695; a. M. Graba Rn 304 (Anwendung von § 238).
[9] BGH NJW 1997, 2887; NJW 1992, 2160.
[10] BGH NJW 1995, 1162.
[11] BGH NJW-RR 2004, 649.

797 Abs. 4, 767 Abs. 1 ZPO) beseitigt werden.[12] Ihre Wirksamkeit ist somit unabhängig von derjenigen einer materiellen Einigung der Urkundsbeteiligten.[13]

11   Eine nicht beurkundete, d. h. **privatschriftliche Unterhaltsvereinbarung** ist auch dann nicht im Verfahren nach § 239 abänderbar, wenn die Beteiligten dies vorgesehen haben.[14] Eine solche Regelung ist aber nach §§ 133, 157 BGB grundsätzlich so zu verstehen, dass die vereinbarten Leistungen nach Maßgabe des materiellen Rechts, auf das § 239 Bezug nimmt, abänderbar sein sollen.[15] Bleibt eine entsprechende außergerichtliche Anpassung aus, hat der Unterhaltsberechtigte Erst-, d. h. **Leistungsantrag** zu erheben.[16] Gleiches gilt, wenn ein formunwirksamer gerichtlicher Vergleich nach dem Willen der Beteiligten als außergerichtlicher materiellrechtlicher Vergleich (§ 779 BGB) anzusehen ist.[17]

3. Identität des Anspruchs und der Beteiligten

12   Beteiligte eines Abänderungsverfahrens, das einen gerichtlichen **Vergleich** betrifft, können grundsätzlich nur die Beteiligten des durch ihn beendeten Verfahrens und ihre Rechtsnachfolger sowie dem Vergleich beigetretene Dritte (s. § 36 Rn 28) sein.[18] Andere Dritte können nur dann einen Abänderungsantrag stellen, wenn für sie im Vergleich ausnahmsweise ein eigenes Recht begründet worden ist (§ 328 BGB). Eine Rechtsnachfolge kommt insbesondere beim gesetzlichen Übergang der titulierten Unterhaltsforderung auf den Sozialleistungsträger in Betracht (s. § 238 Rn 17).[19]

13   Ein gerichtlicher Vergleich über Trennungsunterhalt kann mangels Identität des Unterhaltsanspruchs nicht auf die Leistung nachehelichen Unterhalts abgeändert werden. Ebenso wenig kann durch einen außergerichtlichen Vertrag an die Stelle des Anspruchs auf Trennungsunterhalt derjenige auf nachehelichen Unterhalt gesetzt sowie zum Gegenstand der Zwangsvollstreckung gemacht und damit die Vollstreckbarkeit des Titels abgeändert werden.[20]

14   Haben Eltern im Scheidungsverfahren einen Vergleich über Kindesunterhalt geschlossen, ist für einen Abänderungsantrag des Schuldners nach Eintritt der Scheidungsrechtkraft das Kind passiv legitimiert und nicht der Elternteil, der den Vergleich in gesetzlicher Verfahrensstandschaft (§ 1629 Abs. 3 S. 1 BGB) für das anspruchsberechtigte Kind geschlossen hat. Das gilt auch dann, wenn der Titel noch nicht auf das Kind umgeschrieben wurde.[21] Ebenso ist eine Erhöhung des Unterhalts nur auf Abänderungsantrag des Kindes möglich. Denn nach § 1629 Abs. 3 S. 2 BGB wirkt der Vergleich unmittelbar für und gegen dieses.

15   Bei einer beurkundeten **Elternvereinbarung,** insbesondere einer vor rechtskräftiger Scheidung geschlossenen Scheidungsfolgenvereinbarung (§ 1585 c S. 2 BGB), die auch die Zahlung von Kindesunterhalt zu Händen eines Elternteils regelt, vertritt dieser das Kind nicht, wenn sich ein Vertretungswille weder aus dem Wortlaut der Vereinbarung noch aus den ihr zugrunde liegenden Umständen ergibt. Dann sind nur die beiden Eltern Vertragspartner in eigener Sache, weshalb sie Beteiligte eines späteren Abänderungsverfahrens sind, auch nach Rechtskraft der Scheidung.[22] Etwas anderes gilt nur, wenn in der Vereinbarung deutlich zum Ausdruck kommt, dass sie nach § 328 BGB dem Kind eigene Forderungsrechte einräumen soll.[23]

---

[12] BGH NJW 1985, 2423.
[13] BGH NJW-RR 2008, 1075.
[14] Ebenso Graba Rn 91; a. M. Thomas/Putzo/Hüßtege § 239 FamFG Rn 5.
[15] BFH NJW 2004, 2997.
[16] Ebenso Johannsen/Henrich/Brudermüller § 239 FamFG Rn 7.
[17] A. M. OLG Köln FamRZ 1986, 1018.
[18] BGH NJW 1983, 684.
[19] OLG Karlsruhe NJW-RR 2005, 1020.
[20] BGH NJW 1982, 2072.
[21] OLG Brandenburg FamRZ 2002, 1270; OLG Karlsruhe FamRZ 1980, 1059.
[22] BGH NJW 1997, 2176.
[23] BGH NJW-RR 1986, 428.

Wie andere während der Minderjährigkeit des Kindes errichtete Titel über Kindes- 16
unterhalt wirkt auch eine **Jugendamtsurkunde** (s. Rn 8) über den Eintritt der Volljährigkeit hinaus fort (§ 244 analog), außer wenn sie entsprechend befristet ist und somit nur eine
Teiltitulierung vorliegt. Denn der Unterhaltsanspruch eines minderjährigen und derjenige
eines volljährigen Kindes ist rechtlich identisch, auch wenn ihm unterschiedliche Tatbestandsvoraussetzungen zugrunde liegen.[24]

4. Rechtsschutzbedürfnis

Die Ausführungen zu § 238 Rn 18 ff. gelten entsprechend. 17

5. Vortrag eines Abänderungsgrundes (Abs. 1 S. 2)

a) Allgemeines. Obwohl sich die Abänderung eines gerichtlichen Vergleichs oder einer 18
vollstreckbaren Urkunde allein nach materiellem Recht richtet, setzt nach **Abs. 1 S. 2**
bereits die Zulässigkeit eines darauf gerichteten Antrags den Vortrag von Tatsachen voraus,
die – ihre Richtigkeit unterstellt – eine Abänderung rechtfertigen, d. h. nach den Regeln
über die Störung bzw. den Wegfall der Geschäftsgrundlage (§ 313 BGB) begründen.

b) Darlegung bei abzuänderndem Vergleich. Ist die Vergleichsgrundlage nicht 19
bereits aus dem Vergleichstext ohne Weiteres vollständig ersichtlich, muss der Antragsteller
zunächst diese und dann die neuen Verhältnisse, aus denen er eine Abänderung des
Vergleichs herleitet, vortragen.[25] Dazu hat er Tatsachen darzutun, die ihm aus seiner Sicht
das Festhalten am unveränderten Vergleich unzumutbar machen. Die behaupteten Tatsachen müssen eine schwerwiegende Veränderung (§ 313 Abs. 1 BGB) der nach dem Willen
beider Beteiligten zur materiellen Vergleichsgrundlage gewordenen Umstände in Betracht
kommen lassen. Dabei sind alle für die Unterhaltsbemessung im Vergleich maßgeblich
gewesenen Faktoren und deren Änderung darzustellen.[26]

Hat sich der Schuldner verpflichtet, dem Gläubiger einen bestimmten Unterhaltsbetrag 20
über eine freiwillig geleistete Zahlung (Sockelbetrag) hinaus zu zahlen, liegt regelmäßig nur
in Höhe des Mehrbetrags (Spitzenbetrag) ein Vollstreckungstitel vor. Einen solchen Vergleich kann der Schuldner nur dann zum Gegenstand eines Abänderungsantrags machen,
wenn die erstrebte Herabsetzung des Gesamtunterhalts den freiwillig gezahlten Teilbetrag
übersteigt.[27] Dies ist darzulegen.

c) Darlegung bei abzuändernder Urkunde. An den Vortrag des Antragstellers sind 21
unterschiedliche Anforderungen zu stellen, je nachdem ob die Urkunde eine Unterhaltsvereinbarung als zweiseitiges Rechtsgeschäft der Beteiligten des Unterhaltsverhältnisses oder
ein einseitiges Rechtsgeschäft des Unterhaltspflichtigen enthält. Auch letzteres kann aber
eine Vereinbarung zur Grundlage haben.

Für Voraussetzung und Umfang der Abänderung einer **Unterhaltsvereinbarung** ist 22
allein der dort zum Ausdruck gebrachte oder ihrem Zustandekommen zugrunde liegende
einvernehmliche Wille der Urkundsbeteiligten maßgeblich, weil nur dieser Geltungsgrund
der Vereinbarung ist und darüber entscheidet, welche Verhältnisse zu deren Grundlage
gehören und wie die Beteiligten diese Verhältnisse bewertet haben.[28] Der zur Zulässigkeit
des Abänderungsantrags erforderliche Tatsachenvortrag unterliegt deshalb den gleichen
Anforderungen wie bei der Abänderung eines gerichtlichen Vergleichs.

Liegt eine **einseitige Verpflichtungserklärung** vor, die nicht auf einer Vereinbarung 23
der Beteiligten über die Grundlagen der Unterhaltsbemessung beruht, kann der **Gläubiger**
mangels für ihn bestehender rechtsgeschäftlicher Bindung an die bei Errichtung der Urkunde gegebenen Verhältnisse eine Neuberechnung, d. h. eine Erhöhung des Unterhalts nach
den gesetzlichen Vorschriften und den danach maßgeblichen Tatsachen verlangen. Diese
muss er vortragen und außerdem dartun, dass sich auf ihrer Grundlage ein anderer Unter-

---

[24] OLG Zweibrücken FamRZ 2000, 907.
[25] OLG Hamburg FamRZ 2002, 465; OLG Köln FamRZ 2005, 1755.
[26] OLG Zweibrücken FamRZ 2007, 1998.
[27] BGH NJW 1993, 1995.
[28] BGH NJW 1995, 1891.

haltsanspruch ergibt als der titulierte. Das gilt sowohl für eine einseitige notarielle Urkunde[29] wie für eine Jugendamtsurkunde.[30]

24 Der **Schuldner** ist dagegen an seine einseitige Verpflichtungserklärung und damit zugleich an die ihr nach Grund und Höhe zugrunde liegenden Umstände rechtsgeschäftlich gebunden.[31] Macht er eine Herabsetzung des Unterhalts geltend, muss er deshalb diese Umstände vortragen[32] und darlegen, dass die bisherige Unterhaltsleistung für ihn wegen Änderung der Verhältnisse nach § 242 BGB unzumutbar geworden ist. Zur Darlegung mangelnder Leistungsfähigkeit hat er also nicht nur sein derzeitiges Einkommen, sondern auch das seinerzeit gegebene vorzutragen und auszuführen, warum er dieses nicht mehr erzielt.[33]

25 Ergibt sich dagegen aus der eine einseitige Verpflichtungserklärung enthaltenden Urkunde oder aus den vorgetragenen Umständen ihrer Errichtung, dass sie auf einer Vereinbarung der Beteiligten beruht, die auf Abgabe eines deklaratorischen, d. h. den Unterhaltsanspruch bestätigenden und zur Beendigung eines Streits darüber bestimmten Schuldanerkenntnisses gerichtet ist (sog. **kausaler Anerkenntnisvertrag**),[34] sind wegen der Ähnlichkeit mit einer Unterhaltsvereinbarung wie dort sowohl bei einem Abänderungsantrag des Schuldners wie bei einem solchen des Gläubigers die Grundsätze über die Störung bzw. den **Wegfall der Geschäftsgrundlage** (§ 313 BGB) anzuwenden.[35] Dann ist ebenso vorzutragen wie bei der Abänderung eines gerichtlichen Vergleichs.

III. Verhältnis zu anderen Rechtsbehelfen

26 Wie bei einem eine Unterhaltsverpflichtung aussprechenden Beschluss (s. § 238 Rn 35 f.) ist auch bei gerichtlichen Vergleichen und vollstreckbaren Urkunden, selbst wenn sie eine einseitige Verpflichtungserklärung des Schuldners enthalten,[36] ein **Nachforderungsantrag** (§ 113 Abs. 1 S. 2 FamFG i. V. m. § 258 ZPO) des Gläubigers nur eröffnet, wenn sich der Unterhaltstitel eindeutig auf einen Teilbetrag des geschuldeten Unterhalts beschränkt.

27 Ist der titulierte Unterhalt nur für einen bestimmten Zeitraum vereinbart worden, weil die Beteiligten davon ausgingen, für die Zeit danach werde der Unterhaltsanspruch mangels Bedürftigkeit des Gläubigers oder Leistungsfähigkeit des Schuldners entfallen, ist ein für einen späteren Zeitraum behaupteter Anspruch durch **Erstantrag** geltend zu machen. Denn dann beschränkt sich der Titel auf den bestehenden materiellen Anspruch und erfasst nicht sein künftiges Nichtbestehen. Bei der Entscheidung über den Antrag sind aber die im Vergleich getroffenen Regelungen weiterhin von Bedeutung, soweit sie nicht wegen Wegfalls ihrer Geschäftsgrundlage an die veränderten Verhältnisse anzupassen (§ 313 BGB) sind.[37]

28 Hat der Gläubiger auf seinen titulierten Unterhaltsanspruch verzichtet, muss er ein erneutes Unterhaltsbegehren ebenfalls im Wege des Erstantrags verfolgen. Das gilt auch dann, wenn dieser **Verzicht** Gegenstand eines gerichtlichen Vergleichs ist, der zur Beendigung eines vom Schuldner angestrengten Abänderungsverfahrens geschlossen wurde.[38] Gleiches hat zu gelten, wenn der Gläubiger auf den in einem gerichtlichen Vergleich oder einer beurkundeten Scheidungsfolgenvereinbarung (§ 1585 c S. 2 BGB) titulierten nachehelichen Unterhalt wirksam verzichtet und die Berufung des Schuldners darauf wegen veränderter Umstände nunmehr gegen Treu und Glauben (§ 242 BGB) verstößt.[39]

29 Will das **Kind,** zu dessen Gunsten einseitig eine **Jugendamtsurkunde** errichtet wurde, die nicht seinen gesamten Unterhaltsanspruch erfasst, höheren Unterhalt bzw. einen Mehrbedarf (z. B. Kindergartenkosten) geltend machen, hat es ein **Wahlrecht** zwischen einem

---

[29] OLG Düsseldorf NJW-RR 2006, 946.
[30] BGH NJW 2003, 3770.
[31] BGH NJW 2011, 1874; OLG Stuttgart FamRZ 2001, 767.
[32] BGH NJW-RR 2007, 779.
[33] OLG München FamRZ 2002, 1271.
[34] BGH NJW-RR 2007, 530; NJW 1995, 960.
[35] BGH NJW-RR 2003, 433.
[36] BGH NJW 2009, 1410.
[37] BGH NJW 2007, 2249.
[38] OLG Hamm FamRZ 2000, 907.
[39] A. M. OLG Zweibrücken FamRZ 2008, 1453.

auf den vollen Unterhalt gerichteten Abänderungsantrag und der Geltendmachung der Mehrforderung durch Leistungsantrag.[39a] Voraussetzung ist aber, dass der Urkunde keine (schlüssige) Vereinbarung über den Gesamtunterhalt zugrunde liegt.[40] Die bloße Entgegennahme der titulierten Unterhaltszahlungen reicht ohne zusätzliche Anhaltspunkte, wie z. B. die Erklärung des Einverständnisses mit der Unterhaltshöhe, zur Annahme einer nur den Abänderungsantrag eröffnenden Vereinbarung nicht aus.[41]

30 Ist hingegen durch eine Jugendamtsurkunde titulierter Unterhalt auf Abänderungsantrag des Schuldners auf Null reduziert worden, muss das Kind ein auf Wiedergewährung von Unterhalt gerichtetes Verlangen durch erneuten Abänderungsantrag geltend machen, weil dem (letzten) Abänderungsbeschluss eine Prognose zugrunde liegt.[42]

31 Will der Gläubiger einen nach § 38 Abs. 4 Nr. 1 nicht mit Gründen versehenen Anerkenntnis- oder Versäumnisbeschluss im Ausland geltend machen und kann die Begründung nicht mehr nach § 38 Abs. 6 nachgeholt werden, hat er ausnahmsweise ein Rechtsschutzbedürfnis für einen neuen Leistungsantrag.[43]

32 Im Übrigen gelten die Grundsätze, die bei § 238 Rn 31 ff. für das Verhältnis eines auf Abänderung eines Beschlusses gerichteten Antrags zu anderen Rechtsbehelfen dargelegt sind, entsprechend. Das gilt auch für die Abgrenzung zum **negativen Feststellungsantrag.** Dieser ist somit gegen einen im einstweiligen Anordnungsverfahren geschlossenen gerichtlichen Vergleich für den Schuldner gegeben, wenn dort eine lediglich vorläufige Regelung getroffen wurde.

IV. Keine Tatsachenpräklusion

33 Weil gerichtlichen Vergleichen und vollstreckbaren Urkunden keine materielle Rechtskraft zukommt, unterliegt der vom Antragsteller im – ersten (s. § 238 Rn 61) – Abänderungsverfahren zu führende Tatsachenvortrag keiner zeitlichen Einschränkung.[44] Denn die Präklusion kommt nur zur Sicherung der Rechtskraftwirkung gerichtlicher Entscheidungen in Betracht.[45] Deshalb ist **§ 238 Abs. 2 nicht entsprechend anwendbar,** so dass grundsätzlich auch Tatsachen geltend gemacht werden können, die schon im Zeitpunkt der Errichtung des Titels bestanden haben.[46]

34 Mithin kann bei einer vollstreckbaren Urkunde, die eine einseitige Verpflichtung zur Zahlung von Unterhalt ohne diesbezügliche Vereinbarung tituliert, ein Abänderungsantrag auf Umstände aus der Zeit vor Errichtung der Urkunde und mithin auch darauf gestützt werden, dass die vom Unterhaltspflichtigen seiner beurkundeten Erklärung zugrunde gelegten Verhältnisse schon damals nicht den Tatsachen entsprochen haben.[47]

35 Haben aber die Beteiligten eines (auch) den laufenden Unterhalt betreffenden Verfahrens in der Beschwerdeinstanz einen gerichtlichen Vergleich geschlossen, in dem sie den Unterhalt zwar anderweitig, aber im Ergebnis in derselben Höhe bemessen haben wie der angefochtene Beschluss und deshalb im Vergleich die Rechtsmittelrücknahme erklärt haben, bleibt der erstinstanzliche Ausspruch über den Unterhaltsanspruch bestehen und erwächst in Rechtskraft. Dann ist ein Abänderungsantrag gegen diesen Beschluss zu richten, weshalb § 238 Abs. 2 zu beachten ist.[48]

36 Wurde der einen gerichtlichen Vergleich betreffende Abänderungsantrag abgewiesen, kann dies auch nicht materiell als Verpflichtung zu künftigen Unterhaltsleistungen durch Beschluss angesehen werden. Das folgt bereits daraus, dass es andernfalls ein Vergleichsbeteiligter in der Hand hätte, dem anderen die Berufung auf eine bisher eingetretene Veränderung der Verhältnisse abzuschneiden, indem er einen unbegründeten Abänderungs-

---

[39a] OLG Zweibrücken NJOZ 2011, 1125.
[40] BGH NJW 2008, 2337.
[41] OLG Zweibrücken NJW 1993, 473.
[42] OLG Zweibrücken FamRZ 2007, 1032.
[43] OLG Zweibrücken FamRZ 2000, 907.
[44] OLG München BeckRS 2011, 11613.
[45] BGH NJW 1995, 536.
[46] BGH NJW 2010, 2349.
[47] BGH NJW 1985, 64; OLG Karlsruhe FamRZ 2003, 1675.
[48] BGH NJW 1990, 709.

antrag erhebt.⁴⁹ Abzuändernder Titel bleibt deshalb der Vergleich, so dass der Antragsgegner des früheren Abänderungsverfahrens ohne Beschränkung durch § 238 Abs. 2 Abänderung geltend machen kann. Gleiches hat für den früheren Antragsteller zu gelten.⁵⁰

V. Zulässigkeit der rückwirkenden Abänderung

37 Da sich die Abänderung eines gerichtlichen Vergleichs oder einer vollstreckbaren Urkunde allein nach den Regeln des materiellen Rechts richtet, bestehen hinsichtlich des Zeitpunkts, ab dem eine Abänderung begehrt werden kann, **keine verfahrensrechtlichen Einschränkungen.** Deshalb ist **§ 238 Abs. 3 nicht entsprechend anwendbar.** Lediglich im Rahmen der Begründetheit kann sich nach sachlichem Recht eine Einschränkung ergeben, insbesondere wenn aufgrund der Umstände des Einzelfalls dem Schuldner die Zahlung höheren Unterhalts für die Vergangenheit nicht zugemutet werden kann oder das Erhöhungsverlangen des Gläubigers hinsichtlich der Vergangenheit als rechtsmissbräuchlich anzusehen ist (§ 242 BGB). Ein solches rückwirkendes Erhöhungsverlangen unterliegt allerdings wie bei der Abänderung eines Beschlusses (s. § 238 Rn 70) den materiellrechtlichen Voraussetzungen des **§ 1613 Abs. 1 BGB.**⁵¹

38 Ein **gerichtlicher Vergleich** kann somit grundsätzlich auch für die Zeit vor Erhebung des Abänderungsantrags abgeändert werden, weil er keinen Vertrauenstatbestand schafft, der einem rechtskräftigen Beschluss gleich kommt.⁵² Der Gläubiger wird durch § 818 Abs. 3 BGB ausreichend davor geschützt, für die Vergangenheit Unterhalt zurückzahlen zu müssen.⁵³ Es ist auch nicht erforderlich, dass der Schuldner den Gläubiger wegen eines Verzichts auf seine Rechte aus dem Vergleich in Verzug setzt.⁵⁴ Unterbleibt ein darauf gerichtetes Verlangen vor Erhebung des Abänderungsantrags, kann dies nur Bedeutung bei der Prüfung haben, ob das Abänderungsbegehren hinsichtlich eines vor Antragserhebung liegenden Unterhaltszeitraums gegen Treu und Glauben verstößt (§ 242 BGB). Die Vergleichsbeteiligten können aber aufgrund ihrer Vertragsautonomie eine rückwirkende Abänderung ausschließen oder von frei vereinbarten Voraussetzungen abhängig machen.

39 Auch die Abänderung eines Vergleichs setzt naturgemäß voraus, dass die Änderung der Verhältnisse bereits eingetreten ist. Denn erst ab diesem Zeitpunkt wird das Unterhaltsverhältnis der Beteiligten durch die veränderten Umstände bestimmt.⁵⁵ Deshalb kommt die Abänderung mit Wirkung auf den Zeitpunkt in Betracht, in dem der Abänderungsgrund eingetreten ist. Besteht dieser in einer Änderung der Rechtslage, ist auf das Inkrafttreten des sie bewirkenden Gesetzes oder auf den Erlass (§ 38 Abs. 3 S. 3) des die höchstrichterliche Rechtsprechung ändernden Beschlusses⁵⁶ abzustellen.

40 Die gleichen Grundsätze gelten für die Abänderung einer eine Unterhaltsvereinbarung oder eine einseitige Verpflichtungserklärung enthaltenden vollstreckbaren **Urkunde.**⁵⁷

VI. Begründetheit des Abänderungsantrags (Abs. 2)

1. Allgemeines

41 Abs. 2 schreibt in Übernahme der zu § 323 ZPO a. F. ergangenen Rechtsprechung⁵⁸ fest, dass sich der mit dem Antrag geltend gemachte Abänderungsanspruch und die Anpassung des Titels an veränderte Umstände wie bei sonstigen privatrechtlichen Rechtsgeschäften allein nach den Regeln des materiellen Rechts richten. Danach kann zunächst Abänderung verlangt werden, wenn die Vergleichsbeteiligten insoweit bestimmte Voraussetzun-

---

⁴⁹ BGH NJW 1995, 534, OLG Hamm NJW 1995, 2042; OLG Karlsruhe FamRZ 1995, 893.
⁵⁰ A. M. OLG Koblenz NJW-RR 1999, 1680; offen gelassen in BGH NJW 1995, 534.
⁵¹ OLG Naumburg NJW-RR 2010, 655.
⁵² BGH-GrZS NJW 1983, 228; OLG Brandenburg FamRZ 2004, 210.
⁵³ OLG Brandenburg NJW-RR 2007, 79 m. w. N.
⁵⁴ BGH NJW-RR 1991, 514.
⁵⁵ BGH NJW 1981, 2193.
⁵⁶ BGH NJW 2007, 1961; NJW 2003, 1181.
⁵⁷ BGH NJW 1990, 3274; NJW 1989, 1033; OLG Brandenburg NJW-RR 2007, 79; OLG Köln FamRZ 2000, 905; OLG Nürnberg FamRZ 2004, 212.
⁵⁸ BGH NJW 1997, 2176; NJW 1986, 2054.

gen vereinbart haben (s. Rn 45) und diese tatsächlich eintreten. Fehlt es an solchen autonomen Regelungen, kommt ein **Abänderungsanspruch nach § 313 BGB,** d. h. nach den Grundsätzen über die Störung bzw. den Wegfall der Geschäftsgrundlage in Betracht. Dann ist der Abänderungsantrag begründet, wenn und soweit die behaupteten und vom Gericht als erwiesen festgestellten Tatsachen dem Antragsteller ein unverändertes Festhalten am Unterhaltstitel unzumutbar machen. Aber auch wenn vertraglich geregelte Abänderungskriterien erfüllt sind, ist eine Abänderung nur ausnahmsweise allein auf deren Grundlage begründet, weil es auf eine Gesamtbewertung aller unterhaltsrechtlich relevanten Umstände nach dem das Unterhaltsverhältnis prägenden Grundsatz von Treu und Glauben (§ 242 BGB) ankommt.

2. Änderung der individuellen Verhältnisse

Ein Abänderungsanspruch kann sich wie bei einem Unterhaltsbeschluss durch die Änderung der persönlichen Lebensverhältnisse eines Beteiligten ergeben. Auf die bei § 238 Rn 81 aufgeführten Beispiele wird verwiesen. 42

3. Änderung der allgemeinen Verhältnisse

Sowohl beim gerichtlichen Vergleich wie bei einer vollstreckbaren Urkunde kann eine Abänderung wegen einer Änderung der allgemeinen Verhältnisse begründet sein. Auf § 238 Rn 82 wird verwiesen. 43

4. Änderung der Rechtslage

Von einer Störung bzw. einem Wegfall der Geschäftsgrundlage (§ 313 BGB) ist auszugehen, wenn der Geschäftswille der Beteiligten (auch) auf der gemeinschaftlichen Erwartung vom Fortbestand einer bestimmten Rechtslage oder der herrschenden Rechtsprechung beruht.[59] Liegt keine Gesetzesänderung,[60] sondern eine Änderung der Rechtsprechung vor, muss diese in ihren Auswirkungen einer Gesetzesänderung oder einer Änderung der Rechtslage durch die Rechtsprechung des BVerfG vergleichbar sein. Das gilt grundsätzlich nur für die Änderung einer gefestigten Rechtsprechung des BGH. Eine Ausnahme davon kommt allein in Betracht, wenn die Beteiligten erkennbar eine bestimmte, nur in ihrem OLG-Bezirk vertretene und jetzt aufgegebene Rechtsauffassung zu Grunde gelegt haben.[61] 44

5. Eintritt vereinbarter Abänderungsgründe

Die Beteiligten können in einem gerichtlichen Vergleich oder einer beurkundeten Unterhaltsvereinbarung im Rahmen ihrer **Vertragsautonomie** besondere Regelungen über die Abänderbarkeit treffen. Das gilt z. B. für die Abrede, dass der unterhaltsberechtigte geschiedene Ehegatte ein bestimmtes monatliches Einkommen „anrechnungsfrei" hinzuverdienen darf. Wird diese Grenze überschritten, besteht ein Abänderungsanspruch des Schuldners mit der Maßgabe, dass der Unterhalt unter Berücksichtigung der weiteren relevanten Faktoren neu zu bemessen ist. In einem solchen Fall trifft den Gläubiger eine vertragliche Pflicht zur unaufgeforderten Information über die Erzielung höherer Einkünfte, um dem anderen Teil die Wahrnehmung seines Rechts auf Abänderung zu ermöglichen.[62] Eine Regelung, nach der einem Beteiligten die Geltendmachung einer Abänderung vorbehalten ist, ohne dass insoweit ein bestimmter Abänderungsgrund aufgeführt wird, rechtfertigt hingegen allein kein Abänderungsbegehren.[63] Auch der Bestand von Individualregelungen ist aber an den Grundsätzen über die Störung bzw. den Wegfall der Geschäftsgrundlage (§ 313 BGB) zu messen (s. Rn 41). Das trifft insbesondere auf 45

---

[59] BGH FamRZ 1994, 562; NJW 1983, 1548.
[60] BGH NJW-RR 1991, 514.
[61] BGH NJW 2001, 3618.
[62] BGH NJW 1997, 1439; OLG Hamm NJW-RR 1994, 772.
[63] OLG Karlsruhe FamRZ 2010, 1253.

Bestimmungen zu, die eine Abänderbarkeit einschränken oder gar ausschließen. Aus der bloßen Festlegung eines Pauschalbetrages, d. h. aus dem Fehlen einer Berechnungsgrundlage im Vergleichstext ergibt sich ein vereinbarter Ausschluss der Abänderbarkeit regelmäßig nicht. Vielmehr setzt dieser eine eindeutig als endgültig aufzufassende Regelung voraus.[64]

6. Beweislast

46 Wer sich auf die Störung oder den Wegfall der Geschäftsgrundlage beruft, trägt die Beweislast für die dazu erforderlichen tatsächlichen Voraussetzungen, mithin für einen Abänderungsgrund. Der Antragsteller hat deshalb sowohl die für die Errichtung des abzuändernden Titels maßgebenden Umstände darzulegen und zu beweisen wie auch deren Änderung, aus der sich ein Fehlgehen der Vorstellungen und Erwartungen beider Beteiligten ergeben soll.[65] Entsprechendes gilt für denjenigen Beteiligten, der einen vereinbarten Abänderungsgrund oder einen vereinbarten Ausschluss der Abänderbarkeit geltend macht.

VII. Entscheidung

1. Zuständigkeit

47 Soweit es nicht um Kindesunterhalt geht und deshalb die ausschließliche örtliche Zuständigkeit nach § 232 Abs. 1 besteht, ist der Abänderungsantrag im allgemeinen Gerichtsstand des Antragsgegners zu erheben. Das gilt auch für die Abänderung beurkundeter Unterhaltsvereinbarungen.[66] Auf § 238 Rn 91 ff. wird verwiesen.

2. Grundlage und Umfang der Abänderung

48 **a) Allgemeines.** Es kommt **grundsätzlich keine freie Abänderung** des bestehenden Titels in Betracht. Vielmehr entfaltet dieser eine **Bindungswirkung** mit der Maßgabe, dass nach Möglichkeit eine Anpassung an die veränderten Verhältnisse unter Wahrung des der Errichtung des Titels zugrunde liegenden Willens der Beteiligten und der ihm entsprechenden Grundlagen der Unterhaltsbemessung zu erfolgen hat.

49 **b) Anpassung.** Bei einem gerichtlichen Vergleich oder einer notariell beurkundeten Unterhaltsvereinbarung entscheidet der dort niedergelegte Wille der Beteiligten darüber, welche tatsächlichen Verhältnisse und welche Rechtslage sie zur Grundlage der rechtsgeschäftlichen Einigung gemacht und wie sie diese seinerzeit bewertet haben. Dieser Vertragswille ist durch Auslegung nach §§ 133, 157 BGB zu ermitteln.[67] Auf dieser Basis hat das Gericht unter Berücksichtigung der von ihm festgestellten neuen Verhältnisse zu prüfen, welche Änderung in den maßgeblichen Umständen eingetreten ist und welche Auswirkungen sich daraus für die Unterhaltsbemessung ergeben.[68]

50 Für eine Anpassung an die veränderte Sach- und/oder Rechtslage genügt nicht, dass ein Festhalten am Vereinbarten für einen der Beteiligten unzumutbar erscheint; vielmehr muss hinzukommen, dass das Abgehen davon dem anderen Beteiligten zumutbar ist. Dabei ist auch zu beachten, ob die im Vergleich insgesamt getroffenen Regelungen noch in einem ausgewogenen, interessengerechten Verhältnis zueinander stehen.[69]

50a Geht es um die Abänderung eines Vergleichs über nachehelichen Unterhalt mit dem Ziel einer **Befristung** (§ 1578 b Abs. 2 BGB), ist durch interessengerechte Auslegung (§§ 133, 157 BGB) dieses Vergleichs tatrichterlich zu prüfen, ob die Beteiligten dort im Hinblick auf eine spätere Befristung ausdrücklich oder konkludent eine bindende vertragliche Regelung getroffen haben. Lässt sich eine solche nicht feststellen, ist jedenfalls bei der erstmaligen Titulierung des Unterhalts im Zweifel davon auszugehen, dass die Beteiligten dessen spätere

---

[64] BGH NJW 2010, 440.
[65] BGH NJW 1995, 1891; OLG Hamburg FamRZ 2002, 465.
[66] OLG Dresden FamRZ 2000, 543.
[67] BGH NJW 1989, 526.
[68] BGH NJW 1992, 1621; NJW-RR 1987, 1029.
[69] BGH NJW 2004, 3106.

Befristung offen halten wollten. Dann ist eine dahin gehende Abänderung auch ohne Änderung der tatsächlichen Verhältnisse und ohne Bindung an den Vergleich möglich. Das Abänderungsbegehren darf aber im Hinblick auf die bisherige Dauer der Unterhaltsvereinbarung nicht treuwidrig (§ 242 BGB) erscheinen, wozu maßgeblich auf den geltend gemachten Befristungszeitpunkt abzustellen ist.[70] Die Darlegungs- und Beweislast dafür, dass eine spätere Befristung nach dem Willen der Beteiligten nicht ausgeschlossen sein sollte, trägt grundsätzlich der Antragsteller.

Bei einer beurkundeten einseitigen Unterhaltsverpflichtung, der eine Vereinbarung zugrunde liegt (s. Rn 25), erfolgt eine Anpassung des Titels nach den für einen Vergleich geltenden Grundsätzen. **51**

c) Neuberechnung. Haben sich die Grundlagen eines gerichtlichen Vergleichs oder einer beurkundeten Unterhaltsvereinbarung so tiefgreifend geändert, dass dem Willen der Beteiligten kein hinreichender Anhaltspunkt für die Abänderung zu entnehmen ist, kann diese **ausnahmsweise** ohne Bindung an die dann unbrauchbar gewordenen Grundlagen des abzuändernden Titels vorgenommen werden. Deshalb ist der Unterhalt wie bei einer Erstfestsetzung nach den gesetzlichen Vorschriften zu bemessen.[71] **52**

Eine Neuberechnung ist auch zulässig, wenn sich die Bemessung des im gerichtlichen Vergleich oder in der beurkundeten Unterhaltsvereinbarung titulierten Unterhalts unter Zugrundelegung der dort herangezogenen Kriterien nicht nachvollziehen lässt und deshalb eine Anpassung an zwischenzeitlich geänderte Verhältnisse nicht möglich ist.[72] **53**

Gleiches gilt, wenn die Beteiligten für den Fall eines Abänderungsverfahrens eine Neuberechnung vereinbart haben.[73] **54**

Die Abänderung einer Urkunde, die eine einseitige, nicht auf einer Vereinbarung beruhende Unterhaltsverpflichtung enthält, erfolgt ebenfalls im Wege der Neufestsetzung des Unterhalts. **55**

3. Entscheidung über gegenläufige Abänderungsanträge

Die Ausführungen zu § 238 Rn 99 f. gelten entsprechend. **56**

4. Abänderungsbeschluss

a) Inhalt. Soweit der Abänderungsantrag zulässig und begründet ist, ändert das Gericht in der **Formel** den konkret zu bezeichnenden Unterhaltstitel mit Wirkung auf den im Antrag bezeichneten oder davon abweichend festgestellten Zeitpunkt ab. Dazu ist die titulierte Verpflichtung anzupassen, auch wenn es zum Wegfall des Unterhaltsanspruchs kommt („Abänderung auf Null"). Im Übrigen ist der Antrag abzuweisen. **57**

Hinsichtlich der Anforderungen an die **Begründung** ist zu berücksichtigen, dass in einem erneuten Abänderungsverfahren der jetzige Beschluss Gegenstand des Abänderungsantrags ist (s. § 238 Rn 102). **58**

b) Wirkung. Der gerichtliche Vergleich oder die vollstreckbare Urkunde geht im Abänderungsbeschluss mit der Folge auf, dass der abgeänderte Titel wegen des bis zum Abänderungszeitpunkt fälligen Unterhalts weiterhin Vollstreckungsmaßnahmen ermöglicht und wegen der anschließenden Zeit i. S. d. § 120 Abs. 1 FamFG i. V. m. §§ 795 S. 1, 775 Nr. 1, 776 S. 1 ZPO „aufgehoben" wird. Diese vollstreckungsrechtliche Wirkung tritt bereits mit dem Erlass des Abänderungsbeschlusses ein, wenn dessen sofortige Wirksamkeit angeordnet wird (s. § 238 Rn 103). **59**

c) Rechtsmittel; erneuter Abänderungsantrag. Auf § 238 Rn 104 wird verwiesen. **60**

---

[70] BGH NJW 2010, 2349.
[71] BGH NJW 1994, 1530.
[72] BGH NJW 2001, 2259.
[73] OLG Zweibrücken FamRZ 2004, 1884.

VIII. Übergangsregelung zum UnterhaltsÄndG

61 Die Übergangsregelung des § 36 Nr. 1 EGZPO gilt auch für gerichtliche Vergleiche und vollstreckbare Urkunden aus der Zeit vor dem 1. 1. 2008 entsprechend. Die dort geforderte wesentliche Änderung der Unterhaltsverpflichtung ist nach den Regeln über die Störung bzw. den Wegfall der Geschäftsgrundlage (§ 313 BGB) zu beurteilen. Wegen der Zumutbarkeitsprüfung wird auf § 238 Rn 107 Bezug genommen.

IX. Kosten und Gebühren

62 Siehe § 238 Rn 110 ff.

Abänderung von Entscheidungen nach den §§ 237 und 253

240 (1) Enthält eine rechtskräftige Endentscheidung nach § 237 oder § 253 eine Verpflichtung zu künftig fällig werdenden wiederkehren Leistungen, kann jeder Teil die Abänderung beantragen, sofern nicht bereits ein Antrag auf Durchführung des streitigen Verfahrens nach § 255 gestellt worden ist.

(2) ¹Wird ein Antrag auf Herabsetzung des Unterhalts nicht innerhalb eines Monats nach Rechtskraft gestellt, so ist die Abänderung nur zulässig für die Zeit ab Rechtshängigkeit des Antrags. ²Ist innerhalb der Monatsfrist ein Antrag eines anderen Beteiligten auf Erhöhung des Unterhalts anhängig geworden, läuft die Frist nicht vor Beendigung dieses Verfahrens ab. ³Der nach Ablauf der Frist gestellte Antrag auf Herabsetzung ist auch zulässig für die Zeit ab dem Ersten des auf ein entsprechendes Auskunfts- oder Verzichtsverlangen des Antragstellers folgenden Monats. ⁴§ 238 Abs. 3 Satz 4 gilt entsprechend.

I. Normzweck und Anwendungsbereich

1 § 240 entspricht im Wesentlichen dem früheren § 654 ZPO und regelt die Abänderung von Beschlüssen, die während der Anhängigkeit eines Vaterschaftsfeststellungsverfahrens (§ 169 Nr. 1) oder im vereinfachten Verfahren (§§ 249 ff.) Unterhalt für das minderjährige Kind als Prozentsatz des Mindestunterhalts (§ 1612 a BGB) unter Anrechnung kindbezogener Leistungen (§§ 1612 b, 1612 c BGB) titulieren. Damit findet die Vorschrift nur auf **Beschlüsse nach §§ 237 u. 253** Anwendung. Insoweit ist sie grundsätzlich gegenüber § 238 vorrangig[1] und auf einen begrenzten, an das Zustandekommen des Titels gebundenen Abänderungszweck gerichtet. Dieser lässt sich auf gerichtliche Vergleiche[2] und vollstreckbare Urkunden nicht übertragen, weshalb dort § 239 maßgeblich ist und eine entsprechende Anwendung von § 240 nicht in Betracht kommt.[3]

II. Abgrenzung zum Abänderungsantrag nach § 238

2 Der Antrag nach § 240 leitet ein selbständiges Nachverfahren ein, das ein abgeschlossenes Unterhaltsverfahren nach § 237 oder Unterhaltsfestsetzungsverfahren nach §§ 249 ff. voraussetzt, mithin einen rechtskräftigen Unterhaltsbeschluss nach § 237 oder § 253. Verfahrensziel ist nicht die Abänderung wegen veränderter Verhältnisse, sondern die **Anpassung des pauschal festgesetzten Unterhalts** an die konkreten Gegebenheiten des Einzelfalls. Deshalb handelt es sich der Sache nach um einen **Korrekturantrag**.[4] Erst der darauf ergehende Beschluss stellt einen solchen i. S. d. § 238 dar. Der Antrag entspricht damit dem Erstantrag (§ 113 Abs. 1 S. 2 FamFG i. V. m. § 258 ZPO).

3 Deshalb gilt für den Tatsachenvortrag **keine Präklusion**. Die Beteiligten können alle Umstände vorbringen, die für die Bemessung des Unterhalts relevant sind, auch wenn sie schon im vorausgegangenen Verfahren geltend gemacht worden sind oder bereits vorlagen, aber nicht vorgetragen wurden. Dies ergibt sich daraus, dass dort im Interesse der

---

[1] OLG Karlsruhe FamRZ 2003, 1672.
[2] OLG Naumburg FamRZ 2006, 211.
[3] BGH NJW-RR 2003, 433.
[4] BGH NJW-RR 2003, 433 zu § 654 ZPO a. F.

schnellen Schaffung eines Titels einerseits das Kind nicht den angemessenen Unterhalt (§ 1610 Abs. 1 BGB) geltend machen und andererseits der Unterhaltspflichtige keine oder nur bestimmte Einwendungen erheben konnte, wohingegen jetzt der nach materiellem Recht bestehende Anspruch festzustellen ist. Deshalb kann das Kind nunmehr ohne Beschränkung seinen individuellen Bedarf darlegen. Der Schuldner kann alle Einwendungen zum Grund und zur Höhe umfassend erheben, insbesondere Leistungsunfähigkeit,[5] mangelnde Sachberechtigung wegen Forderungsübergangs auf einen öffentlichen Leistungsträger,[6] Erfüllung[7] oder Verwirkung[8] einwenden. Aus dem gleichen Grund ist auch **keine Änderung der Verhältnisse erforderlich,** weshalb der Antragsteller eine solche nicht darlegen muss.[9]

Danach besteht die gleiche **Darlegungs- und Beweislast wie beim Erstantrag.** Wie dort[10] braucht das Kind also nur in Höhe des Mindestunterhalts seinen Bedarf und seine Bedürftigkeit sowie die Leistungsfähigkeit des Unterhaltspflichtigen nicht darzulegen und zu beweisen. Es kann zwischen der Geltendmachung einer bezifferten, d. h. statischen Unterhaltsrente, und eines als Vomhundertsatz des Mindestunterhalts definierten, also dynamischen Unterhalts (§ 1612a Abs. 1 BGB) wählen.[11] Dagegen kann der Schuldner mit seinem Antrag nur eine Herabsetzung des titulierten Prozentsatzes verlangen, um dem Kind nicht die Möglichkeit der Dynamisierung zu nehmen.[12] Etwas anderes gilt nur, wenn sich das Kind auf einen bezifferten Antrag einlässt und auf diese Weise sein Wahlrecht aufgibt bzw. ausübt.

III. Zulässigkeitsvoraussetzungen (Abs. 1)

Nach **Abs. 1** ist der Antrag zulässig, wenn die allgemeinen Verfahrensvoraussetzungen vorliegen und die Abänderung eines rechtskräftigen Beschlusses nach § 237 oder § 253 begehrt wird. Bei Letzterem ist weiter erforderlich, dass noch kein Antrag auf Durchführung des streitigen Verfahrens nach § 255 gestellt ist, weil dieser ebenfalls auf Titulierung des materiellrechtlich „richtigen" Unterhaltsanspruchs gerichtet ist, somit dem gleichen Zweck dient wie der Korrekturantrag und diesem vorgeht.[13] Eine Antragsfrist als besondere Verfahrensvoraussetzung ist nur einzuhalten, wenn die rückwirkende Herabsetzung des Unterhalts begehrt wird. Das Kind kann den Antrag auch noch nach Eintritt der Volljährigkeit erheben, weil der Titel fortbesteht (§ 244).

Hat der Unterhaltspflichtige sich zur teilweisen Zahlung des geltend gemachten Unterhalts verpflichtet (§ 252 Abs. 2 S. 1 u. 2) und das Gericht in diesem Umfang nach § 254 S. 2 auf Antrag des Kindes einen **Teilfestsetzungsbeschluss** (s. § 254 Rn 7) erlassen, ist ein Abänderungsantrag des Antragsgegners als zulässig anzusehen, weil ein solcher Titel demjenigen nach § 253 gleichsteht und es in seinem Umfang an den für ein Vorgehen nach § 255 erforderlichen Einwendungen fehlt.[14]

IV. Zeitliche Zulässigkeit der Abänderung (Abs. 2)

1. Antrag auf Herabsetzung des Unterhalts

Nach **Abs. 2 S. 1** kann der Unterhaltspflichtige eine **rückwirkende Herabsetzung** des titulierten Unterhalts grundsätzlich nur erreichen, wenn er den Antrag in einer **Frist von einem Monat** nach Eintritt der formellen Rechtskraft (§ 45) des abzuändernden Beschlus-

---

[5] OLG Celle FamRZ 2007, 1258; OLG Bremen FamRZ 2000, 1164.
[6] OLG Naumburg FamRZ 2006, 1395.
[7] BGH FPR 2003, 490.
[8] OLG Brandenburg FamRZ 2000, 1044; OLG Frankfurt NJOZ 2007, 407; OLG Karlsruhe NJW-RR 2002, 1085.
[9] OLG Hamm FamRZ 2004, 1588.
[10] BGH NJW 2002, 1269; OLG Köln FamRZ 2000, 310; OLG Naumburg FamRZ 2007, 1342; OLG Schleswig FamRZ 2005, 1109.
[11] OLG Hamm FamRZ 2004, 1587.
[12] Zöller/Lorenz § 240 FamFG Rn 2.
[13] BT-Drs. 16/6308 S. 258.
[14] Johannsen/Henrich/Brudermüller § 240 FamFG Rn 7.

ses stellt. Die Regelung soll nach dem Willen des Gesetzgebers inhaltlich dem früheren § 654 Abs. 2 S. 1 ZPO entsprechen,[15] so dass trotz des missverständlichen Wortlauts wie dort auf die Antragserhebung und somit auf die Zustellung an den Antragsgegner, d. h. die Rechtshängigkeit (§ 113 Abs. 1 S. 2 FamFG i. V. m. § 253 Abs. 1 ZPO) abzustellen ist, nicht lediglich auf die Anhängigkeit.[16] Wird die Monatsfrist nicht eingehalten, ist eine Abänderung erst ab Rechtshängigkeit zulässig, mithin für die Zukunft.

7   Soweit es um die Fristwahrung geht, ist § 167 ZPO, der eine Rückwirkung der Zustellung auf den Zeitpunkt der Einreichung des Antrags ermöglicht, anwendbar (§ 113 Abs. 1 S. 2).[17] Mithin unterbleibt die Rückwirkung, wenn sich die Zustellung durch ein Unterlassen des Antragstellers verzögert, z. B. wenn er es trotz gebotener Zweifel unterlässt, sich rechtzeitig über die zutreffende Anschrift des Kindes zu vergewissern.[18]

8   Die Einreichung bzw. Übersendung eines Verfahrenskostenhilfeantrags an den Antragsgegner steht der Antragserhebung nicht gleich.[19] Das gilt selbst dann, wenn dieses Gesuch mit dem Antragsentwurf verbunden ist und im Verfahrenskostenhilfeprüfungsverfahren zugestellt wird.[20] Da eine Verlängerung der Frist nicht vorgesehen ist, stellt sie trotz fehlender Bezeichnung materiell eine Notfrist dar, weshalb eine Wiedereinsetzung entsprechend § 113 Abs. 1 S. 2 FamFG i. V. m. § 233 ZPO als zulässig anzusehen ist.[21]

9   Hat das Kind innerhalb der Monatsfrist einen Antrag auf Erhöhung des Unterhalts anhängig gemacht, d. h. eingereicht, verlängert sich nach **Abs. 2 S. 2** die Antragsfrist für den Unterhaltspflichtigen, der den Titel zunächst im Interesse des Rechtsfriedens akzeptiert hatte, zu seinem Schutz[22] bis zur Beendigung des Verfahrens über den Antrag des Kindes. Er kann also bis zur rechtskräftigen Entscheidung oder bis zur anderweitigen Erledigung eine rückwirkende Herabsetzung beantragen. Erfolgt dies im Wege des Widerantrags und erledigt sich der Antrag des Kindes, bleibt derjenige des Unterhaltsberechtigten anhängig.

10 Nach **Abs. 2 S. 3** kann der Unterhaltspflichtige trotz Ablaufs der (ggf. verlängerten, s. Rn 9) Frist eine rückwirkende Herabsetzung beantragen, wenn er das Kind vorher zur Auskunft oder zum Verzicht aufgefordert hat. Dann gilt die gleiche Zeitschranke wie nach § 238 Abs. 3 S. 3 (s. § 238 Rn 77).

11 In **Abs. 2 S. 4** ist der rückwirkenden Herabsetzung durch Verweisung auf § 238 Abs. 3 S. 4 eine absolute Grenze von einem Jahr vor Eintritt der Rechtshängigkeit gesetzt (s. § 238 Rn 78).

2. Antrag auf Erhöhung des Unterhalts

12 Das Kind kann **ohne Bindung an eine Antragsfrist** eine rückwirkende Erhöhung des Unterhalts verlangen. Diese kommt aber nur unter den materiellen Voraussetzungen des § 1613 Abs. 1 BGB in Betracht (s. § 238 Rn 70 f.).

V. Entscheidung

13 Das nach **§ 232 Abs. 1 Nr. 2** bestimmte Gericht ist sowohl für die Entscheidung über den Antrag des Kindes wie über den des Unterhaltspflichtigen ausschließlich örtlich zuständig. Liegen beiderseitige Anträge vor, besteht im Wege der Ermessensreduzierung auf Null nach § 113 Abs. 1 S. 2 FamFG i. V. m. § 147 ZPO eine Amtspflicht zur Verfahrensverbindung, damit es nicht zu einander widersprechenden Entscheidungen kommt. Aus diesem Grund ist auch gemeinsam über die Anträge zu entscheiden, ebenso wenn der andere Beteiligte im laufenden Verfahren einen Widerantrag erhebt.

---

[15] BT-Drs. 16/6308 S. 259.
[16] A. M. Zöller/Lorenz § 240 Rn 8.
[17] OLG Brandenburg FamRZ 2007, 2085.
[18] OLG Düsseldorf NJW 2008, 2595.
[19] OLG Zweibrücken NJW-RR 2008, 1393.
[20] OLG Hamm FamRZ 2008, 1540.
[21] Ebenso Johannsen/Henrich/Brudermüller § 240 Rn 11.
[22] BT-Drs. 13/7338 S. 43.

Eine Bindung des Gerichts an die dem abzuändernden Beschluss zugrunde liegenden **14** tatsächlichen Feststellungen besteht ebenso wenig wie an die dort erfolgte rechtliche Beurteilung. Vielmehr ist wie im Erstverfahren der entscheidungserhebliche Sachverhalt aufzuklären und zu bewerten. Auf dieser Grundlage ist eine **Neuberechnung des Unterhalts** vorzunehmen.

Wird auf höheren oder geringeren Unterhalt erkannt als im Beschluss nach § 237 oder **15** § 253, ist diese Entscheidung unter konkreter Bezeichnung in der Formel abzuändern. Im Übrigen ist der Antrag abzuweisen. Die vollstreckungsrechtliche Wirkung der Entscheidung entspricht derjenigen des Abänderungsbeschlusses im Verfahren nach § 238 (s. § 238 Rn 103). Gleiches gilt hinsichtlich der Anfechtbarkeit nach §§ 58 ff. und der Abänderbarkeit nach § 238 (s. § 238 Rn 104).

VI. Kosten und Gebühren

Es entstehen eine Verfahrensgebühr nach Nr. 1220 KV FamGKG sowie eine solche **16** nach Nr. 3100 VV RVG und eine Terminsgebühr nach Nr. 3104 VV RVG. Auch bei Abänderung eines Beschlusses nach § 253 findet eine Anrechnung der Kosten des vorausgegangenen Verfahrens nicht statt, weil eine solche nur im Verhältnis zwischen vereinfachtem Verfahren und streitigem Verfahren bestimmt ist (§ 255 Abs. 5 FamFG, Nr. 3100 Abs. 1 VV RVG) und eine entsprechende Anwendung nicht in Betracht kommt.

Wegen des Verfahrenswerts wird auf § 238 Rn 112 verwiesen. **17**

Verschärfte Haftung

241

Die Rechtshängigkeit eines auf Herabsetzung gerichteten Abänderungsantrags steht bei der Anwendung des § 818 Abs. 4 des Bürgerlichen Gesetzbuchs der Rechtshängigkeit einer Klage auf Rückzahlung der geleisteten Beträge gleich.

§ 241 verbessert die Rechtsposition des Unterhaltspflichtigen, der im **Abänderungs-** **1** **verfahren nach § 238, 239 oder 240** eine Herabsetzung des titulierten Unterhalts geltend macht und beim Erfolg seines Begehrens die zuviel gezahlten Beträge nach §§ 812 ff. BGB zurückfordern will. Die Vorschrift bezweckt, dass die **verschärfte Haftung des Unterhaltsberechtigten** (§ 818 Abs. 4 BGB), anders als nach bisherigem Recht,[1] nicht erst mit Rechtshängigkeit des auf Rückzahlung gerichteten Leistungsantrags[2] eintritt, sondern schon mit Rechtshängigkeit des Abänderungsantrags, d. h. am Tag der Zustellung (§ 113 Abs. 1 S. 2 FamFG i. V. m. § 253 Abs. 1 ZPO). Zur Übergangsregelung siehe die Erläuterungen zu Art. 111 FGG-RG.

Zur Auslösung der Rechtswirkungen des § 818 Abs. 4 BGB im Abänderungsverfahren **2** ist es mithin nicht mehr[3] erforderlich, den Abänderungsantrag für den Fall seines Erfolges hilfsweise mit einem Antrag auf künftige Rückzahlung des während der Dauer des Verfahrens zuviel gezahlten Unterhalts (§ 113 Abs. 1 S. 2 FamFG i. V. m. § 258 ZPO) zu verbinden. Zwar wird das Rechtsschutzinteresse für einen solchen Antrag auch weiterhin grundsätzlich nicht zu verneinen sein. Aber die bisherige Praxis hat gezeigt, dass häufig die Antragsformulierung dem Bestimmtheitserfordernis (§ 113 Abs. 1 S. 2 FamFG i. V. m. § 253 Abs. 2 Nr. 2 ZPO) nicht genügt und der Leistungsantrag deshalb unzulässig ist. Insoweit trägt § 241 zur Vereinfachung des Abänderungsverfahrens bei.[4]

Die Vorschrift verleiht dem Abänderungsantrag eine Warnfunktion, die derjenigen des **3** Leistungsantrags entspricht. Die verschärfte Haftung stellt dabei eine materiellrechtliche Wirkung der Rechtshängigkeit (§ 113 Abs. 1 S. 2 FamFG i. V. m. § 262 S. 1 ZPO) in dem Sinne dar, dass das Vertrauen des Unterhaltsberechtigten in den Bestand der emp-

---

[1] BGH NJW 1998, 2433; NJW 1986, 2057.
[2] Soweit es im Gesetzestext „Klage auf Rückzahlung" heißt, liegt ersichtlich ein Redaktionsversehen vor. Auch der bereicherungsrechtliche Rückzahlungsanspruch rührt i. S. d. § 266 Abs. 1 Nr. 2 u. 4 FamFG aus der Ehe bzw. aus dem Eltern-Kind-Verhältnis her.
[3] BGH NJW 1992, 2415.
[4] BT-Drs. 16/6308 S. 259.

fangenen Leistung nicht mehr geschützt ist. Dies hat zur Folge, dass für ihn **kein Entreicherungseinwand** (§ 818 Abs. 3 BGB) mehr gegeben ist. Er kann sich somit wegen der **ab Rechtshängigkeit des Abänderungsantrags** fällig werdenden Leistungen nicht mehr auf deren Verbrauch berufen. Kommt es später zu einem Rückzahlungsantrag, weil eine außergerichtliche Lösung ausbleibt und sich der Unterhaltspflichtige einen Zahlungstitel verschaffen will, wird dieses weitere Verfahren von der im Einzelfall rechtlich und tatsächlich schwierigen Feststellung einer verbliebenen Bereicherung (etwa durch Bildung von Ersparnissen, durch Anschaffungen oder durch Tilgung von Schulden)[5] entlastet.

4 Leistet der Schuldner auf eine einstweilige Anordnung (§ 246) oder einen im einstweiligen Anordnungsverfahren geschlossenen, nur eine vorläufige Regelung enthaltenden Vergleich, ohne dass nach materiellem Recht eine Unterhaltspflicht besteht, ist **bei Erhebung eines negativen Feststellungsantrags** (s. § 238 Rn 44 u. § 239 Rn 32) die **entsprechende Anwendung von § 241** gerechtfertigt. Anders als nach altem Recht[6] kann insbesondere im Hinblick darauf, dass die Anhängigkeit einer Ehesache oder eines selbständigen Unterhaltsverfahrens nicht Voraussetzung einer einstweiligen Anordnung ist, keine Absicht des Gesetzgebers mehr angenommen werden, diesen Rechtsbehelf gegenüber dem Abänderungsantrag hinsichtlich des Eintritts der verschärften Haftung nach § 818 Abs. 4 BGB unterschiedlich zu behandeln. Dafür spricht auch, dass es in beiden Fällen im Ergebnis um das gleiche Rechtsschutzziel geht.

Einstweilige Einstellung der Vollstreckung

242 ¹Ist ein Abänderungsantrag auf Herabsetzung anhängig oder hierfür ein Antrag auf Bewilligung von Verfahrenskostenhilfe eingereicht, gilt § 769 der Zivilprozessordnung entsprechend. ²Der Beschluss ist nicht anfechtbar.

I. Normzweck und Anwendungsbereich

1 § 242 regelt die entsprechende Anwendung von § 769 ZPO bei der einstweiligen Einstellung der Vollstreckung aus einem auf laufende Unterhaltsleistungen (§ 231 Abs. 1) lautenden Titel, dessen Abänderung in einem **Verfahren nach §§ 238, 239 oder 240**[1] vom Schuldner begehrt wird. Zur Übergangsregelung siehe die Erläuterungen zu Art. 111 FGG-RG.

II. Verfahrensvoraussetzungen (S. 1)

2 Nach **S. 1** reicht für die Zulässigkeit der einstweiligen Einstellung der Vollstreckung aus dem abzuändernden Titel bereits die **Anhängigkeit eines Abänderungsantrags** aus, der auf Herabsetzung des Unterhalts gerichtet ist. Dessen Zustellung an den Antragsgegner ist somit nicht erforderlich. Alternativ genügt die **Einreichung eines Verfahrenskostenhilfeantrags** für einen beabsichtigten Abänderungsantrag.

3 Erforderlich ist ein **Einstellungsantrag** des Unterhaltsschuldners (§ 769 Abs. 1 S. 1 ZPO). Dort sind die das Abänderungsbegehren begründenden Tatsachen glaubhaft zu machen (§ 769 Abs. 1 S. 3 ZPO). Ist das Hauptsacheverfahren bereits anhängig, gilt der dort nach § 114 Abs. 1 bestehende **Anwaltszwang** auch für den Einstellungsantrag. Dafür, dass nach dem Willen des Gesetzgebers die in § 114 Abs. 4 Nr. 1 für das Verfahren der einstweiligen Anordnung vorgesehene Ausnahme auch insoweit gelten soll, ergibt sich aus der Gesetzesbegründung[2] nichts.

4 Das **Rechtsschutzinteresse** des Schuldners besteht, sobald eine vollstreckbare Ausfertigung des Titels beantragt werden kann[3] und solange die Vollstreckung nicht vollständig

---
[5] BGH NJW 1984, 2095.
[6] BGH NJW 1985, 1074.
[1] BT-Drs. 16/6308 S. 326.
[2] BT-Drs. 16/6308 S. 224.
[3] MünchKommZPO/Schmidt § 769 Rn 20.

beendet ist. Es fehlt, wenn keine Vollstreckung droht, etwa weil der Gläubiger verbindlich deren Nichtbetreiben zugesichert hat, z. B. wegen schwebender Vergleichsverhandlungen.

III. Zuständigkeit

Zuständig ist das Gericht, bei dem der **Abänderungsantrag** oder der **Verfahrenskostenhilfeantrag** anhängig ist. Darauf, ob das angerufene Gericht für die Hauptsache zuständig ist, kommt es nicht an, weil nach der Entscheidung über die einstweilige Einstellung noch eine Verweisung (§ 113 Abs. 1 S. 2 FamFG i. V. m. § 281 ZPO) in Betracht kommt.[4] Auch das mit der Hauptsache[5] befasste Beschwerde- oder Rechtsbeschwerdegericht kann die Anordnung erlassen. Ein Einstellungsantrag in der Rechtsbeschwerdeinstanz kann aber grundsätzlich nur Erfolg haben, wenn ein entsprechender Antrag schon in der Beschwerdeinstanz gestellt wurde.[6]

S. 1 nimmt die Regelung des § 769 Abs. 2 ZPO, wonach in dringenden Fällen und somit **ausnahmsweise** das **Vollstreckungsgericht,** mithin der Rechtspfleger beim AG am Wohnsitz des Schuldners (§§ 764 Abs. 2, 802 ZPO, 20 Nr. 17 RPflG) zuständig ist, von der Verweisung nicht aus. Aber die Annahme eines solchen Falls kommt im Anwendungsbereich von § 242 regelmäßig nicht in Betracht, weil die einstweilige Einstellung lediglich die Einreichung des Abänderungsantrags oder eines darauf gerichteten Verfahrenskostenhilfeantrags voraussetzt und deshalb eine Maßnahme des Hauptsachegerichts zeitnah herbeigeführt werden kann.

IV. Entscheidung

Die Entscheidung steht im pflichtgemäßen Ermessen des Gerichts (§ 769 Abs. 1 S. 1 ZPO: „kann"). Die **Ermessensausübung** wird maßgeblich durch die Erfolgsaussicht des Abänderungsbegehrens bestimmt.[7] Diese ist summarisch nach Aktenlage zu prüfen. Eine Beweisantizipation ist in der Weise zulässig, dass die von vornherein bestehende Aussichtslosigkeit eines Beweisantritts berücksichtigt werden darf. Eine überwiegende Aussicht auf Erfolg ist nicht erforderlich.[8] Es genügt ein gewisses Maß an Erfolgsaussicht,[9] weil diese nicht den einzigen Faktor im Rahmen der Ermessensausübung darstellt.[10] Vielmehr ist die einstweilige Einstellung der Vollstreckung nur ausgeschlossen, wenn die Erfolgsaussicht der Rechtsverfolgung völlig fehlt, während es sonst auf die gegenseitige **Abwägung** der **Schutzbedürfnisse** von **Gläubiger** und **Schuldner** nach den Umständen des Einzelfalls ankommt.[11] Dabei haben die Interessen des Gläubigers wegen der Bedeutung des titulierten Unterhalts für seine Lebensstellung besonderes Gewicht. Andererseits sind nach dem verfassungsrechtlichen Grundsatz der Verhältnismäßigkeit[12] Nachteile, die sich für den Schuldner aus der Uneinbringlichkeit einer Rückzahlungsforderung (§§ 812 ff. BGB) ergeben können, angemessen zu berücksichtigen. Eine mündliche Verhandlung ist nicht vorgeschrieben. Dem Antragsgegner ist rechtliches Gehör (Art. 103 Abs. 1 GG) zu gewähren, falls der Einstellungsantrag nicht ohne weiteres abzuweisen ist.

Das Gericht entscheidet durch zu begründenden (§ 38 Abs. 3 S. 1) **Beschluss** (§ 769 Abs. 3 ZPO). Nach **S. 2** ist dieser **unanfechtbar,** egal ob die beantragte Maßnahme angeordnet oder abgelehnt wird.[13] Das Gericht kann aber auf Antrag den Beschluss jederzeit bis zum Erlass seiner Hauptsacheentscheidung aufheben oder ändern, auch bei unveränder-

---

[4] Thomas/Putzo/Hüßtege § 769 Rn 3.
[5] OLG Hamm BeckRS 2011, 02030 (nicht im Verfahrenskostenhilfeverfahren).
[6] BGH BeckRS 2006, 15204; NJW-RR 1991, 1216.
[7] KG NJW 1995, 1035.
[8] A. M. OLG Karlsruhe FamRZ 1999, 1000.
[9] OLG Bamberg NJW-RR 1989, 576 zu § 719 ZPO.
[10] OLG Karlsruhe FamRZ 2003, 1676.
[11] OLG Zweibrücken FamRZ 2002, 556.
[12] BVerfG NJW 2004, 49 zu § 765 a ZPO.
[13] BGH NJW 2004, 2224; OLG Brandenburg FamRZ 2006, 47; OLG Bremen MDR 2006, 229; OLG Frankfurt NJW-RR 2003, 140.

ter Sachlage (§ 54 analog). Gegen eine Entscheidung des Vollstreckungsgerichts findet die Rechtspflegererinnerung (§ 11 Abs. 2 RPflG) statt.

9 Die einstweilige Einstellung der Vollstreckung kann gegen oder ohne **Sicherheitsleistung** erfolgen (§ 769 Abs. 1 S. 1 ZPO). Auch dies steht im pflichtgemäßen Ermessen des Gerichts. In der Regel ist im Gläubigerinteresse die Anordnung einer Sicherheitsleistung geboten. Sie unterbleibt jedoch, wenn dem Schuldner die Sicherheitsleistung unmöglich ist und ein Erfolg seines Abänderungsantrags ernsthaft möglich erscheint (§ 769 Abs. 1 S. 2 ZPO).[14] Die Regelung des § 707 Abs. 1 S. 2 ZPO ist nicht entsprechend anzuwenden, so dass es nicht darauf ankommt, ob die Vollstreckung dem Schuldner einen nicht zu ersetzenden Nachteil bringen würde.

10 Die **Dauer der Einstellungsanordnung** reicht – nur – bis zum Erlass (§ 38 Abs. 3 S. 3) der Endentscheidung (§ 38 Abs. 1 S. 1) des Instanzgerichts, das die Anordnung getroffen hat, nicht hingegen bis zur Rechtskraft. Eine Aufhebung ist nicht erforderlich, aber im Einzelfall zur Klarstellung zweckmäßig.[15] Eine bis zum rechtskräftigen Abschluss des Abänderungsverfahrens wirksam bleibende Einstellungsanordnung kann nur in der Hauptsacheentscheidung getroffen werden, § 120 Abs. 1 FamFG i. V. m. § 770 ZPO.[16] Die vollstreckungsrechtliche **Wirkung** der Anordnung ergibt sich aus § 120 Abs. 1 FamFG i. V. m. § 775 Nr. 2 ZPO.

11 Eine Einstellungsanordnung des Vollstreckungsgerichts tritt mit fruchtlosem Ablauf der dort für die Beibringung einer Entscheidung des Gerichts der Hauptsache zu setzenden Frist (§ 769 Abs. 2 S. 1 ZPO) außer Kraft, wie sich aus § 769 Abs. 2 S. 2 ZPO ergibt. Ebenso wenn das Hauptsachegericht über den dort gestellten Einstellungsantrag entscheidet. Die Frist kann auf Antrag abgekürzt oder verlängert werden (§ 113 Abs. 1 S. 2 FamFG i. V. m. § 224 Abs. 2 ZPO).[17]

12 Aufgrund der uneingeschränkten Verweisung in S. 1 kann der Beschluss trotz der allein auf die einstweilige Einstellung bezogenen Überschrift der Norm auch darauf lauten, dass die Vollstreckung nur gegen Sicherheitsleistung fortzusetzen ist und dass einzelne Vollstreckungsmaßnahmen gegen Sicherheitsleistung aufzuheben sind (§ 769 Abs. 1 S. 1 2. u. 3. Alt. ZPO). Diese Anordnungen kommen aber im Hinblick darauf, dass die titulierte Unterhaltsleistung den laufenden Lebensbedarf des Gläubigers sicherstellen soll, nur ausnahmsweise in Betracht.

V. Kosten und Gebühren

13 Über Kosten ist nicht gesondert zu befinden, auch bei Ablehnung des Einstellungsantrags. Denn die in der Hauptsache zu treffende Kostenentscheidung (§ 243) erfasst auch die Kosten des Verfahrens über die einstweilige Einstellung der Vollstreckung, soweit solche entstehen.

14 Es fällt **keine Gerichtsgebühr** an. Hinsichtlich der **Anwaltsgebühren** gehört das Verfahren zum Rechtszug, außer wenn über den Einstellungsantrag gesondert mündlich verhandelt wird (§ 19 Abs. 1 S. 2 Nr. 11 RVG). Dann entstehen eine Verfahrensgebühr nach Nr. 3328 VV RVG und eine Terminsgebühr nach Nr. 3332 VV RVG. Beschränkt sich die Tätigkeit des Anwalts auf das Einstellungsverfahren, erwächst auch ohne Verhandlung eine Verfahrensgebühr analog Nr. 3328 VV RVG,[18] zu der ggf. die Terminsgebühr hinzukommt.

15 Die Anwaltsgebühren berechnen sich nach dem Schuldnerinteresse, dessen **Wert** nach § 113 Abs. 1 S. 2 FamFG i. V. m. § 3 ZPO zu schätzen und in der Regel mit $1/5$ des Wertes der Hauptsache (s. § 238 Rn 112) anzunehmen ist.[19]

---

[14] Zöller/Herget § 769 Rn 7.
[15] BGH NJW 2005, 3282; Zöller/Herget § 769 Rn 9; a. M. OLG Brandenburg FamRZ 2008, 906.
[16] MünchKommZPO/Schmidt § 769 Rn 28; Thomas/Putzo/Hüßtege § 770 Rn 1.
[17] MünchKommZPO/Schmidt § 769 Rn 31.
[18] Gerold/Schmidt/Müller-Rabe Nr. 3328 VV RVG Rn 9.
[19] BGH NJW 1991, 2280.

VI. Entsprechende Anwendung von § 242

Richtet sich ein **negativer Feststellungsantrag** gegen eine auf laufenden Unterhalt 16
lautende einstweilige Anordnung oder einen im einstweiligen Anordnungsverfahren geschlossenen, nur eine vorläufige Regelung enthaltenden Vergleich (s. § 238 Rn 44 u. § 239 Rn 32), ist § 242 entsprechend anwendbar.[1]

Kostenentscheidung

243 [1] **Abweichend von den Vorschriften der Zivilprozessordnung über die Kostenverteilung entscheidet das Gericht in Unterhaltssachen nach billigem Ermessen über die Verteilung der Kosten des Verfahrens auf die Beteiligten.** [2] **Es hat hierbei insbesondere zu berücksichtigen:**
1. **das Verhältnis von Obsiegen und Unterliegen der Beteiligten, einschließlich der Dauer der Unterhaltsverpflichtung,**
2. **den Umstand, dass ein Beteiligter vor Beginn des Verfahrens einer Aufforderung des Gegners zur Erteilung der Auskunft und Vorlage von Belegen über das Einkommen nicht oder nicht vollständig nachgekommen ist, es sei denn, dass eine Verpflichtung hierzu nicht bestand,**
3. **den Umstand, dass ein Beteiligter einer Aufforderung des Gerichts nach § 235 Abs. 1 innerhalb der gesetzten Frist nicht oder nicht vollständig nachgekommen ist, sowie**
4. **ein sofortiges Anerkenntnis nach § 93 der Zivilprozessordnung.**

I. Normzweck und Anwendungsbereich

Die Vorschrift enthält von den §§ 91 ff. ZPO abweichende Sonderregelungen[1*] für die 1
Kostenverteilung in Unterhaltssachen. Sie gilt für alle Unterhaltssachen i. S. v. § 231 Abs. 1, auch im Rechtsmittelverfahren,[2] im Verfahren der einstweiligen Anordnung[3] und im vereinfachten Verfahren (s. § 253 Rn 10). Für Verfahren nach § 231 Abs. 2 sind dagegen die §§ 80 ff. anzuwenden. In Lebenspartnerschaftssachen nach § 269 Nr. 8 und 9 gilt § 243 entsprechend, § 270 Abs. 1 S. 2. Sofern über den Unterhalt im **Verbund** entschieden wird gilt § 150. § 243 ist jedoch anwendbar, wenn die Unterhaltssache als selbständige Familiensache fortgeführt wird, § 150 Abs. 5 S. 2. Die Vorschrift soll eine flexiblere, weniger formal gehandhabte Kostenentscheidung in Unterhaltssachen ermöglichen. Anlass dazu besteht u. a. deshalb, weil im Unterschied zum Verfahren über einmalige Leistungen dem Dauercharakter der Verpflichtung bei der Verfahrenswertermittlung nur begrenzt Rechnung getragen werden kann.[4]

II. Entscheidung nach billigem Ermessen

In Unterhaltssachen nach § 231 Abs. 1 ist über die Verteilung der Kosten des Verfahrens 2
auf die Beteiligten nach billigem Ermessen zu entscheiden. Während für die übrigen Familienstreitsachen gem. § 113 Abs. 1 die §§ 91 ff., 269 ZPO gelten, ermöglicht § 243 eine von diesen Vorschriften abweichende Kostenentscheidung, wobei jedoch die in den §§ 91 ff., 269 ZPO enthaltenen Rechtsgedanken durchaus Anwendung finden können.[5] Denn die nach **S. 2 Nr. 1 bis 4** zu berücksichtigenden Gesichtspunkte sind **nicht abschließend**. In der **Rechtsmittelinstanz** kann deshalb der Gedanke des § 97 Abs. 2 ZPO in die Kostenentscheidung einfließen.[6] Bei **Erledigung der Hauptsache** kann § 91 a ZPO he-

---

[1] OLG Hamburg NJW-RR 1990, 394; OLG Düsseldorf NJW-RR 1994, 519; OLG Karlsruhe NJW 2004, 859; OLG Stuttgart FamRZ 1981, 694 zu § 769 ZPO.
[1*] OLG Hamm FamRZ 2011, 582.
[2] KG NJW 2010, 3588; Thomas/Putzo/Hüßtege § 243 FamFG Rn 3.
[3] MünchKommZPO/Dötsch § 243 FamFG Rn 3.
[4] BT-Drs. 16/6308 S. 259.
[5] OLG München AGS 2010, 409 = BeckRS 2010, 10944; BeckOK/Schlünder § 243 FamFG Rn 2.
[6] BT-Drs. 16/6308 S. 259; Horndasch/Viefhues § 243 Rn 4.

rangezogen werden,[7] bei **Rücknahme** des Antrages § 269 ZPO und bei einem Vergleich § 98 ZPO.[7a] Soweit sich in S. 2 Nr. 1 bis 4 keine vorgehenden Spezialregelungen befinden, kann auf § 81 Abs. 2 zurückgegriffen werden. Spezialregelungen enthalten insbesondere Nr. 2 und 3 im Vergleich zu § 81 Abs. 2 Nr. 4. Ferner kann auch ein **materiell-rechtlicher Kostenerstattungsanspruch** eines Beteiligten berücksichtigt werden.[8]

III. Verhältnis von Obsiegen und Unterliegen (S. 2 Nr. 1)

3   S. 2 Nr. 1 betrifft dem Grundsatz nach die klassische Kostenverteilung entsprechend §§ 91, 92 ZPO. Danach hat der unterliegende Beteiligte die Kosten des Verfahrens zu tragen. Wenn jeder Beteiligte teils obsiegt und teils unterliegt, sind die Kosten gegeneinander aufzuheben oder verhältnismäßig zu teilen. Das Gericht kann einem Beteiligten trotz teilweisen Unterliegens die gesamten Kosten auferlegen, wenn die Zuvielforderung des anderen Beteiligten verhältnismäßig geringfügig war und keine oder nur geringfügig höhere Kosten veranlasst hat. Im Rahmen der Entscheidung nach S. 2 Nr. 1 ist jedoch auch die **Dauer der Unterhaltsverpflichtung** zu berücksichtigen, und zwar unabhängig vom Verfahrenswert. Würde die Kostenentscheidung nur an dem für die Wertberechnung gem. § 51 Abs. 1 und 2 FamGKG maßgeblichen Zeitraum (12 Monate nach Anhängigkeit und der Zeitraum vor Anhängigkeit) ausgerichtet, könnte insbesondere eine **Befristung des Unterhalts** nicht berücksichtigt werden, wenn der unbefristet beantragte Unterhalt zwar für einen Zeitraum von mehr als 12 Monaten nach Antragseingang zugesprochen, aber für die weitere Zukunft befristet wird. In diesem Fall ist eine Kostenquotelung ebenfalls sachgerecht.[9] Maßstab der Entscheidung sind jeweils die Vorstellungen der Beteiligten über die Höhe und die Dauer der Unterhaltsleistung.

IV. Auskunft und Belegvorlage (Nr. 2 und 3)

1. Vor Beginn des Verfahrens (Nr. 2)

4   Im Vergleich mit § 93d ZPO a. F fehlt die Bestimmung, dass die nicht oder nicht vollständig erfolgte Auskunft **Anlass zum Verfahren** gegeben haben muss. Dies ist jedoch weiterhin notwendig, damit dem Auskunftsverpflichteten die Kosten des Verfahrens auferlegt werden können.[10] Voraussetzung für die Anwendbarkeit von S. 2 Nr. 2 ist eine **materiell-rechtliche Auskunftspflicht.** Sie ergibt sich für den Verwandtenunterhalt aus § 1605 Abs. 1 BGB, im Verhältnis von getrennt lebenden Ehegatten aus §§ 1361 Abs. 4 S. 3, 1605 Abs. 1 BGB und nach der Scheidung aus § 1580 BGB. Ein Auskunftsanspruch der Mutter eines nichtehelichen Kindes gegen den Vater des Kindes setzt voraus, dass sie ihren Bedarf konkret darlegt und die Auskunft benötigt wird, um sich der Leistungsfähigkeit des Unterhaltsverpflichteten zu vergewissern.[11] Aus der Verpflichtung der Ehegatten zur ehelichen Lebensgemeinschaft folgt ihr wechselseitiger Anspruch, sich über die für die Höhe des Familienunterhalts maßgeblichen finanziellen Verhältnisse zu informieren, nicht aber Belege vorzulegen.[12] Eine entsprechende Auskunftspflicht besteht unter Geschwistern zur Ermittlung der Haftungsanteile für den Elternunterhalt aus § 242 BGB.[13] Die Auskunft betrifft **Einkünfte und Vermögen** (§ 1605 Abs. 1 BGB) und muss zur Ermittlung der Leistungsfähigkeit des Verpflichteten auch die **Abzüge und Belastungen** umfassen,[14] nicht dagegen Erwerbsbemühungen.[15] Die Angabe eines volljährig gewordenen Unterhaltsberechtigten, über kein anrechenbares Einkommen zu verfügen und bei freiwilliger Zahlung Vollstreckungsmaßnahmen aufheben lassen zu wollen, reicht nicht aus.[16]

---

[7] OLG Jena FamRZ 2011, 491.
[7a] OLG Karlsruhe FamRZ 2011, 749.
[8] BayObLG NJW-RR 2003, 80; Bumiller/Harders § 243 Rn 5; BeckOK/Schlünder § 243 FamFG Rn 5.
[9] Krause FamRB 2009, 123/124.
[10] Bumiller/Harders § 243 Rn 7; a. A. BeckOK/Schlünder § 243 FamFG Rn 12.
[11] OLG Frankfurt OLGR 2005, 496 = BeckRS 2005, 01258; Wendl/Dose § 1 Rn 666b.
[12] BGH NJW 2011, 226 = FamRZ 2011, 21.
[13] BGH FamRZ 2003, 1836.
[14] OLG Brandenburg FamRZ 2003, 239.
[15] KG FamRZ 2008, 530.
[16] OLG Brandenburg ZFE 2007, 394 = BeckRS 2007, 15640.

S. 2 Nr. 2 ist nicht nur anwendbar, wenn sofort ein Zahlungsantrag gestellt wurde, der 5
sich nach im Verfahren erfolgter Auskunft als unbegründet erweist, sondern auch, wenn
durch **Stufenantrag** zunächst eine Auskunft verlangt wurde und sich danach kein Unterhaltsanspruch ergibt.[17] Dabei kommt es nicht darauf an, ob das Gericht noch über einen
Antrag entscheidet, der Antrag zurückgenommen wird[18] oder die Beteiligten die Hauptsache für erledigt erklären.[19] Voraussetzung ist jedoch die Anhängigkeit des Antrages.[20] S. 2
Nr. 2 ist ferner anwendbar im Verfahren nach **§ 237**. Schon derjenige, der als Vater gem.
§ 1600 d BGB vermutet wird, ist zur Auskunft verpflichtet.[21]

2. Im Verlauf des Verfahrens (S. 2 Nr. 3)

Nach S. 2 Nr. 3 kann die nicht oder nicht vollständige Erfüllung der Auskunftspflicht 6
gem. § 235 Abs. 1 kostenrechtliche Auswirkungen haben. Notwendig ist, dass das Gericht
den Beteiligten aufgefordert hat, **Auskunft** über seine Einkünfte, sein Vermögen und
(oder) seine persönlichen und wirtschaftlichen Verhältnisse zu erteilen und (oder) bestimmte
Belege vorzulegen, § 235 Abs. 1 S. 1. Dem steht die Aufforderung gleich, schriftlich zu
versichern, dass die Auskunft wahrheitsgemäß und vollständig ist, § 235 Abs. 1 S. 2. Das
Gericht muss jeweils eine angemessene Frist setzen, § 235 Abs. 1 S. 3, und auf die mögliche
Kostenfolge sowie auf § 236 hinweisen. Wenn der Beteiligte auch nur einer Aufforderung
nicht nachkommt, also z. B. zwar Auskunft erteilt, aber keine Belege vorlegt, ist dies nach
S. 2 Nr. 3 innerhalb der Ermessensentscheidung zu berücksichtigen. Dabei wird das Gericht
insbesondere darauf abstellen, ob bei Erfüllung der gerichtlichen Auflage das Verfahren
schneller abgeschlossen worden wäre. Diese Kostenfolge stellt einen Ausgleich dafür dar,
dass die Auskunftspflicht gem. § 235 Abs. 4 nicht mit Zwangsmitteln durchsetzbar ist. S. 2
Nr. 3 ist nicht anwendbar, wenn ein Beteiligter seiner Pflicht aus § 235 Abs. 3, wesentliche
Veränderungen mitzuteilen, nicht nachkommt.

V. Sofortiges Anerkenntnis (S. 2 Nr. 4)

Auch das sofortige Anerkenntnis gem. § 93 ZPO wirkt sich auf die Kostenentscheidung 7
aus. § 93 ZPO bestimmt, dass dem Kläger die Prozesskosten zur Last fallen, wenn der
Beklagte nicht durch sein Verhalten zur Erhebung der Klage Veranlassung gegeben hat und
den Anspruch sofort anerkennt. Im Unterhaltsverfahren hat der Antragsgegner dem Antragsteller trotz sofortigen Anerkenntnisses Anlass zur Einleitung des Verfahrens gegeben, wenn
der unterhaltsberechtigte Antragsteller ein berechtigtes Interesse daran hat, einen Vollstreckungstitel erstellen zu lassen **(Titulierungsinteresse).** Sofern dies vor Antragstellung oder
im Verfahrenskostenhilfeverfahren abgelehnt oder einer entsprechenden Aufforderung nicht
nachgekommen wird, bestand eine Veranlassung zur Antragstellung.[22] Hinsichtlich der
Kosten der Titulierung ist zu unterscheiden: Beim **Kindesunterhalt** besteht die Möglichkeit, **kostenfrei vor dem Jugendamt** gem. § 59 Abs. 1 Nr. 3 SGB VIII die Verpflichtung
zur Erfüllung von Unterhaltsansprüchen eines Abkömmlings zu beurkunden, sofern die
unterhaltsberechtigte Person zum Zeitpunkt der Beurkundung das 21. Lebensjahr noch
nicht vollendet hat. Dasselbe gilt gem. § 59 Abs. 1 Nr. 4 SGB VIII für Unterhaltsansprüche
gem. § 1615 l BGB.[23] Hier muss der Unterhaltsschuldner sich außergerichtlich vorbehaltlos
zur Titulierung verpflichtet haben, um anschließend mit der Kostenfolge aus S. 2 Nr. 4
sofort anerkennen zu können. Beim **Ehegattenunterhalt** ist er dagegen nicht verpflichtet,
die dafür entstehenden Kosten zu übernehmen. Ein beachtenswertes Titulierungsinteresse
besteht nur dann, der Unterhaltsschuldner zu einer Titulierung des freiwilligen gezahlten
Betrages auch bei Kostenübernahme durch den Unterhaltsgläubiger nicht bereit ist.[24]

---

[17] OLG Nürnberg FamRZ 2001, 1381.
[18] OLG Düsseldorf FamRZ 2004, 1661.
[19] OLG Celle FamRZ 2009, 72.
[20] OLG Celle FamRZ 2009, 72; OLG Düsseldorf FamRZ 2004, 1661.
[21] OLG Frankfurt FamRZ 2008, 1643.
[22] OLG Karlsruhe FamRZ 2004, 1659.
[23] Wohl übersehen von OLG Hamm NJW 2007, 1758.
[24] KG v. 1. 3. 2011 13 UF 263/10 = BeckRS 2011, 11653; OLG Köln FamRZ 1997, 822.

8 Für das Titulierungsinteresse bei **freiwilligen Teilzahlungen** wurde bisher ebenfalls zwischen Kindes- und Ehegattenunterhalt unterschieden. Bezüglich des Kindesunterhalts war ein Titulierungsinteresse über den vollen Betrag des Kindesunterhalts einschließlich eines freiwillig gezahlten Teilbetrages bereits gegeben, wenn der Unterhaltsschuldner erfolglos zur kostenfreien Titulierung des Gesamtbetrages aufgefordert worden war. Der Gläubiger brauchte sich nicht darauf verweisen zu lassen, außergerichtlich wegen des Sockelbetrages eine vollstreckbare Urkunde erstellen zu lassen und allein wegen des Spitzenbetrages ein gerichtliches Verfahren zu führen.[25] Für den Ehegattenunterhalt lag bei teilweiser freiwilliger Teilzahlung ein Titulierungsinteresse hinsichtlich des Gesamtbetrages nur vor, wenn Anhaltspunkte dafür bestanden, dass die freiwillige Zahlung in Zukunft nicht mehr zuverlässig erfolgen wird oder wenn der Unterhaltsschuldner zu einer Titulierung des freiwillig gezahlten Betrages auch bei Kostenübernahme durch den Unterhaltsgläubiger nicht bereit war (s. o. Rn 7).[26] Nach der neueren Rechtsprechung des BGH[27] gibt ein Unterhaltsschuldner, der nur Teilleistungen auf den geschuldeten Unterhalt erbringt, auch dann Veranlassung für eine Klage auf den vollen Unterhalt, wenn er zuvor nicht zur Titulierung des freiwillig gezahlten Teils aufgefordert worden ist.

9 Bei einem Antrag auf **Abänderung** muss der sofort anerkennende Antragsgegner einen verbindlichen Vollstreckungsverzicht erklärt haben, damit dem Antragsteller die Kosten gem. S. 2 Nr. 4 auferlegt werden können.[28] Er vermag jedoch sofort i. S. v. S. 2 Nr. 4 anzuerkennen, wenn er sich vorgerichtlich mit der Herabsetzung des titulierten Betrages einverstanden erklärt hat und nicht aufgefordert wurde, an einer Änderung des Titels mitzuwirken.[29] Der Antragsgegner kann auch dadurch Anlass für einen Abänderungsantrag geben, dass er auf Anforderung des Antragstellers einen abzuändernden Titel nicht herausgibt und sich nicht an dessen Stelle eine weitere vollstreckbare Ausfertigung mit einer eingeschränkten Vollstreckungsklausel erteilen lässt. Die Erklärung, aus dem Titel nur noch in eingeschränkter Höhe vollstrecken zu wollen, genügt vor allem dann nicht, wenn diese Erklärung unter dem Vorbehalt der erneuten Änderung der Verhältnisse erfolgt.[30] Die Herausgabe des Vollstreckungstitels kann jedoch ohne Kostenfolge im späteren Verfahren unterbleiben, wenn noch rückständige Forderungen zu vollstrecken sind.[31]

10 Das sofortige Anerkenntnis setzt einen **schlüssigen Antrag** voraus. Wenn der Antrag schlüssig ist muss das Anerkenntnis **unverzüglich** erfolgen. Daran fehlt es, wenn der Antragsgegner den Klageanspruch bis zur mündlichen Verhandlung bestreitet und erst nach der Beweisaufnahme anerkennt.[32] Dagegen ist die Verteidigungsanzeige vor dem Anerkenntnis unschädlich, sofern nicht auch ein Antrag auf Antragsabweisung gestellt wird.[33] Anlass für die Einleitung eines streitigen Verfahrens gibt auch, wer vorgerichtlich nur mangelhaft Auskunft erteilt.[34]

VI. Anfechtung der Kostenentscheidung

11 Die Kostenentscheidung kann auch in Unterhaltssachen gem. § 231 Abs. 1 **grundsätzlich nur unter den Voraussetzungen der §§ 113 Abs. 1 i. V. m. 91 a Abs. 2, 99, 269 Abs. 5 ZPO isoliert angefochten** werden,[35] denn § 243 geht nur den Regelungen über

---

[25] OLG Zweibrücken FamRZ 2002, 1130.
[26] OLG Düsseldorf FamRZ 1994, 117; OLG Hamm NJW 2007, 1758; OLG Köln FamRZ 1997, 822.
[27] BGH NJW 2010, 238 = FamRZ 2010, 195.
[28] OLG Karlsruhe v. 16. 11. 2005 16 WF 132/05 = BeckRS 2005, 14851.
[29] OLG Oldenburg NJW-RR 2011, 661.
[30] OLG Hamm v. 2. 2. 2011 II-8 WF 262/10 = BeckRS 2011, 04733; OLG Karlsruhe FamRZ 2006, 630.
[31] OLG Brandenburg Beschl. v. 5. 12. 2006 9 UF 90/06 = BeckRS 2011, 02721.
[32] OLG München NJOZ 2011, 318.
[33] BGH NJW 2006, 2490; a. A. OLG Celle v. 24. 3. 2011 6 U 138/10 = BeckRS 2011, 07128: auch bei Antrag auf Abweisung.
[34] OLG Hamm FamRZ 2011, 58.
[35] KG NJW 2010, 3588; OLG Köln FamRZ 2011, 579; OLG Nürnberg NJW 2010, 2816; Thomas/Putzo/Hüßtege § 243 FamFG Rn 11; a. A. OLG Oldenburg FamRZ 2010, 1831.

die Kostenverteilung vor. Insbesondere die Kostenentscheidungen nach S. 2 Nr. 2 und 3 sind daher nicht anfechtbar.[36] Einzelheiten s. § 58 Rn 97 a.

Unzulässiger Einwand der Volljährigkeit

244 Wenn der Verpflichtete dem Kind nach Vollendung des 18. Lebensjahres Unterhalt zu gewähren hat, kann gegen die Vollstreckung eines in einem Beschluss oder in einem sonstigen Titel nach § 794 der Zivilprozessordnung festgestellten Anspruchs auf Unterhalt nach Maßgabe des § 1612a des Bürgerlichen Gesetzbuchs nicht eingewandt werden, dass die Minderjährigkeit nicht mehr besteht.

I. Normzweck

Die Vorschrift bezweckt, dass gegenüber einem Titel über den Mindestunterhalt nach § 1612a BGB nicht mit dem Vollstreckungsabwehrantrag gem. § 120 Abs. 1 i. V. m. § 767 ZPO eingewandt werden kann, der Unterhaltsberechtigte sei volljährig geworden. 1

II. Anwendungsbereich

Nach § 1612a Abs. 1 BGB kann ein minderjähriges Kind von einem Elternteil, mit dem es nicht in einem Haushalt lebt, den **Unterhalt als Prozentsatz des jeweiligen Mindestunterhalts** verlangen. Der Mindestunterhalt richtet sich nach dem doppelten Freibetrag für das sächliche Existenzminimum eines Kindes (Kinderfreibetrag) nach § 32 Abs. 6 Satz 1 EStG und macht entsprechend dem Alter des Kindes für die Zeit bis zur Vollendung des 6. Lebensjahrs (erste Altersstufe) 87 Prozent, für die Zeit vom 6. bis zur Vollendung des 12. Lebensjahrs (zweite Altersstufe) 100 Prozent und für die Zeit vom 13. Lebensjahr an (dritte Altersstufe) 117 Prozent eines Zwölftels des doppelten Kinderfreibetrags aus. Unerheblich ist, ob sich der Titel lediglich auf den Mindestunterhalt oder auf einen höheren Prozentsatz des Mindestunterhalts beläuft. 2

§ 244 betrifft die Vollstreckung aus Beschlüssen (§ 38) in Unterhaltssachen nach § 231 Abs. 1 Nr. 1 und im vereinfachten Verfahren (§ 253), sowie aus Vergleichen (§ 794 Nr. 1 ZPO), für vollstreckbar erklärten Anwaltsvergleichen (§ 794 Nr. 4b ZPO) und vollstreckbaren Urkunden (§ 794 Nr. 5 ZPO). Der Unterhalt muss jeweils **unbefristet** tituliert sein. Sofern der Unterhalt bis zum Erreichen der Volljährigkeit befristet wurde, findet § 244 keine Anwendung. Auf Alttitel aus der Zeit vor dem 1. 7. 1998, die nicht gem. Art. 5 § 3 KindUG auf das seitdem geltende Recht umgestellt wurden, ist § 244 ebenfalls nicht anwendbar.[1] 3

Es muss sich um einen **dynamischen Unterhaltstitel** handeln. Die Vorschrift gilt nicht für Titel, die einen statischen Unterhalt, d. h. Unterhalt in einer bestimmten, in Euro ausgedrückten Höhe festlegen.[2] Das bedeutet jedoch nicht, dass diesen Titeln gegenüber der Einwand der Volljährigkeit erhoben werden kann. Da der Unterhaltsanspruch des minderjährigen mit demjenigen des volljährigen Kindes identisch ist,[3] gelten statische Titel über den Kindesunterhalt ohnehin nach Erreichen der Volljährigkeit des Kindes bis zu einer evtl. Abänderung fort.[4] Der Regelung des § 244, die nur wegen des in § 1612a BGB enthaltenen Tatbestandsmerkmals der Minderjährigkeit notwendig ist (s. Rn 2, 5), bedarf es für diese Titel nicht. 4

---

[36] Zu § 93d ZPO a. F. ebenso OLG Nürnberg FamRZ 2005, 1189; a. A. OLG Zweibrücken FamRZ 2007, 749.
[1] BGH NJW-RR 2006, 217.
[2] BeckOK/Schlünder § 244 FamFG Rn 2; a. A. Thomas/Putzo/Hüßtege § 244 FamFG Rn 3.
[3] BGH NJW 2006, 57.
[4] OLG Hamm FamRZ 2008, 291 (gegen OLG Hamm FamRZ 2006, 873), OLG Saarbrücken NJW-RR 2007, 1307.

III. Einwand der Volljährigkeit

5   Unzulässig ist nach § 244 der mit dem **Antrag nach § 120 Abs. 1 FamFG i. V. m. § 767 ZPO** geltend gemachte Einwand der Volljährigkeit. Der Schuldner kann sich also in der Vollstreckung nicht darauf berufen, die Vollstreckbarkeit des Titels sei mit dem Ende der Minderjährigkeit des Kindes als Tatbestandsmerkmal des § 1612a Abs. 1 BGB entfallen. Aus anderen Gründen kann der Antrag nach § 120 Abs. 1 FamFG i. V. m. § 767 ZPO jedoch auch gegenüber einem Titel i. S. v. § 244 gestellt werden.[5] Der Schuldner kann außerdem die **Abänderung** nach §§ 238, 240 beantragen, wenn ein Abänderungsgrund vorliegt, z. B. eigenes Einkommen des Kindes.[6]

Bezifferung dynamisierter Unterhaltstitel zur Zwangsvollstreckung im Ausland

245 (1) **Soll ein Unterhaltstitel, der den Unterhalt nach § 1612a des Bürgerlichen Gesetzbuchs als Prozentsatz des Mindestunterhalts festsetzt, im Ausland vollstreckt werden, ist auf Antrag der geschuldete Unterhalt auf dem Titel zu beziffern.**

(2) **Für die Bezifferung sind die Gerichte, Behörden oder Notare zuständig, denen die Erteilung einer vollstreckbaren Ausfertigung des Titels obliegt.**

(3) **Auf die Anfechtung der Entscheidung über die Bezifferung sind die Vorschriften über die Anfechtung der Entscheidung über die Erteilung einer Vollstreckungsklausel entsprechend anzuwenden.**

I. Normzweck und Anwendungsbereich

1   Die Vorschrift ermöglicht, dass Titel über den Mindestunterhalt gem. § 1612a BGB im Ausland vollstreckt werden können. Nach § 1612a Abs. 1 BGB kann ein minderjähriges Kind von einem Elternteil, mit dem es nicht in einem Haushalt lebt, den **Unterhalt als Prozentsatz des jeweiligen Mindestunterhalts** verlangen (Einzelheiten s. § 244 Rn 2). Der Vollstreckung eines solchen Titels im Ausland könnte entgegenstehen, dass gem. Art. 4 Nr. 2 VO (EG) Nr. 805/2004 vom 21. 4. 2004 zur Einführung eines europäischen Vollstreckungstitels für unbestrittene Forderungen) (EuVTVO)[1] in einem europäischen Vollstreckungstitel die „Forderung auf Zahlung einer bestimmten Geldsumme ..." tituliert sein muss. Ob ein Titel nach § 1612a BGB dem genügt, erscheint zumindest zweifelhaft.[2] Deshalb ist auf Antrag der geschuldete Unterhalt auf dem Titel zu beziffern.

II. Antrag, Zuständigkeit (Abs. 2), Entscheidung

2   Der Gläubiger, der im Besitz eines Unterhaltstitels gem. § 1612a BGB ist und die Vollstreckung im Ausland beabsichtigt, muss einen **Antrag** auf Bezifferung stellen. Der Antrag braucht aber die konkrete Bezifferung nicht zu enthalten. Diese kann dem Gericht überlassen werden.[3] Die **Zuständigkeit** für die Bezifferung entspricht nach Abs. 2 der Zuständigkeit für die Klauselerteilung. Soweit es sich um einen Beschluss (§ 38) in einer Unterhaltssache nach § 231 Abs. 1 Nr. 1 oder im vereinfachten Verfahren (§ 253) oder einen Vergleich (§ 794 Nr. 1 ZPO) handelt, ist das Gericht, welches den Beschluss erlassen hat bzw. vor welchem der Vergleich geschlossen wurde, örtlich und sachlich zuständig. Die funktionelle Zuständigkeit liegt beim Rechtspfleger, § 25 Nr. 2b RPflG. Für die **Entscheidung** über einen Antrag, der eine vollstreckbare notarielle Urkunde betrifft, ist der Notar oder die verwahrende Behörde zuständig, (§ 797 Abs. 2 ZPO). Wenn es sich um eine vom Jugendamt errichtete Urkunde handelt, ist dieses zuständig (§ 60 S. 3 Nr. 1 SGB VIII). Das zuständige Organ vermerkt nach Anhörung des Schuldners die Bezifferung auf dem Titel.

---

[5] Musielak/Borth § 244 Rn 3.
[6] Musielak/Borth § 244 Rn 3.
[1] Dazu eingehend Hk-ZV/Stürner Art 4 EuVTVO Rn 6.
[2] Musielak/Borth § 245 Rn 1.
[3] BeckOK/Schlünder § 245 FamFG Rn 7.

III. Rechtsbehelfe (Abs. 3)

Auch die Rechtsbehelfe richten sich nach dem Klauselverfahren. Der **Gläubiger** kann, wenn der Rechtspfleger oder das Jugendamt den Antrag ganz oder teilweise – durch zu geringe Bezifferung – zurückweisen, sofortige Beschwerde nach §§ 11 Abs. 1 RPflG, 567 ZPO, 60 S. 3 Nr. 2 SGB VIII einlegen; gegen eine Entscheidung des Rechtspflegers des Beschwerde- oder Rechtsbeschwerdegerichts ist die befristete Erinnerung, § 11 Abs. 2 RPflG zulässig.[4] Bei Ablehnung durch den Notar ist die Beschwerde nach § 54 Abs. 1 BeurkG gegeben. Der **Schuldner** kann bei antragsgemäßer Entscheidung Erinnerung nach §§ 732, 797 Abs. 3 ZPO einlegen. 3

Unterabschnitt 2. Einstweilige Anordnung

Besondere Vorschriften für die einstweilige Anordnung

246 (1) Das Gericht kann durch einstweilige Anordnung abweichend von § 49 auf Antrag die Verpflichtung zur Zahlung von Unterhalt oder zur Zahlung eines Kostenvorschusses für ein gerichtliches Verfahren regeln.

(2) Die Entscheidung ergeht auf Grund mündlicher Verhandlung, wenn dies zur Aufklärung des Sachverhalts oder für eine gütliche Beilegung des Verfahrens geboten erscheint.

I. Normzweck

§ 246 enthält besondere Bestimmungen für einstweilige Anordnungen in Unterhaltssachen sowie zur Zahlung eines Kostenvorschusses. Abs. 1 regelt abweichend von § 49 die **Voraussetzungen** und den **zulässigen Inhalt** einstweiliger Anordnungen. Abs. 2 ergänzt § 51 Abs. 2 S. 2 hinsichtlich der Notwendigkeit einer **mündlichen Verhandlung.** Leider hat es der Gesetzgeber versäumt, in § 246 auch das Problem des Außerkrafttretens der einstweiligen Anordnung in Unterhaltssachen umfassend zu regeln. 1

II. Anwendungsbereich

§ 246 lässt in allen Unterhaltssachen i. S. v. § 231 Abs. 1 den **Erlass einer einstweiligen Anordnung** zu, soweit es um die Zahlung von Unterhalt geht. Ein Auskunftsanspruch kann daher nicht im Wege der einstweiligen Anordnung verfolgt werden.[1] Sonderregeln gelten für Entscheidungen vor der Geburt des Kindes, § 247, und bei Feststellung der Vaterschaft, § 248. Einstweilige Verfügungen auf Zahlung von Unterhalt sind unter Geltung des FamFG nicht mehr zulässig (s. § 49 Rn 3, 8). Die einstweilige Anordnung auf Zahlung eines Kostenvorschusses betrifft sämtliche gerichtliche Verfahren nach dem FamFG, soweit eine materiell-rechtliche Anspruchsgrundlage besteht (Rn 13), z. B. auch für Abstammungssachen. In **Lebenspartnerschaftssachen** gilt § 246 gem. §§ 269 Abs. 1 Nr. 8 und 9, 270 Abs. 1 S. 2 entsprechend. Zur **Übergangsregelung** s. § 49 Rn 4. 2

III. Zahlung von Unterhalt

1. Voraussetzungen

a) Materiell-rechtliche Grundlage. Der Wortlaut des Abs. 1, das Gericht könne die Unterhaltspflicht durch einstweilige Anordnung „abweichend von § 49" regeln, ist missverständlich. Verzichtet wird nur auf das dringende Bedürfnis für ein sofortiges Tätigwerden und die Beschränkung auf vorläufige Maßnahmen. § 49 Abs. 1 gilt jedoch insoweit, als der Erlass der einstweiligen Anordnung nach den für das Rechtsverhältnis maßgebenden Vor- 3

---

[4] MünchKommZPO/Wolfsteiner § 724 ZPO Rn 51.
[1] Johannsen/Henrich/Maier § 246 FamFG Rn 3; a. A. Musielak/Borth § 246 Rn 7; Baumbach/Hartmann § 246 FamFG Rn 6.

schriften gerechtfertigt sein muss. Es bedarf daher auch in Unterhaltssachen einer materiell-rechtlichen Grundlage (s. § 49 Rn 10), d. h. es muss ein **Unterhaltstatbestand erfüllt** (§§ 1360a, 1361, 1570ff., 1601ff., 1615l BGB, §§ 12, 16 LPartG) sein. Das Gericht nimmt eine **summarische Prüfung** der Sach- und Rechtslage vor, die jedoch eine umfassende Schlüssigkeitsprüfung beinhaltet. Es gelten lediglich besondere Verfahrensvorschriften sowie geringere Beweis- und Ermittlungsanforderungen (Einzelheiten s. § 49 Rn 10).

4   b) **Regelungsbedürfnis.** Das von § 49 vorausgesetzte dringende Bedürfnis für ein sofortiges Tätigwerden ist in Unterhaltssachen nicht erforderlich. Notwendig ist jedoch ein **besonderes Rechtsschutzbedürfnis.**[2] Deshalb darf i. d. R. nur der **laufende Unterhalt** zugesprochen werden. Unterhalt für die Vergangenheit kann nur ausnahmsweise im Wege der einstweiligen Anordnung geltend gemacht werden, wenn dieser notwendig ist, um Schulden zu begleichen, die mangels Unterhaltszahlung aufgenommen wurden.[3] Das Regelungsinteresse fehlt, wenn der Schuldner freiwillig zahlt und von der Fortsetzung der Zahlungen auszugehen ist[4] oder wenn der Schuldner sicher nicht zahlen wird und eine Vollstreckung aussichtslos erscheint.[5]

2. Verfahren

5   Das Verfahren richtet sich grundsätzlich nach den §§ 50ff. Es handelt sich um ein **selbständiges Verfahren,** § 51 Abs. 3 S. 1. Die Anhängigkeit der Hauptsache ist nicht Voraussetzung. Einstweilige Anordnung und Hauptsache bleiben verfahrensmäßig getrennt, auch wenn die Hauptsache bereits anhängig ist oder später anhängig wird. **Zuständig** ist bei Anhängigkeit der Hauptsache das Gericht des ersten Rechtszuges, bei Anhängigkeit in der Beschwerdeinstanz das Beschwerdegericht, § 50 Abs. 1 S. 2, während der Anhängigkeit beim Rechtsbeschwerdegericht das erstinstanzliche Gericht (s. § 50 Rn 6) und ohne Anhängigkeit der Hauptsache das fiktive Hauptsachegericht, § 50 Abs. 1 S. 1 (s. § 50 Rn 3). Für die Eilzuständigkeit nach § 50 Abs. 2 besteht in den Verfahren des § 246 kein Bedürfnis. Erforderlich ist ein **Antrag,** § 51 Abs. 1 S. 1 (Einzelheiten s. § 51 Rn 5). **Anwaltszwang** besteht – im Unterschied zum Hauptsacheverfahren – nicht, § 114 Abs. 4 Nr. 1. Der Antrag ist gem. § 51 Abs. 1 S. 2 zu **begründen.** Erforderlich ist ferner eine **Glaubhaftmachung** der Anordnungsvoraussetzungen (Einzelheiten s. § 51 Rn 7). Da für das weitere Verfahren gem. § 51 Abs. 2 S. 1 die für die entsprechende Hauptsache geltenden Vorschriften maßgeblich sind und die Unterhaltssachen nach § 231 Abs. 1 zu den **Familienstreitsachen** gehören, § 112 Nr. 1, sind nach Maßgabe von § 113 Abs. 1 der Allgemeine Teil des FamFG nur eingeschränkt und im Übrigen die Allgemeinen Vorschriften der ZPO sowie die dortigen Vorschriften über das Verfahren vor den Landgerichten entsprechend anzuwenden (Einzelheiten s. § 51 Rn 13). Eine Versäumnisentscheidung ist ausgeschlossen, § 51 Abs. 2 S. 3.

6   Während § 51 Abs. 2 S. 2 vorsieht, dass das Gericht ohne mündliche Verhandlung entscheiden kann, ergeht nach § 246 Abs. 2 die Entscheidung auf Grund mündlicher Verhandlung, wenn dies zur Aufklärung des Sachverhalts oder für eine gütliche Beilegung des Verfahrens geboten erscheint. Damit soll die Bedeutung der mündlichen Verhandlung betont und dem Umstand Rechnung getragen werden, dass die Verfahrensbeschleunigung nicht in derselben Weise im Vordergrund steht wie in anderen Verfahren auf Erlass einer einstweiligen Anordnung. Die mündliche Verhandlung soll der Erörterung des Sach- und Streitstandes dienen sowie das Zustandekommen einer gütlichen Einigung erleichtern.[6] Im Regelfall ist daher eine **mündliche Verhandlung geboten.** Nur in sehr einfachen oder besonders eilbedürftigen Fällen kann davon abgesehen werden.[7]

---

[2] Schürmann FamRB 2009, 375/377.
[3] BeckOK/Schlünder § 246 FamFG Rn 4; Dose Rn 331; Haußleiter/Fest § 246 Rn 6; a. A. SBW/Schwonberg § 246 Rn 8.
[4] Horndasch/Viefhues/Roßmann § 246 Rn 18.
[5] MünchKommZPO/Dötsch § 246 FamFG Rn 6.
[6] BT-Drs. 16/6308 S. 260.
[7] Bumiller/Harders § 246 Rn 7.

3. Entscheidung des Gerichts

Das Gericht erkennt auf Zahlung von Unterhalt und ist dabei nicht auf eine vorläufige **7** Regelung i. S. v. § 49 Abs. 1 beschränkt. Es kann **zeitlich unbegrenzt der volle Unterhalt** zuerkannt werden. Möglich ist aber auch eine Befristung,[8] insbesondere beim Ehegattenunterhalt auf die Zeit bis zur Rechtskraft der Scheidung.

4. Außerkrafttreten, Aussetzung, Bereicherung

Das Außerkrafttreten der einstweiligen Anordnung richtet sich nach § 56 Abs. 1 und 2. **8** Gem. § 56 Abs. 1 tritt die einstweilige Anordnung mit Rechtskraft einer anderweitigen Regelung außer Kraft. Zum Begriff der anderweitigen Regelung s. § 56 Rn 3. Eine anderweitige Regelung in diesem Sinne ist auch die Entscheidung über einen **negativen Feststellungsantrag**. Das nach § 113 Abs. 1 i. V. m. § 256 Abs. 1 ZPO für diesen Antrag notwendige Feststellungsinteresse ist gegeben. Für eine negative Feststellungsklage bestand nach altem Recht ein Feststellungsinteresse i. S. v. § 256 Abs. 1 ZPO schon deshalb, weil der Schuldner den Bestand des Unterhaltsanspruchs in einem ordentlichen Rechtsstreit nur auf diesem Wege klären lassen konnte.[9] Eine Änderung ist nicht dadurch eingetreten, dass dem Antragsteller gem. § 52 Abs. 2 S. 1 die Einleitung des Hauptsacheverfahrens aufgegeben werden kann.[10] Es gelten insoweit dieselben Erwägungen wie für das Verhältnis von § 926 ZPO zur negativen Feststellungsklage. Der Antragsgegner ist auch im Verfahren der einstweiligen Verfügung nicht auf den Antrag nach § 52 Abs. 2 entsprechenden Regelung des § 926 ZPO beschränkt. Diese Vorschrift enthält keine erschöpfende Regelung der Rechte des von einer einstweiligen Verfügung Betroffenen, sondern lässt dessen Berechtigung unberührt, grundsätzlich wahlweise auch im Wege der negativen Feststellungsklage bzw. eines negativen Feststellungsantrags eine Klärung des der einstweiligen Verfügung zugrunde liegenden Rechtsverhältnisses herbeizuführen.[11] Die Entscheidung über einen **Vollstreckungsabwehrantrag** nach § 120 Abs. 1 FamFG i. V. m. § 767 ZPO stellt dagegen keine anderweitige Regelung dar (s. § 56 Rn 4). Der negative Feststellungsantrag und der Vollstreckungsabwehrantrag gehören zu den Unterhaltssachen i. S. v. § 231 Abs. 1. Die Entscheidung erfolgt durch Beschluss, § 38, der mit der Beschwerde anfechtbar ist. Die einstweilige Anordnung tritt ferner in den Fällen des § 56 Abs. 2 außer Kraft.

Für die einstweilige Anordnung auf **Ehegattenunterhalt** nach § 620 Nr. 6 ZPO a. F. **9** galt, dass eine während der Trennungszeit erlassene einstweilige Anordnung nicht mit Rechtskraft der Ehescheidung außer Kraft trat und nach Rechtskraft der Ehescheidung nicht mehr aufgehoben werden konnte. Gegenstand der einstweiligen Anordnung war auch der nacheheliche Unterhalt, obwohl es sich bei dem Unterhaltsanspruch des Ehegatten während bestehender Ehe und dem Unterhaltsanspruch nach der Scheidung sowohl materiell- wie verfahrensrechtlich um verschiedene Ansprüche handelt.[12] Dieser vorrangig mit der aufgehobenen Regelung des § 620 f ZPO a. F. begründeten Auffassung kann für die einstweilige Anordnung nach § 246 nicht mehr uneingeschränkt gefolgt werden. Eine einstweilige Anordnung, die über den Unterhalt eines Ehegatten vor Rechtskraft der Scheidung befindet, regelt nur den **Trennungsunterhalt.** Ihre Grundlage entfällt mit Rechtskraft der Scheidung. Sie tritt zwar mit Rechtskraft der Scheidung nicht unmittelbar außer Kraft[13], weil die Rechtskraft der Scheidung keine anderweitige Regelung i. S. v. § 56 Abs. 1 darstellt. Die einstweilige Anordnung ist jedoch auf einen Antrag nach § 54 Abs. 1 hin aufzuheben.[14]

---

[8] OLG Jena FamRZ 2011, 491.
[9] BGH NJW 1983, 1330 = FamRZ 1983, 355.
[10] Horndasch/Viefhues/Roßmann § 246 Rn 49; Haußleiter/Fest vor § 246 Rn 18; a. A. Thomas/Putzo/Hüßtege § 246 FamFG Rn 9.
[11] BGH NJW 1986, 1815; Zöller/Vollkommer § 926 Rn 3.
[12] BGH NJW 1983, 1330 = FamRZ 1983, 355.
[13] So aber Roessink FamRB 2010, 182, 183.
[14] Johannsen/Henrich/Maier vor §§ 246–248 FamFG Rn 13; Thomas/Putzo/Hüßtege § 246 FamFG Rn 3; für die einstweilige Anordnung nach § 644 ZPO a. F. OLG Frankfurt FamRZ 2006, 1687; a. A. Horndasch/Viefhues/Roßmann § 243 Rn 34; Haußleiter/Fest vor § 246 Rn 21.

10 Die **Abänderung** nach § 238 ist nicht zulässig, weil diese Vorschrift nur für Hauptsacheentscheidungen gilt. Jedoch kann die Änderung der Entscheidung nach § 54 Abs. 1 und bei Erlass ohne mündliche Verhandlung die erneute Entscheidung aufgrund mündlicher Verhandlung gem. § 54 Abs. 2 (s. Rn 12) beantragt werden. In diesem Fall ist gem. § 55 die **Aussetzung der Vollstreckung** möglich. Die Aussetzung wegen einer Beschwerde gem. § 55 kommt nicht in Betracht, weil die Beschwerde nach § 57 nicht zugelassen ist. Es ist jedoch eine Aussetzung im Fall des **Vollstreckungsabwehrantrages** nach § 120 Abs. 1 FamFG i. V. m. § 769 ZPO zulässig sowie in analoger Anwendung dieser Vorschrift im Fall eines **negativen Feststellungsantrages.**

11 Da die einstweilige Anordnung nicht in materielle Rechtskraft erwächst (s. § 54 Rn 1), kann die Rückzahlung des zugesprochenen Unterhalts wegen ungerechtfertigter **Bereicherung,** § 812 Abs. 1 S. 1, 1. Alt. BGB, verlangt werden, wenn materiell-rechtlich kein Unterhaltsanspruch bestand. Dabei besteht keine Einschränkung dahin, dass die Rückzahlung erst ab Rechtshängigkeit der Klage oder Verzug des Gläubigers mit einem Verzicht auf seine Rechte aus der einstweiligen Anordnung verlangt werden kann.[15] Die nur für die Abänderung von den in der Hauptsache ergangenen Endentscheidungen geltende Vorschrift des § 238 Abs. 3 S. 3 ist nicht entsprechend anzuwenden. Ferner muss die einstweilige Anordnung nicht zuvor aufgehoben worden sein. Jedoch kann sich der Antragsteller auf den **Wegfall der Bereicherung,** § 818 Abs. 3 BGB, berufen, wenn er die erhaltenen Beträge restlos für seinen Lebensbedarf verbraucht hat. Zwar hat der Bereicherte den Wegfall der Bereicherung zu beweisen, doch spricht vor allem bei unteren und mittleren Einkommen nach der Lebenserfahrung ohne einen besonderen Verwendungsnachweis eine Vermutung dafür, dass das Erhaltene für eine Verbesserung des Lebensstandards ausgegeben wurde. Eine Bereicherung liegt nur vor, wenn sich der Bereicherte noch in seinem Vermögen vorhandene Werte – auch in Form anderweitiger Ersparnisse, Anschaffungen oder Tilgung eigener Schulden – verschafft hat.[16] Die **verschärfte Haftung** gem. § 818 Abs. 4 BGB wird erst durch die Rechtshängigkeit des Bereicherungsantrages und nicht bereits durch Zustellung des negativen Feststellungsantrages oder durch den Antrag nach § 52 Abs. 2 S. 1 begründet.[17] § 241 ist auf den negativen Feststellungsantrag nicht analog anwendbar, denn diese Vorschrift gilt wie § 238 (s. Rn 10) nur für Hauptsacheentscheidungen.[18] De lege ferenda wäre eine § 241 entsprechende Vorschrift für die Zustellung der Aufforderung gem. § 52 Abs. 2 wünschenswert, um dem Anspruchsberechtigten unnötige Kosten zu ersparen. Ein Anspruch auf **Schadensersatz** gem. § 945 ZPO ist nicht gegeben (s. § 49 Rn 17).

5. Rechtsbehelfe

12 Die Rechtsbehelfe richten sich nach den §§ 52 ff. Die **Beschwerde** ist gem. § 57 **ausgeschlossen.** Der Antragsgegner kann den Antrag nach § 52 Abs. 2 stellen (s. Rn 8), und die Aufhebung oder Änderung der Entscheidung nach § 54 Abs. 1 sowie gem. § 54 Abs. 2 bei Entscheidung ohne mündliche Verhandlung (s. dazu Rn 6) beantragen, aufgrund mündlicher Verhandlung neu zu entscheiden. Zum Verhältnis dieser beiden Rechtsbehelfe zueinander s. § 54 Rn 14.

IV. Zahlung eines Kostenvorschusses

1. Voraussetzungen und Inhalt der Entscheidung

13 Voraussetzungen einer einstweilige Anordnung auf Zahlung eines Kostenvorschusses sind, wie in Unterhaltssachen, ein **materiell-rechtlicher Anspruch** und ein **Regelungsbedürfnis** (s. Rn 3, 4). Der Anspruch ergibt sich im Verhältnis von Ehegatten bzw. Lebenspartnern untereinander aus den §§ 1360a Abs. 4, 1361 Abs. 4 S. 4 BGB, 12 S. 2 LPartG. Minderjährigen Kindern steht gegen ihre Eltern in analoger Anwendung von

---

[15] BGH NJW-RR 1989, 709 = FamRZ 1989, 850; NJW 1983, 1330 = FamRZ 1983, 355.
[16] BGH NJW 2000, 740 = FamRZ 2000, 751; NJW 1992, 2415 = FamRZ 1992, 1152.
[17] Wendl/Schmitz § 10 Rn 235; BGH FamRZ 2000, 751.
[18] Johannsen/Henrich/Maier Vor §§ 246–248 FamFG Rn 11; Thomas/Putzo/Hüßtege § 246 FamFG Rn 3; a. A. BeckOK/Schlünder § 241 Rn 11.

§ 1360a Abs. 4 BGB ein solcher Anspruch zu. Dasselbe gilt für unterhaltsberechtigte volljährige Kinder. Im Übrigen besteht unter Verwandten keine Verfahrenskostenvorschusspflicht.[19] Dasselbe gilt unter geschiedenen Ehegatten.[20] Voraussetzung ist wie bei der Bewilligung von Verfahrenskostenhilfe gem. § 113 Abs. 1 FamFG i. V. m. § 114 ZPO die **Erfolgsaussicht** der Rechtsverfolgung bzw. -verteidigung.[21] Das Regelungsbedürfnis fehlt, wenn das Verfahren, für welches der Vorschuss verlangt wird, bereits abgeschlossen ist. Der Vorschuss kann grundsätzlich für alle Verfahren nach dem FamFG zugesprochen werden, soweit materiell-rechtlich eine Vorschusspflicht besteht. Die **Höhe des Vorschusses** richtet sich nach der Höhe der zu erwartenden Verfahrenskosten.[22] Die Inanspruchnahme eines leistungsfähigen Unterhaltsverpflichteten auf Kostenvorschuss geht der **Verfahrenskostenhilfe** jedenfalls dann vor, wenn der Vorschuss alsbald realisierbar ist.[23] Auf einen Kostenvorschuss an Stelle der Verfahrenskostenhilfe kann der Antragsteller im Verfahren auf Erlass einer einstweiligen Anordnung jedoch nicht verwiesen werden.[24]

2. Verfahren, Außerkrafttreten, Rechtsbehelfe

Für das Verfahren gelten die Ausführungen unter Rn 5 entsprechend. Eine **mündliche Verhandlung** wird im Unterschied zu den Unterhaltsverfahren häufig entbehrlich sein. Abs. 2 bezieht sich zwar nicht nach seinem Wortlaut, jedoch den Gesetzesmaterialien[25] zufolge vorrangig auf Unterhaltssachen. Ein Kostenvorschuss ist im **Kostenfestsetzungsverfahren** grundsätzlich nicht zu berücksichtigen.[26] Ausnahmsweise ist die volle Anrechnung des Verfahrenskostenvorschusses im Kostenfestsetzungsverfahren möglich, wenn seitens des Vorschussempfängers keine Rückzahlung im Ausgleichsverfahren an den Vorschussleistenden zu erfolgen hat. Dann ist die volle Anrechnung sachgerecht; denn der Empfänger des Vorschusses soll die Verfahrenskosten nicht zweimal erhalten. Vielmehr soll der Kostenerstattungsanspruch durch die zuvor erbrachte Vorschussleistung getilgt sein.[27]

Da der Vorschuss auf eine einmalige Leistung gerichtet ist und ein Hauptsacheverfahren darüber selten geführt wird, bereitet das Außerkrafttreten gem. § 56 keine den Unterhaltssachen vergleichbare Probleme (s. dazu Rn 8). Hinsichtlich der Rechtsbehelfe gelten die Ausführungen unter Rn 12.

Einstweilige Anordnung vor Geburt des Kindes

247 (1) Im Wege der einstweiligen Anordnung kann bereits vor der Geburt des Kindes die Verpflichtung zur Zahlung des für die ersten drei Monate dem Kind zu gewährenden Unterhalts sowie des der Mutter nach § 1615l Abs. 1 des Bürgerlichen Gesetzbuchs zustehenden Betrags geregelt werden.

(2) ¹Hinsichtlich des Unterhalts für das Kind kann der Antrag auch durch die Mutter gestellt werden. ²§ 1600d Abs. 2 und 3 des Bürgerlichen Gesetzbuchs gilt entsprechend. ³In den Fällen des Absatzes 1 kann auch angeordnet werden, dass der Betrag zu einem bestimmten Zeitpunkt vor der Geburt des Kindes zu hinterlegen ist.

I. Normzweck

Gem. § 247 kann im Interesse der Mutter und des Kindes die Zahlung des Unterhalts in der besonderen Situation kurz vor und nach der Geburt in einem beschleunigten und möglichst einfach zu betreibenden Verfahren angeordnet werden.[1] Die Vorschrift enthält den §§ 49 ff. und § 246 vorgehende Spezialregelungen.

---

[19] Wendl/Scholz § 6 Rn 22 bis 24a.
[20] BGH NJW 1984, 148.
[21] BGH NJW 2001, 1646.
[22] Wendl/Scholz § 6 Rn 31.
[23] BGH NJW-RR 2008, 1531 = FamRZ 2008, 1842.
[24] OLG Saarbrücken NJW-RR 2010, 1515.
[25] BT-Drs. 16/6308 S. 260.
[26] Wendl/Scholz § 6 Rn 34.
[27] OLG Braunschweig FamRZ 2005, 1190 m. w. N.
[1] BT-Drs. 16/6308 S. 260.

II. Anwendungsbereich

2   § 247 betrifft dem Wortlaut nach die Regelung des **Unterhaltes** von Mutter und Kind **vor der Geburt**. Der Unterhalt ist dabei für das **Kind** auf die ersten drei Monate nach der Geburt und für die **Mutter** auf den Anspruch nach § 1615l Abs. 1 BGB beschränkt. Danach hat der Vater der Mutter für die Dauer von sechs Wochen vor und acht Wochen nach der Geburt des Kindes Unterhalt zu gewähren. Dies gilt auch hinsichtlich der Kosten, die infolge der Schwangerschaft oder der Entbindung außerhalb dieses Zeitraums entstehen. Nach der Geburt gilt § 247 darüber hinaus weiterhin für die darin genannten Ansprüche, so lange noch kein Verfahren auf Feststellung der Vaterschaft gem. § 1600 d BGB anhängig ist. Ab diesem Zeitpunkt ist § 248 vorrangig.[2] So lange ein solches Verfahren nicht anhängig ist, kann gem. § 247 auch nach der Geburt der in Abs. 1 bezeichnete Unterhalt durch einstweilige Anordnung geltend gemacht werden. Trotz des Wortlautes von Abs. 1 gilt § 247 nicht nur für vor der Geburt beantragte einstweilige Anordnungen. Das würde im Vergleich mit § 1615 o Abs. 1 BGB a. F. eine vom Gesetzgeber nicht beabsichtigte Verschlechterung des Rechtsschutzes für Mutter und Kind bedeuten. Denn nach § 1615 o Abs. 1 BGB a. F. konnte der in Abs. 1 bezeichnete Unterhalt auch nach der Geburt durch einstweilige Verfügung geregelt werden.[3] Nach Ablauf der in Abs. 1 genannten Unterhaltszeiträume wird es allerdings i. d. R. an einem Regelungsbedürfnis fehlen (s. Rn 5).

III. Vaterschaftsvermutung (Abs. 2 S. 2)

3   § 1600 d Abs. 2 und 3 BGB lautet:

(2) Im Verfahren auf gerichtliche Feststellung der Vaterschaft wird als Vater vermutet, wer der Mutter während der Empfängniszeit beigewohnt hat. Die Vermutung gilt nicht, wenn schwerwiegende Zweifel an der Vaterschaft bestehen.

(3) Als Empfängniszeit gilt die Zeit von dem 300. bis zu dem 181. Tage vor der Geburt des Kindes, mit Einschluss sowohl des 300. als auch des 181. Tages. Steht fest, dass das Kind außerhalb des Zeitraums des Satzes 1 empfangen worden ist, so gilt dieser abweichende Zeitraum als Empfängniszeit.

§ 247 Abs. 2 S. 2 ordnet die entsprechende Geltung der nur auf das Abstammungsverfahren anwendbaren Norm im Anordnungsverfahren über den Unterhalt kurz vor und nach der Geburt an. Im Abstammungsverfahren greift die Vermutung aus § 1600 d Abs. 2 BGB allerdings erst ein, wenn sich die biologische Vaterschaft trotz Erschöpfung der zur Verfügung stehenden Beweismittel nicht mit Sicherheit feststellen lässt.[4] Im Verfahren nach § 247 hat sie eine größere Bedeutung, da eine entsprechende Glaubhaftmachung den Erlass der einstweiligen Anordnung rechtfertigt (s. Rn 8).

IV. Zahlung von Unterhalt, Hinterlegung (Abs. 1, 3 S. 3)

1. Voraussetzungen

4   **a) Materiell-rechtliche Grundlage.** Die einstweilige Anordnung bedarf auch in Unterhaltssachen einer materiell-rechtlichen Grundlage (s. § 246 Rn 3). Der Unterhaltsanspruch des Kindes folgt aus §§ 1601 ff. BGB und ist im Verfahren nach § 247 auf die ersten drei Monate nach der Geburt beschränkt, derjenige der Mutter aus § 1615l Abs. 1 BGB betrifft vor allem die Zeit sechs Wochen vor und acht Wochen nach der Geburt des Kindes (s. Rn 2).

5   **b) Regelungsbedürfnis.** Da § 246 Abs. 1 auch für die einstweilige Anordnung nach § 247 gilt, ist das von § 49 vorausgesetzte dringende Bedürfnis für ein sofortiges Tätigwerden nicht erforderlich. Das für die einstweilige Anordnung nach § 246 vorausgesetzte **besondere Rechtsschutzbedürfnis** ist im Regelfall gegeben, wenn der Unterhalt innerhalb des von Abs. 1 erfassten Zeitraums geltend gemacht wird. Nach dessen Ablauf gilt der

---

[2] Erman/Hammermann § 1615 o Rn 2.
[3] Erman/Hammermann § 1615 o Rn 3.
[4] BayObLG FamRZ 1999, 1363; Palandt/Brudermüller § 1600 d Rn 11.

2. Zahlung und Hinterlegung

Die Hinterlegung des Unterhalts nach Abs. 2 S. 3 soll nur ausnahmsweise erfolgen. Im **6** **Regelfall** ist die **Zahlung** anzuordnen.[5] Die einstweilige Anordnung kann den Unterhalt **für den gesamten Zeitraum** (s. Rn 2) festsetzen. Für die Höhe des Kindesunterhalts ist § 237 Abs. 3 entsprechend anzuwenden (s. dazu § 237 Rn 6).[6] Eine entsprechende Beschränkung der Höhe des Unterhalts nach § 1615 l Abs. 1 BGB besteht nicht. Es ist nicht notwendig, dem Antragsgegner die Zahlung in monatlichen Raten aufzugeben.[7]

V. Verfahren

1. Zuständigkeit, Antrag

Das Verfahren richtet sich, soweit § 247 keine besonderen Bestimmungen enthält, nach **7** den §§ 50 ff, 246. Notwendig ist ein **Antrag,** der hinsichtlich des Kindesunterhalts auch durch die Mutter gestellt werden kann, Abs. 2 S. 1. Eine Pflegerbestellung ist daher nicht notwendig. Es handelt sich um ein **selbständiges Verfahren,** § 51 Abs. 3 S. 1. Die **örtliche Zuständigkeit** richtet sich grundsätzlich nach § 50 Abs. 1, so dass bei Anhängigkeit der Hauptsache das Gericht des ersten Rechtszuges, bei Anhängigkeit in der Beschwerdeinstanz das Beschwerdegericht und ohne Anhängigkeit der Hauptsache das fiktive Hauptsachegericht zuständig wäre. Es ist allerdings zu beachten, dass das FamFG ein entsprechendes Hauptsacheverfahren nicht vorsieht. Der Kindesunterhalt kann in der Hauptsache vor Feststellung der Vaterschaft gem. § 237 nur geltend gemacht werden, wenn das Kind minderjährig und ein Verfahren auf Feststellung der Vaterschaft nach § 1600 d BGB anhängig ist. Dann ist jedoch nicht § 247 sondern § 248 einschlägig. Der Unterhaltsanspruch der Mutter setzt in der Hauptsache immer die Anerkennung oder rechtskräftige Feststellung der Vaterschaft voraus.[8] Die örtliche Zuständigkeit ist daher nicht § 50 Abs. 1, sondern direkt § 232 zu entnehmen. **Anwaltszwang** besteht – im Unterschied zum Hauptsacheverfahren in Unterhaltssachen – nicht, § 114 Abs. 4 Nr. 1.

2. Glaubhaftmachung, Verfahrensgrundsätze

Der Antrag ist gem. § 51 Abs. 1 S. 2 zu **begründen**. Die Anordnungsvoraussetzungen **8** sind **glaubhaft** zu machen (Einzelheiten s. § 51 Rn 7). Die Glaubhaftmachung betrifft die Unterhaltspflicht und die Vaterschaft des Antragsgegners. Gem. Abs. 2 S. 2 reicht es hinsichtlich der Vaterschaft aus, glaubhaft zu machen, dass der Antragsgegner der Mutter während der Empfängniszeit beigewohnt hat. Für das weitere Verfahren würden gem. § 51 Abs. 2 S. 1 die für die entsprechende Hauptsache geltenden Vorschriften maßgeblich sein. Da jedoch ein entsprechendes Hauptsacheverfahren nicht vorgesehen ist (s. Rn 7), sind die für Unterhaltssachen maßgeblichen Vorschriften unmittelbar anzuwenden. Die Unterhaltssachen nach § 231 Abs. 1 zählen zu den **Familienstreitsachen,** § 112 Nr. 1. Deshalb sind grundsätzlich nach Maßgabe von § 113 Abs. 1 der Allgemeine Teil des FamFG nur eingeschränkt und im Übrigen die Allgemeinen Vorschriften der ZPO sowie die dortigen Vorschriften über das Verfahren vor den Landgerichten entsprechend anzuwenden (Einzelheiten s. § 51 Rn 13). Eine Versäumnisentscheidung ist ausgeschlossen, § 51 Abs. 2 S. 3. Es ist jedoch zu beachten, dass in Abstammungssachen der **Amtsermittlungsgrundsatz,** § 26, gilt. Soweit es um die Abstammung als Voraussetzung der einstweiligen Anordnung geht, gilt dieser Grundsatz auch im Verfahren nach § 247.

---

[5] Bumiller/Harders § 247 Rn 3.
[6] Thomas/Putzo/Hüßtege § 247 FamFG Rn 3; Friederici/Kemper/Viefhues § 247 Rn 1; a. A. MünchKommZPO/Dötsch § 247 FamFG Rn 6; SBW/Schwonberg § 247 Rn 4: voller Bedarf.
[7] Johannsen/Henrich/Maier § 247 FamFG Rn 6.
[8] Erman/Hammermann § 1615 l Rn 4.

3. Mündliche Verhandlung

9 Obwohl nach dem auch für das Verfahren gem. § 247 geltenden § 246 Abs. 2 die Entscheidung i.d.R. auf Grund mündlicher Verhandlung ergehen soll (s. § 246 Rn 6), wird in diesem Verfahren eine mündliche Verhandlung nur ausnahmsweise in Betracht kommen. Eine Entscheidung nach mündlicher Verhandlung ist i.d.R. mit einer Verzögerung verbunden, die mit der besonderen Eilbedürftigkeit einer Entscheidung über den Unterhalt kurz vor und nach der Geburt nicht zu vereinbaren ist. Außerdem ist die Mutter innerhalb dieses Zeitraums oft wegen der fortgeschrittenen Schwangerschaft oder der gerade erfolgten Geburt ohnehin nicht in der Lage, an der mündlichen Verhandlung teilzunehmen.

4. Außerkrafttreten, Schadensersatz, Bereicherung, Aussetzung

10 Das Außerkrafttreten der einstweiligen Anordnung richtet sich nach § 56 Abs. 1 und 2 (Einzelheiten s. § 246 Rn 8). Einen § 248 Abs. 5 S. 1 entsprechenden besonderen Tatbestand des Außerkrafttretens sieht § 247 nicht vor. Dasselbe gilt für den in § 248 Abs. 5 S. 2 vorgesehenen Schadensersatzanspruch. Es verbleibt daher für § 247 bei dem Grundsatz, dass nach dem Außerkrafttreten der einstweiligen Anordnung in Unterhaltssachen ein Anspruch auf **Schadensersatz nicht gegeben** ist (s. § 49 Rn 17 und § 246 Rn 11). Zur Rückforderung überzahlten Unterhalts wegen ungerechtfertigter **Bereicherung** s. § 246 Rn 11.

11 Die **Abänderung** nach § 238 ist nicht zulässig (s. § 246 Rn 10). Wenn die Änderung der Entscheidung nach § 54 Abs. 1 oder die erneute Entscheidung aufgrund mündlicher Verhandlung gem. § 54 Abs. 2 (s. Rn 12) beantragt wird, kann gem. § 55 die **Aussetzung der Vollstreckung** angeordnet werden. Angesichts des besonderen Schutzbedürfnisses der Unterhaltsberechtigten kurz vor und nach der Geburt wird die Aussetzung jedoch nur im Ausnahmefall in Betracht kommen, z.B. bei schwerwiegenden Zweifeln an der Vaterschaft aufgrund nachträglich belegter Sterilisation des Antragsgegners. Die Aussetzung wegen einer Beschwerde gem. § 55 ist nicht möglich, weil die Beschwerde nach § 57 nicht zugelassen ist. Zur Aussetzung im Fall des Vollstreckungsabwehrantrages und des negativen Feststellungsantrages s. § 246 Rn 10.

5. Rechtsbehelfe

12 Die Rechtsbehelfe richten sich nach den §§ 52 ff. Die **Beschwerde** ist gem. § 57 **ausgeschlossen**. Dasselbe gilt für einen Antrag nach § 52 Abs. 2, weil kein § 247 entsprechendes Hauptsacheverfahren zur Verfügung steht (s. Rn 7). Der Antragsgegner kann die Aufhebung oder Änderung der Entscheidung nach § 54 Abs. 1 sowie bei Entscheidung ohne mündliche Verhandlung (s. dazu Rn 9) gem. § 54 Abs. 2 beantragen, aufgrund mündlicher Verhandlung neu zu entscheiden. Zum Verhältnis dieser beiden Rechtsbehelfe zueinander s. § 54 Rn 14.

Einstweilige Anordnung bei Feststellung der Vaterschaft

248

(1) **Ein Antrag auf Erlass einer einstweiligen Anordnung, durch den ein Mann auf Zahlung von Unterhalt für ein Kind oder dessen Mutter in Anspruch genommen wird, ist, wenn die Vaterschaft des Mannes nach § 1592 Nr. 1 und 2 oder § 1593 des Bürgerlichen Gesetzbuchs nicht besteht, nur zulässig, wenn ein Verfahren auf Feststellung der Vaterschaft nach § 1600 d des Bürgerlichen Gesetzbuchs anhängig ist.**

(2) **Im Fall des Absatzes 1 ist das Gericht zuständig, bei dem das Verfahren auf Feststellung der Vaterschaft im ersten Rechtszug anhängig ist; während der Anhängigkeit beim Beschwerdegericht ist dieses zuständig.**

(3) **§ 1600 d Abs. 2 und 3 des Bürgerlichen Gesetzbuchs gilt entsprechend.**

(4) **Das Gericht kann auch anordnen, dass der Mann für den Unterhalt Sicherheit in bestimmter Höhe zu leisten hat.**

(5) ¹Die einstweilige Anordnung tritt auch außer Kraft, wenn der Antrag auf Feststellung der Vaterschaft zurückgenommen oder rechtskräftig zurückgewiesen worden ist. ²In diesem Fall hat derjenige, der die einstweilige Anordnung erwirkt hat, dem Mann den Schaden zu ersetzen, der ihm aus der Vollziehung der einstweiligen Anordnung entstanden ist.

I. Normzweck

§ 248 enthält den §§ 49 ff. und § 246 vorgehende Bestimmungen für einstweilige Anordnungen auf Zahlung von Unterhalt für das Kind und für die Mutter bei Feststellung der Vaterschaft. Die Vorschrift durchbricht die Sperrwirkung des § 1600 d Abs. 4 BGB. Danach können die Rechtswirkungen der Vaterschaft, also auch die Unterhaltspflicht, erst vom Zeitpunkt ihrer Feststellung an geltend gemacht werden. Abs. 1 enthält eine besondere Zulässigkeitsvoraussetzung, ohne den Grundsatz der Unabhängigkeit von einstweiliger Anordnung und Hauptsache aufzugeben, Abs. 2 eine besondere Zuständigkeitsregelung. Abs. 4 sieht die Möglichkeit vor, eine Sicherheitsleistung anzuordnen. Abs. 5 befasst sich mit dem Außerkrafttreten und dem anschließenden Schadensersatzanspruch.

1

II. Anwendungsbereich und Zulässigkeit

§ 248 setzt einen **positiven Antrag auf Vaterschaftsfeststellung** nach § 1600 d BGB voraus, auch als Widerantrag. Ein derartiger Widerantrag kann allein mit dem Ziel erfolgen, einen Antrag nach § 248 zu stellen. Nicht anwendbar ist § 248 dagegen bei Vaterschaftsanfechtungsanträgen sowie bei Anträgen, die die Unwirksamkeit der Vaterschaftsanerkennung betreffen.¹ Dasselbe gilt, wenn die Vaterschaft des Mannes nach § 1592 Nr. 1 und 2 oder § 1593 BGB besteht. In diesen Fällen kann eine einstweilige Anordnung nach § 246 ergehen. Vor Geburt des Kindes ist, da ein Verfahren nach § 1600 d BGB nicht beantragt werden kann, ein Antrag nach § 248 nicht zulässig. Dann ist § 247 einschlägig. Ein **Kostenvorschuss** für das Verfahren auf Feststellung der Vaterschaft ist nicht gem. § 248, sondern gem. § 246 geltend zu machen (s. § 246 Rn 2).

2

Erforderlich ist die Anhängigkeit eines Verfahrens nach § 1600 d BGB. Die **Anhängigkeit beginnt** mit der Einreichung des Antrags in der Abstammungssache beim Familiengericht. Im Unterschied zu § 641 d ZPO a. F. würde nach dem Wortlaut des Abs. 1 ein Antrag auf Verfahrenskostenhilfe für dieses Verfahren nicht ausreichen. Da eine Verschlechterung der verfahrensrechtlichen Position ausweislich der Gesetzesmaterialien² nicht beabsichtigt war, muss jedoch auch ein Antrag auf Verfahrenskostenhilfe ausreichen³ (zum entsprechenden Problem bei § 50 Abs. 1 S. 2 s. § 50 Rn 4). Die **Anhängigkeit endet** mit der Rücknahme des Antrages, der Rechtskraft des Beschlusses in der Abstammungssache, der übereinstimmenden Erklärung der Erledigung oder der Erledigung nach § 181. Die Anhängigkeit ist **Zulässigkeitsvoraussetzung**.⁴ Diese Voraussetzung ändert nichts an der Selbständigkeit des Verfahrens auf Erlass einer einstweiligen Anordnung gem. § 51 Abs. 3 S. 1.

3

III. Vaterschaftsvermutung (Abs. 3)

§ 1600 d Abs. 2 und 3 BGB lauten:

4

(2) Im Verfahren auf gerichtliche Feststellung der Vaterschaft wird als Vater vermutet, wer der Mutter während der Empfängniszeit beigewohnt hat. Die Vermutung gilt nicht, wenn schwerwiegende Zweifel an der Vaterschaft bestehen.

(3) Als Empfängniszeit gilt die Zeit von dem 300. bis zu dem 181. Tage vor der Geburt des Kindes, mit Einschluss sowohl des 300. als auch des 181. Tages. Steht fest, dass das Kind außerhalb des Zeitraums des Satzes 1 empfangen worden ist, so gilt dieser abweichende Zeitraum als Empfängniszeit.

---

[1] Prütting/Helms/Bömelburg § 248 Rn 6.
[2] BT-Drs. 16/6308 S. 260.
[3] Dose Rn 38.
[4] Bumiller/Harders § 248 Rn 2.

§ 248 Abs. 3 ordnet die entsprechende Geltung der nur auf das Abstammungsverfahren anwendbaren Norm im einstweiligen Anordnungsverfahren über den Unterhalt bei Feststellung der Vaterschaft an. Im Abstammungsverfahren greift diese Vermutung allerdings erst ein, wenn sich die biologische Vaterschaft trotz Erschöpfung der zur Verfügung stehenden Beweismittel nicht mit Sicherheit feststellen lässt.[5] Im Verfahren nach § 248 hat sie eine größere Bedeutung, da eine entsprechende Glaubhaftmachung den Erlass der einstweiligen Anordnung rechtfertigt (s. Rn 9).

IV. Zahlung von Unterhalt, Sicherheitsleistung (Abs. 1, 4)

1. Voraussetzungen

5   **a) Materiell-rechtliche Grundlage.** Die einstweilige Anordnung bedarf auch in Unterhaltssachen einer materiell-rechtlichen Grundlage (s. § 246 Rn 3). Der Unterhaltsanspruch des Kindes folgt aus §§ 1601 ff. BGB, derjenige der Mutter aus § 1615l Abs. 2 BGB (der Anspruch nach § 1615l Abs. 1 BGB muss gem. § 247 geltend gemacht werden, s. § 247 Rn 2, 4, 5).

6   **b) Regelungsbedürfnis.** Da § 246 Abs. 1 auch für die einstweilige Anordnung nach § 248 gilt, ist das von § 49 vorausgesetzte dringende Bedürfnis für ein sofortiges Tätigwerden nicht erforderlich. Notwendig ist jedoch ein **besonderes Rechtsschutzbedürfnis**. Deshalb darf i. d. R. nur der **laufende Unterhalt** zugesprochen werden (Einzelheiten s. § 246 Rn 4).

2. Zahlung, Sicherheitsleistung

7   Im Regelfall hat das Gericht, wenn die Voraussetzungen des § 248 Abs. 1 vorliegen, den Antragsgegner zur Zahlung des Unterhalts zu verpflichten. Wenn dagegen die Vaterschaft wenig glaubhaft ist, muss der Antrag zurückgewiesen werden. Auf eine Sicherheitsleistung darf in diesem Fall nicht erkannt werden.[6] Die Anordnung einer **Sicherheitsleistung ist auf den rückständigen Unterhalt beschränkt,** soweit dieser ausnahmsweise durch einstweilige Anordnung geltend gemacht werden kann (s. Rn 6, § 246 Rn 4).[7] Dann umfasst die Sicherheitsleistung den vollen rückständigen Unterhalt. Für die Art der Sicherheit gilt § 113 Abs. 1 FamFG i. V. m. § 108 ZPO. Das Gericht kann eine abweichende Sicherheitsleistung anordnen, z. B. die Zahlung auf ein vom Jugendamt treuhänderisch verwaltetes Konto.

V. Verfahren

1. Zuständigkeit, Antrag

8   Das Verfahren richtet sich, soweit § 248 keine besonderen Bestimmungen enthält, nach den §§ 50 ff., 246. Zur Zulässigkeit des Antrages und zur Selbständigkeit des Verfahrens s. Rn 2. Örtlich **zuständig** ist nach Abs. 2 das Gericht, bei dem das Verfahren auf Feststellung der Vaterschaft im ersten Rechtszug anhängig ist; während der Anhängigkeit beim Beschwerdegericht dieses Gericht. Während der Anhängigkeit beim Rechtsbeschwerdegericht ist wieder das erstinstanzliche Gericht zuständig (s. § 50 Rn 6). Die Zuständigkeit des Gerichts, bei dem das Verfahren auf Feststellung der Vaterschaft im ersten Rechtszug anhängig ist, wird auch begründet, wenn dies Verfahren bei einem örtlich unzuständigen Gericht anhängig ist (s. zum Parallelproblem bei § 201 Nr. 1 dort Rn 4). Erforderlich ist ein **Antrag**, § 51 Abs. 1 S. 1, der unabhängig davon, wer Antragsteller im Abstammungsverfahren ist, von der Mutter oder dem Kind gestellt werden kann. **Anwaltszwang** besteht – im Unterschied zum Hauptsacheverfahren der Unterhaltssache – nicht, § 114 Abs. 4 Nr. 1.

---

[5] BayObLG NJWE-FER 2000, 17 = FamRZ 1999, 1363; Palandt/Brudermüller § 1600d Rn 11.
[6] A. A. Horndasch/Viefhues/Roßmann § 248 Rn 8.
[7] Thomas/Putzo/Hüßtege § 248 FamFG Rn 5; Haußleiter/Fest § 248 Rn 19.

2. Glaubhaftmachung, Verfahrensgrundsätze

Der Antrag ist gem. § 51 Abs. 1 S. 2 zu **begründen**. Erforderlich ist ferner eine **9** **Glaubhaftmachung** der Anordnungsvoraussetzungen (Einzelheiten s. § 51 Rn 7). Diese muss sich nicht nur auf die Unterhaltspflicht, sondern auch auf die Vaterschaft des Antragsgegners beziehen. Ausreichend ist nach Abs. 3 insoweit die Glaubhaftmachung, dass der Antragsgegner der Mutter während der Empfängniszeit beigewohnt hat. Da für das weitere Verfahren gem. § 51 Abs. 2 S. 1 die für die entsprechende Hauptsache geltenden Vorschriften maßgeblich sind und die Unterhaltssachen nach § 231 Abs. 1 zu den **Familienstreitsachen** gehören, § 112 Nr. 1, sind grundsätzlich nach Maßgabe von § 113 Abs. 1 der Allgemeine Teil des FamFG nur eingeschränkt und im Übrigen die Allgemeinen Vorschriften der ZPO sowie die dortigen Vorschriften über das Verfahren vor den Landgerichten entsprechend anzuwenden (Einzelheiten s. § 51 Rn 13). Eine Versäumnisentscheidung ist ausgeschlossen, § 51 Abs. 2 S. 3. Es ist jedoch zu beachten, dass in Abstammungssachen der **Amtsermittlungsgrundsatz**, § 26, gilt. Soweit es um die Abstammung als Voraussetzung der einstweiligen Anordnung geht, gilt dieser Grundsatz auch im Verfahren nach § 248.

3. Mündliche Verhandlung

Während § 51 Abs. 2 S. 2 vorsieht, dass das Gericht ohne mündliche Verhandlung **10** entscheiden kann, ergeht nach § 246 Abs. 2 die Entscheidung i. d. R. auf Grund mündlicher Verhandlung (s. § 246 Rn 6). Das gilt, obwohl § 246 Abs. 2 auch für die Verfahren nach § 248 anzuwenden ist, hier nicht uneingeschränkt. Denn § 246 Abs. 2 bezweckt u. a., das Zustandekommen einer gütlichen Einigung zu erleichtern. Eine gütliche Einigung kommt jedoch im Regelfall nicht zustande, wenn die Vaterschaft bestritten wird. Aufgrund mündlicher Verhandlung braucht daher nur entschieden zu werden, wenn diese zur Erörterung des Sach- und Streitstandes notwendig erscheint. Im Übrigen kann davon abgesehen werden.[8]

4. Entscheidung des Gerichts

Das Gericht ist, soweit es auf Zahlung von Unterhalt erkennt (s. Rn 7), dabei nicht auf **11** eine vorläufige Regelung i. S. v. § 49 Abs. 1 beschränkt. Die **Höhe** des Kindesunterhalts richtet sich nach § 237 Abs. 3 (s. dazu § 237 Rn 6).[9] Andernfalls könnte der Antragsteller im Verfahren der einstweiligen Anordnung mehr erhalten als mit dem Hauptsacheantrag nach § 237. Eine entsprechende Beschränkung des Unterhalts nach § 1615l Abs. 2 BGB besteht nicht. Für den Fall, dass der Antrag auf Vaterschaftsfeststellung zurückgewiesen wird, verhindert Abs. 5 eine weitergehende Inanspruchnahme (s. Rn 12).

5. Außerkrafttreten, Schadensersatz (Abs. 5), Aussetzung

Das Außerkrafttreten der einstweiligen Anordnung richtet sich grundsätzlich nach § 56 **12** Abs. 1 und 2 (Einzelheiten s. § 246 Rn 8). Abs. 5 S. 1 enthält darüber hinaus einen **besonderen Tatbestand des Außerkrafttretens**. Danach tritt die einstweilige Anordnung auch außer Kraft, wenn der Antrag auf Feststellung der Vaterschaft zurückgenommen oder rechtskräftig zurückgewiesen worden ist. Dieser besonderen Regelung bedarf es, da das Abstammungsverfahren sich nicht – wie von § 56 Abs. 1 vorausgesetzt – auf den Gegenstand des Anordnungsverfahrens bezieht (s. § 56 Rn 3) und nicht Hauptsacheverfahren i. S. v. § 56 Abs. 2 ist. Die Zurückweisung des Antrages auf Feststellung der Vaterschaft muss, wie die Entscheidung nach § 56 Abs. 1 S. 2, **rechtskräftig** sein. Wenn der Antrag auf Erlass einer einstweiligen Anordnung erst gestellt wird, nachdem über den Antrag auf Feststellung der Vaterschaft abschlägig – aber noch nicht rechtskräftig – entschieden wurde, wird häufig ein Regelungsbedürfnis (s. Rn 6) fehlen. Eine vor der zurückweisenden Entscheidung im Abstammungsverfahren ergangene einstweilige Anord-

---

[8] A. A. Johannsen/Henrich/Maier § 248 FamFG Rn 9.
[9] A. A. MünchKommZPO/Dötsch § 248 FamFG Rn 6; Johannsen/Henrich/Maier § 248 FamFG Rn 4.

nung kann in der Zeit bis zur Rechtskraft nach § 54 Abs. 1 aufgehoben werden (s. Rn 15).

13 Folge des Außerkrafttretens nach Abs. 5 S. 1 ist gem. Abs. 5 S. 2, dass derjenige, der die einstweilige Anordnung erwirkt hat, dem Mann den **Schaden zu ersetzen** hat, der ihm aus der Vollziehung der einstweiligen Anordnung entstanden ist. Es handelt sich hier um eine Ausnahme von dem Grundsatz, dass nach dem Außerkrafttreten ein Anspruch auf Schadensersatz nicht gegeben ist (s. § 49 Rn 17 und § 246 Rn 11). Die Vorschrift ist den § 717 Abs. 2, 945 ZPO nachgebildet. Der Schaden umfasst den gezahlten Unterhalt, den durch die Sicherheitsleistung entstandenen Schaden,[10] z. B. aufgrund der Zahlung von Avalzinsen, sowie die Vollstreckungskosten. Die Möglichkeit, gegen den tatsächlichen Vater Rückgriff zu nehmen, begrenzt den Schadensersatzanspruch grundsätzlich nicht. Falls jedoch tatsächlich eine Zahlung erfolgt, mindert sich der Schaden entsprechend.[11] Der Schadensersatzanspruch ist in einem gesonderten Verfahren geltend zu machen. Dieses Verfahren ist ebenfalls eine Unterhaltssache i. S. v. § 231 Abs. 1 Nr. 1 oder 3. Zur Rückforderung überzahlten Unterhalts wegen ungerechtfertigter Bereicherung s. § 246 Rn 11.

14 Die **Abänderung** nach § 238 ist nicht zulässig (s. § 246 Rn 10); jedoch kann die Änderung der Entscheidung nach § 54 Abs. 1 und bei Erlass ohne mündliche Verhandlung die erneute Entscheidung aufgrund mündlicher Verhandlung gem. § 54 Abs. 2 (s. Rn 15) beantragt werden. In diesem Fall ist gem. § 55 die **Aussetzung der Vollstreckung** möglich. Die Aussetzung wegen einer Beschwerde gem. § 55 kommt nicht in Betracht, weil die Beschwerde nach § 57 nicht zugelassen ist. Zur Aussetzung im Fall des Vollstreckungsabwehrantrages und des negativen Feststellungsantrages s. § 246 Rn 10.

6. Rechtsbehelfe

15 Die Rechtsbehelfe richten sich nach den §§ 52 ff. Die **Beschwerde** ist gem. § 57 **ausgeschlossen.** Der Antragsgegner kann den **Antrag nach § 52 Abs. 2** nur hinsichtlich des Kindesunterhalts stellen. Er erreicht damit, dass der Antragsteller einen Antrag nach § 237 stellen muss, damit die einstweilige Anordnung nicht aufgehoben wird. Die Entscheidung darüber wird gem. § 237 Abs. 4 nicht vor Rechtskraft des Beschlusses, der die Vaterschaft feststellt, wirksam. Das Verfahren kann gem. § 179 Abs. 1 S. 2 mit demjenigen auf Feststellung der Vaterschaft verbunden werden. Für den Unterhalt der Mutter ist ein § 237 vergleichbares Verfahren nicht gegeben. Dessen Titulierung setzt außerhalb der §§ 247, 248 immer die Anerkennung oder rechtskräftige Feststellung der Vaterschaft voraus.[12] Der Antragsgegner kann ferner die Aufhebung oder Änderung der Entscheidung nach § 54 Abs. 1 sowie gem. § 54 Abs. 2 bei Entscheidung ohne mündliche Verhandlung (s. dazu Rn 10) beantragen, aufgrund mündlicher Verhandlung neu zu entscheiden. Zum Verhältnis dieser beiden Rechtsbehelfe zueinander s. § 54 Rn 14.

Unterabschnitt 3. Vereinfachtes Verfahren über den Unterhalt Minderjähriger

Statthaftigkeit des vereinfachten Verfahrens

§ 249 (1) Auf Antrag wird der Unterhalt eines minderjährigen Kindes, das mit dem in Anspruch genommenen Elternteil nicht in einem Haushalt lebt, im vereinfachten Verfahren festgesetzt, soweit der Unterhalt vor Berücksichtigung der Leistungen nach § 1612 b oder § 1612 c des Bürgerlichen Gesetzbuchs das 1,2fache des Mindestunterhalts nach § 1612 a Abs. 1 des Bürgerlichen Gesetzbuchs nicht übersteigt.

(2) Das vereinfachte Verfahren ist nicht statthaft, wenn zum Zeitpunkt, in dem der Antrag oder eine Mitteilung über seinen Inhalt dem Antragsgegner zugestellt wird, über den Unterhaltsanspruch des Kindes entweder ein Gericht entschieden hat, ein

---

[10] SBW/Schwonberg § 248 Rn 12.
[11] Prütting/Helms/Bömelburg § 248 Rn 20; SBW/Schwonberg § 248 Rn 12.
[12] Erman/Hammermann § 1615 l Rn 4.

gerichtliches Verfahren anhängig ist oder ein zur Zwangsvollstreckung geeigneter Schuldtitel errichtet worden ist.

I. Normzweck

Der Unterabschnitt 3 betrifft das vereinfachte Verfahren über den Unterhalt Minderjähriger. Außerhalb dieses Unterabschnitts ist die Abänderung von Festsetzungsbeschlüssen, § 240, geregelt. Besondere Bestimmungen über die Abänderung wegen Änderungen des anrechenbaren Kindergeldes oder vergleichbarer Leistungen sind nicht vorgesehen (s. dazu § 253 Rn 12). Das vereinfachte Verfahren ist ein **summarisches Verfahren,** dessen Ziel es nicht ist, den Grad der Leistungsfähigkeit zu prüfen, sondern in dafür geeigneten Fällen eine rasche Entscheidung durch den Rechtspfleger zu ermöglichen.[1] Es soll eine **einfache,** schnelle und i. d. R. existenzsichernde **Titulierung von Unterhaltsansprüchen** minderjähriger Kinder gegen die nicht mit ihnen zusammen lebenden Eltern bzw. Elternteile ermöglichen. Die z. T. recht komplizierte Ausgestaltung des Verfahrens wird dem aber nur bedingt gerecht. 1

§ 249 legt fest, auf wessen Antrag welcher Unterhalt festgesetzt werden kann. Aus Abs. 2 ergibt sich ein Verfahrenshindernis für bestimmte Fallkonstellationen. Damit soll eine Abänderung von Unterhaltstiteln im vereinfachten Verfahren verhindert werden. Die Abänderung eines Titels kann nur durch einen Antrag gem. den §§ 238–240 erreicht werden. Das vereinfachte Verfahren dient nicht der Abänderung, sondern allein der **erstmaligen Festsetzung von Unterhalt.** 2

II. Anwendungsbereich und Verhältnis zu anderen Verfahren

Das vereinfachte Verfahren betrifft allein den Unterhalt **Minderjähriger.** Die sog. privilegierten volljährigen Kinder i. S. v. § 1603 Abs. 2 S. 2 BGB können den Unterhalt nicht nach §§ 249 ff. festsetzen lassen, obwohl sie minderjährigen Kindern unterhaltsrechtlich nach den §§ 1603 Abs. 2 S. 2, 1609 Nr. 1 BGB gleichgestellt sind. Für den Unterhalt **verheirateter Minderjähriger** steht das vereinfachte Verfahren dagegen zur Verfügung, obwohl sie gem. § 1609 Nr. 4 BGB unterhaltsrechtlich nachrangig behandelt werden.[2] Diese Diskrepanz zwischen verfahrens- und unterhaltsrechtlicher Gleichstellung ist als vom Gesetzgeber gewollt hinzunehmen. Sie war schon zu § 645 ZPO a. F. bekannt und wurde durch das FGG-RG nicht behoben. Zur Festsetzung des Unterhalts über den Zeitpunkt der Volljährigkeit hinaus und zum Erreichen der Volljährigkeit im Verlauf des Verfahrens s. Rn 9, zur Festsetzung von Unterhalt nach ausländischem Recht s. Rn 16. 3

Rückständiger Unterhalt kann statt im vereinfachten Verfahren auch im **Mahnverfahren,** § 113 Abs. 2 FamFG i. V. m. §§ 688 ff. ZPO geltend gemacht werden. Wegen des rückständigen wie des laufenden Unterhalts kann ein Unterhaltsberechtigter immer an Stelle des vereinfachten Verfahrens das **streitige Verfahren** gem. den §§ 231 ff. wählen. Der Erlass einer **einstweiligen Anordnung** richtet sich allein nach den §§ 246 ff. Die Frage, ob im Rahmen des vereinfachten Verfahrens eine einstweilige Anordnung ergehen darf,[3] hat sich durch die Selbständigkeit der einstweiligen Anordnung gem. § 51 Abs. 3 erledigt. Zur Zulässigkeit des vereinfachten Verfahrens bei Vorliegen einer einstweiligen Anordnung s. Rn 14. 4

Die **Übergangsregelung,** Art. 111 Abs. 1 FGG-RG, bewirkt, dass für alle Verfahren, deren Einleitung ab dem 1. 9. 2009 beantragt wird, nicht mehr die §§ 645 ff. ZPO a. F., sondern die §§ 249 ff. gelten. Da inhaltlich – abgesehen vom Abänderungsverfahren – keine Abweichungen bestehen, hat dies nur für die Abänderungsanträge Bedeutung (s. § 253 Rn 12). 5

---

[1] OLG Stuttgart JAmt 2003, 212.
[2] MünchKommZPO/Macco § 249 FamFG Rn 10.
[3] S. dazu nach altem Recht OLG München FamRZ 2000, 1580.

III. Verfahren

1. Allgemeines

6 Das vereinfachte Verfahren gehört nach seiner systematischen Stellung zu den Unterhaltssachen i. S. v. § 231 Abs. 1 Nr. 1 und damit gem. § 112 Nr. 1 zu den **Familienstreitsachen**. Der allgemeine Teil des FamFG ist daher nur in dem in § 113 Abs. 1 S. 1 aufgezeigten Umfang anzuwenden. Im Übrigen gilt die ZPO nach Maßgabe von § 113 Abs. 1 S. 2. Vorrangig sind jedoch die besonderen Verfahrensvorschriften der §§ 250 bis 260. Die **Vertretung durch einen Rechtsanwalt** ist gem. den §§ 257 S. 1, 114 Abs. 4 Nr. 6 FamFG i. V. m. § 78 Abs. 3 ZPO nicht erforderlich. Die Vollstreckung erfolgt gem. § 120 Abs. 1 entsprechend den Vorschriften der ZPO über die Zwangsvollstreckung (§ 253 Rn 13).

2. Zuständigkeit

7 Gem. § 23a Abs. 1 Nr. 1 GVG ist die sachliche Zuständigkeit des Familiengerichts gegeben. Die örtliche Zuständigkeit richtet sich nach § 232 Abs. 1 Nr. 2 vorbehaltlich einer landesrechtlichen Spezialzuweisung gem. § 260. Die Abgabe an das Gericht der Ehesache gem. den §§ 232 Abs. 1 Nr. 1, 233 ist nicht vorgesehen. Funktionell zuständig ist nach § 25 Nr. 2c RPflG der **Rechtspfleger**.

3. Beteiligte

8 a) **Antragsteller.** Minderjährige Kinder als Antragsteller werden bei **gemeinsamer elterlicher Sorge** durch den Elternteil vertreten, in dessen Obhut sie sich befinden, § 1629 Abs. 2 S. 2 BGB. Wenn einem Elternteil die **alleinige elterliche Sorge** zusteht, wird das Kind durch diesen vertreten; bei Vormundschaft ist der **Vormund** vertretungsberechtigt. Eine Sonderregelung gilt gem. § 1629 Abs. 3 BGB für Kinder miteinander verheirateter Eltern, solange die **Eltern getrennt leben** oder eine Ehesache zwischen ihnen anhängig ist. In diesem Fall kann der Elternteil, in dessen Obhut sich das Kind befindet, Unterhaltsansprüche des Kindes gegen den anderen Elternteil nur im eigenen Namen als Verfahrensstandschafter geltend machen. Wenn dem Antragsgegner im Verlauf des Verfahrens die alleinige elterliche Sorge übertragen wird, führt dies zur Unzulässigkeit des Antrages.[4] Der Antragsteller kann die Hauptsache allerdings für erledigt erklären.[5]

9 Der Antrag wird nicht deshalb unzulässig, weil der Antragsteller **im Verlauf des Verfahrens volljährig** wird, so lange auch Unterhalt für die Zeit der Minderjährigkeit verlangt wird.[6]

10 Der Antrag kann, wie sich aus § 250 Nr. 11 und 12 ergibt, von demjenigen gestellt werden, auf den der **Unterhaltsanspruch übergegangen** ist. Das betrifft in der Praxis insbesondere den Anspruchsübergang gem. § 33 Abs. 1 SGB II, § 94 Abs. 1 S. 1 SGB XII und § 7 Abs. 1 UVG.[7] Wenn die Leistung voraussichtlich für längere Zeit erbracht wird, kann auch Unterhalt für die Zukunft geltend gemacht werden. Eine Rückabtretung ist jeweils möglich, s. § 33 Abs. 3 S. 2 SGB II, § 94 Abs. 4 S. 2 SGB XII und § 7 Abs. 4 S. 1 UVG. Ferner kommt ein Übergang nach § 1607 Abs. 2 S. 2 und Abs. 3 BGB in Betracht.[8]

11 b) **Antragsgegner.** Antragsgegner kann nur ein **Elternteil** sein, in dessen Haushalt das Kind nicht lebt. Ob ein Eltern-Kind-Verhältnis besteht, richtet sich nach den §§ 1591 bis 1593 BGB. Darüber hinaus ist es auch im Fall der Adoption gem. § 1754 BGB ge-

---

[4] OLG Karlsruhe FamRZ 2001, 767; Johannsen/Henrich/Maier § 249 FamFG Rn 6.
[5] Zöller/Philippi § 249 FamFG Rn 2.
[6] BGH NJW-RR 2006, 582; KG MDR 2003, 1235; OLG Koblenz OLGR 2006, 632; OLG Köln FamRZ 2000, 678; Baumbach/Hartmann § 249 FamFG Rn 3; Horndasch/Viefhues/Roßmann § 249 Rn 5; MünchKommZPO/Macco § 249 FamFG Rn 10; nach Johannsen/Henrich/Maier § 249 FamFG Rn 2 kann in diesem Fall nur noch rückständiger Unterhalt festgesetzt werden.
[7] BGH NJW-RR 2006, 582.
[8] MünchKommZPO/Macco § 249 FamFG Rn 11.

geben.[9] Wenn das Kind zumindest auch bei dem barunterhaltspflichtigen Elternteil lebt, insbesondere wenn die Eltern das sog. **Wechselmodell** praktizieren, ist der Antrag unabhängig von der Frage der Aktivlegitimation[10] und unbeschadet einer materiell-rechtlichen Unterhaltspflicht desjenigen, bei dem sich das Kind weniger aufhält,[11] unzulässig.[12] Umgangskontakte, auch längere, sind jedoch kein Leben im Haushalt i. S. v. Abs. 1. Wenn das Kind während des Verfahrens dauerhaft in den Haushalt des Antragsgegners wechselt, wird der Antrag insgesamt und nicht nur hinsichtlich des seit dem Wechsel fälligen Unterhalts unzulässig.[13]

4. Verfahrenskostenhilfe

Da das vereinfachte Verfahren zu den Familienstreitsachen gehört (s. Rn 6), sind gem. § 113 Abs. 1 die §§ 114 ff. ZPO maßgeblich. Verfahrenskostenhilfe ist bei Bedürftigkeit und Erfolgaussicht zu bewilligen. Die **Beiordnung eines Rechtsanwalts** ist nach § 121 Abs. 2 ZPO auch dann geboten, wenn der andere Beteiligte nicht anwaltlich vertreten ist, da die Ausfüllung der Fragebögen durch den Antragsteller[14] wie den Antragsgegner[15] Rechtskenntnisse voraussetzt.

5. Unstatthafter Antrag (Abs. 2)

Aus Abs. 2 folgt, unter welchen Voraussetzungen der Antrag unstatthaft ist. Abzustellen ist auf den **Zeitpunkt**, in dem der Antrag oder eine Mitteilung über seinen Inhalt dem Antragsgegner zugestellt wird. Damit wird dem Antragsgegner die Möglichkeit genommen, durch Schaffung eines Unterhaltstitels, insbesondere einer vollstreckbaren Jugendamtsurkunde, nach Einleitung des Verfahrens ein Verfahrenshindernis zu schaffen.[16]

Unstatthaft ist der Antrag im vereinfachten Verfahren, wenn bereits eine gerichtliche **Entscheidung zum Unterhaltsanspruch** vorliegt. Davon werden alle Entscheidungen erfasst, mit denen Unterhalt zuerkannt wird, auch wenn der Titel nicht hinreichend bestimmt ist.[17] Im vereinfachten Verfahren ist nicht zu prüfen, ob aus dem Titel noch vollstreckt werden kann.[18] Ausreichend ist ferner, dass ein Unterhaltsantrag als unbegründet abgewiesen wurde. Die Abweisung aus formalen Gründen durch gerichtlichen Beschluss genügt dagegen den Anforderungen des Abs. 2 nicht. Dasselbe gilt für den gem. § 250 Abs. 2 zurückgewiesenen Antrag im vereinfachten Verfahren. Auch die Entscheidung über einen Auskunftsantrag gem. § 1605 Abs. 1 BGB steht einem Antrag im vereinfachten Verfahren nicht entgegen.[19] Letztlich stellt eine **einstweilige Anordnung** auf Zahlung von Unterhalt kein Verfahrenshindernis dar.[20] Der Festsetzungsbeschluss (§ 253) ist eine anderweitige Regelung i. S. v. § 56, mit dessen Rechtskraft die einstweilige Anordnung außer Kraft tritt.

Unstatthaft ist das vereinfachte Verfahren außerdem, wenn bereits ein **gerichtliches Verfahren anhängig** ist. Es muss sich dabei um ein Verfahren auf Zahlung, auch in Form des Stufenantrages, handeln. Ein reines Auskunftsverfahren genügt dagegen nicht.[21] Ferner steht dem vereinfachten Verfahren ein errichteter **Titel** entgegen, insbesondere ein Vergleich, § 794 Abs. 1 Nr. 1 ZPO, eine vollstreckbare Urkunde gem. § 794 Abs. 1 Nr. 5 ZPO oder eine vor dem Jugendamt aufgenommene Urkunde.

---

[9] Zöller/Philippi § 250 FamFG Rn 5.
[10] S. dazu OLG Koblenz OLGR 2008, 798 = BeckRS 2009, 08871.
[11] S. dazu BGH NJW 2007, 1882.
[12] OLG Celle FamRZ 2003, 1475; MünchKommZPO/Macco § 249 FamFG Rn 15.
[13] OLG Celle FamRZ 2003, 1475; Johannsen/Henrich/Maier § 249 FamFG Rn 6; Haußleiter/Fest § 249 Rn 8; a. A KG FamRZ 2009, 1847; Wendl/Schmitz § 10 Rn 322.
[14] OLG Schleswig NJW-RR 2007, 774; Musielak/Borth § 249 Rn 6.
[15] OLG Frankfurt FamRZ 2008, 420; OLG Oldenburg NJW-RR 2011, 568.
[16] MünchKommZPO/Macco § 249 FamFG Rn 16.
[17] Zöller/Philippi § 249 FamFG Rn 7; a. A. OLG Naumburg FamRZ 2002, 329.
[18] OLG München FamRZ 2011, 48.
[19] Musielak/Borth § 249 Rn 6.
[20] MünchKommZPO/Macco § 249 FamFG Rn 18.
[21] Musielak/Borth § 249 Rn 6.

IV. Unterhalt (Abs. 1)

16   Das vereinfachte Verfahren betrifft die Festsetzung von **Unterhalt nach deutschem Recht**. Der Auffassung, im vereinfachten Verfahren könne auch Unterhalt nach ausländischem Recht festgesetzt werden, wenn auch nur in Form eines statischen Betrages,[22] kann nicht zugestimmt werden.[23] Wäre die Festsetzung von Unterhalt nach ausländischem Recht vom Gesetzgeber gewollt, hätte das FGG-RG Anlass zur Klarstellung gegeben. Das Festhalten am auf den Mindestunterhalt i. S. v. § 1612 a Abs. 1 S. 1 BGB bezogenen Wortlaut weist deutlich darauf hin, dass nur Unterhalt i. S. des BGB festzusetzen ist.

17   Der **Mindestunterhalt** macht derzeit (Stand 1. 1. 2011) gem. § 1612 a Abs. 1 S. 2 und 3 BGB für die Zeit bis zur Vollendung des sechsten Lebensjahrs (erste Altersstufe) 317 €, für die Zeit vom siebten bis zur Vollendung des zwölften Lebensjahrs (zweite Altersstufe) 364 €, und für die Zeit vom 13. Lebensjahr an (dritte Altersstufe) 426 € aus. Festgesetzt werden kann höchstens der 1,2fache Betrag, welcher gem. § 1612 a Abs. 2 S. 2 BGB auf volle € aufzurunden ist. Damit ergeben sich 381 € für die erste Altersstufe, 437 € für die zweite Altersstufe und 512 € für die dritte Altersstufe. Die Leistungen nach § 1612 b oder § 1612 c BGB, vor allem das volle oder anteilige **Kindergeld** nach Maßgabe von § 1612 b Abs. 1 BGB, sind sodann anzurechnen.

Eine **Begrenzung auf die Zeit der Minderjährigkeit** hat nicht zu erfolgen. Das Verfahren betrifft zwar den Unterhalt Minderjähriger. Der Festsetzungsbeschluss wirkt aber über den Zeitraum der Volljährigkeit hinaus.[24]

V. Verfahrenswert, Kosten und Gebühren

18   Die Höhe des **Verfahrenswerts** richtet sich nach § 51 Abs. 1 und 2 FamGKG. Maßgeblich ist der auf ein Jahr entfallende Unterhalt. Gem. § 51 Abs. 2 S. 3 FamFG sind die bei Einreichung des Antrages bzw. unter den Voraussetzungen des § 51 Abs. 2 S. 2 FamGKG-Verfahrenskostenhilfeantrages fälligen Beträge hinzuzurechnen. Die **Gerichtsgebühren** richten sich nach Hauptabschnitt 2, Abschnitt 1 der Anlage 1 zu § 3 Abs. 2 FamGKG. Gem. Nr 1210 KV entsteht nur eine Entscheidungsgebühr, jedoch keine Verfahrensgebührt. An **Rechtsanwaltsgebühren** fällt i. d. R. eine Verfahrensgebühr nach Nr. 3100 VV RVG an, die auf eine im nachfolgenden streitigen Verfahren (§ 255) anfallende Verfahrensgebühr angerechnet wird. Eine Terminsgebühr nach Nr. 3104 VV RVG entsteht darüber hinaus nur, wenn ein Termin anberaumt wird.[25]

Antrag

250 (1) Der Antrag muss enthalten:

1. die Bezeichnung der Beteiligten, ihrer gesetzlichen Vertreter und der Verfahrensbevollmächtigten;
2. die Bezeichnung des Gerichts, bei dem der Antrag gestellt wird;
3. die Angabe des Geburtsdatums des Kindes;
4. die Angabe, ab welchem Zeitpunkt Unterhalt verlangt wird;
5. für den Fall, dass Unterhalt für die Vergangenheit verlangt wird, die Angabe, wann die Voraussetzungen des § 1613 Abs. 1 oder Abs. 2 Nr. 2 des Bürgerlichen Gesetzbuchs eingetreten sind;
6. die Angabe der Höhe des verlangten Unterhalts;
7. die Angaben über Kindergeld und andere zu berücksichtigende Leistungen (§ 1612 b oder § 1612 c des Bürgerlichen Gesetzbuchs);

---

[22] OLG Karlsruhe NJW-RR 2006, 1587 = FamRZ 2006, 1393; MünchKommZPO/Macco § 249 FamFG Rn 9.
[23] Johannsen/Henrich/Maier § 249 FamFG Rn 16; Thomas/Putzo/Hüßtege vor § 249 FamFG Rn 2; Wendl/Schmitz § 10 Rn 322.
[24] Johannsen/Henrich/Maier § 249 FamFG Rn 3.
[25] OLG Brandenburg FamRZ 2009, 1089.

8. die Erklärung, dass zwischen dem Kind und dem Antragsgegner ein Eltern-Kind-Verhältnis nach den §§ 1591 bis 1593 des Bürgerlichen Gesetzbuchs besteht;
9. die Erklärung, dass das Kind nicht mit dem Antragsgegner in einem Haushalt lebt;
10. die Angabe der Höhe des Kindeseinkommens;
11. eine Erklärung darüber, ob der Anspruch aus eigenem, aus übergegangenem oder rückabgetretenem Recht geltend gemacht wird;
12. die Erklärung, dass Unterhalt nicht für Zeiträume verlangt wird, für die das Kind Hilfe nach dem Zwölften Buch Sozialgesetzbuch, Sozialgeld nach dem Zweiten Buch Sozialgesetzbuch, Hilfe zur Erziehung oder Eingliederungshilfe nach dem Achten Buch Sozialgesetzbuch, Leistungen nach dem Unterhaltsvorschussgesetz oder Unterhalt nach § 1607 Abs. 2 oder Abs. 3 des Bürgerlichen Gesetzbuchs erhalten hat, oder, soweit Unterhalt aus übergegangenem Recht oder nach § 94 Abs. 4 Satz 2 des Zwölften Buches Sozialgesetzbuch, § 33 Abs. 2 Satz 4 des Zweiten Buches Sozialgesetzbuch oder § 7 Abs. 4 Satz 1 des Unterhaltsvorschussgesetzes verlangt wird, die Erklärung, dass der beantragte Unterhalt die Leistung an oder für das Kind nicht übersteigt;
13. die Erklärung, dass die Festsetzung im vereinfachten Verfahren nicht nach § 249 Abs. 2 ausgeschlossen ist.

(2) ¹Entspricht der Antrag nicht den in Absatz 1 und den in § 249 bezeichneten Voraussetzungen, ist er zurückzuweisen. ²Vor der Zurückweisung ist der Antragsteller zu hören. ³Die Zurückweisung ist nicht anfechtbar.

(3) Sind vereinfachte Verfahren anderer Kinder des Antragsgegners bei dem Gericht anhängig, hat es die Verfahren zum Zweck gleichzeitiger Entscheidung zu verbinden.

I. Normzweck und Anwendungsbereich

Die Vorschrift enthält in Abs. 1 die – umfangreichen – Voraussetzungen, welche ein **1** Antrag im vereinfachten Verfahren erfüllen muss. Die Antragstellung wird dadurch erleichtert, dass ein Formular zu benutzen ist (s. § 259 Rn 2). Abs. 2 sieht vor, dass Abs. 1 oder § 249 nicht entsprechende Anträge durch Beschluss zurückzuweisen sind, der entgegen dem Wortlaut nicht in jedem Fall unanfechtbar ist. Abs. 3 betrifft die Verbindung von Verfahren, die mehrere Kinder desselben Antragsgegners betreffen.

II. Antrag (Abs. 1)

Der Antrag ist **zwingend** mit Hilfe des gem. § 259 eingeführten **Formulars** (s. § 259 **2** Rn 2) zu stellen, § 259 Abs. 2. Für die Form des Antrages gelten, soweit die §§ 250, 259 keine besonderen Vorgaben enthalten, gem. § 113 Abs. 1 S. 2 ergänzend die Vorschriften der ZPO über bestimmende Schriftsätze. Erforderlich ist die **Unterschrift** des Antragstellers, § 130 Nr. 6 ZPO.[1] Zur Ausfüllung durch den **Urkundsbeamten der Geschäftsstelle** s. § 257 Rn 3. Die **Vertretung durch Bevollmächtigte** wird von Abs. 1 Nr. 1 vorausgesetzt und ist im Rahmen des § 79 ZPO zulässig. Bei Vertretung durch einen Rechtsanwalt wird die Vollmacht nur auf eine Rüge des Gegners hin geprüft, § 88 Abs. 2 ZPO. Für die Vertretung von Behörden gilt § 114 Abs. 3. Die **Rücknahme** des Antrages ist in entsprechender Anwendung von § 696 Abs. 4 ZPO bis zum Erlass des Festsetzungsbeschlusses möglich.[2]

III. Notwendige Angaben (Abs. 1)

1. Bezeichnung der Beteiligten und des Gerichts (Abs. 1 Nr. 1 bis 3)

Name, Vorname und Anschrift von Antragsteller und Antragsgegner sind nach Abs. 1 **3** Nr. 1 so genau anzugeben, dass sich bei der Zustellung und Vollstreckung keine Verwechslungen ergeben können.[3] Wenn das Kind den Antrag stellt ist dessen Anschrift bekanntzugeben. An die Anerkennung eines schutzwürdigen Geheimhaltungsinteresses sind strenge

---
[1] Zöller/Philippi § 250 FamFG Rn 1.
[2] Zöller/Philippi § 250 FamFG Rn 1.
[3] Zöller/Philippi § 250 FamFG Rn 2.

Anforderungen zu stellen. Allein die Angabe, dass beim Einwohnermeldeamt eine Auskunftssperre vermerkt sei, reicht nicht aus.[4] Ferner sind die gesetzlichen Vertreter (s. § 249 Rn 8) und die Verfahrensbevollmächtigten (s. Rn 2) zu bezeichnen. Abs. 1 Nr. 3 schreibt vor, dass das **Geburtsdatum des Kindes** mitzuteilen ist. Diese Angabe ist erforderlich, weil das vereinfachte Verfahren nur für Minderjährige vorgesehen ist (s. § 249 Rn 3) und die Höhe des Unterhalts sich nach der jeweiligen Altersstufe des Kindes richtet (s. § 249 Rn 17). Das zuständige (s. § 249 Rn 7) Gericht ist gem. Abs. 1 Nr. 2 zu bezeichnen.

2. Zeitraum, Zinsen (Abs. 1 Nr. 4 und 5)

4   Der Antragsteller muss angeben, ab welchem Zeitpunkt Unterhalt verlangt wird (Abs. 1 Nr. 4). Die Angabe ist entbehrlich, falls nur laufender Unterhalt gezahlt werden soll. Wenn der Zeitpunkt, von dem an Unterhalt geltend gemacht wird, nicht ausdrücklich angegeben wird, ist davon auszugehen, dass sich der Antragsteller darauf beschränkt, Unterhalt für die Zukunft zu verlangen, also vom 1. des Monats an, in welchem der eingereichte Antrag dem Antragsgegner zugestellt wird.[5]

5   Im vereinfachten Verfahren kann neben dem laufenden auch **rückständiger Unterhalt** geltend gemacht werden. Nicht zulässig ist es dagegen, ausschließlich rückständigen Unterhalt zu verlangen.[6] Materiell-rechtlich schuldet der Verpflichtete gem. § 1613 Abs. 1 BGB Unterhalt für die Vergangenheit von dem Zeitpunkt an, zu welchem er zur Auskunft über seine Einkünfte und sein Vermögen aufgefordert worden oder er in Verzug gekommen oder der Unterhaltsanspruch rechtshängig geworden ist. Der Unterhalt wird ab dem 1. des Monats, in den diese Ereignisse fallen, geschuldet, wenn der Unterhaltsanspruch dem Grunde nach zu diesem Zeitpunkt bestanden hat. Der Berechtigte kann darüber hinaus gem. § 1613 Abs. 2 Nr. 2 BGB Unterhalt für die Vergangenheit ohne diese Einschränkung für den Zeitraum verlangen, in dem er aus rechtlichen oder aus tatsächlichen Gründen, die in den Verantwortungsbereich des Verpflichteten fallen, an der Geltendmachung des Unterhaltsanspruchs gehindert war. Nach Abs. 1 Nr. 5 ist es erforderlich anzugeben, wann diese Voraussetzungen eingetreten sind. Unterlagen, z.B. eine schriftliche Aufforderung zur Auskunft, brauchen nicht vorgelegt zu werden.[7]

6   **Zinsen** können insoweit festgesetzt werden, als der Zinsanspruch auf den Zeitpunkt der Zustellung des Festsetzungsantrages bezogen und nur der gesetzliche Zinssatz für bereits fällige Unterhaltsforderungen geltend gemacht wird. Dagegen kommt die Zuerkennung künftiger Verzugszinsen auf noch nicht fällige Unterhaltsraten im vereinfachten Verfahren nicht in Betracht.[8] Das Antragsformular in der neuesten Fassung der KindUFV (s. § 259 Rn 1) sieht die Möglichkeit vor, gesetzliche Verzugszinsen auf rückständigen Unterhalt festsetzen zu lassen.

3. Höhe des Unterhalts, anrechenbare Leistungen, Einkommen des Kindes (Abs. 1 Nr. 6, 7 und 10)

7   Der Antragsteller muss angeben, in welcher Höhe Unterhalt gezahlt werden soll (Abs. 1 Nr. 6). Der Kindesunterhalt kann gem. § 1612 Abs. 1 BGB als gleich bleibende **Geldrente** oder gem. § 1612a Abs. 1 BGB in Form eines **Prozentsatzes des Mindestunterhalts** verlangt werden. Beide Möglichkeiten bestehen, ohne dass dies in Abs. 1 Nr. 6 ausdrücklich bestimmt ist, auch für den Antrag und die Festsetzung im vereinfachten Verfahren. Die Festsetzung eines Prozentsatzes erscheint als günstiger, da das Kind damit ohne Abänderung des Titels einen altersbedingt gestiegenen Unterhaltsbedarf geltend machen kann.[9] Erforderlich ist hierfür, dass im Antrag eine **Staffelung** nach Altersstufen vorgenommen

---

[4] OLG Hamm FamRZ 2001, 107.
[5] OLG Brandenburg FamRZ 2002, 1263; Zöller/Philippi § 250 FamFG Rn 3.
[6] Baumbach/Hartmann § 250 FamFG Rn 7; Zöller/Philippi § 250 FamFG Rn 3; a. A. MünchKommZPO/Macco § 249 FamFG Rn 7.
[7] Musielak/Borth § 250 Rn 2.
[8] BGH NJW 2008, 2710; Johannsen/Henrich/Maier § 251 FamFG Rn 8; weitergehend Baumbach/Hartmann § 250 FamFG Rn 8: Verzugszinsen wie sonst möglich.
[9] Wendl/Schmitz § 10 Rn 324.

wird.[10] Auch zugunsten der Unterhaltsvorschusskasse kann der laufende Unterhalt minderjähriger Kinder in dynamisierter Form festgesetzt werden.[11] Nach Abs. 1 Nr. 7 sind **Kindergeld** und andere zu berücksichtigende Leistungen i. S. von § 1612 c BGB anzugeben. Die Höhe des Kindergeldes braucht grundsätzlich nicht beziffert zu werden. Notwendig ist nur die Angabe, ob es sich um das Kindergeld für ein erstes, zweites Kind usw. handelt. Für die Festsetzung reicht es aus, dass die Anrechnung des hälftigen oder vollen Kindergeldes nach § 1612 b Abs. 1 BGB für ein erstes, zweites Kind usw. angeordnet wird.[12] Das Antragsformular (s. § 259 Rn 2) sieht jedoch die Angabe der Höhe des Kindergeldes und die Angabe vor, um das wievielte gemeinschaftliche Kind es sich handelt. Das **Einkommen des Kindes** ist nach Abs. 1 Nr. 10 zwar anzugeben und hat materiell-rechtlich gem. § 1602 BGB Bedeutung für die Höhe des Unterhalts. Es wird aber bei der Festsetzung im vereinfachten Verfahren nicht berücksichtigt. Die Angabe soll dem Antragsgegner nur die Prüfung erleichtern, ob nach § 252 Abs. 2 Einwendungen gegen die Höhe des verlangten Unterhalts zu erheben sind.[13]

4. Eltern-Kind-Verhältnis, Haushalt (Abs. 1 Nr. 8 und 9)

Das Eltern-Kind-Verhältnis (Abs. 1 Nr. 8) zwischen Antragsgegner und Antragsteller ist gem. § 249 Abs. 1 Voraussetzung der Zulässigkeit des Antrags. Weiterhin kann Unterhalt im vereinfachten Verfahren gem. § 249 Abs. 1 nur festgesetzt werden, wenn das Kind mit dem in Anspruch genommenen Elternteil nicht in einem Haushalt lebt. Die entsprechende Erklärung ist gem. Abs. 1 Nr. 9 abzugeben. Zum Begriff des Eltern-Kind-Verhältnisses wie des Wohnens in einem Haushalt s. § 249 Rn 11.

5. Anspruch aus eigenem, aus übergegangenem oder rückabgetretenem Recht (Abs. 1 Nr. 11)

Unterhalt kann nicht nur das Kind aus eigenem Recht, sondern auch derjenige geltend machen, auf den der Anspruch, insbesondere aufgrund der Erbringung öffentlicher Leistungen, übergegangen ist (Einzelheiten s. § 249 Rn 10). Nach Rückabtretung ist wiederum das Kind antragsberechtigt. Die entsprechenden Angaben sieht Abs. 1 Nr. 11 vor. Ob der Sozialleistungsträger seine Leistungen zu Recht erbracht hat, wird im vereinfachten Verfahren nicht geprüft.[14]

6. Weitere Erklärungen bzgl. Anspruchsübergang (Abs. 1 Nr. 12)

Abs. 1 Nr. 12 1. Alt. betrifft den Fall, dass das Kind die **Festsetzung im eigenem Namen** beantragt. Dann ist zu erklären, dass Unterhalt nicht für Zeiträume verlangt wird, für die das Kind Hilfe nach dem SGB XII, Sozialgeld nach dem SGB II, Hilfe zur Erziehung oder Eingliederungshilfe nach dem SGB VIII, Leistungen nach dem UVG oder Unterhalt nach § 1607 Abs. 2 oder Abs. 3 BGB erhalten hat. Die letztgenannte Bestimmung setzt voraus, dass ein Kind Unterhalt von einem nicht oder nachrangig verpflichteten Verwandten erhalten hat und die Rechtsverfolgung gegen den Antragsgegner im Inland ausgeschlossen oder erheblich erschwert war. Diese Verweisung macht die Befassung mit Problemen notwendig, die für das vereinfachte Verfahren zu kompliziert sind.[15]

Abs. 1 Nr. 12 2. Alt. betrifft die Festsetzung von **Unterhalt für Sozialleistungsträger** aus übergegangenem Recht (s. § 249 Rn 10). Soweit diese Unterhalt für die Vergangenheit geltend machen, ist die Erklärung notwendig, ob der beantragte Unterhalt die Leistung an oder für das Kind nicht überstiegen hat. Wenn Leistungen in monatlich unterschiedlicher Höhe erbracht wurden, sind die Höhe des Unterhalts und der Sozialleistungen für jeden einzelnen Monat zu vergleichen. Soweit Unterhalt für die Zukunft verlangt wird, ist die

---

[10] Zöller/Philippi § 250 FamFG Rn 4.
[11] OLG Hamm FamRZ 2011, 409.
[12] OLG Düsseldorf FamRZ 2002, 1046.
[13] MünchKommZPO/Macco § 250 FamFG Rn 7.
[14] OLG Köln FamRZ 2006, 431.
[15] Zöller/Philippi § 250 FamFG Rn 8.

Erklärung notwendig, dass der beantragte Unterhalt künftig die bisher gewährten Leistungen nicht übersteigen wird.[16]

7. Kein Ausschluss der Festsetzung (Abs. 1 Nr. 13)

12 Gem. Abs. 1 Nr. 13 ist zu erklären, dass kein Verfahrenshindernis gem. § 249 Abs. 2 deshalb besteht, weil über den Unterhaltsanspruch des Kindes entweder ein Gericht entschieden hat, ein gerichtliches Verfahren anhängig ist oder ein zur Zwangsvollstreckung geeigneter Schuldtitel errichtet worden ist.

IV. Zurückweisung des Antrages (Abs. 2)

13 Der Antrag ist nach Eingang auf seine Zulässigkeit hin zu prüfen. Liegen **behebbare Mängel** vor, muss das Gericht gem. § 113 Abs. 1 FamFG i. V. m. § 139 Abs. 1 ZPO darauf hinwirken, dass Formfehler beseitigt und sachdienliche Anträge gestellt werden. Wenn die Mängel nicht behebbar sind, z. B. kein Eltern-Kind-Verhältnis zwischen den Beteiligten besteht, oder auch auf einen Hinweis hin nicht behoben werden, ist der Antrag zurückzuweisen. Vor der Zurückweisung ist der Antragsteller gem. Abs. 2 S. 2 auch bei nicht behebbaren Mängeln zu hören.[17] Der Antragsgegner ist nicht vorab anzuhören. Ein offensichtlich unzulässiger Antrag soll nicht zugestellt werden.[18]

14 Die Zurückweisung kann darauf gestützt werden,
- dass der Antrag nach § 249 Abs. 1 unzulässig ist, z. B. weil kein Eltern-Kind-Verhältnis vorliegt,
- ein Verfahrenshindernis nach § 249 Abs. 2 besteht,
- das vorgesehene Formular nicht benutzt wurde, § 259 Abs. 2, oder
- die nach Abs. 1 notwendigen Angaben nicht oder nicht vollständig gemacht wurden. Es wird jedoch nicht überprüft, ob die Angaben zutreffen.

15 Die Zurückweisung erfolgt durch **Beschluss,** der zu begründen (§ 38 Abs. 3) und mit einer Rechtsbehelfsbelehrung (§ 39, zu den Rechtsbehelfen s. Rn 16) zu versehen ist. Der Beschluss bedarf keiner Kostenentscheidung. Die Kostenhaftung des Antragstellers ergibt sich auch ohne Kostenentscheidung aus § 21 Abs. 1 S. 1 FamGKG. Da der Antragsgegner vor der Zurückweisung nicht gehört wird (s. Rn 13) und daher anschließend keine Kostenfestsetzung beantragen kann, ist eine **Kostenentscheidung überflüssig.**[19]

16 Die Zurückweisung ist gem. Abs. 2 S. 3 grundsätzlich nicht anfechtbar. Dieser Grundsatz erfährt mehrere Ausnahmen. Zunächst bezieht er sich nur darauf, dass der Beschluss **nicht mit der Beschwerde anfechtbar** ist. Die **Rechtspflegererinnerung,** § 11 Abs. 2 RPflG, ist dagegen zulässig.[20] Darüber hinaus betrifft Abs. 2 S. 3 nur die vollständige Zurückweisung. Wird der Antrag **teilweise zurückgewiesen,** z. B. wegen der Zinsen (s. dazu Rn 6), kann Beschwerde eingelegt werden (Einzelheiten s. § 256 Rn 3). Letztlich kann der Antragsteller auch nach Zurückweisung einen **neuen Antrag** stellen.[21]

V. Verbindung von Verfahren (Abs. 3)

17 Mehrere vereinfachte Verfahren von Kindern desselben Antragsgegners, die bei einem Gericht anhängig sind, müssen gem. Abs. 3 verbunden werden. Die Verbindung ist nicht nach § 113 Abs. 1 FamFG i. V. m. § 147 ZPO in das Ermessen des Gerichts gestellt, sondern **zwingend.**[22] Das gilt auch für parallele vereinfachte Verfahren, mit denen die Unterhaltsvorschusskasse übergegangene Unterhaltsansprüche von Geschwistern gegen denselben Elternteil verfolgt.[23]

---

[16] Zöller/Philippi § 250 FamFG Rn 9.
[17] Horndasch/Viefhues/Roßmann § 250 Rn 12; a. A. Baumbach/Hartmann § 250 FamFG Rn 17: nur bei behebbaren Mängeln.
[18] MünchKommZPO/Macco § 250 FamFG Rn 9; Johannsen/Henrich/Maier § 250 FamFG Rn 20.
[19] Zöller/Philippi § 250 FamFG Rn 14.
[20] OLG Zweibrücken FamRZ 2004, 1796; Horndasch/Viefhues/Roßmann § 250 Rn 12.
[21] MünchKommZPO/Macco § 250 FamFG Rn 10.
[22] OLG Celle AGS 2011, 301 = BeckRS 2011, 11595; MünchKommZPO/Macco § 250 FamFG Rn 11; a. A. Horndasch/Viefhues/Roßmann § 250 Rn 15: Anträge können verbunden werden.
[23] OLG Celle AGS 2011, 301 = BeckRS 2011, 11595.

Maßnahmen des Gerichts

251 (1) ¹Erscheint nach dem Vorbringen des Antragstellers das vereinfachte Verfahren zulässig, verfügt das Gericht die Zustellung des Antrags oder einer Mitteilung über seinen Inhalt an den Antragsgegner. ²Zugleich weist es ihn darauf hin,
1. ab welchem Zeitpunkt und in welcher Höhe der Unterhalt festgesetzt werden kann; hierbei sind zu bezeichnen:
    a) die Zeiträume nach dem Alter des Kindes, für das die Festsetzung des Unterhalts nach dem Mindestunterhalt der ersten, zweiten und dritten Altersstufe in Betracht kommt;
    b) im Fall des § 1612a des Bürgerlichen Gesetzbuchs auch der Prozentsatz des jeweiligen Mindestunterhalts;
    c) die nach § 1612b oder § 1612c des Bürgerlichen Gesetzbuchs zu berücksichtigenden Leistungen;
2. dass das Gericht nicht geprüft hat, ob der verlangte Unterhalt das im Antrag angegebene Kindeseinkommen berücksichtigt;
3. dass über den Unterhalt ein Festsetzungsbeschluss ergehen kann, aus dem der Antragsteller die Zwangsvollstreckung betreiben kann, wenn er nicht innerhalb eines Monats Einwendungen in der vorgeschriebenen Form erhebt;
4. welche Einwendungen nach § 252 Abs. 1 und 2 erhoben werden können, insbesondere, dass der Einwand eingeschränkter oder fehlender Leistungsfähigkeit nur erhoben werden kann, wenn die Auskunft nach § 252 Abs. 2 Satz 3 in Form eines vollständig ausgefüllten Formulars erteilt wird und Belege über die Einkünfte beigefügt werden;
5. dass die Einwendungen, wenn Formulare eingeführt sind, mit einem Formular der beigefügten Art erhoben werden müssen, das auch bei jedem Amtsgericht erhältlich ist.

³Ist der Antrag im Ausland zuzustellen, bestimmt das Gericht die Frist nach Satz 2 Nr. 3.

(2) § 167 der Zivilprozessordnung gilt entsprechend.

I. Normzweck und Anwendungsbereich

Die Vorschrift regelt die **Zustellung** des Antrages im vereinfachten Verfahren sowie deren Wirkung. Ferner wird bestimmt, wie dem Antragsgegner **rechtliches Gehör** zu gewähren ist. **1**

II. Zustellung (Abs. 1 S. 1, 2)

1. Voraussetzungen

Die Zustellung setzt nach Abs. 1 S. 1 voraus, dass nach dem Vorbringen des Antragstellers das vereinfachte Verfahren zulässig erscheint. Der Rechtspfleger (s. § 249 Rn 7) prüft also nur die Zulässigkeit des Antrags, nicht dagegen die Richtigkeit der Angaben des Antragstellers.[1] **2**

2. Durchführung

Die förmliche Zustellung erfolgt gem. § 113 Abs. 1 FamFG i. V. m. § 329 Abs. 2 S. 2 ZPO von Amts wegen. Sie richtet sich gem. § 113 Abs. 1 FamFG nach den §§ 166 ff. ZPO. Ohne förmliche Zustellung darf keine Festsetzung erfolgen.[2] Eine öffentliche Zustellung (§ 113 Abs. 1 FamFG i. V. m. § 185 ZPO) ist möglich.[3] Aus Abs. 1 S. 3 folgt, dass die Zustellung auch im **Ausland** erfolgen kann. Maßgeblich dafür ist § 113 Abs. 1 FamFG i. V. m. §§ 183 f. ZPO, soweit nicht die EuZustVO gilt. Insbesondere kann dem Antragsgegner gem. § 113 Abs. 1 FamFG i. V. m. § 184 Abs. 1 ZPO aufgegeben werden, inner- **3**

---

[1] Baumbach/Hartmann § 251 FamFG Rn 2.; a. A. Johannsen/Henrich/Maier § 251 FamFG Rn 2: kursorische Überprüfung der inhaltlichen Richtigkeit.
[2] OLG Naumburg OLGR 2001, 327.
[3] Thomas/Putzo/Hüßtege § 251 FamFG Rn 2.

halb einer angemessenen Frist einen Zustellungsbevollmächtigten zu benennen, der im Inland wohnt oder dort einen Geschäftsraum hat, falls er nicht einen Verfahrensbevollmächtigten bestellt hat. Wird kein Zustellungsbevollmächtigter benannt, so können spätere Zustellungen bis zur nachträglichen Benennung dadurch bewirkt werden, dass das Schriftstück unter der Anschrift des Antragsgegners zur Post gegeben wird. Die entsprechende Anordnungsbefugnis des Gerichts besteht jedoch nicht für Auslandszustellungen, die sich nach den gem. § 183 Abs. 5 ZPO unberührt bleibenden Bestimmungen der EuZVO richten.[4] Im Fall der Auslandszustellung ist die Frist nach Abs. 1 S. 2 Nr. 3 zu verlängern, weil die Monatsfrist für einen im Ausland wohnenden Antragsgegner i. d. R. zu kurz ist.[5] Zuzustellen ist nach Abs. 1 S. 1 der Antrag oder eine Mitteilung über seinen Inhalt. Letzteres empfiehlt sich, wenn der Antrag nach Beanstandung (s. § 250 Rn 13) geändert wurde.

3. Wirkung

4   Die Zustellung des Antrages führt wie die Klagezustellung zur **Rechtshängigkeit** des vereinfachten Verfahrens.[6] Wenn durch die Zustellung eine Frist gewahrt oder die Verjährung neu beginnen bzw. nach § 204 BGB gehemmt werden soll, tritt diese Wirkung gem. **Abs. 2** i. V. m. § 167 ZPO bereits mit Eingang des Antrages ein, sofern die **Zustellung demnächst** erfolgt. Diese Voraussetzung ist nicht gegeben, wenn der Antrag aufgrund einer Beanstandung (s. § 250 Rn 13) vervollständigt oder berichtigt werden musste.[7] Bei Zurückweisung des Antrages können diese Wirkungen ebenfalls nicht eintreten, weil Antrag und Beschluss dem Antragsgegner nicht mitgeteilt werden (s. § 250 Rn 13).[8]

III. Hinweise an den Antragsgegner (Abs. 1 S. 2)

1. Allgemeines

5   Mit den Hinweisen wird der Antragsgegner über Inhalt und Wirkung des Festsetzungsbeschlusses unterrichtet. Ferner wird ihm mitgeteilt, welche Einwendungen er in welcher Form erheben kann.[9] Wenn diese Belehrung unterbleibt, ist ein Festsetzungsbeschluss nicht zulässig.[10] Ein dennoch erlassener Festsetzungsbeschluss ist auf eine Beschwerde und einen entsprechenden Antrag (§ 69 Abs. 1 S. 3) wegen eines wesentlichen Verfahrensmangels aufzuheben.[11] Für die Hinweise ist zwar kein Formular gem. § 259 Abs. 1 eingeführt, doch wird i. d. R. Blatt 2 des Formulars gem. Anlage 1 zur KindUFV (s. § 259 Rn 2) verwandt. Gem. § 2 Abs. 1 KindUFV soll das Formular für den Antrag auf Festsetzung von Unterhalt in der erforderlichen Stückzahl als Durchschreibesatz ausgeführt werden, der insbesondere die für die Zustellung erforderliche Abschrift des Antrags mit einem Formular der Mitteilung des Gerichts nach § 251 enthält.

2. Hinweise im Einzelnen

6   **a) Zeitraum und Höhe des Unterhalts (Abs. 1 S. 2 Nr. 1 a, b).** Anzugeben ist von welchem **Zeitpunkt** ab der Unterhalt festgesetzt werden soll. Hinsichtlich der **Höhe** des Unterhalts ist nach Abs. 1 S. 2 Nr. 1 a zunächst erforderlich, die Zeiträume nach dem Alter des Kindes zu benennen, für das die Festsetzung des Unterhalts nach dem Mindestunterhalt der ersten, zweiten und dritten Altersstufe in Betracht kommt. Im Übrigen kann der Unterhalt – jeweils gestaffelt nach den einzelnen Zeiträumen – entweder mit einem festen Betrag oder mit einem Prozentsatz des jeweiligen Mindestunterhalts angegeben werden. Maßgeblich ist insoweit, in welcher Form der Unterhalt beantragt wird (s. § 250 Rn 7).

---

[4] BGH v. 2. 2. 2011 VIII ZR 190/10 = BeckRS 2011, 04758.
[5] Musielak/Borth § 251 Rn 5.
[6] A. A. BGH NJW 2008, 2710.
[7] Johannsen/Henrich/Maier § 251 FamFG Rn 8.
[8] A. A. Baumbach/Hartmann § 251 FamFG Rn 8.
[9] Thomas/Putzo/Hüßtege § 251 FamFG Rn 3.
[10] OLG Naumburg OLGR 2001, 327.
[11] OLG Schleswig OLGR 2003, 252 = BeckRS 2003, 09696.

b) Kindergeld/kindbezogene Leistungen (Abs. 1 S. 2 Nr. 1 c). Kindergeld und sonstige wiederkehrende kindbezogene Leistungen, die nach §§ 1612b, 1612c BGB zu berücksichtigen sind, werden ebenfalls mitgeteilt. Zwar braucht für das Kindergeld grundsätzlich kein **fester Betrag** genannt zu werden. Es reicht aus, einen abstrakten Betrag zu benennen, der in Form eines Bruchteils der jeweiligen Leistungen ausgedrückt werden kann.[12] Jedoch sieht das Formular gem. Anlage 1 zur KindUFV in Feld 9 vor, dass das Kindergeld beziffert wird (s. § 250 Rn 7). Da der Antragsgegner i. d. R. Blatt 2 des Formulars als Durchschreibesatz erhält (s. Rn 5), wird ihm auch die Höhe des Kindesgeldes mitgeteilt.

c) Einkommen des Kindes (Abs. 1 S. 2 Nr. 2). Der Antragsgegner wird darüber informiert, dass **keine Überprüfung** der Unterhaltshöhe im Verhältnis zum ggf. bedarfsmindernd zu berücksichtigenden Kindeseinkommen erfolgt.

d) Festsetzungsbeschluss (Abs. 1 S. 2 Nr. 3). Der Antragsgegner wird darauf hingewiesen, dass ein zur Zwangsvollstreckung geeigneter Unterhaltsfestsetzungsbeschluss ergehen kann, wenn er nicht innerhalb eines Monats Einwendungen in der vorgeschriebenen Form erhebt. Diese Frist ist aber **keine Ausschlussfrist.** Einwendungen sind bis zur zeitlichen Schranke des § 252 Abs. 3 zulässig.[13] Im Fall der Auslandszustellung soll eine längere Frist bestimmt werden (s. Rn 3).

e) Einwendungen (Abs. 1 S. 2 Nr. 4, 5). Besondere Bedeutung für den Antragsgegner hat die Mitteilung, welche Einwendungen erhoben werden können und wie in diesem Fall zu verfahren ist. Da sich die Antragsgegner häufig auf eingeschränkte oder **fehlende Leistungsfähigkeit** berufen, ist insbesondere darauf hinzuweisen, dass dieser Einwand nur erhoben werden kann, wenn die Auskunft nach § 252 Abs. 2 Satz 3 in Form eines vollständig ausgefüllten Formulars erteilt wird und Belege über die Einkünfte beigefügt werden. Ferner ist der Hinweis erforderlich, dass für die Einwendungen das **Formular** gem. Anlage 2 zur KindUFV (s. § 259 Rn 1) zu benutzen ist. Dieses wird den Hinweisen gem. Abs. 1 S. 2 üblicherweise beigefügt. Der zusätzliche Hinweis, dass das Formular bei jedem AG erhältlich ist, dient nur der einfacheren Beschaffung eines Ersatzexemplars.[14] Gem. § 257 S. 2 kann der Antragsgegner für das Ausfüllen des Formulars die Hilfe des Urkundsbeamten der Geschäftsstelle in Anspruch nehmen. Zur Hilfeleistung durch die Urkundsperson des Jugendamts s. § 257 Rn 2.

Einwendungen des Antragsgegners

§ 252 (1) ¹Der Antragsgegner kann Einwendungen geltend machen gegen
1. die Zulässigkeit des vereinfachten Verfahrens,
2. den Zeitpunkt, von dem an Unterhalt gezahlt werden soll,
3. die Höhe des Unterhalts, soweit er geltend macht, dass
   a) die nach dem Alter des Kindes zu bestimmenden Zeiträume, für die der Unterhalt nach dem Mindestunterhalt der ersten, zweiten und dritten Altersstufe festgesetzt werden soll, oder der angegebene Mindestunterhalt nicht richtig berechnet sind,
   b) der Unterhalt nicht höher als beantragt festgesetzt werden darf,
   c) Leistungen der in § 1612b oder § 1612c des Bürgerlichen Gesetzbuchs bezeichneten Art nicht oder nicht richtig berücksichtigt worden sind.

²Ferner kann er, wenn er sich sofort zur Erfüllung des Unterhaltsanspruchs verpflichtet, hinsichtlich der Verfahrenskosten geltend machen, dass er keinen Anlass zur Stellung des Antrags gegeben hat. ³Nicht begründete Einwendungen nach Satz 1 Nr. 1 und 3 weist das Gericht mit dem Festsetzungsbeschluss zurück, ebenso eine Einwendung nach Satz 1 Nr. 2, wenn ihm diese nicht begründet erscheint.

---

[12] Musielak/Borth § 251 Rn 2.
[13] OLG Karlsruhe FamRZ 2000, 1159; Horndasch/Viefhues/Roßmann § 251 Rn 6.
[14] Thomas/Putzo/Hüßtege § 251 FamFG Rn 8.

(2) ¹Andere Einwendungen kann der Antragsgegner nur erheben, wenn er zugleich erklärt, inwieweit er zur Unterhaltsleistung bereit ist und dass er sich insoweit zur Erfüllung des Unterhaltsanspruchs verpflichtet. ²Den Einwand der Erfüllung kann der Antragsgegner nur erheben, wenn er zugleich erklärt, inwieweit er geleistet hat und dass er sich verpflichtet, einen darüber hinausgehenden Unterhaltsrückstand zu begleichen. ³Den Einwand eingeschränkter oder fehlender Leistungsfähigkeit kann der Antragsgegner nur erheben, wenn er zugleich unter Verwendung des eingeführten Formulars Auskunft über

1. seine Einkünfte,
2. sein Vermögen und
3. seine persönlichen und wirtschaftlichen Verhältnisse im Übrigen

erteilt und über seine Einkünfte Belege vorlegt.

(3) **Die Einwendungen sind nur zu berücksichtigen, solange der Festsetzungsbeschluss nicht verfügt ist.**

I. Normzweck und Anwendungsbereich

1   Das Ziel des vereinfachten Verfahrens, in dafür geeigneten Fällen eine rasche Entscheidung durch den Rechtspfleger zu ermöglichen, würde nicht erreicht, wenn der Antragsgegner Einwendungen gegen den Antrag wie gegenüber einer Unterhaltsklage frei formuliert (und ggf. unübersichtlich und ungeordnet) vorbringen könnte.¹ § 252 sieht daher eine Formalisierung vor, die durch den Formularzwang (s. Rn 10) noch verstärkt wird. Auf diese Weise wird es dem Antragsgegner jedoch auch erleichtert, Einwendungen geltend zu machen. § 252 dient damit ebenfalls der Abklärung der Gegenposition und der Gewährung rechtlichen Gehörs. Ferner wird in Abs. 3 eine zeitliche Grenze für die Einwendungen festgelegt.

2   Die Vorschrift betrifft **sämtliche Einwendungen,** die der Antragsgegner gegenüber dem Antrag vorbringen kann und begrenzt diese zugleich. Verfassungsrechtliche Bedenken bestehen gegen diese Begrenzung nicht.² Unterschieden wird zwischen den Einwendungen nach Abs. 1 und Abs. 2.

II. Einwendungen nach Abs. 1

1. Zulässigkeit des vereinfachten Verfahrens (Abs. 1 S. 1 Nr. 1)

3   Gerügt werden kann das **Fehlen sämtlicher Zulässigkeitsvoraussetzungen.** Dazu gehören neben den allgemeinen Verfahrensvoraussetzungen, z. B. dem Bestehen der deutschen Gerichtsbarkeit nach §§ 18 ff. GVG, alle in den §§ 249, 250 genannten Voraussetzungen.³ Der Rechtspfleger muss abschließend prüfen, ob die Einwendung **zulässig und begründet** ist, z. B. ob Unterhalt für einen Zeitraum verlangt wird, zu welchem das Kind Hilfe nach dem SGB XII bezogen hat, § 250 Nr. 12. Die Begründetheitsprüfung beschränkt sich dabei auf eine Prüfung der **Schlüssigkeit.**⁴

2. Zeitpunkt, von dem an Unterhalt gezahlt werden soll (Abs. 1 S. 1 Nr. 2)

4   Dabei geht es um die Frage, ob und ggf. in welchem Umfang **rückständiger Unterhalt** gem. § 250 Nr. 5 verlangt werden kann.⁵ Eine abschließende Prüfung der Begründetheit dieser Einwendung ist nicht erforderlich. Wird z. B. der Zugang des Auskunftsersuchens oder der Mahnung bestritten, kann diese Einwendung nicht nur dann zurückgewiesen werden, wenn der Rechtspfleger vom Zugang überzeugt ist, sondern bereits dann, wenn er den fehlenden Zugang für unwahrscheinlich hält.⁶

---

¹ OLG Stuttgart JAmt 2003, 212.
² BVerfG FamRZ 1990, 487 zu § 641 o ZPO a. F.; Baumbach/Hartmann § 252 FamFG Rn 2.
³ Thomas/Putzo/Hüßtege § 252 FamFG Rn 2.
⁴ Johannsen/Henrich/Maier vor §§ 253 ff. FamFG Rn 2; Wendl/Schmitz § 10 Rn 335.
⁵ Thomas/Putzo/Hüßtege § 252 FamFG Rn 3.
⁶ OLG Brandenburg NJOZ 2004, 98; OLG Rostock FamRZ 2010, 1458.

3. Höhe des Unterhalts (Abs. 1 S. 1 Nr. 3)

Die Höhe des Unterhalts kann nach Abs. 1 S. 1 Nr. 3 nur in dem dort bezeichneten 5 Rahmen gerügt werden. Diese **Aufzählung** ist **abschließend**. Insbesondere ist der Einwand, es sei bereits eine abweichende außergerichtliche Vereinbarung getroffen worden, nicht zulässig.[7] Der Rechtspfleger muss sich von Zulässigkeit und Begründetheit der Einwendung wie im in Rn 3 genannten Fall überzeugen.

4. Kein Anlass zur Antragstellung (Abs. 1 S. 2)

Letztlich kann der Antragsgegner, welcher dem Antrag im Übrigen nicht entgegentritt, 6 vorbringen, dass er keinen Anlass zur Stellung des Antrags gegeben hat. Diese Einwendung hat nur Bedeutung für die Kostenentscheidung. Trifft sie zu, können dem Antragsteller gem. § 243 S. 2 Nr. 4 FamFG i. V. m. § 93 ZPO die Kosten auferlegt werden. Den Antragsgegner trifft für seine Behauptung die Beweislast.[8]

III. Einwendungen nach Abs. 2

1. Allgemeines

Abs. 2 betrifft die von Abs. 1 nicht erfassten Einwendungen. Ausdrücklich genannt 7 werden in Abs. 2 S. 2 und 3 der Einwand der Erfüllung und der Einwand eingeschränkter oder fehlender Leistungsfähigkeit. Daneben kann insbesondere gerügt werden, dass der Antragsteller nicht bedürftig oder ein vorrangig haftender Unterhaltsschuldner vorhanden ist.[9] Abs. 2 S. 1 sieht vor, dass der Antragsgegner zugleich erklärt, inwieweit er zur Unterhaltsleistung bereit ist und dass er sich insoweit zur Erfüllung des Unterhaltsanspruchs verpflichtet. Wenn die **Verpflichtung zum Unterhalt insgesamt bestritten** wird, reicht jedoch die Erklärung aus, keinen Unterhalt zu schulden.[10] Diese Erklärung ist dem Antragsgegner trotz des jedenfalls missverständlichen Gesetzeswortlauts ohne ein weiteres möglich, weil sie im zu verwendenden Formular (s. Rn 10) vorgesehen ist. Gibt der Antragsgegner weder eine Verpflichtungserklärung noch die Erklärung ab, keinen Unterhalt zu zahlen, bleiben seine Einwendungen unberücksichtigt.[11] Der Rechtspfleger prüft im Unterschied zu den Einwendungen nach Abs. 1 nur die **Zulässigkeit** der Einwendungen, nicht aber deren Begründetheit. Zum weiteren Verfahren s. Rn 15.

2. Einwand der Erfüllung (Abs. 2 S. 2)

Den Erfüllungseinwand kann der Antragsgegner nur erheben, wenn er zugleich erklärt, 8 inwieweit er geleistet hat und dass er sich verpflichtet, einen darüber hinausgehenden Unterhaltsrückstand zu begleichen. Das zu verwendende Formular (s. Rn 10) sieht eine entsprechende Erklärung vor. Dabei ist genau anzugeben, welche monatlichen Beträge im geltend gemachten Zeitraum gezahlt wurden, bei Zahlungen für mehrere Kinder ist ferner anzugeben, welche Beträge auf den Antragsteller entfallen.[12]

3. Einwand eingeschränkter oder fehlender Leistungsfähigkeit (Abs. 2 S. 3)

Der Einwand eingeschränkter oder fehlender Leistungsfähigkeit ist materiell-rechtlich 9 zwar auch für die Höhe des geschuldeten Unterhalts von Bedeutung, insoweit kann der Antragsgegner jedoch nur Einwendungen nach Abs. 1 S. 1 Nr. 3 erheben. Im Zusammenhang mit Abs. 2 S. 3 bezieht er sich allein auf die Leistungsfähigkeit i. S. v. § 1603 BGB. Zur Frage, in welcher Form dieser Einwand vorzubringen ist, s. Rn 11.

---

[7] OLG Naumburg FamRZ 2000, 360.
[8] OLG Brandenburg FamRZ 2000, 1159.
[9] MünchKommZPO/Macco § 252 FamFG Rn 13.
[10] OLG Karlsruhe FamRZ 2006, 1393; Johannsen/Henrich/Maier § 252 FamFG Rn 14.
[11] OLG Saarbrücken v. 26. 1. 2011 9 UF 124/10 = BeckRS 2011, 08971.
[12] Musielak/Borth § 252 Rn 11.

IV. Verfahren

1. Formularzwang

10   Zur Erhebung der Einwendungen ist zwingend das **Formular** gem. Anlage 2 zur KindUFV (s. § 259 Rn 2) zu benutzen. Darauf wird der Antragsgegner mit Zustellung hingewiesen, § 251 Abs. 1 S. 2 Nr. 5 (s. § 251 Rn 10). Einwendungen, die nicht durch das Formular und ggf. beigefügte Unterlagen vorgebracht werden, sind **unzulässig**.[13] Das Formular ist vom Antragsgegner zu unterschreiben. Die **Unterschrift** ist jedoch nicht notwendig, wenn das Formular als Anlage zu einem Schriftsatz des Verfahrensbevollmächtigten eingereicht wird, in dem hierauf Bezug genommen wird.[14] Die Aufnahme des Formulars kann gem. § 257 S. 2 durch den Urkundsbeamten der Geschäftsstelle erfolgen.

11   Der Formularzwang besteht auch und gerade für den **Einwand eingeschränkter oder fehlender Leistungsfähigkeit.** Nach Abs. 2 S. 3 hat der Antragsgegner unter Verwendung des eingeführten Formulars Auskunft über seine Einkünfte, sein Vermögen und seine persönlichen und wirtschaftlichen Verhältnisse im Übrigen zu erteilen und über seine Einkünfte Belege vorzulegen. Diese Verpflichtung entfällt nicht bereits deshalb, weil über das Vermögen des Antragsgegners das Verbraucherinsolvenzverfahren eröffnet wurde.[15] Einwendungen, die außerhalb des Formulars erbracht wurden, z. B. in einem Schriftsatz, sind nicht zu berücksichtigen.[16] Als **Belege** sind bei Einkünften aus nicht selbständiger Arbeit die Lohnabrechnungen der letzten 12 Monate, bei Einkünften aus selbständiger Arbeit für die letzten drei Geschäftsjahre die Einkommensteuerbescheide sowie -erklärungen mit Anlagen und eine tabellarische Übersicht zu Einnahmen und Ausgaben beizufügen. Einkünfte aus Kapitalvermögen, Vermietung und Verpachtung, Wohngeld und sonstigen Einnahmen, z. B. Arbeitslosengeld II, sind durch Bescheide oder sonstige geeignete Nachweise jeweils für die letzten 12 Monate zu belegen. Werden die Belege nicht oder nicht vollständig vorlegt, z. B. Bescheide über Arbeitslosengeld II nur für einen und nicht für 12 Monate, ist der Einwand unzulässig.[17] Fremdsprachliche Unterlagen sind ausreichend.[18] Das gilt jedoch nicht, wenn der Antragsgegner gem. § 113 Abs. 1 FamFG i. V. m. § 142 Abs. 3 ZPO vergeblich aufgefordert wurde, Übersetzungen vorzulegen.[19] Wenn in Kontoauszügen vermögensrelevante Angaben geschwärzt sind, ist der Einwand ebenfalls nicht ordnungsgemäß erhoben.[20]

12   Ferner ist nach Abs. 2 S. 1 immer die formularmäßige Angabe erforderlich, inwieweit der Antragsgegner **zur Unterhaltsleistung bereit** ist und dass er sich insoweit zur Erfüllung des Unterhaltsanspruchs verpflichtet. Hierbei kann allerdings auch angegeben werden, dass keine Unterhaltspflicht besteht (s. Rn 7). Wenn der Antragsgegner darlegt, vollkommen leistungsunfähig zu sein, stellt dies eine ausreichende stillschweigende Erklärung dar, keinen Unterhalt zahlen zu können.[21]

13   Die **Hinweispflicht** des Gerichts gem. § 113 Abs. 1 FamFG i. V. m. § 139 Abs. 2 ZPO erschöpft sich in dem gem. § 251 Abs. 1 Nr. 5 zu erteilenden Hinweis, dass Einwendungen mit einem Formular der beigefügten Art erhoben werden müssen. Zumal der Antragsgegner das Formular mit dem zur Stellungnahme übersandten Antrag erhält (s. § 251 Rn 10), ist es nicht notwendig, nochmals auf die Pflicht zur Formularnutzung hinzuweisen, wenn der Antragsgegner seine Einwendungen anderweitig geltend macht.[22] Damit würde dem Antragsgegner nur Gelegenheit gegeben, das Verfahren zu verzögern.

---

[13] OLG Saarbrücken FamRZ 2011, 49.
[14] OLG Hamm FamRZ 2006, 211; Johannsen/Henrich/Maier § 252 FamFG Rn 13.
[15] OLG Koblenz FamRZ 2005, 915.
[16] OLG Brandenburg FamRZ 2004, 273; OLG Nürnberg FamRZ 2004, 475; OLG Stuttgart JAmt 2003, 212.
[17] OLG Brandenburg FamRZ 2004, 273.
[18] OLG München FamRZ 2005, 381.
[19] OLG Brandenburg FamRZ 2005, 1842.
[20] OLG Brandenburg FamRZ 2004, 1587.
[21] OLG Hamm FamRZ 2006, 211.
[22] A. A. OLG Karlsruhe FamRZ 2006, 1548 m. abl. Anm. Giers FamRB 2007, 11.

2. Behandlung der Einwendungen

a) Einwendungen nach Abs. 1. Da der Rechtspfleger Zulässigkeit und Begründetheit zu prüfen hat, muss er eine zulässige und erhebliche Einwendung nach Abs. 1 S. 1 zunächst dem Antragsteller mitteilen und ihm Gelegenheit zur Stellungnahme geben. Nicht begründete Einwendungen nach Abs. 1 S. 1 Nr. 1 und 3 weist das Gericht mit dem Festsetzungsbeschluss zurück. Dasselbe gilt für Einwendungen nach Satz 1 Nr. 2, die nicht begründet erscheinen (s. Rn 4). Sind die Einwendungen nicht zurückzuweisen, richtet sich das weitere Verfahren nach § 254. Falls das vereinfachte Verfahren nach dem Ergebnis der gerichtlichen Prüfung unzulässig ist, muss der Festsetzungsantrag zurückgewiesen werden.[23] Das gilt jedoch nur mit der Einschränkung, dass die Unzulässigkeit sich nicht allein aus dem Vorbringen des Antragsgegners ergibt, sondern unstreitig oder nachgewiesen ist. Andernfalls, d. h. wenn der Antragsteller die Unzulässigkeit bestreitet, gilt wiederum § 254. Einwendungen nach § 252 Abs. 1 S. 2 sind ebenfalls dem Antragsteller mitzuteilen. Sie haben aber keinen Einfluss auf den Erlass des Festsetzungsbeschlusses, sondern nur auf dessen Kostenentscheidung. 14

b) Einwendungen nach Abs. 2. Unzulässige, insbesondere nicht formularmäßige (s. Rn 10) Einwendungen nach Abs. 2 werden in entsprechender Anwendung von Abs. 1 S. 3 zurückgewiesen.[24] Zulässige Einwendungen führen zum Verfahren nach § 254. 15

3. Zeitliche Schranke für Einwendungen (Abs. 3)

Da die Monatsfrist nach § 251 Abs. 1 S. 2 Nr. 3 keine Ausschlussfrist ist (s. § 251 Rn 9), sind auch später erhobene Einwendungen grundsätzlich beachtlich. Abs. 3 sieht jedoch vor, dass Einwendungen nur zu berücksichtigen sind, solange der Festsetzungsbeschluss **nicht verfügt** ist. Ein nicht verkündeter Beschluss wird nicht bereits mit Unterzeichnung, sondern nach der Legaldefinition in § 38 Abs. 3 für den Erlass von Entscheidungen erst dann verfügt, wenn er dem Urkundsbeamten der Geschäftsstelle übergeben wird. Bis zu diesem Zeitpunkt eingehende Schriftsätze sind zu berücksichtigen.[25] Wenn nicht auszuschließen ist, dass der Festsetzungsbeschluss zum Zeitpunkt des Eingangs von Einwendungen des Unterhaltsschuldners noch nicht in diesem Sinne verfügt war, sind die Einwendungen noch beachtlich.[26] 16

4. Kosten und Gebühren, Rechtsbehelfe

Zu Kosten und Gebühren s. § 249 Rn 18, zu den Rechtsbehelfen s. § 256. 17

Festsetzungsbeschluss

253 (1) ¹Werden keine oder lediglich nach § 252 Abs. 1 Satz 3 zurückzuweisende oder nach § 252 Abs. 2 unzulässige Einwendungen erhoben, wird der Unterhalt nach Ablauf der in § 251 Abs. 1 Satz 2 Nr. 3 bezeichneten Frist durch Beschluss festgesetzt. ²In dem Beschluss ist auszusprechen, dass der Antragsgegner den festgesetzten Unterhalt an den Unterhaltsberechtigten zu zahlen hat. ³In dem Beschluss sind auch die bis dahin entstandenen erstattungsfähigen Kosten des Verfahrens festzusetzen, soweit sie ohne weiteres ermittelt werden können; es genügt, wenn der Antragsteller die zu ihrer Berechnung notwendigen Angaben dem Gericht mitteilt.

(2) In dem Beschluss ist darauf hinzuweisen, welche Einwendungen mit der Beschwerde geltend gemacht werden können und unter welchen Voraussetzungen eine Abänderung verlangt werden kann.

---

[23] Baumbach/Hartmann § 252 FamFG Rn 13; Thomas/Putzo/Hüßtege § 252 FamFG Rn 10; Wendl/Schmitz § 10 Rn 338.
[24] Baumbach/Hartmann § 252 FamFG Rn 13; Thomas/Putzo/Hüßtege § 252 FamFG Rn 11.
[25] KG NJW-RR 2008, 305 = FamRZ 2007, 2088; OLG Hamm FamRZ 2007, 836.
[26] OLG Hamm FamRZ 2006, 44.

I. Normzweck und Anwendungsbereich

1 Aus § 253 ergeben sich die Voraussetzungen für den Erlass des Festsetzungsbeschlusses und dessen Inhalt.

II. Voraussetzungen des Festsetzungsbeschlusses (Abs. 1 S. 1)

2 Der Festsetzungsbeschluss darf nur erlassen werden, wenn der Antragsgegner bis zu seiner Verfügung (§ 252 Abs. 3) keine erheblichen Einwendungen erhoben hat. Erhebliche Einwendungen sind solche, die nach § 252 Abs. 1 Satz 3 nicht zurückzuweisen oder die nach § 252 Abs. 2 zulässig sind. Liegen derartige Einwendungen vor, ist nach § 254 zu verfahren. Liegen keine oder keine erheblichen Einwendungen vor, erlässt der Rechtspfleger nach Ablauf der Monatsfrist (§ 251 Abs. 1 S. 2 Nr. 3 s. § 251 Rn 9) den Beschluss. Dasselbe gilt, wenn zunächst erhebliche Einwendungen erhoben wurden und der Antragsteller, dem diese Einwendungen mitgeteilt wurden, seinen Vortrag dahin ergänzt hat, dass die Einwendungen unerheblich wurden.[1]

III. Verfahren

3 Die **mündliche Verhandlung** ist gem. § 113 Abs. 1 FamFG i. V. m. § 128 Abs. 4 ZPO freigestellt.[2] In der Praxis ist sie unüblich. Bei der Entscheidung darüber, ob mündlich zu verhandeln ist, muss der Rechtspfleger auch berücksichtigen, dass das vereinfachte Verfahren den Zweck hat, in dafür geeigneten Fällen eine rasche Entscheidung zu ermöglichen (s. § 249 Rn 1). Eine mündliche Verhandlung ist nur angezeigt, wenn sie zur Ergänzung des Vortrages oder zur Klärung von Zweifelsfragen unbedingt notwendig erscheint und im Vergleich mit schriftlichen Hinweisen unter Fristsetzung zur Stellungnahme eine schnellere Beendigung des Verfahrens verspricht. Wenn mündlich verhandelt wird, kann sowohl ein Vergleich geschlossen als auch auf ein Anerkenntnis des Antragsgegners hin ein Anerkenntnisbeschluss erlassen werden.[3]

4 Der Beschluss ist gem. § 113 Abs. 1 FamFG i. V. m. § 329 Abs. 3 ZPO zuzustellen. Zu Begründung, Rechtsbehelfsbelehrung, Wirksamkeit, Kosten und Gebühren s. Rn 9, zur Abänderung Rn 12 und zur Vollstreckung Rn 13.

IV. Inhalt des Festsetzungsbeschlusses (Abs. 1 S. 1–3, Abs. 2)

1. Rubrum

5 Da der Festsetzungsbeschluss ein vollstreckbarer Titel ist, sind in entsprechender Anwendung von § 313 Abs. 1 ZPO die Beteiligten, ihre gesetzlichen Vertreter und Verfahrensbevollmächtigten, das erkennende Gericht, der Name des entscheidenden Rechtspflegers und das Datum der Entscheidung anzugeben.

2. Tenor (Abs. 1 S. 2)

6 Nach Abs. 1 S. 2 ist im Festsetzungsbeschluss auszusprechen, dass der Antragsgegner den festgesetzten Unterhalt an den Unterhaltsberechtigten zu zahlen hat. Eine teilweise Festsetzung ist unter den Voraussetzungen des § 254 S. 2 und bei teilweiser Zurückweisung des Antrags, z. B. wegen eines Teils der Zinsen (s. § 250 Rn 6), zulässig. Die Zahlung hat **an den Unterhaltsberechtigten** zu erfolgen, auch wenn der Antrag von einem Elternteil in Verfahrensstandschaft (§ 1629 Abs. 3 BGB) gestellt wurde. Der **Unterhalt** ist dem Antrag entsprechend (s. § 250 Rn 7) gem. § 1612 Abs. 1 BGB als gleich bleibende Geldrente oder gem. § 1612a Abs. 1 BGB in Form eines Prozentsatzes des Mindestunterhalts festzusetzen. Notwendig ist ferner die Angabe des anzurechnenden **Kindergeldes** und anderer zu berücksichtigender Leistungen i. S. v. § 1612c BGB. Ausreichend ist, dass die Anrechnung

---

[1] Horndasch/Viefhues/Roßmann § 253 Rn 3.
[2] Zöller/Philippi § 253 FamFG Rn 2.
[3] Horndasch/Viefhues/Roßmann § 253 Rn 5.

des hälftigen oder vollen Kindergeldes entsprechend § 1612b Abs. 1 BGB für ein erstes, zweites Kind usw. angeordnet wird.[4] Ein bestimmter Betrag muss nicht genannt werden. Erforderlich ist ferner die Angabe des **Zeitpunkts**, von welchem ab Unterhalt gefordert wird (zum Zeitraum s. § 250 Rn 4).

Nicht begründete Einwendungen nach § 252 Abs. 1 S. 1 Nr. 1 und 3 und Einwendungen nach § 252 Abs. 1 S. 1 Nr. 2, die dem Gericht nicht begründet erscheinen, sind mit dem Festsetzungsbeschluss zurückzuweisen, § 252 Abs. 1 S. 3. Diese Vorschrift gilt entsprechend für Einwendungen gem. § 252 Abs. 2, die unzulässig sind (s. § 252 Rn 15).

3. Hinweis (Abs. 2)

Hinzuweisen ist nach Abs. 2 darauf, welche Einwendungen mit der Beschwerde geltend gemacht werden können (s. § 256 Rn 6 ff.) und unter welchen Voraussetzungen eine Abänderung verlangt werden kann (s. Rn 12).

4. Begründung, Rechtsbehelfsbelehrung, Wirksamkeit, Kosten und Gebühren (Abs. 1 S. 3)

Der Beschluss ist nach § 38 Abs. 3 S. 1 zu **begründen.** Wenn keine Einwendungen geltend gemacht wurden, reicht eine knappe formularmäßige Begründung aus. Auf Einwendungen ist dagegen in der Begründung ausführlicher einzugehen. Das gilt auch für unzulässige Einwendungen. Nach § 39 ist eine **Rechtsbehelfsbelehrung** erforderlich. Zu den Rechtsbehelfen s. § 256. Da das vereinfachte Verfahren zu den Familienstreitsachen zählt (s. § 249 Rn 6), soll das Gericht gem. § 116 Abs. 3 S. 2 die **sofortige Wirksamkeit** anordnen. Andernfalls wird der Beschluss erst mit Rechtskraft wirksam, § 116 Abs. 3 S. 1.

Dass eine **Kostenentscheidung** gem. § 113 Abs. 1 FamFG i. V. m. § 308 Abs. 2 ZPO zu treffen ist, wird in Abs. 1 S. 3 vorausgesetzt. Deren Inhalt richtet sich nach § 243. Regelmäßig sind die Kosten des Verfahrens gem. § 243 S. 2 Nr. 1 dem Antragsgegner aufzuerlegen. § 93 ZPO ist gem. § 243 S. 2 Nr. 4 anwendbar. Die Kosten können dem Antragsteller jedoch nur auferlegt werden, wenn der Antragsgegner gem. § 252 Abs. 1 S. 2 vorbringt, dass er keinen Anlass zur Stellung des Antrags gegeben hat, und dieser Vortrag, für welchen den Antragsgegner die Beweislast trifft,[5] begründet ist. Wegen der anfallenden Kosten und Gebühren s. § 249 Rn 18.

Kosten des Verfahrens, die ohne Weiteres ermittelt werden können, sind sofort festzusetzen. Für deren Ermittlung genügt es, wenn der Antragsteller die zur Berechnung notwendigen Angaben dem Gericht mitteilt. Liegen diese Voraussetzungen nicht vor, können die Kosten auf Antrag gem. § 113 Abs. 1 FamFG i. V. m. §§ 103 ff. ZPO festgesetzt werden.

V. Berichtigung, Abänderung

Der Tenor des Beschlusses kann gem. § 113 Abs. 1 FamFG i. V. m. § 319 ZPO **berichtigt** werden. Die Berichtigung ist auch dahin möglich, dass sich der titulierte Unterhalt um das volle statt um das anteilige Kindergeld vermindert, wenn der Träger der Unterhaltsvorschusskasse Antragsteller ist, der Titel sich auf rückständige und zukünftige UVG-Leistungen beschränkt und sich die Anrechnung des vollen Kindergeldes aus der Höhe der Rückstände ergibt.[6] Die **Abänderung** des Festsetzungsbeschlusses richtet sich nach § 240 (Erläuterungen s. dort). Die in den §§ 655, 656 ZPO a. F. enthaltenen Regelungen zur Abänderung bei Änderungen des anrechenbaren Kindergeldes oder vergleichbarer Leistungen wurden ersatzlos gestrichen. Zur Begründung heißt es in den Gesetzesmaterialien, die Anordnung der Kindergeldverrechnung werde bei der Tenorierung zunehmend in dynamisierter Form vorgenommen, so dass sich das Bedürfnis für entsprechende Sondervorschriften verringere. Die Reduktion des Zahlbetrages durch Erhöhung des Kindergeldes solle zukünftig bei Überschreitung der Wesentlichkeitsschwelle im regulären Abänderungsverfah-

---

[4] OLG Düsseldorf FPR 2002, 667.
[5] OLG Brandenburg FamRZ 2000, 1159.
[6] OLG Celle v. 4. 5. 2011 10 WF 118/11 = BeckRS 2011, 11596.

ren, d. h. gem. § 240, geltend gemacht werden.⁷ Abänderungsverfahren, die nach bisherigem Recht erlassene Unterhaltsfestsetzungsbeschlüsse betreffen, richten sich aufgrund der **Übergangsregelung** in Art. 111 Abs. 1 S. 2 FGG-RG nur dann noch nach altem Recht, wenn ihre Einleitung bis zum Inkrafttreten des FGG-RG beantragt wurde.

VI. Vollstreckung

13   Die Vollstreckung erfolgt gem. § 120 Abs. 1 **ab Wirksamkeit** (s. Rn 9) **entsprechend den Vorschriften der ZPO** über die Zwangsvollstreckung. Die Vollstreckung setzt nicht mehr voraus, dass der Beschluss mindestens zwei Wochen vorher zugestellt wurde. Das FamFG enthält keine § 798 ZPO entsprechende Vorschrift; der Hinweis auf den Festsetzungsbeschluss alten Rechts in § 798 ZPO wurde durch Art. 29 Nr. 21 FGG-RG aufgehoben. Für die Vollstreckung von Beschlüssen gem. §§ 645 ff. ZPO a. F. ist § 798 ZPO a. F. jedoch weiterhin anzuwenden. Gegen die Vollstreckung nach Vollendung des 18. Lebensjahres des Kindes kann gem. § 244 nicht eingewendet werden, dass die Minderjährigkeit nicht mehr besteht. Sofern der Unterhalt nach § 1612a BGB als Prozentsatz des Mindestunterhalts festgesetzt wurde und der Festsetzungsbeschluss im Ausland vollstreckt werden soll, ist gem. § 245 Abs. 1 auf Antrag der geschuldete Unterhalt auf dem Titel zu beziffern.

Mitteilungen über Einwendungen

254 ¹Sind Einwendungen erhoben worden, die nach § 252 Abs. 1 Satz 3 nicht zurückzuweisen oder die nach § 252 Abs. 2 zulässig sind, teilt das Gericht dem Antragsteller dies mit. ²Es setzt auf seinen Antrag den Unterhalt durch Beschluss fest, soweit sich der Antragsgegner nach § 252 Abs. 2 Satz 1 und 2 zur Zahlung von Unterhalt verpflichtet hat. ³In der Mitteilung nach Satz 1 ist darauf hinzuweisen.

I. Normzweck und Anwendungsbereich

1   Die Vorschrift regelt, wie das Gericht mit Einwendungen gem. § 252 Abs. 1 S. 1, die nicht zurückzuweisen sind, und zulässigen Einwendungen nach § 252 Abs. 2 zu verfahren hat. Einwendungen nach § 252 Abs. 1 S. 2, die nur Einfluss auf die Kostenentscheidung haben, unterfallen nicht dem Anwendungsbereich.

II. Behandlung der Einwendungen

1. Einwendungen nach § 252 Abs. 1 S. 1

2   Die Einwendungen nach § 252 Abs. 1 S. 1 sind auf ihre Zulässigkeit und Begründetheit hin zu prüfen (Einzelheiten s. § 252 Rn 3). Sofern das vereinfachte Verfahren unstreitig oder (bei Bestreiten) nachgewiesen unzulässig ist, darf sich der Rechtspfleger nicht auf die Mitteilung gem. S. 1 beschränken. In diesem Fall muss der **Festsetzungsantrag zurückgewiesen** werden (s. § 252 Rn 14). Im Übrigen sind Einwendungen, die nach § 252 Abs. 1 Satz 3 nicht zurückzuweisen sind, **dem Antragsteller mitzuteilen.** Dies betrifft Einwendungen gegen

- die Zulässigkeit des vereinfachten Verfahrens, sofern sie nach dem Vortrag des Antragsgegners zulässig und begründet, jedoch nicht unstreitig oder (bei Bestreiten) nachgewiesen sind,
- den Zeitpunkt, von dem an Unterhalt gezahlt werden soll, wenn die Einwendungen dem Gericht nicht unbegründet erscheinen (zum Prüfungsmaßstab s. § 252 Rn 4),
- die Höhe des Unterhalts im Rahmen von § 252 S. 1 Nr. 3, sofern sie nach dem Vortrag des Antragsgegners zulässig und begründet sind.

3   Das Gericht teilt dem Antragsteller formlos¹ mit, dass Einwendungen erhoben wurden, die nach § 252 Abs. 1 Satz 3 nicht zurückzuweisen sind. Ferner wird gem. § 255 Abs. 1

---
⁷ BT-Drs. 16/6308 S. 261.
¹ MünchKommZPO/Macco § 254 FamFG Rn 4; Johansen/Henrich/Maier § 254 FamFG Rn 3; a. A. Musielak/Borth § 254 Rn 3; Thomas/Putzo/Hüßtege § 254 FamFG Rn 2: Zustellung.

S. 2 darauf hingewiesen, dass auf Antrag einer Partei das **streitige Verfahren** durchgeführt wird. Der Antragsgegner erhält keine Mitteilung.[2]

Der Einwand des Antragsgegners gegen die Zulässigkeit des Verfahrens gem. § 249 Abs. 2, es sei nach Zustellung des Antrages ein Titel, insbesondere eine Jugendamtsurkunde errichtet worden, hat auf das Verfahren keinen Einfluss.[3] Das Verfahren wird dadurch nach dem klaren Wortlaut des § 249 Abs. 2 nicht unzulässig. Der Antragsgegner braucht ferner die **Hauptsache nicht für erledigt zu erklären.** Das Verfahren ist vielmehr fortzusetzen.[4] Der Zweck des vereinfachten Verfahrens, eine rasche Entscheidung über den Unterhaltsanspruch zu ermöglichen, würde vereitelt, wenn der Antragsgegner durch eine unzulässige Einwendung erreichen könnte, dass u. U. langwierige Feststellungen zu einer (teilweisen) Erledigung getroffen werden müssen. Den Beteiligten bleibt eine übereinstimmende Erledigungserklärung allerdings unbenommen. 4

2. Einwendungen nach § 252 Abs. 2

§ 252 Abs. 2 betrifft die übrigen, nicht § 252 Abs. 1 (s. Rn 2) unterfallenden Einwendungen, die allein auf ihre **Zulässigkeit** hin geprüft werden (s. § 252 Rn 7, 11). Ausdrücklich werden in § 252 Abs. 2 S. 2 und 3 der Einwand der Erfüllung und der Einwand eingeschränkter oder fehlender Leistungsfähigkeit genannt. § 252 Abs. 2 S. 1 sieht vor, dass der Antragsgegner mit den Einwendungen nach Abs. 2 erklären muss, inwieweit er zur Unterhaltsleistung bereit ist und dass er sich insoweit zur Erfüllung des Unterhaltsanspruchs verpflichtet (Einzelheiten s. § 252 Rn 7). Den Einwand der Erfüllung kann er nur erheben, wenn er zugleich erklärt, inwieweit er geleistet hat und dass er sich verpflichtet, einen darüber hinausgehenden Unterhaltsrückstand zu begleichen. Mit dem Einwand eingeschränkter oder fehlender Leistungsfähigkeit hat der Antragsgegner unter Verwendung des eingeführten Formulars Auskunft über seine Einkünfte, sein Vermögen und seine persönlichen und wirtschaftlichen Verhältnisse im Übrigen zu erteilen und über seine Einkünfte Belege vorzulegen. 5

Mitzuteilen ist zunächst entsprechend der Mitteilung von Einwendungen nach § 252 Abs. 1 (s. Rn 3), dass Einwendungen erhoben wurden, die nach § 252 Abs. 2 zulässig sind, und dass auf Antrag einer Partei das **streitige Verfahren** durchgeführt wird. Der Antragsgegner erhält auch in diesem Fall keine Mitteilung. Soweit sich der Antragsgegner nach § 252 Abs. 2 S. 1 und 2 zur Zahlung von Unterhalt verpflichtet hat, ist dies nach S. 3 ebenfalls mitzuteilen, damit der Antragsteller einen Antrag nach S. 2 stellen kann. Letztlich ist dem Antragsteller nach einem Einwand eingeschränkter oder fehlender Leistungsfähigkeit die Auskunft des Antragsgegners über seine Einkünfte, sein Vermögen und seine persönlichen und wirtschaftlichen Verhältnisse im Übrigen mitzuteilen. 6

III. Weiteres Verfahren

Sofern sich der Antragsgegner nach § 252 Abs. 2 Satz 1 und 2 zur Zahlung von Unterhalt verpflichtet hat, ist auf Antrag des Antragstellers ein **Teilfestsetzungsbeschluss** zu erlassen. Dieser Beschluss enthält wie ein Teilbeschluss nach § 113 Abs. 1 FamFG i. V. m. § 301 ZPO im streitigen Verfahren keine Kostenentscheidung. Diese bleibt dem streitigen Verfahren vorbehalten.[5] Ausnahmsweise kann eine Kostenentscheidung auf Antrag eines Beteiligten ergehen, wenn der Antragsteller seinen weitergehenden Antrag zurücknimmt, der Antrag nach § 255 Abs. 6 als zurückgenommen gilt, die Beteiligten sich gerichtlich oder außergerichtlich ohne Kostenregelung vergleichen (§ 113 Abs. 1 FamFG i. V. m. § 98 ZPO) oder die Hauptsache für erledigt erklären (§ 113 Abs. 1 FamFG i. V. m. § 91 a ZPO, s. Rn 4).[6] Abgesehen von der Kostenentscheidung richtet sich der Inhalt des Teilfestset- 7

---

[2] MünchKommZPO/Macco § 254 FamFG Rn 4.
[3] OLG Dresden FamRZ 2000, 679; OLG München FamRZ 2001, 1076.
[4] OLG Dresden FamRZ 2000, 679; OLG München FamRZ 2001, 1076; a. A. OLG Naumburg FamRZ 2002, 1045; OLG Zweibrücken FamRZ 2000, 1160; Wendl/Schmitz § 10 Rn 326; Zöller/Philippi § 254 FamFG Rn 4.
[5] Johannsen/Henrich/Maier § 254 FamFG Rn 6.
[6] Zöller/Philippi § 254 FamFG Rn 9.

zungsbeschlusses nach § 253. Der Antragsteller kann jedoch auf die Teilfestsetzung verzichten und insgesamt in das streitige Verfahren übergehen.[7]

8 Falls eine Teilfestsetzung (s. Rn 7) nicht möglich ist bleibt dem Antragsteller nur der Antrag auf Durchführung des streitigen Verfahrens. Diesen Antrag kann auch der Antragsgegner stellen (Einzelheiten § 255 Rn 3). Wenn kein Antrag gestellt wird, legt der Rechtspfleger die Akte nach Ablauf von 6 Monaten weg (vgl. § 7 AktO).

Streitiges Verfahren

255 (1) [1]Im Fall des § 254 wird auf Antrag eines Beteiligten das streitige Verfahren durchgeführt. [2]Darauf ist in der Mitteilung nach § 254 Satz 1 hinzuweisen.

(2) [1]Beantragt ein Beteiligter die Durchführung des streitigen Verfahrens, ist wie nach Eingang eines Antrags in einer Unterhaltssache weiter zu verfahren. [2]Einwendungen nach § 252 gelten als Erwiderung.

(3) Das Verfahren gilt als mit der Zustellung des Festsetzungsantrags (§ 251 Abs. 1 Satz 1) rechtshängig geworden.

(4) Ist ein Festsetzungsbeschluss nach § 254 Satz 2 vorausgegangen, soll für zukünftige wiederkehrende Leistungen der Unterhalt in einem Gesamtbetrag bestimmt und der Festsetzungsbeschluss insoweit aufgehoben werden.

(5) Die Kosten des vereinfachten Verfahrens werden als Teil der Kosten des streitigen Verfahrens behandelt.

(6) Wird der Antrag auf Durchführung des streitigen Verfahrens nicht vor Ablauf von sechs Monaten nach Zugang der Mitteilung nach § 254 Satz 1 gestellt, gilt der über den Festsetzungsbeschluss nach § 254 Satz 2 oder die Verpflichtungserklärung des Antragsgegners nach § 252 Abs. 2 Satz 1 und 2 hinausgehende Festsetzungsantrag als zurückgenommen.

I. Normzweck und Anwendungsbereich

1 Die Vorschrift regelt die Fortsetzung des Verfahrens nach der Mitteilung über Einwendungen gem. § 254.

II. Durchführung des streitigen Verfahrens

1. Der Antrag auf Durchführung (Abs. 1)

2 Das streitige Verfahren nach § 255 setzt voraus, dass **Einwendungen** erhoben wurden, die nach § 252 Abs. 1 Satz 3 nicht zurückzuweisen oder die nach § 252 Abs. 2 zulässig sind, und dass das Gericht dem Antragsteller dies mitgeteilt hat. Nur unter dieser Voraussetzung kann der Antrag auf Durchführung des streitigen Verfahrens gestellt werden. Insbesondere ist es dem Antragsgegner verwehrt, statt der Einwendungen gem. § 252 Abs. 1 oder 2 sogleich den Antrag nach § 255 zu stellen.[1]

3 Der Übergang in das streitige Verfahren erfolgt **nur auf Antrag.** Antragsteller und der Antragsgegner sind **beide antragsberechtigt.** Allerdings wird der Antragsgegner i. d. R. keinen Antrag stellen, weil er dadurch die Unterhaltsfestsetzung beschleunigen würde.[2] Deshalb richtet sich der **Hinweis** nach Abs. 1 S. 2 nur an den Antragsteller.[3] Der Antrag kann **formlos** gestellt werden, da hierfür ein Formular gem. § 259 nicht eingeführt wurde.[4]

4 Für den Antrag auf Durchführung des streitigen Verfahrens selbst besteht kein **Anwaltszwang** (s. § 257 Rn 2). Sobald der Übergang in das streitige Verfahren erfolgt ist, müssen sich die Beteiligten dagegen gem. § 114 Abs. 1 durch einen Rechtsanwalt vertreten lassen.[5]

---

[7] OLG Naumburg FamRZ 2007, 1027; Wendl/Schmitz § 10 Rn 344.
[1] Zöller/Philippi § 255 FamFG Rn 1.
[2] Wendl/Schmitz § 10 Rn 345.
[3] Musielak/Borth § 255 FamFG Rn 2.
[4] A. A. MünchKommZPO/Macco § 255 FamFG Rn 3: Formularzwang.
[5] Horndasch/Viefhues/Roßmann § 257 Rn 2; a. A. Baumbach/Hartmann § 255 FamFG Rn 3: kein Anwaltszwang.

Der Antrag wird dem Antragsgegner **formlos** mitgeteilt.[6] Er kann in entsprechender Anwendung von § 696 Abs. 4 S. 1 ZPO bis zum Beginn der mündlichen Verhandlung des Antragsgegners zur Hauptsache zurückgenommen werden.[7] Für die Form der **Rücknahme** ist § 696 Abs. 4 S. 2 ZPO entsprechend anzuwenden, wonach die Rücknahme vor der Geschäftsstelle zu Protokoll erklärt werden kann.

2. Das streitige Verfahren (Abs. 2 bis 4, 6)

Für das **folgende streitige Verfahren** gelten gem. Abs. 2 S. 1 die Vorschriften der §§ 111 ff., 231 ff., wobei § 113 Abs. 1 auf die Allgemeinen Vorschriften der ZPO und diejenigen über das Verfahren vor den Landgerichten verweist. Funktionell ist nicht mehr gem. § 25 Nr. 2 c) RPflG der Rechtspfleger, sondern der **Richter zuständig,** dem es nach Vergabe eines neuen Aktenzeichens (F statt FH) vorgelegt wird. Der Festsetzungsantrag (und nicht der Antrag nach § 255) entspricht der Antragsschrift i. S. v. § 113 Abs. 5 Nr. 2.[8] Einwendungen nach § 252 gelten gem. Abs. 2 S. 2 als Erwiderung. Ein schriftliches Vorverfahren gem. § 113 Abs. 1 FamFG i. V. m. § 276 ZPO findet nicht statt.[9] Der Richter kann sogleich einen Termin (§ 113 Abs. 1 FamFG i. V. m. § 272 Abs. 2 ZPO) anberaumen oder zunächst verfahrensleitende Maßnahmen gem. §§ 235, § 113 Abs. 1 FamFG i. V. m. §§ 139, 273 ZPO treffen.

Der Antragsteller ist nun nicht mehr auf das 1,2fache des Mindestunterhalts gem. § 249 Abs. 1 beschränkt. Sofern er mehr als den Mindestunterhalt geltend macht, muss er jedoch seinen Bedarf nach § 1610 BGB prüffähig darlegen, insbesondere also zu den Einkommens- und Vermögensverhältnissen des Antragsgegners vortragen.[10] Die Endentscheidung erfolgt durch **Beschluss** nach § 38. Sofern ein Festsetzungsbeschluss nach § 254 Satz 2 vorausgegangen ist, soll gem. Abs. 4 für zukünftige wiederkehrende Leistungen der Unterhalt in einem Gesamtbetrag bestimmt und der Festsetzungsbeschluss insoweit aufgehoben werden. Damit wird verhindert, dass der Unterhaltsgläubiger aus zwei Titeln vollstrecken muss. Das gilt jedoch nicht, sofern der Festsetzungsbeschluss nach § 254 Satz 2 einen anderen, insbesondere früheren Zeitabschnitt betrifft.[11]

Nach Abs. 3 gilt das Verfahren als mit der Zustellung des Festsetzungsantrags (§ 251 Abs. 1 Satz 1) **rechtshängig** geworden. Jedoch ist zu beachten, dass nach Abs. 6 der über einen Festsetzungsbeschluss nach § 254 Satz 2 oder die Verpflichtungserklärung des Antragsgegners nach § 252 Abs. 2 Satz 1 und 2 hinausgehende Festsetzungsantrag als zurückgenommen gilt, wenn der Antrag auf Durchführung des streitigen Verfahrens nicht vor Ablauf von sechs Monaten nach Zugang der Mitteilung nach § 254 Satz 1 gestellt wird. Zur Kostenentscheidung in diesem Fall s. § 254 Rn 7.

3. Kosten und Gebühren (Abs. 5)

Über die Kosten ist mit dem das streitige Verfahren abschließenden Beschluss gem. § 113 Abs. 1 FamFG i. V. m. §§ 91 ff. ZPO zu entscheiden. Gem. Abs. 5 werden die Kosten des vereinfachten Verfahrens als Teil der Kosten des streitigen Verfahrens behandelt. Wegen der anfallenden Gerichts- und Rechtsanwaltsgebühren s. § 249 Rn 18. Die Verfahrensgebühr des Rechtsanwalts für das vereinfachte Verfahren wird gem. Nr. 3100 VV RVG auf die im nachfolgenden streitigen Verfahren entstehende Verfahrensgebühr angerechnet.

---

[6] MünchKommZPO/Macco § 255 FamFG Rn 3.
[7] Johannsen/Henrich/Maier § 255 FamFG Rn 3; nach MünchKommZPO/Macco § 255 FamFG Rn 3 ist § 113 i. V. m. § 269 ZPO anzuwenden.
[8] Johannsen/Henrich/Maier § 255 FamFG Rn 4.
[9] Thomas/Putzo/Hüßtege § 255 FamFG Rn 7; Wendl/Schmitz § 10 Rn 345.
[10] Wendl/Schmitz § 10 Rn 345.
[11] Thomas/Putzo/Hüßtege § 255 FamFG Rn 9.

Beschwerde

256 ¹Mit der Beschwerde können nur die in § 252 Abs. 1 bezeichneten Einwendungen, die Zulässigkeit von Einwendungen nach § 252 Abs. 2 sowie die Unrichtigkeit der Kostenentscheidung oder Kostenfestsetzung, sofern sie nach allgemeinen Grundsätzen anfechtbar sind, geltend gemacht werden. ²Auf Einwendungen nach § 252 Abs. 2, die nicht erhoben waren, bevor der Festsetzungsbeschluss verfügt war, kann die Beschwerde nicht gestützt werden.

I. Normzweck

1   Die **Statthaftigkeit der Beschwerde** folgt aus § 58 Abs. 1 FamFG i. V. m. § 11 Abs. 1 RPflG. § 256 beschränkt die **Zulässigkeit** der Beschwerde, indem nur die darin genannten Beschwerdegründe zugelassen werden. Über diese Gründe hinaus können jedoch immer **Verfahrensmängel** gerügt werden; z. B. die unterbliebene Belehrung nach § 251 Abs. 1 S. 2[1] oder die unrichtige Annahme der Wirksamkeit eines Anerkenntnisses.[2]

II. Anwendungsbereich

2   Die Vorschrift betrifft die Beschwerde gegen den **Festsetzungsbeschluss** nach § 253 und gegen die **Teilfestsetzung** nach § 254 S. 2.

3   § 256 gilt für die **Beschwerde des Antragsgegners** wie für die **Beschwerde des Antragstellers**.[3] Zwar ist die Zurückweisung eines Antrags gem. § 250 Abs. 2 S. 3 grundsätzlich nicht anfechtbar. § 250 Abs. 2 S. 3 betrifft aber nur die vollständige Zurückweisung. Nach der Rechtsprechung des BGH ist nach teilweiser Zurückweisung des Antrags eine Zusammenführung der Entscheidungskompetenzen geboten und dem Antragsteller unbeschadet des § 646 Abs. 2 Satz 3 ZPO (a. F. = § 250 Abs. 2 S. 3) die (ehemals sofortige) Beschwerde als statthaftes Rechtsmittel zu eröffnen, wenn andernfalls die Gefahr besteht, dass die Überprüfung des Festsetzungsbeschlusses durch das Familiengericht auf eine Erinnerung des Antragstellers und durch das OLG auf eine Beschwerde des Antragsgegners zu widersprechenden Entscheidungen führen könnte. Das gilt z. B., wenn der Antrag wegen der Zinsen teilweise zurückgewiesen wurde.[4] Letztlich ist damit die Beschwerde gegen die Teilzurückweisung vorbehaltlich der Einschränkung aus § 256 (s. Rn 4) immer zulässig.[5]

4   Die Einschränkungen nach § 256 gelten auch für die Beschwerde des Antragstellers, obwohl die in § 256 genannten Einwendungen gemäß § 252 im Festsetzungsverfahren nur vom Antragsgegner geltend gemacht werden können.[6] Angesichts des klaren Wortlauts der Vorschrift und den Gesetzesmaterialien[7] ist davon auszugehen, dass der Antragsteller zur Begründung der sofortigen Beschwerde den Einwendungen nach § 252 entsprechende Anfechtungsgründe geltend machen muss. Damit scheidet z. B. eine Beschwerde gegen eine Bestimmung aus, nach der die Festsetzung unter einer Bedingung steht und bis zu einem bestimmten Zeitpunkt befristet ist.[8] Hiergegen ist nur die Erinnerung, § 11 Abs. 2 RPflG, gegeben (s. Rn 13).

5   Die **Kostenentscheidung** kann nur gem. § 113 Abs. 1 S. 2 FamFG i. V. m. § 99 Abs. 2 ZPO angefochten werden. Im Übrigen ist sie nicht selbständig anfechtbar (s. § 58 Rn 97a). Für den Antragsgegner gilt der besondere Anfechtungsgrund § 252 Abs. 1 S. 2 (s. Rn 10). Die Anfechtung der **Kostenfestsetzung** richtet sich nach § 113 Abs. 1 S. 2 FamFG i. V. m. § 104 Abs. 3 ZPO.

---

[1] OLG Schleswig OLGR 2003, 252 = BeckRS 2003, 09696.
[2] OLG Brandenburg FamRZ 2007, 837.
[3] OLG Hamm FamRZ 2011, 409; Horndasch/Viefhues/Roßmann § 256 Rn 2.
[4] BGH NJW 2008, 2710.
[5] Johannsen/Henrich/Maier § 256 FamFG Rn 3; Baumbach/Hartmann § 250 FamFG Rn 18;.
[6] BGH NJW 2008, 2708.
[7] BT-Drs. 13/7338, 42.
[8] BGH NJW 2008, 2708.

III. Beschwerdegründe

1. Einwendungen nach § 252 Abs. 1

Mit der Beschwerde kann die **Unzulässigkeit des vereinfachten Verfahrens,** § 252 Abs. 1 S. 1 Nr. 1 gerügt werden. Diese Rüge betrifft neben den allgemeinen Verfahrensvoraussetzungen, z. B. dem Bestehen der deutschen Gerichtsbarkeit nach §§ 18 ff. GVG, alle in §§ 249, 250 genannten Voraussetzungen (s. § 252 Rn 3), z. B. das Zusammenleben von Kind und Antragsgegner in einem Haushalt.[9] Zur Zulässigkeit neuen Vortrags s. Rn 11.

Die Beschwerde kann auf die fehlerhafte Bestimmung des **Zeitpunkts,** von dem an Unterhalt gezahlt werden soll, § 252 Abs. 1 S. 2 Nr. 2, sowie die fehlerhafte Festsetzung der **Höhe des Unterhalts** gestützt werden. Hinsichtlich der Höhe gelten jedoch die Beschränkungen des § 252 Abs. 1 S. 2 Nr. 3:[10] Der Antragsgegner kann nur rügen, dass die nach dem Alter des Kindes zu bestimmenden Zeiträume, für die der Unterhalt nach dem Mindestunterhalt der ersten, zweiten und dritten Altersstufe festgesetzt werden soll, oder der angegebene Mindestunterhalt nicht richtig berechnet sind, oder der Unterhalt höher als beantragt festgesetzt wurde oder Leistungen der in den §§ 1612 b, 1612 c BGB bezeichneten Art nicht oder nicht richtig berücksichtigt worden sind. Der Antragsteller (zur Beschwerdebefugnis s. Rn 3) kann sich ebenfalls auf eine falsche Bestimmung der Zeiträume berufen sowie – spiegelbildlich – die zu niedrige Festsetzung,[11] auch wegen der Zinsen[12] oder die zu hohe Kindergeldanrechnung rügen. Die Beschwerde kann dagegen nicht damit begründet werden, dass Leistungen nach dem UVG nicht mehr erbracht wurden.[13] Zur Zulässigkeit neuen Vortrags s. Rn 11.

2. Zulässig erhobene Einwendungen nach § 252 Abs. 2

Weitere Einwendungen i. S. v. § 252 Abs. 2, namentlich der Erfüllungseinwand und der Einwand eingeschränkter oder fehlender Leistungsfähigkeit können nur unter dem Gesichtspunkt der **Zulässigkeit** im Festsetzungsverfahren erhoben werden. Es kann also nur gerügt werden, dass der Rechtspfleger eine Einwendung i. S. v. § 252 Abs. 2 zu Unrecht als unzulässig behandelt hat.[14]

Auf Einwendungen nach § 252 Abs. 2, die nicht erhoben waren, **bevor der Festsetzungsbeschluss verfügt** (§ 252 Abs. 3) war, kann die Beschwerde gem. S. 2 nicht gestützt werden. Damit ist es unzulässig, den **Erfüllungseinwand**[15] oder den **Einwand eingeschränkter bzw. fehlender Leistungsfähigkeit**[16] erstmals mit der Beschwerde vorzubringen. Sofern diese Einwände in erster Instanz zwar bis zu diesem Zeitpunkt erhoben waren, es jedoch an der notwendigen Form mangelte – insbesondere weil der Antragsgegner nicht nach § 252 Abs. 2 S. 3 unter Verwendung des eingeführten Formulars Auskunft erteilt und Belege vorgelegt hatte – ist eine Nachholung ebenfalls nicht möglich.[17] Wenn nicht auszuschließen ist, dass der Festsetzungsbeschluss zum Zeitpunkt des Eingangs von Einwendungen noch nicht in diesem Sinne verfügt worden ist, hat der Rechtspfleger inhaltlich über die Einwendungen zu entscheiden und darf die Akten nicht an das OLG zur Entscheidung über die als sofortige Beschwerde geltenden Einwendungen senden.[18]

---

[9] KG FamRZ 2009, 1847.
[10] Zöller/Philippi § 256 FamFG Rn 9.
[11] OLG Hamm FamRZ 2011, 409.
[12] BGH NJW 2008, 2710.
[13] OLG Hamm v. 2. 2. 2011 II-8 WF 251/10 = BeckRS 2011, 06368.
[14] Horndasch/Viefhues/Roßmann § 256 Rn 3.
[15] OLG Hamm v. 2. 2. 2011 II-8 WF 251/10 = BeckRS 2011, 06368; OLG Koblenz JAmt 2005, 100.
[16] OLG Naumburg v. 17. 1. 2007 3 WF 32/07 = BeckRS 2008, 08761; OLG Saarbrücken FamRZ 2011, 49.
[17] OLG Saarbrücken FamRZ 2011, 49.
[18] OLG Hamm FamRZ 2006, 44.

3. Kostenentscheidung

10 Zur Anfechtung der Kostenentscheidung s. zunächst Rn 5. Der Antragsgegner kann hier insbesondere rügen, gem. § 252 Abs. 1 S. 2 hinsichtlich der Verfahrenskosten geltend gemacht zu haben, dass er keinen Anlass zur Stellung des Antrags gegeben hat.

IV. Verfahren; Kosten und Gebühren

11 Das Verfahren richtet sich nach den §§ 58 ff. Es besteht kein Anwaltszwang (§ 257 Rn 1). Zuständig für die Entscheidung über die Beschwerde ist nach § 119 Abs. 1 Nr. 1a GVG das OLG. Gem. § 65 Abs. 3 kann die Beschwerde auf neue Tatsachen und Beweismittel gestützt werden, sofern nicht die Einschränkung aus S. 2 gilt (s. Rn 9).[19] Für die **Gerichtskosten** gilt Hauptabschnitt 2, Abschnitt 1, Unterabschnitt 2 der Anlage 1 zu § 3 Abs. 2 FamGKG. Nach der Vorbemerkung Nr. 3.2.1 Nr. 2.b sind für die **Rechtsanwaltsgebühren** die Nr. 3200 bis 3203 VV RVG anzuwenden.

V. Weitere Rechtsbehelfe

12 Die **Rechtsbeschwerde** ist bei Zulassung durch das OLG gem. § 70 Abs. 1, 2 statthaft. Sie wird aber nicht eröffnet, wenn schon die Beschwerde nicht zulässig war. Hat das OLG irrtümlich über eine nach § 256 nicht zulässige Beschwerde entschieden und die Rechtsbeschwerde zugelassen, so ist der BGH an diese Zulassung nicht gebunden.[20] Die Gerichtsgebühren im Rechtsbeschwerdeverfahren richten sich nach Hauptabschnitt 2, Abschnitt 1, Unterabschnitt 3 der Anlage 1 zu § 3 Abs. 2 FamGKG, die Rechtsanwaltsgebühren gem. der Vorbemerkung Nr. 3.2.2 Nr. 1.b nach Nr. 3206 bis 3211 VV RVG.

13 Soweit gem. § 256 die Beschwerde nicht zulässig ist, ist die **Erinnerung** gem. § 11 Abs. 2 RPflG eröffnet.

Besondere Verfahrensvorschriften

257

¹In vereinfachten Verfahren können die Anträge und Erklärungen vor dem Urkundsbeamten der Geschäftsstelle abgegeben werden. ²Soweit Formulare eingeführt sind, werden diese ausgefüllt; der Urkundsbeamte vermerkt unter Angabe des Gerichts und des Datums, dass er den Antrag oder die Erklärung aufgenommen hat.

I. Normzweck und Anwendungsbereich

1 Die Vorschrift bezieht sich auf alle Anträge und Erklärungen, die im vereinfachten Verfahren abgegeben werden können. § 257 gilt auch für das **Beschwerdeverfahren**.[1] Daher besteht nach § 114 Abs. 4 Nr. 6 FamFG i. V. m. § 78 Abs. 3 ZPO in erster und zweiter Instanz kein Anwaltszwang (s. § 249 Rn 6, § 256 Rn 11).

II. Die Regelung im Einzelnen

1. Anträge und Erklärungen vor dem Urkundsbeamten der Geschäftsstelle (Abs. 1)

2 Zu den Anträgen i. S. v. S. 1 gehören auch der Antrag auf Durchführung des streitigen Verfahrens gem. § 255 Abs. 1 und dessen Rücknahme (s. § 255 Rn 4). Nach dem Übergang in das streitige Verfahren gem. § 255 Abs. 2 S. 1 sind weitere Anträge und Erklärungen vor dem Urkundsbeamten der Geschäftsstelle jedoch nicht mehr möglich.[2] Anwaltszwang besteht ferner gem. § 114 Abs. 1 für das Abänderungsverfahren nach § 240.[3] § 257 verweist

---

[19] Ebenso zu § 652 ZPO a. F. KG FuR 2006, 132; a. A. OLG Brandenburg FamRZ 2004, 273.
[20] BGH NJW 2008, 2708.
[1] Horndasch/Viefhues/Roßmann § 257 Rn 2; Thomas/Putzo/Hüßtege § 257 FamFG Rn 2; a. A. Johannsen/Henrich/Maier § 257 FamFG Rn 3.
[2] Horndasch/Viefhues/Roßmann § 257 Rn 2.
[3] Horndasch/Viefhues/Roßmann § 257 Rn 2.

im Hinblick auf § 113 Abs. 1 nicht auf § 25,[4] sondern auf § 129a Abs. 1 ZPO. Danach können Anträge und Erklärungen, deren Abgabe vor dem Urkundsbeamten der Geschäftsstelle zulässig ist, vor der **Geschäftsstelle eines jeden AG zu Protokoll** abgegeben werden. Falls die Erklärung nicht bei dem über den Festsetzungsantrag entscheidenden, sondern bei einem anderen AG abgegeben wird, tritt die Wirkung einer Prozesshandlung frühestens ein, wenn das Protokoll bei dem zuständigen AG eingeht (Ausnahme s. § 260 Rn 2). Hilfe leistet ferner nach § 59 Abs. 1 Nr. 9 SGB VIII die **Urkundsperson des Jugendamts** (die Vorschrift wurde wohl versehentlich mit Art. 105 FGG-RG dem FamFG nicht angepasst und nimmt noch auf § 648 ZPO a. F. Bezug).

2. Ausfüllung von Formularen (S. 2)

Soweit Erklärungen gegenüber dem Urkundsbeamten der Geschäftsstelle abgegeben werden, für welche gem. § 259 Abs. 2 Formularzwang besteht, wird vom Urkundsbeamten bzw. der Urkundsperson das entsprechende Formular ausgefüllt. Dabei hat der Urkundsbeamte unter Angabe des Gerichts und des Datums zu vermerken, dass er den Antrag oder die Erklärung aufgenommen hat. Entsprechendes gilt für die Aufnahme durch die Urkundsperson des Jugendamts (s. Rn 2). Formulare wurden bisher eingeführt für den Antrag auf Festsetzung des Unterhalts gem. §§ 249, 250 FamFG sowie für die Erhebung von Einwendungen gegen die Festsetzung des Unterhalts gem. § 252 FamFG (s. § 259 Rn 1). 3

Sonderregelungen für maschinelle Bearbeitung

258 (1) ¹In vereinfachten Verfahren ist eine maschinelle Bearbeitung zulässig. ²§ 690 Abs. 3 der Zivilprozessordnung gilt entsprechend.

(2) **Bei maschineller Bearbeitung werden Beschlüsse, Verfügungen und Ausfertigungen mit dem Gerichtssiegel versehen; einer Unterschrift bedarf es nicht.**

Die Vorschrift lässt die maschinelle Bearbeitung des vereinfachten Verfahrens zur Unterhaltsfestsetzung zu. Im Gegensatz zum Mahnverfahren, das ebenfalls maschinell bearbeitet werden kann (§ 689 Abs. 1 S. 2 ZPO), ist diese Form der Bearbeitung – soweit ersichtlich – bisher nicht eingeführt worden. Die entsprechende Geltung von § 690 Abs. 3 ZPO bedeutet, dass der Antrag in einer nur maschinell lesbaren Form übermittelt werden kann, wenn diese dem Gericht für seine maschinelle Bearbeitung geeignet erscheint. Wenn der Antrag von einem Rechtsanwalt oder einer registrierten Person nach § 10 Abs. 1 Satz 1 Nr. 1 des Rechtsdienstleistungsgesetzes gestellt wird, ist nur diese Form der Antragstellung zulässig. Der handschriftlichen Unterzeichnung bedarf es nicht, wenn in anderer Weise gewährleistet ist, dass der Antrag nicht ohne den Willen des Antragstellers übermittelt wird. Abs. 2 bestimmt ergänzend, dass Beschlüsse, Verfügungen und Ausfertigungen keiner Unterschrift bedürfen; sie sind nur mit dem Gerichtssiegel zu versehen. Auch nach Einführung der maschinellen Bearbeitung bleibt die manuelle Bearbeitung zulässig. 1

Formulare

259 (1) ¹**Das Bundesministerium der Justiz wird ermächtigt, zur Vereinfachung und Vereinheitlichung der Verfahren durch Rechtsverordnung mit Zustimmung des Bundesrates Formulare für das vereinfachte Verfahren einzuführen.** ²**Für Gerichte, die die Verfahren maschinell bearbeiten, und für Gerichte, die die Verfahren nicht maschinell bearbeiten, können unterschiedliche Formulare eingeführt werden.**

(2) **Soweit nach Absatz 1 Formulare für Anträge und Erklärungen der Beteiligten eingeführt sind, müssen sich die Beteiligten ihrer bedienen.**

I. Verordnungsermächtigung (Abs. 1)

Das Bundesministerium der Justiz hat von der ursprünglich in § 659 ZPO a. F. enthaltenen Ermächtigung aus Abs. 1 mit der Verordnung zur Einführung von Vordrucken für das vereinfachte Verfahren über den Unterhalt minderjähriger Kinder (Kindesunterhalt-Formu- 1

---

[4] A. A. Baumbach/Hartmann § 257 FamFG Rn 1.

larverordnung – KindUFV) vom 19. 6. 1998 (BGBl. I S. 1364), Gebrauch gemacht. Die KindUFV nimmt nach der Änderung durch die Vierte Verordnung zur Änderung der KindUFV vom 17. 7. 2009 (BGBl. I S. 2134, berichtigt S. 3557) auf das FamFG Bezug. Gem. § 4 Abs. 2 KindUFV können Anträge auf Festsetzung von Unterhaltsbeträgen, die vor Inkrafttreten des FamFG fällig geworden sind, auch mit den bis dahin gültigen Formularen gestellt werden.

2   Nach § 1 Abs. 1 KindUFV sind folgende Formulare zu verwenden:
– das in Anlage 1 bestimmte Formular für den Antrag auf Festsetzung des Unterhalts nach den §§ 249, 250 und das in dieser Anlage bestimmte Merkblatt,
– das in Anlage 2 bestimmte Formular für die Erhebung von Einwendungen gegen die Festsetzung des Unterhalts nach § 252 FamFG.

Für die Hinweise nach § 251 Abs. 1 S. 2 ist zwar ein Formular bisher nicht eingeführt. De facto erfolgt sie jedoch formularmäßig, indem dem Antragsgegner mit dem Festsetzungsantrag Blatt 2 des Formulars gem. Anlage 1 zur KindUFV übersandt wird (s. § 251 Rn 5).

II. Formularzwang (Abs. 2)

3   Nach Abs. 2 sind die eingeführten Formulare zwingend zu benutzen. Kein Formularzwang besteht gem. § 1 Abs. 2 KindUFV für Anträge, die von dem Sozialleistungsträger oder einem Dritten, auf den der Anspruch übergangen ist, gestellt werden. Wird von einem anderen Antragsteller ein Festsetzungsantrag ohne Verwendung des Formulars gestellt, ist dieser nach erfolgloser Beanstandung zurückzuweisen (s. § 250 Rn 14). Einwendungen i. S. v. § 252 Abs. 1 und 2, die nicht auf dem dafür vorgesehenen Formular erhoben werden, sind unzulässig (s. § 252 Rn 10).

Bestimmung des Amtsgerichts

260 (1) ¹Die Landesregierungen werden ermächtigt, die vereinfachten Verfahren über den Unterhalt Minderjähriger durch Rechtsverordnung einem Amtsgericht für die Bezirke mehrerer Amtsgerichte zuzuweisen, wenn dies ihrer schnelleren und kostengünstigeren Erledigung dient. ²Die Landesregierungen können die Ermächtigung durch Rechtsverordnung auf die Landesjustizverwaltungen übertragen.

(2) **Bei dem Amtsgericht, das zuständig wäre, wenn die Landesregierung oder die Landesjustizverwaltung das Verfahren nach Absatz 1 nicht einem anderen Amtsgericht zugewiesen hätte, kann das Kind Anträge und Erklärungen mit der gleichen Wirkung einreichen oder anbringen wie bei dem anderen Amtsgericht.**

I. Zuständigkeitskonzentration (Abs. 1)

1   § 260 ermöglicht eine **Zuständigkeitskonzentration**. Danach können durch Rechtsverordnung die vereinfachten Verfahren über den Unterhalt Minderjähriger für die Bezirke mehrerer Amtsgerichte einem AG zugewiesen werden, wenn dies ihrer schnelleren und kostengünstigeren Erledigung dient. Davon ist insbesondere bei der maschinellen Bearbeitung (§ 258) auszugehen. Soweit ersichtlich, wurde von der Ermächtigung aus Abs. 1 bisher kein Gebrauch gemacht. Die Zuständigkeitskonzentration gilt nicht für das streitige Verfahren nach § 255.[1]

II. Protokollanträge und -erklärungen (Abs. 2)

2   Im Fall der Zuständigkeitskonzentration enthält Abs. 2 eine Ausnahme von § 113 Abs. 1 FamFG i. V. m. § 129 a Abs. 2 ZPO (s. dazu § 257 Rn 1). Die Wirkung einer Prozesshandlung des Kindes vor dem ohne die anderweitige Zuweisung nach Abs. 1 zuständigen Gericht tritt danach unmittelbar und nicht erst nach Übermittlung an das zuständige Gericht ein. Die Vorschrift gilt ihrem eindeutigen Wortlaut nach nur für das Kind, nicht für andere Antragsteller. Nach dem eindeutigen Wortlaut der Vorschrift kommt die analoge Anwendung auf in Verfahrensstandschaft antragstellende Eltern nicht in Betracht.[2]

---

[1] Bumiller/Harders § 260 Rn 1.
[2] Bumiller/Harders § 260 Rn 2; Thomas/Putzo/Hüßtege § 260 FamFG Rn 3; a. A. Horndasch/Viefhues/Roßmann § 260 Rn 2; Johannsen/Henrich/Maier § 260 FamFG Rn 2.

Abschnitt 10. Verfahren in Güterrechtssachen

Güterrechtssachen

261 (1) Güterrechtssachen sind Verfahren, die Ansprüche aus dem ehelichen Güterrecht betreffen, auch wenn Dritte an dem Verfahren beteiligt sind.

(2) Güterrechtssachen sind auch Verfahren nach § 1365 Abs. 2, § 1369 Abs. 2 und den §§ 1382, 1383, 1426, 1430 und 1452 des Bürgerlichen Gesetzbuchs *sowie nach § 1519 des Bürgerlichen Gesetzbuchs in Verbindung mit Artikel 5 Absatz 2, Artikel 12 Absatz 2 Satz 2 und Artikel 17 des Abkommens vom 4. Februar 2010 zwischen der Bundesrepublik Deutschland und der Französischen Republik über den Güterstand der Wahl-Zugewinngemeinschaft.*[1]

I. Normzweck

Abschnitt 10 betrifft das Verfahren in Güterrechtssachen. Unterschieden wird zwischen den Verfahren nach Abs. 1, die gem. § 112 Nr. 2 zu den Familienstreitsachen zählen, und den Verfahren nach Abs. 2. Das FamFG enthält – im Unterschied zu den Unterhaltssachen – kaum eigenständige, nur für Güterrechtssachen geltende Vorschriften. § 261 dient der Definition der Güterrechtssachen. Die **Übergangsregelung** ergibt sich aus Art. 111 Abs. 1 bis 3 und 5 FGG-RG. 1

II. Verfahren nach Abs. 1

1. Anwendungsbereich

a) **Allgemeines.** Abs. 1 bezeichnet als Güterrechtssachen Verfahren, die Ansprüche aus 2 dem ehelichen Güterrecht betreffen, auch wenn Dritte an dem Verfahren beteiligt sind. Es handelt sich demnach um Verfahren, die Ansprüche aus dem **Güterrecht der §§ 1363 bis 1563 BGB** betreffen. Erfasst werden auch **Vollstreckungsabwehranträge**, §§ 113 Abs. 1 i. V. m. § 767 ZPO, gegenüber titulierten Ansprüchen aus dem ehelichen Güterrecht und **Drittwiderspruchsanträge**, die auf ein aus dem ehelichen Güterrecht hergeleitetes die Veräußerung hinderndes Recht gestützt sind.[2] Die Abgrenzung zu den Verfahren der Vermögensauseinandersetzung außerhalb des Güterrechts hat nach Inkrafttreten des FamFG erheblich an Bedeutung verloren, da auch diese Verfahren nach § 266 Abs. 1 Nr. 2 und 3 Familiensachen sind, die allerdings im Unterschied zu den Güterrechtssachen nicht im Verbund geltend gemacht werden können (s. Rn 10). Für Ansprüche aus dem **lebenspartnerschaftlichen Güterrecht** gelten die §§ 261 Abs. 1, 262 bis 265 entsprechend, §§ 269 Abs. 1 Nr. 10, 270 Abs. 1 S. 2. Die internationale Zuständigkeit ergibt sich aus § 105.

b) **Ansprüche bei Zugewinngemeinschaft.** An erster Stelle steht hier der **Anspruch** 3 **auf Ausgleich des Zugewinns** unter Lebenden gem. § 1378 Abs. 1 BGB oder im Todesfall gem. § 1371 Abs. 2 BGB (güterrechtliche Lösung).[3] Keine Familien- und damit auch keine Güterrechtssachen sind dagegen Streitigkeiten über den erhöhten Erbteil gem. § 1371 Abs. 1 BGB (erbrechtliche Lösung s. dazu auch § 266 Rn 22) sowie Pflichtteilsansprüche gem. § 1371 Abs. 2 und 3 BGB.[4] Darüber hinaus kommen insbesondere folgende Ansprüche in Betracht:
- Anspruch auf Auskunft gem. § 1379 BGB über das Vermögen zum Zeitpunkt der Trennung, über das Vermögen, soweit es für die Berechnung des Anfangs- und Endvermögens maßgeblich ist sowie auf Vorlage von Belegen; nicht zu den Güterrechtssachen gehört dagegen der auf § 1353 BGB beruhende Anspruch unter zusammen lebenden

---

[1] § 261 Abs. 2 in der Fassung des Gesetzentwurfs der Bundesregierung (BT-Drs. 17/5126).
[2] Johannsen/Henrich/Götz § 261 FamFG Rn 2; Horndasch/Viefhues/Boden/Cremer § 261 Rn 6.
[3] Horndasch/Viefhues/Boden/Cremer § 261 Rn 11; a. A. MünchKommZPO/Dötsch § 261 FamFG Rn 15 bzgl. § 1371 BGB.
[4] Prütting/Helms/Heiter § 261 Rn 30.

Ehegatten, sich gegenseitig in groben Zügen über die von ihnen vorgenommenen Vermögensbewegungen zu unterrichten, dieser Anspruch ist nach § 266 Abs. 1 Nr. 2 BGB geltend zu machen (s. § 266 Rn 9);
- Anspruch auf Auskunft über illoyale Vermögensminderungen i. S. v. § 1375 Abs. 2 BGB; allerdings soll der Anspruch auf Auskunft über illoyale Vermögensminderungen nunmehr nach überwiegender Ansicht von dem Auskunftsanspruch nach § 1379 BGB umfasst sein;[5]
- Anspruch auf vorzeitigen Zugewinnausgleich und vorzeitige Aufhebung der Zugewinngemeinschaft gem. §§ 1385, 1386 BGB;
- Anspruch auf Unterlassung einer Verfügung über das Vermögen im Ganzen gem. § 1365 Abs. 1 BGB[6] (zum Verfahren nach § 1365 Abs. 2 BGB s. Rn 13), auf § 1365 Abs. 1 BGB gestützte Einwendungen gegen die Anordnung der Teilungsversteigerung sind dagegen nicht in einem Verfahren nach § 261, sondern im Wege der Erinnerung, § 766 ZPO, vor dem Vollstreckungsgericht geltend zu machen.[7]

Zu Ansprüchen mit Beteiligung Dritter s. Rn 7, zu vertraglichen Ansprüchen s. Rn 8.

4 **c) Ansprüche bei Gütergemeinschaft.** Bei vereinbarter Gütergemeinschaft gehören zu den Güterrechtssachen insbesondere Verfahren, die mit der **Auseinandersetzung des Gesamtguts**, §§ 1471 ff BGB, zusammenhängen, z. B. auf Zustimmung zu einem Auseinandersetzungsplan[8] oder auf vorzeitige Übernahme einer in die Gütergemeinschaft eingebrachten Sache durch einen Ehegatten, § 1477 Abs. 2 S. 2 BGB.[9] **Vor Beendigung der Gütergemeinschaft** sind güterrechtliche Verfahren z. B. solche, die mit den Pflichten des allein verwaltenden Ehegatten gem. § 1435 BGB (Auskunft und Ersatzleistung) zusammenhängen.[10]

5 **d) Ansprüche bei Gütertrennung.** Streitigkeiten, die die Vermögensauseinandersetzung von in Gütertrennung, § 1414 BGB, lebenden Ehegatten betreffen, sind **keine Güterrechtssachen, sondern sonstige Familiensachen** i. S. v. § 266 Abs. 1 Nr. 3 (s. § 266 Rn 15).[11]

6 **e) Ansprüche bei Eigentums- und Vermögensgemeinschaft.** Gem. Art. 234 § 4 Abs. 5 EGBGB bleibt für die Auseinandersetzung des gemeinschaftlichen Eigentums und Vermögens aus Ehen, die vor dem Wirksamwerden des Beitritts geschieden worden sind, das bisherige Recht maßgebend. Dasselbe gilt, wenn Ehegatten gem. Art. 234 § 4 Abs. 2 EGBGB bis zum Ablauf von zwei Jahren nach Wirksamwerden des Beitritts dem Kreisgericht gegenüber erklärt haben, dass für die Ehe der bisherige gesetzliche Güterstand fortgelten solle. Anwendbar sind in diesen Fällen die **§§ 39, 40 FGB-DDR**, die darauf gerichtet sind, einen güterrechtlichen Ausgleich nach Beendigung des Güterstandes herbeizuführen.[12] Auch diese Verfahren zählen zu den Güterrechtssachen.

6a **f) Deutsch-französischer Wahlgüterstand; ausländisches Güterrecht.** Die sich aus dem deutsch-französischen Abkommen vom 4. 2. 2010 ergebenden Ansprüche aus dem Güterstand der Wahl-Zugewinngemeinschaft sind Güterrechtssachen nach § 261 Abs. 1,[13] soweit es sich nicht um die in Abs. 2[13a] genannten Verfahren handelt. Dasselbe gilt für Verfahren, die Ansprüche aus ausländischem Güterrecht betreffen, sofern die ausländische Anspruchsnorm eine dem deutschen Güterrecht vergleichbare Funktion hat.[14] Zur Morgengabe s. § 266 Rn 14.

---

[5] MünchKommBGB/Koch § 1379 Rn 14; Palandt/Brudermüller § 1379 Rn 2; Bergschneider FamRZ 2009, 1713, 1717; Braeuer FamRZ 2010, 773, 774; a. A. Johannsen/Henrich/Jaeger § 1379 BGB Rn 3; Rakete-Dombek FPR 2009, 270, 271; Finger FamFR 2010, 289, 290.
[6] Johannsen/Henrich/Götz § 261 FamFG Rn 3
[7] BGH NJW 2007, 3124; a. A. wohl Horndasch/Viefhues/Boden/Cremer § 266 Rn 11.
[8] S. dazu BGH NJW-RR 1988, 1156.
[9] S. dazu BGH NJW 2008, 2983.
[10] MünchKommZPO/Dötsch § 261 FamFG Rn 8.
[11] MünchKommZPO/Dötsch § 261 FamFG Rn 12.
[12] OLG Rostock FamRZ 2006, 418.
[13] BR-Drs. 67/11 S. 9.
[13a] § 261 Abs. 2 in der Fassung des Gesetzentwurfs der Bundesregierung (BT-Drs. 17/5126).
[14] Prütting/Helms/Heiter § 261 Rn 39.

g) **Beteiligung Dritter.** Die Einbeziehung Dritter ist sowohl im Güterstand der Zugewinngemeinschaft als auch in demjenigen der Gütergemeinschaft möglich. Bei Zugewinngemeinschaft gehören hierher z. B. die Ansprüche gegen Dritte gem. §§ 1368, 1369 Abs. 3 BGB nach unwirksamer Verfügung über das Vermögen im Ganzen und über Haushaltsgegenstände (sog. Revokation, zum Anspruch gegen den Ehegatten in diesem Fall s. § 200 Rn 12) und gem. § 1390 BGB auf Ausgleich unentgeltlicher Zuwendungen;[15] ferner der Anspruch erbberechtigter Abkömmlinge gegen den überlebenden Ehegatten gem. § 1371 Abs. 4 BGB, die Mittel zu einer angemessenen Ausbildung aus dem nach § 1371 Abs. 1 BGB erhöhten gesetzlichen Erbteil zu gewähren. Bei Gütergemeinschaft ist die Geltendmachung eines zum Gesamtgut gehörenden Rechtes gegenüber einem Dritten gem. § 1428 BGB nach unwirksamer Verfügung eines Ehegatten über dieses Recht eine Güterrechtssache, ebenso die Geltendmachung von Ansprüchen Dritter gegen das Gesamtgut oder die Ehegatten gem. §§ 1437, 1460, 1480 BGB;[16] bei fortgesetzter Gütergemeinschaft der Antrag auf deren Aufhebung nach § 1495 BGB.

h) **Vertragliche Ansprüche.** § 621 Abs. 1 Nr. 8 ZPO a. F. wurde dahin ausgelegt, dass zu den güterrechtlichen Verfahren auch solche aus **Vereinbarungen über die Auseinandersetzung der güterrechtlichen Verhältnisse** bei Auflösung der Ehe gehörten, so lange der zugrunde liegende Anspruch nur modifiziert wurde,[17] also auch bei Vereinbarung einer Gegenleistung für den vollständigen Ausschluss des Zugewinnausgleichs.[18] Damit waren insbesondere im Fall sog. gemischter Verträge vielfältige Abgrenzungsschwierigkeiten verbunden. Wenn z. B. die Eheleute eine Vereinbarung über ihre wechselseitigen Beteiligung an der Tilgung der Verbindlichkeiten einheitlich sowohl zur Regelung der güterrechtlichen Auseinandersetzungen als auch zur Regelung der Auseinandersetzung der sonstigen vermögensrechtlichen Beziehungen trafen, ohne dass eine Zuordnung bestimmter Ansprüche zu einem der beiden Regelungsbereiche möglich war, stellte der Rechtsstreit über diese Vereinbarung ein güterrechtliches Verfahren dar.[19]

Diese Differenzierung ist unter der Geltung von § 261 Abs. 1 nicht mehr aufrecht zu erhalten. Hintergrund der Differenzierung nach altem Recht war die unterschiedliche Zuweisung der Verfahren an das Familiengericht (güterrechtliche Streitigkeit) einerseits oder das LG bzw. bei geringerem Streitwert die Zivilabteilung des AG (Vermögensauseinandersetzung außerhalb des Güterrechts) andererseits. Sobald ein güterrechtlicher Bezug vorhanden war, sollte wegen der größeren Sachnähe das Familiengericht zuständig sein. Für eine derartige Abgrenzung besteht kein Bedürfnis mehr, nachdem auch die Vermögensauseinandersetzung außerhalb des Güterrechts gem. § 266 Abs. 1 Nr. 3 Familiensache ist (s. § 266 Rn 13). Die Verfahren unterscheiden sich nach dem FamFG nur noch insoweit, als Güterrechtssachen, nicht aber sonstige Familiensachen gem. § 137 Abs. 2 Nr. 4 Folgesachen sein können (s. Rn 10). Diese Unterscheidung spricht gerade dafür, auf Vereinbarungen beruhende Verfahren nur dann zu den Güterrechtssachen zu zählen, wenn damit allein die **Durchführung des Zugewinnausgleichs** oder die **Auseinandersetzung des Gesamtguts** geregelt wird. Ein bloßer güterrechtlicher Bezug, z. B. der Ausschluss des Zugewinnausgleichs, führt dagegen nicht zur Einstufung als Güterrechtssache. Andernfalls würden Verfahren im Verbund anhängig gemacht werden – und damit die Ehescheidung verzögern – können, die nicht vorrangig güterrechtlichen Fragen betreffen.[20]

2. Verfahren

Die Güterrechtssachen nach Abs. 1 sind **Familienstreitsachen,** § 112 Nr. 2. In Abschnitt 10 finden sich besondere Regelungen nur für die örtliche Zuständigkeit des Gerichts (§§ 262, 263). Im Übrigen gelten die Allgemeinen Vorschriften über das Verfahren in

---

[15] Horndasch/Viefhues/Boden/Cremer § 266 Rn 11.
[16] MünchKommZPO/Dötsch § 261 FamFG Rn 10.
[17] BGH FamRZ 1984, 35.
[18] BGH NJW 1982, 941.
[19] BGH NJW 1981, 346.
[20] Kritisch auch Johannsen/Henrich/Götz § 261 FamFG Rn 6; a. A. Horndasch/Viefhues/Boden/Cremer § 266 Rn 17.

Familiensachen, §§ 111 bis 120, nach Maßgabe von § 113 Abs. 1 S. 1 der Allgemeine Teil des FamFG sowie nach Maßgabe von § 113 Abs. 1 S. 2 die ZPO. Diese findet nach § 120 Abs. 1 auch für die **Vollstreckung** Anwendung. Güterrechtssachen nach Abs. 1 können unter den Voraussetzungen des § 137 Abs. 2 Nr. 4 als **Folgesachen** anhängig gemacht werden. Funktionell zuständig ist der **Richter**, die Ausnahmevorschrift des § 25 Nr. 3 RPflG gilt für Verfahren nach Abs. 1 nicht. **Anwaltszwang** besteht gem. § 114 Abs. 1. Ausnahmen gelten für die Verfahren auf Erlass einer einstweiligen Anordnung, § 114 Abs. 4 Nr. 1 und für das Verfahrenskostenhilfeverfahren, § 114 Abs. 4 Nr. 5. Das Verfahren der einstweiligen Anordnung richtet sich nach §§ 49 ff. Darüber hinaus ist gem. § 119 Abs. 2 der **Arrest** zulässig. Bis zur Änderung des Zugewinnausgleichsrechts durch das Gesetz vom 6. 7. 2009 (BGBl. I S. 1696) war streitig, ob ein zukünftiger Zugewinnausgleichsanspruch durch einen Arrest gesichert werden konnte. Mit der Streichung des Anspruchs auf Sicherheitsleistung gem. § 1389 BGB a. F. hat der Gesetzgeber klargestellt, dass eine direkte Sicherung des künftigen Zugewinnausgleichsanspruchs durch Arrest nach § 119 Abs. 2 FamFG i. V. m. § 916 ZPO zulässig ist.[21] Die Ausnahme vom Anwaltszwang gem. § 114 Abs. 4 Nr. 1 gilt nicht für den Arrest. Gegen Endentscheidungen in der Hauptsache und im Arrestverfahren ist die **Beschwerde**, § 58,[22] zulässig, nicht aber gegen einstweilige Anordnungen, § 57.

3. Kosten und Gebühren

11 Die **Gerichtsgebühren** richten sich in selbständigen Verfahren nach Hauptabschnitt 2, Abschnitt 2, der Anlage 1 zu § 3 Abs. 2 FamGKG, im Verbund nach Hauptabschnitt 1. An **Rechtsanwaltsgebühren** fallen eine Verfahrens- und eine Terminsgebühr nach Nr. 3100, 3104 VV RVG an.

III. Verfahren nach Abs. 2

1. Allgemeines

12 Abs. 2 betrifft die Verfahren nach § 1365 Abs. 2, § 1369 Abs. 2 und den §§ 1382, 1383, 1426, 1430 und 1452 BGB. Sämtlichen Verfahren ist gemein, dass sie in der Praxis kaum Bedeutung haben. Für Verfahren, die Entscheidungen nach § 6 **LPartG** i. V. m. den § 1365 Abs. 2, § 1369 Abs. 2 und den §§ 1382 und 1383 BGB sowie nach § 7 LPartG i. V. m. den §§ 1426, 1430 und 1452 BGB betreffen, gelten die §§ 261 Abs. 2, 262 bis 265 entsprechend, §§ 269 Abs. 1 Nr. 10, 270 Abs. 1 S. 2.

2. Verfahren nach §§ 1365 Abs. 2, 1369 Abs. 2 BGB

13 Dabei geht es um die Ersetzung der Zustimmung eines Ehegatten zu Rechtsgeschäften, mit denen sich der andere Ehegatte zu einer Verfügung über sein Vermögen im Ganzen (§ 1365 Abs. 2 BGB) oder über Haushaltsgegenstände (§ 1369 Abs. 2 BGB) verpflichtet. Es handelt sich um **Antragsverfahren** i. S. v. § 23. Funktionell zuständig ist der **Richter,** die Ausnahmevorschrift des § 25 Nr. 3 a) RPflG gilt für diese Verfahren nicht.

3. Verfahren nach §§ 1382, 1383 BGB

14 a) § 1382 BGB. § 1382 BGB betrifft die **Stundung einer Zugewinnausgleichsforderung.** Es handelt sich um ein Billigkeitskorrektiv gegen die sofortige Fälligkeit der Forderung.[23] Voraussetzung ist, dass die Ehegatten im Güterstand der Zugewinngemeinschaft gelebt haben und dieser Güterstand durch Scheidung, § 1564 BGB, Aufhebung der Ehe, § 1318 BGB, Ehevertrag, §§ 1408 Abs. 1, 1410 BGB, oder mit Rechtskraft eines Urteils, durch das auf vorzeitigen Ausgleich des Zugewinns erkannt ist, § 1386 BGB, beendet wurde.[24] Die Stundung erfolgt durch **Gestaltungsakt** des Gerichts, der die Fällig-

---

[21] BT-Drs. 16/10 798 S. 31.
[22] Zum Arrest OLG Karlsruhe FamRZ 2011, 234.
[23] BeckOK/Mayer § 1382 BGB Rn 1.
[24] Jansen/Wick § 53 a Rn 1.

keit der Forderung, deren Verzinsung und ggf. eine Sicherheitsleistung regelt.[25] Das Verfahren wird nur auf einen den Anforderungen des § 23 entsprechenden **Antrag des Verpflichteten** hin eingeleitet. Der Antrag ist (vom Verbundverfahren abgesehen s. Rn 15) nur zulässig, wenn die Ausgleichsforderung fällig ist.[26] Zur Abänderung der Entscheidung s. § 264 Rn 3.

Denkbar sind drei verschiedene Verfahrensgestaltungen: **15**

- Das (sehr seltene) **isolierte Verfahren bei unbestrittener Forderung** findet statt, wenn der Stundungsantrag nicht im Verbund gestellt wird, die Höhe der Ausgleichsforderung unstreitig ist und der Verpflichtete allein die Stundung begehrt. Dann entscheidet gem. § 25 Nr. 3 b RPflG der Rechtspfleger.
- Wenn der **Stundungsantrag bei unstreitiger Ausgleichsforderung im Verbund,** § 137 Abs. 2 Nr. 4, gestellt wird, wäre nach dem Wortlaut des § 25 Nr. 3 b) ebenfalls der Rechtspfleger zuständig. In diesem Fall muss aber im Hinblick auf die mit dem Verbund erstrebte Entscheidungskonzentration die weitere Bearbeitung auf eine Vorlage des Rechtspflegers gem. § 5 Abs. 1 Nr. 2 RPflG durch den Richter erfolgen, § 6 RPflG.[27]
- Wenn über die **Ausgleichsforderung ein Rechtsstreit anhängig** ist, erfolgt die Entscheidung gem. § 1382 Abs. 5 BGB in diesem Verfahren, unabhängig davon ob es sich um eine selbständige Familienstreitsache oder um eine Folgesache handelt. Zuständig ist der Richter, § 25 Nr. 3 b RPflG.

b) § 1383 BGB. § 1383 BGB enthält eine Billigkeitskorrektur zugunsten des Ausgleichsberechtigten, der im Einzelfall ein Interesse daran haben kann, dass ihm in Anrechnung auf seine Forderung bestimmte Gegenstände übertragen werden.[28] In der Entscheidung sind nicht nur die zu übertragenden Gegenstände, sondern auch der Betrag festzusetzen, der auf die Ausgleichsforderung anzurechnen ist, § 1383 Abs. 1 2. Halbs. BGB. Dieses Verfahren ist wie das Verfahren nach § 1382 BGB ein **Antragsverfahren,** wobei der Ausgleichsberechtigte auch antragsberechtigt ist. Im Übrigen ergeben sich keine Unterschiede zum Verfahren nach § 1382 BGB. Das gilt insbesondere für die unterschiedlichen Zuständigkeiten für bestrittene und unbestrittene Ausgleichsforderungen sowie für Verbundentscheidungen (s. Rn 15). **16**

4. Verfahren nach §§ 1426, 1430 und 1452 BGB

Dabei handelt es sich wiederum (wie bei den Verfahren nach §§ 1365 Abs. 2, 1369 Abs. 2 BGB s. Rn 13) um Verfahren auf **Ersetzung der Zustimmung,** die jedoch den Güterstand der **Gütergemeinschaft** betreffen. Im Einzelnen geht es um die Ersetzung der Zustimmung eines Ehegatten zu einem Rechtsgeschäft, **17**

- das durch den allein verwaltenden Ehegatten nach § 1423 BGB (Verfügung über das Gesamtgut im Ganzen) oder § 1424 BGB (Verfügung über Grundstücke pp) nur mit Einwilligung des anderen Ehegatten vorgenommen werden kann und zur ordnungsmäßigen Verwaltung des Gesamtguts erforderlich ist, § 1426 BGB,
- das der nicht oder nicht allein verwaltende Ehegatte zur ordnungsmäßigen Besorgung seiner persönlichen Angelegenheiten vornehmen muss, aber ohne Zustimmung des verwaltenden Ehegatten nicht mit Wirkung für das Gesamtgut vornehmen kann, §§ 1430, 1452 Abs. 2 BGB,
- das bei gemeinschaftlicher Verwaltung des Gesamtguts zu dessen ordnungsmäßiger Verwaltung des Gesamtguts erforderlich ist, § 1452 Abs. 1 BGB.

Sämtliche Verfahren sind **Antragsverfahren** i. S. v. § 23. Bei der Zuständigkeit nimmt das RPflG eine unverständliche Differenzierung vor: Entscheidungen nach § 1452 BGB obliegen dem Rechtspfleger, Entscheidungen nach §§ 1426, 1430 BGB dem Richter, § 25 Nr. 3 a RPflG.

---

[25] BeckOK/Mayer § 1382 BGB Rn 2.
[26] MünchKommBGB/Koch § 1382 Rn 19.
[27] Johannsen/Henrich/Götz § 261 FamFG Rn 11.
[28] BeckOK/Mayer § 1383 BGB Rn 1.

5. Verfahren nach Art. 5 Abs. 2, 12 Abs. 2 S. 2 und 17 des deutsch-französischen Abkommens

18 Die nach Art. 5 Abs. 2, Art. 12 Abs. 2 S. 2 und Art. 17 des deutsch-französischen Abkommens über den Güterstand der Wahl-Zugewinngemeinschaft vorgesehenen Verfahren sind denen des § 1369 Abs. 2 und der §§ 1382, 1383 BGB vergleichbar. Gem. § 261 Abs. 2 (in der Fassung des Gesetzentwurfs der Bundesregierung)[29] sind diese Verfahrensgegenstände ebenfalls Güterrechtssachen. Die weiteren sich aus dem Wahlgüterstand ergebenen Ansprüche sind Güterrechtssachen i. S. v. Abs. 1 (s. Rn 6 a).

6. Verfahren

19 Die Verfahren nach Abs. 2 sind gem. § 112 Abs. 1 Nr. 2 **keine Familienstreitsachen,** so dass für das Verfahren allein das FamFG gilt. Die **Vollstreckung** richtet sich dagegen gem. § 95 Abs. 1 nach der ZPO. Wie die Verfahren nach Abs. 1 können auch die Verfahren nach Abs. 2 unter den Voraussetzungen des § 137 Abs. 2 Nr. 4 als **Folgesachen** anhängig gemacht werden. Außerhalb des Verbunds besteht **kein Anwaltszwang,** § 114 Abs. 1. Das Verfahren der einstweiligen Anordnung richtet sich nach §§ 49 ff. Gegen Endentscheidungen in der Hauptsache ist die **Beschwerde,** § 58, zulässig, nicht aber gegen einstweilige Anordnungen, § 57.

7. Kosten und Gebühren

20 Die **Gerichtsgebühren** richten sich in selbständigen Verfahren nach Hauptabschnitt 3, Abschnitt 2, der Anlage 1 zu § 3 Abs. 2 FamGKG, im Verbund nach Hauptabschnitt 1. An **Rechtsanwaltsgebühren** fällt immer eine Verfahrensgebühr nach Nr. 3100 VV RVG an. Die Terminsgebühr nach Nr. 3104 VV RVG entsteht nur, wenn aufgrund eines Termins, § 32, entschieden wird.

IV. Unanwendbarkeit der Vorschrift

21 Trotz ihres güterrechtlichen Bezuges sind die Verfahren nach §§ 1411, 1491 Abs. 3, 1492 Abs. 3 und 1493 Abs. 2 BGB keine Güterrechtssachen. In diesen Verfahren steht das Wohl des Minderjährigen bzw. Betreuten im Vordergrund. Deshalb handelt es sich um Kindschafts- bzw. Betreuungssachen.[30] Auch die Verfahren gem. § 1357 Abs. 2 S. 1 BGB sind keine Güterrechtssachen. Diese gehören gem. § 266 Abs. 2 BGB zu den sonstigen Familiensachen. Letztlich fallen Streitigkeiten über Verträge, die zwar einen güterrechtlichen Bezug aufweisen jedoch nicht die Durchführung des Zugewinnausgleichs oder die Auseinandersetzung des Gesamtguts regeln, nicht unter § 261 (s. Rn 8).

Örtliche Zuständigkeit

262 (1) ¹Während der Anhängigkeit einer Ehesache ist das Gericht ausschließlich zuständig, bei dem die Ehesache im ersten Rechtszug anhängig ist oder war. ²Diese Zuständigkeit geht der ausschließlichen Zuständigkeit eines anderen Gerichts vor.

(2) Im Übrigen bestimmt sich die Zuständigkeit nach der Zivilprozessordnung mit der Maßgabe, dass in den Vorschriften über den allgemeinen Gerichtsstand an die Stelle des Wohnsitzes der gewöhnliche Aufenthalt tritt.

I. Normzweck und Anwendungsbereich

1 Abs. 1 dient – wie die §§ 152 Abs. 1, 201 Nr. 1, 218 Nr. 1, 232 Abs. 1 Nr. 1, 267 Abs. 1 – der Zuständigkeitskonzentration bei dem Gericht der Ehesache. Abs. 2 regelt die örtliche Zuständigkeit für den Fall, dass keine Ehesache anhängig ist. § 262 gilt für die Güterrechtssachen i. S. v. § 261 Abs. 1, die zu den Familienstreitsachen zählen, wie für die

---

[29] BT-Drs. 17/5126.
[30] Bumiller/Harders § 261 Rn 2; BT-Drs. 16/6308 S. 261.

Güterrechtssachen i. S. v. § 261 Abs. 2, deren Verfahren sich allein nach dem FamFG richtet.[1] Zur funktionellen Zuständigkeit s. § 261 Rn 10, 13, 15, 17.

II. Zuständigkeitskonzentration bei Anhängigkeit einer Ehesache (Abs. 1)

Abs. 1 S. 1 begründet während der Anhängigkeit der Ehesache eine **ausschließliche** **Zuständigkeit** des Gerichts, bei dem die Ehesache im ersten Rechtszug anhängig ist oder war, für von den beteiligten Eheleuten geführte Güterrechtssachen. Sofern diese Zuständigkeit nicht beachtet wird, sind Güterrechtsverfahren nach § 261 Abs. 1 gem. § 113 Abs. 1 FamFG i. V. m. § 281 ZPO auf Antrag und Güterrechtsverfahren nach § 261 Abs. 2 gem. § 3 von Amts wegen an das Gericht der Ehesache zu **verweisen**. Die Ehesachen sind in § 121 definiert. Eine Ehesache in diesem Sinne ist auch das Wiederaufnahmeverfahren in einer Scheidungssache.

Die **Anhängigkeit beginnt** mit der Einreichung des Antrags in der Ehesache beim Familiengericht. Ein Verfahrenskostenhilfeantrag reicht nicht aus.[2] Die Zuständigkeit endet mit dem Ende der Anhängigkeit der Ehesache. Die **Anhängigkeit endet** mit der Rücknahme des Antrages, der übereinstimmenden Erledigung, dem Tod eines Ehegatten (§ 131), und der Rechtskraft des Scheidungsurteils.[3] Abs. 1 S. 1 greift nicht ein, wenn nach Rechtskraft des Scheidungsurteils noch eine Folgesache anhängig ist[4] oder die Anhängigkeit der Ehesache nach Einreichung, aber vor Zustellung des Antrages in der Güterrechtssache endet.[5] Die Zuständigkeit nach § 262 Abs. 1 bleibt jedoch bestehen, wenn die Güterrechtssache vor Beendigung der Anhängigkeit der Ehesache rechtshängig geworden ist.[6] Dem Wortlaut der Vorschrift nach ist das Gericht der Ehesache auch dann für die Güterrechtssache zuständig, wenn die Ehesache vor einem **örtlich unzuständigen Gericht** anhängig ist.

Abs. 1 S. 2 bestimmt, dass die Zuständigkeit nach Abs. 1 S. 1 der ausschließlichen Zuständigkeit eines anderen Gerichts, z. B. gem. §§ 767 Abs. 1, 802 ZPO,[7] vorgeht. Zur Abgabe an das Gericht der Ehesache s. § 263.

III. Anwendung der ZPO (Abs. 2)

Sofern nicht der Gerichtsstand der Ehesache gem. Abs. 1 gegeben ist richtet sich die örtliche Zuständigkeit nach der ZPO. In Betracht kommt zunächst der **allgemeine Gerichtsstand,** §§ 12, 13 ZPO. Dabei tritt an die Stelle des Wohnsitzes der gewöhnliche Aufenthalt (zum Begriff s. § 3 Rn 8). Darüber hinaus können – wiederum mit der Maßgabe, dass an die Stelle des Wohnsitzes der gewöhnliche Aufenthalt tritt – folgende besondere Gerichtsstände gegeben sein:
- des letzten gewöhnlichen Aufenthalts wenn der Antragsgegner das Recht der Exterritorialität genießt oder weder im In- noch im Ausland einen gewöhnlichen Aufenthalt hat, §§ 15, 16 ZPO,
- des Vermögens oder des Gegenstandes, § 23 ZPO, wenn der Antragsgegner keinen gewöhnlichen Aufenthalt im Inland hat,
- des Erfüllungsorts, § 29 ZPO,
- der Widerklage bzw. des Widerantrages, wenn der Antragsgegner seinerseits einen güterrechtlichen Anspruch geltend macht, § 33 ZPO.

Dagegen kommen die Gerichtsstände der Vermögensverwaltung, § 31 ZPO, und der unerlaubten Handlung, § 32 ZPO, nicht in Betracht, weil güterrechtliche Ansprüche nicht auf entsprechenden Anspruchsgrundlagen beruhen.[8]

---

[1] Bumiller/Harders § 262 Rn 1.
[2] Horndasch/Viefhues/Boden/Cremer § 262 Rn 12.
[3] Johannsen/Henrich/Götz § 262 Rn 3.
[4] BGH NJW 1982, 1000 = FamRZ 1982, 43.
[5] BGH NJW 1981, 126.
[6] MünchKommZPO/Dötsch § 262 FamFG Rn 6.
[7] BT-Drs. 16/6308 S. 262.
[8] A. A. Bumiller/Harders § 262 Rn 3.

Abgabe an das Gericht der Ehesache

263 ¹Wird eine Ehesache rechtshängig, während eine Güterrechtssache bei einem anderen Gericht im ersten Rechtszug anhängig ist, ist diese von Amts wegen an das Gericht der Ehesache abzugeben. ²§ 281 Abs. 2 und 3 Satz 1 der Zivilprozessordnung gilt entsprechend.

I. Normzweck und Anwendungsbereich

1   Die Norm dient – wie die §§ 123, 153, 202, 233, 268 – der **Zuständigkeitskonzentration** bei dem Gericht der Ehesache. Sie gilt wie § 262 für die Güterrechtssachen i. S. v. § 261 Abs. 1, die zu den Familienstreitsachen zählen, wie für die Güterrechtssachen i. S. v. § 261 Abs. 2, deren Verfahren sich allein nach dem FamFG richtet. Abzugeben ist auch ein Verfahren auf Erlass einer **einstweiligen Anordnung** (Einzelheiten s. § 50 Rn 7).

II. Abgabe der Güterrechtssache

1. Voraussetzung der Abgabe (S. 1)

2   Die Abgabe an das Gericht der Ehesache erfolgt, wenn eine Ehesache rechtshängig wird, während eine Güterrechtssache bei einem anderen Gericht im ersten Rechtszug anhängig ist. Zu den Begriffen der Rechts- und Anhängigkeit s. § 153 Rn 2 und 3. Die Abgabe der Güterrechtssache ist nur bis zur abschließenden Entscheidung erster Instanz zulässig. Zur Abgabe nach Zurückverweisung s. § 153 Rn 2, zur Abgabe nach vorheriger Verweisung durch das Gericht der Ehesache s. § 153 Rn 6.

2. Verfahren

3   Das **Abgabeverfahren** ist für Güterrechtssachen i. S. v. § 261 Abs. 2 in § 4 geregelt (s. dazu § 153 Rn 4). Für Güterrechtssachen i. S. v. § 261 Abs. 1 fehlt es an einer Regelung, denn § 4 gilt für diese Verfahren gem. § 113 Abs. 1 nicht. § 621 Abs. 3 ZPO a. F. sah für Familiensachen nach der ZPO, zu denen auch die Güterrechtssachen i. S. v. § 261 Abs. 1 zählten, nicht die Abgabe, sondern die Verweisung vor. Diese Verweisung erfolgte jedoch nicht auf Antrag gem. § 281 ZPO, sondern nach Gewährung rechtlichen Gehörs von Amts wegen. Da eine Änderung der Rechtslage ausweislich der Gesetzesmaterialien nicht gewollt war,[1] ist weiterhin entsprechend zu verfahren, d. h. von Amts wegen abzugeben.[2]

3. Unanfechtbarkeit und Wirkung der Abgabe, Kosten (S. 2)

4   Zur Unanfechtbarkeit der Abgabe bzw. Verweisung (Rn 3) und deren Wirkung sowie zu den Kosten s. § 153 Rn 8 bis 11.

Verfahren auf Stundung *und auf Übertragung von Vermögensgegenständen*

264 (1) ¹In den Verfahren nach den §§ 1382 und 1383 des Bürgerlichen Gesetzbuchs *sowie nach § 1519 des Bürgerlichen Gesetzbuchs in Verbindung mit Artikel 12 Absatz 2 Satz 2 und Artikel 17 des Abkommens vom 4. Februar 2010 zwischen der Bundesrepublik Deutschland und der Französischen Republik über den Güterstand der Wahl-Zugewinngemeinschaft* wird die Entscheidung des Gerichts erst mit der Rechtskraft wirksam.[1*] ²Eine Abänderung oder Wiederaufnahme ist ausgeschlossen.

(2) In dem Beschluss, in dem über den Antrag auf Stundung der Ausgleichsforderung entschieden wird, kann das Gericht auf Antrag des Gläubigers auch die Verpflichtung des Schuldners zur Zahlung der Ausgleichsforderung aussprechen.

---

[1] Vgl. BT-Drs. 16/6308 S. 262.
[2] Ebenso Horndasch/Viefhues/Boden/Cremer § 263 Rn 14.
[1*] Überschrift und § 261 Abs. 1 S. 1 in der Fassung des Gesetzentwurfs der Bundesregierung (BT-Drs. 17/5126).

I. Normzweck und Anwendungsbereich

Die Vorschrift betrifft die **Verfahren nach §§ 1382, 1383 BGB** (Einzelheiten s. § 261 Rn 14). Sie ist gem. § 17 HöfeVfO entsprechend anwendbar im Verfahren über die Stundung, Verzinsung und Sicherung eines **Abfindungsanspruchs gem. § 12 Abs. 5 HöfeO.** Das Verfahren richtet sich grundsätzlich nach Buch 1 und Buch 2 Abschnitt 1. Das gilt insbesondere für den Termin, § 32, den Vergleich, § 36, die einstweilige Anordnung, §§ 49 ff., und die Vollstreckung, §§ 86 f., 95. § 264 beschränkt sich auf besondere Bestimmungen über die Wirksamkeit der Entscheidung (Abs. 1 S. 1), die Abänderung und die Wiederaufnahme (Abs. 1 S. 2) sowie die Verpflichtung zur Zahlung der Ausgleichsforderung (Abs. 2).

II. Wirksamkeit der Entscheidung (Abs. 1 S. 1)

Die Wirksamkeit der Entscheidung tritt abweichend von § 40 Abs. 1 nicht mit Bekanntgabe, sondern erst mit der Rechtskraft ein. Die Wirksamkeit mit Rechtskraft gilt unabhängig davon, ob die Entscheidung in einem isolierten Verfahren bei unbestrittener Forderung, im Verbund über einen Stundungsantrag bei unstreitiger Ausgleichsforderung oder in einem Rechtsstreit (selbständig oder im Verbund) über die Ausgleichsforderung (vgl. § 261 Rn 15) ergeht. Der Eintritt der formellen Rechtskraft richtet sich nach § 45. Bei Verbundentscheidungen ist außerdem § 148 zu beachten. Sofern die Entscheidung im Rahmen einer Familienstreitsache über die Ausgleichsforderung ergeht, wird auch die Entscheidung über diese Forderung nach § 116 Abs. 3 S. 1 mit Rechtskraft wirksam. Die Anordnung der sofortigen Wirksamkeit gem. § 116 Abs. 3 S. 2 mit der Folge der sofortigen Vollstreckbarkeit nach § 120 Abs. 2 dürfte nicht in Betracht kommen, um Unterschiede zwischen Ausgleichsforderung und der Entscheidung nach §§ 1382, 1383 BGB zu vermeiden. Mit Wirksamkeit ist der Beschluss gem. § 86 Abs. 2 **vollstreckbar.** Die Regelungen der Art. 12 Abs. 2 S. 2 und Art. 17 des deutsch-französischen Abkommens über den Güterstand der Wahl-Zugewinngemeinschaft sind den der §§ 1382 und 1383 BGB ähnlich und werden daher nach § 261 Abs. 1 S. 1 (in der Fassung des Gesetzentwurfs der Bundesregierung)[2] im güterrechtlichen Verfahren gleich behandelt. Daher wird auch in diesen Verfahren die Entscheidung des Gerichts erst mit Rechtskraft wirksam.[3] Zu den Kosten und Gebühren s. § 261 Rn 19.

III. Abänderung und Wiederaufnahme (Abs. 1 S. 2)

Gem. Abs. 1 S. 2 ist die **Wiederaufnahme** gem. § 48 Abs. 2 FamFG i. V. m. §§ 578 ff. **ZPO ausgeschlossen.** Dasselbe gilt die **Abänderung gem. § 48 Abs. 1.** Hingegen ist die Abänderung oder Aufhebung von Entscheidungen nach § 1382 BGB materiell-rechtlich gem. § 1382 Abs. 6 BGB möglich.[4] Davon gehen auch die Gesetzesmaterialien aus.[5] Für Entscheidungen nach § 1383 BGB ergibt sich dagegen keine Abänderungsmöglichkeit, da diese Vorschrift nicht auf § 1382 Abs. 6 BGB verweist.[6]

Gem. **§ 1382 Abs. 6 BGB** kann das Familiengericht eine **rechtskräftige Entscheidung auf Antrag aufheben oder ändern,** wenn sich die Verhältnisse nach der Entscheidung wesentlich geändert haben. Dies betrifft sowohl Entscheidungen im isolierten Verfahren als auch solche, die im Rahmen eines Rechtsstreits über die Ausgleichsforderung gem. § 1382 Abs. 5 BGB erfolgt sind (vgl. § 261 Rn 15). Die Abänderungsbefugnis betrifft aber nur die Fälligkeit der Ausgleichsforderung einschließlich Verzinsung und Sicherheitsleistung, nicht dagegen den Betrag der Ausgleichsforderung.[7] § 1382 Abs. 6 ist auch an-

---

[2] BT-Drs. 17/5126.
[3] BR-Drs. 67/11 S. 9.
[4] Bumiller/Harders § 264 Rn 11; Palandt/Brudermüller § 1382 Rn 7.
[5] BT-Drs. 16/6308 S. 262.
[6] Ebenso für § 53 a FGG Jansen/Wick § 53 a Rn 40.
[7] MünchKommBGB/Koch § 1382 Rn 40.

wendbar, wenn ein Antrag nach § 1382 BGB zuvor rechtskräftig abgelehnt wurde, und gilt entsprechend für Vergleiche.[8]

5 Das **Änderungs- (oder Aufhebungs-)verfahren** entspricht dem Stundungsverfahren. Es wird nur auf **Antrag** eingeleitet. Eine einstweilige Anordnung, z. B. auf Einstellung der Zwangsvollstreckung, kann gem. §§ 49ff. erlassen werden. Materiell-rechtlich setzt die Abänderung oder Aufhebung eine **wesentliche Änderung der Verhältnisse nach der Entscheidung** voraus. Wenn mündlich erörtert wurde, müssen die Änderungsgründe nach dem letzten Termin, § 32, entstanden sein.[9] Es reicht nicht aus, dass schon früher bekannte oder voraussehbare Umstände bei der Ausgangsentscheidung nicht berücksichtigt aber falsch beurteilt wurden.[10] Unerheblich ist dagegen, ob die dafür vorgetragenen Tatsachen bereits mit der Beschwerde hätten geltend gemacht werden können.[11] Die Änderungs- oder Aufhebungsentscheidung wird ebenfalls nach Abs. 1 S. 1 erst mit der Rechtskraft wirksam und ist wiederum mit der Beschwerde anfechtbar. In der Vollstreckung berechtigt sie zu Einwendungen nach § 95 FamFG i. V. m. § 775 ZPO. Das Änderungsverfahren hat keine zeitliche Grenze und kann wiederholt beantragt werden.[12] Zu Rechtsmitteln, Kosten und Gebühren s. § 261 Rn 19, 20.

6 Der Verpflichtete kann außer dem Antrag nach § 1382 Abs. 6 BGB im Vollstreckungsverfahren den Vollstreckungsabwehrantrag gem. § 120 Abs. 1 FamFG i. V. m. § 767 ZPO stellen und Vollstreckungsschutz nach § 120 Abs. 1 FamFG i. V. m. § 765 a ZPO beantragen. Über den Vollstreckungsabwehrantrag entscheidet das Familiengericht,[13] über den Vollstreckungsschutz das Vollstreckungsgericht.[14] Die Zuständigkeit für ein Drittwiderspruchsverfahren richtet sich nach § 120 Abs. 1 FamFG i. V. m. § 771 ZPO.[15]

IV. Entscheidung über die Ausgleichsforderung (Abs. 2)

7 Nach Abs. 2 kann das Gericht in dem Beschluss, in dem über den Antrag auf Stundung der Ausgleichsforderung entschieden wird, auf Antrag des Gläubigers auch die Verpflichtung des Schuldners zur Zahlung der Ausgleichsforderung aussprechen. Abs. 2 ist nur anwendbar, wenn die Ausgleichsforderung ganz oder teilweise unstreitig ist.[16] Die Entscheidung setzt voraus, dass über den Antrag nach § 1382 in der Sache entschieden wurde. Eine Abweisung als unbegründet reicht aus, nicht dagegen die Abweisung als unzulässig.[17] Die Entscheidung muss dem Wortlaut nach („in dem Beschluss") einheitlich ergehen. Der Beschluss ist für den Gläubiger ein Vollstreckungstitel i. S. v. § 86 Abs. 1 Nr. 1.

Einheitliche Entscheidung

265
Wird in einem Verfahren über eine güterrechtliche Ausgleichsforderung ein Antrag nach § 1382 Abs. 5 oder § 1383 Abs. 3 des Bürgerlichen Gesetzbuchs gestellt, ergeht die Entscheidung durch einheitlichen Beschluss.

1 Die Vorschrift betrifft die Entscheidung über **Anträge gem. §§ 1382, 1383 BGB,** die nicht isoliert, sondern im Rahmen eines **streitigen Verfahrens über eine Zugewinnausgleichsforderung** gestellt werden (Einzelheiten s. § 261 Rn 15). Folgesachen im Verbundverfahren gem. § 137 Abs. 2 Nr. 4 sind dem Wortlaut und der systematischen Stellung nach vom Anwendungsbereich nicht ausgenommen. Für Folgesachen gilt jedoch vorrangig § 137 Abs. 1. § 265 bezweckt, dass über die streitige Forderung und die Anträge auf Stundung (§ 1382 BGB) oder Übertragung bestimmter Gegenstände (§ 1383) **einheitlich**

---

[8] MünchKommBGB/Koch § 1382 Rn 39.
[9] BeckOK/Mayer § 1382 BGB Rn 14.
[10] MünchKommBGB/Koch § 1382 Rn 44.
[11] Jansen/Wick § 53 a Rn 37.
[12] MünchKommBGB/Koch § 1382 Rn 40.
[13] Erman/Gamillscheg § 1382 Rn 9.
[14] BeckOK/Mayer § 1382 BGB Rn 15.
[15] Erman/Gamillscheg § 1382 Rn 9.
[16] MünchKommZPO/Dötsch § 264 FamFG Rn 10.
[17] Johannsen/Henrich/Götz § 264 FamFG Rn 6.

Einheitliche Entscheidung

1

entschieden wird, auch wenn für das Verfahren unterschiedliche Verfahrensordnungen gelten (s. § 261 Rn 10, 19). Hinsichtlich des zulässigen Rechtsbehelfs ergeben sich keine Probleme, da der jeweils Beschwerte unter den Voraussetzungen der §§ 58 ff. Beschwerde einlegen kann. § 265 gilt nicht für den Fall, dass das Gericht auf Antrag des Gläubigers gem. § 264 Abs. 2 in dem Beschluss, in dem über den Antrag auf Stundung der Ausgleichsforderung entschieden wird, die Verpflichtung des Schuldners zur Zahlung der Ausgleichsforderung ausspricht. Dann folgt die Verpflichtung zur einheitlichen Entscheidung unmittelbar aus § 264 Abs. 2 (s. § 264 Rn 7).

Abschnitt 11. Verfahren in sonstigen Familiensachen

Sonstige Familiensachen

266

(1) Sonstige Familiensachen sind Verfahren, die
1. Ansprüche zwischen miteinander verlobten oder ehemals verlobten Personen im Zusammenhang mit der Beendigung des Verlöbnisses sowie in den Fällen der §§ 1298 und 1299 des Bürgerlichen Gesetzbuchs zwischen einer solchen und einer dritten Person,
2. aus der Ehe herrührende Ansprüche,
3. Ansprüche zwischen miteinander verheirateten oder ehemals miteinander verheirateten Personen oder zwischen einer solchen und einem Elternteil im Zusammenhang mit Trennung oder Scheidung oder Aufhebung der Ehe,
4. aus dem Eltern-Kind-Verhältnis herrührende Ansprüche oder
5. aus dem Umgangsrecht herrührende Ansprüche

betreffen, sofern nicht die Zuständigkeit der Arbeitsgerichte gegeben ist oder das Verfahren eines der in § 348 Abs. 1 Satz 2 Nr. 2 Buchstabe a bis k der Zivilprozessordnung genannten Sachgebiete, das Wohnungseigentumsrecht oder das Erbrecht betrifft und sofern es sich nicht bereits nach anderen Vorschriften um eine Familiensache handelt.

(2) Sonstige Familiensachen sind auch Verfahren über einen Antrag nach § 1357 Abs. 2 Satz 1 des Bürgerlichen Gesetzbuchs.

Übersicht

	Rn
I. Normzweck	1
II. Anwendungsbereich	2
III. Die Verfahren nach Abs. 1	6
1. Ansprüche im Zusammenhang mit einer Verlobung (Abs. 1 Nr. 1)	6
2. Aus der Ehe herrührende Ansprüche (Abs. 1 Nr. 2)	9
3. Ansprüche im Zusammenhang mit Trennung oder Scheidung oder Aufhebung der Ehe (Abs. 1 Nr. 3)	13
a) Allgemeines	13
b) Begriff des Zusammenhangs	14
c) Einzelfälle	15
4. Aus dem Eltern-Kind-Verhältnis herrührende Ansprüche (Abs. 1 Nr. 4)	17
5. Aus dem Umgangsrecht herrührende Ansprüche (Abs. 1 Nr. 5)	19
6. Ausnahmen	20
a) Zuständigkeit der Arbeitsgerichte	20
b) Zuständigkeit gem. § 348 Abs. 1 Satz 2 Nr. 2 a bis k ZPO	21
c) Weitere Ausnahmen	22
IV. Die Verfahren nach Abs. 2	24
V. Verfahren, Kosten und Gebühren	25

I. Normzweck

1 Abschnitt 11 regelt die Zuständigkeit des **großen Familiengerichts**. Das Familiengericht ist danach für eine Vielzahl von Verfahren mit familienrechtlichem Bezug zuständig, die nach altem Recht vor den Zivilgerichten verhandelt wurden. Auf diese Weise werden Abgrenzungsprobleme weitgehend (aber nicht völlig) vermieden.

II. Anwendungsbereich

2 § 266 gilt gem. Art. 111 Abs. 1 FGG-RG nur für Verfahren, deren Einleitung **ab Inkrafttreten des FamFG** beantragt wurde. Für Verfahren, deren Einleitung nach altem Recht vor Inkrafttreten des FamFG bei dem LG oder der Zivilabteilung des AG beantragt

wurde, bleibt dieses Gericht weiterhin zuständig. Das gilt auch für ausgesetzte oder ruhende Verfahren in Familiensachen i. S. v. Art. 111 Abs. 3 FGG-RG.[1] Diese Vorschrift soll lediglich eine zügige Umstellung auf das neue Verfahrensrecht gewährleisten, sie soll jedoch nicht die Änderung der gerichtlichen Zuständigkeit in Altverfahren bewirken und stellt daher keine Rechtsgrundlage für die Verweisung oder Abgabe derartiger Verfahren dar. Ein Antrag auf Einleitung i. S. v. Art. 111 Abs. 1 FGG-RG liegt auch vor, wenn ein Prozesskostenhilfegesuch gestellt wurde – unabhängig davon, ob es bereits mit einer unbedingten Klageerhebung verbunden war[2] – oder ein Antrag auf Erlass eines Mahnbescheides gestellt wurde.[3] Sofern in einem vor dem 1. 9. 2009 eingeleiteten Verfahren eine Widerklage erhoben wird oder eine Klageerweiterung erfolgt, für die in einem isolierten Verfahren nach § 266 das Familiengericht zuständig wäre, verbleibt es bei der Zuständigkeit des Ursprungsgerichts.[4]

Abs. 1 erfasst den Gesetzesmaterialien zufolge zwei Gruppen von Verfahren: Einerseits 3
betreffen die Verfahren Ansprüche, die ihren **Grund unmittelbar** in einem familienrechtlich geregelten Rechtsverhältnis haben, wie dem Verlöbnis, der Ehe, dem Eltern-Kind- oder dem Umgangsrechtsverhältnis. Andererseits handelt es sich um Verfahren, bei denen dies zwar nicht der Fall ist, die aber einen **Zusammenhang mit der Beendigung** eines familienrechtlich geregelten Rechtsverhältnisses aufweisen, wie dem Verlöbnis oder der Ehe. Der Zusammenhang muss inhaltlicher Natur sein Zum zeitlichen Zusammenhang s. Rn 14. Erfasst werden **vermögensrechtliche** und **nichtvermögensrechtliche Streitigkeiten**. Denn auch nichtvermögensrechtliche Streitigkeiten, z. B. wegen privater Beleidigungen zwischen Ehegatten oder wegen Herausgabe von privatem Bildmaterial oder Tagebüchern, sind wegen ihres höchstpersönlichen Charakters dem Familiengericht zuzuordnen. Entscheidend ist die **Rechtsnatur des Anspruchs.** Dagegen kommt es nicht entscheidend darauf an, wer die Beteiligten des Verfahrens sind. Der nachträgliche Anspruchsübergang auf einen Dritten verändert die Rechtsnatur des Anspruchs und damit die Einordnung als Familiensache nicht.[5]

Dennoch ist nach Abs. 1 nicht jedes Verfahren mit familienrechtlichem Bezug eine 4
Familiensache. Denn der **Katalog des Abs. 1 ist abschließend.**[6] Es handelt sich dabei nicht um Regelbeispiele. Verfahren mit familienrechtlichem Bezug, die weder nach § 266 noch nach anderen Vorschriften des FamFG dem Familiengericht zugewiesen sind, sind weiterhin keine Familiensachen. Ferner ist das Familiengericht nicht zuständig für Streitigkeiten aus einer **nichtehelichen Lebensgemeinschaft** bzw. deren Auflösung. Sofern die Verlobten vor dem Verlöbnis eine nichteheliche Lebensgemeinschaft geführt haben ist für die Auseinandersetzung nach Beendigung des Verlöbnisses jedoch einheitlich das Familiengericht zuständig.[7] Für **Lebenspartnerschaftssachen** sind die sonstigen Verfahren in § 269 Abs. 2 definiert.

Abs. 2 betrifft die Verfahren über die **Aufhebung einer Beschränkung oder Aus-** 5
schließung nach § 1357 Abs. 2 S. 1 BGB.

III. Die Verfahren nach Abs. 1

1. Ansprüche im Zusammenhang mit einer Verlobung (Abs. 1 Nr. 1)

Abs. 1 Nr. 1 erfasst Ansprüche zwischen miteinander verlobten oder ehemals verlobten 6
Personen im Zusammenhang mit der Beendigung des Verlöbnisses sowie in den Fällen der

---

[1] OLG Karlsruhe v. 11. 2. 2011 9 AR 3/11 = BeckRS 2011, 07160; SBW/Schürmann Art. 111 FGG-RG Rn 18.
[2] OLG Celle NJW 2010, 1612; a. A. OLG Braunschweig NJW 2010, 452; OLG Stuttgart FamRZ 2010, 1686.
[3] OLG Brandenburg FamRZ 2010, 2093.
[4] OLG Frankfurt 4. ZS FamRZ 2010, 1581; OLG Karlsruhe v. 11. 2. 2011 9 AR 3/11 = BeckRS 2011, 07160; a. A. für die Klageerweiterung OLG Frankfurt 19. ZS FamRZ 2010, 481; zur Widerklage s. auch BGH FamRZ 2011, 100.
[5] BT-Drs. 16/6308 S. 262.
[6] Ebenso Prütting/Helms/Heiter § 266 Rn 12; Johannsen/Henrich/Jaeger § 266 FamFG Rn 3; a. A. Horndasch/Viefhues/Boden/Cremer § 266 Rn 5.
[7] Burger FamRZ 2009, 1017/1018.

§§ 1298 und 1299 BGB zwischen einer solchen und einer dritten Person. Die §§ 1298 und 1299 BGB betreffen die **Ersatzpflicht bei Rücktritt vom Verlöbnis.** Wer ohne wichtigen Grund vom Verlöbnis zurücktritt oder durch ein Verschulden, das einen wichtigen Grund für den Rücktritt bildet, den anderen Verlobten zum Rücktritt veranlasst, hat diesem und dessen Eltern sowie dritten Personen, welche anstelle der Eltern gehandelt haben, den Schaden zu ersetzen, der daraus entstanden ist, dass sie in Erwartung der Ehe Aufwendungen gemacht haben oder Verbindlichkeiten eingegangen sind. Derartige Aufwendungen sind z. B. die Kosten für Einladungskarten zur Hochzeit, für ein Brautkleid und für den Umzug nach Wohnungskündigung in Erwartung des Zusammenlebens nach der Heirat.[8] Der nach §§ 1298, 1299 BGB berechtigte Verlobte kann darüber hinaus Ersatz des Schadens verlangen, den dieser dadurch erleidet, dass er in Erwartung der Ehe sonstige sein Vermögen oder seine Erwerbsstellung berührende Maßnahmen getroffen hat, z. B. durch Aufgabe einer gesicherten Erwerbstätigkeit.[9] Auf nichteheliche Lebensgemeinschaften ist § 1298 BGB nicht anwendbar.[10]

7 **Außerhalb des Anwendungsbereichs der §§ 1298, 1299 BGB** betrifft Abs. 1 Nr. 1 nur Ansprüche zwischen miteinander verlobten oder ehemals verlobten Personen im Zusammenhang mit der Beendigung des Verlöbnisses, nicht aber Ansprüche zwischen einer solchen und einer dritten Person.[11] Deshalb ist z. B. der Bereicherungsanspruch wegen Zweckverfehlung des Vaters einer verlobten Person gegen den anderen Teil gem. § 812 Abs. 1 S. 2 Alt. 2 BGB (conditio ob rem)[12] nicht vor dem Familiengericht geltend zu machen. § 266 Abs. 1 Nr. 1 lässt sich nicht erweiternd gegen den eindeutigen Wortlaut und den Willen des Gesetzgebers auslegen.[13]

8 Ansprüche zwischen miteinander verlobten oder ehemals verlobten Personen können sich ergeben aus § 1301 BGB (Rückgabe der **Verlobungsgeschenke**), sowie aus unerlaubter Handlung, §§ 823 ff. BGB (z. B. gegenüber einem Heiratsschwindler), aus ungerechtfertigter Bereicherung, Geschäftsführung ohne Auftrag oder einem Gesellschaftsverhältnis.[14] Ferner sind die für die Auflösung nichtehelicher Lebensgemeinschaften geltenden Grundsätze auch anwendbar, wenn die Partner miteinander verlobt waren.[15]

2. Aus der Ehe herrührende Ansprüche (Abs. 1 Nr. 2)

9 Es handelt sich vor allem um Ansprüche, die aus § 1353 BGB herzuleiten sind. Dazu zählen Ansprüche aufgrund von vermögensbezogenen Verpflichtungen, z. B. der Anspruch unter zusammen lebenden Ehegatten, sich gegenseitig in groben Zügen über die Einkommens- und Vermögensverhältnisse,[16] die über die für die Höhe des Familienunterhalts maßgeblichen finanziellen Verhältnisse[17] zu unterrichten, ferner bei besonderem Sachverstand die Pflicht zu unentgeltlicher **Beratung.** Von praktischer Bedeutung sind vor allem die Verpflichtung, einer **gemeinsamen Veranlagung zur Einkommensteuer** zuzustimmen,[18] auch soweit sich der Anspruch gegen den Insolvenzverwalter richtet,[19] sowie die Verpflichtung zum Schadensersatz bei grundlos verweigerter Zustimmung. Ferner kommen in Betracht Ansprüche auf Mitwirkungshandlungen gegenüber **Versicherungen,** z. B. bzgl. der Übertragung eines Schadensfreiheitsrabatts.[20]

---

[8] AG Neumünster FamRZ 2000, 817.
[9] S. dazu OLG Frankfurt FamRZ 2008, 1181.
[10] BGH NJW-RR 2005, 1089 = FamRZ 2005, 1151.
[11] BT-Drs. 16/6308 S. 262.
[12] S. dazu OLG Frankfurt FamRZ 2005, 1833.
[13] Ebenso Prütting/Helms/Heiter § 266 Rn 36; Johannsen/Henrich/Jaeger § 266 FamFG Rn 7; a. A. MünchKommZPO/Erbarth § 266 FamFG Rn 45.
[14] MünchKommBGB/Roth § 1298 Rn 18; Erman/Gamillscheg § 1298 Rn 15.
[15] MünchKommBGB/Roth § 1298 Rn 18.
[16] S. dazu OLG Karlsruhe FamRZ 1990, 161.
[17] S. dazu BGH NJW 2011, 226 = FamRZ 2011, 21.
[18] S. dazu BGH NJW 2007, 2554 = FamRZ 2007, 1229; Erman/Gamillscheg § 1353 Rn 18.
[19] Schlünder/Geißler FamRZ 2011, 212; zu dieser Fallkonstellation s. BGH FamRZ 2011, 210.
[20] AG Olpe FamRZ 2010, 919; Horndasch/Viefhues/Boden/Cremer § 266 Rn 16.

Darüber hinaus findet Abs. 2 Nr. 2 Anwendung auf Ansprüche, die den **Schutz der** 10 **ehelichen Lebensgemeinschaft** vor Störungen betreffen. Dies sind vor allem Unterlassungs- und Beseitigungsansprüche gegen den Ehepartner und gegen den Dritten im Hinblick auf das Eindringen des Ehestörers in den **räumlich-gegenständlichen Bereich der Ehe**[21] und daraus resultierende Schadensersatzansprüche, die allerdings von der Rechtsprechung abgelehnt werden.[22] Sonstige Familiensachen sind auch die – seltenen – Verfahren auf Wiedereinräumung des Mitbesitzes an der Ehewohnung zwischen nicht getrennt lebenden Ehegatten (s. § 200 Rn 7 a).

Weitere deliktische oder vertragliche **Schadensersatzansprüche** der Ehegatten gegen- 11 einander sind dagegen nicht Familiensachen nach Abs. 1 Nr. 2. Allein deshalb, weil der Haftungsmaßstab des § 1359 BGB für die Entscheidung maßgeblich sein kann, liegt keine Familiensache vor. Dasselbe gilt für Ansprüche im Zusammenhang mit den **Eigentumsvermutungen** gem. § 1362 BGB.[23]

Verfahren auf **Feststellung des Rechts zum Getrenntleben** gem. § 1353 Abs. 2 12 BGB[24] und auf **Herstellung des ehelichen Lebens** unterfallen ebenfalls Abs. 2 Nr. 2.[25] Dasselbe gilt für Anträge auf Verurteilung zur Eingehung der Ehe, die im Hinblick auf § 1297 Abs. 1 BGB allenfalls aufgrund ausländischen Rechts gestellt werden können.[26] Titel auf Eingehung der Ehe und auf Herstellung des ehelichen Lebens sind gem. § 120 Abs. 3 nicht vollstreckbar.

3. Ansprüche im Zusammenhang mit Trennung oder Scheidung oder Aufhebung der Ehe (Abs. 1 Nr. 3)

a) Allgemeines. Abs. 1 Nr. 3 betrifft die Ansprüche zwischen miteinander verheirateten 13 oder ehemals miteinander verheirateten Personen oder zwischen einer solchen und einem Elternteil im Zusammenhang mit Trennung oder Scheidung oder Aufhebung der Ehe. Es handelt sich um die in der Praxis bedeutsamste Ausweitung der familiengerichtlichen Zuständigkeit, da mit Abs. 1. Nr. 3 insbesondere die Vermögensauseinandersetzung der Ehegatten außerhalb des Güterrechts (sog. **Nebengüterrecht**) dem Familiengericht zugewiesen wird. Hinzu kommen die Auseinandersetzungen mit **Eltern** und **Schwiegereltern** aus Anlass der Trennung oder Scheidung oder Aufhebung der Ehe.

b) Zusammenhang. Ein besonderer **zeitlicher Zusammenhang** mit der Trennung 14 oder Scheidung bzw. Aufhebung der Ehe ist **nicht erforderlich**.[27] Ein entsprechendes Kriterium ist dem Wortlaut der Vorschrift nicht zu entnehmen. Ferner würde es an einer klaren Definition der Zuständigkeit des Familiengerichts fehlen, wenn nicht nur ein sachlicher sondern auch ein zeitlicher Zusammenhang bestehen müsste.

c) Einzelfälle. Im Verhältnis der (ehemaligen) **Ehegatten** zueinander erfasst Abs. 1 15 Nr. 3 u. a. Verfahren

- im Zusammenhang mit einer **Miteigentumsgemeinschaft** der Eheleute hinsichtlich der weiteren Nutzung, der Zahlung eines Nutzungsentgelts, der Lastentragung, der Selbstvornahme gem. § 744 Abs. 2 BGB[28] und der Auflösung;[29] sofern es sich um die (frühere) Ehewohnung handelt ist jedoch vorrangig zu prüfen, ob eine Ehewohnungssache vorliegt, zur Abgrenzung s. § 200 Rn 7 a, 8, 9 a, 10; die Teilungsversteigerung als solche ist keine Familiensache, der Streit um die Verteilung des Versteigerungserlöses[30] sowie nach Erwerb

---

[21] S. dazu BGHZ 6, 360; OLG Köln DAVorm 1985, 80; MünchKommBGB/Roth § 1353 Rn 53; Ermann/Gamillscheg § 1353 Rn 26.
[22] BGHZ 26, 217 = NJW 1958, 544.
[23] BeckOK/Schlünder § 266 FamFG Rn 9.
[24] Johannsen/Henrich/Jaeger § 266 FamFG Rn 9.
[25] BT-Drs. 16/6308 S. 226.
[26] MünchKommZPO/Gruber § 888 ZPO Rn 19.
[27] OLG Hamm FamRZ 2011, 392; OLG Stuttgart NJW-RR 2011, 867; LG Osnabrück FamRZ 2011, 1090; BeckOK/Schlünder § 266 FamFG Rn 14; Johannsen/Henrich/Jaeger § 266 FamFG Rn 15; Wever Rn 26 b; a. A. AG Holzminden FamRZ 2010, 1758; Prütting/Helms/Heiter § 266 Rn 47.
[28] LG Stralsund Beschl. v. 21. 12. 2010 – 6 O 369/10 = BeckRS 2011, 02731.
[29] OLG Hamm FamRZ 2011, 392.
[30] OLG Frankfurt FamRZ 2010, 1581, Prütting/Helms/Heiter § 266 Rn 55.

durch den anderen Ehegatten in der Teilungsversteigerung die Anträge auf Mitwirkung bei der Rückübertragung einer nicht mehr valutierenden Grundschuld, anschließend auf Aufhebung der Gemeinschaft daran und sodann auf Duldung der Zwangsvollstreckung aus der Teilgrundschuld[31] unterfallen dagegen wiederum Abs. 1 Nr. 3;[32]
- wegen **gesellschaftsrechtlicher Ausgleichsansprüche** aus einer Gesellschaft bürgerlichen Rechts (Außengesellschaft)[33] oder aus einer Ehegatteninnengesellschaft[34] und wegen Wegfalls der Geschäftsgrundlage eines **Kooperationsvertrages** der Ehegatten,[35] im Hinblick auf die Ausnahmeregelung (Rn 21) gem. § 348 Abs. 1 S. 2 Nr. 2 f ZPO i. V. m. § 95 Abs. 1 Nr. 4 a GVG jedoch nicht wegen Ansprüchen aus einer zwischen Ehegatten gegründeten Handelsgesellschaft;[36]
- wegen **Ansprüchen aus einem familienrechtlichen Vertrag besonderer Art;**[37]
- wegen **Ansprüchen auf Freistellung,**[38] z. B. die Freistellung von Verbindlichkeiten, die ein Ehegatte zur Finanzierung des Familienheims allein aufgenommen hatte,[39] aus einer **Bürgschaft** für den Ehegatten oder auf Rückzahlung eines dem Ehegatten gewährten Darlehens;[40]
- **betreffend den Gesamtschuldnerausgleich** unter Ehegatten,[41] die Zustimmung zur Einziehung von Darlehensraten von einem „Und-Konto"[42] oder Ansprüche aufgrund unbefugter Kontoabhebungen;[43]
- wegen Anspüchen aus **Gesamtgläubigerschaft**, z. B. auf Aufteilung von **Kontoguthaben**[44] und von Leistungen aus einem gemeinsamen **Versicherungsvertrag;**[45]
- wegen Ansprüchen bei **Gütertrennung** (s. § 261 Rn 5);
- wegen Rückgewähr von **Schenkungen** und **ehebezogenen Zuwendungen;**[46]
- wegen Ansprüchen aus **Auftragsrecht**, z. B. auf Grund von Treuhandverhältnissen oder bei Vermögensverwaltung;[47]
- wegen **Steuerfragen:** Aufteilung von Steuerguthaben[48] und -schulden, Mitwirkung bei der Zusammenveranlagung, nicht aber die zu den Unterhaltssachen i. S. v. § 231 Abs. 1 gehörenden, das Realsplitting betreffenden Verfahren;[49]
- wegen der **Herausgabe von Sachen,**[50] die nicht unter § 200 Abs. 2 Nr. 2 fallen,[51] z. B. von Bildmaterial oder Tagebüchern,[52] sowie Schadensersatzansprüchen aufgrund unberechtigter Verfügungen über Vermögensgegenstände des anderen,[53] sofern es sich nicht

---

[31] S. dazu BGH FamRZ 2011, 93.
[32] Hoffmann FamRZ 2011, 181/183.
[33] OLG Stuttgart NJW-RR 2011, 867.
[34] Bumiller/Harders § 266 Rn 4; s. dazu BGH NJW 2006, 1268.
[35] Wever Rn 26 a.
[36] Prütting/Helms/Heiter § 266 FamFG Rn 55.
[37] S. dazu OLG Bremen FamRZ 1999, 227.
[38] MünchKommZPO/Erbarth § 266 FamFG Rn 92.
[39] OLG Celle NJW 2010, 1612.
[40] Johannsen/Henrich/Jaeger § 266 Rn 12.
[41] OLG Braunschweig FamRZ 2010, 1101; OLG Hamm Beschl. v. 8. 2. 2011 II-2 WF 208/10 BeckRS 2011, 07062; OLG Frankfurt FamRZ 2010, 481; OLG Karlsruhe v. 11. 2. 2011 9 AR 3/11 = BeckRS 2011, 07160; OLG Stuttgart FamRZ 2010, 1686.
[42] OLG Nürnberg FamRZ 2010, 1837.
[43] OLG Brandenburg FamRZ 2010, 2093.
[44] Horndasch/Viefhues/Boden/Cremer § 266 Rn 23.
[45] Burger FamRZ 2009, 1017.
[46] MünchKommZPO/Erbarth § 266 FamFG Rn 114; Bumiller/Harders § 266 Rn 4; s. dazu OLG Bremen NJW-RR 2008, 1457 = FamRZ 2008, 2117.
[47] BeckOK/Schlünder § 266 FamFG Rn 15; Johannsen/Henrich/Jaeger § 266 FamFG Rn 12; Wever Rn 26 a.
[48] Horndasch/Viefhues/Boden/Cremer § 266 Rn 23.; Bumiller/Harders § 266 Rn 4
[49] Johannsen/Henrich/Jaeger § 266 FamFG Rn 9; a. A. hinsichtlich der Mitwirkungspflicht Horndasch/Viefhues/Boden/Cremer § 266 Rn 16; Friedrici/Kemper/Volpp § 266 Rn 5.
[50] Johannsen/Henrich/Jaeger § 266 FamFG Rn 12.
[51] A. A. AG Meldorf NJW 2010, 382 für einen auf § 985 BGB gestützten Anspruch, s. dazu abl. Anm. Giers FamFR 2009, 167.
[52] BT-Drs. 16/6308 S. 262.
[53] OLG Düsseldorf FamRZ 2010, 325.

um Haushaltsgegenstände handelt, dann greift § 200 Abs. 2 ein,[54] s. § 200 Rn 12, 13; zur Revokation gem. §§ 1368, 1369 Abs. 3 BGB s. § 261 Rn 7;
- wegen Unterlassung einer ehrenrührigen Behauptung;
- wegen Zahlung bzw. Rückgabe einer **Braut- oder Morgengabe,**[55] zu Ansprüchen nach ausländischem Güterrecht s. § 261 Rn 6 a;
- sonstige Familiensachen i. S. v. Abs. 1 Nr. 3 sind ferner Streitigkeiten aus **Verträgen,** die die Auseinandersetzung anlässlich der Trennung oder Scheidung betreffen, sofern diese Verträge nicht allein die güterrechtlichen Verhältnisse regeln (s. § 261 Rn 8, 9).

Im Verhältnis der (ehemaligen) Ehegatten zu **Eltern** und **Schwiegereltern** betrifft **16** Abs. 1 Nr. 3 u. a. Verfahren wegen
- Rückgewähr von **Zuwendungen;**[56]
- Ersatz von **Aufwendungen,** z. B. im Zusammenhang mit einem Hausbau der Eheleute;[57]
- **Schenkungswiderrufs;**[58]
- **Bereicherungsansprüchen** aufgrund von geleisteter Arbeit.[59]

Eine Klage auf Rückzahlung eines wegen Zahlungsverzuges gekündigten Darlehens gegen den früheren Schwiegersohn ist dagegen keine sonstige Familiensache.[60]

4. Aus dem Eltern-Kind-Verhältnis herrührende Ansprüche (Abs. 1 Nr. 4)

Das Eltern-Kind-Verhältnis ist wie die Ehe oder das Verlöbnis ein weiteres spezifisch **17** familienrechtliches Rechtsverhältnis. Die Zuständigkeit nach Abs. 1 Nr. 4 ergänzt diejenige für Kindschaftssachen i. S. v. §§ 151 ff. Der Anspruch muss im Eltern-Kind-Verhältnis selbst seine Grundlage haben. Ein bloßer Zusammenhang genügt nicht.[61] Daher sind Ansprüche Dritter aus § 832 BGB nicht erfasst. Unerheblich ist, ob das Kind minderjährig oder volljährig, ehelich oder nichtehelich ist.[62] In Betracht kommen vor allem **Ansprüche aus Verwaltung des Kindesvermögens,** auch soweit es sich um Schadensersatzansprüche handelt.[63] Außerdem sind **Aufwendungsersatzansprüche** gem. § 1648 BGB sonstige Familiensachen i. S. v. Abs. 1 Nr. 4.[64] Weitere deliktische oder vertragliche **Schadensersatzansprüche** von Kindern gegen ihre Eltern sind keine Familiensachen i. S. v. Abs. 1 Nr. 4.[65] Allein deshalb, weil der Haftungsmaßstab des § 1664 Abs. 1 BGB für die Entscheidung maßgeblich sein kann, liegt keine Familiensache vor. Auch rein vertrags- oder erbrechtliche Ansprüche zwischen Eltern und Kindern unterfallen nicht § 266 Abs. 1 Nr. 4.[66]

Nicht eindeutig geregelt ist, ob zu den Verfahren i. S. v. Abs. 1 Nr. 4 nur Verfahren **18** zwischen Kind(ern) und Eltern(teilen) oder auch von Elternteilen untereinander geführte Verfahren zählen. Dann würden z. B. auch Anträge auf **Erstattung eines Kindergeldanteils** zu den sonstigen Familiensachen zählen.[67] Dasselbe gilt für die Herausgabe persönlicher Sachen des Kindes (zur materiell-rechtlichen Grundlage s. § 88 Rn 3)[68] sowie für Ansprüche der Eltern untereinander auf Ersatz von Aufwendungen zur Rückerlangung

---

[54] A. A. wohl Prütting/Helms/Heiter § 266 Rn 55: sonstige Familiensache.
[55] AG Brühl Beschl. v. 12. 10. 2010 32 F 353/10 = BeckRS 2011, 00423; Horndasch/Viefhues/Boden/Cremer § 266 Rn 29; zur Rechtsnatur der Morgengabe s. auch BGH FamRZ 2010, 533.
[56] LG Bonn FamRZ 2010, 1686; Horndasch/Viefhues/Boden/Cremer § 266 Rn 28; Bumiller/Harders § 266 Rn 4.
[57] S. dazu OLG Frankfurt FamRZ 2007, 641.
[58] S. dazu BGH NJW 1999, 1623 = FamRZ 1999, 705.
[59] S. dazu OLG Oldenburg NJW-RR 2008, 503 = FamRZ 2008, 1440.
[60] OLG Frankfurt NJW-RR 2011, 663.
[61] OLG Zweibrücken NJW-RR 2011, 584.
[62] MünchKommZPO/Erbarth § 266 FamFG Rn 127; Horndasch/Viefhues/Boden/Cremer § 266 Rn 30.
[63] LG Ellwangen FamRZ 2011, 739. BT-Drs. 16/6308 S. 263.
[64] MünchKommZPO/Erbarth § 266 FamFG Rn 130.
[65] A. A. Johannsen/Henrich/Jaeger § 266 FamFG Rn 16.
[66] OLG Zweibrücken NJW-RR 2011, 584.
[67] A. A. Johannsen/Henrich/Jaeger § 266 FamFG Rn 16.
[68] Prütting/Helms/Heiter § 266 Rn 57; Stockmann juris-PR-FamR 8/2009 Anm. 2.

eines entzogenen Kindes.[69] Für eine derartige Auslegung spricht, dass dem (großen) Familiengericht gem. § 266 Abs. 1 FamFG diejenigen Verfahren zugewiesen werden sollen, die ihren Grund unmittelbar in einem familienrechtlich geregelten Rechtsverhältnis haben. Dazu gehören auch derartige Streitigkeiten zwischen Eltern.[70] Das gilt jedoch nicht für Verfahren im Zusammenhang mit dem Tod eines Kindes. Der Streit zwischen Eltern um die Übernahme der Beerdigungskosten eines gemeinsamen Kindes[71] ist daher weiterhin nicht dem Familiengericht zugewiesen.[72]

5. Aus dem Umgangsrecht herrührende Ansprüche (Abs. 1 Nr. 5)

19 Unter Abs. 1 Nr. 5 fallen nicht die das Umgangsrecht selbst betreffenden Verfahren gem. § 151 Nr. 2, sondern damit verbundene Nebenansprüche, insbesondere auf **Schadensersatz** bei Nichteinhaltung einer Umgangsregelung.[73]

6. Ausnahmen

20 a) **Zuständigkeit der Arbeitsgerichte.** Keine sonstigen Familiensachen liegen vor, wenn die Zuständigkeit der **Arbeitsgerichte** nach § 2 ArbGG gegeben ist, insbesondere also für Streitigkeiten aus zwischen Ehegatten geschlossenen Arbeitsverträgen;[74] § 2 ArbGG lautet auszugsweise:

§ 2 Zuständigkeit im Urteilsverfahren

(1) Die Gerichte für Arbeitssachen sind ausschließlich zuständig für [...]
3. bürgerliche Rechtsstreitigkeiten zwischen Arbeitnehmern und Arbeitgebern
   a) aus dem Arbeitsverhältnis;
   b) über das Bestehen oder Nichtbestehen eines Arbeitsverhältnisses;
   c) aus Verhandlungen über die Eingehung eines Arbeitsverhältnisses und aus dessen Nachwirkungen;
   d) aus unerlaubten Handlungen, soweit diese mit dem Arbeitsverhältnis im Zusammenhang stehen;
   e) über Arbeitspapiere;
4. bürgerliche Rechtsstreitigkeiten zwischen Arbeitnehmern oder ihren Hinterbliebenen und
   a) Arbeitgebern über Ansprüche, die mit dem Arbeitsverhältnis in rechtlichem oder unmittelbar wirtschaftlichem Zusammenhang stehen;
   b) ...
soweit nicht die ausschließliche Zuständigkeit eines anderen Gerichts gegeben ist;
9. bürgerliche Rechtsstreitigkeiten zwischen Arbeitnehmern aus gemeinsamer Arbeit und aus unerlaubten Handlungen, soweit diese mit dem Arbeitsverhältnis im Zusammenhang stehen;

21 b) **Zuständigkeit gem. § 348 Abs. 1 Satz 2 Nr. 2 a bis k ZPO.** Dasselbe gilt für Verfahren, die den in § 348 Abs. 1 Satz 2 Nr. 2 a bis k ZPO genannten Sachgebieten zuzuordnen sind. § 348 ZPO lautet auszugsweise:

§ 348 Originärer Einzelrichter

Die Zivilkammer entscheidet durch eines ihrer Mitglieder als Einzelrichter. Dies gilt nicht, wenn [...]
2. die Zuständigkeit der Kammer nach dem Geschäftsverteilungsplan des Gerichts wegen der Zuordnung des Rechtsstreits zu den nachfolgenden Sachgebieten begründet ist:
   a) Streitigkeiten über Ansprüche aus Veröffentlichungen durch Druckerzeugnisse, Bild- und Tonträger jeder Art, insbesondere in Presse, Rundfunk, Film und Fernsehen;
   b) Streitigkeiten aus Bank- und Finanzgeschäften;

---

[69] Dafür MünchKommZPO/Erbarth § 266 FamFG Rn 133.
[70] Ebenso BeckOK/Schlünder § 266 FamFG Rn 16; Haußleiter/Fest § 266 Rn 43.
[71] S. dazu LG Münster FamRZ 2009, 431.
[72] Haußleiter/Fest § 266 Rn 43.
[73] S. dazu BGH NJW 2002, 2566.
[74] Wever Rn 26 a.

c) Streitigkeiten aus Bau- und Architektenverträgen sowie aus Ingenieurverträgen, soweit sie im Zusammenhang mit Bauleistungen stehen;
d) Streitigkeiten aus der Berufstätigkeit der Rechtsanwälte, Patentanwälte, Notare, Steuerberater, Steuerbevollmächtigten, Wirtschaftsprüfer und vereidigten Buchprüfer;
e) Streitigkeiten über Ansprüche aus Heilbehandlungen;
f) Streitigkeiten aus Handelssachen im Sinne des § 95 des Gerichtsverfassungsgesetzes;
g) Streitigkeiten über Ansprüche aus Fracht-, Speditions- und Lagergeschäften;
h) Streitigkeiten aus Versicherungsvertragsverhältnissen;
i) Streitigkeiten aus den Bereichen des Urheber- und Verlagsrechts;
j) Streitigkeiten aus den Bereichen der Kommunikations- und Informationstechnologie;
k) Streitigkeiten, die dem LG ohne Rücksicht auf den Streitwert zugewiesen sind.

Die Ausnahmevorschrift beruht auf dem Gesichtspunkt der **Spezialität,** der sich gegenüber den für die Zuständigkeit des Familiengerichts sprechenden Gründen durchsetzt.[75] Sie dürfte nur selten eingreifen, weil Berührungen mit dem Familienrecht nur in wenigen Fällen denkbar sind. Eine **Handelssache** i. S. v. § 95 GVG kann bei der Auseinandersetzung über ein Handelsgeschäft oder eine Handelsgesellschaft[76] vorliegen.

c) Weitere Ausnahmen. Das Familiengericht ist nicht zuständig, wenn die Streitigkeit das Wohnungseigentumsrecht oder das Erbrecht betrifft. Zu den das **Wohnungseigentumsrecht** betreffenden Streitigkeiten gehören alle Rechtsstreitigkeiten nach § 43 WEG. Wenn das Verfahren dagegen einen Fall von Abs. 1 Nr. 1 bis 3 und das Wohnungseigentum betrifft, ohne dass der Anwendungsbereich des § 43 WEG betroffen ist, oder wenn lediglich wohnungseigentumsrechtliche Vorfragen zu klären sind, greift die Ausnahmeregelung nicht ein.[77] Zu den das **Erbrecht** betreffenden Verfahren gehören Streitigkeiten zwischen Ehegatten über die Wirksamkeit eines Widerrufs nach § 2271 Abs 1 BGB, um ein gemeinschaftliches Vermächtnis, § 2057 BGB sowie die Auseinandersetzung einer Erbengemeinschaft zwischen Eheleuten. Auch Verfahren über die erbrechtliche Lösung i. S. v. § 1371 Abs. 1 BGB sind keine (sonstigen) Familiensachen (s. auch § 261 Rn 3).[78]

Wenn die entsprechenden Verfahren nur einen geringen Bezug zu den genannten Sachgebieten haben und der **Schwerpunkt bei den familienrechtlichen Bezügen** liegt greift die Ausnahmeregelung jedoch nicht ein. Im **Zweifel** sollte eine § 266 Abs. 1 vorgehende Sonderzuständigkeit nicht angenommen werden.[79] Das Familiengericht ist auch zuständig, wenn ein Anspruch aufgrund eines einheitlichen Lebenssachverhalts auf mehrere Anspruchsgrundlagen gestützt wird, die einerseits zum „Nebengüterrecht" und andererseits zu den in § 348 Abs. 1 S. 2 Nr. 2 a bis k ZPO genannten Bereichen gehören.[80] Letztlich kommt § 266 Abs. 1 nicht zur Anwendung, wenn es sich bereits **nach anderen Vorschriften um eine Familiensache** handelt, was insbesondere im Verhältnis zu den Ehewohnungs- und Haushaltssachen, § 200 (s. dazu § 200 Rn 7 a, 8, 9 a, 10), Unterhaltssachen, § 231, und Güterrechtssachen, § 261 (s. dazu § 261 Rn 3, 9) möglich ist.

IV. Die Verfahren nach Abs. 2

Gem. § 1357 Abs. 2 S. 1 BGB kann ein Ehegatte die Berechtigung des anderen Ehegatten, Geschäfte mit Wirkung für ihn zu besorgen, beschränken oder ausschließen. Die Beschränkung oder Ausschließung ist vom Familiengericht auf Antrag aufzuheben, wenn dafür kein ausreichender Grund besteht. Diese Verfahren sind in der Praxis sehr selten.

V. Verfahren, Kosten und Gebühren

Die Verfahren gem. Abs. 1 sind **Familienstreitsachen.** Das FamFG gilt daher nur nach Maßgabe von § 113 Abs. 1, im Übrigen gelten die Allgemeinen Vorschriften der ZPO und

---

[75] BT-Drs. 16/6308 S. 263.
[76] Wever Rn 26 e.
[77] Heinemann MDR 2009, 1026/1027.
[78] Haußleiter/Fest § 266 Rn 7; BeckOK/Schlünder § 266 FamFG Rn 22.
[79] Baumbach/Hartmann § 266 FamFG Rn 5, 6; Wever Rn 26 f.
[80] Wever Rn 30; Burger FamRZ 2009, 1017/1020.

die Vorschriften über das Verfahren vor den Landgerichten entsprechend. Funktionell zuständig ist der Richter, § 25 RPflG. Für **Verfahren nach Abs. 2** ist allein das FamFG maßgeblich. Auch hierfür ist jetzt der Richter funktionell zuständig, da die Zuweisung an den Rechtspfleger in § 14 Abs. 1 Nr. 1 FGG a. F. aufgehoben wurde und § 25 RPflG keine entsprechende Zuweisung enthält. Zur örtlichen Zuständigkeit s. §§ 267, 268. Sonstige Familiensachen sind gem. § 137 Abs. 2 **keine Folgesachen** im Scheidungsverbund. Gegen Endentscheidungen in der Hauptsache ist die **Beschwerde**, § 58, zulässig, nicht aber gegen einstweilige Anordnungen, § 57. Der **Verfahrenswert** bestimmt sich nach §§ 33 bis 41 FamGKG. Die **Gerichtsgebühren** richten sich in Verfahren gem. Abs. 1 nach Hauptabschnitt 2, Abschnitt 2, der Anlage 1 zu § 3 Abs. 2 FamGKG, und in Verfahren gem. Abs. 2 nach Hauptabschnitt 3, Abschnitt 2. An **Rechtsanwaltsgebühren** fallen eine Verfahrens- und eine Terminsgebühr nach Nr. 3100, 3104 VV RVG an.

Örtliche Zuständigkeit

267 (1) [1]**Während der Anhängigkeit einer Ehesache ist das Gericht ausschließlich zuständig, bei dem die Ehesache im ersten Rechtszug anhängig ist oder war.** [2]**Diese Zuständigkeit geht der ausschließlichen Zuständigkeit eines anderen Gerichts vor.**

(2) **Im Übrigen bestimmt sich die Zuständigkeit nach der Zivilprozessordnung mit der Maßgabe, dass in den Vorschriften über den allgemeinen Gerichtsstand an die Stelle des Wohnsitzes der gewöhnliche Aufenthalt tritt.**

I. Normzweck und Anwendungsbereich

1   Abs. 1 dient – wie die §§ 152 Abs. 1, 201 Nr. 1, 218 Nr. 1, 232 Abs. 1 Nr. 1, 262 Abs. 1 – der Zuständigkeitskonzentration bei dem Gericht der Ehesache. Abs. 2 regelt die örtliche Zuständigkeit für den Fall, dass keine Ehesache anhängig ist. § 267 gilt für die sonstigen Familiensachen i. S. v. § 266 Abs. 1, die zu den Familienstreitsachen zählen, wie für die sonstigen Familiensachen i. S. v. § 266 Abs. 2, deren Verfahren sich im Übrigen allein nach dem FamFG richtet.[1] Zur funktionellen Zuständigkeit s. § 266 Rn 25.

II. Zuständigkeitskonzentration bei Anhängigkeit einer Ehesache (Abs. 1)

2   Abs. 1 S. 1 begründet während der Anhängigkeit der Ehesache eine **ausschließliche Zuständigkeit** des Gerichts, bei dem die Ehesache im ersten Rechtszug anhängig ist oder war, für von den beteiligten Eheleuten geführte sonstige Familiensachen. Sofern diese Zuständigkeit nicht beachtet wird, sind sonstige Familiensachen nach § 266 Abs. 1 gem. § 113 Abs. 1 i. V. m. § 281 ZPO auf Antrag und sonstige Familiensachen nach § 266 Abs. 2 gem. § 3 von Amts wegen an das Gericht der Ehesache zu **verweisen**. Die Ehesachen sind in § 121 definiert. Eine Ehesache in diesem Sinne ist auch das Wiederaufnahmeverfahren in einer Scheidungssache. Zu **Beginn und Ende der Anhängigkeit** s. § 262 Rn 3. Die Zuständigkeit des Gerichts der Ehesache geht gem. Abs. 1 S. 2 der ausschließlichen Zuständigkeit eines anderen Gerichts, z. B. gem. §§ 767 Abs. 1, 802 ZPO,[2] vor. Zur Abgabe an das Gericht der Ehesache s. § 268.

III. Anwendung der ZPO (Abs. 2)

3   Sofern nicht der Gerichtsstand der Ehesache gem. Abs. 1 gegeben ist, richtet sich die örtliche Zuständigkeit nach der ZPO. In Betracht kommt zunächst der **allgemeine Gerichtsstand,** §§ 12, 13 ZPO. Dabei tritt an die Stelle des Wohnsitzes der gewöhnliche Aufenthalt (zum Begriff s. § 3 Rn 8). Darüber hinaus können – wiederum mit der Maßgabe, dass an die Stelle des Wohnsitzes der gewöhnliche Aufenthalt tritt – folgende besondere Gerichtsstände gegeben sein:

---
[1] Bumiller/Harders Rn 1.
[2] BT-Drs. 16/6308 S. 262, 263.

- des letzten gewöhnlichen Aufenthalts wenn der Antragsgegner das Recht der Exterritorialität genießt oder weder im In- noch im Ausland einen gewöhnlichen Aufenthalt hat, §§ 15, 16 ZPO,
- des Vermögens oder des Gegenstandes, § 23 ZPO, wenn der Antragsgegner keinen gewöhnlichen Aufenthalt im Inland hat,
- des Erfüllungsorts, § 29 ZPO, z. B. bei Ansprüchen aus § 1298 BGB,[3]
- der Vermögensverwaltung, § 31 ZPO,
- der unerlaubten Handlung, § 32 ZPO,
- der Widerklage bzw. des Widerantrages, wenn der Antragsgegner seinerseits einen § 266 unterfallenden Antrag stellt, § 33 ZPO.

Abgabe an das Gericht der Ehesache

268 [1] Wird eine Ehesache rechtshängig, während eine sonstige Familiensache bei einem anderen Gericht im ersten Rechtszug anhängig ist, ist diese von Amts wegen an das Gericht der Ehesache abzugeben. [2] § 281 Abs. 2 und 3 Satz 1 der Zivilprozessordnung gilt entsprechend.

I. Normzweck und Anwendungsbereich

Die Norm dient – wie die §§ 123, 153, 202, 233, 263 – der Zuständigkeitskonzentration bei dem Gericht der Ehesache. Sie gilt wie § 267 für die sonstigen Familiensachen i. S. v. § 266 Abs. 1, die zu den Familienstreitsachen zählen, wie für die sonstigen Familiensachen i. S. v. § 266 Abs. 2, deren Verfahren sich im Übrigen allein nach dem FamFG richtet. Abzugeben ist auch ein Verfahren auf Erlass einer **einstweiligen Anordnung** (Einzelheiten s. § 50 Rn 7). 1

II. Das Abgabeverfahren

1. Voraussetzung der Abgabe (S. 1)

Die Abgabe an das Gericht der Ehesache erfolgt, wenn eine Ehesache rechtshängig wird, während eine sonstige Familiensache bei einem anderen Gericht im ersten Rechtszug anhängig ist. Zu den Begriffen der Rechts- und Anhängigkeit s. § 153 Rn 2 und 3. Die Abgabe der sonstigen Familiensachen ist nur bis zur abschließenden Entscheidung erster Instanz zulässig. Zur Abgabe nach Zurückverweisung s. § 153 Rn 2, zur Abgabe nach vorheriger Verweisung durch das Gericht der Ehesache s. § 153 Rn 6. 2

2. Verfahren

Das **Abgabeverfahren** ist für sonstige Familiensachen i. S. v. § 266 Abs. 2 in § 4 geregelt (s. dazu § 153 Rn 4).[1] Für sonstige Familiensachen i. S. v. § 266 Abs. 1 fehlt es an einer Regelung, denn § 4 gilt für diese Verfahren gem. § 113 Abs. 1 nicht. § 621 Abs. 3 ZPO a. F. sah für Familiensachen nach der ZPO nicht die Abgabe, sondern die **Verweisung** vor. Diese Verweisung erfolgte jedoch nicht auf Antrag gem. § 281 ZPO, sondern nach Gewährung rechtlichen Gehörs von Amts wegen. Da § 268 den Gesetzesmaterialien zufolge § 621 Abs. 3 ZPO a. F. entsprechen soll,[2] ist wie nach § 621 Abs. 3 ZPO a. F. zu verfahren. Die Abgabe erfolgt daher **von Amts wegen**. 3

3. Unanfechtbarkeit und Wirkung der Abgabe, Kosten (S. 2)

Zur Unanfechtbarkeit der Abgabe bzw. Verweisung (Rn 3) und deren Wirkung sowie zu den Kosten s. § 153 Rn 8 bis 11. 4

---

[3] Erman/Gamillscheg § 1298 Rn 20.
[1] A. A. MünchKommZPO/Erbarth § 268 FamFG Rn 3: Spezialität von § 268.
[2] Vgl. BT-Drs. 16/6308 S. 263.

Abschnitt 12. Verfahren in Lebenspartnerschaftssachen

Lebenspartnerschaftssachen

269 (1) Lebenspartnerschaftssachen sind Verfahren, welche zum Gegenstand haben:
1. die Aufhebung der Lebenspartnerschaft aufgrund des Lebenspartnerschaftsgesetzes,
2. die Feststellung des Bestehens oder Nichtbestehens einer Lebenspartnerschaft,
3. die elterliche Sorge, das Umgangsrecht oder die Herausgabe in Bezug auf ein gemeinschaftliches Kind,
4. die Annahme als Kind und die Ersetzung der Einwilligung zur Annahme als Kind,
5. Wohnungszuweisungssachen nach § 14 oder § 17 des Lebenspartnerschaftsgesetzes,
6. Haushaltssachen nach § 13 oder § 17 des Lebenspartnerschaftsgesetzes,
7. den Versorgungsausgleich der Lebenspartner,
8. die gesetzliche Unterhaltspflicht für ein gemeinschaftliches minderjähriges Kind der Lebenspartner,
9. die durch die Lebenspartnerschaft begründete gesetzliche Unterhaltspflicht,
10. Ansprüche aus dem lebenspartnerschaftlichen Güterrecht, auch wenn Dritte an dem Verfahren beteiligt sind,
11. Entscheidungen nach § 6 des Lebenspartnerschaftsgesetzes in Verbindung mit § 1365 Abs. 2, § 1369 Abs. 2 und den §§ 1382 und 1383 des Bürgerlichen Gesetzbuchs,
12. Entscheidungen nach § 7 des Lebenspartnerschaftsgesetzes in Verbindung mit den §§ 1426, 1430 und 1452 des Bürgerlichen Gesetzbuchs *oder mit § 1519 des Bürgerlichen Gesetzbuchs und Artikel 5 Absatz 2, Artikel 12 Absatz 2 Satz 2 oder Artikel 17 des Abkommens vom 4. Februar 2010 zwischen der Bundesrepublik Deutschland und der Französischen Republik über den Güterstand der Wahl-Zugewinngemeinschaft.*[1]

(2) Sonstige Lebenspartnerschaftssachen sind Verfahren, welche zum Gegenstand haben:
1. Ansprüche nach § 1 Abs. 4 Satz 2 des Lebenspartnerschaftsgesetzes in Verbindung mit den §§ 1298 bis 1301 des Bürgerlichen Gesetzbuchs,
2. Ansprüche aus der Lebenspartnerschaft,
3. Ansprüche zwischen Personen, die miteinander eine Lebenspartnerschaft führen oder geführt haben, oder zwischen einer solchen Person und einem Elternteil im Zusammenhang mit der Trennung oder Aufhebung der Lebenspartnerschaft,

sofern nicht die Zuständigkeit der Arbeitsgerichte gegeben ist oder das Verfahren eines der in § 348 Abs. 1 Satz 2 Nr. 2 Buchstabe a bis k der Zivilprozessordnung genannten Sachgebiete, das Wohnungseigentumsrecht oder das Erbrecht betrifft und sofern es sich nicht bereits nach anderen Vorschriften um eine Lebenspartnerschaftssache handelt.

(3) Sonstige Lebenspartnerschaftssachen sind auch Verfahren über einen Antrag nach § 8 Abs. 2 des Lebenspartnerschaftsgesetzes in Verbindung mit § 1357 Abs. 2 Satz 1 des Bürgerlichen Gesetzbuchs.

I. Normzweck

1 § 269 definiert den Begriff der **Lebenspartnerschaftssachen. Der** Zuständigkeitskatalog entspricht den §§ 111 ff. Die **anwendbaren Vorschriften** sind in § 270 geregelt, die **Übergangsregelung** ergibt sich aus Art. 111 Abs. 1 bis 3 und 5 FGG-RG.

---

[1] § 269 Abs. 1 Nr. 12 in der Fassung des Gesetzentwurfs der Bundesregierung (BT-Drs. 17/5126).

II. Anwendungsbereich

§ 269 sagt nichts darüber aus, wie die **Lebenspartnerschaft** zu definieren ist. Für nach deutschem Recht geschlossene Lebenspartnerschaften gilt die **Definition in § 1 LPartG**. Danach begründen zwei Personen gleichen Geschlechts, die gegenüber dem Standesbeamten persönlich und bei gleichzeitiger Anwesenheit erklären, miteinander eine Partnerschaft auf Lebenszeit führen zu wollen (Lebenspartnerinnen oder Lebenspartner), eine Lebenspartnerschaft. Sofern nicht ausdrücklich auf das LPartG Bezug genommen wird, gilt § 269 auch für **im Ausland registrierte Lebenspartnerschaften**, nicht jedoch andere Formen von Partnerschaften.[2] Die **internationale Zuständigkeit** ist in § 103 geregelt.

III. Die Verfahren nach Abs. 1

1. Aufhebung der Lebenspartnerschaft (Abs. 1 Nr. 1)

Abs. 1 Nr. 1 betrifft die der Ehescheidung entsprechende Aufhebung der Lebenspartnerschaft gem. **§ 15 LPartG**. Nach Abs. 2 dieser Vorschrift hebt das Gericht die Lebenspartnerschaft nach einjähriger Trennung auf, wenn beide Lebenspartner die Aufhebung beantragen oder der Antragsgegner der Aufhebung zustimmt oder nicht erwartet werden kann, dass eine partnerschaftliche Lebensgemeinschaft wieder hergestellt werden kann. Ferner hat die Aufhebung zu erfolgen, wenn ein Lebenspartner die Aufhebung beantragt und die Lebenspartner seit drei Jahren getrennt leben oder die Fortsetzung der Lebenspartnerschaft für den Antragsteller aus Gründen, die in der Person des anderen Lebenspartners liegen, eine unzumutbare Härte wäre. § 15 Abs. 3 LPartG enthält für den Fall der länger als 3 Jahren dauernden Trennung eine Ausnahme für Härtefälle. Außerdem kann die Aufhebung beantragt werden, wenn bei einem Lebenspartner ein Willensmangel i. S. v. § 1314 Abs. 2 Nr. 1 bis 4 BGB vorlag, sofern keine Bestätigung der Lebenspartnerschaft erfolgt ist, § 15 Abs. 4 LPartG. Das Verfahren entspricht gem. § 270 Abs. 1 S. 1 demjenigen der Scheidung.

2. Feststellung des Bestehens oder Nichtbestehens einer Lebenspartnerschaft (Abs. 1 Nr. 2)

Dabei handelt es sich um die sehr seltenen § 121 Nr. 3 entsprechenden Feststellungsanträge. In diesem Verfahren kann geklärt werden, ob die Lebenspartnerschaft nach deutschem oder ausländischem Recht **wirksam geschlossen** wurde.[3] Das Verfahren entspricht gem. § 270 Abs. 1 S. 1 demjenigen des Feststellungsverfahrens nach § 121 Nr. 3. Die Anerkennung einer ausländischen Entscheidung über die Aufhebung der Lebenspartnerschaft erfolgt nicht nach Abs. 1 Nr. 2, sondern nach §§ 270 Abs. 1 S. 1, 107 ff.

3. Elterliche Sorge, Umgangsrecht, Kindesherausgabe und Adoption (Abs. 1 Nr. 3, 4)

Abs. 1 Nr. 4 betrifft die Annahme als Kind, die entweder gem. § 9 Abs. 6 LPartG durch einen Lebenspartner mit Zustimmung des anderen erfolgen kann oder gem. § 9 Abs. 7 LPartG im Wege der Adoption des Kindes eines Lebenspartners durch den anderen (Stiefkindadoption). Es gelten gem. § 270 Abs. 1 S. 2 die Vorschriften über das Adoptionsverfahren (§§ 186 ff.). Da Lebenspartner infolge der **Stiefkindadoption** gemeinschaftliche Kinder haben können, werden Streitigkeiten im Zusammenhang mit diesen Kindern durch Abs. 1 Nr. 3 dem Familiengericht zugewiesen. Gem. § 270 Abs. 1 S. 2 gelten die entsprechenden Verfahrensvorschriften. Die Einbeziehung in den Verbund eines Aufhebungsverfahrens kann gem. §§ 270 Abs. 1 S. 1, 137 Abs. 3 beantragt werden.

---

[2] Bumiller/Harders § 269 Rn 8; s. auch OLG Zweibrücken StAZ 2011, 184 = BeckRS 2011, 14240.
[3] MünchKommZPO/Rauscher § 269 FamFG Rn 11, 12.

4. Wohnung und Haushalt (Abs. 1 Nr. 5, 6)

6 Die §§ 13, 14 LPartG regeln die Behandlung der gemeinsamen Wohnung und der Haushaltsgegenstände bei Getrenntleben. § 17 LPartG enthält (in Form einer Verweisung auf die §§ 1568a und 1568b BGB, s. dazu § 200 Rn 9, 14) entsprechende Regelungen für die Aufhebung der Lebenspartnerschaft. Diese Verfahren richten sich gem. § 270 Abs. 1 S. 2 nach Vorschriften über die Ehewohnungs- und Haushaltssachen (§§ 200 ff.). Sie können als Folgesachen eines Aufhebungsverfahrens anhängig gemacht werden, § 270 Abs. 1 S. 1, § 137 Abs. 2 S. 1 Nr. 3.

5. Versorgungsausgleich (Abs. 1 Nr. 7)

7 Gem. § 20 LPartG findet nach Aufhebung der Lebenspartnerschaft zwischen den Lebenspartnern in entsprechender Anwendung des Versorgungsausgleichsgesetzes ein Ausgleich von im In- oder Ausland bestehenden Anrechten, § 2 Abs. 1 VersAusglG statt, soweit sie in der Lebenspartnerschaftszeit begründet oder aufrechterhalten wurden. Im Aufhebungsverfahren wird der Versorgungsausgleich als **Folgesache** gem. §§ 270 Abs. 1 S. 1, 137 Abs. 2 S. 2 von Amts wegen durchgeführt. Darüber hinaus können die Lebenspartner selbständige Versorgungsausgleichssachen führen. Es gelten gem. § 270 Abs. 1 S. 2 die Verfahrensvorschriften der §§ 217 ff.

6. Unterhalt (Abs. 1 Nr. 8, 9)

8 Zur gesetzlichen Unterhaltspflicht für ein gemeinschaftliches minderjähriges Kind der Lebenspartner kann es nur kommen, wenn die Lebenspartner aufgrund einer Stiefkindadoption (s. Rn 5) ein gemeinschaftliches minderjähriges Kind haben. Von größerer Bedeutung ist die **Unterhaltspflicht der Lebenspartner** untereinander bei Getrenntleben gem. § 12 LPartG und nach Aufhebung der Lebenspartnerschaft, § 16 LPartG. Gem. § 270 Abs. 1 S. 2 gelten die Verfahrensvorschriften der §§ 231 ff. Es handelt sich um Familienstreitsachen i. S. v. § 112 Abs. 1 Nr. 1. Sie können als Folgesachen eines Aufhebungsverfahrens anhängig gemacht werden, § 270 Abs. 1 S. 1, § 137 S. 1 Nr. 2.

7. Güterrecht (Abs. 1 Nr. 10, 11, 12)

9 Gem. § 6 LPartG leben die Lebenspartner im Güterstand der **Zugewinngemeinschaft,** wenn sie nicht durch Lebenspartnerschaftsvertrag (§ 7 LPartG) etwas anderes vereinbaren. Abs. 1 Nr. 10 betrifft die Verfahren, die Ansprüche aus dem Güterrecht betreffen, auch wenn Dritte an dem Verfahren beteiligt sind. Wegen der Einzelheiten wird auf § 261 Rn 3–9 verwiesen. Gem. § 270 Abs. 1 S. 2 gelten die Verfahrensvorschriften der §§ 261 ff. Es handelt sich um Familienstreitsachen i. S. v. § 112 Abs. 1 Nr. 2. Abs. 1 Nr. 11 und 12 betreffen die weiteren Güterrechtssachen i. S. v. § 261 Abs. 2 (s. § 261 Rn 12), die keine Familienstreitsachen sind. Die güterrechtlichen Verfahren können als Folgesachen eines Aufhebungsverfahrens anhängig gemacht werden, § 270 Abs. 1 S. 1, § 137 S. 1 Nr. 4. Im Übrigen stellt Nr. 12 (in der Fassung des Gesetzentwurfs der Bundesregierung)[4] klar, dass Entscheidungen in diesem Sinne auch solche aufgrund von § 1519 BGB i. V. m. Art. 5 Abs. 2, Art. 12 Abs. 2 S. 2 und Art. 17 des deutsch-französischen Abkommens über den Güterstand der Wahl-Zugewinngemeinschaft sind, um die Gleichstellung der Lebenspartnerschaft mit der Ehe nach dem Abkommen auch im güterrechtlichen Verfahrensrecht umzusetzen.

8. Kosten und Gebühren

10 Besondere Gebühren sind für Lebenspartnerschaftssachen nicht vorgesehen. Kosten und Gebühren richten sich nach denjenigen Verfahren, auf die § 270 verweist.

---

[4] BT-Drs. 17/5126.

IV. Die Verfahren nach Abs. 2 und 3

Abs. 2 hat denselben Regelungsgehalt wie § 266 Abs. 1 Nr. 1 bis 3. Dabei entsprechen **11** dem Verlöbnis i. S. v. § 266 Abs. 1 Nr. 1 das Versprechen, eine Lebenspartnerschaft zu begründen, § 1 Abs. 4 LPartG und der Ehe i. S. v. § 266 Abs. 1 Nr. 2, 3 die Lebenspartnerschaft. Hinsichtlich der in Betracht kommenden Verfahren bestehen im Vergleich zu den sonstigen Familiensachen keine Unterschiede, so dass wegen der Einzelheiten auf § 266 Rn 6–16 verwiesen wird. Auch für das Verfahren einschließlich der Kosten und Gebühren gelten die für diese Verfahren vorgesehenen Regelungen (s. § 266 Rn 19). Es handelt sich um **Familienstreitsachen,** § 112 Abs. 1 Nr. 3.

Abs. 3 entspricht § 266 Abs. 2. Wegen der Einzelheiten wird Bezug genommen auf **12** § 266 Rn 5, 24. Diese Verfahren sind keine Familienstreitsachen.

Anwendbare Vorschriften

270 (1) ¹In Lebenspartnerschaftssachen nach § 269 Abs. 1 Nr. 1 sind die für Verfahren auf Scheidung geltenden Vorschriften, in Lebenspartnerschaftssachen nach § 269 Abs. 1 Nr. 2 die für Verfahren auf Feststellung des Bestehens oder Nichtbestehens einer Ehe zwischen den Beteiligten geltenden Vorschriften entsprechend anzuwenden. ²In den Lebenspartnerschaftssachen nach § 269 Abs. 1 Nr. 3 bis 12 sind die in Familiensachen nach § 111 Nr. 2, 4, 5 und 7 bis 9 jeweils geltenden Vorschriften entsprechend anzuwenden.

(2) **In sonstigen Lebenspartnerschaftssachen nach § 269 Abs. 2 und 3 sind die in sonstigen Familiensachen nach § 111 Nr. 10 geltenden Vorschriften entsprechend anzuwenden.**

I. Normzweck und Anwendungsbereich

Aus der § 270 folgt, welche Verfahrensvorschriften für die Lebenspartnerschaftssachen **1** i. S. v. § 269 gelten. Diese werden **verfahrensrechtlich wie die ihnen jeweils entsprechenden Familiensachen** behandelt. Die Verweisung betrifft nicht nur die Vorschriften über das Verfahren in Familiensachen (Buch 2), sondern auch den Allgemeinen Teil (Buch 1) des FamFG, soweit dieser für die entsprechenden Verfahren gilt, und die Weiterverweisung insbesondere auf die ZPO. Unmittelbar gelten im Verhältnis von Lebenspartnern die Vorschriften über Gewaltschutzsachen, §§ 210 ff., und über Unterhaltssachen i. S. v. § 231 Abs. 2.

II. Anwendbare Vorschriften

Die Verfahren betreffend die **Aufhebung der Lebenspartnerschaft** aufgrund des **2** Lebenspartnerschaftsgesetzes (§ 266 Abs. 1 Nr. 1) und die **Feststellung** des Bestehens oder Nichtbestehens einer Lebenspartnerschaft (§ 266 Abs. 1 Nr. 2) richten sich nach Vorschriften über das Verfahren in Ehesachen (§§ 122 bis 132), die Aufhebungsverfahren außerdem nach den Vorschriften über das Verfahren in Scheidungs- und Folgesachen (§§ 133 bis 150). Insbesondere ist auch die Regelung über den Verbund mit Folgesachen, § 137, entsprechend anzuwenden.[1]

Die Verfahren mit den nachfolgend genannten Gegenständen sind **keine Familien- 3 streitsachen.** Es gelten der Allgemeine Teil (Buch 1) des FamFG, die Allgemeinen Vorschriften über das Verfahren in Familiensachen (§§ 111 bis 120) und die bei den jeweiligen Verfahren genannten weiteren Vorschriften. Die Verfahren können betreffen:
- die elterliche Sorge, das Umgangsrecht oder die Herausgabe in Bezug auf ein gemeinschaftliches Kind (§ 269 Abs. 1 Nr. 3), anwendbar sind die §§ 151 bis 168 a,
- die Annahme als Kind und die Ersetzung der Einwilligung zur Annahme als Kind (§ 269 Abs. 1 Nr. 4), anwendbar sind die §§ 186 bis 199,
- die gemeinsame Wohnung nach § 14 oder § 17 LPartG sowie den Haushalt nach § 13 oder § 17 LPartG (§ 269 Abs. 1 Nr. 5 und 6), anwendbar sind die §§ 200 bis 209,

---
[1] Bumiller/Harders § 270 Rn 2.

- den Versorgungsausgleich der Lebenspartner (§ 269 Abs. 1 Nr. 7), anwendbar sind die §§ 217 bis 230,
- Entscheidungen nach § 6 LPartG i. V. m. den §§ 1365 Abs. 2, 1369 Abs. 2 und den §§ 1382 und 1383 BGB, und nach § 7 LPartG i. V. m. den §§ 1426, 1430 und 1452 BGB (§ 269 Abs. 1 Nr. 11), anwendbar sind die §§ 261 Abs. 2, 262 bis 265,
- einen Antrag nach § 8 Abs. 2 LPartG i. V. m. § 1357 Abs. 2 S. 1 BGB (§ 269 Abs. 3), anwendbar sind die §§ 266 Abs. 2, 267, 268.

4 Die Verfahren mit den nachfolgend genannten Gegenständen sind **Familienstreitsachen.** Es gelten nach Maßgabe von § 113 Abs. 1 teilweise der Allgemeine Teil (Buch 1) des FamFG und teilweise die ZPO, die Allgemeinen Vorschriften über das Verfahren in Familiensachen (§§ 111 bis 120) und die bei den jeweiligen Verfahren genannten weiteren Vorschriften. Die Verfahren können betreffen:
- die gesetzliche Unterhaltspflicht für ein gemeinschaftliches minderjähriges Kind der Lebenspartner und die durch die Lebenspartnerschaft begründete gesetzliche Unterhaltspflicht (§ 269 Abs. 1 Nr. 8 und 9), anwendbar sind die §§ 231 bis 248 und für die Unterhaltspflicht gegenüber Kindern die §§ 249 bis 260 (vereinfachtes Verfahren),[2]
- Ansprüche aus dem lebenspartnerschaftlichen Güterrecht, auch wenn Dritte an dem Verfahren beteiligt sind (§ 269 Abs. 1 Nr. 10), anwendbar sind die §§ 261 Abs. 1, 262 bis 265,
- sonstige Lebenspartnerschaftssachen i. S. v. § 269 Abs. 2, anwendbar sind die §§ 266 Abs. 1, 267, 268.

---

[2] Bumiller/Harders § 270 Rn 8.

Buch 3. Verfahren in Betreuungs- und Unterbringungssachen

Abschnitt 1. Verfahren in Betreuungssachen

Betreuungssachen

271 Betreuungssachen sind
1. Verfahren zur Bestellung eines Betreuers und zur Aufhebung der Betreuung,
2. Verfahren zur Anordnung eines Einwilligungsvorbehaltes sowie
3. sonstige Verfahren, die die rechtliche Betreuung eines Volljährigen (§§ 1896 bis 1908i des Bürgerlichen Gesetzbuchs) betreffen, soweit es sich nicht um eine Unterbringungssache handelt.

I. Allgemeines

Die Vorschrift enthält eine Definition der Betreuungssachen, die inhaltlich durch Verweisung auf die materiell-rechtlichen Vorschriften der §§ 1896 bis 1908i BGB gegeben wird. Obwohl dort zum Betreuungsrecht gehörend, wird die Unterbringung in den §§ 312 ff. verfahrensrechtlich gesondert geregelt. Von den Betreuungssachen zu unterscheiden sind schließlich die betreuungsrechtlichen Zuweisungssachen (§§ 340 ff.). Für die genannten Verfahrensarten gemeinsam begründet § 23a Abs. 2 Nr. 1 GVG die sachliche Zuständigkeit der Amtsgerichte und des nach § 23c Abs. 1 GVG gebildeten Betreuungsgerichts. 1

II. Kategorien

Nr. 1 der Vorschrift nennt zunächst die Verfahren zur Bestellung eines Betreuers und 2 zur Aufhebung der Betreuung. Treffender ist die Formulierung, die sich aus § 274 Abs. 3 Nr. 1 und 2 für die Hinzuziehung der Behörde in Betreuungssachen ergibt, nämlich die erstmalige Betreuerbestellung sowie alle Verfahren zur Entscheidung über Umfang, Inhalt oder Bestand der Betreuerbestellung. Es kann sich also handeln um die Erweiterung des Aufgabenkreises der Betreuung (§ 293), die Aufhebung oder Einschränkung des Aufgabenkreises der Betreuung (§ 294), die Verlängerung der Betreuung (§ 296) nicht aber die Entlassung und Neubestellung eines Betreuers (§ 296).[1] Betreuungssache ist auch das Verfahren auf die Betreuerbestellung für einen Minderjährigen (§ 1908a BGB), die erst mit dem Eintritt seiner Volljährigkeit wirksam wird.

Nr. 2 betrifft die Anordnung eines Einwilligungsvorbehalts (§ 1903 BGB). Dazu gehö- 3 ren trotz der von Nr. 1 abweichenden Formulierung der Vorschrift auch die Folgeverfahren nach den §§ 294 und 295.

Nr. 3 bezieht sich auf sämtliche weiteren Verfahren, die Gegenstand der in §§ 1896 bis 4 1908i BGB getroffenen betreuungsrechtlichen Regelungen sind. Dazu gehören etwa sämtliche Genehmigungserfordernisse aus dem genannten Regelungsbereich (z.B. §§ 1904, 1905, 1907, 1908i Abs. 1 in Verbindung mit §§ 1821, 1822 BGB). Von Nr. 3 erfasst wird auch das Verfahren auf Festsetzung von Aufwendungsersatz und Vergütung des bestellten Betreuers, für das nach § 292 Abs. 1 die Vorschrift des § 168 entsprechend gilt.

Örtliche Zuständigkeit

272 (1) Ausschließlich zuständig ist in dieser Rangfolge:
1. das Gericht, bei dem die Betreuung anhängig ist, wenn bereits ein Betreuer bestellt ist;

---
[1] BGH FGPrax 2011, 118.

2. das Gericht, in dessen Bezirk der Betroffene seinen gewöhnlichen Aufenthalt hat;
3. das Gericht, in dessen Bezirk das Bedürfnis der Fürsorge hervortritt;
4. das Amtsgericht Schöneberg in Berlin, wenn der Betroffene Deutscher ist.

(2) ¹Für einstweilige Anordnungen nach § 300 oder vorläufige Maßregeln ist auch das Gericht zuständig, in dessen Bezirk das Bedürfnis der Fürsorge bekannt wird. ²Es soll die angeordneten Maßregeln dem nach Absatz 1 Nr. 1, 2 oder Nr. 4 zuständigen Gericht mitteilen.

I. Bedeutung der Vorschrift

1   Die Vorschrift regelt inhaltlich übereinstimmend mit dem bisherigen Recht (§ 65 FGG) die **örtliche** Zuständigkeit des Gerichts in Betreuungssachen im Sinne des § 271. Maßgebender Zeitpunkt für die Bestimmung der örtlichen Zuständigkeit ist nach § 2 Abs. 1 derjenige, in dem das Gericht erstmals mit der Sache befasst wird. Das ist der Zeitpunkt, in dem der Antrag oder die Anregung bei dem Gericht eingeht, bzw. bei der sonstigen Einleitung des Verfahrens von Amts wegen der Zeitpunkt, in dem das Gericht von Tatsachen Kenntnis nimmt, die seine Tätigkeit veranlassen. Eine nach diesem Zeitpunkt eingetretene Änderung der die Zuständigkeit begründenden Umstände lässt die Zuständigkeit unberührt (§ 2 Abs. 2) und kann allenfalls eine Abgabe des Verfahrens nach den §§ 4 S. 1, 273 rechtfertigen; erst mit deren Vollzug tritt ein Wechsel der Zuständigkeit ein.[1] Abs. 1 der Vorschrift stellt für die Zuständigkeitsbestimmung folgende Rangfolge auf, bei der in etwas gewöhnungsbedürftiger Weise ohne sachliche Änderung der bisherigen Vorschrift lediglich die formale Reihenfolge der Anknüpfungsgesichtspunkte umgekehrt worden ist:

II. Rangfolge der Gesichtspunkte zur Begründung der örtlichen Zuständigkeit (Abs. 1)

2   **Nr. 1: Folgeentscheidungen** im Rahmen einer bereits bestehenden Betreuung (etwa eine Verlängerung der Betreuerbestellung) sind ausschließlich von demjenigen Gericht zu treffen, das die Betreuungssache führt. Die Vorschrift will sicherstellen, dass vorhandene Erkenntnisse, die das Gericht im Rahmen der bestehenden Betreuung gewonnen hat, für die Folgeentscheidung verwertet werden können.[2] Voraussetzung ist, dass bereits eine abschließende Betreuerbestellung erfolgt ist.[3] Weder die Einleitung des Verfahrens auf Prüfung der Erforderlichkeit einer Betreuerbestellung noch eine vorläufige Betreuerbestellung (§ 300) reichen aus. Eine lediglich vorläufige Betreuerbestellung im Wege der einstweiligen Anordnung kann nicht zuständigkeitsbegründend wirken,[4] weil auf diese Weise die Zuständigkeit für eine Eilmaßnahme nach Abs. 2 sogleich diejenige für die abschließende Entscheidung begründete. Maßgebend ist der Zeitpunkt des Erlasses des Beschlusses (§ 38 Abs. 3 S. 3), während es auf eine nachfolgende Bekanntmachung an den Betreuer (§ 287 Abs. 1) nicht ankommt.[5] Weder die Einleitung des Verfahrens auf Prüfung der Erforderlichkeit einer Betreuerbestellung noch eine vorläufige Betreuerbestellung (§ 300) reichen aus. Bei Änderung der die Zuständigkeit begründenden tatsächlichen Verhältnisse kann nur dem auf dem Weg der Abgabe (Rn 1) ein künftiger Wechsel der Zuständigkeit herbeigeführt werden.

3   **Nr. 2:** Die Regelzuständigkeit insbesondere für die Neubestellung eines Betreuers knüpft an den **gewöhnlichen Aufenthalt** des Betroffenen an. Unter dem gewöhnlichen Aufenthalt ist der Ort oder das Land zu verstehen, in dem der Schwerpunkt der Bindungen der betreffenden Person, ihr Daseinsmittelpunkt liegt. Zu fordern ist nicht nur ein Aufenthalt von einer Dauer, die zum Unterschied von einem einfachen oder schlichten Aufenthalt nicht nur gering sein darf, sondern auch das Vorhandensein weiterer Beziehungen, insbesondere in familiärer oder beruflicher Hinsicht, in denen – im Vergleich zu einem sonst

---

[1] Vgl. § 4 Rn 37.
[2] BT-Drs. 11/4528 S. 170 zu § 65 Abs. 4 FGG.
[3] OLG München FamRZ 2008, 76.
[4] So HK-BUR/Bauer § 272 FamFG Rn 20.
[5] MünchKommZPO/Schmidt-Recla § 272 FamFG Rn 7; HK-BUR/Bauer § 272 FamFG Rn 21; SBW/Rausch § 272 Rn 2.

in Betracht kommenden Aufenthaltsort – der Schwerpunkt der Bindungen der betreffenden Person zu sehen ist.[6] Vom Wohnsitz unterscheidet sich der gewöhnliche Aufenthalt dadurch, dass der Wille, den Aufenthaltsort zum Mittelpunkt oder Schwerpunkt der Lebensverhältnisse zu machen, nicht erforderlich ist. Es handelt sich um einen „faktischen" Wohnsitz, der ebenso wie der gewillkürte Wohnsitz Daseinsmittelpunkt sein muss.[7] Das Merkmal der nicht nur geringen Dauer des Aufenthalts bedeutet dabei nicht, dass im Falle eines Wechsels des Aufenthaltsorts ein neuer gewöhnlicher Aufenthalt immer erst nach Ablauf einer entsprechenden Zeitspanne begründet werden könnte und bis dahin der frühere gewöhnliche Aufenthalt fortbestehen würde. Der gewöhnliche Aufenthalt an einem Ort wird vielmehr grundsätzlich schon dann begründet, wenn sich aus den Umständen ergibt, dass der Aufenthalt an diesem Ort auf eine längere Zeitdauer angelegt ist und der neue Aufenthaltsort künftig anstelle des bisherigen Daseinsmittelpunkts sein soll.[8] Ein lediglich vorübergehender Klinikaufenthalt führt deshalb nicht zu einem Aufenthaltswechsel.[9] Nach den Umständen des Einzelfalls kann hingegen auch durch die zwangsweise Verbringung des Betroffenen in eine Einrichtung (etwa eine Justizvollzugsanstalt, eine Einrichtung des Maßregelvollzugs oder ein psychiatrisches Krankenhaus) ein gewöhnlicher Aufenthalt des Betroffenen begründet werden, wenn er nach seinen konkreten Lebensumständen über keine realistische Rückkehrmöglichkeit und damit einen anderen Schwerpunkt seiner Lebensbeziehungen verfügt.[10]

Nr. 3: Hat der Betroffene im Inland keinen gewöhnlichen Aufenthalt, so begründet ersatzweise der Ort des Auftretens des **Fürsorgebedürfnisses** die örtliche Zuständigkeit. Die Vorschrift greift auch dann ein, wenn etwa bei umher ziehenden Personen ein gewöhnlicher Aufenthalt nicht feststellbar ist. Die Vorschrift gilt für Deutsche und Ausländer. Mit dem Begriff des Fürsorgebedürfnisses ist das tatsächliche Regelungsbedürfnis für eine betreuungsrechtliche Maßnahme nach den §§ 1896 ff. BGB gemeint, also etwa der Ort des schlichten Aufenthalts des Betroffenen bei der Erforderlichkeit von Maßnahmen der Personensorge[11] oder die Belegenheit von Vermögenswerten in vermögensrechtlichen Angelegenheiten.[12]

Nr. 4 begründet eine **Auffangzuständigkeit** des AG Schöneberg in Berlin für deutsche Staatsangehörige, für die eine anderweitige Zuständigkeit nicht begründet ist, betrifft also im Wesentlichen Fälle des Auslandsaufenthalts von Deutschen.[13] Bei mehrfacher Staatsangehörigkeit ist die deutsche maßgebend (Art. 5 Abs. 1 S. 2 EGBGB). Die bisherigen Sondervorschriften des § 47 FGG betreffend die Anordnung einer Betreuung neben einer im Ausland bereits bestehenden (Abs. 1) sowie die Voraussetzungen einer Abgabe einer Betreuung an einen ausländischen Staat (Abs. 2) sind in das FamFG lediglich für Kindschaftssachen in § 113 Abs. 2 und 3, nicht jedoch für Betreuungssachen übernommen worden. Die Abgabe einer Betreuung an einen ausländischen Staat ist damit mangels gesetzlicher Grundlage ausgeschlossen. Die nähere Prüfung der Erforderlichkeit der Betreuerbestellung (§ 1896 Abs. 2 S. 1 BGB) dürfte zu gleichen Ergebnissen wie die bisher in § 47 Abs. 1 FGG vorgesehene Ermessensentscheidung führen, von der Anordnung einer Betreuung im Interesse des Betroffenen abzusehen.[14]

---

[6] BGH FamRZ 1993, 798.
[7] BGH FamRZ 1993, 798; NJW 1975, 1068.
[8] BGH FamRZ 1981, 135.
[9] OLG Hamm NJW-RR 2007, 158; OLG Köln NJW-RR 2007, 517
[10] OLG Köln FamRZ 1996, 946; NJW-RR 2007, 517; OLG München BtPrax 2007, 29; FGPrax 2006, 213; OLG Zweibrücken FamRZ 2007, 1833 zu demselben Begriff in § 5 Abs. 3 S. 1 VBVG.
[11] BayObLG FamRZ 1996, 1341; KG FGPrax 1995, 61 = Rpfleger 1995, 159.
[12] OLG München FamRZ 2011, 399.
[13] KG FGPrax 1995, 61: Betreuerbestellung für eine noch im Ausland befindliche deutsche Staatsangehörige auf Anregung der deutschen Botschaft in dem betreffenden Land.
[14] OLG Hamm FGPrax 2003, 27 = FamRZ 2003, 253.

III. Eilmaßnahmen (Abs. 2)

6 Abs. 2 S. 1 begründet eine **zusätzliche örtliche Zuständigkeit** für Eilmaßnahmen bei demjenigen Gericht, in dessen Bezirk das Bedürfnis der Fürsorge bekannt wird. Eilmaßnahmen sind sowohl die vorläufige Betreuerbestellung (einschließlich der persönlichen Anhörung des Betroffenen[15] und der Verpflichtung und Aushändigung der Bestellungsurkunde[16]), der vorläufige Einwilligungsvorbehalt und die Betreuerentlassung durch einstweilige Anordnung im Sinne des § 300 Abs. 2 als auch sonstige einstweiligen Anordnungen (§ 49) einschließlich vorläufiger Maßnahmen nach § 1846 BGB. Zum Begriff des Fürsorgebedürfnisses siehe Rn 3.

7 Abs. 2 S. 2 der Vorschrift behandelt das Verhältnis zwischen der Zuständigkeit des Eilgerichts und derjenigen des nach Abs. 1 allgemein zuständigen Gerichts. Der Wortlaut begründet unmittelbar nur die Verpflichtung des Eilgerichts, das allgemein zuständige Gericht von den angeordneten Eilmaßnahmen zu unterrichten. Als Adressaten der Mitteilung kommen die vorrangig zuständigen Gerichte nach Abs. 1 Nr. 1 bzw. Nr. 2 (das Gericht, das bereits eine Betreuung führt bzw. dasjenige des gewöhnlichen Aufenthalts des Betroffenen) in Betracht. Abs. 2 S. 2 benennt zwar auch das AG Schöneberg (Abs. 1 Nr. 4) als möglichen Adressaten einer Mitteilung. Eine praktische Grundlage dürfte dafür jedoch kaum bestehen, weil das Gericht des Fürsorgebedürfnisses in der Rangfolge des Abs. 1 selbst vorrangig vor dem AG Schöneberg als allgemein zuständiges Gericht berufen ist.

8 Die in Abs. 2 S. 2 vorgesehene Mitteilung bezweckt, dem allgemein zuständigen Gericht die Fortführung der Eilmaßnahmen im Rahmen seiner Zuständigkeit zu ermöglichen. Nach gefestigter Auffassung, die zu den Vorgängerregelungen der §§ 44 S. 2, 65 Abs. 5 S. 2 FGG entwickelt worden ist, ist die Zuständigkeit des Gerichts für Eilmaßnahmen nur eine subsidiäre. Sie tritt **neben** die bestehen bleibende allgemeine Zuständigkeit des Gerichts des gewöhnlichen Aufenthalts des Betroffenen. Dies bedeutet nicht, dass das Eilgericht berechtigt ist, Eilmaßnahmen im Hinblick auf die parallele ordentliche Zuständigkeit eines anderen Gerichts etwa mit der Begründung abzulehnen, die notwendigen Ermittlungen und Entscheidungen könnten auch durch das andere Gericht im Rahmen seiner ordentlichen Zuständigkeit getroffen werden.[17] Denn die Zuständigkeit des Eilgerichts ist vorrangig im Hinblick auf vorläufige Maßnahmen, um im Interesse des Betroffenen kurzfristige vorläufige Entscheidungen treffen zu können. Der Schutz betreuungsrechtlicher Eilmaßnahmen soll nicht davon abhängig sein, dass der Richter des AG, in dessen Bezirk der Betroffene seinen gewöhnlichen Aufenthalt hat, dem Betroffenen hinterreist, um nach Anhörung des Betroffenen und weiterer Ermittlungen vor Ort die erforderlichen Maßnahmen treffen zu können. Dies gilt auch, wenn es sich um benachbarte Gerichtsbezirke handelt.

9 Andererseits **endet** die Zuständigkeit des Eilgerichts, wenn es die vorläufige betreuungsrechtliche Maßnahme getroffen hat. Das Eilgericht muss aber selbst alle Verfahrenshandlungen vornehmen, die zu der Eilmaßnahme gehören, insbesondere gem. § 332 S. 2 eine zunächst unterbliebene persönliche Anhörung des Betroffenen nachholen.[18] Die Zuständigkeit des Eilgerichts entfällt ferner dann, wenn das Fürsorgebedürfnis aus anderen Gründen entfallen ist.[19] Die gesetzliche Vorschrift geht davon aus, dass parallel zu der vorläufigen Maßnahme des Eilgerichts gleichzeitig auch die Zuständigkeit des nach Abs. 1 allgemein zuständigen Gerichts begründet wird, das verpflichtet ist, das durch die Prüfung einer Eilmaßnahme eingeleitete Verfahren fortzuführen. Die Selbstständigkeit des Verfahrens auf Erlass einer einstweiligen Anordnung (§ 51 Abs. 3 S. 1) steht einer Abgabe der Sache an das allgemein zuständige Gericht nicht entgegen.[20] Denn dieses hat neben dem von Amts wegen einzuleitenden Verfahren in der Hauptsache auch zu prüfen, ob die erlassene einstweilige Anordnung aufzuheben oder zu ändern ist (§ 54 Abs. 1).

---

[15] OLG Frankfurt FGPrax 2009, 161 = FamRZ 2009, 1707.
[16] OLG Frankfurt FGPrax 2004, 287.
[17] Jansen/Sonnenfeld § 70 FGG Rn 20.
[18] OLG Frankfurt FGPrax 2009, 161 = FamRZ 2009, 1707.
[19] BayObLG BtPrax 2002, 270; FamRZ 2000, 1442; FGPrax 1996, 145.
[20] A. A. HK-BUR/Bauer § 272 Rn 24.

Einem **Wechsel des gewöhnlichen Aufenthalts** des Betroffenen in einen weiteren 10
Gerichtsbezirk nach der Eilmaßnahme kann deshalb nur durch eine Abgabe nach den §§ 4
S. 1, 273 Rechnung getragen werden.[21] Über die Verpflichtung zur Fortführung des Verfahrens durch das allgemein zuständige Gericht ist im Verfahren nach § 5 Abs. 1 Nr. 2 zu entscheiden, es handelt sich nicht um eine Abgabe des Verfahrens im Sinne des § 4.[22] Gleichwohl führt die Übersendung der Akten nach Erlass der Eilmaßnahme zu einem Zuständigkeitswechsel der Amtsgerichte, die auch einen Wechsel der örtlichen Zuständigkeit der Rechtsmittelgerichte nach sich zieht: Über eine Beschwerde gegen die von dem Eilgericht getroffene vorläufige Maßnahme hat nach der Übersendung der Akten an das allgemein zuständige Gericht dasjenige LG zu entscheiden, das dem letztgenannten übergeordnet ist.[23]

IV. Weitere Zuständigkeitsfragen

Die sachliche Zuständigkeit des AG ergibt sich aus § 23 a Abs. 1 Nr. 2 GVG, die internationale Zuständigkeit richtet sich nach § 104 bzw. vorrangig nach dem ErwSÜ (vgl. dazu näher § 104 Rn 2). Die funktionelle Zuständigkeit ist nach näherer Maßgabe des Richtervorbehalts in § 15 RPflG zwischen Richter und Rechtspfleger aufgeteilt.

Abgabe bei Änderung des gewöhnlichen Aufenthalts

273

¹ Als wichtiger Grund für eine Abgabe im Sinne des § 4 Satz 1 ist es in der Regel anzusehen, wenn sich der gewöhnliche Aufenthalt des Betroffenen geändert hat und die Aufgaben des Betreuers im Wesentlichen am neuen Aufenthaltsort des Betroffenen zu erfüllen sind. ² Der Änderung des gewöhnlichen Aufenthalts steht ein tatsächlicher Aufenthalt von mehr als einem Jahr an einem anderen Ort gleich.

I. Normzweck

Die Vorschrift muss im Zusammenhang mit der Neuregelung des Abgabeverfahrens in der 1
allgemeinen Vorschrift des § 4 verstanden werden. Diese Neuregelung hat in begrüßenswerter Weise das einerseits auf Verfahren vor dem bisherigen Vormundschafts- und Familiengericht beschränkte, andererseits mit einer Vielzahl von Alternativen verästelte Abgabeverfahren (§§ 46, 65 a FGG) stark vereinfacht. Hinsichtlich der Durchführung des Abgabeverfahrens und der Wirkungen der Abgabe wird auf die Kommentierung zu den §§ 4 und 5 verwiesen. § 273 trifft in diesem Zusammenhang lediglich eine ergänzende Regelung zu den sachlichen Abgabevoraussetzungen; darauf sollen die Erläuterungen hier beschränkt werden.

II. Anwendungsbereich

§ 273 bezieht sich auf sämtliche Betreuungssachen im Sinne des § 271. Als Betreuungs- 2
sache in diesem Sinn ist aufgrund der klarstellenden Formulierung in § 271 Nr. 1 und 2 bereits ein Verfahren zu behandeln, das die Prüfung der Erforderlichkeit einer Betreuerbestellung bzw. die Anordnung eines Einwilligungsvorbehalts betrifft.[1] Ist bereits ein Betreuer bestellt worden, kann Gegenstand der Abgabe nur die Betreuung als Dauerverfahren insgesamt sein, nicht jedoch einzelne Verrichtungen im Rahmen dieses Verfahrens. Dies folgt aus der Zuständigkeitsregelung in § 272 Nr. 1, die eine Konzentration sämtlicher Folgeentscheidungen bei dem Gericht bezweckt, das die Betreuungssache führt. Dem entspricht es, dass das Gesetz in § 314 eine Sonderregelung für betreuungsrechtliche Unterbringungssachen im Sinne des § 312 Nr. 1 und 2 vorsieht.[2]

In den Anwendungsbereich des § 273 einzubeziehen sind auch die betreuungsgerichtlichen Zuweisungssachen im Sinne des § 340. Für diese verweist zwar § 341 hinsichtlich 3

---

[21] OLG Hamm NJW-RR 2007, 157; OLG Zweibrücken FGPrax 2009, 116.
[22] BayObLG BtPrax 2002, 270; FamRZ 2000, 1442; FGPrax 1996, 145.
[23] BayObLG BtPrax 2002, 129; FamRZ 1996, 1157.
[1] Ebenso bereits zum bisherigen Recht BayObLG FamRZ 1993, 449; KG OLGR 2005, 563 = BeckRS 2005, 04978; sowie § 65 a Abs. 2 FGG i. d. F. durch das 2. BtÄndG.
[2] Bassenge/Roth § 273 Rn 1; a. A. Prütting/Helms/Fröschle § 273 Rn 5 f. und § 297 Rn 23.

der örtlichen Zuständigkeit ausdrücklich nur auf § 272. Was aber für die Bestimmung der örtlichen Zuständigkeit gelten soll, muss sinngemäß auch für die Voraussetzungen einer Abgabe des Verfahrens gelten.

4   § 273 gilt nunmehr auch uneingeschränkt für eine Abgabe des Verfahrens durch das nach § 272 Abs. 1 Nr. 4 tätig gewordene AG Schöneberg in Berlin. Die bisher durch die Verweisung auf § 36 Abs. 2 S. 2 FGG vorgesehene Bindungswirkung an die Abgabeverfügung des AG Schöneberg ist entfallen.

III. Materielle Abgabevoraussetzungen

1. Wichtiger Grund

5   Die Abgabe setzt auch im betreuungsrechtlichen Verfahren das Vorliegen eines wichtigen Grundes im Sinne des § 4 S. 1 voraus. § 273 Abs. 1 beschränkt sich inhaltlich übereinstimmend mit der bisherigen Regelung in § 65 a Abs. 1 S. 2 FGG darauf, für häufige Fallgestaltungen den Begriff des wichtigen Grundes zu präzisieren. Die zum bisherigen Recht entwickelten Beurteilungsmaßstäbe können deshalb fortgeführt werden. Maßgebend ist danach, ob durch die Abgabe im konkreten Fall unter Berücksichtigung der Interessen des Betroffenen eine zweckmäßigere und leichtere Führung des Betreuungsverfahrens ermöglicht wird. Im Vordergrund hat das Wohl des Betroffenen zu stehen. Aber auch das Interesse des Betreuers an einer möglichst einfachen Gestaltung seiner Amtsführung ist zu berücksichtigen, soweit dadurch das Belange des Betreuten nicht beeinträchtigt werden.[3]

6   Für die Gewichtung der Umstände des Einzelfalls lässt sich aus der Sonderregelung in § 273 Abs. 1 S. 1 folgende Leitlinie ableiten: Die Betreuung soll auch bei einer Veränderung der Lebensumstände des Betroffenen regelmäßig von demjenigen Gericht geführt werden, in dessen Bezirk der Betroffene seinen tatsächlichen Lebensmittelpunkt hat. Die Vorschrift drückt die Tendenz aus, dass regelmäßig die ortsnah zum Aufenthalt des Betroffenen durchgeführte Wahrnehmung der gerichtlichen Geschäfte in Betreuungssachen seinem Wohl am besten entspricht. Auf diese Weise soll auch bei einem Aufenthaltswechsel des Betroffenen gewährleistet werden, dass die nach den betreuungsverfahrensrechtlichen Vorschriften (§§ 278, 298, 299) zur Vorbereitung betreuungsrechtlicher Entscheidungen regelmäßig erforderliche persönliche Anhörung des Betroffenen durch den Richter des ortsnahen Gerichts durchgeführt werden kann.[4] Diese Tendenz des Gesetzes wird durch § 273 S. 2[5] noch verstärkt, indem die Begründung eines neuen tatsächlichen Aufenthalts nach Ablauf eines Jahres dem Wechsel des gewöhnlichen Aufenthalts (S. 1) gleichgestellt wird. Dadurch soll auch eine rationale Arbeitsweise des Gerichts gefördert werden.[6]

7   **Beispiele aus der Rechtsprechung:** Häufigster Anwendungsfall der Abgabe einer Betreuung ist in der Praxis der Aufenthaltswechsel des Betroffenen in einen anderen Gerichtsbezirk, der im Zusammenhang mit einem **Heimaufenthalt** steht. Dabei hat ein Aufenthaltswechsel nicht etwa deshalb unberücksichtigt zu bleiben, weil die tatsächliche Entfernung zwischen dem Heim und dem bisher zuständigen Amtsgericht geringer ist als diejenige zu dem Gericht in dem Gerichtsbezirk, in dem die neue Einrichtung belegen ist.[7] Sind dem Betreuer Aufgabenkreise auch aus dem Bereich der Personensorge übertragen, wird regelmäßig davon auszugehen sein, dass i. S. d. § 273 S. 1 auch die Aufgaben des Betreuers im Wesentlichen am neuen Aufenthaltsort des Betroffenen zu erfüllen sind. Dem steht nicht entgegen, dass dem Betreuer zusätzlich auch die Vermögenssorge übertragen ist, es sei denn, der Vermögensverwaltung kommt nach den tatsächlichen Umständen des Einzelfalls ein solches Gewicht zu, dass sie in ihrer Bedeutung die anderen Aufgabenkreise deutlich überwiegt.

8   Ist zu erwarten, dass in absehbarer Zeit **weitere betreuungsrechtliche Maßnahmen erforderlich** werden, die die persönliche Anhörung des Betroffenen erfordern, spricht dies entsprechend der Zielsetzung der Vorschrift deutlich für eine Abgabe des Verfahrens.

---

[3] BayObLGZ 1998, 1/2; 1996, 274/276; OLG Hamm FamRZ 1994, 449.
[4] BayObLG FamRZ 1997, 439; FamRZ 1993, 449; OLG Hamm FamRZ 1994, 449.
[5] Erstmals eingeführt durch das 2. BtÄndG in § 65 a Abs. 1 S. 2 2. Halbs.
[6] BT-Drs. 15/2494, S. 18, 40; OLG Schleswig FGPrax 2006, 23 = FamRZ 2006, 506.
[7] OLG Hamm FGPrax 2010, 214.

9 Vielfach haben sich ehrenamtliche Betreuer gegen eine Abgabe mit dem Argument ausgesprochen, es habe sich eine vertrauensvolle Zusammenarbeit zwischen ihnen und dem bisher zuständigen Gericht (etwa hinsichtlich der Abgabe und Prüfung von Berichten und Rechnungslegungen) entwickelt, das für sie auch leichter erreichbar sei. Indessen mutet die gesetzliche Vorschrift auch ehrenamtlichen Betreuern zu, nach einer Abgabe des Verfahrens Kontakt mit einem anderen AG aufzunehmen, diesem schriftliche Berichte zuzusenden und dergleichen mehr. Etwa erforderliche persönliche Vorsprachen bei dem übernehmenden Gericht können vielfach auch mit Besuchen des Betroffenen kombiniert werden. Dem Gesichtspunkt zu vermeiden, dass ein einzelner Betroffener zum Zweck seiner persönlichen Anhörung von dem Richter oder Rechtspfleger in einem auswärtigen Gerichtsbezirk aufgesucht werden muss, kommt gegenüber solchen Argumenten vorrangige Bedeutung zu.[8] Dies gilt auch dann, wenn das bisher zuständige Gericht aus Rücksichtnahme gegenüber dem Betreuer längere Zeit von einer Abgabe des Verfahrens abgesehen hat.[9]

10 Ein Aufenthaltswechsel des Betroffenen spricht für eine Abgabe auch dann, wenn gegen betreuungsrechtliche Entscheidungen des bisher zuständigen Gerichts Beschwerde eingelegt worden und diese noch nicht beschieden ist.[10]

11 Abgabegrund kann nur ein in tatsächlicher Hinsicht feststehender Aufenthaltswechsel des Betroffenen sein,[11] bei einem **wohnungslosen Betroffenen** kann aber bereits ausreichen, dass sein Aufenthalt in einer anderen Stadt als solcher feststeht.[12]

12 Beschränkt sich die Betreuerbestellung demgegenüber auf **Vermögensangelegenheiten**, kommt einem Aufenthaltswechsel des Betroffenen ein geringeres Gewicht zu.[13] Ein durch die Vermögensverwaltung gebildeter Schwerpunkt der Betreuertätigkeit kann sogar seinerseits einen wichtigen Grund zur Abgabe der Betreuung darstellen.[14]

2. Abgabereife

13 Unter dem Gesichtspunkt der Abgabereife wird die Frage behandelt, zu welchem Zeitpunkt im Rahmen eines laufenden Betreuungsverfahrens eine Abgabe durchgeführt werden kann. Regelmäßig geht es in diesem Zusammenhang darum, ob und in welchem Umfang das bisher zuständige Gericht Verrichtungen, die auf Antrag oder von Amts wegen zu treffen sind, noch zu Ende führen muss, bevor die Sache abgegeben werden kann. Dabei handelt es sich aber nicht um eine Frage der verfahrensrechtlichen Zulässigkeit der Abgabe, sondern um die Beurteilung des wichtigen Grundes bezogen auf den konkreten Stand des Betreuungsverfahrens zum Zeitpunkt der Abgabe.[15] Als Grundsatz wird dabei herausgestellt, dass das bisher zuständige Gericht vor einer Abgabe alle Verfügungen zu treffen hat, die zum Zeitpunkt der Abgabe auf Antrag oder von Amts wegen ergehen müssen.[16]

14 Dieser Gesichtspunkt betrifft insbesondere Rechtspflegergeschäfte in Betreuungssachen wie etwa die Einforderung von Jahresberichten, die Anforderung und Prüfung jährlicher Rechnungslegungen, die Genehmigung von Rechtsgeschäften, Vergütungsfestsetzungen und dergleichen. Regelmäßig ist es dem übernehmenden Gericht nicht zuzumuten, Verrichtungen vornehmen zu müssen, die das bisher zuständige Gericht vor der Abgabe bereits hätte erledigen müssen und aufgrund der bisherigen Befassung mit der Sache auch einfacher hätte erledigen können. Die Einbeziehung dieses Gesichtspunktes in die Beurteilung des wichtigen Grundes für die Abgabe zeigt, dass es sich bei diesem Grundsatz nicht um eine starre Regel handeln kann, sondern dass auch in diesem Zusammenhang Zweckmäßigkeitsgesichtspunkte über den Zeitpunkt einer Abgabe entscheiden müssen.[17]

---

[8] BayObLG BeckRS 2002, 30244621.
[9] BayObLG BeckRS 2003, 30330090.
[10] OLG Schleswig FGPrax 2005, 159.
[11] BayObLG Beschl. v. 21. 8. 2002, 3 Z AR 30/02.
[12] OLG Köln FGPrax 2006, 162.
[13] OLG Stuttgart BWNotZ 2006, 39.
[14] OLG Brandenburg FGPrax 1998, 56; OLG Celle FamRZ 1993, 220.
[15] Damrau/Zimmermann § 273 FamFG Rn 15.
[16] BayObLG FamRZ 1995, 483; FamRZ 1994, 1189; OLG Brandenburg FamRZ 2001, 38; OLG Karlsruhe FamRZ 1994, 449; OLG Zweibrücken Rpfleger 1992, 443.

15 Eine abweichende Beurteilung kann insbesondere dann angebracht sein, wenn nach einem Aufenthaltswechsel über weitere betreuungsrechtliche Maßnahmen zu entscheiden ist, die eine persönliche Anhörung des Betroffenen erfordern und keinen Aufschub dulden. Bezogen auf seine konkrete Situation geht das objektive Interesse des Betroffenen daran, dass ein ortsnahes Gericht die Betreuung führt, regelmäßig dem Interesse des übernehmenden Gerichts vor, keine Aufgaben übernehmen zu müssen, die ein anderes Gericht – weil bereits sachkundig – mit weniger Arbeitsaufwand erledigen könnte.[18]

16 Kommt es für die Beurteilung der Abgabereife darauf an, ob das bisher zuständige Gericht noch weitere Verfügungen vorzunehmen hat, so ist auf den Zeitpunkt abzustellen, zu dem das übernehmende Gericht zur Frage der Übernahme angehört worden ist; denn erst mit dieser Anhörung werden die verfahrensrechtlichen Voraussetzungen der Abgabe geschaffen.

17 Lehnt das ersuchte Gericht die Übernahme zu Recht wegen fehlender Abgabereife ab, so hat das bisher zuständige Gericht über die noch zu treffenden Maßnahmen hinaus auch noch etwa bei ihm eingehende weitere Anträge zu bearbeiten.[19]

18 Von der Abgabereife zu unterscheiden sind Beanstandungen gegen die bislang ergangenen Sachentscheidungen bzw. das ihnen zugrunde liegende Verfahren, die dem ersuchten Gericht Anlass geben die Übernahme abzulehnen, sei es auch nur vorübergehend bis zur Behebung der bezeichneten Beanstandungen. In diesem Zusammenhang ist es unzulässig, die Frage der Übernahme von Gründen abhängig zu machen, die lediglich auf einem Streit der Gerichte über die zweckmäßige und ordnungsgemäße Führung der Betreuung durch das bisherige Gericht beruhen und mit dem Wohl des Betroffenen, soweit es durch diese Frage berührt wird, nichts zu tun haben; aus seiner Sicht bestehende etwaige Versäumnisse hat das übernehmende Gericht nachzuholen.[20]

3. Mehrere Betreuer

19 § 65a Abs. 1 S. 3 FGG sah bislang die Möglichkeit vor, bei Bestellung mehrerer Betreuer mit getrennten Aufgabenkreisen (§ 1899 Abs. 1 S. 2 BGB) das nur einen Betreuer betreffende Verfahren bei Vorliegen eines wichtigen Grundes abzugeben. Diese Möglichkeit ist in das FamFG nicht übernommen worden, um der Gefahr widersprechender Sachentscheidungen der Gerichte zu begegnen.[21]

4. Verfahren der Abgabe

20 Verwiesen wird zunächst auf die Erläuterungen zu den allgemeinen Vorschriften der §§ 4 und 5. Bereits seit den Änderungen des Verfahrensrechts durch das 2. BtÄndG bedarf die Abgabe nicht mehr der Zustimmung des Betreuers.[22] Herzustellen ist vielmehr nach § 4 S. 1 lediglich noch ein Einvernehmen zwischen dem bisher zuständigen und dem übernehmenden Gericht über eine Abgabe des Verfahrens. Vor einer Abgabeverfügung des bisher zuständigen Gerichts ist deshalb das um Übernahme ersuchte Gericht zur Frage seiner Übernahmebereitschaft zu hören. Den Beteiligten (siehe dazu näher die Erläuterungen zu § 274) ist zu der beabsichtigten Abgabe des Verfahrens nach § 4 S. 2 das rechtliche Gehör zu gewähren. Einer besonderen Bestellung eines Verfahrenspflegers nur für das Abgabeverfahren bedarf es nicht.[23] Die Abgabeentscheidung ist nicht mit der Beschwerde anfechtbar.[24] Eine obergerichtliche Entscheidung nach § 5 Abs. 1 Nr. 5 über eine Verpflichtung

---

[17] BayObLG FamRZ 1997, 439; FamRZ 2000, 1299; OLG Karlsruhe FamRZ 1994, 449; OLG München FGPrax 2008, 67; OLG Zweibrücken Rpfleger 1982, 483.
[18] OLG Köln NJOZ 2001, 1843; OLG München FGPrax 2008, 67 = FamRZ 2008, 920 zu § 65a FGG; Knittel § 65a FGG Rn 14.
[19] OLG München FGPrax 2008, 67 = FamRZ 2008, 920.
[20] OLG Celle DAVorm 1987, 713, 714; NdsRpfl. 1966, 196; OLG Freiburg Rpfleger 1952, 493; OLG Hamm Rpfleger 1958, 189.
[21] BT-Drs. 16/6308 S. 264.
[22] OLG Köln FGPrax 2006, 72 = FamRZ 2006, 803.
[23] BayObLG FamRZ 2000, 1443; FamRZ 1998, 1182.
[24] BGH FGPrax 2011, 101 = FamRZ 2011, 282; a. A. Jürgens/Kretz § 273 FamFG Rn 14.

zur Übernahme des Verfahrens kommt entsprechend dem bisher geltenden Recht nur noch in Betracht, wenn sich die beteiligten Gerichte über eine Abgabe des Verfahrens nicht haben einigen können.

Beteiligte

274 (1) Zu beteiligen sind
1. der Betroffene,
2. der Betreuer, sofern sein Aufgabenkreis betroffen ist,
3. der Bevollmächtigte im Sinne des § 1896 Abs. 2 Satz 2 des Bürgerlichen Gesetzbuchs, sofern sein Aufgabenkreis betroffen ist.

(2) Der Verfahrenspfleger wird durch seine Bestellung als Beteiligter zum Verfahren hinzugezogen.

(3) Die zuständige Behörde ist auf ihren Antrag als Beteiligte in Verfahren über
1. die Bestellung eines Betreuers oder die Anordnung eines Einwilligungsvorbehalts,
2. Umfang, Inhalt oder Bestand von Entscheidungen der in Nummer 1 genannten Art
hinzuzuziehen.

(4) Beteiligt werden können
1. in den in Absatz 3 genannten Verfahren im Interesse des Betroffenen dessen Ehegatte oder Lebenspartner, wenn die Ehegatten oder Lebenspartner nicht dauernd getrennt leben, sowie dessen Eltern, Pflegeeltern, Großeltern, Abkömmlinge, Geschwister und eine Person seines Vertrauens,
2. der Vertreter der Staatskasse, soweit das Interesse der Staatskasse durch den Ausgang des Verfahrens betroffen sein kann.

I. Anwendungsbereich und Normzweck

Die Vorschrift trifft eine nähere Regelung zur formellen Beteiligtenstellung im Betreuungsverfahren. Angeknüpft wird an den Beteiligtenbegriff der allgemeinen Vorschrift des § 7 mit dem Ziel, die Beteiligtenstellung auf der formellen Ebene des Verfahrensrechts zu erfassen (vgl. dazu näher § 7 Rn 7). Die Vorschrift ist auf die Besonderheiten des Betreuungsverfahrens ausgerichtet, schließt jedoch in Einzelpunkten eine ergänzende Anwendung des § 7 nicht aus. Abs. 1 und 2 betreffen diejenigen Personen, die das Gericht von Amts wegen zu beteiligen hat, Abs. 3 die zwingende Beteiligung der Betreuungsbehörde auf ihren Antrag (Muss-Beteiligte im Sinne des § 7 Abs. 2), Abs. 4 die in das Ermessen des Gerichts gestellte Beteiligung weiterer Personen (Kann-Beteiligte im Sinne des § 7 Abs. 3). 1

II. Die Muss-Beteiligten

1. Der Betroffene

Der Betroffene ist bereits nach § 7 Abs. 2 Nr. 1 Beteiligter, weil er durch das Verfahren unmittelbar in seinen Rechten betroffen wird. Wohl aus Gründen der Übersichtlichkeit wird er in Abs. 1 Nr. 1 der Vorschrift noch einmal ausdrücklich als zwingend zu beteiligen genannt. Zu der Rechtsstellung des Betroffenen als Verfahrensbeteiligter siehe näher die Erläuterungen zu § 275. 2

2. Der Betreuer

Nach **Abs. 1 Nr. 2** der Vorschrift ist zwingend der Betreuer zum Verfahren hinzuziehen bei Verfahren, die seinen Aufgabenkreis betreffen. Es kann sich dabei handeln um die Genehmigung von Rechtsgeschäften des Betreuers innerhalb der ihm übertragenen Aufgabenkreises, ferner um die Einschränkung oder die Erweiterung des Aufgabenkreises[1] sowie die Anordnung oder Aufhebung eines Einwilligungsvorbehalts. 3

---

[1] BayObLG NJW-RR 1997, 967 = FamRZ 1998, 452; Bassenge/Roth § 274 FamFG Rn 4; Damrau/Zimmermann § 274 FamFG Rn 4.

3. Der Vorsorgebevollmächtigte

4   Nach Abs. 1 Nr. 3 ist weiter von Amts wegen ein Vorsorgebevollmächtigter im Sinne des § 1896 Abs. 2 S. 2 BGB zu beteiligen, sofern sein Aufgabenkreis betroffen ist. Die Gesetzesbegründung stellt als Grund für die ausdrückliche Einbeziehung in die Aufzählung heraus, dem Vorsorgebevollmächtigten solle die Möglichkeit eröffnet werden, einer Beeinträchtigung eigener Rechte durch einen drohenden Widerruf seiner Bevollmächtigung im Falle der Bestellung eines Betreuers bzw. eines Vollmachtsüberwachungsbetreuers (§ 1896 Abs. 3 BGB) entgegen treten zu können.[2] Die Überzeugungskraft dieses Arguments erscheint begrenzt, nachdem die Rechtsprechung überwiegend dem Vorsorgebevollmächtigten in diesen Fällen ein eigenes Beschwerderecht aufgrund des § 20 Abs. 1 FGG versagt hat.[3] Unabhängig von der durch die Einbeziehung in die Aufzählung entbehrlich gewordenen Entscheidung, ob der Vorsorgebevollmächtigte durch eine Betreuerbestellung in eigenen Rechten betroffen wird, die sonst im Hinblick auf § 7 Abs. 2 Nr. 1 erforderlich geworden wäre, erscheint seine zwingende Hinzuziehung sinnvoll, weil die Erteilung der Vollmacht ein Zeichen des ihm von dem Betroffenen entgegengebrachten Vertrauens ist, dessen Tragfähigkeit nach § 1896 Abs. 2 S. 1 BGB einer näheren Überprüfung bedarf. Beteiligter ist auch derjenige, dessen wirksame Bevollmächtigung in dem Verfahren erst noch zu überprüfen ist.[4]

4. Drittbetroffene

5   Im Einzelfall kann ein **Dritter** nach § 7 Abs. 2 Nr. 1 als Beteiligter zum Verfahren hinzuzuziehen sein. Im Regelfall dienen allerdings sowohl die Betreuerbestellung als auch die Folgeentscheidungen ausschließlich dem Fürsorgebedürfnis des Betroffenen, so dass eine Beeinträchtigung eigener Rechte dritter Personen ausgeschlossen ist. Gleichwohl können andere betreuungsrechtliche Entscheidungen im Einzelfall zu einem unmittelbaren Eingriff in Rechte eines Dritten führen, bspw. bei einer Umgangsregelung mit dem Inhalt eines Kontaktverbotes.[5] Zu einer anderen Beurteilung kann führen, wenn die betreuungsrechtliche Entscheidung auch oder ausschließlich der Wahrung der Rechte eines Dritten dient. Dazu kann es allerdings entgegen der Gesetzesbegründung nicht ausreichen, dass eine bestimmte Person als künftiger Betreuer vorgesehen ist, weil die Notwendigkeit der Betreuerbestellung bereits feststeht und die Betreuerauswahl sich auf diese Person konzentriert.[6] Denn es gibt kein subjektives Recht auf eine Betreuerbestellung.[7]

6   Andererseits ist bspw. anerkannt, dass ein Betreuer auch im ausschließlichen Interesse eines Dritten bestellt werden darf, wenn die Geltendmachung von Rechten gegen den Betroffenen in Frage steht und der Dritte daran ohne die Bestellung eines Betreuers wegen (partieller) Geschäftsunfähigkeit des Betroffenen gehindert wäre. Die Rechtsprechung geht in diesem Zusammenhang von einer unmittelbaren Beeinträchtigung eigener Rechte des Dritten durch die Entscheidung aus.[8] In solchen Fällen muss der Dritte, der eine Betreuerbestellung angeregt hat, als Verfahrensbeteiligter behandelt werden.

7   Muss-Beteiligte nach § 7 Abs. 2 Nr. 1 ist ferner die **Staatskasse,** wenn im Verfahren nach den §§ 292 Abs. 1, 168 über die förmliche Festsetzung einer aus der Staatskasse zu erstattenden Vergütung zu entscheiden ist.

5. Der Verfahrenspfleger

8   Abs. 2 knüpft an die Bestellung als Verfahrenspfleger unmittelbar die Rechtsstellung eines Verfahrensbeteiligten, ohne dass es eines weiteren Verfahrensaktes bedarf. Zur Rechtsstellung des Verfahrenspflegers siehe näher die Erläuterungen zu § 276 Rn 12, 13.

---

[2] BT-Drs. 16/6308 S. 265.
[3] BayObLG FGPrax 2003, 171; OLG Stuttgart FGPrax 1995, 87; a. A. OLG Zweibrücken FGPrax 2002, 260.
[4] Knittel § 274 FamFG Rn 29; Damrau/Zimmermann § 274 FamFG Rn 5; HK-BUR/Bauer § 274 FamFG Rn 33.
[5] BGH FGPrax 2010, 291 = FamRZ 2010, 1975.
[6] BT-Drs. 16/6308 S. 265.
[7] BGH NJW 1996, 1825.
[8] BayObLG NJW-RR 1998, 1459 = FamRZ 1998, 922; FGPrax 1996, 106 = FamRZ 1996, 1369.

6. Die Betreuungsbehörde

Abs. 3 der Vorschrift macht von der in § 7 Abs. 2 Nr. 2 vorgesehenen Möglichkeit **9** Gebrauch, der Behörde ein auf Antrag zu gewährendes Recht auf Hinzuziehung als Verfahrensbeteiligte einzuräumen. Dieses Recht bezieht sich nicht auf sämtliche, sondern nur auf die in Nr. 1 und 2 genannten betreuungsrechtlichen Verfahren. Deren Formulierung will sich an die bisherige Fassung der §§ 69g Abs. 1, 69i Abs. 3, 5 und 8 FGG anlehnen,[9] geht aber systembedingt über diese hinaus: Die bisherige Fassung der genannten Vorschriften des FGG betrifft die Beschwerdebefugnis u. a. der Behörde und knüpft deshalb an den Tenor der bereits getroffenen erstinstanzlichen Entscheidung an. § 274 Abs. 3 räumt demgegenüber der Behörde ein Beteiligungsrecht ein, um zu gewährleisten, dass ihr sachverständiger Standpunkt bei der noch zu treffenden gerichtlichen Entscheidung berücksichtigt werden kann. Das Beteiligungsrecht der Behörde kann sich deshalb nur auf einen bestimmten Verfahrensgegenstand ohne Rücksicht auf den späteren Inhalt der gerichtlichen Entscheidung beziehen. Mit dem Beteiligungsrecht der Behörde korrespondiert inhaltlich ihr Beschwerderecht nach § 303 Abs. 1. In der Formulierung des § 274 Abs. 3 kommt dies durch die Formulierung „in Verfahren über" zum Ausdruck.

Nr. 1 der Vorschrift erfasst zunächst sämtliche Verfahren, die eine Betreuerbestellung **10** und/oder die Anordnung eines Einwilligungsvorbehalts zum Gegenstand haben, auch wenn das Gericht ggf. bereits die Ablehnung einer entsprechenden Anregung in Aussicht genommen hat.

Die Formulierung in **Nr. 2** (Verfahren über den Umfang, Inhalt oder Bestand Entschei- **11** dung nach Nr. 1) ist bewusst weit gefasst und betrifft sämtliche Verfahrensgegenstände über die Veränderung einer bestehenden Betreuerbestellung bzw. eines angeordneten Einwilligungsvorbehalts, sei es eine Veränderung des Aufgabenkreises, die Aufhebung oder Verlängerung der Maßnahme, sei es eine Veränderung in der Person des bestellten Betreuers bei fortbestehender Maßnahme etwa bei Bestellung eines weiteren Betreuers oder der Entlassung des bisherigen und der Neubestellung eines anderen Betreuers.[10]

Das **Verfahren der Hinzuziehung** der Behörde richtet sich nach § 7 Abs. 4: Das **12** Gericht ist nach S. 1 dieser Vorschrift zunächst verpflichtet, die Behörde von der Einleitung eines Verfahrens, auf das sich das Beteiligungsrecht der Behörde nach § 274 Abs. 3 bezieht, zu benachrichtigen. Der Inhalt dieser Benachrichtigung ist nicht im Einzelnen vorgegeben. Sie muss jedenfalls nach den Umständen des Einzelfalls so gefasst sein, dass die Behörde erfassen kann, um welchen Verfahrensgegenstand es sich handelt, mag sie sich selbst ggf. auch weitere Informationen beschaffen müssen, um sachgerecht entscheiden zu können, ob sie den Antrag auf ihre Zuziehung als Verfahrensbeteiligte stellen will. Handelt es sich um Verfahren auf eine Betreuerbestellung, wird es sachgerecht sein, vorhandene Unterlagen (eine schriftliche Verfahrensanregung und ein etwa bereits vorgelegtes ärztliches Zeugnis) der Benachrichtigung abschriftlich beizufügen.

Nach § 7 Abs. 4 S. 2 der Vorschrift muss die Benachrichtigung ferner eine Belehrung **13** über das Antragsrecht enthalten. Diese Belehrungspflicht ist gegenüber einer Behörde, die über ihr Antragsrecht unterrichtet sein muss, kaum sinnvoll, jedoch gleichwohl zwingend im Gesetz vorgesehen. Die erforderliche Belehrung kann bei einer formularmäßigen Bearbeitung unschwer in Textbausteine eingebunden werden. Eine Frist für die Ausübung des Antragsrechts ist in § 7 Abs. 4 nicht vorgesehen und kann der Behörde somit auch nicht gesetzt werden.

Ihre Beteiligtenstellung mit den damit verbundenen Verfahrensrechten erwirbt die Be- **14** hörde für die Zukunft erst ab dem Zeitpunkt, in dem ihr Antrag bei Gericht eingeht. Die neue Vorschrift des § 274 Abs. 3 wird gegenüber dem bisherigen Recht, das in § 68a S. 1 FGG lediglich eine Anhörung der Behörde auf Verlangen des Betroffenen oder im Rahmen der Sachverhaltsaufklärung vorsah, zu einer Vervielfachung des Schriftverkehrs zwischen dem Gericht und der Betreuungsbehörde führen, zumal die Benachrichtigungspflicht des Gerichts aus den in Rn 7 genannten Gründen immer auch dann eingreift, wenn im Ergebnis mit einer sachlichen Änderung der Betreuerbestellung ernstlich nicht zu rechnen

---

[9] BT-Drs. 16/6308 S. 265.
[10] So ausdrücklich die Begründung BT-Drs. 16/6308 S. 265.

ist, etwa weil das Gericht einen wiederholten Antrag des Betroffenen auf Aufhebung der Betreuung oder einen Betreuerwechsel abzulehnen beabsichtigt.

III. Die Kann-Beteiligten

1. Angehörige

15 In Abs. 4 wird von der in § 7 Abs. 3 vorgesehenen Möglichkeit Gebrauch gemacht, dass das Gericht fakultativ weitere Personen zum Verfahren hinzuziehen kann. Zu diesem Personenkreis gehören nach Nr. 1 der Vorschrift zunächst die nahen Angehörigen des Betroffenen. Der Zweck der Vorschrift entspricht demjenigen der Vorgängerregelung in § 68a S. 3 FGG: Nahe Angehörige können durch Betreuungsmaßnahmen für den Betroffenen in schützenswerten ideellen Interessen berührt werden. Für Ehegatten, Eltern und Kinder gilt dies in besonderem Maße unter Berücksichtigung des Schutzbereichs des Art. 6 Abs. 1 GG. Nahe Angehörige eines nur beschränkt kommunikationsfähigen Betroffenen können zudem viel zur Sachverhaltsaufklärung im Hinblick auf bestehende Hilfsmöglichkeiten sowie die nach § 1901 Abs. 3 BGB zu berücksichtigenden Wünsche des Betroffenen beitragen. Während § 68a S. 3 FGG bislang nur die Anhörung naher Angehöriger vorsah, nimmt § 274 Abs. 4 nunmehr eine weitere Formalisierung ihrer Hinzuziehung zum Verfahren im Rahmen des Beteiligtenbegriffs vor.

16 Der **Kreis der Personen,** die nach Abs. 4 Nr. 1 als Verfahrensbeteiligte hinzugezogen werden können, wird offenbar im Hinblick auf das dem Gericht zustehende Ermessen weit gezogen. Neben dem nicht dauernd getrennt lebenden **Ehegatten** oder **Lebenspartner** des Betroffenen sind dies seine **Eltern, Pflegeeltern, Großeltern, Abkömmlinge** und **Geschwister.** Daneben kommt eine **Person des Vertrauens** des Betroffenen in Betracht, die nicht notwendig im Verfahren von dem Betroffenen benannt werden muss, wie der Unterschied zur entsprechenden Formulierung im Freiheitsentziehungsverfahrensrecht (§ 418 Abs. 3 Nr. 2) zeigt; es kann sich insbesondere um einen Lebensgefährten des Betroffenen handeln.

17 Abs. 4 Nr. 1 schränkt die Beteiligung von Angehörigen weiter dahin ein, dass diese nur **im Interesse des Betroffenen** erfolgen kann. Diese Einschränkung findet eine Entsprechung bei der Beschwerdebefugnis der nach § 303 Abs. 2 privilegierten Angehörigen. Die Gesetzesbegründung will mit dieser Formulierung eine Beteiligung von Angehörigen ausschließen, die den Interessen des Betroffenen zuwiderläuft. Dieses Interesse sei aus der subjektiven Sicht des Betroffenen zu beurteilen. Auf diese Weise solle seinen Wünschen und Belangen schon zum Zeitpunkt der Entscheidung über eine Beteiligung seiner Angehörigen berücksichtigt werden. Die Einschränkung trete an die Stelle des bisher in § 68a S. 3 FGG vorgesehenen Widerspruchsrechts des Betroffenen gegen eine Anhörung seiner Angehörigen.[11] Zweifelhaft bleibt, ob die gewählte Formulierung ausschließlich das von dem Betroffenen **so erklärte** Interesse oder auch das **wohlverstandene** Interesse des Betroffenen umfasst. Wäre die zweite Bedeutung nicht erfasst,[12] wären z.B. entgegen der bisherigen Rechtslage Eltern von der Beteiligung in einem Verfahren ausgeschlossen, in dem sie für ihr Kind gegen dessen Widerspruch eine Betreuerbestellung angeregt haben, die sie aus nachvollziehbaren Gründen für erforderlich halten. Überzeugender erscheint es deshalb, die gesetzliche Formulierung in diesem weiteren Sinne zu verstehen.[13] Durch die Einschränkung ausgeschlossen wird deshalb nur eine solche Beteiligung, mit der ein Angehöriger erkennbar nur eigene Interessen verfolgt (vgl. auch § 303 Rn 15 zu der inhaltsgleichen Einschränkung der Beschwerdebefugnis von Angehörigen).[14] Nicht selten ergibt sich in diesem Zusammenhang bei bestehender Nähebeziehung zwischen dem Betroffenen und dem Angehörigen eine Gemengelage eigener Interessen mit solchen des Betroffenen.

---

[11] BT-Drs. 16/6308 S. 265.
[12] So MünchKommZPO/Schmidt-Recla § 274 FamFG Rn 13, 14; Horndasch/Viefhues/Beermann § 274 Rn 12.
[13] Ebenso Damrau/Zimmermann § 274 FamFG Rn 19; HK-BUR Bauer § 274 FamFG Rn 40; Jurgeleit/Bučić § 274 Rn 22; Jürgens/Kretz § 274 Rn 13; Förschle/Locher § 274 Rn 25; SBW/Rausch § 274 Rn 12.
[14] Damrau/Zimmermann § 274 FamFG Rn 19.

Die beantragte Beteiligung eines Angehörigen sollte nur dann abgelehnt werden (§ 7 Abs. 5), wenn die Bewertung zu dem Ergebnis führt, dass seine persönlichen Interessen (etwa solche vermögensrechtlicher Art) eindeutig im Vordergrund stehen. Im Übrigen sollte ein erklärtes persönliche Interesse des Betroffenen, alle oder bestimmte Angehörige von der Beteiligung am Verfahren und damit von der Kenntnisnahme hochsensibler Informationen über seine Erkrankung oder Behinderung auszuschließen, im Rahmen der Ermessentscheidung des Gerichts (siehe Rn 12) in weitestgehend möglichem Umfang berücksichtigt werden.[15]

Das **Verfahren der Hinzuziehung** von Angehörigen des Betroffenen als Beteiligte ist vollständig in das pflichtgemäße Ermessen des Gerichts gestellt (§ 7 Abs. 3: „kann"). Dies gilt sowohl hinsichtlich der Frage, ob überhaupt und wenn ja welche Personen ggf. als Beteiligte hinzugezogen werden sollen. Das Gericht wird seine **Ermessensausübung** an Gesichtspunkten der Zweckmäßigkeit im Hinblick auf die sachlichen Voraussetzungen der zu treffenden Entscheidung, insbesondere also einer Betreuerbestellung, abhängig machen. Tragfähige Informationen über Einschränkungen der Lebensbewältigungskompetenz des Betroffenen und seinen tatsächlichen Hilfebedarf werden am ehesten von denjenigen Angehörigen zu erwarten sein, die mit dem Betroffenen durch ein Näheverhältnis verbunden sind. 18

Sofern das Gericht nicht bereits von dritter Seite Informationen über dafür in Betracht kommende Personen erhalten hat, wird es im Rahmen der persönlichen Anhörung des Betroffenen (§ 278) danach fragen müssen, inwieweit ein solches Näheverhältnis zu Angehörigen besteht, das zu ihrer Hinzuziehung als Beteiligte Anlass geben kann. Das Gericht ist zwar nach § 7 Abs. 4 S. 1 nicht verpflichtet, von Amts wegen Angehörige zu ermitteln, die ggf. als Beteiligte hinzuziehen sind. Regelmäßig ergibt sich jedoch aus der Anregung einer Betreuerbestellung, einem Sozialbericht der Betreuungsbehörde (§ 8 S. 2 BtBG) oder den eigenen Angaben des Betroffenen, zu welchen Angehörigen er einen näheren Kontakt gepflegt hat. Liegt danach die Beteiligung eines Angehörigen nahe, muss das Gericht etwaige Hindernisse beheben, die einer Hinzuziehung dieses Angehörigen entgegen stehen können, etwa eine fehlende Anschrift feststellen, die der Betroffene nicht mehr angeben kann.[16] 19

Für die **Durchführung der Hinzuziehung** als Beteiligte stehen dem Gericht wiederum zwei Wege zur Wahl (§ 7 Abs. 3): Es kann einen Angehörigen **von Amts wegen** hinzuziehen. Einer besonderen Form bedarf es dazu nicht. Erforderlich ist nur, dass dem Angehörigen erkennbar die Rolle eines Verfahrensbeteiligten zugedacht wird, etwa indem dieser zu Ermittlungen des Gerichts, insbesondere einer persönlichen Anhörung des Betroffenen, sei es auch nur formlos zugezogen wird und dort die Gelegenheit zu einer Stellungnahme erhält. In Abgrenzung dazu liegt eine Hinzuziehung als Verfahrensbeteiligter nicht bereits darin, dass das Gericht einen Angehörigen um eine Auskunft zu bestimmten tatsächlichen Vorgängen ersucht. Dies folgt aus § 7 Abs. 6, der auch dann gilt, wenn die Person, von der die Auskunft erbeten wird, zu den Kann-Beteiligten nach § 7 Abs. 3 gehört, jedoch vom Gericht nicht oder jedenfalls noch nicht von Amts wegen hinzugezogen werden soll. 20

Der zweite Weg ist die Einleitung eines **förmlichen Zwischenverfahrens** zur Entscheidung über die Hinzuziehung eines Angehörigen **auf** einen von ihm zu stellenden **Antrag**. In diesem Rahmen hat das Gericht nach § 7 Abs. 4 S. 1 zunächst den betreffenden Angehörigen von der Einleitung des Verfahrens zu unterrichten und ihn nach S. 2 der Vorschrift über sein Antragsrecht zu belehren. Unklar ist, welche sachlichen Informationen die Unterrichtung über die Einleitung des Verfahrens zu enthalten hat. Einerseits muss die Unterrichtung dem Angehörigen eine geeignete Grundlage für seine Entscheidung geben, einen Antrag auf Hinzuziehung zum Verfahren stellen zu wollen. Andererseits steht dem Angehörigen vor seiner abschließenden Hinzuziehung das Recht eines Verfahrensbeteiligten auf volle Information über den Verfahrensstand (§ 13 Abs. 1) noch nicht zu. Es wäre deshalb bedenklich, dem Angehörigen zusammen mit der Unterrichtung über die Einleitung des Verfahrens bereits vorhandene ärztliche Gutachten oder Zeugnisse über eine Erkrankung des Betroffenen zu übermitteln. Die Unterrichtung wird sich deshalb in allgemeiner Form 21

---

[15] Bahrenfuss/Brosey § 274 Rn 13.
[16] Damrau/Zimmermann § 274 FamFG Rn 35; Knittel § 274 FamFG Rn 23.

auf die Einleitung eines betreuungsrechtlichen Prüfungsverfahrens und die ggf. in Betracht kommenden Aufgabenkreise einer Betreuerbestellung zu beschränken haben. Es bleibt dann dem Empfänger überlassen, sich selbst die Informationen zu beschaffen, die er für seine Entscheidung über eine Antragstellung für erforderlich hält. Ein berechtigtes Interesse eines Angehörigen im Sinne des § 13 Abs. 2, zu diesem Zweck in die Betreuungsakten Einsicht zu nehmen, wird im Ausgangspunkt zu bejahen sein, wobei überwiegende Belange des Betroffenen, insbesondere bei beabsichtigter Ablehnung der Beteiligung wegen fehlender Nähebeziehung, auch eine Ablehnung der Einsichtgewährung rechtfertigen kann.

22 Die Belehrung über das Antragsrecht wird folgende weiteren Aspekte ansprechen müssen: Die Ermessensentscheidung über eine abschließende Hinzuziehung des Angehörigen (siehe Rn 17) kann sachgerecht nur getroffen werden, wenn dieser dem Gericht zumindest in Umrissen mitteilt, welche sachlichen Gesichtspunkte dieser im Hinblick auf die Erforderlichkeit einer Betreuerbestellung geltend zu machen beabsichtigt. Das Antragsrecht ist unbefristet (siehe Rn 8). Der Fortgang des Verfahrens wird durch die Unterrichtung des Angehörigen nicht berührt. Das Gericht wird indessen vor einer abschließenden Entscheidung eine den Umständen nach angemessene Frist von zwei bis drei Wochen abwarten müssen, um dem Angehörigen Gelegenheit zur Antragstellung und ggf. Beteiligung am Verfahren zu geben, zumal § 303 Abs. 2 eine Beschwerdebefugnis eines Angehörigen, der im Verfahren erster Instanz nicht beteiligt worden ist, ausschließt (siehe näher dort Rn 16).

23 Die **stattgebende Entscheidung des Gerichts** über den Antrag eines Angehörigen auf Zuziehung als Beteiligter kann wie im Fall der Zuziehung von Amts wegen formlos erfolgen (siehe Rn 20). Für die **Ablehnung** eines solchen Antrags ist zwingend die Form eines Beschlusses vorgesehen (§ 7 Abs. 5 S. 1). Es handelt sich um eine Zwischenentscheidung, die nach § 7 Abs. 5 S. 2 ausschließlich mit der **sofortigen Beschwerde** nach den §§ 567 bis 572 ZPO anfechtbar ist.[17] Legt ein Angehöriger ein solches Rechtsmittel ein, wird das Gericht regelmäßig gehindert sein, in dem betreuungsrechtlichen Verfahren eine abschließende Entscheidung in der Hauptsache zu treffen; ggf. muss der Zeitraum bis zum Vorliegen der Entscheidung des Beschwerdegerichts durch den Erlass einer einstweiligen Anordnung (§ 300) überbrückt werden.[18]

2. Die Staatskasse

24 Weiterer Kann-Beteiligter ist nach Abs. 4 Nr. 2 der Vertreter der Staatskasse, soweit das Interesse der Staatskasse durch den Ausgang des Verfahrens betroffen sein kann. Eine unmittelbare Betroffenheit eigener Rechte der Staatskasse wird hier – im Gegensatz zu einer Muss-Beteiligung nach § 7 Abs. 2 Nr. 1 – nicht vorausgesetzt. Gemeint sind damit die **fiskalischen Interessen** der Staatskasse, die sich aus ihrer Verpflichtung zur Erstattung von Aufwendungsersatz, Aufwandsentschädigung und Vergütung des Betreuers anstelle des mittellosen Betroffenen ergeben können (§§ 1835 Abs. 4, 1835 a Abs. 3 BGB; 1 Abs. 2 S. 2 VBVG).

25 Die Vorschrift findet einmal in den Fällen Anwendung, in denen § 304 Abs. 1 S. 2 der Staatskasse ausdrücklich ein Beschwerderecht einräumt, nämlich bei der Entscheidung über die Entlassung des Betreuers wegen vorsätzlich falscher Erteilung einer Abrechnung (§ 1908 b Abs. 1 S. 2 BGB) bzw. der Möglichkeit der Bestellung eines oder mehrerer ehrenamtlicher Betreuer anstelle eines Berufsbetreuers. Die fiskalischen Interessen der Staatskasse können darüber hinaus auch in anderen Verfahren mittelbar betroffen sein, soweit über vergütungsrelevante Fragen zu entscheiden ist. Dies betrifft bspw. die Feststellung, dass der Betreuer sein Amt berufsmäßig führt (§§ 1836 Abs. 1 S. 2 BGB; 1 Abs. 1 VBVG),[19] sowie in einem gegen den Betroffenen gerichteten Vergütungsfestsetzungsverfahren (§§ 292 Abs. 1, 168) die Vorfrage der Mittellosigkeit des Betroffenen (vgl. zur Beschwerdebefugnis der Staatskasse in diesen Fällen § 304 Rn 1).

26 Die Ausgestaltung als Kann-Beteiligung räumt auch hier dem Gericht ein pflichtgemäßes **Ermessen** ein, diejenigen in tatsächlicher oder rechtlichen Hinsicht zweifelhaften Fälle zu

---
[17] BGH FamRZ 2011, 966.
[18] Damrau/Zimmermann § 274 FamFG Rn 41.
[19] Damrau/Zimmermann § 274 FamFG Rn 23; Fröschle/Locher § 274 Rn 34.

bestimmen, in denen der Vertreter der Staatskasse von Amts wegen oder auf dessen Antrag zum Verfahren hinzuziehen ist.

Verfahrensfähigkeit

275 In Betreuungssachen ist der Betroffene ohne Rücksicht auf seine Geschäftsfähigkeit verfahrensfähig.

I. Anwendungsbereich

Das FamFG regelt die Verfahrensfähigkeit einer Person nunmehr in der Vorschrift des § 9 Abs. 1 Nr. 1 und 2 des Allgemeinen Teils in Anknüpfung an die bürgerlich-rechtliche Geschäftsfähigkeit. § 275 trifft für Betreuungssachen eine Sondervorschrift, die in § 9 Abs. 1 Nr. 4 ausdrücklich vorbehalten ist. Der Anwendungsbereich der Vorschrift bezieht sich auf sämtliche Betreuungssachen im Sinne des § 271. Geregelt wird damit die Verfahrensfähigkeit betroffener Personen sowohl in den Verfahren, in denen die Erforderlichkeit einer Betreuerbestellung bzw. der Anordnung eines Einwilligungsvorbehalts geprüft wird, als auch in Verfahren, die sämtliche Folgeentscheidungen nach einer Betreuerbestellung betreffen. Es handelt sich regelmäßig um volljährige Personen (§ 1896 Abs. 1 S. 1 BGB), im Fall der Prüfung einer Betreuerbestellung gem. § 1908a BGB kann Betroffener auch ein Minderjähriger sein, der das 17. Lebensjahr vollendet hat. Die Verfahrensfähigkeit in Unterbringungssachen (§ 312) ist in § 316 gesondert geregelt. 1

II. Regelungsinhalt

Übereinstimmend mit der Vorgängerregelung in § 66 FGG stellt § 275 sicher, dass der Betroffene in allen betreuungsrechtlichen Verfahren ohne Rücksicht auf seine Geschäftsfähigkeit als verfahrensfähig zu behandeln ist. Die von der Geschäftsfähigkeit unabhängige Verfahrensfähigkeit soll die Rechtsposition des Betroffenen im Betreuungsverfahren stärken. Der Betroffene soll nicht bloßes Verfahrensobjekt sein, er soll als Verfahrenssubjekt seinen Willen selbst im Verfahren äußern und seine Interessen selbst vertreten können. Die Verfahrensfähigkeit des Betroffenen ist damit Ausdruck der Anerkennung seiner Menschwürde und seines Persönlichkeitsrechts.[1] 2

III. Rechtsfolgen

1. Verfahrensbefugnisse des Betroffenen

Der Betroffene hat persönlich alle Befugnisse eines Verfahrensbeteiligten. Dies gilt insbesondere auch dann, wenn für ihn im Verfahren gem. § 276 ein Verfahrenspfleger bestellt wird. Die Rechtsstellung des Verfahrenspflegers als selbständiger Verfahrensbeteiligter (siehe § 274 Rn 8) beeinflusst nicht die verfahrensrechtliche Stellung, die dem Betroffenen aus eigenem Recht zusteht.[2] Dies bedeutet zunächst, dass dem Betroffenen unabhängig von der Pflicht zu seiner persönlichen Anhörung (§ 278) uneingeschränkt das rechtliche Gehör zu gewähren ist, insbesondere müssen ihm sämtliche Vorgänge, die Grundlage der gerichtlichen Entscheidung werden sollen, zur Kenntnis gebracht werden. Dies gilt vor allem für ein gem. § 280 eingeholtes Sachverständigengutachten, das dem Betroffenen im vollen Wortlaut übermittelt werden muss; es genügt nicht, das Gutachten lediglich einem bestellten Verfahrenspfleger zur Verfügung zu stellen. 3

Der Betroffene ist aufgrund seiner Verfahrensfähigkeit befugt, uneingeschränkt durch tatsächliches Vorbringen das Verfahren und das Ergebnis der zu treffenden Entscheidung zu beeinflussen. Er ist zu sämtlichen Verfahrenshandlungen befugt, beispielsweise auch berechtigt, die Ladung des Sachverständigen zur Erläuterung seines Gutachtens zu beantragen (§§ 397, 402 ZPO). Betreuungsrechtliche Entscheidungen (auch solche im Vergütungsfestsetzungsverfahren – §§ 292 Abs. 1, 168) sind auch dem Betroffenen persönlich bekannt zu 4

---

[1] BT-Drs. 11/4528 S. 89; OLG Saarbrücken FGPrax 1999, 108 = BtPrax 1999, 153.
[2] HK-BUR/Bauer § 275 FamFG Rn 11; Damrau/Zimmermann § 275 FamFG Rn 2.

machen (siehe näher § 288 Rn 2). Ist eine solche Bekanntmachung unterblieben, muss sich der Betroffene nicht etwa die Kenntnis seines Betreuers zurechnen lassen.[3]

5   Der Betroffene ist insbesondere auch zur selbständigen Einlegung eines Rechtsmittels befugt. Er ist uneingeschränkt berechtigt, zu seiner Vertretung im Verfahren einen Verfahrensbevollmächtigten zu bestellen, insbesondere also einen Rechtsanwalt mit seiner Vertretung zu beauftragen.[4] Dies schließt als Annex die Teilgeschäftsfähigkeit zum Abschluss eines schuldrechtlichen Geschäftsbesorgungsvertrags mit einem Rechtsanwalt ein, weil nur auf diese Weise eine anwaltliche Vertretung gewährleistet werden kann.[5] Ein etwa mit dem Aufgabenkreis der Vermögensangelegenheiten bestellter Betreuer muss deshalb den Vergütungsanspruch des bevollmächtigten Rechtsanwalts aus dem Einkommen oder Vermögen des Betroffenen erfüllen, ohne dass diesem jedoch ein Befriedigungsvorrecht gegenüber anderen Gläubigern zustünde.

2. Wirksamkeit von Verfahrenshandlungen des Betroffenen

6   Die Verfahrensfähigkeit kann auch dazu führen, dass die Rechte des Betroffenen nachteilig betroffen werden können. Aus seiner Verfahrensfähigkeit folgt zunächst, dass sämtliche Verfahrenshandlungen wirksam gegenüber dem Betroffen vorgenommen werden können. Dies gilt insbesondere für die Bekanntgabe einer Entscheidung (§ 41), durch die die Beschwerdefrist des § 63 Abs. 1 S. 1 für die Einlegung eines eigenständigen Rechtsmittels durch den Betroffenen in Lauf gesetzt wird.[6]

7   Wirksam sind aber auch eigene Verfahrenshandlungen, die dem Betroffenen zum Nachteil gereichen können, wie etwa eine Beschwerderücknahme oder ein Rechtsmittelverzicht.[7] Mögliche nachteilige Wirkungen für den Betroffenen können nicht durch eine Auslegung der gesetzlichen Vorschrift vermieden werden, die als Voraussetzung der Verfahrensfähigkeit das Vorhandensein eines „natürlichen Willens" ansieht, der fehlt, wenn der Betroffene jegliche Fähigkeit eingebüßt hat, sich verständlich zu artikulieren, Sinn und Folge seiner Erklärungen auch nur ansatzweise zu erkennen oder sich eine wenigstens ungefähre Vorstellung von seiner Lage zu bilden.[8] Denn es widerspricht dem Sinn der gesetzlichen Vorschrift, dass der Betroffene die Befugnis zu eigenen Verfahrenshandlungen durch ein Mindestmaß ihm verbliebener intellektuellen Fähigkeiten soll rechtfertigen müssen. Innerhalb des Verfahrens dient dem Schutz des Betroffenen, mit dem eine Verständigung nicht mehr möglich ist, die in einem solchen Fall nach § 276 erforderliche Bestellung eines Verfahrenspflegers.[9]

3. Verfahrenshandlungen Dritter

8   In der Praxis steht die Problematik im Vordergrund, wie verhindert werden kann, dass dritte Personen, die nicht dem nach § 303 Abs. 2 privilegierten Kreis beschwerdeberechtigter Angehöriger zuzurechnen sind, auf dem Weg einer Bevollmächtigung durch den fremdbestimmten Betroffenen in dessen Namen Verfahrenshandlungen vornehmen können, die nur der Verfolgung ihrer eigenen Interessen dienen. Die Überprüfung der materiell-rechtlichen Wirksamkeit der nach § 11 nachzuweisenden Bevollmächtigung kann einer missbräuchlichen Ausnutzung der Verfahrensfähigkeit des Betroffenen durch Dritte entgegenwirken. Denn eine Willenserklärung liegt nicht bereits vor, wenn der Betroffene seine eingeübte Unterschrift unter ein ihm vorgelegtes Schriftstück leistet, dem Erklärungsemp-

---

[3] BGH FamRZ 2011, 1049; OLG München BtPrax 2007, 180.
[4] BayObLG FamRZ 2002, 764.
[5] BayObLG Rpfleger 1988, 240 Ls.; OLG Hamburg NJW 1971, 199; OLG Nürnberg NJW 1971, 1274 (für das frühere Entmündigungsrecht); LG Saarbrücken, Beschl. v. 7. 12. 2004 – 5 T 581/04 –; Damrau/Zimmermann § 275 FamFG Rn 6; a. A. MünchKommZPO/Schmidt-Recla, § 275 FamFG Rn 3.
[6] BayObLG FamRZ 2000, 1445; OLG Hamm BtPrax 2006, 190; Damrau/Zimmermann § 275 FamFG Rn 4; Prütting/Helms/Fröschle § 275 Rn 16; Bahrenfuss/Brosey § 275 Rn 2; a. A. BJS/Heiderhoff § 275 Rn 4.
[7] OLG Hamm FamRZ 1990, 1262; HK-BUR/Bauer § 275 FamFG Rn 8.
[8] OLG Saarbrücken FGPrax 1999, 108, 109 = BtPrax 1999, 153; HK-BUR/Bauer § 275 FamFG Rn 8; Damrau/Zimmermann § 275 FamFG Rn 5.
[9] Zutreffend OLG Schleswig FGPrax 2007, 130; Schmidt FGPrax 1999, 178/179.

fänger aber erkennbar ist, dass der Betroffene auch nicht ansatzweise den Sinn des Vorgangs verstanden hat.[10] § 275 gilt ferner nur für eine rein verfahrensbezogene, nicht jedoch für eine inhaltlich umfassende Bevollmächtigung, aus der der Bevollmächtigte auch das Recht herleitet, den Betroffenen in dem Betreuungsverfahren zu vertreten.[11] Vielfach wird auch eine Sachentscheidung, die die verfahrensrechtliche Zulässigkeit etwa eines namens des Betroffenen eingelegten Rechtsmittels offen lässt, zu einem befriedigenden Ergebnis führen.

Verfahrenspfleger

276 (1) ¹Das Gericht hat dem Betroffenen einen Verfahrenspfleger zu bestellen, wenn dies zur Wahrnehmung der Interessen des Betroffenen erforderlich ist. ²Die Bestellung ist in der Regel erforderlich, wenn

1. von der persönlichen Anhörung des Betroffenen nach § 278 Abs. 4 in Verbindung mit § 34 Abs. 2 abgesehen werden soll oder
2. Gegenstand des Verfahrens die Bestellung eines Betreuers zur Besorgung aller Angelegenheiten des Betroffenen oder die Erweiterung des Aufgabenkreises hierauf ist; dies gilt auch, wenn der Gegenstand des Verfahrens die in § 1896 Abs. 4 und § 1905 des Bürgerlichen Gesetzbuchs bezeichneten Angelegenheiten nicht erfasst.

(2) ¹Von der Bestellung kann in den Fällen des Absatzes 1 Satz 2 abgesehen werden, wenn ein Interesse des Betroffenen an der Bestellung des Verfahrenspflegers offensichtlich nicht besteht. ²Die Nichtbestellung ist zu begründen.

(3) Wer Verfahrenspflegschaften im Rahmen seiner Berufsausübung führt, soll nur dann zum Verfahrenspfleger bestellt werden, wenn keine andere geeignete Person zur Verfügung steht, die zur ehrenamtlichen Führung der Verfahrenspflegschaft bereit ist.

(4) Die Bestellung eines Verfahrenspflegers soll unterbleiben oder aufgehoben werden, wenn die Interessen des Betroffenen von einem Rechtsanwalt oder einem anderen geeigneten Verfahrensbevollmächtigten vertreten werden.

(5) Die Bestellung endet, sofern sie nicht vorher aufgehoben wird, mit der Rechtskraft der Endentscheidung oder mit dem sonstigen Abschluss des Verfahrens.

(6) Die Bestellung eines Verfahrenspflegers oder deren Aufhebung sowie die Ablehnung einer derartigen Maßnahme sind nicht selbständig anfechtbar.

(7) Dem Verfahrenspfleger sind keine Kosten aufzuerlegen.

I. Normzweck und Anwendungsbereich

Der **Anwendungsbereich** der Vorschrift umfasst sämtliche Betreuungssachen im Sinne des § 271. Erfasst werden daher nicht lediglich die Verfahren zur Bestellung eines Betreuers oder Verlängerung der Betreuerbestellung, sondern auch auf Aufhebung oder Einschränkung des Aufgabenkreises einer bestehenden Betreuung[1] sowie sonstige Folgeentscheidungen wie die Erteilung der betreuungsgerichtlichen Genehmigung eines Rechtsgeschäfts oder die Festsetzung einer aus dem Vermögen des Betroffenen aufzubringenden Betreuervergütung,[2] nicht jedoch das Abgabeverfahren nach den §§ 4, 273;[3] zur Verfahrenspflegerbestellung in betreuungsrechtlichen Zuweisungssachen siehe ergänzend § 340 Rn 5.

Der **Normzweck** der Vorschrift besteht im systematischen Zusammenhang mit § 275 ausschließlich in der Gewährleistung des rechtlichen Gehörs (Art. 103 Abs. 1 GG) für den Betroffenen: Dem als verfahrensgeschäftsfähig geltenden Betroffenen soll dort, wo er infolge seiner Erkrankung oder Behinderung seine Interessen selbst nicht mehr angemessen wahrnehmen kann, eine Person zur Seite gestellt werden, die aus der objektiven Sicht eines

---

[10] BayObLG NJOZ 2004, 2915.
[11] OLG München FGPrax 2007, 179/181.
[1] BayObLG FamRZ 1993, 1106; OLG Hamm DAVorm 1997, 135; OLG Zweibrücken BtPrax 1998, 150 zum bisherigen Recht.
[2] BayObLG FGPrax 2004, 124; OLG Frankfurt FGPrax 1997, 109 zum bisherigen Recht.
[3] Vgl. näher § 273 Rn 20.

Dritten dafür Sorge trägt, dass die Vorstellungen und Interessen des Betroffenen in dem Verfahren zur Geltung gebracht werden können. Die Vorschrift entspricht inhaltlich weitgehend der bisherigen Regelung in § 67 FGG.

II. Voraussetzungen der Bestellung eines Verfahrenspflegers

1. Grundnorm (Abs. 1 S. 1)

3   Abs. 1 S. 1 der Vorschrift enthält die Grundnorm für die Bestellung eines Verfahrenspflegers. Die Bestellung hat zu erfolgen, wenn sie zur Wahrnehmung der Interessen des Betroffenen in dem Verfahren erforderlich ist. Die Formulierung bringt zum Ausdruck, dass die Bestellung zwingend zu erfolgen hat, ein Ermessen steht dem Gericht nicht zu. Die Erforderlichkeit der Bestellung eines Verfahrenspflegers muss im Einzelfall nach dem Grad der Krankheit oder Behinderung des Betroffenen und der Bedeutung des jeweiligen Verfahrensgegenstandes beurteilt werden.[4] Die Bestellung ist etwa erforderlich, wenn der Betroffene schwer ansprechbar ist und sich zu der beabsichtigten Betreuerbestellung bzw. der Betreuerauswahl nicht äußern kann.[5] Die Bestellung ist ebenfalls erforderlich, wenn der Betroffene aufgrund einer psychischen Erkrankung nur vordergründig in der Lage zu sein scheint, seine Rechte im Verfahren wahrzunehmen, seine Einwendungen aber nicht artikulieren und mit einer differenzierten Begründung in das Verfahren einführen kann.[6] Damit sind insbesondere solche Fälle gemeint, in denen der Betroffene sich mit ausufernden Eingaben am Verfahren beteiligt und Rechtsmittel einlegt, infolge seiner Krankheitsuneinsichtigkeit jedoch kaum sachlich Tragfähiges zur Entscheidung beitragen kann.

4   Richtschnur für die Bestellung eines Verfahrenspflegers sollte eine einheitliche Betrachtung von materiellem und Verfahrensrecht sein: Nach § 1896 Abs. 1a BGB kann gegen den Willen des Betroffenen ein Betreuer nur bestellt werden, wenn er zu einer freien Willensbestimmung nicht in der Lage ist. Spätestens dann, wenn in dem Verfahren die Ermittlungen zu dem Ergebnis führen, dass der Betroffene in einzelnen Lebensbereichen zu einer freien Willensbestimmung nicht mehr in der Lage ist, muss ihm auch ein Verfahrenspfleger bestellt werden.[7] Denn es kann regelmäßig nicht überzeugend begründet werden, dass die Schutzbedürftigkeit des Betroffenen, der durch die Betreuerbestellung nach materiellem Recht für bestimmte Lebensbereiche Rechnung getragen werden soll, nicht auch für das darauf gerichtete Verfahren gelten soll.[8]

2. Regelbeispiele (Abs. 1 S. 2, Abs. 2)

5   **a) Regelbeispiele des Abs. 1 S. 2.** Abs. 1 S. 2 ergänzt die Grundnorm durch Regelbeispiele, in denen die Bestellung eines Verfahrenspflegers **zwingend** erforderlich ist.

6   **Nr. 1** nennt zunächst den Fall, dass von der persönlichen Anhörung des Betroffenen gem. § 278 Abs. 4 i.V.m. § 34 Abs. 2 abgesehen werden soll, also wenn dem Betroffenen durch die Anhörung erhebliche gesundheitliche Gefahren drohen oder wenn der Betroffene unansprechbar ist[9] (vgl. zu diesen Voraussetzungen näher § 278 Rn 9). Das Regelbeispiel ist damit zugleich Leitbild für die Erforderlichkeit der Bestellung eines Verfahrenspflegers im Rahmen der Grundnorm in allen anderen Fällen, in denen die Verfahrensgestaltung dazu führt, dass dem Betroffenen persönlich das rechtliche Gehör nicht vollständig gewährt werden kann. Der Bestellung eines Verfahrenspflegers ist deshalb etwa auch dann zwingend erforderlich, wenn gem. § 288 Abs. 1 davon abgesehen wird, dem Betroffenen die Gründe der gerichtlichen Entscheidung bekannt zu geben[10] oder in ent-

---

[4] OLG Hamm FamRZ 1993, 988.
[5] BayObLG FamRZ 1999, 873; FamRZ 1993, 602; KG FGPrax 2009, 16; BtPrax 2008, 265.
[6] BayObLG FamRZ 2003, 1044; OLG Hamm DAVorm 1997, 135; OLG Zweibrücken FGPrax 1998, 57.
[7] Bahrenfuss/Brosey § 275 Rn 3.
[8] BayObLG FamRZ 1999, 873; a.A. KG FGPrax 2007, 220 für den Fall einer querulatorischen Wahnerkrankung.
[9] Beispielsfälle BayObLG FamRZ 1997, 1358 = BtPrax 1997, 37; FamRZ 1993, 988.
[10] Schwab FamRZ 1990, 681/689; Jansen/Sonnenfeld § 67 FGG Rn 20; a.A. Damrau/Zimmermann § 276 FamFG Rn 6.

sprechender Anwendung der Vorschrift[11] dem Betroffenen nicht der vollständige Inhalt eines erstatteten Sachverständigengutachtens übergeben wird.[12]

Das Regelbeispiel in **Nr. 2** sieht ferner die zwingende Bestellung eines Verfahrenspflegers vor, wenn Gegenstand des Verfahrens die Bestellung eines Betreuers zur Besorgung aller Angelegenheiten oder die Erweiterung des Aufgabenkreises hierauf ist, mögen auch die Aufgabenkreise nach § 1896 Abs. 4 BGB (Postkontrolle) und § 1905 BGB (Einwilligung in eine Sterilisation) nicht erfasst sein.[13] Grundgedanke des Regelbeispiels ist die erhöhte Schutzbedürftigkeit des Betroffenen infolge der besonderen Eingriffsintensität einer solchen weitreichenden Maßnahme. Auch in dieser Hinsicht hat das Regelbeispiel Leitbildcharakter: Wird die Betreuung zwar nicht ausdrücklich für alle Angelegenheiten angeordnet, umfassen die Aufgabenkreise der Betreuung in ihrer Gesamtheit jedoch alle wesentlichen Lebensbereiche des Betroffenen, muss ihm ein Verfahrenspfleger auch dann bestellt werden, wenn ihm die ihm verbleibenden Befugnisse in seiner konkreten Lebenssituation keinen nennenswerten eigenverantwortlichen Handlungsspielraum belassen, insbesondere also bei einer Betreuerbestellung für Vermögensangelegenheiten, Gesundheitsfürsorge, Aufenthaltsbestimmung und Wohnungsangelegenheiten bzw. eine Erweiterung in entsprechendem Umfang.[14] Jedenfalls muss in diesen Fällen im Rahmen der Grundnorm des Satzes 1 für den Betroffenen ein Verfahrenspfleger bestellt werden.

Für den Verfahrensgegenstand der Genehmigung der Einwilligung des Betreuers in die Sterilisation (§ 1905 Abs. 2 BGB) sowie der Verweigerung bzw. des Widerrufs der Einwilligung des Betreuers oder des Bevollmächtigten in eine lebenserhaltende ärztliche Behandlung (§ 1904 Abs. 2 BGB) ist die Bestellung eines Verfahrenspflegers nach den §§ 297 Abs. 5, 298 Abs. 3 zwingend erforderlich.

b) Absehen von der Bestellung nach Abs. 2. Trotz Vorliegens eines Regelbeispiels eröffnet § 276 Abs. 2 S. 1 dem Gericht die Möglichkeit, von der Bestellung eines Verfahrenspflegers abzusehen, wenn ein Interesse des Betroffenen an dessen Bestellung offensichtlich nicht besteht. Das FamFG hat die bisher in § 67 Abs. 1 S. 3 FGG getroffene, durch das 1. BtÄndG eingeführte Regelung unverändert übernommen, ohne die hiergegen erhobenen Bedenken zu berücksichtigen.[15] Die Begründung des 1. BtÄndG stellt den Schutz der Verfahrenspflegschaft gerade für den Kreis derjenigen Personen zur Disposition, für den in der Praxis das Regelbeispiel der Nr. 1 in erster Linie zur Anwendung kommt, nämlich den (etwa infolge eines Schlaganfalls) unansprechbaren Betroffenen, der selbst seinen Willen nicht mehr äußern kann. In solchen Fällen ein Bedürfnis für die Bestellung eines Verfahrenspflegers mit der Begründung zu verneinen, zu der Einrichtung der Betreuung bestehe keine Alternative und der Betroffene könne sich auch gegenüber einem bestellten Verfahrenspfleger zur Auswahl eines Betreuers ohnehin nicht mehr äußern,[16] geht daran vorbei, dass ein Betroffener nach Art. 103 Abs. 1 GG auch in einer solchen gesundheitlichen Situation Anspruch auf Gewährung des rechtlichen Gehörs hat, die in seiner Lage nur in der Weise gewährt werden kann, dass ein bestellter Verfahrenspfleger die tatsächlichen Ermittlungen des Gerichts begleitet und die getroffene Entscheidung einer kritischen Überprüfung unterzieht.[17] § 276 Abs. 2 S. 1 zwingt den Richter nicht, in verfassungsrechtlich bedenklicher Weise von der Bestellung eines Verfahrenspflegers abzusehen.

Bei Vorliegen eines Regelbeispiels muss die Nichtbestellung eines Verfahrenspflegers in der Entscheidung begründet werden (Abs. 2 S. 2). Die Begründung kann, wenn der anwaltlich vertretene Betroffene der Betreuerbestellung mit eigenen Eingaben entgegentritt,

---

[11] OLG Düsseldorf FamRZ 1997, 1361/1362.
[12] BayObLG FamRZ 1993, 1489 = BtPrax 1993, 208; FamRZ 1990, 542; OLG München BtPrax 2006, 35.
[13] BayObLG FGPrax 1997, 28 = FamRZ 1997, 388; FamRZ 1994, 327 = BtPrax 1994, 288.
[14] BGH FamRZ 2010, 1648 = FGPrax 2010, 287; Damrau/Zimmermann § 276 FamFG Rn 14; Prütting/Helms/Fröschle § 276 FamFG Rn 37; Bassenge/Roth § 276 FamFG Rn 3; OLG München Rpfleger 2005, 429; ebenso zum bisherigen Recht OLG Düsseldorf FamRZ 1994, 451.
[15] BT-Drs. 16/6308 S. 266.
[16] BT-Drs. 13/7158 S. 36; ähnlich Damrau/Zimmermann § 276 FamFG Rn 13, der die Bestellung eines Verfahrenspflegers für nicht erforderlich hält, wenn sie auf eine leere Förmelei hinausliefe.
[17] So bereits etwa Kayser 15. A. § 67 FGG Rn 10; ebenso Bienwald § 67 FGG Rn 64; Jansen/Sonnenfeld § 67 FGG Rn 27; HK-BUR/Bauer § 276 FamFG Rn 100; Bahrenfuss/Brosey § 276 Rn 5.

nicht in formelhafter Weise durch den Hinweis darauf gegeben werden, der Betroffene habe seine Interessen selbständig wahrnehmen können, wenn gleichzeitig das ermittelte Krankheitsbild durch eine mangelnde Krankheitseinsicht des Betroffenen geprägt ist.[18]

3. Beispiele aus der Rechtsprechung

11   Die Bestellung eines Verfahrenspflegers ist **erforderlich,** wenn der Betroffene schwer ansprechbar ist[19] und sich krankheitsbedingt nicht zu einer Betreuerbestellung oder der Betreuerauswahl äußern kann,[20] der Betroffene sich wegen einer psychischen Erkrankung nicht adäquat äußern kann,[21] die festgestellte Beeinträchtigung der Geschäftsfähigkeit des Betroffenen deutlich werden lässt, dass der Betroffene seine Interessen nicht mehr hinreichend wahrnehmen kann,[22] regelmäßig im Verfahren betr. die Genehmigung der Wohnraumkündigung gegen den Willen des Betroffenen.[23]

12   Einzelfallbezogen ist die Erforderlichkeit der Bestellung eines Verfahrenspflegers im **Festsetzungsverfahren** nach den §§ 292 Abs. 1, 168 zu beurteilen, wenn über eine aus dem Einkommen bzw. dem Vermögen des Betroffenen aufzubringende Vergütung bzw. Aufwendungsersatz zu entscheiden ist. Grundsätzlich ist danach auch in diesem Verfahren ein Verfahrenspfleger zu bestellen, wenn (insbesondere aufgrund der im Verfahren betreffend die Betreuerbestellung getroffenen Feststellungen) Anhaltspunkte dafür bestehen, dass der Betroffene sich zu dem Festsetzungsantrag nicht mehr adäquat zu äußern vermag.[24] Im Hinblick auf die begrenzte Bedeutung der Entscheidung für den Betroffenen ist die Bestellung eines Verfahrenspflegers einerseits erforderlich, wenn die konkrete Möglichkeit bestimmter Einwendungen gegen den Antrag besteht (z. B. die Grenzziehung zur Mittellosigkeit),[25] erscheint anderenfalls entbehrlich, wenn lediglich eine Vergütung im Rahmen des Pauschalsystems nach § 5 Abs. 1 VBVG beantragt ist.

13   **Nicht erforderlich** ist die Bestellung eines Verfahrenspflegers, wenn der Betroffene nach seiner persönlichen Anhörung und seinen Eingaben seine Einwendungen gegen eine Betreuung verständlich vorbringen kann,[26] wenn es nur noch um die Auswahl des Betreuers geht und der Betroffene bei seiner Anhörung einen natürlichen, nach § 1897 Abs. 4 BGB beachtlichen Willen äußern kann,[27] im Verfahren auf Entlassung des Betreuers (§ 1908 b BGB) wegen Unregelmäßigkeiten bei der Verwaltung des Vermögens des Betroffenen.[28]

4. Vorrang der Vertretung durch einen Verfahrensbevollmächtigten (Abs. 4)

14   Die Sollvorschrift des Abs. 4 ordnet das Absehen von der Pflegerbestellung bzw. deren spätere Aufhebung an, wenn der Betroffene im Verfahren durch einen Rechtsanwalt oder einen anderen geeigneten Verfahrensbevollmächtigten vertreten wird. Wenn der Betroffene für seine Vertretung in dem Verfahren selbst Sorge trägt, besteht für die Bestellung eines Verfahrenspflegers kein Bedürfnis.[29] Die Vertretung durch einen Rechtsanwalt hat deshalb auch dann Vorrang, wenn sie nur durch Beiordnung im Rahmen der Bewilligung von Verfahrenskostenhilfe (§§ 76, 78 Abs. 2) erfolgen kann. Insbesondere darf dem Betroffenen die Bewilligung von Verfahrenskostenhilfe nicht aus fiskalischen Gründen mit dem Hinweis auf die Möglichkeit der Bestellung eines Verfahrenspflegers versagt werden. Denn der Verfahrenspfleger hat eine von dem Betroffenen unabhängige Verfahrensstellung (siehe

---

[18] BGH FamRZ 2010, 1648.
[19] BayObLG FamRZ 1993, 1110.
[20] BayObLG FamRZ 1993, 602; OLG Zweibrücken FamRZ 2003, 1044.
[21] BayObLG FamRZ 2003, 1044.
[22] BayObLG FamRZ 1999, 873.
[23] OLG Oldenburg NJW-RR 2003, 587.
[24] OLG Karlsruhe FGPrax 2003, 30 = FamRZ 2003, 405; OLG Köln FamRZ 2003, 171; OLG Frankfurt FGPrax 1997, 109 = BtPrax 1997, 201.
[25] BayObLG FGPrax 2004, 125.
[26] BayObLG FamRZ 1993, 348.
[27] BayObLG FamRZ 1995, 1596 = BtPrax 1995, 181.
[28] BayObLG FamRZ 2003, 786; anders KG FGPrax 2009, 16 = FamRZ 2009, 641 bei der Entlassung der Tochter der Betroffenen wegen unzureichender Kooperation mit dem Gericht.
[29] BT-Drs. 11/4528 S. 171, 214, 231; BT-Drs. 11/6949 S. 78.

Rn 27), während der beigeordnete Rechtsanwalt einseitig die Interessen des Betroffenen wahrzunehmen hat. Auf eine solche Interessenvertretung im Wege der Anwaltsbeiordnung hat der Betroffene Anspruch, wenn die erleichterten Voraussetzungen der §§ 76, 78 Abs. 2 für die Bewilligung von Verfahrenskostenhilfe vorliegen.[30]

Die Beschränkung auf eine Sollvorschrift soll dem Gericht die Möglichkeit geben, in 15 atypischen Fällen für eine ordnungsgemäße Vertretung des Betroffenen zu sorgen, wenn diese durch den von ihm bestellten Bevollmächtigten nicht gewährleistet erscheint, etwa bei einem häufigen Anwaltswechsel oder bei einem Interessenkonflikt.[31]

5. Auswahl der Person des Verfahrenspflegers (Abs. 3)

Die Auswahl der Person des Verfahrenspflegers steht im **pflichtgemäßen Ermessen** des 16 Gerichts. Die Ausübung dieses Ermessens steuert Abs. 3 der Vorschrift lediglich in der Richtung, dass nach dem Vorbild der materiell-rechtlichen Vorschrift des § 1897 Abs. 6 BGB ein berufsmäßig tätiger Verfahrenspfleger nur bestellt werden soll, wenn keine andere geeignete Person zur Verfügung steht, die zur ehrenamtlichen Führung der Pflegschaft bereit ist. Ziel dieser durch das 2. BtÄndG in § 67 Abs. 1 S. 5 FGG eingeführten Regelung ist die Hoffnung, vermehrt dem Betroffenen nahe stehende Personen zur Führung einer Verfahrenspflegschaft gewinnen zu können.[32] In der Praxis dominiert gleichwohl die Bestellung von berufsmäßig tätigen Verfahrenspflegern. In den Fällen, in denen die Bestellung eines Verfahrenspflegers zum Schutz des Betroffenen erforderlich ist, weil dieser sich gegen die Betreuerbestellung wehrt und Feststellungen zum Ausmaß seiner Erkrankung im Hinblick auf den Ausschluss der freien Willensbestimmung (§ 1896 Abs. 1 a BGB) getroffen werden müssen, kann von einer ehrenamtlich tätigen Person ohne spezifische Fachkenntnisse eine kritische Überprüfung der Ermittlungsergebnisse und insbesondere des erstatteten Sachverständigengutachtens kaum erwartet werden.

In der Praxis wird zumeist ein Rechtsanwalt als Verfahrenspfleger bestellt, obwohl dies 17 vom Aufgabenprofil her nur geboten ist, wenn die zu treffende Entscheidung Fragen umfasst, die spezielle Rechtskenntnisse erfordern.[33] Bei der Entscheidung über eine Betreuerbestellung steht demgegenüber im Regelfall die Einschätzung der Beeinträchtigung der Lebensbewältigungskompetenz des Betroffenen infolge seiner Erkrankung im Vordergrund, so dass als Verfahrenspfleger geeignete Personen auch diejenigen in Betracht kommen, die sich etwa als Sozialarbeiter beruflich mit der Begleitung von Betroffenen in ähnlicher Situation zu befassen haben. Nicht ausgeschlossen ist es, eine Person zum Verfahrenspfleger zu bestellen, deren spätere Bestellung zum Betreuer erwogen wird, wobei die Gefahr von Interessenkollisionen zu berücksichtigen ist.[34] Bei einer bestehenden Betreuung ist jedoch der bereits bestellte Betreuer als Verfahrenspfleger ausgeschlossen, weil er in jener Eigenschaft bereits am Verfahren beteiligt ist (§ 274 Abs. 1 Nr. 2).[35]

Aus § 277 Abs. 4 ergibt sich nunmehr ausdrücklich, dass wie bei der Betreuerbestellung 18 (§ 1897 Abs. 2 BGB) auch ein **Mitarbeiter** eines anerkannten Betreuungsvereins bzw. ein **Bediensteter** der Betreuungsbehörde als Verfahrenspfleger bestellt werden kann.[36] Aus § 277 Abs. 1 S. 3 folgt darüber hinaus, dass nach dem Vorbild des § 1900 Abs. 1 und 4 BGB auch ein **anerkannter Betreuungsverein** bzw. die **Betreuungsbehörde** als Verfahrenspfleger bestellt werden kann.[37] Von der Bestellung der Betreuungsbehörde oder eines Bediensteten derselben kann jedoch nur dringend abgeraten werden, um auch nur den Anschein zu vermeiden, dass die Wahrnehmung der Aufgaben des Verfahrenspflegers nicht mit der gebotenen Neutralität erfolgt.[38]

---

[30] LG Aachen FamRZ 2004, 1518 zu § 67 FGG; ebenso Bahrenfuss/Brosey § 276 Rn 7; Damrau/Zimmermann § 276 FamFG Rn 32; Jansen/Sonnenfeld § 67 FGG Rn 31; SBW/Rausch § 276 Rn 15.
[31] KG FGPrax 2004, 117.
[32] BT-Drs. 15/2494 S. 41.
[33] Damrau/Zimmermann § 276 FamFG Rn 21.
[34] BT-Drs. 11/4528 S. 207/226; Damrau/Zimmermann § 276 FamFG Rn 22; Bienwald § 67 FGG Rn 37.
[35] BayObLG FamRZ 1994, 780.
[36] Fröschle/Guckes § 276 Rn 38; a. A. Damrau/Zimmermann § 276 FamFG Rn 27.
[37] LG Ingolstadt NJOZ 2007, 5686.
[38] A. A. LG Ingolstadt NJOZ 2007, 5686 in einem Verfahren nach § 1906 Abs. 4 BGB.

III. Bestellung des Verfahrenspflegers

1. Zeitpunkt der Bestellung

19 Da § 276 keine nähere Regelung dazu enthält, steht es im pflichtgemäßen Ermessen des Gerichts, zu welchem Zeitpunkt es einen Verfahrenspfleger bestellt. Die Ausübung dieses Ermessens muss sich am Normzweck der Vorschrift orientieren. Die Amtsermittlung (§ 26) und die verfahrensrechtliche Fürsorge für den Betroffenen laufen parallel. Sobald die Ermittlungen zu dem Ergebnis geführt haben, dass die Voraussetzungen des Abs. 1 vorliegen, muss zu einem möglichst frühen Zeitpunkt der Verfahrenspfleger bestellt werden.

20 Der Mindeststandard der Gewährung des rechtlichen Gehörs verpflichtet das Gericht, dem zu bestellenden Verfahrenspfleger als Verfahrensbeteiligten (§ 274 Abs. 2) grundsätzlich vor einem Eingriff in die Rechtssphäre des Betroffenen Gelegenheit zur Stellungnahme zu dem Ermittlungsergebnis zu geben.[39] Deshalb muss im Hauptsacheverfahren der Verfahrenspfleger zwingend vor der abschließenden Anhörung des Betroffenen bestellt und ihm Gelegenheit gegeben werden, an dem Anhörungstermin teilzunehmen.[40] Deutlich wird dies auch für das Verfahren auf Erlass einer einstweiligen Anordnung in § 300 Abs. 1 S. 1 Nr. 4, der eine vorläufige Betreuerbestellung von der vorherigen Bestellung und Anhörung des Verfahrenspflegers des Betroffenen abhängig macht, von der nur bei Gefahr im Verzug abgesehen werden kann (§ 301).

2. Form der Bestellung

21 Die Bestellung des Verfahrenspflegers erfolgt durch das Gericht. Die **funktionelle Zuständigkeit** folgt also derjenigen für die Entscheidung in der Hauptsache über die jeweilige betreuungsrechtliche Maßnahme. In den dem Rechtspfleger übertragenen Geschäften (§ 3 Nr. 2 b RPflG) entscheidet dieser deshalb auch über die Verfahrenspflegerbestellung. In Betracht kommen etwa Entscheidungen über die Erteilung betreuungsgerichtlicher Genehmigungen von Rechtsgeschäften mit besonderem Gewicht (z. B. bei der Kündigung eines Wohnraummietverhältnisses des Betroffenen, § 1907 BGB). Die richterliche Bestellung muss in der Besetzung getroffen werden, die für die Entscheidung in der Hauptsache gilt. Wird etwa ein Verfahrenspfleger erstmals im Beschwerdeverfahren bestellt, muss die Kammer des Landgerichts in ihrer vollen Besetzung entscheiden, sofern nicht zuvor gem. § 68 Abs. 4 die Sache dem Einzelrichter übertragen worden ist.[41]

22 Eine **besondere Form** ist für die Verfahrenspflegerbestellung nicht vorgesehen. Die Praxis bedient sich regelmäßig der Form eines Beschlusses. Zwingend ist diese Form indessen nicht,[42] weil es sich um eine verfahrensleitende Maßnahme im Sinne des § 28, nicht jedoch um eine instanzabschließende Entscheidung im Sinne des § 38 Abs. 1 handelt. Wenn etwa in einer Niederschrift über eine Anhörung des Betroffenen oder in einem darüber aufgenommenen Vermerk dokumentiert wird, eine Person habe als Verfahrenspfleger des Betroffenen an dem Termin teilgenommen, wird darin eine formlose Bestellung gesehen werden können. Eine gesonderte Beschlussfassung über die Bestellung ist jedoch aus Klarstellungsgründen insbesondere im Hinblick auf die Vergütung des Verfahrenspflegers dringend anzuraten. Denn bei einer berufsmäßigen Führung der Verfahrenspflegschaft muss zusammen mit der Bestellung eine entsprechende Feststellung getroffen werden (§ 277 Abs. 2 S. 2 FamFG i. V. m. § 1836 Abs. 1 S. 2 BGB).[43] Durch die Bekanntmachung des Beschlusses an den Verfahrenspfleger wird zugleich der Beginn der vergütungspflichtigen Tätigkeit festgelegt.

---

[39] BayObLG NJW-RR 1988, 72 zu Art. 10 Bay. UnterbrG a. F.; OLG München OLGR 2006, 784 = BeckRS 2006, 510095.
[40] BGH FamRZ 2011, 805.
[41] BayObLG FamRZ 1999, 874.
[42] HK-BUR/Bauer § 276 FamFG Rn 41; a. A. OLG Naumburg FamRZ 2008, 186 zu § 70 b FGG.
[43] Siehe dazu näher § 277 Rn 5.

3. Zeitraum der Wirksamkeit der erfolgten Bestellung

Die Verfahrenspflegerbestellung wird gem. § 40 Abs. 1 mit der Bekanntgabe an die bestellte Person wirksam. Den übrigen Verfahrensbeteiligten, insbesondere dem Betroffenen, ist die Bestellung nach § 41 bekannt zu geben. § 276 Abs. 5 sieht nunmehr abweichend von der bisherigen Regelung in § 67 Abs. 2 FGG vor, dass die Wirksamkeit Bestellung nicht auf die jeweilige Instanz beschränkt ist, sondern bis zur Rechtskraft der Entscheidung oder dem sonstigen Abschluss des Verfahrens fortgilt. Für alle betreuungsrechtlichen Verfahren wird damit eine Regelung übernommen, die gem. § 70 b Abs. 4 FGG bisher bereits für die Unterbringungssachen gegolten hat. Die Gesetzesbegründung stellt diese Änderung in einen Zusammenhang mit der generellen Einführung der Befristung der Beschwerde (§ 63).[44] Unabhängig davon bringt die neue Regelung eine erhebliche Vereinfachung mit sich. Der einmal bestellte Verfahrenspfleger kann nunmehr auch in einem Beschwerdeverfahren tätig werden ohne prüfen zu müssen, ob seine Erklärungen von der in einer der Vorinstanzen erfolgten Bestellung noch gedeckt sind. Das Rechtsmittelgericht kann den bestellten Verfahrenspfleger zum Verfahren hinzuziehen, ohne in eine nähere Prüfung eintreten zu müssen, ob auch unter Vergütungsgesichtspunkten eine Neubestellung erforderlich ist.

Dies bedeutet jedoch nicht, dass der bestellte Verfahrenspfleger auch im **Rechtsbeschwerdeverfahren** postulationsfähig ist. Insoweit bleibt es bei der Vorschrift des § 12 Abs. 4 S. 1, die die Postulationsfähigkeit auf die bei dem BGH zugelassenen Rechtsanwälte beschränkt. Der Verfahrenspfleger müsste also, um eine Rechtsbeschwerde einlegen zu können, persönlich einen bei dem BGH zugelassenen Rechtsanwalt mit seiner Vertretung beauftragen. Denn den Betroffenen kann er nicht vertreten, weil ihm eine gesetzliche Vertretungsmacht nicht zusteht (vgl. Rn 26). Er wird jedoch nicht mit einer Erstattung der ihm in Höhe der anwaltlichen Gebühren entstehenden Aufwendungen rechnen können, weil in dem Rechtsbeschwerdeverfahren sogleich auch ein am BGH zugelassener Rechtsanwalt als Verfahrenspfleger bestellt werden könnte, dessen Bestellung unter dem Gesichtspunkt der Erforderlichkeit von einer Vorprüfung der Erfolgsaussicht des beabsichtigten Rechtsmittels abhängig gemacht werden könnte und dessen Vergütung sich auf die Stundensätze nach § 3 VBVG beschränkte. Vorzuziehen wird deshalb ein an den BGH zu richtender Antrag sein, für die beabsichtigte Einlegung einer Rechtsbeschwerde einen am BGH zugelassenen Rechtsanwalt als Verfahrenspfleger des Betroffenen zu bestellen. Die rechtzeitige Einreichung eines solchen Antrags vor Ablauf der Rechtsmittelfrist ist dann in Anlehnung an die Grundsätze über die Bewilligung von Verfahrenskostenhilfe Grundlage dafür, dem neuen Verfahrenspfleger nach seiner Bestellung Wiedereinsetzung in den vorigen Stand gegen eine zwischenzeitlich eingetretene Fristversäumung für die nunmehr eingelegte Rechtsbeschwerde zu gewähren. Für eine alternativ[45] erwogene Bewilligung von Verfahrenskostenhilfe an den vorinstanzlich bereits bestellten Verfahrenspfleger unter Beiordnung eines bei BGH zugelassenen Rechtsanwalts besteht deshalb keine sachliche Notwendigkeit.

Abgesehen von der Verfahrensbeendigung endet die Bestellung mit ihrer vorherigen Aufhebung durch das Gericht wegen veränderter Umstände, insbesondere anderweitiger Vertretung des Betroffenen durch einen geeigneten Verfahrensbevollmächtigten (Abs. 4 und 5).

IV. Rechtsstellung des Verfahrenspflegers

Die Rechtsstellung des Verfahrenspflegers ist durch die Vorschrift des § 274 Abs. 2 neu geregelt worden. Auf der Grundlage der bisherigen Vorschrift des § 67 FGG war zweifelhaft, ob dem Verfahrenspfleger die Rechtsstellung eines gesetzlichen Vertreters des Betroffenen zukommt[46] oder ob sich seine Befugnisse auf diejenigen eines „Pflegers eigener Art" als eine Art Helfer des Betroffenen ohne gesetzliche Vertretungsmacht (§ 1902 BGB) be-

---

[44] BT-Drs. 16/6308 S. 266.
[45] Prütting/Helms/Fröschle § 276 Rn 74.
[46] Vgl. etwa Kayser 15. A. § 67 FGG Rn 15.

schränken.⁴⁷ Indem der Gesetzgeber des FamFG dem Verfahrenspfleger in § 274 Abs. 2 die Rolle eines selbständigen Verfahrensbeteiligten zugewiesen hat, hat er gezielt die Rolle eines gesetzlichen Vertreters des Betroffenen abgelehnt und den Verfahrenspflegers auf eine eigenständige Verfahrensfunktion, wenn auch zur Wahrnehmung der Interessen des Betroffenen, beschränkt.⁴⁸ Daraus leiten sich im Einzelnen folgende Aufgaben und Befugnisse des Verfahrenspflegers ab:

27 Der Verfahrenspfleger hat von einem objektiven Standpunkt die Ergebnisse der gerichtlichen Ermittlungen einer kritischen Überprüfung zu unterziehen und die Anliegen und Interessen des Betroffenen im Verfahren zur Geltung zu bringen. Er ist weder an Weisungen des Betroffenen gebunden noch unterliegt einer gerichtlichen Aufsicht; §§ 1915, 1837 BGB sind nicht anwendbar.⁴⁹ Er ist selbständiger Verfahrensbeteiligter neben dem als verfahrensfähig geltenden (§ 275) Betroffenen. Ihm stehen sämtliche Verfahrensrechte selbständig neben dem Betroffenen zu. Ihm gebührt in Ansehung der Verfahrensrechte des Betroffenen keine gesetzliche Vertretungsmacht. Ein von dem Betroffenen selbst eingelegtes Rechtsmittel kann der Verfahrenspfleger nur mit Zustimmung des Betroffenen zurücknehmen.⁵⁰ Daraus folgt, dass das Gericht sämtliche Verfahrenshandlungen (z.B. die Ladung zu Terminen, die Übersendung von Sozialberichten, Sachverständigengutachten und Stellungnahmen des Betreuers, die Bekanntmachung von gerichtlichen Entscheidungen) parallel sowohl gegenüber dem Betroffenen selbst wie auch dem Verfahrenspfleger vornehmen muss. Rechtsmittelfristen laufen für den Betroffenen und den Verfahrenspfleger jeweils gesondert.⁵¹ Eine an den Verfahrenspfleger erfolgte Zustellung einer gerichtlichen Entscheidung ist dem Betroffenen nicht zuzurechnen.⁵² Rechtsmittel kann der Verfahrenspfleger nur für sich persönlich einlegen. In Vertretung des Betroffenen kann er Verfahrenshandlungen nur vornehmen, wenn er mit der Folge der Aufhebung seiner Bestellung (Abs. 4) seine Rolle als Verfahrenspfleger aufgibt und nunmehr als Verfahrensbevollmächtigter des Betroffenen handelt.

28 Der Verfahrenspfleger hat die vorrangige Aufgabe, mit dem Betroffenen persönlichen Kontakt aufzunehmen, um sich ein eigenständiges Bild von seiner Lage und seinen Anliegen zu verschaffen, um diese in das Verfahren einzubringen.⁵³ Auf diese **Mittlerrolle** beschränkt sich seine Funktion, wenn für den Betroffenen bereits ein Betreuer bestellt ist und dessen Aufgabenkreis den jeweiligen Verfahrensgegenstand umfasst. Aufgabe des Verfahrenspflegers ist es in dieser Situation, den tatsächlichen oder mutmaßlichen Willen des Betroffenen zu erkunden und in das Verfahren einzubringen.⁵⁴ Deshalb kann der Verfahrenspfleger lediglich innerhalb des Verfahrens Ermittlungshandlungen des Gerichts anregen, jedoch nicht solche selbst durchführen. Ihm steht insbesondere kein eigenes Auskunftsrecht gegenüber Ärzten zu, die auch ihm gegenüber an ihre Schweigepflicht gebunden bleiben, solange sie davon nicht von dem Betroffenen selbst entbunden worden sind.⁵⁵ Der Verfahrenspfleger kann und soll eine inhaltlich bestimmte Entscheidung des Gerichts vorschlagen, insbesondere auch zur Auswahl der Person eines Betreuers Stellung nehmen. Das Vorschlagsrecht des Betroffenen mit den besonderen materiell-rechtlichen Wirkungen nach § 1897 Abs. 4 BGB kann er indessen nicht ausüben.⁵⁶ Dies hindert das Gericht indessen nicht, nach den Umständen des Einzelfalls eine Erklärung des Verfahrenspflegers zur Betreuerauswahl als eigenen Vorschlag des Betroffenen zu bewerten, wenn diese erkennbar mit ihm abgestimmt ist.

---

[47] Bienwald § 67 FGG Rn 16.
[48] BT-Drs. 16/6308 S. 265.
[49] Damrau/Zimmermann § 276 FamFG Rn 58; HK-BUR/Bauer § 276 FamFG Rn 123.
[50] BGH FGPrax 2003, 224 = FamRZ 2003, 1275.
[51] BGH FamRZ 2011, 1049; BayObLG FamRZ 2000, 1445; OLG Hamm BtPrax 2006, 190.
[52] A. A. OLG Rostock FamRZ 2007, 1767 zu § 67 FGG.
[53] HK-BUR/Bauer § 276 FamFG Rn 129.
[54] BGH NJW 2009, 2814 = FamRZ 2009, 1656.
[55] HK-BUR/Bauer § 276 FamFG Rn 123; Damrau/Zimmermann § 276 FamFG Rn 58.
[56] OLG Hamm FGPrax 1996, 183 = FamRZ 1996, 1372; Bienwald § 67 FGG Rn 16.

V. Anfechtung der Entscheidung (Abs. 6)

Die Entscheidung über die Bestellung eines Verfahrenspflegers ist eine die instanz- 29
abschließende Sachentscheidung vorbereitende **Zwischenentscheidung,** die bereits nach § 58 Abs. 1 nicht selbständig anfechtbar ist. Diese Beurteilung war für die bisherige Vorschrift des § 67 FGG vorherrschend und zuletzt durch den BGH[57] für die Rechtsprechung so festgeschrieben worden. Die Sicherung des Fortbestandes dieser Rechtsprechung war dem Gesetzgeber so wichtig,[58] dass er in § 276 Abs. 6 noch einmal ausdrücklich festgeschrieben hat, dass weder die Bestellung noch die Aufhebung oder Ablehnung der Bestellung eines Verfahrenspflegers als Zwischenentscheidung mit einem Rechtsmittel anfechtbar sind. Davon bleibt der in § 58 Abs. 2 hervorgehobene Grundsatz unberührt, dass mit der Anfechtung der instanzabschließenden Entscheidung (etwa einer Betreuerbestellung) geltend gemacht werden kann, dass die Entscheidung über die Bestellung eines Verfahrenspflegers nicht verfahrensfehlerfrei getroffen worden ist und deshalb etwa eine zu Unrecht unterbliebene Bestellung von dem Beschwerdegericht nachgeholt werden muss. Gegen die Bestellung eines Verfahrenspflegers durch den Rechtspfleger findet jedoch die Erinnerung nach § 11 Abs. 2 S. 1 RPflG statt,[59] über die abschließend der Richter des AG entscheidet.

VI. Kostenentscheidung zu Lasten des Verfahrenspflegers (Abs. 7)

Die Sonderregelung in Abs. 7 ist eine Folgeregelung dazu, dass der bestellte Verfahrens- 30
pfleger nach § 274 Abs. 2 selbständiger Verfahrensbeteiligter ist. Folglich könnten ihm im Rahmen der nach § 81 zu treffenden Kostenentscheidung in Ausübung billigen Ermessens Gerichtskosten und außergerichtliche Kosten anderer Beteiligter auferlegt werden, etwa nach § 84 auch die Kosten eines von ihm eingelegten, aber erfolglos bleibenden Rechtsmittels. Die Sondervorschrift des Abs. 7 stellt den bestellten Verfahrenspfleger ausnahmslos von einer solchen Kostenbelastung frei, wobei der Gesichtspunkt tragende Bedeutung hat, dass der Verfahrenspfleger im Interesse des Betroffenen tätig wird. Einer missbräuchlichen Verfahrensführung durch den Verfahrenspfleger kann das Gericht hinreichend durch seine Entlassung begegnen.[60]

Vergütung und Aufwendungsersatz des Verfahrenspflegers

277 (1) ¹Der Verfahrenspfleger erhält Ersatz seiner Aufwendungen nach § 1835 Abs. 1 bis 2 des Bürgerlichen Gesetzbuchs. ²Vorschuss kann nicht verlangt werden. ³Eine Behörde oder ein Verein erhält als Verfahrenspfleger keinen Aufwendungsersatz.

(2) ¹§ 1836 Abs. 1 und 3 des Bürgerlichen Gesetzbuchs gilt entsprechend. ²Wird die Verfahrenspflegschaft ausnahmsweise berufsmäßig geführt, erhält der Verfahrenspfleger neben den Aufwendungen nach Absatz 1 eine Vergütung in entsprechender Anwendung der §§ 1, 2 und 3 Abs. 1 und 2 des Vormünder- und Betreuervergütungsgesetzes.

(3) ¹Anstelle des Aufwendungsersatzes und der Vergütung nach den Absätzen 1 und 2 kann das Gericht dem Verfahrenspfleger einen festen Geldbetrag zubilligen, wenn die für die Führung der Pflegschaftsgeschäfte erforderliche Zeit vorhersehbar und ihre Ausschöpfung durch den Verfahrenspfleger gewährleistet ist. ²Bei der Bemessung des Geldbetrags ist die voraussichtlich erforderliche Zeit mit den in § 3 Abs. 1 des Vormünder- und Betreuervergütungsgesetzes bestimmten Stundensätzen zuzüglich einer Aufwandspauschale von drei Euro je veranschlagter Stunde zu vergüten. ³In diesem Fall braucht der Verfahrenspfleger die von ihm aufgewandte Zeit und eingesetzten Mittel nicht nachzuweisen; weitergehende Aufwendungsersatz- und Vergütungsansprüche stehen ihm nicht zu.

---

[57] FGPrax 2003, 224 = FamRZ 2003, 1275.
[58] BT-Drs. 16/6308 S. 266.
[59] BayObLG FamRZ 2003, 189.
[60] BT-Drs. 16/6308 S. 266.

(4) ¹Ist ein Mitarbeiter eines anerkannten Betreuungsvereins als Verfahrenspfleger bestellt, stehen der Aufwendungsersatz und die Vergütung nach den Absätzen 1 bis 3 dem Verein zu. ²§ 7 Abs. 1 Satz 2 und Abs. 3 des Vormünder- und Betreuervergütungsgesetzes sowie § 1835 Abs. 5 Satz 2 des Bürgerlichen Gesetzbuchs gelten entsprechend. ³Ist ein Bediensteter der Betreuungsbehörde als Verfahrenspfleger für das Verfahren bestellt, erhält die Betreuungsbehörde keinen Aufwendungsersatz und keine Vergütung.

(5) ¹Der Aufwendungsersatz und die Vergütung des Verfahrenspflegers sind stets aus der Staatskasse zu zahlen. ²Im Übrigen gilt § 168 Abs. 1 entsprechend.

I. Anwendungsbereich

1   § 277 übernimmt wortgleich den durch das 2. BtÄndG eingefügten § 67a FGG. Die Vorschrift gilt unmittelbar in allen Fällen, in denen in einer Betreuungssache im Sinne des § 271 ein Verfahrenspfleger bestellt worden ist. Abs. 1 der Vorschrift ist darüber hinaus infolge der Verweisung in § 158 Abs. 7 auch in Kindschaftssachen für den nach dieser Vorschrift bestellten ehrenamtlichen Verfahrensbeistand anwendbar. Sie ist ferner entsprechend anwendbar, wenn das Familiengericht außerhalb des Anwendungsbereichs des § 158 in einer die Vermögenssorge betreffenden Kindschaftssache dem Minderjährigen zur Wahrung des rechtlichen Gehörs einen Verfahrenspfleger bestellt hat.[1] Die Bestimmung regelt umfangreich den Anspruch des Verfahrenspflegers auf Aufwendungsersatz und Vergütung.

II. Ansprüche des Verfahrenspflegers auf Aufwendungsersatz und Vergütung

1. Regelungstechnik

2   Die Regelungstechnik des § 277 besteht aus einer schwer verständlichen Kombination zwischen Teilverweisungen auf andere Vorschriften sowie eigenständigen Regelungen. Maßgebend ist die Unterscheidung zwischen Verfahrenspflegschaften, die ehrenamtlich (Abs. 1), und solchen, die berufsmäßig (Abs. 2 bis 4) geführt werden.

2. Ehrenamtlicher Verfahrenspfleger

3   Der ehrenamtlich tätige Verfahrenspfleger kann ausschließlich Ersatz seiner Aufwendungen verlangen. Der Anspruch auf Aufwendungsersatz folgt aus der Verweisung in Abs. 1 S. 1 auf § 1835 Abs. 1 und 2 BGB. Gegenstand des Anspruchs können danach etwa Fahrtkosten, Telefonauslagen oder die Kosten einer angemessenen Vermögensschadenhaftpflichtversicherung sein. Ein Anspruch auf Vorschuss ist ausgeschlossen (§ 277 Abs. 1 S. 2). Einer als Verfahrenspflegerin bestellten Behörde bzw. einem Verein ist jeglicher Aufwendungsersatz versagt (S. 3 der Vorschrift). Der Anspruch unterliegt der 15-monatigen Ausschlussfrist des § 1835 Abs. 1 S. 2 BGB; eine abweichende Fristbestimmung durch das Gericht ist gem. § 1835 Abs. 1a BGB möglich. Diese Ausschlussfrist gilt auch, wenn der Verfahrenspfleger ausnahmsweise Ersatz seiner Aufwendungen nach den Vergütungsvorschriften des RVG verlangen kann (siehe dazu nachstehend Rn 9).[2]

4   Der Ausschluss des Anspruchs auf Vergütung für den ehrenamtlichen Verfahrenspfleger ergibt sich daraus, dass § 277 Abs. 2 S. 1 lediglich auf § 1836 Abs. 1 BGB (Grundsatz der Unentgeltlichkeit der Führung der Vormundschaft) und § 1836 Abs. 3 BGB (Ausschluss eines Vergütungsanspruchs der als Vormund bestellten Behörde bzw. eines Vereins) verweist. § 1836 Abs. 2 BGB, der inhaltsgleich mit dem früheren Abs. 3 der Vorschrift die Gewährung einer Vergütung auch für den ehrenamtlich tätigen Vormund (Pfleger) aus besonderen Gründen ermöglicht, soweit Umfang und Schwierigkeit der Geschäfte dies rechtfertigen, ist damit von der Verweisung ausgenommen. Zwar kommt auch nach § 1836 Abs. 2 2. Halbs. BGB die Zubilligung einer Vergütung für den ehrenamtlich tätigen Vor-

---

[1] BayObLG FGPrax 2005, 21: Bestellung eines Verfahrenspflegers für einen Minderjährigen im Verfahren zur Erteilung einer vormundschaftsgerichtlichen Genehmigung betr. die Vermögensverfügung eines Ergänzungspflegers.
[2] BayObLG FGPrax 2003, 177.

mund nicht in Betracht, wenn der Betroffene mittellos ist. Diesem Ausschlussgrund will § 277 es offenbar ohne Weiteres gleichsetzen, dass die Vergütung des Verfahrenspflegers stets aus der Staatskasse zu erstatten ist (Abs. 5 der Vorschrift). Dafür mögen Gründe der Vereinfachung sprechen, durchweg überzeugend erscheint der Ausschluss jeglicher Vergütung nicht. Denn kostenrechtlich handelt es sich bei einer bewilligten Vergütung um Auslagen des gerichtlichen Verfahrens, die, sofern sie nicht ausnahmsweise gem. § 307 der Staatskasse auferlegt werden, gem. §§ 2, 137 Abs. 1 Nr. 16 KostO von dem bemittelten Betroffenen zu tragen sind. Gleichwohl lässt die jetzt geschaffene Regelung die Zubilligung einer Vergütung für einen ehrenamtlich tätigen Verfahrenspfleger auch bei besonderem Einsatz für einen vermögenden Betroffenen nicht zu.[3]

3. Berufsmäßiger Verfahrenspfleger

a) Feststellung der Berufsmäßigkeit; Aufwendungsersatz. Für den berufsmäßigen 5 Verfahrenspfleger gilt eine doppelte Verweisungskette: Für den Anspruch auf **Aufwendungsersatz** verbleibt es nach § 277 Abs. 1 bei der Verweisung auf § 1835 Abs. 1 bis 2 BGB. Der Anspruch auf **Vergütung** ist durch die Verweisung in § 277 Abs. 2 S. 2 auf § 1836 Abs. 1 S. 2 BGB und die §§ 1, 2, 3 Abs. 1 und 2 VBVG geregelt. Der Anspruch entsteht danach, wenn in dem Bestellungsbeschluss die Feststellung getroffen wird, dass die Verfahrenspflegschaft berufsmäßig geführt wird. Es empfiehlt sich eine ausdrückliche Feststellung im Tenor des Bestellungsbeschlusses. Denn vergütungsfähig kann nur eine Tätigkeit sein, die zeitlich nach dem Wirksamwerden des Bestellungsbeschlusses aufgenommen worden ist.[4] Eine rückwirkende Nachholung der Feststellung kommt nur in Betracht, wenn sie bei der Bestellung des Verfahrenspflegers erkennbar versehentlich unterblieben ist.[5] So wird z. B. bei der Bestellung eines Rechtsanwalts als Verfahrenspfleger regelmäßig davon ausgegangen werden können, dass eine berufsmäßige Ausübung der Pflegschaft festgestellt werden soll. Die sachlichen Voraussetzungen für eine berufsmäßige Ausübung der Pflegschaft sind in § 1 Abs. 1 VBVG geregelt. Gegen die Ablehnung einer solchen Feststellung wurde nach bisherigem Recht die unbefristete Beschwerde und weitere Beschwerde gem. §§ 19, 27 FGG des bestellten Verfahrenspflegers für zulässig erachtet, insbesondere wurde eine solche Ablehnung nicht als eine im Festsetzungsverfahren nach § 56 g FGG (jetzt § 168) ergangene Entscheidung qualifiziert.[6] Unter Geltung des FamFG muss eine solche Beschwerde bereits als unstatthaft behandelt werden, weil die Verfahrenspflegerbestellung eine nicht instanzabschließende Zwischenentscheidung ist, die nach § 58 Abs. 1 ohne die hier nicht erfolgte besondere Zulassung unstatthaft ist.[7] Dass sich in diesem Zusammenhang im Gegensatz zum bisherigen Recht eine unterschiedliche Rechtslage im Verhältnis zu einer inhaltsgleichen Entscheidung im Rahmen einer instanzabschließenden Betreuerbestellung ergibt, die im Rahmen seiner Beschwer auch von dem Betreuer angefochten werden kann, muss als Folge der gewollten Beschränkung der Anfechtbarkeit von Zwischenentscheidungen hingenommen werden. Die bestellte Person kann die Übernahme des Amtes des Verfahrenspflegers ablehnen, wenn das Gericht ihr die Feststellung der Berufsmäßigkeit der Führung des Amtes verweigert. Aus denselben Gründen ist auch eine Beschwerde der Staatskasse gegen die Feststellung der berufsmäßigen Führung der Verfahrenspflegschaft ausgeschlossen. Nach bisherigem Recht wurde eine Beschwerdebefugnis der Staatskasse für ein solches Rechtsmittel verneint.[8]

b) Anspruch auf Vergütung. Aufgrund der Feststellung der berufsmäßigen Führung 6 hat der Verfahrenspfleger einen Vergütungsanspruch (§ 1 Abs. 2 S. 1 VBVG), der ebenfalls

---

[3] HK-BUR/Bauer § 277 FamFG Rn 129.
[4] OLG Brandenburg Rpfleger 2009, 313.
[5] OLG Naumburg FamRZ 2009, 370; OLG Brandenburg FamRZ 2009, 1005; OLG Hamm FGPrax 2008, 106 = BtPrax 2008, 136; Damrau/Zimmermann § 1 VBVB Rn 6.
[6] BayObLG FGPrax 2001, 79; OLG Frankfurt FGPrax 2001, 76; OLG Köln FamRZ 2001, 1643.
[7] Ebenso Fröschle FamRZ 2011, 205; Fröschle/Guckes § 277 Rn 12; Bahrenfuss/Brosey § 277 Rn 5; a.A Damrau/Zimmermann § 276 FamFG Rn 64; HK-BUR/Bauer § 276 FamFG Rn 37; offen gelassen in BGH NJW 2011, 453 = FamRZ 2011, 203.
[8] BayObLG FamRZ 2001, 1484; OLG Frankfurt FGPrax 2004, 122; OLG Hamm FGPrax 2001, 18; OLG Schleswig FGPrax 1999, 110.

einer 15-monatigen Ausschlussfrist mit der Möglichkeit einer abweichenden Fristbestimmung durch das Gericht unterliegt (§ 2 VBVG). Die Höhe der Vergütung bestimmt sich nach § 3 Abs. 1 VBVG nach dem anzusetzenden Zeitaufwand und dem anzuwendenden Stundensatz. Zur Anwendung gelangen wird regelmäßig der höchste Stundensatz von 33,50 € zuzüglich anfallender Umsatzsteuer (§ 3 Abs. 1 S. 2 Nr. 2, S. 3 VBVG), da das Gericht einen berufsmäßig tätigen Verfahrenspfleger im Allgemeinen im Hinblick auf seine Fachkenntnisse bestellen wird, die durch eine Hochschulausbildung oder eine vergleichbare abgeschlossene Ausbildung erworben sind. Eine weitere Erhöhung des Stundensatzes ist ausgeschlossen. Denn § 277 Abs. 2 S. 2 nimmt gezielt[9] von der Verweisung die für Vormünder (Betreuer) geltende Vorschrift des § 3 Abs. 3 VBVG aus, die die Zubilligung eines höheren Stundensatzes zulässt, wenn die besondere Schwierigkeit der Geschäfte dies ausnahmsweise rechtfertigt und der Betroffene nicht mittellos ist. Wegen der Besonderheiten für Rechtsanwälte siehe nachstehend Rn 9 bis 11.

7 Der berufsmäßig tätige Verfahrenspfleger unterliegt nicht dem Pauschalvergütungssystem für Betreuer nach den §§ 4 und 5 VBVG, auf die sich die Verweisungsvorschrift des § 277 Abs. 2 S. 2 nicht erstreckt. Der Verfahrenspfleger kann daher eine Vergütung für seinen tatsächlichen und erforderlichen Zeitaufwand (§ 3 Abs. 1 VBVG) verlangen. Vergütungsfähig ist deshalb nur eine Tätigkeit, die sich im Rahmen des Aufgabenkreises der Verfahrenspflegschaft hält. Die bisherige Vorschrift des § 1836 b S. 1 Nr. 1 BGB über eine fakultative Pauschalvergütung, die das 2. BtÄndG infolge der Einführung des zwingenden Pauschalvergütungssystems für Betreuer aufgehoben hat, wird nunmehr in § 277 Abs. 3 für die Vergütung des Verfahrenspflegers fortgeführt. Der Pauschalbetrag wird durch Multiplikation des veranschlagten Zeitaufwands mit dem nach § 3 Abs. 1 VBVG anzuwendenden Stundensatz zuzüglich einer Aufwandspauschale von 3 Euro je veranschlagter Stunde berechnet (Abs. 3 S. 2). Die Pauschale schließt weitergehende Ansprüche auf Vergütung und Aufwendungsersatz aus (Abs. 3 S. 3 2. Halbs.). Ist das Betreuungsverfahren bereits durch den Tod der Betroffenen beendet, kommt die Bewilligung einer Pauschale nicht mehr in Betracht.[10]

8 **c) Betreuungsverein (Abs. 4).** Für den Fall, dass ein Mitarbeiter eines anerkannten Betreuungsvereins als Verfahrenspfleger bestellt ist, verweist § 277 Abs. 4 teilweise auf § 7 VBVG, der an die Stelle des aufgehobenen § 1908 e BGB getreten ist. Die Verweisungstechnik ist allerdings hier für den Rechtsanwender nur noch schwer nachvollziehbar. Als eigenständige Regelung bringt Abs. 4 S. 1 zum Ausdruck, dass der durch die Tätigkeit des Mitarbeiters entstehende Anspruch auf Aufwendungsersatz und Vergütung „nach den Absätzen 1 bis 3" dem Verein zusteht. Abs. 4 S. 2 verweist in diesem Zusammenhang konsequent auf § 7 Abs. 3 VBVG, der einen eigenen Anspruch des Vereinsmitarbeiters ausschließt. Die ergänzende Verweisung auf § 7 Abs. 1 S. 2 VBVG, der seinerseits die Anwendbarkeit des § 1 Abs. 1 VBVG (Feststellung der berufsmäßigen Führung der Vormundschaft) ausschließt, ist zumindest unvollständig, weil unklar bleibt, wie denn nun in der Person des Vereins der Anspruch entsteht. Denn der Vergütungsanspruch „nach den Absätzen 1 bis 3" des § 277 setzt die Feststellung der Berufsmäßigkeit der Führung der Verfahrenspflegschaft voraus, während die entsprechende Vorschrift des § 1 Abs. 1 VBVG hier gerade nicht anwendbar sein soll. Erkennbar ist indessen sachlich lediglich gemeint, dass dem Verein anstelle seines Mitarbeiters für dessen Tätigkeit ein Anspruch auf Aufwendungsersatz und Vergütung zusteht, der nach den Kriterien einer berufsmäßigen Tätigkeit in der Person dieses Mitarbeiters zu bemessen ist, ohne dass es bei seiner Bestellung einer gesonderten Feststellung der berufsmäßigen Führung der Verfahrenspflegschaft bedarf. Ergänzend schließt § 277 Abs. 4 S. 3 einen Anspruch auf Vergütung und Aufwendungsersatz allgemein aus, wenn ein Bediensteter der Betreuungsbehörde als Verfahrenspfleger bestellt worden ist.

9 **d) Besonderheiten bei der Vergütung eines Rechtsanwalts.** Dem als Verfahrenspfleger bestellten Rechtsanwalt ist es grundsätzlich versagt, anstelle einer auf die Stundensätze des § 3 Abs. 1 VBVG beschränkten Vergütung seine Tätigkeit nach dem RVG abzurechnen und in dieser Höhe Aufwendungsersatz gem. § 1835 Abs. 3 BGB aus der Staats-

---

[9] Bericht des Rechtsausschusses BT-Drs. 15/4874 S. 64.
[10] OLG Frankfurt Rpfleger 2008, 360.

kasse zu verlangen. § 1 Abs. 2 S. 1 RVG schließt eine Liquidation der von einem Rechtsanwalt geleisteten Tätigkeit u. a. in seiner Eigenschaft als Verfahrenspfleger grundsätzlich aus. Dieser Grundsatz wird dadurch zusätzlich unterstrichen, dass § 1835 Abs. 3 BGB von der den Aufwendungsersatz betreffenden Verweisungskette in § 277 Abs. 1 ausdrücklich ausgenommen ist. Nach § 1 Abs. 2 S. 2 RVG bleibt allerdings § 1835 Abs. 3 BGB unberührt. Bereits für die frühere Regelung in § 67 a Abs. 3 FGG ist aus diesem Zusammenhang der Schluss gezogen worden, auch weiterhin könne der Rechtsanwalt, der im Rahmen einer Vormundschaft, Betreuung oder Verfahrenspflegschaft für den Betroffenen Dienste erbringe, für die ein nichtanwaltlicher Vormund (Betreuer, Verfahrenspfleger) einen Rechtsanwalt hinzugezogen hätte, insoweit Aufwendungsersatz in Höhe der RVG-Gebühren liquidieren.[11] Die in § 277 übernommene Neufassung durch das 2. BtÄndG hat in diesem Ausgangspunkt lediglich redaktionelle, jedoch keine sachlichen Änderungen vorgenommen.[12] Auch weiterhin kann deshalb einem als Verfahrenspfleger bestellten Rechtsanwalt die Abrechnung einer nach dem RVG berechneten Vergütung nicht versagt werden, wenn er im Rahmen seiner Tätigkeit anwaltsspezifische Dienste erbracht hat.[13] Zu beachten ist allerdings, dass auch für diesen Anspruch die Ausschlussfrist des § 2 VBVG gilt. Deren Fristbeginn setzt nur die Entstehung, jedoch nicht die Fälligkeit des Anspruchs voraus.[14] Es bleibt deshalb das sachliche Problem bestehen, im Einzelfall die Regeltätigkeit des als Verfahrenspflegers bestellten Rechtsanwalts von besonderen Diensten abzugrenzen, die nach dem RVG abgerechnet werden können.

Die Vorschriften der §§ 1836 Abs. 1 S. 2 BGB, 1 Abs. 1 VBVG sind nicht auf die Frage 10 anwendbar, ob **anwaltsspezifische Dienstleistungen** im Rahmen der Führung der Verfahrenspflegschaft nach anwaltlichem Gebührenrecht abgerechnet werden können. Es bedarf deshalb keiner entsprechenden ausdrücklichen Feststellung in dem Beschluss über die Verfahrenspflegerbestellung, vielmehr kann eine entsprechende Feststellung inzident auch in dem späteren Festsetzungsverfahren nach § 168 getroffen werden. Einer Anregung des BVerfG[15] folgend ist in der obergerichtlichen Rechtsprechung aber die Möglichkeit anerkannt worden, in Anlehnung an die genannten Vorschriften bereits bei der Bestellung des Verfahrenspflegers festzustellen, dass die Pflegschaft auf eine anwaltsspezifische Tätigkeit gerichtet ist. Die so getroffene Feststellung hat dann Bindungswirkung auch für das Festsetzungsverfahren (§ 168).[16] Diese Feststellung löst eine Bindungswirkung auch dann aus, wenn die tatsächlich später geleistete Tätigkeit nicht den Anforderungen an eine anwaltsspezifische Tätigkeit entspricht. Dem Gesichtspunkt des Vertrauensschutzes muss der Vorrang eingeräumt werden, wenn durch die Art der gerichtlichen Entscheidung der Rechtsanwalt von dem Prognoserisiko entlastet werden sollte.[17] Die gegenteilige Annahme des BayObLG,[18] ohne die Mitteilung konkreter fallbezogener Tatsachen, die die Feststellung in dem Bestellungsbeschluss stützten, die fachspezifische Tätigkeit des als Rechtsanwalt bestellten Pflegers sei erforderlich, könne eine bindende Feststellung nicht angenommen werden, erscheint demgegenüber zu eng. Die Anfechtbarkeit der Ablehnung bzw. der Feststellung einer anwaltsspezifischen Tätigkeit des Verfahrenspflegers ist aus denselben Gründen wie allgemeinen bei der Feststellung der berufsmäßigen Führung der Pflegschaft ausgeschlossen (siehe oben Rn 5).

Die Voraussetzungen für die Feststellung einer anwaltsspezifischen Tätigkeit im Rahmen 11 der Verfahrenspflegschaft werden zu Recht sehr einschränkend beurteilt. Eine Abrechnung auf der Grundlage des RVG ist nur gerechtfertigt, wenn die zu bewältigende Aufgabe **besondere rechtliche Fähigkeiten** fordert und daher eine originär anwaltliche Dienst-

---

[11] BVerfG NJWE-FER 2000, 282 = FamRZ 2000, 1280; NJWE-FER 2000, 280 = FamRZ 2000, 1284; Gesetzentwurf der Bundesregierung zum 1. BtÄndG BT-Drs. 13/7158 S. 41.
[12] BT-Drs. 15/2494 S. 41.
[13] OLG Düsseldorf FamRZ 2008, 76.
[14] LG Münster BeckRS 2008, 24234.
[15] NJWE-FER 2000, 282 = FamRZ 2000, 1280.
[16] BGH NJW 2011, 453 = FamRZ 2011, 203; BayObLG FGPrax 2002, 68 = FamRZ 2002, 1201; OLG Düsseldorf NJW-RR 2003, 427; OLG Köln FamRZ 2001, 1643; OLG Schleswig NJW-RR 2009, 79; OLG Stuttgart NJW-RR 2004, 424.
[17] BGH NJW 2011, 453 = FamRZ 2011, 203.
[18] BayObLG FGPrax 2002, 68 = FamRZ 2002, 1201.

leistung darstellt. Es muss sich um eine Aufgabe handeln, für die ein anderer Verfahrenspfleger in vergleichbarer Lage vernünftiger Weise einen Rechtsanwalt herangezogen hätte, weil sie eine für den Beruf des Rechtsanwalts spezifische Tätigkeit einschließt.[19] Daraus folgt, dass die Wahrnehmung der Regelaufgaben des Verfahrenspflegers in einem Betreuungs- und Unterbringungsverfahren, also etwa das Gespräch mit dem Betroffenen und etwaigen Angehörigen, die Auswertung medizinischer Sachverständigengutachten und die Wahrnehmung eines Anhörungs- und Beweisaufnahmetermins, eine Vergütung nach dem RVG nicht rechtfertigen kann.[20] Die berufliche Qualifikation des als Verfahrenspfleger bestellten Rechtsanwalts wird in diesem Zusammenhang durch die Bemessung seiner Vergütung nach der höchsten Stufe des § 3 Abs. 1 S. 2 VBVG abgegolten.[21] Die Ausnahmefälle können durch Anlehnung an die Bewertung gewonnen werden, wie sie für die Tätigkeit eines als Vormund (Betreuer) bestellten Rechtsanwalts vorgenommen wird. Dort werden anwaltsspezifische Dienste etwa bejaht bei der gerichtlichen Geltendmachung oder der Abwehr von Ansprüchen, weil für die Prozessführung üblicherweise ein Anwalt zugezogen zu werden pflegt,[22] der außergerichtlichen Vertretung in rechtlich besonders schwierig gelagerten Fällen[23] oder für die Vertretung eines Minderjährigen in einem Asylverfahren.[24] Bezogen auf die Verfahrenspflegschaft können sich z. B. anwaltsspezifische Dienstleistungen bei einer schwierigen Prüfung des Bestehens von Ansprüchen ergeben, die im Zusammenhang mit der Anordnung einer Betreuung für die Vermögenssorge oder einer Ergänzungsbetreuung von Bedeutung sind, oder wenn auf einen Antrag auf betreuungsgerichtliche Genehmigung zu prüfen ist, ob ein umfangreiches Vertragswerk dem Wohl des Betroffenen entspricht.[25] Liegt eine anwaltsspezifische Dienstleistung vor, steht dem Verfahrenspfleger ein Wahlrecht zu, seine Tätigkeit entweder nach dem RVG zu liquidieren oder eine Vergütung nach § 3 VBVG zu verlangen.[26] Jedenfalls bis zum Eintritt der Rechtskraft einer Entscheidung im Verfahren nach § 168 verliert der Rechtsanwalt, der zunächst die Festsetzung einer nach Zeitaufwand berechneten Vergütung beantragt hat, nicht das Recht, für seine Tätigkeit Aufwendungsersatz nach § 1835 Abs. 3 BGB in Verbindung mit anwaltlichem Gebührenrecht verlangen zu können.[27] Macht der Rechtsanwalt von seinem Wahlrecht Gebrauch, vergütungsrechtlich so behandelt zu werden, als wäre er von dem Betroffenen mit seiner Vertretung beauftragt worden, muss er im Falle der Mittellosigkeit des Betroffenen hinnehmen, dass er nur die durch § 49 RVG beschränkte Vergütung eines im Wege der Prozesskostenhilfe beigeordneten Rechtsanwalts erhält.[28] Für die Vertretung des Betroffenen in einem gerichtlichen Verfahren durch einen als Betreuer bestellten Rechtsanwalt hat der BGH abweichend vom vorlegenden BayObLG[29] den Standpunkt vertreten, dass das Betreuungsverhältnis es nicht rechtfertigen kann, dem Anwaltsbetreuer in Sachen seines unbemittelten Betreuten aus der Staatskasse eine höhere Vergütung zu zahlen als in Sachen eines anderen mittellosen Mandanten.[30] Dieser Gedanke muss in gleicher Weise Geltung beanspruchen, wenn ein Verfahrenspfleger zwar aufgrund seiner ihm kraft Bestellung persönlich zustehenden Beteiligung am Verfahren teilnimmt (§ 274 Abs. 2), auf sein Verlangen bei Vorliegen der entsprechenden Voraussetzungen jedoch vergütungsrechtlich so gestellt werden muss, als hätte er den Betroffenen in dem Verfahren als Bevollmächtigter vertreten.[31]

---

[19] BVerfG FamRZ 2000, 1284; BGH NJW 1998, 3567.
[20] A. A. HK-BUR/Bauer § 277 FamFG Rn 71, der praktisch jede Wahrnehmung von Regelaufgaben als anwaltsspezifische Dienstleistung bewerten will.
[21] BayObLG FGPrax 2005, 21; NJW-RR 2003, 1372 = FamRZ 2003, 1046; KG FamRZ 2003, 936; OLG Frankfurt NJOZ 2005, 3616; OLG München FGPrax 2008, 207; OLG Zweibrücken FGPrax 2001, 261.
[22] BVerfG FamRZ 2000, 1284; BayObLG FGPrax 2002, 64 = NJW 2002, 1660.
[23] BayObLG FGPrax 2005, 21; NJW-RR 2003, 1372 = FamRZ 2003, 1046.
[24] OLG Frankfurt FGPrax 2004, 121 = NJW-RR 2004, 1664.
[25] OLG Düsseldorf FamRZ 2008, 76; LG Limburg Rpfleger 2009, 232 (Scheidungsfolgenvergleich).
[26] BayObLG BtPrax 2004, 70; BtPrax 1999, 29; OLG Frankfurt FamRZ 2002, 59; OLG Köln NJW-RR 2003, 712.
[27] OLG Hamm NJW-RR 2008, 232 = FamRZ 2007, 1186.
[28] OLG Köln OLGR 2004, 53 = BeckRS 2003, 30329366.
[29] FGPrax 2003, 179.
[30] BGH NJW 2007, 844 = FamRZ 2007, 381.
[31] OLG Köln FamRZ 2004, 1301.

III. Festsetzung von Aufwendungsersatz und Vergütung

Nach Abs. 5 der Vorschrift richtet sich der Anspruch des Verfahrenspflegers auf Aufwendungsersatz und Vergütung in allen Fällen gegen die Staatskasse. Der dem Verfahrenspfleger gezahlte Betrag stellt sich kostenrechtlich als Auslagen des gerichtlichen Verfahrens (§ 137 Abs. 1 Nr. 16 KostO) dar, die aufgrund eines Kostenansatzes (§ 14 KostO) von dem Betroffenen als Kostenschuldner (§ 2 Nr. 2 KostO) zu erstatten sind, sofern er nicht nach den Kriterien des § 1836 c BGB mittellos ist (§ 93 a Abs. 2 KostO) oder die Auslagen nach § 96 KostO außer Ansatz zu bleiben haben (siehe dazu näher § 307 Rn 4). Für die Festsetzung von Aufwendungsersatz und Vergütung verweist S. 2 auf das Verfahren nach § 168 Abs. 1. Die Zulässigkeit der Beschwerde gegen die Entscheidung des AG ist von der Mindestbeschwer bzw. der Zulassung des Rechtsmittels abhängig (§ 61 Abs. 1 und 2). Die Festsetzung im Verfahren nach § 168 hat allerdings keine Bindungswirkung im Verfahren über den Kostenansatz nach § 14 KostO, durch den der entsprechende Auslagenbetrag von dem Betroffenen eingezogen wird.[32] Daraus folgt zugleich, dass dem Betroffenen in dem Festsetzungsverfahren nach § 168 ein eigenes Beschwerderecht nicht zusteht. Insoweit gelten die Grundsätze über die Unabhängigkeit der Verfahren, die auf Festsetzung einer Vergütung gegen die Staatskasse einerseits und gegen den Betroffenen andererseits gerichtet sind,[33] entsprechend.

Anhörung des Betroffenen

278 (1) ¹Das Gericht hat den Betroffenen vor der Bestellung eines Betreuers oder der Anordnung eines Einwilligungsvorbehaltes persönlich anzuhören. ²Es hat sich einen persönlichen Eindruck von dem Betroffenen zu verschaffen. ³Diesen persönlichen Eindruck soll sich das Gericht in dessen üblicher Umgebung verschaffen, wenn es der Betroffene verlangt oder wenn es der Sachaufklärung dient und der Betroffene nicht widerspricht.

(2) ¹Das Gericht unterrichtet den Betroffenen über den möglichen Verlauf des Verfahrens. ²In geeigneten Fällen hat es den Betroffenen auf die Möglichkeit der Vorsorgevollmacht, deren Inhalt sowie auf die Möglichkeit ihrer Registrierung bei dem zentralen Vorsorgeregister nach § 78 a Abs. 1 der Bundesnotarordnung hinzuweisen. ³Das Gericht hat den Umfang des Aufgabenkreises und die Frage, welche Person oder Stelle als Betreuer in Betracht kommt, mit dem Betroffenen zu erörtern.

(3) Verfahrenshandlungen nach Absatz 1 dürfen nur dann im Wege der Rechtshilfe erfolgen, wenn anzunehmen ist, dass die Entscheidung ohne eigenen Eindruck von dem Betroffenen getroffen werden kann.

(4) Soll eine persönliche Anhörung nach § 34 Abs. 2 unterbleiben, weil hiervon erheblich Nachteile für die Gesundheit des Betroffenen zu besorgen sind, darf diese Entscheidung nur auf Grundlage eines ärztlichen Gutachtens getroffen werden.

(5) Das Gericht kann den Betroffenen durch die zuständige Behörde vorführen lassen, wenn er sich weigert, an Verfahrenshandlungen nach Absatz 1 mitzuwirken.

I. Normzweck und Anwendungsbereich

Die Vorschrift regelt die Verpflichtung zur persönlichen Anhörung des Betroffenen als zentralen Bestandteil der Amtsermittlungspflicht (§ 26) des Gerichts. Im Hinblick auf den Eingriff in die Freiheitsrechte, der mit einer Betreuerbestellung verbunden ist, soll die Person des Betroffenen mit seinen gesundheitlichen Belastungen und seiner daraus folgenden Hilfsbedürftigkeit im Mittelpunkt des Verfahrens stehen. Es soll ein Verfahren ausgeschlossen werden, in dem eine Betreuerbestellung möglich ist, ohne dass das Gericht einen persönlichen Kontakt mit dem Betroffenen aufgenommen hat, eine Verfahrensweise, wie sie unter Geltung des alten Pflegschaftsrechts des BGB lange Zeit verbreitet praktiziert worden ist.

---

[32] BayObLG FGPrax 2005, 21 zu § 56 g FGG.
[33] BayObLG FGPrax 2000, 202.

2 Die persönliche Anhörung dient nicht nur der Gewährung des rechtlichen Gehörs des Betroffenen. Ihr vorrangiger Zweck ist es, dem Richter einen unmittelbaren Eindruck von dem Betroffenen und der Art seiner Erkrankung zu verschaffen, ihn in die Lage zu versetzen, ein Bild von der Persönlichkeit des Betroffenen zu gewinnen und seine Kontrollfunktion gegenüber ärztlichen Gutachten wahrnehmen zu können.[1] Die persönliche Anhörung des Betroffenen ist zwingend vorgeschrieben. Dem Gericht steht insoweit ein Ermessensspielraum nicht zu.[2] Anhörungen, die in einem vorausgegangenen[3] oder nachfolgenden[4] Verfahren durchgeführt worden sind, können die speziell für die Betreuerbestellung vorgeschriebene persönliche Anhörung des Betroffenen nicht ersetzen.

3 Der Anwendungsbereich der Vorschrift beschränkt sich auf die erstmalige Bestellung eines Betreuers und die Anordnung eines Einwilligungsvorbehalts. Für andere betreuungsrechtliche Verfahren bestehen teilweise Sonderregelungen über die Verpflichtung des Gerichts zur persönlichen Anhörung des Betroffenen (für die Erweiterung des Aufgabenkreises der Betreuung und die Verlängerung der Betreuung und des Einwilligungsvorbehalts: §§ 293 und 295; für die Entlassung des Betreuers gegen den Widerspruch des Betroffenen und für die Bestellung eines neuen Betreuers: § 296; für bestimmte Genehmigungsentscheidungen: §§ 297, 298 und 299; in Unterbringungssachen: § 319). Für andere Entscheidungen bleibt es bei der allgemeinen Amtsermittlungspflicht (§ 26), aus der sich im Einzelfall die Verpflichtung zur persönlichen Anhörung des Betroffenen ableiten kann, etwa wenn die von dem Betroffenen selbst angeregte Betreuerbestellung abgelehnt wird.[5]

II. Durchführung der Anhörung

1. Form der Anhörung (Abs. 1 und 3)

4 Die Anhörung des Betroffenen besteht nach **Abs. 1** aus zwei Elementen: Durchzuführen ist zunächst eine persönliche Anhörung **(S. 1)**, die als ein persönliches, mündliches[6] Gespräch zu verstehen ist, in dem der Richter versucht, ein Bild von der Lebenssituation des Betroffenen zu gewinnen, und in dem dieser wiederum Gelegenheit erhält, seine Situation aus seiner Sicht darzustellen und seine Vorstellungen über seine Lebensführung und einen etwaigen Hilfsbedarf mitzuteilen.

5 Diese wird ergänzt durch die dem Gericht gestellte Aufgabe, sich einen persönlichen Eindruck von dem Betroffenen zu verschaffen **(S. 2)**. Dieses Element dient dazu, dass das Gericht nicht nur von der Person, sondern auch von der sozialen Lebenssituation des Betroffenen ein Bild gewinnen soll, um diese Erkenntnisse bei der Entscheidung über die Betreuerbestellung, etwa bei der Bestimmung der Aufgabenkreise, berücksichtigen und dadurch seiner Kontrollfunktion gegenüber Zeugen und Sachverständigen besser gerecht werden zu können.[7] Regelmäßig wird sich das Gericht durch das Anhörungsgespräch auch einen hinreichenden persönlichen Eindruck von dem Betroffenen verschaffen können.

6 Wird von der persönlichen Anhörung des Betroffenen abgesehen, weil dieser zu einer Kommunikation nicht mehr in der Lage ist (§ 34 Abs. 2 2. Alt.), bleibt die Verpflichtung des Gerichts bestehen, mit dem Betroffenen Kontakt aufzunehmen, um sich einen persönlichen Eindruck von ihm zu verschaffen.[8]

7 Nach **S. 3** soll die persönliche Kontaktaufnahme zu dem Betroffenen in seiner üblichen Umgebung, also etwa in seiner Wohnung oder an seinem Heimplatz, erfolgen, wenn entweder der Betroffene dies verlangt oder dies zur Sachaufklärung dienlich erscheint. Gleichzeitig räumt die Vorschrift dem Betroffenen ein Widerspruchsrecht gegen diese Form der

---

[1] BVerfG NJW 1990, 2309; NJW 1982, 691.
[2] OLG Stuttgart FGPrax 2007, 47; KG FGPrax 1995, 110 = FamRZ 1995, 1442.
[3] OLG Köln OLGR 2007, 594 = BeckRS 2007, 13051: vorangegangenes familiengerichtliches Verfahren.
[4] OLG Naumburg FamRZ 2002, 986: nachfolgendes Unterbringungsverfahren.
[5] OLG Zweibrücken FamRZ 2009, 1180.
[6] BVerfG NJW 1982, 691.
[7] BT-Drs. 11/4528 S. 90 u. 172.
[8] BT-Drs. 11/4528 S. 172; Jansen/Sonnenfeld § 68 FGG Rn 24; Damrau/Zimmermann § 278 FamFG Rn 38; HK-BUR/Bauer § 278 FamFG Rn 59; Prütting/Helms/Fröschle § 278 Rn 34; offen gelassen von OLG Karlsruhe FamRZ 1999, 670.

Anhörung ein, damit auf seinen Wunsch seine Intimsphäre gewahrt bleibt.[9] Die Vorschrift ist insgesamt als **Sollvorschrift** ausgestaltet. Im Rahmen der Amtsermittlungspflicht (§ 26) liegt es im pflichtgemäßen Ermessen des Gerichts, ob es die Anhörung des Betroffenen in seiner üblichen Umgebung durchführt. Erfahrungsgemäß kann in vielen Fällen nur auf diese Weise ein Kontakt zwischen dem Gericht und dem Betroffenen zustande kommen. Der Versuch einer Kontaktaufnahme in dieser Form wird regelmäßig einer Vorführungsanordnung gem. Abs. 5 der Vorschrift vorausgehen müssen. Bei gut erhaltener Fassade wird die häusliche Situation des Betroffenen vielfach Rückschlüsse auf den Umfang seiner Betreuungsbedürftigkeit zulassen. Auch im Fall eines ausdrücklichen Verlangens des Betroffenen, ihn in seiner üblichen Umgebung anzuhören, verbleibt dem Gericht ein Ermessen, dessen Ausübung jedoch gegenüber demjenigen nach § 26 deutlich engere Grenzen gezogen sind und der Begründung in der Entscheidung bedarf.[10] Ein Absehen von der Anhörung in der üblichen Umgebung trotz eines entsprechenden Verlangens des Betroffenen kommt etwa in Betracht, wenn seine häuslichen Verhältnisse dem Gericht zuverlässig bereits aufgrund anderweitiger Ermittlungen (z. B. einer früheren Betreuerbestellung) bekannt sind.[11]

Die bisher in § 68 Abs. 4 FGG getroffenen Regelungen über Einzelheiten der Durchführung der persönlichen Anhörung des Betroffenen und die **Teilnahme Dritter** sind nunmehr in § 170 Abs. 1 S. 2 und 3 GVG übernommen worden. Danach kann der Betroffene verlangen, dass zu der nicht öffentlich (§ 170 Abs. 1 S. 1 GVG) geführten Anhörung einer **Person seines Vertrauens** die Anwesenheit gestattet wird. Dritten Personen kann das Gericht etwa zu Ausbildungszwecken die Anwesenheit gestatten, jedoch nicht gegen den Willen des Betroffenen. Dritter in diesem Sinne ist nicht ein Sachverständiger, den das Gericht im Rahmen der Gutachtenerstattung (§ 280) zum Anhörungstermin hinzuzieht. Die entsprechende bisherige Vorschrift des § 68 Abs. 4 S. 1 FGG ist als überflüssig zu Recht nicht in die Neufassung übernommen worden.[12]

Daraus folgt zugleich, dass nach § 274 Abs. 4 zum Verfahren hinzugezogenen Angehörigen **nicht** etwa aufgrund ihrer verfahrensrechtlichen Beteiligtenstellung ein eigenes **Recht zur Teilnahme an der persönlichen Anhörung** des Betroffenen zusteht. Ihr Teilnahmerecht ist vielmehr von einem entsprechenden Verlangen des Betroffenen abhängig.[13] Die Durchführung der persönlichen Anhörung des Betroffenen in Abwesenheit seiner Angehörigen kann sich insbesondere dann empfehlen, wenn zwischen diesen Angehörigen Streit über die Betreuerbestellung und/oder die Auswahl der Person des Betreuers besteht und dem Gericht daran gelegen ist, einen vorhandenen natürlichen Willen des Betroffenen festzustellen, dessen Äußerung bei Erkrankungsformen der Demenz bereits durch die Anwesenheit eines nahen Angehörigen stark beeinflusst werden kann. Dies gilt etwa auch für einen Betreuer, der wegen Vertrauensverlustes des Betroffenen entlassen werden soll.[14] Die nicht zur persönlichen Anhörung des Betroffenen zugezogenen Beteiligten sind deshalb darauf beschränkt, dass ihnen Gelegenheit zur Stellungnahme zu dem protokollierten Ergebnis (siehe dazu § 28 Abs. 4) der Anhörung zu gewähren ist. Ein eigenes Recht zur Teilnahme an der persönlichen Anhörung steht demgegenüber dem Verfahrenspfleger des Betroffenen zu. Dies folgt aus seiner Rechtsstellung als Verfahrenspfleger des Betroffenen (siehe § 276 Rn 26).

Abs. 3 der Vorschrift beschränkt die Verwertbarkeit einer persönlichen Anhörung des Betroffenen, die nicht von dem erkennenden Gericht, sondern lediglich von einem **ersuchten Richter** durchgeführt worden ist. Eine solche Verwertung ist nur zulässig, wenn anzunehmen ist, dass die Entscheidung ohne eigenen Eindruck von dem Betroffenen getroffen werden kann. Die bisherige Vorschrift des § 68 Abs. 1 S. 4 FGG enthielt den Zusatz „von vornherein", aus dem in der Rechtsprechung abgeleitet wurde, dass nur in

---
[9] BT-Drs. 11/4528 S. 172.
[10] OLG Düsseldorf FGPrax 1996, 184 = FamRZ 1996, 1373; a. A. HK-BUR/Bauer § 278 FamFG Rn 81: kein Ermessen des Gerichts.
[11] Ähnlich Jansen/Sonnenfeld § 68 FGG Rn 18.
[12] Zutreffend die Begründung zum Regierungsentwurf BT-Drs. 16/6308 S. 267.
[13] OLG Hamm FGPrax 2009, 217.
[14] OLG München FamRZ 2009, 642.

offensichtlich eindeutigen Fällen von der persönlichen Anhörung des Betroffenen durch das erkennende Gericht abgesehen werden durfte, etwa wenn der Betroffene bewusstlos ist und auch der ersuchte Richter den Eindruck vom Zustand des Betroffenen ohne Weiteres vermitteln kann.[15]

11   Andererseits hat der Gesetzgeber des 1. BtÄndG im Zusammenhang mit der Übernahme der Formulierung des § 68 Abs. 1 S. 4 FGG in die sachgleiche Vorschrift des § 69 g Abs. 5 S. 2 FGG für den Fall der persönlichen Anhörung des Betroffenen durch ein **beauftragtes Mitglied des Beschwerdegerichts** zum Ausdruck gebracht, dass die Zulässigkeit der persönlichen Anhörung des Betroffenen durch den ersuchten Richter nicht auf eindeutige und seltene Ausnahmefälle in dem in der Rechtsprechung beschriebenen Sinn hat beschränkt werden sollen. Die Streichung des Zusatzes „von vornherein" lässt darauf schließen, dass die gesetzgeberische Tendenz zur Lockerung der Vorschrift weiter unterstrichen werden sollte.

12   Gleichwohl wird dem Sinn der Vorschrift nur dann hinreichend Rechnung getragen, wenn es bei dem Grundsatz bleibt, dass der noch kommunikationsfähige Betroffene von dem erkennenden Gericht persönlich angehört werden muss.[16] Ein für das erkennende Gericht im Hinblick auf die Belastungssituation unzumutbarer Zeitaufwand für Reisen wird bei einem dauerhaften auswärtigen Aufenthaltsort des Betroffenen regelmäßig durch eine Abgabe des Verfahrens (§ 273), bei einem länger währenden, nicht dauerhaften Aufenthalt durch eine vorläufige Betreuerbestellung vermieden werden können, die nach § 300 Abs. 1 S. 2 auch dann angeordnet werden kann, wenn der Betroffene lediglich durch einen ersuchten Richter persönlich angehört worden ist.

13   Im Übrigen bestehen keine Bedenken, zunächst eine persönliche Anhörung des Betroffenen durch den ersuchten Richter an seinem auswärtigen Aufenthaltsort anzuordnen, um nach deren Vorliegen zu prüfen, ob die abschließende Sachentscheidung ohne einen eigenen Eindruck von dem Betroffenen getroffen werden kann. Schon deshalb kann ein entsprechendes Rechtshilfeersuchen (§ 158 GVG) von Fällen des Rechtsmissbrauchs abgesehen[17] nicht abgelehnt werden.[18]

2. Zeitpunkt der persönlichen Anhörung

14   Die Vorschrift enthält keine eigenständige Regelung dazu, zu welchem Verfahrenszeitpunkt die persönliche Anhörung des Betroffenen durchgeführt werden soll. Die bisherige Regelung des § 68 Abs. 5 S. 1 FGG über das Schlussgespräch ist in die Neufassung der Vorschrift nicht übernommen worden. Danach war vor einer Betreuerbestellung das Ergebnis der Ermittlungen im Hinblick auf die Bestimmung des Umfangs der Aufgabenkreise sowie die Auswahl der Person des Betreuers mit dem Betroffenen mündlich zu erörtern. Die Durchführung des Schlussgesprächs war jedoch davon abhängig, dass dies zur Gewährung des rechtlichen Gehörs oder zur Sachaufklärung erforderlich erschien. Zudem konnte das Schlussgespräch mit der allgemein ohnehin erforderlichen persönlichen Anhörung des Betroffenen verbunden werden (§ 68 Abs. 5 S. 2 FGG). Von dieser Möglichkeit hat die Praxis vielfach Gebrauch gemacht, zumal das persönliche Gespräch mit dem Betroffenen im Hinblick auf die Erforderlichkeit und die Einzelbestimmungen einer Betreuerbestellung am effizientesten geführt werden kann, wenn die tatsächlichen Grundlagen für die Entscheidung zumindest weitgehend bereits aufgeklärt sind.

15   Die Durchführung einer Erstanhörung zu Beginn des Verfahrens hat zwar den Vorteil, dass das Gericht dem Betroffenen die Wirkungen einer Betreuerbestellung sowie den Gang des Verfahrens verständlicher erläutern und den Inhalt und Umfang der tatsächlichen Ermittlungen besser steuern kann. Auf diese Weise wird vermieden, dass der Betroffene aus seiner Sichtweise durch den Erlass eines Beweisbeschlusses überrascht wird, auf dessen

---

[15] OLG Hamm FGPrax 1996, 183 = FamRZ 1996, 1372; OLG Schleswig FGPrax 1995, 114 = FamRZ 1995, 1595.
[16] BGH NJW-RR 2011, 723 = FamRZ 2011, 880.
[17] OLG Schleswig FGPrax 1995, 114 = FamRZ 1995, 1595; etwas weiter gefasst OLG Stuttgart BWNotZ 2007, 39: fortgesetzter Ermessensfehlgebrauch.
[18] BayObLGZ FamRZ 1993, 450.

Grundlage er zur Untersuchung bei einem psychiatrischen Sachverständigen vorgeladen wird. Ein mittelbarer Zwang zur Durchführung einer persönlichen Anhörung des Betroffenen zu Verfahrensbeginn kann sich daraus ergeben, dass die Rechtsprechung verlangt, dass dem Betroffenen das rechtliche Gehör gewährt werden muss, bevor die Einholung eines Sachverständigengutachtens (§ 280) und zu dessen Vorbereitung der Untersuchung des Betroffenen (§ 283 Abs. 1 S. 1) angeordnet wird.[19]

Häufig wird dann jedoch eine weitere persönliche Anhörung des Betroffenen zu dem Ergebnis der durchgeführten Ermittlungen erforderlich werden.[20] Die Erforderlichkeit einer Verfahrensweise, die sich nicht lediglich darauf beschränkt, dem Betroffenen formell Gelegenheit zur Stellungnahme zu dem erstatteten Sachverständigengutachtens zu gewähren (§ 37 Abs. 2), sondern dies mit einer persönlichen Anhörung des Betroffenen verbindet etwa auch mit dem Ziel, seine Kooperationsbereitschaft mit einem abschließend bestellten Betreuer zu fördern, kann sich aus der allgemeinen Vorschrift des § 34 Abs. 1 ergeben.[21] Eine solche persönliche Anhörung muss nach dem Normzweck der Vorschrift zugleich als eine solche im Sinne des § 278 bewertet werden, kann also regelmäßig nicht durch den ersuchten Richter vorgenommen werden (Abs. 3). 16

Die Neufassung in § 278 lässt daher zu Recht dem Richter einen größeren Handlungsspielraum, seine Verfahrensweise im Hinblick auf die persönliche Anhörung des Betroffenen den Umständen des Einzelfalls anzupassen. Eine Verbindung zwischen einer mündlichen Gutachtenerstattung (§ 280) und einer sich daran unmittelbar anschließenden mündlichen Anhörung des Betroffenen kann bedenklich sein, wenn der Betroffene durch diese Verfahrensweise überfordert ist, eine Stellungnahme zu dem Inhalt des Gutachtens abzugeben.[22] 17

3. Inhalt der persönlichen Anhörung (Abs. 2)

Abs. 2 regelt, wenn auch nur rudimentär, den Gegenstand der persönlichen Anhörung des Betroffenen. Nach Satz 1 sind dem Betroffenen Hinweise zum Gang des Verfahrens zu erteilen. Soll die persönliche Anhörung des Betroffenen erst zum Schluss des Verfahrens durchgeführt werden, können und müssen ihm diese Hinweise in anderer Form erteilt werden. Der in S. 2 der Vorschrift vorgesehene Hinweis auf die Möglichkeit der Erteilung einer Vorsorgevollmacht und deren Registrierung bei dem nach § 78 a BNotO geführten zentralen Vorsorgeregister kommt der Sache nach nur in Betracht, wenn nach dem Ergebnis der durchgeführten Ermittlungen der Betroffene zur Erteilung einer solchen betreuungsvermeidenden Vorsorgevollmacht noch in der Lage ist. Nach der Regelung in S. 3 hat sich die persönliche Anhörung des Betroffenen inhaltlich auf die Einzelbestimmungen einer Betreuerbestellung wie die Bestimmung der Aufgabenkreise und die Auswahl der Person des Betreuers zu erstrecken.[23] 18

III. Unterbleiben der persönlichen Anhörung (Abs. 4)

Die Voraussetzungen, unter denen ausnahmsweise von einer persönlichen Anhörung des Betroffenen abgesehen werden kann, ergeben sich nunmehr aus der allgemeinen Vorschrift des § 34 Abs. 2, die inhaltsgleich die bisherige Vorschrift des § 68 Abs. 2 FGG übernommen hat. Entbehrlich werden kann danach nur die persönliche Anhörung des Betroffenen im Sinne des Abs. 1 S. 1. Die Verpflichtung des Gerichts, sich einen persönlichen Eindruck von dem Betroffenen zu verschaffen (Abs. 1 S 2), bleibt davon unberührt.[24] 19

Nach § 34 Abs. 2 kann eine persönliche Anhörung des Betroffenen zunächst dann unterbleiben, wenn hiervon erhebliche Nachteile für seine Gesundheit zu besorgen sind. 20

---

[19] BVerfG FamRZ 2011, 272; NJW 2011, 1275; BGH NJW-RR 2008, 737 = FamRZ 2008, 774; NJW 2007, 3575 = FamRZ 2007, 1002.
[20] OLG Frankfurt FamRZ 2008, 1477 zu § 68 FGG.
[21] Jürgens/Kretz § 278 FamFG Rn 8; Jurgeleit/Bučić § 278 FamFG Rn 19.
[22] KG FGPrax 2008, 40 = FamRZ 2008, 813.
[23] KG FGPrax 1995, 110 = FamRZ 1995, 1442.
[24] Bahrenfuss/Brosey § 278 Rn 5; MünchKommZPO/Schmidt-Recla § 278 FamFG Rn 35; Prütting/Helms/Fröschle § 278 FamFG Rn 34.

Diese Voraussetzung ist für die betreuungsrechtlichen Verfahren sehr eng zu verstehen. Es müssen dem Betroffenen schwerwiegende, insbesondere irreversible oder lebensgefährliche gesundheitliche Schäden drohen. Vorübergehende Beeinträchtigungen, z. B. Erregungszustände, die nicht von Dauer sind, oder Nachteile, denen mit Medikamenten oder durch Hinzuziehung eines Arztes begegnet werden kann, reichen nicht aus.[25]

21 Weigert sich der Betroffene, zu einer Anhörung zu erscheinen, sind in diese Beurteilung auch Belastungen einzubeziehen, die sich aus einer erforderlichen Erzwingung der Anhörung durch seine Vorführung (**Abs. 5**) ergeben können. **Abs. 4** sieht in diesem Zusammenhang ergänzend vor, dass die Entscheidung, von der persönlichen Anhörung des Betroffenen abzusehen, nur auf der Grundlage eines Sachverständigengutachtens über die damit verbundenen gesundheitlichen Gefahren für den Betroffenen getroffen werden darf. Dieses Gutachten kann abschließend nur im Rahmen des nach § 280 einzuholenden Sachverständigengutachtens zu den Voraussetzungen einer Betreuerbestellung erstattet werden, so dass die Anforderungen an das Gutachten zu beiden Fragestellungen gleich zu behandeln sind.

22 Nach § 34 Abs. 2 kann von einer persönlichen Anhörung des Betroffenen ferner dann abgesehen werden, wenn er offensichtlich nicht in der Lage ist, seinen Willen kundzutun. Für diese Feststellung ist der persönliche Eindruck, den das Gericht bei der Kontaktaufnahme mit dem Betroffenen gewonnen hat, erforderlich, aber auch ausreichend.[26] Unterbleibt die persönliche Anhörung, muss dem Betroffenen nach § 276 Abs. 1 S. 2 ein Verfahrenspfleger bestellt werden.

23 Die Bezugnahme in § 278 Abs. 4 auf § 34 **Abs. 2** ist als abschließend zu verstehen. Nicht verwiesen wird demgegenüber auf die ergänzende Vorschrift in § 34 **Abs. 3**, wonach das Gericht nach Belehrung über diese Rechtsfolge bei einem unentschuldigten Ausbleiben eines Beteiligten im anberaumten Anhörungstermin das Verfahren auch ohne seine persönliche Anhörung beenden kann. Die Auffassung, § 34 Abs. 3 sei neben § 278 anwendbar,[27] widerspricht dem abschließenden Charakter der Verweisung in Abs. 4 der Vorschrift.[28] Denn der Zweck der persönlichen Anhörung des Betroffenen (vgl. Rn 1) lässt es nicht zu, ihre Durchführung mittelbar zur Disposition des in seinem Verhalten u. U. durch seine Erkrankung beeinflussten Betroffenen zu stellen. Dementsprechend kann die persönliche Anhörung des Betroffenen auch nicht im Hinblick auf einen von ihm erklärten Verzicht unterbleiben.[29] Die ergänzende Regelung über die Zulässigkeit der Vorführung des Betroffenen in § 278 Abs. 5 zeigt, dass das Gesetz die persönliche Kontaktaufnahme zwischen dem Gericht und dem Betroffenen in dessen Interesse auch dann durchsetzen will, wenn er sich einer Anhörung verweigern will. Diese Beurteilung entspricht dem bisherigen Rechtszustand.[30]

IV. Vorführung des Betroffenen (Abs. 5)

24 Abs. 5 lässt die zwangsweise Vorführung des Betroffenen zu, wenn er sich weigert, an Verfahrenshandlungen nach Abs. 1 (persönliche Anhörung und unmittelbarer Eindruck) mitzuwirken. Die Vorschrift dient der Durchsetzung der Verpflichtung des Gerichts zur persönlichen Anhörung des Betroffenen. Die funktionelle Zuständigkeit für die Vorführungsanordnung liegt immer beim Richter, auch wenn die vorzubereitende Entscheidung dem Rechtspfleger übertragen ist; der entsprechende Richtervorbehalt findet sich in § 19 Abs. 1 S. 1 Nr. 1 RPflG. Sachliche Voraussetzung der Vorführungsanordnung ist, dass das Verhalten des Betroffenen den Schluss zulässt, dass er zu einem Termin zur Anhörung freiwillig nicht erscheinen wird, etwa weil er bereits mehrfach einer Ladung nicht

---

[25] OLG Karlsruhe FamRZ 1999, 670; Damrau/Zimmermann § 278 FamFG Rn 59.
[26] Bahrenfuss/Brosey § 278 Rn 5; Damrau/Zimmermann § 278 FamFG Rn 64; Jurgeleit/Bučić § 278 FamFG Rn 31.
[27] BGH FamRZ 2010, 1650 = BtPrax 2010, 279; Prütting/Helms/Fröschle § 278 FamFG Rn 33; Fröschle FamRZ 2010, 1651.
[28] Bassenge/Roth § 278 FamFG Rn 13; HK-BUR/Bauer § 278 FamFG Rn 41.
[29] BGH FamRZ 2010, 1650 = BtPrax 2010, 279.
[30] BT-Drs. 11/4528 S. 172; Kayser 15. A. § 68 FGG Rn 14; Jansen/Sonnenschein § 68 FGG Rn 24.

Folge geleistet und/oder seine Wohnungstür trotz erkennbarer Anwesenheit nicht geöffnet hat.[31]

Darüber hinaus unterliegen die Anordnung und die Durchführung der Vorführung dem Gebot der Wahrung der **Verhältnismäßigkeit**. Dabei ist zu berücksichtigen, dass die zwangsweise Vorführung des Betroffenen zu einem Eingriff in seine Freiheitsrechte führt und für ihn mit einer erheblichen Belastung verbunden sein kann. Eine Vorführungsanordnung erfordert deshalb deutliche Anhaltspunkte für das Bestehen einer Erkrankung bei dem Betroffenen, die im Rahmen der abschließenden Entscheidung zu einer Betreuerbestellung führen kann.

Eine gesundheitliche Belastung des Betroffenen durch die Vorführung wird allerdings nur dann ihrer Anordnung entgegenstehen, wenn sie ein Maß erreicht, das nach § 34 Abs. 2 1. Alt. ein Absehen von einer erzwungenen Anhörung rechtfertigt. Denn der Betroffene darf nicht in die Lage versetzt werden, allein durch seine Weigerungshaltung eine zu seinem Schutz erforderliche betreuungsrechtliche Maßnahme verhindern zu können. Die dann verbleibende Handlungsalternative, einen Betreuer ohne persönliche Anhörung des Betroffenen zu bestellen, soll jedoch durch § 278 ebenfalls ausgeschlossen werden, solange nicht die Voraussetzungen des § 34 Abs. 2 1. Alt. festgestellt worden sind. Eine abweichende Bewertung kann angebracht sein, wenn eine persönliche Anhörung des Betroffenen nicht zwingend vorgeschrieben ist (z. B. im Beschwerdeverfahren nach § 68 Abs. 3 S. 2).

Die Vorführungsanordnung wird nach der Grundregel des § 40 Abs. 1 mit ihrer Bekanntgabe an den Betroffenen **wirksam**; § 287 ist in dieser Beziehung nicht anwendbar.[32]

Die Vorführungsanordnung ist ebenso wenig wie ihre Androhung mit der **Beschwerde** anfechtbar. Dies folgt aus § 58 Abs. 1, der das Rechtsmittel der Beschwerde allgemein nur gegen instanzabschließende Endentscheidungen zulässt, die Anfechtbarkeit von Zwischenentscheidungen demgegenüber von einer besonderen Zulassung im Einzelfall abhängig macht, die in § 278 jedoch nicht vorgesehen ist.[33] Überdies ist für die vergleichbare Konstellation einer Vorführungsanordnung zu einer ärztlichen Untersuchung in § 283 Abs. 1 S. 2 die Anfechtbarkeit ausdrücklich ausgeschlossen. Die Anfechtbarkeit der Anordnung lässt sich nicht aus § 33 Abs. 3 S. 5 ableiten.[34] Denn die persönliche Anhörung des Betroffenen ist in § 278 eigenständig und abschließend geregelt. Insbesondere ist die Mitwirkungspflicht des Betroffenen nicht von einer in das Ermessen des Gerichts gestellten Anordnung seines persönlichen Erscheinens abhängig.[35] Mag die unterschiedliche Behandlung gegenüber den von § 33 erfassten Fällen nicht in jeder Hinsicht widerspruchsfrei erscheinen, so hat sich der Gesetzgeber in § 58 Abs. 1 vorbehalten, die Anfechtbarkeit von Zwischenentscheidungen im Einzelfall zu eröffnen. Seine Bewertung, es im Rahmen des § 278 bei dem Ausschluss der Anfechtbarkeit zu belassen, für die auch der Gesichtspunkt der Vermeidung von Verfahrensverzögerungen sprechen kann, muss hingenommen werden.[36] Die für die Vorgängerregelung in § 68 Abs. 3 FGG ergangene Rechtsprechung, die mangels eines ausdrücklichen Ausschlusses die Anfechtbarkeit der Vorführungsanordnung zugelassen hat,[37] kann deshalb unter Geltung des FamFG nicht fortgeführt werden. Davon unberührt bleibt die Zulässigkeit eines Rechtsmittels gegen eine Entscheidung, die objektiv willkürlich, d. h. in so krassem Maße rechtsfehlerhaft ist, dass sie unter Berücksichtigung des Schutzzwecks der Grundrechte des Betroffenen nicht mehr verständlich erscheint. Die Grundsätze der dazu ergangenen Entscheidung des BGH[38] betr. eine Vorführungsanordnung nach § 68 b Abs. 3 FGG sind weiterhin anwendbar, mag sich der Rechtsmittelausschluss auch nunmehr aus der allgemeinen Vorschrift des § 58 Abs. 1 ergeben.[39]

---

[31] BayObLG NJW-RR 1998, 437 = FamRZ 1997, 1568.
[32] BT-Drs. 16/6308 S. 269.
[33] HK-BUR/Bauer § 278 FamFG Rn 181.
[34] So Zimmermann FamFG Rn 476; Prütting/Helms/Fröschle § 278 Rn 42.
[35] Zutreffend MünchKommZPO/ Schmidt-Recla § 278 FamFG Rn 47.
[36] A. A. MünchKommZPO/Schmidt-Recla § 278 FamFG Rn 49.
[37] BayObLG NJW-RR 1998, 437 = FamRZ 1997, 1568.
[38] NJW 2007, 3575.
[39] Siehe dazu näher § 58 Rn 30.

29 Die Vorführung wird durch die zuständige Betreuungsbehörde (§ 1 BtG) **vollzogen**. Das Gericht kann erforderlichenfalls zur Erzwingung der Durchführung der Vorführung die Behörde zur Anwendung unmittelbaren Zwangs sowie zusätzlich dazu ermächtigen, die Wohnung des Betroffenen ohne seine Einwilligung zu betreten. Dies folgt aus einer entsprechenden Anwendung des § 283 Abs. 2 und 3, der die Vorführung des Betroffenen zur Untersuchung durch den Sachverständigen betrifft. Denn es kann nicht angenommen werden, dass der Gesetzgeber die verfahrensrechtliche Möglichkeit zur zwangsweisen Durchsetzung einer gerichtlichen Anordnung, die der Vorführung des Betroffenen zur Untersuchung durch den Sachverständigen dient, eröffnen, diese jedoch im Fall der Vorführung zur richterlichen Anhörung hat versagen wollen.[40] Denn beide Verfahrenshandlungen dienen demselben Ziel einer sachgerechten Entscheidung über eine Betreuerbestellung und können bei einer Weigerungshaltung des Betroffenen auch miteinander verbunden werden. Die Gesetzesbegründung[41] beschränkt sich auf einen Verweis auf die inhaltsgleiche bisherige Vorschrift des § 68 Abs. 3 FGG. Aus diesem systematischen Gefüge des § 278 Abs. 5 einerseits und des § 283 Abs. 2 und 3 andererseits lässt sich danach auch die erforderliche gesetzliche Grundlage für die Anwendung unmittelbaren Zwangs gegen den Betroffenen einschließlich einer etwaigen Öffnung seiner Wohnung (siehe dazu näher § 283 Rn 2) ableiten.

Anhörung der sonstigen Beteiligten, der Betreuungsbehörde und des gesetzlichen Vertreters

279 (1) **Das Gericht hat die sonstigen Beteiligten vor der Bestellung eines Betreuers oder der Anordnung eines Einwilligungsvorbehalts anzuhören.**

(2) **Das Gericht hat die zuständige Behörde vor der Bestellung eines Betreuers oder der Anordnung eines Einwilligungsvorbehalts anzuhören, wenn es der Betroffene verlangt oder es der Sachaufklärung dient.**

(3) **Auf Verlangen des Betroffenen hat das Gericht eine ihm nahestehende Person anzuhören, wenn dies ohne erhebliche Verzögerung möglich ist.**

(4) **Das Gericht hat im Fall einer Betreuerbestellung oder der Anordnung eines Einwilligungsvorbehalts für einen Minderjährigen (§ 1908 a des Bürgerlichen Gesetzbuchs) den gesetzlichen Vertreter des Betroffenen anzuhören.**

I. Anwendungsbereich und allgemeine Bedeutung

1 Die Vorschrift bezieht sich ihrem Wortlaut nach nur auf Verfahren, die mit der Bestellung eines Betreuers oder der Anordnung eines Einwilligungsvorbehalts abgeschlossen werden. Die entsprechende Anwendung der Vorschrift ist vorgesehen vor der Erweiterung des Aufgabenkreises der Betreuung oder des Kreises der einwilligungsbedürftigen Willenserklärungen (§ 293 Abs. 1), der Aufhebung der Betreuung oder Einschränkung des Aufgabenkreises des Betreuers (§ 294 Abs. 1), für die Verlängerung der Betreuerbestellung oder der Anordnung eines Einwilligungsvorbehalts (§ 295 Abs. 1), vor der Bestellung eines weiteren oder neuen Betreuers (§§ 293 Abs. 3, 296 Abs. 2). Für die Verfahren auf Genehmigung einer Einwilligung des Betreuers in eine Sterilisation sowie in den Fällen des § 1904 BGB ergeben sich aus §§ 297 Abs. 3, 298 Abs. 2 inhaltlich übereinstimmende eigenständige Regelungen.

2 Seinem sachlichen Gehalt nach ist § 279 eine Sonderregelung zur Amtsermittlungspflicht nach § 26: Es geht darum, Wissen und Erkenntnisse der Betreuungsbehörde sowie privater Personen für die Feststellung der Betreuungsbedürftigkeit des Betroffenen und deren Umfang nutzbar zu machen. Dementsprechend bleibt § 26 neben § 279 anwendbar, so dass das Gericht Informationen von weiteren Personen oder Stellen zur Aufklärung des Sachverhalts einholen muss, soweit sich dies nach dem erreichten Ermittlungsstand aufdrängt.

---

[40] Wie hier Jürgens/Kretz § 278 FamFG Rn 18; a. A. HK-BUR/Bauer § 278 FamFG Rn 157; Jurgeleit/Bučić § 278 FamFG Rn 36; Prütting/Helms/Fröschle § 278 Rn 40; Schmidt-Recla/Diener FamRZ 2010, 696/698.

[41] BT-Drucks. 16/6308 S. 267; zur geplanten Änderung der Vorschrift siehe Einleitung Rn 15 b.

Die Durchführung der Anhörung nach § 279 ist nicht an eine bestimmte Form gebunden. Es muss nicht zwingend eine persönliche Anhörung durchgeführt werden, vielmehr kann es auch ausreichen, wenn eine Gelegenheit zur schriftlichen Äußerung gegeben wird.[1]

II. Anhörungspflichten im Einzelnen

1. Anhörung der Beteiligten

Abs. 1 der Vorschrift normiert eine Selbstverständlichkeit, die sich bereits aus Art. 103 Abs. 1 GG ableitet: Demjenigen, der nach den §§ 7, 274 Verfahrensbeteiligter geworden ist, muss Gelegenheit gegeben werden, zu den sachlichen Voraussetzungen der zu treffenden Entscheidung des Gerichts Stellung nehmen zu können. Hinsichtlich der Kann-Beteiligten nach den §§ 7 Abs. 3, 274 Abs. 4, insbesondere der Angehörigen des Betroffenen, setzt dies allerdings voraus, dass sie als Verfahrensbeteiligte entweder von Amts wegen oder im förmlichen Zwischenverfahren nach § 7 Abs. 4 bereits hinzugezogen worden sind. Das Gesetz will den Kreis derjenigen Angehörigen des Betroffenen, die im Verfahren angehört werden sollen, nunmehr über den Beteiligtenbegriff nach den §§ 7 Abs. 3, 274 Abs. 4 steuern. Für eine daneben durchzuführende Anhörung nahe stehender Personen und ein darauf bezogenes Widerspruchsrecht des Betroffenen, wie es bisher in § 68a S. 3 FGG vorgesehen war, bleibt nach der Gesetzesbegründung kein Raum mehr.[2] Unberührt bleibt die Möglichkeit, von einem Angehörigen als Auskunftsperson einzelne Informationen zu erfragen, wodurch dieser nach § 7 Abs. 6 noch nicht die Stellung eines Verfahrensbeteiligten erlangt (vgl. dazu näher § 274 Rn 20).

2. Anhörung der Betreuungsbehörde

Nach Abs. 2 der Vorschrift hat das Gericht vor der Bestellung eines Betreuers oder der Anordnung eines Einwilligungsvorbehalts die zuständige Behörde anzuhören, wenn es der Betroffene verlangt oder es der Sachaufklärung dient. Die § 68a S. 1 FGG entsprechende Vorschrift soll gewährleisten, dass der Sachverstand der Behörde im erforderlichen Umfang berücksichtigt werden kann.[3] Die Anhörung der Behörde ist zu unterscheiden von ihrer Zuziehung als Verfahrensbeteiligte, die nur auf ihren ausdrücklichen Antrag zu erfolgen hat (§ 274 Abs. 3). Die Behörde kann sich also darauf beschränken, dem Gericht von Amts wegen als Anregung oder auf dessen Ersuchen eine auf eigene Ermittlungen gestützte Einschätzung zur Betreuungsbedürftigkeit des Betroffenen zu übermitteln, ohne in die Rolle einer Verfahrensbeteiligten eintreten zu müssen. Dazu besteht für die Behörde auch keine Notwendigkeit, um sich das Recht zur Beschwerde zu erhalten. Denn nach § 303 Abs. 1 kann die Behörde Beschwerde auch dann einlegen, wenn sie im Verfahren erster Instanz noch nicht Verfahrensbeteiligte war. Gegenstück der Anhörung durch das Gericht ist die Verpflichtung der Betreuungsbehörde gem. § 8 BtBG zur Unterstützung des Gerichts, die sich nach S. 2 der Vorschrift zunächst auf die Feststellung des vom Gericht für aufklärungsbedürftig gehaltenen Sachverhalts bezieht. Es handelt sich um den vom Gericht vielfach angeforderten sog. Sozialbericht über die sozialen Lebensbedingungen des Betroffenen sowie den Umfang bestehenden Hilfebedarfs. Nach § 8 S. 3 BtBG hat die Behörde dem Gericht auf sein Ersuchen ferner eine Person vorzuschlagen, die als Betreuer geeignet ist.

3. Anhörung einer nahe stehenden Person

Nach Abs. 3 der Vorschrift hat das Gericht ferner auf Verlangen des Betroffenen eine ihm nahe stehende Person anzuhören, wenn dies ohne erhebliche Verzögerung möglich ist. Der Betroffene kann durch sein Verlangen die ergänzende Anhörung einer Person erzwingen, die weder als Angehörige noch als Vertrauensperson gem. § 274 Abs. 4 als Beteiligte

---

[1] KG FGPrax 1995, 110 = FamRZ 1995, 1442; OLG Hamm FamRZ 1993, 988; jeweils zu § 68a FGG; Damrau/Zimmermann § 279 FamFG Rn 8; Fröschle/Locher § 279 Rn 4.
[2] BT-Drs. 16/6308 S. 267.
[3] BT-Drs. 11/4528 S. 91.

zum Verfahren hinzugezogen worden ist. Durch die Einschränkung soll verhindert werden, dass der Betroffene Entscheidungen durch die Benennung nicht erreichbarer Personen unnötig verzögern kann.[4] Im Hinblick auf die Möglichkeit des Erlasses einer einstweiligen Anordnung (§ 300) wird erst eine Verzögerung von mehreren Wochen als erheblich einzustufen sein.[5]

4. Anhörung des gesetzlichen Vertreters eines Minderjährigen

6 Abs. 4 der Vorschrift bezieht sich auf das Verfahren zur Betreuerbestellung für einen Minderjährigen nach § 1908a BGB. In diesen Fällen muss das Gericht den gesetzlichen Vertreter des Minderjährigen anhören, also die Eltern bzw. die sonst sorgeberechtigte Person. Damit soll dem gesetzlichen Vertreter bei der Bewältigung der Zukunft des minderjährigen Betroffenen eine Mitsprachemöglichkeit eingeräumt werden.[6]

Einholung eines Gutachtens

280 (1) ¹Vor der Bestellung eines Betreuers oder der Anordnung eines Einwilligungsvorbehalts hat eine förmliche Beweisaufnahme durch Einholung eines Gutachtens über die Notwendigkeit der Maßnahme stattzufinden. ²Der Sachverständige soll Arzt für Psychiatrie oder Arzt mit Erfahrung auf dem Gebiet der Psychiatrie sein.

(2) Der Sachverständige hat den Betroffenen vor der Erstattung des Gutachtens persönlich zu untersuchen oder zu befragen.

(3) Das Gutachten hat sich auf folgende Bereiche zu erstrecken:
1. das Krankheitsbild einschließlich der Krankheitsentwicklung,
2. die durchgeführten Untersuchungen und die diesen zugrunde gelegten Forschungserkenntnisse,
3. den körperlichen und psychiatrischen Zustand des Betroffenen,
4. den Umfang des Aufgabenkreises und
5. die voraussichtliche Dauer der Maßnahme.

I. Normzweck und Anwendungsbereich

1 Die Vorschrift enthält neben § 278 eine weitere zwingende Sonderregelung zur allgemeinen Amtsermittlungspflicht (§ 26) des Gerichts. Im Hinblick auf den Eingriff in die Freiheitsrechte, der mit einer Betreuerbestellung verbunden ist, soll eine sorgfältige Sachverhaltsaufklärung zu den medizinischen Voraussetzungen einer Betreuerbestellung sichergestellt werden. Die gesetzliche Vorschrift zwingt das Gericht zur Einholung eines Sachverständigengutachtens im Wege einer förmlichen Beweisaufnahme. Ob das Misstrauen des Gesetzgebers gerechtfertigt ist, das in der Vorschrift gegenüber den Gerichten zum Ausdruck kommt, ihrer Verpflichtung zur Sachverhaltsaufklärung mit den gebotenen Mitteln auch im Rahmen der allgemeinen Amtsermittlungspflicht nachzukommen,[1] mag offen bleiben. Die Vorschrift gehört zwischenzeitlich entsprechend ihrer Vorgängerregelung in § 68b FGG zum gefestigten Bestand des Betreuungsverfahrensrechts. Bei sachgerechter Anwendung verbleibt den Gerichten genügend Spielraum für eine flexible Handhabung der Vorschrift.

2 § 280 gilt nur für Verfahren, die mit der Bestellung eines Betreuers oder der zusätzlichen Anordnung eines Einwilligungsvorbehalts **abgeschlossen** werden. Die Vorschrift ist nicht anzuwenden auf Fälle des Betreuerwechsels bei fortbestehender Betreuung.[2] Sondervorschriften für die Erstattung des erforderlichen Sachverständigengutachtens enthalten § 297 Abs. 6 für die Genehmigung einer Einwilligung des Betreuers in eine Sterilisation (§ 1905 Abs. 2 BGB) und § 298 Abs. 4 für Verfahren in den Fällen des § 1904 BGB. Die Vorschrift

---
[4] BT-Drs. 11/4528 S. 174.
[5] Damrau/Zimmermann § 279 FamFG Rn 34; Fröschle/Locher § 279 Rn 11.
[6] BT-Drs. 11/4528 S. 173.
[1] Damrau/Zimmermann § 280 Rn 2, sprechen zu Recht von einer Gutachtenseeligkeit des BtG.
[2] Damrau/Zimmermann § 280 FamFG Rn 3; Prütting/Helms/Fröschle § 280 Rn 5.

gilt entsprechend für die Erweiterung des Aufgabenkreises des Betreuers oder des Kreises der einwilligungsbedürftigen Willenserklärungen (§ 293) sowie die Verlängerung der Betreuung oder des Einwilligungsvorbehalts (§ 295) mit den in den genannten Vorschriften geregelten Besonderheiten.

II. Verfahren bei der Anordnung der Gutachtenerstattung

1. Voraussetzungen der Beweisanordnung

Voraussetzung für die Anordnung der Gutachtenerstattung ist, dass das Gericht das Verfahren im Hinblick auf eine Betreuerbestellung oder die Anordnung eines Einwilligungsvorbehaltes weiter betreiben will. Das Gericht ist deshalb nicht gehindert, auch ohne Einholung eines Sachverständigengutachtens eine Betreuerbestellung abzulehnen oder das Verfahren einzustellen, wenn es nach dem erreichten Stand der Ermittlungen (etwa einer persönlichen Erstanhörung des Betroffenen oder einem Sozialbericht der Betreuungsbehörde) keine hinreichenden Anhaltspunkte für das Vorliegen der Voraussetzungen einer Betreuerbestellung als gegeben ansieht. Dasselbe gilt für die Aufhebung einer Betreuung oder die Einschränkung des Aufgabenkreises des Betreuers (vgl. § 294 Abs. 1). Umgekehrt muss berücksichtigt werden, dass bereits die Einholung eines psychiatrischen Sachverständigengutachtens insbesondere in Verbindung mit der Anordnung der vorbereitenden Untersuchung (§ 283 Abs. 1 S. 1) zu einem erheblichen Eingriff in die Rechte des Betroffenen führt, der nur gerechtfertigt ist, wenn deutliche Anhaltspunkte für das Bestehen einer Betreuungsbedürftigkeit des Betroffenen festzustellen sind[3] und, sofern nicht Gefahr im Verzug besteht, dem Betroffenen Gelegenheit zu rechtlichem Gehör gegeben worden ist.[4]

2. Inhalt der Beweisanordnung (Abs. 1 S. 1 und Abs. 3)

a) Förmliche Beweisaufnahme. Abs. 1 S. 1 zwingt das Gericht dazu, das Sachverständigengutachten im Wege der förmlichen Beweisaufnahme einzuholen. Gutachten, deren Einholung nicht vom Gericht selbst angeordnet worden sind, können allein der Entscheidung nicht zugrunde gelegt werden.[5] Über die auf diese Weise in Bezug genommene allgemeine Vorschrift des § 30 Abs. 1 sind auf das Beweisverfahren die Vorschriften der ZPO entsprechend anzuwenden. In der üblichen Terminologie bedeutet entsprechende Anwendung eine uneingeschränkte Übernahme der in Bezug genommenen Vorschriften (hier: der §§ 402 bis 414 ZPO über den Beweis durch Sachverständige), soweit spezifische Grundsätze des Verfahrensrechts der freiwilligen Gerichtsbarkeit der Anwendung dieser Vorschriften nicht entgegenstehen. Der Auffassung des Regierungsentwurfs,[6] der Begriff der entsprechenden Anwendung erfordere keine schematische Übertragung der Vorschriften der ZPO, sondern lasse Spielraum für die Anwendung im Einzelfall, insbesondere seien die Vorschriften über die mündliche Erörterung des Gutachtens auf das Betreuungsverfahren nicht ohne Weiteres übertragbar, kann nicht zugestimmt werden. Denn die Vorschriften der ZPO über den Sachverständigenbeweis können insgesamt ohne Schwierigkeiten in das Verfahren der freiwilligen Gerichtsbarkeit integriert werden. Insbesondere besteht kein Anlass, das Recht der Verfahrensbeteiligten, die Ladung des Sachverständigen zur mündlichen Erläuterung seines schriftlichen Gutachtens zu beantragen (§§ 402, 397 ZPO),[7] zu beschneiden. Die Anordnung der Gutachtenerstattung erfordert daher, soweit sie nicht verfahrensleitend (§ 28) zur Terminsvorbereitung oder im Termin erfolgt, regelmäßig einen Beweisbeschluss (§ 358 ZPO). Diese Form empfiehlt sich insbesondere, um dem Sachverständigen Beweisfragen vorgeben zu können, die er durch das Gutachten beantworten soll.

---

[3] BGH NJW 2007, 3575 = FamRZ 2007, 1002.
[4] BVerfG FamRZ 2011, 272; BGH NJW-RR 2008, 737 = FamRZ 2008, 774.
[5] KG FGPrax 2006, 260 = FamRZ 2007, 81.
[6] BT-Drs. 16/6308 S. 268; aus der Begründung zu der allgemeinen Regelung des § 30 Abs. 1 (a. a. O. S. 189) ergibt sich dazu nichts.
[7] BGH NJW-RR 2001, 1431.

5 **b) Beweisfragen (Abs. 3).** Der durch die Beweisfragen zu bestimmende Inhalt des Sachverständigengutachtens wird nunmehr durch **Abs. 3** normiert mit dem Ziel, im Anschluss an die bisherige obergerichtliche Rechtsprechung sowie zur Qualitätssicherung betreuungsrechtlicher Sachverständigengutachten nähere Vorgaben zu regeln. Die enumerative Aufzählung der notwendigen Inhalte des Sachverständigengutachtens ist nicht abschließend. Das Gericht ist also keineswegs gehindert, die Formulierung der Beweisfragen zu verändern und nach seinen Vorstellungen zu ergänzen.

6 Der gesetzliche Beweisthemenkatalog stellt mit teilweise synonymen Formulierungen (**Nr. 1 und 3**) die – zweifellos wichtige – Feststellung und Einordnung des Krankheitsbildes des Betroffenen in den Vordergrund.

7 Die Formulierung in **Nr. 2** lässt Zweifel aufkommen, ob und ggf. inwieweit der Sachverständige lehrbuchartige Ausführungen zu denjenigen Forschungserkenntnissen ausbreiten soll, auf denen seine Untersuchungsmethoden aufbauen.

8 In **Nr. 4** des Katalogs klingt nur an, worauf aus der Sicht der Praxis größeres Gewicht zu legen ist, nämlich eine nachvollziehbare sachverständige Beurteilung, inwieweit die Auswirkungen der Erkrankung die Fähigkeit des Betroffenen beeinträchtigen, seine Angelegenheiten in einzelnen lebenspraktischen Bereichen (etwa Gesundheitsfürsorge, Aufenthalt und Wohnungsangelegenheiten, Vermögenssorge) wahrnehmen zu können (§ 1896 Abs. 1 S. 1 BGB).

9 Bei einer gegen seinen Willen anzuordnenden Betreuung muss ergänzend festgestellt werden, ob die **freie Willensbestimmung** des Betroffenen in bestimmten Lebensbereichen ausgeschlossen ist (§ 1896 Abs. 1 a BGB).[8] Das Fehlen einer erforderlichen Stellungnahme des Sachverständigen zu diesem Punkt beruht häufig darauf, dass ihm bereits eine entsprechende Beweisfrage nicht gestellt worden ist. Die Erforderlichkeit der Betreuerbestellung (§ 1896 Abs. 2 BGB) wirft eine Reihe von Fragen auf: In welchen Lebensbereichen sind konkrete Hilfestellungen erforderlich, um eine ordnungsgemäße Versorgung und Lebensführung des Betroffenen zu ermöglichen (Umfang des Aufgabenkreises)? Können notwendige Hilfestellungen durch Angehörige, Nachbarn oder Pflegedienste organisiert bzw. geleistet werden? Kann nach dem Verlauf der Erkrankung von der Wirksamkeit einer von dem Betroffenen in der Vergangenheit erteilten Vorsorgevollmacht ausgegangen werden (Subsidiarität der Betreuung, § 1896 Abs. 2 S. 2 BGB)? Bestehende Rehabilitationsmöglichkeiten und voraussichtliche Dauer der Betreuungsbedürftigkeit (Nr. 5)? Im Fall der erwogenen Anordnung eines Einwilligungsvorbehalts: Besteht nach dem Verlauf der Erkrankung und der Persönlichkeitsstruktur des Betroffenen die konkrete Gefahr selbstschädigender Rechtsgeschäfte insbesondere im Bereich der Vermögensverwaltung (§ 1903 Abs. 1 S. 1 BGB)?[9]

3. Auswahl des Sachverständigen (Abs. 1 S. 2)

10 Die Auswahl des Sachverständigen liegt im pflichtgemäßen Ermessen des Gerichts (§ 404 ZPO). Da die Beurteilung der Erkrankung bzw. Behinderung des Betroffenen regelmäßig medizinisches Fachwissen erfordert, muss ein mit entsprechender Sachkunde ausgestatteter Arzt bestellt werden. Ebenfalls mit dem Ziel der Qualitätssicherung greift Abs. 1 S. 2 die bisherige obergerichtliche Rechtsprechung auf:[10] Im Wege einer Sollvorschrift wird dem Gericht vorgegeben, als Sachverständigen einen Facharzt für Psychiatrie oder zumindest einen in der Psychiatrie erfahrenen Arzt zu bestellen. Durch die Ausgestaltung als Sollvorschrift soll Fallkonstellationen Rechnung getragen werden, in denen nicht psychische oder neurologische Erkrankungen, sondern andere Krankheitsbilder im Vordergrund stehen.[11] Die erforderliche fachliche Qualifikation des Sachverständigen muss das Gericht

---

[8] BGH FamRZ 2011, 630.
[9] Formulierungsmuster für Beweisfragen schlagen vor: Fröschle/Locher § 280 Rn 13; Firsching/Dodegge Rn 481; HK-BUR Nr. 5205; Jurgeleit/Bučić § 280 FamFG Rn 12.
[10] BayObLG FamRZ 1997, 901/902; FamRZ 1993, 351; KG FamRZ 1995, 1379; OLG Schleswig FamRZ 2008, 77.
[11] Bericht des Rechtsausschusses BT-Drs. 16/9733 S. 371; BGH FamRZ 2011, 630 hält in einem Einzelfall die Qualifikation eines Amtsarztes für ausreichend.

feststellen,[12] sofern sie nicht bereits aus der Berufsbezeichnung des Sachverständigen als Facharzt, in Bayern auch als „Landgerichtsarzt",[13] hervorgeht.[14]

Beauftragt das Gericht einen **Klinikleiter** als Sachverständigen, so ist dieser nicht berechtigt, den Auftrag zur Erstellung des Sachverständigengutachtens an einen anderen Arzt zu übertragen, weil die Auswahl der Person des Sachverständigen ausschließlich dem Gericht obliegt (§§ 15 Abs. 1 S. 2 FGG, 404 Abs. 1, 407 a Abs. 2 S. 1 ZPO). Das Gutachten eines **Assistenzarztes**, der sich in der Facharztausbildung befindet, reicht regelmäßig nicht aus, es sei denn, seine Sachkunde wird anderweitig festgestellt. Dazu genügt es, wenn das Gutachten des Assistenzarztes von dem Klinikleiter mit dem Vermerk „Einverstanden aufgrund eigener Wahrnehmung und Urteilsfindung" gegengezeichnet worden ist. In der Person des Klinikleiters ist davon auszugehen, dass er zuverlässig beurteilen kann, ob ein Assistenzarzt im konkreten Einzelfall sachkundig ein Gutachten erstellen kann, und dass er das Gutachten nur gegenzeichnet, wenn er die Sachkunde bejaht.[15] **11**

Der **behandelnde Arzt** ist nicht als Sachverständiger ausgeschlossen. Das Gesetz schließt nur in wenigen Sondervorschriften den behandelnden bzw. ausführenden Arzt als Sachverständigen aus: **12**
- bei der Genehmigung einer Einwilligung des Betreuers in eine Sterilisation (§ 297 Abs. 6 S. 3),
- bei einer Untersuchung des Gesundheitszustandes, einer Heilbehandlung oder einem ärztlichen Eingriff i. S. d. § 1904 BGB (§ 298 Abs. 2 S. 2) und
- bei einer vier Jahre überschreitenden Unterbringung (§ 329 Abs. 2 S. 2).

Daraus folgt zugleich, dass vom Standpunkt des Gesetzes in anderen Fällen regelmäßig keine Bedenken gegen die Heranziehung des **behandelnden Arztes als Sachverständigen** bestehen.[16]

Allerdings kann der Auswahl des behandelnden Arztes als Sachverständigen entgegenstehen, dass dieser der **ärztlichen Schweigepflicht** unterliegt. Eine solche besteht allerdings nicht innerhalb des Verfahrens einer **öffentlichrechtlichen Unterbringung** hinsichtlich der ärztlichen Erkenntnisse, die aus dem zurückliegenden Vollzug der Unterbringung einschließlich einer vorausgehenden Untersuchung für Zwecke der Begutachtung des Betroffenen resultieren. Denn die Offenbarung solcher Erkenntnisse muss als befugt im Sinne des § 203 Abs. 1 StGB angesehen werden, weil die ärztliche Untersuchung und Behandlung im Rahmen der Unterbringung Teil der behördlichen Maßnahme der Gefahrenabwehr ist, deren Erfolg oder Misserfolg im Hinblick auf eine Beendigung oder Fortsetzung der Maßnahme notwendig zur Kenntnisnahme der Behörde und der weiteren Verfahrensbeteiligten bestimmt ist.[17] **13**

In **Betreuungs- und Unterbringungsverfahren** ist demgegenüber eine wirksame Entbindungserklärung erforderlich, die anstelle des Betroffenen auch durch einen mit dem Aufgabenkreis der Gesundheitsfürsorge bereits bestellten (vorläufigen) Betreuer erklärt werden kann. Denn ohne eine solche Entbindung ist die Verwertung der bei einer früheren ärztlichen Behandlung gewonnenen Erkenntnisse verfahrensrechtlich bedenklich,[18] mag auch ein gesetzliches Verwertungsverbot nicht bestehen.[19] Davon geht auch § 282 Abs. 3 S. 1 im Zusammenhang mit der Verwertung von vorhandenen Gutachten des Medizinischen Dienstes aus. Das Gericht wird aber die Bestellung des behandelnden Arztes ablehnen können, wenn nicht ausgeschlossen werden kann, dass die Arzt-Patienten-Beziehung die Objektivität des Gutachtens beeinträchtigen kann.[20] **14**

---

[12] BGH NJW-RR 2011, 649 = FamRZ 2011, 637.
[13] BayObLG FamRZ 1993, 851.
[14] BayObLG FamRZ 1997, 901; OLG Naumburg FamRZ 2008, 186; OLG Schleswig FamRZ 2008, 77; OLG Zweibrücken OLGR 2005, 437 = BeckRS 2005, 02770.
[15] BayObLG FamRZ 1993, 351; KG FamRZ 2007, 1127 = BtPrax 2007, 82.
[16] BGH FamRZ 2010, 1726; OLG Hamm BeckRS 2009, 15600.
[17] Im Ergebnis ebenso Dodegge/Zimmermann A 69; a. A. MünchKommZPO/Schmidt-Recla, § 321 FamFG Rn 8 und 9.
[18] KG FGPrax 2008, 40 = FamRZ 2008, 813; FamRZ 2007, 1043 = BtPrax 2007, 137; Jansen/Sonnenfeld § 68b FGG Rn 18.
[19] BGH NJW 2011, 520 = FamRZ 2010, 1726.
[20] OLG München FGPrax 2008, 110.

4. Anfechtbarkeit der Beweisanordnung

15 Die gerichtliche Beweisanordnung als solche, deren Wirkungen sich auf die Beauftragung des Sachverständigen und eine anschließende Kontaktaufnahme des Gutachters mit dem Betroffenen beschränken (zur Anordnung der Untersuchung des Betroffenen und seiner etwaigen Vorführung siehe § 283), ist nicht mit der Beschwerde anfechtbar. Nach bisherigem Recht (§ 19 FGG) konnten auch nicht instanzabschließende Zwischenentscheidungen mit der Beschwerde angefochten werden, wenn sie für sich allein betrachtet zu einem erheblichen Eingriff in die Rechte einer Person führen. Ob bereits die Anordnung einer psychiatrischen Begutachtung als erheblicher Eingriff in die Rechte des Betroffenen zu bewerten und dementsprechend die Beweisanordnung als anfechtbar zu behandeln war, wurde in der Rechtsprechung unterschiedlich beurteilt.[21] Zuletzt hat der BGH auf Vorlage nach § 28 Abs. 2 FGG den Standpunkt eingenommen, die Beweisanordnung sei unanfechtbar.[22] Die Unanfechtbarkeit der Beweisanordnung folgt jetzt aus dem in § 58 Abs. 1 vollzogenen Systemwechsel betreffend die Statthaftigkeit der Beschwerde, die nunmehr – vorbehaltlich einer in diesem Zusammenhang nicht bestehenden Sonderregelung – unabhängig von einer Rechtsbeeinträchtigung eines Beteiligten nur noch gegen instanzabschließende Endentscheidungen des AG eröffnet ist.[23]

III. Anforderungen an das Sachverständigengutachten (Abs. 2)

1. Grundlage des Gutachtens (Abs. 2 S. 1)

16 Abs. 2 S. 1 schreibt zwingend vor, auf welcher Grundlage das Gutachten zu erstatten ist. Der Sachverständige hat danach den Betroffenen vor Erstattung des Gutachtens zu untersuchen oder zu befragen. Dadurch soll sichergestellt werden, dass das Gutachten auf Grund eigener Erkenntnisse des Sachverständigen zeitnah erstellt wird.[24] Ein ohne die erforderliche persönliche Untersuchung erstattetes Sachverständigengutachten ist verfahrensrechtlich nicht verwertbar.[25] Die Untersuchung erfordert einen persönlichen Kontakt mit dem Betroffenen, und zwar als Bestandteil einer ärztlichen Exploration; unzureichend ist etwa eine kurze Unterhaltung zwischen dem Betroffenen und dem Sachverständigen durch ein geöffnetes Fenster[26] oder im Hausflur.[27]

17 Allgemein gültige Anforderungen an die Art und Weise der persönlichen Untersuchung des Betroffenen durch den Sachverständigen bestehen demgegenüber nicht. Auch eine ungewöhnliche Untersuchungssituation kann im Einzelfall ausreichen, wenn diese nach Einschätzung des Sachverständigen für eine fundierte Beurteilung ausreicht.[28] Gegenüber dem Betroffenen muss klargestellt werden, dass die Untersuchung und Befragung im Rahmen der gerichtlich angeordneten Beweiserhebung durchgeführt wird.[29] Eine Begutachtung allein nach Lage der Akten genügt nicht,[30] und zwar auch dann nicht, wenn der Inhalt der Akten maßgeblichen Aufschluss über das krankhafte Verhalten des Betroffenen gibt (etwa im Fall krankhaften Querulantenwahns).

18 Die **Weigerung des Betroffenen**, einen Kontakt mit dem Sachverständigen zuzulassen, ist kein hinreichender Grund, von einer persönlichen Untersuchung durch den Sachverständigen abzusehen.[31] Dies folgt aus § 283, der zu diesem Zweck die Anordnung der Vorführung des Betroffenen zu einer Untersuchung ermöglicht.

---

[21] Bejahend KG FGPrax 2002, 63; FGPrax 2000, 237; verneinend BayObLG FGPrax 2001, 78; OLG Brandenburg FamRZ 1997, 1019; OLG Hamm FGPrax 1996, 221; OLG Zweibrücken FGPrax 2000, 109.
[22] NJW-RR 2008, 737 = FamRZ 2008, 774.
[23] Damrau/Zimmermann § 280 Rn 45; Prütting/Helms/Fröschle § 280 Rn 33.
[24] BT-Drs. 11/4528 S. 174.
[25] BayObLG NJWE-FER 2000, 43 = FamRZ 1999, 1599.
[26] OLG Köln FamRZ 2001, 310.
[27] OLG Köln OLGR 2005, 271 = BeckRS 2005, 30350773.
[28] OLG Hamm FGPrax 2009, 90 = FamRZ 2009, 811.
[29] KG FGPrax 2008, 40 = FamRZ 2008, 813; OLG Köln FamRZ 1999, 873.
[30] OLG Brandenburg FamRZ 2001, 40.
[31] OLG Köln FamRZ 1999, 873; OLG Zweibrücken FGPrax 2007, 72 zu § 70 e FGG.

Die in den Wortlaut der Vorschrift aufgenommene Alternative **"zu untersuchen oder zu befragen"** stellt in diesem Zusammenhang klar, dass die Erstattung des Gutachtens nicht davon abhängt, dass ein verbaler Kontakt zwischen dem Betroffenen und dem Sachverständigen hergestellt werden konnte. Der Sachverständige ist deshalb nicht gehindert, nicht nur im Fall der Kommunikationsunfähigkeit, sondern auch im Falle einer durch den Betroffenen verweigerten Kommunikation aus seinem Gesamtverhalten in Verbindung mit anderen Erkenntnissen Schlüsse auf ein bestimmtes Krankheitsbild zu ziehen.[32]

Von der Anordnung einer Vorführung des Betroffenen kann nicht unter dem Gesichtspunkt der Wahrung der Verhältnismäßigkeit abgesehen, gleichwohl aber aufgrund eines nur auf fremdanamnestischen Angaben beruhenden Sachverständigengutachtens ein Betreuer bestellt werden.[33] Der Sachverständige kann **Hilfskräfte** hinzuziehen, wenn er für ihre Tätigkeit die Verantwortung übernimmt.[34] Der Betroffene ist berechtigt, zu der Untersuchung einen **Verfahrensbevollmächtigten** oder Beistand hinzuziehen; die allgemeinen Vorschriften der §§ 10, 12 gelten auch bei der Untersuchung durch den Sachverständigen.[35]

2. Form des Gutachtens

Das Sachverständigengutachten kann nach den gem. § 30 Abs. 1 anwendbaren Vorschriften der §§ 402, 411 Abs. 1 ZPO sowohl in mündlicher als auch in schriftlicher Form erstattet werden. Nach § 411 a ZPO möglich ist auch die (Teil-) Verwertung des in einem anderen gerichtlichen oder staatsanwaltschaftlichen Verfahren eingeholten Sachverständigengutachtens.[36] In der Ausübung seines verfahrensrechtlichen Ermessens, den einen oder anderen Weg einzuschlagen, ist das Betreuungsgericht nicht eingeschränkt. Es ist deshalb durchaus möglich, nach entsprechender Vorbereitung anlässlich der persönlichen Anhörung des Betroffenen ein mündlich erstattetes Sachverständigengutachten entgegenzunehmen. Bei der Ausübung des Ermessens ist zu berücksichtigen, dass die inhaltlichen Anforderungen an das Sachverständigengutachten (siehe Rn 22–24) unabhängig davon zu beurteilen sind, in welcher Form das Gutachten erstattet worden ist. Ein mündlich erstattetes Sachverständigengutachten muss gem. § 29 Abs. 4 durch den Richter vollständig protokolliert werden.[37] Eine Verbindung zwischen einer mündlichen Gutachtenerstattung und einer sich daran unmittelbar anschließenden mündlichen Anhörung des Betroffenen kann unter dem Gesichtspunkt der Gewährung des rechtlichen Gehörs bedenklich sein, wenn der Betroffene durch diese Verfahrensweise überfordert ist, eine Stellungnahme zu dem Inhalt des Gutachtens abzugeben.[38] Vielfach wird sich im Hinblick auf die Darstellung der medizinischen Befunderhebung und -auswertung eine schriftliche Gutachtenerstattung empfehlen, die ggf. durch mündliche Erläuterungen des Sachverständigen zu ergänzen ist.

3. Inhalt des Gutachtens

Das erstattete Sachverständigengutachten muss inhaltlich zu den gestellten Beweisfragen (siehe Rn 5–9) Stellung nehmen, und zwar in einer Darstellungstiefe, der Qualität eines **medizinischen Sachverständigengutachtens** entspricht. Anders als bei einer ärztlichen Bescheinigung, die ohne nachprüfbare Begründung lediglich eine Krankheitsdiagnose wiedergibt, müssen die Ausführungen des Sachverständigen so gehalten sein, dass sie eine verantwortliche richterliche Überprüfung auf ihre wissenschaftliche Fundierung, Logik und Schlüssigkeit zulassen.[39] Insbesondere hat der Sachverständige in seinem Gutachten darzulegen, von welchen Anknüpfungstatsachen er ausgeht, welche Befragungen und Untersuchungen er vorgenommen, welche Tests und Forschungserkenntnisse er angewandt und

---

[32] OLG München BtPrax 2005, 154 zu § 68 b FGG.
[33] OLG Köln OLGR 2005, 680 = BeckRS 2005, 09979; FamRZ 1999, 873.
[34] OLG Brandenburg FamRZ 2001, 40.
[35] OLG Zweibrücken FGPrax 2000, 109.
[36] Prütting/Helms/Fröschle § 280 Rn 12; denkbar etwa bei querulatorischer Persönlichkeitsstörung das in einem Zivilprozess zur Prozessunfähigkeit des Betroffenen erstattete Gutachten.
[37] KG NJW-RR 2007, 1089 = FamRZ 2007, 1042 zu § 70 e FGG.
[38] KG FGPrax 2008, 40 = FamRZ 2008, 813.
[39] BayObLG FamRZ 2001, 1403; KG FamRZ 1995, 1379.

welche Befunde er erhoben hat.[40] Erforderlich ist eine differentialdiagnostische Klärung, sowie Klassifizierung der Diagnose.[41] Nur dann ist das Gericht in der Lage, das Gutachten inhaltlich überprüfen und nachvollziehen zu können.

23 Unzureichend sind danach die vielfach bei längeren oder wiederholten Krankenhausaufenthalten des Betroffenen abgegebenen sog. ärztlichen Stellungnahmen, wenn sie sich inhaltlich auf eine Zusammenfassung des Ergebnisses der ärztlichen Beurteilung ohne nähere Darstellung der Befunderhebung und -auswertung beschränken.[42] Die Grenzziehung zu einem – wenngleich kurz gefassten – medizinischen Sachverständigengutachten kann im Einzelfall zweifelhaft sein, zumal wenn in durchaus zulässiger Weise auf Befunderhebungen Bezug genommen wird, die bereits in früheren Gutachten dargestellt worden sind. Unabhängig von der Bezeichnung sollte für die verfahrensrechtliche Verwertbarkeit maßgebend die inhaltliche Nachvollziehbarkeit der dargestellten Schlussfolgerungen sein bezogen auf die Ableitung der diagnostizierten Erkrankung aus konkreten Symptomen oder Verhaltensweisen des Betroffenen und des Maßes der Beeinträchtigung seiner Lebensbewältigungskompetenz in einzelnen Bereichen.

24 Richtschnur für die Anwendung des § 280 sollte sein, dass das Gesetz für die erstmalige Anordnung einer Betreuerbestellung einschließlich des Erweiterung des Aufgabenkreises einer bereits bestehenden Betreuung (§ 293) eine sorgfältige und fundierte Gutachtenerstattung erfordert, zumal wenn die Maßnahmen gegen den Willen des Betroffenen getroffen werden, während es für die Verlängerung der Maßnahme eine geringere Prüfungsintensität für ausreichend hält, wenn keine Anhaltspunkte für eine Verringerung des Umfangs der Betreuungsbedürftigkeit bestehen (§ 295 Abs. 1 S. 2).

IV. Gerichtliche Überprüfung des Sachverständigengutachtens

25 Die Verwertung des erstatteten Sachverständigengutachtens als Entscheidungsgrundlage setzt gem. § 37 Abs. 2 zunächst voraus, dass das Gericht den Beteiligten Gelegenheit zur Stellungnahme einräumt. In diesem Rahmen ist auch dem Betroffenen persönlich (§ 275) das Gutachten mit seinem vollen Wortlaut zur Verfügung zu stellen.[43] Die Bekanntgabe des Gutachtens „seinem wesentlichen Inhalt nach" aus Anlass der persönlichen Anhörung des Betroffenen (§ 278) reicht nicht aus. Davon kann nur ausnahmsweise unter den besonderen Voraussetzungen des § 288 Abs. 1 abgesehen werden.

26 Inhaltlich unterliegt das Gutachten der gerichtlichen Überprüfung nach den Grundsätzen der freien Beweiswürdigung. Das bedeutet, dass das Gericht das Sachverständigengutachten insgesamt einer kritischen Prüfung unterziehen und die Zuverlässigkeit der Befunderhebung sowie die Nachvollziehbarkeit der daraus gezogenen medizinischen Schlussfolgerungen überprüfen muss. Dazu gehört auch die Feststellung, ob der Sachverständige von einem mit der materiell-rechtlichen Regelung übereinstimmenden Begriffsverständnis in Bezug auf die Voraussetzungen der Betreuerbestellung ausgegangen ist. Dies gilt insbesondere für die Regelung in § 1896 Abs. 1 a BGB. Wenn danach festgestellt werden muss, dass der mit der Betreuerbestellung nicht einverstandene Betroffene infolge seiner Erkrankung oder Behinderung in den Aufgabenkreisen der einzurichtenden Betreuung zu einer freien Willensbestimmung nicht in der Lage ist, können häufig anzutreffende Ausführungen des Inhalts, der Betroffene sei zu einer „interessengerechten" Aufgabenbewältigung in bestimmten Lebensbereichen nicht in der Lage, den Anforderungen nicht entsprechen.

27 Umgekehrt ist das Gericht nicht gehindert, eine von dem Ergebnis des Gutachtens abweichende Bewertung vorzunehmen, wenn sich aus dem Gutachten genügend Anknüpfungstatsachen für eine abweichende Bewertung ergeben.[44] Zweifeln an der inhaltlichen Tragfähigkeit des Gutachtens muss dass Gericht im Rahmen der Amtsermittlungspflicht

---

[40] KG FamRZ 1995, 1379.
[41] BGH FamRZ 2011, 637.
[42] BayObLG Beschl. v. 4. 8. 1994, 3 Z BR 227/94.
[43] BayObLG BtPrax 2003, 175; OLG Frankfurt FamRZ 2008, 1477; OLG München FamRZ 2006, 440.
[44] OLG München FGPrax 2007, 267/268: Feststellung des Ausschlusses der freien Willenbestimmung des Betroffenen bezogen auf eine erforderliche Unterbringung anstelle der vom Sachverständigen vorgenommenen Bewertung als „bedingt freie Willensbestimmung".

(§ 26) nachgehen, sei es, dass es dem Sachverständigen eine – ggf. mündliche – Erläuterung des Gutachtens aufgibt (§ 411 Abs. 3 ZPO), sei es, dass es ein Obergutachten (§ 412 Abs. 1 ZPO) einholt. Die Beurteilung eines Sachverständigen, die inhaltlich nicht über den Verdacht einer behandlungsbedürftigen Erkrankung hinausgeht, reicht nicht aus, um darauf eine Betreuerbestellung stützen zu können.[45]

Ärztliches Zeugnis; Entbehrlichkeit eines Gutachtens

§ 281 (1) Anstelle der Einholung eines Sachverständigengutachtens nach § 280 genügt ein ärztliches Zeugnis, wenn
1. der Betroffene die Bestellung eines Betreuers beantragt und auf die Begutachtung verzichtet hat und die Einholung des Gutachtens insbesondere im Hinblick auf den Umfang des Aufgabenkreises des Betreuers unverhältnismäßig wäre oder
2. ein Betreuer nur zur Geltendmachung von Rechten des Betroffenen gegenüber seinem Bevollmächtigten bestellt wird.

(2) § 280 Abs. 2 gilt entsprechend.

I. Begriff des ärztlichen Zeugnisses

Die Vorschrift enthält insoweit übereinstimmend mit der bisherigen Regelung in § 68b Abs. 1 S. 2 und 3 FGG für bestimmte Konstellationen eine Verfahrenserleichterung, indem sie anstelle eines den Anforderungen des § 280 entsprechenden Sachverständigengutachtens ein ärztliches Zeugnis genügen lässt. Abs. 2 der Vorschrift trifft lediglich eine rudimentäre Regelung zu den inhaltlichen Anforderungen, die an ein ärztliches Zeugnis zu stellen sind. Die dort erfolgte Verweisung auf § 280 Abs. 2 führt dazu, dass sich aus dem Zeugnis ergeben muss, dass der Arzt den Betroffenen vor der Ausstellung des Zeugnisses persönlich untersucht oder befragt hat (vgl. dazu näher bei § 280 Rn 8).[1] Weitere Vorgaben enthält die gesetzliche Vorschrift nicht. Wie bereits nach bisherigem Recht muss deshalb ein ärztliches Zeugnis eine fachliche Stellungnahme zu sämtlichen für die Entscheidung erheblichen Gesichtspunkten, wenn auch in verkürzter Form, enthalten. Dazu gehören jedenfalls knappe Angaben zum Sachverhalt, zur Vorgeschichte, zu den Untersuchungsergebnissen sowie zur medizinischen Beurteilung der Erkrankung des Betroffenen und der daraus folgenden Beeinträchtigung seiner Lebensbewältigungskompetenz.[2] Eine besondere Qualifikation des Arztes entsprechend § 280 Abs. 1 S. 2 wird nicht vorausgesetzt. Die Ausstellung von einem Arzt, dessen Fachgebiet psychischer Erkrankungen fern steht, wird allerdings der Überzeugungskraft des Zeugnisses entgegenstehen.[3]

II. Voraussetzungen für die Entbehrlichkeit des Sachverständigengutachtens

§ 281 Abs. 1 unterscheidet zwei Anwendungsfälle: Die Betreuerbestellung im Allgemeinen (Nr. 1) und die Bestellung eines Vollmachtsüberwachungsbetreuers nach § 1896 Abs. 3 BGB (Nr. 2). Im letztgenannten Fall ist die Beschränkung auf ein ärztliches Zeugnis einschränkungslos zulässig, während im erstgenannten Fall folgende weitere Voraussetzungen gegeben sein müssen:

(1) Der Betroffene muss die Bestellung eines Betreuers selbst beantragt haben. Zum Begriff der Betreuerbestellung auf Antrag des Betroffenen vgl. näher bei § 303 Rn 13. Die Verfahrenserleichterung greift nur insoweit ein, als die Betreuerbestellung dem Antrag des Betroffenen entspricht. Soll hingegen von Amts wegen für weitere Aufgabenkreise ein Betreuer bestellt werden, ist die Einholung eines Sachverständigengutachtens erforderlich.[4]

---
[45] OLG Köln FamRZ 2009, 2116; OLGR 2005, 680.
[1] Vgl. zum bisherigen Recht insoweit bereits OLG Hamm FamRZ 2000, 494 = BtPrax 1999, 238.
[2] BT-Drs. 11/4528 S. 174; OLG Hamm FamRZ 2000, 494 = BtPrax 1999, 238; Damrau/Zimmermann § 281 FamFG Rn 1.
[3] Damrau/Zimmermann § 281 FamFG Rn 2; MünchKommZPO/Schmidt-Recla § 281 FamFG Rn 3; SBW/Eilers § 281 Rn 22.
[4] Jansen/Sonnenfeld § 68b FGG Rn 32.

4 (2) Der Betroffene muss auf die Begutachtung verzichtet haben. Es handelt sich insoweit wie bei dem Antrag auf Betreuerbestellung um eine verfahrensrechtliche Erklärung des Betroffenen, für die er gem. § 275 als verfahrensgeschäftsfähig zu behandeln ist. Zur Problematik nachteiliger Wirkungen für den Betroffenen im Zusammenhang mit verfahrensrechtlichen Erklärungen vgl. § 275 Rn 7.

5 (3) Die Einholung eines Sachverständigengutachtens muss im Hinblick auf den Umfang des Aufgabenkreises des Betreuers unverhältnismäßig sein. Damit kann die Vorschrift nur bei einer Betreuerbestellung für einen eingeschränkten Aufgabenkreis (etwa nur Vermögenssorge) angewendet werden, scheidet jedoch bei einer Bestellung für nahezu alle Angelegenheiten des Betroffenen (vgl. § 276 Rn 7) aus.

6 § 281 Abs. 1 Nr. 1 gilt nur für die Betreuerbestellung, nicht jedoch für die ergänzende Anordnung eines Einwilligungsvorbehalts, auch wenn der Betroffene eine solche Maßnahme zu seinem Schutz selbst beantragt. Der Wortlaut der Neufassung der Vorschrift schließt eine solche Schlussfolgerung (im Gegensatz zu § 68 b Abs. 2 FGG) zwar nicht ausdrücklich aus, weil der allgemeine Anwendungsbereich der Vorschrift sich auf sämtliche Betreuungssachen im Sinne des § 271 erstreckt. Die Vorschrift muss jedoch im Sinne der bisherigen Regelung ausgelegt werden, weil eine sachliche Änderung ausdrücklich nicht beabsichtigt ist.[5]

III. Verhältnis zur Amtsermittlungspflicht

7 § 281 regelt nur die verfahrensrechtlichen Mindestvoraussetzungen für eine Betreuerbestellung in den genannten verfahrensrechtlichen Konstellationen, lässt jedoch die Amtsermittlungspflicht (§ 26) unberührt. Bei tatsächlichen Zweifeln an dem Inhalt des vorgelegten ärztlichen Zeugnisses, insbesondere hinsichtlich der Vollständigkeit der Stellungnahme zur Erforderlichkeit der Betreuerbestellung in den beantragten Aufgabenkreisen der Betreuung, ist das Gericht nicht nur berechtigt, sondern verpflichtet, weitere Ermittlungen bis hin zur Anordnung der Einholung eines Sachverständigengutachtens im förmlichen Beweisverfahren vorzunehmen. Lehnt der Betroffene den Arzt wegen Besorgnis der Befangenheit ab, findet gleichwohl ein gesondertes Verfahren nach den §§ 30 Abs. 1, 406 ZPO nicht statt, weil eine Bestellung als Sachverständiger im förmlichen Beweisverfahren nicht vorliegt. Etwaige Gründe für eine Unvoreingenommenheit des Arztes sind im Rahmen der Beweiswürdigung zu berücksichtigen.[6]

Vorhandene Gutachten des Medizinischen Dienstes der Krankenversicherung

282 **(1) Das Gericht kann im Verfahren zur Bestellung eines Betreuers von der Einholung eines Gutachtens nach § 280 Abs. 1 absehen, soweit durch die Verwendung eines bestehenden ärztlichen Gutachtens des Medizinischen Dienstes der Krankenversicherung nach § 18 des Elften Buches Sozialgesetzbuch festgestellt werden kann, inwieweit bei dem Betroffenen infolge einer psychischen Krankheit oder einer geistigen oder seelischen Behinderung die Voraussetzungen für die Bestellung eines Betreuers vorliegen.**

(2) [1]Das Gericht darf dieses Gutachten einschließlich dazu vorhandener Befunde zur Vermeidung weiterer Gutachten bei der Pflegekasse anfordern. [2]Das Gericht hat in seiner Anforderung anzugeben, für welchen Zweck das Gutachten und die Befunde verwendet werden sollen. [3]Das Gericht hat übermittelte Daten unverzüglich zu löschen, wenn es feststellt, dass diese für den Verwendungszweck nicht geeignet sind.

(3) [1]Kommt das Gericht zu der Überzeugung, dass das eingeholte Gutachten und die Befunde im Verfahren zur Bestellung eines Betreuers geeignet sind, eine weitere Begutachtung ganz oder teilweise zu ersetzen, hat es vor einer weiteren Verwendung die Einwilligung des Betroffenen oder des Pflegers für das Verfahren einzuholen. [2]Wird die Einwilligung nicht erteilt, hat das Gericht die übermittelten Daten unverzüglich zu löschen.

---

[5] BT-Drs. 16/6308 S. 268; Damrau/Zimmermann § 281 FamFG Rn 6; Prütting/Helms/Fröschle § 281 Rn 2.
[6] KG FGPrax 2009, 186 = FamRZ 2009, 1517.

(4) Das Gericht kann unter den Voraussetzungen der Absätze 1 bis 3 von der Einholung eines Gutachtens nach § 280 insgesamt absehen, wenn die sonstigen Voraussetzungen für die Bestellung eines Betreuers zur Überzeugung des Gerichts feststehen.

I. Zweck der Vorschrift

Die aus § 68 b Abs. 1 a FGG übernommene, durch das 2. BtÄndG eingeführte Vorschrift will einen Beitrag dazu leisten, sowohl im Interesse der Kostenersparnis als auch im Interesse der Betroffenen aufwändige Begutachtungen vermeiden zu können, die nach § 280 zur Vorbereitung der Entscheidung über eine Betreuerbestellung regelmäßig erforderlich sind.[1] Für die ergänzende Anordnung eines Einwilligungsvorbehalts bedarf es weiterhin ausnahmslos der Einholung eines Sachverständigengutachtens nach § 280. Der angestrebte Vereinfachungszweck steht jedoch in einem auffälligen Gegensatz zum Umfang der Regelung, die den Gerichten einen immensen zusätzlichen Verfahrensaufwand aufnötigt und bereits deshalb in der Praxis voraussichtlich wenig Gefolgschaft finden wird.

II. Verwertbarkeit von Gutachten für die Sachentscheidung

1. Anforderungen an das Gutachten

Das Ziel der Regelung ergibt sich aus Abs. 1 und 4 der Vorschrift, nämlich die Verwertbarkeit gutachterlicher Feststellungen des Medizinischen Dienstes der Krankenversicherung nach § 18 SGB XI für die Entscheidung über eine Betreuerbestellung zu ermöglichen. Aus dem Zusammenhang mit Abs. 3 S. 1 folgt, dass das Gericht von der Einholung eines Sachverständigengutachtens nach Abs. 1 der Vorschrift bereits dann absehen kann, wenn das Gutachten des Medizinischen Dienstes für eine teilweise Beurteilung der Voraussetzungen der Betreuerbestellung geeignet ist; im Übrigen kann und muss sich das Gericht durch anderweitige Ermittlungen (§ 26) die Überzeugung vom Vorliegen der weiteren Voraussetzungen einer Betreuerbestellung bilden.[2]

Inwieweit die gutachterlichen Feststellungen des Medizinischen Dienstes zur Beurteilung der Voraussetzungen einer Betreuerbestellung geeignet sein müssen, insbesondere ob diese aus sich heraus wenigstens ein überzeugendes Bild von einer Erkrankung oder Behinderung des Betroffenen im Sinne des § 1896 Abs. 1 S. 1 BGB vermitteln müssen, ist nach dem Wortlaut der gesetzlichen Vorschrift („kann") in das pflichtgemäße Ermessen des Gerichts gestellt. Maßstab für die Ermessensausübung sollte sein, dass der Gesetzgeber nicht die Möglichkeit zu einer Umgehung des § 280 hat eröffnen wollen. Die nicht lediglich ergänzende, sondern ausschließliche Verwertung eines Gutachtens des medizinischen Dienstes setzt deshalb voraus, dass dieses den Anforderungen des § 280 (insbesondere fachliche Qualifikation des Sachverständigen und zeitnahe persönliche Untersuchung des Betroffen durch diesen) entspricht.

Gutachten, die sich entsprechend dem Zweck des § 18 SGB XI vorrangig auf die Darstellung der Hilfsbedürftigkeit des Betroffenen bei seinen alltäglichen Verrichtungen beschränken, jedoch für das Maß der gesundheitlichen Beeinträchtigung des Betroffenen und seiner darauf beruhende Beeinträchtigung seiner Fähigkeit zur rechtlichen Wahrnehmung seiner Angelegenheiten wenig aussagekräftig sind, können diesen Anforderungen nicht genügen. Wenig überzeugend ist in diesem Zusammenhang der Hinweis,[3] durch die Beschränkung des Anwendungsbereichs der Vorschrift auf die Entscheidung über die Betreuerbestellung sei gewährleistet, dass für den weitergehenden Eingriff durch die Anordnung eines Einwilligungsvorbehalts (§ 1903 BGB) der Entscheidung des Gerichts immer ein Sachverständigengutachten zugrunde liege. Denn die Art der Erkrankung des Betroffenen und seine Betreuungsbedürftigkeit im Bereich der Vermögenssorge muss bereits im Zusammenhang mit der Betreuerbestellung für diesen Aufgabenkreis festgestellt werden. Die spezielle Gefährdung des Betroffenen durch selbstschädigende Verfügungen, die die

---

[1] Bericht des Rechtsausschusses BT-Drs. 15/4874 S. 29.
[2] Bericht des Rechtsausschusses BT-Drs. 15/4874 S. 30.
[3] Bericht des Rechtsausschusses BT-Drs. 15/4874 S. 29.

Anordnung eines Einwilligungsvorbehalts rechtfertigt, kann ohnehin nur konkret im Hinblick auf entsprechende Verhaltensweisen des Betroffenen festgestellt werden.

2. Einverständnis des Betroffenen (Abs. 3)

5 Die Praktikabilität der Vorschrift wird weiter dadurch eingeschränkt, dass die Verwertbarkeit gutachterlicher Feststellungen des Medizinischen Dienstes nach Abs. 3 zusätzlich das erklärte Einverständnis des Betroffenen voraussetzt. In der Praxis wird ein Betroffener sein Einverständnis mit einer solchen Verwertung nur erteilen, wenn er auch mit der Einrichtung einer Betreuung wenigstens dem Grundsatz nach einverstanden ist Dann reicht aber ohnehin bereits nach § 281 Abs. 1 Nr. 1 ein ärztliches Zeugnis für die Entscheidung aus, das unschwer zu beschaffen ist. Lehnt der Betroffene jedoch eine Betreuerbestellung ab, wird er auch nicht zur Erteilung seines Einverständnisses mit der Verwertung anderweitiger Gutachten bereit sein.

6 Es bestehen erhebliche Bedenken gegen die weitergehende Regelung in Abs. 3 S. 1 der Vorschrift, wonach anstelle des Betroffenen auch ein bestellter **Verfahrenspfleger** das Einverständnis mit der Verwertung solcher Gutachten erklären kann. Der Verfahrenspfleger tritt damit aus der ihm in § 276 zugedachten Rolle heraus, neben dem verfahrensgeschäftsfähig bleibenden (§ 275) Betroffenen dessen Rechte im Verfahren insbesondere auf das rechtliche Gehör wahrzunehmen. Der Verfahrenspfleger kann demgegenüber nicht über Rechte des Betroffenen verfügen. Die Ausgestaltung der Rechtsstellung des Verfahrenspflegers als selbständiger Verfahrensbeteiligter (§ 274 Abs. 2) distanziert sich bewusst von einem Verständnis seiner Rechtsstellung, die derjenigen eines gesetzlichen Vertreters des Betroffenen (§ 1902 BGB) auch nur nahe kommt.[4] Wenn nach der Konzeption des Abs. 3 der Anspruch des Betroffenen auf Wahrung des Sozialdatenschutzes durch das Verfahren auf Prüfung der Erforderlichkeit einer Betreuerbestellung nicht eingeschränkt und deshalb sein Einverständnis mit der Verwertung gutachterlicher Feststellungen aus dem Bereich der Pflegeversicherung vorausgesetzt wird, so steht die Rechtsstellung des Betroffenen zur Disposition des Verfahrenspflegers, wenn dessen Einverständnis dasjenige des Betroffenen soll ersetzen können. Die Bestellung eines Verfahrenspflegers, dessen Aufgabenkreis auch die Erklärung des Einverständnisses des Betroffenen umfasst, müsste deshalb konsequent an dieselben Voraussetzungen gebunden sein, von denen die Anordnung einer Betreuung gegen den Willen des Betroffenen abhängig ist (§ 1896 Abs. 1 S. 1, Abs. 1a BGB), insbesondere also die auf einer Erkrankung oder Behinderung beruhende Unfähigkeit des Betroffenen, seine Angelegenheiten in diesem Lebensbereich eigenverantwortlich wahrzunehmen.[5] Dies festzustellen setzt aber eine sachverständige Begutachtung voraus, die § 282 gerade vermeiden will. Im Übrigen wird, wenn der Betroffene eine Betreuerbestellung ablehnt, jeder Verfahrenspfleger gut beraten sein, auch seinerseits sein Einverständnis mit der Verwertung für andere Zwecke erhobener gutachterlicher Feststellungen zu versagen, um auf diese Weise eine Entscheidungsvorbereitung auf gesicherter Grundlage zu gewährleisten.

3. Datenschutz (Abs. 2)

7 Abs. 2 regelt in eigentlich überflüssiger Weise das Verfahren, wie sich das Gericht ein Gutachten des Medizinischen Dienstes beschafft. Dass das Gericht solche Gutachten bei der Pflegekasse anfordern (S. 1) und dabei den beabsichtigten Verwendungszweck angeben muss (S. 2), versteht sich von selbst. Die sozialrechtliche Durchführbarkeit des Übermittlungsersuchens des Gerichts regeln die Änderungen in § 76 Abs. 2 SGB X (Sozialdatenschutz) und § 94 Abs. 2 SGB XI (Soziale Pflegeversicherung).

---

[4] Vgl. näher § 276 Rn 26.
[5] So der Bericht des Rechtsausschusses BT-Drs. 15/4874 S. 29: Bestellung eines Verfahrenspflegers im Fall der „Einwilligungsunfähigkeit" des Betroffenen; weitergehend Jansen/Sonnenfeld § 68 b FGG Rn 42: Ersetzungsbefugnis des bestellten Verfahrenspflegers ohne Rücksicht auf eine Einwilligungsunfähigkeit des Betroffenen.

Eingehende Gutachten hat das Gericht zunächst – ohne Hinzuziehung der Verfahrensbeteiligten – daraufhin zu untersuchen, ob sich aus ihnen Feststellungen im Hinblick auf eine Erkrankung oder Behinderung im Sinne des § 1896 Abs. 1 S. 1 BGB ergeben. Kommt das Gericht zu der Überzeugung, das Gutachten lasse eine solche Schlussfolgerung nicht zu, sind die Daten sogleich wieder zu löschen (S. 3).

Dieser Regelung liegt der Gedanke einer Fernwirkung des Sozialdatenschutzes zugrunde,[6] obwohl der Datenschutz im Bereich der Justiz eigenständig durch das Dienstgeheimnis und das beschränkte Akteneinsichtsrecht (§ 13) gewährleistet wird. Hinzu kommt, dass die Vernichtung von Datenbeständen, die gegen das Vorliegen einer Erkrankung oder Behinderung im Sinne des § 1896 Abs. 1 S. 1 BGB sprechen, den Interessen des Betroffenen geradezu zuwiderlaufen kann. Wie soll etwa das Gericht die Ablehnung einer Anregung auf Anordnung einer Betreuung von Amts wegen begründen, wenn es zuvor die diese Entscheidung stützenden maßgeblichen Erkenntnisse vernichtet hat, gleichzeitig aber mit einer Beschwerde der zum privilegierten Kreis im Sinne des § 303 Abs. 2 gehörenden Person gerechnet werden muss? Schließlich sieht Abs. 3 S. 2 der Vorschrift eine Löschung übermittelter Daten auch für den Fall vor, dass die erforderliche Einwilligung in der Verwendung gutachterlicher Feststellungen des medizinischen Dienstes nicht erteilt worden ist.[7]

Vorführung zur Untersuchung

§ 283 (1) ¹Das Gericht kann anordnen, dass der Betroffene zur Vorbereitung eines Gutachtens untersucht und durch die zuständige Behörde zu einer Untersuchung vorgeführt wird. ²Der Betroffene soll vorher persönlich angehört werden.

(2) ¹Gewalt darf die Behörde nur anwenden, wenn das Gericht dies aufgrund einer ausdrücklichen Entscheidung angeordnet hat. ²Die zuständige Behörde ist befugt, erforderlichenfalls die Unterstützung der polizeilichen Vollzugsorgane nachzusuchen.

(3) ¹Die Wohnung des Betroffenen darf ohne dessen Einwilligung nur betreten werden, wenn das Gericht dies aufgrund einer ausdrücklichen Entscheidung angeordnet hat. ²Bei Gefahr im Verzug findet Satz 1 keine Anwendung.

I. Normzweck und Anwendungsbereich

Die Vorschrift gibt dem Gericht in Übereinstimmung mit der bisherigen Regelung in § 68b Abs. 3 FGG eine verfahrensrechtliche Handhabe, die Erstattung des erforderlichen Sachverständigengutachtens auch dann zu ermöglichen, wenn der Betroffene nicht freiwillig bereit ist, sich durch den bestellten Sachverständigen untersuchen zu lassen.

Ihrem Wortlaut nach ist der Anwendungsbereich der Vorschrift nicht beschränkt auf Verfahren, die zur Bestellung eines Betreuers oder zur Anordnung eines Einwilligungsvorbehalts bzw. einer diesen in §§ 293 Abs. 1, 295 Abs. 1 gleichgestellten Folgeentscheidungen führen. Ein sachlicher Bedarf für eine Untersuchung des Betroffenen durch einen im Rahmen der Amtsermittlungspflicht (§ 26) bestellten Sachverständigen kann sich durchaus auch in anderen betreuungsrechtlichen Verfahren, etwa bei der Entscheidung über eine Aufhebung der Betreuung (§ 294) oder anderen Entscheidungen im Sinne des § 271 Nr. 3 ergeben. Gleichwohl sprechen die gewichtigeren Gründe dafür, § 283 nur in einem sachlichen Bezug zu einer nach § 280 angeordneten Gutachtenerstattung zu verstehen.[1] Für die bisherige Regelung in § 68b Abs. 3 FGG ergab sich diese Beschränkung bereits durch den unmittelbaren Bezug auf die in Abs. 1 der Vorschrift angeordnete Gutachtenerstattung zur Vorbereitung einer Entscheidung über eine Betreuerbestellung.[2]

Das FamFG hat zur Verbesserung der Übersichtlichkeit die bisherige Umfangsregelung in § 68b FGG auf mehrere Paragraphen aufgeteilt. Die Begründung zum Regierungsentwurf hebt hervor, dass § 283 an die Stelle des bisherigen § 68b Abs. 3 FGG treten

---

[6] Bericht des Rechtsausschusses BT-Drs. 15/4874 S. 29.
[7] Bericht des Rechtsausschusses BT-Drs. 15/4874 S. 29.
[1] Jurgeleit/Bučić § 283 FamFG Rn 2; MünchKommZPO/Schmidt-Recla § 283 FamFG Rn 12; Prütting/Helms/Fröschle § 283 Rn 2; SBW/Eilers, § 283 Rn 28.
[2] BayObLGZ 1995, 222 = FamRZ 1996, 499.

solle.³ Deshalb kann nicht angenommen werden, dass der bisherige Regelungsbereich der Vorschrift erweitert werden sollte.

II. Vorführungsanordnung

1. Regelungsumfang

4   Die **Anordnung der Untersuchung** (Abs. 1 S. 1) begründet die Verpflichtung des Betroffenen zur Duldung der Untersuchung durch den Sachverständigen.⁴ Eine über die Duldung der Untersuchung hinausgehende Verpflichtung des Betroffenen zur Mitwirkung kann auf diese Weise nicht begründet werden. Unzulässig bleiben deshalb körperliche Eingriffe gegen den Willen des Betroffenen. Ebenso wenig kann seine Mitwirkung, z. B. die Beantwortung von Fragen oder die Teilnahme an Tests, erzwungen werden.⁵ Mit der **Anordnung der Vorführung** (Abs. 1 S. 1) kann das Gericht die Anwesenheit des Betroffenen bei der Untersuchung durch den Sachverständigen durchsetzen. Den Vollzug der Vorführung überträgt die Vorschrift zur Schonung des Betroffenen der Betreuungsbehörde, weil davon ausgegangen wird, dass diese über hinreichend geschultes Personal verfügt.⁶

5   Diese darf jedoch nach Abs. 2 S. 1 gegen den Betroffenen „Gewalt" (treffender wäre die Verwendung des Begriffs des unmittelbaren Zwangs wie in § 90 gewesen) nur anwenden, wenn sie dazu durch ergänzende gerichtliche Anordnung ermächtigt worden ist. Diese Ermächtigung umfasst auch die Befugnis zum Erlass weiterer Anordnungen, die zur Durchführung der Vorführung im Einzelfall erforderlich sind.⁷

6   Abs. 3 S. 1 der Vorschrift stellt in diesem Zusammenhang klar, dass das Betreten der Wohnung des Betroffenen ohne dessen Einwilligung einer zusätzlichen ausdrücklichen Ermächtigung durch das Gericht bedarf, die nur bei Gefahr im Verzug entbehrlich ist (S. 2). Mit dieser auf Vorschlag des Rechtsausschusses eingeführten Regelung⁸ soll sichergestellt werden, dass das Gericht den Grundrechtseingriff ausdrücklich anordnen muss. Die Ermächtigung, die Wohnung des Betroffenen auch ohne dessen Einwilligung zu betreten, umfasst zwangsläufig auch die Öffnung der Wohnung und trägt damit im Gegensatz zur bisherigen Regelung in § 68 b Abs. 3 FGG⁹ dem Gesetzesvorbehalt des Art. 13 Abs. 2 GG hinreichend Rechnung.¹⁰ Die Betreuungsbehörde ist nach Abs. 2 S. 2 der Vorschrift befugt, erforderlichenfalls die Unterstützung der polizeilichen Vollzugsorgane nachzusuchen.

2. Verfahrensrechtliche und sachliche Voraussetzungen der Anordnung

7   Abs. 1 S. 2 der Vorschrift sieht vor, dass der Betroffene vor Erlass der Vorführungsanordnung persönlich angehört werden „soll". Damit ist nicht etwa ein förmliches Zwischenverfahren nur über den Erlass einer Vorführungsanordnung gemeint. Vielmehr handelt es sich um einen Teilaspekt der Wahrung des Grundsatzes der Verhältnismäßigkeit, der auch die sachlichen Voraussetzungen für den Erlass der Anordnung bestimmt. Die fehlende Bereitschaft des Betroffenen, mit dem Sachverständigen zu kooperieren, kann jedoch allein nicht ausreichen, um vor einer Vorführungsanordnung seine persönliche Anhörung entbehrlich erscheinen zu lassen.¹¹ Die Anhörung des Betroffenen hat deshalb in erster Linie den Sinn, ihm die Konsequenzen seiner Weigerungshaltung vor Augen zu führen und ihn vor einer überraschenden zwangsweisen Vorführung zu schützen.

Es muss deshalb zumindest versucht werden, einen **persönlichen Kontakt** zu dem Betroffenen herzustellen. Bei einer dauerhaft verweigerten Kontaktaufnahme wird eine schriftliche Anhörung des Betroffenen, bei der ihm im Anschluss an eine Belehrung über

---

³ BT-Drs. 16/6308 S. 268.
⁴ BGH NJW 2007, 3575 = FamRZ 2007, 1002.
⁵ BayObLG FGPrax 2001, 78; OLG Hamm FGPrax 1996, 221 = FamRZ 1997, 440.
⁶ BT-Drs. 16/6308 S. 268.
⁷ KG FGPrax 1996, 182 = NJW 1997, 400 zur bisherigen Regelung in § 68 b Abs. 3 FGG.
⁸ BT-Drs. 16/9733 S. 297.
⁹ BVerfG FamRZ 2009, 1814.
¹⁰ Fröschle/Locher § 283 Rn 8; Jurgeleit/Bučić § 283 FamFG Rn 14; a. A. Leibold FamRZ 2010, 1985; zu der geplanten Änderung der Vorschrift siehe Einleitung Rn 15b.
¹¹ BVerfG NJW 2011, 1275.

die Folgen seines Verhaltens Gelegenheit zur Stellungsnahme gegeben wird, ausreichen, aber auch erforderlich sein.[12]

Das Unterbleiben der erforderlichen persönlichen Anhörung begründet eine Verletzung des Anspruchs des Betroffenen auf das rechtliche Gehör (Art. 103 Abs. 1 GG).[13] Sachlich darf eine Vorführungsanordnung nicht etwa bereits auf Vorrat zusammen mit der Beweisanordnung, sondern im Rahmen des Grundsatzes der Verhältnismäßigkeit nur getroffen werden, wenn mehrfache Bemühungen des Sachverständigen zur Kontaktaufnahme mit dem Betroffenen fehlgeschlagen sind. Von der weitreichenden Befugnis zur Anordnung der Öffnung und Durchsuchung der Wohnung des Betroffenen darf unter Berücksichtigung des Grundsatzes der Verhältnismäßigkeit nur Gebrauch gemacht werden, wenn nach bisherigen Erfahrungen konkret absehbar ist, dass der Betroffene seine Wohnungstür freiwillig nicht öffnen wird.[14] Wie bei der Vorführungsanordnung nach § 278 Abs. 5 sind ferner deutliche Anhaltspunkte erforderlich für das Bestehen einer Erkrankung bei dem Betroffenen, die die Notwendigkeit einer psychiatrischen Begutachtung zur Vorbereitung der abschließenden Entscheidung über eine Betreuerbestellung begründen kann.[15] **8**

3. Anfechtbarkeit der Vorführungsanordnung

Die Vorführungsanordnung ist eine nicht instanzabschließende Zwischenentscheidung im Sinne des § 58 Abs. 1 und deshalb nicht selbständig anfechtbar. Es gelten hier die Ausführungen zur Vorführungsanordnung nach § 278 Abs. 5 entsprechend (vgl. § 278 Rn 28). Die Wirksamkeit dieses Rechtsmittelausschlusses hat das BVerfG nicht in Zweifel gezogen, sondern im Hinblick auf die Zulassung einer Anhörungsrüge lediglich eine einschränkende verfassungskonforme Auslegung des § 44 Abs. 1 S. 2 erwogen.[16] Der Rechtsmittelausschluss erfasst sämtliche Nebenentscheidungen der Vorführungsanordnung, also auch die Ermächtigung zur Anwendung von Gewalt einschließlich der Gestattung der Öffnung und Durchsuchung der Wohnung des Betroffenen.[17] **9**

Unterbringung zur Begutachtung

§ 284 (1) ¹Das Gericht kann nach Anhörung eines Sachverständigen beschließen, dass der Betroffene auf bestimmte Dauer untergebracht und beobachtet wird, soweit dies zur Vorbereitung des Gutachtens erforderlich ist. ²Der Betroffene ist vorher persönlich anzuhören.

(2) ¹Die Unterbringung darf die Dauer von sechs Wochen nicht überschreiten. ²Reicht dieser Zeitraum nicht aus, um die erforderlichen Erkenntnisse für das Gutachten zu erlangen, kann die Unterbringung durch gerichtlichen Beschluss bis zu einer Gesamtdauer von drei Monaten verlängert werden.

(3) ¹§ 283 Abs. 2 und 3 gilt entsprechend. ²Gegen Beschlüsse nach den Absätzen 1 und 2 findet die sofortige Beschwerde nach den §§ 567 bis 572 der Zivilprozessordnung statt.

I. Normzweck und Anwendungsbereich

Die Vorschrift ermöglicht dem Gericht in Übereinstimmung mit der bisherigen Regelung in § 68 b Abs. 4 FGG die geschlossene Unterbringung zur Beobachtung des Betroffenen als letztes Mittel, um bei fehlender Kooperationsbereitschaft eine ausreichende per- **1**

---

[12] LG Verden BtPrax 2010, 243.
[13] BVerfG FamRZ 2010. 1145.
[14] KG FGPrax 1996, 182 = NJW 1997, 400 = FamRZ 1997, 442 zur bisherigen Regelung in § 68 b Abs. 3 FGG.
[15] BGH NJW 2007, 3575.
[16] BVerfG FamRZ 2010, 1145; siehe dazu auch Meyer-Holz § 44 Rn 14 zum einfachgesetzlichen Zusammenhang mit § 58 Abs. 2; teilweise a. A. Jurgeleit/Bučić § 283 FamFG Rn 18; der die Anfechtbarkeit einer Zulassung von Gewalt bejaht; weitergehend Schmidt-Recla FamRZ 2010, 1146, der die Einführung einer Beschwerdemöglichkeit fordert.
[17] So bereits KG FGPrax 1996, 182 = NJW 1997, 400; OLG Hamm FGPrax 1996, 221 = FamRZ 1997, 440 zu § 68 b Abs. 3 FGG.

sönliche Untersuchung des Betroffenen durch den Sachverständigen (§ 280 Abs. 2 S. 1) und damit eine fundierte Gutachtenerstattung als Maßnahme ordnungsgemäßer Sachverhaltsaufklärung zu ermöglichen. Die Vorschrift ist sachlich ebenso wie diejenige des § 283 nur zur Vorbereitung der Erstattung eines Gutachtens im Sinne des § 280 anwendbar (siehe näher § 283 Rn 1). Wegen der Schwere des Eingriffs in das Grundrecht der Freiheit der Person müssen einer solchen Unterbringung nach dem besonders zu beachtenden Grundsatz der **Verhältnismäßigkeit** enge Grenzen gesetzt sein.

II. Anordnung der Unterbringung

1. Verfahrensrechtliche Voraussetzungen

2 Der Betroffene muss zu einer beabsichtigten Unterbringung persönlich angehört werden (Abs. 1 S. 2 der Vorschrift). Für diese persönliche Anhörung gelten § 278 Abs. 1 und 3 sowie § 34 Abs. 2 entsprechend; das Gericht muss notfalls die Vorführung des Betroffenen nach § 278 Abs. 5 anordnen.[1] Die persönliche Anhörung des Betroffenen hat den Sinn, seine Kooperationsbereitschaft zu fördern und ihm die weitreichenden Konsequenzen einer freiheitsentziehenden Unterbringung zur Untersuchung vor Augen zu führen.

3 Ein Sachverständiger muss zur Notwendigkeit und Dauer der Unterbringung „angehört" werden (Abs. 1 S. 1 der Vorschrift). Gemeint ist eine sachverständige Stellungnahme zu den sachlichen Voraussetzungen der Unterbringung (siehe Rn 4, 5), die nicht notwendig mündlich, sondern auch schriftlich abgegeben werden kann. Die sachverständige Stellungnahme muss als Grundlage der Entscheidung ordnungsgemäß in das Verfahren eingeführt und in Verfahrensakten dokumentiert werden (§ 29 Abs. 3).[2] Diese Stellungnahme wird regelmäßig von demjenigen Sachverständigen abzugeben sein, der für die Entscheidung in der Hauptsache mit der Erstattung eines Gutachtens beauftragt ist und im Hinblick auf die Notwendigkeit der Unterbringungsanordnung seine bisherigen Erkenntnisse aus der versuchten Kontaktaufnahme mit dem Betroffenen zu verarbeiten hat. Die gutachterliche Stellungnahme nach Abs. 1 S. 1 setzt nicht eine persönliche Untersuchung des Betroffenen durch den Sachverständigen im Sinne des § 280 Abs. 2 S. 1 voraus, da die Unterbringung gerade die Erstattung eines hinreichend fundierten Sachverständigengutachtens bei fehlender Kooperationsbereitschaft des Betroffenen ermöglichen soll.

2. Sachliche Voraussetzungen

4 Der Grundsatz der Verhältnismäßigkeit erfordert zunächst, dass sämtliche Möglichkeiten zur Herstellung eines persönlichen Kontakts zwischen dem Sachverständigen und dem Betroffenen ausgeschöpft worden sind. Dazu gehört insbesondere auch die Vorführung des Betroffenen zu einer Untersuchung durch den Sachverständigen gem. § 283.[3] Eine Unterbringungsanordnung kann sich auch an eine durchgeführte Vorführung des Betroffenen anschließen, wenn nach Einschätzung des Sachverständigen die Gutachtenerstattung eine längerfristige Untersuchung des Betroffenen erfordert, zu der dieser freiwillig nicht bereit ist.[4]

5 Es müssen – gestützt auf die nach Abs. 1 S. 1 abzugebende sachverständige Stellungnahme – deutliche Anhaltspunkte für eine Erkrankung bei dem Betroffenen bestehen, die im Rahmen der abschließenden Entscheidung zu einer Betreuerbestellung führen kann.[5] Die weiterreichende Formulierung,[6] der Richter müsse bei der Anordnung einer Unterbringung zur Vorbereitung eines Gutachtens eine fundierte Prognose abgeben, dass die ihm

---

[1] Damrau/Zimmermann § 284 Rn 5; Jürgens/Kretz § 284 FamFG Rn 3; a. A. Jurgeleit/Bučić: Vorführung nach § 33 Abs. 3 S. 3; Prütting/Helms/Fröschle § 284 Rn 6: Vorführung nach näherer Maßgabe des § 34 Abs. 3 entbehrlich.

[2] BayObLG FamRZ 2001, 1599.

[3] BayObLG FGPrax 2004, 250 = FamRZ 2006, 289 zu § 68 b Abs. 4 FGG; Bahrenfuss/Brosey § 284 Rn 2; Fröschle/Locher § 284 Rn 2; Jurgeleit/Bučić § 284 FamFG Rn 4.

[4] BayObLG BtPrax 2002, 215.

[5] Damrau/Zimmermann § 284 FamFG Rn 2; Jurgeleit/Bučić § 284 FamFG Rn 4; Bahrenfuss/Brosey § 284 Rn 2.

[6] BayObLG FGPrax 2004, 250 = FamRZ 2006, 289; Paul FGPrax 2004, 251/253.

bekannten Tatsachen wahrscheinlich eine Betreuerbestellung erforderlich machen werden, erscheint zu weitgehend, weil es sich häufig um Grenzfälle handelt, in denen Persönlichkeitsstruktur und verbliebene Fähigkeiten den Betroffenen in eine Verweigerungshaltung führen, aus der ohne eine fundierte Gutachtenerstattung kaum eine aussagekräftige Prognoseentscheidung im Hinblick darauf getroffen werden kann, dass der Betroffene in einzelnen Lebensbereichen zu einer freien Willensbestimmung nicht mehr in der Lage ist (§ 1896 Abs. 1 a BGB). Es muss deshalb ausreichen, dass nach Einschätzung des Sachverständigen deutliche Anzeichen für eine Behinderung oder eine psychische Erkrankung des Betroffenen und eine darauf beruhende Beeinträchtigung seiner Lebensbewältigungskompetenz bestehen. Dem Gericht muss sich insgesamt ein Sachverhalt darstellen, der eine Betreuerbestellung zum Schutz des Betroffenen dringend erforderlich erscheinen lässt, sofern die bestehenden Anzeichen für krankheitsbedingte Defizite sich im weiteren Verfahrensablauf bestätigen.[7] Hält das Gericht unter Berücksichtigung des Grundsatzes der Verhältnismäßigkeit die Anordnung einer Unterbringung zur Untersuchung nicht für gerechtfertigt, bleibt nur die Möglichkeit einer Einstellung des betreuungsrechtlichen Prüfungsverfahrens. Der Grundsatz der Verhältnismäßigkeit darf nicht in sein Gegenteil verkehrt werden, indem in einer solchen Verfahrenssituation auf einer unzureichende Ermittlungsgrundlage eine Betreuung gleichwohl angeordnet wird.[8]

3. Dauer der Anordnung

Die Entscheidung des Gerichts enthält **inhaltlich** die Anordnung der geschlossenen **6** Unterbringung des Betroffenen in einer **zu benennenden Einrichtung.** Zur Klarstellung im Hinblick auf die beschränkten Wirkungen der Entscheidung (siehe nachstehend Rn 9) ist zusätzlich der **Zweck der Unterbringung** zur Beobachtung des Betroffenen und Vorbereitung der Erstattung eines Sachverständigengutachtens im Ausspruch der Entscheidung zu bezeichnen.[9] Zu bestimmen ist ferner die **Höchstfrist** für die Dauer der geschlossenen Unterbringung, die nach Abs. 2 S. 1 der Vorschrift sechs Wochen nicht überschreiten darf. Daraus folgt nicht, dass dieser Höchstzeitraum durch die gerichtliche Entscheidung ohne Weiteres ausgeschöpft werden darf. Der nach Abs. 1 S. 1 anzuhörende Sachverständige muss zur Erforderlichkeit des Zeitraumes der geschlossenen Unterbringung Stellung nehmen. Ohne im Einzelfall vorliegende besondere Umstände wird nicht davon ausgegangen werden können, dass die notwendige Beobachtungsdauer zur Vorbereitung eines Gutachtens drei Wochen übersteigt.

Abs. 2 S. 2 der Vorschrift ermöglicht die (u. U. auch wiederholte) Verlängerung Unter- **7** bringung bis zum Höchstzeitraum von drei Monaten, wenn der ursprünglich angeordnete Zeitraum nicht ausreicht, um die erforderlichen Erkenntnisse für das Gutachten zu erlangen. Für die Verlängerungsentscheidung sind die verfahrensrechtlichen Voraussetzungen des Abs. 1 (persönliche Anhörung des Betroffenen und Einholung des Gutachtens eines Sachverständigen zu den Voraussetzungen der Maßnahme) entsprechend anzuwenden. Denn wenn nach § 329 Abs. 2 S. 1 für die für die Verlängerung der Unterbringungsmaßnahme dieselben Verfahrensgarantien wie für ihre erstmalige Anordnung einzuhalten sind, können für die Unterbringung zum Zweck der Begutachtung keine anderen Maßstäbe gelten.[10]

Die Bestimmung der Höchstfrist der geschlossenen Unterbringung in der gerichtlichen **8** Entscheidung bedeutet nicht, dass diese von der Klinik, in der die Unterbringung vollzogen wird, ohne Weiteres ausgeschöpft werden darf. Vielmehr hat der Leiter der Klinik für die sofortige Entlassung des Betroffenen Sorge zu tragen, wenn der Beobachtungszweck bereits vor Fristablauf erfüllt ist. Er hat über eine vorzeitige Entlassung des Betroffenen das Gericht zu unterrichten, das alsdann die Maßnahme auch formell aufzuheben hat. Abs. 3 der Vor-

---

[7] Damrau/Zimmermann § 284 FamFG Rn 2.
[8] OLG Köln OLGR 2005, 680 = BeckRS 2005, 09979; FamRZ 1999, 873.
[9] Fröschle/Locher § 284 Rn 3.
[10] Ebenso MünchKommZPO/Schmidt-Recla § 284 FamFG Rn 8; Fröschle/Locher § 284 Rn 4; Jürgens/Kretz § 284 FamFG Rn 5; Bienwald § 68 b FGG Rn 83; a. A. Damrau/Zimmermann § 284 FamFG Rn 12; SBW-Eilers § 284 Rn 19; Jurgeleit/Bučić § 284 FamFG Rn 13; Jansen/Sonnenfeld § 68 b FGG Rn 59: keine zwingende erneute persönliche Anhörung des Betroffenen.

schrift verweist ergänzend auf § 283. Eine erforderlich werdende Vorführung zum Zweck der Unterbringung wird deshalb von der Betreuungsbehörde durchgeführt. Unmittelbaren Zwang darf sie nur anwenden, wenn ihr dazu in der gerichtlichen Entscheidung die erforderliche Ermächtigung erteilt worden ist (vgl. dazu näher § 283 Rn 1).

4. Wirkungen der Anordnung

9   Die Wirkungen der gerichtlichen Entscheidung beschränken sich gegenüber dem Betroffenen auf die Erzwingung des mit Freiheitsentziehung verbunden Klinikaufenthalts. Eine über den Klinikaufenthalt hinausgehende Mitwirkung bei der Gutachtenerstattung kann nicht erzwungen werden. Ferner sind weder eine medizinische Behandlung noch Eingriffe in die körperliche Integrität des Betroffenen gegen seinen Willen zulässig. Kann die Unterbringung mit dieser Beschränkung aus tatsächlichen Gründen nicht fortgeführt werden, muss sie entweder beendet oder auf anderer Rechtsgrundlage fortgesetzt werden. Das Rechtsverhältnis zwischen dem gegen seinen Willen auf der Grundlage einer gerichtlichen Anordnung nach § 284 untergebrachten Betroffenen und der Klinik, insbesondere hinsichtlich der Einordnung des Betroffenen in den laufenden Klinikbetrieb und etwaiger Sicherungsmaßnahmen, ist gesetzlich nicht geregelt. § 327 und die landesrechtlichen Vorschriften über die Unterbringung psychisch Kranker sind nicht entsprechend anwendbar. Einschränkungen der Rechte des Betroffenen sind jedenfalls ohne vorhergehende gerichtliche Entscheidung unzulässig. Die Kosten des Krankenhausaufenthaltes des Betroffenen sind nach § 8 Abs. 1 Nr. 4 JEVG i. V. m. § 12 Abs. 1 S. 2 Nr. 1 JEVG als Aufwendungen des Sachverständigen aus der Staatskasse zu erstatten, sofern es sich nicht um eine sozialrechtlich zu finanzierende Krankenhausbehandlung handelt.[11]

5. Anfechtbarkeit der Entscheidung

10   Abs. 3 S. 2 der Vorschrift sieht vor, dass die Anordnung der Unterbringung zur Begutachtung und deren Verlängerung mit der sofortigen Beschwerde nach den §§ 567 bis 572 ZPO anfechtbar ist. Es handelt sich um eine Sonderregelung zu § 58 Abs. 1, weil die Anordnung der Unterbringung zur Begutachtung eine nicht instanzabschließende Zwischenentscheidung ist, die nur aufgrund besonderer gesetzlicher Regelung anfechtbar ist. Mit der Verweisung auf die §§ 567 bis 572 ZPO werden diejenigen Beschwerdevorschriften in Bezug genommen, die in der Begründung des Regierungsentwurfs analog zu bereits bestehenden Sondervorschriften als geeignet für die Entscheidung über anfechtbare Zwischenentscheidungen bezeichnet werden.[12] Die Sonderregelung in Abs. 3 S. 2 ist auf Vorschlag des Bundesrates in das Gesetz aufgenommen worden.[13] Sie stellt damit in Ansehung der Statthaftigkeit eines Rechtsmittels gegen die Unterbringungsanordnung die Übereinstimmung mit der bisherigen Rechtslage her,[14] wenngleich das Beschwerdeverfahren durch den Verweis auf die Vorschriften der ZPO nunmehr andere Wege geht.

11   Die Verweisung auf das Verfahrensrecht der ZPO schließt formal eine parallele Anwendung von Vorschriften des FamFG aus. So wird eine sinngemäße Anwendung des § 335 Abs. 1 (erweitertes Beschwerderecht nahe stehender Personen) ausscheiden,[15] während man dem Verfahrenspfleger des Betroffenen ein Beschwerderecht zubilligen muss, weil dieses unmittelbar aus seiner verfahrensrechtlichen Funktion abgeleitet ist (§§ 303 Abs. 3, 335 Abs. 2). Die Statthaftigkeit einer Rechtsbeschwerde kann nicht nach § 70 FamFG, sondern nur nach § 574 ZPO beurteilt werden, bedarf also immer der Zulassung durch das Beschwerdegericht.[16]

---

[11] OLG Frankfurt FGPrax 2008, 275.
[12] BT-Drs. 16/6308 S. 203.
[13] BT-Drs. 16/6308 S. 387; Bericht des Rechtsausschusses BT-Drs. 16/9733 S. 297.
[14] BayObLG FamRZ 2001, 1559; FamRZ 1994, 1190.
[15] A. A. Knittel § 284 FamFG Rn 19; SBW/Eilers § 284 Rn 32: für eine entsprechende Anwendung des § 335 Abs. 1; MünchKommZPO/Schmidt-Recla § 284 FamFG Rn 9; Damrau/Zimmermann § 284 FamFG Rn 18: für ein Beschwerderecht des Ehegatten.
[16] A. A. Prütting/Helms/Fröschle § 284 Rn 17.

Herausgabe einer Betreuungsverfügung oder der Abschrift einer Vorsorgevollmacht

285 In den Fällen des § 1901a des Bürgerlichen Gesetzbuchs erfolgt die Anordnung der Ablieferung oder Vorlage der dort genannten Schriftstücke durch Beschluss.

Die Vorschrift dient der Durchsetzung der in § 1901c S. 1 BGB begründeten Verpflichtung des Besitzers einer Betreuungsverfügung zur Ablieferung des Schriftstücks sowie der aus § 1901c S. 3 BGB folgenden Verpflichtung zur Vorlage einer Vorsorgevollmacht zwecks Herstellung einer Abschrift.[1] Auf diese Weise soll gewährleistet werden, dass das Gericht bei seiner Entscheidung über die Erforderlichkeit einer Betreuerbestellung den vorrangig zu berücksichtigenden Wünschen des Betroffenen Rechnung tragen kann. Obwohl es sich bei den gerichtlichen Anordnungen nicht um Endentscheidungen (§ 38 Abs. 1) handelt, sieht § 285 die Form eines Beschlusses vor. Die Vollstreckung der Anordnung erfolgt nach näherer Maßgabe des § 35 (siehe die dortigen Erläuterungen). 1

Inhalt der Beschlussformel

286 (1) Die Beschlussformel enthält im Fall der Bestellung eines Betreuers auch
1. die Bezeichnung des Aufgabenkreises des Betreuers;
2. bei Bestellung eines Vereinsbetreuers die Bezeichnung als Vereinsbetreuer und die des Vereins;
3. bei Bestellung eines Behördenbetreuers die Bezeichnung als Behördenbetreuer und die der Behörde;
4. bei Bestellung eines Berufsbetreuers die Bezeichnung als Berufsbetreuer.

(2) Die Beschlussformel enthält im Fall der Anordnung eines Einwilligungsvorbehalts die Bezeichnung des Kreises der einwilligungsbedürftigen Willenserklärungen.

(3) Der Zeitpunkt, bis zu dem das Gericht über die Aufhebung oder Verlängerung einer Maßnahme nach Absatz 1 oder Absatz 2 zu entscheiden hat, ist in der Beschlussformel zu bezeichnen.

I. Normzweck

Die Vorschrift knüpft an die bisherige Regelung in § 69 FGG an, beschränkt sich jedoch nunmehr auf den Mindestinhalt des **Beschlusstenors** einer Betreuerbestellung (Abs. 1) und/oder der Anordnung eines Einwilligungsvorbehalts (Abs. 2), auch wenn sie als einstweilige Anordnung (§ 300) erlassen werden. Die darüber hinaus erforderlichen Beschlusselemente leiten sich aus den Regelungen des Allgemeinen Teils des FamFG ab. 1

II. Der Beschlusstenor

Der Beschlusstenor über eine Betreuerbestellung und/oder die Anordnung eines Einwilligungsvorbehalts muss enthalten:

(1) Die Bezeichnung der Beteiligten (§ 38 Abs. 2 Nr. 1), in erster Linie also Angaben zur Person des Betroffenen. Diese Angaben müssen so genau sein, dass sie eine zweifelsfreie Individualisierung des Betroffenen ermöglichen, regelmäßig also den vollständigen Namen, das Geburtsdatum und den Wohnort des Betroffenen umfassen. Bei Eilmaßnahmen und noch unbekannter Identität des Betroffenen müssen notfalls andere Umschreibungen zur Individualisierung des Betroffenen herangezogen werden. 2

(2) Die Bezeichnung der Person des Betreuers und des Aufgabenkreises der Betreuung (Abs. 1 Nr. 1 der Vorschrift). Die Verbindung zwischen der Bestellung einer bestimmten Person als Betreuer und der Bestimmung der wahrzunehmenden Aufgabenkreise ist der Kernpunkt der durch das Betreuungsrecht eingeführten Einheitsentscheidung.[1*] Die Aufgabenkreise müssen möglichst konkret gefasst und unter Berücksichtigung des Grundsatzes der Erforderlichkeit (§ 1896 Abs. 2 S. 1 BGB) auf den konkret absehbaren Handlungs- 3

---

[1] Die Verschiebung der bisher in § 1901a BGB enthaltenen Regelung nach § 1901c BGB durch das 3. BtÄndG vom 29. 7. 2009 (BGBl. I 2286) ist im Text des FamFG noch nicht berücksichtigt worden.
[1*] BT-Drs. 11/4528 S. 91.

bedarf des Betroffenen in einzelnen Lebensbereichen beschränkt werden.[2] Wenn ein Betreuer für alle Angelegenheiten des Betroffenen bestellt oder eine bestehende Betreuung entsprechend erweitert werden soll, muss dies im Hinblick auf die besondere Mitteilungspflicht gem. § 309 im Tenor des Beschlusses ausdrücklich ausgesprochen werden (siehe näher § 309 Rn 2). Die Befugnis zur Entgegennahme, zum Anhalten und Öffnen der Post des Betroffenen kann nach § 1894 Abs. 4 BGB dem Betreuer nur durch die ausdrückliche Bestimmung eines gesonderten Aufgabenkreises übertragen werden. Bei der Bestellung **mehrerer Betreuer** muss klargestellt werden, ob den Bestellten jeweils gesonderte Aufgabenkreise zugewiesen werden (§ 1899 Abs. 1 S. 1 und 2 BGB) oder in welchen Aufgabenkreisen sie die Angelegenheiten des Betroffenen gemeinsam besorgen (§ 1899 Abs. 3 BGB).

4   Besonderheiten in der Person des bestellten Betreuers: Nach Abs. 1 Nr. 2 und 3 ist bei Bestellung eines Vereins- oder Behördenbetreuers zusätzlich die Bezeichnung als „Vereinsbetreuer" oder „Behördenbetreuer" sowie die Angabe des Vereins oder der Behörde erforderlich. Die Hervorhebung der Eigenschaft als Vereins- oder Behördenbetreuer ist notwendig, weil für diese besondere Vorschriften gelten, z. B. §§ 1897 Abs. 2, 1908 b Abs. 4, 1908 g BGB, §§ 7, 8 VBVG.

5   (3) Abs. 1 Nr. 4 der Vorschrift ordnet nunmehr über § 69 FGG hinausgehend ausdrücklich an, dass das Gericht **die Bezeichnung als Berufsbetreuer** in den Beschlusstenor aufzunehmen hat, wenn die Berufsmäßigkeit der Führung der Betreuung festgestellt werden soll. Die Vorschrift ist der Sache nach überflüssig, weil die Verpflichtung des Gerichts zu einer entsprechenden Feststellung sich bereits aus den §§ 1836 Abs. 1 S. 2 BGB, 1 Abs. 1 VBVG ergibt. Warum eine darüber hinausgehende „Sicherstellung" erforderlich ist, dass die gerichtliche Feststellung der Berufsmäßigkeit der Führung der Betreuung auch wirklich getroffen wird,[3] ist nur schwer verständlich. Die Feststellung der Berufsmäßigkeit der Führung der Betreuung hat konstitutive Wirkung für den Vergütungsanspruch des Betreuers nach den §§ 1896 Abs. 1 S. 2 BGB, 4 ff. VBVG.[4] Die Wirksamkeit der Feststellung wird nicht dadurch berührt, dass sie entgegen § Abs. 1 Nr. 4 der Vorschrift nicht ausdrücklich im Beschlusstenor getroffen, sondern an anderer Stelle der Entscheidung zum Ausdruck gebracht wird. Ist eine ausdrückliche Feststellung der Berufsmäßigkeit der Betreuungsführung trotz einer entsprechenden Willensbildung des Gerichts erkennbar versehentlich unterblieben, so ist nach allgemeinen Regeln die Berichtigung oder Auslegung der Bestellungsentscheidung geboten. Die Frage einer rückwirkenden Nachholung der Feststellung der Berufsmäßigkeit stellt sich dann nicht.[5]

6   (4) Wird ein **Einwilligungsvorbehalt** angeordnet, muss der Beschlusstenor nach Abs. 2 der Vorschrift den Kreis der einwilligungsbedürftigen Willenserklärungen bezeichnen. Im Hinblick auf die Beschränkung der Geschäftsfähigkeit, die durch die Anordnung des Einwilligungsvorbehalts eintritt (§ 1903 Abs. 1 S. 2 BGB), ist eine genaue Bezeichnung des Aufgabenkreises erforderlich. Ausreichend ist aber etwa die in der Praxis vorherrschende Anordnung eines Einwilligungsvorbehalts für den Aufgabenkreis der Vermögenssorge. Will das Gericht von der Befugnis nach § 1903 Abs. 3 S. 2 BGB Gebrauch machen, die Geschäftsfähigkeit des Betroffenen auch für Willenserklärungen betreffend geringfügige Angelegenheiten des täglichen Lebens zu beschränken, muss dies im Tenor der Entscheidung einschließlich etwa zu treffender Einzelregelungen ausgesprochen werden; dabei kann die Geringfügigkeitsgrenze durch Nennung eines festen Betrages in der Entscheidung bestimmt werden.[6] Unzulässig ist es demgegenüber, anstelle der etwa erforderlichen Anordnung eines Einwilligungsvorbehalts im Tenor der Entscheidung die Feststellung zu treffen, der Betroffene sei geschäftsunfähig. Denn eine solche Feststellung, schon gar nicht mit konstitutiver Wirkung, ist im Gesetz nicht vorgesehen.[7]

---

[2] BayObLG FamRZ 1999, 1612; FamRZ 1995, 116; OLG Hamm FamRZ 1995, 433; OLG Köln FamRZ 2000, 908.
[3] So der Regierungsentwurf BT-Drs. 16/6308 S. 268.
[4] BayObLG NJW-RR 2001, 580 = FamRZ 2000, 1450.
[5] OLG Brandenburg FamRZ 2009, 1005; OLG Naumburg FamRZ 2009, 370; OLG Hamm FGPrax 2008, 106 = BtPrax 2008, 236; ähnlich OLG Frankfurt FGPrax 2003, 176.
[6] BayObLG FamRZ 1994, 1135 = BtPrax 1994, 30.
[7] OLG Düsseldorf FamRZ 1993, 1224 = BtPrax 1993, 175.

(5) Überprüfungsfrist: Nach Abs. 3 der Vorschrift hat der Beschlusstenor ferner den Zeitpunkt zu bezeichnen, bis zu dem das Gericht über eine Aufhebung oder Verlängerung der Maßnahme zu entscheiden hat. Obwohl diese Überprüfungsfrist eine einheitliche ist, hat der Gesetzgeber die Regelung in unübersichtlicher Weise auf zwei gesonderte Vorschriften verteilt: Bis zum Ablauf von höchstens **sieben Jahren** muss eine Entscheidung entweder über die Aufhebung (§ 294 Abs. 3) oder die Verlängerung (§ 295 Abs. 2) der Betreuung oder des Einwilligungsvorbehalts getroffen werden.

Die konkrete Bemessung der Überprüfungsfrist wird von der Erforderlichkeit der Maßnahme (§ 1896 Abs. 2 S. 1 BGB) nach den Umständen des Einzelfalls bestimmt. Bei einer erstmaligen Betreuerbestellung wird es regelmäßig geboten sein, nicht sogleich die Höchstfrist auszuschöpfen, sondern eine kürzere Überprüfungsfrist zu bestimmen, um den weiteren Verlauf der Erkrankung des Betroffenen zeitnäher verfolgen zu können, sofern nicht eine irreversible Krankheitsentwicklung klar erkennbar ist. Im Zusammenhang mit der Verlängerung der Überprüfungsfrist von fünf auf sieben Jahre durch das 2. BtÄndG hat der Gesetzgeber ungewöhnlich großes Vertrauen in die Gerichte gesetzt, dass sie „die Überprüfungsfristen verantwortungsvoll nutzen und nicht zur Arbeitserleichterung immer die Höchstfrist ansetzen."[8] Soll das nicht ein Lippenbekenntnis bleiben, muss die tatsächliche Personalausstattung der Betreuungsgerichte es ermöglichen, eine den Umständen der einzelnen Betreuungssache konkret angepasste Überprüfungsfrist zu bestimmen, die in vielen Fällen zu einem Überprüfungsverfahren vor Ablauf der Höchstfrist führen muss. Fehlt eine Bezeichnung der Überprüfungsfrist, so gilt die Höchstfrist.[9]

Wird die Überprüfungsfrist überschritten, so bleibt die Betreuung einschließlich eines etwa angeordneten Einwilligungsvorbehalts bis zum Erlass der Folgeentscheidung gleichwohl bestehen.[10] Dies folgt bereits aus der Wortfassung der Vorschrift, die – insoweit im Gegensatz zur vorläufigen Betreuung (§ 302) – ein automatisches Außerkrafttreten der Anordnung nach Fristablauf nicht vorsieht. Durch das einstweilige Fortbestehen der Maßnahme sollen erhebliche Nachteile für den Betroffenen vermieden werden.[11] Der Ablauf der Überprüfungsfrist führt deshalb auch nicht zu einer Erledigung der Hauptsache eines Verfahrens zur Prüfung der Aufhebung einer Betreuung (§ 294), über die (im Beschwerdeverfahren) unabhängig von dem Verfahren über die Anordnung einer Fortdauer der Betreuung zu entscheiden ist.[12]

(6) Eine **Kostenentscheidung** muss der Beschluss nur dann enthalten, wenn eine Kostenerstattungsanordnung nach § 81 Abs. 2 oder der Sondervorschrift des § 307 getroffen werden soll (siehe jeweils die Erläuterungen zu den genannten Vorschriften).

III. Weiterer Beschlussinhalt

1. Begründung

Die Pflicht zur **Begründung** der Entscheidung ergibt sich anstelle der bisherigen Sonderregelung in § 69 Abs. 2 FGG nunmehr aus der allgemeinen Vorschrift des § 38 Abs. 3 mit der Besonderheit gem. Abs. 5 Nr. 3 der Vorschrift, dass Entscheidungen in Betreuungssachen ausnahmslos begründet werden müssen. Wegen der Anforderungen an die Begründung im Allgemeinen vgl. die Erläuterungen zu § 38 Rn 62 bis 67.

Für die Entscheidung über die Betreuerbestellung bzw. die Anordnung eines Einwilligungsvorbehalts ist zu bemerken: Die gesetzliche Vorschrift enthält keinerlei inhaltliche Vorgaben für die Gestaltung der Entscheidungsbegründung. Diese darf sich nicht auf formelhafte Wendungen beschränken. Die unbedenkliche Verwendung von Textbausteinen sollte durch einige kurz gefasste Bemerkungen ergänzt werden, die auch für den Betroffenen erkennen lassen, dass sich das Gericht konkret mit den in seiner Person bestehenden Einzel-

---

[8] BT-Drs. 15/4874 S. 67.
[9] Damrau/Zimmermann § 286 Rn 22; Jurgeleit/Bučić § 286 FamFG Rn 21; MünchKommZPO/Schmidt-Recla § 286 FamFG Rn 10.
[10] BayObLG FamRZ 1998, 1183 = BtPrax 1998, 110; OLG München FGPrax 2008, 206 = FamRZ 2008, 2062.
[11] BT-Drs. 11/6949 S. 80.
[12] OLG München FGPrax 2008, 206 = FamRZ 2008, 2062.

problemen befasst hat. Die Anforderungen an die Begründung der Entscheidung müssen aus dem Gebot der fairen Verfahrensführung abgeleitet und an der Eingriffsintensität der getroffenen Maßnahme orientiert werden. So muss bspw. das Vorliegen der Voraussetzungen des § 1896 Abs. 1 a BGB näher begründet werden, wenn ein Betreuer gegen den Willen des Betroffenen bestellt werden soll. Wird ein Einwilligungsvorbehalt für den Aufgabenkreis der Vermögenssorge angeordnet, muss das Gericht näher feststellen, aus welchen konkreten Umständen es die Gefahr selbstschädigender Verfügungen des Betroffenen ableitet (§ 1903 Abs. 1 BGB).

13 Das Fehlen einer erforderlichen Begründung führt zu einem Verfahrensmangel der Entscheidung. Im Gegensatz zum bisherigen Recht[13] setzt die schriftliche Bekanntmachung einer solchen Entscheidung gleichwohl die Beschwerdefrist in Lauf, weil § 63 Abs. 3 eine entsprechende Einschränkung nicht enthält (vgl. näher § 38 Rn 73, 74).

2. Rechtsmittelbelehrung

14 Der Beschluss muss nach der allgemeinen Vorschrift des § 39 eine Rechtsmittelbelehrung enthalten. Zum Inhalt der Rechtsmittelbelehrung vgl. die Erläuterungen zu § 39 Rn 11 bis 13. Nach bisherigem Recht[14] führte das Fehlen einer gesetzlich vorgeschriebenen Rechtsmittelbelehrung dazu, dass durch die Bekanntgabe der fehlerhaften Entscheidung die Beschwerdefrist nicht in Lauf gesetzt wurde.[15] Die Rechtsfolgen bei unterbliebener oder fehlerhafter Rechtsmittelbelehrung sind nunmehr abschließend in der allgemeinen Vorschrift des § 17 Abs. 2 geregelt. Die Bekanntgabe der fehlerhaften Entscheidung lässt den Lauf der Beschwerdefrist unberührt. Jedoch ist dem Beschwerdeführer auf Antrag Wiedereinsetzung in den vorigen Stand zu gewähren mit der Maßgabe, dass wegen der unterbliebenen oder fehlerhaften Belehrung ein Fehlen seines Verschuldens vermutet wird (vgl. näher § 17 Rn 36, 37); sog. Wiedereinsetzungslösung.

Wirksamwerden von Beschlüssen

287 (1) Beschlüsse über Umfang, Inhalt oder Bestand der Bestellung eines Betreuers, über die Anordnung eines Einwilligungsvorbehalts oder über den Erlass einer einstweiligen Anordnung nach § 300 werden mit der Bekanntgabe an den Betreuer wirksam.

(2) ¹Ist die Bekanntgabe an den Betreuer nicht möglich oder ist Gefahr im Verzug, kann das Gericht die sofortige Wirksamkeit des Beschlusses anordnen. ²In diesem Fall wird er wirksam, wenn der Beschluss und die Anordnung seiner sofortigen Wirksamkeit
1. dem Betroffenen oder dem Verfahrenspfleger bekannt gegeben werden oder
2. der Geschäftsstelle zum Zweck der Bekanntgabe nach Nummer 1 übergeben werden.
³Der Zeitpunkt der sofortigen Wirksamkeit ist auf dem Beschluss zu vermerken.

(3) Ein Beschluss, der die Genehmigung nach § 1904 Abs. 2 des Bürgerlichen Gesetzbuchs zum Gegenstand hat, wird erst zwei Wochen nach Bekanntgabe an den Betreuer oder Bevollmächtigten sowie an den Verfahrenspfleger wirksam.

I. Normzweck

1 Die Vorschrift entspricht inhaltlich weitgehend dem bisherigen § 69 a Abs. 3 FGG. Es handelt sich um eine Sonderregelung zu der allgemeinen Vorschrift des § 40 über das Wirksamwerden von Beschlüssen. Dessen Abs. 2 ist von besonderer Bedeutung für die Erteilung betreuungsgerichtlicher Genehmigungen nach den §§ 1821, 1822 BGB, die erst mit Eintritt ihrer formellen Rechtskraft wirksam werden (vgl. dazu im Einzelnen die Erläuterungen zu § 40). § 287 Abs. 3 enthält eine Sonderregelung für die Erteilung einer Ge-

---
[13] Vgl. 15. A. § 69 FGG Rn 10.
[14] Dies betraf insbesondere die bisherige sofortige Beschwerde des Betroffenen gegen die Anordnung eines Einwilligungsvorbehalts (§§ 69 Abs. 1 Nr. 6, 69 g Abs. 4 S. 3 FGG).
[15] BayObLG NJW-RR 2000, 5 = FamRZ 2000, 493.

nehmigung zur Verweigerung bzw. des Widerrufs der Einwilligung des Betreuers oder des Bevollmächtigten in eine lebenserhaltende ärztliche Behandlung (siehe dazu Rn 14). Eine weitere Sonderregelung ist in § 297 Abs. 7 für die Genehmigung einer Einwilligung des Betreuers in eine Sterilisation getroffen.

II. Anwendungsbereich

Abs. 1 beschreibt präziser als das bisherige Recht den Anwendungsbereich der Sonderregelung: Mit den Begriffen Inhalt, Umfang und Bestand einer Betreuerbestellung sind neben der Erstanordnung (nicht also deren Ablehnung[1]) alle Veränderungen der Betreuerbestellung gemeint, die entweder die Aufgabenkreise oder die Person des Betreuers betreffen. Neben der ersatzlosen Aufhebung der Betreuung kann es sich also handeln um eine Erweiterung oder Einschränkung der Aufgabenkreise. Erfasst wird ferner eine ggf. auch nur für einzelne Aufgabenkreise angeordnete Entlassung des Betreuers sowie jede Neubestellung eines Betreuers. Einbezogen ist ferner jede Anordnung, Aufhebung oder Veränderung des Aufgabenkreises eines Einwilligungsvorbehalts. Trotz der eingeschränkten Formulierung, die scheinbar nur die Anordnung eines Einwilligungsvorbehalts betrifft, ist die Vorschrift wie die vergleichbare Bestimmung des § 274 Abs. 3 in diesem umfassenden Sinn zu verstehen.[2] Schließlich wird klargestellt, dass die Vorschrift auch für inhaltsgleiche einstweilige Anordnungen nach § 300 gilt.

Demgegenüber verbleibt es für alle anderen Entscheidungen bei der Anwendbarkeit der allgemeinen Vorschrift des § 40. Dies betrifft etwa die Ablehnung einer Betreuerbestellung oder der Anordnung eines Einwilligungsvorbehalts, die Genehmigung von Rechtsgeschäften des Betreuers (insoweit gilt ergänzend § 40 Abs. 2), die Genehmigung der Einwilligung des Betreuers oder eines Bevollmächtigten in eine ärztliche Behandlung im Sinne des § 1904 BGB (§ 298)[3] sowie insbesondere Eilmaßnahmen gem. §§ 1908 i Abs. 1, 1846 BGB.

III. Wirksamwerden mit Bekanntgabe an den Betreuer

§ 287 Abs. 1 ordnet an, dass die Entscheidung über eine Betreuerbestellung bzw. die Anordnung eines Einwilligungsvorbehalts mit der **Bekanntgabe an den Betreuer** wirksam wird. Als alternative Lösung ist bereits bei Erlass des BtG erwogen worden, die Wirksamkeit an die Bekanntgabe an den Betroffenen anzuknüpfen.[4] Im Rahmen der allgemeinen Vorschrift des § 40 Abs. 1 kann nicht zweifelhaft sein, dass der Beschluss seinem wesentlichen Inhalt nach für den Betroffen bestimmt und ihm deshalb nach § 41 Abs. 1 bekannt zu geben ist. Der Lösung der gesetzlichen Vorschrift, die Wirksamkeit der Entscheidung an die Bekanntgabe an den Betreuer anzuknüpfen, liegen maßgebend Gesichtspunkte der Praktikabilität zugrunde. Wenig überzeugend erscheint dabei allerdings die Überlegung, im Fall einer schweren Krankheit oder Behinderung des Betroffenen könnten Zweifel am Eintritt der Wirksamkeit entstehen.[5] Denn der Betroffene gilt nach § 275 unabhängig von seiner gesundheitlichen Verfassung als verfahrensfähig und die Entscheidung ist ihm ohnehin zwingend bekannt zu geben. Tragfähig ist aber der ausschlaggebende Gesichtspunkt, der Betreuer könne erst nach der erfolgten Bekanntgabe der Entscheidung an ihn die ihm übertragenen Aufgaben wahrnehmen.[6]

Daraus ist abzuleiten, dass eine Entscheidung, durch die nach vorläufiger Betreuerbestellung abschließend eine andere Person als Betreuer bestellt wird, mit der Bekanntgabe an den neuen Betreuer wirksam wird.[7] Wird der bisherige Betreuer entlassen, wird diese Ent-

---

[1] Prütting/Helms/Fröschle § 287 Rn 9; SBW/Rausch, § 287 Rn 2; a. A. MünchKommZPO/Schmidt-Recla § 287 FamFG Rn 5.
[2] Prütting/Helms/Fröschle § 287 Rn 7; Bassenge/Roth § 287 FamFG Rn 3; Damrau/Zimmermann § 287 FamFG Rn 9.
[3] BT-Drs. 16/6308 S. 269.
[4] BT-Drs. 11/4528 S. 175 zu § 69 a Abs. 3 S. 1 FGG.
[5] BT-Drs. 11/4528 S. 175 zu § 69 a Abs. 3 S. 1 FGG.
[6] BT-Drs. 11/4528 a. a. O.
[7] Prütting/Helms/Fröschle § 287 Rn 10; MünchKommZPO/Schmidt-Recla § 287 FamFG Rn 4; SBW/Rausch § 287 Rn 5.

scheidung durch Bekanntgabe an ihn, wird gleichzeitig ein neuer Betreuer bestellt, wird diese Entscheidung durch Bekanntgabe an den neuen Betreuer wirksam.[8]

6 Im Fall der Trennung der funktionellen Zuständigkeit zwischen Richter und Rechtspfleger durch landesrechtliche Aufhebung des Richtervorbehalts aufgrund der Ermächtigung in § 19 Abs. 1 RPflG wird die Entscheidung des Richters über die Betreuungsanordnung für die bezeichneten Aufgabenkreise nach § 287 Abs. 1 wirksam, wenn sie gemeinsam mit der Entscheidung des Rechtspflegers dem ausgewählten Betreuer bekannt gegeben wird. Wird die Entscheidung des Richters dem Betroffenen vor der Bestellung eines Betreuers bekannt gegeben, wird die erstere auf diese Weise nach der allgemeinen Vorschrift des § 40 Abs. 1 wirksam.[9]

IV. Anordnung der sofortigen Wirksamkeit (Abs. 2)

1. Voraussetzungen

7 Abs. 2 ermöglicht es dem Gericht, das Wirksamwerden seiner Entscheidung zeitlich vorzuverlegen, indem es die sofortige Wirksamkeit des Beschlusses anordnet. Es handelt sich jeweils um Fälle, in denen die gestaltende Wirkung der Entscheidung kurzfristig herbeigeführt werden soll und der Vollzug einer Bekanntgabe an den Betreuer nicht abgewartet werden kann, regelmäßig also um Eilentscheidungen. Auch Abs. 2 bezieht sich indessen lediglich auf Beschlüsse im Sinne des Abs. 1.

8 Nach den tatbestandlichen Voraussetzungen des Abs. 2 kann die Anordnung der sofortigen Wirksamkeit des Beschlusses zunächst dann ergehen, wenn die Bekanntgabe an den Betreuer nicht möglich ist. In dieser Alternative kann sich ein praktischer Anwendungsbereich ergeben, wenn bei der Anordnung eines vorläufigen Einwilligungsvorbehalts der Betreuer vorübergehend nicht erreichbar ist, die Schutzwirkungen des Einwilligungsvorbehalts für den Betroffenen aber sofort herbeigeführt werden sollen.

9 Auch für eine **Entlassung** des nicht erreichbaren Betreuers im Wege der einstweiligen Anordnung (§ 300 Abs. 2) kann die Anordnung der sofortigen Wirksamkeit sinnvoll sein. Mag zwar die gesetzliche Vertretungsmacht des Entlassenen bis zur Erlangung seiner Kenntnis von der gerichtlichen Entscheidung bzw. zu seiner fahrlässigen Unkenntnis fortbestehen (§§ 1908 i, 1893 Abs. 1, 1698 a BGB), so ermöglicht die Entscheidung doch die Bestellung eines anderen Betreuers, der Schutzmaßnahmen für das Vermögen des Betroffenen in die Wege leiten kann.

10 Die Anordnung der sofortigen Wirksamkeit kann ferner getroffen werden bei **Gefahr im Verzug**. Darunter ist in dem vorliegenden Zusammenhang zu verstehen, dass die Verzögerung des Wirksamwerdens der Entscheidung bis zur Bekanntgabe an den Betreuer zu einer objektiven Gefährdung der Interessen des Betroffenen führen würde.[10]

11 Über die Anordnung der sofortigen Wirksamkeit entscheidet das Gericht nach pflichtgemäßem **Ermessen**[11] unter besonderer Berücksichtigung der Interessen des Betroffenen. Eine formularmäßige Anordnung, etwa auch bei der Entscheidung über eine Betreuerbestellung, bei der ein Wirksamwerden der Entscheidung vor Bekanntgabe an den Betreuer keinen Sinn ergibt, ist nicht angebracht. Die Anordnung der sofortigen Wirksamkeit ist nicht anfechtbar.[12] Sie ist zwar unselbständiger Teil einer anfechtbaren Sachentscheidung. Mit dem Eintritt der Wirksamkeit der Sachentscheidung (siehe dazu Rn 5) hat sich die Anordnung jedoch zugleich erledigt. Denn der verfahrensrechtliche Eintritt der Wirksamkeit der Entscheidung kann isoliert nicht mehr rückgängig gemacht werden. Im Beschwer-

---

[8] OLG München FGPrax 2008, 248 = FamRZ 2008, 250.
[9] Jansen/Sonnenfeld § 69 a FGG Rn 15 zum bisherigen Recht.
[10] Prütting/Helms/Fröschle § 287 Rn 17; SBW/Rausch § 287 Rn 9; Jansen/Sonnenfeld § 69 a FGG Rn 20.
[11] Bassenge/Roth, § 287 FamFG Rn 7; a. A. MünchKommZPO/Schmidt-Recla § 287 FamFG Rn 8; Damrau/Zimmermann § 287 FamFG Rn 25; Prütting/Helms/Fröschle § 287 Rn 16: gebundene Entscheidung.
[12] OLG München NJW-RR 2008, 810 = FamRZ 2008, 917 zu § 69 a FGG; Bassenge/Roth § 287 FamFG Rn 7; Damrau/Zimmermann § 287 FamFG Rn 29; MünchKommZPO/Schmidt-Recla § 287 FamFG Rn 9; SBW/Rausch § 287 Rn 10.

dewege kann allenfalls die Sachentscheidung selbst abgeändert oder deren Wirksamkeit durch den Erlass einer einstweiligen Anordnung (§ 64 Abs. 3) ausgesetzt werden.

2. Verfahren

Wie im Fall der Anordnung der sofortigen Wirksamkeit der Beschluss des Gerichts 12 wirksam wird, regelt die ergänzende Vorschrift des Abs. 2 S. 2. Danach wird die Entscheidung entweder durch Bekanntgabe an den Betroffenen oder seinen Verfahrenspfleger (Nr. 1) oder durch Übergabe an die Geschäftsstelle zum Zweck der Bekanntmachung (Nr. 2) wirksam. Die erste Alternative ist durch das 1. BtÄndG in § 69a Abs. 3 S. 3 FGG eingeführt worden, um dem Gericht zu ermöglichen, auch bei einem auswärtigen Anhörungstermin (etwa in einem Heim oder einer Klinik) seine Entscheidung nicht nur durch Verlesen der Beschlussformel (§ 41 Abs. 2 S. 1) bekannt geben, sondern gleichzeitig auch die sofortige Wirksamkeit der Entscheidung herbeiführen zu können, ohne zunächst das Gerichtsgebäude aufsuchen zu müssen.[13] In beiden Varianten ist ergänzend nach Abs. 2 S. 3 erforderlich, dass der Zeitpunkt der durch die gesonderte Anordnung herbeigeführten Wirksamkeit auf dem Beschluss vermerkt wird.[14]

Ergänzend zu beachten ist, dass nur eine solche Entscheidung durch Bekanntgabe wirk- 13 sam werden kann, die bereits wirksam erlassen ist. Die nach bisherigem Recht bestehende Möglichkeit, Entscheidungen mündlich zu erlassen und gleichzeitig bekannt zu geben,[15] ist durch das FamFG beseitigt worden. Nach der allgemeinen Vorschrift des § 38 kann das Gericht nur durch Beschluss entscheiden, dessen notwendige Mindestbestandteile wie die Beschlussformel und die Unterschrift des Richters (Abs. 2 Nr. 3, Abs. 3 S. 2) zwingend die Schriftlichkeit voraussetzt. Die Beschlussformel, die bei der Bekanntmachung nach § 41 Abs. 2 S. 1 den anwesenden Beteiligten zu verlesen ist, muss also bereits vollständig schriftlich abgesetzt und unterschrieben sein; eine mündliche Verkündung ihrem wesentlichen Inhalt nach reicht nicht aus.[16]

3. Wirksamwerden einer Entscheidung nach § 1904 Abs. 2 BGB (Abs. 3)

Abs. 3 enthält eine Sondervorschrift, die ausschließlich die Erteilung einer Genehmigung 14 zur Verweigerung bzw. des Widerrufs der Einwilligung des Betreuers oder des Bevollmächtigten in eine lebenserhaltende ärztliche Behandlung betrifft. Ziel der Vorschrift ist es, die Gewährung effektiven Rechtsschutzes zu gewährleisten, bevor irreversible Folgen des Unterbleibens der medizinisch indizierten Behandlung (§ 1904 Abs. 2 BGB) eintreten.[17] Die Regelung lehnt sich erkennbar an § 1905 Abs. 2 S. 2 BGB (Genehmigung der Einwilligung in eine Sterilisation) an, wenngleich hier der Lauf der Frist von zwei Wochen das Wirksamwerden der Entscheidung hindert, während dort der Lauf derselben Frist den Eintritt der Wirksamkeit der Entscheidung voraussetzt und lediglich der Durchführung der Sterilisation entgegensteht. Beide Regelungen führen indessen zu denselben Ergebnissen; deshalb stimmen auch die Bedenken gegen die praktische Handhabbarkeit der Regelung in beiden Anwendungsbereichen überein (vgl. dazu näher bei § 297 Rn 13). Die Frist des § 287 Abs. 3 wird erst durch die kumulative Bekanntgabe der Entscheidung sowohl an den Betreuer bzw. Bevollmächtigten und den nach § 298 Abs. 3 zwingend zu bestellenden Verfahrenspfleger des Betroffenen in Lauf gesetzt. Der Fristbeginn kann deshalb nur durch Auswertung der Gerichtsakten festgestellt werden.

Bekanntgabe

288 (1) **Von der Bekanntgabe der Gründe eines Beschlusses an den Betroffenen kann abgesehen werden, wenn dies nach ärztlichem Zeugnis erforderlich ist, um erhebliche Nachteile für seine Gesundheit zu vermeiden.**

---

[13] BT-Drs. 13/7158 S. 38.
[14] Zuständig ist dafür der Urkundsbeamte der Geschäftsstelle.
[15] OLG München FGPrax 2008, 248 = FamRZ 2008, 250; Schmidt 15. A. § 16 FGG Rn 4, 30.
[16] Damrau/Zimmermann § 287 FamFG Rn 18; Fröschle/Locher § 287 Rn 11.
[17] BT-Drs. 16/8442 S. 19.

(2) ¹Das Gericht hat der zuständigen Behörde den Beschluss über die Bestellung eines Betreuers oder die Anordnung eines Einwilligungsvorbehalts oder Beschlüsse über Umfang, Inhalt oder Bestand einer solchen Maßnahme stets bekannt zu geben. ²Andere Beschlüsse sind der zuständigen Behörde bekannt zu geben, wenn sie vor deren Erlass angehört wurde.

I. Normzweck

1   Die Bekanntgabe von Beschlüssen in Betreuungssachen richtet sich in erster Linie nach den Vorschriften des Allgemeinen Teils. § 288 trifft lediglich in zwei Detailpunkten eine Sonderregelung. Zu unterscheiden ist zwischen den Adressaten der Bekanntgabe und der Form der Bekanntgabe (dazu II.).

II. Bekanntgabe des Beschlusses

1. Adressaten der Bekanntgabe

2   Adressaten der Bekanntgabe sind gem. § 41 Abs. 1 S. 1 die Beteiligten, in Betreuungssachen also die Personen bzw. die Behörde, die das Gericht gem. § 274 am Verfahren beteiligt hat. Adressat ist daher in erster Linie der **Betroffene**, so dass die Übernahme der bisherigen Vorschrift des § 69 a Abs. 1 S. 1 FGG, wonach die Entscheidung dem Betroffenen stets selbst bekannt zu geben ist, für überflüssig erachtet worden ist.[1] Gleichwohl ergeben sich aus dem Wegfall der bisherigen Vorschrift Folgewirkungen bei der Form der Bekanntgabe an den Betroffenen (siehe Rn 6).

3   Die **Betreuungsbehörde** wird nach § 274 Abs. 3 Beteiligte nur dann, wenn sie auf ihren Antrag in einem Verfahren auf Bestellung eines Betreuers, Anordnung eines Einwilligungsvorbehaltes bzw. Folgeverfahren über Umfang, Inhalt oder Bestand der genannten Maßnahmen hinzugezogen worden ist. In der Mehrzahl der Fälle wird die Betreuungsbehörde einen solchen Antrag nicht stellen. In diesem Zusammenhang ordnet **Abs. 2 S. 1** (übereinstimmend mit der Vorgängerregelung in § 69 a Abs. 2 S. 1 FGG) an, dass Beschlüsse, die bestimmte Maßnahmen anordnen (siehe dazu nachstehend Rn 4), der Behörde stets, also unabhängig von ihrer verfahrensrechtlichen Beteiligtenstellung, bekannt zu geben sind. Auf diese Weise soll gewährleistet werden, dass die Betreuungsbehörde die ihr obliegenden Aufgaben wahrnehmen,[2] insbesondere auch von dem ihr unabhängig von der Beteiligtenstellung in erster Instanz zustehenden Beschwerderecht (§ 303 Abs. 1) Gebrauch machen kann. Die Bekanntgabe soll in diesem Zusammenhang auch dazu dienen, die Beschwerdefrist des § 63 Abs. 1 für die Behörde in Lauf zu setzen.[3]

4   Die Formulierung der gesetzlichen Vorschrift in Abs. 2 S. 1 ist jedoch nicht hinreichend genau auf diejenige sowohl in § 274 Abs. 3 als auch in § 303 Abs. 1 abgestimmt. Sie umfasst nämlich nicht die Ablehnung einer Betreuerbestellung bzw. der Anordnung eines Einwilligungsvorbehalts, wohl aber wiederum die nachträgliche Aufhebung einer dieser Maßnahmen. Die Beteiligten- und die Beschwerdebefugnis der Behörde bezieht sich demgegenüber auf alle Entscheidungen „über" die Bestellung eines Betreuers oder die Anordnung eines Einwilligungsvorbehaltes, also auch die Ablehnung solcher Maßnahmen (vgl. § 274 Rn 7 und § 303 Rn 9). Nach dem Zweck der gesetzlichen Vorschrift müssen auch solche ablehnenden Entscheidungen der Behörde bekannt gegeben werden.[4] Das Gericht ist jedenfalls nicht gehindert, auch ablehnende Entscheidungen der Behörde bekannt zu geben und auf diese Weise zu gewährleisten, dass auch bei solchen Entscheidungen für die Behörde die Beschwerdefrist in Lauf gesetzt wird. Unabhängig davon sind andere als die in S. 1 genannten Beschlüsse der Betreuungsbehörde nach der ergänzenden Vorschrift des S. 2 bereits dann bekannt zu geben, wenn sie in dem Verfahren nach den §§ 7, 8 BtBG angehört worden ist.

---

[1] BT-Drs. 16/6308 S. 269.
[2] Jansen/Sonnenfeld § 69 a FGG Rn 10.
[3] BT-Drs. 16/6308 S. 269.
[4] Jürgens/Kretz § 288 Rn 6; Prütting/Helms/Fröschle § 288 Rn 15 wollen dasselbe Ergebnis bereits aus dem Wortlaut der Vorschrift ableiten.

2. Form der Bekanntgabe

Die Form der Bekanntgabe richtet sich nach den §§ 15, 41. Regelform ist die schriftliche Bekanntgabe, die nach § 63 Abs. 3 S. 1 die Beschwerdefrist in Lauf setzt. Für die Übermittlung der beglaubigten Abschrift des Beschlusses mit seinem vollständigen Wortlaut einschließlich der Gründe stellt § 15 Abs. 2 S. 1 sowohl die Zustellung nach den Vorschriften der §§ 166 bis 195 ZPO als auch die Aufgabe zur Post zur Verfügung. § 41 Abs. 1 S. 2 schreibt zwingend die förmliche Zustellung bei der Bekanntgabe des (anfechtbaren) Beschlusses an denjenigen Beteiligten vor, dessen erklärtem Willen er nicht entspricht.

Die Zustellung ist daher insbesondere erforderlich bei einer Betreuerbestellung gegen den Willen des Betroffenen. Ist der Betroffene durch einen Verfahrensbevollmächtigten vertreten, hat die Bekanntmachung an den Bevollmächtigten zu erfolgen (§ 172 Abs. 1 ZPO). Im Gegensatz zur bisherigen Vorschrift des § 69a Abs. 1 S. 1 FGG ist also eine unmittelbare Bekanntgabe des Beschlusses an den durch einen Bevollmächtigten vertretenen Betroffenen nicht mehr zwingend vorgesehen. Gleichwohl empfiehlt sich zumindest eine ergänzende formlose Übersendung (§ 15 Abs. 3) an den Betroffenen persönlich, um dem Zweck der bisherigen Vorschrift Rechnung zu tragen, die Rechtsposition des Betroffenen zu stärken[5] und zu gewährleisten, dass der Betroffene immer persönlich über den Inhalt der seine Person betreffenden Entscheidung unterrichtet wird.

Ergänzend kann nach § 41 Abs. 2 S. 1 der Beschluss gegenüber Anwesenden auch mündlich durch Verlesen der Beschlussformel bekannt gegeben werden. Er muss dann zwar nach § 41 Abs. 2 S. 3 zusätzlich auch schriftlich bekannt gegeben werden. Durch die mündliche Bekanntgabe kann jedoch bei Eilmaßnahmen ein früheres Wirksamwerden des Beschlusses herbeigeführt werden, etwa indem der Beschluss dem anwesenden Betreuer (§ 287 Abs. 1) oder im Fall der Anordnung der sofortigen Wirksamkeit dem Betroffenen und/oder seinem Verfahrenspfleger bekannt gegeben wird (§ 287 Abs. 2 S. 2 Nr. 1).

3. Inhalt der Bekanntgabe

Der notwendige Inhalt der Bekanntgabe leitet sich zunächst aus den allgemeinen Vorschriften ab: Eine mündliche Bekanntgabe wird bereits durch Verlesen der Beschlussformel wirksam.[6] Die schriftliche Bekanntgabe muss den vollständigen Wortlaut der abgesetzten Entscheidung wiedergeben.

Von der Bekanntgabe der Gründe (nicht also auch der Beschlusselemente nach den §§ 38 Abs. 2, 286) an den Betroffenen kann nach Abs. 1 der Vorschrift abgesehen werden, wenn dies nach ärztlichem Zeugnis erforderlich ist, um erhebliche Nachteile für seine Gesundheit zu vermeiden. Die Vorschrift erfasst nur die an den Betroffenen persönlich gerichtete Bekanntgabe, gilt jedoch nicht bei der Bekanntgabe an einen Verfahrensbevollmächtigten des Betroffenen (siehe Rn 6). § 288 Abs. 1 enthält keine gesetzliche Grundlage, dem Verfahrensbevollmächtigten Einschränkungen in der Unterrichtung des Betroffenen über die Gründe der Entscheidung aufzuerlegen;[7] das Gericht wird insoweit allenfalls eine Empfehlung aussprechen können.

Die Vorenthaltung der Begründung der Entscheidung beeinträchtigt den Anspruch des Betroffenen auf Gewährung des rechtlichen Gehörs (Art. 103 Abs. 1 GG). Dem Betroffenen ist für diesen Fall zwar notwendig nach § 276 ein **Verfahrenspfleger** zu bestellen (vgl. § 276 Rn 6). Im Hinblick auf seine Verfahrensfähigkeit (§ 275) hat der Betroffene aber Anspruch darauf, dass das rechtliche Gehör ihm persönlich gewährt wird. Die Einschränkung dieses Anspruchs muss deshalb auf eng begrenzte Ausnahmefälle beschränkt bleiben. Die sachlichen Voraussetzungen des Abs. 1 sind deshalb eng zu verstehen. Die erwarteten Nachteile müssen sich auf die Gesundheit des Betroffenen beziehen. Als erhebliche Nachteile können nur solche angesehen werden, die über das Maß dessen hinausgehen, was im Allgemeinen an gesundheitlichen Nachteilen mit der Bekanntgabe gerichtlicher Entscheidungen verbunden ist. Des Weiteren müssen andere Möglichkeiten, die eine weniger starke

---

[5] Jansen/Sonnenfeld § 69a FGG Rn 2.
[6] Zu dieser Änderung des bisherigen § 16 Abs. 3 FGG siehe § 41 Rn 15.
[7] Ebenso Prütting/Helms/Fröschle § 288 Rn 11.

Beeinträchtigung des Betroffenen zur Folge haben, in Erwägung gezogen werden. Zweckmäßigkeitsgesichtspunkte, wie etwa zu erwartende Schwierigkeiten auf Grund der Reaktion des Betroffenen oder die Belastung des Verhältnisses zu einem behandelnden Arzt, können das Absehen von der Bekanntgabe der Gründe nicht rechtfertigen.[8]

11 Verfahrensrechtlich müssen die zu erwartenden gesundheitlichen Belastungen des Betroffenen durch ein ärztliches Zeugnis konkret belegt werden. Im Fall der Erstattung eines Sachverständigengutachtens nach § 280 wird regelmäßig eine im Rahmen des Gesamtgutachtens abgegebene Stellungnahme des Sachverständigen erforderlich sein. Auf dieser Grundlage hat das Gericht eine eigenständige Ermessensentscheidung zu treffen („kann"), in der die Wertungsgesichtspunkte der Wahrung des Anspruchs des Betroffenen auf das rechtliche Gehör und die Rücksichtnahme auf eine gesundheitliche Gefährdung gegeneinander abzuwägen sind.[9] Die Anordnung, dass von der Bekanntgabe der Gründe an den Betroffenen abgesehen wird, kann sachgerecht nur zusammen mit der Betreuerbestellung getroffen werden. Sie ist Teil der instanzabschließenden Entscheidung im Sinne des § 58 Abs. 1 und daher wie diese anfechtbar.[10] Im Hinblick auf die Befristung des Rechtsmittels (§ 63 Abs. 1) wird regelmäßig nur eine Anfechtung der Betreuerbestellung insgesamt in Betracht kommen.

Verpflichtung des Betreuers

289 (1) ¹**Der Betreuer wird mündlich verpflichtet und über seine Aufgaben unterrichtet.** ²**Das gilt nicht für Vereinsbetreuer, Behördenbetreuer, Vereine, die zuständige Behörde und Personen, die die Betreuung im Rahmen ihrer Berufsausübung führen, sowie nicht für ehrenamtliche Betreuer, die mehr als eine Betreuung führen oder in den letzten zwei Jahren geführt haben.**

(2) **In geeigneten Fällen führt das Gericht mit dem Betreuer und dem Betroffenen ein Einführungsgespräch.**

I. Verpflichtung des Betreuers (Abs. 1)

1. Normzweck und Anwendungsbereich

1 Abs. 1 der Vorschrift trifft wie bisher § 69b Abs. 1 FGG eine eigenständige Regelung zur Verpflichtung des Betreuers. Die allgemeine Vorschrift des § 1789 BGB über die Verpflichtung des Vormundes (Pflegers) gilt nicht für den Betreuer, weil sie in der Verweisungsvorschrift des § 1908i Abs. 1 S. 1 BGB nicht in Bezug genommen ist. Der Grund dafür liegt darin, dass die Bestellung des Vormunds (Pflegers) erst mit seiner Verpflichtung gem. § 1789 BGB wirksam wird, während betreuungsverfahrensrechtlich die Betreuerbestellung bereits mit der Bekanntgabe des Beschlusses an den Betreuer (§ 287 Abs. 1), ggf. auch bereits zu dem in § 287 Abs. 2 genannten früheren Zeitpunkt Wirksamkeit erlangt. Die Verpflichtung des Betreuers hat also **keine konstitutive Bedeutung**,[1] sondern ist lediglich ein Instrument der gerichtlichen Aufsicht und Beratung des Betreuers (§§ 1908i Abs. 1 S. 1, 1837 BGB). Die Verpflichtung dient der Unterrichtung des Betreuers über seine Aufgaben sowie der Herstellung einer vertrauensvollen Zusammenarbeit zwischen dem Gericht und dem Betreuer.[2] Die Verpflichtung ist bei der erstmaligen Bestellung einer Person als Betreuer des Betroffenen (auch im Fall der Bestellung als Ergänzungsbetreuer, Gegenbetreuer[3] oder Nachfolger im Amt) durchzuführen, hingegen nicht bei einer Verlängerung der Betreuung. Dies gilt im Ausgangspunkt auch bei der Erweiterung des Aufgabenkreises der Betreuung, weil § 293 Abs. 1 ohne Einschränkung auf die Vorschriften

---

[8] BayObLG FGPrax 1999, 181 = FamRZ 2000, 250; OLG Frankfurt FGPrax 2003, 221 = BtPrax 2003, 222.
[9] BayObLG FGPrax 1999, 181 = FamRZ 2000, 250; OLG Frankfurt FGPrax 2003, 221 = BtPrax 2003, 222.
[10] Ebenso Damrau/Zimmermann § 288 FamFG Rn 23; MünchKommZPO/Schmidt-Recla § 288 FamFG Rn 7; a. A. Bahrenfuss/Brosey § 288 Rn 4; Prütting/Helms/Fröschle § 288 Rn 12 (keine Endentscheidung); für das bisherige Recht hat das BayObLG FGPrax 1999, 181 = FamRZ 2000, 250 die Beschwerde nach § 19 FGG als gegeben angesehen.
[1] Seit BayObLG FamRZ 1993, 602 einhellige Auffassung.
[2] BT-Drs. 11/4528 S. 176.
[3] Insoweit a. A. Damrau/Zimmermann § 289 FamFG Rn 1.

über die Anordnung dieser Maßnahmen verweist. Handelt es sich jedoch um eine nicht wesentliche Erweiterung des Aufgabenkreises im Sinne des § 293 Abs. 2, ist eine erneute Verpflichtung nicht erforderlich. Denn wenn das Gesetz für diese Maßnahme die persönliche Anhörung des Betroffenen (§ 278) als zentrale Verfahrensvorschrift für entbehrlich hält, muss angenommen werden, dass auch für den Vorgang der Verpflichtung des Betreuers keine einer persönlichen Anhörung gleichzustellenden Anforderungen gestellt werden sollen.[4]

2. Zu verpflichtender Personenkreis

Die Neufassung in Abs. 1 S. 2 der Vorschrift hat den **Kreis der Personen** weiter eingeschränkt, die im Falle ihrer Bestellung als Betreuer mündlich verpflichtet werden müssen. Wie bisher sind davon ausgenommen die Betreuer, die als Mitarbeiter eines Betreuungsvereins bzw. der Betreuungsbehörde bestellt werden (§ 1897 Abs. 2 BGB), ebenso wie ein als Betreuer bestellter Verein (§ 1900 Abs. 1 BGB) oder die Betreuungsbehörde (§ 1900 Abs. 4 BGB). Zusätzlich sind nunmehr ausgenommen alle Personen, die die Betreuung im Rahmen ihrer Berufsausübung führen. Maßgebend ist insoweit die Bezeichnung als Berufsbetreuer in dem Bestellungsbeschluss (§ 286 Abs. 1 Nr. 4). Deshalb werden etwa Rechtsanwälte von der Ausnahmeregelung nur erfasst, wenn sie auch im Einzelfall entsprechend der im Beschluss getroffenen Feststellung die Betreuung berufsmäßig führen.[5] Schließlich sind ausgenommen ehrenamtliche Betreuer, sofern sie mehr als eine Betreuung führen oder in den letzten zwei Jahren geführt haben. Bei diesen Personen geht der Gesetzgeber davon aus, dass sie bereits hinreichende Erfahrung in der Führung einer Betreuung gesammelt haben und eine förmliche Verpflichtung daher entbehrlich erscheint.[6] Im Ergebnis ist eine förmliche Verpflichtung daher nur noch bei der Bestellung ehrenamtlicher Einzelbetreuer, insbesondere also von Angehörigen des Betroffenen, erforderlich.

3. Durchführung der Verpflichtung

Die Verpflichtung hat nach Abs. 1 S. 1 in der **Form** eines mündlichen Gesprächs zwischen dem funktionell zuständigen Rechtspfleger und dem bestellten Betreuer zu erfolgen. Bereits für die bisherige Vorschrift des § 69b Abs. 1 FGG wurde teilweise aus der unterschiedlichen Formulierungswahl zwischen „persönlicher" Anhörung (etwa in § 278) und „mündlicher" Verpflichtung in § 289 der Schluss gezogen, das Verpflichtungsgespräch setze nicht notwendig die persönliche Anhörung des Betreuers im Gericht voraus, sondern könne nach Einschätzung des Rechtspflegers in geeigneten Fällen auch telefonisch geführt werden.[7] Demgegenüber wird zu Recht darauf hingewiesen, dass der Zweck der gesetzlichen Vorschrift nur erreicht werden kann, wenn der Betreuer persönlich zu dem Gespräch mit dem Rechtspfleger erscheint, weil ein Telefongespräch neben der Problematik der Identitätsfeststellung des Gesprächspartners nur eingeschränkt die Möglichkeit der Kontrolle des gegenseitigen Verstehens zulässt.[8] Für diese Auslegung spricht nunmehr zusätzlich, dass § 289 Abs. 1 S. 2 das Erfordernis der Verpflichtung auf den Kreis ehrenamtlicher Betreuer ohne bisherige Erfahrung durch eine anderweitig geführte Betreuung beschränkt hat. Für diesen Personenkreis ist das persönliche Gespräch mit dem Rechtspfleger unverzichtbar. Für einen auswärts wohnhaften Betreuer lässt sich ein unzumutbar hoher Aufwand für die Anreise zum örtlich zuständigen Betreuungsgericht vermeiden, indem in zulässiger Weise die Verpflichtung im Wege der Amtshilfe durch das ortsnahe AG durchgeführt wird.[9]

---

[4] Ähnlich Fröschle/Locher § 288 Rn 9 (Ermessensentscheidung des Rechtspflegers); eine erneute Verpflichtung halten insgesamt für entbehrlich Jurgeleit/Bučić § 288 FamFG Rn 2; Bassenge/Roth § 289 FamFG Rn 1; eine erneute Verpflichtung halten immer für erforderlich Damrau/Zimmermann § 289 FamFG Rn 4; Jansen/Sonnenfeld § 69b FGG Rn 2.
[5] BT-Drs. 16/6308 S. 269.
[6] BT-Drs. 16/6308 S. 269.
[7] Jansen/Sonnenfeld § 69b FGG Rn 5; ebenso Damrau/Zimmermann § 289 FamFG Rn 2.
[8] KG FGPrax 1995, 53 = FamRZ 1994, 1600.
[9] So zutreffend Fröschle/Locher § 289 Rn 5.

4 Aufgabe des Verpflichtungsgesprächs ist nach Abs. 1 S. 1 der Vorschrift **inhaltlich,** den Betreuer über seine Aufgaben zu unterrichten. Weitergehende Vorgaben dazu enthält das Gesetz nicht. Die gesetzliche Formulierung ist nicht vollständig. Denn in der Sache ist erkennbar eine Information über die gesamte Rechte- und Pflichtenstellung des Betreuers in Bezug auf die angeordneten Aufgabenkreise gemeint. Die Ausgestaltung des Gesprächs im Einzelnen ist danach dem Rechtspfleger überlassen, der im Sinne einer Schwerpunktbildung nicht gehindert ist, die Vermittlung grundlegender Informationen ausgehändigten Merkblättern zu überlassen und aktuell für den Betroffenen zu besorgende Angelegenheiten in den Vordergrund zu stellen. Der Gesprächsinhalt muss auf den Verständnishorizont des ehrenamtlichen Betreuers zugeschnitten werden, von dem u. U. noch keine vertieften Kenntnisse erwartet werden können. Vielfach wird eine Erläuterung des Begriffs der rechtlichen Betreuung in Abgrenzung zu pflegerischen Hilfestellungen für den Betroffenen erforderlich sein.

II. Einführungsgespräch (Abs. 2)

5 Abs. 2 der Vorschrift übernimmt wortgleich die bisherige Regelung in § 69 b Abs. 3 FGG. Danach führt das Gericht in geeigneten Fällen mit dem Betreuer und dem Betroffenen ein Einführungsgespräch. Zweck der Regelung ist die Herstellung einer vertrauensvollen Zusammenarbeit der Beteiligten untereinander und mit dem Gericht. Es soll die Möglichkeit eröffnet werden, die durch die Betreuerbestellung veränderte rechtliche Situation des Betroffenen und etwa zu erwartende Schwierigkeiten zu erörtern und auf die Möglichkeit hinzuweisen, auftretende Fragen mit dem Gericht zu besprechen.[10] Der praktische Sinn der Vorschrift kann mit gutem Grund bezweifelt werden. Bereits die Vorgängervorschrift führte deshalb in der Praxis ein Schattendasein. Denn die Einbeziehung des Betroffenen, die Berücksichtigung seiner Wünsche und Vorstellungen und die Erzielung seines Einverständnisses mit einer erforderlichen Betreuung ist bereits zentraler Bestandteil der Verfahrensvorschriften vor der Betreuerbestellung. Wird die Vorschrift des § 278 ordnungsgemäß durchgeführt, so ist der Betreuerbestellung eine persönliche Anhörung des Betroffenen vorausgegangen, in der das Ergebnis des Sachverständigengutachtens, der konkrete Betreuungsbedarf für einzelne Aufgabenkreise, die Auswahl eines Betreuers und die Frage des Einverständnisses des Betroffenen eingehend erörtert worden sind. Kaum hat indessen der bestellte Betreuer seine Tätigkeit aufgenommen, wird der Betroffene (zusammen mit dem Betreuer) erneut geladen, und zwar nunmehr zu einem Einführungsgespräch bei dem Rechtspfleger, bei dem kaum ein anderer Sachstand erörtert werden kann als derjenige, der bereits Gegenstand der persönlichen Anhörung des Betroffenen durch den Richter vor der Betreuerbestellung war. War der Betroffene mit der Betreuerbestellung einverstanden, wird er darin keinen Sinn erkennen können. Hat er der Betreuerbestellung widersprochen, wird er eher Beschwerde einlegen, jedoch kaum zu diesem Termin erscheinen, zu dem er auch nicht vorgeführt werden kann, weil § 278 Abs. 5 hier nicht anwendbar ist.[11]

6 Abs. 2 überlässt es dem pflichtgemäßen Ermessen des Rechtspflegers zu entscheiden, welche Fälle er für geeignet hält, um ein Einführungsgespräch durchzuführen. Ein hinreichender Anlass besteht dafür im Kern nur dann, wenn gleich zu Beginn der Führung der Betreuung Fragen auftreten, die für die Wahrnehmung der Angelegenheiten des Betroffenen von grundlegender Bedeutung sind. Dem Ziel der Vorschrift, eine Gesprächsebene zwischen den Beteiligten und dem Gericht mit dem Ziel aufrecht zu erhalten, eine Wahrnehmung der Betreuungsaufgaben herbeizuführen, die weitestgehend das Einvernehmen mit dem Betroffenen sucht, sollten sich Rechtspfleger und Richter auch über die Einführungssituation hinaus verpflichtet sehen, ohne dass dafür eine formelle Bezeichnung („Fortführungsgespräch"?) angeboten werden kann.

---

[10] BT-Drs. 11/4528 S. 176.
[11] Aus denselben Gründen zu Recht skeptisch Damrau/Zimmermann § 289 Rn 10.

Bestellungsurkunde

290 ¹Der Betreuer erhält eine Urkunde über seine Bestellung. ²Die Urkunde soll enthalten:
1. die Bezeichnung des Betroffenen und des Betreuers;
2. bei Bestellung eines Vereinsbetreuers oder Behördenbetreuers diese Bezeichnung und die Bezeichnung des Vereins oder der Behörde;
3. den Aufgabenkreis des Betreuers;
4. bei Anordnung eines Einwilligungsvorbehalts die Bezeichnung des Kreises der einwilligungsbedürftigen Willenserklärungen;
5. bei der Bestellung eines vorläufigen Betreuers durch einstweilige Anordnung das Ende der einstweiligen Maßnahme.

I. Bedeutung des Betreuerausweises

§ 290 sieht in Übereinstimmung mit der Vorgängerregelung in § 69 b Abs. 2 FGG die **1** Erteilung einer Bestellungsurkunde an den Betreuer vor, die ihm den Nachweis seiner gesetzlichen Vertretungsmacht (§ 1902 BGB) im Rechtsverkehr ermöglichen soll.[1] Die Regelung tritt für den Betreuer an die Stelle der allgemeinen Vorschrift des § 1791 BGB („Bestallung" des Vormundes). Die Erteilung des Betreuerausweises hat gleichwohl keine konstitutive Wirkung.[2] Der Umfang der Betreuerbestellung wird maßgebend allein durch den Beschluss des Gerichts nach § 286 bestimmt. Die Bestellungsurkunde entfaltet auch keine Rechtsscheinswirkung im Hinblick auf die Wirksamkeit und den Umfang der Bestellung oder das Fortbestehen des Amtes. Weder § 172 BGB (Rechtsscheinwirkung der vorgelegten Vollmachtsurkunde) noch § 174 BGB (Zurückweisung einseitiger Willenserklärungen bei fehlender Vollmachtsvorlage) sind anwendbar.[3] Da im Rechtsverkehr falsche Vorstellungen über die Wirkungen der Bestellungsurkunde entstehen können, ist es wichtig, von dem Betreuer nach Beendigung seines Amtes die Rückgabe des Betreuerausweises einzufordern (§§ 1908 i Abs. 1 S. 1, 1893 Abs. 2 BGB).

II. Inhalt der Bestellungsurkunde

Die inhaltlichen Angaben, die der Betreuerausweis zu enthalten hat, ergeben sich aus der **2** Aufzählung in S. 2 der Vorschrift, die ihrerseits den notwendigen Angaben in der Betreuerbestellung folgt: Zu bezeichnen sind die Person des Betroffenen und des Betreuers (mit den Besonderheiten bei einem Vereins- oder Behördenbetreuer), ferner der Aufgabenkreis der Betreuung sowie bei der Anordnung eines Einwilligungsvorbehalts der Kreis der einwilligungsbedürftigen Willenserklärungen. In S. 2 Nr. 5 ist nunmehr ausdrücklich aufgenommen der Endzeitpunkt einer vorläufigen Betreuerbestellung, der bei Erlass einer einstweiligen Anordnung gem. § 302 zu bestimmen ist. Die bei der abschließenden Betreuerbestellung gem. § 286 Abs. 3 zu bezeichnende Überprüfungsfrist ist demgegenüber nicht in die Bestellungsurkunde zu übernehmen, weil der Ablauf der Überprüfungsfrist den Bestand der Betreuung unberührt lässt (siehe § 286 Rn 9).

Besonderheiten sind bei Bestellung **mehrerer Betreuer** zu beachten: Bei der geteilten **3** Mitbetreuung (§ 1899 Abs. 1 S. 2 BGB) erhält jeder Betreuer eine Bestellungsurkunde, in der der ihm übertragene Aufgabenkreis bezeichnet ist. Sind mehrere Betreuer mit demselben Aufgabenkreis bestellt (§ 1899 Abs. 3 BGB), ist jedem Betreuer ein Betreuerausweis zu erteilen, der die Bestellung des jeweils anderen Mitbetreuers und die gemeinsame Vertretungsbefugnis in den dazu bestimmten Aufgabenkreisen verlautbart.[4] Dem Gegenbetreuer (§§ 1908 i Abs. 1 S. 1, 1792 BGB) ist ebenfalls ein Betreuerausweis zu erteilen. Der Kontrollbetreuer erhält eine Urkunde, der den ihm übertragenen Aufgabenkreis der Überwachung des von dem Betroffenen rechtsgeschäftlich Bevollmächtigten (§ 1896 Abs. 3 BGB) wiedergibt. Der Ersatzbetreuer (§ 1899 Abs. 4 BGB) erhält eine Urkunde, in der der

---
[1] BT-Drs. 11/4528 S. 176.
[2] BayObLG FamRZ 1994, 1059.
[3] BGH FamRZ 2010, 968.
[4] Fröschle/Locher § 290 Rn 5.

ihm übertragene Aufgabenkreis bezeichnet wird. Dies ist bei rechtlicher Verhinderung des Hauptbetreuers unproblematisch. Bei einer Betreuerbestellung für den Fall einer tatsächlichen Verhinderung muss die Bestellungsurkunde die Abhängigkeit der Vertretungsbefugnis von dem Verhinderungsfall ausweisen, der ggf. durch eine Bescheinigung des Hauptbetreuers über seine Verhinderung oder durch eine entsprechende gerichtliche Feststellung nachgewiesen werden kann.[5]

Überprüfung der Betreuerauswahl

291 [1]Der Betroffene kann verlangen, dass die Auswahl der Person, der ein Verein oder eine Behörde die Wahrnehmung der Betreuung übertragen hat, durch gerichtliche Entscheidung überprüft wird. [2]Das Gericht kann dem Verein oder der Behörde aufgeben, eine andere Person auszuwählen, wenn einem Vorschlag des Betroffenen, dem keine wichtigen Gründe entgegenstehen, nicht entsprochen wurde oder die bisherige Auswahl dem Wohl des Betroffenen zuwiderläuft. [3]§ 35 ist nicht anzuwenden.

I. Anwendungsbereich

1   Die Vorschrift bezieht sich ausschließlich auf die Fälle der institutionellen Betreuung nach § 1900 Abs. 2 und 4 BGB, also die Bestellung eines Betreuungsvereins oder der Betreuungsbehörde als Betreuer. In diesen Fällen müssen Verein bzw. Behörde die Wahrnehmung der Betreuung einzelnen Personen übertragen und diese dem Gericht benennen (§ 1900 Abs. 2 S. 1 und 3 BGB). Die Auswahl dieser Person ist eine interne Angelegenheit des Vereins bzw. der Behörde. Dabei ist allerdings nach § 1900 Abs. 2 S. 2 BGB Vorschlägen des Betroffenen zu entsprechen, soweit nicht wichtige Gründe entgegenstehen. § 291 verfolgt in diesem Zusammenhang in Übereinstimmung mit der Vorgängerregelung in § 69c FGG das Ziel, durch die Möglichkeit einer gerichtlichen Überprüfung der Auswahl die dem Betroffenen materiell-rechtlich zustehende Einflussmöglichkeit verfahrensrechtlich abzusichern.[1]

II. Verfahrensrechtliche Voraussetzungen

2   Die gerichtliche Überprüfung erfordert einen Antrag des Betroffenen, der sowohl von ihm persönlich (§ 275) als auch von seinem Verfahrenspfleger (§ 276) gestellt werden kann. Die Bestellung des Verfahrenspflegers gilt für das Überprüfungsverfahren fort,[2] weil es sich der Sache nach um einen Annex der Auswahl des Vereins bzw. der Behörde als Betreuer handelt. Einer besonderen Form bedarf der Antrag nicht. Ausreichend ist nach S. 1 der Vorschrift bereits das erkennbare Verlangen, eine Überprüfung der Auswahl der Person herbeizuführen, der die Wahrnehmung der Betreuung übertragen worden ist.

III. Sachliche Voraussetzungen

3   In seinem sachlichen Gehalt knüpft S. 2 der Vorschrift zunächst an § 1900 Abs. 2 S. 2 BGB an. Zu überprüfen ist, ob der Betroffene vorgeschlagen hat, einer bestimmten Person die Wahrnehmung der Betreuungsaufgaben zu übertragen, und diesem Vorschlag nicht entsprochen worden ist, obwohl ihm keine wichtigen Gründe entgegenstehen. Regelmäßig werden organisatorische Gründe (etwa Verteilung der Aufgaben unter verschiedenen Mitarbeitern bzw. deren gleichmäßige Auslastung)[3] dafür maßgebend sein, dass der Verein bzw. die Behörde einem bestimmten Auswahlvorschlag des Betroffenen nicht entsprechen will. Solche Gründe werden in der Regel als wichtig anerkannt werden müssen, weil auch die Betreuerbestellung einer Einzelperson als Mitarbeiter eines Vereins bzw. einer Behörde

---

[5] LG Stuttgart BtPrax 1999, 200.
[1] BT-Drs. 11/4528 S. 176.
[2] MünchKommZPO/Schmidt-Recla § 291 FamFG Rn 2; SBW/Rausch § 291 Rn 3; a. A. Prütting/Helms/Fröschle § 291 Rn 4, Bassenge/Roth § 291 FamFG Rn 2: ggf. Neubestellung eines Verfahrenspflegers.
[3] Damrau/Zimmermann § 291 FamFG Rn 7 b; Fröschle/Locher § 291 Rn 4; Jansen/Sonnenfeld § 69c FGG Rn 7.

gem. § 1897 Abs. 2 S. 1 und 2 BGB deren Einwilligung bedarf, um ihren organisatorischen Interessen Rechnung tragen zu können. Dann kann aber bei einer institutionellen Betreuung im Hinblick auf die Auswahl der Person, der die Betreuungsaufgaben übertragen werden, keine abweichende Bewertung vorgenommen werden. Eine gerichtliche Entscheidung kommt nach S. 2 weiter dann in Betracht, wenn die bisherige Auswahl dem Wohl des Betroffenen zuwiderläuft. Diese Formulierung stellt Anforderungen, die denen eines Entlassungsgrundes im Sinne des § 1908 b Abs. 1 S. 1 BGB zumindest nahe kommen.[4] Bloße Spannungen zwischen dem beauftragten Mitarbeiter des Vereins bzw. der Behörde und dem Betroffenen können dafür nicht ausreichen, zumal es sich bei institutionellen Betreuungen gem. § 1900 Abs. 2 oder 4 BGB ohnehin regelmäßig um solche handeln wird, die mit einem besonderen Spannungspotential verbunden sind.[5]

IV. Gerichtliches Verfahren und Entscheidung

Das Verfahren über den Antrag auf gerichtliche Überprüfung folgt den allgemeinen Vorschriften, insbesondere § 26; besondere Vorschriften des Verfahrens vor einer Betreuerbestellung sind nicht anwendbar. Funktionell zuständig ist der Richter, sofern nicht aufgrund der Öffnungsklausel in § 19 Abs. 1 Nr. 1 RPflG durch Landesrecht die Betreuerauswahl dem Rechtspfleger übertragen ist. Der Antrag des Betroffenen wird zurückgewiesen, wenn das Gericht die Auswahl der Person, der die Wahrnehmung der Betreuungsaufgaben übertragen ist, für beanstandungsfrei hält. Bei erfolgreichem Antrag ist das Gericht nach S. 2 der Vorschrift darauf beschränkt, dem Verein oder der Behörde aufzugeben, die Wahrnehmung der Betreuung einer anderen Person zu übertragen. Die Entscheidung ist nach den allgemeinen Vorschriften (§§ 58 ff.) mit der Beschwerde anfechtbar, weil es sich um eine Endentscheidung handelt.[6] Dieser Bewertung steht nicht entgegen, dass S. 3 der Vorschrift Zwangsmittel zur Durchsetzung der Anordnung ausschließt, und zwar durch Ausschluss der Anwendbarkeit des § 35 anstelle der im systematischen Zusammenhang richtigerweise heranzuziehenden §§ 86 ff. Dadurch allein wird jedoch die Entscheidung des Gerichts nicht auf eine solche lediglich verfahrensleitenden Charakters beschränkt,[7] weil das Verfahren gerade durch die Entscheidung des Gerichts seinen Abschluss findet. Weigert sich der Verein bzw. die Behörde, die gerichtliche Verfügung zu befolgen, kommt lediglich eine Entlassung aus dem Betreueramt gem. § 1908 b Abs. 1 BGB in Betracht.

Zahlungen an den Betreuer

292

(1) **In Betreuungsverfahren gilt § 168 entsprechend.**

(2) [1]**Die Landesregierungen werden ermächtigt, durch Rechtsverordnung für Anträge und Erklärungen auf Ersatz von Aufwendungen und Bewilligung von Vergütung Formulare einzuführen.** [2]**Soweit Formulare eingeführt sind, müssen sich Personen, die die Betreuung im Rahmen der Berufsausübung führen, ihrer bedienen und sie als elektronisches Dokument einreichen, wenn dieses für die automatische Bearbeitung durch das Gericht geeignet ist.** [3]**Andernfalls liegt keine ordnungsgemäße Geltendmachung im Sinne von § 1836 Abs. 1 Satz 2 des Bürgerlichen Gesetzbuchs in Verbindung mit § 1 des Vormünder- und Betreuungsvergütungsgesetzes vor.** [4]**Die Landesregierungen können die Ermächtigung nach Satz 1 durch Rechtsverordnung auf die Landesjustizverwaltungen übertragen.**

---

[4] Fröschle/Locher § 291 Rn 4.
[5] Großzügiger Damrau/Zimmermann § 291 Rn 7 c, Jansen/Sonnenfeld § 69 c FGG Rn 8, Holzhauer/Reinicke § 69 c FGG Rn 4: Nachvollziehbare Gründe auch aufgrund von Spannungen können bereits ausreichen.
[6] Damrau/Zimmermann § 291 FamFG Rn 7 c; Prütting/Helms/Fröschle § 291 Rn 12; Bassenge/Roth § 291 FamFG Rn 2.
[7] So Fröschle/Locher § 291 Rn 6.

I. Festsetzungsverfahren (Abs. 1)

1   Abs. 1 der Vorschrift verweist auf § 168. Das dort geregelte Verfahren ist deshalb anzuwenden auf die Auszahlung und Festsetzung von Vergütung und Aufwendungsersatz des Betreuers einschließlich der Festsetzung von Zahlungen, die der Betroffene an die Staatskasse zu leisten hat. Wegen der Einzelheiten vgl. die Erläuterungen zu § 168.

II. Vordrucke für Berufsbetreuer (Abs. 2)

2   Abs. 2 S. 1 der Vorschrift will durch die Ermächtigung der Länder zur Einführung des Zwangs zur Benutzung von Vordrucken die Bearbeitung von Anträgen auf Auszahlung bzw. Festsetzung von Aufwendungsersatz und Vergütung von Betreuern erleichtern. Die Vorschrift betrifft nur **Berufsbetreuer.** Die tatsächliche Verwendung auf diese Weise eingeführter Vordrucke ist eine Obliegenheit mit der in Abs. 2 S. 3 besonders ausgestalteten Rechtsfolge: Die 15-monatige Ausschlussfrist für die Geltendmachung des Anspruchs auf Aufwendungsersatz bzw. Vergütung kann nur durch Verwendung des Vordrucks und ggf. seiner Einreichung als elektronisches Dokument gewahrt werden. Nicht gelungen ist dem Gesetzgeber jedoch eine korrekte Bezeichnung der in diesem Zusammenhang herangezogenen Vorschriften: § 1836 Abs. 1 S. 2 BGB betrifft lediglich die Feststellung der berufsmäßigen Führung der Betreuung als Voraussetzungen einer Vergütungspflicht. Einzelheiten des Vergütungsanspruchs werden durch den Verweis in S. 3 der Vorschrift auf das VBVG geregelt, dessen § 2 die Ausschlussfrist für den Vergütungsanspruch enthält. Da § 292 Abs. 2 S. 1 die Einführung von Vordrucken ausdrücklich auch für den Anspruch auf Ersatz von Aufwendungen vorsieht, muss angenommen werden, dass die in S. 2 geregelte Rechtsfolge für den Aufwendungsersatzanspruch ebenso gelten soll.[1] Die korrespondierende Ausschlussfrist für den Anspruch auf Aufwendungsersatz ergibt sich indessen aus § 1835 Abs. 1 S. 3 BGB. Die Einführung von Vordrucken führt nur dann zu der beabsichtigten Verfahrenserleichterung, wenn sie von allen Anspruchsberechtigten verwendet werden müssen. Deshalb muss die Vorschrift über ihren unmittelbaren Wortlaut hinaus dahin ausgelegt werden, dass auch Betreuungsvereine zu ihrem Adressatenkreis gehören. Denn diese sind Inhaber des Anspruchs auf Aufwendungsersatz und Vergütung (§ 7 Abs. 1 S. 1 VBVG), obwohl sie selbst keine Betreuung innerhalb der Berufsausübung führen.

3   Vordrucke sind bislang auch aufgrund der Vorgängerregelung in § 69 e Abs. 2 FGG noch nicht eingeführt worden. Lediglich einige Bundesländer haben von der Befugnis gem. Abs. 2 S. 3 zur Übertragung der Ermächtigung auf die Landesjustizverwaltung Gebrauch gemacht.[2]

Erweiterung der Betreuung oder des Einwilligungsvorbehalts

293   (1) Für die Erweiterung des Aufgabenkreises des Betreuers und die Erweiterung des Kreises der einwilligungsbedürftigen Willenserklärungen gelten die Vorschriften über die Anordnung dieser Maßnahmen entsprechend.

(2) ¹Einer persönlichen Anhörung nach § 278 Abs. 1 sowie der Einholung eines Gutachtens oder ärztlichen Zeugnisses (§§ 280 und 281) bedarf es nicht,
1. wenn diese Verfahrenshandlungen nicht länger als sechs Monate zurückliegen oder
2. die beabsichtigte Erweiterung nach Absatz 1 nicht wesentlich ist.
²Eine wesentliche Erweiterung des Aufgabenkreises des Betreuers liegt insbesondere vor, wenn erstmals ganz oder teilweise die Personensorge oder eine der in § 1896 Abs. 4 oder den §§ 1904 bis 1906 des Bürgerlichen Gesetzbuchs genannten Aufgaben einbezogen wird.

(3) Ist mit der Bestellung eines weiteren Betreuers nach § 1899 des Bürgerlichen Gesetzbuchs eine Erweiterung des Aufgabenkreises verbunden, gelten die Absätze 1 und 2 entsprechend.

---

[1] A. A. Fröschle/Locher § 292 Rn 3.
[2] Brandenburg: § 1 JuZÜV v. 28. 11. 2006 GVBl. II 2006, 479; NRW: VO vom 12. 10. 2004 GV NW 2004, S. 616; Sachsen: § 1 ZustÜVOJu v. 7. 11. 2007 SächsGVBl. 2007, 501; Sachsen-Anhalt: § 1 JuErmÜV ST v. 28. 3. 2008 GVBl. LSA 2008, 137; Thüringen: § 1 ThürErmÜVJ v. 25. 10. 2004 GVBl. 2004, 846.

I. Grundsatz

Die Vorschrift betrifft die Erweiterung des Aufgabenkreises einer bereits bestehenden **1** Betreuung sowie Erweiterung des Kreises der einwilligungsbedürftigen Willenserklärungen bei einem bereits angeordneten Einwilligungsvorbehalt. Abs. 1 der Vorschrift ist das verfahrensrechtliche Gegenstück zu den zugrunde liegenden materiell-rechtlichen Vorschriften in § 1908 d Abs. 3 und 4 BGB: Ebenso wie materiell für Maßnahmen der Erweiterung die Vorschriften für die erstmalige Anordnung entsprechend anzuwenden sind, gilt dies für die dabei einzuhaltenden Verfahrensvorschriften. Die Vorschrift stellt zugleich klar, dass jede Erweiterung einen besonderen Verfahrensgegenstand in Abgrenzung zur ursprünglichen Betreuerbestellung darstellt. Daraus folgt, dass eine Erweiterung immer nur durch das Gericht erster Instanz, nicht jedoch auch erstmals durch das Beschwerdegericht angeordnet werden kann, wenn dieses mit einem Rechtsmittel des Betroffenen befasst ist, das die Betreuerbestellung mit den bisherigen Aufgabenkreisen betrifft.[1]

II. Verfahrenserleichterungen (Abs. 2)

1. Anwendungsbereich

Abs. 2 der Vorschrift sieht sachlich übereinstimmend mit der Vorgängerregelung in § 69 i **2** Abs. 1 FGG unter bestimmten Voraussetzungen eine Verfahrenserleichterung vor, indem das Gericht von der Verpflichtung entbunden wird, den Betroffenen persönlich anzuhören (§ 278 Abs. 1) sowie ein Sachverständigengutachten bzw. ein ärztliches Zeugnis (§§ 280, 281) einzuholen. Die Vorschrift gilt sinngemäß sowohl für die Erweiterung einer bereits bestehenden Betreuung im Wege der einstweiligen Anordnung (§ 300) als auch für die Erweiterung einer bislang lediglich im Wege der einstweiligen Anordnung eingerichteten vorläufigen Betreuung.[2]

Die Verfahrenserleichterung beschränkt sich auf die beiden genannten Verfahrenshand- **3** lungen. Für die Hinzuziehung und Anhörung weiterer Personen bleiben die §§ 274, 279 anwendbar.[3] Die Verfahrenserleichterung kann nicht mit derjenigen in § 282 kumuliert werden, weil auf die letztgenannte Vorschrift in § 293 Abs. 2 nicht verwiesen wird. Eine Betreuerbestellung, die nur auf einem Gutachten des Medizinischen Dienstes im Sinne des § 282 beruht, ist danach keine Grundlage für eine Erweiterung der Betreuung ohne Erstattung eines Sachverständigengutachtens.[4] Dies schließt die erneute Verwertung des Gutachtens des Medizinischen Dienstes im Erweiterungsverfahren bei entsprechender Eignung der dort erhobenen Befunde (§ 282 Abs. 3 S. 1) nicht aus.

Die Verfahrenserleichterung lässt die Anwendbarkeit zentraler Vorschriften des Allgemei- **4** nen Teils unberührt. Dies gilt insbesondere für die Verpflichtung des Gerichts zur Gewährung des rechtlichen Gehörs und zur erforderlichen Ermittlung des Sachverhalts von Amts wegen (§§ 26, 28). Missverständlich ist in diesem Zusammenhang der Hinweis des Regierungsentwurfs[5] auf die ergänzende Anwendbarkeit des § 34 Abs. 1 Nr. 1, der das Gericht zur persönlichen Anhörung eines Beteiligten verpflichtet, wenn dies zur Gewährleistung des rechtlichen Gehörs erforderlich ist. Denn die Verfahrenserleichterung in § 293 Abs. 2 bringt gerade zum Ausdruck, dass in den dort geregelten Fällen die persönliche Anhörung des Betroffenen zur Gewährung des rechtlichen Gehörs nicht zwingend erforderlich ist, und zwar auch im Hinblick auf die betreuungsverfahrensrechtliche, gegenüber § 34 Abs. 1 enger gefasste Sondervorschrift des § 278.

2. Wesentliche und unwesentliche Erweiterungen

Abs. 2 unterscheidet in seinem gedanklichen Aufbau zunächst zwischen wesentlichen **5** und unwesentlichen Erweiterungen: Für unwesentliche Erweiterungen gilt die Verfahrens-

---

[1] BayObLG FamRZ 1996, 1035.
[2] Fröschle/Locher § 293 Rn 7; Jansen/Sonnenschein § 69 i FGG Rn 4.
[3] Damrau/Zimmermann § 293 FamFG Rn 13; Fröschle/Locher § 293 Rn 5.
[4] Prütting/Helms/Fröschle § 293 Rn 15.
[5] BT-Drs. 16/6308 S. 269.

erleichterung einschränkungslos (S. 1 Nr. 2), bei einer wesentlichen Erweiterung kommt die Erleichterung nur in dem Ausnahmefall des S. 1 Nr. 1 in Betracht (siehe dazu Rn 7–9).[6] Für die Abgrenzung sind zunächst die Beispielsfälle zu berücksichtigen, die nach Abs. 2 S. 2 der Vorschrift zwingend als wesentliche Erweiterungen zu behandeln sind:

- die erstmalige Einbeziehung der Personensorge in den Aufgabenkreis der Betreuung, sei es auch nur mit einem Teilausschnitt,
- die Entscheidung über den Fernmeldeverkehr oder die Entgegennahme, das Öffnen und Anhalten der Post des Betroffenen (§ 1896 Abs. 4 BGB),
- die Entscheidung über die Einwilligung in ärztliche Maßnahmen gem. § 1904 BGB,
- die Entscheidung über die Einwilligung in eine Sterilisation (§ 1905 BGB),
- die Entscheidung über freiheitsentziehende Maßnahmen im Sinne des § 1906 Abs. 1 und 4 BGB.

6   Die Beispielsfälle zeigen, dass weniger der Umfang des hinzutretenden im Verhältnis zu dem bereits bestehenden Aufgabenkreis der Betreuung als vielmehr die **Eingriffsintensität** für den Betroffenen maßgebendes Kriterium für die Beurteilung der Wesentlichkeit der Erweiterung sein soll, zumal § 293 Abs. 2 gerade von der Beachtung solcher Verfahrensvorschriften befreit, die in besonderem Maße dem Schutz des Betroffenen dienen. So hat etwa das BayObLG[7] die Übertragung der Entscheidung über den persönlichen Umgang mit Familienangehörigen wegen der besonderen Bedeutung für die Betroffene als wesentliche Erweiterung behandelt, obwohl in dem entschiedenen Fall bereits eine Betreuung im Bereich der Personensorge mit den Aufgabenkreisen Gesundheitsfürsorge und Aufenthaltsbestimmung bestand. Angelehnt an die gesetzlichen Beispielsfälle werden deshalb die erstmalige Einbeziehung der Aufgabenkreise Gesundheitsfürsorge, Aufenthaltsbestimmung, Vermögenssorge, von Teilbereichen aus diesen Aufgabenkreisen oder die Erweiterung von Teilbereichen auf diese Aufgabenkreise insgesamt als wesentliche Erweiterungen bewertet werden müssen. Unwesentlich sind demgegenüber Erweiterungen, die lediglich eine Ergänzung eines bereits bestehenden Aufgabenkreises beinhalten.[8]

3. Zeitnah nachfolgende Erweiterungen (Abs. 2 Nr. 1)

7   Abs. 2 S. 1 Nr. 1 eröffnet eine Verfahrenserleichterung auch bei wesentlichen Erweiterungen, wenn die Verfahrenshandlung, von deren Wiederholung abgesehen werden soll, nicht länger als sechs Monate zurückliegt. Die Problematik dieser Vorschrift liegt darin, dass die Erweiterung des Aufgabenkreises der Betreuung regelmäßig eine Reaktion auf eine Änderung der Verhältnisse des Betroffenen (seinen Krankheitsverlauf oder seinen tatsächlichen Betreuungsbedarf) darstellt, die bei der Begutachtung des Betroffenen bzw. seiner persönlichen Anhörung noch nicht berücksichtigt werden konnte. Diese Problematik wird nicht dadurch behoben, dass von der Wiederholung der Verfahrenshandlungen nur dann abgesehen werden kann, wenn diese inhaltlich den nunmehr erweiterten Aufgabenkreis abdecken, der Zustand des Betroffenen also im Wesentlichen unverändert ist.[9] Das Sachverständigengutachten und die persönliche Anhörung des Betroffenen müssen sich deshalb bereits auf den weiteren Aufgabenkreis erstreckt haben.[10]

8   Für die Verfahrenserleichterung nach Nr. 1 ergibt sich damit nur ein schmaler praktischer Anwendungsbereich in den Fällen, in denen das Prüfungsverfahren durchgeführt worden und von einer Einbeziehung weiterer Aufgabenkreise in die Betreuerbestellung nur deshalb abgesehen worden ist, weil deren Erforderlichkeit (etwa im Hinblick auf anderweitige Hilfen) noch nicht abschließend festgestellt werden konnte, diese sich aber nachträglich herausstellt. Gleichwohl ist nur schwer verständlich, warum in solchen Konstellationen auch von der persönlichen Anhörung des Betroffenen soll abgesehen werden können, der sich auf die Betreuerbestellung mit den bisherigen Aufgabenkreisen eingerichtet hat und bei

---

[6] A. A. MünchKommZPO/Schmidt-Recla § 293 FamFG Rn 9: Im Falle einer wesentlichen Erweiterung müsse eine verfassungsrechtliche Reduktion zur Unanwendbarkeit von Abs. 2 Nr. 1 führen.
[7] FamRZ 2003, 402 = BtPrax 2003, 38.
[8] Fröschle/Locher § 293 Rn 11.
[9] BT-Drs. 13/7158 S. 40.
[10] Damrau/Zimmermann § 293 FamFG Rn 16; Fröschle/Locher § 293 Rn 8.

einer wesentlichen Erweiterung wegen veränderter Verhältnisse nicht weniger schutzwürdig als bei der erstmaligen Betreuerbestellung ist.[11] Von der Vorschrift sollte deshalb äußerst zurückhaltend nur dann Gebrauch gemacht werden, wenn bei kritischer Prüfung die persönliche Anhörung des Betroffenen im Prüfungsverfahren die Möglichkeit einer späteren Erweiterung der Betreuung bereits vorweggenommen hat.

Die Fristberechnung in Abs. 2 S. 1 Nr. 1 knüpft an die jeweilige Verfahrenshandlung an. **9** Die Frist wird deshalb durch die **Ermittlungstätigkeit des Gerichts** in dem vorangegangenen Prüfungsverfahren durch persönliche Anhörung des Betroffenen bzw. Einholung eines Sachverständigengutachtens in Lauf gesetzt. Zweifel können danach nur bestehen, wenn ein Sachverständigengutachten schriftlich erstattet wird. Da es sich um eine förmliche Beweisaufnahme entsprechend der ZPO handelt (§§ 280 Abs. 1, 30 Abs. 1), sollte zur Gewährleistung der Eindeutigkeit der Fristberechnung maßgeblich auf den Zeitpunkt des Eingangs des schriftlichen Gutachtens bei Gericht (§ 411 Abs. 1 ZPO) abgestellt werden.[12] Alternativ auf den Zeitpunkt der Untersuchung des Betroffenen durch den Sachverständigen abzustellen,[13] bringt für die Fristberechnung zu große Unsicherheiten, vor allem bei einer längerfristigen Beobachtung des Betroffenen im Rahmen eines Krankenhausaufenthaltes. Der Ablauf der Frist von sechs Monaten wird nach den §§ 16 Abs. 2 FamFG, 222 Abs. 1 ZPO, 188 Abs. 2 BGB berechnet. Die Frist wird bereits durch den **Erlass des Beschlusses** (§ 38 Abs. 3 S. 3) gewahrt,[14] weil die Fristbestimmung in § 293 Abs. 2 S. 1 Nr. 1 auf den Vorgang der gerichtlichen Entscheidungsfindung abstellt.

III. Bestellung eines weiteren Betreuers

Abs. 3 betrifft die verfahrensrechtliche Behandlung der Bestellung eines weiteren Betreuers. Die Vorschrift differenziert wie die bisherige Regelung in § 69 i Abs. 5 FGG danach, ob mit der Bestellung eines weiteren Betreuers eine Erweiterung des Aufgabenkreises verbunden ist. Demgegenüber kommt es nicht darauf an, ob mehreren Betreuern getrennte Aufgabenkreise oder mehrere Aufgabenkreise zur gemeinschaftlichen Wahrnehmung zugewiesen werden (§ 1899 Abs. 1 S. 2, Abs. 3 BGB). **10**

Die Betreuerbestellung für die Einwilligung in eine Sterilisation (§ 1905 BGB) ist immer mit einer Aufgabenerweiterung verbunden, weil sie gem. § 1899 Abs. 2 BGB nur einem mit diesem Aufgabenkreis gesondert zu bestellenden Betreuer übertragen werden kann. **11**

Die **Ersatzbetreuung** (§ 1899 Abs. 4 BGB) führt nicht zu einer Erweiterung des Aufgabenkreises, weil sie nur Aufgaben betrifft, an deren Wahrnehmung der bereits bestellte Betreuer verhindert ist. **12**

Bei der Bestellung eines **Gegenbetreuers** nach den §§ 1908 i Abs. 1, 1792 BGB handelt es sich hingegen nicht um die Bestellung eines weiteren Betreuers im Sinne des § 293 Abs. 3. Der Gegenbetreuer ist nämlich nicht gesetzlicher Vertreter des Betroffenen, sondern nur ein Überwachungsorgan, das dem Betreuungsgericht Kontrollaufgaben abnehmen soll.[15] Es besteht deshalb kein Anlass, das Verfahren auf Bestellung eines Gegenbetreuers mit denselben weitreichenden Verfahrensgarantien auszustatten, wie sie im Verfahren auf Bestellung eines Betreuers bestehen.[16] Bei der Bestellung eines Gegenbetreuers besteht für eine entsprechende Anwendung des § 293 Abs. 3 im Rahmen des FamFG kein Bedürfnis mehr.[17] Denn bei der Bestellung eines Gegenbetreuers handelt es sich um eine Betreuungssache im Sinne des § 271 Nr. 3, für die die §§ 272 ff. in Verbindung mit den Vorschriften des Allgemeinen Teils hinreichende Verfahrensregeln zur Verfügung stellen. **13**

---

[11] Jansen/Sonnenfeld § 69 i FGG Rn 11.
[12] Fröschle/Locher § 293 Rn 9.
[13] MünchKommZPO/Schmidt-Recla § 293 FamFG Rn 5; Prütting/Helms/Fröschle § 293 Rn 14; Damrau/Zimmermann § 293 FamFG Rn 17; Jansen/Sonnenfeld § 69 i FGG Rn 12.
[14] Damrau/Zimmermann § 293 FamFG Rn 17; Prütting/Helms/Fröschle § 293 Rn 11.
[15] BayObLG FamRZ 1994, 325.
[16] Prütting/Helms/Fröschle § 293 Rn 29; SBW/Rausch § 293 Rn 10; Damrau/Zimmermann § 293 FamFG Rn 30.
[17] Jürgens/Kretz § 293 FamFG Rn 9; a. A. Damrau/Zimmermann § 293 FamFG Rn 31; Fröschle/Locher § 293 Rn 13; Jurgeleit/Bučić § 293 FamFG Rn 17, die den Gegenbetreuer als weiteren Betreuer im Sinne von § 293 Abs. 3 ohne Erweiterung des Aufgabenkreises behandeln wollen.

Die Beschwerdebefugnis, für die bisher § 69 i Abs. 5 S. 2 FGG auf die Sondervorschrift in § 69 g Abs. 1 FGG verwies, ist nunmehr in § 303 für alle betreuungsrechtlichen Verfahren eigenständig geregelt.[18]

14 Für den Fall der Verbindung der Bestellung eines weiteren Betreuers mit einer Erweiterung des Aufgabenkreises verweist Abs. 3 auf die Absätze 1 und 2 der Vorschrift. Es kommt also in erster Linie darauf an, ob die Erweiterung von wesentlicher Bedeutung ist. Tritt keine Erweiterung des Aufgabenkreises ein, verbleibt es bei den allgemeinen Verfahrensregeln. Insbesondere ist weder eine persönliche Anhörung des Betroffenen noch die Einholung eines Sachverständigengutachtens erforderlich. Die Verpflichtung zur persönlichen Anhörung des Betroffenen kann sich jedoch aus der Anwendbarkeit anderer Vorschriften ergeben. Die Abtrennung eines Teils eines Aufgabenkreises und dessen Übertragung auf einen weiteren Betreuer zur eigenverantwortlichen Wahrnehmung kann sich zugleich als Teilentlassung des bisherigen Betreuers darstellen, zu der der Betroffene nach § 296 Abs. 1 persönlich anzuhören ist, wenn er dieser Maßnahme widerspricht.[19]

Aufhebung und Einschränkung der Betreuung oder des Einwilligungsvorbehalts

294 (1) **Für die Aufhebung der Betreuung oder der Anordnung eines Einwilligungsvorbehalts und für die Einschränkung des Aufgabenkreises des Betreuers oder des Kreises der einwilligungsbedürftigen Willenserklärungen gelten die §§ 279 und 288 Abs. 2 Satz 1 entsprechend.**

(2) Hat das Gericht nach § 281 Abs. 1 Nr. 1 von der Einholung eines Gutachtens abgesehen, ist dies nachzuholen, wenn ein Antrag des Betroffenen auf Aufhebung der Betreuung oder Einschränkung des Aufgabenkreises erstmals abgelehnt werden soll.

(3) Über die Aufhebung der Betreuung oder des Einwilligungsvorbehalts hat das Gericht spätestens sieben Jahre nach der Anordnung dieser Maßnahmen zu entscheiden.

I. Aufhebung oder Einschränkung der Betreuung oder des Einwilligungsvorbehalts (Abs. 1)

1. Normzweck und Anwendungsbereich

1 Abs. 1 der Vorschrift stellt klar, dass sich die mit besonderen Verfahrensgarantien (insbesondere der notwendigen persönlichen Anhörung des Betroffenen und der Einholung eines Sachverständigengutachtens) ausgestatteten Verfahren auf diejenigen beschränken, die im Ergebnis zu einer Betreuerbestellung oder der Anordnung eines Einwilligungsvorbehalts führen. Für Verfahren, die der Prüfung dienen, ob solche Maßnahmen aufgehoben oder eingeschränkt werden sollen, gelten diese besonderen Vorschriften nicht. Es verbleibt insoweit bei den allgemeinen Verfahrensregeln der §§ 272 ff. in Verbindung mit den Vorschriften des Allgemeinen Teils.[1] Abs. 1 der Vorschrift sieht in diesem Zusammenhang eine Besonderheit nur insoweit vor, als im Ergebnis tatsächlich eine Aufhebung oder Einschränkung der Betreuung bzw. des Einwilligungsvorbehalts angeordnet wird.[2] In einem solchen Fall hat das Gericht sowohl die Betreuungsbehörde im Rahmen des § 279 Abs. 2 als auch die nach § 274 Abs. 4 hinzugezogenen sonstigen Beteiligten anzuhören und diesen die Entscheidung nach § 288 bekannt zu geben, um ihnen Gelegenheit zur Ausübung eines ihnen zustehenden Beschwerderechts nach § 303 zu geben.

2. Einleitung und Durchführung des Prüfungsverfahrens

2 Ein Verfahren, das die Prüfung des Fortbestandes einer laufenden Betreuung oder eines Einwilligungsvorbehalts zum Gegenstand hat, ist nur einzuleiten, wenn ein besonderer Anlass hierzu besteht. Diesen Anlass kann ein Antrag des Betroffenen auf Aufhebung der Betreuung bilden, es können aber auch neue Tatsachen sein, die dem Gericht zur Kenntnis gelangen

---
[18] Darauf verweist zutreffend die Begründung des Regierungsentwurfs BT-Drs. 16/6308 S. 269.
[19] BayObLG BeckRS 2002, 30272802.
[1] BayObLG FGPrax 1995, 52 = FamRZ 1994, 1602; OLG München NJW-RR 2006, 512; OLG Hamm NJWE-FER 2001, 326 zu § 69 i Abs. 3 FGG.
[2] BayObLG FGPrax 1995, 52.

und darauf hindeuten, dass die Voraussetzungen für die Bestellung eines Betreuers insgesamt oder für den Umfang einzelner Aufgabenkreise weggefallen sein könnten (§ 1908 d Abs. 1 BGB).[3] Der Begriff des **Wegfalls** der Voraussetzungen ist hier in demselben Sinn wie im Unterbringungs- und Freiheitsentziehungsrecht zu verstehen (vgl. § 330 Rn 4 und § 426 Rn 5): Verfahrensgegenstand der Aufhebungsentscheidung ist umfassend die Rechtmäßigkeit des Fortbestandes der Betreuungsmaßnahme bezogen auf den Entscheidungszeitpunkt.

Die Betreuungsmaßnahme ist auch dann zu beenden, wenn sich die Sachlage zwar nicht verändert hat, die erneute sachliche Prüfung jedoch zu dem Ergebnis führt, dass ein Grund für die Anordnung nicht bestanden hat und auch weiterhin nicht besteht. Die für diese Beurteilung im Unterbringungs- bzw. Freiheitsentziehungsverfahrensrecht herangezogenen Gründe[4] gelten in gleicher Weise im Betreuungsverfahrensrecht. Ungeachtet der Befristung der Beschwerde in § 63 Abs. 1 erwächst die Entscheidung über die Betreuerbestellung bzw. die Anordnung eines Einwilligungsvorbehalts nicht in materielle Rechtskraft. Zum Verhältnis eines Aufhebungsverfahrens zu einem Verfahren auf Prüfung der Fortdauer der Betreuung (§ 295) siehe § 286 Rn 9. 3

Die Durchführung eines Verfahrens auf Aufhebung einer Betreuung bzw. eines Einwilligungsvorbehalts wird maßgebend von den Grundsätzen über die **Amtsermittlungspflicht** (§ 26) bestimmt. Nur nach den Maßstäben dieser Vorschrift bestimmt sich, ob im Einzelfall eine erneute persönliche Anhörung des Betroffenen durchzuführen oder ein weiteres Sachverständigengutachten einzuholen ist.[5] Die Durchführung weiterer tatsächlicher Ermittlungen wird das Gericht regelmäßig davon abhängig machen können, dass sich aus dem Vorbringen der Verfahrensbeteiligten greifbare Anhaltspunkte für eine Veränderung der der Betreuerbestellung bzw. deren letzten Verlängerung zugrunde gelegten tatsächlichen Umstände ergeben.[6] 4

Auf dieser Grundlage können Anträge des Betroffenen auf Aufhebung oder Einschränkung der Betreuerbestellung, die zeitlich kurz nach dem Abschluss des vorausgegangenen Prüfungsverfahren unter im Wesentlichen unveränderter Wiederholung seines bisherigen Vorbringens gestellt werden, ohne weitere Ermittlungen abgelehnt werden.[7] So wird das Gericht auch verfahren können, wenn der Betroffene nach vorausgegangener ausführlicher Gutachtenerstattung, durch die etwa eine psychische Erkrankung mit Ausschluss der freien Willensbestimmung festgestellt worden ist, nunmehr ein ärztliches Attest vorlegt, in dem das gesundheitliche Wohlbefinden des Betroffenen bescheinigt wird. 5

Andererseits dürfen an den Eintritt in eine erneute Überprüfung der Voraussetzungen des Fortbestandes der Betreuerbestellung keine überhöhten Anforderungen gestellt werden. Dies gilt insbesondere dann, wenn das Gericht bei der Bestimmung des Überprüfungszeitpunktes der vorausgegangenen Betreuerbestellung bzw. deren Verlängerung die Höchstfrist von sieben Jahren (Abs. 3 der Vorschrift) voll ausgeschöpft hat. 6

Vielfach wird es sich empfehlen, zunächst den Betreuer um eine Stellungnahme zu dem Aufhebungsantrag zu bitten, um eine Entscheidung unter Berücksichtigung der tatsächlichen Verhältnisse bei der Führung der Betreuung treffen zu können. Tritt danach das Gericht in eine erneute Überprüfung ein, wird sich die Einholung eines weiteren Sachverständigengutachtens und dann auch eine erneute persönliche Anhörung des Betroffenen[8] regelmäßig nicht umgehen lassen, sofern es sich nicht lediglich um die Aufhebung einzelner Aufgabenkreise handelt, die sich im Rahmen der tatsächlichen Führung der Betreuung als nicht erforderlich erwiesen haben. Ein neues Gutachten ist insbesondere einzuholen, wenn ein zeitnahes Gutachten nicht vorliegt[9] oder gewichtige Anhaltspunkte dafür erkennbar sind, dass sich die Tatsachengrundlage eines früheren Gutachtens erheblich verändert hat.[10] 7

---

[3] BayObLG BtPrax 2005, 69.
[4] BGH NJW 2009, 299.
[5] BGH NJW 2011, 1289 = FamRZ 2011, 556; BayObLG FamRZ 1998, 323; KG FGPrax 2006, 260 = FamRZ 2007, 81; OLG München NJW-RR 2006, 512.
[6] BGH NJW 2011, 1289 = FamRZ 2011, 556.
[7] BayObLG FamRZ 1998, 323; OLG Hamm NJWE-FER 2001, 326.
[8] OLG Zweibrücken BtPrax 1998, 150.
[9] OLG Frankfurt NJW 1992, 1395 = FamRZ 1992, 859.
[10] BayObLG BtPrax 2005, 69.

II. Nachträgliche Einholung eines Gutachtens (Abs. 2)

8 Abs. 2 der Vorschrift betrifft den Sonderfall, dass im Verfahren über die Betreuerbestellung die Erstattung eines Sachverständigengutachtens nach § 281 Abs. 1 Nr. 1 unterblieben ist, also weil der Betroffene die Betreuerbestellung selbst beantragt und auf die Begutachtung verzichtet hat. Stellt der Betroffene nunmehr einen Antrag auf Aufhebung der Betreuung oder Einschränkung des Aufgabenkreises, so darf dieser erstmals nur abgelehnt werden, nachdem nachträglich ein Sachverständigengutachten im Sinne des § 280 eingeholt worden ist. Die Ablehnung der Aufhebung bewirkt gem. § 1908d Abs. 2 S. 1 BGB die Fortdauer als Amtsbetreuung. Dem Betroffenen, der zunächst an der Betreuerbestellung mitgewirkt hat, sollen durch die nachträgliche Einholung eines Sachverständigengutachtens dieselben Verfahrensgarantien zur Verfügung gestellt werden, die er bei einer von Anfang an von Amts wegen erfolgten Betreuerbestellung hätte in Anspruch nehmen können.[11]

9 Für die durch die Ablehnung der Aufhebung bewirkte Fortdauer als Amtsbetreuung bleibt es anschließend bei der allgemeinen Regelung des **Abs. 1**.[12] Dementsprechend ist die gleich lautende Vorgängerregelung des § 69i Abs. 4 FGG zu Recht auf den Fall entsprechend angewandt worden, dass der Betroffene zwar keinen ausdrücklichen eigenen Antrag gestellt, sich jedoch mit einer Betreuerbestellung einverstanden erklärt hat,[13] zumal auch in einem Einverständnis, das der Betroffene erklärt, nachdem das Verfahrens zunächst von Amts wegen eingeleitet worden ist, ein Antrag im Sinne des § 1896 Abs. 1 S. 1 BGB gesehen werden kann.[14]

10 Der Anwendungsbereich des **Abs. 2** setzt jedoch in jedem Fall voraus, dass die unterbliebene Einholung des Sachverständigengutachtens auf dem **Einverständnis des Betroffenen** beruht. Die Vorschrift kann demgegenüber nicht in einer Verfahrenssituation angewandt werden, in dem die Einholung des Sachverständigengutachtens **verfahrensfehlerhaft** unterblieben ist, etwa weil sich das Gericht mit einem ärztlichen Zeugnis begnügt hat, und der Betroffene anschließend trotz ordnungsgemäßer Rechtsmittelbelehrung die Beschwerdefrist (§ 63 Abs. 1) versäumt hat. Die Einleitung eines Verfahrens mit dem Ziel der Aufhebung der Betreuung wegen eines Verfahrensmangels des vorausgegangenen Prüfungsverfahrens kommt nur nach allgemeinen Maßstäben in Betracht (vgl. dazu Rn 3), wird im Fall der fehlenden Einholung eines Sachverständigengutachtens indessen zwingend sein.

11 Abs. 2 enthält keine Vorgaben über das **weitere Verfahren** nach Einholung des Sachverständigengutachtens. Auf § 278 wird nicht verwiesen. Die Erforderlichkeit einer erneuten persönlichen Anhörung des Betroffenen wird sich in diesen Fällen jedoch regelmäßig aus § 34 Abs. 1 ergeben, weil sie zur Gewährleistung des rechtlichen Gehörs im Hinblick auf das Ergebnis des Sachverständigengutachtens erforderlich ist (vgl. § 278 Rn 16).

III. Bestimmung der Überprüfungsfrist (Abs. 3)

12 Abs. 3 der Vorschrift bestimmt die Höchstfrist für die Überprüfung im Hinblick auf eine Aufhebung oder Einschränkung der Betreuerbestellung bzw. des Einwilligungsvorbehalts in Übereinstimmung mit der Vorgängerregelung in § 69 Abs. 1 Nr. 5 FGG auf sieben Jahre. Zur konkreten Bemessung der Überprüfungsfrist im Tenor der Entscheidung über die Betreuerbestellung siehe § 286 Rn 7.

Verlängerung der Betreuung oder des Einwilligungsvorbehalts

295 (1) ¹Für die Verlängerung der Bestellung eines Betreuers oder der Anordnung eines Einwilligungsvorbehalts gelten die Vorschriften über die erstmalige Anordnung dieser Maßnahmen entsprechend. ²Von der erneuten Einholung eines Gutachtens kann abgesehen werden, wenn sich aus der persönlichen Anhörung des Betroffenen und einem ärztlichen Zeugnis ergibt, dass sich der Umfang der Betreuungsbedürftigkeit offensichtlich nicht verringert hat.

---

[11] BT-Drs. 11/4528 S. 180.
[12] BT-Drs. 11/4528 S. 180.
[13] KG FGPrax 2006, 260 = FamRZ 2007, 81.
[14] Vgl. dazu näher bei § 303 Rn 21.

(2) Über die Verlängerung der Betreuung oder des Einwilligungsvorbehalts hat das Gericht spätestens sieben Jahre nach der Anordnung dieser Maßnahmen zu entscheiden.

I. Verlängerung der Betreuung oder des Einwilligungsvorbehalts (Abs. 1 S. 1)

Abs. 1 S. 1 der Vorschrift stellt verfahrensrechtlich **im Grundsatz** die Entscheidung über eine Verlängerung der Betreuerbestellung bzw. der Anordnung eines Einwilligungsvorbehalts derjenigen über die erstmalige Anordnung gleich: Die Verlängerung ist verfahrensrechtlich wie eine erstmalige Anordnung zu behandeln. Gewährleistet wird auf diese Weise, dass die besonderen Verfahrensgarantien des erstmaligen Prüfungsverfahrens dem Betroffenen in gleicher Weise bei der jeweiligen Folgeentscheidung über eine Verlängerung zur Verfügung stehen.[1] Da die Wirksamkeit des Fortbestandes der Betreuerbestellung nicht an die Einhaltung der Überprüfungsfrist gebunden ist (vgl. § 286 Rn 9), gilt die Vorschrift – erst recht – auch dann, wenn das Verlängerungsverfahren erst nach Ablauf der Überprüfungsfrist abgeschlossen wird. Der Schnitt, den § 295 Abs. 1 verfahrensrechtlich vollzieht, hat Folgewirkungen auch für das materielle Recht: Auch insoweit ist die Verlängerung wie eine Neuanordnung zu behandeln. Dies erschließt sich für die medizinischen Voraussetzungen und die Erforderlichkeit der Bestimmung der Aufgabenkreise der zu verlängernden Betreuung aus der Prüfungsaufgabe der Verlängerungsentscheidung, die im Falle der Verlängerung in eine Tenorierung einmündet, durch die die Fortdauer der bestehenden Betreuerbestellung mit den bisherigen bzw. neu gefassten Aufgabenkreisen angeordnet wird. Um eine Neuanordnung handelt es sich auch in Bezug auf die Person des Betreuers, hinsichtlich dessen Auswahl das Gericht gem. § 1897 BGB eine neue, durch die bisherige Betreuerbestellung ungebundene Ermessensentscheidung zu treffen hat.[2] Ein – ggf. erwünschter – Betreuerwechsel kann deshalb durch eine anderweitige Auswahlentscheidung herbeigeführt werden und ist insbesondere nicht von dem Nachweis von Entlassungsgründen gem. § 1908 b BGB abhängig.

II. Verfahrenserleichterung (Abs. 1 S. 2)

Abs. 1 S. 2 der Vorschrift enthält eine Verfahrenserleichterung, die sich auf die Verlängerung der Betreuerbestellung mit Fortbestand der bisherigen Aufgabenkreise beschränkt. In einem solchen Fall kann – nur – von der erneuten Einholung eines Sachverständigengutachtens (§ 280) abgesehen werden, wenn sich sowohl aus der persönlichen Anhörung als auch einem ärztlichen Zeugnis ergibt, dass sich der Umfang der Betreuungsbedürftigkeit **offensichtlich** nicht verringert hat. Die persönliche Anhörung des Betroffenen muss also entsprechend § 278 durchgeführt werden. Das ärztliche Zeugnis muss inhaltlich den Anforderungen des § 281 entsprechen (vgl. dazu näher § 281 Rn 1).[3] Der Maßstab der „Offensichtlichkeit" ist dahin zu verstehen, dass bei Würdigung der persönlichen Anhörung des Betroffenen und des ärztlichen Zeugnisses keine Zweifel verbleiben, dass die Voraussetzungen der Betreuerbestellung in den aufrechterhaltenen Aufgabenkreisen fortbestehen.[4] Die Offensichtlichkeit des Fortbestandes der Voraussetzungen der Betreuerbestellung ist bspw. verneint worden, wenn das ärztliche Zeugnis keine Stellungnahme zur Frage einer zwischenzeitlichen Verbesserung des Gesundheitszustandes des Betroffenen enthält.[5] Die „Verringerung" der Betreuungsbedürftigkeit ist dabei nach dem Sinnzusammenhang mit § 294 Abs. 1 nur auf die aufrechterhaltenen Aufgabenkreise der Betreuung zu beziehen. Denn nach dieser Vorschrift ist für die Einschränkung der Aufgabenkreise der Betreuung die Einholung eines Sachverständigengutachtens nicht zwingend erforderlich. Es besteht

---

[1] BT-Drs. 11/74 528 S. 180; BGH FamRZ 2010, 1650.
[2] BGH FGPrax 2010, 288 = FamRZ 2010, 1897; BayObLG FGPrax 2002, 117; FamRZ 2001, 252; OLG Frankfurt OLGR 2006, 882; OLG Hamm FGPrax 2000, 196 = FamRZ 2001, 254; OLG Zweibrücken FGPrax 2002, 112 = BtPrax 2002, 87.
[3] OLG Hamm FamRZ 2000, 494 = BtPrax 1999, 238 zu § 69 i Abs. 6 FGG.
[4] Damrau/Zimmermann § 295 FamFG Rn 7; Jansen/Sonnenfeld § 69 i FGG Rn 32.
[5] BayObLG BtPrax 2004, 148.

kein hinreichender Grund für die Annahme, dass im Fall der Verbindung einer Teilaufhebung mit einer Verlängerung der Betreuung mit verbleibenden Aufgabenkreisen eine andere Beurteilung Platz greifen soll.[6]

III. Überprüfungsfrist (Abs. 2)

3 Abs. 2 der Vorschrift bestimmt spiegelbildlich zu § 294 Abs. 2 die Höchstfrist für die Überprüfung im Hinblick auf eine Verlängerung der Betreuerbestellung oder des Einwilligungsvorbehalts auf sieben Jahre. Zur konkreten Bemessung der Überprüfungsfrist im Tenor der Entscheidung über die Betreuerbestellung siehe § 286 Rn 7.

Entlassung des Betreuers und Bestellung eines neuen Betreuers

296 (1) Das Gericht hat den Betroffenen und den Betreuer persönlich anzuhören, wenn der Betroffene einer Entlassung des Betreuers (§ 1908 b des Bürgerlichen Gesetzbuchs) widerspricht.

(2) ¹Vor der Bestellung eines neuen Betreuers (§ 1908 c des Bürgerlichen Gesetzbuchs) hat das Gericht den Betroffenen persönlich anzuhören. ²Das gilt nicht, wenn der Betroffene sein Einverständnis mit dem Betreuerwechsel erklärt hat. ³§ 279 gilt entsprechend.

I. Entlassung des Betreuers

1. Normzweck und Anwendungsbereich

1 § 1908 b BGB enthält eine Reihe verschiedener Gründe, die die Entlassung des Betreuers rechtfertigen können. Für ein darauf gerichtetes Verfahren sieht das Gesetz keine besonderen Verfahrensvorschriften vor unabhängig davon, ob das Verfahren mit einer Entlassungsentscheidung oder deren Ablehnung abgeschlossen wird. Es bleibt bei der Anwendbarkeit der allgemeinen betreuungsverfahrensrechtlichen Vorschriften (§§ 272 bis 276) in Verbindung mit denjenigen des Allgemeinen Teils. Dies gilt auch für die Beteiligung des Betroffenen an einem solchen Verfahren, dem nach den allgemeinen Vorschriften das rechtliche Gehör zu gewähren, ggf. unter den Voraussetzungen des § 276 ein Verfahrenspfleger zu bestellen ist. Um eine Entlassung im Sinne der Vorschrift handelt es sich nicht, wenn lediglich die Rechtsstellung des Betreuers verändert, insbesondere angeordnet wird, dass der bisherige Vereins- oder Behördenbetreuer die Betreuung als Privatperson weiterführt (§ 1908 b Abs. 4 S. 2 BGB).[1]

2 Abs. 1 trifft eine Sondervorschrift nur für den Fall, dass der Betroffene einer Entlassung des Betreuers **widerspricht**. In einer solchen Verfahrenssituation sind der Betroffene und der Betreuer zwingend persönlich anzuhören. Diese aus § 69 i Abs. 7 FGG übernommene Vorschrift hat den Zweck, den Betroffenen persönlich in den Entscheidungsprozess einzubinden, wenn er mit der Entlassung des Betreuers nicht einverstanden ist, und auf diese Weise die Vertrauensbasis zwischen dem Betroffenen und dem Gericht zu stärken.[2] Trotz ihres weit gefassten Wortlauts gilt die Vorschrift dementsprechend nur dann, wenn abschließend eine Entlassungsentscheidung gegen den Widerspruch des Betroffenen getroffen wird. Der Widerspruch ist nicht formgebunden, setzt aber eine erkennbare Reaktion des Betroffenen mit dem Ziel voraus, trotz der in Aussicht genommenen Entlassung an der Person des Betreuers festhalten zu wollen. Eine persönliche Anhörung des Betroffenen, die das Ziel hat festzustellen, ob er der Entlassung widersprechen will, ist hingegen nicht geboten.[3] Unabhängig davon wird eine persönliche Anhörung des Betroffenen nach § 26 nahe liegen, wenn bei einzelnen Entlassungsgründen (insbesondere § 1908 b Abs. 1 Sätze 1 und 3 BGB) unter Berücksichtigung des Widerspruchs des Betroffenen zu prüfen ist, ob die Entlassung des Betreuers bezogen auf die besonderen persönlichen Verhältnisse des Betroffenen zu sei-

---

[6] Damrau/Zimmermann § 295 Rn 9; a. A. Prütting/Helms/Fröschle § 295 Rn 11.
[1] MünchKommZPO/Schmidt-Recla § 296 FamFG Rn 2; Prütting/Helms/Fröschle § 296 Rn 7.
[2] BT-Drs. 11/4528 S. 180.
[3] So aber Jurgeleit/Bučić § 296 FamFG Rn 5.

nem Wohl geboten ist bzw. seinem Wohl widerspricht. Die Vorschrift gilt gem. § 68 Abs. 3 S. 1 auch im Beschwerdeverfahren. Dementsprechend ist die persönliche Anhörung auch dann durchzuführen, wenn der Betroffene, etwa durch ein von ihm selbst eingelegtes Rechtsmittel, erstmals der Entlassung widerspricht.[4]

2. Durchführung der persönlichen Anhörung

Die Durchführung der persönlichen Anhörung erfolgt im Rahmen der allgemeinen Vorschrift des § 34, nicht jedoch in demjenigen der Sondervorschrift des § 278. Denn die letztgenannte Vorschrift bezieht sich nur auf die persönliche Anhörung vor Bestellung eines Betreuers bzw. Anordnung eines Einwilligungsvorbehalts. Auf diese Vorschrift verweist Abs. 1 nicht, und zwar im Gegensatz zu den Vorschriften über Folgeentscheidungen in §§ 293 Abs. 1 und 295 Abs. 1. Die persönliche Anhörung erfordert auch hier ein persönliches, mündliches Gespräch zwischen dem Richter und dem Betroffenen bzw. dem Betreuer. Die weitergehenden Verfahrensvorschriften des § 278 sind jedoch nicht anwendbar. Die persönliche Anhörung Anhörung des Betroffenen kann deshalb auch im Wege der Rechtshilfe durchgeführt werden,[5] sofern das Gericht das Ergebnis der Anhörung ohne eigenen Eindruck von der anzuhörenden Person abschließend zu würdigen vermag.[6] Von der Durchführung der persönlichen Anhörung kann unter den Voraussetzungen des § 34 Abs. 2 abgesehen werden. Erscheint der ordnungsgemäß geladene Betroffene unentschuldigt zum Termin nicht, kann nach § 34 Abs. 3 ohne seine Anhörung entschieden werden; eine Vorführung gem. § 278 Abs. 5 ist hingegen ausgeschlossen. Kann sich der Betroffene zu einer Entlassung des Betreuers nicht äußern, ist die Bestellung eines Verfahrenspflegers erforderlich.[7]

II. Bestellung eines neuen Betreuers

1. Grundsatz

Abs. 2 der Vorschrift regelt das Verfahren bei Bestellung eines neuen Betreuers nach § 1908c BGB, wenn der bisherige Betreuer verstorben oder entlassen worden ist. Da die Entscheidung über die Auswahl des neuen Betreuers Teil der Einheitsentscheidung ist, ist sie für den Betroffenen von besonderer Bedeutung, so dass in S. 1 auch für diese Entscheidung die Verpflichtung des Gerichts zur persönlichen Anhörung des Betroffenen vorgesehen worden ist.[8] Für die Durchführung der persönlichen Anhörung gelten die Erläuterungen in Rn 2 sinngemäß.

2. Ausnahme (Abs. 2 S. 2)

Nach Abs. 2 S. 2 kann von einer persönlichen Anhörung des Betroffenen abgesehen werden, wenn dieser sein Einverständnis mit dem Betreuerwechsel erklärt hat. Diese durch das 1. BtÄndG in die Vorgängerregelung des § 69i Abs. 8 S. 1 FGG eingeführte **Verfahrenserleichterung** soll den Vollzug von Betreuerwechseln in alltäglichen Konstellationen vereinfachen.[9] Die gesetzliche Formulierung ist durch die Verwendung des Begriffs „Betreuerwechsel" unscharf, weil dieser aus zwei verfahrensrechtlichen Vorgängen, nämlich der Entlassung des bisherigen und der Bestellung des Nachfolgers im Betreueramt besteht. Die Verpflichtung zur persönlichen Anhörung des Betroffenen entfällt nur dann, wenn er sich konkret mit der Person des neu zu bestellenden Betreuers einverstanden erklärt.[10] Diese Erklärung beinhaltet materiell-rechtlich einen Auswahlvorschlag des Betroffenen im Sinne des § 1897 Abs. 4 BGB. Für diese Einverständniserklärung ist keine besondere Form vorgeschrieben, sie kann auch durch einen Dritten übermittelt werden. Bestehen im Einzel-

---

[4] BayObLG FamRZ 2001, 935 = BtPrax 2001, 37.
[5] BayObLG FamRZ 1993, 1225 zu § 69i Abs. 7 FGG.
[6] BayObLG FamRZ 1997, 1360 = BtPrax 1997, 200 zu § 69i Abs. 7 FGG.
[7] KG FGPrax 2009, 16 = FamRZ 2009, 641.
[8] BT-Drs. 11/4528 zur gleichlautenden Vorschrift des § 69i Abs. 8 FGG.
[9] BT-Drs. 13/7158 S. 40.
[10] OLG Schleswig FGPrax 2007, 269; Prütting/Helms/Fröschle § 296 Rn 14.

fall Bedenken, ob die abgegebene Erklärung dem wirklichen Willen des Betroffenen entspricht, muss sich das Gericht im Rahmen der Amtsermittlungspflicht (§ 26) durch persönliche Anhörung des Betroffenen einen unmittelbaren Eindruck verschaffen.[11]

3. Anhörung weiterer Personen (Abs. 2 S. 3)

6 Abs. 2 S. 3 verweist ergänzend auf § 279. Vor der Bestellung eines neuen Betreuers hat das Gericht deshalb die sonstigen Verfahrensbeteiligten im Sinne des § 274 Abs. 4 sowie die Betreuungsbehörde anzuhören (§ 279 Abs. 1 und 2).

Sterilisation

297 (1) ¹Das Gericht hat den Betroffenen vor der Genehmigung einer Einwilligung des Betreuers in eine Sterilisation (§ 1905 Abs. 2 des Bürgerlichen Gesetzbuchs) persönlich anzuhören und sich einen persönlichen Eindruck von ihm zu verschaffen. ²Es hat den Betroffenen über den möglichen Verlauf des Verfahrens zu unterrichten.

(2) Das Gericht hat die zuständige Behörde anzuhören, wenn es der Betroffene verlangt oder es der Sachaufklärung dient.

(3) ¹Das Gericht hat die sonstigen Beteiligten anzuhören. ²Auf Verlangen des Betroffenen hat das Gericht eine ihm nahestehende Person anzuhören, wenn dies ohne erhebliche Verzögerung möglich ist.

(4) Verfahrenshandlungen nach den Absätzen 1 bis 3 können nicht durch den ersuchten Richter vorgenommen werden.

(5) Die Bestellung eines Verfahrenspflegers ist stets erforderlich, sofern sich der Betroffene nicht von einem Rechtsanwalt oder einem anderen geeigneten Verfahrensbevollmächtigten vertreten lässt.

(6) ¹Die Genehmigung darf erst erteilt werden, nachdem durch förmliche Beweisaufnahme Gutachten von Sachverständigen eingeholt sind, die sich auf die medizinischen, psychologischen, sozialen, sonderpädagogischen und sexualpädagogischen Gesichtspunkte erstrecken. ²Die Sachverständigen haben den Betroffenen vor Erstattung des Gutachtens persönlich zu untersuchen oder zu befragen. ³Sachverständiger und ausführender Arzt dürfen nicht personengleich sein.

(7) Die Genehmigung wird wirksam mit der Bekanntgabe an den für die Entscheidung über die Einwilligung in die Sterilisation bestellten Betreuer und
1. an den Verfahrenspfleger oder
2. den Verfahrensbevollmächtigten, wenn ein Verfahrenspfleger nicht bestellt wurde.

(8) ¹Die Entscheidung über die Genehmigung ist dem Betroffenen stets selbst bekannt zu machen. ²Von der Bekanntgabe der Gründe an den Betroffenen kann nicht abgesehen werden. ³Der zuständigen Behörde ist die Entscheidung stets bekannt zu geben.

I. Anwendungsbereich

1 Die Vorschrift bezieht sich ausschließlich auf das Verfahren über die Genehmigung einer Einwilligung des Betreuers in die Sterilisation des Betroffenen, deren materiell-rechtliche Voraussetzungen in § 1905 Abs. 1 BGB geregelt sind. Erteilt werden kann die Genehmigung nur einem Betreuer, der nach den §§ 1899 Abs. 2, 1900 Abs. 5 BGB mit dem Aufgabenkreis Einwilligung in eine Sterilisation des Betroffenen gesondert bestellt worden ist. Weder für das Verfahren auf Bestellung eines solchen Betreuers noch für dessen Verhältnis zu dem Verfahren auf Genehmigung der Einwilligung in eine Sterilisation sieht das FamFG besondere Vorschriften vor. Das Gericht ist deshalb nicht gehindert, wegen der aufwendigen Sachverhaltsermittlung insbesondere im Hinblick auf die im Genehmigungsverfahren nach Abs. 6 der Vorschrift einzuholenden Gutachten (siehe dazu Rn 9) beide Verfahren zeitlich parallel zu führen und durch eine **einheitliche Entscheidung** zum

---

[11] BayObLG FamRZ 2001, 1555 zu § 1897 Abs. 4 BGB.

Abschluss zu bringen, zumal die Beurteilung der Erforderlichkeit der Betreuerbestellung (§ 1896 Abs. 2 BGB) kaum von derjenigen der Erteilung der Genehmigung getrennt werden kann.[1] Das Genehmigungsverfahren ist kein Antragsverfahren im Sinne des § 23, kann also von Amts wegen zeitgleich mit dem Verfahren auf Bestellung eines Betreuers für diesen Aufgabenkreis eingeleitet werden.[2] Es gelten dieselben Grundsätze wie im Verfahren zur Genehmigung der geschlossenen Unterbringung (siehe dazu näher § 312 Rn 6): Ausreichend ist, dass zum Zeitpunkt der gerichtlichen Entscheidung der Wille des bestellten oder gleichzeitig zu bestellenden Betreuers erkennbar wird, die Genehmigung der Einwilligung in die Sterilisation herbeizuführen. Die Zusammenfassung in einer Entscheidung kann lediglich dazu führen, dass die Genehmigung nicht sofort mit der Bekanntgabe an den Betreuer, sondern nach Abs. 7 der Vorschrift erst mit einer zeitlich späteren Bekanntgabe an den Verfahrensbevollmächtigten bzw. Verfahrenspfleger des Betroffenen wirksam wird.

Auch wenn das Genehmigungsverfahren zeitlich erst durchgeführt wird, nachdem die Bestellung eines gesonderten Betreuers nach § 1899 Abs. 2 BGB bereits erfolgt ist, brauchen wegen der inhaltlichen Verknüpfung Verfahrenshandlungen gleichen Inhalts und Zwecks wie die Einholung von Sachverständigengutachten und die persönliche Anhörung des Betroffenen nicht doppelt vorgenommen zu werden.[3] Maßgebend ist nur, dass das Verfahren im Ergebnis den besonderen Anforderungen des § 297 entspricht. Der persönliche Anwendungsbereich der Vorschrift entspricht demjenigen des § 1905 BGB. Betroffener kann deshalb entsprechend der gewollt geschlechtsneutralen Formulierung der Vorschrift[4] auch ein männlicher Betreuer sein, mag die Anwendung der materiell-rechtlichen Voraussetzungen der Vorschrift gegenüber einem männlichen Betreuten auch besondere Schwierigkeiten bereiten.[5]

II. Normzweck

Die Sterilisation ist ein ganz besonders schwerer Eingriff in die körperliche Integrität und in die Lebensführung des Betroffenen, zumal die Wahrscheinlichkeit, den Eingriff rückgängig machen zu können, nicht sehr hoch ist. Wegen dieser besonderen Schwere des Eingriffs schreibt § 297 in Übereinstimmung mit der Vorgängerregelung in § 69 d Abs. 3 FGG die strengsten Verfahrensgarantien des Betreuungsrechts vor.[6] Die verfahrensrechtliche Vorschrift muss dabei im Zusammenhang mit der materiell-rechtlichen des § 1905 BGB, insbesondere dem Ausschluss der Zwangssterilisation gegen den natürlichen Willen des Betroffenen (§ 1905 Abs. 1 Nr. 1 BGB), bewertet werden. Das Gericht darf nicht die Hand dazu reichen, den dadurch bezweckten Schutz der Persönlichkeit des Betroffenen zu umgehen, etwa indem eine zwangsweise Verabreichung eines Verhütungsmittels genehmigt wird, die faktisch das gleiche Ergebnis wie eine Sterilisation herbeiführt.[7]

III. Einzelne Verfahrenshandlungen

1. Regelungstechnik

Statt der bisherigen Verweisungen in § 69 d Abs. 3 S. 1 FGG regelt § 297 das gesamte Verfahren eigenständig. Soweit § 297 keine eigene Regelung enthält, kann deshalb nicht ergänzend auf die Vorschriften über das Verfahren zur Prüfung der Erforderlichkeit einer Betreuerbestellung zurückgegriffen werden. In den Einzelheiten erscheint die Fassung der Neuregelung redaktionell nicht in allen Punkten geglückt.

---

[1] Prütting/Helms/Fröschle § 297 Rn 2; SBW/Rausch § 297 Rn 2.
[2] A. A. MünchKommZPO/Schmidt-Recla § 297 FamFG Rn 4 und 5.
[3] OLG Hamm FGPrax 2000, 107 = FamRZ 2001, 314 zu § 69 d Abs. 3 FGG; Damrau/Zimmermann § 297 FamFG Rn 3; MünchKommZPO/Schmidt-Recla § 297 FamFG Rn 4.
[4] BT-Drs. 11/4528 S. 79.
[5] Vgl. dazu Damrau/Zimmermann § 1905 BGB Rn 24.
[6] BT-Drs. 11/4528 S. 177.
[7] OLG Karlsruhe FGPrax 2008, 133 = FamRZ 2008, 1211 = BtPrax 2008, 78.

2. Persönliche Anhörung des Betroffenen (Abs. 1)

5   Abs. 1 der Vorschrift ist derjenigen des § 278 Abs. 1 nachgebildet. Das Gericht hat also vor der Entscheidung, durch die die Genehmigung erteilt wird, den Betroffenen persönlich anzuhören, sich einen unmittelbaren Eindruck von ihm zu verschaffen und ihn über den möglichen Verlauf des Verfahrens zu unterrichten. Eine Regelung zur Umgebung, in der die Anhörung stattzufinden hat, enthält § 297 nicht. Während bislang § 69 d Abs. 3 S. 1 FGG ein Absehen von der persönlichen Anhörung des Betroffenen ausnahmslos ausschloss, indem § 68 Abs. 2 FGG von der Verweisung ausgenommen war, kann nunmehr die persönliche Anhörung des Betroffenen unter den Voraussetzungen der allgemeinen Vorschrift des § 34 Abs. 2 unterbleiben.[8] In diesem Zusammenhang wird auch auf die Sondervorschrift in § 278 Abs. 4 nicht verwiesen. Im Gegensatz zum bisherigen Recht (§ 69 d Abs. 3 S. 1 mit Verweisung auf § 68 Abs. 3 FGG) sieht § 297 nicht mehr die Möglichkeit vor, den Betroffenen zur Durchführung seiner Anhörung vorführen zu lassen. Insbesondere wird auf die korrespondierende Vorschrift in § 278 Abs. 5 nicht verwiesen.[9] Konsequent müsste dies zur Anwendbarkeit der allgemeinen Vorschrift des § 34 Abs. 3, also zur Möglichkeit einer Sachentscheidung ohne Anhörung des Betroffenen führen.[10] In diesem Punkt muss von einem Redaktionsversehen ausgegangen werden, da § 297 die persönliche Anhörung des Betroffenen schon im Hinblick auf die materielle Entscheidungsvoraussetzung nach § 1905 Abs. 1 Nr. 1 BGB (der Sterilisation entgegenstehender Wille des Betroffenen) in den Mittelpunkt der Sachverhaltsaufklärung durch das Gericht stellt und nicht angenommen werden kann, dass dem Gericht in dem Verfahren über die Genehmigung der Einwilligung in eine Sterilisation Ermittlungsmöglichkeiten verschlossen bleiben sollen, die ihm in dem zugrunde liegenden Verfahren auf Bestellung eines Betreuers mit dem Aufgabenkreis der Einwilligung in eine Sterilisation nach § 278 Abs. 5 zur Verfügung stehen. Eine praktische Lösungsmöglichkeit besteht darin, die persönliche Anhörung des Betroffenen sogleich sowohl im Hinblick auf die gesonderte Betreuerbestellung als auch im Hinblick auf die Genehmigung der Einwilligung in eine Sterilisation durchzuführen (siehe dazu Rn 1).

3. Zuziehung weiterer Beteiligter (Abs. 2 und 3)

6   Bedingt durch die Regelungstechnik des § 297 (siehe Rn 3) treffen Abs. 2 und 3 Vorschriften über die Anhörung weiterer Beteiligter (§ 274), der Betreuungsbehörde sowie von dem Betroffenen etwa benannter, ihm nahe stehender Personen, die mit § 279 Abs. 1 bis 3 inhaltsgleich sind (siehe dazu die Erläuterungen zu § 279).

4. Bestellung eines Verfahrenspflegers (Abs. 5)

7   Abs. 5 enthält eine Sondervorschrift zu § 276: Im Verfahren auf Genehmigung der Einwilligung in eine Sterilisation ist die Bestellung eines Verfahrenspflegers für den Betroffenen zwingend erforderlich. Als Ausnahme wird lediglich § 276 Abs. 4 übernommen, so dass die Bestellung zu unterbleiben hat bzw. aufzuheben ist, wenn der Betroffene durch einen Rechtsanwalt oder einen anderen geeigneten Verfahrensbevollmächtigten vertreten wird.

5. Verfahrenshandlungen durch den ersuchten Richter (Abs. 4)

8   Die bisherige Vorschrift des § 69 d Abs. 3 S. 2 FGG schloss Verfahrenshandlungen durch den ersuchten Richter in dem Genehmigungsverfahren ausnahmslos aus. Davon abweichend beschränkt Abs. 4 den Ausschluss von Verfahrenshandlungen durch den ersuchten Richter auf diejenigen nach den Abs. 1 bis 3, also die persönliche Anhörung des Betroffe-

---

[8] Damrau/Zimmermann § 297 FamFG Rn 5; a. A. Prütting/Helms/Fröschle, § 297 Rn 11; Fröschle/Locher § 297 Rn 5, die § 297 Abs. 1 S. 1 als abschließende Sondervorschrift gegenüber § 34 verstanden wissen will.
[9] Der Regierungsentwurf (BT-Drs. 16/6308 S. 270) enthält dazu keine Begründung.
[10] Damrau/Zimmermann § 297 FamFG Rn 5.

nen im Rahmen des Abs. 1 sowie die Anhörung weiterer Beteiligter. Da jedoch die persönliche Anhörung des Betroffenen, die im Anschluss an ein erstattetes Sachverständigengutachten nach § 34 Abs. 1 durchgeführt wird, als eine solche zu bewerten ist, die zugleich nach § 297 Abs. 1 erfolgt (vgl. dazu § 278 Rn 16), dürfte die abweichende Formulierung zu keinen unterschiedlichen praktischen Ergebnissen führen.

6. Sachverständigengutachten (Abs. 6)

Abs. 6 S. 1 schreibt im Wege der förmlichen Beweisaufnahme (§ 30) die Einholung von Sachverständigengutachten zu den medizinischen, psychologischen, sozialen, sonderpädagogischen und sexualpädagogischen Gesichtspunkten der Genehmigungsvoraussetzungen nach § 1905 Abs. 1 BGB vor. Die aus § 69 d Abs. 3 S. 3 FGG übernommene Formulierung geht von der Annahme aus, dass regelmäßig die Sachkunde mehrerer Sachverständiger erforderlich sein wird, um die aus mehreren Disziplinen zusammengefassten Beweisthemen abdecken zu können,[11] überlässt aber die Auswahl und Beurteilung der Qualifikation der zu bestellenden Sachverständigen im Einzelnen dem Gericht.

Als Sachverständiger ist nach **Abs. 6 S. 3** ausnahmslos derjenige Arzt ausgeschlossen, der als ausführender Arzt vorgesehen ist. Auf diese Weise soll die Neutralität der Gutachtenerstattung gewährleistet werden.[12] Die Bedeutung dieser Vorschrift beschränkt sich indessen auf die Ordnungsgemäßheit des gerichtlichen Verfahrens, die das Gericht bei der Überprüfung des Gutachtens zu überwachen hat, etwa indem es dem Sachverständigen eine Erklärung des Inhalts abverlangt, dass er keinesfalls selbst die Sterilisation durchführen wird. Aus Abs. 6 S. 3 kann nicht darüber hinausgehend abgeleitet werden, dass auch die Wirkung der gerichtlichen Genehmigung in der Weise beschränkt ist, dass die Sterilisation in rechtmäßiger Weise keinesfalls von einem Arzt durchgeführt werden kann, der in dem gerichtlichen Verfahren ein Gutachten erstattet hat. Denkbar ist allenfalls, die gerichtliche Genehmigung im Tenor der Entscheidung mit einer entsprechenden Einschränkung zu versehen.

Abs. 6 S. 2 übernimmt die Regelung aus § 280 Abs. 1, dass der Sachverständige als Grundlage der Gutachtenerstattung den Betroffenen persönlich zu untersuchen bzw. im Hinblick auf die sozialen und pädagogischen Gesichtspunkte zu befragen hat. Eine Anordnung der Vorführung oder gar einer Unterbringung des Betroffenen zum Zweck der Untersuchung durch den Sachverständigen ist ausgeschlossen, weil auf §§ 283 und 284 nicht verwiesen wird. Nicht nur materiell-rechtlich (§ 1905 Abs. 1 Nr. 1 BGB), sondern auch verfahrensrechtlich soll kein Zwang gegen den Betroffenen ausgeübt werden können. Davon unberührt bleibt die Anwendbarkeit der genannten Vorschriften im Verfahren auf Bestellung eines Betreuers mit dem Aufgabenkreis Einwilligung in eine Sterilisation (siehe dazu Rn 1).

IV. Entscheidung des Gerichts

1. Inhalt der Entscheidung

Bejaht das Gericht nach dem Ergebnis der durchgeführten Ermittlungen die Voraussetzungen des § 1905 Abs. 1 BGB, so hat es dem dafür bestellten Betreuer die Genehmigung zur Einwilligung in die Sterilisation des Betroffenen zu erteilen. Die Genehmigung ist nicht auf eine bestimmte Sterilisationsmethode zu beschränken.[13] In Anbetracht der ohnehin bereits ausfernden Vorschrift des § 297 wäre zu erwarten gewesen, dass der Gesetzgeber dem Gericht nach dem Vorbild des § 286 einen entsprechenden Tenorierungszwang vorgegeben hätte, wenn dies gewollt gewesen wäre. Weder die Begründung des FamFG noch des BtG lassen dafür einen Anhaltspunkt erkennen. Zwar ist nach § 1905 Abs. 2 S. 3 BGB bei der Sterilisation stets der Methode der Vorzug zu geben, die eine Refertilisierung zulässt. Diese Vorschrift zielt jedoch lediglich auf die konkrete Durchführung der Sterilisation, wie auch der Zusammenhang mit der vorhergehenden Vorschrift des S. 2 (Zeitpunkt der

---
[11] BT-Drs. 11/4528 S. 177.
[12] BT-Drs. 11/4528 S. 176.
[13] Knittel § 297 FamFG Rn 18; a. A. Damrau/Zimmermann § 297 FamFG Rn 15; Jansen/Sonnenfeld § 69 d FGG Rn 41.

Durchführung nach Erteilung der Genehmigung) zeigt. Die ggf. auch alternative Festlegung der Operationsmethode muss Gegenstand des Aufklärungsgesprächs zwischen Arzt und Betreuer und dessen konkret erteilter Einwilligung sein. § 1905 Abs. 2 S. 3 BGB konkretisiert als Sondervorschrift zu § 1901 Abs. 2 BGB, in welcher Weise der Betreuer in eigener Verantwortung die ihm obliegende gesetzliche Vertretung für den Betroffenen wahrzunehmen hat. Eine Festlegung der konkreten Operationsmethode in der gerichtlichen Genehmigung müsste dazu führen, dass der Arzt bei jeder sich medizinisch als notwendig erweisenden Abweichung die Operation abbrechen und anschließend das gesamte Verfahren wiederholt werden müsste.[14]

2. Wirksamwerden der Entscheidung; einstweilige Aussetzung der Wirksamkeit (Abs. 7)

13 Das Wirksamwerden der Entscheidung, durch die die Genehmigung erteilt wird, ist nach Abs. 7 der Vorschrift an die Bekanntgabe der Entscheidung sowohl an den für die Entscheidung über die Einwilligung in die Sterilisation bestellten Betreuer (§ 287 Abs. 1) als auch an den Verfahrenspfleger bzw. Verfahrensbevollmächtigten des Betroffenen geknüpft. Auf diese Weise soll dem Verfahrenspfleger bzw. Verfahrensbevollmächtigten die Möglichkeit eröffnet werden, durch Einlegung der Beschwerde die Entscheidung in der Rechtsmittelinstanz überprüfen lassen zu können. Um einem solchen Rechtsmittel nicht die Grundlage entziehen zu können, schreibt § 1905 Abs. 2 S. 2 BGB vor, dass die Sterilisation erst zwei Wochen nach Eintritt der Wirksamkeit der Genehmigung durchgeführt werden darf. Die Regelung in § 1905 Abs. 2 S. 2 BGB ist allerdings in zweierlei Hinsicht unvollständig konstruiert: Zum einen hat die Einlegung des Rechtsmittels keinen Suspensiveffekt, die Genehmigung bleibt also wirksam, so dass die Sterilisation nach Ablauf der Frist rechtmäßig durchgeführt werden kann. Der Betroffene bzw. sein Verfahrenspfleger sind also gezwungen, mit der Einlegung des Rechtsmittels sogleich den Erlass einer **einstweiligen Anordnung** mit dem Ziel zu beantragen, die Wirksamkeit der Genehmigung auszusetzen (§ 64 Abs. 3). Dadurch wird, je nachdem, ob der Ablauf der Frist des § 1905 Abs. 2 S. 2 BGB kurz bevorsteht oder diese Frist ggf. bereits abgelaufen ist, ein enormer Zeitdruck ausgelöst, der für die zu treffende Sachentscheidung völlig unangemessen und zudem vermeidbar ist. Zum anderen ist für den behandelnden Arzt die korrekte Berechnung der Frist des § 1905 Abs. 2 S. 2 BGB nur mit großen Schwierigkeiten möglich. Denn der Beginn der Frist hängt von einer wirksamen Bekanntgabe sowohl an den Betreuer als auch an den Verfahrenspfleger bzw. den Verfahrensbevollmächtigten des Betroffenen ab, die sich nur durch Auswertung der Gerichtsakten feststellen lässt, die dem Arzt nicht zur Verfügung stehen. Eine den Arzt bindende Bescheinigung des Urkundsbeamten der Geschäftsstelle über den Zeitpunkt der beiden Zustellungen ist im Gesetz nicht vorgesehen, insbesondere handelt es sich nicht um ein Rechtskraftzeugnis im Sinne des § 46. Aus dieser Sicht wäre es auch zum Schutz des Betroffenen vorteilhafter gewesen, das Wirksamwerden der Entscheidung in Anlehnung an § 40 Abs. 3 (Wirksamwerden mit Eintritt der Rechtskraft der Entscheidung) zu regeln.

3. Bekanntgabe der Entscheidung

14 Zu den Adressaten der Bekanntgabe siehe zunächst die Erläuterungen zu § 288 Rn 2. Abs. 8 S. 1 ordnet in diesem Zusammenhang zusätzlich an, dass die Entscheidung dem Betroffenen stets persönlich bekannt zu machen ist. Bei der Bekanntgabe der Entscheidung über die Betreuerbestellung (§ 288) ist eine inhaltsgleiche Vorschrift für überflüssig erachtet worden, weil sich eine entsprechende Regelung bereits aus der allgemeinen Vorschrift des § 41 Abs. 1 S. 1 ableitet (siehe § 288 Rn 2). Es erscheint deshalb verwirrend, wenn eine dem bisherigen § 69a Abs. 1 S. 1 FGG entsprechende Vorschrift ausschließlich bei der Bekanntgabe der Entscheidung über die Genehmigung der Einwilligung in eine Sterilisation ausdrücklich in den Gesetzestext aufgenommen worden ist, obwohl die Gesetzesbegründung selbst eine entsprechende Regelung als obsolet bezeichnet.[15] Die Regelung führt

---

[14] Knittel § 297 FamFG Rn 18.
[15] BT-Drs. 16/6308 S. 270.

dazu, dass bei einer Vertretung des Betroffenen durch einen Verfahrensbevollmächtigten die Entscheidung gem. § 172 Abs. 1 ZPO nicht nur diesem (vgl. dazu § 288 Rn 3), sondern in allen Fällen zusätzlich auch dem Betroffenen persönlich bekannt gemacht werden muss. Abs. 8 S. 2 ordnet darüber hinaus zwingend an, dass die Bekanntgabe der Entscheidung an den Betroffenen auch deren Begründung umfassen muss; die Anwendbarkeit des § 288 Abs. 1 ist ausgeschlossen. Schließlich ist nach Abs. 8 S. 3 die Entscheidung in allen Fällen auch der Betreuungsbehörde bekannt zu geben. Entgegen der Gesetzesbegründung[16] liegt darin eine Abweichung von der bisherigen Verweisung auf § 69a Abs. 2 S. 2 FGG, weil die Bekanntmachung an die Behörde ausnahmslos und nicht nur dann zu er erfolgen hat, wenn die Behörde nach Abs. 2 tatsächlich angehört worden ist.

Verfahren in Fällen des § 1904 des Bürgerlichen Gesetzbuchs

298 (1) ¹Das Gericht darf die Einwilligung eines Betreuers oder eines Bevollmächtigten in eine Untersuchung des Gesundheitszustandes, eine Heilbehandlung oder einen ärztlichen Eingriff (§ 1904 Absatz 1 des Bürgerlichen Gesetzbuchs) nur genehmigen, wenn es den Betroffenen zuvor persönlich angehört hat. ²Das Gericht soll die sonstigen Beteiligten anhören. ³Auf Verlangen des Betroffenen hat das Gericht eine ihm nahestehende Person anzuhören, wenn dies ohne erhebliche Verzögerung möglich ist.

(2) Das Gericht soll vor der Genehmigung nach § 1904 Absatz 2 des Bürgerlichen Gesetzbuchs die sonstigen Beteiligten anhören.

(3) Die Bestellung eines Verfahrenspflegers ist stets erforderlich, wenn Gegenstand des Verfahrens eine Genehmigung nach § 1904 Absatz 2 des Bürgerlichen Gesetzbuchs ist.

(4) ¹Vor der Genehmigung ist ein Sachverständigengutachten einzuholen. ²Der Sachverständige soll nicht auch der behandelnde Arzt sein.

I. Anwendungsbereich

Die Vorschrift regelt das Verfahren betreffend die Erteilung einer Genehmigung der Einwilligung des Betreuers oder eines Bevollmächtigten in eine Untersuchung des Gesundheitszustandes, eine Heilbehandlung oder einen ärztlichen Eingriff (§ 1904 Abs. 1 BGB) sowie der Verweigerung bzw. des Widerrufs der Einwilligung des Betreuers oder des Bevollmächtigten in eine lebenserhaltende ärztliche Behandlung (§ 1904 Abs. 2 BGB). Die Vorschrift regelt gesondert in Abs. 1 das Verfahren nach § 1904 Abs. 1 BGB einerseits und in den Abs. 2 und 3 das Verfahren nach § 1904 Abs. 2 BGB andererseits. Nur die Vorschrift des Abs. 4 über die Einholung eines Sachverständigengutachtens gilt gemeinsam für beide Verfahren. Beide Verfahren werden von Amts wegen eingeleitet, ohne dass es eines förmlichen Antrags bedarf. Das Verfahren nach § 1904 Abs. 1 BGB setzt allerdings voraus, dass der Betreuer bzw. Bevollmächtigte seine Einwilligung in die Behandlungsmaßnahme bereits erteilt hat, die lediglich wegen der damit verbundenen Gefahr für Leben und Gesundheit des Betroffenen der gerichtlichen Genehmigung bedarf. Das Verfahren nach § 1904 Abs. 2 BGB setzt eine Verweigerung oder den Widerruf der Einwilligung des Betreuers bzw. Bevollmächtigten in eine ärztliche Behandlungsmaßnahme voraus. Gemeinsame materiell-rechtliche Voraussetzung der gerichtlichen Genehmigung in beiden Verfahren ist nach § 1904 Abs. 3 BGB, dass die Erteilung bzw. die Verweigerung oder der Widerruf der Einwilligung in die ärztliche Behandlungsmaßnahme dem nach § 1901a BGB festgestellten – schriftlich fixierten oder mutmaßlichen – Willen des Betroffenen entspricht. In diesem Zusammenhang sieht **§ 1904 Abs. 4 BGB** vor, dass die Entscheidung des Betreuers bzw. des Bevollmächtigten nur dann der gerichtlichen Genehmigung bedarf, wenn zwischen ihm und dem behandelnden Arzt **kein Einvernehmen** darüber besteht, dass die Erteilung bzw. die Verweigerung oder der Widerruf der Einwilligung dem nach § 1901a BGB festgestellten Willen des Betroffenen entspricht. Diese Einschränkung des Genehmigungserfordernisses betrifft nunmehr abweichend von der bisherigen Regelung ausdrücklich auch die

---

[16] BT-Drs. 16/6308 S. 270.

vom Betreuer bzw. Bevollmächtigten erteilte positive Einwilligung in eine ärztliche Behandlungsmaßnahme (§ 1904 Abs. 1 BGB). Besteht ein Einvernehmen zwischen Betreuer bzw. Bevollmächtigtem und dem behandelnden Arzt nicht, kann im Fall der Verweigerung bzw. des Widerrufs der Einwilligung das Verfahren auch durch eine Anregung von dritter Seite, bspw. durch den behandelnden Arzt eingeleitet werden. Zur Erteilung eines Negativattestes im Fall des Verfahrens nach § 1904 Abs. 2 BGB siehe näher Rn 8.

II. Verfahren zur Erteilung der Genehmigung gem. § 1904 Abs. 1 BGB

1. Anhörungen

2   Nach Abs. 1 S. 1 der Vorschrift hat das Gericht vor der Erteilung der Genehmigung zunächst **zwingend** den Betroffenen **persönlich anzuhören.** Diese Anhörung wird häufig in einer Klinik stattfinden müssen, wenn es um ärztliche Diagnose- oder Behandlungsmaßnahmen geht, die in einem Krankenhaus durchgeführt werden sollen. Inhaltlich wird die Anhörung sich in erster Linie darauf zu erstrecken haben, sich ein Bild von der (natürlichen) Einwilligungsfähigkeit des Betroffenen im Hinblick auf die konkret beabsichtigte ärztliche Maßnahme zu verschaffen. Denn nur wenn der Betroffene einwilligungsunfähig ist, ist Raum für eine Einwilligung des Betreuers oder ggf. des Bevollmächtigten, die ihrerseits gerichtlich genehmigt werden kann.[1] Erscheint in anderen Fällen der Betroffene nicht zur Anhörung, ist nach den §§ 33, 34 Abs. 3 zu verfahren (siehe dazu § 299 Rn 5). In der Sache überflüssig sieht Abs. 1 S. 2 ausdrücklich vor, dass das Gericht die nach den §§ 7, 274 zum Verfahren zugezogenen Verfahrensbeteiligten anzuhören hat. Der Gesetzeswortlaut lässt demgegenüber unberücksichtigt, dass weder die Betreuungsbehörde noch die Angehörigen des Betroffenen Verfahrensbeteiligte sein können, weil der Gegenstand des Verfahrens nicht den Umfang, Bestand oder Inhalt der Betreuerbestellung (§ 274 Abs. 3 Nr. 2) betrifft. Das Gericht wird jedoch in vielen Fällen Anlass haben, vor allem die Angehörigen des Betroffenen zur Sachverhaltsaufklärung anzuhören, wenngleich diese dadurch nicht Verfahrensbeteiligte werden können (§ 7 Abs. 6). Abs. 1 S. 3 wiederholt für das hier geregelte Verfahren die Vorschrift des § 279 Abs. 3 über die ergänzende Anhörung ihm nahe stehender Personen auf Verlangen des Betroffenen.

2. Sachverständigengutachten

3   Das Gericht muss nach Abs. 4 der Vorschrift ferner zwingend ein Sachverständigengutachten einholen, dessen Inhalt sich zunächst auf die im Rahmen der Genehmigung vorzunehmende Abwägung zwischen den Risiken der Diagnose- oder Behandlungsmaßnahme, deren Vorteile für den Betroffenen und etwaigen Alternativen zu erstrecken hat. Die für die konkrete Behandlungsmaßnahme erforderlichen Fachkenntnisse bestimmen im Rahmen pflichtgemäßen Ermessens die Auswahl des Sachverständigen durch das Gericht. Gebunden wird dieses Ermessen nur durch die Vorschrift des S. 2, wonach das Gericht nicht den ausführenden Arzt als Sachverständigen bestellen „soll". Erforderlich ist danach nur eine Personenverschiedenheit zwischen ausführendem Arzt und Sachverständigen. § 329 Abs. 2 S. 2, der im Fall einer langfristigen Unterbringung auch die weiteren in derselben Einrichtung tätigen Ärzte als Sachverständige ausschließt, ist nicht anwendbar.

4   Die jetzige Fassung des § 298 Abs. 4 beruht auf einer Änderung des § 69 d Abs. 2 FGG durch das 1. BtÄndG, durch die der zwingende Ausschluss des behandelnden Arztes als Sachverständigen durch eine Sollvorschrift ersetzt worden ist. Diese Änderung beruht auf der Erwägung, in Eilfällen könne die bisher zwingende Zuziehung eines außenstehenden Sachverständigen zu der Folge führen, dass eine gerichtliche Entscheidung nicht mehr rechtzeitig ergehen könne und stattdessen der Betreuer bzw. Bevollmächtigte im Rahmen seiner Befugnis zu Eilentscheidungen (§ 1904 Abs. 1 S. 2 BGB) allein die Einwilligung zu der ärztlichen Maßnahme treffen müsse.[2] Die Vorschrift hat ihre Berechtigung für die in der Begründung geschilderten Eil- und Notfälle, wird jedoch zu Recht im Hinblick darauf

---

[1] OLG Hamm FGPrax 1997, 64.
[2] BT-Drs. 13/7158 S. 38.

kritisiert, dass die Fassung in einer allgemein gehaltenen Sollvorschrift darüber hinausgeht und offen lässt, unter welchen Voraussetzungen von der Bestellung eines außenstehenden Sachverständigen soll abgesehen werden können.[3]

Das Gericht sollte sich nicht zeitlich unter Druck setzen lassen und nur in den in der Begründung angesprochenen Eil- und Notfällen von der Bestellung eines außenstehenden Sachverständigen absehen.[4] Ein Abweichen von der Sollvorschrift bedarf der Begründung in der Entscheidung des Gerichts.[5] Ob darüber hinausgehend auch die Einwilligungsunfähigkeit des Betroffenen durch ein – ggf. einzuholendes weiteres – Sachverständigengutachten festgestellt werden muss, bestimmt das Gericht im Rahmen der Amtsermittlungspflicht nach pflichtgemäßem Ermessen. In der Begründung zu § 69d FGG heißt es zwar, das ärztliche Gutachten müsse sich auch auf die Einwilligungsfähigkeit des Betroffenen erstrecken, notfalls müsse ein weiteres Gutachten eingeholt werden.[6] In die Gesetzesfassung hat dieser Aspekt als zwingender Bestandteil des einzuholenden Sachverständigengutachtens jedoch keinen Eingang gefunden.[7] Kann das Gericht deshalb bspw. aufgrund des Ergebnisses der persönlichen Anhörung und etwa ergänzenden Verwertung vorliegender, im Rahmen der Betreuerbestellung erstatteter Gutachten die Einwilligungsunfähigkeit des Betroffenen feststellen, so bedarf es dazu nicht der erneuten Einholung eines psychiatrischen Sachverständigengutachtens.[8]

3. Verfahrenspfleger; Wirksamwerden der Entscheidung

Im Übrigen sind die allgemeinen Vorschriften anzuwenden. Jedenfalls ab demjenigen Zeitpunkt, in dem das Gericht nach dem Ergebnis der Ermittlungen von der Einwilligungsunfähigkeit des Betroffenen ausgeht, muss es nach § 276 Abs. 1 S. 1 für ihn einen Verfahrenspfleger bestellen (vgl. dazu 276 Rn 4). Eine besondere Vorschrift über den Zeitpunkt des Wirksamwerdens der Entscheidung ist nicht getroffen. Es gilt also § 40 Abs. 1, so dass die Entscheidung mit der Bekanntgabe an den Betreuer bzw. an den Bevollmächtigten wirksam wird.

III. Verfahren zur Erteilung der Genehmigung gem. § 1904 Abs. 2 BGB

1. Fehlendes Einvernehmen zwischen Arzt und Betreuer über Willensäußerung des Betreuten als Voraussetzung einer Sachentscheidung

Durch Gesetz vom 29. 7. 2009[9] ist erstmals eine gesetzliche Regelung zur Verweigerung bzw. zum Widerruf der Einwilligung des Betreuers oder des Bevollmächtigten in eine lebenserhaltende ärztliche Behandlung getroffen worden. Die Regelung lehnt sich eng an die im Wege der Rechtsfortbildung entwickelten Grundsätze der Entscheidung des BGH vom 18. 3. 2003[10] an. Nach der zeitgleich mit dem FamFG in Kraft gesetzten Neuregelung des § 1904 Abs. 4 BGB bedarf die Erklärung des Betreuers bzw. Bevollmächtigten der Genehmigung des Betreuungsgerichts nur dann, wenn in dem nach § 1901b BGB zu führenden Gespräch zwischen ihm und dem behandelnden Arzt ein Einvernehmen darüber, dass die Erteilung, die Verweigerung oder der Widerruf der Einwilligung in eine lebenserhaltende ärztliche Behandlung dem schriftlich erklärten (§ 1901a Abs. 1 BGB) oder dem mutmaßlichen Willen (§ 1901a Abs. 2 BGB) des Betroffenen entspricht, nicht erzielt werden konnte.

Liegen diese spezifischen Voraussetzungen nicht vor, kann eine Sachentscheidung nicht getroffen werden. Es kommt allenfalls die Erteilung eines **Negativattestes** in Betracht.[11] Die daran anknüpfende Auffassung, die Erteilung eines Negativattestes setze eine sachliche Überprüfung dahin voraus, ob die von dem Betreuer bzw. Bevollmächtigten und dem Arzt

---

[3] Jansen/Sonnenfeld § 69d FGG Rn 24.
[4] Knittel § 298 Rn 22.
[5] OLG Zweibrücken FamRZ 2000, 1114 = BtPrax 2000, 88.
[6] BT-Drs. 11/4528 S. 176.
[7] Zutreffend Damrau/Zimmermann § 298 Rn 26; Knittel § 298 Rn 17.
[8] Fröschle/Locher § 298 Rn 14.
[9] BGBl. I S. 2286.
[10] BGH NJW 2003, 1588.
[11] LG Oldenburg FamRZ 2010, 1470 = BtPrax 2010, 246.

einvernehmlich getroffene Entscheidung einem Missbrauchsverdacht ausgesetzt oder sachlich vertretbar ist,[12] findet in der gesetzlichen Vorschrift keine hinreichende Stütze.[13] Bei einem erkennbaren Missbrauch kommen auch nach der Begründung des Gesetzentwurfs[14] lediglich betreuungsgerichtliche Aufsichtsmaßnahmen in Betracht. Die Absätze 2 bis 4 der Vorschrift enthalten Sonderregelungen für das Verfahren auf Erteilung einer solchen Genehmigung.

2. Persönliche Anhörung des Betroffenen

9   Abs. 2 befasst sich nur mit der Anhörung sonstiger Beteiligten, sieht jedoch keine Verpflichtung des Gerichts zur persönlichen Anhörung des Betroffenen vor. Für den Anwender der Vorschrift wirkt dies umso überraschender, als im Gegensatz dazu Abs. 1 der Vorschrift für Fälle der Genehmigung nach § 1904 Abs. 1 BGB eine persönliche Anhörung des Betroffenen ausdrücklich als zwingend vorschreibt, obwohl die gerichtliche Entscheidung in beiden Fällen voraussetzt, dass der Betroffene nicht mehr einwilligungsfähig ist (Grundvoraussetzung in § 1901a Abs. 1 BGB). Dann ist jedoch kaum nachvollziehbar, warum beispielsweise die Genehmigung der Einwilligung in eine Operation mit lebensbedrohlichem Risiko eine intensivere Kontaktaufnahme des Richters zu dem Betroffenen erfordert als die Genehmigung des Widerrufs der Einwilligung in eine lebenserhaltene ärztliche Behandlung, deren Abbruch zum alsbaldigen Tod des Betroffenen führen wird. In beiden Fällen kann die persönliche Anhörung des Betroffenen nur dazu dienen, dass das Gericht sich einen persönlichen Eindruck von seiner aktuellen Lebenssituation verschafft und diesen bei seiner Entscheidung berücksichtigt. Die unterschiedliche verfahrensrechtliche Behandlung beider Genehmigungsfälle[15] kann deshalb nur als Redaktionsversehen bewertet werden. Deshalb muss die persönliche Anhörung des Betroffenen auch im Verfahren nach § 1904 Abs. 2 BGB zumindest aufgrund der allgemeinen Vorschrift des § 26 als zwingend erachtet werden.[16]

3. Anhörung weiterer Personen

10   Abs. 2 der Vorschrift schreibt weiter vor, dass die „sonstigen Beteiligten" anzuhören sind. Diese Formulierung ist der misslungene Versuch, die im Entwurf der Abgeordneten Stünker u. a. vorgeschlagene Verweisung auf § 68a S. 3 und 4 FGG in die verfahrensrechtliche Neuregelung des FamFG zu integrieren. Die genannte Vorschrift des FGG sah die Anhörung von Angehörigen und dem Betroffenen nahe stehender Personen vor, ohne deren Beteiligteneigenschaft zu definieren. Die Kenntnisse dieser Personen über die persönlichen Wertvorstellungen des Betroffenen sollen bereits in dem Gespräch zwischen Betreuer bzw. dem Bevollmächtigten und dem Arzt über die Auslegung des erklärten schriftlichen Willens oder die Feststellung des mutmaßlichen Willens des Betroffenen (§ 1901b Abs. 2 BGB), dann also auch in einem anschließenden gerichtlichen Verfahren berücksichtigt werden. Diese Personen werden in Abs. 2 jetzt als „Beteiligte" bezeichnet, können jedoch nicht Verfahrensbeteiligte im Sinne des § 7 Abs. 2 Nr. 2 sein. Denn § 274 Abs. 4 beschränkt die fakultative Hinzuziehung von Angehörigen und Vertrauenspersonen als Verfahrensbeteiligte auf solche Verfahren, die eine Betreuerbestellung oder weitere Entscheidungen über Umfang, Inhalt oder Bestand einer solchen zum Gegenstand haben. Die Annahme, der Gesetzgeber habe in § 298 Abs. 1 S. 2 einen eigenständigen, von § 274 Abs. 3 losgelösten Beteiligtenbegriff begründen wollen,[17] scheint angesichts der Begriffsbildung, die ausdrücklich noch auf die Verfahrensvorschriften des FGG abstellt, zu weitgehend. Inwieweit etwa der Ehegatte oder Kinder des Betroffenen durch einen Behandlungsabbruch im Sinne des § 7

---

[12] LG Kleve NJW 2010, 2666 = FamRZ 2010, 1841.
[13] Ebenso Jurgeleit/Bučić § 298 FamFG Rn 26.
[14] BT-Drs. 16, 8442 S. 19.
[15] So bereits im Entwurf der Abgeordneten Stünker u. a. in der dort vorgeschlagenen Fassung des § 69d Abs. 2 FGG.
[16] Damrau/Zimmermann § 298 FamFG Fn 19; Fröschle/Locher § 298 Rn 24; Jürgen/Kretz § 298 FamFG Rn 9.
[17] Knittel § 298 FamFG Rn 9.

Abs. 2 Nr. 1 in eigenen Rechten aus Art. 6 Abs. 1 GG betroffen sein können,[18] erscheint derzeit zweifelhaft, weil das Verfahren nach § 298 ausschließlich dazu dient, den eigenen Willen des Betroffenen in Bezug auf seine medizinische Behandlung durchzusetzen. Deshalb kann es sich bei der Regelung des Abs. 2 nur darum handeln, dass Angehörige oder Vertrauenspersonen des Betroffenen gebeten werden sollen, dem Gericht ihre Kenntnisse über die persönlichen Wertvorstellungen des Betroffenen mitzuteilen. Diese Personen werden dadurch nicht zu Verfahrensbeteiligten (§ 7 Abs. 6), können und müssen deshalb im Rahmen einer förmlichen Beweisaufnahme (§ 30) als Zeugen vernommen werden.

4. Verfahrenspfleger

Abs. 3 der Vorschrift sieht zwingend die Bestellung eines Verfahrenspflegers vor, wenn das Verfahren eine Genehmigung nach § 1904 Abs. 2 BGB zum Gegenstand hat.

5. Sachverständigengutachten

Die Verpflichtung zur Einholung eines Sachverständigengutachtens nach **Abs. 4** S. 1 bezieht sich auch auf die Entscheidung über die Genehmigung nach § 1904 Abs. 2 BGB. Der Inhalt des Gutachtens wird sich auf Art und Verlauf der Erkrankung des Betroffenen sowie darauf zu erstrecken haben, welche Behandlungsmaßnahmen medizinisch indiziert sind (§ 1904 Abs. 2 BGB). Auf dieser Grundlage wird das Gutachten zu den Gesichtspunkten Stellung nehmen müssen, die aus medizinischer Sicht für oder gegen die Annahme sprechen, dass die Festlegungen einer Patientenverfügung auf die aktuelle Lebens- und Behandlungssituation des Betroffenen zutreffen (§ 1901 a Abs. 1 BGB). Kommt es auf den mutmaßlichen Willen des Betroffenen an (§ 1901 Abs. 2 BGB), wird das Gutachten auch dazu Stellung nehmen müssen, welche Leiden für den Betroffenen mit der Durchführung der medizinisch indizierten Behandlung (etwa einer langfristigen künstlichen Ernährung) verbunden sein werden. Abs. 4 S. 2 beansprucht Geltung auch im Verfahren über die Genehmigung nach § 1904 Abs. 2 BGB, so dass auch hier der behandelnde Arzt als Sachverständiger ausgeschlossen ist. Als behandelnder Arzt in diesem Sinne ist insbesondere auch derjenige anzusehen, der nach der gerichtlichen Genehmigung den Betroffenen in der Sterbebegleitung behandeln soll.

6. Entscheidung des Gerichts

Der **Tenor** der stattgebenden Entscheidung lautet auf Erteilung der Genehmigung zur Verweigerung bzw. des Widerrufs der Einwilligung des Betreuers bzw. Bevollmächtigten zu einer konkreten lebenserhaltenden Maßnahme (etwa einer Ernährung durch PEG-Sonde). Das Gericht wird erforderlichenfalls auch Anordnungen für die Durchführung des Abbruchs der lebenserhaltenden Behandlung wie die Gewährleistung der Zuführung von kalorienfreien Flüssigkeiten zur Durstverhinderung und von Medikamenten zur Schmerzlinderung treffen müssen,[19] sofern nicht im Rahmen der Ermittlungen festgestellt werden kann, dass darüber Absprachen mit dem behandelnden Arzt bestehen. Die Wirkung der Ablehnung der Genehmigung kann demgegenüber in Anlehnung an die Entscheidung des BGH vom 18. 3. 2003[20] als eine gleichzeitig erfolgte Ersetzung der Einwilligung in die Behandlungsmaßnahme bestimmt werden, so dass eine entsprechende Klarstellung im Tenor oder zumindest in den Gründen der Entscheidung sehr empfehlenswert ist.[21] Für den Zeitpunkt des Wirksamwerdens der Entscheidung des Gerichts trifft § 287 Abs. 3 eine Sonderregelung (siehe dort näher Rn 14).

IV. Rechtsmittel

Für die Anfechtung der gerichtlichen Entscheidung gelten sowohl im Falle des § 1904 Abs. 1 BGB als auch im Fall des § 1904 Abs. 2 BGB keine Sondervorschriften. Die Be-

---

[18] Damrau/Zimmermann § 298 FamFG Rn 21; Fröschle/Locher § 298 Rn 25.
[19] OLG Düsseldorf FamRZ 2008, 1283.
[20] BGH NJW 2003, 1588.
[21] Fröschle/Locher § 298 Rn 32.

schwerdebefugnis ist deshalb abschließend aus § 303 abzuleiten. Daraus folgt zunächst, dass **Angehörige** oder **Vertrauenspersonen** des Betroffenen von der Beschwerdeberechtigung ausgeschlossen sind, weil es sich nicht um einen Verfahrensgegenstand handelt, auf die sich das privilegierte Beschwerderecht dieses Personenkreises erstreckt (vgl. dazu näher § 303 Rn 12). Der Vorschlag im Entwurf der Abgeordneten Stünker u. a., der ein Beschwerderecht naher Angehöriger auch im Falle einer Entscheidung nach § 1904 Abs. 2 BGB vorsah,[22] ist in das FamFG nicht übernommen worden.

15 Der **Betreuer** bzw. **Bevollmächtigte** ist beschwerdebefugt, weil es sich um eine Angelegenheit handelt, die seinen Aufgabenkreis betrifft (§ 303 Abs. 4). Für die Anfechtung der Erteilung der Genehmigung einer Einwilligung nach § 1904 Abs. 1 BGB fehlt dem Betreuer bzw. Bevollmächtigten jedoch das Rechtsschutzbedürfnis, weil er seine Einwilligung jederzeit selbst widerrufen kann (siehe auch § 335 Rn 4). Dasselbe gilt umgekehrt im Fall des § 1904 Abs. 2 BGB: Der Betreuer bzw. Bevollmächtigte ist beschwerdebefugt gegen die Ablehnung der Genehmigung der Verweigerung bzw. des Widerrufs der Einwilligung in eine ärztliche Behandlung, nicht jedoch gegen die Erteilung einer solchen Genehmigung, weil er jederzeit nachträglich seine Einwilligung erklären kann.

16 Die Beschwerdebefugnis des **Verfahrenspflegers** des Betroffenen (§ 303 Abs. 3) ist auf die Fälle beschränkt, in denen eine Genehmigung nach § 1904 Abs. 1 oder 2 BGB erteilt worden ist. Demgegenüber kann der Verfahrenspfleger nicht mit einem eigenen Rechtsmittel die Genehmigung zu einer Einwilligung anstreben, die der Betreuer bzw. Bevollmächtigte des Betroffenen nach einer ablehnenden Entscheidung nicht mehr weiterverfolgen will. Denn die Einwilligung bzw. ihre Verweigerung kann nur von dem Betreuer bzw. Bevollmächtigten erklärt werden, von dessen Willen auch der Fortbestand dieser Entscheidung abhängt.[23]

Verfahren in anderen Entscheidungen

299 [1]Das Gericht soll den Betroffenen vor einer Entscheidung nach § 1908 i Abs. 1 Satz 1 in Verbindung mit den §§ 1821, 1822 Nr. 1 bis 4, 6 bis 13 sowie den §§ 1823 und 1825 des Bürgerlichen Gesetzbuchs persönlich anhören. [2]Vor einer Entscheidung nach § 1907 Abs. 1 und 3 des Bürgerlichen Gesetzbuchs hat das Gericht den Betroffenen persönlich anzuhören.

I. Anwendungsbereich und Normzweck

1 Die Vorschrift regelt das Verfahren zur Vorbereitung bestimmter betreuungsrechtlicher Folgeentscheidungen im Bereich der Vermögenssorge. Der Anwendungsbereich beschränkt sich auf die enumerativ aufgezählten Entscheidungen. Der Wortlaut der Vorschrift lässt die Deutung zu, dass die Verfahrensvorschrift unabhängig von dem Inhalt der abschließenden Entscheidung, also sowohl im Fall der Erteilung der Genehmigung als auch ihrer Ablehnung gelten soll. Der systematische Zusammenhang mit den §§ 278, 293 bis 298 belegt indessen, dass die Anhörungspflicht den Schutz des Betroffenen vor bestimmten positiven betreuungsrechtlichen Entscheidungen mit besonderer Eingriffsintensität verstärken soll. Eines solchen besonderen Schutzes bedarf es nicht bei der **Ablehnung** betreuungsrechtlicher Genehmigungen, mögen auch die vermögensrechtlichen Interessen des Betroffenen durch eine Ablehnung ähnlich stark betroffenen werden können wie bei einer Erteilung der Genehmigung. Im Fall der Ablehnung der Genehmigung verbleibt es daher bei den allgemeinen Vorschriften (siehe dazu nachstehend).[1]

2 Hinsichtlich des Verfahrens auf Festsetzung eines von dem Betroffenen zu zahlenden Betrages für Aufwendungsersatz oder Vergütung des Betreuers ergibt sich die Anhörungspflicht des Gerichts aus der Sondervorschrift des § 168 Abs. 4, auf die § 277 Abs. 5 verweist.

---

[22] BT-Drs. 16/8442 S. 5.
[23] A. A. Jürgens/Kretz § 298 FamFG Rn 13.
[1] Damrau/Zimmermann § 299 FamFG Rn 6; Prütting/Helms/Fröschle § 299 Rn 5; Jansen/Sonnenfeld § 69 d FGG Rn 8.

Alle anderen Verrichtungen, die eine bestehende Betreuung betreffen, sind als sonstige 3
Verfahren im Sinne des § 271 Nr. 3 zu behandeln. Dies betrifft etwa den gesamten Bereich
der gerichtlichen Aufsicht über den Betreuer (§§ 1837 bis 1843 BGB). In allen diesen
anderen Fällen sind die allgemeinen Vorschriften anzuwenden.

Der Umfang der Verpflichtung des Gerichts zur Anhörung des Betroffenen ergibt sich 4
im Einzelfall aus der Amtsermittlungspflicht (§ 26) und der Verpflichtung zur Gewährung
des rechtlichen Gehörs (§§ 28 Abs. 1, 34 Abs. 1 Nr. 1).[2] Die Erteilung der Genehmigung
zu einer im Rahmen seines Aufgabenkreises abgegebenen rechtsgeschäftlichen Willenserklärung oder einem verfahrensrechtlichen Antrag des Betreuers, deren Erfordernis in einer
Vielzahl von Einzelvorschriften außerhalb der §§ 1896 bis 1908 i BGB begründet wird, fällt
in den Anwendungsbereich der betreuungsrechtlichen Zuweisungssachen (vgl. im Einzelnen § 340 Rn 4).

II. Betreuungsrechtliche Genehmigungen

1. Entscheidungen nach den §§ 1821, 1822 Nr. 1 bis 4, 6 bis 13 sowie 1823 und 1825 BGB

S. 1 der Bestimmung sieht als **Sollvorschrift** die persönliche Anhörung des Betroffenen 5
vor einer Entscheidung über die Genehmigung von Rechtsgeschäften des Betreuers im
Sinne der §§ 1821, 1822 Nr. 1 bis 4, 6 bis 13 sowie in den Fällen der §§ 1823 und 1825
BGB vor. Die Bedeutung der Sollvorschrift besteht darin, dass die Anhörung in der Form
einer persönlichen Kontaktaufnahme mit dem Betroffenen dem Regelfall entspricht, die
zur Gewährung des rechtlichen Gehörs erforderliche Anhörung des Betroffenen nach den
Umständen des Einzelfalls aber auch in anderer Form durchgeführt werden darf,[3] etwa
wenn eine Entscheidung von geringer Tragweite zu treffen ist oder der Betroffene sich
hinreichend in anderer Form zu der Entscheidung äußern kann. Die Durchführung der
persönlichen Anhörung unterliegt nicht den strengen Regeln des § 278, kann also etwa
im Einzelfall auch im Wege der Rechtshilfe durchgeführt werden. Dementsprechend richten
sich auch die Verpflichtung des Betroffenen zum persönlichen Erscheinen und die verfahrensrechtlichen Folgen eines unentschuldigten Ausbleibens zu einem anberaumten Termin nach den allgemeinen Vorschriften der §§ 33, 34 Abs. 3. Auch die Voraussetzungen,
unter denen eine persönliche Anhörung des Betroffenen unterbleiben kann, ergeben sich
abschließend aus der allgemeinen Vorschrift des § 34 Abs. 2.

2. Entscheidungen nach § 1907 BGB (Satz 2)

Eine Sonderstellung nehmen die Verfahren über die Erteilung einer Genehmigung einer 6
Kündigung oder einer Aufhebungserklärung des Betreuers betreffend das Mietverhältnis
über eine von dem Betroffenen gemietete Wohnung (§ 1907 Abs. 1 BGB) sowie der
Abschluss eines Miet- oder Pachtvertrages in den Fällen des § 1907 Abs. 3 BGB ein. Für
die Erteilung solcher Genehmigungen schreibt S. 2 **zwingend** die persönliche Anhörung
des Betroffenen vor. Ist bei einer Entscheidung nach § 1907 Abs. 1 BGB zweifelhaft, ob
eine Rückkehr des Betroffenen in seine Wohnung auf Dauer ausgeschlossen ist,[4] muss dazu
im Rahmen der Amtsermittlungspflicht (§ 26) zusätzlich ein Sachverständigengutachten
eingeholt werden.[5]

Einstweilige Anordnung

300 (1) [1]**Das Gericht kann durch einstweilige Anordnung einen vorläufigen Betreuer bestellen oder einen vorläufigen Einwilligungsvorbehalt anordnen,
wenn**

---
[2] BT-Drs. 11/4528 S. 176.
[3] BayObLG FamRZ 1998, 1185; Fröschle/Locher § 299 Rn 3; Knittel § 299 FamFG Rn 6.
[4] OLG Oldenburg NJW-RR 1993, 587.
[5] OLG Frankfurt FamRZ 2006, 1875.

1. dringende Gründe für die Annahme bestehen, dass die Voraussetzungen für die Bestellung eines Betreuers oder die Anordnung eines Einwilligungsvorbehalts gegeben sind und ein dringendes Bedürfnis für ein sofortiges Tätigwerden besteht,
2. ein ärztliches Zeugnis über den Zustand des Betroffenen vorliegt,
3. im Fall des § 276 ein Verfahrenspfleger bestellt und angehört worden ist und
4. der Betroffene persönlich angehört worden ist.

²Eine Anhörung des Betroffenen im Wege der Rechtshilfe ist abweichend von § 278 Abs. 3 zulässig.

(2) Das Gericht kann durch einstweilige Anordnung einen Betreuer entlassen, wenn dringende Gründe für die Annahme bestehen, dass die Voraussetzungen für die Entlassung vorliegen und ein dringendes Bedürfnis für ein sofortiges Tätigwerden besteht.

I. Anwendungsbereich und Normzweck

1   Die §§ 300 bis 302 sind als betreuungsverfahrensrechtliche Spezialvorschriften zu den daneben anwendbaren allgemeinen Vorschriften der §§ 49 bis 57 über das Verfahren auf Erlass einer einstweiligen Anordnung konzipiert. Der Regelungsgehalt der bisherigen Vorschrift des § 69 f FGG ist dabei im Wesentlichen übernommen und auf drei Vorschriften aufgegliedert worden: § 300 behandelt die gewöhnliche einstweilige Anordnung, § 301 die einstweilige Anordnung bei gesteigerter Dringlichkeit, die bei erhöhtem Beschleunigungsbedürfnis unter geringeren verfahrensrechtlichen Anforderungen ergehen kann, sowie § 302 die zeitliche Befristung der Maßnahmen.

2   Der Anwendungsbereich des **Abs. 1** bezieht sich zunächst auf alle Fälle von Betreuerbestellungen, mag es sich um eine erstmalige Bestellung oder um eine Folgeentscheidung im Rahmen einer bereits bestehenden Betreuung, etwa bei einer Erweiterung des Aufgabenkreises (§ 293), der Bestellung eines Nachfolgers im Amt (§ 296 Abs. 2) oder eines weiteren Betreuers (§ 1899 BGB) handeln. Nach Abs. 1 kann ferner ein vorläufiger Einwilligungsvorbehalt (§ 1903 BGB) angeordnet werden, wobei es sich ebenfalls sowohl um eine erstmalige Anordnung als auch um eine Folgemaßnahme im Rahmen einer Erweiterung des Aufgabenkreises der Betreuung bzw. der einwilligungsbedürftigen Willenserklärungen handeln kann. **Abs. 2** der Vorschrift ermöglicht im Wege der einstweiligen Anordnung die Entlassung eines Betreuers (§ 1908 b BGB).

3   Für Entscheidungen, die nicht zu dem Katalog der Abs. 1 und 2 gehören, bleiben die allgemeinen Vorschriften der §§ 49 bis 57 anwendbar. Dies gilt insbesondere für betreuungsgerichtliche Maßnahmen gem. § 1908 i Abs. 1 S. 1 in Verbindung mit § 1846 BGB (vgl. dazu näher Rn 24 bis 27).

II. Vorläufige Betreuerbestellung und vorläufiger Einwilligungsvorbehalt

1. Voraussetzungen der einstweiligen Anordnung nach Abs. 1

4   • Es müssen **dringende Gründe für die Annahme** bestehen, dass die Voraussetzungen für die Bestellung eines Betreuers oder die Anordnung eines Einwilligungsvorbehalts gegeben sind (Nr. 1 Halbs. 1). Darunter wird in der Rechtsprechung verstanden, dass konkrete Umstände mit erheblicher Wahrscheinlichkeit darauf hindeuten, dass die Voraussetzungen für eine inhaltsgleich in der Hauptsache zu treffende Entscheidung vorliegen.[1] Ausreichend ist daher, dass nach der Überzeugungsbildung des Gerichts die Voraussetzungen einer Betreuerbestellung bzw. eines Einwilligungsvorbehalts glaubhaft erscheinen.[2] Die Grundlage dieser Überzeugungsbildung ist nicht an eine förmliche Beweisaufnahme gebunden. Abs. 1 Nr. 2 bis 4 enthalten lediglich notwendige Verfahrensschritte (siehe dazu näher Rn 6 bis 8), § 280 Abs. 1 ist nicht anwendbar. Die Amtsermittlungspflicht des Gerichts (§ 26) bleibt indessen bestehen. Zweifeln am Vorliegen der Voraussetzungen einer Betreuerbestellung, die sich aus dem Vorbringen der Beteiligten oder sonstigen Anhaltspunkten ergeben, muss das Gericht von Amts wegen nach-

---
[1] BayObLG FamRZ 1999, 1611; FamRZ 1997, 1288.
[2] Vgl. beispielhaft LG Bochum FamRZ 2010, 1471.

gehen. Die Glaubhaftmachung muss sich inhaltlich auf sämtliche Voraussetzungen einer Betreuerbestellung bzw. der Anordnung eines Einwilligungsvorbehalts erstrecken. Erfolgen diese gegen den erklärten Willen des Betroffenen, muss gem. § 1896 Abs. 1 a BGB als wahrscheinlich angesehen werden können, dass der Betroffene in den Aufgabenkreisen der vorläufigen Betreuerbestellung zu einer freien Willensbestimmung nicht in der Lage ist.[3]

- Es muss ein **dringendes Bedürfnis für ein sofortiges Tätigwerden** bestehen (Nr. 1. Halbs. 2). Diese Formulierung ist zur Anpassung an diejenige in der allgemeinen Vorschrift des § 49 Abs. 1 gewählt, ohne dass damit eine sachliche Änderung gegenüber der bisherigen Wendung, dass mit dem Aufschub Gefahr verbunden wäre, gewollt ist.[4] Diese Voraussetzung ist gegeben, wenn das Abwarten der endgültigen Entscheidung für den Betroffenen erhebliche Nachteile zur Folge hätte.[5]

- Es muss ein **ärztliches Zeugnis über den Zustand des Betroffenen** vorliegen (Abs. 1 Nr. 2). Für die Erstellung eines solchen Zeugnisses gelten die §§ 281 Abs. 2, 280 Abs. 2, d. h. aus dem Zeugnis muss sich ergeben, dass der Sachverständige den Betroffenen persönlich untersucht hat, eine lediglich telefonische Kontaktaufnahme reicht nicht aus.[6] Die Vorschrift setzt zwar ihrem Wortlaut nach eine bestimmte Qualifikation des Arztes nicht voraus. Entsprechend der zum bisherigen Recht ergangenen Rechtsprechung wird das Gericht jedoch die erforderliche Sachkunde zur Beurteilung psychischer Erkrankungen feststellen müssen, wenn diese sich nicht bereits aus einer Facharztbezeichnung des Arztes ergibt.[7] Das ärztliche Zeugnis muss, wenn auch in verkürzter Form, inhaltlich zu den Voraussetzungen der Betreuerbestellung bzw. eines Einwilligungsvorbehalts Stellung nehmen. Es darf sich nicht auf die Wiedergabe zusammenfassender Ergebnisse beschränken, sondern muss auch die hierfür maßgeblichen Anknüpfungstatsachen darstellen.[8] Dazu gehören Angaben zum Sachverhalt, zur Vorgeschichte, zu Art und Ausmaß der psychischen Erkrankung oder Störung und dazu, ob der Betroffenen aufgrund seiner Erkrankung seinen Willen nicht frei bestimmen kann.[9]

- Soweit dies nach § 276 erforderlich ist, muss ein **Verfahrenspfleger bestellt und angehört** worden sein (Abs. 1 Nr. 3). Einem Betroffenen, der im Sinne des § 276 seine Rechte in dem Verfahren selbst nicht hinreichend wahrnehmen kann, soll also der Schutz durch die Bestellung eines Verfahrenspflegers bereits zuteil werden, bevor durch eine vorläufige Maßnahme ein Eingriff in seine Rechte erfolgt. Dem widerspricht eine verbreitete Praxis, die Bestellung eines Verfahrenspflegers mit einer vorläufigen Betreuerbestellung zu verbinden. Es ist deshalb zu begrüßen, dass die Neufassung in Abs. 1 Nr. 3 die Bestellung und Anhörung des Verfahrenspflegers als Voraussetzung für den Erlass einer einstweiligen Anordnung in der gewählten Formulierung ausdrücklich miteinander verbindet.[10] Eine persönliche Anhörung des Verfahrenspflegers ist seit der Änderung durch das 1. BtÄndG nicht mehr vorgesehen,[11] die Anhörung kann also insbesondere auch so erfolgen, dass dem Verfahrenspfleger Gelegenheit zu einer schriftlichen Stellungnahme gegeben wird.

- Der einstweiligen Anordnung muss eine **persönliche Anhörung des Betroffenen** vorausgehen (Abs. 1 Nr. 4). Der Zweck der nach § 278 zwingend vorgeschriebenen per-

---

[3] BayObLG FamRZ 1999, 1611; FamRZ 1996, 898.
[4] BT-Drs. 16/6308 S. 203.
[5] BayObLG FamRZ 1999, 1611; FamRZ 1997, 1288.
[6] OLG Frankfurt FGPrax 2005, 23 = FamRZ 2005, 303, OLG Hamm BtPrax 1999, 238, jeweils zu § 69 f FGG; MünchKommZPO/Schmidt-Recla § 300 FamFG Rn 11; SBW/Rausch § 300 Rn 7; Prütting/Helms/Fröschle § 300 Rn 38; a. A. Bassenge/Roth § 300 FamFG Rn 5; Knittel § 300 FamFG Rn 16.
[7] BayObLG FamRZ 1999, 1611; OLG Zweibrücken FGPrax 2006, 235 zu § 69 f FGG; Bahrenfuss/Brosey § 300 Rn 4; Damrau/Zimmermann § 300 FamFG Rn 17; Jurgeleit/Bučić § 300 Rn 12; Knittel § 300 FamFG Rn 17; MünchKommZPO/Schmidt-Recla § 300 FamFG Rn 11; Prütting/Helms/Fröschle § 300 Rn 38; a. A. SBW/Rausch § 300 Rn 7.
[8] OLG Frankfurt FGPrax 2005, 32 = FamRZ 2005, 303; OLG Köln FGPrax 2006, 232.
[9] OLG Zweibrücken FGPrax 2006, 235.
[10] Die Erforderlichkeit auch der Anhörung des Verfahrenspflegers war bisher in einem leicht zu übersehenden Nachsatz des § 69 f Abs. 1 S. 4. Halbs. 1 FGG vorgesehen.
[11] Vgl. dazu BT-Drs. 13/7158 S. 39.

sönlichen Anhörung des Betroffenen, dem Richter einen unmittelbaren Eindruck von dem Betroffenen und der Art seiner Erkrankung zu verschaffen, ihn in die Lage zu versetzen, ein Bild von der Persönlichkeit des Betroffenen zu gewinnen und seine Kontrollfunktion gegenüber ärztlichen Gutachten wahrnehmen zu können (siehe § 278 Rn 1), soll bereits für die Entscheidung über eine vorläufige Betreuerbestellung realisiert werden. Für die Durchführung der persönlichen Anhörung des Betroffenen wäre nach § 51 Abs. 2 S. 1 an sich § 278 als die für das Verfahren in der Hauptsache geltende Vorschrift uneingeschränkt anzuwenden. Indessen ergibt sich aus Abs. 1 S. 2 der Vorschrift sowie der Begründung des Regierungsentwurfs, dass im Verfahren auf Erlass einer einstweiligen Anordnung nicht diejenigen strengen Vorschriften für die persönliche Anhörung des Betroffenen gelten sollen, wie sie § 278 Abs. 1 bis 4 für die abschließende Entscheidung vorgeben. Dem entspricht es, dass nach § 300 Abs. 1 S. 2 die persönliche Anhörung des Betroffenen abweichend von § 278 Abs. 3 auch im Wege der **Rechtshilfe** durchgeführt werden kann. Dieselbe Auffassung ergibt sich aus der Gesetzesbegründung,[12] nach der die Voraussetzungen, unter denen ausnahmsweise von einer persönlichen Anhörung des Betroffenen abgesehen werden kann, sich nach der allgemeinen Vorschrift des § 34 Abs. 2 richten. Die weiter einschränkende Vorschrift des § 278 Abs. 4 soll in diesem Zusammenhang also ersichtlich unberücksichtigt bleiben. Bei diesem Verständnis ist es durchaus möglich, über § 51 Abs. 2 S. 1 gleichwohl § 278 Abs. 5 auch im Verfahren auf Erlass einer einstweiligen Anordnung anzuwenden und dem Gericht so die Möglichkeit zu geben, die erforderliche persönliche Anhörung des Betroffenen notfalls durch eine **Vorführung** herbeizuführen.[13] Denn es kann nicht angenommen werden, dass dem Gericht diese Möglichkeit im Verfahren auf vorläufige Betreuerbestellung bzw. Anordnung eines Einwilligungsvorbehalts versagt bleiben soll.

2. Erlass einer einstweiligen Anordnung nach Abs. 1

9   Der Beschlusstenor einer vorläufigen Betreuerbestellung entspricht demjenigen, der in § 286 Abs. 1 für die inhaltsgleiche Entscheidung in der Hauptsache vorgesehen ist. Neben dem Zusatz, dass die Entscheidung im Wege der einstweiligen Anordnung getroffen ist, sollte der Tenor aus Gründen der Klarstellung gem. § 302 den Zeitpunkt bezeichnen, zu dem sie außer Kraft tritt, falls sie nicht vorher verlängert wird. Eine vorläufige Anordnung eines Einwilligungsvorbehalts muss gem. § 286 Abs. 2 die Bezeichnung des Kreises der einwilligungsbedürftigen Willenserklärungen enthalten. Der Beschluss muss schon im Hinblick auf seine Anfechtbarkeit (siehe dazu näher Rn 9) eine Begründung (§ 38 Abs. 3) sowie eine Rechtsmittelbelehrung (§ 39) enthalten, in der die bei der Anfechtung einer einstweiligen Anordnung auf zwei Wochen verkürzte Beschwerdefrist (§ 63 Abs. 2 Nr. 1) zu berücksichtigen ist. Für die Bestimmung des Zeitpunktes ihres Wirksamwerdens und die Bekanntgabe der Entscheidung gelten gem. § 51 Abs. 2 S. 1 die §§ 286, 287 unmittelbar[14] (siehe die Erläuterungen dort). Deshalb bedarf es in Eilfällen im Sinne des § 287 Abs. 2 der Anordnung der sofortigen Wirksamkeit der Entscheidung, auch wenn es sich um eine einstweilige Anordnung handelt.[15]

3. Verhältnis der einstweiligen Anordnung zum Verfahren in der Hauptsache

10   Die Neuregelung in § 51 Abs. 3 S. 1 verselbständigt das Verfahren der einstweiligen Anordnung gegenüber demjenigen in der Hauptsache (vgl. dazu im Einzelnen die Erläuterung zu § 51 Rn 23 bis 25). Die Vervielfachung formell selbständiger Verfahren wird für Betreuungssachen zu zusätzlichen Komplikationen führen.

11   Hervorzuheben ist in diesem Zusammenhang die der Verfahrensökonomie dienende Vorschrift des § 51 Abs. 3 S. 2, die es erlaubt, im Hauptsacheverfahren von der Wieder-

---

[12] BT-Drs. 16/6308 S. 203.
[13] Damrau/Zimmermann § 300 FamFG Rn 22; Prütting/Helms/Fröschle § 300 Rn 29; a. A. Jurgeleit/Bučić § 300 FamFG Rn 16: Vorführung nur nach § 33 möglich.
[14] Bassenge/Roth § 300 FamFG Rn 10; SBW/Rausch § 300 Rn 13.
[15] Prütting/Helms/Fröschle § 300 Rn 41; a. A. MünchKommZPO/Schmidt-Recla § 300 FamFG Rn 17.

holung von Verfahrenshandlungen abzusehen, die bereits im Verfahren der einstweiligen Anordnung vorgenommen worden sind, sofern von der Wiederholung keine zusätzlichen Erkenntnisse zu erwarten sind. Für das Verfahren auf Prüfung der Erforderlichkeit einer Betreuerbestellung wird sich daraus kaum eine spürbare Vereinfachung entwickeln können. Denn wenn nach persönlicher Anhörung des Betroffenen zunächst eine vorläufige Betreuerbestellung erfolgt und danach ein Sachverständigengutachten erstattet worden ist, wird sich vielfach aus § 34 Abs. 1 die Verpflichtung des Gerichts zur persönlichen Anhörung des Betroffenen zum Ergebnis des Gutachtens ableiten (vgl. § 278 Rn 16).

Die Vorschrift des § 52 Abs. 1 S. 1, der zufolge das Gericht nach Erlass einer einstweiligen Anordnung auf Antrag eines Beteiligten das Hauptsacheverfahren einzuleiten hat, wird für das Betreuungsverfahren kaum praktische Bedeutung gewinnen. Denn wenn das Gericht bereits eine vorläufige Betreuerbestellung vorgenommen, ggf. zusätzlich einen vorläufigen Einwilligungsvorbehalt angeordnet hat, drängt sich die Einleitung des Prüfungsverfahrens in der Hauptsache von Amts wegen geradezu auf. Die Zulässigkeit eines von dem Betroffenen mit diesem Ziel gestellten Antrags nach § 52 Abs. 1 S. 1 bleibt von diesem Gesichtspunkt unberührt.[16] **12**

Der Ausschluss der Abänderungsbefugnis des Amtsgerichts während der Anhängigkeit einer Beschwerde gegen die einstweilige Anordnung (§ 54 Abs. 4) greift wegen des spezialgesetzlichen Vorrangs der §§ 1908 d Abs. 1 BGB, 294 Abs. 1 FamFG nicht durch[17] (vgl. dazu auch bei § 330 Rn 2). **13**

Eine vorläufige Betreuerbestellung bzw. ein vorläufiger Einwilligungsvorbehalt treten gem. § 56 Abs. 1 mit dem Wirksamwerden der Entscheidung in der Hauptsache außer Kraft. Es handelt sich immer um eine anderweitige Regelung im Sinne des § 56 Abs. 1 unabhängig davon, ob der Aufgabenkreis, der Kreis der einwilligungsbedürftigen Willenserklärungen oder die Auswahl der Person des Betreuers gegenüber der einstweiligen Anordnung verändert worden sind. Denn die endgültige Entscheidung ist gerade dazu bestimmt, die vorläufig getroffene zu ersetzen, und hat gegenüber jener auch weitergehende Wirkungen. Denn die Wirksamkeit der einstweiligen Anordnung ist zeitlich befristet (§ 302), während die Entscheidung in der Hauptsache wirksam bleibt, solange sie nicht in dem innerhalb bestimmter Frist durchzuführenden Überprüfungsverfahren aufgehoben wird (vgl. § 286 Rn 9). **14**

4. Anfechtbarkeit der einstweiligen Anordnung

Gegen die Entscheidung über den Erlass einer einstweiligen Anordnung ist die Beschwerde nach § 58 Abs. 1 statthaft. Da das Verfahren der einstweiligen Anordnung ein selbständiges Verfahren ist (§ 51 Abs. 3 S. 1), handelt es sich bei der gerichtlichen Entscheidung über ihren Erlass um eine Endentscheidung im Sinne des § 58 Abs. 1. Der Rechtsmittelausschluss in § 57 beschränkt sich auf Familiensachen im Sinne des § 111. Anfechtbar sind damit sowohl der Erlass einer einstweiligen Anordnung als auch deren Ablehnung. § 63 Abs. 2 Nr. 1 verkürzt die Beschwerdefrist auf zwei Wochen, wenn sich das Rechtsmittel „gegen eine einstweilige Anordnung richtet", greift also nur ein, wenn eine einstweilige Anordnung erlassen, nicht hingegen, wenn eine solche abgelehnt wird. **15**

Für die Zulässigkeit der Beschwerde gelten im Übrigen die allgemeinen Vorschriften (§§ 303–305, §§ 59–69), eine Rechtsbeschwerde ist ausgeschlossen (§ 70 Abs. 4). Das Beschwerdegericht kann seinerseits gem. § 64 Abs. 3 durch eine einstweilige Anordnung die Wirksamkeit oder die Vollziehung der angefochtenen Entscheidung aussetzen. **16**

Durch den Erlass der abschließenden Entscheidung in der Hauptsache tritt für das Verfahren der einstweiligen Anordnung eine **Erledigung der Hauptsache** ein. Die Zulässigkeit der Fortführung des Beschwerdeverfahrens mit dem Ziel der Feststellung der Rechtswidrigkeit der erstinstanzlichen Entscheidung richtet sich nach § 62 (siehe dort Rn 4 bis 16). **17**

Eine Sonderstellung in diesem Zusammenhang nimmt der Erlass eines **vorläufigen Einwilligungsvorbehalts** ein. Wird dieser im Beschwerdewege als ungerechtfertigt aufgeho- **18**

---

[16] Damrau/Zimmermann § 300 FamFG Rn 55; Knittel § 300 FamFG Rn 57.
[17] Damrau/Zimmermann § 300 FamFG Rn 57.

ben, bleibt gem. § 306 die Wirksamkeit der von oder gegenüber dem Betroffenen vorgenommenen Rechtsgeschäfte unberührt. Die Vorschrift gilt auch für den vorläufigen Einwilligungsvorbehalt, so dass eine Sachentscheidung getroffen werden muss, ob die Voraussetzungen des vorläufigen Einwilligungsvorbehalts bereits bei Erlass der einstweiligen Anordnung vorlagen (siehe dazu näher § 306 Rn 3).

III. Die Betreuerentlassung (Abs. 2)

1. Voraussetzungen

19 Abs. 2 ermöglicht es übereinstimmend mit der Vorgängerregelung in § 69 f Abs. 3 FGG, einen Betreuer durch einstweilige Anordnung zu entlassen. Dafür müssen folgende Voraussetzungen gegeben sein:

20 – Es müssen **dringende Gründe** für die Annahme bestehen, dass die Voraussetzungen für die Entlassung des Betreuers vorliegen, die sich materiell-rechtlich aus § 1908 b BGB ergeben. Es handelt sich vorrangig um Fälle einer beabsichtigten Entlassung aus wichtigem Grund (§ 1908 b Abs. 1 S. 1 BGB), insbesondere bei fehlender persönlicher Eignung des Betreuers. Denkbar ist eine einstweilige Anordnung aber auch bei den weiteren Entlassungsgründen nach § 1908 b BGB. Die Interessen des Betroffenen sollen durch die gesetzliche Möglichkeit einer vorläufigen Betreuerentlassung geschützt werden, wenn durch Maßnahmen oder Unterlassungen des Betreuers eine Gefahr für die Person oder das Vermögen des Betroffenen besteht.[18] Die Ermittlungen der Gerichts müssen einen Stand erreicht haben, der das Vorliegen des Entlassungsgrundes als glaubhaft erscheinen lässt. Dazu gehört im Falle von Pflichtverletzungen des Betreuers auch die Feststellung, dass sich die Gefährdung der Interessen des Betroffenen nicht durch Aufsichtsmaßnahmen des Gerichts (§ 1837 Abs. 2 BGB) abgewendet werden kann.[19] Dem Betroffenen darf aus der Entlassung des Betreuers kein größerer Schaden erwachsen als bei seinem Verbleiben im Amt.[20]

21 – Es muss ein **dringendes Bedürfnis** für ein sofortiges Tätigwerden bestehen. Die Formulierung in Übereinstimmung mit Abs. 1 meint eine Gefährdungssituation, in der das Abwarten der endgültigen Entscheidung für den Betroffenen erhebliche Nachteile zur Folge hätte (vgl. Rn 5). Die Gefährdungslage bestimmt auch den Umfang der **Anhörungen,** die dem Erlass der einstweiligen Anordnung vorauszugehen hat. Grundsätzlich muss das Gericht den Betroffenen und den Betreuer vor einer einstweiligen Anordnung anhören. Werden aber etwa dem Gericht zuverlässig finanzielle Unregelmäßigkeiten bekannt oder ist der Betreuer für das Gericht nicht erreichbar, so kann eine einstweilige Anordnung auch vor Durchführung der Anhörung des Betreuers und ggf. auch des Betroffenen erlassen werden; die Anhörungen müssen dann unverzüglich nachgeholt werden.

2. Gerichtliche Entscheidung

22 Die einstweilige Anordnung hat in ihrem **ersten Teil** die Entlassung des Betreuers aus dem Amt des Betreuers auszusprechen. Die Entscheidung kann und muss sich ggf. auf eine Teilentlassung aus einzelnen Aufgabenkreisen beschränken. Die Möglichkeit einer Teilentlassung, die in der Rechtsprechung für die abschließende Entscheidung anerkannt ist,[21] besteht auch bei dem Erlass einer einstweiligen Anordnung.[22] Eine solche Teilentlassung ist insbesondere in Betracht zu ziehen, wenn die Gefährdungssituation nur in einzelnen Aufgabenkreisen besteht und im Rahmen der weiteren Ermittlungen noch aufgeklärt werden muss, inwieweit eine Fortführung des Betreueramtes durch den bisherigen Betreuer in einzelnen Aufgabenkreisen noch möglich ist, etwa bei einem mit umfassenden Aufgaben-

---

[18] BT-Drs. 11/4528 S. 178 zu § 69 f Abs. 3 FGG.
[19] BT-Drs. 11/4528 a. a. O.
[20] BayObLG FamRZ 1994, 324.
[21] BayObLG FamRZ 1997, 1358; FamRZ 2004, 734; OLG Zweibrücken FGPrax 1998, 57.
[22] Damrau/Zimmermann § 300 FamFG Rn 80; Knittel § 300 FamFG Rn 27; Bassenge/Roth § 300 FamFG Rn 12; a. A. Bienwald § 69 f FGG Rn 1.

kreisen bestellten ehrenamtlichen Betreuer, der mit der Wahrnehmung der Vermögenssorge überfordert ist.

In einem **zweiten Teil** der Entscheidung wird das Gericht ebenfalls im Wege der einstweiligen Anordnung regelmäßig einen anderen Betreuer neu bestellen müssen (§ 1908 c BGB), weil sich die Gefährdungssituation für den Betroffenen nur so beherrschen lassen wird. Im Fall der Teilentlassung führt dies zu einer Betreuung durch mehrere Betreuer mit getrennten Aufgabenkreisen (§ 1899 Abs. 1 S. 2 BGB). Die im Wege der einstweiligen Anordnung ausgesprochene Entlassung des Betreuers hat in einen vorläufigen Charakter in dem Sinne, dass sie gem. § 56 Abs. 1 außer Kraft tritt, wenn im Hauptsacheverfahren eine abweichende Sachentscheidung getroffen wird. Durch eine nachfolgende Entscheidung in der Hauptsache, durch die eine Entlassung des Betreuers abgelehnt wird, gelangt dieser automatisch wieder in sein Amt und der Nachfolgebetreuer muss ohne Rücksicht darauf, ob in seiner Person ein Entlassungsgrund nach § 1908 b BGB besteht, entlassen werden; es gilt insoweit dasselbe wie bei einer in der Sache erfolgreichen Beschwerde des entlassenen Betreuers.[23] Verbleibt es im Rahmen der Hauptsacheentscheidung bei der Entlassung des bisherigen Betreuers, ist auch über die Bestellung eines neuen Betreuers eine erneute, abschließende Auswahlentscheidung nach den Kriterien des § 1897 BGB zu treffen.[24] Die Entscheidung wird mit der Bekanntgabe an den zu entlassenden Betreuer wirksam (§ 287 Abs. 1). Erforderlichenfalls kann durch Anordnung der sofortigen Wirksamkeit ein beschleunigtes Wirksamwerden der Entscheidung herbeigeführt werden (vgl. dazu § 287 Rn 9). Für die Anfechtung der Entscheidung gelten die Erläuterungen zu Rn 15 bis 17 entsprechend.

IV. Maßnahmen nach § 1846 BGB

Der Anwendungsbereich des § 300 bezieht sich nicht auf betreuungsgerichtliche Maßnahmen nach §§ 1908 Abs. 1 S. 1, 1846 BGB. Diese materiell-rechtliche Vorschrift lässt Maßnahmen zu, die das Gericht zur Wahrnehmung der Angelegenheiten des Betroffenen selbst anstelle eines noch nicht bestellten oder verhinderten Betreuers trifft. Die Handlungsbefugnis des Gerichts hat gewollt subsidiären Charakter gegenüber der gesetzlichen Vertretung durch einen bestellten oder noch zu bestellenden Betreuer. Deshalb dürfen Maßnahmen aufgrund dieser Vorschrift nur getroffen werden, wenn das Regelungsbedürfnis so dringlich ist, dass bis zur Bestellung eines auch nur vorläufigen Betreuers und der Aufnahme seiner Tätigkeit nicht zugewartet werden kann, ohne das Wohl des Betroffenen nachhaltig zu gefährden.[25] Die Maßnahme des Gerichts kann also immer nur vorläufigen Charakter haben.

Hat sich die Maßnahme nicht bereits durch ihren sofortigen Vollzug erledigt, muss das Gericht durch eine unverzügliche Bestellung eines vorläufigen Betreuers für eine ordnungsgemäße gesetzliche Vertretung des Betroffenen Sorge tragen. Der bestellte Betreuer hat die getroffene Maßnahme zu überprüfen und über deren Fortdauer zu entscheiden.[26] Die Entscheidung des Gerichts wird verfahrensrechtlich überholt, wenn der Betreuer nach seiner Bestellung seine Tätigkeit aufnehmen kann und die Dringlichkeitsgründe des § 1846 BGB nicht mehr vorliegen.[27]

Die nach § 1846 BGB zu treffenden Maßnahmen können vielfältiger Art sein, vielfach wird es sich um die Einwilligung in ärztliche Behandlungsmaßnahmen handeln, die der Betroffene selbst nicht erteilen kann. Zu den Besonderheiten bei der Anordnung einer geschlossenen Unterbringung auf der Grundlage des § 1846 BGB vgl. die Erläuterungen bei § 334 Rn 4.

Die so skizzierte materiell-rechtliche Grundlage ist maßgebend auch für die verfahrensrechtliche Einordnung der gerichtlichen Maßnahme. Für das bisherige Recht war diese Frage von nachrangiger Bedeutung, weil alle Anordnungen (mit Ausnahme der in § 70 h

---

[23] OLG Köln FGPrax 1995, 106 = FamRZ 1995, 1086; BayObLG FamRZ 1988, 874.
[24] BayObLG FamRZ 2001, 252 = NJW-FER 2001, 75.
[25] BayObLG FamRZ 1990, 1154 = NJW-RR 1991, 774.
[26] BGH FGPrax 2002, 188 = NJW 2002, 1801.
[27] OLG Frankfurt FGPrax 2003, 128.

Abs. 3 FGG gesondert geregelten) einheitlich mit der einfachen Beschwerde anfechtbar waren. Für das FamFG ist die Qualifikation als Entscheidung in der Hauptsache bzw. als einstweilige Anordnung von Bedeutung im Hinblick auf die Bestimmung der Beschwerdefrist, die beim Erlass einer einstweiligen Anordnung lediglich zwei Wochen beträgt (§ 63 Abs. 2 Nr. 2) und bereits bei der gem. § 39 zu erteilenden Rechtsmittelbelehrung berücksichtigt werden muss. Ihrem vorläufigen Charakter wird es am besten gerecht, gerichtliche Maßnahmen nach § 1846 BGB einheitlich als einstweilige Anordnung mit Regelungscharakter im Sinne des § 49 Abs. 2 S. 1 2. Alt. zu behandeln,[28] und zwar unabhängig davon, ob es sich um eine längerfristige, von einem Betreuer noch zu überprüfende oder um eine einmalige Maßnahme handelt, deren Wirksamkeit mit ihrer Durchführung erschöpft ist. In beiden Konstellationen schließt eine kurzfristig eintretende Erledigung der Hauptsache eine sachliche Überprüfung der gerichtlichen Maßnahme im Wege der Beschwerde nicht aus, sofern der Betroffene daran ein berechtigtes Interesse im Sinne des § 62 hat (vgl. die Erläuterungen dort). Die einheitliche Bestimmung der Beschwerdefrist hat in diesem Zusammenhang eine besondere Bedeutung.

28 Für das Verfahren zur Prüfung vorläufiger Maßnahmen nach § 1846 BGB bestehen keine besonderen Regelungen. § 51 Abs. 2 verweist auf die allgemeinen betreuungsrechtlichen Verfahrensvorschriften (S. 1), es kann ohne mündliche Verhandlung entschieden werden (S. 2). Gleichwohl sollte das Gericht je nach dem Maß der Eingriffsintensität den Betroffenen persönlich anhören bzw. sich einen unmittelbaren Eindruck von ihm verschaffen. Im Übrigen gilt die Amtsermittlungspflicht (§ 26), deren Umfang sich auch an der Eilbedürftigkeit der Maßnahme zu orientieren hat.

Einstweilige Anordnung bei gesteigerter Dringlichkeit

301 (1) ¹Bei Gefahr im Verzug kann das Gericht eine einstweilige Anordnung nach § 300 bereits vor Anhörung des Betroffenen sowie vor Anhörung und Bestellung des Verfahrenspflegers erlassen. ²Diese Verfahrenshandlungen sind unverzüglich nachzuholen.

(2) Das Gericht ist bei Gefahr im Verzug bei der Auswahl des Betreuers nicht an § 1897 Abs. 4 und 5 des Bürgerlichen Gesetzbuchs gebunden.

I. Einstweilige Anordnung ohne vorherige Anhörung (Abs. 1 S. 1)

1 Die Vorschrift regelt in Übereinstimmung mit § 69f Abs. 1 S. 4 FGG die einstweilige Anordnung bei gesteigerter Dringlichkeit. Der Kern der Regelung besteht darin, dass der Erlass einer einstweiligen Anordnung unter bestimmten Voraussetzungen bereits vor der persönlichen Anhörung des Betroffenen sowie der Anhörung eines zu bestellenden Verfahrenspflegers (§ 300 Abs. 1 Nr. 3 und 4) ergehen und die Durchführung dieser Verfahrenshandlungen auf den Zeitpunkt ihrer unverzüglichen Nachholung nach Erlass der einstweiligen Anordnung verschoben wird.

2 Die gesteigerte Dringlichkeit bezeichnet § 301 als „Gefahr im Verzug". Die Steigerung der Formulierung im Verhältnis zu § 300 Abs. 1 Nr. 1 („dringendes Bedürfnis für ein sofortiges Tätigwerden") ist so zu verstehen, dass der Erlass der einstweiligen Anordnung zur Abwendung einer nachhaltigen Gefährdung des Wohls des Betroffenen so dringend erforderlich ist, dass nicht einmal die Durchführung einer persönlichen Anhörung des Betroffenen und die Anhörung eines etwa zu bestellenden Verfahrenspflegers abgewartet werden kann.[1]

3 Die Anwendung der Vorschrift muss auf die in ihr beschriebenen, eng umgrenzten Ausnahmefälle beschränkt bleiben. Sie führt nämlich dazu, dass dem Gericht als Erkenntnisquelle für die Glaubhaftmachung des Vorliegens der Voraussetzungen einer Betreuerbestellung (§ 300 Abs. 1 Nr. 1) faktisch nur das ärztliche Zeugnis (§ 300 Abs. 1 Nr. 2) zur

---
[28] Bassenge/Roth § 300 FamFG Rn 1; Jürgens/Kretz § 300 FamFG Rn 14; a. A. Damrau/Zimmermann § 300 FamFG Rn 7; Prütting/Helms/Fröschle § 300 Rn 10.
[1] Damrau/Zimmermann § 301 FamFG Rn 3; Fröschle/Locher § 301 Rn 2; Knittel § 301 FamFG Rn 5; MünchKommZPO/Schmidt-Recla § 301 FamFG Rn 3; SBW/Rausch § 301 Rn 2.

Verfügung steht. Dieses kann den Erlass einer einstweiligen Anordnung ohne persönliche Anhörung des Betroffenen nur rechtfertigen, wenn es den Anforderungen nach den §§ 281 Abs. 2, 280 Abs. 2 voll entspricht und die besondere Gefährdungssituation des Betroffenen nachvollziehbar darstellt. Von der gesetzlichen Vorschrift nicht gedeckt ist eine in der Praxis gelegentlich anzutreffende vorläufige Betreuerbestellung auf Vorrat, die nach Eingang einer mit ärztlichem Zeugnis versehenen Betreuungsanregung getroffen wird und die abschließende Entscheidung in der Hauptsache einschließlich der persönlichen Anhörung des Betroffenen erst vorbereiten soll.

II. Nachholung von Verfahrenshandlungen

1. Anhörung der Beteiligten

Nach Erlass einer einstweiligen Anordnung wegen gesteigerter Dringlichkeit muss die persönliche Anhörung des Betroffenen einschließlich der Anhörung eines etwa zu bestellenden Verfahrenspflegers unverzüglich nachgeholt werden (Abs. 1 S. 2 der Vorschrift). An die Unverzüglichkeit der Nachholung können hier nicht so strenge Anforderungen gestellt werden wie bei einer unter denselben verfahrensrechtlichen Voraussetzungen erlassenen vorläufigen Unterbringungsgenehmigung (vgl. dazu § 332 Rn 6), weil die vorläufige Betreuerbestellung allein noch nicht zu einem Eingriff ist das Freiheitsgrundrecht des Betroffenen führt.[2] Gleichwohl muss sich das Gericht über den normalen Geschäftsbetrieb hinaus um eine möglichst kurzfristige Nachholung insbesondere der persönlichen Anhörung des Betroffenen bemühen. Insbesondere reicht es nicht aus, wenn die persönliche Anhörung erst nach mehreren Tagen aus Anlass eines routinemäßigen Besuchs des Richters in der Einrichtung nachgeholt wird, in der sich der Betroffene befindet.[3]

2. Betreuerauswahl

Abs. 2 der Vorschrift übernimmt die bisher in § 69f Abs. 1 S. 5 FGG enthaltene Regelung. Bei einer vorläufigen Betreuerbestellung wegen gesteigerter Dringlichkeit ist das Gericht nicht an die Vorgaben für die Ermessensausübung bei der Betreuerauswahl gebunden, die sich aus § 1897 Abs. 4 und 5 BGB ergeben. Danach braucht das Gericht nicht in Ermittlungen einzutreten, ob der Betroffene eine Betreuungsverfügung errichtet hat, in der er eine bestimmte Person als Betreuer vorgeschlagen oder ausgeschlossen hat (§ 1897 Abs. 4 BGB). Ferner braucht das Gericht nicht festzustellen, ob ein Ehegatte oder Verwandte des Betroffenen zur Verfügung stehen, die zur Übernahme der Betreuung bereit und in der Lage sind (§ 1897 Abs. 5 BGB). Diese Beschränkungen haben ihre Grundlage in der besonderen Dringlichkeitssituation, die Abs. 2 der Vorschrift voraussetzt. Vielfach wird in solchen Situationen ein Berufsbetreuer ausgewählt.

Zweifelhaft ist, wie zu verfahren ist, wenn nach der Eilentscheidung, sei es von dem Betroffenen, sei es von einem Dritten, geltend gemacht wird, letzterer werde von dem Betroffenen als Betreuer vorgeschlagen. Die Auffassung, das Gericht sei nach Wegfall der Voraussetzungen der Gefahr im Verzug nicht dazu verpflichtet, den Prüfungsmaßstab für die Auswahl des Betreuers zu ändern,[4] erscheint bedenklich. Die Auffassung wird damit begründet, im Zusammenhang mit der Betreuerauswahl sehe § 69f Abs. 1 S. 5 FGG (jetzt: § 301 Abs. 2) im Gegensatz zu Abs. 1 S. 3 der Vorschrift (jetzt: § 301 Abs. 1) eine Nachholung von Verfahrenshandlungen nicht vor. Dabei wird jedoch nicht hinreichend berücksichtigt, dass § 301 Abs. 2 für den Erlass einer vorläufigen Betreuerbestellung mit besonderer Dringlichkeit eine **materiell-rechtliche** Veränderung vornimmt, die das Gericht von bestimmten Beschränkungen bei der Ermessensausübung im Zusammenhang mit der Betreuerauswahl freistellt. Es geht deshalb darum, ob eine Betreuerauswahl, die in einer Dring-

---

[2] Einen mit dem Unterbringungsverfahren vergleichbaren Maßstab wollen anlegen MünchKommZPO/Schmidt-Recla § 301 FamFG Rn 4; Bassenge/Roth § 300 FamFG Rn 3.
[3] Damrau/Zimmermann § 301 FamFG Rn 6; Knittel § 301 FamFG Rn 6.
[4] BayObLG BtPrax 2004, 111; BayObLGR 2005, 382 = BeckRS 2005, 01598; Jurgeleit/Bučić § 301 FamFG Rn 6; Jürgens/Kretz § 301 FamFG Rn 5; MünchKommZPO/Schmidt-Recla § 301 FamFG Rn 5; Prütting/Helms/Fröschle § 300 Rn 11.

lichkeitssituation abweichend von der materiell-rechtlichen Vorschrift des § 1897 BGB getroffen worden ist, auch nach Wegfall dieser Situation unverändert fortbestehen kann. Es ist zwar verfahrensmäßig nur schwer zu handhaben, neben dem erstinstanzlich weiter anhängigen Verfahren über die Betreuerbestellung in der Hauptsache ein Beschwerdeverfahren zu führen, in dem über die Auswahl des bestellten vorläufigen Betreuers zu entscheiden ist. Die Möglichkeit einer solchen Verfahrenssituation ist jedoch dadurch im Gesetz angelegt, dass die vorläufige Betreuerbestellung allgemein uneingeschränkt mit der Beschwerde anfechtbar ist, und zwar auch mit dem Ziel einer Änderung der Entscheidung über die Auswahl des vorläufigen Betreuers unter Berücksichtigung neuer Tatsachen (§ 65 Abs. 3). Bei diesem Befund erscheint es nicht gerechtfertigt, denjenigen Betroffenen und seine Angehörigen nur deshalb schlechter zu stellen und ihnen das Recht zur Herbeiführung einer Änderung der Auswahlentscheidung zu versagen, weil der Betroffene in eine persönliche Notsituation geraten ist, in der eine sofortige Betreuerbestellung mit gesteigerter Dringlichkeit erforderlich geworden ist.

Dauer der einstweiligen Anordnung

302 [1] Eine einstweilige Anordnung tritt, sofern das Gericht keinen früheren Zeitpunkt bestimmt, nach sechs Monaten außer Kraft. [2] Sie kann jeweils nach Anhörung eines Sachverständigen durch weitere einstweilige Anordnungen bis zu einer Gesamtdauer von einem Jahr verlängert werden.

I. Normzweck und Anwendungsbereich

1   Der Regelung des § 302 knüpft an die §§ 300, 301 an und betrifft nur die vorläufige Betreuerbestellung. Ihr liegt der Gedanke zugrunde, dass in die Rechte des Betroffenen aufgrund eines summarischen Verfahrens mit verminderten Verfahrensgarantien nicht über eine Zeitspanne hinaus eingegriffen werden soll, innerhalb deren unter normalen Umständen mit dem Abschluss der Ermittlungen zur Entscheidung in der Hauptsache gerechnet werden kann.[1]

II. Fristen der einstweiligen Anordnung

1. Höchstfrist

2   S. 1 der Vorschrift bestimmt in Übereinstimmung mit der Vorgängerregelung in § 69 f Abs. 2 FGG eine **Höchstfrist** für die Wirksamkeit einer vorläufigen Betreuerbestellung bzw. eines vorläufigen Einwilligungsvorbehalts von sechs Monaten. Durch die gerichtliche Entscheidung kann auch eine kürzere Frist bestimmt werden, was in der Praxis kaum geschieht. Aus Gründen der Klarstellung ist dringend anzuraten, das **Ablaufdatum** immer in der gerichtlichen Entscheidung ausdrücklich zu bezeichnen. Geschieht dies nicht, muss die Frist nach den §§ 16 Abs. 2 FamFG, 222 Abs. 1 ZPO, 187 Abs. 1, 188 Abs. 2 BGB berechnet werden. Dies kann im Einzelfall zu Schwierigkeiten führen, weil die Bekanntgabe als Zeitpunkt des Fristbeginns (§ 16 Abs. 1) nur aus den Verfahrensakten festgestellt werden kann. Tritt die Wirksamkeit der Entscheidung bereits vor ihrer Bekanntgabe an den Betreuer ein, nämlich bei Anordnung der sofortigen Wirksamkeit nach weiterer Maßgabe gem. § 287 Abs. 2, berechnet sich die Frist von diesem Zeitpunkt an; zur Begründung wird auf die Ausführungen zu § 329 Rn 6 verwiesen. Im Gegensatz zur abschließenden Betreuerbestellung (vgl. § 286 Rn 7) ist die durch die gerichtliche Entscheidung gesetzte Frist oder die gesetzliche Höchstfrist hier mit einer Automatik verknüpft, die zum Außerkrafttreten der Anordnung mit Ablauf der Frist führt.

2. Verlängerung der einstweiligen Anordnung

3   S. 2 der Vorschrift ermöglicht eine Verlängerung der einstweiligen Anordnung bis zum Ablauf einer Gesamtdauer von einem Jahr, wobei der Wortlaut ausdrücklich auch mehrere kürzerfristige Verlängerungen innerhalb dieses Gesamtzeitraums erlaubt, die jedoch in der

---

[1] BT-Drs. 11/4528 S. 178.

Regel untunlich sein werden. Der inhaltliche Bezug zu der in S. 1 bestimmten Frist ist so zu verstehen, dass der Gesamtzeitraum von einem Jahr mit dem Beginn der Frist durch die erstmalige einstweilige Anordnung zu berechnen ist. Mit dem Sinn der Vorschrift (vgl. Rn 1) wäre es nicht in Einklang zu bringen, nach Ablauf der Höchstfrist für die erstmalige einstweilige Anordnung zunächst eine Unterbrechung der vorläufigen Betreuerbestellung eintreten zu lassen, um diese zu einem späteren Zeitpunkt erneut für bis zu sechs Monate anzuordnen, um auf diese Weise einen über ein Jahr hinausgehenden Zeitraum mit einer vorläufigen Betreuerbestellung abdecken zu können.[2]

Das Verlängerungsverfahren ist ein **selbständiges Verfahren** der einstweiligen Anordnung im Sinne des § 51 Abs. 3. Daraus folgt, dass der Verlängerungsentscheidung die **Wiederholung** der Verfahrenshandlungen nach § 300 Abs. 1 vorauszugehen hat.[3] Insbesondere muss der Betroffene erneut persönlich angehört werden. Denkbar ist aber auch der Erlass einer einstweiligen Anordnung bei gesteigerter Dringlichkeit nach § 301. Ergänzend sieht § 302 S. 2 vor, dass die Verlängerung zusätzlich die „Anhörung" eines Sachverständigen voraussetzt. Auf diese Weise soll die Erkenntnisgrundlage für die vorläufige Beurteilung im Hinblick auf das Vorliegen der Voraussetzungen einer Betreuerbestellung bzw. der Anordnung eines Einwilligungsvorbehalts abgesichert werden. Die gesetzliche Vorschrift schreibt nicht näher die Form vor, in der die Anhörung des Sachverständigen zu erfolgen hat. Es muss sich also um eine vom Gericht eingeholte mündliche oder schriftliche Stellungnahme handeln, die aber nicht die Qualität eines Sachverständigengutachtens haben muss. Jedoch muss die Stellungnahme sowohl in Bezug auf die Qualifikation des Sachverständigen als auch hinsichtlich der Grundlage und Inhalt der ärztlichen Beurteilung den Anforderungen an ein ärztliches Zeugnis entsprechen (vgl. dazu § 281 Rn 1). Daraus folgt insbesondere, dass sich aus der Stellungnahme ergeben muss, dass der Sachverständige vor seiner Stellungnahme den Betroffenen – ggf. erneut – persönlich untersucht oder befragt hat. Die Anhörung des Sachverständigen durch das Gericht ist eine förmliche Beweisaufnahme im Sinne des § 30 Abs. 1.[4] Das Gericht ist in der Auswahl des Sachverständigen (§ 404 ZPO) nicht beschränkt und kann die gutachterliche Stellungnahme auch von dem Arzt einholen, der bereits das ärztliche Zeugnis erstattet hat, das der erstmaligen einstweiligen Anordnung zugrunde liegt.[5] Auch das Ablehnungsrecht (§ 406 ZPO) findet Anwendung.

3. Rechtsfolgen des Fristablaufs

Läuft die Frist einer vorläufigen Betreuerbestellung nach § 302 S. 1 oder 2 ab, so erlischt aufgrund der Automatik der gesetzlichen Vorschrift die Betreuung mit sämtlichen daran gebundenen Rechtsfolgen.[6] Im Hinblick auf diese einschneidenden Rechtsfolgen sollten sämtliche am Betreuungsverfahren Beteiligten der Überwachung dieser Frist besonderes Augenmerk schenken. Aus der Sicht des Betreuers führt ein Fristablauf nicht nur zur sofortigen Beendigung seiner gesetzlichen Vertretungsbefugnis, sondern auch zur Beendigung des Zeitraumes, für den er bei beruflicher Amtsführung eine pauschale Vergütung nach den §§ 2, 5 VBVG beanspruchen kann. Eine Tätigkeit des Betreuers in dem Zeitraum einer – sei es auch nur unbeabsichtigten – Vakanz zwischen dem Auslaufen einer vorläufigen Betreuerbestellung und einer späteren abschließenden Betreuerbestellung ist nach den genannten Vorschriften nicht vergütungsfähig.[7]

Ergänzende Vorschriften über die Beschwerde

303 (1) **Das Recht der Beschwerde steht der zuständigen Behörde gegen Entscheidungen über**

---

[2] Prütting/Helms/Fröschle § 300 Rn 14.
[3] Knittel § 302 FamFG Rn 6.
[4] A. A. Damrau/Zimmermann § 302 FamFG Rn 7; Prütting/Helms/Fröschle § 302 Rn 12: formlose Beweiserhebung nach § 29.
[5] Damrau/Zimmermann § 302 FamFG Rn 7.
[6] BayObLG FamRZ 1994, 1190 = BtPrax 1994, 98.
[7] OLG Braunschweig FamRZ 2006, 290; OLG Hamm FGPrax 2006, 161; LG Koblenz FamRZ 2005, 1580.

1. die Bestellung eines Betreuers oder die Anordnung eines Einwilligungsvorbehalts,
2. Umfang, Inhalt oder Bestand einer in Nummer 1 genannten Maßnahme

zu.

(2) Das Recht der Beschwerde gegen eine von Amts wegen ergangene Entscheidung steht im Interesse des Betroffenen

1. dessen Ehegatten oder Lebenspartner, wenn die Ehegatten oder Lebenspartner nicht dauernd getrennt leben, sowie den Eltern, Großeltern, Pflegeeltern, Abkömmlingen und Geschwistern des Betroffenen sowie
2. einer Person seines Vertrauens

zu, wenn sie im ersten Rechtszug beteiligt worden sind.

(3) Das Recht der Beschwerde steht dem Verfahrenspfleger zu.

(4) ¹Der Betreuer oder der Vorsorgebevollmächtigte kann gegen eine Entscheidung, die seinen Aufgabenkreis betrifft, auch im Namen des Betroffenen Beschwerde einlegen. ²Führen mehrere Betreuer oder Vorsorgebevollmächtigte ihr Amt gemeinschaftlich, kann jeder von ihnen für den Betroffenen selbständig Beschwerde einlegen.

I. Anwendungsbereich und Verhältnis zu den allgemeinen Vorschriften

1 Die Vorschrift betrifft aus dem Komplex der Voraussetzungen der Zulässigkeit einer Beschwerde gegen eine betreuungsrechtliche Entscheidung ausschließlich die erforderliche Beschwerdebefugnis des Rechtsmittelführers. Im Ausgangspunkt unberührt bleibt dabei die allgemeine Vorschrift des § 59 Abs. 1, wonach nur derjenige beschwerdebefugt ist, der durch die angefochtene Entscheidung in eigenen subjektiven Rechten beeinträchtigt ist. §§ 303 und 304 **erweitern** diese Beschwerdebefugnis in der Weise, dass bestimmte Personen bzw. die Betreuungsbehörde und die Staatskasse für einzelne Entscheidungen **unabhängig von der Beeinträchtigung eigener Rechte** zur Einlegung des Rechtsmittels befugt sind. Die Feststellung der Beschwerdebefugnis kann deshalb eine parallele Prüfung sowohl unter dem Gesichtspunkt des § 59 Abs. 1 als auch einer Erweiterung nach § 303 erfordern.

2 Für die Zulässigkeit der Beschwerde und den Gang des Beschwerdeverfahrens verbleibt es im Übrigen bei den allgemeinen Vorschriften der §§ 58 bis 69. Gegenstand einer Beschwerde können sämtliche instanzabschließende (§ 58 Abs. 1) Entscheidungen sein, gleichviel ob durch sie eine betreuungsrechtliche Maßnahme angeordnet oder abgelehnt worden ist. Die Betreuerbestellung ist zwar eine Einheitsentscheidung. Die schließt jedoch nach gefestigter Rechtsprechung eine Teilanfechtung nicht aus. Dies bedeutet, dass das Rechtsmittel etwa auf die Bestimmung einzelner Aufgabenkreise des Betreuers, insbesondere aber auch auf die Auswahl der Person des Betreuers beschränkt werden kann.[1] Das Beschwerdegericht hat in einem solchen Fall die unangefochtenen Entscheidungselemente nicht zu prüfen.[2]

II. Beschwerdebefugnis einzelner Personen bzw. der Betreuungsbehörde

1. Beschwerdebefugnis des Betroffenen

3 Der Betroffene wird in § 303 nicht ausdrücklich als beschwerdebefugt genannt, weil er ohnehin bereits nach **§ 59 Abs. 1** beschwerdebefugt ist, soweit durch betreuungsrechtliche Maßnahmen in seinen Rechtskreis eingegriffen wird, sei es durch erstmalige Anordnung, Verlängerung oder Aufrechterhaltung durch Ablehnung einer Aufhebung. Der Beschwerdebefugnis des Betroffenen steht nicht entgegen, dass die Maßnahme auf seinen eigenen Antrag getroffen worden ist.[3] Nicht beeinträchtigt wird der Betroffene nur durch solche Entscheidungen, durch die eine Betreuerbestellung oder die Anordnung eines Einwilligungsvorbehalts abgelehnt oder eine solche Maßnahme aufgehoben wird. Inwieweit der

---

[1] BGH NJW 1996, 1825 = FamRZ 1996, 607; BayObLG FamRZ 1996, 419; KG FGPrax 1995, 110; OLG Düsseldorf FamRZ 1994, 451; OLG Hamm FGPrax 1996, 183.
[2] BayObLG FamRZ 1996, 419; OLG Hamm FamRZ 1993, 988.
[3] OLG Hamm FamRZ 1995, 1519 = BtPrax 1995, 221.

Betroffene dann gleichwohl noch die Feststellung der Rechtswidrigkeit einer in der Vergangenheit getroffenen Maßnahme beantragen kann, ist ein Problem des § 62. Anders verhält es sich nur dann, wenn der Betroffene selbst die Bestellung eines Betreuers oder die Aufrechterhaltung der Betreuung angestrebt hat, weil ihm die vom Staat in Form von Rechtsfürsorge gewährte soziale Leistung versagt wird.[4]

2. Beschwerdebefugnis des Verfahrenspflegers (Abs. 3)

Eine Beschwerdebefugnis des Verfahrenspflegers nach § 59 Abs. 1 wegen Beeinträchtigung eigener Rechte kommt praktisch nur im Verfahren nach den §§ 277 Abs. 6, 168 in Betracht, wenn ihm die beantragte Festsetzung einer Vergütung oder von Aufwendungsersatz versagt wird. **Abs. 3** eröffnet dem Verfahrenspfleger nunmehr ausdrücklich eine **eigenständige Beschwerdebefugnis,** die sich aus seinem Amt als Verfahrenspfleger ableitet. Die Vorschrift korrespondiert mit derjenigen des § 274 Abs. 2, durch die dem Verfahrenspfleger die verfahrensrechtliche Rechtsstellung eines selbständigen Verfahrensbeteiligten eingeräumt wird. Daraus folgt, dass die Beschwerdebefugnis des Verfahrenspflegers auf den **Umfang der Beschwer des Betroffenen** durch die angefochtene Entscheidung **beschränkt** ist, der Verfahrenspfleger also nur insoweit Beschwerde einlegen kann wie der Betroffene selbst ein Rechtsmittel erheben könnte.[5] Der Verfahrenspfleger kann deshalb Beschwerde nur gegen eine Maßnahme einlegen, durch die in die Rechte des Betroffenen eingegriffen wird (insbesondere also die Bestellung eines Betreuers oder die Anordnung eines Einwilligungsvorbehalts), gegen die Ablehnung oder die Aufhebung einer solchen Maßnahme hingegen nur dann, wenn der Betroffene die Anordnung oder Aufrechterhaltung der Betreuung anstrebt, insoweit also auch selbst beschwerdebefugt ist.[6]

4

Dieses Ergebnis lässt sich allerdings unter Geltung des FamFG nicht mehr damit begründen, der Verfahrenspfleger übe das Beschwerderecht im Namen des Betroffenen aus.[7] Denn die dem Verfahrenspfleger in § 274 Abs. 2 zugewiesene eigene Rechtsstellung eines Verfahrensbeteiligten schließt es aus, ihn künftig als gesetzlichen Vertreter des Betroffenen anzusehen (vgl. § 276 Rn 26). Würde nur auf die Funktion des Verfahrenspflegers abgestellt, von einem objektiven Standpunkt die Interessen des Betroffenen ohne Bindung an dessen Weisungen wahrzunehmen (vgl. § 276 Rn 27), wäre es durchaus denkbar, dem Verfahrenspfleger eine Beschwerdebefugnis auch mit dem Ziel der Herbeiführung einer von ihm für erforderlich gehaltenen, durch die angefochtene Entscheidung jedoch abgelehnten oder aufgehobenen betreuungsrechtlichen Maßnahme zuzugestehen.[8] Dabei bliebe jedoch unberücksichtigt, dass dem Rechtsinstitut der Verfahrenspflegerbestellung maßgebend der Gedanke zugrunde liegt, zu seinem Schutz vor einem Eingriff in seine Rechte die Gewährung des rechtlichen Gehörs eines Betroffenen zu gewährleisten, der infolge seiner Erkrankung oder Behinderung seine Interessen selbst nicht mehr angemessen wahrnehmen kann (vgl. § 276 Rn 2). Dieser beschränkte Zweck ist erfüllt, wenn eine betreuungsrechtliche Maßnahme abgelehnt oder aufgehoben wird, mag dies auch gegen die Stellungnahme des Verfahrenspflegers erfolgt sein. Es muss anderen Beschwerdeberechtigten (dem Betreuer, der Betreuungsbehörde oder Angehörigen des Betroffenen) überlassen bleiben, in solchen Fällen ein Rechtsmittel mit dem Ziel der Anordnung oder Aufrechterhaltung einer betreuungsrechtlichen Maßnahme einzulegen.[9]

5

3. Beschwerdebefugnis des Betreuers (Abs. 4)

Eine Beschwerdebefugnis des Betreuers nach **§ 59 Abs. 1** wegen Beeinträchtigung eigener Rechte kommt nur in Betracht bei einem ihm nachteiligen Eingriff in das ihm über-

6

---

[4] OLG München NJW-RR 2007, 1087 = FamRZ 2007, 743; Jurgeleit/Stauch § 303 FamFG Rn 38.
[5] Damrau/Zimmermann § 303 Rn 144; Jurgeleit/Stauch § 303 FamFG Rn 55; Jürgens/Kretz § 303 FamFG Rn 10.
[6] OLG München NJW-RR 2007, 1087 = FamRZ 2007, 743.
[7] BayObLG BtPrax 2002, 165; OLG Frankfurt FGPrax 2000, 21 = FamRZ 2000, 1446; jeweils in einer Unterbringungssache.
[8] So Prütting/Helms/Fröschle § 303 Rn 32.
[9] So treffend OLG Frankfurt FGPrax 2000, 21 = FamRZ 2000, 1446.

tragene Betreueramt oder die ihm daraus zustehenden Rechte. Dazu zählen bspw. die Entscheidung, durch die der Betreuer gem. § 1908 b BGB gegen seinen Willen entlassen wird,[10] ihm nachteilige Entscheidungen im Festsetzungsverfahren nach den §§ 292 Abs. 1, 168, ferner betreuungsgerichtliche Aufsichtsmaßnahmen oder die Versagung einer betreuungsgerichtlichen Genehmigung. Aus eigenem Recht steht dem Betreuer hingegen keine Beschwerdebefugnis gegen die Aufhebung der Betreuung, die Ablehnung ihrer Verlängerung oder die Einschränkung des Aufgabenkreises der Betreuung zu. Denn es gibt kein subjektives Recht auf Fortbestand der Betreuung.[11] Dementsprechend steht auch dem Nachfolgebetreuer, der zugleich mit der Entlassung seines Vorgängers gem. § 1908 c BGB bestellt worden ist, gegen die Entscheidung des Beschwerdegerichts, durch die die Entlassung des Vorgängers aufgehoben wird, nicht das Recht zur Einlegung einer Rechtsbeschwerde (§ 70) zu.[12] Dies gilt auch dann, wenn dem vorläufigen (Nachfolge-)Betreuer das rechtliche Gehör nicht gewährt worden ist, weil sich daraus allein eine Beschwerdebefugnis gem. § 59 Abs. 1 nicht ableiten lässt, er ist vielmehr auf die Anhörungsrüge nach § 44 verwiesen.[13]

7 Darüber hinaus eröffnet **§ 303 Abs. 4 S. 1** dem Betreuer die Möglichkeit, gegen eine Entscheidung, die seinen Aufgabenkreis betrifft, auch im Namen des Betroffenen Beschwerde einzulegen. Der Vorschrift wird im Hinblick auf die Befugnis des Betreuers zur gesetzlichen Vertretung des Betroffenen (§ 1902 BGB) nur deklaratorische Bedeutung beigemessen.[14] Die Befugnis des Betroffenen, aufgrund seiner Verfahrensgeschäftsfähigkeit (§ 275) eigene Verfahrenshandlungen wirksam vorzunehmen, bleibt davon unberührt.

8 Die Vorschrift setzt voraus, dass das Betreueramt und damit die gesetzliche Vertretung **noch fortbesteht**. Ist die Entscheidung, die zur Beendigung des Betreueramtes geführt hat (etwa die Aufhebung der Betreuung oder die Entlassung des Betreuers), durch Bekanntgabe nach Maßgabe des § 287 wirksam geworden, kann der frühere Betreuer gegen diese im Namen des Betroffenen keine Beschwerde mehr einlegen, sondern allenfalls aufgrund einer ihm persönlich zu stehenden Beschwerdebefugnis (siehe Rn 6).[15]

9 Weitere Voraussetzung ist, dass die angefochtene Entscheidung den **Aufgabenkreis des Betreuers** betrifft. Diese Formulierung wird allgemein weit verstanden. Sie umfasst nicht nur Folgeentscheidungen innerhalb der dem Betreuer übertragenen Aufgabenkreise, wie etwa die Genehmigung von Rechtsgeschäften (§§ 1908 1 Abs. 1, 1821, 1822, 1907 BGB) oder Einwilligung oder deren Verweigerung zu ärztlichen Behandlungsmaßnahmen (§ 1904 BGB). Bei diesen Genehmigungen ist ohnehin nur eine Rechtsbeeinträchtigung des Betroffenen denkbar, so dass die Vertretungsbefugnis des Betreuers die Einlegung eines Rechtsmittels zur Herbeiführung einer von ihm für erforderlich gehaltenen gerichtlichen Entscheidung umfassen muss.[16] Erfasst werden darüber hinaus Entscheidungen zur Erweiterung[17] oder Einschränkung des Aufgabenkreises der Betreuung, die Anordnung eines Einwilligungsvorbehalts sowie eine Teilentlassung des Betreuers.[18]

10 **Abs. 4 S. 2** trifft eine Sonderregelung für den Fall, dass mehrere Betreuer ihr Amt im Sinne des § 1899 Abs. 3 BGB gemeinschaftlich führen. Unabhängig davon, ob es zivilrechtlich bei dem Grundsatz der gemeinschaftlichen Vertretung des Betroffenen verbleibt (§ 1899 Abs. 3. Halbs. 1 BGB), gestaltet Abs. 4 S. 2 die Beschwerdebefugnis so, dass sie von jedem Betreuer selbständig ausgeübt werden kann. Die Vorschrift gilt hingegen nicht für Fälle des § 1899 Abs. 1, 2 und 4 BGB.[19]

---

[10] BayObLG FamRZ 1995, 1232 = BtPrax 1995, 65.
[11] BayObLG FamRZ 1994, 1189; OLG Düsseldorf FamRZ 1998, 1244 = BtPrax 1998, 80; OLG Köln NJW-RR 1997, 708 = FamRZ 1997, 1293; OLG München BtPrax 2006, 33.
[12] BayObLG FGPrax 1995, 197 = FamRZ 1996, 58; OLG Düsseldorf FGPrax 1995, 109 = FamRZ 1995, 12.
[13] A. A. OLG Düsseldorf FamRZ 1998, 1244 = BtPrax 2008, 40 zu § 20 Abs. 1 FGG.
[14] BT-Drs. 16/6308 S. 272; Knittel § 303 FamFG Rn 20.
[15] BayObLG FGPrax 1995, 197 = FamRZ 1996, 58; OLG Köln NJW-RR 1997, 708 = FamRZ 1997, 1293.
[16] BayObLG FamRZ 1999, 47 = BtPrax 1998, 72; KG OLGZ 1965, 375.
[17] BayObLG NJW-RR 1997, 967.
[18] BayObLG FamRZ 2007, 734 = BtPrax 2004, 35.
[19] OLG Hamm FGPrax 2000, 107 = FamRZ 2001, 314.

4. Beschwerdebefugnis des Vorsorgebevollmächtigten (Abs. 4)

Abs. 4 S. 1 erweitert die Befugnis zur Einlegung der Beschwerde im Namen des Betroffenen auf den Vorsorgebevollmächtigten im Sinne des § 1896 Abs. 2 S. 2 BGB. Soweit es um eine Maßnahme geht, zu der auch der Vorsorgebevollmächtigte der Genehmigung des Gerichts bedarf (§ 1904 Abs. 5 BGB), hat die Vorschrift eine vergleichbare Funktion wie gegenüber einem Betreuer. Sie gewinnt jedoch eine darüber hinaus gehende, weit reichende Bedeutung im Verfahren auf Prüfung der Erforderlichkeit einer Betreuerbestellung. Denn dem Wortlaut nach wird der Aufgabenkreis des Vorsorgebevollmächtigten auch dadurch betroffen, dass im Umfang der rechtsgeschäftlichen Bevollmächtigung nachträglich ein Betreuer, ggf. auch nur ein Vollmachtsüberwachungsbetreuer (§ 1896 Abs. 3 BGB) bestellt wird. Die Gesetzesbegründung zu § 274 Abs. 1 Nr. 3 (zwingende Hinzuziehung des Vorsorgebevollmächtigten als Beteiligter) hebt ausdrücklich hervor, dem Vorsorgebevollmächtigten solle die Möglichkeit eröffnet werden, einer Beeinträchtigung eigener Rechte durch einen drohenden Widerruf seiner Bevollmächtigung im Falle der Bestellung eines Betreuers bzw. eines Vollmachtsüberwachungsbetreuers (§ 1896 Abs. 3 BGB) entgegen treten zu können.[20] Dann kann § 303 Abs. 4 S. 1 nur so verstanden werden, dass dem Vorsorgebevollmächtigten das Recht eingeräumt werden soll, mit einer namens des Betroffenen eingelegten Beschwerde den Vorrang der Vorsorgevollmacht zur Geltung zu bringen, auch wenn eine nähere Erläuterung im Rahmen der Begründung zu § 303 dazu fehlt.[21] Jedenfalls hat § 303 Abs. 4 S. 1 in dem vorliegenden Zusammenhang keineswegs nur deklaratorische Bedeutung, weil die Auslegung einer rechtsgeschäftlich erteilten Vollmacht nicht notwendig zu dem Ergebnis führen muss, dass sie auch die Vertretung des Vollmachtgebers in einem seine Person betreffenden betreuungsrechtlichen Prüfungsverfahren umfasst. Es handelt sich daher eher um eine unwiderlegbar vermutete rechtsgeschäftliche Bevollmächtigung, die die Befugnis des Betroffenen zu eigenen Verfahrenshandlungen nicht verdrängt (vgl. Rn 7).[22]

Die Frage, ob dem Vorsorgebevollmächtigten gegen eine Betreuerbestellung eine Beschwerdebefugnis wegen Beeinträchtigung eigener Rechte zusteht (§ 59 Abs. 1),[23] stellt sich nicht mehr, wenn der Bevollmächtigte von seiner Befugnis zur Einlegung des Rechtsmittels im Namen des Betroffenen Gebrauch macht.[23a] Vielfach wird sich in diesem Zusammenhang die Frage stellen, wie Zweifel an der Wirksamkeit der Vorsorgevollmacht zu behandeln sind, insbesondere unter dem Blickwinkel, ob der aktuell umfassend hilfsbedürftige Betroffene bereits bei Erteilung der Vollmacht geschäftsunfähig war (§ 104 Nr. 2 BGB). In einer solchen Verfahrenssituation ist die **Wirksamkeit der Vollmacht doppelrelevant**, weil sie sowohl für die Zulässigkeit des Rechtsmittels des Vorsorgebevollmächtigten als auch für die Erforderlichkeit der Betreuerbestellung von Bedeutung ist. Entsprechend den zu Fällen der Doppelrelevanz entwickelten Grundsätzen (vgl. § 59 Rn 20) ist im Rahmen der Sachentscheidung über die Wirksamkeit der Bevollmächtigung zu befinden. Die Beschwerdebefugnis des Vorsorgebevollmächtigten hat nur dann einen Sinn, wenn gewährleistet wird, dass dem Rechtsmittel nicht durch einen erklärten Widerruf der Vollmacht durch den bestellten Betreuer die Grundlage entzogen werden kann. Einerseits muss der Betreuer zu einem auch kurzfristigen Widerruf in der Lage sein, weil seine Bestellung nur erfolgt sein kann, weil das Gericht die Interessen des Betroffenen durch den Vorsorgebevollmächtigten nicht als hinreichend gewahrt angesehen hat. Andererseits muss dem Bevollmächtigten gleichwohl die Möglichkeit zu einer sachlichen Überprüfung der Entscheidung eröffnet werden.[24] Ein tragfähiger Vorschlag[25] geht dahin, zur Gewährleistung effektiven Rechts-

---

[20] BT-Drs. 16/6308 S. 265.
[21] BT-Drs. 16/6308 S. 271/272.
[22] Abweichend Damrau/Zimmermann § 303 FamFG Rn 171, der dem Bevollmächtigten ein eigenes Beschwerderecht im Sinne des § 59 Abs. 1 zubilligen will.
[23] Verneinend BayObLG FGPrax 2003, 171; OLG Stuttgart FGPrax 1995, 87; bejahend OLG Zweibrücken FGPrax 2002, 260.
[23a] A. A. LG Hof Rpfleger 2010, 426 ohne auf § 303 Abs. 4 S. 1 einzugehen.
[24] Bahrenfuss/Brosey § 303 Rn 10.
[25] Damrau/Zimmermann § 303 FamFG Rn 173; Prütting/Helms/Fröschle § 303 Rn 59.

schutzes[26] § 47 nicht anzuwenden, wenn auf die Beschwerde des Bevollmächtigten die Betreuerbestellung aufgehoben wird, so dass der Widerruf der Vollmacht rückwirkend unwirksam wird.

5. Beschwerdebefugnis der Betreuungsbehörde (Abs. 1)

13 **Abs. 1** räumt als Spezialvorschrift im Sinne des § 59 Abs. 3 der Betreuungsbehörde eine inhaltlich weit reichende Beschwerdebefugnis ein. Das Beschwerderecht der Behörde ist im Gegensatz zu demjenigen naher Angehöriger (Abs. 2) nicht davon abhängig, dass die Behörde im Verfahren erster Instanz von ihrem Recht sich am Verfahren zu beteiligen (§ 274 Abs. 3) Gebrauch gemacht hat. Das Beschwerderecht der Behörde setzt ausschließlich voraus, dass eine Entscheidung „über" einen inhaltlich näher beschriebenen Verfahrensgegenstand getroffen worden ist. Dazu wird wörtlich die Formulierung aus § 274 Abs. 3 Nr. 1 und 2 übernommen, die im Hinblick auf die Beteiligungsbefugnis der Behörde auf den Prüfungsgegenstand des Verfahrens, nicht hingegen auf den Inhalt der instanzabschließenden Entscheidung abstellt.

14 **Nr. 1** der Vorschrift erfasst zunächst sämtliche Verfahren, die eine Betreuerbestellung und/oder die Anordnung eines Einwilligungsvorbehalts zum Gegenstand haben. Die Vorschrift ist entsprechend anzuwenden auf die Bestellung eines Gegenbetreuers (§§ 1908 i Abs. 1, 1792 BGB), der nicht gesetzlicher Vertreter des Betroffenen, sondern nur ein Überwachungsorgan ist, das dem Betreuungsgericht Kontrollaufgaben abnehmen soll.[27]

15 Die Formulierung in **Nr. 2** (Verfahren über den Umfang, Inhalt oder Bestand Entscheidung nach Nr. 1) ist bewusst weit gefasst und betrifft sämtliche Verfahrensgegenstände über die Veränderung einer bestehenden Betreuerbestellung bzw. eines angeordneten Einwilligungsvorbehalts, sei es eine Veränderung des Aufgabenkreises, die Aufhebung oder Verlängerung der Maßnahme, sei es eine Veränderung in der Person des bestellten Betreuers bei fortbestehender Maßnahme etwa bei Bestellung eines weiteren Betreuers oder der Entlassung des bisherigen und der Neubestellung eines anderen Betreuers. Es handelt sich damit um eine abweichende systematische Ausrichtung gegenüber dem bisherigen Recht, das in mehreren Einzelvorschriften die Beschwerdebefugnis in Anknüpfung an den konkreten Inhalt der Entscheidung regelte (§§ 69 g Abs. 1, 69 i Abs. 3, 5 und 8 FGG). Die Gesetzesbegründung erweckt den Eindruck, als habe sich hinsichtlich des Umfangs der beschwerdefähigen Entscheidungen gegenüber dem bisherigen Recht nichts geändert.[28] Die wörtliche Übernahme der Formulierung aus § 274 Abs. 3 Nr. 1 und 2 **zwingt** jedoch zu der zuvor dargestellten Schlussfolgerung. Dieses Ergebnis kann beispielhaft verdeutlicht werden an der Entscheidung über die Entlassung des bisherigen Betreuers, die Entscheidung, die in der Gesetzesbegründung ausdrücklich als Anwendungsfall des § 274 Abs. 3 Nr. 2 hervorgehoben wird.[29] Für die Entlassung des Betreuers wurde nach bisherigem Recht eine Beschwerdebefugnis der mit dem entlassenen Betreuer nicht identischen Behörde einhellig versagt, weil sich für diese Konstellation in § 69 i FGG keine Verweisung auf § 69 g Abs. 1 FGG findet.[30] Infolge der weiter gefassten Formulierung in § 303 Abs. 1 Nr. 2 muss der Behörde nunmehr auch für eine solche Entscheidung eine Beschwerdebefugnis zuerkannt werden, und zwar auch dann, wenn das Verfahren in der Instanz durch die Ablehnung der Entlassung abgeschlossen wird, weil es sich auch insoweit um eine „Entscheidung über" den Bestand der Betreuerbestellung handelt.[31] Die weiter gefasste Formulierung des § 303 Abs. 1 hat gegenüber den zersplitterten Einzelvorschriften des bisherigen Rechts mit Verweisungen den Vorteil einer größeren Klarheit. Zu einer spürbaren Ausweitung der Beschwerdemöglichkeiten wird die Vorschrift eher im Rahmen ihrer entsprechenden Anwendung auf die Beschwerdebefugnis naher Angehöriger führen (siehe dazu Rn 19).

---

[26] BVerfG FamRZ 2008, 2260.
[27] BayObLG FamRZ 1994, 325.
[28] BT-Drs. 16/6308 S. 271; inhaltlich ebenso MünchKommZPO/Schmidt-Recla § 303 FamFG Rn 11.
[29] BT-Drs. 16/6308 S. 265.
[30] BayObLG FamRZ 1994, 452; Jansen/Sonnenfeld § 69 i FGG Rn 43.
[31] Bassenge/Roth § 303 FamFG Rn 3; Jürgens/Kretz § 303 FamFG Rn 3; Knittel § 303 FamFG Rn 13; MünchKommZPO/Schmidt-Recla § 303 FamFG Rn 11.

Ergänzende Vorschriften über die Beschwerde   16–19 § 303

Die Beschwerdebefugnis der Behörde ist im Gegensatz zu § 69g Abs. 1 S. 1 FGG im **16** Fall der Betreuerbestellung nicht mehr davon abhängig, dass diese von Amts wegen erfolgt ist. Die Fälle einer Betreuerbestellung auf Antrag des Betroffenen sind nunmehr bewusst in den Anwendungsbereich der Beschwerdebefugnis der Behörde einbezogen worden, um dieser die Möglichkeit zu geben, kostenintensive Betreuungen eindämmen zu können, die nicht zwingend durch einen Hilfebedarf des Betroffenen gerechtfertigt sind, und auch eine entsprechende Überprüfung des Bestandes veranlassen zu können.[32] Daraus folgt, dass auch die Ablehnung der Aufhebung einer Betreuung oder der Einschränkung des Aufgabenkreises zu den Entscheidungen gehört, auf die sich die Beschwerdebefugnis der Behörde bezieht. Ob sich die Hoffnung des Gesetzgebers erfüllen wird, durch eine Überprüfungstätigkeit der Betreuungsbehörden werde es zu einer spürbaren Verringerung der Zahl der Betreuungen kommen, muss allerdings bezweifelt werden.

Die Beschwerdebefugnis der Betreuungsbehörde umfasst auch das Recht, die Auswahl- **17** entscheidung der Vorinstanz mit dem Ziel angreifen zu können, die Aufnahme der Tätigkeit der ausgewählten Person speziell in ihrer Eigenschaft als Berufsbetreuer zu verhindern.[33]

6. Beschwerdebefugnis der Angehörigen des Betroffenen (Abs. 2)

a) Allgemeines. Abs. 2 behandelt die Beschwerdebefugnis der Angehörigen des Betrof- **18** fenen nur unter dem Aspekt einer von einer eigenen Rechtsbeeinträchtigung unabhängigen Beschwerdeberechtigung. Angehörige des Betroffenen können durch betreuungsrechtliche Entscheidungen grundsätzlich nicht in eigenen Rechten im Sinne des § 59 Abs. 1 beeinträchtigt werden. Aus Art. 6 Abs. 1 GG ergibt sich kein subjektives Recht, die Betreuerbestellung für einen Angehörigen abzuwehren oder selbst als Betreuer ausgewählt und bestellt zu werden.[34] Der Gesetzgeber ist bestrebt die persönliche Betroffenheit naher Angehöriger und die Belange des Betroffenen durch die Regelungen über deren Hinzuziehung als Verfahrensbeteiligte (§ 274 Abs. 4) und – darauf aufbauend – ihre Beschwerdebefugnis in ein ausgewogenes Verhältnis zu bringen.[35] Dies schließt die Annahme einer über § 303 Abs. 2 hinaus gehenden Beschwerdebefugnis von Angehörigen des Betroffenen aus. Die gesetzliche Regelung enthält eine Kombination mehrerer sachlicher und persönlicher Voraussetzungen für diese Beschwerdebefugnis:

b) Möglicher Verfahrensgegenstand der Entscheidung. Abs. 2 sieht ausdrücklich **19** keine Regelung dazu vor, welchen möglichen Gegenstand die Entscheidung haben kann, auf die sich eine Beschwerde eines Angehörigen beziehen kann. Der unmittelbare Zusammenhang mit dem vorhergehenden Abs. 1 der Vorschrift, der die Entscheidung definiert, die Gegenstand der Beschwerdebefugnis der Betreuungsbehörde sein kann, spricht dafür, dass auch die Beschwerde von Angehörigen des Betroffenen sich nur auf diese Entscheidungen beziehen kann. Hinzu kommt, dass Angehörige nach Abs. 2. Halbs. 2 nur beschwerdebefugt sind, wenn sie im ersten Rechtszug beteiligt worden sind. Die Möglichkeit einer solchen Beteiligung besteht nach § 274 Abs. 4 jedoch nur in den Verfahren, auf die sich das Beteiligungsrecht (§ 274 Abs. 3) der Betreuungsbehörde und inhaltsgleich deren Beschwerdebefugnis (§ 303 Abs. 1) bezieht. Auch nach bisherigem Recht waren diejenigen Entscheidungen, die Gegenstand einer Beschwerde sowohl der Behörde als auch von Angehörigen des Betroffenen sein konnten, in § 69g Abs. 1 FGG und durch Bezugnahme auf diese Vorschriften in § 69i FGG übereinstimmend bezeichnet. Die Gesetzesbegründung[36] belegt diesen gewollten Zusammenhang mit der Feststellung, die nach Abs. 2 privilegierten Personen seien zur Einlegung der Beschwerde gegen solche Entscheidungen befugt, in denen auch nach der bisherigen Regelung in §§ 69g Abs. 1, 69i Abs. 3, 5 und 8 FGG eine Beschwerdebefugnis der privilegierten Verwandten und der Behörde gegeben war.[36a] Unzutreffend ist lediglich, dass der sachliche Umfang der Entscheidungen, die möglicher

---

[32] BT-Drs. 16/6308 S. 271.
[33] OLG Hamm NJW 2006, 3436 = FamRZ 2006, 1785.
[34] BGH NJW 1996, 1825; FamRZ 2011, 966.
[35] BT-Drs. 11/4528 S. 174 zu § 68 a S. 3 FGG.
[36] BT-Drs. 16/6308 S. 271.
[36a] Ebenso LG Stuttgart FamRZ 2011, 1091.

Gegenstand einer Beschwerde sein können, mit dem bisherigen Recht übereinstimmt (vgl. oben Rn 15). Die Beschwerdebefugnis naher Angehöriger nimmt damit zugleich teil an der gegenständlichen Ausweitung, die sich aus Abs. 1 für die Beschwerdebefugnis der Behörde ergibt. Sie bezieht sich damit im Gegensatz zum bisherigen Recht[37] etwa auch auf die Ablehnung der Aufhebung einer Betreuung oder die Ablehnung der Entlassung des Betreuers.[38] Die Beschwerdebefugnis von Angehörigen bezieht sich hingegen nicht auf die Entscheidung über eine Genehmigung einzelner Erklärungen des Betreuers einschließlich derjenigen nach § 298 über die Erteilung, Verweigerung oder den Widerruf der Einwilligung in ärztliche Behandlungsmaßnahmen.[39]

20 **c) Entscheidung von Amts wegen.** Die angefochtene Entscheidung muss von Amts wegen ergangen sein. Den Gegensatz dazu stellt eine auf Antrag des Betroffenen erlassene Entscheidung dar, die betreuungsverfahrensrechtlich nur in § 1896 Abs. 1 S. 1 BGB vorgesehen ist. Die Möglichkeit der Betreuerbestellung auf Antrag des Betroffenen soll dem Betroffenen die Akzeptanz der Betreuung und die Zusammenarbeit mit dem Betreuer erleichtern. Sie stärkt zugleich sein Selbstbestimmungsrecht, von dem er im Verfahren ohne Rücksicht auf seine fortbestehende Geschäftsfähigkeit Gebrauch machen kann (§ 1896 Abs. 1 S. 2 BGB und § 275 FamFG).[40] Gegenstück dazu ist der Ausschluss des besonderen Beschwerderechts naher Angehöriger, wenn die Betreuerbestellung auf einen Antrag des Betroffenen erfolgt ist. Deshalb kann der Begriff der auf Antrag des Betroffenen erfolgten Entscheidung im Rahmen des § 303 Abs. 2 nicht auf eine solche beschränkt werden, die nach § 1896 Abs. 1 S. 3 BGB ausschließlich auf Antrag eines körperbehinderten Betroffenen ergehen kann.[41] Die Wirksamkeit des Antrags des Betroffenen kann nicht davon abhängig gemacht werden, dass dieser noch über ein Mindestmaß intellektueller Fähigkeiten verfügt, um die Bedeutung des Antrags und der angestrebten Betreuerbestellung verstehen zu können.[42] Es handelt sich insoweit um eine Variante einer Auffassung, die auch allgemein zur Verfahrensgeschäftsfähigkeit des Betroffenen (§ 275) vertreten und aus den dort (Rn 7) genannten Gründen hier abgelehnt wird. Der Schutzbedürftigkeit des Betroffenen wird durch die neu gefasste Vorschrift des § 303 zusätzlich dadurch Rechnung getragen, dass nunmehr die Betreuungsbehörde zur Einlegung der Beschwerde auch gegen eine auf Antrag des Betroffenen erfolgte Betreuerbestellung befugt ist (vgl. Rn 16). Der Antrag ist an keine besondere Form gebunden und kann auch noch während eines Verfahrens gestellt werden, das zunächst von Amts wegen eingeleitet worden ist.[43] Das gilt auch unter Berücksichtigung der §§ 23 und 25,[44] weil die Parallelität des Amtsverfahrens die Notwendigkeit der Verfahrenseinleitung durch einen Antrag des Betroffenen ausschließt, dieser zudem nicht zwingend der Schriftform bedarf[45] und deshalb auslegungsfähig ist.

21 Dementsprechend kann auch das Einverständnis mit einer Betreuerbestellung, das der Betroffene bei seiner persönlichen Anhörung erklärt, als Antrag in diesem Sinne bewertet werden.[46] Die Abgrenzung kann problematisch werden, wenn die Betreuerbestellung inhaltlich sowohl von Amts wegen als auch auf Antrag des Betroffenen ergehen konnte. Zu berücksichtigen ist dabei in erster Linie, ob die Betreuerbestellung nach Tenor oder Gründen der Entscheidung auf den Antrag des Betroffenen gestützt oder von Amts wegen erlassen worden ist.[47] Fehlt eine entsprechende Klarstellung, bedarf die Entscheidung der Auslegung. Sie ist als von Amts wegen erlassen anzusehen, wenn sie mit ihrem konkret gefassten Inhalt nur von Amts wegen ergehen konnte, weil sie mit dem gestellten Antrag

---

[37] BGH FGPrax 1996, 107 = NJW 1996, 1825.
[38] Prütting/Helms/Fröschle § 303 Rn 24.
[39] Prütting/Helms/Fröschle § 298 Rn 5; MünchKommZPO/Schmidt-Recla § 274 FamFG Rn 9; Jurgeleit/Bučić § 724 Rn 20; für Verfahren nach §§ 297 und 298 a. A. Damrau/Zimmermann § 274 Rn 13.
[40] BT-Drs. 11/4528 S. 120.
[41] So Jurgeleit/Stauch § 303 FamFG Rn 45.
[42] So Damrau/Zimmermann § 303 FamFG Rn 139; MünchKommZPO/Schmidt-Recla § 303 FamFG Rn 7; Jansen/Sonnenfeld § 69 g FGG Rn 18.
[43] OLG München FGPrax 2008, 157 = BtPrax 2008, 173.
[44] A. A. Fröschle/Guckers § 303 Rn 17; Prütting/Helms/Fröschle § 303 Rn 23.
[45] BGH FGPrax 2011, 41/42; Sternal § 25 Rn 12.
[46] A. A. Prütting/Helms/Fröschle § 303 Rn 23; Fröschle/Guckes § 303 Rn 17.
[47] BayObLG FamRZ 2003, 1871; OLG Hamm FamRZ 2002, 194.

des Betroffenen nicht vollständig übereinstimmt,⁴⁸ etwa hinsichtlich der bestimmten Aufgabenkreise oder der Auswahl der Person des Betreuers. Ist hingegen das erklärte Einverständnis des Betroffenen hinreichend klar gefasst, etwa wenn sich der Betroffene vorbehaltlos mit der Verlängerung einer für ihn bereits bestehenden Betreuung einverstanden erklärt, kann von einer auf Antrag erfolgten Entscheidung ausgegangen werden. Der Ausschluss des Beschwerderechts von Angehörigen gilt auch bei der Verlängerung einer Betreuung⁴⁹ sowie bei der Entlassung und Neubestellung eines Betreuers⁵⁰ auf Antrag des Betroffenen.

d) Privilegierter Personenkreis. Abs. 2 **Nr. 1** privilegiert unter den weiteren Voraussetzungen der Vorschrift nur einen bestimmten Personenkreis, der gegenüber der bisherigen Vorschrift des § 69 g Abs. 1 FGG teilweise enger gezogen ist. Privilegiert sind 22

- der **Ehegatte** oder **Lebenspartner** (im Sinne des LPartG), sofern die Ehegatten oder Lebenspartner nicht dauernd getrennt leben. Der Ausschluss der Beschwerdebefugnis im Fall dauernden Getrenntlebens bringt eine Einschränkung gegenüber dem bisherigen Recht zum Ausdruck und führt zu einer Harmonisierung mit der inhaltsgleichen Regelung im Unterbringungs- und Freiheitsentziehungsrecht (§§ 315 Abs. 4 Nr. 1, 418 Abs. 3 Nr. 1).
- von den mit dem Betroffenen in gerader Linie Verwandten die **Eltern,**⁵¹ **Großeltern** und die **Abkömmlinge,** nicht aber (im Gegensatz zu § 69 g Abs. 1 FGG) fernere Verwandte der aufsteigenden Linie (Urgroßeltern).
- von den mit dem Betroffenen in der Seitenlinie Verwandten nur die **Geschwister.**
- die **Pflegeeltern** des Betroffenen. Diese Erweiterung ist gegenüber dem bisherigen Recht neu. Der Begriff der Pflegeeltern kann nur so verstanden werden, wie er in §§ 1630 Abs. 3, 1632 Abs. 4 BGB verwendet wird, nämlich als Pflegeperson im Rahmen einer Familienpflege für einen Minderjährigen, kann also nur im Rahmen eines Betreuungsverfahrens auf der Grundlage des § 1908 a BGB Bedeutung gewinnen. Ist der Betroffene volljährig, können bestehende Bindungen im Rahmen eines familienähnlichen Pflegeverhältnisses nur dann berücksichtigt werden, wenn die Pflegeperson zugleich als Person des Vertrauens (Nr. 2) zu behandeln ist.
- eine **Person des Vertrauens** des Betroffenen **(Nr. 2).** Da es insoweit nur auf die tatsäch- 23 liche Verbundenheit mit dem Betroffenen ankommt (vgl. näher § 274 Rn 10), kann die nach bisherigem Recht bestehende Problematik der Beschwerdebefugnis eines Lebensgefährten⁵² des Betroffenen nunmehr angemessen gelöst werden.
- Die mit dem Betroffenen **Verschwägerten** sind nicht mehr im Kreis der privilegierten 24 Personen berücksichtigt.

e) Beschwerdebefugnis im Interesse des Betroffenen. Bereits für die bisherige 25 Regelung in § 69 g Abs. 1 S. 1 FGG wurde verbreitet die Auffassung vertreten, dass privilegierte Angehörige von ihrer Beschwerdebefugnis zulässig nur im Interesse des Betroffenen Gebrauch machen können.⁵³ Diese Auffassung beruht auf einer gefestigten Entwicklung der Rechtsprechung zu den bisher in § 57 Abs. 1 Nr. 1, 3 und 9 FGG enthaltenen Regelungen einer von einer eigenen Rechtsbeeinträchtigung unabhängigen Beschwerdebefugnis dritter Personen, die nur im Interesse des Kindes ausgeübt werden durfte.⁵⁴ Diese Voraussetzung hat jetzt Eingang in den Gesetzestext gefunden. Gemeint ist damit nicht, dass das Beschwerdeziel mit dem erklärten Willen des Betroffenen übereinstimmen muss (siehe dazu auch § 274 Rn 17). Ziel der Beschwerde kann deshalb etwa auch eine Betreuerbestellung sein, die der Betroffene ausdrücklich ablehnt. Ausgeschlossen wird durch die Formulierung der gesetzlichen Vorschrift im Sinne der bisherigen Rechtsprechung nur ein

---

⁴⁸ BayObLG FamRZ 2003, 1871.
⁴⁹ OLG München FGPrax 2008, 157 = BtPrax 2008, 173.
⁵⁰ OLG Jena BeckRS 2003, 30313703.
⁵¹ OLG Zweibrücken FGPrax 2002, 22: auch jeder Elternteil allein mit dem Ziel der Abänderung der den anderen Elternteil begünstigenden Auswahlentscheidung.
⁵² Zu § 69 g Abs. 1 FGG ablehnend: BayObLG FGPrax 1998, 56 = FamRZ 1998, 1185; OLG Karlsruhe FGPrax 2008, 21; OLG Oldenburg NJW-RR 1997, 451; OLG Schleswig FGPrax 2002, 114.
⁵³ Damrau/Zimmermann 3. A. § 69 g FGG Rn 26.
⁵⁴ BayObLG FamRZ 1990, 909; OLG Hamm FamRZ 1965, 85; Engelhardt 15. A. § 57 FGG Rn 17.

solches Rechtsmittel, mit dem der Beschwerdeführer lediglich eigene Interessen verfolgt.[55] Nicht erfasst werden demgegenüber Verfahrenslagen, in denen der Beschwerdeführer zwar erkennbar eigene Interessen anstrebt, er jedoch zumindest daneben auch Interessen des Betroffenen im Verfahren geltend machen will.[56] Eine praktikable Beschränkung der Beschwerdebefugnis von Angehörigen lässt sich daraus kaum ableiten.[57] Insbesondere trifft die Regelung nicht zu auf die in der Praxis häufig anzutreffende Gemengelage zwischen eigenen Interessen des Beschwerdeführers und solchen des Betroffenen. Ob das Ziel des Beschwerdeführers dem Interesse des Betroffenen dient, lässt sich zumeist nur im Rahmen der sachlichen Überprüfung der angefochtenen Maßnahme feststellen.

26 **f) Beteiligung bereits im Verfahren erster Instanz.** Durch den letzten Satzteil des § 303 Abs. 2 wird die Beschwerdebefugnis von Angehörigen an die weitere Voraussetzung geknüpft, dass der Beschwerdeführer bereits in erster Instanz beteiligt worden ist. Gemeint ist eine Zuziehung als Verfahrensbeteiligter nach den §§ 7 Abs. 3, 274 Abs. 4. Nach der Gesetzesbegründung sollen auf diese Weise Beschwerden solcher Angehörigen vermieden werden, die am Verfahren erster Instanz kein Interesse gezeigt haben.[58] Die Vorschrift führt punktuell ein im Verfahren der freiwilligen Gerichtsbarkeit bislang unbekanntes und in seiner Rigorosität beispielloses Novenrecht ein: Ein Angehöriger, der im Verfahren erster Instanz nicht beteiligt worden ist, bleibt von der Beschwerdebefugnis im Interesse des Betroffenen ausgeschlossen. Da die von einer eigenen Rechtsbeeinträchtigung unabhängige Beschwerdebefugnis von Angehörigen ein gesetzliches Privileg ist, bestehen keine Bedenken gegen eine Gestaltung durch den Gesetzgeber, die diese Befugnis weitgehenden Beschränkungen unterwirft. Im Ausgangspunkt ist nichts dagegen einzuwenden, dass von einem Angehörigen, der mit einem Rechtsmittel das Verfahren in die nächste Instanz bringen will, verlangt wird, dass er bereits in der Vorinstanz seine Vorstellungen geltend gemacht hat, wie einem Betreuungsbedarf des Betroffenen Rechnung getragen werden kann.

27 Die Formulierung in § 303 Abs. 2 ist indessen so gewählt, dass bereits die **tatsächliche Nichtberücksichtigung des Angehörigen** als Verfahrensbeteiligter erster Instanz ausreicht, um ihn von der Beschwerdebefugnis auszuschließen, ohne dass es darauf ankommt, aus welchen Gründen die Beteiligung dieses Angehörigen tatsächlich unterblieben ist.[58a] Künftig wird es also für einen Angehörigen, der sich am Verfahren beteiligen will, von besonderer Bedeutung sein, einen förmlichen Antrag auf Zuziehung als Verfahrensbeteiligter nach § 7 Abs. 3 zu stellen und im Falle der Ablehnung des Antrags das Zwischenverfahren nach § 7 Abs. 5 zu beschreiten. Bezogen auf das in § 7 Abs. 4 und 5 geregelte Verfahren der Hinzuziehung von Kann-Beteiligten ist die Schlussfolgerung der Gesetzesbegründung, die Nichtbeteiligung eines Angehörigen lasse auf sein zunächst bestehendes Desinteresse an dem Verfahren schließen, keineswegs zwingend. Denn es sind vielfältige Gründe denkbar, die dazu führen können, dass ein Angehöriger tatsächlich nicht zum Verfahren erster Instanz hinzugezogen wird, sei es, dass der Angehörige zunächst nicht bekannt ist, weil der Betroffene sich nicht mehr äußern kann und sonst keine Erkenntnisse zur Verfügung stehen, sei es, dass der namentlich bekannte Angehörige vorübergehend nicht erreichbar ist oder das Gericht davon absieht, seine Anschrift zu ermitteln (§ 7 Abs. 4 S. 1 a. E.), sei es, dass das Gericht im Rahmen des ihm zustehenden Ermessens (etwa wegen einer angenommenen fehlenden Nähebeziehung zum Betroffenen) davon absieht, einen Angehörigen von dem Verfahren zu unterrichten und ihn über sein Antragsrecht zu belehren (§ 7 Abs. 4 S. 1 und 2). Bei lebensnaher Betrachtung muss auch die Möglichkeit berücksichtigt werden, dass Verfahrensfehler zur tatsächlichen Nichtbeteiligung eines Angehörigen führen können, etwa wenn auf einen gestellten Antrag auf Hinzuziehung als Beteiligter eine instanzabschließende Entscheidung getroffen wird, bevor das Zwischenverfahren nach § 7 Abs. 5 rechtskräftig abgeschlossen ist. Selbst wenn die Erwägung der Gesetzesbegründung für solche Fallkonstellationen nicht treffend erscheint, ist die Formu-

---

[55] BayObLG FamRZ 1990, 909.
[56] OLG Hamm FamRZ 1965, 85.
[57] Jurgeleit/Stauch § 303 FamFG Rn 50.
[58] BT-Drs. 16/6308 S. 271.
[58a] BGH FamRZ 2011, 966.

lierung in § 303 Abs. 2 eindeutig: Die **Beschwerdebefugnis wird ausnahmslos versagt,** wenn ein Angehöriger – aus welchen Gründen auch immer – am erstinstanzlichen Verfahren tatsächlich nicht als Beteiligter hinzugezogen worden ist.[59] Andererseits beziehen sich die gesetzliche Formulierung und die Gesetzesbegründung ausschließlich darauf, dass ein Angehöriger vor der konkret getroffenen Entscheidung tatsächlich nicht beteiligt worden ist.

Ausgeschlossen wird dadurch nicht, dass ein Angehöriger unter Darstellung seines bislang nicht berücksichtigten Vorbringens eine nachträgliche Abänderung der getroffenen Entscheidung, sei es in der Form einer ggf. auf einzelne Aufgabenkreise beschränkten Aufhebung der Betreuung (§ 294), sei es in der Form einer nachträglichen Änderung (§ 48 Abs. 1) der Auswahl der Person des Betreuers, anregt und zur Vorbereitung dieser Entscheidung nunmehr seine Hinzuziehung als Verfahrensbeteiligter beantragt (§ 7 Abs. 3). Das Gericht wird über den Antrag auf Hinzuziehung vor einer Sachentscheidung befinden müssen.[60] Eine solche **nachträgliche Hinzuziehung** wird im Rahmen des Zwischenverfahrens nach § 7 Abs. 5 auch unter Berücksichtigung des Zwecks der Beschränkung in § 303 Abs. 2 a. E. bei sonst vorliegenden Voraussetzungen jedenfalls dann zugelassen werden müssen, wenn die bislang unterbliebene Hinzuziehung von dem betreffenden Angehörigen nicht zu vertreten ist. Kann dieser seine nachträgliche Hinzuziehung als Beteiligter durchsetzen, steht ihm nunmehr nach § 303 Abs. 2 die Beschwerdebefugnis gegen die Entscheidung des Gerichts auch dann zu, wenn dieses im Ergebnis eine Abänderung seiner Entscheidung ablehnt. Denn auch die Ablehnung einer Aufhebung oder der Entlassung eines Betreuers (als Folge einer Abänderung der Auswahlentscheidung) ist eine „Entscheidung über" den Bestand der Betreuerbestellung im Sinne des Abs. 1 (vgl. Rn 19) und kann damit möglicher Gegenstand einer Beschwerde sein, die ein als Beteiligter zugezogener Angehöriger einzulegen befugt ist.

III. Beschwerdebefugnis Dritter

Außenstehenden Dritten kann gegen betreuungsrechtliche Entscheidungen ein Beschwerderecht nur nach der allgemeinen Vorschrift des § 59 Abs. 1 bei einer Beeinträchtigung eigener subjektiver Rechte zustehen. Diese Voraussetzung kann nur in seltenen Ausnahmefällen zutreffen. Anerkannt ist die Beschwerdebefugnis eines Dritten, wenn die Geltendmachung von Rechten gegen den Betroffenen in Frage steht und der Dritte daran ohne die Bestellung eines Betreuers wegen (partieller) Geschäftsunfähigkeit des Betroffenen gehindert wäre.[61] Dasselbe gilt bei der Ablehnung einer Betreuerbestellung für einen prozessunfähigen Betroffenen für seinen Prozessgegner, sofern die ordnungsgemäße Vertretung des Betroffenen nicht aufgrund einer früher von ihm erteilten Prozessvollmacht gewährleistet ist.[62]

Demgegenüber hat die Rechtsprechung einem Dritten die Beschwerdebefugnis in folgenden Beispielsfällen **versagt**:

- Ist über die **Genehmigung einer rechtsgeschäftlichen Willenserklärung** des Betreuers zu entscheiden, steht demjenigen, dem gegenüber die Willenserklärung abzugeben ist, weder gegen die Erteilung noch gegen die Versagung der Genehmigung eine Beschwerdebefugnis zu.[63]
- Dementsprechend hat auch gegen die Erteilung einer **Genehmigung zum Scheidungsantrag** des Betreuers für einen geschäftsunfähigen Ehegatten nach § 125 Abs. 2 S. 2 der andere Ehegatte keine Beschwerdebefugnis.[64]

---

[59] A. A. Prütting/Helms/Roth zu der inhaltsgleichen Vorschrift des § 335 Abs. 1 (dort Rn 4): Unanwendbarkeit der Vorschrift bei zu Unrecht unterbliebener Beteiligung.
[60] LG Saarbrücken FamRZ 2010, 1371 = BtPrax 2010, 147; LG Verden BtPrax 2010, 242; LG Landau FamRZ 2011, 60 = NJW-RR 2011, 439.
[61] BayObLG NJW-RR 1998, 1459 = FamRZ 1998, 922; FGPrax 1996, 106 = FamRZ 1996, 1369.
[62] BGH FamRZ 2011, 465.
[63] BayObLG FGPrax 1995, 196; OLG Schleswig BtPrax 1994, 142.
[64] KG FamRZ 2006, 433; OLG München FGPrax 2006, 266 = FamRZ 2007, 568; jeweils zu der Vorgängerregelung in § 607 Abs. 2 S. 2 ZPO.

- Dem **Testamentsvollstrecker** steht kein Beschwerderecht gegen die Ablehnung der Entlassung eines Betreuers zu, der mit dem Aufgabenkreis der Vermögenssorge für den mit der Testamentsvollstreckung beschwerten Erben bestellt ist.[65]
- Ein Rechtsanspruch darauf, dass das Betreuungsgericht gegenüber behaupteten **Pflichtwidrigkeiten des Betreuers** im Wege der Aufsicht tätig wird, steht dritten Personen nicht zu; dementsprechend sind sie gegen die Ablehnung des Einschreitens auch nicht beschwerdebefugt.[66]
- Der Sohn eines Betreuten hat kein Beschwerderecht, wenn das Betreuungsgericht eine **Vergütung für den Be**treuer aus dem Vermögen des Betreuten bewilligt.[67]

Beschwerde der Staatskasse

304 (1) ¹Das Recht der Beschwerde steht dem Vertreter der Staatskasse zu, soweit die Interessen der Staatskasse durch den Beschluss betroffen sind. ²Hat der Vertreter der Staatskasse geltend gemacht, der Betreuer habe eine Abrechnung falsch erteilt oder der Betreute könne anstelle eines nach § 1897 Abs. 6 des Bürgerlichen Gesetzbuchs bestellten Betreuers durch eine oder mehrere andere geeignete Personen außerhalb einer Berufsausübung betreut werden, steht ihm gegen einen die Entlassung des Betreuers ablehnenden Beschluss die Beschwerde zu.

(2) Die Frist zur Einlegung der Beschwerde durch den Vertreter der Staatskasse beträgt drei Monate und beginnt mit der formlosen Mitteilung (§ 15 Abs. 3) an ihn.

I. Anwendungsbereich der Vorschrift und Umfang der Beschwerdebefugnis der Staatskasse (Abs. 1)

1   Die Vorschrift regelt die Beschwerdebefugnis der Staatskasse. Die Vorgängervorschrift des § 69g Abs. 1 S. 2 FGG beschränkte die Beschwerdebefugnis der Staatskasse auf zwei Sonderfälle, die in § 304 **Abs. 1 S. 2** weiterhin als Anwendungsfälle ausdrücklich genannt werden, auf die sich die Beschwerdebefugnis der Staatskasse bezieht.

2   Es handelt sich dabei zunächst um den Fall des § 1897 Abs. 6 S. 2 BGB: Nach der Bestellung eines Berufsbetreuers werden Umstände bekannt, die eine Übertragung der Betreuung auf einen oder mehrere ehrenamtliche Betreuer als möglich erscheinen lassen. Hat der Vertreter der Staatskasse gegenüber dem Gericht „geltend gemacht", dass eine solche Möglichkeit besteht, kann er gegen eine gleichwohl erfolgte Ablehnung der Entlassung des Berufbetreuers Beschwerde einlegen. Dieses Beschwerderecht steht dem Vertreter der Staatskasse nur zu, wenn **er** dem Gericht einen konkreten Vorschlag für die Bestellung einer oder mehrerer ehrenamtlicher Betreuer unterbreitet hat.[1]

3   Das ausdrücklich aufgeführte Beschwerderecht der Staatskasse bezieht sich ferner auf die Ablehnung einer Entlassung des Betreuers gem. § 1908b Abs. 1 S. 2 BGB, also wegen einer vorsätzlich falschen Abrechnung von Vergütung oder Aufwendungsersatz durch den Betreuer zu Lasten der Staatskasse.[2]

4   **Abs. 1 S. 1** der Vorschrift erweitert jedoch den Anwendungsbereich wesentlich, indem nunmehr die Beschwerdebefugnis des Vertreters der Staatskasse allgemein auf alle Entscheidungen erstreckt wird, durch die die Interessen der Staatskasse betroffen sind. Die Vorschrift korrespondiert mit derjenigen des § 274 Abs. 4 Nr. 2, die die Zuziehung des Vertreters der Staatskasse als Kann-Beteiligter zulässt, soweit das Interesse der Staatskasse durch den Ausgang des Verfahrens betroffen sein kann. Diese Erweiterung begründet eine erhebliche Abweichung gegenüber dem bisherigen Recht, auf dessen Grundlage die Rechtsprechung der Staatskasse ein über die Sonderfälle des § 69g Abs. 1 S. 2 FGG hinausgehendes Beschwerderecht gegen vergütungsrelevante Entscheidungen versagt hat, so für die erstmalige Bestellung eines Berufsbetreuers,[3] gegen die Erweiterung des Aufgabenkreises der Betreu-

---

[65] OLG München FGPrax 2007, 179 = FamRZ 2007, 1571.
[66] OLG Zweibrücken NJW-RR 2003, 870; LG Stuttgart FamRZ 2011, 1091.
[67] BayObLG BtPrax 1998, 147.
[1] BT-Drs. 13/7158 S. 50; LG Saarbrücken BtPrax 2001, 88 Ls.
[2] BT-Drs. 15/2494 S. 30.
[3] OLG Schleswig FGPrax 1999, 110 = FamRZ 2000, 1444.

ung,[4] gegen die Feststellung, dass der Betreuer sein Amt berufsmäßig führt[5] sowie in einem gegen den Betroffenen gerichteten Vergütungsfestsetzungsverfahren (§§ 292 Abs. 1, 168) die Vorfrage der Mittellosigkeit des Betroffenen. Die Notwendigkeit der Erweiterung der Beschwerdebefugnis des Vertreters der Staatskasse gegenüber dem bisherigen Recht bleibt in der Gesetzesbegründung, die sich auf den Hinweis auf den systematischen Zusammenhang mit § 274 Abs. 4 Nr. 2 beschränkt,[6] ohne nähere Erläuterung. Aus dem dargestellten Zusammenhang muss jedoch zwingend abgeleitet werden, dass dem Vertreter der Staatskasse in allen Fällen ein Beschwerderecht eingeräumt werden soll, in denen die getroffene Entscheidung einen Einfluss auf die wirtschaftlichen Interessen der Staatskasse hat. Der Vertreter der Staatskasse kann daher ohne Beschränkung jede Bestellung eines Berufsbetreuers mit der Begründung anfechten, es könne und müsse ein ehrenamtlicher Betreuer bestellt werden, ohne selbst eine bestimmte zur Übernahme der ehrenamtlichen Betreuung bereite Person benennen zu müssen.[7] Die entsprechende Einschränkung in Abs. 1 S. 2 ist damit praktisch obsolet.

Die Beschwerdebefugnis des Vertreters der Staatskasse ist im Gegensatz zu derjenigen von Angehörigen nach § 303 Abs. 2 nicht davon abhängig, dass dieser in erster Instanz tatsächlich beteiligt worden ist. Aus § 304 Abs. 2 folgt vielmehr, dass der Vertreter der Staatskasse durch Einlegung der Beschwerde selbst seine Beteiligung im Verfahren herbeiführen kann. 5

II. Beschwerdefrist (Abs. 2)

Nach Abs. 2 steht dem Vertreter der Staatskasse eine Beschwerdefrist von drei Monaten zur Verfügung, die abweichend von § 63 Abs. 3 mit der formlosen Mitteilung der Entscheidung (§ 15 Abs. 3) in Lauf gesetzt wird. Auf diese Weise soll den Bezirksrevisoren Gelegenheit zu regelmäßigen Revisionen gegeben werden.[8] 6

Nicht widerspruchsfrei erscheint, wie eine formlose Mitteilung, deren Zugang beim Empfänger ohne dessen Empfangsbekenntnis regelmäßig nicht zuverlässig festgestellt werden kann, die Feststellung des Beginns der Beschwerdefrist ermöglichen soll. Zudem fehlt es an einer Mitteilung durch die Geschäftsstelle des AG, wenn der Bezirksrevisor von der Entscheidung lediglich durch Akteneinsicht aus Anlass einer Kostenrevision Kenntnis erlangt. Die Vorschrift läuft deshalb im Ergebnis darauf hinaus, dass in allen Fällen, in denen eine Beschwerde der Staatskasse möglich ist, insbesondere bei sämtlichen Bestellungen eines Berufsbetreuers (siehe Rn 4), die Entscheidung nur in formelle Rechtskraft erwachsen kann, wenn der einzelne Beschluss neben den anderen Beteiligten zusätzlich dem Bezirksrevisor **gegen Empfangsbekenntnis förmlich zugestellt** wird.[9] Ohne eine solche Zustellung wird ein Rechtskraftzeugnis nach § 46 nicht erteilt werden können. 7

Beschwerde des Untergebrachten

305
Ist der Betroffene untergebracht, kann er Beschwerde auch bei dem Amtsgericht einlegen, in dessen Bezirk er untergebracht ist.

I. Normzweck

Die Beschwerde kann nach der allgemeinen Vorschrift des § 64 Abs. 1 nur bei dem AG eingelegt werden, dessen Entscheidung angefochten wird. In Übereinstimmung mit § 69 g Abs. 3 FGG gestattet § 305 dem freiheitsentziehend untergebrachten Betroffenen im Inte- 1

---

[4] OLG Frankfurt FGPrax 2004, 75 = FamRZ 2004, 902.
[5] BayObLG FamRZ 2001, 1484 = BtPrax 2001, 204; OLG Frankfurt FGPrax 2004, 122; OLG Hamm FGPrax 2001, 18 = FamRZ 2001, 1842.
[6] BT-Drs. 16/6308 S. 272.
[7] Fröschle/Guckes § 304 Rn 6; Jürgens/Kretz § 304 FamFG Rn 2; Knittel § 304 FamFG Rn 6; Prütting/Helms/Fröschle § 304 Rn 15; SBW/Rausch § 304 Rn 2; a. A. Bassenge/Roth § 304 Rn 3; Damrau/Zimmermann § 304 FamFG Rn 6; Jurgeleit/Stauch § 304 FamFG Rn 1; MünchKommZPO/Schmidt-Recla § 304 FamFG Rn 3, die § 304 Abs. 1 S. 2 als abschließend ansehen.
[8] BT-Drs. 16/6308 S. 272.
[9] Ähnlich Prütting/Helms/Fröschle § 304 Rn 18.

resse einer erleichterten Rechtsverfolgung, die Beschwerde auch bei dem AG einzulegen, in dessen Bezirk er untergebracht ist. Eine Rechtsmittelbelehrung nach § 39 ist nur vollständig, wenn sie auch diese Möglichkeit der Rechtsmitteleinlegung umfasst.

II. Anwendungsbereich

2   Die Vorschrift gilt nur für die **Einlegung der Beschwerde gegen die erstinstanzliche Entscheidung.** Sie ist im Gegensatz zum bisherigen Recht für die Rechtsbeschwerde (§ 70) nicht anwendbar, weil diese nur bei dem BGH durch einen dort zugelassenen Rechtsanwalt eingelegt werden kann (§§ 71 Abs. 1 S. 1, 10 Abs. 4 S. 1). Dadurch ist erkennbar eine abschließende Sonderregelung für das Rechtsbeschwerdeverfahren getroffen, die in dieser Instanz die Anwendbarkeit des § 305 ausschließt.[1]

3   Die Vorschrift gilt nur für die von dem Betroffenen selbst eingelegte Beschwerde. Darum handelt es sich auch dann, wenn er das Rechtsmittel durch einen Bevollmächtigten einlegt. Denn auch in diesem Fall ist der Betroffene („er") der Beschwerdeführer. Das Gebot der Klarheit der Einlegungsform für das befristete (§ 63) Rechtsmittel steht einer Auslegung entgegen, die den Fall einer Vertretung des Betroffenen vom Anwendungsbereich der Vorschrift ausnimmt.[2] Dies muss deshalb auch dann gelten, wenn der Betreuer aufgrund seiner gesetzlichen Vertretungsmacht im Namen des Betroffenen eine Beschwerde gegen eine Entscheidung einlegt, die seinen Aufgabenkreis betrifft (§ 303 Abs. 4).[3]

4   Die Vorschrift kann demgegenüber nicht auf den Verfahrenspfleger angewandt werden, der aus eigenem Recht (§ 303 Abs. 3) eine Beschwerde einlegt.[4] Denn er ist nach § 274 Abs. 2 selbständiger Verfahrensbeteiligter, der für sein Rechtsmittel eine Erleichterung nicht nutzen kann, die das Gesetz nur dem untergebrachten Betroffenen zugedacht hat. Eine für das bisherige Recht teilweise vorgenommene großzügigere Betrachtung[5] kann deshalb für § 305 nicht fortgeführt werden.

5   Der Begriff der Unterbringung ist in dem Sinne zu verstehen, dass der Betroffene sich in einer Unterbringungsmaßnahme nach § 312, also einer zivilrechtlichen Unterbringung nach § 1906 BGB oder einer öffentlich-rechtlichen Unterbringung nach Landesrecht, befindet.[6] Die Vorschrift ist nicht anwendbar, wenn gegen den Betroffenen eine andere Freiheitsentziehungsmaßnahme vollzogen wird, etwa Strafhaft, eine Maßregel der Sicherung oder Besserung oder eine Maßnahme im Sinne des § 415.[7] Der Gesetzgeber hat sich bewusst auf eine Übernahme der bisherigen Vorschrift des § 69 g Abs. 3 FGG beschränkt,[8] in Ausübung seiner Gestaltungsfreiheit von einer Ausdehnung der Vorschrift auf andere Freiheitsentziehungsmaßnahmen ebenso abgesehen wie auf andere Verfahren.[9]

Aufhebung des Einwilligungsvorbehalts

306 Wird ein Beschluss, durch den ein Einwilligungsvorbehalt angeordnet worden ist, als ungerechtfertigt aufgehoben, bleibt die Wirksamkeit der von oder gegenüber dem Betroffenen vorgenommenen Rechtsgeschäfte unberührt.

---

[1] A. A. MünchKommZPO/Schmidt-Recla § 305 FamFG Rn 1; SBW/Rausch § 305 Rn 2.
[2] Bassenge/Roth § 305 FamFG Rn 1; a. A. Damrau/Zimmermann § 305 FamFG Rn 4; Prütting/Helms/Fröschle § 305 Rn 4.
[3] Bassenge/Roth § 305 FamFG Rn 1; a. A. Damrau/Zimmermann § 305 FamFG Rn 4; Horndasch/Viefhues/Beermann § 305 Rn 4; Jurgeleit/Stauch § 305 Rn 2; Knittel § 305 FamFG Rn 5; Prütting/Helms/Fröschle § 305 Rn 4.
[4] Bassenge/Roth § 305 FamFG Rn 1; MünchKommZPO/Schmidt-Recla § 305 FamFG Rn 1; SBW/Rausch § 305 Rn 2.
[5] Kayser 15. A. § 69 g FGG Rn 24.
[6] Horndasch/Viefhues/Beermann § 305 Rn 3; Jürgens/Kretz § 305 Rn 1; MünchKommZPO/Schmidt-Recla § 305 FamFG Rn 1.
[7] So Bassenge/Roth § 305 FamFG Rn 1; Prütting/Helms/Fröschle § 305 Rn 5.
[8] BT-Drs. 16/6308 S. 272.
[9] Vgl. BGH NJW 1965, 1182; FGPrax 2002, 20 = FamRZ 2002, 1382 zu § 29 Abs. 1 FGG.

I. Normzweck

Der aus § 69h FGG übernommene § 306 ist eine Vorschrift mit ausschließlich **materiell-rechtlichem** Regelungscharakter. Sie betrifft einen Teilaspekt der materiell-rechtlichen Rechtsfolgen der Aufhebung eines angeordneten Einwilligungsvorbehalts, und zwar nur die Wirksamkeit der von oder gegenüber dem Betroffenen während des Bestandes des angeordneten Einwilligungsvorbehalts vorgenommenen Rechtsgeschäfte (zu den Rechtsgeschäften des Betreuers siehe Rn 7). Durch die Anordnung des Einwilligungsvorbehalts wird die Geschäftsfähigkeit des Betroffenen beschränkt (§ 1903 Abs. 1 BGB). Grundgedanke der Vorschrift ist, dass der Betroffene keine Nachteile dadurch erleiden soll, dass er mit einem Einwilligungsvorbehalt beschwert worden ist, dessen Anordnung sich später als ungerechtfertigt erweist. Dieser Zweck wird dadurch erreicht, dass die Rechtslage so geregelt wird, als wäre ein Einwilligungsvorbehalt nie angeordnet worden, die Wirksamkeit der von oder gegenüber dem Betroffenen vorgenommenen Rechtsgeschäfte also nicht aufgrund des aufgehobenen Einwilligungsvorbehalts in Frage gestellt werden kann. Ein paralleles Regelungsbedürfnis besteht für die Aufhebung einer Betreuerbestellung nicht, weil diese keine Auswirkungen auf die Teilnahme des Betroffenen am Rechtsverkehr hat.[1]

II. Wirksambleiben von Rechtsgeschäften

1. Voraussetzungen

Voraussetzung der Vorschrift ist, dass der Einwilligungsvorbehalt zunächst formell wirksam angeordnet worden ist. Dabei kann es sich sowohl um eine abschließende Sachentscheidung als auch eine einstweilige Anordnung (§ 300) handeln. Sodann muss der Einwilligungsvorbehalt aufgehoben werden, weil er **von Anfang an** aus tatsächlichen oder rechtlichen Gründen **nicht gerechtfertigt** war. Eine Aufhebung des Einwilligungsvorbehalts, die maßgebend auf dem nachträglichen Wegfall seiner Voraussetzungen beruht, kann nur für die Zukunft wirken, muss jedoch für die Rechtsfolgen in der Vergangenheit vorgenommener Rechtsgeschäfte ohne Bedeutung bleiben.[2] Zu einer solchen rückwirkenden Aufhebung kann es bei einem durch abschließende Entscheidung angeordneten Einwilligungsvorbehalt nur auf eine Beschwerde kommen (§ 48 Abs. 1), sei es, dass bereits das AG dem Rechtsmittel abhilft (§ 68 Abs. 1 S. 1), sei es, dass dessen Entscheidung durch das Beschwerdegericht abgeändert wird (§ 69 Abs. 1 S. 1). Bei einem vorläufig angeordneten Einwilligungsvorbehalt (§ 300) ist ergänzend die Möglichkeit der auch rückwirkenden abändernden Entscheidung durch das AG gem. § 54 Abs. 1 S. 1 zu berücksichtigen. Auch auf das Außerkrafttreten eines vorläufigen Einwilligungsvorbehalts durch eine abweichende Entscheidung in der Hauptsache gem. § 56 Abs. 1 S. 1 sollte § 306 angewandt werden.[3] In allen genannten Fällen kann eine abändernde Entscheidung, die sich infolge der Berücksichtigung neuer Tatsachen und Beweismittel ergibt (§ 65 Abs. 3), nicht zur Anwendung des § 306 führen. § 306 ist ferner nicht anzuwenden, wenn die Entscheidung des AG wegen eines Verfahrensmangels aufgehoben und die Sache zurückverwiesen wird (§ 69 Abs. 1 S. 3), weil in diesem Fall eine abschließende sachliche Entscheidung über den Bestand des Einwilligungsvorbehalts nicht getroffen wird.[4]

2. Behandlung durch das Beschwerdegericht

a) Verfahrensgegenstand. § 306 führt dazu, dass bei der Rechtsmittelanfechtung der Anordnung eines Einwilligungsvorbehalts Verfahrensgegenstand der zu treffenden Entscheidung nicht nur der Fortbestand der Maßnahme in der Zukunft, sondern auch das Vorliegen der Voraussetzungen der Maßnahme zum Zeitpunkt ihrer Anordnung ist. Kommt das Beschwerdegericht zu der Beurteilung, dass der Einwilligungsvorbehalt – ggf. auch nur teilweise hinsichtlich des Kreises der einwilligungsbedürftigen Willenserklärungen – auf-

---
[1] BT-Drs. 11/4528 S. 179.
[2] BT-Drs. 11/4528 S. 180.
[3] Damrau/Zimmermann § 306 FamFG Rn 3; Prütting/Helms/Fröschle § 306 Rn 5, 6.
[4] Damrau/Zimmermann § 306 FamFG Rn 6.

zuheben ist, muss nunmehr grundsätzlich zusätzlich eine **retrospektive Entscheidung** darüber getroffen werden, ob zum Zeitpunkt der Entscheidung des AG die sachlichen Voraussetzungen des § 1903 Abs. 1 BGB vorlagen (zu den Ausnahmen siehe unten). Dies gilt aber auch für die Verfahrenssituation, in der nach der Beurteilung des Beschwerdegerichts die Voraussetzungen des § 1903 Abs. 1 BGB bezogen auf die tatsächlichen Feststellungen des AG nicht gegeben waren, diese aber infolge einer veränderten Tatsachenentwicklung, etwa einer Verschlechterung des Krankheitsbildes des Betroffenen, zum Zeitpunkt der Beschwerdeentscheidung nunmehr vorliegen. Denn der Schutzzweck der Vorschrift, den Betroffenen vor den nachteiligen rechtlichen Wirkungen einer bezogen auf den Zeitpunkt der Maßnahme zu Unrecht erfolgten Anordnung eines Einwilligungsvorbehalts zu bewahren (vgl. Rn 1), trifft auch bei einer solchen tatsächlichen Entwicklung zu. Die rückwirkende Aufhebung des Einwilligungsvorbehalts muss dann ggf. zeitlich beschränkt werden, weil dem Betroffenen der Schutz des angeordneten Einwilligungsvorbehalts für den Zeitpunkt nach Eintritt seiner Voraussetzungen nicht genommen werden darf.

4   Eine retrospektive Entscheidung muss jedoch nicht zwingend bereits im Hinblick auf die abstrakte Möglichkeit eigener Rechtsgeschäfte des Betroffenen getroffen werden. Ergeben sich vielmehr aus der persönlichen Anhörung des Betroffenen oder sonstigen Ermittlungsergebnissen keine konkreten Anhaltspunkte dafür, dass der Betroffene während des Bestandes des Einwilligungsvorbehalts eigene Rechtsgeschäfte vorgenommen hat oder solche ihm gegenüber vorgenommen worden sind, er selbst eine Aufhebung des Einwilligungsvorbehalts als von Anfang an ungerechtfertigt nicht anstrebt und danach ein lebenspraktisches Bedürfnis für eine solche Entscheidung nicht besteht, wird sich das Beschwerdegericht auf eine Entscheidung über den Fortbestand des Einwilligungsvorbehalts unter Berücksichtigung der aktuellen tatsächlichen Verhältnisse beschränken können.

5   **b) Wirkung der Entscheidung.** Eine Entscheidung darüber, ob die Anordnung des Einwilligungsvorbehalts von Anfang an gerechtfertigt war, hat feststellende Bedeutung für die Wirksamkeit rechtsgeschäftlicher Willenserklärungen, die in der Vergangenheit von oder gegenüber dem Betroffenen abgegeben worden sind. Die Feststellung, dass der Einwilligungsvorbehalt von Anfang an ungerechtfertigt war, kann sich aus dem Tenor, aber auch aus den Gründen der Entscheidung ergeben.[5] In Bezug auf diesen Verfahrensgegenstand kann folglich **keine Erledigung der Hauptsache** dadurch eintreten, dass die Wirksamkeit der angefochtenen Anordnung des Einwilligungsvorbehalts für die Zukunft beendet wird. § 306 gilt in diesem Zusammenhang auch für den vorläufigen Einwilligungsvorbehalt, der mit denselben rechtlichen Wirkungen ausgestattet ist wie seine abschließende Anordnung. Im Beschwerdeverfahren tritt deshalb Erledigung der Hauptsache nicht ein bei Ablauf der Frist eines angefochtenen vorläufigen Einwilligungsvorbehalts (§ 302 S. 1), dessen Aufrechterhaltung durch inhaltgleiche abschließende Entscheidung[6] oder bei einer Verlängerung der Anordnung (§§ 295 Abs. 1, 302 S. 2).[7] Konsequent fortgeführt muss dies auch für den Fall des späteren Todes des Betroffenen bei einem Rechtsmittel gelten, das von einer gem. § 303 Abs. 2 Nr. 1 beschwerdebefugten Person eingelegt ist.[8] Eine nach § 306 zu treffende Sachentscheidung geht einer Feststellung der Rechtswidrigkeit der Maßnahme gem. § 62 vor.

3. Rechtsfolgen der Aufhebung

6   **a) Rechtshandlungen des Betroffenen.** Die Aufhebung des Einwilligungsvorbehalts als von Anfang an ungerechtfertigt führt dazu, dass Rechtsgeschäfte, die von oder gegenüber dem Betroffenen vorgenommen sind, rückwirkend so zu beurteilen sind, als wäre der Einwilligungsvorbehalt nicht angeordnet worden. Anwendbar sind also die allgemeinen Vorschriften, so dass eine Nichtigkeit solcher Rechtsgeschäfte, die sich aus den §§ 105 Abs. 1 und 2, 105a S. 2, 131 Abs. 1 BGB ergibt, unberührt bleibt. Die rückwirkende

---

[5] Damrau/Zimmermann § 306 FamFG Rn 3; Prütting/Helms/Fröschle § 306 Rn 8.
[6] BayObLG FamRZ 2004, 1814 = BtPrax 2005, 75; OLG Hamm FamRZ 1993, 722.
[7] BayObLG FamRZ 1999, 1692.
[8] Jansen/Sonnenfeld § 69h FGG Rn 3.

Wirksamkeit solcher Rechtsgeschäfte kann sich sowohl zum Nachteil des Betroffenen als auch des Geschäftsgegners auswirken, wenn dieser oder der Betreuer des Betroffenen sich darauf verlassen hat, dass die rechtsgeschäftliche Erklärung wegen des Einwilligungsvorbehalts unwirksam bleibt. Soweit es um Rechtsgeschäfte geht, die von oder gegenüber dem Betroffenen vorgenommen sind, wird das Vertrauen in den Bestand der die Geschäftsfähigkeit beschränkenden Wirkung des Einwilligungsvorbehalts (§§ 1903 Abs. 1 S. 2 in Verbindung mit 108 Abs. 1 BGB) nicht geschützt.

b) Rechtshandlungen des Betreuers. Rechtsgeschäftliche Willenserklärungen, die der Betreuer als gesetzlicher Vertreter des Betroffenen abgibt, werden durch eine rückwirkende Aufhebung des Einwilligungsvorbehalts nicht berührt. Denn diese gesetzliche Vertretungsmacht entfiele nur mit einer rückwirkenden Aufhebung auch der Betreuerbestellung. Diese ist jedoch in § 306 gerade nicht vorgesehen. Dafür bestünde auch kein Regelungsbedürfnis, weil nach der allgemeinen Vorschrift des § 47 die Aufhebung des Beschlusses, durch den die gesetzliche Vertretungsmacht begründet wird, auf die Wirksamkeit der von oder gegenüber dem Betreuer vorgenommenen Rechtsgeschäfte ohne Einfluss bliebe. Insoweit wird ein Vertrauensschutz des Rechtsverkehrs in den Fortbestand der zum Zeitpunkt der Vornahme des Rechtsgeschäfts begründeten gesetzlichen Vertretungsmacht gewährleistet. Widersprechende Rechtsgeschäfte des Betroffenen einerseits und des Betreuers andererseits sind nach den dazu unter dem Begriff der Doppelzuständigkeit entwickelten Grundsätzen zu beurteilen.[9]

Kosten in Betreuungssachen

§ 307 In Betreuungssachen kann das Gericht die Auslagen des Betroffenen, soweit sie zur zweckentsprechenden Rechtsverfolgung notwendig waren, ganz oder teilweise der Staatskasse auferlegen, wenn eine Betreuungsmaßnahme nach den §§ 1896 bis 1908i des Bürgerlichen Gesetzbuchs abgelehnt, als ungerechtfertigt aufgehoben, eingeschränkt oder das Verfahren ohne Entscheidung über eine solche Maßnahme beendet wird.

I. Normzweck und Anwendungsbereich

Die Vorschrift knüpft inhaltlich an § 13a Abs. 2 S. 1 FGG an. Im Gegensatz zu dieser Vorschrift ist sie systematisch aus dem Regelungsgefüge der als Nebenentscheidung zu treffenden Kostengrundentscheidung (§ 81) herausgelöst und mit ihrem beschränkten Anwendungsbereich in die betreuungsverfahrensrechtlichen Vorschriften eingestellt worden. Sie findet eine Entsprechung in § 337 für das Unterbringungsverfahren. Der Anwendungsbereich des § 307 beschränkt sich auf die Entscheidung darüber, ob unter den weiteren Voraussetzungen der Vorschrift **die Auslagen des Betroffenen der Staatskasse** aufzuerlegen sind. Demgegenüber verbleibt es bei der Anwendbarkeit der allgemeinen Vorschrift des § 81 Abs. 1 und 2, soweit darüber zu entscheiden ist, ob eine Kostenerstattung im Verhältnis der Verfahrensbeteiligten untereinander anzuordnen ist, z. B. bei einem Streit mehrerer Kinder über die Auswahl des Betreuers für einen Elternteil. Ebenfalls nur unter den sehr einschränkenden Voraussetzungen der allgemeinen Vorschrift des § 81 Abs. 4 (grobes Verschulden) kommt eine Kostenerstattungsanordnung in Betracht, die sich gegen einen nicht verfahrensbeteiligten Dritten richtet, etwa wenn die Anregung für die Einleitung eines Betreuungsverfahrens von einer außenstehenden Person ausgeht.

II. Belastung der Staatskasse mit den Kosten

1. Art der Entscheidung in der Hauptsache

In Übereinstimmung mit der bisherigen Vorschrift des § 13a Abs. 2 S. 1 FGG beschreibt § 307 die Hauptsacheentscheidungen, zu denen die Kostenerstattungsanordnung als Nebenentscheidung ergehen kann, als „Betreuungsmaßnahme nach den §§ 1896 bis 1908i BGB". Auf diese Weise werden dem Wortlaut nach sämtliche Folgeanordnungen im Rah-

---

[9] Vgl. dazu MünchKommBGB/Schwab § 1902 Rn 20–23.

men einer bestehenden Betreuung miterfasst. In der bisherigen Rechtsprechung ist zwar die Auffassung vertreten worden, als Betreuungsmaßnahmen könnten nur diejenigen verstanden werden, die in § 69k Abs. 1 Nr. 1 FGG in der Fassung des Regierungsentwurfs zum BtG enumerativ aufgezählt waren – es handelt sich dabei um die jetzt in §§ 286, 293, 295, 297 und 298 genannten Entscheidungen. Denn für eine gewollte sachliche Änderung der dem Vorschlag des Bundesrates entsprechenden Gesetzesfassung gegenüber dem Entwurf ergebe sich in den Gesetzgebungsmaterialien kein Anhaltspunkt. Dementsprechend ist die Anwendbarkeit der Vorschrift für die Bestellung eines Ergänzungsbetreuers für ein Grundstücksgeschäft[1] und die Genehmigung eines Rechtsgeschäfts des Betreuers[2] abgelehnt worden. Diese einschränkende Auffassung kann für die Auslegung des § 307 FamFG nicht fortgeführt werden.[3] Der Wortlaut der Vorschrift bezieht insbesondere durch die Anführung der Verweisungsvorschrift des § 1908i BGB sämtliche Folgeentscheidungen einer bestehenden Betreuung in den Anwendungsbereich der Vorschrift ein. Solche Folgeentscheidungen insbesondere im Bereich der Erteilung betreuungsgerichtlicher Genehmigungen zu bestimmten Rechtsgeschäften können für den Betroffenen im Einzelfall eine vergleichbare Bedeutung haben wie die Betreuerbestellung selbst. Es fehlt eine sachliche Rechtfertigung, solche Entscheidungen gegen den unzweideutigen Wortlaut der Vorschrift anders als andere betreuungsrechtliche Maßnahmen zu behandeln. Der Gesetzgeber hätte mit dem Erlass des FamFG Anlass gehabt, die Formulierung der gesetzlichen Vorschrift klarzustellen, wenn er eine sachliche Einschränkung des Anwendungsbereichs der Vorschrift auf die in § 69k Abs. 1 Nr. 1 des Regierungsentwurfs zum BtG genannten Entscheidungen gewollt hätte.

2. Voraussetzungen der Vorschrift im Einzelnen

3   Eine Kostenerstattungsanordnung zu Lasten der Staatskasse kommt nur in Betracht, wenn eine betreuungsrechtliche Maßnahme abgelehnt, als ungerechtfertigt aufgehoben oder eingeschränkt, oder das Verfahren über eine solche Maßnahme ohne Endentscheidung in der Sache beendet wird.

Eine Aufhebung oder Einschränkung der Maßnahme „als ungerechtfertigt" erfolgt (wie im Rahmen des § 306) nur dann, wenn sie von Anfang an nicht gerechtfertigt war.[4] Die zweite Variante betrifft Fälle, in denen eine Maßnahme zunächst angeordnet, im späteren Verlauf des Verfahrens, insbesondere auf ein Rechtsmittel des Betroffenen, aufgehoben oder eingeschränkt worden ist.

4   Die Voraussetzungen der Vorschrift dürfen nicht zu eng verstanden werden. Deren Zweck ist es, kostenrechtliche Härten für denjenigen Betroffenen zu vermeiden, der sich ggf. mit anwaltlicher Hilfe selbst aktiv am Verfahren mit dem Ziel der Vermeidung einer betreuungsrechtlichen Maßnahme beteiligt.[5] Deshalb muss es für eine Erstattungsanordnung ausreichen, wenn diejenigen Tatsachen, die die Aufhebung oder Einschränkung der Maßnahme tragen, erst zu einem späteren Zeitpunkt bekannt werden. Wird die Maßnahme hingegen maßgebend im Hinblick auf später eingetretene Änderungen aufgehoben, ist für eine Erstattungsanordnung kein Raum.[6]

5   Steht fest, dass nach dem letzten der Entscheidung zugrunde liegenden Sachstand die angeordnete Maßnahme nicht mehr gerechtfertigt ist, bleiben aber Zweifel, ob die Voraussetzungen der Maßnahme zum Zeitpunkt ihrer Anordnung gegeben waren, kann das Gericht von einer Erstattungsanordnung absehen, ohne nur im Hinblick auf die Kosten-

---

[1] OLG Karlsruhe NJW-RR 1998, 224 = FamRZ 1998, 1547.
[2] OLG Schleswig BtPrax 1994, 142.
[3] Damrau/Zimmermann § 307 FamFG Rn 23; Jürgens/Kretz § 307 FamFG Rn 3; Prütting/Helms/Fröschle § 307 Rn 3f.; a. A. Jurgeleit/Bučić § 307 FamFG Rn 9; Fröschle/Locher § 307 Rn 3; MünchKommZPO/Schmidt-Recla § 307 FamFG Rn 4; SBW/Dodegge Rn 5; differenzierend Knittel § 307 FamFG Rn 7, der reine Genehmigungsentscheidungen aus dem Anwendungsbereich ausklammern will.
[4] OLG Karlsruhe NJW-RR 1998, 224 = FamRZ 1998, 1547; OLG Zweibrücken FGPrax 2003, 220 = FamRZ 2003, 1126.
[5] BT-Drs. 11/4528 S. 181.
[6] BayObLG FamRZ 2000, 1523; OLG Karlsruhe NJW-RR 1998, 224 = FamRZ 1997, 1547; Damrau/Zimmermann § 307 FamFG Rn 25; Knittel § 307 FamFG Rn 10.

entscheidung in eine langwierige Beweisaufnahme eintreten zu müssen, ob die Maßnahme zum Zeitpunkt ihrer Anordnung gerechtfertigt war. Anders verhält es sich, wenn die Anordnung der Maßnahme von erheblichen Verfahrensfehlern beeinflusst ist.[7] Um eine Härte in dem beschriebenen Sinn handelt es sich nämlich auch dann, wenn durch erhebliche Verfahrensfehler ein Rechtsmittel des Betroffenen und die Entstehung weiterer Kosten veranlasst wird und sich in dem nunmehr ordnungsgemäßen Verfahren herausstellt, dass die Anordnungsvoraussetzungen ganz oder teilweise nicht mehr vorliegen.

Die dritte Tatbestandsvariante betrifft im Wesentlichen die Fälle der **Erledigung der Hauptsache.** Die Zahl derjenigen Verfahren, die durch Hauptsacheerledigung enden, wird unter Geltung des FamFG infolge der auch kostenrechtlichen Selbständigkeit des Verfahrens der einstweiligen Anordnung (§ 51 Abs. 3 S. 1) vermutlich stark ansteigen. Beispielsweise erledigt sich eine mit der Beschwerde angefochtene vorläufige Betreuerbestellung mit der Entscheidung in der Hauptsache (§ 56 Abs. 1) oder mit Ablauf der Frist gem. § 302. Im Gegensatz zum bisherigen Recht muss auf Verlangen des Betroffenen eine Entscheidung über die Erstattung der ihm entstandenen Auslagen in jedem selbständigen Verfahren auf Erlass einer einstweiligen Anordnung getroffen werden. Die Erstattungsanordnung ist in der Variante der Hauptsacheerledigung dem Wortlaut nach nicht davon abhängig, dass sich bezogen auf den Zeitpunkt der Einleitung des Verfahrens oder des Erlasses einer später angefochtenen Maßnahme herausstellt, dass die Voraussetzungen der Maßnahme nicht vorlagen. Bei der Ermessensausübung (siehe Rn 12) muss jedoch darauf geachtet werden, dass in den Anwendungsfällen der Vorschrift übereinstimmende Bewertungsmaßstäbe angelegt werden. Erledigt sich die Hauptsache durch den Tod des Betroffenen, können seine Erben das Verfahren mit dem Ziel einer Erstattungsanordnung fortsetzen, weil die Berechtigung zur Erwirkung einer Erstattungsanordnung eine vermögensrechtliche Rechtsposition ist, die auf die Erben übergeht (§ 1922 Abs. 1 BGB).[8] Entgegen einer in der Rechtsprechung vertretenen Auffassung[9] ist die Anwendung der Vorschrift nicht bereits dann ausgeschlossen, wenn zunächst eine betreuungsrechtliche Maßnahme getroffen wird und die Erledigung der Hauptsache erst zu einem Zeitpunkt nach Einlegung eines Rechtsmittels gegen die Maßnahme eintritt. Denn auf diese Weise würde entgegen dem Zweck der Vorschrift derjenige Betroffene schlechter gestellt, der möglicherweise zu Unrecht zunächst mit einer betreuungsrechtlichen Maßnahme belastet wird und dagegen ein Rechtsmittel einlegt, über das infolge Erledigung der Hauptsache in der Sache nicht mehr zu entscheiden ist. Dementsprechend wurde die Vorgängervorschrift des § 13a Abs. 2 S. 1 FGG in anderen Entscheidungen gerade auch im Fall des Eintritts der Erledigung der Hauptsache während des Rechtsmittelverfahrens angewandt.[10]

Mit dieser Maßgabe ist die Vorschrift auch dann anzuwenden, wenn nach § 62 über einen Antrag des Betroffenen auf **Feststellung der Rechtswidrigkeit** der Maßnahme zu entscheiden ist.[11]

3. Gegenstand der Erstattungsanordnung

Die Erstattungsanordnung bezieht sich auf die zur zweckentsprechenden Rechtsverfolgung notwendigen „Auslagen" des Betroffenen. Dabei kann es sich sowohl um Gerichtskosten (Gebühren und Auslagen des gerichtlichen Verfahrens)[12] als auch um von ihm zu tragende außergerichtliche Kosten handeln. Die Festsetzung der Höhe des zu erstattenden Betrages ist zwar dem Kostenfestsetzungsverfahren nach § 85 in Verbindung mit den §§ 103 bis 107 ZPO vorbehalten. Die im Rahmen des § 307 zu treffende Ermessensentscheidung kann die Kostenerstattung jedoch nicht nur der Quote nach, sondern auch hinsichtlich der Art der zu erstattenden Auslagen beschränken.

---

[7] OLG München NJW-RR 2008, 810 = FamRZ 2008, 917; NJW-RR 2006, 1377 = FamRZ 2006, 1617; OLG Zweibrücken FGPrax 2003, 220 = FamRZ 2003, 1126.
[8] BayObLG NJW-RR 2002, 514; KG FGPrax 2006, 182.
[9] KG FGPrax 2006, 182 zu § 13a Abs. 2 S. 1 FGG; ebenso Prütting/Helems/Roth § 337 Rn 3.
[10] OLG München FGPrax 2009, 113 = FamRZ 2009, 1246; NJW-RR 2008, 810 = FamRZ 2008, 917; NJW-RR 2006, 1377 = FamRZ 2006, 1617.
[11] OLG Hamm BeckRS 2009, 15601; OLG München NJW-RR 2006, 1377 = FamRZ 2006, 1617.
[12] Jürgens/Kretz § 307 FamFG Rn 1; a. A. MünchKommZPO/Schmidt-Recla § 307 FamFG Rn 9.

9 Bei den vom Betroffenen zu tragenden **Gerichtskosten** handelt es sich im Wesentlichen um die Auslagen des gerichtlichen Verfahrens, für die er nach § 2 Nr. 2 KostO als Kostenschuldner herangezogen werden kann. Betragsmäßig werden die Auslagen für den Sachverständigen (§ 137 Abs. 1 Nr. 5 KostO) und für einen etwa bestellten Verfahrenspfleger (§ 137 Abs. 1 Nr. 16 in Verbindung mit § 93a Abs. 2 KostO) im Vordergrund stehen. Solche Auslagen sind jedoch nach § 96 KostO in den dort näher genannten Verfahren betreuungsrechtlicher Grundentscheidungen **von dem Betroffenen nicht zu erheben,** wenn die mit § 307 übereinstimmenden sachlichen Voraussetzungen vorliegen. Die Kostenfreiheit ist allerdings formell im Verfahren über den Kostenansatz zu berücksichtigen und ggf. durch Einlegung der nicht fristgebundenen Kostenerinnerung (§ 14 Abs. 2 KostO) geltend zu machen.[13] Gleichwohl kann das Gericht bei Vorliegen der Voraussetzungen des § 307 eine Erstattungsanordnung erlassen, die in ihrer Formulierung allgemein die zur zweckentsprechenden Rechtsverfolgung notwendigen Auslagen des Betroffenen der Staatskasse auferlegt und auf diese Weise Bindungswirkung auch für das Verfahren über den Kostenansatz bzw. die Verpflichtung zur Erstattung bereits erhobener Auslagen auslöst.[14] Nicht zu den Auslagen im Sinne des § 307 gehören Vergütung und Aufwendungsersatz, die der nicht mittellose Betroffene einem Betreuer zu erstatten hat, dessen Bestellung auf sein Rechtsmittel aufgehoben wird,[15] ferner die im Zeitraum der durchgeführten Betreuung angefallenen gerichtlichen Jahresgebühren nach § 92 Abs. 1 KostO.[16]

10 Zu den **außergerichtlichen Kosten** des Betroffenen gehören insbesondere die **Gebühren und Auslagen eines Rechtsanwalts,** den der Betroffene mit seiner Vertretung in dem Verfahren beauftragt hat. In den Verfahren über betreuungsrechtliche Grundentscheidungen wird bereits im Hinblick auf die Bedeutung dieser Verfahren für den Betroffenen die Beauftragung eines Rechtsanwalts regelmäßig als zur zweckentsprechenden Rechtsverfolgung notwendig angesehen werden müssen. Dies kann mit Bindungswirkung auch für das Kostenfestsetzungsverfahren in der Kostengrundentscheidung klargestellt werden, etwa indem ausgesprochen wird, dass die Staatskasse die dem Betroffenen entstandenen Rechtsanwaltskosten zu erstatten hat.[17]

11 Ist dem Betroffenen bereits **Verfahrenskostenhilfe** in dem Verfahren bewilligt worden, ist nach der Rechtsprechung des OLG München[18] für eine Anordnung der Erstattung seiner Auslagen kein Raum, weil der Vergütungsanspruch des Rechtsanwalts gegen den Betroffenen nach § 122 Abs. 1 Nr. 3 ZPO ausgeschlossen ist. Dieser Rechtsprechung ist darin zuzustimmen,[19] dass die Erstattungsanordnung gegen die Staatskasse nach § 307 kein Instrument sein kann, um in Anlehnung an § 126 ZPO dem beigeordneten Rechtsanwalt die Erstattung seiner höheren Wahlanwaltsgebühren zu ermöglichen. Andererseits trifft die Vorschrift nach ihrem Wortlaut und Zweck durchaus zu, wenn dem Betroffenen Verfahrenskostenhilfe nur im Rahmen festgesetzter Ratenzahlungen bewilligt worden ist. Liegen die Voraussetzungen des § 307 vor, muss der minderbemittelte Betroffene von seiner wirtschaftlichen Belastung mit den Aufwendungen für seine anwaltliche Vertretung in dem Verfahren in derselben Weise befreit werden können wie der bemittelte Betroffene, dem ein Erstattungsanspruch hinsichtlich der von ihm bereits aufgebrachten Anwaltsvergütung gegen die Staatskasse zuzusprechen ist. Die gerichtliche Entscheidung nach § 307 muss deshalb in einem solchen Fall auf Aufhebung der Ratenzahlungsanordnung und Anordnung der Erstattung etwaiger von dem Betroffenen bereits geleisteter Ratenzahlungen lauten.

4. Ausübung des Ermessens

12 Anknüpfend an die tatbestandlichen Voraussetzungen der Vorschrift liegt es im Rahmen pflichtgemäßen Ermessens des Gerichts zu entscheiden, ob und ggf. in welchem Umfang

---

[13] Korintenberg/Lappe § 96 Rn 11.
[14] OLG München FamRZ 2009, 1943.
[15] OLG München FamRZ 2009, 1943; BtPrax 2006, 32.
[16] Knittel § 307 FamFG Rn 6; a. A. Darmau/Zimmermann § 307 FamFG Rn 34.
[17] OLG Zweibrücken FGPrax 2003, 220.
[18] FamRZ 2006, 1461 = BtPrax 2006, 150 zu § 13a Abs. 2 S. 1 FGG.
[19] A. A. Damrau/Zimmermann § 307 Rn 38; Fröschle/Locher § 307 Rn 2.

eine Erstattung der Auslagen des Betroffenen durch die Staatskasse angeordnet wird. Entsprechend dem Wortlaut der Vorschrift ist die Ermessensentscheidung auch dann nicht mit dem Ergebnis der Anordnung einer Kostenerstattung gebunden, wenn eine Betreuerbestellung abgelehnt oder aufgehoben wird.[20] Soweit die Entscheidung infolge Erledigung der Hauptsache zu treffen ist, kommt entsprechend dem Zweck der Vorschrift (Rn 6) eine Erstattungsanordnung nur in Betracht, wenn sich nachträglich herausstellt, dass die Voraussetzungen der Maßnahme ganz oder teilweise von Beginn an nicht vorlagen. Denn der Fall der Hauptsacheerledigung kann im Ansatz nicht anders bewertet werden, als wenn es zu einer abschließenden Sachentscheidung in der Hauptsache kommt, die zur (ggf. teilweisen) Aufhebung einer bereits getroffenen Maßnahme führt. Im Vordergrund muss eine wertende Gesamtbetrachtung stehen, ob dem Betroffenen im Hinblick auf Verfahrensablauf und Verfahrensergebnis die wirtschaftliche Belastung mit Auslagen zumutbar ist.[21] In den Fällen der Hauptsacheerledigung können auch erhebliche Mängel des Verfahrens Anlass für eine Erstattungsanordnung sein.[22] Auch das eigene Verhalten des Betroffenen kann maßgebende Bedeutung gewinnen.

Zur **Anfechtbarkeit der Kostenentscheidung** wird auf § 81 Rn 81 f. verwiesen. **13**

Mitteilung von Entscheidungen

§ 308 (1) Entscheidungen teilt das Gericht anderen Gerichten, Behörden oder sonstigen öffentlichen Stellen mit, soweit dies unter Beachtung berechtigter Interessen des Betroffenen erforderlich ist, um eine erhebliche Gefahr für das Wohl des Betroffenen, für Dritte oder für die öffentliche Sicherheit abzuwenden.

(2) Ergeben sich im Verlauf eines gerichtlichen Verfahrens Erkenntnisse, die eine Mitteilung nach Absatz 1 vor Abschluss des Verfahrens erfordern, hat diese Mitteilung über die bereits gewonnenen Erkenntnisse unverzüglich zu erfolgen.

(3) ¹Das Gericht unterrichtet zugleich mit der Mitteilung den Betroffenen, seinen Verfahrenspfleger und seinen Betreuer über Inhalt und Empfänger der Mitteilung. ²Die Unterrichtung des Betroffenen unterbleibt, wenn

1. der Zweck des Verfahrens oder der Zweck der Mitteilung durch die Unterrichtung gefährdet würde,
2. nach ärztlichem Zeugnis hiervon erhebliche Nachteile für die Gesundheit des Betroffenen zu besorgen sind oder
3. der Betroffene nach dem unmittelbaren Eindruck des Gerichts offensichtlich nicht in der Lage ist, den Inhalt der Unterrichtung zu verstehen.

³Sobald die Gründe nach Satz 2 entfallen, ist die Unterrichtung nachzuholen.

(4) Der Inhalt der Mitteilung, die Art und Weise ihrer Übermittlung, ihr Empfänger, die Unterrichtung des Betroffenen oder im Fall ihres Unterbleibens deren Gründe sowie die Unterrichtung des Verfahrenspflegers und des Betreuers sind aktenkundig zu machen.

I. Normzweck, Verhältnis zum EGGVG

Die §§ 308 bis 311 enthalten Regelungen über die Voraussetzungen, unter denen **1** personenbezogene Daten, die in Betreuungsverfahren erhoben worden sind, an bestimmte Stellen übermittelt werden müssen bzw. dürfen. Ihr Regelungsinhalt muss im systematischen Zusammenhang mit den Vorschriften der §§ 12 bis 22 EGGVG verstanden werden, die durch das JuMiG[1] eingeführt worden sind. Die Regelungen des JuMiG dienen der Umsetzung der Entscheidung des BVerfG zum Volkszählungsgesetz 1983,[2] in der eine ge-

---

[20] LG Saarbrücken FamRZ 2011, 1094; Prütting/Helms/Fröschle § 307 Rn 13; a. A. Damrau/Zimmermann § 307 FamFG Rn 28; Jürgens/Kretz § 307 FamFG Rn 5; Knittel § 307 FamFG Rn 13; MünchKomm-ZPO/Schmidt-Recla § 307 FamFG Rn 7; Marschner/Volckart/Lesting § 337 FamFG Rn 7.
[21] Fröschle § 307 Rn 8.
[22] OLG München FamRZ 2008, 917 = NJW-RR 2008, 810; FamRZ 2006, 1617 = NJW-RR 2006, 1377; OLG Zweibrücken FGPrax 2003, 220 = FamRZ 2003, 1126.
[1] Vom 18. 6. 1997 (BGBl. I S. 1430).
[2] BVerfGE 65, 1 = NJW 1984, 419.

setzliche Grundlage für Beschränkungen des aus dem allgemeinen Persönlichkeitsrecht abgeleiteten Rechts auf informelle Selbstbestimmung der Person für erforderlich erachtet worden ist. Die §§ 12 bis 22 EGGVG enthalten allgemeine Regelungen, die für den gesamten Bereich der ordentlichen Gerichtsbarkeit gelten, der gem. § 2 EGGVG nunmehr auch die Verfahren der freiwilligen Gerichtsbarkeit umfasst. Diese Vorschriften haben indessen gem. § 12 Abs. 1 S. 2 EGGVG nur subsidiären Charakter. Die §§ 308 bis 311 (übernommen aus den bisherigen §§ 69k bis 69n FGG) gehören zu den bereichsspezifischen Sondervorschriften, die in ihrem Anwendungsbereich den §§ 12 bis 22 EGGVG vorgehen.[3] Dies führt zu besonderen Problemen bei der Rechtsmittelanfechtung von Mitteilungen (vgl. dazu Rn 15 f.).

2 Der systematische Aufbau der Vorschriften der §§ 308 bis 311 unterscheidet zwischen den Fällen, in denen das Gericht zur Mitteilung einer Entscheidung bzw. von Erkenntnissen an andere Stellen **verpflichtet** ist (§§ 308 bis 310), und solchen, in denen eine Mitteilung **zulässig** und ihre Durchführung im Ermessen des Gerichts liegt (§ 311). Die Vorschriften des EGGVG beschränken sich demgegenüber auf Regelungen, die die Übermittlung personenbezogener Daten zulassen, ohne unmittelbar eine Verpflichtung zur Übermittlung zu begründen.[4] Für den Bereich der lediglich zulässigen Übermittlung personenbezogener Daten sieht § 311 teilweise eine abschließende Spezialregelung vor: Soweit aus den übermittelten Entscheidungen oder Erkenntnissen die Person des Betroffenen erkennbar wird, ist die Übermittlung „nur" unter den dort geregelten Voraussetzungen zulässig. Im Übrigen bleiben die Vorschriften der §§ 13 Abs. 2, 15, 17 EGGVG anwendbar. Ebenso wie die §§ 12 bis 22 EGGVG betreffen die §§ 308 bis 311 nur solche Übermittlungsvorgänge, die das Gericht **von Amts wegen** vornimmt. Nicht berührt werden deshalb Übermittlungsvorgänge, um die Übermittlungsempfänger das Gericht seinerseits erfolgreich ersucht hat, sei es durch einen Antrag auf Gewährung von Akteneinsicht (§ 13), sei es im Wege eines Amtshilfeersuchens (Art. 35 Abs. 1 GG, § 156 GVG).[5]

II. Allgemeine Mitteilungspflichten des Betreuungsgerichts

1. Gegenstand der Mitteilungspflicht (Abs. 1 und Abs. 2)

3 § 308 **Abs. 1** macht es dem Gericht zur **Pflicht,** bestimmte Stellen über die im Betreuungsverfahren ergangenen **Entscheidungen** zu unterrichten.[6] Gegenstand der Mitteilungspflicht können sämtliche Entscheidungen in Betreuungssachen sein. Dazu gehören in erster Linie eine Betreuerbestellung bzw. die Anordnung eines Einwilligungsvorbehalts, aber auch alle Beschlüsse über Umfang, Inhalt oder Bestand einer solchen Maßnahme (§§ 293 bis 295) sowie sämtliche sonstigen Entscheidungen wie etwa einstweilige Anordnungen oder die betreuungsgerichtliche Genehmigung eines Rechtsgeschäfts des Betreuers. Die Entscheidung muss nicht nur wirksam geworden (§ 287), sondern darüber hinaus auch formell rechtskräftig (§ 45) geworden sein. Infolge der generellen Befristung der Beschwerde (§ 63) ist der Abschluss des Verfahrens nunmehr gleichbedeutend mit dem Eintritt der formellen Rechtskraft der Entscheidung.

4 **Abs. 2** der Vorschrift erweitert die Mitteilungspflicht auf den Zeitraum vor Abschluss des Verfahrens. Gegenstand der Mitteilungspflicht sind in diesem Zeitabschnitt einzelne **Erkenntnisse,** also Ermittlungsergebnisse des bisherigen Verfahrens (zur Prüfung der Erforderlichkeit der Übermittlung in diesem Stadium siehe Rn 9). Gegenstand der Übermittlung kann deshalb etwa ein in dem Verfahren erstattetes Sachverständigengutachten sein. Unter diesem Aspekt kann sich eine Diskrepanz zu der Mitteilung nach Abs. 1 ergeben, die sich nach dem Wortlaut der Vorschrift auf die ergangene Entscheidung zu beschränken hat. Der Zweck der Mitteilungspflicht in den Fällen des Abs. 1 wird häufig nur eingeschränkt erreicht werden können, wenn dem Adressaten lediglich Tenor und Gründe etwa eines Beschlusses über eine Betreuerbestellung übermittelt werden. Denn in der Praxis enthalten

---

[3] BT-Drs. 13/4709 S. 20.
[4] BT-Drs. 13/4709 S. 18; Kissel/Mayer § 12 EGGVG Rn 19.
[5] BGH NJW 1969, 1302; Kissel/Mayer § 156 GVG Rn 27.
[6] Siehe auch die inhaltsgleiche Vorschrift in XV/3 MiZi.

die Gründe einer solchen Entscheidung vielfach nur eine knappe Wiedergabe des zusammengefassten Ergebnisses des Sachverständigengutachtens. Dem Mitteilungsempfänger wäre deshalb für seine Zwecke häufig mehr damit gedient, wenn er neben der gerichtlichen Entscheidung auch das gesamte Sachverständigengutachten erhielte, welches seinerseits Gegenstand der Mitteilung nach Abs. 2 der Vorschrift hätte sein können, wenn sich das Gericht bereits vor Abschluss des Verfahrens zu einer Mitteilung entschließt. Der Wortlaut des § 308 Abs. 1 lässt indessen nach Abschluss des Verfahrens unzweideutig nur eine Übermittlung der Entscheidung zu.[7] Über den Wortlaut der Vorschrift hinauszugehen erschiene angesichts des verfassungsrechtlichen Gesetzesvorbehalts problematisch, zumal der Empfänger nicht gehindert ist, von sich aus Akteneinsicht zu nehmen (siehe Rn 2) und auf diese Weise nähere Kenntnis von den der Entscheidung zugrunde liegenden Ermittlungsergebnissen zu erlangen.

2. Adressaten der Mitteilung

Empfänger der Mitteilung können nur andere Gerichte, Behörden oder sonstige öffentliche Stellen sein. Nicht zu der Mitteilung nach § 308 rechnet die Bekanntgabe von Entscheidungen an die Betreuungsbehörde. Denn diese ist in § 288 Abs. 2 gesondert geregelt, um die Erfüllung der ihr zugewiesenen Aufgaben durch die Betreuungsbehörde innerhalb des jeweiligen Verfahrens zu gewährleisten. Ausgeschlossen ist eine Mitteilung an private Personen oder privatrechtliche organisierte Institutionen, etwa auch am Verfahren nicht beteiligte Betreuungsvereine. Ob der öffentlichen Stelle, der eine betreuungsrechtliche Entscheidung übermittelt wird, ein darüber hinausgehendes Recht auf Akteneinsicht, etwa mit dem Ziel der Verwertung des im Verfahren erstatteten Sachverständigengutachtens, zusteht, beurteilt sich nach den dafür maßgebenden Vorschriften (vgl. Rn 2).

3. Sachliche Voraussetzungen der Mitteilungspflicht (Abs. 1)

Abs. 1 verpflichtet das Gericht zu einer Mitteilung zur **Abwendung einer erheblichen Gefahr für das Wohl des Betroffenen.** Auf diese Weise soll gewährleistet werden, dass die im Betreuungsverfahren gewonnenen Erkenntnisse berücksichtigt werden können, soweit diese in anderen behördlichen oder gerichtlichen Verfahren von Bedeutung sein können, etwa wenn es um die Beurteilung seiner strafrechtlichen Verantwortlichkeit oder um seine Verfahrensgeschäftsfähigkeit in dem anderen Verfahren geht.[8]

Eine Mitteilungspflicht besteht ferner **zur Abwendung einer erheblichen Gefahr für Dritte.** In diesen Fällen soll der Mitteilungsempfänger in die Lage versetzt werden, Maßnahmen zum Schutz gefährdeter Rechtsgüter Dritter zu ergreifen. Beispielsweise kann es sich handeln um Gefährdungen durch die Gewaltbereitschaft eines nicht steuerungsfähigen Betroffenen, um die Gefährdung durch die Berufstätigkeit des Betroffenen etwa als Arzt, Apotheker, Rechtsanwalt oder Notar, die Gefahr einer nichtigen Eheschließung durch den geschäftsunfähigen Betroffenen[9] oder die Gefährdung minderjähriger Kinder des Betroffenen.[10]

Eine Mitteilung hat ferner zu erfolgen wegen einer erheblichen **Gefahr für die öffentliche Sicherheit.** Diese Tatbestandsalternative überschneidet sich inhaltlich weitgehend mit der vorgenannten. Als Beispiel ist im Gesetzgebungsverfahren genannt worden die Gefahr, dass der Betroffene infolge seiner Erkrankung von einer ihm erteilten Fahrerlaubnis oder einem Waffen- oder Jagdschein nicht mehr verantwortungsvoll Gebrauch machen kann.[11]

Schließlich darf die Mitteilung nur erfolgen, soweit sie unter Beachtung der berechtigten Interessen des Betroffenen **erforderlich** ist. Das öffentliche Interesse an der Erfüllung der dem Mitteilungsadressaten obliegenden Aufgaben muss das Interesse des Betroffenen an der

---

[7] Damrau/Zimmermann § 308 FamFG Rn 10; a. A. MünchKommZPO/Schmidt-Recla § 308 FamFG Rn 2; Prütting/Helms/Fröschle § 308 Rn 8.
[8] BT-Drs. 11/4528 S. 182 zu § 69 k FGG.
[9] Beispiele aus BT-Drs. 11/4528 S. 182 zu § 69 k FGG.
[10] LG Rostock FamRZ 2003, 1691 = NJW-RR 2003, 1370.
[11] BT-Drs. 11/4528 S. 182.

Wahrung seines informationellen Selbstbestimmungsrechts überwiegen.[12] Eine Mitteilung vor Abschluss des Verfahrens (Abs. 2) ist nur erforderlich, wenn die genannte Abwägung zu dem Ergebnis führt, dass die bestehende Gefährdungslage ein weiteres Abwarten bis zur Rechtskraft der Entscheidung ausschließt.[13]

4. Unterrichtungspflicht des Gerichts (Abs. 3 und 4)

10 Abs. 3 S. 1 verpflichtet das Gericht den Betroffenen, einen etwa bestellten Verfahrenspfleger (§ 276) sowie den Betreuer von dem Empfänger und dem Inhalt einer erfolgten Mitteilung zeitgleich mit dieser zu unterrichten. Bezeichnet werden muss insbesondere auch der nähere Inhalt der Mitteilung. Dies kann im Fall des Abs. 1 durch Bezugnahme auf die ergangene Entscheidung nach deren Bekanntgabe geschehen. Im Fall des Abs. 2 müssen im Einzelnen die übermittelten Erkenntnisse bezeichnet werden, etwa durch Beifügung einer Abschrift der erfolgten Mitteilung. Auf diese Weise soll der Betroffene die Möglichkeit erhalten, in dem Verfahren, für dessen Zwecke die Mitteilung erfolgt ist, rechtzeitig seine Rechte wahrnehmen zu können.[14]

11 Die Unterrichtungspflicht gegenüber dem Betreuer und dem Verfahrenspfleger besteht **ausnahmslos.** Von der Unterrichtung des Betroffenen kann unter den Voraussetzungen des Abs. 3 S. 2 ausnahmsweise abgesehen werden, wenn
- der Zweck des Betreuungsverfahrens oder der Zweck der Mitteilung durch die Unterrichtung gefährdet würde (Nr. 1),
- nach ärztlichem Zeugnis hiervon erhebliche Nachteile für die Gesundheit des Betroffenen zu besorgen sind (Nr. 2) oder
- der Betroffene nach dem unmittelbaren Eindruck des Gerichts offensichtlich nicht in der Lage ist, den Inhalt der Unterrichtung zu verstehen (Nr. 3).

Der Anwendungsbereich der Nr. 1 dürfte nur bei einer akuten Gefährdung Dritter oder der öffentlichen Sicherheit im Sinne des Abs. 1 in Betracht kommen. Nr. 2 enthält eine parallele Vorschrift zu § 288 Abs. 1. Die Ausnahme zu Nr. 3 ist in ihrem Wertungszusammenhang mit § 288 Abs. 1 nur schwer verständlich. Denn wenn der Betroffene im Hinblick auf seine Verfahrensgeschäftsfähigkeit (§ 275) die Gründe der ihn betreffenden Entscheidung auch dann erhält, wenn er sie mutmaßlich nicht zu verstehen vermag, ist wenig nachvollziehbar, warum ihm unter denselben Voraussetzungen die Unterrichtung über eine erfolgte Mitteilung der Entscheidung versagt bleiben soll.[15] Von der Vorschrift sollte deshalb nur sehr zurückhaltend Gebrauch gemacht werden. Ergänzend bestimmt Abs. 3 S. 3 der Vorschrift, dass nach der Wegfall der Gründe nach S. 2 die Unterrichtung des Betroffenen nachzuholen ist.

12 Abs. 4 der Vorschrift verpflichtet das Gericht, in der Akte zu **dokumentieren**
- den Empfänger der Mitteilung
- den Inhalt der Mitteilung (Abs. 1 oder Abs. 2)
- die Art und Weise der Übermittlung (ggf. auch nur mündlich)
- die erfolgte Unterrichtung bzw. die Gründe für ihr Unterbleiben.

5. Ergänzende Anwendung der §§ 19 bis 21 EGGVG

13 § 69 o FGG enthielt eine ergänzende Verweisung auf die §§ 19 bis 21 EGGVG. Diese Verweisungsvorschrift ist nicht in das FamFG übernommen worden, offenbar weil durch die Neufassung des § 2 EGGVG der Anwendungsbereich der §§ 19 bis 21 EGGVG nunmehr auch die Angelegenheiten der freiwilligen Gerichtsbarkeit mit umfasst. Diese Vorschriften gelten deshalb nunmehr unmittelbar auch in Betreuungssachen, weil das FamFG insoweit bewusst keine bereichsspezifischen Sonderregelungen trifft.[16] Von dem Empfänger der Mitteilung ist deshalb nach § 19 EGGVG die Zweckbindung der übermittelten Daten

---

[12] BT-Drs. 11/4528 S. 181.
[13] Fröschle/Locher § 308 Rn 8; Jansen/Sonnenfeld § 69k FGG Rn 12.
[14] BT-Drs. 11/4528 S. 182 zu § 69k FGG.
[15] Zu Recht kritisch Bienwald § 69k FGG Rn 14.
[16] Vgl. Kissel/Mayer § 12 EGGVG Rn 8.

zu beachten. Das Betreuungsgericht hat insbesondere die Nachberichtspflicht nach § 20 EGGVG zu beachten: Im Falle einer **Mitteilung nach Abs. 2** muss der Empfänger vom Ausgang des Verfahrens unterrichtet werden (§ 20 Abs. 1 S. 1 EGGVG). Haben sich zu dem übermittelten Sachverhalt neue Erkenntnisse ergeben, muss der Empfänger darüber unverzüglich unterrichtet werden, wenn dies erforderlich erscheint, um bis zu einer Unterrichtung über den Verfahrensausgang drohende Nachteile für den Betroffenen zu vermeiden (§ 20 Abs. 1 S. 2 EGGVG). Erweisen sich übermittelte Daten als unrichtig, ist der Empfänger darüber unverzüglich zu unterrichten (§ 20 Abs. 2 S. 1 EGGVG). Im Falle einer **Mitteilung nach Abs. 1** muss der Empfänger über jede Änderung oder Aufhebung der getroffenen Entscheidung unterrichtet werden (§ 20 Abs. 1 S. 1 Halbs. 2 EGGVG). Betrifft eine Mitteilung auch eine andere Person als den Betreuten, so gilt insoweit § 21 EGGVG (Anspruch auf Auskunftserteilung über den Empfänger und den Inhalt der übermittelten Daten), während für den Betreuten die Sondervorschrift des § 308 Abs. 3 anzuwenden ist.

6. Durchführung der Mitteilung

Die **funktionelle Zuständigkeit** für die Anordnung der Mitteilung und der Unterrichtung folgt derjenigen für die mitzuteilende Entscheidung (Abs. 1) bzw. des Verfahrens, aus dem Erkenntnisse bereits vor seinem Abschluss mitzuteilen sind (Abs. 2). Regelmäßig ist die Mitteilung deshalb vom Richter anzuordnen, in den nicht vom Richtervorbehalt erfassten Geschäften (§ 15 RPflG) obliegt die Zuständigkeit dem Rechtspfleger. Es handelt sich nicht um eine Maßnahme der Justizverwaltung.[17]

7. Rechtsmittel

§ 22 Abs. 1 EGGVG sieht als gerichtliche Überprüfungsmöglichkeit für die Rechtmäßigkeit einer erfolgten Mitteilung den Antrag auf gerichtliche Entscheidung nach den §§ 23 bis 30 EGGVG vor. Die Vorschrift gilt jedoch nur, wenn die Rechtsgrundlage für die Übermittlung personenbezogener Daten nicht in den Vorschriften enthalten ist, die das Verfahren der übermittelnden Stelle regeln. Danach muss angenommen werden, dass der Rechtsweg nach § 22 Abs. 1 EGGVG für die Überprüfung der Rechtmäßigkeit einer erfolgten Mitteilung in Betreuungssachen verschlossen ist. Denn die §§ 308 bis 311 enthalten eine bereichsspezifische Rechtsgrundlage für diese Mitteilungen. Die streng subsidiäre Regelung in § 22 Abs. 1 EGGVG beruht auf der Erwägung, der Rechtsschutz gegen eine Mitteilung müsse nach demjenigen Verfahrensrecht beurteilt werden, das eine spezifische Rechtsgrundlage für diese Mitteilung zur Verfügung stellt.[18]

Wie zu verfahren ist, wenn zwar eine besondere verfahrensrechtliche Grundlage für die Mitteilung besteht, dieses Verfahrensrecht jedoch keine gerichtliche Überprüfungsmöglichkeit für die Rechtmäßigkeit der Mitteilung zur Verfügung stellt, ergibt sich daraus noch nicht. Eine solche Situation besteht für das FamFG nach der Neuregelung der Statthaftigkeit der Beschwerde in § 58 Abs. 1. Im Rahmen des § 19 FGG konnte auch eine Mitteilung als eine anfechtbare Verfügung bewertet werden, weil sie für sich genommen geeignet war, in die Rechte des Betroffenen einzugreifen.[19] Demgegenüber kann eine Mitteilung nach § 308 zunächst nicht als instanzabschließende Endentscheidung im Sinne des § 58 Abs. 1 bewertet werden. Da eine sondergesetzliche Zulassung der Beschwerde fehlt, wäre danach eine gerichtliche Überprüfungsmöglichkeit der Rechtmäßigkeit der Mitteilung insgesamt verschlossen, soweit es sich nicht um eine Entscheidung des Rechtspflegers handelt (§ 11 Abs. 2 S. 1 RPflG).[20] Bereits die Rechtsweggarantie des Art. 19 Abs. 4 GG erfordert eine aber gerichtliche Überprüfungsmöglichkeit, die nur entweder im Verfahren nach § 22 Abs. 1 EGGVG oder im Beschwerdeverfahren nach den Vorschriften des FamFG erfolgen kann. Denkbar wäre es, über den Wortlaut des § 22 Abs. 1 EGGVG hinausgehend die

---

[17] BT-Drs. 13/4709 S. 27.
[18] BT-Drs. 13/4709 S. 27.
[19] LG Zweibrücken BtPrax 1999, 244 bejaht inzident zumindest die Statthaftigkeit der Beschwerde nach § 19 FGG; a. A. insoweit LG Saarbrücken BtPrax 2009, 252.
[20] So Prütting/Helms/Fröschle § 308 Rn 24; SBW/Eilers § 308 Rn 41.

Subsidiarität der Regelung nur dort durchgreifen zu lassen, wo eine bereichsspezifische Regelung auch des Rechtsschutzes gegen die Übermittlung besteht.[21] Für die Subsidiarität der Regelung in § 22 Abs. 1 EGGVG sind aber erkennbar Gründe der Sachnähe ausschlaggebend. Dann erscheint es überzeugender, den erforderlichen Rechtsschutz innerhalb des Verfahrensrechts des FamFG zu gewährleisten,[22] mag dies in diesem Einzelfall auch mit der Regelung der Statthaftigkeit der Beschwerde in § 58 Abs. 1 nur schwer in Einklang zu bringen sein. Für die Behandlung und die Entscheidung über die Beschwerde sollten dann § 22 Abs. 2 und 3 EGGVG entsprechend angewendet werden.

Besondere Mitteilungen

309
(1) ¹Wird beschlossen, einem Betroffenen zur Besorgung aller seiner Angelegenheiten einen Betreuer zu bestellen oder den Aufgabenkreis hierauf zu erweitern, so hat das Gericht dies der für die Führung des Wählerverzeichnisses zuständigen Behörde mitzuteilen. ²Das gilt auch, wenn die Entscheidung die in § 1896 Abs. 4 und § 1905 des Bürgerlichen Gesetzbuchs bezeichneten Angelegenheiten nicht erfasst. ³Eine Mitteilung hat auch dann zu erfolgen, wenn eine Betreuung nach den Sätzen 1 und 2 auf andere Weise als durch den Tod des Betroffenen endet oder wenn sie eingeschränkt wird.

(2) ¹Wird ein Einwilligungsvorbehalt angeordnet, der sich auf die Aufenthaltsbestimmung des Betroffenen erstreckt, so hat das Gericht dies der Meldebehörde unter Angabe des Betreuers mitzuteilen. ²Eine Mitteilung hat auch zu erfolgen, wenn der Einwilligungsvorbehalt nach Satz 1 aufgehoben wird oder ein Wechsel in der Person des Betreuers eintritt.

I. Mitteilung an die Wahlbehörde (Abs. 1)

1   Die in Abs. 1 begründete Mitteilungspflicht steht in einem inhaltlichen Zusammenhang mit § 13 Nr. 2 BWahlG und den inhaltsgleichen Wahlrechtsvorschriften der Länder. Danach ist derjenige vom Wahlrecht ausgeschlossen, für den zur Besorgung aller seiner Angelegenheiten ein Betreuer nicht nur durch einstweilige Anordnung bestellt ist; dies gilt auch, wenn der Aufgabenkreis des Betreuers die in §§ 1896 Abs. 4 und 1905 BGB bezeichneten Angelegenheiten nicht erfasst. Wird ein Betreuer mit einem inhaltsgleichen Aufgabenkreis abschließend bestellt, sieht § 309 Abs. 1 eine Mitteilungspflicht des Betreuungsgerichts vor, um der Wahlbehörde eine ordnungsgemäße Führung des Wählerverzeichnisses unter Berücksichtigung des Wahlrechtsausschlusses des Betroffenen zu ermöglichen.

2   Die Mitteilung hat nur zu erfolgen, wenn ein Betreuer für **alle Angelegenheiten** bestellt worden ist, wobei unschädlich ist, wenn der Aufgabenkreis nicht auch die Angelegenheiten im Sinne der §§ 1896 Abs. 4 und 1905 BGB umfasst. Die Wortfassung der Vorschrift hat den noch durch das JuMiG[1] in § 69 I Abs. 1 FGG eingeführten einschränkenden Zusatz „ausweislich der Entscheidung nach § 69 Abs. 1 oder nach § 69i Abs. 1 (FGG)"[2] nicht übernommen, ohne dass die Gründe dafür erläutert worden sind.[3] Ziel des durch das JuMiG eingeführten Zusatzes war es, zur Gewährleistung von Rechtssicherheit den Wahlrechtsausschluss und damit sachgleich die gerichtliche Mitteilungspflicht davon abhängig zu machen, dass im Tenor der Entscheidung die Betreuerbestellung für alle Angelegenheiten des Betroffenen ausdrücklich ausgesprochen wird. Offen blieb demgegenüber, welche inhaltlichen Anforderungen an eine Betreuerbestellung mit einem so tenorierten Aufgabenkreis zu stellen sind.[4] Auf diese Weise sollte einer Rechtspraxis auf der Grundlage der Auffassung entgegengewirkt werden, nach der anknüpfend an die gesetzliche Formulierung „zur Be-

---

[21] OLG Stuttgart NJW 2005, 3226 in einer Strafsache; Kissel/Mayer § 22 EGGVG Rn 1; ebenso Fröschle/Locher § 308 Rn 9.
[22] Bassenge/Roth § 308 FamFG Rn 8; Jürgens/Kretz § 308 FamFG Rn 13; im Ergebnis ebenso Damrau/Zimmermann § 308 FamFG Rn 41; MünchKommZPO/Schmidt-Recla § 308 FamFG Rn 10.
[1] Vom 18. 6. 1997 (BGBl. I S. 1430).
[2] So auch noch die Formulierung in Ziff. XV/4 der Mitteilungen in Zivilsachen (MiZi).
[3] Die Begründung zum Regierungsentwurf (BT-Drs. 16/6308 S. 272) stellt gegenüber der bisherigen Fassung lediglich „sprachliche Änderungen" heraus.
[4] BT-Drs. 13/4709 S. 50.

sorgung aller **seiner** Angelegenheiten" ein Wahlrechtsausschluss und dementsprechend eine Mitteilungspflicht bereits dann besteht, wenn bei einer auf die individuelle Situation des Betroffenen bezogenen Betrachtungsweise alle für diesen in Betracht kommenden Aufgabenkreise von der Betreuung erfasst werden.[5] Die Wahlbehörde müsste auf der Grundlage dieser Auffassung eine ihr zugehende Mitteilung inhaltlich ggf. durch Rückfrage bei dem Gericht dahin überprüfen, ob ein weit gefasster Aufgabenkreis der Betreuung zum Wahlrechtsausschluss führt, aus welchen Gründen einzelne Aufgabenkreise (etwa bei einem vermögens- und einkommenslosen Betroffenen) nicht ausdrücklich erfasst sind und dgl. mehr.

Da nicht erkennbar ist, dass der Gesetzgeber das Ziel der Gewährleistung der Rechtssicherheit bei der Führung des Wählerverzeichnisses hat aufgeben wollen, sollte auch unter der Neufassung durch das FamFG die Entwicklung fortgeführt werden, die durch den einschränkenden Zusatz in § 69 l Abs. 1 FGG durch das JuMiG eingeführt worden ist: Der Wahlrechtsausschluss und damit einhergehend die Mitteilungspflicht des Betreuungsgerichts treten nur dann ein, wenn im Tenor der gerichtlichen Entscheidung die Betreuerbestellung ausdrücklich für alle Aufgabenkreise angeordnet ist.[6] Davon zu unterscheiden ist die Frage, unter welchen materiell-rechtlichen Voraussetzungen eine Betreuung für alle Angelegenheiten angeordnet werden darf. Nach der Rechtsprechung kommt eine Betreuung des Betroffenen in allen seinen Angelegenheiten nur in Betracht, wenn er aufgrund seiner Krankheit oder Behinderung keine seiner Angelegenheiten (mehr) selbst besorgen kann. Abzustellen ist dabei auf seine konkrete Lebenssituation. Es muss für sämtlichen Bereiche, welche die konkrete Lebenssituation des Betroffenen ausmachen, Handlungsbedarf bestehen. Liegen diese Voraussetzungen auch nur teilweise nicht vor, kann ein Betreuer nur für einzelne Aufgabenkreise bestellt werden. Es ist unzulässig, einer etwaigen Gefahr von Wahlmanipulationen durch die Anordnung einer Totalbetreuung zu begegnen, ohne dass eine solche Maßnahme nach den allgemeinen Grundsätzen erforderlich ist.[7] 3

Das Wahlrecht des Betroffenen lebt wieder auf, wenn die Betreuung **aufgehoben** oder auch nur **teilweise eingeschränkt** wird (§ 294). Für diesen Fall verpflichtet Abs. 1 S. 3 der Vorschrift das Gericht zu einer ergänzenden Mitteilung an die Wahlbehörde, um die Korrektur des Wählerverzeichnisses zu gewährleisten. 4

II. Mitteilung an die Meldebehörde (Abs. 2)

Abs. 2 der Vorschrift bezieht sich auf den seltenen Fall, dass ein Einwilligungsvorbehalt für den Aufgabenkreis Aufenthaltsbestimmung angeordnet worden ist. Denn der Einwilligungsvorbehalt kann sich nur auf rechtsgeschäftliche Willenserklärungen beziehen, während die Aufenthaltsbestimmung als solche nur ein Realakt ist.[8] Folglich kommt ein Einwilligungsvorbehalt für den Aufgabenkreis der Aufenthaltsbestimmung nur zur Verhinderung selbstschädigender Rechtsgeschäfte des Betroffenen im Zusammenhang mit einem Aufenthaltswechsel (etwa Kündigung eines Heim- oder Wohnraummietvertrages) in Betracht.[9] 5

Der Zweck der Mitteilungspflicht besteht darin, der Meldebehörde die Überprüfung der Rechtmäßigkeit einer An- und Abmeldung des Betroffenen zu ermöglichen.[10] Der zwingende Inhalt der Mitteilung im Einzelnen lässt sich aus dem Wortlaut der gesetzlichen Vorschrift nicht unmittelbar ableiten. Nach dem Zweck der Vorschrift muss die Mitteilung Namen und Anschrift des Betreuers enthalten.[11] Nicht belegbar ist, dass die Mitteilung darüber hinaus sämtliche persönlichen Daten des Betreuers enthalten muss, die die Melde- 6

---

[5] LG Zweibrücken BtPrax 1999, 244; Zimmermann FamRZ 1996, 79/80.
[6] Ebenso Bassenge/Roth § 309 FamFG Rn 2; Damrau/Zimmermann § 309 FamFG Rn 2; Fröschle/Locher § 309 Rn 4; Hellmann BtPrax 1999, 229/230; Jansen/Sonnenfeld § 69 l FGG Rn 4; Jürgens/Kretz § 309 FamFG Rn 2; Knittel § 309 FamFG Rn 7; Passmann BtPrax 1998, 6/7; SBW/Eilers § 309 Rn 13; a. A. MünchKommZPO/Schmidt-Recla § 309 Rn 4; Prütting/Helms/Fröschle § 309 Rn 7.
[7] BayObLG NJW-RR 1997, 967 = FamRZ 1998, 452.
[8] OLG Hamm FGPrax 1995, 56 = FamRZ 1995, 433.
[9] BayObLG FamRZ 1993, 852.
[10] BT-Drs. 11/4528 S. 182 zu § 69 l Abs. 2 FGG.
[11] So die praktikable Vorschrift in Ziff. XV/5 Abs. 3 MiZi.

behörde ihrerseits nach § 2 Abs. 1 Nr. 9 MelderechtsrahmenG speichern muss.[12] Eine Nachberichtspflicht besteht nach Abs. 2 S. 2 der Vorschrift im Fall der Aufhebung des Einwilligungsvorbehalts oder einem Wechsel in der Person des Betreuers.

III. Verfahrensfragen

7 Die **funktionelle Zuständigkeit** für die Mitteilung folgt auch im Rahmen des § 309 derjenigen für die mitzuteilende Entscheidung (vgl. § 308 Rn 12). Im Bereich des Abs. 1 hat deshalb immer der Richter die Mitteilung zu veranlassen, während im Fall des Abs. 2 bei einem Betreuerwechsel auch die funktionelle Zuständigkeit des Rechtspflegers gegeben sein kann (§§ 1908 c BGB, 15 Nr. 2 RPflG). Ziff. XV/5 Abs. 2 MiZi, die eine ausnahmslose Zuständigkeit des Richters vorsieht, steht damit teilweise mit der gesetzlichen Vorschrift nicht in Einklang und ist insoweit nicht anzuwenden.[13] Die Vorschriften des § 308 Abs. 3 und 4 über die Unterrichtung des Betroffenen von der erfolgten Mitteilung und deren Dokumentation in den Akten sind nicht entsprechend anzuwenden.[14] Das Gesetz behandelt die Mitteilungen an die Wahl- bzw. Meldebehörde als Sonderfälle, die in § 309 abschließend geregelt sind. Dies folgt aus der eigenständigen Regelung zur Nachberichtspflicht in Abs. 1 S. 3 sowie Abs. 2 S. 2 der Vorschrift sowie daraus, dass § 311 S. 2 im Fall einer Mitteilung für Zwecke der Strafverfolgung ausdrücklich auf die ergänzende Anwendung des § 308 Abs. 3 und 4 verweist, eine entsprechende Vorschrift in § 309 jedoch fehlt. Für die Möglichkeit einer **Rechtsmittelanfechtung** der erfolgten Mitteilung siehe die Erläuterungen zu § 308 Rn 15.

Mitteilungen während einer Unterbringung

310 Während der Dauer einer Unterbringungsmaßnahme hat das Gericht dem Leiter der Einrichtung, in der der Betroffene untergebracht ist, die Bestellung eines Betreuers, die sich auf die Aufenthaltsbestimmung des Betroffenen erstreckt, die Aufhebung einer solchen Betreuung und jeden Wechsel in der Person des Betreuers mitzuteilen.

I. Normzweck

1 Die Vorschrift begründet Mitteilungspflichten des Betreuungsgerichts gegenüber dem Leiter der Einrichtung, in der der Betroffene geschlossen untergebracht ist. Grundlage der Vorschrift ist die Überlegung, dass der Leiter der Einrichtung eine Mitverantwortung dafür trägt, dass die freiheitsentziehende Unterbringung nur auf einer hinreichenden gesetzlichen Grundlage durchgeführt wird.[1] Eine zivilrechtliche Unterbringung (§ 312 Nr. 1 und 2) ist unabhängig von einer erforderlichen gerichtlichen Genehmigung nur zulässig, wenn und solange sie von dem Willen des mit dem Aufgabenkreis der Aufenthaltsbestimmung bestellten Betreuers als des gesetzlichen Vertreters des Betroffenen gedeckt ist (§ 1906 Abs. 1, Abs. 3 S. 1 und Abs. 4 BGB).[2] Eine Betreuerbestellung ist auch im Falle einer öffentlich-rechtlichen Unterbringung (§ 312 Nr. 3) von Bedeutung. Die Betreuerbestellung kann für die Sicherstellung einer medizinischen Behandlung des Betroffenen, die nicht mehr unter den Bedingungen der geschlossenen Unterbringung erfolgen soll, ebenso von Bedeutung sein, wie etwa eine Fortdauer der Maßnahme in der Form einer zivilrechtlichen Unterbringung.[3] Der Leiter der Einrichtung muss deshalb fortlaufend über darüber unterrichtet sein, ob für den Betroffenen eine Betreuung mit dem Aufgabenkreis der Aufenthaltsbestimmung besteht und welche Person als Betreuer bestellt ist.

---

[12] So BT-Drs. 11/4528 S. 182 zu § 691 Abs. 2 FGG.
[13] Jansen/Sonnenfeld § 691 FGG Rn 10.
[14] Bassenge/Roth § 309 FamFG Rn 4; MünchKommZPO/Schmidt-Recla § 309 FamFG Rn 8; SBW/Eilers § 309 Rn 20; a. A. Jürgens/Kretz § 309 FamFG Rn 4.
[1] BT-Drs. 11/4528 S. 220.
[2] BGH FGPrax 2002, 188 = FamRZ 2002, 744.
[3] BT-Drs. 11/4528 S. 220.

II. Mitteilung an den Leiter der Einrichtung

1. Voraussetzung der Mitteilungspflicht, Anwendungsbereich

§ 310 setzt voraus, dass der Betroffene geschlossen untergebracht ist, sei es auf zivilrechtlicher Grundlage (§§ 312 Nr. 1, 1906 Abs. 1 BGB), sei es auf öffentlich-rechtlicher Grundlage nach Landesrecht (§ 312 Nr. 3). Durch den Begriff der Unterbringungsmaßnahme ist in den Anwendungsbereich der Vorschrift einbezogen eine unterbringungsähnliche Maßnahme im Sinne des § 1906 Abs. 4 BGB, die nach § 312 Nr. 2 als Unterbringungsmaßnahme gilt. Adressat der Mitteilung kann deshalb neben dem Leiter einer Klinik auch der Leiter einer Heimeinrichtung sein, wenn zum Schutz des Betroffenen dort Maßnahmen im Sinne des § 1906 Abs. 4 BGB durchgeführt werden.[4] Entsprechend dem Zweck der Vorschrift sind die Entscheidungen bereits dann mitzuteilen, wenn sie nach Maßgabe des § 287 wirksam geworden sind, ohne dass es auf den Eintritt der formellen Rechtskraft ankommt. Denn die Befugnisse des Betreuers als gesetzlicher Vertreter des Betroffenen müssen im Rahmen der Unterbringung sofort berücksichtigt werden. Deshalb gilt die Vorschrift uneingeschränkt auch für einstweilige Anordnungen gleichen Inhalts.

2. Gegenstand der Mitteilung

Gegenstand der Mitteilung ist zunächst die erstmalige Betreuerbestellung, wenn diese auch den Aufgabenkreis der Aufenthaltsbestimmung umfasst. Nach dem Zweck der Vorschrift (vgl. Rn 1) muss der Aufgabenkreis der Betreuung die Aufenthaltsbestimmung nicht insgesamt umfassen. Ausreichend ist vielmehr, dass der Aufgabenkreis der Aufenthaltsbestimmung eingeschränkt so gefasst ist, dass er nur die Unterbringung zum Zweck der Behandlung des Betroffen ermöglichen und auf diese Weise dem Erforderlichkeitsgrundsatz (§ 1896 Abs. 2 S. 1 BGB) Rechnung getragen werden soll.[5] Mitzuteilen sind ferner eine Erweiterung des Aufgabenkreises auf denjenigen der Aufenthaltsbestimmung sowie umgekehrt eine Aufhebung oder eine den Aufgabenkreis der Aufenthaltsbestimmung nicht mehr erfassende Einschränkung der Betreuung. Mitzuteilen ist schließlich ein Wechsel in der Person des Betreuers, zu dessen Aufgabenkreis die Aufenthaltsbestimmung gehört.

Mitteilungen zur Strafverfolgung

311 [1] Außer in den sonst in diesem Gesetz, in § 16 des Einführungsgesetzes zum Gerichtsverfassungsgesetz sowie in § 70 Satz 2 und 3 des Jugendgerichtsgesetzes genannten Fällen darf das Gericht Entscheidungen oder Erkenntnisse aus dem Verfahren, aus denen die Person des Betroffenen erkennbar ist, von Amts wegen nur zur Verfolgung von Straftaten oder Ordnungswidrigkeiten anderen Gerichten oder Behörden mitteilen, soweit nicht schutzwürdige Interessen des Betroffenen an dem Ausschluss der Übermittlung überwiegen. [2] § 308 Abs. 3 und 4 gilt entsprechend.

I. Normzweck und Anwendungsbereich

Die Vorschrift ergänzt die in §§ 308 bis 310 geregelten Mitteilungspflichten um einen Regelungsbereich, in dem eine Mitteilung **zulässig** und ihre Durchführung im Ermessen des Gerichts liegt. § 311 hat abschließenden Charakter und schließt die Anwendung weiter gehender Regelungen in §§ 13, 15, 17 EGGVG aus (vgl. dazu § 308 Rn 2). Neben § 311 bleiben folgende Mitteilungen durch das Betreuungsgericht unberührt:
– Mitteilung personenbezogener Daten an ausländische öffentliche Stellen auf der Grundlage des § 16 EGGVG in Verbindung mit einem völkerrechtlichen Vertrag,
– Mitteilungen nach § 70 S. 2 und 3 JGG, durch die bezogen auf ein nach dem JGG geführtes Strafverfahren die Staatsanwaltschaft über betreuungsgerichtliche Maßnahmen betreffend einen Heranwachsenden und dem Betreuungsgericht bekannt gewordene weitere Strafverfahren unterrichtet wird. Die Vorschrift ist nicht dadurch gegenstandslos

---

[4] Knittel § 310 FamFG Rn 2.
[5] Bienwald § 69 m FGG Rn 6; Fröschle/Locher § 310 Rn 2.

§ 311 2, 3   Abschnitt 1. Verfahren in Betreuungssachen

geworden, dass durch Art. 84 Nr. 8 des FGG-RG das Wort „Vormundschaftsrichter" in § 70 S. 1 und 3 JGG durch das Wort „Familiengericht" ersetzt worden ist. Denn § 311 will gerade die Möglichkeit zu solchen Mitteilungen auch nach dem Eintritt der Volljährigkeit des Betroffenen aufrechterhalten; zuständig ist dann aber ausschließlich das Betreuungsgericht (§ 271).

II. Mitteilung zur Verfolgung von Straftaten und Ordnungswidrigkeiten

1. Voraussetzungen der Mitteilung

2   Sowohl eine in dem Verfahren ergangene Entscheidung als auch Erkenntnisse des Verfahrens dürfen mitgeteilt werden, soweit diese für die Verfolgung von Straftaten oder Ordnungswidrigkeiten von Bedeutung sind. Die maßgebende Einschränkung ergibt sich in diesem Zusammenhang aus dem zweiten Satzteil. Danach hat die Mitteilung zu unterbleiben, wenn für das Betreuungsgericht erkennbar ist, dass schutzwürdige Belange des „Betroffenen" an dem Ausschluss der Mitteilung überwiegen. In die Abwägung einzubeziehen sind in diesem Zusammenhang nur die Interessen des Betroffenen des betreuungsrechtlichen Verfahrens.[1] Betreffen die Erkenntnisse strafbares oder ordnungswidriges Verhalten anderer Personen, wird danach die Mitteilung regelmäßig zulässig sein. Denn an dem Unterbleiben einer Mitteilung, die zu einer Verfolgung einer von anderen Personen begangenen Straftat oder Ordnungswidrigkeit führen kann, wird der Betroffene des Betreuungsverfahrens kein schutzwürdiges Interesse haben können. Mitteilungsadressat ist die für die Verfolgung der Straftat bzw. Ordnungswidrigkeit zuständige Staatsanwaltschaft bzw. Verwaltungsbehörde.

2. Weitere Verfahrensbehandlung

3   Für die weitere Verfahrensbehandlung verweist S. 2 der Vorschrift auf § 308 Abs. 3 und 4. Soweit die Mitteilung personenbezogene Daten des Betroffenen des Betreuungsverfahrens betreffen, müssen dieser sowie zusätzlich sein Betreuer und sein etwa bestellter Verfahrenspfleger von der Mitteilung unterrichtet werden (§ 308 Abs. 3 mit den dort geregelten Ausnahmen). Die Mitteilung muss in den Akten dokumentiert werden (§ 308 Abs. 4 mit den dort geregelten Einzelheiten). Die funktionelle Zuständigkeit für die Veranlassung der Mitteilung folgt auch hier derjenigen für das Verfahren, in dem die Entscheidung ergangen bzw. die Erkenntnisse angefallen sind, die Gegenstand der Mitteilung sind (vgl. § 308 Rn 12). Für die Unterrichtung weiterer Verfahrensbeteiligter bzw. Dritter über die erfolgte Mitteilung sie betreffender personenbezogener Daten gilt § 21 EGGVG.

---

[1] BT-Drs. 13/4709 S. 31.

Abschnitt 2. Verfahren in Unterbringungssachen

Unterbringungssachen

312 Unterbringungssachen sind Verfahren, die

1. die Genehmigung einer freiheitsentziehenden Unterbringung eines Betreuten (§ 1906 Abs. 1 bis 3 des Bürgerlichen Gesetzbuchs) oder einer Person, die einen Dritten zu ihrer freiheitsentziehenden Unterbringung bevollmächtigt hat (§ 1906 Abs. 5 des Bürgerlichen Gesetzbuchs),
2. die Genehmigung einer freiheitsentziehenden Maßnahme nach § 1906 Abs. 4 des Bürgerlichen Gesetzbuchs oder
3. eine freiheitsentziehende Unterbringung eines Volljährigen nach den Landesgesetzen über die Unterbringung psychisch Kranker

betreffen.

I. Normzweck

Die Vorschrift definiert den Anwendungsbereich der gemeinsamen Verfahrensvorschriften in Unterbringungssachen durch Bezugnahme auf die materiell-rechtlichen Regelungen über die Voraussetzungen einer freiheitsentziehenden Unterbringung. Grundlegend ist dabei die Unterscheidung zwischen den Fällen der zivilrechtlichen Unterbringung nach § 1906 BGB (§ 312 Nr. 1 und 2) und der öffentlich-rechtlichen Unterbringung nach den Landesgesetzen über die Unterbringung psychisch Kranker (Nr. 3 der Vorschrift). Beide Unterbringungsarten, die unterschiedlichen materiell-rechtlichen Voraussetzungen unterliegen, werden unter das Dach eines gemeinsamen Verfahrensrechts gestellt. Die Vorschriften des FamFG folgen dabei der Vorgängerregelungen in den §§ 70 bis 70n FGG, die sich weitgehend bewährt haben. **1**

II. Genehmigung und Anordnung der geschlossenen Unterbringung

1. Zivilrechtliche Unterbringung

Die Verfahren der zivilrechtlichen Unterbringung betreffen nach **Nr. 1** der Vorschrift zunächst die gerichtliche Genehmigung der geschlossenen Unterbringung einer betreuten Person, die von einem mit dem Aufgabenkreis der Aufenthaltsbestimmung bestellten Betreuer durchgeführt wird oder werden soll (§ 1906 Abs. 2 S. 1 und 2 BGB). Der ergänzende Verweis in Nr. 1 auf § 1906 Abs. 1 und 3 BGB ist im Kern überflüssig, weil beide Vorschriften nicht den Gegenstand des gerichtlichen Verfahrens, sondern lediglich die materiell-rechtlichen Voraussetzungen für der Erteilung der Genehmigung und die Pflichtenstellung des Betreuers bei der weiteren Durchführung der Unterbringung betreffen. Die Vorschrift gilt unmittelbar nur für betreute Volljährige. Das Verfahren zur Unterbringung Minderjähriger (§§ 1631b, 1800, 1915 BGB) ist nunmehr gesondert als dem Familiengericht zugewiesene Kindschaftssache geregelt (§ 151 Nr. 6). § 167 Abs. 1 enthält insoweit neben den dort für das Unterbringungsverfahren vorgesehenen Sondervorschriften eine ergänzende Verweisung auf den Regelungsabschnitt Unterbringungssachen. Um eine Unterbringungssache handelt es sich auch dann, wenn die gerichtliche Genehmigung zu einer Unterbringungsmaßnahme erteilt werden soll, die ein von der betroffenen Person rechtsgeschäftlich dazu ausdrücklich Bevollmächtigter vornimmt (§ 1906 Abs. 5 S. 1 und 2 BGB). Als Annex erstreckt sich das Unterbringungsverfahren auch auf eine Unterbringungsmaßnahme, die das Gericht nach § 1846 BGB wegen Fehlens oder Verhinderung eines Betreuers selbst anordnet. Dies folgt aus § 334, der eine solche Entscheidung ausdrücklich als mögliche Maßnahme im Rahmen einer einstweiligen Anordnung vorsieht.[1] **2**

---

[1] MünchKommZPO/Schmidt-Recla § 312 Rn 6; Prüting/Helms/Roth § 312 Rn 3; Marschner/Volckart/Lesting § 312 FamFG Rn 6.

Zu dieser Schlussfolgerung zwingt nunmehr zusätzlich die Selbständigkeit des Verfahrens der einstweiligen Anordnung (§ 51 Abs. 3 S. 1).

3 Die Vorschriften für das Unterbringungsverfahren gelten nach **Nr. 2** ferner für die Genehmigung einer unterbringungsähnlichen Maßnahme nach § 1906 Abs. 4 BGB. Der Wortlaut der Vorschrift erfasst zwar nicht ausdrücklich neben der Veranlassung der Maßnahme durch einen Betreuer auch diejenige durch eine rechtsgeschäftlich dazu bevollmächtigte Person (§ 1906 Abs. 5 BGB). Aus dem Zusammenhang mit Nr. 1 der Vorschrift, die die geschlossene Unterbringung durch einen Bevollmächtigten derjenigen durch den Betreuer gleichstellt, folgt jedoch, dass bei unterbringungsähnlichen Maßnahmen nach § 1906 Abs. 4 BGB ebenso verfahren werden muss. Unterbringungsähnliche Maßnahmen sind mechanische Vorrichtungen oder ggf. auch Medikamente, die gezielt eingesetzt werden, um den Betroffenen am Verlassen seines Aufenthaltsortes zu hindern.[2] Gefestigter Rechtsprechung entspricht es darüber hinaus, dass in verfassungskonformer Auslegung des § 1906 Abs. 4 BGB unterbringungsähnliche genehmigungsbedürftige Maßnahmen auch im Rahmen einer bereits vollzogenen geschlossenen Unterbringung dann vorliegen, wenn dem Betroffenen für einen längeren Zeitraum oder regelmäßig über die bloße Unterbringung hinaus die Freiheit entzogen werden soll.[3]

2. Öffentlich-rechtliche Unterbringung

4 Nach § 312 Nr. 3 sind Unterbringungssachen ferner die Anordnung einer freiheitsentziehenden Unterbringung nach den Landesgesetzen über die Unterbringung psychisch Kranker. Auch hier werden nur volljährige Betroffene erfasst. Betrifft auf derselben Grundlage das Verfahren einen Minderjährigen, handelt es sich nach § 151 Nr. 7 um eine dem Familiengericht zugewiesene Kindschaftssache. Aufgrund der gewählten Regelungstechnik bleiben die jeweiligen landesrechtlichen Regelungen der materiellen Grundlagen der Anordnung der geschlossenen Unterbringung unberührt; bundesrechtlich vereinheitlicht wird nur das Verfahrensrecht. In den landesrechtlichen Vorschriften[4] ist dem bundesrechtlichen Vorrang (Art. 31 GG) des Verfahrensrechts bereits weitgehend Rechnung getragen worden.

3. Begriff der Unterbringung

5 Der Begriff der Unterbringung in § 312 muss mit demjenigen des Zivilrechts und des öffentlichen Rechts übereinstimmen, weil das gerichtliche Verfahren dem Richtervorbehalt des Art. 104 Abs. 2 GG Rechnung tragen soll. Eine freiheitsentziehende Unterbringung in diesem Sinn ist gegeben, wenn der Betroffene gegen seinen Willen oder im Zustand der

---

[2] OLG Hamm FGPrax 1997, 64.
[3] BGH NJW 2011, 520; BayObLG FamRZ 1994, 721 = BtPrax 1993, 139; OLG Düsseldorf FamRZ 1995, 118 = BtPrax 1995, 29; OLG Frankfurt FGPrax 2007, 149 = FamRZ 2007, 673.
[4] **Baden-Württemberg:** Unterbringungsgesetz idF vom 2. 12. 1991, zuletzt geändert durch Gesetz vom 4. 5. 2009 (GS Nr. 2124–1); **Bayern:** Unterbringungsgesetz idF vom 5. 4. 1992, zuletzt geändert durch Gesetz vom 22. 12. 2009 (BayRS 2128–1-A); **Berlin:** PsychKG vom 8. 3. 1985, zuletzt geändert durch Gesetz vom 17. 3. 1994 (BRV 2127–2); **Brandenburg:** BbgPsychKG vom 5. 5. 2009 GVBl. I 134 zuletzt geändert durch Gesetz vom 15. 7. 2010 (GVBl I Nr. 28); **Bremen:** PsychKG vom 19. 12. 2000, zuletzt geändert durch Gesetz vom 25. 5. 2010 (Brem. GBl. S. 349); **Hamburg:** HmbPsychKG vom 27. 9. 1995 (GVBl. S. 235), zuletzt geändert durch Gesetz vom 17. 2. 2009 (GVBl. 29); **Hessen:** Freiheitsentziehungsgesetz vom 19. 5. 1952, zuletzt geändert durch Gesetz vom 15. 5. 1997 (GVBl. II 352–1); **Mecklenburg-Vorpommern:** PsychKG M-V idF vom 13. 4. 2000, zuletzt geändert durch Gesetz vom 12. 7. 2010 (GS Meckl.-Vorp. Gl. Nr. 2127–2); **Niedersachsen:** NPsychKG vom 16. 6. 1997, zuletzt geändert durch Art. 4 des G vom 10. 6. 2010 (Nds. GS Nr. 2106904); **Nordrhein-Westfalen:** PsychKG vom 17. 12. 1999, zuletzt geändert durch Gesetz vom 8. 12. 2009 (SGV. NRW. 2128); **Rheinland-Pfalz:** PsychKG vom 17. 11. 1995 zuletzt geändert durch Gesetz vom 22. 12. 2009 (GS Nr. 2126–20); **Saarland:** Unterbringungsgesetz vom 11. 11. 1992, zuletzt geändert durch Gesetz vom 21. 11. 2007 (GS Saar Nr. 2012–18); **Sachsen:** Sächs. PsychKG vom 10. 10. 2007, zuletzt geändert durch Gesetz vom 11. 6. 2010 (SächsGS Nr. 250–3); **Sachsen-Anhalt:** PsychKG LSA vom 30. 1. 1992 zuletzt geändert durch Gesetz vom 13. 4. 2010 (GS LSA Nr. 2128.1; **Schleswig-Holstein:** PsychKG vom 14. 1. 2000, zuletzt geändert durch Gesetz vom 24. 9. 2009 (GS Schl-H. II Gl. Nr. 2126–10); **Thüringen:** Thür. PsychKG vom 5. 2. 2009, zuletzt geändert durch Gesetz vom 9. 9. 2010 (GS Nr. 3212–2).

Willenlosigkeit in einem räumlich begrenzten Bereich eines geschlossenen Krankenhauses, einer anderen geschlossenen Einrichtung oder dem abgeschlossenen Teil einer solchen Einrichtung festgehalten, sein Aufenthalt ständig überwacht und die Kontaktaufnahme mit Personen außerhalb des Bereichs eingeschränkt wird. Entscheidendes Kriterium für eine freiheitsentziehende Unterbringung ist daher die nicht nur kurzfristige Beschränkung der persönlichen Bewegungsfreiheit auf einen bestimmten Lebensraum.[5] Um eine Unterbringung in diesem Sinne handelt es sich auch dann, wenn komplizierte Schließmechnismen des Wohnbereichs einer Pflegeeinrichtung von den dortigen Bewohnern ohne fremde Hilfe nicht überwunden werden können.[6] Eine Freiheitsentziehung liegt nicht (mehr) vor, wenn der Betroffene in seine geschlossene Unterbringung einwilligt und dabei mit natürlichem Willen die Tragweite der Maßnahme zu erfassen vermag. Dies setzt voraus, dass der Betroffene sich ernsthaft und verlässlich mit der Unterbringung einverstanden erklärt.[7] Die Einwilligung muss die zeitliche Reichweite der geplanten Maßnahme umfassen.[8]

4. Einleitung des Verfahrens

Die Genehmigung einer **zivilrechtlichen Unterbringung** ergeht in einem Verfahren, das von Amts wegen eingeleitet wird, ohne dass es eines förmlichen Antrags bedarf.[9] Es muss aber aus dem Verhalten des Betreuers ersichtlich sein, dass er eine gerichtliche Genehmigung der Unterbringung des Betroffenen herbeiführen will.[10] Denn Verfahrensgegenstand ist das zu genehmigende Einverständnis des Betreuers oder des Bevollmächtigten mit der Unterbringung des Betroffenen. Fehlt es daran, ist das gerichtliche Verfahren gegenstandslos. Dementsprechend kann nicht etwa (gleichzeitig mit einer Unterbringungsmaßnahme nach §§ 334, 1846 BGB) einem noch zu bestellenden Betreuer die Genehmigung der geschlossenen Unterbringung des Betroffenen erteilt werden. Eine solche Entscheidung ist wirkungslos und kann auch nicht dadurch nachträglich wirksam werden, dass ein Betreuer bestellt wird und dieser sich mit der Unterbringung des Betroffenen einverstanden erklärt. Der Betreuer hat eine eigenständige Verantwortung dafür zu tragen, ob und in welchem Umfang er von der gerichtlichen Genehmigung Gebrauch macht. Insbesondere kann und muss er nach § 1906 Abs. 3 S. 1 BGB die Unterbringung selbst beenden, wenn nach seiner Einschätzung deren Voraussetzungen nach § 1906 Abs. 1 BGB nicht mehr gegeben sind. Über eine von ihm veranlasste Beendigung hat er das Gericht nach § 1906 Abs. 3 S. 2 BGB zu unterrichten, das daraufhin gem. § 330 S. 1 die Genehmigung wegen Wegfalls ihrer Voraussetzungen aufheben muss. **6**

Die Anordnung einer **öffentlich-rechtlichen Unterbringung** bedarf nach den Landesgesetzen regelmäßig eines Antrags der zuständigen Behörde und ist damit ein Antragsverfahren. Die bundesrechtliche Regelung sieht keine Regelung über die Einleitung des Verfahrens vor. Den Ländern sollte auf diese Weise die Gesetzgebungskompetenz, die Einleitung des Verfahrens bei der öffentlich-rechtlichen Unterbringung eigenständig zu regeln, belassen werden.[11] Die Auffassung, die in § 312 ein bundesrechtliches Antragserfordernis als zwingend hineininterpretieren und dadurch einen Vorrang vor dem Landesrecht begründen will,[12] erscheint deshalb wenig überzeugend. Insbesondere vorläufige Unterbringungsmaßnahmen des Gerichts bedürfen nach Landesrecht nicht durchgängig eines Antrags der zuständigen Behörde.[13] Auch im Übrigen regeln die Unterbringungsgesetze der Länder die Einleitung des Verfahrens, insbesondere Form und Inhalt des Antrags, unterschiedlich. **7**

---

[5] Grundlegend BGH FGPrax 2001, 40 = FamRZ 2001, 149.
[6] LG Ulm FamRZ 2010, 1764.
[7] BayObLG FamRZ 1998, 1329; FamRZ 1996, 1375; OLG Hamburg NJW-RR 1992, 57.
[8] OLG München FGPrax 2007, 267.
[9] BayObLG FamRZ 1994, 1416 = BtPrax 1994, 99; FamRZ 2000, 566; MünchKommZPO/Schmidt-Recla § 312 FamFG Rn 5; Damrau/Zimmermann § 1906 BGB Rn 109; a. A. Marschner/Volckart/Lesting vor § 312 FamFG Rn 7.
[10] BayObLG NJW-RR 2000, 524 = FamRZ 2000, 566.
[11] BT-Drs. 11/4528 S. 183 zu § 70 FGG; BayObLG NJW 1992, 2709 = FamRZ 1992, 1221; OLG Frankfurt NJW 1992, 1395.
[12] Marschner/Volckart/Leistner vor § 312 FamFG Rn 6.
[13] BayObLG NJW-RR 2000, 524 = FamRZ 2000, 566.

5. Verhältnis zu den Vorschriften über das Betreuungsverfahren

8 Die §§ 312 bis 339 enthalten eine eigenständige Regelung über das Verfahren in Unterbringungssachen, deren Anwendungsbereich nur insoweit mit den betreuungsverfahrensrechtlichen Vorschriften der §§ 271 bis 311 deckungsgleich ist, als es sich um Fälle der zivilrechtlichen Unterbringung (siehe oben Rn 2 und 3) handelt. § 312 enthält keine allgemeine Verweisung auf die betreuungsverfahrensrechtlichen Vorschriften. Gleichwohl ist es geboten, in Unterbringungssachen einzelne betreuungsverfahrensrechtliche Vorschriften entsprechend anzuwenden, soweit das Unterbringungsverfahren dazu eine ausdrückliche Regelung nicht enthält. Denn beide Vorschriftenkomplexe stehen in einem inhaltlichen Zusammenhang. Bei einer höheren Eingriffsintensität der Unterbringungsmaßnahme kann der Maßstab der Verfahrensgarantien zum Schutz des Betroffenen kein geringerer sein als bei der Entscheidung über eine Betreuerbestellung.[14] Dieser Gesichtspunkt spielt bspw. eine Rolle bei der Bestimmung der Anforderungen, die an ein ärztliches Zeugnis zu stellen sind (vgl. dazu § 321 Rn 5).

Örtliche Zuständigkeit

313 (1) **Ausschließlich zuständig für Unterbringungssachen nach § 312 Nr. 1 und 2 ist in dieser Rangfolge:**
1. **das Gericht, bei dem ein Verfahren zur Bestellung eines Betreuers eingeleitet oder das Betreuungsverfahren anhängig ist;**
2. **das Gericht, in dessen Bezirk der Betroffene seinen gewöhnlichen Aufenthalt hat;**
3. **das Gericht, in dessen Bezirk das Bedürfnis für die Unterbringungsmaßnahme hervortritt;**
4. **das Amtsgericht Schöneberg in Berlin, wenn der Betroffene Deutscher ist.**

(2) ¹**Für einstweilige Anordnungen oder einstweilige Maßregeln ist auch das Gericht zuständig, in dessen Bezirk das Bedürfnis für die Unterbringungsmaßnahme bekannt wird.** ²**In den Fällen einer einstweiligen Anordnung oder einstweiligen Maßregel soll es dem nach Absatz 1 Nr. 1 oder Nr. 2 zuständigen Gericht davon Mitteilung machen.**

(3) ¹**Ausschließlich zuständig für Unterbringungen nach § 312 Nr. 3 ist das Gericht, in dessen Bezirk das Bedürfnis für die Unterbringungsmaßnahme hervortritt.** ²**Befindet sich der Betroffene bereits in einer Einrichtung zur freiheitsentziehenden Unterbringung, ist das Gericht ausschließlich zuständig, in dessen Bezirk die Einrichtung liegt.**

(4) ¹**Ist für die Unterbringungssache ein anderes Gericht zuständig als dasjenige, bei dem die Unterbringung erfassendes Verfahren zur Bestellung eines Betreuers eingeleitet ist, teilt dieses Gericht dem für die Unterbringungssache zuständigen Gericht die Aufhebung der Betreuung, den Wegfall des Aufgabenbereiches Unterbringung und einen Wechsel in der Person des Betreuers mit.** ²**Das für die Unterbringungssache zuständige Gericht teilt dem anderen Gericht die Unterbringungsmaßnahme, ihre Änderung, Verlängerung und Aufhebung mit.**

I. Normzweck

1 Die Vorschrift regelt inhaltlich übereinstimmend mit dem bisherigen Recht (§ 70 FGG) die örtliche Zuständigkeit des Gerichts in Unterbringungssachen im Sinne des § 312. Die Regelung unterscheidet zwischen zivilrechtlicher und öffentlich-rechtlicher Unterbringung und führt dadurch teilweise auch zu unterschiedlichen Ergebnissen. Zum maßgebenden Zeitpunkt für die Begründung der örtlichen Zuständigkeit siehe § 272 Rn 1. Die einmal begründete örtliche Zuständigkeit bleibt auch für Folgeentscheidungen bestehen (§ 2 Abs. 2). Änderungen der die Zuständigkeit begründenden Umstände kann nur durch Abgabe des Unterbringungsverfahrens (§ 314) Rechnung getragen werden.

---

[14] Ebenso Marschner/Volckart/Lesting § 312 FamFG Rn 2.

II. Örtliche Zuständigkeit bei zivilrechtlicher Unterbringung

1. Vorrang des Gerichts der bestehenden Betreuung (Nr. 1)

Abs. 1 der Vorschrift schreibt eine Rangfolge für die Bestimmung der örtlichen Zuständigkeit vor, die inhaltlich derjenigen des § 272 Abs. 1 folgt. Örtlich zuständig ist vorrangig **(Nr. 1)** das Gericht, bei dem ein Betreuungsverfahren für den Betroffenen bereits anhängig ist. Die Formulierung in § 313 Abs. 1 enthält nicht mehr den einschränkenden Zusatz des § 70 Abs. 2 S. 1 FGG, dass die anhängige Betreuung den Aufgabenbereich der Unterbringung umfassen muss. Der Wegfall dieses Zusatzes dürfte auf einem Redaktionsversehen beruhen.[1] Denn in der Regierungsbegründung[2] wird hervorgehoben, dass der Vorrang der Zuständigkeitsbegründung der bereits anhängigen Betreuung der effizienteren Behandlung sowohl des Betreuungs- als auch des damit zusammenhängenden Unterbringungsverfahrens durch die Möglichkeit der Verwertung bereits durchgeführter Ermittlungen dienen soll. Ein solcher Zusammenhang besteht bspw. dann nicht, wenn bislang lediglich ein Betreuer mit dem Aufgabenkreis der Vermögenssorge bestellt ist und infolge einer gesundheitlichen Krisensituation des Betroffenen nunmehr unvorhergesehen eine Unterbringung erforderlich wird. Mittelbar folgt diese Auslegung auch aus der Regelung in Abs. 4, der im Fall einer Zuständigkeitsbegründung für die Unterbringung auf den unteren Stufen der Rangfolge eine gegenseitige Pflicht zur Unterrichtung zwischen dem für die Unterbringung tätig gewordenen Gericht und dem Gericht vorschreibt, bei dem „ein die Unterbringung erfassendes Verfahren" zur Bestellung eines Betreuers eingeleitet ist.

Anhängig im Sinne der Nr. 1 ist ein Betreuungsverfahren dann, wenn ein Betreuer mit dem Aufgabenkreis der Aufenthaltsbestimmung, sei es auch nur beschränkt auf Maßnahmen der geschlossenen Unterbringung ihm Rahmen der Gesundheitsfürsorge, bestellt ist. Für die Zuständigkeitsbegründung ausreichend ist bereits die vorläufige Betreuerbestellung im Wege der einstweiligen Anordnung (§ 300). Darüber hinausgehend erstreckt die Formulierung in Nr. 1 die zuständigkeitsbegründende Wirkung gezielt[3] bereits auf einen Verfahrensstand, in dem das Betreuungsverfahren lediglich eingeleitet ist, also noch zu prüfen ist, ob und mit welchem Aufgabenkreis ein Betreuer bestellt werden soll. Der Gesetzgeber hat mit dieser Formulierung Auffassungsunterschiede in der Literatur zur bisherigen Fassung in § 70 Abs. 2 S. 1 FGG entscheiden wollen, ohne hinreichend zu berücksichtigen, dass deren Relevanz sich durch die jüngere Rechtsprechung des BGH in der Praxis bereits erledigt hatte. Denn ohne – ggf. auch nur vorläufige – Bestellung eines Betreuers kommt eine zivilrechtliche Unterbringung nur als einstweilige gerichtliche Maßnahme nach § 1846 BGB in Betracht. Das Gericht muss in einem solchen Fall jedoch gleichzeitig mit der Unterbringungsanordnung dafür Sorge tragen, dass dem Betroffenen unverzüglich ein (vorläufiger) Betreuer bestellt wird, der die Interessen des Betreuten wahrnehmen und die Entscheidung über die Fortdauer der Unterbringung in eigener Verantwortung treffen kann.[4] Mag also die Zuständigkeit des Gerichts zum Zeitpunkt der Anordnung der Unterbringung sich im Rahmen der Rangfolge des Abs. 1 lediglich einer unteren Stufe (insbesondere des Fürsorgebedürfnisses – Nr. 3) ergeben haben, so wird sie bei korrekter Verfahrenshandhabung durch die unmittelbar darauf erforderliche (vorläufige) Betreuerbestellung vorrangig aus Nr. 1 begründet.

2. Gericht des gewöhnlichen Aufenthalts (Nr. 2)

Besteht für den Betroffenen noch keine Betreuung mit dem Aufgabenkreis der Aufenthaltsbestimmung, ist dasjenige Gericht zuständig, in dessen Bezirk der Betroffene seinen gewöhnlichen Aufenthalt hat **(Nr. 2)**. Zum Begriff des gewöhnlichen Aufenthalts siehe § 272 Rn 3. Es handelt sich daher im Wesentlichen um diejenigen Fälle, in denen zeitgleich sowohl über eine erstmalige Betreuerbestellung als auch eine Genehmigung der ge-

---
[1] A. A. SBW/Dodegge § 313 Rn 3.
[2] BT-Drs. 16/6308 S. 273.
[3] BT-Drs. 16/6308 S. 273; Knittel § 313 FamFG Rn 10.
[4] BGH NJW 2002, 1801 = FamRZ 2002, 744.

schlossenen Unterbringung zu entscheiden ist, ferner um die Genehmigung der Unterbringung durch einen rechtsgeschäftlich Bevollmächtigten (§ 1906 Abs. 5 BGB).

3. Gericht des Unterbringungsbedürfnisses (Nr. 3)

5   Nachrangig ist die Zuständigkeit desjenigen Gerichts begründet, in dessen Bezirk das Bedürfnis für die Unterbringung hervortritt **(Nr. 3)**. Die Vorschrift hat im Hinblick auf ihre Nachrangigkeit für die Regelzuständigkeit nur geringe praktische Bedeutung (anders aber im Zusammenhang mit Eilmaßnahmen, siehe dazu Rn 7). Sie kommt nur dann zur Anwendung, wenn der Betroffene im Inland keinen gewöhnlichen Aufenthalt hat oder wenn ein solcher nicht feststellbar ist.

4. Amtsgericht Schöneberg

6   **Nr. 4** begründet eine Auffangzuständigkeit des AG Schöneberg in Berlin für deutsche Staatsangehörige, für die eine anderweitige Zuständigkeit nicht begründet ist, betrifft also im Wesentlichen Fälle des Auslandsaufenthalts von Deutschen. Die Genehmigung einer im Inland zu vollziehenden Unterbringungsmaßnahme dürfte in einer solchen Situation praktisch kaum in Betracht kommen.

5. Örtliche Zuständigkeit für Eilmaßnahmen (Abs. 2)

7   Abs. 2 trifft eine ergänzende Vorschrift für Eilmaßnahmen (§§ 331 bis 334). Eilmaßnahmen sind **einstweilige Anordnungen** (§§ 331, 332) sowie **einstweilige Maßregeln** im Sinne des § 334, also Maßnahmen nach § 1846 BGB. Sie trägt Fallgestaltungen Rechnung, in denen für den Betroffenen an seinem gegenwärtigen Aufenthaltsort eine Unterbringungsmaßnahme notwendig wird, für diese jedoch im Rahmen der Rangfolge des Abs. 1 ein anderes AG zuständig ist, sei es, weil dort bereits eine Betreuung für den Betroffenen geführt wird, sei es, weil er dort seinen gewöhnlichen Aufenthalt hat. Der Anwendungsbereich der Vorschrift beschränkt sich nicht auf Fälle, in denen der Betroffene auf Reisen in eine Krisensituation gerät.

8   Die Vorschrift gilt bspw. auch, wenn in ländlichen Gebieten ein Betroffener, für den an seinem Wohnort eine Betreuung geführt wird, von seinem Betreuer wegen Gefahr im Verzug (§ 1906 Abs. 2 S. 2 BGB) in einer auswärtigen, in einem benachbarten Gerichtsbezirk gelegenen Einrichtung geschlossen untergebracht und nunmehr bei dem für diese Einrichtung zuständigen Gericht die Genehmigung beantragt wird.

9   Im Gleichlauf mit der allgemeinen betreuungsverfahrensrechtlichen Vorschrift des § 272 Abs. 2 begründet § 313 Abs. 2 eine **zusätzliche örtliche Zuständigkeit** desjenigen Gerichts, in dessen Bezirk das Bedürfnis für die Unterbringungsmaßnahme auftritt. Dabei kommt es nur darauf an, ob das Bedürfnis für die Maßnahme in dem Zeitpunkt, in dem das Gericht mit der Sache befasst wird, im Bezirk dieses Gerichts besteht,[5] nicht jedoch darauf, aus welchen Gründen sich der Betroffene aktuell in diesem Bezirk aufhält.

10 Abs. 2 S. 2 der Vorschrift regelt das Verhältnis zwischen der Zuständigkeit des Eilgerichts und derjenigen des nach Abs. 1 allgemein zuständigen Gerichts in derselben Weise wie die allgemeine betreuungsverfahrensrechtliche Vorschrift des § 272 Abs. 2. Das Eilgericht darf sich nicht im Hinblick auf die parallele Zuständigkeit des allgemein zuständigen Gerichts weigern, sich mit der Sache zu befassen. Andererseits muss das allgemein zuständige Gericht die Fortführung des Verfahrens übernehmen, wenn es von dem Eilgericht die in Abs. 2 S. 2 vorgesehene Mitteilung über die getroffene Maßnahme erhält (siehe zu den Einzelheiten § 272 Rn 7). Schließt sich also an eine vorläufige Unterbringungsgenehmigung ein Verfahren auf Erlass einer Entscheidung in der Hauptsache für die Genehmigung eines weiteren Unterbringungszeitraumes an, so verbleibt es insoweit bei der Zuständigkeit des allgemein örtlich zuständigen Gerichts. Für diesen Fall ermöglicht jedoch § 314 eine Abgabe des Verfahrens an das Gericht des Unterbringungsortes.

---

[5] BayObLG FamRZ 1995, 304.

III. Örtliche Zuständigkeit bei öffentlich-rechtlicher Unterbringung

1. Ort des Bedürfnisses für die Unterbringung (Abs. 3 S. 1)

Nach Abs. 3 S. 1 ist für Unterbringungsmaßnahmen nach § 312 Nr. 3 (öffentlich-rechtliche Unterbringung nach Landesrecht) **ausschließlich** das Gericht örtlich zuständig, in dessen Bezirk das Bedürfnis für die Unterbringung hervortritt. Die Regelung knüpft bewusst nicht an den gewöhnlichen Aufenthalt des Betroffenen an. Zur Begründung der inhaltsgleichen Vorgängerregelung (§ 70 Abs. 5) wurde die Sorge geäußert, eine Anknüpfung an den gewöhnlichen Aufenthalt könne bei einem vorübergehenden Aufenthalt des Betroffenen in einem anderen Bundesland zur Notwendigkeit der Anwendung auswärtigen Landesrechts führen. Im Vordergrund steht die zutreffende Erwägung, dass es sich bei der öffentlich-rechtlichen Unterbringung in der Regel um Eilfälle handelt, bei denen möglichst sofort an Ort und Stelle entschieden werden muss.[6] Mit der gesetzlichen Formulierung des Hervortretens des Unterbringungsbedürfnisses ist derjenige Ort gemeint, an dem die durch das Verhalten des Betroffenen bedingte Gefahrensituation auftritt, deren Abwendung die beantragte Unterbringungsmaßnahme dient.[7] Veranlasst die zuständige Behörde eine richterliche Entscheidung bereits an dem Ort, an dem der Betroffene auffällig geworden ist, bleibt es bei der Zuständigkeit des Gerichts des örtlichen Unterbringungsbedürfnisses. Wird die geschlossene Unterbringung angeordnet und sodann in einer auswärtigen Einrichtung vollzogen, bleibt die örtliche Zuständigkeit des tätig gewordenen AG bestehen. Nach § 314 besteht aber nunmehr eine Abgabemöglichkeit (siehe dazu § 314 Rn 2, 3).

2. Bereits bestehende Unterbringung (Abs. 3 S. 2)

S. 2 trifft eine ergänzende Zuständigkeitsregelung für den Fall, dass sich der Betroffene bereits in einer Einrichtung zur freiheitsentziehenden Unterbringung befindet. In diesem Fall ist dasjenige Gericht ebenfalls **ausschließlich** zuständig, in dessen Bezirk diese Einrichtung liegt. § 313 übernimmt mit der Klarstellung der Ausschließlichkeit der Zuständigkeitsregelung[8] die durch das 1. BtÄndG neu gefasste Vorschrift des § 70 Abs. 5 S. 2 FGG. Diese bezieht sich sachlich auf die Fälle, in denen die zuständige Behörde auf landesrechtlicher Grundlage[9] die sofortige Unterbringung des Betroffenen vorgenommen hat und nunmehr die Anordnung der Unterbringung durch das Gericht beantragt. Liegt diese Einrichtung in dem Bezirk eines anderen AG, ist nunmehr ausschließlich dieses zur Entscheidung über den Antrag zuständig. Auf diese Weise hat der Gesetzgeber verhindern wollen, dass vor allem an Wochenenden und Feiertagen die vorgeschriebenen Anhörungen der Betroffenen und etwa notwendige richterliche Entscheidungen sich verzögern können. Deshalb sei durch die Neufassung die Zuständigkeit für alle Fälle, in denen sich der Betroffene bereits in einer Unterbringungseinrichtung befindet, dem Gericht zugewiesen worden, in dessen Bezirk diese Einrichtung gelegen sei.[10] Diese Regelung, die mit derjenigen in § 416 S. 2 für das Freiheitsentziehungsverfahren übereinstimmt, ist insgesamt darauf gerichtet, den Rechtsschutz des Betroffenen im Fall einer richterlichen Eilentscheidung über eine Freiheitsentziehungsmaßnahme zu stärken, die am schnellsten und unter Berücksichtigung der regelmäßig durchzuführenden persönlichen Anhörung des Betroffenen am ehesten sachgerecht an dem Ort zu treffen ist, an dem sich der Betroffene zum Zeitpunkt der gerichtlichen Befassung unter den Bedingungen fortbestehender Freiheitsentziehung aufhält.[11]

Die maßgebende Weichenstellung für die örtliche Zuständigkeit des Gerichts nimmt danach die zuständige Behörde durch die Wahl der von ihr getroffenen Maßnahme vor: Veranlasst sie eine richterliche Entscheidung bereits an dem Ort, an dem der Betroffene auffällig geworden ist, bleibt es bei der Zuständigkeit des Gerichts des örtlichen Unterbringungsbedürfnisses (S. 1). Erachtet die zuständige Behörde die Gefahrenabwehr als so

---

[6] BT-Drs. 11/4528 S. 218.
[7] OLG Hamm FGPrax 2009, 35.
[8] BT-Drs. 16/6308 S. 273.
[9] Vgl. z. B. § 14 PsychKG NRW.
[10] BT-Drs. 13/7158 S. 40.
[11] OLG Hamm FGPrax 2006, 182.

dringlich, dass sie die sofortige Unterbringung des Betroffenen in einer auswärtigen Einrichtung vornimmt, wird die örtliche Zuständigkeit desjenigen Gerichts begründet, in dessen Bezirk diese Einrichtung liegt (S. 2). Dieser Konsequenz kann die Behörde nicht ihrerseits entgegenwirken, indem sie im zeitlichen Zusammenhang mit der Sofortunterbringung den Antrag auf richterliche Anordnung der geschlossenen Unterbringung des Betroffenen gleichwohl bei dem AG einreicht, in dessen Bezirk die Gefahrensituation hervorgetreten ist. Entsprechend der allgemeinen Vorschrift des § 2 Abs. 1 ist für die Begründung der örtlichen Zuständigkeit auf die Verhältnisse zu dem Zeitpunkt abzustellen, in dem das Gericht mit der Sache befasst wird. Dies setzt jedoch voraus, dass der Antrag auf eine der geschlossenen Unterbringung vorausgehende richterliche Entscheidung gerichtet ist. Von einer sachlichen Befassung des Gerichts der Gefahrensituation kann indessen nicht die Rede sein, wenn infolge der von der Behörde selbst vorgenommenen Maßnahme dieses Gericht zu einer sofortigen Anhörung des Betroffenen und Entscheidung über die Anordnung einer Unterbringung nicht in der Lage ist, weil sich der Betroffene bereits auf dem Transport in eine auswärtige Unterbringungseinrichtung befindet bzw. seine Unterbringung dort bereits vollzogen wird.[12]

IV. Gegenseitige Unterrichtungspflichten der Gerichte (Abs. 4)

14 § 313 Abs. 4 schreibt eine gegenseitige Unterrichtungspflicht der Gerichte vor, wenn für eine Unterbringungsmaßnahme ein anderes Gericht als dasjenige zuständig ist, bei dem ein die Unterbringung erfassendes Verfahren zur Bestellung eines Betreuers eingeleitet ist. Die Vorschrift bezieht sich damit auf das Verhältnis zwischen dem Betreuungsgericht und dem Gericht, das eine Unterbringungsmaßnahme getroffen hat. Die gegenseitige Unterrichtung soll sicherstellen, dass die Auswirkungen der von dem einen Gericht getroffenen Maßnahme bei den von dem anderen Gericht zu treffenden Entscheidungen zeitnah berücksichtigt werden können. Deshalb werden sämtliche Unterbringungsmaßnahmen, also auch öffentlich-rechtliche Unterbringungen, in die gegenseitige Unterrichtungspflicht einbezogen.

15 Das Betreuungsgericht hat dem Unterbringungsgericht mitzuteilen die Aufhebung der Betreuung, den Wegfall des Aufgabenkreises der Unterbringung und einen Wechsel in der Person des Betreuers **(S. 1)**. In dieser Beschränkung liegt ein weiteres Redaktionsversehen. Denn in seiner Formulierung zeichnet Abs. 4 die Erweiterung der zuständigkeitsbegründenden Befassung bereits mit der Einleitung der Prüfung der Erforderlichkeit einer Betreuerbestellung (Abs. 1 Nr. 1, siehe dazu näher Rn 3) nach. Wenn bereits in diesem frühen Verfahrensstadium die Unterrichtungspflicht begründet wird, muss diese sachlich auch die erstmalige Betreuerbestellung mit dem Aufgabenkreis der Unterbringung ebenso wie die Ablehnung einer Betreuerbestellung mit diesem Aufgabenkreis umfassen.

16 Das für die Unterbringungsmaßnahme zuständige Gericht hat dem Betreuungsgericht die Unterbringungsmaßnahme, ihre Änderung, Verlängerung oder Aufhebung mitzuteilen (S. 2).

Abgabe der Unterbringungssache

314 Das Gericht kann die Unterbringungssache abgeben, wenn der Betroffene sich im Bezirk des anderen Gerichts aufhält und die Unterbringungsmaßnahme dort vollzogen werden soll, sofern sich dieses zur Übernahme des Verfahrens bereit erklärt hat.

I. Normzweck

1 Die Vorschrift übernimmt unter gleichzeitiger Erweiterung ihres Anwendungsbereichs die bisherige Regelung in § 70 Abs. 3 FGG. Deren zuletzt durch das 2. BtÄndG erfolgte Neufassung zielte darauf ab, die isolierte Abgabe des Verfahrens über die zivilrechtliche Unterbringung zu erleichtern, und zwar in den Fällen, in denen sich der Betroffene ohne Veränderung seines gewöhnlichen Aufenthalts in einer auswärtigen Einrichtung (Klinik oder Heim) aufhält und dort eine Unterbringungsmaßnahme vollzogen werden soll. Durch

---

[12] BayObLG FamRZ 2001, 778; OLG Hamm FGPrax 2009, 35.

die Erleichterung der Abgabemöglichkeit sollte zur Vermeidung eines unverhältnismäßigen Aufwands erreicht werden, dass gerichtliche Verfahrenshandlungen, insbesondere die persönliche Anhörung des Betroffen (§ 319), durch den Richter des AG durchgeführt werden können, in dessen Bezirk sich die Einrichtung befindet. Dieser Richter muss dann auch die abschließende Sachentscheidung treffen können, weil § 319 Abs. 4 die persönliche Anhörung des Betroffenen durch einen ersuchten Richter praktisch ausschließt.[1]

II. Anwendungsbereich der Vorschrift

Während die Abgabemöglichkeit nach § 70 Abs. 3 FGG sich bisher auf zivilrechtliche Unterbringungssachen beschränkte, bezieht sich § 314 seinen Wortlaut nach auf sämtliche Unterbringungssachen im Sinne des § 312, schließt also öffentlich-rechtliche Unterbringungen nach Landesrecht (§ 312 Nr. 3) ein.[2] Diese Erweiterung des Anwendungsbereichs ist zwar in der Gesetzesbegründung nicht näher erläutert,[3] muss aber angesichts des eindeutigen, von § 70 Abs. 3 FGG abweichenden Wortlauts der Vorschrift als gewollt angesehen werden. Eine Abgabemöglichkeit besteht nur im Verhältnis zwischen einerseits einem vorrangig nach § 313 Abs. 1 Nr. 1 oder 2 zuständigen Gericht und andererseits dem Gericht, in dessen Bezirk sich der Betroffene aktuell aufhält **und** in dem die Unterbringungsmaßnahme vollzogen werden soll. Liegen Aufenthaltsort und Unterbringungseinrichtung nicht in demselben Amtsgerichtsbezirk, ist eine Abgabe ausgeschlossen. Deshalb kann das Verfahren nicht an ein Gericht, in dem sich der Betroffene derzeit aufhält, zur Durchführung richterlicher Verfahrenshandlungen abgegeben werden, wenn die Unterbringung in einer Einrichtung vollzogen werden soll, die wiederum in einem anderen Amtsgerichtsbezirk gelegen ist.[4] Der zur Abgabe einer Unterbringungssache erforderliche Aufenthalt des Betroffenen im Bezirk des anderen Gerichts ist nicht von zeitlichen Vorgaben abhängig; auf den gewöhnlichen Aufenthalt des Betroffenen kommt es insofern nicht an.[5]

III. Voraussetzungen der Abgabe

§ 314 ist eine Sondervorschrift zur allgemeinen Regelung in § 4[6] und wie diese aufgebaut. Die Abgabe ist nicht etwa eine Ermessensentscheidung des abgebenden Gerichts,[7] sondern ihre Durchführung setzt die Übernahmebereitschaft des Gerichts voraus, an das die Sache abgegeben werden soll. Beide beteiligten Gerichte haben ihre Entscheidung daran zu orientieren, ob bezogen auf den Zweck des § 314 ein wichtiger Grund zur Abgabe der Unterbringungssache besteht (§ 4 S. 1).[8] Kommt keine Einigung der Gerichte zustande, kann nach der allgemeinen Regelung des § 5 Abs. 1 Nr. 5 das gemeinsame obere Gericht angerufen werden.[9]

Für diese Beurteilung des **wichtigen Grundes** maßgebend sind Gesichtspunkte, die eine leichtere und zweckmäßige Führung des Verfahrens in den Vordergrund stellen. Mit der Erleichterung der Abgabe hat der Gesetzgeber gewährleisten wollen, dass der Betroffene kurzfristig durch den Richter des ortsnahen Gerichts angehört werden kann (siehe Rn 1). Dieser Gesichtspunkt dient nicht nur der Effektivität der gerichtlichen Verfahrensführung, indem zeitaufwändige Reisen des Richters zu auswärtigen Unterbringungseinrichtungen vermieden werden. Dieser Gesichtspunkt dient maßgebend auch dem Schutz des Betroffe-

---

[1] BT-Drs. 15/2494 S. 43.
[2] Horndasch/Viefhues/Beermann § 314 Rn 2; Jürgens/Marschner § 314 FamFG Rn 1; Knittel § 314 FamFG Rn 3; MünchKommZPO/Schmidt-Recla § 314 FamFG Rn 2; SBW/Dodegge § 314 Rn 2; a. A. Prütting/Helms/Roth § 313 Rn 16.
[3] BT-Drs. 16/6308 S. 273.
[4] OLG München OLGR 2008, 348 = BeckRS 200802843 zu § 70 Abs. 3 FGG.
[5] KG FGPrax 2010, 318 = FamRZ 2010, 1844.
[6] BT-Drs 16/6308 S. 273.
[7] So Jürgens/Marschner § 314 FamFG Rn 3.
[8] Abzulehnen ist die Auffassung von Jürgens/Marschner § 314 FamFG Rn 3, ein wichtiger Grund zur Abgabe sei nicht erforderlich.
[9] Horndasch/Viefhues/Beermann § 314 Rn 6; Jürgens/Marschner § 314 FamFG Rn 5; MünchKommZPO/Schmidt-Recla § 314 FamFG Rn 5; SBW/Dodegge § 314 Rn 7; a. A. Prütting/Helms/Roth § 314 Rn 7.

nen, weil auf diese Weise sein Zugang zu einer richterlichen Entscheidung erleichtert und entsprechend dem Zweck des § 319 Abs. 4 gewährleistet wird, dass der persönliche Eindruck, den der Richter bei der Anhörung des Betroffenen gewinnt, unmittelbar in dessen Entscheidung einfließt. Deshalb werden bei einer auswärtigen Unterbringung des Betroffenen Gesichtspunkte der Zweckmäßigkeit regelmäßig für eine Abgabe des Verfahrens sprechen.

5   In den Fällen der **zivilrechtlichen Unterbringung** muss jedoch ergänzend berücksichtigt werden, dass die Vorschrift des § 313 Abs. 1 Nr. 1 ebenfalls aus Gründen der Zweckmäßigkeit eine einheitliche Zuständigkeit sowohl für die Führung einer bestehenden Betreuung als auch für die auf dieser Grundlage zu genehmigende Unterbringung erhalten will.[10] Vorrangig wird deshalb zu prüfen sein, ob die Betreuung ggf. insgesamt an das Gericht des Unterbringungsortes abgegeben werden kann.[11] Ist dies nicht möglich, etwa weil der Betroffene nach wiederholten Unterbringungen jeweils wieder in seine Wohnung zurückgekehrt ist, ist zu erwägen, ob der Betreuungsvorgang so wichtige Erkenntnisse über die gesundheitliche Situation des Betroffenen bzw. seine soziale und Wohnverhältnisse enthält, dass eine isolierte Abgabe nur des Unterbringungsverfahrens untunlich erscheint. Dabei darf jedoch der Zeitaufwand für eine Fahrt des Richters zu einer auswärtigen Unterbringungseinrichtung in Beziehung gesetzt werden zu der Möglichkeit, wichtige Erkenntnisse aus den Betreuungsakten (etwa Sachverständigengutachten) dem Gericht des Unterbringungsortes zur ergänzenden Verwertung zur Verfügung zu stellen. Bei wiederholten Unterbringungen aufgrund fortbestehender Symptomatik wird die Bedeutung der gleichzeitigen Beurteilung des Betreuungsvorgangs vielfach zurücktreten. Bei öffentlich-rechtlichen Unterbringungen nach Landesrecht (siehe Rn 2) kommt dieser ergänzende Gesichtspunkt nicht zur Geltung. Die Erstreckung der Abgabemöglichkeit auch auf diese Unterbringungsform hat für die Praxis den Vorteil einer größeren Flexibilität in der Verfahrenshandhabung, weil im Gegensatz zum bisherigen Recht[12] auch noch nach der erstmaligen Anordnung einer Unterbringung das Verfahren an das Gericht des auswärtigen Unterbringungsortes abgegeben werden kann. Der Richter, der den Betroffenen vor Ort persönlich anhört, bevor eine Unterbringung angeordnet und vollzogen wird, braucht also nicht zu besorgen, für sein ordnungsgemäßes Verfahren dadurch benachteiligt zu werden, dass er für Folgeanordnungen (etwa Verlängerungsentscheidungen) mit hohem Zeitaufwand dem Betroffenen zu einem auswärtigen Unterbringungsort hinterher reisen muss (siehe dazu auch § 329 Rn 11).

IV. Durchführung der Abgabe

6   Für das Verfahren zur Abgabe gelten die Ausführungen bei § 273 Rn 7 entsprechend. Ergänzend ist darauf hinzuweisen, dass § 314 die bisherige Regelung in § 70 Abs. 3 S. 2 FGG nicht übernommen hat. Darin war vorgesehen, dass bei einer Anrufung des gemeinschaftlichen oberen Gerichts das Gericht, an das das Verfahren abgegeben werden soll, von dem Eingang der Akten bei ihm bis zu Entscheidung des gemeinschaftlichen oberen Gerichts zum Erlass vorläufiger Entscheidungen zuständig war. Auch ohne diese nicht übernommene Sonderregelung ergibt sich diese Zuständigkeit der Sache nach aus § 313 Abs. 2 S. 1, weil für das Gericht des Unterbringungsortes immer die Zuständigkeit für Eilmaßnahmen besteht und dieses sich nicht weigern darf, aufgrund dieser Zuständigkeit tätig zu werden (siehe § 313 Rn 10). Mit der Wirksamkeit der erfolgten Abgabe wird die örtliche Zuständigkeit des übernehmenden Gerichts für das gesamte Unterbringungsverfahren begründet einschließlich etwaiger künftig erforderlich werdender Verlängerungsentscheidungen (siehe § 329 Rn 11).

---

[10] BayObLGZ 1987, 43; OLG Zweibrücken NJW-RR 1987, 6 = FamRZ 1986, 1150 jeweils zu § 46a FGG a. F.; OLG Brandenburg FamRZ 2000, 1445 zu § 70 FGG.
[11] MünchKommZPO/Schmidt-Recla § 314 FamFG Rn 2.
[12] LG Braunschweig NdsRpfl. 2001, 132; Jansen/Sonnenfeld § 70 FGG Rn 55.

Beteiligte

§ 315

(1) Zu beteiligen sind
1. der Betroffene,
2. der Betreuer,
3. der Bevollmächtigte im Sinne des § 1896 Abs. 2 Satz 2 des Bürgerlichen Gesetzbuchs.

(2) Der Verfahrenspfleger wird durch seine Bestellung als Beteiligter zum Verfahren hinzugezogen.

(3) Die zuständige Behörde ist auf ihren Antrag als Beteiligte hinzuziehen.

(4) ¹Beteiligt werden können im Interesse des Betroffenen
1. dessen Ehegatte oder Lebenspartner, wenn die Ehegatten oder Lebenspartner nicht dauernd getrennt leben, sowie dessen Eltern und Kinder, wenn der Betroffene bei diesen lebt oder bei Einleitung des Verfahrens gelebt hat, sowie die Pflegeeltern,
2. eine von ihm benannte Person seines Vertrauens,
3. der Leiter der Einrichtung, in der der Betroffene lebt.

²Das Landesrecht kann vorsehen, dass weitere Personen und Stellen beteiligt werden können.

I. Anwendungsbereich und Normzweck

Die Vorschrift trifft eine nähere Regelung zur formellen Beteiligtenstellung im Unterbringungsverfahren. Angeknüpft wird an den Beteiligtenbegriff der allgemeinen Vorschrift des § 7 mit dem Ziel, die Beteiligtenstellung auf der formellen Ebene des Verfahrensrechts zu erfassen (vgl. dazu näher § 7 Rn 7). Die Vorschrift ist auf die Besonderheiten des Unterbringungsverfahrens ausgerichtet, schließt jedoch in Einzelpunkten eine ergänzende Anwendung des § 7 nicht aus. Abs. 1 und 2 betreffen diejenigen Personen, die das Gericht von Amts wegen zu beteiligen hat, Abs. 3 die zwingende Beteiligung der Betreuungsbehörde auf ihren Antrag (Muss-Beteiligte im Sinne des § 7 Abs. 2), Abs. 4 die in das Ermessen des Gerichts gestellte Beteiligung weiterer Personen (Kann-Beteiligte im Sinne des § 7 Abs. 3).

II. Die Muss-Beteiligten

1. Der Betroffene

Der Betroffene ist bereits nach § 7 Abs. 2 Nr. 1 Beteiligter, weil er durch das Verfahren unmittelbar in seinen Rechten betroffen wird. Wohl aus Gründen der Übersichtlichkeit wird er in Abs. 1 Nr. 1 der Vorschrift noch einmal ausdrücklich als zwingend zu beteiligen genannt. Zu der Rechtsstellung des Betroffenen als Verfahrensbeteiligter siehe näher die Erläuterungen zu §§ 316 und 275.

2. Der Betreuer

Nach **Abs. 1 Nr. 2** der Vorschrift ist zwingend der Betreuer zum Verfahren hinzuziehen, und zwar im Gegensatz zu § 274 Abs. 1 ohne Rücksicht darauf, ob durch die Unterbringung sein Aufgabenkreis betroffen wird.[1] Eine zivilrechtliche Unterbringung nach § 312 Nr. 1 und 2 kommt ohnehin nur in Betracht, wenn die Maßnahme von dem mit dem Aufgabenkreis der Aufenthaltsbestimmung bestellten Betreuer getroffen werden soll und deshalb nach § 1906 Abs. 2 bzw. 4 BGB der gerichtlichen Genehmigung bedarf. Daneben ist eine Konstellation denkbar, dass für den Betroffenen bereits ein Betreuer bestellt ist, dessen Aufgabenkreis Gesundheitsfürsorge und Aufenthaltsbestimmung nicht umfasst, und nunmehr eine öffentlich-rechtliche Unterbringung nach Landesrecht (§ 312 Nr. 3) vollzogen wird. Die Hinzuziehung des Betreuers erscheint hier gleichwohl sinnvoll,

---
[1] BT-Drs. 16/6308 S. 273.

weil die Unterbringung Anlass für eine Erweiterung des Aufgabenkreises der bestehenden Betreuung sein kann.

3. Der Vorsorgebevollmächtigte

4   Nach Abs. 1 Nr. 3 ist weiter von Amts wegen ein Vorsorgebevollmächtigter im Sinne des § 1896 Abs. 2 S. 2 BGB zu beteiligen ohne Rücksicht darauf, ob durch die Unterbringung sein Aufgabenkreis betroffen wird. Regelmäßig wird es sich um die Genehmigung einer von dem Bevollmächtigten veranlassten Unterbringungsmaßnahme handeln (§ 1906 Abs. 5 BGB). Der Aufgabenkreis des Bevollmächtigten wird auch berührt, wenn eine öffentlich-rechtliche Unterbringung nach Landesrecht angeordnet wird, weil der Bevollmächtigte von seiner Vollmacht zum Schutz des Betroffenen nicht ausreichend Gebrauch macht.[2] Ob die zwingende Beteiligung des Bevollmächtigten auch dann sinnvoll ist, wenn seine Vollmacht sich etwa auf vermögensrechtliche Angelegenheiten beschränkt, darf bezweifelt werden.

4. Der Verfahrenspfleger

5   § 315 Abs. 2 knüpft an die Bestellung als Verfahrenspfleger unmittelbar die Rechtsstellung eines Verfahrensbeteiligten, ohne dass es eines weiteren Verfahrensaktes bedarf (wie § 274 Abs. 2). Zur Rechtsstellung des Verfahrenspflegers siehe näher die Erläuterungen zu § 276 Rn 26 bis 28.

5. Die zuständige Behörde

6   Abs. 3 der Vorschrift macht von der in § 7 Abs. 2 Nr. 2 vorgesehenen Möglichkeit Gebrauch, der Behörde ein auf Antrag zu gewährendes Recht auf Hinzuziehung als Verfahrensbeteiligte einzuräumen. Sie bezieht sich sachlich nur auf zivilrechtliche Unterbringungsmaßnahmen nach § 312 Nr. 1 und 2. Bei der öffentlich-rechtlichen Unterbringung nach Landesrecht ist die zuständige Behörde Antragstellerin und deshalb nach § 7 Abs. 1 bereits kraft Gesetzes Beteiligte des Verfahrens. Für das Verfahren der Hinzuziehung gelten die Erläuterung bei § 274 Rn 12 bis 14 sinngemäß.

III. Die Kann-Beteiligten

7   In § 315 Abs. 4 wird von der in § 7 Abs. 3 vorgesehenen Möglichkeit Gebrauch gemacht, dass das Gericht fakultativ weitere Personen zum Verfahren hinzuziehen kann. Zu diesem Personenkreis gehören nach **Nr. 1** der Vorschrift zunächst die **nahen Angehörigen** des Betroffenen. Der Zweck der Vorschrift entspricht demjenigen des § 274 Abs. 4 (vgl. dort Rn 15). Während § 70 d Abs. 1 Nr. 1, 1 a und 2 FGG bislang nur die Anhörung naher Angehöriger vorsah, nimmt § 315 Abs. 4 nunmehr eine weitere Formalisierung ihrer Hinzuziehung im Verfahren im Rahmen des Beteiligtenbegriffs vor.

8   Der **Kreis der Personen,** die nach Abs. 4 als Verfahrensbeteiligte hinzugezogen werden können, stimmt mit der bisherigen Vorschrift in § 70 d Abs. 1 Nr. 1, 1 a, 2, 4 und 5 FGG überein. Es sind dies aus dem Kreis der Angehörigen der nicht dauernd getrennt lebende **Ehegatte oder Lebenspartner** (§ 1 LPartG) des Betroffenen, **Eltern oder volljährige Kinder** nur dann, wenn der Betroffene bei ihnen lebt oder bei Einleitung des Verfahrens gelebt hat, schließlich im Rahmen der entsprechenden Anwendung der Vorschrift für die Unterbringung Minderjähriger (§ 167 Abs. 1) auch die **Pflegeeltern** des Betroffenen.

Dazu zählt ferner eine **Person des Vertrauens (Nr. 2),** die aber vom Betroffenen als solche benannt werden muss. Darin liegt eine gegenüber § 274 Abs. 4 Nr. 2 (vgl. dort Rn 16) nur schwer verständliche Abweichung, die in der Gesetzesbegründung nicht erläutert wird.[3] Ein Lebensgefährte kann, obwohl er häufig wertvolle Informationen über die Lebensverhältnisse des Betroffenen geben kann, nur aufgrund einer entsprechenden Erklärung des Betroffenen hinzugezogen werden. Ist dieser dazu nicht mehr in der Lage, muss

---

[2] OLG Hamm FGPrax 2007, 191 = FamRZ 2007, 934.
[3] BT-Drs. 16/6308 S. 273.

die Beteiligung des Lebensgefährten unterbleiben. Dies schließt nicht aus, den Lebensgefährten zu den Lebensverhältnissen des Betroffenen anzuhören, ohne dass dadurch seine Beteiligtenstellung begründet werden kann (§ 7 Abs. 6); vielfach wird ein solches Vorgehen im Rahmen der Amtsermittlungspflicht (§ 26) geboten sein.[4] Schließlich kann beteiligt werden der **Leiter der Einrichtung (Nr. 3),** in der der Betroffene lebt. Gemeint ist damit die Einrichtung, in der der Betroffene seinen gewöhnlichen Aufenthalt hat, nicht jedoch die Einrichtung, in der der Betroffene geschlossen untergebracht werden soll bzw. bereits untergebracht ist.[5] Die Beteiligung sämtlicher in Abs. 4 genannten Personen kann nur **im Interesse des Betroffenen** erfolgen. Zu dieser Einschränkung siehe die Erläuterungen bei § 274 Rn 10, zum Verfahren der Hinzuziehung § 274 Rn 11 bis 13.

Abs. 4 S. 2 der Vorschrift enthält eine Öffnungsklausel für das **Landesrecht,** das vorsehen kann, dass weitere Personen und Stellen **beteiligt** werden können. Landesrechtlichen Regelungen, die eine zusätzliche Anhörung des Gesundheitsamtes[6] oder des sozial-psychiatrischen Dienstes[7] vorsehen, liegt ein Missverständnis der Öffnungsklausel in Abs. 4 S. 2 zugrunde. Denn eröffnet wird nur die Möglichkeit der Schaffung einer weiteren Kann-Beteiligung im Sinne des § 7 Abs. 3 und 4, nicht hingegen einer weiteren Anhörungspflicht, die nach § 7 Abs. 6 nicht die Bedeutung einer Zuziehung als Verfahrensbeteiligter hat. Die Anhörungspflicht des Gerichts ist abschließend in § 320 geregelt. 9

Verfahrensfähigkeit

316 In Unterbringungssachen ist der Betroffene ohne Rücksicht auf seine Geschäftsfähigkeit verfahrensfähig.

Übereinstimmend mit der Vorgängerregelung in § 70 a FGG stellt § 316 sicher, dass der Betroffene in allen unterbringungsrechtlichen Verfahren ohne Rücksicht auf seine Geschäftsfähigkeit als verfahrensfähig zu behandeln ist. § 316 überträgt den für das Betreuungsverfahren in § 275 vorgesehen Grundsatz auf sämtliche Unterbringungsverfahren, der auf diese Weise insbesondere auch für die öffentlich-rechtlichen Unterbringungsverfahren nach Landesrecht Geltung beansprucht, die außerhalb des Betreuungsrechts stehen. Die von der Geschäftsfähigkeit unabhängige Verfahrensfähigkeit soll die Rechtsposition des Betroffenen in allen Unterbringungsverfahren stärken. Der Betroffene soll nicht bloßes Verfahrensobjekt sein, er soll als Verfahrenssubjekt seinen Willen selbst im Verfahren äußern und seine Interessen selbst vertreten können. Hinsichtlich der Rechtsfolgen der Verfahrensgeschäftsfähigkeit des Betroffenen wird auf die Erläuterungen zu § 275 verwiesen.

Verfahrenspfleger

317 (1) ¹Das Gericht hat dem Betroffenen einen Verfahrenspfleger zu bestellen, wenn dies zur Wahrnehmung der Interessen des Betroffenen erforderlich ist. ²Die Bestellung ist insbesondere erforderlich, wenn von einer Anhörung des Betroffenen abgesehen werden soll.

(2) Bestellt das Gericht dem Betroffenen keinen Verfahrenspfleger, ist dies in der Entscheidung, durch die eine Unterbringungsmaßnahme genehmigt oder angeordnet wird, zu begründen.

(3) Wer Verfahrenspflegschaften im Rahmen seiner Berufsausübung führt, soll nur dann zum Verfahrenspfleger bestellt werden, wenn keine andere geeignete Person zur Verfügung steht, die zur ehrenamtlichen Führung der Verfahrenspflegschaft bereit ist.

(4) Die Bestellung eines Verfahrenspflegers soll unterbleiben oder aufgehoben werden, wenn die Interessen des Betroffenen von einem Rechtsanwalt oder einem anderen geeigneten Verfahrensbevollmächtigten vertreten werden.

(5) Die Bestellung endet, sofern sie nicht vorher aufgehoben wird, mit der Rechtskraft der Endentscheidung oder mit dem sonstigen Abschluss des Verfahrens.

---

[4] Jansen/Sonnenfeld § 70 d FGG Rn 4.
[5] BT-Drs. 16/6308 S. 273; Prütting/Helms/Roth § 315 Rn 17; SBW/Dodegge § 315 Rn 18.
[6] Art. 9 Abs. 1 BayUnterbringungsG.
[7] § 13 Abs. 2 PsychKG NRW.

(6) **Die Bestellung eines Verfahrenspflegers oder deren Aufhebung sowie die Ablehnung einer derartigen Maßnahme sind nicht selbständig anfechtbar.**

(7) **Dem Verfahrenspfleger sind keine Kosten aufzuerlegen.**

I. Anwendungsbereich und Normzweck

1   Der Anwendungsbereich der inhaltlich mit § 70 b FGG übereinstimmenden Vorschrift umfasst sämtliche Unterbringungssachen im Sinne des § 312 (siehe die Erläuterungen dort zu Rn 2 bis 4). Der Normzweck der Vorschrift besteht wie bei der Parallelbestimmung des § 276 in der Gewährleistung des rechtlichen Gehörs (Art. 103 Abs. 1 GG) für den Betroffenen. Die Vorschrift will damit dem erhöhten Schutzbedürfnis des Betroffenen in seiner besonderen, regelmäßig krisenhaften Situation Rechnung tragen, in dem über seine Unterbringung zu entscheiden ist.

II. Voraussetzungen der Bestellung eines Verfahrenspflegers

1. Grundnorm (Abs. 1 S. 1)

2   Abs. 1 S. 1 der Vorschrift enthält die Grundnorm für die Bestellung eines Verfahrenspflegers. Die Bestellung hat zu erfolgen, wenn sie zur Wahrnehmung der Interessen des Betroffenen in dem Verfahren erforderlich ist. Die Formulierung bringt zum Ausdruck, dass die Bestellung **zwingend** zu erfolgen hat, ein Ermessen steht dem Gericht nicht zu. Die Erforderlichkeit der Bestellung eines Verfahrenspflegers muss im Einzelfall nach dem Grad der Krankheit oder Behinderung und der Schwere des freiheitsentziehenden Eingriffs beurteilt werden.[1] Betrifft das Verfahren eine zivilrechtliche Unterbringung, sollte in Übereinstimmung mit der Bewertung im Rahmen des § 276 (siehe dort Rn 4) die Richtschnur für die Bestellung eines Verfahrenspflegers eine einheitliche Betrachtung von materiellem und Verfahrensrecht sein: Unterbringungsmaßnahmen nach § 1906 BGB erfordern nach gefestigter Rechtsprechung die Feststellung, dass der Betroffene seinen Willen im Hinblick auf die Erforderlichkeit der Unterbringung und eine damit verbundene Behandlung nicht frei bestimmen kann.[2] Spätestens dann, wenn die tatsächlichen Ermittlungen des Gerichts zu dem Ergebnis führen, dass eine geschlossene Unterbringung des Betroffenen bei bestehendem Ausschluss der freien Willensbestimmung erforderlich erscheint, erfordert seine Schutzbedürftigkeit die Bestellung eines Verfahrenspflegers.[3] Bei einer öffentlich-rechtlichen Unterbringung nach den Landesgesetzen (§ 312 Nr. 3) ist die Bestellung eines Verfahrenspflegers bereits wegen der Schwere des Eingriffs regelmäßig erforderlich.[4] Bei freiheitsentziehungsähnlichen Maßnahmen (§ 312 Nr. 2) erscheint eine Differenzierung nach der Schwere des Eingriffs möglich,[5] so dass bspw. bei der Genehmigung der Anbringung eines Bettgitters die Bestellung eines Verfahrenspflegers nicht zwingend erforderlich ist, während bei dem langfristigen Anlegen eines Leibgurtes die Bestellung eines Verfahrenspflegers nahe liegen wird.

2. Zwingende Bestellung (Abs. 1 S. 2)

3   Abs. 1 S. 2 ergänzt die Grundnorm durch ein Regelbeispiel, in dem die Bestellung eines Verfahrenspflegers **zwingend** erforderlich ist. Es handelt sich um den Fall, dass von der persönlichen Anhörung des Betroffenen gem. § 319 Abs. 3 in Verbindung mit § 34 Abs. 2 abgesehen werden soll, also wenn dem Betroffenen durch die Anhörung erhebliche gesundheitliche Gefahren drohen oder wenn der Betroffene unansprechbar ist[6] (vgl. zu diesen Vo-

---

[1] Jansen/Sonnenfeld § 70 b FGG Rn 5; Knittel § 317 FamFG Rn 15.
[2] BayObLG NJWE-FER 2001, 150; FamRZ 1993, 600; OLG Düsseldorf FamRZ 1995, 118; OLG Hamm FGPrax 2000, 113.
[3] Beispielhaft OLG Köln FGPrax 2008, 136 = BtPrax 2008, 35 betr. die Genehmigung einer Unterbringung wegen einer Psychose aus dem schizophrenen Formenkreis.
[4] KG BtPrax 2008, 42; OLG Schleswig FamRZ 1994, 781 = BtPrax 1994, 62; zu §§ 63, 67 e StGB: EGMR NJW 1992, 2945.
[5] Damrau/Zimmerman § 317 FamFG Rn 6; Jansen/Sonnenfeld § 70 b FGG Rn 6.
[6] Beispielsfälle BayObLG FamRZ 1997, 1358 = BtPrax 1997, 37; OLG Hamm FamRZ 1993, 387 = FamRZ 1993, 988.

raussetzungen näher § 278 Rn 19 bis 22). Das Regelbeispiel ist damit zugleich Leitbild für die Erforderlichkeit der Bestellung eines Verfahrenspflegers im Rahmen der Grundnorm in allen anderen Fällen, in denen die Verfahrensgestaltung dazu führt, dass dem Betroffenen persönlich das rechtliche Gehör nicht vollständig gewährt werden kann. Der Bestellung eines Verfahrenspflegers ist deshalb etwa auch dann zwingend erforderlich, wenn gem. § 325 Abs. 1 davon abgesehen wird, dem Betroffenen die Gründe der gerichtlichen Entscheidung bekannt zu geben[7] oder in entsprechender Anwendung der Vorschrift[8] dem Betroffenen nicht der vollständigen Inhalt eines erstatteten Sachverständigengutachtens übergeben wird.[9]

3. Absehen von der Bestellung eines Verfahrenspflegers (Abs. 2)

Sieht das Gericht von der Bestellung eines Verfahrenspflegers ab, so muss dies nach Abs. 2 der Vorschrift in der Entscheidung, durch die eine Unterbringungsmaßnahme genehmigt oder angeordnet wird, begründet werden. Dieser Begründungszwang soll dazu beitragen, dass von der Bestellung eines Verfahrenspflegers nur in Ausnahmefällen abgesehen wird. Aus dem Aufbau der Vorschrift, die den Begründungszwang in Anknüpfung an die Voraussetzungen für die Verfahrenspflegerbestellung regelt, folgt, dass eine besondere Begründung nicht erforderlich ist, wenn die Bestellung eines Verfahrenspflegers unterbleibt, weil der Betroffene im Verfahren anderweitig durch einen Bevollmächtigten vertreten wird (Abs. 4). Mag es sich insoweit auch lediglich um eine Sollvorschrift handeln, so müsste eine darauf abzielende Begründung formelhaft bleiben, wenn das Gericht gleichzeitig den Bevollmächtigten des Betroffenen im Verfahren als solchen behandelt. 4

4. Vorrang der Vertretung durch einen Verfahrensbevollmächtigten

Die Sollvorschrift des Abs. 4 ordnet das Absehen von der Pflegerbestellung bzw. deren spätere Aufhebung an, wenn der Betroffene im Verfahren durch einen Rechtsanwalt oder einen anderen geeigneten Verfahrensbevollmächtigten vertreten wird. Wenn der Betroffene für seine Vertretung in dem Verfahren selbst Sorge trägt, besteht für die Bestellung eines Verfahrenspflegers kein Bedürfnis.[10] Die Vertretung durch einen Rechtsanwalt hat deshalb auch dann Vorrang, wenn sie nur durch Beiordnung im Rahmen der Bewilligung von Verfahrenskostenhilfe (§§ 76, 78 Abs. 2) erfolgen kann. Wegen der weiteren Einzelheiten siehe die Erläuterungen bei § 276 Rn 14. 5

5. Auswahl der Person des Verfahrenspflegers

Die Auswahl der Person des Verfahrenspflegers steht im pflichtgemäßen Ermessen des Gerichts. Die Ausübung dieses Ermessens steuert Abs. 3 der Vorschrift lediglich in der Richtung, dass nach dem Vorbild der materiell-rechtlichen Vorschrift des § 1897 Abs. 6 BGB ein berufsmäßig tätiger Verfahrenspfleger nur bestellt werden soll, wenn keine andere geeignete Person zur Verfügung steht, die zur ehrenamtlichen Führung der Pflegschaft bereit ist. Wegen weiterer Einzelheiten zur Auswahl des Verfahrenspflegers wird auf die Erläuterungen bei § 276 Rn 16 bis 18 verwiesen. Wegen der im Unterbringungsverfahren erforderlichen Fachkenntnisse wird im Regelfall ein Rechtsanwalt als Verfahrenspfleger bestellt werden müssen.[11] 6

III. Bestellung des Verfahrenspflegers

1. Zeitpunkt der Bestellung

§ 317 enthält keine nähere Regelung zum Zeitpunkt der Bestellung eines Verfahrenspflegers. Gleichwohl liegt es nicht im freien Ermessen des Gerichts, den Zeitpunkt für die 7

---

[7] Damrau/Zimmermann § 317 FamFG Rn 5; Knittel § 317 FamFG Rn 19; Schwab FamRZ 1990, 681/689.
[8] OLG Düsseldorf FamRZ 1997, 1361.
[9] BayObLG FamRZ 1993, 1489 = BtPrax 1993, 208; FamRZ 1990, 542; OLG München BtPrax 2006, 35.
[10] BT-Drs. 11/4528 S. 171, 214, 231; BT-Drs. 11/6949 S. 78.
[11] BayObLG FamRZ 1994, 525; Knittel § 317 FamFG Rn 23; Damrau/Zimmermann § 317 Rn 12.

Bestellung zu bestimmen. Vielmehr kann dem Zweck der Vorschrift nur Rechnung getragen werden, wenn der Verfahrenspfleger zu einem möglichst frühen Zeitpunkt bestellt wird. Der Mindeststandard der Gewährung des rechtlichen Gehörs verpflichtet das Gericht, dem zu bestellenden Verfahrenspfleger als Verfahrensbeteiligten (§ 315 Abs. 2) grundsätzlich vor einem Eingriff in die Rechtssphäre des Betroffenen Gelegenheit zur Stellungnahme zu dem Ermittlungsergebnis zu geben. Deshalb muss im Hauptsacheverfahren der Verfahrenspfleger zwingend vor der abschließenden Anhörung des Betroffenen bestellt und ihm Gelegenheit gegeben werden, an dem Anhörungstermin teilzunehmen.[12] Deutlich wird dies auch für das Verfahren auf Erlass einer einstweiligen Anordnung in § 331 S. 1 Nr. 3, der eine vorläufige Unterbringungsmaßnahme von der vorherigen Bestellung **und Anhörung** eines Verfahrenspflegers abhängig macht, von der nur bei Gefahr im Verzug abgesehen werden kann (§ 332). Eine Verfahrensweise, bei der unabhängig von einem tatsächlich bestehenden Eilbedürfnis die Bestellung eines Verfahrenspflegers grundsätzlich erst in dem Beschluss über eine vorläufige Unterbringungsmaßnahme erfolgt, steht mit der gesetzlichen Vorschrift nicht im Einklang. Vielmehr muss auch bei Eilmaßnahmen ein Verfahrenspfleger bestellt und zur persönlichen Anhörung des Betroffenen hinzugezogen werden, wenn dafür objektiv noch ein hinreichender Zeitraum, mögen es auch nur wenige Tage sein, zur Verfügung steht.[13] Ist wegen Gefahr im Verzug eine einstweilige Anordnung ohne Bestellung eines Verfahrenspflegers erfolgt, muss diese gem. § 332 S. 2 unverzüglich nachgeholt werden.[14]

2. Wirksamkeit der Bestellung des Verfahrenspflegers (Abs. 5, 6)

8 Zur Form der Bestellung eines Verfahrenspflegers gelten die Erläuterungen zu § 276 Rn 10 entsprechend. Zur Dauer der Wirksamkeit der Bestellung des Verfahrenspflegers trifft § 317 Abs. 5 eine Regelung, die mit derjenigen in § 276 Abs. 5 übereinstimmt. Zu den Einzelheiten siehe § 276 Rn 11. § 317 Abs. 6 schließt die Anfechtbarkeit der Bestellung eines Verfahrenspflegers aus (siehe dazu näher die Erläuterungen zu der inhaltsgleichen Regelung in § 276 Abs. 6, dort Rn 14).

IV. Rechtsstellung des Verfahrenspflegers (Abs. 7)

9 Die Rechtsstellung des Verfahrenspflegers unterliegt in Unterbringungssachen keinen Besonderheiten. Auf die Erläuterungen bei § 276 Rn 12 und 13 wird verwiesen. § 317 Abs. 7 wiederholt die bereits in § 276 Abs. 7 getroffene Regelung, durch die eine Belastung des Verfahrenspflegers mit Verfahrenskosten ausnahmslos ausgeschlossen wird.

Vergütung und Aufwendungsersatz des Verfahrenspflegers

318 Für die Vergütung und den Aufwendungsersatz des Verfahrenspflegers gilt § 277 entsprechend.

1 Es handelt sich um eine reine Verweisungsvorschrift: Grund und Höhe des Anspruchs des Verfahrenspflegers auf Vergütung und Aufwendungsersatz richten sich nach § 277. Dieser verweist für das Festsetzungsverfahren in Abs. 5 S. 2 weiter auf § 168.

Anhörung des Betroffenen

319 (1) ¹**Das Gericht hat den Betroffenen vor einer Unterbringungsmaßnahme persönlich anzuhören und sich einen persönlichen Eindruck von ihm zu verschaffen.** ²**Den persönlichen Eindruck verschafft sich das Gericht, soweit dies erforderlich ist, in der üblichen Umgebung des Betroffenen.**

(2) **Das Gericht unterrichtet den Betroffenen über den möglichen Verlauf des Verfahrens.**

---

[12] BGH FamRZ 2011, 805.
[13] BayObLG FamRZ 2002, 629; OLG München OLGR 2006, 784 = BeckRS 2006, 07913 zu § 70 b FGG.
[14] OLG Zweibrücken BtPrax 2003, 80 zu § 70 b FGG.

(3) **Soll eine persönliche Anhörung nach § 34 Abs. 2 unterbleiben, weil hiervon erhebliche Nachteile für die Gesundheit des Betroffenen zu besorgen sind, darf diese Entscheidung nur auf Grundlage eines ärztlichen Gutachtens getroffen werden.**

(4) **Verfahrenshandlungen nach Absatz 1 sollen nicht im Wege der Rechtshilfe erfolgen.**

(5) **Das Gericht kann den Betroffenen durch die zuständige Behörde vorführen lassen, wenn er sich weigert, an Verfahrenshandlungen nach Absatz 1 mitzuwirken.**

I. Normzweck

Die Vorschrift regelt die Verpflichtung zur persönlichen Anhörung des Betroffenen vor Erlass einer Unterbringungsmaßnahme als zentralen Bestandteil der Amtsermittlungspflicht (§ 26) des Gerichts. Im Hinblick auf den Eingriff in die Freiheitsrechte, der mit einer Unterbringung verbunden ist, soll die Person des Betroffenen mit seinen gesundheitlichen Belastungen und seiner daraus folgenden Hilfsbedürftigkeit im Mittelpunkt des Verfahrens stehen. Die persönliche Anhörung dient nicht nur der Gewährung des rechtlichen Gehörs des Betroffenen. Ihr vorrangiger Zweck ist es, dem Richter einen unmittelbaren Eindruck von dem Betroffenen und der Art seiner Erkrankung zu verschaffen, ihn in die Lage zu versetzen, ein Bild von der Persönlichkeit des Betroffenen zu gewinnen und seine Kontrollfunktion gegenüber ärztlichen Gutachten wahrnehmen zu können.[1]

1

Die verfahrensrechtliche Gewährleistung der persönlichen Anhörung des Betroffenen hat eine zusätzliche verfassungsrechtliche Dimension. Nach Art. 104 Abs. 1 S. 1 GG darf die in Art. 2 Abs. 2 S. 2 GG gewährleistete Freiheit der Person nur aufgrund eines förmlichen Gesetzes und nur unter Beachtung der darin vorgeschriebenen Formen beschränkt werden. Art. 104 Abs. 1 GG verstärkt den Gesetzesvorbehalt in Art. 2 Abs. 2 S. 3 GG für alle Freiheitsbeschränkungen, indem er neben der Forderung nach einem förmlichen Gesetz die Pflicht, die sich aus diesem Gesetz ergebenden Formvorschriften zu beachten, zum Verfassungsgebot erhebt. Die mündliche Anhörung des Betroffenen vor der Entscheidung über die Freiheitsentziehung gehört zu den bedeutsamen Verfahrensgarantien, deren Beachtung Art. 104 Abs. 1 GG fordert und mit grundrechtlichem Schutz versieht, und ist Kernstück der Amtsermittlung. Das Unterbleiben der verfahrensrechtlich gebotenen mündlichen Anhörung drückt wegen deren grundlegender Bedeutung einer gleichwohl genehmigten bzw. angeordneten Freiheitsentziehung den Makel der Rechtswidrigkeit auf, der auch durch Nachholung der persönlichen Anhörung nicht getilgt werden kann.[2] Eine darauf beruhende Rechtswidrigkeit der Maßnahme kann auch nach Beendigung der Freiheitsentziehung Gegenstand eines Feststellungsantrags sein (siehe § 62 und die dortigen Erläuterungen).

2

Aufgrund des mit § 278 Abs. 1 übereinstimmenden Wortlauts ist die Pflicht zur persönlichen Anhörung des Betroffenen nur zwingend, wenn das Verfahren mit einer Unterbringungsmaßnahme abgeschlossen wird.[3] Im Fall der Ablehnung einer Unterbringungsmaßnahme kann sich der Erforderlichkeit einer Anhörung des Betroffenen nur aus § 26 ergeben.

3

II. Persönliche Anhörung des Betroffenen (Abs. 1 und 4)

1. Durchführung der Anhörung

Die persönliche Anhörung in Unterbringungssachen nach Abs. 1 besteht übereinstimmend mit § 278 Abs. 1 aus einem persönlichen, mündlichen Gespräch mit dem Betroffenen und der ergänzenden Aufgabe des Richters, sich von dem Betroffenen einen persönlichen

4

---

[1] BVerfG NJW 1990, 2309; NJW 1982, 691; BGH FamRZ 2009, 1664; OLG Hamm FGPrax 2001, 212; OLG Karlsruhe NJW-RR 2000, 1172/1173; OLG München OLGR 2006, 113 = BeckRS 2005, 12822.
[2] BVerfG NJW 1990, 2309/2310; NJW 1982, 691 sowie zuletzt insbesondere zu der inhaltsgleichen Vorschrift des § 5 Abs. 1 S. 1 FEVG (jetzt: § 420 Abs. 1) InfAuslR 2008, 308; InfAuslR 2006, 462; InfAuslR 1996, 198.
[3] Bassenge/Roth § 319 Rn 1; BJS/Heiderhoff § 319 Rn 2; Jurgeleit/Diekmann § 319 Rn 7; Marschner/Volckart/Lesting § 319 Rn 1; SBW/Dodegge § 319 Rn 3; a.A. Prütting/Helms/Roth § 319 Rn 3.

Eindruck zu verschaffen. Insoweit wird auf die Erläuterungen bei § 278 Rn 4, 5 verwiesen. Nach Abs. 1 S. 2 der Vorschrift verschafft sich das Gericht den persönlichen Eindruck in der üblichen Umgebung des Betroffenen, soweit dies erforderlich ist. Die Erforderlichkeit ist im Hinblick auf die Sachverhaltsaufklärung (§ 26) durch das Gericht nach pflichtgemäßem Ermessen zu beurteilen.[4] Im Gegensatz zur Regelung in § 278 Abs. 1 S. 3 kann der Betroffene eine Anhörung in seiner persönlichen Umgebung nicht verlangen, andererseits einer solchen auch nicht widersprechen. Darin liegt jedoch keine hinreichende gesetzliche Grundlage dafür, die persönliche Anhörung und das Verschaffen eines persönlichen Eindrucks von dem Betroffenen in seiner Wohnung erzwingen zu können.[5] Befindet sich der Betroffene bereits in einem Krankenhaus oder Heim, kann die Anhörung dort selbst dann durchgeführt werden, wenn der Betroffene sich gewöhnlich in seiner Wohnung aufhält.[6] Eine verfahrensrechtliche Notwendigkeit zur Anwesenheit des Betreuers bei der persönlichen Anhörung des Betroffenen besteht nicht,[7] sofern nicht das Gericht zur Aufklärung des Sachverhalts das persönliche Erscheinen des Betreuers zum Anhörungstermin anordnet (§ 33 Abs. 1).

2. Inhalt der Anhörung

5   Gegenstand der Anhörung sind bezogen auf die materiell-rechtlichen Voraussetzungen der Unterbringung die Erkrankung oder Behinderung des Betroffenen und deren Ausprägungsgrad im Hinblick auf die Beeinträchtigung seiner Lebensbewältigungskompetenz, die Hilfs- und Behandlungsbedürftigkeit des Betroffenen und seine Krankheitseinsicht und Behandlungsbereitschaft und damit einhergehend das Bestehen anderer Hilfsmöglichkeiten durch Dritte, bestehende verwandtschaftliche und soziale Bindungen des Betroffenen.[8] Das Gericht hat nach Abs. 2 den Betroffenen ergänzend über den möglichen Verlauf des Verfahrens zu unterrichten. Dazu gehört auch ein Hinweis an den Betroffenen auf die Möglichkeit der Benennung einer Vertrauensperson, die am Verfahren zu beteiligen ist (§ 315 Abs. 4 Nr. 2).

3. Zeitpunkt der Anhörung

6   § 319 enthält in Übereinstimmung mit § 278 keine nähere Vorgabe dazu, zu welchem Zeitpunkt des Verfahrens bis zum Erlass der Unterbringungsmaßnahme der Betroffene persönlich angehört werden muss. Auch in Unterbringungssachen hat der Richter nunmehr einen größeren Handlungsspielraum, seine Verfahrensweise im Hinblick auf die persönliche Anhörung des Betroffenen den Umständen des Einzelfalls anzupassen (siehe dazu näher § 278 Rn 14 bis 17). Regelmäßig wird es allerdings im Sinne des § 34 Abs. 1 Nr. 1 zur Gewährleistung des rechtlichen Gehörs des Betroffenen erforderlich sein, ihn zu dem Ergebnis des medizinischen Sachverständigengutachtens (§ 321) persönlich anzuhören, um zentrale Feststellungen des Gutachtens und die Erforderlichkeit einer Behandlung des Betroffenen gerade unter den Bedingungen einer geschlossenen Unterbringung überprüfen zu können. Dies entspricht auch der überwiegenden Praxis.

4. Anhörung im Wege der Rechtshilfe

7   Nach § 319 Abs. 4 „soll" die persönliche Anhörung des Betroffenen nicht im Wege der Rechtshilfe erfolgen. Die Vorschrift ist der Formulierung nach nicht deckungsgleich mit derjenigen des § 278 Abs. 3, derzufolge die persönliche Anhörung des Betroffenen nur dann im Wege der Rechtshilfe durchgeführt werden darf, wenn anzunehmen ist, dass die Entscheidung ohne eigenen Eindruck von dem Betroffenen getroffen werden kann. De-

---

[4] Knittel § 319 FamFG Rn 31; Zimmermann FamRZ 1990, 1308/1311.
[5] Damrau/Zimmermann § 319 FamFG Rn 9; Knittel § 319 FamFG Rn 32; Prütting/Helms/Roth § 319 Rn 6; Jansen/Sonnenfeld § 70 c FGG Rn 12; a. A. Bassenge/Roth § 319 FamFG Rn 5, der insoweit §§ 283 Abs. 3, 322 für anwendbar hält, die sich jedoch auf die Vorführung des Betroffenen beschränken.
[6] BT-Drs. 11/4528 S. 219 und 234 zu § 70 c FGG.
[7] BayObLG FamRZ 2003, 963.
[8] Coeppicus FamRZ 1991, 892; Zimmermann FamRZ 1990, 1308/1310.

ckungsgleich ist aber der Normzweck beider Vorschriften, nämlich zu gewährleisten, dass derjenige Richter, der über eine Unterbringungsmaßnahme bzw. über eine Betreuerbestellung zu entscheiden hat, sich einen eigenen, unmittelbaren Eindruck von dem Betroffenen verschafft. Deshalb erscheint es gerechtfertigt, die Fälle, in denen in Unterbringungssachen ausnahmsweise eine persönliche Anhörung des Betroffenen durch den ersuchten Richter erfolgen kann, in Anlehnung an § 278 Abs. 3 zu bestimmen.[9] Auszugehen ist deshalb von dem Grundsatz, dass der Betroffene von dem erkennenden Gericht persönlich angehört werden muss.[10] Unbedenklich zulässig ist eine Anhörung durch den ersuchten Richter deshalb nur dann, wenn der Betroffene nicht kommunikationsfähig ist. Wegen der geringeren Eingriffsintensität wird auch bei der Genehmigung freiheitsentziehungsähnlicher Maßnahmen (§ 1906 Abs. 4 BGB) ein Ausnahmefall bejaht werden können.

Im Übrigen bereiten in der Praxis Probleme die Fälle, in denen sich die örtliche Zuständigkeit des Gerichts daraus ergibt, dass von ihm eine Betreuung mit dem Aufgabenkreis der Aufenthaltsbestimmung bereits geführt wird (§ 312 Abs. 1 Nr. 1), die zu genehmigende Unterbringung jedoch in einer in einem anderen Gerichtsbezirk gelegenen Einrichtung vollzogen werden soll, der Richter des zuständigen Gerichts also zu dem auswärtigen Aufenthaltsort des Betroffenen reisen müsste, um ihn dort anhören zu können. Diese Problematik wird jedoch durch die Möglichkeit einer Abgabe der Unterbringungssache nach § 314 sowie dadurch entschärft, dass eine Anhörung des Betroffenen vor Erlass einer vorläufigen Unterbringungsmaßnahme nach § 331 S. 2 unbeschränkt auch im Wege der Rechtshilfe durchgeführt werden darf.[11] Ein Ausnahmefall kann deshalb nicht bejaht werden, solange das örtlich zuständige Gericht eine Abgabe des Verfahrens an das Gericht des Unterbringungsortes nicht versucht hat. Eine geringere Fahrtzeit des ersuchten im Verhältnis zum örtlich zuständigen Richter reicht nicht aus.[12]

In den verbleibenden Fällen sollte maßgebendes Kriterium für die Bejahung eines Ausnahmefalles sein, dass der konkrete Aufwand einer Reise des örtlich zuständigen Richters zum gegenwärtigen Aufenthaltsort des Betroffenen eindeutig unverhältnismäßig im Hinblick auf Gewicht und Dauer der genehmigten Unterbringungsmaßnahme für den Betroffenen ist.

Problematisch erscheint demgegenüber eine Bewertung, die bei Verlängerungsentscheidungen (§ 329 Abs. 2) auf der Grundlage eines unveränderten Krankheitsbildes[13] oder bei Vorliegen eines eindeutigen Krankheitsbildes und hinreichender Dokumentation des Ergebnisses der Rechtshilfeanhörung des Betroffenen[14] oder unter Beachtung des § 26 nach pflichtgemäßem Ermessen[15] eine Ausnahme zulassen will, weil auf diese Weise die Gefahr einer vorweggenommenen Würdigung besteht. Eine Entscheidung, durch die etwa die Genehmigung einer Unterbringung für ein Jahr verlängert wird (§ 329), hat für den Betroffenen eine so hohe Eingriffsintensität, dass es mit dem Gesetz nicht in Einklang stünde, wenn der Betroffene nicht persönlich durch den Richter angehört wird, der diese Entscheidung trifft, mögen die anderweitigen Ermittlungsergebnisse auch eindeutig für die Erforderlichkeit dieser Maßnahme sprechen.

III. Unterbleiben der persönlichen Anhörung

Abs. 3 regelt durch Verweisung auf die allgemeine Vorschrift des § 34 Abs. 2 die Voraussetzungen, unter denen ausnahmsweise eine persönliche Anhörung des Betroffenen unterbleiben kann. Davon unberührt bleibt die Verpflichtung des Gerichts, sich von dem

---

[9] A. A. MünchKommZPO/Schmidt-Recla § 319 FamFG Rn 11, der die Anhörung im Wege der Rechtshilfe ausnahmslos für unzulässig hält; Damrau/Zimmermann § 319 FamFG Rn 18, der eine großzügigere Zulassung der Rechtshilfeanhörung befürwortet.
[10] BGH NJW-RR 2011, 723 = FamRZ 2011, 880 zu § 278 Abs. 3; Bahrenfuss/Grotkopp § 319 Rn 17; Jurgeleit/Diekmann § 319 FamFG Rn 9; Knittel § 319 FamFG Rn 41; Marschner/Volckart/Lesting § 319 FamFG Rn 15.
[11] Marschner/Volckart/Lesting § 319 FamFG Rn 15.
[12] So BJS/Heiderhoff § 319 Rn 6.
[13] Damrau/Zimmermann § 319 Rn 19; Jansen/Sonnenfeld § 70 c FGG Rn 25; Knittel § 319 FamFG Rn 42.
[14] Bassenge/Roth § 319 FamFG Rn 10; Fröschle/Locher § 319 Rn 13.
[15] SBW/Dodegge § 319 Rn 17.

Betroffenen einen persönlichen Eindruck zu verschaffen.[16] Abs. 3 sieht in diesem Zusammenhang ergänzend vor, dass die Entscheidung, von der persönlichen Anhörung des Betroffenen abzusehen, nur auf der Grundlage eines Sachverständigengutachtens über die damit verbundenen gesundheitlichen Gefahren für den Betroffenen getroffen werden darf. Wegen der Einzelheiten wird auf die Erläuterungen zu der inhaltlich übereinstimmenden Regelung in § 278 Abs. 4 verwiesen (dort Rn 19 bis 22). Die Regelung ist abschließend. Liegen die Voraussetzungen des § 34 Abs. 2 nicht vor, ist ein Absehen von der persönlichen Anhörung des Betroffenen ausnahmslos unzulässig (zum Verhältnis zu einem etwa vorausgegangenen Verfahren einer erlassenen einstweiligen Anordnung siehe ergänzend § 331 Rn 9). Der Betroffene muss deshalb auch dann persönlich angehört werden, wenn er selbst von der Notwendigkeit einer Unterbringung ausgeht.[17]

IV. Vorführung des Betroffenen

12   Abs. 5 lässt die zwangsweise Vorführung des Betroffenen zu, wenn er sich weigert, an Verfahrenshandlungen nach Abs. 1 (persönliche Anhörung und unmittelbarer Eindruck) mitzuwirken. Die Regelung stimmt inhaltlich mit § 278 Abs. 5 überein; auf die Erläuterungen bei § 278 Rn 24 bis 29 wird Bezug genommen.

Anhörung der sonstigen Beteiligten und der zuständigen Behörde

320   ¹Das Gericht hat die sonstigen Beteiligten anzuhören. ²Es soll die zuständige Behörde anhören.

I. Anwendungsbereich und Normzweck

1   Die Vorschrift trifft eine Sonderregelung für die Anhörung in Unterbringungssachen (§ 312). Die entsprechende Anwendung der Vorschrift ist vorgesehen vor der Verlängerung der Genehmigung oder Anordnung einer Unterbringungsmaßnahme (§ 329 Abs. 2 S. 1) sowie mit den dort vorgesehenen Einschränkungen bei der Aufhebung einer landesrechtlichen Unterbringung (§ 330 S. 2). Hinsichtlich der Bedeutung und der Durchführung der Anhörung gelten die Erläuterungen zu § 279 Rn 2 entsprechend.

II. Anhörungspflichten im Einzelnen

1. Anhörung der Beteiligten (S. 1)

2   S. 1 der Vorschrift normiert eine Selbstverständlichkeit, die sich bereits aus Art. 103 Abs. 1 GG ableitet: Demjenigen, der nach den §§ 7, 274 Verfahrensbeteiligter geworden ist, muss Gelegenheit gegeben werden, zu den sachlichen Voraussetzungen der zu treffenden Entscheidung des Gerichts Stellung nehmen zu können. Hinsichtlich der Kann-Beteiligten nach den §§ 7 Abs. 3, 315 Abs. 4, insbesondere der Angehörigen des Betroffenen, setzt dies allerdings voraus, dass sie als Verfahrensbeteiligte entweder von Amts wegen oder im förmlichen Zwischenverfahren nach § 7 Abs. 4 bereits hinzugezogen worden sind. Das Gesetz will den Kreis derjenigen Angehörigen des Betroffenen, die im Verfahren angehört werden sollen, nunmehr über den Beteiligtenbegriff nach den §§ 7 Abs. 3, 315 Abs. 4 steuern. Unberührt bleibt die Möglichkeit, von einem Angehörigen als Auskunftsperson einzelne Informationen zu erfragen, wodurch dieser nach § 7 Abs. 6 noch nicht die Stellung eines Verfahrensbeteiligten erlangt (vgl. dazu näher § 274 Rn 20).

2. Anhörung der zuständigen Behörde (S. 1)

3   Nach S. 2 der Vorschrift soll das Gericht die zuständige Behörde anzuhören. Soweit es sich um die Verwaltungsbehörde handelt, die den Antrag auf Anordnung einer landesrechtlichen Unterbringung nach § 312 Nr. 3 gestellt hat, folgt dies bereits aus ihrer Verfahrensbeteiligung als Antragstellerin (§ 7 Abs. 1). Die Vorschrift hat daher in erster Linie Bedeu-

---
[16] MünchKommZPO/Schmidt-Recla § 319 Rn 13; Marschner/Volckart/Lesting § 319 FamFG Rn 13.
[17] BayObLG FamRZ 1995, 695.

tung für die Betreuungsbehörde im Verfahren der zivilrechtlichen Unterbringung (§ 312 Nr. 1 und 2). Die § 70 d Abs. 1 Nr. 6 FGG entsprechende Vorschrift soll gewährleisten, dass der Sachverstand der Behörde im erforderlichen Umfang berücksichtigt werden kann.[1] Unter diesem Gesichtspunkt steht die Anhörung der Behörde zur Aufklärung des Sachverhalts im pflichtgemäßen Ermessen des Gerichts.[2]

Die Anhörung der Behörde ist zu unterscheiden von ihrer Zuziehung als Verfahrensbeteiligte, die nur auf ihren ausdrücklichen Antrag zu erfolgen hat (§ 315 Abs. 3). Die Behörde kann sich also darauf beschränken, dem Gericht von Amts wegen als Anregung oder auf dessen Ersuchen eine auf eigene Ermittlungen gestützte Einschätzung zur Erforderlichkeit einer geschlossenen Unterbringung des Betroffenen zu übermitteln, ohne in die Rolle einer Verfahrensbeteiligten eintreten zu müssen. Dazu besteht für die Behörde auch keine Notwendigkeit, um sich das Recht zur Beschwerde zu erhalten. Denn nach § 335 Abs. 4 kann die Behörde Beschwerde auch dann einlegen, wenn sie im Verfahren erster Instanz noch nicht Verfahrensbeteiligte war. 4

Einholung eines Gutachtens

321 (1) ¹Vor einer Unterbringungsmaßnahme hat eine förmliche Beweisaufnahme durch Einholung eines Gutachtens über die Notwendigkeit der Maßnahme stattzufinden. ²Der Sachverständige hat den Betroffenen vor der Erstattung des Gutachtens persönlich zu untersuchen oder zu befragen. ³Das Gutachten soll sich auch auf die voraussichtliche Dauer der Unterbringung erstrecken. ⁴Der Sachverständige soll Arzt für Psychiatrie sein; er muss Arzt mit Erfahrung auf dem Gebiet der Psychiatrie sein.

(2) Für eine Maßnahme nach § 312 Nr. 2 genügt ein ärztliches Zeugnis.

I. Die Regelung des Abs. 1

1. Normzweck und Anwendungsbereich

Die Vorschrift enthält wie die Vorgängerregelung in § 70 e FGG eine zwingende Sonderregelung zur allgemeinen Amtsermittlungspflicht (§ 26) des Gerichts. Im Hinblick auf den Eingriff in die Freiheitsrechte, der mit einer Unterbringung verbunden ist, soll eine sorgfältige Sachverhaltsaufklärung zur Feststellung der medizinischen Voraussetzungen einer Unterbringung sichergestellt werden. Die Vorschrift zwingt das Gericht zur Einholung eines Sachverständigengutachtens im Wege einer förmlichen Beweisaufnahme. Sie gilt für alle Unterbringungssachen im Sinne des § 312. 1

2. Inhalt der Beweisanordnung

§ 321 Abs. 1 S. 1 zwingt das Gericht dazu, das Sachverständigengutachten im Wege der förmlichen Beweisaufnahme (§ 30) einzuholen. Zu den in diesem Zusammenhang zu beachtenden Verfahrensvorschriften und zur Frage der Anfechtbarkeit der Beweisanordnung siehe § 280 Rn 3 und 15. Das Gericht kann und muss maßgeblichen Einfluss auf die inhaltliche Qualität des Sachverständigengutachtens und seine Aussagekraft für die Beurteilung der materiell-rechtlichen Unterbringungsvoraussetzungen nehmen, indem es dem Sachverständigen geeignete Beweisfragen stellt. Anders als § 280 Abs. 3 enthält § 321 keinen Beweisthemenkatalog, sondern begnügt sich in Abs. 1 S. 1 mit der Forderung, dass ein Gutachten über die Notwendigkeit der Maßnahme einzuholen sei, das sich nach der Regelung in S. 3 auch auf die voraussichtliche Dauer der Unterbringung zu erstrecken hat. Die praktische Erfahrung zeigt, dass eine Beweisanordnung, die sich thematisch allgemein auf die Notwendigkeit der Unterbringung beschränkt, häufig zu Gutachten führt, in denen die Art der Erkrankung des Betroffenen zwar dargestellt wird, es jedoch an daraus abge- 2

---

[1] BT-Drs. 11/4528 S. 91.
[2] Bassenge/Roth § 320 FamFG Rn 4; BJS/Heiderhoff § 320 Rn 9; Jurgeleit/Diekmann § 320 FamFG Rn 3; Knittel § 320 FamFG Rn 6; Prütting/Helms/Roth § 320 Rn 4.

leiteten Einzelfeststellungen fehlt, die speziell die weitergehenden materiell-rechtlichen Voraussetzungen einer geschlossenen Unterbringung ausfüllen.

3 Die Beweisanordnung sollte deshalb einen **Fragenkatalog** enthalten, den der Sachverständige in seinem Gutachten beantworten muss:
- Ein solcher Katalog muss zunächst enthalten die Frage nach der Feststellung und Einordnung des Krankheitsbildes bzw. der Behinderung des Betroffenen.
- Darauf aufbauend muss eine sachverständige Beurteilung erfolgen, ob der Betroffene seinen Willen im Hinblick auf die Erforderlichkeit der Unterbringung und eine damit verbundene Behandlung nicht frei bestimmen kann.[1]
- Im Hinblick auf den Unterbringungsgrund nach § 1906 Abs. 1 Nr. 1 BGB bedarf es einer Beurteilung des Sachverständigen, inwieweit ohne eine Unterbringung eine ernstliche und konkrete Gefahr für Leib und Leben des Betroffenen droht.[2]
- Soll die Unterbringung zum Zweck der Behandlung nach § 1906 Abs. 1 Nr. 2 BGB dienen, muss der Sachverständige dazu Stellung nehmen, ob während der Unterbringung eine medizinische Behandlung erfolgen soll, die ohne die Freiheitsentziehung nicht durchgeführt werden kann.
- Im Fall der neuroleptischen Medikation müssen das Behandlungskonzept und der zu erwartende therapeutische Nutzen einer solchen Behandlung näher erläutert[3] sowie klargestellt werden, ob die Medikation zwangsweise erfolgen muss.[4]
- Ergänzend muss der Sachverständige gestützt auf konkrete Tatsachen eine Beurteilung der Art und des Ausmaßes der gesundheitlichen Selbstgefährdung des Betroffenen vornehmen, die bei einem Unterbleiben der Unterbringung eintreten würde.[5]
- Im Falle der öffentlich-rechtlichen Unterbringung ist auch eine mögliche Fremdgefährdung Dritter durch das Verhalten des Betroffenen in den Abwägungsvorgang einzubeziehen.
- Der Sachverständige muss zu möglichen Alternativen zu einer Unterbringung sowie zur voraussichtlichen Dauer der erforderlichen Unterbringung Stellung nehmen.

3. Auswahl des Sachverständigen

4 Abs. 1 S. 4 der Vorschrift schreibt als fachliche Qualifikation des Sachverständigen vor, dass dieser Arzt für Psychiatrie oder Arzt mit Erfahrung auf dem Gebiet der Psychiatrie sein muss. Die Qualifikation des Sachverständigen muss, sofern sie sich nicht bereits aus einer von ihm geführten Facharztbezeichnung ergibt, vom Gericht festgestellt werden. Dazu und zur Auswahl des Sachverständigen im Übrigen siehe die Erläuterungen bei § 280 Rn 10 bis 14.

5 Bei einer Unterbringungsdauer von länger als vier Jahren ist ergänzend die Vorschrift des § 329 Abs. 2 S. 2 zu beachten, derzufolge als Sachverständiger nicht bestellt werden soll, wer den Betroffenen behandelt oder begutachtet hat oder in der Einrichtung tätig ist, in der der Betroffene untergebracht ist (zu den Einzelheiten siehe § 329 Rn 12 bis 16). Diese Vorschrift kann nicht entsprechend angewandt werden auf eine Unterbringung nach § 1906 Abs. 1 Nr. 2 BGB, die mit einer Zwangsbehandlung des Betroffenen verbunden ist.[6] Diese führt zwar zu einer gesteigerten Intensität des Grundrechtseingriffs, der jedoch durch die gesetzliche Vorschrift gedeckt ist.[7] § 329 Abs. 2 S. 2 will der Gefahr Rechnung tragen, dass bei einer langjährigen Unterbringung über vier Jahre eine fest gefügte Beurteilung entstehen kann, die für jeden Verlängerungszeitraum zu einer inhaltlich wiederholenden Gutachtenerstattung führt. Davon zu unterscheiden ist eine Zwangsbehandlung, die regelmäßig nur in einer Akutphase der Erkrankung erforderlich sein wird und – aller-

---

[1] BayObLG NJWE-FER 2001, 150; FamRZ 1993, 600; OLG Düsseldorf FamRZ 1995, 118; OLG Hamm FGPrax 2000, 113.
[2] BGH NJW 2010, 291 = FamRZ 2010, 365; NJW 2010, 1370 = FamRZ 2010, 1432.
[3] BGH NJW 2010, 1370 = FamRZ 2010, 1432.
[4] BGH NJW 2006, 1277 = FamRZ 2006, 615.
[5] OLG München FamRZ 2006, 445 = BtPrax 2006, 36.
[6] A. A. OLG Celle NJW-RR 2008, 230 = BtPrax 2007, 263.
[7] BGH NJW 2006, 1277 = FamRZ 2006, 615.

dings – unter dem Gesichtspunkt der Verhältnismäßigkeit einer zusätzlichen Rechtfertigung bedarf.

4. Inhalt des Gutachtens

Das Sachverständigengutachten muss zunächst dokumentieren, dass es auf einer geeigneten Grundlage erstattet worden ist. Abs. 1 S. 2 schreibt insoweit vor, dass der Sachverständige den Betroffenen persönlich zu untersuchen oder zu befragen hat. Dazu wird auf die Erläuterungen zu der inhaltsgleichen Vorschrift des § 280 Abs. 2 S. 1 verwiesen (dort Rn 16, 17). Inhaltlich muss das Gutachten die Qualität eines medizinischen Sachverständigengutachtens haben (vgl. dazu § 280 Rn 22 bis 24). Das Gutachten muss, um eine nachvollziehbare und überprüfbare Entscheidungsgrundlage schaffen zu können,

- Art und Ausmaß der Erkrankung im Einzelnen anhand der Vorgeschichte, der durchgeführten Untersuchungen und der sonstigen Erkenntnisse darstellen und wissenschaftlich begründen,
- sich mit den gesetzlichen Voraussetzungen für die Freiheitsentziehung (§ 1906 Abs. 1 oder 4 BGB bzw. der jeweiligen landesgesetzlichen Regelung zur öffentlich-rechtlichen Unterbringung) unter Beantwortung dazu gestellter Beweisfragen (siehe dazu Rn 2, 3) detailliert auseinandersetzen,
- zu der Frage Stellung nehmen, ob und welche Alternativen anstelle der Freiheitsentziehung zur Verfügung stünden,[8] und
- die voraussichtlich erforderliche Dauer der geschlossenen Unterbringung angeben und begründen.[9]

Erforderlich ist eine möglichst konkrete Einschätzung insbesondere der in der Praxis im Vordergrund stehenden Selbstgefährdung des Betroffenen für den Fall des Unterbleibens der Unterbringung.[10] Schlagwortartige Umschreibungen wie bspw. eine Eigengefährdung infolge verweigerter Medikamenteneinnahme,[11] die Gefahr einer Verwahrlosung bei Alkoholismus[12] oder die Erforderlichkeit der Gewährleistung einer längerfristigen Alkoholabstinenz des Betroffenen zur Besserung eines bestehenden hirnorganischen Psychosyndroms[13] können die Erforderlichkeit konkreter Einzelfeststellungen zum Ausmaß der Selbstgefährdung des Betroffenen nicht ersetzen. Soweit das Gutachten fremdanamnestische Angaben zu Verhaltensweisen des Betroffenen oder anderweitigen Anknüpfungstatsachen verwertet, deren Wahrheitsgehalt unter Berücksichtigung des Vorbringens des Betroffenen nicht ohne weiteres als gesichert angesehen werden kann, müssen zunächst im Wege der Beweiserhebung die erforderlichen tatsächlichen Feststellungen getroffen werden.[14]

II. Die Regelung des Abs. 2

Für freiheitsentziehungsähnliche Maßnahmen im Sinne des § 1906 Abs. 4 BGB lässt Abs. 2 der Vorschrift ein ärztliches Zeugnis genügen. Dieses muss aber inhaltlich den Anforderungen des § 281 Abs. 1 genügen. Die sich daraus ergebenden Anforderungen (siehe dazu § 281 Rn 1) müssen auch ohne ausdrückliche Verweisung entsprechend angewandt werden (siehe dazu § 312 Rn 8).

Vorführung zur Untersuchung; Unterbringung zur Begutachtung

322 Für die Vorführung zur Untersuchung und die Unterbringung zur Begutachtung gelten die §§ 283 und 284 entsprechend.

---

[8] OLG Düsseldorf FamRZ 1995, 118
[9] BayObLG FamRZ 1995, 695; OLG Düsseldorf FamRZ 1995, 118 = BtPrax 1995, 29; OLG Hamm FGPrax 2006, 230 = FamRZ 2007, 763 jeweils zu § 70 e FGG.
[10] OLG Köln NJOZ 2006, 3168.
[11] OLG München FamRZ 2006, 445 = BtPrax 2006, 36.
[12] OLG Hamm BtPrax 2001, 40.
[13] OLG Hamm FGPrax 2009, 135.
[14] BayObLG FamRZ 1986, 603; OLG Schleswig FamRZ 2001, 938; BtPrax 2003, 41; OLG Hamm BeckRS 2009, 15599.

1 Es wird auf die Erläuterungen zu den in Bezug genommenen Vorschriften der §§ 283 und 284 verwiesen. Durch die Einbeziehung des § 284 in die Verweisung ist grundsätzlich zulässig auch eine Unterbringung zur Vorbereitung eines Gutachtens im Hinblick auf eine später in der Hauptsache zu treffende Entscheidung über eine weitere Unterbringungsmaßnahme. Dieser verfahrensrechtliche Weg hat jedoch gegenüber der alternativen Möglichkeit einer vorläufigen Unterbringungsmaßnahme (§ 331) kaum eine eigenständige praktische Bedeutung. Während eine vorläufige Unterbringungsmaßnahme die Feststellung dringender Gründe für das Vorliegen der Voraussetzungen für die Genehmigung oder Anordnung einer Unterbringung erfordert (§ 331 S. 1 Nr. 2), dient eine Unterbringung nach § 284 der Vorbereitung eines noch zu erstattenden Gutachtens über die Voraussetzungen einer Unterbringung. Gleichwohl setzt der Grundsatz der Verhältnismäßigkeit auch einer Unterbringung nach § 284 enge Grenzen (vgl. dazu allgemein § 284 Rn 5). Die Unterbringung muss deshalb auch im Rahmen des § 284 davon abhängig gemacht werden, dass nach dem Ergebnis der Ermittlungen, insbesondere der einzuholenden ärztlichen Stellungnahme, deutliche Anhaltspunkte dafür bestehen, dass die Voraussetzungen für eine abschließende Unterbringung vorliegen.

2 Der Unterschied zu der im Rahmen des § 331 erforderlichen Feststellung konkreter Umstände, die mit erheblicher Wahrscheinlichkeit auf das Vorliegen der Unterbringungsvoraussetzungen hindeuten (siehe dazu § 331 Rn 2), ist kaum spürbarer gradueller Art. Geboten wird eine Unterbringung zur Begutachtung nur sein, wenn der Sachverständige sich zu einer konkreten, wenn auch nur vorläufigen Diagnose nicht in der Lage sieht, als eine mögliche Ursache des auffälligen Verhaltens des Betroffenen eine psychische Erkrankung ernsthaft in Betracht kommt und bejahendenfalls eine die Unterbringung rechtfertigende Eigen- oder Fremdgefährdung besteht.[1]

3 Eine vorläufige Unterbringungsmaßnahme wird vielfach auch deshalb vorzuziehen sein, weil sie eine medizinische Behandlung des Betroffenen ermöglicht, die im Rahmen einer Unterbringung nach § 284 jedenfalls gegen seinen Willen nicht möglich ist (siehe § 284 Rn 9).

Inhalt der Beschlussformel

323 Die Beschlussformel enthält im Fall der Genehmigung oder Anordnung einer Unterbringungsmaßnahme auch
1. die nähere Bezeichnung der Unterbringungsmaßnahme sowie
2. den Zeitpunkt, zu dem die Unterbringungsmaßnahme endet.

I. Normzweck

1 Die Vorschrift knüpft an die bisherige Regelung in § 70 f FGG an, beschränkt sich jedoch nunmehr auf den Mindestinhalt des **Beschlusstenors** einer Unterbringungsentscheidung. Die darüber hinaus erforderlichen Beschlusselemente leiten sich aus den Regelungen des Allgemeinen Teils des FamFG ab; siehe dazu die Erläuterungen bei § 286 Rn 2, 11–14.

II. Beschlussinhalt

1. Bezeichnung der Unterbringungsmaßnahme

2 Der Beschlusstenor muss zunächst eine nähere Bezeichnung der Unterbringungsmaßnahme enthalten. Es muss deshalb deutlich werden, um welche Art der Unterbringungsmaßnahme im Sinne des § 312 es sich handelt. Insbesondere muss in der Formulierung zum Ausdruck kommen, ob es sich um eine zivilrechtliche Unterbringungsmaßname, also die **Genehmigung** einer Unterbringung bzw. einer freiheitsentziehungsähnlichen Maßnahme durch den bestellten Betreuer oder Vorsorgebevollmächtigten des Betroffenen oder die **Anordnung** einer Unterbringung nach Landesrecht handelt.

---
[1] OLG Frankfurt FGPrax 2008, 275.

Zulässig ist es, in der Entscheidung die **Rechtsgrundlage** einer bereits vollzogenen Unterbringung **auszutauschen**, insbesondere ggf. auch noch durch eine Entscheidung des Beschwerdegerichts eine nach Landesrecht begonnene öffentlich-rechtliche Unterbringung auf betreuungsrechtlicher Grundlage fortzusetzen, sofern die entsprechenden sachlichen Voraussetzungen vorliegen; die Möglichkeit der Überprüfung der Rechtmäßigkeit der auf bisheriger Grundlage angeordneten Unterbringung im Rahmen des § 62 bleibt dadurch unberührt.[1]

Ferner muss die **Art der Unterbringungsmaßnahme** näher bezeichnet werden. Im Fall der geschlossenen Unterbringung hat sich der gerichtliche Entscheidungstenor auf die allgemeine Bezeichnung der Art der Unterbringungseinrichtung zu beschränken, während die **Auswahl der konkreten Einrichtung**, in der die Unterbringung vollzogen werden soll, allein der Behörde bzw. dem Betreuer obliegt. Die in der Praxis häufig anzutreffende Bezeichnung einer namentlich bestimmten Einrichtung ist nicht nur entbehrlich, sondern bringt auch keine verfahrensrechtlich bindende Beschränkung zum Ausdruck.[2] Anders verhält es sich nur bei einer vorläufigen Unterbringungsmaßnahme nach § 1846 BGB, weil in diesem Fall die gerichtliche Anordnung sich auch auf die Einrichtung erstrecken muss, in der die Unterbringung vollzogen werden soll.

Die Auswahl der Einrichtung ist im Fall der öffentlich-rechtlichen Unterbringung durch das Landesrecht und die dort gegebenen Zuständigkeitsregelungen beschränkt; dort wird die Bezeichnung der Unterbringungseinrichtung als psychiatrisches Fachkrankenhaus regelmäßig ausreichen. Im Fall der betreuungsrechtlichen Unterbringung kommen weitere Einrichtungsformen hinzu wie beispielsweise Fachkrankenhäuser zur Behandlung von Suchterkrankungen oder geschlossene Pflegeeinrichtungen. Eine Genehmigung nach § 1906 Abs. 4 BGB muss die Art der Maßnahme genau bezeichnen (etwa Anbringung eines Bettgitters oder Anlegen eines Bauchgurtes).

2. Besondere Anordnungen für den Vollzug der Unterbringung

a) **Zwangsbehandlung.** Eine Zwangsbehandlung des Betroffenen während einer **nach Landesrecht angeordneten Unterbringung** erfordert keine besondere Entscheidung, weil Zulässigkeit und Durchführung einer Zwangsbehandlung während der Unterbringung als Ausschnitt des öffentlich-rechtlichen Gewaltverhältnisses einer besonderen gesetzlichen Regelung bedarf.[3] Anordnung, Durchführung und Aufrechterhaltung der Zwangsbehandlung unterliegen im Verfahren nach § 327 der gerichtlichen Überprüfung auf Antrag des Betroffenen. Ob diese gesetzlichen Vorschriften den Anforderungen der Entscheidung des BVerfG vom 23. 3. 2011[4] entsprechen, soweit die dort für den Maßregelvollzug entwickelten Grundsätze inhaltlich auf die öffentlich-rechtliche Unterbringung nach Landesrecht zu übertragen sind, muss bezweifelt werden.

Eine nach § 1906 Abs. 1 Nr. 2 BGB zum Zweck der medizinischen Behandlung des Betroffenen genehmigte **zivilrechtliche Unterbringung** deckt nach dem Beschluss des BGH vom 1. 2. 2006[5] auch eine zwangsweise Behandlung des Betroffenen. Eine gerichtliche Unterbringungsgenehmigung muss zur Wahrung der Verhältnismäßigkeit im Hinblick auf die gesteigerte Eingriffsintensität der Maßnahme auch eine nähere Beschreibung der Behandlungsmaßnahme enthalten, die bei medikamentöser Behandlung auch den zu verabreichenden Wirkstoff einschließlich (Höchst-)Dosierung zu umfassen hat. Die Rechtsprechung des BGH hat bislang noch nicht zu einer abschließenden Klarstellung geführt, ob es sich bei der Überprüfung der Verhältnismäßigkeit einer Zwangsbehandlung um ein Element der Begründung der Entscheidung zur Erforderlichkeit einer Unterbringung nach § 1906 Abs. 1 Nr. 2 BGB oder um einen selbständigen Verfahrensgegenstand handelt, der

---

[1] OLG München OLGR 2005, 885 = FamRZ 2006, 62 LS; als bedenklich bezeichnet von Damrau/Zimmermann § 335 Rn 48.
[2] BayObLG FamRZ 1994, 320; FamRZ 1993, 600; OLG Düsseldorf FamRZ 1995, 118; OLG Zweibrücken OLGR 2003, 230 = BeckRS 2003, 30308849.
[3] Vgl. etwa § 18 Abs. 4 und 5 PsychKG NRW.
[4] NJW 2011, 2113 = BtPrax 2011, 112.
[5] BGH NJW 2006, 1277 Textziff. 24 und 27; ebenso OLG Düsseldorf FamRZ 1995, 118.

dementsprechend im Tenor der Entscheidung gesondert zu bescheiden wäre. Während der Zusammenhang der Entscheidung vom 1. 2. 2006[6] eher dafür spricht, dass der BGH die Verhältnismäßigkeit einer Zwangsmedikation als Begründungselement behandelt wissen wollte, kann sich aus einer jüngeren Entscheidung[7] eher ein gegenteiliges Verständnis ableiten, indem dort die Genehmigung der Unterbringung als solche und die weitergehende Genehmigung der Unterbringung zum Zweck der Zwangsmedikation als verschiedene Verfahrensgegenstände mit unterschiedlichem Ergebnis behandelt worden sind. Gedanklicher Ausgangspunkt muss sein, dass die Einwilligung des Betreuers in eine auch zwangsweise durchzuführende medizinische Behandlung während einer geschlossenen Unterbringung des Betroffenen keiner gesonderten gerichtlichen Genehmigung bedarf, seine ihm übertragene gesetzliche Vertretungsmacht (§ 1902 BGB) also insoweit nicht eingeschränkt ist.[8] Verfahrensgegenstand der gerichtlichen Entscheidung kann deshalb nur die Genehmigung bzw. der Fortbestand der geschlossenen Unterbringung sein. Wird diese auf § 1906 Abs. 1 Nr. 2 BGB gestützt und kann die Heilbehandlung nur zwangsweise durchgeführt werden, muss die dadurch gesteigerte Eingriffsintensität bei der Prüfung der Verhältnismäßigkeit der Maßnahme umfassend berücksichtigt werden. Der Gesichtspunkt, dass das Gericht die Behandlungsmaßnahme im Rahmen des gebotenen Abwägungsvorgangs feststellen muss, ändert nichts daran, dass es sich um ein Element der Begründung der Entscheidung im Hinblick auf den Zweck der von dem Betroffenen hinzunehmenden Unterbringung handelt.[9] Daraus folgt, dass die Art der durchzuführenden Behandlung und diejenige der Medikation in den Gründen der Entscheidung klarzustellen, jedoch nicht etwa in den Beschlusstenor aufzunehmen ist.[10] Denn die Verpflichtung zu einer solchen Tenorierung müsste zu der unrichtigen Schlussfolgerung führen, die Zwangsbehandlung selbst sei gerichtlich zu genehmigen, so dass etwa eine Zwangsbehandlung, die zunächst nicht in Aussicht genommen worden ist, sondern sich erst infolge einer Verschlechterung des Zustandes des Betroffenen als erforderlich erweist, gar nicht erst begonnen werden dürfte, solange ein entsprechender Ausspruch im Beschlusstenor der gerichtlichen Entscheidung fehlt. Dasselbe gilt, wenn das Gericht die Unterbringung zum Zweck einer Zwangsbehandlung genehmigt und im Rahmen der Prüfung der Verhältnismäßigkeit ein bestimmtes Behandlungskonzept zugrunde gelegt hat. Eine andere Beurteilung müsste in diesem Zusammenhang auf das in der Praxis undurchführbare Ergebnis hinauslaufen, dass die Fortdauer der genehmigten Unterbringung an die Fortsetzung gerade derjenigen medizinischen Behandlungsmethode gebunden wäre, die in der gerichtlichen Entscheidung angegeben ist. Für den weiteren Fortgang der Behandlung muss es aber dabei verbleiben, dass es grundsätzlich eine aus ärztlicher Sicht und in ärztlicher Verantwortung zu beantwortende Frage ist, welche Arzneimittel und welche Alternativen im Einzelnen medizinisch angezeigt sind.[11] Der Beginn einer Zwangsbehandlung bzw. eine wesentliche Veränderung des Konzepts für eine vom Gericht bereits in seine Entscheidung einbezogene Zwangsbehandlung sind danach Umstände, die dem Gericht Veranlassung geben müssen, die Erforderlichkeit und Verhältnismäßigkeit der geschlossenen Unterbringung erneut zu überprüfen (§ 330 S. 1 FamFG). Der Betreuer wird anzuhalten sein, über solche Umstände dem Gericht unverzüglich zu berichten. Da die Behandlung des Betroffenen danach einer fortlaufenden Überprüfung des Gerichts im Zusammenhang mit der Genehmigung der Unterbringung unterliegt, genügt das Verfahren den Anforderungen der Entscheidung des BVerfG vom 23. 3. 2011,[12] soweit die dort für den **Maßregelvollzug** entwickelten Grundsätze inhaltlich auf die zivilrechtliche Unterbringung nach § 1906 Abs. 1 Nr. 2 BGB zu übertragen sind.

---

[6] BGH NJW 2006, 1277.
[7] FGPrax 2010, 317.
[8] BGH NJW 2006, 1277 Textziff. 26.
[9] Jurgeleit/Diekmann § 323 Rn 2; OLG Stuttgart FamRZ 2010, 1107 lässt die Frage der Bezeichnung der Behandlung im Tenor bzw. in den Gründen der Entscheidung im Ergebnis offen.
[10] Bahrenfuss/Grotkopp § 323 Rn 5; a. A. LG Verden Beschl. v. 24. 8. 2010 – 1 T 122/10 –; Prütting/Helms/Roth § 323 Rn 4; Marschner/Volckart/Lesting § 323 FamFG Rn 6; Jürgens/Marschner § 323 FamFG Rn 3; Fröschle/Locher § 327 Rn 5.
[11] Zutreffend OLG Karlsruhe FGPrax 2007, 263 = NJW-RR 2007, 1591; Dodegge NJW 2006 1627, 1629.
[12] NJW 2011, 2113 = BtPrax 2011, 112.

Anders verhält es sich bei einer **Dringlichkeitsunterbringung** nach § 334, die das Gericht anstelle eines noch zu bestellenden (vorläufigen) Betreuers selbst anordnet. In diesem Fall muss sich die gerichtliche angeordnete Maßnahme nach § 1846 BGB auch auf die ggf. zwangsweise durchzuführende Behandlung des Betroffenen erstrecken.[13]

Eine gerichtlich angeordnete oder genehmigte Unterbringung rechtfertigt nach gefestigter Rechtsprechung keinen Eingriff in die Freiheitsrechte des Betroffenen, der über die mit der Unterbringung selbst regelmäßig verbundenen Einschränkungen hinausgeht. Deshalb bedürfen in verfassungskonformer Auslegung des § 1906 Abs. 4 BGB solche **weitergehenden Freiheitsbeschränkungen** (bspw. Beschränkungen des Aufenthalts im Freien, Unterbringung in einem besonderen Raum, Fixierungen) auch dann der gerichtlichen Genehmigung, wenn der Betroffene sich bereits in geschlossener Unterbringung befindet und die weiteren Voraussetzungen der gesetzlichen Vorschrift vorliegen.[14] Für die öffentlich-rechtliche Unterbringung enthalten die Landesgesetze dazu überwiegend gesonderte Regelungen.[15] Fehlt eine solche Regelung (wie im hessischen HFEG), kann im Rahmen der öffentlich-rechtlichen Unterbringung nicht gleichzeitig eine betreuungsrechtliche Anordnung nach § 1846 BGB getroffen werden.[16]

3. Bestimmung der Unterbringungsdauer

Nach Nr. 2 der Vorschrift muss das Gericht den Zeitpunkt feststellen, in dem die Unterbringungsmaßnahme endet. Der Betroffene muss mit Ablauf der Frist zwingend entlassen werden, sofern die Maßnahme nicht zuvor gem. § 329 Abs. 2 verlängert wird. Der Hinweis auf die Möglichkeit der Verlängerung der Maßnahme soll in die Entscheidung aufgenommen werden, um in Fällen langdauernder Unterbringungen bei dem Betroffenen keine falschen Vorstellungen zu wecken.[17] Dies gilt auch, wenn das Gericht zum Zeitpunkt des Fristablaufs bereits mit Ermittlungen im Hinblick auf den Erlass einer Verlängerungsanordnung befasst ist. Die Fortdauer der Freiheitsentziehung bedarf zwingend einer gerichtlichen Anordnung, sei es auch nur als einstweilige Anordnung nach § 331 oder § 332.

Das Gericht muss die Unterbringungsdauer so bestimmen, dass sie **kalendermäßig** festgestellt werden kann. Aus Gründen der Klarstellung vorzuziehen und in der Praxis weitgehend üblich ist die Bestimmung eines Kalendertages, an dem die genehmigte oder angeordnete Unterbringung endet. Diese Verfahrensweise ist insbesondere deshalb vorzuziehen, weil bei einer nach Wochen oder Monaten bestimmten Frist sich Unsicherheiten bei der Fristberechnung insbesondere im Hinblick auf den Fristbeginn ergeben können. Denn § 323 hat die bisherige Bestimmung in § 70f Abs. 1 Nr. 3 FGG, nach der die Frist für den Zeitpunkt der Beendigung der Unterbringungsmaßnahme bezogen auf den Erlass der Entscheidung zu berechnen ist,[18] nicht übernommen. Die Frist ist deshalb nunmehr nach der allgemeinen Vorschrift des § 16 Abs. 1 beginnend mit der Bekanntgabe der Entscheidung zu berechnen,[19] die für den Leiter der Einrichtung, in der die Unterbringung vollzogen wird, ohne Auswertung des Akteninhalts nicht festgestellt werden kann. Siehe zu den weiteren Einzelheiten zur Bemessung der Frist und zu ihrer Berechnung die Erläuterung bei § 329 Rn 2 bis 6.

Wirksamwerden von Beschlüssen

324 (1) Beschlüsse über die Genehmigung oder die Anordnung einer Unterbringungsmaßnahme werden mit Rechtskraft wirksam.

---

[13] BayObLG NJW-RR 1991, 774 = FamRZ 1990, 1154.
[14] BGH NJW 2011, 520 = BayObLG FamRZ 1994, 721 = BtPrax 1993, 139; OLG Düsseldorf FamRZ 1995, 118; OLG Frankfurt FGPrax 2007, 149 = FamRZ 2007, 673; a. A. LG Freiburg FamRZ 2010, 1846.
[15] Vgl. etwa § 20 PsychKG NRW.
[16] OLG Frankfurt FGPrax 2007, 149 stellt die Rechtswidrigkeit der Maßnahme wegen Fehlens der sachlichen Voraussetzungen der Vorschrift fest.
[17] BT-Drs. 11/6949 S. 84.
[18] So BGH FGPrax 1995, 130 = NJW 1995, 1898 zum bisherigen Recht.
[19] Marschner/Volckart/Lesting § 323 FamFG Rn 10; A.A MünchKommZPO/Schmidt-Recla § 323 FamFG Rn 7: Berechnung ab Wirksamwerden nach § 324 Abs. 1 oder 2; Prütting/Helms/Roth § 323 Rn 6, Bahrenfuss/Grotkopp § 323 Rn 5, Bassenge/Roth § 323 FamFG Rn 4: ab Erlass der Entscheidung.

(2) ¹Das Gericht kann die sofortige Wirksamkeit des Beschlusses anordnen. ²In diesem Fall wird er wirksam, wenn der Beschluss und die Anordnung seiner sofortigen Wirksamkeit
1. dem Betroffenen, dem Verfahrenspfleger, dem Betreuer oder dem Bevollmächtigten im Sinne des § 1896 Abs. 2 Satz 2 des Bürgerlichen Gesetzbuchs bekannt gegeben werden,
2. einem Dritten zum Zweck des Vollzugs des Beschlusses mitgeteilt werden oder
3. der Geschäftsstelle des Gerichts zum Zweck der Bekanntgabe übergeben werden.

³Der Zeitpunkt der sofortigen Wirksamkeit ist auf dem Beschluss zu vermerken.

I. Bedeutung der Vorschrift

1   Die Vorschrift entspricht inhaltlich weitgehend dem bisherigen § 70g Abs. 3 FGG. Grundsätzlich wird danach als Sonderregelung zu § 40 Abs. 1 die Entscheidung über eine Unterbringungsmaßnahme erst mit Eintritt ihrer formellen Rechtskraft wirksam (Abs. 1). Gleichzeitig wird dem Gericht die Möglichkeit eröffnet, durch Anordnung der sofortigen Wirksamkeit (Abs. 2) einen sofortigen Vollzug der Unterbringungsmaßnahme herbeizuführen. Der Grundsatz, den Vollzug der Entscheidung bis zum Eintritt ihrer formellen Rechtkraft hinauszuschieben, dient der Gewährleistung des Rechtsschutzes des Betroffenen, geht jedoch an den materiell-rechtlichen Grundlagen sowohl einer zivilrechtlichen als auch einer öffentlich-rechtlichen Unterbringung nach Landesrecht vorbei, die im Hinblick auf die Intensität des Grundrechteingriffs jeweils einen solchen Grad der Eigen- bzw. Fremdgefährdung des Betroffenen voraussetzen, dass nach Einschätzung des entscheidenden Richters die Unterbringung auch sofort vollzogen werden muss. Umgekehrt könnte der Erstrichter die Voraussetzungen der Maßnahme nicht mehr feststellen, wenn mit dem Vollzug der Unterbringung noch bis zu einem ungewissen zukünftigen Zeitpunkt abgewartet werden könnte,¹ bis zu dem ein Beschwerdeverfahren bei dem Landgericht mit etwaigen weitergehenden Ermittlungen, Einholung weiterer Sachverständigengutachten u. dgl. mehr abgeschlossen sein könnte, wobei die Möglichkeit der Einlegung einer nach § 70 Abs. 3 statthaften Rechtsbeschwerde zum BGH ergänzend zu berücksichtigen wäre. Die in der Praxis nahezu ausnahmslos angeordnete sofortige Wirksamkeit der Entscheidung, durch die eine Unterbringungsmaßnahme positiv angeordnet oder genehmigt wird,² ist deshalb nicht eine bedenkliche Ermessensausübung, sondern eine Konsequenz der materiell-rechtlichen Unterbringungsvoraussetzungen. Die gesetzliche Vorschrift ist daher auch im Kern auch unter Berücksichtigung des Rechtsschutzinteresses des Betroffenen überflüssig, zumal die bisherige verfahrensrechtliche Konstruktion, die die fristgebundene sofortige Beschwerde (§ 22 Abs. 1 FGG) in den Fällen der Wirksamkeit der Entscheidung erst mit Eintritt mit ihrer Rechtskraft vorsah (§ 70 m Abs. 1 FGG), mit der nunmehr generellen Befristung der Beschwerde (§ 63 Abs. 1 und 2) ihre Bedeutung verloren hat.

II. Grundsatz (Abs. 1)

2   Der Anwendungsbereich der Vorschrift betrifft sämtliche Entscheidungen „über" die Genehmigung oder Anordnung einer Unterbringungsmaßnahme und damit sowohl Entscheidungen in der Hauptsache als auch einstweilige Anordnungen (§§ 331, 332). Sie gilt – wie in der bisherigen Formulierung in § 70g Abs. 3 S. 1 FGG ausdrücklich hervorgehoben – sowohl für die positive Genehmigung bzw. Anordnung der Unterbringung als auch deren Ablehnung.³ In der letztgenannten Alternative kann die Vorschrift praktisch nur Bedeutung erlangen, wenn sie gem. § 69 Abs. 3 auf eine Entscheidung des Beschwerdegerichts angewandt wird, durch die in Abänderung der Entscheidung des AG eine Unter-

---

¹ Zweifel am Vorliegen der materiellen Unterbringungsvoraussetzungen halten in einer solchen Situation auch BJS/Heiderhoff § 324 Rn 3 für angebracht.
² Damrau/Zimmermann § 324 FamFG Rn 8; Prütting/Helms/Roth § 324 Rn 1; („Regelfall"); Jansen/ Sonnenschein § 70g FGG Rn 16 FGG („fast immer").
³ A. A. MünchKommZPO/Schmidt-Recla § 324 FamFG Rn 1; wie hier Marschner/Volckart/Lesting § 324 FamFG Rn 1.

bringungsmaßnahme abgelehnt wird.[4] Im Hinblick auf die Statthaftigkeit der Rechtsbeschwerde (§ 70 Abs. 3) kann die Beschwerdeentscheidung erst mit Ablauf der Rechtsmittelfrist bzw. Entscheidung des BGH in formelle Rechtskraft erwachsen. Ohne Anordnung der sofortigen Wirksamkeit müsste der Betroffene trotz der abändernden Entscheidung des Beschwerdegerichts zunächst und höchstens bis zum Ablauf der erstinstanzlich angeordneten Frist in der Unterbringung verbleiben. Nicht anwendbar ist § 324 bei der Anordnung einer Unterbringung zur Untersuchung gem. § 322, weil es sich insoweit nicht um die (End-)Entscheidung über die Genehmigung oder Anordnung der Unterbrigung, sondern lediglich um eine Zwischenentscheidung handelt.[5]

III. Wirksamwerden bei Anordnung der sofortigen Wirksamkeit

1. Anordnung der sofortigen Wirksamkeit

Abs. 2 S. 1 der Vorschrift stellt es in das Ermessen des Gerichts, die sofortige Wirksamkeit anzuordnen und auf diese Weise das Wirksamwerden seiner Entscheidung zeitlich vorzuverlegen. Zur Ausübung dieses Ermessens siehe Rn 1. Die Anordnung der sofortigen Wirksamkeit ist Teil der Sachentscheidung und muss durch Beschluss (§ 38) ausdrücklich getroffen und begründet werden. Dies schließt nicht aus, dass auch ohne entsprechende ausdrückliche Tenorierung die Entscheidung des Gerichts dahin ausgelegt werden kann, dass eine Anordnung der sofortigen Wirksamkeit getroffen werden sollte und daran anknüpfend auch durch das Beschwerdegericht eine Berichtigung des Beschlusstenors (§ 42) erfolgen kann. Eine solche Auslegung kommt insbesondere dann in Betracht, wenn sich aus der gerichtlichen Entscheidung für den Betroffenen und die weiteren Beteiligten zweifelsfrei ergibt, dass eine sofortige Fortdauer der Behandlung des Betroffenen im Anschluss an die bisher genehmigte Unterbringungsdauer sichergestellt werden sollte.[6] Die Anordnung der sofortigen Wirksamkeit ist nicht selbständig anfechtbar (siehe dazu näher § 287 Rn 11).

2. Wirksamwerden

Der nachfolgende **Satz 2** der Vorschrift regelt, wie im Fall der Anordnung der sofortigen Wirksamkeit der Beschluss des Gerichts wirksam wird. Die Vorschrift stellt in Übereinstimmung mit § 70 g Abs. 3 S. 2 FGG einen breit gefächerten Maßnahmenkatalog zur Verfügung, um dem Gericht insbesondere in Eilfällen die Herbeiführung der sofortigen Wirksamkeit seiner Entscheidung zu ermöglichen. In diesem Zusammenhang erfasst **Nr. 1** der Vorschrift insbesondere die Verfahrenssituation einer persönlichen Anhörung des Betroffenen in einer Klinik oder einem Heim, die nach Auffassung des Gerichts zu dem Ergebnis der Genehmigung oder Anordnung einer sofort zu vollziehenden Unterbringung führt (siehe dazu bereits § 287 Rn 12): Bereits durch Verlesen nur der die Anordnung der sofortigen Wirksamkeit umfassenden Beschlussformel (§ 41 Abs. 2 S. 1) gegenüber dem Betroffenen, seinem anwesenden Betreuer, Verfahrenspfleger oder Vorsorgebevollmächtigten wird die Wirksamkeit der Entscheidung herbeigeführt. Noch weitergehend lässt **Nr. 2** der Vorschrift bereits die Bekanntgabe an einen Dritten (etwa Arzt oder Heimpersonal) zum Zweck des Vollzugs der Unterbringung ausreichen. Voraussetzung auch in diesen Alternativen ist, dass der Beschluss hinsichtlich seiner notwendigen Mindestinhalte bereits schriftlich abgesetzt und unterschrieben ist (siehe dazu § 287 Rn 13). Ergänzend ermöglicht **Nr. 3** das Wirksamwerden durch Übergabe des Beschlusses an die Geschäftsstelle zum Zweck der Bekanntgabe. In allen Fällen muss eine schriftliche Bekanntgabe des vollständigen Beschlussinhalts an alle Beteiligten nachfolgen (§ 41 Abs. 2 S. 3); erst dadurch wird die Beschwerdefrist in Lauf gesetzt (§ 63 Abs. 3). Schließlich muss im Fall der Anordnung der sofortigen Wirksamkeit der Urkundsbeamte der Geschäftsstelle nach Abs. 2 S. 3 der Vorschrift den Zeitpunkt des Wirksamwerdens auf dem Beschluss vermerken.

---

[4] BayObLG FamRZ 2002, 909 zu § 70 g FGG.
[5] MünchKommZPO/Schmidt-Recla § 324 FamFG Rn 1; Bassenge/Roth § 324 FamFG Rn 1.
[6] BayObLG BtPrax 2002, 39; OLG Hamm FGPrax 2009, 135; ablehnend Marschner/Volckart/Lesting § 324 FamFG Rn 5.

IV. Ende der Wirksamkeit

1. Beendigung durch Fristablauf oder aus tatsächlichen Gründen

5   Die Wirksamkeit der Entscheidung, durch die eine Unterbringungsmaßnahme genehmigt oder angeordnet worden ist, endet mit **Ablauf der in ihr bestimmten Frist** (§ 329 Abs. 1) oder vorher durch nachträgliche Aufhebung der Maßnahme (§ 330 S. 1). Die gerichtliche Entscheidung wird aber auch dann wirkungslos, wenn die geschlossene Unterbringung tatsächlich nicht mehr vollzogen wird unabhängig von dem Grund, der zur **tatsächlichen Beendigung** der Unterbringung geführt hat: Sowohl ein Entweichen des Betroffenen als auch seine Entlassung aus dem geschlossenen Teil der Einrichtung führen zur Gegenstandslosigkeit der gerichtlichen Entscheidung. Diese bislang gefestigte Rechtsprechung[7] führt zu der Konsequenz, dass eine **Fortsetzung der geschlossenen Unterbringung** eine erneute gerichtliche Entscheidung erfordert, die die Voraussetzungen für die Fortdauer der Maßnahme aktuell feststellen muss. Im Fall des Entweichens kann aber eine erneute Unterbringung mit der Maßgabe angeordnet oder genehmigt werden, dass die kalendermäßig bestimmte Frist (siehe dazu § 329 Rn 3) ab dem Zeitpunkt der Wiedereinlieferung des Betroffenen zu berechnen ist.[8]

2. Keine probeweise Aussetzung der Unterbringung

6   Die verfahrensrechtliche Möglichkeit einer Aussetzung einer Unterbringungsmaßnahme ist in § 328 auf die öffentlich-rechtliche Unterbringung beschränkt und dort zudem sowohl in der Gewährung der Aussetzung als auch in ihrem Widerruf jeweils an eine gerichtliche Entscheidung gebunden. Die Erforderlichkeit der richterlichen Kontrolle der Unterbringungsvoraussetzungen kann es nicht zulassen, dass es dem Betreuer oder im Falle der landesrechtlichen Unterbringung der Behörde gestattet wird, den Betroffenen nach eigenem Ermessen zwischen geschlossener und offener Station hin- und herzuverlegen, mag die Entscheidung auch auf ärztlichem Ratschlag beruhen.[9] Deshalb muss verfahrensrechtlich eine Kombination zwischen einer probeweisen Verlegung des Betroffenen auf eine offene Station und dem Fortbestand der Unterbringungsmaßnahme ausgeschlossen bleiben.[10]

7   Das KG hat den Fortbestand der Wirksamkeit einer Unterbringungsgenehmigung bei einer probeweise Verlegung des Betroffenen auf eine offene Station für einen Zeitraum von 10 Tagen vor Ablauf der genehmigten Unterbringungsfrist bejaht, weil ein praktisches Bedürfnis dafür bestehe, die freiwillige Behandlungsbereitschaft des Betroffenen zu erproben.[11] Das praktische Bedürfnis kann in einer solchen Situation aber kaum darin bestehen, bei Bedarf kurzfristig wieder zu einer geschlossenen Unterbringung zurückkehren zu können, weil sich ein solches Ergebnis bei einer erneuten akuten Gefährdung des Betroffenen mit den vorhandenen verfahrensrechtlichen Instrumenten (§ 1906 Abs. 2 S. 2 BGB, §§ 331, 332) ohne Weiteres erzielen lässt. In Wahrheit geht es auch in einer solchen Situation darum, den Betroffenen zu einem bestimmten Verhalten zu motivieren und dazu einen Druck auszuüben, wie er mit einer jederzeit widerruflichen Aussetzung einer freiheitsentziehenden Maßnahme zur Bewährung vergleichbar ist. Die verfahrensrechtliche Problematik dieser Sichtweise wird auch daran deutlich, dass das KG einerseits den Antrag auf Feststellung der Rechtswidrigkeit der Unterbringung (jetzt: § 62) für unzulässig gehalten hat, weil der Betroffene nach seiner Verlegung auf die offene Station nicht mehr im Sinne des § 1906 Abs. 1 BGB untergebracht sei, andererseits von einem Fortbestand der Wirksamkeit der gerichtlichen Unterbringungsgenehmigung, wenn auch quasi in einem Schwebezustand, ausgegangen ist. Jedenfalls markiert die Entscheidung des KG die äußers-

---

[7] BayObLGZ 1970, 197/202; OLG Hamm FGPrax 1999, 222 = FamRZ 2000, 1120; OLGZ 1970, 237; im Ausgangspunkt ebenso KG OLGR 2006, 359 = BeckRS 2005, 30366693; ebenso Marschner/Volckart/Lesting § 324 FamFG Rn 12; a. A. SBW/Dodegge § 324 Rn 11; Bassenge/Roth § 324 FamFG Rn 10.
[8] OLG München FGPrax 2008, 137 = NJW-RR 2008, 137.
[9] OLG Hamm FGPrax 1999, 222 = FamRZ 2000, 1120.
[10] MünchKommZPO/Schmidt-Recla § 329 FamFG Rn 6.
[11] KG OLGR 2006, 359 = BeckRS 2005, 30366693; ebenso SBW/Dodegge § 324 Rn 12 Bassenge/Roth § 324 FamFG Rn 10.

ten Grenzen, innerhalb deren eine probeweise Verlegung des Betroffenen auf eine offene Station bei Fortbestehen der Wirksamkeit einer Unterbringungsmaßnahme noch akzeptiert werden kann.

Bekanntgabe

325 (1) **Von der Bekanntgabe der Gründe eines Beschlusses an den Betroffenen kann abgesehen werden, wenn dies nach ärztlichem Zeugnis erforderlich ist, um erhebliche Nachteile für seine Gesundheit zu vermeiden.**

(2) ¹**Der Beschluss, durch den eine Unterbringungsmaßnahme genehmigt oder angeordnet wird, ist auch dem Leiter der Einrichtung, in der der Betroffene untergebracht werden soll, bekannt zu geben.** ²**Das Gericht hat der zuständigen Behörde die Entscheidung, durch die eine Unterbringungsmaßnahme genehmigt, angeordnet oder aufgehoben wird, bekannt zu geben.**

I. Adressaten und Form der Bekanntgabe (Abs. 2)

Die Bekanntgabe von Beschlüssen in Unterbringungssachen richtet sich in erster Linie nach den Vorschriften des Allgemeinen Teils. § 325 trifft lediglich in zwei Detailpunkten eine Sonderregelung. Zu unterscheiden ist zwischen den Adressaten der Bekanntgabe und der Form der Bekanntgabe: 1

Adressaten der Bekanntgabe sind gem. § 41 Abs. 1 S. 1 die Beteiligten, in Unterbringungssachen also die Personen bzw. die Behörde, die das Gericht gem. § 315 am Verfahren beteiligt hat. Adressat ist daher in erster Linie der Betroffene, so dass die Übernahme der bisherigen Vorschrift des § 70 g Abs. 1 S. 1 FGG, wonach die Entscheidung dem Betroffenen stets selbst bekannt zu geben ist, für überflüssig erachtet worden ist.[1] Adressaten der Bekanntgabe sind ferner die Beteiligten, die das Gericht nach § 315 zum Verfahren hinzuziehen muss (Abs. 1 bis 3 der Vorschrift, insbesondere also der Betreuer bzw. Vorsorgebevollmächtigte und ein für den Betroffenen bestellter Verfahrenspfleger) bzw. im Rahmen der fakultativen Beteiligung nach Abs. 4 der Vorschrift tatsächlich zum Verfahren hinzugezogen hat. Die Bekanntmachung hat an diese weiteren Adressaten unabhängig vom Inhalt der getroffenen Entscheidung zu erfolgen, im Gegensatz zur bisherigen Regelung in § 70 g Abs. 2 S. 1 FGG also auch dann, wenn die Unterbringungsmaßnahme abgelehnt worden ist. Diese Abweichung vom bisherigen Recht wird in der Gesetzesbegründung[2] zwar nicht erläutert, ergibt sich aber zwingend aus der Wortfassung der Vorschrift im Zusammenhang mit derjenigen des § 41 Abs. 1 S. 1. Die Überzeugungskraft des der bisherigen Vorschrift zugrunde liegenden Gedankens, im Falle der Ablehnung einer Unterbringungsmaßnahme könne sich eine Publizität der Entscheidung negativ für den Betroffenen auswirken,[3] ist ohnehin begrenzt, weil neben der zur Amtsverschwiegenheit verpflichteten Behörde nur Personen zum Verfahren hingezogen werden können, die in einer besonderen Nähebeziehung zum Betroffenen stehen und deshalb tatsächliche Angaben zur Entscheidungsfindung beitragen sollen. Dann müssen diese Personen auch vom Ausgang des Verfahrens unterrichtet werden. 2

Eine Sonderregelung trifft **Abs. 2** für den Leiter der Einrichtung, in der die Unterbringung vollzogen wird oder werden soll, und die Betreuungsbehörde. Nach **S. 1** ist dem Leiter der Einrichtung jeder Beschluss bekannt zu geben, durch den die Unterbringung genehmigt oder angeordnet wird. Die Unterrichtung des Leiters der Einrichtung ist bereits deshalb zwingend erforderlich, weil dieser organisatorisch sicherstellen muss, dass der Betroffene nicht über den genehmigten bzw. angeordneten Zeitraum hinaus in der geschlossenen Unterbringung verbleibt. Über den Wortlaut der Vorschrift hinaus ist dem Leiter der Einrichtung auch eine Entscheidung bekannt zu geben, durch die eine Unterbringung abgelehnt wird, und zwar dann, wenn diese Entscheidung unter Aufhebung einer bereits vollzogenen Unterbringungsmaßnahme getroffen wird, sei es nach § 330, sei es im 3

---

[1] BT-Drs. 16/6308 S. 269 zu der Parallelvorschrift des § 288 Abs. 1.
[2] BT-Drs. 16/6308 S. 275.
[3] BT-Drs. 11/4528 S. 185.

Beschwerdewege. Denn der Leiter der Einrichtung muss mit dem Wirksamwerden einer solchen Entscheidung die sofortige Entlassung des Betroffenen veranlassen. **S. 2** sieht ergänzend vor, dass der Betreuungsbehörde sämtliche Entscheidungen über Unterbringungsmaßnahmen bekannt zu geben sind. Da die Betreuungsbehörde in allen Unterbringungsverfahren angehört werden soll (§ 320 S. 2), soll sie ausnahmslos über die Entscheidungen des Gerichts unterrichtet werden,[4] um die ihr obliegenden Aufgaben wahrnehmen und von ihm Beschwerecht gem. § 335 Abs. 4 Gebrauch machen zu können (siehe dazu näher die Erläuterungen zu der sachlich übereinstimmenden Regelung in § 288 Abs. 2 S. 1, dort bei Rn 3).

II. Absehen von der Bekanntgabe der Gründe

4   Abs. 1 trifft eine Sonderregelung für den Inhalt der Bekanntgabe an den Betroffenen: Von der Bekanntgabe **der Gründe** des Beschlusses (nicht also auch der Beschlusselemente nach den §§ 38 Abs. 2, 323) kann danach abgesehen werden, wenn dies nach ärztlichem Zeugnis erforderlich ist, um erhebliche Nachteile für seine Gesundheit zu vermeiden. Die Vorschrift entspricht inhaltlich § 288 Abs. 1; auf die Erläuterungen dort zu Rn 9 bis 11 wird verwiesen.

Zuführung zur Unterbringung

326 (1) **Die zuständige Behörde hat den Betreuer oder den Bevollmächtigten im Sinne des § 1896 Abs. 2 Satz 2 des Bürgerlichen Gesetzbuchs auf deren Wunsch bei der Zuführung zur Unterbringung nach § 312 Nr. 1 zu unterstützen.**

(2) ¹**Gewalt darf die zuständige Behörde nur anwenden, wenn das Gericht dies aufgrund einer ausdrücklichen Entscheidung angeordnet hat.** ²**Die zuständige Behörde ist befugt, erforderlichenfalls die Unterstützung der polizeilichen Vollzugsorgane nachzusuchen.**

(3) ¹**Die Wohnung des Betroffenen darf ohne dessen Einwilligung nur betreten werden, wenn das Gericht dies aufgrund einer ausdrücklichen Entscheidung angeordnet hat.** ²**Bei Gefahr im Verzug findet Satz 1 keine Anwendung.**

I. Anwendungsbereich

1   Der Vollzug einer öffentlich-rechtlichen Unterbringung gem. § 312 Nr. 3 obliegt der zuständigen Behörde und richtet sich nach den jeweiligen landesrechtlichen Vorschriften. Der Vollzug einer zivilrechtlichen Unterbringung obliegt ausschließlich dem Betreuer bzw. dem Vorsorgebevollmächtigten des Betroffenen. Dementsprechend betrifft der Anwendungsbereich der Vorschrift nur den Vollzug einer zivilrechtlichen Unterbringung nach § 312 Nr. 1. § 326 muss entsprechend angewandt werden, wenn das Gericht nach § 334 eine Unterbringungsmaßnahme selbst anordnet. Denn die gerichtliche Maßnahme auf der Grundlage des § 1846 BGB tritt an die Stelle derjenigen eines noch nicht bestellten Betreuers, so dass die gerichtliche Anordnung auch auf demselben Weg muss durchgesetzt werden können. § 326 beschränkt sich auf die Zuführung des Betroffenen, während der weitere Vollzug der Unterbringung durch die vorgesehene Einrichtung erfolgt.

II. Zuführung des Betroffenen

1. Unterstützungspflicht der Betreuungsbehörde

2   Abs. 1 der Vorschrift gibt dem Betreuer und – insoweit klarstellend gegenüber der Vorgängerregelung in § 70 g Abs. 5 FGG – nunmehr ausdrücklich auch dem Vorsorgebevollmächtigten einen Anspruch auf Unterstützung bei der praktischen Durchführung des Transports des Betroffenen in die Unterbringungseinrichtung. Die Pflicht zur Unterstützung besteht auch bei einer Unterbringung, die der Betreuer bzw. Bevollmächtigte gem. § 1906 Abs. 2 S. 2 BGB wegen Gefahr im Verzug ohne vorherige gerichtliche Genehmi-

---

[4] BT-Drs. 16/6308 S. 275.

gung vornimmt.¹ Durch die Regelung sollte einem praktischen Bedürfnis Rechnung getragen werden, dem Betreuer bzw. Bevollmächtigten eine Anlaufstelle zu geben, an die er sich mit dem Wunsch um Unterstützung wenden kann. Die erforderliche Unterstützung kann etwa in der Zurverfügungstellung eines Spezialfahrzeugs oder den Transport begleitenden Fachpersonals bestehen. Der Behörde ist auch die Anwendung unmittelbaren Zwangs zur Überwindung eines etwaigen Widerstands des Betroffen vorbehalten[2] (siehe dazu nachstehend Rn 3). Den Vollzug der Zuführung überträgt die Vorschrift zur Schonung des Betroffenen der Betreuungsbehörde, weil davon ausgegangen wird, dass diese über hinreichend geschultes Personal verfügt.[3]

2. Ermächtigung zur Gewaltanwendung

Kann die Zuführung nur gegen den Widerstand des Betroffenen durchgeführt werden, darf die Behörde nach Abs. 2 S. 1 gegen den Betroffenen „Gewalt" (treffender wäre die Verwendung des Begriffs des unmittelbaren Zwangs wie in § 90 gewesen) nur anwenden, wenn sie dazu durch ergänzende gerichtliche Anordnung „ausdrücklich" ermächtigt worden ist. Diese Ermächtigung stellt eine gesonderte gerichtliche Entscheidung dar, die aber auch mit der Unterbringungsgenehmigung verbunden werden kann. Im Hinblick auf die Prüfung der Erforderlichkeit der Anordnung unter Berücksichtigung der Verhältnismäßigkeit im Einzelfall verbietet sich eine formularmäßige Ermächtigung der Behörde. Ist die Behörde zur Gewaltanwendung ermächtigt, darf sie nach Abs. 2 S. 2 der Vorschrift auch die Unterstützung der polizeilichen Vollzugsorgane nachsuchen. Abs. 3 S. 1 der Vorschrift stellt in diesem Zusammenhang klar, dass das Betreten der Wohnung des Betroffenen ohne dessen Einwilligung einer zusätzlichen ausdrücklichen Ermächtigung durch das Gericht bedarf, die nur bei Gefahr im Verzug entbehrlich ist (S. 2). Mit dieser auf Vorschlag des Rechtsausschusses eingeführten Regelung[4] wird dem Gesetzesvorbehalt des Art. 13 Abs. 2 GG Rechnung getragen (vgl. näher § 283 Rn 5, 6). 3

Inwieweit im Einzelnen von einer erteilten gerichtlichen Ermächtigung Gebrauch gemacht wird, hat in erster Linie der Betreuer im Rahmen pflichtgemäßen Ermessens bei der Ausübung seines Amtes zu entscheiden. Er unterliegt insoweit der Aufsicht durch das Gericht (§§ 1908 i Abs. 1, 1837 BGB). Die Betreuungsbehörde ist zwar nach der Formulierung in Abs. 1 („hat") zur Unterstützung des Betreuers verpflichtet. Selbst dann, wenn durch die gerichtliche Entscheidung eine Ermächtigung nach Abs. 2 und ggf. auch Abs. 3 der Vorschrift erteilt worden ist, bleibt die Behörde berechtigt und verpflichtet, den Einsatz von Zwangsmitteln nach dem Maßstab der Verhältnismäßigkeit von den Umständen des Einzelfalls abhängig zu machen. 4

3. Gerichtliche Entscheidung

Da die gesetzliche Vertretungsmacht des Betreuers die Zuführung des Betroffenen zur Unterbringung umfasst, bedarf es keiner gesonderten Entscheidung über eine Genehmigung dieser Maßnahme.[5] Die in § 326 Abs. 2 vorgesehene gerichtliche Entscheidung beschränkt sich deshalb auf die Ermächtigung zur Gewaltanwendung für die Zuführung zur Unterbringung. Es handelt sich dabei um eine Endentscheidung, die selbständig neben der gerichtlichen Genehmigung der geschlossenen Unterbringung getroffen wird und deshalb gem. § 58 Abs. 1 mit der Beschwerde anfechtbar ist.[6] Da bereits mit der Anfechtung der Unterbringungsgenehmigung die Möglichkeit eröffnet ist, die Vollziehung dieser Entscheidung gem. § 64 Abs. 3 auszusetzen, dürfte der isolierten Anfechtung der Ermächtigung nach Abs. 2 und 3 keine größere praktische Bedeutung zukommen. Die gerichtliche Er- 5

---

[1] Fröschle/Locher § 326 Rn 6.
[2] BT-Drs. 11/4528 S. 185.
[3] BT-Drs. 16/6308 S. 268 zu § 283.
[4] BT-Drs. 16/9733 S. 297; zur geplanten Änderung der Vorschrift siehe Einleitung Rn 15 b.
[5] So aber ohne hinreichende Grundlage im Gesetzestext Prütting/Helms/Roth § 326 Rn 6 f.
[6] Damrau/Zimmermann § 326 FamFG Rn 19; Marschner/Volckart/Lesting § 326 FamFG Rn 13; a. A. Bahrenfuss/Grotkopp § 326 Rn 5; Bassenge/Roth § 326 FamFG Rn 5: unselbständige, nicht anfechtbare Nebenentscheidung.

mächtigung ist in § 326 eigenständig und abschließend geregelt. Es handelt sich nicht um die Entscheidung über eine Maßnahme der Vollstreckung im Sinne des § 90.[7] Denn es wird nicht eine gerichtliche Entscheidung vollstreckt, sondern eine Durchsetzungsmöglichkeit für eine gerichtlich genehmigte Entscheidung des Betreuers im Rahmen des ihm übertragenen Aufgabenkreises (geschlossene Unterbringung des Betroffenen) geschaffen. Es handelt sich deshalb auch nicht um ein Zwangsmittelverfahren im Sinne des § 35.[8] Eine Verweisung auf die Beschwerde nach den §§ 567 ff. ZPO findet daher weder aufgrund des § 87 Abs. 4[9] noch § 35 Abs. 5 statt. Bei der Eigenständigkeit der Regelung bleibt es auch, wenn ausnahmsweise das Gericht gem. §§ 334, 1846 BGB eine Unterbringungsmaßnahme selbst anordnet, weil eine solche Maßnahme nur einen kurzfristigen Charakter bis zur Überleitung in eine Entscheidung eines zu bestellenden Betreuers haben kann.[10]

Vollzugsangelegenheiten

327 (1) ¹Gegen eine Maßnahme zur Regelung einzelner Angelegenheiten im Vollzug der Unterbringung nach § 312 Nr. 3 kann der Betroffene eine Entscheidung des Gerichts beantragen. ²Mit dem Antrag kann auch die Verpflichtung zum Erlass einer abgelehnten oder unterlassenen Maßnahme begehrt werden.

(2) Der Antrag ist nur zulässig, wenn der Betroffene geltend macht, durch die Maßnahme, ihre Ablehnung oder Unterlassung in seinen Rechten verletzt zu sein.

(3) ¹Der Antrag hat keine aufschiebende Wirkung. ²Das Gericht kann die aufschiebende Wirkung anordnen.

(4) Der Beschluss ist nicht anfechtbar.

I. Normzweck und Anwendungsbereich

1 Die Vorschrift eröffnet vor dem Betreuungsgericht eine gerichtliche Überprüfungsmöglichkeit für Maßnahmen zur Regelung einzelner Angelegenheiten im **Vollzug der öffentlich-rechtlichen Unterbringung** nach § 312 Nr. 3 und erfüllt damit die Rechtsweggarantie des Art. 19 Abs. 4 GG. Die Unterbringung nach § 312 Nr. 3 ist öffentlich-rechtlicher Verwaltungsvollzug, mag auch die ärztliche Behandlung des Betroffenen im Vordergrund stehen. Der Rechtsweg zur Überprüfung einzelner Maßnahmen im Rahmen des Anstaltsverhältnisses, dem der Betroffene unterworfen ist, müsste zu den Verwaltungsgerichten führen (§ 40 Abs. 1 S. 1 Halbs. 1 VwGO), wäre er nicht durch die Sondervorschrift des § 327 wegen des Sachzusammenhangs mit der Entscheidung über die Anordnung oder Fortdauer der Unterbringung dem Betreuungsgericht zugewiesen (Halbs. 2 der Vorschrift). Diese Rechtswegzuweisung ist abschließend. Eine parallele Zulässigkeit des Verwaltungsstreitverfahrens mit der im Hinblick auf den Rechtsmittelausschluss in § 327 Abs. 4 (siehe dazu Rn 7) gewollten Möglichkeit einer abweichenden Sachentscheidung[1] soll erkennbar nicht eröffnet werden. Die verfahrensrechtliche Ausstattung der Vorschrift ist derjenigen des § 23 EGGVG nachgebildet.[2]

2 Die Vorschrift gilt nicht für den Vollzug der zivilrechtlichen Unterbringung und kann dort auch nicht etwa entsprechend angewandt werden, obwohl die praktischen Unterschiede für den Betroffenen gering bleiben werden. Denn die zivilrechtliche Unterbringung wird ungeachtet der nach § 1906 BGB erforderlichen gerichtlichen Genehmigung in der ausschließlichen Verantwortung des Betreuers als gesetzlichen Vertreters des Betroffenen vollzogen. Die umfassende rechtliche Verantwortung des Betreuers für alle Einzelmaßnahmen im Rahmen der Unterbringung hat der Gesetzgeber bewusst nicht einschränken wollen.[3] Die Ausübung seiner gesetzlichen Vertretungsbefugnis kann deshalb ausschließlich Gegenstand der gerichtlichen Aufsicht über den Betreuer sein (§§ 1908 Abs. 1, 1837 BGB).

---

[7] A. A. Prütting/Helms/Roth § 326 Rn 8: Vollstreckungsverfahren nach den §§ 90, 92.
[8] So MünchKommZPO/Schmidt-Recla § 326 FamFG Rn 3.
[9] So Fröschle/Locher § 326 Rn 10.
[10] BGH FGPrax 2002, 188 = FamRZ 2002, 744.
[1] So MünchKommZPO/Schmidt-Recla § 327 FamFG Rn 16.
[2] MünchKommZPO/Schmidt-Recla § 327 FamFG Rn 1.
[3] BT-Drs. 11/4528 S. 187 zu § 70l FGG.

Für die **Überprüfung einer Zwangsbehandlung** während einer Unterbringung, die 3
das Gericht nach § 1846 BGB angeordnet hat, ist die Zulässigkeit des Rechtsweges nach
den §§ 23 ff. EGGVG befürwortet worden.[4] Abgesehen davon, dass sich durch die Anordnung nach § 1846 BGB an dem Rechtscharakter der Maßnahme als zivilrechtliche Unterbringung nichts ändert, besteht für diese Sonderbehandlung kein praktisches Bedürfnis, weil
die Zwangsbehandlung ihrerseits nach § 1846 BGB ausdrücklich angeordnet werden muss
(vgl. § 323 Rn 8) und damit wie diese der Beschwerde unterliegt, die nach Erledigung mit
dem Antrag auf Feststellung der Rechtswidrigkeit der Maßnahme fortgeführt werden kann
(§ 62).

II. Verfahrensgrundsätze

1. Antrag auf gerichtliche Entscheidung

Das gerichtliche Verfahren kann nur durch einen Antrag des Betroffenen auf gerichtliche 4
Entscheidung eingeleitet werden. **Gegenstand** des Antrags muss eine Maßnahme zur
Regelung einer einzelnen Angelegenheit im Vollzug der öffentlich-rechtlichen Unterbringung sein. Dabei muss es sich nicht zwingend um einen förmlichen Verwaltungsakt (bspw.
die Ablehnung einer Beurlaubung) handeln. Der Antrag kann sich auch auf eine Maßnahme
tatsächlichen Verwaltungshandelns sowohl des Anstaltsleiters als auch nachgeordneter Bediensteter beziehen.[5] Es muss sich jedoch immer um eine Einzelmaßnahme handeln, durch
die in Bezug auf das Anstaltsverhältnis zwischen der Einrichtung und dem Betroffenen mit
rechtlicher Wirkung ein gestaltender Einfluss auf die Lebensverhältnisse des Betroffenen in
der Unterbringungseinrichtung genommen wird oder werden soll.[6]

Der Antrag kann nach Abs. 1 S. 2 sowohl auf die Aufhebung einer bereits angeordneten 5
oder (vorbeugende) Unterlassung einer angedrohten oder bevorstehenden Maßnahme als
auch umgekehrt auf die Verpflichtung zum Erlass einer abgelehnten oder unterlassenen
Maßnahme gerichtet sein (wie § 23 Abs. 2 EGGVG).

Hat sich die Maßnahme in der Hauptsache erledigt, wird bei einem entsprechenden 6
Rechtsschutzinteresse ein Feststellungsantrag in Anlehnung an § 28 Abs. 1 S. 4 EGGVG
zugelassen werden müssen.[7] § 62 kann nicht herangezogen werden, weil diese Vorschrift
nur im Rahmen eines zulässig eingelegten Rechtsmittels anwendbar ist, das § 327 Abs. 4
hier gerade ausschließt (siehe dazu Rn 16).

§ 327 lässt als reine Verfahrensvorschrift die landesrechtlichen Regelungen des Anstalts- 7
verhältnisses während des Vollzugs der Unterbringung unberührt. Gegenstand des Antrages
können damit beispielhaft sein eine Zwangsbehandlung ohne Einwilligung des Betroffenen,
Regelungen zum Post- und Fernmeldeverkehr (Handybenutzung), Beurlaubungen nach
landesrechtlichen Vorschriften oder Einsicht in die Krankenunterlagen.

2. Antragsberechtigung

Antragsberechtigt ist nur der **Betroffene,** also der Untergebrachte. Dies folgt sowohl aus 8
der Formulierung der Vorschrift als auch ihrem systematischen Ansatz, dem Betroffenen im
Rahmen des öffentlich-rechtlichen Anstaltsverhältnisses zur Überprüfung von Einzelmaßnahmen einen Rechtsweg zur Verfügung zu stellen. Dritten Personen, die sich durch
Maßnahmen der Unterbringungseinrichtung beeinträchtigt fühlen (bspw. bei Beschränkungen des Besuchsrechts), kann deshalb ein eigenes Antragsrecht nicht zustehen.[8] Wohl aber
kann der Betroffene mit einem eigenen Antrag sich gegen Beschränkungen wenden, die
Dritten auferlegt worden sind. Hier wie allgemein kommt es für die Zulässigkeit des Antrags

---

[4] OLG München R&P 1987, 112.
[5] Damrau/Zimmermann § 327 Rn 2; Jansen/Sonnenfeld § 701 FGG Rn 5.
[6] Damrau/Zimmermann § 327 Rn 3, 4; Jansen/Sonnenfeld § 701 FGG Rn 5.
[7] Damrau/Zimmermann § 327 FamFG Rn 24.
[8] Bassenge/Roth § 327 FamFG Rn 4; Jansen/Sonnenfeld § 701 FGG Rn 6; MünchKommZPO/Schmidt-Recla § 327 FamFG Rn 6; a. A. Damrau/Zimmermann § 327 FamFG Rn 13; Jurgeleit/Diekmann § 327 FamFG Rn 4; Marschner/Volckart/Lesting § 327 FamFG Rn 35; Prütting/Helms/Roth § 327 Rn 9; SBW/Dodegge § 327 Rn 8; Mittag SächsVBl. 2010, 253, 263.

nur darauf an, ob der Betroffene geltend macht, durch die getroffene, abgelehnte oder unterlassene Maßnahme in eigenen Rechten verletzt zu sein (in Anlehnung an § 24 Abs. 1 EGGVG). Dafür reicht bereits die schlüssige Behauptung einer Rechtsbeeinträchtigung aus. Ob eine Rechtsverletzung tatsächlich vorliegt, ist im Rahmen der Begründetheit des Antrags festzustellen.[9] Insgesamt dürfen an die Zulässigkeit des Antrags keine hohen Anforderungen gestellt werden. Wird klar, gegen welche Maßnahme sich der Betroffene wenden will und kommt nach seinem Vorbringen eine Rechtsverletzung in Betracht, muss in eine sachliche Überprüfung eingetreten werden.

3. Verfahren des Gerichts

9   Das Verfahren ist darauf gerichtet, eine öffentlich-rechtliche Maßnahme im Verfahren der freiwilligen Gerichtsbarkeit zu überprüfen. Das Gesetz behandelt das Verfahren als Annex einer Unterbringungssache nach § 312 Nr. 3. Deshalb ist es gerechtfertigt, auf das Verfahren die §§ 312 ff. sowie den Allgemeinen Teil des FamFG anzuwenden.[10] Die alternative Anwendung des Verfahrensrechts der VwGO durch den Richter des Amtsgerichts würde zu einer zusätzlichen Verkomplizierung des Verfahrens führen, die erkennbar nicht gewollt ist.

10 Die **örtliche Zuständigkeit** des Gerichts richtet sich nach § 313, muss aber unabhängig von dem Verfahren, das zur Anordnung der vollzogenen Unterbringung geführt hat, für das Verfahren nach § 327 neu bestimmt werden. Denn das Verfahren nach § 327 setzt zwar das Fortbestehen einer angeordneten Unterbringung voraus, hat aber einen davon zu unterscheidenden Verfahrensgegenstand. Deshalb sprechen die überzeugenderen Gründe dafür, die örtliche Zuständigkeit für das Verfahren nach § 327 selbständig anzuknüpfen.[11] Dies führt nach § 313 Abs. 3 S. 2 immer zur Zuständigkeit desjenigen Gerichts, in dessen Bezirk die Unterbringung bereits vollzogen wird unabhängig davon, ob die Unterbringung durch ein anderes Gericht angeordnet worden ist, in dem das Bedürfnis für die Unterbringung ursprünglich aufgetreten ist (§ 313 Abs. 3 S. 1). Diese Sichtweise führt zur Beschleunigung des Verfahrens, da die erforderliche Sachaufklärung sinnvoll nur vor Ort durchgeführt werden kann und auf diese Weise eine sonst ggf. erforderliche Abgabe (§ 314) durch ein anderes Gericht vermieden wird.

11 Die Regelungen zur **Verfahrensgeschäftsfähigkeit des Betroffenen** und Bestellung eines **Verfahrenspflegers** sind anwendbar. Weitere Beteiligte im Sinne des § 7 Abs. 2 Nr. 1 ist die Behörde, die den Unterbringungsantrag gestellt hat, wenn es um Maßnahmen geht, die ihrer Verantwortung oder Weisungsbefugnis unterliegen (bspw. eine Verlegung des Betroffenen in eine andere Einrichtung).[12]

12 Sind Gegenstand des Verfahrens Maßnahmen, die den Vollzug der Unterbringung innerhalb der Einrichtung betreffen, ist als weiterer Beteiligter der **Leiter der Einrichtung** hinzuziehen, der die Verantwortung für den gesetzmäßigen Vollzug der Unterbringung zu tragen hat.[13]

13 Zur Aufklärung des Sachverhalts (§ 26) wird regelmäßig die **persönliche Anhörung des Betroffenen** erforderlich sein. Nach Abs. 2 S. 1 der Vorschrift hat der Antrag auf gerichtliche Entscheidung **keine aufschiebende Wirkung,** jedoch kann diese nach S. 2 der Vorschrift angeordnet werden. Praktische Bedeutung hat dies nur für bereits getroffene, den Betroffenen belastende Maßnahmen.

---

[9] Damrau/Zimmermann § 327 FamFG Rn 17; HK-BUR/Hoffmann § 701 FGG Rn 11; Jansen/Sonnenfeld § 701 FGG Rn 7.
[10] Bahrenfuss/Grotkopp § 327 Rn 8; Bassenge/Roth § 327 FamFG Rn 6; Jurgeleit/Diekmann § 327 FamFG Rn 7; a. A. MünchKommZPO/Schmidt-Recla § 327 FamFG Rn 4.
[11] Damrau/Zimmermann § 327 FamFG Rn 23; Marschner/Volckart/Lesting § 327 FamFG Rn 43; Jansen/Sonnenfeld § 701 FGG Rn 7; a. A. BJS/Heiderhoff § 327 Rn 3; Jurgeleit/Diekmann § 327 FamFG Rn 5; SBW/Dodegge § 327 Rn 10.
[12] Bassenge/Roth § 327 FamFG Rn 3; Damrau/Zimmermann § 327 FamFG Rn 14.
[13] Bassenge/Roth § 327 FamFG Rn 3; Damrau/Zimmermann § 327 Rn 14; a. A. Bienwald § 701 FGG Rn 10.

Die Zulässigkeit des Erlasses einer **einstweiligen Anordnung** nach §§ 49 ff. bleibt davon unberührt, wenn es darum geht, einen vorläufigen Zustand im Hinblick auf eine von dem Betroffenen angestrebte positive Maßnahme zu regeln. 14

4. Entscheidung des Gerichts

Da § 327 dem Verfahren nach den §§ 23 ff. EGGVG nachgebildet ist, kann § 28 EGGVG als Orientierungshilfe für den möglichen **Inhalt der gerichtlichen Entscheidung** und deren Voraussetzungen herangezogen werden. Der Tenor kann daher auf Aufhebung einer angeordneten Maßnahme, Verpflichtung zum Erlass oder Unterlassung einer Maßnahme lauten. Eine Ermessensentscheidung ist nur darauf zu überprüfen, ob der Leiter der Einrichtung die gesetzlichen Grenzen des Ermessens überschritten hat oder von seinem Ermessen in einer dem Zweck der Ermächtigung nicht entsprechenden Weise Gebrauch gemacht hat (§ 28 Abs. 3 EGGVG entsprechend). Ist die Maßnahme bereits erledigt, kommt eine nachträgliche Feststellung ihrer Rechtswidrigkeit in Anlehnung an die Voraussetzungen des § 28 Abs. 1 S. 4 EGGVG in Betracht (denkbar insbesondere bei Zwangsbehandlungen oder weitergehenden Freiheitsbeschränkungen, die über mit der Unterbringung regelmäßig verbundene Einschränkungen hinausgehen). Materiell-rechtliche Grundlage der Entscheidung ist das jeweilige Landesgesetz über die öffentlich-rechtliche Unterbringung. Das Gericht ist im Verfahren nach § 327 auf eine Kontrollfunktion beschränkt, jedoch nicht befugt, quasi als Nebenentscheidung zu einer Unterbringungsanordnung in eigener Zuständigkeit Beschränkungen (etwa des Post- und Telefonverkehrs) anzuordnen. Die gerichtliche Anordnung solcher Beschränkungen ist auf Beschwerde aufzuheben. Die Anordnung von Beschränkungen ist dem Leiter der Einrichtung vorbehalten, in der der Betroffene untergebracht ist. Lediglich dessen Anordnung kann im Verfahren nach § 327 überprüft werden.[14] 15

5. Unanfechtbarkeit

Die gerichtliche Entscheidung ist nach § 327 Abs. 4 unanfechtbar. Die gerichtliche Überprüfung in einer Instanz wurde für die Vorgängerregelung in § 70 l Abs. 4 FGG als ausreichend und angemessen erachtet.[15] Dabei ist es auch für die Neuregelung in § 327 verblieben. An diese Entscheidung des Gesetzgebers ist die Rechtsanwendung gebunden, mag auch die dagegen erhobene Kritik[16] treffend hervorheben, dass die in diesem Verfahren zu überprüfenden Maßnahmen mit Grundrechtseingriffen verbunden sein können, deren tiefgreifendes Gewicht (bspw. bei Zwangsbehandlungen und Fixierungen) nicht hinter demjenigen der Anordnung der Freiheitsentziehung zurückbleibt, für die der Gesetzgeber ein Rechtsmittelverfahren eröffnet hat. 16

Aussetzung des Vollzugs

328 (1) ¹**Das Gericht kann die Vollziehung einer Unterbringung nach § 312 Nr. 3 aussetzen.** ²**Die Aussetzung kann mit Auflagen versehen werden.** ³**Die Aussetzung soll sechs Monate nicht überschreiten; sie kann bis zu einem Jahr verlängert werden.**

(2) **Das Gericht kann die Aussetzung widerrufen, wenn der Betroffene eine Auflage nicht erfüllt oder sein Zustand dies erfordert.**

I. Anwendungsbereich

Die Vorschrift regelt die Aussetzung der Vollziehung einer **öffentlich-rechtlichen Unterbringung**. Bereits die inhaltlich gleichlautende Vorgängerregelung in § 70 k FGG beschränkte sich bewusst auf die öffentlich-rechtliche Unterbringung, so dass eine entsprechende Anwendung auf eine zivilrechtliche Unterbringung, etwa mit dem Ziel einer 1

---

[14] OLG Hamm NJW 2008, 2859 = FamRZ 2008, 1885.
[15] BT-Drs. 11/4528 S. 187.
[16] MünchKommZPO/Schmidt-Recla § 327 FamFG Rn 15; Marschner/Volckart/Lesting § 327 FamFG Rn 71; Mittag SächsVBl. 2010, 253, 264.

probeweisen Entlassung, ausgeschlossen ist (siehe näher bei § 324 Rn 6).[1] Die Vorschrift hat nur eine geringe praktische Bedeutung, weil sie in ihren Voraussetzungen nicht widerspruchsfrei ist. Die Aussetzung der Vollziehung ist zudem zu unterscheiden von der Gewährung einer Beurlaubung durch den Leiter der Einrichtung, die Vorschriften des jeweiligen Landesrechts teilweise ermöglichen.[2] Die Entscheidung über eine solche Beurlaubung unterliegt der gerichtlichen Nachprüfung im Verfahren nach § 327.

II. Aussetzung der Vollziehung und Widerruf der Aussetzung

1. Aussetzung der Vollziehung

2 Nach Abs. 1 S. 1 der Vorschrift „kann" das Gericht die Vollziehung einer öffentlich-rechtlichen Unterbringung aussetzen. Der Wortlaut der Vorschrift stellt damit die Aussetzung in das Ermessen des Gerichts. Die sachlichen Voraussetzungen für eine Aussetzung bleiben jedoch undeutlich. Die Bemerkung der Begründung zu der Vorgängerregelung in § 70k FGG, die Regelung sei erforderlich, um einen flexiblen Vollzug angeordneter Unterbringungsmaßnahmen sicherzustellen,[3] zielt offenbar auf den Grundsatz der Verhältnismäßigkeit ab: Wenn es noch eben zu verantworten ist, soll erprobt werden, ob ein Leben des Betroffenen in Freiheit möglich ist, mag auch die gerichtliche Entscheidung dafür durch notwendige und zulässige Auflagen (Abs. 1 S. 2), insbesondere in Richtung auf die Fortsetzung einer medizinischen Behandlung, einen Rahmen bestimmen. Dann aber kann eine Aussetzung nicht mehr von einer weiteren Ermessensausübung abhängig sein, sondern muss zwingend gewährt werden.[4] Dabei gerät jedoch zu schnell aus dem Blickfeld, dass eine geschlossene Unterbringung – unabhängig von der Möglichkeit einer Aussetzung – nur angeordnet oder aufrecht erhalten werden darf, wenn ihre strengen Voraussetzungen auch weiterhin vorliegen. Oder anders ausgedrückt: Eine Aussetzung der Vollziehung darf nicht dazu dienen, eine Unterbringung, deren strenge Voraussetzungen in Wahrheit nicht oder nicht mehr vorliegen, formal aufrecht zu erhalten, um auf den Betroffenen durch die Möglichkeit eines Widerrufs Druck im Hinblick auf eine Behandlungsbereitschaft auszuüben.[5] Denn eine mangelnde oder noch nicht hinreichend tragfähige Behandlungsbereitschaft ist allein kein hinreichender Grund für eine Unterbringungsanordnung.[6] Wenn aber nach der Gesamtsituation des Betroffenen erprobt werden kann, ob er mit seiner Erkrankung in Freiheit leben kann, erscheint es kaum denkbar, dass unter Verhältnismäßigkeitsgesichtspunkten eine Gefährdungslage noch gegeben ist, die die Anordnung oder das Fortbestehen der Unterbringungsanordnung unausweichlich erforderlich erscheinen lässt. Die Verbindung einer Unterbringungsanordnung mit einer gleichzeitig erfolgten Aussetzung der Vollziehung ist danach ausgeschlossen.[7]

2. Widerruf der Aussetzung

3 Abs. 2 der Vorschrift lässt den Widerruf der Aussetzung zu, wenn der Betroffene eine Auflage nicht erfüllt oder sein Zustand dies erfordert. Die erste Tatbestandsalternative ist in der Sache gegenstandslos. Denn die Fortsetzung des Vollzugs darf nicht als Sanktion für ein Verhalten des Betroffenen angeordnet werden, der die ihm erteilten Auflagen nicht erfüllt hat.[8] Vielmehr darf die Aussetzung allgemein nur widerrufen werden, wenn eine Verschlechterung des Gesundheitszustandes des Betroffenen den weiteren Vollzug der Unterbringung unabweisbar erfordert,[9] wobei die Nichterfüllung von Auflagen eine mögliche, aber nicht zwingend erforderliche Ursache für eine solche Entwicklung darstellt.

---

[1] OLG Hamm FGPrax 1999, 222 = FamRZ 2000, 1120.
[2] Vgl. etwa § 25 PsychKG NW.
[3] BT-Drs. 11/4528 S. 186.
[4] PrüttingHelms/Roth § 328 Rn 7; Marschner/Volckart/Lesting § 328 FamFG Rn 9.
[5] A. A. BJS/Heierhoff § 328 Rn 1.
[6] Vgl. etwa § 11 Abs. 1 S. 1 PsychKG NW.
[7] Damrau/Zimmermann § 328 FamFG Rn 4; MünchKommZPO/Schmidt-Recla § 328 FamFG Rn 7; Prütting/Helms/Roth § 328 FamFG Rn 4; a. A. BJS/Heierhoff § 328 Rn 2; Jurgeleit/Diekmann § 328 FamFG Rn 2; Marschner/Volckart/Lesting § 328 FamFG Rn 4; SBW/Dodegge § 328 Rn 2.
[8] BayObLG FamRZ 1995, 1001 zu § 70k FGG; MünchKommZPO/Schmidt-Recla § 328 FamFG Rn 5.
[9] Bassenge/Roth § 328 FamFG Rn 8; Damrau/Zimmermann § 328 FamFG Rn 8.

3. Verfahren über Aussetzung und Widerruf

§ 328 enthält im Gegensatz zur Vorgängerregelung in § 70 k Abs. 3 FGG keine nähere **4** Regelung über das Verfahren bei Aussetzung und Widerruf. Eine solche Regelung hält die Begründung des Gesetzentwurfs im Hinblick auf den weitgefassten Begriff der Unterbringungssachen in § 312 sowie die anzuwendende Regelung zur Hinzuziehung der Beteiligten im Sinne des § 315 für entbehrlich.[10]

Das Verfahren wird **von Amts wegen eingeleitet**, ohne dass es eines förmlichen **5** Antrags bedarf. Die besonderen Verfahrensgarantien der §§ 319 und 321 sind in dem Verfahren auch dann nicht heranzuziehen, wenn die Entscheidung zum Nachteil des Betroffenen getroffen wird (Ablehnung einer Aussetzung oder Widerruf einer Aussetzung).[11] Denn es handelt sich nicht um eine Unterbringungsmaßnahme, sondern um eine Folgeentscheidung zu einer bereits getroffenen Unterbringungsmaßnahme. **Örtlich zuständig** ist deshalb dasjenige Amtsgericht, das die Unterbringung angeordnet hat (siehe näher § 329 Rn 11). Im Übrigen bleibt es auch für § 328 bei der bisherigen Rechtslage, dass die sachlichen Voraussetzungen der zu treffenden Entscheidung im Rahmen der **Amtsermittlungspflicht** (§ 26) festzustellen sind.[12]

Für die **Gewährung der Aussetzung** der Vollziehung als Minus zu einer Aufhebung **6** der Maßnahme (§ 330) wird es deshalb regelmäßig ausreichen, wenn der Leiter der Einrichtung eine solche Entscheidung vorschlägt. Die Gewährung der Aussetzung muss nach Abs. 1 S. 3 der Vorschrift zeitlich befristet werden. Die erstmalige Fristbestimmung soll den Zeitraum von sechs Monaten nicht überschreiten. Die Aussetzungsfrist kann – ggf. auch wiederholt – für einen Höchstzeitraum von bis zu einem Jahr verlängert werden. Die Aussetzung der Vollziehung lässt den Lauf der Unterbringungsfrist unberührt (vgl. § 329 Rn 7). Nach Ablauf der Aussetzungsfrist kann die Unterbringung nicht für einen etwa verbliebenen Zeitraum der gerichtlichen Unterbringungsanordnung fortgesetzt werden. Vielmehr ergibt sich aus Abs. 2, dass die Aussetzungswirkung nur durch eine gerichtliche Widerrufsentscheidung soll beseitigt werden können. Der Betroffene kann deshalb nicht dadurch schlechter gestellt werden, dass nicht bereits während des Laufs der Aussetzungsfrist ein Widerruf erfolgt ist. Das Gericht muss deshalb nach Ablauf der Aussetzungsfrist eine noch wirksame Unterbringungsanordnung aufheben (§ 330), sofern nicht zum Zeitpunkt des Fristablaufs widerrufen oder die Aussetzungsfrist verlängert wird.[13]

Für den **Widerruf einer gewährten Aussetzung** werden regelmäßig eine **persönliche** **7** **Anhörung** des Betroffenen sowie zumindest ein **ärztliches Zeugnis** im Sinne des § 281 erforderlich sein, weil nur so die Verschlechterung des Gesundheitszustandes des Betroffenen festgestellt werden kann, die sachliche Grundlage des Widerrufs ist (siehe dazu Rn 3). Für den Erlass einer einstweiligen Anordnung gelten die §§ 49 ff.

4. Wirksamwerden der Entscheidung des Gerichts

Da die gerichtliche Entscheidung nunmehr als Teil des Unterbringungsverfahrens zu **8** behandeln ist,[14] ist auf das Wirksamwerden der Entscheidung konsequent § 324 anzuwenden.[15] Dies ermöglicht es dem Gericht, bei einem Widerruf der Aussetzung die sofortige Wirksamkeit der Entscheidung nach § 324 Abs. 2 anzuordnen und durch eine der dort genannten Möglichkeiten der Bekanntgabe den sofortigen Vollzug der Entscheidung herbeiführen zu können. Für die Einlegung eines Rechtsmittels gegen die gerichtliche Entscheidung gelten die allgemeinen Vorschriften. Bereits die Wirkung der Fortsetzung des Vollzugs der Freiheitsentziehung zwingt dazu, den Widerruf der Aussetzung als eine nach § 58 Abs. 1 anfechtbare Endentscheidung zu behandeln.[16] Für die Beschwerdebefugnis gilt § 335.

---

[10] BT-Drs. 16/6308 S. 275.
[11] So aber MünchKommZPO/Schmidt-Recla § 328 FamFG Rn 6.
[12] Damrau/Zimmermann § 328 FamFG Rn 13; Marschner/Volckart/Lesting § 328 FamFG Rn 16.
[13] Marschner/Volckart/Lesting § 328 FamFG Rn 13.
[14] BT-Drs. 16/6308 S. 275.
[15] Damrau/Zimmermann § 328 FamFG Rn 15.
[16] Damrau/Zimmermann § 328 FamFG Rn 15; a. A. BJS/Heierhoff § 328 Rn 4.

Dauer und Verlängerung der Unterbringung

329 (1) Die Unterbringung endet spätestens mit Ablauf eines Jahres, bei offensichtlich langer Unterbringungsbedürftigkeit spätestens mit Ablauf von zwei Jahren, wenn sie nicht vorher verlängert wird.

(2) ¹Für die Verlängerung der Genehmigung oder Anordnung einer Unterbringungsmaßnahme gelten die Vorschriften für die erstmalige Anordnung oder Genehmigung entsprechend. ²Bei Unterbringungen mit einer Gesamtdauer von mehr als vier Jahren soll das Gericht keinen Sachverständigen bestellen, der den Betroffenen bisher behandelt oder begutachtet hat oder in der Einrichtung tätig ist, in der der Betroffene untergebracht ist.

I. Dauer der Unterbringung

1. Bestimmung der Unterbringungsdauer

1   Abs. 1 der Vorschrift knüpft an die Regelung in § 323 Nr. 2 an, wonach das Gericht in seiner Entscheidung den Zeitpunkt zu bestimmen hat, zu dem die Unterbringungsmaßnahme endet, falls die Maßnahme nicht zuvor gem. Abs. 2 der Vorschrift verlängert wird. Zu dem Inhalt der Fristbestimmung in der gerichtlichen Entscheidung siehe die Erläuterungen bei § 323 Rn 11. Die Befristung der Unterbringungsdauer zwingt das Gericht dazu, in bestimmten Zeitabständen die Erforderlichkeit der Fortdauer der geschlossenen Unterbringung aktuell zu überprüfen. In diesem Zusammenhang gibt § 329 Abs. 1 den zeitlichen Rahmen vor, innerhalb dessen das Gericht die Unterbringungsdauer bestimmen kann. Abs. 1 sieht eine regelmäßige **Höchstfrist** von einem Jahr vor, nach deren Ablauf die Unterbringung spätestens endet, falls das Gericht nicht eine kürzere Frist bestimmt hat. Diese Frist gilt deshalb auch, wenn die gerichtliche Entscheidung versehentlich keine ausdrückliche Fristsetzung enthält, solange in diesem Punkt keine Ergänzung der Entscheidung erfolgt.[1] Nur bei offensichtlich langer Unterbringungsbedürftigkeit darf das Gericht eine Unterbringungsdauer von höchstens zwei Jahren bestimmen. Eine solche Entscheidung bedarf besonderer Anordnung im Tenor sowie einer näheren Begründung (siehe nachstehend Rn 2).

2. Grundlage und Begründung der Entscheidung zur Unterbringungsdauer

2   Die **konkrete Bestimmung der Unterbringungsdauer** ist Teil der Entscheidung und muss begründet werden (§ 38 Abs. 3). Bei der zivilrechtlichen Unterbringung bedarf die Bestimmung weder eines förmlichen Antrags noch ist das Gericht an die in einem Antrag des Betreuers genannte Frist gebunden.[2] Der Betreuer ist jedoch gehalten, sofort die Entlassung des Betroffenen aus der Unterbringung zu veranlassen, wenn diese nicht mehr zu dessen Wohl erforderlich ist (§ 1906 Abs. 3 S. 1 BGB). Dieser Gesichtspunkt berechtigt das Gericht indessen nicht, von einer Bestimmung des Endes der Unterbringung abzusehen und diese dem Betreuer zu überlassen.[3]

3   Die Unterbringungsdauer muss unter Berücksichtigung des **Grundsatzes der Verhältnismäßigkeit** nach der Art der Erkrankung und der Prognose des Abklingens einer Eigen- bzw. Fremdgefährdung des Betroffenen unter dem Einfluss einer medizinischen Behandlung bestimmt werden. Diese Prognose kann nur auf der Grundlage einer ärztlichen Einschätzung vorgenommen werden. Deshalb hat sich das Sachverständigengutachten nach § 321 Abs. 1 S. 3 ausdrücklich auch auf die voraussichtlich erforderliche Dauer der Unterbringung zu erstrecken.[4] Ohne eine sachverständige Stellungnahme zur erforderlichen Dauer der Unterbringung kann das Gericht seine Entscheidung in diesem Punkt nicht fehlerfrei treffen. Die erforderlichen eigenen Feststellungen des Gerichts können nicht durch den Hinweis darauf ersetzt werden, der Leiter der Einrichtung habe von sich aus das

---

[1] Bassenge/Roth § 323 Rn 4; Damrau/Zimmermann § 70 f FGG Rn 6; Jansen/Sonnenfeld § 70 f Rn 20; Knittel § 70 f FGG Rn 11.
[2] BayObLG FamRZ 1994, 1416 = BtPrax 1994, 98; OLG Schleswig FamRZ 2003, 1499.
[3] BGH FamRZ 2010, 1726.
[4] BayObLG FamRZ 1995, 696 zu § 70 e FGG.

Gericht darüber zu unterrichten, dass die Unterbringung bereits zu einem früheren Zeitpunkt zu beenden sei.[5] Von der fundierten Prognose eines Facharztes für Psychiatrie in dem von ihm erstatteten Sachverständigengutachten darf das Gericht nicht aufgrund der Angaben eines den Betroffenen betreuenden Psychologen abweichen und einen um mehrere Monate verlängerten Unterbringungszeitraum bestimmen.[6]

Wird über die regelmäßige Höchstfrist der geschlossenen Unterbringung von einem Jahr hinaus eine Unterbringung von **zwei Jahren** genehmigt oder angeordnet, ist diese Abweichung vom Regelfall im Hinblick auf den hohen Rang des Rechts auf Freiheit der Person ausreichend zu begründen.[7] Aus dem Sachverständigengutachten müssen sich in einem solchen Fall hinreichend gesicherte Anknüpfungstatsachen für die Prognose der Erforderlichkeit gerade einer über ein Jahr hinausgehenden Unterbringungsdauer ergeben. Dabei ist besondere Zurückhaltung geboten, wenn für den Betroffenen eine erstmalige Unterbringungsanordnung oder -genehmigung erfolgt oder zuletzt nur eine kurzfristige Unterbringungsmaßnahme getroffen worden war.[8]

3. Berechnung der in der gerichtlichen Entscheidung angeordneten Frist

Der Leiter der Einrichtung muss auf der Grundlage der gerichtlichen Entscheidung das Ende der Unterbringungsdauer berechnen, also den Tag bestimmen, an dem der Betroffene spätestens zu entlassen ist, wenn die Unterbringungsmaßnahme nicht zuvor verlängert worden ist. Diese Bestimmung wird erleichtert, wenn das Gericht entsprechend der verbreiteten Praxis in seiner Entscheidung den **Kalendertag** bestimmt, an dem die genehmigte oder angeordnete Unterbringung endet. Wird die Frist nach Wochen oder Monaten oder Jahren bestimmt, so müssen Fristbeginn und Fristablauf nach § 16 berechnet werden. Als **Fristbeginn** wäre also nach § 16 Abs. 1 der Tag der Bekanntgabe der Entscheidung heranzuziehen.[9]

Dieser Zeitpunkt muss nicht zwingend übereinstimmen mit demjenigen, in dem die Entscheidung wirksam wird. Wird nach § 324 Abs. 2 S. 1 die sofortige Wirksamkeit der Entscheidung angeordnet, wird die Entscheidung bereits wirksam, wenn sie (ggf. durch Verlesung der Beschlussformel gem. § 41 Abs. 2 S. 1) dem Betroffenen oder seinem Verfahrenspfleger oder dem Betreuer oder Vorsorgebevollmächtigten bekannt gemacht wird. Unabhängig davon kann die Entscheidung auch durch Bekanntmachung an einen Dritten oder durch Übergabe an die Geschäftsstelle wirksam werden (§ 324 Abs. 2 S. 1 Nr. 2 und 3). Würde eine nach Wochen oder Monaten bemessene Unterbringungsfrist erst von dem späteren Zeitpunkt einer nachfolgenden Bekanntmachung berechnet, wäre die effektive, von dem Zeitpunkt des Wirksamwerdens vollzogene Unterbringungsdauer zu Lasten des Betroffenen um den bis zum Zeitpunkt der Bekanntmachung verstreichenden Zeitraum länger. Dieser Gesichtspunkt rechtfertigt es, bei Anordnung der sofortigen Wirksamkeit für den Beginn einer nach Wochen oder Monaten berechneten Frist auf den Zeitpunkt des Wirksamwerdens der Entscheidung nach § 324 Abs. 2 S. 1 abzustellen, der von der Geschäftsstelle gem. § 324 Abs. 2 S. 2 auf dem Beschluss vermerkt werden muss.[10] Die Berechnung der Frist erfolgt dann über die Verweisungskette in §§ 16 Abs. 2 FamFG, 222 Abs. 1 ZPO, 188 Abs. 2 S. 1, 187 Abs. 1 BGB. Danach endet die Unterbringungsfrist mit dem Ablauf desjenigen Tages, der der Benennung oder sein Zahl nach dem Tag entspricht, in dessen Verlauf die Frist begonnen hat.[11]

Eine **Unterbrechung des Fristlaufs** findet nicht statt. Wird der tatsächliche Vollzug der Unterbringung unterbrochen, etwa durch eine anderweitige Freiheitsentziehung oder

---

[5] BayObLG Beschl. v. 1. 8. 1996 3 Z BR 173/96.
[6] OLG München FGPrax 2007, 43.
[7] BayObLG NJW-RR 2005, 1314; FamRZ 2002, 629; OLG München FamRZ 2006, 362 = BtPrax 2005, 113.
[8] OLG Schleswig FGPrax 2006, 138.
[9] Marschner/Volckart/Lesting § 323 FamFG Rn 10; SBW/Dodegge § 329 Rn 3; a. A. Bahrenfuss/Grotkopp § 323 Rn 5; Bassenge/Roth § 323 FamFG Rn 4; Prütting/Helms/Roth § 323 FamFG Rn 6: Berechnung der Frist ab Erlass der Entscheidung.
[10] MünchKommZPO/Schmidt-Recla § 323 FamFG Rn 7.
[11] OLG Hamm FGPrax 1995, 82 = NVwZ 1995, 825; BayObLGZ 1998, 130 für Freiheitsentziehungssachen.

eine Beurlaubung oder Aussetzung der Vollziehung, so kann nicht etwa nach Eintritt des in der gerichtlichen Entscheidung bestimmten Endtermins quasi ein nicht verbrauchter Teil der Unterbringung noch nachträglich vollzogen werden. Eine solche Unterbrechung des Fristlaufs ist im Gesetz nicht vorgesehen und widerspräche dem Sinn der Befristung, die erforderliche Unterbringungsdauer aufgrund sachverständiger Beurteilung sorgfältig zu bestimmen und nach deren Ablauf eine auf den aktuellen Zustand des Betroffenen bezogene Neuprüfung der Erforderlichkeit einer Verlängerung der Unterbringung zu gewährleisten (siehe auch die weiteren Erläuterungen bei § 324 Rn 5). Davon unberührt bleibt im Fall der Entweichung die Möglichkeit, eine erneute Unterbringungsmaßnahme in der Weise anzuordnen oder zu genehmigen, dass die kalendermäßig bestimmte Frist ab dem Zeitpunkt der Wiedereinlieferung des Betroffenen zu berechnen ist.[12]

4. Berechnung von Höchstfristen

8 Die Berechnung der in der gerichtlichen Entscheidung ausgesprochenen Frist ist von der Frage der inhaltlichen Rechtmäßigkeit der Fristbestimmung zu unterscheiden (vgl. § 333 Rn 1). Schöpft das Gericht die Höchstfristen des § 329 Abs. 1 bzw. bei einer einstweiligen Anordnung diejenigen des § 333 aus, so muss durch die gerichtliche Entscheidung gewährleistet werden, dass diese Höchstfristen keinesfalls überschritten werden können. Dies ist praktikabel nur möglich, wenn das Gericht das Fristende auf einen Kalendertag bestimmt, der der Benennung oder der Zahl nach dem Kalendertag vorausgeht, an dem die Wirksamkeit der gerichtlichen Entscheidung eingetreten ist.[13] Zu weiteren Einzelheiten der Berechnung der Höchstfristen aus § 333 siehe die Erläuterungen dort zu Rn 2 bis 8.

II. Verlängerung der Unterbringung (Abs. 2)

1. Verfahrensgrundsätze

9 Nach Abs. 2 S. 1 gelten für die Verlängerung der Unterbringungsmaßnahme im Anschluss an eine bereits bestehende Unterbringung die Vorschriften für die erstmalige Anordnung oder Genehmigung entsprechend. Das bedeutet, dass sämtliche Verfahrensgarantien für die Erstentscheidung uneingeschränkt auch im Verlängerungsverfahren anzuwenden sind, insbesondere also die zwingende **persönliche Anhörung** des Betroffenen sowie die **Einholung eines Sachverständigengutachtens** zum Bestehen der Unterbringungsvoraussetzungen (§§ 319, 321).

10 Anwendbar ist damit auch § 331, so dass bei Vorliegen der dortigen Voraussetzungen eine Verlängerung einer durch Entscheidung in der Hauptsache angeordneten bzw. genehmigten und vollzogenen Unterbringung zunächst auch im Wege der **einstweiligen Anordnung** erfolgen kann, insbesondere wenn erst kurz vor Ablauf des bisherigen Unterbringungszeitraums die Erforderlichkeit einer Verlängerung deutlich wird und für die Durchführung eines weiteren Hauptsacheverfahrens kein ausreichender Zeitraum mehr verbleibt.[14]

11 Für das Verlängerungsverfahren bleibt die **örtliche Zuständigkeit** desjenigen Gerichts bestehen, das die erstmalige Entscheidung getroffen hat, und zwar auch dann, wenn sich der Betroffene nunmehr in einer im Bezirk eines anderen AG gelegenen Unterbringungseinrichtung befindet. Dies folgt aus dem nunmehr in § 2 Abs. 2 ausdrücklich geregelten Grundsatz des Fortbestehens der einmal begründeten Zuständigkeit und der nunmehr sämtliche Unterbringungsverfahren umfassenden Abgabemöglichkeit in § 314. Auf den zum bisherigen Recht entstandenen Meinungsstreit[15] kommt es daher nicht mehr an.[16]

---

[12] OLG München FGPrax 2008, 137.
[13] OLG Hamm OLGR 2007, 568 = BeckRS 2007, 05510 für Freiheitsentziehungssachen.
[14] OLG Brandenburg BtPrax 2009, 124 zu § 70i Abs. 2 FGG.
[15] Vgl. etwa LG Tübingen FamRZ 1995, 485.
[16] Wie hier Bahrenfuss/Grotkopp § 329 Rn 5; Prütting/Helms/Roth § 329 Rn 9; a. A. im Sinne einer Neuanknüpfung der örtlichen Zuständigkeit: Bassenge/Roth § 329 FamFG Rn 4; Damrau/Zimmermann § 329 FamFG Rn 4; MünchKommZPO/Schmidt-Recla § 329 FamFG Rn 9.

2. Auswahl des Sachverständigen

Abs. 2 S. 2 schränkt das Ermessen des Gerichts bei der Auswahl eines Sachverständigen bei der Überprüfung der Fortdauer einer langjährigen Unterbringung ein. Nach Ablauf einer Unterbringungszeit von vier Jahren soll ein neuer Sachverständiger den Betroffenen begutachten. Dadurch soll gewährleistet werden, dass eine Unterbringung nicht aufgrund einer fest gefügten Meinung der Ärzte der Einrichtung, in der die Unterbringung vollzogen wird, länger als erforderlich aufrechterhalten wird.[17]

Bei Erlass des FamFG ist versäumt worden, die bereits in der Vorgängerregelung des § 70 i Abs. 2 S. 2 FGG bestehenden Unklarheiten zu beheben, die sich sowohl im Hinblick auf Beginn als auch Ablauf der Frist ergeben. Die Vorschrift betrifft zunächst nur eine Verlängerungsentscheidung. Die Fristberechnung muss sich also auf die ununterbrochene Fortdauer derjenigen Unterbringungsmaßnahme beziehen, deren Verlängerung jetzt zur Entscheidung ansteht. Deshalb sind Zeiträume zurückliegender Unterbringungen nicht in die Fristberechnung einzubeziehen, wenn sich der Betroffene zwischenzeitlich in Freiheit befunden hat.[18] Für den Fristbeginn ist also abzustellen auf das Wirksamwerden (§ 324)[19] derjenigen Unterbringung, die bis zum Fristablauf ununterbrochen vollzogen wird. Entsprechend dem Gesetzeszweck sind lediglich kurzfristige Unterbrechung der Unterbringung (Entweichen, Beurlaubung, Aussetzung der Vollziehung) unschädlich.[20]

Der Fristlauf wird ebenfalls nicht dadurch berührt, dass die rechtliche Grundlage der Unterbringung ausgewechselt, insbesondere eine zunächst angeordnete öffentlich-rechtliche Unterbringung nach Bestellung eines Betreuers durch eine zivilrechtliche Unterbringung ersetzt wird. Die Unterbringung muss nicht zwingend bereits vor der Entscheidung in der letzten Tatsacheninstanz vier Jahre vollzogen worden sein. Ausreichend ist vielmehr, dass der jetzt verlängerte Unterbringungszeitraum über das Fristende hinausreicht.[21] Denn die gesetzliche Vorschrift will gerade vermeiden, dass eine Unterbringung über einen Zeitraum von vier Jahren hinaus aufrechterhalten wird, ohne dass ihr das Gutachten eines außenstehenden Sachverständigen zugrunde liegt. Bei exakter Anwendung des Wortlauts der Vorschrift wäre bei einer **erneuten Verlängerung,** die nunmehr über den Zeitraum von sechs Jahren hinausreicht, ein weiterer Wechsel der Person des Sachverständigen auch dann erforderlich, wenn für den zurückliegenden Zeitraum unter Beachtung der Vorschrift bereits ein Wechsel des Sachverständigen erfolgt war. Die Vorschrift will aber erkennbar nur in einer Abfolge von jeweils vier Jahren einen Wechsel des Sachverständigen erzwingen.[22]

Die Ärzte der Einrichtung, in der die Unterbringung vollzogen wird und die bereits nach vier Jahren von der Gutachtenerstattung ausgeschlossen waren, bleiben es auch für die Zukunft.[23] Entsprechend dem Zweck der Vorschrift muss die präkludierende zurückliegende Behandlung oder Begutachtung jedoch noch in einem inneren Zusammenhang mit der jetzt vollzogenen Unterbringung stehen. Irgendeine zeitlich länger zurückliegende Behandlung oder Begutachtung kann demgegenüber nicht ausreichen.[24]

Es handelt sich um eine **Sollvorschrift,** von der nur in Ausnahmefällen abgewichen werden darf, etwa wenn andere als nach dieser Vorschrift ausgeschlossene Ärzte nicht oder nur schwer erreichbar sind.[25] Allein der zusätzliche Aufwand, der mit der Zuziehung eines qualifizierten Arztes einer anderen Klinik oder der Verlegung des Betroffenen zum Zwecke der Begutachtung verbunden ist, rechtfertigt es nicht, einen Ausnahmefall im Sinne der Vorschrift anzunehmen.

---

[17] BT-Drs. 11/4528 S. 186; BayObLGZ FamRZ 1994, 320.
[18] BayObLG Beschl. v. 31. 1. 1994 3 Z BR 10/94.
[19] Bassenge/Roth § 329 FamFG Rn 6; Fröschle/Locher § 329 Rn 10.
[20] Bassenge/Roth § 329 FamFG Rn 6.
[21] Prütting/Helms/Roth § 329 Rn 11; MünchKommZPO/Schmidt-Recla § 329 FamFG Rn 10; Bassenge/Roth § 329 FamFG Rn 6; Fröschle/Locher § 329 Rn 10.
[22] Bassenge/Roth § 329 FamFG Rn 6; Fröschle/Locher § 329 Rn 10.
[23] BayObLG BtPrax 2005, 68.
[24] BayObLG FamRZ 1994, 320.
[25] BT-Drs. 11/4528 S. 186.

Aufhebung der Unterbringung

330 ¹Die Genehmigung oder Anordnung der Unterbringungsmaßnahme ist aufzuheben, wenn ihre Voraussetzungen wegfallen. ²Vor der Aufhebung einer Unterbringungsmaßnahme nach § 312 Nr. 3 soll das Gericht die zuständige Behörde anhören, es sei denn, dass dies zu einer nicht nur geringen Verzögerung des Verfahrens führen würde.

I. Anwendungsbereich und Normzweck

1   Die Vorschrift betrifft sämtliche Unterbringungsmaßnahmen im Sinne des § 312, also sowohl zivilrechtliche als auch öffentlich-rechtliche Unterbringungen. Die Regelung will ein möglichst effektives Verfahren zur Verfügung stellen, um sicherzustellen, dass kein Betroffener länger als erforderlich untergebracht ist.[1] Stellt sich heraus, dass die Voraussetzungen für die Unterbringung weggefallen sind, hat deshalb das Gericht **von Amts wegen** unverzüglich die Maßnahme aufzuheben, ohne dass es eines Antrags des Betroffenen, seines Betreuers oder der Behörde bedarf. Die Verpflichtung des Gerichts tritt im Fall der zivilrechtlichen Unterbringung neben diejenige des Betreuers gem. § 1906 Abs. 3 BGB, die Unterbringung beim Wegfall ihrer Voraussetzungen zu beenden.[2] In den meisten Fällen wird das Gericht unterrichtet, wenn die Unterbringung tatsächlich bereits beendet ist. Trotz der dadurch eingetretenen Erledigung der Hauptsache ist die Genehmigung bzw. Anordnung der Unterbringung in einem solchen Fall deklaratorisch aufzuheben, um den von ihr ausgehenden Rechtsschein ihres Fortbestandes bis zu dem angegebenen Endtermin zu beseitigen.[3]

2   Die Vorschrift gilt gem. § 51 Abs. 2 auch für im Wege der einstweiligen Anordnung angeordnete **vorläufige Unterbringungsmaßnahmen**. Sie hat deshalb als Spezialvorschrift Vorrang gegenüber § 54 Abs. 4,[4] der eine Aufhebung der angefochtenen einstweiligen Anordnung während der Anhängigkeit des Rechtsmittels beim Beschwerdegericht ausschließt. Der Zweck des § 330, im Fall des Wegfalls der Voraussetzungen möglichst schnell eine Aufhebung der Unterbringungsmaßnahme herbeiführen zu können, trifft bei vorläufigen Anordnungen in besonderem Maße zu. Erfährt der Richter am Amtsgericht zuverlässig, dass die Voraussetzungen nicht mehr vorliegen, muss er zur sofortigen Aufhebung der Maßnahme berechtigt sein, ohne die Beteiligten darauf verweisen zu müssen, zunächst eine Entscheidung des gleichzeitig mit einem Rechtsmittel befassten Landgerichts herbeizuführen.

II. Das Aufhebungsverfahren

1. Verfahrensgegenstand des Aufhebungsverfahrens

3   Gegenstand der im Aufhebungsverfahren zu treffenden Entscheidung ist der **Fortbestand der Unterbringungsvoraussetzungen** zum aktuellen Zeitpunkt. So selbstverständlich dies scheinen mag, bedarf es einer Klarstellung im Hinblick darauf, in welchem Verhältnis die im Aufhebungsverfahren zu treffende Entscheidung zu der Ursprungsentscheidung steht, durch die die Unterbringung bereits angeordnet oder genehmigt worden ist. Insoweit besteht eine Parallele mit dem Freiheitsentziehungsverfahren, für das § 426 eine wortgleiche Vorschrift vorsieht. Beide Regelungen müssen zu dieser Fragestellung inhaltlich übereinstimmend beurteilt werden.[5] Der Wortlaut beider Vorschriften kann Anknüpfungspunkt für die Auffassung sein, die Aufhebung der Maßnahme setze einen Wegfall ihrer Voraussetzungen, also den Eintritt neuer tatsächlicher Umstände voraus. Dementsprechend ist für das Freiheitsentziehungsverfahren zu der dortigen Vorgängerregelung in § 10 FEVG die Auffassung vertreten worden, der Betroffene sei im Aufhebungsverfahren mit Einwendungen gegen die Rechtmäßigkeit der Ausgangsentscheidung ausgeschlossen, Prüfungsgegenstand seien nur neue tatsächliche Umstände, die nachträglich

---

[1] BT-Drs. 11/4528 S. 186.
[2] BT-Drs. 11/4528 S. 148.
[3] BayObLG FamRZ 1995, 1296 = BtPrax 1995, 144; OLG Hamm FGPrax 1999, 222 = FamRZ 2000, 1120.
[4] Damrau/Zimmermann § 331 FamFG Rn 33.
[5] BGH NJW 2009, 299.

zum Wegfall der (Haft-) bzw. Unterbringungsvoraussetzungen geführt hätten.[6] Demgegenüber vertritt der BGH nunmehr den Standpunkt, Verfahrensgegenstand der Aufhebungsentscheidung sei umfassend die Rechtmäßigkeit des Fortbestandes der (Haft-) bzw. Unterbringungsmaßnahme bezogen auf den Entscheidungszeitpunkt.

Die Freiheitsentziehung ist nach dieser Auffassung auch dann zu beenden, wenn sich die 4 Sachlage zwar nicht verändert hat, die erneute sachliche Prüfung jedoch zu dem Ergebnis führt, dass ein Grund für die Anordnung nicht bestanden hat und auch weiterhin nicht besteht. Auf diese Weise wird dem Zweck der Vorschrift Rechnung getragen, eine sachlich nicht gerechtfertigte (Inhaftierung bzw.) Unterbringung zur Verwirklichung der Freiheitsgarantien des Art. 104 GG umgehend zu beenden. Eine Bindungswirkung an die im Ausgangsverfahren getroffene Entscheidung kann nicht angenommen werden, weil diese nur in formelle, nicht jedoch in materielle Rechtskraft erwachsen kann.[7]

2. Verfahrensgrundsätze

§ 330 enthält mit Ausnahme der Bestimmung in S. 2 (siehe dazu nachstehend) keine 5 besonderen Verfahrensvorschriften für die Vorbereitung einer Entscheidung über die Aufhebung einer Unterbringungsmaßnahme. **Örtlich zuständig** ist das Gericht, das die Unterbringung angeordnet oder genehmigt hat.[8] Die Gründe für dieselbe Beurteilung bei der Entscheidung über eine Verlängerung der Maßnahme (vgl. § 329 Rn 11) gelten hier entsprechend.

Die besonderen Verfahrensgarantien der §§ 319 und 321 sind in dem Verfahren auch 6 dann nicht heranzuziehen, wenn eine Entscheidung zum Nachteil des Betroffenen getroffen wird (Ablehnung einer Aufhebung). Denn es handelt sich nicht um eine Unterbringungsmaßnahme, sondern um eine Folgeentscheidung zu einer bereits getroffenen Unterbringungsmaßnahme. Es bleibt also auch für § 330 bei der bisherigen Rechtslage, dass die sachlichen Voraussetzungen der zu treffenden Entscheidung im Rahmen der **Amtsermittlungspflicht** (§ 26) festzustellen sind.

Nach den Kriterien des § 26 ist auch zu entscheiden, ob überhaupt in neue tatsächliche 7 Ermittlungen im Hinblick auf das Vorliegen der Unterbringungsvoraussetzungen einzutreten ist. In diesem Rahmen kann das Gericht etwa einen von dem Betroffenen gestellten Aufhebungsantrag ohne weitere Sachverhaltsaufklärung ablehnen, wenn sich insgesamt unter Berücksichtigung der Ergebnisse der Ermittlungen im Ausgangsverfahren keine hinreichenden Anhaltspunkte dafür ergeben, dass die Unterbringungsvoraussetzungen nicht mehr gegeben sind. Das Gericht kann die Erforderlichkeit weiterer Ermittlungen etwa auch verneinen, nachdem es eine ärztliche Stellungnahme zum Verlauf der Behandlung des Betroffenen eingeholt hat.

Tritt das Gericht in weitere Ermittlungen ein, wird regelmäßig die Einholung eines 8 Sachverständigengutachtens, das den Anforderungen des § 321 entsprechen muss, und die ergänzende persönliche Anhörung des Betroffenen erforderlich sein (§ 34 Abs. 1). Insgesamt ist die Vorschrift darauf ausgerichtet, dass unverzüglich die Aufhebung der Unterbringungsmaßnahme angeordnet werden muss, wenn das Gericht überzeugungskräftige Informationen über den Wegfall der Unterbringungsvoraussetzungen erhält, etwa durch eine Mitteilung der ärztlichen Leitung der Unterbringungseinrichtung (siehe Rn 1).

In diesem Zusammenhang verkürzt S. 2 die Beteiligtenrechte der zuständigen Behörde 9 bei der öffentlich-rechtlichen Unterbringung. Obwohl die Behörde bereits als Antragstellerin Beteiligte des Verfahrens ist (§ 7 Abs. 1) und die Aufhebung der Unterbringung eine ihr rechtlich nachteilige Entscheidung ist (Art. 103 Abs. 1 GG), kann von ihrer Anhörung abgesehen werden, wenn dies zu einer nicht nur geringen Verzögerung des Verfahrens – gemeint

---

[6] KG OLGZ 1977, 161/164; OLG Düsseldorf Beschl. v. 16. 4. 2003 3 Wx 116/03; Beschl. v. 25. 9. 2002 3 Wx 296/02; OLG Saarbrücken OLGR 2008, 193 = BeckRS 2007, 17525.
[7] BGH NJW 2009, 299 in Übereinstimmung mit der überwiegenden Auffassung BayObLG Beschl. v. 3. 8. 2004 4 Z BR 32/04; OLG Celle NdsRpfl 2004, 16; OLG Frankfurt OLGR 2006, 83 = BeckRS 2005, 30353797; OLG Stuttgart FGPrax 1996, 40; Marschner/Volckart/Lesting § 330 FamFG Rn 3.
[8] A. A. MünchKommZPO/Schmidt-Recla § 330 FamFG Rn 4; Bassenge/Roth § 330 FamFG Rn 3; Damrau/Zimmermann § 330 FamFG Rn 6: Neuanknüpfung der örtlichen Zuständigkeit.

ist eine Aufhebung der Unterbringungsmaßnahme – führen würde. Die Vorschrift ist sachlich im Hinblick auf den Vorrang des Freiheitsgrundrechts des Betroffenen gerechtfertigt. Sie hat nur eine geringe praktische Bedeutung, weil in den meisten Fällen, in denen das Gericht von der Unterbringungseinrichtung im Hinblick auf eine Aufhebung der Maßnahme unterrichtet wird, der Betroffene ohnehin bereits aus der geschlossenen Unterbringung entlassen ist.

3. Entscheidung des Gerichts; Bekanntgabe; Mitteilungspflicht; Rechtsmittel

10   Die Entscheidung des Gerichts kann dahin lauten, dass die Unterbringungsmaßnahme aufgehoben oder dass die Aufhebung abgelehnt wird. Für die Bekanntgabe der Entscheidung gilt § 41. Nach der Sondervorschrift des § 325 Abs. 2 S. 2 ist die Aufhebung sowohl einer zivilrechtlichen als auch einer öffentlich-rechtlichen Unterbringung immer auch der zuständigen Behörde mitzuteilen, die auf diese Weise Gelegenheit zu flankierenden Maßnahmen, ggf. auch zur Einlegung einer eigenen Beschwerde nach § 335 Abs. 4 erhält. Die Aufhebung einer Unterbringung wird gem. § 40 Abs. 1 mit der Bekanntgabe an den Betroffenen wirksam. Die Sondervorschriften in § 324 Abs. 1 und 2 sind hier nicht anwendbar, weil es sich nicht um die Genehmigung oder Anordnung einer Unterbringung, sondern um deren Aufhebung handelt.[9] Für die Einlegung eines Rechtsmittels gegen die gerichtliche Entscheidung gelten die allgemeinen Vorschriften sowie für die Beschwerdebefugnis § 335. Die umfassende Beschwerdebefugnis der Behörde nach § 335 Abs. 4 eröffnet ihr im Gegensatz zum bisherigen Vorschrift des § 70 m Abs. 2 FGG[10] nunmehr auch die Möglichkeit der Anfechtung einer Aufhebung der Unterbringung.

Einstweilige Anordnung

§ 331 ¹Das Gericht kann durch einstweilige Anordnung eine vorläufige Unterbringungsmaßnahme anordnen oder genehmigen, wenn
1. dringende Gründe für die Annahme bestehen, dass die Voraussetzungen für die Genehmigung oder Anordnung einer Unterbringungsmaßnahme gegeben sind und ein dringendes Bedürfnis für ein sofortiges Tätigwerden besteht,
2. ein ärztliches Zeugnis über den Zustand des Betroffenen vorliegt,
3. im Fall des § 317 ein Verfahrenspfleger bestellt und angehört worden ist und
4. der Betroffene persönlich angehört worden ist.

²Eine Anhörung des Betroffenen im Wege der Rechtshilfe ist abweichend von § 319 Abs. 4 zulässig.

I. Anwendungsbereich und Normzweck

1   Die Vorschrift stellt sich im systematischen Zusammenhang des FamFG nunmehr als Sonderregelung zu dem Abschnitt der §§ 49 bis 57 des Allgemeinen Teils über den Erlass einer einstweiligen Anordnung dar. Die §§ 331 bis 334 regeln die besonderen verfahrensrechtlichen Voraussetzungen für den Erlass einer einstweiligen Anordnung für sämtliche in § 312 genannten Unterbringungssachen. Ergänzend bleiben die Vorschriften des Allgemeinen Teils anwendbar. Dies betrifft insbesondere das Verhältnis zum Hauptsacheverfahren. Entgegen dem bisherigen Recht ist nunmehr nach § 51 Abs. 3 S. 1 das Verfahren der einstweiligen Anordnung ein im Verhältnis zum Verfahren in der Hauptsache **selbständiges Verfahren**, das auch kostenrechtlich selbständig abzurechnen ist (§ 51 Abs. 4). Der Erlass einer einstweiligen Anordnung bedarf eines förmlichen Antrags der zuständigen Behörde, wenn bei der landesrechtlichen Unterbringung das Verfahren in der Hauptsache nur auf Antrag eingeleitet werden kann (§ 51 Abs. 1 S. 1). Bei der zivilrechtlichen Unterbringung kann auf eine Anregung des Betreuers bzw. Vorsorgebevollmächtigten die einst-

---

[9] MünchKommZPO/Schmidt-Recla, § 330 FamFG Rn 6; Prütting/Helms/Roth § 330 Rn 4; Marschner/Volckart/Lesting § 330 FamFG Rn 7; SBW/Dodegge § 330 Rn 11; a. A. Bassenge/Roth § 330 Rn 8, Bahrenfuss/Grotkopp § 330 Rn 8: Die Anwendbarkeit des § 324 erfordert regelmäßig die Anordnung der sofortigen Wirksamkeit der Entscheidung.
[10] OLG Frankfurt FGPrax 2002, 46 = BtPrax 2002, 43.

weilige Anordnung auch von Amts wegen erlassen werden (§§ 51 Abs. 2 S. 1, 24 Abs. 1).[1] Wegen der Einzelheiten siehe dazu die Erläuterungen zu §§ 51 und 52.

Die Sonderregelungen der §§ 331 bis 334 bezwecken, dem Gericht ein Instrumentarium an die Hand zu geben, mit dem auch in Eilsituationen einer Gefahr für den Betroffenen bzw. im Fall der öffentlich-rechtlichen Unterbringung nach Landesrecht ggf. auch einer Gefahr für Dritte effektiv begegnet werden kann, gleichzeitig aber den Schutz des Betroffenen auch bei solchen Eilentscheidungen angemessen zu gewährleisten. Vorläufigen Unterbringungsmaßnahmen stehen in der Praxis im Vordergrund der gerichtlichen Tätigkeit in Unterbringungssachen.

II. Voraussetzungen einer vorläufigen Unterbringung (S. 1 Nr. 1)

1. Sachliche Voraussetzungen

Es müssen **dringende Gründe** für die Annahme bestehen, dass die Voraussetzungen für die Genehmigung oder Anordnung einer Unterbringungsmaßnahme gegeben sind **(S. 1 Nr. 1)**. Damit stellt die Vorschrift in Übereinstimmung mit § 49 Abs. 1 klar, dass die materiell-rechtlichen Voraussetzungen einer vorläufigen Unterbringung deckungsgleich sind mit denjenigen, die für die endgültige Maßnahme gelten.[2] Diese Voraussetzungen sind hier nicht im Einzelnen zu behandeln. Die sachlichen Voraussetzungen sind nach § 331 nicht etwa deshalb geringere, weil es sich um eine lediglich vorläufige Maßnahme handelt, die zudem nach § 333 auf einen verhältnismäßig kurzen Zeitraum befristet ist.

Das Gesetz lässt eine vorläufige **Unterbringung auf Probe**, die bei vagen Anhaltspunkten für eine Erkrankung des Betroffenen vornehmlich dazu dient, Zeit zu gewinnen, in der die Unterbringungsvoraussetzungen erst noch vollständig festgestellt werden müssen, nicht zu.

§ 331 beschränkt sich vielmehr darauf, dass eine vorläufige Unterbringungsmaßnahme bereits dann getroffen werden kann, wenn zwar die für den Erlass der endgültigen Maßnahme erforderlichen Ermittlungen, insbesondere im Hinblick auf das nach § 321 einzuholende Sachverständigengutachten, noch nicht abgeschlossen sind, konkrete Umstände jedoch bei **summarischer Prüfung** mit erheblicher Wahrscheinlichkeit darauf hindeuten, dass die sachlichen Voraussetzungen einer zivilrechtlichen oder öffentlich-rechtlichen Unterbringung vorliegen.[3] Diese Überzeugung muss das Gericht bei seiner summarischen Prüfung gewinnen und in der Begründung seiner Entscheidung (§ 38 Abs. 3) zum Ausdruck bringen. Die Begründung muss erkennen lassen, dass in Anwendung des Grundsatzes der Verhältnismäßigkeit eine konkrete Abwägung der Gefährdung mit dem Freiheitsgrundrecht des Betroffenen vorgenommen worden ist.[4] Dabei ist zu berücksichtigen, dass die gerichtliche Entscheidung sowohl hinsichtlich ihrer sachlichen Begründung als auch in Bezug auf das ihr zugrunde liegende Verfahren (siehe dazu Rn 8 bis 14) auch noch nach Erledigung der Unterbringung in der Hauptsache einer Überprüfung unterzogen werden kann (siehe dazu die Erläuterungen zu § 62). Die obergerichtliche Rechtsprechung zur inhaltsgleichen Vorgängerregelung in § 70h Abs. 1 FGG hat unter diesem Gesichtspunkt wiederholt beanstandet, dass die gegebene Begründung sich auf eine allgemein gehaltene ärztliche Diagnose einer psychischen Erkrankung (bspw. „behandlungsbedürftige Psychose, fehlende Krankheitseinsicht") in Verbindung mit formelhaften Wendungen im Hinblick auf die weiteren Unterbringungsvoraussetzungen beschränkt, andererseits keine konkreten Umstände festgestellt werden, die Anlass für die Unterbringung sind und eine Einschätzung der Gefährdung des Betroffenen zulassen.[5]

Wird eine **vorläufige öffentlich-rechtliche Unterbringung** wegen einer von dem Betroffenen ausgehenden Eigen- oder Fremdgefährdung angeordnet, muss in der Begrün-

---

[1] Damrau/Zimmermann § 331 Rn 17.
[2] OLG Zweibrücken FGPrax 2005, 137 zu § 70h FGG.
[3] BayObLG BtPrax 2004, 114; NJW-RR 2001, 654 = FamRZ 2001, 578; OLG Hamm FamRZ 2007, 227; OLG München RuP 2007, 195; OLG Zweibrücken FGPrax 2005, 137.
[4] BVerfG NJW 1998, 1774; BayObLG BtPrax 2004, 114.
[5] BayObLG BtPrax 2004, 114; NJW-RR 2001, 654 = FamRZ 2001, 578; OLG München RuP 2007, 195; OLGR 2006, 113 = BeckRS 200512822; OLG Zweibrücken BtPrax 2003, 80.

dung der Entscheidung das Anlass gebende Verhalten des Betroffenen näher festgestellt werden.[6] Erforderlich ist dies insbesondere, wenn der Betroffene bei seiner persönlichen Anhörung Einwendungen gegen die Richtigkeit derjenigen tatsächlichen Vorgänge erhebt, die der Unterbringungsentscheidung zugrunde gelegt werden sollen.[7] Das Gericht muss dann näher begründen, warum und auf welcher Grundlage es im Rahmen summarischer Prüfung eine andere Darstellung für überwiegend wahrscheinlich erachtet (zur Verpflichtung des Gerichts zu weiteren tatsächlichen Ermittlungen zu einem solchen Vorgang siehe nachfolgend Rn 14).

7 Angepasst an die Formulierung in § 49 Abs. 1 ist nach S. 1 Nr. 1 weiter erforderlich, dass ein **dringendes Bedürfnis für ein sofortiges Tätigwerden** bestehen muss. Die Formulierung ist inhaltlich gleichbedeutend mit der bisherigen in § 70 h Abs. 1 in Verbindung mit § 69 f Abs. 1 FGG, dass mit dem Aufschub Gefahr verbunden wäre. Diese Voraussetzung ist gegeben, wenn eine **Eigen- oder Fremdgefährdung** des Betroffenen besteht, die ein Abwarten mit dem Vollzug der Unterbringung bis zur endgültigen Entscheidung ausschließt.[8] Die gerichtliche Entscheidung muss durch nähere Umstände konkretisieren, warum eine Gefährdungslage besteht, die bereits vor Abschluss eines Verfahrens in der Hauptsache zwingend die sofortige Unterbringung des Betroffenen erfordert.[9] Dies gilt insbesondere bei einer Unterbringung zur Behandlung (§ 1906 Abs. 1 Nr. 2 BGB) bei einem langfristigen Krankheitsverlauf.[10] Eine konkrete Abwägung der Gefahrensituation mit dem Gewicht des Eingriffs in das Freiheitsgrundrecht des Betroffenen trägt zugleich dem **Grundsatz der Verhältnismäßigkeit** Rechnung, an dem die Erforderlichkeit der Unterbringung einer strengen Prüfung zu unterziehen ist.[11]

2. Verfahrensrechtliche Voraussetzungen

8 **a) Ärztliches Zeugnis (S. 1 Nr. 2).** Es muss ein ärztliches Zeugnis über den Zustand des Betroffenen vorliegen. Das Zeugnis muss den Anforderungen nach den §§ 281 Abs. 2, 280 Abs. 2 genügen (siehe dazu näher die Erläuterungen zu der Parallelvorschrift des § 300, dort Rn 6). Inhaltlich muss das ärztliche Zeugnis, wenn auch in verkürzter Form, zu den materiellen Voraussetzungen der Genehmigung bzw. Anordnung der Unterbringung Stellung nehmen. Es darf sich nicht auf die Wiedergabe zusammenfassender Ergebnisse beschränken, sondern muss auch die hierfür maßgeblichen Anknüpfungstatsachen darstellen.[12] Dazu gehören Angaben zum Sachverhalt, zur Vorgeschichte, zu Art und Ausmaß der psychischen Erkrankung oder Störung und dazu, ob der Betroffenen augrund seiner Erkrankung seinen Willen nicht frei bestimmen kann. Ärztliche Zeugnisse, die einer sofortigen Unterbringung nach Landesrecht durch die zuständige Behörde zugrunde liegen, genügen häufig diesen Anforderungen nicht. Insoweit bestehende Lücken können aber durch eine ergänzende ärztliche Stellungnahme im Zusammenhang mit der persönlichen Anhörung des Betroffenen geschlossen werden.

9 **b) Verfahrenspfleger (S. 1 Nr. 3).** Es muss ein Verfahrenspfleger für den Betroffenen bestellt worden sein, wenn dies nach § 317 erforderlich ist. Dadurch sollen die Rechte des Betroffenen auch in dem summarischen Verfahren der einstweiligen Anordnung gewahrt werden.[13] S. 1 Nr. 3 der Vorschrift stellt in diesem Zusammenhang klar, dass der Verfahrenspfleger vor Erlass der einstweiligen Anordnung nicht nur bestellt, sondern auch angehört werden, d. h. ihm Gelegenheit zur Äußerung gegeben werden muss. Wenn die zeitlichen Gegebenheiten es zulassen, ist der Verfahrenspfleger zu der persönlichen Anhörung des Betroffenen zuzuziehen.[14] Von der Anhörung des Verfahrenspflegers darf nur

---

[6] OLG Zweibrücken FGPrax 2005, 137 = BtPrax 2005, 72.
[7] BayObLG OLGR 2005, 117 = BeckRS 2004, 11014; OLG Hamm FamRZ 2007, 227; OLG Zweibrücken FGPrax 2005, 137.
[8] BayObLG NJW-RR 2000, 524 = FamRZ 2000, 566; OLG Karlsruhe FGPrax 2000, 165.
[9] BayObLG OLGR 2005, 117 = BeckRS 2004, 11014.
[10] BVerfG NJW 1998, 1774; OLG Bremen BtPrax 2007, 87.
[11] BayObLG NJW-RR 2001, 654 = FamRZ 2001, 578.
[12] OLG Frankfurt FGPrax 2005, 23 = FamRZ 2005, 303; OLG Köln FGPrax 2006, 232.
[13] BT-Drs. 11/4528 S. 178 zu § 69 f FGG.
[14] OLG München OLGR 2006, 113 = BeckRS 200512822.

c) **Persönliche Anhörung des Betroffenen (S. 1 Nr. 4).** Der Betroffene muss 10
persönlich angehört worden sein. Die Verfahrensgarantie der notwendigen persönlichen Anhörung des Betroffenen hat im Rahmen des Unterbringungsverfahrens einen herausgehobenen Stellenwert (vgl. dazu näher § 319 Rn 1). § 331 will gewährleisten, dass diese Verfahrensgarantie auch im Verfahren auf Erlass einer einstweiligen Unterbringungsmaßnahme gewahrt bleibt. Von der persönlichen Anhörung des Betroffenen kann nur bei Gefahr im Verzug nach § 332 (siehe die Erläuterung dort bei Rn 1) sowie auf der Grundlage der allgemeinen Vorschrift des § 34 Abs. 2 abgesehen werden. Ist nach der letztgenannten Vorschrift eine persönliche Anhörung des Betroffenen entbehrlich, ist das Gericht allerdings nicht verpflichtet, mit dem Betroffenen Kontakt aufzunehmen, um sich einen persönlichen Eindruck von ihm zu verschaffen. Dies folgt aus der Unterschiedlichkeit der Formulierung in § 319 Abs. 1 S. 1 einerseits und § 331 S. 1 Nr. 4 andererseits.[15] Allerdings muss das Gericht eigene Feststellungen dazu treffen, dass der Betroffene offensichtlich nicht in der Lage ist, seinen Willen kundzutun (§ 34 Abs. 2). Dies wird regelmäßig nur durch eine persönliche Kontaktaufnahme möglich sein. Die Bemerkung in einem ärztlichen Zeugnis, ein geordnetes Gespräch sei mit dem Betroffenen nicht möglich, kann dafür nicht ausreichen.[16] Nach § 331 S. 2 kann die persönliche Anhörung des Betroffenen ohne Einschränkungen auch durch einen ersuchten Richter durchgeführt werden.

d) **Hinreichende Aufklärung des Sachverhalts.** Für die weitere Verfahrensgestaltung 11
muss die Rechtsprechung des BVerfG berücksichtigt werden, dass die freiheitssichernde Funktion des Art. 2 Abs. 2 S. 2 GG auch Maßstäbe für die Aufklärung des Sachverhalts und damit für eine hinreichende tatsächliche Grundlage der richterlichen Entscheidungen setzt. Es ist unverzichtbare Voraussetzung rechtsstaatlichen Verfahrens, dass Entscheidungen, die den Entzug der persönlichen Freiheit betreffen, auf zureichender richterlicher Sachaufklärung beruhen und eine in tatsächlicher Hinsicht genügende Grundlage haben, die der Bedeutung der Freiheitsgarantie entspricht.[17] Die Amtsermittlungspflicht (§ 26) gilt auch im Verfahren auf Erlass einer einstweiligen Anordnung (§ 51 Abs. 2 S. 1). Der Gesichtspunkt, dass für die einstweilige Unterbringungsmaßnahme bereits die Wahrscheinlichkeit des Vorliegens ihrer materiell-rechtlichen Voraussetzungen ausreicht, entbindet das Gericht nicht davon, mögliche weitere Ermittlungen zur Aufklärung des Sachverhaltes vorzunehmen.

Die in diesem Zusammenhang zu stellenden Anforderungen an die Sachverhaltsaufklä- 12
rung (§ 26) müssen auf die konkrete Situation, in der die jeweilige richterliche Entscheidung zu treffen ist, bezogen werden: Bei dem Erlass einer Unterbringungsanordnung im Wege der einstweiligen Anordnung handelt es sich um eine Maßnahme der Krisenintervention, die § 331 ausdrücklich zulässt, um eine im Verfahren erkennbar gewordene Gefahr für den Betroffenen oder Dritte rechtzeitig abwenden zu können. Eine vollständige Aufklärung des Sachverhalts kann deshalb bei einer dringlich zu treffenden Entscheidung des AG über den erstmaligen Erlass einer einstweiligen Unterbringungsmaßnahme nicht erwartet werden.[18] Vielmehr muss sich das Gericht auf eine Überprüfung der ihm zur Verfügung stehenden[19] bzw. solcher Erkenntnisquellen beschränken, die es in zumutbarer Weise, z. B. durch telefonische Einholung von Auskünften, kurzfristig noch ergänzen kann. Die Rechtswidrigkeit der Anordnung im Sinne des § 62 Abs. 1 kann deshalb nicht darauf gestützt werden, dass eine ausführliche Beweisaufnahme zu einer abweichenden Beurteilung der Unterbringungsvoraussetzungen hätte führen können.

---

[15] A. A. MünchKommZPO/Schmidt-Recla § 331 FamFG Rn 10; SBW/Dodegge § 331 Rn 18.
[16] KG FGPrax 2008, 40 = FamRZ 2008, 813 zu §§ 70 c S. 5, 68 Abs. 2 Nr. 2 FGG.
[17] BVerfG NJW 1986, 767; NJW 1998, 1774.
[18] BayObLG FGPrax 2002, 281.
[19] OLG Hamm FamRZ 2007, 227.

13 Umgekehrt kann der Druck der Dringlichkeit der Entscheidung es nicht rechtfertigen, eine einstweilige Unterbringungsmaßnahme bei inhaltlich nicht ausreichenden Erkenntnisgrundlagen anzuordnen. Dies gilt insbesondere, wenn das ärztliche Zeugnis den inhaltlichen Anforderungen nicht entspricht; das Zeugnis muss dann ggf. noch ergänzt werden.

14 Für den weiteren Verlauf des Verfahrens gilt demgegenüber, dass mit zunehmender Dauer der Unterbringung auch die Anforderungen an die Sachverhaltsaufklärung steigen. Eine weitergehende Sachverhaltsaufklärung kann bereits im Verfahren über die Beschwerde gegen die einstweilige Unterbringungsmaßnahme erforderlich werden.[20] Die Amtsermittlungspflicht verdichtet sich weiter, wenn nach § 333 S. 2 die einstweilige Anordnung um einen Zeitraum von bis zu sechs Wochen verlängert wird. Hängt der Fortbestand der Unterbringung von der Feststellung tatsächlicher Vorgänge ab, die Grundlage der Beurteilung der durch die Unterbringung abzuwendenden Gefährdungslage sind, so wird bereits in diesem zeitlichen Rahmen[21] eine förmliche Beweisaufnahme zu diesen Vorgängen erforderlich sein.[22]

15 Für die Frage der **Zuziehung weiterer Beteiligter** (§ 315 Abs. 3 und 4) enthält § 331 keine nähere Vorgabe. Es steht daher im pflichtgemäßen Ermessen des Gerichts zu entscheiden, inwieweit unter Berücksichtigung der Eilbedürftigkeit der Entscheidung eine Zuziehung weiterer Beteiligter sinnvoll ist.

3. Bekanntgabe und Wirksamkeit der einstweiligen Anordnung

16 Für den Inhalt, das Wirksamwerden und die Bekanntgabe der einstweiligen Anordnung gelten gem. § 51 Abs. 2 S. 1 die Vorschriften für die in der Hauptsache zu treffende Entscheidung, also die §§ 323, 324 und 325. Deshalb muss gem. § 324 Abs. 2 die sofortige Wirksamkeit der Entscheidung besonders angeordnet werden, wenn – wie regelmäßig bei einer einstweiligen Anordnung – die Entscheidung umgehend wirksam werden soll.

4. Verhältnis der einstweiligen Anordnung zum Verfahren in der Hauptsache

17 Verwiesen wird zunächst auf die allgemeinen Erläuterungen bei § 300 Rn 10 bis 14. Hauptsacheverfahren kann sowohl die erstmalige Anordnung oder Genehmigung einer Unterbringung als auch die Verlängerung (§ 329 Abs. 2) einer Unterbringungsmaßnahme sein.[23] § 51 Abs. 3 S. 2 lässt es zwar zu, in einem anschließenden Hauptsacheverfahren von einzelnen Verfahrenshandlungen abzusehen, wenn diese bereits im Verfahren der einstweiligen Anordnung vorgenommen wurden und von einer erneuten Vornahme keine zusätzlichen Erkenntnisse zu erwarten sind. Diese Vorschrift wird für eine im Wege der Hauptsacheentscheidung angeordnete oder genehmigte Unterbringung, die sich an eine vorläufige Unterbringung anschließt, kaum eine breite Anwendungsmöglichkeit erlangen. Denkbar wäre, dass bereits im Verfahren der einstweiligen Anordnung ein Sachverständigengutachten erstattet wird, das hinreichende Grundlage auch für die Erforderlichkeit des anschließenden Unterbringungszeitraumes ist. Die erneute persönliche Anhörung des Betroffenen (§ 319) wird hingegen ausnahmslos nicht als entbehrlich angesehen werden können.[24] Denn wenn für die Verlängerung der einstweiligen Unterbringung (§ 333 S. 2) eine erneute persönliche Anhörung des Betroffenen erforderlich ist, muss dies erst recht für eine Verlängerung der Unterbringung gelten, die im Wege der Entscheidung in der Hauptsache erfolgt. Den §§ 319, 331 S. 1 Nr. 4 liegt der Gedanke zugrunde, dass der Betroffene vor jeder weiteren Unterbringungsmaßnahme persönlich angehört werden muss. Dieser spezielle Regelungszusammenhang des Unterbringungsverfahrens geht der allgemeinen Vorschrift des § 51 Abs. 3 S. 2 vor.

---

[20] OLG Hamm FamRZ 2007, 227.
[21] OLG Hamm BeckRS 2009, 15599.
[22] Zur Erforderlichkeit der Sachverhaltsaufklärung zu einem der Unterbringung vorausgehenden Gefährdungsgeschehen vgl. BayObLG FamRZ 1986, 603; OLG Schleswig BtPrax 2003, 41; FamRZ 2001, 938.
[23] OLG Brandenburg FamRZ 2009, 1351 zu § 70h FGG.
[24] A. A. OLG Rostock FamRZ 2007, 1767 zu § 70c FGG.

5. Rechtsmittel

Erlass und Ablehnung einer einstweiligen Unterbringungsmaßnahme sind nach den allgemeinen Vorschriften anfechtbar (§ 51 Abs. 2 S. 1). Die Rechtsmitteleinlegungsfrist ist gem. § 63 Abs. 2 Nr. 1 auf zwei Wochen verkürzt, wenn eine einstweilige Unterbringungsmaßnahme getroffen worden ist. 18

Einstweilige Anordnung bei gesteigerter Dringlichkeit

332 [1] Bei Gefahr im Verzug kann das Gericht eine einstweilige Anordnung nach § 331 bereits vor Anhörung des Betroffenen sowie vor Anhörung und Bestellung des Verfahrenspflegers erlassen. [2] Diese Verfahrenshandlungen sind unverzüglich nachzuholen.

I. Gefahr im Verzug (S. 1)

Die Vorschrift regelt in Übereinstimmung mit §§ 70 h Abs. 1 S. 2, 69 f Abs. 1 S. 3 FGG die einstweilige Anordnung bei gesteigerter Dringlichkeit. Der Kern der Regelung besteht darin, dass der Erlass einer einstweiligen Anordnung unter bestimmten Voraussetzungen bereits vor der persönlichen Anhörung des Betroffenen sowie der Anhörung eines zu bestellenden Verfahrenspflegers (§ 331 S. 1 Nr. 3 und 4) ergehen und die Durchführung dieser Verfahrenshandlungen auf den Zeitpunkt ihrer unverzüglichen Nachholung nach Erlass der einstweiligen Anordnung verschoben wird. 1

Die Steigerung der Formulierung im Verhältnis zu § 331 S. 1 Nr. 1 („dringendes Bedürfnis für ein sofortiges Tätigwerden") ist so zu verstehen, dass der Erlass der einstweiligen Anordnung zur Abwendung einer nachhaltigen Gefährdung des Wohls des Betroffenen so dringend erforderlich ist, dass nicht einmal die Durchführung einer persönlichen Anhörung des Betroffenen und die Anhörung eines etwa zu bestellenden Verfahrenspflegers abgewartet werden kann. Diese verbreitet verwendete Formulierung ist aufgrund der berechtigt erhobenen Bedenken des KG[1] jedoch zu weit gefasst, weil sie zu dem Missverständnis Anlass geben kann, wegen der Dringlichkeit der Vollziehung der Unterbringung könne die persönliche Anhörung des Betroffenen zurückgestellt werden. Demgegenüber muss der zeitliche Bezugspunkt zwischen der Vollziehung der Unterbringung und der aktuell zu treffenden gerichtlichen Entscheidung deutlicher in den Vordergrund gestellt werden. Befindet sich der Betroffene – wie in der Praxis häufig – wegen Gefahr im Verzug ohnehin bereits in geschlossener Unterbringung, sei es aufgrund einer behördlichen Sofortunterbringung nach Landesrecht, sei es aufgrund einer Eilunterbringung durch den Betreuer (§ 1906 Abs. 2 S. 2 BGB), so ist auf den Zeitraum abzustellen, der nach Eingang der Sache bei dem AG noch verbleibt, um bis zum Ablauf des auf die Einlieferung folgenden Tages die Entscheidung über die Fortdauer der Unterbringung treffen zu können. Dieser Zeitraum wird regelmäßig ausreichen, um vor der Entscheidung den Betroffenen richterlich anhören zu können. Um dies zu gewährleisten, müssen ggf. andere weniger dringliche Dienstgeschäfte zurückgestellt werden.[2] 2

Diese Sichtweise hat allerdings die Konsequenz, dass ggf. auch am Wochenende eine Anhörung des Betroffenen durch den **richterlichen Eildienst** durchgeführt werden muss.[3] Dem Freiheitsgrundrecht des von einer Unterbringung Betroffenen kommt jedoch dasselbe Gewicht zu wie demjenigen eines vorläufig festgenommenen Beschuldigten, dessen richterliche Anhörung notfalls auch an einem Wochenende aufgrund der §§ 115, 128 StPO gewährleistet wird.[4] 3

In der nach § 332 getroffenen Entscheidung muss näher dargestellt werden, aus welchen Gründen das Gericht von einer persönlichen Anhörung des Betroffenen vor Erlass der einstweiligen Unterbringungsmaßnahme abgesehen hat.[5] 4

---
[1] KG FGPrax 2008, 40 = FamRZ 2008, 813.
[2] BVerfG NJW 1982, 691; NJW 1990, 2309; OLG München OLGR 2006, 113 = BeckRS 2005, 12822; KG a. a. O.
[3] LG Kleve FamRZ 2010, 326.
[4] Ebenso Marschner/Volckart/Lesting § 332 FamFG Rn 4.
[5] OLG München a. a. O.; KG FGPrax 2008, 40 = FamRZ 2008, 813 = BtPrax 2008, 38; MünchKomm-ZPO/Schmidt-Recla § 332 Rn 4; Marschner/Volckart/Lesting § 332 FamFG Rn 7.

II. Nachholung von Verfahrenshandlungen

5   Diejenigen Verfahrenshandlungen, von deren Durchführung das Gericht zunächst abgesehen hat, müssen gem. S. 2 der Vorschrift nach Erlass der einstweiligen Anordnung unverzüglich nachgeholt werden. Die **Bestellung eines Verfahrenspflegers** kann mit dem Beschluss über die einstweilige Anordnung verbunden werden. Wird so verfahren, handelt es sich um die Nachholung einer Verfahrenshandlung, weil der Regelfall die Bestellung und Anhörung eines Verfahrenspflegers vor Erlass der einstweiligen Anordnung vorsieht (§ 331 S. 1 Nr. 3, siehe dort Rn 9).

6   Im Vordergrund steht die Nachholung der **persönlichen Anhörung** des Betroffenen. Der Begriff der Unverzüglichkeit muss bestimmt werden im Hinblick auf die herausragende Bedeutung, die die Rechtsprechung insbesondere des BVerfG der Verfahrensgarantie der persönlichen Anhörung beimisst. Konnte die persönliche Anhörung wegen Gefahr im Verzug nicht bereits vor Erlass der einstweiligen Anordnung durchgeführt werden, ist deren Nachholung umso eilbedürftiger. Erforderlich ist deshalb die Nachholung der persönlichen Anhörung bis zum Ablauf des auf den Erlass der einstweiligen Anordnung folgenden Kalendertages, äußerstenfalls des nächstfolgenden Werktages.[6] Keinesfalls ist es ausreichend, wenn der Betroffene erst nach mehreren Tagen aus Anlass eines routinemäßigen Termins des Richters in der Klinik[7] oder nach einer im normalen Geschäftsgang erfolgten Aktenübersendung, sei es im Zusammenhang mit einem Rechtshilfeersuchen[8] oder einer Abgabe des Verfahrens[9] durch den Richter eines anderen AG persönlich angehört wird. Auch in diesem Zusammenhang muss die Durchführung der unverzüglichen Anhörung des Betroffenen notfalls durch Zurückstellung weniger vordringlicher Dienstgeschäfte[10] oder den richterlichen Eildienst gewährleistet werden.

Dauer der einstweiligen Anordnung

333 [1]Die einstweilige Anordnung darf die Dauer von sechs Wochen nicht überschreiten. [2]Reicht dieser Zeitraum nicht aus, kann sie nach Anhörung eines Sachverständigen durch eine weitere einstweilige Anordnung verlängert werden. [3]Die mehrfache Verlängerung ist unter den Voraussetzungen der Sätze 1 und 2 zulässig. [4]Sie darf die Gesamtdauer von drei Monaten nicht überschreiten. [5]Eine Unterbringung zur Vorbereitung eines Gutachtens (§ 322) ist in diese Gesamtdauer einzubeziehen.

I. Anwendungsbereich

1   Die Vorschrift betrifft nicht die Berechnung der in der gerichtlichen Entscheidung ausgesprochenen Unterbringungsfrist, sondern setzt Höchstfristen, die die inhaltliche Rechtmäßigkeit einer einstweiligen Unterbringungsmaßnahme begrenzen (siehe zu dieser Unterscheidung § 329 Rn 8).

II. Berechnung der Höchstfristen

2   Die **erstmalige einstweilige Anordnung** darf eine Unterbringung nur für eine Höchstfrist von sechs Wochen anordnen bzw. genehmigen. Die Tenorierung der gerichtlichen Entscheidung muss gewährleisten, dass diese Höchstfrist nicht überschritten werden kann. Dies ist praktikabel nur möglich, wenn das Gericht das Fristende auf einen Kalendertag bestimmt, der der Benennung oder der Zahl nach dem Kalendertag vorausgeht, an dem die Wirksamkeit der gerichtlichen Entscheidung eingetreten ist (vgl. dazu näher § 329 Rn 8).

3   Die Sätze 2 bis 4 sehen die Möglichkeit einer ggf. auch mehrfachen **Verlängerung** der einstweiligen Unterbringungsmaßnahme vor, die jedoch insgesamt eine Höchstfrist von

---

[6] BayObLG NJW-RR 2001, 654 = FamRZ 2001, 578; Fröschle/Locher § 332 Rn 1; Marschner/Volckart/Lesting § 332 FamFG Rn 7.
[7] KG FGPrax 2008, 40 = FamRZ 2008, 813.
[8] BVerfG FamRZ 2007, 1627.
[9] OLG Hamm FGPrax 2008, 43.
[10] BVerfG FamRZ 2007, 1627; NJW 1982, 691.

drei Monaten nicht überschreiten darf. Die Berechnung dieser zweiten Höchstfrist kann sich im Einzelfall kompliziert gestalten, weil die Verlängerung sich nicht notwendig an den erstmalig angeordneten Unterbringungszeitraum unmittelbar anschließen muss.

Um eine Verlängerung handelt es sich auch dann, wenn nach erstmalig erlassener einstweiliger Anordnung und zwischenzeitlichem Vollzug einer in der Hauptsache angeordneten bzw. genehmigten Unterbringung zunächst lediglich im Wege der einstweiligen Anordnung eine weitere Verlängerung genehmigt bzw. angeordnet wird.

Eine wiederholte einstweilige Anordnung ist auch dann als Verlängerung einer früher ergangenen Anordnung zu bewerten, wenn es sich um dieselbe Angelegenheit handelt. Für diese Beurteilung ist maßgebend, ob nach Beendigung der vorherigen Unterbringungsmaßnahme eine neue Sachlage, insbesondere ein neues Krankheitsbild eingetreten ist.[1] Dementsprechend steht der Bewertung als einheitliche Angelegenheit nicht entgegen, wenn eine zunächst nach Landesrecht angeordnete einstweilige Unterbringung in eine zivilrechtliche Unterbringungsmaßnahme übergeleitet wird (vgl. dazu § 323 Rn 3).[2]

Die Rechtsprechung hat ferner eine einheitliche Angelegenheit angenommen, wenn die Unterbringung des Betroffenen beendet worden ist, weil sich der Betroffene vorübergehend freiwillig mit einer Weiterbehandlung im Krankenhaus einverstanden erklärt hatte und danach ohne wesentliche Veränderung des Krankheitsbildes erneut eine einstweilige Unterbringung angeordnet worden ist,[3] ebenso bei einer vorübergehenden Unterbrechung der Unterbringung infolge Entweichens des Betroffenen.[4] Eine abweichende Bewertung wäre bspw. bei einer schubförmig verlaufenden Erkrankung geboten, wenn nach einer zeitlich zurückliegenden einstweiligen Unterbringung eine erneute Exacerbation auftritt, die eine weitere Unterbringung erforderlich werden lässt.

Die Dauer einer Unterbringung zur Vorbereitung eines Gutachtens (§ 322) ist nach S. 5 der Vorschrift ausdrücklich in die Berechnung der Höchstfrist für die Verlängerung einer einstweiligen Unterbringung einzubeziehen. Auch in diesem Zusammenhang kommt es nicht darauf an, ob die einstweilige Unterbringungsmaßnahme sich unmittelbar an die Unterbringung zur Begutachtung anschließt.

Die Fristberechnung mehrerer nicht zusammenhängender Zeiträume hat unter Berücksichtigung des § 191 BGB zu erfolgen, d. h. die Drei-Monats-Frist des § 331 S. 4 wandelt sich in eine Tagesfrist von 90 Tagen um, auf die die einzelnen Zeiträume vollzogener Unterbringung anzurechnen sind, wobei die jeweils ersten Tage des erstmaligen bzw. wiederholten Unterbringungsbeginns mitzurechnen sind.[5]

III. Voraussetzungen der Verlängerung

Verfahrensrechtlich bedarf es eines förmlichen **Antrags** der zuständigen Behörde, wenn bei der landesrechtlichen Unterbringung das Verfahren in der Hauptsache nur auf Antrag eingeleitet werden kann. Denn die Verlängerung der vorläufigen Unterbringung kann nur in einem weiteren Verfahren auf Erlass einer einstweiligen Anordnung genehmigt bzw. angeordnet werden.

Die Verfahrensgarantien des § 331, insbesondere also die Erforderlichkeit der **erneuten persönlichen Anhörung des Betroffenen**, müssen auch in dem Verfahren eingehalten werden. Unter den besonderen Voraussetzungen des § 332 kommt eine Verlängerung auch in der Form einer einstweiligen Anordnung bei gesteigerter Dringlichkeit in Betracht.

Die Entscheidung darf nur nach **Anhörung eines Sachverständigen** ergehen. Diese Anhörung ist keine förmliche Beweisaufnahme im Sinne des § 321, in ihren inhaltlichen Anforderungen aber als Mittelding zwischen einem ärztlichen Zeugnis (§ 331 S. 1 Nr. 2) einerseits und einem Sachverständigengutachten (§ 321) andererseits ausgestaltet. Der Sachverständige muss über eine fachliche Qualifikation im Sinne § 321 Abs. 1 S. 4 verfügen

---

[1] BayObLGZ 1990, 350/353; OLG München FGPrax 2008, 137.
[2] Prütting/Helms/Roth § 333 Rn 6; MünchKommZPO/Schmidt-Recla, § 334 FamFG Rn 5; Fröschle/Locher § 333 Rn 4; a. A. Damrau/Zimmermann § 333 FamFG Rn 4.
[3] BayObLGZ 1990, 350/353.
[4] OLG München FGPrax 2008, 137.
[5] OLG München FGPrax 2008, 137.

und den Betroffenen persönlich untersucht oder befragt haben (§ 321 Abs. 1 S. 2). Die inhaltlichen Anforderungen an die Stellungnahme des Sachverständigen leiten sich daraus ab, dass mit der Verlängerung der Unterbringungsdauer auch die Anforderungen an die Sachverhaltsaufklärung steigen (vgl. dazu § 331 Rn 14). Die verfahrensrechtliche Möglichkeit einer Verlängerung der einstweiligen Unterbringung darf nicht dazu dienen, die Anforderungen an die Sachverhaltsaufklärung zum Nachteil des Betroffenen zu verändern. Die ärztliche Stellungnahme darf sich nicht auf eine kurz gefasste Einordnung der Erkrankung des Betroffenen und die Beurteilung der Erforderlichkeit der Fortsetzung der Behandlung für einen weiteren Unterbringungszeitraum beschränken. Sie muss vielmehr substantielle Ausführungen zu dem Fragenkatalog enthalten, auf die sich auch ein nach § 321 zu erstattendes Sachverständigengutachten zu erstrecken hätte (vgl. dazu § 321 Rn 2, 3). Insbesondere muss die Stellungnahme bei der zivilrechtlichen Unterbringung näher auf die Behandlungsperspektive und das Ausmaß einer Selbstgefährdung des Betroffenen im Falle einer Beendigung der Unterbringung eingehen, um dem Gericht eine Prüfung der Verhältnismäßigkeit der Fortdauer der Freiheitsentziehung zu ermöglichen.[6]

12 Sachlich stellt § 333 S. 2 nur darauf ab, dass der zuerst angeordnete Unterbringungszeitraum von bis zu sechs Wochen „nicht ausreicht". Auf der Grundlage der Begründung zu § 70h Abs. 2 S. 2 FGG[7] wurde bisher die Auffassung vertreten, die Verlängerung der Unterbringung im Rahmen einer einstweiligen Anordnung aufgrund einer lediglich summarischen Prüfung solle Ausnahmefällen vorbehalten bleiben, in denen aus besonderen Gründen das Hauptsacheverfahren noch nicht zum Abschluss gebracht werden konnte.[8] Diese Auffassung basierte auf der im bisherigen Recht verankerten verfahrensrechtlichen Einheit zwischen einstweiliger Anordnung und Hauptsacheverfahren, so dass das Gericht bereits mit Erlass einer einstweiligen Anordnung für verpflichtet gehalten werden konnte, das auf diese Weise zugleich eingeleitete Verfahren in der Hauptsache so zu fördern, insbesondere durch die rechtzeitige Einholung eines Sachverständigengutachtens, um zum Ende des erstmalig angeordneten Zeitraumes im Hauptsacheverfahren über eine weitere Unterbringung entscheiden zu können.[9] An dieser Auffassung kann unter Geltung des FamFG nicht mehr unverändert festgehalten werden,[10] weil nach § 51 Abs. 3 S. 1 das Verfahren der einstweiligen Anordnung ein selbständiges, von der Hauptsache unabhängiges Verfahren ist. Die Neuregelung will gerade vermeiden, dass auch im Amtsverfahren mit dem Erlass einer einstweiligen Anordnung zugleich ein Hauptsacheverfahren zu betreiben ist,[11] und sieht stattdessen in § 52 Abs. 1 ein Antragsrecht des Betroffenen auf Einleitung eines Hauptsacheverfahrens vor. In der Praxis ist bei Erlass einer einstweiligen Unterbringungsmaßnahme vielfach nicht absehbar, ob nach Ablauf des ersten Unterbringungszeitraums überhaupt eine weitere Unterbringung erforderlich werden kann. Maßnahmen einer Krisenintervention nach Landesrecht beschränken sich häufig auf kurzfristige Unterbringungen. Sachlich kann es deshalb bei der Verlängerung einer einstweiligen Unterbringung nur darauf ankommen, dass zum Zeitpunkt der Entscheidung die Voraussetzungen des § 331 S. 1 Nr. 1 weiterhin vorliegen und eine abschließende Entscheidung in der Hauptsache noch nicht getroffen werden kann.

13 Das Gericht kann auch ohne Einleitung eines Verfahrens in der Hauptsache die Entstehung von Zeitdruck vermeiden, der zur Abgabe einer inhaltlich nicht ausreichenden ärztlichen Stellungnahme in dem Verlängerungsverfahren führt. Ein möglicher Weg dazu ist, die Bekanntgabe (§ 325) der erstmaligen vorläufigen Unterbringungsmaßnahme an den Betreuer und den Leiter der Einrichtung, im Fall der landesrechtlichen Unterbringung auch an die zuständige Behörde mit dem Hinweis zu verbinden, dass eine Verlängerung der einstweiligen Unterbringungsmaßnahme nur angeordnet werden kann, wenn mit der Anregung bzw. dem Antrag auf Verlängerung eine von dem verantwortlichen Arzt der Ein-

---

[6] OLG Hamm BeckRS 2009, 15601.
[7] BT-Drs. 11/4528 S. 186.
[8] OLG Karlsruhe FamRZ 2002, 1127; Jansen/Sonnenfeld § 70h FGG Rn 25.
[9] OLG Hamm BeckRS 2009, 15601.
[10] A. A. Bahrenfuss/Grotkopp § 333 Rn 3; BJS/Heiderhoff § 333 Rn 3; MünchKommZPO/Schmidt-Recla § 333 FamFG Rn 3; Marschner/Volckart-Lesting § 333 Rn 8; SBW/Dodegge § 333 Rn 7.
[11] BT-Drs. 16/6308 S. 201.

richtung ausführlich erstattete ärztliche Stellungnahme zu dem oben bezeichneten Fragenkatalog vorgelegt wird.

Einstweilige Maßregeln

334 Die §§ 331, 332 und 333 gelten entsprechend, wenn nach § 1846 des Bürgerlichen Gesetzbuchs eine Unterbringungsmaßnahme getroffen werden soll.

I. Anwendungsbereich

Die Vorschrift betrifft zivilrechtliche Unterbringungsmaßnahmen, die im Wege der einstweiligen Anordnung nicht durch Erteilung der Genehmigung einer Unterbringung des Betreuers oder Bevollmächtigten, sondern auf der Grundlage des § 1846 BGB durch das Gericht selbst getroffen werden. § 334 stellt in Übereinstimmung mit der Vorgängervorschrift des § 70h Abs. 3 FGG klar, dass die Befugnis des Gerichts zu Eilmaßnahmen nach § 1846 BGB sich auch auf die Anordnung einer Unterbringung erstreckt und diese verfahrensrechtlich als einstweilige Anordnung nach den §§ 331 bis 333 zu behandeln ist.[1] Für andere Maßnahmen des Gerichts nach § 1846 BGB, insbesondere Einwilligung in ärztliche Behandlungsmaßnahmen, bestehen keine besonderen Verfahrensvorschriften (siehe näher § 300 Rn 24 bis 28).

II. Voraussetzungen der Eilmaßnahme

1. Materiell-rechtliche Voraussetzungen

Materiell-rechtlich müssen zunächst die tatbestandlichen Voraussetzungen des § 1846 BGB gegeben sein, also ein Betreuer entweder noch nicht bestellt oder an der Erfüllung seiner Pflichten verhindert sein. In diesen Voraussetzungen kommt der streng subsidiäre Charakter der Vorschrift zum Ausdruck. Das Betreuungsrecht wollte die Position des Betroffenen auch dadurch stärken, dass der Betreuer eigenständig und aufgrund eines persönlichen Vertrauensverhältnisses die notwendigen Entscheidungen treffen kann. Eingriffe des Gerichts sollen in der Regel auf Kontrollfunktionen beschränkt sein. Deshalb kann von der eigenständigen Anordnungsbefugnis des § 1846 BGB nur in dringenden Fällen, in denen ein Aufschub einen Nachteil für den Betreuten zur Folge haben würde, Gebrauch gemacht werden.[2] Das Gericht hat sich daher auch in Eilfällen in zumutbarem Umfang um eine Aufklärung zu bemühen, ob für den Betroffenen ein Betreuer bereits bestellt und dieser ggf. zu Entscheidungen in der Lage ist.[3] Weigert sich ein bestellter Betreuer, einer Unterbringung des Betroffenen zuzustimmen, kann keine Maßnahme nach § 1846 BGB getroffen werden, sondern allenfalls der Betreuer (vorläufig) entlassen werden (§ 1908b BGB).[4] Anders verhält es sich bei der Weigerung eines Vorsorgebevollmächtigten, weil die Vollmachtserteilung einer Betreuerbestellung nicht entgegensteht, wenn die Wahrnehmung der Interessen des Betroffenen zu einer konkreten Gefährdung seiner Person führt.[5] Ferner müssen dringende Gründe für die Annahme bestehen, dass ein Betreuer bestellt wird, dass dieser die Genehmigung einer Unterbringungsmaßnahme beantragen wird und dass das Gericht diese Maßnahmen genehmigen wird, weil die Voraussetzungen des § 1906 BGB wahrscheinlich vorliegen.[6]

2. Verfahrensrechtliche Voraussetzungen

Zunächst müssen die **Verfahrensgarantien** für den Erlass einer einstweiligen Unterbringungsmaßnahme nach den §§ 331, 332 gewahrt, insbesondere regelmäßig der Betroffene persönlich angehört werden. Darüber hinaus muss ein so großes Eilbedürfnis bestehen, dass

---

[1] BGH FGPrax 2002, 188 = NJW 2002, 1801.
[2] BGH FGPrax 2002, 188 = NJW 2002, 1801.
[3] OLG Frankfurt FGPrax 2007, 149 = FamRZ 2007, 673.
[4] OLG Düsseldorf FamRZ 1995, 637; OLG Schleswig NJW-RR 2001, 1370 = BtPrax 2001, 211.
[5] KG FGPrax 2007, 115 = FamRZ 2007, 580; OLG Brandenburg NJW 2005, 1587 = FamRZ 2007, 1859.
[6] BayObLG FamRZ 2003, 783.

ohne nachhaltige Gefährdung der Person des Betroffenen mit der Maßnahme nicht bis zum Zeitpunkt einer auch nur vorläufigen Betreuerbestellung abgewartet werden kann.

4   Ferner müssen die **besonderen Anforderungen** berücksichtigt werden, die nach der zu der Vorgängerregelung in § 70 h Abs. 3 FGG ergangenen **Rechtsprechung des BGH**[7] das Gericht zu beachten hat, wenn es eine Unterbringungsmaßnahme nach § 1846 BGB anordnet, ohne gleichzeitig in derselben Entscheidung bereits einen (vorläufigen) Betreuer zu bestellen. Damit soll Situationen mit besonderem Eilbedürfnis Rechnung getragen werden, in denen der Richter vor Ort eine Eilentscheidung treffen muss, ohne in nähere Überprüfungen eintreten zu können, welche Person als vorläufiger Betreuer ausgewählt werden kann. Im Anschluss an den Erlass der Eilmaßnahme muss jedoch der Subsidiarität der Vorschrift Rechnung und durch weitere unverzügliche Maßnahmen dafür Sorge getragen werden, dass ein (vorläufiger) Betreuer bestellt wird und dieser die Entscheidung über die Fortdauer der Unterbringung des Betroffenen trifft. Ist die Eilmaßnahme außerhalb des Gerichtsgebäudes oder außerhalb der normalen Dienstzeit getroffen worden, muss spätestens am nächsten Werktag das Verfahren auf Bestellung eines Betreuers eingeleitet werden.[8] Dieses Verfahren muss mit einer solchen Beschleunigung betrieben werden, dass dem Betroffenen binnen weniger Tage ein Betreuer zur Seite steht.[9] Kann über eine Betreuerbestellung kurzfristig nicht entschieden werden, etwa weil zunächst noch ein Sachverständigengutachten eingeholt werden muss, muss zumindest eine vorläufige Betreuerbestellung in die Wege geleitet werden, etwa durch ein per Fax der Betreuungsbehörde unter Hinweis auf die Dringlichkeit übermitteltes Ersuchen um Benennung eines geeigneten Betreuers.[10]

5   **Weiteres Verfahren nach Bestellung eines (vorläufigen) Betreuers:** Wird zeitnah ein (vorläufiger) Betreuer bestellt, muss dieser die gesetzliche Vertretung des Betroffenen wahrnehmen und eine Entscheidung über die Fortdauer der Unterbringung treffen. Um dies zu gewährleisten, muss ihm das Gericht zusammen mit seiner Bestellung einen besonderen Hinweis auf die ihm obliegende Aufgabe erteilen[11] oder – so am ehesten praxisgerecht – ihn auffordern, kurzfristig um die Genehmigung der nunmehr von ihm veranlassten geschlossenen Unterbringung des Betroffenen zu ersuchen (siehe dazu nachstehend). Für diese Entscheidung steht dem (vorläufigen) Betreuer nur eine kurze Frist zur Verfügung, die äußerstenfalls mit zwei Wochen zu bemessen ist. Die gerichtliche Maßnahme wird unzulässig und ist aufzuheben, wenn der Betreuer sich innerhalb dieser kurz bemessenen Frist nicht seinerseits für die Fortdauer der Unterbringung entscheidet. Geschieht dies, muss er nunmehr die Genehmigung der von seinem Willen gedeckten geschlossenen Unterbringung des Betroffenen herbeiführen.[12] Über diese Genehmigung muss erneut entschieden werden. Ist der Betroffene gem. § 331 S. 1 Nr. 4 bereits zu der gerichtlichen Unterbringungsanordnung nach § 1846 BGB ausreichend persönlich angehört worden, so erscheint es vertretbar, dass diese Anhörung auch die Genehmigung der vorläufigen Unterbringung für einen jedenfalls nicht längeren Zeitraum deckt, weil es sich bedingt durch die Eilbedürftigkeit lediglich um einen Austausch der Form der Entscheidung ohne eine Veränderung ihrer sachlichen Voraussetzungen im Hinblick auf die Unterbringung handelt. Ausgeschlossen erscheint demgegenüber eine Tenorierung der ersten gerichtlichen Entscheidung, durch die neben der Anordnung nach § 1846 BGB zugleich dem noch zu bestellenden Betreuer die von diesem noch zu beantragende Genehmigung der geschlossenen Unterbringung erteilt wird (vgl. dazu § 312 Rn 6).

---

[7] BGH FGPrax 2002, 188 = NJW 2002, 1801.
[8] BGH FGPrax 2002, 188 = NJW 2002, 1801.
[9] BGH FGPrax 2002, 188 = NJW 2002, 1801; BayObLG FGPrax 2002, 191; OLG München NJW 2008, 810 = FamRZ 2008, 917.
[10] BayObLG FGPrax 2003, 145 = FamRZ 2003, 1322.
[11] BayObLG FamRZ 2003, 783.
[12] BayObLG NJW-RR 1991, 774 = FamRZ 1990, 1154; BayObLGZ 1987, 7; Bahrenfuss/Grotkopp § 334 Rn 11; Damrau/Zimmermann § 334 FamFG Rn 19; Marschner/Volckart/Lesting § 334 FamFG Rn 12.

Ergänzende Vorschriften über die Beschwerde

335 (1) Das Recht der Beschwerde steht im Interesse des Betroffenen
1. dessen Ehegatten oder Lebenspartner, wenn die Ehegatten oder Lebenspartner nicht dauern getrennt leben, sowie dessen Eltern und Kindern, wenn der Betroffene bei diesen lebt oder bei Einleitung des Verfahrens gelebt hat, den Pflegeeltern,
2. einer von dem Betroffenen benannten Person seines Vertrauens sowie
3. dem Leiter der Einrichtung, in der der Betroffene lebt,

zu, wenn sie im ersten Rechtszug beteiligt worden sind.

(2) Das Recht der Beschwerde steht dem Verfahrenspfleger zu.

(3) Der Betreuer oder der Vorsorgebevollmächtigte kann gegen eine Entscheidung, die seinen Aufgabenkreis betrifft, auch im Namen des Betroffenen Beschwerde einlegen.

(4) Das Recht der Beschwerde steht der zuständigen Behörde zu.

I. Anwendungsbereich und Verhältnis zu den allgemeinen Vorschriften

Die Vorschrift betrifft aus dem Komplex der Voraussetzungen der Zulässigkeit einer Beschwerde gegen eine unterbringungsrechtliche Entscheidung ausschließlich die erforderliche Beschwerdebefugnis des Rechtsmittelführers. Im Ausgangspunkt unberührt bleibt dabei die allgemeine Vorschrift des § 59 Abs. 1, wonach nur derjenige beschwerdebefugt ist, der durch die angefochtene Entscheidung in eigenen subjektiven Rechten beeinträchtigt ist. § 335 **erweitert** diese Beschwerdebefugnis in der Weise, dass bestimmte Personen bzw. die Betreuungsbehörde für einzelne Entscheidungen unabhängig von der Beeinträchtigung eigener Rechte zur Einlegung des Rechtsmittels befugt sind. Die Feststellung der Beschwerdebefugnis kann deshalb eine parallele Prüfung sowohl unter dem Gesichtspunkt des § 59 Abs. 1 als auch einer Erweiterung nach § 335 erfordern. Für die Zulässigkeit der Beschwerde und den Gang des Beschwerdeverfahrens verbleibt es im Übrigen bei den allgemeinen Vorschriften der §§ 58 bis 69.

II. Beschwerdebefugnis einzelner Personen bzw. der Betreuungsbehörde

1. Beschwerdebefugnis des Betroffenen

Der Betroffene wird in § 335 nicht ausdrücklich als beschwerdebefugt genannt, weil er ohnehin bereits nach § 59 Abs. 1 beschwerdebefugt ist, soweit durch eine Unterbringungsmaßnahme seine Freiheit eingeschränkt wird, sei es durch erstmalige Anordnung, Verlängerung oder Aufrechterhaltung durch Ablehnung einer Aufhebung. Nicht beeinträchtigt wird der Betroffene durch eine Entscheidung, durch die eine Unterbringungsmaßnahme abgelehnt oder eine solche Maßnahme aufgehoben wird.[1] Eine von ihm als nachteilig empfundene Begründung der Entscheidung kann allein eine Beschwer des Betroffenen nicht begründen (vgl. § 59 Rn 9, 10). Inwieweit der Betroffene nach einer Beendigung der Unterbringung die Feststellung der Rechtswidrigkeit einer in der Vergangenheit vollzogenen Maßnahme beantragen kann, ist nach § 62 zu beurteilen. Eine Beschwer des Betroffenen ist ausnahmsweise bei einer Entscheidung angenommen worden, durch die eine Genehmigung nach § 1906 Abs. 4 BGB mit der Begründung versagt worden ist, die Maßnahme sei wegen fehlenden natürlichen Willensbildung des Betroffenen im Hinblick auf die Fortbewegung nicht genehmigungsfähig, weil dadurch zugleich die freie Anwendung der Maßnahme in der Sache gebilligt wird.[2]

2. Beschwerdebefugnis des Verfahrenspflegers

Eine Beschwerdebefugnis des Verfahrenspflegers nach § 59 Abs. 1 wegen Beeinträchtigung eigener Rechte kommt praktisch nur im Verfahren nach den §§ 318, 277 Abs. 6, 168

---
[1] BayObLG FamRZ 2005, 834; BtPrax 2002, 165; OLG Frankfurt FGPrax 2000, 21.
[2] OLG Hamm OLGZ 1994, 193 = FamRZ 1994, 1270.

in Betracht, wenn ihm die beantragte Festsetzung einer Vergütung oder von Aufwendungsersatz versagt wird. § 335 **Abs. 2** eröffnet dem Verfahrenspfleger nunmehr ausdrücklich eine **eigenständige Beschwerdebefugnis,** die sich aus seinem Amt als Verfahrenspfleger ableitet. Die Vorschrift korrespondiert mit derjenigen des § 315 Abs. 2, durch die dem Verfahrenspfleger die verfahrensrechtliche Rechtsstellung eines selbständigen Verfahrensbeteiligten eingeräumt wird. Daraus folgt, dass die Beschwerdebefugnis des Verfahrenspflegers auf den **Umfang der Beschwer des Betroffenen** durch die angefochtene Entscheidung **beschränkt** ist, der Verfahrenspfleger also nur insoweit Beschwerde einlegen kann wie der Betroffene selbst ein Rechtsmittel erheben könnte.[3] Der Verfahrenspfleger ist deshalb insbesondere nicht befugt, gegen die Ablehnung oder Aufhebung einer Unterbringung Beschwerde einzulegen.[4] Zur näheren Begründung wird auf § 303 Rn 4 Bezug genommen.

3. Beschwerdebefugnis des Betreuers

4   Eine Beschwerdebefugnis des Betreuers nach § 59 Abs. 1 wegen Beeinträchtigung eigener Rechte scheidet in Unterbringungssachen praktisch aus. Beeinträchtigt werden kann nur seine gesetzliche Vertretung des Betroffenen in dem Aufgabenkreis, der durch die Unterbringung berührt wird, also der Aufenthaltsbestimmung. Insoweit räumt § 335 **Abs. 3** dem Betreuer ein eigenes Recht zur Einlegung der Beschwerde im Namen des Betroffenen ein. Die Vorschrift ist im Ausgangspunkt inhaltlich übereinstimmend mit § 303 Abs. 4 gestaltet worden, wobei von einer Regelung zur Einzelvertretungsbefugnis mehrerer gemeinschaftlicher Betreuer entsprechend § 303 Abs. 4 S. 2 bewusst abgesehen worden ist.[5] Es verbleibt dann bei der Regelung, die in der Betreuerbestellung zur Vertretungsbefugnis mehrerer Betreuer getroffen worden ist. Dies kann dazu führen, dass entsprechend der Grundregel des § 1899 Abs. 3 Halbs. 1 BGB die Beschwerde von mehreren mit dem Aufgabenkreis der Aufenthaltsbestimmung bestellten Betreuern in zulässiger Weise nur gemeinsam eingelegt werden kann. Danach ist eine Beschwerde des Betreuers gegen die Ablehnung der Genehmigung einer von ihm beabsichtigten Unterbringung oder deren Aufhebung zulässig. Wegen fehlenden Rechtsschutzbedürfnisses unzulässig wäre demgegenüber eine Beschwerde gegen die Erteilung einer solchen Genehmigung oder die Ablehnung deren Aufhebung.[6] Denn der Betreuer muss aufgrund des ihm übertragenen Amtes eine eigenständige Entscheidung treffen, ob er von der ihm erteilten gerichtlichen Genehmigung Gebrauch machen will (§ 1903 Abs. 3 BGB). Beschwerdeberechtigt ist der Betreuer auch gegen eine öffentlich-rechtliche Unterbringungsanordnung nach Landesrecht, weil sie die Ausübung seiner gesetzlichen Vertretung in dem Aufgabenkreis der Aufenthaltsbestimmung beeinträchtigt.[7]

4. Beschwerdebefugnis des Vorsorgebevollmächtigten

5   § 335 Abs. 3 erweitert die Befugnis zur Einlegung der Beschwerde im Namen des Betroffenen auf den Vorsorgebevollmächtigten im Sinne des § 1896 Abs. 2 S. 2 BGB. Für eine Unterbringungsmaßnahme bedarf auch der Vorsorgebevollmächtigte der Genehmigung des Gerichts (§ 1906 Abs. 5 BGB). Die Erläuterungen zu Rn 4 gelten deshalb entsprechend.

5. Beschwerdebefugnis der Betreuungsbehörde

6   § 335 Abs. 4 räumt als Spezialvorschrift im Sinne des § 59 Abs. 3 der zuständigen Behörde eine inhaltlich weitreichende Beschwerdebefugnis ein. In Unterbringungsverfahren nach § 312 Nr. 3 steht die Beschwerdebefugnis derjenigen Behörde zu, die nach Landesrecht berechtigt ist, den Antrag auf Erlass der Unterbringungsanordnung zu stellen. Eine Beschwer-

---

[3] Marschner/Volckart/Lesting § 335 FamFG Rn 21; Damrau/Zimmermann § 335 FamFG Rn 85.
[4] BayObLG BtPrax 2002, 165; OLG Frankfurt FGPrax 2000, 21 = FamRZ 2000, 1446; jeweils in einer Unterbringungssache; a. A. BayObLG NJW-RR 1997, 967 in einer Betreuungssache allerdings ohne nähere Begründung zur angenommenen Zulässigkeit des Rechtsmittels.
[5] BT-Drs. 16/6308 S. 276.
[6] Marschner/Volckart/Lesting § 335 FamFG Rn 24; Damrau/Zimmermann § 335 FamFG Rn 89.
[7] Bahrenfuss/Grotkopp § 335 Rn 3; Damrau/Zimmermann § 335 FamFG Rn 89; Jansen/Sonnenfeld § 70 m FGG Rn 20.

de dieser Behörde kommt nur bei einer ihr nachteiligen Entscheidung, also der Ablehnung des Antrags oder der Aufhebung der Unterbringung in Betracht. Darüber hinaus folgt aus § 335 Abs. 4 nunmehr eine umfassende Beschwerdebefugnis der Betreuungsbehörde in Verfahren der zivilrechtlichen Unterbringung. Die Darstellung der Gesetzesbegründung, das Beschwerderecht der zuständigen Behörde stimme mit der bisherigen Regelung in §§ 70 m Abs. 2, 70 d Abs. 1 Nr. 6 FGG überein,[8] ist sachlich unrichtig. Durch die Formulierung in § 70 m Abs. 2 FGG war die Beschwerdebefugnis der Behörde auf unterbringungsrechtliche Entscheidungen mit dem dort genannten Inhalt beschränkt, nämlich die Genehmigung – ggf. nur vorläufiger – Unterbringungsmaßnahmen sowie die Ablehnung der Aufhebung solcher Maßnahmen. Dementsprechend war anerkannt, dass der Behörde gegen die Aufhebung einer Unterbringungsgenehmigung ein Beschwerderecht weder nach § 70 m Abs. 2 FGG noch nach § 20 Abs. 1 FGG zustand.[9] Demgegenüber eröffnet § 335 Abs. 4 nunmehr unbeschränkt das Beschwerderecht der Betreuungsbehörde ohne Rücksicht auf den Inhalt der angefochtenen Entscheidung.[10] Gleichwohl wird die Ausübung des eigenen Beschwerderechts der Betreuungsbehörde in Fällen zivilrechtlicher Unterbringung in der Praxis keine große Bedeutung gewinnen. Denn die Betreuungsbehörde wird wohl kaum Anlass haben, gegen eine genehmigte Unterbringung, die von dem Betroffenen bzw. seinem Verfahrenspfleger selbst nicht mit einem Rechtsmittel angegriffen wird, ihrerseits Beschwerde einzulegen. Wendet sich die Behörde gegen die Aufhebung einer Unterbringungsmaßnahme, so wird der Betroffene aufgrund des Eintritts der Wirksamkeit der angefochtenen Entscheidung (vgl. § 330 Rn 4) bereits aus der Unterbringung entlassen sein. Es wird deshalb besonderer Anlass zur Prüfung bestehen, ob der Betreuer in der aktuellen Situation selbst noch eine weitere Unterbringung des Betroffenen vollziehen will.

6. Beschwerdebefugnis der Angehörigen des Betroffenen

a) Allgemeine Grundsätze. § 335 Abs. 1 behandelt die Beschwerdebefugnis der Angehörigen des Betroffenen und weiterer privilegierter Personen nur unter dem Aspekt einer von einer eigenen Rechtsbeeinträchtigung unabhängigen Beschwerdeberechtigung. Der mögliche Verfahrensgegenstand der anzufechtenden Entscheidung wird durch § 335 Abs. 1 nicht eingeschränkt. Es kann sich deshalb sowohl um die Anordnung bzw. Genehmigung sowie die Ablehnung der Aufhebung einer Unterbringung als auch um die Ablehnung der Anordnung bzw. Genehmigung sowie die Aufhebung einer Unterbringung handeln. Die Beschwerdebefugnis von Angehörigen ist nicht auf den Umfang der Beschwer des Betroffenen beschränkt. Gleichwohl wird für die Beschwerde eines Angehörigen gegen die Ablehnung bzw. die Aufhebung einer Unterbringung in der Praxis kaum Raum sein. Im Fall einer landesrechtlichen Unterbringung auf Antrag der zuständigen Behörde ist im Hinblick auf das allein ihr zustehende Antragsrecht nur die Behörde beschwerdeberechtigt (§ 59 Abs. 2). Im Fall der zivilrechtlichen Unterbringung hängt der weitere Vollzug der Unterbringung maßgebend von der Entscheidung des Betreuers ab (siehe bereits Rn 6). Die privilegierten Personen können von ihrer Beschwerdebefugnis zulässig nur im Interesse des Betroffenen Gebrauch machen. Zu dieser Einschränkung wird auf die Erläuterungen bei § 303 Rn 25 verwiesen. Die Beschwerdebefugnis besteht ferner nur dann, wenn die betreffende Person bereits im Verfahren erster Instanz als Verfahrensbeteiligter hinzugezogen war (siehe dazu näher § 303 Rn 26 bis 28). 7

b) Privilegierter Personenkreis. Abs. 1 privilegiert nur einen bestimmten Personenkreis, der mit § 315 Abs. 4 übereinstimmt. Privilegiert sind 8
- als **Angehörige (Nr. 1)**
  – der **Ehegatte** oder **Lebenspartner** (im Sinne des LPartG), sofern die Ehegatten oder Lebenspartner nicht dauernd getrennt leben.
  – **Eltern oder Kinder** nur dann, wenn der Betroffene bei ihnen lebt oder bei Einleitung des Verfahrens gelebt hat. Die darin liegende Beschränkung auf eine gelebte Beistands-

---

[8] BT-Drs. 16/6308 S. 276.
[9] OLG Frankfurt FGPrax 2002, 46 = BtPrax 2002, 43; Jansen/Sonnenfeld § 70 m FGG Rn 22.
[10] Damrau/Zimmermann § 335 Rn 91; a. A. Marschner/Volckart/Lesting § 335 FamFG Rn 25: Beschwerdebefugnis der Behörde nur im Rahmen des bisherigen Rechts.

gemeinschaft ist mit dem grundgesetzlichen Schutz der Familie (Art. 6 Abs. 1 GG) vereinbar.[11]
- die **Pflegeeltern** des Betroffenen bei der Unterbringung Minderjähriger nach § 167 Abs. 1.
• eine **Person des Vertrauens (Nr. 2),** die aber vom Betroffenen als solche benannt werden muss.
• der **Leiter der Einrichtung (Nr. 3),** in der der Betroffene lebt (siehe dazu näher § 315 Rn 8).

Einlegung der Beschwerde durch den Betroffenen

336 Der Betroffene kann die Beschwerde auch bei dem Amtsgericht einlegen, in dessen Bezirk er untergebracht ist.

1   Die Beschwerde kann nach der allgemeinen Vorschrift des § 64 Abs. 1 nur bei dem AG eingelegt werden, dessen Entscheidung angefochten wird. § 336 gestattet dem freiheitsentziehend untergebrachten Betroffenen im Interesse einer erleichterten Rechtsverfolgung, die Beschwerde auch bei dem AG einzulegen, in dessen Bezirk er untergebracht ist. Wegen weiterer Einzelheiten wird auf die Erläuterungen zu der inhaltsgleichen Vorschrift des § 305 Bezug genommen.

Kosten in Unterbringungssachen

337 (1) In Unterbringungssachen kann das Gericht die Auslagen des Betroffenen, soweit sie zur zweckentsprechenden Rechtsverfolgung notwendig waren, ganz oder teilweise der Staatskasse auferlegen, wenn eine Unterbringungsmaßnahme nach § 312 Nr. 1 und 2 abgelehnt, als ungerechtfertigt aufgehoben, eingeschränkt oder das Verfahren ohne Entscheidung über eine Maßnahme beendet wird.

(2) Wird ein Antrag auf eine Unterbringungsmaßnahme nach den Landesgesetzen über die Unterbringung psychisch Kranker nach § 312 Nr. 3 abgelehnt oder zurückgenommen und hat das Verfahren ergeben, dass für die zuständige Verwaltungsbehörde ein begründeter Anlass, den Unterbringungsantrag zu stellen, nicht vorgelegen hat, hat das Gericht die Auslagen des Betroffenen der Körperschaft aufzuerlegen, der die Verwaltungsbehörde angehört.

I. Normzweck und Anwendungsbereich

1   Die Vorschrift führt die Vorgängerregelung in § 13a Abs. 2 S. 1 und 3 FGG für das Unterbringungsverfahren weiter. Sie regelt, wann in Unterbringungssachen nach § 312 Nr. 1 und 2 der Staatskasse und wann in Unterbringungssachen nach Landesrecht (§ 312 Nr. 3) dem Rechtsträger der antragstellenden Verwaltungsbehörde **die Auslagen** des Betroffenen aufzuerlegen sind. Daneben ist die allgemeine Vorschrift des § 81 Abs. 1 und 2 anwendbar, soweit darüber zu entscheiden ist, ob eine Kostenerstattung im Verhältnis anderer Verfahrensbeteiligten untereinander anzuordnen ist, ferner § 81 Abs. 4 hinsichtlich der Kostenerstattungsanordnung zu Lasten eines nicht verfahrensbeteiligten Dritten. Die Vorschrift gilt gem. § 51 Abs. 4 auch in den nunmehr selbständigen Verfahren über den Erlass einer einstweiligen Anordnung betreffend eine vorläufige Unterbringungsmaßnahme (§§ 331, 332), in denen häufig eine Erledigung der Hauptsache zur Verfahrensbeendigung führen wird.

2   **Gegenstand der Erstattungsanordnung** sind die zur zweckentsprechenden Rechtsverfolgung notwendigen „Auslagen" des Betroffenen. Dabei stehen im Vordergrund **Gebühren und Auslagen eines Rechtsanwalts,** den der Betroffene mit seiner Vertretung in dem Verfahren beauftragt hat (vgl. dazu § 307 Rn 5). Möglicher Gegenstand einer Erstattungsanordnung können jedoch auch gerichtliche Auslagen sein, die der Betroffene zu tragen hat. Dabei ist die Sonderregelung in § 128 b KostO zu berücksichtigen, die in S. 1 die Erhebung von Gerichtsgebühren für das Verfahren ausschließt. Nach § 128 b S. 2 KostO haftet der Betroffene nur für die an einen bestellten Verfahrenspfleger gezahlten

---
[11] OLG Schleswig OLGR 2002, 190 = SchlHA 2002, 160.

Vergütung und Aufwendungsersatz (§ 137 Abs. 1 Nr. 16 KostO), wenn er nicht im Sinne des § 1836c BGB mittellos ist. Andererseits wird auf die Vorschrift des § 96 KostO nicht verwiesen, die die Nichterhebung von gerichtlichen Auslagen von dem Betroffenen unter den mit § 337 Abs. 1 sachgleichen Voraussetzungen vorsieht. Nur wenn andere Beteiligte als der Betroffene mit Kosten belastet werden sollen, ist nach § 128b S. 3 KostO eine konstitutive gerichtliche Kostenentscheidung erforderlich.[1] Nach dieser Gesetzeslage ist denkbar, dass ein vermögender Betroffener, der mit Hilfe des für ihn bestellten Verfahrenspflegers die Aufhebung einer Unterbringungsmaßnahme erwirkt hat, gleichwohl zur Erstattung der aus der Staatskasse verauslagten Vergütung nebst Aufwendungsersatz des Verfahrenspflegers herangezogen werden kann. In einer solchen Situation kommt auf der Grundlage des § 337 Abs. 1 bzw. 2 eine Entscheidung in Betracht, durch die angeordnet wird, dass die gerichtlichen Auslagen für die Vergütung und Aufwendungsersatz des Verfahrenspflegers von dem Betroffenen nicht zu erheben sind.[2]

§ 337 bezieht sich nicht auf die **Kosten der Unterbringung und der ärztlichen** 3 **Behandlung** im Falle der Unterbringung nach Landesrecht. Über diese Kosten muss nach Maßgabe der Landesgesetze nur entschieden werden, wenn dafür ein besonderes Bedürfnis besteht, weil die Kosten nicht durch einen Sozialversicherungs- oder Sozialhilfeträger gedeckt werden.[3]

II. Erstattungsanordnung gegen die Staatskasse (Abs. 1)

Abs. 1 der Vorschrift bezieht sich ausschließlich auf die zivilrechtliche Unterbringung 4 nach § 312 Nr. 1 und 2 und beschränkt sich inhaltlich auf die Entscheidung darüber, unter welchen Voraussetzungen **die Auslagen des Betroffenen der Staatskasse** aufzuerlegen sind. Die Vorschrift entspricht inhaltlich derjenigen des § 307 für das Betreuungsverfahren. Auf die dortigen Erläuterungen zu Rn 3 bis 7 wird verwiesen.

III. Erstattungsanordnung gegen den Rechtsträger der antragstellenden Behörde (Abs. 2)

1. Anwendungsbereich

Abs. 2 der Vorschrift betrifft nur die öffentlich-rechtliche Unterbringung nach Landes- 5 recht und enthält eine Sondervorschrift im Sinne des § 81 Abs. 5 dazu, unter welchen Voraussetzungen **die Auslagen des Betroffenen** dem Rechtsträger **der antragstellenden** und damit verfahrensbeteiligten **Behörde** aufzuerlegen sind.

Die Voraussetzungen für eine Erstattungsanordnung gegen den Rechtsträger der antrag- 6 stellenden Behörde im Fall der öffentlich-rechtlichen Unterbringung nach Landesrecht sind in Abs. 2 der Vorschrift im Hinblick auf den **Verfahrensgang** einschränkend gefasst. Nach dem Wortlaut der Vorschrift kommt eine Erstattungsanordnung nur in Betracht, wenn entweder der Antrag der Behörde **zurückgenommen** oder durch eine Entscheidung in der Hauptsache **abgelehnt** wird. Die Rechtsprechung hat daraus für § 13a Abs. 2 S. 3 FGG den Schluss gezogen, eine Erstattungsanordnung nach dieser Vorschrift komme nur in den durch den Wortlaut der Vorschrift geregelten Fällen, in den Fällen der Erledigung der Hauptsache nur aufgrund der allgemeinen Vorschrift des § 13a Abs. 1 FGG (jetzt §§ 83 Abs. 2, 81 Abs. 1 und 2) in Betracht.[4] Dabei hat es auch unter Geltung des FamFG zu verbleiben.[5] Denn die allgemeine Vorschrift des § 83 Abs. 2 enthält eine ausdrückliche Regelung für die Kostenverteilung bei Erledigung der Hauptsache, indem auf die Grundregel des § 81 (Kostenentscheidung nach billigem Ermessen) verwiesen wird. Die Gesetzes-

---

[1] BT-Drs. 16/6308 S. 336.
[2] Damrau/Zimmermann § 337 FamFG Rn 26.
[3] Vgl. etwa OLG Hamm BtPrax 2004, 75 zu § 32 PsychKG NW.
[4] BayObLGZ 1993, 381; OLG Karlsruhe FamRZ 1995, 488 = BtPrax 1994, 213; ebenso Zimmermann 15. A. § 13a FGG Rn 51l;
[5] Ebenso Prütting/Helms/Roth § 337 Rn 7; Damrau/Zimmermann § 337 FamFG Rn 36; Fröschle/Locher § 337 Rn 5; a. A. Bahrenfuss/Grotkopp § 337 Rn 4: der sich für eine analoge Anwendung der Vorschrift im Fall der Hauptsacheerledigung ausspricht.

begründung zu der Parallelvorschrift des § 430 für das Freiheitsentziehungsverfahren bringt deutlich zum Ausdruck, dass im Falle der Erledigung der Hauptsache die allgemeinen Vorschriften der §§ 83 Abs. 2, 81 Anwendung finden sollen, mag auch die darin liegende Abweichung gegenüber der bisherigen Rechtsprechung zu der Vorgängerregelung in § 16 FEVG nicht deutlich werden.[6] Dies führt bei § 430 dazu, dass über eine Erstattung außergerichtlicher Kosten des Betroffenen nach Erledigung der Hauptsache nach den allgemeinen Vorschriften der §§ 83 Abs. 2, 81 zu entscheiden ist, und zwar auch dann, wenn gleichzeitig über einen Antrag auf Feststellung der Rechtswidrigkeit der Maßnahme (§ 62) zu befinden ist (vgl. § 430 Rn 4).[7] Dann kann zur Wahrung des systematischen Zusammenhangs innerhalb desselben Gesetzes für die inhaltsgleiche Vorschrift des § 337 Abs. 2 nichts anderes gelten. Die nach den §§ 83 Abs. 2, 81 zu treffende Ermessensentscheidung ist an den konkreten Umständen des Einzelfalls orientiert; unter Billigkeitsgesichtspunkten kann auch eine teilweise, etwa zwischen den Instanzen differenzierende Erstattungsanordnung getroffen werden. Dabei behält jedoch § 337 Abs. 2 seine Leitbildfunktion im Hinblick auf die Voraussetzungen, unter denen zu Lasten des Rechtsträgers der antragstellenden Behörde eine Kostenerstattung angeordnet werden darf: Dieser Maßstab darf sich nicht dadurch zum Nachteil der Behörde verändern, dass diese, statt eine aufhebende Sachentscheidung des Gerichts abzuwarten, bei späterem Wegfall ihrer Voraussetzungen von sich die Unterbringung beendet und dadurch die Erledigung der Hauptsache herbeiführt.

2. Inhaltliche Voraussetzungen

7   Inhaltlich setzt die Erstattungsanordnung voraus, dass nach dem Ergebnis des Verfahrens für die Behörde **ein begründeter Anlass zur Antragstellung nicht vorgelegen hat.** Abzustellen für diese Beurteilung ist dabei auf den Sachverhalt, der von der Behörde zur Zeit der Antragstellung unter Ausnutzung aller ihr nach den Umständen des Einzelfalls zumutbaren Erkenntnisquellen festgestellt werden konnte; ein schuldhaftes Verhalten von Verwaltungsbediensteten wird nicht vorausgesetzt (vgl. dazu näher § 430 Rn 9). Tatsächliche Basis der Beurteilung ist das aus den Akten ersichtliche Ergebnis der bisherigen Ermittlungen; weitergehende tatsächliche Feststellungen zu den Voraussetzungen der bereits beendeten Unterbringung sind nicht zu treffen.[8] Bei dieser Beurteilung muss dem besonderen Eilbedürfnis Rechnung getragen werden, unter dem die Entscheidung über eine Antragstellung vielfach getroffen werden muss. Die Behörde ist befugt, den Unterbringungsantrag schon zu stellen, wenn nach den ihr bekannten konkreten Tatsachen eine Wahrscheinlichkeit für das Vorliegen der Unterbringungsvoraussetzungen besteht. Im Hinblick auf die dem Gericht obliegende Amtsermittlungspflicht (§ 26) ist die Behörde nicht gehalten, den Sachverhalt vor der Antragstellung bereits erschöpfend aufzuklären.[9] Liegt ein ärztliches Zeugnis vor, das den Anforderungen des § 331 S. 1 Nr. 2 entspricht, wird ein begründeter Anlass zur Antragstellung regelmäßig selbst dann nicht verneint werden können, wenn im Rahmen der anschließend durchgeführten Unterbringung festgestellt wird, dass die angenommene Anlasserkrankung in Wahrheit nicht besteht. Eine Erkundigungspflicht kann im Einzelfall in Bezug auf die tatsächlichen Vorgänge bestehen, die Grundlage der Beurteilung der durch die Unterbringung abzuwendenden Gefährdungslage ist.

3. Rechtsfolgen

8   Liegen die Voraussetzungen der Vorschrift vor, muss eine Kostenerstattung zwingend und in vollem Umfang angeordnet werden, ein Ermessen steht dem – Gericht im Gegensatz zur Entscheidung nach Abs. 1 – nicht zu. Der Erstattungsanspruch richtet sich gegen die Körperschaft, der die antragstellende Verwaltungsbehörde angehört.

9   Für eine ergänzende **entsprechende Anwendung des § 337 Abs. 1** im Fall der öffentlich-rechtlichen Unterbringung, die zu einer **Erstattungsanordnung gegen die Staats-**

---

[6] BT-Drs. 16/6308 S. 294.
[7] OLG Hamm BeckRS 2009, 15601; OLG München NJW-RR 2006, 1377 = FamRZ 2006, 1617.
[8] Damrau/Zimmermann § 337 FamFG Rn 41, der im Einzelfall Ausnahmen zulassen will.
[9] OLG Hamm BtPrax 2004, 75.

kasse führen könnte, besteht im systematischen Gefüge des FamFG keine hinreichende Grundlage. Das OLG München[10] hat in einem Verfahren der landesrechtlichen Unterbringung in analoger Anwendung der Vorgängerregelung des § 13a Abs. 2 S. 1 FGG die Erstattung der außergerichtlichen Kosten des Betroffenen durch die Staatskasse im Hinblick darauf angeordnet, dass für die Behörde zwar ein hinreichender Anlass zur Antragstellung bestanden, also kein Fall des § 13a Abs. 2 S. 3 FGG (jetzt § 337 Abs. 2) vorgelegen habe, jedoch im gerichtlichen Verfahren die Vorschriften über die notwendige persönliche Anhörung des Betroffenen verletzt worden seien. Für die Neuregelung in § 337 Abs. 1 und 2 kann dieser Auffassung nicht gefolgt werden. Der Gesetzgeber des FamFG hat bewusst den bisherigen sachlichen Regelungsinhalt des § 13a Abs. 2 FGG unverändert gelassen. Nachdem § 62 nunmehr ausdrücklich die Möglichkeit der Fortführung einer Beschwerde mit dem Antrag auf Feststellung der Rechtswidrigkeit der gerichtlichen Unterbringungsmaßnahme vorsieht, steht dem Betroffenen nach einer entsprechenden Entscheidung die Möglichkeit offen, eine Entschädigung auch wegen der ihm entstandenen Anwaltskosten zu beanspruchen. Es besteht deshalb kein zwingendes Bedürfnis, um über eine analoge Anwendung des § 337 Abs. 1 einen zusätzlichen Weg zu einer Staatshaftung zu eröffnen.

Zur **Anfechtbarkeit der Kostenentscheidung** wird auf § 81 Rn 81 f. verwiesen. 10

Mitteilung von Entscheidungen

338 ¹Für Mitteilungen gelten die §§ 308 und 311 entsprechend. ²Die Aufhebung einer Unterbringungsmaßnahme nach § 330 Satz 1 und die Aussetzung der Unterbringung nach § 328 Abs. 1 Satz 1 sind dem Leiter der Einrichtung, in der der Betroffene lebt, mitzuteilen.

I. Mitteilungen in Unterbringungssachen (S. 1)

S. 1 der Vorschrift schafft eine gesetzliche Grundlage für Mitteilungen in Unterbringungssachen. Die Voraussetzungen für solche Mitteilungen, für eine Unterrichtungspflicht gegenüber dem Betroffenen, seinem Betreuer oder Verfahrenspfleger sowie die Regeln für die weitere Behandlung der Mitteilungen ergeben sich aus den §§ 308 und 311, auf die S. 1 der Vorschrift verweist. Auf die Erläuterungen zu §§ 308 und 311 wird deshalb Bezug genommen. Eine Mitteilung nach § 308 Abs. 1 oder Abs. 2 ist z. B. geboten, wenn sich aus den Vorgängen über eine öffentlich-rechtliche Unterbringung Anhaltspunkte für die Erforderlichkeit einer Betreuerbestellung oder die Fortführung einer öffentlich-rechtlichen Unterbringung nach § 1906 BGB ergeben. Sind für die Unterbringung und die Betreuung verschiedene Gerichte örtlich zuständig, sieht § 313 Abs. 4 S. 2 eine besondere Unterrichtungspflicht des für die Unterbringung zuständigen Gerichts gegenüber dem Betreuungsgericht vor. 1

II. Unterrichtung über die Aufhebung einer Unterbringung (S. 2)

Nach S. 2 der Vorschrift sind die Aufhebung einer Unterbringungsmaßnahme nach § 330 S. 1 und die Aussetzung der Unterbringung nach § 328 Abs. 1 S. 1 dem Leiter der Einrichtung, in der der Betroffene untergebracht ist,[1] mitzuteilen. Die gesetzliche Formulierung „lebt" ist im Hinblick auf die inhaltsgleiche Bestimmung in § 315 Abs. 4 Nr. 3, in der der gewöhnliche Aufenthalt des Betroffenen gemeint ist (vgl. § 315 Rn 8), missverständlich. Hier soll nach dem Zweck der Vorschrift vielmehr sichergestellt werden, dass der Leiter der Einrichtung, in der die Unterbringung vollzogen wird, von der Beendigung der gerichtlichen Unterbringungsmaßnahme sofort Kenntnis erhält und für die Entlassung des Betroffenen Sorge tragen kann.[2] 2

---

[10] NJW-RR 2006, 1377 = FamRZ 2006, 1617; offen gelassen OLG Hamm FGPrax 2007, 190 = FamRZ 2007, 934.
[1] Zutreffend Marschner/Volckart/Lesting § 338 FamFG Rn 21; Jansen/Sonnenfeld § 70n FGG Rn 3.
[2] BT-Drs. 13/4709 S. 31.

Benachrichtigung von Angehörigen

339 Von der Anordnung oder Genehmigung der Unterbringung und deren Verlängerung hat das Gericht einen Angehörigen des Betroffenen oder eine Person seines Vertrauens unverzüglich zu benachrichtigen.

1   Die Vorschrift hat nur klarstellende Funktion. Sie wiederholt in einfachgesetzlicher Vorschrift die in Art. 104 Abs. 4 GG für das Verfahren bei Freiheitsentziehungen vorgeschriebene Benachrichtigungspflicht des Gerichts gegenüber einem Angehörigen oder einer Person des Vertrauens des Betroffenen.[1] Die Benachrichtigung ist nicht gleichbedeutend mit der Bekanntgabe der Entscheidung im Sinne des § 41. Eine Mitteilung der Beschlussformel ist ausreichend. Umgekehrt ist die Benachrichtigung entbehrlich, wenn das Gericht einen Angehörigen oder eine von dem Betroffenen benannte Person des Vertrauens nach § 315 Abs. 4 bereits zum Verfahren hinzugezogen hat und dieser gegenüber der Beschluss ohnehin nach § 41 bekannt zu geben ist. Die einschränkende Formulierung der Gesetzesbegründung, in diesen Fällen sei regelmäßig der Benachrichtigungspflicht Genüge getan,[2] ist sachlich nicht gerechtfertigt, weil Art. 104 Abs. 4 GG für die Benachrichtigung keine besondere Form vorsieht und deshalb eine ordnungsgemäße Bekanntgabe der Entscheidung immer den Anforderungen genügen muss.

---

[1] BT-Drs. 16/6308 S. 276.
[2] BT-Drs. 16/6308 S. 276.

Abschnitt 3. Verfahren in betreuungsgerichtlichen Zuweisungssachen

Betreuungsgerichtliche Zuweisungssachen

340 Betreuungsgerichtliche Zuweisungssachen sind
1. Verfahren, die die Pflegschaft mit Ausnahme der Pflegschaft für Minderjährige oder für eine Leibesfrucht betreffen,
2. Verfahren, die die gerichtliche Bestellung eines sonstigen Vertreters für einen Volljährigen betreffen sowie
3. sonstige dem Betreuungsgericht zugewiesene Verfahren,

soweit es sich nicht um Betreuungssachen oder Unterbringungssachen handelt.

I. Normzweck

Die Vorschrift enthält eine Definition der betreuungsgerichtlichen Zuweisungssachen, 1 für die neben den Betreuungs- und Unterbringungssachen in § 23 a Abs. 2 Nr. 1 GVG die sachliche Zuständigkeit der Amtsgerichte und des dort nach § 23 c Abs. 1 GVG gebildeten Betreuungsgerichts begründet wird. Es handelt sich um einen Teil derjenigen Verfahren, für die nach bisherigem Recht in einer Vielzahl verstreuter Einzelvorschriften die Zuständigkeit des Vormundschaftsgerichts begründet war. Diese Verfahren sind nunmehr nach § 151 Nr. 5 als Kindschaftssachen dem Familiengericht zugewiesen, soweit es sich um die Angelegenheiten Minderjähriger handelt. Ferner begründen die §§ 266 und 269 Abs. 2 mit dem Begriff der sonstigen Familiensachen bzw. sonstigen Lebenspartnerschaftssachen die Zuständigkeit des Familiengerichts für die bisher dem Vormundschaftsgericht zugewiesenen familienrechtlichen Angelegenheiten über die persönlichen und güterrechtlichen Beziehungen zwischen Ehegatten bzw. Lebenspartnern (zu den Einzelheiten siehe die Erläuterungen zu den genannten Vorschriften). Nur der verbleibende Bestand der bisherigen Vorschriften wird als betreuungsrechtliche Zuweisungssachen fortgeführt, und zwar jeweils nur, soweit das Verfahren die Angelegenheiten einer volljährigen Person betreffen. Das FGG-RG hat eine entsprechende Anpassung des Wortlautes in einer Vielzahl von Vorschriften vorgenommen. Die Formulierung einer nicht geänderten Einzelvorschrift, die nach wie vor eine Entscheidung des Vormundschaftsgerichts vorsieht, ist im Lichte des neuen Rechts als betreuungsrechtliche Zuweisungssache zu verstehen, sofern es sich nicht um die Angelegenheiten einer minderjährigen Person handelt.

II. Kategorien betreuungsrechtlicher Zuweisungssachen

1. Pflegschaft

Nr. 1 der Vorschrift nennt zunächst Verfahren die eine **Pflegschaft** betreffen, wobei im 2 Hinblick auf die vorrangige sachliche Zuständigkeit des Familiengerichts (§ 151 Nr. 5) die Pflegschaft für Minderjährige und für eine Leibesfrucht ausgenommen werden. Nicht erfasst wird auch die Bestellung eines Ergänzungsbetreuers (§ 1899 Abs. 4 BGB), über die im betreuungsrechtlichen Verfahren zu entscheiden ist (vgl. dazu § 293 Rn 6 und 7). Es verbleiben demnach die Abwesenheitspflegschaft nach § 1911 BGB, die Pflegschaft für unbekannte Beteiligte (§ 1913 BGB), die Pflegschaft für gesammeltes Vermögen (§ 1914 BGB) und die Pflegschaft nach § 17 SachenRBerG. Die Nachlasspflegschaft ist demgegenüber in § 342 Nr. 2 als Nachlasssache erfasst. Dieser systematische Zusammenhang schließt es aus, eine Nachlasspflegschaft gleichzeitig als betreuungsgerichtliche Zuweisungssache zu behandeln. Die gegenteilig in der Gesetzesbegründung vertretene Auffassung[1] setzt sich über den Wortlaut und den systematischen Zusammenhang des Gesetzes hinweg und ist deshalb für die Gesetzesanwendung nicht bindend.

---
[1] BT-Drs. 16/6308 S. 283 (zu § 362); ihr folgend OLG Stuttgart FGPrax 2011, 88, 89.

2. Sonstiger Vertreter

3 Nr. 2 der Vorschrift führt die gerichtliche Bestellung eines Vertreters für einen Volljährigen an, der kein Pfleger ist. Damit ist die in einer Reihe von Verfahrensgesetzen vorgesehene Bestellung eines Vertreters (teilweise auch Pfleger genannt) zur Wahrnehmung der Interessen eines abwesenden oder an der Besorgung seiner Angelegenheiten verhinderten Beteiligten in dem jeweiligen Verfahren gemeint; hinsichtlich der Einzelvorschriften wird auf die Auflistung bei § 341 Rn 3 verwiesen. Die durch Nr. 2 begründete Zuständigkeit erstreckt sich auch auf Folgeentscheidungen, die im Zusammenhang mit der Vertreterbestellung zu treffen sind.[2]

3. Sonstige dem Betreuungsgericht zugewiesene Verfahren

4 Nr. 3 bezieht Zuweisungen in weiteren Einzelvorschriften in den Anwendungsbereich der Vorschrift ein. In diesen Bereich fällt die Erteilung der Genehmigung zu einer im Rahmen seines Aufgabenkreises abgegebenen rechtsgeschäftlichen Willenserklärung oder einem verfahrensrechtlichen Antrag des Betreuers, deren Erfordernis in einer Vielzahl von Einzelvorschriften begründet wird. Genannt seien etwa die Genehmigungserfordernisse nach den §§ 1484 Abs. 2 S. 3, 1491 Abs. 3 S. 2, 1492 Abs. 3 S. 2, 2282 Abs. 2, 2290 Abs. 3, 2357 Abs. 1 S. 2, 2351 BGB, § 6 ErwSÜAG, § 2 NamÄndG, § 16 Abs. 3 VerschG, §§ 19, 25 StAG, Art. 12 § 10a Abs. 2 S. 2 NEhelG, § 1 Abs. 6 HöfeO, § 6 KastrG, § 3 Abs. 1 S. 2 TSG.[3] Diese Genehmigungsverfahren sind nicht etwa nach § 271 Nr. 3 als Betreuungssachen zu behandeln. Denn diese Vorschrift bezieht sich nur auf solche Verfahren, die Gegenstand der im BGB selbst (§§ 1896 bis 1908i) getroffenen betreuungsrechtlichen Regelungen sind (vgl. § 271 Rn 4). § 340 Nr. 3 ist damit eine **Auffangregelung** für alle diejenigen Normen, durch die das Betreuungsgericht zu einer Entscheidung berufen wird, und zwar insbesondere auch dann, wenn ein Bezug zu einer bereits bestehenden Betreuung besteht.

III. Verfahrensvorschriften

1. Allgemeines

5 Für die betreuungsrechtlichen Zuweisungssachen sieht das FamFG mit Ausnahme der Regelung in § 341 zur örtlichen Zuständigkeit keine besonderen Verfahrensvorschriften vor. Eine auch nur teilweise Verweisung auf die verfahrensrechtlichen Vorschriften für Betreuungssachen (§§ 271 bis 311) ist nicht erfolgt. Die in den bisherigen Vorschriften der §§ 35 bis 64 FGG enthaltenen Vorschriften sind durch Neuregelungen an anderer Stelle des FamFG ersetzt worden, überwiegend im Buch 2 über das Verfahren in Familiensachen, in erheblichem Umfang aber auch im Allgemeinen Teil des FamFG. Es spricht allerdings viel dafür, dass zumindest die §§ 275 und 276 in betreuungsrechtlichen Zuweisungssachen entsprechend herangezogen werden müssen, und zwar insbesondere in den Fällen der Nr. 3. Es erschiene untragbar, dem Betroffenen für das auf Betreuerbestellung gerichtete Verfahren und die im Rahmen des BGB vorzunehmenden Verrichtungen des Betreuungsgerichts die eigenständige Verfahrensfähigkeit zuzugestehen, sie ihm jedoch im Falle der Geschäftsunfähigkeit zu versagen, wenn es im Rahmen der bestehenden Betreuung um die Genehmigung einer Willenserklärung oder eines verfahrensrechtlichen Antrags des Betreuers geht, deren Wirksamkeit wegen ihrer weit reichenden Bedeutung gerade von der Genehmigung des Betreuungsgerichts abhängig ist. Dasselbe gilt für die Bestellung eines Verfahrenspflegers nach § 276. Im Übrigen wird das Verfahren des Gerichts im Wesentlichen durch die Amtsermittlungspflicht (§ 26) bestimmt.

---

[2] BT-Drs. 16/6308 S. 276.
[3] Jurgeleit/Bučić § 340 FamFG Rn 8 weist zu Recht darauf hin, dass es sich bei der Zuweisung in § 3 Abs. 1 S. 2 TSG an das Familiengericht um ein Redaktionsversehen handelt, zumal § 15 Abs. 1 Nr. 9 RPflG dieses Verfahren als betreuungsgerichtliche Zuweisungssache behandelt.

2. Bestellung eines gesetzlichen Vertreters in Verwaltungsverfahren

Besonderheiten sind zu beachten bei der Entscheidung über die Bestellung eines gesetzlichen Vertreters für einen Beteiligten in einem Verwaltungsverfahren, der infolge einer psychischen Krankheit oder körperlichen, geistigen oder seelischen Behinderung nicht in der Lage ist, in dem Verwaltungsverfahren selbst tätig zu werden (§ 16 Abs. 1 Nr. 4 VwVfG; § 81 Abs. 1 Nr. 4 AO; § 15 Abs. 1 Nr. 4 SGB X). Für die Bestellung eines Vertreters unter diesen Voraussetzungen verweisen die Absätze 4 der genanten Bestimmungen jeweils auf die Vorschriften über die Betreuung. Diese Verweisung bezieht sich nicht nur auf die materiellen Voraussetzungen nach § 1896 Abs. 1 und 1 a BGB, sondern auch auf die Verfahrensvorschriften für eine Betreuerbestellung. Ein entsprechender Antrag der Behörde ist also wie ein Verfahren auf eine Betreuerbestellung zu behandeln. Es spricht viel dafür, andere Verfahrensvorschriften, die in allgemeiner Form die Bestellung eines Vertreters ermöglichen, wenn ein Beteiligter an der Wahrnehmung seiner Vermögensangelegenheiten verhindert ist (§ 119 FlurberG, § 29 a LandbeschG, § 207 BauGB), in demselben Sinn wie die in §§ 16 VwVfG, 81 AO, 15 SGB X getroffene Regelung auszulegen. Denn die Bestellung eines gesetzlichen Vertreters für den Beteiligten führt dazu, dass seine Rechte in dem Verfahren ausschließlich von dem bestellten Vertreter wahrgenommen werden können und er seine eigene Handlungsfähigkeit in dem Verfahren verliert.[4] Der anwesende Verfahrensbeteiligte, dem wegen einer psychischen Erkrankung oder geistigen oder seelischen Behinderung ein Vertreter bestellt werden soll, ist also in erhöhtem Maße schutzbedürftig. Diesem Gesichtspunkt tragen die §§ 16 VwVfG, 81 AO, 15 SGB X durch Verweisung auf die Vorschriften über die Betreuerbestellung Rechnung. Es gibt keine hinreichenden Gründe dafür, weshalb in anderen Verwaltungsverfahren nicht dasselbe gelten soll.

3. Rechtsmittel

Für die Anfechtung der Entscheidung gelten die allgemeinen Vorschriften der §§ 58 bis 69. Die Beschwerdebefugnis setzt daher gem. § 59 Abs. 1 die Beeinträchtigung eigener Rechte des Beschwerdeführers voraus. Die **Anfechtung der Anordnung der Pflegschaft** oder der Ablehnung ihrer Aufhebung hat praktische Bedeutung bei der Pflegschaft für unbekannte Beteiligte (§ 1913 BGB). Auf der Grundlage der inhaltsgleichen bisherigen Vorschrift des § 20 Abs. 1 FGG ist eine Beschwerdebefugnis desjenigen bejaht worden, der geltend macht der wahre Beteiligte zu sein.[5] In eigenen Rechten nicht beeinträchtigt ist aber der Miterbe oder Vorerbe oder der mögliche Nacherbe.[6] Nur im Rahmen des § 59 Abs. 1 anfechtbar ist nunmehr auch die **Ablehnung der Anordnung einer Pflegschaft oder deren Aufhebung.** Nicht übernommen hat das FamFG die bisherige Vorschrift des § 57 Abs. 1 Nr. 3 FGG. Danach konnte über § 20 Abs. 1 FGG hinausgehend gegen eine Verfügung des genannten Inhalts derjenige Beschwerde einlegen, der ein rechtliches Interesse an der Änderung der Verfügung hat. Danach reichte für die Bejahung der Beschwerdebefugnis bereits die rechtliche Vorteilhaftigkeit aus, die sich für den Beschwerdeführer aus dem Bestehen der Pflegschaft für die Wahrnehmung seiner eigenen Rechte gegenüber dem Pflegebefohlenen ergeben konnte.[7] Diese erweiterte Anfechtungsbefugnis ist durch die jetzige Neufassung der Vorschriften beseitigt worden. Dies gilt auch für das Beschwerderecht einer Behörde insbesondere in den Fällen, in denen ihr Ersuchen um Bestellung eines Pflegers bzw. Vertreters im Verwaltungsverfahren abgelehnt worden ist. In solchen Fällen wurde ein Beschwerderecht der Behörde nach § 57 Abs. 1 Nr. 3 FGG bejaht.[8] Demgegenüber beschränkt § 59 Abs. 3 das Beschwerderecht von Behörden auf diejenigen Verfahren, in denen dies spezialgesetzlich ausdrücklich vorgesehen ist; in den betreuungsgerichtlichen Zuweisungssachen besteht eine solche Regelung nicht.

---

[4] Stelkens/Bonk/Sachs § 16 VwVfG Rn 10.
[5] KGJ 48, 20; JFG 12, 143; OLG Dresden OLGE 29, 19; Jansen/Sonnenfeld § 41 FGG Rn 11.
[6] OLG Hamm OLGZ 1969, 410.
[7] KG FGPrax 2008, 251; Engelhardt 15. A. § 57 FGG Rn 10.
[8] BayObLGZ 1965, 59.

Örtliche Zuständigkeit

341 Die Zuständigkeit des Gerichts bestimmt sich in betreuungsgerichtlichen Zuweisungssachen nach § 272.

I. Allgemeines

1 Die Vorschrift regelt die örtliche Zuständigkeit des Gerichts durch Verweisung auf die betreuungsverfahrensrechtliche Bestimmung des § 272. Die Verweisung auf diese Stufenleiter der Zuständigkeit erscheint zunächst verwirrend. Die durch eine bestehende Betreuung begründete Zuständigkeit kommt in erster Linie bei den Zuweisungssachen nach § 340 Nr. 3 in Betracht, wenn es um die Erteilung einer Genehmigung zu einer rechtsgeschäftlichen Willenserklärung oder einem verfahrensrechtlichen Antrag des Betreuers geht. Im Übrigen führt die entsprechende Anwendung des § 272 in den meisten Fällen zur örtlichen Zuständigkeit des Gerichts, in dessen Bezirk das **Bedürfnis für die Fürsorge** hervortritt (Nr. 3), sofern die Zuständigkeit nicht durch Sondervorschriften geregelt ist. Damit tritt der Sache nach eine Vereinfachung gegenüber den bisherigen Regelungen durch das FGG ein.

II. Örtliche Zuständigkeit für einzelne Entscheidungen

1. Abwesenheitspflegschaft

2 Für die Abwesenheitspflegschaft nach § 1911 BGB fällt die bisherige Anknüpfung an den Wohnsitz des Betroffenen (§ 39 Abs. 1 FGG) weg. Die Anknüpfung an den gewöhnlichen Aufenthalt des Betroffenen (§ 272 Nr. 2) kommt nur in Betracht, wenn feststeht, dass der Betroffene weiterhin seinen gewöhnlichen Aufenthalt im Inland hat. Für die bisherige, an den Wohnsitz anknüpfende Regelung des § 39 Abs. 1 FGG wurde ein Wohnsitz, den der Betroffene bei Beginn seiner Abwesenheit hatte, für die Bestimmung der örtlichen Zuständigkeit als fortbestehend angenommen.[1] Diese Beurteilung kann für die Anwendung des § 272 Nr. 2 nicht fortgeführt werden, weil ein Wechsel des gewöhnlichen Aufenthalts lediglich eine tatsächliche Verlegung des Lebensmittelpunktes des Betroffenen voraussetzt. Ist der Betroffene längere Zeit abwesend und konnte sein tatsächlicher Aufenthalt auch durch Nachforschungen nicht ermittelt werden (Fall des spurlosen Verschwindens im Sinne des § 1911 Abs. 1 S. 1 BGB), kann nicht angenommen werden, dass sein bisheriger gewöhnlicher Aufenthalt fortbesteht. Anders kann es sich verhalten, wenn bekannt ist, dass der Betroffene mit der Absicht abgereist ist, seinen gewöhnlichen Aufenthalt am bisherigen Ort aufrecht erhalten zu wollen, lediglich vorübergehend nicht erreichbar oder sonst verhindert ist, seine Vermögensangelegenheiten wahrzunehmen (Fall des § 1911 Abs. 2 BGB).

3 **Sonderfälle** der Bestellung eines Pflegers oder Vertreters für einen Abwesenden oder Verhinderten mit teilweise abweichender Regelung der Zuständigkeit sind:

	Gesetz	zuständiges Gericht	Bezeichnung
1	**VwVfG** § 16 Abs. 1* und die inhaltgleichen Ländergesetze	Betreuungsgericht, in dessen Bezirk die ersuchende Behörde ihren Sitz hat.	Vertreter v. A. w.
2	**AO** § 81 Abs. 1*	Betreuungsgericht, in dessen Bezirk die ersuchende Behörde ihren Sitz hat.	Vertreter v. A. w.
3	**SGB X** § 15 Abs. 1*	Betreuungsgericht, in dessen Bezirk die ersuchende Behörde ihren Sitz hat.	Vertreter v. A. w.
	* zu 1 bis 3	Betreuungsgericht, in dessen Bezirk der Betroffene seinen gewöhnlichen Aufenthalt hat bei Bestellung unter	Vertreter v. A. w

---

[1] Engelhardt 15. A. § 39 FGG Rn 2.

	Gesetz	zuständiges Gericht	Bezeichnung
		den Voraussetzungen des § 1896 BGB	
4	**BauGB** § 207 Abs. 1	Betreuungsgericht, in dessen Bezirk das betroffene Grundstück belegen ist.[2]	Vertreter v. A. w
5	**FlurberG** § 119	Betreuungsgericht, in dessen Bezirk die Teilnehmergemeinschaft ihren Sitz hat.	Vertreter
6	**LandbeschG** § 29 a Abs. 1	Betreuungsgericht, in dessen Bezirk das betroffene Grundstück liegt.	Vertreter
7	**SachenRBerG** § 17 Abs. 1	Betreuungsgericht, in dessen Bezirk das betroffene Grundstück belegen ist.	Pfleger
8	**GBO** § 96	Grundbuchamt	Pfleger
9	**FamFG** §§ 364, 373	Nachlassgericht	Pfleger
10	**StPO** §§ 290, 292 Abs. 2, 443 Abs. 3	Betreuungsgericht	Pfleger

2. Pflegschaft für unbekannte Beteiligte

Bei der Pflegschaft für unbekannte Beteiligte kann die örtliche Zuständigkeit nicht von 4 dem gewöhnlichen Aufenthalt einer bestimmten betroffenen Person abgeleitet werden (§ 272 Nr. 2) und muss folglich an den Ort anknüpfen, an dem das Bedürfnis für die Fürsorge hervortritt (§ 272 Nr. 3), wie bisher nach § 41 FGG. Maßgebend dafür sind die Umstände des Einzelfalls zu dem Zeitpunkt, zu dem das Gericht mit der Angelegenheit befasst wird (§ 2 Abs. 1). Das Bedürfnis der Fürsorge ist zumeist gegenstandsbezogen auf einen Vermögenswert und auf insoweit abzugebende Willenerklärungen. Beispielhaft kann es sich bei der Pflegschaft für noch nicht erzeugte Nacherben (§ 1913 S. 2 BGB) handeln um ein Nachlassgrundstück, in Bezug auf welches Willenerklärungen abgegeben werden sollen,[3] unter Umständen der Wohnsitz der Eltern oder der Hinterlegungsort von Wertpapieren.[4]

Sonderfälle der Bestellung eines Pflegers oder Vertreters für unbekannte Beteiligte 5 enthalten die in der bei Rn 3 wiedergegebenen Liste zu lfd. Nr. 1 bis 8 angeführten Vorschriften mit der jeweiligen Zuständigkeitsregelung.

3. Pflegschaft für Sammelvermögen

Die Pflegschaft für ein Sammelvermögen nach § 1914 BGB ist eine reine Sachpfleg- 6 schaft, die die Begünstigten nicht zu Rechtsträgern werden lässt.[5] Da die Pflegschaft an die Stelle einer beendeten treuhänderischen Verwaltung des Vermögens tritt, bestimmte § 42 FGG die örtliche Zuständigkeit in Anknüpfung an den Ort, an welchem bisher die Verwaltung geführt wurde. Die jetzige Anknüpfung an den Ort, an dem das Bedürfnis der Fürsorge hervortritt (§ 272 Nr. 3), wird regelmäßig zu demselben Ergebnis führen.

4. Weitere Zuständigkeitsfragen

Die sachliche Zuständigkeit des AG ergibt sich aus § 23 a Abs. 1 Nr. 2 GVG, die interna- 7 tionale Zuständigkeit richtet sich nach § 104. Die funktionelle Zuständigkeit ist nach näherer Maßgabe des Richtervorbehalts in § 15 RPflG zwischen Richter und Rechtspfleger aufgeteilt.

---

[2] OLG Hamm OLGZ 1977, 191 = Rpfleger 1977, 137.
[3] Jansen/Sonnenfeld § 41 FGG Rn 12.
[4] BayObLGZ 11, 380.
[5] BGH LM Nr. 1 zu § 1914 BGB; OLG Zweibrücken FGPrax 2007, 133.

Buch 4. Verfahren in Nachlass- und Teilungssachen

Abschnitt 1. Begriffsbestimmung; örtliche Zuständigkeit

Begriffsbestimmung

342 (1) Nachlasssachen sind Verfahren, die

1. die besondere amtliche Verwahrung von Verfügungen von Todes wegen,
2. die Sicherung des Nachlasses einschließlich Nachlasspflegschaften,
3. die Eröffnung von Verfügungen von Todes wegen,
4. die Ermittlung der Erben,
5. die Entgegennahme von Erklärungen, die nach gesetzlicher Vorschrift dem Nachlassgericht gegenüber abzugeben sind,
6. Erbscheine, Testamentsvollstreckerzeugnisse und sonstige vom Nachlassgericht zu erteilende Zeugnisse,
7. die Testamentsvollstreckung,
8. die Nachlassverwaltung sowie
9. sonstige den Nachlassgerichten durch Gesetz zugewiesene Aufgaben

betreffen.

(2) Teilungssachen sind

1. die Aufgaben, die Gerichte nach diesem Buch bei der Auseinandersetzung eines Nachlasses und des Gesamtguts zu erledigen haben, nachdem eine eheliche, lebenspartnerschaftliche oder fortgesetzte Gütergemeinschaft beendet wurde, und
2. Verfahren betreffend Zeugnisse über die Auseinandersetzung des Gesamtguts einer ehelichen, lebenspartnerschaftlichen oder fortgesetzten Gütergemeinschaft nach den §§ 36 und 37 der Grundbuchordnung sowie nach den §§ 42 und 74 der Schiffsregisterordnung.

I. Normzweck

§ 342 bestimmt, für welche Verfahren die Verfahrensvorschriften des 4. Buches (sowie des 1. Buches) gelten.[1] Für sonstige erbrechtliche Streitigkeiten, wie zB Pflichtteilsklagen, bleibt es weiterhin bei der Geltung der ZPO und der Zuständigkeit der Prozessabteilungen der Amts- und Landgerichte. **Reform:** Das FGG enthielt keine vergleichbare Regelung. **Übergangsrecht:** auf Verfahren, die bis 1. 9. 2009 eingeleitet worden sind oder deren Einleitung bis dahin beantragt wurde, sind die früheren Vorschriften (d. h. FGG) anzuwenden (Art. 111 FGG-RG). 1

II. Einzelne Nachlassverfahren (Abs. 1)

Die gesetzlichen Bestimmungen überlassen die Regelung des Nachlasses weitgehend den Beteiligten, nur ausnahmsweise werden gerichtliche Aufgaben begründet. Die Tätigkeiten des Nachlassgerichts lassen sich in drei Gruppen einteilen: Angelegenheiten, die von Amts wegen zu erledigen sind; solche, in denen das Gericht auf Antrag tätig wird, und diejenigen, in denen Erklärungen der Beteiligten entgegenzunehmen sind. 2

Nr. 1: Besondere amtliche **Verwahrung von Testamenten** und Erbverträgen; vgl. § 346. Hiervon ist die schlichte Aktenverwahrung nach der AktO zu unterscheiden, etwa wenn im Zivilprozess ein noch nicht eröffnetes Testament vorgelegt wird. 3

Nr. 2: Sicherung des Nachlasses (§ 1960 Abs. 1 und 2 BGB), etwa durch Anlegung von Siegeln, Anordnung der Hinterlegung von Geld, Wertpapieren und Kostbarkeiten; Anordnung der Aufnahme eines Nachlassverzeichnisses; Anordnung und Aufhebung von 4

---

[1] BT-Drs. 16/6308 S. 277.

Nachlasspflegschaften sowie Bestellung eines Nachlasspflegers, weitere Tätigkeiten in Zusammenhang mit der **Nachlasspflegschaft** (vgl. §§ 1960 Abs. 2, 1915 BGB, der auf §§ 1773 BGB ff. verweist); wichtig ist vor allem die Kontrolle des Nachlasspflegers und die Festsetzung der Vergütung und ggf. der Auslagen durch das Nachlassgericht. Das Nachlassgericht selbst ist nicht Nachlasspfleger (zu unterscheiden von der Situation, dass der Rechtspfleger des Nachlassgerichts einen Angestellten des Nachlassgerichts im Rahmen einer Nebentätigkeit zum Nachlasspfleger bestellt, was unterbleiben sollte); in den in § 1846 BGB genannten Fällen kann es aber selbst tätig werden.

5 Für die Nachlasspflegschaft enthielt früher § 75 FGG spezielle Regelungen; sie wurden ins FamFG nicht übernommen. Für die Nachlasspflegschaft ist der Allgemeine Teil des FamFG (§§ 1 bis 110) anwendbar sowie die speziellen Regelungen der §§ 342 ff. Sie gilt ferner als „betreuungsgerichtliche Zuweisungssache"[2] (§ 340 Nr. 1), so dass auch Buch 3 (§§ 271 bis 341) darauf anzuwenden ist. Allerdings ist nicht das Betreuungsgericht (früher: Vormundschaftsgericht) dafür sachlich zuständig, sondern wegen § 1962 BGB (wie bisher) das Nachlassgericht. Von der Nachlasspflegschaft für den unbekannten Erben ist die Abwesenheitspflegschaft (§ 1911 BGB) zu unterscheiden, die dann einschlägig ist, wenn der Erbe bekannt ist, sein Aufenthalt aber unbekannt; der Abwesenheitspfleger wird vom Betreuungsgericht bestellt (§ 340). Wird in einem solchen Fall das Betreuungsgericht anstelle des Nachlassgerichts (oder umgekehrt) tätig und bestellt einen Pfleger, ist die Entscheidung trotzdem wirksam (analog § 2 Abs. 3), allerdings anfechtbar.[3]

6 **Nr. 3: Eröffnung** von Verfügungen von Todes wegen; vgl. §§ 348 bis 351.

7 **Nr. 4: Ermittlung der Erben.** Vgl. §§ 1960, 1961, 1964 bis 1966 BGB. Eine Erbenermittlungspflicht gibt es (eingeschränkt) nur aufgrund Landesrechts und zwar in Bayern (Art. 37 AGGVG)[4] und Baden-Württemberg (§ 41 LFGG),[5] nicht in den übrigen Bundesländern. Das Nachlassgericht kann in diesen Bundesländern einen Erben selbst ermitteln oder hierzu einen Nachlasspfleger bestellen; trotz Pflegerbestellung bleibt aber das eigene Ermittlungsrecht bestehen. In allen Bundesländern besteht eine antragsorientierte Ermittlungspflicht, wenn ein Erbscheinsantrag gestellt ist (§ 2358 Abs. 1 BGB); ferner bei einem Ersuchen des Grundbuchamts nach § 82a S. 2 GBO, wenn Grundstücke in den Nachlass fallen, damit ggf eine Grundbuchberichtigung erzwungen werden kann (§ 82 GBO; bei Weigerung des Nachlassgerichts: § 159 GVG analog[6]).

8 **Nr. 5: Entgegennahme von Erklärungen,** die nach gesetzlicher Vorschrift dem Nachlassgericht gegenüber abzugeben sind. Dazu gehört z. B.
- Entgegennahme der Ausschlagung einer Erbschaft (§ 1945 BGB); die Auschlagung eines Vermächtnis dagegen erfolgt gegenüber dem Beschwerten (§§ 2180 Abs. 2, 2308 Abs. 2 S. 2 BGB),
- Anfechtung einer Annahme der Erbschaft oder der Ausschlagung (§ 1955 BGB),
- Erklärung der Anfechtung eines Testaments oder Erbvertrags (§§ 2081, 2281 Abs. 2 BGB); die Anfechtung des gemeinschaftlichen Testaments bzw. Erbvertrags zu Lebzeiten des Vertragspartners dagegen erfolgt durch Erklärung diesem gegenüber in notariell beurkundeter Form, §§ 143 Abs. 2, 2282 Abs. 3 BGB,
- Annahme des Amts eines Testamentsvollstreckers (§ 2202 Abs. 2 BGB);
- Ablehnung dieses Amts (§ 2202 Abs. 2 BGB);
- Entgegennahme der Kündigung des Testamentsvollstreckers (§ 2226 Abs. 1 S. 2 BGB).
- Entgegennahme der Erklärungen nach §§ 1484 Abs. 2, 1491 Abs. 1, 1492 Abs. 1 BGB,
- Entgegennahme eines Nachlassinventars (§ 1993 BGB),
- Bezugnahme des Erben auf vorhandenes Nachlassinventar (§ 2004 BGB),
- Entgegennahme der eidesstattlichen Versicherung (§ 2006 BGB),
- Anzeige über den Eintritt der Nacherbschaft (§ 2146 BGB),
- Anzeige vom Erbschaftskauf (§§ 2384, 2385 BGB).

---

[2] BT-Drs. 16/6308 S. 283; OLG Stuttgart FGPrax 2011, 88; Prütting/Helms/Fröhler § 342 Rn 8.
[3] Bumiller/Harders § 2 Rn 26.
[4] Dazu BayObLGZ 1968, 68.
[5] Sandweg BWNotZ 1979, 25.
[6] KG Rpfleger 1969, 57; Prütting/Helms/Fröhler § 342 Rn 14.

Die Annahme der Erbschaft muss nicht (kann aber) gegenüber dem Nachlassgericht erfolgen.

Nr. 6: Verfahren betreffend Erbscheine (§§ 2353 ff. BGB); **Testamentsvollstreckerzeugnisse** (§ 2368 BGB); sonstige vom Nachlassgericht zu erteilende Zeugnisse (Fortsetzung der Gütergemeinschaft, § 1507 BGB; Überweisungszeugnisse, §§ 36, 37 GBO; §§ 42, 74 SchRegO), deren Einziehung (§ 2361 BGB) und ggf. Kraftloserklärung. Hoffolgezeugnisse fallen unter das LwVG.

Nr. 7: Testamentsvollstreckung (§§ 2197 bis 2228 BGB).[7] Darunter fallen die Auswahl eines Testamentsvollstreckers im Falle des § 2200 BGB (nicht in den sonstigen Fällen); die Außerkraftsetzung von Anordnungen des Erblassers (§ 2216 Abs. 2 S. 2 BGB); die Entscheidung von Meinungsverschiedenheiten zwischen mehreren Testamentsvollstreckern (§ 2224 Abs. 1 S. 1 BGB); die Entlassung eines Testamentsvollstrecker (§ 2227 Abs. 1 BGB); Fristbestimmung zur Ernennung eines Testamentsvollstreckers sowie für die Annahme des Amtes (§§ 2198, 2199, 2202 Abs. 3 BGB). Die Bestimmung der Höhe der Vergütung des Testamentsvollstreckers (§ 2221 BGB)[8] ist dagegen in keinem Fall Aufgabe oder Recht des Nachlassgerichts, auch nicht, wenn sie vom Erblasser unzulässigerweise dem Nachlassgericht übertragen wurde, sondern gehört im Streitfall vor das Prozessgericht.[9]

Nr. 8: Nachlassverwaltung (§§ 1981 ff. BGB), auch die Festsetzung der Vergütung des Nachlassverwalters (§ 1987 BGB). Die von Miterben mit einem Verwalter privat vereinbarte Nachlassverwaltung (z. B. als Geschäftsbesorgungsvertrag) ist keine Nachlasssache im Sinn von § 342.

Nr. 9: sonstige Aufgaben, die den Nachlassgerichten durch Gesetz zugewiesen sind. Dazu gehören u. a. die Feststellung des Erbrechts des Fiskus (§§ 1964, 1965 BGB), Mitteilung der Ausschlagung einer Erbschaft an die nächstberechtigten Erben (§ 1953 Abs. 3 BGB), Mitteilung über die Anfechtung der Annahme oder der Ausschlagung einer Erbschaft (§ 1957 Abs. 2 BGB) oder der Anfechtung eines Testaments oder Erbvertrags (§§ 2081, 2281 Abs. 2 S. 2 BGB); Veranlassung der Ablieferung eines Testament (§ 2259 Abs. 2 S. 2 BGB); Eröffnung der Fristbestimmung bei Vermächtnissen und Auflagen (§§ 2151, 2153 bis 2155, 2192, 2193 BGB); die Stundung des Pflichtteils (§ 2331 a BGB); Aufgaben in Zusammenhang mit der Inventarerrichtung (§§ 1993 ff. BGB), Entgegennahme der Anzeige des Eintritts der Nacherbschaft (§ 2146 BGB); Anzeige vom Erbschaftskauf (§§ 2384, 2385 BGB); Mitteilung an die zuständige Behörde, wenn durch Verfügung von Todes wegen eine Stiftung errichtet wurde (§ 83 BGB); Mitteilung des Erbfalls an das Grundbuchamt, wenn zum Nachlass ein Grundstück gehört (§ 83 GBO); Errichtung eines Nachlassverzeichnisses (§ 2003 BGB); Bestimmung der Inventarfrist (§§ 1994 ff. BGB); Fristbestimmung zur Inventarerrichtung (§ 1996 BGB); das Aufgebot von Nachlassgläubigern nach §§ 454 ff. (streitig, vgl. § 454 Rn 7).

Keine Aufgaben: Geht beim Nachlassgericht eine Erbschaftsausschlagung (oder eine Anfechtung der Annahme, §§ 1957, 1955 BGB) ein, ist das Gericht nicht befugt, über die Wirksamkeit der Ausschlagung außerhalb eines Erbscheinsverfahrens förmlich durch Beschluss zu entscheiden.[10] Keine Aufgabe ist ferner die Festsetzung der Vergütung des Testamentsvollstreckers (Rn 9). Das Nachlassinsolvenzverfahren (§§ 315 ff. InsO) gehört zum Insolvenzgericht, nicht zum Nachlassgericht.

III. Teilungssachen (Abs. 2)

Nr. 1: die Aufgaben, die die Gerichte nach dem 4. Buch (§§ 363 bis 373) bei der Auseinandersetzung eines Nachlasses oder des Gesamtguts zu erledigen haben, nachdem eine eheliche, lebenspartnerschaftliche oder fortgesetzte Gütergemeinschaft beendet wurde. Die Erbauseinandersetzungsklage und diesbezügliche Feststellungsklage sind dagegen keine Nachlasssachen, sondern gehören in den Zivilprozess.

---

[7] Zimmermann ZEV 2009, 53; Maluche ZEV 2010, 551.
[8] Dazu Zimmermann ZEV 2001, 334; Eckelskämper RNotZ 2010, 242; Kommentare zu § 2221 BGB.
[9] BGH ZEV 2005, 22.
[10] OLG München FGPrax 2010, 138.

13 **Nr. 2:** Auseinandersetzungszeugnisse betreffend das Gesamtguts einer Gütergemeinschaft nach den §§ 36 und 37 GBO; Auseinandersetzungszeugnisse nach den §§ 42 und 74 der SchiffsregisterO. Dazu gehört auch die Einziehung bzw. Kraftloserklärung dieser Zeugnisse.

IV. Weitere Bestimmungen

1. Verfahren in Nachlasssachen

14 Das Verfahren in Nachlasssachen ist teils im FamFG, teils im BGB geregelt. Weitere Bestimmungen enthalten: §§ 11, 12 KonsularG; § 20 BNotO; §§ 34 Abs. 3, 34a BeurkG; §§ 9, 20 DONot. Über **Akten- und Registerführung** vgl. §§ 3–7, 27, 28 AktO mit landesrechtlichen Ergänzungsvorschriften.

2. Landesrecht

15 Art. 147 EGBGB erlaubt im dort genannten Umfang Landesrecht in Nachlasssachen. Danach bleiben die landesrechtlichen Vorschriften unberührt, nach denen für die Aufgaben des Nachlassgerichts andere Stellen als Gerichte zuständig sind. Wichtig ist hier vor allem Baden-Württemberg, wo nach § 38 Bad.-Württ.LFGG das Notariat Nachlassgericht ist. Vgl. ferner § 19 RPflG.

3. Benachrichtigungen in Nachlasssachen

16 Es muss gewährleistet werden, dass die Stelle, bei der sich Testamente und Erbverträge befinden, nach Möglichkeit vom Tod des Erblassers Kenntnis erlangen. Die früheren reichsrechtlichen Regelungen wurden nach 1945 durch Erlasse bzw. Rundverfügungen der einzelnen Länder[11] ersetzt, die allerdings bundeseinheitlich sind. Jetzt regelt § 347 das Mitteilungswesen.

4. Erbschaftsteuer

17 Bestimmungen über die Beistandspflicht der Gerichte zur **Durchführung der Besteuerung:** s. §§ 111 ff. AO, § 34 ErbStG, §§ 7, 8 ErbStDV.

5. Gebühren

18 Gerichtsgebühren: §§ 101 bis 117 KostO; Notargebühren: KostO; Anwaltsgebühren: RVG.

Örtliche Zuständigkeit

343 (1) Die örtliche Zuständigkeit bestimmt sich nach dem Wohnsitz, den der Erblasser zur Zeit des Erbfalls hatte; fehlt ein inländischer Wohnsitz, ist das Gericht zuständig, in dessen Bezirk der Erblasser zur Zeit des Erbfalls seinen Aufenthalt hatte.

(2) ¹Ist der Erblasser Deutscher und hatte er zur Zeit des Erbfalls im Inland weder Wohnsitz noch Aufenthalt, ist das Amtsgericht Schöneberg in Berlin zuständig. ²Es kann die Sache aus wichtigen Gründen an ein anderes Gericht verweisen.

(3) Ist der Erblasser ein Ausländer und hatte er zur Zeit des Erbfalls im Inland weder Wohnsitz noch Aufenthalt, ist jedes Gericht, in dessen Bezirk sich Nachlassgegenstände befinden, für alle Nachlassgegenstände zuständig.

Übersicht

	Rn
I. Normzweck	1
II. Sachliche Zuständigkeit	2
1. AG	2
2. Landesrecht; Baden-Württemberg	3

---

[11] Z. B. in Bayern Bay.JMBl. 2001, 11.

Örtliche Zuständigkeit

		Rn
3. Zuständigkeit des Landwirtschaftsgerichts in Nachlasssachen		21
a) Sachliche Zuständigkeit		22
b) Örtliche Zuständigkeit		32
c) Verfahren		33
d) Auseinandersetzung nach §§ 363 ff.		34
e) Gerichtliche Zuweisung		35
III. Örtliche Zuständigkeit		36
1. Allgemeines		36
2. Deutscher oder ausländischer Erblasser (Abs. 1)		37
a) Prüfungsreihenfolge		37
b) Sonderfälle		38
c) Prüfung von Amts wegen		39
d) Begriff des Wohnsitzes		40
e) Einzelfälle		41
f) Mehrfacher Wohnsitz		43
3. Aufenthalt		44
4. Ehemalige deutsche Gebiete		46
5. Internationale Zuständigkeit		48
a) Allgemeines		48
b) Rechtslage unter Geltung des FGG		50
c) Neue Rechtslage (FamFG)		51
d) Staatsverträge		53
e) Staatenlose		58
f) Mehrere Staatsangehörigkeiten		59
g) Einzelne Tätigkeiten des Nachlassgerichts		60
h) Keine Bindungswirkung		62
IV. Deutscher Erblasser (Abs. 2)		63
1. AG Schöneberg		63
2. Kein Wohnsitz/Aufenthalt im Inland		65
3. Verweisung an ein anderes Gericht		66
V. Ausländischer Erblasser (Abs. 3)		69
VI. Lastenausgleichsansprüche		75
VII. Zuständigkeitswechsel		80
VIII. Zuständigkeitsverteilung zwischen Richter und Rechtspfleger		83
1. Grundregeln		83
2. Baden-Württemberg		87
3. Sonstiges Landesrecht		89
4. Richtervorbehalte		90
5. Zuständigkeit des Rechtspflegers		100
a) Nachlasspflegschaft, Nachlassverwaltung		100
b) Testamentsvollstreckung		101
c) Sonstige Aufgaben		102
6. Weitere Zuständigkeit des Rechtspflegers aufgrund landesrechtlicher Aufhebung von Richtervorbehalten		103
IX. Zuständigkeit deutscher Konsuln und des Schiffskapitäns		106

I. Normzweck

Die Vorschrift regelt die örtliche Zuständigkeit für die Nachlass- und Teilungssachen im **1** Sinne von § 342; besondere Zuständigkeiten sind in § 344 kodifiziert. Die sachliche und die funktionelle Zuständigkeit sind in § 342 nicht geregelt (dazu Rn 2, 83). § 343 entspricht dem früheren § 73 FGG.

II. Sachliche Zuständigkeit

1. Amtsgericht

Das FGG hatte in § 72 geregelt, dass die Amtsgerichte für die dem Nachlassgericht **2** obliegenden Verrichtungen zuständig sind. Eine entsprechende Bestimmung fehlt im FamFG, sie findet sich aber jetzt im GVG: nach § 23a Abs. 2 Nr. 2 GVG ist das AG für Nachlass- und Teilungssachen (sachlich) zuständig, eine Differenzierung nach der Höhe des

Nachlasswerts erfolgt nicht. Das Nachlassgericht ist eine Abteilung des AG (§ 23 c GVG schreibt allerdings die Bildung einer solchen Abteilung nicht vor). In der ehemaligen DDR waren die staatlichen Notariate sachlich zuständig.[1] Ein Reformvorhaben will den Ländern die Möglichkeit einräumen, die Aufgaben der Nachlassgerichte auf **Notare** zu übertragen.[2]

2. Landesrecht; Baden-Württemberg

3   Nach Art. 147 nF EGBGB bleiben die landesgesetzlichen Vorschriften, nach denen für die Aufgaben des Nachlassgerichts andere Stellen als Gerichte zuständig sind, unberührt. Es können somit auch Behörden (nicht aber andere Gerichte) damit betraut sein. Vgl. §§ 486, 487.

4   In **Baden-Württemberg** ist demgemäß das Staatliche **Notariat Nachlassgericht** (§ 1 Abs. 1 und 2, §§ 36, 38 ff. LFGG); in Baden (entspricht etwa dem OLG-Bezirk Karlsruhe, Grenzen vgl. § 1 LFGG) der Amtsnotar, in Württemberg (entspricht etwa dem OLG-Bezirk Stuttgart, Grenzen vgl. § 1 LFGG) der Bezirksnotar; § 17 Abs. 2 Bad.-Württ. LFGG.[3] Der dort als Nachlassrichter handelnde Notar kann wegen Befangenheit abgelehnt werden, wenn er in seiner Funktion als Nachlassrichter einen Erbvertrag oder ein Testament auszulegen hat, den er selbst früher beurkundet hat,[4] weil Zweifel an der Unvoreingenommenheit bestehen. Möglicherweise hat der Notar früher bei der Beratung und Beurkundung des Testaments oder Erbvertrags Fehler gemacht und würde jetzt anderen Beteiligten haften. Der Notar/Nachlassrichter befindet sich also in einem Interessenkonflikt und kann nicht mehr in jeder Hinsicht unvoreingenommen entscheiden.

5   In allen **anderen Bundesländern**[5] ist das AG Nachlassgericht und nur einzelne Verrichtungen z. B. bei der Nachlasssicherung und Auseinandersetzung sind anderen Stellen übertragen oder übertragbar:

6   **Bayern:** Anlegung von Siegeln zwecks Nachlasssicherung nicht nur durch das Nachlassgericht, sondern auch durch die Gemeinde; Vermittlung der Nachlassauseinandersetzung nicht nur durch das Nachlassgericht, sondern auch durch Notare; Erbenermittlung von Amts wegen in bestimmten Fällen (Art. 34 ff. AGGVG). In Eilfällen kann die Polizei bei der Nachlasssicherung tätig werden, etwa wenn Diebe ihn wegschaffen wollen (Art. 2 Abs. 2 BayPAG).

7   **Berlin:** die Vermittlung der Auseinandersetzung kann auf Antrag einem Notar übertragen werden (Art. 21 bis 24 Preußisches FGG vom 21. 9. 1899).

8   **Brandenburg:** das Nachlassgericht kann den Gerichtsvollzieher beauftragen, Siegelungen vornehmen und Vermögensverzeichnisse aufzunehmen (§ 10 Abs. Nr. 1 und 2 BbgGerNeuOG).

9   **Bremen:** die Ortspolizeibehörde hat bei Gefahr im Verzug den Nachlass zu sichern (§ 4 BremFGG).

10 **Hamburg:** die zuständigen Behörden haben bei Gefahr im Verzug die Maßnahmen zur Sicherung des Nachlasses zu ergreifen (§ 3 HmbFGG).

11 **Hessen:** zur Vermittlung der Auseinandersetzung sind auch die Notare zuständig (Art. 24 ff. HessFGG); der Ortsgerichtsvorsteher kann Nachlassinventare aufstellen (§ 15 HessOrtsgerichtsG) und ist neben dem AG zur Nachlasssicherung befugt, nicht aber zur Bestellung eines Nachlasspflegers (§ 16 HessOrtsgerichtsG).

12 **Mecklenburg-Vorpommern:** das Nachlassgericht kann den Gerichtsvollzieher beauftragen, Siegelungen vornehmen und Vermögensverzeichnisse aufzunehmen (§ 10 Abs. 1 Nr. 2 und 3 MeckVorpGerOrgG).

13 **Niedersachsen:** für die Vermittlung der Auseinandersetzung des Nachlasses sind auch die Notare zuständig, doch sind bestimmte Tätigkeiten hierbei den Amtsgerichten vorbehalten (§§ 14, 15 NdsFGG).

---

[1] KG NJW 1953, 947 mit Nachw.
[2] Dazu ablehnend Zimmermann ZErb 2008, 232 und H. Roth ZRP 2010, 187.
[3] Einzelheiten vgl Richter/Hammel, Baden-Württembergisches Landesgesetz über die freiwillige Gerichtsbarkeit, 4. Aufl. 1995.
[4] OLG Karlsruhe NJW-RR 1989, 1095; vgl ferner LG Stuttgart BWNotZ 1982, 174; 1979, 43.
[5] Das Landesrecht ist auszugsweise abgedruckt bei § 486 und bei Jansen/v. König, Band 3 S. 645.

Nordrhein-Westfalen: die Vermittlung der Auseinandersetzung kann auf Antrag einem 14
Notar übertragen werden (§ 80 JustG NRW).

Rheinland-Pfalz: durch Anordnung des Nachlassgerichts kann den Notaren die Auf- 15
nahme des Nachlassverzeichnisses sowie die Versiegelung im Rahmen der Nachlasssicherung übertragen werden (§ 13 RhPfLFGG).

Saarland: bei Gefahr im Verzug ist (auch) die Gemeinde für die Nachlasssicherung 16
zuständig (§ 54 Abs. 2 SaarlAGJusG).

Sachsen: keine besonderen landesrechtlichen Zuständigkeiten in Nachlasssachen. 17

Sachsen-Anhalt: keine besonderen landesrechtlichen Zuständigkeiten in Nachlass- 18
sachen.

Schleswig-Holstein: die Vermittlung der Auseinandersetzung kann auf Antrag einem 19
Notar übertragen werden (Art. 21 bis 24 Preußisches FGG vom 21. 9. 1899).

Thüringen: das Nachlassgericht kann den Gerichtsvollzieher beauftragen, Siegelungen 20
vornehmen und Vermögensverzeichnisse aufzunehmen (§ 13 Abs. 1 Nr. 4 und 5 Thür-AGGVG).

3. Zuständigkeit des Landwirtschaftsgerichts in Nachlasssachen[6]

a) Sachliche Zuständigkeit. Gehört eine Land- oder Forstwirtschaft zum Nachlass, ist 21
zu prüfen, ob ein Hof im Rechtssinne vorliegt (nicht jede kleine Landwirtschaft ist ein
„Hof"), in welchem Bundesland der Hof liegt und welches Recht gilt. Wann eine Land-
oder Forstwirtschaft als „Hof" gilt, ist landesrechtlich verschieden. Teils wird die Eintragung
in die sog. Höferolle oder Eintragung als Hofgut im Grundbuch verlangt. § 1 HöfeO stellt
auf einen steuerlichen Wirtschaftswert von (in der Regel) mindestens 10 000 € ab und auf
die Existenz einer Hofstelle; § 2 HöfeO RhPf dagegen verzichtet auf Mindestwerte (Richtschnur ist die „Ackernahrung"), sondern stellt auf die Eintragung in die Höferolle und die
Bewirtschaftung durch eine dazugehörige Hofstelle ab. Liegt kein „Hof" vor, gilt in allen
Bundesländern das BGB und die Zuständigkeit des Nachlassgerichts (bzw. in Baden-Württemberg des Notariats).

Es gibt folgende **Möglichkeiten:**

- Für den Hof (und den sonstigen Nachlass) gilt das **BGB** (so in Bayern, Saarland, Berlin, 22
jeweils bei Erbfällen ab dem 24. 4. 1947;[7] ferner in den neuen Bundesländern[8]). Jedoch
besteht bei einer Erbengemeinschaft die Möglichkeit, den Betrieb gerichtlich einem der
Miterben zuzuweisen (§§ 13 ff. GrdstVG).

- Es gilt noch **altes landesrechtliches Anerbenrecht** (vgl. Art. 64 EGBGB),[9] so im 23
ehemaligen Südbaden (Badisches Hofgütergesetz),[10] Bremen (Bremisches Höfegesetz[11]),[12]
Rheinland-Pfalz (Höfeordnung Rheinland-Pfalz,[13] Hessen (Hessische Landgüterordnung).[14] Die Rechtslage ist unterschiedlich; nicht alle Rechte kennen eine Sondererbfolge bezüglich des Hofes; das badische und hessische Anerbengesetz sehen nur ein
vermächtnisähnliches Recht des Anerben vor. Bei Sondererbfolge kann entweder ein
allgemeiner Erbschein mit Anerbenvermerk (über den Hof), oder nur ein Anerbenschein
oder nur ein Teilerbschein über das hoffreie Vermögen erteilt werden.[15]

---

[6] Dazu Lange/Wulff/Lüdtke-Handjery HöfeO, 2001; Wöhrmann/Stöcker, Landwirtschaftserbrecht, 2004; MünchKommBGB/Leipold Band 9 Einl. Rn 108.

[7] Außerkrafttreten des Reichserbhofgesetzes; KRG Nr. 45 v. 20. 2. 1947, ABlKR 1947, 256; vgl OLG München Rpfleger 1981, 103.

[8] Dort ist die Fortgeltung von Anerbenrechten unklar, aber für die Zeit ab Inkrafttreten des ZGB-DDR am 1. 1. 1976 abzulehnen; vgl MünchKomm/Leipold, Einl vor § 1922 Rn 149 mit Fußnote 12; Lange/Wulff/Lüdtke-Handjery S. 590.

[9] Palandt/Weidlich § 1922 Rn 12; Söbbecke ZEV 2006, 395; Ruby ZEV 2006, 352; Lange/Wulff/Lüdtke-Handjery Einl.

[10] Das Württembergische Anerbenrecht ist am 31. 12. 2000 außer Kraft getreten, GVBl. 1997, 29.

[11] Das Bremische HöfeG ist mit Ablauf des 31. 12. 2009 außer Kraft getreten (§ 32).

[12] Jacobs, Das Bremische Höfegesetz, 1992.

[13] Hartmann, Landesgesetz über die ... HöfeO in Rheinland-Pfalz, 1954.

[14] Lange/Wulff, Hessisches Landwirtschaftsrecht, 1950; Saure, Landwirtschaftsrecht in Hessen, 1950.

[15] Firsching/Graf Rn 4403.

§ 343

24 **Zuständig** ist in **Südbaden, Bremen und Hessen** das Nachlassgericht. Beispielsweise bestimmt § 31 Bremisches Höfegesetz ausdrücklich: „Das Nachlassgericht hat dem Anerben auf Antrag einen Erbschein über sein Erbrecht an dem Hof nebst Zubehör zu erteilen ... Der Erbschein über das Erbrecht in das Hofesvermögen und der Erbschein über das Erbrecht an dem sonstigen Nachlass können auf Antrag in einer Urkunde vereinigt werden." Für **Rheinland-Pfalz** bestimmt dagegen § 30 HöfeO RhPf: „(1) Gehört zu einem Nachlass ein Hof, so ist in dem Erbschein der Hoferbe als solcher aufzuführen. Ihm ist auf seinen Antrag ein auf die Hoferbfolge beschränkter Erbschein zu erteilen. (2) Über die Erteilung, Einziehung oder Kraftloserklärung eines Erbscheins entscheidet das Landwirtschaftsgericht. Streitigkeiten über die Hoferbfolge kraft Gesetzes (§§ 16 bis 18) entscheidet das Landwirtschaftsgericht nach Anhörung des Höfeausschusses". Dazu hat der BGH[16] klargestellt: *„Auch in Rheinland-Pfalz fällt die Erteilung des Erbscheins in die Zuständigkeit des Landwirtschaftsgerichts und nicht des Nachlassgerichts, wenn zum Nachlass ein von der Höfeordnung erfasster Hof gehört".* Der Hoferbe heißt „Anerbe", der Vermerk „Anerbenvermerk". Das Hoffolgezeugnis heißt „Anerbenbescheinigung".

25 • Noch das **Reichserbhofrecht** ist anzuwenden, wenn ein Altfall vorliegt; denn es wurde erst ab 24. 4. 1947 durch Kontrollratsgesetz (KRG) Nr. 45 Art. 1 außer Kraft gesetzt;[17] auch dann ist ggf. das Landwirtschaftsgericht zuständig (vgl. § 19 Abs. 1 HöfeO).

26 • **Höferecht** kann **anwendbar** sein. Für die Vererbung land- oder forstwirtschaftlichen Grundbesitzes gilt in den Ländern der ehemals britischen Zone (Hamburg, Niedersachsen, Nordrhein-Westfalen, Schleswig-Holstein, § 1 HöfeO) die Höfeordnung.[18] Dann kann vom Landwirtschaftsgericht entweder
- ein allgemeiner Erbschein (auch bezüglich des hoffreien Vermögens) mit Hoferbenvermerk (über den Hof) oder
- ein Hoffolgezeugnis (nur für den Hof) oder
- ein Teilerbschein beschränkt auf das hoffreie Vermögen erteilt werden.[19]
- Auch ein Erbschein über den hoffreien Nachlass und daneben ein Hoffolgezeugnis sind möglich.[20]

27 Das **Landwirtschaftsgericht** ist eine Abteilung des AG, besetzt mit einem Berufsrichter und zwei landwirtschaftlichen Laien-Beisitzern (§ 2 LwVG). Das Landwirtschaftsgericht entscheidet grundsätzlich in voller Besetzung. Dem Landesrecht sind Abweichungen gestattet (§ 20 Abs. 3 LwVG). In Niedersachsen[21] kann deshalb der Vorsitzende ohne landwirtschaftliche Beisitzer entscheiden, die Erteilungsanordnung muss dort nicht begründet und zugestellt werden. Besonderheiten gelten ferner in Nordrhein-Westfalen,[22] Hamburg,[23] Schleswig-Holstein.[24]

28 Das Landwirtschaftsgericht ist **zuständig:**[25] für die Entscheidung der Frage, wer kraft Gesetzes oder Verfügung von Todes wegen Hoferbe eines Hofes geworden ist (§ 14 Abs. 3 HöfeO); für die Erteilung oder Einziehung eines Erbscheins (Hoffolgezeugnisses), wenn zum Nachlass ein Hof im Sinn der HöfeO[26] gehört (§§ 18 Abs. 2 HöfeO, 1 Nr. 5 LwVG);[27] für die Entgegennahme der Ausschlagung des Hofanfalls (§ 11 HöfeO);[28] für

---

[16] BGH NJW-RR 1995, 197. Dazu Hartmann, HöfeO Rheinland-Pfalz § 30 Rn 2.
[17] ABlKR 1947, 256; Beispielsfall: BayObLGZ 1961, 289.
[18] Dazu Dressel NJW 1976, 1244; Fassbender AgrarR 1977, 194; DNotZ 1976, 402.
[19] BGH NJW 1988, 2739.
[20] Vgl. OLG Oldenburg NdsRpfl. 1997, 262.
[21] Gesetz v. 19. 12. 1955 GVBl. 1955, 291; 1974, 112.
[22] Gesetz v. 20. 12. 1960, GVBl. 1960, 462; Roemer Rd L 1961, 32.
[23] Gesetz v. 6. 12. 1956, HambSLR I 311 – c.
[24] Gesetz v. 8. 11. 1991, GVOBl 1991, 576.
[25] Zum Ganzen: BGH NJW 1988, 2739; NJW 1963, 1616; NJW 1953, 1258; Staudinger/Schilken vor § 2353 Rn 18; Zimmermann, Erbschein und Erbscheinsverfahren, Rn 209, 448.
[26] Über den Begriff des Hofes siehe Lange/Wulff/Lüdtke-Handjery § 1 HöfeO; Wöhrmann/Stöcker § 1 HöfeO.
[27] BGH NJW 1955, 1397; BGH RdL 1953, 191; Palandt/Weidlich § 2353 Rn 6.
[28] BGH NJW 1972, 1667. Wird die Erbschaft zur Gänze ausgeschlagen bleibt es bei der Zuständigkeit des Nachlassgerichts.

einen sich lediglich auf das hoffreie Vermögen erstreckenden Erbschein,[29] was zu merkwürdigen Zuständigkeiten führt, wenn der in München verstorbene Erblasser in München ein Millionenvermögen hinterlässt und in Celle einen kleinen Hof (Celle ist dann zuständig); allerdings würden sonst zwei verschiedene Gerichte (Nachlassgericht, Landwirtschaftsgericht) für den Erbfall zuständig sein, mit der Gefahr widersprüchlicher Ergebnisse (die Gerichte könnten auch nicht wechselseitig die Erbscheine einziehen). Die Landwirtschaftsgerichte sind ferner zuständig für die Erteilung der Zustimmung zur Errichtung einer Verfügung von Todes wegen, soweit für ein Rechtsgeschäft unter Lebenden gleichen Inhalts eine Genehmigung nach dem GrdstVG erforderlich wäre (§ 16 HöfeO).[30] Die Zuständigkeit des LwG für die Entscheidung über die Zustimmung ist durch das GrdstVG nicht berührt worden.[31]

Für Erteilung eines Erbscheins sind die Landwirtschaftsgerichte im Bereich der ehemaligen britischen Zone nur dann zuständig, wenn der **Hof, der zum Nachlass gehört, in diesem Bereich** gelegen ist; aber auch bei einem verwaisten Hof[32]. Für die Erteilung eines Erbscheins (Hoffolgezeugnisses) über die Erbfolge in einen östlich der Oder-Neiße-Linie gelegenen Erbhof ist dagegen jetzt das AG Schöneberg in Berlin berufen (§ 343 Abs. 2), das die Sache mit bindender Wirkung an ein anderes Gericht (Nachlassgericht)[33] abgeben kann.

Das Nachlassgericht ist dagegen zuständig für die Erteilung und Einziehung von Erbscheinen und Hoffolgezeugnissen für Höfe, die im übrigen Bundesgebiet und in der ehem. DDR gelegen sind.[34] Für die Erteilung eines **Testamentsvollstreckerzeugnisses** ist in den Ländern der HöfeO das Nachlassgericht auch dann zuständig, wenn zum Nachlass ein Hof gehört;[35] denn hier ist die Frage, wer Erbe ist, ohne Bedeutung. Ebenso ist das Nachlassgericht zuständig für die Entlassung des Testamentsvollstreckers (§ 2226 BGB), die Anordnung und Aufhebung einer Nachlasspflegschaft (§§ 1960, 1961 BGB) oder Nachlassverwaltung (§ 1975 BGB).[36]

Das Nachlassgericht ist an Stelle des Landwirtschaftsgerichts für die Erteilung eines Erbscheins jedoch **nicht zuständig,** wenn (1) der Hofvermerk nach dem Erbfall von Amts wegen gelöscht wird, (2) die Beteiligten sich einig sind, dass im Zeitpunkt des Erbfalls kein Hof vorhanden war, (3) die äußeren Umstände gegen das Bestehen eines Hofes im Zeitpunkt des Erbfalls sprechen.[37]

b) Örtlich zuständig ist das Landwirtschaftsgericht, in dessen Bezirk sich der Hof befindet (§ 10 LwVG); auf den Wohnsitz des Erblassers kommt es also (entgegen § 343) nicht an.

c) Verfahren. Das Verfahren über die Erteilung von Erbscheinen und Hoffolgezeugnissen durch das Landwirtschaftsgericht richtet sich nach dem LwVG (§ 1 Nr. 5, 14 ff. LwVG; Gesetz über das gerichtliche Verfahren in Landwirtschaftssachen) und dem jeweiligen Landesrecht (vgl. § 20 Abs. 3 LwVG). Für den Antrag gilt im Wesentlichen dasselbe wie für den Erbscheinsantrag; der Hoferbe ist im Antrag anzugeben. Die Beteiligten sind zu hören (§ 14 LwVG). Das Landwirtschaftsgericht prüft nicht nur die Erbfolge nach BGB, sondern auch die „Wirtschaftsfähigkeit" des Hoferben. Die Erteilungsanordnung für das Hoffolgezeugnis, aus der hervorgehen sollte, dass das Gericht als Landwirtschaftsgericht entschieden hat, ist mit einer Begründung und Rechtsmittelbelehrung zu versehen, zuzustellen (§§ 38, 39; § 21 LwVG ist aufgehoben). Rechtsmittel gegen die Erteilungs- und Einziehungsanordnung ist die befristete Beschwerde (§§ 58 ff. FamFG; § 22 LwVG ist

---

[29] BGH NJW 1988, 2739; OLG Hamm JMBl. NW 1953, 52; OLG Köln RdL 1960, 42; RdL 1953, 281; dagegen für Zuständigkeit des Nachlassgerichts OLG Hamburg NJW 1958, 554; Hense DNotZ 1955, 370; 1959, 493.
[30] Barnstedt/Becker/Bändel AgrarR 1976, 241/245.
[31] Wöhrmann RdL 1963, 113/115.
[32] BGHZ 18, 63; Staudinger/Schilken vor § 2353 Rn 20.
[33] BGHZ 9, 270; OLG Celle NdsRpfl. 1963, 104. § 7 ZustErgG ist aufgehoben.
[34] BayObLGZ 1967, 137/138.
[35] BGH NJW 1972, 582; Jansen/Müller-Lukoschek § 72 Rn 10; früher umstritten.
[36] Jansen/Müller-Lukoschek § 72 Rn 10.
[37] OLG Celle AgrarR 1976, 143.

aufgehoben),[38] über die das OLG entscheidet. Rechtsbeschwerde zum BGH nach § 70 ff. (§ 24 LwVG ist aufgehoben). Erst nach Rechtskraft des Anordnungsbeschlusses (§ 30 LwVG) wird das Zeugnis ausgehändigt.

34   **d) Auseinandersetzung nach §§ 363 ff.** Das Landwirtschaftsgericht ist nicht mehr zuständig für die Auseinandersetzung einer Erbengemeinschaft nach §§ 363 ff. FamFG, wenn ein Hof im Sinne der HöfeO zum Nachlass gehört. In diesem Fall ist die Zuständigkeit des Nachlassgerichts gegeben.[39]

35   **e) Gerichtliche Zuweisung.** Die gerichtliche Zuweisung einer land- oder forstwirtschaftlichen Besitzung bei Erbteilung ist in §§ 13 bis 17 GrdstVG bundeseinheitlich geregelt.[40] Die sachliche Zuständigkeit des Landwirtschaftsgerichts für die gerichtliche Zuweisung ergibt sich aus § 1 Nr. 2 LwVG.

III. Örtliche Zuständigkeit

1. Allgemeines

36   Die Regelung in § 343 entspricht dem bisherigen § 73 FGG. § 343 regelt die örtliche Zuständigkeit für alle Nachlasssachen; weitere Zuständigkeiten begründet § 344. Die örtliche Zuständigkeit ist ausschließlich (§ 2 Abs. 1 regelt die mehrfache örtliche Zuständigkeit); entgegenstehende Vereinbarungen sind unbeachtlich; eine „rügelose" Einlassung gibt es nicht. Folgen eines **Verstoßes gegen die örtliche Zuständigkeit:** Eine gerichtliche „Handlung" ist nicht deswegen unwirksam, weil sie von einem örtlich unzuständigen Gericht vorgenommen wurde (§ 2 Abs. 3); allerdings besteht dann u. U. Anfechtbarkeit. Ein von einem örtlich unzuständigen Gericht erteilter Erbschein ist „unrichtig" im Sinne von § 2361 BGB.[41]

Zur **Verweisung** bei Unzuständigkeit vgl. § 3; zur gerichtlichen **Bestimmung der Zuständigkeit** vgl. § 5 (§ 36 ZPO ist in Nachlasssachen nicht einschlägig[42]).

2. Deutscher oder ausländischer Erblasser (Abs. 1)

37   **>a) Prüfungsreihenfolge.** (1) Maßgebend für die Zuständigkeit in Nachlasssachen (§ 342) ist in erster Linie der Wohnsitz, den der Erblasser (Deutscher oder Ausländer) zur Zeit des Erbfalls (also zur Zeit seines Todes) hatte; der Wohnsitz des Erben und dessen Staatsangehörigkeit oder Religionszugehörigkeit sind nach deutschem Recht belanglos (Ausnahme in § 344 Abs. 7). (2) Hatte der Erblasser keinen inländischen Wohnsitz, so ist das Gericht zuständig, in dessen Bezirk der Erblasser zur Zeit des Erbfalls seinen Aufenthalt hatte (§ 343 Abs. 1 2. Halbs.). Bei einem **deutschen Erblasser** ist es gleichgültig, ob sich Nachlassgegenstände im Inland befinden oder nicht. Befinden sich die Nachlassgegenstände im Inland und im Ausland, kann der Erbscheinsantrag und demzufolge der Erbschein auf die im Inland befindlichen Gegenstände beschränkt werden; § 2369 Abs. 1 BGB. (3) Wird am Sitz des danach zuständigen Nachlassgerichts deutsche Gerichtsbarkeit nicht mehr ausgeübt, wie etwa im Sudetenland, so ist nach § 343 Abs. 2 bei einem deutschen Erblasser das AG Schöneberg in Berlin zuständig (§ 7 ZustErgG ist aufgehoben). Denn dieses ist auch zuständig, wenn ein deutscher Erblasser im Inland zur Zeit des Erbfalls weder Wohnsitz noch Aufenthalt hatte (§ 343 Abs. 2). War der Erblasser **Ausländer,** kommt es ebenfalls auf den Wohnsitz, hilfsweise den Aufenthalt, an (§ 343 Abs. 1);[43] fehlt beides, ist jedes Gericht zuständig, in dessen Bezirk sich Nachlassgegenstände befinden (§ 343 Abs. 3).[44]

38   **b) Sonderfälle.** Für die **Einziehung des Erbscheins** oder **Testamentsvollstreckerzeugnisses** ist das Gericht zuständig, das den Erbschein bzw. das Zeugnis erteilt hat, und

---

[38] Soweit in Schleswig-Holstein, Niedersachsen und Nordrhein-Westfalen früher die einfache Beschwerde gegeben war, ist dies durch §§ 58, 63 FamFG überholt.
[39] Haegele Rpfleger 1961, 276/281; Lange § 14 GrdstVG Rn 5.
[40] Palandt/Weidlich § 2042 Rn 24; Kipp/Coing § 118 VI.
[41] OLG Zweibrücken MittBayNot 2002, 203.
[42] OLG Köln FGPrax 2008, 74.
[43] OLG Hamm BeckRS 2011, 05384.
[44] BGH NJW 1976, 480/482.

Örtliche Zuständigkeit 39–41 § 343

zwar ohne Rücksicht darauf, ob es für die Erbscheinserteilung seinerzeit zuständig war.[45] Hat ein **Staatliches Notariat** der früheren DDR einen Erbschein erteilt, ist für die Einziehung jetzt das entsprechende Nachlassgericht örtlich zuständig. Ebenso ist es, wenn ein einzuziehender Erbschein von einem Gericht erteilt wurde, an dem jetzt keine deutsche Gerichtsbarkeit mehr ausgeübt wird. § 343 Abs. 1 ist auch dann einschlägig, wenn der Erblasser vor dem 3. 10. 1990 (Wiedervereinigung) mit letztem Wohnsitz im Gebiet der **früheren DDR** verstorben ist, aber ein westdeutsches Nachlassgericht in entsprechender Anwendung des § 73 Abs. 2 oder 3 a. F. FGG im Erbscheinsverfahren als interlokal und örtlich zuständiges Gericht tätig geworden ist; der allgemeine Grundsatz der Kontinuität der einmal wirksam begründeten Zuständigkeit gilt in diesem Falle nicht.[46]

c) Prüfung von Amts wegen. Das Gericht hat von Amts wegen seine Zuständigkeit 39 zu prüfen und nötigenfalls über die Tatsachen, die die Zuständigkeit begründen, Ermittlungen anzustellen (§ 26).[47] Das gilt auch für die Feststellung der internationalen Zuständigkeit oder die Ermittlung der Staatsangehörigkeit des Erblassers.[48] Wenn sich allerdings keine Zweifel aufdrängen oder von den Beteiligten vorgetragen werden, wird der in der Sterbeurkunde als Sterbeort angegebene Ort als Wohnsitz angesehen und es wird nicht weiter ermittelt. Die Bestimmungen über die örtliche Zuständigkeit gelten unabhängig davon, ob auf den Erbfall deutsches oder fremdes Erbrecht anzuwenden ist.[49] Die örtliche Zuständigkeit ist auch noch in der Rechtsbeschwerdeinstanz von Amts wegen und ohne Bindung an die Feststellungen der Vorinstanzen zu prüfen;[50] § 65 Abs. 4 betrifft nur die Frage, ob eine Beschwerde bzw. Rechtsbeschwerde einzig und allein auf die Unzuständigkeit gestützt werden kann und steht nicht völlig entgegen.[51] Eröffnet das verwahrende Nachlassgericht vor Einleitung des Erbscheinsverfahrens ein Testament, so wird es hierdurch weder mit dem Erbscheinsverfahren befasst noch wird eine Vorgriffszuständigkeit (§ 2 Abs. 1) begründet.[52] Zur Frage, ob der Rechtsweg zum Prozessgericht oder zum Nachlassgericht eröffnet ist, vgl. § 17 a Abs. 6 GVG.

Ist der **Zeitpunkt des Todes** nicht mit Sicherheit festzustellen und kommt mit Rücksicht darauf die Zuständigkeit mehrerer Gerichte in Frage, ist nach § 5 Abs. 1 Nr. 2 vorzugehen. Im Fall der Todeserklärung ist der Zeitpunkt des Todes in dem die Todeserklärung aussprechenden Beschluss festgestellt (§§ 9, 23, 33 a, 39, 40, 44 VerschG).[53]

d) Begriff des Wohnsitzes. Wer sich an einem Orte ständig niederlässt, begründet an 40 diesem Orte seinen Wohnsitz (§ 7 Abs. 1 BGB); der Wohnsitz ist der räumliche Mittelpunkt der gesamten Lebensverhältnisse einer Person und darf mit dem **Aufenthalt** nicht verwechselt werden (Rn 44). Einzelheiten vgl. §§ 7 bis 11 BGB. Eine An- oder Abmeldung bei der Meldebehörde begründet für sich allein noch keinen Wohnsitz.[54] Sowohl die Begründung wie die Aufgabe eines Wohnsitzes setzt einen rechtsgeschäftlichen Wohnsitzbegründungswillen voraus; vgl. § 8 BGB.

e) Einzelfälle. Wird eine **geschäftsunfähige Person** von den Angehörigen in ein 41 Altenheim andernorts gebracht und verstirbt sie schließlich dort, behält sie noch den Wohnsitz am früheren Ort. Stand diese Person unter **Betreuung** und hatte der Betreuer auch den Aufgabenkreis der Aufenthaltsbestimmung (§§ 1896, 1902 BGB) oder Wohnsitzbestimmung, dann konnte der Betreuer den Wohnsitz ändern[55] und das Nachlassgericht am Sterbeort ist örtlich zuständig geworden; fehlte dieses Recht, konnte der Betreuer den Wohnsitz des Betreuten nicht ändern. Der geschäftsfähige Betreute entschei-

---

[45] BayObLG Rpfleger 1975, 304.
[46] BayObLG Rpfleger 1992, 300; KG Rpfleger 1992, 160; Rpfleger 1992, 487; FGPrax 2000, 120.
[47] BayObLG Rpfleger 1975, 304; zur internationalen Zuständigkeit OLG Zweibrücken MittBayNot 2002, 203.
[48] BayObLGZ 1982, 236/239; 1965, 457/459.
[49] BayObLGZ 1971, 34/37; KG OLGZ 1969, 285.
[50] BayObLG FamRZ 1984, 886.
[51] A. A. Horndasch/Viefhues/Heinemann § 343 Rn 2.
[52] BayObLG Rpfleger 1995, 254.
[53] Vgl. dazu KG DFG 1943, 27; Hermann ZEV 2002, 260.
[54] VGH München NJW 1991, 2229; Hermann ZEV 2002, 260.
[55] BayObLG NJW-RR 1993, 460.

det allein, wo er wohnen will; besteht für ihn ein entsprechender Einwilligungsvorbehalt, ist die Zustimmung des Betreuers erforderlich (§ 1903 BGB). Hängt die örtliche Zuständigkeit des Nachlassgerichts davon ab, ob der Erblasser einen früheren Wohnsitz rechtswirksam aufgegeben hat, steht aber nicht fest, ob er damals unbeschränkt geschäftsfähig war, so ist für das Verfahren der Bestimmung des zuständigen Gerichts seine Geschäftsfähigkeit im maßgeblichen Zeitpunkt zu unterstellen.[56] Zur Aufhebung des Wohnsitzes bedarf es der beabsichtigten Aufgabe der bisherigen tatsächlichen Niederlassung, die auf Grund des gesamten Verhaltens für einen mit den Gegebenheiten vertrauten Beobachter erkennbar sein muss.[57]

Stirbt der Erblasser im **Krankenhaus,** ist regelmäßig seine Wohnung als Schwerpunkt seiner Lebensverhältnisse als Wohnsitz anzusehen, da im Krankenhaus die zeitlich begrenzte Versorgung im Vordergrund steht und die alsbaldige Rückkehr des Patienten in sein Wohnumfeld in der Regel vorgesehen ist. Hält sich der Erblasser dagegen zurzeit des Erbfalls in einem **Sterbehospiz** auf und hat sein Betreuer um gerichtliche Genehmigung der Wohnungsauflösung nachgesucht, weil eine Rückkehr des Erblassers in die zuletzt von ihm bewohnte, an einem anderen Ort befindliche Wohnung nicht mehr in Betracht zu ziehen ist, so ist der für die örtliche Zuständigkeit maßgebliche letzte Wohnsitz des Erblassers am Ort des Hospizes.[58] Ein sog „Pflegewohnzentrum" ist letzter Wohnsitz, wenn nicht mit Rückkehr in die Wohnung zu rechnen war.[59]

Der Wohnsitz eines **Soldaten** bestimmt sich nach § 9 BGB. Der Wohnsitz eines minderjährigen Kindes richtet sich nach § 11 BGB. Für den Wohnsitz **exterritorialer Deutscher** (z. B. deutscher **Botschaftsangehöriger** stirbt im Ausland) war früher § 3 FGG mit § 15 ZPO einschlägig; jetzt ist § 343 Abs. 2 heranzuziehen,[60] gegebenenfalls Abs. 1. Für **Ordensangehörige** gibt es keine Besonderheiten, die kirchliche Ordenssatzung ist belanglos.[61] Ein **Verschollener** muss zuerst für Tod erklärt werden (§ 9 VerschG); ist das geschehen richtet sich die Zuständigkeit für die Nachlassangelegenheit nach § 343 Abs. 1, also grundsätzlich nach dem letzten Wohnsitz;[62] doch kann auch Abs. 2 einschlägig sein, wenn die Wohnung vom Betroffenen aufgelöst wurde, weder Kriegs-, Luft- noch Seeverschollenheit vorliegt, sondern der Betroffene einfach seit mehr als zehn Jahren untergetaucht und vermutlich tot ist. Ob eine ausländische Todeserklärung bei uns anerkannt wird richtet sich nach §§ 108, 109.[63] Die Frage, ob ein **Ausländer** seinen Wohnsitz im Inland hat, ist nach der lex fori zu beurteilen,[64] also nach deutschem Recht.

42 Bei vor dem 3. 10. 1990 im Gebiet der **ehemaligen DDR** verstorbenen deutschen Erblassern ist der Wohnsitz des Erblassers zur Zeit des Erbfalls maßgeblich.[65] Deutsche **Flüchtlinge** aus den ostdeutschen Reichsgebieten haben im Zweifel in der Zeit bis zum Kriegsende (8. 5. 1945) ihren bisherigen Wohnsitz an ihrem Heimatort nicht aufgegeben; sie haben im Allgemeinen darauf vertraut, alsbald wieder in ihre Heimat zurückkehren zu können. Dagegen haben die nach Beendigung des Krieges vertriebenen Deutschen im Allgemeinen auch ihren früheren Wohnsitz verloren; hierbei handelte es sich um zwangsweise angeordnete und durchgeführte Maßnahmen, die infolge des aufgenötigten Willens die Aufgabe des Wohnsitzes herbeigeführt haben.[66]

43 **f) Bei mehrfachem Wohnsitz** des Erblassers kommt § 2 Abs. 1 zur Anwendung.[67] Bei Auflösung einer Wohnung und Umzug in eine andere (etwa beim Umzug in ein Pfle-

---

[56] BayObLG NJW-RR 1989, 1418.
[57] BayObLG Rpfleger 1995, 254.
[58] OLG Düsseldorf Rpfleger 2002, 314; SBW/Tschichoflos § 343 Rn 3.
[59] OLG Düsseldorf FGPrax 2009, 271.
[60] Ebenso Prütting/Helms/Fröhler § 343 Rn 29; aA MünchKommZPO/J. Mayer § 343 FamFG Rn 8 (wendet weiterhin § 15 ZPO an).
[61] BayObLGZ 1960, 455.
[62] KG DFG 1943, 27; Jansen/Müller-Lukoschek § 343 Rn 6.
[63] Vgl. dazu BGH NJW 1965, 912.
[64] BayObLGZ 1966, 203; 1963, 52/53; KG FamRZ 1961, 383; Hermann ZEV 2002, 260.
[65] Es kommt daher für im Gebiet der alten Bundesrepublik befindliche Gegenstände die Erteilung eines gegenständlich beschränkten Erbscheins nicht in Betracht (BayObLG Rpfleger 1992, 300).
[66] OLG Hamm Rpfleger 1972, 102.
[67] KG Rpfleger 1969, 391 zum früheren § 4 FGG.

geheim[68]) kann ein Doppelwohnsitz bestehen, der bei Bestimmung des zuständigen Nachlassgerichts maßgebend ist.[69] Bei Wohnsitz im Inland und im Ausland zählt der inländische Wohnsitz.[70]

3. Aufenthalt

Erst wenn ein bestimmter inländischer Wohnsitz nicht zu ermitteln ist,[71] ist der Aufenthalt des Erblassers im Inland zurzeit seines Todes maßgeblich; ein festgestellter Wohnsitz im Ausland schließt die Aufenthaltszuständigkeit in der Bundesrepublik nicht aus.[72]

Unter Aufenthalt im Sinne von § 343 ist ein tatsächliches Verhalten zu verstehen, gleichgültig, ob dieser nur ein vorübergehender, z. B. auf der Durchreise,[73] oder ein auf längere Dauer[74] berechneter Aufenthalt, ein gewollter oder unfreiwilliger, ein bewusster oder unbewusster Aufenthalt war.[75] Wenn ein Deutscher mit Wohnsitz in Tschechien sich bei einem Besuch in Deutschland im Dachboden aufhängt, hatte er hier seinen letzten Aufenthalt.[76] Der Aufenthaltsort zur Zeit des Erbfalls fällt in einem solchen Fall also mit dem Sterbeort zusammen.[77] Zum Nachweis genügt regelmäßig (aber nicht bindend) die Sterbeurkunde.[78]

4. Ehemalige deutsche Gebiete

Für den Fall, dass der Erblasser seinen Wohnsitz bzw. Aufenthalt in einem Gebiet hatte, in dem deutsche Gerichtsbarkeit nicht mehr ausgeübt wird, waren in der Bundesrepublik Deutschland die §§ 7, 6 Abs. 2 ZustErgG maßgebend. Solche Gebiete sind nach § 1 ZustErgG: östlich der Oder-Neiße-Linie, Westpreußen, Warthegau, Memelland, Elsass, Lothringen, Luxemburg, Eupen, Malmedy, Moresnet (ehemals zwischen Deutschland und Belgien), Danzig, sudetendeutsche Gebiete, Protektorat Böhmen und Mähren, Generalgouvernement, Ostland, Ukraine. Es wurde eine Ersatzzuständigkeit begründet (jedes AG, in dessen Bezirk sich Nachlassgegenstände befanden, hilfsweise, wenn der Erblasser Deutscher war, das AG Schöneberg in Berlin). **§ 7 ZustErgG** wurde inzwischen **aufgehoben,**[79] § 6 ZustErgG ist nur noch für den Ersatz von zerstörten oder abhanden gekommenen Urkunden einschlägig; die Aufhebung erfolgte, weil nach Meinung des Gesetzgebers inzwischen wohl alle einschlägigen Erbfälle abgewickelt sind.[80] Sollten noch neue Fälle auftauchen, sind sie über § 343 Abs. 2 (zumindest mittels Analogie) zu lösen;[81] fortgeführte Altfälle richten sich weiter nach dem ZustErgG.[82] Als Inland in diesem Sinne ist das Gebiet der heutigen Bundesrepublik Deutschland aufzufassen. Sonst käme man zu keiner brauchbaren Lösung, wenn z. B. für den Todesfall eines Deutschen, der 1940 im Sudetenland wohnte und dort starb, jetzt ein Erbschein benötigt wird; 1940 wäre der Erbschein von einem deutschen Nachlassgericht erteilt worden, das kann jetzt nicht anders sein.

Handlungen nach dem ZustErgG örtlich unzuständiger Gerichte in der Zeit vom 8. 5. 1945 bis zu seinem Inkrafttreten (23. 8. 1952) werden durch den Mangel der Zuständigkeit nicht berührt (§ 12 S. 1 ZustErgG). Dies gilt auch für die Entgegennahme

---

[68] OLG Düsseldorf FGPrax 2009, 271.
[69] BayObLG FamRZ 1985, 426.
[70] MünchKommZPO/J. Mayer § 343 FamFG Rn 7.
[71] BayObLGZ 1950/51, 261.
[72] BayObLG NJW 2003, 596; Hermann ZEV 2002, 260; vgl. KG OLGZ 1968, 462.
[73] BayObLG Rpfleger 1978, 126; KG Rpfleger 1973, 96.
[74] BayObLG NJW 2003, 596; Rpfleger 1978, 180.
[75] BayObLGZ 1956, 326/327; 1950/51, 261; KG Rpfleger 1968, 287.
[76] BayObLG NJW 2003, 596.
[77] BayObLG NJW 2003, 596.
[78] Hermann ZEV 2002, 260.
[79] Art. 48 des G. v. 19. 4. 2006 BGBl. I S. 866.
[80] BR-Drucks. 329/05 S. 171.
[81] MünchKommZPO/J. Mayer § 343 FamFG Rn 19.
[82] Bumiller/Harders vor § 343 Rn 15.

von Erklärungen über Annahme und Ausschlagung von Erbschaften und Anfechtung solcher Erklärungen (§ 12 S. 2 ZustErgG).

5. Internationale Zuständigkeit[83]

48 **a) Allgemeines.** Ein deutsches Nachlassgericht ist für den **Nachlass eines Ausländers** nur dann zuständig, wenn es international zuständig ist. Die internationale Zuständigkeit ist von Amts wegen in jeder Lage des Verfahrens zu beachten; einer entsprechenden Rüge bedarf es nicht.[84] Die örtliche Zuständigkeit ist grundsätzlich erst nach der internationalen zu prüfen.[85]

49 **Folgen eines Verstoßes.** Ein von einem international unzuständigen Gericht erteilter Erbschein ist unrichtig im Sinne von § 2361 BGB, selbst dann, wenn er inhaltlich der Erbrechtslage entspricht.[86]

50 **b) Rechtslage unter Geltung des FGG.** Eine allgemeine gesetzliche Regelung der internationalen Zuständigkeit deutscher Gerichte für den Bereich der Nachlasssachen kannte das FGG nicht. § 73 FGG regelte unmittelbar nur die örtliche Zuständigkeit.[87] Die Rechtsprechung und die hM wandte folgende Grundsätze an: (1) die deutschen Nachlassgerichte sind nur dann international zuständig, wenn für die Erbfolge das inländische Recht mindestens teilweise maßgebend ist (**Grundsatz des Gleichlaufs** zwischen materiellem und Verfahrensrecht),[88] sei es unmittelbar oder aufgrund Rückverweisung. Ob deutsches materielles Recht für den Erbfall galt, richtete sich im Wesentlichen nach Art. 3 bis 6, 25, 26 EGBGB und Staatsverträgen. (2) Für die Erteilung eines Fremdrechts-Erbscheins und eines Fremdrechts-Testamentsvollstreckerzeugnisses galt dieser Grundsatz nicht, wie § 2369 BGB zeigte; eine internationale Zuständigkeit wurde auch bejaht, wenn ausländisches materielles Erbrecht zur Anwendung kam, allerdings beschränkt auf das in Deutschland befindliche Vermögen des Erblassers. Wenn z.B. ein griechischer Staatsangehöriger mit Wohnsitz in Deutschland starb, wurde in Anwendung griechischen Erbrechts[89] ein Erbschein vom deutschen Nachlassgericht für das hiesige Vermögen ausgestellt. Für das Vermögen in Griechenland bestand keine Zuständigkeit der deutschen Nachlassgerichte; insoweit musste sich der Erbe an die griechischen Stellen wenden. (3) Bei Sicherungsmaßnahmen wie Anordnung einer Nachlasspflegschaft, Siegelung des Nachlasses, wurde eine deutsche Zuständigkeit bejaht, auch wenn ausländisches Erbrecht zur Anwendung kam.[90] (4) Eine deutsche Zuständigkeit wurde ferner bejaht, wenn sonst eine Rechtsverweigerung drohen würde. Aus Gründen des Fürsorgebedürfnisses hielten sich die deutschen Nachlassgerichte auch dann international für zuständig, wenn der Antragsteller sonst kein für ihn zuständiges Forum finden konnte und sich deshalb in einer an Rechtsverweigerung grenzenden Notlage befand, etwa weil der ausländische Erblasser seinen Wohnsitz in Deutschland hatte und sich dort auch der gesamte Nachlass befand.[91] Allerdings musste der Erblasser seinen Aufenthalt beim Tod in Deutschland gehabt haben (Aufenthaltszuständigkeit) oder Deutscher gewesen sein (Staatsangehörigkeitszuständigkeit) oder Nachlassgegenstände mussten sich in Deutschland befin-

---

[83] Dazu (teils noch zum früheren Recht) Berenbrok, Internationale Nachlassabwicklung, 1989; Firsching DNotZ 1959, 354; Gottwald/Stangl ZEV 1997, 217; Heldrich NJW 1967, 417; Hohloch ZEV 1997, 469; Kersten/Bühling/Appell/Kanzleiter § 126 II; Kopp, Probleme der Nachlaßabwicklung bei kollisionsrechtlicher Nachlaßspaltung, 1997; Lange/Kuchinke § 3 II 5; Palandt/Weidlich § 2353 Rn 10; Pecher, Die internationale Nachlaßverwaltung bei deutsch-englischen Erbfällen, 1995; Pinkernelle/Spreen DNotZ 1967, 195; Schaal BWNotZ 2008, 154; Sipp-Mercier, Die Abwicklung deutsch-französischer Erbfälle in der Bundesrepublik Deutschland und Frankreich, 1985; Zillmann, Die Haftung der Erben im internationalen Erbrecht, 1998; Zimmermann FGPrax 2006, 189; Wittkowski RNotZ 2010, 102 (zum FamFG); Kroiß ZEV 2009, 493 (zum FamFG).
[84] BayObLG FamRZ 1984, 886; Rpfleger 1975, 304; OLG Zweibrücken MittBayNot 2002, 203 mit Anm. Riering.
[85] OLG Hamm NJW 1969, 385, 992 mit krit. Anm. Cohn.
[86] OLG Zweibrücken MittBayNot 2002, 203.
[87] BayObLG Rpfl. 1972, 170; BayObLGZ 1971, 34/37.
[88] Vgl. die Nachweise bei MünchKomm/Birk 4. Aufl Art. 25 EGBGB Rn 31 g ff.; Lange/Kuchinke § 3 II 5.
[89] Vgl. Süß/Haas/Stamatiadis, Erbrecht in Europa, „Griechenland" Rn 1.
[90] BayObLGZ 1963, 52.
[91] BayObLG FamRZ 2001, 1101; ZEV 1999, 485; OLG Hamm OLGZ 1973, 289.

den (Belegenheitszuständigkeit).[92] Für eine Einantwortung nach österreichischem Recht wurde eine Zuständigkeit abgelehnt,[93] ebenso die Anordnung der Nachlassverwaltung über den Nachlass eines Österreichers, wenn österreichisches Recht Erbstatut war.[94] Die deutschen Nachlassgerichte waren für die Behandlung der Nachlasssachen deutscher Staatsangehöriger, die im Sudetengebiet oder während der Austreibung der Deutschen gestorben sind, jedenfalls dann allgemein international zuständig, wenn die Hinterbliebenen in das „Altreich" vertrieben wurden (allgemeiner Erbschein nach ABGB).[95]

c) Neue Rechtslage (FamFG).[96] Die internationale Zuständigkeit ist in jeder Lage des Verfahrens von Amts wegen zu prüfen. Die Änderung des § 2369 BGB und die Einfügung von § 105 FamFG zeigen, dass der Gleichlaufgrundsatz aufgegeben wurde.[97] Nach § 105 sind die deutschen Nachlassgerichte, wenn sie örtlich zuständig sind, auch international zuständig (Grundsatz der Doppelfunktionalität[98]). Eine andere Frage ist, welches materielle Erbrecht anzuwenden ist (hierzu vgl. Art 25 EGBGB). Diese internationale Zuständigkeit beschränkt sich nicht auf das in Deutschland liegende Vermögen, wie sich aus § 2369 Abs. 1 n. F. BGB ergibt; die deutschen Nachlassgerichte sind dann für das Weltvermögen des Ausländers zuständig. Befindet sich Nachlass in Deutschland und im Ausland, hat der Antragsteller die Wahl: er kann die Erteilung eines unbeschränkten Erbscheins beantragen oder nur einen Erbschein beschränkt auf die im Inland befindlichen Nachlassgegenstände (§ 2369 Abs. 1 BGB). Das gilt sowohl, wenn der Erblasser Deutscher, als auch, wenn er Ausländer war.

d) Staatsverträge. Sie können die Tätigkeit des Nachlassgerichts beeinflussen, wenn der Erblasser bzw. der Erbe eine ausländische Staatsangehörigkeit haben. Nach Ziffer XVII/8 der Anordnung über Mitteilungen in Zivilsachen (MiZi) bestehen beim Tod eines Ausländers bestimmte Mitteilungspflichten. Einige multilaterale Staatsverträge sind von Deutschland bislang nicht ratifiziert.[99] Folgende Nachlassabkommen gelten:[100]

aa) Deutsch-Türkisches Nachlassabkommen v. 28. 5. 1929.[101] Erbfolge in bewegliches Vermögen nach der Staatsangehörigkeit, Vererbung unbeweglichen Nachlasses nach dem Recht des Belegenheitsortes;[102] Befugnis des Konsuls zur Nachlasssicherung.

bb) Deutsch-iranisches (persisches) Niederlassungsabkommen v. 17. 2. 1929.[103] Anwendung des Heimatrechts für den gesamten Nachlass.

cc) Deutsch-sowjetischer Konsularvertrag v. 25. 4. 1958,[104] übernommen von den Nachfolgestaaten Armenien, Aserbaidschan, Belarus, Georgien, Kasachstan, Kirgisistan, Moldavien, Russische Föderation, Tadschikistan, Ukraine, Usbekistan.[105] Für unbewegliche Nachlassgegenstände gilt das Recht des Belegenheitsortes (Art. 28 Abs. 4). Der Konsul hat ein Mitwirkungsrecht bei der Nachlasssicherung.

---

[92] BayObLG NJW 1967, 447.
[93] BayObLGZ 1967, 197/201; 1966, 115/124; OLG Hamm DNotZ 1972, 101/103.
[94] KG OLGZ 1977, 309.
[95] BayObLGZ 1967, 197; 1961, 176.
[96] Schaal BWNotZ 2007, 154; Kroiß ZEV 2009, 493; Eule ZEV 2010, 508.
[97] So ausdrücklich BT-Drucks. 16/6308 S. 221. Ein nachvollziehbarer Grund für die Änderung des Systems wird nicht angegeben. Nach MünchKommBGB/Birk EGBGB Art. 25 Rn 316 wendet die deutsche Rechtsprechung auch jetzt noch den Gleichlaufgrundsatz an, wofür aber keine Fundstellen angegeben werden. Zutreffend dagegen Palandt/Thorn Art 25 EGBGB Rn 18; MünchKommZPO/J. Mayer § 343 FamFG Rn 1; Wittkowski RNotZ 2010, 102.
[98] Palandt/Thorn Art 25 EGBGB Rn 18; Wittkowski RNotZ 2010, 102/105.
[99] Zusammengestellt bei MünchKommBGB/Birk EGBGB Rn 278 ff.
[100] Vgl. die Aufzählung bei MünchKommBGB/Birk EGBGB Art. 25 Rn 278 ff.; Pinkernelle/Spreen DNotZ 1967, 195/219; Soergel/Schurig Art. 25 EGBGB Rn 105.
[101] RGBl. II 1930, 748; Dörner ZEV 1996, 90; Serozan ZEV 1997, 473.
[102] Einzelheiten bei MünchKommBGB/Birk Art. 25 EGBGB Rn 299; Bamberger/Roth/Lorenz, Art. 5 EGBGB Rn 5.
[103] RGBl. II 1931, 9; BGBl. II 1955, 829; Schotten/Wittkowski FamRZ 1995, 264.
[104] BGBl. II 1959, 233; zur unterschiedlichen Weitergeltung in den Nachfolgestaaten vgl MünchKommBGB/Birk EGBGB Art. 25 Rn 303; Bamberger/Roth/Lorenz, Art. 5 EGBGB Rn 13 Fußnote.
[105] Fundstellen bei MünchKommBGB/Birk EGBGB Rn 302; Jansen/Müller-Lukoschek § 72 Rn 49.

56 *dd)* Außerdem enthalten eine Reihe von **Handels- und Konsularverträgen** Vorschriften über die Befugnisse der Konsuln zur Nachlasssicherung (vgl. § 1960 BGB),[106] nämlich Großbritannien und Irland (Konsularvertrag v. 30. 7. 1956); Irland (Handels- und Schifffahrtsvertrag v. 12. 5. 1930); Japan (Handels- und Schifffahrtsvertrag v. 20. 7. 1927); Kolumbien (Freundschaftsvertrag v. 23. 7. 1892); Spanien (Konsularkonvention v. 12. 1. 1872); Thailand (Freundschaftsvertrag v. 30. 12. 1937); USA (Freundschaftsvertrag v. 29. 10. 1954). Die früheren Verträge mit Österreich, Schweiz, Italien und Estland sind nicht mehr in Kraft.[107]

57 *ee) Haager Testamentsabkommen.* Die Bundesrepublik Deutschland hat am 5. 10. 1961 das Übereinkommen über das auf die Form letztwilliger Verfügungen anzuwendende Recht unterzeichnet (G v. 27. 8. 1965, BGBl. II S. 1144). Es handelt sich um Kollisionsnormen für die Form von Testamenten. Die aktuellen Vertragstaaten sind im Internet zu finden unter www.hcch.net (convention of 5 October 1961 status table). Der wesentliche Inhalt wurde in Art. 26 Abs. 1 bis EGBGB übernommen. Erbverträge sind von dem Übereinkommen ausgeschlossen.[108]

58 **e) Staatenlose.** Vgl. Art. 5 Abs. 2 EGBGB, Art. 1, 2 G Nr. 23 d. AHK, Art. 12 des Abkommens über die Rechtsstellung der Flüchtlinge v. 28. 7. 1951 (BGBl. 1953 II S. 559).[109] Deutsche im Sinn des Art. 116 Abs. 1 GG stehen deutschen Staatsangehörigen gleich (Art. 9 II Nr. 5 FamRÄndG).

59 **f) Mehrere Staatsangehörigkeiten.** Für Erblasser, die mehrere Staatsangehörigkeiten besitzen, kommt es für die Rechtsanwendung darauf an, zu welchem Staat der Mehrstaater eine engere Beziehung hat (Art. 5 Abs. 1 S. 1 EGBGB); ist der Erblasser auch Deutscher, so geht diese Rechtsstellung jedoch vor (Art. 5 Abs. 1 S. 2 EGBGB).

60 **g) Einzelne Tätigkeiten des Nachlassgerichts.** Zulässig ist z. B.:
- die Anordnung einer Nachlasspflegschaft nach § 1960 BGB[110] ohne Rücksicht auf das auf die Erbfolge anzuwendende Recht,
- Anordnung einer Nachlasspflegschaft nach § 1961 BGB,[111]
- die Festsetzung der Vergütung für den Nachlasspfleger, der für ausländische Erben tätig wurde.[112]
- Errichtung eines Inventars.[113]
- Entgegennahme der Ausschlagung der Erbschaft.[114]
- Entgegennahme der Erbenerklärung und Erteilung eines Erbscheins mit der Wirkung der Einantwortung (nach österreichischem Recht) durch die deutschen Nachlassgerichte.[115]
- Entlassung eines Testamentsvollstreckers (§ 2227 BGB);[116] sie wirkt aber im Ergebnis nur für den in Deutschland befindlichen Nachlass, wenn sie nicht vom Ausland anerkannt wird.
- Besondere amtliche Verwahrung eines Testaments.[117]
- Entgegennahme der Anfechtung eines Testaments.[118]

---

[106] Die Verträge sind auszugsweise abgedruckt bei Ferid/Firsching/Lichtenberger, Deutschland. Texte A 2 Nr. 1 bis 17; Fundstellen auch bei Jansen/Müller-Lukoschek § 72 Rn 47.
[107] Staudinger/Dörner Vorbem. zu Art 25 EGBGB, Rn 23, 26.
[108] Abdruck bei Jayme/Hausmann Nr. 60 sowie Palandt/Thorn Anhang zu Art. 26 EGBGB; Soergel/Schurig Rn 49 bis 61 zu Art. 26 EGBGB; BayObLGZ 1967, 418.
[109] Vgl. dazu Firsching/Graf Rn 2.79; BayObLGZ 1963, 52 (Flüchtlingseigenschaft).
[110] BGH NJW 1968, 353 (USA); BayObLGZ 1963, 52; MünchKommBGB Art 25 EGBGB Rn 320.
[111] BGH NJW 1968, 353; BayObLGZ 1963, 52; KG IPRspr. 1934 Nr. 72; KG JW 1937, 1728; OLG München JFG 16, 98. OLG Hamm JMBl. NW 1962, 209 verneint die Zuständigkeit, wenn sich im Inland nur Nachlassschulden des ausländischen Erblassers befinden.
[112] OLG Hamburg NJW 1960, 1207.
[113] BayObLGZ 1965, 423 (es galt italienisches Erbrecht); Heldrich NJW 1967, 417; MünchKomm/Birk Art. 25 EGBGB Rn 320.
[114] BayObLGZ 1965, 429; LG Hagen FamRZ 1997, 645; MünchKommBGB/Birk Art 25 EGBGB Rn 320; dazu Lorenz, Internationale und interlokale Zuständigkeit deutscher Nachlassgerichte zur Entgegennahme von Erbausschlagungserklärungen, ZEV 1994, 146; Hermann ZEV 2002, 259.
[115] BayObLGZ 1967, 177, 338.
[116] OLG Frankfurt OLGZ 1977, 180; a. A. OLG Neustadt JZ 1951, 644.
[117] MünchKommBGB/Birk Art 25 EGBGB Rn 320.
[118] MünchKommBGB/Birk Art 25 EGBGB Rn 320.

- Testamente von Ausländern sind auf jeden Fall sicherzustellen. Sie sind an das deutsche Nachlassgericht abzuliefern (§ 2259 BGB), gegebenenfalls ist die zuständige Auslandsbehörde zu benachrichtigen.
- Ob das Testament eines Ausländers auch zu eröffnen ist, ist bestritten,[119] aber zu bejahen.[120] Zur Eröffnung war nach früherer Auffassung das deutsche Nachlassgericht jedenfalls dann zuständig, wenn auf den Erbfall kraft Staatsvertrags oder Rückverweisung ganz oder teilweise deutsches Recht Anwendung findet;[121] wenn es der Sicherungszweck erfordert oder es vom Inhalt des Testaments abhängt, welches Recht auf die Erbfolge anwendbar ist; wenn die Ausstellung eines Erbscheins nach § 2369 BGB beantragt ist. In Hinblick auf § 105 wird man diese Einschränkungen nicht mehr anwenden können.

Die Mitwirkung bei der Auseinandersetzung eines Nachlasses nach §§ 363 ff. konnte nach früherer Auffassung nur erfolgen, wenn sich die Beerbung nach deutschem Recht richtete;[122] das wird man nicht mehr vertreten können, da der Gleichlaufgrundsatz aufgegeben ist. Die Entgegennahme von Erklärungen, die gegenüber dem Nachlassgericht abzugeben sind, wurde früher nur zugelassen, wenn deutsches materielles Recht anzuwenden ist;[123] jetzt besteht eine internationale Zuständigkeit im Rahmen von § 105. Für die **Nachlassverwaltung** und das **Nachlassinsolvenzverfahren** wurde die internationale Zuständigkeit der deutschen Gerichte auch dann bejaht, wenn der Erblasser Ausländer war und fremdes Recht Erbstatut ist (vgl. Art. 102 Abs. 3 S. 1 EGInsO).[124] Für die gerichtlichen Maßnahmen bei der Testamentsvollstreckung besteht eine Zuständigkeit jedenfalls für das Verfahren nach § 2224 BGB.[125]

h) Keine Bindungswirkung. Ist für die Erbfolge nach einem ausländischen Erblasser im Ausland ein „Erbschein" erteilt, so sind die deutschen Nachlassgerichte an diesen dann nicht gebunden, wenn bei ihnen ein Erbschein (bzw. Testamentsvollstreckerzeugnis) nur für die im Inland befindlichen Nachlassgegenstände (§ 2369 BGB) beantragt wurde und erteilt werden kann.[126]

IV. Deutscher Erblasser (Abs. 2)

1. Amtsgericht Schöneberg

Hatte der deutsche Erblasser zur Zeit seines Todes einen Wohnsitz oder Aufenthalt im Inland, ist § 343 Abs. 1 einschlägig. Wenn der Erblasser **Deutscher** war und im **Inland** zur Zeit des Todes weder Wohnsitz noch Aufenthalt hatte, ist nach § 343 Abs. 2 das AG Schöneberg in Berlin zuständig. Dies gilt auch dann, wenn der Erblasser daneben noch eine fremde Staatsangehörigkeit besaß.[127] Hatte der Erblasser zurzeit des Todes die deutsche Staatsangehörigkeit verloren, ohne eine andere erworben zu haben und hatte er zur Todeszeit im Inland weder Wohnsitz noch Aufenthalt, so gilt nicht Abs. 2, sondern Abs. 3.[128]

Die Staatsangehörigkeit des Erblassers ist von Amts wegen zu prüfen,[129] wenn sie zweifelhaft ist. War der Erblasser Deutscher, so ist das so lange anzunehmen, als nicht seine Ausländereigenschaft erwiesen ist.[130] Die 11. DVO zum ReichsbürgerG v. 25. 11. 1941 (RGBl. I 722), wonach **Juden,** die ihren gewöhnlichen Aufenthalt im Ausland hatten, die

---

[119] Bejahend Soergel/Schurig Art. 25 EGBGB Rn 55; Ferid/Firsching Deutschl. Grdz. Rn 66; Schlegelberger § 83 Rn 6. Dazu Will DNotZ 1974, 273.
[120] BayObLG OLG 40, 160; KG OLG 18, 356; MünchKommBGB/Birk Art. 25 EGBGB Rn 302.
[121] BayObLGZ 1958, 34.
[122] Schlegelberger Rn 4 vor § 86; s. Drobnig JZ 1959, 318.
[123] Staudinger/Firsching Art. 25 EGBGB Rn 170; anders aber, wenn solche Erklärungen nach ausländischem Recht mit dem deutschen Verfahren verträglich sind, z. B. Annahme der Erbschaft unter dem Vorbehalt des Inventars nach italienischem Recht (BayObLGZ 1965, 423), dazu Heldrich NJW 1967, 417.
[124] Jansen/Müller-Lukoschek § 73 Rn 60; bestr.; s. a. Pinkernelle/Spreen DNotZ 1967, 195/218.
[125] Jansen/Müller-Lukoschek § 73 Rn 63; Pinkernelle/Spreen DNotZ 1967, 195/206; BayObLGZ 1965, 376/388; dazu Schweizer NJW 1967, 428.
[126] BayObLGZ 1965, 376, 377/383.
[127] KG OLGZ 1969, 285/287; Hermann ZEV 2002, 261.
[128] Hermann ZEV 2002, 261.
[129] BayObLGZ 1965, 457/459; Hermann ZEV 2002, 161.
[130] BayObLG Rpfleger 1983, 315.

deutsche Staatsangehörigkeit verloren haben, ist von Anfang an als nichtig anzusehen.[131] Daher haben vor dem 8. 5. 1945 verstorbene Verfolgte die deutsche Staatsangehörigkeit nicht verloren, soweit sie nicht zu erkennen gaben, dass sie diese nicht besitzen wollten. Sie sind also, wenn sie keine andere Staatsangehörigkeit erworben haben, nicht ohne weiteres als staatenlos anzusehen; Art. 116 Abs. 2 GG kommt nur für Verfolgte in Betracht, die den genannten Zeitpunkt überlebt haben.[132]

2. Kein Wohnsitz/Aufenthalt im Inland

65 Zum Inland im Sinne des § 343 gehören auch die Gebiete, die (vom 23. 4. 1949 bis 31. 7. 1963) der vorläufigen niederländischen Verwaltung unterstellt waren,[133] wie z. B. die Gemeinde Elten. Ebenso gehörte zum Inland das **Saargebiet** in der Zeit der französischen Besetzung[134] bzw. das Saargebiet vom 7. 5. 1949 bis 31. 12. 1956. Starb der Erblasser 1952 in Saarbrücken und wird 2010 ein Erbschein beantragt, ist deshalb Abs. 1 einschlägig. Nach Aufhebung des ZustErgG wird man die ehemals deutschen Gebiete (Rn 46), an denen keine deutsche Gerichtsbarkeit mehr ausgeübt wird, nicht mehr als Inland im Sinne von § 343 Abs. 2 auffassen können. Vgl. Rn 46.

3. Verweisung an ein anderes Gericht

66 Das AG Schöneberg kann, falls es selbst zuständig ist, aus **wichtigem Grund** (vgl. Kommentierung bei § 4) die Sache in jeder Lage des Verfahrens an ein anderes Gericht verweisen, Abs. 2 S. 2 (in § 73 FGG hieß es noch „abgeben").[135] Wann ein wichtiger Grund vorliegt ist unklar. Der Gedanke, dass sich das AG Schöneberg entlasten will, ist **kein wichtiger Grund.** Jedenfalls genügt es in der Regel nicht, dass die Erben nicht in Berlin und Umgebung wohnen,[136] denn andernfalls wäre die Regelung überflüssig. Man wird verlangen müssen, dass persönliche Anhörungen der Beteiligten beim Nachlassgericht notwendig sind. Deshalb liegt auch kein wichtiger Grund vor, wenn der den Erbschein beantragende Notar seinen Sitz in einen anderen Amtsgerichtsbezirk verlegt hat;[137] es ist für Abs. 2 gleichgültig, wo der Notar sitzt.

67 Der Beschluss ist für dieses Gericht **bindend** wie aus dem Wort „verweisen" folgt (§ 3 Abs. 3 S. 2). Die Bindung tritt aber dann nicht ein, wenn „es dem Beschluss an jeder rechtlichen Grundlage fehlt, so dass er objektiv willkürlich erscheint".[138] Sonst könnte ein Richter, die Bindungswirkung ausnützend, missliebige Akten verweisen und sich so die Arbeit sparen. Deshalb tritt die Bindung nur ein, wenn das AG Schöneberg gemäß § 343 Abs. 2 seine örtliche Zuständigkeit zu Recht bejaht hat.[139] Die Verweisungsbefugnis des AG Schöneberg ist nicht deshalb ausgeschlossen, weil es hinsichtlich des gleichen Nachlasses tätig geworden ist und einen Teilerbschein erteilt hat.[140] Bei Streit über die Bindungswirkung wird wohl analog § 5 Abs. 1 Nr. 5 entschieden. Eine Angelegenheit der Geschäftsverteilung ist die Abgabeverfügung gemäß der Zuständigkeitsverteilung zwischen Hauptgericht und Zweigstelle.[141]

68 Eine **Beschwerde** der Beteiligten gegen den Verweisungsbeschluss ist nicht statthaft (§ 3 Abs. 3 S. 1).[142] Bei Nichtgewährung des rechtlichen Gehörs kommt § 44 in Frage. Die Beschwerde steht den Beteiligten aber dann zu, wenn die Verweisung für das andere

---

[131] BVerfGE 23, 98 (106).
[132] BVerfGE 23, 98; KG OLGZ 1971, 215.
[133] OLG Düsseldorf JMBl.NW 1965, 94; deutsch-niederländischer Grenzvertrag v. 8. 4. 1960 (BGBl. 1963 II S. 458/463); BayObLGZ 1969, 80.
[134] Jansen/Müller-Lukoschek § 73 Rn 12 (bestr.); Prütting/Helms/Fröhler § 343 Rn 114.
[135] KG Rpfleger 1969, 133; zur Abgabe durch den Rpfleger OLG Schleswig Rpfleger 1970, 334.
[136] Bumiller/Harders § 343 Rn 10.
[137] A. A. AG Menden bzw. KG Rpfleger 2001, 33.
[138] BT-Drs. 16/6308 S. 175.
[139] BayObLG FamRZ 1992, 464; Rpfleger 1979, 104; OLG Frankfurt Rpfleger 1998, 26 = NJW-RR 1998, 367; OLG Hamm OLGZ 1975, 413; OLG Köln FGPrax 2008, 74.
[140] KG BWNotZ 1977, 44.
[141] KG Rpfleger 1974, 399.
[142] KG JFG 23, 201.

Gericht nicht bindend ist, z. B. weil das AG Schöneberg bereits nach § 343 Abs. 1 zuständig war[143] oder weil es der unrichtigen Annahme war, der Erblasser habe zurzeit des Erbfalls seinen Wohnsitz im Bezirk des Nachlassgerichts gehabt;[144] aus ähnlichen Erwägungen wird bei § 281 ZPO bei schweren Fehlern der Verweisung die Bindungswirkung verneint. Allerdings ist nach § 58 jetzt nur noch eine Endentscheidung anfechtbar. Gegen die Verweigerung der Verweisung ist daher Beschwerde nach § 58 gegeben.[145] Bei für tot erklärten Erblassern, bei denen der Wohnsitz oder Aufenthalt in dem Zeitpunkt, für den der Todestag festgestellt wird, nicht bekannt ist, ist das AG Schöneberg zuständig, jedoch wird in den zahlreichen Fällen der Todeserklärung im KZ Umgekommener eine Aufgabe des früheren Wohnsitzes nicht anzunehmen sein.[146]

V. Ausländischer Erblasser (Abs. 3)

Abs. 3 schließt sich an den allgemeinen Rechtsgedanken in § 23 ZPO an. Die Anwendung des Abs. 3 setzt eine internationale Zuständigkeit voraus.[147] Hatte der ausländische Erblasser im Inland einen Wohnsitz oder Aufenthalt, kommt § 343 Abs. 1 zum Zug. Wenn der Erblasser zur Zeit seines Todes Ausländer war (die Staatangehörigkeit des Erben oder sein Wohnsitz spielen keine Rolle; ausgenommen im Fall des § 344 Abs. 7), ist das Gericht, in dessen Bezirk sich Nachlassgegenstände befinden, daher erst dann nach Abs. 3 zuständig, wenn nicht zu ermitteln ist, dass der Erblasser zurzeit seines Todes im Inland einen Wohnsitz, hilfsweise Aufenthalt, hatte. Die Aufenthaltszuständigkeit nach § 343 Abs. 1 schließt jede Belegenheitszuständigkeit nach § 343 Abs. 3 aus. Zuständig ist jedes Gericht, in dessen Bezirk sich Nachlassgegenstände befinden, hinsichtlich aller Nachlassgegenstände (auch der außerhalb des Bezirks befindlichen Gegenstände, auch der ausländischen); § 73 Abs. 3 FGG hatte die Zuständigkeit noch auf die inländischen Nachlassgegenstände begrenzt. 69

Abs. 3 gilt auch für **Staatenlose** mit letztem Aufenthalt im Ausland;[148] bei letztem Aufenthalt im Inland gilt Abs. 1. Personen mit deutscher und ausländischer Staatsangehörigkeit (**doppelte Staatsangehörigkeit**) gelten entsprechend Art. 5 Abs. 1 S. 2 EGBGB als „Deutsche",[149] fallen also nicht unter Abs. 3.

Bei **mehrfacher Zuständigkeit** (also wenn sich Gegenstände in verschiedenen AG-Bezirken befinden) ist § 2 Abs. 1 maßgebend. 70

Der **Begriff „Nachlassgegenstand"** muss allerdings zweckorientiert ausgelegt werden: wer *nur* Schulden an einem deutschen Ort hinterlassen hat (z. B. nur das überzogene Bankkonto) fällt nicht darunter. Auf den Wert der Nachlassgegenstände kommt es zwar nicht an; doch wird eine vor Jahren im Hotelzimmer vergessene Brille keine Zuständigkeit begründen können. Im letzteren Fall fehlt zwar ein Rechtsschutzbedürfnis;[150] man sollte aber nicht kleinlich sein, denn es wird kaum jemand hier einen (teuren) Erbschein für das Weltvermögen beantragen, der ja er ihm im Heimatland, wo sich der grosse Vermögensrest befindet, mangels Anerkennung nichts nützt. Bloße Ansprüche auf Auskunftserteilung, Quittung, Herausgabe von Handakten und dergleichen stellen in der Regel keinen Vermögenswert und somit keinen „Nachlassgegenstand" dar. 71

Bei im Inland befindlichen **beweglichen Sachen** (wie Möbel, Kunstwerke) ist somit das AG örtlich zuständig, in dessen Bezirk sich diese Sachen befinden. Bei einem **Bankguthaben** des Erblassers ist der Sitz der Bank bzw. der kontoführenden Niederlassung entscheidend.[151] **Aktien** und Investmentanteile, die bei einer deutschen Bank (oder Sparkasse) gebucht sind, befinden sich am Sitz der depotführenden Bank bzw. deren Niederlassung, weil dort ihr Wert realisiert werden kann; nicht am Sitz der Aktiengesellschaft; das gilt auch

---

[143] KG DFG 1942, 88; vgl. OLG München DFG 1940, 109.
[144] OLG Hamm Rpfleger 1975, 360.
[145] A. A. MünchKommZPO/J. Mayer § 343 FamFG Rn 24.
[146] Vgl. OLG Hamm NJW 1954, 1731.
[147] BayObLGZ 1956, 119/121.
[148] OLG Bamberg JZ 1951, 510; OLG Hamm NJW 1954, 1731; OLG Oldenburg NdsRpfl. 1955, 53.
[149] Prütting/Helms/Fröhler § 343 Rn 78.
[150] A. A. Wittkowski RNotZ 2010, 102/108; zum Problem vgl Schäuble ZErb 2009, 200; vergleichbare Fälle sind BayObLGZ 1998, 242; KG FamRZ 2006, 1713.
[151] BGH WM 1987, 1353; OLG Hamburg VersR 1994, 748; OLG Düsseldorf NJW 1991, 3103.

für ausländische Aktien. So ist es auch bei **ausländischem Bargeld** (der Sitz der ausländischen Notenbank zählt bei einer konvertiblen Währung nicht). Als bewegliche Sachen gelten auch **Forderungen** aus Inhaberpapieren und Orderpapieren, die mit Blankoindossament versehen sind. Entscheidend ist in diesen Fällen nach hM nicht der Ort, wo sich das Papier befindet, sondern der Sitz des Ausstellers bzw. Wohnsitz des Schuldners;[152] richtiger ist, auf den Lageort des Papiers abzustellen, wenn es dort (zusammen mit dem Recht) nach Sachenrecht übereignet werden kann.[153] Sind **Bundesschatzbriefe** des Erblassers bei der Finanzagentur GmbH der Bundesrepublik Deutschland in Frankfurt/M gebucht, ist deshalb Frankfurt/M zuständig. Im übrigen ist aber auch hier auf die Bank abzustellen, wo die Wertpapiere gebucht sind: sind im deutschen Bankdepot spanische **Staatsanleihen** gebucht, besteht eine deutsche Zuständigkeit (die Forderung befindet sich bei natürlicher Betrachtung nicht in Spanien, sondern kann in Deutschland durch Verkauf an der Börse zu Geld gemacht werden); sind dort deutsche Staatsanleihen gebucht, ist ebenfalls der Sitz der Bank maßgeblich und nicht der Sitz der Bundesrepublik. Ein GmbH-Anteil begründet Nachlassvermögen am Sitz der GmbH und am Wohnsitz des Gesellschafters.

72   **Grundstücke** und Schiffsbauwerke (= im Bau befindliche Schiffe) befinden sich dort, wo der tatsächliche Lageort ist, nicht zwingend am Sitz des Grundbuchamts bzw. Schiffsregisters.[154] So ist es auch bei gewöhnlichen Grundstücksrechten, wie etwa einem Geh- und Fahrtrecht, einer Reallast. Bei **Grundstücksrechten,** die den Grundstücken gleichgeachtet werden (z. B. dem Erbbaurecht nach dem ErbbauRG), ist ebenfalls die Lage des Grundstücks maßgebend,[155] nicht der Sitz des Grundbuchamts. Bei einem **Schiff** wird man allerdings im Regelfall nicht auf den augenblicklichen Lageort abstellen können, weil es diesen ja laufend ändert, sondern auf die Eintragung im Schiffsregister. Nur subsidiär greift die Fiktion des § 2369 Abs. 2 S. 1 BGB ein, wonach bei Gegenständen, für die von einer deutschen Behörde **ein zur Eintragung des Berechtigten bestimmtes Buch oder Register geführt** wird, das AG zuständig ist, in dessen Bezirk die das Buch oder Register führende Behörde ihren Sitz hat. Hierher gehören Eintragungen im Handelsregister, Grundbuch, Luftfahrzeugregister, ferner Urheberrechte, Zeichen- und Erfinderrechte (§§ 7, 9 GeschmacksMG, § 24 PatG, § 3 GebrauchsMG, § 32 MarkenG). Denkbar sind Fälle, in denen ein solcher Nachlassgegenstand tatächlich im Ausland befindlich ist, aber in einem deutschen Register geführt wird.[156]

73   Bei **Ansprüchen,** für deren Geltendmachung ein deutsches Gericht zuständig ist (vgl § 2369 Abs. 2 S. 2 BGB, auf den § 343 allerdings nicht ausdrücklich verweist): subsidiär das AG, das ohne Rücksicht auf den Streitwert für die Klage zuständig wäre;[157] bei mehrfacher Zuständigkeit für die Klage besteht auch mehrfache Zuständigkeit des Nachlassgerichts. Für in den Nachlass gefallene Ansprüche nach **Lastenausgleichsrecht**, Rückerstattungsrecht kommt es je nach Sachlage auf den Entziehungsort oder den Sitz der zuständigen Behörde an;[158] vgl. Rn 80.

74   **Maßgebender Zeitpunkt** für die Zuständigkeit ist nicht der Erbfall, sondern der Tag, an dem das Gericht mit der Sache befasst wird,[159] weil im Gesetz „befinden" steht und nicht „befanden". Für diesen Zeitpunkt sind die Zuständigkeitsvoraussetzungen festzustellen. An der Belegenheitszuständigkeit des Nachlassgerichts fehlt es, wenn im Zeitpunkt des Erbfalls zwar Nachlassgegenstände hier waren, im Zeitpunkt des Befasstwerdens keine Nachlass-

---

[152] BGHZ 5, 35; OLG Düsseldorf BB 1954, 331; Jansen/Müller-Lukoschek § 73 Rn 32.
[153] Vgl. OLG Frankfurt NJW-RR 1996, 187 (zu § 23 ZPO).
[154] Prütting/Helms/Fröhler § 343 Rn 81; Wittkowski RNotZ 2010, 102/107.
[155] RGZ 145, 185; BGH NJW 1957, 1316 (Anteile an Gesellschaften des BGB und des Handelsrechts, denen Grundstücke gehören, sind bewegliches Vermögen); Horndasch/Viefhues/Heinemann § 343 Rn 11.
[156] Prütting/Helms/Fröhler § 343 Rn 88; Horndasch/Viefhues/Heinemann § 343 Rn 11; Wittkowski RNotZ 2010, 102/107.
[157] BayObLGZ 1961, 79/80; OLG Hamm JMBl. NW 1962, 209. Kommt hinsichtlich eines im Inland befindlichen Gegenstands ein Anspruch nach dem HäftlingshilfeG in Betracht, so ist das Gericht zuständig, in dessen Bezirk die Behörde ihren Sitz hat, bei der der Anspruch geltend zu machen ist (BayObLG NJW-RR 1991, 588; BayObLG FamRZ 1993, 368).
[158] Jansen/Müller-Lukoschek § 73 Rn 33 bis 37.
[159] BayObLG NJW-RR 1991, 588; z. B. der Tag, an dem der Erbscheinsantrag eingeht, OLG Hamm OLGZ 1975, 413.

gegenstände aber mehr in seinem Bezirk belegen sind,[160] etwa weil das Wertpapierdepot inzwischen aufgelöst ist. Wenn dadurch aber eine Rechtsschutzlücke auftritt wird man eine Notzuständigkeit des Erbfall-Nachlassgerichts bejahen müssen. Umgekehrt: wenn erst nach dem Tod Nachlassgegenstände hingeschafft wurden, würde eine Zuständigkeit begründet; das kann bei Mißbrauch bzw. Zuständigkeitserschleichung nicht gelten. Wegen der Ausstellung des Erbscheins bzw. Testamentsvollstreckerzeugnisses vgl. §§ 2369, 2368 Abs. 3 BGB. Der Erbscheinsantrag kann auf die im Inland befindlichen Gegenstände beschränkt werden, wenn zum Nachlass auch Gegenstände gehören, die sich im Ausland befinden. Nach der neuen Rechtslage sind die deutschen Nachlassgerichte international für den gesamten Nachlass („Weltnachlass") zuständig, wenn sie örtlich zuständig sind (§ 105), unabhängig davon, ob auf den Erbfall deutsches oder ausländisches Erbrecht Anwendung findet.[161]

VI. Zuständigkeitswechsel

Bei Zuständigkeitswechsel ist für die **örtliche Zuständigkeit** des Nachlassgerichts der Zeitpunkt maßgeblich, in dem es mit der Sache befasst wird.[162] Die einmal begründete Zuständigkeit bleibt bis zur Erledigung aller dem Nachlassgericht obliegenden Geschäfte bestehen, die sich inhaltlich als „eine" Angelegenheit darstellen,[163] selbst wenn sich die gesetzliche Zuständigkeitsregelung ändert (sog. perpetuatio fori); § 2 Abs. 2. Zum Komplex gehört z. B. die Einziehung des Erbscheins bzw. Testamentsvollstreckerzeugnisses,[164] Folgeanträge bei Nacherbschaft, bei Wegfall der Testamentsvollstreckung Eine Änderung der sie begründenden Verhältnisse ist in Fällen des Abs. 3 denkbar, ferner bei Änderung von Gerichtsbezirken.

Eine **Abgabe** an ein anderes Gericht ist nach § 4 möglich. Voraussetzung ist aber, dass es sich nicht mehr um „dieselbe" Sache handelt; Entgegennahme der Sterbefallanzeige, Eröffnung des Testaments und Erbscheinsverfahren etwa sind Verrichtungen des Nachlassgerichts, die untereinander verschieden sind und auch nicht ineinandergreifen, so dass sie nicht als eine einheitliche Sache anzusehen sind.[165]

Der allgemeine Grundsatz der Kontinuität der einmal wirksam begründeten Zuständigkeit gilt nicht für bestimmte Fälle in Zusammenhang mit der **Wiedervereinigung:** wenn der Erblasser vor dem 3. 10. 1990 mit letztem Wohnsitz im Gebiet der früheren DDR verstorben ist und ein Nachlassgericht der alten Bundesländer in entsprechender Anwendung des § 73 Abs. 2 oder 3 FGG im Erbscheinsverfahren als interlokal örtlich zuständiges Gericht unter dem Gesichtspunkt des Fürsorgebedürfnisses oder der Notzuständigkeit für den westdeutschen Erben tätig geworden ist.[166] Denn die an sich zuständigen Nachlassbehörden der ehemaligen DDR erteilten in bestimmten Fällen aus politischen Gründen einem Westdeutschen keine Erbscheine. Nachdem diese Gründe weggefallen sind, besteht kein Anlass, an solchen Zuständigkeiten für weitere Verrichtungen festzuhalten.[167] Wäre also früher das AG Erfurt/DDR für den Erbschein zuständig gewesen, hat aber ein westdeutsches Nachlassgericht im Wege der Notzuständigkeit den Erbschein erteilt, ist für die Einziehung jetzt wieder das AG Erfurt zuständig.[168]

Sind für die Behandlung des **Nachlasses mehrerer Personen** (z. B. Eheleute, die bei ihrem Tode verschiedenen Wohnsitz hatten; Tod des Vaters, dann des Sohnes) verschiedene Nachlassgerichte zuständig, so kann wegen eines eventuellen sachlichen Zusammenhangs die gemeinschaftliche Zuständigkeit eines einzigen Nachlassgerichts weder durch

---
[160] KG OLGZ 1975, 293; Hermann ZEV 2002, 261. Zur Streitfrage vgl Schäuble ZErb 2009, 200.
[161] Dazu Schaal BWNotZ 2007, 154.
[162] BayObLG Rpfleger 2002, 135; Wittkowski RNotZ 2010, 102/107; das OLG Dresden Rpfleger 2001, 352, stellt auf die Zuständigkeitsregelung im Zeitpunkt des Erbfalls ab.
[163] BayObLG Rpfleger 1981, 112; KG Rpfleger 1992, 160; OLG Frankfurt Rpfleger 1981, 113; OLG Hamm DNotZ 1972, 101.
[164] BayObLG Rpfleger 1981, 112/113.
[165] BayObLG Rpfleger 1981, 112.
[166] BGH NJW 1976, 480.
[167] KG FGPrax 2000, 120; Rpfleger 1992, 160.
[168] KG Rpfleger 1992, 487.

Bestimmung des zuständigen Gerichts noch durch Vereinbarung begründet werden. Eine Verbindung verschiedener Verfahren ist nur nach § 20 zulässig.

79 Besondere örtliche Zuständigkeiten sind in § 344 geregelt; ein Wechsel der Zuständigkeit kann z. B. eintreten, wenn ein Gericht ein bei ihm **verwahrtes Testamente eröffnet** (§ 344 Abs. 6) und dann das Verfahren im Übrigen (z. B. Erbschein) an das nach § 343 örtlich zuständige Gericht abgibt.

VII. Erbscheine für Lastenausgleichszwecke

80 Bei Erteilung von Erbscheinen für Lastenausgleichszwecke (Vertreibungsschäden)[169] gelten die §§ 229 mit 12 Abs. 7, 230, 232 Abs. 2 LAG, aus denen sich ergibt, dass in den dort geregelten Fällen der Erbe bzw. die Erben des unmittelbar geschädigten Erblassers als „Geschädigte" gelten. Die Lastenausgleichsansprüche gehören nicht zum Nachlass, wenn der Erblasser vor dem 1. 4. 1952, dem für die Entstehung der Lastenausgleichsansprüche bestimmten Stichtag (§ 232 Abs. 2 LAG) verstorben ist; vielmehr stehen sie den Erben zu, und zwar nicht in deren Eigenschaft als Erben, sondern persönlich als den Geschädigten (§ 229 Abs. 1 LAG), sie sind also keine Nachlassgegenstände.[170] Ist der geschädigte Erblasser dagegen nach dem 1. 4. 1952 verstorben, so sind die Lastenausgleichsansprüche grundsätzlich noch in seiner Person entstanden. Die örtliche Zuständigkeit für den Erbschein richtet sich nach § 343, gegebenenfalls ist analog § 343 Abs. 2 (Rn 46) das AG Schöneberg in Berlin örtlich zuständig.[171] Aus Billigkeitsgründen wurde in der Vergangenheit teils eine internationale und örtliche Zuständigkeit des AG angenommen, in dessen Bezirk das zuständige Ausgleichsamt seinen Sitz hat,[172] da sich dort der Anspruch befinde.

81 Über die gleichartige Rechtslage bei Entschädigungsansprüchen nach dem **ReparationsschädenG** v. 12. 2. 1969 (BGBl. I S. 105) vgl. dort § 2 Abs. 1, Abs. 2, Abs. 4, §§ 8, 9, 38 Abs. 2 S. 2, §§ 42, 49, 61 Abs. 1 Nr. 6 i. V. m. § 229 LAG.[173]

82 Für Restitutionsansprüche, die sich daraus herleiten, dass DDR-Vermögenswerte durch staatliche Organe entzogen wurde, gilt das **Vermögensgesetz.** Starb der Geschädigte vor Inkrafttreten des VermG (29. 9. 1990), entstand der Anspruch des Geschädigten unmittelbar in der Person seines Rechtsnachfolgers (§ 2 VermG),[174] fiel also nicht in den Nachlass.

VIII. Zuständigkeitsverteilung zwischen Richter und Rechtspfleger

1. Grundregeln

83 Die Übertragung richterlicher Geschäfte in Nachlass- und Teilungssachen sowie bei der Verwahrung von Testamenten und Erbverträgen regeln § 3 Nr. 2 c, § 16 RPflG. Danach liegt die Zuständigkeit grundsätzlich beim **Rechtspfleger,** die dem Richter vorbehaltenen Geschäfte sind in § 16 RPflG ausdrücklich aufgezählt (sog. Vorbehaltsübertragung, § 3 Nr. 2 RPflG). Bei Zweifeln spricht daher die Vermutung für die Zuständigkeit des Rechtspflegers.[175]

84 **Vorbereitende Tätigkeiten.** Soweit die Entscheidung dem Richter vorbehalten ist (§ 16 RPflG), muss der Richter auch die für seine Beschlussfassung erheblichen Vorbereitungen und Ermittlungen, die den Kernbereich der richterlichen Entscheidung betreffen, selbst vornehmen. Zwar erweckt z. B. § 16 Abs. 1 Nr. 6 RPflG den Eindruck, nur die „Erteilung" des Erbscheins sei dem Richter vorbehalten, woraus man folgern könnte, dass die Tätigkeit vorher zur Zuständigkeit des Rechtspflegers gehöre, der dann nur noch die Nachlassakte zur Erteilung dem Richter vorlege. Die vorbereitende Tätigkeit einer dem Richter vorbehaltenen Amtshandlung ist aber durch § 3 RPflG nicht dem Rechtspfleger

---

[169] Vgl. im Einzelnen Winkler 15. A. § 73 FGG Rn 42.
[170] BGH NJW 1976, 480; BayObLGZ 1955, 231; KG OLGZ 1968, 472/474; NJW 1954, 1331.
[171] BayObLG Rpfleger 1969, 243; OLG Hamm Rpfleger 1972, 103.
[172] BayObLG Rpfleger 1992, 486; 1975, 304; BayObLGZ 1956, 236; KG NJW 1954, 1331; OLG Hamm NJW 1973, 2156; a. M. BGH Rpfleger 1972, 214; OLG Karlsruhe BWNotZ 1961, 334.
[173] Vgl. OLG Celle Rpfleger 1971, 318.
[174] BVerwG ViZ 1996, 710; Übersicht bei Palandt/Weidlich § 1922 Rn 41.
[175] BayObLGZ 1974, 329; 1967, 40/42; KG Rpfleger 1978, 321; Dallmayer/Eickmann § 16 Rn 8; a. M. Eickmann/Riedel § 3 Rn 18 a.

übertragen.[176] Konkret heisst das: wenn ein Erbschein aufgrund Testaments beantragt wird und Ermittlungen wegen der Auslegung des Testaments und der Testierfähigkeit des Erblassers vorzunehmen sind, dann vernimmt der Richter (und nicht der Rechtspfleger) die Zeugen und erholt ein Sachverständigengutachten; das wird in der Praxis oft übersehen.

Zur Erledigung richterlicher Aufgaben kann sich der Richter der **vorbereitenden Mithilfe** anderer Personen bedienen, wenn die Landesjustizverwaltung den Rechtspflegern eine vorbereitende Mitwirkung an Richtergeschäften nach § 27 Abs. 1 RPflG zugewiesen hat[177] (der weiter gehende § 25 RPflG wurde insoweit aufgehoben). Durch andere Personen wahrnehmbar sind aus dem richterlichen Aufgabenkreis aber jedenfalls nur solche Aufgabenteile, über die für die Entscheidung nicht ein unmittelbarer, persönlicher Eindruck des entscheidenden Richters notwendig ist. Zu dem keinesfalls von Dritten (Nichtrichtern) durchführbaren Kernbereich richterlicher Aufgaben bei der Vorbereitung einer Entscheidung gehören jedenfalls die Entscheidungen über Art und Verlauf von Ermittlungen und Beweiserhebungen, die Durchführung einer förmlichen oder formlosen mündlichen Anhörung[178] von Personen, soweit es sich nicht nur um die Entgegennahme von Erklärungen handelt, die auf Grund gesetzlicher Bestimmungen zu Protokoll der Geschäftsstelle abgegeben werden können, ferner die Beweiswürdigung.[179] Dabei ist es unerheblich, ob es sich um Beweiserhebungen im Rahmen des sog. Strengbeweises oder des sog. Freibeweises handelt; denn auch der Freibeweis darf die Zuverlässigkeit des Beweisergebnisses nicht in Frage stellen. Der Richter muss die Leitung der Ermittlungen stets selbst in der Hand behalten. In diesem Sinn gilt der zu den tragenden Grundsätzen des Zivilprozesses zählende Grundsatz der Unmittelbarkeit der Beweisaufnahme auch für die freiwillige Gerichtsbarkeit.[180] 85

Zulässig ist die Anhörung durch einen **beauftragten Richter**.[181] 86

2. Baden-Württemberg

Die Zuständigkeitsregelung nach dem RPflG gilt nur soweit, als in den einzelnen Ländern die Nachlass- und Teilungssachen und die Verwahrung von Testamenten und Erbverträgen nicht anderen Behörden als den Gerichten übertragen ist (Art. 147 EGBGB; §§ 486, 487 FamFG). In Baden-Württemberg sind diese Geschäfte dem Notariat übertragen (§ 1 Abs. 2, §§ 38, 41, 43 LFGG). In jedem Amtsgerichtsbezirk besteht mindestens ein Notariat (§ 13 LFGG), es wird mit einem Notar im Landesdienst besetzt (§ 17 Abs. 1 LFGG). Im **badischen** Teil (OLG-Bezirk Karlsruhe) muss der Notar die Befähigung zum Richteramt nach dem DRiG haben, im **württembergischen** Teil die Befähigung zum Amts des Bezirksnotars (§ 17 Abs. 2 LFGG). 87

Nach **§ 35 RPflG** ist dann weiter zu differenzieren: zwar sind grundsätzlich in beiden Rechtsgebieten die Notariate Nachlassgerichte. Wenn aber im badischen Rechtsgebiet (OLG-Bezirk Karlsruhe) einem Notariat ein Rechtspfleger zugewiesen ist, dann werden die Geschäfte nach § 3 Nr. 2c RPflG von einem zum Rechtspfleger befähigten Beamten wahrgenommen; der **zugewiesene Rechtspfleger** ist auch für die Beurkundung der Erbscheinsverhandlung und die Abnahme der eidesstattlichen Versicherung (§ 2356 BGB) zuständig (§ 35 Abs. 2 RPflG). Ist im badischen Rechtsgebiet einem Notariat kein solcher Rechtspfleger zugewiesen, ist der Notar zuständig. Ist ein Rechtspfleger zugewiesen, ist daneben immer auch der Notar zuständig (§ 35 Abs. 3 S. 1 RPflG). 88

---

[176] OLG Köln FGPrax 2010, 89; BayObLGZ 1980, 191; Bumiller/Harders vor § 343 Rn 13; Dallmayer/Eickmann § 16 Rn 10; Zimmermann ZEV 1995, 276; a.A. Arnold/Meyer-Stolte § 25 Rn 3 und Rpfleger 1970, 302/303.
[177] Bassenge/Roth § 27 RPflG Rn 3; a.A. Rellermeyer Rpfleger 1998, 312.
[178] BayObLGZ 1980, 191; 1951, 500.
[179] Bassenge/Roth § 27 RPflG Rn 4.
[180] Wütz, Der Freibeweis in der freiwilligen Gerichtsbarkeit, 1970, S. 91.
[181] BayObLG FamRZ 1965, 152/154; BayObLGZ 1956, 300; a.A. OLG Hamburg NJW 1953, 1554; zu den Grenzen der Einschaltung eines beauftragten Richters vgl. BGHZ 32, 233.

3. Sonstiges Landesrecht

89 Anderes gilt auch, wenn sonstiges Landesrecht Rechtspflegerzuständigkeiten erweitert hat, § 19 RPflG:[182] Rn 103, 104. Auf diese Weise ist in Nachlasssachen eine bedauerliche, bürgerunfreundliche Rechtszersplitterung eingetreten.

4. Richtervorbehalte

Dem Richter vorbehalten sind nach § 16 RPflG folgende Angelegenheiten:

90 **§ 16 Nr. 1 RPflG.** Die Geschäfte des Nachlassgerichts, die bei einer Nachlasspflegschaft (§§ 1960, 1961 BGB) oder einer Nachlassverwaltung (§ 1975 BGB) erforderlich werden, soweit sie den nach § 14 RPflG von der Übertragung ausgeschlossenen Geschäften in Kindschaftssachen entsprechen; es sind dies[183]
– die Entscheidung von **Meinungsverschiedenheiten** zwischen mehreren Nachlasspflegern oder Nachlassverwaltern gem. §§ 1962, 1975, 1915, 1798 BGB;
– Nachlasspflegschaft beim Nachlass eines Ausländers.[184]

91 **§ 16 Nr. 2 RPflG.** Die Ernennung eines Testamentsvollstreckers, wenn der Erblasser das Gericht darum ersuchte (§ 2200 BGB); Rechtspflegeraufgaben sind dagegen die Fristbestimmungen nach § 2198 Abs. 2, § 2202 Abs. 3 BGB, die Entgegennahme von Erklärungen nach § 2202 Abs. 2, § 2198 Abs. 1, § 2199 Abs. 3 und der Kündigung nach § 2226 BGB, die Gewährung von Akteneinsicht nach § 2228 BGB. Zum Landesrecht vgl. Rn 89, 103.

92 **§ 16 Nr. 3 RPflG.** Die Entscheidung über Anträge, eine vom Erblasser für die Verwaltung des Nachlasses getroffene Anordnung außer Kraft zu setzen (§ 2216 Abs. 2 S. 2 BGB).

93 **§ 16 Nr. 4 RPflG.** Die Entscheidung von Meinungsverschiedenheiten zwischen mehreren Testamentsvollstreckern (§ 2224 BGB).

94 **§ 16 Nr. 5 RPflG.** Die Entlassung eines Testamentsvollstreckers aus wichtigem Grund (§ 2227 BGB); Rechtspflegeraufgabe ist aber die Rückforderung des kraftlos gewordenen Testamentsvollstreckerzeugnisses nach § 2368 Abs. 3 2. Halbs. BGB. Zum Landesrecht vgl. unten Rn 103.

95 **§ 16 Nr. 6 RPflG.** Die **Erteilung von Erbscheinen** (§ 2353 BGB) sowie von Zeugnissen nach §§ 36, 37 GBO oder §§ 42, 74 SchiffsRegO, sofern eine Verfügung von Todes wegen „vorliegt", ist dem Richter vorbehalten; das ist auch dann der Fall, wenn die letztwillige Verfügung unwirksam ist[185] oder wenn ohne Vorlage einer Urkunde nur behauptet wird, eine Verfügung von Todes wegen sei vorhanden oder vorhanden gewesen.[186] Nicht nur der Erteilungsakt ist dem Richter vorbehalten, auch die vorbereitenden Ermittlungen, die den Kernbereich der richterlichen Entscheidung betreffen, muss er selbst vornehmen (oben Rn 84). Bei gesetzlicher Erbfolge ist hingegen grundsätzlich der Rechtspfleger zuständig. Zuständig ist der Rechtspfleger auch für die Erteilung von Zeugnissen nach § 1507 BGB, § 16 RSchuldBG sowie die Feststellung, dass ein anderer Erbe als der Fiskus nicht vorhanden ist (§§ 1964, 1965 BGB)[187] und die nach Landesrecht u. U. zulässige Erbenermittlung von Amts wegen (z. B. Art. 37 Bay AGGVG).[188] Zum Landesrecht vgl. unten Rn 103.

96 Wenn die **Anwendung ausländischen Rechts** in Betracht kommt, ist die Erbscheinserteilung (sowie die Erteilung der sonstigen Zeugnisse) auch dann dem Richter vorbehalten, wenn gesetzliche Erbfolge zum Zug kommt. Der Vorbehalt gilt also unabhängig davon, ob eine Verfügung von Todes wegen vorliegt oder nicht. In Betracht kommt ausländisches Recht, wenn es zu erwägen ist. Zeigt sich dann doch, dass deutsches Recht

---

[182] Rellermeyer Rpfleger 2004, 593; BT-Drucks. 15/1508 S. 29 bis 33.
[183] Dallmayer/Eickmann § 16 Rn 11.
[184] OLG Hamm Rpfleger 1976, 94; a. A. Jansen/Müller-Lukoschek § 72 Rn 27.
[185] Enthält das Testament keine Erbeinsetzung, so hält LG Berlin Rpfleger 1972, 23 den Rechtspfleger für zuständig.
[186] BayObLG Rpfleger 1977, 210.
[187] Arnold/Meyer-Stolte § 16 Rn 22; vgl. BayObLGZ 1967, 40/42 zu § 26 AV RHeimstG.
[188] Firsching/Graf Rn 2.15.

anwendbar ist, kann nach § 16 Abs. 2 RPflG verfahren werden. Den „gegenständlich beschränkten Erbschein" im Sinne des früheren § 2369 Abs. 1 BGB hat das FGG-RG abgeschafft. Jetzt gibt es aber Erbscheine, die sich auf die im Inland befindlichen Gegenstände beschränken (§ 2369 Abs. 1 BGB).

Dem Richter vorbehalten ist ferner die Erteilung von **Testamentsvollstreckerzeugnissen** (§ 2368 BGB). Darunter fällt sinngemäß auch die Bestätigung über die Annahme des Testamentsvollstreckeramtes,[189] weil dies eine Prüfungstätigkeit voraussetzt und nicht nur eine Eingangsbestätigung ist.[190] 97

Übertragung auf den Rechtspfleger. Ergänzend bestimmt hierzu § 16 Abs. 2 RPflG, dass dann, wenn zwar eine Verfügung von Todes wegen vorliegt, aber ein Erbschein oder eines der Zeugnisse nach §§ 36, 37 GBO, §§ 42, 47 SchiffsRegO auf Grund gesetzlicher Erbfolge zu erteilen ist, der Richter die Erteilung des Erbscheins oder des Zeugnisses dem Rechtspfleger übertragen kann, wenn deutsches Erbrecht anzuwenden ist. In diesem Fall ist der Rechtspfleger an die Auffassung des Richters gebunden. Eine solche Übertragung ist aber nicht zulässig, wenn der Erblasser in der letztwilligen Verfügung eine Erbeinsetzung bestimmt hat, die mit der gesetzlichen Erbfolge übereinstimmt.[191] 98

§ 16 Nr. 7 RPflG. Die **Einziehung von Erbscheinen** (§ 2361 BGB) und von Zeugnissen nach §§ 36, 37 GBO, §§ 42, 44 SchiffsRegO, wenn der Erbschein oder das Zeugnis vom Richter erteilt wurde oder wenn es zwar nicht vom Richter erteilt ist oder zu erteilen war, aber wegen einer Verfügung von Todes wegen einzuziehen ist; ferner die Einziehung von Testamentsvollstreckerzeugnissen (§§ 2361, 2368 Abs. 3 BGB) und von Zeugnissen nach § 1507 BGB. **Rechtspflegergeschäfte** sind dagegen u.a. die Vollziehung der Einziehungsverfügung durch Einziehung (§ 33) oder Kraftloserklärung (§ 2361 Abs. 2 BGB) und die Rückforderung eines gemäß § 2368 Abs. 3 BGB kraftlos gewordenen Testamentsvollstreckerzeugnisses.[192] Zum Landesrecht vgl. unten Rn 103. 99

5. Zuständigkeit des Rechtspflegers

a) Nachlasspflegschaft, Nachlassverwaltung. Rechtspflegergeschäfte sind u.a. die Anordnung oder Aufhebung einer Nachlasspflegschaft, Nachlassverwaltung (§§ 1960, 1961, 1962, 1919, 1975, 1981 ff. BGB), die Auswahl[193] und Entlassung des Nachlasspflegers (§§ 1962, 1915, 1779, 1886 BGB), die Auswahl und Entlassung des Nachlassverwalters (§§ 1975, 1962, 1915, 1779 BGB), die Festsetzung der Vergütung für Nachlasspfleger und Nachlassverwalter (§§ 1962, 1915, 1836, 1987 BGB), die Erteilung von nachlassgerichtlichen Genehmigungen (z.B. § 1821, 1822 BGB). Es ist zu beachten, dass § 16 RPflG auf § 14 RPflG verweist, § 14 durch das FGG-ReformG geändert wurde, und aus dem Katalog des § 14 für Nachlasspflegschaften wohl nur Nr. 5 und Nr. 10 einschlägig sind. Vgl. Rn 90. 100

b) Testamentsvollstreckung. Rechtspflegeraufgaben sind die Fristbestimmungen nach §§ 2198 Abs. 2, 2202 Abs. 3 BGB, die Entgegennahme von Erklärungen nach §§ 2202 Abs. 2, 2198 Abs. 1, 2199 Abs. 3 BGB und der Kündigung nach § 2226 BGB, die Gewährung von Akteneinsicht nach § 2228 BGB. 101

c) Sonstige Aufgaben. Die in § 16 RPflG nicht genannten Geschäfte in Nachlass- und Teilungssachen und bei der Verwahrung von Testamenten und Erbverträgen sind dem Rechtspfleger übertragen (§ 3 Nr. 2c RPflG). Im Einzelnen kommen z.B. in Betracht: Die Herbeiführung der Genehmigung durch letztwillige Verfügung errichteter Stiftungen (§ 83 BGB), die Entscheidung über Einsichtnahme von Akten und Urkunden und die Erteilung von Abschriften (§ 13 FamFG; §§ 1953 Abs. 3, 1957 Abs. 2, 2010, 2081 Abs. 2, 2146 Abs. 2, 2228, 2264, 2384 Abs. 2 BGB), soweit nicht der Urkundsbeamte zuständig ist. Weitere Maßnahmen der Nachlasssicherung (§ 1960 BGB), wie etwa die Anlegung von Siegeln; die Inventarerrichtung (§§ 1993 ff. BGB), die besondere amtliche Verwahrung von 102

---
[189] Vgl. Jansen/Müller-Luboschek § 72 Rn 34.
[190] Einzelheiten vgl. Zimmermann Testamentsvollstreckung Rn 308.
[191] Dallmayer/Eickmann § 16 Rn 53.
[192] Arnold/Meyer-Stolte § 16 Rn 8.
[193] Dazu Zimmermann ZEV 2007, 313.

Testamenten und Erbverträgen (§§ 2246, 2248, BGB),[194] die Rückgabe in amtliche Verwahrung genommener Testamente (§ 2256 BGB), Anordnung der Ablieferung eines Testaments (§ 358) sowie die Eröffnung letztwilliger Verfügungen (§§ 2259 ff. BGB), die Fristbestimmungen bei Vermächtnissen und Auflagen (§§ 2151, 2155, 2192, 2193 BGB), die Entgegennahme von Anzeigen und Erklärungen gegenüber dem Nachlassgericht (§§ 1484, 1491, 1492, 2081, 2146, 2281, 2384, 2385 BGB), das Verfahren zur Stundung des Pflichtteilsanspruchs (§§ 2331 a BGB, 362 FamFG),[195] die Entgegennahme der eidesstattlichen Versicherung nach §§ 2006, 2228, 2057 mit §§ 259, 260 BGB bzw. § 2356 BGB (wegen § 3 Nr. 1 f RPflG) durch das Nachlassgericht; Entscheidung über Akteneinsicht (§ 13) und Erteilung von Abschriften.

6. Weitere Zuständigkeit des Rechtspflegers aufgrund landesrechtlicher Aufhebung von Richtervorbehalten

103 Nach § 19 RPflG sind die Landesregierungen ermächtigt, durch Rechtsverordnung die Richtervorbehalte in § 16 RPflG ganz oder teilweise aufzuheben; dann ist also der Rechtspfleger zuständig. Allerdings besteht bei Nr. 2 und 5 eine Pflicht des Rechtspflegers, die Sache dem Richter vorzulegen, soweit „Einwendungen erhoben werden" (§ 19 Abs. 2 RPflG), also nicht bei den unstreitigen Fällen, wenn einem Antrag nicht irgendwie entgegengetreten wird.[196] Die Regelung ist wenig sinnvoll, zersplittert lediglich die Zuständigkeiten und nützt der Justizkasse kaum.

104 Folgende Angelegenheiten sind betroffen:
- Geschäfte nach **§ 16 Abs. 1 Nr. 1 RPflG**, „soweit sie den nach § 14 Abs. 1 Nr. 4 ausgeschlossenen Geschäften in Vormundschaftssachen entsprechen";
- Geschäfte nach **§ 16 Abs. 1 Nr. 2 RPflG:** Ernennung eines Testamentsvollstreckers im Falle des § 2200 BGB;
- **Geschäfte nach § 16 Abs. 1 Nr. 5 RPflG** (Entlassung eines Testamentsvollstreckers nach § 2227 BGB), soweit der Erblasser den Testamentsvollstrecker nicht selbst ernannt oder einen Dritten zu dessen Ernennung bestimmt hat (dh also nur im Falle § 2200 BGB);
- Geschäfte nach **§ 16 Abs. 1 Nr. 6 RPflG** (Erteilung von Erbscheinen und Testamentsvollstreckerzeugnissen, auch soweit eine letztwillige Verfügung vorliegt; wegen § 19 Abs. 2 RPflG allerdings ohne wesentliche Bedeutung);
- Geschäfte nach **§ 16 Abs. 1 Nr. 7 RPflG** (Einziehung von Erbscheinen und Testamentsvollstreckerzeugnissen).

105 Von der Ermächtigung hat **Niedersachsen** Gebrauch gemacht.[197]

IX. Zuständigkeit deutscher Konsuln und des Schiffskapitäns

106 Über die Zuständigkeit deutscher Konsuln in Nachlasssachen von im Ausland verstorbenen Deutschen vgl. § 9, auch §§ 11, 19 KonsularG;[198] siehe ferner Art. 5 g, auch Art. 73 des Wiener Übereinkommens über konsularische Beziehungen v. 24. 4. 1963.[199]

107 Über die Fürsorge für den Nachlass eines Mitglieds der Schiffsbesatzung vgl. § 76 SeemannsG v. 26. 7. 1957 (BGBl. II S. 713); danach hat der Kapitän die Sachen eines verstorbenen oder vermissten Besatzungsmitglieds dem Seemannsamt, das zuerst erreicht wird, oder mit dessen Zustimmung einem anderen Seemannsamt zu übergeben; der Reeder hat das Heuerguthaben eines verstorbenen oder vermissten Besatzungsmitglieds dem für den Heimat- oder Registerhafen im Geltungsbereich des Grundgesetzes zuständigen Seemannsamt zu überweisen. Das Seemannsamt hat die Sachen und das Heuerguthaben eines verstorbenen Besatzungsmitglieds den Erben auf deren Kosten zu übermitteln.

---

[194] Vgl. OLG München BayJMBl. 1960, 22; zur Übertragung auf Urkundsbeamte § 36 b Abs. 1 Nr. 1 RPflG.
[195] Jansen/Müller-Lukoschek § 72 Rn 30.
[196] BT-Drs. 15/1508 S. 45; dazu Bassenge/Roth § 19 RPflG Rn 3; Hintzen Rpfleger 2005, 335.
[197] NdsGVBl 2008, 221.
[198] Zu den erbrechtlichen Befugnissen des Konsuls vgl. MünchKommBGB/Birk Art 25 EGBGB Rn 261.
[199] Geimer DNotZ 1978, 3.

Besondere örtliche Zuständigkeit

344 (1) ¹Für die besondere amtliche Verwahrung von Testamenten ist zuständig,
1. wenn das Testament vor einem Notar errichtet ist, das Gericht, in dessen Bezirk der Notar seinen Amtssitz hat;
2. wenn das Testament vor dem Bürgermeister einer Gemeinde errichtet ist, das Gericht, zu dessen Bezirk die Gemeinde gehört;
3. wenn das Testament nach § 2247 des Bürgerlichen Gesetzbuchs errichtet ist, jedes Gericht.

²Der Erblasser kann jederzeit die Verwahrung bei einem nach Satz 1 örtlich nicht zuständigen Gericht verlangen.

(2) Die erneute besondere amtliche Verwahrung eines gemeinschaftlichen Testaments nach § 349 Abs. 2 Satz 2 erfolgt bei dem für den Nachlass des Erstverstorbenen zuständigen Gericht, es sei denn, dass der überlebende Ehegatte oder Lebenspartner die Verwahrung bei einem anderen Amtsgericht verlangt.

(3) Die Absätze 1 und 2 gelten entsprechend für die besondere amtliche Verwahrung von Erbverträgen.

(4) Für die Sicherung des Nachlasses ist jedes Gericht zuständig, in dessen Bezirk das Bedürfnis für die Sicherung besteht.

(5) ¹Für die Auseinandersetzung des Gesamtguts einer Gütergemeinschaft ist, falls ein Anteil an dem Gesamtgut zu einem Nachlass gehört, das Gericht zuständig, das für die Auseinandersetzung über den Nachlass zuständig ist. ²Im Übrigen bestimmt sich die Zuständigkeit nach § 122.

(6) Hat ein anderes Gericht als das nach § 343 zuständige Gericht eine Verfügung von Todes wegen in amtlicher Verwahrung, ist dieses Gericht für die Eröffnung der Verfügung zuständig.

(7) ¹Für die Entgegennahme einer Erklärung, mit der die Erbschaft ausgeschlagen (§ 1945 Abs. 1 des Bürgerlichen Gesetzbuchs) oder die Ausschlagung angefochten (§ 1955 des Bürgerlichen Gesetzbuchs) wird, ist auch das Nachlassgericht zuständig, in dessen Bezirk der Ausschlagende oder Anfechtende seinen Wohnsitz hat. ²Die Niederschrift über die Erklärung ist von diesem Gericht an das zuständige Nachlassgericht zu übersenden.

Übersicht

	Rn
I. Normzweck	1
II. Verwahrung von Testamenten (Abs. 1)	2
1. Allgemeines	2
2. Besondere amtliche Verwahrung von Testamenten	4
a) Vor einem Notar errichtete Testamente (§ 2232 BGB)	4
b) Vor dem Bürgermeister einer Gemeinde errichtete Testamente	5
c) Eigenhändige Testamente	6
d) Verlangen der Verwahrung bei einem anderen AG (Abs. 1 S. 2)	7
3. Von einem Konsularbeamten beurkundete Verfügungen	9
III. Erneute amtliche Verwahrung eines gemeinschaftlichen Testaments (Abs. 2)	10
IV. Geltung für Erbverträge (Abs. 3)	12
V. Sicherung des Nachlasses (Abs. 4)	13
1. Materielles Recht	13
2. Zuständigkeit für die Nachlasssicherung	14
3. Landesrecht	19
4. Nachlass eines Beamten, eines Seemannes	20
5. Nachlass eines Ausländers	22
6. Funktionelle Zuständigkeit: Richter, Rechtspfleger	23
7. Gerichtsgebühren	24
VI. Auseinandersetzung des Gesamtguts einer Gütergemeinschaft (Abs. 5)	25
1. Materielles Recht	26
2. Sachliche Zuständigkeit	27

§ 344 1–3   Abschnitt 1. Begriffsbestimmung; örtliche Zuständigkeit

	Rn
3. Örtliche Zuständigkeit	30
a) In Fällen, in denen ein Anteil an dem Gesamtgut zum Nachlass gehört	30
b) In sonstigen Fällen	31
VII. Zuständigkeit für die Eröffnung einer letztwilligen Verfügung (Abs. 6)	32
1. Zweck der Regelung	32
2. Baden-Württemberg	34
3. Regelungsbereich	35
4. Auslandsbezug	37
5. Ablauf der Eröffnung	38
6. Kosten	39
7. Streit zweier Gerichte über die örtliche Zuständigkeit	40
8. Rechtsmittel eines Beteiligten	42
9. Rechtsmittel eines Gerichts	43
VIII. Entgegennahme einer Ausschlagungserklärung (Abs. 7)	44
1. Ausschlagung	44
2. Versendung der Niederschrift	49
3. Anfechtung der Ausschlagung	52

I. Normzweck

1   Die Vorschrift regelt in Ergänzung zu § 343 **besondere Zuständigkeiten;** die allgemeine örtliche Zuständigkeit nach § 343 wird dadurch nicht berührt. Die Norm entspricht zum Teil § 73 Abs. 1 bis 3 FGG. Zusätzlich gab es früher in §§ 2258 a Abs. 2 und 3 BGB sowie in § 2300 BGB Vorschriften zur örtlichen Zuständigkeit bei der Verwahrung von Testamenten und Erbverträgen.[1] Durch das PersonenstandsreformG vom 19. 2. 2007 (BGBl I S. 122) wurden sie in § 73 FGG als Abs. 4 und 5, § 82 b FGG eingefügt. Nun befindet sich die gesamte Regelung in § 343. Abs. 7 wurde erst durch Beschlüsse des Rechtsausschusses eingefügt.[2]

II. Verwahrung von Testamenten (Abs. 1)

1. Allgemeines

2   Für die Verwahrung als solche ist das AG zuständig (§ 342 Abs. 1 Nr. 1), in Baden-Württemberg anstelle des AG das Notariat (Art. 147 Abs. 1 EGBGB, §§ 1 Abs. 2, 3, §§ 38, 46 Abs. 3 Bad.-Württ.LFGG). Funktionell ist der Rechtspfleger zuständig (§ 3 Nr. 2 c RPflG), soweit die Aufgabe nicht nach Landesrecht (§ 36 b RPflG) auf den Urkundsbeamten der Geschäftsstelle übertragen ist. Bei der Verwahrung wird das AG an sich nicht als Nachlassgericht tätig, weil der Erblasser bei der Hinterlegung noch lebt; § 342 Abs. 1 Nr. 1 bezeichnet die Verwahrung daher klarstellend als Nachlasssache und begründet so die Zuständigkeit des „Nachlassgerichts" beim AG. Allerdings kennt das GVG das „Nachlassgericht" als gesetzlich vorgeschriebene Abteilung ohnehin nicht, wie §§ 23 b Abs. 1, 23 c Abs. 1 GVG zeigen. Dem Erblasser soll über die Hinterlegung ein Hinterlegungsschein erteilt werden. Für die besondere amtliche Verwahrung werden Gerichtsgebühren erhoben (§ 101 KostO; Bewertung nach § 103 KostO). Die **besondere amtliche Verwahrung** ist zu unterscheiden von der **einfachen amtlichen Verwahrung** eines Testaments in den Nachlassakten, etwa nach Ablieferung beim Nachlassgericht (§ 2259 BGB) sowie der Verwahrung von Erbverträgen durch den Notar. Erstere erfolgt besonders gesichert (z. B. in einem Tresor), vgl. § 346. Zur Ablieferung bei einem örtlich unzuständigen Gericht vgl. § 2 Abs. 3.

3   Die Regelung in Abs. 1 gilt wörtlich nur für Testamente. Darunter fallen auch gemeinschaftliche Testamente (§§ 2265 BGB, 10 Abs. 4 LPartG). Wegen **Abs. 3** (früher: § 2300 BGB) gelten Abs. 1 und 2 auch für Erbverträge.

---

[1] Durch Art. 39 des G. v. 8. 12. 2010 (BGBl I S. 1864) wurde das Gesetz Nr. 213 über die amtliche Verwahrung von Testamenten und Erbverträgen gemäß BGBl Teil III Gliederungsnummern 405–1 b und 405–1 c aufgehoben.
[2] BT-Drs. 16/9733 S. 157.

2. Besondere amtliche Verwahrung von Testamenten

a) Vor einem Notar errichtete Testamente (§ 2232 BGB); gemeint ist ein deutscher Notar. Der Notar soll veranlassen, dass das Testament unverzüglich in besondere amtliche Verwahrung gebracht wird (§ 34 Abs. 1 S. 4 BeurkG). Örtlich zuständig ist das AG, in dessen Bezirk der Notar **seinen Amtssitz hat (Abs. 1 S. 1 Nr. 1)**.

b) Vor dem Bürgermeister einer (deutschen) **Gemeinde errichtete Testamente** (§§ 2249, 2250 Abs. 1 BGB): örtlich zuständig ist das AG, zu dessen Bezirk die Gemeinde gehört **(Abs. 1 S. 1 Nr. 2)**.

c) Eigenhändige Testamente, nach § 2247 BGB errichtet: Es ist auf Verlangen des Erblassers in „besondere amtliche Verwahrung" zu nehmen (§ 2248 BGB). Dasselbe gilt für Nottestamente vor drei Zeugen, auch auf See (§§ 2250 Abs. 2, 3, 2251 BGB). Zuständig ist jedes AG in Deutschland **(Abs. 1 S. 1 Nr. 3)**, also nicht zwingend der Wohnsitz des Erblassers oder Erben. Das Auffinden im Todesfall sichert § 347. Nach einer ausländischen Rechtsordnung errichtete Testamente können nach dem Wortlaut der Regelung nur dann bei uns nach § 344 beim AG verwahrt werden, wenn sie die förmlichen Voraussetzungen des § 2247 BGB erfüllen,[3] trotz § 105, weil § 344 die speziellere Norm ist; diese Einschränkung ist wenig sinnvoll, weshalb das AG derartige Schriftstücke gleichwohl zur Verwahrung annehmen sollte.

d) Verlangen der Verwahrung bei einem anderen AG (Abs. 1 S. 2). Der Erblasser kann jederzeit[4] die Verwahrung bei einem nach Abs. 1 S. 1 örtlich an sich nicht zuständigen Gericht verlangen. Die Regelung entspricht § 2258a Abs. 3 BGB. Sie gilt auch für Nottestamente.[5] Das AG am Amtssitz eines Notars muss ein von diesem notariell beurkundetes Testament nicht entgegennehmen, wenn dessen besondere amtliche Verwahrung von vornherein nicht bei diesem AG erfolgen soll, sondern lediglich die zügige Weitergabe der letztwilligen Verfügung an ein anderes Amtsgericht begehrt wird.[6]

Bei Weiterverwahrung fällt die Gerichtsgebühr für die Verwahrung (§ 101 KostO) nicht erneut an, also auch nicht für eine Abgabe an ein anderes AG.[7] Auch die Portokosten des Gerichts für den Versand können nicht in Rechnung gestellt werden, da §§ 136, 137 KostO keinen entsprechenden Auslagenerstattungstatbestand nennen.

3. Von einem Konsularbeamten beurkundete Verfügungen

Dazu bestimmt § 11 KonsularG:

(1) Testamente und Erbverträge sollen die Konsularbeamten nur beurkunden, wenn die Erblasser Deutsche sind. Die §§ 2232, 2233 und 2276 des Bürgerlichen Gesetzbuchs sind entsprechend anzuwenden.

(2) Für die besondere amtliche Verwahrung (§§ 34, 34a des Beurkundungsgesetzes, § 342 Abs. 1 Nr. 1 des FamFG) ist das **AG Schöneberg in Berlin** zuständig. Der Erblasser kann jederzeit die Verwahrung bei einem anderen AG verlangen.

(3) Stirbt der Erblasser, bevor das Testament oder der Erbvertrag an das AG abgesandt ist, oder wird eine solche Verfügung nach dem Tode des Erblassers beim Konsularbeamten abgeliefert, so kann dieser die Eröffnung vornehmen. Die § 348 Abs. 1 und 2 sowie die §§ 349 und 350 des FamFG sind entsprechend anzuwenden.

Aus dem Wortlaut des Abs. 2 folgt, dass ein konsularischer Erbvertrag auch auf Wunsch der Beteiligten nicht beim Konsulat verwahrt bleiben darf.[8]

---

[3] A. A. Horndasch/Viefhues/Heinemann § 344 Rn 20.
[4] A. A. MünchKommZPO/J. Mayer § 344 FamFG Rn 4: nur solange, bis die Verwahrung erfolgt ist.
[5] MünchKommBGB/Hagena 4. Aufl. § 2258a Rn 2.
[6] OLG Brandenburg NJW-RR 2008, 390.
[7] Korintenberg/Lappe § 101 Rn 13.
[8] Horndasch/Viefhues/Heinemann § 344 Rn 14; a. A. Prütting/Helms/Fröhler § 344 Rn 30.

III. Erneute amtliche Verwahrung eines gemeinschaftlichen Testaments (Abs. 2)

10 Nach dem Tod des Erblassers wird das Testament (bisher privat oder amtlich verwahrt) vom Nachlassgericht eröffnet (§ 348). Dasselbe gilt, wenn es sich um ein gemeinschaftliches Testament von Ehegatten (oder eingetragenen Lebenspartnern) handelt. War es zuvor in **besonderer amtlicher Verwahrung** des Nachlassgerichts, ist von den Verfügungen des verstorbenen Ehegatten (oder eingetragenen Lebenspartners) eine beglaubigte Abschrift anzufertigen (§ 349 Abs. 2 S. 1). Das Testament ist wieder zu verschließen und erneut in besondere amtliche Verwahrung zurückzubringen (§ 349 Abs. 2 S. 1). Örtlich zuständig ist das für den Nachlass des Erstverstorbenen zuständige Gericht. Die Frage, welches Gericht örtlich für die Wiederverwahrung zuständig ist, war unter der Geltung des FGG umstritten[9] (bisher zuständiges Gericht? jetziges Nachlassgericht?). Das FamFG hat sich gegen die bisher h. M. entschieden. Das gemeinschaftliche Testament wird also nach Abschluss des Nachlassverfahrens nicht an das bisherige Verwahrungsgericht zurückgegeben, sondern in die besondere amtliche Verwahrung desjenigen Gerichts gegeben, welches für den Nachlass des Erstversterbenden zuständig ist. Dadurch ist bei diesem Gericht ein neues Verfahren nach § 346 und die damit verbundene Mitteilung an das Standesamt und dortige Korrektur der Testamentsdatei erforderlich; jedoch entfällt die mit der Rücksendung verbundene Verlustgefahr.[10]

11 Nach Abs. 2 Halbs. 2 kann der überlebende Ehegatte oder Lebenspartner die **Verwahrung bei einem anderen AG** verlangten. Hier steht nicht „jederzeit", wie bei Abs. 1; eine Befristung gibt es trotzdem nicht.[11] Jedoch kann die Wahl sinngemäß nur einmal ausgeübt werden.

IV. Geltung für Erbverträge (Abs. 3)

12 Die Zuständigkeitsregelungen in Abs. 1 und 2 gelten auch für Erbverträge (Abs. 3). Sie gelten ferner für gemeinschaftliche Testamente[12] und Konsulartestamente (§ 11 KonsularG; Rn 9). Wie Abs. 1 Satz 2 bei einem Erbvertrag zu verstehen ist, ist umstritten;[13] können nur alle Vertragsteile oder ein einzelner (und welcher) die anderweitige Verwahrung verlangen? Da die Regelung vom „Erblasser" spricht können sinngemäß nur alle Personen, die Erblasser sind, das Verlangen gemeinsam ausüben.

V. Sicherung des Nachlasses (Abs. 4)

1. Materielles Recht

13 Nach § 1960 Abs. 1 BGB hat das Nachlassgericht (§ 1962 BGB), wenn ein Bedürfnis besteht, von Amts wegen für die Sicherung des Nachlasses zu sorgen,
- wenn der Erbe bekannt ist, die Erbschaft aber bisher nicht angenommen hat,
- wenn der Erbe unbekannt ist,[14] also keine Kenntnis besteht, wer als Erbe berufen ist,
- wenn ungewiss ist, ob der Erbe die Erbschaft angenommen hat.

Die wichtigsten Sicherungsmaßregeln sind in § 1960 Abs. 2 BGB genannt. Dazu gehört neben der Anlegung von Siegeln an der Wohnungstüre und der Verwahrung von Geld mittels Einzahlunmg bei der Hinterlegungsstelle vor allem die Anordnung einer Nachlasspflegschaft. Die Erteilung eines Erbscheins ist keine Maßnahme zur Sicherung des Nachlasses, fällt also nicht unter § 344.[15]

---

[9] Vgl. BayObLGZ 1989, 39; OLG Zweibrücken Rpfleger 1998, 428.
[10] BT-Drs. 16/6308 S. 278.
[11] A. A. Bumiller/Harders § 344 Rn 9.
[12] OLG Hamm NJW-RR 1987, 835.
[13] Übersicht bei Horndasch/Viefhues/Heinemann § 344 Rn 28.
[14] Über diesen Begriff vgl. insbesondere Staudinger/Otte/Marotzke § 1960 Rn 7 ff., Palandt/Weidlich § 1960 Rn 6.
[15] BGH NJW 1976, 480.

2. Zuständigkeit für die Nachlasssicherung

Verfahren, die die Sicherung des Nachlasses einschließlich der Nachlasspflegschaften betreffen, sind nach § 342 Abs. 1 Nr. 2 Nachlasssachen. **Örtlich zuständig** dafür ist das Nachlassgericht, in dessen Bezirk der Erblasser seinen letzten Wohnsitz hatte (§ 343 Abs. 1). Zusätzlich gibt § 344 Abs. 4 (der dem früheren § 74 S. 1 FGG entspricht) eine besondere Zuständigkeit: auch jedes AG (Abt. Nachlassgericht) ist zuständig, in dessen Bezirk das Fürsorgebedürfnis hervortritt, z. B. das AG, in dessen Bezirk zum Nachlass gehörige Grundstücke liegen, wenn Teilungszwangsversteigerung beantragt wird und die Erben unbekannt sind.[16] Dieses Gericht des Fürsorgebedürfnisses ist (neben dem nach § 343 zuständigen Gericht) verpflichtet, die in seinem Bezirk notwendig werdenden Sicherungsmaßnahmen vorzunehmen, z. B. eine Wohnung im Gerichtsbezirk zu versiegeln, einen **Nachlasspfleger nach § 1960 BGB** zu bestellen (das Nachlassgericht sollte in diesen Fällen den Wirkungskreis auf Tätigkeiten im Bezirk beschränken, was zulässig ist;[17] andernfalls ist sein Wirkungskreis nicht nur auf den Amtsgerichtsbezirk beschränkt[18]). Das mit Sicherungsmaßregeln einmal befasste Gericht bleibt zur Vornahme der weiter in seinem Bezirk notwendigen Maßregeln zuständig und darf nicht wegen der Ausführung der weiteren Maßregeln an das nach § 343 zuständige Nachlassgericht verweisen. Es erlässt aber seine Maßnahmen nur vorbehaltlich der abweichenden Regelung durch das Nachlassgericht.[19] Zur Pflicht des Eilgerichts, das nach § 343 zuständige Nachlassgericht zu informieren, vgl. Rn 18.

Ob zu den Sicherungsmaßnahmen auch die Anordnung einer **Nachlasspflegschaft auf Antrag eines Nachlassgläubigers nach § 1961 BGB** gehört, ist umstritten: Zum Teil wird sie bejaht, da der auf Antrag eines Gläubigers bestellte Nachlasspfleger grundsätzlich dieselben Befugnisse und Pflichten wie ein von Amts wegen bestellter Nachlasspfleger hat (es sei denn, der Bestellungsbeschluss enthält Einschränkungen) und somit stets zugleich die Sicherung des Nachlasses bezweckt.[20] Grundsätzlich zwar ist eine Zuständigkeit nach § 344 zu verneinen, weil diese Pflegschaft in erster Linie dem Interesse des Antragstellers dient und nicht, wie § 344 es erfordert, der Sicherung des Nachlasses.[21] Bei einem Eilbedürfnis allerdings besteht meines Erachtens auch im Falle des § 1961 BGB eine Zuständigkeit nach § 344: wenn etwa der Gläubiger in Hamburg wohnt und wegen unbekannter Erben einen Antragsgegner (d. h. einen Nachlasspfleger) für das Begehren der Nachlasssicherung bezüglich in Hamburg befindlicher Nachlassgegenstände (z. B. für einen Arrestantrag) benötigt, dann sollte man dem AG Hamburg diese Befugnis geben, weil es zu umständlich wäre, ihn an das Nachlassgericht des letzten Wohnsitzes zu verweisen.

Es ist möglich und zulässig, dass **mehrere Gerichte** gemäß § 344 in Bezug auf denselben Nachlass Sicherungsmaßregeln treffen, allerdings nur jeweils auf den Nachlass in einen bestimmten Amtsgerichtsbezirk bezogen; erst wenn sie miteinander in Widerspruch treten, ist nach § 2 Abs. 1 zu entscheiden.[22]

Die Befugnis des nach § 343 zuständigen Nachlassgerichts, ebenfalls die ihm notwendig erscheinenden Maßregeln zu treffen, wird durch Maßnahmen, die ein Gericht nach § 344 angeordnet hat, nicht beeinträchtigt.

Informationspflichten des sichernden Gerichts an das örtlich allgemein zuständige Nachlassgericht regelt § 356 Abs. 2.

---

[16] OLG Düsseldorf JMBl.NW 1954, 83.
[17] KG OLGZ 1965, 259.
[18] A. A. Horndasch/Viefhues/Heinemann § 344 Rn 32.
[19] Schlegelberger § 74 Rn 6; Jansen/Müller-Lukoschek § 74 Rn 3.
[20] OLG Düsseldorf JMBl.NW 1954, 83; MünchKommBGB/Leipold § 1961 Rn 2; Soergel/Stein § 1961 Rn 1, 2; Horndasch/Viefhues/Heinemann § 344 Rn 33.
[21] OLG Hamm ZErb 2008, 209 (zu § 74 FGG); OLG Rostock OLGE 2, 472; MünchKommZPO/J. Mayer § 344 FamFG Rn 7; Jansen/Müller-Lukoschek § 74 Rn 4; Pikart/Henn S. 312; offen gelassen von OLG Frankfurt Rpfleger 1994, 67 mit weiteren Nachweisen.
[22] Weißler, Nachlassverfahren I, 89; Schlegelberger § 74 Rn 6.

3. Landesrecht

19 Nach Art. 140, 147 EGBGB[23] können die Länder die Sicherungspflicht des Nachlassgerichts erweitern und für die Aufnahme des Inventars die Zuständigkeit anderer Behörden vorsehen. Vgl. § 40 Abs. 2 Bad.-Württ.LFGG; § 5 BremAGFGG; § 16 HessOrtsGerG; Art 11 NdsFGG; § 54 SaarlAGVJu. Dazu § 343 Rn 3 ff.

4. Nachlass eines Beamten, eines Seemannes

20 Besondere Vorschriften sind für den Fall des Todes eines Beamten für die Zuständigkeit zur Sicherung amtlicher Schriftstücke usw. landesrechtlich erlassen; vgl. für die ehemals preußischen Gebiete Art. 20 PreußFGG; Art. 12 NdsFGG; Art. 23 HessFGG. Für Notare vgl. § 51 BNotO. Mitteilungspflichten vgl. MiZi XVII/3.

21 Wegen Nachlasssicherung von Seeleuten s. § 76 SeemannsG v. 26. 7. 1957 (BGBl. II S. 713), von Schiffsreisenden § 675 HGB, Sicherung durch deutsche Konsuln § 9 Abs. 2 KonsularG.

5. Nachlass eines Ausländers

22 Die örtliche Zuständigkeit ergibt sich aus § 343 bzw. aus § 344, die internationale aus § 105. Für die Sicherung des Nachlasses von Ausländern sind die deutschen Gerichte bei Vorhandensein eines Bedürfnisses befugt, auch wenn sich die Erbfolge nach ausländischem Recht richtet. Ob ein Fürsorgebedürfnis besteht und welche Sicherungsmaßnahmen anzuwenden sind, bestimmt sich, vorbehaltlich der Geltung von Staatsverträgen, nach deutschem Recht.[24]

6. Funktionelle Zuständigkeit: Richter, Rechtspfleger

23 Die Zuständigkeit verteilt sich zwischen Richter, Rechtspfleger, Urkundsbeamtem der Geschäftsstelle und Notar. Für Maßnahmen der Nachlasssicherung ist grundsätzlich der Rechtspfleger zuständig (§ 3 Nr. 2 c RPflG). Einschränkungen ergeben sich aus dem Richtervorbehalt in § 16 Nr. 1 RPflG. Für die Anordnung einer Nachlasspflegschaft über den inländischen Nachlass eines Ausländers ist der Richter zuständig (§ 14 Abs. 1 Nr. 4 RPflG),[25] nicht der Rechtspfleger.[26] Über die Zuständigkeit des Urkundsbeamten der Geschäftsstelle, der Gemeindebehörden siehe das Landesrecht, z. B. §§ 40, 41 Bad.-Württ. LFGG, Art. 11 NdsFGG. Wegen Übertragung von Aufgaben auf die Notare s. das nach § 20 Abs. 4 BNotO aufrechterhaltene Landesrecht, z. B. Art. 36 BayAGGVG, Art. 13 NdsFGG.

7. Gerichtsgebühren

24 §§ 52, 104, 106 KostO.

VI. Auseinandersetzung des Gesamtguts einer Gütergemeinschaft (Abs. 5)

25 Falls ein Anteil an dem Gesamtgut zu einem Nachlass gehört, ist das Gericht zuständig, das für die Auseinandersetzung über den Nachlass zuständig ist (§ 344 Abs. 5). Die Regelung entspricht dem früheren § 99 Abs. 2 FGG.

1. Materielles Recht

26 Die Auseinandersetzung erfolgt bei der Gütergemeinschaft nach §§ 1471–1481 BGB. Gegenstand des Auseinandersetzungsverfahrens kann nur das Gesamtgut sein (§§ 1416, 1485 BGB). Die Regelung der sonstigen Güterverhältnisse der Beteiligten kann nicht gleichzeitig unter Anwendung der §§ 363 ff. erfolgen.[27] Wird nach Beendigung einer Gütergemein-

---

[23] Über die landesrechtlichen Vorschriften vgl Staudinger/Winkler Art. 140 EGBGB Rn 6.
[24] Schlegelberger § 74 Rn 4; Soergel/Stein § 1960 Rn 53; Soergel/Schurig Art. 25 EGBGB Rn 53.
[25] OLG Hamm Rpfleger 1976, 94; Bassenge/Roth § 16 RPflG Rn 5.
[26] So aber Jansen/Müller-Lukoschek § 74 Rn 7; Dallmayer/Eickmann § 16 Rn 16.
[27] Ebenso Schlegelberger § 74 Rn 3.

schaft die Durchführung einer Teilungsversteigerung gem. §§ 180 ff. ZVG beantragt, so setzt die Einleitung dieses Verfahrens keinesfalls die Durchführung des Verfahrens nach § 363 voraus. Beide Verfahren schließen einander nicht aus.[28] Ein Auseinandersetzungsverfahren ist auch zur Verteilung des Erlöses aus der Zwangsversteigerung eines Grundstückes, die zum Zweck der Aufhebung der Gütergemeinschaft erfolgt ist, zulässig.[29]

2. Sachliche Zuständigkeit

Sachlich zuständig ist nach Abs. 5 das AG, nicht das FamG. Wegen der landesrechtlich zur Vermittlung der Auseinandersetzung bestellten Behörden vgl. §§ 486, 487. Die Zuständigkeit der Notare bestimmt sich nach Landesrecht (§ 20 Abs. 4 BNotO).

Die Vermittlung der Auseinandersetzung des Gesamtguts einer beendeten ehelichen oder fortgesetzten Gütergemeinschaft ist dem Rechtspfleger übertragen (§ 3 Nr. 2c RPflG; der Richtervorbehalt in § 16 Abs. 1 Nr. 8 RPflG ist 2004 aufgehoben worden). Die Regelung gilt auch für die Erbauseinandersetzung, wenn ein Anteil am Gesamtgut zu einem Nachlass gehört.

Das **Zuweisungsverfahren** nach §§ 13 ff. GrdstVG findet auf die Auseinandersetzung des Gesamtgutes einer ehelichen oder fortgesetzten Gütergemeinschaft keine Anwendung.[30]

3. Örtliche Zuständigkeit

a) Gehört ein **Anteil an dem Gesamtgut** zum Nachlass – wenn nämlich die eheliche Gütergemeinschaft durch den Tod eines Ehegatten endet und nicht fortgesetzte Gütergemeinschaft eintritt (§§ 1482, 1483 BGB) oder wenn die fortgesetzte Gütergemeinschaft durch den Tod oder die Todeserklärung eines Ehegatten beendet wird (§ 1494 BGB) – so ist das AG zuständig, das für die Auseinandersetzung des Nachlasses berufen ist, also das nach §§ 363, 342 Abs. 2 Nr. 1, 343 örtlich zuständige AG (Nachlassgericht).

b) **In allen anderen Fällen** bestimmt sich die örtliche Zuständigkeit nach § 122 S. 2 (früher: § 45 FGG). Handelt es sich um die Auseinandersetzung des Gesamtguts einer Gütergemeinschaft unter **lebenden Ehegatten,** so ist für die Zuständigkeit der Aufenthalt in der Rangfolge nach § 122 Nr. 1 bis 5 maßgebend. Handelt es sich um die Auseinandersetzung einer **fortgesetzten Gütergemeinschaft zu Lebzeiten** des überlebenden Ehegatten, so findet ebenfalls § 122 Nr. 2 bis 5 Anwendung. § 122 Nr. 1, der voraussetzt, dass beide Ehegatten leben, ist bei der Auseinandersetzung der Gütergemeinschaft nicht einschlägig. Bei Auseinandersetzung einer fortgesetzten Gütergemeinschaft nach dem Tod des überlebenden Ehegatten und bei dessen Beerbung von mehreren Kindern kreuzen sich die Gemeinschaft der Miterben am Nachlass des Ehegatten, in den sein Anteil am Gesamtgut fällt,[31] und die Gemeinschaft am Liquidationsgesamtgut.[32] Für die Auseinandersetzung des Nachlasses, zu dem der Anteil am Gesamtgut gehört, ergibt sich die örtliche Zuständigkeit des AG aus § 344 Abs. 5 S. 1, für die Auseinandersetzung der fortgesetzten Gütergemeinschaft aus § 344 Abs. 5 S. 2 mit § 122 Nr. 3 bis Nr. 5. Die Verfahren betreffend die Auseinandersetzung des Gesamtguts der fortgesetzten Gütergemeinschaft und des Nachlasses können in diesem Fall verbunden werden, wenn für beide Verfahren dasselbe Gericht örtlich zuständig ist.[33]

VII. Zuständigkeit für die Eröffnung einer letztwilligen Verfügung (Abs. 6)

1. Zweck der Regelung

Örtlich zuständig für das Nachlassverfahren, also insbesondere für das Erbscheinsverfahren, ist das in § 343 genannte Nachlassgericht, in der Regel also das Nachlassgericht des

---

[28] BayObLGZ 1971, 293/297.
[29] BayObLG NJW 1957, 386.
[30] Bergmann SchlHA 1961, 312.
[31] KG Recht 1929 Nr. 247.
[32] Achilles/Greiff § 1497 Anm. 8; Planck § 1497 Anm. 7; vgl. auch BayObLGZ 1956, 363.
[33] BayObLGZ 1956, 363/369; OLG Hamm DNotZ 1966, 744; Firsching/Graf Rn 4968.

letzten Wohnsitzes des Erblassers. Befindet sich die letztwillige Verfügung dort in amtlicher Verwahrung, erfolgt dort die Eröffnung. Da aber der Erblasser sein Testament (bzw. Erbvertrag; Abs. 6 gilt auch dafür) auch bei einem anderen Gericht in besondere amtliche Verwahrung gegeben haben kann (oder es sich bei einem anderen Gericht in einfacher amtlicher Verwahrung befinden kann), bestimmt **Abs. 6,** dass für die Eröffnung in diesem Falle das verwahrende Gericht örtlich zuständig ist. Diese Regelung entspricht dem früheren § 2261 S. 1 BGB.

33   Die Regelung bezweckt, dass die Eröffnung möglichst rasch erfolgen kann;[34] es soll ferner verhindert werden, dass die letztwillige Verfügung auf dem Weg vom Verwahrungsgericht zum nach § 343 zuständigen Nachlassgericht vor Eröffnung verloren geht.[35] Letztlich entspringt die Regelung der Postkutschenzeit: die Verlustgefahr kann durch Anfertigung einer amtlichen Photokopie vor dem Versand vermieden werden (§ 2356 BGB verlangt für das Erbscheinsverfahren kein Original des Testaments) und eine Beschleunigung tritt nicht ein, weil die Beteiligten oft nicht dort wohnen, wo der Erblasser (u. U. vor Jahrzehnten) sein Testament in Verwahrung gegeben hat.

2. Baden-Württemberg

34   Hier sind die für die Verwahrung zuständigen Notariate auch für deren Eröffnung zuständig (§ 1 Bad.-Württ.LFGG).[36]

3. Regelungsbereich

35   Die Bestimmung in Abs. 6 betrifft sowohl Testamente in einfacher wie in besonderer amtlicher Verwahrung.[37] Sie kommt zur Anwendung: (1) wenn sich das Testament in besonderer amtlicher Verwahrung eines anderen AG als des nach § 343 örtlich zuständigen Nachlassgerichts befindet (§ 2258a BGB); (2) wenn jemand, der ein Testament in Besitz hat, es nach dem Tod des Erblassers bei einem nahen AG (nämlich einem örtlich unzuständigen Nachlassgericht) abliefert (§ 2259 Abs. 1 BGB), so dass es dort zunächst in **einfache amtliche Verwahrung** genommen und sodann dort eröffnet wird.[38] Liefert der Testamentsbesitzer das Testament beim nach § 343 für das Nachlassverfahren örtlich zuständigen Nachlassgericht ab, ist es dort zu eröffnen; Abs. 6 ist dafür nicht einschlägig. (4) Wenn sich ein Testament bei einer anderen „Behörde" als einem Gericht (z. B. der Staatsanwaltschaft, Polizei) befindet und dann an ein (örtlich unzuständiges) Nachlassgericht abgeliefert wird (§ 2259 Abs. 2 BGB); dort ist es zu eröffnen; (5) wenn sich ein Testament bei einem Prozess-, Straf- oder sonstigem Gericht (mit Ausnahme eines Nachlassgerichts) in einfacher amtlicher Verwahrung befindet (etwa in den Anlagen einer Zivilprozessakte, einer Strafakte) ist es an das örtlich (nach § 343) zuständige Nachlassgericht weiterzuleiten, wo es eröffnet wird (kein Fall des § 344); wird es aber (etwa weil die örtliche Zuständigkeit nicht eindeutig ist) an die Nachlassabteilung des eigenen AG gesandt[39] oder an ein anderes unzuständiges Nachlassgericht weitergeleitet, ist es dort nach Abs. 6 zu eröffnen. Das folgt aus § 2259 Abs. 2 BGB, dessen Wortlaut „Behörde" schief ist; denn jedenfalls eröffnet ein Prozessgericht, Betreuungsgericht, Landwirtschaftsgericht etc. keine Testamente.

36   Im Übrigen ist eine Eröffnung nicht deshalb unwirksam, weil sie von einem örtlich unzuständigen Nachlassgericht erfolgte (§ 2 Abs. 3). Im Stadium der Eröffnung ist der letzte Wohnsitz des Erblassers (zu unterscheiden vom Aufenthalt) manchmal noch nicht bekannt, so dass auch noch nicht feststeht, welches Nachlassgericht letztlich nach § 343 zuständig ist.

---

[34] BayObLG NJW-RR 1993, 460.
[35] Mot. V S. 307; KGJ 36 A 91; MünchKommBGB/Hagena 4. Aufl. § 2261 Rn 2.
[36] Soergel/Mayer § 2261 Rn 2.
[37] BT-Drs. 16/6308 S. 278.
[38] BT-Drs. 16/6308 S. 278; BayObLG NJW-RR 1993, 460; OLG Hamm Rpfleger 1972, 23.
[39] Nach Soergel/Mayer § 2261 Rn 2 zulässig; nach MünchKommBGB/Hagena 4. Aufl. § 2261 Rn 6 unzulässig.

4. Auslandsbezug

§ 344 gilt auch für im Ausland errichtete Testamente deutscher Erblasser. Testamente 37 von Ausländern sind nach § 344 zu eröffnen, wenn hier eine internationale Zuständigkeit besteht (§ 105); andernfalls werden sie an die zuständige Behörde oder diplomatische Vertretung des Heimatstaats weitergeleitet.[40]

5. Ablauf der Eröffnung

Vgl. § 348. **Weiteres Verfahren:** § 350. Die Zuständigkeit des nur nach § 344 örtlich 38 zuständigen Gerichts beschränkt sich auf die Eröffnung und das Verfahren nach § 350;[41] für den Erbschein ist es nicht zuständig. Die Eröffnung aufgrund von § 344 setzt als solche die Ausschlagungsfrist (§ 1944 Abs. 1 BGB) noch nicht in Gang;[42] es muss noch der Tatbestand des § 1944 Abs. 2 BGB hinzutreten.

6. Kosten

Die Gerichtsgebühr für die Eröffnung richtet sich nach § 102 KostO; sind mehrere 39 Testamente zeitlich verzögert oder von verschiedenen Gerichten zu eröffnen, fällt die Eröffnungsgebühr mehrfach an. Es spielt keine Rolle, ob das nach § 344 oder das nach § 343 örtlich zuständige Gericht eröffnet. Hat aber das nach § 344 zuständige Nachlassgericht das Testament eröffnet, wird die Eröffnungsgebühr bei dem Gericht angesetzt, das nach § 343 für das ganze Nachlassverfahren zuständig ist (§ 103 Abs. 3 KostO).

7. Streit zweier Gerichte über die örtliche Zuständigkeit

Er wird nach § 5 entschieden. Ein solcher Streit ist denkbar, wenn ein Gericht eröffnet 40 und sich weigert, das eröffnete Testament an ein bestimmtes Nachlassgericht zu übersenden, weil es dieses nicht für nach § 343 zuständig hält;[43] § 5 ist ferner einschlägig, wenn ein Nachlassgericht die Entgegennahme des eröffneten Testaments ablehnt, da es sich nicht für nach § 343 örtlich zuständig hält.[44]

Wenn ein lediglich nach § 344 zuständiges Nachlassgericht ein Testamente eröffnet hat, 41 ist es dadurch noch nicht zuerst mit der Nachlassangelegenheit „befasst" im Sinne von § 2 Abs. 1, also nicht wegen § 2 Abs. 1 für das Erbscheinsverfahren und die sonstigen Aufgaben des Nachlassgerichts zuständig geworden.[45] Hatte der Erblasser einen **Doppelwohnsitz,** sind zwei Nachlassgerichte im Sinne von § 343 örtlich zuständig. Auch hier begründet eine nur auf § 344 beruhende Eröffnung noch keine Zuständigkeit nach § 2 Abs. 1 für das folgende Erbscheinsverfahren.[46]

8. Rechtsmittel eines Beteiligten

Wenn ein Beteiligter in seinen Rechten verletzt ist, z. B. weil das verwahrende Gericht 42 die Eröffnung des Testamente ablehnt oder nach Eröffnung die Versendung an das nach § 343 zuständige Nachlassgericht ablehnt, steht ihm die Beschwerde gegen die Entscheidung des Rechtspflegers zu (§§ 3 Nr. 2, 11 RPflG; §§ 58 ff. FamFG).

---

[40] MünchKommBGB/Hagena 4. Aufl. § 2261 Rn 25; Soergel/Mayer § 2261 Rn 3.
[41] BayObLGZ 1986, 118/125; OLG Oldenburg NdsRpfl. 1954, 129; MünchKommBGB/Hagena 4. Aufl. § 2261 Rn 8.
[42] MünchKommBGB/Hagena 4. Aufl. § 2261 Rn 9.
[43] MünchKommBGB/Hagena 4. Aufl. § 2261 Rn 21; Soergel/Mayer § 2261 Rn 9; die a. A. hält in Anschluss an KG JFG 14, 168 eine Beschwerde des Nachlassgerichts gegen die Verweigerung der Auslieferung für statthaft (z. B. OLG Brandenburg FGPrax 2008, 70; KG Rpfleger 1977, 101), was systematisch nicht passt, weil das Nachlassgericht nicht in seinen Rechten im Sinne von § 59 Abs. 1 beeinträchtigt ist (es hat kein eigenes Recht auf gerichtliche Tätigkeit).
[44] KG RJA 15, 289; OLG Hamm NJW-RR 1987, 835; die a. A. (z. B. Staudinger/Baumann BGB § 2261 Rn 14) bejaht auch hier ein Beschwerderecht des Nachlassgerichts, das eröffnet hat.
[45] BayObLG FamRZ 1995, 680; KG Rpfleger 1959, 54; OLG Frankfurt FamRZ 1998, 34; MünchKommBGB/Hagena 4. Aufl. § 2261 Rn 21; a. A. KG Rpfleger 1977, 100.
[46] BayObLG FamRZ 1995, 680.

9. Rechtsmittel eines Gerichts

43 Ein Zuständigkeitsstreit zwischen zwei Gerichten wird nach § 5 entschieden (vgl. Rn 40). Im Übrigen ist umstritten, ob Rechtsmittel eines Gerichts gegen Entscheidungen eines anderen Gerichts möglich sind.[47] Jedenfalls würde eine Beschwerde eine Verletzung eigener Rechte eines Gerichts voraussetzen (§ 59), woran es fehlt.[48]

VIII. Entgegennahme einer Ausschlagungserklärung (Abs. 7)

1. Ausschlagung

44 Die Ausschlagung erfolgt durch Erklärung gegenüber dem Nachlassgericht (§ 1945 Abs. 1 BGB), das nach § 343 für die Nachlasssache zuständig ist; das ist in der Regel das Gericht, in dessen Bezirk der Erblasser seinen letzten Wohnsitz hatte. Für den Ausschlagenden ergibt sich damit das Problem, dass er manchmal nichts Genaues über den Wohnort bzw. Aufenthalt des Verstorbenen weiß, also das örtlich letztlich zuständige Gericht nicht ohne Weiteres findet. Wendet er sich indes an das Nachlassgericht, das er für zuständig hält, genügt dies, wenn dieses Gericht sich ebenfalls für zuständig hält und deshalb die Ausschlagung zu Protokoll nimmt (vgl. § 2 Abs. 3).[49] Die Ausschlagung ist nicht formlos (d. h. durch einfachen Brief) möglich; die Erklärung ist entweder zur Niederschrift des Nachlassgerichts innerhalb der Ausschlagungsfrist zu erklären; oder sie ist in öffentlich beglaubigter Form (d. h. bei einem Notar) abzugeben und muss auch dann innerhalb der Ausschlagungsfrist (§ 1944 BGB) beim Nachlassgericht eingehen.

Das örtlich zuständige Nachlassgericht kann ein anderes Nachlassgericht ersuchen, die Ausschlagung entgegen zu nehmen (§§ 156, 157 Abs. 1 GVG; **Rechtshilfe**), was in der Praxis selten vorkommt. Ein „anderes" Nachlassgericht (z. B. am Urlaubsort) kann das örtlich zuständige Nachlassgericht (zB telefonisch) ersuchen, ihm einen Rechtshilfeauftrag zu erteilen; jedoch besteht keine Verpflichtung zu einer solche Hilfe.

45 Häufig wandte sich der Ausschlagende bzw. Anfechtende früher an das **Nachlassgericht seines Wohnsitzes,** gab dort die Ausschlagung zu Protokoll und bat (nach Belehrung über die Unzuständigkeit) um Weiterleitung an das zuständige Gericht, ohne dass dem ein ausdrückliches Protokollierungsersuchen des zuständigen Nachlassgerichts vorausging. Ob eine solche Ausschlagung (ohne vorangegangenes) Amtshilfeersuchen wirksam war, war in Hinblick auf §§ 7, 11 FGG umstritten.[50] Deshalb[51] bestimmt jetzt Abs. 7, dass eine solche Ausschlagungserklärung auch dann fristgerecht und wirksam ist, wenn dem **kein solches Rechtshilfeersuchen** vorausging. Dieses Wohnsitz-AG des Ausschlagenden ist selbstverständlich nicht nur für die Entgegennahme der Erklärung, sondern auch für die Protokollierung zuständig;[52] etwas anderes hätte keinen Sinn. Die Protokollierung begründet aber keine Vorgriffszuständigkeit im Sinn von § 2 Abs. 1, für die weiteren Aufgaben des Nachlassgerichts ist das Wohnsitz-AG des Ausschlagenden nicht zuständig (anders natürlich, wenn es ohnehin nach § 343 zuständig ist). Angesichts der Neuregelung besteht kein Bedürfnis mehr dafür, das Wohnsitz-AG des Ausschlagenden im Wege der Rechtshilfe um Protokollierung der Ausschlagung zu ersuchen.

46 Voraussetzung für die Zuständigkeit ist, dass der Ausschlagende zum Zeitpunkt der Ausschlagung (nicht zum Zeitpunkt des Erbfalls[53]) im Bezirk des protokollierenden AG seinen **Wohnsitz** hat; hat er dort nur seinen Aufenthalt, war das Gericht unzuständig und die Ausschlagung unwirksam; hat der Erbe nirgends im Inland einen Wohnsitz, sondern nur einen Aufenthalt, ist Abs. 7 auf ihn nicht anwendbar.[54] Das protokollierende Nachlass-

---

[47] BayObLG Rpfleger 1986, 303 hält Rechtsmittel für grds. möglich; a. A. Bamberger/Roth/Litzenburger § 2261 Rn 3.
[48] Vgl. BayObLG Rpfleger 1986, 303; anders MünchKommBGB/Hagena 4. Aufl. § 2261 Rn 22.
[49] Seit RGZ 71, 380 h. M.; BayObLG NJW-RR 1994, 967; Zimmermann 15. A. § 7 FGG Rn 7; Jansen/Müther § 7 Rn 6; MünchKommBGB/Leipold § 1945 Rn 8.
[50] Vgl. BR-Drs. 309/2/07 S. 84.
[51] BT-Drs. 16/6308 S. 390; Änderungsvorschlag BT-Drs. 16/9733 S. 130.
[52] MünchKommZPO/J. Mayer § 344 FamFG Rn 15; problematisiert bei Heinemann ZErb 2008, 293.
[53] MünchKommZPO/J. Mayer § 344 FamFG Rn 16.
[54] MünchKommZPO/J. Mayer § 344 FamFG Rn 16.

gericht muss seine eigene Zuständigkeit prüfen, also den Erben wenigstens nach dem Wohnsitz fragen. Zur Prüfung der Frage, ob hier tatsächlich ein Wohnsitz vorliegt (vgl. §§ 7 bis 11 BGB), ist es (trotz § 26) nicht zuständig (das wird später geprüft, wenn es um die Wirksamkeit, insbesondere Rechtzeitigkeit der Ausschlagung, geht). Wenn der Ausschlagende allerdings seine Wohnsitzverhältnisse zutreffend offen legt und das sich deshalb für zuständig erachtende Gericht die Erklärung entgegen nimmt, kann der Bürger darauf vertrauen und seine Ausschlagung ist entsprechend § 2 Abs. 3 wirksam und rechtzeitig.[55]

Es spielt keine Rolle, welche **Staatsangehörigkeit** der Erbe hat und ob für die Beerbung deutsches oder ausländisches Erbrecht zur Anwendung kommt. Stirbt ein Ausländer mit letztem Wohnsitz in Deutschland, ist das dem § 343 entsprechende Nachlassgericht örtlich zuständig. Stirbt ein Grieche mit letztem Wohnsitz in München, wird er nach griechischem Erbrecht beerbt und wohnt ein Miterbe in Nürnberg, kann er seine Ausschlagung sowohl beim AG München wie beim AG Nürnberg protokollieren lassen; die Zuständigkeit nach § 344 Abs. 7 setzt nicht die Anwendbarkeit deutschen Erbrechts voraus,[56] was sich aus seinem Zweck ergibt. Denn nach § 105 sind die deutschen Nachlassgerichte, wenn sie örtlich zuständig sind, auch **international zuständig** (sog. Grundsatz der Doppelfunktionalität). Ob das auch im Falle der besonderen Ausschlagungszuständigkeit nach § 344 Abs. 7 gilt, ist allerdings streitig. Teils wird gesagt, im obigen Beispiel sei nur das AG München zuständig, da sich aus der Bezugnahme auf §§ 1945, 1955 BGB ergebe, dass § 344 Abs. 7 die Anwendung deutschen Sachrechts voraussetze.[57] Dagegen spricht aber, dass damit der Zweck der Regelung untergraben würde[58] und in den Fällen der Nachlassspaltung außerdem Verwirrung eintreten würde; dann könnte nämlich beim Wohnsitz-AG der Nachlass nur zum Teil ausgeschlagen werden. 47

Zweifelhaft ist, ob auch ein **Notar,** der die Ausschlagung beurkundet hat, die Ausschlagung fristwahrend beim Wohnsitz-AG des Ausschlagenden einreichen kann. Abs. 7 S. 2 geht davon aus, dass das Wohnsitz-AG eine Niederschrift errichtet und an das örtlich „eigentlich" (nach § 343) zuständige Nachlassgericht weiterleitet; das ist nicht der Fall, wenn schon ein notarielles Protokoll vorliegt. Der Zweck der Gesetzesänderung, dem rechtsunkundigen Erben die Fristausschöpfung zu gestatten und ihm die Suche nach dem örtlich zuständigen Nachlassgericht abzunehmen, spricht dafür, dass sie auch auf notarielle Ausschlagungen anwendbar ist.[59] 48

2. Versendung der Niederschrift

Die Original-Niederschrift[60] über die Erklärung (bzw. die notarielle Ausschlagungsurkunde) ist von diesem Gericht an das zuständige Nachlassgericht zu übersenden (Abs. 7 S. 2); das hat baldigst zu geschehen (eine Frist ist aber nicht bestimmt). Beim Nachlassgericht wird das Original der Ausschlagungserklärung verwahrt;[61] das Gericht am Wohnsitz des Ausschlagenden behält eine Ausfertigung (Kopie). Zweifelhaft ist, welches Gericht die **Gebühr** für die Ausschlagung (§ 112 KostO) anzusetzen und einzuziehen hat. Wegen § 14 Abs. 1 KostO wird teils das Gericht am Wohnsitz für zuständig gehalten;[62] das ist zumindest unzweckmäßig, weil sich bei mehreren Ausschlagungen an verschiedenen Orten unterschiedliche Wertansätze ergeben können, dann kein vollständiges Kostenheft beim Nachlassgericht vorliegt und es sich letztlich nur um eine Sonderform der Rechtshilfe handelt, die § 14 Abs. 1 KostO dahin regelt, dass das Nachlassgericht die Gebühren anzusetzen hat. Welches Gericht örtlich im Sinn von § 343 zuständig ist, stellt das Wohnsitz-AG selbst fest, freilich ohne Bindungswirkung für dieses Gericht, denn eine Verweisung im Sinne von § 3 49

---

[55] So zum FGG BGH NJW 1962, 491; BGH Rpfleger 1977, 406; zum FamFG MünchKommZPO/J. Mayer § 344 Rn 20; Bahrenfuss/Schaal § 344 Rn 27.
[56] MünchKommZPO/J. Mayer § 344 FamFG Rn 21; a. A. Heinemann ZErb 2008, 293/299.
[57] So Bahrenfuss/Schaal § 344 Rn 31, von dem auch das Beispiel stammt; Heinemann ZErb 2008, 293.
[58] MünchKommZPO/J. Mayer § 344 FamFG Rn 21.
[59] MünchKommZPO/J. Mayer § 344 FamFG Rn 15; Bumiller/Harders § 344 Rn 16; Heinemann ZErb 2008, 293/295.
[60] OLG Celle FGPrax 2010, 192; OLG Hamm BeckRS 2011, 07156; OLG Hamburg FGPrax 2010, 238.
[61] OLG Hamburg FGPrax 2010, 238; OLG Celle FGPrax 2010, 192.
[62] OLG Hamburg FGPrax 2010, 238; Bahrenfuss/Schaal § 344 Rn 33.

Abs. 3 liegt nicht vor. Ist das Empfangsgericht tatsächlich örtlich nicht zuständig, schadet das dem Ausschlagenden nicht.

50 Aus dem Wortlaut der Bestimmung ist weiter zu entnehmen, dass es für die Rechtzeitigkeit der Ausschlagung nicht darauf ankommt, wann das Protokoll beim zuständigen Nachlassgericht eingeht, sondern wann das Protokoll erstellt wurde. Deshalb steht seit der Neuregelung mit Ablauf der Ausschlagungsfrist noch nicht fest, dass eine Erbschaft durch Fristablauf angenommen wurde; es könnte ja noch ein Ausschlagungsprotokoll eintreffen. Längere Zeit besteht jetzt keine Rechtssicherheit, ein Fristende gibt es nicht.

51 Erfolgt keine Weiterleitung der Ausschlagung oder wird sie erheblich verzögert, ist denkbar, dass ein unrichtiger Erbschein erteilt wird (etwa wenn bei Miterben **ein Miterbe ausschlägt**); Staatshaftung nach § 839 BGB, Art. 34 GG kommt dann in Frage.[63]

3. Anfechtung der Ausschlagung (§ 1955 BGB)

52 Auch dafür gilt die Zuständigkeitsregelung in Abs. 7. Die Regelung gilt nach ihrem eindeutigen Wortlaut aber nicht für die Anfechtung nach § 2308 Abs. 1 BGB[64] und die Anfechtung einer Erbschaftsannahme nach §§ 1955 S. 1 1. Alt. mit § 1956 BGB.[65] Eine analoge Anwendung auf andere fristgebundene Erklärungen, die ein Erbe bei einem Nachlassgericht abzugeben hat, scheidet aus.

---

[63] Heinemann ZErb 2008, 293/296; MünchKommZPO/J. Mayer § 344 FamFG Rn 18.
[64] A. A. MünchKommZPO/J. Mayer § 344 FamFG Rn 13.
[65] A. A. MünchKommZPO/J. Mayer § 344 FamFG Rn 14.

Abschnitt 2. Verfahren in Nachlasssachen

Unterabschnitt 1. Allgemeine Bestimmungen

Beteiligte

345 (1) ¹In Verfahren auf Erteilung eines Erbscheins ist Beteiligter der Antragsteller. ²Ferner können als Beteiligte hinzugezogen werden:
1. die gesetzlichen Erben,
2. diejenigen, die nach dem Inhalt einer vorliegenden Verfügung von Todes wegen als Erben in Betracht kommen,
3. die Gegner des Antragstellers, wenn ein Rechtsstreit über das Erbrecht anhängig ist,
4. diejenigen, die im Fall der Unwirksamkeit der Verfügung von Todes wegen Erbe sein würden sowie
5. alle Übrigen, deren Recht am Nachlass durch das Verfahren unmittelbar betroffen wird.

³Auf ihren Antrag sind sie hinzuzuziehen.

(2) Absatz 1 gilt entsprechend für die Erteilung eines Zeugnisses nach § 1507 des Bürgerlichen Gesetzbuchs oder nach den §§ 36 und 37 der Grundbuchordnung sowie den §§ 42 und 74 der Schiffsregisterordnung.

(3) ¹Im Verfahren zur Ernennung eines Testamentsvollstreckers und zur Erteilung eines Testamentsvollstreckerzeugnisses ist Beteiligter der Testamentsvollstrecker. ²Das Gericht kann als Beteiligte hinzuziehen:
1. die Erben,
2. den Mitvollstrecker.

³Auf ihren Antrag sind sie hinzuzuziehen.

(4) ¹In den sonstigen auf Antrag durchzuführenden Nachlassverfahren sind als Beteiligte hinzuzuziehen in Verfahren betreffend
1. eine Nachlasspflegschaft oder eine Nachlassverwaltung der Nachlasspfleger oder Nachlassverwalter;
2. die Entlassung eines Testamentsvollstreckers der Testamentsvollstrecker;
3. die Bestimmung erbrechtlicher Fristen derjenige, dem die Frist bestimmt wird;
4. die Bestimmung oder Verlängerung einer Inventarfrist der Erbe, dem die Frist bestimmt wird, sowie im Fall des § 2008 des Bürgerlichen Gesetzbuchs dessen Ehegatte oder Lebenspartner;
5. die Abnahme einer eidesstattlichen Versicherung derjenige, der die eidesstattliche Versicherung abzugeben hat, sowie im Fall des § 2008 des Bürgerlichen Gesetzbuchs dessen Ehegatte oder Lebenspartner.

²Das Gericht kann alle Übrigen, deren Recht durch das Verfahren unmittelbar betroffen wird, als Beteiligte hinzuziehen. ³Auf ihren Antrag sind sie hinzuzuziehen.

Übersicht

	Rn
I. Normzweck	1
II. Regelungssystem	2
III. Verfahren auf Erteilung eines Erbscheins (Abs. 1)	3
1. Materielles Recht	3
2. Antragsteller als Beteiligter	4
3. Weitere potenziell Beteiligte	5
a) Zuziehung weiterer Beteiligter von Amts wegen	6
b) Zuziehung weiterer Beteiligter auf Antrag	12
c) Beteiligtenermittlungspflicht des Nachlassgerichts	17
d) Rechtsmittel	18
e) Als weitere Beteiligte in Frage kommende Personen	19
f) Kosten	26

§ 345

Abschnitt 2. Verfahren in Nachlasssachen

	Rn
IV. Sonstige Zeugnisse des Nachlassgerichts (Abs. 2)	27
V. Ernennung eines Testamentsvollstreckers (Abs. 3)	28
1. Materielles Recht	28
2. Ernennungsersuchen des Erblassers	29
3. Beteiligte	30
a) Testamentsvollstrecker	20
b) Zuziehung weiterer Beteiligter von Amts wegen	31
c) Zuziehung weiterer Beteiligter auf Antrag	33
4. Verfahren des Nachlassgerichts	36
5. Entscheidung des Nachlassgerichts	37
a) Ablehnung der Ernennung	38
b) Ernennung	39
c) Auswahl des Testamentsvollstreckers	42
d) Ernennung ohne Ersuchen	43
6. Ernennung und Testamentsvollstreckerzeugnis	44
7. Bindungswirkung	45
8. Rechtsmittel	46
a) Ablehnung der Ernennung	46
b) Ernennung	47
c) Konkurrenz mit einem Entlassungsverfahren	48
d) Rechtsbeschwerde	49
9. Wirksamkeit der Ernennung trotz Beschwerde	50
10. Kosten	51
VI. Erteilung eines Testamentsvollstreckerzeugnisses (Abs. 3)	52
1. Materielles Recht	52
2. Antrag	53
3. Beteiligte	54
a) Testamentsvollstrecker	54
b) Zuziehung weiterer Beteiligter von Amts wegen	55
c) Zuziehung weiterer Beteiligter auf Antrag	57
d) Ablehnung des Hinzuziehungsantrags	58
4. Verfahren des Nachlassgerichts	59
5. Analoge Anwendung auf andere Zeugnisse	60
a) Annahmezeugnis	61
b) Fortbestandszeugnis	62
c) Negativzeugnisse	63
6. Kosten	64
VII. Sonstige Nachlassverfahren auf Antrag (Abs. 4)	66
1. Nachlasspflegschaft (Abs. 4 S. 1 Nr. 1)	67
a) Materielles Recht	67
b) Beteiligte	69
c) Zuständigkeit	71
d) Verfahren, Entscheidung	73
e) Vergütung des Nachlasspflegers	75
f) Rechtsmittel	76
g) Kosten	88
2. Nachlassverwaltung (Abs. 4 S. 1 Nr. 1)	89
a) Materielles Recht	89
b) Antragsberechtigte	90
c) Beteiligte	91
d) Verfahren	92
e) Vergütung des Nachlassverwalters	93
f) Rechtsmittel	94
g) Kosten	95
3. Entlassung eines Testamentsvollstreckers (Abs. 4 S. 1 Nr. 2)	96
a) Materielles Recht	96
b) Antrag	97
c) Antragsberechtigung	98
d) Beteiligte	100
e) Verfahren	102
f) Rechtsmittel	112
g) Kosten	114
4. Bestimmung erbrechtlicher Fristen (Abs. 4 S. 1 Nr. 3)	115
a) Anwendungsfälle	115

		Rn
b) Beteiligte		123
c) Entscheidung		125
d) Rechtsmittel		128
e) Kosten		130
5. Bestimmung oder Verlängerung einer Inventarfrist (Abs. 4 S. 1 Nr. 4)		131
a) Materielles Recht		131
b) Beteiligte		132
c) Entscheidung		134
d) Zuständigkeit für die Inventarerrichtung		135
e) Rechtsmittel		136
f) Kosten		139
6. Abnahme einer eidesstattlichen Versicherung (Abs. 4 S. 1 Nr. 5)		140
a) Fall des § 2006 BGB		141
b) Fälle der §§ 259, 260, 2028 und § 2057 BGB		142
c) Beteiligte im Falle des § 2006 BGB		143
d) Ladung zum Termin im Falle des § 2006 BGB		144
e) Rechtsmittel im Falle § 2006 BGB		145
f) Kosten		146
VIII. Information der potenziell Beteiligten		147
IX. Nachlassverfahren von Amts wegen		148

I. Normzweck

Die Vorschrift enthält ergänzend zu § 7 (und mit Abweichungen vor allem bei § 7 Abs. 2) Regelungen über die Beteiligten in solchen Nachlassverfahren (Definition: § 342), die nur auf **Antrag** eingeleitet werden. Damit sind Anträge gemeint, die Verfahrensvoraussetzung sind, nicht Anregungen zum Tätigwerden von Amts wegen, die oft ebenfalls als „Antrag" bezeichnet werden. Zu den Nachlassverfahren von **Amts wegen** vgl. Rn 148. § 345 betrifft nicht die Teilungssachen nach §§ 363 ff. Übergangsrecht: Art. 111 FGG-RG. **1**

II. Regelungssystem

In den in § 345 genannten Fällen wurde folgende Systematik zugrunde gelegt: **(1)** zunächst wird eine bestimmte Person zwingend als Beteiligter (Muss-Beteiligter) genannt. **(2)** Sodann können nach dem Ermessen des Gerichts bestimmte Personen als Beteiligte hinzugezogen werden; der Kreis ist bei Abs. 3 nicht erweiterbar, bei Abs. 1, 2, 4 aber dadurch einigermaßen offen, dass alle unmittelbar Betroffenen („alle übrigen") als potentielle Beteiligte genannt sind. **(3)** Werden diese in Abs. 1 bis 4 genannten Personen (Kann-Beteiligte) nicht von Amts wegen hinzugezogen, dann können sie (ohne bestimmte Frist, auch noch im Beschwerdeverfahren[1]) einen Antrag (vgl. § 7 Abs. 3) auf Beteiligung am Verfahren stellen. Das setzt voraus, dass sie irgendwie vom Verfahren Kenntnis erlangt haben. **(4)** Wird ein solcher Antrag gestellt, muss der Antragsteller am Verfahren beteiligt werden, er rückt ohne besonderen Gerichtsbeschluss zum Muss-Beteiligten auf. Das Gericht hat zwar kein Ermessen, aber mittelbar schon, weil man die Frage der unmittelbaren Betroffenheit in Abs. 1, 2, 4 durchaus verschieden beantworten kann. Die Rechte, die in Beteiligter hat, ergeben sich aus verschiedenen Bestimmungen des FamFG; vgl. § 7 Rn 49. **2**

III. Verfahren auf Erteilung eines Erbscheins (Abs. 1)

1. Materielles Recht

Erbscheine jeder Art (Alleinerbschein, gemeinschaftlicher Erbschein, Teilerbschein usw.) werden nur auf Antrag erteilt (§§ 2353 ff. BGB). § 345 nennt die Beteiligten; § 352 regelt die Entscheidung. Für das von Amts wegen zu betreibende Erbscheinseinziehungsverfahren (§ 2361 BGB) gilt § 345 nicht (Rn 148). **3**

---

[1] MünchKommZPO/J. Mayer § 345 FamFG Rn 7.

2. Antragsteller als Beteiligter

4 Der Antragsteller des Alleinerbscheins ist (zumindest formell) Beteiligter (Abs. 1 S. 1); das ist selbstverständlich und wiederholt nur § 7 Abs. 1. Wird ein gemeinschaftlicher Erbschein (§ 2357 Abs. 1 S. 2 BGB) nur von einem Teil der Miterben beantragt, sind nur sie Muss-Beteiligte im Sinn von Abs. 1 S. 1; wird der Erbschein von allen Miterben beantragt, sind alle Muss-Beteiligte. Beantragt ein Dritter, z.B. ein Testamentsvollstrecker, einen Erbschein, ist er Beteiligter im Sinne von S. 1. Ob der Antragsteller antragsberechtigt war, spielt für die Frage des Beteiligtseins keine Rolle. Deshalb wäre auch ein Nachlasspfleger (§ 1960 BGB), der für einen von ihm ermittelten Erben einen Erbschein beantragt, ohne von ihm besonders hierzu bevollmächtigt zu sein, Beteiligter, obwohl er kein eigenes Antragsrecht hat und sein Wirkungskreis den Erbscheinsantrag nicht umfasst und nicht umfassen kann, der Antrag also zurückzuweisen ist.

3. Weitere potenziell Beteiligte

5 Die Gesetzesbegründung[2] spricht hier von „Optionsbeteiligten". Das Nachlassgericht **kann,** wenn ein Erbscheinsantrag gestellt wurde, die in Abs. 1 S. 2 genannten Personen hinzuziehen; diese Regelung knüpft an § 7 Abs. 3 an. Diese Personen sind in der Regel materiell Beteiligte; das ist jeder, der von zu treffenden Entscheidung in seinem möglichen Erbrecht unmittelbar rechtlich betroffen werden kann.[3] Durch die gerichtliche Beiziehung werden sie zugleich zu formell Beteiligten.

a) Zuziehung weiterer Beteiligter von Amts wegen

6 *aa) Verfahren.* Entschließt sich das Gericht, diese in Nr. 1 bis Nr. 5 privilegierten Personen zu „Beteiligten" zu machen, dann erfolgt dies formlos; es ergeht also **kein besonderer Beschluss** („X wird als Beteiligter hinzugezogen"), obgleich ein solcher Beschluss nicht untersagt ist (nur bei Ablehnung eines Beiziehungsantrags ist ein Beschluss vorgeschrieben, § 7 Abs. 5). Dass das Gericht jemand als Beteiligten hinzugezogen hat, wird für diese Person deshalb nur mittelbar dadurch erkennbar, dass sie vom Verfahren verständigt wird.[4] In der Nachlassakte wird man die Beteiligten vermerken müssen, schon wegen § 38 Abs. 2 Nr. 2 (Nennung der Beteiligten im Beschluss – Rubrum). Das Nachlassgericht soll den Beteiligten eine Abschrift des verfahrenseinleitenden Antrags, d.h. des Erbscheinsantrags, übermitteln (§ 23 Abs. 2); auf Verlangen eines Beteiligten muss dies geschehen (§ 13 Abs. 1, 3). Die Frage ist, wie der nichtjuristische Empfänger eines gerichtlichen Schreibens erkennen soll, dass er zum Beteiligten aufrückte. Denn im Verfahren gibt es außer Beteiligten auch **Zeugen, Auskunftspersonen,** Sachverständige etc., die Schriftsätze oder Anfragen erhalten. Beispielsweise kann das Gericht bei testamentarischer Erbfolge durch Freibeweis von einem gesetzlichen Erben eine schriftliche Zeugenaussage erholen (§ 29) oder vom Vermessungsamt zwecks Testamentsauslegung eine Auskunft über Grundstücksgrößen; das macht weder den gesetzlichen Erben noch das Amt zum Beteiligten (vgl. § 7 Abs. 6). Wird einer im Testament genannten Person z.B. das Testament zur Stellungnahme zugeleitet, dann kann sie, wenn sie nur Vermächtnisnehmer ist, gar nicht (auch nicht über Abs. 1 Nr. 5) zur Beteiligten aufrücken, sie kann allenfalls Zeuge sein. Das hat Auswirkungen wegen der Erstattung außergerichtlicher Kosten, als Erstattungsberechtigter oder Erstattungsverpflichteter (vgl. § 81). Werden Personen, die (da nicht in Nr. 1 bis Nr. 5 aufgeführt) nicht beteiligt werden können, gleichwohl vom Gericht beteiligt, stellt sich die Frage der Staatshaftung wegen ihrer außergerichtlichen Kosten.

7 *bb) Ermessen.* Das Nachlassgericht ist nicht verpflichtet, die in S. 2 genannten Personen als Beteiligte hinzuziehen (anders nach § 7 Abs. 2, wonach bestimmte Personen hinzuziehen sind, also keine Ermessen besteht); für diese Einschränkung hat sich der Gesetzgeber auf „Gründe der Verfahrensökonomie" berufen.[5] Das Nachlassgericht hat ein Ermessen, das

---

[2] BT-Drs. 16/9733 S. 373.
[3] Zimmermann 15. A. § 6 FGG Rn 18; MünchKommBGB/J. Mayer § 2360 Rn 6.
[4] BT-Drs. 16/6308 S. 179.
[5] BT-Drs. 16/6308 S. 278.

pflichtgemäß auszuüben ist. Als Kriterium gibt die Gesetzesbegründung[6] an: „Die Hinzuziehung dieser Personen kann wegen der im öffentlichen Interesse bestehenden Richtigkeitsgewähr des Erbscheins und aus Gründen der Rechtsfürsorge sowie zum Zweck der Sachverhaltsermittlung im Einzelfall geboten sein." In einfachen Erbscheinsverfahren, etwa wenn ein eindeutiges notarielles Testament vorliegt und kein Anhaltspunkt für Testierunfähigkeit vorliegt, ist also außer dem Antragsteller niemand zwingend zu beteiligen. Im Lauf des Verfahrens kann sich ergeben, dass die Beiziehung unzweckmäßig war, z. B. weil der Beteiligte bittet, ihm nichts mehr zuzuleiten; dann kann die **Beteiligung aufgehoben** werden, wofür aber zwecks Klarstellung ein Beschluss erforderlich ist. Ebenso ist eine Aufhebung notwendig, wenn sich gezeigt hat, dass die Hinzuziehung unzulässig war, weil die Voraussetzungen von Abs. 1 Nr. 1 bis Nr. 5 in Wirklichkeit nicht vorlagen. Ein solcher Aufhebungsbeschluss ist entsprechend § 7 Abs. 5 S. 2 anfechtbar. Eine erfolgte **Beiziehung wirkt für alle Instanzen.**

Zeitpunkt. Die Beteiligung hat so früh als möglich zu erfolgen, jedenfalls noch vor der Entscheidung. Sie kann auch noch erstmals in der **Beschwerdeinstanz** erfolgen. Steht die Ablehnung des Erbscheinsantrags bevor, erübrigt sich eine Beteiligung dieser Personen. Wird die Hinzuziehung als Beteiligte vom Gericht unterlassen, ist dies nicht gesondert anfechtbar, weil diese Personen einen Beiziehungsantrag stellen können.

cc) Verhältnis zum Amtsermittlungsgrundsatz. Nach § 2358 Abs. 1 BGB hat das Nachlassgericht unter Benutzung der vom Antragsteller angegebenen Beweismittel von Amts wegen die zur Feststellung erforderlichen Ermittlungen zu veranstalten und die geeignet erscheinenden Beweise aufzunehmen; ähnlich lautet § 26. Der Amtsermittlungsgrundsatz wird durch § 345 nicht berührt; sollen in § 345 Abs. 1 S. 2 genannte Personen nur als Zeugen vernommen werden, muss vom Nachlassgericht aber (z. B. in der Ladung) klargestellt werde, dass sie diese Stellung und nicht die Stellung eines Beteiligten haben. Wenn der zum Erbscheinsantrag des Testamentserben als Zeuge geladene gesetzliche Erbe während der Zeugenvernehmung aber seine Beiziehung beantragt (Abs. 1 S. 3), dann ist er nicht mehr als Zeuge, sondern als Beteiligter zu vernehmen.

dd) Verhältnis zu Art. 103 Abs. 1 GG. Dieses grundrechtsgleiche Recht und objektivrechtliche Verfassungsprinzip gilt auch im Verfahren der freiwilligen Gerichtsbarkeit.[7] Danach ist im Verfahren vor dem Richter rechtliches Gehör zu gewähren. Im Verfahren vor dem Rechtspfleger will das BVerfG[8] wegen der fehlenden richterlichen Unabhängigkeit eine Anhörungspflicht nicht aus Art 103 GG, sondern aus dem Grundsatz des fairen Verfahrens (Art. 20 Abs. 3, 2 Abs. 1 GG) herleiten. Das rechtliche Gehör ist allen formell oder materiell Beteiligten zu gewähren. Der Verfahrensbeteiligte hat demnach ein Recht auf Kenntnisnahme über die Tatsachen, die während des Verfahrens zutage treten und die das Gericht seiner Entscheidung zugrunde legen will,[9] etwa durch Akteneinsicht (§ 13 Abs. 1); er muss Gelegenheit haben, dazu Stellung zu nehmen und das Gericht muss eventuelle Ausführungen zur Kenntnis nehmen und in Erwägung ziehen.[10]

Dieses Verfassungsprinzip steht über § 345. Soweit es dort aus verfahrensökonomischen Gründen (Einsparung von Zeit, Kopierkosten, Portokosten etc.) für zulässig angesehen wird, die nur materiell Beteiligten nicht zum Verfahren hinzuziehen, sondern abzuwarten, ob sie einen Antrag stellen, ist das nur haltbar, wenn diese Beteiligten in laienhaft verständlicher Form auf ihr Antragsrecht und die Folgen hingewiesen werden (§ 7 Abs. 4 S. 2); stellen sie dann keinen Antrag, verzichten sie stillschweigend auf das Recht auf Gehör, was zulässig ist.[11] Der Verzicht ist nicht endgültig, der Beiziehungsantrag kann auch später gestellt werden, sogar noch in den höheren Instanzen.

---

[6] BT-Drs. 16/6308 S. 278.
[7] BVerfG NJW 1995, 2095; NJW 1994, 1053; NJW 1965, 1267 (zum Sorgerecht).
[8] BVerfG NJW 2000, 1709 (Genehmigung des Nachlassgerichts); kritisch dazu mit Recht die h. M., z. B. MünchKommBGB/Mayer § 2360 Rn 5 mit Nachweisen.
[9] BVerfGE 67, 154; 55, 95; BayObLG FamRZ 1994, 1602.
[10] BVerfG NJW 1991, 1283.
[11] BVerfG NJW 1990, 107; NJW 1987, 1191; Schmidt 15. A. § 12 FGG Rn 163.

12 **b) Zuziehung weiterer Beteiligter auf Antrag.** Der Antragsteller kann nicht förmlich beantragen, dass andere Personen als Beteiligte hinzugezogen werden; er kann das natürlich anregen, etwa dadurch, dass er in seinem Erbscheinsantrag die seines Erachtens weiteren Beteiligten angibt. Die in S. 2 genannten Personen (die in der Regel materiell Beteiligte sind) können dagegen beantragen, dass sie als Beteiligte zum Verfahren hinzugezogen werden. Das setzt voraus, dass sie vom Verfahren auf irgendeine Weise Kenntnis erlangt haben.

13 **Vorherige Information des Kann-Beteiligten.** Dazu sagt § 7 Abs. 4, die Kann-Beteiligten seien vom Gericht von der Einleitung des Verfahrens zu verständigen und über ihr Antragsrecht zu belehren. In der Regel ist hier notwendig, dass der Erbscheinsantrag in Kopie zugeleitet wird[12] und, je nach Einzelfall, auch eine Kopie des Testaments. Denn andernfalls kann der Benachrichtigte nicht entscheiden, ob er einen Beteiligungsantrag stellen soll oder nicht, es fehlt ihm die Entscheidungsgrundlage. In der Regel stellt sich dem Empfänger auch die Frage, welche Nachteile er durch eine Nichtbeteiligung hat und ob er durch einen Beteiligungsantrag ein Kostenrisiko eingeht (dazu § 81). Zur Ermittlungspflicht vgl. Rn 17.

14 Der **Beiziehungsantrag** leitet zwar kein Verfahren ein (das Verfahren wurde bereits durch den Erbscheinsantrag eingeleitet), so dass § 23 nicht unmittelbar dafür gilt. Gleichwohl muss der Antragsteller einen Sachverhalt vortragen (und gegebenenfalls dafür Beweise anbieten), der dem Nachlassgericht die Prüfung ermöglicht, ob der Antragsteller unter den Personenkreis nach § 345 Abs. 1 S. 2 fällt. Der Antragsteller muss **beteiligtenfähig** und **verfahrensfähig** sein (§§ 8, 9). Eine **Frist** für den Antrag gibt es nicht; der Beiziehungsantrag kann noch im Beschwerdeverfahren gestellt werden. Eine **Verwirkung** des Antragsrechts ist nicht möglich. Der Antrag kann jederzeit zurück genommen werden.

15 Dem Beiziehungsantrag muss entsprochen werden; mit Zuziehung werden die Antragsteller auch formell Beteiligte. Ein **gesonderter Beschluss** darüber muss nicht ergehen; er ist aber zulässig und oft zweckmäßig. **Folge** der eingetretenen Beteiligten-Stellung ist u. a., dass der Beteiligte zu weiteren Terminen (z. B. zur Vernehmung von Zeugen, Sachverständigen) zu laden ist, dass bestimmten weiteren Anträgen des Beteiligten entsprochen werden muss, z. B. auf Akteneinsicht (§ 13). Auch ohne weiteren Antrag des Beteiligten ist ihm jedenfalls die Entscheidung über den Erbscheinsantrag von Amts wegen mitzuteilen.

16 Läuft das Verfahren bereits einige Zeit und wird erst dann ein neuer Beteiligter hinzugezogen, stellt sich Frage, ob **Verfahrenshandlungen wiederholt** werden müssen; in Frage kommt eine Wiederholung der Vernehmung eines Zeugen bzw. eines Sachverständigen, damit der neue Beteiligte Fragen stellen kann. Es stellen sich ähnliche Fragen wie bei Parteiwechsel im Zivilprozess.

17 **c) Beteiligtenermittlungspflicht des Nachlassgerichts.** Nach § 7 Abs. 4 sind die Kann-Beteiligten von der Einleitung des Verfahrens zu verständigen; § 7 Abs. 4 S. 1 enthält aber die Einschränkung, „soweit sie dem Gericht benannt sind". Daraus könnte man entnehmen, dass das Nachlassgericht hier nichts ermitteln müsse, sich darauf verlassen dürfe, was zufällig eingeht. Ein solches Verfahren würde Art. 103 Abs. 1 GG (rechtliches Gehör) verletzen (Rn 10); schon bei § 2360 Abs. 3 BGB war (allerdings vorkonstitutionell) versucht worden, ein Schnellverfahren durchzusetzen. Es genügt auch nicht, dem Antragsteller aufzugeben, die anderen Beteiligten anzugeben (§ 27), weil seine Interessenlage dagegen steht. Das Gericht muss deshalb die **anderen Beteiligten von Amts wegen ermitteln** (§ 26);[13] das endet dort, wo zumutbare Anstrengungen erfolglos waren, etwa der Aufenthalt nicht ermittelbar war.[14] Eine Anfrage beim Melderegister genügt deshalb nicht.[15] Geringere Ermittlungsanforderungen wird man bei einem notariellen Testament stellen müssen,[16]

---

[12] Bumiller/Harders § 345 Rn 11.
[13] OLG Köln ZEV 2010, 89; BayObLG FamRZ 1999, 1472 (Nichtermittlung der Neffen und Nichten); BayObLZ DNotZ 1994, 178.
[14] KG NJW-RR 2005, 1677; Bumiller/Harders § 345 Rn 10.
[15] BayObLG FamRZ 1999, 1472 (privatschriftliches Testament).
[16] Vgl. Bumiller/Harders § 345 Rn 10.

wenn keine ernsthaften Zweifel an der Wirksamkeit des Testaments bestehen und das Erbscheinsverfahren andernfalls unzumutbar und unverhältnismäßig verzögert würde (vgl. Rn 147).

d) Rechtsmittel. Wird dem Beiziehungsantrag entsprochen, kann kein anderer Beteiligter dagegen Beschwerde einlegen, weil noch keine Endentscheidung vorliegt (§ 58). Wird der Beiziehungsantrag (Rn 14) abgelehnt, obwohl er von einer nach Abs. 1 S. 2 Nr. 1 bis Nr. 5 berechtigten Person gestellt wurde, ist eine Entscheidung durch **Beschluss** erforderlich (§ 7 Abs. 5 S. 1); Beschlussinhalt: § 38 Abs. 2; eine Begründung ist erforderlich, § 38 Abs. 3 (mit Ausnahmen in § 38 Abs. 4). Der Beschluss ist mit sofortiger Beschwerde in entsprechender Anwendung der §§ 567 bis 572 ZPO anfechtbar (§ 7 Abs. 5 S. 2; Frist: zwei Wochen, § 569 ZPO), also nicht nach §§ 58 ff. Erfolgt auf den Beiziehungsantrag überhaupt keine Reaktion des Nachlassgerichts, wird man das nach Ablauf einer angemessenen Zeitspanne und erfolgloser Nachfrage als stillschweigende Ablehnung auffassen müssen, so dass auch hier die sofortige Beschwerde (Untätigkeitsbeschwerde) statthaft ist. 18

e) Als weitere Beteiligte in Frage kommende Personen

aa) Gesetzliche Erben (Abs. 1 Nr. 1); vgl. dazu §§ 1924 ff. BGB. Ist der Antragsteller, im Testament als Alleinerbe eingesetzt, zugleich gesetzlicher Alleinerbe, ist Nr. 1 gegenstandslos. Liegt kein Testament vor sind ohnehin die gesetzlichen Erben (oder ein Teil davon) ggf. Antragsteller. Beantragt ein Miterbe nur einen **Teilerbschein**, sind die Erben der anderen Teile insoweit keine gesetzlichen Erben.[17] Liegt Erbfolge aufgrund letztwilliger Verfügung vor und sind die gesetzlichen Erben unbekannt, kann für sie kein Nachlasspfleger als gesetzlicher Vertreter bestellt werden, wenn kein Fürsorgebedürfnis besteht (§ 1960 BGB).[18] Gesetzliche Erben, die die Erbschaft aus jedem Berufungsgrund ausgeschlagen haben, fallen nicht unter Nr. 1.[19] Ob Pflichtteilsberechtigte unter Nr. 1 fallen[20] oder unter Nr. 5 oder weder/noch, ist streitig; überwiegend wird Nr. 1 bejaht. 19

bb) Gewillkürte Erben (Abs. 1 Nr. 2). Diejenigen, die nach dem Inhalt einer vorliegenden Verfügung von Todes wegen (oder der behaupteten Existenz eines solchen Testament, das inzwischen verloren gegangen sei[21]) als Erben in Betracht kommen. So ist es, wenn der Erblasser in mehreren Testamenten verschiedene Personen als Erben eingesetzt hat; jeder potenziell Antragsberechtigte kommt als weiterer Beteiligter in Frage.[22] Im Gesetz steht: „in Betracht kommen". Deshalb sind von Nr. 2 auch Personen erfasst, die nur mittels Auslegung oder nur in einer aufgehobenen Verfügung Erben sein könnten; nicht aber Ersatzerben, solange der Ersatzfall nicht eingetreten ist.[23] 20

cc) Gegner des Antragstellers (Abs. 1 Nr. 3). Diese kommen in Betracht, wenn ein Rechtsstreit über das Erbrecht (das Gegenstand des beantragten Erbscheins ist) anhängig ist (Nr. 3). Hier ist nicht der „Gegner" des Erbscheinsverfahrens gemeint, sondern der Gegner einer Rechtsstreitigkeit im Sinne von § 2354 Abs. 1 Nr. 5 BGB. So etwa, wenn jemand vor dem Prozessgericht gegen den Erbscheinsantragsteller auf Feststellung seiner Erbenstellung klagt (§ 256 ZPO),[24] eine Anfechtungsklage wegen Erbunwürdigkeit anhängig ist (§ 2342 BGB);[25] die Geltendmachung des Erbschaftsanspruchs erfolgte (§ 2018 BGB).[26] Betroffen sind auch Verfahren vor ausländischen Gerichten. Die Regelung lehnt sich an den früheren § 2360 Abs. 1 BGB an. 21

---

[17] MünchKommZPO/J. Mayer § 345 FamFG Rn 9; a. A. Prütting/Helms/Fröhler § 345 Rn 22.
[18] Vgl BayObLG Rpfleger 2004, 218.
[19] Bamberger/Roth/Seidl § 2369 Rn 4.
[20] So MünchKommZPO/J. Mayer § 345 FamFG Rn 9; Bumiller/Harders § 345 Rn 6; wohl auch Prütting/Helms/Fröhler § 345 Rn 19.
[21] A. A. Prütting/Helms/Fröhler § 345 Rn 28, da „vorliegend" im Gesetz stehe.
[22] MünchKommZPO/Mayer § 345 FamFG Rn 9.
[23] Prütting/Helms/Fröhler § 345 Rn 24, 25, 27.
[24] MünchKommBGB/Mayer § 2360 Rn 26 mit Nachw.
[25] Staudinger/Schilken § 2360 Rn 4.
[26] Prütting/Helms/Fröhler § 345 Rn 30.

22 dd) *Bedingte Erben (Abs. 1 Nr. 4).* Diejenigen, die im Falle der Unwirksamkeit der Verfügung von Todes wegen Erbe sein würden. Dies sind die Nächstberufenen, also beim Vorhandensein weiterer Testamente die dort Begünstigten, hilfsweise die gesetzlichen Erben.

23 ee) *Sonstige unmittelbar Betroffene (Abs. 1 Nr. 5).* Alle Übrigen, deren Recht am Nachlass durch das Verfahren **unmittelbar betroffen** wird. Die doppelte Einschränkung bereitet Abgrenzungsprobleme. Unklar ist schon, wer ein „Recht" am Nachlass hat. Rechtliche oder wirtschaftliche Interessen werden nicht genügen. Verlangt wird eine „unmittelbare" Betroffenheit, so dass eine mittelbare Auswirkung nicht ausreicht.

24 **Zu bejahen** ist ein Recht und die Betroffenheit beim Erbeserben; beim Nacherben, weil der Erbschein ggf. einen Nacherbenvermerk enthalten muss (aber nicht beim Ersatznacherben[27]); beim verfügungsberechtigten Testamentsvollstrecker (vgl. § 2364 BGB), Nachlassinsolvenzverwalter, Nachlassverwalter, Gläubiger mit Titel (§§ 792, 896 ZPO).

25 **Zu verneinen** ist eine Betroffenheit bei Nachlassgläubigern, wenn sie keinen Titel nach §§ 792, 896 ZPO haben; beim Vermächtnisnehmer (weil die Unmittelbarkeit fehlt und auch der Gerichtsstand nicht von der Person des Erben abhängt, § 27 ZPO); Pflichtteilsberechtigte;[28] Nachlasspfleger (§ 1960 BGB), jedenfalls bezüglich der Erben, deren gesetzliche Vertreter er ist (vgl. aber Nr. 1); Erbteilserwerber.[29] Beim Vermächtnisnehmer ist die Abgrenzung vom Miterben besonders kritisch; kommt er als Miterbe in Betracht, ist er ein Kann-Beteiligter.

26 **f) Kosten.** Gebühr für den Erbschein: §§ 107, 49 KostO. Der Antragsteller eines Erbscheins hat die gerichtlichen Gebühren und Auslagen zu zahlen, § 2 Nr. 1 KostO. Der sonstige Beteiligte (sei er von Amts wegen oder auf eigenen Antrag hinzugezogen worden), schuldet gegenüber der Gerichtskasse Gebühren und Auslagen allenfalls, wenn er Anträge gestellt hat (§ 2 Nr. 1 KostO). Jedoch kann das Gericht bei der Entscheidung die Kosten des Verfahrens (Gerichtskosten, Anwaltskosten, Eigenkosten des Beteiligten) nach billigem Ermessen den Beteiligten ganz oder zum Teil auferlegen (§ 81). Beantragt jemand einen Erbschein aufgrund Testaments und beantragt ein gesetzlicher Erbe seine Beiziehung als Beteiligter, um hierauf (erfolglos) die Echtheit des Testaments anzugreifen, ist deshalb möglich, dass z. B. die Kosten des Schriftgutachtens diesem Beteiligten auferlegt werden.

IV. Sonstige Zeugnisse des Nachlassgerichts (Abs. 2)

27 Für die vom Nachlassgericht zu erteilenden Zeugnisse nach § 1507 BGB, §§ 36 und 37 der GBO sowie §§ 42 und 74 der SchiffsRegO gilt bezüglich der Beteiligten dasselbe wie für den Erbschein; vgl. ferner § 354. Die früheren Regelungen (§ 16 Reichsschuldbuchgesetz; entsprechende Landesgesetze) über vom Nachlassgericht zu erteilende Bescheinigungen zum Nachweis der Berechtigung aus bestimmten Forderungen gegen den Staat sind spätestens seit 1. 1. 2009 ersatzlos aufgehoben.[30]

V. Ernennung eines Testamentsvollstreckers (Abs. 3)

1. Materielles Recht

28 Ein Erblasser kann im Testament (bzw. Erbvertrag) Testamentsvollstreckung anordnen (§§ 2197 ff. BGB). In der Regel ernennt er zugleich eine (oder mehrere) bestimmte Person zum Testamentsvollstrecker (§ 2197 BGB); er kann auch die Ernennung einem Dritten überlassen (§§ 2198, 2199 BGB). In **seltenen Fällen** ersucht der Erblasser das Nachlassgericht ausdrücklich oder stillschweigend, einen Testamentsvollstrecker auszuwählen (§ 2200 BGB); um die Anordnung der Testamentsvollstreckung kann er aber das Nachlassgericht nicht ersuchen. Ausländer, die nach ihrem Heimatrecht beerbt werden (Art. 25 EGBGB), können nur dann das deutsche Nachlassgericht im Sinne von § 2200 BGB

---

[27] MünchKommBGB/Mayer § 2363 Rn 13; a. A. Prütting/Helms/Fröhler § 345 Rn 36.
[28] Prütting/Helms/Fröhler § 345 Rn 38. Nach h. M. (Rn 19) fallen sie aber unter Nr. 1.
[29] A. A. Prütting/Helms/Fröhler § 345 Rn 20.
[30] Nachweise bei Prütting/Helms/Fröhler § 345 Rn 42.

wirksam ersuchen, wenn ihr Heimatrecht etwas derartiges kennt.[31] Zur Entlassung vgl. § 2227 BGB und § 345 Abs. 4 Nr. 2.

2. Ernennungsersuchen des Erblassers

Nur der Erblasser kann in der letztwilligen Verfügung das Ernennungsersuchen stellen, nicht später die Erben, Nachlassgläubiger, Behörden etc.[32] Das Ersuchen kann ausdrücklich erfolgen oder stillschweigend.[33] Ein **stillschweigendes Ersuchen** ergibt sich durch (ergänzende) Auslegung der letztwilligen Verfügung.[34] Ausreichend ist, dass der Erblasser (wenn er den später eingetretenen Fall bedacht hätte) mutmaßlich eine Ernennung durch das Nachlassgericht gewünscht hätte.[35] Es ist nicht erforderlich, dass der Erblasser wusste, dass das Nachlassgericht hierfür zuständig ist. Ein entsprechender Wille des Erblassers muss aber irgendwie, und sei es auch nur unvollkommen oder versteckt, im Testament zum Ausdruck gekommen sein.[36] Das ist z. B. der Fall, wenn der Erblasser lediglich Testamentsvollstreckung angeordnet hat, aber sich zur Person des Testamentsvollstreckers nicht geäußert hat; wenn erkennbar Dauervollstreckung gewollt ist und der ernannte Testamentsvollstrecker durch Entlassung gem. § 2227 BGB weggefallen ist;[37] oder gekündigt hat (§ 2226 BGB); oder wenn ein „Verwalter" eingesetzt wird, damit ein Grundstück für wohltätige Zwecke verwendet wird und dieser das Amt ablehnt.[38] Ausreichend ist auch, wenn der Erblasser das Nachlassgericht, die Stadtverwaltung, die Regierung oder sonst eine Stelle gebeten hat, die Erfüllung der Grabpflegeauflage zu überwachen oder dass die vom Erblasser geäußerten Wünsche so sind, dass sie vernünftigerweise die Bestellung eines Testamentsvollstreckers erforderlich machen. Hat der Erblasser in der formgerechten letztwilligen Verfügung Testamentsvollstreckung angeordnet und in einer maschinenschriftlichen Verfügung den Testamentsvollstrecker namentlich bestimmt, kann (da dies formunwirksam ist) hierin ein stillschweigendes Ersuchen um Ernennung dieser Person gesehen werden.[39] Hat der Erblasser einen Testamentsvollstrecker ernannt und lehnt dieser das Amt ab oder endet das Amt vorzeitig auf andere Weise (Kündigung, Entlassung, Tod usw.) oder wird eine nicht ernennbare Person ernannt, kommt es auf die Auslegung des Testaments an, ob anzunehmen ist, dass er (wenn er die Entwicklung vorausgesehen hätte) gewollt hätte, dass das Gericht einen neuen Testamentsvollstrecker bestellt;[40] wesentlich ist, ob die Person des Ernannten im Vordergrund steht oder die Durchführung der Testamentsvollstreckung, insbesondere welche Gründe den Erblasser zu seiner Anordnung bewogen haben;[41] dazu muss der Sachverhalt sorgfältig ermittelt werden. Beurkundet der Notar selbst seine Bestellung zum Testamentsvollstrecker, was unzulässig ist (§ 7 BeurkG), kann darin kein Ersuchen an das Nachlassgericht gesehen werden, diesen Notar zum Testamentsvollstrecker zu ernennen.[42]

3. Beteiligte

a) Testamentsvollstrecker. Im Verfahren der Ernennung eines Testamentsvollstreckers nach § 2200 BGB ist Beteiligter der vom Nachlassgericht in Aussicht genommene Testa-

---

[31] OLG Neustadt JZ 1951, 644 (Niederlande).
[32] Deshalb liegt kein „echtes" Antragsverfahren vor, vgl MünchKommZPO/J. Mayer § 345 FamFG Rn 11.
[33] BayObLG NJW-RR 2003, 224; ZEV 2001, 284; OLG Hamm ZEV 2001, 271; OLG Zweibrücken FamRZ 2006, 891.
[34] BayObLG FamRZ 1997, 1569; OLG Hamm OLGZ 1976, 20; DNotZ 1965, 487.
[35] BayObLG FamRZ 1997, 1569; OLG Hamm DNotZ 1965, 487; OLG Zweibrücken FamRZ 2006, 891.
[36] BayObLG FamRZ 1987, 98.
[37] OLG Düsseldorf FamRZ 1998, 863.
[38] BayObLG FamRZ 1997, 1569.
[39] Vgl den Fall OLG Düsseldorf ZEV 1998, 325.
[40] BayObLG FamRZ 1997, 1569 und 1997, 98; BayObLG FamRZ 1988, 325; bei Dauervollstreckung bejaht vom OLG Düsseldorf FamRZ 1998, 863; bei unzulässiger Benennung einer bestimmten Person bejaht von OLG Zweibrücken FamRZ 2000, 323. Einschränkend LG Bonn ZEV 2000, 103.
[41] BayObLG NJW-RR 2003, 224; ZEV 2001, 284; OLG Zweibrücken ZEV 2007, 31; Horn ZEV 2007, 521.
[42] Lange JuS 1970, 101/102; a. A. LG Göttingen DNotZ 1952, 445.

mentsvollstrecker (Abs. 3 S. 1); das ist selbstverständlich. Das bedeutet, dass diese Person vorher gefragt werden muss, ob sie das Amt annehmen würde. Dabei ist ihr mitzuteilen, welche Aufgaben der Erblasser dem Testamentsvollstrecker zugedacht hat; denn andernfalls ist die Prozedur sinnlos, weil der Ernannte das Amt ablehnen kann. Eine **Vergütung** in bestimmter Höhe kann ihm vom Nachlassgericht nicht zugesagt werden (§ 2221 BGB); ist im Testament keine Bestimmung über die Höhe der Vergütung, ist der Testamentsvollstrecker darauf angewiesen, eine Einigung mit den Erben zu versuchen oder vor dem Prozessgericht wegen der Vergütung gegen die Erben zu klagen. Die Höhe der angemessenen Vergütung ist sehr umstritten.[43]

31 **b) Zuziehung weiterer Beteiligter von Amts wegen.** Das Nachlassgericht **kann**, wenn ein Ernennungsersuchen des Erblassers vorliegt, die in Abs. 3 S. 2 genannten Personen hinzuziehen; diese Regelung knüpft an § 7 Abs. 2 Nr. 2 an. Sonstige unmittelbar Betroffene im Sinn von § 7 Abs. 2 Nr. 1 sind kaum erkennbar. In Frage kommen:
- die Erben (Alleinerbe; Miterbe), Abs. 3 S. 2 Nr. 1; sinngemäß können das nur die Erben sein, die mit Testamentsvollstreckung belastet sind;[44] wenn also bei drei Erben nur für den Erbteil des A Testamentsvollstreckung angeordnet ist, sind die anderen Miterben nicht Beteiligte.
- die Mitvollstrecker (§ 2197 Abs. 1 BGB), falls vorhanden; Abs. 3 S. 2 Nr. 2.
- Eine Ausweitung auf „alle übrigen" Betroffenen, wie bei Abs. 1, 2, 4, fehlt bei Abs. 2.

32 Das Nachlassgericht hat ein **Ermessen**. Erfolgt die Beiziehung, muss darüber kein besonderer Beschluss ergehen (Umkehrschluss aus § 7 Abs. 5 S. 1). Durch die gerichtliche Beiziehung werden diese Kann-Beteiligten zu formell Beteiligten. Verfahrenseinleitender Antrag ist das Ersuchen des Erblassers in der letztwilligen Verfügung; das Nachlassgericht soll den Beteiligten eine Abschrift des verfahrenseinleitenden Antrags übermitteln (§ 23 Abs. 2); auf Verlangen eines Beteiligten muss dies geschehen (§ 13). Zum Verhältnis zu Art 103 Abs. 1 GG vgl. oben Rn 10. Es sind kaum Fälle denkbar, in denen es nicht ermessensfehlerhaft wäre, wenn der belastete Erbe bzw. ein vorhandener Mitvollstrecker nicht hinzugezogen würde. Dies gilt erst recht, wenn das Gericht ein konkludentes Ernennungsersuchen annehmen will; auch zur Person des in Aussicht genommenen Vollstreckers ist rechtliches Gehör zu gewähren, obwohl es auf die Zustimmung der belasteten Erben hierbei nicht ankommt.

33 **c) Zuziehung weiterer Beteiligter auf Antrag.** Der in Aussicht genommene Testamentsvollstrecker kann nicht beantragen, dass andere Personen als Beteiligte hinzugezogen werden. Nur die in S. 2 genannten Personen (nicht aber z. B. Vermächtnisnehmer, Gläubiger) können beantragen, dass sie selbst als Beteiligte zum Verfahren hinzugezogen werden. Sie sind zuvor in verständlicher Form auf ihr Antragsrecht hinzuweisen (§ 7 Abs. 4 S. 2); Voraussetzung ist, dass die Beteiligten dem Gericht bekannt sind (sie müssen u. U. ermittelt werden, Rn 17). Dem Beiziehungsantrag **muss entsprochen werden;** mit Zuziehung werden die Antragsteller formell Beteiligte. Diese Stellung kann ihnen das Gericht nicht mehr entziehen, indem es sein Ermessen anders ausübt. Ein gesonderter Beschluss des Inhalts, dass dem Antrag entsprochen wurde, kann, muss aber nicht ergehen.

34 Der Antrag des Kann-Beteiligten muss lediglich (durch Auslegung) erkennen lassen, dass der Antragsteller irgendwie am Verfahren mitwirken will. In der Regel werden sich die Beteiligten dazu äußern wollen, ob überhaupt ein Ernennungsersuchen vorliegt und wer ihres Erachtens zum Testamentsvollstrecker bestellt bzw. nicht bestellt werden soll. Eine Frist für den Antrag gibt es nicht; der Beiziehungsantrag kann noch im Beschwerdeverfahren gestellt werden. Eine Verwirkung des Antragsrechts ist nicht möglich. Der Antrag kann jederzeit zurück genommen werden.

35 Wird der Beiziehungsantrag abgelehnt, ist eine Entscheidung durch Beschluss erforderlich (§ 7 Abs. 5 S. 1); Beschlussinhalt: § 38 Abs. 2; eine Begründung ist erforderlich, § 38 Abs. 3 (mit Ausnahmen in § 38 Abs. 4). Der Beschluss ist mit sofortiger Beschwerde in

---

[43] Tiling ZEV 1998, 331; Reimann DNotZ 2001, 344; Reithmann ZEV 2001, 385; Zimmermann ZEV 2001, 334; Zimmermann, Testamentsvollstreckung, Rn 690 bis 760; Haas/Lieb ZErb 2002, 202.
[44] MünchKommZPO/J. Mayer § 345 FamFG Rn 11.

entsprechender Anwendung der §§ 567 bis 572 ZPO anfechtbar (§ 7 Abs. 5 S. 2), also mit Zweiwochenfrist (§ 569 ZPO), nicht mit Monatsfrist wie bei § 63.

4. Verfahren des Nachlassgerichts

Kommt eine Ernennung in Betracht, sollen die Beteiligten vom Gericht vorher angehört werden (§ 2200 Abs. 2 BGB), wenn es „ohne erhebliche Verzögerung und ohne unverhältnismäßige Kosten geschehen kann." Diese Einschränkung ist mit Art. 103 Abs. 1 GG nicht vereinbar (Rn 10). § 2200 Abs. 2 BGB wurde durch das FamFG nicht aufgehoben (im Gegensatz etwa zu § 2227 Abs. 2 BGB), wohl versehentlich. Als Beteiligte im Sinne von § 2200 Abs. 2 BGB sieht man (weiter bzw. enger als in § 345 Abs. 3) an: diejenigen Erben, die mit der Testamentsvollstreckung belastet würden; ferner Vorerben, Nacherben, Pflichtteilsberechtigte, alle Vermächtnisnehmer, Auflageberechtigte.[45] Bloße Nachlassgläubiger sind nicht anzuhören, weil sie nicht rechtlich beteiligt sind.[46] Den Angehörten ist der Name des in Aussicht genommenen Testamentsvollstreckers mitzuteilen, damit sie dazu Stellung nehmen können. Eine unterlassene Anhörung macht die Ernennung nicht unwirksam.

5. Entscheidung des Nachlassgerichts

Zuständig ist der Richter (§ 16 Abs. 1 Nr. 2 RPflG; in Baden-Württemberg der Notar; über weitere landesrechtliche Ausnahmen vgl. § 19 Abs. 1 Nr. 3 RPflG). Das Gericht muss einem Ersuchen des Erblassers nicht nachkommen; es entscheidet nach pflichtgemäßem **Ermessen,** ob es einen Testamentsvollstrecker ernennt (wobei die Lage des Nachlasses und die Interessen der Beteiligten zu berücksichtigen sind).[47] Dabei ist das Gericht an eine Einigung der Beteiligten nicht gebunden.[48]

a) Ablehnung der Ernennung. Sie erfolgt durch Beschluss (§ 38); Kostenentscheidung § 81. Eine Ablehnung der Ernennung wird in Frage kommen, wenn die Anordnung oder die Fortdauer der Testamentsvollstrecker unzweckmäßig wäre;[49] das ist z. B. der Fall, wenn keine Aufgaben mehr zu erfüllen sind; oder wenn der Nachlasswert so gering ist, dass der Testamentsvollstrecker keinesfalls bezahlt werden kann und die Erben für das Honorar nicht einstehen (die Staatskasse zahlt die Kosten des Testamentsvollstrecker in keinem Falle). Hat der Erblasser angeordnet, dass der Testamentsvollstrecker keine Vergütung bekommt und das Gericht um Ernennung eines Testamentsvollstreckers ersucht, wird aus denselben Gründen eine Bestellung ausscheiden.[50]

b) Ernennung. Sie erfolgt durch Beschluss (§ 38); Kostenentscheidung § 81. Der Beschluss wird dem Testamentsvollstrecker formlos mitgeteilt (§ 41 Abs. 1 S. 1), den anderen Beteiligten grundsätzlich ebenfalls mitgeteilt, aber ihnen zugestellt, falls er ihrem erklärten Willen nicht entspricht (§ 41 Abs. 1 S. 2). Eine stillschweigende Ernennung durch Erteilung eines Testamentsvollstrecker-Zeugnisses (ohne vorgängigen Beschluss) soll zulässig sein.[51] Die Ernennung ist **wirksam** mit Bekanntmachung des Beschlusses an den Testamentsvollstrecker (§ 40 Abs. 1), weil die Ernennung ihrem Inhalt nach in erster Linie für ihn bestimmt ist. Es wird behauptet,[52] gegenüber den anderen Beteiligten werde die Ernennung erst mit der formgerechten Zustellung (§ 41) wirksam; doch ist die Ernennung nicht für die Erben bestimmt; dies ergibt sich aus der Amtsstellung des Testamentsvollstreckers. Erfolgte eine Ernennung nach § 2200 BGB, ist das Prozessgericht bei der Prüfung der Prozessführungsbefugnis des Klägers an die Entscheidung des Nachlassgerichts gebunden.[53]

---

[45] OLG Hamm DNotZ 1965, 487; Soergel/Damrau § 2198 Rn 9.
[46] KG Rpfleger 1973, 359; a. A. Soergel/Damrau § 2200 Rn 7 wegen eines obiter dictums in BGH NJW 1961, 1864.
[47] BayObLG ZEV 2004, 287; OLG Hamm Rpfleger 1984, 316; DNotZ 1965, 487.
[48] OLG Hamm Rpfleger 1959, 53.
[49] BayObLGZ 1964, 153/157.
[50] Kurios LG Berlin DFG 1942, 113: es sollen nicht vergütungsberechtigte Personen auszuwählen sein.
[51] BayObLGZ 1985, 233/239.
[52] Palandt/Weidlich § 2200 Rn 6.
[53] BGH NJW 1964, 1316; BayObLG NJW-RR 1995, 711; OLG München NJW 2009, 1152; KG ZEV 2010, 40: anders in den Fällen der Ernennung durch einen Dritten nach § 2198 BGB.

40 Das Amt kann ab Wirksamwerden der Ernennung angenommen werden und **beginnt** erst mit der **Annahme** des Amtes (§ 2202 BGB), andererseits jedoch nicht erst mit der Rechtskraft des Ernennungsbeschlusses. Der ernannte Testamentsvollstrecker kann die Annahme des Amts ohne Angabe von Gründen ablehnen. Äußert sich der Ernannte trotz Anmahnung nicht, kann ihm das Nachlassgericht (Rechtspfleger) auf Antrag eines Beteiligten eine Frist zur Erklärung setzen (zuzustellen); das fruchtlose Verstreichen gilt als Ablehnung (§ 2202 Abs. 3 BGB). Folge ist, dass eine andere Person zu ernennen ist und das ganze Verfahren wieder von vorne beginnt.

41 **Aussetzung des Vollzugs.** Ein „Vorbescheid" des Inhalts, dass das Nachlassgericht beabsichtigt, eine bestimmte Person gem. § 2200 BGB zum Testamentsvollstrecker zu ernennen, ist nicht zulässig.[54] Auch eine Aussetzung des Vollzugs im Sinne von § 352 Abs. 2 ist nicht möglich.

42 c) **Auswahl des Testamentsvollstreckers.**[55] Entscheidend ist der mutmaßliche Wille des Erblassers. Auszuwählen ist eine fachlich geeignete Person,[56] z.B. ein Rechtsanwalt. Auch mehrere Personen (Mitvollstrecker) können ausgewählt werden. Wird schuldhaft eine ungeeignete Person ausgewählt (z.B. ein Vorbestrafter, der den Nachlass unterschlägt), kommt eine Haftung des Staates (§ 839 BGB; Art. 34 GG) für den Fehler in Betracht.[57] Deshalb ist die in Aussicht genommene Person vom Gericht zu überprüfen, z.B. durch Einholung von Auskünften aus dem Strafregister, Schuldnerverzeichnis. Der Erblasser kann bindende Vorgaben für die Auswahl machen, z.B. dass nur Verwandte bestellt werden dürfen oder die Mitglieder einer bestimmten Anwalts-Sozietät.[58]

43 d) **Ernennung ohne Ersuchen.** Eine Ernennung von Amts wegen ist nicht zulässig (vgl. aber Rn 29). Erfolgt eine Ernennung, obwohl ein Ersuchen des Erblassers in Wirklichkeit fehlte (z.B. infolge unrichtiger Testamentsauslegung durch das Nachlassgericht), geht die Ernennung ins Leere und ist gegenstandslos,[59] auch wenn der Ernennungsbeschluss rechtskräftig wurde. Hatte der Ernannte das Amt angenommen, war er ein „vermeintlicher Testamentsvollstrecker".[60] Der dadurch hervorgerufene Rechtsschein, also die Ernennung, kann durch einen Beschluss des Nachlassgerichts beseitigt werden; auf jeden Fall kann ein Beteiligter den ihm nachteiligen Rechtsschein durch Beschwerde beseitigen.[61]

6. Ernennung und Testamentsvollstreckerzeugnis

44 Der Ernennungsbeschluss hat nicht die rechtlichen Wirkungen eines Testamentsvollstreckerzeugnisses. Auf Antrag des Ernannten ist ihm daher ein Testamentsvollstreckerzeugnis (§ 2368 BGB) zu erteilen. Der Rechtsverkehr außerhalb des Grundbuchs begnügt sich allerdings oft mit dem Ernennungsbeschluss und verlangt kein Zeugnis.

7. Bindungswirkung

45 Hat *das Nachlassgericht* rechtskräftig einen Testamentsvollstrecker ernannt (Fall des § 2200 BGB), sind Prozessgericht, Grundbuchamt, Registergericht und Nachlassgericht im Erbscheinsverfahren daran gebunden.[62] Die gerichtliche Ernennung ersetzt aber nur die Ernennung durch den Erblasser, kann also keine stärkeren Wirkungen haben. Ob anderweitig nachprüfbar ist, ob überhaupt eine Testamentsvollstreckung im Testament angeordnet war, ist deshalb streitig;[63] haben die Erben den Ernennungsbeschluß rechtskräftig werden lassen

---

[54] BayObLG NJW-RR 1994, 590; dazu Anm. Graf ZEV 1994, 106; OLG Hamm FamRZ 2000, 487; WM 1993, 803; OLGZ 1984, 282.
[55] Zu den Auswahlproblemen vgl Zimmermann ZEV 2007, 313.
[56] OLG Hamm JMBl.NW 1962, 211.
[57] Soergel/Damrau § 2200 Rn 6.
[58] Bengel/Reimann, Kap. 2 Rn 195.
[59] BayObLG ZEV 2002, 190/194; FamRZ 1995, 124/125.
[60] Dazu Zimmermann, Testamentsvollstreckung, Rn 44.
[61] BayObLG NJW-RR 1995, 711; OLG Zweibrücken FamRZ 2000, 323.
[62] Vgl. BayObLGZ 1985, 233/238; KG DNotZ 1955, 649; Soergel/Damrau § 2200 Rn 10.
[63] Soergel/Damrau § 2200 Rn 10: Bindung; a.A. Zimmermann, Testamentsvollstreckung, Rn 250, 278: keine Bindung.

(§§ 58, 63), können weder die Erben noch Außenstehende die Ernennung als solche im Verfahren der freiwilligen Gerichtsbarkeit nochmals aufrollen (wohl aber in einem Zivilprozess). Ob nach der Ernennung eine wirksame Annahme des Amtes erfolgte, ist allerdings nachprüfbar.

8. Rechtsmittel

a) Ablehnung der Ernennung. Gegen die Ablehnung der Ernennung ist die befristete 46 Beschwerde (§§ 58 ff.) statthaft; es handelt sich in der Regel um eine vermögensrechtliche Angelegenheit (es kommt auf die Aufgaben des Testamentsvollstreckers an) und der Wert des Beschwerdegegenstandes ist in diesen Fällen mit einem Bruchteil (ca. 10 bis 20%) des Nachlassbruttowertes anzusetzen (§ 61). Beschwerdeberechtigt (§ 59 Abs. 1) ist jeder, der geltend macht, die Ernennung sei zu Unrecht unterblieben; zusätzlich muss er durch den Beschluss in seinen Rechten beeinträchtigt sein. § 59 Abs. 2 kommt nicht zum Zug, weil nach § 2200 Abs. 1 BGB die Ernennung (wenn ein Ersuchen des Erblassers vorliegt) von Amts wegen erfolgt und keinen weiteren „Antrag" voraussetzt.[64] Ein solches Recht wird man den Erben zubilligen können, auch jedem Miterben[65] für sich. Der Vermächtnisnehmer hat ein solches Recht, wenn es zu den Aufgaben des Testamentsvollstreckers zählt, das Vermächtnis zu erfüllen. Dem Pflichtteilsberechtigte wird ebenfalls ein solches Recht zugebilligt.[66] Nachlassgläubiger ohne Vollstreckungstitel haben dagegen kein Beschwerderecht.[67] Derjenige, der gerne Testamentsvollstrecker geworden wäre, hat kein Recht darauf, also auch kein Beschwerderecht. Einlegung der Beschwerde: § 64. Über die Beschwerde entscheidet das OLG (§ 119 Abs. 1 Nr. 1 b GVG), nicht mehr das LG, wie früher nach §§ 19 II, 30 FGG. Übergangsrecht vgl. Art. 111 FGG-RG (Stichtag 1. 9. 2009). Aus dem Wortlaut des § 2200 Abs. 1 BGB („Nachlassgericht") folgert die h. M., dass das OLG den Testamentsvollstrecker nicht selbst ernennen darf, sondern das Nachlassgericht dazu anweisen muss; die Anweisung kann, muss aber nicht, den Namen des Testamentsvollstrecker beinhalten.

b) Ernennung. Gegen die Ernennung ist die befristete Beschwerde statthaft (§§ 58 ff.); 47 die Frist beträgt ein Monat (§ 63) und beginnt mit der jeweiligen Bekanntgabe des Beschlusses (§ 63 Abs. 3). Die Beschwerde kann auf die Auswahl einer bestimmten Person beschränkt werden, aber auch vorbringen, das Testament enthalte überhaupt kein Ernennersuchen, es seien keine Aufgaben mehr zu erfüllen usw. Beschwerdeberechtigt (§ 59 Abs. 1) ist, wer durch den Beschluss in seinen Rechten beeinträchtigt ist, also in der Regel der Erbe; ein Mitvollstrecker;[68] eventuell ein Vermächtnisnehmer.[69] Der Dritte, dessen vom Erblasser angeordnetes Bestimmungsrecht übergangen wurde, ist meines Erachtens ebenfalls beschwerdeberechtigt.[70] Vertreten wird, dass auch Pflichtteilsberechtigte,[71] Nachlassgläubiger[72] beschwerdeberechtigt sind; indes sind sie in ihren „Rechten" nicht verletzt, allenfalls in rechtlichen Interessen, das genügt nicht. Der ernannte Testamentsvollstrecker selbst ist nicht beschwerdeberechtigt, weil er das Amt ohne weiteres ablehnen kann (§ 2202 BGB), im Übrigen jederzeit kündigen kann (§ 2226 BGB). Dass der Erbe ursprünglich mit der Ernennung einverstanden war, beseitigt seine Beschwer nicht.[73] Kündigt der ernannte Testamentsvollstrecker sein Amt, entfällt aber die Beschwer und die Beschwerde wird unzulässig, weil sie verfahrensrechtlich überholt ist.[74]

---

[64] OLG Hamm FamRZ 2001, 1176 zu § 20 Abs. 2 FGG.
[65] KG RJA 11, 15/17; OLG Hamm FamRZ 2001, 1176; Soergel/Damrau § 2200 Rn 11.
[66] KG NJW 1963, 1553; a. A. Soergel/Damrau § 2200 Rn 11; § 2198 Rn 9.
[67] OLG Düsseldorf ZEV 2004, 67; Jansen/Müller-Lukoschek § 81 Rn 5; a. A. OLG Rostock KGJ A 331; KG OLGE 40, 132; beiläufig BGH NJW 1961, 1717; weitere Nachweise bei Damrau ZEV 2004, 68; offen gelassen von BayObLG ZEV 2001, 284.
[68] Staudinger/Reimann § 2200 Rn 14.
[69] KG Rpfleger 1973, 359; Kahl 15. A. § 20 FGG Rn 84.
[70] A. A. KG HRR 1939 Nr. 1166.
[71] Kahl 15. A. § 20 FGG Rn 84.
[72] Soergel/Damrau § 2200 Rn 11 m. w. N.; a. A. Kahl 15. A. § 20 FGG Rn 84.
[73] BayObLGZ 16, 128.
[74] OLG Düsseldorf ZEV 1998, 325.

48 **c) Konkurrenz mit einem Entlassungsverfahren.** Dieselben Gründe können nicht gleichzeitig durch ein Entlassungsverfahren (§ 2227 BGB) und eine Beschwerde gegen die Ernennung geltend gemacht werden; ein Entlassungsantrag wäre in einem solchen Falle unzulässig.[75] Umgekehrt können später aufgetretene Entlassungsgründe nicht im Beschwerdeverfahren über die Ernennung berücksichtigt werden.[76]

49 **d) Rechtsbeschwerde.** Gegen den Beschwerdebeschluss des OLG ist Rechtsbeschwerde zum BGH (§ 133 GVG) im engen Rahmen von §§ 70 ff. statthaft (die weitere Beschwerde zum OLG wurde durch das FamFG abgeschafft), falls die Rechtsbeschwerde zugelassen wurde (eine Nichtzulassungsbeschwerde ist nicht vorgesehen).

9. Wirksamkeit der Ernennung trotz Beschwerde

50 Trotz Einlegung der Beschwerde gegen den Ernennungsbeschluss des Nachlassgerichts ist die Ernennung des Testamentsvollstreckers wirksam geworden, sobald sie ihm zugegangen ist (§ 40 Abs. 1); er kann das Amt annehmen (oder ablehnen) und ein Testamentsvollstrecker-Zeugnis (§ 2368 BGB) beantragen und erhalten. Der Rechtsverkehr außerhalb des Grundbuchs begnügt sich oft mit dem Ernennungsbeschluss und verlangt kein Zeug-nis. Beide Verfahren sind voneinander unabhängig: die Beschwerde gegen die Ernennung wird nicht dadurch gegenstandslos und überholt, dass ein Testamentsvollstrecker-Zeugnis erteilt wurde. Es kann gleichzeitig die Einziehung des Testamentsvollstrecker-Zeugnisses angeregt werden (§§ 2368, 2361 BGB). Die Rücknahme eines Antrags auf Erteilung eines Testamentsvollstrecker-Zeugnisses lässt die Testamentsvollstrecker-Ernennung unberührt.[77] Anders ist es, wenn der Testamentsvollstrecker sein Amt kündigt (§ 2226 BGB).

10. Kosten

51 Gerichtliche Gebühr vgl. § 113 KostO. Sie ist vom Nachlass zu tragen; wenn allerdings der Ernannte später ein gebührenpflichtiges Testamentsvollstrecker-Zeugnis beantragt, wird die Ernennungsgebühr rückwirkend nicht erhoben (§ 115 KostO; Nebengeschäft). Die Vergütung des Testamentsvollstreckers richtet sich nach § 2221 BGB; sie kann nicht durch Beschluss des Nachlassgerichts bestimmt oder später festgesetzt werden, sondern ist bei Streit vor dem Prozessgericht einzuklagen.

VI. Erteilung eines Testamentsvollstreckerzeugnisses (Abs. 3)

1. Materielles Recht

52 Das Nachlassgericht hat einem Testamentsvollstrecker auf **Antrag** ein Zeugnis über die Ernennung zu erteilen (§ 2368 Abs. 1 S. 1 BGB). Der Erbschein enthält nur die Angabe, dass Testamentsvollstreckung besteht, nennt aber nicht den Namen (§ 2364 BGB), erst das Zeugnis nennt den Namen des Testamentsvollstreckers. Nicht jeder Testamentsvollstrecker braucht ein Zeugnis; es ist entbehrlich, wenn es vom Geschäftsgegner nicht verlangt wird oder wenn der Testamentsvollstrecker sein Amt durch ein öffentliches Testament in Verbindung mit dem Eröffnungsprotokoll nachweisen kann (vgl. § 35 GBO). Das Zeugnis selbst ist kein Beschluss des Gerichts, sondern eine Art gutachterlicher Bescheinigung. Es beweist nicht, dass jemand tatsächlich Testamentsvollstrecker ist (sowenig wie ein Erbschein das Erbrecht beweist); durch Zivilprozess kann die Stellung wie auch das Gegenteil rechtskräftig festgestellt werden. Zur Einziehung vgl. Rn 148.

2. Antrag

53 Das Testamentsvollstreckerzeugnis wird nur auf Antrag erteilt (§ 2368 Abs. 1 S. 1 BGB). Wurde ein Testamentsvollstrecker im Falle des § 2200 BGB vom Nachlassgericht ernannt,

---

[75] BayObLGZ 1985, 233/241.
[76] OLG Frankfurt Rpfleger 1978, 178; OLG Hamm JMBl.NW 1962, 211.
[77] OLG Düsseldorf ZEV 1998, 325.

ersetzt das nicht das Testamentsvollstreckerzeugnis. Eine Rücknahme des Antrages ist bis zur rechtskräftigen Entscheidung über den Antrag jederzeit möglich.[78] Einzelheiten zur Antragsberechtigung, Antragszeitpunkt, Antragsinhalt vgl. § 354 Rn 8.

3. Beteiligte

a) Testamentsvollstrecker. Im Verfahren zur Erteilung eines Testamentsvollstreckerzeugnisses ist Beteiligter der Testamentsvollstrecker (Abs. 3 S. 1). Soweit eine andere Person als der Testamentsvollstrecker das Zeugnis beantragt (z. B. ein Nachlassgläubiger, §§ 792, 896 ZPO), ist sie nach der allgemeinen Regel des § 7 Abs. 1 formell Beteiligter.[79]

b) Zuziehung weiterer Beteiligter von Amts wegen. Das Nachlassgericht **kann**, wenn ein Antrag auf Erteilung des Zeugnisses vorliegt, die in Abs. 3 S. 2 genannten Personen hinzuziehen, nämlich die Erben (Alleinerbe; Miterbe), Abs. 3 S. 2 Nr. 1; sinngemäß können das nur die Erben sein, die mit Testamentsvollstreckung belastet sind. Ferner die Mitvollstrecker (§ 2197 Abs. 1 BGB), soweit vorhanden; Abs. 3 S. 2 Nr. 2. Sonstige Personen sind nicht hinzuziehungsfähig, insbesondere nicht (wie bei Abs. 1, 2, 4) „alle übrigen" in ihren Rechten unmittelbar Betroffenen

Das Nachlassgericht hat bezüglich der Frage, ob die in Abs. 3 S. 2 genannten Kann-Beteiligten hinzuziehen will, ein **Ermessen.** Der von den Erben beantragte Erbschein (§ 2353 BGB) enthält ohnehin bereits den Testamentsvollstreckervermerk (§ 2364 BGB); das war in den Antrag der Erben aufzunehmen und daher bereits damals Thema. Wurde der Erbschein mit Vermerk erteilt und ist die Person des Testamentsvollstreckers zweifelsfrei aus der letztwilligen Verfügung erkennbar, hat die Beiziehung der Erben und Mitvollstrecker keinen Sinn mehr und kann daher unterbleiben. Anders ist es, wenn das Zeugnis erst einige Jahre nach Erteilung des Erbscheins beantragt wird. Denn dann könnte das Amt bereits beendet sein (§ 2368 Abs. 3 BGB), das Zeugnis wäre kraftlos und daher nicht mehr zu erteilen. Erfolgt die Beiziehung, muss darüber kein besonderer Beschluss ergehen (Umkehrschluss aus § 7 Abs. 5 S. 1). Durch die gerichtliche Beiziehung werden diese Personen zu formell Beteiligten. Verfahrenseinleitender Antrag ist der Antrag auf Ausstellung des Zeugnisses. Das Nachlassgericht soll den hinzugezogenen Beteiligten eine Abschrift des verfahrenseinleitenden Antrags übermitteln (§ 23 Abs. 2); auf Verlangen eines Beteiligten muss dies wegen § 13 geschehen.

c) Zuziehung weiterer Beteiligter auf Antrag. Die in Abs. 3 S. 2 genannten Personen können beantragen, dass sie als Beteiligte zum Verfahren hinzugezogen werden; jeder Miterbe bzw. Mitvollstrecker kann den Antrag für sich stellen. Sie sind zuvor in verständlicher Form auf ihr Antragsrecht hinzuweisen (§ 7 Abs. 4 S. 2); Voraussetzung ist, dass die Beteiligten dem Gericht bekannt sind (sie müssen u. U. ermittelt werden; Rn 17; 64). Dem Beiziehungsantrag muss entsprochen werden; ein besonderer Beschluss ist nicht erforderlich. Der Antrag muss lediglich (durch Auslegung) erkennen lassen, dass der Antragsteller irgendwie am Verfahren mitwirken will. In der Regel werden sich die Beteiligten dazu äußern wollen, ob überhaupt noch ein Bedürfnis für das Zeugnis besteht und ob der beantragte Inhalt zutrifft.

d) Wird der **Beiziehungsantrag abgelehnt,** ist eine Entscheidung durch Beschluss erforderlich (§ 7 Abs. 5 S. 1); Beschlussinhalt: § 38 Abs. 2; eine Begründung ist erforderlich, § 38 Abs. 3 (mit Ausnahmen in § 38 Abs. 4). Der Beschluss ist mit sofortiger Beschwerde in entsprechender Anwendung der §§ 567 bis 572 ZPO anfechtbar (§ 7 Abs. 5 S. 2), also mit Zweiwochenfrist (§ 569 ZPO).

4. Verfahren des Nachlassgerichts

Zum rechtlichen Gehör, Beweisverfahren, Entscheidung des Nachlassgerichts und dem Inhalt des Inhalt des Testamentsvollstreckerzeugnisses vgl. § 354.

---

[78] OLG Düsseldorf FamRZ 1998, 1268.
[79] BT-Drs. 16/6308 S. 278.

5. Analoge Anwendung auf andere Zeugnisse

60 Im Zusammenhang mit einer Testamentsvollstreckung können auch andere Zeugnisse vom Nachlassgericht erteilt werden. Sie sind in §§ 345 Abs. 2, 354 nicht genannt, wohl aber in § 342 Abs. 1 Nr. 6 (was aber nur bedeutet, dass es sich dabei um Nachlasssachen und nicht um Teilungssachen handelt).

61 **a) Annahmezeugnis.**[80] Gegenüber dem Grundbuchamt kann ein Testamentsvollstrecker sein Testamentsvollstreckeramt durch ein Testamentsvollstreckerzeugnis nachweisen oder nach § 35 Abs. 2 GBO durch Vorlage[81] des öffentlichen Testaments, in dem er ernannt wurde, sowie des Protokolls über die Eröffnung dieses Testaments und den Nachweis der Annahme des Amts (§ 2202 BGB) gegenüber dem Nachlassgericht. Diese Annahme kann durch ein sog. Annahmezeugnis des Nachlassgerichts bewiesen werden. Zuständig für die Erteilung des Annahmezeugnisses ist der Richter,[82] nicht der Rechtspfleger (§ 16 Abs. 1 RPflG). Unter welchen Voraussetzungen dieses Annahmezeugnis erteilt wird, ist im einzelnen streitig; da das Annahmezeugnis das Testamentsvollstreckerzeugnis ersetzt und die Wirksamkeit der Annahme bezeugt wird es nur erteilt werden dürfen, wenn auch ein Testamentsvollstreckerzeugnis hätte erteilt werden dürfen.[83] Es ist nicht zu verwechseln mit einer bloßen Eingangsbestätigung. Das Annahmezeugnis verursacht dieselben Gerichtsgebühren wie das Testamentsvollstreckerzeugnis (§ 109 Abs. 2 KostO: „ähnliche Zeugnisse des Nachlassgerichts"[84]). Folgt man dem, ist für das Verfahren der Erteilung § 345 Abs. 3 analog anzuwenden.[85] Unrichtige Annahmezeugnisse sind (ebenso wie unrichtige Testamentsvollstrecker-Zeugnisse) einzuziehen, §§ 2368, 2361 BGB.[86]

Die abweichende Meinung[87] sagt, es handele sich nur um ein Zeugnis über einen tatsächlichen Vorgang.

62 **b) Fortbestandszeugnisse.** Für Fortbestandszeugnisse (Bestätigung, dass das Amt fortdauert) ist dagegen Abs. 3 nicht einschlägig; sie dürften mangels gesetzlicher Regelung ohnehin unzulässig sein.[88]

63 **c) Negativzeugnisse.** Sie sind nicht gesetzlich geregelt; damit soll das Nachlassgericht bestätigen, dass die Testamentsvollstreckung weggefallen ist, beendet ist oder überhaupt keine Testamentsvollstreckung besteht. Nach hM sind sie nicht zulässig.[89] Sollte es im Einzelfall, z.B. für die Zwangsvollstreckung, erteilt werden, folgt es verfahrensrechtlich jedenfalls nicht Abs. 3, weil der Zweck ein anderer ist.

6. Kosten

64 Gerichtsgebühr für die Erteilung des ersten Testamentsvollstreckerzeugnisses: § 109 Abs. 1 S. 1 Nr. 2 KostO i. V. m. §§ 107 ff. KostO. Geschäftswert § 30 Abs. 2 KostO: ein Bruchteil von 10% bis 30% des Reinnachlasses (§ 107 Abs. 2 Kost). Wurde für die Erteilung des Testamentsvollstreckerzeugnisses eine eidesstattliche Versicherung verlangt, fällt zusätzlich eine weitere Gebühr an (§ 49 Abs. 1 und Abs. 2 KostO). Zum Nebengeschäft vgl. § 115 KostO.

65 Ist ein Testament auslegungsbedürftig und beantragt derjenige, der sich für den Testamentsvollstrecker hält, ein Testamentsvollstreckerzeugnis, was aber vom Nachlassgericht abgelehnt wird, kann der vermeintliche Testamentsvollstrecker Ersatz seiner Kosten (analog §§ 2218, 670, 674 BGB) von den Erben fordern, wenn er guten Glaubens war und die

---

[80] Dazu Zimmermann, Testamentsvollstreckung, Rn 307.
[81] BGH NJW 1972, 582; RGZ 100, 282.
[82] Dallmeyer/Eickmann § 16 Rn 40; a. A. Bengel/Reimann Kap. 2 Rn 231 (Rechtspfleger).
[83] Soergel/Damrau § 2368 Rn 5.
[84] Korintenberg/Lappe § 109 Rn 36.
[85] MünchKommZPO/J. Mayer § 345 FamFG Rn 13; Prütting/Helms/Fröhler § 345 Rn 44.
[86] KGJ 38 A 129/136.
[87] So früher MünchKommBGB/Promberger § 2368 Rn 15.
[88] OLG Köln FGPrax 2011, 86; MünchKommBGB/Mayer § 2368 Rn 58; a. A. Winkler, Testamentsvollstrecker, Rn 708. Zum Ganzen vgl. Zahn MittRhNotK 2000, 89/104.
[89] OLG Hamm OLGZ 1983, 59; OLG Frankfurt Rpfleger 1978, 310; KGJ 50 A 103; Winkler Testamentsvollstrecker Rn 724.

VII. Sonstige Nachlassverfahren auf Antrag (Abs. 4)

In sonstigen (d. h. den in Abs. 1 bis 3 nicht genannten) Nachlassverfahren unterscheidet 66
Abs. 4 zwischen denen, die auf Antrag durchzuführen sind (nur dafür gilt Abs. 4) und den
von Amts wegen durchzuführenden Verfahren (dafür gilt Abs. 4 nicht, sondern § 7; vgl.
Rn 148). Hier ist jeweils zwingend vorgeschrieben, wer vom Gericht als Beteiligter hinzuziehen ist (S. 1); der Kreis dieser Personen ist verhältnismäßig klein. Das Gericht kann
sonstige unmittelbar Betroffene hinzuziehen (S. 2). Die **Klausel „alle übrigen"** in S. 2
bezieht sich auf alle Antragsverfahren, nicht nur auf die in Abs. 4 Nr. 1 bis Nr. 5 genannten
Verfahren.[91] Das zeigt der Vergleich mit dem Aufbau der Vorschrift in Abs. 1, wo „alle
übrigen" unter Nr. 5 angeführt sind; ferner wohl die Gesetzesbegründung,[92] wo dunkel
von den unterschiedlichen Verfahrensarten die Rede ist. Wenn diese Betroffenen es verlangen, müssen sie hinzugezogen werden (S. 3); es gibt kein Ermessen.

1. Nachlasspflegschaft (Abs. 4 S. 1 Nr. 1)

a) **Materielles Recht.** Zur Nachlasspflegschaft kann es **von Amts wegen** kommen 67
(§ 1960 BGB). Diesen Fall meint Abs. 4 Nr. 1 nicht,[93] weil das Verfahren nicht auf Antrag
durchzuführen ist. Dass der zu bestellende Nachlasspfleger auch hier Beteiligter ist, ist
selbstverständlich (§ 7 Abs. 2 Nr. 1).

Wenn aber noch keine Pflegschaft nach § 1960 BGB vom Nachlassgericht angeordnet 68
ist, etwa weil das Gericht einer entsprechenden Anregung nicht folgt, dann kann ein
„Berechtigter" die Anordnung beantragen, wenn die Bestellung eines Nachlasspflegers zum
Zwecke der gerichtlichen Geltendmachung eines Anspruchs, der sich gegen den Nachlass
richtet, erforderlich ist **(§ 1961 BGB),** wenn also ein Nachlassgläubiger (z. B. Vermieter,
Bank) es beantragt. Für den Antrag gelten § 23 ff.

b) **Beteiligte.** Der **antragstellende Gläubiger** ist im Falle des **§ 1961 BGB** zwingend 69
Beteiligter (§ 7 Abs. 1), ebenso der in Aussicht genommene bzw. der schon bestellte Nachlasspfleger (§ 345 Abs. 4 S. 1 Nr. 1).

Das Nachlassgericht könnte nach S. 2 **unmittelbar Betroffene** hinzuziehen; das sind 70
z. B. bekannte Miterben, später die ermittelten Erben, Erbteilserwerber, Testamentsvollstrecker.[94] Das Ermessen ist aber dahin auszuüben, dass eine Beiziehung im **Verfahren der
Bestellung** nicht erfolgt, weil in der Regel wegen des Fürsorgebedürfnisses Eilbedürftigkeit
besteht (muss der Nachlass in der Wohnung des Erblassers gesichert werden, weil die Erben
unbekannt sind, scheidet eine Beteiligung weiterer Personen aus). Beantragt der Nachlasspfleger die Festsetzung seiner Vergütung vor Ermittlung der Erben, scheidet eine Beteiligung der unbekannten Erben aus; in kritischen Fällen und wenn es sich um hohe
Vergütungen handelt, kann ein Verfahrenspfleger bestellt werden (§§ 340 Nr. 1, 276). Hat
der Nachlasspfleger Erben ermittelt und nehmen diese die Erbschaft an, ist die Pflegschaft
ohnehin vom Nachlassgericht (ganz oder teilweise) aufzuheben. Wird dann die Vergütung
des Nachlasspflegers vom Nachlassgericht festgesetzt, dann sind die Erben (die die Vergütung zu zahlen haben) zu beteiligen. Beantragen die unmittelbar Betroffenen ihre
Beiziehung, muss dem entsprochen werden (§ 345 Abs. 4 Nr. 1 S. 3).

c) **Zuständigkeit.** Es handelt sich um eine Nachlasssache (§ 342 Abs. 1 Nr. 2). Die 71
sachliche Zuständigkeit liegt beim AG (§ 23 a Abs. 2 Nr. 2 GVG). Die **örtliche** Zuständigkeit ist zweigeteilt: grundsätzlich besteht die Zuständigkeit des Gerichts des letzten Wohnsitzes etc. (§ 343); daneben ist jedes AG zuständig, in dessen Bezirk das Bedürfnis für die
Sicherung besteht (§ 344 Abs. 4; zur Streitfrage vgl. § 344 Rn 15). **Funktionell** zuständig ist

---

[90] BGH NJW 1977, 1726.
[91] Bumiller/Harders § 345 Rn 20.
[92] BT-Drs. 16/6308 S. 279.
[93] Bahrenfuss/Wick § 345 Rn 8.
[94] BT-Drs. 16/6308 S. 279.

der Rechtspfleger (§ 3 Nr. 2 c RPflG); in Baden-Württemberg der Notar im Landesdienst (§ 1 Abs. 2, 38 Bad.-Württ.LFGG), in Baden daneben der Rechtspfleger des Notariats (§ 35 RPflG). Für die Anordnung der Pflegschaft über den Nachlass eines **Ausländers** ist aber der Richter zuständig (§ 16 Abs. 1 Nr. 1 i. V. m. § 14 Abs. 1 Nr. 10 RPflG; durch Landesrecht aufhebbar, § 19 Abs. 1 Nr. 2 RPflG);[95] bei Verstoß vgl. §§ 8, 27 RPflG (die Anordnung ist trotzdem wirksam); das Problem ist, dass der Nachlasspfleger der gesetzliche Vertreter der Erben (nicht des Erblassers) ist (§ 14 Abs. 1 Nr. 10 RPflG: „Angehörige eines fremden Staates") und die Erben eines Ausländers nicht zwangsläufig Ausländer sein müssen.

72 Ist das AG örtlich zuständig, ist es auch **international** zuständig (§ 105), auch wenn für den Erbfall materiell ausländisches Erbrecht zur Anwendung kommt.[96] Dies gilt selbst dann, wenn das ausländische Recht keine Nachlasspflegschaft kennt;[97] dann erstrecken sich die Befugnisse nur auf das Inland. Die bestehenden Staatsverträge schränken diese Fürsorgetätigkeit nicht ein, sondern sehen allenfalls Mitwirkungsrechte des ausländischen Konsuls vor. Die Art der Maßnahmen richtet sich nach deutschem Recht.[98] Das Nachlassgericht ist auch zuständig für die Festsetzung der Vergütung der Pflegers für den Nachlass eines Ausländers.[99]

73 **d) Verfahren, Entscheidung.** Das Nachlassgericht erfährt vom Todesfall in der Regel durch eine Mitteilung des Standesamts. Ergeben sich keine Erben, ist aber Nachlass vorhanden, kann Nachlasspflegschaft angeordnet und ein Nachlasspfleger bestellt werden. Das Nachlassgericht ermittelt von Amts wegen (§ 26), ob die Voraussetzungen der §§ 1960 bzw. 1961 BGB vorliegen; das sind die Unklarheit über den endgültigen Erben und das Fürsorgebedürfnis.

Der Aufgabenkreis des Pflegers (in der Regel Sicherung und Verwaltung des Nachlasses sowie Ermittlung der Erben) wird vom Nachlassgericht festgesetzt.

74 Das Nachlassgericht **überwacht** den Pfleger (§ 1915, 1837 BGB), nimmt seine Vermögensaufstellungen, Berichte und Abrechnungen entgegen §§ 1802, 1890 BGB), genehmigt seine Rechtsgeschäfte (§§ 1810 ff. BGB) und setzt (bei berufsmäßigen Pflegern; § 1 VBVG) seine Vergütung fest (§ 168 Abs. 5).

75 **e) Vergütung des Nachlasspflegers.**[100] Maßgebend für die Vergütung und den Ersatz der Auslagen des Nachlasspflegers sind §§ 1915 Abs. 1 S. 2, 1835, 1836 Abs. 1 S. 2, 3 BGB, das Nähere regelt das VBVG. Der Vergütungsanspruch erlischt, wenn er nicht binnen 15 Monaten nach seiner Entstehung beim Nachlassgericht geltend gemacht wird (§ 2 VBVG; § 1962 BGB). Die Frist kann verlängert werden. Fallgruppen: **(1)** Der berufsmäßige Nachlasspfleger des mittellosen Nachlasses erhält als Vergütung denselben Betrag wie ein Vormund, wird also nach Stundenaufwand und je nach seiner Ausbildung bezahlt (§ 3 Abs. 1, 3 S. 2 VBVG), die Auslagen zusätzlich (§ 1835 BGB). Zahlungspflichtig ist die Staatskasse (§ 1 Abs. 2 S. 2 VBVG mit §§ 1915 Abs. 1, 1836 BGB). **(2)** Beim vermögenden Nachlass sind die Erben zahlungspflichtig. § 1915 Abs. 1 S. 2 BGB gestattet, dass der berufsmäßige Nachlasspfleger eine höhere Vergütung erhält als wenn der Nachlass mittellos ist. **(3)** Dem ehrenamtlichen Pfleger kann eine Vergütung bewilligt werden, wenn der Nachlass vermögend ist und die Voraussetzungen des § 1836 Abs. 2 BGB vorliegen. Der Festsetzungsbeschluss ist ein Vollstreckungstitel (§§ 86, 95).

f) Rechtsmittel

76 *aa) Allgemeines.* Gegen die Beschlüsse des Nachlassgerichts (§ 38) ist die befristete Beschwerde nach §§ 58 ff. FamFG, § 11 RPflG (Frist: § 63; Wert: § 61) statthaft, soweit es sich um Endentscheidungen handelt. Die Beschwerdeberechtigung richtet sich nach § 59

---

[95] OLG Hamm Rpfleger 1976, 94; a. A. MünchKommBGB/Leipold § 1960 Rn 56 mit Nachw.
[96] BGH NJW 1968, 353; BayObLG Rpfleger 1982, 423; MünchKommBGB/Leipold § 1960 Rn 5.
[97] BGH NJW 1968, 353 (USA); KG KGJ 53 A 79.
[98] BayObLGZ 1982, 284; 1963, 52; KG JW 1937, 1728; OLG Hamburg NJW 1960, 1207.
[99] KG KGJ 53 A 77; MünchKommBGB/Leipold § 1960 Rn 5.
[100] Einzelheiten dazu Zimmermann, Nachlasspflegschaft, Rn 738 bis 844; ZEV 2005, 473; älteres Schrifttum (vor 1. 7. 2005) ist wegen der Reform (VBVG statt BVormVG) überholt. Zur Höhe der Vergütung OLG Brandenburg FamRZ 2011, 926. Nach OLG Stuttgart FGPrax 2011, 88 soll der Vergütungsanspruch des Pflegers erst ab mündlicher Verpflichtung beginnen.

Abs. 1. Beschwerdegericht ist das OLG (§ 119 Abs. 1 Nr. 1 b GVG). Übergangsrecht: Art. 111 FGG-RG.

Anfechtbar sind z. B. die Anordnung der Nachlasspflegschaft, die Ablehnung der von einem Gläubiger beantragten Anordnung der Nachlasspflegschaft (§ 1961 BGB); die Ablehnung des Aufhebungsantrags; Anordnung einer Sicherungsmaßnahme; Aufhebung einer Sicherungsmaßnahme;[101] Ablehnung der Aufhebung einer nach § 1960 getroffenen Sicherungsmaßnahme.[102] **77**

bb) Beschwerdeberechtigung gegen die Anordnung. Gegen die Anordnung der Nachlasspflegschaft beschwerdeberechtigt sind die Erbprätendenten,[103] weil sie in ihren Rechten als Erben betroffen sind; ebenso der Erwerber eines unter Nachlasspflegschaft stehenden Erbteils;[104] Gläubiger, wenn sie einen Erbteil oder den Anspruch des Erben auf Herausgabe des Nachlasses gegen den Pfleger gepfändet haben.[105] Der Testamentsvollstrecker ist beschwerdeberechtigt, um die durch die Pflegschaft entstehende Kostenbelastung des Nachlasses zu verhindern;[106] er kann sich deshalb auch gegen den Umfang des Aufgabenkreises des Pflegers wenden.[107] Der Nachlasspfleger selbst ist beschwerdeberechtigt, wenn sein Aufgabenkreis später beschränkt wird[108] (vgl. aber Rn 79) oder er (unter Aufrechterhaltung der Anordnung der Pflegschaft) aus seinem Amt entlassen wird,[109] weil damit seine Vergütungschancen beeinträchtigt werden. Er ist auch beschwerdeberechtigt, wenn er gegen seinen Widerspruch zum nichtberufsmäßigen Pfleger bestellt wird. **78**

cc) Keine Beschwerdeberechtigung gegen die Anordnung. Gegen die Anordnung nicht beschwerdeberechtigt sind Miterben, wenn die Pflegschaft (als Teilpflegschaft[110]) nur für Erbanteile angeordnet wird, für die sie als Erben nicht in Betracht kommen; Schuldner einer Nachlassforderung (um zu verhindern, dass der Pfleger die Forderung eintreibt);[111] Bevollmächtigte des Erblassers mit Vollmacht über den Tod hinaus, da ihnen die Vollmacht keine subjektives Recht verleiht, also die Rechtsbeeinträchtigung fehlt;[112] Ersatzerben;[113] Nacherben vor Eintritt des Nacherbfalls; Vermächtnisnehmer.[114] Der **Nachlasspfleger** selbst ist zur Einlegung der Beschwerde gegen die Anordnung der Nachlasspflegschaft nicht berechtigt,[115] weil das nicht seine Rechte berührt. Der Nachlassinsolvenzverwalter soll keine Beschwerderecht gegen die Anordnung haben, weil durch die Pflegerbestellung seine Befugnisse (§ 80 InsO) nicht beeinträchtigt werden.[116] Die Nachlassgläubiger haben keine Beschwerdeberechtigung, wenn das Nachlassgericht ein Einschreiten gem. § 1837 BGB ablehnt.[117] **79**

dd) Beschwerdeberechtigung gegen die Ablehnung der Anordnung. Gegen die Ablehnung der Anordnung bzw. gegen die Aufhebung der angeordneten Pflegschaft sind die potenziellen Erben beschwerdeberechtigt,[118] jedenfalls solange sie die Erbschaft nicht angenommen haben, weil nun die Verwaltung des Nachlasses gefährdet ist. Inwieweit der **Nachlassgläubiger** beschwerdeberechtigt ist, ist unklar.[119] Wenn der auf § 1961 BGB gestützte **80**

---

[101] LG Frankenthal Rpfleger 1983, 153.
[102] KG Rpfleger 1982, 184.
[103] KG OLGZ 32, 90; OLG Stuttgart OLGZ 1971, 463; MünchKommBGB/Leipold § 1960 Rn 84.
[104] OLG Stuttgart OLGZ 1971, 463.
[105] MünchKommBGB/Leipold § 1960 Rn 84; KG OLGE 12, 199.
[106] BayObLG FamRZ 2001, 453; 2002, 109; KG OLGZ 1973, 106.
[107] KG OLGZ 1973, 106.
[108] KG ZBlFG 1916, 234; Staudinger/Marotzke § 1960 Rn 56.
[109] OLG Oldenburg FGPrax 1998, 108.
[110] KG RJA 7, 29; Staudinger/Marotzke § 1960 Rn 56; MünchKommBGB/Leipold § 1960 Rn 84; zur Teil-Nachlasspflegschaft vgl. Zimmermann FGPrax 2004, 198.
[111] KG OLGE 43, 388.
[112] BayObLG FamRZ 2001, 453; zweifelhaft.
[113] BayObLGZ 5, 398.
[114] BayObLGZ 5, 398; MünchKommBGB/Leipold § 1960 Rn 84.
[115] A. A. OLG Frankfurt FamRZ 1994, 265; MünchKommBGB/Leipold § 1960 Rn 84.
[116] KG Recht 1915 Nr. 1631; OLG Oldenburg FamRZ 1999, 813.
[117] KG JW 1938, 1453.
[118] Vgl. OLG Karlsruhe FamRZ 2004, 222.
[119] Vgl. KG NJWE-FER 2000, 15; OLG Hamm Rpfleger 1987, 416; Soergel/Stein § 1960 Rn 59; Staudinger/Marotzke § 1950 Rn 58; MünchKommBGB/Leipold § 1960 Rn 86.

Antrag eines Nachlassgläubigers abgelehnt wurde, ist gegen die Ablehnung nur der antragstellende Gläubiger beschwerdeberechtigt, § 59 Abs. 2. Wenn aber das Nachlassgericht von Amts wegen eine Pflegschaft anordnete (§ 1960 BGB) und dann aufhob, muss man ebenfalls jeden Nachlassgläubiger, der ein Antragsrecht gehabt hätte, als beschwerdeberechtigt auffassen, weil es unökonomisch wäre, von jedem zunächst einen Antrag nach § 1961 BGB und dessen Ablehnung zu verlangen, um ihm die Beschwerde zu eröffnen. Die Rechte des nach § 1961 BGB bestellten Nachlasspflegers sind dieselben wie die des nach § 1960 BGB bestellten Pflegers (es sei denn, der Bestellungsbeschluss würde etwas anderes ergeben).

81   Der **Nachlasspfleger** selbst ist in Ermangelung eines eigenen Rechts nicht gegen die Aufhebung der Pflegschaft (mit der Folge, dass sein Amt und damit seine Vergütung wegfällt) beschwerdeberechtigt;[120] ebenso nicht gegen die teilweise Aufhebung, wenn z. B. einzelne Miterben ermittelt werden und die Erbschaft annehmen. Beschwerdeberechtigt gegen die Aufhebung sind ferner der **Miterbe**, wenn er den Teil-Pfleger zur Verwaltung des Nachlassvermögens braucht;[121] der Nachlassinsolvenzverwalter, weil sonst sein Auskunftsrecht nach § 97 InsO beeinträchtigt wird.[122] Der potenzielle Erbe hat ein Beschwerderecht, wenn das Nachlassgericht Maßnahmen (§ 1837 BGB) gegen den Nachlasspfleger ablehnt.[123] Der potenzielle Erbe hat kein Beschwerderecht, wenn das Nachlassgericht dem Pfleger die Weisung erteilt, das Nachlassvermögen nach Beendigung der Pflegschaft zu hinterlegen, wenn kein Erbschein vorgelegt wird.[124]

82   ee) *Beschwerdeberechtigung gegen die Auswahl des Pflegers.* Gegen die Auswahl des Pflegers sind die Erbprätendenten beschwerdeberechtigt,[125] auch der Testamentsvollstrecker.[126] Eine an Pflegschaftsübernahmen interessierte Person kann sich nicht dagegen beschweren, dass nicht sie, sondern ein anderer vom Nachlassgericht ausgewählt wurde.[127]

83   ff) *Genehmigung zu einem Rechtsgeschäft.* Lehnt das Nachlassgericht die Genehmigung zu einem Rechtsgeschäft des Nachlasspflegers ab, steht diesem die Beschwerdeberechtigung zu.[128] Der Vertragspartner hat kein eigenes Beschwerderecht.[129] Wird die Genehmigung erteilt, wird der Beschluss erst mit Rechtskraft wirksam (§ 40 Abs. 2). Der Pfleger hat kein Beschwerderecht, denn er braucht von der Genehmigung keinen Gebrauch machen.[130] Beschwerdeberechtigt ist der Vertretene, also der potenzielle Erbe.[131] Der Beschluss ist deshalb den potenziellen Erben zuzustellen, vgl. § 41 Abs. 3. Sind sie, wie im Regelfall, unbekannt, könnte ihnen vom Nachlassgericht ein **Ergänzungsnachlasspfleger** („Unterpfleger") nur für den Aufgabenkreis der Prüfung des Rechtsgeschäfts bestellt werden, an den die Genehmigung zuzustellen ist;.[131a] dann stellt sich aber die Frage, wem diese Bestellung mitzuteilen ist und ob nicht eine endlose Pflegerkette errichtet werden muss. Zweckmäßiger ist daher, einen **Verfahrenspfleger** zu bestellen.[132] Dieser ist zwar kein gesetzlicher Vertreter, aber er kann das rechtliche Gehör und das Beschwerderecht ausüben; vor allem kommt hinzu, dass dessen Bestellung unanfechtbar ist, so dass weitere Mitteilungen entfallen. Das war der Stand der Rechtsprechung des BVerfG[133] zum Problem und daran wird sich durch den Wegfall der §§ 55, 62 FGG nichts geändert haben.[134] Wenig zutreffend erscheint hingegen die Bestellung eines **Abwesenheitspflegers** (§ 1911 BGB)

---

[120] KGJ 40 A 41; MünchKommBGB/Leipold § 1960 Rn 86.
[121] Staudinger/Marotzke § 1960 Rn 30; a.A. OLG Braunschweig OLGE 40, 107.
[122] KG Recht 1910 Nr. 1269; MünchKommBGB/Leipold § 1960 Rn 86.
[123] BayObLGZ 1996, 192.
[124] KG Rpfleger 1977, 132.
[125] KG JW 1919, 999; LG Heidelberg NJW 1955, 469; MünchKommBGB/Leipold § 1960 Rn 86.
[126] A. A. die hM gestützt auf KG OLGE 40, 133; BayObLG FamRZ 2002, 109 (ohne Begründung).
[127] Dazu Zimmermann ZEV 2007, 313.
[128] MünchKommBGB/Leipold § 1960 Rn 86; Bassenge/Roth § 55 FGG Rn 12.
[129] OLG Rostock NJW-RR 2006, 1229 (zur Betreuung).
[130] OLG Hamm Rpfleger 1984, 354.
[131] BayObLGZ 1989, 242.
[131a] So Damrau ZErb 2011, 176.
[132] Vgl. BVerfG NJW 2000, 1709 (verlangte einen Vorbescheid, den aber das FamFG nicht mehr kennt).
[133] BVerfG NJW 2000, 1709.
[134] OLG Hamm ZEV 2011, 191 (das überdies meint, der Genehmigungsbeschluss könne trotz Nichtbestellung eines Verfahrenspflegers rechtskräftig werden); a. A. Leipold aaO (Anm.).

für die unbekannten Erben,[135] weil sie nicht bekannt, aber abwesend, sondern eben unbekannt sind; für unbekannte minderjährige Erben könnte ohnehin kein Abwesenheitspfleger bestellt werden und ob die Erben volljährig oder minderjährig sind, ist ebenfalls unbekannt; auch wäre dafür das Betreuungsgericht zuständig, was die Sache verzögern würde. Ebenso scheidet ein Pfleger nach § 1913 BGB (Pflegschaft für unbekannte Beteiligte) aus diesen Gründen aus.

gg) Beschlüsse über Vergütung und Aufwendungsersatz des Pflegers. Solche Beschlüsse ergehen nach § 168 Abs. 5, der auf Abs. 1 bis 4 verweist (früher: § 56 g FGG). Der Beschluss ist ein Vollstreckungstitel (§§ 86, 95). Er kann nach §§ 58 ff. mit der befristeten Beschwerde (Frist: § 63) angefochten werden, wenn der Beschwerdewert 600 € übersteigt (also ab 600,01 €) oder das Nachlassgericht die Beschwerde wegen grundsätzlicher Bedeutung der Rechtssache etc. zugelassen hat (§ 61 FamFG; ähnlich wie bei § 511 ZPO). Eine Nichtzulassungsbeschwerde ist nicht vorgesehen. Eine nachträgliche Zulassung ist ausgeschlossen.[136] Aber der Beschluss kann u. U. nach § 42 um die Zulassung berichtigt werden, falls das Nachlassgericht die Zulassung beschloss, aber diese versehentlich nicht in den Beschluss aufgenommen wurde und dieses Versehen nach außen hervortrat.[137]

Übersteigt die Beschwerdesumme 600 € nicht, bleibt gegen Entscheidungen des Rechtspflegers die **befristete Erinnerung** nach § 11 Abs. 2 RPflG.

Gegen die Bewilligung einer Vergütung sind beschwerdeberechtigt die Erben,[138] Pflichtteilsberechtigte,[139] Testamentsvollstrecker, Erbschaftskäufer[140] und Nachlassinsolvenzverwalter.[141] Der Nachlassgläubiger ist beschwerdeberechtigt, wenn dadurch die Realisierung seiner Forderung gefährdet wird.[142]

Gegen die Ablehnung der Vergütung (oder die Kürzung) ist der Nachlasspfleger beschwerdeberechtigt. Hat nur der Nachlasspfleger Beschwerde eingelegt, so ist eine Änderung zu seinem Nachteil (reformatio in peius) nicht zulässig.[143] Anders ist es, wenn zugleich die Staatskasse Beschwerde einlegte mit dem Ziel der Herabsetzung. Eine Anschlussbeschwerde ist allerdings zulässig (§ 66).

g) Kosten. Gebühren der Nachlasssicherung vgl. §§ 52, 104 bis 106 KostO.[144] Die Erben haften dafür (§ 6 S. 1 KostO). Ein antragstellender Nachlassgläubiger (§ 1961 BGB) haftet nicht dafür, auch nicht für die Vergütung oder Auslagen des Nachlasspflegers. Deshalb muss ein Gläubiger auch keinen Vorschuss zahlen.[145] Im Nachlassinsolvenzverfahren gehören die Kosten zu den Masseverbindlichkeiten (§ 324 Abs. 1 Nr. 4 InsO). Bei Teilpflegschaft über einen Miterbenanteil haftet nur dieser Erbteil.[146] Ob die Einleitung der Pflegschaft materiell-rechtlich gerechtfertigt war, berührt weder die Pflicht zur Zahlung der Gerichtskosten[147] (doch kommt Niederschlagung wegen unrichtiger Sachbehandlung in Betracht, § 16 KostO) noch die Pflicht der Erben, dem Pfleger die Vergütung zu zahlen[148] (doch ist hier Regress über Staatshaftung theoretisch denkbar, § 839 BGB, Art. 34 GG). Zur Gerichtsgebührenfreiheit bei Beschwerde der Erben vgl. § 131 Abs. 3 KostO.

---

[135] Für § 1911 BGB: Litzenburger RNotZ 2010, 32; Heinemann, FamFG für Notare, 2009, Rn 142.
[136] BayObLGZ 2000, 8; OLG Zweibrücken NJW 1999, 2125.
[137] BGH NJW 2004, 2389 zu § 511 ZPO.
[138] BayObLGZ 1950/1951, 346; MünchKommBGB/Leipold § 1960 Rn 89.
[139] OLG Köln Rpfleger 1999, 397.
[140] KG KGJ 52, 60.
[141] MünchKommBGB/Leipold § 1960 Rn 89.
[142] BayObLG FamRZ 1986, 107; BayObLGZ 1958, 74; MünchKommBGB/Leipold § 1960 Rn 89.
[143] BayObLG FamRZ 1997, 185; KG FamRZ 1986, 1016; Jansen/Sonnenfeld § 56 g Rn 97; a. A. LG Berlin Rpfleger 1085, 191.
[144] Dazu Zimmermann, Die Nachlasspflegschaft, Rn 160 bis 165.
[145] OLG Düsseldorf Rpfleger 2002, 227; OLG Hamm FGPrax 2010, 80; LG Frankfurt/Oder ZMR 2009, 41; LG Köln NJW-RR 2009, 375; LG Oldenburg Rpfleger 1989, 460; Palandt/Weidlich § 1961 Rn 3; a. A. teilweise Weithase Rpfleger 1993, 143.
[146] MünchKommBGB/Leipold § 1960 Rn 90; Staudinger/Marotzke § 1960 Rn 61.
[147] KG DJZ 1903, 202; MünchKommBGB/Leipold § 1960 Rn 90.
[148] BayObLG FGPrax 1997, 67; OLG Brandenburg FamRZ 1996, 230; OLG Naumburg FamRZ 1994, 1335.

2. Nachlassverwaltung (Abs. 4 S. 1 Nr. 1)

89 **a) Materielles Recht.** Die Nachlassverwaltung ist vom Nachlassgericht anzuordnen, (1) wenn der Erbe die Anordnung beantragt (§ 1981 Abs. 1 BGB); eine Frist besteht nicht. (2) Wenn ein Nachlassgläubiger die Anordnung beantragt; hier muss aber Grund zu der Annahme bestehen, dass die Befriedigung der Nachlassgläubiger aus dem Nachlass durch das Verhalten oder die Vermögenslage des Erben gefährdet wird (§ 1981 Abs. 2 S. 1 BGB); eine Frist von zwei Jahren seit Annahme der Erbschaft besteht (§ 1981 Abs. 2 S. 2 BGB).

90 **b) Antragsberechtigte.** Neben dem Gläubiger und dem Erben ist auch dessen Testamentsvollstrecker antragsberechtigt (analog § 317 InsO),[149] der Erbschaftskäufer, der Nacherbe (§ 2144 BGB). Miterben können den Antrag nur gemeinsam und nur vor der Teilung stellen (§ 2062 BGB). Der Nachlasspfleger ist nicht antragsberechtigt,[150] weil er grundsätzlich nicht für die Befriedigung der Gläubiger zu sorgen hat.

91 **c) Beteiligte.** Der in Aussicht genommene bzw. der bestellte Nachlassverwalter ist zwingend Beteiligter (Nr. 1). Das Nachlassgericht kann die unmittelbar Betroffenen hinzuziehen (Abs. 4 S. 2). Hier ist zu unterscheiden: Beantragt der **Erbe** die Anordnung der Nachlassverwaltung, kommt allenfalls die Zuziehung seines Testamentsvollstreckers in Betracht. Beantragt der **Gläubiger** die Anordnung, muss der Erbe hinzugezogen werden; als unmittelbar Betroffene kommen in Frage Testamentsvollstrecker, Erbteilserwerber, andere Nachlassgläubiger, Vermächtnisnehmer, Nachlassinsolvenzverwalter.[151]

d) Verfahren

92 *aa) Zuständigkeit.* Hier gilt dasselbe wie bei der Nachlasspflegschaft (oben Rn 71); zuständig ist also der Rechtspfleger.

bb) Prüfung. Beim Antrag des Erben besteht kein Anlass, nähere Ermittlungen anzustellen. Von Amts wegen (§ 26) ist nur die Antragsberechtigung zu prüfen (der antragstellende Erbe hat den Erbschein vorzulegen oder die letztwillige Verfügung; Bezugnahme auf die Nachlassakte genügt). Ob bei Erben das Recht zur Haftungsbeschränkung bereits erloschen ist, wird nur geprüft, wenn ein Anlass dafür besteht. Der antragstellende Gläubiger hingegen muss sich eine genauere Prüfung gefallen lassen. Die Antragsfrist muss eingehalten sein; seine Forderung und die Gefährdung hat er zunächst nur schlüssig darzulegen (§ 1981 Abs. 2 BGB); wird die Forderung aber vom Erben substanziiert bestritten, dann ist von Amts wegen soweit zu ermitteln, dass das Nachlassgericht vom Bestand der Forderung überzeugt ist (§ 26).[152] Auch im Insolvenzverfahren muss, wenn nur ein einziger Gläubiger eine Forderung hat und dieser den Antrag stellt, die Forderung notfalls bewiesen werden.[153]

cc) Kostendeckende Masse. Die Anordnung „soll", gleichgültig wer den Antrag stellt, abgelehnt werden, wenn eine den Kosten entsprechende Nachlassmasse nicht vorhanden ist (§ 1982 BGB), denn der Verwalter ist grundsätzlich aus dem Nachlass zu bezahlen, nicht aus der Staatskasse. Diese Voraussetzung ist von Amts wegen zu prüfen.

dd) Entscheidung. Durch Beschluss ist entweder die Anordnung der Nachlassverwaltung abzulehnen oder sie ist anzuordnen und zugleich ist ein Nachlassverwalter[154] zu bestellen. Es besteht keine Pflicht zur Übernahme des Amtes (§ 1981 Abs. 3 BGB). Der Beschluss wird nach § 40 wirksam und nach § 41 bekannt gemacht. Die Bestellung ist ferner dem Finanzamt anzuzeigen (§ 34 Abs. 2 Nr. 2 ErbStG; § 7 ErbStDV; MiZi XVII/2) sowie nach § 1983 BGB zu veröffentlichen.

93 **e) Vergütung des Nachlassverwalters.** Die Vergütung des vom Nachlassgericht eingesetzten Nachlassverwalters richtet sich nach § 1987 BGB („angemessene Vergütung"). Wie die Höhe der Vergütung zu errechnen ist (Prozentsätze des Aktivvermögens oder

---

[149] MünchKommBGB/Siegmann § 1981 Rn 2.
[150] BayObLGZ 1967, 167; a. A. Soergel/Stein § 1981 Rn 4.
[151] BT-Drs. 16/6308 S. 279.
[152] Vgl. Staudinger/Marotzke § 1981 Rn 24; a. A. die h. M. KG NJW-RR 2005, 378; MünchKommBGB/Siegmann § 1981 Rn 7.
[153] OLG Köln ZInsO 2002, 772; Graf-Schlicker/Pöhlmann § 16 Rn 2.
[154] Zu den Auswahlproblemen vgl. Zimmermann ZEV 2007, 313.

Stundensätze) ist umstritten.[155] Die Vergütung wird vom Nachlassgericht festgesetzt (§ 168 Abs. 5); da die Nachlassverwaltung eine Sonderform der Pflegschaft ist, wie § 1975 BGB zeigt, gelten die Ausführungen zur Nachlasspflegschaft (Rn 75) entsprechend.

f) Rechtsmittel. Vgl. § 359. Zu den Rechtsmitteln gegen Vergütungsbeschlüsse vgl. oben Rn 84. Beschwerdegericht ist das OLG (§ 119 Abs. 1 Nr. 1 b GVG). Übergangsrecht (Stichtag 1. 9. 2009): Art. 111 FGG-RG. **94**

g) Kosten. Gerichtsgebühr vgl. § 106 KostO. Verwaltervergütung oben Rn 93. Die Kosten der Nachlassverwaltung sind Nachlassverbindlichkeiten (§ 6 KostO) und im Nachlassinsolvenzverfahren Masseverbindlichkeiten gem. § 324 Abs. 1 Nr. 4 InsO. **95**

3. Entlassung eines Testamentsvollstreckers (Abs. 4 S. 1 Nr. 2)

a) Materielles Recht. Das Nachlassgericht kann den Testamentsvollstrecker auf Antrag eines der Beteiligten entlassen, wenn ein „wichtiger Grund" vorliegt (insbesondere grobe Pflichtverletzung oder Unfähigkeit zur ordnungsmäßigen Geschäftsführung[156]); § 2227 BGB. Eine Entlassung durch Beschluss der Erben gibt es nicht. **96**

b) Antrag. Dafür gelten § 23 ff. Eine Entlassung von Amts wegen ist nicht möglich. Eine **Teil-Entlassung** kann beantragt werden, etwa von einem betroffenen Vermächtnisnehmer.[157] Wenn für den Nachlass Nachlassspaltung eintritt und für den Nachlass im **Ausland** fremdes Recht einschlägig ist, kann der Testamentsvollstrecker nach § 2227 BGB nur für den in Deutschland belegenen Nachlass entlassen werden.[158] **97**

c) Antragsberechtigung

aa) Antragsberechtigte. Antragsberechtigt sind die **Beteiligten im materiellen Sinn,** also diejenigen, welche ein rechtliches Interesse an der Person eines bestimmten Testamentsvollstreckers bzw. an der Testamentsvollstreckung überhaupt haben.[159] Dazu gehören: der mit der Testamentsvollstreckung beschwerte Erbe,[160] jeder Miterbe für sich;[161] auch der Miterbe, dessen Anteil nicht unter Testamentsvollstreckung steht, ist antragsberechtigt bezüglich des Testamentsvollstreckers am anderen Miterbenanteil, weil er mit diesem Testamentsvollstrecker in einem gesetzlichen Schuldverhältnis steht;[162] Vermächtnisnehmer,[163] Pflichtteilsberechtigte[164] (weil sie bestimmte Auskunftsrechte usw. gegen die Erben, d. h. gegen den Testamentsvollstrecker haben und ein Duldungsurteil gegen den Testamentsvollstrecker brauchen, §§ 2213 Abs. 3 BGB, 748 Abs. 3 ZPO), Nacherben, Auflageberechtigte (§ 2194 BGB),[165] Mit-Testamentsvollstrecker. Ein volljähriger geschäftsunfähiger Beteiligter (oder ein insoweit unter Einwilligungsvorbehalt stehender geschäftsfähiger Betreuter, §§ 1896, 1903 BGB) muss von einem Betreuer mit einem entsprechenden Aufgabenkreis vertreten werden (§ 1902 BGB). Ein minderjähriger Beteiligter muss durch seine gesetzlichen Vertreter vertreten werden,[166] z. B. durch Eltern, Vormund, einen Ergänzungspfleger.[167] Stellt **98**

---

[155] Überblick vgl. Zimmermann ZEV 2007, 519.
[156] Einzelheiten Muscheler AcP 1997, 226 bis 304; Zimmermann, Testamentsvollstreckung, Rn 794 bis 803.
[157] Grunsky/Homann ZEV 2005, 41; a. A. die h. M. KG DRiZ 1929 Nr. 498; Soergel/Damrau § 2227 Rn 20; Staudinger/Reimann § 2227 Rn 29 (allenfalls im Höferecht); RGRK/Kregel § 2227 Rn 3.
[158] BayObLG FamRZ 2000, 573.
[159] BGH NJW 1961, 1717; OLG München NJW-RR 2006, 14.
[160] BayObLG FamRZ 2000, 193.
[161] BGHZ 35, 296/300; BayObLG ZEV 2000, 315.
[162] Muscheler AcP 1997, 226/239; Reimann ZEV 2006, 32 (Anm.), der auf ein obiter dictum in BGH ZEV 1997, 116 hinweist, wo einem testamentsvollstreckungsfreien Miterben ein Antragsrecht zugebilligt wird; a. A. OLG Köln NJW-RR 1987, 1098; OLG München NJW-RR 2006, 14.
[163] BGH NJW 1961, 1717; KG JFG 5, 154; OLG Hamm Rpfleger 1986, 16. Zur Teilentlassung vgl. Zimmermann, Testamentsvollstreckung, Rn 804.
[164] BayObLG FamRZ 1997, 905; KG NJW-RR 2005, 869 (aber nicht mehr, wenn sich die Ansprüche des Pflichtteilsberechtigten erledigt haben); KG NJW-RR 2002, 439 und JFG 5, 154; Soergel/Damrau § 2227 Rn 15; a. A. AG Berlin-Schöneberg NJWE-FER 1999, 303; Muscheler AcP 1997, 226/240 und ZErb 2009, 54.
[165] Soergel/Damrau § 2227 Rn 15.
[166] Vgl Zimmermann 15. A. § 13 FGG Rn 33.
[167] OLG Frankfurt ZEV 1998, 350.

der Minderjährige selbst den Antrag, ist eine rückwirkende Genehmigung zulässig.[168] Ist der gesetzliche Vertreter zugleich der zu entlassende Testamentsvollstrecker (z. B. Kind als Erbe, Mutter als Testamentsvollstreckerin), muss ein Pfleger bestellt werden.[169] Der Erblasser kann das Antragsrecht nicht testamentarisch ausschließen oder entziehen.[170]

99   bb) *Nicht Antragsberechtigte.* Nicht antragsberechtigt sind gewöhnliche Nachlassgläubiger,[171] weil sie ein rechtliches Interesse nur an ihrer Forderung haben und kein Recht auf einen bestimmten Testamentsvollstrecker; Erbteilspfandgläubiger;[172] Auflagebegünstigte;[173] Miterben, welchen ihren Anteil veräußert haben;[174] Behörden wie z. B. Devisenstellen,[175] Finanzämter, Grundbuchämter, Vermessungsämter, Staatsanwaltschaft;[176] die vorgesetzte Behörde eines als Testamentsvollstrecker in Nebentätigkeit wirkenden Beamten.[177] Der Testamentsvollstrecker selbst kann seine Entlassung nicht beantragen, weil er das Amt jederzeit niederlegen kann (§ 2226 BGB), selbst wenn er vom Nachlassgericht ernannt wurde (§ 2226 BGB). Der frühere Testamentsvollstrecker kann nicht die Entlassung seines Nachfolgers beantragen;[178] der bestimmungsberechtigte Dritte (§ 2198 I BGB[179] (denn ab der Bestimmung ist er nicht mehr beteiligt, er hat kein allgemeines Wächteramt); die Eltern des minderjährigen Erben, denen nach § 1638 BGB die Verwaltung der Erbschaft entzogen wurde.[180] Eine Entlassung auf Antrag eines Nichtberechtigten ist wirksam, aber anfechtbar.

100   **d) Beteiligte.** Der Testamentsvollstrecker, der entlassen werden soll, ist zwingend Beteiligter (Abs. 4 S. 1 Nr. 2). Das Nachlassgericht kann weitere Personen, deren Recht durch die Entlassung des Testamentsvollstreckers oder deren Ablehnung **unmittelbar betroffen** wird, nach seinem Ermessen hinzuziehen (Abs. 4 S. 2). Solche Personen sind z. B. diejenigen, die selbst antragsberechtigt gewesen wären (oben Rn 98). Eine mittelbare Betroffenheit genügt nicht. Das Gericht hat ein **Ermessen,** wann und ob es solche Personen hinzuzieht; liegt zweifelsfrei ein wichtiger Grund für die Entlassung vor, wird sie entfallen müssen, schon um die Entlassung nicht zu verzögern.

101   Die potenziellen Beteiligten können einen **Beiziehungsantrag** stellen (Abs. 4 S. 3) und müssen dann zu formell Beteiligten erhoben werden. Zuvor sind diese Personen von der Einleitung des Entlassungsverfahrens zu benachrichtigen, soweit sie dem Gericht bekannt sind; über ihr Antragsrecht nach S. 3 sind sie zu belehren (§ 7 Abs. 4).

e) Verfahren

102   aa) *Zuständigkeit.* Zuständig ist der Richter (§ 16 Abs. 1 Nr. 5 RPflG; anderes Landesrecht wäre nur im Fall des § 2200 BGB möglich, § 19 Abs. 1 Nr. 5 RPflG); in Baden-Württemberg sind die Notariate zuständig (§ 1 Abs. 2, 38 BaWüLFGG). Zur sachlichen und örtlichen Zuständigkeit vgl. § 343 Rn 22, 36.

103   bb) *Ermittlungen.* Wird ein zulässiger Antrag gestellt, hat das Nachlassgericht die erforderlichen Ermittlungen z. B. zur Frage des wichtigen Grundes von Amts wegen vorzunehmen (§ 26). Es hat insbesondere den Testamentsvollstrecker zu den Vorwürfen des Antragstellers zu hören (schriftlich[181] oder mündlich); die Einschränkung im früheren § 2227 Abs. 2 BGB (Anhörung nur wenn „tunlich") wurde durch das FGG-RG gestrichen. Die Anhörung darf nur entfallen, wenn sie nicht möglich ist (z. B. weil der Testamentsvollstrecker unter-

---

[168] BGH NJW 1989, 984; Baur DNotZ 1965, 485; a. A. OLG Frankfurt DNotZ 1965, 482; Staudinger/Reimann § 2227 Rn 24.
[169] BayObLGZ 1967, 230.
[170] RGZ 133, 128/135.
[171] BGH NJW 1961, 1717; a. A. früher BayObLG 21, 206; KG OLGE 40, 137.
[172] LG Stuttgart BWNotZ 1992, 59.
[173] LG Verden MDR 1955, 231; a. A. Staudinger/Reimann § 2227 Rn 22.
[174] A. A. OLG Düsseldorf FamRZ 1997, 769.
[175] Soergel/Damrau § 2227 Rn 16; Lange/Kuchinke § 29 VIII 2 b; a. A. KG JFG 16, 74; Staudinger/Reimann § 2227 Rn 27.
[176] Firsching/Graf Rn 4484.
[177] Staudinger/Reimann § 2227 Rn 26.
[178] OLG Köln NJW-RR 1987, 1098; OLG München BeckRS 2011, 05902.
[179] Soergel/Damrau § 2227 Rn 15; a. A. Muscheler AcP 1997, 226/239; Winkler 15. A. § 81 FGG Rn 5.
[180] BGH NJW 1989, 984.
[181] BayObLG FamRZ 2000, 193.

getauocht ist); sonst läge ein Verstoß gegen Art. 103 Abs. 1 GG vor. Hat ein Miterbe den Antrag gestellt, sind die übrigen Miterben anzuhören.[182] Sind Erben zu hören, muss das nicht unbedingt mündlich erfolgen.[183]

Ob ein **wichtiger Grund** vorliegt ist zu ermitteln; die Angaben des Antragstellers sind nur Anregungen hierzu. Abzuwägen sind das Interesse des Nachlasses, der Erben einerseits und der mutmaßliche Wille des Erblassers.[184] **104**

Eine Entlassung setzt nicht nur einen Antrag und einen wichtigen Grund voraus, sondern auch,[185] dass der Testamentsvollstrecker wirksam **ernannt** wurde[186] (daran kann es z. B. wegen Verstoß gegen § 2306 BGB fehlen) und noch im Amt ist. Ferner hat das Nachlassgericht sein **Ermessen** auszuüben („kann").[187] So können auch dann, wenn ein wichtiger Grund vorliegt, überwiegende Gründe für das Verbleiben des Testamentsvollstreckers in seinem Amt sprechen,[188] wenn der Nachlass im Wesentlichen abgewickelt ist oder die mangelhafte Leistungsfähigkeit bereits dem Erblasser bekannt war.[189] Hat der zu entlassende Testamentsvollstrecker das Recht, selbst seinen Nachfolger zu benennen, muss ihm dazu noch Gelegenheit gegeben werden.[190] **105**

cc) Erledigung der Hauptsache. Sie tritt ein, wenn der Testamentsvollstrecker während des Entlassungsverfahrens sein Amt kündigt[191] oder das Amt auf andere Weise (Fristablauf, Erfüllung der letzten Aufgabe, Mittellosigkeit des Nachlasses) endigt.[192] **106**

dd) Entscheidung. Sie erfolgt durch Beschluss (§ 38). Die Entlassung wird wirksam mit Zugang beim entlassenen Testamentvollstrecker (§ 40 Abs. 1). Der Beschluss ist dem Entlassenen zuzustellen (§ 41 Abs. 1 S. 2), allen anderen Beteiligten formlos mitzuteilen (§ 41 Abs. 1 S. 1). Durch die Bekanntmachung des Entlassungsbeschlusses an den Testamentsvollstrecker erlischt das Amt (vgl. § 40 Abs. 1), auch wenn dieser gegen die Verfügung Beschwerde einlegt.[193] Das Beschwerdegericht (OLG) kann aber dann die sofortige Vollziehung aussetzen (§ 64 Abs. 3). **107**

Es ist nicht zulässig, eine Entlassung mit Wirkung erst **ab einem bestimmten Termin** auszusprechen.[194] Nach h. M. gibt es keine **zeitweilige Entlassung** („während der Dauer der Reise vom ... bis ...");[195] zweifelhaft. Eine **Teilentlassung** kann zulässig sein, falls das dem mutmaßlichen Willen des Erblassers entspricht und sich die Ungeeignetheit abtrennbar nur auf eine Teilaufgaben bezieht. **108**

Eine **einstweilige Anordnung** ist zulässig, indem z. B. dem Testamentsvollstrecker die Verfügung über bestimmte Nachlassgegenstände untersagt wird (§ 49 Abs. 2 S. 1), aber nicht als einstweilige Entlassung.[196] **109**

Die **Zurückweisung des Antrags** wird dem Antragsteller zugestellt, den anderen Beteiligten formlos mitgeteilt (§ 41 Abs. 1 S. 2). **110**

Die **Kostenentscheidung** richtet sich nach §§ 80 ff. Wird der Testamentsvollstrecker entlassen, müssen die Kosten (z. B. Anwaltskosten) des Antragstellers (i. d. R. des Erben) nicht zwingend dem Testamentsvollstrecker als Antragsgegner auferlegt werden; doch wird es in der Regel geboten sein. Diese Kosten und seine eigene Kosten im Zusammenhang mit dem Entlassungsverfahren kann der Testamentsvollstrecker jedenfalls dann aus dem **111**

---

[182] OLG Hamm FamRZ 1994, 1419.
[183] OLG Köln NJW-RR 2005, 94.
[184] OLG Hamm FamRZ 1994, 1419.
[185] Als Vorfrage, OLG Düsseldorf FamRZ 1998, 863.
[186] RGZ 168, 177; Staudinger/Reimann § 2227 Rn 29. Er muss aber das Amt noch nicht angenommen haben, OLG Hamm NJW 1968, 800.
[187] BayObLG ZEV 2000, 315; BayObLG FamRZ 1997, 905/907; OLG Oldenburg FamRZ 1999, 472; OLG Zweibrücken FamRZ 1999, 472.
[188] BayObLG ZEV 2000, 315.
[189] OLG Düsseldorf RNotZ 1964, 505; OLG Zweibrücken DNotZ 1973, 112.
[190] OLG Hamm NJW-RR 2007, 878.
[191] BayObLG ZEV 1995, 370 (mit Anm. Winkler).
[192] OLG Hamm NJW-RR 2002, 1300.
[193] BayObLG FamRZ 1999, 474; BayObLGZ 1969, 138/142.
[194] KG DRiZ 1929 Nr. 498; aber auch OLG Hamm NJW-RR 2007, 878.
[195] Muscheler AcP 1997, 226/258; Haegele BWNotZ 1974, 119.
[196] Horndasch/Viefhues/Heinemann § 355 Rn 50.

Nachlass erstattet verlangen (§ 2218 Abs. 1 BGB), wenn er die Verteidigung gegen das Entlassungsverfahren für erforderlich halten durfte, um den Erblasserwillen zu verteidigen.[197]

112 **f) Rechtsmittel.** Hier stellt das Gesetz drei Beschwerdevarianten zur Verfügung: **(1)** Gegen bestimmte Fristbestimmungen: sofortige Beschwerde, aber nach §§ 567 bis 572 ZPO (Beschwerdefrist zwei Wochen, § 569 ZPO); § 355 Abs. 1. **(2)** Bei bestimmten Meinungsverschiedenheiten zwischen mehreren Testamentsvollstreckern: Befristete Beschwerde nach §§ 58 ff. FamFG, aber die Frist beträgt nicht ein Monat, sondern nur zwei Wochen (§ 355 Abs. 2), in Abweichung von § 63 (zulässig nach § 63 Abs. 1: „soweit"). **(3)** Sonst: Befristete Beschwerde nach §§ 58 ff. (Frist: ein Monat, § 63; Wert: § 61). Sie ist statthaft, wenn der Testamentsvollstrecker entlassen wird. Ebenso, wenn der Entlassungsantrag zurückgewiesen wird (beschwerdeberechtigt ist dann nur der Antragsteller, § 59 Abs. 2).

113 **Beschwerdegericht** ist das OLG (§ 119 Abs. 1 Nr. 1 b GVG). Rechtsbeschwerde zum BGH evtl. nach §§ 70 ff. Die Beschwerde kann auf neue Tatsachen und Beweismittel gestützt werden (§ 65 Abs. 2). Wegen der Altfälle (Stichtag 1. 9. 2009) vgl. Art. 111 FGG-RG (das LG ist dann noch zuständig, wie bisher).

114 **g) Kosten.** Gerichtsgebühren vgl. § 113 KostO; Gebührenfreiheit nach § 115 KostO; Geschäftswert: § 30 Abs. 2 KostO. Kostenschuldner ist im Verhältnis zur Gerichtskasse der Antragsteller (§ 2 Nr. 1 KostO). Die Zurückweisung des Entlassungsantrags führt zur Gebühr nach § 130 Abs. 1 KostO; zahlungspflichtig ist der Antragsteller (§ 2 Nr. 1 KostO). Geschäftswert des Beschwerdeverfahrens: 10 bis 20% des zu verwaltenden Nettonachlasses.[198] Wendet sich der Testamentsvollstrecker gegen seine Entlassung soll der Wert 2% bis 10% des Nettonachlasses betragen;[199] meines Erachten errechnet sich der Wert aus der Summe des künftig verlorenen Honorars, abgezinst.

4. Bestimmung erbrechtlicher Fristen (Abs. 4 S. 1 Nr. 3)

115 **a) Anwendungsfälle.** Die Regelung lehnt sich teilweise an den früheren § 80 FGG an. Fristen werden vom Nachlassgericht in folgenden Fällen gesetzt:

116 *(1)* Der Erblasser hat mehrere mit einem Vermächtnis in der Weise bedacht, dass der Beschwerte oder ein Dritter zu bestimmen hat, wer von den mehreren das Vermächtnis erhalten soll; auf Antrag eines der Beteiligten setzt das Nachlassgericht dem Beschwerten bzw. dem Dritten eine Frist zur Abgabe der Erklärung (§ 2151 Abs. 3 S. 2 BGB). Antragberechtigt ist jeder Vermächtnisnehmer; beim Bestimmungsrecht des Dritten ferner der Beschwerte (z. B. der Erbe); Testamentsvollstrecker; Nachlasspfleger; Nachlassverwalter. Nicht antragsberechtigt sind Nachlassgläubiger.

117 *(2)* Der Erblasser hat ein Vermächtnis in der Art angeordnet, dass der Bedachte von mehreren Gegenständen nur den einen oder anderen erhalten soll, und die Wahl einem Dritten übertragen; auf Antrag eines der Beteiligten setzt das Nachlassgericht dem Dritten eine Frist zur Abgabe der Bestimmungserklärung (§ 2154 Abs. 2 S. 2 BGB). Antragberechtigt ist der Vermächtnisnehmer, der Beschwerte; sonst wie bei Rn 116.

118 *(3)* Der Erblasser hat die vermachte Sache nur der Gattung nach bestimmt und die Bestimmung der Sache dem Bedachten oder einem Dritten übertragen; auf Antrag eines der Beteiligten setzt das Nachlassgericht dem Dritten eine Frist zur Abgabe der Bestimmungserklärung (§ 2155 Abs. 2, der auf §§ 2154 Abs. 2 S. 2, 2151 Abs. 3 S. 2 BGB verweist). Antragberechtigt ist der Vermächtnisnehmer, der Beschwerte; sonst wie bei Rn 116.

119 *(4)* Der Erblasser hat Bestimmungen der unter §§ 2154 bis 2155 BGB bezeichneten Art bei einer Auflage getroffen (§ 2192 BGB); auch hier ist auf Antrag eines der Beteiligten eine Frist zu setzen (§ 2151 Abs. 3 S. 2 BGB). Antragberechtigte wie bei Rn 116 bis 118.

---

[197] RG JW 1936, 3388; OLG Oldenburg FamRZ 1996, 762; Staudinger/Reimann § 2227 Rn 34.
[198] BayObLG FamRZ 2004, 1304; OLG München ZErb 2009, 97 (10% des Reinnachlasses).
[199] OLG Frankfurt ZEV 2006, 173; zum entsprechenden Zivilprozess BGH ZEV 2000, 409.

120 (5) Der Erblasser hat bei der Anordnung einer Auflage, deren Zweck er bestimmt hat, die Bestimmung der Person, an welche die Leistung erfolgen soll, einem Dritten überlassen; dem Dritten kann auf Antrag eines der Beteiligten eine Frist gesetzt werden (§ 2193 Abs. 3 S. 3 BGB). Antragsberechtigte sind die Erben; die Auflagebegünstigten. Im Falle des § 2193 Abs. 2 BGB dagegen erfolgt die Fristsetzung nicht durch das Nachlassgericht, sondern den Beschwerten.

121 (6) Der Erblasser hat die Bestimmung der Person des Testamentsvollstreckers einem Dritten überlassen; auf Antrag eines der Beteiligten kann das Nachlassgericht eine Frist setzen (§ 2198 Abs. 2 BGB). Antragberechtigt sind Erben, Nacherben, Vermächtnisnehmer,[200] Pflichtteilsberechtigte,[201] Auflageberechtigte (§ 2194 BGB), Auflagebegünstigte,[202] Mitvollstrecker, Nachlasspfleger, Nachlassverwalter, Nachlassgläubiger wegen § 2213 BGB, § 748 ZPO.

122 (7) Das Nachlassgericht kann dem ernannten Testamentsvollstrecker auf Antrag eines der Beteiligten eine Frist zur Erklärung bestimmen, ob er das Amt annimmt oder ablehnt (§ 2202 Abs. 3 S. 1 BGB). Antragsberechtigte: wie bei Rn 121.

123 **b) Beteiligte.** Der Antragsteller ist schon nach § 7 Abs. 1 formell Beteiligter. Derjenige, dem eine Frist gesetzt werden soll oder wird, ist ebenfalls Beteiligter (**Abs. 4 S. 1 Nr. 3**). Das Nachlassgericht kann weitere Personen, deren Recht durch die Fristbestimmung oder deren Ablehnung **unmittelbar betroffen** wird, nach seinem Ermessen hinzuziehen (Abs. 4 S. 2). Solche Personen sind z. B. diejenigen, die selbst antragsberechtigt gewesen wären. Eine mittelbare Betroffenheit genügt nicht. Das Gericht hat ein **Ermessen,** wann und ob es solche Personen hinzuzieht; liegt zweifelsfrei ein Grund für die Fristsetzung vor, entfällt die Zuziehung weiterer Beteiligter.

124 Die potenziellen Beteiligten sind von der Einleitung des Entlassungsverfahrens zu benachrichtigen, soweit sie dem Gericht bekannt sind (zur Ermittlungspflicht vgl. Rn 17, 147); über ihr Antragsrecht nach S. 3 sind sie zu belehren (§ 7 Abs. 4). Sie können einen **Beiziehungsantrag** stellen (Abs. 4 S. 3) und müssen dann zu formell Beteiligten erhoben werden.

c) Entscheidung

125 *aa) Fristbestimmung.* Sie erfolgt auf Antrag eines Beteiligten durch Beschluss (§ 38) des Rechtspflegers (§ 3 Nr. 2 c RPflG); zum Landesrecht vgl. § 343 Rn 103. Die Länge der Frist muss dem Einzelfall angemessen sein (in der Regel mindestens etwa zwei Wochen). Die Entscheidung wird mit der Bekanntmachung an denjenigen, dem die Frist gesetzt ist, wirksam (§ 40 Abs. 1). Der Beschluss ist allen Beteiligten formlos mitzuteilen (§ 41 Abs. 1 S. 1); demjenigen, welchem die Frist gesetzt wurde, ist der Beschluss **zuzustellen** (§ 41 Abs. 1 S. 2), weil die Fristsetzung seinem Willen nicht entspricht (sonst hätte er es nicht auf ein gerichtliches Verfahren ankommen lassen). Die Beschwerdefrist beginnt für jeden Beteiligten mit der Zustellung bzw. dem Zugang an ihn.

126 *bb) Änderung der Fristbestimmung.* Die Änderung einer Fristbestimmung durch das Nachlassgericht (z. B. eine Verlängerung vor Fristablauf) war nach früherer Rechtslage wegen § 18 Abs. 2 FGG ausgeschlossen. Jetzt kann die noch nicht rechtskräftige Fristbestimmung auf Antrag des ursprünglichen Antragstellers[203] geändert werden (§ 48 Abs. 1 S. 2). Ab Rechtskraft scheidet eine Änderung aus; § 48 Abs. 1 S. 1 ist nicht einschlägig, weil es sich um keine Entscheidung mit Dauerwirkung handelt.

127 *cc) Ablehnung der Fristbestimmung.* Sie erfolgt durch Beschluss (§ 38) des Rechtspflegers (§ 3 Nr. 2 c RPflG). Die Änderung einer ablehnenden Entscheidung ist möglich, wenn ein Antrag dessen vorliegt, der den abgelehnten Antrag gestellt hat (§ 48 Abs. 1 S. 2).

128 **d) Rechtsmittel.** Sowohl gegen die **Bestimmung der Frist** wie gegen eine etwaige Verlängerung bzw. Abkürzung ist die befristete Beschwerde statthaft (§ 11 Abs. 1 RPflG, § 58 FamFG; Frist § 63). Sie kann auch nur wegen der Länge der Frist eingelegt werden.

---

[200] Staudinger/Reimann § 2198 Rn 24.
[201] BGHZ 35, 296; KG NJW 1963, 1553.
[202] Staudinger/Reimann § 2198 Rn 24; a. A. LG Verden MDR 1955, 231.
[203] BT-Drs. 16/6308 S. 198.

Beschwerdeberechtigte: § 59. Darunter fällt zunächst der, dem eine Frist gesetzt wird; in ihren Rechten beeinträchtigt werden in den Fällen Rn 116 bis 121 auch die Bedachten und die Beschwerten, bei Auflagen auch derjenige, der die Vollziehung der Auflage zu verlangen berechtigt ist (auch die nach § 2194 BGB zuständige Behörde), jedenfalls wenn die gesetzte Frist zu lang ist. Im Fall des § 2198 Abs. 2 BGB ist beschwerdeberechtigt der, dem eine Frist gesetzt wird; die Erben, Pflichtteilsberechtigten, Auflageberechtigten, Mitvollstrecker; nicht die Nachlassgläubiger.[204] Wenn auf Beschwerde gegen eine Fristbestimmung das Beschwerdegericht den Antrag auf Fristbestimmung ablehnt, ist allenfalls Rechtsbeschwerde zum BGH statthaft (§ 70).

129 Gegen die **Ablehnung der Fristsetzung** steht nur dem ursprünglichen Antragsteller die Beschwerde zu (§ 59 Abs. 2). Zweifelhaft ist, ob in diesem Fall das Beschwerdegericht (OLG) die Frist selbst setzen darf oder nur das Nachlassgericht dazu anweisen darf (dafür spricht der Wortlaut des Gesetzes). Gegen den Beschluss des Beschwerdegerichts ist allenfalls Rechtsbeschwerde zum BGH statthaft (§ 70).

130 e) **Kosten.** Gerichtsgebühren für die Fristbestimmung vgl. § 114 Nr. 2 KostO (bei §§ 2151, 2153 bis 2155, 2192, 2193 BGB); § 113 KostO (bei § 2198 Abs. 2 BGB).

5. Bestimmung oder Verlängerung einer Inventarfrist (Abs. 4 S. 1 Nr. 4)

131 a) **Materielles Recht.** Die Bestimmung der Inventarfrist erfolgt nach § 1994 Abs. 1 BGB auf Antrag eines Nachlassgläubigers; der Antragsteller muss seine Forderung glaubhaft machen (§ 1994 Abs. 2 BGB). Ein Miterbe, der zugleich Nachlassgläubiger ist, hat keine Berechtigung nach § 1994 Abs. 1 BGB.[205] Die Verlängerung der Inventarfrist nach § 1995 Abs. 3 BGB geschieht auf Antrag des Erben, ebenso die Bestimmung einer neuen Inventarfrist nach § 1996 BGB. Die Frist zur Ergänzung des Inventars § 2005 Abs. 2 BGB wird auf Antrag eines Nachlassgläubigers gesetzt, nicht des Erben.[206]

132 b) **Beteiligte.** Der Antragsteller ist nach § 7 Abs. 1 formell Beteiligter. Der Erbe, dem die Frist gesetzt werden soll oder wird, ist ebenfalls Beteiligter **(Abs. 4 S. 1 Nr. 4)**; steht er unter Betreuung mit entsprechendem Aufgabenkreis, wird er vom Betreuer insoweit vertreten (§ 1902 BGB). Im seltenen Fall des § 2008 BGB (Erbschaft fällt bei Gütergemeinschaft in das Gesamtgut) ist der Ehegatte bzw. Lebenspartner des Erben Beteiligter. Die Frist ist beiden Ehegatten zu setzen. Das Nachlassgericht kann weitere Personen, deren Recht durch die Fristbestimmung oder deren Ablehnung unmittelbar betroffen wird, nach seinem Ermessen hinzuziehen (Abs. 4 S. 2); das sind z. B. diejenigen, die selbst antragsberechtigt gewesen wären, etwa andere Nachlassgläubiger. Das Gericht hat ein **Ermessen,** wann und ob es solche Personen hinzuzieht; liegt zweifelsfrei ein Fall der Inventarerrichtung vor, entfällt eine Zuziehung weiterer Beteiligter.

133 Die potenziellen Beteiligten sind von der Einleitung des Entlassungsverfahrens zu benachrichtigen, soweit sie dem Gericht bekannt sind (zur Ermittlungspflicht vgl. Rn 17, 147); über ihr Antragsrecht nach S. 3 sind sie zu belehren (§ 7 Abs. 4). Sie können einen **Beiziehungsantrag** stellen (Abs. 4 S. 3), dem zu entsprechen ist.

134 c) **Entscheidung.** Zuständig ist in den Fällen §§ 1994 Abs. 1, 1995 Abs. 3, 1996, 2005 Abs. 2 BGB der Rechtspfleger (§ 3 Nr. 2 c RPflG). Er entscheidet durch Beschluss (§ 38). Im seltenen Fall des § 2008 BGB (Erbschaft fällt bei Gütergemeinschaft in das Gesamtgut) ist die Frist beiden Ehegatten zu setzen. Die Frist soll ein bis drei Monate betragen (§ 1995 Abs. 1 S. 1 BGB). Der Beschluss ist den Beteiligten formlos mitzuteilen (§ 41 Abs. 1 S. 1), dem Erben (bzw. seinem gesetzlichen Vertreter) zuzustellen (§ 41 Abs. 1 S. 2). Mit der Bekanntmachung an den Erben wird der Beschluss wirksam (§ 40 Abs. 1). Bei Betreuten wird das Betreuungsgericht von der Fristsetzung verständigt (§ 1999 BGB). Mit Zustellung beginnt die Frist für die Inventarerrichtung (§ 1995 Abs. 1 S. 2, Abs. 2 BGB), bei Miterben mit der jeweiligen Zustellung. Die bei Antragseingang noch nicht abgelaufene[207] Frist kann

---

[204] Vgl BGH NJW 1961, 1717; a. A. Schlegelberger § 80 Rn 3.
[205] KG OLGZ 1979, 276 mit weiteren Nachweisen.
[206] Soergel/Stein § 2005 Rn 6; Staudinger/Marotzke § 2005 Rn 14.
[207] MünchKommBGB/Siegmann § 1995 Rn 4.

verlängert werden (§ 1995, Abs. 3 BGB). Die Fristsetzung kann nicht **aufgehoben** werden, auch nicht auf Antrag, weil keine Entscheidung mit Dauerwirkung vorliegt (§ 48 Abs. 1). Hier müsste Beschwerde eingelegt werden.

d) Zuständigkeit für die Inventarerrichtung. Der Erbe kann das Inventar nicht selbst errichten, er muss eine zuständige Behörde oder einen zuständigen Beamten oder Notar zuziehen (§ 2002 BGB). Er kann beim Nachlassgericht beantragen, dass das Gericht entweder das Inventar selbst errichtet oder die Aufnahme einer zuständigen Behörde, einem Beamten oder Notar überträgt (§ 2003 BGB). Bundesrechtlich verweist § 20 BNotO auf das Landesrecht. Es kann die Zuständigkeit besonders regeln: **Baden-Württemberg:** Notar (§ 41 Abs. 5 Bad.-Württ.LFGG); **Bayern:** Notar (Art. 8 BayAGGVG; § 20 Abs. 5 BNotO); **Bremen:** Notar, Gerichtsvollzieher (§ 63 BremAGBGB); **Hamburg:** Notar, Gerichtsvollzieher (§ 78 HHAGBGB); **Hessen:** AG, Notar (Art. 38 Abs. 2, 44 Abs. 1 Nr. 6, 45 Abs. 1 Nr. 3, 46, 86 FGG, § 15 OrtsgerichtsG); für die ehemals preußischen Gebiete: AG, Notar (Art. 31, 32, 38, 108, 111 f. Pr-FGG;[208] §§ 70, 74 PrAGGVG); **Mecklenburg-Vorpommern:** Gerichtsvollzieher (Art. I Abschn. 3 § 10 Abs. 1 Nr. 3 GOG); **Niedersachsen:** Urkundsbeamter der Geschäftsstelle des AG, Notar, Gerichtsvollzieher (Art. 13, 24 Nr. 2, 25 Nr. 2 NdsFGG); **Thüringen:** Notar, Urkundsbeamter d. Geschäftsstelle des AG oder andere Behörde durch Zuständigkeitsübertragung des AG (§ 3 AGGVG).

e) Rechtsmittel. Die Beschwerde ist statthaft (§ 11 Abs. 1 RPflG; §§ 58 ff. FamFG, Frist § 63 FamFG) gegen den Beschluss, durch den dem Erben eine **Inventarfrist bestimmt** wird, oder eine neue Inventarfrist bestimmt wird, einem Antrag auf Verlängerung der Inventarfrist stattgegeben oder ein Antrag auf Fristverlängerung oder auf Bestimmung einer neuen Inventarfrist abgelehnt wird. Beschwerdeberechtigt (§ 59) ist jeder Erbe und die übrigen Nachlassgläubiger. Der Antragsteller, dessen Antrag stattgegeben wurde, ist hinsichtlich der Länge der Frist („zu lang") beschwerdeberechtigt (§ 59 Abs. 2).[209] Im Fall des § 2008 BGB (Erbschaft fällt bei Gütergemeinschaft in das Gesamtgut) ist auch der nichterbende[210] Ehegatte oder dessen (registrierter, homosexueller) Lebenspartner beschwerdeberechtigt. Ein beschwerdeführender Gläubiger, der nicht Antragsteller war, muss seine Forderung bei Beschwerdeeinlegung glaubhaft machen (§ 1994 Abs. 2 BGB).[211]

Gegen den Beschluss, durch den Antrag auf Fristbestimmung **zurückgewiesen** wird, ist ebenfalls die befristete Beschwerde statthaft (§§ 58 ff.), aber nur für den ursprünglichen Antragsteller (§ 58 Abs. 2).

Die **Beschwerdefrist** (§ 63 Abs. 1; ein Monat) beginnt für jeden Erben mit der Bekanntgabe des Beschlusses an ihn (§ 63 Abs. 3), für den antragstellenden Nachlassgläubiger ebenso. **Beschwerdegericht** ist das OLG (§ 119 Abs. 1 Nr. 1 b GVG). Übergangsrecht (Stichtag: 1. 9. 2009): Art. 111 FGG-RG.

f) Kosten. Gerichtsgebühren für Entgegennahme des Inventars vgl. § 114 Nr. 1 KostO; für den Antrag nach § 2003 BGB ebenfalls § 114 Nr. 1 KostO (diese Gebühr kann also mehrfach anfallen); Gebührenfreiheit nach § 115 KostO. Für die Aufnahme des Inventars durch den Notar etc. fällt die Gebühr nach § 52 KostO an.

6. Abnahme einer eidesstattlichen Versicherung (Abs. 4 S. 1 Nr. 5)

Eine eidesstattliche Versicherung ist z. B. in den Fällen[212] der §§ 259, 260, 2006, 2028, 2057 BGB, auch § 2206 BGB, abzugeben, wenn der Berechtigte es verlangt. Ist im Rahmen der Zwangsvollstreckung die eidesstattliche Versicherung (zwecks Vermögensoffenbarung) abzugeben, kommen §§ 807, 899 ff. ZPO zum Zug (Abgabe vor dem Gerichtsvollzieher, § 899 Abs. 1 ZPO); mit freiwilliger Gerichtsbarkeit hat das nichts zu tun.

---

[208] OLG Hamm Rpfleger 1976, 212.
[209] BayObLG Rpfleger 1993, 68.
[210] MünchKommBGB/Siegmann § 2008 Rn 2.
[211] Bassenge/Roth § 77 FGG Rn 2.
[212] Zusammenstellung der einzelnen Fälle vgl. Palandt/Heinrichs 68. Aufl. § 260 Rn 5.

141 a) Fall des § 2006 BGB. Im Fall des § 2006 BGB (Abgabe durch den Erben auf Verlangen eines Nachlassgläubigers zur Vermeidung des Eintritts der unbeschränkbaren Erbenhaftung) regelt § 361 (früher: § 79 FGG) das Verfahren. Es handelt sich um eine **Nachlasssache,** wie die Einordnung nach §§ 345 ff. zeigt. Den Antrag kann sowohl von einem Nachlassgläubiger wie vom Erben gestellt werden (§ 361). Das Nachlassgericht bestimmt dann einen Termin. Zuständig ist der Rechtspfleger. Weigert sich der Erbe, die eidesstattliche Versicherung abzugeben, scheidet eine Erzwingung oder Vollstreckung aus; die Folge (volle Haftung) ergibt sich aus § 2006 Abs. 3 BGB.

142 b) Fälle der §§ 259, 260, 2028 und § 2057 BGB. Die Fälle der §§ 259, 260, 2028 und § 2057 BGB bezeichnet das FamFG als **weitere Angelegenheiten der freiwilligen Gerichtsbarkeit** (§ 410 Nr. 1; früher § 163 FGG); Einzelheiten zum Verfahren regeln §§ 411 bis 414. Hier will der Antragsteller Informationen vom Verpflichteten haben, seine Säumnis bringt ihm nichts; deshalb muss vollstreckt werden. (1) Der Verpflichtete kann die eidesstattliche Versicherung freiwillig abgeben; sie erfolgt im Verfahren der Freiwilligen Gerichtsbarkeit vor der entsprechenden Abteilung des AG. (2) Ist der Verpflichtete, weil er die Versicherung nicht freiwillig abgeben wollte, zur Abgabe der eidesstattlichen Versicherung vom Prozessgericht verurteilt worden (z. B. § 2028 BGB: Klage gegen den Hausgenossen des Erblassers auf Auskunft und eidesstattliche Versicherung; in der Regel als Teil einer Stufenklage, § 254 ZPO), kann er sie anschließend trotzdem noch freiwillig vor dem Gericht der freiwilligen Gerichtsbarkeit abgeben.[213] (3) Andernfalls ist die Versicherung vor dem AG Abt. Vollstreckungsgericht abzugeben. Zuständig ist der Rechtspfleger (§ 20 Nr. 17 RPflG); bei Erzwingung der Versicherung mit Haft (§§ 891, 902 ff. ZPO) ist für die Anordnung der Richter zuständig (§ 4 Abs. 2 Nr. 2 RPflG); ungenügend ist die Abgabe vor einem Notar.[214]

143 c) Beteiligte im Falle des § 2006 BGB. Der Antragsteller ist nach § 7 Abs. 1 formell Beteiligter. Derjenige, der die eidesstattliche Versicherung abzugeben hat, sowie im Falle des § 2008 BGB dessen Ehegatte oder Lebenspartner sind ebenfalls Beteiligte **(Abs. 4 S. 1 Nr. 5).** Das Gericht kann weitere Personen, deren Recht durch die eidesstattliche Versicherung unmittelbar betroffen wird, nach seinem Ermessen hinzuziehen (Abs. 4 S. 2). Das Gericht hat ein **Ermessen.** In der Regel entfällt eine Zuziehung weiterer Beteiligter. Die potenziellen Beteiligten sind von der Einleitung des Entlassungsverfahrens zu benachrichtigen, soweit sie dem Gericht bekannt sind (zur Ermittlungspflicht vgl. Rn 17, 147); über ihr Antragsrecht nach S. 3 sind sie zu belehren (§ 7 Abs. 4). Sie können einen **Beiziehungsantrag** stellen (Abs. 4 S. 3), dem zu entsprechen ist.

144 d) Ladung zum Termin im Falle des § 2006 BGB. Sachlich zuständig ist das AG (§ 23 a Abs. 2 Nr. 2 GVG; in den anderen Fällen nach § 23 Abs. 2 Nr. 5 GVG), dort der Rechtspfleger (§ 3 Nr. 2 c RPflG; § 3 Nr. 1 b RPflG dagegen betrifft die eidesstattliche Versicherung nach §§ 259, 260, 2028 und § 2057 BGB). Örtliche Zuständigkeit: § 343; § 411 Abs. 1 dagegen betrifft die Fälle §§ 259, 260, 2028 und § 2057 BGB. Die Abnahme der eidesstattlichen Versicherung erfolgt nach §§ 478 bis 480, 483 ZPO.

145 e) Rechtsmittel im Falle § 2006 BGB. Gegen die Antragszurückweisung ist die befristete Beschwerde des Antragstellers statthaft (§§ 58, 59 Abs. 2, 63). Gegen die Ladung gibt es kein Rechtsmittel; der Erbe kann einfach ausbleiben (Folge: § 2006 Abs. 3 S. 1 BGB).

146 f) Kosten. Gerichtsgebühr § 124 KostO. Kostenschuldner: § 261 Abs. 3 BGB (gilt für die Abgabe im Verfahren der freiwilligen Gerichtsbarkeit und vor dem Vollstreckungsgericht[215]).

VIII. Information der potenziell Beteiligten

147 Diejenigen, die nach § 345 auf ihren Antrag hinzuzuziehen sind oder auch ohne Antrag hinzugezogen werden können, sind von der Einleitung des Verfahrens zu benachrichtigen,

---

[213] Palandt/Heinrichs 68. Aufl. § 261 Rn 32; a. A. Bassenge/Roth § 163 FGG Rn 1.
[214] OLG Zweibrücken MDR 1979, 492.
[215] BGH NJW 2000, 2113.

soweit sie dem Gericht bekannt sind (§ 7 Abs. 4 S. 1); nach ihnen muss also anscheinend nicht geforscht werden, weder dem Namen nach noch nach der ladungsfähigen Anschrift. Das ist weder mit § 26 noch mit Art. 103 GG vereinbar. Im Rahmen des Möglichen und des Verhältnismäßigen besteht daher eine Ermittlungspflicht des Gerichts. Die Antragsberechtigten sind über ihr Antragsrecht zu belehren (§ 7 Abs. 4 S. 2). Dass den Antragsberechtigten eine Abschrift des verfahrenseinleitenden Antrags zu übersenden sei, war zwar im Gesetzesentwurf[216] (als § 345 Abs. 5) vorgesehen, ist aber vom Rechtsausschuss[217] gestrichen worden. § 23 Abs. 2 regelt, dass das Gericht einen Antrag den übrigen Beteiligten übermitteln „soll". Jedenfalls folgt aus § 13, dass sie den Antrag verlangen können, weil sie sonst nicht darüber entscheiden können, ob sie einen Beteiligungsantrag stellen sollen oder nicht.

IX. Nachlassverfahren von Amts wegen

148 Hierzu gehört insbesondere die **Einziehung eines Erbscheins** (§ 2361 BGB) und die Einziehung eines Testamentsvollstreckerzeugnisses (§§ 2368, 2361), die beide von Amts wegen eingeleitet und betrieben werden; ebenso die landesrechtliche Erbenvermittlung. Dafür gilt § 345 nicht; es bleibt bei der Regelung in § 7. Im Verfahren der Erbscheinseinziehung sind demgemäß (§ 7 Abs. 2 Nr. 1) sowohl der im Erbschein als Erbe ausgewiesene wie auch derjenige hinzuziehen, der anstelle des Scheinerben einen Erbschein beantragt hat.

Unterabschnitt 2. Verwahrung von Verfügungen von Todes wegen

Verfahren bei besonderer amtlicher Verwahrung

346 (1) **Die Annahme einer Verfügung von Todes wegen in besondere amtliche Verwahrung sowie deren Herausgabe ist von dem Richter anzuordnen und von ihm und dem Urkundsbeamten der Geschäftsstelle gemeinschaftlich zu bewirken.**

(2) **Die Verwahrung erfolgt unter gemeinschaftlichem Verschluss des Richters und des Urkundsbeamten der Geschäftsstelle.**

(3) **Dem Erblasser soll über die in Verwahrung genommene Verfügung von Todes wegen ein Hinterlegungsschein erteilt werden; bei einem gemeinschaftlichen Testament erhält jeder Erblasser einen eigenen Hinterlegungsschein, bei einem Erbvertrag jeder Vertragsschließende.**

I. Normzweck

1 Es sollen sowohl die Interessen des Erblassers (Schutz und Geheimhaltung seiner letztwilligen Verfügung) wie auch die öffentlichen Interessen der Rechtspflege an einem geordneten Verwahrungsverfahren gesichert werden.[1] Die Vorschrift entspricht weitgehend § 82a FGG; dieser dem früheren § 2258b BGB. § 2258b BGB wiederum hat seinen Vorgänger in § 38 des Testamentsgesetzes, welcher auf dem Preußischen AGBGB von 1899 beruht. Übergangsrecht: Art. 111 FGG-RG.

II. Anwendungsbereich

1. Letztwillige Verfügung

2 Die Neuregelung umfasst alle Arten von letztwilligen Verfügungen,[2] während bisher Erbverträge nur durch Verweisung mitgeregelt waren; also eigenhändige und notarielle Testamente, Nottestamente, Erbverträge, Konsulartestamente (vgl. § 11 Abs. 2 KonsularG und § 27 Nr. 16 AktO), Konsularerbverträge.

---

[216] BT-Drs. 16/6308.
[217] BT-Drs. 16/9733.
[1] MünchKommBGB/Hagena 4. Aufl. § 2258b Rn 1; Staudinger/Baumann 2003 § 2258b Rn 7.
[2] BT-Drs. 16/6308 S. 279.

2. Besondere amtliche Verwahrung

3 Eine **einfache** amtliche Verwahrung liegt vor, wenn ein Testament nur in eine Akte eingeheftet wird; eine **besondere** amtliche Verwahrung, wenn es sich in einem Tresor befindet. Ein nach § 2247 BGB errichtetes (d. h. privates) Testament ist nur auf Verlangen des Erblassers in (kostenpflichtige) besondere amtliche Verwahrung zu nehmen (§ 2248 BGB); allerdings kann das auch durch Boten oder Postversand erfolgen, wobei keine Legitimation des Erblassers erfolgt, so dass eine besondere amtliche Verwahrung eines Testaments faktisch auch gegen den Willen des Erblassers möglich ist;[3] § 27 AktO.[4] Die meisten privaten Testamente werden allerdings nicht in dieser Art verwahrt, sondern zuhause oder sonst irgendwo. Für notarielle Testamente und Erbverträge gilt § 34 BeurkG: Der Notar, der das Testament beurkundet hat, soll es in einen Umschlag nehmen, diesen mit dem Prägesiegel verschließen, beschriften und veranlassen, dass das Testament unverzüglich in besondere amtliche Verwahrung gebracht wird (§ 34 Abs. 1 BeurkG). Letzteres kann auch durch Postversand erfolgen.[5] Dasselbe gilt für Bürgermeister und Konsuln (§§ 2249, 2250 Abs. 1 BGB, §§ 10, 11 KonsularG[6]). Bei Erbverträgen können die Vertragsparteien die besondere amtliche Verwahrung ausschließen (§ 34 Abs. 2 BeurkG). Zur **erneuten amtlichen Verwahrung** eines gemeinschaftlichen Testaments nach dem Tod des ersten Ehegatten vgl. § 349.

4 **Nicht anwendbar** ist § 346 auf Verfügungen von Todes wegen, die nach dem Tod des Erblassers von jemand, der sie in Besitz hatte, beim Nachlassgericht abgeliefert werden (vgl. § 2259 BGB); sie werden in einfache amtliche Verwahrung genommen, d. h. in die betreffende Nachlassakte eingeheftet (§ 27 Nr. 13 AktO). Gebühren nach der KostO fallen dafür nicht an. Nicht anwendbar ist § 346 auch, falls nach Erlöschen des Amts eines Notars dessen Urkunden bei einem AG verwahrt werden (§ 51 BNotO); hier erfolgt ebenfalls nur eine einfache amtliche Verwahrung.

III. Annahme zur Verwahrung

1. Zuständigkeit; Annahmeanordnung

5 Die örtliche Zuständigkeit richtet sich nach § 344. Funktionell zuständig für die Annahmeanordnung ist entgegen dem Gesetzestext **nicht der Richter**, sondern bundeseinheitlich der Rechtspfleger (§ 3 Abs. 1 Nr. 2c RPflG); zu Baden-Württemberg vgl §§ 38 ff. LFGG. In einigen Bundesländern[7] wurde diese Zuständigkeit auf den Urkundsbeamten der Geschäftsstelle übertragen (§ 36b Abs. 1 S. 1 Nr. 1 RPflG), so dass dort der Urkundsbeamte die Annahme anordnet. Die Anordnung ist dem Verwahrungsbeamten vorzulegen.

6 Die **rechtliche Einordnung der Annahmeanordnung** ist unklar: sollte es sich um eine Endentscheidung im Sinne von § 38 handeln, dann wäre ein förmlicher Beschluss notwendig, zwar keine Begründung (§ 38 Abs. 4 Nr. 2), aber eine förmliche Bekanntgabe des Annahmebeschlusses (§ 41), sogar mit Rechtsmittelbelehrung (§ 39), obwohl ein Rechtsmittel schon mangels Beschwer fehlt. Der schlichte Vorgang der Entgegennahme eines Testaments zwecks Verwahrung ist aber meines Erachtens keine „Endentscheidung", also kein Beschluss,[8] sondern mit einer Anweisung an die Geschäftsstelle vergleichbar, wie wenn die Weglage von Akten ins Archiv „verfügt" wird. Das zeigt auch § 346 Abs. 3, wonach der Einreicher nur eine Quittung (Hinterlegungsschein) bekommt und nicht etwa

---

[3] Staudinger/Baumann (2003) § 2258 b Rn 10.
[4] Jedes Land hat seine eigene AktO, die aber fast identisch sind; z. B. AktO Brandenburg v. 22. 3. 2007 (JMBl. 2007, 62); im Internet unter *www.landesrecht.brandenburg.de*
[5] Staudinger/Baumann § 2258 b Rn 9 (Einschreiben oder Wertbrief).
[6] Bumiller/Harders § 346 Rn 3; Staudinger/Baumann § 2258 a Rn 10; a. A. MünchKommBGB/Hagena 4. Aufl. § 2258 a Rn 11.
[7] Landesrechtliche VO mit unterschiedlichem Übertragungsumfang gibt es in Baden-Württemberg (GBl. 2002, 492); Bayern (GVBl. 2005, 40); Bremen (GBl. 2006, 193); Hamburg (GVBl. 2005, 200); Hessen (GVBl. 2003, 290); Niedersachsen (GVBl. 2005, 223); Sachsen-Anhalt (GVBl. 2004, 724); Thüringen (GVBl. 2003, 319).
[8] MünchKommZPO/Muscheler § 346 FamFG Rn 6; aA Bumiller/Harders § 346 Rn 9.

die Ausfertigung von Beschlüssen. Die Annahme wird also durch **Verfügung** angeordnet;[9] § 38 gilt dafür nicht.

2. Prüfungspflicht

Der Rechtspfleger bzw. Urkundsbeamte des Nachlassgerichts prüft seine sachliche und örtliche Zuständigkeit und ob gegebenenfalls die vom Notar zu beachtenden Förmlichkeiten (Beschriftung des Umschlags etc., Rn 3) beachtet sind. Bei Mängeln (z. B. beschädigtes Siegel des Notars) weist er die Urkundsperson darauf hin und fordert sie zur Behebung des Mangels auf; wird der Mangel nicht behoben, muss die letztwillige Verfügung gleichwohl in besondere amtliche Verwahrung genommen werden.[10] Es fehlt also eine „Entscheidung". Der Rechtspfleger bzw. Urkundsbeamte hat keine Pflicht zu prüfen, ob die letztwillige Verfügung gültig ist; es genügt, dass äußerlich gesehen ein Testament vorliegt; sind formelle Mängel (wie fehlende Unterschrift, Testament mit Schreibmaschine geschrieben) ohne weiteres ersichtlich, wird er den persönlich anwesenden Einreicher fürsorglich darauf hinweisen;[11] die Verwahrung darf er aber keinesfalls ablehnen. Erteilt er (obwohl nicht zur Auskunft verpflichtet) eine unrichtige Auskunft, kann das Amtshaftungsansprüche (§ 839 BGB; Art. 34 GG) auslösen.[12]

3. Verwahrung (Abs. 2)

Nach dem Gesetzestext haben der Richter und der Urkundsbeamte der Geschäftsstelle die Annahme gemeinschaftlich zu bewirken (Vieraugenprinzip), Abs. 1. Was „Bewirkung" genau bedeuten soll, ist unklar. Der Richter wird in Wirklichkeit nicht tätig, weil diese Tätigkeit bundeseinheitlich auf den Rechtspfleger (§ 3 Abs. 1 Nr. 2c RPflG) übertragen wurde, so dass ein Rechtspfleger und ein Urkundsbeamter gemeinschaftlich tätig werden. In einigen Bundesländern (Rn 5) ist anstelle des Rechtspflegers der Urkundsbeamte der Geschäftsstelle zuständig (§ 36b Abs. 1 S. 1 Nr. 1 RPflG), so dass beispielsweise in Niedersachsen[13] zwei Urkundsbeamte der Geschäftsstelle die letztwillige Verfügung in besondere amtliche Verwahrung bringen.

Die Verwahrung erfolgt unter **„gemeinschaftlichem Verschluss"** des Richters und des Urkundsbeamten (Abs. 2). Tatsächlich wird ein Rechtspfleger und ein Urkundsbeamter tätig bzw. (nach Landesrecht, Rn 5) zwei Urkundsbeamte.

Den **technischen Ablauf** regelt § 27 AktO in Verbindung mit diversen ministeriellen Verfügungen. Beim Nachlassgericht wird ein Erbrechtsregister geführt (§ 27 Nr. 1 AktO), ferner ein Namensverzeichnis. Über die zur besonderen amtlichen Verwahrung zu bringenden Testamente und Erbverträge gibt es ferner ein **Verwahrungsbuch** (§ 27 Nr. 4 AktO). Die letztwillige Verfügung wird in einen bestimmten (durch ministerielle Verfügung geregelten) Umschlag gesteckt, der mit dem Prägesiegel oder dem Dienstsiegel zu verschließen ist. Die Annahmeverfügung ist den Verwahrungsbeamten in Urschrift vorzulegen; auf ihr ist die Annahme zur Verwahrung von den Verwahrungsbeamten zu bestätigen (§ 27 Nr. 5 AktO). Die Aufbewahrung erfolgt an einem feuersicheren Ort, z. B. einem Panzerschrank. Über die Verwahrung wird das **Geburtsstandesamt** des Erblassers bzw. die Hauptkartei für Testamente beim AG Berlin-Schöneberg benachrichtigt (§ 347); so wird sichergestellt, dass nach dem Tod des Erblassers die letztwillige Verfügung aufgefunden werden kann. Bei rund 5200 Standesämtern und der Hauptkartei sind derzeit auf Papier-Karteikarten die Verwahrorte registriert. Ab 1. 1. 2012 werden Verwahrangaben zu erbfolgerelevanten Urkunden der Notare (§ 34a BeurkG) und der Gerichte (§ 78b Abs. 4 BNotO; § 347) nur noch im **Zentralen Testamentsregister** der Bundesnotarkammer in Berlin elektronisch gespeichert (§§ 78 Abs. 2, 78b BNotO); die Papierkarteiform entfällt dann. Innerhalb der nächsten sechs Jahre werden Verwahrungsnachrichten aus den Test-

---

[9] Nach Bumiller/Harders § 346 Rn 9 soll zwar ein Beschluss vorliegen, aber auf ihn § 352 Abs. 1 S. 2 und 3 analog anzuwenden sein.
[10] MünchKommBGB/Hagena 4. Aufl. § 2258b Rn 6.
[11] MünchKommZPO/Muscheler § 346 FamFG Rn 7.
[12] BGH NJW 1993, 3204; Staudinger/Baumann § 2258b Rn 11.
[13] BR-Drs. 309/2/07 S. 84.

mentsverzeichnissen und aus der Hauptkartei in das Zentrale Testamentsregister überführt; Einzelheiten regelt das Testamentsverzeichnis-Überführungsgesetz vom 22. 12. 2010 (BGBl 2010, 2258).

IV. Hinterlegungsschein (Abs. 3)

11   Dem Erblasser „soll" ein Hinterlegungsschein erteilt werden, auch wenn er ihn nicht verlangt; eine zusätzliche Gebühr fällt dafür nicht an. Bei Einreichung des Testaments mit Post kann der Hinterlegungsschein mit Post zugesandt werden (zusammen mit der Kostenrechnung).[14] Beim gemeinschaftlichen Testament sollen zwei Hinterlegungsscheine ausgestellt werden, beim Erbvertrag so viele Scheine wie Vertragsparteien vorhanden sind. Der Hinterlegungsschein besteht in einer wörtlichen Abschrift des Eintragungsvermerks im Verwahrungsbuch (§ 27 Nr. 6 AktO); bei Nottestamenten soll der Hinterlegungsschein einen Hinweis auf die Bestimmungen des § 2252 BGB (begrenzte Gültigkeitsdauer) enthalten. Verlangt der Erblasser die besondere amtliche Verwahrung durch ein anderes Gericht (§ 344 Abs. 1 S. 2), erhält er einen neuen Hinterlegungsschein. Das setzt nicht zwingend voraus, dass der unauffindbare erste Hinterlegungsschein zurückgegeben wird; die AktO kann hier keine höheren Anforderungen stellen als das Gesetz.

12   Solche Hinterlegungsscheine **gehen oft verloren,** was unschädlich ist. Denn sie haben keine rechtliche Wirkung, sie sind kein Wertpapier. Ein Aufgebot des verlorenen Scheins findet nicht statt. Das Testament muss auch ohne Vorlage des Scheins aus der besonderen amtlichen Verwahrung zurückgegeben werden[15] (§ 2256 Abs. 2 BGB verlangt keine Vorlage des Hinterlegungsscheins, anders § 27 AktO, die aber das BGB nicht ändern kann) und nach dem Tod eröffnet werden. Die Ausstellung des Scheins ist daher ein bloßer Service für den Einreicher.[16] Zur Kostenersparnis[17] verzichtet die jetzige Fassung von Abs. 3 (im Gegensatz zu § 2258 b Abs. 3 S. 2 BGB) darauf, dass der Hinterlegungsschein zwei Unterschriften und ein Dienstsiegel erhält. Jetzt ist das nur noch eine Art Empfangsbestätigung, unterschrieben von einem Urkundsbeamten.

13   Vom Hinterlegungsschein zu unterscheiden ist die **Empfangsbestätigung** für den Notar oder Bürgermeister gem. § 27 Nr. 6 AktO.

V. Rückgabe aus der besonderen amtlichen Verwahrung

14   Die Rücknahme eines notariellen Testaments aus der amtlichen Verwahrung ist auch Verfügung von Todes wegen,[18] hat also nicht nur verfahrensrechtliche Bedeutung. Der Erblasser kann jederzeit die Rückgabe aus der besonderen amtlichen Verwahrung verlangen (§ 2256 Abs. 2 S. 1 BGB), mündlich (§ 25) oder schriftlich. Das Verlangen kann auch durch einen Vertreter gestellt werden.[19] Das Testament selbst darf nur an den Erblasser persönlich zurückgegeben werden (§ 2256 Abs. 2 S. 2 BGB). Ein gemeinschaftliches öffentliches oder eigenhändiges Testament kann nur von beiden Ehegatten zurückgenommen werden (§ 2272 BGB); das gilt auch für gemeinschaftliche Testamente von registrierten homosexuellen Lebenspartnern (§ 10 Abs. 4 LPartG).

15   Ein **notarielles Testament** (§ 2232 BGB) oder Bürgermeister-Nottestament (§ 2249 BGB) gilt unwiderlegbar als **widerrufen,** wenn die in amtliche Verwahrung genommene Urkunde dem Erblasser zurückgegeben wird (§ 2256 Abs. 1 BGB); die (unzulässige) Rücksendung mit Post[20] oder die Rückgabe an einen Bevollmächtigten[21] hat nicht diese Wirkung. Deshalb wird in die Niederschrift über die Rückgabe des Testaments vermerkt, dass der Erblasser darüber (vom Rechtspfleger bzw. Urkundsbeamten) belehrt worden ist

---

[14] Nach BR-Drs. 309/2/07 S. 84 soll der Postversand zur Portoersparnis unterbleiben.
[15] BR-Drs. 309/2/07 S. 84; Prütting/Helms/Fröhler § 346 Rn 31.
[16] So BR-Drs. 309/2/07 S. 84; MünchKommZPO/Muscheler § 346 FamFG Rn 10.
[17] BR-Drs. 309/2/07 S. 84.
[18] BGH NJW 1957, 906; BayObLG NJW-RR 2005, 957 (Folge daher: Anfechtungsmöglichkeit nach § 2078 BGB); a. A. Soergel/J. Mayer § 2256 Rn 7.
[19] Dittmann/Reimann/Bengel/Voit § 2256 Rn 6; a. A. Soergel/Mayer § 2256 Rn 5.
[20] Soergel/Mayer § 2256 Rn 6.
[21] OLG Saarbrücken NJW-RR 1992, 586.

(§ 2256 Abs. 1 S. 2 BGB; Sollvorschrift); auch auf der Testamentsurkunde ist zu vermerken, dass dieses Testament durch die am … erfolgte Rückgabe aus der amtlichen Verwahrung als widerrufen gilt (§ 27 AktO). Die Rücknahme eines eigenhändigen Testaments hat nicht diese Wirkung (§ 2256 Abs. 3 BGB), es gilt also nicht als widerrufen.

Die Rückgabe der letztwilligen Verfügung aus der besonderen amtlichen Verwahrung ist durch den Rechtspfleger (nicht den Richter, § 3 Abs. 1 Nr. 2c RPflG) durch eine **Verfügung** anzuordnen und von ihm und dem Urkundsbeamten der Geschäftsstelle gemeinsam zu bewirken, also von zwei Personen. Das nach § 36b Abs. 1 Nr. 1 RPflG zulässige Landesrecht (Rn 5) kann nur die Annahme erfassen, nicht die Rückgabe. Auch hier liegt keine „Endentscheidung" im Sinne von § 38 vor, weil mangels Alternative nichts „entschieden" wird; verlangt der Berechtigte die Herausgabe, muss dem entsprochen werden. Deshalb ergeht auch **kein Beschluss**[22] mit Bekanntgabe und Rechtsmittelbelehrung. Über die Rückgabe wird eine Niederschrift aufgenommen.[23] Eine Gerichtsgebühr fällt nicht an.

Zwischen der Anordnung der Herausgabe und der technischen Durchführung der Anordnung ist zu unterscheiden; Einzelheiten ergeben sich aus § 27 AktO. In der Herausgabeverfügung ist die Nummer des Verwahrungsbuchs anzugeben; sie ist dem Verwahrungsbeamten in Urschrift bzw. Ausfertigung vorzulegen. Verlangt der Erblasser die Rückgabe, ist aber nicht in der Lage, persönlich beim Nachlassgericht zu erscheinen (Gesundheitsgründe, Haft etc.), muss ihn der Rechtspfleger aufsuchen, damit das Testament zurückgegeben werden kann.[24] Reisekosten und Fahrtkosten hat dann der Erblasser zu tragen (§ 137 Nr. 6 KostO; Geschäft außerhalb der Amtsstelle). Wohnt der Erblasser in einem anderen Gerichtsbezirk, kann die Rückgabe durch ein anderes AG im Wege der Rechtshilfe vorgenommen werden (Kosten: § 137 KostO). Wohnt er im Ausland kann die Rückgabe durch Vermittlung des Konsuls erfolgen,[25] (Kosten § 137 Nr. 13 KostO in Verb. mit dem Auslandskostengesetz[26]).

Der Rechtspfleger hat zu **prüfen,** ob derjenige, der persönlich erscheint und die Rückgabe verlangt, der Erblasser ist (z. B. anhand des Personalausweises). Die Rücknahme eines notariellen Testaments aus der amtlichen Verwahrung ist auch Verfügung von Todes wegen; ihre Wirksamkeit setzt daher Testierfähigkeit (§ 2229 Abs. 4 BGB) zum Zeitpunkt der Rücknahme voraus,[27] nicht aber zum Zeitpunkt des Rückgabeverlangens (str., in der Regel sind beide Zeitpunkte identisch, die Streitfrage daher ohne Belang). Der Rechtspfleger ist aber nicht dazu verpflichtet (und meist auch nicht in der Lage), dies zu überprüfen. Entsprechende Beobachtungen sollte er in der Niederschrift über die Rückgabe vermerken. Ist der Erblasser offensichtlich und **zweifelsfrei nicht testierfähig,** wird der Rechtspfleger die Rückgabe durch Beschluss ablehnen.

Ist der **Erblasser gestorben,** hat das verwahrende Gericht das Testament ggf. zu eröffnen (§§ 344 Abs. 6, 348) und, wenn es im Übrigen nicht selbst nach § 343 örtlich zuständig ist, das Testament an das zuständige Nachlassgericht zu versenden. Zur Behandlung von Testamenten und Erbverträgen, die sich seit mehr als 30 Jahren in amtlicher Verwahrung befinden, vgl. § 351.

VI. Einsicht in die letztwillige Verfügung

Die Einsicht in das verwahrte Testament ist nur dem Erblasser zu gestatten, nicht seinem Betreuer (§ 1902 BGB) oder sonstigen Personen. Der Erblasser kann auch die Anfertigung einer Photokopie verlangen (Kosten: § 137 KostO). Bei gemeinschaftlichen Testamenten und Erbverträgen genügt der Antrag eines Beteiligten auf Einsichtnahme; Einverständnis

---

[22] MünchKommZPO/Muscheler § 346 FamFG Rn 15; a. A. Bumiller/Harders § 346 Rn 15: Beschluss notwendig, dem Anwesenden zu verlesen und dann schriftlich bekanntzugeben.
[23] Muster bei Firsching/Graf Rn 4.28.
[24] Dittmann/Reimann/Bengel/Voit § 2256 Rn 7.
[25] Dittmann/Reimann/Bengel/Voit § 2256 Rn 6.
[26] V. 21. 2. 1978, BGBl. 1978 I S. 301; AuslandskostenVO v. 20. 12. 2001 mit Gebührentabelle (BGBl. I 2001, S. 4161).
[27] BayObLG NJW-RR 2005, 957; MünchKommBGB/Hagena 4. Aufl. § 2258b Rn 6; Dittmann/Reimann/Bengel/Voit § 2256 Rn 6; Palandt/Weidlich § 2256 Rn 1; a. A. Soergel/Mayer § 2256 Rn 7.

des anderen ist nicht notwendig.[28] Über die Einsichtnahme sollte eine Niederschrift aufgenommen werden.[29]

20   Wird dem Erblasser Einsicht in seine amtlich verwahrte letztwillige Verfügung gewährt, hat dies nicht die Wirkung, dass die Verfügung als nach § 2256 Abs. 2 BGB widerrufen gilt. Nicht anders ist es, wenn hierzu der Verschluss auf dem Umschlag aufgebrochen werden muss; er wird dann wieder verschlossen.

VII. Rechtsmittel

21   Wird die beantragte Verwahrung abgelehnt, ist darüber vom Rechtspfleger ein Beschluss zu erlassen (§ 38). Dagegen kann der Erblasser, der die Verwahrung beantragte, befristet Beschwerde einlegen (§§ 58 ff., 63 FamFG; § 11 RPflG). Auch der Notar, der die Verwahrung beantragte (§ 34 Abs. 1 S. 4 BeurkG), ist namens des Mandanten beschwerdeberechtigt.[30] Ebenso ist es, wenn die Herausgabe an den Erblasser abgelehnt wird; nur der Erblasser kann dann Beschwerde einlegen. War nach Landesrecht anstelle des Rechtspflegers ein Urkundsbeamter funktionell zuständig, ist Erinnerung einzulegen (analog § 573 ZPO, denn die Anfechtung von Entscheidungen des Urkundsbeamten ist im FamFG nicht geregelt);[31] weil die Verwahrung eine Nachlasssache ist (§ 342 Abs. 1 Nr. 1), ist zur Entscheidung darüber der Nachlassrichter zuständig.

VIII. Kosten

22   Gebühr für die besondere amtliche Verwahrung: § 101 KostO (Wertberechnung nach §§ 103 Abs. 1, 46 Abs. 4 KostO). Zugrunde gelegt wird der Geschäftswert, den der Hinterleger angibt. Ist der Hinterleger gestorben, wird überprüft, ob der Wert bei Annahme zur Verwahrung zutraf (§ 39 KostVfg), durch Anfrage beim Erben, notfalls durch Schätzung. Hatte der Verstorbene damals einen zu geringen Wert angegeben (z. B. sein Haus „vergessen"), wird die Gebührendifferenz vom Verwahrungsgericht nacherhoben (§ 103 Abs. 4 KostO, auch zur Verjährung); außerdem wird der Notar, der damals die letztwillige Verfügung beurkundet hatte, benachrichtigt (§ 39 KostVfg), damit er ebenfalls nacherheben kann. Die **Rückgabe** der letztwilligen Verfügung löst keine Gerichtsgebühr aus (anfallende Versendungsauslagen werden aber in Rechnung gestellt), ebenso wenig die bloße **Einsicht** oder der Versand der letztwilligen Verfügung nach dem Tod des Erblassers an das nach § 343 örtlich zuständige Nachlassgericht. Auch die Rückgabe aus der notariellen Verwahrung löst keine Gebühr aus, weil es sich um ein gebührenfreies Nebengeschäft handelt; § 147 Abs. 2 KostO ist dafür nicht einschlägig,[32] denn auch beim Gericht kostet die Rückgabe nichts.

Mitteilung über die Verwahrung (Fassung bis 31. 12. 2011)

347   (1) ¹Über jede in besondere amtliche Verwahrung genommene Verfügung von Todes wegen ist das für den Geburtsort des Erblassers zuständige Standesamt schriftlich zu unterrichten. ²Hat der Erblasser keinen inländischen Geburtsort, ist die Mitteilung an das Amtsgericht Schöneberg in Berlin zu richten. ³Bei den Standesämtern und beim Amtsgericht Schöneberg in Berlin werden Verzeichnisse über die in amtlicher Verwahrung befindlichen Verfügungen von Todes wegen geführt. ⁴Erhält die das Testamentsverzeichnis führende Stelle Nachricht vom Tod des Erblassers, teilt sie dies dem Gericht schriftlich mit, von dem die Mitteilung nach Satz 1 stammt. ⁵Die Mitteilungspflichten der Standesämter bestimmen sich nach dem Personenstandsgesetz.

(2) Absatz 1 gilt entsprechend für ein gemeinschaftliches Testament, das nicht in besondere amtliche Verwahrung genommen worden ist, wenn es nach dem Tod des

---

[28] Staudinger/Baumann § 2258 b Rn 20.
[29] Staudinger/Baumann § 2258 b Rn 19; Muster bei Firsching/Graf Rn 4.23.
[30] KG OLGE 16, 49, 53; MünchKommBGB/Hagena 4. Aufl. § 2258 b Rn 19.
[31] Bumiller/Harders § 346 Rn 24; Meyer-Holz § 58 Anhang Rn 12.
[32] A. A. Korintenberg/Reimann § 46 Rn 10 a.

Erstverstorbenen eröffnet worden ist und nicht ausschließlich Anordnungen enthält, die sich auf den mit dem Tod des verstorbenen Ehegatten oder des verstorbenen Lebenspartners eingetretenen Erbfall beziehen.

(3) Für Erbverträge, die nicht in besondere amtliche Verwahrung genommen worden sind, sowie für gerichtliche oder notariell beurkundete Erklärungen, nach denen die Erbfolge geändert worden ist, gilt Absatz 1 entsprechend; in diesen Fällen obliegt die Mitteilungspflicht der Stelle, die die Erklärungen beurkundet hat.

(4) ¹Die Landesregierungen erlassen durch Rechtsverordnung Vorschriften über Art und Umfang der Mitteilungen nach den Absätzen 1 bis 3 sowie § 34a des Beurkundungsgesetzes, über den Inhalt der Testamentsverzeichnisse sowie die Löschung der in den Testamentsverzeichnissen gespeicherten Daten. ²Die Erhebung und Verwendung der Daten ist auf das für die Wiederauffindung der Verfügung von Todes wegen unumgänglich Notwendige zu beschränken. ³Der das Testamentsverzeichnis führenden Stelle dürfen nur die Identifizierungsdaten des Erblassers, die Art der Verfügung von Todes wegen sowie das Datum der Inverwahrnahme mitgeteilt werden. ⁴Die Fristen für die Löschung der Daten dürfen die Dauer von fünf Jahren seit dem Tod des Erblassers nicht überschreiten; ist der Erblasser für tot erklärt oder der Todeszeitpunkt gerichtlich festgelegt worden, sind die Daten spätestens nach 30 Jahren zu löschen.

(5) ¹Die Mitteilungen nach den Absätzen 1 bis 3 sowie § 34a des Beurkundungsgesetzes können elektronisch erfolgen. ²Die Landesregierungen bestimmen durch Rechtsverordnung den Zeitpunkt, von dem an Mitteilungen in ihrem Bereich elektronisch erteilt und eingereicht werden können, sowie die für die Bearbeitung der Dokumente geeignete Form.

(6) Die Landesregierungen können die Ermächtigungen nach Absatz 4 Satz 1 und Absatz 5 Satz 2 durch Rechtsverordnung auf die Landesjustizverwaltungen übertragen.

I. Normzweck

Die Regelung war früher teilweise in § 82a Abs. 4 FGG enthalten und davor in der Allgemeinverfügung über die Benachrichtigung in Nachlasssachen[1] (einer zwischen den Ländern vereinbarten Verwaltungsvorschrift). Die Mitteilungspflichten der Notare waren in § 20 DONot niedergelegt (Verwaltungsvorschrift). Zweck des § 347 ist, ein Registrierungs- und Mitteilungssystem zu schaffen, das das Auffinden von Testamenten, die vom Erblasser in besondere amtliche Verwahrung gegeben wurden, sowie von Erbverträgen nach dessen Tod sicher stellen soll. Das Auffinden von privat verwahrten Testamenten ist dagegen nicht durch amtliche Maßnahmen gesichert. Eine zentrale Testamentsdatei gibt es in Deutschland nicht.

II. Mitteilungspflichten (Abs. 1)

Abs. 1 gilt für alle Arten letztwilliger Verfügungen, nicht nur für Testamente. Zum Verfahren bei besonderer amtlicher Verwahrung vgl. § 346. Letztwillige Verfügungen in einfacher Aktenverwahrung (§ 346 Rn 3) oder privat verwahrte Testamente sind nicht betroffen.

Datensammelstelle ist das Standesamt des Geburtsorts. Beim Tod läuft die Nachricht vom Standesamt des Sterbeorts an das Standesamt des Geburtsorts. Von dort geht die Information vom Tod an die das Testament etc. verwahrende Stelle.

Der Erblasser, der die besondere amtliche Verwahrung seines Testaments beim Nachlassgericht verlangt (§ 2248 BGB), muss seinen Geburtsort angeben, damit das für den Geburtsort des Erblassers jetzt zuständige Standesamt vom Nachlassgericht festgestellt werden kann. Es wird von der Verwahrung der letztwilligen Verfügung schriftlich informiert (Abs. 1 S. 1). Liegt der Geburtsort im jetzigen Ausland, fehlt also derzeit ein zuständiges deutsches Standesamt, ist die Mitteilung an das AG Schöneberg (Hauptkartei

---

[1] Fassung Brandenburg vom 2. 1. 2001, zuletzt geändert 31. 8. 2007, abgedruckt Brandenburg JMBl. 2000, 153; JMBl. 2007, 1996.

für Testamente[2]) zu richten (Abs. 1 S. 2). Sowohl bei den Standesämtern wie beim AG Schöneberg in Berlin werden Verzeichnisse über die jeweils in amtlicher Verwahrung befindlichen Verfügungen von Todes wegen geführt (Abs. 1 S. 3). Das Standesamt, das einen Sterbefall beurkundet, schickt eine Mitteilung an das Standesamt, das die Geburt des Verstorbenen beurkundet hat bzw. an ein anderes in § 43 PStG bestimmtes Standesamt. Erhält das Geburtsstandesamt die Information vom Todesfall, teilt es dies dem Nachlassgericht mit, bei dem die letztwillige Verfügung verwahrt wurde, von dem also die Mitteilung nach S. 1 stammt. Die weiteren Mitteilungspflichten sind im Personenstandsgesetz geregelt (Abs. 1 S. 5). Dass das Standesamt des Todesfalls das Standesamt der Geburt zu verständigen hat, ergibt sich aus auf Grund von § 73 Nr. 8 PStG erlassenen Verordnungen.

III. Gemeinschaftliche Testamente (Abs. 2)

1. Privat verwahrte gemeinschaftliche Testamente

5a   Gemeinschaftliche Testamente (§ 2265 BGB) müssen nicht in besondere amtliche Verwahrung (§ 2248 BGB; § 346) gegeben werden; meist werden sie privat verwahrt. Werden sie in besondere amtliche Verwahrung gegeben gilt Abs. 1; wird nach dem Tod des einen Ehegatten das Testament eröffnet, wird es sodann wieder verschlossen und erneut in besondere amtliche Verwahrung gegeben (§ 349 Abs. 2; Ausnahme Abs. 3).

2. Amtlich verwahrte gemeinschaftliche Testamente

6a   Befindet sich ein gemeinschaftliches Testament **nicht in besonderer amtlicher Verwahrung** und stirbt ein Ehegatte, wird das Testament ebenfalls eröffnet. Dann ist zu unterscheiden:
– Enthält das Testament ausschließlich Anordnungen, die sich auf den Tod des verstorbenen Ehegatten (bzw. Lebenspartners) beziehen, erfolgt keine Mitteilung nach Abs. 2 an das Geburtsstandesamt bzw. an das AG Schöneberg. So ist es beispielsweise, wenn der Inhalt des gemeinschaftlichen Testaments nur darin besteht, dass sich die Ehegatten gegenseitig zu Erben einsetzen; denn dann ist die Verfügung des überlebenden Ehegatten mit dem Tod des anderen gegenstandslos geworden (vgl. den früheren § 2273 Abs. 3 BGB).
– Enthält das gemeinschaftliche Testament solche Anordnungen auf den Tod des Zweitversterbenden (z. B. Bestimmung von Schlusserben, Nacherben), erfolgt eine Mitteilung nach Abs. 1. Damit soll erreicht werden, dass die Verfügung nach dem Tod des überlebenden Ehegatten aufgefunden wird und eröffnet werden kann, wenn das Original des gemeinschaftlichen Testaments nicht (wieder) in besondere amtliche Verwahrung gebracht wurde, sondern in den Nachlassakten des Erstverstorbenen verblieben ist.[3]

IV. Erbverträge, sonstige erbrechtliche Protokolle (Abs. 3)

1. Erbverträge

7a   Erbverträge (§§ 2274 ff BGB) können im Inland nur zu Niederschrift eines Notars geschlossen werden (§ 2276 BGB), im Gegensatz zu gemeinschaftlichen Testamenten, das man auch privatschriftlich abfassen kann.

8a   Der Notar soll veranlassen, dass der Erbvertrag unverzüglich in besondere amtliche Verwahrung des AG gebracht wird (§ 34 Abs. 1, 2 BeurkG); das AG führt dann die Benachrichtigung nach Abs. 1 durch, nicht der Notar.

9a   Die Vertragsparteien können die **besondere amtliche Verwahrung ausschließen** (§ 34 Abs. 2 BeurkG). In diesem Fall befindet sich der Erbvertrag in einfacher amtlicher Verwahrung des Notars, und zwar in seiner Urkundensammlung oder einer besonderen Erbvertragssammlung (§ 18 Abs. 1, 4 DONot); natürlich befindet sich eine Ausfertigung

---

[2] Durch Gesetz vom 22. 12. 2010 (BGBl 2010 I S. 2255) wurde die Führung der Hauptkartei auf die Bundesnotarkammer übertragen (vgl. §§ 78 ff. BNotO). Deshalb gilt § 347 FamFG ab 1. 1. 2012 in neuer Fassung.
[3] BT-Drs. 16/6308 S. 279.

des Vertrags auch bei den Vertragsparteien. In diesem Falle hat der Notar das Geburtsstandesamt bzw. das AG Schöneberg zu verständigen (Abs. 3; § 34a BeurkG, früher § 20 Abs. 2 DONot).

2. Erbrechtliche Protokolle

a) Notariell beurkundete Erklärungen, nach denen die Erbfolge geändert worden ist, sind z. B. Erbverzichte (§ 2346 BGB), Aufhebungsverträge, Rücktritt, Anfechtungserklärungen, Eheverträge mit erbrechtlichem Inhalt; sie bedürfen notarieller Beurkundung. Die Mitteilungspflicht an das Geburtsstandesamt bzw. das AG Schöneberg nach Abs. 1 trifft den beurkunden Notar. **10a**

b) Gerichtliche beurkundete Erklärungen, nach denen die Erbfolge geändert worden ist, sind z. B. Erbverträge, die im Rahmen eines Prozessvergleichs geschlossen werden (§ 127a BGB),[4] Erbverzichtsverträge, Änderung des erbrechtlichen Inhalts von Eheverträgen, jeweils im Rahmen eines Prozessvergleichs. Die Mitteilungspflicht nach Abs. 1 trifft dann das Gericht (z. B. den Vorsitzenden der 3. Zivilkammer des LG Regensburg, wenn vor dieser Kammer ein entsprechender Prozessvergleich geschlossen wurde; oder den Einzelrichter);[5] das Gericht hat daher das Geburtsstandesamt festzustellen, indem die Prozessparteien nach ihrem Geburtsdatum und Geburtsort befragt werden. **11a**

V. Rechtsverordnungen der Länder (Abs. 4; Abs. 6)

Die Länder können zahlreiche Durchführungsvorschriften erlassen; teils kann das auf die Landesjustizministerien übertragen werden. Seit 1. 1. 2009 gibt es jeweils Benachrichtigungsverordnungen Nachlasssachen (BenVONachlS) der Länder, die aber ab 1. 9. 2009 an die Aufhebung des FGG angepasst wurden bzw. noch werden müssen. **12a**

Beispielsweise lautet die BenVONachlS von Hamburg vom 7. 5. 2010:[6]

§ 1 Art und Umfang der Mitteilungen

(1) Die Mitteilungen nach § 34a Absatz 1 des Beurkundungsgesetzes (BeurkG) vom 28. August 1969 (BGBl. I S. 1513), zuletzt geändert am 15. Juli 2009 (BGBl. I S. 1798, 1800), in der jeweils geltenden Fassung und § 347 Absatz 1 Sätze 1, 2 und 4, Absätze 2 und 3 FamFG enthalten:
1. an das Standesamt beziehungsweise das Amtsgericht Schöneberg in Berlin
   a) den Geburtsnamen, die Vornamen und den Familiennamen der Erblasserin oder des Erblassers,
   b) den Geburtstag und den Geburtsort; zusätzlich – soweit nach Befragen möglich – die Postleitzahl des Geburtsortes, die Gemeinde und den Kreis, das für den Geburtsort zuständige Standesamt und die Geburtenregisternummer,
   c) die Art der Verfügung von Todes wegen,
   d) das Datum der Inverwahrnahme und die Geschäftsnummer beziehungsweise die Urkundsnummer der verwahrenden Stelle;
2. an das Gericht, die Notarin beziehungsweise den Notar
   a) den Geburtsnamen, die Vornamen und den Familiennamen der Erblasserin oder des Erblassers,
   b) den Geburtstag und den Geburtsort,
   c) den letzten Wohnort,
   d) das Standesamt und die Sterberegisternummer.

(2) Bei einem gemeinschaftlichen Testament oder einem Erbvertrag sind für sämtliche Erblasserinnen und Erblasser getrennte Mitteilungen zu erstatten.

(3) Für die Mitteilungen sind die amtlichen Vordrucke zu verwenden, die von den Landesjustizverwaltungen im Benehmen mit den Innenverwaltungen bundeseinheitlich festgelegt werden.

---

[4] BGH NJW 1980, 2307; OLG Düsseldorf NJW 2007, 1290.
[5] Horndasch/Viefhues/Heinemann § 347 Rn 7.
[6] HambGVBl 2010, 375.

§ 2 Inhalt der Testamentsverzeichnisse, Löschungsfristen

(1) Die Testamentsverzeichnisse umfassen die Mitteilungen der Gerichte und der Notariate nach § 34 a BeurkG und nach § 347 Absätze 1 bis 3 FamFG.

(2) ¹Die Testamentsverzeichnisse sind vertraulich zu behandeln. ²Erst nach dem Tod der Erblasserin oder des Erblassers darf Dritten über eine Eintragung oder das Fehlen einer Eintragung Auskunft erteilt werden.

(3) ¹Die Eintragung ist nach dem Tod der Erblasserin oder des Erblassers fünf Jahre zu speichern und anschließend zu löschen. ²Im Falle einer Todeserklärung oder der gerichtlichen Feststellung der Todeszeit ist die Eintragung 30 Jahre von dem festgestellten Zeitpunkt des Todes an zu speichern und anschließend zu löschen.

VI. Elektronische Mitteilungen (Abs. 5)

13a Die Mitteilungen nach den Absätzen 1 bis 3 erfolgen schriftlich. Sie können elektronisch erfolgen, falls das durch Rechtsverordnung gestattet ist. Dasselbe gilt für die Mitteilungen nach § 34 a BeurkG (früher § 20 Abs. 2 DONot).

Mitteilung über die Verwahrung (Fassung ab 1. 1. 2012)

347 (1) ¹Nimmt das Gericht ein eigenhändiges Testament oder ein Nottestament in die besondere amtliche Verwahrung, übermittelt es unverzüglich die Verwahrangaben im Sinne von § 78 b Absatz 2 Satz 2 der Bundesnotarordnung elektronisch an die das Zentrale Testamentsregister führende Registerbehörde. ²Satz 1 gilt entsprechend für eigenhändige gemeinschaftliche Testamente und Erbverträge, die nicht in besondere amtliche Verwahrung genommen worden sind, wenn sie nach dem Tod des Erstverstorbenen eröffnet wurden und nicht ausschließlich Anordnungen enthalten, die sich auf den mit dem Tod des Erstverstorbenen eingetretenen Erbfall beziehen.

(2) Wird ein gemeinschaftliches Testament oder ein Erbvertrag nach § 349 Absatz 2 Satz 2 und Absatz 4 erneut in die besondere amtliche Verwahrung genommen, so übermittelt das nach § 344 Absatz 2 oder Absatz 3 zuständige Gericht die Verwahrangaben an die das Zentrale Testamentsregister führende Registerbehörde, soweit vorhanden unter Bezugnahme auf die bisherige Registrierung.

(3) Wird eine in die besondere amtliche Verwahrung genommene Verfügung von Todes wegen aus der besonderen amtlichen Verwahrung zurückgegeben, teilt das verwahrende Gericht dies der Registerbehörde mit.

(4) ¹Die bei den Standesämtern und beim Amtsgericht Schöneberg in Berlin bestehenden Verzeichnisse über die in amtlicher Verwahrung befindlichen Verfügungen von Todes wegen werden bis zur Überführung in das Zentrale Testamentsregister nach dem Testamentsverzeichnis-Überführungsgesetz von diesen Stellen weitergeführt. ²Erhält die das Testamentsverzeichnis führende Stelle Nachricht vom Tod des Erblassers, teilt sie dies der Stelle mit, von der die Verwahrungsnachricht stammt, soweit nicht die das Zentrale Testamentsregister führende Registerbehörde die Mitteilungen über Sterbefälle nach § 4 Absatz 1 des Testamentsverzeichnis-Überführungsgesetzes bearbeitet. ³Die Landesregierungen erlassen durch Rechtsverordnung Vorschriften über Art und Umfang der Mitteilungen nach Satz 2, über den Inhalt der Testamentsverzeichnisse sowie die Löschung der in den Testamentsverzeichnissen gespeicherten Daten. ⁴Die Verwendung der Daten ist auf das für die Wiederauffindung der Verfügung von Todes wegen unumgänglich Notwendige zu beschränken. ⁵Die Fristen für die Löschung der Daten dürfen die Dauer von fünf Jahren seit dem Tod des Erblassers nicht überschreiten; ist der Erblasser für tot erklärt oder der Todeszeitpunkt gerichtlich festgelegt worden, sind die Daten spätestens nach 30 Jahren zu löschen.

(5) ¹Die Mitteilungen nach Absatz 4 Satz 2 können elektronisch erfolgen. ²Die Landesregierungen bestimmen durch Rechtsverordnung den Zeitpunkt, von dem an Mitteilungen in ihrem Bereich elektronisch erteilt und eingereicht werden können, sowie die für die Bearbeitung der Dokumente geeignete Form.

(6) Die Landesregierungen können die Ermächtigungen nach Absatz 4 Satz 3 und Absatz 5 Satz 2 durch Rechtsverordnung auf die Landesjustizverwaltungen übertragen.

I. Normzweck

Die Regelung war früher teilweise in § 82 a Abs. 4 FGG enthalten und davor in der Allgemeinverfügung über die Benachrichtigung in Nachlasssachen[1] (einer zwischen den Ländern vereinbarten Verwaltungsvorschrift). Die Mitteilungspflichten der Notare waren in § 20 DONot niedergelegt (Verwaltungsvorschrift). Ab 1. 9. 2009 erfolgte eine Regelung in § 347. Zweck des § 347 ist, ein Registrierungs- und Mitteilungssystem zu schaffen, das das Auffinden von Testamenten, die vom Erblasser in besondere amtliche Verwahrung gegeben wurden, sowie von Erbverträgen und sonstigen erbfolgerelevanten Urkunden nach dem Tod des Erblassers, sicher stellen soll. Das Auffinden von privat verwahrten Testamenten ist dagegen nicht durch amtliche Maßnahmen gesichert. Eine zentrale Testamentsdatei für alle Arten von Testamenten gibt es in Deutschland nicht.

II. Reform

Die Standesämter sind verpflichtet, ab 1. 1. 2012 jeden Sterbefall elektronisch der Bundesnotarkammer in Berlin mitzuteilen (§ 78 c BNotO). Die Bundesnotarkammer prüft dann, ob im Zentralen Testamentsregister Verwahrangaben gespeichert sind und benachrichtigt dann das Nachlassgericht sowie die verwahrende Stelle (das kann ein Nachlassgericht, Notar oder eine sonstige Stelle sein) über den Sterbefall und die Verwahrangaben, soweit vorhanden. Im Regelfall macht die Bundesnotarkammer eine Negativmeldung an das Nachlassgericht, weil in nur etwa 25 bis 30% der Sterbefälle überhaupt eine letztwillige Verfügung vorliegt und diese nur registriert ist, wenn sie sich in besonderer amtlicher Verwahrung befand. Ein Bedarf für Negativmeldungen besteht z. B. in Bayern und Baden-Württemberg, weil hier ggf. eine amtliche Erbenermittlung betrieben wird.

Ab 1. 1. 2012 werden Verwahrangaben zu „erbfolgerelevanten Urkunden" der Notare (§ 34 a BeurkG) und der Gerichte (§ 78 b Abs. 4 BNotO; § 347) nicht mehr bei den Standesämtern bzw. der Hauptkarte für Testamente in Berlin-Schöneberg, also dezentral bei rund 5200 Stellen, auf Papierkarteikarten vermerkt, sondern in einem Register der Bundesnotarkammer in Berlin elektronisch gespeichert (§§ 78 Abs. 2, 78 a BNotO). Durch Gesetz vom 22. 12. 2010 (BGBl 2010, 2255) wurde die Bundesnotarkammer in Berlin zur Registerbehörde über die Verwahrung „erbfolgerelevanter Urkunden" gemacht; die bisherigen Aufgaben der Kammer bleiben daneben bestehen. Es handelt sich um mittelbare Staatsverwaltung; die Rechtsaufsicht liegt beim Bundesjustizministerium (§ 78 Abs. 2 BNotO). Zur Anpassung wurde im selben Gesetz mit Wirkung ab 1. 1. 2012 der § 347 geändert. Das bei der Bundesnotarkammer geführte elektronische Register heißt **Zentrales Testamentsregister;** es erfasst nicht privat verwahrte Testamente. Innerhalb der nächsten sechs Jahre werden Verwahrungsnachrichten aus den Testamentsverzeichnissen und aus der Hauptkartei für Testamente in Berlin-Schöneberg in das Zentrale Testamentsregister der Bundesnotarkammer überführt; Einzelheiten regelt das **Testamentsverzeichnis-Überführungsgesetz** vom 22. 12. 2010 (BGBl 2010, 2258).

Für die Registrierung verlangt die Bundesnotarkammer eine **Gebühr** (§ 78 e BNotO); ihren Höhe wird durch eine Gebührensatzung bestimmt. Sie wird etwa 15 Euro betragen. Das Inkasso regelt § 78 e Abs. 5 BNotO.

III. Mitteilungspflichten (Abs. 1)

1. Verwahrungen

Die Mitteilungspflicht des verwahrenden Gerichts setzt nur ein, wenn ein eigenhändiges Testament oder ein Nottestament in die besondere amtliche Verwahrung genommen wurde (Abs. 1 S. 1). Dann übermittelt das Gericht:
- „**unverzüglich**" (eine Frist ist nicht angegeben; bei Verstoß kann eine Amtspflichtverletzung nach § 839 BGB vorliegen)

---

[1] Fassung Brandenburg vom 2. 1. 2001, zuletzt geändert 31. 8. 2007, abgedruckt Brandenburg JMBl. 2000, 153; JMBl. 2007, 1996.

- „**elektronisch**" (also nicht mehr schriftlich)
- die sog. „**Verwahrangaben**": das sind nach § 78 b Abs. 2 S. 2 BNotO die Angaben, die zum Auffinden der Urkunde erforderlich sind, also Daten des Erblassers (Familiennamen, Geburtsnamen, Vornamen, Geschlecht, Geburtstag, Geburtsort, eventuell Geburtsstandesamt und Geburtenbuch-/-registernummer), Bezeichnung und Anschrift der Verwahrstelle (d. h. des Gerichts bzw. Notars); Art und Datum des erbfolgerelevanten Vorgangs; Verwahrkennzeichen (Verwahrnummer, Verwahrbuchnummer, Urkundenrollen-Nummer oder Aktenzeichen des Verfahrens). Einzelheiten regelt eine (noch nicht erlassene) Rechtsverordnung. Nicht übermittelt wird der Inhalt des Testaments oder der sonstigen erbfolgerelevanten Urkunden. Diese Schriftstücke werden auch nicht bei der Registerbehörde gespeichert oder hinterlegt.

6n Die Übermittlung erfolgt an die zuständige **Registerbehörde**. Das ist seit 1. 1. 2012 nicht mehr das Standesamt des Geburtsortes des Erblassers und nicht mehr die Hauptkartei für Testamente beim AG Schöneberg in Berlin, sondern die Bundesnotarkammer in Berlin (§ 78 Abs. 2 S. 1 BNotO).

2. Rückgabe aus der besonders amtlichen Verwahrung

7n Hier ist das verwahrende Gericht zuständig für die Benachrichtigung der Registerbehörde (**Abs. 3**).

IV. Gemeinschaftliche Testamente (Abs. 1 S. 2; Abs. 2)

1. Privat verwahrte gemeinschaftliche Testamente

8n Gemeinschaftliche Testamente (§ 2265 BGB) müssen nicht in besondere amtliche Verwahrung (§ 2248 BGB; § 346) gegeben werden; meist werden sie privat verwahrt. Hierüber wird die Registerbehörde nicht informiert. Befindet sich ein gemeinschaftliches Testament nicht in besonderer amtlicher Verwahrung und stirbt ein Ehegatte, wird das Testament eröffnet. Dann ist nach Abs. 1 S. 2 zu unterscheiden:
– Enthält das Testament ausschließlich Anordnungen, die sich auf den Tod des verstorbenen Ehegatten (bzw. Lebenspartners) beziehen, erfolgt keine Mitteilung nach Abs. 2 an die Registerbehörde. So ist es beispielsweise, wenn der Inhalt des gemeinschaftlichen Testaments nur darin besteht, dass sich die Ehegatten gegenseitig zu Erben einsetzen; denn dann ist die Verfügung des überlebenden Ehegatten mit dem Tod des anderen gegenstandslos geworden (vgl. den früheren § 2273 Abs. 3 BGB).
– Enthält das gemeinschaftliche Testament solche Anordnungen auf den Tod des Zweitversterbenden (z. B. Bestimmung von Schlusserben, Nacherben), erfolgt eine Mitteilung nach Abs. 1. Damit soll erreicht werden, dass die Verfügung nach dem Tod des überlebenden Ehegatten aufgefunden wird und eröffnet werden kann, wenn das Original des gemeinschaftlichen Testaments nicht (wieder) in besondere amtliche Verwahrung gebracht wurde, sondern in den Nachlassakten des Erstverstorbenen verblieben ist.[2]

2. Amtlich verwahrte gemeinschaftliche Testamente

9n Werden gemeinschaftliche Testamente privat errichtet und dann in besondere amtliche Verwahrung gegeben, gilt Abs. 1 (das verwahrende Gericht übermittelt die Verwahrangaben an die Bundesnotarkammer).

10n Wird nach dem Tod des einen Ehegatten das Testament eröffnet, wird von den Verfügungen des verstorbenen Ehegatten oder Lebenspartners eine beglaubigte Abschrift angefertigt (§ 349 Abs. 2); das Testament ist wieder zu verschließen und bei dem nach § 344 Abs. 2 zuständigen Gericht erneut in besondere amtliche Verwahrung zurückzubringen. Zuständig für die elektronische Übermittlung der Verwahrangaben ist das nach § 344 Abs. 2 zuständige Gericht (Abs. 2).

---

[2] BT-Drs. 16/6308 S. 279.

V. Erbverträge und sonstige erbfolgerelevante Urkunden

1. Erbverträge

Erbverträge (§§ 2274 ff. BGB) können im Inland nur zu Niederschrift eines Notars geschlossen werden (§ 2276 BGB) im Gegensatz zum gemeinschaftlichen Testamenten, das man auch privatschriftlich abfassen kann. Der Notar übermittelt nach Errichtung eines Erbvertrags die **Verwahrangaben** elektronisch an die Bundesnotarkammer als Registerbehörde (§ 34 a BeurkG). Der Notar soll veranlassen, dass der Erbvertrag unverzüglich in besondere amtliche Verwahrung des AG gebracht wird (§ 34 Abs. 1, 2 BeurkG). Erfolgt eine **Rückgabe** des Erbvertrags aus der besonders amtlichen Verwahrung ist das verwahrende Gericht zuständig für die Benachrichtigung der Registerbehörde (Abs. 3). **11n**

Die Vertragsparteien können die **besondere amtliche Verwahrung ausschließen** (§ 34 Abs. 2 BeurkG); die Registrierung bei der Bundesnotarkammer können sie hingegen nicht ausschließen. In diesem Fall befindet sich der Erbvertrag in einfacher amtlicher Verwahrung des Notars, und zwar in seiner Urkundensammlung oder einer besonderen Erbvertragssammlung (§ 18 Abs. 1, 4 DONot); natürlich befindet sich eine Ausfertigung des Vertrags auch bei den Vertragsparteien. **12n**

Wird nach dem **Tod des einen Vertragsschließenden** der Erbvertrag eröffnet, dann gelten hinsichtlich der Zuständigkeit für die Datenübermittlung an die Bundesnotarkammer die obigen Ausführungen über das gemeinschaftliche Testament entsprechend (Abs. 1 S 2, Abs. 2). **13n**

2. Sonstige erbfolgerelevante Urkunden

Erbfolgerelevante Urkunden sind Testamente, Erbverträge und alle Urkunden mit Erklärungen, welche die Erbfolge beeinflussen können, insbesondere Aufhebungsverträge, Rücktritts- und Anfechtungserklärungen, Erb- und Zuwendungsverzichtsverträge, Ehe- und Lebenspartnerschaftsverträge und Rechtswahlen (§ 78 b Abs. 2 BNotO). Sie bedürfen in der Regel notarieller Beurkundung. Die Mitteilungspflicht an die Bundesnotarkammer trifft den beurkunden Notar (§ 78 b BNotO). **14n**

Gerichtliche beurkundete Erklärungen, nach denen die Erbfolge geändert worden ist, sind z. B. Erbverträge, die im Rahmen eines Prozessvergleichs geschlossen werden (§ 127 a BGB),[3] Erbverzichtsverträge, Änderung des erbrechtlichen Inhalts von Eheverträgen, jeweils im Rahmen eines Prozessvergleichs. Die Mitteilungspflicht trifft dann das Gericht (z. B. den Richter; nicht den Gerichtspräsidenten), vor dem der entsprechende Prozessvergleich geschlossen oder die Erklärung zu Protokoll gegeben wurde (§ 78 b Abs. 4 BNotO). Das Gericht hat daher vom Erblasser die „Verwahrangaben" (oben Rn 5) zu erfragen, indem z. B. die Prozessparteien nach ihrem Geburtsdatum und Geburtsort usw. befragt werden. Die Pflicht des Erblassers bzw. der Vergleichsparteien, diese Angaben dem Gericht mitzuteilen, folgt aus § 78 b Abs. 4 S. 2 BNotO. Wenn sich die Parteien vor der Beurkundung weigern, diese Daten mitzuteilen, wird die Beurkundung abgelehnt. Häufiger wird es so sein, dass den Parteien diese Verwahrdaten nicht bekannt sind (etwa die genaue amtliche Bezeichnung des Geburtsorts) und sie die angeforderte Nachreichung nicht vornehmen. Dann ist fraglich, wie das vom Gericht erzwungen werden kann. Naheliegend ist eine Anwendung von § 35 FamFG. **15n**

VI. Weiterführung der alten Verzeichnisse (Abs. 4 S. 1)

Die bei den ca. 5200 Standesämtern und beim Amtsgericht Schöneberg in Berlin (Hauptkartei) bestehenden Verzeichnisse werden bis zur Überführung in das Zentrale Testamentsregister nach dem Testamentsverzeichnis-Überführungsgesetz von diesen Stellen weitergeführt; die Übergangszeit beträgt sechs Jahre. Die Landesregierungen erlassen Rechtsverordnungen über die Einzelheiten. **16n**

---

[3] BGH NJW 1980, 2307; OLG Düsseldorf NJW 2007, 1290.

§ 348

VII. Rechtsverordnungen der Länder (Abs. 4 S. 3; Abs. 5 und 6)

17n Die Länder werden 2011 zahlreiche Durchführungsvorschriften erlassen; teils kann das auf die Landesjustizministerien übertragen werden.

VIII. Elektronische Mitteilungen (Abs. 5)

18n Die Mitteilungen nach den Absätzen 1 bis 3 dürfen nur elektronisch erfolgen. Eine Ausnahme gilt nur im Falle des Abs. 5 S 1.

Unterabschnitt 3. Eröffnung von Verfügungen von Todes wegen

Eröffnung von Verfügungen von Todes wegen durch das Nachlassgericht

348 (1) ¹Sobald das Gericht vom Tod des Erblassers Kenntnis erlangt hat, hat es eine in seiner Verwahrung befindliche Verfügung von Todes wegen zu eröffnen. ²Über die Eröffnung ist eine Niederschrift aufzunehmen. ³War die Verfügung von Todes wegen verschlossen, ist in der Niederschrift festzustellen, ob der Verschluss unversehrt war.

(2) ¹Das Gericht kann zur Eröffnung der Verfügung von Todes wegen einen Termin bestimmen und die gesetzlichen Erben sowie die sonstigen Beteiligten zum Termin laden. ²Den Erschienenen ist der Inhalt der Verfügung von Todes wegen mündlich bekanntzugeben. ³Sie kann den Erschienenen auch vorgelegt werden; auf Verlangen ist sie ihnen vorzulegen.

(3) ¹Das Gericht hat den Beteiligten den sie betreffenden Inhalt der Verfügung von Todes wegen schriftlich bekanntzugeben. ²Dies gilt nicht für Beteiligte, die in einem Termin nach Absatz 2 anwesend waren.

Übersicht

	Rn
I. Normzweck	1
II. Inhalt der Regelung	2
1. Wesen der Eröffnung	2
2. Zuständigkeit	3
a) Sachliche Zuständigkeit	3
b) Örtliche Zuständigkeit	4
c) Funktionelle Zuständigkeit	6
3. Kenntnis vom Tod des Erblassers	7
4. Zu eröffnende Schriftstücke	10
a) Verwahrte Verfügungen	10
b) Letztwillige Verfügungen	11
c) Original letztwilliger Verfügungen	15
5. Die Eröffnung	16
a) Zeitpunkt	19
b) Vollständige Eröffnung	20
c) Teileröffnung	21
d) Eröffnung; Beteiligte	22
6. Niederschrift über die Eröffnung	34
III. Rechtliche Bedeutung und Folgen der Eröffnung	37
IV. Schriftliche Bekanntgabe der eröffneten Verfügung (Abs. 3)	41
1. Zweck der Regelung	41
2. Zuständigkeit	42
3. Pflicht zur Benachrichtigung	46
4. Personen, die zu benachrichtigen sind	47
a) Anwesende bzw. Abwesende	47
b) Zu benachrichtigende Beteiligte	49
c) Ermittlung dieser Personen; unbekannte Beteiligte	50
5. Umfang der Benachrichtigung	53
a) Unwirksame oder widerrufene letztwillige Verfügungen	53
b) Vollständige letztwillige Verfügung	54

	Rn
c) Mitteilung nur, soweit die Verfügung von Todes wegen den jeweiligen Beteiligten betrifft	55
d) Mitteilung nur, soweit die Verfügung von Todes wegen den konkreten Erbfall betrifft	56
6. Form und Frist der Bekanntgabe	57
a) Form	57
b) Frist	61
7. Folgen unterlassener Bekanntmachung	62
V. Fälle mit Auslandsbezug	65
1. Eröffnung der letztwilligen Verfügung eines Ausländers	65
a) Wohnsitz/Aufenthalt	65
b) Kein Wohnsitz/Aufenthalt	66
c) Internationale Zuständigkeit für die Eröffnung	67
2. Eröffnung im Ausland	72
VI. Verbleib der Verfügung nach Eröffnung	73
1. Weitere Verwahrung beim Nachlassgericht	73
2. Rückgabe an die Beteiligten	74
VII. Rechtsmittel	77
1. Allgemeines	77
2. Eröffnung	78
3. Bekanntgabe der letztwilligen Verfügung	81
VIII. Kosten	82

I. Normzweck

Allen Nachlassbeteiligten soll mit der Eröffnung die Möglichkeit gegeben werden, von der letztwilligen Verfügung (Testament, Erbvertrag) Kenntnis zu nehmen, sie auf ihre Wirksamkeit zu überprüfen und ihre Rechte wahrzunehmen. Das öffentliche Interesse an einer geordneten Nachlassabwicklung wird dadurch verwirklicht.[1] Da die jetzige Fassung der Vorschrift aber die Eröffnung ohne Termin und ohne Anwesenheit der Beteiligten zum Regelfall erhoben hat, kann dieser frühere Normzweck heute kaum mehr erreicht werden. § 348 gilt für alle Arten von Testamenten und Erbverträgen. Die Regelung war früher im Wesentlichen in den §§ 2260, 2262 BGB enthalten (zuvor in § 40 Testamentsgesetz) und wurde, weil verfahrensrechtlicher Natur, aus dem BGB genommen und mit Änderungen ins FamFG überwiesen. **Übergangsrecht:** für bis 31. 8. 2009 eingeleitete Verfahren gilt weiterhin altes Recht (Art. 111 FGG-RG). **1**

II. Inhalt der Regelung

1. Wesen der Eröffnung

Erst die „Eröffnung" der letztwilligen Verfügung lässt diese ins Rechtsleben treten. Eröffnung bedeutete ursprünglich das Öffnen des verschlossenen Umschlags, in dem sich ein Testament zwecks Geheimhaltung meist befindet. Eine „Eröffnung" hat aber auch zu erfolgen, wenn die letztwillige Verfügung nicht verschlossen war. Letztlich bedeutet also Eröffnung nur amtliche Kenntnisnahme des Nachlassgerichts von einer letztwilligen Verfügung nach dem Tod des Erblassers, damit die daran geknüpften Folgen (Rn 37) eintreten können. **2**

2. Zuständigkeit

a) **Sachliche Zuständigkeit.** „Das Gericht" hat zu eröffnen, sagt Abs. 1 S. 1. Die Eröffnung einer letztwilligen Verfügung ist eine Nachlasssache (§ 342 Abs. 1 Nr. 3). Für Nachlasssachen ist sachlich zuständig das AG (§ 23 a Abs. 2 Nr. 2 GVG), dort die Abteilung „Nachlassgericht". In Baden-Württemberg dagegen ist das Notariat sachlich zuständig (§§ 1 Abs. 2, 38 Bad.-Württ.LFGG); Nachlassrichter ist dort der Notar im Landesdienst, im badischen Rechtsgebiet kann aber ein Teil der Funktionen von einem dem Notariat **3**

---

[1] MünchKommBGB/Hagena 4. Aufl. § 2260 Rn 1.

zugewiesenen Rechtspfleger wahrgenommen werden (vgl. § 35 RPflG).² Außerhalb von Baden-Württemberg darf ein Notar eine letztwillige Verfügung nicht eröffnen.³ Zur Eröffnung durch einen deutschen Konsul vgl. § 11 Abs. 3 KonsularG. **Rechtshilfe** (Testamentseröffnung auf Ersuchen des Nachlassgerichts) ist unzulässig.⁴

4   **b) Örtliche Zuständigkeit.** Sie richtet sich nach § 343; grundsätzlich ist also das Gericht für die Eröffnung zuständig, in dessen Bezirk der Erblasser seinen letzten Wohnsitz hatte (Ausnahmen vgl. § 343). Eine Eröffnung durch ein örtlich unzuständiges Gericht ist nicht wegen des Zuständigkeitsfehlers unwirksam (§ 2 Abs. 3). Zuständigkeitsvereinbarungen der Beteiligten sind unbeachtlich. Eine Verweisung an ein anderes Gericht zwecks Eröffnung kann nicht begehrt werden.

5   Wenn aber **ein anderes Gericht** als das nach § 343 zuständige Nachlassgericht eine letztwillige Verfügung in amtlicher Verwahrung hat ist dieses Gericht⁵ für die Eröffnung zuständig (§ 344 Abs. 6), allerdings nicht für das weitere Nachlassverfahren. Das gilt sowohl für die besondere amtliche Verwahrung des Testaments wie für die einfache Aktenverwahrung. Allerdings bezieht sich Abs. 1 S. 1 in erster Linie auf den Fall, dass ein AG das Testament in Verwahrung hat. Wenn sich nämlich ein **Testament beim LG, Verwaltungsgericht, Finanzgericht** etc. in einfacher amtlicher Verwahrung befindet (etwa in den Anlagen einer Zivilprozessakte, einer Strafakte wegen Fälschung des Testaments), ist es an das örtlich (nach § 343) zuständige Nachlassgericht weiterzuleiten, wo es eröffnet wird (kein Fall des § 344 Abs. 6); wird es aber irrig an die Nachlassabteilung des eigenen AG gesandt,⁶ ist es dort zu eröffnen. Das eröffnende Gericht hat die letztwillige Verfügung (im Original) sowie eine beglaubigte Abschrift der Eröffnungsniederschrift an das nach § 343 zuständige Nachlassgericht zu übersenden (§ 350) und behält sich selbst eine Kopie der letztwilligen Verfügung. Die Eröffnung wird beim nach § 343 zuständigen Nachlassgericht nicht wiederholt.

6   **c) Funktionelle Zuständigkeit.** Funktionell zuständig ist der **Rechtspfleger** (§§ 3 Nr. 2c RPflG); eine Übertragbarkeit auf den Urkundsbeamten nach § 36b RPflG besteht nicht.

3. Kenntnis vom Tod des Erblassers

7   Die Eröffnung hat zu erfolgen, sobald das Gericht vom Tod des Erblassers Kenntnis erlangt hat. Kenntnis erlangt es z. B. durch eine Mitteilung des Standesamts, das den Todesfall beurkundet, durch eine Sterbeurkunde, einen Todeserklärungsbeschluss. Es soll auch genügen, wenn das Nachlassgericht anderweit „in zuverlässiger Weise"⁷ Kenntnis vom Tode des Erblassers erlangt; das mag allenfalls in Kriegszeiten zutreffen. Sonstige Mitteilungen, z. B. durch die Polizei, durch Behörden, durch Dritte,⁸ werden in der Gerichtspraxis nicht akzeptiert; es wird gewartet, bis eine Sterbeurkunde vorliegt.

8   Nach Eingang der Todesnachricht lässt der Rechtspfleger im Namensverzeichnis zum Verwahrungsbuch des Nachlassgerichts nachsehen, ob sich eine letztwillige Verfügung des Erblassers in besonderer amtlicher Verwahrung dieses Nachlassgerichts befindet. Eine letztwillige Verfügung kann auch bei einem anderen Gericht in besonderer amtlicher Verwahrung sein, etwa wenn der Erblasser früher woanders wohnte; das wird beim Geburtsstandesamt registriert und durch die Mitteilung des Todesfalls vom Todesstandesamt an das Geburtsstandesamt offenkundig; die Information wird dann weitergeleitet, vgl. § 347.

9   **Ausnahmen:** Befindet sich ein Testament, ein gemeinschaftliches Testament oder ein Erbvertrag seit mehr als 30 Jahren in amtlicher Verwahrung, soll die verwahrende Stelle ermitteln, ob der Erblasser noch lebt. Ist das nicht feststellbar, ist die letztwillige Verfügung zu eröffnen (§ 351 S. 1, 2). Wird eröffnet und zeigt sich dann, dass der vermeintliche

---

² Richter/Hammel, § 38 Rn 2.
³ MünchKommZPO/Muscheler § 348 FamFG Rn 4.
⁴ BayObLGZ 1931, 91; Staudinger/Baumann § 2260 Rn 26.
⁵ In Baden-Württemberg der verwahrende Notar, Richter/Hammel, § 1 Rn 5.
⁶ Soergel/Mayer § 2261 Rn 2; a. A. MünchKommBGB/Hagena 4. Aufl. § 2261 Rn 6 (unzulässig).
⁷ OLG Hamburg OLGE 32, 67: nichtamtliche Nachricht vom Tod eines Kriegsteilnehmers.
⁸ So aber Staudinger/Baumann § 2262 Rn 28.

"Erblasser" gar nicht gestorben ist, wird durch die Eröffnung die Gültigkeit der letztwilligen Verfügung nicht beeinträchtigt.[9]

4. Zu eröffnende Schriftstücke

a) Verwahrte Verfügungen. Das Nachlassgericht hat eine „in seiner Verwahrung befindliche" letztwillige Verfügung zu eröffnen. Damit sind alle Verfügungen gemeint, die zu den Akten des Nachlassgerichts gelangt sind: die in besonderer oder einfacher amtlicher Verwahrung gewesenen letztwilligen Verfügungen, die von Dritten nach § 2259 BGB abgegebenen Testamente und Erbverträge, die von Notaren, Behörden, Gerichten und sonstigen Stellen (wie Bürgermeistern; Konsulaten, § 10 Abs. 3 KonsularG) eingereichten letztwilligen Verfügungen (§ 2259 Abs. 2 BGB; § 34 BeurkG).

b) Letztwillige Verfügungen. Unklar ist, was unter einer zu eröffnenden Verfügung von Todes wegen zu verstehen ist. Bei Erbverträgen oder öffentlichen Testamenten taucht das Problem kaum auf, weil sie von einem Notar beurkundet wurden, also die Eigenschaft als letztwillige Verfügung offensichtlich ist. Bei Privattestamenten hingegen stellt sich oft die Frage, ob der durchgestrichene Notizzettel, der Brief, das Tagebuch etc. eine zu eröffnende letztwillige Verfügung ist oder die Eröffnung unterbleiben kann. Da die „stille Eröffnung" die Regel ist, also in diesen Fällen kein Termin stattfindet und auch nichts vorgelesen wird, spielt der Zeitaufwand des Rechtspflegers und der Nachlassbeteiligten kaum eine Rolle. Wesentlich aber ist, dass für jede zeitlich gestreckte Eröffnung die **Gebühr nach § 102 KostO** anfällt. Wartet der Rechtspfleger einige Wochen ab und eröffnet dann das gesamte eingereichte Schriftgut gleichzeitig, fällt die Gebühr nur einmal an (§ 103 Abs. 3 KostO); eröffnet er jeden Tag das, was am Vortag eingegangen ist, kann die Gebühr vielfach anfallen.

Eine letztwillige Verfügung wird für die Beteiligten durch Eröffnung (und die ggf. folgende Übersendung von Fotokopien, Abs. 3 S. 1) zugänglich, sonst durch Akteneinsicht. Ab dann können sie überprüfen, ob die Verfügung formwirksam ist und ob der Text auslegungsbedürftig ist. Dieses Recht darf den Beteiligten vom Nachlassgericht nicht schon im Eröffnungsverfahren genommen werden;[10] hier wird nur summarisch geprüft,[11] ob ein Schriftstück eine letztwillige Verfügung sein könnte. Erst im Erbscheinverfahren hat das Nachlassgericht darüber zu befinden, ob ein Schriftstück ein Testament ist und welches Testament von mehreren als maßgebend anzusehen ist[12] (unter Berücksichtigung der Stellungnahme der Beteiligten, die diese aber erst nach dem Eröffnung abgeben können); dieselbe Kompetenz hat das Prozessgericht in einem Prozess über die Feststellung des Erbrechts. Deshalb ist vom Nachlassgericht **jedes Schriftstück** zu eröffnen, bei dem auch nur die **entfernte Möglichkeit** besteht,[13] dass es eine letztwillige Verfügung des Erblassers sein könnte. Auch einfache Abschriften sind, wenn die Urschrift fehlt, zu eröffnen,[14] weil sie die Grundlage für einen Erbschein bilden können (vgl. § 2356 BGB).

Ob **formunwirksame Schriftstücke** zu eröffnen sind, hängt vom Einzelfall ab.[15] Das nur mit Schreibmaschine geschriebene Testament ist zweifelsfrei unwirksam (§ 2247 Abs. 1 BGB) und daher in der Regel nicht zu eröffnen; es wird aber zur Nachlassakte genommen, die Beteiligten werden darüber informiert, weil es als Auslegungshilfe in Betracht kommen könnte. Fehlt die Unterschrift, ist sie hingegen als Oberschrift enthalten, ist zu eröffnen, weil die Frage der Wirksamkeit nicht eindeutig ist.[16]

---

[9] MünchKommBGB/Hagena 4. Aufl. § 2260 Rn 8.
[10] Staudinger/Baumann § 2260 Rn 10; MünchKommBGB/Hagena 4. Aufl. § 2260 Rn 10; Soergel/Harder § 2260 Rn 8.
[11] OLG Hamm Rpfleger 1983, 253.
[12] BayObLGZ 1989, 325; KG FGPrax 2002, 136; LG Bonn MittRhNotK 2000, 439.
[13] Staudinger/Baumann § 2260 Rn 9; MünchKommZPO/Muscheler § 348 FamFG Rn 10, 11.
[14] A. A. Prütting/Helms/Fröhler § 348 Rn 15.
[15] A. A. Staudinger/Baumann § 2260 Rn 13; Bumiller/Harders § 348 Rn 5: alle formunwirksamen Verfügen seien zu eröffnen.
[16] BGH NJW 1991, 487; BayObLG FamRZ 2004, 1141; OLG Celle ZErb 2002, 361; MünchKommBGB/Hagena § 2247 Rn 25.

14 Auch **widerrufene Testamente** sind zu eröffnen,[17] weil ein Widerruf des Widerrufs denkbar ist; außerdem können auch solche Testamente für die Auslegung der letztlich wirksamen letztwilligen Verfügung bedeutsam sein.[18] So ist es auch bei nach § 2255 BGB oder § 2256 BGB widerrufenen Testamenten (inwieweit das Durchstreichen, Zerreißen mit Aufhebungswillen erfolgte ist Auslegungssache; ob bei Rücknahme aus der besonderen amtlichen Verwahrung ein Testierwille vorlag ebenfalls). Zu eröffnen sind auch inzwischen gegenstandslos gewordenen Verfügungen;[19] Nottestamente nach Ablauf der Gültigkeitsfrist (§ 2252 BGB), weil der Fristablauf gehemmt gewesen sein könnte.[20] Ob der **Testierwille** (etwa bei Briefen, Tagebuchnotizen) fehlte, ist nicht schon im Eröffnungsverfahren zu prüfen.[21] Die frühere diffizile Rechtsprechung zu diesen Fragen dürfte überholt sein. Sie wollte dem damals zuständigen Richter den Eröffnungstermin mit Ladung der Beteiligten ersparen; jetzt aber findet ohnehin in der Regel kein Termin mehr statt („stille Eröffnung", Abs. 2); ob ein Blatt mehr oder weniger vom Rechtspfleger mit dem Eröffnungsstempel versehen wird, ist letztlich keine Zeitersparnis und kann nur noch wegen der Zusatzkosten bei zeitlich gestreckter Eröffnung mehrerer Verfügungen (vgl. § 103 Abs. 3 KostO) eine Rolle spielen.

15 **c) Original letztwilliger Verfügungen.** Alle Urschriften sind zu eröffnen (vgl. § 2356 Abs. 1 S. 1 BGB), auch wenn es sich um mehrere gleich lautende Urschriften handelt.[22] Da nach § 2356 Abs. 1 S. 2 BGB die Errichtung einer letztwilligen Verfügung auch auf andere Weise als durch Vorlage des Originals nachgewiesen werden kann, ist, wenn das Original nicht beschaffbar ist (z.B. weil es verloren ist oder im Ausland in dortigen Gerichtsakten), auch eine beglaubigte Abschrift[23] oder eine Ausfertigung zu eröffnen. Sogar eine gewöhnliche **private Kopie** oder ein Telefax des Testaments sind im Falle des § 2356 Abs. 1 S. 2 BGB zu eröffnen,[24] weil sonst mangels Eröffnung die weiteren Wirkungen der Eröffnung (Rn 37), z.B. die Mitteilung an das Finanzamt, nicht eintreten könnten. Die Erbfolge selbst kann sich auch nach einem nicht im Original vorliegenden Testament richten, wenn dessen Inhalt (im Erbscheinsverfahren bzw. im Zivilprozess) nachweisbar ist.[25]

5. Die Eröffnung

16 Die Eröffnung ist lediglich ein im Gesetz vorgesehener wesentlicher und notwendiger **Formalakt.**[26] Grundsätzlich lassen sich nur auf die eröffnete letztwillige Verfügung Rechtsakte gründen (Rn 37);[27] notwendig ist die Eröffnung, um ein festes Datum hierfür zu setzen. Eine letztwillige Verfügung ist auch dann gültig und kann Grundlage für einen Erbschein sein, wenn sie nicht (oder von einem unzuständigen Gericht; § 2 Abs. 3) eröffnet wurde.[28] Die Eröffnung ist noch **kein Präjudiz** dafür, dass überhaupt eine letztwillige Verfügung vorliegt.[29] Das wird erst im Erbscheinsverfahren (bzw. im Zivilprozess) entschieden (Rn 12).

---

[17] KG FamRZ 2002, 1578.
[18] KG JW 1931, 1373.
[19] BGH NJW 1984, 2098 (gegenstandsloses Vermächtnis); BayObLG FamRZ 1997, 644 (Vorversterben des Bedachten); OLG Hamm FamRZ 1974, 387.
[20] MünchKommBGB/Hagena 4. Aufl. § 2260 Rn 12.
[21] Teils a. A. KG OLGZ 1977, 397; OLG Frankfurt Rpfleger 1970, 392; OLG Hamm Rpfleger 1983, 252 (Adoptionsvertrag ohne Testierwille); Horndasch/Viefhues/Heinemann § 348 Rn 7; MünchKommBGB/Hagena 4. Aufl. § 2260 Rn 11; MünchKommZPO/Muscheler § 348 FamFG Rn 10.
[22] BayObLG NJW-FER 2000, 165; KG JW 1934, 2563; Staudinger/Baumann § 2260 Rn 19.
[23] KG FamRZ 2007, 1197.
[24] Herzfelder JW 1919, 586; a. A. BayObLG NJWE-FER 2000, 165; Horndasch/Viefhues/Heinemann § 348 Rn 10; MünchKommBGB/Hagena 4. Aufl. § 2260 Rn 15; Staudinger/Baumann § 2260 Rn 18 unter Bezug auf KG JW 1919, 586; LG Berlin DFG 1942, 88.
[25] BayObLG FamRZ 2005, 138; 2003, 1595; 2001, 1327; KG FamRZ 2007, 1197; OLG Düsseldorf NJW-RR 1994, 142; OLG Köln NJW-RR 1993, 970; OLG Zweibrücken NJW-RR 1987, 1158.
[26] BGH NJW 1991, 169.
[27] KG JW 1919, 586; RJA 13, 87, 89; Staudinger/Baumann § 2260 Rn 6.
[28] BayObLG Rpfleger 1986, 303; BayObLGZ 1983, 176/181; 1951, 391; Staudinger/Baumann § 2260 Rn 6.
[29] Staudinger/Baumann § 2260 Rn 11.

Die Eröffnung erfolgt im Interesse der Beteiligten, aber auch im öffentlichen Interesse.[30] **17** Sie „hat" **von Amts wegen** zu erfolgen (§ 348 Abs. 1 S. 1); es liegt also kein Antragsverfahren (§ 7 Abs. 1; § 345 Abs. 4) vor. Ein Ermessen besteht nicht. Deshalb ist ein Verzicht der Beteiligten auf die Eröffnung unbeachtlich,[31] ein vom Erblasser ausgesprochenes Verbot der Eröffnung nichtig (§ 2263 BGB).[32] Auch wenn ein Interesse Dritter an der Eröffnung nicht vorliegt, darf sie nicht unterbleiben;[33] selbst wenn also kein Erbschein beantragt werden soll, ist zu eröffnen (was aus Sicht der Beteiligten dann lediglich der Kostenerhebung dient). Da die Eröffnung von Amts wegen vorzunehmen ist, kann sie nur angeregt, aber nicht „beantragt" werden; sie kann nicht davon abhängig gemacht werden, dass zuvor die Namen und Anschriften der gesetzlichen Erben mitgeteilt werden[34] oder dass ein Kostenvorschuss in Höhe der Eröffnungsgebühr (§§ 102, 103 KostO) geleistet wird (vgl. § 8 KostO).

Wenn ein **anderes Nachlassgericht** als das nach § 343 zuständige Nachlassgericht eine **18** letztwillige Verfügung eröffnet (§ 344 Abs. 6), ist das Verfahren genauso, wie wenn das nach § 343 für das gesamte Nachlassverfahren zuständige Nachlassgericht die Eröffnung durchführt; vgl. § 350.

a) Zeitpunkt. Die Eröffnung soll sobald als möglich erfolgen, damit die Wirkungen **19** (Rn 37) eintreten können. Nach Abs. 1 S. 1 („Sobald") müsste das Gericht sogleich eröffnen, wenn das erste als letztwillige Verfügung deutbare Schriftstück in den Eingang gelangt. Kommt nach zwei Tagen wieder ein Schriftstück, wäre dieses zu eröffnen usw., wobei für jede zeitlich gestreckte Eröffnung eine besondere Gebühr (§ 103 Abs. 3 KostO) anfällt; das wäre nicht im Kosteninteresse der Erben. Deshalb ist nur ein gewisser zeitlicher Rahmen einzuhalten, aber keine sofortige Eröffnung erforderlich.

b) Vollständige Eröffnung. Zu eröffnen ist grundsätzlich der gesamte Inhalt der **20** Verfügung, auch einzelne gegenstandslos gewordene Teile, einschließlich Anlagen.[35] Zur Eröffnung eines durch Übergabe einer Schrift an einen Notar errichteten Testaments (§ 2232 BGB) gehört auch die Bekanntgabe der Errichtungsniederschrift.[36]

c) Teileröffnung. Bei einem gemeinschaftlichen Testament oder einem Erbvertrag ist **21** nur der Teil zu eröffnen, der sich auf den Erblasser bezieht, soweit eine Absonderung möglich ist (§ 349). Nicht zu eröffnen sind ferner absonderungsfähige Erklärungen des Erblassers, die nach Prüfung des Nachlassgerichts eindeutig keinen erbrechtlichen Bezug haben, sondern z. B. Ratschläge für die Erben (anders bei Auflagen, § 2192 BGB), private Mitteilungen, Bestattungswünsche oder ähnliches enthalten.[37]

d) Eröffnung. Die Eröffnung besteht darin, dass der Umschlag aufgeschnitten wird (das **22** Siegel soll möglichst geschont werden), wenn sich die letztwillige Verfügung in einem verschlossenen Umschlag befindet; der Rechtspfleger nimmt Kenntnis vom Inhalt, setzt den Stempel „eröffnet" auf die letztwillige Verfügung und fertigt eine Niederschrift (Rn 34) an.

aa) Eröffnung ohne Termin. Die frühere Regelung (§ 2260 Abs. 1 a. F. BGB) sah vor, dass **23** das Nachlassgericht zur Eröffnung einen „Termin" zu bestimmen hatte; zum Termin sollten die gesetzlichen Erben und die sonstigen Beteiligten, soweit tunlich, geladen werden. Die praktische Handhabung lief dann so ab, dass der Rechtspfleger zwar einen Termin (auf „sofort") bestimmte, ihn aber niemand bekannt machte und dazu auch niemand lud, so dass er allein im Büro saß und die letztwillige Verfügung für sich durchlas (bzw. auch das unterließ, wenn noch kein Erbscheinsantrag vorlag); eine „Verkündung" unterblieb (§ 2260 Abs. 2 a. F. BGB), sog. „stille" Eröffnung. Die Neufassung hat diese Verfahrens-

---

[30] RGZ 137, 222/239.
[31] BayObLGZ 1951, 383/391.
[32] Staudinger/Baumann § 2260 Rn 5.
[33] BayObLGZ 1951, 391; OLG Düsseldorf OLGZ 1966, 34; a. A. nur OLG Colmar OLGE 4, 425; Haldy DJZ 1907, 822.
[34] KG ZBlFG 1914, 813.
[35] MünchKommBGB/Hagena 4. Aufl. § 2260 Rn 9; Staudinger/Baumann § 2260 Rn 33.
[36] KG RJA 14, 270.
[37] BayObLG Rpfleger 1984, 19; Staudinger/Baumann § 2260 Rn 15.

weise („zweckmäßiges, schnelles und zuverlässiges Verfahren"[38]) zum Regelfall erhoben: das Nachlassgericht „kann" einen Termin bestimmen, es muss aber nicht.

24 Unterbleibt die Terminsbestimmung, dann schneidet der Rechtspfleger ledig den Umschlag auf, und entnimmt die letztwillige Verfügung; liegt eine offene Verfügung vor, entfällt das Aufschneiden natürlich. Er überprüft summarisch, ob bei dem vorhandenen Schriftstück auch nur die entfernte Möglichkeit besteht, dass es eine letztwillige Verfügung sein könnte (Rn 12). Dann fertigt der Rechtspfleger eine Niederschrift an (Rn 34) und stempelt „Eröffnet am" mit Aktenzeichen, Datum, Name des AG und Unterschrift auf die letztwillige Verfügung.[39] Anschließend werden die Beteiligten durch Übersendung von Fotokopien der letztwilligen Verfügung (auch der Niederschrift), soweit sie sie betrifft, benachrichtigt (Abs. 3 S. 1; Rn 46).

25 Nach Meinung der Gesetzesbegründung[40] sollen Eröffnungstermin und schriftliche Bekanntgabe als gleichrangige Alternativen nebeneinander stehen; gleichwertig sind sie jedenfalls nicht, weil die Beteiligten nicht anwesend sind, die letztwillige Verfügung also nicht im Original in Augenschein nehmen können und sich nicht mündlich dazu äußern können, kein Gespräch mit dem Rechtspfleger haben, in dem sie sich informieren können.

26 *bb) Eröffnung mit Termin.* Das Nachlassgericht „kann" einen Termin bestimmen, es hat also ein Ermessen. Es wird einen Termin bestimmen, wenn nur auf diese Weise der Eröffnungszweck (Rn 1) erreicht werden kann, den Beteiligten also die Möglichkeit gegeben werden soll, die letztwilligen Verfügung auf ihre Wirksamkeit zu überprüfen und ihre Rechte wahrzunehmen; ferner wenn die Beteiligten es wünschen (die Beteiligten können aber nicht durch Rechtsmittel erzwingen, dass anstelle der „stillen" Eröffnung ein Termin hierzu bestimmt wird). Bei notariellen Testamenten und Erbverträgen wird ein Termin in der Regel nicht erforderlich sein. Die Terminsbestimmung ist keine „Endentscheidung", erfolgt also nicht durch einen Beschluss im Sinn von § 38. Aus einem Vergleich von § 348 Abs. 2 mit Abs. 3 ergibt sich, dass, wenn mehrere Vermächtnisnehmer im Termin anwesend sind, jeder Vermächtnisnehmer aus der Verlesung des Testaments erfährt, wie viel der andere Vermächtnisnehmer aus dem Nachlass bekommt (was vielleicht unerwünscht ist); wenn aber ein Vermächtnisnehmer nicht anwesend ist, würde er wegen Abs. 3 das durch die nur teilweise schriftliche Mitteilung des Testaments nicht erfahren. Dieser Widerspruch kann nur dadurch aufgelöst werden, dass auch bei mündlicher Eröffnung solchen Personen nur ein Teil des Testaments vorgelesen wird,[41] falls kein allseitiges Einverständnis mit einem anderen Vorgehen besteht.

27 *cc) Zu ladende Personen.* Bestimmt der Rechtspfleger einen Eröffnungstermin, dann sind hierzu durch Bekanntgabe (§ 15) **zu laden** (Abs. 2 S. 1): alle gesetzlichen Erben (§§ 1924 ff. BGB) und die sonstigen Beteiligten. Auch die Pflichtteilsberechtigten sind potentielle gesetzliche Erben. Da allerdings das Nachlassgericht nach seinem Ermessen von einem Termin überhaupt absehen kann, kann es sich auch damit begnügen, nur einen Teil der gesetzlichen Erben und sonstigen Beteiligter zu laden (was aber auf Befangenheit des Rechtspflegers hindeuten kann; § 10 RPflG; § 6 FamFG). Das ist vor allem bedeutsam, wenn die Personen nach ihrem Namen und Aufenthalt (Adresse) erst ermittelt werden müssten. Sind die gesetzlichen Erben nicht bekannt, müssen sie nicht zeitaufwendig ermittelt werden; ein Nachlasspfleger (§ 1960 BGB) lediglich zwecks Teilnahme an der Eröffnung darf keinesfalls bestellt werden (es fehlt das Bedürfnis der Fürsorge für den Nachlass); auch kein Abwesenheitpfleger (§ 1913 BGB).[42] Ist der Aufenthalt sonstiger Beteiligter unbekannt, sind weder zeitraubende Ermittlungen noch eine öffentliche Zustellung der Ladung veranlasst. Für Beteiligte, die unbekannten Aufenthalts sind, wird kein Vertreter (z. B. ein Pfleger nach § 1911 BGB) bestellt.[43]

---

[38] BT-Drucks. 16/6308 S. 279.
[39] Der Stempel („Eröffnungsvermerk") ist üblich und zweckmäßig (Palandt/Edenhofer 69. Aufl. § 2260 Rn 7), aber nicht gesetzlich vorgeschrieben.
[40] BT-Drucks. 16/6308 S. 280.
[41] A. A. Horndasch/Viefhues/Heinemann § 348 Rn 15.
[42] A. A. Prütting/Helms/Fröhler § 348 Rn 31.
[43] Staudinger/Baumann § 2260 Rn 30.

Wer **sonstiger Beteiligter** ist, ist nicht geregelt (§ 345 ist dafür nicht einschlägig, weil **28** es noch nicht um ein Erbscheinsverfahren geht). Auch liegt kein Antragsverfahren im Sinn von § 7 Abs. 1 vor; denn es ist von Amts wegen zu eröffnen. Deshalb bleibt es bei der Grundregel in § 7 Abs. 2 Nr. 1, die freilich wenig passt, denn durch die Eröffnung als solche wird noch niemandes Recht unmittelbar betroffen. Wer sonstiger Beteiligter ist, lässt sich vor Eröffnung nur bei Vorliegen einer offenen letztwillige Verfügung feststellen.[44] Man muss auf den Zweck der Eröffnung abstellen.[45] Dieser geht dahin, Personen, deren Rechtsstellung durch die vom Erblasser in der Verfügung von Todes wegen getroffenen Bestimmungen unmittelbar beeinflusst wird, von dem sie betreffenden Inhalt Kenntnis zu geben, um sie in den Stand zu versetzen, das zur Wahrnehmung ihrer Interessen Zweckdienliche zu veranlassen.[46] Als sonstige Beteiligte kommen demgemäß in Betracht: die in den verschiedenen letztwilligen Verfügungen angegebenen gewillkürten Erben; Vorerben; Nacherben; Ersatzerben; Vermächtnisnehmer; Personen, die in einem bereits eröffneten anderen Testament des Erblassers bedacht sind;[47] nicht Nachlassgläubiger.[48] Diese Beteiligten sind auch zu laden, wenn sie im Ausland wohnen oder sich dort aufhalten.

dd) Eröffnungstermin. **Im Termin** wird eine Niederschrift aufgenommen. Der Rechts- **29** pfleger schneidet den Umschlag auf (wenn die letztwillige Verfügung verschlossen war) und entnimmt die Verfügung. Er gibt den Inhalt der letztwilligen Verfügung den Erschienenen mündlich bekannt (Abs. 2 S. 2; die frühere theatralische Formulierung, dass das Testament zu „verkünden" sei, ist entfallen); d. h. der Rechtspfleger verliest in der Regel die letztwillige Verfügung etc. ganz oder teilweise; zu gemeinschaftlichen Testamenten und Erbverträgen vgl. § 349. Auf das Original der letztwilligen Verfügung wird ferner der Stempel „Eröffnet" gesetzt. Der Rechtspfleger kann statt Vorlesen den wesentlichen Inhalt des Testaments genau schildern.[49] Er kann auch den Erschienenen die letztwillige Verfügung vorlegen, so dass sie sie selbst lesen können. Die Beteiligten können die Vorlage verlangen (Abs. 2 S. 3), dann muss das geschehen. Denkbar ist z. B., dass die Beteiligten, an der Echtheit des Privattestaments zweifelnd, sich Papier und Schrift genau ansehen wollen. Nach Hause oder in die Kanzlei des Rechtsanwalts bzw. Notars ausgehändigt werden darf das Original der letztwilligen Verfügung aber nicht (vgl. § 13 Abs. 4 S. 2). Den Beteiligten, die erschienen sind, muss der sie betreffende Inhalt der letztwilligen Verfügung nicht zusätzlich schriftlich bekannt gemacht werden (Abs. 3 S. 2); sie können aber Kopien verlangen (§ 13).

Findet ein Eröffnungstermin statt, nutzen ihn die Beteiligten oft zu **Fragen an den** **30** **Rechtspfleger** über Ausschlagung, Erbenhaftung, Nachlassteilung, Erbschaftsteuer usw.; eine diesbezügliche Auskunftspflicht besteht nicht, richtige Auskünfte im gesetzlichen Rahmen sind aber dienlich und nicht untersagt. Im Termin können Beteiligte im Anschluss an die Eröffnung Erbscheinsanträge stellen. In eindeutigen Fällen kann der Erbschein sogleich ausgehändigt werden (§ 352). Die Erben sind ferner auf die Notwendigkeit der **Grundbuchberichtigung** und auf die **Kostenvergünstigung** bei baldigem Berichtigungsantrag (Zweijahresfrist) hinzuweisen (§ 60 Abs. 4 KostO; § 83 GBO); der Grundbuchberichtigungsantrag kann zu Protokoll genommen werden. Da die Eröffnung eine Gerichtsgebühr auslöst (§ 102 KostO), auch wenn kein Erbschein beantragt wird, werden die Beteiligten nach der Höhe des Nachlasswerts gefragt; teils wird ihnen hierzu ein Vordruck mitgegeben, den sie ausfüllen und zurücksenden sollen.

Die Beteiligten können sich im Termin von Rechtsanwälten und ggf. anderen Bevoll- **31** mächtigten (dazu vgl. § 10 Abs. 2) **vertreten lassen;** sie können auch mit einem Beistand erscheinen (§ 12). Hat sich für einen Beteiligten schon vor der Eröffnung ein Rechtsanwalt als mandatiert gemeldet, wird dieser zum Termin geladen.

---

[44] Staudinger/Baumann § 2260 Rn 29.
[45] OLG Zweibrücken FGPrax 2010, 245; KG OLGZ 1979, 269; Bumiller/Harders § 348 Rn 10.
[46] BGH NJW 1978, 633; OLG Zweibrücken FGPrax 2010, 245.
[47] Mot V 306; Prot V 356.
[48] MünchKommZPO/Muscheler § 348 FamFG Rn 23.
[49] BT-Drucks. 16/6308 S. 280.

32 Der Termin ist **nicht öffentlich** (§ 170 GVG); ein Verstoß dagegen wäre aber ohne Folgen für die Wirksamkeit der Eröffnung. Nach § 348 Abs. 2 haben alle „Beteiligten" ein Anwesenheitsrecht, wenn sie geladen wurden, und zwar während des ganzen Termins und während der gesamten Verlesung. Erscheint ein Beteiligter nicht, so dass ihm das Testament nur schriftlich bekannt zu geben ist, würde ihm, folgt man § 348 Abs. 3, nur der Teil des Testaments mitgeteilt, der ihn betrifft (bedeutsam bei mehreren Vermächtnissen für verschiedene Vermächtnisnehmer).

33 Wenn eine **geladene Person ausbleibt,** hat das keine schädlichen Folgen für sie (eine Beweisaufnahme findet im Eröffnungsverfahren nicht statt; ein Versäumnisverfahren wie in der ZPO gibt es hier nicht). Wer geladen wurde, aber nicht erschienen ist, dem wird der ihn betreffende Teil der letztwilligen Verfügung schriftlich bekannt gemacht (Abs. 3 S. 2).

6. Niederschrift über die Eröffnung

34 Über die Eröffnung **muss** eine Niederschrift („Eröffnungsprotokoll") aufgenommen werden (Abs. 1 S. 2),[50] auch wenn kein Beteiligter erschienen ist („stille" Eröffnung, Rn 23), der Rechtspfleger also allein im Büro sitzt. Zum Inhalt der Niederschrift sagt Abs. 2 S. 3 nur, dass bei einer verschlossenen letztwilligen Verfügung in der Niederschrift festzustellen ist, ob der Verschluss unversehrt war.

35 Im Übrigen wird der Vorgang wiedergegeben: Ort, Datum, Anwesende; dem Gericht lagen zur Eröffnung vor: ... ein roter Umschlag wird aufgeschnitten, ihm werden drei linierte Blätter entnommen, die mit blauem Kugelschreiber beschrieben sind, beginnend mit „Mein letzter Wille", endend mit „Euer Vater". Oder kürzer: „Auffälligkeiten wurden nicht festgestellt. Der Rechtspfleger nahm vom Inhalt Kenntnis." Der Rechtspfleger unterschreibt die Niederschrift. Eine Unterschrift der Beteiligten ist nicht erforderlich.[51] In der Praxis wird oft lediglich der **Stempel „Eröffnet"** auf die Originalverfügung gesetzt, mit Datum und Unterschrift des Rechtspflegers. Ob das allein als Niederschrift zählen kann, ist umstritten,[52] meines Erachtens abzulehnen,[53] weil eine gerichtliche Niederschrift zumindest diese Überschrift tragen und die Namen der Erschienenen ausdrücklich nennen muss.

36 Die Niederschrift hat **praktische Bedeutung** bei § 35 Abs. 1 S. 2 GBO: der Nachweis der Erbfolge kann (statt durch einen Erbschein) auch durch Vorlage des notariellen Testaments bzw. Erbvertrags sowie der Niederschrift über deren Eröffnung geführt werden; ebenso verhält es sich mit dem Nachweis, dass jemand in einem notariellen Testament bzw. Erbvertrag zum Testamentsvollstrecker ernannt wurde (hier ist aber zusätzlich ein Annahmezeugnis erforderlich, § 2202 BGB). Deshalb können die Beteiligten auch eine beglaubigte Abschrift der Niederschrift verlangen. Die Niederschrift ist eine öffentliche Urkunde (§ 415 Abs. 1 ZPO). Sie allein beweist aber nicht die Erbfolge.

III. Rechtliche Bedeutung und Folgen der Eröffnung

37 Mit der Eröffnung tritt die letztwillige Verfügung an einem datumsmäßig genau feststellbaren Tag ins Rechtsleben. Bedeutsam ist die Eröffnung z. B. für den **Beginn der Ausschlagungsfrist** (§ 1944 Abs. 2 S. 2 BGB und § 2306 Abs. 1 S. 2 BGB); für den Beginn des Rechts rechtlich interessierter Personen auf **Einsichtnahme** in ein Testament und Abschriftenerteilung (§ 13; früher § 2264 BGB); für die Erteilung des **Erbscheins,** der nach h. M. (§ 352 Rn 19) erst nach Eröffnung erfolgen darf; die Niederschrift über die Eröffnung braucht man für den Nachweis der Erbfolge im **Grundbuch-** und **Schiffsregisterrecht** (§ 35 Abs. 1 S. 2 GBO, § 41 Schiffsregisterordnung), falls ein Erbschein erspart werden kann und soll; ab Eröffnung kann das Nachlassgericht einen **Testamentsvollstrecker** ernennen, wenn ein dahingehendes Ersuchen des Erblassers vorliegt (§ 2200 BGB).

---

[50] Muster: Firsching/Graf Rn 4.66.
[51] Horndasch/Viefhues/Heinemann § 348 Rn 17; a. A. Bassenge/Roth § 348 Rn 7.
[52] Vgl. Westphal Rpfleger 1983, 210; 1980, 214, 460; v. Rechberg Rpfleger 1980, 458; Bayer Rpfleger 1980, 459.
[53] Ebenso MünchKommZPO/Muscheler § 348 FamFG Rn 19.

Bei jedem Erbfall wird anhand der Kartei festgestellt, ob der Erblasser Grundstücke im 38
Bezirk des AG hinterlassen hat, trifft das zu, soll das Nachlassgericht nach Eröffnung der
letztwilligen Verfügung dem **Grundbuchamt** vom Erbfall Mitteilung machen (§ 83
GBO).

Eine beglaubigte Kopie der eröffneten letztwilligen Verfügung sowie der Eröffnungs- 39
niederschrift ist an das örtlich zuständige **Erbschaftsteuerfinanzamt** zu senden (§ 7 Abs. 1
ErbStDV; § 34 ErbStG), ausgenommen bei Kleinnachlässen bis derzeit 20 000 € (§ 7 Abs. 4
ErbStDV), da bei jedermann mindestens 20 000 € erbschaftsteuerfrei sind (§ 16 ErbStG).

Für den Beginn der Frist für die **Verjährung des Pflichtteilanspruchs** (§ 2332 Abs. 1 40
BGB) kommt es dagegen nicht auf den Eröffnungszeitpunkt an,[54] vielmehr lässt auch
private Kenntnis die Verjährungsfrist beginnen. Auch eine **Nachlasssicherung,** wie z. B.
die Bestellung eines Nachlasspflegers (§ 1960 BGB), setzt nicht die Eröffnung einer letztwilligen Verfügung voraus, sondern ein Sicherungsbedürfnis.

IV. Schriftliche Bekanntgabe der eröffneten Verfügung (Abs. 3)

1. Zweck der Regelung

Die Vorschrift gilt für alle Arten von Testamenten und für Erbverträge. Sie entspricht 41
weitgehend dem früheren § 2262 BGB (dieser dem § 42 TestamentsG 1938). Zweck der
Regelung ist einerseits, Personen, deren Rechtslage durch die von dem Erblasser in der
Verfügung von Todes wegen getroffenen Bestimmungen unmittelbar beeinflusst wird
(Rn 27), von dem sie betreffenden Inhalt Kenntnis zu geben, um sie in den Stand zu setzen,
das zur Wahrnehmung ihrer Interessen Zweckdienliche zu veranlassen;[55] andererseits dient
die Bekanntgabe dem öffentlichen Interesse, weil spätestens mit dem Zugang der Benachrichtigung die Ausschlagungsfrist zu laufen beginnt (§ 1944 Abs. 2 S. 2 BGB).

2. Zuständigkeit

Hat das nach § 343 für das ganze Nachlassverfahren **örtlich zuständige Nachlass-** 42
gericht (AG, § 23 a Abs. 2 Nr. 2 GVG) die letztwillige Verfügung eröffnet, ist es auch für
die anschließende schriftliche Bekanntgabe der letztwilligen Verfügung an die Nichterschienen örtlich zuständig. Hatte ein anderes Gericht die letztwillige Verfügung in (einfacher
oder besonderer) Verwahrung, dann hatte es sie nur zu eröffnen (§ 344 Abs. 4) und
anschließend an das örtlich zuständige Nachlassgericht zu versenden (§ 350). Für die
schriftliche Bekanntgabe (d. h. die Übersendung von Fotokopien) war dieses Verwahrungsgericht nicht zuständig;[56] das hat durch das nach § 343 zuständige Nachlassgericht zu
erfolgen. **Rechtshilfe** darf nicht zu dem Zweck in Anspruch genommen werden, Kopien
der letztwilligen Verfügung zu versenden.

Wurde eine letztwillige Verfügung **im Ausland „eröffnet"** (Rn 63, 72), dann ist das 43
deutsche Nachlassgericht für eine eröffnungsersetzende Benachrichtigung nach Abs. 3 nicht
zuständig. Mit der Zuständigkeit für Sicherungsmaßnahmen, wie Nachlasssiegelung oder
Nachlasspflegerbestellung (§ 1960 BGB), hat das nichts zu tun, weil diese Maßnahmen
keine Eröffnung einer letztwilligen Verfügung voraussetzen.

In **Baden-Württemberg** ist Nachlassgericht das Notariat (§§ 1, 38 Bad.-Württ.LFGG); 44
daher ist dort das Notariat für die Bekanntgabe nach Abs. 3 zuständig. Hat ein Konsulats-
beamter eine letztwillige Verfügung eröffnet (§ 11 Abs. 3 S. 1 KonsularG), dann hat er
anschließend die Verfügung an das Nachlassgericht zu übersenden (§ 11 Abs. 3 S. 2 KonsularG), welches dann die Benachrichtigungen nach Abs. 3 durchführt.

Funktionell zuständig für die Benachrichtigung ist der Rechtspfleger (§ 3 Nr. 2 c 45
RPflG); zu Baden-Württemberg vgl. § 35 RPflG. Der Rechtspfleger hat die Bekanntgabe
selbst zu veranlassen („Gericht" in Abs. 1).

---

[54] MünchKommBGB/Lange § 2332 Rn 7; Palandt/Weidlich § 2332 Rn 1; a. A. Staudinger/Baumann § 2260 Rn 43.
[55] BGH NJW 1992, 1884; 1978, 633; BayObLG NJW-RR 1989, 1284.
[56] Staudinger/Baumann § 2262 Rn 4.

3. Pflicht zur Benachrichtigung

46 Die Benachrichtigung muss erfolgen (Abs. 3, „hat"); ein **Ermessen** besteht nicht. Diese Mitteilungspflicht besteht ohne Rücksicht darauf, ob die eröffnete letztwillige Verfügung rechtswirksam ist oder nicht;[57] vgl. Rn 12. Ein **Verbot der Benachrichtigung** (oder der Wunsch, sie aufzuschieben) durch den Erblasser oder Beteiligte ist deshalb unbeachtlich; vgl. § 2263 BGB.[58] Beteiligte können aber auf die Benachrichtigung ausdrücklich verzichten, auch schon vor Eröffnung. Dagegen genügt es nicht, wenn anzunehmen ist, dass derjenige, der das offene Testament ablieferte (§ 2259 BGB), es **sowieso gelesen** hat;[59] oder dass das Gericht glaubt, dass ein Beteiligter bereits auf andere Weise Kenntnis vom Testament erlangt hat;[60] Zweck der Benachrichtigung ist ja auch die Bekanntgabe des Datums der Eröffnung zwecks Kenntnis vom Beginn der Ausschlagungsfrist (Rn 41).

4. Personen, die zu benachrichtigen sind

a) Anwesende bzw. Abwesende

47 *aa) Anwesende.* Wer in einem Eröffnungstermin (es kann bei gestaffelter Einreichung mehrerer letztwilliger Verfügungen mehrere Eröffnungstermine geben), in dem die letztwillige Verfügung den Anwesenden mündlich eröffnet wurde, anwesend war, bei dem **unterbleibt eine schriftliche Bekanntmachung** mit Eröffnungsfunktion (Abs. 3 S. 2). Da diese Beteiligten aber ein Recht auf Akteneinsicht haben (§ 13 Abs. 1), können sie verlangen, dass ihnen auf ihre Kosten (§ 136 KostO) eine Fotokopie der letztwilligen Verfügung übergeben oder übersandt wird (§ 13 Abs. 3); das ergab sich für Testamente früher aus § 2264 a. F. BGB. Diese Übersendung hat aber nicht dieselbe rechtliche Bedeutung wie im Falle der „Bekanntgabe" nach Abs. 3 S. 1, weil sie die Eröffnung nicht mehr ersetzen muss. Wurde dem Erben am 10. 1. das Testament mündlich eröffnet und wird ihm auf seine Bitte eine Kopie übersandt, die bei ihm am 25. 1. eingeht, beginnt die Ausschlagungsfrist mit dem 10. 1.; war er abwesend, beginnt sie am 25. 1.

48 *bb) Abwesende.* Wer nicht anwesend war in einem Eröffnungstermin, sei es, weil überhaupt kein Termin stattfand („stille" Eröffnung), oder weil er aus irgendeinem Grund fernblieb, dem wird der ihn betreffende Teil der vom Rechtspfleger eröffneten letztwilligen Verfügung(en) in Kopie übersandt. Mit kopiert wird auch der auf der Urschrift angebrachte Stempel „Eröffnet", welcher vom Rechtspfleger datiert und unterschrieben ist; so wird ihm das Datum der Eröffnung bekannt, was von Bedeutung für den Beginn der Ausschlagungsfrist der Anwesenden ist.

49 **b) Zu benachrichtigende Beteiligte.** Die Beteiligten nennt § 7. § 348 Abs. 2 spricht von „gesetzlichen Erben sowie sonstigen Beteiligten", § 348 Abs. 3 nur von „Beteiligten"; gemeint ist aber immer derselbe Personenkreis.[61] Er bestimmt sich materiell (Rn 27, 28). Beteiligte in diesem Sinne sind alle Personen, denen durch eine letztwillige Verfügung ein Recht (auch aufschiebend bedingt oder befristet) gewährt oder genommen oder deren Rechtslage in sonstiger Weise unmittelbar beeinflusst wird.[62] Dazu gehören als mögliche **Gewinner** z. B. die in der letztwilligen Verfügung als Erben eingesetzten Personen; Ersatzerben;[63] Nacherben; Ersatznacherben;[64] die in der letztwilligen Verfügung bedachten Vermächtnisnehmer,[65] selbst wenn das Vermächtnis später widerrufen wurde;[66] oder wenn das

---

[57] BayObLG NJW-RR 1989, 1284.
[58] RG Recht 1920 Nr. 1297; KG RJA 16, 213; OLG Düsseldorf DNotZ 1966, 112; Soergel/Mayer § 2262 Rn 8.
[59] So aber MünchKommBGB/Hagena 4. Aufl. § 2262 Rn 26; Soergel/Mayer § 2262 Rn 8; Staudinger/Baumann § 2262 Rn 24.
[60] A. A. Horndasch/Viefhues/Heinemann § 348 Rn 21.
[61] Bumiller/Harders § 348 Rn 16.
[62] BayObLGZ 1979, 340; Staudinger/Baumann § 2262 Rn 6.
[63] OLG Hamm NJW-RR 1994, 75.
[64] Umstritten, vgl. Staudinger/Baumann § 2262 Rn 10; Weegmann WürttNotV 6, 1.
[65] BayObLG NJW-RR 1989, 1284.
[66] BayObLGZ 1989, 323/325.

Vermächtnis bedingt ist;[67] Auflagebegünstigte, Auflagevollzugsberechtigte (§ 2194 BGB); ein ernannter Testamentsvollstrecker; Pflichtteilsberechtigte.[68] Einfache Nachlassgläubiger gehören nicht dazu.[69] Wurde mit Verfügung von Todes wegen eine Stiftung errichtet, ist die entsprechende Behörde zu benachrichtigen (§§ 83, 84 BGB). Als **Verlierer** kommen in Frage die (enterbten) gesetzlichen Erben, insbesondere wenn sie pflichtteilsberechtigt sind (§§ 2303 ff. BGB); diejenigen, die in anderen (z. B. überholten, widerrufenen) letztwilligen Verfügungen als Erben etc. eingesetzt wurden. In **Zweifelsfällen** sollte man zwischen den Interessen eines Bedachten an der Kenntnisnahme von dem ihn betreffenden Testamentsinhalt und dem Interesse der Erben an einer Geheimhaltung des Testaments abwägen.[70] Hier kann § 13 (Akteneinsicht) herangezogen werden. Die Information über die Eröffnung muss auch an denjenigen erfolgen, dem der Inhalt des Testaments bereits bekannt ist, z. B. weil er es **selbst abgeliefert** hat.[71] Denn auch für diesen Beteiligten muss der früheste Fristbeginn für die Ausschlagung (§ 1944 Abs. 1 S. 2 BGB) festgestellt werden und er muss Klarheit erhalten, welche Verfügungen eröffnet wurden.

c) Ermittlung dieser Personen; unbekannte Beteiligte. Das Nachlassgericht hat grundsätzlich von Amts wegen selbst die in Frage kommenden Personen sowie ihre Anschriften zu ermitteln (§ 26);[72] dafür wird keine besondere Gebühr erhoben (§ 105 KostO). Ergeben sich die Namen und Anschriften nicht aus der letztwilligen Verfügung, kann es hierzu z. B. Verwandte anschreiben (§ 27), das Einwohnermeldeamt (vgl. Art. 35 GG), das Standesamt (es ist verpflichtet, dem Nachlassgericht Auskunft über in den Sammelakten aufgeführte Angehörige des Verstorbenen zu erteilen, die als Beteiligte der Testamentseröffnung in Betracht kommen[73]). 50

Ist der Name bzw. die Anschrift nur aufwändig zu ermitteln, wird sie unterbleiben können.[74] Deshalb ist auch nicht zulässig, einen (teuren) gewerblichen Erbensucher nur zwecks Anschriftenermittlung zu beauftragen. Es muss gesehen werden, dass es bei Abs. 3 nicht um die Ermittlung der Erben von Amts wegen geht (eine solche findet nach Landesrecht nur in Bayern und Baden-Württemberg statt[75]), sondern nur um die Ermittlung von Personen, denen eine Kopie der eröffneten letztwilligen Verfügung zuzuleiten ist. 51

Es ist in der Regel nicht veranlasst, lediglich zwecks Benachrichtigung durch das Betreuungsgericht einen **Pfleger** gem. § 1913 S. 1 BGB zu bestellen.[76] Erst recht kann nicht vom Nachlassgericht ein **Nachlasspfleger** (§ 1960 BGB) *nur* zwecks Ermittlung von Namen und Anschriften von *nichtbedachten* Personen bestellt werden,[77] weil diese Vorschrift die Bestellung eines Pflegers nur zur Ermittlung von Erben und bei einem Fürsorgebedürfnis gestattet. Hat der Erblasser aber eine andere Person als die gesetzlichen Erben eingesetzt, dann wurde der potentielle gesetzliche Erbe gerade nicht Erbe. Hier könnte nur für die Pflichtteilsberechtigten ein Pfleger nach § 1913 BGB bestellt werden; mangels Kenntnis des Pflichtteilsberechtigten verjährt sein Anspruch aber ohnehin erst in 30 Jahren (§ 2332 Abs. 1 BGB), so dass kein Bedürfnis besteht. Anders ist es, wenn der Erblasser im Testament eine bestimmte Person eingesetzt hat und diese nicht auffindbar ist; dann ist ein Nachlasspfleger zu bestellen mit dem Aufgabenkreis Ermittlung des Erben sowie Sicherung und 52

---

[67] RG RJA 16, 200; Staudinger/Baumann § 2262 Rn 9; a. A. OLG Hamburg RJA 12, 25; Petri AcP 114, 363. Aber nicht, wenn die Bedingung offensichtlich nicht eingetreten ist, BGH NJW 1978, 633.
[68] BGH NJW 1984, 2098.
[69] MünchKommBGB/Hagena 4. Aufl. § 2262 Rn 16; Staudinger/Baumann § 2262 Rn 9.
[70] Staudinger/Baumann § 2262 Rn 6.
[71] MünchKommBGB/Hagena 4. Aufl. § 2262 Rn 26; Bumiller/Harders § 348 Rn 22; a. A. Staudinger/Baumann § 2262 Rn 23.
[72] RGZ 69, 274; BayObLG MDR 1980, 141 (Vermächtnis zugunsten der Belegschaft der Firmengruppe); OLG Bremen Rpfleger 1973, 58; Bumiller/Harders § 348 Rn 17.
[73] OLG Braunschweig NJW-RR 1990, 268; Staudinger/Baumann § 2262 Rn 28; MünchKommBGB/Hagena 4. Aufl. § 2262 Rn 9.
[74] A. A. Staudinger/Baumann § 2262 Rn 27.
[75] Baden-Württemberg: § 41 Bad.-Württ.LFFG; Bayern: Art. 37 BayAGGVG; dazu Zimmermann, Erbschein und Erbscheinsverfahren Rn 242 bis 244.
[76] A. A. MünchKommBGB/Hagena 4. Aufl. § 2262 Rn 17; Staudinger/Baumann § 2262 Rn 17.
[77] A. A. wohl MünchKommBGB/Hagena 4. Aufl. § 2262 Rn 17; Horndasch/Viefhues/Heinemann § 348 Rn 22; Bumiller/Harders § 348 Rn 17.

Verwaltung des Nachlasses. Er wird aber nicht bestellt, damit ihm das Testament eröffnet werden kann (er könnte die Erbschaft nicht ausschlagen, weil das nicht zu seinem Aufgabenkreis gehört). Ist der Erbe nicht auffindbar, hatte der Erblasser aber einen **Testamentsvollstrecker** bestellt, erfolgt die Mitteilung nach Abs. 3 nicht an den Testamentsvollstrecker als Vertreter des Erben, sondern als Inhaber eines Amts; er könnte die Erbschaft nicht ausschlagen.

5. Umfang der Benachrichtigung

53 **a) Unwirksame oder widerrufene letztwillige Verfügungen.** Nicht nur die wirksame, auch die unwirksame letztwillige Verfügung ist Gegenstand der Benachrichtigung;[78] denn die Frage der Unwirksamkeit ist nicht im Eröffnungsverfahren zu entscheiden, sondern bleibt dem späteren Erbscheinsverfahren (bzw. einem Zivilprozess) vorbehalten. Im Einzelfall kann allerdings das Interesse der Erben oder das postmortale Interesse des Erblassers an der Geheimhaltung zweifelsfrei aufgehobener letztwilliger Verfügungen überwiegen.[79] Hat z.B. der Erblasser in einem notariellen Testament umfassend testiert und ausdrücklich alle früheren Verfügungen aufgehoben, ist nicht ersichtlich, dass auch alle zerrissenen früheren Testamente des Erblassers noch bekannt zu machen sein sollen.

54 **b) Vollständige letztwillige Verfügung.** Grundsätzlich ist den Beteiligten die letztwillige Verfügung vollständig in Kopie mitzuteilen;[80] was ihnen bei Ladung als Beteiligten mündlich zu eröffnen (z.B. vorzulesen und vorzulegen) ist, ist identisch mit dem, was den Abwesenden in Kopie zuzusenden ist. Die im Gesetz angedeutete Differenzierung (der „Inhalt" der letztwilligen Verfügung sei mündlich bekannt zu machen, Abs. 2; aber nur der ihn betreffende Inhalt sei schriftlich mitteilen, Abs. 3) ist unzutreffend;[81] sie würde die Beteiligten zwingen, eine mündliche Eröffnungsverhandlung zu fordern, um „mehr" über den Inhalt des Testaments zu erfahren, oder Akteneinsicht zu beantragen (§ 13 Abs. 1, 2). Gesetzliche Erben, gewillkürte Erben und für den ganzen Nachlass eingesetzte Testamentsvollstrecker sowie die sonstigen materiell Beteiligten (Rn 49) erhalten deshalb vollständige Kopien aller eröffneten letztwilligen Verfügungen (Einschränkungen Rn 55, 56).

55 **c) Mitteilung nur, soweit die Verfügung von Todes wegen den jeweiligen Beteiligten betrifft.** Da einem Beteiligten nach Abs. 3 S. 1 nur der ihn betreffende Inhalt der letztwilligen Verfügung bekanntzugeben ist, sind z.B. einem Vermächtnisnehmer (falls diese Stellung eindeutig ist und nicht als Erbeinsetzung auszulegen sein könnte) nicht die Namen anderer Vermächtnisnehmer oder Auflagebegünstigter mitzuteilen, sondern nur die Namen der Erben und eines Testamentsvollstreckers, gegen den das Vermächtnis geltend zu machen wäre (§ 2213 BGB).[82] Ebenso verhält es sich bei Auflagebegünstigten; auch diejenigen, die berechtigt sind, den Vollzug der Auflage zu verlangen, sind zu benachrichtigen (§ 2194 BGB, etwa die nach Landesrecht zuständige Behörde, wenn die Vollziehung der Auflage im öffentlichen Interesse liegt).

56 **d) Mitteilung nur, soweit die Verfügung von Todes wegen den konkreten Erbfall betrifft.** Bei gemeinschaftlichen Testamenten und Erbverträgen sind aus den Gründen zu c) absonderungsfähige Verfügungen des überlebenden Ehegatten, da sie nicht vom Erblasser herrühren und den Erbfall nicht betreffen, nicht zu verkünden und daher auch nicht mitzuteilen (vgl. § 349);[83] andernfalls erfolgt die Mitteilung. Das Geheimhaltungsinteresse des Überlebenden und damit der Familienfrieden wird dadurch manchmal beeinträchtigt. Die Kenntnis der Erben und Pflichtteilsberechtigten ist aber zur Wahrung ihrer Interessen notwendig und daher höherwertiger.[84]

---

[78] BGH NJW 1978, 633; RG Recht 1920 Nr. 1297; BayObLG FamRZ 1989, 1350; Soergel/Mayer § 2262 Rn 3.
[79] Vgl. BGHZ 70, 173; BayObLGZ 1979, 340; 1989, 323/327; Staudinger/Baumann § 2262 Rn 14.
[80] MünchKommZPO/Muscheler § 348 FamFG Rn 28.
[81] Auch Bumiller/Harders § 348 Rn 20 hält die Differenzierung wegen der Gleichrangigkeit der stillen Eröffnung mit der mündlichen Eröffnung nicht für sachgerecht.
[82] MünchKommBGB/Hagena 4. Aufl. § 2262 Rn 19.
[83] Staudinger/Baumann § 2262 Rn 15.
[84] BGH NJW 1984, 2098.

6. Form und Frist der Bekanntgabe

a) Form. Nach Abs. 3 S. 1 hat das Gericht den „Inhalt" der letztwilligen Verfügung 57 **schriftlich** bekanntzugeben. Sie hat in der in § 15 geregelten Form zu erfolgen.[85] § 15 Abs. 2 S. 2 bestimmt, dass eine **Zustellung** nach §§ 166 bis 195 ZPO erfolgen kann oder ein Versand mit einfachem Brief; im letzteren Fall soll das Schriftstück grundsätzlich drei Tage nach Aufgabe zur Post (vgl. § 184 ZPO) als zugegangen und damit bekannt gegeben gelten. Deshalb ist in der Nachlassakte zu vermerken, wann und unter welcher Anschrift das Schriftstück zur Post gegeben wurde. Die Art der Bekanntgabe bestimmt der Rechtspfleger, nicht der Urkundsbeamte. Sollte eine Ausschlagung der Erbschaft in Frage kommen, ist Zustellung zweckmäßig, damit der Beginn der Ausschlagungsfrist eindeutig nachweisbar ist.

In der Regel erfolgt die Übersendung einer **Fotokopie der vollständigen letztwil-** 58 **ligen Verfügung** (§ 27 AktO) bzw. eines Auszugs (Rn 55); zweckmäßig ist eine Beglaubigung. Auch die Niederschrift muss in Kopie mitgeteilt werden,[86] zumindest bei Eröffnung eines notariellen Testaments in beglaubigter Form. Üblich ist ferner, dass beim Erben angefragt wird, ob er einen Erbschein benötigt. Der Auszug aus der letztwilligen Verfügung muss nach alter Auffassung nicht unbedingt wörtlich sein.[87] Es ist aber unangebracht, den Beteiligten mit ein paar Worten über den Testamentsinhalt abzuspeisen; die frühere Rechtsprechung stammt aus der Zeit, als das Testament noch mit Hand abgeschrieben werden musste; jetzt wird schnell und billig kopiert. Eine nur mündliche Bekanntgabe, etwa durch einen Telefonanruf oder durch das Rechtshilfegericht, ist nach dem jetzigen Gesetzestext ungenügend.[88] Wenn der Beteiligte nach Eingang der Kopie das Original der letztwilligen Verfügung sehen möchte, etwa weil er Bedenken gegen die Echtheit hat, kann er dies bei der Geschäftsstelle des Nachlassgerichts tun (vgl. § 13; § 2264 a. F. BGB) oder bei einem ihm näher gelegenen AG, wohin die Nachlassakte im Wege der Rechtshilfe zu versenden ist;[89] Aktenversendungsauslagen: § 137 Abs. 1 Nr. 3 KostO. Die Akte mit dem Originaltestament darf nicht in die Anwaltskanzlei oder in die Wohnung eines Beteiligten ausgehändigt werden (§ 13 Abs. 4 S. 2).

Bekanntgebende Stelle ist das Gericht; es darf die Bekanntgabe nicht einem hierzu 59 bereiten Dritten (Erben, Testamentsvollstrecker etc.) übertragen oder überlassen.[90] Eine solche Bekanntgabe würde nicht die rechtlichen Folgen (z. B. § 1944 Abs. 2 S. 2 BGB) auslösen, weil der Empfänger das für eine private Bekanntgabe halten muss.

Empfänger der Bekanntgabe ist der Beteiligte. Hat ein **Rechtsanwalt** für einen 60 Beteiligten gegenüber dem Nachlassgericht seine Vertretung angezeigt, ist die Benachrichtigung an ihn zu senden, wenn die Vollmacht dies umfasst. Für **minderjährige Beteiligte** erfolgt die Mitteilung an die gesetzlichen Vertreter (§ 15 Abs. 2 FamFG; § 171 Abs. 3 ZPO). Hat ein Beteiligter einen **Betreuer,** wird die Benachrichtigung an diesen gesandt, wenn sein Aufgabenkreis die Vermögenssorge umfasst (§ 1902 BGB; § 170 Abs. 1 S. 1 ZPO).

b) Frist. Abs. 3 enthält keine Frist; die Bekanntgabe erfolgt daher so bald, wie es dem 61 ordnungsgemäßen Geschäftsgang entspricht.[91]

7. Folgen unterlassener Bekanntmachung

Ist ein Erbe durch Verfügung von Todes berufen, beginnt die Frist zur **Ausschlagung** 62 für den Erben, der zu dem Eröffnungstermin weder geladen worden noch sonst Kenntnis von der Eröffnung erlangt hat, nicht vor Bekanntgabe der letztwilligen Verfügung durch

---

[85] BT-Drucks. 16/6308 S. 280.
[86] Bumiller/Harders § 348 Rn 19.
[87] Staudinger/Baumann § 2262 Rn 17.
[88] Anders früher § 2262 BGB und die alte Rspr, z. B. KG JR 1926 Nr. 811.
[89] MünchKommBGB/Hagena 4. Aufl. § 2262 Rn 23.
[90] OLG Bremen Rpfleger 1973, 58; MünchKommBGB/Hagena 4. Aufl. § 2262 Rn 7; Staudinger/Baumann § 2262 Rn 19.
[91] BayObLGZ 6, 509.

das Nachlassgericht (§ 1944 Abs. 2 S. 2 BGB).[92] Fehlt eine amtliche Bekanntgabe im Sinne von Abs. 3, läuft die Ausschlagungsfrist in diesen Fällen somit nicht.

63 Die Frist für die **Verjährung des Pflichtteilanspruchs** (§ 2332 Abs. 1 BGB) dagegen läuft ab Kenntnis des Berechtigten vom Erbfall und der ihn beeinträchtigenden Verfügung,[93] die auch schon vor einer verkündungsvertretenden Bekanntgabe der letztwilligen Verfügung an ihn eingetreten sein kann. Ist eine frühere Kenntnis nicht nachweisbar, beginnt die Frist in der Regel mit der Bekanntgabe nach Abs. 3; aber auch erst nach dieser amtlichen Bekanntgabe kann die Frist beginnen, nämlich wenn der Berechtigte infolge Tatsachen- oder Rechtsirrtum davon ausgeht, die ihm bekannte Verfügung sei unwirksam und entfalte daher für ihn keine beeinträchtigende Wirkung; das gilt jedenfalls dann, wenn Wirksamkeitsbedenken nicht von vornherein von der Hand zu weisen sind.[94] Die Eröffnung besagt ja noch nicht, dass ein Testament rechtswirksam ist.

64 Es kann offen bleiben, ob Abs. 3 lediglich eine Ordnungsvorschrift ist.[95] Denn jedenfalls ist anerkannt, dass die Verletzung der Bekanntmachungspflicht **Amtshaftungsansprüche** (§ 839 BGB; Art. 34 GG) begründen kann.[96]

V. Fälle mit Auslandsbezug

1. Eröffnung der letztwilligen Verfügung eines Ausländers

65 a) **Wohnsitz/Aufenthalt.** Die Eröffnung einer letztwilligen Verfügung ist eine Nachlasssache (§ 342 Abs. 1 S. 2). Örtlich zuständig für die Eröffnung ist grundsätzlich das Nachlassgericht des letzten Wohnsitzes bzw. des letzten Aufenthalts, wenn ein inländischer Wohnsitz fehlt (§ 343 Abs. 1). Die örtliche Zuständigkeit begründet auch die internationale Zuständigkeit (§ 105). Ferner besteht eine örtliche (und damit internationale) Zuständigkeit für das Gericht, das eine letztwillige Verfügung in amtlicher Verwahrung hat (§ 344 Abs. 6).

66 b) **Kein Wohnsitz/Aufenthalt.** War der Erblasser Ausländer und hatte er zur Zeit des Erbfalls in Deutschland weder Wohnsitz noch Aufenthalt, ist jedes Nachlassgericht, in dessen Bezirk sich Nachlassgegenstände befinden, für alle Nachlassgegenstände zuständig (§ 343 Abs. 3); dieses Gericht ist ebenfalls international zuständig (§ 105).

67 c) **Internationale Zuständigkeit für die Eröffnung.** Nach der früheren Rechtslage bestand eine Eröffnungszuständigkeit des deutschen Nachlassgerichts nur,[97] wenn ein Staatsvertrag eine solche Mitwirkung erfasste; wenn nach dem Gleichlaufgrundsatz deutsches materielles Erbrecht auf den Erbfall anzuwenden war, z. B. wegen Rückverweisung des ausländischen Kollisionsrechts oder Rechtswahl (Art. 25 Abs. 2 EGBGB); wenn ein gegenständlich beschränkter Erbschein (§ 2369 a. F. BGB) beantragt werden sollte; wenn ein Sicherungsbedürfnis[98] vorhanden war (eine Eröffnung kann aber einen Nachlass nicht sichern); wenn eine Notzuständigkeit[99] bestand.

68 Das FGG-ReformG hat den **Gleichlaufgrundsatz abgelöst;**[100] § 2369 Abs. 1 BGB wurde geändert. Das FamFG hat klargestellt, dass die Eröffnung eine rein verfahrensrechtliche Handlung ist.[101] Die Eröffnung erfolgt nach deutschem Verfahrensrecht, also nach dem FamFG. In den Fällen seiner internationalen Zuständigkeit ist das Nachlassgericht somit für die Eröffnung der letztwilligen Verfügung des Ausländers zuständig (§ 105). Das bedeutet:

---

[92] BGH NJW 1991, 169 (mit Nachweisen der früheren a. A.); OLG Karlsruhe Rpfleger 1989, 62; MünchKommBGB/Hagena 4. Aufl. § 2262 Rn 30.
[93] Soergel/Dieckmann § 2332 Rn 15.
[94] BGH NJW 1995, 1157; Rpfleger 1968, 183; NJW 1964, 267; RGZ 140, 75; Soergel/Dieckmann § 2332 Rn 15.
[95] Bejahend Motive V S. 307; Staudinger/Baumann § 2262 Rn 23; MünchKommBGB/Hagena 4. Aufl. § 2262 Rn 1.
[96] BGH NJW 1992, 1884; Soergel/Mayer § 2262 Rn 14; Staudinger/Baumann § 2262 Rn 23.
[97] MünchKommBGB/Hagena 4. Aufl. § 2260 Rn 53; Staudinger/Baumann § 2260 Rn 20.
[98] BayObLGZ 1999, 298.
[99] BayObLGZ 1999, 298; OLG Zweibrücken OLGZ 1985, 413.
[100] BT-Drucks. 16/6308 S. 349.
[101] BT-Drucks. 16/6308 S. 348.

- Ein Nachlassgericht, das nicht identisch ist mit dem nach § 343 „eigentlich" örtlich **69** zuständigen Nachlassgericht und das ein Testament in (einfacher oder besonderer) Verwahrung hat, ist für die Eröffnung international zuständig (§ 344 Abs. 6), auch wenn kein Erbschein beantragt wird und auch wenn die Erbfolge ausländischem Erbrecht unterliegt. Das gilt auch dann, wenn jemand das aufgefundene Testament eines Ausländers nach § 2259 BGB beim nächsten[102] AG abliefert, dieses aber nicht nach § 343 zuständig ist, sondern eben nur nach § 344 Abs. 6. Denn die Ablieferung führt zur einfachen Verwahrung und diese genügt für § 344 Abs. 6.
- Befindet sich dass **Testament des Ausländers** dagegen in Verwahrung des nach § 343 **70** zuständigen Nachlassgerichts oder wird es dort nach § 2259 BGB abgeliefert, bestünde eine internationale Eröffnungszuständigkeit nur, wenn § 343 Abs. 1 oder Abs. 3 einschlägig ist. Kritisch ist hierbei § 343 Abs. 3: Hatte der Ausländer in Deutschland weder Wohnsitz noch Aufenthalt, „ist jedes Gericht, in dessen Bezirk sich Nachlassgegenstände befinden, für alle Nachlassgegenstände zuständig". Befindet sich also kein Nachlass in Deutschland, bestünde keine Eröffnungszuständigkeit.[103] Die Existenz von Nachlass müsste von amts wegen (§ 26) geprüft werden, bevor eröffnet wird. Die Diskrepanz zu § 344 Abs. 6 ist offenkundig, denn dort wird kein inländisches Vermögen vorausgesetzt. Ferner kann der Rechtslage kaum von dem Zufall abhängen, bei welchem Nachlassgericht sich das Testament in Verwahrung befand bzw. abgeliefert wurde. Auch spricht § 343 Abs. 3 von einer Zuständigkeit für „Nachlassgegenstände"; darum geht es aber bei Eröffnung eines Testaments noch nicht; das ist nur ein Formalakt. § 344 Abs. 6 ist als vorrangig anzusehen. Das Ergebnis muss sein: Dort wo das Testament in besonderer amtlicher Verwahrung oder einfacher Verwahrung war, auch wo es abgeliefert wurde, besteht eine internationale Zuständigkeit für die Eröffnung.[104]
- Sollte ausnahmsweise, etwa infolge eines Staatsvertrags, eine solche Eröffnungsbefugnis **71** nicht bestehen, ist die letztwillige Verfügung der zuständigen Behörde oder diplomatischen Vertretung des Heimatstaates zuzuleiten.[105] Im Übrigen sind die Verwaltungsvorschriften über Todesfälle mit Auslandsbezug (Anordnung über Mitteilungen in Zivilsachen, MiZi, Nr. 8[106]) zu beachten.

2. Eröffnung im Ausland

Eine im Ausland erfolgte Eröffnung der letztwilligen Verfügung eines Erblassers muss bei **72** uns grundsätzlich nicht wiederholt werden,[107] wenn die dortige Eröffnung dem Zweck der deutschen Eröffnung entspricht. Das ist meines Erachtens zu bejahen, wenn ein Eröffnungsprotokoll (Rn 34) erstellt wurde. Wurde das Testament eines Ausländers im Ausland von einer nach dortigem Recht zuständigen Stelle eröffnet und beantragt der Ausländer hier einen Erbschein beschränkt auf die in Deutschland befindlichen Gegenstände (§ 2369 Abs. 1 BGB), dann wird eine nochmalige Eröffnung nicht für erforderlich gehalten.[108] Ist eine „Eröffnung" im ausländischen Recht nicht vorgeschrieben, so soll sie auch hier nicht erforderlich sein;[109] zweifelhaft. Wurde in Österreich ein Testament vom dortigen Verlassenschaftsgericht „kundgemacht", soll gleichwohl in Deutschland noch eine „Eröffnung" erforderlich sein,[110] was zweifelhaft ist.[111] Im Übrigen ist eine nochmalige Eröffnung in

---

[102] Palandt/Weidlich § 2259 Rn 1.
[103] So Bumiller/Harders § 348 Rn 24: das Testament sei der zuständigen ausländischen Behörde bzw Botschaft zu übersenden.
[104] Ebenso im Ergebnis Horndasch/Viefhues/Heinemann § 348 Rn 3.
[105] KG DNotZ 1970, 677; Staudinger/Baumann § 2260 Rn 21; MünchKommBGB/Hagena 4. Aufl. § 2260 Rn 54; Karle Justiz 1966, 107.
[106] Abgedruckt z. B. bei Firsching/Graf, Anhang 2; BayJMBl. 1998, 64.
[107] Vgl. MünchKommBGB/Hagena 4. Aufl. § 2260 Rn 52; im einzelnen umstritten, vgl. Staudinger/Baumann § 2260 Rn 22; Will DNotZ 1974, 273.
[108] Ferid/Firsching/Lichtenberger Deutschland Grdz C Rn 170; Staudinger/Baumann § 2260 Rn 22.
[109] KG JW 1925, 2143.
[110] Vgl. Soergel/Mayer § 2260 Rn 5; MünchKommBGB/Hagena 4. Aufl. § 2260 Rn 52; zur sogenannten Erbserklärung in solchen Fällen vgl. BayObLG FamRZ 1995, 1028.
[111] A. A. daher Will DNotZ 1974, 273. Einzelheiten bei Burandt/Rojahn/Solomon, Erbrecht, Österreich Rn 198.

Deutschland an sich unschädlich; sie löst aber eine Gebühr nach §§ 102, 103 KostO aus und kann zu Unklarheiten hinsichtlich des Beginns der Ausschlagungsfrist (§ 1944 Abs. 2 S. 2 BGB) führen. Die Frage ist von Bedeutung, weil nach h. M.[112] die Eröffnung Voraussetzung für die Erteilung eines Erbscheins ist; die „stille" Eröffnung kann aber jederzeit, also auch noch bei Erbscheinserteilung, erfolgen.

VI. Verbleib der Verfügung nach Eröffnung

1. Weitere Verwahrung beim Nachlassgericht

73   Die eröffnete letztwillige Verfügung wird offen in der Nachlassakte verwahrt; auch wenn sie zuvor in besonderer amtlicher Verwahrung war, wird sie nicht mehr erneut in besondere amtliche Verwahrung gebracht, weil keine Unterdrückungsgefahr mehr besteht. Anders ist es bei gemeinschaftlichen Testamenten und Erbverträgen (§ 349 Abs. 2 bis 4).

2. Rückgabe an die Beteiligten

74   Das Nachlassgericht ist nicht befugt, die Urschrift eines eröffneten eigenhändigen Testaments an die Beteiligten herauszugeben;[113] auch nicht, wenn das Testament unwirksam ist.[114] Wird einem Rechtsanwalt die Nachlassakte in die Kanzlei ausgehändigt, ist zuvor das Original der letztwilligen Verfügung herauszunehmen und zu den „ausgehobenen Schriftstücken" zu nehmen; dem Anwalt kann eine Fotokopie der letztwilligen Verfügung ausgehändigt werden. Die Ablieferungspflicht (§ 2259 BGB) und die Eröffnung des Testaments durch das Nachlassgericht (§ 348) sind im öffentlichen Interesse angeordnet; es muss amtlich gewährleistet sein, dass auch längere Zeit nach dem Erbfall eine Überprüfung derjenigen Schriftstücke möglich ist, aus denen als letztwilligen Verfügungen Rechte hergeleitet werden oder hergeleitet worden sind. Diese Überprüfung ist mit hinreichender Sicherheit nur gewährleistet, wenn das Schriftstück in Urschrift auch nach der Eröffnung in Verwahrung des Nachlassgerichts bleibt.[115] Außerdem müssen Einsichtsrechte (§ 2264 BGB) erfüllt werden können. Nicht anders ist es, wenn das Testament in Form eines Briefes an den Erben errichtet wurde; oder wenn ein privatschriftliches Testament persönliche Mitteilungen an die Hinterbliebenen enthält.[116] Die a. A.[117] überzeugt nicht.

75   Eine Aushändigung des eröffneten Originals an ein **ausländisches Nachlassgericht** kann dagegen in Frage kommen (hier sollte man § 45 Abs. 2 BeurkG analog anwenden).[118]

76   Gesonderte Schriftstücke mit **Verfügungen ohne erbrechtlichen Inhalt** (z. B. über Beerdigung, Ermahnungen, moralische Anweisungen) können den Beteiligten in Urschrift übergeben werden, wenn beglaubigte Abschrift zu den Akten gefertigt worden ist.[119]

VII. Rechtsmittel

1. Allgemeines

77   Nach § 19 Abs. 1 FGG war die Beschwerde gegen „Verfügungen" des Nachlassgerichts statthaft; für bis 31. 8. 2009 eingeleitete Verfahren gilt weiterhin altes Recht (Art. 111 FGG-RG). Das FamFG hält die Beschwerde nur noch für statthaft gegen Endentscheidungen (§ 58), also solche Entscheidungen, durch die der Verfahrensgegenstand ganz oder teilweise erledigt wird (§ 38). Zwischen- und Endentscheidungen sind nur noch in Ausnahmefällen mit Beschwerde angreifbar. Die Beschwerde ist befristet (§ 63); Anwaltszwang

---

[112] MünchKommBGB/Mayer § 2355 Rn 4 mit Nachw.; Einzelheiten sind umstritten, vgl. Zimmermann Erbschein und Erbscheinsverfahren Rn 70.
[113] BGH NJW 1978, 1484 m. w. Nachw.; BayObLG FamRZ 2001, 126; KG FamRZ 1977, 484; Horndasch/Viefhues/Heinemann § 348 Rn 28.
[114] KG JW 1931, 1373.
[115] BayObLG FamRZ 2001, 126; Staudinger/Baumann § 2260 Rn 39.
[116] BayObLG FamRZ 2001, 126; KG FamRZ 1977, 484.
[117] OLG Hamburg MDR 1975, 666 (Rückgabe, weil die Urschrift für Angehörige erhebliches ethischen Wert hatte); OLG Stuttgart Rpfleger 1977, 398.
[118] Palandt/Edenhofer 69. Aufl. § 2260 Rn 7.
[119] Staudinger/Baumann § 2260 Rn 40.

besteht nicht (§ 10). Ist allerdings keine Beschwerde statthaft, dann findet (wenn es sich um eine Rechtspflegerentscheidung handelt) jedenfalls die befristete Erinnerung nach § 11 Abs. 2 RPflG statt. Für das Eröffnungsverfahren ist der Rechtspfleger zuständig (§ 3 Nr. 2 c RPflG), so dass § 11 Abs. 1 RPflG zu beachten ist. Beschwerdegericht ist das OLG (§ 119 Abs. 1 Nr. 1 b GVG) und nicht mehr, wie früher, das LG. Über eine Rechtsbeschwerde (§§ 70 ff.) entscheidet der BGH (§ 133 GVG); sie kann nur durch einen beim BGH zugelassenen Anwalt eingelegt werden (§ 10 Abs. 4).

2. Eröffnung

Gegen die **Ablehnung der Eröffnung** ist die Beschwerde (§ 58; § 11 Abs. 1 RPflG) statthaft.[120] Gegen eine **erfolgte Eröffnung** sind sowohl die Erinnerung wie die Beschwerde unzulässig, weil die eingetretenen rechtlichen Folgen nicht mehr rückgängig gemacht werden können, weshalb das Rechtsschutzinteresse weggefallen ist.[121] Schon deshalb ist auch das Nachlassgericht nicht zur Beschwerde gegen die vom Verwahrungsgericht vorgenommene Testamentseröffnung berechtigt,[122] (im Übrigen hat ein Gericht kein Beschwerderecht gegen Verfügungen eines anderen Gerichts, weil es nicht in seinen Rechten betroffen ist), ebenso wenig ein Notar.[123]

Die Mitteilung der Absicht des Nachlassgerichts, ein gemeinschaftliches Testament ohne eine Beschränkung zu eröffnen, zu verkünden oder dessen Inhalt dritten Personen bekanntzugeben, ist eine beschwerdefähige Entscheidung; das ist in der Rechtsprechung seit langem anerkannt.[124] Der Beschluss ist insoweit als Endentscheidung anzusehen, nicht nur als unanfechtbare Zwischenentscheidung;[125] schließlich geht es um den Schutz der Geheimsphäre. Vgl. § 352 Rn 128 a. Gegen die **Ankündigung** des Rechtspflegers ist daher Erinnerung/Beschwerde statthaft.[126] Der beurkundende Notar hat aber kein eigenes Beschwerderecht.[127]

Hat das Nachlassgericht beim Betreuungsgericht (früher: Vormundschaftsgericht) die Bestellung eines Pflegers für unbekannte Beteiligte (§ 1913 BGB[128]) angeregt, um diesen mit der Adressenermittlung zwecks Bekanntgabe der letztwilligen Verfügung (Abs. 3) zu beauftragen, und hat das Betreuungsgericht das abgelehnt, hat dass Nachlassgericht kein Beschwerderecht hiergegen,[129] auch nicht, wenn (wie in Baden-Württemberg) der Notar Nachlassgericht ist.

3. Bekanntgabe der letztwilligen Verfügung

Ist die Bekanntgabe durchgeführt, kann nichts mehr rückgängig gemacht werden; Erinnerung und Beschwerde sind mangels Rechtsschutzbedürfnis unzulässig (Rn 78). Teilt der Rechtspfleger mit, dass er beabsichtige, bestimmten Personen (z.B. einem Vermächtnisnehmer) Testamentsabschriften zu übersenden, ist Erinnerung/Beschwerde (§ 58) statthaft;[130] streitig, vgl. Rn 79. Beschwerdeberechtigt ist im Beispiel der Erbe. Beantragt der Erbe, bestimmten Personen keine Testamentsabschriften zu übersenden und wird das abgelehnt, steht dem Erben die Beschwerde (§ 58) zu.[131] Wird gegen die Ankündigung Erinnerung eingelegt und gewährt der Rechtspfleger vor Entscheidung des Beschwerde-

---

[120] OLG Frankfurt FamRZ 1977, 482; OLG Köln NJW-RR 2004, 1014, jeweils zum FGG; Bumiller/Harders § 348 Rn 23.
[121] BayObLG NJW 1994, 1162; OLG Köln NJW-RR 2004, 1014; differenzierend MünchKommZPO/Muscheler § 348 FamFG Rn 35.
[122] BayObLGZ 1986, 118.
[123] KG OLGE 12, 199.
[124] BGH NJW 1978, 633; RGZ 150, 315; OLG Hamm Rpfleger 1974, 154; Horndasch/Viefhues/Heinemann § 348 Rn 34.
[125] A. A. OLG Düsseldorf FGPrax 2011, 48; Bumiller/Harders § 348 Rn 23.
[126] OLG Zweibrücken FGPrax 2010, 245; OLG Köln FGPrax 2011, 49; OLG Düsseldorf FGPrax 2011, 48 (Erinnerung gegen Rechtspflegerbeschluss); MünchKommZPO/Muscheler § 348 FamFG Rn 36. Zum FGG: OLG Hamm NJW 1982, 57; OLG Köln NJW-RR 2004, 1014; Staudinger/Baumann § 2260 Rn 36 unter Hinweis auf KG Recht 1930 Nr. 434.
[127] OLG Düsseldorf FGPrax 2011, 48.
[128] BayObLGZ 1979, 340/343.
[129] KG RJA 15, 26.
[130] BayObLG NJW-RR 1989, 1284; OLG Düsseldorf DNotZ 1966, 112; OLG Hamm NJW 1982, 57.
[131] BGH NJW 1984, 2098; BayObLG Rpfleger 1987, 151.

gerichts Einsicht, dann ist eine Erledigung der Hauptsache eingetreten; ein Verfahren nach § 62 wäre dann denkbar.[132]

VIII. Kosten

82 Gerichtsgebühr für die Eröffnung einer letztwilligen Verfügung und deren anschließende einfache amtliche Aktenverwahrung: § 102 KostO, Geschäftswert: §§ 103, 46 Abs. 4 KostO, § 32 KostO. Zahlungspflichtig sind die Erben (§ 6 KostO); Verfahrenskostenhilfe (§ 76) ist möglich. Dieselbe Gebühr fällt an, wenn die Verfügung von dem Gericht eröffnet wird, das die Verfügung nur verwahrte (Verwahrungsgericht; § 344 Abs. 6) und dann an das zuständige Nachlassgericht weiterleitet; dann erfolgt der Kostenansatz allerdings erst durch das nach § 343 zuständige Nachlassgericht (§ 103 Abs. 3 KostO). Die Gebühr fällt auch an, wenn nichts „aufgemacht" wird, weil die letztwillige Verfügung unverschlossen vorliegt. Die Gebühr wird nicht ermäßigt, wenn kein Eröffnungstermin durchgeführt wird, sondern im Bürobetrieb „still" eröffnet wird.

83 Werden **mehrere Verfügungen** (die vom selben Erblasser herrühren), beim selben Gericht gleichzeitig eröffnet und betreffen alle Verfügungen den ganzen Nachlass oder denselben Bruchteil, wird die Eröffnungsgebühr nur einfach nach dem Nachlasswert berechnet (§ 103 Abs. 2 2. Alt. KostO). Werden zwei Testamente eröffnet und betrifft das eine Testament nur das Haus, das andere die Aktien, werden die Werte addiert (§ 103 Abs. 2 1. Alt. KostO). Werden mehrere letztwillige Verfügungen bei verschiedenen Gerichten oder beim selben Gericht zeitlich gestreckt eröffnet (die erste am 1. 3., die zweite am 15. 3, die dritte am 25. 3.), fällt die Eröffnungsgebühr mehrfach an[133] (im Beispiel dreifach); § 102 KostO. Auch bei Eröffnung mehrerer Verfügungen durch verschiedene Notariate in Baden-Württemberg fällt die Gebühr mehrfach an.[134] Auf diese Weise kann es zu merkwürdigen, unbilligen Gebührenhäufungen kommen. Als Geschäftswert für die Eröffnungsgebühren ist jeweils der volle Wert des reinen Nachlasses anzusetzen, über den in den letztwilligen Verfügungen verfügt wird.[135] Der Auffassung, die späteren Verfügungen über den Gesamtnachlass hätten nur noch einen „Bestätigungswert" von 10% des Nachlasses,[136] hat sich die Rechtsprechung nicht angeschlossen.

84 Ob die **tröpfchenweise Eröffnung** mehrerer letztwilliger Verfügungen mit der Folge höherer Gebühren rechtens war (oder eine Zusammenfassung möglich gewesen wäre), kann durch Erinnerung gegen den Kostenansatz (§ 14 KostO) nachgeprüft werden. Unbillige Gebührenhäufungen können nur bei unrichtiger Sachbehandlung vermieden werden (§ 16 KostO);[137] bei Häufung infolge kommunaler Neugliederung (das Verwahrungsgericht wird einem anderen Amtsgerichtsbezirk zugeschlagen) kann ein Kostenerlass im Verwaltungsweg helfen.[138]

85 Die Gebühr wird auch fällig, wenn eine **unwirksame Verfügung** eröffnet wird,[139] oder eine überholte Verfügung,[140] eine widerrufene Verfügung.[141] Auch diese Gebühr richtet sich nach der Höhe des Nachlasswertes (§ 103 Abs. 1 KostO)[142] und kann nicht als wertlos nur mit die Mindestgebühr nach § 32 KostO bewertet werden.[143] Bei unrichtiger Sachbehandlung (etwa wenn mit Schreibmaschine geschriebene Testamente eröffnet werden; wenn ein Testament nach dem Tod des Vorerben nochmals eröffnet wird) kann Nicht-

---

[132] Horndasch/Viefhues/Heinemann § 348 Rn 34.
[133] BayObLG NJWE-FER 2000, 165; KG FamRZ 2002, 1578.
[134] OLG Stuttgart Die Justiz 1996, 139.
[135] KG FamRZ 2002, 1578; LG Koblenz ZEV 2005, 529.
[136] So Korintenberg/Lappe § 103 Rn 31.
[137] KG Rpfleger 1979, 277.
[138] OLG Düsseldorf Rpfleger 1981, 77.
[139] OLG Stuttgart Rpfleger 1988, 485; LG Koblenz FamRZ 2006, 439.
[140] OLG Köln Rpfleger 1992, 394.
[141] LG Duisburg Rpfleger 1988, 190.
[142] BayObLG FamRZ 1997, 644; OLG Frankfurt JurBüro 1986, 426; OLG Stuttgart Rpfleger 1988, 485.
[143] Korintenberg/Lappe § 103 Rn 16.

erhebung helfen (§ 16 KostO). Kostenschuldner sind die Erben (§ 6 KostO). Die Gebühren sind verfassungsgemäß[144] und mit Europarecht vereinbar.[145]

Die verkündungsvertretende **schriftliche Benachrichtigung** der Beteiligten (Abs. 3) ist mit §§ 102, 103 KostO abgegolten; insbesondere wird für die Fotokopien keine Dokumentenpauschale (§ 136 KostO) erhoben,[146] auch keine Portokosten (§ 137 KostO). Wird die Kopie beglaubigt, darf keine Beglaubigungsgebühr in Rechnung gestellt werden (§ 132 KostO). **86**

Beim Anfertigen von Fotokopien der eröffneten letztwilligen Verfügung für damals erschienene Beteiligte dagegen liegt keine verkündungsvertretende schriftliche Benachrichtigung vor, weshalb die Dokumentenpauschale (§ 136 KostO) berechnet wird. Die Gebühr nach § 136 KostO wird auch berechnet, wenn nach § 13 Abs. 2 Abschriften der letztwilligen Verfügung erteilt werden. **87**

Besonderheiten bei der Eröffnung von gemeinschaftlichen Testamenten und Erbverträgen

349 (1) Bei der Eröffnung eines gemeinschaftlichen Testaments sind die Verfügungen des überlebenden Ehegatten oder Lebenspartners, soweit sie sich trennen lassen, den Beteiligten nicht bekannt zu geben.

(2) ¹Hat sich ein gemeinschaftliches Testament in besonderer amtlicher Verwahrung befunden, ist von den Verfügungen des verstorbenen Ehegatten oder Lebenspartners eine beglaubigte Abschrift anzufertigen. ²Das Testament ist wieder zu verschließen und bei dem nach § 344 Abs. 2 zuständigen Gericht erneut in besondere amtliche Verwahrung zurückzubringen.

(3) Absatz 2 gilt nicht, wenn das Testament nur Anordnungen enthält, die sich auf den Erbfall des erstversterbenden Ehegatten oder Lebenspartners beziehen, insbesondere wenn das Testament sich auf die Erklärung beschränkt, dass die Ehegatten oder Lebenspartner sich gegenseitig zu Erben einsetzen.

(4) Die Absätze 1 bis 3 sind auf Erbverträge entsprechend anzuwenden.

Übersicht

	Rn
I. Normzweck	1
II. Bekanntgabe der Verfügung nach dem Tod des Erstversterbenden (Abs. 1)	2
1. Grundlagen	2
2. Vollständige Bekanntgabe des Inhalts	4
3. Teilweise Bekanntgabe des Inhalts	5
a) Bekanntgabe der Verfügungen des verstorbenen Ehegatten	5
b) Bekanntgabe, wenn Verfügungen nicht zu trennen sind	7
c) Trennbarkeit einer Verfügung	8
4. Gegenstandslosigkeit einer letztwilligen Verfügung	11
5. Dispositionsmöglichkeiten des überlebenden Ehegatten	14
III. Verfahren nach Eröffnung und Bekanntgabe des Inhalts (Abs. 2 und 3)	15
1. Inhalt: nur Anordnungen für den ersten Erbfall (Abs. 3)	16
2. Inhalt: auch Anordnungen für den zweiten Erbfall (Abs. 2)	17
a) Testament in besonderer amtlicher Verwahrung	18
b) Testament nicht in besonderer amtlicher Verwahrung	22
IV. Verfahren beim zweiten Erbfall	24
V. Erbverträge (Abs. 4)	25
VI. Rechtsmittel	26
1. Allgemeines	26
2. Rechtsmittel gegen die Ablehnung der Eröffnung	27
3. Rechtsmittel gegen eine erfolgte Eröffnung	28
4. Rechtsmittel gegen eine beabsichtigte Eröffnung	29
5. Übersendung von Testamentsabschriften	30
VII. Kosten	31

---

[144] OLG Karlsruhe Rpfleger 1997, 56.
[145] BayObLG FamRZ 2002, 421.
[146] Korintenberg/Lappe § 102 Rn 11.

I. Normzweck

1 Ein gemeinschaftliches Testament enthält Verfügungen beider Ehegatten bzw. Lebenspartner (im Sinne des LPartG). Zweck der Vorschrift ist, zu verhindern, dass auch die Verfügung des überlebenden Ehegatten bzw. Lebenspartners vor seinem Tod bekannt wird;[1] das Geheimhaltungsinteresse soll also geschützt werden. Abzuwägen ist das Interesse des überlebenden Ehegatten an der Geheimhaltung seiner letztwilligen Verfügungen gegenüber dem Unterrichtungsbedürfnis sonstiger Beteiligter. Die Regelung gilt auch für Erbverträge (Abs. 4). Die Bestimmung entspricht weitgehend dem früheren § 2273 BGB, dieser wiederum folgte § 44 TestamentsG 1938. Die Vorschrift verstößt weder gegen Art. 14 Abs. 1 GG (Testierfreiheit) noch gegen Art. 2 Abs. 1 GG (Persönlichkeitsrecht des Überlebenden);[2] denn die anderen Erbbeteiligten, insbesondere die Pflichtteilsberechtigten und sonstigen gesetzlichen Erben, benötigen zur Wahrung ihrer Interessen die Kenntnis aller letztwilligen Verfügungen des Erblassers.

II. Bekanntgabe der Verfügung nach dem Tod des Erstversterbenden (Abs. 1)

1. Grundlagen

2 Gemeinschaftliche Testamente und Erbverträge sind zu eröffnen, sobald das Gericht (Verwahrungsgericht bzw. Nachlassgericht) vom Tod des Erblassers Kenntnis erlangt (§ 348 Abs. 1 S. 1). **Zuständigkeit:** vgl. § 348 Rn 3. **Beteiligte:** § 348 Rn 27. Hier sind aber Einschränkungen erforderlich: Personen, denen in einem gegenseitigen Erbvertrag jeder Vertragschließende ein Vermächtnis zugewandt hat für den Fall, dass er der Längstlebende der Vertragsbeteiligten sein werde, sind beim Tode des zuerst verstorbenen Vertragsbeteiligten nicht Beteiligte in diesem Sinn.[3] **Überleben.** Befindet sich ein gemeinschaftliches Testament oder ein Erbvertrag seit mehr als 30 Jahren in amtlicher Verwahrung, soll ermittelt werde, ob beide Erblasser noch leben; kann nicht festgestellt werden, dass beide noch leben, ist ebenfalls zu eröffnen (§ 351). Die Eröffnung ist ein **Formalakt**, durch den das Gericht die letztwillige Verfügung an einem datumsmäßig feststehenden Tag ins Rechtsleben treten lässt; er wird durch ein Eröffnungsprotokoll dokumentiert. Die Bekanntgabe des Inhalts der letztwilligen Verfügung gehört nicht wesensmäßig zur Eröffnung im engeren Sinn, sondern folgt ihr.

3 Es gibt **drei Modalitäten der Bekanntgabe des Inhalts:** (1) Entweder es wird ein Termin bestimmt und die letztwillige Verfügung wird hier den erschienenen Beteiligten vorgelesen bzw. vorgelegt (§ 348 Abs. 2 S. 2); (2) oder zum Termin erscheint ein Beteiligter nicht; dann wird den Nichterschienenen, aber geladenen Personen die letztwillige Verfügung in Fotokopie zugesandt (§ 348 Abs. 3); (3) Es wird kein Termin bestimmt: dann erfolgt ebenfalls eine Zusendung von Photokopien. Eine Anordnung der Erblasser, dass das gemeinschaftliche Testament erst später (z. B. erst nach dem Tode des Überlebenden) oder überhaupt nicht eröffnet werden dürfe, ist unbeachtlich (§ 2263 BGB).[4]

2. Vollständige Bekanntgabe des Inhalts

4 Auch gemeinschaftliche Testamente und Erbverträge sind vollständig zu eröffnen und grundsätzlich den Beteiligten entweder vollständig zu verlesen („verkünden") oder in Abschrift mitzuteilen (§ 348).

3. Teilweise Bekanntgabe des Inhalts

5 a) **Bekanntgabe der Verfügungen des verstorbenen Ehegatten.** Nur die Verfügungen des verstorbenen Ehegatten werden den Beteiligten bekannt gegeben. Das setzt voraus, dass sie von den Verfügungen des überlebenden Ehegatten zu trennen sind (§ 349 Abs. 1). Bei Trennbarkeit ist diese Verfügung auch dann bekannt zu geben, wenn sie bei seinem

---

[1] Vgl. BVerfG NJW 1994, 2535; MünchKommBGB/Musielak § 2273 Rn 1.
[2] BVerfG NJW 1994, 2535 zu § 2273 BGB.
[3] BGH NJW 1978, 633.
[4] KG OLGE 11, 250; Staudinger/Kanzleiter § 2273 Rn 2.

Tode nicht sogleich wirksam geworden sind,[5] oder wenn sie erst nach Aufhebung einer fortgesetzten Gütergemeinschaft zwischen dem überlebenden Ehegatten und den gemeinschaftlichen Abkömmlingen wirksam werden sollen.[6] Wenn Trennbarkeit besteht, wird die Verfügung des noch lebenden Ehegatten weder vom Rechtspfleger vorgelesen noch durch Durchsicht gezeigt noch in Kopie übersandt. Zweckmäßig ist, von der letztwilligen Verfügung eine Photokopie anzufertigen, auf dieser die geheim zu haltenden **Stellen zu schwärzen** (oder zu überkleben) und dann das teilgeschwärzte Exemplar nochmals zu kopieren, damit die Schwärzung nicht durch Radieren etc. beseitigt werden kann; diese Kopie wird dann den Beteiligten vorgezeigt bzw. zugesandt. Ähnlich wird bei Erteilung anonymisierter Urteilsabschriften nach § 299 Abs. 2 ZPO verfahren. Auch bei Akteneinsicht (§ 13) muss verhindert werden, dass die geheimen Teile eingesehen werden können.

Der **noch lebende Ehegatte** erhält natürlich auf Wunsch eine vollständige Kopie der Verfügung beider Ehegatten. 6

b) Bekanntgabe, wenn Verfügungen nicht zu trennen sind. Sind die Verfügungen nicht zu trennen, werden auch die Verfügungen **des noch lebenden Ehegatten** den Beteiligten bekannt gegeben. Letztwillige Verfügungen können meist trennbar formuliert werden; die Wahrung des Geheimhaltungsinteresses liegt somit in Händen der Testierenden bzw. der Sachkunde ihres Notars. Muss wegen Untrennbarkeit auch die Verfügung des noch lebenden Ehegatten bekannt gegeben werden, hat dies nicht die sonstigen Folgen einer Eröffnung (vgl. § 348 Rn 37; z. B. Beginn der Ausschlagungsfrist, § 1944 Abs. 2 S. 2 BGB).[7] 7

c) Trennbarkeit einer Verfügung. Ob sie besteht, entscheidet das eröffnende Gericht und nicht die Beteiligten; der Erblasser kann in seiner letztwilligen Verfügung hierzu keine Anordnungen treffen (er kann aber seine letztwillige Verfügung trennbar verfassen; beim Erbvertrag muss der Notar auf Trennbarkeit achten); vgl. § 363. **Keine Trennbarkeit liegt vor:** 8

aa) Sprachliche Zusammenfassung. Der Satz „*Wir* setzen uns gegenseitig zu Erben ein" kann nicht getrennt werden.[8] Ebenso wenig der Satz: „*Wir* bestimmen zum Erben des Längstlebenden".[9] Untrennbar sind auch folgende Sätze: „Nach dem Tode des Überlebenden von uns soll *unser* gemeinsamer Nachlass an X fallen."[10] „*Wir* setzen uns gegenseitig zu Alleinerben ein; der Überlebende von uns setzt unsere beiden Söhne zu gleichen Teilen zu seinen Erben ein" (hier sollte die Tochter nichts davon erfahren). Oft lässt sich durch eine andere sprachliche Formulierung die gewünschte Trennbarkeit erreichen (statt „der Überlebende setzt zu seinen Erben ein …" wird formuliert: „Ich, die Ehefrau, setze für den Fall meines Überlebens zu Erben ein …" und: „Ich, der Ehemann, setze für den Fall meines Überlebens zu Erben ein …").[11] 9

bb) Bezugnahmen. Wenn zwar Trennbarkeit besteht, aber in der Verfügung des einen Ehegatten auf die des anderen verwiesen oder sonst Bezug genommen wird[12] (so ist es z. B. bei dem Satz: „Ich verfüge ebenso wie mein Ehegatte"), besteht keine Trennbarkeit. 10

4. Gegenstandslosigkeit einer letztwilligen Verfügung

Wenn z. B. eine Vermächtnisanordnung des verstorbenen Ehegatten in einem gemeinschaftlichen Testament durch seinen Tod gegenstandslos geworden ist, etwa weil sie nur für den Fall seines Überlebens getroffen war, dann wird zum Teil[13] die Auffassung vertreten, 11

---

[5] Staudinger/Kanzleiter § 2273 Rn 5.
[6] BayObLG RJA 1, 180.
[7] RGZ 137, 222; Staudinger/Kanzleiter § 2273 Rn 9; Bumiller/Harders § 349 Rn 6.
[8] KG KGJ 31, 365; Staudinger/Kanzleiter § 2273 Rn 7; MünchKommZPO/Muscheler § 348 FamFG Rn 3.
[9] OLG Zweibrücken ZEV 2003, 82.
[10] BVerfG NJW 1994, 2535.
[11] Staudinger/Kanzleiter § 2273 Rn 8; Cypionka DNotZ 1988, 722, 724.
[12] BayObLG Rpfleger 1982, 424; Bumiller/Harders § 349 Rn 4.
[13] Vorwiegend von der älteren Rspr, z. B. KG JW 1931, 1373; KG OLGE 11, 250; BayObLGZ 6, 585; Haegele Rpfleger 1977, 207.

bei Trennbarkeit könne die Bekanntgabe unterbleiben. Der BGH[14] hat diese Ansicht im Anschluss an das RG[15] abgelehnt: zwischen unwirksamen bzw. gegenstandslosen und wirksamen letztwillige Verfügungen sei nicht zu unterscheiden; denn erst die lückenlose Bekanntgabe aller letztwilligen Verfügungen versetze jeden einzelnen Beteiligten in die Lage, seine Rechte (Testierfähigkeit des Erblassers? Pflichtteil? Testamentsanfechtung?) wahrzunehmen. Im Übrigen ist es oft schwierig zu entscheiden, ob eine Verfügung gegenstandslos bzw. unwirksam ist oder nicht; das soll der Rechtspfleger nicht im Eröffnungsverfahren prüfen müssen und dürfen, sondern erst der Richter unter Berücksichtigung des Vortrags der Beteiligten im Erbscheinsverfahren. Sonst müssten u. U. schon im Eröffnungsverfahren Gutachten über die Testierfähigkeit eingeholt werden lediglich zur Klärung der Frage, wem eine Verfügung bekannt gemacht werden darf. Die Erbscheinserteilung ist bei Vorliegen einer letztwilligen Verfügung dem Richter übertragen (§ 16 Abs. 1 Nr. 6 RPflG); hier ein gleichgerichtetes Amtsermittlungsverfahren vor dem Rechtspfleger vorzuschalten, ist nicht sinnvoll.

12 **Bei Untrennbarkeit** der beiden Verfügungen gilt dasselbe.[16] Wenn also Ehegatten sich gegenseitig zu Erben einsetzen und weiter bestimmen, dass ihr beiderseitiges Vermögen nach dem Tode des Überlebenden an die Kinder fallen soll (§ 2269 BGB), so sind beim ersten Erbfall nicht nur die gegenseitige Erbeinsetzung, sondern auch die Berufung der Kinder zu Erben des Überlebenden zu eröffnen, obwohl diese Berufung, soweit sie von dem verstorbenen Ehegatten ausging, mit dessen Tod gegenstandslos geworden ist.[17] Sind von den drei Kindern nur zwei als Schlusserben eingesetzt, möchte der überlebende Ehegatte das dem „Enterbten" natürlich verheimlichen, um sich weiter sein Wohlwollen zu sichern; der „Enterbte" aber muss es wissen, damit er gegebenenfalls schon nach dem Tod des ersten Elternteils den Pflichtteil fordert.[18] Wenn Ehegatten die Kenntniserlangung verhindern wollen, müssen sie andere Formulierungen wählen.[19]

13 **Ausnahme:** wenn einer Person, die weder erb- noch pflichtteilsberechtigt ist, in einem gegenseitigen Erbvertrag jeder Vertragschließende ein Vermächtnis zugewandt hat für den Fall, dass er der Längstlebende der Vertragsbeteiligten sein werde:[20] sie ist nach dem Tod der ersten Vertragspartei nicht zu benachrichtigen, weil sie (noch) nicht als Beteiligte gilt. Wenn der Ehegatte M bestimmt, dass der A ein Vermächtnis bekommt, wenn M der Überlebende ist, und der andere Ehegatte F bestimmt, dass die B ein Vermächtnis erhält, wenn F die Überlebende ist, dann ist nach dem Tod von M klar, dass er nicht Überlebender ist, also A nichts bekommt. Daran kann auch eine Testierunfähigkeit von M nichts ändern. Die Rechtslage von A wird durch die Nichtbekanntgabe nicht berührt.

5. Dispositionsmöglichkeiten des überlebenden Ehegatten

14 Trotz Zustimmung des überlebenden Ehegatten muss eine Eröffnung seiner eigenen trennbaren Verfügungen unterbleiben;[21] denn eine Eröffnung einer letztwilligen Verfügung ist erst möglich, wenn das Gericht vom Tod dieser Person Kenntnis erlangt hat (§ 348 Abs. 1 S. 1), keinesfalls wenn sie mit Sicherheit noch lebt.[22] Von der Eröffnung als Formalakt ist die Benachrichtigung der Beteiligten durch Verlesen bzw. Zusendung von Kopien zu unterscheiden. Auch hier haben die Beteiligten angesichts des Gesetzestextes

---

[14] BGH NJW 1984, 2098; BayObLG Rpfleger 1982, 424; NJW-RR 1990, 135; OLG Hamm FamRZ 1974, 387; MünchKommBGB/Musielak § 2273 Rn 3; Staudinger/Kanzleiter § 2273 Rn 6.
[15] RGZ 150, 315.
[16] BGH NJW 1984, 2098; BayObLG NJW-RR 1990, 135; OLG Hamburg NJW 1965, 1969; OLG Hamm FamRZ 1974, 388; LG Bonn MittRhNotK 2000, 439; MünchKommBGB/Musielak § 2273 Rn 3; Staudinger/Kanzleiter § 2273 Rn 6; Reimann/Bengel/J. Mayer Rn 6; a. A. die frühere Rspr, zitiert bei MünchKommBGB/Musielak § 2273 Fußnote 7. Einschränkend auch Lange/Kuchinke § 38 III 6 b; Langenfeld NJW 1987, 1577; Gehse RNotZ 2006, 270.
[17] OLG Hamm Rpfleger 1981, 486; Staudinger/Kanzleiter § 2273 Rn 6.
[18] A. A. Horndasch/Viefhues/Heinemann § 349 Rn 5, der das für „abwegig" hält.
[19] BGH NJW 1983, 2875.
[20] BGH NJW 1978, 633; MünchKommBGB/Musielak § 2273 Rn 3.
[21] KG KGJ 35 A 103, 109; Soergel/Wolf § 2273 Rn 4; Staudinger/Kanzleiter § 2273 Rn 10.
[22] A. A. OLG Hamm JMBl.NW 1962, 62; MünchKommBGB/Musielak § 2273 Rn 4; Reimann/Bengel/Mayer § 2273 Rn 16; Lange/Kuchinke § 38 III 6 c.

keine Dispositionsbefugnis.[23] Wenn der überlebende Ehegatte es will, kann er ja seine eigene letztwillige Verfügung selbst allen Beteiligten bekannt geben.

III. Verfahren nach Eröffnung und Bekanntgabe des Inhalts (Abs. 2 und 3)

Hier ist danach zu unterscheiden, welchen Inhalt die eröffnete letztwillige Verfügung 15 hat, wie Abs. 2 S. 1 zeigt.

1. Inhalt: nur Anordnungen für den ersten Erbfall (Abs. 3)

Enthält das gemeinschaftliche Testament nur Anordnungen, die sich auf den Erbfall des 16 erstversterbenden Ehegatten oder Lebenspartner beziehen, hat es keinen Zweck, das Testament wieder zu verschließen und nach dem Tode des überlebenden Ehegatten nochmals zu eröffnen. Das gemeinschaftliche Testament wird deshalb in diesem Falle wie ein gewöhnliches einseitiges Testament behandelt, d. h. es bleibt vollständig und offen in der Nachlassakte des Erbfalls des zuerst verstorbenen Ehegatten.[24] Als gesetzliches Beispiel nennt Abs. 3 den Fall, dass sich das gemeinschaftliche Testament auf die Erklärung beschränkt, dass sich die Ehegatten gegenseitig als Erben einsetzen. Das Beispiel passt nicht recht, weil das Testament ja eine zweite Erbeinsetzung enthält, also später noch einmal für einen Erbfall von Bedeutung ist. Jedenfalls ist von einem solchen eröffneten Testament das Standesamt des Geburtsorts des überlebenden Ehegatten bzw. das AG Schöneberg in Berlin zu verständigen (§ 347 Abs. 2).

2. Inhalt: auch Anordnungen für den zweiten Erbfall (Abs. 2)

Enthält das gemeinschaftliche Testament auch Anordnungen für den zweiten Erbfall (wie 17 im Fall des § 2269 BGB), so ist zu unterscheiden, ob sich das gemeinschaftliche Testament in amtlicher Verfahren befand oder nicht (Abs. 2):

a) Testament in besonderer amtlicher Verwahrung. Befand sich das gemeinschaft- 18 liche Testament (Erbvertrag) beim Erbfall in besonderer amtlicher Verwahrung (§ 346), dann ist von den Verfügungen des verstorbenen Ehegatten (bzw. Lebenspartners im Sinne des LPartG) eine beglaubigte Abschrift anzufertigen **(Abs. 2 S. 1).** Sie vertritt die Urschrift im Rechtsverkehr, z. B. auch im Falle des § 35 Abs. 1 S. 2 GBO. Diese Teil-Kopie des Testaments wird offen zu den Akten des Nachlassgerichts genommen.[25] Im Beglaubigungsvermerk ist zu bezeugen, dass das gemeinschaftliche Testament keine weiteren Verfügungen des erstverstorbenen Ehegatten enthält.[26]

Dann wird die Urschrift des vollständigen Testaments wieder verschlossen (neuer Um- 19 schlag; zu versiegeln; neue Aufschrift) und erneut in besondere amtliche Verwahrung gebracht (zum Verfahren hierbei vgl. § 346). Diese neuerliche Verwahrung erfolgt aber nicht zwingend bei dem Gericht, bei dem sich das Testament vor dem Todesfall in besonderer amtlicher Verwahrung befand (Verwahrungsgericht, § 344 Abs. 1), sondern bei dem für den Nachlass des Erstverstorbenen zuständigen AG;[27] § 349 Abs. 2 S. 2. Das Wort „zurückbringen" in S. 2 ist deshalb missverständlich. Der Überlebende erhält einen neuen Hinterlegungsschein (§ 346 Abs. 3).

Der überlebende Ehegatte (bzw. Lebenspartner) kann aber die Verwahrung bei einem 20 anderen AG verlangen (Abs. 2 S. 2; § 344 Abs. 2); dem muss entsprochen werden. Eine Frist gibt es hierfür nicht.[28]

Erbscheinsverfahren: Wann das gemeinschaftliche Testament wieder in die besondere 21 amtliche Verwahrung zu bringen ist, ist nicht geregelt. Wenn mit einem Erbscheinsantrag

---

[23] Soergel/Wolf § 2273 Rn 4; Firsching/Graf Rn 4.81; a. A. KG KGJ 35, A 104; Bumiller/Harders § 349 Rn 5; Staudinger/Kanzleiter § 2273 Rn 9; Horndasch/Viefhues/Heinemann § 349 Rn 4.
[24] Staudinger/Kanzleiter § 2273 Rn 12.
[25] MünchKommBGB/Musielak § 2273 Rn 6; Staudinger/Kanzleiter § 2273 Rn 14.
[26] KG KGJ 32, A 100; 35, A 103; Staudinger/Kanzleiter § 2273 Rn 14.
[27] Unter Geltung von § 2273 BGB umstritten, vgl. BayObLG NJW-RR 1989, 712; Soergel/Wolf § 2273 Rn 11.
[28] A. A. Bumiller/Harders § 349 Rn 8.

zu rechnen oder der Antrag schon gestellt ist, wird man die Verbringung in die besondere amtliche Verwahrung bis zur Erledigung des Erbscheinsverfahren zurückstellen.[29]

22 **b) Testament nicht in besonderer amtlicher Verwahrung.** Befand sich das gemeinschaftliche Testament beim Erbfall nicht in besonderer amtlicher Verwahrung, etwa weil es von Hinterbliebenen nach dem Todesfall beim Gericht abgegeben wurde (§ 2259 BGB) oder von einem Notar eingeliefert wurde (§ 34 a Abs. 2 S. 1 BeurkG), und enthält es nicht ausschließlich Anordnungen, die sich nur auf den ersten Erbfall beziehen, so dass es auch für den zweiten Erbfall noch von Bedeutung ist, dann verständigt das Nachlassgericht das Geburtsstandesamt des Überlebenden (§ 347 Abs. 2, Abs. 1 S. 1) bzw. das AG Schöneberg in Berlin (§ 347 Abs. 1 S. 2), damit das Testament nach dessen Tod aufgefunden wird. Im Übrigen bleibt dieses gemeinschaftliche Testament in einfacher Aktenverwahrung des Nachlassgerichts, d. h. in der Nachlassakte des Erstverstorbenen. Dem überlebenden Ehegatten darf das Testament nicht in Urschrift ausgehändigt werden,[30] wohl aber in Kopie. Das Nachlassgericht kann jedoch dem überlebenden Ehegatten eine Bescheinigung über den Verbleib der Urschrift ausstellen.[31]

23 Der überlebende Ehegatte kann aber nun die besondere amtliche Verwahrung (§ 346) beantragen.[32] Das kann zweckmäßig sein;[33] denn wenn das vollständige Testament offen in der Nachlassakte liegt, besteht die Gefahr, dass bei einer Akteneinsicht oder bei der Erteilung von Abschriften (§ 2264 BGB) versehentlich das vollständige Testament und damit auch die Verfügungen des Überlebenden bekannt werden.

IV. Verfahren beim zweiten Erbfall

24 Enthält das gemeinschaftliche Testament keine Anordnungen für den zweiten Erbfall, so ist es beim zweiten Erbfall nicht nochmals zu eröffnen. Enthält es auch Anordnungen für den zweiten Erbfall, oder ist dies zweifelhaft,[34] ist es nach dem Tode des überlebenden Ehegatten nochmals im Sinne von § 348 zu eröffnen, auch wenn es offen in den Nachlassakten liegt. Die Frage ist von Bedeutung wegen des Beginns der Ausschlagungsfrist (§ 1944 Abs. 2 S. 2 BGB) und weil möglicherweise andere Beteiligte vorhanden sind.

V. Erbverträge (Abs. 4)

25 Dafür gelten Abs. 1 bis 3 entsprechend. Befand sich der Erbvertrag in besonderer amtlicher Verwahrung, ist nach Abs. 2 vorzugehen. Befand sich der Erbvertrag beim Erbfall nicht in besonderer amtlicher Verwahrung, weil er von einem Notar aus der Aktenverwahrung eingeliefert wurde (§ 34 a Abs. 2 S. 1 BeurkG), dann bleibt er in einfacher Aktenverwahrung des Nachlassgerichts, d. h. in der Nachlassakte des Erstverstorbenen.

VI. Rechtsmittel

1. Allgemeines

26 Die Beschwerde ist nur statthaft gegen Endentscheidungen (§ 58), also solche Entscheidungen, durch die der Verfahrensgegenstand ganz oder teilweise erledigt wird (§ 38). Die Beschwerde ist befristet (§ 63); ein bestimmter Wert muss erreicht sein (§ 61). Anwaltszwang besteht nicht (§ 10). Für das Eröffnungsverfahren ist der Rechtspfleger zuständig (§ 3 Nr. 2 c RPflG), so dass § 11 Abs. 1 RPflG zu beachten ist. Beschwerdegericht ist das OLG (§ 119 Abs. 1 Nr. 1 b GVG). Über eine Rechtsbeschwerde (§§ 70 ff.) entscheidet der BGH (§ 133 GVG); sie kann nur durch einen beim BGH zugelassenen Anwalt eingelegt werden (§ 10 Abs. 4). Ist allerdings keine Beschwerde statthaft, dann findet gegen eine Rechtspflegerent-

---

[29] A. A. Staudinger/Kanzleiter § 2273 Rn 18, der Verschließung und dann Wiedereröffnung vorschlägt.
[30] KG KGJ 24, B 5; 49, A 55; Staudinger/Kanzleiter § 2273 Rn 17; unstreitig.
[31] Staudinger/Kanzleiter § 2273 Rn 17.
[32] BT-Drs. 16/6308 S. 280.
[33] Staudinger/Kanzleiter § 2273 Rn 17.
[34] OLG Hamm Rpfleger 1975, 25.

scheidung die befristete Erinnerung nach § 11 Abs. 2 RPflG statt.[35] **Übergangsrecht.** Für bis 1. 9. 2009 eingeleitete Verfahren gilt weiterhin altes Recht (Art. 111 FGG-RG).

2. Rechtsmittel gegen die Ablehnung der Eröffnung

Gegen die Ablehnung der Eröffnung ist die Beschwerde (§ 58; § 11 Abs. 1 RPflG) statthaft.[36] Ebenso ist es, wenn die Eröffnung eines Teiles des gemeinschaftlichen Testamentes abgelehnt wird.[37] 27

3. Rechtsmittel gegen eine erfolgte Eröffnung

Gegen eine erfolgte Eröffnung ist sowohl die Erinnerung wie die Beschwerde unzulässig, weil die eingetretenen rechtlichen Folgen nicht mehr rückgängig gemacht werden können, weshalb das Rechtsschutzinteresse weggefallen ist.[38] Auch das Nachlassgericht ist nicht zur Beschwerde gegen die vom Verwahrungsgericht vorgenommene Testamentseröffnung berechtigt,[39] weil es nicht in seinen Rechten betroffen ist; ebenso wenig ein Notar.[40] Eine unzulässige Eröffnung kann aber ein Fall für die Staatshaftung sein. 28

4. Rechtsmittel gegen eine beabsichtigte Eröffnung

Teilt das Nachlassgericht mit, dass es einen Erbvertrag oder ein gemeinschaftliches Testament vollständig (und nicht nur teilweise) eröffnen werde, ist gegen die Ankündigung Erinnerung/Beschwerde statthaft.[41] Es wird nämlich ein schwerer Eingriff in das Allgemeine Persönlichkeitsrecht, wozu auch die Geheimhaltung des eigenen Testaments gehört, angekündigt; das ist eine Endentscheidung im Sinne von §§ 58, 38 und nicht nur eine unanfechtbare Zwischenentscheidung.[42] Vgl. § 348 Rn 79. Andernfalls wäre der Rechtspfleger aus verfassungsrechtlichen Gründen verpflichtet, in derartigen Fällen die Bekanntgabe abzulehnen, um die Beschwerde zu eröffnen (Rn 27). 29

5. Übersendung von Testamentsabschriften

Teilt der Rechtspfleger mit, dass er beabsichtige, bestimmten Personen (z. B. einem Vermächtnisnehmer des Überlebenden) Testamentsabschriften zu übersenden, ist Beschwerde (§ 58) statthaft;[43] beschwerdeberechtigt ist im Beispiel der Erbe. Beantragt der Erbe, bestimmten Personen keine Testamentsabschriften zu übersenden und wird das abgelehnt, steht dem Erben die Beschwerde (§ 58) zu.[44] 30

VII. Kosten

Die Gerichtsgebühr für die Eröffnung richtet sich nach §§ 102, 103 KostO. Wird das gemeinschaftliche Testament nach dem Tod des ersten Ehegatten eröffnet, richtet sich der Wert, aus dem die Gebühr errechnet wird, nur nach dessen Vermögen (§§ 103 Abs. 1, 46 Abs. 4 KostO). Ebenso ist es, wenn der zweite Ehegatte stirbt;[45] dass in dessen Vermögen nun meist das Vermögen des Erstversterbenden steckt, rechtfertigt keine Gebührenermäßigung. 31

Befand sich das gemeinschaftliche Testament in besonderer amtlicher Verwahrung und wird es in diese „zurückgebracht" (Abs. 2 S. 2), dann fällt die Gebühr nach § 101 KostO nicht erneut an.[46] Befand es sich in gewöhnlicher Aktenverwahrung und will der Überle- 32

---

[35] OLG Düsseldorf FGPrax 2011, 48.
[36] OLG Frankfurt FamRZ 1977, 482; OLG Köln NJW-RR 2004, 1014; Staudinger/Baumann § 2260 Rn 9.
[37] KG KGJ 35, A 103; OLGE 18, 359; LG Aachen MittRhNotK 1965, 368; Staudinger/Baumann § 2260 Rn 11 a.
[38] BayObLG NJW 1994, 1162; OLG Köln NJW-RR 2004, 1014.
[39] BayObLGZ 1986, 118; Staudinger/Baumann § 2260 Rn 9.
[40] KG OLGE 12, 199.
[41] OLG Köln FGPrax 2011, 49 und NJW-RR 2004, 1014; Bumiller/Harders § 349 Rn 11; Staudinger/Baumann § 2260 Rn 36 unter Hinweis auf KG Recht 1930 Nr. 434.
[42] OLG Zweibrücken ZEV 2010, 476; OLG Köln FGPrax 2011, 49.
[43] BayObLG NJW-RR 1989, 1284; OLG Düsseldorf DNotZ 1966, 112; OLG Hamm NJW 1982, 57.
[44] BGH NJW 1984, 2098; BayObLG Rpfleger 1987, 151.
[45] BayObLGZ 1959, 209; KG JW 1933, 1336.
[46] Korintenberg/Lappe § 101 Rn 14.

bende, dass es künftig in besonderer amtlicher Verwahrung aufgehoben wird, fällt die Gebühr nach § 101 KostO an.

Eröffnung der Verfügung von Todes wegen durch ein anderes Gericht

350 Hat ein nach § 344 Abs. 6 zuständiges Gericht die Verfügung von Todes wegen eröffnet, hat es diese und eine beglaubigte Abschrift der Eröffnungsniederschrift dem Nachlassgericht zu übersenden; eine beglaubigte Abschrift der Verfügung von Todes wegen ist zurückzubehalten.

I. Normzweck

1   Die Vorschrift regelt das Verfahren nach Eröffnung der letztwilligen Verfügung in einem Sonderfall. Damit die eröffnete letztwillige Verfügung gesichert ist, wenn sie beim Versand an das Nachlassgericht verloren geht, hat das Verwahrungsgericht eine beglaubigte Abschrift zurückzubehalten. Die Regelung entspricht dem früheren § 2261 S. 2 BGB. Sie gilt für alle Arten von letztwilligen Verfügungen.

II. Verfahren des verwahrenden Nachlassgerichts (§ 344 Abs. 6)

1. Eröffnungszuständigkeiten

2   Die Eröffnung einer letztwilligen Verfügung ist in § 348 vorgeschrieben. Hauptzweck der Eröffnung ist nicht das Öffnen des Kuverts, wenn sich das Testament in einem geschlossenen Umschlag befindet, sondern die amtliche Feststellung und Bekanntgabe der dem Gericht bekannten und vorliegenden letztwilligen Verfügungen im privaten und öffentlichen Interesse. Treffen mehrere letztwillige Verfügungen zeitlich versetzt bei einem Gericht ein, kann es zu mehreren Eröffnungen kommen (und mehrfachen Eröffnungsgebühren; §§ 102, 103 Abs. 2 KostO).

3   **Zuständig** für die Eröffnung und für das nachfolgende Erbscheinsverfahren sowie für sonstige Tätigkeiten des Nachlassgerichts ist grundsätzlich das nach § 343 örtlich zuständige Nachlassgericht, in dessen Bezirk also der Erblasser seinen letzten Wohnsitz hatte (Ausnahmen vgl. § 343).

4   Befand sich aber die letztwillige Verfügung in besonderer oder einfacher Verwahrung eines anderen Nachlassgerichts, ist dieses nach § 344 Abs. 6 für die Eröffnung zuständig. § 344 Abs. 6 ist missverständlich: wenn sich ein Testament in Verwahrung eines LG, OLG, Verwaltungsgerichts etc. befand, wird es dort nicht eröffnet, sondern nach § 2259 Abs. 1 BGB beim Nachlassgericht abgeliefert. Das nach § 343 zuständige Nachlassgericht und das verwahrende Nachlassgericht können zusammenfallen, so wenn der Erblasser sein Testament beim AG A in besondere amtliche Verwahrung gibt und dann im Bezirk dieses Gerichts wohnend verstirbt. Wenn aber der Erblasser umzieht und im Bezirk des AG B wohnend dort stirbt, fallen die Zuständigkeiten auseinander. Ebenso ist es, wenn jemand, der ein Testament in Besitz hat, dieses beim nächstgelegenen AG abgibt (§ 2259 BGB; dort wird das Testament in einfache amtliche Verwahrung genommen), der Erblasser in einem anderen Gerichtsbezirk (dort wohnend) verstorben ist. In beiden Fällen erfolgt die Eröffnung durch das verwahrende Gericht, ohne dass es auf die Art der Verwahrung ankommt.[1] Bei besonderer amtlicher Verwahrung erfolgt die Aufbewahrung in einem Panzerschrank, bei einfacher amtlicher Verwahrung offen in einer Nachlassakte.

2. Eröffnung durch das Verwahrungsgericht

5   Die Eröffnung eines Testaments durch das nach § 344 zuständige Gericht erfolgt genauso, wie die Eröffnung durch das nach § 343 zuständige Nachlassgericht, also nach den Regeln des § 348. Es findet also in der Regel kein Termin statt („stille Eröffnung"), die Beteiligten werden weder geladen noch sind sie anwesend. Der Rechtspfleger erstellt lediglich im Bürobetrieb ein Eröffnungsprotokoll und vermerkt auf der Urschrift der letztwilligen Verfügung

---

[1] BayObLG FamRZ 1992, 1222; KG JFG 22, 199; OLG Hamm Rpfleger 1972, 23; OLG Oldenburg NdsRpfl 1954, 129.

mit einem Stempel („Eröffnet", Datum, Unterschrift des Rechtspflegers) die Eröffnung. Sollte das Verwahrungsgericht hierzu ausnahmsweise einen Termin bestimmen, hat es die Beteiligten selbst zu ermitteln und zum Eröffnungstermin zu laden;[2] das Problem ist, dass in der Regel beim Verwahrungsgericht nicht bekannt ist, wer Beteiligter ist (vor dem Aufschneiden eines verschlossenen Testaments weiß man nicht, wer als Erbe eingesetzt wurde).

Das Eröffnungsverfahren vor dem Verwahrungsgericht ist **eigenständig** (eigenes Aktenzeichen); das nach § 343 zuständige Nachlassgericht setzt das Verfahren des Verwahrungsgerichts nicht nur fort.[3] Folge ist, dass das Nachlassgericht für eine Nachbesserung nicht zuständig ist, wenn es das Eröffnungsverfahren des Verwahrungsgerichts für mangelhaft hält (etwa weil keine Niederschrift erstellt wurde, sondern nur der Eröffnungsstempel auf das Testament gedrückt wurde). Das Nachlassgericht ist ferner nicht befugt, eine für fehlerhaft gehaltene Testamentseröffnung des Verwahrungsgerichts aufzuheben oder abzuändern. Für eine Nachprüfung der Ordnungsmäßigkeit ist der Rechtsmittelzug des Verwahrungsgerichts gegeben.[4]

3. Weitere Zuständigkeiten des Verwahrungsgerichts

Nach Eröffnung fertigt das Verwahrungsgericht eine **Kopie** der eröffneten letztwilligen Verfügung an und beglaubigt sie; diese Kopie sowie die Eröffnungsniederschrift werden in der Nachlassakte zurückbehalten. Dem nach § 343 zuständigen Nachlassgericht übersendet das Gericht (mit „Einschreiben") das Original der letztwilligen Verfügung und eine beglaubigte Abschrift der Eröffnungsniederschrift,[5] ferner eine Kopie der Sterbeurkunde und sonst vorliegenden Schriftstücke (z. B. Anträge von Beteiligten). Die Funktionen des Verwahrungsgerichts enden mit der Zusendung an das Nachlassgericht.[6] Eine Zuständigkeit für das nachfolgende Erbscheinsverfahren wird durch die Eröffnung nicht begründet.[7] Für sonstige Tätigkeiten des Nachlassgerichts könnte das zweifelhaft sein.

Einsichtnahme. Nach § 357 Abs. 1 sind rechtlich interessierte Personen berechtigt, „eine eröffnete Verfügung von Todes wegen einzusehen". Das eröffnete Testament befindet sich nach Eröffnung im Original beim nach § 343 zuständigen Nachlassgericht, beim Verwahrungsgericht bleibt nur eine beglaubigte Abschrift zurück (§ 350). Sinngemäß ist deshalb für die Einsichtnahme das nach § 343 zuständige Nachlassgericht zuständig,[8] jedenfalls ab dem Zeitpunkt, wo sich das Original dort befindet. Da aber beim Verwahrungsgericht eine Gerichtsakte angelegt wurde, kann der Interessent nach § 13 Abs. 1, 2 auch die Akte und der Abschrift beim Verwahrungsgericht einsehen.

Waren bei der Eröffnung (zufällig) Beteiligte anwesend und wünschen sie sogleich die **Erteilung von Abschriften** des eröffneten Testaments (§ 13), ist das Verwahrungsgericht dafür zuständig.

Erfolgte eine **„stille Eröffnung"**, bei der kein Beteiligter anwesend war, ist fraglich, wer für die schriftliche Bekanntgabe des eröffneten Testaments an die Beteiligten (§ 348 Abs. 3 S. 1) zuständig ist. Unter Geltung des (aufgehobenen) § 2262 BGB war unstreitig, dass die Bekanntgabe dem Nachlassgericht obliegt und nicht dem nach § 2261 BGB nur eröffnend tätigen Verwahrungsgericht.[9] In § 2262 BGB stand „Nachlassgericht", in § 348 Abs. 3 ist nur noch von „Gericht" die Rede. Andererseits lautet die seit 1. 9. 2009 geltende Fassung des § 1944 Abs. 2 S. 2 BGB: „Ist der Erbe durch Verfügung von Todes wegen berufen, beginnt die Frist nicht vor Bekanntgabe der Verfügung von Todes wegen durch das Nachlassgericht." Der rechtlich wesentliche Formalakt ist die Eröffnung, nicht die Bekanntgabe. § 350 nennt als Aufgabe nur die Pflicht zur Versendung, nicht die arbeitsintensive Bekanntgabe. Daraus muss man den Schluss ziehen, dass sich nichts geändert hat und für die Bekanntgabe das

---

[2] OLG Dresden OLGE 13, 305; Soergel/Mayer § 2261 Rn 5; Staudinger/Baumann § 2261 Rn 10.
[3] OLG Hamburg Rpfleger 1985, 195.
[4] OLG Hamburg Rpfleger 1985, 195.
[5] Muster der Übersendungsverfügung bei Firsching/Graf Rn 4.89.
[6] OLG Hamburg Rpfleger 1985, 195.
[7] BayObLG Rpfleger 1995, 254; OLG Oldenburg NdsRpfl. 1954, 129.
[8] BayObLGZ 1986, 125.
[9] Staudinger/Baumann § 2262 Rn 7.

Verwahrungsgericht nicht zuständig ist, sondern das nach § 343 zuständige Nachlassgericht.[10] Das ist auch sinnvoll, weil die Bekanntgabe zu Rückfragen der Empfänger führt, etwa über die Auslegung des Testaments und den Erbschein, und dafür das Verwahrungsgericht zweifelfrei nicht zuständig ist.

11 Das Verwahrungsgericht hat nach Eröffnung die Pflicht zur Mitteilung an dass **Erbschaftsteuerfinanzamt** (§ 34 Abs. 2 Nr. 3 ErbStG; § 7 Abs. 1 ErbStDV v. 8. 9. 1998, BGBl I S. 2658; Ziffer XVII/2 MiZi). Es ist aber zulässig, wenn das Verwahrungsgericht das Nachlassgericht im Wege der Amtshilfe ersucht,[11] diese Mitteilung vorzunehmen, weil von dort später ohnehin die Mitteilung des Nachlassverzeichnisses und des Erbscheins zu erfolgen hat.

4. Rechtsmittel

12 Rechtsmittel der Beteiligten vgl. § 348 Rn 77 ff. Würde ein Beschluss des Verwahrungsgerichts angefochten, ist das dem Verwahrungsgericht übergeordnete Beschwerdegericht örtlich zuständig. In früherer Zeit wurde die Auffassung vertreten, bei **Weigerung** des Verwahrungsgerichts, die Urschrift des Testaments oder die Errichtungsniederschrift zu übersenden, stehe dem **Nachlassgericht** die Beschwerde zu.[12] Das ist nicht mehr vertretbar, weil das Nachlassgericht in *eigenen* Rechten nicht verletzt ist, wie § 59 Abs. 1 voraussetzt; eine nach § 59 Abs. 3 erforderliche Ausnahmeregelung fehlt. Ein Richter oder Rechtspfleger hat auf Grund seiner Funktion niemals eigene Rechte an einer Rechtssache, die er objektiv entscheiden soll, er ist kein Beteiligter; ein „Gericht" ist ohnehin nicht selbst beteiligtenfähig. Hier muss eine Klärung über Rechtsmittel der Beteiligten herbeigeführt werden. Das Nachlassgericht kann deshalb auch nicht die Ordnungsgemäßheit und Wirksamkeit der Testamentseröffnung im Rechtsmittelweg klären lassen.[13]

5. Gebühren

13 Sie ergeben sich aus §§ 102, 103 KostO. Das Verwahrungsgericht führt aber keine eigene Kostenerhebung durch, sondern die Eröffnungsgebühr wird durch das nach § 343 zuständige Nachlassgericht erhoben (§ 103 Abs. 3 KostO).

Eröffnungsfrist für Verfügungen von Todes wegen

§ 351 [1]Befindet sich ein Testament, ein gemeinschaftliches Testament oder ein Erbvertrag seit mehr als dreißig Jahren in amtlicher Verwahrung, soll die verwahrende Stelle von Amts wegen ermitteln, ob der Erblasser noch lebt. [2]Kann die verwahrende Stelle nicht ermitteln, dass der Erblasser noch lebt, ist die Verfügung von Todes wegen zu eröffnen. [3]Die §§ 348 bis 350 gelten entsprechend.

I. Normzweck

1 Die Regelung soll verhindern, dass bestimmte letztwillige Verfügungen auf Dauer uneröffnet bleiben und deswegen der letzte Wille eines Erblassers unbekannt bleibt, so dass lange Zeit oder auf Dauer unrichtige Erbscheine in Umlauf sind, mit der Folge, dass u. U. noch nach Jahrzehnten die Einziehung von Erbscheinen und komplizierte Rückabwicklungsverfahren erforderlich werden. Der Stichtag unterstellt, dass letztwillige Verfügungen in der Regel erst in höherem Lebensalter errichtet und in besondere amtliche Verwahrung gegeben werden. Die Vorschrift ersetzt im Wesentlichen die früheren §§ 2263 a, 2300 a BGB; diesen war § 46 TestamentsG vorausgegangen, der sich an Art. 82 preußisches AGBGB anlehnte.

---

[10] MünchKommZPO/Muscheler § 350 FamFG Rn 4; a. A. Bumiller/Harders § 350 Rn 3 (es liege ein redaktioneller Fehler vor).
[11] So das Formular bei Firsching/Graf Rn 4.89.
[12] KG JFG 14, 168; OLG Hamburg Rpfleger 1985, 194; Staudinger/Baumann § 2262 Rn 13. Jetzt noch Horndasch/Viefhues/Heinemann § 350 Rn 13.
[13] So aber die notarielle Literatur, Staudinger/Baumann § 2262 Rn 13; Horndasch/Viefhues/Heinemann § 350 Rn 14; ähnlich OLG Hamburg Rpfleger 1986, 194; anders jedoch BayObLGZ 1986, 118.

II. Regelungsbereich

Die Vorschrift gilt für alle Arten letztwilliger Verfügungen, auch solche von Ausländern. Gleichgültig ist, wann die Urkunde errichtet[1] und wann sie in Verwahrung genommen worden ist. § 351 gilt auch für vor dem 1. 9. 2009 errichtete letztwillige Verfügungen.[2] Erfasst sind sowohl letztwillige Verfügungen, die von einem Gericht in besondere amtliche Verwahrung genommen wurden (§ 346) wie Verfügungen, die sich in einfacher amtlicher Aktenverwahrung[3] eines Nachlassgerichts befinden und von einem Notar nach § 34 Abs. 2 BeurkG verwahrte Erbverträge.[4] Zwar soll ein Notar einen Erbvertrag in besondere amtliche Verwahrung geben (§ 34 Abs. 1 S. 4 BeurkG). Die Vertragsschließenden können dies aber untersagen (§ 34 Abs. 2 BeurkG), etwa um die Gerichtsgebühr zu sparen, dann bleibt der Erbvertrag in einfacher amtlicher Verwahrung des Notars (hierzu regelt aber § 347 Abs. 3 eine Mitteilungspflicht des Notars).

Nicht erfasst sind letztwillige Verfügungen in privater Verwahrung, z. B. bei Verwandten, im Banksafe, beim Steuerberater (hier besteht nur die allgemeine Ablieferungspflicht nach Erlangung der Kenntnis vom Tod des Erblassers, § 2259 BGB). Nicht anwendbar ist die Vorschrift ferner auf Erb- und Pflichtteilsverzichtsverträge.[5] Über Mitteilungspflichten vgl. § 347 Abs. 3.

III. Überprüfungsfrist

1. Zuständigkeit

Zuständig zur Überprüfung ist die verwahrende Stelle (S. 1). Das ist ein AG (Nachlassgericht, Verwahrungsgericht) bzw. (in Baden-Württemberg) das zuständige Notariat. Befindet sich außerhalb Baden-Württemberg die Verfügung nicht in amtlicher Verwahrung des Gerichts, sondern wird sie vom beurkundenden Notar verwahrt, trifft diesen die Ermittlungspflicht. Die Vorschrift betrifft nach ihrem Wortlaut alle letztwilligen Verfügungen in „amtlicher" Verwahrung; sinngemäß gilt sie aber nicht,[6] wenn sich ein Testament etwa in Akten eines landgerichtlichen Zivilprozesses oder der Staatsanwaltschaft befindet. Denn nach S. 2 hat die verwahrende Stelle bei erfolgloser Ermittlung die Verfügung von Todes wegen zu eröffnen, wofür es nur eine Zuständigkeit von Nachlassgerichten, verwahrenden Amtsgerichten gibt (§§ 343, 344 Abs. 6) bzw. von Notaren in Baden-Württemberg. Hier ist eine Fristüberwachung kaum gesichert. Hat aber ein LG im Rahmen eines Prozessvergleichs seinen Erbvertrag beurkundet, trifft es die Mitteilungspflicht nach § 347 Abs. 3.

2. Frist

a) Fristlänge. Sie beträgt einheitlich 30 Jahre. Früher betrug die Frist bei Testamenten 30 Jahre (§ 2263 a BGB a. F.), bei Erbverträgen aber 50 Jahre (§ 2300 a BGB a. F.). Nach Ansicht des damaligen Gesetzgebers werden Erbverträge meist zusammen mit einem Ehevertrag bei der Eheschließung, also in jungen Jahren, geschlossen, während Testamente erst in reiferem Alter errichtet werden. Der Gesetzesentwurf[7] änderte an diesen Fristen nichts, im Gesetzgebungsverfahren wurde die Frist für Erbverträge aber auf 30 Jahre herabgesetzt, weil es in der Praxis infolge von Umzug etc. Schwierigkeiten bereitet, nach so langer Zeit die Verfasser von Erbverträgen noch ausfindig zu machen.[8] Die kürzere Frist gilt auch für vor dem 1. 9. 2009 verwahrte Erbverträge.

---

[1] BGH DNotZ 1973, 379 (vor dem 1. 1. 1900 errichtetes Testament); LG Memmingen Rpfleger 1977, 440.
[2] Kordel DNotZ 2009, 644.
[3] Staudinger/Baumann § 2263 a Rn 4.
[4] BT-Drs. 16/6308 S. 280.
[5] BayObLG FamRZ 1983, 1282.
[6] Bumiller/Harders § 351 Rn 3; MünchKommBGB/Hagena 4. Aufl. § 2263 a Rn 4; Staudinger/Baumann § 2263 a Rn 5.
[7] BT-Drs. 16/6308.
[8] BR-Drs. 309/2/07 S. 85.

6 **b) Fristberechnung.** Die Frist beginnt mit dem Ablauf des Tages, an dem die letztwillige Verfügung in Verwahrung genommen wurde (§ 187 BGB).[9] Ist dieser Tag nicht mehr feststellbar (wie bei einfacher amtlicher Aktenverwahrung), wird die Frist ab dem Tag der Errichtung berechnet.[10] Fristende: § 188 BGB.

7 **c) Fristüberwachung.** Landesrechtliche Verwaltungsvorschriften wie z. B. § 27 X AktO regeln die Pflichten der Verwahrungsbeamten; z. B. hat der zweite Verwahrungsbeamte beim AG mindestens einmal jährlich festzustellen, welche letztwilligen Verfügungen sich mehr als 30 Jahre in der amtlichen Verwahrung befinden. Befinden sich Erbverträge in der Verwahrung eines Notars (§ 34 Abs. 2, 3 BeurkG), trifft diesen die Pflicht zur Fristüberwachung (§ 34 a BeurkG). Die Dienstaufsicht des Notars hat es zu beanstanden, wenn der Notar seiner Pflicht nicht nachkommt.

3. Ermittlungen

8 **a) Allgemeines.** Die verwahrende Stelle, also das Verwahrungsgericht, Nachlassgericht (dort der Rechtspfleger, § 3 Nr. 2 c RPflG; Notariat in Baden-Württemberg), Notar „soll" von Amts wegen ermitteln, ob der Erblasser noch lebt. Nach der früheren Rechtslage „hatte" diese Stelle zu ermitteln, aber nur „soweit tunlich". Letztlich hat sich also nichts geändert. Der **Umfang der Ermittlungen** liegt im pflichtgemäßen **Ermessen** des Gerichts. In Frage kommen Anfragen bei der Meldebehörde des letztbekannten Wohnsitzes oder beim Standesamt des Geburtsortes (sie dürfen für die Auskunft keine Gebühren oder Auslagen berechnen[11]), bei notariellen Testamenten und Erbverträgen Anfragen beim seinerzeitigen Urkundsnotar bzw. dessen Amtsnachfolger. Verwahrt der Notar die Verfügung, wird er jährlich das Erbvertragsverzeichnis durchsehen.[12] Die Ermittlungen haben sich beim gemeinschaftlichen Testament auf das Fortleben beider Ehegatten zu erstrecken;[13] ist einer oder sind beide verstorben, wird das Testament eröffnet (vgl. § 349).

9 **b) Verfahren, wenn der Erblasser lebt.** Ergeben die Ermittlungen, dass der Erblasser noch lebt, wird dies in den Akten vermerkt; die Verfügung bleibt uneröffnet und wird weiterverwahrt. Eine neue Gebühr nach § 102 KostO fällt dafür nicht an. Weitere Ermittlungen betreffend das Fortleben sollen je nach Lebensalter des Erblassers in Zeitabständen von etwa 3 bis 5 Jahren erfolgen.[14] In Frage kommt auch, das Standesamt des Geburtsortes bzw. die Hauptkartei für Testamente beim AG Schöneberg in Berlin bzw. ab 1. 1. 2012 bei der Bundesnotarkammer in Berlin (vgl. § 347) von der Verwahrung der letztwilligen Verfügung zu verständigen.[15]

10 **c) Verfahren, wenn der Erblasser verstorben ist.** Ergeben die Ermittlungen, dass der Erblasser verstorben ist, ist die letztwillige Verfügung zu eröffnen (§ 348). Lässt sich beim gemeinschaftlichen Testament oder Erbvertrag nur der Tod *eines* Ehegatten ermitteln, so ist bei der Eröffnung § 349 zu beachten. Die örtliche Zuständigkeit für die Eröffnung richtet sich nach § 343 bzw. § 344 Abs. 6.

11 **d) Verfahren, wenn das Leben des Erblassers nicht ermittelbar ist.** Kann die verwahrende Stelle nicht ermitteln, dass der Erblasser noch lebt, wird von seinem Tod ausgegangen. Die letztwillige Verfügung ist zu eröffnen (S. 2) und zwar nach den allgemeinen Regeln der §§ 348 bis 350 (S. 3). Eine vorherige Todeserklärung ist nicht notwendig,[16] da sie in § 351 nicht vorgeschrieben ist. Der verwahrende Notar übersendet in diesem Falle den Erbvertrag dem für seinen Amtssitz örtlich zuständigen AG zur Eröffnung.[17] Lehnt das

---

[9] Bumiller/Harders § 351 Rn 5.
[10] Staudinger/Baumann § 2263 a Rn 6.
[11] Kordel DNotZ 2009, 644; Horndasch/Viefhues/Heinemann § 351 Rn 9.
[12] Einzelheiten zur Ermittlungstätigkeit des Notars vgl Kordel DNotZ 2009, 644.
[13] Staudinger/Baumann § 2263 a Rn 7.
[14] Vgl § 27 Abs. 10 AktO; AV RJM vom 23. 9. 1939 DJ 1939, 1558; Reimann/Bengel/Mayer/Voit § 2263 a Rn 7; Staudinger/Baumann § 2263 a Rn 8.
[15] MünchKommBGB/Hagena 4. Aufl. § 2263 a Rn 11 unter Hinweis auf Abschnitt I 2.1 der Allgemeinen Verfügung über die Benachrichtigung in Nachlasssachen, abgedruckt z. B. BayJMBl 2001, 11.
[16] Soergel/Mayer § 2263 a Rn 6; Horndasch/Viefhues/Heinemann § 351 Rn 12.
[17] Vgl OLG Zweibrücken Rpfleger 1982, 69.

AG die Übernahme des Erbvertrags ab, kann der Notar hiergegen Beschwerde einlegen (§ 58).[18] Es wird unterstellt, dass der verstorbene Testator zuletzt im Bezirk des Verwahrungsgerichts wohnte, so dass das Verwahrungsgericht zugleich nach § 343 zuständiges Nachlassgericht ist.[19]

Zeigt sich erst bei oder nach Eröffnung, dass der **Testator in Wirklichkeit noch lebt**, wird die letztwillige Verfügung wieder in amtliche Verwahrung genommen. Die Gültigkeit der letztwilligen Verfügung wird durch die irrige Eröffnung nicht berührt. Die Eröffnungsniederschrift ist in einem solchen Fall zu berichtigen. Sind beglaubte Abschriften des Eröffnungsprotokolls (sowie der eröffneten letztwilligen Verfügung) an Beteiligte hinaus gegeben worden, sollten sie zwecks Berichtigung fürsorglich zurückverlangt werden, damit Missbrauch (vgl. § 35 GBO) vermieden wird.[20] Wenn sich die Empfänger aber weigern, kann die Rückgabe nicht erzwungen werden, weil es keine Rechtsgrundlage für eine Rückgabepflicht gibt.

4. Folgen von Unterlassungen

Eine mangelhafte Ermittlung kann sich als Amtspflichtverletzung erweisen und dann zur **Schadensersatzpflicht** (§ 839 BGB; Art. 34 GG) führen;[21] das Spruchrichterprivileg (§ 839 Abs. 2 BGB) ist hier nicht einschlägig.

Ist eine letztwillige Verfügung bei Erbscheinserteilung (§ 2353 BGB) unbekannt gewesen, kann der erteilte Erbschein unrichtig sein. Er ist dann von Amts wegen einzuziehen (§ 2361 BGB); dafür gibt es keine zeitliche Grenze.[22] Der wahre Erbe hat den Scheinerben Ansprüche aus §§ 2018 ff. BGB; auch hier sind Schäden denkbar, weil dem wahren Erben die Erbschaft u. U. viele Jahre vorenthalten wurde oder der Scheinerbe inzwischen entreichert ist. Die rechtliche Stellung des Erben kann weder verwirkt noch ersessen werden kann,[23] weshalb auch letztwillige Verfügungen noch von Bedeutung sind, obwohl der Erblasser seit mehr als 30 Jahren verstorben ist.

Unterabschnitt 4. Erbscheinsverfahren; Testamentsvollstreckung

Entscheidung über Erbscheinsanträge

352 (1) ¹Die Entscheidung, dass die zur Erteilung eines Erbscheins erforderlichen Tatsachen für festgestellt erachtet werden, ergeht durch Beschluss. ²Der Beschluss wird mit Erlass wirksam. ³Einer Bekanntgabe des Beschlusses bedarf es nicht.

(2) ¹Widerspricht der Beschluss dem erklärten Willen eines Beteiligten, ist der Beschluss den Beteiligten bekannt zu geben. ²Das Gericht hat in diesem Fall die sofortige Wirksamkeit des Beschlusses auszusetzen und die Erteilung des Erbscheins bis zur Rechtskraft des Beschlusses zurückzustellen.

(3) Ist der Erbschein bereits erteilt, ist die Beschwerde gegen den Beschluss nur noch insoweit zulässig, als die Einziehung des Erbscheins beantragt wird.

Übersicht

	Rn
I. Normzweck	1
II. Voraussetzungen der Erteilung eines Erbscheins	2
1. Zuständigkeit	2
a) Sachliche Zuständigkeit	2
b) Örtliche Zuständigkeit	7
c) Internationale Zuständigkeit	9
d) Funktionelle Zuständigkeit	10

---

[18] BayObLG MittBayNot 1983, 178.
[19] Reimann/Bengel/Mayer/Voit § 2263 a Rn 7.
[20] MünchKommBGB/Hagena 4. Aufl. § 2263 a Rn 14.
[21] Bumiller/Harders § 351 Rn 8; MünchKommBGB/Hagena 4. Aufl. § 2263 a Rn 15.
[22] BGH NJW 1967, 1126; BayObLG FGPrax 2003, 130 (nach 45 Jahren); BayObLG FamRZ 1997, 1365 (Einziehung nach 52 Jahren); BayObLG Rpfleger 1989, 22 (nach 28 Jahren); Zimmermann Erbschein und Erbscheinsverfahren Rn 515.
[23] BGHZ NJW 1967, 1126.

	Rn
2. Antrag	17
a) Form; Zeitpunkt	17
b) Adressat	20
c) Stellvertretung	21
d) Rechtsschutzbedürfnis	22
3. Antragberechtigte	23
a) Alleinerben, Miterben	23
b) Testamentsvollstrecker	24
c) Nachlasspfleger	25
d) Abwesenheitspfleger	26
e) Auseinandersetzungspfleger	27
f) Fiskus, Finanzamt	28
g) Nachlassgläubiger	29
h) Verschollene	30
i) Erbteilserwerber	31
j) Erbschaftskäufer	32
k) Insolvenzverwalter	33
l) Fehlende Antragsberechtigung	34
m) Ausfertigungen, Kopien	35
4. Verfügungen über das Antragsrecht	36
a) Verzicht auf das Antragsrecht	36
b) Rücknahme des Antrags	37
c) Wiederholung des Antrags	38
5. Inhalt des Antrags	40
a) Bestimmter Antrag	40
b) Hauptantrag, Hilfsantrag; alternative Anträge	42
c) Bedingter Antrag	43
6. Begründung des Antrags	44
7. Beizufügende Urkunden	45
a) Vorlage	45
b) Mängel	51
c) Hilfsweise Nachweis durch andere Beweismittel	52
8. Glaubhaftmachung durch eidesstattliche Versicherung	54
a) Gegenstand der eidesstattlichen Versicherung	55
b) Verpflichtete Personen	57
c) Form der eidesstattlichen Versicherung	58
d) Inhalt der eidesstattlichen Versicherung	59
e) Erlass der eidesstattlichen Versicherung	60
III. Das Verfahren des Nachlassgerichts	64
1. Beteiligte	64
2. Allgemeines zum Beweisverfahren	65
3. Einzelheiten zu ermittlungsbedürftigen Punkten	72
a) Örtliche Zuständigkeit des Nachlassgerichts	72
b) Tod des Erblassers	73
c) Tod anderer Beteiligter	74
d) Genauer Zeitpunkt des Todes des Erblassers	75
e) Staatsangehörigkeit des Erblassers	76
f) Familienstand und Verwandtschaftsverhältnisse	77
g) Güterstand des Erblassers	78
h) Existenz eines Testaments	79
i) Testierfähigkeit des Erblassers	82
j) Fälschung des Testaments	90
k) Auslegung der letztwilligen Verfügung	92
IV. Entscheidung des Nachlassgerichts	93
1. Maßgeblicher Zeitpunkt	94
2. Einigung der Beteiligten	97
3. Bedeutung ausländischer Erbscheinsverfahren	99
4. Erteilung trotz Existenz eines anderslautenden Erbscheins	100
5. Erteilung trotz Zivilprozess über das Erbrecht	101
6. Vorfragen der Entscheidung	102
7. Beweislast	103
8. Überzeugung des Nachlassgerichts	105
9. Strenge Bindung an den Antrag	106
10. Inhalt des Erbscheins	108

	Rn
V. Feststellungsbeschluss	111
1. Ablösung des Vorbescheids	111
2. Unstreitige Sache; Feststellungsbeschluss	112
3. Streitige Sache; Feststellungsbeschluss mit Aussetzung	116
a) Beteiligte	117
b) Erklärter Wille eines Beteiligten	118
c) Widerspruch eines Beteiligten	120
d) Substanzlose Widersprüche	122
e) Kein Ermessen des Nachlassgerichts	123
f) Verfahren bei zwei sich widersprechenden Erbscheinsanträgen	124
g) Bindungswirkung	125
h) Weiterer Ablauf; Rechtskraft	126
i) Wiedereinsetzung gegen Fristversäumnis	127
j) Erteilung des Erbscheins unter Verstoß gegen das Zurückstellungsgebot	128
k) Analoge Anwendung von § 352 Abs. 2 S. 2	128 a
4. Keine Erteilung des Erbscheins durch einstweilige Anordnung	129
5. Vollzugshandlungen	130
a) Erteilung	130
b) Mitteilungen	131
VI. Zurückweisung des Erbscheinsantrags	133
VII. Zwischenverfügung	134
VIII. Rechtsmittel gegen die Entscheidung des Nachlassgerichts	135
1. Allgemeines	135
2. Entscheidungen	137
a) Feststellungsbeschluss	137
b) Erteilter Erbschein	138
c) Zurückweisung des Antrags	142
d) Weitere anfechtbare Entscheidungen	146
e) Zwischenverfügungen	147
f) Weitere unanfechtbare Entscheidungen	148
3. Beschwerdeberechtigung	150
4. Beschwerdegericht; Beschwerdeverfahren	152
5. Rechtsbeschwerde	158
6. Verfassungsbeschwerde	158 a
IX. Kosten	159

I. Normzweck

Die Bestimmung regelt das Verfahren bei Erteilung eines Erbscheins, ferner bei Erteilung der sonstigen Zeugnisse des Nachlassgerichts (§ 354), insbesondere des Testamentsvollstreckerzeugnisses. Im FGG gab es keine entsprechende Vorschrift. Übergangsrecht (Stichtag 1. 9. 2009): Art. 111 FGG-RG. Wird ab 1. 9. 2009 ein Erbscheinsantrag gestellt, gilt das FamFG[1] und ist für Rechtsmittel gegen die Entscheidung das OLG (und nicht das LG) zuständig,[2] selbst wenn das Nachlassverfahren schon vorher anhängig war.

II. Voraussetzungen der Erteilung eines Erbscheins[3]

1. Zuständigkeit

a) Sachliche Zuständigkeit. Sachlich zuständig für die Erteilung des Erbscheins ist das Nachlassgericht (§ 2353 BGB); das ist das AG (§ 23 a Abs. 2 Nr. 2 GVG, § 342 Abs. 1 Nr. 6). Die Erbscheinserteilung kann nicht durch Vereinbarung einem privaten Schiedsgericht übertragen werden.[4]

---

[1] OLG Stuttgart FGPrax 2010, 83.
[2] OLG München ZErb 2010, 263; OLG Stuttgart ZEV 2010, 249.
[3] Über Prinzipien des Erbscheinsrechts vgl. Muscheler Erbrecht Rn 3276 ff.; allgemein zum Erbschein Zimmermann, Erbschein und Erbscheinsverfahren, die Kommentare zu § 2353 BGB sowie Muscheler Jura 2009, 329; Boeckh NJ 2010, 493.
[4] BayObLG FamRZ 2001, 873.

3 In **Baden-Württemberg** ist Nachlassgericht nicht das AG, sondern das staatliche Notariat (§§ 1 Abs. 2, 38 Bad.-Württ.LFGG; Art. 147 EGBGB).[5] Nachlassrichter ist jeweils der Notar im Landesdienst. Der Notar kann den Erbschein auch dann selbst erteilen, wenn der Erbfolge eine von ihm selbst beurkundete (und möglicherweise auslegungsbedürftige oder unwirksame) letztwillige Verfügung von Todes wegen zugrunde liegt, er gilt nicht als befangen.[6]

4 In der **früheren DDR** war vom 15. 10. 1952 bis zur Wiedervereinigung (3. 10. 1990) das Staatliche Notariat zuständig;[7] jetzt sind auch dort die Amtsgerichte sachlich zuständig.

5 In Hamburg, Niedersachsen, Nordrhein-Westfalen und Schleswig-Holstein sind die **Landwirtschaftsgerichte** (Abteilung der Amtsgerichte) für die Erteilung von Erbscheinen, wenn eine land- oder forstwirtschaftliche Hofstelle vorhanden ist, zuständig (§§ 11 ff. HöfeO; LwVG). § 18 Abs. 2 HöfeO lautet: „Diese Gerichte sind auch zuständig ... für die Ausstellung eines Erbscheins. In dem Erbschein ist der Hoferbe als solcher aufzuführen. Auf Antrag eines Beteiligten ist in dem Erbschein lediglich die Hoferbfolge zu bescheinigen." Auch in **Rheinland-Pfalz** fällt die Erteilung des Erbscheins in die Zuständigkeit des Landwirtschaftsgerichts und nicht des Nachlassgerichts, wenn zum Nachlass ein von der Höfeordnung erfasster Hof gehört (§ 30 HöfeO RhPf).[8]

6 Das OLG als **Beschwerdegericht** ist nicht zur Erteilung eines Erbscheins zuständig; das folgt aus dem Wortlaut des § 2353 BGB („das Nachlassgericht"); gegebenenfalls muss daher das OLG das AG zur Erteilung eines bestimmten Erbscheins anweisen.

7 **b) Örtliche Zuständigkeit.** Örtlich zuständig ist das Nachlassgericht, in dessen Bezirk der Erblasser (Deutscher oder Ausländer) zur Zeit seines Todes wohnte usw. (§ 343 Abs. 1), bzw. das Gericht, das nach § 5 als zuständig bestimmt wurde.[9] Starb der Erblasser vor 1945 in ehemals deutschen Gebieten (Sudetenland usw.), und wird erst jetzt ein Erbschein beantragt, fehlt ein örtlich zuständiges AG; dafür hatte das ZustErgG eine Sonderzuständigkeit begründet. **§ 7 ZustErgG** wurde aber inzwischen aufgehoben.[10] Jetzt wird man § 343 Abs. 2 (analog) anwenden müssen.[11] Bei einem **Doppelwohnsitz** des Erblassers ist § 2 Abs. 1 anzuwenden. Die praktische Schwierigkeit ist, den „Aufenthaltsort" vom Wohnsitz abzugrenzen, wenn der Erblasser einen Wohnsitz und andernorts einen Aufenthalt hatte. Im Falle seiner Unzuständigkeit verweist das Nachlassgericht das Verfahren an das örtlich zuständige Nachlassgericht (Verfahren: § 3); ein Verweisungsantrag des Antragstellers ist nicht notwendig, wie dem Wortlaut des § 3 Abs. 1 zu entnehmen ist.[12] Das Beschwerdegericht kann das Nachlassgericht anweisen, die Sache an ein anderes Nachlassgericht zu verweisen.[13] Eine Verweisung ohne Antrag ist ebenfalls wirksam. Die Verweisung ist bindend (§ 3 Abs. 3 S. 2).

8 Im Zuständigkeitsbereich der **Landwirtschaftsgerichte** (Rn 5) ist örtlich zuständig das Gericht, wo die Hofstelle liegt (§ 10 LwVG).

9 **c) Internationale Zuständigkeit.**[14] International zuständig ist das Gericht, das örtlich zuständig ist (§ 105). Die Änderung des § 2369 BGB und die Einfügung von § 105 FamFG zeigen, dass der früher geltende Gleichlaufgrundsatz aufgegeben wurde.[15] Eine andere Frage ist, welches materielle Erbrecht anzuwenden ist. Zum Wohnsitz von Ausländern vgl. § 343 Abs. 1, Abs. 3. Zur Fassung des Erbscheins vgl §§ 2353 ff., 2369 BGB.[16] Die internationale

---

[5] Einzelheiten bei Richter/Hammel, Baden-Württembergisches Landesgesetz über die freiwillige Gerichtsbarkeit, 1996.
[6] LG Stuttgart BWNotZ 1982, 174; 1979, 43.
[7] § 2 Nr. 2, 3 der VO vom 15. 10. 1952 (Gbl. DDR 1952 S. 1055) und VO v. 5. 2. 1976 (Gbl.DDR 1976 I S. 93).
[8] BGH NJW-RR 1995, 197.
[9] BayObLG FamRZ 2003, 1595.
[10] Art. 48 des G. v. 19. 4. 2006 BGBl. I S. 866.
[11] Prütting/Helms/Fröhler § 343 Rn 103; Bahrenfuss/Schaal § 343 Rn 22.
[12] Anders unter Geltung des FGG, Schmidt 15. A. § 1 FGG Rn 41; str.
[13] OLG Frankfurt FamRZ 2002, 112.
[14] Dazu Wittkowski RNotZ 2010, 102; Kroiß ZEV 2009, 493.
[15] So ausdrücklich BT-Drs. 16/6308 S. 221.
[16] Zum Erbschein in Auslandsfällen vgl. Wittkowski RNotZ 2010, 102; Schäuble ZErb 2009, 200.

Zuständigkeit beschränkt sich nicht auf das in Deutschland liegende Vermögen; doch kann der Erbscheinsantrag und demgemäß der Erbschein hierauf beschränkt werden (§ 2369 Abs. 1 BGB).

d) Funktionelle Zuständigkeit. Die Nachlasssachen sind grundsätzlich dem **Rechtspfleger** übertragen (§ 3 Nr. 2c RPflG); dazu gehört die Erteilung von Erbscheinen. In § 16 Abs. 1 Nr. 6 RPflG sind aber bestimmte Richtervorbehalte geregelt. Im Ergebnis bedeutet das:

aa) Rechtspfleger. Der Rechtspfleger ist zuständig, wenn **gesetzliche Erbfolge** nach deutschem Recht zur Anwendung kommt; nicht, wenn die Anwendung ausländischen Rechts in Betracht kommt (lex specialis zu § 5 Abs. 2 RPflG). Ferner ist der Rechtspfleger u. a. zuständig:[17] für die Aufnahme des Erbscheinsantrags (sowohl aufgrund gesetzlicher wie gewillkürter Erbfolge) zu Protokoll, Eröffnung des Testaments oder Erbvertrags, Festsetzung des Geschäftswerts für die Gerichtsgebühren; Verweisung, falls seine Zuständigkeit für die Sache gegeben ist (§ 3); Entscheidung über Akteneinsicht (§ 13), soweit der Rechtspfleger für den Erbschein zuständig ist (andernfalls der Richter[18]); Feststellung des Fiskuserbrechts nach § 1964 BGB, Rechtshilfeersuchen.

bb) Richtervorbehalte. Dem Richter sind vorbehalten: die Erteilung von Erbscheinen, sofern eine (wirksame oder unwirksame) **Verfügung von Todes wegen** (Testament, Erbvertrag; auch nur in Kopie usw.) **vorliegt** (§ 16 I Nr. 6 RPflG) oder die Existenz eines (allerdings verlorenen) Testaments behauptet wird.[19] Das Wort „vorliegt" zeigt, dass es nicht darauf ankommt, dass sich die Erbfolge tatsächlich nach dem Testament bzw. Erbvertrag richtet. Ferner ist der Richter zuständig für die Erteilung von Erbscheinen, wenn die Anwendung ausländischen Rechts in Betracht kommt; hier wie es sowohl um gesetzliche wie gewillkürte Erbfolge gehen. Die Erbfolge muss sich im Ergebnis nicht unbedingt nach dem ausländischen Recht richten. Sinngemäß ist in beiden Fällen der Richter auch zuständig für die Zurückweisung derartiger Erbscheinsanträge. In allen obigen Fällen ist der Richter ferner für das vorbereitende Verfahren (z. B. Anhörung der Beteiligten, Vernehmung der Zeugen, Einholung von Gutachten) zuständig;[20] vgl. § 343 Rn 84.

cc) Übertragungskompetenz. Liegt eine Verfügung von Todes wegen vor, ist aber dennoch ein Erbschein auf Grund gesetzlicher Erbfolge zu erteilen (z. B. weil das Testament formnichtig ist), so kann der Richter die Erteilung des Erbscheins dem Rechtspfleger durch eine interne (nicht bekannt zu gebende, nicht anfechtbare) Verfügung übertragen, wenn deutsches Erbrecht anzuwenden ist (§ 16 Abs. 2 S. 1 RPflG).

dd) Baden-Württemberg. Dort ist Nachlassgericht der Notar, nicht das AG (Art. 147 EGBGB; §§ 1 Abs. 2, 38 Bad.-Württ.LFGG). Im **Württembergischen Rechtsgebiet** ist der Bezirksnotar (im Landesdienst) sowohl für die Richteraufgaben wie für die Rechtspflegeraufgaben zuständig. Im **Badischen Rechtsgebiet** ist zu unterscheiden: Ist dem Notar (im Landesdienst) ein Rechtspfleger zugewiesen (§ 35 RPflG), dann ist für die richterlichen Aufgaben der Notar zuständig und für Rechtspflegeraufgaben (§ 16 Abs. 1 Nr. 6 RPflG) sowohl der Notar wie auch der Rechtspfleger.

ee) Weiteres Landesrecht. In § 19 Abs. 1 S. 1 Nr. 5 RPflG werden die Länder ermächtigt, durch Rechtsverordnungen die Richtervorbehalte in § 16 Abs. 1 Nr. 6 RPflG aufzuheben, so dass in solchen Bundesländern dort der Rechtspfleger für alle Erbscheinssachen zuständig ist. Die einschränkende Klausel in § 19 Abs. 2 RPflG bezieht sich nicht auf § 19 Abs. 1 S. 1 Nr. 5. In den vorhandenen Verordnungen (Bayern; Baden-Württemberg) wurden die Nachlasssachen nicht erfasst.

ff) Rechtspolitik. Es gibt ein Gesetzesvorhaben, wonach jedes Bundesland durch Rechtsverordnung die Aufgaben der Nachlassgerichte den Notaren übertragen kann.[21]

---

[17] Vgl Dallmayer/Eickmann § 16 Rn 42.
[18] BayObLG Rpfleger 1982, 292.
[19] BayObLG Rpfleger 1977, 210.
[20] OLG München FamRZ 1980, 623.
[21] BR-Drs. 108/08 und 109/08; dazu Roth ZZP 2010, 187; Zimmermann ZErb 2008, 232 (ablehnend).

2. Antrag

17   **a) Form; Zeitpunkt.** Das Nachlassgericht erteilt einen Erbschein nur auf Antrag (§ 2353 BGB), also nicht von Amts wegen. Der ohne Antrag erteilte Erbschein ist einzuziehen (§ 2361 BGB; vgl. § 353), auch wenn er inhaltlich „richtig" ist, falls er nicht vom Antragsteller genehmigt wird. Der Erbscheinsantrag als solcher unterliegt keinen besonderen Formvorschriften (vgl. § 23).[22] Er kann schriftlich gestellt werden (§ 23); weder muss er zu Protokoll des Nachlassgerichts abgegeben werden[23] noch von einem Notar; es besteht kein Anwaltszwang. Da aber fast immer bestimmte Angaben eidesstattlich zu versichern sind (§ 2356 Abs. 2 BGB) und die Versicherung vor einem Nachlassgericht oder einem Notar abzugeben ist, wird meist auch der Antrag in dieser Form erklärt. Der Antrag eines gesetzlichen Vertreters muss weder vom Familien- noch vom Betreuungsgericht genehmigt werden. Wird gegen einen eingezogenen Erbschein „Beschwerde" eingelegt, gilt sie im Zweifel als Antrag auf Erteilung eines neuen gleichlautenden Erbscheins (§ 353 Abs. 2 S. 2). Der Antrag beinhaltet die Annahme der Erbschaft. Wird der **Antrag zu Protokoll** des Nachlassgerichts gestellt, muss der Antragsteller darauf hingewiesen werden, dass er binnen zwei Jahren seit dem Erbfall eine gerichtsgebührenfreie Grundbuchberichtigung erlangen kann (§ 83 S. 2 GBO),[24] dass ihm ggf. ein gebührenbegünstigter Erbschein („nur für Grundbuchzwecke"; § 107 Abs. 3 KostO) genügt.[25] Im Einzelfall sind **Hinweise zur Vermeidung unnötiger Kosten** zu geben,[26] z. B. wenn der Antragsteller ersichtlich keinen Erbschein braucht, etwa weil nur Bankguthaben in den Nachlass fallen und der Erbe eine Bankvollmacht über den Tod hinaus hat; oder wenn ein notarielles Testament vorliegt (denn hier genügt dieses Testament in Verbindung mit der Eröffnungsniederschrift; vgl. § 35 GBO).[27]

18   Eine **Frist** für den Antrag besteht nicht; noch Jahrzehnte nach dem Todesfall (allerdings nicht für Erbfälle vor dem 1. 1. 1900) kann der Erbe oder der Erbeserbe einen Erbschein beantragen. Das Antragsrecht verjährt nicht und kann nicht verwirkt werden.

19   Ein Antrag als Erbe aufgrund Testaments oder Erbvertrags ist nach h. M.[28] erst **nach förmlicher Eröffnung** (§ 348) der betreffenden Verfügung von Todes wegen zulässig, auch wenn sich die Verfügung offen im Nachlass befindet[29] oder das maßgebende ausländische Recht eine solche Eröffnung nicht kennt;[30] das findet im Gesetz keine Stütze.[31] Der Erbschein selbst darf allerdings erst nach Eröffnung erteilt werden. Kommt eine Eröffnung der Verfügung von Todes wegen nicht in Betracht, z. B. bei Verlust der Testamentsurkunde trotz deren Weitergeltung, ist sie nicht Voraussetzung für die Erteilung des Erbscheins.[32]

Einen „**europäischen Erbschein**"[33] gibt es derzeit nicht. Ob der von einem deutschen Nachlassgericht erteilte Erbschein hilft, wenn der Erblasser Vermögen im Ausland hinterlassen hat, richtet sich nach dem jeweiligen internationalen Privatrecht des ausländischen Staates. Zum geplanten **Europäischen Nachlasszeugnis** vgl § 108 Rn 37.

Ein „**internationaler Erbschein**" ist ein von einem deutschen Nachlassgericht ausgestellter „gewöhnlicher" Erbschein; manche Länder (wie z. B. Spanien) akzeptieren ihn für die Erbfolge nach einem Deutschen mit Vermögen in Spanien, wenn dieser deutsche Erbschein mit einer Apostille (Bestätigung des LG-Präsidenten, zu beantragen beim zuständigen LG-Präsidenten) versehen ist und eine amtlich beglaubigte Übersetzung des Erb-

---

[22] OLG Köln ZEV 2010, 89.
[23] Die fast immer erforderliche eidesstattliche Versicherung (§ 2356 BGB) allerdings muss zu Protokoll eines Nachlassgerichts (hier spart man die Umsatzsteuer) oder eines deutschen Notars erklärt werden.
[24] Ziffer XVII/4 (4) der Anordnung über Mitteilungen in Zivilsachen (MiZi).
[25] Korintenberg/Lappe § 107 Rn 57.
[26] BayObLG NJW-RR 1997, 583; OLG Hamm JurBüro 1973, 1184.
[27] BGH NJW-RR 2005, 599; NJW 2005, 2779.
[28] KG JW 1925, 2142; KGJ 22 A 52; Lange/Kuchinke § 39 II 4.
[29] Vgl RGZ 48, 96/99.
[30] KG DJZ 1908, 1037; a. A. KG JW 1925, 2142.
[31] MünchKommBGB/Mayer § 2355 Rn 4.
[32] KG JW 1919, 586 (Anm. Herzfelder, ablehnend).
[33] Vgl. dazu Schroer, Europäischer Erbschein, 2010.

scheins in die spanische Sprache beigefügt wird sowie weitere Voraussetzungen (z. B. Sterbeurkunde) nach dem Recht des jeweiligen Staates erfüllt sind.

b) Adressat. Der Antrag muss **beim Nachlassgericht** gestellt werden, also nicht beim Beschwerdegericht (OLG).[34] Wird der Erbscheinsantrag zurückgewiesen, kann grundsätzlich nicht mit der Beschwerde sogleich ein (anderer) neuer Antrag verfolgt werden; der neue Antrag ist wiederum zuerst beim Nachlassgericht zu stellen,[35] was aus dem Wortlaut des § 2353 BGB folgen soll. Wird aber die Beschwerde, welche einen neuen Antrag enthält, beim Nachlassgericht eingereicht und hilft dieses nicht ab, kann in der Nichtabhilfe die erstinstanzliche Entscheidung liegen; das Beschwerdegericht ist dann nicht gehindert, über diesen Antrag zu entscheiden.[36] Wenn *alle* Beteiligten damit einverstanden sind, dass das OLG in einem Beschwerdeverfahren selbst (anstatt zurück zu verweisen) das Nachlassgericht zur Erteilung eines Erbscheins anweist, dessen Inhalt bisher *nicht* konkret Gegenstand der Beschwerde war, sprechen keine durchgreifenden Gründe dagegen (ausgenommen die Tradition); so ist es etwa, wenn der Miterbe einen Teil-Erbschein, wonach er zu $3/38$ Erbe ist, erstreiten will, das OLG aber durch andere Bewertung bzw. Testamentsauslegung zu $3/37$ kommt. **20**

c) Stellvertretung. Der Erbscheinsantrag kann auch von einem gewillkürten Vertreter (§§ 10, 11) oder einem gesetzlichen Vertreter gestellt und zurückgenommen werden. **Minderjährige Erben** sind selbst beteiligtenfähig (§ 8), aber nicht verfahrensfähig (§ 9); sie müssen bei der Antragstellung durch ihre gesetzlichen Vertreter (Eltern, § 1629 BGB; Vormund) vertreten werden, wobei diese durch § 1795 Abs. 1 Nr. 3 BGB nicht gehindert sind, da das Erbscheinsverfahren einem Rechtsstreit nicht gleichzustellen ist.[37] Die Eltern können das Kind aber nicht vertreten, wenn sie nach § 1638 BGB von der Vermögensverwaltung ausgeschlossen wurden.[38] **Unter Betreuung stehende Erben,** falls sie geschäftsunfähig sind, müssen bei der Antragstellung durch den Betreuer als gesetzlichen Vertreter (§ 1902 BGB) vertreten werden; der Betreuer braucht einen ausreichenden Aufgabenkreis, z. B. erbrechtliche Angelegenheiten, Vermögenssorge, alle Angelegenheiten. Ist der Betreute geschäftsfähig, kann er selbst den Antrag stellen, er wird von Betreuer nicht verdrängt; anders ist es, wenn ein entsprechender Einwilligungsvorbehalt angeordnet wurde (§ 1903 BGB). Das Stellen des Erbscheinsantrags und die darin liegende Annahme der Erbschaft (§ 1943 BGB) durch den Betreuer bedürfen nicht der Genehmigung des Betreuungsgerichts (vgl. § 1822 Nr. 2 BGB).[39] Ein Miterbe kann den Antrag auf gemeinschaftlichen Erbschein allein stellen (§ 2357 Abs. 1 S. 2 BGB); er vertritt hierbei nicht etwa die Miterben. **21**

d) Rechtsschutzbedürfnis. Es muss grundsätzlich bestehen und liegt in der Regel vor, selbst bei Kleinst- oder überschuldeten Nachlässen (für ein Beschwerdeverfahren muss dann allerdings der Wert nach § 61 erreicht sein). Ein besonderes Bedürfnis muss nicht nachgewiesen werden;[40] es fehlt nur ausnahmsweise,[41] wenn ein Bedürfnis für ein solches Zeugnis nicht einmal andeutungsweise erkennbar ist. Für einen gegenständlich auf das DDR-Vermögen beschränkten Erbschein hatte das BayObLG[42] fehlendes Rechtsschutzbedürfnis angenommen, wenn keine Anhaltspunkte dafür bestehen, dass im Zeitpunkt des Erbfalls weiteres, der Nachlassspaltung unterliegendes Vermögen in der ehemaligen DDR vorhanden war. Ein Erbscheinsantrag ist und bleibt auch dann zulässig, wenn auf Antrag eines anderen Beteiligten schon ein Erbschein anderen Inhalts erteilt **22**

---

[34] OLG Brandenburg FamRZ 1999, 55; OLG Frankfurt Rpfleger 1997, 262; OLG Köln MittRhNotK 2000, 120.
[35] A. A. BayObLG FamRZ 1998, 860; NJW-RR 1994, 1032; beides Vorbescheidsfälle.
[36] BayObLG FamRZ 1981, 710; OLG Düsseldorf FamRZ 2007, 1359; OLG Hamm OLGZ 1970, 117.
[37] BayObLG NJW 1961, 2309.
[38] OLG Frankfurt FamRZ 1997, 1115/6.
[39] BayObLG Rpfleger 1996, 455; KG NJW 1962, 54; Palandt/Diederichsen § 1822 Rn 4.
[40] BayObLG Rpfleger 1990, 512; FamRZ 1986, 1151, 1152; JFG 3, 144, 146; a. A. AG Mannheim BWNotZ 1979, 11.
[41] BayObLG FamRZ 1991, 116 (ohne konkreten Anwendungsfall); Lange/Kuchinke § 39 II 3.
[42] BayObLG ZEV 1998, 475; offen gelassen von KG DtZ 1992, 187 (mit Einordnung unter „Rechtsmissbrauch").

ist;[43] es muss nicht zuerst der andere Erbschein als unrichtig eingezogen werden. Wenn ein Ausländer weder hier wohnte, noch Aufenthalt hatte, noch Nachlassgegenstände in Deutschland sind, fehlt eine Zuständigkeit für einen Erbschein (§ 343 Abs. 3); das ist aber keine Frage des Rechtsschutzbedürfnisses. Nur wenn der hier befindliche Nachlassgegenstand des Ausländers ganz geringwertig ist (wie der vergessene leere Geldbeutel) kann man über das Rechtsschutzbedürfnis diskutieren.

3. Antragberechtigte

23 a) **Alleinerben, Miterben.** Antragsberechtigt ist der Erbe ab Annahme der Erbschaft. Eine bestehende Nachlasspflegschaft (§§ 1960, 1961 BGB), die Eröffnung des Nachlassinsolvenzverfahrens[44] oder die Anordnung der Nachlassverwaltung (§§ 1975 ff. BGB) beeinträchtigen das Antragsrecht nicht. Die Erteilung eines **gemeinschaftlichen Erbscheins** ist auf Antrag aller, einiger oder eines einzelnen Erben zulässig (§§ 2357 Abs. 1 S. 2 BGB); wenn ein Miterbe einen gemeinschaftlichen Erbschein beantragt, ist die Annahme der Erbschaft durch die anderen Miterben nach § 2357 Abs. 3 BGB darzutun und nach § 2356 BGB nachzuweisen. Ein Miterbe kann ferner einen Teil-Erbschein über seine Quote beantragen (etwa wenn die anderen Miterben noch unbekannt sind). Der **Vorerbe** ist nach h. M.[45] nur vom Eintritt der Vorerbfolge bis zum Eintritt des Nacherbfalls antragsberechtigt (vgl. § 2363 BGB). Der **Nacherbe** ist antragsberechtigt, sobald der Nacherbfall eingetreten ist. Vor Eintritt des Nacherbfalls kann er weder die Erteilung eines Erbscheins an sich noch an den Vorerben beantragen.[46] Auch **Erbeserben** können den Antrag stellen, weil das Antragsrecht vererblich ist. Von mehreren Erbeserben ist jeder allein antragsberechtigt;[47] der Erbe kann den Erbschein aber nur auf den Namen der Erben, also seines Erblassers, beantragen.[48] Die Erbfolge ergibt sich dann aus zwei Erbscheinen, die man in einer Urkunde zusammenfassen könnte.

24 b) **Testamentsvollstrecker.** Der Testamentsvollstrecker des Erben hat ein eigenes Antragsrecht,[49] trotz § 2368 BGB. Er kann einen Erbschein auf den Namen des Erben beantragen.

25 c) **Nachlasspfleger.** Für die Erben, die er ermitteln soll, kann der Nachlasspfleger keinen Erbschein beantragen,[50] oder Beschwerde gegen diesbezügliche Entscheidungen des Nachlassgerichts einlegen,[51] weil dies die Annahme der Erbschaft beinhaltet, die Entscheidung über die Annahme aber das Recht der Erben ist, nicht des Nachlasspflegers. Für eine vom Erblasser zu seinen Lebzeiten noch angenommene Erbschaft kann der Nachlasspfleger dagegen einen Erbschein beantragen,[52] denn der unbekannte Erbe, den der Pfleger vertritt, hat das Antragsrecht geerbt.

26 d) **Abwesenheitspfleger.** Ein abwesender Volljähriger, dessen Aufenthalt unbekannt ist, erhält für seine Vermögensangelegenheiten, soweit sie der Fürsorge bedürfen, einen Abwesenheitspfleger (§ 1911 BGB); zuständig ist das Betreuungsgericht (§§ 23 a, c GVG; § 340). Hat der Erbe die Erbschaft angenommen und ist er dann unbekannten Aufenthalts, kann ihm deshalb ein Abwesenheitspfleger bestellt werden; ein solcher Pfleger könnte einen Erbschein beantragen.[53] Er könnte auch die Erbschaft annehmen.[54]

---

[43] BayObLG FamRZ 2001, 1561; Staudinger/Schilken § 2353 Rn 21.
[44] BayObLGZ 1963, 19/26.
[45] OLG Hamm NJW 1974, 1827/8.
[46] BayObLG NJW-RR 1999, 805.
[47] BayObLG FamRZ 2003, 777; BayObLGZ 1951, 690/692; KG RJA 13, 84/86.
[48] BayObLG 1951, 690/693.
[49] KG KGJ 22, 56; MünchKommBGB/Mayer § 2353 Rn 88; Staudinger/Schilken § 2353 Rn 48.
[50] BayObLG Rpfleger 1991, 21; OLG Celle JR 1950, 58; KGJ 40 A 37; 41 A 94; Weißler I S. 129.
[51] BayObLG FamRZ 1991, 230; BayObLG 32, 552; KGJ 41 A 94; Staudinger/Marotzke § 1960 Rn 48.
[52] BayObLG FamRZ 1991, 230; KGJ 41 A 94; LG Berlin DFG 1942, 44.
[53] BGHZ 5, 240/3 zu Nachlassforderungen; KG JR 1967, 26; OLG Karlsruhe NJW 1953, 1303; MünchKommBGB/Mayer § 2353 Rn 89; Staudinger/Marotzke § 1960 Rn 26.
[54] KG OLGE 21, 349/50; MünchKommBGB/Leipold § 1943 Rn 7; Soergel/Stein § 1943 Rn 6.

e) Auseinandersetzungspfleger. Die Pflegschaft nach § 364 ist eine Unterart der allgemeinen Abwesenheitspflegschaft (§ 1911 BGB). Ein solcher Pfleger kann bestellt werden, wenn das Nachlassgericht von einem Berechtigten (z. B. einem Miterben; auch dem Nachlasspfleger eines unbekannten Miterben[55]) gebeten wird, bei der Auseinandersetzung einer Erbengemeinschaft zu vermitteln (§§ 363 ff.). Zuständig für diese Pflegerbestellung ist das Nachlassgericht. Zu seinen Befugnissen zählt nach h. M.[56] die Annahme der Erbschaft, weshalb er auch einen Erbscheinsantrag stellen kann.[57] 27

f) Fiskus, Finanzamt. Wird der Erbe nicht ermittelt, so stellt das Nachlassgericht fest, „dass ein anderer Erbe als der Fiskus nicht vorhanden ist" (§ 1964 Abs. 1 BGB). Dieser Beschluss begründet nur eine Vermutung (§ 1964 Abs. 2 BGB), er hat nicht die Wirkungen eines Erbscheins;[58] aufgrund des Beschlusses kann der Fiskus nicht ins Grundbuch eingetragen werden.[59] Der Fiskus kann sich aber einen Erbschein erteilen lassen, er ist antragsberechtigt.[60] Das **Finanzamt** ist nur dann, wenn es Nachlassgläubiger im Sinne des § 792 ZPO ist, berechtigt einen Erbschein zu beantragen,[61] andernfalls nicht.[62] 28

g) Nachlassgläubiger. Auch der Gläubiger des Erben, mag es sich um geerbte oder sonstige Schulden handeln, ist berechtigt, einen Antrag auf Erteilung eines Erbscheins zu stellen, wenn er den Erbschein „zum Zwecke der Zwangsvollstreckung" braucht (§ 792 ZPO). Der Gläubiger muss bereits im Besitz eines zur Zwangsvollstreckung geeigneten Titels sein,[63] eine vollstreckbare Ausfertigung muss er dem Nachlassgericht nicht vorlegen;[64] der Titel muss nicht rechtskräftig sein. Ein solcher Titel ist auch ein Steuerbescheid. § 896 ZPO dehnt die Anwendbarkeit des § 792 ZPO auf weitere Fälle aus. Auch der Antragsteller einer Teilungsversteigerung (§ 180 ZVG) ist berechtigt, einen Erbschein bezüglich der Erben des verstorbenen Antragsgegners zu beantragen.[65] 29

h) Verschollene. Erbe kann nur werden, wer zur Zeit des Erbfalls lebt (§ 1923 BGB) oder für den eine Lebensvermutung im Sinne des Verschollenheitsgesetzes besteht.[66] Allenfalls ein Pfleger (§ 1911 BGB) könnte für ihn einen Antrag stellen. 30

i) Erbteilserwerber. Der Erbteilserwerber (§ 2033 BGB) kann einen Erbschein beantragen, aber nur auf den Namen des wirklichen Erben, nicht auf sich selbst.[67] Ist der Erwerber nicht gleichzeitig Miterbe, so erwirbt er durch die Übertragung des Erbteils zwar die Mitberechtigung am Gesamthandsvermögen, nicht aber die Erbenstellung des Veräußernden.[68] Auch der Miterbe behält nach Veräußerung sein Antragsrecht;[69] denn er bleibt trotz Veräußerung „Miterbe"; die Erbenposition ist mit der Person untrennbar verbunden, nicht aber der vermögensrechtliche Anteil am Nachlass.[70] 31

j) Erbschaftskäufer. Der Erbschaftskäufer hat beim Kauf der ganzen Erbschaft vom Alleinerben nur einen obligatorischen Anspruch auf Übertragung aller Nachlassgegenstände (§ 2371 BGB). Da er nicht Erbe ist, hat er keinen Anspruch auf einen Erbschein, der ihn als Erben ausweist. Ob er einen Erbschein auf den Namen des Erben beantragen kann, ist 32

---

[55] Firsching/Graf Rn 4906; Rn 4908.
[56] OLG Colmar KGJ 53 A 250; Soergel/Stein § 1943 Rn 6; Winkler 15. A. § 88 FGG Rn 12.
[57] Lange/Kuchinke § 39 II 3.
[58] MünchKommBGB/Leipold § 1964 Rn 9; Staudinger/Marotzke § 1964 Rn 14.
[59] BayObLGZ 1994, 33/35; BayObLG MDR 1987, 762; OLG Frankfurt MDR 1984, 145; OLG Köln MDR 1965, 993; a. A. AG Lüneburg Rpfleger 1971, 23.
[60] MünchKommBGB/Leipold § 1964 Rn 9.
[61] LG München I FamRZ 1998, 1067 (zu § 2369 BGB).
[62] RG RJA 15, 14; vgl BayObLG NJW-RR 2002, 440; Horndasch/Viefhues/Heinemann § 352 Rn 10.
[63] OLG Celle JR 1948, 317; OLG München JFG 15, 246/8; nicht titulierten Gläubigern soll die Durchsetzung ihrer Rechte nicht erleichtert werden, Motive V S. 558.
[64] Zöller/Stöber § 792 Rn 1.
[65] BayObLG NJW-RR 1995, 272; OLG Hamm MDR 1960, 1018; LG Essen Rpfleger 1986, 387.
[66] LG Münster MDR 1947, 199.
[67] KG OLGE 44, 106; MünchKommBGB/Dütz § 2033 Rn 27; ausführliche Darstellung bei Scheer, S. 57.
[68] BayObLGZ 1977, 59/62; KGJ 30 A 101.
[69] RGZ 64, 173/8; BayObLG Rpfleger 2001, 494/5; MünchKommBGB/Dütz § 2033 Rn 27.
[70] MünchKommBGB/Dütz § 2033 Rn 27.

umstritten. Die h. M.[71] lehnt es ab, da der Käufer nur einen obligatorischen Vertrag schließe und nicht an der Erbschaft als ganzem dinglich berechtigt sei. Dafür spricht aber die Zweckmäßigkeit.[72] Der **Erwerber eines einzelnen Nachlassgegenstandes** hat kein Antragsrecht.[73]

33 **k) Insolvenzverwalter.** Der Insolvenzverwalter in der Insolvenz des Erben ist aufgrund seiner Verfügungsmacht (§ 80 InsO) antragsberechtigt.[74]

34 **l) Fehlende Antragsberechtigung.** Der nur forderungsberechtigte Vermächtnisnehmer hat als solcher kein Antragsrecht[75] (wohl aber als Gläubiger mit Titel), auch nicht der Pflichtteilsberechtigte,[76] wohl aber als Gläubiger mit Titel;[77] ebenso nicht der Nacherbe vor Eintritt des Nacherbfalls, in der Regel der Vorerbe nach Eintritt des Nacherbfalls.

35 **m) Ausfertigungen, Kopien.** Zum Anspruch auf Erteilung einer Ausfertigung des bereits erteilen Erbscheins vgl. § 357 Abs. 2; zur Akteneinsicht ferner § 13.

4. Verfügungen über das Antragsrecht

36 **a) Verzicht auf das Antragsrecht.** Der Antragsberechtigte kann einseitig oder durch Vereinbarung auf sein Antragsrecht verzichten,[78] weil öffentliche Interessen nicht entgegenstehen. Im Rahmen einer Vereinbarung zwischen potenziellen Erben kann deshalb vereinbart werden, wer keinen Erbscheinsantrag stellen darf; ebenso kann die Rücknahme eines Erbscheinsantrags oder die Verpflichtung dazu vereinbart werden.[79] Der Inhalt des Erbscheins kann aber nicht durch Vereinbarung erzwungen werden.[80]

37 **b) Rücknahme des Antrags.** Der Erbscheinsantrag kann bis zur Erteilung durch Erklärung gegenüber dem Nachlassgericht zurückgenommen werden (Kostenfolgen: § 130 KostO; §§ 80 ff.), vgl. § 22; im Übrigen (wenn vom Nachlassgericht die Erteilung abgelehnt und dagegen Beschwerde eingelegt wird) bis zum Abschluss des Rechtsmittelverfahrens durch eine Erklärung gegenüber dem Beschwerdegericht.[81] Nach der Erteilung ist eine Rücknahme nicht mehr möglich. Die Rücknahme bedarf nicht der Zustimmung anderer Beteiligter. Die Rücknahme des Erbscheinsantrags kann weder widerrufen noch wegen Willensmängeln angefochten werden.[82] Ab Erteilung kann der Antragsteller aber die Einziehung des ihm antragsgemäß erteilten Erbscheins anregen (§ 2361 BGB), wenn er sich nun nicht mehr für den Erben oder den Erbschein anderweitig für unrichtig hält.

38 **c) Wiederholung des Antrags.** Die Abweisung eines Erbscheinsantrags durch das Nachlassgericht erwächst in formelle Rechtskraft (§ 45), sobald die Beschwerdefrist gegen den Beschluss (§ 63) abgelaufen ist. Der Wiederholung eines abgelehnten Antrages steht das Rechtsschutzbedürfnis nur entgegen, wenn er mit demselben Antrag auf genau denselben Sachverhalt wie der erste Antrag gestützt wird.[83] Zu unterscheiden ist die Identität des Antrages („Alleinerbschein aufgrund Testaments vom …") von der Identität des zugrundeliegenden Sachverhalts (Testierfähigkeit, Widerruf von Testamenten, Wirksamkeit von Ausschlagungen; Auslegung). Auf einen anderen Sachverhalt, auch eine vertiefte Auslegung, kann ein neuer Antrag deshalb gestützt werden, auf den alten Sachverhalt ein abweichender

---

[71] MünchKommBGB/Mayer § 2353 Rn 84; Staudinger/Schilken § 2353 Rn 45, Scheer, S. 62 (wegen der Funktion des Erbscheins).
[72] RGRK/Kregel § 2353 Rn 7; vgl. Dernburg, § 159 V 1.
[73] LG München I DNotZ 1950, 33; MünchKommBGB/Mayer § 2353 Rn 85.
[74] Vgl BayObLGZ 1963, 19.
[75] BayObLG FamRZ 2000, 1231; KG JW 1936, 2564; OLG München JFG 15, 246.
[76] OLG Hamm Rpfleger 1984, 273; OLG Köln NJW-RR 1994, 1421 = ZEV 1994, 376 (Anm. Zimmermann).
[77] Lange/Kuchinke § 39 II 3.
[78] OLG Stuttgart OLGZ 1984, 131/137.
[79] OLG Stuttgart OLGZ 1984, 131.
[80] OLG Stuttgart OLGZ 1984, 131/132.
[81] BayObLG FamRZ 1999, 64; OLG Köln NJWE-FER 2000, 187.
[82] OLG Köln NJWE-FER 2000, 187.
[83] Bahrenfuss/Schaal § 352 Rn 24. Nach Prütting/Helms/Fröhler § 352 Rn 14; Horndasch/Viefhues/Heinemann § 352 Rn 47 ist ein neuer Antrag uneingeschränkt zulässig.

Antrag. Da die Ablehnung des Zeugnisses das materielle Erbrecht unberührt lässt, bleibt im Übrigen die Klage auf Feststellung des Erbrechts vor dem Prozessgericht.[84]

Ein Erbschein ist kein Beschluss im Sinn von § 38, nur ein Zeugnis, er erwächst nicht in **39** materielle **Rechtskraft.** Auch wenn schon ein Erbschein erteilt ist, „kann jederzeit die Erteilung eines vom bereits erteilten Erbschein abweichenden Erbscheins beantragt werden".[85] Allerdings muss dann der unrichtige Erbschein von Amts wegen eingezogen werden. Ist vor oder nach Ablehnung des ursprünglichen Erbscheinsantrags des A einem anderen Antragsteller (B) ein Erbschein mit anderem Inhalt erteilt worden, kann von jedermann und jederzeit, auch von A, die Einziehung dieses Erbscheins als unrichtig angeregt werden. Wird der Anregung entsprochen, wird der ursprüngliche Erbschein eingezogen (§ 2361 BGB). Wird die Einziehung abgelehnt, ist gegen den Beschluss befristete Beschwerde (§§ 58 ff.; § 11 RPflG) statthaft. Nach Einziehung kann A seinen ursprünglichen Erbscheinsantrag erneut stellen, ohne dass dem die Rechtskraft der früheren Ablehnung entgegenstünde, weil nun ein neuer Sachverhalt vorliegt.

5. Inhalt des Antrags

a) Bestimmter Antrag. Der bloße Antrag, einen Erbschein zu erteilen und den Inhalt **40** des Erbscheins dem Nachlassgericht zu überlassen, genügt angesichts § 2353 BGB nicht. Der Erbscheinsantrag muss so bestimmt sein, dass ihn das Nachlassgericht bei Stattgabe übernehmen könnte.[86] Er muss enthalten:
- die beanspruchte **Erbquote** (Alleinerbe, § 2353 BGB; Miterbe zu $^1/_3$, § 2357 BGB; Teilerbschein über $^1/_3$ usw.).[87] Unzulässig ist daher ein Antrag auf Erteilung eines Erbscheins „nach dem Testament vom …"; hier fehlt die Erbquote; ein Antrag „nach der gesetzlichen Erbfolge"; Erbschein „nach dem Testament vom … oder Gesetz". Hier ist der Antragsteller auf den Mangel hinzuweisen. Wenn dem Antragsteller die Berechnung der Erbquoten nicht möglich ist, wird es ausnahmsweise für zulässig gehalten, wenn der Antragsteller keine genauen Erbquoten,[88] aber die Berechnungsgrundlagen angibt.
- den **Berufungsgrund**[89] (gesetzliche Erbfolge, Testament, bei mehreren Testamenten welches Testament; Erbvertrag);
- Gegebenenfalls: Verfügungsbeschränkung durch **Testamentsvollstreckung** („Testamentsvollstreckung ist angeordnet"; der Name des Testamentsvollstreckers gehört weder in den Antrag noch in den Erbschein); auch ausländische Verfügungsbeschränkungen sind im Antrag anzugeben, wenn fremdes Recht zur Anwendung kommt.
- Gegebenenfalls: Verfügungsbeschränkung durch **Nacherbschaft** (dreiteilig: „Nacherbschaft ist angeordnet. Die Nacherbschaft tritt ein mit …, z. B. dem Tod des Vorerben. Nacherbe ist N …); auch eine entsprechende ausländische Verfügungsbeschränkung ist im Antrag anzugeben, wenn sich die Erbfolge nach fremdem Recht richtet.
- Gegebenenfalls Antrag, nur einen **gebührenbegünstigten Erbschein** (z. B. nur für Grundbuchzwecke, § 107 Abs. 3 KostO) zu erteilen.
- Gegebenenfalls, wenn sich Nachlass auch im **Ausland** befindet, Antrag, den Erbschein auf die im Inland befindlichen Gegenstände zu beschränken (§ 2369 Abs. 1 BGB).[90] Insbesondere in den Fällen der Nachlassspaltung,[91] wenn also der in Deutschland befindliche Nachlass deutschem Erbrecht folgt, der im Ausland belegene Nachlass (meist ein Grundstück) dagegen fremdem Erbrecht, muss meist ein teures und zeitaufwändiges Gutachten erholt werden; beschränkt der Antragsteller den Antrag kommt er u. U. schneller und billiger (§ 107 KostO) zu einem beschränkten Erbschein, also einen Teil-Erbschein besonderer Art. Die frühere Bezeichnung „gegenständlich beschränkter Erb-

---

[84] Dazu BGH ZEV 2010, 468; Zimmermann ZEV 2010, 457.
[85] BT-Drs. 16/6308 S. 281.
[86] Seit RGZ 156, 172 h. M; Burandt/Rojahn/Kroiß Erbrecht FamFG § 352 Rn 19. Zur Bestimmtheit vgl. Hilger BWNotZ 1992, 123.
[87] OLG Köln FGPrax 2010, 89; OLG Frankfurt FamRZ 1998, 1394.
[88] OLG Düsseldorf DNotZ 1978, 683; Notthoff ZEV 1996, 458.
[89] BayObLG NJW-RR 1996, 1160.
[90] BayObLG FamRZ 1998, 1198.
[91] BT-Drs. 16/6308 S. 349.

schein" gibt es seit der Änderung von § 2369 Abs. 1 BGB durch dass FGG-ReformG nicht mehr.

41 Besonderheiten bestehen im **Höfe- und Anerbenrecht**.[92]

42 **b) Hauptantrag, Hilfsantrag; alternative Anträge.** Das Stellen eines Hauptantrags und eines oder mehrerer Hilfsanträge ist zulässig, wenn sie denselben Erbfall betreffen; die Prüfungsreihenfolge muss angegeben werden.[93] Alternative Anträge[94] („Alleinerbschein, aufgrund Testaments vom ... oder aufgrund Gesetzes") werden ausnahmsweise für zulässig gehalten, wenn Zweifel an der Gültigkeit eines Testaments bestehen und der Antragsteller nach der gesetzlichen Erbfolge mit der gleichen Quote (ohne Belastung durch Nacherbfolge oder Testamentsvollstreckung) zum Erben berufen ist;[95] oder wenn der Erbscheinsantrag alternativ aufgrund von zwei Testamenten gestellt wird, die die Erbfolge in gleicher Weise regeln, falls Streit besteht, ob das spätere Testament weggefallen oder ungültig ist;[96] der Antragsteller muss allerdings (ausdrücklich) einen alternativen Erbscheinsantrag stellen.[97]

43 **c) Bedingter Antrag.** Ein Erbscheinsantrag kann nicht davon abhängig gemacht werden, dass ein für einen anderen Erbfall in einem anderen Verfahren gestellter Erbscheinsantrag abgelehnt wird.[98] Ein Antrag unter dem Vorbehalt der Ausschlagung ist unzulässig.[99] Haupt- und Hilfsanträge sind unzulässig, wenn sie die Erbfolge nach verschiedenen Personen betreffen. Denn ein unbegründeter Erbscheinsantrag ist durch Beschluss zurückzuweisen

6. Begründung des Antrags

44 Aus § 2354 BGB (gesetzliche Erben), § 2355 BGB (gewillkürte Erben) ergibt sich, dass der Antragsteller im Antrag bestimmte Angaben machen muss. Verfahrensrechtlich ist dies eine Sonderregelung gegenüber § 23 Abs. 1. Die Vorschriften stellen darauf ab, dass der Antragsteller Erbe oder Miterbe ist; sie gelten aber auch dann, wenn andere Antragsberechtigte (Gläubiger etc.) einen Erbschein beantragen. Der Fiskus (Bundesland) als gesetzlicher Erbe hat die Voraussetzungen des § 1936 BGB darzutun.

7. Beizufügende Urkunden

45 **a) Vorlage.** Der Antragsteller hat die Tatsachen, die sein Erbrecht begründen, teils durch öffentliche Urkunden, teils durch eidesstattliche Versicherung, teils ohne besondere Form, nachzuweisen. Die öffentliche Urkunde ist aber nicht erforderlich, wenn sie nicht oder nur schwierig beschaffbar ist (§ 2356 Abs. 1 S. 2 BGB); Rn 52. Die eidesstattliche Versicherung kann erlassen werden (unten Rn 60).

46 Die Urkunden sind grundsätzlich im **Original oder amtlich beglaubigter Abschrift** vorzulegen, doch genügt eine Bezugnahme auf andere Akten desselben AG, wenn in ihnen die öffentliche Urkunde enthalten ist, z.B. auf Nachlassakten einer früher verstorbenen Person. Dies gilt nicht nur, wenn diese Akten beim angegangenen Gericht geführt werden.[100]

47 Durch **öffentliche Urkunde** nachzuweisen sind immer Tod und Todeszeitpunkt (§ 2354 Abs. 1 Nr. 1 BGB) sowie weggefallene Personen (§ 2354 Abs. 2 BGB). Bei gesetzlicher Erbfolge ist ferner das Verwandtschaftsverhältnis durch öffentliche Urkunden nach-

---

[92] MünchKommBGB/Mayer § 2353 Rn 151; Staudinger/Schilken § 2353 Rn 80.
[93] RGZ 156, 172; BayObLG FamRZ 1999, 814; BayObLGZ 1961, 123/5; OLG Hamm OLGZ 1968, 332; KG DNotZ 1955, 408; früher Planck/Greiff § 2353 Anm. 6, umstritten.
[94] Allgemein dazu Schmidt 15. A. § 12 FGG Rn 26.
[95] BayObLGZ 1974, 460/66; OLG Frankfurt Rpfleger 1978, 17; KG JW 1928, 118; JFG 5, 185; OLG Karlsruhe OLGR 35, 379; Lange/Kuchinke § 39 II 4; Staudinger/Schilken § 2354 Rn 14; früher a. A. KGJ 30 A 98; 36 A 109.
[96] OLG Frankfurt MDR 1978, 228.
[97] BayObLG Rpfleger 1973, 136; OLG Hamm OLGZ 1967, 71/73 (falls der Antragsteller dem Nachlassgericht ausdrücklich die Wahl überlässt).
[98] BayObLG FamRZ 1999, 814.
[99] Staudinger/Schilken § 2354 Rn 12.
[100] OLG Köln DNotZ 1959, 213.

zuweisen (§ 2354 Abs. 1 Nr. 2 BGB). Bei gewillkürter Erbfolge entfallen die Angaben über die Verwandtschaft, statt derer ist die letztwillige Verfügung vorzulegen (§ 2355 BGB); Ausnahmen Rn 53. Bei einem gemeinschaftlichen eigenhändigen Testament muss die Eheschließung (und damit die Wirksamkeit des Testaments; § 2267 BGB) nicht durch öffentliche Urkunden nachgewiesen werden, wenn der Überlebende sein Erbrecht daraus herleitet; es genügt ein formfreier Nachweis.[101]

Eine **Heiratsurkunde der Eltern** wird nicht benötigt zur Erwirkung eines Erbscheins **48** nach der Mutter[102] oder dem Vater[103] oder Geschwistern.[104] Sie wird auch nicht unbedingt benötigt zum Nachweis, dass eine erbende Tochter infolge Heirat einen anderen Namen führt.[105] Bestehen Zweifel an der Identität, d. h. an der richtigen **Namensbezeichnung** (z. B. bei Namensänderung infolge Heirat, Adoption, verwaltungsrechtlicher Erlaubnis), so sind eventuell Ermittlungen von Amts wegen notwendig;[106] die richtige namensmäßige Bezeichnung ist in § 2356 BGB nicht gefordert, vielmehr nur der Beweis des erbrechtlichen Verhältnisses.

Wenn der Richter/Rechtspfleger die Fremdsprache und die Fachsprache zweifelsfrei **49** versteht, kann er sich mit einer ausländischen Urkunde begnügen. Auf Verlangen des Nachlassgerichts hat der Antragsteller die **Übersetzung fremdsprachiger Urkunden** vorzulegen;[107] trotz § 2358 BGB ist es nicht Sache des Nachlassgerichts, die Übersetzung anfertigen zu lassen, weil die Gerichtssprache Deutsch ist (§ 184 GVG[108]). Im Allgemeinen genügt die Übersetzung eines Übersetzers, der nach den Richtlinien der Landesjustizverwaltungen dazu ermächtigt ist, vgl. § 142 Abs. 3 ZPO. Auch Übersetzungen durch Privatpersonen können im Einzelfall ausreichen. Die Beeidigung des Übersetzers ist nicht notwendig.[109]

b) Rückgabe der Urkunden. Die Personenstandsurkunden sind, wenn es vom Vor- **50** legenden verlangt wird, zurückzugeben (nicht aber das Testament); soweit erforderlich, sind zuvor vom Antragsteller auf seine Kosten beglaubigte Abschriften beizubringen.[110] Vgl. Ziffer XVII Nr. 5 der Anordnung über Mitteilungen in Zivilsachen (MiZi).

c) Mängel. Macht der Antragsteller nicht die geforderten Angaben oder fehlen Urkun- **51** den, wird er durch Zwischenverfügung, zweckmäßig mit Fristsetzung, dazu aufgefordert;[111] bleibt das erfolglos wird der Antrag als unzulässig zurückgewiesen. Etwas anderes gilt nur dann, wenn der Antragsteller substantiiert dartut, warum er dazu nicht in der Lage ist und wenn diese Angaben nicht offensichtlich haltlos sind; dann darf der Antrag nicht zurückgewiesen werden, sondern das Nachlassgericht hat von Amts wegen zu ermitteln (§ 2358 BGB).[112] Dies kann hinsichtlich einzelner Punkte insbesondere bei Antragstellern, die dem Erblasser fern standen, vorkommen.

d) Hilfsweise Nachweis durch andere Beweismittel. Sind die öffentlichen Urkun- **52** den nicht, oder nur mit unverhältnismäßigen Schwierigkeiten zu beschaffen, genügt die Angabe anderer Beweismittel (§ 2356 Abs. 1 S. 2 BGB). Kann eine Sterbeurkunde nicht besorgt werden, ist eine Todeserklärung nach dem VerschG notwendig.[113]

Andere Beweismittel sind insbesondere der Zeugenbeweis, Familienstammbücher älte- **53** rer Art, die eidesstattliche Versicherung Dritter,[114] nicht-öffentliche Urkunden wie Ahnen-

---

[101] BayObLG FamRZ 1990, 1284: in Polen 1932 geschlossene Ehe nachgewiesen durch ein Hochzeitsphoto und die „Umstände". Zustimmend Lange/Kuchinke § 39 II 4.
[102] KG KGJ 27 A 48; Staudinger/Schilken § 2356 Rn 8.
[103] OLG Oldenburg NJW 1957, 144.
[104] KG KGJ 36 A 97; KG OLGE 21, 348.
[105] OLG München JFG 21, 120; OLG Oldenburg NJW 1957, 144; LG Braunschweig DRZ 1948, 395; Boos NJW 1949, 335; Ripfel DRZ 1949, 89; a. A. Boehmer DRZ 1948, 393.
[106] OLG Oldenburg NJW 1957, 144; OLG München JFG 21, 120/122.
[107] KG HRR 1935 Nr. 1024; KG JFG 7, 243, 246.
[108] Nach Staudinger/Schilken § 2356 Rn 4 soll § 184 GVG nicht einschlägig sein.
[109] KG JFG 14, 5.
[110] KG RJA 15, 283.
[111] KG DNotZ 1955, 408; Lange/Kuchinke § 39 II 4.
[112] Vgl OLG Köln Rpfleger 1981, 65.
[113] KG 345 A 150; OLG Hamburg NJW 1953, 627.
[114] KG FamRZ 1995, 837; OLG Düsseldorf MDR 1961, 242.

pässe, Taufscheine, Bescheinigungen der Meldeämter, sog. Familienstandszeugnisse,[115] Briefe, unbeglaubigte Fotokopien von öffentlichen Urkunden, Todesanzeigen in Zeitungen, Sterbebilder, Grabsteininschriften, Hochzeitsphotos; in Bayern und Baden-Württemberg die Ergebnisse einer von Amts wegen durchgeführten Erbenermittlung; Erbscheine. **Beweismaß:** An die Beweisführung durch andere Beweismittel sind regelmäßig strenge Anforderungen zu stellen. Die anderen Beweismittel müssen ähnlich klare und hinreichend verlässliche Folgerungen hinsichtlich der Abstammungsverhältnisse ermöglichen wie öffentliche Urkunden.[116]

8. Glaubhaftmachung durch eidesstattliche Versicherung

54   Bestimmte Tatsachen hat der Antragsteller eidesstattlich zu versichern. Wenn etwas seiner Natur nach nicht durch öffentliche Urkunden nachgewiesen werden kann begnügt sich die gesetzliche Regelung mit der eidesstattlichen Versicherung des Antragstellers, was einerseits die Wahrscheinlichkeit der Richtigkeit seiner Angaben erhöht, aber andererseits weitere Ermittlungen von Amts wegen (§ 26) nicht verbietet. Die vorsätzlich oder fahrlässig falsche Abgabe ist nach §§ 156, 163 StGB strafbar und verpflichtet zum Schadensersatz.[117] Im Einzelnen ist zu unterscheiden, ob der Antragsteller einen Erbschein als gesetzlicher Erbe (§ 2354 BGB) oder als gewillkürter Erbe (§ 2355 BGB) beantragt.

55   **a) Gegenstand der eidesstattlichen Versicherung.** Die Angaben nach § 2354 Abs. 1 Nr. 1 BGB (Zeit des Todes des Erblassers) und § 2354 Abs. 1 Nr. 2 BGB (Verwandtschaftsverhältnis zum Erblasser) sind durch öffentliche Urkunden (z. B. eine Sterbeurkunde) nachzuweisen (§ 2356 Abs. 1 S. 1 BGB). Eine eidesstattliche Versicherung nach § 2356 Abs. 2 S. 1 BGB genügt hier nicht,[118] kann daher auch nicht erlassen werden. Kann die öffentliche Urkunde nicht beschafft werden, können nach § 2356 Abs. 1 S. 2 BGB andere Beweismittel helfen. Sie können nicht „erlassen" werden, sondern es ist eine Frage der Beweiswürdigung, ob das Nachlassgericht aus Briefen, Hochzeitsphotos, Sterbebildern etc. die Tatsachen für erwiesen erachtet.

56   Der Güterstand der Zugewinngemeinschaft (soweit wesentlich) und die übrigen nach §§ 2354, 2355 BGB erforderlichen Angaben sind durch negative eidesstattliche Versicherung des Antragstellers glaubhaft zu machen; hier kommt ein Erlass nach § 2356 Abs. S. 2 BGB in Frage. Übrige Angaben sind: (1) dass das Erbrecht des Antragstellers ausschließende oder mindernde Personen nicht vorhanden sind (§ 2354 Abs. 1 Nr. 3 BGB). Sind die Kinder Erben, können sie die Nichtexistenz weiterer Kinder nicht beweisen; es genügt, wenn die antragstellenden Kinder eidesstattlich versichern, die einzigen Kinder zu sein, wenn weitere Ermittlungen keinen Erfolg versprechen;[119] (2) Dass keine anderen Testamente und Erbverträge vorliegen (§§ 2354 Abs. 1 Nr. 4, 2355 BGB); (3) Dass kein Rechtsstreit über das Erbrecht anhängig ist (§ 2354 Abs. 1 Nr. 5, 2355 BGB).

57   **b) Verpflichtete Personen.** Der Antragsteller ist zur Abgabe der eidesstattlichen Versicherung verpflichtet; er muss sie persönlich abgeben. Sie kann nicht durch einen Bevollmächtigten abgegeben werden,[120] weil es sich um eine Wissenserklärung handelt (den Erbscheinsantrag dagegen kann auch ein Bevollmächtigter stellen), auch nicht durch einen sog. Vorsorgebevollmächtigten.[121] Notfalls hat das Betreuungsgericht einen Betreuer (als gesetzlichen Vertreter) lediglich mit dem Aufgabenkreis der Abgabe der eidesstattlichen Versicherung zu bestellen. Der Vorerbe muss die Versicherung nur selbst abgeben und braucht keine Versicherung des Nacherben beibringen.[122] Beantragt nur ein Teil der Miterben den gemeinschaftlichen Erbschein (schon ein Miterbe allein ist antragsberechtigt,

---

[115] BayObLG StAZ 1958, 242; Staudinger/Schilken § 2356 Rn 16.
[116] KG FamRZ 1995, 837 (beglaubigte Kopie einer Geburtsurkunde aus Lettland).
[117] OLG Kiel OLGE 11, 272.
[118] OLG Frankfurt FamRZ 1996, 1441; Staudinger/Schilken § 2356 Rn 36.
[119] Vgl OLG Frankfurt Rpfleger 1980, 434; ferner BayObLG NJW-RR 2000, 1545; Lange/Kuchinke § 39 I 4.
[120] BayObLGZ 1961, 4/10; KG JR 1953, 307; KG RJA 17, 68; OLG München DNotZ 1937, 702; Staudinger/Schilken § 2365 Rn 40.
[121] Litzenburger ZEV 2004, 450.
[122] KG RJA 8, 27; Staudinger/Schilken § 2356 Rn 38.

§ 2357 Abs. 1 S. 2 BGB), haben gleichwohl alle Miterben die Versicherung abzugeben, sofern nicht das Nachlassgericht die Versicherung eines oder einiger von ihnen für ausreichend erachtet (§ 2357 Abs. 4 BGB). Verlangt das Nachlassgericht die Vorlage der Versicherung auch der anderen Miterben, ist umstritten, ob der Antragsteller gegen die anderen Miterben einen Anspruch (zu verfolgen vor dem Prozessgericht) auf Abgabe der eidesstattlichen Versicherung hat;[123] das ist wegen § 2038 Abs. 1 S. 2 BGB zu bejahen, nämlich wenn der Erbschein zur Verwaltung des Nachlasses erforderlich ist,[124] weil ein Teilerbschein nicht genügen würde. Auch antragstellende Nichterben wie Testamentsvollstrecker, Insolvenzverwalter,[125] Gläubiger (§§ 792, 896 ZPO), sind persönlich zur Abgabe verpflichtet, doch wird hier oft ein Erlass in Frage kommen. Für Geschäftsunfähige ist die eidesstattliche Versicherung vom gesetzlichen Vertreter (Eltern, Betreuer) abzugeben, für die in der Geschäftsfähigkeit beschränkten Personen kann nach Wahl des Nachlassgerichts der gesetzliche Vertreter oder der beschränkt geschäftsfähige Erbe zugelassen werden, soweit er eidesfähig ist.[126] Der über 16 Jahre alte minderjährige Erbe kann also die Versicherung selbst abgeben (vgl. § 455 Abs. 2 ZPO),[127] doch kann das Nachlassgericht dann noch diejenige des gesetzlichen Vertreters verlangen.

c) Form der eidesstattlichen Versicherung. Die eidesstattliche Versicherung kann zu Protokoll des Nachlassgerichts (§ 1 Abs. 2 BeurkG; zuständig ist der Rechtspfleger, § 3 Nr. 1 f, 2 c RPflG) oder eines deutschen Notars abgegeben werden (§ 2356 Abs. 2 S. 1 BGB); in Baden-Württemberg nicht vor dem AG, sondern vor dem Notar (§ 1 Abs. 2, 38 Bad.-Württ.LFGG) bzw. in Baden auch vor dem ggf. dem Notariat zugeteilten Rechtspfleger (§ 35 RPflG). Sie kann nicht formgerecht abgegeben werden vor einem ausländischen Notar,[128] auch nicht vor einem Rechtsanwalt,[129] auch nicht privatschriftlich. Im Ausland kann sie aber vor dem Konsularbeamten abgegeben werden (§ 12 Nr. 2 KonsularG). Da es im Gesetz nur heißt „vor Gericht", wird teils angenommen, dass jedes Gericht in Deutschland zuständig sei,[130] nach anderer Ansicht nur das örtlich zuständige Nachlassgericht. Jedenfalls kann das Nachlassgericht ein anderes AG im Wege der Rechtshilfe ersuchen, einen Beteiligten zu vernehmen und die eidesstattliche Versicherung abzunehmen.[131] **Kosten:** Rn 159. 58

d) Inhalt der eidesstattlichen Versicherung. Es genügt die negative Formel, dass dem Antragsteller nichts Gegenteiliges „bekannt" ist (§ 2356 Abs. 2 S. 1 BGB).[132] Es wird nicht verlangt, dass der Antragsteller sorgfältige Nachforschungen angestellt hat,[133] also z.B. die Erblasserwohnung nach weiteren Testamenten durchsucht hat. Die Erklärung soll nicht formelhaft sein.[134] Die Bezugnahme auf eine Anlage (z.B. einer Aufstellung über die Verwandtschaftsverhältnisse) ist zulässig, wenn die Anlage der Niederschrift beigefügt wird.[135] 59

e) Erlass der eidesstattlichen Versicherung.[136] Die Versicherung kann vom Nachlassgericht (nicht vom Notar; ausgenommen Baden-Württemberg, wo der Notar Nachlassgericht ist) erlassen werden (§ 2356 Abs. 2 S. 2 BGB), etwa dann, wenn der Antragsteller ersichtlich nichts weiß (Rn 62). Dadurch spart sich der Antragsteller Zeit und Kosten (die Gebühr nach § 49 KostO entfällt); eine Anregung ist zweckmäßig, ein besonderer Erlass-Beschluss ergeht nicht (Rechtsmittel: Rn 146). 60

---

[123] Ablehnend Protokolle V S. 679.
[124] Staudinger/Schilken § 2356 Rn 36.
[125] KG OLGZ 1967, 247/249.
[126] BayObLGZ 1961, 4/10.
[127] Lange/Kuchinke § 39 II 4; Staudinger/Schilken § 2356 Rn 38; a. A. OLG Colmar OLGE 16, 64; LG Berlin Rpfleger 1976, 60.
[128] OLG München NJW-RR 2006, 226; MünchKommBGB/Mayer § 2356 Rn 46.
[129] OLG Frankfurt FamRZ 1996, 1441; Staudinger/Schilken § 2356 Rn 45; Praxishinweise bei Klinger/Gregor, Prozessformularbuch Erbrecht, 2004, G 1.1.
[130] Winkler Rpfleger 1971, 344/346; Palandt/Weidlich § 2356 Rn 12; a. A. Weber DRiZ 1970, 45/47.
[131] OLG Celle MDR 1970, 930; OLG Frankfurt NJW 1970, 1050; OLG Schleswig SchlHA 1971, 17.
[132] BayObLGZ 1961, 4/23.
[133] Vgl Lange/Kuchinke § 39 II 4 b.
[134] LG Hamburg DNotZ 1958, 98.
[135] KG JFG 15, 143.
[136] Dazu im Einzelnen Zimmermann ZErb 2008, 151.

61 Maßstab für die **Ermessensentscheidung,** ob (ausnahmsweise) ein Erlass erfolgt, ist § 2359 BGB.[137] Letztlich geht es immer um zwei Fallgruppen: der Antragsteller weiß nach der Lebenserfahrung nichts; oder ein Sachverhalt ist sehr unwahrscheinlich. **Ermessenskriterien** sind, ob durch die Versicherung die Wahrscheinlichkeit der Richtigkeit der Angaben des Antragstellers erhöht wird; ob denkbar ist, dass der Antragsteller etwas zur Sachverhaltsaufklärung beitragen kann. **Kein Ermessenskriterium** ist, dass durch den Erlass Kosten gespart werden,[138] oder dass der Antragsteller eine besonders gut beleumundete Person ist.[139]

62 **Beispiele:** Ein Erlass kann im Einzelfall in Frage kommen:
- Bei zweifelsfreien Sachverhalten (vermögendes Kleinkind als Erblasser).[140]
- Bei sehr wahrscheinlichen, einfach gelagerten Sachverhalten.[141]
- Hinsichtlich des Nichtvorliegens der Scheidungsvoraussetzungen im Fall des § 1933 BGB.[142]
- Beim Erbscheinantrag von Nichterben, wie z. B. eines Testamentsvollstreckers.[143]
- Bei testamentarischer Erbeinsetzung fremder Stiftungen und Vereine etc., weil sie (wenn ihnen der Erblasser unbekannt war) nichts wissen.[144] Das gilt auch für den Erbscheinsantrag eines Nachlassgläubigers.[145]
- Für den zweiten Erbschein nach Einziehung des ersten Erbscheins, falls die schon früher abgegebene Versicherung ausreicht.[146]
- Beim Erbscheinsantrag eines Berufsbetreuers als gesetzlicher Vertreter des Betreuten, falls er ohne Kontakt zum Erblasser war.
- In vergleichbaren Fällen beim Erbscheinsantrag von Vorsorgebevollmächtigten des geschäftsunfähigen Erben.
- Wenn der Antragsteller im Ausland wohnt, aber jedenfalls eine (nicht formgerechte) Versicherung vor einem ausländischen Notar vorgelegt wird oder das deutsche Konsulat sich weigert (vgl. § 12 Nr. 1 KonsularG),[147] kann ein Erlass einer formgerechten Versicherung in Frage kommen.[148]
- Wenn im Rahmen der Erzwingung der Herausgabe eines Testaments vor dem Nachlassgericht schon früher die eidesstattliche Versicherung dahin abgegeben wurde, dass der Betroffene das Testament nicht besitze, auch nicht wisse, wo es sich befinde" (§ 358, § 35 Abs. 4 FamFG mit § 883 Abs. 2 ZPO).[149]

63 **Offenkundige Tatsachen** bedürfen keines Nachweises durch Urkunden oder eidesstattliche Versicherung (§ 2356 Abs. 3 BGB). Offenkundig (vgl. § 291 ZPO) sind allgemeinkundige Tatsachen (z. B. zeitgeschichtliche Ereignisse wie Dauer des 2. Weltkriegs; dass man nicht 130 Jahre alt wird) und gerichtskundige Tatsachen, von denen das Gericht infolge seiner amtlichen Tätigkeit Kenntnis erlangt hat,[150] wie z. B. aus der Bearbeitung früherer Akten. Privates Wissen des Richters/Rechtspflegers begründet keine Offenkundigkeit. Eigene Sachkunde, z. B. über Testierunfähigkeit infolge Lesens medizinischer Literatur, hat nichts mit Gerichtskundigkeit zu tun und ersetzt im wissenschaftlichen Bereich keinen Gutachter. Hohe Wahrscheinlichkeit ist nicht der Offenkundigkeit gleichzustellen.[151]

---

[137] Die Erlasspraxis ist ganz unterschiedlich; in Baden-Württemberg über 90%, in Bayern weniger als 1%.
[138] A. A. OLG München NJW-RR 2006, 226 (Antragstellerin wohnte in der Ukraine); OLG München NJW-RR 2007, 665 (Abgabe „zumutbar").
[139] OLG München NJW-RR 2007, 665 (Stiftung als Erbin und Antragstellerin).
[140] Vgl Marcus ZBlFG 8, 242; MünchKommBGB/Mayer § 2356 Rn 57.
[141] A. A. OLG Schleswig FamRZ 2001, 583 (inzwischen testierunfähiger Erblasser).
[142] OLG Hamm NJW-RR 1992, 1483; a. A. OLG Braunschweig DNotZ 1991, 50 mit Anm. Promberger.
[143] LG Hannover DAVorm 1975, 553; 1980, 860; Staudinger/Schilken § 2356 Rn 44.
[144] A. A. OLG München NJW-RR 2007, 665.
[145] LG Kassel FamRZ 2010, 1016; LG Ansbach Rpfleger 2009, 568.
[146] Beim Antrag des Nacherben: KGJ 46, 146/150; Staudinger/Schilken § 2356 Rn 44; enger Köster Rpfleger 2000, 133/141; beim Antrag des Testamentsvollstreckers; KG OLGZ 1967, 247.
[147] Hierzu Heinemann ZEV 2006, 119 in Anm. zu OLG München NJW-RR 2006, 226.
[148] OLG München NJW-RR 2006, 226 (ukrainische Notarin); LG Mainz NJW 1958, 1496 (notary public in den USA).
[149] BayObLG Rpfleger 1977, 210.
[150] BayObLGZ 14, 55; KG JW 1935, 1885.
[151] OLG Schleswig FamRZ 2001, 583/4; Lange/Kuchinke § 39 II 4.

III. Das Verfahren des Nachlassgerichts

1. Beteiligte

Wer Beteiligter im Verfahren auf Erteilung eines Erbscheins ist, ergibt sich aus § 345. Dort wird unterschieden zwischen (1) Personen, die zwingend Beteiligte sind; das ist nur der Erbscheinantragsteller. (2) Personen, die vom Nachlassgericht nach Ermessen hinzugezogen werden können, und (3) Personen, die berechtigt sind, durch einen Antrag ihre Hinzuziehung zu erzwingen. Mit Eingang ihres Antrags werden sie Muss-Beteiligte. Diese antragsberechtigten Personen sind gegebenenfalls zu ermitteln (§ 345 Rn 17), sodann von der Einleitung des Erbscheinsverfahrens zu benachrichtigen (z. B. durch Übersendung von Kopien des Erbscheinantrags, des eröffneten Testaments) und über ihr Recht zu belehren, die Zuziehung zum Verfahren zu beantragen (§ 7 Abs. 4). Das Gericht wird dabei auch darauf hinweisen müssen, welche Vor- bzw. Nachteile ein Zuziehungsantrag oder dessen Unterlassung hat, weil der Adressat sonst keine Entscheidung treffen kann. Durch eine unterlassene Beteiligung geht ein vorhandenes Beschwerderecht (§ 59) nicht verloren (anders als teilweise im Betreuungsrecht; vgl. § 303 Abs. 2). Beteiligte haben im Verfahren bestimmte Rechte (vgl. § 7 Rn 49). Vor allem ist ihnen **rechtliches Gehör** zu gewähren. Eine Entscheidung darf u. U. nur auf Tatsachen und Beweisergebnisse gestützt werden, zu denen sich ein Beteiligter äußern konnte (§ 37 Abs. 2).[152] Deshalb müssen ihnen die wesentlichen Schriftstücke, Protokolle, Zeugenaussagen, Gutachten in Kopie zur Kenntnisnahme zugeleitet werden. Beteiligte müssen unter Umständen persönlich angehört werden (§ 34). Ihr persönliches Erscheinen kann erzwungen werden (§ 33). Ist aber ein Kann-Beteiligter vom Nachlassgericht über sein Recht, eine förmliche Zuziehung zum Verfahren zu verlangen, belehrt worden (§ 7 Abs. 4) und tut er nichts, verzichtet er stillschweigend auf das weitere rechtliche Gehör. Er kann aber den Antrag jederzeit (auch noch in der Beschwerdeinstanz) noch nachholen.[153] Im Erbscheinsverfahren muss nicht zwingend **mündlich verhandelt** werden; auch Art. 6 EMRK ist nicht einschlägig.[154] Wird mündlich verhandelt, ist die Verhandlung grds. nicht öffentlich (§ 170 Abs. 1 GVG).

2. Allgemeines zum Beweisverfahren

Bei Eingang einer Todesanzeige des Standesamts oder beim Eingang eines Erbscheinsantrags prüft das Nachlassgericht anhand des Erbrechtsregisters, des Verwahrungsbuchs für Verfügungen von Todes wegen und der zugehörigen Namensverzeichnisse sowie der Sammelakten mit den Todesanzeigen, ob bereits „**Vorgänge**" über den Erblasser und über einen vorverstorbenen Ehegatten des Erblassers vorhanden sind; diese Vorgänge (z. B. verwahrte Testamente; Nachlassakten) sind beizuziehen (§ 28 Abs. 1 S. 1 AktO). In ca. 88% der Erbscheinsverfahren sind bei einem Erbscheinsantrag keine weiteren Ermittlungen erforderlich,[155] der Erbschein kann also aufgrund der vorgelegten Urkunden ohne Weiteres erteilt werden. Nur bei einem kleinen Prozentsatz tauchen Probleme auf, entweder rechtlicher Art (unklare Testamente) oder tatsächlicher Art (z. B. Testierfähigkeit).

Das Nachlassgericht hat den Sachverhalt **von Amts wegen** zu ermitteln (§ 26), aber nur soweit, bis geklärt werden kann, ob dem Erbscheinsantrag des Antragstellers zu folgen ist. Soweit § 2358 Abs. 1 BGB im Gegensatz zu § 26 noch die Einschränkung „unter Benutzung der von dem Antragsteller angegebenen Beweismittel" enthält, stellt dies keine Einschränkung dar,[156] sondern eine historisch bedingte (überflüssige) Selbstverständlichkeit. Das Nachlassgericht kann im Verfahren des Freibeweises (§ 29 Abs. 1) oder des Strengbeweises (§ 30 Abs. 1) Beweis erheben (§ 29 Abs. 1). Die Beteiligten können Beweisanträge im Sinne von Anregungen stellen; doch sind sie dazu nicht verpflichtet. Beweisanträge können nicht als verspätet zurückgewiesen werden, weil eine dem § 296 ZPO entsprechende

---

[152] BVerfG NJW 1995, 2095.
[153] Bumiller/Harders § 352 Rn 14.
[154] OLG Schleswig FamRZ 2010, 1178. Dazu OLG Düsseldorf BeckRS 2011, 08120.
[155] Klüsener/Rausch/Walter Rpfleger 2001, 215/219.
[156] MünchKommBGB/Mayer § 2358 Rn 2.

Vorschrift in der freiwilligen Gerichtsbarkeit fehlt. Auch eine Vorschusspflicht für Zeugenauslagen (wie nach § 379 ZPO) besteht nicht (vgl. § 8 Abs. 1 S. 2 KostO: „kann"), weil die Beweiserhebung von Amts wegen erfolgt. Eine förmliche Ablehnung von Beweisanträge findet nicht statt;[157] doch muss sich eine Entscheidung in ihren Gründen mit solchen Anregungen befassen, weil sie jedenfalls Anlass für eine Ermittlung von Amts wegen (§ 26 FamFG; § 2358 Abs. 1 BGB) sein können. In Frage kommen:

67 • **Einholung von Auskünften.** Aus der Verweisung in § 30 Abs. 1 auf die ZPO folgt, dass das Nachlassgerichte Auskünfte erholen kann, z. B. beim beurkundenden Notar, bei Behörden, Botschaften, Generalkonsulaten, bei Ärzten wegen der Testierfähigkeit. Behördenauskünfte sind förmliche Beweismittel, andere Auskünfte (z. B. von Ärzten, Nachbarn) fallen unter den Freibeweis.

68 • **Beweiserhebung** durch Zeugenvernehmung. Wegen § 30 Abs. 1 sind §§ 373 ff. ZPO anwendbar, auch die Vorschriften über die Zeugnisverweigerung (vgl. § 29 Abs. 2).[158] Der Rechtspfleger kann die Beeidigung eines Zeugen nicht anordnen (§ 4 Abs. 2 Nr. 1 RPflG); er müsste die Sache dem Richter vorlegen (§ 4 Abs. 2 RPflG). Zeugenvernehmung im Rechtshilfeweg ist zulässig (§§ 157 ff. GVG).

69 • **Einholung eines Sachverständigengutachtens.** § 30 Abs. 1 mit §§ 420 ff. ZPO sind einschlägig. Gutachten werden vor allem zur Frage der Testierfähigkeit, der Echtheit des Testaments und des ausländischen Rechts erholt. Das Gericht kann auch einen nicht öffentlich bestellten Sachverständigen mit dem Gutachten beauftragen.[159] Zur Erläuterung des Gutachtens kann der Sachverständige vorgeladen werden, § 411 Abs. 3 ZPO. Die Nichtbeeidigung des Sachverständigen ist die Regel.[160] Der Rechtspfleger kann die Beeidigung des Sachverständigen nicht anordnen (§ 4 Abs. 2 Nr. 1 RPflG), nur der Richter.

70 **Beweiserhebung durch förmliche Beteiligtenvernehmung.** Sie ist zu unterscheiden von der bloßen Anhörung eines Beteiligten zur Erläuterung des Sachverhalts. Ein Beteiligter, z. B. der Antragsteller, kann überdies förmlich als Beteiligter vernommen werden (Beweismittel).[161] Eidesstattliche Versicherung.

71 Das Nachlassgericht kann nicht nur in den Fällen des § 2356 BGB, sondern auch bezüglich sonstiger Tatsachen von einem Beteiligten, auch von Zeugen,[162] verlangen, dass er eine tatsächliche Behauptung eidesstattlich versichert (vgl. § 31 Abs. 1) und sich damit begnügen.

3. Einzelheiten zu ermittlungsbedürftigen Punkten

72 **a) Örtliche Zuständigkeit des Nachlassgerichts.** Das Nachlassgericht hat von Amts wegen zu ermitteln, ob es zuständig ist. Hierfür kommt es auf den letzten Wohnsitz bzw. Aufenthalt des Erblassers an (Einzelheiten: § 343); eine Bindung an die Angabe des letzten Wohnsitzes in der Sterbeurkunde besteht nicht.[163] Die Zuständigkeit ist ausschließlich. Tätigkeit eines unzuständigen Gerichts führt zur Einziehung des Erbscheins (§ 2361 BGB).

73 **b) Tod des Erblassers.** Er wird bewiesen durch die Sterbeurkunde. Die Todeserklärung nach dem VerschG bindet, kann aber widerlegt werden;[164] bloße Zweifel des Nachlassgerichts genügen nicht. In Kriegszeiten hat man sich mit weniger als einer Sterbeurkunde begnügt.[165]

74 **c) Tod anderer Beteiligter.** Grundsätzlich ist der Tod des Vor- oder Mitberechtigten (z. B. Geschwister, Eltern) durch Personenstandsurkunden bzw. Todeserklärung[166] nachzuweisen. Aber auch andere Erkenntnisquellen können genügen (§ 2356 Abs. 1 S. 2 BGB). Im

---

[157] Anders der Gesetzentwurf, § 29 Abs. 2 S. 3 FamFG-E.
[158] BayObLG FamRZ 1991, 231.
[159] BayObLG FamRZ 1991, 618 für einen Schriftsachverständigen.
[160] BayObLG FamRZ 1991, 618.
[161] Barnstedt DNotZ 1958, 470; Schmidt 15. A. § 15 FGG Rn 56 mit Nachweisen.
[162] BayObLG FamRZ 2003, 1595 (eidesstattliche Versicherung des kanadischen Anwalts, der bei der Testamentsrichtung zugegen war); a. A. OLG Celle Rpfleger 1959, 161.
[163] KG Rpfleger 1959, 2.
[164] BayObLGZ 1953, 120; KG NJW 1954, 1654; OLG Hamburg NJW 1952, 147.
[165] LG Osnabrück RNotZ 2003, 574 (Schreiben des Suchdienstes des Roten Kreuzes); Zimmermann, Erbschein und Erbscheinsverfahren, Rn 189.
[166] OLG Hamm FamRZ 2000, 124; LG Berlin Rpfleger 2006, 473.

Einzelfall kann ausnahmsweise ein **Erbenaufgebot nach § 2358 Abs. 2 BGB, §§ 433 ff.**, erlassen werden, das zwar nicht zu einem materiellen Rechtsverlust führt, aber zur Erteilung eines Voll-Erbscheins anstelle eines Teil-Erbscheins führen kann. Die Todesvermutung in Entschädigungs- und Wiedergutmachungsgesetzen gilt auch für den Nachweis des Todes anderer Geschädigter/Verfolgter, die als vor- oder mitberechtigte Erben in Betracht kommen.[167]

d) Genauer Zeitpunkt des Todes des Erblassers. § 1923 BGB macht die Erbfähigkeit davon abhängig, dass der Erbe den Erblasser (wenn auch nur um den Bruchteil einer Sekunde) überlebt. Der Todeseintritt ist daher in der Regel auf einen bestimmten Zeitpunkt (ausreichend: zwischen dem ... und dem ...) festzulegen,[168] aber nur wenn erforderlich auf die Sekunde. Beispiel: Ehegatten errichten ein gemeinsames Testament mit gegenseitiger Erbeinsetzung und verschiedenen Schlusserben; beide werden ermordet. Hier ist wesentlich, wer früher starb; ebenso im Falle des § 1933 BGB: beim Erbscheinsantrag des überlebenden Ehegatten muss das Nachlassgericht prüfen, ob der Ehescheidungsantrag Erfolg gehabt hätte, wenn die Erblasserin nicht vor der Entscheidung des Familiengerichts gestorben wäre.[169] Schwierigkeiten bereitet die genaue Zeitfeststellung beim Tod durch Verkehrsunfall von Ehepaaren; bei verwesten Leichen, Mord,[170] beim Tod nach erfolgloser Reanimation.[171] Wenn der genaue Zeitpunkt wesentlich ist, muss er ermittelt werden, z. B. durch Sachverständigengutachten.[172] Ob auf den Kreislaufstillstand oder den Hirntod abzustellen ist, ist umstritten.[173] Die Todeszeit-Angaben in der Sterbeurkunde binden das Nachlassgericht nicht,[174] auch nicht im Todeszeitfeststellungsbeschluss.[175] § 11 VerschG enthält eine Vermutung gleichzeitigen Todes mehrerer Erbprätendenten.[176]

e) Staatsangehörigkeit des Erblassers. Das anzuwendende materielle Erbrecht richtet sich nach der Staatangehörigkeit des Erblassers (Art. 25 Abs. 1 EGBGB). Sie ist deshalb von Amts wegen zu ermitteln, wenn Zweifel an der deutschen Staatsangehörigkeit bestehen. Ob jemand deutscher Staatsangehöriger ist, richtet sich grundsätzlich nach dem Staatsangehörigkeitsgesetz (StAG von 1999, RuStAG von 1913). Die Staatsangehörigkeit des Erben ist in unserer Rechtsordnung gleichgültig, ebenso die Religionszugehörigkeit (anders zum Teil im islamischen Recht).

f) Familienstand und Verwandtschaftsverhältnisse. Ehe: Falls keine öffentlichen Urkunden hierüber vorgelegt werden, sind sie aufzuklären.[177] Es kann fraglich sein, ob der Erblasser „verheiratet" war, beispielsweise wenn ein Deutscher im Ausland nach afrikanischem Stammesrecht geheiratet hat; von Bedeutung ist es im Erbscheinsverfahren wegen des gesetzlichen Erbrechts des Ehegatten (§§ 1931, 1371 BGB). Vgl. Art. 13, 14 EGBGB.[178] Ähnliches ist bei einer **Scheidung im Ausland** zu prüfen.[179] **Abstammung:** Ein nichteheliches Kind kann noch nach dem Tod des Vaters seine Vaterschaft feststellen lassen (§§ 169 ff.; früher § 1600 e Abs. 2 BGB mit § 55 b FGG); das wirkt zurück.[180] Eventuell genügt ein Unterhaltstitel zum Nachweis der nichtehelichen Vaterschaft.[181] Die Unrichtigkeit der in einer Abstammungsurkunde bezeugten ehelichen Abstammung kann das Nachlassgericht im Erbscheinsverfahren feststellen.[182] Zur Frage, ob in internationalen Fällen ein

---

[167] Staudinger/Schilken § 2356 Rn 3.
[168] OLG Hamm NJW-RR 2006, 70; OLG Köln FamRZ 1992, 860.
[169] BayObLG FamRZ 1983, 96; OLG Frankfurt FamRZ 2002, 1511.
[170] So im Fall OLG Köln FamRZ 1992, 860.
[171] Dazu Neuhaus, FS Heinitz, S. 397.
[172] Vgl Funck MedR 1992, 182; Ruscher, Die Bestimmung des Todeszeitpunkts aus erbrechtlicher Sicht, 1989; Schönig NJW 1968, 189.
[173] Dazu MünchKommBGB/Leipold § 1922 Rn 12, 12 a.
[174] OLG Frankfurt FamRZ 1998, 190.
[175] BayObLGZ 1953, 120; OLG Hamburg NJW 1952, 147; a. M. Arnold MDR 1951, 278; MDR 1950, 331.
[176] Zur Widerlegung: BGHZ 62, 112/5; BayObLG NJW-RR 1999, 1309; KG NJW 1954, 1652; OLG Köln NJW-RR 1992, 1481.
[177] OLG Schleswig FGPrax 2010, 40.
[178] Zur Ermittlung vgl Palandt/Thorn EGBGB vor Art. 3 Rn 29.
[179] Palandt/Thorn EGBGB Art. 17 Rn 29.
[180] BayObLG FamRZ 2003, 1595/1597; auch in DDR-Fällen (BGH NJW 1997, 2053).
[181] OLG München FGPrax 2011, 66.
[182] BayObLGZ Rpfleger 1981, 358; BayObLG NJW 1981, 1521.

Kind von Vater bzw. Mutter abstammt: Art. 19 bis 21 EGBGB. **Adoption:** vgl. Art. 22 EGBGB.

78   **g) Güterstand des Erblassers.** Er ist im Rahmen von §§ 1931, 1371 BGB wesentlich. Bei einem deutschen Erblasser, der verheiratet war, ist grundsätzlich vom Güterstand der Zugewinngemeinschaft auszugehen; der Güterstand der Gütertrennung oder Gütergemeinschaft ist durch Vorlage der entsprechenden notariellen Urkunde nachzuweisen. War ein deutscher Erblasser mit einem ausländischen Ehegatten verheiratet, muss bei gesetzlicher Erbfolge im Erbscheinsverfahren bei Eheschließung vor dem 9. 4. 1983 anhand der Übergangsregelung des Art. 220 Abs. 3 EGBGB der Güterstand im Zeitpunkt des Todes ermittelt werden; bei späterer Eheschließung ist Art. 15 EGBGB heranzuziehen.

79   **h) Existenz eines Testaments.** Grundsätzlich muss es dem Nachlassgericht im Original vorliegen (§§ 2355, 2356 Abs. 1 BGB). **Verschwundenes Testament.** Ist die Urkunde vom Erbanwärter nicht beschaffbar, genügt die Angabe anderer Beweismittel (§ 2356 Abs. 1 S. 2 BGB),[183] z. B. Vorlage von Fotokopien,[184] Abschriften,[185] Durchschriften, Durchdrückungen, Blaupausen, Vernehmung von Zeugen (die das Original gesehen und gelesen haben), Vernehmung des Antragstellers (obwohl er der angebliche Erbe ist) in Verbindung mit sonstigen Beweismitteln. Formgültigkeit und Inhalt sind zu beweisen. Der genaue Wortlaut muss nicht bewiesen werden, nur der gesamte Regelungsgehalt.[186] Ist das Original eines Testaments nicht mehr auffindbar, erfordert die Amtsermittlungspflicht angesichts des Fälschungsrisikos eine besonders gründliche Aufklärung der Übereinstimmung einer Kopie mit dem verschwundenen Original; dazu gehört regelmäßig eine förmliche Beweisaufnahme (Strengbeweis; § 30),[187] Freibeweis (§ 29) genügt nur ausnahmsweise.[188] Überhaupt sind an den Nachweis von Existenz und Inhalt strenge Anforderungen zu stellen.[189] Wird ein Testament vorgelegt, bei dem **Teile herausgeschnitten** sind, kommt es darauf an, ob der entfernte Text rekonstruierbar ist.[190]

80   Es gibt **keine Vermutung** dahin, dass ein fehlendes Testament vom Erblasser im Zustand der Testierfähigkeit in Widerrufsabsicht (§ 2255 BGB) vernichtet worden ist;[191] möglich ist auch Verlust durch ein Versehen, durch Diebstahl, bei Wohnungsräumung usw. An den Nachweis des Widerrufs durch Vernichtung seitens des Erblassers dürfen aber keine übertriebenen Anforderungen gestellt werden; Indizien für eine Willensänderung können genügen, die Beteiligten müssen dem Gericht Anhaltspunkte für weitere Ermittlungen in dieser Richtung unterbreiten, sonst wird nicht ermittelt.[192]

81   **Nichterweislichkeit** der Errichtung des Testaments geht zu Lasten dessen, der aus dem Testament Rechte herleitet.[193]

82   **i) Testierfähigkeit des Erblassers.**[194] Solange die Testier*un*fähigkeit des Erblassers nicht feststeht, geht das Nachlassgericht vom Regelfall aus, d. h. von der Testierfähigkeit

---

[183] OLG München ZEV 2010, 572 und NJW-RR 2009, 305; OLG Schleswig FGPrax 2010, 40; OLG Köln FamRZ 1993, 1253; BayObLG FamRZ 2003, 1595; 2001, 1327; 1993, 117; BayObLG Rpfleger 1989, 457; OLG Düsseldorf NJW-RR 1994, 142; OLG Zweibrücken NJW-RR 1987, 1158; LG Rostock FamRZ 2004, 1518.
[184] BayObLG FamRZ 2003, 1595; 2001, 1327/8.
[185] KG FamRZ 2007, 1197; OLG Saarbrücken DNotZ 1950, 68.
[186] BayObLGZ 1967, 197/206.
[187] BayObLG NJW-RR 2002, 726; OLG Köln NJW-RR 1993, 970.
[188] BayObLG FamRZ 2003, 1595 (eidesstattliche Versicherung des kanadischen Anwalts, der das Testament errichtet hatte und eine Fotokopie vorlegen konnte).
[189] OLG München FamRZ 2008, 1378; KG FGPrax 2007, 134; OLG Zweibrücken FamRZ 2001, 1313; Soergel/Mayer § 2247 Rn 44.
[190] OLG Hamm FGPrax 2008, 32.
[191] BayObLG FamRZ 2003, 1595/1600; 1996, 1110; OLG Düsseldorf FamRZ 1994, 1283; OLG Zweibrücken Rpfleger 2001, 350/2.
[192] BayObLG FamRZ 2003, 1595/1600.
[193] BayObLG Rpfleger 1980, 60; OLG Düsseldorf NJW-RR 1994, 142; OLG Hamm NJW 1974, 1827.
[194] Vgl. Cording ZEV 2010, 23 und 115; Lichtenwimmer MittBayNot 2002, 240; Müller DNotZ 2006, 325; Stoppel/Lichtenwimmer DNotZ 2005, 806; Cording/Foerster DNotZ 2006, 329; Kloster-Harz ZAP Fach 12, 843; Wetterling FF Sonderheft 2003, 94; Klinghöffer ZEV 1997, 92; zum Internationalen Privatrecht v. Venrooy JR 1988, 485.

(vgl. § 2229 BGB).[195] Bei Ausländern richtet sich die Testierfähigkeit nach dem Erbstatut (Art. 25 EGBGB).[196] Die Anordnung einer **Gebrechlichkeitspflegschaft** (§ 1910 a. F. BGB) beseitigte bis 1991 die Testierfähigkeit nicht. Testamente von **Entmündigten,** die bis 31. 12. 1991 errichtet wurden, waren unwirksam (§ 104 a. F. BGB; § 2229 a. F. BGB); auch bei Tod ab dem 1. 1. 1992 gilt die alte Rechtslage fort;[197] vgl. Art. 9 § 1 BtG. Seit 1992 beseitigt die Anordnung einer **Betreuung** (§ 1896 BGB), selbst mit **Einwilligungsvorbehalt** (§ 1903 Abs. 2 BGB), die Testierfähigkeit nicht automatisch, ist nicht einmal Indiz für Testierunfähigkeit; sie muss vielmehr auch bei Betreuten in jedem Einzelfall untersucht werden, wenn Anhaltspunkte vorliegen.[198]

Von sich aus ermittelt das Nachlassgericht die Frage der Testierfähigkeit nur, wenn es **83** **Anhaltspunkte** für eine mögliche Unfähigkeit gibt;[199] solche Anhaltspunkte können sich aus der Form des Testaments (Art der Schrift, Schreibmaterial, Papiersituation), dem wunderlichen Inhalt, dem dienstlichen oder privaten Wissen des Rechtspflegers/Richters ergeben. Der Strengbeweis ist dem Freibeweis vorzuziehen.[200] Meist liefern Beteiligte und Enterbte Anhaltspunkte. Die pauschale Behauptung, der Erblasser sei testierunfähig gewesen, begründet aber keine Ermittlungspflicht;[201] zumindest auf Nachfrage muss der Behauptende wenigstens ungefähr vortragen, auf welche Tatsachen er sich stützt (z. B. Verwirrtheit). Die Feststellung des Notars in der Urkunde, der Erblasser sei seines Erachtens testierfähig (vgl. §§ 1, 28 BeurkG), ist nicht bindend; der Notar kommt aber als Zeuge in Frage.[202]

Im Zweifelsfall sind zunächst die **Anknüpfungstatsachen zu ermitteln.**[203] Das **84** Nachlassgericht bestimmt den Umfang der Beweisaufnahme nach freiem Ermessen und ist nicht an den Vortrag der Beteiligten gebunden.[204] In Frage kommt die Vernehmung von Zeugen (Personen aus dem sozialen Umfeld) über das Verhalten des Erblassers in dem fraglichen Zeitraum; wer nur einfachen sozialen Kontakt hatte (Postbote, Verkäuferin im Supermarkt), ist aber oft nicht in der Lage, genügend Anhaltspunkte für ein Gutachten zu liefern (auf Laien können geistig erkrankte Personen einen „normalen" Eindruck machen[205]); solche als Zeugen angebotene Personen müssen daher nicht unbedingt vernommen werden.[206] Ergiebiger ist die Vernehmung der Ärzte, die den Erblasser behandelt haben; Beiziehung der Betreuungsakten,[207] Patientenakten;[208] den Beteiligten darf die Einsicht in diese Akten nicht verweigert werden, wenn sie verwertet werden.[209] Vernehmung der Sachverständigen, die im Betreuungsverfahren hinzugezogen waren.

Auf der Grundlage der gewonnenen Erkenntnisse ist sodann das **Gutachten** eines **85** besonders erfahrenen Arztes für Psychiatrie,[210] Neurologie,[211] einzuholen.[212] Das Gutachten eines Allgemein-Arztes, Hausarztes, ist ungenügend. Es wird sich oft empfehlen, dass der (künftige) Sachverständige bei der Zeugenvernehmung anwesend ist und den Zeugen

---

[195] BayObLG MDR 1979, 1023; BayObLG Rpfleger 1982, 286; Staudinger/Baumann § 2229 Rn 46.
[196] Palandt/Thorn EGBGB Art. 25 Rn 16; vgl auch Art. 7 EGBGB; dazu v. Venrooy JR 1988, 485.
[197] Zu den Streitfragen vgl Dittmann/Reimann/Bengel § 2229 Rn 25, 26.
[198] Vgl Staudinger/Baumann § 2229 Rn 31.
[199] BayObLG FamRZ 2003, 1594; FamRZ 1998, 1242; FamRZ 1997, 1029.
[200] BayObLG Rpfleger 1992, 190 (mit Anm Pohlmann S. 484); OLG Frankfurt FamRZ 1997, 1306; OLG München NJW-RR 2008, 164.
[201] BayObLG FamRZ 1997, 1029; FamRZ 1996, 1036; OLG Hamm OLGZ 1989, 271.
[202] KG NJW 2001, 903 will der Zeugenaussage des Notars besondere Bedeutung beimessen; zu Unrecht, weil er ja kein Sachverständiger ist; dazu Staudinger/Baumann § 2229 Rn 43.
[203] BayObLG FamRZ 2005, 2019; 1996, 1438; NJW-RR 1990, 1419; OLG Celle FamRZ 2007, 417; OLG Frankfurt FamRZ 1997, 1306; OLG Jena FamRZ 2005, 2021; OLG Köln FamRZ 1994, 1135.
[204] BayObLGR 1996, 44; Staudinger/Baumann § 2229 Rn 58.
[205] BayObLG NJW-RR 1990, 1420; Staudinger/Baumann § 2229 Rn 48.
[206] OLG Köln FamRZ 1992, 731; Staudinger/Baumann § 2229 Rn 58.
[207] OLG München NJW-RR 2008, 164.
[208] Zur Vorlage vgl § 142 ZPO; Krug ZEV 2002, 58.
[209] OLG Düsseldorf ZEV 2000, 363.
[210] Vgl Wetterling/Neubauer/Neubauer, ZEV 1995, 46; Cording ZEV 2010, 23.
[211] BayObLG FamRZ 1992, 724: Gutachten eines Arztes für Neurologie, Psychiatrie und Rechtsmedizin war ausreichend.
[212] BayObLG FamRZ 1996, 1438; BayObLG FamRZ 1990, 1405.

Fragen stellen kann,[213] weil die Anknüpfungstatsachen, auf die es ankommt, dem Richter meist unbekannt sind. Das Nachlassgericht hat das Gutachten dahin zu prüfen, ob es Mängel oder Widersprüche aufweist und sich mit den im Verfahren ermittelten Tatsachen eingehend auseinandersetzt;[214] es hat das Gutachten selbst zu würdigen. Gegebenenfalls ist der Sachverständige aufzufordern, das Gutachten mündlich zu erläutern. Nur ganz ausnahmsweise kann auf das Gutachten verzichtet werden, nämlich (die Testierunfähigkeit bejahend) wenn die Sachlage angesichts der Zeugenvernehmung völlig eindeutig ist;[215] oder (sie verneinend), wenn die Tatsachen so dürftig sind, dass sie nicht ausreichen können, um ein Gutachten erstatten zu lassen.[216] Das Gericht ist an das Ergebnis des Gutachtens **nicht gebunden;**[217] es unterliegt seiner freien Beweiswürdigung.[218] Es kann daher von einem vorliegenden Gutachten auch ohne Einholung eines „Obergutachtens" abweichen,[219] was aber eine hohe Begründungsdichte voraussetzt (zweckmäßiger ist daher, den Gutachter mündlich zu vernehmen und dann ein weiteres Gutachten zu erholen).

86 Werden die Ärzte vernommen, die den Erblasser früher behandelten, taucht die Frage nach ihrer Schweigepflicht auf. Die **Schweigepflicht** (§§ 383, 385 ZPO, § 30 FamFG; § 18 BNotO) von Ärzten,[220] Anwälten,[221] Notaren,[222] Steuerberatern[223] erlischt zwar nicht schlechthin mit dem Tod des Berechtigten, besteht aber im allgemeinen nicht mehr bezüglich der Testierfähigkeit, weil es dem mutmaßlichen Willen des Erblassers entspricht, Zweifel über die Testierfähigkeit auszuräumen.[224] Ein Arzt, der den Erblasser behandelt hat, darf daher auch dann zu Tatsachen vernommen werden, welche die Testierfähigkeit betreffen, wenn nicht festgestellt ist, dass ihn der Erblasser von der ärztlichen Schweigepflicht entbunden hat.[225] Weigert sich der Arzt usw., kann eine Zwischenentscheidung (Beschluss) über das Recht zur Zeugnisverweigerung entsprechend § 30 FamFG, § 387 ZPO ergehen.[226]

87 Ist die Testierunfähigkeit um die Zeit der Testamentserrichtung festgestellt, so spricht der Beweis des ersten Anscheins dafür, dass sie auch im **Zeitpunkt** der Testamentserrichtung vorlag. Der Anschein kann aber durch die Feststellung der ernsthaften Möglichkeit eines **lichten Intervalls** erschüttert werden;[227] die Feststellungslast für ein lucidum intervallum trägt, wer daraus eine ihm günstige Rechtsfolge herleitet.[228] Es gibt keine nach dem Schwierigkeitsgrad der letztwilligen Verfügung abgestufte Testierfähigkeit,[229] wohl aber partielle Auswirkungen der einheitlichen Fähigkeit.[230]

88 Ein Erblasser ist solange als testierfähig anzusehen, als nicht seine Testierunfähigkeit zur vollen Gewissheit des Gerichts nachgewiesen worden ist. Die **Feststellungslast** für die

---

[213] Vgl BGH NJW 1962, 1770; Staudinger/Baumann § 2229 Rn 48; Palandt/Weidlich § 2229 Rn 12; zur Wiederholung der Zeugenvernehmung in Gegenwart des Sachverständigen vgl. OLG Köln FamRZ 1994, 1135; zum Ermittlungsumfang BayObLG NJW-RR 1991, 1287; OLG Köln NJW-RR 1991, 1412.
[214] BayObLG FamRZ 1996, 1438; OLG Celle FamRZ 2007, 417; OLG Frankfurt FamRZ 1998, 1061; vgl. auch OLG Köln NJW-RR 1991, 1285.
[215] BayObLG NJW-RR 1990, 1419.
[216] KG NJW 2001, 903.
[217] RGZ 162, 228; Staudinger/Baumann § 2229 Rn 49.
[218] BayObLG FamRZ 2002, 1066.
[219] BGH NJW 1962, 676; BayObLG Rpfleger 1985, 239.
[220] BGH NJW 1984, 2393; BayObLG FamRZ 1996, 1237; BayObLG NJW-RR 1991, 1287; Bartsch NJW 2001, 861; Hülsmann/Baldamus ZEV 1999, 91.
[221] BayObLG NJW 1966, 1664 und FamRZ 1991, 231; OLG Düsseldorf NJW 1959, 821; OLG Frankfurt FamRZ 1997, 1306; Edenfeld ZEV 1997, 391.
[222] OLG Frankfurt FamRZ 1997, 1306; Edenfeld ZEV 1997, 391.
[223] BayObLG FamRZ 1991, 231; OLG Stuttgart NJW 1983, 1744.
[224] BGH NJW 1984, 2893; BayObLG FamRZ 1991, 231; OLG Köln Rpfleger 1985, 494; OLGZ 1982, 1; Bartsch NJW 2001, 861; Hülsmann/Baldamus ZEV 1999, 91.
[225] BayObLG NJW-RR 1991, 1287. Zum Ganzen Bartsch NJW 2001, 861.
[226] BGHZ 91, 392.
[227] OLG Karlsruhe OLGZ 1982, 280; OLG Köln NJW-RR 1991, 1412; Staudinger/Baumann § 2229 Rn 25.
[228] BGH NJW 1988, 3011; BayObLG FamRZ 1994, 1137. Vgl. dazu Hardt, Amtsermittlung, Parteiverhalten und Feststellungslast im Erbscheinsverfahren, 1999, S. 175.
[229] OLG München NJW-RR 2008, 164.
[230] BayObLG NJW 1992, 248.

Testierunfähigkeit hat derjenige zu tragen, der sich auf die Unwirksamkeit des Testaments wegen Testierunfähigkeit des Erblassers beruft.[231] Eine formelle Beweislast gibt es im Erbscheinsverfahren nicht.[232]

Kasuistik: zum Nachweis der Testierfähigkeit im einzelnen, so bei psychischer Leistungsminderung,[233] bei fortgeschrittener Cerebralsklerose,[234] fortschreitender „Gehirnerweichung",[235] Cerebralarteriosklerose,[236] bei hirnorganischem Psychosyndrom,[237] psychotischen Wahnvorstellungen,[238] bei Altersdemenz,[239] Leseunfähigkeit,[240] bei Selbsttötung,[241] bei lichten Augenblicken,[242] Desorientiertheit am Tag danach,[243] bei Heimbewohnern (wegen § 14 Abs. 1 HeimG),[244] bei Betreuten,[245] Alkoholmissbrauch,[246] Rauschgiftsucht,[247] Tablettenintoxikation.[248] 89

j) Fälschung des Testaments. Beim eigenhändigen Testament müssen Text und Unterschrift vom Erblasser stammen (§ 2247 Abs. 1 BGB). Die Frage der Echtheit des Testaments ist von Amts wegen zu ermitteln (§§ 26, 29, 30, 2358 Abs. 1 BGB), wenn ein Anlass besteht. Ein unsubstanziiertes Bestreiten der Echtheit („stammt nicht von Onkel Otto…") ist kein ausreichender Anlass, Ermittlungen vorzunehmen.[249] Die Feststellungslast für die Echtheit und Eigenhändigkeit eines Testaments hat derjenige, der aus dieser Urkunde Rechte herleiten will.[250] Bei Unaufklärbarkeit kommt dieses Testament also nicht zum Zuge. Wenn Anhaltspunkte für eine Fälschung bestehen, ist die Vernehmung von Personen, die bei Fertigung des Testaments angeblich anwesend waren, erforderlich, falls solche existieren. War nur der Begünstige anwesend genügt dies natürlich nicht. Von den Beteiligten sind vergleichbare **Schriftproben** zu erholen (oder Dritte sind als Zeugen zu laden mit der Aufforderung, solche Schriften mitzubringen; §§ 30 FamFG, 378 Abs. 1 ZPO). 90

Sodann ist die Einholung eines **Sachverständigengutachtens** erforderlich,[251] wenn nicht der bloße Augenschein zweifelsfrei die Fälschung zeigt. Der Gutachter muss ausreichend sachkundig sein, was das Gericht durch Rückfrage bei ihm festzustellen und im Beschluss darzulegen hat (seit wann ist er tätig? Zahl der gefertigten Gutachten? Beruflicher Werdegang). Geeignet sind z. B. Mitglieder der Gesellschaft für Forensische Schriftuntersuchung e. V.,[252] öffentlich bestellte Sachverständige,[253] Sachverständige der Landeskriminalämter. Weitere Schriftgutachten können eingeholt werden (§§ 30 FamFG, 404 ZPO), die Vernehmung des Sachverständigen zur Erläuterung seines Gutachtens kommt in Betracht. Die Schrift-Sachverständigen erstatten das Gutachten meist nur mit Angabe von Wahrscheinlichkeiten. Es kommt immer wieder vor, dass mehrere Gutachter verschiedener 91

---

[231] KG NJW 2001, 903; BayObLGZ 1982, 309/312 mwN; FamRZ 1987, 1201; 1996, 635; Staudinger/Baumann § 2229 Rn 56.
[232] Staudinger/Baumann § 2229 Rn 56.
[233] BayObLG FamRZ 1998, 514.
[234] BayObLG FamRZ 1996, 969.
[235] RG WarnR 1919 Nr. 179.
[236] BayObLG NJW-RR 1991, 1098.
[237] OLG Frankfurt FamRZ 1998, 1061.
[238] BayObLG FamRZ 1996, 1109; Rpfleger 1984, 467 zum Eifersuchtswahn.
[239] OLG Jena FamRZ 2007, 2021; BayObLG FamRZ 2005, 555; 1998, 515.
[240] BayObLG FamRZ 1997, 1028.
[241] BayObLG Rpfleger 1984, 317.
[242] BayObLG FamRZ 1994, 1137 = ZEV 1994, 303 (Jerschke); OLG Köln NJW-RR 1991, 1412.
[243] BayObLG FamRZ 1999, 819.
[244] Dazu Münzel NJW 1997, 112.
[245] OLG München NJW-RR 2008, 164.
[246] LG Stuttgart BWNotZ 1986, 13.
[247] BayObLGZ 1956, 377.
[248] BayObLG Rpfleger 2003, 30.
[249] Vgl OLG Köln FamRZ 1994, 1135: der Beteiligte hatte bereits ein Privatgutachten zur Schrift eingeholt und weigerte sich, es vorzulegen.
[250] BayObLG FamRZ 1999, 332; Staudinger/Baumann § 2247 Rn 135.
[251] BayObLG FamRZ 1999, 331; NJW-RR 1988, 389. Über Gutachten vgl. Seibt, Forensische Schriftgutachten, 1999.
[252] So BayObLG FamRZ 1999, 332.
[253] Auch nicht öffentlich bestellte Schriftgutachter können bestellt werden, BayObLG FamRZ 1991, 618.

Meinung sind; in einem solchen Fall muss sich das Nachlassgericht nicht zwingend der Mehrheitsmeinung anschließen.[254]

92 **k) Auslegung der letztwilligen Verfügung.** In diesem Fall sind auch außerhalb der Verfügung liegende Umstände heranzuziehen und entsprechende Beweiserhebungen durchzuführen; der Wille des Erblassers muss im Testament irgendwie, wenn auch nur andeutungsweise, unvollkommen oder verdeckt Ausdruck gefunden haben;[255] der Wille darf nicht ins Gegenteil verkehrt werden. In Frage kommt u. a. die Vernehmung des beurkundenden Notars oder beratenden Anwalts;[256] ein früheres Testament oder Testamentsentwurf.[257]

IV. Entscheidung des Nachlassgerichts

93 Die Entscheidung des Nachlassgerichts ergeht als „Beschluss", nie als Urteil. Eine „mündliche Verhandlung" ist nicht Voraussetzung; findet sie statt, handelt es sich nicht um eine Verhandlung im Sinne von § 128 ZPO, sondern um einen Erörterungstermin (§ 32); im Rubrum darf deshalb nicht stehen „aufgrund der mündlichen Verhandlung vom …". Als Entscheidungen kommen hauptsächlich in Frage: Erlass eines Feststellungsbeschlusses (Rn 111), Zurückweisung des Antrags (Rn 133), Zwischenverfügung (Rn 134).

1. Maßgeblicher Zeitpunkt[258]

94 Da zwischen dem Todesfall und der Erteilung des Erbscheins eine gewisse Zeit vergeht, stellt sich die Frage, inwieweit zwischenzeitliche Änderungen in den Erbschein einzufließen haben. Grundsatz ist, dass die beim Todesfall objektiv bestehende Erbrechtslage im Erbschein zu bezeugen ist, mag sie sich auch erst später herausgestellt haben.[259] Ausschlagung, erfolgreiche Erbunwürdigerklärung, Testamentsanfechtung, Erbverzicht sind also wegen der Rückwirkung zu berücksichtigen.

95 Spätere Änderungen der Rechtsstellung oder Verfügungsmacht des Erben bleiben dagegen unberücksichtigt (z. B. Veräußerung von Erbanteilen, Pfändung durch Gläubiger, Insolvenzeröffnung; Übertragung des Nacherbenrechts auf den Vorerben), werden also im Erbschein (der auf den Erben ausgestellt bleibt) nicht erwähnt.

96 Ob tatsächliche Veränderungen seit dem Erbfall im Erbschein zu berücksichtigen sind, hängt vom Einzelfall ab. Hatte der Erblasser Testamentsvollstreckung angeordnet und beantragt der Erbe erst nach längerer Zeit einen Erbschein, wobei die Testamentsvollstreckung inzwischen beendet ist, ist nach h. M.[260] der Erbschein dann *ohne* Testamentsvollstreckermerk zu erteilen.

2. Einigung der Beteiligten[261]

97 Ob sich die Beteiligten über den Inhalt des Erbscheins einig sind, spielt keine Rolle, weil das Erbrecht vom Willen des Erblassers oder vom Gesetz herrührt. Durch Vergleich können die Beteiligten den Inhalt des Erbscheins nicht beeinflussen (vgl. § 36 Abs. 1 S. 1); sie können nicht ein ungültiges Testament für gültig erklären oder ein wirksames Testament als

---

[254] BayObLG FamRZ 1999, 332: drei Gutachter nahmen Echtheit an, einer Fälschung.
[255] BGH WM 1971, 54; BayObLG NJW-RR 1996, 1351 m. w. N.; OLG Karlsruhe FamRZ 2000, 914; OLG Zweibrücken FamRZ 1998, 581/582.
[256] BayObLG NJW-RR 2003, 366; NJW-RR 2002, 274; FamRZ 1997, 123; FamRZ 1999, 1386.
[257] BayObLG NJW-RR 1997, 836.
[258] Brockmann, Der Anspruch auf Erteilung des Erbscheins und der für den Erbscheinsinhalt maßgebende Zeitpunkt, 1963.
[259] Lange/Kuchinke § 39 V 3.
[260] Lange/Kuchinke § 39 V 4; Staudinger/Schilken § 2363 Rn 7; § 2364 Rn 14; a. A. Kipp/Coing § 128 III 3 c (weil dadurch dem Erbschein eine Bedeutung zugewiesen werde, die im Gesetz nicht vorgesehen sei).
[261] Eisele, Vertragliches Einvernehmen bei der Auslegung unklarer letztwilliger Verfügungen, 2002; Munding, Vergleiche im Verfahren der freiwilligen Gerichtsbarkeit, 1957; Bassenge Rpfleger 1972, 237; Dressler ZEV 1999, 289; Müller JZ 1954, 17.

nichtig vereinbaren. Ein bestimmter Erbscheinsinhalt kann also durch Vertrag grundsätzlich nicht erzwungen werden.[262] Die Beteiligten können sich auf eine bestimmte Auslegung des Testaments einigen; aber auch das bindet das Nachlassgericht nicht.[263] Doch ist der übereinstimmende Wille aller Beteiligten ein wichtiges Indiz. Der BGH[264] sagt: „Die Praxis trägt dem – beispielsweise bei der Erteilung von Erbscheinen – nach Möglichkeit Rechnung, indem sie einverständlichen Erklärungen aller Beteiligten über die Auslegung einer Verfügung von Todes wegen besonderes Gewicht beilegt. Das ist, solange die Interessen Dritter nicht berührt werden, legitim ...".

Die Parteien können ferner einen Vertrag schließen, der darauf gerichtet ist, „dass die Parteien einander schuldrechtlich so zu stellen haben, als sei die vereinbarte Auslegung zutreffend. Dabei kann die Stellung der Parteien mit Hilfe entsprechender Erbteilsübertragungen gem. § 2033 BGB der vereinbarten Rechtslage auch dinglich angenähert werden."[265] Das wird missverständlich ebenfalls „Auslegungsvertrag" genannt; ein solcher Vertrag ändert die Erbenstellung nicht. Dieser „Auslegungsvertrag" bedarf nach Ansicht des BGH wegen §§ 2385, 2371, 2033 BGB notarieller Beurkundung.[266] **98**

3. Bedeutung ausländischer Erbscheinsverfahren

Hat im Ausland ein Verfahren zur Erbenfeststellung stattgefunden, das mit einem **99** Erbfolgezeugnis endete, besteht keine Bindung des deutschen Nachlassgerichts daran.[267] Die Anhängigkeit eines ausländischen Nachlassverfahrens steht der deutschen Erbscheinserteilung oder -einziehung nicht entgegen.[268] An Feststellungen ausländischer Stellen (z.B. zur Testierfähigkeit) sind unsere Gerichte nicht gebunden.[269] Werden von ausländischen Amtspersonen Urkunden ausgestellt, kommt ihnen die Beweiskraft nach §§ 415, 417, 418 ZPO zu; die Richtigkeit der Erbfolge wird dadurch nicht bewiesen.

4. Erteilung trotz Existenz eines anderslautenden Erbscheins

Der Erteilung steht nicht entgegen, dass noch ein anderslautender (also unrichtiger) **100** Erbschein in Umlauf ist.[270] Da der Erbschein nicht in Rechtskraft erwächst, steht anderweitige Rechtskraft der Erteilung eines neuen Erbscheins nicht entgegen. Unrichtige Erbscheine sind vom Nachlassgericht von Amts wegen einzuziehen (§ 2361 BGB), der Antragsteller hat mit dem Vollzug nichts zu tun, der obliegt dem Nachlassgericht. Die Erteilung eines Erbscheins mit anderem Inhalt setzt aber die Anordnung voraus, dass der erteilte unrichtige Erbschein eingezogen wird;[271] beides kann gleichzeitig ergehen. Solange freilich zwei sich widersprechende Erbscheine erteilt sind kann nach h.M. keinem der Erbscheine die Vermutung des § 2365 BGB zur Seite stehen.[272] Das rechtfertigt aber keine Verzögerung dahin, dass der neue Erbschein erst erteilt werden darf, wenn die Einziehung bzw. Kraftloserklärung des unrichtigen Erbscheins vollzogen bzw. vollstreckt ist.

---

[262] BayObLG JFG 6, 165; OLG Stuttgart OLGZ 1984, 131.
[263] BayObLG FamRZ 1989, 99; Weiß FS Küchenhoff S. 391; a.A. Lange/Kuchinke § 34 IV 2; Dressler ZEV 1999, 289.
[264] BGH NJW 1986, 1812/3; vgl. auch OLG Frankfurt FamRZ 2000, 1607.
[265] BGH NJW 1986, 1912, mit Anm. Damrau JR 1986, 375; Cieslar DNotZ 1987, 113. Zustimmend Lange/Kuchinke § 34 IV 3 c; Staudinger/Schilken § 2359 Rn 6.
[266] BGH NJW 1986, 1812 (betrifft einen Zivilprozess zwischen erbenden Geschwistern, kein Erbscheinsverfahren); Dressler ZEV 1999, 289/292.
[267] BayObLG NJW-RR 1991, 1099; BayObLG Rpfleger 1983, 302 (Letters of Administration); BayObLG 1965, 377.
[268] Vgl BayObLG FamRZ 2003, 1595.
[269] BayObLG FamRZ 1991, 1237 (Schweiz).
[270] BayObLG NJW-RR 1990, 1481; KG KGJ 48, 105; KG KGJ 39 A 88, 92; OLG Karlsruhe OLGZ 1981, 399; Staudinger/Schilken § 2361 Rn 5; vgl Protokolle VI 357, 358.
[271] BayObLG NJW-RR 1990, 199.
[272] BGH FamRZ 1990, 1111; FamRZ 1961, 79.

5. Erteilung trotz Zivilprozess über das Erbrecht

101 Aus § 2360 Abs. 1 BGB folgt, dass ein Erbschein erteilt werden darf, obwohl ein Rechtsstreit über das Erbrecht vor dem Prozessgericht anhängig ist. In der Regel ist aber eine Aussetzung des Erbscheinsverfahrens zweckmäßig.

6. Vorfragen der Entscheidung

102 Das Gericht darf das Erbscheinsverfahren nicht aussetzen und die streitenden Beteiligten nicht darauf verweisen, vor dem Zivilgericht einen Prozess zu führen (wenn z. B. die Testierfähigkeit des Erblassers oder die Auslegung des unklaren Testaments streitig ist), sondern muss diese Fragen selbst im Erbscheinserteilungsverfahren entscheiden.[273] Anders ist es, wenn die Beteiligten schon einen Zivilprozess darüber führen und dann erst der Erbschein beantragt wird; hier darf ausgesetzt werden.

7. Beweislast

103 Fragen der in der Entscheidung zu diskutierenden Beweislast stellen sich erst, wenn die Amtsermittlung vollständig durchgeführt ist, von weiteren Ermittlungen nichts zu erwarten und der Sachverhalt unaufklärbar ist. Eine **subjektive Beweislast**, d. h. eine Pflicht, Beweismittel anzubieten, gibt es im Erbscheinsverfahren wegen § 26 FamFG, § 2358 Abs. 1 BGB nicht. Das Gericht ermittelt von Amts wegen; die Beteiligten haben aber die Obliegenheit, mitzuwirken (§ 27). Beruft sich der Antragsgegner konkret auf Testierunfähigkeit, muss er Namen und Adressen des behandelnden Arztes nennen, wenn er sie kennt; kennt er sie nicht, muss nicht er sie ermitteln, sondern das Nachlassgericht. Eine **objektive Beweislast** (Feststellungslast) gibt es auch im Erbscheinsverfahren. Wer ein Erbrecht für sich in Anspruch nimmt trägt die Beweislast für die Tatsachen, die das Erbrecht begründen. Wer hindernde oder vernichtende Tatsachen behauptet (Antragsgegner), trägt insofern die Last der Unerweislichkeit.[274] Ob ein Beteiligter Antragsteller oder Antragsgegner ist, bleibt für die Verteilung der Feststellungslast grundsätzlich außer Betracht, weil sie aus dem materiellen Recht folgt.[275]

104 **Beispiele:** Beruft sich der Antragsteller auf ein Testament und kann nicht geklärt werden, ob es tatsächlich von der Hand des Erblassers stammt oder eine **Fälschung** ist, geht das zu Lasten des Antragstellers.[276] Der testamentarische Erbe trägt die Feststellungslast, dass die Urkunde, auf die er sein Erbrecht stützt, ein Testament und nicht nur der **Entwurf eines Testaments** ist;[277] nicht nur ein ohne Testierwillen verfasster Brief,[278] nur eine Bankvollmacht,[279] eine Anordnung über die Totenfürsorge[280] ist; dass die vorgefundene Blaupause mit Testamentstext mit Testierwillen verfasst wurde.[281] Liegen mehrere widersprechende **Testamente ohne Datum** vor, trägt jeder, der aus einem dieser Testamente Rechte für sich herleiten will, die Feststellungslast dafür, dass es nicht durch ein anderes Testament aufgehoben wurde.[282] Über Testamente ohne Datum vgl. § 2247 Abs. 5 BGB. Trägt das Testament ein Datum, ist damit noch nicht erwiesen, dass es vom Erblasser tatsächlich an diesem Tag verfasst wurde; die für Richtigkeit des Datums sprechende Vermutung kann widerlegt werden.[283] Liegt ein Testament vor und steht die **Testierfähigkeit** in Frage, so ist der Erblasser grundsätzlich so lange als testierfähig anzusehen, als nicht

---

[273] KG NJW 1963, 767.
[274] BayObLG MDR 1980, 314; KG FamRZ 1991, 486; OLG Celle MDR 1962, 410; OLG Hamm OLGZ 1966, 497.
[275] OLG Frankfurt OLGZ 1978, 267/71.
[276] BayObLG NJW-RR 1992, 653; FamRZ 1988, 96; FamRZ 1985, 837; Palandt/Weidlich § 2247 Rn 17 m. w. N.
[277] KG FamRZ 1991, 486.
[278] BayObLG MDR 1963, 503.
[279] BayObLG FGPrax 2000, 51.
[280] OLG Hamm MittRhNotK 1999, 314.
[281] Vgl BayObLG Rpfleger 1981, 282.
[282] Schmidt 15. A. § 12 FGG Rn 219.
[283] BayObLG FamRZ 1996, 1438; 1994, 593/4.

die Testierunfähigkeit zur Gewissheit des Gerichts nachgewiesen ist.[284] Deshalb trifft die Feststellungslast für die Testierunfähigkeit des Erblassers grundsätzlich denjenigen, der sich auf die darauf beruhende Unwirksamkeit des Testaments beruft.[285] Beruft sich der Erbe auf ein Testament und wendet der gesetzliche Erbe ein, der Erblasser habe bei Errichtung des Testaments Geschriebenes **nicht mehr lesen** können, so dass das Testament unwirksam sei (§ 2247 Abs. 4 BGB), und ist das unaufklärbar, ist von Lesefähigkeit auszugehen.[286]

8. Überzeugung des Nachlassgerichts

Der Erbschein ist nur zu erteilen, wenn das Nachlassgericht die erforderlichen tatsächlichen und rechtlichen Voraussetzungen für festgestellt erachtet (§ 2359 BGB). Es genügt die persönliche Gewissheit des Richters/Rechtspflegers; in tatsächlich zweifelhaften Fällen muss sich der Richter mit einem für das praktische Leben brauchbaren Grad an Gewissheit begnügen, der den Zweifeln Schweigen gebietet, ohne sie völlig auszuschließen.[287] **105**

9. Strenge Bindung an den Antrag

Das Nachlassgericht ist nach h. M.[288] streng an den gestellten Antrag (Rn 17) gebunden, strenger als im Zivilprozess (§ 308 ZPO). Im Erbscheinsrecht soll jegliche Abweichung vom Antrag unzulässig sein. Folgen: (1) es darf kein „Plus- oder Minus"-Erbschein bezüglich der Quote erteilt werden (also nicht statt beantragter 75% Erbquote ein Erbschein mit 70% oder 80%-Quote).[289] (2) Der Nacherbenvermerk oder der Testamentsvollstreckervermerk darf vom Nachlassgericht nicht eigenmächtig beigefügt werden, wenn er nicht im Antrag enthalten war. (3) Der Berufungsgrund darf nicht ausgewechselt werden, obwohl sich Erbe und Erbquote decken.[290] **106**

Im Regelfall ist diese **formale Betrachtung** der Rechtsprechung ohne schädliche Auswirkungen, weil sie durch Korrekturen abgeschwächt wird: Der Erbscheinsantrag muss nicht wörtlich dem zu erteilenden Erbschein entsprechen,[291] nur inhaltlich. Antragsänderungen sind zulässig, bedürfen keiner Zustimmung des „Gegners" (§ 22 ist nicht einschlägig) und sind ohne kostenrechtliche Auswirkungen. Haupt- und Hilfsanträge sind zulässig. Durch Zwischenverfügung wird der Antragsteller auf den nach Meinung des Nachlassgerichts „richtigen" Antrag hingewiesen, so dass er vor überraschender Zurückweisung des Antrags geschützt ist. Der ohne Antrag erteilte Erbschein kann vom Antragsteller ausdrücklich oder stillschweigend genehmigt werden;[292] geschieht dies nicht, müsste er eingezogen werden (§ 2361 BGB) und die Gerichtsgebühr für die Erteilung und Einziehung müsste wegen unrichtiger Sachbehandlung niedergeschlagen werden (§ 16 KostO). **107**

10. Inhalt des Erbscheins

Es kommt auf die Art des zu erteilenden Erbscheins an (Alleinerbschein, gemeinschaftlicher Erbschein, Teilerbschein usw.). Wegen des Grundsatzes der Universalsukzession (§ 1922 BGB) können keine Erbscheine nach Gegenständen erteilt werden (also z. B. nicht, dass A das Grundstück X und B das Grundstück Y geerbt hat). Der **Alleinerbschein** lautet z. B.: Es wird bezeugt,[293] dass der am … in … verstorbene …, geb. am … in …, zuletzt **108**

---

[284] BayObLG FamRZ 1996, 1438; 1989, 1346; KG NJW 2001, 903.
[285] BayObLGZ 1982, 309/312 KG NJW 2001, 903.
[286] BayObLG FamRZ 1987, 1199; OLG Neustadt JZ 1962, 417 (Anm. Habscheid) = FamRZ 1961, 541 (Anm. Lutter).
[287] BGHZ NJW 1970, 946 (Fall der angeblichen russischen Zarentochter Anastasia).
[288] RGZ 156, 172/180; OLG Köln FGPrax 2010, 89; BayObLG FamRZ 2003, 1590/1592; BayObLGZ 1973, 28.
[289] LG München I FamRZ 1999, 959 hält es zulässig, bei einem Erbscheinsantrag auf „50,01%" des Nachlasses einen Erbschein über 50% zu erteilen.
[290] BayObLG NJW-RR 1996, 1160 = ZEV 1996, 390 (Jerschke).
[291] BayObLG NJW-RR 1990, 199/200 am Ende.
[292] BayObLG NJW-RR 1996, 1160.
[293] Unrichtig ist die teils in Formularbüchern (zB Horndasch/Viefhues/Heinemann Anhang Nr. 97) anzutreffende Formulierung. „Erbe des X ist Y." Das Wort „bezeugt" ist notwendig, weil wegen § 2353 BGB nur

wohnhaft in ...,²⁹⁴ von ... geb. am ... in ..., wohnhaft in ... *allein* beerbt worden ist. Beim **gemeinschaftlichen Erbschein** (§ 2357 BGB): ... von A zu $^1/_3$ und B zu $^2/_3$ ... Beim **Teilerbschein:** ... von A zu $^1/_3$ ... (es bleibt offen, wer Erbe der restlichen $^2/_3$ ist). Vgl. Rn 40.

109 Im Falle eines Antrags nach § 2369 Abs. 1 BGB wird hinzugefügt: „Dieser Erbschein erstreckt sich nur auf die in Deutschland befindlichen Nachlassgegenstände."²⁹⁵ Die frühere Rechtsprechung²⁹⁶ dagegen arbeitete mit einem Geltungsvermerk („erstreckt sich nicht auf den Nachlass in Rumänien").

110 Hat der Antragsteller einen **Haupt- und einen Hilfsantrag** gestellt (z. B. auf Alleinerbschein, hilfsweise auf Alleinerbschein mit Testamentsvollstreckervermerk) und wird dem Hauptantrag entsprochen, ist der Hilfsantrag weder im Tenor noch in den Gründen weiter zu erwähnen. Wird dem Hilfsantrag entsprochen, ist der Antrag im Übrigen (d. h. im Hauptantrag) abzuweisen; Kostenfolgen hat dies nicht.

Einen **„vorläufigen Erbschein"** gibt es nicht, auch nicht einen vorläufigen gemeinschaftlichen Erbschein ohne Erbquoten.²⁹⁷ Über die Möglichkeit, beim Antrag auf Erteilung eines Erbscheins nur die Berechnungsgrundlagen anzugeben, wenn der Antragsteller bestimmte Erbquoten nicht zu berechnen vermag, vgl Rn 40. Ein Erbschein kann nicht durch einstweilige Anordnung des Nachlassgerichts (§§ 49 ff) erteilt werden (Rn 129).

V. Feststellungsbeschluss

1. Ablösung des Vorbescheids

111 Nach dem FGG war zu unterscheiden: in unzweifelhaften Fällen wurde das Zeugnis „erteilt" (d. h. die Erteilung durch Verfügung **angeordnet** und dann durch Aushändigung bzw. Übersendung des Erbscheins **vollzogen**). In zweifelhaften Fällen wurde zuerst ein „Vorbescheid"²⁹⁸ erlassen, der binnen einer vom Nachlassgericht gesetzten Frist mit Beschwerde anfechtbar war. Ein Vorbescheid, mit dem eine Antragszurückweisung angekündigt wurde, war unzulässig.²⁹⁹ Das FamFG hat den **Vorbescheid** grundlos³⁰⁰ nicht übernommen; es hat sich in § 352 für eine andere Lösung entschieden. Nach dem FGG konnte das Gericht in sachlich und rechtlich zweifelhaften Fällen einen Vorbescheid erlassen oder den Erbschein erteilen; nach dem FamFG spielt die Schwierigkeit keine Rolle mehr, es kommt nur noch darauf an, ob ein Erbscheinsantrag dem erklärten Willen eines anderen Beteiligten widerspricht, mag der Fall auch völlig eindeutig sein. Andererseits darf das Nachlassgericht auch dann keinen Vorbescheid mehr erlassen oder die Wirksamkeit des Feststellungsbeschlusses aussetzen, wenn die Sache sehr schwierig ist, aber kein Beteiligter widersprochen hat.³⁰¹ Ein in einem Neuverfahren irrig noch erlassener Vorbescheid wäre also unzulässig,³⁰² eventuell in eine zulässige Entscheidungsform umzudeuten, jedenfalls vom OLG zur Klarstellung aufzuheben.³⁰³ **Übergangsrecht:** Art. 111 FGG-RG (Stichtag 1. 9. 2009).

---

ein Zeugnis erteilt wird und keine rechtskräftige Feststellung getroffen wird. Wie hier Klinger/Gregor, Prozessformularbuch Erbrecht, G I.

[294] Der Berufungsgrund („aufgrund Testaments vom 20. 4. 2000") gehört nicht in der Erbschein, wie aus dem Text des § 2353 BGB folgt; die Praxis hält sich oft nicht an diese Regel.
[295] Zur Formulierung in solchen Fällen vgl. Wittkowski RNotZ 2010, 102.
[296] BayObLG NJW-RR 1997, 201 (Rumänien); BayObLG NJW 1960, 775; KG NJW 1984, 2769 (Österreich); OLG Celle ZEV 2003, 156 (Florida); OLG Köln NJW-RR 1992, 1480; Staudinger/Schilken § 2369 Rn 6, 9.
[297] A. A. Gerken ZErb 2007, 38.
[298] BGH NJW 1996, 1284; BayObLG FamRZ 1991, 111; MünchKommBGB/Mayer § 2368 Rn 16; unstreitig.
[299] OLG Düsseldorf NJW-RR 1994, 906.
[300] BT-Druck. 16/6308 S. 280 geben keinen Grund an.
[301] Allgemeine Meinung, z. B. OLG Köln FGPrax 2011, 49; Prütting/Helms/Fröhler § 352 Rn 26; nur Firsching/Graf Rn 4259 hält den Vorbescheid noch für zulässig.
[302] Nach OLG Köln FGPrax 2010, 266 ist er jedoch unanfechtbar, da nur Zwischenentscheidung.
[303] OLG Köln FGPrax 2010, 266.

2. Unstreitige Sache; Feststellungsbeschluss

Hat kein Beteiligter (vgl. § 345) dem beantragten Erbschein widersprochen (Rn 118), hält das Nachlassgericht die Tatsachen für erwiesen, welche für die Erteilung des Erbscheins vorliegen müssen, und sind die Rechtsfragen geklärt (§ 2059 BGB), ist zunächst ein Beschluss (Inhalt und Formalien: § 38) zu erlassen, dass die zur Erteilung des beantragten Erbscheins erforderlichen Tatsachen für festgestellt erachtet werden (§ 352 Abs. 1 S. 1; „Feststellungsbeschluss"); das lehnt sich an des Wortlaut des § 2359 BGB an. Der Erbschein darf also nicht einfach ausgefertigt und ausgehändigt werden. Wenn es trotzdem geschieht ist der Erbschein wirksam; der fehlende Feststellungsbeschluss macht ihn nicht unrichtig im Sinne von § 2361 BGB. Zur Frage, ob auch das OLG einen Feststellungsbeschluss erlassen muss, vgl. Rn 157. **112**

Die **Beschlussformel** (§ 38 Abs. 2 Nr. 3) kann z. B. lauten: „Die Tatsachen, die zur Erteilung des beantragten Erbscheins erforderlich sind, werden für festgestellt erachtet. Beantragter Erbschein: Es wird bezeugt, dass der am ... verstorbene X, zuletzt wohnhaft in ..., von Y von Y ... allein beerbt worden ist." Der Tenor enthält zweckmäßigerweise bereits den Text des beabsichtigten Erbscheins, aber so formuliert, dass der Beschluss nicht mit einem Erbschein verwechselt werden kann.[304] Wird nur das Datum des seinerzeitigen Erbscheinsantrags angegeben, ist die Sache für den Laien weniger durchschaubar. **113**

Dieser Beschluss wird **mit Erlass wirksam** (§ 352 Abs. 1 S. 2), also (entgegen § 40 Abs. 1) nicht erst mit Bekanntgabe an Beteiligte. Der Beschluss bleibt in der Nachlassakte und wird weder dem Antragsteller noch einem sonstigen Beteiligten bekannt gegeben (§ 352 Abs. 1 S. 3); schon bisher war in der Akte eine Erteilungsanordnung, die teils als „Verfügung", teils als „Beschluss" überschrieben wurde. Eine Kostenentscheidung entfällt (denn die Kostentragungspflicht des Antragstellers ergibt sich ohnehin aus der KostO und ein Antragsgegner fehlt). Da kein anderer Beteiligter dem Antrag widersprochen hat, enthält der Feststellungsbeschluss keine Begründung (§ 38 Abs. 4 Nr. 2). Eine Begründung kann ferner entfallen, wenn die Beschlussformel mit Erbscheinswortlaut in Gegenwart aller Beteiligter mündlich bekannt gegeben wurde und alle Beteiligten auf Rechtsmittel verzichtet haben (§ 38 Abs. 4 Nr. 3). Anders ist es, wenn Tatbestandsmerkmale zweifelhaft sind; dann ist eine Begründung erforderlich (§ 38 Abs. 3). Dem „Feststellungsbeschluss" folgt sogleich der Vollzug, nämlich die **Erteilung des Erbscheins;** das heißt die Ausfertigung des Erbscheins und die Aushändigung bzw. Übersendung der Urschrift bzw. Ausfertigung (je nach Landesrecht) an den Antragsteller (nebst Kostenrechnung). Dem anwesenden Antragsteller kann also der Erbschein mitgegeben werden. Personen, die sich am Verfahren nicht beteiligten (z. B. weitere Miterben, wenn nur ein Miterbe den Antrag stellte), werden vom Ausgang des Verfahrens formlos verständigt (§ 15 Abs. 3). **114**

Ein Beschluss des Inhalts, dass die **Tatsachen nicht für festgestellt** erachtet werden, ist im FamFG nicht vorgesehen; er wäre umzudeuten in eine Zurückweisung des Erbscheinsantrags. Auch früher waren Vorbescheide, die die Zurückweisung eines Erbscheinsantrags ankündigten, unzulässig. **115**

3. Streitige Sache; Feststellungsbeschluss mit Aussetzung

Widerspricht der nach § 352 Abs. 1 zu erlassende Feststellungsbeschluss (oben Rn 112) dem erklärten Willen eines Beteiligten,[305] **erhält der Beschluss einen Zusatz.** Er lautet dann (§ 352 Abs. 2 S. 2). z. B. „*Die Tatsachen, die zur Erteilung des beantragten Erbscheins erforderlich sind, werden für festgestellt erachtet. Beantragter Erbschein: Es wird bezeugt, dass der am ...verstorbene X, zuletzt wohnhaft in ..., von Y ... allein beerbt worden ist. Die sofortige Wirksamkeit dieses Beschlusses wird ausgesetzt; die Erteilung des Erbscheins wird bis zur Rechtskraft dieses Beschlusses zurückgestellt.*" Erbscheintext vgl. Rn 108. Der Tenor muss den Text des beabsichtigten Erbscheins nicht unbedingt enthalten, es genügt auch die Bezugnahme auf **116**

---

[304] MünchKommZPO/J. Mayer § 352 FamFG Rn 8; Burandt/Rojahn/Kroiß, Erbrecht, § 352 Rn 27. Es darf nicht hinzugefügt werden „Der beantragte Erbschein wird erteilt", OLG Karlsruhe BeckRS 2011, 05045.
[305] Früher wurden etwa 4% der richterlichen Erbscheinssachen durch Vorbescheid entschieden; vgl. Hähnlein, Der Vorbescheid, 1990, S. 17. Der Teil der Erbscheinsverfahren, der überhaupt Probleme aufwirft, liegt bei 10 bis 12%.

einen bestimmten Antrag.[306] Jedenfalls ist darauf zu achten, dass der Feststellungsbeschluss so formuliert ist, dass die Beteiligten einerseits wissen, worum es geht und dass er andererseits nicht mit einem Erbschein verwechselt werden kann. Die Gründe für die Aussetzung des Vollzugs gehören nicht in den Tenor,[307] sondern in die Begründung des Beschlusses. Eine Kostenentscheidung kommt in Frage (§ 81). Der Beschluss muss eine Begründung enthalten (§ 38 Abs. 3 S. 1). Er ist den Beteiligten bekannt zu geben (§ 352 Abs. 2 S. 1), also nicht nur dem Widersprechenden; Zumindest demjenigen, der widersprochen hat, ist der Beschluss förmlich zuzustellen (§ 41 Abs. 1 S. 2).

117   a) **Beteiligte** in diesem Sinne sind andere Erbprätendenten, aber auch sonstige Personen (Einzelheiten vgl. § 345 Abs. 1). Hier ist vor allem § 345 Abs. 1 S. 2 Nr. 5 in seiner Unschärfe problematisch. § 352 Abs. 2 S. 2 besagt, dass der Erbschein erst nach Rechtskraft des Feststellungsbeschlusses erteilt werden darf. Der Beschluss kann aber von jedem angefochten werden, der in seinen Rechten beeinträchtigt ist (§ 59 Abs. 1), nicht nur von den Beteiligten, die das Gericht hinzugezogen hat. Sind die Adressen anderer Beteiligter nicht bekannt und kann ihnen der Beschluss daher nicht mitgeteilt werden, ist die Rechtskraft des Feststellungsbeschlusses gefährdet. Vgl. Rn 126.

118   b) **Erklärter Wille eines Beteiligten.** Falls der Feststellungsbeschluss dem „erklärten Willen" eines (oder mehrerer) Beteiligten widerspricht, dann muss eine Aussetzung der Wirksamkeit erfolgen. Wer Beteiligter ist sagt § 345. Eine gesetzliche Frist hierfür gibt es nicht, auch keine Möglichkeit der Fristsetzung durch das Nachlassgericht. Letzter Zeitpunkt ist der Erlass des Feststellungsbeschlusses. Die Erklärung kann zurückgezogen werden, aber nach Erteilung des Erbscheins nicht mehr nachgeholt werden. Der gegenläufige Wille eines Beteiligten darf nicht im Inneren eines Beteiligten geblieben sei, er muss **nach außen hervorgetreten** sein, ausdrücklich oder konkludent zum Ausdruck gebracht worden sein, sei es bei der schriftlichen Anhörung oder in einem Termin.[308] Hier genügen alle das Erbrecht des Antragstellers leugnenden Äußerungen, etwa, das Testament sei gefälscht, falls sie als Widerspruch aufzufassen sind. Ein mutmaßlicher Wille genügt nicht. Bei unklaren Äußerungen muss das Gericht durch Rückfrage ermitteln, was gemeint ist.

119   Abs. 2 verlangt nicht ausdrücklich, dass der **Widerspruch gegenüber dem Nachlassgericht** erfolgen muss; sinngemäß sind aber nur Äußerungen gegenüber dem Nachlassgericht (auch durch Vertreter) maßgebend; vgl. § 25. Es genügt jedenfalls nicht, wenn ein Dritter, z. B. ein Zeuge, dem Gericht mitteilt, der Beteiligte Y sei mit dem Erbscheinsantrag des X nicht einverstanden.

120   c) **Widerspruch eines Beteiligten.** Dass die Sach- und/oder Rechtslage schwierig ist (z. B. Testamentsauslegung, Testierfähigkeit, Testamentsfälschung) genügt nicht (mehr), ist aber auch nicht erforderlich. Ein Beteiligter muss lediglich dem zu erlassenden Feststellungsbeschluss widersprochen haben, der Wille muss also vor Erlass erklärt worden sein. Nicht notwendig ist, dass der widersprechende Beteiligte einen abweichenden Erbscheinsantrag stellt.[309] Ein solcher Antrag beinhaltet aber einen Widerspruch. Den Erbscheinsantrag des Antragstellers „soll" das Nachlassgericht den anderen Beteiligten (§ 345) in Kopie übermitteln (§ 23 Abs. 2). Die anderen Beteiligten können dazu Erklärungen abgeben (§ 25). Für die Form der Erklärung gibt es keine bestimmten Anforderungen; der Widerspruch muss nicht in der Erbscheinsverhandlung erklärt worden sein, kann auch mündlich bei der Anhörung (§§ 32, 34) oder vorher oder nachher schriftlich zum Ausdruck gebracht worden sein. Hat ein Beteiligter erst später (nämlich ab Aushändigung des Erbscheins) Einwendungen, hilft ihm nur noch ein Einziehungsverfahren (§ 2361 BGB).

121   Der Beteiligte kann seinen „Widerspruch" nach Erlass des Beschlusses **zurücknehmen;** wenn auf diese Weise der Feststellungsbeschluss vorzeitig rechtskräftig wird (vgl. § 352 Abs. 2), kann der Erbschein schon früher erteilt werden.

122   d) **Substanzlose Widersprüche.** Auch substanzlose Widersprüche zählen; der widersprechende Beteiligte muss seinen Widerspruch nicht begründen; ein Widerspruch kann

---

[306] BT-Drs. 16/6308 S. 281.
[307] So aber Horndasch/Viefhues/Heinemann § 352 Rn 31.
[308] MünchKommZPO/J. Mayer § 352 FamFG Rn 12.
[309] Bumiller/Harders § 352 Rn 27.

nicht vom Gericht durch Beschluss zurückgewiesen werden.[310] Jeder Beteiligte kann also die Erbscheinserteilung nach Belieben um einige Monate verzögern. Denkbar wäre immerhin eine Kostenauferlegung (§ 81), wobei aber die gewöhnliche Erbscheinsgebühr immer zu Lasten dessen gehen muss, dem der von ihm beantragte Erbschein erteilt wurde; nur bei den Auslagen ist es anders (Rn 159).

e) Kein Ermessen des Nachlassgerichts. Während es unter der Geltung der FGG-Vorbescheidsregelung im Ermessen des Nachlassgerichts stand, ob es bei gegensätzlichen Meinungen der Beteiligten einen Erbschein erteilte oder einen Vorbescheid erließ, ist die jetzige Regelung starr: bei Widerspruch „ist" der Feststellungsbeschluss förmlich bekannt zu geben und das Gericht „hat" die Erteilung des Erbscheins zurückzustellen. Die Qualität des Widerspruchs spielt keine Rolle. Häufig wird im Erbscheinsverfahren ins Blaue hinein behauptet, das Testament sei gefälscht, der Erblasser sei testierunfähig gewesen, ohne dass irgendwelche Anhaltspunkte dafür vorgetragen werden, so dass es auch nicht zur Einholung von Gutachten kommt.

f) Verfahren bei zwei sich widersprechenden Erbscheinsanträgen. Hier wird mit einem Feststellungsbeschluss ein Erbschein entsprechend dem Antrag des einen Beteiligten angekündigt, der andere Antrag bleibt vorerst unerledigt (ihn jetzt schon zurückzuweisen wäre unzweckmäßig). Nach Rechtskraft des Feststellungsbeschlusses bezüglich des einen Antrags wird der andere Erbscheinsantrag zurückgewiesen.

g) Bindungswirkung. Fraglich ist, ob das Nachlassgericht an seinen rechtskräftigen Feststellungsbeschluss gebunden ist. Hat sich seit dem Erlass gezeigt, dass der danach zu erteilende Erbschein wegen Unrichtigkeit (z. B. weil inzwischen ein anderes Testament aufgetaucht ist) sofort wieder einzuziehen wäre (§ 2361 BGB), dann wäre es schon aus Kostengründen (§ 16 KostO) nicht vertretbar, ihn zu erteilen und sogleich einzuziehen. Deshalb besteht keine Bindung.

h) Weiterer Ablauf; Rechtskraft. Der Beschluss ist „den Beteiligten" (§ 345) bekannt zu geben, also nicht nur dem Beteiligten, der widersprochen hat. Das sind der Antragsteller, die vom Gericht hinzugezogenen Personen und diejenigen Personen, die durch einen Antrag ihre Beteiligtenstellung erzwungen haben. Nach § 41 Abs. 1 S. 2 müsste nur an den Widersprechenden zugestellt werden, an die übrigen Beteiligten (einschließlich des Antragstellers) würde eine formlose Bekanntgabe genügen (§ 41 Abs. 1 S. 1). Zwecks eindeutiger Feststellung der Rechtskraft ist es aber angebracht, den Feststellungsbeschluss an alle Beteiligten zuzustellen. Nach Zustellung der Beschlusses, der die Feststellung mit der Aussetzung enthält, wartet das Nachlassgericht die Beschwerdefrist (§ 63; ein Monat) ab: wird keine Beschwerde eingelegt, so dass der Beschluss **rechtskräftig** geworden ist (vgl. dazu Rn 117, 137), wird er vollzogen; d. h. der Erbschein wird erteilt. Aus dem Feststellungsbeschluss wird nicht mit Rechtskraft automatisch ein Erbschein.[311] Wird Beschwerde eingelegt, wird das Verfahren dem Beschwerdegericht (OLG; § 119 Abs. 1 Nr. 1 b GVG) vorgelegt und dessen Entscheidung abgewartet. Das Nachlassgericht könnte der Beschwerde auch selbst abhelfen (§ 68 Abs. 1 S. 1). **Probleme** gibt es, wenn eine Mitteilung an einen Beteiligten nicht erfolgen kann, weil sich dessen Anschrift inzwischen geändert hat und unbekannt ist. Denn dann ist der Beschluss nicht rechtskräftig geworden. Hier kann § 63 Abs. 3 S. 2 helfen (die Erteilung des Erbscheins verzögert sich dann rund um ein halbes Jahr). Ferner stellt sich die Frage, ob einem Beteiligten, dessen Anschrift nun unbekannt ist, ein **Verfahrenspfleger** zu bestellen ist (§ 340 Nr. 1), damit dem Pfleger der Feststellungsbeschluss zugestellt werden kann und auf diese Weise schneller rechtskräftig wird. Jedenfalls ist ein Erbschein, der erteilt wird, obwohl der Feststellungsbeschluss (z. B. unerkannt) noch nicht rechtskräftig ist, weder unwirksam noch allein deswegen unrichtig und einzuziehen.

i) Wiedereinsetzung gegen Fristversäumnis. Hat der Beschwerdeführer die Monatsfrist gegen den Feststellungsbeschluss versäumt, kommt Wiedereinsetzung in Betracht (§ 17 Abs. 1); Frist und Formalien für den Wiedereinsetzungsantrag vgl. § 18; Entscheidungszuständigkeit § 19. Die Besonderheiten des Erbscheins, die sich aus seiner Gutglaubens-

---

[310] MünchKommZPO/J. Mayer § 352 FamFG Rn 13.
[311] MünchKommZPO/J. Mayer § 352 FamFG Rn 14.

funktion ergeben (§§ 2365 bis 2367 BGB), gestatten eine Wiedereinsetzung nur eingeschränkt. Ist nämlich die Monatsfrist abgelaufen und hat das Nachlassgericht hierauf im Vertrauen auf die Rechtskraft des Feststellungsbeschlusses den Erbschein erteilt und hinausgegeben, dann hilft es nichts mehr, wenn der Gegner nach Wiedereinsetzung Beschwerde gegen den Feststellungsbeschluss einlegt; der Erbschein kann ja nicht mehr rückwirkend aufgehoben werden (nur noch Einziehung nach § 2361 BGB kommt in Betracht). Eine Wiedereinsetzung kann deshalb nur bewilligt werden, wenn der Erbschein noch nicht hinausgegeben ist; andernfalls kann der Wiedereinsetzungsantrag als Anregung zu einer Einziehung des Erbscheins (§ 2361 BGB) auszulegen sein.

128   j) Erteilung des Erbscheins unter Verstoß gegen das Zurückstellungsgebot. Erteilt das Nachlassgericht einen Erbschein, obwohl es zuvor beschlossen hat, die Erteilung des Erbscheins zurückzustellen, ist der Erbschein gleichwohl wirksam. Ebenso ist es, wenn das Gericht den „erklärten Willen" eines anderen Beteiligten falsch gewürdigt und keinen Zurückstellungsbeschluss erlassen hat. Allerdings sollte bei unklaren „Widersprüchen" durch Nachfrage eine Klärung herbeigeführt werden. Im Übrigen kommt Staatshaftung in Betracht. Es wird vorkommen, dass der Feststellungsbeschluss nicht allen Beteiligten mitgeteilt wurde, etwa weil Adressen nicht ermittelt werden konnten, so dass also ein Erbschein erteilt wird, obwohl der Feststellungsbeschluss bisher **nicht allseits rechtskräftig** ist.

128a   k) Analoge Anwendung von § 352 Abs. 2 S. 2. Dafür kann ein Bedürfnis bestehen, etwa in Fällen, wo früher ein Vorbescheid erlassen wurde.[312] Vgl. § 348 Rn 79.

4. Keine Erteilung des Erbscheins durch einstweilige Anordnung.

129   Die Möglichkeit mutwilliger Verzögerung führt zur Frage, ob dem Antragsteller durch eine einstweilige Anordnung geholfen werden kann (§ 49). Erbscheine sind Zeugnisse (§ 2353 BGB), keine „vorläufigen Maßnahmen". Sie entfalten zwar keine Rechtskraft, stellen das Erbrecht nicht bindend fest, aber eine Vorläufigkeit liegt nicht in ihrem Wesen. Ein Erbschein kann somit nicht im Wege einer einstweiligen Anordnung erteilt werden,[313] sondern erst, wenn das Nachlassgericht die Tatsachen für festgestellt erachtet (§ 2359 BGB). Ein gleichwohl erteilter Erbschein wäre wirksam.

5. Vollzugshandlungen

130   a) Erteilung. § 2353 BGB sagt, dass das Nachlassgericht einen Erbschein zu „erteilen" hat. Daher fragt sich, worin genau die Erteilung im Rechtssinne besteht und ab wann er „erteilt" ist. Das ist im einzelnen umstritten;[314] teils[315] wird eine Erteilung erst angenommen, wenn die Bekanntmachung des Erbscheins (nicht schon: des Feststellungsbeschlusses) an alle Antragsteller erfolgte; nach zutreffender h. M.[316] ist er erteilt, sobald er in Urschrift oder Ausfertigung dem Antragsteller, bei mehreren Antragstellern einem davon, ausgehändigt oder übersandt wurde. Die Hinausgabe von Fotokopien oder „beglaubigten Abschriften" des Erbscheins stellt keine Erteilung dar, da sie im Gegensatz zur Ausfertigung nicht der Einziehung gemäß § 2361 BGB unterliegen.

131   b) Mitteilungen. Nach Erlass bzw. Rechtskraft des Feststellungsbeschlusses wird der Erbschein als Zeugnis hergestellt und (je nach Landesrecht) im Original oder als beglaubigte Ausfertigung an den Antragsteller hinausgegeben. Gegebenenfalls erfolgt die Mitteilung einer beglaubigten Erbscheinsabschrift an das Finanzamt – Erbschaftsteuerstelle,[317] mit beglaubigter Abschrift des Testaments,[318] der Eröffnungsniederschrift und des vom Antrag-

---

[312] OLG Köln FGPrax 2011, 49.
[313] BT-Drs. 16/6308 S. 349; MünchKommZPO/J. Mayer § 352 FamFG Rn 16.
[314] Vgl. Zimmermann, Erbschein und Erbscheinsverfahren, Rn 288.
[315] Früher BayObLG 22, 104; Wiegand JuS 1975, 283/5; Firsching NJW 1955, 1540/1541.
[316] OLG Karlsruhe BeckRS 2011, 05045; BayObLG 1960, 267/270; Staudinger/Schilken § 2353 Rn 62; RGRK/Kregel § 2352 Rn 21; MünchKommZPO/J. Mayer § 352 FamFG Rn 18; a. A. Lange/Kuchinke § 39 VII 7.
[317] Die Mitteilung entfällt, wenn offensichtlich keine Erbschaftsteuer angefallen ist, also z. B. bei Reinnachlass unter 20 000 Euro; § 7 IV ErbStDV.
[318] § 7 I ErbStDV.

steller zur Gebührenberechnung eingereichten Nachlassverzeichnisses (§ 7 Abs. 3 Nr. 4 ErbSchStDV);[319] an das Grundbuchamt (falls Grundstücke im Nachlass sind; § 83 GBO[320]); Registergericht – Handelsregister (falls der Erblasser Inhaber oder Teilhaber einer ins Handelsregister eingetragenen Firma usw. gewesen ist);[321] an das Familiengericht gemäß § 1640 BGB, § 356 Abs. 1;[322] an Vermächtnisnehmer; an ein Konsulat (in bestimmten Auslandsfällen[323]); eventuell Rücksendung der Personenstandsurkunden (nicht aber des Testament und der Sterbeurkunde), nach Anfertigung beglaubigter Abschriften für die Nachlassakte; Kostenansatz. Spätestens jetzt ist eine Nachlasspflegschaft (§ 1960 BGB) aufzuheben.[324]

Der Antragsteller erhält so viele **Ausfertigungen** wie er beantragt;[325] er muss kein **132** besonderes Rechtsschutzinteresse an den Mehrstücken nachweisen.

VI. Zurückweisung des Erbscheinsantrags

Liegen die formellen und/oder materiellen Voraussetzungen nicht vor und sind sie auch **133** nicht demnächst behebbar, weist das Gericht den Antrag durch Beschluss (§ 38) zurück. Beispiele: Der Antragsteller ist nicht Erbe (Testamentsauslegung ergibt kein Erbrecht für den Antragsteller; Testament ist unwirksam, erfolgreich angefochten); der Erbscheinsantrag passt nicht zur beabsichtigten Entscheidung (falsche Erbquoten, fehlender Nacherbenvermerk; kein Testamentsvollstreckervermerk im Antrag) und der Antragsteller hat trotz Zwischenverfügung seinen Antrag nicht geändert. Auch wenn sich der Antragsteller ohne triftigen Grund weigert, die Richtigkeit seiner Angaben eidesstattlich zu versichern, obwohl es notwendig wäre, so ist der Erbscheinsantrag als „unzulässig" zurückzuweisen.[326] Eine Begründung des Beschlusses ist in der Regel notwendig (§ 38 Abs. 2, 3). Eine Kostenerstattungsanordnung nach § 81 kann in Frage kommen. Der Beschluss wird dem Antragsteller zugestellt (§ 41 Abs. 1 S. 2). Den anderen Beteiligten wird der Beschluss formlos bekanntgegeben (§ 41 Abs. 1 S. 1). Eine Rechtsmittelbelehrung ist beim Antragsteller beizufügen (§ 39). Rechtsmittel ist die befristete Beschwerde (§ 58 FamFG; § 11 RPflG), worüber das OLG entscheidet (§ 119 Abs. 1 Nr. 1 b GVG).

VII. Zwischenverfügung

Sie ist im FamFG nicht ausdrücklich genannt. Das Gericht hat im Antragsverfahren auf **134** die Stellung sachdienlicher Anträge hinzuwirken (§ 28 Abs. 2) und auf rechtliche Gesichtspunkte hinzuweisen, die es anders beurteilt als die Beteiligten (§ 38 Abs. 1 S. 2). Deshalb sind Hinweise auf fehlende Unterlagen (z. B. Personenstandsurkunden) sowie sonstige behebbare Mängel des Antrags zulässig und erforderlich.[327] Üblich ist eine Fristsetzung; die Frist ist verlängerbar; Sanktion ist, dass nach fruchtlosem Fristablauf der Antrag zurückgewiesen wird. Doch besteht keine Bindung des Nachlassgerichts; denkbar wäre deshalb auch, dass dem Antrag stattgegeben wird, obwohl die Hindernisse nicht beseitigt wurden, weil das Nachlassgericht inzwischen seine Meinung geändert hat. Eine Kostenentscheidung entfällt. Der Beschluss wird formlos mitgeteilt. Da dieser Beschluss in der Regel keine Endentscheidung darstellt, ist er mit Beschwerde nicht anfechtbar (§ 58); anders war es teilweise[328] unter der Geltung von § 19 Abs. 1 FGG. **Vorbescheide** sind unter geltung des FamFG nicht mehr zulässig (Rn 111).

---

[319] Ziffer XVII/2 (1) Nr. 1, 2, (2), (3) Nr. 6 der Anordnung über Mitteilungen in Zivilsachen (MiZi).
[320] Ziffer XVII/4 MiZi.
[321] Vgl. § 12 HGB; Ziffer XVII/4 MiZi.
[322] Die Mitteilung erfolgt, wenn ein Kind 15 000 € oder mehr geerbt hat.
[323] Ziffer XVII/8 MiZi.
[324] BayObLG NJW-RR 2002, 1518.
[325] LG Köln Rpfleger 1969, 350; MünchKommZPO/J. Mayer § 352 FamFG Rn 19 (für Beschränkung auf „überschaubare Zahl").
[326] OLG Frankfurt FamRZ 1996, 1441.
[327] MünchKommZPO/J. Mayer § 352 FamFG Rn 20; Prütting/Helms/Fröhler § 352 Rn 24.
[328] Vgl Kahl 15. A. § 19 FGG Rn 9.

VIII. Rechtsmittel gegen die Entscheidung des Nachlassgerichts

1. Allgemeines

135 Das FamFG hat die unbefristete Beschwerde des FGG abgeschafft; jetzt ist die Beschwerde nach §§ 58 ff. befristet (Frist: ein Monat, § 63; andere Frist: § 63 Abs. 1 „soweit"); daneben gibt es noch Fälle, in denen eine sofortige Beschwerde nach ZPO-Regeln statthaft ist (Frist: zwei Wochen, § 569 ZPO). Hat der Rechtspfleger entschieden ergibt sich die Statthaftigkeit der Beschwerde (Erinnerung) aus § 11 Abs. 1 RPflG in Verbindung mit §§ 58 ff.; hat der Richter entschieden, kommen §§ 58 ff. unmittelbar zur Anwendung. Eine Abhilfe ist möglich (§ 68). Außerdem muss ein Beschwerdewert von 600,01 € erreicht sein[329] oder eine Zulassung durch das Nachlassgericht (§ 61). Als Beschwerdewert wird man, wenn es um einen Alleinerbschein geht, das Reinvermögen annehmen können, beim gemeinschaftlichen Erbschein den entsprechenden Bruchteil des Vermögens; geht es nur um Nacherbfolgen oder Testamentsvollstreckervermerke ist der Wert geringer. **Übergangsrechtsrecht** (Stichtag 1. 9. 2009): Art. 111 FGG-RG (für Altfälle gilt das FGG und die Zuständigkeit des LG als Beschwerdegericht).

136 Die Beschwerde ist statthaft gegen die im ersten Rechtszug ergangenen **Endentscheidungen** (§ 58 Abs. 1); darunter fällt auch die teilweise Erledigung des Verfahrensgegenstandes (§ 38 Abs. 1 S. 1). Grundsätzlich darf also die zweite Instanz nicht tätig werden, wenn nicht die erste Instanz (Nachlassgericht) zuvor über den Verfahrensgegenstand ganz oder teilweise entschieden hat. Die Einlegung einer Beschwerde im Voraus, „falls mein Antrag abgelehnt werden sollte", ist unzulässig.[330]

2. Entscheidungen

137 **a) Feststellungsbeschluss.** Der Feststellungsbeschluss (Rn 112) ist zwar an sich nur eine Zwischenentscheidung,[331] unterliegt aber sinngemäß der befristeten Beschwerde (§§ 58, 63). Beschwerdeberechtigt ist nur, wer in seinen Rechten beeinträchtigt ist (§ 59 Abs. 1); das ist derjenige, der durch die anschließende Erteilung des Erbscheins in seinen Rechten unmittelbar beeinträchtigt wird.[332] Das Beschwerderecht ist nicht auf diejenigen Personen beschränkt, die das Gericht von sich aus oder auf deren Antrag hinzugezogen hat, also zu formell Beteiligten gemacht hat (Rn 117). Die Ablehnung eines Feststellungsbeschlusses ist in der Regel als missglückte Formulierung der Zurückweisung eines Erbscheinsantrags auszulegen.

138 **b) Erteilter Erbschein.** Der Erbschein ist ab Erteilung (Rn 130) nicht mehr mit Beschwerde anfechtbar. Nur noch das Einziehungsverfahren (§ 2361 BGB) ist zulässig (Rn 139). Eine „Beschwerde" ist nur insoweit zulässig, als die Einziehung des Erbscheins „beantragt" wird (§ 352 Abs. 3); Ziel der befristeten Beschwerde ist dann, dass das OLG das Nachlassgericht zur Einziehung des Erbscheins anweist.[333] **Abs. 3** verzichtet auf den Umweg, dass der Antragsteller zunächst die Einziehung beim Nachlassgericht anregt, dort die Zurückweisung seines Antrags abwartet („Beharrungsbeschluss") und dann erst Beschwerde einlegen kann; denn wenn das Nachlassgericht zuvor einen Erbschein erteilt hat, wird es ihn nicht sogleich wieder einziehen, wenn nicht neue Tatsachen oder Argumente gebracht werden; der Umweg wäre formalistisch und zeitraubend.

139 Statt der Beschwerde oder nach Ablauf der Beschwerdefrist kann beim Nachlassgericht eine Einziehung des Erbscheins (§ 2361 BGB) angeregt werden. Daneben ist eine **Klage nach § 2362** BGB möglich.

140 Hat der **Rechtspfleger** entschieden, ist, wenn die Richterentscheidung unanfechtbar wäre (§ 11 Abs. 2 RPflG), jedenfalls die Erinnerung statthaft. Da der erteilte Erbschein

---

[329] Prütting/Helms/Fröhler § 352 Rn 27; Bumiller/Harders § 352 Rn 31; a. A. Hornsdach/Viefhues/Heinemann § 352 Rn 40, da der Erbschein nicht nur vermögensrechtliche Bedeutung habe.
[330] BayObLG FamRZ 1999, 100.
[331] A. A. Lettau, Gegenstand und Statthaftigkeit der Beschwerde ... (2010) S. 74: Endentscheidung.
[332] OLG Köln FGPrax 2010, 194.
[333] BT-Drs. 16/6308 S. 281.

(des Richters oder Rechtspflegers) unanfechtbar ist, ebenso die vollzogene Einziehung und Kraftloserklärung, könnte man wegen § 11 Abs. 2 RPflG annehmen, dass wenigstens die Erinnerung statthaft ist, wenn der Rechtspfleger den Erbschein erteilt bzw. die Einziehung angeordnet hat. § 11 Abs. 3 RPflG stellt klar, dass es in diesen Fällen keine Erinnerung gibt.

Zur Beschwerde gegen einen **eingezogenen Erbschein** vgl. § 353. **141**

c) Zurückweisung des Antrags. Die Zurückweisung des Antrags auf Erteilung eines **142** Erbscheins unterliegt ebenfalls der befristeten Beschwerde (§§ 58, 63). **Beschwerdeberechtigt** ist nur, wer in seinen Rechten beeinträchtigt ist (§ 59 Abs. 1) und zusätzlich in erster Instanz den Antrag gestellt hat (§ 59 Abs. 2). Die Ablehnung des Antrags allein gibt keine Beschwerdeberechtigung, wenn kein Antragsrecht bestand (z. B. beim Erbscheinsantrag des Vermächtnisnehmers), selbst wenn eine Rechtsbeeinträchtigung vorliegen sollte. Beschwerdeberechtigt ist aber auch, wer einen gleichgelagerten Erbscheinsantrag beim Nachlassgericht hätte stellen können, also antragsberechtigt gewesen wäre;[334] diese Ausdehnung durch die Rechtsprechung erfolgte bei § 20 Abs. 2 FGG und sollte weiterhin aufrechterhalten werden; denn sie hat prozessökonomische Gründe (es ist unnötig, nochmals ein gleichgerichtetes Antragsverfahren ablaufen zu lassen, wenn dessen Misserfolg schon feststeht). Beantragt A einen gemeinschaftlichen Erbschein und wird dies abgelehnt, ist daher auch jeder Miterbe beschwerdeberechtigt.[335]

In der Beschwerdeinstanz kann nur der beim Nachlassgericht gestellte **Antrag weiter 143 verfolgt** werden, denn nur darüber liegt eine Entscheidung erster Instanz (§ 58) schon vor;[336] das ist allgemeine Meinung. So ist es z. B., wenn in erster Instanz ein Alleinerbschein beantragt und abgelehnt wird und nun mit der Beschwerde ein Alleinerbschein mit Testamentsvollstreckervermerk oder mit Nacherbenvermerk begehrt wird. Wenn allerdings alle Beteiligten damit einverstanden sind, dass das OLG entscheidet und nicht zurückverwiesen wird, sehe ich keine durchgreifenden Bedenken gegen die Zulassung einer **Antragsänderung in der Beschwerdeinstanz.** Wird die Beschwerde mit dem **neuen Antrag** beim Nachlassgericht eingereicht, kann der **Nichtabhilfebeschluss** (§ 68 Abs. 1 S. 1) des Nachlassgerichts eine solche Entscheidung erster Instanz sein.

Die „**Nichtabhilfe**" ist allerdings, berücksichtigt man die Willensrichtung des Nachlass- **144** gerichts, in der Regel nicht als Ablehnung des erstmals mit der Beschwerde gestellten Erstantrags auszulegen.[337] Sollte sich die Nichtabhilfe ausdrücklich mit dem neuen Antrag befassen, könnte sie zwar als Entscheidung ausgelegt werden; doch dann fehlt eine Beschwerde hiergegen.[338] Derselbe Schriftsatz kann nicht Erstantrag und zugleich (bedingt) Beschwerde für den Fall der Ablehnung des Erstantrags sein.[339]

Denkbar ist, dass jemand nur gegen einen **Teil der Entscheidung** des Nachlass- **145** gerichts Beschwerde einlegt; dies ist nur möglich, wenn der Verfahrensgegenstand teilbar ist.[340] Erbscheinsanträge verschiedener Beteiligter sind trennbar. Hat A einen Haupt- und einen Hilfserbscheinsantrag gestellt und werden beide Anträge abgelehnt, kann A seine Anfechtung in der Regel auf die Zurückweisung eines der beiden Anträge beschränken.

War ein Erbscheinserteilungs- oder Einziehungsverfahren erfolglos, kann u. U. mit einer **Erbenfeststellungsklage** vor dem Prozessgericht (§ 256 ZPO) die Sache nochmals aufgerollt werden;[341] die Rechtskraft des Beschlusses im Erbscheinsverfahren steht nicht entgegen.

---

[334] BGH NJW 1993, 662; BGHZ 30, 220; KG NJW-RR 1998, 1021; BayObLG FamRZ 1996, 186 – jew. zu § 20 Abs. 2 FGG.
[335] BGH NJW 1959, 1729; BayObLG NJW-RR 1988, 87; KG NJW-RR 1990, 1292; a. A. Bassenge Rpfleger 1981, 92. Problematisch wegen des Beginns der Beschwerdefrist.
[336] OLG Köln NJWE-FER 2000, 187; Burandt/Rojahn/Kroiß § 352 Rn 5.
[337] Vgl BayObLG Rpfleger 1982, 292; OLG Hamburg Rpfleger 1982, 293.
[338] BayObLG FamRZ 1999, 64 hält es für möglich, in bestimmten Fällen gleichwohl den Antrag zum Gegenstand eines Beschwerdeverfahrens zu machen.
[339] BayObLG FamRZ 1999, 100.
[340] Vgl Kahl 15. A. § 21 FGG Rn 7.
[341] BGH ZEV 2010, 468 mit Nachw. Einzelheiten vgl Zimmermann ZEV 2010, 457.

146 **d) Weitere anfechtbare Entscheidungen.**[342] Als anfechtbare Endentscheidungen (§§ 38 Abs. 1, 58 Abs. 1) sind auch anzusehen: Berichtigung und Ablehnung der Berichtigung oder Ergänzung des Erbscheins; ein Beschluss, durch den ein Antrag, die eidesstattliche Versicherung zu erlassen (§ 2356 Abs. 2 S. 2 BGB), ausdrücklich zurückgewiesen wird,[343] dürfte weiterhin als anfechtbare Endentscheidung aufzufassen sein. Verlangt das Nachlassgericht durch Beschluss die eidesstattliche Versicherung, dürfte dies ebenfalls anfechtbar sein.[344] Anfechtbar sind ferner Ablehnung der Fortsetzung eines Erbscheinsverfahrens nach einem angefochtenen Vergleich über das Antragsrecht;[345] Aussetzung des Erbscheinsverfahrens wegen eines schon anhängigen Zivilprozesses über das Erbrecht (anfechtbar gemäß § 21 Abs. 2 nach ZPO-Regeln, nicht nach § 58); Ablehnung der Verfahrenskostenhilfe (§ 76 Abs. 2, nach ZPO-Regeln); Kosten- und Auslagenentscheidungen, auch als Teil der Hauptsache, sind anfechtbar, falls der Beschwerdewert (§ 61) erreicht ist. Wird der **Sachverständige abgelehnt** und die Ablehnung vom Nachlassgericht zurückgewiesen, ist dagegen die sofortige Beschwerde eröffnet (§ 30 Abs. 1 FamFG, §§ 406 Abs. 5, 41, 569 ZPO).

147 **e) Zwischenverfügungen.** Sie sind in der Regel keine Endentscheidungen und daher im teilweisen Gegensatz zur früheren Rechtslage (vgl. § 19 FGG) nicht mehr mit befristeter Beschwerde anfechtbar.[346] Anders ist es, wenn dadurch eine teilweise Erledigung des Verfahrensgegenstandes erfolgt (§ 38 Abs. 1). Wenn vom Antragsteller kosten- und zeitaufwändig weitere öffentliche Urkunden gefordert werden, fragt sich, ob der Antragsteller erst gegen die Zurückweisung seines Erbscheinsantrags vorgehen kann oder bereits gegen die Zwischenverfügung; letzteres ist zu bejahen. Verfügungen, die nur unverbindliche Meinungsäußerungen enthalten, oder rechtliche Hinweise, sind nicht anfechtbar. Ergeht unter Geltung des FamFG unzulässigerweise noch ein Vorbescheid (Rn 111), ist er (als Zwischenentscheidung) unanfechtbar,[347] aber ohne rechtliche Bedeutung.

148 **f) Weitere nicht anfechtbare Entscheidungen.** Anfechtbarkeit fehlt, wenn der Verfahrensgegenstand nicht ganz oder teilweise erledigt wurde (§ 38 Abs. 1 S. 1). Sie fehlt ferner, wenn der Beschwerdewert (§ 61) nicht erreicht ist. Unanfechtbar sind z. B. die Nichtabhilfeverfügung,[348] rechtliche Hinweise, Beweis- und Ladungsanordnungen,[349] wenn sie nicht in subjektive Rechte eingreifen; Aushändigung des Erbscheins; Ablehnung der Aktenübersendung in die Kanzlei (§ 13 Abs. 4 S. 3); Ablehnung des Erlasses eines Erbenaufgebots nach § 2358 Abs. 2 BGB, weil dies nur eine Zwischenentscheidung sein soll.[350]

149 Hat der **Rechtspfleger** entschieden und wäre gegen die Entscheidung, hätte sie der Richter erlassen, ein Rechtsmittel nicht gegeben, ist gegen die Rechtspflegerentscheidung die befristete Erinnerung statthaft (§ 11 Abs. 2 RPflG). So ist es etwa, wenn der Beschwerdewert nicht erreicht ist. Die Ausnahme gilt aber nicht in den Fällen des § 11 Abs. 3 RPflG; ist der Erbschein vom Rechtspfleger erteilt worden, findet also keine Erinnerung statt.

3. Beschwerdeberechtigung

150 Nach § 59 Abs. 1 steht die Beschwerde demjenigen zu, der durch den Beschluss in seinen „Rechten" beeinträchtigt ist, also nicht nur den Beteiligten erster Instanz, aber auch nicht jedermann. Fehlt die Beschwerdeberechtigung, ist die Beschwerde unzulässig. Im Erbscheinsverfahren ist jeder beeinträchtigt, der geltend macht, dass seine erbrechtliche Stellung in dem Erbschein nicht oder nicht richtig ausgewiesen werde, also z. B. der wirkliche Erbe gegen die Ankündigung der Erteilung eines Erbscheins an den Nichterben.

---

[342] Vgl Kammerlohr JA 2003, 580.
[343] Anfechtbar: OLG München NJW-RR 2007, 665.
[344] OLG Hamm NJW-RR 1992, 1483 zum FGG.
[345] OLG Stuttgart MDR 1984, 403.
[346] Horndasch/Viefhues/Heinemann § 352 Rn 25; Bahrenfuss/Schaal § 352 Rn 24; Prütting/Helms/Fröhler § 352 Rn 19.
[347] OLG Köln FGPrax 2010, 266.
[348] OLG Brandenburg FGPrax 2000, 256.
[349] Kahl 15. A. § 19 FGG Rn 5.
[350] LG Frankfurt Rpfleger 1984, 191.

Beeinträchtigt kann auch jemand sein, der selbst im Erbschein nicht aufzuführen ist, wie z. B. der Erwerber des Nacherbenanwartschaftsrechts.[351] Die bloße Behauptung von Verfahrensfehlern, die keine Auswirkung auf die erbrechtliche Stellung haben, genügt nicht.[352] Wird ausländisches Erbrecht angewandt, ist ebenfalls § 59 heranzuziehen; ob tatsächlich ein Recht des Beschwerdeführers beeinträchtigt ist, richtet sich nach dem Erbstatut (d. h. dem ausländischen Erbrecht; Art. 25 EGBGB).[353]

Beispiele. Beschwerdeberechtigt gegen die Anordnung der Erteilung eines Erbscheins bzw. gegen dessen Ablehnung sind: wer behauptet, Erbe zu sein, aber nicht im Erbschein „vermerkt" zu sein; wer im Erbschein zu Unrecht als Erbe ausgewiesen ist mit der Behauptung, der ursprünglich gewünschte Erbschein sei unrichtig;[354] der richtige Miterbe, wenn falsche Personen als Miterben ausgewiesen sind;[355] der Erbe des Erben;[356] Erwerber und Pfandgläubiger des Erben;[357] Ersatzerben;[358] Nachlassgläubiger, wenn sie einen Vollstreckungstitel haben;[359] Testamentsvollstrecker; Nacherben, wenn ihre Rechtsstellung nicht genannt ist.[360] Zur Beschwerdeberechtigung bei Einziehung eines Erbscheins vgl. § 353 Rn 23.

4. Beschwerdegericht; Beschwerdeverfahren

Über die befristete Beschwerde entscheidet das **OLG** (§ 119 Abs. 1 Nr. 1 b GVG). Eine Konzentration auf bestimmte Oberlandesgerichte gibt es seit Abschaffung des FGG nur mehr in Rheinland-Pfalz (OLG Zweibrücken, seit 31. 12. 2009, gemäß § 4 Abs. 3 GerOrgG RP) und für die weitere Beschwerde nach der KostO in Bayern (Art. 11 a BayAGGVG: OLG München).[361] Das BayObLG ist ohnehin bereits seit 2005/2006 aufgelöst. **Übergangsrecht** vgl. Art. 111 FGG-RG (Stichtag 1. 9. 2009).

Das Beschwerdegericht bewegt sich innerhalb des Verfahrensgegenstandes, also der vorliegenden Erstentscheidung und des Rahmens, den der Beschwerdeführer mit der Anfechtung und seinem Beschwerdeziel steckt. Eine mündliche Verhandlung ist nicht zwingend notwendig.[362]

Während im allgemeinen die Kompetenz der zweiten Instanz sich mit der der ersten Instanz deckt, ist das bei Erbscheinssachen aus historischen Gründen nicht der Fall: das OLG kann selbst keine Erbscheine erteilen oder einziehen (§ 2353 BGB und § 2361 BGB nennen nur „das Nachlassgericht"); hier kann das OLG nur das Nachlassgericht entsprechend anweisen. Das Beschwerdegericht kann das Nachlassgericht nicht zur Erteilung eines Erbscheins anweisen, für den ein Erbscheinsantrag bisher nicht gestellt ist.

Umstritten ist, ob das Beschwerdegericht einen beanstandeten Erbschein auch insoweit auf seine Unrichtigkeit **überprüfen** darf, als die Rechtsstellung des Beschwerdeführers von einer solchen Unrichtigkeit unberührt bleibt. Die hM[363] bejaht die Prüfungspflicht: alle Gesichtspunkte, die geeignet sind, die Unrichtigkeit des Erbscheins zu begründen, habe das OLG auch dann zu prüfen, wenn der Beschwerdeführer selbst durch eine Unrichtigkeit des Erbscheins insoweit nicht beschwert sein kann.

Das Beschwerdegericht ist bei der Entscheidung über eine Beschwerde in einem Erbscheinsverfahren **nicht** an seine Rechtsauffassung in anderen Beschwerdeverfahren **gebunden;** es kann also seine Rechtsmeinung ändern. Es ist aber an die Rechtsauffassung gebunden, die es in Bezug auf diesen Erbscheinsantrag bei einer Zurückverweisung zugrunde

---

[351] OLG Schleswig ZEV 2010, 574.
[352] OLG Köln FGPrax 2010, 194.
[353] BayObLG NJW 1988, 2745; Lange/Kuchinke § 39 II 8.
[354] BayObLG FamRZ 2003, 777; BayObLG FamRZ 1984, 1268; KG NJW 1960, 1158.
[355] BayObLGZ 1974, 401.
[356] BayObLG FamRZ 1992, 728.
[357] BayObLGZ 1973, 224/6.
[358] BayObLG ZEV 1995, 256.
[359] BayObLG FamRZ 1999, 817.
[360] BayObLG FamRZ 1996, 1304.
[361] Burandt/Rojahn Erbrecht FamFG § 58 Rn 4.
[362] OLG Düsseldorf BeckRS 2011, 08120.
[363] BayObLG NJW-RR 2000, 962; NJW-RR 1997, 389; FamRZ 1985, 312; NJW 1970, 1424; LG Stuttgart Rpfleger 1996, 159; Staudinger/Schilken § 2353 Rn 87. A. A. OLG Brandenburg FamRZ 1999, 1619; OLG Hamm OLGR 2000, 66; Jansen NJW 1970, 1424.

legte; ebenso an die Rechtsauffassung des BGH, wenn dieser die Sache an das OLG zurückverwies. Es ist nicht an die Rechtsauffassung gebunden, die es selbst oder das Rechtsbeschwerdegericht in einem Verfahren vertreten haben, das zwar denselben Nachlass, aber einen anderen Erbscheinsantrag betraf.[364] Das Verbot der **Verschlechterung** (reformatio in peius) gilt auch im Erbscheinsverfahren.[365]

156 Am Beschwerdeverfahren sind die **Beteiligten** im Sinne des § 345 zu beteiligen, auch wenn das Nachlassgericht dagegen verstoßen hatte. Wurde der Antrag des testamentarischen Erben abgelehnt und will das Beschwerdegericht das Nachlassgericht zur Erteilung des Erbscheins anweisen, so hat es die gesetzlichen Erben, die in erster Instanz diesem Erbscheinsantrag widersprochen hatten, am Beschwerdeverfahren zu beteiligen.[366] Auch wenn in erster Instanz über einen Erbscheins- oder Einziehungsantrag nicht mündlich verhandelt wurde, muss in der Beschwerdeinstanz nicht zwingend mündlich verhandelt werden, § 68 Abs. 2 S. 2 ist insoweit missverständlich.[367]

157 Zur unmittelbaren Erteilung eines Erbscheins kommt es nach § 352 nur noch, wenn kein Beteiligter widersprochen hat. Will das **OLG** auf Beschwerde gegen die Antragszurückweisung den begehrten Erbschein erteilen, dann hat es daher, wenn ein Beteiligter im Beschwerdeverfahren widerspricht, grundsätzlich ebenfalls einen Feststellungsbeschluss mit Aussetzung der sofortigen Wirksamkeit zu erlassen (§ 353 Abs. 2). Das entfällt, wenn der Beschluss rechtskräftig ist. Ein Rechtsmittel gegen den Beschuss des OLG ist nicht gegeben, wenn die Rechtsbeschwerde vom OLG nicht zugelassen wurde (§ 70); eine Nichtzulassungsbeschwerde gibt es nicht. Wird die Rechtsbeschwerde nicht zugelassen, entfällt somit die Aussetzung der sofortigen Wirksamkeit. Das OLG kann also im selben Beschluss das Nachlassgericht zur Erteilung eines bestimmten Erbscheins anweisen und die Zulassung der Rechtsbeschwerde verweigern; dann entfällt ein (daher nicht sinnvoller) Feststellungsbeschluss, trotz Widerspruch eines anderen Beteiligten.

5. Rechtsbeschwerde

158 Das FamFG hat den Instanzenzug AG – LG – OLG abgeschafft; eine weitere Beschwerde gibt es nicht mehr. Gegen den Beschwerdebeschluss des OLG ist nur noch die Rechtsbeschwerde zum BGH (§ 133 GVG) statthaft, aber nur, wenn sie vom OLG zugelassen wurde (§§ 70 ff.). Eine Nichtzulassungsbeschwerde ist nicht vorgesehen. Bei Zulassung kann die Rechtsbeschwerde nur durch einen beim BGH zugelassenen Rechtsanwalt eingelegt werden.

6. Verfassungsbeschwerde

158 a Die Verfassungsbeschwerde gegen eine letztinstanzliche Entscheidung im Erbscheinsverfahren ist im Hinblick auf den Grundsatz der Subsidiarität unzulässig, wenn die Möglichkeit besteht, das Erbrecht im streitigen Verfahren durch Urteil[368] feststellen zu lassen.[369]

IX. Kosten

159 **Gerichtsgebühren:** §§ 49, 107 KostO;[370] Verfahrenskostenhilfe ist möglich, § 76, auch (als vorläufige Gebührenfreiheit) vor dem Notar (§ 17 Abs. 2 KostO). Wird die eidesstattliche Versicherung erlassen[371] (§ 2356 Abs. 2 S. 2 BGB), führt das zum Wegfall der Gebühr nach § 49 KostO. Die Höhe der Gebühren richtet sich nach dem Wert des Nachlasses; die Wertberechnung erfolgt nach §§ 18 ff. KostO. Der Wert wird von Amts wegen ermittelt; Grundlage sind die Angaben des Antragstellers. Eine Festsetzung des Wertes kann durch

---

[364] BayObLG NJW-RR 1998, 798 = ZEV 1998, 472 (Lorenz).
[365] OLG Hamm OLGZ 1967, 71/73.
[366] BayObLG FamRZ 1997, 218.
[367] OLG Schleswig FamRZ 2010, 1178 = FGPrax 2010, 106 mit Anmerkung Sternal.
[368] Z. B. durch Erbenfeststellungsklage, vgl Zimmermann ZEV 2010, 457.
[369] BVerfG NJW-RR 2005, 1600.
[370] Dazu Zimmermann ZAP 1/2007.
[371] Einzelheiten vgl. Zimmermann ZErb 2008, 151.

Beschluss erfolgen (§ 31 KostO). Die Kosten einer Beweisaufnahme können einem Beteiligten ganz oder teilweise auferlegt werden, wenn er durch Unterlassen der Wertangabe die Abschätzung veranlasst hat (§ 31 Abs. 2 S. 2 KostO). Das Nachlassgericht kann Vorauszahlung der Gebühren bzw. Auslagen verlangen (§ 8 KostO).

Schuldner: Wer die gerichtliche **Gebühr** zu tragen hat ergibt sich aus § 2 Nr. 1 KostO (der Antragsteller ist Schuldner). Dasselbe gilt für die gerichtlichen **Auslagen** (§ 137 Nr. 6 KostO; z. B. für Sachverständigengutachten zur Echtheit des Testaments, zur Testierfähigkeit; für Zeugen; vgl JVEG).[372] Eine abweichende Kostenentscheidung des Gerichts ist bezüglich der Auslagen aber möglich (§ 81 FamFG) und dann zweckmäßig, wenn der Antragsgegner durch mutwillige Beweisanregungen Gutachterkosten veranlasst hat. Die Gerichtsgebühr für den Erbschein dagegen kann dem Antragsgegner nicht auferlegt werden. 160

Beschwerdeverfahren: Es gilt § 131 KostO, über § 1962 BGB auch § 131 Abs. 5 KostO. 161

Anwaltsgebühren: Vor dem Nachlassgericht Nr. 3100, 3104 VV RVG; im Beschwerdeverfahren Nr. 3500, 3513 VV RVG (also jeweils nur 0,5).[373] 162

Die Frage, ob ein Beteiligter einem anderen **Kosten zu erstatten** hat richtet sich nach §§ 80 ff.[374] 163

Einziehung oder Kraftloserklärung von Erbscheinen

353 (1) ¹In Verfahren über die Einziehung oder Kraftloserklärung eines Erbscheins hat das Gericht über die Kosten des Verfahrens zu entscheiden. ²Die Kostenentscheidung soll zugleich mit der Endentscheidung ergehen.

(2) ¹Ist der Erbschein bereits eingezogen, ist die Beschwerde gegen den Einziehungsbeschluss nur insoweit zulässig, als die Erteilung eines neuen gleichlautenden Erbscheins beantragt wird. ²Die Beschwerde gilt im Zweifel als Antrag auf Erteilung eines neuen gleichlautenden Erbscheins.

(3) Ein Beschluss, durch den ein Erbschein für kraftlos erklärt wird, ist nicht mehr anfechtbar, nachdem der Beschluss öffentlich bekannt gemacht ist (§ 2361 Abs. 2 Satz 2 des Bürgerlichen Gesetzbuchs).

Übersicht

	Rn
I. Normzweck	1
II. Voraussetzungen der Einziehung bzw. Kraftloserklärung des Erbscheins	2
1. Allgemeines	2
a) Anwendungsbereich	2
b) Unrichtigkeit	3
c) Einziehung durch einstweilige Anordnung	4
d) Offenbare Unrichtigkeit	5
e) Frist	6
f) Wirkung der Einziehung; Kraftlosigkeit	7
2. Beschluss über die Einziehung	8
a) Sachliche Zuständigkeit	8
b) Örtliche Zuständigkeit	9
c) Funktionelle Zuständigkeit	10
d) Verfahren	11
e) Inhalt des Einziehungsbeschlusses; Vollstreckung	12
f) Ablehnung der Einziehung	13
g) Kostenentscheidung	14
III. Rechtsmittel	15
1. Allgemeines	15
2. Beschwerde gegen die Anordnung der Einziehung eines Erbscheins	17
a) Erbschein ist noch nicht eingezogen	18

---

[372] LG Saarbrücken NJW-RR 2010, 305.
[373] OLG München ZEV 2006, 366; OLG Schleswig ZEV 2006, 366; für 1,6 Ruby ZEV 2006, 367.
[374] Zur Kostenfestsetzung im Erbscheinsverfahren vgl Rohlfing ErbR 2010, 83.

	Rn
b) Einziehung des Erbscheins ist bereits erfolgt	20
c) Beschwerdeberechtigung gegen die Einziehung	23
3. Beschwerde gegen die Ablehnung der Einziehung eines Erbscheins	24
IV. Kraftloserklärung des Erbscheins	28
1. Inhalt und Bekanntmachung des Kraftloserklärungsbeschlusses	28
2. Rechtsmittel bei Kraftloserklärung	32
a) Ablehnung der Kraftloserklärung	32
b) Kraftloserklärung	33
V. Höferecht	36
VI. Kosten	37

I. Normzweck

1   Die Vorschrift regelt verfahrensrechtliche Einzelheiten der Einziehung bzw. Kraftloserklärung von Erbscheinen und über § 354 von anderen Zeugnissen des Nachlassgerichts, insbesondere des Testamentvollstreckerzeugnisses. Die Bestimmungen in Abs. 2 und 3 waren früher teils in § 84 FGG enthalten.

II. Voraussetzungen der Einziehung bzw. Kraftloserklärung des Erbscheins

1. Allgemeines

2   **a) Anwendungsbereich.** Ergibt sich, dass der erteilte Erbschein unrichtig ist, so hat ihn das Nachlassgericht einzuziehen (§ 2361 Abs. 1 S. 1 BGB); dasselbe gilt für die **anderen Zeugnisse** des Nachlassgerichts (§ 354), insbesondere für das Testamentsvollstreckerzeugnis (§ 2368 Abs. 3 BGB; § 354). Eine andere Möglichkeit bietet § 2362 BGB (Klage vor dem Prozessgericht).[1] Die Einziehung setzt keinen Antrag voraus; Anträge haben nur die Bedeutung von Anregungen. Das Verfahren wird von Amts wegen betrieben; auch Ermittlungen erfolgen von Amts wegen (§ 2361 Abs. 3 BGB). Ermittelt wird in der Praxis nur, wenn sich ein Anlass ergibt; meist liegt eine Anregung eines Beteiligten vor.

3   **b) Unrichtigkeit.** Sie liegt vor, wenn die Überzeugung vom Bestehen des bei der Erteilung angenommenen Erbrechts (vgl. § 2359 BGB) erschüttert ist, die Voraussetzungen für die Erteilung schon ursprünglich nicht gegeben waren oder nachträglich nicht mehr vorhanden sind.[2] Die Unrichtigkeit kann **materiellrechtlich** sein[3] (Hauptfall: ein anderes Testament taucht auf;[4] die bisherige Auslegung des Testaments durch das Nachlassgericht stellt sich als irrig heraus), oder **verfahrensrechtlich**[5] (der nach § 2353 BGB erforderlichen Antrag fehlte, sofern nicht der Antragsberechtigte nachträglich ausdrücklich oder stillschweigend die Erteilung genehmigt,[6] oder der Erbschein ist vom örtlich unzuständigen Gericht erteilt worden; beachte aber § 65 Abs. 4); oder von einem Beamten des mittleren oder gehobenen Dienstes, der nur mit Aufgaben der Justizverwaltung betraut ist[7]). Ebenso ist es, wenn ein Testamentsvollstreckerzeugnis mit diesem Inhalt (aus materiellrechtlichen oder verfahrensrechtlichen Gründen) nicht hätte erteilt werden dürfen.[8] Vgl. § 355 Rn 46.

---

[1] Dazu Dillberger/Fest JuS 2009, 1099.
[2] BGHZ 40, 54; BayObLG FGPrax 2003, 130; OLG Köln Rpfleger 2003, 193; Staudinger/Schilken § 2361 Rn 15.
[3] Staudinger/Schilken § 2361 Rn 20 mit Nachw.
[4] Selbst wenn die testamentarische Erbfolge mit der gesetzlichen Erbfolge des Erbscheins übereinstimmt, KG NJW-RR 2004, 801.
[5] Staudinger/Schilken § 2361 Rn 17; Zimmermann, Erbschein und Erbscheinsverfahren, Rn 493 bis 504.
[6] BayObLGZ 1950/1951, 561; NJW 1970, 1424 mit Anm. Jansen; OLG Zweibrücken OLGZ 1989, 153 (TV-Zeugnis).
[7] BGH NJW 1963, 1972; BayObLG 1959, 228/232; KG NJW 1963, 880; OLG Celle NdsRpfl. 1962, 203; OLG Frankfurt NJW 1968, 1289; OLG Hamm Rpfleger 1983, 71; JMBl.NW 1958, 366; 1956, 246; 1957, 15.
[8] Beispiel: OLG Hamm NJW-RR 2004, 1448 (unzutreffende Einschränkung im Zeugnis).

c) Einziehung durch einstweilige Anordnung. Eine Einziehung des Zeugnisses durch einstweilige Anordnung ist nicht möglich,[9] weil dies keine vorläufige Maßnahme wäre (§ 49 Abs. 1); doch kommt in Frage, dem Schein-Erben bzw. Schein-Testamentsvollstrecker bestimmte Handlungen zu untersagen, oder die einstweilige Rückgabe des Erbscheins zu den Nachlassakten anordnen (§ 49 Abs. 2), wobei letzteres keine „Einziehung" darstellt;[10] die Folge ist lediglich, dass der Betroffene z. B. dort nicht handeln kann, wo in der Praxis ein Erbschein vorgelegt werden muss (Grundbuchamt, ggf. Notar, Bank). In Eilfällen ist ferner möglich, dass der Erbe vor dem Prozessgericht eine **einstweilige Verfügung** (§§ 935 ff. ZPO) beantragt, der Verfügungsanspruch liegt in § 2362 BGB, der Verfügungsgrund im Sicherungsbedürfnis. Antrag: der Antragsgegner (= Erbscheinsbesitzer) hat den in seinem Besitz befindlichen Erbschein (bzw. die Ausfertigung) zur Verwahrung beim NachlassG abzugeben.[11] Dadurch wird der Erbschein aber nicht kraftlos, so dass der Gegner dadurch nur an Rechtsgeschäften gehindert wird, bei denen man einen Erbschein vorlegen muss.

d) Offenbare Unrichtigkeiten. Offenbare Unrichtigkeiten können **berichtigt** werden, wie Schreibfehler (Behrlin statt Berlin), oder wenn es sich um die Beseitigung unzulässiger oder überflüssiger („Ehefrau") oder um die Aufnahme vorgeschriebener Zusätze handelt, die den Sachverhalt des Erbscheins unberührt lassen und am öffentlichen Glauben des Erbscheins nicht teilnehmen; sonst ist eine Änderung, Berichtigung oder Ergänzung des Erbscheins nicht statthaft.[12]

e) Frist. Für die Einziehung eines Erbscheins als unrichtig besteht **keine zeitliche Grenze**.[13] Etwa 1% der Erbscheine wird später wegen Unrichtigkeit (meist: weil ein anderes Testament aufgefunden wird) eingezogen. Der aus der Einziehung sich ergebende Anspruch auf Herausgabe der Erbschaft (§ 2018 BGB) verjährt aber (seit 1. 1. 2010) nach § 197 Abs. 1 Nr. 1 BGB.

f) Wirkung der Einziehung. Der Erbschein wird mit der Einziehung **kraftlos** (§ 2361 Abs. 1 S. 2 BGB). Die Ablieferung kann **erzwungen** werden (nach §§ 86 ff.);[14] vgl. Rn 12. Ist der Erbschein nicht sofort zu erlangen, so hat ihn das Nachlassgericht ohne Rücksicht auf ein zur Erlangung der Herausgabe eingeleitetes Zwangsverfahren **für kraftlos zu erklären** (§ 2361 Abs. 2 BGB). Das Testamentsvollstreckerzeugnis wird von selbst mit Beendigung des Amts kraftlos (§ 2368 Abs. 3 BGB); vgl. § 354 Rn 38 a.

2. Beschluss über die Einziehung

a) Sachliche Zuständigkeit. Sachlich zuständig ist das AG (§ 23 a GVG); in Baden-Württemberg das Notariat (§ 1 Abs. 2, 38 Bad.-Württ.LFGG).

b) Örtliche Zuständigkeit. Örtlich zuständig ist das Nachlassgericht, das den einzuziehenden Erbschein erteilt hat (§ 2361 BGB), auch wenn es nicht international oder örtlich zuständig war.[15] Erfolgte die Erteilung durch ein Staatliches Notariat der ehemaligen DDR, ist für die Einziehung das AG zuständig, das für den jeweiligen Notariatbezirk errichtet wurde.[16] Erfolgte die Erteilung durch ein Gericht an einem Ort, wo keine deutsche Gerichtsbarkeit mehr besteht (z. B. Sudetenland), wird man nach Aufhebung von § 7 ZuStErgG § 343 Abs. 2 entsprechend anwenden müssen.

---

[9] Dillberger/Fest JuS 2009, 1099; unstreitig.
[10] Bumiller/Harders § 353 Rn 2. Zur abweichenden Rechtslage nach dem FGG vgl. BayObLGZ 1979, 215/222; 1962, 299/305; dazu Schopp Rpfleger 1983, 264.
[11] Dillberger/Fest JuS 2009, 1099.
[12] OLG Celle NdsRpfl. 1955, 189; OLG Hamm Rpfleger 1983, 71.
[13] BGHZ 47, 58; BayObLG FGPrax 2003, 130 (nach 45 Jahren); BayObLG FamRZ 1997, 1365 (Einziehung nach 52 Jahren); BayObLGZ 1966, 49/51; OLG Köln Rpfleger 2003, 193 (nach 27 Jahren).
[14] Palandt/Weidlich § 2361 Rn 9; a. A. Horndasch/Viefhues/Heinemann § 353 Rn 17; MünchKommZPO/J. Mayer § 353 FamFG Rn 4; Staudinger/Herzog § 2361 Rn 33: § 35 sei einschlägig.
[15] BayObLGZ 1977, 59; KG Rpfleger 1966, 209; OLG Frankfurt Rpfleger 1981, 21; OLG Hamm OLGZ 1972, 353.
[16] Weitere DDR-Besonderheiten bei der Einziehungszuständigkeit vgl. KG FGPrax 2000, 120; KG OLGZ 1993, 15.

10 **c) Funktionelle Zuständigkeit.** Funktionell zuständig für die Einziehung ist der Richter, wenn der Erbschein vom Richter erteilt oder wegen einer Verfügung von Todes wegen einzuziehen ist (§ 16 Abs. 1 Nr. 7 RPflG; zur landesrechtlichen Aufhebung von Richtervorbehalten vgl. § 19 Abs. 1 Nr. 5 RPflG); in den sonstigen Fällen ist der Rechtspfleger zuständig (§ 3 Nr. 2c RPflG). Da § 16 RPflG die Kraftloserklärung nicht ausdrücklich nennt, ist dafür der Rechtspfleger zuständig (§ 3 Nr. 2c RPflG). Zu Baden-Württemberg vgl. § 352 Rn 14.

11 **d) Verfahren (§§ 23 ff.). Beteiligter** ist der im Erbschein genannte Erbe (§ 7 Abs. 2 Nr. 1); einen „Antragsteller" gibt es nicht, weil es sich ein Verfahren von Amts wegen handelt. Deshalb ist auch § 345 Abs. 4 nicht einschlägig. Die **Ermittlungen** erfolgen von Amts wegen (§ 2361 Abs. 3 BGB; § 26). Es ist abschließend zu ermitteln;[17] es ist nicht zulässig, zuerst einzuziehen und dann erst zu ermitteln, ob der Erbschein unrichtig war. Ein Feststellungsbeschluss (wie nach §§ 352, 354) entfällt; Vorbescheide sind nicht mehr zulässig (und waren als Ankündigung einer Erbscheinseinziehung auch unter Geltung des FGG nicht zulässig).

12 **e) Inhalt des Einziehungsbeschlusses.** Zum Inhalt vgl. §§ 38 ff. Der **Einziehungsbeschluss** lautet z. B.: *„Der Erbschein des Nachlassgerichts ... vom ... wird eingezogen.*[18] *Der Beteiligte X hat die ihm erteilte Ausfertigung des Erbscheins binnen einer Woche dem Nachlassgericht zurückzugeben; die gewaltsame Wegnahme des Erbscheins wird angedroht. Kann der Erbschein nicht sofort erlangt werden, wird der Erbschein für kraftlos erklärt werden."* Gründe ... Rechtsbehelfsbelehrung ... Bekanntgabe: § 41 Abs. 1 S. 1. Dem Erbscheinsinhaber ist der Beschluss in der Regel zuzustellen (§ 41 Abs. 1 S. 2). Der Beschluss ist ein **Vollstreckungstitel** (§ 86 Abs. 1 Nr. 1). Die **Vollstreckung** erfolgt durch das Gericht nach den Regeln der ZPO (§ 95 Abs. 1 Nr. 2). Die Vollstreckungsmaßnahmen nennt § 95 Abs. 4. Teils (Rn 7) wird dies abgelehnt (und statt dessen § 35 angewandt), da der Einziehungsbeschluss kein Titel im Sinne des § 86 sei, sondern eine gerichtliche Anordnung, die die Verpflichtung zur Vornahme einer Handlung zum Inhalt habe.[19] § 35 ist aber nicht einschlägig, weil es sich bei der Einziehung nicht um ein verfahrensbegleitendes Verfahren handelt, sondern gegenüber dem, dem der Erbschein entzogen wird, um ein verfahrensabschließendes Verfahren. Die Einziehung eines unrichtigen Erbscheins ist nicht Voraussetzung der Erteilung des „richtigen" Erbscheins, weshalb kein Verfahren „begleitet" oder vorbereitet wird, anders als bei der Vollstreckung der Herausgabe eines Testaments. Weshalb der Beschluss nach § 2361 BGB nicht unter § 86 I Nr. 1 fallen soll, ist angesichts des uneingeschränkten Wortlauts nicht ersichtlich.

13 **f) Die Ablehnung der Einziehung.** Sie erfolgt durch Beschluss, wenn sie von einem Beteiligten „beantragt" wurde; andernfalls wird nur ein Aktenvermerk angefertigt. Der Beschluss ist dem „Antragsteller" zuzustellen, den anderen Beteiligten formlos mitzuteilen.

14 **g) Kostenentscheidung.** Der Beschluss, der die Einziehung anordnet oder ablehnt, muss eine Entscheidung darüber enthalten, wer die gerichtlichen und außergerichtlichen Kosten (dazu unten Rn 37) zu tragen hat (Abs. 1); denn nicht immer ist es angemessen, dass § 2 Nr. 5 KostO zum Zug kommt. Wie sie zu treffen ist ergibt sich aus § 81. Die Kostenentscheidung kann gleichzeitig oder nachträglich[20] ergehen (Abs. 1 S. 2); eine bestimmte Frist ist nicht vorgesehen.

III. Rechtsmittel

1. Allgemeines

15 Das statthafte Rechtsmittel ist die befristete Beschwerde (§§ 58 ff.); die Frist beträgt einen Monat (§ 63). Ein Beschwerdewert von 600,01 € muss erreicht sein (§ 63) oder Zulassung durch das Nachlassgericht (§ 61 Abs. 2, 3); eine Nichtzulassungsbeschwerde gibt es nicht.

---

[17] BGH NJW 1963, 1972; BayObLGZ 1962, 299 hingegen wollte die Einziehung schon vorher zulassen.
[18] Unrichtig ist die in manchen Formularbüchern anzutreffende Formulierung: „Der Erbschein ist einzuziehen". Von wem? Wie? Man sollte sich an den Wortlaut des § 2361 BGB halten.
[19] So Staudinger/Herzog § 2361 Rn 33.
[20] MünchKommZPO/J. Mayer FamFG § 353 Rn 2.

Die Beschwerde ist beim Nachlassgericht einzulegen (§ 64); eine Abhilfe ist zulässig (§ 68). Beschwerdegericht ist das OLG (§ 119 Abs. 1 Nr. 1 b GVG). Eine Rechtsbeschwerde zum BGH (§§ 70 ff.) ist nur bei Zulassung statthaft. **Übergangsrecht:** Art. 111 FGG-RG (Stichtag 1. 9. 2009); für Altverfahren geht die Beschwerde noch zum LG und es gilt noch das FGG.

Trifft das Beschwerdegericht (Rechtsbeschwerdegericht) selbst eine abändernde Entscheidung, z. B. Ausstellung eines neuen Erbscheins auf Beschwerde gegen die durchgeführte Einziehung, so hat es die notwendige Ausführung seines Beschlusses dem Nachlassgericht zu überlassen (vgl. § 2353 BGB); das Beschwerdegericht hat also z. B. das **Nachlassgericht anzuweisen,** einen Erbschein zu erteilen und muss den genauen Text des Erbscheins in seine Anweisung aufnehmen.[21]

2. Beschwerde gegen die Anordnung der Einziehung eines Erbscheins

Der eingezogene Erbschein kann nicht wieder herausgegeben werden, weil er mit Einziehung kraftlos geworden ist (§ 2361 Abs. 1 S. 2 BGB), auch wenn er noch nicht gelocht oder mit Farbstift durchstrichen oder sonst entwertet ist. Hier ist deshalb zu unterscheiden:

a) Der Erbschein ist noch nicht eingezogen. Gegen den Beschluss, der die Einziehung anordnet, ist befristete Beschwerde (§§ 58 ff.) statthaft, aber nur solange die Einziehung noch nicht erfolgt ist.[22] Wer also nach Erhalt des Einziehungsbeschlusses den Erbschein nicht zurückgibt, erhält sich die Beschwerde. Die **Einziehung ist erfolgt,** sobald der Erbschein aufgrund des Einziehungsbeschlusses an das Nachlassgericht zurückgekommen ist, sei es freiwillig, sei es erzwungen infolge Zwangsvollstreckung; dabei müssen sämtliche erteilte Ausfertigungen oder Urschriften des Erbscheins zurückgegeben worden sein;[23] Kopien, auch beglaubigte, müssen nicht zurückgegeben werden.

Eine Beschwerde, die gegen die noch **nicht vollzogene Einziehungsanordnung** eingelegt ist, wird nicht dadurch unzulässig, dass während des Verfahrens vom Nachlassgericht die Einziehung durchgeführt wird; der Antrag ist dann dahin umzudeuten, dass die Neuerteilung eines inhaltsgleichen Erbscheins begehrt wird.[24] Ab Eingang der Beschwerde kann das OLG die **Vollziehung** des Einziehungsbeschlusses **aussetzen** (§ 64 Abs. 3).

b) Die Einziehung des Erbscheins ist bereits erfolgt. Eine Beschwerde gegen den Einziehungsbeschluss mit dem Ziel, die Einziehung wieder rückgängig zu machen, ist nicht zulässig, weil eine Rückgängigmachung wegen § 2361 Abs. 1 S. 2 BGB ausscheidet. Auch nach erfolgter Einziehung des Erbscheins und sogar nach Erteilung eines anderweitigen Erbscheins kann aber befristete Beschwerde gegen den die Einziehung anordnenden Beschluss mit dem **Ziel** erhoben werden, dass das **OLG das Nachlassgericht anweist,** einen neuen, dem eingezogenen gleichlautenden Erbschein zu erteilen **(Abs. 2 S. 1),**[25] also nicht mit dem Antrag, den Einziehungsbeschluss aufzuheben; denn eine Aufhebung mit der Folge, dass der ursprünglich eingezogene Erbschein wieder zurückgegeben wird, ist wegen der Gutglaubensfunktionen (§§ 2365 ff. BGB) nicht möglich.

Der Beschwerdeführer muss zwar **keinen ausformulierten Antrag** stellen (vgl. §§ 64, 65). Er muss aber zum Ausdruck bringen, dass er wieder einen (inhaltsgleichen) Erbschein haben will. Ebenso wenig ist ein Schwebezustand dergestalt erlaubt, dass der Einziehungsbeschluss aufgehoben wird, aber kein neuer Erbschein beantragt wird. Selbst wenn also der Beschwerdeführer zwar jetzt keinen neuen Erbschein mehr braucht, aber aus Legitimationsgründen die Unrichtigkeit der seinerzeitigen Einziehung festgestellt wissen will, müsste er einen neuen inhaltsgleichen Erbschein beantragen.

---

[21] BayObLGZ 1954, 71/74; 1953, 221; OLG Celle NdsRpfl. 1955, 189.
[22] BayObLGZ 1957, 292/302; OLG Hamm Rpfleger 1969, 299/300 und DNotZ 1951, 41; Keidel DNotZ 1955, 160/164.
[23] OLG Düsseldorf FGPrax 2011, 125; OLG Oldenburg DNotZ 1958, 263 mit Anm. Keidel.
[24] BayObLGZ 1988, 170, 173; 1959, 199/203; OLG Köln Rpfleger 1986, 261.
[25] Schon vor der gesetzlichen Regelung einhellige Meinung; BGH NJW 1963, 1972; BayObLG FamRZ 1989, 550; OLG Darmstadt JFG 10, 77; OLG Köln NJW 1962, 1727; KG KGJ 36 A 116; Staudinger/Schilken § 2361 Rn 28.

22 Wird vom Betroffenen einfach „Beschwerde" eingelegt, dann besagt die **Auslegungsregel des Abs. 2 S. 2**, dass die Beschwerde „im Zweifel" als **Antrag** auf Erteilung eines neuen gleich lautenden Erbscheins gilt.[26] Da die Beschwerde beim Nachlassgericht einzulegen ist (§ 64 Abs. 1), kann ihr dort abgeholfen werden (§ 58 Abs. 1); sie ist dort als Antrag auf Neuerteilung (§ 2353 BGB) zu behandeln. Wird der Beschwerde nicht abgeholfen, erfolgt die Vorlage an das OLG.

23 c) **Beschwerdeberechtigung gegen die Einziehung.** Beschwerdeberechtigt (§ 59 Abs. 1) ist derjenige, auf dessen Antrag der Erbschein erteilt wurde,[27] nach seinem Tod sein Erbe.[28] Darüber hinaus hat das Beschwerderecht jeder Antragsberechtigte (vgl. § 352 Rn 150), so der Miterbe, der keinen Antrag auf Ausstellung des gemeinschaftlichen Erbscheins gestellt hat;[29] selbst wenn die Berechtigten die Erteilung von verschiedenen Erbscheinen erstreben.[30] Dies war unter der Geltung des § 20 Abs. 2 FGG aus prozessökonomischen Gründen von der Rechtsprechung[31] entwickelt worden und muss angesichts des inhaltsgleichen § 59 Abs. 2 FamFG jetzt ebenso gesehen werden.

3. Beschwerde gegen die Ablehnung der Einziehung eines Erbscheins

24 Gegen den Beschluss, der die Einziehung ablehnt, ist befristete Beschwerde (§§ 58 ff.) statthaft. Die Anregung, den Erbschein von Amts wegen Unrichtigkeit einzuziehen, kann zwar jedermann geben. **Beschwerdeberechtigt** (§ 59) ist aber nur derjenige, dessen Recht infolge des öffentlichen Glaubens des Erbscheins durch dessen Unrichtigkeit oder Unvollständigkeit beeinträchtigt wird.[32] Da die Einziehung von Amts wegen erfolgt, ist ein „Antrag" kein Antrag im Sinne von § 59 Abs. 2; diese Bestimmung schränkt also die Beschwerdeberechtigung nicht ein.

25 Die Beschwerdeberechtigung hat demzufolge jedenfalls jeder, der für einen richtigen Erbschein antragsberechtigt wäre; der **Antragsteller** hat ein Beschwerderecht, auch wenn der Erbschein seinem früheren Antrag entsprach, er sich aber jetzt nicht mehr für den Erben hält;[33] der Nacherbe und der Ersatznacherbe, wenn die Anordnung der Nacherbschaft nicht erwähnt ist oder unrichtige Angaben über die Nacherbfolge im Erbschein enthalten sind (vgl. § 2363 BGB);[34] der zu Unrecht als Nacherbe Bezeichnete;[35] der Vorerbe und sein Rechtsnachfolger, wenn der Antrag auf Einziehung des dem Nacherben erteilten Erbscheins abgelehnt wird;[36] der Nachlassgläubiger, wenn er einen Vollstreckungstitel besitzt, da sein Recht auf Zwangsvollstreckung durch einen unrichtigen Erbschein beeinträchtigt wird.[37] Für einen Minderjährigen üben dessen Eltern das Antragsrecht aus, ohne durch § 1795 Abs. 1 Nr. 3 BGB behindert zu sein, da das Erbscheinseinziehungsverfahren einem Rechtsstreit nicht gleichsteht. Ein Vergleich mit anderen Beteiligten über die Testamentsauslegung steht der Beschwerde nicht entgegen.[38] Das Beschwerderecht geht nicht dadurch verloren, dass ein Miterbe nachträglich aus der Erbengemeinschaft ausscheidet.[39]

26 Der **Testamentsvollstrecker**, dem auf seinen Antrag ein Erbschein erteilt worden ist, ist gegen die Einziehung beschwerdeberechtigt, auch wenn er die Erbauseinandersetzung

---

[26] Vgl. BGH NJW 1963, 1972.
[27] BayObLGZ 1954, 73; 1953, 120/122; OLG Bremen Rpfleger 1956, 159.
[28] BayObLG FamRZ 1996, 1577.
[29] BGH NJW 1959, 1729; BayObLGZ 1953, 120; KG DNotZ 1955, 156 mit Anm. Keidel; KG OLGZ 1967, 241; Staudinger/Schilken § 2361 Rn 31; Keidel Rpfleger 1956, 196.
[30] BGH NJW 1959, 1729; KG DNotZ 1955, 156; a. M. OLG Bremen Rpfleger 1956, 195 und die frühere Rechtsprechung.
[31] BGH NJW 1993, 662; BayObLG FamRZ 2004, 1673; FamRZ 1995, 249; KG OLGZ 1990, 407; OLG Brandenburg FamRZ 1999, 55; a. A. Bassenge Rpfleger 1981, 92.
[32] BayObLG NJWE-FER 2000, 93.
[33] BGH NJW 1959, 1730; BayObLGZ 1966, 408/411; KG NJW 1960, 1158; OLG München JW 1936, 2483.
[34] BayObLGZ 1960, 407/ 410; FamRZ 1996, 1577.
[35] BayObLGE OLG 16, 66 Fn 1.
[36] OLG Hamm JMBl.NW 1962, 63.
[37] BayObLG 1973, 224; BayObLGZ 1957, 360; KGJ 49, 83; OLG München JFG 23, 154.
[38] BayObLG NJW-RR 1991, 587.
[39] BayObLG Rpfleger 2001, 494.

bereits durchgeführt hat.[40] Der Testamentsvollstrecker muss, wenn zweifelhaft, seine wirksame Ernennung nachweisen; andernfalls ist seine Beschwerde gegen die Einziehung wegen fehlender Rechtsbeeinträchtigung unzulässig.[41]

Nicht beschwerdeberechtigt ist, wer nur ein tatsächliches oder wirtschaftliches Interesse hat;[42] der Vermächtnisnehmer,[43] der Erbschaftsbesitzer;[44] der Nacherbe gegen die Einziehung des dem Vorerben erteilten Erbscheins, in dem die Anordnung der Nacherbfolge angegeben ist, solange die Nacherbfolge nicht eingetreten ist,[45] weil er keinen entsprechenden Erbschein beantragen könnte; der Nacherbe gegen die Einziehung des dem Vorerben erteilten Erbscheins nach Eintritt des Nacherbfalls;[46] der Nachlasspfleger;[47] derjenige, der von einer durch Erbschein ausgewiesenen Person Nachlassgegenstände erworben hat, da seine Rechtsstellung durch die Einziehung nicht berührt wird;[48] das gilt auch dann, wenn die Einziehung mit der Begründung verlangt wird, dass die bezeichnete Person nicht Vollerbe, sondern nur Vorerbe sei.[49] Ferner sind Nachlassgläubiger, die keinen Vollstreckungstitel besitzen, nicht beschwerdeberechtigt,[50] auch nicht die Erbschaftsteuerbehörde.[51] Der Erbe hoffreien Vermögens hat kein Beschwerderecht gegen die Einziehung des Hoffolgezeugnisses;[52] ebenso nicht derjenige, welcher nur möglicherweise als weiterer Hoferbe nach dem Hofvorerben in Betracht kommt und damit keine feste Anwartschaft auf die Hofnachfolge hat.[53] Die Beschwerde kann nicht einzig und allein auf die Behauptung gestützt werden, das Nachlassgericht habe seine örtliche oder funktionelle Zuständigkeit zu Unrecht angenommen, weil § 65 Abs. 4 (der § 513 Abs. 2 ZPO entspricht) dies ausschließe. Hatte das Nachlassgericht hingegen seine internationale Zuständigkeit zu Unrecht bejaht, kann dies mit der Beschwerde gerügt werden.[54]

IV. Kraftloserklärung des Erbscheins

1. Inhalt und Bekanntmachung des Kraftloserklärungsbeschlusses

Kann der unrichtige Erbschein, dessen Einziehung angeordnet wurde, nicht sofort erlangt werden, so hat ihn das Nachlassgericht durch Beschluss für kraftlos zu erklären (§ 2361 Abs. 2 S. 1 BGB). In der Regel geht der Kraftloserklärung ein Einziehungsbeschluss voraus; steht aber von vornherein fest, dass die Einziehungsverfügung nicht durchzuführen ist, so kann sofort der Kraftloserklärungsbeschluss ergehen.[55] Zuständigkeit siehe oben Rn 8–10. Dieser Beschluss lautet z. B.: *„In der Nachlasssache X, geboren am ..., gestorben am ..., zuletzt wohnhaft in ..., wird der Erbschein des AG ... vom ... für kraftlos erklärt"*. Begründung ...Weiterer Inhalt vgl. §§ 38 ff. Der Beschluss (aber ohne Begründung) ist vom Nachlassgericht nach den für die öffentliche Zustellung einer Ladung geltenden Vorschriften des § 186 ZPO **bekannt zu machen;** er wird also im **elektronischen Bundesanzeiger**[56] bekannt gemacht; ob Letzteres allein genügt ist angesichts des Wortlauts

---

[40] OLG Hamm FamRZ 1993, 825.
[41] OLG Düsseldorf FamRZ 2001, 123.
[42] BayObLGZ 34, 406 = JW 1935, 1189.
[43] BayObLG NJW-FER 2001, 183.
[44] Vgl OLG Hamm JMBl.NW 1960, 143.
[45] BayObLGZ 1975, 62/63; BayObLG JR 1962, 61; OLG Oldenburg DNotZ 1958, 263.
[46] OLG Köln RPfleger 1984, 102.
[47] OLG Celle JR 1950, 58.
[48] BayObLGZ 1966, 49.
[49] BayObLGZ 1966, 49.
[50] KGJ 49, 83.
[51] BayObLG NJW-RR 2002, 440 (Steuerfiskus als Vollstreckungsbehörde bei Ungewissheit, ob er noch einen Erbschein benötigt); RG RJA 15, 14. Anders, wenn die Steuerbehörde einen nach §§ 249 ff. AO vollstreckbaren Steuerbescheid erlassen hat, MünchKommZPO/J. Mayer § 353 FamFG Rn 21.
[52] OLG Hamm MDR 1949, 107.
[53] BGH RdL 1952, 26 = NJW 1952, 1112 (Ls).
[54] BGH NJW 2004, 1456 für die Berufung.
[55] BayObLGZ 19 A 209.
[56] Im Internet über Suchmaschinen zu finden unter „eBundesanzeiger", dort „Gerichtlicher Teil", hier „Kraftloserklärungen". Die Bekanntmachung dort ist eine bloße Fiktion, anders als die Bekanntmachung in Zeitungen.

von § 2361 Abs. 2 S. 3 BGB, der von „öffentlichen Blättern" spricht, zweifelhaft und abzulehnen. Die Kraftloserklärung wird (abweichend von § 40) mit dem Ablauf eines Monats nach der letzten Einrückung des Beschlusses in die öffentlichen Blätter wirksam (§ 2361 Abs. 2 S. 3 BGB). Ohne öffentliche Bekanntmachung ist die Kraftloserklärung wirkungslos.[57]

29 Der Beschluss über die Kraftloserklärung muss eine **Kostenentscheidung** enthalten (Abs. 1); vgl. Rn 14 und 37. Sie ist § 81 zu entnehmen.
30 Eine Kraftloserklärung durch **einstweilige Anordnung** (vgl. § 49) ist nicht möglich.
31 Einziehungsanordnung und Kraftloserklärung können miteinander **verbunden** werden.

2. Rechtsmittel bei Kraftloserklärung

32 **a) Rechtsmittel gegen die Ablehnung der Kraftloserklärung.** Gegen die Entscheidung, mit der die Kraftloserklärung des Erbscheins abgelehnt wird, ist die befristete Beschwerde statthaft (§§ 58 ff.).[58]

33 **b) Rechtsmittel gegen einen Kraftloserklärungsbeschluss.** Beim Beschluss, der einen Erbschein für kraftlos erklärt, ist zu unterscheiden:
(1) solange der Beschluss nicht öffentlich bekannt gemacht ist (§ 2361 Abs. 2 S. 2 BGB, Rn 28), ist er mit Beschwerde (§§ 58 ff.) anfechtbar.

34 (2) Ist der Beschluss dagegen öffentlich bekannt gemacht, dann ist die **Beschwerde ausgeschlossen (Abs. 3)**, weil die Bekanntmachung nicht mehr rückwirkend beseitigt werden kann. Eine hiernach unzulässige Beschwerde ist in der Regel in einen Antrag auf Erteilung eines neuen Erbscheins, der inhaltlich dem für kraftlos erklärten entspricht, umzudeuten[59] bzw. in eine Beschwerde, mit der erreicht werden soll, dass das OLG das Nachlassgericht zur Ereilung eines solchen neuen Erbscheins anweist (vgl. § 353 Abs. 2).

35 Nach Veröffentlichung der Kraftloserklärung kann ferner ein Antrag auf Erteilung eines neuen Erbscheins gestellt werden.

V. Höferecht

36 Im Erbscheinsverfahren nach dem Höferecht waren Sonderregelungen für die Anfechtung bei Erbscheinen bzw. Hoffolgezeugnissen in §§ 22 ff. LwVG enthalten; diese Bestimmungen wurden durch das FGG-ReformG (Art. 43) aufgehoben.[60] Die befristete Beschwerde richtet sich jetzt nach §§ 58 ff. Die Zuständigkeit des OLG als Beschwerdegericht folgt aus § 2 Abs. 1 S. 3 LwVG. Auch die Vorbehalte in § 20 Abs. 3 LwVG wurden geändert.

VI. Kosten

37 Nach § 353 Abs. 1 hat das Gericht über die Kosten des Verfahrens zu entscheiden. Kosten sind die Gerichtskosten und die Aufwendungen der Beteiligten (§ 80), z.B. Anwaltskosten. Wegen § 81 Abs. 1 S. 2 kann das Gericht auch bestimmen, dass von der Erhebung von Gerichtskosten ganz oder teilweise abzusehen ist. Die Gerichtsgebühren für die **Einziehung oder Kraftloserklärung** (die Gebühr fällt nur einmal an, wenn beides zusammentrifft[61]) ergeben sich aus § 108 KostO, für die Vollstreckung aus §§ 119, 134, die Auslagen (vor allem bei der Kraftloserklärung bedeutsam) aus §§ 136, 137 KostO. Zahlungspflichtig ist, falls das Gericht nicht anderweitig entschieden hat, derjenige, dessen Interesse wahrgenommen wird (§ 2 Nr. 5 KostO); zahlungspflichtig gegenüber der Gerichtskasse ist also, in wessen Interesse die Einziehung liegt.[62] Jedenfalls liegt die Einziehung nicht im Interesse des im Erbschein genannten Erben. Denkbar ist, dass ein formell Betei-

---

[57] BayObLGZ 1958, 364/366.
[58] Vgl. dazu BayObLGZ 13, 743; OLG Frankfurt ZEV 1997, 454.
[59] KG JFG 10, 79/80; a. A. KG DRiZ 1930 Nr. 324; OLG Oldenburg DNotZ 1955, 158 (Anm. Keidel).
[60] Dazu BT-Drs. 16/6308 S. 331.
[61] Korintenberg/Lappe § 108 Rn 2.
[62] Korintenberg/Lappe § 2 Rn 21.

ligter, der zugleich materiell Interessierter ist, fehlt. Hat ein Beteiligter einen Anwalt mandatiert, entstehen für ihn Kosten nach dem RVG; ferner hat der Beteiligte eigene Kosten (z. B. Fahrtkosten, Kopien, Verdienstausfall). **Erfolgt keine Einziehung,** ist § 130 KostO nicht einschlägig,[63] weil ein Verfahren von Amts wegen vorliegt.

Die **Neuerteilung nach Beschwerde** verursacht (i. d. R.) 2,0 Gerichtsgebühren nach §§ 107, 107a, 49 KostO. Die Einziehung löst eine Gebühr nach § 108 S. 1 KostO aus. Die Neuerteilung des Erbscheins verursacht wieder Gerichtsgebühren nach § 107 KostO; für den zweiten Erbschein kann evtl. die Gebühr nach § 49 KostO wegfallen, wenn die neue eidesstattliche Versicherung erlassen wird (§ 2356 Abs. 2 S. 2 BGB); außerdem bleibt in diesem Fall die Einziehungsgebühr außer Ansatz (§ 108 S. 3 KostO). Bei unrichtiger Sachbehandlung kommt eine Nichterhebung von Kosten nach § 16 KostO in Frage. **38**

Sonstige Zeugnisse

354 Die §§ 352 und 353 gelten entsprechend für die Erteilung von Zeugnissen nach den §§ 1507 und 2368 des Bürgerlichen Gesetzbuchs, den §§ 36 und 37 der Grundbuchordnung sowie den §§ 42 und 74 der Schiffsregisterordnung.

Übersicht

	Rn
I. Normzweck	1
II. Entsprechende Anwendung auf sonstige Zeugnisse	2
III. Das Testamentsvollstreckerzeugnis	5
1. Antrag	5
a) Antragsberechtigung	6
b) Antragszeitpunkt	7
c) Antragsinhalt	8
2. Verfahren des Nachlassgerichts	11
a) Beteiligte	12
b) Rechtliches Gehör	13
c) Beweisverfahren	15
d) Prüfung des Nachlassgerichts	17
3. Entscheidung des Nachlassgerichts	18
a) Zuständigkeit	18
b) Entscheidungsmöglichkeiten	19
c) Feststellungsbeschluss	20
d) Zurückweisung des Antrags	29
e) Zwischenverfügung	30
4. Inhalt des Testamentsvollstrecker-Zeugnisses	31
a) Regulärer Inhalt	31
b) Abweichender Inhalt	33
5. Einziehung und Kraftlosigkeit des Testamentsvollstrecker-Zeugnisses	38a
6. Rechtsmittel	39
7. Kosten	44

I. Normzweck

Die Vorschrift will eigenen Regelungen für die genannten Zeugnisse ersparen und verweist deshalb auf die Erbscheinsvorschriften. Da aber nur die „entsprechende" Anwendung vorgeschrieben ist, bleibt Raum für einen abweichende Auslegung, wenn es vom Zweck der anderen Zeugnisse her geboten ist. **1**

II. Entsprechende Anwendung auf sonstige Zeugnisse

Die Erbscheinsvorschriften (§§ 352 und 353) gelten entsprechend für folgende vom Nachlassgericht zu erteilende[1] Zeugnisse: **2**

---

[63] KG Rpfleger 1995, 247.
[1] BT-Drs. 16/6308 S. 282.

- Zeugnis über die Fortsetzung der Gütergemeinschaft (§ 1507 BGB). Die Kraftloserklärung ist entbehrlich für das Zeugnis über die Fortsetzung der Gütergemeinschaft, wenn diese beendigt ist.[2] Erfolgt die Kraftloserklärung aber trotzdem, so unterliegt sie nicht der Beschwerde.
- Zeugnis über die Ernennung des Testamentsvollstreckers (§ 2368 BGB); dass die Vorschriften über den Erbschein gelten, ergibt sich ohnehin bereits aus § 2368 Abs. 3 BGB. Einzelheiten vgl. Rn 5.
- Zeugnis auf Grund §§ 36, 37 GBO.
- Zeugnis nach §§ 42, 74 Schiffsregisterordnung.

3 Verfahren betreffend die Zeugnisse nach §§ 36, 37 GBO und nach §§ 42, 74 Schiffsregisterordnung sind nach § 342 Abs. 2 Nr. 2 keine Nachlasssachen, sondern **Teilungssachen,** wofür dann neben §§ 352, 353 auch §§ 363 ff. gelten.

4 Die **Einziehung** und **Kraftloserklärung** der Zeugnisse ist in entsprechender Anwendung von § 2361 BGB zulässig, wenn sie unrichtig sind (vgl. Rn 38 a). Ergänzungen der Zeugnisse wegen nachträglicher Veränderungen sind zulässig. Diese Zeugnisse haben nicht die Bedeutung eines Erbscheins, da die beiden ersten Zeugnisse nur eine Vermutung des Eintrittes der fortgesetzten Gütergemeinschaft bzw. der Bestellung als Testamentsvollstrecker, nicht für den Fortbestand begründen, das Zeugnis nach der GBO nur den Zweck eines Nachweises gegenüber dem Grundbuchamt hat.

III. Das Testamentsvollstreckerzeugnis

1. Antrag

5 Das Zeugnis wird nur auf Antrag erteilt (§§ 2368 Abs. 3, 2353 BGB).

6 **a) Antragsberechtigung.** Berechtigt ist der ernannte Testamentsvollstrecker; ferner die Nachlassgläubiger (§§ 792, 896 ZPO), wenn sie gegen den Testamentsvollstrecker klagen oder vollstrecken wollen. Bei Mit-Vollstreckern ist jeder allein antragsberechtigt. Ein Antragsrecht der Erben besteht nach h. M. nicht;[3] der Erbe hat nach Meinung der Rechtsprechung kein Bedürfnis dafür: dass die Testamentsvollstreckung besteht, ergebe sich ohnehin aus dem Erbschein. Doch kann im Einzelfall bei unklaren testamentarischen Anordnungen zweifelhaft sein, wer Testamentsvollstrecker ist, so dass dem Erben ein Rechtsschutzbedürfnis und damit ein Antragsrecht zuzubilligen ist.[4] Beantragt der als Testamentsvollstrecker Auftretende kein Zeugnis, müsste die Klärung sonst mittels Zivilprozess geführt werden.

7 **b) Antragszeitpunkt.** Das Zeugnis kann ab Annahme des Amts beantragt werden. Der Nachfolger eines Testamentsvollstreckers kann ein Zeugnis beantragen über das bereits beendete Amt seines Vorgängers;[5] ebenso der frühere Amtsinhaber (soweit für ihn ein Rechtsschutzbedürfnis besteht).[6] Ist Testamentsvollstreckung für den Nacherben angeordnet, kann das Zeugnis erst beantragt werden, wenn der Nacherbfall eingetreten ist. Anders ist es beim Zeugnis für eine sog. Nacherbenvollstreckung (§ 2222 BGB). Bei aufschiebend bedingt angeordneter Testamentsvollstreckung kann das Zeugnis erst bei Eintritt der Bedingung beantragt und erteilt werden.[7]

8 **c) Antragsinhalt.** Er ergibt sich daraus, dass § 2368 Abs. 3 BGB auf das Erbscheinsverfahren verweist. Anwaltszwang besteht nicht. Eine Beglaubigung der Unterschrift des Antragstellers durch einen Notar ist nicht erforderlich. Anzugeben sind also nach §§ 2354, 2355 BGB; Ausnahmen Rn 9: (1) die Zeit des Todes des Erblassers, (2) die Verfügung von Todes, auf der die Ernennung beruht; (3) ob sonstige letztwillige Verfügungen vorhanden sind; (4) ob ein Rechtsstreit über die Ernennung anhängig ist; (5) ob eine Person weggefal-

---
[2] BayObLG Rpfleger 1968, 21 mit Anm. Haegele.
[3] OLG Hamm NJW 1974, 505; BayObLG ZEV 1995, 22/23; MDR 1978, 142; Soergel/Damrau § 2368 Rn 7.
[4] MünchKommBGB/Mayer § 2368 Rn 3 m. w. N.; Winkler, Testamentsvollstrecker, Rn 687.
[5] OLG Stuttgart OLGZ 1979, 387; AG Starnberg FamRZ 1999, 743.
[6] KG NJW 1964, 1905; OLG Stuttgart DNotZ 1981, 294.
[7] KG JFG 1910, 73; MünchKommBGB/Mayer § 2368 Rn 5.

len ist, durch die er in seinem Amt ausgeschlossen oder gemindert würde, letzteres z. B. bei Nachlassinsolvenzverwaltung oder Nachlassverwaltung. Die Angaben (1), (2) und (5) sind durch Urkunden nachzuweisen (Ausnahmen Rn 9), die Angaben (3) und (4) durch eidesstattliche Versicherung, die erlassen werden kann (§ 2356 Abs. 2 S. 2 BGB), wenn die Verhältnisse eindeutig sind und durch die Abgabe der eidesstattlichen Versicherung kein zusätzlicher Ermittlungsgewinn zu erwarten ist; so ist es in der Regel beim Antrag des Testamentsvollstreckers, wenn ohnehin bereits ein Erbschein vorliegt.[8] Wird sie gleichwohl gefordert, kann sie vom Nachlassgericht (Rechtspfleger) oder vom Notar beurkundet werden.

Ist ein Erbscheinsverfahren vorausgegangen, liegen die Urkunden bereits vor; es genügt die Antragstellung unter **Bezugnahme auf die Nachlassakte**. Ein Testamentsvollstreckerzeugnis kann auch erteilt werden, obwohl (noch) kein Erbschein erteilt wurde. Eventuell ins Zeugnis aufzunehmende Einschränkungen (vgl. § 352 Rn 40) muss der Antragsteller selbst in seinen Antrag aufnehmen,[9] also vorgeben; sie dürfen vom Nachlassgericht nicht von Amts wegen eingefügt werden. Bei Mit-Vollstreckung hat der Antrag eines einzelnen Testamentsvollstreckers die Angabe zu enthalten, dass die anderen Testamentsvollstrecker das Amt angenommen haben (vgl. §§ 2357 Abs. 3, 2368 Abs. 3 BGB). Der Antrag beinhaltet die Annahme des Amts.

Gehören zu einer Erbschaft auch **Gegenstände**, die sich **im Ausland** befinden, kann der Antrag auf Erteilung eines Testamentsvollstreckerzeugnisses auf die im Inland befindlichen Gegenstände beschränkt werden (§ 2369 Abs. 1 BGB in Verb. mit § 2368 Abs. 3 BGB).

2. Verfahren des Nachlassgerichts

Das Gericht ermittelt den Sachverhalt von Amts wegen (§ 26 FamFG, §§ 2358, 2368 Abs. 3 BGB). Verhandlungen sind nicht öffentlich (§ 170 GVG).

a) Beteiligte. Sie ergeben sich aus § 345 Abs. 3. Zwingend Beteiligter ist nur der Testamentsvollstrecker. Erben und Mitvollstrecker kann das Gericht nach seinem Ermessen beteiligen. Sie müssen ermittelt werden; die Einschränkung „soweit sie dem Gericht bekannt sind" in § 7 Abs. 4 ist mit dem Grundsatz des rechtlichen Gehörs nicht vereinbar. Sie sind dann über ihr Antragsrecht zu belehren (§ 7 Abs. 4). Wenn sie einen Zuziehungsantrag stellen, werden sie zwingend Beteiligte.

b) Rechtliches Gehör. Allen formell und materiell Beteiligten, also insbesondere den durch die Testamentsvollstreckung belasteten Erben, ist vor Erteilung des Zeugnisses rechtliches Gehör zu gewähren (Art. 103 Abs. 1 GG). Der frühere § 2368 Abs. 2 BGB hatte differenziert: war die Ernennung in einer dem Nachlassgericht vorliegenden öffentlichen Urkunde (z. B. notarielles Testament) enthalten, musste der Erbe nicht gehört werden; wenn die Einsetzung des Testamentsvollstreckers auf einem privatschriftlichen Testament beruht dann „sollte" der Erbe vor Erteilung des Zeugnisses gehört werden, „wenn tunlich". Schon früher war die Auffassung vertreten worden, dass § 2368 Abs. 2 BGB verfassungskonform dahin auszulegen sei, dass es sich in beiden Fällen nicht um eine Soll-, sondern um eine Mussvorschrift handelt[10] und die Einschränkungen („soll; tunlich; öffentliche Urkunde") nicht mehr heutigem Verfassungsverständnis entsprechen. Da die materiell Beteiligten über ihr Recht, die Beiziehung zu verlangen, zu belehren sind (§ 7 Abs. 4), ist dem Genüge getan, wenn sie ermittelt und benachrichtigt wurden; wer dann keinen Zuziehungsantrag stellt, verzichtet konkludent auf sein rechtliches Gehör, was zulässig ist.

Die nochmalige Anhörung kann sich ferner **erübrigen,** wenn die Erben zu diesem Fragenkreis bereits im Erbscheinsverfahren angehört wurden.

c) Beweisverfahren. Streng- bzw. Freibeweis sind zulässig, §§ 29, 30. Allerdings verdient der Strengbeweis den Vorzug, wenn es auf die Erweisbarkeit bestimmter Einzeltatsachen wie Errichtung und Inhalt eines nicht mehr vorhandenen Testaments ankommt

---

[8] Dazu Zimmermann ZErb 2008, 151.
[9] OLG Zweibrücken FamRZ 1998, 581.
[10] BayObLGZ 1960, 432; OLG Köln NJW 1962, 1729; a. A. Winkler, Testamentsvollstrecker, Rn 690.

oder wenn das Recht eines Beteiligten, an der Wahrheitsfindung mitzuwirken, sonst nicht hinreichend gesichert ist.[11] Wenn ein Erbscheinsverfahren vorausging, müssen Beweisaufnahmen (z. B. zur Testierfähigkeit) nicht wiederholt werden, wenn anschließend ein Testamentsvollstreckerzeugnis beantragt wird. Allerdings besteht keine Bindungswirkung; drängen sich nun Zweifel auf, kann das Nachlassgericht erneut ermitteln und zu einem anderen Ergebnis kommen, sowohl bei der Testierfähigkeit wie bei der Auslegung des Testaments.

16 Die Beteiligten trifft (wegen § 26) keine formelle **Beweislast,** d. h. sie müssen keine Zeugen usw anbieten, der Antrag darf nicht (wie im Zivilprozess) wegen fehlender Beweisangebote oder Verspätung zurückgewiesen werden. Die materielle Beweislast aber besteht: sie verteilt das Risiko der Unaufklärbarkeit. Der Antragsteller des Testamentsvollstrecker-Zeugnisses trägt das Risiko für Tatbestandsmerkmale, die die Stellung als Testamentsvollstrecker begründen.

17 **d) Prüfung des Nachlassgerichts.** Der Nachlassrichter hat vor Erteilung des Testamentsvollstreckerzeugnisses insbesondere zu prüfen:
- Zuständigkeit (§ 343);
- Staatsangehörigkeit des Erblassers (wegen Art. 25, 26 EGBGB);
- Gültigkeit der letztwilligen Verfügung (§§ 2358, 2359 BGB)? Die nochmalige Prüfung erübrigt sich, wenn bereits ein entsprechender Erbschein erteilt wurde.
- Liegt eine gültige Ernennung zum Testamentsvollstrecker vor? §§ 2197 ff. BGB. Beantragt der Ersatz-Testamentsvollstrecker (§ 2197 Abs. 2 BGB) das Zeugnis, ist zu prüfen, ob der Ersatzfall tatsächlich eingetreten ist (z. B. ob der primär Ernannte tatsächlich geschäftsunfähig geworden ist).
- Steht eine Bindung durch Erbvertrag, gemeinschaftliches Testament entgegen?
- Steht § 2306 BGB entgegen?[12]
- Hat der Testamentsvollstrecker das Amt wirksam angenommen (§ 2202 BGB)? Im Antrag auf das Zeugnis liegt in der Regel die Annahme.
- Sind die Aufgaben des Testamentsvollstreckers bereits gegenstandslos geworden oder ist das Amt bereits erloschen (z. B. durch Zeitablauf)? Denn wenn das Zeugnis schon bei Erteilung wegen § 2368 Abs. 3 2. Halbs. BGB von selbst kraftlos wäre, hat die Erteilung keinen Sinn und sollte unterlassen werden. Ist zwischen den Erben und dem Testamentsvollstrecker streitig, ob noch Aufgaben zu erfüllen sind, ist zur Entscheidung das Prozessgericht zuständig;[13] denn das Zeugnis bezeugt ohnehin nicht, dass das Amt fortbesteht. Ausnahmsweise kann noch nach Beendigung des Amts das Zeugnis erteilt werden, wenn ein Bedürfnis dafür besteht.[14] Dass bereits ein Entlassungsantrag vorliegt, steht der Erteilung des Zeugnisses nicht entgegen.[15]

3. Entscheidung des Nachlassgerichts

18 **a) Zuständigkeit.** Sachlich zuständig für die Erteilung des Testamentsvollstreckerzeugnisses ist das Nachlassgericht (das OLG kann nicht im Beschwerdeverfahren selbst ein Testamentsvollstreckerzeugnis erteilen, sondern nur das AG hierzu anweisen; vgl. den Wortlaut des § 2368 Abs. 1 BGB); zum Notariat vgl. § 352 Rn 3. Gehört zum Nachlass ein Hof im Sinne der HöfeO, ist gleichwohl das Nachlassgericht (und nicht das Landwirtschaftsgericht) für die Erteilung des Testamentsvollstreckerzeugnisses zuständig.[16] Örtlich zuständig ist grundsätzlich das Nachlassgericht, in dessen Bezirk der Verstorbene seinen letzten Wohnsitz hatte (§ 343). Funktionell ist der Richter zuständig (§ 16 Nr. 6, 7 RPflG; zum Landesrecht vgl. § 19 RPflG). International zuständig sind die deutschen Nachlassgerichte, wenn eine örtliche Zuständigkeit besteht (§ 105). Den früheren Gleichlaufgrundsatz hat das FamFG abgeschafft (§ 352 Rn 9), vgl. § 2369 Abs. 1 BGB.

---

[11] BayObLG NJW-RR 1992, 653.
[12] MünchKommBGB/Mayer § 2368 Rn 12; Winkler, Testamentsvollstrecker, Rn 689.
[13] Vgl. BGH NJW 1964, 1316; Soergel/Damrau § 2368 Rn 8.
[14] AG Starnberg FamRZ 1999, 743.
[15] OLG München FamRZ 2010, 1698.
[16] BGHZ 58, 105; a. A. Soergel/Damrau § 2368 Rn 6.

b) Entscheidungsmöglichkeiten. Nach dem FGG war zu unterscheiden: in unzweifelhaften Fällen wurde das Zeugnis „erteilt" (d. h. die Erteilung durch Verfügung angeordnet und dann durch Aushändigung bzw. Übersendung vollzogen), in zweifelhaften Fällen wurde zuerst ein „Vorbescheid"[17] erlassen, der binnen einer vom Nachlassgericht gesetzten Frist mit Beschwerde anfechtbar war. Ein Vorbescheid, mit dem eine Antragszurückweisung angekündigt wurde, war unzulässig.[18] Das FamFG hat den **Vorbescheid** nicht übernommen (er wäre also unzulässig, eventuell in eine zulässige Entscheidungsform umzudeuten), sondern eine andere Lösung gewählt. Übergangsrecht: Art. 111 FGG-RG.

c) Feststellungsbeschluss. Wegen § 354 (der § 2368 Abs. 3 BGB entspricht) sind die Regelungen über das Erbscheinsverfahren entsprechend anzuwenden. Hält das Nachlassgericht die Tatsachen für erwiesen, welche für die Erteilung des Testamentsvollstreckerzeugnisses vorliegen müssen, ist zunächst ein Beschluss (Inhalt und Formalien: § 38) zu erlassen, dass die zur Erteilung des beantragten Testamentsvollstreckerzeugnisses erforderlichen Tatsachen für festgestellt erachtet werden (§ 352 Abs. 1 S. 1; „Feststellungsbeschluss"). Sodann ist zu unterscheiden:

aa) Unstreitige Sache. Der **Feststellungsbeschluss** des Nachlassgerichts wird mit Erlass wirksam (§§ 354, 352 Abs. 1 S. 2). Er bleibt in der Nachlassakte und wird weder dem Antragsteller noch einem sonstigen Beteiligten bekannt gegeben (§ 352 Abs. 1 S. 3). Eine Kostenentscheidung entfällt (denn die Kostentragungspflicht des Antragstellers ergibt sich ohnehin aus der KostO). Wenn niemand dem Antrag widersprochen hat, enthält der Feststellungsbeschluss keine Begründung (§ 38 Abs. 4 Nr. 2). Anders ist es, wenn Tatbestandsmerkmale zweifelhaft sind oder Beteiligte widersprochen haben; dann ist eine Begründung erforderlich (§ 38 Abs. 3). Dem „Feststellungsbeschluss" folgt sogleich der Vollzug, nämlich die **Erteilung des Testamentsvollstreckerzeugnisses;** das heißt die Ausfertigung des Testamentsvollstreckerzeugnisses und die Aushändigung bzw. Übersendung der Urschrift bzw. Ausfertigung (je nach Landesrecht) an den Antragsteller (nebst Kostenrechnung).

Das Testamentsvollstreckerzeugnis kann **nur wie beantragt** erteilt werden; andernfalls ist der Antrag zurückzuweisen.[19] Das Nachlassgericht kann also nicht abweichend entscheiden. Hält sich der Antragsteller für einen Allein-Testamentsvollstrecker, darf das Gericht kein Mit-Testamentsvollstrecker-Zeugnis erteilen. Der Antragsteller muss daher auch Einschränkungen vorgeben (Rn 33 ff.), sie dürfen nicht vom Nachlassgericht von Amts wegen hinzugefügt werden. In einem solchen Falle müsste das Gericht den Antragsteller zuerst durch eine Zwischenverfügung auf seine Rechtsauffassung hinweisen.

Eine **Bindung des Nachlassgerichts an rechtskräftige Zivilurteile** über die Testamentsvollstreckung ist grundsätzlich zu verneinen. Hat ein Beteiligter A gegen einen Beteiligten B auf Feststellung, dass B nicht Testamentsvollstrecker sei, geklagt, wirkt das Zivilurteil nur zwischen den Parteien (vgl. § 325 ZPO), weshalb das Nachlassgericht dem C ein Testamentsvollstreckerzeugnis erteilen könnte. Kommen dagegen nur A und B als Testamentsvollstrecker in Betracht, darf das Testamentsvollstrecker-Zeugnis nur dem Sieger im Zivilprozess erteilt werden, weil andernfalls der Sieger sofort nach §§ 2362, 2368 Abs. 3 BGB auf Herausgabe des Testamentsvollstreckerzeugnisses klagen könnte.

Haben sich die **Beteiligten** auf eine bestimmte Auslegung des unklaren Testaments **geeinigt** (sog. Auslegungsvertrag), ist dies zwar für das Nachlassgericht nicht bindend, weil das Erbrecht, die Anordnung der Testamentsvollstreckung und die Ernennung eines Testamentsvollstreckers nicht zur Disposition der Beteiligten steht; doch ist dies ein wichtiges Indiz dafür, wie das Testament auszulegen ist.[20]

Das Gericht darf das Verfahren nicht aussetzen und die streitenden Beteiligten nicht darauf verweisen, vor dem Zivilgericht einen Prozess zu führen (wenn z. B. die Testierfähigkeit des Erblassers oder die Auslegung des unklaren Testaments streitig ist), sondern muss

---

[17] BGH NJW 1996, 1284; BayObLG FamRZ 1991, 111; MünchKommBGB/Mayer § 2368 Rn 16; unstreitig.
[18] OLG Düsseldorf NJW-RR 1994, 906.
[19] Palandt/Weidlich § 2368 Rn 6.
[20] BGH NJW 1986, 1812 m. Anm. Damrau JR 1986, 375 (zum Erbschein).

diese Fragen selbst im **Zeugniserteilungsverfahren** entscheiden.[21] Anders ist es, wenn die Beteiligten schon einen Zivilprozess darüber führen und dann erst das Testamentsvollstrecker-Zeugnis beantragt wird; hier darf ausgesetzt werden.

26 bb) *Streitige Sache.* Widerspricht der nach §§ 354, 352 Abs. 1 erlassene Feststellungsbeschluss (Rn 21) dem erklärten Willen (dazu § 352 Rn 118) eines Beteiligten, erhält er deshalb den Zusatz „Die **sofortige Wirksamkeit** des Beschlusses **wird ausgesetzt;** die Erteilung des Testamentsvollstreckerzeugnisses wird bis zur Rechtskraft des Beschlusses zurück gestellt" (§ 354, § 352 Abs. 2 S. 2). Der Beschluss dann muss eine Begründung enthalten (§ 38 Abs. 3 S. 1). Er ist den Beteiligten bekannt zu machen (§ 352 Abs. 2 S. 1); dem, der widersprochen hat, ist der Beschluss zuzustellen (§ 41 Abs. 1 S. 2).

27 **Beteiligte** in diesem Sinne sind der Antragsteller (§ 7 Abs. 1), der Testamentsvollstrecker sowie die Erben und eventuelle Mitvollstrecker, entweder weil sie von Amts wegen beigezogen wurden oder wirksam einen entsprechenden Beziehungsantrag gestellt haben. Wenn ein möglicher Beteiligter einen Zeugnisantrag widerspricht, gilt das als Antrag auf Hinzuziehung, dem zu entsprechen ist (§ 345 Abs. 3 S. 3). Bejaht man ein Antragsrecht der Erben, dann ist auch der Testamentsvollstrecker Beteiligter (§ 7 Abs. 2 Nr. 1) und könnte dem Antrag deshalb widersprechen wollen, weil der Nachlass mittlerweile abgewickelt ist und er nicht die Funktion als ehemaliger Testamentsvollstrecker zugeschoben haben will. Die Auffassung eines Beteiligten, er sei mit dem beantragten Testamentsvollstreckerzeugnis nicht einverstanden, muss irgendwie geäußert worden sein, nicht notwendig schriftlich.

28 Nach Zustellung des Beschlusses (Feststellung mit Aussetzung) **wartet** das Nachlassgericht die Beschwerdefrist (§ 63) ab: wird keine Beschwerde eingelegt, so dass der Beschluss rechtskräftig geworden ist, wird er vollzogen; d. h. das Testamentsvollstreckerzeugnis wird erteilt. Wird Beschwerde eingelegt, wird das Verfahren dem Beschwerdegericht (OLG; § 119 Abs. 1 Nr. 1 b GVG) vorgelegt und dessen Entscheidung abgewartet. Das Nachlassgericht könnte der Beschwerde auch selbst abhelfen (§ 68 Abs. 1 S. 1).

29 **d) Zurückweisung des Antrags.** Liegen die formellen und/oder materiellen Voraussetzungen nicht vor und sind sie auch nicht demnächst behebbar, weist das Gericht den Antrag durch Beschluss (§ 38) zurück. Eine Begründung ist in der Regel notwendig (§ 38 Abs. 2, 3). Eine Kostenerstattungsanordnung nach § 81 kann in Frage kommen. Eine Rechtsmittelbelehrung ist beizufügen (§ 39). Rechtsmittel ist die befristete Beschwerde (§ 58), worüber das OLG entscheidet (§ 119 Abs. 1 Nr. 1 b GVG). Eine Entscheidung, die die Zurückweisung eines Testamentsvollstreckerzeugnisantrags ankündigt, ist unzulässig.[22]

30 **e) Zwischenverfügung.** Das Gericht hat im Antragsverfahren auf die Stellung sachdienlicher Anträge hinzuwirken (§ 28 Abs. 2) und auf rechtliche Gesichtspunkte hinzuweisen, die es anders beurteilt als die Beteiligten (§ 38 Abs. 1 S. 2). Deshalb sind Hinweise auf fehlende Unterlagen, sonstige Mängel des Antrags zulässig und erforderlich. Wenn dieser Beschluss keine ganze oder teilweise Erledigung des Verfahrensgegenstandes (§ 38 Abs. 1) darstellt, ist er mit Beschwerde nicht anfechtbar (§ 58).

4. Inhalt des Testamentsvollstrecker-Zeugnisses

31 **a) Regulärer Inhalt.** Das Zeugnis nennt den Namen des Erblassers und des Testamentsvollstreckers (§ 2368 Abs. 1 S. 1 BGB), nicht aber den Namen des Erben (Ausnahme: wenn Testamentsvollstreckung nur über den Erbteil eines bestimmten Erben angeordnet ist). Die Angabe des Berufungsgrundes (Testament vom …) ist überflüssig. Im Übrigen gibt es hier dieselben Formen wie beim Erbschein: Teil-Testamentsvollstreckerzeugnis; gemeinschaftliches Testamentsvollstreckerzeugnis, Fremdrechtstestamentsvollstreckerzeugnis usw. Zweifelhaft ist der Inhalt des Zeugnisses, wenn der Erblasser eine **BGB-Gesellschaft** (z. B. eine Rechtsanwaltssozietät) zur Testamentsvollstreckerin bestellt hat (vgl. § 355 Rn 25). Unter Zugrundelegung der Wertungen im Grundbuchrecht (§§ 899 a BGB; 47 Abs. 2 GBO) könnte man die Gesellschaft *und* die Gesellschafter im Zeugnis zu nennen („Testamentsvoll-

---

[21] KG NJW 1963, 767.
[22] BayObLG FamRZ 1995, 60 zum früheren Vorbescheid.

streckerin ist die BGB-Gesellschaft Dr. Max Abs und Kollegen in Adorf...; Gesellschafter sind: A..., B...und C..."); zweckmäßiger ist aber, nur die BGB-Gesellschaft in das Zeugnis zu schreiben, weil sonst bei einem Gesellschafterwechsel Probleme auftreten können. Da es kein amtliches Register der BGB-Gesellschaften gibt, tauchen dann allerdings Schwierigkeiten beim Nachweis der Vertretungsmacht auf.

Was ohnehin gesetzlicher Inhalt ist, z. B. das Verwaltungsrecht (§ 2205 BGB), gehört als überflüssig nicht ins Zeugnis; ebensowenig Einschränkungen, die sich aus dem HGB ergeben; vom Erblasser erteilte Vollmachten. 32

b) Abweichender Inhalt. Alle vom Erblasser wirksam angeordneten Abweichungen vom gesetzlichen Regelmodell der §§ 2203 ff. BGB müssen im Testamentsvollstrecker-Zeugnis vermerkt werden, soweit sie für die Gutglaubensfunktion von Bedeutung sind. Dies wird § 2368 Abs. 1 S. 2 BGB entnommen. Der Geschäftsgegner soll durch Einsicht ins Testamentsvollstrecker-Zeugnis und ins BGB/HGB feststellen können, was der Testamentsvollstrecker (im Außenverhältnis) darf und was nicht. Das Testament steht ihm ja nicht zur Verfügung; es ist nicht zulässig, wenn das Gericht dem Zeugnis einfach eine Kopie des Testaments anheftet. 33

Diese **Einschränkungen** sind z. B.: 34
- Dauervollstreckung (§ 2209 BGB); dessen Dauer ist anzugeben;[23]
- Beschränkungen in der Verwaltung (§ 2368 Abs. 1 S. 2 BGB);
- Anordnung des Erblassers, dass der Testamentsvollstrecker in der Eingehung von Verbindlichkeiten für den Nachlass nicht beschränkt sein soll (§ 2368 Abs. 1 S. 2 BGB);
- Beschränkung der Testamentsvollstreckung auf einen Erbteil, auf einen bestimmten Gegenstand[24] (z. B. Grundstück, Wertpapierdepot);
- Beschränkung auf die Erfüllung der Vermächtnisse;
- Aufgabe des Testamentsvollstreckers ist lediglich, den Vollzug einer vom Erben zu erfüllenden Auflage zu verlangen;[25] oder: den Vollzug einer vom Vermächtnisnehmer zu vollziehenden Auflage;[26]
- Teilungsanordnungen, auch Auseinandersetzungsverbote, Veräußerungsverbote Teilungsverbote („kein Grundstücksverkauf bis 5 Jahre nach meinem Tod");[27] nur interne Verwaltungsanordnungen (§ 2216 Abs. 2 BGB) dagegen sind nicht aufzunehmen;
- sonstige Beschränkungen seiner Verpflichtungsmacht nach § 2208 BGB;
- Beschränkung auf die Verwaltung des Anwartschaftsrechts des Nacherben (§ 2222 BGB);
- längere oder kürzere Dauer des Amts als gesetzlich, z. B. Beendigung durch eine auflösende Bedingung, zu einem bestimmten Zeitpunkt („fünf Jahre lang; bis zum 25. Lebensjahr der Tochter");
- Besonderer Endzeitpunkt (§ 2210 S. 2 BGB);[28]
- Erweiterungen seiner Verpflichtungsmacht nach § 2207 BGB;
- Ende des Amts, wenn das Zeugnis erst nach Amtsende erteilt wird.[29]

Bei **mehreren Testamentsvollstreckern** kommt es darauf an, wie der Erblasser das Amt ausgestaltet hat. Liegt ein Regelfall vor (§ 2224 BGB), ist kein Zusatz im Zeugnis erforderlich; es wird ein gemeinschaftliches Zeugnis erteilt (vgl. § 2357 BGB). Abweichende Anordnungen des Erblassers über die Ersetzung eines wegfallenden Mittestamentsvollstreckers (§ 2224 Abs. 1 S. 3 BGB) sind im Zeugnis anzugeben.[30] Bei Neben-Testamentsvollstreckern (z. B. A verwaltet das Haus, B die Wertpapiere) liegt keine gemeinschaftliche Verwaltungsbefugnis vor; es werden voneinander unabhängige Teil-Testamentsvollstrecker-Zeugnisse erteilt.[31] Ebenso ist es, wenn bei Miterben für jeden ein anderer Testamentsvollstrecker eingesetzt ist. 35

---

[23] OLG Zweibrücken FamRZ 1998, 581.
[24] KGJ 31 A 94/7; Soergel/Damrau § 2368 Rn 9.
[25] BayObLG NJW-RR 1991, 523.
[26] BayObLG NJW-RR 1986, 629.
[27] A. A. Soergel/Damrau § 2368 Rn 10.
[28] Palandt/Weidlich § 2368 Rn 3.
[29] AG Starnberg FamRZ 1999, 743.
[30] KGJ 22 A 269.
[31] Winkler, Testamentsvollstrecker, Rn 698.

36 Verstirbt ein **Ausländer,** wird er in der Regel nach ausländischem Erbrecht beerbt (vgl. Art. 25 EGBGB). Die deutschen Nachlassgerichte sind international zuständig, wenn sie örtlich zuständig sind (§§ 105, 343). Wird ein Erblasser nach ausländischem Recht beerbt, so richten sich auch Inhalt und Rechtswirkungen einer Testamentsvollstreckung nach dem Erbstatut.[32] Hatte der Erblasser eine Anordnung getroffen, die nach seinem Heimatrecht zulässig ist und die nach deutschem Erbrecht etwa der Anordnung einer Testamentsvollstreckung entspricht,[33] enthält der deutsche Erbschein einen entsprechenden Vermerk, wobei im Interesse des Rechtsverkehrs das ausländische Recht („nach belgischem Recht") anzugeben ist.

37 Der Antragsteller hat bei Auslandsbezug bezüglich des Testamentsvollstreckerzeugnisses nach dem FamFG zwei Möglichkeiten: Er kann ein Testamentsvollstreckerzeugnis entsprechend § 2368 BGB beantragen (sog. **Fremdrechtstestamentsvollstreckerzeugnis**); es nennt den Namen des Testamentsvollstreckers, das Recht, welches für die Stellung dieses Testamentsvollstreckers gilt, sowie nach h. M.[34] seine Befugnisse. Das Nachlassgericht kann diese Befugnisse durch eingeholte Rechtsgutachten feststellen. Meines Erachtens sollte die ausländische Rechtsstellung („Willensvollstrecker"; „Executor") angegeben werden und nicht eine Kurzumdeutung mit Worten des deutschen Rechts, weil sie missverständlich und daher gefährlich ist.

38 Der Antragsteller kann seinen Antrag beschränken auf eine Zeugnis auf **die im Inland befindlichen Gegenstände** (nicht: auf die im Ausland befindlichen Gegenstände; nicht auf einen bestimmten Einzelgegenstand, z.B. das Grundstück Flur Nr. ...); das ist aber nur möglich, wenn zu einer Erbschaft sowohl Gegenstände gehören, die sich im Ausland befinden wie solche, die sich in Deutschland befinden (§§ 2369 Abs. 1, 2368 Abs. 2 BGB). Dann spart er sich manchmal das Gutachten, die Verzögerung und muss nur die Gebühren aus dem Inlandsnachlass zahlen (§ 107 n. F. KostO).[35] Denn für den ausländischen Nachlass nützt ihm das deutsche Zeugnis nur, wenn es dort anerkannt wird.

5. Einziehung und Kraftlosigkeit des Testamentsvollstrecker-Zeugnisses

38a Das Zeugnis kann nach § 2361, 2368 Abs. 3 BGB eingezogen werden; vgl. § 353. Zur Unrichtigkeit, wenn eine Sozietät bestellt wurde, vgl. § 355 Rn 46. Das Zeugnis wird mit der Einziehung **kraftlos** (§ 2361 Abs. 1 S. 2 BGB). Ist das Zeugnis nicht sofort zu erlangen, so hat es das Nachlassgericht **für kraftlos zu erklären** (§ 2361 Abs. 2 BGB).

Vom Kraftloswerden durch Einziehung ist der Fall des **§ 2368 Abs. 3 Halbsatz 2 BGB** zu unterscheiden: mit der Beendigung des Amts des Testamentsvollstreckers (z.B. durch Ende der Amtsdauer; Erledigung aller Aufgaben[36]) wird das Zeugnis von selbst kraftlos. Eine förmliche Einziehung nach §§ 2368, 2361 BGB entfällt in einem solchen Fall und wäre unzulässig.[37] Die Praxis zieht von sich aus kein Zeugnis ein; es wird auch vom Nachlassgericht kein Testamentsvollstrecker regelmäßig angeschrieben und gefragt, ob er noch Aufgaben zu erledigen habe. Sonst wären etwa 20 000 Streitfälle im Jahr nachlassgerichtlich zu klären, mit allen Folgeproblemen (Anhörung aller Beteiligten; Kosten; Vorgehen, wenn das Zeugnis verloren gegangen ist usw), obwohl die Beteiligten dies nicht wünschen. Unter Geltung des FGG wurde allerdings gelegentlich die Auffassung vertreten, dass das Nachlassgericht dieses kraftlose Zeugnis zur Verhinderung von Mißbrauch zurückfordern dürfe[38] oder sogar müsse.[39] Im FamFG findet sich keine Rechtsgrundlage dafür; § 2361 in Verb. mit § 2368 Abs. 3 Halbs. 1 BGB passen

---

[32] BGH NJW 1963, 46; BayObLG 2000, 573; FamRZ 1990, 669.
[33] Eingehende Darstellung der Internationalen Testamentsvollstreckung durch Haas in Bengel/Reimann Kap. 9.
[34] BayObLG FamRZ 1987, 526; BayObLG FamRZ 1990, 669; MünchKommBGB/Birk Art. 25 EGBGB Rn 358; Staudinger/Dörner Art. 25 EGBGB Rn 860.
[35] BT-Drs. 16/6308 S. 336.
[36] BGH NJW 1964, 1316.
[37] OLG Köln Rpfleger 1986, 261; KG NJW 1964, 1905; BayObLGZ 1953, 357; Staudinger/Herzog § 2368 Rn 41; Muscheler Erbrecht Rn 2758.
[38] OLG Köln Rpfleger 1986, 261; OLG München NJW 1951, 74; KG NJW 1964, 1905.
[39] So zum FamFG Horndasch/Viefhues/Heinemann § 354 Rn 8.

nicht.[40] Denn der oft schwierige Streit darüber, ob vom Testamentsvollstrecker noch Aufgaben zu erledigen sind und also das Zeugnis noch nicht kraftlos geworden ist, ist vor dem Prozessgericht (und nicht vor dem Nachlassgericht) zu klären,[41] in der Regel durch Prozess zwischen dem Erben und dem Testamentsvollstrecker analog § 2362 Abs. 1 BGB. Es mag allerdings eindeutige Fälle geben, etwa wenn die Testamentsvollstreckung nur bis zu einem bestimmten Tag dauern soll und dieser Tag verstrichen ist; dann kann eine Rückforderung durch das Nachlassgericht vertretbar sein, obgleich ohne Sinn.

6. Rechtsmittel

Der **Feststellungsbeschluss** (Rn 21) unterliegt der befristeten Beschwerde (§§ 58, 63). Beschwerdeberechtigt ist nur, wer in seinen Rechten beeinträchtigt ist (§ 59 Abs. 1), aber nicht nur der, der der Erteilung des Zeugnisses widersprach. 39

Das **erteilte** Testamentsvollstreckerzeugnis ist nicht mehr mit Beschwerde anfechtbar. Nur noch das Einziehungsverfahren (§§ 2361, 2368 Abs. 3 BGB; Klage nach § 2362 BGB) ist zulässig. Eine „Beschwerde" wäre als Anregung auf Einziehung umzudeuten. Für das Rechtsmittel bei Anordnung bzw. Ablehnung der **Einziehung** eines Testamentsvollstreckerzeugnisses gilt dasselbe wie beim Erbschein (§ 353 Rn 17 ff., 24 ff.). 40

Die **Zurückweisung des Antrags** auf Erteilung eines Testamentsvollstreckerzeugnisses unterliegt ebenfalls der befristeten Beschwerde (§§ 58, 63). Beschwerdeberechtigt ist nur, wer in seinen Rechten beeinträchtigt ist (§ 59 Abs. 1) und zusätzlich in erster Instanz den Antrag gestellt hat (§ 59 Abs. 2). In der Beschwerdeinstanz kann nur der beim Nachlassgericht gestellte Antrag weiter verfolgt werden, denn nur darüber liegt eine Entscheidung erster Instanz schon vor. Bei Antragsänderungen muss im Regelfall wieder beim Nachlassgericht begonnen werden. So ist es z. B., wenn in erster Instanz ein unbeschränktes Testamentsvollstreckerzeugnis beantragt, aber abgelehnt wurde und nun mit Beschwerde ein Testamentsvollstreckerzeugnis nur über den Grundbesitz angestrebt wird. 41

Zwischenverfügungen sind keine Endentscheidungen und daher im Gegensatz zur früheren Rechtslage (vgl. § 19 FGG) nicht mehr mit befristeter Beschwerde anfechtbar. Verfügungen, die nur unverbindliche Meinungsäußerungen enthalten oder rechtliche Hinweise, sind nicht anfechtbar. Im Rahmen der Erteilung eines Testamentsvollstrecker-Zeugnisses ist als Vorfrage zu entscheiden, ob der Erblasser überhaupt eine Testamentsvollstreckung angeordnet hat. Diese Vorfragenentscheidung in den Gründen ist nicht isoliert anfechtbar,[42] da es sich insoweit nur um eine „unverbindliche" Meinungsäußerung handelt. 42

Über die befristete Beschwerde **entscheidet das OLG** (§ 119 Abs. 1 Nr. 1 b GVG). Hebt es den Zurückweisungsbeschluss auf, muss es an das Nachlassgericht zurückverweisen, weil es das Testamentsvollstreckerzeugnis nicht selbst erteilen darf, da hierfür das Nachlassgericht ausschließlich zuständig ist (§ 2368 Abs. 1 S. 1 BGB). **Übergangsrecht** vgl. Art. 111 FGG-RG (Geltung des bisherigen Rechts, d. h. Beschwerdezuständigkeit des LG, § 19 Abs. 2 FGG); Stichtag 1. 9. 2009. 43

7. Kosten

Gerichtsgebühren für die Erteilung und Einziehung der sonstigen Zeugnisse vgl. §§ 109, 111 KostO. 44

Testamentsvollstreckung

355 (1) Ein Beschluss, durch den das Nachlassgericht einem Dritten eine Frist zur Erklärung nach § 2198 Abs. 2 des Bürgerlichen Gesetzbuchs oder einer zum Testamentsvollstrecker ernannten Person eine Frist zur Annahme des Amtes bestimmt, ist mit der sofortigen Beschwerde in entsprechender Anwendung der §§ 567 bis 572 der Zivilprozessordnung anfechtbar.

---

[40] A. A. Staudinger/Herzog (2010) § 2368 Rn 41; Prütting/Helms/Fröhler § 354 Rn 4; Horndasch/Viefhues/Heinemann § 354 Rn 7.
[41] BGH NJW 1964, 1316.
[42] BayObLG FamRZ 1998, 1268.

(2) **Auf einen Beschluss, durch den das Gericht bei einer Meinungsverschiedenheit zwischen mehreren Testamentsvollstreckern über die Vornahme eines Rechtsgeschäfts entscheidet, ist § 40 Abs. 3 entsprechend anzuwenden; die Beschwerde ist binnen einer Frist von zwei Wochen einzulegen.**

(3) **Führen mehrere Testamentsvollstrecker das Amt gemeinschaftlich, steht die Beschwerde gegen einen Beschluss, durch den das Gericht Anordnungen des Erblassers für die Verwaltung des Nachlasses außer Kraft setzt, sowie gegen einen Beschluss, durch den das Gericht über Meinungsverschiedenheiten zwischen den Testamentsvollstreckern entscheidet, jedem Testamentsvollstrecker selbständig zu.**

Übersicht

	Rn
I. Normzweck	1
II. Fristsetzungen (Abs. 1)	2
1. Materielles Recht	2
2. Fristsetzung zur Bestimmung eines Testamentsvollstreckers (Abs. 1 Alt. 1)	3
a) Fehlende Erklärung des Dritten	3
b) Antrag	4
c) Antragsberechtigter	5
d) Fristsetzungsbeschluss	6
3. Fristsetzung zur Erklärung über die Annahme des Amtes (Abs. 1 Alt. 2)	7
4. Rechtsmittel in den Fällen des Abs. 1	13
a) Ablehnung der Fristsetzung	14
b) Fristsetzung	15
III. Sonstige Fristbestimmungen im Erbrecht	17
1. Fälle	17
2. Beteiligte	24
IV. Meinungsverschiedenheit zwischen mehreren Testamentsvollstreckern (Abs. 2)	25
1. Materielles Recht	25
2. Verfahren	26
a) Beteiligte	26
b) Antrag, Antragsrecht	27
c) Entscheidung	28
d) Anwendbarkeit von § 40 Abs. 3	31
e) Beschwerde; Beschwerdefrist	32
V. Selbständiges Beschwerderecht bei mehreren Testamentsvollstreckern (Abs. 3)	33
1. Allgemeines	33
2. Außerkraftsetzung letztwilliger Anordnungen des Erblassers	34
a) Allgemeines	34
b) Antragsrecht	35
c) Antragszeitpunkt	36
d) Verfahren	37
e) Entscheidung	38
f) Rechtsmittel	39
3. Meinungsverschiedenheiten	41
VI. Sonstige Entscheidungen in Angelegenheiten der Testamentsvollstreckung	46
VII. Kosten	50

I. Normzweck

1   Die Vorschrift regelt einige Einzelfragen der Testamentsvollstreckung. Sie will mit Abs. 1 erreichen, dass sich ein Testamentsvollstrecker möglichst bald dazu erklärt, ob er das Amt annehmen will oder nicht. Abs. 2 regelt das Wirksamwerden der Entscheidung des Streits zwischen zwei oder mehr Testamentsvollstreckern, Abs. 3 die Beschwerdeberechtigung in einem Sonderfall. **Reform.** Regelungen, die dem § 355 entsprechen, fanden sich früher teilweise bezüglich Abs. 1 in §§ 80, 81, 19, 22 FGG, bezüglich Abs. 2 in §§ 82 Abs. 2, 19, 22 FGG, bezüglich Abs. 3 in §§ 82 Abs. 1, 19, 22 FGG. **Übergangsrecht:** Für bis 1. 9. 2009 eingeleitete Verfahren gilt weiterhin altes Recht (Art. 111 FGG-RG), also die genannten FGG-Bestimmungen.

II. Fristsetzungen (Abs. 1)

1. Materielles Recht

Die Testamentsvollstreckung als Belastung des Nachlasses kann nur der Erblasser **2** anordnen, ausdrücklich oder konkludent, niemals das Nachlassgericht, ein Erbe oder ein Dritter. Davon zu unterscheiden ist die Frage, wer den Testamentsvollstrecker auswählt. Hier gibt es mehrere Möglichkeiten: Auswahl durch den Erblasser (§ 2197 Abs. 1 BGB); Überlassung der Auswahl an einen Dritten (§ 2198 Abs. 1 S. 1 BGB); Ermächtigung des Testamentsvollstreckers, einen Nachfolger zu ernennen (§ 2199 Abs. 2 BGB); Auswahl durch das darum ersuchte Nachlassgericht (§ 2200 BGB). Von der Auswahl ist der Amtsbeginn zu unterscheiden. Das Amt beginnt in allen Fällen erst mit Annahme des Amts durch Erklärung des Testamentsvollstreckers gegenüber dem Nachlassgericht (§ 2202 Abs. 1 BGB).

2. Fristsetzung zur Bestimmung eines Testamentsvollstreckers (Abs. 1 Alt. 1)

a) Fehlende Erklärung des Dritten. Ist das Bestimmungsrecht vom Erblasser in der **3** letztwilligen Verfügung **einem Dritten überlassen** worden und geht beim Nachlassgericht keine entsprechende, formgerechte (§ 2198 Abs. 1 S. 2 BGB) Erklärung des Dritten ein, ist für das Nachlassgericht zunächst nichts veranlasst (es wird nicht von Amts wegen tätig); dann besteht eben eine Testamentsvollstreckung ohne Testamentsvollstrecker. Die Folgen sind für die Erben lästig, denn der Erbschein weist die Beschränkung der Handlungsmacht der Erben durch Testamentsvollstreckung aus (§§ 2253, 2364 BGB), es fehlt aber derjenige, der verwaltungsbefugt ist (§ 2205 BGB). In Notfällen könnte für den „unbekannten" Testamentsvollstrecker ein Pfleger bestellt werden (§ 1913 BGB[1]). Das Bestimmungsrecht des Dritten ist unbefristet, wenn der Erblasser nichts anderes angeordnet hat.

b) Antrag. Ein Beteiligter (Rn 5) kann beim Nachlassgericht den Antrag (§ 23) stellen, **4** dass das Gericht dem Dritten eine Frist setzt, damit die Sache ihren Fortgang nimmt. Die Bestimmung hat der Dritte in öffentlich beglaubigter Form vorzunehmen (§ 2198 Abs. 1 S. 2 BGB); nimmt der Dritte trotz Fristsetzung keine Bestimmung vor, erlischt sein Bestimmungsrecht (§ 2198 Abs. 2 BGB); deshalb kann die Frist nach Ablauf der Beschwerdefrist auch nicht mehr verlängert werden. Zur Bestimmung kann der Dritte nicht gezwungen werden; Zwangsgelder etc. scheiden aus. Ist das Recht erloschen, kommt es – bei einem entsprechenden Ersuchen des Erblassers – in Frage, dass das Nachlassgericht selbst einen Testamentsvollstrecker auswählt (§ 2200 BGB), aber zwingend ist das nicht. Fehlt ein solches ausdrückliches Ersuchen und ist ein konkludentes Ersuchen nicht konstruierbar, ist die Testamentsvollstreckung gegenstandslos.

c) Antragsberechtigter.[2] Das ist jeder, der ein rechtliches Interesse an der Klarstellung **5** hat.[3] Der Begriff des Beteiligten ist hier ein anderer als nach §§ 2216 Abs. 2, 2227 BGB. Zu den Antragsberechtigten gehört der Alleinerbe, jeder Miterbe, Nacherbe, Pflichtteilsberechtigte,[4] Vermächtnisnehmer, Auflageberechtigte (§ 2194 BGB) und Mitvollstrecker. Der Nachlasspfleger (§§ 1960, 1961 BGB) ist als Vertreter der unbekannten Erben antragsberechtigt. Auch ein Nachlassgläubiger ist antragsberechtigt, weil er den Testamentsvollstrecker im Falle des § 2213 BGB verklagen kann und nach § 748 ZPO einen Titel gegen ihn benötigt.[5] Ob der Auflagebegünstigte antragsberechtigt ist, ist streitig, aber zu bejahen.[6]

d) Fristsetzungsbeschluss. Zum Verfahren vgl. §§ 23 ff. Voraussetzung ist ein zulässi- **6** ger Antrag (einen Fristvorschlag braucht er nicht zu enthalten). Ist er gestellt, ist dem Dritten

---

[1] Vgl. Damrau, FS Lange 1992, S. 797.
[2] Dazu Jansen/Müller-Lukoschek § 80 Rn 9.
[3] BGH NJW 1961, 296, 299.
[4] KG NJW 1963, 1553; Prütting/Helms/Fröhler § 355 Rn 10.
[5] Vgl. hierzu BGH NJW 1961, 1717.
[6] Verneinend LG Verden MDR 1955, 231; bejahend Staudinger/Reimann § 2198 Rn 24.

rechtliches Gehör zu gewähren. In die Anschrift des Dritten nicht bekannt und auch nicht ermittelbar, entfällt sie. Eine ohne Antrag gesetzte Frist wäre gleichwohl wirksam gesetzt; ebenso eine Fristsetzung durch ein örtlich unzuständiges Nachlassgericht (§ 2 Abs. 3). Zuständig für Verfahren und Entscheidung ist der Rechtspfleger (§ 3 Nr. 2c RPflG; wurde stattdessen der Richter tätig: § 8 RPflG). Der Rechtspfleger entscheidet durch **Beschluss** (Formalien §§ 38 ff.), mit Rechtsmittelbelehrung (§ 39). Die Frist ist auf Antrag des Dritten durch einen weiteren Beschluss verlängerbar, solange sie nicht abgelaufen ist. Die Fristbestimmung wird mit der Bekanntmachung an denjenigen, dem die Frist gesetzt ist, **wirksam** (§ 40 Abs. 1). Der Beschluss ist dieser Person von Amts wegen zuzustellen (§ 15 Abs. 1, 2; vgl. § 41 Abs. 1 S. 2). Bei unbekanntem Aufenthalt kommt eine öffentliche Zustellung in Frage. Der Beschluss ist aber auch den anderen Beteiligten bekannt zu geben (§ 15 Abs. 1); auch hier ist (wegen § 15 Abs. 2) unter Umständen eine Zustellung erforderlich. Die Beschwerdefrist beginnt für jeden Beteiligten mit der Zustellung an ihn. Nach fruchtlosem Fristablauf ist die Testamentsvollstreckung gegenstandslos, wenn im Testament kein Ersatzmann bestimmt ist, kein anderweitiges Ernennungsrecht besteht und auch kein Fall des § 2200 BGB anzunehmen ist.

3. Fristsetzung zur Erklärung über die Annahme des Amtes (Abs. 1 Alt. 2)

7   Hat der **Erblasser** in seiner letztwilligen Verfügung selbst einen Testamentsvollstrecker ernannt, dann wird diese Person nach Eröffnung der letztwilligen Verfügung vom Nachlassgericht verständigt (§ 348 Abs. 3). Der Ernannte kann nun durch Erklärung gegenüber dem Nachlassgericht das Amt annehmen (§ 2202 Abs. 2 S. 1 BGB); die Erklärung muss nicht öffentlich beglaubigt sein, einfache Schriftform genügt. Er kann auch mitteilen, dass er das Amt ablehnt. Geht beim Nachlassgericht keine entsprechende Erklärung des Dritten ein, ist für das Nachlassgericht zunächst nichts veranlasst (es wird nicht von Amts wegen tätig); dann besteht eben eine Testamentsvollstreckung ohne Testamentsvollstrecker.

8   Hatte der Erblasser die Auswahl des Testamentsvollstreckers einem **Dritten** überlassen (§ 2198 Abs. 1 S. 1 BGB) und hat der Dritte eine Person ausgewählt, beginnt das Amt erst mit Annahme des Amts durch die ausgewählte Person (§ 2202 Abs. 1 BGB). Reagiert der Ausgewählte nicht, kommt ebenfalls in Frage, dass ihm das Nachlassgericht eine Frist zur Erklärung setzt.

9   Hatte der Erblasser die Auswahl ausdrücklich oder konkludent dem **Nachlassgericht** übertragen (§ 2200 BGB) und nimmt dann der Richter die Ernennung vor, ist diese Person damit noch nicht Testamentsvollstrecker; sie kann das Amt annehmen oder ablehnen (§ 2202 Abs. 3 BGB); auch hier kommt eine Fristsetzung in Frage.

10 Hatte der Erblasser den ausgewählten **Testamentsvollstrecker ermächtigt,** einen Mitvollstrecker oder Nachfolger zu ernennen (§ 2199 BGB), dann kann zwar der Erbe dem Testamentsvollstrecker eine Frist hierzu setzen, aber nicht das Nachlassgericht. Hat der Testamentsvollstrecker dann entsprechende Personen ausgewählt, fehlt noch deren Amtsannahme; hier kommt eine Fristsetzung durch das Nachlassgericht in Frage.

11 In allen diesen Fällen kann ein Beteiligter (Rn 5) beim Nachlassgericht den Antrag stellen, dass das Gericht der ausgewählten Person eine Frist setzt (§ 2202 Abs. 3 S. 1 BGB), damit Klarheit geschaffen wird, ob sie das Amt annimmt oder ablehnt. Für diese Frist gelten die obigen Ausführungen entsprechend. Mit fruchtlosem Fristablauf gilt das Amt als abgelehnt (§ 2202 Abs. 3 S. 2 BGB).

12 Ist die Fristsetzung an die ausgewählte Person nicht durchführbar, weil ihr **Aufenthalt unbekannt** und auch nicht ermittelbar ist, entfällt die Fristsetzung. Hier kommt in Frage, dass ein Beteiligter den Antrag stellt, dass das Nachlassgericht die ausgewählte Person nach § 2227 BGB entlässt; der wichtige Grund liegt darin, dass eine Person ohne feststellbaren Aufenthalt nicht geeignet ist, das Amt auszuüben. Die Entlassung setzt nicht voraus, dass der Testamentsvollstrecker sein Amt schon angenommen hat.[7]

---

[7] Soergel/Damrau § 2227 Rn 3; Lange/Kuchinke § 31 VIII 2 b; Winkler, Testamentsvollstrecker, Rn 792; a. A. BayObLGZ 13, 49; Staudinger/Reimann § 2227 Rn 1.

4. Rechtsmittel in den Fällen des Abs. 1

Für bis 1. 9. 2009 eingeleitete Verfahren gilt weiterhin altes Recht (Art. 111 FGG- **13** RG); vgl. Rn 1. Das FamFG sieht als Rechtsmittel teils die befristete Beschwerde des FamFG vor, teils die sofortige Beschwerde der ZPO. Die Beschwerde ist in beiden Fällen befristet (§ 63 bzw. § 569 ZPO); Anwaltszwang besteht nicht (§ 10 FamFG bzw. § 569 Abs. 3 ZPO). Für das erstinstanzliche Verfahren ist der Rechtspfleger zuständig (§ 3 Nr. 2 c RPflG), so dass § 11 Abs. 1 RPflG zu beachten ist. Ist keine Beschwerde statthaft, dann findet deshalb gegen eine Rechtspflegerentscheidung jedenfalls die befristete Erinnerung nach § 11 Abs. 2 RPflG statt. **Beschwerdegericht ist das OLG** (§ 119 Abs. 1 Nr. 1 b GVG; nicht mehr, wie früher, das LG). Über eine (zugelassene) **Rechtsbeschwerde** (§§ 70 ff.) entscheidet der BGH (§ 133 GVG); sie kann nur durch einen beim BGH zugelassenen Anwalt eingelegt werden (§ 10 Abs. 4 FamFG bzw. § 575 ZPO).

a) Ablehnung der Fristsetzung. Hiergegen ist nur für den Antragsteller die befristete **14** Beschwerde statthaft (§§ 58 ff. FamFG § 11 RPflG),[8] für andere Beteiligte nicht (§ 59 Abs. 2). Die Sache ist wohl als vermögensrechtlich zu qualifizieren (Fall des § 61 Abs. 1), so dass der Beschwerdewert von 600,01 € erreicht werden muss;[9] es liegt nahe, als Wert etwa 10% des Nettonachlasses anzusetzen, wenn der gesamte Nachlass mit Testamentsvollstreckung belastet ist. Die **Beschwerdefrist** beträgt **einen Monat** (§ 63 Abs. 1) und beginnt i. d. R. mit der schriftlichen Bekanntgabe des Beschlusses (§ 63 Abs. 3). Die Beschwerde ist beim Nachlassgericht einzulegen (§ 64 Abs. 1); Formalien § 64 Abs. 2. Wird die Beschwerde irrig beim Beschwerdegericht (OLG, § 119 Abs. 1 Nr. 1 b GVG) eingereicht, hat dieses die Beschwerde im üblichen Geschäftsgang an das AG (Nachlassgericht) weiterzuleiten.[10] Ist die Beschwerde erfolgreich, kann das OLG selbst die Frist bestimmen[11] und muss die Sache nicht zu diesem Zweck an das Nachlassgericht zurückverweisen; zwar steht in § 2202 Abs. 3 BGB „das Nachlassgericht", doch ist das nicht im Sinne einer ausschließlichen Zuständigkeit zu verstehen, weil das OLG als Beschwerdegericht hier an die Stelle des Nachlassgerichts treten *kann*.

b) Gegen die Fristsetzung ist die ZPO-Beschwerde statthaft (Abs. 1), es gelten nicht **15** §§ 58 ff. FamFG, sondern §§ 567 bis 572 ZPO (Frist: zwei Wochen). Der Gesetzgeber[12] sah die Fristbestimmung als Zwischenentscheidung an und meinte, das „weitgehend entformalisierte Verfahren der sofortigen Beschwerde nach den Vorschriften der ZPO" für anwendbar erklären zu sollen. Beschwerdeberechtigt ist z. B. der Dritte, dem die Frist gesetzt wird; er kann vortragen, die Frist sei zu kurz bemessen;[13] in diesem Falle kommt eine Verlängerung durch das Nachlassgericht (d. h. Abhilfe nach § 572 ZPO) in Frage.[14] Der Dritte kann beispielsweise ferner vorbringen, das Testament sei nichtig, es enthalte in Wirklichkeit gar kein Bestimmungsrecht für ihn, der Antragsteller sei gar nicht antragsberechtigt usw. Andere Beschwerdeberechtigte können mit der Beschwerde vortragen, die dem Dritten gesetzte Frist sei zu lang.

Die **sofortige Beschwerde** folgt der ZPO. Statthaftigkeit: § 567 Abs. 1 ZPO; **16** Anschlussbeschwerde § 567 Abs. 3 ZPO; ein bestimmter Beschwerdewert muss nicht erreicht sein (§ 567 Abs. 2 ZPO ist nicht einschlägig); Frist für die sofortige Beschwerde: **zwei Wochen** (§ 569 ZPO); Einlegung beim Nachlassgericht oder beim OLG (Beschwerdegericht, § 119 Abs. 1 Nr. 1 b GVG), § 569 ZPO; es gibt keine Pflicht, die sofortige Beschwerde zu begründen (§ 571 ZPO); Abhilfemöglichkeit für das Nachlassgericht besteht (§ 572 ZPO). Tätigwerden eines Einzelrichters beim OLG: § 568 ZPO.

---

[8] Prütting/Helms/Fröhler § 355 Rn 14; MünchKommZPO/J. Mayer § 355 FamFG Rn 7.
[9] A. A. Horndasch/Viefhues/Heinemann § 344 Rn 13.
[10] Vgl. BVerfG NJW 2006, 1579 zu § 119 GVG.
[11] Bumiller/Harders § 355 Rn 4; a. A. Horndasch/Viefhues/Heinemann § 355 Rn 13.
[12] BT-Drs. 16/6308 S. 282; in Wirklichkeit ist das eine Endentscheidung, MünchKommZPO/J. Mayer § 355 FamFG Rn 5.
[13] KG HRR 1939 Nr. 1166.
[14] Unter Geltung des FGG angesichts § 18 Abs. 2 FGG umstritten.

III. Sonstige Fristbestimmungen im Erbrecht

1. Fälle

17 Gegen sonstige erbrechtliche Fristsetzungen ist die befristete Beschwerde nach §§ 59 ff. statthaft. Übergangsrecht vgl. Rn 1 (§ 80 FGG). Es geht u. a. um folgende Fälle:

18 Das Nachlassgericht hat dem Erben auf Antrag eines Nachlassgläubigers eine Frist zur Errichtung eines Inventars gesetzt (§ 1994 BGB).[15]

19 Der Erblasser hat mehrere mit einem Vermächtnis in der Weise bedacht, dass der Beschwerte oder ein Dritter zu bestimmen hat, wer von den mehreren das Vermächtnis erhalten soll (§ 2151 BGB).

20 Der Erblasser hat mehrere mit einem Vermächtnis in der Weise bedacht, dass der Beschwerte oder ein Dritter zu bestimmen hat, was jeder von dem vermachten Gegenstand zu erhalten hat (§ 2153 BGB).

21 Der Erblasser hat ein Vermächtnis in der Art angeordnet, dass der Bedachte von mehreren Gegenständen nur den einen oder anderen erhalten soll, und die Wahl einem Dritten übertragen (§ 2154 BGB).

22 Der Erblasser hat die vermachte Sache nur der Gattung nach bestimmt und die Bestimmung der Sache dem Bedachten oder einem Dritten übertragen (§ 2155 BGB).

23 Der Erblasser hat bei der Anordnung einer Auflage, deren Zweck er bestimmt hat, die Bestimmung der Person, an welche die Leistung erfolgen soll, dem Beschwerten oder einem Dritten überlassen (§ 2193 BGB).

2. Beteiligte

24 Beteiligter ist bei Fristbestimmungen zwingend derjenige, dem die Frist gesetzt wird (§ 345 Abs. 4 S. 1 Nr. 3). Diejenigen, deren Recht durch das Verfahren unmittelbar betroffen wird, sind vom Nachlassgericht zu informieren (§ 7 Abs. 4), soweit bekannt bzw. leicht ermittelbar, und über ihr Antragsrecht zu belehren. Stellen sie einen Beteiligungsantrag, müssen sie beteiligt werden (§ 345 Abs. 4 S. 2)

IV. Meinungsverschiedenheit zwischen mehreren Testamentsvollstreckern (Abs. 2)

1. Materielles Recht

25 Sind zwei oder mehr Testamentsvollstrecker bestellt, dann entscheidet bei einer Meinungsverschiedenheit zwischen ihnen (wenn sie das Amt gemeinschaftlich führen) das Nachlassgericht (§ 2224 Abs. 1 BGB), nicht etwa die Erben. Der Erblasser kann aber durch entsprechende Regelungen die Anrufung des Nachlassgerichts ausschließen (§ 2224 Abs. 1 S. 3), z. B. dass die Ansicht eines bestimmten Testamentsvollstreckers den Ausschlag gibt,[16] oder dass die Mehrheit entscheidet oder ein Schiedsrichter. Eine **Sozietät** (z. B. von Rechtsanwälten) in Form einer BGB-Gesellschaft konnte nach früherer Auffassung nicht Testamentsvollstreckerin sein, sondern nur die einzelnen Mitglieder der Sozietät; da der BGH[17] jetzt der BGB-Gesellschaft Außenrechtsfähigkeit zubilligt, muss man als Konsequenz die Ernennung einer BGB-Gesellschaft zur Testamentsvollstreckerin für zulässig halten;[18] da aber der BGH[19] meint, dass die Anerkennung der Rechtsfähigkeit der GbR nicht dazu führt, dass diese Verwalterin nach dem WEG sein kann und dass eine dennoch erfolgte Bestellung einer GbR zur Verwalterin nichtig sei,[20] ist die Bestellung einer GbR zur Testamentsvollstreckerin mit einem hohen Risiko verbunden und sollte unterbleiben. Die Gesellschaft und nicht die einzelnen Gesellschafter ist Rechtsträger (vgl. § 899 a BGB zur

---

[15] Zum Beschwerdewert vgl. BayObLG NJWE-FER 2000, 182.
[16] OLG Hamburg OLGE 44, 96; Staudinger/Reimann § 2224 Rn 6.
[17] BGH NJW 2001, 1056; NJW 2008, 1378. Dazu Krüger NZG 2010, 801.
[18] Bengel/Reimann, Handbuch der Testamentsvollstreckung, Teil 2 Rn 180.
[19] BGH NJW 2006, 2189.
[20] BGH NJW 1989, 2059.

Grundbucheintragung). Streiten die Gesellschafter über die Durchführung der Testamentsvollstreckung liegt demnach kein Fall des § 355 Abs. 2 vor, weil nicht mehrere Testamentsvollstrecker vorhanden sind.

2. Verfahren

a) Beteiligte. § 345 Abs. 4 S. 1 Nr. 1 bis Nr. 4 sind nicht einschlägig, so dass § 7 in Verbindung mit § 345 Abs. 4 S. 2 maßgeblich ist.

b) Antrag; Antragsrecht. Das Nachlassgericht entscheidet nicht von Amts wegen (obwohl der Text des § 2224 Abs. 1 BGB nichts von einem Antrag sagt, im Gegensatz zu § 2227 BGB), sondern nur auf Antrag,[21] weil es kein allgemeines Aufsichtsrecht über Testamentsvollstrecker hat. Der Antrag muss § 23 entsprechen. Das Recht, die Entscheidung des Nachlassgerichts anzurufen, steht nicht nur jedem Mitvollstrecker, sondern auch sonstigen Beteiligten, z. B. den Erben, Vermächtnisnehmern, Pflichtteilsberechtigten zu,[22] aber nicht dem, mit dem ein umstrittenes Rechtsgeschäft geschlossen werden soll,[23] weil er nicht als unmittelbar betroffen gilt.

c) Entscheidung. Zuständig ist der Richter (§ 16 Abs. 1 Nr. 4 RPflG). Das Nachlassgericht hat bei Meinungsverschiedenheiten mehrerer Testamentsvollstrecker hinsichtlich der **sachlichen Amtsführung** (z. B. Anlegung von Nachlassgeldern, Teilungsplan) zu entscheiden.

Ob es auch bei **Meinungsverschiedenheiten über Rechtsfragen,** z. B. Auslegung von Testamentsbestimmungen, entscheiden darf, ist streitig. Es ist zu bejahen,[24] weil § 2224 Abs. 1 BGB uneingeschränkt von „Meinungsverschiedenheiten" spricht (ebenso wie § 355 Abs. 3) und sonst unlösbare Abgrenzungsprobleme auftauchen. Der BGH[25] ist wohl anderer Ansicht; er hat die Ansicht vertreten, dass § 2224 BGB einen Streit innerhalb einer gemeinschaftlichen Verwaltung voraussetzt; die Vorschrift sei deshalb nicht anwendbar, wenn Mitvollstrecker darüber uneinig sind, ob eine Verwaltungshandlung überhaupt zum gemeinschaftlichen Verwaltungskreis gehört. Im Fall stritten die beiden Testamentsvollstrecker darum, ob der als Verwaltungsmaßnahme anzusehende Antrag auf Zwangsversteigerung nach dem Testament der Erblasserin zulässig ist oder nicht. Nach Ansicht des BGH war das Nachlassgericht zur Auslegung des Testaments nicht zuständig, sondern das Prozessgericht. Stellt ein Erbe einen Erbscheinsantrag, legt das Nachlassgericht das Testament aus; denkbar ist allerdings, dass ein Erbe eine Feststellungsklage (§ 256 ZPO) bei Prozessgericht erhebt. Wäre es beim Streit mehrerer Testamentsvollstrecker anders, dann wäre § 2224 BGB überflüssig.

Das Nachlassgericht kann sich nur einer der vertretenen Meinungen anschließen; will es das nicht, weil beide gesetzwidrig sind, muss es die Entscheidung ablehnen (es darf also keine neue dritte Meinung kreieren).[26] Handelt es sich um die Vornahme eines Rechtsgeschäfts, so kann das Nachlassgericht, wenn es die Vornahme billigt, nach einer Ansicht nur aussprechen, dass der sich weigernde Testamentsvollstrecker zuzustimmen habe;[27] gebe der Testamentsvollstrecker die Willenserklärung dann trotzdem nicht ab, müsse dies vor dem Prozessgericht erzwungen werden (§ 894 ZPO). Jedoch verweist § 355 Abs. 2 auf § 40 Abs. 3 und dieser spricht von „Ersetzung" der Zustimmung. Sinn der Regelung ist

---

[21] Soergel/Damrau § 2224 Rn 13; Staudinger/Reimann § 2224 Rn 25; Jansen/Müller-Lukoschek § 82 Rn 6; Maluche ZEV 2010, 551.
[22] KG RJA 13, 94; Staudinger/Reimann § 2224 Rn 15; a. A. Soergel/Damrau § 2224 Rn 13; Jansen/Müller-Lukoschek § 82 Rn 6; Horndasch/Viefhues/Heinemann § 355 Rn 31; Winkler, Testamentsvollstrecker, Rn 460; Sauerlandt DFG 1940, 11. Nach der a. A. müssten die anderen Beteiligten vor dem Prozessgericht nach § 2216 BGB klagen, wenn die Mitvollstrecker wegen ihrer Uneinigkeit untätig bleiben.
[23] Jansen/Müller-Lukoschek § 82 Rn 6.
[24] Baur in Anm. JZ 1956, 494; Jansen/Müller-Lukoschek § 82 Rn 6; Bamberger/Roth/J. Mayer § 2224 Rn 6; Horndasch/Viefhues/Heinemann § 355 Rn 28.
[25] BGH NJW 1956, 986; OLG Hamburg MDR 1953, 364; Staudinger/Reimann § 2224 Rn 22; Soergel/Damrau § 2224 Rn 9; Muscheler Erbrecht Rn 2753.
[26] BGH NJW 1956, 986; KG OLGZ 1971, 220; Soergel/Damrau § 2224 Rn 11; Staudinger/Reimann § 2224 BGB Rn 26.
[27] KG DNotZ 1944, 160.

eine schnelle Streitentscheidung, weshalb sogar die Beschwerdefrist verkürzt ist; es würde die Verwaltung lähmen, wenn erst ein mehrjähriger Zivilprozess geführt werden müsste. Deshalb ist die Gegenmeinung zutreffend, wonach die Entscheidung mit Rechtskraft die Zustimmung des sich weigernden Testamentsvollstreckers ersetzt,[28] also Außenwirkung hat. Kostenentscheidung §§ 80 ff.

31 **d) Anwendbarkeit von § 40 Abs. 3.** Es stellt sich die Frage, wann der Streitentscheidungs-Beschluss des Nachlassgerichts wirksam wird. Nur wenn das Nachlassgericht durch Beschluss **über die Vornahme eines Rechtsgeschäfts** entscheidet (billigend oder den Antrag ablehnend), ist in Abs. 2 durch entsprechende Anwendung von § 40 Abs. 3 bestimmt, dass der Beschluss erst mit Rechtskraft wirksam wird; bei Gefahr in Verzug kann das Gericht die sofortige Wirksamkeit des Beschlusses anordnen, § 40 Abs. 3 S. 3 (dann wird er schon mit Bekanntgabe an den Antragsteller wirksam). Für streitentscheidende **Beschlüsse mit anderem Inhalt** gilt § 40 Abs. 3 hingegen nicht; sie werden wirksam mit Bekanntgabe (§ 40 Abs. 1).

32 **e) Beschwerde; Beschwerdefrist.** Die Beschwerdeberechtigung ergibt sich aus § 59 Abs. 1, 2. Während sonstige Beschlüsse der befristeten Beschwerde mit Monatsfrist unterliegen (§§ 58 ff.), ist in den Fällen, in denen über die Vornahme eines Rechtsgeschäfts entschieden wurde, die Frist (vgl. § 63 Abs. 1) auf zwei Wochen verkürzt (§ 355 Abs. 2 am Ende). Gleichwohl handelt es sich nicht um eine sofortige Beschwerde nach ZPO-Regeln.

V. Selbständiges Beschwerderecht bei mehreren Testamentsvollstreckern (Abs. 3)

1. Allgemeines

33 Wenn mehrere Testamentsvollstrecker das Amt gemeinschaftlich führen, dann stellt sich die Frage, ob sie nur gemeinsam oder jeder für sich Beschwerde gegen Entscheidungen des Nachlassgerichts einlegen können. Abs. 3 gibt in den dort genannten zwei Fällen jedem Testamentsvollstrecker ein selbständiges Beschwerderecht. Das selbständige Beschwerderecht besteht für beide Beschwerdeinstanzen. Rechtsmittelgericht ist das OLG (nicht wie früher das LG), § 119 Abs. 1 Nr. 1b GVG. Bei Bestellung einer BGB-Gesellschaft (z. B. Sozietät) zur Testamentsvollstreckerin ist Abs. 3 nicht einschlägig (Rn 25).

2. Außerkraftsetzung letztwilliger Anordnungen des Erblassers

34 **a) Allgemeines.** Das Nachlassgericht kann auf Antrag des Testamentsvollstreckers oder eines anderen Beteiligten (z. B. Erben, Vermächtnisnehmer; nicht aber Nachlassgläubiger und Nachlassschuldner[29]) Anordnungen des Erblassers über die Verwaltung des Nachlasses durch Beschluss außer Kraft setzen (§ 2216 Abs. 2 BGB). Voraussetzung ist, dass die Befolgung der Anordnung den Nachlass **erheblich** gefährden würde; so etwa die Anordnung, ein Grundstück dürfe nur unter einem bestimmten Preis verkauft werden, wenn dieser Preis irreal ist.[30] Die Testamentsvollstreckung als solche kann nicht außer Kraft gesetzt werden,[31] auch eine Aufhebung von Auflagen ist ausgeschlossen.[32]

35 **b) Antragsrecht.** Der Testamentsvollstrecker ist antragsberechtigt, mehrere Testamentsvollstrecker mit gemeinsamer Amtsführung nur gemeinschaftlich,[33] bei geteiltem Aufgaben-

---

[28] Jansen/Müller-Lukoschek § 82 Rn 9; Erman/Schmidt § 2224 Rn 3; Bamberger/Roth/J. Mayer § 2224 Rn 7; Horndasch/Viefhues/Heinemann § 355 Rn 33. Dagegen spricht allerdings, dass ein dem § 1365 Abs. 2 BGB entsprechender Wortlaut in § 2224 BGB fehlt.
[29] Staudinger/Reimann § 2224 Rn 32 mit Nachw.
[30] OLG Hamburg OLGZ 12, 374. Weitere Beispiele bei Zimmermann, Testamentsvollstreckung, Rn 391.
[31] KG JR 1951, 732; Jansen/Müller-Lukoschek § 82 Rn 2.
[32] BayObLGZ 1961, 155; Jansen/Müller-Lukoschek § 82 Rn 2; zur Rechtslage bei Zusammentreffen von Teilungsanordnungen und Verwaltungsanordnungen vgl. KG Recht 1928 Nr. 36; KG DNotZ 1934, 193; KG JW 1936, 3484.
[33] OLG München JFG 20, 121; Staudinger/Reimann § 2216 Rn 32; a. A. Jansen/Müller-Lukoschek § 82 Rn 3, weil der andere Testamentsvollstrecker jedenfalls ein „anderer Beteiligter" sei; Horndasch/Viefhues/Heinemann § 355 Rn 23.

kreis jeder für sich. Antragsberechtigt sind ferner „andere Beteiligte". Das sind alle, die an der Beachtung bzw. Nichtbeachtung der Anordnung ein rechtliches Interesse haben. Dazu gehört der Erbe; im Einzelfall eventuell der Vermächtnisnehmer. Nicht antragsberechtigt sind z. B.: Nachlassgläubiger;[34] private Gläubiger von Miterben, die ein Pfändungspfandrecht am Miterbenanteil haben;[35] Nachlassschuldner.[36] Den Testamentsvollstrecker kann im Einzelfall eine Pflicht zur Antragstellung treffen, um Schaden vom Nachlass abzuwenden.

c) Antragszeitpunkt. Wenn die Testamentsvollstrecker bereits eigenmächtig gehandelt 36 haben, können sie den Antrag noch nachträglich stellen.[37] Denn § 2216 BGB ist keine Strafvorschrift.

d) Verfahren. Zuständig ist der Richter (§ 16 Abs. 1 Nr. 3 RPflG). Bei einer ver- 37 sehentlichen Rechtspflegerentscheidung wäre § 8 RPflG einschlägig. Zum Verfahren vgl. §§ 23 ff. Die anderen Beteiligten sind im Regelfall vor der Entscheidung anzuhören (§ 2216 Abs. 2 S. 3 BGB); ein solcher Beteiligter ist z. B. der Erbe bei einem Antrag des Testamentsvollstreckers. Bei einer bevorstehenden Antragsablehnung besteht meines Erachtens keine Pflicht zur Anhörung. Trotz der Formulierung „können" hat das Nachlassgericht kein Ermessen, sondern ist bei erheblicher Nachlassgefährdung zur Außerkraftsetzung verpflichtet.[38]

e) Entscheidung. Durch Beschluss (§ 38) wird der Antrag abgelehnt oder eine be- 38 stimmte Anordnung ganz oder teilweise außer Kraft gesetzt. Der Beschluss wird dem Antragsteller und den anderen Beteiligten nach § 41 bekannt gegeben. Kostenentscheidung: § 80 ff. Die gerichtliche Gebühr richtet sich nach § 113 KostO, aber i. d. R. besteht Gebührenfreiheit nach § 115 KostO.

f) Rechtsmittel

aa) Anordnung außer Kraft gesetzt. **Wird die Anordnung außer Kraft gesetzt,** kann 39 jeder Beteiligte befristet Beschwerde einlegen (§§ 58 ff.). Jeder Mit-Testamentsvollstrecker hat ein selbständiges Beschwerderecht, hier müssen sie also nicht gemeinsam handeln **(Abs. 3).** Beschwerdeberechtigt ist ferner jeder, dessen Recht durch den Beschluss beeinträchtigt wird (§ 59 Abs. 1), also Erben, Vermächtnisnehmer, Auflageberechtigte, nach § 2194 BGB Berechtigte, nicht aber sonstige Nachlassgläubiger.[39] Hat ein anderer Beteiligter als der Testamentsvollstrecker die Außerkraftsetzung erreicht, kann der Testamentsvollstrecker Beschwerde aus eigenem Recht einlegen.

bb) Ablehnung der Außerkraftsetzung. Gegen die **Ablehnung der Außerkraftsetzung** 40 kann nur der Antragsteller Beschwerde einlegen (§ 59 Abs. 2). Führen mehrere Testamentsvollstrecker das Amt gemeinschaftlich, so können sie im Fall eines abweisenden Beschlusses nur gemeinsam Beschwerde einlegen.[40] Denn Abs. 3 betrifft nur die erfolgte Außerkraftsetzung, nicht die Antragszurückweisung.

3. Meinungsverschiedenheiten

Das Nachlassgericht kann durch einen Beschluss über Meinungsverschiedenheiten zwi- 41 schen den Testamentsvollstreckern entscheiden (§ 2224 BGB). Antrag und Antragsrecht vgl. Rn 27. Verfahren: §§ 23 ff. Für die Entscheidung ist der Richter zuständig (§ 16 Abs. 1 Nr. 4 RPflG); bei Rechtspflegerentscheidung ist § 8 RPflG anzuwenden. Der Beschluss wird nach § 40 Abs. 1 wirksam.

Gegen die Ablehnung des Antrags nach § 2224 Abs. 1 BGB ist nur der Antragsteller 42 (§ 59 Abs. 2) beschwerdeberechtigt.

---

[34] BayObLGZ 1982, 459.
[35] BayObLG DB 1983, 708.
[36] KG RJA 10, 114.
[37] Soergel/Damrau § 2216 Rn 14; a. A. Staudinger/Reimann § 2216 Rn 27.
[38] Staudinger/Reimann § 2224 Rn 33.
[39] Staudinger/Reimann § 2224 Rn 25, 28; a. A. hinsichtlich der Nachlassgläubiger Schlegelberger § 82 Rn 3.
[40] OLG München JFG 20, 121; MünchKommZPO/J. Mayer § 355 FamFG Rn 14; a. A. Jansen/Müller-Lukoschek § 82 Rn 5 (Beschwerderecht jedes Mitvollstreckers); Horndasch/Viefhues/Heinemann § 355 Rn 26.

43 **Gegen die Entscheidung,** durch die sich das Gericht der einen oder anderen Meinung anschließt, ist jeder beschwerdeberechtigt, der durch die Entscheidung in seinem Recht betroffen wird (§ 59 Abs. 1), z. B. der Erbe.[41]

44 Wenn durch den Beschluss über eine Meinungsverschiedenheit betreffend die **Vornahme eines Rechtsgeschäfts** (nicht auch bei einer solchen über sonstige Handlungen) entschieden wird, gleich ob die Vornahme zugelassen oder verboten wird, dann wird diese Entscheidung erst mit der Rechtskraft wirksam (§ 40 Abs. 3) und unterliegt deshalb nach Abs. 2 (am Ende) der befristeten Beschwerde mit einer Frist von zwei Wochen (statt einen Monat). Das Gericht erster Instanz und das Beschwerdegericht können bei Gefahr im Verzug die sofortige Wirksamkeit der Verfügung anordnen (§ 40 Abs. 3 S. 3).

45 Ist durch Anordnung des Erblassers die Verwaltungsbefugnis der mehreren Testamentsvollstrecker nach bestimmten Wirkungskreisen aufgeteilt (§ 2224 Abs. 1 S. 3 BGB), so ist jeder nur hinsichtlich der seinen Wirkungskreis berührenden Verfügungen beschwerdeberechtigt.[42]

VI. Sonstige Entscheidungen in Angelegenheiten der Testamentsvollstreckung

46 **Testamentsvollstreckerzeugnis:** § 354. Zur Einziehung bei Unrichtigkeit: § 353 Rn 2 ff. Hat der Erblasser eine BGB-Gesellschaft (z. B. eine **Rechtsanwaltssozietät**) zur Testamentsvollstreckerin bestellt (vgl. § 355 Rn 25), dann ist fraglich, wie das Testamentsvollstreckerzeugnis zu formulieren ist (vgl. § 354 Rn 31). Ist im Zeugnis nicht nur die Gesellschaft als Testamentsvollstreckerin genannt, sondern sind zusätzlich die seinerzeitigen Gesellschafter aufgeführt, fragt sich, ob ein Gesellschafterwechsel zur Unrichtigkeit des Zeugnisses führt. Die Vermutung des **§ 2365** BGB geht dahin, dass derjenige, der im Zeugnis als Testamentsvollstrecker bezeichnet ist, als solcher ernannt und nicht durch andere als die darin angegebenen Anordnungen beschränkt ist;[43] Rechtsträger ist die BGB-Gesellschaft, insofern ist durch einen Gesellschafterwechsel das Zeugnis nicht unrichtig geworden. Aus Gründen des Verkehrsschutzes und der praktischen Brauchbarkeit sollte man aber analog eine „Unrichtigkeit" bejahen.

47 **Ernennung eines Testamentsvollstreckers:** sie erfolgt durch den Erblasser (§ 2197 BGB) bzw. durch von ihm ermächtigte Personen (§§ 2198 ff. BGB). Das Gericht kann nur im Fall des § 2200 BGB einen Testamentsvollstrecker ernennen. Dazu § 345 Abs. 3.

48 **Entlassung eines Testamentsvollstreckers:** vgl. § 345 Abs. 4 Nr. 2 FamFG; § 2227 BGB. Früher wurde unterschieden zwischen der Entlassung eines Testamentsvollstreckers gegen seinen Willen (dann: § 81 Abs. 2 FGG: sofortige Beschwerde) oder sonstige Entlassung (dann einfache Beschwerde). Diese Unterscheidung ist beseitigt worden.[44] Beide Fälle stellen Entscheidungen nach § 38 dar und unterliegen der befristeten Beschwerde nach §§ 58 ff.

49 **Bestimmung der angemessenen Vergütung** (§ 2221 BGB): keine Festsetzung durch das Nachlassgericht; der Streit ist vor dem Prozessgericht zu führen.[45]

VII. Kosten

50 Gerichtsgebühren für die Bestimmung der Person des Testamentsvollstreckers (§§ 2198, 2199 BGB): § 112 Abs. 1 Nr. 6 KostO. Annahme oder Ablehnung des Amts: § 112 Abs. 1 Nr. 6 KostO. Ernennung eines Testamentsvollstreckers durch das Nachlassgericht (§ 2200 BGB): § 113 KostO. § 113 S. 1 KostO („sonstige Anordnungen") ist auch einschlägig für die Fristsetzung gegenüber einem Dritten zur Bestimmung eines Testamentsvollstreckers (§ 2198 Abs. 2 BGB), die Fristsetzung gegenüber dem Ernannten zur Erklärung, ob er das Amt annimmt (§ 2202 Abs. 3 S. 1 BGB), die Außerkraftsetzung von Anordnungen des

---

[41] Staudinger/Reimann § 2224 BGB Rn 18; bestr.
[42] Winkler, Testamentsvollstrecker, Rn 683.
[43] KG NJW 1964, 1905; OLG Düsseldorf FamRZ 2001, 123; Staudinger/Herzog § 2368 Rn 25.
[44] BT-Drs. 16/6308 S. 282.
[45] BGH NJW 1957, 947; MünchKommZPO/J. Mayer § 355 FamFG Rn 15. Unstreitig.

Erblassers (§ 2216 Abs. 2 S. 2 BGB), die Entscheidung von Meinungsverschiedenheiten (§ 2224 Abs. 1 S. 1 BGB). Die Gebühr nach § 114 KostO wird erhoben für die Fristsetzungen nach §§ 2151, 2153 bis 2155, 2192, 2193 BGB sowie für die Bestimmung einer Inventarfrist. Gebührenfreiheit besteht nach § 115 KostO; demzufolge wird nur die Gebühr nach § 109 S. 1 Nr. 2 KostO für die Ausstellung des Testamentsvollstreckerzeugnisses erhoben und nicht mehrere Einzelgebühren[46] für die Setzung der Frist zur Annahme des Amts, die Entgegennahme der Annahmeerklärung und die Erteilung des Zeugnisses.

Unterabschnitt 5. Sonstige verfahrensrechtliche Regelungen

Mitteilungspflichten

356 (1) Erhält das Gericht Kenntnis davon, dass ein Kind Vermögen von Todes wegen erworben hat, das nach § 1640 Abs. 1 Satz 1 und Abs. 2 des Bürgerlichen Gesetzbuchs zu verzeichnen ist, teilt es dem Familiengericht den Vermögenserwerb mit.

(2) Hat ein Gericht nach § 344 Abs. 4 Maßnahmen zur Sicherung des Nachlasses angeordnet, soll es das nach § 343 zuständige Gericht hiervon unterrichten.

I. Normzweck

Die Vorschrift fasst die bisher im FGG enthaltenen Mitteilungspflichten zusammen.[1] 1
Dem Abs. 1 entspricht der frühere § 74a FGG, dem Abs. 2 der frühere § 74 S. 2 FGG. Vgl. ferner § 48 FGG a. F.

II. Ein Kind als „Erbe" (Abs. 1)

Nach § 1640 BGB haben die Eltern das ihrer Verwaltung unterliegende Vermögen, 2
welches das Kind von Todes wegen erwirbt (z. B. als Erbe, als Vermächtnis, als Pflichtteilsanspruch[2]), zu verzeichnen, die Richtigkeit und Vollständigkeit zu versichern und dem Familiengericht einzureichen. Das gleiche gilt für sonstigen Erwerb des Kindes anlässlich eines Sterbefalls (z. B. als zugunsten des Kindes abgeschlossene Lebensversicherung, als Auflage, als Rentenanspruch und Schadensersatz anlässlich eines Todesfalls seiner Eltern gemäß § 844 Abs. 2 BGB; § 10 Abs. 2 StVG; Zuwendungen nach §§ 331, 2301 BGB), für Abfindungen anstelle von Unterhalt und für unentgeltliche Zuwendungen.

Doch gilt dies nur bei einem Vermögenserwerb von **mehr als 15 000 €** (§ 1640 Abs. 2 3
Nr. 1 BGB) und überhaupt nicht, wenn der Erblasser eine abweichende Anordnung getroffen hat (§ 1640 Abs. 2 Nr. 2 BGB). Ferner gilt die Inventarisierungspflicht nicht für Eltern, denen die Vermögenssorge nicht (mehr) zusteht (§§ 1671, 1666 BGB); deren Vermögenssorge ruht (§§ 1673 ff. BGB); denen die Vermögenssorge zwar an sich zusteht, aber die Verwaltung der Erbschaft entzogen wurde (nach § 1638 BGB oder weil für das Kind ein Testamentsvollstrecker bestellt wurde, § 2205 BGB). Ist der Elternteil zugleich Testamentsvollstrecker, trifft ihn eine doppelte Inventarisierungspflicht: nach § 1640 BGB gegenüber dem Familiengericht und nach § 2215 BGB gegenüber dem Erben (letztere auch bei einem Nachlass von weniger als 15 000 €).

Kommen die Eltern diesen Verpflichtungen nicht nach, so kann das Familiengericht die 4
Aufnahme des Verzeichnisses durch eine Behörde, einen Beamten oder einen Notar anordnen (§ 1640 Abs. 3 BGB); die Erzwingung erfolgt nach § 35 FamFG. Diese Regelungen dienen dem Schutz des Kindes. Ist das Kind volljährig geworden, soll es feststellen können, wie viel es seinerzeit geerbt usw. hat. Einen anderen Inventarisierungsfall regelt § 1683 BGB, wo das gesamte Kindesvermögen zu verzeichnen ist.

Abs. 1 bestimmt, dass das Nachlassgericht einen solchen Vermögenserwerb des Kindes 5
dem Familiengericht mitteilen muss, allerdings **nur in der ersten Fallgruppe** (Erwerb von

---
[46] KGJ 28 B 8; Korintenberg/Lappe § 115 Rn 18.
[1] BT-Drs. 16/6308 S. 282.
[2] MünchKommBGB/Huber § 1640 Rn 4.

Todes wegen), nicht in der zweiten Fallgruppe (Erwerb anlässlich eines Sterbefalls);[3] eine analoge Anwendung auf die zweite Fallgruppe scheidet aus.[4] Damit soll gesichert werden, dass die Eltern ihre sich aus § 1640 BGB ergebende Pflicht jedenfalls teilweise erfüllen. Die „Kentniss" des Nachlassgerichts setzt ein, wenn es die Möglichkeit eines solchen Erwerbs erkennt; eine materiellrechtliche Prüfung, ob wirklich ein Anspruch besteht, hat nicht zu erfolgen, es genügt, dass ein Erwerb in Betracht kommt.[5] Die Verletzung der Mitteilungspflicht kann zur **Amtshaftung** führen.[6]

6 Dass der **Wert von über 15 000 € erreicht** ist, kann das Nachlassgericht u. a. dem Nachlassverzeichnis entnehmen, das die Erben zwecks Gebührenberechnung einreichen, wenn eine letztwillige Verfügung eröffnet wird oder ein Erbschein beantragt wird. In den sonstigen Fällen (gesetzliche Erbfolge, ein Erbschein wird nicht beantragt) hat das Nachlassgericht in der Regel keine Kenntnis vom Wert des Anfalls erhalten und hat daher auch keine Mitteilungspflicht. Eine Pflicht zur Ermittlung von Amts wegen (§ 26) besteht insoweit nicht.[7]

7 Das Nachlassgericht kann in der Regel nicht selbst beurteilen, ob tatsächlich eine Pflicht der Eltern zur Inventarisierung vorliegt oder ob die Erbschaft des Kindes nicht der Verwaltung der Eltern unterliegt; es erfüllt seine Mitteilungspflicht, wenn der Wert von 15 000 € überschritten ist. Es ist dem Nachlassgericht aber nicht untersagt, eine Mitteilung auch dann zu machen, wenn nur ein Erwerb anlässlich eines Sterbefalls vorliegt (Rn 2). Die Eltern werden vorher nicht gehört.

8 Die Mitteilung ist keine Endentscheidung, also nicht nach §§ 58 ff. mit Beschwerde oder Erinnerung (§ 11 RPflG) anfechtbar.

III. Nachlasssicherung (Abs. 3)

9 Hast ein anderes Gericht als das nach § 343 letztlich zuständige Nachlassgericht Maßnahmen zur Sicherung des Nachlasses angeordnet (§ 344 Abs. 4), „soll" es das nach § 343 zuständige Gericht hiervon unterrichten, damit in der Nachlassakte alle einschlägigen Vorgänge enthalten sind.

Einsicht in eine eröffnete Verfügung von Todes wegen; Ausfertigung eines Erbscheins oder anderen Zeugnisses

357 (1) Wer ein rechtliches Interesse glaubhaft macht, ist berechtigt, eine eröffnete Verfügung von Todes wegen einzusehen.

(2) ¹Wer ein rechtliches Interesse glaubhaft macht, kann verlangen, dass ihm von dem Gericht eine Ausfertigung des Erbscheins erteilt wird. ²Das Gleiche gilt für die nach § 354 erteilten gerichtlichen Zeugnisse sowie für die Beschlüsse, die sich auf die Ernennung oder die Entlassung eines Testamentsvollstreckers beziehen.

Übersicht

	Rn
I. Normzweck	1
II. Einsicht in eine letztwillige Verfügung (Abs. 1)	2
1. Verhältnis zu anderen Vorschriften	2
a) § 13 FamFG	2
b) Vorschriften aus dem BGB	4
c) Behörden	5
d) Sonstige Vorschriften	6
2. Zuständigkeit	7
3. Rechtliches Interesse	8
a) Beispiele	9
b) Rechtliches Interesse fehlt	10

---

[3] Jansen/Müller-Lukoschek § 74a Rn 6.
[4] MünchKommZPO/J. Mayer § 356 Rn 3; Horndasch/Viefhues/Heinemann § 356 Rn 5.
[5] Vgl. OLG München Rpfleger 2003, 657.
[6] OLG München Rpfleger 2003, 657.
[7] A. A. Horndasch/Viefhues/Heinemann § 356 Rn 6.

	Rn
c) Berechtigte Interesse	11
d) Recht auf Einsicht	12
4. Glaubhaftmachung	13
5. Gegenstand der Einsicht	14
a) Nichtige Verfügungen	15
b) Einsicht in die Eröffnungsniederschrift	16
c) Urschrift	17
d) Gemeinschaftliches Testament oder Erbvertrag	18
e) Noch nicht eröffnete letztwillige Verfügungen	21
6. Umfang des Einsichtsrechts	22
7. Rechtshilfe	23
8. Einsicht durch Vertreter	24
9. Einsicht durch Sachverständige	25
10. Recht auf Abschriften	26
III. Erteilung von Erbscheins- und sonstigen Ausfertigungen (Abs. 2)	27
1. Gegenstand der der Regelung	27
2. Zuständigkeit	31
3. Voraussetzungen	32
4. Ausfertigung oder beglaubigte Abschrift?	35
IV. Rechtsmittel	41
V. Kosten	45

I. Normzweck

Die Vorschrift zeigt, dass eine eröffnete letztwillige Verfügung keine Privatsache mehr ist, **1** sondern in einem recht beschränkten Umfang der Allgemeinheit zur Kenntnisnahme zur Verfügung steht und sichert dies ab. Berechtigte sollen ein Recht auf Einsicht und Abschriften haben. Abs. 1 entspricht dem früheren § 2264 BGB (der aber nur Testamente betraf), welchem § 47 TestamentsG 1938 vorausging, diesem eine entsprechende Regelung im preußischen ALR. Abs. 2 übernimmt den Regelungsgehalt von § 85 FGG.

II. Einsicht in eine letztwillige Verfügung (Abs. 1)

1. Verhältnis zu anderen Vorschriften

a) § 13 FamFG. § 357 Abs. 1 gilt neben § 13. Beide Vorschriften ergänzen sich.[1] Nach **2** § 13 Abs. 1 können die **Beteiligten** die Gerichtsakten auf der Geschäftsstelle einsehen, sofern nicht schwerwiegende Interessen eines (anderen) Beteiligten oder eines Dritten entgegen stehen; dies ist ein Teil des Anspruchs auf rechtliches Gehör (Art. 103 Abs. 1 GG[2]). Das ist insofern enger als § 357 Abs. 1, weil nur die Beteiligten ein Einsichtsrecht haben, bei § 357 Abs. 1 hingegen grundsätzlich auch Nicht-Beteiligte („Wer …"). § 13 Abs. 1 ist aber weiter als § 357 Abs. 1, weil nach § 13 Abs. 1 die gesamte Nachlassakte eingesehen werden kann, einschließlich darin befindlicher Protokolle, Gutachten, sonstigem Schriftwechsel, nach § 357 Abs. 1 hingegen nur die eröffnete letztwillige Verfügung. Zum Begriff der Beteiligten vgl. §§ 7, 345. Das Einsichtsrecht der Beteiligten nach § 13 Abs. 1 erstreckt sich auf die vom Gericht selbst geführten Akten sowie die beigezogenen Akten und Unterlagen, soweit diese zur Grundlage der Entscheidung gemacht werden sollen oder gemacht worden sind.[3]

Nach § 13 Abs. 2 S. 1 kann **Nicht-Beteiligten** die Einsicht (in die vollständige Ge- **3** richtsakte oder in einen Teil davon[4]) gestattet werden, soweit sie ein berechtigtes Interesse glaubhaft machen und schutzwürdige Interessen eines Beteiligten oder eines Dritten nicht entgegenstehen. § 357 Abs. 1 hingegen gestattet die Einsicht in einen Teil der Akten, nämlich die eröffnete letztwillige Verfügung, demjenigen, der ein rechtliches (nicht: berechtigtes) Interesse glaubhaft macht, ob Interessen anderer entgegenstehen spielt keine Rolle. Das „berechtigte" Interesse hatte auch § 34 FGG für Akteneinsicht gefordert; § 299

---
[1] BayObLGZ 1954, 310; KG DNotZ 1978, 425; jeweils zu den Vorgängervorschriften.
[2] BVerfG NJW 1983, 1043.
[3] BT-Drs. 16/6308 S. 181.
[4] BT-Drs. 16/6308 S. 181.

Abs. 2 ZPO dagegen verlangt für die Akteneinsicht in zivilprozessuale Akten ein „rechtliches" Interesse (das ist mehr als ein „berechtigtes" Interesse).

4   **b) Vorschriften aus dem BGB.** Spezielle Einsichtsrechte gewähren § 1953 Abs. 3 S. 2 BGB (Einsicht in eine Ausschlagungserklärung), § 1957 Abs. 2 S. 2 (Einsicht in die Anfechtung einer Ausschlagungserklärung), § 2010 BGB (Einsicht des Inventars), § 2081 Abs. 2 S. 2 BGB (Einsicht in eine Anfechtungserklärung), § 2146 Abs. 2 BGB (Einsicht in die Anzeige über den Eintritt der Nacherbfolge), § 2228 BGB (Einsicht in Bestimmung des Testamentsvollstreckers durch einen Dritten; in Ernennung eines Mitvollstreckers; in die Erklärung des Testamentsvollstreckers, dass er das Amt annimmt; in die Erklärung des Testamentsvollstreckers, dass er das Amt ablehnt; in die Kündigungserklärung des Testamentsvollstreckers); § 2384 Abs. 2 BGB (Einsicht in die Anzeige über den Verkauf der Erbschaft).

5   **c) Behörden.** Behörden können Beteiligte sein (z. B. wenn der Staat Erbe ist), für sie gilt dann § 13 Abs. 1. Nichtbeteiligte Behörden können sich auf Rechts- und Amtshilfe (Art. 35 GG) berufen, sind aber durch die Datenschutzgesetze eingeschränkt. Finanzbehörden können sich auf § 395 AO stützen („Die Finanzbehörde ist befugt, die Akten, die dem Gericht vorliegen oder im Fall der Erhebung der Anklage vorzulegen wären, einzusehen sowie beschlagnahmte oder sonst sichergestellte Gegenstände zu besichtigen. Die Akten werden der Finanzbehörde auf Antrag zur Einsichtnahme übersandt"). Mitteilungspflicht des Nachlassgerichts an das Erbschaftsteuerfinanzamt: § 7 ErbStDV.

6   **d) Sonstige Vorschriften.** In eine in besonderer amtlicher Verwahrung (§ 346) befindliche letztwillige Verfügung hat zu seinen Lebzeiten nur der Erblasser ein Einsichtsrecht. Zur Einsicht in notarielle Urkunden vgl. § 51 BeurkG. Einsicht ins Grundbuch vgl. §§ 12, 12 a, 12 b GBO und §§ 43 bis 46 GBVfg.

2. Zuständigkeit

7   Zuständig zur Gewährung der Einsicht und zur Erteilung von Abschriften ist das örtlich zuständige Nachlassgericht, dort der Rechtspfleger (§ 3 Nr. 2 c RPflG). Es handelt sich nicht um eine Zuständigkeit der Justizverwaltung, also nicht des Amtsgerichtsdirektors (bzw. Amtsgerichtspräsidenten),[5] wie bei § 299 Abs. 2 ZPO. Hat ein anderes Gericht (Verwahrungsgericht) als das für den Nachlassfall örtlich zuständige Nachlassgericht die letztwillige Verfügung eröffnet (§ 344 Abs. 6), ist dieses Verwahrungsgericht solange zuständig, als sich dort noch die Urschrift der eröffneten letztwilligen Verfügung befindet (vgl. § 350);[6] den Beteiligten verlesen („verkündet" oder sonst bekannt gegeben muss sie noch nicht sein.

3. Rechtliches Interesse

8   § 357 Abs. 1 verlangt ein rechtliches Interesse des Antragstellers. Ein solches wird bejaht, wenn die eröffnete letztwillige Verfügung „auf die rechtlichen Beziehungen des Einsichtnehmers einwirken kann";[7] wenn eigene (nicht notwendig erbrechtliche) Rechte des Antragstellers in ihrem Bestand von dem Inhalt der letztwilligen Verfügung abhängig sind;[8] wenn durch die letztwillige Verfügung „eigene Rechtspositionen des Antragstellers betroffen" sind;[9] wenn die erstrebte Kenntnis vom Inhalt der Verfügung zur Verfolgung von Rechten oder zur Abwehr von Ansprüchen erforderlich ist.[10] Nicht genügt bloße Neugier, nachbarliches Interesse, nur wirtschaftliches Interesse. Einsicht durch Medien (Presse, Fernsehen) fällt allenfalls unter § 13 Abs. 2.

9   **a) Beispiele.** Solche rechtlichen Interessen haben z. B.:
- gesetzliche Erben (auch wenn sie enterbt wurden);[11]
- Pflichtteilsberechtigte;

---

[5] KG BeckRS 2011, 07206.
[6] MünchKommBGB/Hagena 4. Aufl. § 2264 Rn 10; Staudinger/Baumann § 2264 Rn 18.
[7] RGZ 151, 57; Staudinger/Baumann § 2264 Rn 6.
[8] OLG Hamm FGPrax 2010, 299; Soergel/Mayer § 2264 Rn 2.
[9] Dittmann/Reimann/Bengel/Voit § 2264 Rn 4.
[10] BayObLG NJW-RR 1999, 661; Bumiller/Harders § 357 Rn 2.
[11] BayObLG DNotZ 1955, 433; OLG Zweibrücken NJW-RR 1999, 661.

- gewillkürte Erben, auch bedingt eingesetzte Erben, Nacherben;
- Erben und andere Bedachte, deren Einsetzung widerrufen wurde;[12]
- Vermächtnisnehmer, soweit denkbar ist, dass sie durch das Testament bedacht sein könnten;[13]
- Auflagenbegünstigte;[14]
- Auflagevollzugsberechtigte wegen § 2194 BGB (z. B. das Sozialamt bei Auflage zugunsten der Armen);[15]
- Testamentsvollstrecker;
- Vormund und Betreuer der Erben und sonstigen Begünstigten;
- im Einzelfall Nachlassgläubiger[16] und Eigengläubiger des Erben;[17]
- Sozialhilfeträger (wegen des Regresses);
- Personen, die von familien- oder erbrechtlichen Anordnungen des Erblassers (z. B. § 1638 BGB) betroffen sind;[18]
- Nachlassverwalter (§ 1984 BGB), Nachlasspfleger (§§ 1960, 1961 BGB);[19]
- Gewerbliche Erbenermittler dann, wenn sie von einem Nachlasspfleger beauftragt wurden;[20]
- Vertreter nach § 11 b VermG.[21]

b) Rechtliches Interesse fehlt. Das rechtliche Interesse fehlt bei Ehegatten des Erben, Eltern des volljährigen Erben; Kindern des Erben; es fehlt ferner bei einem gesetzlichen Erben 2. Ordnung, solange gesetzliche Erben 1. Ordnung vorhanden sind (vgl. § 1930 BGB).[22] Es ergibt sich für einen Notar nicht schon daraus, dass er die letztwillige Verfügung beurkundet hat.[23] Einer Publikums-KG kann das rechtliche Interesse fehlen.[24] **10**

c) Berechtigte Interesse. Der Begriff „rechtliches Interesse" ist enger als das „berechtigte Interesse". Hierzu ist nicht ein bereits vorhandenes Recht erforderlich, es genügt vielmehr jedes nach vernünftiger Erwägung durch die Sachlage gerechtfertigtes Interesse, das auch wirtschaftlicher Art sein kann.[25] Wissenschaftliche und historische Interessen sind allenfalls „berechtigte Interessen", aber nicht „rechtliche Interessen". **11**

d) Recht auf Einsicht. § 357 Abs. 1 gibt ein Recht auf Einsicht, nicht nur auf einmalige Einsicht, sondern auch auf wiederholte Einsicht (Grenze ist der Missbrauch). Das Nachlassgericht hat kein Ermessen.[26] Bei der Frage, wer ein rechtliches Interesse hat, gibt es naturgemäß Abgrenzungsprobleme. **12**

4. Glaubhaftmachung

Der Antragsteller muss ein (d. h. „sein") rechtliches Interesse glaubhaft machen. Dies erfolgt, indem der Antragsteller einen entsprechenden Sachverhalt vorträgt und auf Verlangen nachweist, z. B. durch Vorlage von entsprechenden Schriftstücken, notfalls durch eine eidesstattliche Versicherung (§ 31). **13**

---

[12] MünchKommBGB/Hagena 4. Aufl. § 2264 Rn 7.
[13] KG BeckRS 2011, 07206.
[14] Staudinger/Baumann § 2264 Rn 6; Bamberger/Roth/Litzenburger § 2262 Rn 1; Horndasch/Viefhues/Heinemann § 357 Rn 6; a. A. MünchKommBGB/Hagena 4. Aufl. § 2264 Rn 7 (weil sie keinen Anspruch haben, § 1940 BGB).
[15] MünchKommBGB/Hagena 4. Aufl. § 2264 Rn 7.
[16] BayObLG Rpfleger 1997, 162; Soergel/Mayer § 2264 Rn 3.
[17] Staudinger/Baumann § 2264 Rn 6; Soergel/Mayer § 2264 Rn 3.
[18] MünchKommBGB/Hagena 4. Aufl. § 2264 Rn 7; Staudinger/Baumann § 2264 Rn 6.
[19] OLG Frankfurt FGPrax 2000, 67; Horndasch/Viefhues/Heinemann § 357 Rn 6.
[20] OLG Frankfurt FGPrax 2000, 67.
[21] KG BeckRS 2011, 01793.
[22] OLG Zweibrücken NJW-RR 2003, 369 (Erblasser hinterließ Frau und sieben Kinder; ein Halbbruder wollte Einsicht).
[23] OLG Hamm FamRZ 1974, 387; OLG Jena ZEV 1998, 262; LG Lübeck Rpfleger 1985, 151; MünchKommBGB/Hagena 4. Aufl. § 2264 Rn 10.
[24] OLG Hamm FGPrax 2010, 299.
[25] BayObLG FamRZ 1998, 638; Kahl 15. A. § 34 FGG Rn 13.
[26] KG BeckRS 2011, 07206.

5. Gegenstand der Einsicht

14 Das sind alle „eröffneten" letztwillige Verfügungen jeder Art (auch gemeinschaftliche Testamente, Erbverträge). Eine Eröffnung in diesem Sinn liegt vor, wenn der Formalakt (§ 348) vom Rechtspfleger vollzogen ist und er das Eröffnungsprotokoll unterzeichnet hat. Die schriftliche Bekanntgabe des Inhalts der eröffneten letztwilligen Verfügung (§ 348 Abs. 3) folgt nach, das Einsichtsrecht besteht schon vorher ab Eröffnung.[27] Der zeitliche Unterschied kann von Bedeutung sein, wenn Namen und Anschriften von Beteiligten, denen Abschriften zu übersenden sind, erst noch ermittelt werden müssen.

15 **a) Nichtige Verfügungen.** Das Recht auf Einsicht erstreckt sich auch auf **nichtige, überholte, gegenstandslose letztwillige Verfügungen,** soweit sie eröffnet wurden[28] (was grundsätzlich erforderlich ist; vgl. § 348 Rn 12); auch auf eröffnete Anlagen und Beilagen zur letztwilligen Verfügung.[29] Fertigt der Notar, der die letztwillige Verfügung beurkundet hat, zusätzlich eine Tatsachenbescheinigung über seine Wahrnehmungen zur Testierfähigkeit bzw. Geschäftsfähigkeit des Erblassers an und fügt sie seiner Niederschrift im Verwahrumschlag bei (vgl. § 28 BeurkG),[30] dann wird dies nicht „eröffnet"; da sich dieser Vermerk des Notars aber in der Nachlassakte befindet, unterliegt er dem Einsichtsrecht nach § 13.

16 **b) Einsicht in die Eröffnungsniederschrift.** § 357 Abs. 1 gibt kein Recht auf Einsicht in die Eröffnungsniederschrift (sie ist in Abs. 1 nicht genannt),[31] doch ergibt sich ein solches Einsichtsrecht aus § 13 Abs. 1, 2.

17 **c) Urschrift.** § 357 Abs. 1 bezieht sich auf die Urschrift eröffneter letztwilliger Verfügungen (im Falle des § 349 Abs. 2 in der Regel nur auf eine beglaubigte Abschrift von Teilen der Urschrift); sie können sich nur bei einem Nachlassgericht (bzw. Verwahrungsgericht) befinden (§ 348), nie bei einem Notar (Ausnahme: Baden-Württemberg, wo das Notariat Nachlassgericht ist). § 357 Abs. 1 gibt somit kein Einsichtsrecht in Abschriften oder beglaubigte Abschriften, die sich in der einfachen Urkundenverwahrung eines Notars befinden.[32]

18 **d) Gemeinschaftliches Testament oder Erbvertrag.** Wurde ein gemeinschaftliches Testament oder ein Erbvertrag eröffnet, dann war zu unterscheiden: die letztwillige Verfügung des verstorbenen Ehegatten war immer zu verlesen bzw. den Beteiligten schriftlich mitzuteilen; die Verfügung des überlebenden Ehegatten war grundsätzlich geheim zuhalten, also weder zu verlesen noch schriftlich an die Beteiligten bekannt zu machen. Wenn aber beide Verfügungen nicht zu trennen waren, war auch die Verfügung des noch lebenden Ehegatten (bzw. Vertragspartners) zu verlesen bzw. den Beteiligten schriftlich mitzuteilen (§ 349 Abs. 1). Diese Unterscheidung pflanzt sich in § 357 Abs. 1 fort: was bei der Verlesung bzw. schriftlichen Bekanntgabe geheim zu halten war, unterliegt nicht der Einsicht.

19 Befand sich das gemeinschaftliche Testament (Erbvertrag) beim Erbfall in **besonderer amtlicher Verwahrung** (§ 346), dann war von den Verfügungen des verstorbenen Ehegatten eine **beglaubigte Abschrift** anzufertigen (§ 349 Abs. 2 S. 1). Diese Teil-Kopie des Testaments wurde offen zu den Akten des Nachlassgerichts genommen. Dann wurde die Urschrift des vollständigen Testaments wieder verschlossen und erneut in besondere amtliche Verwahrung gebracht (§ 349 Rn 19). Ob sich die Befugnis nach § 357 Abs. 1 nur auf den beglaubigten Auszug erstreckt oder ob auch Einsicht in die Urschrift des wieder verschlossenen gemeinschaftlichen Testaments verlangt werden kann, ist zweifelhaft; man wird ein Einsichtsrecht in die Urschrift bejahen müssen, allerdings unter Verdeckung des nicht eröffneten Teils, da nur so der Einsichtnehmende die Frage der Echtheit anhand der Schriftzüge überprüfen kann.[33]

---

[27] MünchKommBGB/Hagena 4. Aufl. § 2264 Rn 10. Nach BayObLGZ 4, 847 und Rpfleger 1986, 303 soll sich das aber aus § 34 FGG (jetzt § 13) ergeben.
[28] KG JW 1931, 1373 (nichtiges Testament); RG JW 1918, 172;
[29] Staudinger/Baumann § 2264 Rn 8; MünchKommBGB/Hagena 4. Aufl. § 2264 Rn 11.
[30] MünchKommBGB/Hagena 4. Aufl. § 2264 Rn 11.
[31] MünchKommBGB/Hagena 4. Aufl. § 2264 Rn 15; Staudinger/Baumann § 2264 Rn 8; Horndasch/Viefhues/Heinemann § 357 Rn 9.
[32] BayObLG DNotZ 1955, 433.
[33] Staudinger/Baumann § 2264 Rn 9.

Befand sich das gemeinschaftliche Testament beim Erbfall **nicht in besonderer amtlicher Verwahrung** und enthält es nicht ausschließlich Anordnungen, die sich nur auf den ersten Erbfall beziehen, dann blieb dieses gemeinschaftliche Testament in einfacher Aktenverwahrung des Nachlassgerichts, obwohl es auch die Verfügungen des Überlebenden enthielt. Wenn beide Verfügungen nicht zu trennen sind, unterliegt auch die eröffnete Verfügung des noch lebenden Ehegatten dem Einsichtsrecht.

e) Noch nicht eröffnete letztwillige Verfügungen. Diese unterliegen nicht dem Einsichtsrecht nach § 357 Abs. 1. Die Einsicht in den nicht miteröffneten absonderbaren Teil des gemeinschaftlichen Testaments steht deshalb nur dem überlebenden Ehegatten zu.[34] Ein in besonderer amtlicher Verwahrung befindliches Testament kann nur vom Hinterleger, nicht von dessen Betreuer eingesehen werden. Ein Betreuer ist nicht berechtigt, die Erteilung einer Abschrift des vom Betreuten errichteten Testaments gem. § 51 Abs. 1 Nr. 1 BeurkG zu verlangen.[35]

6. Umfang des Einsichtsrechts

Die Befugnis zur Einsichtnahme besteht nur in dem Umfang und an den Teilen der eröffneten Verfügung, an denen der Antragsteller ein **rechtliches Interesse** haben kann.[36] Das rechtliche Interesse ist teilbar. Die Regelung in § 357 ist mit § 348 Abs. 3 nicht abgestimmt; wenn schon einem Beteiligten unter Umständen nur ein Teil der eröffneten Verfügung schriftlich bekannt gemacht wird, dann kann er nicht über § 357 Abs. 1 den Rest der letztwilligen Verfügung einsehen. Wer nur an einem Teil der letztwilligen Verfügung ein rechtliches Interesse haben kann, darf nur diesen Teil einsehen. Hat z. B. der Erblasser mehrere Personen mit Vermächtnissen bedacht, kann ein Vermächtnisnehmer daher nur Einsicht in den Teil verlangen, der sein Vermächtnis betrifft; die Namen der anderen Vermächtnisnehmer gehen ihn im Regelfall nichts an. Wer ein Einsichtsrecht hat, kann Abschriften anfertigen, die letztwillige Verfügung fotografieren, auch zusätzlich um eine Anfertigung von **Fotokopien** (§ 136 KostO) bitten.[37] Grenze ist der Missbrauch.

7. Rechtshilfe

Das Nachlassgericht kann im Rechtshilfeweg das Testament an ein anderes AG versenden mit dem Ersuchen, den Berechtigten dort Einsicht zu gewähren.[38] Wegen der Verlustgefahr kann dies aber in der Regel nur für Kopien des Testaments gelten; will der Beteiligte das Original in Augenschein nehmen (etwa wegen der Papierart, der Kugelschreiberpaste), sollte er zum Gerichtsort fahren.

8. Einsicht durch Vertreter

Die Einsicht muss nicht höchstpersönlich vorgenommen werden, sondern kann durch einen gesetzlichen oder rechtsgeschäftlichen Vertreter erfolgen,[39] z. B. Rechtsanwalt, Betreuer. Der rechtsgeschäftliche Vertreter muss sich auf Verlangen durch eine Vollmacht ausweisen; bei Anwälten genügt die allgemeine Verfahrensvollmacht (§ 11), eine „besondere" Vollmacht („wegen Einsicht in …") ist nicht erforderlich.[40] Der Einsichtnehmer kann auch einen sachkundigen Berater mitbringen,[41] wenn z. B. ein Privattestament wegen der Fälschungsfrage betrachtet werden soll. Denn das Original darf einem Dritten nicht ausgehändigt werden, auch nicht in eine Anwaltskanzlei (vgl. § 13 Abs. 4).

---

[34] OLG Jena ZEV 1998, 262.
[35] LG Passau MittBayNot 2006, 167.
[36] Staudinger/Baumann § 2264 Rn 12; a. A. Bumiller/Harders § 357 Rn 5; Horndasch/Viefhues/Heinemann § 357 Rn 9.
[37] KG BeckRS 2011, 07206.
[38] Staudinger/Baumann § 2264 Rn 15.
[39] OLG Jena ZEV 1998, 262; MünchKommBGB/Hagena 4. Aufl. § 2264 Rn 6; Staudinger/Baumann § 2264 Rn 4.
[40] Horndasch/Viefhues/Heinemann § 357 Rn 17; a. A. OLG Jena ZEV 1998, 262; Bumiller/Harders § 357 Rn 7.
[41] MünchKommBGB/Hagena 4. Aufl. § 2264 Rn 6.

9. Einsicht durch Sachverständige

25 Im Rahmen eines Gutachtensauftrags kann das Nachlassgericht das Original der letztwilligen Untersuchung an einen Sachverständigen senden,[42] der z. B. ein Schrift- oder Papiergutachten erstellen soll. Der Sachverständige kann nicht darauf verwiesen werden, umfangreiche Apparaturen in die Geschäftsstelle des Nachlassgerichts zu schaffen, um dort Untersuchungen durchzuführen. Selbstverständlich darf der Sachverständige auch chemische Untersuchungen (z. B. der Tinte, der Kugelschreiberpaste, des Papiers) am Original der letztwilligen Verfügung in seinem Labor durchführen.[43]

10. Recht auf Abschriften

26 § 2264 BGB gab dem Berechtigten ein Recht auf Erteilung einer Abschrift des eröffneten Testaments; in § 357 Abs. 1 ist von Abschriften nicht mehr die Rede. Das Recht des Einsichtnehmers, dass ihm die Geschäftsstelle (auf seine Kosten; Rn 43, 44) Abschriften, Ausfertigungen und Auszüge erteilt, ist jetzt in § 13 Abs. 3 geregelt.[44] Eine Abschrift ist auf Verlangen des Einsichtnehmers zu beglaubigen (§ 13 Abs. 3 S. 2). Dann wird das Wort „Beglaubigte Abschrift" auf die Kopie gesetzt, am Schluss wird vermerkt: *„Die Übereinstimmung der Abschrift mit der Urschrift wird bestätigt. Adorf, den ... Der Urkundsbeamte der Geschäftsstelle des AG: X; Siegel".* Der Berechtigte kann aber auch die letztwillige Verfügung selbst abschreiben.

III. Erteilung von Erbscheins- und sonstigen Ausfertigungen (Abs. 2)

1. Gegenstand der der Regelung

27 Der Erbschein ist keine gerichtliche Entscheidung im Sinn von § 38, sondern eine Art gutachterlicher Bescheinigung.[45] Derjenige, der einen Erbschein oder eines der sonstigen erbrechtlichen Zeugnisse (Testamentsvollstreckerzeugnis; Zeugnis nach § 1507 BGB; nach §§ 36, 37 GBO; nach §§ 42, 74 SchiffsRegO) beantragt hat, erhält (wenn die Voraussetzungen vorliegen) als Antragsteller das Zeugnis im Original bzw. als Ausfertigung; dafür ist § 357 Abs. 2 nicht einschlägig. Die Erteilung einer Ausfertigung setzt voraus, dass der Erbschein (bzw. das sonstige Zeugnis) schon erteilt ist.

28 Wer ein Recht auf Erteilung einer Ausfertigung eines Erbscheins hat, hat deswegen noch kein Rechte, selbst einen Erbschein zu beantragen (vgl. § 2353 BGB). Anders ist es bei einem Gläubiger des Erben, der zum Zweck der Zwangsvollstreckung einen Erbschein oder eine andere Urkunde benötigt; er kann die Erteilung an Stelle des erbenden Schuldners verlangen (§ 792 ZPO).

29 Ein Recht auf Erteilung folgender **Ausfertigungen** besteht (§ 357 Abs. 2):
- Erteilung des Erbscheins,
- des Beschlusses über die Ernennung eines Testamentsvollstreckers (§ 2200 BGB),
- des Beschlusses über die Entlassung eines Testamentsvollstreckers (§ 2227 BGB),
- des Zeugnisses über die Fortsetzung der Gütergemeinschaft (§ 1507 BGB);
- des Testamentsvollstreckerzeugnisses (§ 2368 BGB);
- des Überweisungszeugnisses (§§ 36, 37 GBO);
- des Zeugnisses nach §§ 42, 74 SchiffsRegO;
- des Hoffolgezeugnisses.[46]

30 Auf die der Erteilung des Erbscheins oder der genannten Zeugnisse zugrunde liegenden Urkunden (z. B. der letztwilligen Verfügung; Zeugenvernehmungsprotokolle; Erbscheinsverhandlung) erstreckt sich das Recht auf Ausfertigung nicht.[47] Ein solches Recht auf Einsicht in die Gerichtsakte und Erteilung von Kopien kann sich aber aus § 13 ergeben.

---

[42] A. A. Staudinger/Baumann § 2264 Rn 14.
[43] Soergel/Mayer § 2264 Rn 7; MünchKommBGB/Hagena 4. Aufl. § 2264 Rn 17; a. A. Reimann/Bengel/Mayer/Voit § 2264 Rn 7.
[44] BT-Drs. 16/6308 S. 282.
[45] Zimmermann, Erbschein und Erbscheinsverfahren, Rn 1.
[46] Jansen/Müller-Lukoschek § 85 Rn 1.
[47] Jansen/Müller-Lukoschek § 85 Rn 4.

2. Zuständigkeit

Zuständig für die Erteilung von Ausfertigungen ist das örtlich zuständige Nachlassgericht, 31
dort der Rechtspfleger (§ 3 Nr. 2 c RPflG), auch wenn für die Erteilung des Erbscheins
selbst der Richter (wegen § 16 Abs. 1 Nr. 6 RPflG) zuständig gewesen ist. Hat ein anderes
Gericht (Verwahrungsgericht) als das für den Nachlassfall örtlich zuständige Nachlassgericht
die letztwillige Verfügung eröffnet (§ 344 Abs. 6), ist dieses Verwahrungsgericht solange
zuständig, als sich dort noch die Urschrift der eröffneten letztwilligen Verfügung befindet
(vgl. § 350).[48]

3. Voraussetzungen

Wer ein rechtliches Interesse (Rn 8) an der Ausfertigung eines der genannten Zeugnisse 32
glaubhaft (Rn 13) macht, hat einen Rechtsanspruch auf Erteilung einer Ausfertigung; das
Nachlassgericht hat kein Ermessen.

Das **rechtliche Interesse** hat derjenige, der selbst einen Erbschein hätte beantragen 33
können, darüber hinaus aber auch weitere Personen, z. B. der Erbe und der Testamentsvollstrecker an der Erbscheinsausfertigung; ferner ein Gläubiger, der einen Anspruch gegen den
Erben als solchen geltend machen will und im Besitz eines Vollstreckungstitels ist (§ 792
ZPO); der Nachlassschuldner, damit er an den richtigen Gläubiger zahlen kann;[49] weiterhin
der Käufer eines Nachlassgrundstücks.[50] Ein Notar, der eine Ausfertigung benötigt, muss
zwar das rechtliche Interesse seines Auftraggebers nachweisen;[51] im allgemeinen dürfte aber
die amtliche Versicherung genügen, mit einer Beurkundung beauftragt zu sein, die mit der
Erbschaftssache zusammenhängt.[52] Auch Behörden brauchen ein rechtliches Interesse,
soweit nicht Sonderregelungen (z. B. AO) eingreifen.

Ein **berechtigtes Interesse genügt** nicht. Da § 357 Abs. 2 als lex specialis den § 13 34
Abs. 3 verdrängt,[53] kann der Anspruch auf eine Ausfertigung, wenn das rechtliche Interesse
fehlt, nicht aus § 13 Abs. 3 („Ausfertigung") hergeleitet werden. Wer wirklich eine Ausfertigung braucht (Rn 35, 38), hat aber ohnehin schon deshalb ein rechtliches Interesse daran.
Nicht verdrängt wird § 13 Abs. 3, soweit er von Abschriften, beglaubigten Abschriften und
Auszügen spricht. Das Recht darauf hat auch der, der nur ein berechtigtes Interesse hat.

4. Ausfertigung oder beglaubigte Abschrift?

Nach § 357 Abs. 2 kann der Dritte auf Antrag eine Ausfertigung des Erbscheins bzw. der 35
sonstigen Zeugnisse verlangen. Derjenige, der ursprünglich die Erteilung des Erbscheins
beantragte (§ 2353 BGB), erhielt (landesrechtlich verschieden) eine Urschrift[54] (dann ist in
der Nachlassakte lediglich der Bewilligungsbeschluss mit dem Text des Erbscheins) oder
eine Ausfertigung[55] (dann ist in der Nachlassakte die Urschrift). Eine Ausfertigung vertritt
im Rechtsverkehr die Urschrift (vgl. § 51 BeurkG), sie hat dieselbe Bedeutung und Beweiskraft wie die Urschrift. Die Erteilung von Ausfertigungen wird in der Nachlassakte mit
Angabe des Empfängers vermerkt. Eine Ausfertigung besteht in einer Abschrift (Fotokopie)
der Urschrift, versehen mit dem Ausfertigungsvermerk. Wird ein **unrichtiger Erbschein**
(oder ein unrichtiges Testamentsvollstreckerzeugnis) später eingezogen (§ 2361 BGB),
müssen demzufolge auch alle Ausfertigungen des Erbscheins eingezogen werden.[56]

Abschriften (Fotokopien), auch beglaubigte Abschriften, werden dagegen nicht eingezogen und müssen nicht zurückgegeben werden. Kann der Empfänger der Ausfertigung 36
eines Erbscheins die Ausfertigung nach Einziehung des Erbscheins nicht zurückgeben, muss
ein kostenaufwändiges **Kraftloserklärungsverfahren** durchgeführt werden (§ 2361 Abs. 2

---

[48] Staudinger/Baumann § 2264 Rn 18.
[49] Horndasch/Viefhues/Heinemann § 357 Rn 31; str.
[50] LG München DNotZ 1950, 33.
[51] Jansen/Müller-Lukoschek § 85 Rn 9.
[52] MünchKommZPO/J. Mayer § 357 FamFG Rn 18.
[53] BT-Drs. 16/6308 S. 282.
[54] So in Bayern, vgl. früher §§ 57, 140 BayNachlO.
[55] So nach Art. 18 PrFGG.
[56] BayObLGZ 1980, 72; 1966, 233; MünchKommBGB/Mayer § 2361 Rn 104; Staudinger/Schilken § 2361 Rn 24.

BGB). Deshalb sollte nur derjenige eine Ausfertigung der genannten Zeugnisse beantragen, der tatsächlich die Urkundsform „Ausfertigung" benötigt.

37 Andernfalls sollte sich der rechtlich interessierte Dritte mit einer Abschrift (Fotokopie) bzw. beglaubigten Abschrift des Erbscheins (bzw. der sonstigen Zeugnisse) begnügen. Das Recht darauf ergibt sich aus § 13 Abs. 3. Die Kosten sind dieselben. Die Beglaubigung einer Abschrift bestätigt amtlich, dass die Abschrift mit der Urschrift übereinstimmt (vgl. § 42 BeurkG), was bei einer gewöhnlichen Abschrift (Fotokopie) nicht der Fall ist (hier sind also Manipulationen durch umkopieren etc leicht möglich).

38 Das **rechtliche Interesse** des Antragstellers muss sich gerade auf eine **Ausfertigung** beziehen;[57] wem für seine rechtlichen Bedürfnisse eine beglaubigte Abschrift genügt, muss sich mit dieser (zu erteilen nach § 13) begnügen. Der Hintergrund ist, dass bei einer eventuellen Unrichtigkeit des Erbscheins (§ 2361 BGB) auch alle Ausfertigungen des Erbscheins einzuziehen sind, nicht aber Abschriften. Bezüglich der Wiedergabe des Inhalts des Erbscheins steht die beglaubigte Abschrift der Ausfertigung nicht nach. Eine beglaubigte Abschrift oder eine schlichte Kopie genügt z. B., wenn ein Enterbter lediglich für sein privates Familienarchiv einen Erbschein haben möchte, oder ein Nachlassschuldner für seine Unterlagen, oder wenn ein Nachlassgläubiger keinen vollstreckbaren Titel hat. Es ist aber unangemessen, in Zweifelsfällen die Ausfertigung abzulehnen mit der Begründung, eine beglaubigte Kopie genüge.

39 Dagegen sind Ausfertigungen in der Regel nötig gegenüber dem Grundbuchamt oder Registergericht. Der Nachweis der Erbfolge oder der Testamentsvollstreckung kann nur durch eine Ausfertigung bewiesen werden.[58]

40 Die Frage, ob der Erbe oder ein anderer Berechtigter mehr als *eine* Ausfertigung des Erbscheins verlangen kann, ist nicht in § 357 geregelt. Wenn ein Antragsteller ein Interesse an **mehreren Ausfertigungen** vorträgt, muss er sie erhalten (und ja auch bezahlen, § 136 KostO); er bestimmt also die Zahl.[59] Grenze ist der offenbare Missbrauch. Trägt der Antragsteller z. B. Verlust der Ausfertigung vor, ist ihm auf jeden Fall nochmals eine Ausfertigung zu erteilen.[60]

IV. Rechtsmittel

41 **Übergangsrecht:** auf Verfahren, die bis 1. 9. 2009 eingeleitet worden sind oder deren Einleitung bis dahin beantragt wurde, sind die früheren Vorschriften (d. h. FGG) anzuwenden (Art. 111 FGG-RG).

42 **Abs. 1:** Wird die **Einsicht** in die letztwillige Verfügung oder die Erteilung einer Abschrift **abgelehnt,** ist hier gegen die befristete Beschwerde statthaft (§§ 58 ff., Frist § 63).[61] Der Beschwerdewert (§ 61) muss in nichtvermögensrechtlichen Angelegenheiten nicht erreicht sein; sonst wird man ihn mit einem Bruchteil des fraglichen Vermögenswerts bemessen müssen. Beschwerdegericht ist das OLG. Wird einer Behörde, die nicht Beteiligte ist, sondern sich nur auf Rechts- und Amtshilfe (Art. 35 GG) berufen kann, Einsicht bzw. Abschriften vom Nachlassgericht verweigert, besteht für die Behörde nur die Möglichkeit der Dienstaufsichtsbeschwerde.[62]

43 Gegen die **Gewährung der Einsicht** (oder Erteilung von Abschriften) steht den Personen, die ein Geheimhaltungsinteresse haben, die befristete Beschwerde zu (§§ 58 ff.).[63]

44 Ist die **Einsicht vorgenommen** worden, ist kein Rechtsmittel mehr statthaft, weil nichts mehr rückgängig gemacht werden kann. Wurde zuvor Beschwerde eingelegt, bleibt noch die Umstellung des Beschwerdeantrags nach § 62.[64] Ist eine Abschrift erteilt worden,

---

[57] OLG Hamm FGPrax 2010, 299; Jansen/Müller-Lukoschek § 85 Rn 7; MünchKommZPO/J. Mayer § 357 FamFG Rn 19.
[58] MünchKommZPO/J. Mayer § 357 FamFG Rn 19.
[59] LG Köln Rpfleger 1969, 350; a. A. Jansen/Müller-Lukoschek § 85 Rn 12; Horndasch/Viefhues/Heinemann § 357 Rn 34.
[60] OLG Schleswig SchlHA 1960, 58.
[61] KG BeckRS 2011, 07206; str.
[62] Horndasch/Viefhues/Heinemann § 357 Rn 22.
[63] BayObLGZ 1967, 349; KG KGJ 53, 64; Horndasch/Viefhues/Heinemann § 357 Rn 20.
[64] MünchKommZPO/J. Mayer § 357 FamFG Rn 11.

ist ebenfalls kein Rechtsmittel mehr statthaft, weil zwar die Abschrift zurückverlangt werden könnte, dies aber nichts nützt, weil der Empfänger inzwischen weitere Fotokopien angefertigt haben kann. Bei Amtspflichtverletzung kommt allenfalls Schadensersatz in Frage (§ 839 Abs. 1 BGB; Art. 34 GG).

Abs. 2: Wird die Erteilung einer Ausfertigung des Erbscheins (bzw. eines sonstigen Zeugnisses, Rn 27) abgelehnt, ist hiergegen die befristete Beschwerde statthaft (§§ 58 ff., Frist § 63). Beschwerdegericht ist das OLG.

V. Kosten

Abs. 1: Die bloße Einsicht ist gebührenfrei. Wird eine Abschrift gewünscht, ist die Dokumentenpauschale nach § 136 Abs. 1 S. 1 Nr. 1 KostO zu zahlen (d. h. 0,50 € je Seite). Soll die Kopie beglaubigt werden, wird keine Beglaubigungsgebühr erhoben (§ 132 KostO). **45**

Abs. 2: Für eine Ausfertigung ist die Dokumentenpauschale nach § 136 Abs. 1 S. 1 Nr. 1 KostO zu zahlen; sinngemäß kann für eine Beglaubigung der Ausfertigung keine Beglaubigungsgebühr[65] erhoben werden (vgl. § 132 KostO: „Abdruck einer vom Gericht erlassenen Entscheidung"). Zur Nacherhebung von Gebühren, wenn ein Erbschein gebührenfrei erteilt wurde und die Ausfertigung für nichtgebührenfreie Zwecke verwendet werden soll vgl. § 107 a KostO. **46**

Zwang zur Ablieferung von Testamenten

358 In den Fällen des § 2259 Abs. 1 des Bürgerlichen Gesetzbuchs erfolgt die Anordnung der Ablieferung des Testaments durch Beschluss.

Übersicht

	Rn
I. Normzweck	1
II. Materiellrechtliche Regelungen zur Ablieferungspflicht	2
1. Testamente	2
2. Erbverträge	4
3. Testamente in behördlicher Verwahrung	6
4. Konsulate	9
III. Anordnung der Ablieferung	10
1. Schriftstücke, die möglicherweise Testamente sind	10
2. Konvolute von Schriftstücken	13
IV. Erzwingung der Ablieferung des Testaments	14
1. Allgemeines	14
2. Maßnahmen zur Erzwingung der Ablieferung	16
a) Die Festsetzung von Zwangsgeld	16
b) Anordnung einer originären Zwangshaft	17
c) Herausgabevollstreckung	18
V. Eidesstattliche Versicherung über den Verbleib des Testaments	19
VI. Verfahren	22
1. Amtsverfahren	22
2. Zuständigkeit	24
3. Rechtsmittel	28
4. Kosten	33

I. Normzweck

Die Vorschrift will erreichen, dass die Ablieferung von Testamenten durchgesetzt werden kann. Der frühere § 83 FGG sah hierzu detaillierte Regelungen vor. Jetzt ist nur noch bestimmt, dass, obwohl Zwischenentscheidung, ein „Beschluss" ergehen muss (während sonst § 38 nur für Endentscheidungen gilt); die Vollstreckung richtet sich dann nach § 35. **Übergangsrecht:** Art 111 FGG-RG. **1**

---

[65] Korintenberg/Lappe KostO § 132 Rn 12.

II. Materiellrechtliche Regelungen zur Ablieferungspflicht

1. Testamente

2   Wer ein Testament (eines Deutschen oder eines Ausländers), das nicht in besondere amtliche Verwahrung eines AG (§ 346) gebracht ist, im **Besitz** hat, ist nach § 2259 Abs. 1 BGB verpflichtet, die Urschrift unverzüglich, nachdem er von dem Tod des Erblassers Kenntnis erlangt hat, an das Nachlassgericht **abzuliefern.** An sich denkt das Gesetz an eine Ablieferung beim örtlich zuständigen Nachlassgericht (§ 343); da dem Besitzer aber der letzte Wohnsitz bzw. Aufenthalt des Verstorbenen unbekannt sein kann, man von einem Laien ferner die Kenntnis der Einteilung der Gerichtsbezirke nicht erwarten kann, genügt es auch, wenn der Besitzer das Testament bei irgendeinem AG (Abt. Nachlassgericht) abliefert (vgl. § 2 Abs. 3).[1] Auch Schriftstücke, deren Eigenschaft als Testament dem Besitzer zweifelhaft sind, selbst widerrufene, formungültige, gegenstandslose Testamente sind abzuliefern;[2] desgleichen Testamente, die nach § 2256 BGB zurückgenommen sind; denn die Bewertung steht dem Nachlassgericht bzw. dem Prozessgericht zu, nicht dem Besitzer eines Testaments. Ein Schriftstück, das letztwillige Verfügungen enthält, ist auch dann vollständig in Urschrift an das Nachlassgericht abzuliefern, wenn Teile des Textes ohne erbrechtlichen Bezug sind.[3]

3   Wer ein Schriftstück, das ein Testament sein kann, nicht abliefert, kann sich schadensersatzpflichtig machen (§ 823 Abs. 2 BGB).[4] Urkundenunterdrückung ist strafbar (§ 274 Abs. 1 Nr. 1 StGB).

2. Erbverträge

4   Nach § 2300 Abs. 1 BGB ist § 2259 BGB auf den Erbvertrag entsprechend anzuwenden. Das bedeutet, dass derjenige, der einen Erbvertrag in Besitz hat, der nicht in besondere amtliche Verwahrung gebracht ist, diesen nach § 2259 Abs. 1 BGB bei einem AG abzuliefern hat. Bei einem Erbvertrag soll der Notar veranlassen, dass dieser unverzüglich in **besondere amtliche Verwahrung** des AG gebracht wird (§ 34 Abs. 2 mit Abs. 1 S. 4 BeurkG). In diesem Fall wird der Erbvertrag über die Informationskette Standesamt – Nachlassgericht (§ 347) dem Nachlassgericht beim Tod einer Vertragspartei bekannt; § 358 ist dafür nicht einschlägig.

5   Die Vertragsparteien können aber die besondere amtliche Verwahrung ausschließen (§ 34 Abs. 2 BeurkG); dann bleibt der Erbvertrag in **einfacher Urkundenverwahrung des Notars** und er hat ihn nach § 34a Abs. 2 S. 1 BeurkG,[5] der § 2259 Abs. 1 BGB entspricht, beim Nachlassgericht abzuliefern, sobald er Kenntnis vom Tod einer Vertragspartei erhält. Wenn der Notar mit den Vertragsparteien keinen Kontakt mehr hat, weil sie ihm nicht persönlich bekannt sind oder bei ihm nichts mehr beurkunden lassen oder weil sie umziehen, dann erfährt der Notar oft nichts vom Tod und es kann 30 Jahre dauern, bis nach § 351 Ermittlungen angestellt werden. Um diese Probleme zu verringern hat der Notar das zuständige Standesamt (Geburtsstandesamt) bzw. das AG Schöneberg in Berlin schriftlich zu benachrichtigen, wenn ein Erbvertrag in einfacher Urkundenverwahrung des Notars bleibt (§ 34a BeurkG). Auch in diesem Fall wird der Erbvertrag über die Informationskette Standesamt – Nachlassgericht (§ 347) dem Nachlassgericht bekannt. Solche Erbverträge sind nach § 2259 Abs. 1 BGB auch von Angehörigen und sonstigen Personen beim Nachlassgericht abzuliefern, wenn sie aus der Erbvertragsausfertigung nicht ersehen können, ob der Erbvertrag vom Notar in besondere amtliche Verwahrung gegeben wurde.

---

[1] BayObLG FamRZ 1992, 1222; MünchKommBGB/Hagena § 2259 Rn 29; Staudinger/Baumann § 2259 Rn 12.
[2] BayObLG FamRZ 1988, 6591984, 214.
[3] BayObLG Rpfleger 1984, 18.
[4] OLG Brandenburg ZEV 2008, 287.
[5] Eingefügt durch das PStRG vom 19. 2. 2007, BGBl. 2007 I S. 122.

3. Testamente in behördlicher Verwahrung

Befindet sich ein Testament bei einer anderen Behörde als einem Gericht in amtlicher Verwahrung, so ist es nach dem Tod des Erblassers an das Nachlassgericht abzuliefern (§ 2259 Abs. 2 S. 1 BGB). Solche Behörden können z. B. Staatsanwaltschaften, Polizeibehörden, Gemeindeverwaltungen sein. § 358 ist darauf nicht anwendbar. **6**

Allerdings bestimmt § 2259 Abs. 2 S. 2 BGB, dass das Nachlassgericht, wenn es von dem Testament Kenntnis erlangt, die **Ablieferung zu veranlassen** hat. Dies geschieht, indem der Rechtspfleger des örtlich zuständige Nachlassgerichts (§ 343; § 3 Nr. 2 c RPflG) die entsprechende Behörde auffordert, das Testament an das Nachlassgericht zu senden. Reagiert die Behörde nicht oder weigert sie sich, kommt nur eine Dienstaufsichtsbeschwerde an die vorgesetzte Behörde in Frage;[6] zweckmäßig ist, dass der Direktor des AG die Beschwerde einlegt. Zwangsmittel nach § 35 scheiden aus. **7**

In **Baden-Württemberg** sind nach § 1 Abs. 2 Bad.-Württ.LFGG die Notariate zuständig für die besondere amtliche Verwahrung von letztwilligen Verfügungen; sie haben bei ihnen verwahrte Testamente nach dem Tod des Erblassers zu eröffnen und dann an das zuständige Nachlassgericht (bzw. baden-württembergische Notariat) zu übersenden.[7] **8**

4. Konsulate

Über die Ablieferungspflicht der Konsuln § 11 Abs. 2 KonsularG. **9**

III. Anordnung der Ablieferung

1. Schriftstücke, die möglicherweise Testamente sind

Erhält das Nachlassgericht davon Kenntnis, dass eine andere Person im Sinne von § 2259 Abs. 1 BGB ein Testament (bzw. einen Erbvertrag) einer verstorbenen Person, das nicht in besondere amtliche Verwahrung eines AG gebracht ist, im Besitz hat, so hat es den Besitzer mit Fristsetzung aufzufordern, das Testament unverzüglich an das Nachlassgericht abzuliefern. Bestreitet der Adressat den Besitz, kommt es darauf an, ob nach den Ermittlungen des Gerichts (§ 26) ein Grund zur Annahme besteht, dass der Adressat Besitzer eines solchen Testaments (bzw. Erbvertrags) ist; in Frage kommt, den Informanten als Zeugen zu vernehmen; Freibeweis ist zulässig (§§ 29, 30). Möglich ist ferner, dass der angebliche Testamentsbesitzer **förmlich als Zeuge vernommen** wird, mit Aufforderung, das Testament mitzubringen (§ 378 Abs. 1 S. 1 ZPO); dass er bei Nichterscheinen zwangsweise vorgeführt wird (§§ 30 Abs. 1; § 380 Abs. 2 ZPO), dass er seine Aussage zu beeiden hat. Diese Verfahrensweise ersetzt den früheren § 83 Abs. 2 FGG. Besitzt ein anderer Beteiligter möglicherweise ein Testament, kann er nach § 33 vorgeladen werden. **10**

Ist nach den Ermittlungen vom Besitz auszugehen oder reagiert der Adressat auf das einfache Schreiben des Nachlassgerichts nicht, erlässt das Nachlassgericht (Rechtspfleger bzw. Nachlassrichter) einen **Beschluss** (§§ 38, 358); „*Es wird angeordnet, dass X alle Testamente des verstorbene Y, die er in seinem Besitz hat, bis … beim Nachlassgericht in … abliefert. Im Falle der Nichtablieferung wird gegen ihn ein Zwangsgeld bis zu 25 000 €, ersatzweise Zwangshaft, festgesetzt.*" Der Hinweis auf die Folgen der Zuwiderhandlung beruht auf § 35 Abs. 2 (und ersetzt die vorherige Androhung). Begründung des Beschlusses (§ 38 Abs. 3) und Rechtsmittelbelehrung (§ 39) sind notwendig. Eine Kostenentscheidung (§§ 80 ff.) entfällt, weil ein entgegen gesetzter Beteiligter fehlt. Der Beschluss wird an den Testamentsbesitzer zugestellt (§ 41 Abs. 1 S. 2). **11**

Ein solcher Beschluss war unter der Geltung des FGG nicht erforderlich (vgl. § 83 FGG); wegen des Gesetzestextes von § 35 Abs. 1 ist er jetzt notwendig. Der Beschluss ist ein Vollstreckungstitel; die Vollstreckung erfolgt nach § 35, nicht nach §§ 86 ff.[8] Vgl. Rn 16 bis 18. **12**

---

[6] KG RJA 14, 135; MünchKommBGB/Hagena § 2259 Rn 41; Staudinger/Baumann § 2259 Rn 28; Soergel/Mayer § 2259 Rn 13.

[7] Richter/Hammel, Bad.-Württ.LFGG 4. Aufl. 1995, § 1 Rn 5; anders die Rechtslage vor dem 1. 9. 1986, dazu OLG Stuttgart BWNotZ 1977, 175; Hörer BWNotZ 1977, 87; OLG Karlsruhe BWNotZ 1977, 175.

[8] BT-Drs. 16/6308 S. 282.

2. Konvolute von Schriftstücken

13   Hinterlässt der Erblasser zahlreiche Schriftstücke, ist zunächst niemand (auch nicht der Vermieter oder Hauseigentümer) verpflichtet, sie daraufhin durchzusehen, ob die letztwillige Verfügungen enthalten könnten. Ist ein Erbschein beantragt worden, hat das Nachlassgericht von Amts wegen zu ermitteln (§ 2358 BGB; § 26 FamFG). Hier kommt in Frage, dass im Rahmen des Strengbeweises (§ 30) die Besitzer der Schriftstücke als Zeugen vernommen werden und ihnen aufgegeben wird (§ 378 ZPO), die Schriftstücke zuvor einzusehen und zum Termin mitzubringen. Das Nachlassgericht kann auch einem Beteiligten die Durchsicht von Schriftstücken und die Mitteilung aufgeben, wel-chen Inhalt die in seinem Besitz befindlichen Schriftstücke haben (vgl. § 27 Abs. 1).[9] Ist ein Erbschein schon erteilt, kommt eine Einziehung wegen eines inzwischen aufgefundenen Testaments in Frage; hier ergibt sich die Pflicht zur Amtsermittlung aus § 2361 Abs. 3 BGB.

IV. Erzwingung der Ablieferung des Testaments

1. Allgemeines

14   Die Vollstreckungsmaßnahmen setzen voraus, dass das Gericht davon ausgeht, dass die betreffende Person, gegen die sich die Maßnahme richtet, im unmittelbaren Besitz des Testaments ist und dass sie zuvor erfolglos zur Ablieferung aufgefordert wurde. Ein solcher unmittelbarer Besitz der Witwe fehlt, wenn das Testament sich in einem bei einem Notar hinterlegten Koffer befindet.[10] Eine **Bank** hat keinen unmittelbaren Besitz an einem Testament, das sich in einem Bankfach (Safe, für den die Bank keinen Schlüssel hat) befindet.[11] Wenn zwar der Aufbewahrungsort des Testaments (Banksafe bei der X-Bank), nicht aber der Besitzer bekannt ist (was kaum denkbar ist, weil der Fachmieter der Bank bekannt ist), wird man § 358 analog anwenden können und unmittelbaren Zwang anwenden können.[12]

15   Zur Erzwingung der Ablieferung des Testaments stehen drei Maßnahmen zur Verfügung (eine vorherige Androhung ist – anders als nach § 33 FGG – nicht mehr erforderlich[13]). Das Gericht entscheidet nach pflichtgemäßem **Ermessen,** ob und welche Maßnahme anzuordnen ist (§ 35 Abs. 1, Abs. 4).[14]

2. Maßnahmen zur Erzwingung der Ablieferung

16   **a) Die Festsetzung von Zwangsgeld.** Das Zwangsgeld beträgt zwischen 5 und 25 000 € (§ 35 Abs. 3 S. 1). Kann das Zwangsgeld nicht beigetrieben werden, kann Ersatzzwangshaft angeordnet werden (§ 35 Abs. 1 S. 3); im letzteren Fall ist der Nachlassrichter zuständig (§ 4 Abs. 2 Nr. 2 RPflG). Der Rechtspfleger könnte das Zwangsgeld auch vorher androhen; doch ist die vorherige Androhung nicht mehr Voraussetzung der Festsetzung.

17   **b) Anordnung einer originären Zwangshaft.** Zuständig ist der Nachlassrichter (§ 4 Abs. 2 Nr. 2 RPflG); vgl. Rn 26.

18   **c) Herausgabevollstreckung.** Der Gerichtsvollzieher wird vom Nachlassgericht (Rechtspfleger) beauftragt, dem Testamentsbesitzer das Testament wegzunehmen.[15]

V. Eidesstattliche Versicherung über den Verbleib des Testaments[16]

19   Bestreitet eine Person den Besitz eines Testaments und haben die angestellten Ermittlungen eine hohe Wahrscheinlichkeit für ihren Besitz ergeben (andernfalls: Rn 10), so kann das Nachlassgericht (nach Anordnung der Herausgabe und erfolgloser Herausgabevollstreckung) von dieser Person die Abgabe einer eidesstattlichen Versicherung dahin verlangen,

---

[9] BayObLG FamRZ 1988, 659.
[10] BayObLG FamRZ 1988, 659.
[11] LG Braunschweig NdsRpfl.1997, 138.
[12] Staudinger/Baumann § 2259 Rn 25; Höver DFG 1937, 135; Lafrenz DJZ 1904 Sp. 159.
[13] BT-Drs. 16/6308 S. 193.
[14] Staudinger/Baumann § 2259 Rn 27.
[15] Vgl. Höver DFG 1937, 133.
[16] Schmidt Rpfleger 1971, 134.

"dass er das Testament nicht besitze, auch nicht wisse, wo es sich befinde" (§ 35 Abs. 4 FamFG mit § 883 Abs. 2 ZPO); das Gericht kann eine der Sachlage entsprechende Änderung der eidesstattlichen Versicherung beschließen (§ 35 Abs. 4 FamFG mit § 883 Abs. 3 ZPO). Die eidesstattliche Versicherung kann nur vor dem Nachlassgericht oder einem von diesem ersuchten Rechtshilfegericht (AG) geleistet werden; der Pflichtige hat kein Recht, sie von sich aus vor einem anderen Gericht zu leisten,[17] auch nicht vor einem Notar. Der Gerichtsvollzieher ist zur Abnahme nicht zuständig.

Die Abnahme einer eidesstattlichen Versicherung nach § 883 Abs. 2 ZPO ist ein selbständiges Verfahren. Gibt der Antragsteller im Erbscheinsverfahren eine eidesstattliche Versicherung nach §§ 2356 Abs. 2 S. 1, 2354 Abs. 1 Nr. 4 BGB ab, so besteht in der Regel kein Bedürfnis, ihn auch noch zur Abgabe einer eidesstattlichen Versicherung nach § 883 Abs. 2 ZPO anzuhalten; das Verfahren nach § 883 Abs. 2 ZPO ist jedoch nicht grundsätzlich ausgeschlossen.[18] Hat der Betroffene als Zeuge unter Eid bereits ausgesagt, das Testament nicht zu besitzen und auch nichts über den Verbleib zu wissen erübrigt sich eine nochmalige (schwächere) eidesstattliche Versicherung.

Das **Verfahren zur Abgabe der eidesstattlichen Versicherung** beginnt mit der Ladung des mutmaßlichen Besitzers des Testamentes (§ 900 Abs. 1 ZPO), die von Amts wegen vorzunehmen ist und den Grund des Verlangens sowie den Inhalt der eidesstattlichen Versicherung enthalten soll. Sonstige Beteiligte brauchen vom Termin nicht verständigt zu werden. Für die Abgabe der eidesstattlichen Versicherung gelten §§ 478–480, 483 ZPO entsprechend (§ 35 Abs. 4 FamFG mit § 883 Abs. 4 ZPO). Vor der Abgabe der eidesstattlichen Versicherung ist über ihre Bedeutung zu belehren (§ 480 ZPO). Bestreitet der Geladene seine Verpflichtung, so entscheidet das Nachlassgericht, ob er einen Grund zur Verweigerung hat. Gegen den Geladenen, der im Termin nicht erscheint oder die Abgabe der eidesstattlichen Versicherung grundlos verweigert, hat das Nachlassgericht (Nachlassrichter) zur **Erzwingung der Abgabe** der eidesstattlichen Versicherung von Amts einen Haftbefehl erlassen (§ 901 S. 2 ZPO),[19] weil diese Regelung sinngemäß immer zu § 883 Abs. 2 ZPO gehört, auch wenn in § 35 nicht ausdrücklich darauf verwiesen ist. Die Vorschriften der §§ 904–906, 909, 910, 913 ZPO regeln den Vollzug und die Dauer der Haft. Eine **Vorschusspflicht für Haftkosten** besteht auch dann nicht, wenn ein Beteiligter die Anordnung der Abgabe der eidesstattlichen Versicherung beantragt hat, weil ein Amtsverfahren vorliegt.

VI. Verfahren

1. Amtsverfahren

Die Zwangsmaßnahmen haben **von Amts wegen** zu erfolgen, wenn das Gericht diese Maßnahmen nach dem Ergebnis der angestellten Ermittlungen nach seinem pflichtgemäßen Ermessen für zweckmäßig und erforderlich hält. Ein Antrag Beteiligter auf die Maßregeln ist nur eine Anregung, aber weder Voraussetzung derselben noch für das Gericht bindend, wenn es die beantragte Maßregel nicht für angezeigt hält. Der „Antragsteller" braucht deshalb auch eine Berechtigung zu dem Antrag oder ein Interesse an der Maßregel nicht darzutun.[20] Durch die Maßregel des Nachlassgerichts wird die zivilrechtliche Verfolgung des Anspruches der Beteiligten auf Herausgabe des Testaments nicht berührt.

Die Anwendung der Zwangsmaßregeln des § 35 beschränkt sich auf das **Inland.**[21] Sie können aber auch zur Erlangung des im Inland befindlichen Testaments eines verstorbenen Ausländers angewendet werden oder gegen einen im Inland Wohnenden, der ein im Ausland befindliches Testament besitzt und darüber verfügen kann.[22]

---

[17] KG RJA 11, 95; Jansen/Müller-Lukoschek § 83 Rn 5.
[18] BayObLG Rpfleger 1977, 210.
[19] A. A. MünchKommZPO/J. Mayer § 358 FamFG Rn 3; Horndasch/Viefhues/Heinemann § 358 Rn 17: es sei keine Haftanordnung möglich.
[20] A. A. Staudinger/Baumann § 2259 Rn 27, demzufolge Anregungen gegenüber dem Nachlassgericht „tatsächlich" zu begründen seien.
[21] Horndasch/Viefhues/Heinemann § 358 Rn 8.
[22] Jansen/Müller-Lukoschek § 73 Rn 30.

2. Zuständigkeit

24 Für die **Abnahme der eidesstattlichen Versicherung** zum Zweck der Erfüllung der dem Besitzer eines Testaments obliegenden Ablieferungspflicht (§ 35) ist das Nachlassgericht (Rechtspfleger, § 3 Nr. 2 RPflG) zuständig, in Baden-Württemberg das Notariat (§ 1 Abs. 2 LFGG, § 38 LFGG). Soll Haft angedroht werden oder ein Haftbefehl erlassen werden, ist der Nachlassrichter zuständig (§ 4 Abs. 2 Nr. 2, Abs. 3 RPflG). In Baden-Württemberg ist für die Androhung von Haft und für den Haftbefehl das AG zuständig (§ 5 Abs. 3 LFGG); wegen der Zuständigkeit in Baden vgl. § 35 RPflG.

25 Für die **Festsetzung von Zwangsgeld** ist der Rechtspfleger zuständig (§ 3 Nr. 2 c RPflG).[23]

26 Die Anordnung einer originären **Zwangshaft** erfolgt durch den Richter (§ 4 Abs. 2 Nr. 2 RPflG). Dasselbe gilt für die Ersatzzwangshaft (§ 35 Abs. 1 S. 3).

27 Die **Herausgabevollstreckung** wird durch den Rechtspfleger angeordnet; der Gerichtsvollzieher wird vom Nachlassgericht (Rechtspfleger) beauftragt, dem Testamentsbesitzer das Testament wegzunehmen.[24]

3. Rechtsmittel

28 Der vermeintliche Testamentsbesitzer kann gegen den **Beschluss nach § 358** befristete Beschwerde einlegen (§ 58 ff.).[25] Die Rechtskraft dieses Beschlusses ist aber nicht Voraussetzung dafür, dass Zwangsmaßnahmen angeordnet werden. Der Beschluss muss nur wirksam geworden sein (§ 40 Abs. 1), also dem Betroffenen bekannt gegeben worden sein, in der Regel durch Zustellung (§ 41 Abs. 1 S. 2). Ist der Beschluss rechtskräftig, steht verbindlich fest, dass der Betroffene ablieferungspflichtig ist. Mit Rechtsmitteln gegen Zwangsmaßnahmen kann er diese Frage nicht mehr aufgreifen.

29 Ein Beschluss, der **Zwangsmittel androht,** ist nach § 35 nicht mehr nötig; als bloßer Hinweis auf die Gesetzeslage ist er unanfechtbar.

30 Gegen den **Beschluss, durch den Zwangsmaßnahmen angeordnet** werden, findet die sofortige Beschwerde in Anwendung von §§ 567 bis 572 ZPO statt (§ 35 Abs. 5); die Beschwerdefrist beträgt also nur zwei Wochen (§ 569 ZPO) und nicht einen Monat (wie bei § 63). Beschwerdeberechtigt ist derjenige, gegen den die Maßnahmen angeordnet werden. Die sofortige Beschwerde hat aufschiebende Wirkung, da sie die Festsetzung eines Zwangsmittels zum Gegenstand hat (§ 570 Abs. 1 ZPO); zur Aussetzung des Vollzugs etc. vgl. § 570 Abs. 2 und 3 ZPO.

31 Die **Bestimmung eines Termins** zur Abgabe der eidesstattlichen Versicherung und die Ladung sind nicht isoliert anfechtbar.

32 Hat ein Beteiligter einen Beschluss nach § 358 oder Zwangsmittel angeregt und hat das Gericht dies **abgelehnt,** steht ihm die befristete Beschwerde (§§ 58 ff., Frist § 63) zu.[26]

4. Kosten

33 Für den Beschluss fällt keine Gerichtsgebühr an. Wegen der Gebühren für die Erzwingung der Ablieferung durch Zwangsgeld vgl. § 119 Abs. 5 KostO, durch Anwendung von Gewalt § 134 KostO; für das Verfahren bei der Abgabe der eidesstattlichen Versicherung: § 124 KostO.

Nachlassverwaltung

359 (1) **Der Beschluss, durch den dem Antrag des Erben, die Nachlassverwaltung anzuordnen, stattgegeben wird, ist nicht anfechtbar.**

(2) Gegen den Beschluss, durch den dem Antrag eines Nachlassgläubigers, die Nachlassverwaltung anzuordnen, stattgegeben wird, steht die Beschwerde nur dem Erben,

---

[23] BT-Drs. 16/6308 S. 193.
[24] Vgl. Höver DFG 1937, 133.
[25] Bumiller/Harders § 358 Rn 7; h. M., a. A. Horndasch/Viefhues/Heinemann § 358 Rn 19.
[26] BayObLGZ 1977, 59/67.

bei Miterben jedem Erben, sowie dem Testamentsvollstrecker zu, der zur Verwaltung des Nachlasses berechtigt ist.

Übersicht

	Rn
I. Normzweck	1
II. Materielles Recht	2
III. Verfahren auf Anordnung der Nachlassverwaltung auf Antrag des Erben (Abs. 1)	5
1. Zuständigkeit	5
2. Beteiligte des Verfahrens	6
3. Der Antrag des Erben	7
4. Prüfung von Amts wegen	8
5. Die gerichtliche Entscheidung	9
6. Rechtsmittel	10
a) Gegen eine stattgebende Entscheidung	10
b) Rechtsmittel bei Antragszurückweisung	15
c) Rechtsmittel gegen die Aufhebung der Nachlassverwaltung	16
IV. Antrag eines Nachlassgläubigers auf Anordnung der Nachlassverwaltung (Abs. 2)	17
1. Verfahren des Nachlassgerichts	17
2. Rechtsmittel	18
a) Gegen die Anordnung der Nachlassverwaltung	18
b) Gegen die Ablehnung des Antrags des Gläubigers	21
V. Anordnung der Nachlassverwaltung über den Nachlass eines Ausländers	22
VI. Kosten	23

I. Normzweck

Die Vorschrift regelt die Anfechtbarkeit von Beschlüssen im Rahmen der Nachlassverwaltung, aber nicht abschließend. Abs. 1 entspricht dem früheren § 76 Abs. 1 FGG, Abs. 2 dem früheren § 76 Abs. 2 S. 2 FGG. Der Inhalt von § 76 Abs. 2 S. 1 FGG findet sich in § 58, der Kern von § 75 FGG in §§ 1 bis 110 und § 340. Übergangsrecht: Art. 111 FGG-RG. **1**

II. Materielles Recht

Die Nachlassverwaltung ist in §§ 1975 ff. BGB geregelt. Die Verwaltung wird, sofern nicht nach §§ 1982, 2013, 2062 BGB die Ablehnung gerechtfertigt ist, angeordnet: **2**

(1) auf **Antrag des Erben** (§ 1981 Abs. 1 BGB), wofür keine Frist besteht; der Erbe darf aber noch nicht allgemein unbeschränkbar haften (§§ 1981 Abs. 1, 2013 Abs. 1 S. 1 Halbs. 2 BGB); ferner „muss" eine kostendeckende Masse vorhanden sein (§ 1982 BGB spricht allerdings insoweit von einem Ermessen[1]). Wird mangelhaft ermittelt und trotz ungenügender Masse die Nachlassverwaltung angeordnet, fragt sich, wer die Vergütung des Nachlassverwalters zahlen muss (Rn 8, 23). Der Erbe könnte den Antrag auch aus Bequemlichkeit stellen, doch schädigt er sich dadurch selbst, weil der Nachlass die Vergütung des Nachlassverwalters zu zahlen hat (vgl. § 1987 BGB). Miterben können den Antrag nur gemeinsam stellen (§ 2062 BGB) und nur vor der Nachlassteilung. **3**

(2) auf **Antrag eines Nachlassgläubigers** (§ 1981 Abs. 2 BGB). Bei Antragseingang dürfen seit Annahme der Erbschaft noch nicht zwei Jahre verstrichen sein. Weitere Voraussetzung ist, dass Grund zu der Annahme besteht, dass die Befriedigung der Nachlassgläubiger aus dem Nachlass durch das Verhalten oder die Vermögenslage des Erben gefährdet wird. Auch hier „muss" eine kostendeckende Masse vorhanden sein. **4**

---

[1] MünchKommBGB/Siegmann § 1982 Rn 1.

III. Verfahren auf Anordnung der Nachlassverwaltung auf Antrag des Erben

1. Zuständigkeit

5   Örtlich zuständig ist das Nachlassgericht, in dessen Bezirk der Erblasser seinen letzten Wohnsitz etc. hatte (§ 343). Daran knüpft auch die **internationale Zuständigkeit** an, § 105.[2] **Funktionell** zuständig für die Anordnung und Aufhebung der Nachlassverwaltung sowie die Auswahl[3] des Verwalters ist der Rechtspfleger (§ 3 Nr. 2 c RPflG). In Baden-Württemberg ist das Notariat Nachlassgericht (§§ 1 Abs. 2, 38 Bad.-Württ.LFGG), in Baden kann auch ein dem Notar zugewiesener Rechtspfleger zuständig sein (§ 35 RPflG). Nach § 16 Abs. 1 Nr. 1 RPflG besteht allerdings ein Richtervorbehalt, soweit es sich um Geschäfte nach § 14 Nr. 4 RPflG handelt: die Anordnung einer Nachlassverwaltung (als Sonderform der Nachlasspflegschaft; vgl. § 1975 BGB) über einen Ausländer ist also dem Richter vorbehalten.[4]

2. Beteiligte des Verfahrens

6   Es handelt sich um ein auf Antrag durchzuführendes Nachlassverfahren. Zwingend Beteiligter ist deshalb nur der Nachlassverwalter (§ 345 Abs. 4 S. 1 Nr. 1). Das Gericht kann alle Übrigen, deren Recht durch das Verfahren unmittelbar betroffen wird, als Beteiligte hinzuziehen (§ 345 Abs. 4 S. 2). Soweit bekannt, sind sie daher vom Antrag zu benachrichtigen und über ihr Antragsrecht zu belehren (§ 7 Abs. 4). Stellen sie einen Hinzuziehungsantrag (eine Frist gibt es nicht), müssen sie hinzugezogen werden (§ 345 Abs. 1 S. 3). Stellt der Erbe einen Antrag, sind die Nachlassgläubiger nur mittelbar betroffen, also nicht Beteiligte. Stellt ein Nachlassgläubiger einen Antrag, sind die Erben unmittelbar Betroffene und also (schon wegen § 7 Abs. 2) Beteiligte, nicht aber die anderen Nachlassgläubiger.

3. Gerichtliche Entscheidung auf Antrag des Erben

7   Der antragstellende Erbe muss seine Antragsbefugnis (d. h. seine Erbenstellung), wenn sie sich nicht sowieso aus der Nachlassakte ergibt, nachweisen. Ein Rechtsschutzbedürfnis ist nicht erforderlich. Ob der Antragsteller das Recht der Haftungsbeschränkung bereits verloren hat muss nicht geprüft werden, es sei denn, es drängt sich auf; so ist es, wenn das Nachlassgericht dem Erben eine Inventarfrist gesetzt hat, die abgelaufen ist.[5] Wird die Nachlassverwaltung angeordnet, obwohl der antragstellende Erbe sein Haftungsbeschränkungsrecht bereits allgemein verloren hatte, nützt sie ihm nicht mehr, weil er sich auf die Beschränkung dann nicht berufen kann. Die Gläubiger müssen nicht gehört werden; da der Erbe ein Antragsrecht hat, unabhängig von den Wünschen der Gläubiger, sind sie nicht Beteiligte im Sinne von § 7 Abs. 2 Nr. 1. Davon zu unterscheiden ist die Frage, ob Gläubiger im Rahmen der Amtsermittlung (§ 26) etwa zur Äußerung darüber aufgefordert werden, ob der Erbe schon allgemein unbeschränkbar haftet.

4. Prüfung von Amts wegen

8   Von Amts wegen zu prüfen ist, ob ausreichend Masse vorhanden ist (§ 1982 BGB), damit Gerichtskosten sowie die Auslagen und Vergütung des Verwalters aus dem Nachlass bezahlt werden können. Wenn hier der Rechtspfleger nicht ermittelt (z. B. durch ein Gutachten[6]) und sich nach Beginn der Tätigkeit des Verwalters die Mittellosigkeit herausstellt, stellt sich die Frage, wer die Vergütung bezahlt und ob sie aus Amtspflichtverletzung (§ 839 BGB; Art 34 GG) geltend gemacht werden kann.[7]

---

[2] Horndasch/Viefhues/Heinemann § 359 Rn 3.
[3] Zu den Problemen vgl. Zimmermann ZEV 2007, 313.
[4] OLG Hamm Rpfleger 1976, 94 mit abl. Anm. Meyer-Stolte; Bassenge/Roth § 16 RPflG Rn 6.
[5] MünchKommBGB/Siegmann § 1981 Rn 7; Staudinger/Marotzke § 1981 Rn 5.
[6] MünchKommBGB/Siegmann § 1981 Rn 7.
[7] Dafür Zimmermann ZEV 2007, 519; a. A. KG FamRZ 2006, 559; RG SeuffA 69 (1914), 299.

5. Die gerichtliche Entscheidung

Die Entscheidung erfolgt durch Beschluss (§ 38), mit Begründung und Rechtsmittel- 9
belehrung (§ 39). Eine Kostenentscheidung (§ 80) ist in der Regel nicht verlasst. Beschwerdegericht ist das OLG (§ 119 Abs. 2 Nr. 2 GVG), nicht mehr das LG. Ein **vorläufiger Nachlassverwalter** kann nicht (durch einstweilige Anordnung nach §§ 300, 301) bestellt werden.[8] **Übergangsrecht:** auf Verfahren, die bis 1. 9. 2009 eingeleitet worden sind oder deren Einleitung bis dahin beantragt wurde, sind die früheren Vorschriften (d. h. FGG) anzuwenden (Art. 111 FGG-RG).

6. Rechtsmittel

a) Rechtsmittel gegen eine stattgebende Entscheidung

aa) Beschwerde ausgeschlossen. Die Beschwerde gegen die Anordnung ist nach Abs. 1 10
ausgeschlossen; das ist eine gesetzliche Ausprägung des Rechtsschutzbedürfnisses. Nicht nur dem antragstellenden Erben ist die Anfechtung untersagt, sondern auch dem Testamentsvollstrecker des Erben.[9] Der Ausschluss der Anfechtung kann nicht durch einen Antrag auf Aufhebung der Nachlassverwaltung oder durch Rücknahme des Antrags des Erben aus Gründen umgangen werden, die bei der Anordnung vorhanden waren.[10]

bb) Beschwerde entgegen Abs. 1 statthaft. Die befristete Beschwerde (§§ 58 ff.) gegen die 11
Anordnung der Nachlassverwaltung ist ausnahmsweise zulässig, wenn kein wirksamer Antrag des Erben vorlag.[11] Beispiele: die Nachlassverwaltung wurde von Amts wegen angeordnet; der Erbe hatte bei Antragstellung das Antragsrecht verloren (§ 2013 BGB); wenn die Nachlassverwaltung bei Miterben wegen schon erfolgter Nachlassteilung unzulässig war (§ 2062 2. Halbs. BGB). Die Beschwerde ist auch statthaft, wenn die Verwaltung trotz Vorhandensein mehrerer Erben nicht von allen gemeinschaftlich beantragt worden war (§ 2062 1. Halbs. BGB);[12] wer in letzterem Fall das Beschwerderecht hat, ist umstritten: alle Miterben;[13] oder nur die übergangenen Miterben (zutreffend);[14] auch die Nachlassgläubiger?[15] Wenn die Nachlassverwaltung auf Antrag eines nur vermeintlichen Erben angeordnet worden ist (Erbe schlägt nach Antragstellung die Erbschaft aus), kann der wirkliche Erbe hiergegen Beschwerde einlegen.[16] Beschwerdegericht ist das OLG.

Ob der **Nachlasspfleger** (§§ 1960, 1961 BGB) als gesetzlicher Vertreter des Erben 12
antragsberechtigt ist, ist umstritten, aber abzulehnen,[17] weil dies nicht zu seinem Aufgabenkreis gehört (Nachlasssicherung und Nachlassverwaltung); der Nachlassverwalter hingegen ist ein spezieller Nachlasspfleger mit der Aufgabe Gläubigerbefriedigung und Haftungsbeschränkung. Folgt man dem, ist eine auf Antrag des Nachlasspflegers angeordnete Verwaltung ohne Antrag erfolgt, der Erbe hat dagegen ein Beschwerderecht.[18]

Der **Insolvenzverwalter des Erben** hat kein Antragsrecht,[19] trotz § 80 InsO; folgt man 13
dem, wäre eine auf solchen Antrag angeordnete Nachlassverwaltung antragslos, der Erbe hätte dagegen ein Beschwerderecht.

Die **Auswahl des Verwalters** ist in Abs. 1 nicht genannt. Man muss zwischen der 14
Anordnung der Verwaltung und der Auswahl einer bestimmten Person zum Verwalter unterscheiden; letztere ist für den Erben anfechtbar.[20]

---

[8] Zimmermann Rpfleger 2009, 437; a. A. Horndasch/Viefhues/Heinemann § 359 Rn 36.
[9] OLG Dresden SeuffBl 1907, 1060; Staudinger/Marotzke § 1981 Rn 35.
[10] KG KGJ 36 A 70; Staudinger/Marotzke § 1981 Rn 35.
[11] Bumiller/Harders § 359 Rn 4; weitergehend LG Aachen NJW 1960, 46.
[12] LG Aachen NJW 1960, 46; Staudinger/Marotzke § 1981 Rn 36.
[13] MünchKommBGB/Siegmann § 2062 Rn 6.
[14] KG SeuffA 66 Nr. 178; Staudinger/Marotzke § 1981 Rn 36.
[15] So Winkler, 15. A. § 76 FGG Rn 2; a.A. Staudinger/Marotzke § 1981 Rn 36 unter Hinweis auf die BGB-Materialien.
[16] KG KGJ 31 A 73; Staudinger/Marotzke § 1981 Rn 36.
[17] BayObLG 1976, 167; KG JFG 21,213; MünchKommBGB/Siegmann § 1981 Rn 4; Staudinger/Marotzke § 1981 Rn 14; a.A. Soergel/Stein § 1981 Rn 4 wegen § 317 Abs. 1 InsO.
[18] KG JFG 21, 213; Staudinger/Marotzke § 1981 Rn 36.
[19] Horndasch/Viefhues/Heinemann § 359 Rn 5; Staudinger/Marotzke § 1981 Rn 9 mit Nachweisen der a. A.
[20] MünchKommZPO/J. Mayer § 359 FamFG Rn 6.

15 **b) Rechtsmittel bei Antragszurückweisung.** Wird der Antrag des Erben durch Beschluss (Rn 9) zurückgewiesen, so steht dem Antragsteller nach § 59 Abs. 2 die befristete Beschwerde (§§ 58 ff.) zu. Mehrere Erben, die den Antrag gemeinschaftlich gestellt haben, können auch das Beschwerderecht gegen die Ablehnung des Antrags nur gemeinschaftlich ausüben.[21]

16 **c) Rechtsmittel gegen die Aufhebung der Nachlassverwaltung.** Auf Antrag kann die Verwaltung wegen veränderter Verhältnisse erfolgen, etwa wenn alle Nachlassgläubiger zustimmen.[22] In diesem Fall ist die Beschwerde gegen die Ablehnung des Antrags möglich. Gegen die Ablehnung des Antrags auf Aufhebung der Nachlassverwaltung steht jedem einzelnen Miterben das Beschwerderecht zu.[23] Gegen die Aufhebung der Nachlassverwaltung hat der Nachlassverwalter kein Beschwerderecht,[24] weil er kein eigenes Recht darauf hat. Gegen seine Entlassung aus dem Amt (z. B. wegen mangelnder Eignung) bei Fortbestand der Verwaltung hat der Verwalter allerdings ein eigenes Beschwerderecht.[25]

IV. Antrag eines Nachlassgläubigers auf Anordnung der Nachlassverwaltung (Abs. 2)

1. Verfahren des Nachlassgerichts

17 Es gilt grundsätzlich dasselbe wie beim Antrag des Erben (Rn 5). Ferner sind die Frist und das Vorliegen eines Anordnungsgrundes (§ 1981 Abs. 2 BGB) von Amts wegen zu prüfen. Der antragstellende Gläubiger muss seine Forderung zunächst nur glaubhaft machen;[26] wird sie vom Erben bestritten, ist sie zu beweisen. Der Erbe ist zum Antrag zu hören; er ist Beteiligter im Sinne von § 7 Abs. 2 Nr. 1. Beschwerdegericht ist das OLG (§ 119 Abs. 2 Nr. 2 GVG).

2. Rechtsmittel

18 **a) Rechtsmittel gegen die Anordnung der Nachlassverwaltung.** Gegen die Anordnung ist die befristete Beschwerde statthaft (§ 58 Abs. 1); eine Beschwerdeberechtigung steht nach Abs. 2 nur zu: (1) dem Erben; bei Miterben hat jeder das Beschwerderecht, sie müssen also nicht gemeinsam und einheitlich tätig werden; (2) dem Testamentsvollstrecker mit Verwaltungsrecht. Das ist nach § 2205 BGB der Regelfall, ein Ausschluss der Verwaltungsrechts ist nach § 2208 BGB möglich; Beschränkungen der Verwaltungsbefugnis (§ 2208 Abs. 1 S. 2 BGB) beeinträchtigen das Beschwerderecht nicht; mehrere verwaltungsberechtigte Testamentsvollstrecker können das Beschwerderecht nur gemeinschaftlich ausüben (§ 2224 BGB). Ferner ist der Nachlasspfleger als gesetzlicher Vertreter des Erben beschwerdeberechtigt.[27] Die Beschwerdefrist (§ 63) beginnt mit der Zustellung an den Beschwerdeführer, nicht schon mit der öffentlichen Bekanntmachung nach § 1983 BGB.[28]

19 Die Beschwerde kann nur darauf gestützt werden, dass die Voraussetzungen für die Anordnung einer Nachlassverwaltung zur Zeit der Anordnung nicht gegeben waren.[29] Der Erbe kann z. B. vortragen, dass der Antragsteller nicht Nachlassgläubiger war (das sind außer den Gläubigern des Erblassers die Pflichtteilsberechtigten und die aus Vermächtnissen und Auflagen Forderungsberechtigten, § 1967 Abs. 2 BGB), also zu dem Antrag nicht berechtigt war.

20 **Kein Beschwerderecht** haben die übrigen Gläubiger und auch nicht sonstige Beteiligte oder wirtschaftliche interessierte Personen.

---

[21] OLG München JFG 14, 61/63; MünchKommBGB/Siegmann § 1981 Rn 9; Soergel/Stein § 1981 Rn 6; Staudinger/Marotzke § 1981 Rn 38.
[22] OLG Hamm JMBl.NW 1955, 230.
[23] OLG Hamm JMBl.NW 1955, 230.
[24] RGZ 151, 57/62; Staudinger/Marotzke § 1981 Rn 39.
[25] Staudinger/Marotzke § 1981 Rn 39; MünchKommZPO/J. Mayer § 359 FamFG Rn 8.
[26] BayObLGZ JZ 1954, 234: KG OLGZ 1977, 309; Staudinger/Marotzke § 1981 Rn 24.
[27] Staudinger/Marotzke § 1981 Rn 37.
[28] MünchKommZPO/J. Mayer § 359 FamFG Rn 11, mit Hinweisen auf die a. A.
[29] BayObLG FamRZ 1967, 173; KG KGJ A 72, 76; Staudinger/Marotzke § 1981 Rn 37; MünchKommBGB/Siegmann § 1981 Rn 9.

b) Rechtsmittel gegen die Ablehnung des Antrags des Gläubigers. Gegen die 21
Ablehnung des Antrags des Gläubigers hat nur dieser als Antragsteller ein Beschwerderecht
(§§ 58, 59 Abs. 2), nicht der Erbe, nicht die anderen Gläubiger.

V. Anordnung über den Nachlass eines Ausländers

Für die Anordnung der Nachlassverwaltung über den Nachlass eines Ausländers ist der 22
Richter zuständig (Rn 5); hat der Rechtspfleger entschieden, ist § 8 RPflG einschlägig.
Wenn eine örtliche Zuständigkeit besteht, liegt auch eine internationale Zuständigkeit vor
(§ 105). Gilt für den Nachlass ausländisches Erbrecht, hat man es früher genügen lassen, dass
das ausländische Recht eine ähnliche Einrichtung wie die deutsche Nachlassverwaltung
kennt.[30] Wegen des engen Zusammenhangs von Schuldenhaftung und Nachlassverwaltung
hatte aber das BayObLG es abgelehnt, z. B. „israelischem Erbrecht eine deutsche Nachlassverwaltung aufzupfropfen oder von einem deutschen Nachlassgericht eine Administration
nach israelischem Recht führen zu lassen".[31]

VI. Kosten

Die **Gerichtsgebühren** bei der Nachlassverwaltung richten sich nach § 106 KostO. Der 23
Nachlassverwalter kann für die Führung seines Amtes eine" angemessene" **Vergütung**
verlangen (§ 1987 BGB).[32] Die Vergütung wird aus dem Nachlass geschuldet. Der antragstellende Gläubiger schuldet die Vergütung nicht. Ist der Nachlass (entgegen § 1982 BGB)
mittellos und können die Erben die Dürftigkeitseinrede (§ 1990 BGB) erheben, ist streitig,
ob eine Festsetzung der Vergütung aus der Staatskasse erfolgen kann.[33] Hinsichtlich der
Höhe der Vergütung wendet die h. M.[34] § 1915 Abs. 1 BGB und demgemäß § 3 VBVG
an; es gilt also eine Bezahlung je Stunde. Die Vergütung des Nachlassverwalters wird auf
Antrag vom Nachlassgericht (Rechtspfleger) durch Beschluss festgesetzt (§ 168); hiergegen
ist nach §§ 58 ff. die befristete Beschwerde eröffnet (Frist: § 63), allerdings erst ab einer
Beschwer von 600,01 € (§ 61 Abs. 1) oder bei Zulassung. Beschwerdegericht ist das OLG
(§ 119 Abs. 2 Nr. 2 GVG), nicht mehr das LG.

Bestimmung einer Inventarfrist

§ 360

**(1) Die Frist zur Einlegung einer Beschwerde gegen den Beschluss, durch den
dem Erben eine Inventarfrist bestimmt wird, beginnt für jeden Nachlassgläubiger mit dem Zeitpunkt, in dem der Beschluss dem Nachlassgläubiger bekannt
gemacht wird, der den Antrag auf die Bestimmung der Inventarfrist gestellt hat.**

**(2) Absatz 1 gilt entsprechend für die Beschwerde gegen einen Beschluss, durch den
über die Bestimmung einer neuen Inventarfrist oder über den Antrag des Erben, die
Inventarfrist zu verlängern, entschieden wird.**

I. Normzweck

Die Bestimmung regelt den Fristbeginn für die Einlegung der befristeten Beschwerde. 1
Die Norm entspricht dem früheren § 77 Abs. 3 FGG. Übergangsrecht: Art. 111 FGG-RG.

II. Materielles Recht

1. Antrag eines Nachlassgläubigers

Ein Erbe kann nicht gezwungen werden, ein Inventar zu errichten.[1] Ein Gläubiger kann 2
ihm aber dafür vom Gericht eine Frist setzen lassen; die Nichterrichtung hat dann Folgen.
Die Frist wird dem Erben gesetzt. Die Bestimmung der Inventarfrist erfolgt auf Antrag eines

---

[30] Soergel/Schurig Art. 25 EGBGB Rn 72.
[31] BayObLG FamRZ 1977, 490; ebenso für österreichisches Recht KG OLGZ 1977, 309.
[32] Einzelheiten dazu vgl. Zimmermann ZEV 2007, 519.
[33] Abgelehnt vom KG FamRZ 2006, 559; dagegen Zimmermann ZEV 2007, 519.
[34] OLG München Rpfleger 2006, 405; OLG Zweibrücken ZEV 2007, 528.
[1] RGZ 129, 243.

Nachlassgläubigers, der seine Forderung glaubhaft macht (§ 1994 Abs. 1 BGB); ein Miterbe, der zugleich Nachlassgläubiger ist, hat keine Berechtigung.[2] Nach fruchtlosem Ablauf der Frist haftet der Erbe für die Nachlassverbindlichkeiten unbeschränkt (§ 1994 Abs. 1 S. 2 BGB); das ist der Sinn und Wert der Fristsetzung. Auf Antrag eines Nachlassgläubigers, nicht des Erben, kann dem Erben eine Frist zur Ergänzung des Inventars gesetzt werden (§ 2005 Abs. 2 BGB).

2. Antrag des Erben

3   Die Verlängerung der Inventarfrist nach § 1995 Abs. 3 BGB erfolgt auf Antrag des Erben. Eine neue Inventarfrist kann nach § 1996 BGB auf Antrag des Erben bestimmt werden.

III. Verfahren der Fristbestimmung

1. Allgemeines zur Fristbestimmung

4   **Örtlich zuständig** ist das in § 343 genannte Nachlassgericht. **Funktionell zuständig** ist der Rechtspfleger, auch für die Mitteilung nach § 1999 BGB (§ 3 Nr. 2 c RPflG; dazu die Anordnung über Mitteilungen in Zivilsachen MiZi XVII Nr. 7).

5   Die **Beteiligten** ergeben sich aus § 345 Abs. 4 S. 1 Nr. 4 (der Adressat der Fristsetzung ist zwingend Beteiligter; der Antragsteller wegen § 7 Abs. 1). Die Kann-Beteiligten nennt § 345 Abs. 4 S. 2, die Pflicht zu ihrer Benachrichtigung und Belehrung folgt aus § 7 Abs. 4, das Recht auf Zuziehung aus § 345 Abs. 4 S. 3. Stellt ein Nachlassgläubiger den Antrag, sind die anderen Nachlassgläubiger nicht unmittelbar in ihrem Recht betroffen, also nicht Beteiligte.

6   Der Rechtspfleger entscheidet durch **Beschluss** (§§ 38 ff.). Die Fristsetzung (sowohl der neuen wie der verlängerten Frist) wird wirksam mit der Bekanntgabe an den Erben (§ 40 Abs. 1). Der Beschluss ist dem Erben zuzustellen (§ 41 Abs. 1 S. 2). Dem antragstellenden Gläubiger wird er in der Regel formlos mitgeteilt (§ 41 Abs. 1 S. 1), wenn seinem Antrag entsprochen wurde; andernfalls zugestellt. Die Entscheidungen, sowohl die stattgebenden wie die ablehnenden, sind mit der befristeten Beschwerde anfechtbar (§ 58 Abs. 1; § 11 RPflG). Beschwerdegericht ist das OLG (§ 119 Abs. 1 Nr. 1 b GVG). **Übergangsrecht:** auf Verfahren, die bis 1. 9. 2009 eingeleitet worden sind oder deren Einleitung bis dahin beantragt wurde, sind die früheren Vorschriften (d. h. FGG) anzuwenden (Art. 111 FGG-RG).

7   **Beschwerdeberechtigt** gegen eine Fristbestimmung ist jeder Erbe und Nachlassgläubiger, hinsichtlich der Länge der Frist auch der Antragsteller (§ 59 Abs. 2); im Fall des § 2008 auch der nichterbende Ehegatte. Ein beschwerdeführender Gläubiger, der nicht Antragsteller war, muss seine Forderung bei Beschwerdeeinlegung glaubhaft machen (§ 1994 Abs. 2 BGB).[3] Gegen die Ablehnung des Antrags auf Fristbestimmung bzw. Verlängerung ist nur der Antragsteller beschwerdeberechtigt (§ 59 Abs. 2).

2. Fristbeginn für den Erben

8   Die Frist zur Inventarerrichtung beginnt mit Bekanntgabe des Beschlusses an den verpflichteten Erben, die durch Zustellung zu erfolgen hat (§§ 40, 41). Bei Fristbestimmung vor Annahme der Erbschaft beginnt die Frist erst mit der Annahme (§ 1995 Abs. 2 BGB). Bei Miterben beginnt die Frist mit der Zustellung an den jeweiligen Miterben.

3. Beschwerde; Frist

9   Die Beschwerde richtet sich nach §§ 58 ff.; der Beschwerdewert von 600,01 EUR muss erreicht sein (§ 61). Beim Antrag des Gläubigers wird man einen Bruchteil seiner Forderung als Wert ansetzen müssen; es kommt auf den Wert der gegebenenfalls eintretenden unbeschränkten Haftung (§ 1994 Abs. 1 S. 2 BGB) an. Die Beschwerdefrist beträgt einen Monat (§ 63). Der Beginn ist in § 360 (teils abweichend von § 63 Abs. 3) wie folgt geregelt:

---

[2] KG OLGZ 1979, 276 m. w. N.
[3] Horndasch/Viefhues/Heinemann § 360 Rn 23. Über Beschwerdegründe s. Staudinger/Marotzke § 1994 Rn 23.

Eidesstattliche Versicherung § 361

- Für jeden **Erben** beginnt die Frist für die Beschwerde mit der jeweiligen Bekanntgabe 10
des Beschlusses an ihn (§ 63 Abs. 3). Hier sind also verschiedene Fristbeginne denkbar.
- Für alle **Nachlassgläubiger** in sämtlichen Fällen beginnt die Beschwerdefrist mit der 11
Bekanntmachung (§ 40 Abs. 1) des Beschlusses an denjenigen Nachlassgläubiger, auf
dessen Antrag die Frist gesetzt oder verlängert wurde; im Falle des § 2005 Abs. 2 BGB ist
die Bekanntmachung an den Nachlassgläubiger maßgebend, der Antrag auf Bestimmung
einer neuen Inventarfrist gestellt hat. Hier gibt es also einen einheitlichen Fristbeginn.
Grund der Regelung ist, dass dem Nachlassgericht selten alle beteiligten Nachlassgläubiger bekannt sind, so dass eine allseitige Rechtskraft oft nicht erreicht werden könnte.[4]
Gleichwohl muss die Bekanntmachung an alle am Verfahren beteiligten Nachlassgläubiger erfolgen.

IV. Zuständigkeit zur Inventarerrichtung[5]

Der Erbe kann, wem ihm die Frist gesetzt ist, das Inventar nicht vollständig selbst 12
errichten, sondern muss eine zuständige Behörde, einen zuständigen Beamten oder einen
Notar hinzuziehen (§ 2002 BGB). Der Erbe kann aber auch beantragen, dass das Nachlassgericht das Inventar selbst aufnimmt (§ 2003 BGB); das wird das Gericht kaum tun, sondern
entsprechend der Ermächtigung in § 2003 BGB den Auftrag weiterreichen.

§ 2002 BGB: Nach Landesrecht (Art. 148 EGBGB) ist letztlich zur Errichtung des 13
Inventars zuständig: in Baden-Württemberg: nur der Notar (§ 41 Abs. 5 Bad.-Württ.
LFGGG); Bayern: nur der Notar (Art. 2 Nr. 1 BayNotG; Art. 8 AGGVG); Berlin: Notar,
AG (Art. 31, 32, 38, 108, 111 f. PrFGG;[6] §§ 70, 74 PrAGGVG); Brandenburg: Notar;
Bremen: Notar, Gerichtsvollzieher (§ 63 BremAGBGB); Hamburg: Notar, Gerichtsvoll-
zieher (§ 78 Abs. 1 HambAGBGB); Hessen: Notar, AG (Art. 38 Abs. 2, 44 Abs. 1 Nr. 6, 45
Abs. 1 Nr. 3, 46, 86 FGG, § 15 OrtsgerichtsG); Mecklenburg-Vorpommern: Notar; Nieder-
sachsen: AG, Notar (Art. 13 FGG), Gerichtsvollzieher (Art. 13, 24, 25 Abs. 1 Nr. 3 LFGG);
Nordrhein-Westfalen: Notar, AG; Rheinland-Pfalz: Notar (§ 13 LFGGG); Saarland: Notar;
Sachsen: Notar; Sachsen-Anhalt: Notar; Schleswig-Holstein: Notar, AG; Thüringen: Notar.

§ 2003 BGB: wenn der Erbe beantragt, dass das Nachlassgericht selbst das Inventar 14
aufnimmt, dann wird dies in Bayern (Art. 8 AGGVG), Bremen (§ 63 Abs. 2 AGBGB), in
Hamburg (§ 78 Abs. 2 AGBGB), in Rheinland-Pfalz (§§ 4, 8 AGGVG) und Thüringen
(§ 5 AGGVG) nicht vom AG erledigt, sondern übertragen auf die bei § 2002 BGB
genannten Stellen. In einigen Bundesländern kann die Aufnahme des Nachlassinventars
vom AG ferner auf weitere Stellen übertragen werden, nämlich:[7] in Baden-Württemberg:
Gerichtsvollzieher (§ 13 Abs. 1 Nr. 4 AGGVG); Berlin: Urkundsbeamter oder Gerichts-
vollzieher; Brandenburg: Gerichtsvollzieher (§ 10 Abs. 1 Nr. 1 BgbGerNeuOG); Hessen:
Gerichtsvollzieher, Ortsgerichte; Mecklenburg-Vorpommern: Gerichtsvollzieher (§ 10
Abs. 1 Nr. 3 AGGerStrG); Nordrhein-Westfalen: Urkundsbeamter oder Gerichtsvollzieher;
Rheinland-Pfalz: Gerichtsvollzieher (§ 13 LFGG; § 9 Abs. 1 Nr. 7 AGGVG); Sachsen:
Gerichtsvollzieher (§ 17 Abs. 1 Nr. 3 SächsJ); Schleswig-Holstein: Urkundsbeamter oder
Gerichtsvollzieher; Thüringen: Urkundsbeamter der Geschäftsstelle des AG oder andere
Behörde oder Gerichtsvollzieher (§§ 3, 12 Abs. 2, 13 Abs. 1 Nr. 5 AGGVG).

Kosten: Gerichtsgebühren für Entgegennahme des Inventars usw. vgl. § 114 Nr. 1, 115 15
KostO. Notargebühren § 52 KostO.

Eidesstattliche Versicherung

361 [1]Verlangt ein Nachlassgläubiger von dem Erben die Abgabe der in § 2006 des
Bürgerlichen Gesetzbuchs vorgesehenen eidesstattlichen Versicherung, kann
die Bestimmung des Termins zur Abgabe der eidesstattlichen Versicherung sowohl
von dem Nachlassgläubiger als auch von dem Erben beantragt werden. [2]Zu dem

---

[4] Jansen/Müller-Lukoschek § 77 Rn 8.
[5] Über internationale Zuständigkeit der deutschen Nachlassgerichte s. BayObLGZ 1965, 423. Beachte nun § 105.
[6] OLG Hamm Rpfleger 1976, 212.
[7] Vgl. die Zusammenstellung bei Jansen/Müller-Lukoschek § 77 Rn 17.

Termin sind beide Teile zu laden. ³Die Anwesenheit des Gläubigers ist nicht erforderlich. ⁴Die §§ 478 bis 480 und 483 der Zivilprozessordnung gelten entsprechend.

I. Normzweck, Materiellrechtliche Bedeutung

1 Die Vorschrift regelt das Verfahren bei Abgabe der eidesstattlichen Versicherung im Falle des § 2006 BGB. Sie entspricht dem früheren § 79 FGG. Der Fall des § 2006 BGB wird als Nachlasssache angesehen; dafür gelten §§ 342 ff. Die eidesstattlichen Versicherungen in den Fällen der §§ 259, 260, 2028 und § 2057 BGB dagegen werden vom FamFG nicht als Nachlasssachen angesehen (obwohl sie oft mit Erbrecht zu tun haben), sondern als **„weitere Angelegenheiten der freiwilligen Gerichtsbarkeit"**; sie sind in §§ 410 bis 414 geregelt.[1] Im Falle des § 2006 BGB scheidet eine Erzwingung aus (die Nichtabgabe führt zur Haftung), in den Fällen der §§ 259, 260, 2028 und § 2057 BGB dagegen ist notfalls die Vollstreckung erforderlich, weil der Antragsteller sonst nicht an die für seine Rechtsverfolgung erforderlichen Informationen herankommt.

2 Dass das von einem Erben auf Verlangen eines Nachlassgläubiger unter Zuziehung eines Notars etc. errichtete Inventar (§§ 2002, 2003 BGB) vollständig ist, ist nicht gesichert. Nach § 2006 BGB kann deshalb ein Nachlassgläubiger von dem Erben die Abgabe einer eidesstattlichen Versicherung dahin verlangen, „dass er nach bestem Wissen die Nachlassgegenstände so vollständig angegeben habe, als er hierzu imstande sei". Die Abgabe einer falschen Versicherung an Eides Statt ist strafbar (§ 156 StGB). Die Nichtabgabe der eidesstattlichen Versicherung hat zur Folge, dass der Erbe dem antragstellenden Nachlassgläubiger unbeschränkt (also nicht nur mit dem Nachlass) haftet (§ 2006 Abs. 3 S. 2 BGB). Das wird aber nicht vom Nachlassgericht festgestellt, sondern im Prozess des Gläubigers gegen den Erben vom Prozessgericht.

II. Verfahren vor dem Nachlassgericht

1. Zuständigkeit

3 Sachlich zuständig ist das AG (§ 23a Abs. 2 Nr. 2 GVG); in Baden-Württemberg das Notariat (§ 1 Abs. 2, § 38 LFGG). Örtliche Zuständigkeit: im Falle des 2006 BGB ist das örtlich zuständige Nachlassgericht (§ 343) auch für Entgegennahme der eidesstattlichen Versicherung zuständig. Funktionell zuständig ist der Rechtspfleger (§ 3 Nr. 2c RPflG), in Baden-Württemberg der Notar, in Baden neben dem Notar der dem Notariat zugewiesene Rechtspfleger (§ 35 RPflG), falls ihm einer zugewiesen ist.

2. Beteiligte

4 Zu den Beteiligten vgl. § 345 S. 1 Abs. 4 Nr. 5 und S. 2 (Kann-Beteiligte), 3; § 7 Abs. 4.

3. Terminbestimmung

5 a) **Voraussetzung.** Die Terminbestimmung setzt das Vorliegen eines vom Erben (oder seinem Vertreter) errichteten Inventars voraus; das Inventar eines Nachlassverwalters genügt nicht.[2]

6 b) **Antrag.** Die Terminsbestimmung zur Abgabe der eidesstattlichen Versicherung erfolgt nur auf Antrag
— entweder eines Nachlassgläubigers, auch des Pflichtteilsberechtigten[3] und des Vermächtnisnehmers,[4] der die Abgabe der eidesstattlichen Versicherung verlangt. Ein Gläubiger muss seine Forderung im Antrag glaubhaft machen (§ 1994 Abs. 2 BGB). Jeder Gläubiger, der berechtigt war, einen Antrag auf Bestimmung einer Inventarfrist (§ 1994 BGB) zu stellen, ist antragsberechtigt.

---

[1] MünchKommZPO/J. Mayer § 361 FamFG Rn 2.
[2] MünchKommZPO/J. Mayer § 361 FamFG Rn 4.
[3] BayObLGZ 22, 189; Staudinger/Marotzke § 2206 Rn 4.
[4] RGZ 129, 239.

— oder des Erben, von dem der Gläubiger die Abgabe der eidesstattlichen Versicherung verlangt hat.

c) Unzulässigkeit der Terminbestimmung. Die Terminbestimmung ist **unzulässig,** 7
— wenn der Erbe die Erbschaft ausgeschlagen hat,[5]
— während der Dauer der Nachlassverwaltung[6] oder des Nachlassinsolvenzverfahrens.

d) Wiederholte Terminbestimmung. Sie ist auf Antrag jedes der beiden Teile zulässig, 8 doch hat nur die Versäumung des auf Antrag des Nachlassgläubigers anberaumten Termins die Rechtsfolge des § 2006 Abs. 3 S. 2 BGB. Anberaumung eines dritten Termins ist zulässig.[7] Auch der Gläubiger kann die Anberaumung weiterer Termine beantragen.[8] Ein Beschluss, durch den der Rechtspfleger einen Termin vertagt hat, kann vom Nachlassgläubiger nicht mit dem Ziel angefochten werden, festzustellen, dass der Erbe die Abgabe der eidesstattlichen Versicherung verweigert habe, wenn dieser nur um Vertagung zwecks Nachprüfung bat.[9]

Zur Anberaumung eines Termins, nachdem der Erbe die eidesstattliche Versicherung 9 schon einmal abgegeben hat, ist das Nachlassgericht nach § 2006 Abs. 4 BGB nur verpflichtet, wenn mindestens glaubhaft gemacht ist, dass dem Erben nach der Abgabe der ersten eidesstattlichen Versicherung weitere Nachlassgegenstände bekannt geworden sind. Die Terminsanberaumung kann nicht unter Hinweis darauf abgelehnt werden, dass der Erbe, auf Antrag eines anderen Gläubigers geladen, die Abgabe der eidesstattlichen Versicherung schon verweigert habe.

e) Ladung zum Termin. Die Ladung zum Termin erfolgt von Amts wegen. Sowohl 10 der antragstellende Nachlassgläubiger wie der Erbe sind zu laden (S. 2). Zumindest der Erbe ist mit Zustellung zu laden (§ 15), weil sein Ausbleiben für ihn gravierende Folgen hat (vgl. Rn 2). Beim Gläubiger genügt formlose Ladung; sein Ausbleiben im Termin ist unschädlich für ihn (S. 3).

f) Rechtsmittel. Gegen die Terminsbestimmung, die Verlegung und die Ladung ist 11 keine Beschwerde (auch keine Erinnerung) gegeben;[10] denn der Erbe ist zum Erscheinen nicht verpflichtet, also nicht beschwert. Gegen eine die Terminbestimmung oder die Abnahme der eidesstattlichen Versicherung ablehnende Entscheidung ist befristete Beschwerde nach §§ 58 ff. (§ 11 RPflG) statthaft.[11] Eine Vertagung durch den Rechtspfleger, z. B. weil der anwesende Gläubiger Einwendungen gegen das Inventar erhebt und der Erbe die Sache mit einem Anwalt besprechen will, ist als Zwischenentscheidung unanfechtbar.[12] Zuständiges Beschwerdegericht ist das OLG (§ 119 Abs. 1 Nr. 1 b GVG).

4. Verfahren der Abgabe der eidesstattlichen Versicherung

a) Abgabe. Die Abgabe erfolgt zu Protokoll des Nachlassgerichts (Rechtspfleger, § 3 12 Nr. 2 c RPflG); für das Verfahren gelten gemäß S. 4 die §§ 478 bis 480, 483 ZPO entsprechend; danach muss die eidesstattliche Versicherung von dem Betroffenen in Person geleistet werden oder durch einen gesetzlichen Vertreter (z. B. Betreuer, § 1902 BGB). Die Anwesenheit des Gläubigers ist nicht erforderlich (S. 3).

Über den Verlauf des Termins ist ein **Protokoll** zu errichten. Die **Formel** ist in § 2006 13 BGB angegeben. Da eine § 261 Abs. 2 BGB und § 883 Abs. 3 ZPO entsprechenden Vorschrift fehlt, ist das Nachlassgericht zu einer Änderung der Formel allenfalls im Sinne einer Ergänzung befugt, dahin, dass sein Vertreter das Inventar angefertigt habe.[13]

---

[5] KG KGJ 20 A, 256; Jansen/Müller-Lukoschek § 79 Rn 3.
[6] KG KGJ 28 A, 27; Jansen/Müller-Lukoschek § 79 Rn 3.
[7] Vgl. OLG Hamm FamRZ 1995, 698; Horndasch/Viefhues/Heinemann § 361 Rn 11; MünchKomm-ZPO/J. Mayer § 361 FamFG Rn 5.
[8] Zweifelnd Staudinger/Marotzke § 2006 Rn 21.
[9] OLG Hamm FamRZ 1995, 698.
[10] BayObLGZ 4, 229; Jansen/Müller-Lukoschek § 79 Rn 7; a. M. Schlegelberger § 20 Rn 22.
[11] OLG Hamm FamRZ 1995, 698; München JFG 15, 118; MünchKommZPO/J. Mayer § 361 FamFG Rn 11.
[12] OLG Hamm FamRZ 1995, 698.
[13] Staudinger/Marotzke § 2006 Rn 12; im Einzelnen streitig.

14 Gibt der Erbe die eidesstattliche Versicherung ab, verstärkt er die Vermutung des § 2009 BGB und erhält sich das Recht der Haftungsbeschränkung. Dritte haben ein Einsichtsrecht in das Protokoll nebst Inventar (§ 2010 BGB). Das Nachlassgericht kann im Wege der Rechtshilfe ein anderes AG ersuchen, die eidesstattliche Versicherung abzunehmen (vgl. § 479 ZPO).[14]

15 **b) Keine Abgabe.** Über den Verlauf des Termins ist auch dann ein Protokoll zu errichten, wenn die eidesstattliche Versicherung nicht abgegeben wird. Bestreitet der Antragsgegner, dass er Erbe ist, ist dies von Amts wegen zu ermitteln.[15] Erscheint der Erbe **unentschuldigt** im Termin nicht, kann auf Antrag des Gläubigers ein neuer Termin bestimmt werden (§ 2006 Abs. 3 S. 2 BGB). Wird kein neuer Termin bestimmt oder erscheint der Erbe auch im neuen Termin unentschuldigt nicht, tritt die **materiellrechtliche Folge** ein, dass der Erbe dem antragstellenden Nachlassgläubiger unbeschränkt (also nicht nur mit dem Nachlass) haftet (§ 2006 Abs. 3 S. 2 BGB).

16 Erscheint der Erbe im Termin, **verweigert aber die Abgabe** der eidesstattlichen Versicherung, dann kann er nicht gezwungen werden, die eidesstattliche Versicherung abzugeben,[16] weder vom Gläubiger noch vom Nachlassgericht; Erzwingungshaft etc scheiden aus. Mit Klage kann ein Nachlassgläubiger die Abgabe der eidesstattlichen Versicherung nach § 2006 BGB nicht durchsetzen.[17] Die materiellrechtliche Folge ist dieselbe wie bei Rn 15 (§ 2006 Abs. 3 S. 1 BGB).

17 Anders wäre es im Falle des § 2314 BGB: wenn der Pflichtteilsberechtigte das vom Erben errichtete Inventar wie eine ihm persönlich gemäß § 2314 BGB erteilte Auskunft behandelt und daher nach § 260 Abs. 2, 3 BGB die Bekräftigung durch eidesstattliche Versicherung verlangt; über die Frage, ob sie verlangt werden kann, entscheidet dann das Prozessgericht,[18] die Zwangsvollstreckung deswegen erfolgt nach 889 Abs. 2 ZPO.

18 Verweigert der Erbe im Falle des § 2006 BGB sein Erscheinen oder die Abgabe der Versicherung mit einer **Entschuldigung,** dann entscheidet zunächst der Rechtspfleger des Nachlassgerichts die Frage, ob die Entschuldigung für das Nichterscheinen „genügend" war (Krankheit, unabweisbare Verhinderung etc.[19]). Dieses Kriterium ist von Amts wegen zu ermitteln (§ 26), etwa durch Anfragen beim attestierenden Arzt. Ungenügend ist es, wenn der Erbe anstatt zu erscheinen, eine eidesstattliche Versicherung in Schriftform einreicht oder eine bei einem Notar abgegebene eidesstattliche Versicherung schickt.

19 **c) Klärung durch Prozess.** Wird vom Rechtspfleger eine ausreichende Entschuldigung bejaht, wird von Amts wegen ein neuer Termin bestimmt. Hält der Rechtspfleger die Entschuldigung für „ungenügend", unterbleibt ein neuer Termin. Die Frage ist dann, ob die Feststellung genügender oder ungenügender Entschuldigung auch für das Prozessgericht (im Prozess des Gläubigers gegen den Erben) bindend ist. Das ist sehr umstritten,[20] aber abzulehnen,[21] weil die Funktion beider Verfahren verschieden ist (Rn 15, 20) und der Rechtspfleger die Frage nur kursorisch prüft. Der Erbe muss im **Zivilprozess des Gläubigers** gegen sich daher behaupten, dass seine Entschuldigung genügend war. Es obliegt allein dem Prozessgericht zu entscheiden, ob die unbeschränkte Erbenhaftung infolge unberechtigter Verweigerung der eidesstattlichen Versicherung

---

[14] Staudinger/Marotzke § 2006 Rn 9.
[15] LG Krefeld MDR 1970, 766; Staudinger/Marotzke § 2006 Rn 9.
[16] RGZ 129, 239; BayObLGZ 22, 188; MünchKommBGB/Siegmann § 2006 Rn 6; MünchKommZPO/J. Mayer § 361 FamFG Rn 10.
[17] RGZ 129, 241; RG WarnR 1911/12 Nr. 116; OLG Dresden OLGE 10196; Staudinger/Marotzke § 2006 Rn 2; Jansen/Müller-Lukoschek § 79 Rn 5.
[18] RGZ 129, 239; OLG Zweibrücken FamRZ 1969, 230; OLG München JFG 15, 118; Staudinger/Marotzke § 2006 Rn 2.
[19] Vgl. die Rspr zu § 900 ZPO: LG Berlin Rpfleger 1997, 34 (schwere Depressionen); OLG Köln MDR 1978, 59 (psychisch nicht in der Lage).
[20] Horndasch/Viefhues/Heinemann § 361 Rn 16 bejaht eine Bindung. Übersicht über die Meinungen bei MünchKommBGB/Siegmann § 2006 Rn 6.
[21] MünchKommZPO/J. Mayer § 361 FamFG Rn 9; Prütting/Helms/Fröhler § 361 Rn 12.

eingetreten ist.²² Die Beweislast liegt im Zivilprozess beim Erben.²³ Eine Bindung des Prozessgerichts tritt auch dann nicht ein, wenn das Nachlassgericht einen vom Erben vorgebrachten Entschuldigungsgrund akzeptiert und den Erben in einem dritten oder noch späteren Termin zur eidesstattlichen Versicherung zulässt.²⁴

Das folgt aus dem Zweck des § 361, ein Verfahren der Abnahme der eidesstattlichen Versicherung zu regeln, aber nicht materiellrechtliche Fragen. Der Gegenstand des Verfahrens nach § 361 ist ein anderer als der Streitgegenstand eines Zivilprozesses des Gläubigers gegen den Erben. Hätte der Rechtspfleger die Entschuldigung nicht als ausreichend ansehen dürfen und deshalb einen neuen Termin nicht bestimmen dürfen, hat er sie aber als ausreichend gedeutet und einen neuen Termin bestimmt, in dem der Erbe die eidesstattlichen Versicherung abgab, kann die Versicherung nicht als nicht existent betrachtet werden. 20

5. Kosten

Gerichtsgebühren vgl. § 124 KostO. Zahlungspflichtig ist der Antragsteller (§ 2 Nr. 1 KostO). Kostenentscheidung: § 81 Abs. 1. Nach früherer Rechtslage war § 13a im Verfahren der 1. Instanz nicht anwendbar.²⁵ 21

Stundung des Pflichtteilsanspruchs

362 Für das Verfahren über die Stundung eines Pflichtteilsanspruchs (§ 2331a in Verbindung mit § 1382 des Bürgerlichen Gesetzbuchs) gilt § 264 entsprechend.

I. Normzweck

Zum Schutz des Schuldners kann Stundung des Pflichtteilsanspruchs gewährt werden. § 362 regelt dazu einen Teil des Verfahrensrechts, allerdings nur durch Verweisung auf § 264. Dem § 362 entsprach früher § 83a FGG, dem § 264 früher teilweise § 53a FGG. 1

II. Stundung des Pflichtteilsanspruchs

Der Pflichtteilsanspruch entsteht mit dem Erbfall (§ 2317 Abs. 1 BGB) und ist sofort fällig. Wird der Pflichtteilsanspruch (einschließlich des Pflichtteilsrestanspruchs, § 2305, 2307 BGB; sowie des Pflichtteilsergänzungsanspruchs, § 2325 BGB) von einem Pflichtteilsberechtigten gegen den Erben alsbald klageweise geltend gemacht und wird vollstreckt, kann es sein, dass zum Nachlass gehörende Werte zerschlagen werden müssen (wie bei jeder Zwangsvollstreckung). Hier soll der Erbe geschützt werden. Nach § 2331a BGB kann ein Erbe (Miterbe) verlangen, dass ein Pflichtteilsberechtigter, der diesen Anspruch (§ 2317 BGB) gegen ihn geltend macht, ihm Stundung gewährt, wenn die in § 2331a Abs. 1 BGB näher bezeichneten Voraussetzungen (Rn 11) gegeben sind. Bei Erbfällen bis 31. 12. 2009 konnte nur ein Erbe, der selbst pflichtteilsberechtigt war (§§ 2303, 2309 BGB), Stundung verlangen (Art. 229 § 23 Abs. 4 EGBGB); diese Einschränkung ist entfallen. 2

Das Stundungsverfahren hat keine praktische Bedeutung. Denn wenn sich die Beteiligten nicht gütlich einigen, kommt es sowieso zum Zivilprozess mit jahrelanger Dauer bis zur Vollstreckung. Einigen sie sich aber, dann einigen sie sich auch über Zahlungsmodalitäten, ohne dass sie das Nachlassgericht einschalten. 3

III. Verfahren und Entscheidung des Nachlassgerichts

1. Zuständigkeit

Für die Entscheidung über eine Stundung ist, wenn der Anspruch nicht bestritten ist, das Nachlassgericht **sachlich** zuständig (§ 2231a Abs. 2 BGB); ist er bestritten, vgl. Rn 17. Die 4

---

²² OLG Hamm FamRZ 1995, 698; Staudinger/Marotzke § 2006 Rn 21; Jansen/Müller-Lukoschek § 79 Rn 4; a. A. MünchKommBGB/Siegmann § 2006 Rn 6.
²³ OLG Rostock OLGE 4, 118.
²⁴ OLG Hamm FamRZ 1995, 698; OLG Rostock SeuffA 57 Nr. 40; Staudinger/Marotzke § 2206 Rn 21; Soergel/Stein § 2006 Rn 7; RGRK/Johannsen § 2006 Rn 15.
²⁵ KG OLGZ 1970, 408; BayObLG OLGZ 30, 406.

örtliche Zuständigkeit richtet sich nach § 343. **Funktionell** zuständig ist der Rechtspfleger (§ 3 Nr. 2 c RPflG); in Baden-Württemberg entscheidet das Notariat (§§ 1, 38 Bad.-Württ.LFGG).

2. Verfahren im Allgemeinen

5   Für das Verfahren und die Gestaltung der Stundung gelten § 1382 Abs. 2 bis 6 BGB und § 264 FamFG entsprechend (§ 2331 a Abs. 2 S. 2, BGB; § 362 FamFG). Deshalb sind auch die allgemeinen Vorschriften der §§ 31 bis 110 anwendbar. Eine mündliche Verhandlung ist nicht vorgeschrieben; eine Anhörung kann aber erforderlich sein, vgl. § 32. Zum Vergleich siehe § 36 (zur Niederschrift § 36 Abs. 2, der auf §§ 159 ff. ZPO verweist). Der Vergleich kann auch außerhalb im schriftlichen Verfahren geschlossen werden (§ 36 Abs. 3; § 278 Abs. 6 ZPO), was vom außergerichtlichen Vergleich zu unterscheiden ist.

3. Antrag des Pflichtteilsverpflichteten

6   Das Verfahren ist ein Antragsverfahren. Es handelt sich um einen Verfahrensantrag,[1] der Schuldner muss also keinen bestimmten Sachantrag (mit den Modalitäten der gewünschten Stundung) stellen, doch ist das zweckmäßig. Er muss den Betrag, den er als Pflichtteil schuldet, im Antrag angeben. **Antragsberechtigt** ist der Erbe als Schuldner des Pflichtteils; der Erbe muss bei Erbfällen bis 31. 12. 2009 aber selbst pflichtteilsberechtigt sein (§ 2331 a Abs. 1 BGB), bei Erbfällen ab 1. 1. 2010 nicht (Rn 2). Antragsberechtigt kann auch der Vorerbe bis zum Eintritt der Nacherbfolge sein. Von mehreren antragsberechtigten Miterben kann jeder den Antrag allein stellen (§ 2038 Abs. 1), bei jedem müssen dann die Voraussetzungen gesondert geprüft werden. Sind von den Miterben nur einzelne antragsberechtigt (z. B. in Altfällen selbst pflichtteilsberechtigt), so können die anderen die Stundung nicht verlangen. Antragsberechtigt ist ferner der Nachlasspfleger (§§ 1960, 1961 BGB) als gesetzlicher Vertreter des unbekannten Erben;[2] im Nachlassinsolvenzverfahren des Erben der Insolvenzverwalter (§ 1980 BGB; § 80 InsO); der Nachlassverwalter (§§ 1981, 1984 BGB).

7   **Nicht antragsberechtigt** ist der Testamentsvollstrecker des Erben (wegen § 2213 Abs. 1 BGB).[3]

8   Der Antrag ist **nicht befristet;**[4] er kann auf einen Teil des gegen den Antragsteller geltend gemachten Pflichtteilsanspruchs beschränkt werden. Bis zur Rechtskraft der Entscheidung kann er jederzeit zurückgenommen werden. Da das Stundungsverfahren vor dem Nachlassgericht seinem Wesen nach voraussetzt, dass die Forderung vom Antragsgegner (Schuldner, Erbe) nicht bestritten wird (vgl. § 2331 a Abs. 2 BGB: „wenn der Anspruch nicht bestritten wird"), verliert der Erbe durch seinen Stundungsantrag das Recht, Grund und Höhe des Pflichtteilsanspruchs zu bestreiten. Der Antrag kann bis zur Rechtskraft der Entscheidung zurückgenommen werden, der Gegner muss nicht zustimmen.

9   Der Stundungsantrag des Erben beseitigt nicht die mit dem Erbfall eingetretene **Fälligkeit** (§ 2317 BGB) des Pflichtteilsanspruchs und den Verzug des Erben; trotz des Antrags könnte der Berechtigte deshalb eine Zahlungsklage erheben oder einen Mahnbescheid beantragen. Ist der Betrag unstreitig, könnte hier nur durch eine einstweilige Anordnung des Nachlassgerichts (Rn 12) geholfen werden (einstweilige Einstellung der Zwangsvollstreckung).

4. Verfahren des Nachlassgerichts im Einzelnen

10   **a) Voraussetzungen der Stundung.** Die Forderung muss nach Grund und Höhe **unbestritten** sein.[5] Denn für den Streit um die Höhe ist das Prozessgericht zuständig.[6] Gibt der Antragsteller (Erbe, Schuldner) einen bestimmten Betrag als geschuldeten Pflichtteil an und bestreitet der Antragsgegner (Pflichtteilsberechtigter, Gläubiger) die Höhe (ihm stünde mehr zu), dann ist das Stundungsverfahren gescheitert und abzuweisen. Eine Beweisaufnahme über die Höhe findet im Verfahren der freiwilligen

---

[1] Palandt/Brudermüller § 1382 Rn 6.
[2] MünchKommBGB/Lange § 2331 a Rn 2.
[3] Bumiller/Harders § 362 Rn 3; MünchKommBGB/Lange § 2331 a Rn 2.
[4] MünchKommBGB/Koch § 1382 Rn 35.
[5] MünchKommZPO/J. Mayer § 362 FamFG Rn 2.
[6] Nach Horndasch/Viefhues/Heinemann § 362 Rn 2 muss nur der Grund unstreitig sein, die Höhe nicht.

Gerichtsbarkeit nicht statt; der Rechtspfleger darf auch nicht über die Höhe entscheiden. Kommt es nicht zu einer Einigung und wird der Antrag auf Stundung nicht zurückgenommen, ist er zurückzuweisen. Eine Aussetzung des Verfahrens bis zur Entscheidung im Zivilprozess ist unzulässig.

Materielle Voraussetzungen der Stundung sind: Die sofortige Erfüllung muss den Erben (Antragsteller der Stundung) ungewöhnlich hart treffen, seit 1. 1. 2010 abgeschwächt „unbillige Härte" genannt (§ 2331 a Abs. 1 S. 1 BGB); die Stundung muss dem Berechtigten zumutbar sein, seit 1. 1. 2010 abgeschwächt auf „angemessene" Interessenberücksichtigung (§ 2331 a Abs. 1 S. 2 BGB). Das sind schwammige Formulierungen. Zu beiden Tatbestandsmerkmalen hat das Nachlassgericht von Amts wegen Ermittlungen durchzuführen (§ 26), wobei aber die Beteiligten mitwirken müssen (§§ 27, 28), indem sie einen entsprechenden Sachvortrag bringen. Theoretisch kann auch der Nachlasspfleger als Vertreter des unbekannten Erben den Stundungsantrag stellen;[7] doch ist kaum denkbar, dass bei ihm die materiellen Voraussetzungen vorliegen. **11**

b) Entscheidung über die Stundung. Das Nachlassgericht kann mit den Beteiligten (Gläubiger, Schuldner) mündlich verhandeln und darauf hinwirken, dass sie sich gütlich über eine Stundung einigen (Rn 5). Kommt keine Einigung zustande, so hat das Nachlassgericht über den Antrag durch Beschluss (§ 38) zu entscheiden, mit Gründen und Rechtsmittelbelehrung (§ 39). Es kann, wenn ein Bedürfnis hierfür gegeben ist, zuvor eine **einstweilige Anordnung** erlassen (§ 49), etwa eine vorläufige Stundung. **12**

Das Gericht kann den Antrag ganz oder teilweise ablehnen, wenn die Voraussetzungen für eine Stundung (wie meist) nicht oder nur für einen Teilbetrag gegeben sind. Es kann, wenn die Voraussetzungen hierfür vorliegen, **Stundung** des gesamten Betrags bis zu einem bestimmten Zeitpunkt oder Ratenzahlungen (mit Verfallklausel) bewilligen. Die gestundete Forderung hat der Schuldner zu **verzinsen;** im Beschluss muss die Höhe der Verzinsung[8] (zweckmäßig fünf Prozentpunkte über dem Basiszinssatz, vgl. § 288 BGB) und der Zinsbeginn angegeben werden (§ 1382 Abs. 2 und 4 BGB). Auf Antrag des Gläubigers kann das Nachlassgericht anordnen, dass der Schuldner für den gestundeten Betrag Sicherheit zu leisten hat (§ 1382 Abs. 3 BGB), z. B. durch Eintragung einer Grundschuld; da sonst die Gefahr bestünde, dass der Berechtigte seinen Pflichtteil verliert, ist eine Sicherheitsleistung im Regelfall unabdingbar und für den Erben auch erbringbar, weil der Erbe schließlich die Erbschaft als Sicherheit anzubieten hat. Die Kostenentscheidung ist nach §§ 80 ff. zu treffen. **13**

c) Verurteilung zur Zahlung. Wenn die Pflichtteilsforderung dem Grunde und der Höhe nach unstreitig ist, kann das Nachlassgericht (gleichgültig ob Stundung abgelehnt oder Stundung gewährt wird; aber nicht bei unzulässigen Anträgen[9]) auf Antrag des Gläubigers (Antragsgegner des Stundungsantrags) im Beschluss auch die Verpflichtung des Schuldners zur Zahlung aussprechen (§ 264 Abs. 2);[10] das ist eine Art Widerklage. Ein Ausspruch über eine vorläufige Vollstreckbarkeit (vgl. §§ 708 ff. ZPO) entfällt, sie ist dem FamFG unbekannt; der Beschluss wird mit seinem Wirksamwerden vollstreckbar (§ 86 Abs. 2). Wirksamwerden vgl. § 40. Auf diese Weise entsteht ein **Vollstreckungstitel** (§ 86 Abs. 1 Nr. 1), aus dem der Gläubiger (Pflichtteilsberechtigte) beim Schuldner (Erben) vollstrecken kann, ohne dass noch ein Zivilprozess oder ein Mahnverfahren notwendig ist. Die **Entscheidung** lautet z. B.: *„Der Stundungsantrag des Antragstellers wird zurückgewiesen. Der Antragsteller wird verurteilt, an den Antragsgegner … € nebst Zinsen hieraus in Höhe von jährlich 5-Prozentpunkten über dem Basiszins seit … zu zahlen. Die Kosten des Verfahrens werden dem Antragsteller auferlegt."* **14**

d) Wirksamwerden der Entscheidung. Die Endentscheidung wird erst mit der Rechtskraft wirksam, § 264 Abs. 1 S. 1. Eine Wiederaufnahme ist ausgeschlossen (§ 264 Abs. 1 S. 2). **15**

---

[7] Prütting/Helms/Fröhler § 362 Rn 9.
[8] Dazu BayObLG FamRZ 1981, 392.
[9] MünchKommBGB/Koch § 1382 Rn 44; Staudinger/Thiele § 1382 Rn 23.
[10] MünchKommBGB/Koch § 1382 Rn 44; h. M.; a. A. Horndasch/Viefhues/Heinemann § 362 Rn 12: damit werde der Grundsatz des fairen Verfahrens verletzt.

5. Rechtsmittel

16 Gegen die Endentscheidung ist die befristete Beschwerde statthaft (§ 58; § 11 RPflG); die Beschwerdefrist beträgt einen Monat (§ 63). Der Beschwerdewert (600,01 €) muss erreicht sein (§ 61) und ist schwierig zu errechnen; beim Gläubiger wird man die Nachteile, mindestens den Zinsverlust, ansetzen müssen, geschätzt in einem Bruchteil der Forderung. Wurde Stundung bewilligt, ist der Gläubiger in seinen Rechten verletzt und daher beschwerdeberechtigt (§§ 58, 59 Abs. 1). Wurde der Stundungsantrag zurückgewiesen, steht die Beschwerde nur dem seinerzeitigen Antragsteller zu (§ 59 Abs. 2). Gegen die Anordnung der Sicherheitsleistung kann sich der Schuldner beschweren, der Gläubiger dann, wenn seinem Antrag nicht voll entsprochen wurde. Eine Anschlussbeschwerde ist möglich (§ 66). Auch eine einstweilige Anordnung kann mit befristeter Beschwerde angefochten werden (Umkehrschluss aus § 57 Abs. 1; beim Pflichtteil handelt es sich nicht um eine Familiensache), die Frist ist auf zwei Wochen verkürzt (§ 63 Abs. 2 Nr. 1).[11] Beschwerdegericht ist das OLG (§ 119 Abs. 1 Nr. 1 b GVG), nicht etwa das LG. **Übergangsrecht:** auf Verfahren, die bis 1. 9. 2009 eingeleitet worden sind oder deren Einleitung bis dahin beantragt wurde, sind die früheren Vorschriften (d. h. FGG) anzuwenden (Art. 111 FGG-RG).

IV. Verfahren und Entscheidung des Prozessgerichts

17 Die Entscheidungsgewalt des Nachlassgerichts besteht nur, wenn die Pflichtteilsforderung nach Grund und Höhe **unstreitig** ist. In der Praxis aber ist zwar die Pflichtteilsquote meist unstreitig, die Bewertung des Nachlasses durch Sachverständigengutachten und die Anrechnung von Vorempfängen aber sind das eigentliche Problem. Zur Klärung reicht der Pflichtteilsberechtigte eine Klage gegen den Erben bei Prozessgericht (AG, LG) ein. Mit Klagezustellung wird ein Stundungsantrag des beklagten Erben vor dem Nachlassgericht unzulässig.[12] Für eine Beschwerde gegen die Ablehnung der Stundung fehlt dann das Rechtsschutzbedürfnis.[13] Ab Klagezustellung kann der Erbe einen Stundungsantrag nur noch im Zivilprozess stellen (§§ 2331 a Abs. 2 S. 2, 1382 Abs. 5 BGB). Darüber wird dann mit Urteil entschieden, zusammen mit der Hauptsache („*Der Beklagte wird verurteilt, an den Kläger ... zu zahlen. Dem Beklagten wird Stundung bis ... bewilligt. Zinsen ... Sicherheitsleistung ...; Kosten nach §§ 91 ff. ZPO; vorläufige Vollstreckbarkeit nach §§ 708 ff. ZPO*").

V. Nachträgliche Aufhebung oder Änderung der Stundungsentscheidung

18 Eine Abänderung oder Wiederaufnahme der Stundungsentscheidung in diesem Verfahren ist ausgeschlossen (§ 264 Abs. 1 S. 2). Maßgeblich ist allein die spezielle Regelung in § 1382 Abs. 6 BGB.[14] Das Nachlassgericht kann auf Antrag des Erben oder des Pflichtteilsberechtigten die rechtskräftige Entscheidung über die Stundung, auch die des Prozessgerichts, aufheben oder ändern, wenn sich die Verhältnisse nach der Entscheidung wesentlich geändert haben. Diese Befugnis erstreckt sich aber nicht auf einen Prozessvergleich, der vor dem Prozessgericht geschlossen wurde,[15] weil dies keine „rechtskräftige Entscheidung" ist (Vergleiche werden weder rechtskräftig, noch stellen sie Entscheidungen dar).

VI. Kosten

19 Gerichtsgebühren des nachlassgerichtlichen Verfahrens vgl. § 106 a KostO.
Geschäftswert: § 30 KostO.

---

[11] Prütting/Helms/Fröhler § 362 Rn 22.
[12] MünchKommBGB/Lange § 2331 a Rn 12.
[13] OLG Karlsruhe FamRZ 2004, 661.
[14] BT-Drs. 16/6308 S. 262.
[15] A. A. Horndasch/Viefhues/Heinemann § 362 Rn 16; MünchKommZPO/J. Mayer § 362 FamFG Rn 8; Soergel/Dieckmann § 2331 a Rn 15; Palandt/Brudermüller § 1382 Rn 5 (analoge Anwendung von § 1382 Abs. 6 BGB). Es fehlt aber die Lücke als Voraussetzung einer Analogie.

Abschnitt 3. Verfahren in Teilungssachen

Antrag

363 (1) Bei mehreren Erben hat das Gericht auf Antrag die Auseinandersetzung des Nachlasses zwischen den Beteiligten zu vermitteln; das gilt nicht, wenn ein zur Auseinandersetzung berechtigter Testamentsvollstrecker vorhanden ist.

(2) Antragsberechtigt ist jeder Miterbe, der Erwerber eines Erbteils sowie derjenige, welchem ein Pfandrecht oder ein Nießbrauch an einem Erbteil zusteht.

(3) In dem Antrag sollen die Beteiligten und die Teilungsmasse bezeichnet werden.

Übersicht

	Rn
I. Normzweck	1
II. Materielles Recht	2
1. Auseinandersetzung durch Erbteilungsvertrag	3
a) Allgemeines	3
b) Beteiligung von Kindern bzw. Betreuten	6
2. Auseinandersetzung durch Testamentsvollstrecker	10
3. Antrag auf Teilungsversteigerung eines Grundstücks	11
4. Gerichtliche Zuweisung eines land- oder forstwirtschaftlichen Betriebs	12
5. Vermittlung der Auseinandersetzung durch das Nachlassgericht	13
6. Landesrecht	14
7. Erbteilungsklage	15
III. Die vermittelnde Tätigkeit des Nachlassgerichts	17
1. Allgemeines	17
2. Zuständigkeit	21
3. Mehrheit von Erben	24
4. Ausschluss der Auseinandersetzung	25
5. Antrag	36
a) Form des Antrags	37
b) Inhalt des Antrags	38
c) Ergänzung des Antrags	43
d) Antragsrücknahme	44
6. Antragsberechtigung	45
a) Miterben	45
b) Erwerber eines Erbteiles	50
c) Zustehendes Pfandrecht	51
d) Zustehender Nießbrauch	55
e) Gesetzliche Vertretung	56
f) Keine Antragsberechtigung	59
g) Entscheidung über das Antragsrecht	60
7. Beteiligte	61
a) Erben	62
b) Nacherbe	63
c) Erwerber eines Erbteiles	64
d) Nießbraucher	65
e) Ehegatte	66
f) Gesetzlicher Vertreter; Testamentsvollstrecker	67
g) Abwesenheit eines Beteiligten	68
h) Keine Beteiligte	69
8. Verfahren und Entscheidung	70
a) Verfahren	70
b) Vertretung durch Bevollmächtigte	71
c) Entscheidung	72
IV. Sonderfall: Land- und Forstwirtschaftliche Betriebe	75
1. Gegenstand des Zuweisungsverfahrens	76
2. Ausschluss des Zuweisungsverfahrens	79
3. Einleitung des Zuweisungsverfahrens	81
4. Abfindung der weichenden Erben	82

	Rn
5. Verfahren	85
6. Verhältnis des Zuweisungsverfahrens zum Verfahren nach §§ 363 ff.	89
7. Verhältnis zum Zwangsversteigerungsverfahren	91
V. Rechtsmittel	92
1. Gegen die Einleitung des Verfahrens	92
2. Gegen die Zurückweisung des Antrags	93
3. Landesrecht	94
VI. Kosten	95

I. Normzweck

1   Die Regelung will ein Vermittlungsverfahren für Erbauseinandersetzungen zur Verfügung stellen, eine Art Vertragshilfe. Abs. 1 und 2 entsprechen dem früheren § 86 FGG, Abs. 3 dem früheren § 87 Abs. 1 FGG. Die praktische Bedeutung ist sehr gering, weil die Regelung scheitert, wenn auch nur ein Miterbe nicht einverstanden ist.[1] Übergangsrecht: Art. 111 FGG-RG.

II. Materielles Recht

2   Hinterlässt der Erblasser mehrere Erben, sei es aufgrund Gesetzes oder letztwilliger Verfügung,[2] so wird der Nachlass gemeinschaftliches Vermögen der Erben; es entsteht kraft Gesetzes eine Erbengemeinschaft (§§ 1922, 2032 BGB).[3] Sie kann unbegrenzt lange bestehen, ist nicht rechtsfähig und hat keinen Vorstand oder Geschäftsführer. Miterben können ihren Anteil an anderen Miterben verkaufen und übertragen (§ 2033 BGB) oder gegen Abfindungszahlung durch „Abschichtung"[4] aus der Erbengemeinschaft ausscheiden. Jeder Erbe kann (vorbehaltlich der Ausnahmefälle § 2042 mit § 749 BGB, §§ 2043–2045 BGB) jederzeit die Auseinandersetzung verlangen (§ 2046 Abs. 2 BGB); notfalls ist eine Erbteilungsklage erforderlich.

Die Art der Auseinandersetzung ist in den §§ 2046 ff. BGB geregelt. Es gibt folgende Möglichkeiten:

1. Auseinandersetzung durch Erbteilungsvertrag[5]

3   **a) Allgemeines.** Die Erben können einstimmig vereinbaren, wie sie den Nachlass unter sich teilen; dies ist der schuldrechtliche Vertrag, der Rechtsgrund (Vergleich, Erlass, Verzicht, Kauf usw.). Der Vertrag ist formfrei (außer wenn Grundstücke zum Nachlass gehören, § 311b Abs. 1 BGB; oder wenn GmbH-Anteile übertragen werden, § 15 Abs. 4 GmbHG),[6] kann also auch mündlich bzw. stillschweigend geschlossen werden. Zur Beteiligung von Minderjährigen bzw. Betreuten vgl. Rn 6.

4   Für den **dinglichen Vollzug** gelten die gesetzlichen Regeln; ein Grundstück, das einem Erben zugeteilt wird, muss also von der Erbengemeinschaft an den Miterben aufgelassen werden (§§ 873, 925 BGB), anschließend ist die Eintragung im Grundbuch erforderlich. Forderungen werden nach § 398 BGB abgetreten, bewegliche Gegenstände werden durch Einigung und Übergabe übereignet (§ 929 BGB).

5   Teilen Miterben im guten Glauben auf ihr Erbrecht den Nachlass unter sich auf bzw. verkaufen sie den Nachlass und haben sie dabei einen **Miterben übersehen,** war ihre Verfügung unwirksam (§ 2040 BGB). Der neu aufgetauchte Miterbe kann von jedem

---

[1] Zur rechtspolitischen Bewertung vgl. Muscheler Erbrecht Rn 3931.
[2] Teils (z.B. Firsching/Graf Rn 4892) wird behauptet, § 363 sei nur bei einer durch gesetzliche Erbfolge entstandenen Erbengemeinschaft einschlägig. Das ist nicht zutreffend; der Wortlaut des § 363 spricht für die Gleichstellung, die als Beleg angeführte Entscheidung BGH NJW 1963, 2170 betrifft die Zuweisung nach § 13 GrdStVG, nicht das Vermittlungsverfahren nach §§ 363 ff.
[3] Dazu: Ann, Die Erbengemeinschaft, 2001.
[4] BGH NJW 1998, 1557; zur Gebührenersparnis, wenn Immobilien zum Nachlass gehören, vgl Maulbetsch/Klinger NJW-Spezial 2005, 397; Wesser/Saalfrank NJW 2003, 2937.
[5] Eberl-Borges, Die Erbauseinandersetzung, 2000; Mayer, Erbauseinandersetzung, MittBayNot 2010, 345.
[6] RGZ 67, 62; Palandt/Weidlich § 2042 Rn 17.

bisherigen Miterben Auszahlung aus ungerechtfertigter Bereicherung (§§ 2018, 816 Abs. 1 S. 1 BGB fordern.[7]

b) Beteiligung von Kindern bzw. Betreuten. Die Auseinandersetzungsvereinbarung, die **Eltern** (bzw. ein Elternteil), welche **nicht Miterben** sind, als gesetzliche Vertreter des minderjährigen Miterben mit den anderen Miterben schließen, bedarf keiner Genehmigung des Familiengerichts, weil § 1643 Abs. 1 BGB den § 1822 Nr. 2 BGB nicht nennt. Anders ist es in den Fällen des § 1822 Nr. 1 BGB (z. B. Verfügung über einen Erbteil, § 2033 BGB); anders ist es wegen § 1821 BGB auch, wenn im Zuge der Auseinandersetzung über Grundstücke verfügt wird.

Befinden sich **Eltern mit ihrem Kind in derselben Erbengemeinschaft,** ist das Verbot des Selbstkontrahierens zu beachten (§§ 181, 1629 Abs. 2 S. 1, 1795 Abs. 2 BGB). Ein Pfleger ist zu bestellen. Befinden sich zwei oder mehr Kinder in der Erbengemeinschaft, kann nicht derselbe Pfleger alle vertreten, weil ein Interessengegensatz besteht; es muss für jedes Kind ein anderer Pfleger bestellt werden.[8]

Die Auseinandersetzungsvereinbarung, die ein Vormund, ein Pfleger (§ 1915 BGB) oder ein **Betreuer** (§ 1908i Abs. 1 BGB) für den Miterben schließt, bedarf der Genehmigung des Familiengerichts bzw. Betreuungsgerichts (§ 1822 Nr. 2 BGB). Dasselbe gilt in den anderen Fällen der §§ 1821, 1822 BGB.

In den Fällen des § 368 Abs. 3 tritt an die Stelle des Familiengerichts bzw. des Betreuungsgerichts für die Genehmigung das Nachlassgericht (§§ 364, 368 Abs. 3). Ebenso ist es, wenn vom Nachlassgericht ein Abwesenheitspfleger für einen Beteiligten bestellt wurde (§ 364 S. 2). Sonst bleibt es dabei, dass das Betreuungsgericht bzw. das Familiengericht zuständig ist.

2. Auseinandersetzung durch Testamentsvollstrecker

Hat der Erblasser Testamentsvollstreckung für alle Erbteile und ohne Besonderheiten angeordnet, nimmt der Testamentsvollstrecker die Auseinandersetzung nach den gesetzlichen Regeln vor (§ 2204 BGB); nach billigem Ermessen, wenn ihm dies vom Erblasser im Testament gestattet wurde (§ 2048 S. 2 BGB). Eine Tätigkeit des Nachlassgerichts erübrigt sich (Abs. 1 2. Halbs. Rn 48). Die Erben können sich dann nicht selbst gegen den Willen des Testamentsvollstreckers auseinandersetzen. Mit Zustimmung des Testamentsvollstreckers ist es aber natürlich möglich.

Hat der Erblasser im Testament ein **Schiedsgericht** zur Entscheidung über den Auseinandersetzungsanspruch eingesetzt (§ 1025 BGB), entscheidet dieses.

3. Antrag auf Teilungsversteigerung eines Grundstücks

War der Erblasser Alleineigentümer eines Grundstücks und wird er von mehreren Personen beerbt, kann jeder Miterbe zwecks Aufhebung der Erbengemeinschaft am Grundstück den Antrag auf Teilungsversteigerung stellen; § 180 ZVG. War der Erblasser nur Miteigentümer eines Grundstücks, fällt nur dieser Anteil an die Erbengemeinschaft. Es sind nun zwei Gemeinschaften ineinander verschachtelt. Hier kann jeder Miterbe entweder nur die Versteigerung des Miteigentumsanteils der Erbengemeinschaft beantragen (sog. kleines Antragsrecht) oder zugleich die Aufhebung der Miteigentümergemeinschaft (sog. großes Antragsrecht).

4. Gerichtliche Zuweisung eines land- oder forstwirtschaftlichen Betriebs

Gehört ein landwirtschaftlicher Betrieb auf Grund gesetzlicher Erbfolge einer Erbengemeinschaft, kann das AG (Abt. Landwirtschaftsgericht) auf Antrag den Betrieb einem Erben zuweisen (§§ 13 bis 17, 33 GrdstVG); die weichenden Miterben erhalten eine Abfindung (vgl. § 2049 BGB). Die HöfeO trifft in ihrem Geltungsbereich Sonderregelungen, vgl. Rn 75.

---

[7] OLG Dresden FamRZ 1999, 406; Vollkommer FamRZ 1999, 350.
[8] BGH FamRZ 1968, 245; NJW 1956, 1433; RGZ 93, 334; Lange/Kuchinke § 44 III 4.

5. Vermittlung der Auseinandersetzung durch das Nachlassgericht

13 Hinterlässt ein Erblasser mehrere Erben, so *hat* das Nachlassgericht auf Antrag (z. B. eines Miterben) die Auseinandersetzung in Ansehung des Nachlasses zwischen den Miterben zu vermitteln (§ 363), vgl. Rn 17. Die **Vorteile des Vermittlungsverfahrens** gegenüber der Erbteilungsklage sind folgende:[9] Der Antragsteller muss den Umfang des Nachlasses nicht unbedingt selbst ermitteln und im Antrag vortragen (anders als bei der Erbteilungsklage); es herrscht das Amtsermittlungsprinzip (§ 26), anders als im Zivilprozess bei der Erbteilungsklage; der Antragsteller muss keinen bestimmten Antrag stellen und keinen Teilungsplan aufstellen; auch bei einem hohen Gegenstandswert besteht kein Anwaltszwang, anders als nach § 78 ZPO; die Kosten sind aus dem Nachlass zu zahlen, werden also nicht vom Gericht nach §§ 91 ff. ZPO einer Partei auferlegt bzw. gequotelt.

6. Landesrecht

14 Jedes Bundesland kann Regelungen treffen, wonach die Vermittlung der Auseinandersetzung auch durch Notare (anstelle des AG oder daneben) versucht werden kann (§ 487 Abs. 1 Nr. 3); Notargebühren: § 148 KostO. Solches Landesrecht (jeweils unterschiedlich) gibt es in Baden-Württemberg (Art. 38, 43 Bad.-Württ.LFGG; nur die Notariate sind dort zuständig); Bayern (Art. 38 BayAGGVG); Hessen (Art. 24 FGG); Niedersachsen (Art. 14 NdsFGG); Nordrhein-Westfalen (Art. 21 PrFGG).

7. Erbteilungsklage

15 Wollen sich die Miterben auseinandersetzen, können sie sich aber nicht einigen, muss ein Miterbe (oder mehrere Miterben) die anderen Miterben auf Zustimmung zu einem vom Kläger nach den gesetzlichen Regeln (§§ 2042 Abs. 2; 752 BGB) aufgestellten detaillierten Teilungsplan vor dem Prozessgericht verklagen. Das Urteil ersetzt dann, sobald es rechtskräftig ist, die Willenserklärung des widerstrebenden Miterben. Zu beachten ist, dass eine Erbteilung, die weder dem Testament noch den gesetzlichen Regeln entspricht, nicht erzwingbar ist. Vorbereitend kann u. U. zur Klärung einzelner Streitpunkte eine Feststellungsklage (§ 256 ZPO) erhoben werden.[10] Da der Teilungsplan, auf dessen Zustimmung zu klagen ist, eine vollständige Darstellung des gesamten Aktivvermögens und der Schulden voraussetzt, muss manchmal durch eine Auskunftsklage die Information beschafft werden. Nach Ansicht des BGH[11] hat ein Miterbe keinen allgemeinen Auskunftsanspruch gegen andere Miterben; allenfalls aus „Treu und Glauben" wird ein solcher Anspruch bejaht.

16 Die unmittelbare Klage eines Miterben auf Zahlung des auf ihn entfallenden Anteils am Nachlass gegen nur einen von mehreren weiteren Miterben ist ohne Aufstellung eines zu Grunde liegenden Teilungsplans ausnahmsweise dann zulässig, wenn der verklagte Miterbe allein im Besitz des verbliebenen und teilungsreifen Nachlasses ist und die übrigen nicht verklagten Miterben der begehrten Teilung zugestimmt haben.[12]

III. Die vermittelnde Tätigkeit des Nachlassgerichts

1. Allgemeines

17 Das Nachlassgericht übt in dem Verfahren nach den §§ 363 ff. im Wesentlichen eine vermittelnde und beurkundende Funktion aus. Der Wortlaut „hat zu vermitteln" suggeriert, dass die Vermittlung das Ergebnis sein muss; in Wirklichkeit stimmt das nicht, eine Einigung kann nicht (etwa durch Beugehaft etc.) erzwungen werden. Das Nachlassgericht soll sich nur bemühen. Es soll versuchen, eine Einigung der Beteiligten herbeizuführen und, falls eine Vereinbarung zustande kommt, diese oder den Auseinandersetzungsplan beur-

---

[9] Vgl Zimmermann ZEV 2009, 374; MünchKommBGB/Ann § 2042 Rn 47.
[10] BGH NJW-RR 1990, 1220, OLG Köln ZEV 2004, 508; Zimmermann ZEV 2010, 457.
[11] BGH NJW-RR 1989, 450.
[12] OLG Celle ZEV 2002, 363.

kunden und bestätigen. Auf das Nachlassgericht geht selbstverständlich nicht die Verwaltung des Nachlasses über; es ist daher insbesondere auch nicht berufen, Nachlassforderungen einzuziehen und Nachlassgläubiger zu befriedigen.[13] Das Nachlassgericht ist nicht befugt, in der Sache zu entscheiden,[14] darf also nicht den Nachlass gegen den Willen eines Beteiligten irgendwie nach billigem Ermessen aufteilen. Streitpunkte, die sich bei den Verhandlungen über die Auseinandersetzung ergeben, etwa über anrechnungspflichtige Vorempfänge (§§ 2050 ff. BGB), darf es nicht selbst entscheiden.[15] Daher ist für die Vermittlung einer Auseinandersetzung kein Raum, wenn bereits im Zeitpunkt des Antrags streitige Fragen auftreten, die z. B. durch Testamentsauslegung zu lösen sind.[16] Soweit eine gütliche Einigung nicht herbeizuführen ist, muss das Verfahren ausgesetzt werden, bis der Streit im Prozessweg ausgetragen ist (vgl. § 370).

Der **Vollzug der im Vermittlungsverfahren getroffenen Vereinbarungen** ist nicht 18 Sache des Nachlassgerichts, sondern der Beteiligten. Die Vermittlung beschränkt sich aber nicht auf die Begründung von Verbindlichkeiten zur Bewirkung von Rechtsänderungen, durch die die Auseinandersetzung geschehen soll, sondern erstreckt sich auf die Bewirkung der Auseinandersetzung, soweit dazu Erklärungen erforderlich sind, die vor dem Gericht (oder der landesrechtlich zuständigen Behörde) rechtswirksam abgegeben werden können; es können insbesondere Forderungen und andere Rechte übertragen werden, zu deren Übertragung der Abtretungsvertrag genügt; ebenso kann die Einigung über Verfügungen, die ein Grundstück oder ein Recht an einem Grundstück zum Gegenstand haben, oder über Erteilung einer Vollmacht zur Auflassung mit bindender Kraft (§ 873 Abs. 2 BGB) erfolgen.[17] Auf alle diese Erklärungen erstrecken sich auch die Versäumniswirkungen (§§ 366 Abs. 3 S. 2, 368 Abs. 2).

Der **Widerspruch eines anderen Beteiligten** gegen die Einleitung des Verfahrens 19 hindert die **Einleitung** nicht, wenn er lediglich auf Gründe gestützt ist, die sich durch Vermittlung beseitigen lassen; er hindert aber die Einleitung möglicherweise, wenn er auf Rechtsgründe (z. B. Bestreitung des Erbrechts des Antragstellers) gestützt ist.[18] Die Weigerung eines Miterben, einer Auseinandersetzung zuzustimmen, hindert aber die **Durchführung** des Verfahrens.[19]

Derjenige, der keine Vermittlung will, muss allerdings darauf achten, dass er **bei den** 20 **Terminen nicht säumig** ist, damit keine Säumnisfolgen gegen ihn eintreten können (§§ 366 Abs. 3 S. 2; 368 Abs. 2). Durch Einreichung der Erbteilungsklage beim Prozessgericht (Rn 15) kann er ein Vermittlungsverfahren sofort blockieren.

2. Zuständigkeit

Die Vermittlung der Auseinandersetzung ist eine Teilungssache (§ 342 Abs. 2 Nr. 1). 21 Dafür sind die Amtsgerichte[20] **sachlich zuständig** (§ 23 a Abs. 1 Nr. 2, Abs. 2 Nr. 2 GVG). Wegen der Zuständigkeit anderer Behörden nach Landesrecht vgl. § 487. Inwieweit die Notare zur Vermittlung der Nachlassauseinandersetzung statt des AG oder daneben zuständig sind, bestimmt sich nach Landesrecht (§ 20 Abs. 4 BNotO). In Baden-Württemberg sind die Notariate zuständig; in Niedersachsen Notar bzw. Gericht (Art. 14 NdsFGG); in Hessen Notar bzw. Gericht (Art. 24 HessFGG). Für Bayern sagt Art. 38 Abs. 3 BayAGGVG:[21] Wird der Antrag bei dem AG gestellt, so soll dieses die Vermittlung nach der Ermittlung der Erben und der Feststellung der Teilungsmasse, sofern die Beteiligten die Wahl eines Notars vereinbaren, diesem, andernfalls einem Notar, der im Bezirk des AG seinen Amtssitz hat, überweisen.

---

[13] BayObLGZ 3, 1048.
[14] KG NJW 1965, 1538.
[15] BayObLGZ 30, 270; KG NJW 1965, 1538; Firsching/Graf Rn 4895.
[16] OLG Düsseldorf FGPrax 2002, 231.
[17] BayObLGZ 5, 1.
[18] KG NJW 1965, 1538; Firsching DNotZ 1952, 117.
[19] KG NJW 1965, 1538; BayObLGZ 1971, 293/297.
[20] Der Gesetzentwurf BT-Drs 17/1469 will das Verfahren auf die Notare übertragen. Dazu ablehnend Zimmermann ZErb 2008, 232 und H. Roth ZRP 2010, 187.
[21] Dazu BayObLG MittBayNot 1983, 136.

22 Die **örtliche Zuständigkeit** richtet sich nach § 343.

Funktionell zuständig ist der Rechtspfleger (§ 3 Nr. 2 c RPflG), soweit nicht ohnehin der Notar zuständig ist; der Richtervorbehalt in § 16 Abs. 1 Nr. 8 RPflG wurde durch das 1. JuMoG[22] aufgehoben.

23 Eine **internationale Zuständigkeit** des Nachlassgerichts bei Beteiligung ausländischer Erblasser war unter Geltung des FGG grundsätzlich nur gegeben, wenn sich die Beerbung nach deutschem Recht richtete (sog. Gleichlaufgrundsatz). Das FamFG hat diesen Grundsatz beseitigt. Jetzt ist jedes AG für eine Teilungssache dann international zuständig, wenn es örtlich zuständig ist (§ 105). Ist hierbei ausländisches Recht anzuwenden, kann es zu Handlungen kommen, die dem deutschen Recht unbekannt sind, wie eine Bindung an einen vom Nachlassgericht aufgestellten Teilungsplan.[23]

3. Mehrheit von Erben

24 Voraussetzung der Einleitung des Auseinandersetzungsverfahrens ist eine Mehrheit von Erben (§ 2032 BGB). Eine solche liegt nur vor, wenn mehrere Erben nebeneinander vorhanden sind (Miterben),[24] dagegen nicht, wenn nur ein Erbe und ein Nacherbe vorhanden ist.[25] Ob die Erben aufgrund Gesetzes oder letztwilliger Verfügung berufen wurden, ist gleichgültig.[26] Die Zuwendung des Pflichtteils ist im Zweifel keine Erbeinsetzung (§ 2304 BGB). Ebenso wenig sind Vermächtnisnehmer Erben, im Verhältnis zwiswchen Erbe und Vermächtnisnehmer sind daher §§ 363 ff. nicht einschlägig.[27] Sind nur zwei Miterben vorhanden und überträgt der eine dem anderen seinen Anteil, so ist für ein Auseinandersetzungsverfahren kein Raum mehr.[28]

4. Ausschluss der Auseinandersetzung

25 Die **Einleitung** bzw. die **Durchführung** eines Auseinandersetzungsverfahrens ist ausgeschlossen:
- wenn die Erbengemeinschaft schon beendet ist.[29] Eine erfolgte Teilauseinandersetzung steht der nachlassgerichtlichen Vermittlung der Restauseinandersetzung nicht im Wege.[30] Grundsätzlich erfasst die Auseinandersetzung zwar den gesamten Nachlass, nicht nur einen Teil. Wenn nur einzelne zum Nachlass gehörige Gegenstände unverteilt blieben, ist trotzdem noch ein Auseinandersetzungsverfahren statthaft, die Beteiligten sind nicht bezüglich einzelner restlicher Gegenstände auf die Sachteilung nach den §§ 752 ff. BGB angewiesen. Ein Auseinandersetzungsverfahren kann auch zur Verteilung des Erlöses aus der Teilungsversteigerung eines Grundstückes, die zum Zweck der Aufhebung der Erbengemeinschaft erfolgt ist, durchgeführt werden.[31] Ist die Erbengemeinschaft bereits auseinandergesetzt, etwa in Bruchteilseigentum, so ist auch das Zuweisungsverfahren nach §§ 13 ff. GrdstVG ausgeschlossen.[32]

26 - wenn **streitige Rechtsverhältnisse** auftreten,[33] z. B. für welchen Fall und unter welchen Erben nach dem Willen des Erblassers eine Losentscheidung zu treffen ist,[34] oder wenn

---

[22] Vom 15. 12. 2004 BGBl. I S. 3392; BT-Drs. 15/1508 S. 29.
[23] Prütting/Helms/Fröhler § 363 Rn 11; dazu Schaal BWNotZ 2007, 154; Pinkernelle/Spreen DNotZ 1967, 195.
[24] Jansen/Müller-Lukoschek § 86 Rn 6.
[25] BGH NJW 1993, 1582.
[26] Jansen/Müller-Lukoschek § 86 Rn 7. Nach Lange/Kuchinke § 44 III 6 a soll es das Vermittlungsverfahren nur bei gesetzlichen Miterben geben; dazu oben Fn 1.
[27] Horndasch/Viefhues/Heinemann § 363 Rn 4, unstreitig.
[28] BayObLGZ 5, 659. Über parallele Auseinandersetzungsverfahren vgl. LG Koblenz ZEV 2004, 429.
[29] Firsching/Graf Rn 4898; Jansen/Müller-Lukoschek § 86 Rn 6.
[30] Jansen/Müller-Lukoschek § 86 Rn 8; Schlegelberger § 86 Rn 7.
[31] BGH NJW 1952, 263; BayObLG NJW 1957, 386.
[32] Drummen MittRhNotK 1961, 859.
[33] BayObLG FGPrax 1997, 229; OLG Düsseldorf FGPrax 2002, 231; a. A. Horndasch/Viefhues/Heinemann § 363 Rn 9.
[34] OLG Düsseldorf FGPrax 2002, 231.

und solange das **Erbrecht eines Beteiligten** oder das sonstige Recht, das ihm die Eigenschaft als Beteiligter verleiht, **bestritten ist.**[35]
- wenn ein zur Bewirkung der Auseinandersetzung berechtigter **Testamentsvollstrecker** (Regelfall, § 2204 BGB) **vorhanden** ist (§ 363 Abs. 1);[36] nicht hierzu berechtigt ist ein Testamentsvollstrecker, wenn der Erblasser die Befugnisse des Testamentsvollstreckers entsprechend beschränkt hat (§§ 2208, 2209 BGB). Das Nachlassgericht hat von Amts wegen festzustellen, ob dies der Fall ist;[37] ebenso ob ein ernannter Testamentsvollstrecker die Übernahme des Amtes abgelehnt hat oder ob das Amt des Testamentsvollstreckers erloschen ist.[38] Die Anordnung der Testamentsvollstreckung ergibt sich aus dem Erbschein (§ 2364 BGB), aber nicht, ob das Amt angenommen wurde. Ist der Testamentsvollstrecker gestorben, so steht, falls die Erben ausnahmsweise ein Nachfolgerbenennungsrecht (§ 2198 Abs. 1 BGB) haben, solange die Erben hiervon keinen Gebrauch gemacht haben, einem Verfahren nach § 363 nichts entgegen.[39] Ist ein Testamentsvollstrecker vorhanden, so findet auch ein Zuweisungsverfahren nach §§ 13 ff. GrdstVG nicht statt (§ 14 Abs. 3 GrdstVG).[40]
- wenn ein **Dritter** die **Auseinandersetzung nach billigem Ermessen vornehmen** soll (§ 2048 BGB), außer wenn der Dritte die Bestimmung nicht treffen kann oder will oder verzögert oder wenn sämtliche Beteiligte über die Unbilligkeit seiner Bestimmung einig sind.[41]
- wenn nach dem ehelichen Güterstand, in dem der Erblasser gelebt hat, **Vermögen**, das zum Nachlass gehörte, **nicht vorhanden ist,** z. B. wenn im Fall des Eintrittes der fortgesetzten Gütergemeinschaft anderes Vermögen als Gesamtgut und ein nicht gemeinschaftlicher Abkömmling nicht vorhanden ist, oder nach dem maßgebenden ehelichen Güterrecht die Auseinandersetzung überhaupt oder zurzeit ausgeschlossen ist.[42]
- wenn die **Erbteilungsklage** (Rn 15) erhoben ist.[43] Denn wenn sich die Parteien einigen wollen, dann können sie es im Zivilprozess tun und dort einen Prozessvergleich schließen; es wäre unökonomisch, parallel dazu ein nicht besser zur Einigung geeignetes Vermittlungsverfahren vor dem Rechtspfleger zur Herbeiführung einer Einigung durchzuführen.
- wenn die Erben das **Recht, die Aufhebung der Erbengemeinschaft zu verlangen,** durch Vereinbarung für immer oder auf Zeit **ausgeschlossen** haben (§§ 2042 Abs. 2, 749 Abs. 2, 3 BGB). Zur Entscheidung, ob wichtige Gründe vorliegen, die das Verlangen der Teilung gleichwohl rechtfertigen, oder ob eine solche Vereinbarung nichtig ist, ist nicht das Nachlassgericht berufen, sondern das Prozessgericht (§ 370). Ein Erbe, der wichtige Gründe für die Vornahme der Teilung als gegeben erachtet, kann den Antrag auf Auseinandersetzung zwar stellen und der Antrag darf nicht abgelehnt werden, aber ein Widerspruch anderer Beteiligter hindert die Durchführung des Verfahrens und zwingt zur Einstellung.[44] Die Auseinandersetzung ist auch zulässig, wenn sie dem übereinstimmenden Willen sämtlicher Erben entspricht.[45] Auch das Zuweisungsverfahren nach §§ 13 ff. GrdstVG ist in den angeführten Fällen ausgeschlossen (§ 14 Abs. 3 GrdstVG).
- **solange die Auseinandersetzung** nach den §§ 2043–2045 BGB wegen der Unbestimmtheit der Erbteile, infolge des Gebotes des Erblassers[46] oder infolge des gerichtlichen

---

[35] BayObLG FGPrax 1997, 229.
[36] Winkler, Testamentsvollstrecker, Rn 507.
[37] LG Koblenz JZ 1959, 316.
[38] OLG München JFG 14, 190.
[39] BGH RdL 1956, 280.
[40] Winkler, Testamentsvollstrecker, Rn 40.
[41] MünchKommZPO/J. Mayer § 363 FamFG Rn 14. Vgl. hierzu BGH RdL 1954, 341/342.
[42] BayObLGZ 6, 538.
[43] MünchKommBGB/Ann § 2042 Rn 47; Lange/Kuchinke § 44 III 7 a; Habscheid § 41 V 1; Firsching/Graf Rn 4902; a. A. Jansen/Müller-Lukoschek § 86 Rn 22; Beck DNotZ 1966, 259/265; Horndasch/Viefhues/Heinemann § 363 Rn 9.
[44] KG Recht 1930 Nr. 904.
[45] Schlegelberger § 86 Rn 11.
[46] A. A. Horndasch/Viefhues/Heinemann § 363 Rn 9.

Aufgebotes oder der von einem Erben erlassenen Aufforderung der Nachlassgläubiger **ausgeschlossen oder aufgeschoben** ist (vgl. hierfür das Zuweisungsverfahren nach §§ 13 ff., § 14 Abs. 3 GrdstVG); vgl. aber für den Fall der Pfändung eines Erbteils unten Rn 51. Das Verbot des Erblassers hindert die Auseinandersetzung nicht, wenn für diese ein wichtiger Grund vorliegt (§ 2044 mit § 749 Abs. 2 BGB) oder sämtliche Beteiligte die Auseinandersetzung wollen; herrscht Streit zwischen den Miterben, ob ein wichtiger Grund für die Auseinandersetzung vorliegt, so kann das Nachlassgericht die Einleitung des Auseinandersetzungsverfahrens bis zur Entscheidung des Prozessgerichts ablehnen.

33 Eine Teilungsanordnung des Erblassers schließt das Zuweisungsverfahren nach §§ 13 ff. GrdstVG grundsätzlich aus.[47] Pfändung des Erbanteils und des Anspruches auf Auseinandersetzung hindern den Miterben nicht, das Verfahren nach § 363 zu betreiben.[48]

34 • **während der Dauer eines Nachlassinsolvenzverfahrens oder einer Nachlassverwaltung;** durch beide Verfahren ist den Erben das Verwaltungs- und Verfügungsrecht über den Nachlass entzogen.[49]

35 • **Nicht stehen entgegen:** Mögliche Überschuldung des Nachlasses hindert die Einleitung und Durchführung des Verfahrens nicht;[50] ebenso wenig das Vermächtnis des Nießbrauchs an der Erbschaft.[51] Dass der Nachlass nur aus Forderungen gegen einen Miterben besteht, steht nicht entgegen.[52]

5. Antrag

36 Das Verfahren beginnt nur auf Antrag, nicht von Amts wegen. Es ist nur *ein* Auseinandersetzungsverfahren über ein und denselben Nachlass möglich. Stellen mehrere Miterben den Antrag gleichzeitig, läuft nur ein Verfahren. Schwebt ein solches Verfahren bereits und beantragt ein anderer Antragsberechtigter die Vermittlung der Auseinandersetzung hinsichtlich desselben Nachlasses, so ist nicht ein neues Verfahren einzuleiten, sondern diese Person ist zu dem alten Verfahren als weitere Beteiligte zuzuziehen.[53]

37 **a) Form des Antrags.** Er kann schriftlich oder zu Protokoll der Geschäftsstelle des zuständigen Nachlassgerichts oder zu Protokoll der Geschäftsstelle eines jeden AG gestellt werden (§ 25). In Hessen kann er zu Protokoll des Ortsgerichtsvorstehers gestellt werden (§ 14 Abs. 2 HessOGerG).[54] Anwaltszwang besteht nicht. Für die Form des Antrags gelten im Übrigen die allgemeinen Vorschriften (§ 23). Das Nachlassgericht hat darauf hinzuwirken, dass der Antragsteller Formfehler beseitigt (§ 28 Abs. 2). Dasselbe gilt für die Ergänzung des Antrages. Einen Kostenvorschuss muss der Antragsteller nicht von sich aus zahlen (§ 8 KostO).

38 **b) Inhalt des Antrags.** Der Antrag muss erkennen lassen, dass ein Vermittlungsverfahren zur Teilung des Nachlasses einer Erbengemeinschaft gewollt ist. Im Zweifel ist eine Auslegung bzw. eine Rückfrage beim Antragsteller erforderlich. Der Antrag auf Auseinandersetzung soll enthalten:[55]

39 *aa) Erblasser.* Die Angabe des Namens, des letzten Wohnorts, Sterbeorts und des Todestags des Erblassers. Damit kann die Zuständigkeit nach § 343 geklärt werden.

40 *bb) Beteiligte.* Vgl. Abs. 3. Soweit möglich sollen die Beteiligten (also die anderen Miterben, evtl. weitere Personen; § 7) nach Namen, Wohnort, Anschrift, evtl. auch ihrer

---

[47] Lange Anm. 11 zu § 14 GrdstVG; Lange NJW 1956, 1505.
[48] OLG Hamm JMBl.NW 1958, 68.
[49] Jansen/Müller-Lukoschek § 86 Rn 17; MünchKommZPO/J. Mayer § 363 FamFG Rn 17; Firsching/Graf Rn 4902.
[50] BayObLGZ 1956, 363.
[51] KG OLGZ 40, 26 A; KG RJA 13, 14 = KGJ 44, 120.
[52] OLG Zweibrücken Recht 1904 Nr. 2544.
[53] KG KGJ 52, 85.
[54] Jansen/Müller-Lukoschek § 86 Rn 1; a. A. Horndasch/Viefhues/Heinemann § 363 Rn 29.
[55] Muster bei Firsching/Graf Rn 4910.

gesetzlichen Vertreter, angegeben werden; ferner der Grund der Beteiligung, also ob die Erbengemeinschaft auf Gesetz oder letztwilliger Verfügung beruht, im ersten Fall unter Darlegung der Verwandtschaftsverhältnisse. Notwendig ist auch, dass der Antragsteller angibt, welche Erbquote den einzelnen Miterben zusteht. Ist schon ein Erbschein erteilt, kann hierzu auf die Nachlassakte Bezug genommen werden. Ein Erbschein muss weder erteilt sein noch vorgelegt werden (er befindet sich, falls schon erteilt, ohnehin in der Nachlassakte).

cc) Teilungsmasse. Vgl. Abs. 3. Soweit möglich soll die Teilungsmasse angegeben werden, also das Vermögen der Erbengemeinschaft, das aufgeteilt werden soll. Die Beibringung eines Verzeichnisses der sämtlichen Nachlassgegenstände oder eines Inventars ist bei der Antragstellung weder erforderlich noch darf sie verlangt werden.[56] Bei **Unvollständigkeit der Angaben zur Teilungsmasse** erfolgt die Feststellung des aufzuteilenden Nachlasses dann in der Verhandlung mit den anderen Beteiligten. Ein **Teilungsplan** muss nicht vorgelegt oder vorgeschlagen werden. **41**

dd) Verfahrensantrag. Es ist nur ein Verfahrensantrag erforderlich, nämlich, die Auseinandersetzung zu vermitteln (§ 363 Abs. 1). Nicht erforderlich ist ein Sachantrag (also der Antrag, den Nachlass folgendermaßen aufzuteilen …). Deshalb ist auch § 28 Abs. 2 nicht einschlägig, wonach auf die Stellung sachdienlicher Anträge hinzuwirken ist. **42**

c) Ergänzung des Antrags. Das Gericht darf mangelhafte Anträge nicht sofort zurückweisen; ist der Antrag unvollständig oder hält das Nachlassgericht eine weitere Aufklärung für angemessen, so hat es den Antragsteller zur Ergänzung zu veranlassen (§ 28 FamFG).[57] Es kann dem Antragsteller auch die Vorlage der nötigen Unterlagen (Testamente, Ehe- und Erbverträge, Auszüge aus dem Grundbuch usw.) aufgeben. Im Übrigen gilt der Amtsermittlungsgrundsatz (§ 26) und die Regel des § 27, wonach auch die anderen Beteiligten bei der Ermittlung des Sachverhalts mitwirken sollen. Das Nachlassgericht ist aber nicht berechtigt, die zur Durchführung des Verfahrens erforderlichen Unterlagen auf Antrag eines Beteiligten gegen den Willen anderer Beteiligter zwangsweise beizuschaffen; in dieser Hinsicht entstehenden Streit hat das Prozessgericht zu entscheiden.[58] **43**

d) Antragsrücknahme. Der Antrag kann bis zur Rechtskraft des Bestätigungsbeschlusses zurückgenommen werden;[59] § 22. Die anderen Beteiligten müssen nicht zustimmen; soweit sie aber selbst antragsberechtigt sind, können sie die Rücknahme zunichte machen, indem sie nun selbst einen Antrag stellen. Andere Meinungen[60] sagen, die Rücknahme des Antrags könne wirksam nur erfolgen, solange nicht die anderen Beteiligten sich auf das Verfahren eingelassen haben; auch andere Zeitpunkte werden genannt. Das lässt sich aber aus § 363 nicht begründen. Die Zurücknahme ist auch in der Beschwerdeinstanz zu beachten. **44**

6. Antragsberechtigung

Antragsberechtigt sind nach **Abs. 2**: **45**

a) Miterben. Jeder Miterbe, und zwar ohne Mitwirkung oder Zustimmung der anderen Miterben. Dass sein Erbteil gepfändet, verpfändet oder mit einem Nießbrauch belastet ist, nimmt ihm das Antragsrecht nicht. Wurde über das Vermögen eines Miterben das Insolvenzverfahren eröffnet, dann übt das Antragsrecht nur noch der Insolvenzverwalter aus (vgl. § 84 InsO). Dagegen verliert der Miterbe die Antragsberechtigung durch Ausscheiden aus der Erbengemeinschaft, z.B. durch Veräußerung seines Erbteils (§ 2033 Abs. 1 BGB).[61] Hat das Nachlassgericht eine Nachlassauseinandersetzung vermittelt und beantragt ein Miterbe die erneute Vermittlungstätigkeit des Nachlassgerichts, weil er die

---

[56] Jansen/Müller-Lukoschek § 87 Rn 2.
[57] BayObLGZ 1983, 101/107.
[58] KG RJA 3, 10 = KGJ 23 A, 197.
[59] Jansen/Müller-Lukoschek § 86 Rn 52; a. A. Weißler, Nachlassverfahren II, 102.
[60] Weißler a. a. O.; A. Schlegelberger § 86 Rn 18.
[61] KG OLGE 14, 154; Horndasch/Viefhues/Heinemann § 363 Rn 17.

Auseinandersetzung für unwirksam hält, so steht es im Ermessen des Nachlassgerichts, ob es erneut tätig werden will.[62]

46 Die Vorlage eines **Erbscheins** ist keine Voraussetzung für die Ausübung des Antragsrechts. Wird das Erbrecht des Antragstellers von einem anderen Beteiligten bestritten, dann kann ihm aufgegeben werden, einen Erbschein vorzulegen oder es wird nach § 370 verfahren.[63]

47 Ist ein Ehegatte Miterbe, so ist er bei Gütertrennung und bei gesetzlichem Güterstand allein antragsberechtigt (§§ 1414, 1364 BGB). Bei **Gütergemeinschaft** ist, wenn die Erbschaft in das Vorbehaltsgut eines Ehegatten gefallen ist, dieser zum Antrag berechtigt. Ist sie in das Gesamtgut gefallen, so steht das Antragsrecht bei Verwaltung durch den Mann oder die Frau dem verwaltungsberechtigten Ehegatten zu (§ 1422 BGB; Ausnahme § 1429 BGB), bei gemeinschaftlicher Verwaltung beiden Ehegatten (§§ 1450, 1451 BGB; vgl. aber auch § 1454 BGB).

48 Der für einen Anteil bestellte **Testamentsvollstrecker** ist antragsberechtigt, nicht der Miterbe selbst.[64] Stehen alle Miterbenanteile unter Testamentsvollstreckung, kann wegen § 2204 BGB ohnehin kein Vermittlungsverfahren nach § 363 stattfinden.

49 Ist der antragsberechtigte Miterbe nach dem Tod des Erblassers **gestorben,** so ist antragsberechtigt sein Erbe; wird er von mehreren Personen beerbt ist jeder Miterbe ohne Mitwirkung der übrigen Miterben für sich antragsberechtigt (vgl. § 2039 BGB).[65] In einem solchen Fall bestehen zwei Erbengemeinschaften nebeneinander: die Ober-Erbengemeinschaft, die auseinandergesetzt werden soll, und die **Untererbengemeinschaft** (Erbeserbengemeinschaft). Die Mitglieder der Untererbengemeinschaft sind aber nicht als Einzelpersonen Mitglieder der Ober-Erbengemeinschaft geworden, sondern ihre Erbengemeinschaft hält einen Anteil daran. Deshalb könnte ein Erbeserbe über den Anteil an der Ober-Erbengemeinschaft nur gemeinsam mit den anderen Erbeserben verfügen (§ 2040 BGB). Antragsberechtigt ist nach dem Tod des Miterben auch ein für den Erbeserben bestellter Testamentsvollstrecker, Nachlassverwalter oder Nachlasspfleger.[66]

50 **b) Erwerber eines Erbteiles.** Der Erwerber eines Erbteiles (§ 1922 Abs. 2 BGB). Zur Veräußerung eines Erbteiles vgl. die §§ 2033, 2037, 2371 ff., 2385 BGB; auch wer den Erbteil von einem früheren Erwerber erworben hat, ist antragsberechtigt. Kein Antragsrecht hat dagegen der, dem der Miterbe die Gegenstände übertragen hat, was er bei der Auseinandersetzung zu bekommen habe; hier ist der Erbteil Vermögen des Erben geblieben, der andere hat nur Anspruch auf Abtretung und Übertragung der Nachlassgegenstände, die bei der Teilung dem Erben zugeteilt werden.[67] Auch für das Zuweisungsverfahren (§§ 13 ff. GrdstVG) ist der Erbteilserwerber antragsberechtigt.[68]

51 **c) Zustehendes Pfandrecht.** Antragsberechtigt ist auch, wem ein Pfandrecht an einem Erbteil zusteht. Es macht keinen Unterschied, ob das Pfandrecht durch Vertrag, der notarieller Form bedarf (§§ 398, 413, 1274 Abs. 1 S. 1, 2033 Abs. 1 S. 2 BGB), oder Pfändung des Erbteils (§ 859 Abs. 2 ZPO)[69] – nicht bloß des Anspruchs auf Herausgabe der zugewiesenen Gegenstände[70] – entstanden ist. Der Erbe bleibt daneben selbständig antragsberechtigt.

52 Der **Pfändungspfandgläubiger** hat das Antragsrecht nur, wenn der Schuldtitel rechtskräftig ist, dagegen nicht, wenn dieser nur vorläufig vollstreckbar ist (§ 2042 Abs. 2 mit § 751 S. 2 BGB); deshalb ist auch der Arrestpfandgläubiger nicht antragsberechtigt.[71] Überweisung ist nicht erforderlich.

---

[62] LG Heilbronn Justiz 1976, 259.
[63] OLG München JFG 15, 161/165.
[64] KG KGJ 28 A 16; Jansen/Müller-Lukoschek § 86 Rn 28.
[65] Jansen/Müller-Lukoschek § 86 Rn 32.
[66] Jansen/Müller-Lukoschek § 86 Rn 32.
[67] RGZ 60, 126.
[68] Palandt/Weidlich § 2042 Rn 24 mit weiteren Hinweisen.
[69] RGZ 87, 321/327; BayObLG NJW 1957, 386; Ripfel NJW 1958, 692.
[70] Vgl. dazu KG KGJ 42, 228/235.
[71] Schlegelberger § 86 Rn 15; a. A. Horndasch/Viefhues/Heinemann § 363 Rn 23.

Der **Vertragspfandgläubiger** kann im Hinblick auf § 1258 Abs. 2 BGB vor dem **53** Eintritt der Verkaufsberechtigung hinsichtlich des Erbteiles den Antrag nur gemeinschaftlich mit dem Erben, dessen Erbteil verpfändet ist, wirksam stellen; nach diesem Zeitpunkt kann er den Antrag allein stellen und ist an eine Vereinbarung des Miterben, durch die das Recht, die Aufhebung der Gemeinschaft zu verlangen, für immer oder auf Zeit ausgeschlossen ist, nicht gebunden.[72] Auch den Pfändungspfandgläubiger bindet eine solche Vereinbarung nicht (§ 2042 Abs. 2 mit § 751 S. 2 BGB); er ist auch an ein Teilungsverbot des Erblassers nicht gebunden (§§ 2044 Abs. 1, 751 S. 2 BGB).

An den bei der Teilung dem Miterben zugewiesenen Gegenständen erwirbt der Pfand- **54** gläubiger kraft Gesetzes ein Pfandrecht und hat nicht nur einen Anspruch auf Bestellung des Pfandrechts. Mit dem Wegfall des ursprünglichen Gegenstandes des Pfandrechts, des Miterbanteils, tritt an seine Stelle im Wege der dinglichen **Surrogation** der auf den einzelnen Miterben entfallende Gegenstand.[73] Es gibt keine Begründung dafür, dass der Pfandgläubiger auf einen obligatorischen Anspruch auf Bestellung eines neuen Pfandrechts angewiesen sein soll. Der Pfandgläubiger verliert das Antragsrecht, wenn der Erbe die Erbschaft ausschlägt.

d) Zustehender Nießbrauch. Antragsberechtigt ist auch derjenige, dem ein Nieß- **55** brauch an einem Erbteil zusteht. Er kann den Antrag zwar selbständig stellen, die Auseinandersetzung selbst kann jedoch nicht ohne Mitwirkung und Zuziehung des Miterben (Bestellers) vom Nießbraucher an Stelle dieses Miterben durchgeführt werden (§ 1066 Abs. 2 BGB).[74] Der Erbe ist auch selbständig zur Antragstellung berechtigt.

e) Gesetzliche Vertretung. Steht der **Antragsberechtigte unter elterlicher Sor-** **56** **ge,** so sind gesetzliche Vertreter grundsätzlich die Eltern und damit antragsberechtigt; ein Elternteil vertritt das Kind, wenn ihm die elterliche Sorge allein übertragen ist. Ein Vertretungsausschluss besteht im Falle des § 1629 Abs. 2 BGB. Auch wenn die Eltern von der Vermögensverwaltung für die Erbschaft ausgeschlossen sind (§ 1638 Abs. 1 BGB), ist ein Pfleger zur Antragstellung zu bestellen (§ 1909 BGB); ist dies nur bei einem Elternteil erfolgt, so ist der andere vertretungs- und antragsberechtigt (§ 1638 Abs. 3 BGB).

Eltern benötigen für die Antragstellung in Vertretung des Kindes nicht die Genehmi- **57** gung des Familiengerichts (§ 1643 Abs. 1 BGB). Auch der Vormund, Pfleger, **Betreuer** bedarf zur Antragstellung keiner Genehmigung des Familiengerichts bzw. Betreuungsgerichts,[75] der Vormund auch nicht der Genehmigung des Gegenvormunds. Anders ist es beim Abschluss der Vereinbarung; vgl. Rn 8.

Ein **Testamentsvollstrecker,** dem nur die Verwaltung des Erbteils eines Kindes über- **58** tragen ist, ist antragsberechtigt für die Vermittlung der Erbauseinandersetzung mit dessen Miterben.[76]

f) Keine Antragsberechtigung. Nicht antragsberechtigt ist der **Nachlassgläubiger,**[77] **59** also auch nicht der Vermächtnisnehmer, regelmäßig nicht der Pflichtteilsberechtigte. Nicht antragsberechtigt sind ferner der Nachlassverwalter, der Nachlasspfleger,[78] der Nachlassinsolvenzverwalter und der Testamentsvollstrecker, jeweils soweit sie für den ganzen auseinanderzusetzenden Nachlass bestellt wurden (anders wenn sie für den Anteil eines Miterben bestellt wurden).

g) Entscheidung über das Antragsrecht. Über das Antragsrecht hat das **Nach-** **60** **lassgericht** zu entscheiden.[79] Bei Bejahung ergeht kein gesonderter Beschluss, das Verfahren wird einfach weiterbetrieben.[80] Der Weiterbetrieb ist nicht anfechtbar, da

---

[72] A. A. Jansen/Müller-Lukoschek § 86 Rn 34.
[73] BGH NJW 1969, 1347/1903.
[74] Staudinger/Promberger § 1089 Rn 33; Schlegelberger § 86 Rn 16; KG KGJ 48, 161.
[75] MünchKommZPO/J. Mayer § 363 FamFG Rn 21.
[76] KG KGJ 28 A. 17.
[77] BayObLGZ 1983, 101/107; Firsching/Graf Rn 4908.
[78] MünchKommZPO/J. Mayer § 363 FamFG Rn 23.
[79] OLG München JFG 15, 161/165.
[80] A. A Prütting/Helms/Fröhler § 363 Rn 58: es müsse ein Einleitungsbeschluss ergehen.

keine Entscheidung im Sinne des § 58 vorliegt;[81] vgl Rn 92. Bei Verneinung wird der Antrag zurückgewiesen; Kosten §§ 81 ff. Hängt das Antragsrecht von dem Bestehen des Erbrechts ab, so kann das Gericht entweder nach § 370 verfahren oder dem Antragsteller aufgeben, den Nachweis des Erbrechts durch Erbscheinvorlage beizubringen.[82]

7. Beteiligte

61 Das FamFG sagt nicht, wer in Teilungssachen „Beteiligter" ist. Deshalb kommt es auf die Grundregel des § 7 an:[83] der **Antragsteller** ist formell Beteiligter (§ 7 Abs. 1); als Beteiligte sind hinzuziehen diejenigen, deren Recht durch das Verfahren unmittelbar betroffen werden (§ 7 Abs. 2). Mögliche Beteiligte im Sinne von § 7 Abs. 3 sind nicht ersichtlich. Wenn ein Hinzugezogener geltend macht, nicht Beteiligter zu sein (etwa nachdem ihm die Antragsschrift zugestellt wurde), ist er darauf angewiesen, in der ersten Verhandlung dies vorzutragen und zu verlangen, dass es in die Niederschrift aufgenommen wird. Das Verfahren muss dann zeitlich unbegrenzt ausgesetzt werden (§ 370 S. 1) und im Zivilprozess ist die streitige Frage zu klären. Ein Beschwerderecht gegen die Ladung hat dieser Nichtbeteiligte jedenfalls nicht, weil § 58 nur noch Endentscheidungen für beschwerdefähig erachtet.[84] **Unmittelbar betroffen** im Sinne von § 7 Abs. 2 sind die Personen, von deren Mitwirkung nach bürgerlichem Recht die Wirksamkeit der Auseinandersetzung abhängt,[85] nämlich:

62 a) **Erben.** Die Erben (wenn ein anderer Antragsberechtigter das Verfahren beantragt hat); **alle anderen Miterben,** soweit sie noch der Erbengemeinschaft angehören, wenn ein Miterbe den Antrag gestellt hat.

63 b) **Nacherben.** Der Nacherbe, wenn dessen Zustimmung notwendig ist, so insbesondere im Falle des § 2113 BGB, wenn Grundstücke oder Rechte an solchen zum Nachlass gehören, sofern nicht der Vorerbe von der Beschränkung des § 2113 BGB befreit ist (§§ 2136, 2137 BGB).[86]

64 c) **Erwerber eines Erbteiles.** Der Erwerber eines Erbteiles an Stelle des Erben (§§ 2033 ff., 2371 ff., 2385 BGB), so der Rechtsnachfolger von Todes wegen eines Miterben, ferner der Testamentsvollstrecker, der Nachlass- oder Insolvenzverwalter für den Nachlass eines verstorbenen Miterben.[87]

65 d) **Nießbraucher.** Der Nießbraucher an einem Erbteil (§§ 1089, 1066 Abs. 1, 2 BGB) und derjenige, dem ein Pfandrecht oder Pfändungspfandrecht[88] an einem Erbteil zusteht (§ 1258 Abs. 1, 2 BGB), neben dem Miterben;[89] dass ein Dritter mit der Behauptung, es stehe ihm ein Pfandrecht an einem Erbteil zu, im Termin Widerspruch erhebt, hindert die Beurkundung der Vereinbarungen nicht;[90] die ohne Zuziehung des Pfandgläubigers erfolgte Auseinandersetzung ist für diesen unverbindlich.[91]

66 e) **Ehegatte.** Wenn ein Ehegatte als Erbe beteiligt ist, ist je nach **Güterstand** zu unterscheiden: Leben die Ehegatten im Güterstand der Gütertrennung (§ 1414 BGB) oder im gesetzlichen Güterstand (der Zugewinngemeinschaft, §§ 1363 ff. BGB), so ist nur der Ehegatte beteiligt, der Erbe geworden ist, im gesetzlichen Güterstand kann sich aber im Hinblick auf §§ 1365 bis 1367 BGB eine Mitbeteiligung des anderen Ehegatten ergeben. Bei Gütergemeinschaft (§§ 1415 ff. BGB) ist zu unterscheiden: Gehört die Erbschaft zum

---

[81] MünchKommZPO/J. Mayer § 363 FamFG Rn 34; aA Bumiller/Harders § 363 Rn 11; Prütting/Helms/Fröhler § 363 Rn 58: anfechtbar nach § 58. Diese aA folgt KG RJA 6, 35 (zum FGG) und übersieht die Änderungen durch das FamFG.
[82] Vgl. hierzu BayObLGZ 30, 270.
[83] Prütting/Helms/Fröhler § 363 Rn 13; MünchKommZPO/J. Mayer § 363 FamFG Rn 31.
[84] MünchKommZPO/J. Mayer § 363 Rn 34.
[85] BayObLGZ 1983, 101/103.
[86] KG DJZ 1907, 300.
[87] MünchKommZPO/J. Mayer § 363 FamFG Rn 31.
[88] Josef BayNotV 1927, 168.
[89] KG KGJ 48, 161.
[90] KG RJA 5, 230.
[91] Josef ZBlFG 4, 242; vgl. auch KG ZBlFG 5, 799.

Vorbehaltsgut (§ 1418 Abs. 1 Nr. 2 BGB), so ist nur der erbende Ehegatte beteiligt. Fällt sie in das Gesamtgut und wird dieses vom erbenden Ehegatten verwaltet (§§ 1422 ff. BGB), so ist grundsätzlich nur dieser beteiligt; gehört aber Grundbesitz zum Nachlass, so sind im Hinblick auf § 1424 BGB beide Ehegatten beteiligt. Fällt die Erbschaft in das Gesamtgut und wird das Gesamtgut vom nichterbenden Ehegatten verwaltet, so ist grundsätzlich nur dieser, nicht auch der erbende Ehegatte beteiligt, jedoch kann sich ebenfalls eine Mitbeteiligung aus § 1424 BGB ergeben. § 1432 BGB steht dem nicht entgegen, da er dem nichtverwaltenden Ehegatten nur das Recht zur Annahme oder Ausschlagung der Erbschaft einräumt. Wird das Gesamtgut von den Ehegatten gemeinschaftlich verwaltet (§§ 1450 ff.), so sind beide Ehegatten beteiligt (§§ 1450, 1451; 1455 Nr. 1 BGB steht nicht entgegen).

f) Gesetzlicher Vertreter. Ein Beteiligter wird durch seinen gesetzlichen Vertreter **67** vertreten. Der Betreuer, Vormund, Pfleger braucht nach § 1822 Nr. 2 BGB für eine Auseinandersetzungsvereinbarung die Genehmigung des Betreuungsgerichts bzw. Familiengerichts, nicht aber für die Antragstellung, nicht für das Verhandeln im Termin. Beteiligte können sich rechtsgeschäftlich vertreten lassen (§ 10). Ein **Testamentsvollstrecker** ist zwar kein gesetzlicher Vertreter eines Erben, aber aus eigenem Recht Beteiligter, wenn ihm die Verwaltung eines Miterbenanteils oder die Rechte nach §§ 2222, 2223 BGB übertragen sind.[92]

g) Abwesenheit eines Beteiligten. Ist ein Beteiligter abwesend und liegen die Voraus- **68** setzungen der Abwesenheitspflegschaft (§ 1911 BGB) vor, so hat das Nachlassgericht für die Bestellung eines Pflegers zur Wahrnehmung der Rechte des Abwesenden im Auseinandersetzungsverfahren zu sorgen; es kann die Bestellung bei dem Familiengericht anregen oder selbst den Pfleger ernennen (§ 364).

h) Keine Beteiligte. Beteiligt sind nicht die **Nachlassgläubiger,** also auch nicht die **69** Vermächtnisnehmer[93] und regelmäßig nicht der Pflichtteilsberechtigte, außer wenn er ausnahmsweise Erbe ist (vgl § 2305 BGB); ferner die Gläubiger eines Miterben, auch nicht das Familiengericht, das etwa zur Genehmigung der Teilung für einen Miterben berufen ist.

8. Verfahren und Entscheidung

a) Verfahren. Für den Antrag gelten die allgemeinen Regeln des § 23, ergänzt durch **70** § 363 Abs. 3 (Rn 41). Der Antragsteller soll die anderen Beteiligten im Antrag angeben (§ 363 Abs. 3). Geschieht dies nicht, ist eine Rückfrage beim Antragsteller zweckmäßig. Liegt ein Erbschein vor, ergeben sich die Miterben ohnehin aus der Nachlassakte bzw. dem Erbschein. Eine Zuziehung weiterer Beteiligter (§ 7 Abs. 3) ist nicht erforderlich. Das Gericht soll sodann den Antrag den übrigen Beteiligten übermitteln (§ 23 Abs. 2).

b) Vertretung durch Bevollmächtigte. Antragsteller und andere Beteiligte können **71** sich in dem Verfahren jederzeit durch einen Bevollmächtigten vertreten lassen; es gelten die allgemeinen Vorschriften des § 10.[94] Geschäftsführer ohne Auftrag können nicht zugelassen werden.[95]

c) Entscheidung

aa) Zurückweisung des Antrags. Sie erfolgt durch Beschluss (§ 38 FamFG), mit Rechts- **72** behelfsbelehrung (§ 39 FamFG; befristete Beschwerde). Zulässig ist die Zurückweisung, wenn der Antragsteller kein Antragsrecht hat; wird es von den anderen Beteiligte bestritten, ist diese Frage vom Nachlassgericht als Vorfrage zu klären.[96] Der Widerspruch eines anderen Beteiligten hindert die Einleitung des Verfahrens nicht.[97] Der Antrag ist ferner unzulässig, wenn bereits im Zeitpunkt des Antrags streitige Rechtsfragen (etwa ob der Antragsteller überhaupt Miterbe ist; wie ein Testament auszulegen ist) auftreten, da diese nur vor dem

---

[92] MünchKommZPO/J. Mayer § 363 FamFG Rn 31.
[93] WürttNotV 1952, 61; Kehrer WürttNotV 1953, 274.
[94] BayObLGZ 5, 1.
[95] KG OLG 41, 17; Jansen/Müller-Lukoschek § 86 Rn 45.
[96] A. A. OLG Jena RJA 1, 184.
[97] BayObLGZ 4, 500; 21, 18; KG NJW 1965, 1538; KG KGJ 27 A 291; 44, 120; Schlegelberger § 86 Rn 3.

Prozessgericht zu klären sind;[98] weil das Verfahren sofort auszusetzen wäre, darf es gar nicht erst eingeleitet werden. Die mangelnde Einigung der Beteiligten über den Wert der Teilungsmasse berechtigt nicht zur Ablehnung des Antrags.[99]

73 *bb) Aussetzung des Verfahrens.* Eine Aussetzung des Verfahrens kommt im Fall des § 370 in Frage. Nach einem Scheitern des Vermittlungsversuchs darf aber das Verfahren nicht fortgesetzt werden.[100] Daneben ist eine „Einstellung" des Verfahrens nicht vorgesehen.

74 *cc) Keine Antragszurückweisung.* Erfolgt keine Antragszurückweisung und keine Aussetzung, wird das Verfahren fortgesetzt (Rn 85).

IV. Sonderfall: Land- und Forstwirtschaftliche Betriebe

75 Die gerichtliche Zuweisung eines land- oder forstwirtschaftlichen Betriebs ist in §§ 13–17 GrdstVG für das Bundesgebiet einheitlich geregelt.[101] Die sachliche Zuständigkeit des Landwirtschaftsgerichts (AG) für das Zuweisungsverfahren ergibt sich aus § 1 Nr. 2 LwVG.

1. Gegenstand des Zuweisungsverfahrens

76 Gegenstand des Zuweisungsverfahrens ist ein landwirt- oder forstwirtschaftlicher Betrieb, der einer durch gesetzliche Erbfolge entstandenen Erbengemeinschaft gehört (§ 13 Abs. 1 S. 1 GrdstVG). Voraussetzung ist, dass der Betrieb mit einer zur Bewirtschaftung geeigneten Hofstelle versehen ist und seine Erträge ohne Rücksicht auf die privatrechtlichen Belastungen im Wesentlichen zum Unterhalt einer bäuerlichen Familie ausreichen (§ 14 Abs. 1 S. 1 GrdstVG).[102] Grundstücke, bei denen nach ihrer Lage und Beschaffenheit anzunehmen ist, dass sie in absehbarer Zeit anderen als landwirtschaftlichen Zwecken dienen werden, z. B. Bauland, sollen von der Zuweisung ausgenommen werden (§ 13 Abs. 1 S. 2 GrdstVG). Dagegen hat das Gericht die Zuweisung auf Zubehörstücke, Miteigentums-, Kapital- und Geschäftsanteile, dingliche Nutzungsrechte und ähnliche Rechte zu erstrecken, soweit diese Gegenstände zur ordnungsgemäßen Bewirtschaftung des Betriebs notwendig sind (§ 13 Abs. 1 S. 3 GrdstVG).

77 Der **Betrieb** ist demjenigen Miterben (Erwerber) zuzuweisen, dem er nach dem wirklichen oder mutmaßlichen Willen des Erblassers zugedacht war (§ 15 Abs. 1 S. 1 GrdstVG).[103] Ist der Miterbe nicht Abkömmling und nicht der überlebende Ehegatte des Erblassers, so ist die Zuweisung an ihn nur zulässig, wenn er den Betrieb bewohnt und bewirtschaftet. Sie ist ausgeschlossen, wenn der Miterbe zur Übernahme des Betriebs nicht bereit oder zu seiner ordnungsgemäßen Bewirtschaftung nicht geeignet ist (§ 15 Abs. 1 S. 3 GrdstVG). Eine Zuweisung an den Erbteilserwerber ist ebenso ausgeschlossen wie an den veräußernden Miterben. Ausgeschlossen ist wohl auch die Zuweisung an einen Erbeserben,[104] aber nicht, wenn er Abkömmling des Erblassers ist.

78 Die Zuweisung umfasst grundsätzlich die Gesamtheit der im Miteigentum der Erbengemeinschaft stehenden Grundstücke, aus denen der landwirtschaftliche Betrieb besteht. Kann der Betrieb in mehrere Betriebe geteilt werden, so kann er geteilt einzelnen Miterben zugeteilt werden (§§ 13 Abs. 1 S. 1, 15 Abs. 2 GrdstVG). Liegen alle Voraussetzungen für die Zuweisung vor, so ist das Gericht grundsätzlich zur Zuweisung verpflichtet.[105]

---

[98] OLG Düsseldorf FGPrax 2002, 231: der Erblasser hatte Losentscheidung angeordnet und es war streitig, ob zwei oder fünf Beteiligte ein Los ziehen dürfen. Das hing aber von der Auslegung des Testaments ab.
[99] OLG München DFG 1936, 239.
[100] KG NJW 1965, 1538; OLG Colmar RJA 16, 68.
[101] Vgl. Jansen/Müller-Lukoschek § 86 Rn 54, 55. Für einen Hof im Sinne des § 1 HöfeO kommt ein Zuweisungsverfahren nur in Betracht, wenn dieser nach § 10 HöfeO verwaist ist und sich deshalb nach BGB vererbt (Lange/Wulff/Lüdtke-Handjery Rn 132–134).
[102] Über die Voraussetzungen im Einzelnen vgl. OLG Köln RdL 1964, 294 mit Anm. Wöhrmann.
[103] Vgl. hierzu Lange § 15 GrdstVG Anm. 4; OLG Köln RdL 1964, 294.
[104] Vgl. Drummen MittRhNotK 1961, 864/865.
[105] Vgl. Drummen MittRhNotK 1961, 866; Lange § 13 GrdstVG Anm. 8.

2. Ausschluss des Zuweisungsverfahrens

Das Zuweisungsverfahren ist ausgeschlossen, wenn die Erbengemeinschaft durch eine **Verfügung von Todes wegen** entstanden ist, auch wenn die Verfügung mit der gesetzlichen Erbfolge übereinstimmt.[106] Sie entfällt aber nicht dadurch, dass ein Miterbe stirbt und eine zweite Erbengemeinschaft hinterlässt.[107] Die Erbengemeinschaft muss zur Zeit des Zuweisungsverfahrens noch bestehen; ist sie bereits auseinandergesetzt, etwa in Bruchteilseigentum, so ist das Zuweisungsverfahren ausgeschlossen,[108] denn nach § 14 Abs. 2 GrdstVG ist die Zuweisung nur zulässig, wenn sich die Miterben über die Auseinandersetzung nicht einigen oder eine von ihnen vereinbarte Einigung nicht vollzogen werden kann.

Die **Zuweisung ist auch unzulässig,** solange die Auseinandersetzung ausgeschlossen ist, z. B. letztwillige Verfügung des Erblassers (§ 2044 BGB), oder ein zu ihrer Bewirkung berechtigter Testamentsvollstrecker vorhanden ist oder ein Miterbe ihren Aufschub verlangen kann (s. §§ 2043, 2045 BGB).[109] Das Zuweisungsverfahren ist grundsätzlich auch unzulässig, wenn der Erblasser eine Teilungsanordnung getroffen hat.[110]

3. Einleitung des Zuweisungsverfahrens

Sie erfolgt auf Antrag eines Miterben. Ist ein Miterbe verstorben, so gehen sein Erbteil und sein Antragsrecht auf seine Erben über.[111] Dem rechtsgeschäftlichen Erbteilserwerber steht das Antragsrecht ebenfalls zu, nicht aber dem veräußernden Miterben.[112] Der Antrag muss eindeutig erkennen lassen, dass er die Zuweisung zum Gegenstand hat und nicht ein Verfahren nach § 363. Im Zweifel ist eine Rückfrage beim Antragsteller notwendig.

4. Abfindung der weichenden Erben

Die Abfindung der weichenden Erben ist in §§ 16, 17 GrdstVG geregelt. Ihnen steht anstelle der Erbteile ein Anspruch auf Zahlung des Geldbetrages zu, der dem Wert des Anteils an dem zugewiesenen Betrieb entspricht. Der Betrieb ist zum **Ertragswert** anzusetzen (§ 2049 BGB; vgl. Art. 137 EGBGB und das dazu ergangene Landesrecht; meist 18-facher Jahresreinertrag),[113] der im Regelfall viel geringer als der Verkehrswert ist. Die Nachlassverbindlichkeiten sind zunächst aus dem außer dem Betrieb vorhandenen Vermögen zu berichtigen, soweit es hierzu ausreicht. Soweit der übrige Nachlass nicht ausreicht, sind die noch bestehenden Nachlassverbindlichkeiten von dem festgestellten Wert abzuziehen.[114] Die Berechnung der Miterbenanteile setzt die Ausgleichung der Vorausempfänge (§§ 2050 ff. BGB) voraus.[115]

Ist eine **Nachlassverbindlichkeit** an einem zum Betrieb gehörigen Grundstück **dinglich gesichert,** so kann das Gericht auf Antrag mit Zustimmung des Gläubigers festsetzen, dass der Erwerber dem Gläubiger allein haftet (§ 16 Abs. 2 S. 2, 3 GrdstVG). Über die Zulässigkeit der **Stundung der Abfindung,** der Festsetzung ihrer Verzinsung und der Sicherheitsleistung vgl. § 16 Abs. 3 GrdstVG. § 16 Abs. 4 lässt es auf Antrag eines Miterben zu, bei der Zuweisung festzusetzen, dass der Miterbe statt durch Zahlung eines Geldbetrages ganz oder teilweise durch Übereignung eines bei der Zuweisung bestimmten Grundstücks abzufinden ist;[116] über Abfindung durch ein beschränktes dingliches Recht an dem zugewiesenen Grundstück vgl. § 16 Abs. 5 GrdstVG.

---

[106] BGH NJW 1963, 2170 = Rpfleger 1963, 343 mit Anm. Haegele.
[107] Bergmann SchlHA 1961, 312; Schulte RdL 1961, 279; Lange § 13 GrdStVG Anm. 5.
[108] Drummen MittRhNotK 1961, 859; Lange § 14 GrdstVG Anm. 6.
[109] Vgl. Drummen MittRhNotK 1961, 862; Lange § 14 GrdstVG Anm. 7.
[110] Vgl. Lange zu § 14 GdrstVG Anm. 11.
[111] Drummen MittRhNotK 1961, 860.
[112] Drummen MittRhNotK 1961, 860/861.
[113] Vgl. dazu BGH NJW 1964, 1323; BGH RdL 1965, 179; OLG Köln RdL 1964, 294; Fritzen RdL 1963, 5; Müller-Feldhammer ZEV 1995, 161; MünchKommBGB/Ann § 2049 Rn 9.
[114] Vgl. Drummen MittRhNotK 1961, 868; Lange § 16 GrdstVG Anm. 5.
[115] Bergmann SchlHA 1961, 314.
[116] Lange § 16 GrdstVG Anm. 7.

84 § 17 GrdstVG gewährt den weichenden Miterben unter den dort festgestellten Voraussetzungen einen **Abfindungsergänzungsanspruch**.

5. Verfahren

85 Sachlich **zuständig** ist das AG (Abt. Landwirtschaftsgericht), § 2 LwVG. Örtlich zuständig ist das AG, in dessen Bezirk die Hofstelle liegt (§ 10 LwVG). Das Gericht ist besetzt mit einem Amtsrichter und zwei ehrenamtlichen Beisitzern aus dem Bereich der Landwirtschaft (§ 2 Abs. 2 LwVG); die Zuständigkeit liegt also nicht beim Rechtspfleger.

86 Das Verfahren wird eingeleitet durch den **Antrag** eines Miterben (Rn 81). Der Antrag soll die Gegenstände bezeichnen, deren Zuweisung beantragt wird (§ 32a S. 1 LwVG). Für das Verfahren ist das LwVG maßgebend. Es gilt der Amtsermittlungsgrundsatz (§ 9 LwVG).[117] Vor der Entscheidung soll das Gericht auf eine Einigung der Miterben hinwirken.[118] In der Entscheidung über die Zuweisung des Betriebs sollen die zugewiesenen Gegenstände bezeichnet werden (§ 32a S. 2 LwVG).[119] Die Zuweisung des Betriebs und die Festsetzung der Abfindungen haben in demselben Beschluss zu erfolgen.[120] Die Festsetzung der Geldabfindung und der Abfindung mit Grundstücken kann mit verurteilender Wirkung, bei Grundstücken durch Verurteilung zur Auflassung, erfolgen.[121]

87 Das Gericht entscheidet durch **Beschluss** (§ 38 FamFG), der zu begründen (§ 39 FamFG) und dem Antragsteller sowie den Miterben, auch dem Gläubiger, der nach § 16 Abs. 2 GrdstVG die Miterben als Schuldner verliert,[122] bekannt zu geben (§ 41 FamFG), gegebenenfalls zuzustellen (§ 41 Abs. 1 S. 2 FamFG), ist. Die Entscheidung wird erst mit Eintritt der Rechtskraft wirksam (§ 30 Abs. 1 LwVG); über Rechtsmittel vgl. § 58 FamFG (§§ 22 bis 29, 31 LwVG wurden durch das FGG-RG aufgehoben). Beschwerdegericht ist das OLG.

88 Das Eigentum an den zugewiesenen Sachen und die zugewiesenen Rechte gehen mit der Rechtskraft der gerichtlichen Entscheidung oder, falls in dieser ein späterer Zeitpunkt bestimmt ist, zu diesem Zeitpunkt auf den Miterben über, dem der Betrieb zugewiesen ist (Erwerber; § 13 Abs. 2, auch § 15 Abs. 2 GrdstVG). Ist das Verfahren rechtskräftig abgeschlossen, so ersucht der Vorsitzende des Gerichts des ersten Rechtszugs das Grundbuchamt um Eintragung des Erwerbers (§ 32a S. 3 LwVG). Die Kostenregelung enthält § 36a LwVG.

6. Verhältnis des Zuweisungsverfahrens zum Verfahren nach §§ 363 ff.

89 Das Verfahren nach §§ 363 ff. dient der Vermittlung der Nachlassauseinandersetzung; es hat den Vorrang vor dem Verfahren nach dem GrdstVG, weil es den gesamten Nachlass erfasst und nicht nur einen land- oder forstwirtschaftlichen Betrieb. Einigen sich Miterben im Verfahren nach §§ 363 ff. über die Auseinandersetzung, so kommt eine gerichtliche Zuweisung nicht mehr in Frage (vgl. § 14 Abs. 2 GrdstVG). Beantragt der eine Miterbe ein Zuweisungsverfahren und der andere Miterbe ein Verfahren nach §§ 363 ff., ist zunächst das Verfahren nach §§ 363 ff. durchzuführen und das Zuweisungsverfahren auszusetzen.[123] Der Zuweisungsantrag hat aber nicht zur Voraussetzung, dass ein Verfahren nach §§ 363 ff. erfolglos versucht worden ist. Besteht das ererbte Vermögen der Erbengemeinschaft aus einem landwirtschaftlichen Betrieb und nicht von der Zuweisung erfasstem Vermögen, so kann unabhängig vom Zuweisungsverfahren hinsichtlich des letzteren ein Verfahren nach §§ 363 ff. durchgeführt werden.[124]

---

[117] Vgl. hierzu auch Bergmann SchlHA 1961, 316.
[118] Lange § 16 GrdstVG Anm. 10.
[119] Zubehörstücke sind einzeln aufzuführen, OLG Köln RdL 1964, 294.
[120] Lange § 16 GrdstVG Anm. 10; dort auch ein Musterbeschluss.
[121] OLG Köln RdL 1964, 294.
[122] Bergmann SchlHA 1961, 316 Fn. 85.
[123] Lange § 14 GrdstVG Anm. 5; Jansen/Müller-Lukoschek § 86 Rn 54, 55.
[124] KG NJW 1965, 1538; Jansen/Müller-Lukoschek § 86 Rn 55; Lange § 13 GrdstVG Anm. 6.

Für die **gerichtliche Vermittlung der Auseinandersetzung** nach §§ 363 ff. FGG ist, 90
auch wenn ein landwirtschaftlicher Betrieb oder ein Hof im Sinne der HöfeO zum Nachlass
gehört, ausschließlich das Nachlassgericht, nicht das Landwirtschaftsgericht zuständig.[125]

7. Verhältnis zum Zwangsversteigerungsverfahren

Über das Verhältnis des Zuweisungsverfahrens zum Zwangsversteigerungsverfahren 91
zwecks Aufhebung der Erbengemeinschaft an einem landwirtschaftlichen Betrieb vgl. § 185
ZVG.

V. Rechtsmittel

1. Gegen die Einleitung des Verfahrens

Eine Beschwerde ist nicht statthaft, weil noch keine Endentscheidung (§ 58 Abs. 1) 92
vorliegt;[126] vgl Rn 60. Eine beschlussmäßige Feststellung, dass das Verfahren zulässig sei, ist
im FamFG nicht vorgesehen und also unzulässig.[127] Auch die Ladung zum Termin ist
deshalb nicht mit Beschwerde anfechtbar, auch nicht mit der Begründung, man sei kein
Beteiligter.[128]

2. Gegen die Zurückweisung des Antrags

Hier steht dem ursprünglichen Antragsteller die Beschwerde zu (§§ 58, 59 Abs. 2; Frist: 93
§ 63). Beschwerdegericht ist das OLG (§ 119 Abs. 1 Nr. 1 b GVG). Auch die Zurückweisung des Antrags eines neu auftretenden Beteiligten, zum Verfahren hinzugezogen zu
werden, ist mit Beschwerde (§ 58) anfechtbar.[129]

3. Landesrecht

Wegen der „sofortigen" Beschwerde gegen die Überweisung an einen Notar im Gel- 94
tungsbereich des PreußFGG vgl. Art. 21 Abs. 3 PrFGG, in Nordrhein-Westfalen § 80
Abs. 3 JustG NRW. Der Notar selbst kann den Überweisungsbeschluss nicht anfechten.[130]

VI. Kosten

Die Gerichtsgebühren der gerichtlichen Auseinandersetzung ergeben sich aus § 116 95
KostO; Kostenschuldner sind alle Antragsberechtigten als Gesamtschuldner (§ 116 Abs. 6
KostO). Im Innenverhältnis der Beteiligten zueinander fallen die Kosten der Masse zur Last,
soweit in dem Auseinandersetzungsverfahren nichts anderes bestimmt ist.

Eine Kostenerstattung kann angeordnet werden (§§ 80 ff. FamFG);[131] entgegen stehendes Landesrecht ist überholt. Notargebühren[132] vgl. § 148 KostO.

Pflegschaft für abwesende Beteiligte

364 ¹Das Nachlassgericht kann einem abwesenden Beteiligten für das Auseinandersetzungsverfahren einen Pfleger bestellen, wenn die Voraussetzungen der
Abwesenheitspflegschaft vorliegen. ²Für die Pflegschaft tritt an die Stelle des Betreuungsgerichts das Nachlassgericht.

---

[125] Haegele Rpfleger 1961, 276/281; Schulte RdL 1961, 277/279; Lange § 14 GrdstVG Anm. 5.
[126] A. A. KG RJA 6, 35: Beschwerde statthaft bis zum Beginn des Verhandlungstermins; Jansen/Müller-
Lukoschek § 87 Rn 11. Überholt durch das FamFG.
[127] A. A. Horndasch/Viefhues/Heinemann § 363 Rn 34.
[128] A. A. Horndasch/Viefhues/Heinemann § 363 Rn 36.
[129] KG KGJ 52, 84; Bassenge/Roth § 86 Rn 7.
[130] BayObLG MittBayNot 1983, 136.
[131] KG NJW 1965, 1538 (zum FGG).
[132] Dazu Bracker MittBayNot 1984, 114.

1. Normzweck

1 Die Vermittlung der Auseinandersetzung kann nur erfolgreich sein, wenn alle Miterben zustimmen. Ist ein Miterbe abwesend, muss das Verfahren scheitern. Durch Bestellung eines Abwesenheitspflegers kann hier möglicherweise geholfen werden. § 364 entspricht dem früheren § 88 FGG.

2. Voraussetzungen der Pflegerbestellung

2 Ein Abwesenheitspfleger kann vom Nachlassgericht unter folgenden Voraussetzungen bestellt werden:

a) Volljährigkeit des Beteiligten (§ 1911 BGB). Auf juristische Personen als Miterben ist § 1911 BGB nicht analog anwendbar.[1] Minderjährige Abwesende werden durch Eltern bzw. Vormund vertreten; sind diese verhindert, erfolgt die Bestellung eines Pflegers für sie nach § 1909 BGB,[2] nicht nach § 364.

3 **b) Abwesenheit des Beteiligten,** nicht bloß seines Vertreters. Streitig ist, ob im Allgemeinen auf die Abwesenheit vom Wohnort oder vom Ort des Fürsorgebedürfnisses[3] abzustellen ist. Für das Vermittlungsverfahren nach §§ 363 ff. kann dieses Kriterium nicht isoliert gesehen werden.[4] Abwesenheit liegt vor, wenn jemand von seinem Wohnsitz (bzw. Aufenthaltsort) abgereist ist.[5] Gleichgültig ist es, ob der Abwesende Deutscher oder Ausländer ist.[6] Im letzteren Falle findet Art. 24 EGBGB nicht Anwendung;[7] das Nachlassgericht braucht also nicht zu forschen, ob der ausländische Staat die Fürsorge für den Abwesenden in dem Verfahren übernimmt. Eine Verschollenheit im Sinne des Verschollenheitsgesetzes muss nicht vorliegen.

4 **c) Unbekannter Aufenthalt des Abwesenden.** Das setzt voraus, dass der Antragsteller intensive **Nachforschungen** nach dem derzeitigen Aufenthalt des Beteiligten angestellt hat. Gegebenenfalls hat auch das Nachlassgericht von Amts wegen den Aufenthalt zu ermitteln, bevor es die Pflegschaft anordnet (§ 26). Es genügt nicht, sich einfach mit Auskünften der Post bzw. der Meldeämter zu begnügen. Ungenügende Ermittlung kann zur Amtshaftung führen (§ 839 BGB; Art. 34 GG).[8]

5 Ist der **Aufenthalt bekannt** kann unter den Voraussetzungen von § 1911 Abs. 2 BGB (Verhinderung an der Rückkehr und an der Besorgung seiner Vermögensangelegenheiten) ein Pfleger bestellt werden. Verhinderung an der Rückkehr ist wegen der heutigen technischen Möglichkeiten nicht schon dann anzunehmen, wenn weite Entfernung vorliegt oder wenn das Auseinandersetzungsverfahren sonst verzögert würde. Ungenügend ist, dass sich der Beteiligte im Inland in Strafhaft befindet und er allein wegen fehlender finanzieller Mittel keinen Dritten mit der Wahrnehmung seiner Vermögensangelegenheiten beauftragen kann.[9] Man wird es aber genügen lassen, wenn wegen der geringen Beteiligung am Nachlass in Hinblick auf die Entfernung nicht mit Rückkehr bzw. Bestellung eines Vertreters zu rechnen ist.[10] Im Übrigen kann einer mittellosen Person Verfahrenskostenhilfe unter Beiordnung eines Anwalts bewilligt werden (§§ 76 Abs. 1, 78 Abs. 2).

6 **d) Fürsorgebedürfnis.** § 1911 BGB verlangt, dass die Angelegenheiten des Abwesenden „der Fürsorge bedürfen". Fürsorgebedürfnis muss aus der Sicht des Abwesenden bestehen.[11] Das ausschließliche Interesse eines Dritten (d. h. der anderen Miterben) genügt nicht.[12] In der Regel besteht ein Fürsorgebedürfnis, weil der Miterbenanteil des Abwesen-

---

[1] Palandt/Diederichsen § 1911 Rn 2.
[2] Jansen/Müller-Lukoschek § 88 Rn 2.
[3] Dafür MünchKommBGB/Schwab § 1911 Rn 5; Soergel/Zimmermann § 1911 Rn 3.
[4] Staudinger/Bienwald § 1911 Rn 7.
[5] RGZ 98, 264; Palandt/Diederichsen § 1911 Rn 4.
[6] Schlegelberger § 88 Rn 2.
[7] Jansen/Müller-Lukoschek § 88 Rn 4.
[8] Vgl. dazu OLG Brandenburg FamRZ 2005, 2082.
[9] KG FamRZ 1988, 877.
[10] MünchKommZPO/J. Mayer § 364 FamFG Rn 5; Prütting/Helms/Fröhler § 354 Rn 12.
[11] OLG Köln FamRZ 1996, 694.
[12] OLG Zweibrücken NJW-RR 1987, 584.

den für ihn einen Wert darstellt und er das Recht der Miterben auf Teilung (§ 2042 BGB) respektieren muss. Ist ein gesetzlicher Vertreter **(Betreuer)** oder ein rechtsgeschäftlicher Vertreter bestellt, besteht kein Bedürfnis für eine Pflegschaft.

e) Noch keine Anhängigkeit einer Abwesenheitspflegschaft. In Betracht kommt nur eine im Inland anhängige Pflegschaft; im Ermessen des Nachlassgerichts steht, ob es beim Bestehen einer Pflegschaft im Ausland eine weitere Pflegschaft für die Beteiligung am Auseinandersetzungsverfahren für angezeigt hält. In Betracht kommt ferner nur eine Pflegschaft, deren Wirkungskreis die Befugnis des Pflegers, den Abwesenden im Auseinandersetzungsverfahren zu vertreten, umfasst (z. B. „Vermögensangelegenheiten"), nicht also jede Pflegschaft nach § 1911 BGB.

3. Ermessen des Nachlassgerichts

Es steht im Ermessen des Nachlassgerichts („kann"), ob es die erforderliche Pflegschaft selbst anordnet und einen Pfleger bestellt oder die Einleitung bei dem zuständigen Betreuungsgericht anregt.[13] Tut es weder das eine noch das andere, können die anderen Miterben selbst beim Betreuungsgericht die Anordnung der Abwesenheitspflegschaft anregen. Das Betreuungsgericht darf, wenn es die Voraussetzungen des § 1911 BGB für gegeben erachtet, die Anordnung der Pflegschaft nicht deshalb ablehnen, weil das Nachlassgericht dazu in der Lage wäre und praktische Erwägungen dafür sprechen;[14] ein Recht der Beschwerde gegen die Ablehnung steht aber dem Nachlassgericht nicht zu, weil es in eigenen Rechten (§ 58 Abs. 1) nicht verletzt ist.

4. Zuständigkeit

Sachliche Zuständigkeit: Nachlassgericht (§ 364). An sich ist für die Anordnung einer Abwesenheitspflegschaft das Betreuungsgericht (früher: Vormundschaftsgericht) zuständig (§ 340 Nr. 1; sog. betreuungsgerichtliche Zuweisungssache); aus Zweckmäßigkeitsgründen ist aber auch[15] das Nachlassgericht (also beide nebeneinander) für zuständig erklärt worden. **Örtliche Zuständigkeit:** § 343 (d. h. das Nachlassgericht ist zuständig, bei dem das Vermittlungsverfahren läuft); eine nachträgliche Abgabe an ein anderes Gericht ist nicht statthaft.[16] **Funktionelle Zuständigkeit:** Rechtspfleger (§ 2 Nr. 2c RPflG); ein Richtervorbehalt für die Bestellung eines Pflegers für einen Ausländer (früher § 14 Nr. 4 RPflG) besteht bei Bestellung durch das Nachlassgericht nicht mehr[17] (der Richtervorbehalt in § 16 Abs. 1 Nr. 8 RPflG wurde aufgehoben).

Das zuständige **Betreuungsgericht** ist, solange eine Pflegschaft nach § 364 besteht und das Fürsorgebedürfnis nur die Beteiligung an dem Auseinandersetzungsverfahren betrifft, gehindert, seinerseits eine Pflegschaft mit demselben Aufgabenkreis einzuleiten, da es an einem Fürsorgebedürfnis fehlt; bedürfen aber abgesehen davon die sonstigen Angelegenheiten des Abwesenden der Fürsorge, so kann auch das Betreuungsgericht eine Pflegschaft einleiten. Dann bestehen zwei Abwesenheitspflegschaften mit verschiedenem Aufgabenkreis nebeneinander, was tunlichst vermieden werden sollte.

Nicht zuständig zur Anordnung und Führung der Pflegschaft, also auch nicht zur Erteilung der während des Auseinandersetzungsverfahrens erforderlichen Genehmigung von Rechtshandlungen des Pflegers, ist der **Notar,** dem nach landesrechtlicher Vorschrift die Auseinandersetzung übertragen ist (vgl. Art. 23 PrFGG; Art. 15 Abs. 1 Nr. 1 NdsFGG; Art. 24 Abs. 3 Nr. 1 HessFGG; Art. 38 BayAGGVG).[18] Anders ist es bei dem Notar, der (wie in Baden-Württemberg) an die Stelle des Nachlassgerichts tritt (§§ 1, 38, 43 Bad.-Württ.LFGG).[19]

---

[13] MünchKommZPO/J. Mayer § 364 FamFG Rn 8.
[14] OLG Frankfurt Rpfleger 1979, 105; vgl. OLG Karlsruhe Justiz 1981, 316.
[15] KG OLGZ 1979, 131; Jansen/Müller-Lukoschek § 88 Rn 7.
[16] Jansen/Müller-Lukoschek § 88 Rn 6; wohl aber Abgabe durch das AG Schöneberg nach § 343 Abs. 2.
[17] OLG Zweibrücken FamRZ 2003, 258 betrifft noch die frühere Rechtslage.
[18] Dazu BayObLGZ 1983, 101/107; Jansen/Müller-Lukoschek § 88 Rn 10.
[19] Dazu Richter/Hammel, Bad.Württ.LFGG.

5. Zeitpunkt der Anordnung

12 Die Anordnung der Pflegschaft durch das Nachlassgericht kann schon vor der Annahme der Erbschaft durch den Abwesenden[20] und ab Einleitung des Auseinandersetzungsverfahrens erfolgen, aber stets nur für ein amtliches Auseinandersetzungsverfahren, nicht für die formlose Auseinandersetzung der Beteiligten ohne behördliche Einmischung (dafür wäre das Betreuungsgericht nach § 1911 BGB zuständig).

6. Umfang der Pflegschaft

13 Die Pflegschaft nach § 364 ist eine Unterart der allgemeinen Abwesenheitspflegschaft nach § 1911 BGB. Die Bestellung erfolgt nur für das **Auseinandersetzungsverfahren;** daraus ergibt sich:

14 **a) Stellung des Nachlassgerichts.** Dieses tritt an die Stelle des Betreuungsgerichts (§ 364 S. 2); es hat dieselben Rechte und Pflichten nach FamFG sowie nach BGB wie das Betreuungsgericht. Es wählt den Pfleger aus, hat ihn zu beraten (§ 1837 BGB), seine Abrechnungen entgegen zu nehmen, seine Vergütung festzusetzen (§ 168 FamFG; Rn 21). Dem Nachlassgericht obliegt auch die Führung der Aufsicht über den Pfleger und die Erteilung der zu den Rechtshandlungen des Pflegers im Zusammenhang mit der Auseinandersetzung erforderlichen Genehmigung (§§ 1915, 1822 Nr. 2 BGB). Bei der Erteilung der Genehmigung des Nachlassteilungsplans hat das Nachlassgericht insbesondere zu erwägen, ob der Plan den Interessen des Pfleglings gerecht wird. Ein anderer Fall, in dem das Nachlassgericht zur Genehmigung einer Rechtshandlung an die Stelle des Betreuungsgerichts tritt, findet sich in § 368 Abs. 3.

15 **b) Stellung des Pflegers.** Der Pfleger ist der gesetzliche Vertreter des Abwesenden, aber nur in dem Auseinandersetzungsverfahren. Er ist berechtigt, die Erbschaft für den Abwesenden anzunehmen, auch Antrag auf Erteilung eines Erbscheins zu stellen.[21] Zu seinen Aufgaben gehören alle zur Feststellung der Aktiv- und Passivmasse dienenden Maßregeln. Dagegen ist er zur Empfangnahme und Verwaltung des Erbteils des Abwesenden oder zur Betreibung der Zwangsvollstreckung aus der bestätigten Vereinbarung über die Auseinandersetzung (§ 371 Abs. 2) nicht mehr berufen.

7. Ende der Pflegschaft

16 Die vom Nachlassgericht angeordnete Pflegschaft endet **während des Auseinandersetzungsverfahrens** dadurch, dass der Abwesende an der Wahrnehmung seiner Angelegenheiten nicht mehr verhindert ist (also auftaucht oder einen Vertreter bestellt); dann ist ein Aufhebungsbeschluss erforderlich (§ 1921 Abs. 1 BGB). Auch bei Tod dessen Pfleglings bzw. mit Rechtskraft des seine Todeserklärung aussprechenden Beschlusses (§ 29 VerschG) ist die Pflegschaft aufzuheben (§ 1921 Abs. 2 und 3 BGB).

17 Außerdem endet die angeordnete Pflegschaft mit **Beendigung des Auseinandersetzungsverfahrens** (§ 1918 Abs. 3 BGB). Ein Aufhebungsbeschluss ist zulässig (und, weil man über die Frage der Erledigung der Angelegenheit verschiedener Meinung sein kann, anfechtbar[22]), aber entbehrlich, da die Beendigung kraft Gesetzes eintritt.

8. Verwaltung des Erbanteils durch einen neuen Pfleger

18 Ergibt sich, dass auch nach Beendigung des Auseinandersetzungsverfahrens aus Anlass desselben die Angelegenheiten des Abwesenden noch der Fürsorge bedürfen (z. B. weil der auf den Abwesenden bei der Teilung entfallende Geldbetrag entgegen genommen und verwaltet werden muss), so hat das Nachlassgericht das zuständige Betreuungsgericht zu verständigen;[23] dieses hat beim Vorliegen der Voraussetzungen des § 1911 BGB eine neue

---

[20] OLG Colmar RJA 16, 63.
[21] Jansen/Müller-Lukoschek § 88 Rn 8; MünchKommZPO/J. Mayer § 364 FamFG Rn 10; Prütting/Helms/Fröhler § 364 Rn 21.
[22] Palandt/Diederichsen § 1918 Rn 1.
[23] Horndasch/Viefhues/Heinemann § 364 Rn 13.

Pflegschaft anzuordnen und einen Pfleger zu bestellen; es findet nicht etwa eine Abgabe der bisher vom Nachlassgericht geführten Pflegschaft statt. Der Pfleger nach § 364 kann nun vom Betreuungsgericht nach § 1911 BGB bestellt werden.

9. Rechtsmittel

Gegen die Ablehnung der Anordnung der Pflegschaft steht den übrigen Beteiligten (Miterben) die befristete Beschwerde (§§ 58 ff.; Frist: § 63) zu.[24] Gegen die Anordnung der Pflegschaft ist der Pflegling beschwerdeberechtigt (§§ 58, 59 Abs. 1). Beschwerdegericht ist das OLG (§ 119 Abs. 1 Nr. 1 b GVG).

10. Kosten der Pflegschaft

a) Gerichtsgebühren. Die Kosten der Pflegschaft sind nicht Kosten des Auseinandersetzungsverfahrens, also nicht aller Miterben; sie trägt der Abwesende (§ 2 Nr. 2 KostO; Art. 28 PrFGG; Art. 30 HessFGG; Art. 20 NdsFGG).[25] Höhe der Gebühren des Gerichts für die Pflegerbestellung vgl. § 106 KostO; diese Gebühr wird durch die Gebühr für die Auseinandersetzungsvermittlung (§ 116 KostO) nicht mitabgegolten, fällt also zusätzlich an.[26]

b) Vergütung des Pflegers. Die Kosten der Pflegschaft bestehen u. a. in der Vergütung des Pflegers (§§ 1911, 1915, 1836 BGB) und in dessen Auslagen (§ 1835 BGB). Der berufsmäßige Pfleger wird nach dem VBVG bezahlt und zwar nach Zeitaufwand; die Höhe des „Stundenlohns" richtet sich nach seiner Ausbildung (§ 3 Abs. 1 VBVG), doch kann eine höhere Vergütung bewilligt werden (§ 3 Abs. 3 VBVG). Nach § 2 VBVG erlischt der Vergütungsanspruch jeweils nach 15 Monaten nach jeder Einzeltätigkeit (er erlischt also nicht erst 15 Monate nach Beendigung der Pflegschaft). Auf Antrag des Pflegers kann das Nachlassgericht die Vergütung und den Auslagenersatz gegen den Pflegling festsetzen (§ 168 Abs. 1, Abs. 7). Der Beschluss ist ein Vollstreckungstitel gegen den Pflegling (§ 86 Abs. 1 Nr. 1). Wenn außer dem Miterbenanteil kein Vermögen des Pfleglings bekannt ist, bleibt dem Pfleger nur, den Miterbenanteil des Pfleglings nach § 859 Abs. 2 ZPO zu pfänden und zu verwerten.

Ladung

§ 365 (1) ¹Das Gericht hat den Antragsteller und die übrigen Beteiligten zu einem Verhandlungstermin zu laden. ²Die Ladung durch öffentliche Zustellung ist unzulässig.

(2) ¹Die Ladung soll den Hinweis darauf enthalten, dass ungeachtet des Ausbleibens eines Beteiligten über die Auseinandersetzung verhandelt wird und dass die Ladung zu dem neuen Termin unterbleiben kann, falls der Termin vertagt oder ein neuer Termin zur Fortsetzung der Verhandlung anberaumt werden sollte. ²Sind Unterlagen für die Auseinandersetzung vorhanden, ist in der Ladung darauf hinzuweisen, dass die Unterlagen auf der Geschäftsstelle eingesehen werden können.

I. Normzweck

Die Vorschrift regelt (in Ergänzung zu §§ 32 ff.) einige Einzelheiten des Verfahrens. Sie entspricht dem früheren § 89 FGG; der frühere § 90 FGG hat keine entsprechende Regelung im FamFG gefunden.

---

[24] KG NJW 1962, 1921.
[25] Korintenberg/Lappe § 106 Rn 31.
[26] Korintenberg/Lappe § 116 Rn 16.

II. Das Verfahren der Auseinandersetzung

1. Einleitung des Verfahrens

2   Die Einleitung des Auseinandersetzungsverfahrens erfolgt durch die Terminsbestimmung und Ladung der Beteiligten.[1] Der Antrag auf Vermittlung der Erbauseinandersetzung wird den anderen Beteiligten (§ 363 Rn 61) übermittelt (§ 23 Abs. 2), zweckmäßig durch Zustellung, mit der Aufforderung zur Stellungnahme binnen einer gesetzten Frist (mindestens zwei Wochen; vgl. für den Zivilprozess § 274 Abs. 3 ZPO). Ist der **Antrag unzulässig** (§ 363 Rn 25), dann wird er durch Beschluss (§ 38) zurückgewiesen. Das ist bei eindeutigem nicht behebbarem Mangel auch schon vor Übermittlung des Antrags an die anderen Beteiligten zulässig (dann wird lediglich die Zurückweisung des Antrags dem Antragsteller zugestellt, sonst erfolgt keine Mitteilung des Antrags oder des Beschlusses). Ist der **Antrag zulässig**, können sich die Beteiligten dazu äußern (selbstverständlich auch zur Frage der Zulässigkeit). Das Gericht hat darauf hinzuwirken, dass sich alle Beteiligten rechtzeitig über alle erheblichen Tatsachen erklären und Angaben ergänzen (§ 28 Abs. 1); auf zweifelhafte rechtliche Gesichtspunkte sind die Beteiligten hinzuweisen (§ 28 Abs. 1 S. 2).

2. Ladung, Ladungsfrist

3   **a) Terminsbestimmung.** Nach einer den Umständen entsprechenden Zeit setzt der Rechtspfleger einen **Termin** an und verfügt die **Ladung** der Beteiligten hierzu. Die Ladungsverfügung ist (anders als unter Geltung von § 19 FGG) nicht mit Rechtsmitteln anfechtbar (vgl § 58 FamFG). Zwischen dem Zugang der Ladung und dem Termin „soll eine angemessene Frist" liegen (vgl. § 32 Abs. 2); damit ist die frühere Regelung, wonach mindestens zwei Wochen dazwischen liegen müssen (vgl. § 90 Abs. 1 FGG), zum Schaden der Rechtsuchenden beseitigt worden. Gleichwohl sind zwei Wochen wohl die **Mindestfrist**, weil angesichts der Bedeutung der Angelegenheit sonst der Anspruch auf rechtliches Gehör (Art. 103 GG) verletzt wird. Im Übrigen gilt § 32 Abs. 2 nur für Erörterungstermine, die aber nicht vorgeschrieben sind, wie § 32 Abs. 1 zeigt („Das Gericht kann ..."); der Termin nach § 365 Abs. 1 ist aber zwingend vorgeschrieben und ein Verhandlungstermin.

4   Da es keine gesetzlich bestimmte Ladungsfrist mehr gibt, können die früheren Folgen der Nichteinhaltung der Frist nicht mehr eintreten. Die erschienenen Beteiligten haben nicht mehr das Recht, den Eintritt in die Verhandlung zu verweigern, weil die Ladungsfrist nicht beachtet wurde. Auch wenn ein Beteiligter nicht erscheint, kann mit den anderen Beteiligten verhandelt werden (§ 365 Abs. 1 S. 1). Die Versäumnisfolgen des § 366 Abs. 3 treten ein, selbst wenn die Ladung äußerst kurzfristig war.

5   Es ist nicht zulässig, statt der Verhandlung ein **schriftliches Verfahren** anzuordnen.

6   **b) Terminsverlegung.** Der Termin kann vom Gericht auf Antrag eines Beteiligten aufgehoben oder verlegt werden, wenn erhebliche Gründe vortragen und auf Verlangen glaubhaft gemacht werden (§ 227 Abs. 1, 2 ZPO mit § 32 Abs. 1 FamFG). Aus denselben Gründen kann eine begonnene Verhandlung vertagt werden. § 227 Abs. 3 ZPO (Anspruch auf Verlegung von Ferienterminen) ist nicht für anwendbar erklärt. Die Entscheidung ist unanfechtbar (§ 227 Abs. 4 S. 2 ZPO mit § 32 Abs. 1 FamFG).

3. Form der Ladung

7   **a) Bekanntgabe des Termins.** Die Ladung ist den Beteiligten bekannt zu geben, in der Regel durch Zustellung (§ 15 Abs. 1 und 2 mit Verweisung auf §§ 166 ff ZPO);[2] vgl. auch § 33 Abs. 2 S. 2. Ist der Beteiligte anwaltlich vertreten, erfolgt die Ladung des Anwalts. Neben der Ladung zum Verhandlungstermin (in dem sich ein Beteiligter dann vertreten lassen kann), kann das Gericht aber auch anordnen, dass ein Beteiligter persönlich erscheinen muss, damit der Sachverhalt aufgeklärt werden kann (§ 33 Abs. 1). Hat der

---

[1] BayObLG MittBayNot 1983, 136; Bracker MittBayNot 1984, 114.
[2] Horndasch/Viefhues/Heinemann § 365 Rn 5.

Beteiligte aber schon mitgeteilt, dass er einer Auseinandersetzungsvereinbarung keinesfalls zustimmen wird, dann gibt es nichts mehr aufzuklären, das Vermittlungsverfahren muss zwangsläufig scheitern. Dann darf er auch nicht mehr gezwungen werden, persönlich zu erscheinen, sondern kann sich vertreten lassen. Der Ladung bedarf es nicht, wenn sämtliche Beteiligte freiwillig von sich aus bei Gericht erscheinen und dieses bereit ist, sogleich tätig zu werden.[3]

Ausgeschlossen ist die **öffentliche Zustellung der Ladung (Abs. 1 S. 2)**; wenn diese erforderlich wäre, weil die Anschrift nicht zu ermitteln ist, muss eine Abwesenheitspflegschaft angeordnet werden und die Ladung wird dem Pfleger zugestellt (§ 364).[4]

b) Keine Bekanntgabe des Termins. Bestimmt das Gericht im bereits begonnenen Termin einen neuen Termin (Vertagung), dann wird er durch Verkündung bekannt gegeben (eine Ladung ist nicht erforderlich). Die nicht erschienen, aber zum Ursprungstermin geladenen Beteiligten sind bei der Verkündung nicht dabei, wissen also nichts vom Fortsetzungstermin. Sie müssen nicht geladen werden (§ 366 Abs. 2 S. 1). Sie sind darauf angewiesen sich zu erkundigen. Da dies kein Weg zu einer freiwilligen Nachlassteilung ist, sollte die Ladung erfolgen. Keinesfalls sollte die Ladung unterbleiben, wenn das Ausbleiben eines Beteiligten als entschuldigt erscheint.

Endet der Verhandlungstermin ohne neuen Termin, etwa weil die erschienenen Beteiligten noch weiter schriftsätzlich vortragen wollen oder sich noch in außergerichtlichen Verhandlungen befinden und setzt das Gericht dann einen neuen Termin an, sind zu dem neuen Termin die Beteiligten wieder laden, die im Ursprungstermin anwesend waren. Die Nichterschienen können, müssen aber nicht geladen werden (§ 365 Abs. 2 S. 1).

4. Inhalt der Ladung; Mängel

a) Zwingender Inhalt. Die Ladung muss, neben der Angabe von Terminszeit und Terminsort (das ist die Gerichtsstelle, vgl. § 219 ZPO, § 32 Abs. 1 FamFG), den Hinweis enthalten, dass Unterlagen für die Auseinandersetzung in Geschäftsstelle eingesehen werden können (Abs. 2 S. 2). Fehlt dieser Inhalt, ist es unschädlich. Denn das Einsichtsrecht ergibt sich ohnehin bereits aus § 13 Abs. 1. Auch der vorherige Weg zur Geschäftsstelle ist entbehrlich: aus § 13 Abs. 3 folgt nämlich, dass die Beteiligten verlangen können, dass auf ihre Kosten Fotokopien der Unterlagen angefertigt und zugesandt werden.

b) Nicht zwingender Inhalt. Dies sind die Hinweise, dass auch bei Ausbleiben eines Beteiligten mit den erschienenen Beteiligten verhandelt wird (§ 365 Abs. 2 S. 1); ferner, dass bei Vertagung im Termin oder bei Bestimmung eines Fortsetzungstermins im Termin eine erneute Ladung unterbleiben kann (das entspricht § 218 ZPO).

c) Mängel. Die FGG-Reform hat alle wesentlichen Faktoren der Ladung zur Sollvorschrift umgeschrieben; weder ist eine Ladungsfrist zwingend, noch der wesentliche Teil der Belehrung. Selbst eine Zustellung der Ladung ist nicht mehr zwingend. Damit soll erreicht werden, dass es kein mangelhaft durchgeführtes Verfahren mehr gibt und eine Anfechtbarkeit des Bestätigungsbeschlusses wegen mangelhafter Ladung zum Termin entfällt, die Rechtsmittel also beschränkt werden. Mängel der Ladung machen deshalb „das Verfahren" (im Gegensatz zur Rechtslage unter dem FGG) nicht anfechtbar;[5] anfechtbar sind nach § 58 FamFG in der Regel nur noch Endentscheidungen, wie zB der Fristbestimmungsbeschluss (§§ 366, 372) und der Bestätigungsbeschluss (§ 371).

5. Zu ladende Personen

Zu laden sind der Antragsteller und die im Antrag bezeichneten sowie die vom Gericht ermittelten Beteiligten (§ 363 Rn 61) und später hinzugetretene Beteiligte. Für geschäftsunfähige und in der Geschäftsfähigkeit beschränkte Beteiligte sind deren gesetzliche Vertreter zu laden, von mehreren wenigstens einer (§ 171 ZPO); wegen der Notwendigkeit der Ladung des Ehegatten vgl. § 363 Rn 66.

---

[3] BayObLGZ 4, 504; KG OLGE 41, 17; Jansen/Müller-Lukoschek § 89 Rn 1.
[4] MünchKommZPO/J. Mayer § 365 FamFG Rn 3; Prütting/Helms/Fröhler § 365 Rn 7.
[5] A. A Prütting/Helms/Fröhler § 365 Rn 9; MünchKommZPO/J. Mayer § 365 FamFG Rn 6.

Hat ein Beteiligter einen Bevollmächtigten bestellt, so muss die Ladung diesem zugestellt werden.[6] Die Zustellung an einen Zustellungsbevollmächtigten genügt.

6. Rechtshilfe

14 Regelmäßig erfolgt die Ladung sämtlicher Beteiligter ohne Rücksicht auf ihren Wohnsitz vor das Nachlassgericht. Ein Anspruch auf Einvernahme vor einem auswärtigen AG im Wege der Rechtshilfe besteht gesetzlich nicht. Das Nachlassgericht kann aber ein anderes AG um die Entgegennahme der Erklärungen einzelner Beteiligter im Wege der Rechtshilfe ersuchen.[7] Dagegen ist es nicht der Sinn von Rechtshilfe, die ganze Verhandlung bei einem örtlich nicht zuständigen Gericht durchführen zu lassen.[8]

7. Zwang zum Erscheinen im Verhandlungstermin

15 Ein Zwang, der Ladung Folge zu leisten, ist ausgeschlossen.[9] Das Nichterscheinen hat die gesetzlichen Folgen (Abs. 2 S. 1). Aus § 33 Abs. 3 kann nichts Gegenteiliges entnommen werden, weil diese Vorschrift voraussetzt, dass ein Beteiligter persönlich zur Aufklärung des Sachverhalts geladen wurde.

8. Folgen des Ausbleibens im Verhandlungstermin (Abs. 2 S. 1)

16 **a) Verhandeln mit den Erschienenen.** Das Gericht kann, wenn ein ordnungsmäßig geladener Beteiligter nicht erscheint, mit den übrigen Beteiligten verhandeln (§ 365 Abs. 2 S. 1). Die übrigen Beteiligten können aber keine Teilungsvereinbarung schließen, die auch den Nichterschienenen unwiderruflich bindet. Die Beobachtung der Vorschriften über die Ladung ist nur Voraussetzung für die Anwendung des Säumnisverfahrens, nicht für die Zulässigkeit der Verhandlung mit den erschienenen Beteiligten.[10]

17 **b) Keine Ladung mehr.** Wird die Verhandlung mit den Erschienen nicht in einem Termin zu Ende geführt und Termin zur Fortsetzung der Verhandlung anberaumt, oder überhaupt ein neuer Termin bestimmt, so braucht der nicht erschienene, aber ursprünglich geladene Beteiligte zu dem neuen Termin nicht mehr geladen zu werden,[11] vgl. Rn 8.

18 **c) Mitteilungen an die Abwesenden.** Dem nicht erschienenen Beteiligten muss das Nachlassgericht eine Teilungsvereinbarung der erschienenen Beteiligten mitteilen (§ 366 Abs. 3 S. 2). Nun kann der Nichterschienene die Anberaumung eines neuen Termins beantragen. Deshalb ist es nicht sinnvoll, wenn in Abwesenheit eines Beteiligten irgendetwas vereinbart wird, was auch den Abwesenden betrifft. Zweckmäßiger ist, mit dem Nichterschienenen Kontakt aufzunehmen, weshalb er nicht erschienen ist und gegebenenfalls den Termin sofort zu verlegen und den Nichterschienenen zum neuen Termin zu laden.

19 **d) Wiedereinsetzung.** § 367 gilt nur für die „neuen" Termine im Sinne von § 366 Abs. 3, nicht für den Verhandlungstermin nach § 365.

9. Rechtsmittel

20 Die Ladung zum Termin ist keine Endentscheidung und daher nach § 58 nicht anfechtbar;[12] anders war es unter der Geltung von § 19 FGG, wonach Verfügungen anfechtbar waren. Auch ein Beschluss des Gerichts, wonach jemand Beteiligter sei, ist nicht mehr anfechtbar. Die Ablehnung eines Beteiligungsantrags ist anfechtbar (§ 7 Abs. 3). Die Ablehnung einer Terminsverlegung ist unanfechtbar (§ 227 Abs. 4 S. 2 ZPO, § 32 Abs. 1 FamFG).

---

[6] Jansen/Müller-Lukoschek § 89 Rn 2.
[7] Josef JW 1914, 1032; Jansen/Müller-Lukoschek § 89 Rn 1.
[8] A. A. Jansen/Müller-Lukoschek § 89 Rn 1.
[9] MünchKommZPO/J. Mayer § 365 FamFG Rn 4; Jansen/Müller-Lukoschek § 89 Rn 4.
[10] KG OLGE 41, 17.
[11] MünchKommZPO/J. Mayer § 365 FamFG Rn 9.
[12] Horndasch/Viefhues/Heinemann § 365 Rn 14.

Außergerichtliche Vereinbarung

366 (1) ¹Treffen die erschienenen Beteiligten vor der Auseinandersetzung eine Vereinbarung, insbesondere über die Art der Teilung, hat das Gericht die Vereinbarung zu beurkunden. ²Das Gleiche gilt für Vorschläge eines Beteiligten, wenn nur dieser erschienen ist.

(2) ¹Sind alle Beteiligten erschienen, hat das Gericht die von ihnen getroffene Vereinbarung zu bestätigen. ²Dasselbe gilt, wenn die nicht erschienenen Beteiligten ihre Zustimmung zu einer gerichtlichen Niederschrift oder in einer öffentlich beglaubigten Urkunde erteilen.

(3) ¹Ist ein Beteiligter nicht erschienen, hat das Gericht, wenn er nicht nach Absatz 2 Satz 2 zugestimmt hat, ihm den ihn betreffenden Inhalt der Urkunde bekannt zu geben und ihn gleichzeitig zu benachrichtigen, dass er die Urkunde auf der Geschäftsstelle einsehen und eine Abschrift der Urkunde fordern kann. ²Die Bekanntgabe muss den Hinweis enthalten, dass sein Einverständnis mit dem Inhalt der Urkunde angenommen wird, wenn er nicht innerhalb einer von dem Gericht zu bestimmenden Frist die Anberaumung eines neuen Termins beantragt oder wenn er in dem neuen Termin nicht erscheint.

(4) Beantragt der Beteiligte rechtzeitig die Anberaumung eines neuen Termins und erscheint er in diesem Termin, ist die Verhandlung fortzusetzen; anderenfalls hat das Gericht die Vereinbarung zu bestätigen.

Übersicht

	Rn
I. Normzweck, Allgemeines	1
II. Vorbereitende Vereinbarungen	5
1. Beispiele für vorbereitende Maßnahmen	5
2. Vereinbarungen über die Teilung selbst	9
3. Verfahren, wenn niemand im Verhandlungstermin erschienen ist	10
4. Verfahren, wenn alle Beteiligten zum Verhandlungstermin erschienen sind, es aber nicht zu einer Einigung kommt	11
5. Verfahren, wenn alle Beteiligten zum Verhandlungstermin erschienen sind und eine Einigung zustandekommt	12
a) Beurkundung	12
b) Bestätigungsbeschluss	13
c) Genehmigung	14
d) Rechtsmittel	17
e) Rechtshilfe	19
6. Verfahren beim Ausbleiben einzelner Beteiligter im Verhandlungstermin	20
a) Eintritt in die Verhandlungen	20
b) Keine Einigung	21
c) Einigkeit	22
d) Nachträgliche Zustimmung	25
e) Fortgang des Verfahrens	26
f) Bestätigung der Vereinbarung	27
g) Genehmigungen	28
h) Rechtsmittel	29
7. Beteiligte am Verhandlungstermin	30
8. Widerspruch anwesender Beteiligter gegen eine Vereinbarung	32
9. Form der Beurkundung der Vereinbarung	36
10. Inhalt der Beurkundung	42
11. Nachträgliche Zustimmung nicht erschienener Beteiligter	46
a) Schweigen	47
b) Ausdrückliche Zustimmung	48
c) Neue Beteiligte	49
d) Zustimmung vor dem Termin	50
12. Nichterscheinen im Verhandlungstermin	51
a) Erschienene Personen	51
b) Nichterschienene Personen	52
13. Benachrichtigung der nicht erschienenen Beteiligten	54
a) Inhalt	54

		Rn
b) Fristsetzung		59
c) Zustellung		61
14. Säumnis von Beteiligten		62
a) Kein Erscheinen im Verhandlungstermin		63
b) Keine Erklärung innerhalb der Frist		64
c) Zweite Säumnis		66
15. Anberaumung eines neuen Termins		67
16. Bestätigungsbeschluss		69
a) Allgemeines		69
b) Verzicht auf den Beschluss		70
c) Prüfungsrecht des Gerichts		76
d) Bekanntmachung des Bestätigungsbeschlusses		76
e) Rechtsmittel		77
f) Wirkungen des Bestätigungsbeschlusses		78
g) Landesrecht		79
17. Kosten		80

I. Normzweck, Allgemeines

1 Das Vermittlungsverfahren besteht grundsätzlich aus zwei Teilen: den die Teilung **vorbereitenden Vereinbarungen** und der **endgültigen Teilung**. § 366 regelt den ersten Teil. Die Paragrafenüberschrift „außergerichtliche Vereinbarung" ist missverständlich; denn die Vereinbarung kann sowohl außergerichtlich (das wird vor einem gerichtlichen Vermittlungsverfahren kaum vorkommen) wie auch vor Gericht im Verhandlungstermin getroffen werden. Die Vorschrift entspricht dem früheren § 91 FGG.

2 Das Vermittlungsverfahren richtet sich nach der Lage des einzelnen Falles. Es muss nicht notwendig in **zwei Abschnitte** – Verhandlung über vorbereitende Maßregeln (§ 366) und über die Auseinandersetzung (§ 368) – und in mehrere Termine zerfallen. Es kann über die vorbereitenden Maßregeln und über den Auseinandersetzungsplan in demselben Termin verhandelt werden; die Beteiligten können im ersten Termin mit der Vereinbarung über die Art der Teilung die endgültige Auseinandersetzung verbinden. Im Termin ist festzustellen, ob die Beteiligten richtig ermittelt sind und der aufzuteilende Nachlass vollständig festgestellt ist; die Nachlassverbindlichkeiten sind soweit möglich festzustellen. Soweit die Auseinandersetzung vorbereitende Vereinbarungen erfordert, ist über diese mit den Beteiligten zunächst zu verhandeln.

3 Ist nur zur **Verhandlung über vorbereitende Maßregeln** geladen, von einzelnen erschienenen Beteiligten aber sofort eine Vereinbarung über die Auseinandersetzung getroffen, so treten für die Nichterschienenen die Versäumnisfolgen (§ 368 Abs. 2) hinsichtlich der Auseinandersetzung nicht ein.[1]

4 Im früheren § 91 FGG war die Rede von einer Vereinbarung über „vorbereitende Maßnahmen, insbesondere die Art der Teilung". Der Text des § 366 spricht nur noch von einer Vereinbarung vor der Auseinandersetzung, meint also sinngemäß dasselbe; der Wortlaut wurde lediglich redaktionell überarbeitet.[2]

II. Vorbereitende Vereinbarungen

1. Beispiele für vorbereitende Vereinbarungen

5 Als vorbereitende Vereinbarungen kommen insbesondere in Betracht:

6 • Vereinbarungen über die **Art der Teilung** einzelner Nachlassgegenstände (Teilung der Teppiche in Natur, durch Verkauf und Aufteilung des Erlöses oder Übernahme seitens eines Miterben zu einem bestimmten Betrag), Vereinbarungen über die Schätzung, über die Person des Schätzers, über die Art des Verkaufs (freihändig oder durch öffentliche Versteigerung) und über die Zahlung (§§ 752 ff., 2042, 2048 ff. BGB, §§ 180 ff. ZVG);[3] ob Lose gebildet werden sollen. Kommt über die Verteilung von Grundbesitz keine

---

[1] OLG Darmstadt DJZ 1916, 999; OLG Dresden OLGE 40, 24.
[2] BT-Drs. 16/6308 S. 283.
[3] Wegen Verkauf vgl. BayObLGZ 3, 381.

Einigung zustande und betreibt ein Miterbe nach § 181 ZVG die Zwangsversteigerung zwecks Aufhebung der Gemeinschaft, so wird das Vermittlungsverfahren bis zur Beendigung der Zwangsversteigerung auszusetzen sein;[4]
- die Feststellung des Gegenstands und Wertes der unter Abkömmlingen zur **Ausgleichung** zu bringenden Zuwendungen (§§ 2050 ff. BGB, soweit gesetzliche Erbfolge vorliegt oder eine Erbregelung nach § 2052 BGB);
- die Bezeichnung der Nachlassgegenstände, aus denen **Nachlassverbindlichkeiten** zu berichtigen oder die zur Berichtigung von Nachlassverbindlichkeiten zurückzubehalten sind (§ 2046 Abs. 2 BGB), die Übernahme von Nachlassverbindlichkeiten durch einzelne Erben, namentlich durch den überlebenden Ehegatten; die Feststellung der gegenseitigen Ansprüche der Nachlassmasse und der einzelnen Miterben, namentlich des überlebenden Ehegatten.

2. Vereinbarungen über die Teilung selbst

Vereinbarungen über die Teilung selbst, das ist über die Quoten oder Beträge, die jeder der Miterben erhalten soll, gehören nicht zu den vorbereitenden Vereinbarungen;[5] das ergibt sich aus dem Wortlaut des § 366 Abs. 1.

3. Verfahren, wenn niemand im Verhandlungstermin erschienen ist

Ist im ersten Verhandlungstermin niemand erschienen, wird dies im Protokoll festgestellt und durch Beschluss entschieden, dass das Verfahren ruht. Der Antragsteller[6] kann jederzeit beantragen, dass wieder ein Termin bestimmt wird. Gebührenmäßig liegt trotz Aufruf der Sache noch kein Eintritt in die mündliche Verhandlung vor, so dass eine Ermäßigung der Gerichtsgebühr nach § 116 Abs. 1 S. 1 Nr. 2 erfolgt.[7]

4. Verfahren, wenn alle Beteiligten zum Verhandlungstermin erschienen sind, es aber nicht zu einer Einigung kommt[8]

Kommt eine Einigung unter allen Beteiligten über vorbereitende Vereinbarungen nicht zustande, weil sich Streitpunkte ergeben haben oder weil ein Beteiligter aus sonstigen Gründen nicht will, dann werden diese Punkte in das Protokoll aufgenommen und sodann das Verfahren durch **Beschluss** (§ 38) ausgesetzt (§ 370); die Aussetzung ist nach § 21 Abs. 2 anfechtbar. Die Beteiligten werden auf den Rechtsweg verwiesen; sie können also vor dem Prozessgericht klagen, z. B. auf Feststellung oder auf Erbteilung (§ 363 Rn 15). Eine Mehrheitsentscheidung ist ungenügend. Das Vermittlungsverfahren wird gerichtsgebührenmäßig abgerechnet (§ 116 Abs. 1 S. 1 Nr. 1 KostO).

5. Verfahren, wenn alle Beteiligten zum Verhandlungstermin erschienen sind und eine Einigung zustande kommt

a) Beurkundung. Wenn sämtliche Beteiligte erschienen sind und sich einigen, wird die Vereinbarung zu Protokoll genommen, d. h. beurkundet (Abs. 1 S. 1). Das erfolgt auch, wenn sich die Vereinbarung nicht auf alle Punkte bezieht (vgl. § 370 S. 2). Zur Form der Beurkundung vgl. Rn 36, zum Inhalt der Beurkundung Rn 42; zur Wirkung und Rechtskraft Rn 78. Die Beteiligten können auch eine außergerichtlich geschlossene vollständige oder teilweise Vereinbarung zum Termin mitbringen; sie kann dann als Anlage zum Protokoll genommen werden; zweckmäßiger ist, sie ins Protokoll aufzunehmen.

b) Bestätigungsbeschluss. Sodann hat das Nachlassgericht (Rechtspfleger) diese Vereinbarung durch Beschluss (§ 38) zu bestätigen (§ 366 Abs. 1 S. 1). Das ist eine merkwürdige Regelung; denn wenn die Beteiligten im Zivilprozess einen Vergleich schließen

---

[4] Brand/Kleeff § 148; Firsching/Graf Rn 4926.
[5] MünchKommZPO/J. Mayer § 366 FamFG Rn 3.
[6] Nach Jansen/Müller-Lukoschek § 91 Rn 26 kann jeder Beteiligte den Antrag stellen.
[7] Korintenberg/Lappe § 116 Rn 11.
[8] Über das Verfahren nach dem früherem FGG vgl. Bracker MittBayNot 1984, 114; Firsching/Graf Rn 4924.

würden, entfällt eine Bestätigung. Wenn sich die Parteien außergerichtlich über vorbereitende Regelungen und die Erbteilung einigen, benötigen sie ebenfalls keine gerichtliche „Bestätigung"; den Staat geht das nichts an. Das Wort „Bestätigung" ist unpassend, weil es ein Prüfungsrecht des Gerichts suggeriert, das weitgehend fehlt (Rn 71). Der Sinn des Bestätigungsbeschlusses liegt darin, eine anfechtbare Entscheidung zu produzieren (§ 372 Abs. 2), Rechtskraft und Wirksamkeit zu erzeugen und einen Titel für die Zwangsvollstreckung zu schaffen (§ 371 Abs. 2). Das Gericht bestätigt damit, dass es seines Erachtens die Vorschriften über das Verfahren beachtet hat. Es übernimmt aber keine Haftung dafür (§ 839 BGB; Art. 34 GG), dass das Vereinbarte rechtlich vollziehbar ist und sonstigen gesetzlichen Anforderungen genügt. Es ersetzt durch den Bestätigungsbeschluss keine sonst erforderlichen gerichtlichen oder behördlichen Genehmigungen. Zum Umfang des **Prüfungsrechts des Gerichts** bei der Bestätigung vgl. Rn 71, 72.

14   c) **Genehmigung.** Wenn die Vereinbarung, die **Eltern** bzw. **Betreuer** als gesetzliche Vertreter abgeschlossen haben, der Genehmigung des Familiengerichts oder des Betreuungsgerichts (Kinder bzw. Betreute als Miterben) bedarf (§§ 1643, 1821, 1822 BGB), ist vor Bestätigung die Genehmigung dieser Gerichte zu erholen. Die Genehmigung muss wirksam geworden sein, die Einhaltung des Mitteilungswegs nach § 1829 Abs. 1 S. 2 BGB muss dem Nachlassgericht nachgewiesen werden. Wenn dieser Beteiligte im Inland keinen Vormund, Betreuer oder Pfleger hat, ist für die Erteilung oder Verweigerung der Genehmigung anstelle des Familien- oder Betreuungsgerichts das Nachlassgericht zuständig (§ 368 Abs. 3).

15   War ein abwesender Beteiligter durch einen vom Nachlassgericht bestellten **Abwesenheitspfleger** vertreten, wird dessen Erklärung nicht vom an sich zuständigen Betreuungsgericht genehmigt, sondern vom Nachlassgericht (§ 364 S. 2). Hier allerdings trifft das Nachlassgericht die Pflicht, von Amts wegen zu überprüfen, ob die Interessen des Pfleglings gewahrt werden. Sind z.B. drei Miterben zu je $1/3$ vorhanden, können die Miterben unter sich vereinbaren, dass die drei Eigentumswohnungen des Nachlasses, die unterschiedliche Werte haben, untereinander verlost werden. Ein Pfleger könnte dem nicht zustimmen, ein Nachlassgericht nichts genehmigen. Der Rechtspfleger des Nachlassgerichts musste seine Genehmigung unter Geltung des FGG u. U. durch eine beschwerdefähige Entscheidung ankündigen;[9] das FamFG hat den Vorbescheid abgeschafft und durch das Verfahren nach §§ 40 Abs. 2, 41 Abs. 3 FamFG ersetzt. In geeigneten Fällen muss zuvor ein **Verfahrenspfleger** bestellt werden, der die Rechte des Abwesenden gegenüber dem Abwesenheitspfleger wahrnehmen soll; die Bestellung erfolgt durch das Nachlassgericht (Rechtspfleger) nach §§ 340, 276.

16   Daneben können auch sonstige Genehmigungen notwendig sein, bei Grundstücken[10] etwa nach dem Grundstücksverkehrsrecht (§§ 3 ff, 18 ff. GrdstVG).

17   d) **Rechtsmittel.** Die Ablehnung der Bestätigung (Beschluss) ist mit befristeter Beschwerde (§§ 58 ff.; Frist § 63) anfechtbar; sie kann auf alle Beschwerdegründe gestützt werden.

18   Aber auch der Bestätigungsbeschluss ist mit befristeter Beschwerde (§§ 58 ff.) anfechtbar. Beschwerdeberechtigte: § 59 Abs. 1. Die Beschwerde kann jedoch nur darauf gestützt werden, dass die Vorschriften über das Verfahren nicht beachtet wurden (§ 372 S. 2). Da die zwingenden Vorschriften über die Ladungsfrist etc. beseitigt wurden, sind solche Verstöße kaum mehr denkbar, da ja die Beteiligten, wenn sie sämtlich erschienen sind und rügelos verhandelt und sich sogar geeinigt haben, auf die Rüge eventueller Verstöße im Zweifel verzichtet haben.

19   e) **Rechtshilfe.** Wohnt ein Beteiligter nicht im Bezirk des Nachlassgerichts, so ist zur Herbeiführung einer Vereinbarung Rechtshilfe möglich. Ein mit Beschwerde verfolgbares Recht auf Ladung zum Gericht des Wohnortes zur Abgabe der Erklärung besteht jedoch nicht. Das Rechtshilfeverfahren darf auch eingeleitet werden, ohne dass zunächst das Nachlassgericht selbst einen Verhandlungstermin abgehalten hat. Rechtshilfe ist auch den zur

---

[9] BVerfG NJW 2000, 1709 („Vorbescheid"); OLG Schleswig NJW-RR 2001, 78.
[10] Vgl. die Zusammenstellung bei Palandt/Bassenge vor § 873 Rn 17.

6. Verfahren beim Ausbleiben einzelner Beteiligter im Verhandlungstermin

a) Eintritt in die Verhandlungen. Das Nachlassgericht tritt in die Verhandlung ein, auch wenn nur ein einziger der Beteiligten, der nicht der Antragsteller zu sein braucht, erschienen ist. Das Erscheinen eines Bevollmächtigten (§§ 10, 11) genügt; ein Vertreter ohne Vertretungsmacht genügt nicht. Beim Nichterscheinen einzelner Beteiligter sollte vor Eintritt in die Verhandlung überprüft werden, ob sie überhaupt geladen wurden und ob Entschuldigungen vorliegen (vgl. § 367); ist eine Entschuldigung ausreichend sollte der Termin vertragt werden, weil es keinen Sinn hat, ihn durchzuführen und sodann Wiedereinsetzung zu gewähren.

b) Keine Einigung. Wenn eine Einigung unter den Erschienenen nicht zustande kommt, weil sich Streitpunkte ergeben haben, dann werden diese Punkte in das Protokoll aufgenommen und sodann das Verfahren durch Beschluss ausgesetzt (§ 370). Die Aussetzung ist mit sofortiger Beschwerde anfechtbar (§ 21 Abs. 2; Frist: zwei Wochen, § 569 ZPO). Die Beteiligten werden auf den Rechtsweg verwiesen; sie können also vor dem Prozessgericht klagen. Das Vermittlungsverfahren wird gerichtsgebührenmäßig abgerechnet (§ 116 Abs. 1 S. 1 Nr. 1 KostO).

c) Einigkeit

aa) Mindestens zwei Beteiligte sind erschienen. Wenn nur ein Teil der Beteiligten erschienen ist und sich diese Personen über vorbereitende Fragen einig sind wird deren Vereinbarung zu Protokoll genommen, d.h. beurkundet (Abs. 1 S. 1). Da es keinen Vertrag zu Lasten Dritter gibt, können die Nichterschienenen dadurch noch nicht verpflichtet werden.

Sind die Erschienenen verschiedener Meinung, liegt keine Einigkeit vor. Eine Fiktion einer Vereinbarung durch ein Säumnisverfahren ist nicht möglich und entfällt daher. Das Verfahren ist gescheitert, falls eine vorbereitende Vereinbarung erforderlich ist.

bb) Nur ein Beteiligter ist erschienen. Ist nur ein Beteiligter erschienen, kann er natürlich nichts „vereinbaren"; er kann aber (selbst wenn er nicht der Antragsteller war) Vorschläge über die Art der Teilung und andere vorbereitende Maßnahmen machen; sie werden zu Protokoll genommen, d.h. beurkundet (Abs. 1 S. 2). Werden seine Vorschläge durch die Säumnisfolgen zu rechtskräftigen Vereinbarungen erhoben kann also ein einzelner aktiver Beteiligter das Verfahren zum Abschluss bringen.

d) Nachträgliche Zustimmung. Wenn die Nichterschienenen der Vereinbarung der Erschienenen nachträglich formgerecht (§ 366 Abs. 2 S. 2) zustimmen, sie also auch für und gegen sich gelten lassen wollen, erfolgt die Bestätigung (Rn 69) durch Beschluss des Gerichts.

e) Fortgang des Verfahrens. Erfolgte keine nachträgliche Zustimmung (Rn 25), dann wird in beiden Fällen (Rn 22, 24) das Protokoll, das die „Urkunde" über die Vereinbarung enthält, von der in § 366 Abs. 3 S. 1 die Rede ist, an die Nichterschienenen **zugestellt.** Anstelle der vollständigen „Urkunde" könnte, auch nur der einen Beteiligten betreffende Inhalt jeweils ihm bekannt gemacht werden mit dem Hinweis, dass er die vollständige Urkunde bei der Geschäftsstelle einsehen kann oder eine vollständige Abschrift der „Urkunde" fordern kann, § 366 Abs. 3 S. 1; ein so umständliches Verfahren hätte aber keinen Sinn. Ferner wird jedem Nichterschienenen eine **Frist gesetzt;** er wird darüber belehrt, dass sein Einverständnis mit der vorbereitenden Vereinbarung angenommen wird, wenn er nicht innerhalb dieser Frist einen neuen Termin beantragt (§ 366 Abs. 3 S. 2).[11]

f) Bestätigung der Vereinbarung. Zu einem solchen Bestätigungsbeschluss des Nachlassgerichts kommt es somit in folgenden Fällen: (1) wenn sämtliche Beteiligte einig sind (Rn 12); oder (2) wenn sämtliche nicht erschienene Beteiligte nachträglich ihre Zustimmung in gehöriger Form erteilen (Rn 25); oder (3) wenn die Zustimmung nicht erschienener Beteiligter angenommen wird, weil sie die festgesetzte Frist versäumt haben (Rn 47);

---

[11] Vgl. zum FGG-Recht Schubert DFG 1944, 91.

oder (4) wenn die nicht erschienenen Beteiligten in dem auf ihren rechtzeitigen Antrag angesetzten neuen Termin wieder nicht erschienen sind (Rn 63).

28 **g) Genehmigungen.** In bestimmten Fällen (vgl. Rn 14) bedarf die Einigung aller Beteiligter der Genehmigung des Familien-, Betreuungs- oder Nachlassgerichts. Soll die Zustimmung solcher Beteiligter fingiert werden durch Fristversäumnis (Rn 27) oder Nichterscheinen im neuen Termin (Rn 27), dann bedarf auch die fingierte Zustimmung der Genehmigung und der Bestätigungsbeschluss darf erst nach Erteilung und Wirksamwerden der Genehmigung (d. h. Beachtung des Mitteilungswegs nach § 1829 Abs. 1 S. 2 BGB) erlassen werden,[12] vgl. Rn 15.

29 **h) Rechtsmittel.** Wird gegen den Bestätigungsbeschluss über vorbereitende Maßregeln Beschwerde (§ 58) eingelegt, so sollte erst nach Rechtskraft der Bestätigung über die Auseinandersetzung verhandelt werden.

7. Beteiligte am Verhandlungstermin

30 Zur Frage, wer Beteiligte im Sinne von § 355 sind, vgl. § 363 Rn 61. Über die Vertretung Beteiligter durch Bevollmächtigte und gesetzliche Vertreter vgl. § 363 Rn 67, 71. Über Genehmigungen des Handelns von gesetzlichen Vertretern vgl. § 363 Rn 8 und § 368 Abs. 3. Für die Wirksamkeit der von dem Vertreter ausländischer Minderjähriger abgegebenen Erklärungen gilt das ausländische Recht (Art. 7 EGBGB).[13]

31 Werden im Laufe des Verfahrens **neue Beteiligte** ermittelt, so ist ein Versäumnisverfahren (§ 366 Abs. 3 S. 2) gegen sie nur möglich, wenn alle Beteiligten zu einem neuen Termin geladen sind.[14]

8. Widerspruch anwesender Beteiligter gegen eine Vereinbarung

32 Sind mindestens zwei Beteiligte erschienen und kommt keine Einigung zustande, dann liegt ein Widerspruch vor. Der Widerspruch auch nur **eines erschienenen Beteiligten** hindert, soweit er sich erstreckt, die Vereinbarung über die vorbereitenden Maßregeln. Eine Mehrheitsentscheidung ist unzulässig (§ 745 Abs. 1 BGB, der über § 2038 Abs. 2 BGB für die laufende Verwaltung innerhalb der Erbengemeinschaft gilt, ist hierauf nicht anwendbar). Als Widerspruch müsste auch die Verweigerung der Unterschrift unter der aufgenommenen Urkunde angesehen werden, da zur Beurkundung die Unterschrift jedes Beteiligten unbedingt erforderlich ist (§ 13 BeurkG);[15] allerdings gilt diese Regelung nur für notarielle Urkunden, gerichtliche Protokolle dagegen werden nur vom Rechtspfleger (Richter) und ggf. dem Urkundsbeamten unterzeichnet, nie von Beteiligten (Rn 37).

33 Der Widerspruch eines Erschienenen kann nicht mit Hilfe von § 366 Abs. 3 überwunden werden; denn diese Vorschrift stellt darauf ab, dass ein Beteiligter nicht erschienen ist. Grundsätzlich kann ein solcher Widerspruch nur durch einen Zivilprozess der Beteiligten überwunden werden. Ob ein Widerspruch immer dazu zwingt, die Beteiligten auf den **Rechtsweg** zu verweisen (§ 370) und das Verfahren bis dahin auszusetzen oder ob trotz des Scheiterns einer Vereinbarung über die vorbereitenden Maßregeln zur Verhandlung über die Auseinandersetzung geschritten werden kann, hängt von der Lage des Falles ab.

34 Der Widerspruch kann **nur mündlich in der Verhandlung** vor dem Nachlassgericht oder vor einem von diesem ersuchten Gericht erklärt werden. Ein **schriftlicher Widerspruch** oder ein sonst außerhalb eines Verhandlungstermins erhobener Widerspruch eines Nichterschienenen ist rechtlich wirkungslos, hindert die Fortsetzung des Verfahrens nicht und verpflichtet das Nachlassgericht nicht zur Einstellung.[16] § 366 Abs. 3 S. 2 formalisiert das Problem dahin, dass eine schriftliche Erklärung eines Nichterschienenen, er sei mit der Vereinbarung der Erschienenen nicht einverstanden, nicht genügt; allerdings wird man eine

---

[12] Jansen/Müller-Lukoschek § 91 Rn 14.
[13] OLG Colmar OLGE 5, 288.
[14] Weißler, Nachlassverfahren II, 116.
[15] AG Stuttgart BWNotZ 1970, 46.
[16] BayObLG RJA 4, 14; Firsching DNotZ 1952, 117/119; a. M. OLG Köln DNotZ 1951, 524.

solche Erklärung dahin auslegen müssen, dass sie als Antrag auf Anberaumung eines neuen Termins aufzufassen ist.

Der **Widerspruch eines Dritten** mit der Behauptung, dass ihm ein Pfandrecht an einem Erbteil zustehe, hindert die Beurkundung der Vereinbarungen nicht, wenn er auch schließlich zur Aussetzung des Verfahrens bis zur Beseitigung desselben zwingt.[17]

9. Form der Beurkundung der Vereinbarung

Die Beurkundung der Vereinbarung hat zu Protokoll des Nachlassgerichts zu erfolgen. Nach § 28 Abs. 4 hat das Gerichte über Termine nur noch einen „Vermerk" zu fertigen; das passt hier nicht. Näher liegt § 36 Abs. 2. Nach h.M. muss die Beurkundung der Vereinbarung unter Berücksichtigung der Vorschriften der **§§ 1 Abs. 2, 6 bis 16, 22 bis 26 BeurkG** für die Beurkundung von Willenserklärungen erfolgen; das wird aus § 1 Abs. 2 BeurkG gefolgert.[18] Inwieweit das BeurkG über § 1 Abs. 2 auch für andere Urkundspersonen als Notare gilt, ist aber unklar. Die Protokollierung von Erklärungen der Beteiligten in gerichtlichen Verfahren (wie bei der Vermittlung der Erbauseinandersetzung) ist derart in das gerichtliche Verfahren eingebettet, dass sie meines Erachtens nicht dem BeurkG unterliegt, sondern den gerichtlichen Protokollierungsregeln, die auch im Verfahren nach dem FamFG wegen § 36 Abs. 2 aus der ZPO (§§ 160 ff.) hergeleitet werden, im Vermittlungsverfahren evtl. auch nach den Vorschriften des jeweiligen Landesrechts.[19] Das ergibt sich auch aus § 127a BGB, wonach eine notarielle Beurkundung bei einem gerichtlichen Vergleich durch eine Protokollierung nach den Vorschriften der ZPO ersetzt wird; auch bei § 794 Abs. 1 Nr. 1 ZPO ist ein Protokoll nach § 160 Abs. 3 ZPO erforderlich und ausreichend.

Die **Unterschied** besteht darin, dass ein Protokoll nach den Regeln des BeurkG die Unterschriften der Beteiligten enthalten muss (§ 13 Abs. 1 Nr. 1 BeurkG), ein gerichtliches Protokoll aber nicht (sondern lediglich die Unterschrift des Rechtspflegers und des Urkundsbeamten). Folgt man der h.M., dann müsste ein Protokoll über die Verhandlung (ohne Willenserklärungen der Beteiligten) erstellt werden, das von den Beteiligten nicht unterschrieben werden muss (wohl aber vom Rechtspfleger und Urkundsbeamten) und ein zweites Protokoll, das die „Vereinbarungen" enthält und vom Rechtspfleger und von den Beteiligten zu unterschreiben ist. Das kann dem Gesetz nicht entnommen werden, wäre auch nicht sinnvoll.

Die **Vorschriften des BeurkG** sind also **nicht anzuwenden**, wenn das Nachlassgericht die Vereinbarung beurkundet.[20] Für die Beurkundung ist der Rechtspfleger zuständig (§ 3 Nr. 2c RPflG); es wird nur ein Protokoll erstellt, das die Beteiligten nicht zu unterschreiben haben.[21]

Wenn nach **Landesrecht** für die Vermittlung der Auseinandersetzung allerdings auch die Notare zuständig sind (wie nach Art. 38 BayAGGVG[22]), dann wendet dieser, wenn sich der Antragsteller an ihn wendet, für das Verfahren vor sich das BeurkG an. In Baden-Württemberg sind ohnehin anstatt der Gerichte die Notariate zuständig (§§ 1, 38, 43 Bad.-Württ. LFGG; § 64 BeurkG); auch sie wenden das BeurkG an. Im ehemaligen preußischen Rechtsgebiet (Berlin, Nordrhein-Westfalen; Schleswig-Holstein) kann das AG auf Antrag eines Beteiligten die Vermittlung der Auseinandersetzung einem Notar überweisen (Art. 21 ff. PrFGG); auch dann wird vom Notar ein Protokoll nach den Regeln des BeurkG errichtet; der Überweisungsbeschluss ist mit sofortiger Beschwerde anfechtbar (Art. 21 Abs. 3 PrFGG).

Inwieweit **Urkundsbeamte** hinzugezogen werden müssen, richtet sich ebenfalls nach Landesrecht.[23] Grundsätzlich steht die Zuziehung im Ermessen des Rechtspflegers.

---

[17] KG RJA 5, 230 = ZBlFG 6, 128.
[18] MünchKommZPO/J. Mayer § 366 FamFG Rn 12; Jansen/Müller-Lukoschek § 91 Rn 3 und 5; Bassenge/Roth § 366 Rn 3; Bracker MittBayNot 1984, 114.
[19] § 49 WürttNachlVO wurde durch das Bad.-Württ.LFGG 1975 aufgehoben.
[20] Winkler BeurkG § 1 Rn 31; Muster bei Firsching/Graf Rn 4936.
[21] A. A. MünchKommZPO/J. Mayer § 366 FamFG Rn 7.
[22] BayObLGZ 1983, 101/103.
[23] Jansen/Müller-Lukoschek § 91 Rn 9.

41 Hinsichtlich der **Ausschließung und Ablehnung von Gerichtspersonen** sind § 6 FamFG, § 10 RPflG zu beachten; nach der Meinung, die das BeurkG anwendet,[24] auch §§ 6, 7 BeurkG. Nach der hier vertretenen Meinung sind §§ 6, 7 BeurkG nicht einschlägig (Ausnahme: wie vor, Rn 39).

10. Inhalt der Beurkundung

42 Im Protokoll sind (neben den üblichen Formalien: Datum, Ort, Feststellung der Erschienenen, Name des Rechtspflegers) zu beurkunden: Wenn nur ein einziger Beteiligter erschienen ist, seine **Vorschläge** über vorbereitende Maßregeln; wenn mehr als ein Beteiligter erschienen ist, die **Vereinbarungen,** die sie treffen.

43 Das Gericht muss auch Vereinbarungen beurkunden, die ihm, insbesondere gegen Nichterschienene, unbillig erscheinen oder die den Interessen Nichterschienener, den gesetzlichen Teilungsvorschriften oder dem Willen des Erblassers widersprechen; es kann nur die Beurkundung von Vorschlägen und Vereinbarungen verweigern, die gegen ein gesetzliches Verbot oder gegen die guten Sitten verstoßen (Rn 72).[25]

44 Auch **Streitpunkte** sind, klar herausgearbeitet, im Protokoll festzuhalten (vgl. § 370).[26]

45 An die beurkundeten Vorschläge und Vereinbarungen bleiben die Beteiligten **gebunden,** solange gegen andere Beteiligte ein Versäumnisverfahren schwebt; die Bindung erlischt, wenn ein früher nicht Erschienener in dem auf seinen Antrag anberaumten Termin widerspricht oder neue Vorschläge macht.[27]

11. Nachträgliche Zustimmung nicht erschienener Beteiligter

46 Beteiligte, die nicht erschienen sind, haben (wenn sie mit den Vereinbarungen der Erschienenen, von denen sie irgendwie Kenntnis erlangt haben, einverstanden sind) **zwei Möglichkeiten:**

47 a) **Schweigen.** Die Nichterschienenen lassen sich das Protokoll mit den Belehrungen und der Fristsetzung zustellen (§ 366 Abs. 3 S. 1) und schweigen. Damit wird die Zustimmung fingiert (§ 366 Abs. 3 S. 2). Ein Schreiben an das Nachlassgericht, man stimme zu, gilt nicht als Widerspruch, weil es keinen Antrag auf Bestimmung eines neuen Termins enthält und wegen der Zustimmung auch nicht in diesem Sinn auszulegen ist.

48 b) **Ausdrückliche Zustimmung.** Die Nichterschienen können nachträglich zustimmen; hier wird der Gedanke des § 185 Abs. 2 BGB aufgenommen. Für die Zustimmung schreibt § 366 Abs. 2 S. 2 bestimmte Formen vor: Ungenügend ist die nachträgliche Zustimmung zu Protokoll des Urkundsbeamten der Geschäftsstelle. Genügend ist eine Zustimmung zu Protokoll des zuständigen Nachlassgerichts (Rechtspflegers) oder eines von diesem um die Ladung des Beteiligten ersuchten Gerichts oder in einer öffentlich (d. h. notariell) beglaubigten Urkunde (§ 129 BGB). Dass die Zustimmung auch gegenüber den anderen Beteiligten erklärt wird (vgl. § 130 BGB), ist nicht notwendig.[28] Es ist gleichgültig, ob die nachträgliche Zustimmung von einem Beteiligten aus eigenem Antrieb oder auf eine nach Abs. 3 erfolgte Aufforderung hin geschah.

49 c) **Neue Beteiligte.** Eine Zustimmungserklärung kann mit der Wirkung, dass die Bestätigung erfolgen kann, selbst von einem Beteiligten abgegeben werden, der zu dem ersten Termin gar nicht geladen war und dessen Vorhandensein erst später bekannt geworden ist; gegen nachträglich bekannt gewordene Beteiligte kann aber nur dann nach Abs. 3 verfahren werden, wenn sie freiwillig zustimmen; es ist dann zu einem neuen Termin zu laden.

50 d) **Zustimmung vor dem Termin.** Die Zustimmung kann auch schon **vor dem Termin** mit bindender Kraft zu gerichtlichem Protokoll oder in beglaubigter Urkunde

---

[24] Jansen/Müller-Lukoschek § 91 Rn 6.
[25] Jansen/Müller-Lukoschek § 91 Rn 13.
[26] Schubart DFG 1944, 92.
[27] KG KGJ 32 Anm. 110; KG OLGZ 40, 26; Jansen/Müller-Lukoschek § 91 Rn 20.
[28] RG DNotZ 1912, 33.

12. Nichterscheinen im Verhandlungstermin

a) Erschienene Personen. Zur Frage, wann jemand erschienen ist, können die Regeln der ZPO (§§ 333, 334 ZPO) hilfreich sein. Erschienen ist, wer selbst anwesend ist, und zwar bis zum Schluss der Verhandlung. Beteiligte müssen nicht persönlich erscheinen (Ausnahme: § 33). Es genügt, wenn sich ein Beteiligter durch einen Bevollmächtigten im Termin vertreten lässt (§§ 10, 11). Ein Miterbe kann auch einen anderen Miterben bevollmächtigen. Die einstweilige Zulassung eines **vollmachtlosen Vertreters** (vgl. § 89 ZPO) ist nicht möglich. 51

b) Nichterschienene Personen. Das sind die Abwesenden, auch wenn sie wegen fehlender Ladung abwesend sind. Als nicht erschienen gilt auch, wer sich vor Schluss der Verhandlung und Beurkundung freiwillig **entfernt** hat, ohne eine widersprechende Erklärung abgegeben zu haben (vgl. § 220 Abs. 2 ZPO),[30] ferner, wer nach § 177 GVG wegen Ungebühr vor Schluss der Verhandlung aus dem Sitzungssaal entfernt wurde, ehe er eine Erklärung zur Sache abgegeben hatte. Wer die **Abgabe einer Erklärung verweigert,** darf nicht als nicht erschienen behandelt werden,[31] von ihm ist anzunehmen, dass er Vereinbarungen widerspricht. Wer einer Verfügung des Gerichts, durch die sein **persönliches Erscheinen** angeordnet wurde (§ 33) nicht Folge leistet, ist nicht erschienen und gilt als widersprechend.[32] 52

Als nicht erschienen mit den sich daraus ergebenden Versäumnisfolgen gilt auch, wer sein Nichterscheinen genügend **entschuldigt** hat, jedoch soll das Gericht in diesem Falle den Termin verlegen und neu laden.[33] Das Nichterscheinen im ersten Verhandlungstermin über vorbereitende Maßregeln kann nicht mittels **Wiedereinsetzung** überwunden werden; vgl. § 367. 53

13. Benachrichtigung der nicht erschienenen Beteiligten

a) Inhalt. Die Benachrichtigung der nicht erschienenen Beteiligten von der erfolgten Beurkundung (d. h. vom Ergebnis des Gerichtstermins) hat zu erfolgen, wenn mehrere erschienene Beteiligte zu einer Vereinbarung gelangt oder auch nur Vorschläge eines einzigen Erschienenen entgegengenommen worden sind (§ 366 Abs. 3). Die Benachrichtigung muss folgenden Inhalt haben: 54

(1) Den Inhalt der Vereinbarung (in Abs. 3 „Urkunde" genannt); er braucht nur auszugsweise und nur soweit mitgeteilt zu werden, als er den Empfänger betrifft; eine vollständige Abschrift muss erst auf Verlangen erteilt werden.[34] Das ist nur eine Ordnungsvorschrift. Der auszugsweise Inhalt ist unzweckmäßig; dem Beteiligten sollte sogleich die vollständige „Urkunde" in Fotokopie zugeleitet werden. 55

(2) Die Mitteilung, dass er die Urkunde auf der Geschäftsstelle einsehen und eine Abschrift verlangen könne. Das ist nur eine Ordnungsvorschrift. 56

(3) Den Hinweis auf die Folgen (§ 366 Abs. 3 S. 2) und die Bestimmung einer angemessenen Frist für den Antrag auf einen neuen Termin. Nur dies ist zwingend. 57

Ein **Mangel im Inhalt** der Bekanntmachung, wie er in Abs. 3 vorgeschrieben ist, hindert, wenn der Nichterschienene eine Erklärung nicht abgibt, den Eintritt der Versäumnisfolgen;[35] vorgeschrieben ist aber der Hinweis nach Rn 57. 58

b) Fristsetzung. Das Nachlassgericht setzt durch Beschluss eine Frist (Länge nach Ermessen, in der Regel sind mindestens zwei Wochen ratsam) fest, binnen der der Betroffe- 59

---

[29] KG KGJ 49, 88.
[30] Ötker RheinZ 1923, 254; Jansen/Müller-Lukoschek § 91 Rn 10.
[31] A. A. wegen § 333 ZPO Horndasch/Viefhues/Heinemann § 366 Rn 18.
[32] Schlegelberger § 91 Rn 7.
[33] MünchKommZPO/J. Mayer § 366 FamFG Rn 18.
[34] Vgl. OLG Stuttgart WürttZ 22, 65.
[35] BayObLGZ 25, 126.

ne einen neuen Termin beantragen kann. Es kann die Frist nachträglich verlängern, auf Antrag oder von Amts wegen, aber nicht mehr nach Fristablauf. Gegen die Fristbestimmung steht demjenigen, dem die Frist gesetzt ist, die sofortige Beschwerde zu (§ 372 Abs. 1; Frist: zwei Wochen, § 569 ZPO) mit der Begründung, die Frist sei zu kurz; den übrigen Beteiligten steht sie ebenfalls zu, aber mit der Begründung, die Frist sei zu lang.[36] Beschwerdegericht ist das OLG (§ 119 Abs. 1 Nr. 1 b GVG).

60 Wurde die **Frist versäumt,** kommt Wiedereinsetzung in Frage; § 367.

61 c) **Zustellung.** Die Bekanntmachung erfolgt wegen des Fristenlaufes durch Zustellung von Amts wegen (§ 41 Abs. 1 S. 2). Öffentliche Zustellung ist zulässig (§ 15 Abs. 2 FamFG mit § 185 ZPO), denn § 365 Abs. 1 S. 2 betrifft nur die Ladung. Die Bekanntmachung durch Eröffnung zu Protokoll könnte auch im Weg der Rechtshilfe erfolgen.[37]

14. Säumnis von Beteiligten

62 Gegen **geschäftsunfähige** und in der Geschäftsfähigkeit beschränkte Personen treten die Säumnisfolgen nur bei Säumnis des gesetzlichen Vertreters ein; weitere Voraussetzung kann eine gerichtliche Genehmigung sein (Rn 14). Gegen nicht vertretene, aber eines gesetzlichen Vertreters bedürftige Personen können die Versäumnisfolgen nicht eintreten. Das Nachlassgericht kann hier die Anordnung einer Betreuung (§ 1896 BGB) beim Betreuungsgericht anregen. Die Säumnisfolgen erstrecken sich auf alle Vereinbarungen Beteiligter, die im Verfahren wirksam getroffen werden können.

63 a) **Kein Erscheinen im Verhandlungstermin.** Dann wird nach § 366 Abs. 3 vorgegangen.

64 b) **Keine Erklärung innerhalb der Frist.** Wenn der Ausgebliebene keine Erklärung innerhalb der nach § 366 Abs. 3 S. 2 gesetzten Frist abgibt, dann wird sein Einverständnis zu der Vereinbarung oder dem Vorschlag eines Einzelnen angenommen und nach Fristablauf der Bestätigungsbeschluss erlassen. Es wird so angesehen, als ob der Säumige im Zeitpunkt des Verhandlungstermins der beurkundeten Vereinbarung zugestimmt hätte.[38] Materielle Einwendungen gegen den Bestätigungsbeschluss kann der Ausgebliebene nicht mehr geltend machen, eine Anfechtung ist nach allgemeinen Regeln (wie auch gegen einen Prozessvergleich[39]) möglich (§§ 119, 123 BGB); die befristete Beschwerde gegen den Beschluss kann nur auf Formfehler gestützt werden (§ 372 Abs. 2). Das gilt aber nur, soweit der Säumige Beteiligter (§ 363 Rn 61) ist, also für den Vermächtnisnehmer nur, wenn er auch Erbe ist.[40] Über die Wirkung des Bestätigungsbeschlusses auf den Auseinandersetzungsvertrag vgl. § 371 Rn 9.

65 Teilt der Ausgebliebene lediglich fristgerecht mit, dass er mit der Vereinbarung nicht einverstanden sei, so ist diese Erklärung nicht geeignet, den Eintritt der Versäumnisfolgen abzuwenden. Auch in diesem Fall ist die Auseinandersetzung zu bestätigen, denn nur bei rechtzeitigem Terminsantrag und Erscheinen im Termin ist die Verhandlung fortzusetzen (§ 366 Abs. 4). In der Regel ist ein solches Schreiben (je nach seinem Inhalt) auszulegen als Antrag, einen neuen Termin anzusetzen; im Zweifel kann aber eine Frist zur Erklärung gesetzt werden, ob der Widerspruch einen Terminsantrag enthält.[41]

66 c) **Zweite Säumnis.** Der im Termin abwesende Beteiligte beantragte die Anberaumung eines neuen Termins, erscheint aber in diesem Termin nicht. Die Wirkung der Terminsversäumung ergibt sich aus § 366 Abs. 3; jedoch kann jetzt kein weiterer neuer Termin gefordert oder festgesetzt werden. Die übrigen Beteiligten sind in diesem Fall an die frühere Vereinbarung gebunden. Die Folgen der Versäumung des Termins kann mittels **Wiedereinsetzung** überwunden werden (§ 367).

---

[36] Josef ZBlFG 5, 171.
[37] Schlegelberger § 91 Rn 9.
[38] BayObLGZ 11, 720.
[39] Zöller/Stöber § 794 Rn 15.
[40] Kehrer WürttNotV 1953, 274.
[41] Firsching DNotZ 1952, 117/120.

15. Anberaumung eines neuen Termins

67 Beantragt der nicht erschienene Beteiligte vor Ablauf der ihm nach § 366 Abs. 3 gesetzten Frist die Anberaumung eines neuen Termins und erscheint er in dem Termin, so ist die ursprüngliche Verhandlung fortzusetzen. Der Antrag braucht nicht ausdrücklich gestellt zu sein, es genügt, dass er sich aus dem gesamten Inhalt der Erklärung ergibt.[42] Zu dem neuen Termin sind alle übrigen Beteiligten wieder zu laden; die Ladung braucht den in § 366 Abs. 3 vorgeschriebenen Inhalt nicht mehr zu haben. Die Einhaltung einer bestimmten Mindest-Ladungsfrist ist nicht erforderlich.[43] Erklärt der früher nicht erschienene Beteiligte nun sein Einverständnis, dann sind die getroffenen Vereinbarungen zur Bestätigung reif. Macht er abweichende Vorschläge, so hat das Nachlassgericht hierüber mit den übrigen Beteiligten zu verhandeln (wegen Erlöschens der Gebundenheit an die bisherigen Vorschläge und Vereinbarungen s. oben Rn 45) und gegebenenfalls eine Einigung zu versuchen.

68 Erscheint er nicht im Termin, treten die Säumnisfolgen ein (Rn 66). Erscheint er entschuldbar nicht, kommt Wiedereinsetzung in Frage (§ 367).

16. Bestätigungsbeschluss

69 a) **Allgemeines.** Die Vereinbarung über vorbereitende Maßnahmen (Rn 5) ist durch **Beschluss** (§ 38) zu bestätigen (§ 366 Abs. 1 S. 1); zuständig dafür ist der Rechtspfleger (§ 3 Nr. 2 c RPflG; Ausnahmen vgl. Rn 39, 79). Werden keine solchen Vereinbarungen getroffen, entfällt der Beschluss. Auch ohne einen solchen Beschluss kann später eine Auseinandersetzungsvereinbarung getroffen werden. Für die Ausschließung und Ablehnung von Gerichtspersonen gelten über § 6 FamFG die §§ 41 bis 49 ZPO. Die Vorschriften §§ 6, 7 BeurkG sind nicht einschlägig,[44] Ausnahmen vgl. Rn 39, 41.

70 b) **Verzicht auf den Beschluss.** Auf den Bestätigungsbeschluss kann von den Beteiligten **verzichtet** werden, erforderlich ist ein Verzicht sämtlicher Beteiligter, nicht nur der erschienenen Beteiligten. Der Verzicht hat die Wirkung, dass der Antrag auf amtliche Vermittlung der Auseinandersetzung zurückgenommen oder das Verfahren im Weg der Vereinbarung beendigt wird. Dagegen ist ein Verzicht mit der Wirkung, dass die Bestätigung als erfolgt anzusehen ist, unzulässig.[45] Der Verzicht kann bis zum Eintritt der Rechtskraft des Bestätigungsbeschlusses erklärt werden.[46]

c) **Prüfungsrecht des Gerichts**

71 *aa) Formelle Verfahrensvoraussetzungen.* Die Prüfung des Gerichts vor Erlass des Bestätigungsbeschlusses erstreckt sich darauf, ob alle formellen Verfahrensvoraussetzungen gegeben waren, also insbesondere, wenn Beteiligte nicht erschienen waren und ihre Zustimmung im Säumnisverfahren fingiert wird, oder ob die Ladungen und Bekanntmachungen form- und fristgerecht erfolgt sind. Die Bestätigung ist auch abzulehnen, wenn sich herausstellt, dass Verfahrensvorschriften (wie die Beteiligtenöffentlichkeit) nicht beachtet wurden, etwa eine nicht verfahrensfähige Person (§ 8) ohne gesetzlichen Vertreter tätig wurde; oder wenn Nichtberechtigte eine Vereinbarung geschlossen haben, etwa wenn sich aus einem inzwischen aufgefundenen Testament ergibt, dass einzelne Beteiligte nicht Miterben sind.[47]

72 *bb) Gesetzwidrige Vereinbarungen.* Das Gericht hat ein Prüfungsrecht ferner insoweit, als es eine Protokollierung (und somit auch Bestätigung) gesetzwidriger Vereinbarungen abzulehnen hat.[48] So ist es z. B., wenn gegen gesetzliche Verbote oder gegen die guten Sitten verstoßen würde.[49] Relevant ist das, wenn die Beteiligten Abläufe vereinbaren, durch die

---

[42] OLG Karlsruhe BadRspr. 1932, 62; Firsching DNotZ 1952, 117/119.
[43] Jansen/Müller-Lukoschek § 91 Rn 24; Schlegelberger § 91 Rn 10.
[44] Jansen/Müller-Lukoschek § 91 Rn 8.
[45] Seeger AcP 126, 253.
[46] Josef WürttZ 1916, 311.
[47] KG OLG 40, 22.
[48] Firsching/Graf Rn 4941; Josef ZBlFG 11, 603; Schlegelberger § 91 Rn 4; Unger ZZP 39, 50.
[49] Firsching/Graf Rn 4941; Jansen/Müller-Lukoschek § 91 Rn 13. Vgl. die inzwischen aufgehobenen Art. 54 Abs. 2 HessFGG; Art. 40 Abs. 2 NdsFGG; Art. 40 Abs. 2 PrFGG.

Steuern hinterzogen oder verkürzt werden sollen. Bei Handlungen, die erkennbar unerlaubte unredliche Zwecke verfolgen, müsste auch ein Notar eine Beurkundung ablehnen (§§ 14 Abs. 2 BNotO, 4 BeurkG).

73 *cc) Prüfung der Zweckmäßigkeit.* Dagegen findet eine Prüfung der Zweckmäßigkeit der Vereinbarungen, ihrer Statthaftigkeit nach Maßgabe des Testaments oder ihrer Vorteilhaftigkeit für die einzelnen Beteiligten nicht statt.[50]

74 *dd) Prüfung als Genehmigungsgericht.* Zu einer materiellen Prüfung kann das Nachlassgericht allerdings auf Grund des § 368 Abs. 3 **verpflichtet** sein, wenn es also das Handeln eines Pflegers, Betreuers, Vormunds selbst zu genehmigen hat.

75 *ee) Kein Prüfungsrecht.* Im Übrigen hat das Gericht kein Prüfungsrecht und kein Ermessen; es darf eine Bestätigung z. B. nicht deshalb ablehnen, weil sie einer Anordnung des Erblassers widerspricht; oder weil die Vereinbarung unzweckmäßig ist;[51] oder weil Beteiligter benachteiligt wird.

76 **d) Bekanntmachung des Bestätigungsbeschlusses.** Der Beschluss (§ 38) ist **sämtlichen Beteiligten** bekannt zu machen; dies hat durch Zustellung zu erfolgen, wenn ein Beteiligter damit offensichtlich nicht einverstanden ist (§ 41 Abs. 1 S. 2), aber wegen § 371 auch in den sonstigen Fällen, weil sonst das Datum des Eintritts der Rechtskraft nicht zuverlässig festgestellt werden kann. Auf die Bekanntmachung kann nicht verzichtet werden.[52]

77 **e) Rechtsmittel.** Der Beschluss unterliegt der befristeten Beschwerde (§ 58; Wert: § 61). Der Eintritt der Rechtskraft wird durch rechtzeitige Einlegung (Frist: § 63) der Beschwerde gehemmt (§ 45 S. 2). Folge ist, dass vor Rechtskraft nicht in das Auseinandersetzungsverfahren übergegangen werden kann.

78 **f) Wirkungen des Bestätigungsbeschlusses.** Vereinbarungen nach § 366 Abs. 1 werden mit formeller Rechtskraft des Beschlusses (§ 45) wirksam und für alle Beteiligten verbindlich (§ 371 Abs. 1). Nach Wirksamwerden kann daraus vollstreckt werden (§ 371 Abs. 2); dies erfolgt nach §§ 86 ff.

79 **g) Landesrecht.** Für den Bestätigungsbeschluss (§ 363 Abs. 1) ist grundsätzlich das Nachlassgericht (Rechtspfleger) zuständig; § 3 Nr. 2 c RPflG. In Baden-Württemberg ist das Notariat zuständig (§§ 38, 43 Bad.-Württ.LFGG). Nach Landesrecht kann sich ein Beteiligter von vornherein an einen Notar wenden, dann kann je nach Landesrecht der Notar auch für den Bestätigungsbeschluss zuständig sein, so etwa in Bayern (Art. 38 Abs. 4 BayAGGVG). Im ehemals preußischen Rechtsgebiet (Berlin, Schleswig-Holstein) ist, wenn das Gericht die Vermittlung einem Notar überwiesen hat, trotzdem das Gericht für den Bestätigungsbeschluss zuständig (Art. 23 Abs. 2 PrFGG), ebenso in Nordrhein-Westfalen (§ 82 JustG NRW).

17. Kosten

80 Für die Gerichtsgebühren gilt § 116 KostO. Die Bestätigung einer Vereinbarung über vorbereitende Maßnahmen nach § 366 ist gebührenrechtlich ohne Bedeutung,[53] sie löst keine weitere Gebühr aus, das Fehlen einer solchen Vereinbarung führt zu keiner Ermäßigung.

Wiedereinsetzung

§ 367 War im Fall des § 366 der Beteiligte ohne sein Verschulden verhindert, die Anberaumung eines neuen Termins rechtzeitig zu beantragen oder in dem neuen Termin zu erscheinen, gelten die Vorschriften über die Wiedereinsetzung in den vorigen Stand (§§ 17, 18 und 19 Abs. 1) entsprechend.

---

[50] MünchKommZPO/J. Mayer § 366 FamFG Rn 30.
[51] Firsching/Graf Rn 4941.
[52] Seeger AcP 126, 254; MünchKommZPO/J. Mayer § 366 FamFG Rn 32.
[53] Korintenberg/Lappe KostO § 116 Rn 7.

I. Normzweck

Da die Versäumung der Fristen bzw. Termine des § 366 negative Auswirkungen für den Säumigen hat, soll Wiedereinsetzung helfen können. Die Vorschrift entspricht dem früheren § 92 FGG.

II. Anwendungsbereich

§ 367 gilt für vier Fallgruppen: zunächst für § 366 und dort nur für zwei Fälle der Säumnis: (1) dem Beteiligten, der zum Verhandlungstermin über **vorbereitende Vereinbarungen** nicht erschien, wurde eine Frist zum Antrag auf Anberaumung eines neuen Verhandlungstermins gesetzt; diese Frist hat er versäumt. (2) Er hat die Frist eingehalten (§ 366 Abs. 4), ist aber im anberaumten neuen Verhandlungstermin säumig gewesen. Dagegen ist § 367 nicht einschlägig, wenn ein geladener Beteiligter den ersten Verhandlungstermin versäumt. Eine solche Säumnis kann er nur durch einen rechtzeitigen Antrag auf neuen Termin und Erscheinen im neuen Termin überwinden.

§ 367 gilt ferner aufgrund der Verweisung in § 368 Abs. 2 S. 2 auch (3) bei Versäumung der Antragsfrist sowie (4) Versäumnis des Termins bei der **endgültigen Auseinandersetzung**.

III. Wiedereinsetzung

1. Entscheidung über die Wiedereinsetzung

a) Allgemeines. Die Voraussetzungen der Wiedereinsetzung finden sich in §§ 17, 18, 19 Abs. 1; diese Bestimmungen entsprechen weitgehend §§ 233 ff. ZPO. Grund der Wiedereinsetzung ist, dass der Beteiligte **ohne sein Verschulden verhindert** war, die Frist zur Antragstellung (Fälle 1, 3) bzw. trotz rechtzeitigen Antrags den Termin zu wahren (Fälle 2, 4).

Verschulden ist **Vorsatz oder Fahrlässigkeit** jeder Art (§ 276 BGB). Das Nichtverschulden muss feststehen.[1] Im Falle des § 17 Abs. 2 (mangelhafte Rechtsbehelfsbelehrung) wird Nichtverschulden vermutet. Trifft den Beteiligten oder seinen gesetzlichen Vertreter oder seinen Verfahrensbevollmächtigten ein Verschulden, scheidet Wiedereinsetzung aus. Wiedereinsetzung kommt ferner nur in Betracht, wenn der als Wiedereinsetzungsgrund angegebene Umstand ursächlich für die Fristversäumung gewesen ist.[2]

b) Formalien. Wer Wiedereinsetzung beantragt (§ 17 Abs. 1), muss die Antragsfrist (§ 18 Abs. 1; binnen zwei Wochen nach Wegfall des Hindernisses) beachten, auch die Jahresfrist (§ 18 Abs. 3). Adressat des Antrags: Nachlassgericht (§ 19 Abs. 1). Wichtig ist die Glaubhaftmachung (§ 18 Abs. 2 S. 1) sowie die Nachholung der versäumten Rechtshandlung (§ 18 Abs. 2 S. 1), das ist z.B. der Antrag, einen neuen Termin (§ 366 Abs. 3 S. 2, Abs. 4) zu bestimmen. Da die versäumte Rechtshandlung nachzuholen ist, genügt es nicht, eindeutig nur Wiedereinsetzung zu beantragen und dann abzuwarten, ob sie bewilligt wird und dann erst den Terminsantrag zu stellen.

c) Wiedereinsetzung gegen die Versäumung der zweiwöchigen Antragsfrist ist möglich. Das ergibt sich für den Zivilprozess aus §§ 233, 234 ZPO, war auch im FGG-Verfahren anerkannt[3] und gilt weiterhin (§ 17 Abs. 1: „eine gesetzliche Frist"). Wer wegen eines Schlaganfalls die Ladungsantragsfrist nach § 366 Abs. 3 versäumte, hat Aussicht auf Wiedereinsetzung. Versäumt er die zweiwöchige Antragsfrist für den Wiedereinsetzungsantrags wegen Erkrankung, wird ihm gegen diese Versäumung Wiedereinsetzung bewilligt. Versäumt er den schließlich angesetzten Termin (§ 366 Abs. 3) wegen eines Verkehrsunfalls, kann er auch hiergegen Wiedereinsetzung erlangen.

---

[1] BGH NJW 1992, 574.
[2] BGH NJW 2000, 3649.
[3] OLG Köln DNotZ 1981, 716; MünchKommZPO/Gehrlein § 233 Rn 13.

8 **d) Verfassungsrechtliche Vorgaben.** Die Anforderungen an das, was der Betroffene veranlasst haben und vorbringen muss, um Wiedereinsetzung zu erlangen, dürfen vom Nachlassgericht nicht überspannt werden.[4]

9 **e) Antrag.** Voraussetzung der Wiedereinsetzung ist ein Antrag (§ 17 Abs. 1). Ohne Antrag kann Wiedereinsetzung in bestimmten Fällen bewilligt werden (§ 18 Abs. 2 S. 3), etwa wenn der Beteiligte einige Tage nach Fristablauf die Anberaumung eines neuen Termins beantragt und vorträgt, ursächlich für die Fristversäumung sei eine schwere unvorhersehbare Erkrankung gewesen, was durch ein Arztattest belegt wird (denn hier liegt ein stillschweigender Antrag auf Wiedereinsetzung vor).

10 **f) Entscheidung.** Über den Antrag entscheidet das Nachlassgericht (Rechtspfleger) durch Beschluss (§ 38); er muss in der Regel eine Begründung (§ 38 Abs. 3 und 4) und eine Rechtsmittelbelehrung (§ 39) enthalten. Der Beschluss ist allen Beteiligten bekannt zu geben: demjenigen, dessen Antrag zurückgewiesen wurde, durch Zustellung (§ 41 Abs. 1 S. 2); ebenso dem, dessen Willen er nicht entspricht; sonst genügt formlose Bekanntmachung.

11 **g) Rechtsmittel.** Gegen die **Ablehnung** der Wiedereinsetzung steht nur dem Antragsteller die sofortige Beschwerde zu (§ 372 Abs. 1 FamFG; § 11 RPflG). Wird Wiedereinsetzung **bewilligt**, ist (entgegen § 19 Abs. 2, auf den in § 367 aber nicht verwiesen wird) ebenfalls die sofortige Beschwerde statthaft;[5] beschwert gegen die Bewilligung ist jeder weitere Beteiligte.

12 In beiden Fällen handelt es sich nicht um eine befristete Beschwerde nach §§ 58 ff. FamFG, sondern um eine **sofortige Beschwerde** nach §§ 567 bis 572 ZPO. Die **Beschwerdefrist** beträgt in beiden Fällen zwei Wochen (§ 569 ZPO; § 372 Abs. 1 FamFG), nicht einen Monat (wie bei § 63). Gegen die Versäumung der Frist für die sofortige Beschwerde findet wieder die Wiedereinsetzung nach Maßgabe der §§ 233 ff. ZPO statt. Beschwerdegericht ist das OLG (§ 119 Abs. 1 Nr. 1 b GVG).

2. Wirkung der bewilligten Wiedereinsetzung

13 Folge gewährter Wiedereinsetzung ist, dass die Rechtzeitigkeit der Rechtshandlung fingiert wird. Der schon eingetretene Rechtsnachteil wird rückwirkend ungeschehen gemacht.[6] Durch die bewilligte Wiedereinsetzung wird somit die Fiktion einer Vereinbarung nach § 366 bzw. die Fiktion einer Auseinandersetzung nach § 368 wirkungslos. Das Verfahren wird in die Lage zurückversetzt, in der es sich vor der Versäumung des Antragstellers befand: der erste mit den Beteiligten abgehaltene Termin bleibt also unberührt, die Verhandlungen sind wieder aufzunehmen und gemäß § 366 Abs. 4 so fortzusetzen, als ob der Antragsteller auf die nach § 366 Abs. 3 an ihn erfolgte Mitteilung rechtzeitig die Anberaumung eines neuen Termins beantragt hätte und erschienen wäre bzw. als ob er (wenn sein Antrag rechtzeitig war) erschienen wäre. Obgleich es sich um eine Fortsetzung des Verfahrens handelt, muss der Beteiligte, dem Wiedereinsetzung bewilligt wurde, zum neuen Termin geladen werden[7] (die Einschränkungen des § 365 Abs. 2 S. 1 gelten nicht, denn wie sollte der Beteiligte sonst von Fortsetzungstermin Kenntnis erlangen, wenn nicht durch Ladung?). Die von den damals erschienenen Beteiligten gemachten Vorschläge (§ 366 Abs. 1 S. 2) und getroffenen **Vereinbarungen** (§§ 366 Abs. 1 S. 1, 368 Abs. 2 S. 1) bleiben wirksam,[8] weil sie von der Säumnis nicht betroffen sind. Wenn dem Säumigen Wiedereinsetzung bewilligt wurde und er dann trotz Ladung zum neuen Termin wieder nicht erscheint, so dass das Verfahren nach § 366 Abs. 3 nochmals eingeleitet wird, wird die Zustimmung zu den Vereinbarungen in Folge der Säumnis fingiert. Allerdings kann gegen die Versäumnis des neuen Termins erneut Wiedereinsetzung bewilligt werden.

14 War der **Bestätigungsbeschluss** bereits erlassen und wird dann Wiedereinsetzung bewilligt, wird dieser Beschluss automatisch gegenstandslos, selbst wenn er formell

---

[4] BVerfG NJW 2001, 3473; NJW 1997, 2941; NJW 1995, 249.
[5] BT-Drs. 16/6308 S. 283; MünchKommZPO/J. Mayer § 367 FamFG Rn 7.
[6] MünchKommZPO/Gehrlein § 233 Rn 4.
[7] Horndasch/Viefhues/Heinemann § 367 Rn 7; a. A. SBW/Tschichoflos § 367 Rn 8.
[8] Jansen/Müller-Lukoschek § 92 Rn 3.

rechtskräftig geworden ist;[9] dasselbe gilt für sonstige Entscheidungen im Zusammenhang mit der versäumten Frist oder dem versäumten Termin. Eine gesonderte Aufhebung entfällt.[10] Die Gegenstandslosigkeit ergibt sich von selbst aus der Nachlassakte, wo die Wiedereinsetzung eingeheftet ist; zur Klarstellung kann ein Aktenvermerk eingelegt werden.

Auseinandersetzungsplan; Bestätigung

368 (1) [1] Sobald nach Lage der Sache die Auseinandersetzung stattfinden kann, hat das Gericht einen Auseinandersetzungsplan anzufertigen. [2] Sind die erschienenen Beteiligten mit dem Inhalt des Plans einverstanden, hat das Gericht die Auseinandersetzung zu beurkunden. [3] Sind alle Beteiligten erschienen, hat das Gericht die Auseinandersetzung zu bestätigen; dasselbe gilt, wenn die nicht erschienenen Beteiligten ihre Zustimmung zu gerichtlichem Protokoll oder in einer öffentlich beglaubigten Urkunde erteilen.

(2) [1] Ist ein Beteiligter nicht erschienen, hat das Gericht nach § 366 Abs. 3 und 4 zu verfahren. [2] § 367 ist entsprechend anzuwenden.

(3) Bedarf ein Beteiligter zur Vereinbarung nach § 366 Abs. 1 oder zur Auseinandersetzung der Genehmigung des Familien- oder Betreuungsgerichts, ist, wenn er im Inland keinen Vormund, Betreuer oder Pfleger hat, für die Erteilung oder die Verweigerung der Genehmigung an Stelle des Familien- oder des Betreuungsgerichts das Nachlassgericht zuständig.

Übersicht

	Rn
I. Normzweck	1
II. Auseinandersetzungsplan	5
1. Allgemeines zum Auseinandersetzungsplan	5
a) Zuständigkeit des Nachlassgerichts	5
b) Plananfertigung	6
c) Rechtsnatur des Plans	7
d) Inhalt des Plans	8
e) Form	11
f) Verantwortung und Haftung für den Plan	12
2. Verhandlung über den Plan	13
3. Verfahren, wenn niemand im Verhandlungstermin erschienen ist	14
4. Verfahren, wenn alle Beteiligten zum Verhandlungstermin erschienen sind, aber kein Einverständnis der Beteiligten erzielt wird	15
5. Verfahren, wenn alle Beteiligten zum Verhandlungstermin erschienen sind und ein Einverständnis der Beteiligten erzielt wird	17
a) Beurkundung	17
b) Bestätigungsbeschluss	19
c) Genehmigung	20
d) Rechtsmittel	27
6. Verfahren, wenn nur einzelne Beteiligte erschienen sind	28
a) Keine Zustimmung zum gerichtlichen Auseinandersetzungsplan	29
b) Zustimmung der Erschienenen	30
c) Nachträgliche Zustimmung	33
d) Fortgang des Verfahrens; Fiktionen	34
e) Bestätigung der Vereinbarung	38
f) Genehmigungen	40
g) Rechtsmittel	42
7. Form der Beurkundung der Auseinandersetzung	43
a) Zuständigkeit	43
b) Form	46

---

[9] BGH NJW 1988, 2672; NJW 1987, 327; MünchKommZPO/Gehrlein § 233 Rn 4; Horndasch/Viefhues/Heinemann § 367 Rn 7; Jansen/Müller-Lukoschek § 92 Rn 3; Bassenge/Roth § 367 Rn 2; Prütting/Helms/Fröhler § 367 Rn 18; nach der a. A. (MünchKommZPO/J. Mayer § 367 FamFG Rn 8) ist er aufzuheben. Eine deklaratorische Aufhebung ist allerdings zweckmäßig.

[10] A. A. Schlegelberger § 92 Rn 2.

	Rn
8. Inhalt der Beurkundung der Auseinandersetzung	48
a) Formalien	48
b) Streitpunkte	49
c) Schuldrechtliche Teilungsvereinbarungen	50
d) Sonstige Abmachungen	51
e) Dinglicher Vollzug	52
f) Bindung an die Auseinandersetzungsvereinbarung	53
9. Wirkung und Rechtskraft der Beurkundung	54
10. Genehmigung nach § 368 Abs. 3	55
a) Anwendungsbereich	55
b) Sachliche Zuständigkeit	58
c) Funktionelle Zuständigkeit	59
d) Materielle Prüfung	60

I. Normzweck

1 Die Vorschrift regelt in Verbindung mit § 365 den eventuellen zweiten Teil des Vermittlungsverfahrens (erster Teil: § 366). Die Regelung entspricht in Abs. 1 und Abs. 2 dem früheren § 93 FGG, in Abs. 3 dem früheren § 97 Abs. 2 FGG.

2 Es sind im Vermittlungsverfahren **folgende Abläufe** möglich:
(1) Wenn **vorbereitende Vereinbarungen** über die Art der Teilung (§ 366 Rn 4) in Frage kommen, wird eine Ladung und Verhandlung nur hierzu durchgeführt. Sind alle Beteiligten mit der vorbereitenden Vereinbarung einverstanden, wird sie durch Beschluss bestätigt. Andernfalls kann sich eine Aussetzung zwecks zivilprozessualer Klärung (§ 370) oder ein Säumnisverfahren zwecks Fiktion der Zustimmung zur vorbereitenden Vereinbarung anschließen (§ 366 Abs. 3 und 4). Nach Rechtskraft des Bestätigungsbeschlusses wird dann ein Termin zur Verhandlung über die Teilung (Auseinandersetzung) angesetzt (§ 365).
(2) Wenn keine vorbereitenden Vereinbarungen erforderlich erscheinen, wird diese Stufe übersprungen. Das Nachlassgericht hat den **Termin zur Auseinandersetzung** von Amts wegen zu bestimmen und dazu die Beteiligten zu laden; die Einhaltung einer bestimmten Mindest-Ladungsfrist ist nicht erforderlich. Dass der Termin zur Verhandlung über die Auseinandersetzung (und nicht nur wegen vorbereitender Maßnahmen) angesetzt wird, muss in der Ladung angegeben werden.
(3) **Beide Termine sogleich nacheinander:** Denkbar (aber unzweckmäßig) ist auch, den Termin zur Verhandlung über vorbereitende Vereinbarungen und den Termin zur Verhandlung über die Auseinandersetzung zu verbinden.[1]

3 Der Auseinandersetzungsplan ist **vom Nachlassgericht** (nicht von den Miterben!) zu erstellen, sobald die Auseinandersetzung stattfinden kann. Die Rechtskraft der Bestätigung der Vereinbarung über vorbereitende Maßregeln (Bestätigungsbeschluss, § 366 Abs. 2 bzw. Abs. 4) muss abgewartet zu werden, wenn mit der Möglichkeit der Anfechtung zu rechnen ist, etwa weil das Säumnisverfahren gegen Nichterschienene stattgefunden hat und eine Wiedereinsetzung in Frage kommt.

4 Es sind verschiedene Stadien des Verfahrens auseinander zu halten: (1) Erstellung des Auseinandersetzungsplans; (2) Auseinandersetzung und diesbezügliche Vereinbarungen; (3) der dingliche Vollzug der Auseinandersetzungsvereinbarung.

II. Auseinandersetzungsplan

1. Allgemeines zum Plan

5 **a) Zuständigkeit des Nachlassgerichts.** Das Nachlassgericht (Rechtspfleger; § 3 RPflG) hat einen Auseinandersetzungsplan anzufertigen; es muss also nicht, wie man annehmen könnte, der Antragsteller einen Plan vorschlagen (wie es dem Kläger in der Klage auf Zustimmung zur Erbauseinandersetzung obliegt). In schwierigen Fällen kann sich das Gericht bei der Aufstellung des Planes der Hilfe eines Rechnungs- oder sonstigen

---

[1] MünchKommZPO/J. Mayer § 368 FamFG Rn 2.

Sachverständigen bedienen. Das Nachlassgericht muss den Plan nicht selbst erstellen; es kann sich einen von einem oder allen Beteiligten vorgelegten Plan zu Eigen machen und (gegebenenfalls nach Änderungen) übernehmen.[2]

b) Plananfertigung. Die Anfertigung des Plans hat zu geschehen, sobald „nach Lage der Sache" die Auseinandersetzung stattfinden kann (§ 368 Abs. 1 S. 1); das ist eine Ermessensfrage. Der Nachlass muss jedenfalls **teilungsreif** sein; daran kann es fehlen, wenn der Umfang des Nachlasses oder die Testamentsauslegung oder die Höhe der Schulden noch umstritten sind (vgl. § 370). Grundsätzlich soll nach Möglichkeit der gesamte Nachlass auseinandergesetzt werden, eine **Teilauseinandersetzung** soll vermieden werden. Bei der Ausarbeitung hat das Gericht erforderliche Ermittlungen von Amts wegen durchzuführen (§ 26); dem steht nicht entgegen, dass es sich um ein Vermittlungsverfahren handelt. In Frage kommt hier die **Schätzung des Wertes** einzelner Gegenstände durch Sachverständige, wenn von den Beteiligten eine Teilung unteilbarer Gegenstände in Natur angestrebt wird, ihnen die Werte aber unbekannt sind. Feststehen muss, welche Erbquoten auf die jeweiligen Miterben entfallen; das ergibt sich aus dem Erbschein. Die Ermittlung des aufzuteilenden Nachlasses erfolgt durch Angaben der Beteiligten (§ 27), was aber Amtsermittlung nicht ausschließt, und bei Streit zur Aussetzung nach § 370 führt. Ob Anrechnungen (§§ 2050 ff. BGB) in Frage kommen, ergibt sich aus den Angaben der Beteiligten. Ist die Höhe streitig, so dass Zeugenvernehmung erforderlich ist, werden die Beteiligten auf den Prozessweg verwiesen (§ 370).

c) Die Rechtsnatur des Plans. Sie ist unklar; es handelt sich um keinen Beschluss im Sinne von § 38; auch nicht um eine Art Gutachten (wie der Erbschein). Es wird sich um eine Art Vergleichsvorschlag **(Einigungsvorschlag)** handeln, den die Beteiligten annehmen oder ablehnen können. Nach Anfertigung des Planentwurfs ist es zweckmäßig, ihn den Beteiligten formlos mit Fristsetzung zur Stellungnahme zuzuleiten, damit eventuelle Mängel noch vor dem Termin behoben werden können.

d) Inhalt des Plans[3]

aa) Angaben der Erbquoten und der Nachlassmasse. Der Auseinandersetzungplan hat die Erbrechtsverhältnisse anzugeben (also die Erbquoten der Miterben und deren Namen); ferner den Stand der Nachlassmasse unter Berücksichtigung der Aktiven und Passiven. Er hat vor allem den Stand des Nachlasses darzulegen, der sich nach der Verwertung oder Übernahme der Nachlassgegenstände und nach der Berichtigung oder Übernahme der Nachlassverbindlichkeiten (§ 2046 BGB) ergibt, und muss die Berechnung der Ansprüche der einzelnen Beteiligten, die Bezeichnung der Nachlassgegenstände, die der einzelne Beteiligte erhält, und die Ausgleichung der Ansprüche (§§ 2050 ff. BGB etc.) enthalten. Er kann auch Auflassungsvollmachten enthalten,[4] nicht aber Vertretungsvollmachten für das Verfahren selbst, die sich auf den Säumigen erstrecken sollen.[5]

bb) Bindungen. Das Nachlassgericht ist bei der Aufstellung des Planes an die nach § 366 getroffenen Vereinbarungen über vorbereitende Maßregeln gebunden. Es ist ferner gebunden an die Teilungsanordnungen des Erblassers (§ 2048 BGB) und an die von ihm angeordneten Vermächtnisse und Auflagen.

cc) Gesetzliche Teilungsregeln. Im übrigen ist dass Nachlassgericht an die gesetzlichen Regeln der Erbauseinandersetzung gebunden:[6] nach Schuldentilgung (§ 2046 BGB) wird geteilt. Unteilbarer Nachlass wird verwertet (z. B. durch Verkauf, § 753 BGB), §§ 2042 Abs. 2, 752 BGB; unteilbar sind z. B. bebaute Grundstücke. Der Verkaufserlös hieraus und die teilbaren Gegenstände (wie Geld, Wertpapiere) werden nach Erbquoten auf die Miterben aufgeteilt (§ 752 BGB). Von diesem System darf das Nachlassgericht nur abweichen,

---

[2] OLG Dresden OLGE 40, 25; MünchKommZPO/J. Mayer § 368 FamFG Rn 4; Prütting/Helms/Fröhler § 368 Rn 14.
[3] Über den Inhalt des Planes vgl. den früheren § 48 WürttNachlVO; BayObLG NJW 1956, 386; Firsching/Graf Rn 4930; Brand/Kleeff § 148; Schlegelberger § 93 Rn 2.
[4] KG JFG 1, 362; MünchKommZPO/J. Mayer § 368 FamFG Rn 6.
[5] Kehrer WürttNotV 1953, 275.
[6] Nach Jansen/Müller-Lukoschek § 93 Rn 5 soll für das Gericht keine Bindung bestehen.

wenn eine diesbezügliche vorbereitende Vereinbarung (§ 366) rechtskräftig geworden ist oder wenn sämtliche Miterben im Verhandlungstermin über die Auseinandersetzung etwas anderes vereinbaren. Sind drei Miterben zu je $1/3$ vorhanden und drei Eigentumswohnungen, kann also das Nachlassgericht nicht ohne weiteres einen Teilungsplan erstellen, wonach jeder Miterbe eine bestimmte Wohnung erhält.

11 **e) Form.** Der Auseinandersetzungsplan kann zu **Protokoll** oder in einem **besonderen Schriftstück** aufgestellt werden. Die Aufstellung eines förmlichen (schriftlichen) Planes ist in einfach gelagerten Fällen nicht erforderlich; es genügt der Vorschlag einer Teilungsart und es kann, wenn die Beteiligten mit dem Vorschlag einverstanden sind, hiernach die Auseinandersetzung beurkundet werden.

12 **f) Verantwortung und Haftung für den Plan.** Die vorbereitenden Vereinbarungen (§ 366) treffen die Beteiligten nach eigenem Gutdünken (eventuell auf Anregung oder Vorschlag des Nachlassgerichts). Den Auseinandersetzungsplan dagegen fertigt das Nachlassgericht an. Damit hat es die Amtspflicht, dass der Plan den Anordnungen des Erblassers sowie den gesetzlichen Vorschriften entspricht und vollziehbar ist. Eine Haftung des Gerichts wegen Amtspflichtverletzung[7] (§ 839 BGB; Art. 34 GG) ist denkbar; das „Spruchrichterprivileg" (§ 839 Abs. 2 BGB) greift nicht ein; die Nichteinlegung von Rechtsmitteln gegen den Bestätigungsbeschluss (§ 839 Abs. 3 BGB) kann schaden.

2. Verhandlung über den Plan

13 Ist ein beurkundungsfähiger Plan vom Nachlassgericht fertig gestellt, bestimmt das Nachlassgericht einen Termin zur Verhandlung über den Plan. Ein nur schriftliches Verfahren ist nicht zulässig. Der Antragsteller und alle übrigen Beteiligten (§ 363 Rn 61) werden hierzu geladen. Eine bestimmte Mindest-Ladungsfrist muss nicht eingehalten werden. Die Ladung soll die Hinweise nach § 365 Abs. 2 enthalten. Eine Kopie des Plans ist beizufügen, damit sich die Beteiligten auf den Termin vorbereiten können. Eine öffentliche Zustellung der Ladung ist unzulässig (§ 365 Abs. 1 S. 2). Der Termin kann **drei verschiedene Abläufe** haben (Rn 14, 15, 28): niemand erscheint; alle erscheinen; nur ein Teil erscheint.

3. Verfahren, wenn niemand im Verhandlungstermin erschienen ist

14 Ist im Verhandlungstermin niemand erschienen, wird dies im Protokoll festgestellt und durch Beschluss entschieden, dass das Verfahren ruht. Der Antragsteller[8] kann jederzeit beantragen, dass wieder ein Termin bestimmt wird; ein anderer Beteiligter kann sich zum Antragsteller aufschwingen und ebenfalls Terminsantrag stellen. Eine Ermäßigung der Gerichtsgebühr nach § 116 Abs. 1 S. 1 Nr. 2 erfolgt.[9]

4. Verfahren, wenn alle Beteiligten zum Verhandlungstermin erschienen sind, aber kein Einverständnis der Beteiligten erzielt wird

15 Sind die Beteiligten mit dem Plan des Nachlassgerichts nicht einverstanden, gleichgültig weshalb, dann wird dies in das Protokoll aufgenommen (einschließlich der Streitpunkte, die zwischen den einzelnen Beteiligten bestehen; z.B. dass die Höhe anzurechnender Beträge streitig ist; §§ 2050 ff. BGB); sodann wird das Verfahren durch **Beschluss** (§ 38) zeitlich unbegrenzt **ausgesetzt** (§ 370); die Aussetzung ist nach § 21 Abs. 2 anfechtbar. Die Beteiligten werden auf den Rechtsweg verwiesen; sie können also vor dem Prozessgericht klagen, entweder auf Feststellung oder auf Erbteilung (§ 363 Rn 15). Eine Mehrheitsentscheidung ist nicht möglich.

16 Will ein Beteiligter keine Vermittlung der Auseinadersetzung durch das Nachlassgericht, muss er im Termin erscheinen (oder sich im Termin vertreten lassen) und dies zu Protokoll geben; damit ist die Vermittlung gescheitert. Ungenügend ist, wenn er **nur schriftlich**

---

[7] Zur Haftung des Nachlassgerichts allgemein vgl. Palandt/Sprau § 839 Rn 116.
[8] Nach Jansen/Müller-Lukoschek § 91 Rn 26 kann jeder Beteiligte den Antrag stellen.
[9] Korintenberg/Lappe § 116 Rn 11.

widerspricht[10] und dem Termin fernbleibt. Es nützt auch nichts, wenn der Unwillige bei einem anderen Nachlassgericht zu Protokoll widerspricht, solange nicht dieses Gericht vom örtlich zuständigen Nachlassgericht insoweit um Rechtshilfe gebeten wurde.[11] Wegen der Reisekosten, die der Miterbe evtl. nicht aufbringen kann, kommt Verfahrenskostenhilfe in Frage (§ 76 Abs. 1). Der Unwillige kann das Vermittlungsverfahren auch dadurch zum Scheitern bringen, dass er Erbteilungsklage erhebt.[12]

5. Verfahren, wenn alle Beteiligten zum Verhandlungstermin erschienen sind und ein Einverständnis der Beteiligten erzielt wird

a) Beurkundung. Wenn sämtliche Beteiligte erschienen sind und mit dem Inhalt des vom Nachlassgericht angefertigten Plans einverstanden sind, dann beurkundet das Nachlassgericht die Auseinandersetzung (§ 368 Abs. 1 S. 2). Sind die Beteiligten nur mit einem Teil des gerichtlichen Plans einverstanden, werden die unstreitigen Punkte beurkundet (§ 370 S. 2) und im Übrigen die Beteiligten auf den Rechtsweg vor dem Prozessgericht verwiesen (§ 370 S. 1). Zur Form der Beurkundung vgl Rn 43, zum Inhalt der Beurkundung Rn 48; zur Wirkung und Rechtskraft Rn 54. 17

Entgegen dem Wortlaut ist es aber auch zulässig, dass alle Beteiligten den Plan des Gerichts verwerfen und sich auf einen eigenen Plan einigen; auch dieser Plan ist dann vom Gericht zu beurkunden (zum eigenen Prüfungsrecht des Gerichts in diesem Fall vgl. § 366 Rn 72). Hinsichtlich der Gerichtsgebühren muss man aber unterscheiden: die Beurkundung der Auseinandersetzung gemäß dem gerichtlichen Plan ist durch die Gebühr § 116 KostO abgegolten. Macht sich das Nachlassgericht die abweichenden Teilungsvorstellungen der Beteiligten nicht als Plan zu eigen, sondern beurkundet lediglich deren **Erbauseinandersetzungsvertrag**, fällt zusätzlich die Gebühr nach § 36 Abs. 2 KostO an.[13] Andererseits entfällt dann eine Bestätigung der Auseinandersetzung und die gerichtliche Gebühr für die Vermittlung ermäßigt sich nach § 116 Abs. 1 S. 1 Nr. 1 KostO. 18

b) Bestätigungsbeschluss. Sodann hat das Nachlassgericht den von ihm beurkundeten Plan (d. h. die Auseinandersetzung) durch Beschluss (§ 38) zu bestätigen (§ 368 Abs. 1 S. 2). Eine ähnliche Regelung findet sich in § 248 Abs. 1 InsO (Bestätigung des Insolvenzplans durch das Insolvenzgericht). Da die Beteiligten im Rahmen ihrer Dispositionsfreiheit sich auch ohne das Gericht einigen können wie sie wollen (§ 363 Rn 3), kann der Sinn des Bestätigungsbeschlusses nur darin gesehen werden, eine anfechtbare Entscheidung zu schaffen (§ 372 Abs. 2), Rechtskraft und Wirksamkeit zu erzeugen (§ 371 Abs. 1) und einen Titel für die Zwangsvollstreckung zu schaffen (§ 371 Abs. 2). Der Bestätigungsbeschluss ersetzt keine sonst erforderlichen gerichtlichen oder behördlichen Genehmigungen. 19

c) Genehmigung. Wenn die Auseinandersetzung als Vertrag, den **Eltern** (§ 1643 BGB) bzw. **Betreuer** (§§ 1821, 1822, 1908i Abs. 1 BGB) als gesetzliche Vertreter abgeschlossen haben, der Genehmigung des Familiengerichts bzw. des Betreuungsgerichts bedürfte (Kinder bzw. Betreute als Miterben), dann gilt das auch für die Zustimmung zum Auseinandersetzungsplan des Nachlassgerichts. Vor Erlass des Bestätigungsbeschlusses ist daher die Genehmigung dieser Gerichte zu erholen. 20

Die Genehmigung muss nach § 41 Abs. 3 bekannt gegeben worden sein, sie muss wirksam (d. h. formell rechtskräftig, § 40 Abs. 2) geworden sein, die Einhaltung des Mitteilungswegs nach § 1829 Abs. 1 S. 2 BGB (als materiellrechtliche Wirksamkeitsvoraussetzung) muss dem Nachlassgericht nachgewiesen werden. Die Bestätigung darf somit erst erfolgen, nachdem die Genehmigung und der Nachweis ihrer Mitteilung gemäß § 1829 BGB beigebracht worden ist.[14] Das ist Aufgabe der Beteiligten. Wenn die Genehmigung durch 21

---

[10] BayObLG 4, 500; KG RJA 7, 174; LG Darmstadt DJZ 1916, 999; Firsching DNotZ 1952, 117; Josef DNotV 1904, 128; Lange/Kuchinke § 44 III; a. A. OLG Köln DNotZ 1951, 524; Schubert DFG 1944, 91.
[11] Lange/Kuchinke § 44 III 6.
[12] Lange/Kuchinke § 44 III 6.
[13] Korintenberg/Lappe § 116 Rn 19.
[14] OLG Colmar RJA 12, 27; Horndasch/Viefhues/Heinemann § 368 Rn 11.

das Familien- bzw. Betreuungsgericht versagt wird, steht die Beschwerde dem Nachlassgericht nicht zu, sondern nur den jeweils Beteiligten.

22 Wenn der Beteiligte im Inland keinen Vormund, Betreuer oder Pfleger hat, ist für die Erteilung oder Verweigerung der Genehmigung anstelle des Familien- oder Betreuungsgerichts das Nachlassgericht zuständig (§ 368 Abs. 3).

23 Sind mehrere **minderjährige Erben** neben ihren Eltern (Elternteilen) an der Erbengemeinschaft beteiligt, muss gegebenenfalls jeder Minderjährige durch einen besonderen gesetzlichen Vertreter (Pfleger) vertreten sein, weil Interessenkollisionen bestehen.[15]

24 War ein abwesender Beteiligter durch einen vom Nachlassgericht bestellten **Abwesenheitspfleger** vertreten, wird dessen Zustimmung zum Auseinandersetzungsplan nicht vom Betreuungsgericht genehmigt, sondern vom Nachlassgericht (§ 364 S. 2). Hier allerdings trifft das Nachlassgericht die Pflicht, von Amts wegen zu überprüfen, ob die Interessen des Pfleglings gewahrt werden; vgl. § 1822 Nr. 2 BGB (Erbteilungsvertrag). Das Nachlassgericht musste nach früherer Rechtslage seine Genehmigung u. U. durch eine beschwerdefähige Entscheidung (Vorbescheid) ankündigen;[16] jetzt ist das Verfahren nach §§ 40 Abs. 2, 41 Abs. 3 FamFG zu beachten. In geeigneten Fällen muss zuvor ein **Verfahrenspfleger** bestellt werden (§§ 340, 277), der die Rechte des Abwesenden gegenüber dem Abwesenheitspfleger wahrnehmen soll.

25 Ein im gesetzlichen Güterstand der Zugewinngemeinschaft lebender **Ehegatte** kann der Zustimmung des anderen Ehegatten bedürfen, wenn der Anteil an der Erbengemeinschaft sein (nahezu) ganzes Vermögen darstellt, § 1365 BGB.[17]

26 Daneben können auch sonstige Genehmigungen notwendig sein, bei Grundstücken[18] etwa nach dem Grundstücksverkehrsrecht (§§ 3 ff., 18 ff. GrdstVG). Auch sie sind vor Erlass des Bestätigungsbeschlusses beizubringen.[19]

27 **d) Rechtsmittel.** Die Ablehnung der Bestätigung (Beschluss) ist mit befristeter Beschwerde (§§ 58 ff.; Frist § 63) anfechtbar; sie kann auf alle Beschwerdegründe gestützt werden. Der Bestätigungsbeschluss ist ebenfalls mit befristeter Beschwerde (§§ 58 ff.) anfechtbar. Beschwerdeberechtigte: § 59 Abs. 1. Die Beschwerde kann jedoch nur darauf gestützt werden, dass die Vorschriften über das Verfahren nicht beachtet wurden (§ 372 S. 2); vgl. § 366 Rn 18.

6. Verfahren, wenn nur einzelne Beteiligte erschienen sind

28 Das Nachlassgericht tritt in die Verhandlung ein, auch wenn nur ein einziger der Beteiligten, der nicht der Antragsteller zu sein braucht, erschienen ist. Das Erscheinen eines Bevollmächtigten (§§ 10, 11) genügt; ein Vertreter ohne Vertretungsmacht genügt nicht. Vgl. im Übrigen § 366 Rn 20.

29 **a) Keine Zustimmung zum gerichtlichen Auseinandersetzungsplan.** Wenn die Erschienenen mit dem Inhalt des Plans nicht einverstanden sind, weil sich Streitpunkte ergeben haben, dann werden diese Punkte in das Protokoll aufgenommen und sodann das Verfahren durch Beschluss ausgesetzt (§ 370). Die Aussetzung ist mit sofortiger Beschwerde anfechtbar (§ 21 Abs. 2; Frist: zwei Wochen, § 569 ZPO). Die Beteiligten werden auf den Rechtsweg verwiesen; sie können also vor dem Prozessgericht klagen.

30 **b) Zustimmung der Erschienenen.** Wenn **mindestens zwei Beteiligte erschienen** sind und alle erschienenen Beteiligten mit dem Inhalt des Plans einverstanden sind, wird die Zustimmung und der Plan im Protokoll beurkundet (§ 368 Abs. 1 S. 2). Die Nichterschienenen sind dadurch noch nicht verpflichtet worden.

31 Wenn von den beiden Erschienenen der eine dem Plan zustimmt und der andere nicht (**Dissens**) wird das protokolliert; eine Ersetzung der Zustimmung des Anwesenden durch

---

[15] BGH NJW 1956, 143; Staudinger/Werner § 2042 Rn 35.
[16] BVerfG NJW 2000, 1709 („Vorbescheid"); OLG Schleswig NJW-RR 2001, 78.
[17] BGH NJW 1961, 1301; Staudinger/Werner § 2042 Rn 34.
[18] Vgl. die Zusammenstellung bei Palandt/Bassenge Rn 17 vor § 873.
[19] OLG Schleswig DNotZ 1964, 120.

ein Säumnisverfahren ist nicht möglich; deshalb kann kein Säumnisverfahren gegen die Abwesenden eingeleitet werden; der Plan ist gescheitert (§ 370).

Wenn nur **ein Beteiligter erschienen** ist, könnte man aus § 368 Abs. 1 S. 2 („erschie- 32 nenen Beteiligten", Mehrzahl) folgern, dass dann die Regelung nicht zur Anwendung kommt; das entspricht aber nicht dem Sinn der Vorschrift. Zwar wird in § 368 Abs. 2 S. 1 nicht auf § 366 Abs. 1 S. 2 verwiesen; dies hängt aber damit zusammen, dass es beim Auseinandersetzungsplan nicht mehr um Vorschläge eines einzelnen Beteiligten geht. Auch wenn nur ein Beteiligter erschienen ist und dem Plan zustimmt, wird der Plan deshalb beurkundet.

c) Nachträgliche Zustimmung. Wenn die Nichterschienenen dem protokollierten 33 Auseinandersetzungsplan nachträglich formgerecht (§ 366 Rn 25) zustimmen, erfolgt die Bestätigung (§ 366 Rn 69) durch Beschluss des Gerichts; § 368 Abs. 1 S. 3.

d) Fortgang des Verfahrens; Fiktionen. Erfolgte keine nachträgliche Zustimmung 34 (Rn 33), dann wird im Falle b (Rn 30) das Protokoll, das die vollständige Auseinandersetzungsvereinbarung („Urkunde") enthält, von der in § 366 Abs. 3 S. 1 die Rede ist, an die Nichterschienenen **zugestellt.** Anstelle der vollständigen „Urkunde" könnte auch nur der den jeweiligen Beteiligten betreffende Inhalt ihm bekannt gemacht werden mit dem Hinweis, dass er die vollständige Urkunde bei der Geschäftsstelle einsehen kann oder eine vollständige Abschrift der „Urkunde" fordern kann, §§ 366 Abs. 3 S. 1, 368 Abs. 2 S. 1. Ferner wird jedem Nichterschienenen eine **Frist gesetzt;** er wird darüber belehrt, dass sein Einverständnis mit der vorbereitenden Vereinbarung angenommen wird, wenn er nicht innerhalb dieser Frist einen neuen Termin beantragt (§ 366 Abs. 3 S. 2). Gegen die Fristbestimmung steht demjenigen, dem die Frist gesetzt ist, die sofortige Beschwerde zu (§ 372 Abs. 1; Frist: zwei Wochen, § 569 ZPO) mit der Begründung, die Frist sei zu kurz; den übrigen Beteiligten steht sie ebenfalls zu, aber mit der Begründung, die Frist sei zu lang. Beschwerdegericht ist das OLG (§ 119 Abs. 1 Nr. 1 b GVG).

Beantragt der Nichterschienene **innerhalb der Frist** einen neuen Termin und **er-** 35 **scheint** er auch zum Termin, wird die Verhandlung über den Auseinandersetzungsplan fortgesetzt (§§ 368 Abs. 2 S. 1, 366 Abs. 4). Stimmt er jetzt dem Plan zu, wird der Plan durch Beschluss des Nachlassgerichts bestätigt. Stimmt er im Termin nicht zu, ist die Vermittlung gescheitert (§ 370).

Beantragt der Nichterschienene **innerhalb der Frist** einen neuen Termin, **erscheint** er 36 aber zum Termin **nicht,** sind die Säumnisfolgen eingetreten. Die beurkundete Auseinandersetzung wird durch Beschluss bestätigt (§§ 368 Abs. 2 S. 1, 366 Abs. 4). Der Bestätigungsbeschluss ist nur im Rahmen von § 372 Abs. 2 anfechtbar. Der Säumige kann aber einen Antrag auf Wiedereinsetzung (§ 367) stellen.

Beantragt der Nichterschienene **verspätet** einen neuen Termin, sind an sich die Säum- 37 nisfolgen eingetreten (vgl Rn 36); die Bestätigung erfolgt. Die Beschwerde gegen den Bestätigungsbeschluss würde nur helfen, wenn Verfahrensvorschriften nicht beachtet wurden. Der Säumige kann aber durch einen Antrag auf Wiedereinsetzung (§ 367) die Sache u. U. noch retten.

e) Bestätigung der Vereinbarung. Zu einem Bestätigungsbeschluss des Nachlass- 38 gerichts kommt es somit in folgenden vier Fällen: (1) wenn sämtliche Beteiligte mit dem Plan einverstanden sind (Rn 17); sind alle Beteiligten über den von ihnen entworfenen Plan einig, so kann die Auseinandersetzung sofort bestätigt werden.[20] Oder (2) wenn sämtliche nicht erschienene Beteiligte nachträglich ihre Zustimmung in gehöriger Form erteilen (Rn 33); oder (3) wenn die Zustimmung nicht erschienener Beteiligter angenommen wird, weil sie die ihnen gesetzte Frist versäumt haben (Rn 34); oder (4) wenn die nicht erschienenen Beteiligten in dem auf ihren rechtzeitigen Antrag angesetzten neuen Termin nicht erschienen sind (Rn 36).

Die Säumnisfiktionen können nur eintreten, wenn ein **vom Nachlassgericht ange-** 39 **fertigter Auseinandersetzungsplan** zugrunde gelegt wird. Wenn die Erschienenen (d. h. nur ein Teil der Beteiligten) etwas anderes **über die Teilung** vereinbaren und zu Protokoll

---

[20] KG OLGE 41, 17.

geben, kann über §§ 368 Abs. 2, 366 Abs. 3 keine Zustimmung der abwesenden Beteiligten fingiert werden. Insofern ist es hier anders als bei § 366 Abs. 3: denn dort können die Beteiligten im Rahmen der vorbereitenden Vereinbarung ausmachen, was sie wollen; das Nachlassgericht fertigt dort nichts an. Bei § 368 dagegen fertigt das Nachlassgericht in eigener Verantwortung einen Plan an, der gesetzmäßig sein muss (Rn 10). Hier wird die Parallele zur Erbteilungsklage deutlich: auch da könnte ein Versäumnisurteil nur ergehen, wenn der Klägervortrag schlüssig ist.

40   **f) Genehmigungen.** Wenn ein Erbauseinandersetzungsvertrag der Genehmigung des Familien-, Betreuungs- oder Nachlassgerichts bedarf, etwa nach § 1822 Nr. 2 BGB, dann bedarf auch die fingierte Zustimmung zum Plan der Genehmigung und der Bestätigungsbeschluss darf erst nach Erteilung und Wirksamwerden der Genehmigung (d. h. nach § 1829 Abs. 1 S. 2 BGB) erlassen werden,[21] vgl. oben Rn 20. Dasselbe gilt für sonstige behördliche Genehmigungen.

41   Eine Auseinandersetzung kann beim Einverständnis der Miterben auch beurkundet werden, obwohl ein Dritter, der ein Pfandrecht an einem Erbteil geltend macht, der Beurkundung widerspricht.[22]

42   **g) Rechtsmittel** gegen den Bestätigungsbeschluss: befristete Beschwerde (§ 58; Frist: § 63); die Beschwerdegründe sind aber beschränkt (§ 370 Abs. 2).

7. Form der Beurkundung der Auseinandersetzung

43   **a) Zuständigkeit.** Funktionell zuständig ist der Rechtspfleger des Nachlassgerichts (§ 3 Nr. 2 c RPflG). Nach Landesrecht kann eine Zuständigkeit des Notars bestehen. In Baden-Württemberg ist immer das Notariat zuständig (§§ 1 Abs. 2, 38 Bad.-Württ.LFGG); der Ratsschreiber ist für die Beurkundung nicht befugt.[23]

44   Hinsichtlich der **Ausschließung und Ablehnung von Gerichtspersonen** sind § 6 FamFG, § 10 RPflG zu beachten; nach der Meinung, die das BeurkG anwendet (§ 366 Rn 41), auch §§ 6, 7 BeurkG.

45   Inwieweit **Urkundsbeamte** hinzugezogen werden müssen richtet sich ebenfalls nach Landesrecht.[24] Grundsätzlich steht die Zuziehung im Ermessen des Rechtspflegers.

46   **b) Form.** Nach h. M. soll die Beurkundung der Vereinbarung unter Berücksichtigung der Vorschriften der §§ 1 Abs. 2, 6 bis 16, 22 bis 26 BeurkG für die Beurkundung von Willenserklärungen erfolgen müssen; das wird aus § 1 Abs. 2 BeurkG gefolgert.[25] Die Protokollierung von Erklärungen der Beteiligten in gerichtliche Verfahren (wie bei der Vermittlung der Erbauseinandersetzung) ist aber derart in das gerichtliche Verfahren eingebettet, dass sie nicht dem BeurkG unterliegt, sondern den gerichtlichen Protokollierungsregeln, wie sich aus § 36 Abs. 2 ergibt (§ 366 Rn 36, 37). Die **Vorschriften des BeurkG** sind also **nicht anzuwenden,** wenn das Nachlassgericht die Vereinbarung beurkundet;[26] anders, wenn es durch den Notar erfolgt. Für die Beurkundung ist der Rechtspfleger zuständig (§ 3 Nr. 2 c RPflG); es wird nur ein Protokoll erstellt, das die Auseinandersetzung enthält und das die Beteiligten nicht zu unterschreiben haben (bei Anwendung des BeurkG dagegen müsste das Protokoll die Unterschriften der Beteiligten enthalten, § 13 Abs. 1 Nr. 1 BeurkG).

47   Wird nach **Landesrecht** ein **Notar** im Rahmen des § 363 ff. bei der Vermittlung der Auseinandersetzung tätig, dann wendet der Notar für die Beurkundung der Auseinandersetzung das BeurkG an. Vgl. § 366 Rn 39.

8. Inhalt der Beurkundung der Auseinandersetzung

48   **a) Formalien.** Im Protokoll ist (neben den üblichen Formalien: Datum, Ort, Feststellung der Erschienenen, Name des Rechtspflegers) das Einverständnis der Beteiligten mit

---

[21] KG OLGE 28, 334.
[22] AG Stuttgart BWNotZ 1970, 46.
[23] LG Tübingen BWNotZ 1959, 334.
[24] Jansen/Müller-Lukoschek § 91 Rn 9.
[25] Jansen/Müller-Lukoschek § 91 Rn 3 und 5; Bracker MittBayNot 1984, 114.
[26] Winkler BeurkG § 1 Rn 31; Firsching/Graf, Teil 4 Fn. 1098.

den vom Nachlassgericht vorgestellten Auseinandersetzungsplan zu beurkunden. Ferner ist die Auseinandersetzungsvereinbarung zu beurkunden.

b) Streitpunkte. Streitpunkte sind im Protokoll festzuhalten (vgl. § 370). Dazu gehört etwa, weshalb ein Beteiligter die Auseinandersetzungsvereinbarung ablehnt.

c) Schuldrechtliche Teilungsvereinbarungen. Hier wird z. B. vereinbart, welche Verpflichtungen eingegangen werden, welche Gegenstände auf welchen Miterben entfallen sollen („Miterbe A erhält das Haus in Berlin, Miterbe B die Eigentumswohnung in Köln, Miterbe C den restlichen Nachlass"). Hier ist darauf zu achten, dass, falls aus der Auseinandersetzungsvereinbarung später vollstreckt werden soll (§ 371 Abs. 2), die Vereinbarung einen vollstreckungsfähigen Inhalt hat *(„Der Miterbe A verpflichtet sich, an den Miterben C einen Betrag von … Euro nebst Zinsen hieraus in Höhe von … seit … zu zahlen")*, damit eine spätere Leistungsklage erspart wird. Ebenso sollte eine Willenserklärung bereits in der Vereinbarung abgeben werden (nicht: Miterbe C verpflichtet sich, die Forderung gegen X in Höhe von … Euro an den Miterben A abzutreten; sondern: *„Miterbe C tritt hiermit die Forderung gegen X … an A ab und A nimmt die Abtretung an")*, damit eine Klage auf Abgabe einer Willenserklärung (vgl. § 894 ZPO) vermieden wird.

d) Sonstige Abmachungen in Bezug auf den Erbfall. Hier kommt alles in Betracht, was sonst der Abwicklung der Erbengemeinschaft dient, etwa Grabpflege, Zahlungen aus dem Eigenvermögen eines Miterben.

e) Dinglicher Vollzug. Die Vereinbarung kann auch den dinglichen Vollzug enthalten, z. B. die Abtretung von Forderungen (§ 398 BGB), den Erwerb des Erbanteils eines anderen Miterben (§ 2033 BGB). Zum Vollzug erforderliche dingliche Einigungen (§§ 873, 875, 929 BGB) können protokolliert werden, ebenso Eintragungsbewilligungen (§ 19 GBO). Streitig, ist ob auch eine Auflassung zu Protokoll erklärt werden kann. Ist der Notar nach Landesrecht im Vermittlungsverfahren als Urkundsperson tätig, ist er unstreitig zur Entgegennahme der Auflassung zuständig (§ 925 Abs. 1 S. 2 BGB). Ist der Rechtspfleger des Nachlassgerichts Urkundsperson, dann wird seine Zuständigkeit teils wegen § 925 BGB verneint.[27] Dagegen spricht: jede Auseinandersetzungsvereinbarung enthält ein Nachgeben, also einen Vergleich, weshalb sich die Zuständigkeit des Rechtspflegers aus § 925 Abs. 1 S. 3 BGB herleitet.[28]

f) Bindung an die Auseinandersetzungsvereinbarung. An die beurkundete Auseinandersetzung bleiben die daran Beteiligten gebunden, solange gegen andere Beteiligte ein Säumnisverfahren (§§ 368 Abs. 2 mit § 366 Abs. 3) schwebt; die Bindung erlischt, wenn ein früher nicht Erschienener in dem auf seinen Antrag anberaumten Termin widerspricht oder neue Vorschläge macht.[29]

9. Wirkung und Rechtskraft der Beurkundung

Die Auseinandersetzung nach § 368 wird mit formeller Rechtskraft des Bestätigungsbeschlusses (§ 45) wirksam und für alle Beteiligten verbindlich (§ 371 Abs. 1). Nach Wirksamwerden kann daraus vollstreckt werden (§ 371 Abs. 2); die Vollstreckung erfolgt nach §§ 86 ff. §§ 795 und 797 ZPO sind anzuwenden (§ 371 Abs. 2 S. 2).

10. Genehmigung nach § 368 Abs. 3

a) Anwendungsbereich. Die Notwendigkeit von Genehmigungen kann das Auseinandersetzungsverfahren verzögern. In einem speziellen Fall ist eine Regelung geschaffen worden, um das Verfahren zu erleichtern und zu beschleunigen. Nach Abs. 3 ist das Nachlassgericht unter folgenden Voraussetzungen zu der sonst dem Familien- oder Betreuungsgericht[30] zukommenden Erteilung oder Verweigerung der Genehmigung berufen:

---

[27] MünchKommZPO/J. Mayer § 368 FamFG Rn 10; Bassenge/Roth § 368 Rn 5.
[28] Prütting/Helms/Fröhler § 368 Rn 27; Jansen/Müller-Lukoschek § 93 Rn 11; Winkler 15. A. § 98 FGG Rn 19; a. A. Horndasch/Viefhues/Heinemann § 368 Rn 9.
[29] KG KGJ 32 Anm. 110; KG OLGZ 40, 26; Jansen/Müller-Lukoschek § 91 Rn 20.
[30] Früher (bis 31. 8. 2009): Vormundschaftsgericht.

(1) Für einen Beteiligten muss ein gesetzlicher Vertreter im Verfahren aufgetreten sein, der nicht von einem inländischen Familien- der Betreuungsgericht bestellt ist oder nicht der Aufsicht eines solchen unterliegt; es ist gleichgültig, ob der Beteiligte Deutscher oder Ausländer ist;[31] der gesetzliche Vertreter kann auch ein Elternteil sein.[32]

(2) Die Zuständigkeit eines inländischen Familien- oder Betreuungsgerichts zur Bestellung eines Vormunds, Betreuers oder Pflegers darf nicht gegeben sein;[33] der „Beistand" wurde durch das FamFG mangels Bedürfnis dafür gestrichen.[34]

(3) Die Erklärungen des gesetzlichen Vertreters müssen nach dem inländischen Recht der Genehmigung des Familien- oder Betreuungsgerichts bedürfen.

56 Eine **weitere Zuständigkeit** des Nachlassgerichts zur Pflegerbestellung findet sich in § 364.

57 **Abs. 3 ist dagegen nicht anwendbar,** wenn ein Beteiligter keinen gesetzlichen Vertreter hat, obwohl er nach dem Recht, dem er untersteht, eines solchen bedarf; in diesen Fällen muss vor Durchführung des Verfahrens ein Vertreter, gegebenenfalls nach § 364 FamFG oder § 1911 BGB, bestellt werden. Er trifft ferner nicht zu, wenn der vom inländischen Familien- oder Betreuungsgericht bestellte Vormund, Betreuer oder Pfleger sich im Ausland befindet.[35]

58 **b) Sachliche Zuständigkeit.** Die sachliche Zuständigkeit des Nachlassgerichts nach § 368 Abs. 3 ist nur gegeben innerhalb eines vor ihm oder dem Notar anhängigen Auseinandersetzungsverfahrens nach §§ 363 ff., dagegen nicht, wenn ein Notar lediglich einen Teilungsvertrag oder eine private Auseinandersetzung der Beteiligten beurkundet.[36]

59 **c) Funktionelle Zuständigkeit.** Sie liegt beim Rechtspfleger (§ 3 Nr. 2 c RPflG); § 16 Abs. 1 Nr. 8 RPflG ist aufgehoben.

60 **d) Materielle Prüfung.** Für die Genehmigung durch das Nachlassgericht sind dieselben Bestimmungen zu beachten, die das Familien- bzw. Betreuungsgericht zu beachten hätte. **Aufgabe** des zur Genehmigung berufenen Nachlassgerichts ist daher auch die sachliche Prüfung der getroffenen Vereinbarungen vom Standpunkt des Interesses des Beteiligten aus, für den die Genehmigung erforderlich ist; dabei ist u. U. von Amts wegen zu ermitteln (§ 26). Häufig muss durch Gutachten nachgewiesen werden, dass Wertansätze für Grundstücke zutreffen, der Pflegling durch die Erbteilung also nicht benachteiligt wird. Das Nachlassgericht muss die Genehmigung, falls sie erteilt wird, nach §§ 1828 ff., 1643 Abs. 3 BGB **dem gesetzlichen Vertreter gegenüber** bekannt geben; dieser (und nicht das Gericht) muss sie **dem anderen Teil nach § 1829 BGB mitteilen.**[37] Die Einhaltung dieses Mitteilungsweges ist dem Nachlassgericht nachzuweisen; erst dann kann der Bestätigungsbeschluss erlassen werden.

61 Die Entscheidung des Nachlassgerichts über die Erteilung oder Verweigerung der Genehmigung ist, vorbehaltlich der Beschwerde nach den §§ 58 ff., endgültig; eine etwaige gegenteilige Entscheidung der zuständigen ausländischen Behörde ist für die Wirksamkeit der Vereinbarungen und der Bestätigung ohne Einfluss.

Verteilung durch das Los

§ 369 Ist eine Verteilung durch das Los vereinbart, wird das Los, wenn nicht ein anderes bestimmt ist, für die nicht erschienenen Beteiligten von einem durch das Gericht zu bestellenden Vertreter gezogen.

---

[31] LG Colmar Recht 1901 Nr. 1376; Prütting/Helms/Fröhler § 368 Rn 41.
[32] Weißler, Nachlassverfahren II, 127.
[33] LG Leipzig ZBlFG 3, 127.
[34] BT-Drs. 16/6308 S. 283; MünchKommZPO/J. Mayer § 368 FamFG Rn 14.
[35] Jansen/Müller-Lukoschek § 97 Rn 13.
[36] OLG Colmar OLGE 5, 288; Bassenge/Roth § 97 Rn 5.
[37] Jansen/Müller-Lukoschek § 97 Rn 15.

I. Normzweck

Die Vorschrift regelt das Verfahren bei Losziehung. Sie entspricht dem früheren § 94 FGG.

Die Losziehung kann erfolgen zum Zweck der Ausführung einer bestätigten Vereinbarung über die Auseinandersetzung (§ 366) oder vor Aufstellung des Teilungsplanes (vgl. § 368) zum Zweck der Bestimmung der in diesem anzuweisenden Teile. In beiden Fällen ist § 369 anwendbar; aber auch im letzteren Fall ist erforderlich, dass es sich nur noch um die Losziehung zur Bestimmung der Empfänger der einzelnen Teile, nicht mehr um die Bildung der Teile selbst handelt.

II. Voraussetzungen der Losziehung

1. Vereinbarung über eine Verteilung durch das Los

Voraussetzung der Anwendung des § 369 ist zunächst, dass die Beteiligten eine Vereinbarung über eine Verteilung durch das Los getroffen haben oder dass eine solche Vereinbarung nach § 366 Abs. 3 oder § 368 Abs. 2 mit § 366 Abs. 3 als getroffen angesehen werden muss. Der ausdrücklichen Vereinbarung bedarf es auch, wenn eine Art der Teilung vereinbart ist, die nach §§ 752 S. 2 mit 2042 BGB die Losziehung erforderlich macht, wenn nämlich Teilung vorhandener Gegenstände in Natur in gleichartige, den Anteilen der Beteiligten entsprechende Teile vereinbart ist. Losziehung kann aber auch in anderen Fällen vereinbart werden; so etwa, wenn unteilbare Gegenstände verteilt werden sollen (49 Gemälde sind im Nachlass, von den sieben Miterben zu je $^1/_7$ soll bei der Teilung jeder sieben Gemälde erhalten, Aufteilung durch Los wurde vereinbart).

§ 369 ist nicht einschlägig, wenn außerhalb eines Verfahrens nach §§ 363 ff. eine Losziehung vereinbart ist und einer nicht kommt. Dann ist Klage auf Mitvornahme der Verlosung und Vollstreckung des Urteils nach § 887 ZPO notwendig.

2. Keine andere Bestimmung

Die Beteiligten können über das Verfahren bei der Losziehung jede beliebige Vereinbarung treffen, also auch für den Fall, dass einer der Beteiligten im Termin zur Losziehung nicht erscheint, die Losziehung einem Dritten übertragen; gegen diesen ist im Fall der Weigerung mit Zwangsmaßregeln vorzugehen, wenn nicht die Beteiligten vorziehen, eine andere Vereinbarung zu treffen.

3. Nichterscheinen

Ein Beteiligter darf zum Losziehungstermin nicht erschienen sein. Der Termin findet an dem Ort statt, wo es vereinbart ist; es muss nicht ein Termin vor dem Nachlassgericht sein.

III. Bestellung eines Vertreters

1. Antrag

Beim Vorliegen der Voraussetzungen nach Rn 3 erfolgt nötigenfalls die Bestellung eines Vertreters durch das Gericht. Sie muss auf Antrag eines Beteiligten geschehen, wenn sie notwendig ist. Die Bestellung erfolgt für den nicht erschienenen Beteiligten, der ein Los zu ziehen hätte, oder auch für einen für das Verfahren bestellten Bevollmächtigten eines bei der Auseinandersetzung Beteiligten. Gleichgültig ist es, aus welchem Grunde die betreffende Person nicht erschienen ist; erforderlich ist nur, dass sie zu dem Termin, in dem die Losziehung stattfindet, ordnungsgemäß geladen oder dass der Termin verkündet war.

Ausgeschlossen ist die Bestellung eines Vertreters, wenn ein erschienener Beteiligter die Losziehung verweigert; in diesem Fall ist eine Klage auf Mitvornahme der Verlosung und Vollstreckung des Urteils nach § 887 ZPO notwendig. Wenn eine bestätigte Vereinbarung über die Losziehung (§§ 366, 368) vorliegt, die wirksam ist (d. h. rechtskräftig,

§ 370 Abschnitt 3. Verfahren in Teilungssachen

§ 371 Abs. 1), ist ein Titel vorhanden, aus dem die Zwangsvollstreckung gemäß § 371 Abs. 2 FamFG mit § 95 Abs. 1 Nr. 3 und § 887 ZPO erfolgen kann.[1]

2. Gerichtliche Entscheidung

9   Die Bestellung erfolgt durch **Beschluss** (§ 38); zuständig ist der Rechtspfleger des Nachlassgerichts (§ 3 Nr. 2c RPflG). Der Rechtspfleger ist in der Auswahl der Person frei; an Vorschläge ist er nicht gebunden. Zweckmäßig ist die Bestellung eines Rechtsanwalts.[2] Die **Bestellung wird wirksam** mit der Bekanntmachung an den bestellten Vertreter (§ 40). Sie kann nach erfolgter Losziehung nicht mehr geändert werden.

3. Rechtsstellung des Vertreters

10 Die vom Gericht bestellte Person ist **gesetzlicher Vertreter** des Nichterschienenen mit dem Aufgabenkreis nach Rn 11. Der Nichterschienene kann weder aus der Person des Vertreters noch aus seinem Verhalten bei der Losziehung Einwendungen ableiten. Für die Form, in der der Vertreter oder auch ein anderer Beteiligter im Fall einer Beeinträchtigung durch die Handlungen des Vertreters, z. B. durch betrügerisches Handeln, den durch die Losziehung herbeigeführten Erfolg anzufechten in der Lage ist, ob insbesondere noch ein Beschwerdeverfahren möglich ist, kommt es darauf an, ob die Handlung des Vertreters noch die Grundlage einer der Beschwerde unterliegenden richterlichen Verfügung geworden ist; dies ist nicht der Fall, wenn die Teilung durch Losziehung erst auf Grund eines bestätigten Planes erfolgt.

11 Die **Befugnis des Vertreters** beschränkt sich ausschließlich auf die Losziehung; zu Erklärungen, auch wenn sie sich auf die Losziehung beziehen, ist er nicht ermächtigt.[3] Ist z. B. über die Reihenfolge der Losziehung keine Bestimmung getroffen und entsteht hierüber eine Meinungsverschiedenheit im Termin zur Losziehung, so kann nicht unter Zuziehung des Vertreters eine Vereinbarung hierüber getroffen werden; auch eine Entscheidung der Reihenfolge durch das Los, die nur durch Abmachung der Beteiligten bestimmt werden könnte, ist also ausgeschlossen.

4. Rechtsmittel

12 Gegen die Ablehnung der Vertreterbestellung ist die befristete Beschwerde statthaft (§ 58). Die befristete Beschwerde gegen die Bestellung ist nur unter dem Gesichtspunkt zulässig, dass sie nach Lage der Sache nicht erfolgen sollte; im Fall einer abändernden Entscheidung findet § 47 Anwendung.

5. Kosten

13 Eine besondere **Gerichtsgebühr** für die Bestellung des Vertreters fällt nicht an, wie § 116 KostO zeigt. Beurkundet ein Notar später den Hergang bei der Verlosung, erhält er Gebühren nach § 48 KostO. Wie der Vertreter vergütet wird, ist nicht ausdrücklich geregelt. Man sollte ihn wie einen Pfleger behandeln, so dass er **Vergütung** nach dem § 3 VBVG erhält und Auslagenersatz analog § 1835 BGB. Die Festsetzung erfolgt analog § 168 Abs. 5, 1 durch das Nachlassgericht. Zahlungspflichtig ist derjenige, zu dessen Vertreter die Person bestellt wurde. Zweckmäßiger ist die Bestellung eines Justizbediensteten zum Vertreter, der wegen des geringfügigen Zeitaufwands während seiner Arbeitszeit nichts abrechnet.

Aussetzung bei Streit

§ 370 [1] Ergeben sich bei den Verhandlungen Streitpunkte, ist darüber eine Niederschrift aufzunehmen und das Verfahren bis zur Erledigung der Streitpunkte auszusetzen. [2] Soweit unstreitige Punkte beurkundet werden können, hat das Gericht nach den §§ 366 und 368 Abs. 1 und 2 zu verfahren.

---

[1] Horndasch/Viefhues/Heinemann § 371 Rn 13.
[2] Horndasch/Viefhues/Heinemann § 369 Rn 5 hält einen Rechtsanwalt für unzweckmäßig.
[3] MünchKommZPO/J. Mayer § 369 FamFG Rn 7; Prütting/Helms/Fröhler § 369 Rn 20.

I. Allgemeines

§ 370 (der dem früheren § 95 FGG entspricht) betrifft den Fall, dass sich **nach Einleitung des Verfahrens** in der mündlichen Verhandlung, sowohl über eventuelle „vorbereitende Vereinbarungen" (§ 366) als auch über das Auseinandersetzungsverfahren (§ 368), Streitpunkte ergeben.

Streitpunkt ist nur ein konkretes Streitverhältnis, das Gegenstand eines späteren Rechtsstreites vor dem Prozessgericht bilden kann. Beispiele: Streit darüber, wer überhaupt Miterbe ist; ob das Testament wirksam war und beim Erblasser noch Testierfähigkeit vorhanden war; was zum Nachlass gehört und also aufzuteilen ist; der eine Miterbe will die Grundstücke in Natur aufteilen, die beiden anderen Miterben nicht; einer will über Auktion verkaufen, die anderen freihändig; einer will das Grundstück vom Sachverständigen X schätzen lassen, der andere von Y; ob unter den Miterben eine Ausgleichungspflicht besteht (§§ 2050 ff. BGB) und wenn ja, in welcher Höhe.

Nur Streitpunkte, die für das vorbereitende Verfahren oder die Auseinandersetzung von rechtlicher Bedeutung sind, sind im Rahmen des § 370 von Bedeutung; nicht sonstige Streitigkeiten zwischen den Beteiligten oder emotionale Hintergründe.

Aufgabe des Nachlassgerichts ist es, stets auf eine gütliche Ausgleichung hervortretender Meinungsverschiedenheiten hinzuwirken; es steht ihm zu diesem Zweck auch frei, **Ermittlungen über streitige Verhältnisse** anzustellen (§ 26), um den Sachverhalt im Interesse einer Einigung möglichst aufzuklären. Erst wenn eine Einigung trotzdem nicht zustande zu bringen ist, darf nach § 370 verfahren werden.[1]

Bestehen jedoch bereits im **Zeitpunkt des Antrags** auf Einleitung des Vermittlungsverfahrens zwischen den Beteiligten streitige Rechtsfragen, ist kein Raum für das Verfahren nach § 370, sondern ist die Einleitung des Ermittlungsverfahrens als unzulässig abzulehnen, weil die Rechtsfragen vor dem Prozessgericht zu klären sind.[2]

II. Verfahren im Falle des Eintritts von Streitpunkten

1. Feststellung aller Streitpunkte im Protokoll

Über jede mündliche Verhandlung ist vom Gericht ein Protokoll aufzunehmen (§ 28 Abs. 4 spricht allerdings nur von einem „Vermerk", doch ist § 370 lex specialis hierzu[3]). Für die **Form des Protokolls** gelten die Vorschriften des BeurkG nicht,[4] wenn das Gericht tätig wird, sondern über § 25 FamFG die §§ 160 ff. ZPO (also ein Protokoll ohne Unterschriften der Beteiligten); denn eine dem § 1945 Abs. 2 BGB (Ausschlagung) entsprechende Bestimmung fehlt bei §§ 363 ff. Die Gesetzesbegründung[5] empfiehlt allerdings, im Falle der Aussetzung das Protokoll „zweckmäßigerweise" nach dem BeurkG zu errichten; das ist aber unzweckmäßig, weil die Beteiligten dann das Protokoll unterschreiben müssten (§ 13 Abs. 1 BeurkG) und die Frage auftaucht, was geschieht, wenn ein Beteiligter sich weigert, zu unterschreiben oder wenn das Protokoll von der Schreibkanzlei bis zum Ende des Termins noch nicht geschrieben ist.

In dem Protokoll muss das Nachlassgericht **sämtliche Streitpunkte** feststellen; es darf also nicht schon beim Vorhandensein des ersten nicht zu beseitigenden Widerspruchs unter den Beteiligten das Verfahren ausgesetzt werden;[6] das Gericht muss vielmehr alle zur vollständigen Teilung der Masse erforderlichen Maßregeln mit den Beteiligten besprechen, um zu erforschen, ob sich noch weitere Meinungsverschiedenheiten ergeben. Festzustellen ist auch, unter welchen Beteiligten die Streitigkeiten bestehen (Miterbe A meint ..., Miterbe B stimmt zu, Miterbe C ist dagegen; sie tragen jeweils vor ...) und welche Stellung die nicht unmittelbar Beteiligten einnehmen.[7]

---

[1] KG RJA 7, 174 = KG JA 32, 114.
[2] OLG Düsseldorf FGPrax 2002, 231.
[3] BT-Drs. 16/6308 S. 284.
[4] Jansen/Müller-Lukoschek § 95 Rn 3; a. A. Horndasch/Viefhues/Heinemann § 370 Rn 5.
[5] BT-Drs. 16/6308 S. 284; Prütting/Helms/Fröhler § 370 Rn 15.
[6] MünchKommZPO/J. Mayer § 370 FamFG Rn 3.
[7] Josef Gruchot 49, 43; vgl. auch Schubart DFG 1944, 92.

8 Wird die Verhandlung fortgesetzt, können **neue Streitpunkte** von den Beteiligten eingeführt werden. Es besteht keine Pflicht für die Beteiligten, sich abschließend zu äußern. Selbst wenn ein Beteiligter mit dem Inhalt des Plans zunächst einverstanden war, so dass eine Auseinandersetzungsvereinbarung protokolliert wurde, kann er nach dem Vorlesen der Vereinbarung noch erklären, dass er das nicht genehmigt.

9 Die Feststellungen im Protokoll sind jedoch für das Prozessgericht und die Beteiligten **nicht bindend;** die Beteiligten können sich einerseits später einigen; es können anderseits neue Streitpunkte im Prozess geltend gemacht werden, die Feststellung im Protokoll ist nicht Voraussetzung der gerichtlichen Geltendmachung.[8]

2. Beteiligte

10 Zu den Beteiligten, deren Widerspruch zwingt, nach § 370 zu verfahren, gehört auch ein **Dritter,** der geltend macht, dass ihm an einem Erbteil ein Pfändungspfandrecht zustehe; der ungerechtfertigte Ausschluss vom Verfahren berechtigt ihn zur Beschwerde gegen den Bestätigungsbeschluss (§ 372 Abs. 2) und führt zu dessen Aufhebung und Aussetzung des Verfahrens bis zur Erledigung des Widerspruchs gegen die Art der Teilung.[9]

3. Form und Zeitpunkt des Widerspruchs

11 Zur Aussetzung zwingt nur ein **im Termin** geltend gemachter Widerspruch eines Anwesenden oder des Vertreters eines Anwesenden, ein dort aufgetretener Streitpunkt; ein vor Einleitung des Auseinandersetzungsverfahrens mündlich oder schriftlich erhobener Widerspruch ist ebenso wenig beachtlich wie ein später außerhalb des Termins oder ein nur schriftlich erklärter Widerspruch.[10] Jedoch können die Beteiligten im Termin auf vor dem Termin eingereichte Schriftsätze Bezug nehmen.[11] Hat ein Beteiligter einen Streitpunkt zu Protokoll gegeben und erwähnte er ihn in einem späteren Verhandlungstermin nicht mehr, kann nicht unterstellt werden, er habe seinen Widerspruch stillschweigend zurückgezogen.[12] Deshalb ist in einem späteren Termin kein darauf bezogenes Säumnisverfahren (§§ 366 Abs. 3, 368 Abs. 2) zulässig.

4. Aussetzung des Verfahrens

12 Die Aussetzung und Einstellung des Verfahrens muss erfolgen, wenn sich eine Einigung nicht erzielen lässt (S. 1). Das Nachlassgericht ist zur Entscheidung über die Streitpunkte nicht befugt; der Streit ist vor dem Prozessgericht auszutragen, wenn sich die Beteiligten nicht anderweitig einigen. Allgemeine Meinungsverschiedenheiten der Beteiligten, die sich durch Verhandlung mit ihnen beseitigen lassen, rechtfertigen die Aussetzung noch nicht.

13 Die Aussetzung erfolgt durch **Beschluss** (§§ 38, 21 Abs. 1); er enthält keine Kostenentscheidung und auch nicht die Aufzählung der Streitpunkte (diese ergeben sich aus dem Protokoll).

14 Bei der Aussetzung darf **keine Frist** zur Erledigung der Streitpunkte gesetzt werden;[13] denn es ist Sache der Beteiligten, ob und wann sie einen Ausgleich ihrer Meinungsverschiedenheiten herbeiführen wollen.

15 Der Beschluss ist mit **sofortiger Beschwerde** nach §§ 567 bis 572 ZPO anfechtbar (§ 21 Abs. 2), die Frist beträgt zwei Wochen (§ 769 ZPO), nicht einen Monat wie bei § 63 FamFG. Beschwerdegericht ist das OLG (§ 119 Abs. 1 Nr. 1 b GVG).

16 Die Aussetzung erfolgt, wenn die Streitpunkte die Auseinandersetzung des **ganzen Nachlasses** berühren, hinsichtlich des ganzen Verfahrens, wenn unstreitige Punkte vor-

---

[8] OLG Colmar OLGE 6, 397.
[9] KG RJA 5, 230 = ZBlFG 6, 128.
[10] BayObLGZ 4, 500/1; Bassenge/Roth § 95 Rn 1; Jansen/Müller-Lukoschek § 95 Rn 1; Schubart DFG 1944, 91; a. M. OLG Köln DNotZ 1951, 524.
[11] A. A. Horndasch/Viefhues/Heinemann § 370 Rn 3, da eine diesbezügliche Vorschrift fehle.
[12] BayObLGZ 4, 500.
[13] MünchKommZPO/J. Mayer § 370 FamFG Rn 8.

handen sind und wenigstens ein **Teil des Nachlasses** außer Streit ist, nur hinsichtlich des streitigen Teiles.[14]

Nach **Behebung des Hindernisses** durch gütliche Einigung oder rechtskräftige Entscheidung des Prozessgerichts kann das Verfahren auf Antrag eines Beteiligten wieder aufgenommen werden. Hält ein Beteiligter trotz des gegen ihn ergangenen rechtskräftigen Urteils seinen Widerspruch im späteren Verfahren aufrecht, so ist der Widerspruch nicht mehr zu beachten.[15] 17

Bei den Ladungen zur Fortsetzung eines ausgesetzten Verfahrens braucht keine Mindest-**Ladungsfrist** eingehalten zu werden. 18

5. Teilaussetzung und Teildurchführung des Verfahrens

Wenn die Streitpunkte nicht die ganze Teilungsmasse betreffen, ist das Verfahren hinsichtlich des unstreitigen Teiles gemäß §§ 366, 369 nach Bestätigung der teilweisen Vereinbarung fortzusetzen (S. 2).[16] Ist z. B. ein Geldbetrag zwischen einigen Miterben aufzuteilen, wobei die genaue Höhe des Anteils jedes Miterben streitig ist, dann kann über den unstreitigen Teil eine Teil-Auseinandersetzungsvereinbarung beurkundet und bestätigt werden. Ebenso ist es, wenn ein Miterbe, bezüglich dessen Anteil kein Streit besteht, aus der Erbengemeinschaft ausscheidet. Die Vollstreckung des bestätigten Teils nach § 371 Abs. 2 ist ohne Rücksicht auf die Erledigung der streitigen Punkte zulässig.[17] 19

Die teilweise Durchführung des Auseinandersetzungsverfahrens ist nicht nur möglich, wenn für alle Beteiligten ein unstreitiger Teil des Nachlasses vorhanden ist, sondern auch, wenn der unstreitige Teil nur unter einzelne zu verteilen ist; im letzteren Fall scheiden aber die übrigen Beteiligten nicht aus dem fortzuführenden Verfahren aus, sie sind weiter zu dem Verfahren zuzuziehen und ihre Zustimmung zu den weiteren Vereinbarungen ist evtl. im Säumnisverfahren nach § 366 Abs. 3, § 368 Abs. 2 einzuholen. 20

6. Kosten

Der Antragsteller (§ 8 KostO) hat auf Verlangen einen Kostenvorschuss zu leisten, dessen Höhe sich aus § 116 KostO ergibt. Wenn das Verfahren ohne Bestätigung der Auseinandersetzungsvereinbarung abgeschlossen wird, weil es zur Gänze ausgesetzt wird, dann erfolgt eine Gebührenermäßigung (§ 116 Abs. 1 S. 1 Nr. 1 KostO). 21

Überträgt das Gericht die Auseinandersetzung einem Notar, richten sich die Gerichtsgebühren nach § 116 Abs. 4 KostO, die Notargebühren nach § 148 Abs. 2 KostO. 22

Wirkung der bestätigten Vereinbarung und Auseinandersetzung; Vollstreckung

371 (1) **Vereinbarungen nach § 366 Abs. 1 sowie Auseinandersetzungen nach § 368 werden mit Rechtskraft des Bestätigungsbeschlusses wirksam und für alle Beteiligten in gleicher Weise verbindlich wie eine vertragliche Vereinbarung oder Auseinandersetzung.**

(2) [1]**Aus der Vereinbarung nach § 366 Abs. 1 sowie aus der Auseinandersetzung findet nach deren Wirksamwerden die Vollstreckung statt.** [2]**Die §§ 795 und 797 der Zivilprozessordnung sind anzuwenden.**

Übersicht

	Rn
I. Normzweck	1
II. Die Bestätigung (Abs. 1)	2
1. Anwendungsbereich	2
2. Bestätigungsbeschluss	3
a) Rechtskraft des Beschlusses	3

---

[14] Über Erledigung der Streitpunkte im Zivilprozess vgl. Schubart DFG 1944, 92/93.
[15] Schlegelberger § 95 Rn 1; Jansen/Müller-Lukoschek § 95 Rn 5; Josef Gruchot 49, 33; BayNotV 1921, 240.
[16] Jansen/Müller-Lukoschek § 95 Rn 7; Schubart DFG 1944, 92.
[17] Weißler, Nachlassverfahren II, 123.

		Rn
b) Rechtliche Bedeutung des Bestätigungsbeschlusses		9
3. Umfang der Bindung der Beteiligten		16
a) Allgemeines		16
b) Dauer der Bindung		18
c) Nichtbeteiligte		20
4. Genehmigung des Gerichts		22
5. Teilauseinandersetzung		26
6. Mitteilungspflichten		27
7. Kosten		28
III. Die Vollstreckung		29
1. Vollstreckungstitel		29
2. Anwendbare Vorschriften		33
3. Erteilung der vollstreckbaren Ausfertigung		35
4. Rechtsmittel, Einwendungen		39
a) Anfechtbarkeit nach ZPO-Vorschriften		39
b) Ablehnung		40
c) Stattgabe		41
d) §§ 731, 767, 768 ZPO		42
5. Grundstücke im Nachlass		43
a) Grundpfandrechte		43
b) Auflassung von Grundstücken		44
6. Freiwillige Versteigerung		49

I. Normzweck

1 Die Vorschrift regelt Rechtskraft, Wirksamwerden und Vollstreckung bestimmter Vereinbarungen im Rahmen des Vermittlungsverfahrens nach §§ 363 ff. Abs. 1 entspricht dem früheren § 97 Abs. 1 FGG, Abs. 2 dem früheren § 98 FGG. Abs. 2 S. 2 wurde erst durch Beschlüsse des Rechtsausschusses wieder ins Gesetz eingefügt,[1] war aber im früheren § 98 S. 2 FGG schon enthalten gewesen. Übergangsrecht: Art. 111 FGG-RG.

II. Die Bestätigung (Abs. 1)

1. Anwendungsbereich

2 Gegenstand der Regelung sind die Teilung vorbereitende Vereinbarungen (§ 366) und „Auseinandersetzungen" nach § 368. Letzteres ist untechnisch formuliert; denn Ziel der Auseinandersetzung ist die Aufhebung der Erbengemeinschaft und sie ist erst vollzogen, wenn die Teilung dinglich durchgeführt und die Erbengemeinschaft beendet ist. Dementsprechend sagt auch § 2042 Abs. 1 BGB, dass jeder Miterbe jederzeit die Auseinandersetzung verlangen kann und meint damit alle Vorgänge, die notwendig sind, um die Gemeinschaft aufzuheben.[2] Hierzu gehört der Vertrag, mit dem die Miterben den Rechtsgrund für die Verfügungen schaffen, und sodann der dingliche Vollzug (letztere wird teilweise als Teilung bezeichnet[3]). Auch die Vereinbarungen über die Befriedigung der Nachlassverbindlichkeiten (§ 2046 BGB) gehören dazu. Abs. 1 meint also die Auseinandersetzungsvereinbarung, die nach Präsentation des Auseinandersetzungsplans durch das Gericht von den Beteiligten abgeschlossen wird.

2. Bestätigungsbeschluss

3 **a) Rechtskraft des Beschlusses.** Eine die spätere Teilung „vorbereitende Vereinbarung" (§ 366), sei es ausdrücklich oder fingiert, bedarf der gerichtlichen Bestätigung (§ 366 Abs. 1 bzw. Abs. 4). Die Auseinandersetzungsvereinbarung, die durch das tatsächliche oder fingierte Einverständnis aller Beteiligten mit dem vom Nachlassgericht angefertigten Auseinandersetzungsplan entstanden ist, bedarf ebenfalls der Bestätigung durch das Nachlassgericht (§ 368 Abs. 1 S. 3 oder § 368 Abs. 2 S. 1 mit § 366 Abs. 4).

---
[1] BT-Drucks. 16/9733 S. 167.
[2] MünchKommBGB/Ann § 2042 Rn 1.
[3] So Lange/Kuchinke § 44 I 1.

Sind **alle Beteiligten** im Verhandlungstermin anwesend, können sie auch eine Auseinandersetzungsvereinbarung schließen, die sich nicht an den vom Nachlassgericht angefertigten Teilungsplan anschließt (das folgt aus der Vertragsfreiheit); auch sie kann durch Beschluss bestätigt werden. **4**

War **nur ein Teil der Beteiligten** im Verhandlungstermin anwesend und haben sich diese wie vor geeinigt, kann eine Zustimmung der Abwesenden (trotz § 368 Abs. 2 S. 1) nicht über deren Säumnis fingiert werden, weil § 368 Abs. 1 vom Auseinandersetzungsplan des Gerichts spricht und vom Einverständnis der Beteiligten mit diesem Plan (und nicht einem Privatplan einiger Beteiligter, der möglicherweise die Abwesenden benachteiligt). Hier scheidet somit ein Bestätigungsbeschluss aus. Anders ist es bei den „vorbereitenden Vereinbarungen" (§ 366), denn diese werden nicht vom Gericht „angefertigt", sondern stehen im Ermessen der Beteiligten; hier können auch fingierte Zustimmungen (die einzelne benachteiligen) durch Beschluss bestätigt werden. **5**

Formelle Rechtskraft des Beschlusses tritt nach § 45 ein, wenn entweder die zulässigen Rechtsmittel (§ 11 RPflG mit § 58 FamFG: befristete Beschwerde) rechtskräftig zurückgewiesen oder erschöpft sind oder wenn die Frist für die befristete Beschwerde (Dauer: § 63) für alle Beteiligten, die zu dem Verfahren zugezogen waren, verstrichen ist (es kommt also auf die letzte Frist an), ohne dass ein Rechtsmittel eingelegt wurde. Zum Rechtskraftzeugnis vgl. § 46. **6**

§ 371 Abs. 1 stellt klar, dass entgegen § 40 Abs. 1 die **Wirksamkeit** des Bestätigungsbeschusses **erst mit Rechtskraft** eintritt.[4] Erst damit tritt auch die Vollstreckbarkeit ein (vgl. § 86 Abs. 2). Eine „vorläufige Vollstreckbarkeit" (wie nach §§ 708 ff. ZPO) gibt es hier nicht. Die entsprechende Funktion haben in der freiwilligen Gerichtsbarkeit einstweilige Anordnungen, die vollstreckbar sind (§§ 49, 53). **7**

Zeugnisse nach §§ 36, 37 GBO dürfen erst nach Eintritt der Rechtskraft des Bestätigungsbeschlusses erteilt werden.[5] **8**

b) Rechtliche Bedeutung des Bestätigungsbeschlusses. Die Bestätigung ist der obrigkeitliche Akt, der den rechtsgeschäftlichen Abmachungen der Beteiligten, soweit sie in §§ 366, 368 vorgesehen sind, Wirksamkeit und Vollstreckbarkeit (§ 371 Abs. 2) verleiht. Der Bestätigungsbeschluss ist anfechtbar (§ 372 Abs. 2). Bis zur Bestätigung sind die Beteiligten an die Vereinbarungen gebunden und können sie nicht einseitig widerrufen.[6] Die Bindung wird für alle zu dem Verfahren ordnungsmäßig Zugezogenen, Erschienene und Nichterschienene, mit der Bestätigung endgültig; sie hört auf mit der Versagung der Bestätigung. **9**

Die Bestätigung einer Erbauseinandersetzungsvereinbarung ist nur möglich, wenn die Beteiligten mit dem gerichtlichen Plan einverstanden sind (bzw. wenn sich das Gericht einen Plan der Beteiligten zu eigen macht); die Bestätigung entfällt, wenn die Beteiligten unabhängig vom Plan einen gewöhnlichen Erbauseinandersetzungsvertrag anlässlich der Auseinandersetzungsverhandlung beim Nachlassgericht beurkunden lassen. Zum **Verzicht** auf die Bestätigung vgl. § 366 Rn 70. **10**

aa) Verfahrensmängel. Sie können nur mit befristeter Beschwerde gegen den Bestätigungsbeschluss gerügt werden (§ 372 Abs. 2). Ist der Beschluss rechtskräftig, können Verfahrensmängel nicht mehr gerügt werden. Auch dem Grundbuchamt steht eine Nachprüfung, ob der Bestätigungsbeschluss auf einem ordnungsmäßigen Verfahren beruht, nicht zu.[7] Der Bestätigungsbeschluss hat die formelle Bedeutung der Feststellung, dass die Verfahrensvorschriften beachtet wurden[8] und deshalb insbesondere die Säumnisfolgen des § 366 Abs. 3, § 368 Abs. 2 eingetreten sind. Es wird nach rechtskräftiger Bestätigung so angesehen, als ob die Nichterschienenen im Zeitpunkt der Auseinandersetzung zugestimmt hätten.[9] **11**

---

[4] BT-Drucks. 16/6308 S. 284.
[5] Vgl. Schlegelberger § 98 Rn 5, 6.
[6] KG RJA 7, 170; 14, 27; MünchKommZPO/J. Mayer § 371 FamFG Rn 4.
[7] KG JFG 1, 362/366.
[8] KG JFG 1, 362; Bassenge/Roth § 97 Rn 1.
[9] BayObLGZ 11, 720; a. M. und gegen Rückbeziehung Weißler, NachlVerf. II, 132; vgl. auch. Kehrer WürttNotV 1953, 275.

12   bb) *Materiellrechtliche Mängel.* Der **Bestätigungsbeschluss heilt** materiellrechtliche Mängel, die dem Auseinandersetzungsvertrag anhaften, **nicht**.[10] Trotz der Bestätigung kann also der Auseinandersetzungsvertrag aus allgemeinen Gründen nichtig (z. B. nach §§ 105, 134, 138 BGB) oder anfechtbar (z. B. nach §§ 119 ff. BGB) sein,[11] auch wegen fehlender Genehmigung des Betreuungs- bzw. Familiengerichts, Nichthinzuziehung von Beteiligten, Vertretung mehrerer Beteiligter durch denselben gesetzlichen Vertreter.[12] Die Nichtigkeit einzelner Klauseln kann die ganze Vereinbarung erfassen (§ 139 BGB).

13   Auch zwingende **Formmängel** der Beurkundung (z. B. § 125 BGB) werden durch die Bestätigung nicht geheilt.

14   Über materiellrechtliche Mängel des Auseinandersetzungsvertrages, auch das Fehlen erforderlicher Genehmigungen, entscheidet nicht mehr das Nachlassgericht, sondern das **Prozessgericht;**[13] sie können mit Feststellungs- oder Vollstreckungsgegenklage (§§ 767, 794 Nr. 5, 795, 797 Abs. 4 ZPO) geltend gemacht werden.

15   Wird bei der Teilung einem Miterben ein **mangelhafter Gegenstand zugeteilt,** gilt Gewährleistungsrecht, vgl. §§ 2042, 757, 433 ff. BGB.[14]

3. Umfang der Bindung der Beteiligten

16   **a) Allgemeines.** Mit Rechtskraft des jeweiligen Bestätigungsbeschlusses werden die Vereinbarungen „für alle Beteiligten in gleicher Weise verbindlich wie eine vertragliche Vereinbarung oder Auseinandersetzung" (§ 371 Abs. 1).

17   Damit ist klargestellt, dass die vorbereitende Vereinbarung bzw. der Auseinandersetzungsvertrag trotz Rechtskraft des Bestätigungsbeschlusses nicht eine der materiellen Rechtskraft gleichkommende Wirkung erlangt, weil eine „Entscheidung" fehlt; auch Prozessvergleiche des Zivilprozesses oder notarielle Urkunden (§ 794 Abs. 1 Nr. 1, Nr. 5 ZPO) erlangen aus denselben Gründen keine materielle Rechtskraft.[15] Daraus ergibt sich:

18   **b) Dauer der Bindung.** Die Beteiligten sind an die vorbereitende Vereinbarung oder Auseinandersetzungsvereinbarung trotz rechtskräftiger Bestätigung nicht dauernd gebunden, sondern können sie durch eine neue einstimmige vertragsmäßige Vereinbarung ändern oder aufheben.[16] Die Bindung entfällt ferner, wenn die Unwirksamkeit der Vereinbarung durch rechtskräftiges Urteil festgestellt ist.

19   Eine Wiederherstellung der **beendeten Erbengemeinschaft** durch Vereinbarung ist jedoch ausgeschlossen, weil Erbengemeinschaften auf dem Willen des Erblassers oder dem Gesetz beruhen;[17] den ehemaligen Miterben können allenfalls durch Schaffung eines Gemeinschaftlichkeitsverhältnisses (BGB-Gesellschaft) wiederum gemeinschaftliche Rechte an den ehemaligen Nachlassgegenständen eingeräumt werden (bei Grundstücken bedarf es hierzu der Auflassung[18]).

20   **c) Nichtbeteiligte.** Die rechtskräftig bestätigte vorbereitende Vereinbarung bzw. Auseinandersetzungsvereinbarung wirkt nicht gegenüber Erbbeteiligten, die zu dem Verfahren nicht oder nicht ordnungsmäßig als Beteiligte zugezogen waren.[19] Haben vermeintliche Miterben, also **Nichterben,** den Nachlass unter sich aufgeteilt und waren sie in Wirklichkeit nicht Miterben, ist ein erteilter Erbschein einzuziehen (§ 2361). Die auf den Nachlass bezogenen Vereinbarungen sind mangels Verfügungsmacht gegenstandslos.

21   Wenn ein **Miterbe** (versehentlich) **übergangen** wurde sind ebenfalls die vorbereitende Vereinbarung und der Auseinandersetzungsvertrag unwirksam.[20] Jeder Beteiligte kann ein

---

[10] KG JFG 1, 362; Jansen/Müller-Lukoschek § 97 Rn 3; Horndasch/Viefhues/Heinemann § 371 Rn 3.
[11] Jansen/Müller-Lukoschek § 97 Rn 3; MünchKommZPO/J. Mayer § 371 FamFG Rn 8.
[12] Bassenge/Roth § 371 Rn 3.
[13] BayObLGZ 11, 720; Jansen/Müller-Lukoschek § 97 Rn 4; vgl. Josef WürttNotV 1928, 10.
[14] Zur Anwendung des § 139 BGB vgl. Kehrer WürttNotV 1953, 275.
[15] BGH NJW-RR 1986, 22; Zöller/Vollkommer ZPO vor § 322 Rn 9 a.
[16] BayObLGZ 5, 472; Jansen/Müller-Lukoschek § 97 Rn 6; Oetker RheinZ 1923, 255.
[17] OLG Düsseldorf Rpfleger 1952, 244; KG DNotZ 1952, 84; Staudinger/Pfeifer § 925 Rn 24.
[18] KG RheinNotZ 1902, 178 = ZBlFG 3, 253.
[19] KG ZBlFG 16, 561; Jansen/Müller-Lukoschek § 97 Rn 5; MünchKommZPO/J. Mayer § 371 FamFG Rn 9.
[20] Kipp/Coing § 119 III; Staudinger/Werner § 2042 Rn 25.

neues Vermittlungsverfahren (§§ 363 ff.) beantragen.[21] Der Übergangene kann stattdessen auch im Prozessweg (§ 2018 BGB) neue Teilung unter Berücksichtigung seines Anteilsrechts verlangen; zum Beschwerderecht gegen den Bestätigungsbeschluss vgl. § 372 Abs. 2.

4. Genehmigung des Gerichts

Die Bestätigung darf, wenn ein außerhalb eines Vermittlungsverfahrens nach §§ 363 ff. vorgenommenes Rechtsgeschäft der Genehmigung des **Betreuungsgerichts** (§§ 1821, 1822 Nr. 2, 1908 i Abs. 1 BGB), im Falle des § 1643 BGB des **Familiengerichts**, bedürfte, erst erfolgen, nachdem die Genehmigung erteilt ist und der Nachweis ihrer Wirksamkeit durch Mitteilung gemäß § 1829 BGB erbracht worden ist.[22]

Auch wenn sich das Säumnisverfahren gegen denjenigen richtet, der der gerichtlichen Genehmigung bedarf, ist diese und die Mitteilung vor der Bestätigung beizubringen.[23]

Auch eine etwa notwendige Genehmigung nach §§ 2, 3 ff., 18 ff. GrdstVG ist vorher beizubringen.[24]

Das **Nachlassgericht** kann nach § 364 oder im Sonderfall des § 368 Abs. 3 selbst zur Erteilung der Genehmigung anstelle des Familien- bzw. Betreuungsgerichts zuständig sein.

5. Teilauseinandersetzung

Zeigt sich nach der Teilung, dass noch ungeteilte Nachlassgegenstände in solcher Art oder Menge vorhanden sind, dass der Nachlass als solcher als ungeteilt anzusehen ist, kann ein Nachtragsauseinandersetzungsvermittlungsverfahren beantragt werden. Dass hingegen das Auffinden einzelner Sachen, die zum Nachlass gehörten, nicht zur neuerlichen Durchführung eines Vermittlungsverfahrens, sondern nur zu einer Teilung nach §§ 752 ff. BGB führen kann,[25] trifft nicht zu,[26] weil es keine Kleinbetragsgrenze gibt.

6. Mitteilungspflichten

Die „Abwicklung von Erbauseinandersetzung" ist dem zuständigen Erbschaftsteuerfinanzamt mitzuteilen (MiZi XVII/2), außer es handelt sich um Kleinstnachlässe (§ 7 Abs. 4 ErbStDV: ca. 20 000 € je Erwerber).

7. Kosten

Gerichtsgebühren vgl. § 116 KostO. Die Tätigkeit bei der vorbereitenden Vereinbarung § 366) löst keine besondere Gerichtsgebühr aus. Wenn das Verfahren vor Erlass des Bestätigungsbeschlusses über die Auseinandersetzung abgeschlossen wird, ermäßigt sich die Gebühr (§ 116 Abs. 1 S. 1 Nr. 1 KostO). So ist es auch, wenn die Beteiligten keine Beurkundung der Auseinandersetzung gemäß dem gerichtlichen Plan vornehmen, sondern einen anderweitigen Erbauseinandersetzungsvertrag schließen.[27]

III. Die Vollstreckung

1. Vollstreckungstitel

Die rechtskräftig bestätigte „vorbereitende Vereinbarung" und die rechtskräftig bestätigte Auseinandersetzungsvereinbarung (§§ 366, 368) sind vollstreckbare Schuldtitel für die in diesen Urkunden von den Beteiligten übernommenen Verpflichtungen; §§ 371 Abs. 2, 86, 87, 95. Es ist nicht erforderlich, dass sich die Beteiligten in der Urkunde der Zwangsvollstreckung (etwa nach § 794 Abs. 1 Nr. 5 ZPO) unterworfen haben.

---

[21] Hall WürttZ 1928, 74; Jansen/Müller-Lukoschek § 97 Rn 6.
[22] OLG Colmar RJA 12, 27.
[23] KG OLG 28, 334.
[24] Vgl. OLG Schleswig DNotZ 1964, 120.
[25] OLG Colmar ZBlFG 3, 543; Recht 1905 Nr. 2841; Josef DNotV 1954, 121.
[26] Bassenge/Roth FGG § 97 Rn 6.
[27] Korintenberg/Lappe § 116 Rn 19.

30 **Voraussetzung der Vollstreckbarkeit** ist die Rechtskraft des Bestätigungsbeschlusses (§ 371 Abs. 1, entgegen § 86 Abs. 2); zur Rechtskraft vgl. Rn 3, 7. Voraussetzung ist ferner, dass der Inhalt vollstreckungsfähig ist, also ausreichend bestimmt, den Gläubiger und den Schuldner nennt.

31 Eines **Vollzugs** der Auseinandersetzung, also einer Zwangsvollstreckung, **bedarf es** dann **nicht,** wenn die in der Urkunde niedergelegte Willenserklärung schon den gewollten rechtlichen Erfolg herbeiführt; die betreffende Rechtswirkung tritt mit der Rechtskraft der Bestätigung ein. So genügt zur Übertragung einer Forderung die Erklärung der Abtretung und die Annahme (§ 398 BGB).

32 Die Ausführung der bestätigten Vereinbarung und der Auseinandersetzungsvereinbarung, somit die Zwangsvollstreckung, ist **Sache der Beteiligten,** nicht des Nachlassgerichts. Das Vollstreckungsrecht hat jeder Beteiligte nur, soweit er selbst einen Anspruch gegen eine andere Person besitzt, also nicht zugunsten anderer Beteiligter. Jede Tätigkeit des Nachlassgerichts von Amts wegen zum Vollzug einer vorbereitenden Vereinbarung (§ 366) oder Auseinandersetzung (§ 368) ist ausgeschlossen.

2. Anwendbare Vorschriften

33 Auf die Vollstreckung finden die §§ 724–793 ZPO, soweit nicht in den §§ 795 a bis 800 ZPO abweichende Vorschriften enthalten sind (§ 795 ZPO), ferner § 797 ZPO, Anwendung; außerdem gelten die Vorschriften der §§ 803 ff. ZPO für die Ausführung der Vollstreckung, soweit sie nicht ausdrücklich, wie die §§ 894 ff. ZPO, ein Urteil voraussetzen. Wegen der Zwangsvollstreckung gegen Eheleute und eingetragene Lebenspartner vgl. §§ 739, 740 ZPO.

34 S. 2 stellt ausdrücklich klar, dass die **§§ 795 und 797 ZPO** anwendbar sind. § 795 ZPO nennt nur die in § 794 ZPO bezeichneten Titel, weshalb die Klarstellung erforderlich war.

3. Erteilung der vollstreckbaren Ausfertigung

35 Die Zwangsvollstreckung erfolgt nach den Regeln der ZPO (§ 95 Abs. 1), also auf Grund einer vollstreckbaren Ausfertigung der bestätigten Vereinbarung (§ 724 ZPO), aus der vollstreckt werden soll. Sie wird auf Antrag erteilt. Wegen der Notwendigkeit der **Vollstreckungsklausel** vgl. § 86 Abs. 3; wegen Form und Inhalt der Klausel vgl. §§ 725, 750 ZPO. Zuständig zur Erteilung der vollstreckbaren Ausfertigung ist, wenn die vorbereitende Vereinbarung (§ 366) oder die Auseinandersetzung (§ 368) von dem Nachlassgericht beurkundet ist, der **Urkundsbeamte der Geschäftsstelle** dieses Gerichts (§ 797 Abs. 1 ZPO). Wenn die Beurkundung durch einen Notar erfolgte, der **Notar,** solange sich die Akten bei dem Notar befinden, sofern ihm landesgesetzlich die Verrichtungen des Nachlassgerichts übertragen sind (§§ 486, 487 Abs. 1 Nr. 3 FamFG; Art. 147 EGBGB; § 797 Abs. 2 ZPO).[28]

36 Hat ein anderes Gericht als das Nachlassgericht im Weg der **Rechtshilfe** die Erklärung eines der Beteiligten beurkundet, so ist dieses Gericht bzw. dessen Urkundsbeamter zur Erteilung der vollstreckbaren Ausfertigung nicht zuständig.

37 **Auszufertigen** sind außer dem Bestätigungsbeschluss die Urkunden, die die vollstreckungsbedürftigen Vereinbarungen der Beteiligten enthalten, also das gerichtliche Protokoll.

Für die Erteilung von **einfachen Ausfertigungen** und Abschriften gelten die allgemeinen Vorschriften (§ 13 Abs. 3).

38 Die Erteilung **weiterer vollstreckbarer Ausfertigungen** (§§ 733, 797 Abs. 3 ZPO) sowie die Erteilung einer vollstreckbaren Ausfertigung in den Sonderfällen der § 726 Abs. 1, §§ 727, 729 ZPO erfolgen durch das Gericht; wegen der Zuständigkeit des Rechtspflegers bzw. des Urkundsbeamten je nach Landesrecht vgl. § 20 Nr. 12 und Nr. 13 sowie § 36 b Abs. 1 S. 1 Nr. 3 RPflG.

---

[28] Jansen/Müller-Lukoschek § 98 Rn 5; Schlegelberger § 98 Rn 4.

4. Rechtsmittel, Einwendungen

a) Anfechtbarkeit nach ZPO-Vorschriften. Die Entscheidung über die Erteilung 39 der vollstreckbaren Ausfertigung durch das Nachlassgericht ist nach den Vorschriften der ZPO anfechtbar (§ 95 Abs. 1); anders als früher[29] ergibt sich das aus der Totalverweisung der Vollstreckung auf die ZPO. Es ist nicht gerechtfertigt, über § 1 Abs. 2 BeurkG zu § 54 Abs. 2 BeurkG und damit zum Verfahren der freiwilligen Gerichtsbarkeit (§ 58) zu gehen,[30] weil die Protokollierung der Auseinandersetzungsvereinbarung und deren Bestätigung vollständig in ein gerichtliches Verfahren eingebettet sind (vgl. § 366 Rn 36), genauso wie die Protokollierung eines Prozessvergleichs. Auch ist es nicht gerechtfertigt, den Schuldner anders als den Gläubiger zu behandeln.

b) Ablehnung. Lehnt der Urkundsbeamte die Erteilung der Klausel ab, ist gegen diese 40 Entscheidung für den **Gläubiger** die Erinnerung gegeben (§ 573 ZPO); darüber entscheidet der Rechtspfleger (§ 3 Nr. 2c RPflG); gegen die Entscheidung des Rechtspflegers über die Erinnerung ist die sofortige Beschwerde gegeben (§ 11 Abs. 1 RPflG; § 573 Abs. 2 ZPO), nicht die befristete Beschwerde nach § 58. Nach a. A.[31] richtet sich die Beschwerde nach § 54 Abs. 2 BeurkG, somit käme die Beschwerde der freiwilligen Gerichtsbarkeit zum Zug. Bei Ablehnung durch den Rechtspfleger: § 567 ZPO. Bei Ablehnung der Klauselerteilung durch den nach Landesrecht im Vermittlungsverfahren tätigen **Notar** ist unmittelbar § 54 Abs. 2 BeurkG einschlägig.[32]

c) Stattgabe. Erteilt der Urkundsbeamte die Klausel, steht dem Schuldner die Erinne- 41 rung nach § 732 ZPO zu, z. B. weil der Titel inhaltlich unbestimmt sei. Die Entscheidung erfolgt durch das Nachlassgericht (Richter,[33] da im RPflG keine Zuweisung an den Rechtspfleger vorhanden ist). Wenn der Notar die Urkunde aufgenommen hat, entscheidet über Einwendungen das AG (Richter), in dessen Bezirk der Notar seinen Amtssitz hat (§ 797 Abs. 3 ZPO), aber nicht durch das Nachlassgericht. Das gleiche gilt für die Entscheidung über Erteilung einer weiteren vollstreckbaren Ausfertigung (§§ 733, 797 Abs. 3 ZPO).

d) §§ 731, 767, 768 ZPO. Für Klagen auf Erteilung der Vollstreckungsklausel (§ 731 42 ZPO) sowie für Klagen, durch die den Anspruch selbst betreffende Einwendungen geltend gemacht werden (z. B. Erfüllung) oder der bei Erteilung der Vollstreckungsklausel als bewiesen angenommene Eintritt der Voraussetzung für die Erteilung der Vollstreckungsklausel bestritten wird (§§ 767, 768 ZPO), ist das Gericht, bei dem der Schuldner im Inland seinen allgemeinen Gerichtsstand hat, und mangels eines solchen das Gericht zuständig, bei dem gemäß § 23 ZPO gegen den Schuldner Klage erhoben werden kann (§ 797 Abs. 5 ZPO). Für Einwendungen, die den Anspruch selbst betreffen, gilt hinsichtlich ihrer Entstehung keine zeitliche Schranke (§ 797 Abs. 4 ZPO).

5. Grundstücke im Nachlass

a) Grundpfandrechte. Gehört zum Nachlass eine Hypothek, Grundschuld oder Ren- 43 tenschuld, die nach der Auseinandersetzungsvereinbarung auf einen Miterben übergehen soll, so kann zum Vollzug der Auseinandersetzung die Eintragungsbewilligung sofort vor dem Nachlassgericht erklärt werden; die Eintragungsbewilligung der nicht erschienenen Beteiligten wird durch die rechtskräftige Bestätigung ersetzt; denn sie ist ein Teil der rechtsgeschäftlichen Erklärung über die Auseinandersetzung, auf die sich also die Vorschrift der §§ 366 Abs. 3, 368 Abs. 2 erstreckt. Dagegen ersetzt die Bestätigung nicht die von keiner Seite erklärte Eintragungsbewilligung (§ 19 GBO).

---

[29] Jansen/Müller-Lukoschek § 98 Rn 7.
[30] So aber KG NJW 1974, 910 für eine Jugendamtsurkunde; MünchKommZPO/J. Mayer § 371 FamFG Rn 15.
[31] MünchKommZPO/J. Mayer § 371 FamFG Rn 17; Prütting/Helms/Fröhler § 371 Rn 27; MünchKommZPO/Wolfsteiner § 797 Rn 2; Musielak/Lackmann § 797 Rn 8.
[32] MünchKommZPO/J. Mayer § 371 FamFG Rn 17; a. A. Horndasch/Viefhues/Heinemann § 371 Rn 19: Beschwerde nach § 567 ZPO.
[33] OLG Naumburg FamRZ 2003, 695; MünchKommZPO/Wolfsteiner § 732 Rn 10; Prütting/Helms/Fröhler § 371 Rn 24.

Ist eine zum Nachlass gehörige Hypothek, Grundschuld oder Rentenschuld unter die Miterben verteilt und ist die Zustimmung hierzu nicht von allen Beteiligten ausdrücklich erklärt, sondern teilweise gemäß § 366 Abs. 3, § 368 Abs. 2 als erklärt anzusehen, so kann ein Teilhypothekenbrief, -grundschuldbrief, -rentenschuldbrief ebenfalls erst nach eingetretener Rechtskraft des Bestätigungsbeschlusses erteilt werden (§ 1152 BGB, §§ 61, 70 GBO).

44   **b) Auflassung von Grundstücken.** Eine Auflassung (§ 925 BGB) ist u. a. erforderlich, wenn ein Grundstücksvermächtnis erfüllt werden soll (§§ 2150, 2174 BGB)[34] oder eine Teilungsanordnung gemäß §§ 2048, 2049[35] oder wenn ein Grundstück der Erbengemeinschaft in Bruchteilseigentum der Miterben zu gleichen oder ungleichen Quoten überführt werden soll[36] und auch bei der Auseinandersetzung der Erbengemeinschaft gemäß §§ 2042 ff. BGB durch Übertragung von Grundbesitz auf Miterben oder Dritte.[37] Außer den Erklärungen im Auseinandersetzungsvertrag über die Zuteilung an einen oder einige Beteiligte ist also auch noch die Auflassung erforderlich.[38] Sie kann in die zu Protokoll des Nachlassgerichts erklärte Vereinbarung (Urkunde) über die Auseinandersetzung aufgenommen werden, wenn die mit der Vermittlung der Auseinandersetzung befasste Stelle zur Entgegennahme der Auflassungserklärung zuständig ist. Das sind grundsätzlich nur (deutsche[39]) Notare, § 925 Abs. 1 S. 2 BGB; § 20 Abs. 2 BNotO.

45   Das AG (Nachlassgericht) ist zur Entgegennahme der Auflassung aber befugt, wenn die Auflassung in einem **gerichtlichen Vergleich** erklärt wird (§ 925 Abs. 1 S. 3 BGB).[40] Das kann auch ein Gericht der freiwilligen Gerichtsbarkeit sein.[41] Da die Beteiligten das Nachlassgericht nicht um Vermittlung nach §§ 363 ff. ersucht hätten, wenn sie sich von vornherein einig gewesen wären, stellt die protokollierte Auseinandersetzungsvereinbarung immer einen gerichtlichen Vergleich dar. Das ergibt sich auch daraus, dass nach § 925 Abs. 1 S. 3 BGB die Auflassung auch in einem gerichtlich bestätigten Insolvenzplan erfolgen kann; die Gleichstellung mit der gerichtlich bestätigten, auf einem gerichtlich angefertigten Auseinandersetzungsplan beruhenden Auseinandersetzung ist erforderlich.[42] Dass für die Protokollierung der Rechtspfleger (und nicht der Richter) zuständig ist, ist unschädlich.[43]

46   Ist eine Ersetzung der Zustimmung durch ein **Säumnisverfahren** (§§ 368 Abs. 2, 366 Abs. 3) vorausgegangen, dann war der Säumige nicht anwesend und man könnte an der Erfüllung des Erfordernisses der „gleichzeitigen Anwesenheit beider Teile" (§ 925 Abs. 1 BGB) zweifeln. Die Anwesenheit ist aber nach Sachlage ausgeschlossen und daher entbehrlich, wenn die Erklärung des einen Vertragsteils durch eine gerichtliche Entscheidung ersetzt wird,[44] wie hier. Man wird es als entbehrlich ansehen müssen, dass der im Termin anwesend gewesene Beteiligte die Auflassungserklärung des im Termin abwesend gewesenen Beteiligten, welche durch den Bestätigungsbeschluss ersetzt wird, noch vor einem Notar „annimmt".[45] Die rechtskräftige Bestätigung erstreckt sich auch auf die Auflassung.[46]

47   Zuständig sind zur Entgegennahme der Auflassung sind auch die **Notariate in Baden-Württemberg** sowie die Notare, die anderweitig (nach Landesrecht) zur Vermittlung der Auseinandersetzung berufen sind.

48   Ist die Auflassung nicht in die Urkunde über die Auseinandersetzung aufgenommen und ist auch nachher das gleichzeitige Erscheinen aller Beteiligten zur Abgabe der Auflassungs-

---

[34] BayObLG 7, 349; OLG Dresden OLGE 39, 218; Staudinger/Pfeifer § 925 Rn 24.
[35] OLG Neustadt MDR 1960, 497.
[36] RGZ 105, 246; Staudinger/Pfeifer § 925 Rn 24.
[37] RGZ 57, 432; Staudinger/Pfeifer § 925 Rn 24.
[38] MünchKommBGB/Kanzleiter § 925 Rn 12; Bracker MittBayNot 1984, 114.
[39] H. M., MünchKommBGB/Kanzleiter § 925 Rn 14 mit zahlr. Nachweisen.
[40] Dazu Zimmermann Rpfleger 1970, 189/195; Winkler § 1 BeurkG Rn 32; § 57 Rn 4, 5.
[41] MünchKommBGB/Kanzleiter § 925 Rn 15; Palandt/Bassenge § 925 Rn 8.
[42] A. A. Horndasch/Viefhues/Heinemann § 368 Rn 9.
[43] Jansen/Müller-Lukoschek § 93 Rn 11; Palandt/Bassenge § 925 Rn 8.
[44] MünchKommBGB/Kanzleiter § 925 Rn 19.
[45] So aber BayObLG Rpfleger 1983, 390 für ein Urteil auf Abgabe einer Willenserklärung.
[46] Vgl. Jansen/Müller-Lukoschek § 93 Rn 12.

erklärung vor der zuständigen Stelle nicht zu erreichen, so muss die Zwangsvollstreckung gemäß § 888 ZPO durchgeführt werden;[47] unanwendbar ist § 894 ZPO.

6. Freiwillige Versteigerung

Die freiwillige Versteigerung von Grundstücken durch das Nachlassgericht ist im Verfahren nach §§ 363 ff. (vgl. Art. 33 Abs. 2 PrFGG) nicht mehr zulässig.[48]

Rechtsmittel

372 (1) **Ein Beschluss, durch den eine Frist nach § 366 Abs. 3 bestimmt wird, und ein Beschluss, durch den über die Wiedereinsetzung entschieden wird, ist mit der sofortigen Beschwerde in entsprechender Anwendung der §§ 567 bis 572 der Zivilprozessordnung anfechtbar.**

(2) **Die Beschwerde gegen den Bestätigungsbeschluss kann nur darauf gegründet werden, dass die Vorschriften über das Verfahren nicht beachtet wurden.**

Übersicht

	Rn
I. Normzweck	1
II. Rechtsmittel im Verfahren nach §§ 363 ff.	2
1. Allgemeines	2
2. Sofortige Beschwerde nach §§ 567 ff. ZPO	4
3. Befristete Beschwerde nach §§ 58 ff.	10
III. Rechtsmittel gegen Bestätigungsbeschlüsse	11
1. Fallgruppen	11
2. Beschränkung der Beschwerde	14
3. Beschwerdeberechtigung	21
4. Frist	23
5. Folgen der Aufhebung des Bestätigungsbeschlusses	24
IV. Notarieller Auseinandersetzungsvertrag	25

I. Normzweck

Die Vorschrift, die teils dem früheren § 98 FGG entspricht, regelt das statthafte Rechtsmittel in einigen Sonderfällen. Daneben gilt § 58. **Übergangsrecht:** Für Verfahren, die bis 1. 9. 2009 eingeleitet worden sind oder deren Einleitung bis dahin beantragt wurde, gelten weiterhin die bisherigen Regelungen des FGG (§§ 19 ff.) einschließlich des dortigen Instanzenzuges (Art. 111 FGG-RG).

II. Rechtsmittel im Verfahren nach §§ 363 ff.

1. Allgemeines

Das FamFG hat das Rechtsmittelsystem geändert: eine unbefristete Beschwerde (früher § 19 FGG) gibt es nicht mehr, alle Beschwerden sind befristet, mit zwei verschiedenen Fristen: befristete Beschwerde (§ 63; Frist ein Monat bzw. zwei Wochen); ferner muss hier u. U. ein bestimmter Beschwerdewert erreicht werden (§ 61). Einzelheiten ergeben sich aus §§ 58 ff. In einigen Fällen sieht das FamFG eine sofortige Beschwerde gegen bestimmte Zwischenentscheidungen in entsprechender Anwendung der §§ 567 bis 572 ZPO vor; hier beträgt die Beschwerdefrist nur zwei Wochen (§ 569 ZPO). **Beschwerdegericht** ist jeweils das **OLG** (§ 119 Abs. 1 Nr. 1b GVG). Die frühere weitere Beschwerde zum OLG (§ 27 FGG) wurde abgeschafft (Übergangsrecht Rn 1). Denkbar ist eine **Rechtsbeschwerde** gegen den Beschwerdebeschluss zum BGH (§§ 70 ff. FamFG; §§ 574 ff. ZPO sind nicht für anwendbar erklärt), wenn sie vom OLG zugelassen wurde.[1] Auch eine **Anhörungsrüge** nach § 44 kann in Betracht kommen.

---

[47] Jansen/Müller-Lukoschek § 93 Rn 3 mit 5.
[48] Jansen 2. Aufl. Art. 33 PrFGG Rn 1; Winkler Rpfleger 1971, 347.
[1] A. A. Horndasch/Viefhues/Heinemann § 372 Rn 6 (anders aber Rn 8).

§ 372 3–10 Abschnitt 3. Verfahren in Teilungssachen

3   Da alle Beschlüsse nur innerhalb bestimmter Fristen angefochten werden können, sind sie den Beteiligten gegebenenfalls zuzustellen (§ 41 Abs. 1 S. 2). Das Nachlassgericht kann der Beschwerde abhelfen (§ 68 Abs. 1 FamFG bzw. § 572 ZPO).

2. Sofortige Beschwerde nach §§ 567 ff. ZPO

4   Frist: 2 Wochen (§ 569 ZPO). Sie findet gegen bestimmte **Zwischenentscheidungen** im Vermittlungsverfahren statt. Nach dem früheren Recht war gegen diese Fristbestimmungen (§ 91 Abs. 3, 93 Abs. 2 FGG) die einfache (unbefristete) Beschwerde statthaft (§ 19 FGG); die Änderung soll den Druck auf die Beteiligten erhöhen. Die sofortige Beschwerde findet statt (Abs. 1):

5   (1) Gegen den Beschluss, durch den nach **§ 366 Abs. 3 einem Beteiligten eine Frist gesetzt** wird. In diesem Fall ist ein Beteiligter in der Verhandlung über „vorbereitende Vereinbarungen" nicht erschienen, weshalb ihm das Gericht mitteilt, was die erschienenen Beteiligten im Termin vereinbart haben. Zugleich wird dem Nichterschienenen vom Nachlassgericht durch Beschluss eine Frist gesetzt (Länge nach Ermessen, in der Regel sind mindestens zwei Wochen ratsam), binnen der der Betroffene einen neuen Termin beantragen kann. Wenn er den Antrag rechtzeitig stellt und im Termin erklärt, mit der Vereinbarung der anderen Beteiligten nicht einverstanden zu sein, ist die Vermittlung gescheitert (vgl. § 370). Gegen Frist- und Terminsversäumung ferner: § 367.

6   (2) Gegen den Beschluss, durch den nach **§ 368 Abs. 2 S. 1** i.V.m. § 366 Abs. 3 **einem Beteiligten eine Frist gesetzt** wird. Diese Fristsetzung ist wesentlich gefährlicher für den säumigen Beteiligten. Hier hat das Nachlassgericht im Verhandlungstermin einen Auseinandersetzungsplan vorgestellt und die anwesenden Beteiligten haben daran anschließend ihr Einverständnis erklärt; die Auseinandersetzungsvereinbarung wurde daraufhin beurkundet. Das Nachlassgericht teilt die Vereinbarung der Erschienenen dem Abwesenden mit. Zugleich wird dem Nichterschienenen vom Nachlassgericht durch Beschluss eine Frist gesetzt, binnen der der Betroffene einen neuen Termin beantragen kann. Wenn er entweder die Frist versäumt oder zwar den Antrag rechtzeitig stellt, aber im darauf bestimmten Termin wieder säumig ist, wird die Vereinbarung der anderen Beteiligten zu Lasten des Säumigen bestätigt; das ist ähnlich wie bei einem Versäumnisurteil. Wenn der Abwesende den Antrag rechtzeitig stellt und im Termin erklärt, mit der Vereinbarung nicht einverstanden zu sein, ist die Vermittlung gescheitert (vgl. § 370). Gegen Frist- und Terminsversäumung ferner: § 367.

7   (3) Gegen eine Entscheidung über einen Antrag auf **Wiedereinsetzung in den vorigen Stand** (§ 367), gleichgültig, in welchem Sinne, ob stattgebend oder ablehnend. Entgegen § 19 Abs. 2 wird also auch die Bewilligung von Wiedereinsetzung für anfechtbar erklärt.

8   Gegen die Fristbestimmung steht in den Fällen (1) und (2) demjenigen, dem die Frist gesetzt ist, die sofortige Beschwerde zu, Abs. 1; **Frist: zwei Wochen** (§ 569 ZPO), z.B. mit der Begründung, die gesetzte Frist sei zu kurz. Den übrigen Beteiligten steht die sofortige Beschwerde ebenfalls zu, z.B. mit der Begründung, die Frist sei zu lang. Im Fall (3) steht die sofortige Beschwerde allen Beteiligten zu; gegen die Versagung kann der Betroffene z.B. einwenden, seine Säumnis sei schuldlos gewesen; die anderen Beteiligten können gegen die Bewilligung das Gegenteil vortragen. Eine **Anschlussbeschwerde** ist statthaft (§ 567 Abs. 3). **Beschwerdegericht** ist jeweils das OLG (§ 119 Abs. 1 Nr. 1 b GVG).

9   (4) Gegen den **Aussetzungsbeschluss** (§ 370) findet ebenfalls die sofortige Beschwerde statt (§ 21 Abs. 2). Das Beschwerdegericht kann eine vom Nachlassgericht unterlassene Aussetzung (§ 370) selbst anordnen.[2]

3. Befristete Beschwerde nach §§ 58 ff.

10   Frist: 1 Monat (§ 63). Sie ist gegen Endentscheidungen statthaft, §§ 58 ff., beispielsweise gegen die Zurückweisung des Antrags auf Einleitung eines Vermittlungsverfahrens (§ 363),

---

[2] KG RJA 5, 230.

III. Rechtsmittel gegen Bestätigungsbeschlüsse

1. Fallgruppen

Einen Bestätigungsbeschluss erlässt das Nachlassgericht in folgenden Fällen: **11**

§ 366: (1) wenn sämtliche Beteiligte mit einer „vorbereitenden Vereinbarung" einverstanden sind (§ 366 Abs. 2 S. 1); oder (2) wenn sämtliche nicht erschienene Beteiligte nachträglich zustimmen (§ 366 Abs. 2 S. 2); oder (3) wenn die Zustimmung nicht erschienener Beteiligter angenommen wird, weil sie die festgesetzte Frist versäumt haben (§ 366 Abs. 4); oder (4) wenn die nicht erschienenen Beteiligten in dem auf ihren rechtzeitigen Antrag angesetzten neuen Termin nicht erschienen sind (§ 366 Abs. 4).

§ 368: (5) wenn sämtliche Beteiligte mit dem Auseinandersetzungsvertrag einverstanden **12** sind (§ 368 Abs. 1 S. 3 1. Halbs.); oder (6) wenn sämtliche nicht erschienene Beteiligte nachträglich zustimmen (§ 368 Abs. 1 S. 3 2. Halbs.); oder (7) wenn die Zustimmung nicht erschienener Beteiligter angenommen wird, weil sie die festgesetzte Frist versäumt haben (§ 368 Abs. 2 S. 1 mit § 366 Abs. 4); oder (8) wenn die nicht erschienenen Beteiligten in dem auf ihren rechtzeitigen Antrag angesetzten neuen Termin nicht erschienen sind (§ 368 Abs. 2 S. 1 mit § 366 Abs. 4).

Der Bestätigung vorausgehende Entscheidungen können nach erfolgter Bestätigung nicht **13** mehr angefochten werden, der Anfechtung unterliegt jetzt nur noch die Bestätigung.[4]

2. Beschränkung der Beschwerde

Bestätigungsbeschlüsse unterliegen zwar der befristeten Beschwerde (§§ 58, 63; Monats- **14** frist; bei Versäumung evtl. Anschlussbeschwerde nach § 66), die Anfechtungsgründe sind aber nach S. 2 beschränkt. Dies ist eine Einschränkung gegenüber dem weiten Rahmen des § 65 Abs. 3. Die Beschwerde kann nur darauf gestützt werden, dass die **„Vorschriften über das Verfahren"** nicht beachtet wurden; das Beschwerdegericht darf den Bestätigungsbeschluss nur aus solchen Gründen aufheben. Darunter fallen sowohl die Nichtanwendung wie die unrichtige Anwendung von Verfahrensvorschriften. In Betracht kommen besonders die Vorschriften des § 365 über die Ladung (eine Mindest-Ladungsfrist gibt es allerdings nicht mehr; doch kann die Ladung übersehen worden sein), der § 366 Abs. 3 und § 368 Abs. 2 S. 1 über die Fristsetzung und die Hinweise in der Mitteilung an den Abwesenden, über die Ladung zu einem beantragten neuen Termin, aber auch ein Verstoß gegen das Verfahren durch Einleitung des Auseinandersetzungsverfahrens, obwohl die Voraussetzungen dafür nicht vorlagen (z. B. weil keine Erbengemeinschaft bestand, da ein angeblicher Miterbe in Wirklichkeit Vermächtnisnehmer war; weil das vorrangige Auseinandersetzungsrecht eines Testamentsvollstreckers missachtet wurde); die Fortsetzung des Verfahrens, obwohl es nach § 370 auszusetzen gewesen wäre;[5] das Beschwerdegericht kann die unterlassene Aussetzung selbst anordnen.[6]

Ferner kommt die Verletzung allgemeiner Verfahrensvorschriften, z. B. über Zuständig- **15** keit (aber beschränkt durch § 65 Abs. 4) oder über die Vertretung Beteiligter in Betracht; ebenso kann der Mangel der Genehmigung des Familien-, Betreuungs-, bzw. Nachlassgerichts zu Erklärungen eines Beteiligten (etwa weil der Mitteilungsweg nach § 1829 BGB nicht nachgewiesen wurde) Gegenstand der Beschwerde sein.[7] Auch die Nichtbeachtung zwingender die Beurkundung betreffender Vorschriften des BeurkG kann die Beschwerde begründen,[8] auch dass wegen Verstoß gegen gesetzliche Verbote keine Beurkundung hätte erfolgen dürfen.

---

[3] BT-Drs. 16/6308 S. 284.
[4] Jansen/Müller-Lukoschek § 96 Rn 1.
[5] BayObLGZ 18, 71; BayObLGZ 4, 500.
[6] KG RJA 5, 230.
[7] Josef WürttZ 21, 73; Ötker RheinZ 1923, 253.
[8] Jansen/Müller-Lukoschek § 96 Rn 6; Bassenge/Roth § 96 Rn 3.

16 Die Nichtbeachtung der Vorschriften des **§ 363 Abs. 3** über den Inhalt des Antrages auf Auseinandersetzung begründet die Beschwerde nicht, weil dies nur eine Sollvorschrift ist.

17 Rügen hinsichtlich der Verletzung von Verfahrensvorschriften können auf **neue Tatsachen und Beweismittel** gestützt werden (§ 65 Abs. 3); dies wird durch § 372 Abs. 2 nicht eingeschränkt. Wer also unter Hinweis auf Verstöße gegen Verfahrensvorschriften um Versagung der Bestätigung bittet, der kann, wenn gleichwohl der Bestätigungsbeschluss ergeht, neue Tatsachen vortragen und z. B. Beweise für die mangelhafte Ladung anbieten.

18 Fraglich ist, wieweit sich § 372 Abs. 2 mit **§ 65 Abs. 1** verträgt; danach besteht kein Begründungszwang, wenn jemand eine befristete Beschwerde einlegt („soll"). Das wird durch § 372 Abs. 2 nicht geändert. Deshalb wird man annehmen müssen, dass bei einer nicht mit Begründung versehenen Beschwerde das Beschwerdegericht selbst die Akten darauf durchsehen muss, ob Verfahrensvorschriften verletzt sind. Werden nur einzelne Verstöße als Begründung vorgetragen, ist das Beschwerdegericht nicht gebunden und kann die Aufhebung auf andere Verfahrensverstöße stützen.

19 **Ausgeschlossen sind alle Einwendungen** gegen den Inhalt oder die Gültigkeit der bestätigten Vereinbarung selbst.[9] Für solche Einwendungen ist nach erfolgter Bestätigung nur noch der Klageweg zum Prozessgericht offen. Werden nur solche Einwendungen vorgetragen ist die Beschwerde als unbegründet zurückzuweisen.[10]

20 Die befristete Beschwerde gegen die **Ablehnung eines Bestätigungsbeschlusses** (§ 58) unterlegt keiner Begründungsbeschränkung.

3. Beschwerdeberechtigung

21 Beschwerdeberechtigt können nach § 59 Abs. 1 sein:
– am Verfahren Beteiligte, wenn sie einen Verfahrensmangel behaupten, der nicht den Beschwerdeführer selbst betreffen muss;[11]

22 – zu dem Verfahren nicht Zugezogene, wenn ihnen in der Vereinbarung Verpflichtungen auferlegt wurden, obwohl sie nicht zugezogen waren; andernfalls bindet sie die Bestätigung nicht und sie haben keinen Anlass zur Beschwerde.[12]

4. Frist

23 Die Beschwerdefrist (ein Monat, § 63) läuft für jeden Beschwerdeberechtigten gesondert. Bei Fristversäumung kann eine Anschlussbeschwerde in Frage kommen (§ 66). Die Aufhebung des Bestätigungsbeschlusses auf die Beschwerde eines Beteiligten hin wirkt aber für und gegen alle Beteiligten, auch wenn sie die Beschwerde nicht eingelegt haben.[13]

5. Folgen der Aufhebung des Bestätigungsbeschlusses

24 Die Aufhebung des Bestätigungsbeschlusses wirkt für und gegen alle Beteiligte, nicht nur für den Beschwerdeführer.[14] Die Bestätigung wird allen Beteiligten gegenüber gegenstandslos. Es wird der Zustand vor Erlass des Bestätigungsbeschlusses wieder hergestellt. Ob und wie weit nach Aufhebung des Bestätigungsbeschlusses das **Verfahren nochmals durchzuführen** ist, ferner ob und wieweit die Beteiligten an die getroffenen Vereinbarungen gebunden bleiben, hängt von dem Mangel ab, der zur Aufhebung geführt hat.[15] Beruht das ganze Verfahren auf dem Mangel, wie Unterlassung der Zuziehung eines Beteiligten, mangelnde Vertretung eines Beteiligten, so wird das ganze Verfahren gegenstandslos und muss nochmals durchgeführt werden; handelt es sich dagegen um einen Mangel, dessen Beseitigung das übrige Verfahren nicht berührt, wie mangelnde Genehmigung des Famili-

---

[9] MünchKommZPO/J. Mayer § 372 FamFG Rn 3; Bassene/Roth FGG § 96 Rn 3.
[10] KG JR 1966, 349 (zur ZPO); Jansen/Müller-Lukoschek § 96 Rn 3; Sternal 15. A. § 23 FGG Rn 21.
[11] Bassenge/Roth § 96 Rn 2; Ötker RheinZ 1923, 257.
[12] Weißler, Nachlassverfahren II, 129.
[13] Bassenge/Roth FGG § 96 Rn 3.
[14] KGJ 46, 151.
[15] MünchKommZPO/J. Mayer § 372 FamFG Rn 5.

en-, Betreuungs- oder Nachlassgerichts, so ist das Verfahren nur so weit zu wiederholen, als es zur Beseitigung des Mangels erforderlich ist.[16]

IV. Notarieller Auseinandersetzungsvertrag

Ist ein Notar nur als Urkundsperson mit der Auseinandersetzung befasst, ohne dass ein Antrag auf amtliche Vermittlung nach §§ 363 ff. gestellt war, gibt es keinen „Bestätigungsbeschluss" für einen solchen Vertrag; deshalb kann der von ihm beurkundete Auseinandersetzungsvertrag nicht durch Beschwerde von einem Beteiligten angefochten werden.[17] 25

Auseinandersetzung einer Gütergemeinschaft

373 (1) **Auf die Auseinandersetzung des Gesamtguts nach der Beendigung der ehelichen, lebenspartnerschaftlichen oder der fortgesetzten Gütergemeinschaft sind die Vorschriften dieses Abschnitts entsprechend anzuwenden.**

(2) Für das Verfahren zur Erteilung, Einziehung oder Kraftloserklärung von Zeugnissen über die Auseinandersetzung des Gesamtguts einer ehelichen, lebenspartnerschaftlichen oder fortgesetzten Gütergemeinschaft nach den §§ 36 und 37 der Grundbuchordnung sowie den §§ 42 und 74 der Schiffsregisterordnung gelten § 345 Abs. 1 sowie die §§ 352, 353 und 357 entsprechend.

I. Beendigung der Gütergemeinschaft

Die Gütergemeinschaft endet mit der Rechtskraft eines Aufhebungsurteils (§§ 1447–1449, 1469, 1470 BGB), durch Ehevertrag (§ 1408 BGB), mit der Auflösung der Ehe durch Scheidung, Aufhebung, Wiederverheiratung nach Todeserklärung (§§ 1564 ff., 1313 ff., 1319 BGB); mit der Auflösung der Ehe durch Tod eines Ehegatten bei unbeerbter Ehe oder wenn bei beerbter Ehe nicht die Fortsetzung der Gütergemeinschaft vereinbart war (§ 1483 BGB). 1

Die **fortgesetzte Gütergemeinschaft** (§§ 1483 ff. BGB) endet durch Aufhebung seitens des überlebenden Ehegatten, durch Vertrag (§ 1492 BGB), durch Wegfall oder Verzicht aller Abkömmlinge (§§ 1490, 1491 BGB), durch Tod oder Todeserklärung des überlebenden Ehegatten (§ 1494 BGB), durch Wiederverheiratung des überlebenden Ehegatten (§ 1493 BGB), mit der Rechtskraft des Aufhebungsurteils (§§ 1495, 1496 BGB). 2

II. Auseinandersetzung

Die Auseinandersetzung erfolgt bei der Gütergemeinschaft nach §§ 1471–1481 BGB. Gegenstand des Auseinandersetzungsverfahrens kann nur das **Gesamtgut** sein (§§ 1416, 1485 BGB). Die Regelung der sonstigen Güterverhältnisse der Beteiligten kann nicht gleichzeitig unter Anwendung der §§ 363 ff. erfolgen.[1] Wird nach Beendigung einer Gütergemeinschaft die Durchführung einer Teilungsversteigerung gem. §§ 180 ff. ZVG beantragt, so setzt die Einleitung dieses Verfahrens nicht die Durchführung des Verfahrens nach § 373 voraus. Beide Verfahren schließen einander nicht aus.[2] Ein Auseinandersetzungsverfahren ist auch zur Verteilung des Erlöses aus der Zwangsversteigerung eines Grundstückes, die zum Zweck der Aufhebung der Gütergemeinschaft erfolgt ist, zulässig.[3] 3

Das **Zuweisungsverfahren** nach §§ 13 ff. GrdstVG findet auf die Auseinandersetzung des Gesamtgutes einer ehelichen oder fortgesetzten Gütergemeinschaft keine Anwendung.[4] 4

Sondervorschriften für eine Regelung der Rechtsverhältnisse der Ehegatten an der Wohnung, Wohnungseinrichtung und dem Hausrat nach Scheidung, Aufhebung oder Nichtigkeit der Ehe enthielt die frühere HausratsVO, jetzt §§ 1568 a, 1568 b BGB. 5

---

[16] KGJ 46, 151.
[17] Horndasch/Viefhues/Heinemann § 372 Rn 16.
[1] Ebenso Schlegelberger § 99 Rn 3.
[2] BayObLGZ 1971, 293/297.
[3] BayObLG NJW 1957, 386.
[4] Bergmann SchlHA 1961, 312.

III. Zuständigkeit

6 **a) Sachliche Zuständigkeit.** Sachlich zuständig ist nach § 23 a Abs. 2 Nr. 2 GVG das AG, nicht das FamG. Wegen der landesrechtlich zur Vermittlung der Auseinandersetzung bestellten Behörden vgl. § 487 Abs. 1 Nr. 2 und Nr. 3. Die Zuständigkeit der Notare bestimmt sich nach **Landesrecht** (§ 20 Abs. 4 BNotO).

7 **b) Funktionelle Zuständigkeit.** Die Vermittlung der Auseinandersetzung des Gesamtguts einer beendeten ehelichen oder fortgesetzten Gütergemeinschaft ist dem **Rechtspfleger** übertragen (§ 3 Nr. 2 c RPflG; der Vorbehalt in § 16 Abs. 1 Nr. 8 RPflG ist aufgehoben). Die Regelung gilt auch für die Erbauseinandersetzung, wenn ein Anteil am Gesamtgut zu einem Nachlass gehört.

8 **c) Örtliche Zuständigkeit.** Gehört ein **Anteil an dem Gesamtgut** zum Nachlass – wenn nämlich die eheliche Gütergemeinschaft durch den Tod eines Ehegatten endet und nicht fortgesetzte Gütergemeinschaft eintritt (§§ 1482, 1483 BGB), wenn die fortgesetzte Gütergemeinschaft durch den Tod oder die Todeserklärung eines Ehegatten beendet wird (§ 1494 BGB) – so ist das AG zuständig, das für die Auseinandersetzung des Nachlasses berufen ist (§ 344 Abs. 5 S. 1), also das nach § 363 mit § 343 örtlich zuständige AG (Nachlassgericht).

9 In allen **anderen Fällen** bestimmt sich die örtliche Zuständigkeit nach § 122 (§ 344 Abs. 5 S. 2).

10 Bei Auseinandersetzung einer fortgesetzten Gütergemeinschaft nach dem Tod des überlebenden Ehegatten, der von mehreren Kindern beerbt wurde, **überschneiden** sich die Gemeinschaft der Miterben am Nachlass des Ehegatten, in den sein Anteil am Gesamtgut fällt,[5] und die Gemeinschaft am Liquidationsgesamtgut. Für die Auseinandersetzung des Nachlasses, zu dem der Anteil am Gesamtgut gehört, ergibt sich die örtliche Zuständigkeit des AG aus § 344 Abs. 5 S. 1, für die Auseinandersetzung der fortgesetzten Gütergemeinschaft aus § 344 Abs. 5 S. 1 mit § 122. Die Verfahren betreffend die Auseinandersetzung des Gesamtguts der fortgesetzten Gütergemeinschaft und des Nachlasses können in diesem Fall verbunden werden (§ 20), wenn für beide Verfahren dasselbe Gericht örtlich zuständig ist.[6]

IV. Verfahren

1. Anwendung der §§ 363 bis 372

11 Für das Verfahren gelten die Vorschriften der §§ 363 bis 372 entsprechend (§ 373 Abs. 1; die Regelung entspricht dem früheren § 99 Abs. 1 FGG). Die Vermittlung der Auseinandersetzung erfolgt **nur auf Antrag** (§ 363), auch wenn die Aufhebung der Gütergemeinschaft durch Urteil ausgesprochen worden ist. Sie muss durchgeführt werden, wenn der Antragsberechtigte einen Antrag stellt.[7]

2. Antragsberechtigung

12 Antragsberechtigt ist
- wenn eine eheliche Gütergemeinschaft durch Scheidung oder während bestehender Ehe endet, jeder der Ehegatten;
- wenn eine eheliche Gütergemeinschaft durch den Tod oder die Todeserklärung eines der Ehegatten endet, ohne dass eine Fortsetzung stattfindet, der überlebende Ehegatte und jeder der Erben des Verstorbenen;
- wenn eine fortbestehende Errungenschaftsgemeinschaft durch Insolvenz des Mannes endet (Art. 8 I Nr. 7 GleichberG i. V. m. § 1543 BGB a. F.), der Insolvenzverwalter und der andere Ehegatte; die Gütergemeinschaft endet auch durch Eröffnung des Insolvenz-

---

[5] KG Recht 1929 Nr. 247.
[6] BayObLGZ 1956, 363/369; OLG Hamm DNotZ 1966, 744; Firsching/Graf Rn 4968.
[7] BayObLGZ 21, 18.

verfahrens über das Gesamtgut (s. §§ 37, 318, 332 f. InsO) nicht (vgl. aber § 1469 Nr. 4 BGB);[8]
- wenn eine fortgesetzte Gütergemeinschaft bei Lebzeiten des überlebenden Ehegatten endet, der überlebende Ehegatte und die anteilsberechtigten Abkömmlinge, soweit sie nicht auf ihren Anteil verzichtet haben (§ 1491 BGB);[9] sofern ein anteilsberechtigter Abkömmling schon verstorben ist, an dessen Stelle seine Abkömmlinge, die anteilsberechtigt wären, wenn er den verstorbenen Ehegatten nicht überlebt hätte, nicht seine Erben, auch nicht, wenn er Abkömmlinge nicht hinterlassen hat (§ 1490 mit § 1483 BGB); antragsberechtigt ist auch derjenige, dem am Anteil des überlebenden Ehegatten ein Pfandrecht auf Grund Pfändungsbeschlusses des Vollstreckungsgerichts zusteht (§ 860 Abs. 2 ZPO; § 363 Abs. 2 mit § 373);[10]
- wenn eine fortgesetzte Gütergemeinschaft durch Tod oder Todeserklärung des überlebenden Ehegatten endet, dessen Erben und jeder der Abkömmlinge[11] wie unter (4).

3. Kosten

Die Gerichtsgebühren für die gerichtliche Vermittlung der Auseinandersetzung richten sich nach § 116 KostO. Wegen der Gerichtsgebühren bei Ablehnung oder Zurücknahme des Antrags vgl. § 116 Abs. 1 S. 2 KostO, der § 130 KostO verdrängt.

V. Zeugnisse über die Auseinandersetzung des Gesamtguts

Abs. 2 erklärt hierzu, dass die entsprechenden Verfahrensvorschriften des 2. Buchs darauf anwendbar sind.

---

[8] Vgl. dazu Baur FamRZ 1958, 252/258.
[9] OLG München JFG 15, 161.
[10] BayObLGZ 1956, 363/368.
[11] BayObLGZ 21, 18; OLG München JFG 15, 161/167.

Buch 5. Verfahren in Registersachen, unternehmensrechtliche Verfahren

Abschnitt 1. Begriffsbestimmung

Registersachen

§ 374 Registersachen sind

1. Handelsregistersachen,
2. Genossenschaftsregistersachen,
3. Partnerschaftsregistersachen,
4. Vereinsregistersachen,
5. Güterrechtsregistersachen.

Übersicht

	Rn
I. Normzweck	1
II. Allgemeines	2
1. Rechtsgrundlagen	2
2. Aufgaben und Zweck der Justizregister	3
3. Abgrenzung zu anderen Registern	6
4. Zukunft der Justizregister	11
III. Die einzelnen Registersachen	13
1. Handelsregistersachen (Nr. 1)	13
2. Genossenschaftsregistersachen (Nr. 2)	18
3. Partnerschaftsregistersachen (Nr. 3)	23
4. Vereinsregistersachen (Nr. 4)	28
5. Güterrechtsregistersachen (Nr. 5)	32
IV. Amtsverfahren	36
V. Antragsverfahren	37
1. Allgemeines	37
2. Zeitpunkt der Anmeldung	38
3. Form der Anmeldung	41
4. Antragsrecht	43
5. Beteiligte	44
6. Vertretung	47
7. Zurücknahme des Antrags	48
8. Beweismittel	49
VI. Prüfungspflicht und Prüfungsrecht des Registergerichts	50
1. Allgemeines	50
2. Prüfung der Eintragungsvoraussetzungen	51
3. Prüfung der angemeldeten Tatsachen	56
4. Prüfung von Beschlüssen	58
5. Prüfung von öffentlich-rechtlichen Genehmigungen	60

I. Normzweck

Die Vorschrift definiert erstmals die einzelnen Registersachen und weist diese in Verbindung mit § 23 a Abs. 1 Nr. 2, Abs. 2 Nr. 3 GVG ausdrücklich dem AG zur Erledigung zu. Diese Entscheidung des Gesetzgebers ist zu begrüßen, denn nur wenn die mit Publizitätswirkung und Vertrauensschutz ausgestatteten Register des Privatrechts in der Hand von **unabhängigen Rechtspflegeorganen** liegen, wird dem verfassungsrechtlichen Verhältnismäßigkeitgrundsatz genügt und kann ein ordnungsgemäßes Funktionieren derselben garantiert werden. Etwaigen Bestrebungen, die Führung der Justizregister auf Verwaltungsbehörden oder gar private Dienstleistungsunternehmen zu delegieren, dürfte nunmehr eine endgültige Absage erteilt worden sein. Das Registerverfahrensrecht wird in den §§ 376 bis 401 erstmals zusammenhängend für alle Justizregister geregelt und gewinnt hierdurch erheblich an **Übersichtlichkeit.** Allerdings erreichen diese Verfahrensvorschriften noch immer nicht die Regelungsdichte einer Sonderkodifikationen, die mit der GBO oder SchRegO vergleichbar wäre.

Die **neuen Verfahrensregeln** des FamFG sind in Antragsverfahren anwendbar, soweit der Antrag bzw. die Anmeldung nach dem 1. 9. 2009 beim Registergericht eingereicht worden ist.[1] Das danach anwendbare Recht gilt auch für das Beschwerdeverfahren.[2] In Verfahren, die von Amts wegen eingeleitet werden können, ist nicht darauf abzustellen, zu welchem Zeitpunkt das Registergericht hätte einschreiten können oder müssen, sondern zu welchem Zeitpunkt das Gericht nach außen erkennbar (z. B. durch Erlass einer Verfügung) tätig werden wollte.[3]

II. Allgemeines

1. Rechtsgrundlagen

Das FamFG regelt lediglich das vom Registergericht zu beachtende Verfahren. Die Rechtsgrundlagen für die einzelnen Register sowie deren eintragungsfähigen Inhalt finden sich im **materiellen Recht,** nämlich in §§ 8 ff. HGB für das Handelsregister, in §§ 10, 29 GenG für das Genossenschaftsregister, in §§ 4, 5 PartGG für das Partnerschaftsregister, in §§ 55 ff. BGB für das Vereinsregister und in §§ 1412, 1558 ff. BGB für das Güterrechtsregister. Weitere registerrechtliche Bestimmungen finden sich verstreut in den Spezialnormen des Handels- und Gesellschaftsrechts, vornehmlich im HGB, AktG, GmbHG, GenG, PartGG, UmwG, VAG, KWG etc. Schließlich ermöglicht § 387 (wie zuvor schon §§ 125 Abs. 2, 160 b FGG, 156 GenG, 55 a Abs. 7 BGB) dem Bundesjustizministerium sowie den Landesregierungen im Verordnungswege weitere Ausführungsbestimmungen über die einzelnen Register zu treffen. Auf diesen Rechtsgrundlagen wurden die sog. **Registerverordnungen** erlassen worden, nämlich die Handelsregisterverordnung (HRV), die Genossenschaftsregisterverordnung (GenRegV), die Partnerschaftsregisterverordnung (PRV) und die Vereinsregisterverordnung (VRV);[4] s. auch die Kommentierung bei § 387. Für die Führung des Güterrechtsregisters fehlt es an einer bundeseinheitlichen Ausführungsverordnung. Die Bundesländer haben zum Teil entsprechende Verwaltungsvorschriften erlassen.[5]

2. Aufgabe und Zweck der Justizregister

Zweck der in § 374 genannten Register ist in erster Linie die Verlautbarung der für die Sicherung des Rechtsverkehrs in seiner Außenwirkung maßgeblichen Rechtsverhältnisse, soweit das Gesetz deren Eintragung vorsieht **(Publizitätsfunktion).**[6] Das jedem zustehende Recht auf Einsicht in die Register und die zum Register eingereichten Schriftstücke (§§ 9 Abs. 1 HGB, 156 Abs. 1 GenG, 5 Abs. 2 PartGG, 79 BGB, 1563 BGB; siehe § 385) und die Veröffentlichung der Eintragungen (vgl. § 383 Rn 10) im elektronischen Bundesanzeiger und den anderen Veröffentlichungsmedien verdeutlichen diese Funktion. Von erheblicher Bedeutung für den Rechtsverkehr erweist sich hierbei, dass die Register keine bloßen Datensammlungen darstellen, sondern dass die dort eingetragenen Tatsachen und Rechtsverhältnisse in ihrer Gesamtheit einen urkundlichen Nachweis dieser Rechtsverhält-

---

[1] OLG Köln FGPrax 2010, 56; OLG Nürnberg MittBayNot 2010, 404; BeckRS 2011, 09102; OLG Stuttgart NZG 2011, 29.
[2] OLG Köln FGPrax 2010, 56; OLG Nürnberg MittBayNot 2010, 404; BeckRS 2011, 09102.
[3] OLG Frankfurt NZG 2011, 153/154; Nedden-Boeger FGPrax 2010, 1/7; Sternal FGPrax 2010, 61/62; a. A. OLG Stuttgart FGPrax 2010, 61.
[4] Bumiller/Harders § 374 Rn 3; MünchKommZPO/Krafka § 374 FamFG Rn 1.
[5] Vgl. für Nordrhein-Westfalen die AV vom 7. 11. 1995 (JMBl. NW S. 265), für Schleswig-Holstein die AV vom 15. 2. 2007 (SchlHA S. 86), für Berlin die AV (ABl. 2008, 2658); siehe auch Krafka/Willer/Kühn Rn 2333 Fn 3.
[6] BayObLG Rpfleger 1977, 212; OLG Zweibrücken GmbHR 1999, 665; Reitmann DNotZ 1979, 67/79; Winkler DNotZ Sonderheft 1977 S. 113/124.

nisse liefern. Die **Schutz- und Vertrauensfunktion** der Register in deren Inhalt ergibt sich aus §§ 15 HGB, 29 GenG, 68 BGB, 1412 BGB und dem von Rechtsprechung und Literatur entwickelten Gewohnheitsrecht.[7]

Weniger bekannt ist demgegenüber die **Kontrollfunktion** der Register, die das Gericht sowohl bei der Eintragung (z. B. Prüfung der Gründung, §§ 37, 38 AktG, § 8 GmbHG) wie bei der Wiederherstellung der Funktionsfähigkeit des Registers durch Zwang oder Löschung (z. B. §§ 14, 31 Abs. 2, 37 HGB; §§ 388 ff., 393 ff. FamFG) ausübt.[8] Gerade weil das Registergericht die bei ihm eingereichten Anmeldungen, Anträge und Anregungen nicht unbesehen einträgt, sondern diese zumindest auf ihre Schlüssigkeit hin prüft (s. Rn 56a), bieten die Justizregister im Vergleich zu manchen öffentlich-rechtlichen Registern (z. B. dem Melderegister oder dem Zentralen Vorsorgeregister) eine höhere **Richtigkeitsgewähr**. Da die Register jedoch ausschließlich der Verlautbarung sowie der Feststellung privater Rechte und Rechtsverhältnisse dienen, können und dürfen diese keine öffentlich-rechtlichen Kontrollfunktionen, vergleichbar den Sicherheits- und Ordnungsbehörden, wahrnehmen, vgl. § 7 HGB.[9] Bedenklich erscheint umgekehrt der Einfluss der Verwaltungsbehörden auf dem Gebiete des Vereinsrechts, vgl. §§ 43, 44 BGB (s. § 401 Rn 17). 4

Mit der Einführung von § 16 Abs. 3 GmbHG ist das Handelsregister erstmals zur Rechtsgrundlage für den gutgläubigen Erwerb von nichtverbrieften Rechten, nämlich von Geschäftsanteilen erhoben worden und ist zumindest insoweit vergleichbar dem Grundbuch mit **Gutglaubensschutzfunktion** ausgestattet. 5

3. Abgrenzung zu anderen Registern

Die in § 374 aufgezählten Register sind von den zahlreichen anderen Registern zu unterscheiden, die eine grundsätzlich andere Rechtsnatur besitzen und zur Erfüllung anderer Aufgaben dienen. Zwar werden das **Grundbuch** (§ 1 GBO), das **Schiffs- und Schiffsbauregister** (§§ 1, 3, 65 SchRegO) und das **Luftfahrtregister** (§ 78 LuftfzRG) auch von den Amtsgerichten geführt, es gelten aber die besonderen Vorschriften der Spezialgesetze, sofern nicht ausnahmsweise, wie in § 19 Abs. 2 SchRegO, auf das FamFG verwiesen wird.[10] 6

Das **Unternehmensregister** wird nach § 8b HGB vom Bundesjustizministerium oder einer nach § 9a HGB beliehenen juristischen Person geführt. Zweck des Unternehmensregisters ist die Information des Rechtsverkehrs über die Rechtsverhältnisse von Unternehmen, wozu u. a. auch die Eintragungen in die in § 374 Nr. 1 bis 3 genannten Register zählen, § 8b Abs. 2 Nr. 1 bis 3 HGB. Bei diesem „Metaregister" handelt es sich um ein reines Informationsportal, das selbst mit keinerlei Publizitäts- oder Kontrollfunktion ausgestattet ist. 7

Zahlreiche andere Register, wie das **Melderegister** (§§ 1 ff. MRRG), die **Handwerksrolle** (§ 6 HandwO), das **Gewerbezentralregister** (§§ 149 ff. GewO), das **Rechtsdienstleistungsregister** (§§ 10 ff. RDG) oder das **Refinanzierungsregister** (§§ 22a ff. KWG; RefiRegV) dienen ausschließlich öffentlich-rechtlichen Zwecken, sie haben nicht die Funktion, die privaten Rechte und Rechtsverhältnisse wiederzugeben und zählen insofern zu Recht nicht zu den von der Justiz geführten Registern. 8

Andere Register, die die privaten Rechte und Rechtsverhältnisse der Bürger in urkundlicher Form wiedergeben sollen, wie die **Patentrolle** (§ 30 PatG), das **Markenregister**, aber auch die **Personenstandsregister** (§ 3 PStG), werden von anderen Rechtspflegeorganen (z. B. dem Patentamt, dem Standesamt) geführt. Diese Register könnten durchaus auch (wie früher das Musterrechtsregister) bei den Gerichten angesiedelt sein. Würde der Gesetzgeber das Gewaltenteilungsprinzip, das Recht auf informationelle Selbstbestimmung 9

---

[7] OLG Zweibrücken GmbHR 1999, 665; Fehrenbacher S. 186, 224, 284.
[8] Lutter NJW 1969, 1873/1875; Fehrenbacher S. 225.
[9] Kritisch zur Rechtsprechung des BGH, NJW 2007, 2328, in Bezug auf die Kontrolle von inländischen Zweigniederlassungen hinsichtlich etwaiger Scheinauslandsgesellschaften, MünchKommZPO/Krafka § 374 FamFG Rn 8.
[10] SBW/Nedden-Boeger § 374 Rn 2, 3.

und den Verhältnismäßigkeitsgrundsatz beherzigen, so müsste er diese Register entweder auf die Gerichte als unabhängige Rechtspflegeorgane übertragen oder die registerführenden Stellen (insbesondere die Standesämter) mit größerer Unabhängigkeit vor Einflussnahme der Exekutive ausstatten.

10 Das **Zentrale Vorsorgeregister** (§ 78a BNotO) und das **Zentrale Testamentsregister** (§ 78b BNotO), die bei der BNotK in Berlin geführt werden, sind ebenfalls keine mit Publizitätswirkung ausgestatteten Register, sondern sollen den Betreuungs- und Nachlassgerichten die Ermittlung von Vorsorgevollmachten und letztwilligen Verfügungen erleichtern. In dem Maße, in dem der Aufgabenbereich dieses Registers jedoch auf andere Zwecke (z. B. zur Kenntlichmachung von sog. Patientenverfügungen) erweitert wird, bestehen erhebliche Bedenken an der Verfassungsmäßigkeit der Aufgabenübertragung auf eine Verwaltungsbehörde, wie sie die BNotK darstellt.

4. Zukunft der Justizregister

11 Durch die vollständige Umstellung des Handels-, Genossenschafts- und Partnerschaftsregisters auf elektronische Registerführung sowie die bevorstehende Umstellung des Vereinsregisters auf elektronische Registerführung in Verbindung mit der Pflicht zur elektronischen Einreichung von Anmeldungen zu diesen Registern hat sich deren Bedeutung für den Rechtsverkehr nicht nur bewährt, sondern sogar verstärkt. Wenn es in der Zukunft gelingt, diese **Rechtsträgerregister** vergleichbar dem Personenstandsregister zu einem einheitlichen Register zusammenzuführen, wird sich deren praktischer Nutzen weiter steigern lassen. Weitere sinnvolle Aufgaben könnten von einem derartigen Register geleistet werden, den, z. B. die Kenntlichmachung der Existenz und Vertretungsberechtigung von Stiftungen oder Gesellschaften bürgerlichen Rechts. Die Bedeutung des **Güterrechtsregisters** wird, sofern es nicht gelingt, auch dieses in elektronische Registerführung überzuleiten,[11] weiter abnehmen, was bedauerlich ist. Das Güterrechtsregister erfüllt nämlich eine durchaus sinnvolle Aufgabe, die lediglich von der Rechtspraxis ignoriert wird.[12]

12 Für die Fortentwicklung der Justizregister, insbesondere deren Umstellung auf elektronische Registerführung und die Ausweitung von deren Publizität, waren vor allem verbindliche Vorgaben des **europäischen Gemeinschaftsrechts** ausschlaggebend.[13] Eine einheitliche europäische Registerführung ist aber derzeit weder absehbar noch wünschenswert, da die Register der einzelnen Mitgliedstaaten zu stark in ihrer Funktionsweise voneinander abweichen. Aus nationaler Sicht stellen vor allem die europarechtlichen Bestrebungen für die Schaffung einer Europäischen Privatgesellschaft sowie die Zulässigkeit grenzüberschreitender Sitzverlegungen unter Beibehaltung der nationalen Rechtsform künftige Herausforderungen dar.

III. Die einzelnen Registersachen

1. Handelsregistersachen (Nr. 1)

13 Für das Handelsregister gelten die §§ 8 bis 16 HGB. Die Führung und Gestaltung des Handelsregisters ergibt sich aus der **Handelsregisterverordnung** (HRV; s. § 387 Rn 3).

14 Das Handelsregister dient nicht dazu, ein lückenloses Bild aller für den Rechtsverkehr möglicherweise erheblichen Umstände darzustellen. Grundsätzlich sind nur die durch Gesetz (HGB, GmbHG, AktG, UmwG etc.) zur Eintragung zugelassenen Tatsachen und Rechtsverhältnisse eintragungsfähig. Allerdings können sich aus einer gewandelten Rechtsauffassung neue Eintragungstatbestände ergeben, wenn dies **zum Schutz des Rechtsverkehrs geboten** erscheint.[14] Aus diesem Grund kann etwa nach hier vertretener Auffassung die (deklaratorisch wirkende) Eintragung eine **Gesellschaft bürgerlichen Rechts** zum Handelsregister angemeldet werden.[15]

---

[11] Fehrenbacher S. 286.
[12] Vgl. MünchKommZPO/Krafka § 374 FamFG Rn 3, 16.
[13] Krafka Rn 32; MünchKommZPO/Krafka § 374 FamFG Rn 6.
[14] RG DNotZ 1944, 195; MünchKommHGB/Krafka § 8 Rn 32.
[15] Heinemann JR 2010, 33; a. A. Bassenge/Roth/K. Walter § 374 Rn 3.

Weitere **eintragungsfähige Tatsachen** sind insbesondere: 15
- die Eigenschaft als Kaufmann/Kauffrau (§ 29 HGB);
- die Errichtung einer OHG oder KG (§§ 106, 162 HGB), auch wenn sie lediglich eigenes Vermögen verwaltet (§§ 105 Abs. 2, 161 Abs. 2 HGB);
- die Errichtung einer AG oder KGaA (§§ 36, 41, 283 AktG), einer GmbH (auch UG, §§ 7, 11 Abs. 1, § 5a GmbHG), einer SE (§ 3 SEAG) oder einer EWIV (§ 2 Abs. 1 EWIV-AG);
- die Änderung der Firma (§ 31 HGB);
- die Änderung des (statuarischen) Sitzes;
- die Änderung der inländischen Geschäftsanschrift (§§ 31, 107 HGB);
- die Errichtung und Aufhebung von Zweigniederlassungen (§§ 13, 13d bis 13h HGB);
- Satzungsänderungen bei Kapitalgesellschaften (§§ 181 Abs. 3 AktG, 54 Abs. 3 GmbHG);
- die Vertretungsmacht (§§ 125 HGB, 78 Abs. 3 AktG, 35 Abs. 2 GmbHG);
- Änderungen der vertretungsberechtigten Organe (§§ 81 AktG, 39 GmbHG);
- die Befreiung von den Beschränkungen des § 181 BGB, insbesondere die abstrakte Befreiung des GmbH-Geschäftsführers,[16] eines persönlich haftenden Gesellschafters einer Personenhandelsgesellschaft[17] oder eines Prokuristen vom Verbot des Selbstkontrahierens;[18]
- die Erteilung und das Erlöschen von Prokuren, auch mit der Befugnis zur Veräußerung und Belastung von Grundstücken (§ 49 Abs. 2 HGB);[19]
- Abschluss und Beendigung eines Beherrschungs- und Gewinnabführungsvertrags;[20]
- die Haftungsbeschränkungen (§§ 25, 28, 176 HGB, 11 Abs. 2 GmbHG);
- der Verjährungsbeginn der Haftung des ausscheidenden Gesellschafters (§§ 128, 159 HGB);
- Gesamt- oder Sonderrechtsnachfolge bei Gesellschafterwechsel, insbesondere bei Übertragung eines Kommanditanteils;[21]
- die Bestellung eines Nießbrauchs an einem Kommanditanteil;[22]
- Änderung eingetragener Personalien (Namensänderung, vgl. § 106 Abs. 2 Nr. 1 HGB);
- der Firmenfortführung zugrundeliegende Rechtsverhältnisse;[23]
- die Auflösung, Liquidation und Beendigung einer Gesellschaft (§§ 263 AktG, 65 GmbHG);
- die Anmeldung der Liquidatoren und Abwickler sowie deren Vertretungsbefugnis (§§ 266 AktG, 67 GmbHG).

Nicht eintragungsfähig sind z. B.[24] 16
- die Erteilung einer General- oder Handlungsvollmacht;[25]
- Teilgewinnabführungsverträge bei einer GmbH;[26]
- Gewinnabführungsverträge, wenn eine Personengesellschaft die beherrschte Gesellschaft ist;[27]
- die Anordnung einer Testamentsvollstreckung[28] (einzutragen ist jedoch der Testamentsvollstrecker, der ein Handelsgeschäft als Treuhänder im eigenen Namen führt);[29]

---

[16] BGHZ 87, 59 = NJW 1983, 1676.
[17] BayObLGZ 1999, 349/350f. = DNotZ 2000, 527; OLG Hamm OLGZ 1983, 195/198ff. = BB 1983, 858; Jansen/Steder § 125 Rn 73, 75 bis 78.
[18] OLG Hamm OLGZ 1983, 195/196f. = BB 1983, 858.
[19] Jansen/Steder § 125 Rn 80.
[20] BGHZ 116, 37/43 = NJW 1992, 505; BGHZ 105, 324/342ff. = NJW 1989, 295.
[21] OLG Köln FGPrax 2004, 88; bei Übertragung aller Gesellschaftsanteile einer KG auf einen Erwerber ist nur das Erlöschen der Firma anzumelden und einzutragen, vgl. OLG München ZIP 2010, 2147.
[22] LG Köln RNotZ 2001, 170; LG Oldenburg DNotI-Report 2008, 166; Jansen/Steder § 125 Rn 84.
[23] BayObLG DNotZ 1978, 692.
[24] Weitere Beispiele bei Jansen/Steder § 125 Rn 68; MünchKommHGB/Krafka § 8 Rn 55.
[25] OLG Hamburg NZG 2009, 957 = GmbHR 2009, 252 mit zust. Anm. Mohr.
[26] OLG München ZIP 2011, 811; BayObLG NJW-RR 2003, 908/909.
[27] OLG München ZIP 2011, 526.
[28] RGZ 132, 138; streitig, vgl. die Darstellung bei Jansen/Steder § 125 Rn 82; a. A. Weidlich NJW 2011, 641/645.
[29] Baumbach/Duden/Hopt § 1 Rn 23.

- Verfügungsbeschränkungen (z. B. Nacherbenvermerk, Pfändung eines Geschäftsanteils, Treuhänderstellung);[30]
- güterrechtliche Tatsachen,[31] Familienstand und Beschränkung der Geschäftsfähigkeit eines Eingetragenen;
- Unternehmensgegenstand bei Einzelkaufleuten, OHG und KG.[32]

17 Eintragungen können schließlich auch **von Amts wegen** ergehen, insbesondere aufgrund der §§ 393 ff. FamFG oder aufgrund § 32 HGB sowie § 31 InsO.

2. Genossenschaftsregistersachen (Nr. 2)

18 Für das Genossenschaftsregister gelten gemäß § 156 Abs. 1 S. 1 GenG die Vorschriften über das **Handelsregister** weitgehend entsprechend, nämlich §§ 8 Abs. 1, 8a, 9, 11 HGB. Auch § 10 HGB gilt über § 156 Abs. 1 S. 3 GenG entsprechend. Einzelheiten über die Errichtung und Führung des Genossenschaftsregisters sind in der **Genossenschaftsregisterverordnung** (GenRegV; s. § 387 Rn 3) enthalten. Diese verweist wiederum umfangreich auf die Handelsregisterverordnung, § 1 GenRegV.

19 Nur die Ersteintragung der Genossenschaft (auch der SCE, § 3 SCEAG) und die Eintragung der Statutenänderung nach §§ 13, 16 Abs. 6 GenG sowie Umwandlungsvorgänge haben **konstitutive** Wirkung. Alle anderen Eintragungen sind nur **deklaratorisch**. Das Genossenschaftsregister hat nach § 29 GenG **Publizitätswirkung**.

20 Die **Ersteintragung der Genossenschaft** muss die Vertretungsbefugnis der Vorstandsmitglieder (§ 11 Abs. 3 GenG) und eine hiervon abweichende Vertretungsmacht (§ 25 GenG) angeben. Folgende Unterlagen sind beizufügen: die von mindestens 7 Mitgliedern unterzeichnete Satzung (§ 11 Abs. 2 Nr. 1 GenG), eine Abschrift über die Bestellung des Vorstands und des Aufsichtsrats (§ 11 Abs. 2 Nr. 2 GenG), die Bescheinigung des Prüfungsverbandes, dass die Genossenschaft zum Beitritt zugelassen ist (§ 11 Abs. 2 Nr. 3 GenG), eine gutachtliche Äußerung des Prüfungsverbandes zur Vermögenslage der Genossenschaft (§ 11 Abs. 2 Nr. 3 GenG).

21 Weitere **eintragungsfähige Tatsachen** sind:
- Änderung des Vorstands (§ 28 GenG);
- Änderung der Vertretungsbefugnis des Vorstands (§ 28 GenG);
- Erteilung und Erlöschen von Prokuren (§ 42 Abs. 1 GenG);
- Änderung der Satzung (§ 16 GenG), z. B. die Eintragung einer „Business Judgement Rule";[33]
- Errichtung und Aufhebung einer Zweigniederlassung (§ 14 GenG);
- Auflösung der Genossenschaft (§§ 78 Abs. 2, 79 Abs. 2 GenG);
- Fortsetzung der aufgelösten Genossenschaft (§ 79 a Abs. 5 GenG);
- Anmeldung der Liquidatoren (§ 84 GenG);
- Liquidation der Genossenschaft (§ 21 GenRegV).

22 Eintragungen können schließlich auch **von Amts wegen** ergehen, insbesondere aufgrund der §§ 394, 395, 397 und 398 FamFG oder aufgrund §§ 82, 102 GenG sowie § 31 InsO.

3. Partnerschaftsregistersachen (Nr. 3)

23 Auf das Partnerschaftsregister und die registerrechtliche Behandlung von Zweigniederlassungen sind die §§ 8, 8a, 9, 10 bis 12, 13, 13d, 13h und 14 bis 16 HGB über das **Handelsregister** entsprechend anzuwenden (§ 5 Abs. 2 PartGG). Einzelheiten über die Einrichtung und Führung des Partnerschaftsregisters sind in der **Partnerschaftsregisterverordnung** (PRV; s. § 387 Rn 3) enthalten, die wiederum umfassend auf die Handelsregisterverordnung verweist, § 1 Abs. 1 PRV.

---

[30] Jansen/Steder § 125 Rn 71.
[31] Jansen/Steder § 125 Rn 71.
[32] Jansen/Steder § 125 Rn 71.
[33] OLG Hamm FGPrax 2010, 250.

§ 7 Abs. 1 PartGG sieht vor, dass die Partnerschaft mit Eintragung in das Handelsregister 24
im Verhältnis zu Dritten wirksam wird. Die Eintragung in das Register ist danach für die
Entstehung der Partnerschaft **im Außenverhältnis konstitutiv**. Anders als bei Personenhandelsgesellschaften, die entweder bei fehlendem Handelsgewerbe mangels Eintragung
(§§ 105 Abs. 2, 123 Abs. 1 HGB) oder mangels Aufnahme der Geschäfte (§ 123 Abs. 2
HGB) nur eine GbR sein können, findet sich bei der Partnerschaftsgesellschaft ein derartiger
Gleichlauf zwischen Außen- und Innenverhältnis nicht. Es spricht aber vieles dafür, dass die
Partnerschaftsgesellschaft vor Eintragung in das Partnerschaftsregister eine BGB-Gesellschaft
ist, auch wenn sie bereits ihre Geschäfte aufgenommen hat. Aus § 7 Abs. 1 PartGG folgt
auch, dass die gesetzliche **Haftungsverfassung** und die Vertretungsregelung erst mit
Eintragung in das Partnerschaftsregister wirksam werden. Die Eintragung ins Register
bewirkt nach dem in § 5 Abs. 2 PartGG für anwendbar erklärten § 15 HGB, dass Dritte die
eingetragenen Tatsachen gegen sich gelten lassen müssen, auch wenn sie diese nicht kennen.

Die **Ersteintragung** hat nach § 5 PartGG die in § 3 Abs. 2 PartGG genannten Angaben 25
zu enthalten: Namen und Sitz der Partnerschaftsgesellschaft (§ 3 Abs. 2 Nr. 1 PartGG),
Namen und Vornamen sowie den in der Partnerschaftsgesellschaft ausgeübten Beruf (§ 3
Abs. 2 Nr. 2 PartGG; vgl. auch §§ 4 Abs. 2 S. 1 PartGG, 3 Abs. 1 S. 1 PRV), den Wohnort jedes Partners und den Gegenstand der Partnerschaftsgesellschaft (§ 3 Abs. 2 Nr. 3
PartGG). Außerdem müssen das Geburtsdatum jedes Partners und die Vertretungsmacht
der Partner angegeben werden, § 4 Abs. 1 S. 2 PartGG. Bei der Anmeldung ist anzugeben,
welchen freien Beruf jeder Partner ausübt, § 4 Abs. 2 S. 1 PartGG. Das Registergericht legt
bei der Eintragung die Angaben der Partner zugrunde, es sei denn, ihm ist die Unrichtigkeit
bekannt (§ 4 Abs. 2 S. 2 PartGG).

Weitere **eintragungsfähige Tatsachen** sind: 26
- Namensänderung der Partnerschaftsgesellschaft (§ 4 Abs. 1 S. 3 PartGG);
- Änderung des Gegenstands (§ 4 Abs. 1 S. 3 PartGG);
- Änderung der Vertretungsmacht eines Partners (§ 4 Abs. 1 S. 3 PartGG);
- Sitzverlegung (§ 4 Abs. 1 S. 3, § 5 Abs. 2 PartGG i. V. m. § 13 HGB);
- Eintritt eines neuen Partners (vgl. § 9 Abs. 4 PartGG);
- Ausscheiden eines Partners (vgl. § 9 Abs. 1, 2 und 4 PartGG);
- Errichtung und Aufhebung einer Zweigniederlassung (§ 5 Abs. 2 PartGG i. V. m. §§ 13 d, 13 h HGB);
- Auflösung der Partnerschaftsgesellschaft (vgl. § 9 Abs. 1 PartGG);
- Liquidation der Partnerschaftsgesellschaft (vgl. § 10 Abs. 1 PartGG).

Eintragungen können schließlich auch **von Amts wegen** ergehen, insbesondere auf- 27
grund der § 393 Abs. 6 und § 395 FamFG oder aufgrund § 31 InsO.

4. Vereinsregistersachen (Nr. 4)

Vereinsregistersachen sind die Angelegenheiten, die sich auf die in den §§ 21, 22, 55–79 28
BGB geregelten Vereinigungen **(Idealvereine),** nicht auch solche, die sich auf sonstige
Vereinigungen des bürgerlichen oder des Handelsrechts beziehen. Nicht unter § 21 BGB
fällt ein Verein, dessen Zweck auf einen wirtschaftlichen Geschäftsbetrieb gerichtet ist, bei
dem also zu der nach außen gerichteten entgeltlichen Betätigung dauernder Art noch
hinzukommt, dass der Erwerb wirtschaftlicher Vorteile (im weitesten Sinne) für den Verein
selbst oder unmittelbar für seine Mitglieder erstrebt wird. Verfahrensvorschriften für die
Führung des Vereinsregisters finden sich vor allem in den §§ 55 ff. BGB. Einzelheiten über
die Führung und Gestaltung des Vereinsregisters ergeben sich aus der **Vereinsregisterverordnung** (VRV, s. § 387 Rn 14).

Die Eintragung eines Vereins ins Vereinsregister hat **konstitutive** Wirkung;[34] das Glei- 29
che gilt für die Eintragung einer Satzungsänderung.[35] Alle übrigen Eintragungen haben
lediglich **deklaratorische** Bedeutung. Das Vereinsregister genießt nach § 68 BGB **Publizitätswirkung.**

---

[34] RGZ 81, 206; Jansen/Ries § 159 Rn 17.
[35] BGH NJW 1957, 497; OLG Köln NJW 1964, 1575; Jansen/Ries § 159 Rn 17.

30 Der Kreis der einzutragenden Tatsachen ist gesetzlich geregelt.[36] Neben der **Ersteintragung** des Vereins stellen eintragungsfähige Tatsachen dar:
- Bestellung besonderer Vertreter nach § 30 BGB;[37]
- Änderung des Vorstands (§ 67 BGB);
- Änderung oder Neufassung der Vereinssatzung (§ 71 BGB); hier genügt nicht der Eintrag, dass die Satzung neugefasst ist, die Eintragung muss entweder den vollen Inhalt der Satzungsänderung wiedergeben oder wenigstens ersehen lassen, welche Satzungsbestimmungen geändert sind.[38] Eine zwar beschlossene, aber nicht ins Vereinsregister eingetragene Satzungsänderung ist ohne Wirkung;[39]
- Sitzverlegung (§ 6 VRV);
- Auflösung des Vereins (§ 74 BGB);
- Anmeldung der Liquidatoren (§ 76 BGB).

31 Eintragungen können schließlich auch **von Amts wegen** ergehen, insbesondere aufgrund der §§ 393 und 395 FamFG oder aufgrund §§ 43, 74, 75 BGB, § 31 InsO sowie aufgrund von Verfügungen aufgrund des VereinsG.

5. Güterrechtsregistersachen (Nr. 5)

32 Das Güterrechtsregister unterscheidet sich nicht grundsätzlich von den übrigen in § 374 geregelten Registern, wenn man die Ehe bzw. eingetragene Lebenspartnerschaft als eine besondere Gesellschafts- oder Gemeinschaftsform betrachtet. Eintragungen ins Güterrechtsregister haben **keine konstitutive Wirkung,** so dass zur Wirksamkeit eines Ehevertrags oder Lebenspartnerschaftsvertrags die Eintragung nicht erforderlich ist. Die Wirkung ehe-/lebenspartnerschaftsvertraglicher Vereinbarungen regelt § 1412 BGB. Der Dritte darf in seinen Rechtsgeschäften und Prozessen zugrundelegen, dass die Eheleute/Lebenspartner im gesetzlichen Güterstand leben oder die Eintragungen im Güterrechtsregister noch gelten.[40] Abweichungen vom gesetzlichen Güterstand sind also Dritten gegenüber nur wirksam, wenn sie im Güterrechtsregister eingetragen oder ihm bekannt waren. Eine im Register eingetragene Abweichung gilt dem Dritten gegenüber als wirksam, wenn nicht eine Änderung eingetragen oder ihm der Sachverhalt bekannt war. Einzutragen ist z. B. bei der Gütergemeinschaft auch die Verwaltungsbefugnis (§ 1421 BGB). Keine Anwendung findet § 1412 BGB auf den dt.-frz. Wahlgüterstand der Zugewinngemeinschaft, § 1519 Satz 3 BGB. Hierbei handelt es sich um eine ungerechtfertigte Ungleichbehandlung, die verfassungswidrig ist, zumal die nach französischem Recht vereinbarte Wahl-Zugewinngemeinschaft als fremder gesetzlicher Güterstand nach Art. 16 Abs. 1 EGBGB an der Wirkung des § 1412 BGB teilnimmt.[41]

33 **Eintragungsfähig** sind nur die vom Gesetz als eintragungsbedürftig bezeichneten Tatsachen und die von der Rechtsprechung als eintragungsfähig anerkannten Tatsachen.[42] Gegenstand der Eintragung sind:
- die Beschränkung oder Ausschließung der Befugnis eines Ehegatten, Geschäfte zur Deckung des Lebensbedarfs mit Wirkung auch für den anderen Ehegatten zu besorgen (**Schlüsselgewalt**) sowie die Aufhebung jeder Beschränkung (§ 1357 BGB);[43] eine vorübergehende Trennung bewirkt keinen Verlust der Schlüsselgewalt.[44] Die Schlüsselgewalt ruht jedoch, wenn die Ehegatten im juristischen Sinne getrennt leben (§ 1357 Abs. 3, § 1567 BGB); das Ruhen der Schlüsselgewalt bei Getrenntleben ist aber nicht eintragungsfähig.[45] Um einem Wiederaufleben vorzubeugen, sind die Ausschließung und

---

[36] Über die einzutragenden Tatsachen im Einzelnen s. Jansen/Ries § 159 Rn 19.
[37] BayObLG Rpfleger 1981, 310; MünchKommBGB/Reuter § 30 Rn 14.
[38] Jansen/Ries § 159 Rn 26.
[39] BGH NJW 1957, 497.
[40] BGH NJW 1976, 1251; Gottschalg DNotZ 1970, 274.
[41] Heinemann FamRB 2011, 194/199.
[42] Ausführlich Jansen/Ries § 161 Rn 20, 21; im Einzelnen streitig, vgl. BGH NJW 1976, 1258; NJW 1964, 1795; Erman/Heinemann Vor § 1558 Rn 2 f.; Gottschalg NJW 1976, 1741; Kanzleiter DNotZ 1971, 453.
[43] Jansen/Ries § 161 Rn 21.
[44] OLG Hamm FamRZ 1975, 346.
[45] OLG Hamm MDR 1951, 740; a. A. Krafka/Willer/Kühn Rn 2329.

Beschränkung gemäß § 1357 Abs. 2 BGB und deren Eintragung ins Güterrechtsregister möglich.[46]
- die **ehevertragliche Ausschließung** oder **Aufhebung des gesetzlichen Güterstandes** (§ 1414 S. 2 BGB), auch die Beseitigung der Verfügungsbeschränkung der § 1365 Abs. 1, §§ 1423 ff. BGB oder die Änderung (Modifizierung) des Zugewinnausgleichs,[47] auch die Aufhebung des Güterstands durch Beschluss des Familiengerichts (§§ 1388, 1449, 1470 BGB),[48] die ehevertragliche Änderung des gesetzlichen Güterstandes und die Vereinbarung eines Vertragsgüterstandes (§§ 1408, 1409, 1415, 1414 S. 2 BGB), die ehevertragliche Aufhebung einer im Güterrechtsregister eingetragenen vertraglichen Regelung des Güterstandes (§ 1414 BGB; s. a. § 1449 Abs. 2, § 1470 Abs. 2 BGB, auch die Wiederherstellung des gesetzlichen Güterstandes), die ehevertragliche Änderung der im Güterrechtsregister eingetragenen vertraglichen Regelung des Güterstandes, z. B. Änderung der Verwaltungsart und die Person des Verwalters;
- im Rahmen der Gütergemeinschaft die Vereinbarung von **Vorbehaltsgut** (§ 1418 Abs. 4 BGB);
- der **fremde gesetzliche Güterstand,** wenn einer der Ehegatten seinen gewöhnlichen Aufenthalt im Inland hat; der fremde gesetzliche Güterstand steht insoweit einem vertraglichen Güterstand gleich, Art. 16 Abs. 1 EGBGB; eingetragen werden können auch hierzu getroffene Modifikationen, Art. 16 Abs. 2 EGBGB;
- der **Einspruch des Ehegatten** gegen den selbständigen Betrieb eines Erwerbsgeschäfts des anderen Ehegatten, der Widerruf seiner Einwilligung sowie die Zurücknahme des Einspruchs oder des Widerrufs (§§ 1431, 1456 BGB, Art. 16 EGBGB);
- auch **landesgesetzlich** können Eintragungen zugelassen werden (§ 486 Abs. 2).

Eintragungen **von Amts wegen** können nur aufgrund von § 395 erfolgen, z. B. wenn die Eintragung ohne (formgerechten) Antrag erfolgte oder wenn sie sachlich unrichtig war (siehe § 395 Rn 24).

Der bei Gütertrennung oder Zugewinngemeinschaft mögliche Vertrag der Eheleute auf Überlassung der Vermögensverwaltung an einen von ihnen und der durch Ehevertrag abzuschließende Widerrufsverzicht (§ 1413 BGB) sind **nicht eintragungsfähig.**[49] Nicht eingetragen werden können ehevertragliche Vereinbarungen zum **Versorgungsausgleich**, ein von den Ehegatten aufgenommenes **Vermögensverzeichnis**, die **Sondergutseigenschaft** von Gegenständen (vgl. § 1417 BGB) sowie die Vereinbarung, Ausschließung und Aufhebung der **fortgesetzten Gütergemeinschaft**, weil diese Dritten gegenüber durch das nach § 1507 BGB ausgestellte Zeugnis nachgewiesen wird.[50]

Durch die Verweisung in § 7 S 2 LPartG gelten die Bestimmungen über das Güterrechtsregister für eingetragene **Lebenspartnerschaften** entsprechend. Es können insbesondere auch Lebenspartnerschaftsverträge (§ 7 S 1 LPartG) sowie sonstige güterrechtliche Vereinbarungen und Gerichtsentscheidungen mit Außenwirkung eingetragen werden. Eine Art 16 EGBGB entsprechende Vorschrift für ausländische Güterstände einer Lebenspartnerschaft fehlt allerdings.[51]

IV. Amtsverfahren

Eintragungen in die Register erfolgen regelmäßig nur auf Antrag (Anmeldung). Dennoch kennt das Registerrecht **zahlreiche amtswegige Eintragungen** (s. § 384 Rn 3), die vor allem dazu dienen, die Richtigkeit, Vollständigkeit und damit Verlässlichkeit der Register zu gewährleisten. Eine amtswegige Eintragung oder Löschung einer Eintragung kann nur aufgrund einer ausdrücklichen gesetzlichen Ermächtigungsnorm erfolgen. Vgl. zu den Amtsverfahren im Einzelnen die Kommentierung bei § 384 sowie §§ 388 ff. und §§ 393 ff.

---

[46] BayObLGZ 1959, 267; Jansen/Ries § 161 Rn 21.
[47] BGH Rpfleger 1976, 241; OLG Köln FamRZ 1994, 1256; LG Bonn RNotZ 2001, 588; OLG Schleswig FamRZ 1995, 1586; Kanzleiter DNotZ 1971, 453; a. A. Jansen/Ries § 161 Rn 20.
[48] Zur Anwendung des § 1412 BGB s. a. Kanzleiter DNotZ 1971, 453/461; Meyer FamRZ 1957, 285.
[49] Knur DNotZ 1957, 451/468.
[50] Erman/Heinemann Vor § 1558 Rn 3.
[51] Erman/Heinemann Vor § 1558 Rn 4.

V. Antragsverfahren

1. Allgemeines

37 Eintragungen in das Handels-, Genossenschafts-, Partnerschafts- und Vereinsregister erfolgen im Regelfall nur **Antrag** (§ 23), den das materielle Recht als „Anmeldung" bezeichnet. Die Vorgaben des § 23 Abs. 1 S. 1 und 2 werden durch die speziellen Regeln des materiellen Rechts verdrängt. Ausreichend ist die vollzugsfähig und schlüssig vorgetragene Darlegung des zur Eintragung angemeldeten Sachverhalts unter Einreichung der gesetzlich vorgeschriebenen Unterlagen.[52] Eintragungen in das Güterrechtsregister ergehen (von § 395 abgesehen) ebenfalls nur auf Antrag und nur insoweit, als sie beantragt sind (§ 1560 BGB). Als Verfahrenshandlung darf die Anmeldung nicht unter einer Bedingung oder Befristung erfolgen, innerprozessuale Bedingungen sind jedoch statthaft.[53] Eine einheitliche Anmeldung darf nicht teilweise vollzogen und teilweise zurückgewiesen werden; dies ist aber zulässig, wenn der Sache nach mehrere Anmeldungen vorliegen.[54]

2. Zeitpunkt der Anmeldung

38 Bei **deklaratorischen Anmeldungen** ergibt sich aus der Natur der Sache, dass diese erst dann eingetragen werden können, wenn sie tatsächlich eingetreten sind. Eine vorherige Einreichung der Anmeldung ist möglich, diese wird jedoch erst zum Zeitpunkt des Eintritts der angemeldeten Tatsache eingetragen, wenn die weiteren Eintragungsvoraussetzungen (insbesondere die Anmeldeberechtigung) zu diesem Zeitpunkt gegeben sind.[55] Etwa abzugebende Versicherungserklärungen sind nicht deshalb unwirksam, weil sie zu einem Zeitpunkt vor Wirksamwerden des zugrundeliegenden Vorgangs abgegeben worden sind; so kann ein zu einem späteren Zeitpunkt bestellter Geschäftsführer oder Vorstand die Erklärung nach § 39 Abs. 3 GmbHG, § 81 Abs. 3 AktG bereits in der Anmeldung abgeben.[56] Allerdings hat das Gericht die inhaltliche Überzeugungskraft einer solchen Versicherung nach § 26 zu überprüfen.[57] Nicht zulässig ist aber z. B. die Bestellung und Eintragung eines Geschäftsführers mit Wirkung zu einem späteren Datum.[58]

39 Bei **konstitutiven Anmeldungen,** insbesondere Satzungsänderungen, die erst mit Eintritt eines künftigen Ereignisses oder zu einem bestimmten Zeitpunkt wirksam werden sollen, soll nach einer Auffassung eine Eintragung schon vor Eintritt des Ereignisses/Zeitpunkts möglich sein.[59] Dies ist zumindest hinsichtlich einer Sitzverlegung abzulehnen, da es bis zum Eintritt der Bedingung an einer örtlichen Zuständigkeit des neuen Registergerichts fehlt.[60]

40 Der Antrag zum Güterrechtsregister kann schon **vor der Eheschließung** gestellt werden. Eine Eintragung in das Güterrechtsregister soll allerdings erst vorgenommen werden, nachdem die Ehe geschlossen ist.

3. Form der Anmeldung

41 § 23 Abs. 1 S. 4 wird durch die speziellen Vorschriften des materiellen Rechts verdrängt:[61] Nach § 12 Abs. 1 S. 1 HGB sind die Anmeldungen zur Eintragung in das **Handelsregister elektronisch in öffentlich beglaubigter Form** einzureichen. Anmeldungen zum **Genossenschaftsregister** sind ebenfalls elektronisch in öffentlich beglaubigter Form einzureichen (§ 157 Abs. 1 GenG). Dies gilt gemäß § 5 Abs. 2 S. 1 PartGG auch für An-

---

[52] Krafka NZG 2009, 650; Nedden-Boeger FGPrax 2010, 1/5.
[53] Bahrenfuss/Steup § 374 Rn 34.
[54] BayObLG Rpfleger 1988, 472; Rpfleger 1970, 398.
[55] OLG Hamm ZIP 2010, 2144.
[56] OLG Hamm ZIP 2010, 2144.
[57] OLG Hamm ZIP 2010, 2144.
[58] OLG München Rpfleger 2008, 140; BayObLG NJW-RR 2003, 907; OLG Düsseldorf DNotZ 2000, 529; Jansen/Steder § 125 Rn 92.
[59] OLG München DNotZ 2010, 636; Jansen/Steder § 125 Rn 92.
[60] Ebenso MünchKommZPO/Krafka § 377 FamFG Rn 9 gegen DNotI-Report 2008, 25.
[61] Nedden-Boeger FGPrax 2010, 1/5.

meldungen zum **Partnerschaftsregister.** Die Form der Beglaubigung richtet sich nach § 129 BGB mit §§ 39–41 BeurkG, die elektronische Form nach § 39a BeurkG.[62] Notarielle Beurkundung ersetzt die Beglaubigungsform. Zuständig für die Unterschriftsbeglaubigung und die Herstellung der elektronischen Handelsregisteranmeldung ist der **Notar** (§ 20 Abs. 1 BNotO).[63] Die von einer Behörde im Rahmen ihres Aufgabenkreises errichtete öffentliche Urkunde steht der öffentlichen Beglaubigung gleich. Es genügt, wenn die Anmeldung als elektronisches Dokument i. S. des § 371a Abs. 2 ZPO eingereicht wird, das Erfordernis nach § 39a S. 4 BeurkG muss nicht eingehalten werden.[64] Die mit der Anmeldung einzureichenden Unterlagen sind ebenfalls in elektronischer Form zu übermitteln (§ 12 Abs. 2 HGB; § 8 Abs. 5 GmbHG; § 37 Abs. 5 AktG; § 11 Abs. 4 GenG).

Die Form der Anmeldungen zum **Vereinsregister** richtet sich nach § 77 BGB, sie sind ebenfalls in **öffentlich beglaubigter Form** einzureichen; auch Anmeldungen (Anträge) zum **Güterrechtsregister** sind gem. § 1560 S. 2 BGB in öffentlich beglaubigter Form zu bewirken; diese können bereits in dem notariell zu beurkundenden Ehevertrag (§ 1410 BGB) enthalten sein (§ 129 Abs. 2 BGB). **42**

4. Antragsrecht

Eintragungen zum **Handelsregister** sind vom Kaufmann selbst, von sämtlichen Gesellschaftern einer OHG oder KG (§ 108 HGB) zu bewirken, bei juristischen Personen von sämtlichen Mitgliedern des Vorstands (§ 33 Abs. 1 HGB), ansonsten von den Vorständen, Geschäftsführern, Abwicklern und Liquidatoren in vertretungsberechtigter Anzahl, sofern nicht das Gesetz eine Anmeldung durch alle Vertretungsorgane vorschreibt (vgl. §§ 36 Abs. 1 AktG, 78 GmbHG). Die in § 11 GenG genannten Anmeldungen sind von sämtlichen Vorstandsmitgliedern, die anderen vorzunehmenden Anmeldungen vom Vorstand in vertretungsberechtigter Anzahl zum **Genossenschaftsregister** vorzunehmen (§ 157 GenG). Die Anmeldung zum **Partnerschaftsregister** ist von sämtlichen Partnern zu bewirken (§ 108 HGB, § 4 Abs. 1 PartGG). Anmeldungen zum **Vereinsregister,** egal, ob es sich um die Ersteintragung des Vereins oder um spätere Anmeldungen handelt, können von einem einzelnen zur Vertretung berechtigten Vorstandsmitglied oder von Vorstandsmitgliedern in vertretungsberechtigter Zahl vorgenommen werden.[65] Dies ist nunmehr durch die Neufassung des § 77 Abs. 1 S. 1 BGB klargestellt.[66] Die Antragsberechtigung zum **Güterrechtsregister** kommt teils jedem Ehegatten für sich, teils nur beiden zusammen zu, § 1561 BGB. **43**

5. Beteiligte[67]

a) Allgemeines. Buch 5 kennt keinen besonderen Beteiligtenkatalog, so dass das Registergericht nach § 7 zu ermitteln hat, wen es zum Verfahren hinzuzuziehen hat. Neben dem **Anmeldenden** als Antragsteller (§ 7 Abs. 1 FamFG) zählen hierzu nach § 7 Abs. 2 Nr. 1 FamFG diejenigen, **deren Rechte durch das Verfahren unmittelbar betroffen** werden. Eine bloß mittelbare Beeinträchtigung oder die Berührung wirtschaftlicher Interessen genügen in keinem Fall. Der Kreis der unmittelbar von der Eintragung Betroffenen ist daher weiterhin umstritten.[68] **44**

---

[62] Der elektronische Beglaubigungsvermerk hat in der Form des § 42 Abs. 1 BeurkG zu erfolgen; ein Verstoß gegen diese Soll-Bestimmung führt aber nicht zur Unwirksamkeit des elektronischen Dokuments und kann deshalb nicht die Zurückweisung einer Anmeldung rechtfertigen, a. A. OLG Brandenburg NotBZ 2011, 39.

[63] Weitere Beglaubigungsbefugnisse stehen in Hessen dem Ortsgerichtsvorsteher (§ 13 Abs. 1, Abs. 2 S. 1 HessOrtsGG), in Rheinland-Pfalz den Kommunalbehörden (§ 2 i. V. m. § 1 Abs. 1 Nr. 1 bis 3 RhPfBeglG) und in Baden-Württemberg (§ 32 Abs. 4 LFGG bzw. § 35a Abs. 4 LFGG) dem Ratschreiber zu.

[64] OLG Stuttgart FGPrax 2009, 129.

[65] BGH NJW 1986, 1033; BayObLG DNotZ 1982, 115 m. w. N.; Jansen/Ries § 159 Rn 16 m. w. N.; a. A. Bumiller/Harders § 382 Rn 7.

[66] Reuter NZG 2009, 1368/1372 f.; Wörle-Himmel/Endres DStR 2010, 759/762.

[67] Zur Beteiligtenstellung in Vereinsregistersachen s. OLG Köln Beschl. v. 8. 12. 2010 2 Wx 193/10; Waldner Rn 294.

[68] Krafka FGPrax 2007, 51/52; ders. NZG 2009, 650/651 ff.; Maass ZNotP 2006, 282/285.

44a **b) Antragsteller.** Bei Registeranmeldungen ist der **Anmeldende** als Antragsteller gemäß § 7 Abs. 1 FamFG Beteiligter. Für eine juristische Person oder einen rechtsfähigen Verband müssen dessen Organe die Anmeldung abgeben. Dennoch ist als Antragsteller der **Rechtsträger selbst** anzusehen, auch wenn die ggf. mit Zwangsgeld durchsetzbare Anmeldepflicht nicht diesen, sondern den organschaftlichen Vertreter trifft. In jedem Fall wird aber der Rechtsträger durch die Eintragung, sei sie auch bloß deklaratorischer Natur, stets unmittelbar in seinen eigenen Rechten betroffen, sodass die Voraussetzungen des § 7 Abs. 2 Nr. 1 vorliegen.[69]

44b **c) Eintragung von Gesellschaftern, Gesellschaften, Vertretern, Prokuristen.** Da bei der Eintragung eines **Gesellschafters einer Personenhandelsgesellschaft** immer alle Gesellschafter die Anmeldung zum Register abgeben müssen (vgl. § 108 HGB), sind diese schon als Antragsteller gemäß § 7 Abs. 1 am Verfahren beteiligt.

44c Bei der Anmeldung **organschaftlicher Vertreter** von Kapitalgesellschaften oder einer EWIV, insbesondere eines Geschäftsführers oder Vorstands, ist dieser wegen der nach § 8 Abs. 3, § 39 Abs. 3 GmbHG, § 3 Abs. 3 EWIVAG, § 37 Abs. 2, § 81 Abs. 3 AktG abzugebenden Versicherung Beteiligter nach § 7 Abs. 2 Nr. 1. Gleiches gilt bei der **Erstanmeldung einer Kapitalgesellschaft**, weil auch in diesem Zusammenhang die Geschäftsführer, Vorstände, Gründer und Aufsichtsräte strafbewehrte Versicherungen über die Leistung des Stammkapitals abzugeben haben, §§ 8 Abs. 2 S. 1, 82 Abs. 1 Nr. 1 und 2 GmbHG; §§ 37 Abs. 1 S. 1, 399 Abs. 1 Nr. 1 und 2 AktG. Die Anmeldung eines **Prokuristen** erfordert hingegen nicht einmal mehr dessen Namenszeichnung, sodass seine Mitwirkung nicht erforderlich ist. Da die Prokurabestellung schon mit Erteilung wirksam ist, sind für den Prokuristen mit der Registereintragung keine unmittelbaren Rechtswirkungen verbunden.[70]

45 **d) Löschung von Gesellschaftern, Vertretern, Prokuristen.** Der **Austritt eines Gesellschafters** aus einer Personenhandelsgesellschaft ist auch vom ausscheidenden Gesellschafter anzumelden, er ist also auch in diesem Fall schon kraft seiner Antragspflicht Beteiligter, § 7 Abs. 1.

45a Bei der Anmeldung des **Erlöschens einer Prokura** oder der **Abberufung eines Geschäftsführers, Vorstandsmitglieds etc.** ist der Abberufene selbst nicht zu beteiligen, da dessen Rechte durch die deklaratorische Registereintragung nicht mehr unmittelbar berührt werden. Eine unmittelbare Rechtsbetroffenheit des abberufenen Vertreters ergibt sich auch nicht aus der positiven Publizitätswirkung des Registers nach § 15 Abs. 2 HGB, denn hierbei handelt es sich nur um eine mittelbare Rechtsfolge.[71] Unerheblich ist auch, dass der Vertreter oder das Organ durch die Löschung im Handelsregister eine Verletzung seines Arbeits- oder Dienstvertrags erleidet. Selbst wenn es sich um ein Vertretungsorgan handelt, das an seiner Abberufung nicht beteiligt war, führt die Umsetzung des Abberufungsbeschlusses nicht zu einer Rechtsbeeinträchtigung i. S. des § 7 Abs. 2 Nr. 1.[72] Das abberufene Vertretungsorgan muss entweder, wenn es auch Gesellschafter ist, gegen den Abberufungsbeschluss vorgehen oder gegen die Gesellschaft auf Wiedereintragung klagen, wenn arbeits- oder dienstvertraglich ein Anspruch auf Weiterbeschäftigung besteht. Das Registerverfahren ist nicht geeignet, diese Streitfragen zu klären. Soweit der **Abberufene die Anmeldung noch selbst abgeben kann,** ist er über § 7 Abs. 1 beteiligt.

45b **e) Kapitalmaßnahmen, Eingliederung, Squeeze-Out.** Durch Kapitalmaßnahmen, insbesondere Kapitalerhöhungen und Kapitalherabsetzungen, sowie durch einen Eingliederungsbeschluss (§ 320 AktG) oder einen Übertragungsbeschluss auf Ausschließung von Minderheitsaktionären (§ 327e AktG) werden zwar die aktuellen und künftigen Gesellschafter einer Kapitalgesellschaft in ihren Rechten tangiert, denn die Kapitalmaßnahme, Eingliederung bzw. Übertragung wird regelmäßig getroffen, um vorhandene oder künftige

---

[69] Krafka NZG 2009, 650/651 f.
[70] Krafka NZG 2009, 650/652; anders aber offenbar Bahrenfuss/Steup Vor § 374 Rn 10, der auf den mit der Eintragung verbundenen Eingriff in das Persönlichkeitsrecht abstellt.
[71] Zustimmend BeckOK/Munzig § 374 FamFG Rn 22.
[72] Ries NZG 2009, 654/655; im Ergebnis ebenso, aber mit anderer Begründung (teleologische Reduktion des § 7 Abs. 2 Nr. 1) Nedden-Boeger FGPrax 2010, 1/2; a. A. Krafka NZG 2009, 650/653.

Gesellschafter an der Gesellschaft zu beteiligen bzw. um (Minderheits-)Aktionäre auszuschließen. Allerdings führt die konstitutive Eintragung der satzungsändernden Kapitalmaßnahme diese Rechtsänderung bei den Anteilseignern **nicht unmittelbar herbei,** sondern bildet nur deren Grundlage. Eine Beteiligung ist daher nicht erforderlich. Anders sieht es bei einem **Eingliederungs- bzw. Übertragungsbeschluss** aus, dessen Eintragung den Übergang der Aktien bewirkt, §§ 320a S. 1, 327e Abs. 3 S. 1 AktG. Obwohl hier eine unmittelbare Rechtsbetroffenheit der Aktionäre naheliegt,[73] ist diese wegen der Registersperre des § 319 Abs. 5 AktG entbehrlich. Die Wahrung der Rechte der Aktionäre kann nicht im Eintragungsverfahren gewährleistet werden, sondern findet durch deren Beteiligung im Anfechtungsprozess bzw. Freigabeverfahren statt.

f) Umwandlungen, Unternehmensverträge. Bei **Umwandlungsvorgängen** besteht grundsätzlich **keine Verpflichtung,** den übertragenden Rechtsträger formell am Eintragungsverfahren in das Register des übernehmenden Rechtsträgers zu beteiligen,[74] da die Rechte des übertragenden Rechtsträgers und dessen Anteilseignern ausreichend durch § 16 Abs. 2 und Abs. 3 UmwG gewahrt werden. Nur soweit **Vertretungsorgane des übernehmenden Rechtsträgers** die Anmeldung zum Register des übertragenden Rechtsträgers nach § 16 Abs. 1 Satz 2 UmwG vornehmen, muss der übertragende Rechtsträger nach § 7 Abs. 2 Nr. 1 zwingend beteiligt werden.

Bei der Eintragung oder Löschung von **Unternehmensverträgen** in das Handelsregister des beherrschten Unternehmens sind regelmäßig beide Vertragsteile, also auch das herrschende Unternehmen, beteiligt, § 7 Abs. 2 Nr. 1.[75]

g) Berufsständische Organe. Einen besonderen Status nehmen die berufsständischen Organe ein, die teilweise von Amts wegen, teilweise nur auf ihren Antrag hin am Registerverfahren zu beteiligen sind, § 380 Abs. 1 bis 3. Da deren Anhörung nur in zweifelhaften Fällen geboten ist (vgl. § 380 Abs. 2), besteht **regelmäßig keine Veranlassung, die berufsständischen Organe zu beteiligen.** Etwaige Gutachten und Stellungnahmen sind zur Verfahrensbeschleunigung in elektronischer Form einzuholen, § 23 HRV. Da nicht immer eindeutig feststellbar ist, ob sie dabei Beteiligte i. S. des § 7 Abs. 1 bis 5 oder nur Angehörte i. S. des § 7 Abs. 6 sind, räumt ihnen der Gesetzgeber in § 380 Abs. 4 und 5 stets das Recht auf Bekanntgabe der Entscheidung und zur Beschwerde ein.[76]

6. Vertretung

Die Anmeldung kann durch einen **Vertreter** erfolgen (§ 10 Abs. 1), soweit nicht Vertretung wegen der Höchstpersönlichkeit der Erklärung ausgeschlossen ist (z.B. bei § 8 Abs. 2 GmbHG; §§ 36, 37 AktG oder im Rahmen der Abfindungsversicherung bei der Sonderrechtsnachfolge in einem Kommanditanteil).[77] Es besteht kein Anwaltszwang (vgl. aber § 10 Abs. 2 S. 2 und die Einschränkung in § 378 Abs. 1). In Genossenschaftsregistersachen ist eine Vertretung nach § 6 Abs. 3 S. 1 GenRegV zwar ausgeschlossen, unberührt bleibt aber die Vorschrift des § 378. Daraus folgt, dass nicht nur der beurkundende/beglaubigende Notar nach § 378 Abs. 2, sondern auch die in Abs. 1 genannten Personen vertretungsberechtigt sind, mit der Folge, dass § 6 Abs. 3 S. 1 GenRegV ins Leere läuft.[78] Für die Form der Vollmacht zur Anmeldung zum **Handels-, Genossenschafts- und Partnerschaftsregister** ist gem. § 12 Abs. 1 S. 2 mit S. 1 HGB elektronische Einreichung in öffentlicher Beglaubigung vorgeschrieben. Ist die Vollmacht unter einer aufschiebenden Bedingung erteilt, muss der Bedingungseintritt in der Form des § 12 Abs. 1 S. 1 HGB oder sonst zur glaubhaften Überzeugung des Registergerichts nachgewiesen sein.[79] § 181 BGB gilt bei der Anmeldung als einer Verfahrenshandlung nicht.[80] Wird die Anmeldung von

---

[73] Nedden-Boeger FGPrax 2010, 1/2 f.
[74] A. A. Krafka NZG 2009, 650/653.
[75] Ebenso Krafka NZG 2009, 650/653.
[76] Vgl. BT-Drs. 16/6308 S. 286.
[77] KG DStR 2009, 1325; OLG Zweibrücken FGPrax 2000, 208.
[78] So wohl auch Krafka/Willer/Kühn Rn 1895; a. A. BJS/Müther § 374 Rn 7.
[79] OLG Schleswig FGPrax 2010, 147.
[80] BayObLG Rpfleger 1970, 288; Winkler ZGR 1973, 177/215.

einem Vertreter für sich und/oder für mehrere Vertretene abgegeben, so genügt dennoch die einmalige Unterzeichnung.

47a Für das Vereinsregister gilt, dass die Anmeldungen durch einen **Bevollmächtigten der Vorstandsmitglieder,** dem die allgemeine Ermächtigung zur Bewirkung der Anmeldungen in den Angelegenheiten des Vereins erteilt worden ist, erfolgen können; die Vollmacht muss aber öffentlich beglaubigt sein. Eine Sondervollmacht zu jeder einzelnen Anmeldung ist aber nicht erforderlich. Bei Anmeldungen zum Güterrechtsregister müssen sich **Bevollmächtigte** durch eine öffentlich beglaubigte Vollmacht ausweisen.[81]

47b Zur gesetzlichen Vollmachtsvermutung des Notars s. § 378 Abs. 2.

7. Zurücknahme des Antrags

48 Der Antrag kann nach § 22 Abs. 1 bis zum Vollzug der Eintragung **formlos** zurückgenommen werden. Die **Zurücknahme des Widerrufs** stellt eine erneute Antragstellung dar und bedarf deshalb der für die Anmeldung bestimmten Form nach §§ 12 Abs. 1 HGB, 77 BGB, 1560 S. 2 BGB, wenn der Widerruf dazu führen sollte, dass die Eintragung unterbleibt.[82] Wird die Anmeldung aber nur deshalb zurückgenommen, weil kurzfristig noch ein Vollzugshindernis zu beheben war, so bedarf es zur erstrebten Eintragung nur eines **formlosen Vollzugsantrags** für die alte Anmeldung.

8. Beweismittel

49 Das Registerverfahren ist Teil des Verfahrens der freiwilligen Gerichtsbarkeit, so dass die allgemeinen Beweisvorschriften der §§ 29 f. auch in Registersachen gelten. Das Registergericht entscheidet also nach freiem Ermessen, ob es im Freibeweisverfahren ermittelt oder eine förmliche Beweisaufnahme nach den Bestimmungen der ZPO anordnet.[83] Anders als im Grundbuchrecht (§ 29 GBO) herrscht **keine strenge Beweismittelbeschränkung.** Bei Anmeldung von Rechtsnachfolgern im Erbgang wird in der Regel bei gesetzlicher Erbfolge die Vorlage eines Erbscheins zu fordern sein, bei Erbfolge auf Grund notariellen Testaments das Testament mit dem Eröffnungsprotokoll, sonst zumeist ein Erbschein, vgl. § 12 Abs. 1 S. 3 HGB.[84] Das **materielle Recht** sieht in zahlreichen Einzelbestimmungen die Vorlage von Erklärungen in öffentlicher Urkunde (§ 23 Abs. 1 S. 1 AktG; §§ 2 Abs. 1, 53 Abs. 2 S. 1 GmbHG; § 17 Abs. 2 VAG; § 6 UmwG), in öffentlich-beglaubigter Form (§ 55 Abs. 1 GmbHG) oder versehen mit der Bescheinigung eines Notars (§ 181 Abs. 1 S. 2 AktG; § 54 Abs. 1 S. 2 GmbHG) vor. Soweit entsprechende Vorschriften fehlen, ist das Registergericht nicht befugt, weitergehende oder vergleichbare Nachweise zu verlangen, z. B. vom Vereinsvorstand, der eine Satzungsänderung anmeldet, eine Erklärung des Inhalts, es werde versichert, dass der eingereichte Wortlaut der Satzung mit dem im Vereinsregister verlautbarten Text der Satzung identisch sei.[85] Nach der Neufassung des § 71 Abs. 1 S. 3, 4 BGB kann auch nicht mehr die Vorlage einer die Satzungsänderungen hervorhebenden Abschrift der Satzung verlangt werden.[86] Für die Anmeldung von Zweigniederlassungen einer AG oder GmbH mit Sitz im Ausland sehen §§ 13 f Abs. 2 S. 1, 13 g Abs. 2 S. 1 HGB die Vorlage der Satzung bzw. des Gesellschaftsvertrags in öffentlich beglaubigter Abschrift vor sowie eine beglaubigte Übersetzung dieser Urkunden in die deutsche Sprache. Reicht nach der Rechtsordnung der Hauptniederlassung die Einreichung eines elektronischen Dokuments aus, genügt die Vorlage des in elektronischer Form archivierten Dokuments in beglaubigter Abschrift.[87] Ist der Übersetzer in einem Bundesland wirksam bestellt, so gilt seine Übersetzung im ganzen Bundesgebiet. Ungenauigkeiten der Übersetzung rechtfertigen im Einzelfall die Vornahme weiterer Ermittlungen nach § 26, nicht jedoch die sofortige Zurückweisung der Anmeldung.[88]

---

[81] Jansen/Ries § 161 Rn 13.
[82] BayObLGZ 1966, 337/341.
[83] Bahrenfuss/Steup Vor § 374 Rn 15; Krafka Rn 297.
[84] BayObLG DNotZ 1979, 109; KG FGPrax 2000, 249; OLG Hamburg NJW 1966, 986.
[85] OLG Düsseldorf FGPrax 2010, 247.
[86] OLG Hamm DNotZ 2011, 390/391.
[87] OLG Hamm ZIP 2011, 867/868.
[88] OLG Hamm FGPrax 2008, 167.

VI. Prüfungsrecht und Prüfungspflicht des Registergerichts

1. Allgemeines

Die Frage, in welchem Umfang dem Registergericht bei einer Anmeldung ein Prüfungsrecht zusteht, ist umstritten. Zum Schutz des Rechtsverkehrs (vgl. § 15 HGB)[89] sollen unrichtige Eintragungen in das Handelsregister möglichst vermieden werden.[90] Deshalb obliegt es dem Registergericht, die **formellen Voraussetzungen** festzustellen und – bei begründeten Bedenken – auch die **Richtigkeit der mitgeteilten Tatsachen** nachzuprüfen (§ 26), s. Rn 56. Vor der Eintragung prüft das Gericht stets die formellen Voraussetzungen der Eintragung, dagegen nur im Einzelfall bei Veranlassung, ob die angemeldeten Tatsachen richtig sind. Das Registergericht hat auch Sollvorschriften zu beachten.[91] Behebbare Mängel berechtigen das Registergericht nicht zur Zurückweisung eines Antrags, sondern nur zum Erlass einer **Zwischenverfügung** (§ 382 Abs. 4). Bei der **Ersteintragung** einer GmbH oder Genossenschaft sind die eingeschränkten Prüfungsrechte des Registergerichts nach § 9 c GmbHG[92] und § 11 a GenG zu beachten. Auch Vereinssatzungen unterliegen keiner umfassenden Inhaltskontrolle durch das Registergericht.[93]

Satzungen sind nur auf **Nichtigkeits- und Unwirksamkeitsgründe** zu überprüfen, die der Eintragung entgegenstehen und den **materiellrechtlichen Mindestanforderungen** des jeweiligen Organisationsrechts nicht genügen.[94] Werden keine zwingenden Satzungsbestimmungen verletzt, sondern diese vom Registergericht lediglich für unzweckmäßig, unklar oder redaktionell überarbeitungsbedürftig gehalten, rechtfertigt dies keine Beanstandung oder Zurückweisung.[95] Die Eintragung einer zulässigen Satzungsänderung darf das Registergericht auch nicht deshalb ablehnen, weil es eine weitere Satzungsregelung für erforderlich hält; in einem solchen Fall hat es vielmehr das Verfahren auf Feststellung eines Satzungsmangels durchzuführen.[96] Die Eintragung darf nicht von einer weiteren notwendigen Anmeldung oder der vorherigen Änderung einer unrichtigen oder unzulässig gewordenen Eintragung abhängig gemacht werden. Dies gilt selbst dann, wenn die neue Anmeldung Ursache für die Änderung ist.[97] Eine andere oder weitere Anmeldung kann nur nach den §§ 388 ff. erzwungen werden. Zum Teilvollzug s. § 382 Rn 10. Bei einer Sitzverlegung ist das Registergericht des neuen Sitzes örtlich zuständig zur Prüfung der Satzung (vgl. §§ 13 h HGB, 6 VRV).[98]

2. Prüfung der Eintragungsvoraussetzungen

Stets prüft das Gericht die Eintragungsvoraussetzungen, nämlich das Vorliegen eines **Eintragungsantrags** als Verfahrensvoraussetzung, da Eintragungen ins Handelsregister in der Regel eine Anmeldung voraussetzen (s. Rn 37), und die sachliche und örtliche **Zuständigkeit** (s. § 377 Rn 2). Die **Anmeldung** ist daraufhin zu prüfen, ob sie durch die dazu **verpflichteten oder berechtigten Personen** erfolgt ist (s. Rn 43), gegebenenfalls deren Geschäftsfähigkeit, ob sie alle erforderlichen Angaben und Erklärungen enthält (z. B. § 8 GmbHG[99]) und ob die Vertretungsmacht eines Vertreters bei der Anmeldung nachgewiesen ist;[100] dabei ist für die Berücksichtigung von Rechtsscheinsgrundsätzen kein Raum.[101]

---

[89] Ausführlich hierzu Winkler, FS für Wiedemann, S. 1369.
[90] OLG Hamm GmbHR 2011, 29.
[91] Knöchlein NJW 1958, 675 gegen LG Nürnberg (zu § 4 Abs. 2 UmwG a. F.).
[92] Vgl. OLG Frankfurt ZIP 2010, 1238; OLG München ZIP 2010, 2348.
[93] Fleck Rpfleger 2009, 58/67.
[94] OLG Celle Rpfleger 2010, 671; OLG München ZIP 2010, 2348.
[95] OLG Celle Rpfleger 2010, 671; OLG Frankfurt ZIP 2010, 1238; OLG Hamm NJW-RR 2000, 42; OLG Köln NJW-RR 1994, 1547.
[96] BayObLG Rpfleger 1997, 167.
[97] Bassenge/Roth/K. Walter § 382 Rn 35.
[98] OLG Frankfurt Rpfleger 1991, 508; OLG Hamm Rpfleger 1991, 318; gegen LG Mannheim Rpfleger 1990, 301; ebenso Buchberger Rpfleger 1991, 513.
[99] OLG Frankfurt RNotZ 2010, 591.
[100] OLG Schleswig FGPrax 1998, 150.
[101] OLG Schleswig FGPrax 1998, 150.

52 Außerdem ist zu untersuchen, ob die **Form der Anmeldung** (§ 12 Abs. 1 S. 1 HGB) und gegebenenfalls auch einer Vollmacht zur Anmeldung (§ 12 Abs. 1 S. 2 HGB) eingehalten sind, s. Rn 41 f., 47 f. Etwa der Anmeldung beizufügende Schriftstücke einschließlich behördlicher Genehmigungen (soweit noch erforderlich) müssen vorliegen.

53 Es muss sich um die Anmeldung einer **eintragungsfähigen Tatsache** handeln (s. Rn 15, 21, 26, 30, 33) und bei Erstanmeldung einer AG oder GmbH ist ferner gemäß § 38 Abs. 1 AktG, §§ 7, 8, 9 c GmbHG zu prüfen, ob die Gesellschaft ordnungsgemäß errichtet ist, etwa wieweit bei Bargründung einer GmbH das Stammkapital im Zeitpunkt der Eintragung vorbelastet ist.[102] Dies gilt auch bei Verwendung einer sog. Vorratsgesellschaft, wenn sie wirtschaftlich eine Neugründung darstellt.[103] Insbesondere ist zu prüfen, ob die Satzung die nach § 23 AktG, § 3 GmbHG notwendigen Bestimmungen enthält, und ob sämtliche Bestimmungen gesetzlich zulässig sind, wobei stets §§ 38 Abs. 3 AktG, 9 c Abs. 2 GmbHG, 11 a Abs. 3 GenG zu beachten sind.

54 Für Eintragungen zum **Genossenschaftsregister** enthält § 15 Abs. 1 GenRegV für die Eintragung der Satzung Sonderbestimmungen. Aus diesen Vorschriften ergibt sich allgemein, dass das Registergericht vor jeder Eintragung zu prüfen hat, ob die Anmeldung formell in Ordnung ist und ob die angemeldete Tatsache nach den vorgelegten Unterlagen rechtlichen Bestand haben kann. Die Richtigkeit der Tatsache ist im Allgemeinen nicht zu prüfen, vielmehr nur dann, wenn sich aus den Unterlagen oder sonst bei der Bearbeitung des Antrags Umstände ergeben, aus denen sich Bedenken gegen die Richtigkeit oder Gesetzmäßigkeit der angemeldeten Vorgänge aufdrängen.[104]

55 Für Eintragungen zum **Güterrechtsregister** gelten die vorstehenden Ausführungen entsprechend. Das Registergericht prüft, ob die formellen Voraussetzungen einer bei ihm beantragten Eintragung vorhanden sind und ob die Eintragung zulässig ist,[105] selbst wenn eine Eintragung durch einstweilige Verfügung des Prozessgerichts angeordnet ist; nur die Anordnung der ihm vorgesetzten Beschwerdegerichte bindet das Registergericht (vgl. § 69 Abs. 1 S. 4). Auf die Wahrheit der einzutragenden Tatsache erstreckt sich die Prüfungspflicht nicht,[106] auch nicht darauf, ob die Ehegatten tatsächlich nach ausländischem Güterrecht leben und keinen Ehevertrag geschlossen haben.[107] Bei Eintragung der Entziehung der Schlüsselgewalt hat das Gericht nicht zu prüfen, ob der Ausschluss begründet ist.[108] Die Eintragung eines in sich widerspruchsvollen Ehevertrages ist abzulehnen.[109]

3. Prüfung angemeldeter Tatsachen

56 Das Gericht hat die angemeldeten **Tatsachen** nur dann zu überprüfen, wenn im konkreten Einzelfall **begründete Zweifel an ihrer Richtigkeit bestehen,** und nicht schon deshalb, weil dies auf Grund durch statistische Erhebungen gewonnener Erkenntnis der Fall ist;[110] auch hier ergibt sich das Recht und die Pflicht der Aufklärung des wahren Sachverhalts aus § 26.[111] Das Gericht prüft in der Regel nicht nach, ob z. B. der Gesellschaftsvertrag wirksam zustande gekommen ist, ob der Eintritt oder das Ausscheiden eines Gesellschafters tatsächlich stattgefunden hat oder ob eine Prokura wirksam erteilt oder erloschen ist. Ist z. B. der Erwerb des Geschäftsanteils i. S. des § 16 GmbHG a. F. ordnungsgemäß bei der GmbH angezeigt, so dass der Erwerber gegenüber der GmbH als Gesellschafter gilt, ist hieran auch das Registergericht gebunden.[112] Nach § 16 Abs. 1 S. 1 GmbHG n. F. gilt im Verhältnis zur Gesellschaft als Inhaber eines Geschäftsanteils nur, wer in die zum Handels-

---

[102] BayObLG GmbHR 1998, 1225.
[103] BGH NJW 2003, 892.
[104] Jansen/Ries § 147 Rn 18.
[105] BayObLGZ 1968, 15/16; OLG Düsseldorf FamRZ 1959, 250.
[106] Jansen/Ries § 161 Rn 14.
[107] BayObLGZ 1959, 89/101.
[108] OLG Schleswig SchlHA 1953, 285.
[109] OLG Colmar RJA 6, 55.
[110] So KG FGPrax 1998, 193 zur Anmeldung der Kapitalerhöhung einer GmbH.
[111] BGH NJW 1952, 742; BayObLGZ 1977, 76; DNotZ 1975, 230.
[112] OLG Hamm GmbHR 2001, 920; dazu auch Winkler FS für Wiedemann, S. 1369/1375.

register eingereichte Gesellschafterliste aufgenommen ist. Diese Vermutung gilt auch für das Registergericht. Zu einer weitergehenden Prüfung, insbesondere hinsichtlich der materiellen Richtigkeit, ist das Registergericht nicht verpflichtet, es sei denn, die in der Gesellschafterliste enthaltenen Angaben sind offenkundig falsch oder beruhen auf einen offensichtlichen Irrtum.[113] Die einzutragenden Tatsachen sind mit der Anmeldung glaubhaft gemacht und das Registergericht kann davon ausgehen, dass die angemeldeten Tatsachen richtig sind.[114] So ist es z. B. zur sachlichen Prüfung der Gesellschafterliste (§ 40 GmbHG) nicht verpflichtet,[115] aber berechtigt.[116]

Was **schlüssig dargelegt** und nach der **Lebens- und Geschäftserfahrung glaubwürdig ist,** hat das Gericht daher nicht weiter auf seine Richtigkeit zu prüfen.[117] Es findet keine Ermittlung „ins Blaue" hinein statt (s. § 26 Rn 16). Unzulässige und damit auch unrichtige Eintragungen hat das Registergericht jedoch zum Schutz des Rechtsverkehrs möglichst zu vermeiden.[118] Wenn die eintragungsfähigen Tatsachen nicht schlüssig dargelegt sind oder nach der Lebens- und Geschäftserfahrung nicht in sich glaubwürdig sind, hat das Gericht im Einzelfall daher Anmeldungen auf ihre Richtigkeit zu prüfen, insbesondere wenn begründete Zweifel an der Richtigkeit angemeldeter Tatsachen bestehen.[119] Für den Eintrag eines Haftungsausschlusses nach § 25 Abs. 2 HGB genügt es, dass eine Haftung nach § 25 Abs. 1 HGB ernsthaft in Betracht kommt.[120] Dagegen berechtigt die allgemeine Möglichkeit des Missbrauchs rechtlich anerkannter Rechtsfiguren, etwa der GmbH & Co. KG, für sich allein das Registergericht nicht zur materiellen Prüfung der angemeldeten Tatsachen.[121] Immer ist die rechtliche Zulässigkeit einer angemeldeten Firma von Amts wegen zu prüfen.[122]

56a

Das Registergericht hat auf Klarstellung mehrdeutiger Bestimmungen eines Gesellschaftsvertrags hinzuwirken. Es hat im Rahmen seiner **Aufklärungspflicht** den Beteiligten darzulegen, ob und in welcher Form es einen schutzwürdigen Anliegen entsprechende Satzungsbestimmungen für zulässig halten würde.[123] Die Anmeldung einer Satzungsänderung kann zurückgewiesen werden, wenn Gesellschafterbeschluss und Anmeldung den Wortlaut der geänderten Bestimmung nicht ersehen lassen,[124] nicht aber, wenn es sich um unklare oder missverständliche Satzungsbestandteile handelt, die nur gesellschaftsinterne Bedeutung haben.[125] Offenkundige Nichtigkeit eines Gesellschaftsvertrags oder von Teilen eines solchen berechtigen zur Ablehnung der Eintragung,[126] nicht aber die Unzweckmäßigkeit der Bestimmungen.[127] Die **Form der Vollmacht** von GmbH-Gesellschaftern bei Satzungsänderungen (§ 47 Abs. 3 GmbHG) kann nachgeprüft werden.[128] Ebenso sind **Vertretungsberechtigung** und **Vertretungsnachweis** einer Gesellschaft oder eines ausländischen Rechtsträgers nachprüfbar; das Registergericht darf aber keine überspannten Anforderungen stellen, insbesondere die Eintragung nicht pauschal von der Vorlage öffentlich beglaubigter und/oder mit Apostille versehener Registerauszüge abhängig machen.[129]

57

---

[113] OLG München DB 2009, 1395/1396.
[114] BayObLGZ 1982, 198/202; BayObLG DNotZ 1977, 683/684; OLG München ZIP 2010, 1182/1183 mit zust. Anm. Wachter EWiR 2010, 455.
[115] LG Frankfurt GmbHR 1962, 118.
[116] OLG Köln Rpfleger 1990, 170.
[117] KG Rpfleger 1997, 440; OLG Jena NZG 2011, 87; OLG Naumburg GmbHR 2001, 570; OLG Zweibrücken Rpfleger 1990, 76; Müther Rpfleger 2008, 233/234.
[118] BGH NJW 1983, 222; BayObLGZ 1981, 266/269; OLG Hamm GmbHR 2011, 29.
[119] BGH NJW 1952, 742; BayObLGZ 1981, 266/269; BayObLG DNotZ 1977, 683; OLG München ZIP 2011, 528.
[120] OLG München ZIP 2011, 528; ZIP 2008, 1823; BayObLG ZIP 2003, 527.
[121] BayObLG Rpfleger 1977, 187.
[122] BayObLG DNotZ 1978, 692.
[123] OLG Hamburg NJW 1960, 871.
[124] LG Hamburg GmbHR 1953, 190.
[125] BayObLG DNotZ 1986, 50.
[126] OLG Hamburg DNotZ 1951, 472; OLG Stuttgart Die Justiz 1965, 309; Schönle NJW 1965, 1112.
[127] OLG Stuttgart Die Justiz 1967, 172.
[128] Vgl. OLG Neustadt BB 1951, 768.
[129] OLG Hamm GmbHR 2011, 29; OLG München ZIP 2010, 1182 mit zust. Anm. Wachter EWiR 2010, 455; LG Hamburg RNotZ 2010, 69.

Satzungsbestimmungen einer GmbH über Einziehung von Geschäftsanteilen sind nicht nachprüfbar.[130]

4. Prüfung von Beschlüssen

58 Besonderheiten gelten für die Eintragung von Beschlüssen im Handelsregister. Beschlüsse der Gesellschafter sind keineswegs immer oder auch nur in ihrer Mehrzahl im Handelsregister einzutragen (z. B. Feststellung des Jahresabschlusses, Gewinnverwendung, Wahl der Abschlussprüfer, Wahlen zum Aufsichtsrat, Entlastung der Verwaltung). Handelt es sich um Beschlüsse, die die Satzung ändern, so verlangt das Gesetz die Eintragung im Handelsregister (§ 181 Abs. 3 AktG, § 54 Abs. 3 GmbHG); das Gleiche gilt weitgehend für Unternehmensverträge, Verschmelzungen, Spaltungen, Vermögensübertragungen, Formwechsel (vgl. § 294 Abs. 2 AktG; §§ 19, 20, 36, 53, 56, 78, 118, 131, 171, 236, 247, 255, 266, 280, 288, 298, 304 UmwG). Nach übereinstimmender Ansicht darf der Registerrichter **nichtige** und **unwirksame Beschlüsse** nicht im Handelsregister eintragen (vgl. auch §§ 57 a, 9 c GmbHG).[131] Das Registergericht ist daher bei Anmeldung von Satzungsänderungen und der Bestellung eines neuen Geschäftsführers einer GmbH zur Prüfung berechtigt und verpflichtet, ob der beschließende Gesellschafter im Inland anzuerkennende Rechtsfähigkeit besitzt.[132] Die Prüfungspflicht des Registergerichts bei der Anmeldung einer Kapitalerhöhung gegen Einlage nach §§ 182 ff. AktG erstreckt sich auch auf die Frage, ob der gesamte Vorgang gesetzes- und satzungsgemäß abgelaufen ist. Nach allgemeinen Grundsätzen hat das Registergericht davon auszugehen, dass ein protokollierter Beschluss wirksam zustande gekommen ist.[133] Bestehen begründete Zweifel an der Wirksamkeit des zur Eintragung angemeldeten Beschlusses, so hat das Gericht von Amts wegen Ermittlungen anzustellen und Beweise zu erheben.[134]

59 **Anfechtbare Beschlüsse** muss es dagegen unabhängig von dem zur Anfechtbarkeit führenden Mangel eintragen,[135] wobei es den Ablauf der Anfechtungsfrist abwarten darf und soll; bei einer Reihe von Beschlüssen darf die Eintragung nicht vor Ablauf der Anfechtungsfrist erfolgen (vgl. z. B. §§ 319 Abs. 3, 320 Abs. 1 AktG). Hier helfen aber die speziellen Freigabeverfahren nach §§ 246 a, 319 Abs. 6 S. 1, 327 e Abs. 2 AktG und §§ 16 Abs. 3 S. 1, 125, 198 Abs. 3 UmwG, die eine vorzeitige Eintragung aufgrund einer Entscheidung des Prozessgerichts ermöglichen (s. § 381 Rn 24 f.). Die Eintragung einer zulässigen Satzungsänderung darf das Gericht nicht deshalb ablehnen, weil es eine weitere Satzungsregelung für erforderlich hält; in einem solchen Fall hat es vielmehr das Verfahren auf Feststellung eines Satzungsmangels durchzuführen.[136]

5. Prüfung von öffentlich-rechtlichen Genehmigungen

60 Mit Inkrafttreten des MoMiG[137] sind die Vorschriften des öffentlichen Rechts, die die Befugnis zum **Gewerbebetrieb** von einer **Genehmigung** abhängig machen, nicht mehr vom Registergericht zu prüfende Eintragungsvoraussetzungen für die Eintragung einer AG, einer KGaA oder einer GmbH, die §§ 37 Abs. 4 Nr. 5 AktG, 8 Abs. 1 Nr. 6 GmbHG sind aufgehoben worden. Für besondere Geschäftszweige, insbesondere im Bank- und Versicherungsgeschäft, bildet die staatliche Erlaubnis eine Eintragungsvoraussetzung. Besonders hervorzuheben sind z. B. die Erlaubnispflicht auf Grund §§ 1, 32 Abs. 1 KWG für den Betrieb von **Kreditinstituten;** die Eintragung erlaubnispflichtiger Unternehmen darf nur erfolgen, wenn dem Registergericht die Erlaubnis nachgewiesen ist (§ 43 Abs. 1 KWG).[138] Gleiches

---

[130] OLG München ZIP 2010, 2348; a. A. LG Hamburg DNotZ 1964, 110.
[131] BayObLG BB 1983, 83; Leitzen Rpfleger 2010, 245/248; Jansen/Steder § 125 Rn 99, 100; Baums S. 56.
[132] KG GmbHR 1997, 708.
[133] OLG Hamm GmbHR 2011, 29; OLG Düsseldorf Rpfleger 2009, 28 m. w. N.
[134] BayObLG Rpfleger 2002, 366; kritisch zur Prüfungsbefugnis der Registergerichte Leitzen Rpfleger 2010, 245/251.
[135] Vgl. Leitzen Rpfleger 2010, 245/248 f.
[136] BayObLG Rpfleger 1997, 167.
[137] BGBl. 2008 I S. 2026.
[138] Boos/Fischer § 43 Rn 1.

gilt nach § 3 Abs. 4 InvG i. V. m. § 43 Abs. 1 KWG für die Eintragung von **Kapitalanlagegesellschaften** i. S. der §§ 6, 7 InvG und nach § 31 Abs. 1 Nr. 1 i. V. m. § 5 VAG für die Eintragung eines **Versicherungsvereins auf Gegenseitigkeit.**

Soweit nicht die vorgängige Beibringung des Nachweises einer notwendigen Genehmigung für erforderlich erklärt ist, darf das Registergericht den Nachweis nicht vor der Eintragung verlangen. Auch wenn dem Gericht bekannt ist, dass ein Vollkaufmann ein gegen das öffentliche Recht verstoßendes Unternehmen betreibt, so besteht eine Eintragungsverpflichtung. Die Frage der registermäßigen Behandlung von Unternehmen, die trotz Fehlens der staatlichen Genehmigung zur Eintragung gelangt sind, lässt sich nicht einheitlich beantworten. Ist die Genehmigung **keine Eintragungsvoraussetzung**, so muss die zuständige Behörde nach öffentlichem Recht (z. B. GewO, HandwO) einschreiten und die Einstellung des Betriebs durch Verwaltungsakt verfügen. Sofern dies erfolgreich geschehen ist, kann gegebenenfalls nach § 31 Abs. 2 S. 2 HGB i. V. m. § 393 FamFG das Erlöschen der Firma von Amts wegen eingetragen oder bei Kapitalgesellschaften nach § 397 vorgegangen werden (s. § 395 Rn 16). Handelt es sich hingegen um eine **zwingende Eintragungsvoraussetzung** (s. Rn 60) so liegt ein Fall des § 395 vor, der eine Amtslöschung rechtfertigt.[139] 61

Bedarf das der Eintragung zugrundeliegende Rechtsgeschäft einer **familien-, betreuungs- oder nachlassgerichtlichen Genehmigung**, so hat das Registergericht die Vorlage derselben zu verlangen.[140] Das Vorliegen der **Genehmigung des Familiengerichts** nach § 1822 Nr. 3 BGB oder § 112 BGB ist bei Beteiligung eines Minderjährigen an Gesellschaften zu prüfen, so bei Beteiligung eines Minderjährigen an einer GmbH,[141] ebenso bei einer KG für minderjährige Kommanditisten.[142] Dagegen bedarf der Beitritt eines Minderjährigen zu einer Genossenschaft nicht der familiengerichtlichen Genehmigung nach § 1822 Nr. 10 BGB.[143] Das Registergericht hat bei **Beteiligung minderjähriger Gesellschafter** am Abschluss oder an der Änderung eines Gesellschaftsvertrags zu prüfen, ob eine familiengerichtliche Genehmigung erforderlich ist und gegebenenfalls, ob diese erteilt und sie dem anderen Teil (allen Mitgesellschaftern gegenüber) durch Mitteilung nach § 1829 BGB wirksam geworden ist.[144] Etwaige zivilrechtliche Verfügungsbeschränkungen, die das Registergericht zu beachten hat, können sich auch aus dem Güterrecht der Ehegatten, z. B. aus § 1365 BGB, ergeben.[145] 62

Unternehmensrechtliche Verfahren

§ 375 Unternehmensrechtliche Verfahren sind die nach

1. § 146 Abs. 2, den §§ 147, 157 Abs. 2, § 166 Abs. 3, § 233 Abs. 3 und § 318 Abs. 3 bis 5 des Handelsgesetzbuchs,
2. den §§ 522, 590 und 729 Abs. 1 des Handelsgesetzbuchs und § 11 des Binnenschifffahrtsgesetzes sowie die in Ansehung der nach dem Handelsgesetzbuch oder dem Binnenschifffahrtsgesetz aufzumachenden Dispache geltenden Vorschriften,
3. § 33 Abs. 3, den §§ 35 und 73 Abs. 1, den §§ 85 und 103 Abs. 3, den §§ 104 und 122 Abs. 3, § 147 Abs. 2, § 183 a Abs. 3, § 265 Abs. 3 und 4, § 270 Abs. 3 sowie § 273 Abs. 2 bis 4 des Aktiengesetzes,

---

[139] Boos/Fischer § 43 Rn 5.
[140] Winkler ZGR 1973, 177.
[141] Biddermann GmbHR 1966, 4; Haegele GmbHR 1971, 198; s. a. BGH JZ 1970, 290 mit Anm. Wiedemann.
[142] BGH JZ 1955, 423; BayObLGZ 1995, 230/234; OLG Frankfurt FGPrax 2008, 242; siehe aber OLG Bremen ZEV 2008, 608; OLG München FGPrax 2009, 24; die jew. eine Genehmigungspflicht beim Erwerb eines KG-Anteils an einer rein vermögensverwaltenden KG ablehnen.
[143] BGH NJW 1964, 766; OLG Hamm NJW 1966, 1971.
[144] Dazu Stöber Rpfleger 1968, 2/11; Winkler ZGR 1973, 177/216.
[145] Dazu Jansen/Steder § 125 Rn 103.

4. Artikel 55 Abs. 3 der Verordnung (EG) Nr. 2157/2001 des Rates vom 8. Oktober 2001 über das Statut der Europäischen Gesellschaft (SE) (ABl. EG Nr. L 294 S. 1) sowie § 29 Abs. 3, § 30 Abs. 1, 2 und 4, § 45 des SE-Ausführungsgesetzes,
5. § 26 Abs. 1 und 4 sowie § 206 Satz 2 und 3 des Umwandlungsgesetzes,
6. § 66 Abs. 2, 3 und 5, § 71 Abs. 3 sowie § 74 Abs. 2 und 3 des Gesetzes betreffend die Gesellschaften mit beschränkter Haftung,
7. § 45 Abs. 3, den §§ 64b, 83 Abs. 3, 4 und 5 sowie § 93 des Genossenschaftsgesetzes,
8. Artikel 54 Abs. 2 der Verordnung (EG) Nr. 1435/2003 des Rates vom 22. Juli 2003 über das Statut der Europäischen Genossenschaft (SCE) (ABl. EU Nr. L 207 S. 1),
9. § 2 Abs. 3 und § 12 Abs. 3 des Publizitätsgesetzes,
10. § 11 Abs. 3 des Gesetzes über die Mitbestimmung der Arbeitnehmer in den Aufsichtsräten und Vorständen der Unternehmen des Bergbaus und der Eisen und Stahl erzeugenden Industrie,
11. § 2c Abs. 2 Satz 2 bis 7, den §§ 22o, 38 Abs. 2 Satz 2, § 45a Abs. 2 Satz 1, 3, 4 und 6, § 46 Abs. 2 des Kreditwesengesetzes,
12. § 2 Abs. 5 Satz 1 und 2, § 30 Abs. 2 Satz 1 und Abs. 5 Satz 1 sowie § 31 Abs. 1, 2 und 4 des Pfandbriefgesetzes,
13. § 104 Abs. 2 Satz 3 bis 8 und § 104u Abs. 2 Satz 1 bis 6 des Versicherungsaufsichtsgesetzes,
14. § 6 Abs. 4 Satz 4 bis 7 des Börsengesetzes,
15. § 10 des Partnerschaftsgesellschaftsgesetzes in Verbindung mit § 146 Abs. 2 und den §§ 147 und 157 Abs. 2 des Handelsgesetzbuchs,
16. § 9 Abs. 2 und 3 Satz 2 und § 18 Abs. 2 Satz 2 und 3 des Schuldverschreibungsgesetzes,

vom Gericht zu erledigenden Angelegenheiten.*

Übersicht

	Rn
I. Normzweck	1
II. Allgemeines	3
1. Sachliche Zuständigkeit	3
2. Örtliche Zuständigkeit	4
3. Funktionelle Zuständigkeit	5
4. Internationale Zuständigkeit	6
5. Abgrenzung zur Zuständigkeit des LG nach § 71 Nr. 4 GVG	7
III. Handelsrechtliche Verfahren (Nr. 1)	9
1. Ernennung von Liquidatoren einer OHG und KG	9
2. Abberufung von Liquidatoren einer OHG und KG	13
3. Verwahrung der Bücher und Papiere einer OHG und KG	15
4. Aufklärung des Kommanditisten	18
5. Aufklärung des stillen Gesellschafters	21
6. Bestellung eines Abschlussprüfers	22
IV. See- und Schifffahrtsrechtliche Verfahren (Nr. 2)	27
1. Verklarungsverfahren	27
2. Bestimmung des Abreisetermins nach § 590 HGB	35
3. Ernennung von Dispacheuren	36
4. Aufmachung der Dispache	37
V. Aktienrechtliche Verfahren (Nr. 3, 4)	39
1. Bestellung von Gründungsprüfern	39
2. Meinungsverschiedenheiten zwischen Gründern und Prüfern	41
3. Kraftloserklärung von Aktien	42
4. Bestellung von Vorstandsmitgliedern	44
5. Abberufung von Mitgliedern des Aufsichtsrats	47
6. Ergänzung des Aufsichtsrats	49
7. Ermächtigung zur Einberufung der Hauptversammlung	52
8. Bestellung besonderer Vertreter	55
9. Bestellung von Sachkapitalerhöhungsprüfern und Entscheidung von Meinungsverschiedenheiten zwischen Vorstand und Prüfern	56a

---

* Zum Inkrafttreten von § 375 s. Art. 112 FGG-RG Rn 4.

	Rn
10. Bestellung und Abberufung von Abwicklern	57
11. Befreiung von der Abschlussprüfung	59
12. Verwahrung der Bücher und Schriften	60
13. Bestellung von Nachtragsabwicklern	62
14. Einberufung der Hauptversammlung einer SE	64
15. Abberufung der Mitglieder des Verwaltungsrats einer SE	66
16. Ergänzung des Verwaltungsrats einer SE	67
17. Bestellung eines geschäftsführenden Direktors einer SE	68
VI. Verfahren nach dem UmwG (Nr. 5)	69
VII. Verfahren nach dem GmbHG (Nr. 6)	71
1. Bestellung und Abberufung von Liquidatoren	71
2. Befreiung von der Abschlussprüfung	73
3. Verwahrung der Bücher und Schriften	74
VIII. Genossenschaftsrechtliche Verfahren (Nr. 7, 8)	76
1. Ermächtigung zur Einberufung der Generalversammlung	76
2. Bestellung eines Prüfverbandes	78
3. Bestellung und Abberufung von Liquidatoren	79
4. Verwahrung der Bücher und Schriften	80
5. Ermächtigung zur Einberufung der Generalversammlung einer SCE	81
IX. Verfahren nach dem PublG (Nr. 9)	82
X. Verfahren nach dem MontanMitbestG (Nr. 10)	83
XI. Verfahren nach dem KWG (Nr. 11)	84
1. Bestellung eines Treuhänders	84
2. Bestellung eines Sachwalters bei Insolvenzgefahr	86
3. Bestellung eines Abwicklers	88
4. Bestellung eines Treuhänders bei Finanzholding-Gesellschaften	89
5. Bestellung von geschäftsführungs- und vertretungsbefugten Personen	90
XII. Verfahren nach dem PfandBG (Nr. 12)	92
1. Bestellung eines Sachwalters bei Aufhebung der Erlaubnis	92
2. Bestellung eines Sachwalters bei Insolvenz oder Insolvenzgefahr	93
3. Rechtsstellung des Sachwalters	94
XIII. Verfahren nach dem VAG (Nr. 13)	95
1. Abwicklungsverfahren	95
2. Bestellung eines Treuhänders	96
XIV. Verfahren nach dem BörsenG (Nr. 14)	98
XV. Verfahren nach dem PartGG (Nr. 15)	99
XVI. Verfahren nach dem SchVG (Nr. 16)	99 a
XVII. Sonstige Verfahren	100
1. Allgemeines	100
2. Einberufung der Mitgliederversammlung eines Vereins	101
3. Bestellung von Notvorständen und Notliquidatoren	104
XVIII. Kosten und Gebühren	106

I. Normzweck

§ 375 definiert die „unternehmensrechtlichen Verfahren" und löst damit die inhomogene Zuständigkeitsbestimmung des § 145 FGG ab, deren Gegenstände bislang als „Handelssachen" bezeichnet wurden. Inhaltlich sind die **unternehmensrechtlichen Verfahren** mit den Angelegenheiten nach §§ 145 Abs. 1, 148 und 160 b Abs. 2 FGG identisch[1] und bringen keine wesentlichen Änderungen mit sich.[2] Einige Verfahrensgegenstände wurden dem Katalog des § 375 hinzugefügt,[3] einige aus dem Katalog des § 145 FGG herausgenommen und dem LG nach § 71 Nr. 4 GVG zugewiesen.[4] 1

Über § 23 a Abs. 1 Nr. 2, Abs. 2 Nr. 4 GVG ist ausdrücklich klargestellt, dass es sich bei den unternehmensrechtlichen Verfahren um **Angelegenheiten der freiwilligen Ge-** 2

---

[1] BT-Drs. 16/6308 S. 284; Bassenge/Roth/K. Walter § 375 Rn 1.
[2] BT-Drs. 16/6308 S. 171.
[3] BT-Drs. 16/6308 S. 284; Bumiller/Harders § 375 Rn 1.
[4] BT-Drs. 16/6308 S. 392; BT-Drs. 16/9733 S. 298: Verfahren nach § 258 AktG.

richtsbarkeit handelt, so dass die Zuständigkeit des Prozessgerichts ausgeschlossen ist, auch soweit Maßnahmen des einstweiligen Rechtsschutzes in Betracht kommen.[5] Das AG handelt in diesen Verfahren nicht als Registergericht, die Bezeichnung als „Unternehmensgericht" hat sich bislang noch nicht eingebürgert, bietet sich jedoch als naheliegend an.

2a Die **neuen Verfahrensregeln** des FamFG sind in Antragsverfahren anwendbar, soweit der Antrag bzw. die Anmeldung nach dem 1. 9. 2009 beim AG eingereicht worden ist.[6] Das danach anwendbare Recht gilt auch für das Beschwerdeverfahren.[7] In Verfahren, die von Amts wegen eingeleitet werden können, ist nicht darauf abzustellen, zu welchem Zeitpunkt das Registergericht hätte einschreiten können oder müssen, sondern zu welchem Zeitpunkt das Gericht nach außen erkennbar (z. B. durch Erlass einer Verfügung) tätig werden wollte.

II. Allgemeines

1. Sachliche Zuständigkeit

3 Sachlich zuständig zur Erledigung der in § 375 genannten Angelegenheiten ist **ausschließlich das AG**, § 23 a Abs. 1 Nr. 2, Abs. 2 Nr. 4 GVG als Gericht der freiwilligen Gerichtsbarkeit. Bei internen Streitigkeiten der einzelnen Spruchkörper des AG über ihre Zuständigkeit gelten die § 17 a Abs. 1 bis 5 GVG nunmehr entsprechend, § 17 a Abs. 6 GVG.[8]

2. Örtliche Zuständigkeit

4 Die örtliche Zuständigkeit ergibt sich nunmehr aus §§ 376, 377, ist aber oftmals zusätzlich in den Sonderbestimmungen des Handels- und Gesellschaftsrechts normiert, vgl. §§ 146 Abs. 2, 157 Abs. 2 HGB; § 14 AktG. Danach ist grundsätzlich das Gericht des **Sitzes der Gesellschaft** für örtlich zuständig erklärt, § 377 Abs. 1. Da Doppel- und Mehrfachsitze verfahrensrechtlich nicht denkbar sind (vgl. § 377 Rn 12) ist das Gericht des statuarischen Sitzes zuständig, also im Bezirk des AG, in dem die Gesellschaft eingetragen ist bzw. bestimmungsgemäß eingetragen werden soll. Die örtliche Zuständigkeit des AG zur Bestellung von gerichtlichen Abwicklern bestimmt sich deshalb für eine vor Eintragung in das Handelsregister in Abwicklung getretene Gründervereinigung einer AG nach dem satzungsmäßigen Sitz der geplanten – nicht entstandenen – AG, nicht etwa nach dem Ort, wo die Hauptverwaltung der Gründervereinigung geführt wird.[9] Sind sonst Maßnahmen zu treffen, die der Eintragung einer AG in das Handelsregister vorausgehen, z. B. Bestellung von Gründungsprüfern nach § 33 Abs. 2, 3 AktG, die Entscheidung über Meinungsverschiedenheiten zwischen Gründern und Gründungsprüfern (§ 35 AktG), so ist das AG des vorgesehenen Gesellschaftssitzes örtlich zuständig.[10]

3. Funktionelle Zuständigkeit

5 Die funktionelle Zuständigkeit in unternehmensrechtlichen Verfahren bestimmt sich nach § 17 Abs. 2 a RPflG und ordnet für die Verfahren nach § 375 Nr. 1 bis 6 und Nr. 9 bis 15 einen **Richtervorbehalt** an, wobei die Verfahren nach Nr. 1 (nämlich §§ 146 Abs. 2, 147, 157 Abs. 2, 166 Abs. 3, 233 Abs. 3 HGB), Nr. 2 (nämlich § 11 BinSchG) und Nr. 6 (nämlich § 66 Abs. 2 und 3 sowie § 74 Abs. 2 und 3 GmbHG) teilweise und die Verfahren nach Nr. 7, 8 und 15 vollständig hiervon ausgenommen sind und dem Rechtspfleger obliegen, § 3 Nr. 2 d RPflG (s. ausführlich die Kommentierung bei § 377).

---

[5] OLG Frankfurt NJW-RR 1989, 98; Jansen/Ries § 145 Rn 2.
[6] BGH FGPrax 2010, 102; OLG München ZIP 2010, 1127.
[7] BGH FGPrax 2010, 102; OLG München ZIP 2010, 1127; ZIP 2010, 496.
[8] Bumiller/Harders § 375 Rn 3.
[9] A. A. BayObLG MDR 1965, 914; Bumiller/Harders § 375 Rn 5.
[10] Vgl. Baumbach/Hueck § 33 Rn 4.

4. Internationale Zuständigkeit

Die internationale Zuständigkeit des deutschen Gerichts knüpft in unternehmensrecht- 6
lichen Verfahren an die örtliche Zuständigkeit an, § 105. Maßgeblich ist also der **statuarische Sitz** der Gesellschaft, nicht deren hiervon möglicherweise abweichender Verwaltungssitz,[11] vgl. auch § 377 Rn 28.

5. Abgrenzung zur Zuständigkeit des LG nach § 71 Nr. 4 GVG

Die unternehmensrechtlichen Verfahren sind von anderen Verfahren abzugrenzen, die 7
zwar grundsätzlich (zumindest subsidiär) auch den Verfahrensregeln des FamFG unterworfen sind, jedoch nicht zur Zuständigkeit des AG gehören, sondern dem **LG zugewiesen** sind, § 71 Nr. 4 GVG.[12] Es handelt sich hierbei dennoch um Angelegenheiten der freiwilligen Gerichtsbarkeit.[13]

Es sind dies im Einzelnen gemäß § 71 Nr. 4 GVG: 8
- Verfahren nach § 324 HGB (Meinungsverschiedenheiten zwischen Kapitalgesellschaft und Abschlussprüfer);
- Verfahren nach §§ 98, 99 AktG (Entscheidung über die Zusammensetzung des Aufsichtsrats), § 132 AktG (Entscheidung über das Auskunftsrecht des Aktionärs), § 142 AktG (Bestellung von Sonderprüfern),[14] § 145 AktG (Entscheidung über den Inhalt des Prüfungsberichts des Sonderprüfers), § 258 AktG (Bestellung von Sonderprüfern wegen unzulässiger Unterbewertung), § 260 AktG (Entscheidung über die abschließenden Feststellungen des Sonderprüfers), § 293 c AktG (Bestellung der Vertragsprüfer bei Unternehmensverträgen), § 315 AktG (Bestellung von Sonderprüfern im faktischen Konzern), § 327 c Abs. 2 S. 4 AktG (Bestellung von Prüfern der Angemessenheit der Barabfindung bei Ausgliederung);
- Verfahren nach § 26 SEAG (Entscheidung über die Zusammensetzung des Verwaltungsrats einer SE);
- Verfahren nach § 10 UmwG (Bestellung der Verschmelzungsprüfer);
- Verfahren nach dem Spruchverfahrensgesetz (§§ 1, 17 Abs. 1 SpruchG);
- Verfahren nach §§ 39 a, 39 b WpÜG;
- Verfahren nach § 51 b GmbHG (Entscheidung über das Auskunftsrecht).[15]

III. Handelsrechtliche Verfahren (Nr. 1)

1. Ernennung von Liquidatoren einer OHG und KG (§ 146 Abs. 2 HGB)

Aus wichtigen Gründen[16] hat das AG (zuständig ist der Rechtspfleger nach §§ 3 Nr. 2 d, 9
17 Nr. 2 a RPflG) den Liquidator einer OHG (§ 146 Abs. 2 HGB) und einer KG (§ 161 Abs. 2 HGB) zu bestellen. Wegen der Verweisung in § 1 EWIV-AG gilt die Vorschrift entsprechend für die Ernennung des Abwicklers einer EWIV.[17] Die Bestellung setzt das Vorliegen eines **wichtigen Grundes** voraus, wenn etwa die Abwicklung der Gesellschaft gefährdet ist, weil die Gesellschafter zerstritten sind,[18] wobei ein Verschulden nicht vorliegen muss.[19] Ist die Gesellschaft wegen Vermögenslosigkeit aufgelöst, so findet eine **Nachtragsliquidation** (s. § 394 Rn 35 ff.) statt, wenn sich nachträglich herausstellt, dass die Gesellschaft über Vermögen verfügt, der Nachtragsliquidator wird vom Gericht ernannt, § 146 Abs. 2 S. 2 i. V. m. § 145 Abs. 3 HGB.

---
[11] A. A. Bumiller/Harders § 375 Rn 6.
[12] Bumiller/Harders § 375 Rn 4; SBW/Nedden-Boeger § 375 Rn 8; Jänig/Leißring ZIP 2010, 110/112 f.
[13] Zur ausschließlichen Zuständigkeit des Gerichts der freiwilligen Gerichtsbarkeit in diesen Fällen OLG Saarbrücken GmbHR 2011, 33.
[14] Zum Übergangsrecht BGH FGPrax 2010, 102: wurde ein solches Verfahren vor dem 1. 9. 2009 eingeleitet, bleiben auch im Beschwerdeverfahren die seinerzeitigen Vorschriften des FGG anwendbar.
[15] OLG Saarbrücken GmbHR 2011, 33; Roth/Altmeppen/Roth § 51 b GmbHG Rn 6.
[16] OLG Hamm BB 1960, 18; OLG Karlsruhe Rpfleger 1967, 176.
[17] Ring/Grziwotz/Heinemann Art. 19 EWIV-VO Rn 11, § 10 EWIV-AG Rn 4.
[18] KG NJW-RR 1999, 831; MünchKommZPO/Krafka § 375 FamFG Rn 4.
[19] BayObLG NJW-RR 1998, 470; Jansen/Ries § 145 Rn 4.

10 **Antragsberechtigt** sind außer den Gesellschaftern der OHG[20] und den persönlich haftenden Gesellschaftern der KG bzw. dessen Erben, auch der Gläubiger, der gemäß § 135 HGB die Gesellschaft gekündigt hat, vgl. § 146 Abs. 2 S. 2 HGB. Ist über das Vermögen eines Gesellschafters das Insolvenzverfahren eröffnet, so tritt der Insolvenzverwalter an die Stelle des Gesellschafters. Vor der Ernennung sind die Gläubiger zu hören, wenn sie wirtschaftlich wesentlich an der Liquidation beteiligt sind; sie sind aber nicht Beteiligte i. S. d. § 7 Abs. 2 Nr. 1. Der Antrag setzt nicht voraus, dass die Gesellschaft im Handelsregister eingetragen ist. Der Antrag kann auch schon vor der Auflösung aufschiebend befristet für den Zeitpunkt des Beginns der bereits beschlossenen Auflösung und grundsätzlich später bis zur Beendigung der Liquidation gestellt werden. **Einstweilige Anordnungen** sind nach §§ 49 ff. zulässig.[21]

11 Die Bestimmung des Liquidators hat durch das Gericht nach den Grundsätzen des § 26 zu erfolgen; es hat die ihm am **geeignetsten erscheinende Person** auszuwählen, ohne an Anträge oder Vorschläge der Beteiligten gebunden zu sein.[22] Der Liquidator muss nicht Gesellschafter sein, § 146 Abs. 2 S. 1 HGB. Hinsichtlich der Person des zu bestellenden Liquidators kann das Gericht seine Entscheidung davon abhängig machen, dass eine annahmebereite Person vorgeschlagen wird und deren Vergütung sichergestellt ist.[23]

12 Zur Entscheidung, ob die Gesellschaft (z. B. durch wirksame Kündigung) in das Liquidationsstadium eingetreten ist, ist das Prozessgericht, nicht das AG berufen.[24] Auch zur Festsetzung der Vergütung der gerichtlich bestellten Liquidatoren ist es nicht zuständig; die Festsetzung muss im Prozessweg erfolgen.[25] Dagegen darf das **Prozessgericht** nicht wegen der Ernennung oder Abberufung selbst tätig werden.

2. Abberufung von Liquidatoren einer OHG und KG (§ 147 HGB)

13 Die Abberufung von Liquidatoren kann auf Antrag eines Beteiligten nach § 147 2. Halbs. HGB aus wichtigen Gründen bei einer OHG oder KG (§ 161 Abs. 2 HGB) durch das AG erfolgen; aufgrund der Verweisung in § 1 EWIV-AG gilt die Vorschrift entsprechend für die Ernennung des Abwicklers einer EWIV.[26] Funktionell zuständig ist der Rechtspfleger (§§ 3 Nr. 2 d, 17 Nr. 2 a RPflG). Voraussetzung ist das Vorliegen eines **wichtigen Grundes,** jedoch kein Verschulden des Liquidators. Als minus zur Abberufung kommt auch eine Einschränkung der Vertretungsmacht des Liquidators in Betracht.[27] Ausreichend ist, dass eine ordnungsgemäße Abwicklung offensichtlich nicht gewährleistet ist, etwa weil der Liquidator parteiisch ist, sich als ungeeignet erweist oder ein schweres Zerwürfnis mit den Gesellschaftern besteht.[28] In jedem Fall muss der nach § 147 1. Halbs. HGB erforderliche einstimmige Beschluss der Gesellschafter nicht erreichbar sein.

14 **Antragsberechtigt** ist jeder Gesellschafter, der Liquidator nur, wenn er selbst Gesellschafter ist,[29] denn er kann das Amt jederzeit niederlegen. Der Liquidator ist im Verfahren als **Beteiligter** hinzuzuziehen (§ 7 Abs. 2 Nr. 1), gegebenenfalls persönlich anzuhören (§ 34 Abs. 1 Nr. 1), gegen seine Abberufung oder die Beschränkung seiner Rechte steht ihm die Beschwerde nach § 59 Abs. 1 zu. Die übrigen Gesellschafter sind ebenfalls zu beteiligen, auch dann, wenn sie bei der Bestellung des abzuberufenden Liquidators nicht mitgewirkt haben.[30] Maßnahmen des einstweiligen Rechtsschutzes sind auch in unternehmens-

---

[20] Sie haben aber kein Beschwerderecht gegen die Abberufung eines gerichtlich bestellten Liquidators, OLG Hamm OLGZ 1978, 35.
[21] Wie hier Nedden-Boeger FGPrax 2010, 1/5; a. A. OLG Frankfurt NJW-RR 1989, 98; MünchKommZPO/Krafka § 375 FamFG Rn 5.
[22] MünchKommZPO/Krafka § 375 FamFG Rn 4.
[23] BayObLGZ 1955, 288/293.
[24] OLG Hamm FGPrax 2007, 279.
[25] Bahrenfuss/Steup § 375 Rn 4.
[26] Ring/Grziwotz/Heinemann § 10 EWIV-AG Rn 4.
[27] MünchKommZPO/Krafka § 375 FamFG Rn 5.
[28] KG NJW-RR 1999, 831; Jansen/Ries § 145 Rn 4.
[29] MünchKommZPO/Krafka § 375 FamFG Rn 5.
[30] A. A. MünchKommZPO/Krafka § 375 FamFG Rn 5; MünchKommHGB/Schmidt § 147 Rn 24.

rechtlichen Verfahren nunmehr denkbar, so dass eine Anordnung an den Liquidator, die Amtsausübung vorläufig ruhen zu lassen, möglich ist.[31]

3. Verwahrung der Bücher und Papiere einer OHG und KG (§ 157 Abs. 2 HGB)

Können sich die Gesellschafter nach der Beendigung der Liquidation nicht über eine Person, die auch ein Nicht-Gesellschafter oder eine juristische Person sein kann, verständigen, die die Bücher und Schriften der Gesellschaft über den nach § 257 HGB genannten Zeitraum verwahrt, so wird der **Verwahrer** vom AG (zuständig ist der Rechtspfleger, § 3 Nr. 2 d, § 17 Nr. 2 a RPflG) bestimmt. Wegen der Verweisung in § 1 EWIV-AG gilt die Vorschrift entsprechend für die EWIV.[32]

Antragsberechtigt ist jeder Gesellschafter, auch der Liquidator, der die Verwahrung nicht selbst übernehmen will, im Falle der Insolvenz eines Gesellschafter dessen Insolvenzverwalter; im Falle der Insolvenz der Gesellschaft der Insolvenzverwalter über deren Vermögen. Gläubiger sind nicht antragsberechtigt.[33] An **Vorschläge der Beteiligten** ist das Gericht nicht gebunden,[34] es hat diesen jedoch rechtliches Gehör zu gewähren. Verständigen sich die Gesellschafter nachträglich auf einen anderen Verwahrer, so erlischt das Amt des gerichtlich bestellten Verwahrers.[35] Der Verwahrer kann entsprechend § 147 HGB wieder abberufen werden.[36] Zur Übernahme des Amtes ist er nicht verpflichtet.

Da das Gesetz dem Gericht keine Handhabe einräumt, die Aushändigung der Bücher und Papiere an den Verwahrer zu verfügen, scheiden **Zwangsmittel** nach § 35 zur Erreichung dieses Ziels aus, die Herausgabe muss vom Verwahrer im Prozessweg erstritten werden.[37]

4. Aufklärung des Kommanditisten (§ 166 Abs. 3 HGB)

Aus wichtigem Grund kann das AG,[38] zuständig ist der Rechtspfleger (§ 3 Nr. 2 d, § 17 Nr. 2 a RPflG), anordnen, dass dem Kommanditisten eine Bilanz (Zwischenbilanz und Jahresbilanz) mitgeteilt wird oder sonstige Aufklärungen sowie die Vorlegung der Bücher und Papiere erteilt wird. **Wichtige Gründe** sind gegeben, wenn das ordentliche Prüfungsrecht nach § 166 Abs. 1 und 2 HGB, das durch Klage vor dem Prozessgericht geltend zu machen ist, nicht ausreicht, um eine Gefährdungslage abzuwenden. Als Beispiele werden genannt, der Verdacht von Untreuehandlungen, schlechte Geschäftsführung,[39] Unzuverlässigkeit,[40] drohende Schädigung der Gesellschaft oder des Kommanditisten,[41] mögliche Schäden auslösende Steuerprüfung.[42] Die bloße Verweigerung des Prüfungsrechts nach § 166 Abs. 1 HGB stellt für sich allein noch keinen wichtigen Grund dar.[43]

Der Beschluss ergeht nur auf **Antrag eines Kommanditisten** (auch eines Kommanditisten einer Publikums-KG mit einer Vielzahl von Anlegern),[44] § 166 Abs. 3 HGB. Auf das Antragsrecht kann nicht verzichtet werden, es ist unabdingbar.[45] Das Antragsrecht besteht

---

[31] A. A. OLG Frankfurt NJW-RR 1989, 98; MünchKommZPO/Krafka § 375 FamFG Rn 5.
[32] Vgl. Ring/Grziwotz/Heinemann Art. 35 EWIV-VO Rn 8.
[33] MünchKommZPO/Krafka § 395 FamFG Rn 6.
[34] A. A. Bahrenfuss/Steup § 375 Rn 5.
[35] Jansen/Ries § 145 Rn 5.
[36] Jansen/Ries § 145 Rn 5.
[37] BayObLGZ 1967, 240; Bumiller/Harders § 375 Rn 9.
[38] Auch wenn der Anspruch des Kommanditisten aus § 166 Abs. 3 HGB gegen die Komplementär-GmbH geltend gemacht wird, ist das AG am Sitz der Kommanditgesellschaft örtlich zuständig, nicht aber das AG am Sitz der GmbH, BayObLG, DB 1995, 36.
[39] OLG Hamburg MDR 1965, 666.
[40] BayObLG BB 1991, 1589.
[41] Jansen/Ries § 145 Rn 6.
[42] MünchKommZPO/Krafka § 375 FamFG Rn 7; einschränkend OLG München ZIP 2010, 1693: kein wichtiger Grund, wenn die Gesellschaft gegen den Steuerbescheid in qualifizierter Form gerichtlich und außergerichtlich vorgeht.
[43] OLG München ZIP 2010, 1693/1694.
[44] OLG München NZG 2008, 864.
[45] Jansen/Ries § 145 Rn 6.

schon vor Eintragung und endet erst mit vollständiger Liquidation der Gesellschaft.[46] Nach Vollbeendigung oder nach Ausscheiden aus der Gesellschaft muss vor dem Prozessgericht auf Auskunft geklagt werden.

20 **Beteiligte** sind der Antragsteller sowie die Gesellschaft nach § 7 Abs. 2 Nr. 1 als Antragsgegner. Nach Eröffnung des Insolvenzverfahrens ist richtiger Antragsgegner der Insolvenzverwalter.[47] Über **streitige Vorfragen,** z. B. das Bestehen der Gesellschaft oder die Kommanditistenstellung, entscheidet nicht das AG, sondern das Prozessgericht;[48] das Verfahren ist ggf. nach § 21 auszusetzen. Die **Erfüllung der Vorlegungspflicht** wird nach § 35, nicht etwa im Wege der Zwangsvollstreckung nach § 95, erzwungen.[49]

5. Aufklärung des stillen Gesellschafters (§ 233 Abs. 3 HGB)

21 Dem **stillen Gesellschafter** stehen dieselben Rechte wie dem Kommanditisten bei Vorliegen eines wichtigen Grundes nach § 233 Abs. 3 HGB zur Seite (s. Rn 18 ff.). Auch hier muss als wichtiger Grund die Gefahr bestehen, dass das reguläre Informationsrecht nach § 233 Abs. 1 HGB nicht ausreicht, um eine mögliche Schädigung des Gesellschafters zu verhindern. Beteiligt sind der Gesellschafter als Antragsteller sowie die Gesellschaft als Antragsgegner, die einzelnen Gesellschafter können ebenfalls beteiligt werden.

6. Bestellung eines Abschlussprüfers (§ 318 Abs. 3 bis 5 HGB)

22 **a) Bestellung eines anderen Abschlussprüfers (§ 318 Abs. 3 HGB).** Das AG (zuständig ist der Richter, § 17 Nr. 2 a RPflG) kann bei Kapitalgesellschaften, die keine kleinen i. S. des § 267 Abs. 1 HGB sind, einen anderen als den gewählten Jahresabschlussprüfer bestellen, wenn dies aus einem **in der Person des Prüfers liegenden Grundes** geboten erscheint. Als Abberufungsgrund nennt das Gesetz exemplarisch die Inkompatibilitätsvorschriften der §§ 319 Abs. 2 bis 5, 319 a HGB. Weitere Abberufungsgründe sollen fehlende Qualifikation, unzureichende sachliche und finanzielle Ausstattung sowie ein schwerer Vertrauensbruch darstellen.[50]

23 **Antragsberechtigt** sind die staatliche Aufsichtsbehörde (z. B. die BaFin, § 318 Abs. 3 S. 6 HGB), der gesetzliche Vertreter, der Aufsichtsrat, jeder Gesellschafter, Aktionäre jedoch nur, wenn die Anteile 5% des Grundkapitals oder einen Börsenwert von 500 000 € erreichen (§ 318 Abs. 3 S. 1 HGB) und sie glaubhaft machen (§ 31), dass sie mindestens seit drei Monaten vor der Wahl des Prüfers Inhaber der Aktien waren (§ 318 Abs. 3 S. 4 HGB). Als materielle Ausschlussfrist bestimmt § 318 Abs. 3 S. 2 und 3 HGB, dass der Antrag innerhalb von zwei Wochen nach der Wahl bzw. zwei Wochen nach Kenntniserlangung eines Befangenheitsgrundes gestellt werden muss. Aktionäre können den Antrag nur stellen, wenn sie gegen die Wahl des Abschlussprüfers in der Hauptversammlung Widerspruch erklärt haben (§ 318 Abs. 3 S. 2 HGB). Nach Erteilung des Bestätigungsvermerks (§ 322 HGB) kann der Antrag nicht mehr gestellt werden (§ 318 Abs. 3 S. 7 HGB). Als **Verfahrensbeteiligte** sind neben dem Antragsteller (§ 7 Abs. 1) die Gesellschaft und der abzuberufende Abschlussprüfer nach § 7 Abs. 2 Nr. 1 hinzuzuziehen, nicht jedoch der Aufsichtsrat und andere Gesellschafter.[51]

24 Das AG kann den bestellten Abschlussprüfer bei Besorgnis der Befangenheit auch wieder **abberufen.**[52] Auf Antrag des Prüfers oder der Gesellschaft setzt das AG die **Auslagen und Gebühren** des Abschlussprüfers fest, § 318 Abs. 5 S. 2 HGB. Gegen diese Entscheidung ist die Rechtsbeschwerde ausgeschlossen.

25 **b) Bestellung eines Abschlussprüfers (§ 318 Abs. 4 HGB).** Ist bis zum Ablauf des Geschäftsjahrs **kein Abschlussprüfer gewählt,** hat der gewählte Prüfer die Annahme des

---

[46] Jansen/Ries § 145 Rn 6.
[47] OLG Zweibrücken FGPrax 2006, 278; Bumiller/Harders § 145 Rn 10.
[48] Jansen/Ries § 145 Rn 6.
[49] Bahrenfuss/Steup § 375 Rn 6; SBW/Nedden-Boeger § 375 Rn 20; Jansen/Ries § 145 Rn 6; a. A. OLG München ZIP 2010, 1692; Bumiller/ Harders § 375 Rn 10.
[50] BGH NJW 2003, 970; MünchKommZPO/Krafka § 375 FamFG Rn 9.
[51] MünchKommZPO/Krafka § 375 FamFG Rn 9.
[52] OLG Hamburg BB 1992, 1533.

Amtes abgelehnt, ist er (z. B. durch Tod) weggefallen oder (z. B. durch Krankheit) verhindert, so hat das AG (durch den Richter, § 17 Nr. 2a RPflG) einen Abschlussprüfer zu ernennen, § 318 Abs. 4 S. 1 HGB.

Antragsberechtigt sind die gesetzlichen Vertreter, der Aufsichtsrat oder ein Gesellschafter, § 318 Abs. 4 S. 1 HGB. Die gesetzlichen Vertreter sind verpflichtet, einen entsprechenden Antrag zu stellen, § 318 Abs. 4 S. 2 HGB. Zu den **Auslagen und Gebühren** des Abschlussprüfers siehe § 318 Abs. 5 S. 2 HGB. **26**

IV. See- und Schifffahrtsrechtliche Verfahren (Nr. 2)

1. Verklarungsverfahren nach §§ 522 ff. HGB bzw. §§ 11 ff. BinSchG[53]

a) Allgemeines. Das Verklarungsverfahren bei Seeunfällen ist in den §§ 522 bis 525 HGB, bei Binnenschifffahrtsunfällen in den §§ 11 bis 14 BinSchG geregelt. Es dient dazu, möglichst zeitnah eine urkundliche Beweissicherung über den Hergang eines Schiffsunfalls zu erzielen.[54] **27**

b) Zuständigkeit. Für **seerechtliche Verklarungen** ist im Inland ausschließlich das AG (§ 23a Abs. 1 Nr. 2, Abs. 2 Nr. 4 GVG) sachlich zuständig, funktionell der Richter, § 17 Nr. 2a RPflG.[55] Im Ausland werden die Verklarungen durch die nach Maßgabe der VerklV vom 28. 5. 2007[56] bestimmten Auslandsvertretungen von Konsularbeamten aufgenommen, § 522 Abs. 2 HGB.[57] Örtlich zuständig ist das um die Verklarung am Verklarungsort gemäß § 522 Abs. 1 S. 3 HGB zuerst angegangene Gericht, § 2 Abs. 1 (insoweit ist § 377 Abs. 4 einschränkend auszulegen). **28**

Die **binnenschifffahrtsrechtliche Verklarung** gehört ebenfalls ausschließlich zur Zuständigkeit des AG (§ 23a Abs. 1 Nr. 2, Abs. 2 Nr. 4 GVG), funktionell zuständig ist der Rechtspfleger, § 17 Nr. 2a RPflG.[58] Örtlich zuständig ist das AG, in dessen Bezirk die Reise endet (Bestimmungsort) oder in dessen Bezirk das Schiff vorläufig liegt (Liegeort), § 11 Abs. 1 BinSchG. Nach dem praktisch bedeutsameren § 11 Abs. 2 BinSchG[59] kann das Verfahren aber auch vor dem für Binnenschifffahrtssachen zuständigen AG, in dessen Bezirk sich der Unfall ereignet hat, beantragt werden, wenn sie nicht vor dem nach Abs. 1 zuständigen Gericht verlangt worden ist. Auch in diesem Fall handelt es sich aber um ein Verfahren der freiwilligen Gerichtsbarkeit, nicht um eine Binnenschifffahrtssache.[60] **29**

c) Antrag. Das Verfahren wird nur auf Antrag durchgeführt.[61] **Antragsberechtigt** ist im Seerecht nur der Kapitän (§ 522 Abs. 1 S. 1 HGB), auf Verlangen der in § 522 Abs. 1 S. 2 HGB genannten Personen (Reeder, Schiffsgläubiger, Ladungsbeteiligte, Reisende, Schiffsbesatzung) ist er zur Antragstellung verpflichtet. Im Binnenschifffahrtsrecht ist nur der Schiffer oder Stellvertreter antragsberechtigt, § 11 Abs. 1 S. 1 BinSchG.[62] Bestand der Unfall in einem Zusammenstoß, so ist jeder beteiligte Schiffer zu dem Antrag berechtigt, auch wenn nur eines der Schiffe oder nur die Ladung eines von ihnen von einem Schaden betroffen wurde. Nicht antragsberechtigt ist der Schiffseigner,[63] wohl aber der Schiffseigner, der selbst Schiffer ist,[64] nicht die am Schiff oder seiner Ladung interessierte Versicherungsgesellschaft.[65] Zivilrechtlich sind der Kapitän bzw. Schiffer auf Verlangen verpflichtet, einen Verklarungsantrag zu stellen, § 522 Abs. 1 S. 1 HGB, § 11 Abs. 1 S. 1 BinSchG.[66] Neben **30**

---

[53] Das Verklarungsverfahren soll im Zuge der Reform des Seehandelsrechts abgeschafft werden, vgl. RefE v. 5. 5. 2011.
[54] OLG Köln FGPrax 2007, 196; Rabe § 522 Rn 1; von Waldstein/Holland § 11 BinSchG Rn 4.
[55] LG Lübeck MDR 1977, 141.
[56] BGBl I S. 1005.
[57] Einzelheiten bei Rabe § 522 Rn 10.
[58] BT-Drs. 16/6308 S. 323.
[59] von Waldstein/Holland § 11 BinSchG Rn 9.
[60] Jansen/Ries § 148 Rn 21; a. A. von Waldstein/Holland § 11 BinSchG Rn 9.
[61] von Waldstein/Holland § 11 BinSchG Rn 15.
[62] von Waldstein/Holland § 11 BinSchG Rn 16.
[63] Jansen/Ries § 148 Rn 20.
[64] von Waldstein/Holland § 11 BinSchG Rn 16.
[65] Jansen/Ries § 148 Rn 20; von Waldstein/Holland § 11 BinSchG Rn 16.
[66] Vgl. hierzu Rabe § 522 Rn 4; von Waldstein/Holland § 11 BinSchG Rn 17.

den allgemeinen Antragsvoraussetzungen des § 23 Abs. 1 sind die in § 523 Abs. 1 S. 1 HGB, § 11 Abs. 1 S. 2 BinSchG genannten Angaben (Kapitän/Schiffer muss sich als Zeuge anerbieten; dienliche Beweismittel) zu machen und die in § 523 Abs. 1 S. 2, Abs. 2 HGB bezeichneten Unterlagen (öffentlich beglaubigte Abschrift aus dem Tagebuch bzw. Beschreibung des Unfallhergangs) beizufügen.

31   **d) Entscheidung über Verfahrenseröffnung.** Soweit das Gericht den Antrag für zulässig erachtet, bestimmt es möglichst zeitnah (§ 523 Abs. 3 S. 1 HGB) durch **unanfechtbaren Beschluss** (s. § 402 Abs. 2) einen Termin zur Verklarung. Zu diesem Termin sind der Kapitän bzw. Schiffer und die sonst bezeichneten Zeugen durch Bekanntgabe (§ 15 Abs. 1) zu laden, § 523 Abs. 3 S. 1 HGB, § 12 S. 1 BinSchG i.V.m. § 32 FamFG. Der Termin ist dem Reeder bzw. Schiffseigner und den sonst durch den Unfall betroffenen Beteiligten bzw. den Ladungsbeteiligten mitzuteilen, ggf. durch öffentliche Bekanntmachung, § 523 Abs. 3 S. 2 und 3 HGB, § 12 S. 2 und 3 BinSchG. Soweit dies jedoch zu einer unverhältnismäßigen Verzögerung des Verfahrens führen würde, kann das Gericht von einer diesbezüglichen Mitteilung absehen.[67] Lehnt das Gericht die Eröffnung des Verfahrens ab, so ist hiergegen die Beschwerde statthafter Rechtsbehelf (s. § 402 Rn 7).

32   **e) Verfahrensgang.** Für das Verfahren gelten die **besonderen Verfahrensvorschriften** nach § 524 HGB bzw. § 13 BinSchG. Abweichend von §§ 29, 30 erfolgt stets eine förmliche Beweisaufnahme nach den §§ 371 ff. ZPO, wobei ein Beeidigung des Kapitäns ausgeschlossen ist (§ 524 Abs. 2 S. 1 HGB) und die des Schiffers im Ermessen des Gerichts steht (§ 13 Abs. 2 BinSchG). Der Antragsteller braucht die Beweissätze, über die die Zeugen vernommen werden sollen, nicht anzugeben; das Gericht muss keinen förmlichen Beweisbeschluss erlassen.[68] Das Verfahren ist nicht öffentlich (§ 170 Abs. 1 S. 1 GVG), jedoch sind die nach § 524 Abs. 3 S. 1 HGB bzw. § 13 Abs. 3 BinSchG Beteiligten berechtigt, dem Verfahren beizuwohnen. Ihnen steht auch das Recht zu, weitergehende Beweisanträge zu stellen. Die Ablehnung eines Beweisantrags ist nicht beschwerdefähig, da es sich nicht um eine Endentscheidung handelt.[69] Im Übrigen gelten die allgemeinen Verfahrensgrundsätze, insbesondere kann das Gericht auch von Amts wegen (§ 26) weitere Beweise erheben, vgl. §§ 524 Abs. 4 HGB, 13 Abs. 4 BinSchG.

33   **f) Kosten und Gebühren.** Für die Aufnahme der Verklarung fällt bei **Gericht** eine doppelte Gebühr an, im Falle der Nachverklarung eine zusätzliche volle Gebühr, § 50 Abs. 2 KostO. Der Geschäftswert ist nach Ermessen des Gerichts zu bestimmen, wobei die Gesamtinteressen aller Beteiligten, somit regelmäßig die Summe der vermögensrechtlichen Interessen, die Gegenstand der Beweisaufnahme waren, maßgeblich sind.[70] Kostenschuldner ist der Antragsteller, § 2 Nr. 1 KostO.

34   **Rechtsanwaltsgebühren** fallen gem. Nr. 3100 ff. VV RVG an, für die Betreibung des Verfahrens eine Verfahrensgebühr in Höhe von 1,3 Gebühren (Nr. 3100 VV RVG) und für die Vertretung im Verklarungstermin eine Terminsgebühr in Höhe 1,2 Gebühren (Nr. 3104 VV RVG). Die ohne Einleitung des Verklarungsverfahrens entstehende Geschäftsgebühr nach Nr. 2300 VV RVG ist wegen der Schwierigkeit des Verfahrens über dem Regelwert von 1,3 Gebühren anzusetzen.[71] Eine Anrechnung der Verklarungsgebühren auf die im nachfolgenden Havarieprozess anfallenden Rechtsanwaltsgebühren findet nicht statt.[72]

---

[67] Nach Rabe § 523 Rn 5 dürfte dies im Seerecht den Regelfall, nach von Waldstein/Holland § 12 BinSchG Rn 5 im Binnenschifffahrtsrecht die Ausnahme darstellen.
[68] BayObLGZ 31, 444.
[69] Anders zur alten Rechtslage OLG Köln FGPrax 2007, 196; Rabe § 524 Rn 6; von Waldstein/Holland § 13 BinSchG Rn 18.
[70] OLG Köln NJW-RR 2000, 733; Korintenberg/Reimann § 50 Rn 27; von Waldstein/Holland § 14 BinSchG Rn 1.
[71] von Waldstein/Holland § 14 BinSchG Rn 7.
[72] von Waldstein/Holland § 14 BinSchG Rn 8.

2. Bestimmung des Abreisetermins nach § 590 HGB[73]

Werden Stückgüter (ausnahmsweise) nicht im Linienverkehr befördert, so ermöglicht **35** § 590 HGB dem Befrachter bei Gericht die **Festsetzung eines Abreisetermins gegenüber dem Verfrachter zu erreichen,** soweit ein solcher nicht vertraglich bestimmt ist. Das Verfahren wird nur auf Antrag gem. § 23 eingeleitet. Sachlich zuständig ist ausschließlich das AG (§ 23 a Abs. 1 Nr. 2, Abs. 2 Nr. 4 GVG); funktionell der Richter, § 17 Nr. 2 a RPflG. Örtlich zuständig ist das Gericht, in dessen Bezirk sich das Schiff befindet.[74] Das Gericht kann lediglich den spätesten Abreisetermin bestimmen, nicht jedoch die Abreise selbst anordnen, so dass eine Anordnung von Zwangsmitteln nach § 35 ausscheidet.[75] Hält der Verfrachter den Abreisetermin schuldhaft nicht ein, so macht er sich schadensersatzpflichtig. Dass die Terminfestsetzung fehlerhaft gewesen sei, kann im Haftungsprozess nicht mehr eingewandt werden.[76]

3. Ernennung von Dispacheuren nach § 729 Abs. 1 HGB und § 87 Abs. 2 S. 2 BinSchG

Grundsätzlich werden Dispacheure nach Maßgabe des Landesrechts auf Dauer „ein für **36** allemal" für Havereifälle bei der Binnen- oder Seeschifffahrt amtlich bestellt. **Fehlt ausnahmsweise ein amtlich bestellter Dispacheur,** so kann das AG auf Antrag eines Dispachebeteiligten (s. § 403 Rn 6) einen solchen für den Einzelfall bestimmen, §§ 729 Abs. 1 HGB, 87 Abs. 2 S. 2 BinSchG. Bei der Nichterwähnung von § 87 Abs. 2 S. 2 BinSchG handelt es sich um ein Redaktionsversehen, vgl. § 402 Abs. 2.[77] Zur Zuständigkeit s. § 377 Rn 29 ff. Zur Stellung und zu den Pflichten des Dispacheurs s. § 403 Rn 4.

4. Aufmachung der Dispache nach § 728 HGB und §§ 87, 88 BinSchG

Werden einem Schiff oder dessen Ladung durch den Kapitän bzw. Schiffsführer vorsätz- **37** lich Schäden zugefügt, um beide aus einer gemeinschaftlichen Gefahr zu retten, so liegt ein Fall der **großen Haverei** vor. Dieses auf die Pandekten zurückgehende Rechtsinstitut (lex Rhodia de iactu)[78] bestimmt noch heute, dass der solchermaßen entstandene Schaden nicht vom Verursacher allein, sondern verschuldensunabhängig von der Gefahrengemeinschaft der Schiffs- und Ladungsbeteiligten anteilig zu tragen ist.

Die **Dispache** ist der Verteilungsplan der großen Haverei, aus dem sich die Ansprüche **38** der Vergütungsberechtigten gegen die Beitragspflichtigen ergeben.[79] Es handelt sich bei der Dispache um einen gutachterlichen Vorschlag, den die Beteiligten entweder akzeptieren oder im Dispacheverfahren einer gerichtlichen Bestätigung und Vermittlung unterziehen können;[80] zur Zuständigkeit s. § 377 Rn 29 ff. Zum Dispacheverfahren s. §§ 403 bis 409.

V. Aktienrechtliche Verfahren (Nr. 3 und 4)

1. Bestellung von Gründungsprüfern (§ 33 Abs. 3 AktG)

Übernimmt bei der Gründung einer AG oder KGaA nicht der beurkundende Notar die **39** nach § 33 Abs. 2 AktG erforderliche Gründungsprüfung gemäß § 33 Abs. 3 S. 1 AktG selbst, so hat das AG (zuständig ist der Richter, § 17 Nr. 2 a RPflG) einen **Gründungsprüfer** zu bestellen, § 33 Abs. 3 S. 2 AktG.

Antragsberechtigt sind die Gründer und die bestellten Vorstandsmitglieder, den Antrag **40** kann auch der beurkundende Notar stellen, wenn er hierzu bevollmächtigt worden ist, § 378 gilt nicht. Das Gericht entscheidet nach **freiem Ermessen,** an einen Vorschlag des

---

[73] Die Vorschrift soll im Zuge der Reform des Seehandelsrechts entfallen, vgl. RefE v. 5. 5. 2011.
[74] MünchKommZPO/Postler § 375 FamFG Rn 22.
[75] Jansen/Ries § 145 Rn 11.
[76] Rabe § 590 HGB Rn 4.
[77] Wie hier MünchKommZPO/Postler § 375 FamFG Rn 19.
[78] Rabe Vor § 700 Rn 1, 2; von Waldstein/Holland § 78 BinSchG Rn 1 m. w. N. zur Rechtsentwicklung.
[79] Rabe § 728 Rn 4; von Waldstein/Holland §§ 87, 88 BinSchG Rn 3.
[80] Rabe § 728 Rn 5; von Waldstein/Holland §§ 87, 88 BinSchG Rn 7, 8.

Antragstellers ist es nicht gebunden. Nach § 33 Abs. 4 AktG sollen Personen bzw. Prüfungsgesellschaften bestellt werden, die eine gewisse Eignung aufweisen, das Gericht ist jedoch nicht gezwungen, einen Wirtschaftsprüfer auszuwählen, sondern kann auch einen Steuerberater oder Rechtsanwalt auswählen, der die Fähigkeiten nach § 33 Abs. 4 Nr. 1 AktG besitzt.[81] Vor der Entscheidung kann das Gericht die **berufsständischen Organe,** insbesondere die Industrie- und Handelskammer, aber auch die Wirtschaftsprüfer-, Steuerberater- oder Rechtsanwaltskammer nach Ermessen anhören, insbesondere wenn der vorgeschlagene Prüfer dem Gericht unbekannt ist.

2. Meinungsverschiedenheiten zwischen Gründern und Prüfern (§ 35 AktG)

41 Bei **Meinungsverschiedenheiten** zwischen Gründern und Gründungsprüfern einer AG oder KGaA über den Umfang der Aufklärungen und Nachweise, die von den Gründern zu gewähren sind, entscheidet das AG (zuständig ist der Richter § 17 Nr. 2a RPflG), § 35 Abs. 3 S. 1 AktG. Die Entscheidung erfolgt nur auf **Antrag** der Gründer oder Prüfer.[82] Die Entscheidung ist unanfechtbar, § 35 Abs. 3 S. 2 AktG. Eine zwangsweise Durchsetzung der Entscheidung nach § 35 kommt nicht in Frage,[83] allerdings können die Prüfer die Erstattung des Prüfungsberichts **verweigern** und damit die Eintragung der Gesellschaft verhindern, solange die Gründer der Entscheidung nicht nachkommen, § 35 Abs. 3 S. 3 AktG. Zu **Auslagenersatz und Vergütung** des Gründungsprüfers siehe § 35 Abs. 3 S. 2 AktG.

3. Kraftloserklärung von Aktien (§ 73 Abs. 1 AktG)

42 Ist der Inhalt von Aktienurkunden (oder von Zwischenscheinen) durch eine Veränderung der rechtlichen Verhältnisse unrichtig geworden, so können die Aktien, die trotz Aufforderung nicht zur Berichtigung oder zum Umtausch bei der Gesellschaft eingereicht sind, mit Genehmigung des AG (zuständig ist der Richter, § 17 Nr. 2a RPflG) für **kraftlos erklärt** werden.

43 Die Genehmigung ergeht nur auf **Antrag** des Vorstands oder der Abwickler.[84] Die Aktionäre sind am Verfahren nicht zu beteiligen, da die Kraftloserklärung der Aktienurkunden zu keiner unmittelbaren Rechtsbeeinträchtigung führt, vgl. § 73 Abs. 3 S. 1 AktG.[85] Das Gericht prüft nur die gesetzlichen Voraussetzungen, nicht die Zweckmäßigkeit.[86] Die stattgebende Entscheidung ist unanfechtbar, gegen die Ablehnung der Kraftloserklärung sind die Rechtsmittel nach § 402 eröffnet. Nach Rechtskraft der Kraftloserklärung kann die Genehmigung nicht mehr geändert werden, § 48 ist nicht einschlägig.

4. Bestellung von Vorstandsmitgliedern (§ 85 AktG)

44 Fehlt ein zur Vertretung einer AG **erforderliches Vorstandsmitglied,** so hat in dringenden Fällen das AG (zuständig ist der Richter), das Mitglied zu bestellen, § 85 Abs. 1 S. 1 AktG. Die Vorschrift gilt nicht für die KGaA,[87] wohl aber für die Bestellung fehlender Abwickler einer AG oder KGaA (vgl. §§ 264 Abs. 2, 290 Abs. 2 AktG). Über entsprechende Anwendung auf den Vorstand des VVaG s. § 34 Abs. 1 VAG. Es muss ein **dringender Fall** gegeben sein. Dringlichkeit wird nur vorliegen, wenn der Aufsichtsrat nicht eingreift oder nicht eingreifen kann und ohne sofortiges Eingreifen des Gerichts zu befürchten ist, dass sich erhebliche Nachteile für die Gesellschaft selbst oder Dritte einstellen.[88] Außerdem muss es ein **erforderliches Vorstandsmitglied fehlen.** Fehlen setzt dauerhafte Verhinderung, z.B. durch Tod, aber auch durch Amtsniederlegung, voraus. Aus § 105 Abs. 2 AktG ergibt sich, dass die vorübergehende Verhinderung nicht ausreichend ist. Bloß recht-

---

[81] MünchKommZPO/Krafka § 375 FamFG Rn 15.
[82] MünchKommZPO/Krafka § 375 FamFG Rn 16.
[83] Jansen/Ries § 145 Rn 15.
[84] Jansen/Ries § 145 Rn 17.
[85] Jansen/Ries § 145 Rn 17; SBW/Nedden-Boeger § 375 Rn 30; a. A. MünchKommZPO/Krafka § 375 FamFG Rn 18.
[86] Jansen/Ries § 145 Rn 17.
[87] Jansen/Ries § 145 Rn 18.
[88] Hüffer § 85 Rn 3; MünchKommAktG/Spindler § 85 Rn 7.

liche Zweifel an der Wirksamkeit der Bestellung eines Vorstands wegen einer erhobenen Anfechtungs- und Nichtigkeitsklage genügen nicht.[89] Das Vorstandsmitglied muss für eine Vertretungs- oder Geschäftsführungsmaßnahme erforderlich sein.[90] Für mitbestimmte Gesellschaften ist das Fehlen eines Arbeitsdirektors (§§ 33 MitBestG, 13 MontanMitBestG) stets ein dringlicher Fall für dessen gerichtliche Bestellung, die auch der Betriebsrat beantragen kann.[91]

Die Bestellung erfolgt nur auf Antrag eines Beteiligten; **antragsberechtigt** ist jeder, der als Verwaltungsmitglied, Aktionär, Gläubiger usw. ein berechtigtes Interesse hat,[92] wozu auch ein Arbeitnehmer zählen kann.[93] **Beschwerdeberechtigt** ist auch ein Aktionär, der keinen eigenen Antrag gestellt hatte, einen solchen aber hätte stellen können.[94] Zu **beteiligen und anzuhören** sind die Gesellschaft, vertreten durch den Aufsichtsrat (vgl. §§ 105, 112 AktG), und die etwa vorhandenen Vorstandsmitglieder.[95] Liegen die gesetzlichen Voraussetzungen vor, so hat das Gericht das Mitglied, das sich damit einverstanden erklärt, zu bestellen. Die Bestellung muss zum **Handelsregister angemeldet** werden, es erfolgt keine amtswegie Eintragung. Sofern die Bestellung nur für eine interne Geschäftsführungsmaßnahme erforderlich ist, kann die Registereintragung unterbleiben.[96] Das Amt des gerichtlich bestellten Vorstandsmitglieds erlischt in jedem Fall, sobald der Mangel behoben ist (§ 85 Abs. 2 AktG), also bei Bestellung eines ordentlichen Vorstandsmitglieds (s. § 84 AktG). Zu den **Auslagen** und zu der **Vergütung** siehe § 85 Abs. 3 S. 2 bis 5 AktG.

5. Abberufung von Mitgliedern des Aufsichtsrats (§ 103 Abs. 3 AktG)

Das AG (zuständig ist der Richter, § 17 Nr. 2a RPflG) hat ein Aufsichtsratsmitglied einer AG, einer KGaA oder eines VVaG (§ 35 Abs. 3 VAG), das von der Hauptversammlung ohne Bindung an einen Wahlvorschlag gewählt oder auf Grund der Satzung in den Aufsichtsrat entsandt worden ist, abzuberufen, wenn in dessen Person ein **wichtiger Grund** vorliegt. Ein solcher Grund liegt nur vor, wenn ein krass gesellschaftswidriges Verhalten vorliegt, insbesondere ein Verstoß gegen die Verschwiegenheitspflicht.[97] Für die Abberufung von Aufsichtsratsmitgliedern, die weder von der Hauptversammlung ohne Bindung an einen Wahlvorschlag gewählt worden sind, noch auf Grund der Satzung in den Aufsichtsrat entsandt worden sind, gelten nach Abs. 4 außer Abs. 3 das MitBestG (§ 23), das MontanMitBestG (§ 11) und das MontanMitBestErgG (§ 10m), das Drittelbeteiligungsgesetz (§ 12), das SE-Beteiligungsgesetz (§ 37) und das Mitbestimmungsgesetz bei grenzüberschreitenden Verschmelzungen (§ 26). Abs. 3 und 4 gelten entsprechend für die Abberufung von Ersatzmitgliedern (Abs. 5).

Das Gericht entscheidet nur auf **Antrag** des Aufsichtsrats, bei auf Grund der Satzung entsandten Aufsichtsratsmitgliedern auch auf Antrag von Aktionären, deren Anteile zusammen den 10. Teil des Grundkapitals oder den Nennbetrag von einer Millionen Euro erreichen, § 103 Abs. 3 S. 3 AktG. Bei Antrag des Aufsichtsrats genügt die Unterzeichnung des Antrags durch dessen Vorsitzenden, sofern erkennbar ist, dass er den Antrag auf Grund einfachen Mehrheitsbeschlusses des Aufsichtsrats stellt.[98] Kommt wegen des Stimmrechtsverbots des abzuberufenden Aufsichtsratsmitglieds keine Mehrheit für den Antrag zustande, kann der Aufsichtsrat kein Ersatzmitglied benennen, sondern muss zuvor nach § 104 AktG den Aufsichtsrat durch das AG ergänzen lassen.[99] Vor der Entscheidung ist das betroffene Aufsichtsratsmitglied **anzuhören,** die Gesellschaft selbst und der Vorstand müssen nicht

---

[89] OLG Frankfurt FGPrax 2008, 163; Bumiller/Harders § 375 Rn 16.
[90] Vgl. Jansen/Ries § 145 Rn 19.
[91] MünchKommZPO/Krafka § 375 FamFG Rn 20.
[92] BayObLGZ 1988, 61/64; Jänig/Leißring ZIP 2010, 110/114; Jansen/Ries § 145 Rn 18.
[93] MünchKommAktG/Spindler § 85 Rn 9; MünchKommZPO/Krafka § 375 FamFG Rn 19.
[94] Jänig/Leißring ZIP 2010, 110/117; a. A. MünchKommAktG/Spindler § 85 Rn 21; Hüffer § 85 AktG Rn 4.
[95] OLG Frankfurt FGPrax 2008, 163; MünchKommAktG/Spindler § 85 Rn 13; Jansen/Ries § 145 Rn 19.
[96] Weitergehend wohl Jansen/Ries § 145 Rn 20; MünchKommZPO/Krafka § 375 FamFG Rn 21.
[97] Vgl. MünchKommAktG/Habersack § 103 Rn 41.
[98] Eckardt NJW 1967, 1011; Baumbach/Hueck § 103 Rn 9.
[99] BayObLG NZG 2003, 671.

zwingend beteiligt werden.[100] Das ordentliche Abberufungsorgan braucht nicht vorher mit der Abberufung befasst worden zu sein.[101] Mit Bekanntgabe an das abberufene Aufsichtsratsmitglied wird der Beschluss des Gerichts wirksam, § 40 Abs. 1. Mit formeller Rechtskraft ist das Mitglied endgültig aus dem Aufsichtsrat ausgeschieden.

6. Ergänzung des Aufsichtsrats (§ 104 AktG)

48 Gehören dem Aufsichtsrat einer AG, einer KGaA, eines VVaG (§ 35 Abs. 3 VAG) oder einer GmbH mit in der Regel mehr als 500 Arbeitnehmern (§ 1 Abs. 1 Nr. 3 DrittelbG) nicht die zur Beschlussfähigkeit nötige Zahl von Mitgliedern an oder weniger Mitglieder als die für seine Zusammensetzung durch Gesetz oder Satzung festgesetzte Zahl an, so hat ihn das AG (zuständig ist der Richter, § 17 Nr. 2 a RPflG) auf diese Zahl **zu ergänzen,** § 104 Abs. 1 S. 1 AktG.

49 § 104 Abs. 1 AktG lässt die gerichtliche Bestellung von Aufsichtsratsmitgliedern für die **Wiederherstellung der Beschlussfähigkeit** des Aufsichtsrats zu. Dessen Beschlussfähigkeit ist in § 108 Abs. 2 AktG geregelt. Diese setzt nicht die vollständige Besetzung, auch nicht die Wahrung eines zahlenmäßigen Verhältnisses nach § 4 MitBestG, § 5 MontanMitBest-ErgG voraus. Die Entscheidung des Gerichts erfolgt nur auf Antrag. **Antragsberechtigt** sind die in § 104 Abs. 1 AktG aufgeführten Personen oder Organe. Der Vorstand ist zur Antragsstellung verpflichtet; er kann hierzu durch Zwangsgeld nach § 407 Abs. 1 AktG angehalten werden. Der Ablauf der in § 104 Abs. 2 AktG genannten Frist ist nicht erforderlich.[102] Am Verfahren zu **beteiligen** sind der Vorstand und die übrigen Aufsichtsratsmitglieder,[103] nicht jedoch etwaige Aktionäre und Arbeitnehmer, sofern sie nicht Antragsteller sind.[104] Für mitbestimmte Gesellschaften sind die Sonderbestimmungen nach dem MitBestG (§ 28), dem MontanMitBestG (§ 10) und dem MontanMitBestErgG (§ 11) zu beachten. Das Gericht prüft, ob die für die Beschlussfassung nötige Zahl von Aufsichtsratsmitgliedern fehlt und eine Ergänzung durch Neuwahl oder Entsendung (s. § 101 AktG) nicht ohnehin bis zur nächsten Aufsichtsratssitzung zu erwarten ist.[105] Das Gericht wählt den zu bestellenden Aufsichtsrat nach pflichtgemäßem Ermessen aus, ohne an Vorschläge der Beteiligten gebunden zu sein.[106] Die Fähigkeiten und die Eignung der zu bestellenden Person sind besonders zu berücksichtigen.[107] Befindet sich der Aufsichtsrat in einer Konkurrenzsituation zu dem Unternehmen, so scheidet seine Bestellung regelmäßig aus.[108] In diesem Fall ist die Bestellung eines „neutralen" Aufsichtsratsmitglieds angezeigt.[109] Die Bestellung erfolgt ohne Beschränkung, sie ist aber nur eine vorläufige; sie erlischt in jedem Fall, sobald der Mangel durch Wahl oder Entsendung behoben ist (§ 104 Abs. 5 AktG). Gegen die stattgebende Entscheidung des Gerichts sind **beschwerdeberechtigt** auch diejenigen Aktionäre, die im ersten Rechtszug keinen Antrag gestellt haben, diesen aber hätten stellen können,[110] gegen eine zurückweisende Entscheidung nur der Antragsteller (vgl. § 59 Abs. 2).

50 § 104 Abs. 2 und 3 AktG geben dem Gericht weiterhin die Befugnis, einen **Aufsichtsrat** durch Bestellung neuer Mitglieder auf seinen vollen gesetzlichen oder satzungsmäßigen Bestand **zu ergänzen.** Auch diese Entscheidung erfolgt nur auf Antrag; das Antragsrecht bestimmt sich nach § 104 Abs. 1 AktG. Die Beteiligung von Aktionären am Verfahren ist jedenfalls dann nicht erforderlich, wenn ein Antrag des Vorstands zurückgewiesen wird.[111]

---

[100] MünchKommZPO/Krafka § 375 FamFG Rn 22.
[101] Eckardt NJW 1967, 1011/1012.
[102] OLG Düsseldorf ZIP 2010, 473/474.
[103] OLG Dresden NJW-RR 1998, 830/831; MünchKommAktG/Habersack § 104 Rn 38.
[104] MünchKommAktG/Habersack § 104 Rn 38; vgl. BayVerfGH NZG 2006, 25; a. A. OLG Dresden NJW-RR 1998, 830; Nedden-Boeger FGPrax 2010, 1/3.
[105] Baumbach/Hueck § 104 AktG Rn 8.
[106] OLG Hamm FGPrax 2011, 150 = BeckRS 2011, 01046; OLG München NZG 2009, 1149/1150; OLG Schleswig FGPrax 2004, 244.
[107] BayObLG ZIP 1997, 1883; MünchKommAktG/Habersack, § 104 Rn 31; Jansen/Ries § 145 Rn 30.
[108] OLG Schleswig FGPrax 2004, 244.
[109] OLG München NZG 2009, 1149/1150.
[110] KG ZIP 2005, 1553; OLG Schleswig FGPrax 2004, 244; OLG Dresden NJW-RR 1998, 830; Jänig/Leißring ZIP 2010, 110/117; a. A. Hüffer § 104 AktG Rn 5.
[111] OLG Köln ZIP 2011, 522/525.

Die Ergänzung ist, von dringenden Fällen abgesehen, erst zulässig, wenn das Fehlen der vorgeschriebenen Zahl von Aufsichtsratsmitgliedern länger als 3 Monate gedauert hat. Ein dringender Fall ist gegeben, wenn für die Funktionsfähigkeit der Gesellschaft ein dringendes Bedürfnis besteht.[112] Eine „präventive" Bestellung von Aufsichtsratsmitgliedern kommt nicht in Frage, auch nicht unter der aufschiebenden Bedingung, dass einer Anfechtungsklage über einen Bestechungsbeschluss stattgegeben werden sollte.[113] Abs. 3 enthält Besonderheiten bei der Ergänzung des Aufsichtsrats, in dem die Arbeitnehmer ein Mitbestimmungsrecht nach dem MitBestG, dem MontanMitBestG oder dem MontanMitBestErgG haben.

Besondere Vorschriften enthält § 104 Abs. 4 für die beiden Fälle der Ergänzung, wenn **51** dem Aufsichtsrat auch **Aufsichtsratsmitglieder der Arbeitnehmer** angehören.[114] In allen Fällen wird dem Gericht auch ein **Recht auf Abberufung** der von ihm bestimmten Personen zuzugestehen sein, insbesondere wenn ein wichtiger Grund in der Person des Bestellten vorliegt; das Gericht kann dann gegebenenfalls eine Neubestellung vornehmen.[115] Zu den **Auslagen** und seine **Vergütung** siehe § 104 Abs. 6 AktG.

7. Ermächtigung zur Einberufung der Hauptversammlung (§ 122 Abs. 3 AktG)

Das Gericht (zuständig ist der Richter, § 17 Nr. 2a RPflG) kann eine Aktionärsmin- **52** derheit zur **Einberufung der Hauptversammlung** einer AG oder KGaA bzw. eine Minderheit der Mitglieder eines VVaG zur Einberufung der obersten Vertretung (§ 36 S. 1 VAG) oder zur **Bekanntmachung des Gegenstandes der Beschlussfassung** ermächtigen, wenn der Vorstand einem Verlangen nach § 122 Abs. 1 oder Abs. 2 AktG nicht nachkommt, § 122 Abs. 3 S. 1 AktG.

Den **Antrag zur Einberufungsermächtigung** nach § 122 Abs. 1 AktG können nur **53** Aktionäre stellen, deren Anteile zusammen 5% des Grundkapitals der AG erreichen, den **Antrag zur Bekanntmachungsermächtigung** nach § 122 Abs. 2 AktG können nur Aktionäre stellen, die zusammen 5% des Grundkapitals oder den anteiligen Betrag von 500 000 € erreichen, stellen. Die Aktionäre müssen die Aktien mindestens drei Monaten vor der Hauptversammlung kontinuierlich bis zur Entscheidung des Gerichts in Eigenbesitz gehabt haben,[116] § 142 Abs. 2 S. 2 AktG. Der Nachweis kann auf beliebige Weise erfolgen, durch Bankbescheinigung oder Eintragung im Aktienregister.[117] Am Verfahren sind neben dem Antragsteller die Gesellschaft, vertreten durch den Vorstand oder die Abwickler, zu **beteiligen**.

Das Gericht muss dem Antrag stattgeben, wenn die Voraussetzungen vorliegen, es hat **54** keine Ermessensentscheidung.[118] Nur wenn der Antrag offensichtlich rechtsmissbräuchlich ist, kommt eine Antragszurückweisung in Betracht.[119] Das Gericht kann auch ohne entsprechenden Antrag von Amts wegen die **Bestellung des Vorsitzenden** der Versammlung vornehmen (§ 122 Abs. 3 S. 2 AktG). Ob die Einberufung bzw. Bekanntgabe erfolgt, liegt im Ermessen der ermächtigten Aktionäre, machen sie von ihrem Recht Gebrauch, ist auf die gerichtliche Ermächtigung hinzuweisen, § 122 Abs. 3 S. 2 AktG.

8. Bestellung besonderer Vertreter (§ 147 Abs. 2 AktG)

Ersatzansprüche der Gesellschaft gegen Gründer, Gründergenossen, Emittenten, **55** Vorstands- und Aufsichtsratsmitglieder aus der Gründung oder Nachgründung (§§ 46 bis 48, 53 AktG), gegen Mitglieder des Aufsichtsrats oder des Vorstands aus der Geschäftsfüh-

---

[112] OLG Hamm FGPrax 2011, 150 = BeckRS 2011, 01046.
[113] OLG Köln ZIP 2011, 522/523 f.
[114] Dazu LG Saarbrücken AG 1967, 332.
[115] Baumbach/Hueck § 104 Rn 19; a. A. OLG Dresden NJW-RR 1998, 830; Jansen/Ries § 145 Rn 31: Abberufung auch ohne wichtigen Grund möglich.
[116] OLG Düsseldorf ZIP 2004, 313.
[117] Jansen/Ries § 145 Rn 33.
[118] Jansen/Ries § 145 Rn 34; MünchKommZPO/Krafka § 375 FamFG Rn 26.
[119] KG ZIP 2003, 1042; Jansen/Ries § 145 Rn 34 m.w.N.; MünchKommZPO/Krafka § 375 FamFG Rn 26.

rung (§§ 93, 94, 116, 147 Abs. 2 AktG) oder gegen Personen, die schädigenden Einfluss ausgeübt haben (§ 117 AktG; § 35 a VAG), müssen geltend gemacht werden, wenn es die Hauptversammlung mit einfacher Stimmenmehrheit beschließt.[120] Die Vorschrift gilt für die AG, die KGaA und VVaG (§ 36 VAG). Sie ist analog anwendbar auf die GmbH (vgl. § 46 Nr. 8 GmbHG) und Personengesellschaften, insbesondere eine Publikums-KG.[121]

56 Hat die Hauptversammlung die Geltendmachung von Ersatzansprüchen beschlossen oder eine Minderheit von Aktionären, deren Anteile zusammen den 10. Teil des Grundkapitals erreichen, dies verlangt, so hat das AG (zuständig ist der Richter, § 17 Nr. 2 a RPflG) auf **Antrag** einer Aktionärsminderheit im genannten Umfang oder einer solchen, deren Anteile einen Nennbetrag von 1 000 000 € erreichen,[122] als Vertreter der Gesellschaft zur Geltendmachung der Ersatzansprüche andere als die nach §§ 78, 112 oder § 147 Abs. 3 S. 1 AktG von der Hauptversammlung der Gesellschaft berufene Personen zu bestellen, wenn ihm dies für eine **gehörige Geltendmachung zweckmäßig** erscheint, § 147 Abs. 2 S. 2 AktG. Dies ist insbesondere dann der Fall, wenn Anlass zu der Annahme besteht, dass durch die gesetzlichen Vertreter der Gesellschaft eine sachgerechte Geltendmachung der Ansprüche nicht zu erwarten ist.[123] Die Aussichten der Klage hat das Gericht hierbei nicht zu prüfen.[124] Am Verfahren zu **beteiligen** ist die Gesellschaft (§ 7 Abs. 2 Nr. 1). Das Gericht hat den besonderen Vertreter nach pflichtgemäßem Ermessen auszuwählen, an Vorschläge ist es nicht gebunden, es darf andererseits die Auswahl nicht einem Dritten überlassen.[125] Zu den **Auslagen** und zu der **Vergütung** siehe § 147 Abs. 2 S. 5 bis 9 AktG.

9. Bestellung von Sachkapitalerhöhungprüfern und Entscheidung von Meinungsverschiedenheiten zwischen Vorstand und Prüfern (§ 183 a Abs. 3 AktG)

56a Durch das Gesetz zur Umsetzung der Aktionärsrechterichtlinie vom 30. 7. 2009[126] wurde in § 183 a AktG die Möglichkeit einer vereinfachten Sachkapitalerhöhung geschaffen. Gemäß § 183 a Abs. 3 AktG hat bei Vorliegen der Voraussetzungen des § 33 a Abs. 2 AktG das AG auf **Antrag** von Aktionären, die am Tag des Kapitalerhöhungsbeschlusses und zum Zeitpunkt der Antragstellung mehr als 5% des Grundkapitals halten, einen oder mehrere Prüfer zu bestellen. Der Antrag kann bis zum Tag der Eintragung des Kapitalerhöhungsbeschlusses gestellt werden, § 183 a Abs. 3 S. 2. Zu **beteiligen** ist die Gesellschaft, der Vorstand ist anzuhören, § 183 a Abs. 3 S. 3 AktG. Im Übrigen gelten die §§ 33 Abs. 4 und 5, § 34 AktG entsprechend, § 183 a Abs. 4 AktG. Da diese Tätigkeit der Prüferbestellung nach § 33 Abs. 3 AktG ähnelt, wurde es durch Art. 8 Nr. 1 des Gesetzes zur Umsetzung der geänderten Bankenrichtlinie und der geänderten Kapitaladäquanzrichtlinie vom 19. 11. 2010[127] im Interesse der Rechtsklarheit in den Katalog des § 375 aufgenommen.[128] Bei **Meinungsverschiedenheiten** zwischen den Prüfern und dem Vorstand entscheidet das Gericht entsprechend § 35 AktG (s. Rn 41), § 183 a Abs. 4.

10. Bestellung und Abberufung von Abwicklern (§ 265 Abs. 3 und 4 AktG)

57 Das AG (zuständig ist der Richter, § 17 Nr. 2 a RPflG) hat bei Vorliegen eines wichtigen Grundes über die Bestellung und Abberufung von Abwicklern einer AG, KGaA und eines VVaG (§ 47 Abs. 2 VAG) zu entscheiden. Die Vorschriften gelten nicht für den Arbeitsdirektor, soweit sich seine Bestellung und Abberufung nach den Vorschriften des Montan-MitBestG bestimmen (§ 265 Abs. 6 AktG). Einen **wichtigen Grund** stellen die zu § 146 Abs. 2 HGB (Rn 9) und § 147 HGB (Rn 13) angeführten Umstände dar. Für eine bereits

---
[120] Dazu Jansen/Ries § 145 Rn 41.
[121] Vgl. BGH NZG 2010, 1381.
[122] Vgl. zum Nachweis der Aktionärseigenschaft KG NZG 2005, 319.
[123] OLG Frankfurt NJW-RR 2004, 686.
[124] KG NZG 2005, 319; OLG Frankfurt NJW-RR 2004, 686; Jansen/Ries § 145 Rn 43.
[125] OLG Frankfurt NJW-RR 2004, 686.
[126] BGBl. I S. 2479.
[127] BGBl. I S. 1592.
[128] BT-Drs. 17/1720 S. 51 f.

im Gründungsstadium erforderliche Abwicklung kann kein Abwickler nach dieser Vorschrift bestellt werden.[129]

Antragsberechtigt sind der Aufsichtsrat und eine Aktionärsminderheit, die entweder 5% des Grundkapitals oder den anteiligen Betrag von 500 000 € erreichen, wenn sie seit mindestens drei Monaten Aktieninhaber sind. Die Antragsbefugnis kann durch eidesstattliche Versicherung vor einem Notar glaubhaft gemacht (§ 31) werden, § 65 Abs. 3 S. 1, 2 AktG. Bei der KGaA ist auch jeder persönlich haftende Gesellschafter antragsbefugt, § 290 Abs. 2 AktG. Bei Kreditinstituten ist auch die BaFin antragsberechtigt, wenn die zur Abwicklung berufene Person keine Gewähr für eine ordnungsgemäße Abwicklung bietet. **Kein Antragsrecht** haben Gläubiger der Gesellschaft. Am Verfahren beteiligt sind neben dem Antragsteller die Gesellschaft und der abzuberufende Abwickler. Das Gericht entscheidet nach **freiem Ermessen** ohne Bindung an die Vorschläge der Beteiligten, muss aber einen Abwickler auswählen, der zur Übernahme des Amtes bereit ist und die gesetzlichen Voraussetzungen hierfür erfüllt. Zu den **Auslagen** und zu der **Vergütung** siehe § 265 Abs. 4 AktG.

11. Befreiung von der Abschlussprüfung (§ 270 Abs. 3 AktG)

Das AG (zuständig ist der Richter § 17 Nr. 2 a RPflG) kann eine im Liquidationsstadium befindliche AG, KGaA oder einen VVaG (§ 47 Abs. 3 S. 2 VAG) von der Prüfung des Jahresabschlusses und des Lageberichts durch einen Abschlussprüfer befreien, wenn die Verhältnisse der Gesellschaft so **überschaubar** sind, dass eine Prüfung im Interesse der Gläubiger und Aktionäre nicht geboten erscheint, § 270 Abs. 3 S. 1 AktG. Bei großen Kapitalgesellschaften (§ 267 Abs. 3 HGB) sowie bei Gesellschaften, die noch während der Abwicklung eine erhebliche Geschäftstätigkeit entfalten oder bei denen begründete Zweifel an der Richtigkeit der Jahresabschlüsse bestehen, scheidet eine Befreiung aus.[130] **Antragsberechtigt** ist die Gesellschaft, vertreten durch die Abwickler. Ist über das Vermögen der Gesellschaft das Insolvenzverfahren eröffnet, ist auch der Insolvenzverwalter antragsberechtigt. Gesellschafter und Gläubiger können beteiligt werden.

12. Verwahrung der Bücher und Schriften sowie Gewährung der Einsichtnahme (§ 273 Abs. 2 und 3 AktG)

Nach dem Schluss der Abwicklung einer AG, einer KGaA oder eines VVaG (§ 47 Abs. 3 S. 1 VAG) bestimmt das AG (durch den Richter) einen **sicheren Ort**, an dem die **Bücher und Schriften** der Gesellschaft (hierzu zählen nicht nur die Unterlagen nach § 257 HGB, sondern auch das Aktienregister nach § 67 AktG) auf zehn Jahre zu verwahren sind, § 270 Abs. 2 AktG. An einen Vorschlag des Abwicklers bei Anmeldung des Erlöschens ist das Gericht nicht gebunden, wenn der Ort evident keine sichere Verwahrung gewährleistet. Als sicheren Ort kann das Gericht auch ein privates Archivierungsbüro bestimmen, die Kosten der Archivierung hat die Gesellschaft zu tragen.[131]

Außerdem gestattet das AG (durch den Richter) Aktionären und Gläubigern die Einsichtnahme in diese Unterlagen, soweit diese ein **berechtigtes Interesse** glaubhaft machen können.[132] Soweit überwiegende Interessen (z. B. das Steuergeheimnis) entgegenstehen, muss der Antrag abgelehnt werden.[133] Das Recht auf Einsichtnahme umfasst auch die Befugnisse, Abschriften zu fertigen und Sachverständige hinzuzuziehen, ein Anspruch auf Aushändigung der Unterlagen besteht jedoch nicht.[134] Entgegen der h. M.[135] kann die Gestattung der Einsichtnahme weder nach § 35 noch nach § 95 Abs. 1 Nr. 3 vom Gericht

---

[129] OLG Frankfurt NJW-RR 1996, 290; Jansen/Ries § 145 Rn 49.
[130] Jansen/Ries § 145 Rn 51; MünchKommZPO/Krafka § 375 FamFG Rn 29.
[131] AG Jena Rpfleger 2009, 323.
[132] MünchKommZPO/Krafka § 375 FamFG Rn 30.
[133] BayObLG NZG 2003, 439; Jansen/Ries § 145 Rn 52.
[134] MünchKommZPO/Krafka § 375 FamFG Rn 30.
[135] OLG Oldenburg BB 1983, 1434; Jansen/Ries § 145 Rn 52; MünchKommZPO/Krafka § 375 FamFG Rn 30.

erzwungen werden; der Berechtigte muss seinen Anspruch vor dem Prozessgericht durchsetzen.[136]

13. Bestellung von Nachtragsabwicklern (§ 273 Abs. 4 AktG)

62 Stellt sich nach Abschluss der Abwicklung und Löschung der Gesellschaft (AG, KGaA oder VVaG, § 47 Abs. 3 S. 1 VAG) heraus, dass **weitere Abwicklungsmaßnahmen nötig** sind, so hat das AG (der Richter[137]) die bisherigen Abwickler neu zu bestellen oder andere Abwickler zu berufen, § 273 Abs. 4 S. 1 AktG. Die Vorschrift wird entsprechend auf die GmbH und Publikums-Personengesellschaften angewandt.[138] Weiter Abwicklungsmaßnahmen können nicht nur bei noch unverteiltem Vermögen der Gesellschaft, sondern auch bei dem Erfordernis, der Gesellschaft rechtliche Handlungsfähigkeit zu verschaffen, gegeben sein.[139] Auch die Abberufung des Nachtragsabwicklers aus wichtigem Grund kommt in Betracht.[140]

63 Das Gericht entscheidet nur auf **Antrag** eines Beteiligten (Aktionär, Gläubiger, frühere Abwickler). Eine Bestellung scheidet dann aus, wenn die Gesellschaft durch einen Prozessbevollmächtigten vertreten ist.[141] Bestellt das Gericht nicht den alten Abwickler erneut, so benennt es einen neuen Abwickler nach **pflichtgemäßem Ermessen,** der Bevollmächtigte eines Gläubigers scheidet hierbei aber aus.[142] Soweit nur einzelne Abwicklungsmaßnahmen erforderlich sind,[143] kann die Wiedereintragung der Gesellschaft und der Abwickler im Handelsregister unterbleiben, der Vertretungsnachweis wird durch den Beschluss geführt,[144] auf dessen Wirksamkeit Dritte gemäß § 47 vertrauen dürfen. Zu der Festsetzung von **Auslagen und Vergütung** des Nachtragsabwicklers siehe § 265 Abs. 4 AktG entsprechend (§ 273 Abs. 4 S. 2 AktG).

14. Einberufung der Hauptversammlung einer SE

64 Art. 55 Abs. 3 VO (EG) 2157/2001 ermöglicht Minderheitsaktionären die Einberufung der Hauptversammlung oder die Ergänzung eines Tagesordnungspunktes[145] einer Europäische Gesellschaft (SE) mit Hilfe des AG (zuständig ist der Richter, § 17 Nr. 2a RPflG) durchzusetzen. Wird die Hauptversammlung nicht rechtzeitig bzw. nicht spätestens zwei Monate nachdem ein oder mehrere Aktionäre, die mindestens 5% des gezeichneten Kapitals der SE halten (vgl. § 50 Abs. 1 SEAG), abgehalten, so kann das AG am Sitz der Gesellschaft anordnen, dass die Versammlung innerhalb einer bestimmten Frist **einzuberufen** ist oder die den Antrag stellenden **Aktionäre dazu ermächtigen.** Beide Alternativen bestehen uneingeschränkt nebeneinander.[146]

65 Der **Antrag** ist unbefristet möglich, kann allerdings verwirkt sein.[147] Das Gericht ermittelt von Amts wegen (§ 26) und hat die SE am Verfahren zu **beteiligen.** Liegen die Einberufungsvoraussetzungen vor, so muss der Richter dem Antrag stattgeben, er hat kein Entscheidungsermessen.[148] Das Gericht beruft die Hauptversammlung nicht selbst ein, son-

---

[136] A. A. BeckOK/Munzig § 375 FamFG Rn 56; Bumiller/Harders § 375 Rn 23: Vollstreckung nach § 95 aus der Entscheidung.
[137] OLG Frankfurt GmbHR 1993, 230.
[138] BGH NJW 2003, 2676; OLG Frankfurt GmbHR 1993, 320; Jansen/Ries § 145 Rn 53.
[139] OLG München FGPrax 2008, 171; Jansen/Ries § 145 Rn 53; MünchKommZPO/Krafka § 375 FamFG Rn 31.
[140] OLG Köln GmbHR 2003, 360; MünchKommZPO/Krafka § 375 Rn 31.
[141] BayObLG Rpfleger 2004, 707; Jansen/Ries § 145 Rn 54.
[142] Jansen/Ries § 145 Rn 54.
[143] OLG München ZIP 2010, 2204: Abwicklung eines bestehenden Kontos, drei abgeschlossener Verträge sowie Abgabe der Steuererklärungen erfordern keine Handelsregistereintragung, selbst wenn die Gesellschaft noch werbend tätig ist.
[144] OLG München FGPrax 2008, 171; MünchKommZPO/Krafka § 375 FamFG Rn 31; a.A. OLG Koblenz NZG 2007, 431.
[145] Art. 56 VO (EG) 2157/2001 sieht zwar kein gerichtliches Durchsetzungsverfahren vor, die h. M. wendet aber insofern Art. 55 Abs. 3 entsprechend an, MünchKommAktG/Kubis Art. 55, 56 VO (EG) 2157/2001 Rn 22.
[146] MünchKommAktG/Kubis Art. 55, 56 VO (EG) 2157/2001 Rn 13.
[147] MünchKommAktG/Kubis Art. 55, 56 VO (EG) 2157/2001 Rn 15.
[148] MünchKommAktG/Kubis Art. 55, 56 VO (EG) 2157/2001 Rn 15.

dern ordnet entweder die Einberufung durch die Vertretungsorgane an, was mit Zwangsmitteln nach § 35 erzwungen werden kann,[149] oder es ermächtigt die Aktionäre, wie im Rahmen des § 122 Abs. 3 AktG, die Hauptversammlung einzuberufen, es gelten die bei Rn 54 dargestellten Grundsätze.

15. Abberufung der Mitglieder des Verwaltungsrats einer SE

Liegt in der Person eines Verwaltungsratsmitglieds einer Europäischen Gesellschaft ein **wichtiger Grund** vor, der dessen Abberufung rechtfertigt, so kann ihn das AG (durch den Richter, § 17 Nr. 2 a RPflG) abberufen. **Antragsberechtigt** ist der Verwaltungsrat, sofern er dies mit einfacher Mehrheit beschlossen hat, § 29 Abs. 3 S. 1, 2 SEAG. Aktionäre, deren Anteile zusammen 10% des Grundkapitals oder den anteiligen Betrag von einer Million Euro erreichen, können den Antrag ebenfalls stellen, wenn es sich um ein Mitglied des Verwaltungsrats handelt, das aufgrund der Satzung entsandt worden ist, § 29 Abs. 3 S. 2 SEAG. Es gelten die Ausführungen zu § 103 Abs. 3 AktG entsprechend, s. Rn 47. **66**

16. Ergänzung des Verwaltungsrats einer SE

Ist der Verwaltungsrat einer SE **beschlussunfähig** oder **unterbesetzt**, so ist dieser vom AG (zuständig ist der Richter) auf die nötige Zahl zu ergänzen, § 30 Abs. 1 S. 1, Abs. 2 S. 1 SEAG. Den **Antrag** kann ein Mitglied des Verwaltungsrats oder ein Aktionär stellen, § 30 Abs. 1 S. 1 SEAG, besteht der Verwaltungsrat auch aus Mitgliedern der Arbeitnehmer, so können nach § 30 Abs. 1 S. 3 SEAG auch die nach § 104 Abs. 1 S. 3 AktG antragsberechtigten und der SE-Betriebsrat den Antrag stellen. Zu **beteiligen** ist neben dem Antragsteller die SE selbst. In den Fällen der Beschlussunfähigkeit ist die Entscheidung vom Gericht unverzüglich, in den Fällen der Unterbesetzung erst nach drei Monaten, in dringenden Fällen bereits zuvor, zu treffen. Die Auswahl der neuen Verwaltungsratsmitglieder trifft das Gericht nach freiem Ermessen, der Ausgewählte muss zur Übernahme des Amtes bereit sein und es dürfen keine Bestellungshindernisse vorliegen.[150] Das Amt erlischt nach § 30 Abs. 3 SEAG, sobald der Mangel behoben ist. **67**

17. Bestellung eines geschäftsführenden Direktors einer SE

Fehlt ein erforderlicher geschäftsführender Direktor, so hat in dringenden Fällen das AG (zuständig ist der Richter, § 17 Nr. 2 a RPflG) auf **Antrag eines Beteiligten** das Mitglied zu bestellen, § 45 S. 1 SEAG. Für das Verfahren wird auf § 85 Abs. 1 S. 2, Abs. 2 und 3 AktG verwiesen, § 45 S. 2 SEAG. Siehe hierzu die Ausführungen unter Rn 44 f. **68**

VI. Verfahren nach dem UmwG (Nr. 5)

Schadensersatzansprüche gegen Mitglieder des Vertretungsorgans und gegen Aufsichtsratsmitglieder des übertragenden Rechtsträgers im Rahmen von Verschmelzungs- und Spaltungsvorgängen sowie bei einem Formwechsel (§§ 25, 205 UmwG) können nur von einem **besonderen Vertreter** geltend gemacht werden (§ 26 Abs. 1 und 4 UmwG i. V. m. § 125 S. 1 UmwG, § 206 S. 2 und 3 UmwG). Dieser Vertreter wird vom AG (zuständig ist der Richter, § 17 Nr. 2 a RPflG) bestellt, wenn ein Anspruch nach § 25 UmwG glaubhaft gemacht worden ist.[151] Der gerichtlich bestellte Vertreter handelt für den als fingiert fortbestehenden Rechtsträger sowie auch für dessen Anteilsinhaber und Gläubiger zur Gewährleistung eines ordnungsgemäßen Verfahrens zur Verteilung des Erlöses.[152] **69**

---

[149] Ähnlich MünchKommAktG/Kubis Art. 55, 56 VO (EG) 2157/2001 Rn 16, allerdings mit unzutreffendem Verweis auf § 888 ZPO.
[150] MünchKommZPO/Krafka § 375 FamFG Rn 34.
[151] OLG Hamm DB 1991, 2535; Semler/Stengel/Kübler § 26 Rn 4.
[152] Semler/Stengel/Kübler § 26 Rn 1; MünchKommZPO/Krafka § 375 FamFG Rn 36.

70 **Antragsberechtigt** sind **Anteilsinhaber** des übertragenden Rechtsträgers oder **Gläubiger,** letztere jedoch nur, wenn sie von dem übernehmenden Rechtsträger keine Befriedigung erlangen können (§ 26 Abs. 1 S. 1 und 2 UmwG), wobei erfolglose Zwangsvollstreckungsmaßnahme nicht erfolgt sein müssen.[153] **Nicht antragsberechtigt** ist der übernehmende Rechtsträger, auch nicht im Falle der Verschmelzung.[154] Die Auswahl des besonderen Vertreters trifft das Gericht nach **freiem Ermessen,** ist also an einen Vorschlag des Antragstellers nicht gebunden.[155] Der designierte Vertreter kann eine natürliche Person, eine juristische Person oder eine Personengesellschaft sein;[156] er muss mit seiner Bestellung einverstanden sein. Zu den **Auslagen** und zu der **Vergütung** der Vertreter siehe § 26 Abs. 4 S. 2, 3 UmwG.

VII. Verfahren nach dem GmbHG (Nr. 6)

1. Bestellung und Abberufung von Liquidatoren (§ 66 Abs. 2 und 3 GmbHG)

71 Das AG (zuständig ist der Rechtspfleger § 17 Nr. 2 a RPflG) kann aus **wichtigem Grund** einen Liquidator bestellen (§ 66 Abs. 2 GmbHG) bzw. abberufen (§ 66 Abs. 3 S. 1 GmbHG). Wichtige Gründe stellen z. B. dar: grobe Pflichtverletzungen des Liquidators,[157] Parteilichkeit des Liquidators,[158] erhebliche Streitigkeiten im Verhältnis zu den Gesellschaftern[159] oder zwischen zwei Liquidatoren untereinander,[160] wobei jeweils kein Verschulden vorausgesetzt wird.[161] Ist eine Nachtragsliquidation bei Löschung wegen Vermögenslosigkeit erforderlich, so werden die Nachtragsliquidatoren ebenfalls vom Gericht bestellt, § 66 Abs. 5 GmbHG (s. § 394 Rn 55 ff.).

72 **Antragsberechtigt** ist ein Gesellschafter, dessen Geschäftsanteile 10% des Stammkapitals ausmachen, § 66 Abs. 2 GmbHG. **Verfahrensbeteiligte** sind neben dem Antragsteller die Gesellschaft und der zu bestellende bzw. abzuberufende Liquidator.[162] Das Gericht entscheidet nach **freiem Ermessen,** wen es zum Liquidator bestellt, dieser muss nach § 66 Abs. 4 GmbHG zur Übernahme des Amtes geeignet und bereit sein.[163] Fehlt ein Liquidator überhaupt, so kommt die Bestellung eines Notgeschäftsführers bzw. **Notliquidators** analog §§ 29, 48 BGB (s. Rn 104 f.), im Falle der Nachtragsliquidation nach § 66 Abs. 5 GmbHG bzw. § 273 Abs. 4 AktG analog in Betracht (s. § 394 Rn 35 ff.).[164]

2. Befreiung von der Abschlussprüfung (§ 71 Abs. 3 GmbHG)

73 Sind die **Verhältnisse der Gesellschaft** so **überschaubar,** dass eine Prüfung im Interesse der Gläubiger und der Gesellschafter nicht geboten erscheint, kann das AG (zuständig ist der Richter § 17 Nr. 2 a RPflG) von der Prüfung des Jahresabschlusses und des Lageberichts durch einen Abschlussprüfer befreien (§ 71 Abs. 3 S. 1 GmbHG). Eine Befreiung scheidet aus, wenn die GmbH noch erhebliche Geschäftstätigkeit abwickelt oder wenn es sich um eine große GmbH (§ 267 Abs. 3 HGB) handelt.[165] **Antragsberechtigt** ist die Gesellschaft, vertreten durch die Liquidatoren. Ist über das Vermögen der GmbH das Insolvenzverfahren eröffnet,[166] ist auch der Insolvenzverwalter antragsberechtigt.[167] Gesellschafter und Gläubiger können beteiligt werden.

---

[153] MünchKommZPO/Krafka § 375 FamFG Rn 36.
[154] Semler/Stengel/Kübler § 26 Rn 7; MünchKommZPO/Krafka § 395 FamFG Rn 36; a. A. Schmitt/Hörtnagl/Stratz § 26 Rn 14.
[155] Jansen/Ries § 145 Rn 58.
[156] Semler/Stengel/Kübler § 26 Rn 4.
[157] OLG Düsseldorf NZG 2002, 90.
[158] Jansen/Ries § 148 Rn 10.
[159] BayObLG NJW-RR 1996, 1384; Jansen/Ries § 148 Rn 10.
[160] OLG Frankfurt GmbHR 2006, 493; Bumiller/Harders § 375 Rn 29.
[161] BayObLG NJW-RR 1996, 1384; OLG Frankfurt GmbHR 2006, 493.
[162] MünchKommZPO/Krafka § 375 FamFG Rn 37.
[163] Jansen/Ries § 148 Rn 10; MünchKommZPO/Krafka § 375 FamFG Rn 37.
[164] Jansen/Ries § 148 Rn 12, 13.
[165] Jansen/Ries § 145 Rn 60.
[166] OLG München FGPrax 2008, 82.
[167] LG Dresden GmbHR 1995, 667; Jansen/Ries § 145 Rn 60; a. A. OLG München DB 2005, 2013.

3. Verwahrung der Bücher und Papiere sowie Gewährung der Einsichtnahme (§ 74 Abs. 2 und 3 GmbHG)

Die **Bücher und Schriften** werden nach der Beendigung der Liquidation für zehn Jahre nach Maßgabe des Gesellschaftsvertrags oder nach Maßgabe eines Gesellschafterbeschlusses von einem Gesellschafter oder einem Dritten verwahrt. In Ermangelung einer solchen Bestimmung ernennt das AG (zuständig ist der Rechtspfleger, § 17 Nr. 2 a RPflG)[168] einen **Verwahrer**. Die Ernennung erfolgt nur auf Antrag eines Liquidators, eines Gesellschafters, des Insolvenzverwalters oder eines Gläubigers. Der Verwahrer braucht keine besonderen persönlichen Eignungsvoraussetzungen aufzuweisen. Das Gericht kann vielmehr jeden zum Verwahrer bestimmen, der hierzu auch durch Gesellschaftsvertrag, Beschluss oder Einigung hätte bestimmt werden können. Das gerichtliche Bestimmungsrecht ist lediglich nach allgemeinen Grundsätzen dahin begrenzt, dass das Gericht nicht „sehenden Auges" einen handgreiflich ungeeigneten Verwahrer bestimmen darf.[169] Gegen die Entscheidungen des Gerichts sind Beschwerde und Rechtsbeschwerde statthaft. 74

Außerdem kann das AG (zuständig ist ebenfalls der Rechtspfleger, § 17 Nr. 2 a RPflG) auf Antrag einen **Gläubiger** zur Einsichtnahme in die Bücher und Schriften ermächtigen, soweit dem keine überwiegenden Interessen (z. B. Steuer- oder Bankgeheimnis) entgegenstehen.[170] Gesellschafter und ihre Rechtsnachfolger sind stets zur Einsichtnahme berechtigt.[171] In keinem Fall kann das AG die Einsichtnahme durch Zwangsmittel nach § 35 oder § 95 Abs. 1 Nr. 3 durchsetzen, der Anspruch muss im Zivilrechtsweg durchgesetzt werden.[172] 75

VIII. Genossenschaftsrechtliche Verfahren (Nr. 7 und 8)

1. Ermächtigung zur Einberufung der Generalversammlung (§ 45 Abs. 3 GenG)

Wird dem **Verlangen der Mitglieder** auf Einberufung der Generalversammlung oder auf Ankündigung der Beschlussgegenstände nicht entsprochen, so kann das AG (zuständig ist der Rechtspfleger, § 17 Nr. 2 a RPflG) die Mitglieder zur Einberufung und Bekanntmachung ermächtigen, § 45 Abs. 3 S. 1 GenG. 76

Der **Antrag** muss von 10% der Mitglieder (oder des in der Satzung bezeichneten geringeren Quorums) unterstützt werden. Der zehnte Teil der Vertreterversammlung nach § 43 a GenG ist nicht entsprechend § 45 Abs. 3 S. 1 GenG antragsberechtigt.[173] Für den Antrag gilt § 23, so dass dieser auch in Textform dem Gericht gegenüber abgegeben werden kann, denn eine Unterzeichnung des Antrags ist nicht Muss-Erfordernis.[174] Am Verfahren sind neben dem Antragsteller die Genossenschaft, vertreten durch den Vorstand oder die Liquidatoren, zu **beteiligen**.[175] Zu den statthaften Rechtsmitteln s. § 402. Im Übrigen gelten die Ausführungen zu Rn 54 entsprechend. 77

2. Bestellung eines Prüfverbandes (§ 64 b GenG)

Gehört eine Genossenschaft keinem Prüfungsverband an (z. B. wegen Kündigung oder Ausschluss aus dem Prüfungsverband oder weil der Prüfungsverband sein Prüfungsrecht verloren hat), so kann das AG (zuständig ist der Rechtspfleger § 17 Nr. 2 a RPflG) einen Prüfungsverband zur Wahrnehmung der im Gesetz den Prüfungsverbänden übertragenen Aufgaben bestellen, § 64 b S. 1 GenG. Diese gerichtliche Bestellung kommt nur bei **vorübergehendem Fehlen** eines Prüfungsverbands in Betracht, die dauerhafte Bestellung eines Zwangsverbands scheidet aus, ebenso die Bestellung, wenn sich die Genossenschaft wei- 78

---

[168] Unzutreffend MünchKommZPO/Krafka § 375 FamFG Rn 39.
[169] OLG Düsseldorf FGPrax 2010, 304.
[170] Jansen/Ries § 148 Rn 15.
[171] Jansen/Ries § 148 Rn 15.
[172] Bumiller/Harders § 145 Rn 30; a. A. BeckOK/Munzig § 375 FamFG Rn 73; SBW/Nedden-Boeger § 375 Rn 53.
[173] KG NJW-RR 1999, 1488.
[174] A. A. Pöhlmann/Fandrich § 45 Rn 10.
[175] Vgl. KG NJW-RR 1999, 1488.

gert, die Pflichtprüfung durchzuführen.[176] Die Bestellung erfolgt von Amts wegen, vor der Bestellung ist der Genossenschaft rechtliches Gehör zu gewähren. Die Entscheidung soll die fachliche Eigenart und den Sitz der Genossenschaft berücksichtigen, § 64b S. 2 GenG. Die Genossenschaft wird **kein Mitglied des Prüfungsverbands**.[177] Tritt die Genossenschaft nachträglich einem Prüfungsverband bei, ist die Zwangsbestellung von Amts wegen aufzuheben.[178]

3. Bestellung und Abberufung von Liquidatoren (§ 83 Abs. 3 und 4 GenG)

79   Das AG (zuständig ist der Rechtspfleger § 17 Nr. 2a RPflG) bestellt für die aufgelöste Genossenschaft einen Liquidator, wenn ein **wichtiger Grund** analog § 265 Abs. 3 S. 1 AktG, § 66 Abs. 2 GmbHG vorliegt,[179] auch wenn dieser vom Wortlaut des Gesetzes nicht gefordert wird, vgl. § 83 Abs. 3 GenG. In gleicher Weise kann die Abberufung durch das Gericht erfolgen, § 83 Abs. 4 S. 1 GenG. Für das Vorliegen eines wichtigen Grundes gelten die Ausführungen zu Rn 9, 13. Ist eine Nachtragsliquidation bei Löschung wegen Vermögenslosigkeit erforderlich, so werden die Nachtragsliquidatoren ebenfalls vom Gericht bestellt, § 83 Abs. 5 GenG (s. § 394 Rn 55 ff.). Die Vergütung des Liquidators wird nicht vom Gericht festgesetzt.[180] **Antragsberechtigt** sind der Aufsichtsrat oder 10% der Mitglieder. Gläubiger der Genossenschaft sind nicht antragsberechtigt.[181] Am Verfahren **beteiligt** ist die Genossenschaft, im Falle der Abberufung auch der bestellte Liquidator. Das Gericht wählt den Liquidator nach freiem Ermessen aus, es ist an Vorschläge nicht gebunden.

4. Verwahrung der Bücher und Schriften einer Genossenschaft und Einsichtnahme (§ 93 GenG)

80   Nach Beendigung der Liquidation sind die Bücher und Schriften der Genossenschaft zehn Jahre lang von einem ehemaligen Mitglied oder einem Dritten zu verwahren. Fehlt es an einem **Verwahrer,** so wird er vom AG (zuständig ist der Rechtspfleger § 17 Nr. 2a RPflG) bestimmt, § 93 S. 2 GenG. Das Gericht kann ehemalige Genossen und deren Rechtsnachfolger sowie die Gläubiger zur **Einsichtnahme** in die Bücher und Schriften ermächtigen, § 93 S. 3 GenG. Es gelten sinngemäß die Ausführungen zu Rn 75.

5. Ermächtigung zur Einberufung der Generalversammlung einer SCE (Art. 54 Abs. 2 SCE-VO)

81   Gemäß Art. 54 Abs. 2 SCE-VO kann die Generalversammlung einer **Europäischen Genossenschaft** (SCE) jederzeit von der zuständigen Behörde nach den einschlägigen nationalen genossenschaftsrechtlichen Vorschriften einberufen werden. Die Einberufung bestimmt sich danach entsprechend § 45 Abs. 3 GenG s. Rn 76 f. Zuständig ist das AG, das durch den Rechtspfleger (§ 17 Nr. 2a RPflG) entscheidet.

IX. Verfahren nach dem PublG (Nr. 9)

82   Das AG (zuständig ist der Richter, § 17 Nr. 2a RPflG) hat zur Prüfung der Frage, ob ein Unternehmen nach § 1 PublG oder ob ein Mutterunternehmen zur Rechnungslegung nach § 11 PublG verpflichtet ist, **Prüfer zu bestellen,** wenn Anlass für die Annahme besteht, dass das Unternehmen oder das Mutterunternehmen zur Rechnungslegung verpflichtet sind, §§ 2 Abs. 3 S. 1, 12 Abs. 3 S. 1 PublG. Das Verfahren ist ein **Amtsverfahren** nach § 24.[182] Vor der Bestellung der Prüfer sind die gesetzlichen Vertreter des Unternehmens oder des Mutterunternehmens sowie ein vorhandener Aufsichtsrat zu hören,

---

[176] Pöhlmann/Bloehs § 64b Rn 1, 2.
[177] Pöhlmann/Bloehs § 64b Rn 3.
[178] MünchKommZPO/Krafka § 375 FamFG Rn 41.
[179] OLG Naumburg FGPrax 1999, 68; OLG-NL 1996, 156; Pöhlmann/Fandrich § 83 Rn 7.
[180] Jansen/Ries § 148 Rn 5; a. A. MünchKommZPO/Krafka § 375 FamFG Rn 42.
[181] Jansen/Ries § 148 Rn 5.
[182] Jansen/Ries § 145 Rn 62; MünchKommZPO/Krafka § 375 FamFG Rn 44.

§§ 2 Abs. 3 S. 2, 12 Abs. 3 S. 2 PublG. Für die Auswahl der Prüfer gilt § 143 AktG entsprechend. Gegen die Bestellung sind die Beschwerde und die Rechtsbeschwerde zulässig (§ 2 Abs. 3 S. 3 PublG), sie steht dem Unternehmen und jedem gesetzlichen Vertreter aus eigenem Recht zu.[183] Über die Rechte der Prüfer s. § 145 Abs. 1 bis 3 AktG. Über **Festsetzung der Vergütung und der Auslagen** der Prüfer s. § 142 Abs. 6 AktG. Stellt sich heraus, dass keine Pflicht zur Rechnungslegung besteht, trägt die Staatskasse die Kosten, im Übrigen fallen sie der Gesellschaft zur Last, § 2 Abs. 3 S. 4 PublG.

X. Verfahren nach dem MontanMitBestG (Nr. 10)

Die Abberufung des in § 8 mit § 4 Abs. 1 c MontanMitBestG v. 21. 5. 1951 (BGBl. I 347) bezeichneten weiteren (neutralen) **Mitglieds des Aufsichtsrats** eines der in § 1 MontanMitBestG aufgeführten Unternehmen kann nur das AG (zuständig ist der Richter, § 17 Nr. 2 a RPflG) anordnen, § 11 Abs. 3 MontanMitBestG. Die Abberufung erfolgt aus **wichtigem Grund** auf Antrag von **mindestens drei Aufsichtsratsmitgliedern,** auch wenn der Aufsichtsrat nach § 9 MontanMitBestG aus mehr als elf Mitgliedern besteht.[184] § 11 Abs. 3 MontanMitBestG gilt entsprechend für die Abberufung des in § 5 Abs. 1 S. 2 lit. c MontanMitBestErgG genannten Mitglieds des Aufsichtsrats eines der in §§ 1 bis 3 MontanMitBestErgG genannten Unternehmen (§ 5 Abs. 3 S. 2 2. Halbs. MontanMitBestErgG).

83

XI. Verfahren nach dem KWG (Nr. 11)

1. Bestellung eines Treuhänders (§ 2 c Abs. 2 S. 2 bis 7 KWG)

Dem Inhaber einer **bedeutenden Beteiligung** an einem Kreditinstitut sowie den von ihm kontrollierten Unternehmen kann unter bestimmten Umständen die Ausübung seiner Stimmrechte untersagt werden (§ 2 c Abs. 2 S. 1 KWG). Liegen Tatsachen vor, aus denen sich ergibt, dass der vom Inhaber oder von gesetzlichen Vertretern oder persönlich haftenden Gesellschaften des beteiligten Unternehmens ausgeübte Einfluss sich schädlich auf das Kreditinstitut auswirken kann, so kann die Ausübung der Stimmrechte vom AG (zuständig ist der Richter) am Sitz des Kreditinstituts auf einen **Treuhänder** übertragen werden, § 2 c Abs. 2 S. 2 KWG. Der Treuhänder hat bei der Ausübung der Stimmrechte den Interessen einer soliden und umsichtigen Führung des Kreditinstituts Rechnung zu tragen.

84

Der Treuhänder wird **auf Antrag** des Kreditinstituts, eines an ihm Beteiligten oder der BaFin bestellt. Zu **beteiligen** sind neben dem Antragsteller das Kreditinstitut. Bei der Auswahl des Treuhänders ist das Gericht nicht an Vorschläge der Beteiligten gebunden. Die Entscheidung ist nach § 402 mit Beschwerde und Rechtsbeschwerde anfechtbar. Sind die Voraussetzungen der Treuhänderbestellung entfallen, hat die BaFin den Widerruf der Bestellung des Treuhänders bei Gericht zu beantragen, § 2 c Abs. 2 S. 5 KWG. Der Treuhänder hat Anspruch auf Ersatz angemessener **Auslagen** und auf **Vergütung** für seine Tätigkeit. Das Gericht setzt auf Antrag des Treuhänders die Auslagen und die Vergütung fest; die Rechtsbeschwerde hiergegen ist ausgeschlossen, § 2 c Abs. 2 S. 7 KWG.

85

2. Bestellung eines Sachwalters bei Insolvenzgefahr (§ 22 o KWG)

Besteht bei einem das **Refinanzierungsregister führenden Unternehmen** Gefahr für die Erfüllung der Verpflichtungen gegenüber seinen Gläubigern i. S. d. § 46 KWG, so bestellt das AG (zuständig ist der Richter) am Sitz des registerführenden Unternehmens eine oder zwei Personen, die auch juristische Personen sein können, als Sachwalter, wenn dies zur ordnungsgemäßen Verwaltung der im Refinanzierungsregister eingetragenen Gegenstände erforderlich erscheint, § 22 o Abs. 1 S. 1, 2 KWG. Im Insolvenzfall tritt das Insolvenzgericht an die Stelle des nach §§ 376, 377 zuständigen Gerichts; dieses hat dem Insolvenzgericht alle mit der Bestellung und Aufsicht in Zusammenhang stehenden Unterlagen zu übergeben, § 22 o Abs. 3 S. 2, 3 KWG.

86

---

[183] Jansen/Ries § 145 Rn 62; a. A. SBW/Nedden-Boeger § 375 Rn 60.
[184] ErfKommArb/Oetker § 11 MontanMitBestG Rn 1 m. w. N.

87 **Antragsberechtigt** ist nur die BaFin, die zuvor die sachlichen Voraussetzungen nach § 22 o Abs. 1 S. 2 KWG geprüft und die Übertragungsberechtigten angehört haben muss. Bei Gefahr im Verzug kann auf die **Anhörung** verzichtet werden, sie ist aber unverzüglich nachzuholen, § 22 o Abs. 1 S. 3, 4 KWG. Die Anhörung im unternehmensrechtlichen Verfahren genügt hierfür. Bei Vorliegen der Voraussetzungen nach § 22 o Abs. 1 KWG muss das Gericht den Sachwalter bestellen,[185] es trifft lediglich die Auswahl der Person nach freiem Ermessen. Für die Bestellung und Abberufung gelten die § 22 l bis § 22 n KWG entsprechend.

3. Bestellung eines Abwicklers (§ 38 Abs. 2 S. 2 KWG)

88 Nimmt die BaFin die einer juristischen Person oder einer Personenhandelsgesellschaft erteilte Erlaubnis zur Betreibung von Bankgeschäften zurück oder erlischt die Erlaubnis (§ 35 Abs. 2 KWG), so kann es bestimmen, dass das Kreditinstitut abzuwickeln ist (§ 38 Abs. 1 S. 1 KWG). Das Registergericht (zuständig ist der Richter, § 17 Nr. 2 a RPflG) hat in diesem Fall **Abwickler** zu bestellen, wenn die sonst zur Abwicklung berufenen Personen keine Gewähr für die ordnungsmäßige Abwicklung bieten (§ 38 Abs. 2 S. 2 KWG). Fehlt es an einer Zuständigkeit des Registergerichts, insbesondere weil das Kreditinstitut seinen statuarischen Sitz ins Ausland verlegt hat,[186] so ist die BaFin originär zur Bestellung des Abwicklers zuständig, § 38 Abs. 2 S. 4 KWG. **Antragsberechtigt** ist nur die BaFin, auch dann, wenn ein Kreditinstitut selbst seine Auflösung beschlossen hat, um einer ihm drohenden Abwicklungsanordnung zuvorzukommen, und die Abwickler sich als unzuverlässig erweisen.[187] Vor der Entscheidung ist das Kreditinstitut neben dem Antragsteller zu **beteiligen**.

4. Bestellung eines Treuhänders bei Finanzholding-Gesellschaften (§ 45 a Abs. 2 S. 1, 3, 4 und 6 KWG)

89 § 45 a KWG betrifft Maßnahmen gegenüber Finanzholding-Gesellschaften und gemischten Finanzholding-Gesellschaften: Übermittelt eine solche Gesellschaft an der Spitze einer Finanzholding-Gruppe dem übergeordneten Unternehmen nicht die gesetzlich geforderten Angaben, kann die BaFin der Gesellschaft die Ausübung ihrer Stimmrechte unter besonderen Voraussetzungen untersagen. In diesem Fall hat **auf Antrag der BaFin** das AG (zuständig ist der Richter, § 17 Nr. 2 a RPflG) des Sitzes des übergeordneten Unternehmens einen **Treuhänder** zu bestellen, auf den es die Ausübung des Stimmrechts überträgt, § 45 a Abs. 2 S. 1 KWG. Das Gericht wählt den Treuhänder nach freiem Ermessen unter **Beteiligung** des Unternehmens aus, an Vorschläge der Beteiligten ist es nicht gebunden. Die BaFin kann aus wichtigem Grund die Bestellung eines anderen Treuhänders beantragen, § 45 a Abs. 2 S. 3 KWG. Sind die Voraussetzungen der Untersagung entfallen, hat das Amt den Widerruf der Bestellung des Treuhänders zu beantragen, § 45 a Abs. 2 S. 4 KWG. Zu den Auslagen und der Vergütung des Treuhänders siehe § 45 a Abs. 2 S. 6 KWG.

5. Bestellung von geschäftsführungs- und vertretungsbefugten Personen (§ 46 Abs. 2 KWG a. F.)

90 Nach § 46 Abs. 1 KWG kann die BaFin zur Abwendung von Gefahren vorübergehende Maßnahmen treffen, z. B. Anweisungen für die Geschäftsführung des Instituts erlassen, Inhabern und Geschäftsleitern die Ausübung ihrer Tätigkeit untersagen oder beschränken, ein **Veräußerungs- und Zahlungsverbot** an das Kreditinstitut erlassen und/oder die Schließung des Instituts für den Verkehr mit den Kunden anordnen. § 46 Abs. 2 KWG sah bislang in entsprechender Anwendung des § 46 a Abs. 4 und 5 KWG a. F. vor, dass das AG (zuständig war der Richter § 17 Nr. 2 a RPflG) des Sitzes des Kreditinstituts auf Antrag der BaFin die **erforderlichen geschäftsführungs- und vertretungsbefugten Personen** zu bestellen hatte, wenn zur Geschäftsführung und Vertretung des Instituts befugte Personen

---
[185] Boos/Tollmann § 22 o Rn 7.
[186] Boos/Fischer § 38 Rn 18.
[187] BayObLGZ 1978, 121.

infolge der Untersagung nicht mehr in der erforderlichen Anzahl vorhanden waren (§ 46 Abs. 2 S. 1 KWG a. F.).

Da diese Tätigkeit versehentlich nicht im Katalog des § 375 erfasst war, wurde dessen Nr. 11 durch Art. 8 Nr. 2 des Gesetzes zur Umsetzung der geänderten Bankenrichtlinie und der geänderten Kapitaladäquanzrichtlinie vom 19. 11. 2010[188] **redaktionell angepasst**.[189] Allerdings wurden durch Art. 1 des Restrukturierungsgesetzes (= Gesetz zur Reorganisation von Kreditinstituten, Kreditinstitute-Reorganisationsgesetz – KredReorgG) vom 9. 12. 2010[190] § 46 Abs. 2 KWG neugefasst und § 46 a KWG vollständig aufgehoben. Das Gesetz sieht jetzt keine Bestellung von Geschäftsleitern bzw. Vertretungsorganen durch das AG mehr vor, so dass die Verweisung auf § 46 Abs. 2 KWG **ins Leere läuft**. Die Verweisung auf § 46 a KWG wurde zwar durch Art. 11 des Restrukturierungsgesetzes gestrichen,[191] nicht jedoch die ebenfalls hinfällige Verweisung auf § 46 Abs. 2 KWG.[192]

XII. Verfahren nach dem PfandBG (Nr. 12)

1. Bestellung eines Sachwalters bei Aufhebung der Erlaubnis (§ 2 Abs. 5 Satz 1 und 2 PfandBG)[193]

Hebt die BaFin die **Erlaubnis** für das Pfandbriefgeschäft oder das Bankgeschäft auf oder **erlischt** diese, so kann das AG am Sitz der Pfandbriefbank (zuständig ist der Richter, § 17 Nr. 2 a RPflG) einen oder zwei geeignete natürliche Personen als **Sachwalter** ernennen, soweit dies zur sachgerechten **Abwicklung der Deckungsmassen** erforderlich ist, § 2 Abs. 5 S. 1 PfandBG. **Antragsberechtigt** ist nur die BaFin, zu beteiligen ist die Pfandbriefbank, das Gericht trifft seine Entscheidung nach freiem Ermessen. Mit Zustimmung der Geschäftsleitung der Pfandbriefbank und auf Antrag der BaFin kann die Ernennung eines Sachwalters auch dann erfolgen, wenn dies dienlich erscheint, § 2 Abs. 5 S. 2 PfandBG. Für die Rechtsstellung des Sachwalters, seine Vergütung und Abberufung aus wichtigem Grund, gelten die §§ 30 bis 36 PfandBG entsprechend.

2. Bestellung eines Sachwalters bei Insolvenz oder Insolvenzgefahr (§ 30 Abs. 2 S. 1, Abs. 5 S. 1 PfandBG)

Ist über das Vermögen der Pfandbriefbank das **Insolvenzverfahren** eröffnet oder besteht Gefahr für die Erfüllung der Verpflichtungen gegenüber seinen Gläubigern i. S. d. § 46 KWG, so kann das AG am Sitz der Pfandbriefbank (zuständig ist der Richter, § 17 Nr. 2 a RPflG) einen oder zwei geeignete natürliche Personen als **Sachwalter** ernennen, § 30 Abs. 2 S. 1, Abs. 5 S. 1 PfandBG. Auf diesen geht das Verwaltungs- und Verfügungsrecht hinsichtlich der eingetragenen Werte über, § 30 Abs. 2 S. 2 PfandBG. **Antragsberechtigt** ist nur die BaFin, die Pfandbriefbank und ein etwa bestellter Insolvenzverwalter sind am Verfahren zu beteiligen.[194]

3. Rechtsstellung des Sachwalters (§ 31 Abs. 1, 2 und 4 PfandBG)

Der Sachwalter steht unter **Aufsicht des AG** am Sitz der Pfandbriefbank (zuständig ist der Richter, § 17 Nr. 2 a RPflG), das von ihm jederzeit Auskünfte und Berichterstattung verlangen kann, § 31 Abs. 1 S. 1, 2 PfandBG. Der Sachwalter erhält eine Ernennungsurkunde, § 31 Abs. 2 S. 1 PfandBG. Aus wichtigem Grund kann es ihn auf Antrag der BaFin abberufen, § 31 Abs. 1 S. 3 PfandBG. Ernennung und Abberufung des Sachwalters sind vom AG dem für die Pfandbriefbank zuständigen Registergericht mitzuteilen, das die

---

[188] BGBl. I S. 1592.
[189] BT-Drs. 17/1720 S. 52.
[190] BGBl. I S. 1900.
[191] BT-Drs. 17/3024 S. 84.
[192] Ebenso BeckOK/Munzig § 375 FamFG Rn 87 a.
[193] Die Vorschrift wurde durch das Gesetz zur Umsetzung der geänderten Bankenrichtlinie und der geänderten Kapitaladäquanzrichtlinie vom 19. 11. 2010 (BGBl. I S. 1592) – ohne inhaltliche Änderung – an die Neufassung des PfandBG angepasst, BT-Drs. 17/1720 S. 52.
[194] MünchKommZPO/Krafka § 375 FamFG Rn 52.

Ernennung und Abberufung von Amts wegen ins Handels- bzw. Genossenschaftsregister einträgt, § 31 Abs. 2 S. 2, 3 PfandBG. Die Eintragung wird vom Registergericht nicht bekannt gemacht, da sie schon vom Unternehmensgericht im Bundesanzeiger bekannt gemacht wird, § 31 Abs. 2 S. 2, 4 PfandBG. Auf Antrag des Sachwalters setzt das Gericht dessen **Vergütung und Auslagenersatz** fest, § 31 Abs. 4 S. 3 PfandBG.

XIII. Verfahren nach dem VAG (Nr. 13)

1. Abwicklungsverfahren (§ 47 Abs. 2 und 3 VAG)

95 Das Register-, nicht das Unternehmensgericht (zuständig ist der Richter, § 17 Nr. 2b RPflG) hat nach § 47 Abs. 2 VAG für Versicherungsunternehmen aus wichtigen Gründen **Abwickler** zu bestellen oder abzuberufen, wenn es der Aufsichtsrat oder eine in der Satzung zu bestimmende Minderheit von Mitgliedern beantragt.[195] Die Vorschrift des § 402 gilt entsprechend. Nach § 47 Abs. 3 S. 1 VAG gelten auch die § 265 Abs. 4 AktG (gerichtliche Festsetzung der **Auslagen und der Vergütung** für die bestellten Abwickler) und § 270 Abs. 3 AktG (**Befreiung von der Abschlussprüfung**) entsprechend, s. Rn 57 und Rn 59. Es ist unverständlich, weshalb die Aufgaben nach § 47 VAG nicht in den Katalog des § 375 unter Nr. 13 eingereiht wurden.

2. Bestellung eines Treuhänders (§ 104 Abs. 2, § 104 u Abs. 2 VAG)

96 Dem Inhaber einer **bedeutenden Beteiligung an einem Versicherungsunternehmen** oder einer **gemischten Finanzholding-Gesellschaft** an der Spitze eines Finanzkonglomerats kann unter bestimmten Umständen die Ausübung seiner Stimmrechte untersagt werden (§§ 104 Abs. 2 S. 2, 104 u Abs. 1 S. 1 VAG). Liegen Tatsachen vor, aus denen sich ergibt, dass der vom Inhaber oder von gesetzlichen Vertretern oder persönlich haftenden Gesellschaften des beteiligten Unternehmens ausgeübte Einfluss sich schädlich auf das Versicherungsunternehmen auswirken kann, so kann die Ausübung der Stimmrechte vom AG (zuständig ist der Richter, § 17 Nr. 2a RPflG) auf einen **Treuhänder** übertragen werden, §§ 104 Abs. 2 S. 3, 104 u Abs. 2 S. 1 VAG. Der Treuhänder hat bei der Ausübung der Stimmrechte den Interessen einer soliden und umsichtigen Führung des Versicherungsunternehmens Rechnung zu tragen.

97 Der Treuhänder wird im Falle des § 104 Abs. 2 VAG auf **Antrag** des Versicherungsunternehmens, eines ihm Beteiligten oder der Aufsichtsbehörde (BaFin), im Falle des § 104 u Abs. 2 VAG nur auf Antrag der BaFin vom Gericht des Sitzes des Versicherungsunternehmens bzw. übergeordneten Finanzkonglomerats bestellt. Soweit die Gesellschaft nicht den Antrag gestellt hat, ist sie neben dem Anteilsinhaber nach § 7 Abs. 2 Nr. 1 zu **beteiligen.** Die Entscheidung trifft das Gericht nach freiem Ermessen, an die Vorschläge des Antragstellers ist es nicht gebunden. Sind die Voraussetzungen für seine Bestellung entfallen, hat die Aufsichtsbehörde den Widerruf der Bestellung des Treuhänders zu beantragen, §§ 104 Abs. 2 S. 6, 104 u Abs. 2 S. 4 VAG. Zu den **Auslagen** und zu der **Vergütung** siehe §§ 104 Abs. 2 S. 8, 104 u Abs. 2 S. 6 VAG.

XIV. Verfahren nach dem BörsG (Nr. 14)

98 Dem Inhaber einer bedeutenden Beteiligung an dem Träger einer Börse kann bei Unzuverlässigkeit oder Verstoß gegen Mitteilungspflichten die Ausübung seiner Stimmrechte untersagt und die Verfügung über seine Anteile nur mit Zustimmung gestattet werden, § 6 Abs. 4 S. 1 BörsG.[196] An seiner Stelle handelt ein **Treuhänder,** auf den die Ausübung der Stimmrechte und evtl. sogar die Befugnis zur Veräußerung der Anteile übertragen wird, § 6 Abs. 4 S. 2, 3 BörsG. Dieser wird vom AG (zuständig ist der Richter, § 17 Nr. 2a RPflG) bestellt. Örtlich zuständig ist das AG am Sitz des Trägers der Börse. **Antragsberechtigt** sind der Träger der Börse, einer am Träger der Börse Beteiligter oder die Börsenaufsicht, § 6 Abs. 4 S. 4 BörsG. Neben dem Antragsteller sind der Träger der Börse und der Anteils-

---

[195] Prölls/Schmidt/Sasse § 47 Anm. 1, 2, 3, 6.
[196] Zur Bedeutung dieser Vorschrift s. Groß § 6 BörsG Rn 15.

inhaber zu **beteiligen**. Sind die Voraussetzungen für die Bestellung eines Treuhänders entfallen, so hat die Börsenaufsichtsbehörde den Widerruf seiner Bestellung beim AG zu beantragen, § 6 Abs. 4 S. 5 BörsG. Zu dem **Auslagenersatz und zu der Vergütung** siehe § 6 Abs. 4 S. 6, S. 7 BörsG.

XV. Verfahren nach dem PartGG (Nr. 15)

Nach § 10 PartGG gelten für die Liquidation der Partnerschaft die Vorschriften über die OHG entsprechend. Daher kann die **Bestellung und Abberufung eines Liquidators** aus wichtigem Grund auf Antrag vom AG (zuständig ist der Rechtspfleger § 17 Nr. 2a RPflG) vorgenommen werden, §§ 146 Abs. 2, 147 HGB, s. Rn 9 ff. Einstweilige Anordnungen nach § 49 sind denkbar.[197] Auch die Bestimmung eines **Verwahrers** der nach Beendigung der Liquidation zu verwahrenden **Schriften und Bücher** obliegt dem AG, § 157 Abs. 2 HGB, s. Rn 15 ff.

99

XVI. Verfahren nach dem SchVG (Nr. 16)

Die Gläubiger von Schuldverschreibungen können nach § 9 Abs. 1 S. 2 SchVG die **Einberufung einer Gläubigerversammlung** verlangen, wenn sie zusammen 5% der ausstehenden Schuldverschreibungen erreichen und wenn sie in ihrem schriftlichen Verlangen gegenüber dem Schuldner bzw. dem gemeinsamen Vertreter darlegen, dass sie einen gemeinsamen Vertreter abberufen oder bestellen möchten, einen Beschluss nach § 5 Abs. 5 S. 2 SchVG herbeiführen möchten oder ein sonstiges besonderes Interesse an der Einberufung geltend machen können. Wird dem Verlangen nicht entsprochen, so kann das AG (zuständig ist – trotz Nichterwähnung des § 375 Nr. 16 in § 17 Nr. 2a) RPflG – der **Richter**, vgl. § 377 Rn 22) die Gläubiger ermächtigen, die Versammlung einzuberufen, § 9 Abs. 2 S. 1 SchVG. Die **örtliche Zuständigkeit** bestimmt sich nach § 377 Abs. 1 (vgl. § 9 Abs. 3 S. 1 SchVG), ggf. i. V. m. § 376 (s. § 376 Rn 4, 7).[198] Fehlt es an einem inländischen Sitz des Schuldners, so ist das AG Frankfurt am Main sachlich und örtlich zuständig, § 9 Abs. 3 S. 1 SchVG. Der Antrag muss von Gläubigern gestellt werden, die das Quorum des § 9 Abs. 1 S. 2 SchVG erreichen.[199] Für den Antrag gilt § 23, außerdem ist das Vorliegen eines Einberufungsgrundes darzulegen, wobei Glaubhaftmachung (§ 31) ausreicht. Am Verfahren sind neben dem Antragsteller der Schuldner und der besondere Vertreter zu **beteiligen**, es gelten im Übrigen die allgemeinen Verfahrensregeln.[200] Das Gericht kann auch ohne entsprechenden Antrag von Amts wegen einen Versammlungsvorsitzenden bestimmen, § 9 Abs. 2 S. 2 SchVG. Die Entscheidung des Gerichts ist mit der **Beschwerde** (und der Rechtsbeschwerde) anfechtbar, § 9 Abs. 3 S. 3 SchVG, was sich schon aus § 402 Abs. 1 ergeben hätte. Ob die Einberufung erfolgt, liegt im Ermessen der ermächtigten Gläubiger, machen sie hiervon Gebrauch, ist auf die gerichtliche Ermächtigung hinzuweisen, damit die Adressaten der Einberufung die Berechtigung erkennen können.[201] Die **Kosten** der Versammlung des gerichtlichen Verfahrens nach Abs. 2 trägt der Schuldner, § 9 Abs. 4 SchVG, das Gericht kann eine hiervon abweichende Kostenentscheidung treffen, z. B. wenn der Antrag der Gläubiger als unbegründet zurückgewiesen wird.[202]

99a

Nach § 18 Abs. 2 S. 2 und 3 des SchVG kann das Gericht auf **Antrag** einen **Abstimmungsleiter** bestimmen, der im Fall einer schriftlichen Abstimmung der Gläubiger über Änderungen der Anleihebedingungen oder die Bestellung eines gemeinsamen Vertreters diese Abstimmung leitet. Da diese Tätigkeit des Gerichts mit der gerichtlichen Bestimmung des Vorsitzenden einer Gläubigerversammlung, die in § 9 Abs. 2 S. 2 i. V. m S. 1 SchVG geregelt ist und auf die § 18 Abs. 2 S. 3 SchVG verweist, verglichen werden kann, wurde durch durch Art. 8 Nr. 4 des Gesetzes zur Umsetzung der geänderten Bankenrichtlinie und

99b

---

[197] Meilicke/Hoffmann § 10 Rn 15, der allerdings unzutreffend eine solche Befugnis des Prozessgerichts annimmt.
[198] BT-Drucks. 16/12814 S. 21, 27.
[199] BT-Drucks. 16/12814 S. 21.
[200] BT-Drucks. 16/12814 S. 21.
[201] BT-Drucks. 16/12814 S. 21.
[202] BT-Drucks. 16/12814 S. 21.

der geänderten Kapitaladäquanzrichtlinie vom 19. 11. 2010[203] **klargestellt**, dass es sich auch insoweit um ein unternehmensrechtliches Verfahrens handelt.[204]

XVII. Sonstige Verfahren

1. Allgemeines

100 In seinem Bestreben, mit § 375 einen in sich abgeschlossenen Katalog der unternehmensrechtlichen Verfahren zu schaffen, ist der Gesetzgeber teilweise unüberlegt vorgegangen und hat einzelne Verfahren übersehen (z. B. § 47 VAG) oder zunächst vergessen, die funktionelle Zuständigkeit des AG als Unternehmensgerichts anstelle des Registergerichts zu statuieren (§ 38 Abs. 2 S. 2 KWG a. F.). Insbesondere hat der Gesetzgeber keine Regelung über die Zuständigkeit und das **Verfahren in Vereinssachen** nach dem BGB getroffen. Es handelt sich dennoch um ein Verfahren der freiwilligen Gerichtsbarkeit, auf das die Vorschriften des unternehmensrechtlichen Verfahrens entsprechend anwendbar sind.[205]

2. Einberufung der Mitgliederversammlung (§ 37 Abs. 2 BGB)

101 Nach § 37 BGB ist die Mitgliederversammlung oder Vertreterversammlung, falls die Satzung eine solche als oberstes Organ vorsieht,[206] zu berufen, wenn der durch die **Satzung bestimmte Teil** oder in Ermangelung einer Bestimmung der **zehnte Teil der Mitglieder** die Berufung schriftlich unter Angabe des Zweckes und der Gründe verlangt. Die Satzung darf dieses Minderheitsrecht nicht schmälern, insbesondere die erforderliche Mitgliederzahl nicht auf die Hälfte oder mehr festsetzen, andernfalls ist eine solche Satzungsbestimmung unwirksam und es genügt der zehnte Teil der Mitglieder.[207] Wird dem Verlangen nicht entsprochen, so kann das AG (durch den Rechtspfleger) am Sitz des Vereins die Mitglieder, die das Verlangen gestellt haben, zur Berufung der Versammlung ermächtigen und über die Führung des Vorsitzes in der Versammlung Anordnungen treffen.[208] § 37 BGB gilt auch für konzessionierte Vereine (§ 22 BGB), wenn keine landesrechtliche Sonderregelung vorhanden ist,[209] nicht dagegen für nichtrechtsfähige Vereine.[210]

102 **Antragsberechtigt** ist die Minderheit von Vereinsmitgliedern im erforderlichen Umfang.[211] **Antragsgegner** ist der Verein.[212] Der Vereinsvorstand hat ein Recht auf Gehör (Art. 103 Abs. 1 GG). Es muss ihm Gelegenheit zur Äußerung, das ist zum Vortrag der für die Sache wesentlichen Tatsachen und zur Stellung der erforderlichen Anträge geboten werden. Dies braucht nicht in mündlicher Erörterung zu erfolgen, es genügt auch schriftliche Anhörung. Von der Anhörung darf nur abgesehen werden, wenn sie nicht möglich ist.[213] Darüber hinaus kann evtl. auch persönliche (mündliche) Anhörung auf Grund der Amtsermittlungspflicht (§ 26) geboten sein.

103 Bei Entscheidung über den Antrag hat das AG nicht nur die **formellen Voraussetzungen,** sondern auch sachlich zu prüfen, ob die Antragsteller ihr Recht nicht missbrauchen, ob die Versammlung für den betreffenden Gegenstand zuständig ist und ob die Antragsteller ein schutzwürdiges Interesse der Mitglieder verfolgen.[214] Hat der Verein durch Eröffnung des Insolvenzverfahrens die Rechtsfähigkeit verloren (§ 42 Abs. 1 BGB), so ist die Erteilung

---

[203] BGBl. I S. 1592.
[204] BT-Drs. 17/1720 S. 52.
[205] Ebenso Bumiller/Harders § 375 Rn 52; SBW/Nedden-Boeger § 375 Rn 7; Krafka/Willer/Kühn Rn 2264; a. A. BeckOK/Munzig § 375 FamFG Rn 2; BJS/Müther Vor § 374 Rn 1, § 375 Rn 3; unklar OLG München NotBZ 2010, 423.
[206] Jansen/Ries § 160 Rn 2.
[207] KG NJW 1962, 1917; Jansen/Ries § 160 Rn 2.
[208] OLG Frankfurt OLGZ 1973, 137.
[209] Jansen/Ries § 160 Rn 10.
[210] Jansen/Ries § 160 Rn 11; a. A. LG Heidelberg NJW 1975, 1661.
[211] Jansen/Ries § 160 Rn 3.
[212] BayObLG NJW-RR 1986, 1499; Reichert Rn 577; zu den übrigen Beteiligten siehe Waldner Rn 294; OLG Köln BeckRS 2011, 17017.
[213] Jansen/Ries § 160 Rn 6.
[214] BayObLG Rpfleger 1970, 240; OLG Frankfurt OLGZ 1973, 137/140.

der Ermächtigung nur noch insoweit zulässig, als die Tagesordnung einen Gegenstand betrifft, der den Zwecken des Insolvenzverfahrens oder der Liquidation gilt.

3. Bestellung von Notvorständen und Notliquidatoren (§§ 29, 48 Abs. 1 BGB)

Zu weiteren Verfügungen des Gerichts in Vereinssachen zählen § 29 BGB (Bestellung **104** eines Notvorstandes auf Antrag eines Beteiligten) und § 48 Abs. 1 BGB (Bestellung eines Notliquidators).[215] In Betracht kommt die Bestellung nur bei Handlungsunfähigkeit des Vereins und Dringlichkeit.[216] Die Bestellung kann nur mit Zustimmung des zu Bestellenden (auch eines Dritten) erfolgen.[217] Sie wird wirksam mit der Bekanntmachung an den Bestellten (§ 40 Abs. 1).[218] Bestellt das AG antragsmäßig einen Notvorstand, so ist ein Vereinsmitglied zur Beschwerde berechtigt, weil es auch den Bestellungsantrag stellen kann;[219] im Falle einer ablehnenden Entscheidung ist nur der Antragsteller beschwerdeberechtigt (vgl. § 59 Abs. 2).[220] § 29 BGB ist entsprechend auf Handelsgesellschaften, insbesondere die Bestellung eines Notgeschäftsführers einer GmbH,[221] anwendbar, wenn keine Sondervorschriften bestehen,[222] wie z. B. § 85 AktG für die AG. Zur Festsetzung der Vergütung für den Notgeschäftsführer ist das Gericht nicht berufen.[223]

Die Bestellung eines Notvorstandes bzw. Notliquidators endet mit dem Ablauf der Zeit, **105** für die sie erfolgt ist.[224] Sie endet ferner, wenn der Mangel behoben ist.[225] Bei Vorliegen eines **wichtigen Grundes** kann das Gericht den Notvorstand abberufen.[226] **Örtlich zuständig** ist das AG am Sitz des Vereins (§ 377 Abs. 1), soweit es sich um Vereinssachen handelt (§§ 29, 55 Abs. 2 BGB). Soweit es sich um die Anwendung des § 29 BGB bei einer GmbH oder einer Genossenschaft handelt, ist örtlich zuständig das AG am Sitz der GmbH bzw. der Genossenschaft. Funktionell zuständig ist der Rechtspfleger (§ 3 Nr. 1 a RPflG). Gegen die Entscheidungen des Gerichts ist § 402 entsprechend anwendbar.

XVIII. Kosten und Gebühren

Für die in § 375 genannten unternehmensrechtlichen Verfahren gilt (ausgenommen das **106** Verklarungsverfahren, s. Rn 33) § 121 KostO. Es wird eine **doppelte Gebühr** für die Vornahme des jeweiligen Geschäfts erhoben, die Einstellung des Verfahrens ist gebührenfrei, die Zurückweisung oder Zurücknahme des Antrags richtet sich nach § 130 KostO.[227] Der **Geschäftswert** bestimmt sich nach § 30 Abs. 1 KostO.[228] **Kostenschuldner** ist meist der Rechtsträger (weil dessen Interesse wahrgenommen wird, § 2 Nr. 5 KostO), im Falle der Antragsrücknahme oder -zurückweisung der Antragsteller (§ 2 Nr. 1 KostO).

---

[215] BayObLGZ 1971, 178; Jansen/Ries § 160 Rn 14 ff.
[216] OLG München NotBZ 2010, 423.
[217] LG Siegen MDR 1951, 102.
[218] BGH NJW 1952, 1009; BayObLGZ 1980, 306/310; KG OLGZ 1965, 332/334; Jansen/Ries § 160 Rn 23.
[219] BayObLGZ 1989, 298/302.
[220] Vgl. auch OLG Köln BeckRS 2011, 17017.
[221] BayObLGZ 1998, 179 = NJW-RR 1999, 1259; a. A. Kögel NZG 2000, 20/21; Jänig/Leißring ZIP 2010, 110/111, die eine Analogie zu § 85 AktG befürworten.
[222] Jansen/Ries § 160 Rn 14.
[223] BayObLGZ 1975, 260; Jansen/Ries § 160 Rn 24; a. A. LG Hamburg MDR 1971, 298.
[224] Jansen/Ries § 160 Rn 24.
[225] Jansen/Ries § 160 Rn 24.
[226] BayObLGZ 1978, 243/247.
[227] Korintenberg/Hellstab § 121 Rn 24.
[228] Vgl. BayObLG Rpfleger 2000, 351; BayObLG JurBüro 1988, 91; OLG Frankfurt Rpfleger 1976, 335.

Abschnitt 2. Zuständigkeit

Besondere Zuständigkeitsregelungen

376 (1) Für Verfahren nach § 374 Nr. 1 und 2 sowie § 375 Nr. 1, 3 bis 14 und 16 ist das Gericht, in dessen Bezirk ein Landgericht seinen Sitz hat, für den Bezirk dieses Landgerichts zuständig.

(2) ¹Die Landesregierungen werden ermächtigt, durch Rechtsverordnung die Aufgaben nach § 374 Nr. 1 bis 3 sowie § 375 Nr. 1, 3 bis 14 und 16 anderen oder zusätzlichen Amtsgerichten zu übertragen und die Bezirke der Gerichte abweichend von Absatz 1 festzulegen. ²Sie können die Ermächtigung nach Satz 1 durch Rechtsverordnung auf die Landesjustizverwaltungen übertragen. ³Mehrere Länder können die Zuständigkeit eines Gerichts für Verfahren nach § 374 Nr. 1 bis 3 über die Landesgrenzen hinaus vereinbaren.*

Übersicht

	Rn
I. Normzweck	1
II. Konzentrierung der örtlichen Zuständigkeit	4
1. Konzentrierung kraft Gesetzes (Abs. 1)	4
2. Konzentrierung kraft Landesverordnung (Abs. 2 S. 1)	5
3. Konzentrierung kraft Staatsvertrags (Abs. 2 S. 3)	6
III. Abweichende Festlegung der örtlichen Zuständigkeit (Abs. 2)	7
1. Konzentrierung kraft Rechtsverordnung (S. 1, 2)	7
2. Konzentrierung kraft Staatsvertrags (S. 3)	9
3. Einzelne Rechtsverordnungen	10
IV. Konzentrierung nach § 1558 Abs. 2 BGB	27
V. Konzentrierung nach § 23 d GVG	28

I. Normzweck

1   Die Vorschrift konzentriert Teile des register- und unternehmensrechtlichen Verfahrens für den gesamten LG-Bezirk bei dem Register- bzw. Unternehmensgericht am Sitz des LG, Abs. 1. Die Vorschrift dient einer **effektiven Verfahrensführung**,[1] aber auch der Bündelung von Ressourcen und der Einsparung von Kosten.[2] Durch die Öffnungsklausel des Abs. 2 können die Länder anderweitige Konzentrations- und/oder Dekonzentrationsregelungen treffen, so dass die flexible Bündelung der Register- und Unternehmensverfahren bei einem anderen „Spezialgericht" möglich ist.[3]

2   Die Vorschrift stellt eine **eigenartige Zuständigkeitsregelung** dar, die sowohl sachliche, funktionelle als auch örtliche Zuständigkeitsfragen (s. hierzu die Kommentierung bei § 377) tangiert. Aufgrund ihres Standortes ist sie jedoch keine Regel über die sachliche Zuständigkeit, sondern eine Bestimmung, die die örtliche Zuständigkeit nach § 377 auf ein bestimmtes Gericht konzentriert.[4]

3   Die Vorschrift entspricht in Abs. 1 den §§ 125 Abs. 1, 145 Abs. 1 FGG und § 10 Abs. 2 GenG sowie in Abs. 2 den bisher in §§ 125 Abs. 2 S. 1 Nr. 1, S. 3 und 4, 145 Abs. 2 FGG enthaltenen Ermächtigungen.[5] Die weiteren in §§ 145 a, 149 FGG und § 55 BGB enthaltenen Konzentrationsermächtigungen sind aufgrund der generellen Konzentrationsermäch-

---

* Zum Inkrafttreten von § 376 s. Art. 112 FGG-RG Rn 3, 4.
[1] Jansen/Steder § 125 Rn 5.
[2] BT-Drs. 16/960 S. 53.
[3] MünchKommZPO/Krafka § 376 FamFG Rn 1.
[4] Bassenge/Roth/K. Walter § 376 Rn 1; SBW/Nedden-Boeger § 376 Rn 1, 5: gerichtsverfassungsrechtliche Vorschriften.
[5] BT-Drs. 16/6308 S. 285.

tigung in § 23 d GVG aufgegangen.[6] § 1558 Abs. 2 BGB wurde hingegen beibehalten (s. Rn 27).

II. Konzentrierung der örtlichen Zuständigkeit

1. Konzentrierung kraft Gesetzes (Abs. 1)

Kraft Gesetzes ist die örtliche Zuständigkeit für **Handels- und Genossenschaftsregistersachen** (§ 374 Nr. 1 und 2) sowie für die **unternehmensrechtlichen Verfahren nach § 375 Nr. 1, 3 bis 14 und 16** für den gesamten LG-Bezirk auf das AG konzentriert, in dessen Bezirk das Landgericht seinen Sitz hat. 4

2. Konzentrierung kraft Rechtsverordnung (Abs. 2 S. 1)

Darüber hinaus ermöglicht Abs. 2 S. 1 und 2 den Landesregierungen bzw. aufgrund Delegation den Landesjustizverwaltungen durch Rechtsverordnung weitere Verfahrensgegenstände bei dem nach Abs. 1 zuständigen Gericht (oder einem anderen Gericht) zu konzentrieren. Insbesondere kann auf diesem Wege auch das **Partnerschaftsregister** (§ 374 Nr. 3) beim gleichen Gericht, bei dem auch das Handels- und Genossenschaftsregister geführt wird, eingerichtet werden. Eine Konzentration des Güterrechtsregisters kommt aufgrund von § 1558 Abs. 2 BGB (s. Rn 27), eine Konzentration des Vereinsregisters hingegen nur aufgrund der allgemeinen Ermächtigungsvorschrift des § 23 d GVG in Frage (s. Rn 28). 5

3. Konzentrierung kraft Staatsvertrags (Abs. 2 S. 3)

Noch weitergehend gestattet Abs. 2 S. 3 eine Kooperation bei der Führung des **Handels-, Genossenschafts- und Partnerschaftsregisters** über die Landesgrenzen hinaus, um so weitere Synergieeffekte nutzen zu können.[7] Die Vereinbarung einer länderübergreifenden Zuständigkeit eines AG für die Gerichtsbezirke mehrerer Länder erfordert einen entsprechenden **Staatsvertrag** zwischen den beteiligten Ländern.[8] 6

III. Abweichende Festlegung der örtlichen Zuständigkeit (Abs. 2)

1. Konzentrierung kraft Rechtsverordnung (S. 1, 2)

Durch Rechtsverordnung der Landesregierungen (Abs. 2 S. 1) bzw. nach Delegation durch Rechtsverordnung der Landesjustizverwaltungen (Abs. 2 S. 2) können **andere** oder **zusätzliche Gerichte** als Handels-, Genossenschafts- und Partnerschaftsregister sowie als Unternehmensgericht für die in § 375 Nr. 1, 3 bis 14 und 16 bezeichneten Gegenstände bestimmt werden. Damit sind einerseits umfassende Konzentrationen denkbar, z. B. die Zuständigkeit eines einzigen AG innerhalb eines Bundeslandes für alle in Abs. 2 genannten Verfahren (wie z. B. in Sachsen-Anhalt oder Thüringen geschehen, wo ausschließlich das AG Stendal bzw. das AG Jena zuständig sind), aber auch **Dekonzentrationen** und Aufteilungen der einzelnen Verfahrensgegenstände auf unterschiedliche AG, die dann als „Spezialgerichte" fungieren können. Unverständlich ist, weshalb die **partnerschaftsgesellschaftlichen Verfahren** nach § 375 Nr. 15 nicht von der Ermächtigung erfasst sind, sondern nur über die allgemeine Regel des § 23 d GVG bei dem sachnäheren Gericht des Abs. 1 konzentriert werden können. 7

Sachliche Voraussetzungen für die abweichende Zuständigkeitsfestlegung sind im Gegensatz zu § 125 Abs. 2 Nr. 1 FGG, der eine „schnellere und rationellere Führung des Registers" verlangte, **nicht erforderlich**.[9] Eine effektive und kostensparende Zuständigkeitsbestimmung wird aber dazu führen, weitgehend alle Registersachen und wegen des engen Sachzusammenhangs auch die unternehmensrechtlichen Verfahren bei einem Ge- 8

---

[6] BT-Drs. 16/6308 S. 285.
[7] Vgl. BT-Drs. 16/960 S. 53.
[8] Ebenso SBW/Nedden-Boeger § 376 Rn 11.
[9] Kritisch zum Wegfall dieses Kriteriums MünchKommZPO/Krafka § 376 FamFG Rn 3.

richt innerhalb eines Landes oder innerhalb eines OLG- oder LG-Bezirks zu bündeln.[10] Das Vereinsregister sowie die Verfahren nach § 375 Nr. 2 und 15 können freilich nur unter den Voraussetzungen des § 23 d GVG bei demselben Gericht zusammengefasst werden (s. Rn 28).

2. Konzentrierung kraft Staatsvertrag (S. 3)

9 Durch Staatsvertrag können nur das Handels-, Genossenschafts- und Partnerschaftsregister für mehrere Länder bei einem oder mehreren Gerichten konzentriert werden (Abs. 2 S. 3, s. Rn 6). Fraglich ist, ob § 23 d GVG diese Möglichkeit auch für die anderen Register und die unternehmensrechtlichen Verfahren eröffnet (s. Rn 28).

3. Einzelne Rechtsverordnungen

10 Die einzelnen Bundesländer haben – zum Teil noch zu den Vorgängervorschriften der § 125 FGG bzw. § 1558 Abs. 2 BGB – unterschiedliche Rechtsverordnungen erlassen:

11 **Baden-Württemberg:**[11]
Die Führung des **Handels-, Genossenschafts- und Partnerschaftsregisters** und die Entscheidung **unternehmensrechtlicher Verfahren** nach § 375 Nr. 1, 3 bis 14 (§ 5 a ZuVOJu) obliegt
- dem **AG Freiburg im Breisgau** für die AG-Bezirke Bad Säckingen, Breisach am Rhein, Donaueschingen, Emmendingen, Ettenheim, Freiburg im Breisgau, Gengenbach, Kehl, Kenzingen, Konstanz, Lahr, Lörrach, Mühlheim, Oberkirch, Offenburg, Radolfzell, St. Blasien, Schönau im Schwarzwald, Schopfheim, Singen (Hohentwiel), Staufen im Breisgau, Stockach, Titisee-Neustadt, Überlingen, Villingen-Schwenningen, Waldkirch, Waldshut-Tiengen und Wolfach (§ 5 Abs. 1 Nr. 1 ZuVOJu),
- dem **AG Mannheim** für die AG-Bezirke Achern, Adelsheim, Baden-Baden, Bretten, Bruchsal, Buchen (Odenwald), Bühl, Ettlingen, Gernsbach, Heidelberg, Karlsruhe, Karlsruhe-Durlach, Maulbronn, Mannheim, Mosbach, Pforzheim, Philippsburg, Rastatt, Schwetzingen, Sinsheim, Tauberbischofsheim, Weinheim, Wertheim und Wiesloch (§ 5 Abs. 1 Nr. 2 ZuVOJu),
- dem **AG Stuttgart** für die AG-Bezirke Albstadt, Backnang, Bad Urach, Balingen, Besigheim, Böblingen, Brackenheim, Calw, Esslingen am Neckar, Freudenstadt, Hechingen, Heilbronn, Horb am Neckar, Kirchheim unter Teck, Künzelsau, Leonberg, Ludwigsburg, Marbach am Neckar, Münsingen, Nagold, Nürtingen, Oberndorf am Neckar, Öhringen, Reutlingen, Rottenburg am Neckar, Rottweil, Schorndorf, Schwäbisch Hall, Spaichingen, Stuttgart, Stuttgart-Bad Cannstatt, Tübingen, Tuttlingen, Vaihingen an der Enz und Waiblingen (§ 5 Abs. 2 Nr. 1 ZuVOJu),
- dem **AG Ulm** für die AG-Bezirke Aalen, Bad Mergentheim, Bad Saulgau, Bad Waldsee, Biberach an der Riß, Crailsheim, Ehingen (Donau), Ellwangen (Jagst), Geislingen an der Steige, Göppingen, Heidenheim an der Brenz, Langenburg, Leutkirch im Allgäu, Neresheim, Ravensburg, Riedlingen, Schwäbisch Gmünd, Sigmaringen, Tettnang, Ulm und Wangen im Allgäu (§ 5 Abs. 2 Nr. 2 ZuVOJu).

Die Führung des **Vereins- und Güterrechtsregisters** für die AG-Bezirke Stuttgart und Stuttgart-Bad Cannstatt ist dem AG Stuttgart zugewiesen (§ 6 ZuVOJu).

12 **Bayern:**[12] für die Führung des **Handels-, Genossenschafts-, Partnerschafts- und Vereinsregisters** und die Entscheidung **unternehmensrechtlicher Verfahren** nach § 375 Nr. 1, 3 bis 14 sind die AG am Sitz des LG (Amberg, Ansbach, Aschaffenburg, Augsburg, Bamberg, Bayreuth, Coburg, Deggendorf, Hof, Ingolstadt, Kempten, Landshut, Memmingen, München, Nürnberg, Passau, Regensburg, Schweinfurt, Traunstein, Weiden i. d. OPf., Würzburg) zuständig, wobei folgende Ausnahmen bestehen:

---

[10] MünchKommZPO/Krafka § 376 FamFG Rn 5.
[11] VO des Justizministeriums über Zuständigkeiten in der Justiz v. 20. 11. 1998 (GBl. S. 680), zul. geänd. am 29. 7. 2010 (GBl. S. 555).
[12] VO über gerichtliche Zuständigkeiten im Bereich des Staatsministeriums der Justiz und für Verbraucherschutz v. 16. 11. 2004 (GVBl. S. 471), zul. geänd. am 13. 12. 2010 (GVBl. S. 870); unzulänglich ist die Aufstellung bei Bahrenfuss/Steup § 376 Rn 4.

- das **AG München** führt diese Register für den AG-Bezirk Erding und Freising (§§ 9 Nr. 1, 10, 10 a, 10 b, 21 a GZVJu),
- das **AG Fürth** führt diese Register für die AG-Bezirke Erlangen, Fürth und Neustadt a. d. Aisch (§§ 9 Nr. 2, 10, 10 a, 10 b, 21 a GZVJu),
- das **AG Straubing** führt diese Register für den AG-Bezirk Straubing (§§ 9 Nr. 3, 10, 10 a, 10 b, 21 a GZVJu).

Berlin:[13] die Führung des **Handels-, Genossenschafts-, Partnerschafts-, Vereins- und Güterrechtsregisters** ist im Bezirk des KG dem AG Charlottenburg zugewiesen (§§ 5, 6 ZuwV).

Brandenburg:[14] die Führung des **Handels-, Genossenschafts-, Partnerschafts- und Vereinsregisters** ist dem AG am Sitz des LG (Cottbus, Frankfurt/Oder, Neuruppin, Potsdam) zugewiesen (§ 4 2. GerZV).

Bremen:[15] das **AG Bremerhaven** führt das Handels- und Genossenschaftsregister für seinen Amtsgerichtsbezirk und ist für unternehmensrechtliche Verfahren nach § 375 Nr. 1, 3 bis 14 zuständig. Dem **AG Bremen** ist die Führung des Vereins- und Partnerschaftsregisters für den AG-Bezirk Bremen-Blumenthal übertragen (§ 1 Abs. 1 AGBRBlHdlRegFV; § 1 PartRegVO). Im Übrigen führt das AG Bremen das **Handels-, Genossenschafts-, Vereins- und Güterrechtsregister** (§ 1 Abs. 2, § 2 AGBRBlHdlRegFV).

Hamburg:[16] dem AG Hamburg ist die Führung des Handels-, Genossenschafts-, Partnerschafts-, Vereins- und Güterrechtsregisters sowie die Entscheidung unternehmensrechtlicher Verfahren nach § 375 Nr. 1, 3 bis 14 übertragen (§ 1 Nr. 11 bis 16 AmtsGZVO).

Hessen:[17]

Die Führung des **Handels- und Genossenschaftsregisters** obliegt zusätzlich zu den Amtsgerichten am Sitz der Landgerichte (Darmstadt, Frankfurt am Main, Fulda, Gießen, Kassel und Limburg a. d. Lahn):
- dem **AG Bad Hersfeld** für die AG-Bezirke Bad Hersfeld und Rothenburg a. d. Fulda (§ 10 Abs. 1 Nr. 3 GerJZustVO),
- dem **AG Bad Homburg v. d. Höhe** für die AG-Bezirke Bad Homburg v. d. Höhe und Usingen (§ 10 Abs. 1 Nr. 2 a) GerJZustVO),
- dem **AG Eschwege** für den AG-Bezirk Eschwege (§ 10 Abs. 1 Nr. 5 a) GerJZustVO),
- dem **AG Friedberg** (Hessen) für die AG-Bezirke Friedberg (Hessen), Büdingen und Nidda (§ 10 Abs. 1 Nr. 4 GerJZustVO),
- dem **AG Fritzlar** für die AG-Bezirke Fritzlar und Melsungen (§ 10 Abs. 1 Nr. 5 b) GerJZustVO),
- dem **AG Königstein im Taunus** für den AG-Bezirk Königstein im Taunus (§ 10 Abs. 1 Nr. 2 b) GerJZustVO),
- dem **AG Korbach** für die AG-Bezirke Korbach und Bad Arolsen (§ 10 Abs. 1 Nr. 5 c) GerJZustVO),
- dem **AG Offenbach am Main** für die AG-Bezirke AG Offenbach am Main, Langen (Hessen) und Seligenstadt (§ 10 Abs. 1 Nr. 1 GerJZustVO),
- dem **AG Wetzlar** für die AG-Bezirke Wetzlar und Dillenburg (§ 10 Abs. 1 Nr. 6 GerJZustVO).

---

[13] VO über die Zuweisung amtsgerichtlicher Zuständigkeiten v. 8. 5. 2008 (GVBl. S. 116), zul. geänd. am 25. 1. 2010 (GVBl. S. 25).

[14] Zweite VO über gerichtliche Zuständigkeiten und Zuständigkeitskonzentrationen v. 8. 5. 2007 (GVBl. II S. 113), zul. geänd. am 3. 6. 2010 (GVBl. II Nr. 28 S. 1).

[15] VO über die Führung des Handelsregisters, des Genossenschaftsregisters, des Vereinsregisters und des Güterrechtsregisters in den Bezirken der Amtsgerichte Bremen, Bremerhaven und Bremen-Blumenthal v. 17. 12. 1986 (Brem.GBl. S. 315), zul. geänd. am 4. 8. 2009 (Brem.GBl. S. 289); VO über die Führung des Partnerschaftsregisters in den Bezirken der AG Bremen und Bremen-Blumenthal v. 20. 6. 1995 (Brem.GBl. S. 329).

[16] VO über die Zuständigkeit des AG Hamburg in Zivil- und Handelssachen sowie für die Erledigung inländischer Rechtshilfeersuchen v. 1. 9. 1987 (HmbGVBl. S. 172), zul. geänd. am 20. 10. 2009 (HbgGVBl. S. 370, 371).

[17] VO über gerichtliche Zuständigkeiten im Bereich des Ministeriums der Justiz v. 16. 9. 2008 (GVBl. I S. 822), zul. geänd. am 13. 5. 2010 (GVBl. I S. 157).

Die Führung des **Vereinsregisters** obliegt
- dem **AG Bad Hersfeld** für die AG-Bezirke Bad Hersfeld und Rothenburg a. d. Fulda (§ 4 Abs. 1 Nr. 3 b) GerJZustVO),
- dem **AG Bad Homburg v. d. Höhe** für die AG-Bezirke Bad Homburg v. d. Höhe und Usingen (§ 4 Abs. 1 Nr. 2 GerJZustVO),
- dem **AG Darmstadt** für die AG-Bezirke Bensheim, Dieburg, Fürth, Groß-Gerau, Lampertheim, Michelstadt und Rüsselsheim (§ 4 Abs. 1 Nr. 1 a) GerJZustVO),
- dem **AG Friedberg (Hessen)** für die AG-Bezirke Friedberg (Hessen), Büdingen und Nidda (§ 4 Abs. 1 Nr. 4 b) GerJZustVO),
- dem **AG Fritzlar** für die AG-Bezirke Fritzlar und Melsungen (§ 4 Abs. 1 Nr. 6 a) GerJZustVO),
- dem **AG Fulda** für die AG-Bezirke Fulda und Hünfeld (§ 4 Abs. 1 Nr. 3 a) GerJZustVO),
- dem **AG Gießen** für die AG-Bezirke Gießen und Alsfeld (§ 4 Abs. 1 Nr. 4 a) GerJZustVO),
- dem **AG Hanau** für den gesamten LG-Bezirk Hanau (§ 4 Abs. 1 Nr. 5 GerJZustVO),
- dem **AG Korbach** für die AG-Bezirke Korbach und Bad Arolsen (§ 4 Abs. 1 Nr. 6 b) GerJZustVO),
- dem **AG Limburg a. d. Lahn** für die AG-Bezirke Limburg a. d. Lahn und Weilburg (§ 4 Abs. 1 Nr. 7 a) GerJZustVO),
- dem **AG Marburg** für den gesamten LG-Bezirk Marburg (§ 4 Abs. 1 Nr. 8 GerJZustVO),
- dem **AG Offenbach am Main** für die AG-Bezirke AG Offenbach am Main, Langen (Hessen) und Seligenstadt (§ 4 Abs. 1 Nr. 1 b) GerJZustVO),
- dem **AG Wetzlar** für die AG-Bezirke Wetzlar und Dillenburg (§ 4 Abs. 1 Nr. 7 b) GerJZustVO),
- dem **AG Wiesbaden** für den gesamten LG-Bezirk Wiesbaden (§ 4 Abs. 1 Nr. 9 GerJZustVO).

Die Führung des **Partnerschaftsregisters** ist für ganz Hessen beim AG Frankfurt am Main konzentriert (§ 10 Abs. 2 GerJZustVO).

18 **Mecklenburg-Vorpommern:**[18] für die Führung des Handels-, Genossenschafts- und Partnerschaftsregisters ist das AG am Sitz des LG (Neubrandenburg, Rostock, Schwerin, Stralsund) zuständig (§ 1 KonzVO-MV).

19 **Niedersachsen:**[19]
Die Führung des Handels-, Genossenschafts- und Vereinsregisters (§ 16 Abs. 1 ZustVO-Justiz) obliegt
- dem **AG Aurich** für die AG-Bezirke Aurich, Emden, Leer (Ostfriesland), Norden, Wittmund,
- dem **AG Braunschweig** für die AG-Bezirke Bad Gandersheim, Braunschweig, Clausthal-Zellerfeld, Goslar, Helmstedt, Salzgitter, Seesen, Wolfenbüttel, Wolfsburg,
- dem **AG Göttingen** für die AG-Bezirke Duderstadt, Einbeck, Göttingen, Herzberg am Harz, Hann. Münden, Northeim, Osterode am Harz,
- dem **AG Hannover** für die AG-Bezirke Burgwedel, Hameln, Hannover, Neustadt am Rübenberge, Springe, Wennigsen (Deister),
- dem **AG Hildesheim** für die AG-Bezirke Alfeld (Leine), Burgdorf, Elze, Gifhorn, Hildesheim, Holzminden, Lehrte, Peine,
- dem **AG Lüneburg** für die AG-Bezirke Celle, Dannenberg (Elbe), Lüneburg, Soltau, Uelzen, Winsen (Luhe),
- dem **AG Oldenburg** für die AG-Bezirke Brake (Unterweser), Cloppenburg, Delmenhorst, Jever, Nordenham, Oldenburg, Varel, Vechta, Westerstede, Wildeshausen, Wilhelmshaven,

---

[18] VO über die Konzentration von Zuständigkeiten der Gerichte v. 28. 3. 1994 (GVOBl. M-V S. 514), zul. geänd. am 16. 1. 2008 (GVOBl. M-V S. 18).
[19] VO zur Regelung von Zuständigkeiten in der Gerichtsbarkeit und der Justizverwaltung v. 18. 12. 2009 (Nds. GVBl. S. 506, ber. Nds. GVBl. 2010 S. 283), zul. geänd. am 23. 11. 2010 (Nds. GVBl. S. 531).

- dem **AG Osnabrück** für die AG-Bezirke Bad Iburg, Bersenbrück, Lingen (Ems), Meppen, Nordhorn, Osnabrück, Papenburg,
- dem **AG Tostedt** für die AG-Bezirke Bremervörde, Buxtehude, Cuxhaven, Langen, Otterndorf, Stade, Tostedt, Zeven,
- dem **AG Stadthagen** für die AG-Bezirke Bückeburg, Stadthagen, Rinteln,
- dem **AG Walsrode** für die AG-Bezirke Achim, Diepholz, Nienburg (Weser), Osterholz-Scharmbeck, Rotenburg (Wümme), Stolzenau, Sulingen, Syke, Verden (Aller), Walsrode.

Die Führung des **Partnerschaftsregisters** ist für ganz Niedersachsen beim AG Hannover konzentriert (§ 16 Abs. 2 ZustVO-Justiz).

Nordrhein-Westfalen:[20]

Die Führung des Handels-, Genossenschafts- und Vereinsregisters (§ 1 Abs. 1 i. V. m. Anlage 1 und Anlage 2 ERegister-VO) obliegt

- dem **AG Aachen** für die AG-Bezirke Aachen, Eschweiler, Geilenkirchen, Heinsberg und Monschau,
- dem **AG Arnsberg** für die AG-Bezirke Arnsberg, Brilon, Marsberg, Medebach, Menden (Sauerland), Meschede, Schmallenberg, Soest, Warstein und Werl,
- dem **AG Bad Oeynhausen** für die AG-Bezirke Bünde, Herford, Lübbecke, Minden, Bad Oeynhausen und Rahden,
- dem **AG Bielefeld** für den AG-Bezirk Bielefeld,
- dem **AG Bochum** für die AG-Bezirke Bochum, Herne, Herne-Wanne und Witten,
- dem **AG Bonn** für die AG-Bezirke Bonn, Euskirchen und Rheinbach,
- dem **AG Coesfeld** für die AG-Bezirke Ahaus, Bocholt, Borken, Coesfeld, Dülmen, Gronau (Westfalen) und Lüdinghausen,
- dem **AG Dortmund** für die AG-Bezirke Castrop-Rauxel, Dortmund und Lünen,
- dem **AG Duisburg** für die AG-Bezirke Dinslaken, Duisburg, Duisburg-Hamborn, Duisburg-Ruhrort, Mühlheim an der Ruhr, Oberhausen und Wesel,
- dem **AG Düren** für die AG-Bezirke Düren, Jülich und Schleiden/Eifel,
- dem **AG Düsseldorf** für die AG-Bezirke Düsseldorf, Langenfeld (Rheinland) und Ratingen,
- dem **AG Essen** für die AG-Bezirke Essen, Essen-Borbeck, Essen-Steele und Hattingen,
- dem **AG Gelsenkirchen** für die AG-Bezirke Bottrop, Dorsten, Gelsenkirchen, Gelsenkirchen-Buer, Gladbeck und Marl,
- dem **AG Gütersloh** für die AG-Bezirke Gütersloh, Halle (Westfalen) und Rheda-Wiedenbrück,
- dem **AG Hagen** für die AG-Bezirke Hagen, Schwelm, Schwerte und Wetter,
- dem **AG Hamm** für die AG-Bezirke Hamm, Kamen und Unna,
- dem **AG Iserlohn** für die AG-Bezirke Altena, Iserlohn, Lüdenscheid, Meinerzhagen und Plettenberg,
- dem **AG Kleve** für die AG-Bezirke Emmerich am Rhein, Geldern, Kleve, Moers und Rheinberg,
- dem **AG Köln** für die AG-Bezirke Bergheim, Bergisch-Gladbach, Brühl, Gummersbach, Kerpen, Köln, Leverkusen, Wermelskirchen und Wipperfürth,
- dem **AG Krefeld** für die AG-Bezirke Kempen, Krefeld und Nettetal,
- dem **AG Lemgo** für die AG-Bezirke Blomberg, Detmold und Lemgo,
- dem **AG Mönchengladbach** für die AG-Bezirke Erkelenz, Grevenbroich, Mönchengladbach, Mönchengladbach-Rheydt und Viersen,
- dem **AG Münster** für die AG-Bezirke Ahlen, Beckum, Münster und Warendorf,
- dem **AG Neuss** für den AG-Bezirk Neuss,
- dem **AG Paderborn** für die AG-Bezirke Brakel, Delbrück, Höxter, Lippstadt, Paderborn und Warburg,
- dem **AG Recklinghausen** für den AG-Bezirk Recklinghausen,
- dem **AG Siegburg** für die AG-Bezirke Königswinter, Siegburg und Waldbröl,
- dem **AG Siegen** für die AG-Bezirke Bad Berleburg, Lennestadt, Olpe und Siegen,

---

[20] VO über die elektronische Registerführung und die Zuständigkeit der AG in Nordrhein-Westfalen in Registersachen v. 19. 12. 2006 (GV. NRW S. 606), zul. geänd. am 27. 8. 2009 (GV. NRW S. 487).

§ 376 21–25   Abschnitt 2. Zuständigkeit

- dem **AG Steinfurt** für die AG-Bezirke Ibbenbüren, Rheine, Steinfurt und Tecklenburg,
- dem **AG Wuppertal** für die AG-Bezirke Mettmann, Remscheid, Solingen, Velbert und Wuppertal.

Die Führung des **Partnerschaftsregisters** obliegt für ganz Nordrhein-Westfalen dem AG Essen (§ 1 Abs. 2 ERegister-VO).

21 **Rheinland-Pfalz:**[21]
Die Führung des Handels-, Genossenschafts- und Vereinsregisters obliegt
- dem **AG Bad Kreuznach** für die AG-Bezirke Bad Kreuznach, Bad Sobernheim, Idar-Oberstein und Simmern/Hunsrück (§ 3 Abs. 1 Nr. 1, Abs. 2 Nr. 1 RPZustVFG),
- dem **AG Kaiserslautern** für die AG-Bezirke Kaiserslautern, Kusel und Rockenhausen (§ 3 Abs. 1 Nr. 6, Abs. 2 Nr. 6 RPZustVFG),
- dem **AG Koblenz** für die AG-Bezirke Andernach, Bad Neuenahr-Ahrweiler, Cochem, Koblenz, Lahnstein, Mayen, Sankt Goar und Sinzig (§ 3 Abs. 1 Nr. 2a, Abs. 2 Nr. 2a) RPZustVFG),
- dem **AG Landau in der Pfalz** für die AG-Bezirke Germersheim, Kandel und Landau in der Pfalz (§ 3 Abs. 1 Nr. 7, Abs. 2 Nr. 7 RPZustVFG),
- dem **AG Ludwigshafen am Rhein** für die AG-Bezirke Bad Dürkheim, Frankenthal (Pfalz), Grünstadt, Ludwigshafen am Rhein, Neustadt an der Weinstraße und Speyer (§ 3 Abs. 1 Nr. 5, Abs. 2 Nr. 5 RPZustVFG),
- dem **AG Mainz** für die AG-Bezirke Alzey, Bingen am Rhein, Mainz und Worms (§ 3 Abs. 1 Nr. 3, Abs. 2 Nr. 3 RPZustVFG),
- dem **AG Montabaur** für die AG-Bezirke Altenkirchen (Westerwald), Betzdorf, Diez, Linz am Rhein, Montabaur, Neuwied und Westerburg (§ 3 Abs. 1 Nr. 2b, Abs. 2 Nr. 2b) RPZustVFG),
- dem **AG Wittlich** für die AG-Bezirke Bernkastel-Kues, Bitburg, Daun, Hermeskeil, Prüm, Saarburg, Trier und Wittlich (§ 3 Abs. 1 Nr. 4, Abs. 2 Nr. 4 RPZustVFG),
- dem **AG Zweibrücken** für die AG-Bezirke Landstuhl, Pirmasens und Zweibrücken (§ 3 Abs. 1 Nr. 8, Abs. 2 Nr. 8 RPZustVFG).

Die Führung des **Partnerschaftsregisters** obliegt dem AG Koblenz für den OLG-Bezirk Koblenz und dem AG Zweibrücken für den OLG-Bezirk Zweibrücken (§ 3 Abs. 3 Nr. 1, 2 RPZustVFG).

22 **Saarland:**[22] das Handels-, Genossenschafts- und Partnerschaftsregister wird beim AG Saarbrücken geführt (§ 1 Abs. 1 RegisterVO).

23 **Sachsen:**[23] für die Führung des Handels-, Genossenschafts-, Partnerschafts-, Vereins- und Güterrechtsregisters sowie für die Entscheidung in unternehmensrechtlichen Verfahren nach § 375 Nr. 1, 3 bis 14 und 16 sind zuständig:
- das **AG Chemnitz** für die LG-Bezirke Chemnitz und Zwickau (§ 8 Nr. 1, § 9 Nr. 1 JOrgVO),
24
- das **AG Dresden** für die LG-Bezirke Bautzen, Dresden und Görlitz (§ 8 Nr. 2, § 9 Nr. 2 JOrgVO),
- das **AG Leipzig** für den LG-Bezirk Leipzig (§ 8 Nr. 3, § 9 Nr. 3 JOrgVO).

Sachsen-Anhalt:[24] die Führung des Handels-, Genossenschafts-, Partnerschafts- und Vereinsregisters ist für ganz Sachsen-Anhalt beim AG Stendal konzentriert (§ 14 GBReg-VO).

25 **Schleswig-Holstein:**[25] die Führung des Handels-, Genossenschafts- und Vereinsregisters obliegt
- dem **AG Flensburg** für den LG-Bezirk Flensburg (§ 1 Nr. 2 RegVO),

---

[21] VO über die gerichtliche Zuständigkeit in Zivilsachen und Angelegenheiten der freiwilligen Gerichtsbarkeit v. 22. 11. 1985, zul. geänd. am 22. 12. 2009 (GVBl. S. 413).
[22] VO über die maschinelle Führung der Register v. 29. 7. 2003 (ABl. S. 2238).
[23] VO des Sächsischen Staatsministeriums der Justiz über die Organisation der Justiz v. 14. 12. 2007 (SächsGVBl. S. 600), zul. geänd. am 28. 9. 2010 (SächsGVBl. S. 274).
[24] Grundbuch- und Register-VO v. 13. 12. 2004 (GVBl. LSA S. 829), zul. geänd. am 28. 7. 2008 (GVBl. LSA S. 287).
[25] LandesVO über die Führung des Handels-, Genossenschafts-, Partnerschafts- und Vereinsregisters v. 3. 8. 2009 (GVOBl. Schlesw.-Holst. S. 565).

- dem **AG Itzehoe** für den LG-Bezirk Pinneberg (§ 1 Nr. 4 RegVO).
- dem **AG Kiel** für den LG-Bezirk Kiel (§ 1 Nr. 1 RegVO),
- dem **AG Lübeck** für den LG-Bezirk Lübeck (§ 1 Nr. 3 RegVO),

Die Führung des **Partnerschaftsregisters** ist für ganz Schleswig-Holstein beim AG Kiel konzentriert (§ 2 RegVO).

Thüringen:[26] die Führung des Handels-, Genossenschafts- und Partnerschaftsregisters ist für ganz Thüringen beim AG Jena konzentriert (§ 2 ThürOrdGZVO).

IV. Konzentrierung nach § 1558 Abs. 2 BGB

Während für das Vereinsregister die Konzentrationsvorschrift des § 55 Abs. 2 BGB in Hinblick auf die Erweiterung von § 23 d GVG gestrichen wurde,[27] ist die Möglichkeit, das **Güterrechtsregister** bei einem AG für den Bereich mehrerer Amtsgerichtsbezirke zu konzentrieren, systemwidrigerweise in § 1558 Abs. 2 BGB bestehen geblieben.[28]

V. Konzentrierung nach § 23 d GVG

Die nicht von Abs. 2 erfassten Verfahrensgegenstände, insbesondere die Führung des **Vereinsregisters,** können nur aufgrund der **allgemeinen Konzentrationsermächtigung** in § 23 d GVG einem AG für die Bezirke mehrerer AG zugewiesen werden. Anders als Abs. 2 erfordert die Konzentration allerdings, dass die Zusammenfassung einer sachlichen Förderung des Verfahrens dient oder zur Sicherung einer einheitlichen Rechtsprechung geboten erscheint (vgl. § 23 d S. 1 GVG), was bei einer Konzentration des Vereinsregisters bei dem AG, das auch die anderen Register führt oder bei einer Übertragung der Verfahren nach § 375 Nr. 15 auf das nach Abs. 1 für die anderen unternehmensrechtlichen Verfahren zuständige Gericht unzweifelhaft der Fall sein wird. Obwohl § 23 d GVG, anders als Abs. 2 S. 3, keine ausdrückliche Möglichkeit vorsieht, mittels Staatsvertrag **länderübergreifende Zuständigkeitsvereinbarungen** zu treffen, sind die Länder kraft ihrer Verfahrenshoheit über die Gerichtsorganisation nicht gehindert, entsprechende Staatsverträge zu schließen, vgl. § 377 Rn 33.

Örtliche Zuständigkeit

§ 377 (1) **Ausschließlich zuständig ist das Gericht, in dessen Bezirk sich die Niederlassung des Einzelkaufmanns, der Sitz der Gesellschaft, des Versicherungsvereins, der Genossenschaft, der Partnerschaft oder des Vereins befindet, soweit sich aus den entsprechenden Gesetzen nichts anderes ergibt.**

(2) **Für die Angelegenheiten, die den Gerichten in Ansehung der nach dem Handelsgesetzbuch oder nach dem Binnenschifffahrtsgesetz aufzumachenden Dispache zugewiesen sind, ist das Gericht des Ortes zuständig, an dem die Verteilung der Havereischäden zu erfolgen hat.**

(3) **Die Eintragungen in das Güterrechtsregister sind bei jedem Gericht zu bewirken, in dessen Bezirk auch nur einer der Ehegatten oder Lebenspartner seinen gewöhnlichen Aufenthalt hat.**

(4) **§ 2 Abs. 1 ist nicht anzuwenden.**

Übersicht

	Rn
I. Normzweck	1
II. Örtliche Zuständigkeit	2
1. Allgemeines	3
2. Einzelkaufleute	4

---

[26] Thüringer VO über gerichtliche Zuständigkeiten in der ordentlichen Gerichtsbarkeit v. 12. 8. 1993 (GVBl. S. 563), zul. geänd. am 16. 12. 2008 (GVBl. S. 587).
[27] BT-Drs. 16/6308 S. 285.
[28] Kritisch SBW/Nedden-Boeger § 376 Rn 10.

	Rn
3. Juristische Personen nach § 33 HGB	5
4. Gesellschaften, Genossenschaften, Vereine	6
5. Ausländische Unternehmen	9
6. Verlegung der Niederlassung oder des Sitzes im Inland	10
7. Doppel- oder Mehrfachsitz; mehrere Zweigniederlassungen	12
8. Keine Ersatzzuständigkeit	15
III. Sachliche Zuständigkeit	16
IV. Funktionelle Zuständigkeit	17
1. Allgemeines	17
2. Zuständigkeit des Richters	18
3. Zuständigkeit des Rechtspflegers	22
4. Zuständigkeit des Urkundsbeamten	26
V. Internationale Zuständigkeit	28
VI. Zuständigkeit im Dispacheverfahren (Abs. 2)	29
1. Örtliche Zuständigkeit	30
2. Sachliche Zuständigkeit	34
3. Funktionelle Zuständigkeit	35
4. Internationale Zuständigkeit	36
VII. Zuständigkeit in Güterrechtsregistersachen (Abs. 3)	37
1. Örtliche Zuständigkeit	38
2. Sachliche und funktionelle Zuständigkeit	41
3. Internationale Zuständigkeit	42
VIII. Geltung der allgemeinen Vorschriften (Abs. 4)	43

I. Normzweck

1 Bislang fand sich im FGG keine generelle Regelungen über die örtliche Zuständigkeit für die register- und handelsrechtlichen Verfahrensgegenstände. Diese waren vielmehr in den einzelnen Spezialgesetzen verstreut. Die Vorschrift beseitigt diese unübersichtliche Lage und begründet eine **einheitliche örtliche Zuständigkeit** in Abs. 1, die weiterhin Spielraum für Spezialregelungen lässt.[1] Abs. 2 und Abs. 3 enthalten Sonderbestimmungen für das Dispacheverfahren und das Güterrechtsregister, Abs. 4 regelt die Unanwendbarkeit einzelner Bestimmungen des allgemeinen Teils.

II. Örtliche Zuständigkeit

1. Allgemeines

2 Die örtliche Zuständigkeit bestimmt sich nach Abs. 1, wobei die obligatorischen und fakultativen Konzentrationsvorschriften des § 376 zu beachten sind. Das Gericht hat seine örtliche Zuständigkeit **von Amts wegen** zu prüfen. Sowohl in Registerverfahren als auch in unternehmensrechtlichen Verfahren handelt es sich (vorbehaltlich gesetzlicher Spezialregelungen) um eine **ausschließliche** örtliche **Zuständigkeit,** die keiner Vereinbarung zwischen den Beteiligten zugänglich ist. Es gelten ergänzend die allgemeinen Bestimmungen, ausgenommen § 2 Abs. 1 (s. Abs. 4). Daraus folgt, dass Verfügungen, insbesondere Eintragungen, durch ein **örtlich unzuständiges Gericht** nach § 2 Abs. 3 wirksam sind (s. § 2 Rn 30).[2] Zum Güterrechtsregister s. Abs. 3 (Rn 38 ff.).

3 Eine Verletzung der örtlichen Zuständigkeit kann weder mit der **Beschwerde** – soweit diese überhaupt statthaft ist (vgl. § 402 Abs. 2, 3) – noch der Rechtsbeschwerde gerügt werden (vgl. § 65 Abs. 4 bzw. § 72 Abs. 2).[3] Die Eintragungen eines örtlich unzuständigen Registergerichts sind jedoch im **Amtslöschungsverfahren** zu beseitigen, § 395.[4]

---

[1] BT-Drs. 16/6308 S. 285; Bumiller/Harders § 377 Rn 1.
[2] Diese zu § 7 FGG umstrittene Frage ist nunmehr geklärt; ebenso Bumiller/Harders § 377 Rn 2; MünchKommZPO/Krafka § 377 FamFG Rn 1; SBW/Nedden-Boeger § 377 Rn 24; vgl. zum Streitstand Jansen/Steder § 125 Rn 30.
[3] BeckOK/Munzig § 377 FamFG Rn 2; BJS/Müther Vor §§ 376 f. Rn 5; a. A. SBW/Nedden-Boeger § 377 Rn 22.
[4] Bassenge/Roth/K. Walter § 377 Rn 10; MünchKommZPO/Krafka § 377 FamFG Rn 2.

2. Einzelkaufleute

Für Einzelkaufleute ist das Registergericht zuständig, in dessen Bezirk der Einzelkaufmann seine **Niederlassung** hat. Hierunter ist die Hauptniederlassung zu verstehen.[5] Diese befindet sich an dem Ort, von dem aus die kaufmännische Verwaltung des Unternehmens dauerhaft betrieben wird, unerheblich ist hingegen, wo sich die einzelnen Betriebsstätten befinden und wo die gewerbliche oder technische Leitung tatsächlich ausgeübt wird.[6] Die nach § 29 HGB zum Handelsregister angemeldete inländische Geschäftsanschrift begründet den Anschein, dass es sich hierbei um den Ort der Niederlassung handelt.[7] Fehlt es an einer dauerhaften Verwaltungsniederlassung, etwa weil es sich um ein „fliegendes" Gewerbe handelt, stellt der Wohnsitz i. S. des § 7 BGB den Ort der Handelsniederlassung dar.

3. Juristische Personen nach § 33 HGB

Juristische Personen i. S. des § 33 HGB (insbesondere wirtschaftliche Vereine nach § 22 BGB, privatrechtliche Unternehmensstiftungen, öffentlich-rechtliche Anstalten, Stiftungen und Körperschaften, kommunale Eigen- und Regiebetriebe sowie Sparkassen)[8] sind in Abs. 1 nicht erwähnt. Da der Gesetzgeber jedoch die bisherige Rechtslage nicht ändern, sondern nur vereinheitlichen wollte, gelten die bestehenden Grundsätze fort,[9] so dass sich die örtliche Zuständigkeit wie bei Einzelkaufleuten (vgl. § 29 HGB) nach dem Ort der geschäftlichen **Niederlassung** richtet, auch wenn dieser vom satzungsmäßigen Sitz abweicht.[10]

4. Gesellschaften, Genossenschaften, Vereine

Für **Personengesellschaften** (OHG, KG), **Partnerschaftsgesellschaften, Kapitalgesellschaften** (AG, KGaA, SE, GmbH), **Genossenschaften** (eG), **Versicherungsvereine** (VVaG) und **eingetragene Vereine** (e. V.) ist das Gericht örtlich zuständig, in dessen Bezirk sich der jeweilige **Sitz** des Rechtsträgers befindet (vgl. §§ 106 Abs. 2 Nr. 2, 161 Abs. 2 HGB; § 3 Abs. 2 Nr. 1 PartGG; §§ 5, 278 Abs. 3 AktG; Art. 7 VO (EG) 2157/2001; § 4a GmbHG; § 6 Nr. 1 GenG; § 18 Abs. 1 VAG; § 57 Abs. 1 BGB).

Abzustellen ist auf den **statuarischen Sitz**, d. h. bei Ersteintragung auf den im Gesellschaftsvertrag, der Satzung, dem Statut bezeichneten Sitz und bei Verrichtungen nach der Ersteintragung auf den im Register eingetragenen Sitz.[11] Der im Register eingetragene Sitz ist auch dann maßgeblich, wenn dieser vom Sitz der **tatsächlichen Verwaltung** abweicht oder wenn dieser „faktisch", also ohne wirksame Änderung des Gesellschaftsvertrags, verlegt wurde. Dies gilt auch für Personengesellschaften, da ansonsten die Durchsetzung der Anmeldepflichten oder einer Amtslöschung nicht möglich wäre.[12] Auch wenn sich die Tätigkeit einer inländischen Gesellschaft ausschließlich auf das Ausland bezieht, bleibt die örtliche Zuständigkeit des Gerichts im Bezirk des eingetragenen Sitzes bestehen, vgl. § 2 Abs. 2. Bei Personen- und Partnerschaftsgesellschaften gilt **im Zweifel** der Ort der Geschäftsleitung, für Vereine der Ort, an welchem die Verwaltung geführt wird (§ 24 BGB), als Sitz der Gesellschaft bzw. des Vereins.

Für Zweigniederlassungen inländischer Unternehmen besteht **kein Bedarf für eine besondere Zuständigkeitsbestimmung** mehr, da die Zweigniederlassung nach § 13 Abs. 1 HGB, § 5 Abs. 2 PartGG, § 14 Abs. 1 GenG vom Registergericht am Ort der Hauptniederlassung bzw. des Sitzes eingetragen wird.[13] Damit ist auch in unternehmens-

---

[5] BJS/Müther § 377 Rn 3.
[6] Bassenge/Roth/K. Walter § 377 Rn 2; MünchKommZPO/Krafka § 377 FamFG Rn 4.
[7] MünchKommZPO/Krafka § 377 FamFG Rn 4.
[8] Vgl. MünchKommHGB/Krafka § 33 Rn 2.
[9] Ebenso MünchKommZPO/Krafka § 377 FamFG Rn 4.
[10] BayObLG FGPrax 2000, 209; OLG Frankfurt FGPrax 2001, 86; Jansen/Steder § 125 Rn 10, 14.
[11] MünchKommZPO/Krafka § 377 FamFG Rn 5.
[12] Anders die h. M., die für Personengesellschaften eine Zuständigkeit des Registergerichts am Ort des tatsächlichen Sitzes anzunehmen scheint, BJS/Müther § 377 Rn 4, 5; davon zu unterscheiden ist die zutreffende Ansicht, dass eine Personenhandelsgesellschaft ihren Sitz nicht frei wählen kann, sondern diesen nur am tatsächlichen Verwaltungssitz begründen darf, SBW/Nedden-Boeger § 377 Rn 11.
[13] MünchKommZPO/Krafka § 377 FamFG Rn 5.

rechtlichen Verfahren, die die Zweigniederlassung eines Unternehmens betreffen, ausschließlich das Gericht der Hauptniederlassung bzw. des Sitzes örtlich zuständig.

5. Ausländische Unternehmen

9   Für Unternehmen, die ihre Niederlassung bzw. ihren Sitz im **Ausland** haben und im Inland eine Zweigniederlassung eingerichtet haben, ist das Gericht örtlich zuständig, in dessen Bezirk die **Zweigniederlassung** besteht, § 13 d Abs. 1 HGB.[14] Auch hier ist allein die im Register eingetragene Zweigniederlassung maßgeblich, unabhängig davon, ob sich noch weitere Zweigniederlassungen im Inland befinden (vgl. § 13 e Abs. 5 HGB) und unabhängig davon, wo die inländische Verwaltung tatsächlich ausgeübt wird.

6. Verlegung der Niederlassung oder des Sitzes im Inland

10 Im Falle einer Verlegung der Niederlassung oder des Sitzes im Inland ist diese noch beim Registergericht der **bisherigen Niederlassung** bzw. des **bisherigen Sitzes** anzumelden, §§ 13 h Abs. 1 HGB, 45 Abs. 1 AktG, 6 VRV. Das weitere Verfahren regelt § 13 h Abs. 2 HGB. Das bisherige Registergericht hat vor einer Übersendung der Akten an das neue Registergericht die Anmeldung auf ihre formelle Richtigkeit zu überprüfen.[15] Nach Eingang der Akten beim Registergericht der neuen Niederlassung bzw. des neuen Sitzes hat dieses im Falle einer ordnungsgemäßen Verlegung diese sowie alle weiteren Anmeldungen und Verrichtungen bezüglich des betreffenden Rechtsträgers einzutragen bzw. vorzunehmen,[16] sofern diese nicht ausnahmsweise – wie im Falle des § 53 UmwG – noch vom bisherigen Registergericht zu erledigen ist.[17] Die Eintragung der Sitzverlegung darf aber nicht wegen einer „offensichtlich fehlerhaften" Voreintragung abgelehnt werden; erst nach Eintragung der Sitzverlegung kann das neue Registergericht diesbezüglich ein Verfahren nach § 395 einleiten (s. § 395 Rn 25).[18]

11 Die Satzungsänderung über eine **aufschiebend befristete Sitzverlegung** kann daher erst mit Eintritt der tatsächlichen Sitzverlegung in das Handelsregister am neuen Sitz eingetragen werden, da es zuvor an einer örtlichen Zuständigkeit fehlt, darüber kann auch eine vermeintliche Unterordnung des Verfahrensrechts unter das materielle Recht nichts ändern.[19]

7. Doppel- oder Mehrfachsitz, mehrere Zweigniederlassungen

12 Die Anerkennung von Doppel- oder Mehrfachsitzen kann zu einer mehrfachen örtlichen Zuständigkeit führen, was der Gesetzgeber aber in Anbetracht der Unanwendbarkeit von § 2 Abs. 1 (s. Rn 43) ausschließen wollte. Die Problematik spielt bei Einzelkaufleuten, Personengesellschaften und juristischen Personen i. S. des § 33 HGB keine Rolle. Die Zulässigkeit mehrerer selbständiger Handelsniederlassungen desselben **Kaufmanns** mit verschiedenen Unternehmen unter jeweils eigener Firma ist zulässig.[20] Bei **Personengesellschaften** kann es, selbst bei mehreren Verwaltungsstandorten, immer nur einen Sitz geben, der sich an dem Ort befindet, von dem aus die Geschäfte überwiegend geführt werden. Bei Vereinen ist ein Mehrfachsitz ebenfalls ausgeschlossen.[21] Für **juristische Personen** des öffentlichen Rechts i. S. des § 33 HGB ist die Zulässigkeit von Mehrfachsitzen anerkannt, wenn das jeweilige Organisationsrecht dies gestattet. Eine mehrfache Zuständigkeit kann damit nicht einhergehen, denn diese knüpft nicht an den Sitz, sondern an den Ort der Handelsniederlassung an.[22]

---

[14] MünchKommZPO/Krafka § 377 FamFG Rn 5.
[15] OLG Frankfurt FGPrax 2008, 164; FGPrax 2002, 184; Bumiller/Harders § 377 Rn 3.
[16] OLG Frankfurt FGPrax 2002, 184.
[17] OLG Frankfurt FGPrax 2005, 38.
[18] OLG München ZIP 2011, 20/21; Bahrenfuss/Steup § 377 Rn 6.
[19] Ebenso MünchKommZPO/Krafka § 377 FamFG Rn 9 gegen DNotI-Report 2008, 25.
[20] LG Wuppertal BB 1969, 459.
[21] OLG Hamburg MDR 1972, 417; Bassenge/Roth/K. Walter § 377 Rn 2.
[22] BayObLG FGPrax 2000, 209; OLG Frankfurt FGPrax 2001, 86.

Heftig umstritten wurde durch die Teilung Deutschlands die Frage der Zulassung **13** eines Doppelsitzes von **Kapitalgesellschaften**. Sie wurde früher überwiegend verneint. Im Hinblick auf die wirtschaftliche Notwendigkeit und die Bestimmungen, in denen auch der Gesetzgeber von der Zulässigkeit des Doppelsitzes ausging,[23] wurde die Zulässigkeit des Doppelsitzes in außergewöhnlichen Fällen bejaht,[24] wobei verlangt wurde, dass Anmeldungen zum Handelsregister, die die Gesellschaft als Ganzes oder eine eingetragene Zweigniederlassung betreffen, auch beim Gericht des Sitzes in der Bundesrepublik zu bewirken sind.[25] Aus verfahrensrechtlicher Sicht ist die **Anerkennung eines Doppel- oder Mehrfachsitzes** von Kapitalgesellschaften und Genossenschaften **abzulehnen,**[26] da sonst die Gefahr einer konkurrierenden Zuständigkeit besteht. Eine rechtliche Notwendigkeit oder ein praktisches Bedürfnis für die Anerkennung von mehrfachen Sitzen besteht auch nicht in materieller Hinsicht, denn eine AG oder GmbH kann seit dem 1. 11. 2008 einen vom Satzungssitz abweichenden Verwaltungssitz haben.[27]

Problematisch ist, dass nach § 13e Abs. 5 HGB eine ausländische Kapitalgesellschaft **14** **mehrere Zweigniederlassungen im Inland** unterhalten kann und sämtliche auch in das Handelsregister der jeweils zuständigen Gerichte einzutragen sind. Damit kommt es wegen des ausdrücklichen Ausschlusses von § 2 Abs. 1 (s. Rn 43) zu einer **mehrfachen Zuständigkeit von Gerichten für denselben Rechtsträger**.[28] Dies mag im Interesse einer effektiven Kontrolle ausländischer Rechtsträger sogar gewollt sein, birgt andererseits die Gefahr widersprüchlicher Entscheidungen in sich. Deshalb sollte in diesem Fall eine Abgabe an ein Gericht nach § 4 erwogen werden (s. Rn 43).

8. Keine Ersatzzuständigkeit

Die für Einzelkaufleute und jur. Personen, deren Hauptniederlassung, und für Handels- **15** gesellschaften, deren Sitz sich am 8. 5. 1945 im Bezirk eines Gerichts befand, an dessen Sitz deutsche Gerichtsbarkeit nicht mehr ausgeübt wird, nach §§ 14, 14 ZustErG bestehende Ersatzzuständigkeit wurde wegen Bedeutungslosigkeit[29] durch Art. 48 des 1. Gesetzes über die Bereinigung von Bundesrecht im Zuständigkeitsbereich des BMJ vom 19. 4. 2006[30] aufgehoben.[31]

III. Sachliche Zuständigkeit

Sachlich zuständig sind in Registersachen nach § 374 und in unternehmensrechtlichen **16** Angelegenheiten i. S. des § 375 **ausschließlich die AG,** § 23a Abs. 1 Nr. 2, Abs. 2 Nr. 3, 4 GVG. Damit ist insbesondere für die Registerführung den Bestrebungen, diese auf die Industrie- und Handelskammern zu übertragen, eine Absage erteilt worden. Auch bei den Registersachen handelt es sich in erster Linie um Rechtspflegeverfahren, die die Gestaltung der privaten Rechte und Rechtsverhältnisse zum Gegenstand haben. Die Register i. S. des § 374 dürfen wegen des Verhältnismäßigkeitsgrundsatzes **nur von Rechtspflegeorganen** geführt werden. Eine Übertragung auf Verwaltungsbehörden aus bloß politischen Gründen wäre verfassungswidrig.[32]

---

[23] Z. B. § 62 WBG.
[24] Vgl. statt aller BayObLG NJW-RR 1986, 31 mit umfassenden Nachweisen; zuletzt OLG Brandenburg NotBZ 2006, 22.
[25] BayObLG GmbHR 1962, 178 mit Anm. Pleyer.
[26] Ebenso MünchKommZPO/Krafka § 377 FamFG Rn 6; zustimmend BeckOK/Munzig § 377 FamFG Rn 8.
[27] BT-Drs. 16/6140 S. 29.
[28] Ebenso BeckOK/Munzig § 377 FamFG Rn 7.
[29] BT-Drs. 16/47 S. 59.
[30] BGBl. I S. 866.
[31] Vgl. die Darstellung bei Winkler 15. A. § 125 FGG Rn 9 bis 11.
[32] Ähnlich Jansen/Steder § 125 Rn 3; anders Krafka Rn 106.

IV. Funktionelle Zuständigkeit

1. Allgemeines

17 Die Geschäfte des Register- und Unternehmensgerichts sind zwischen **Richter, Rechtspfleger** und **Urkundsbeamten der Geschäftsstelle** verteilt. Maßgebend für die Abgrenzung sind §§ 3 Nr. 1a, 1e, 2d, 17, 19 Abs. 1 Nr. 6, 26 RPflG; §§ 4, 25, 27–31 HRV; § 1 GenRegV; § 1 PRV; § 1 Abs. 4 VRV. Eine **Verletzung der funktionellen Zuständigkeit** hat folgende Wirkungen (§§ 4 HRV, 1 Abs. 1 PRV, § 1 GenRegV i. V. m. § 8 RPflG; vgl. auch Einl. Rn 89–92): Handelt der Richter anstelle des Rechtspflegers, bleibt die Wirksamkeit des Geschäfts unberührt (§ 8 Abs. 1 RPflG), ebenso, wenn der Rechtspfleger anstelle des Urkundsbeamten gehandelt hat (§ 8 Abs. 5 RPflG). Hat der Rechtspfleger (oder der Urkundsbeamte) eine Zuständigkeit des Richters (bzw. Rechtspflegers) wahrgenommen, so ist dieses Geschäft grundsätzlich unwirksam, § 8 Abs. 4 S. 1 RPflG.

2. Zuständigkeit des Richters

18 Dem Richter sind die in § 17 RPflG aufgezählten Geschäfte in Handels-, Genossenschafts- und Partnerschaftsregistersachen sowie in unternehmensrechtlichen Verfahren vorbehalten. Die Landesregierungen sind nach § 19 Abs. 1 S. 1 Nr. 6 RPflG ermächtigt, die nach § 17 Nr. 1 und Nr. 2b RPflG bestehenden Richtervorbehalte **ganz oder teilweise aufzuheben.** In den Verordnungen ist vorzusehen, dass der Rechtspfleger das Verfahren dem Richter vorzulegen hat, soweit gegen den Erlass der beantragten Entscheidung Einwände erhoben werden. Die Landesregierungen können die Verordnungsermächtigung auf die Landesjustizverwaltungen delegieren, § 19 Abs. 1 S. 2 RPflG. Von dieser Ermächtigung haben die Länder teilweise Gebrauch gemacht (siehe Einl. Rn 79a).

19 In **Registersachen** betreffend eine AG, KGaA, GmbH, VVaG **(Handelsregister Abt. B)** sind beim Gericht des Sitzes und, wenn es sich um Gesellschaften mit dem Sitz im Ausland handelt, beim Gericht der Zweigniederlassung folgende Geschäfte dem Richter vorbehalten, § 17 Nr. 1 RPflG:

- auf **erste Eintragung** (§§ 36–39, 278 Abs. 3 AktG; §§ 7, 8, 9c, 10 GmbHG; §§ 30–32 VAG); hinsichtlich der Eintragung von Zweigniederlassungen von ausländischen Gesellschaften s. §§ 13d–13g HGB;
- auf **Eintragung von Satzungsänderungen,** die nicht nur die Fassung betreffen (§§ 181, 278 Abs. 3 AktG; § 8 EGAktG; §§ 53–59 GmbHG; § 40 VAG); unter die Satzungsänderung fallen u. a. Erhöhung und Herabsetzung des Grund- oder Stammkapitals bei der AG, KGaA und GmbH, Änderung des Unternehmensgegenstands, Vereinbarungen über die Gewinn- und Verlustverteilung, Sitzverlegung und zwar sowohl beim bisherigen wie beim neuen Registergericht.[33] Ausdrücklich ausgenommen sind Satzungsänderungen, die nur die Fassung betreffen, z. B. eine Neufassung ohne sachliche Änderung. Keine Satzungsänderungen und daher dem Rechtspfleger übertragen sind u. a. Wechsel in Vorstand oder Geschäftsführung, die Errichtung von Zweigniederlassungen, die Eintragung von Satzungsänderungen bei Zweigniederlassungen, soweit es sich nicht um die Zweigniederlassungen ausländischer Gesellschaften handelt;[34]
- auf **Eintragung der Eingliederung** (§§ 319–327 AktG) oder **Umwandlung** (also Verschmelzung, Spaltung, Vermögensübertragung oder Formwechsel nach dem UmwG);[35]
- auf **Eintragung** des Bestehens, der Änderung oder der Beendigung eines **Unternehmensvertrages** (§§ 291 ff. AktG, §§ 22, 26 EGAktG);
- auf **Löschungen** im Handelsregister nach §§ 394, 395, 397 und 398; § 43 Abs. 2 KWG;
- **Beschlüsse nach § 399** (Auflösung wegen Mangels der Satzung).

20 In **unternehmensrechtlichen Verfahren** sind dem Richter folgende Geschäfte vorbehalten, § 17 Nr. 2 RPflG:

---

[33] OLG Frankfurt FGPrax 2005, 38; FGPrax 2002, 184; Jansen/Steder § 125 Rn 57.
[34] Arnold/Meyer-Stolte § 17 Rn 7, Dallmayer/Eickmann § 17 Rn 21.
[35] Arnold/Meyer-Stolte § 17 Rn 7, Dallmayer/Eickmann § 17 Rn 22 ff.

- die **Beschlüsse nach § 28 Abs. 2 KWG** sowie die nach **§ 375 Nr. 1 bis 6 und 9 bis 15** zu erledigenden Angelegenheiten, wobei vom Richtervorbehalt wiederum ausgenommen sind:
  – im Rahmen der Nr. 1 abgesehen von § 318 Abs. 3 bis 5 HGB alle Geschäfte,
  – im Rahmen der Nr. 2 die Verklarung nach § 11 BinSchG,
  – im Rahmen der Nr. 6 abgesehen von § 71 Abs. 3 GmbHG alle Geschäfte,
  – die Nr. 15 vollständig, so dass deren Erwähnung eigentlich irreführend ist.
- die nach **§ 375 Nr. 16** wahrzunehmenden Angelegenheiten sind zwar infolge eines Redaktionsversehens in § 17 Nr. 2a RPflG nicht erwähnt, wegen der vermuteten Richterzuständigkeit (s. Rn 22) dennoch dem Richter vorbehalten.
- die **Ernennung von Liquidatoren** auf Antrag eines Beteiligten, wenn eine Löschung nach § 394 erfolgt ist, soweit sich diese nicht auf Genossenschaften bezieht, sowie der **Beschluss nach § 47 Abs. 2 VAG.** Der Beschluss nach § 38 Abs. 2 KWG bedurfte keiner gesonderten Unterstellung unter den Richtervorbehalt, da er bereits von § 17 Nr. 2a) RPflG erfasst wird.[36]

Die vormals in § 17 Nr. 3 RPflG enthaltenen Richtervorbehalte für das **Dispacheverfahren** sind beibehalten worden und werden durch § 17 Nr. 2a RPflG statuiert, so dass es keiner Sonderregelung mehr bedurfte.[37]

3. Zuständigkeit des Rechtspflegers

Dem Rechtspfleger sind die Geschäfte in Registersachen und unternehmensrechtlichen Verfahren zum Teil vollständig übertragen (§ 3 Nr. 1a, 1e RPflG), zum Teil nur, soweit kein Richtervorbehalt nach § 17 RPflG besteht (§ 3 Nr. 2d RPflG). Die dem Richter vorbehaltenen Geschäfte sind in **Registersachen** enumerativ aufgezählt (s. Rn 19), so dass hier eine **Vermutung für die Zuständigkeit des Rechtspflegers** spricht.[38] In **unternehmensrechtlichen Verfahren** hat der Gesetzgeber jedoch umgekehrt in § 17 Nr. 2a RPflG einen umfassenden Richtervorbehalt angeordnet und die Rechtspflegerzuständigkeit enumerativ aufgezählt,[39] so dass hier eine **Vermutung für die Zuständigkeit des Richters**, wie z. B. in den in § 375 Nr. 16 bezeichneten Sachen, spricht. Trotz Zuständigkeit des Rechtspflegers besteht unter den Voraussetzungen des § 5 Abs. 1 Nr. 1, 2 RPflG eine Pflicht zur Vorlage der Sache an den Richter, in Fällen mit Auslandsbezug besteht ein Recht zur Vorlage an den Richter, § 5 Abs. 2 RPflG.

In **Registersachen** sind vom Rechtspfleger folgende Geschäfte wahrzunehmen:
- **Vereinsregistersachen** (§ 374 Nr. 4 FamFG), § 3 Nr. 1a RPflG und zwar **umfänglich**, also in Eintragungs-, Zwangsgeld- und Löschungsverfahren (§ 395). Eine Vorlage an den Richter kommt bei Umwandlungsvorgängen oder der Anwendung ausländischen Rechts in Betracht, § 5 Abs. 1 Nr. 2 i. V. m. § 17 Nr. 1c, § 5 Abs. 2 RPflG;[40]
- **Güterrechtsregistersachen** (§ 374 Nr. 5 FamFG), § 3 Nr. 1e RPflG und zwar **umfänglich**, also in Eintragungs- und Löschungsverfahren (§ 395). Eine Vorlage an den Richter kann bei der Anwendung ausländischen Rechts in Betracht kommen, z. B. bei der Eintragung eines fremden Güterstandes nach Art. 16 EGBGB;[41]
- **Partnerschaftsregistersachen** (§ 374 Nr. 3 FamFG), § 3 Nr. 2d RPflG und zwar **umfänglich**, also in Eintragungs-, Zwangsgeld- und Löschungsverfahren (§§ 393, 395). Die Richtervorbehalte des § 17 Nr. 1 RPflG gelten nur für das Handelsregister. Eine Vorlage an den Richter kommt bei Umwandlungsvorgängen oder der Anwendung ausländischen Rechts in Betracht, § 5 Abs. 1 Nr. 2 i. V. m. § 17 Nr. 1c, § 5 Abs. 2 RPflG;[42]
- **Genossenschaftsregistersachen** (§ 374 Nr. 2 FamFG), § 3 Nr. 2d RPflG und zwar **umfänglich**, also in Eintragungs-, Zwangsgeld- und Löschungsverfahren (§§ 394, 395,

---

[36] BT-Drs. 16/6308 S. 323.
[37] BT-Drs. 16/6308 S. 323.
[38] Dallmayer/Eickmann § 17 Rn 6.
[39] Vgl. BT-Drs. 16/6308 S. 322 f.; BT-Drs. 16/9733 S. 301.
[40] Jansen/Ries § 159 Rn 6.
[41] Jansen/Ries § 161 Rn 7.
[42] Jansen/Ries § 160b Rn 9.

397, 398). Die Richtervorbehalte des § 17 Nr. 1 RPflG gelten nur für das Handelsregister. Eine Vorlage an den Richter kommt bei Umwandlungsvorgängen oder der Anwendung ausländischen Rechts in Betracht, § 5 Abs. 1 Nr. 2 i. V. m. § 17 Nr. 1 c, § 5 Abs. 2 RPflG;
- **Handelsregistersachen** (§ 374 Nr. 1 FamFG), § 3 Nr. 2 d RPflG:
  – **Handelsregister Abt. A** (Einzelkaufleute, OHG, KG, juristische Personen gem. § 33 HGB) **umfänglich,** also in Eintragungs-, Zwangsgeld- und Löschungsverfahren (§§ 393, 394, 395). Eine Vorlage an den Richter kommt bei Umwandlungsvorgängen oder der Anwendung ausländischen Rechts in Betracht, § 5 Abs. 1 Nr. 2 i. V. m. § 17 Nr. 1 c, § 5 Abs. 2 RPflG;
  – **Handelsregister Abt. B** (GmbH, AG, KGaA, VVaG), soweit sie nicht in § 17 Nr. 1 RPflG dem Richter vorbehalten sind (s. Rn 19), insbesondere ist er im Zwangsgeldverfahren einschließlich der Entscheidung über den Einspruch zuständig.

24 In **unternehmensrechtlichen Verfahren** sind vom Rechtspfleger folgende Geschäfte wahrzunehmen, vgl. § 17 Nr. 2 a RPflG:
- von den **Geschäften nach § 375 Nr. 1:** Bestellung und Abberufung von Liquidatoren bei OHG und KG (§§ 146 Abs. 2, 147 HGB); Bestimmung des Verwahrers der Geschäftsbücher (§ 157 Abs. 2 HGB); Anordnung der Vorlegung von Büchern und Papieren an den Kommanditisten und stillen Gesellschafter (§§ 166 Abs. 3, 233 Abs. 3 HGB);
- von den **Geschäften nach § 375 Nr. 2:** Verklarung nach § 11 BinSchG (s. § 375 Rn 28);[43]
- von den **Geschäften nach § 375 Nr. 6:** Bestellung und Abberufung von Liquidatoren bei der GmbH (§ 66 Abs. 2, 3 GmbHG); Bestimmung des Verwahrers der Geschäftsbücher und Ermächtigung der Gläubiger zur Einsicht der Bücher und Schriften der GmbH (§ 74 Abs. 2, 3 GmbHG);
- die **Geschäfte nach § 375 Nr. 7** umfänglich;[44]
- die **Geschäfte nach § 375 Nr. 8** umfänglich;[45]
- die **Geschäfte nach § 375 Nr. 15** umfänglich (s. Rn 20).

25 Auch bei den Entscheidungen nach §§ 166 Abs. 3, 233 Abs. 3 HGB und § 74 Abs. 2, 3 GmbHG handelt es sich um Rechtspflegetätigkeit, nicht um Rechtsprechung i. S. des Art. 92 GG, so dass insofern keine verfassungsrechtlichen Bedenken an der Übertragung auf den Rechtspfleger bestehen.[46] Allerdings genügt die Vorschrift **nicht dem Verhältnismäßigkeitsgrundsatz,** denn die Entscheidung stellt einen derart gravierenden Eingriff in die Rechte und Pflichten der Gesellschafter dar, dass sie einen **Richtervorbehalt** erfordert.

4. Zuständigkeit des Urkundsbeamten

26 Durch das RPflG ist die Zuständigkeit des Urkundsbeamten der Geschäftsstelle (UdG) bei der Führung des Handels-, Genossenschafts- und Partnerschaftsregisters nicht berührt worden (§ 26 RPflG). Dem UdG obliegen in **Registersachen** (vgl. § 4 HRV; § 1 GenRegV; § 1 PRV; § 1 Abs. 4 VRV):
- Erstellung von beglaubigten Abschriften für die Registerakte (§ 8 Abs. 2 S. 4 HRV; § 7 Abs. 2 VRV); in Zweifelsfällen bestimmt der Richter (§ 8 Abs. 2 S. 4 HRV) bzw. der Rechtspfleger den Umfang der Abschrift (§ 7 Abs. 2 S. 4 VRV);
- Erstellung von elektronischen Dokumenten für den Registerordner (§ 9 Abs. 3 S. 5 HRV);
- Gewährung der Einsichtnahme in das Register und die eingereichten Dokumente (§ 10 HRV; §§ 16, 31 VRV);
- Vornahme der Eintragung aufgrund Verfügung des Richters/Rechtspflegers (§§ 27 Abs. 1, 2, 28 HRV; §§ 9 Abs. 1, 27 Abs. 1 VRV);
- Erteilung von Abschriften oder Ausdrucken oder elektronische Übermittlung von Eintragungen (§§ 29 Abs. 1 Nr. 1, 30 ff. HRV; §§ 17, 32 VRV);

---

[43] BT-Drs. 16/6308 S. 323.
[44] BT-Drs. 16/6308 S. 322.
[45] BT-Drs. 16/6308 S. 323.
[46] Anders Jansen/Ries § 145 Rn 2.

- Beglaubigung und Erteilung oder elektronische Übermittlung von Zeugnissen und Bescheinigungen nach § 9 Abs. 5 HGB und § 32 GBO (§§ 29 Abs. 1 Nr. 2, 30 ff. HRV; §§ 17, 32 VRV);
- Eintragung der nach § 32 HGB vorgesehenen Insolvenzvermerke (§ 29 Abs. 1 Nr. 3 HRV);
- Eintragung der inländischen Geschäftsanschrift (§ 29 Abs. 1 Nr. 4 HRV);
- Unterzeichnung der Mitteilungen (§ 36 HRV);
- Freigabe des maschinell geführten Vereinsregisterblattes (§ 25 Abs. 3 VRV).

Aufgrund der elektronischen Registerführung können die Eintragungen ohne weitere Ausführung durch den Urkundsbeamten vom Richter bzw. Rechtspfleger vorgenommen werden, § 27 Abs. 1 HRV, § 27 Abs. 1 VRV. Für die Beglaubigung von Abschriften (Ablichtungen, Ausdrucken) aus den Registern ist der UdG **ausschließlich zuständig** (s. aber § 8 Abs. 5 RPflG).[47]

V. Internationale Zuständigkeit

Nach dem Grundsatz des § 105 ist das deutsche Register- bzw. Unternehmensgericht dann international zuständig, wenn es auch örtlich zuständig ist. So besteht eine ausdrückliche örtliche Zuständigkeit für die Eintragung einer inländischen Zweigniederlassung einer Kapitalgesellschaft mit (statuarischem) Sitz im Ausland, §§ 13 e bis 13 g HGB.[48] Will hingegen ein inländisches Unternehmen eine **ausländische Zweigniederlassung** begründen, so fehlt es zumindest nicht an der internationalen Zuständigkeit des Registergerichts für die Eintragung dieser Zweigniederlassung,[49] wohl aber an einer Vorschrift des materiellen Rechts.[50] Die Verlegung des statuarischen Sitzes eines inländischen Unternehmens ins Ausland kann schon mangels internationaler Zuständigkeit des deutschen Registergerichts nicht in das deutsche Register eingetragen werden.[51] Eine inländische Gesellschaft, die ihren **satzungsmäßigen Sitz ins Ausland** verlegt, verliert ihren Status als inländische Gesellschaft und gilt als aufgelöst.[52] Dies steht im Einklang mit dem europäischen Gemeinschaftsrecht.[53] Seit dem 1. 11. 2008 ist es einer deutschen AG oder GmbH jedoch möglich, unter Beibehaltung eines inländischen Satzungssitzes ihren **Verwaltungssitz ins Ausland** zu verlegen.[54] Dieser wird jedoch nicht in das deutsche Handelsregister eingetragen. Auch bei einer Verlegung des Verwaltungssitzes muss eine inländische Geschäftsanschrift zum Handelsregister angemeldet werden.[55] Will die GmbH oder AG auch ihren satzungsmäßigen Sitz ins Ausland verlegen, bleibt es dabei, dass diese Sitzverlegung nicht ins Handelsregister eingetragen werden kann und zur Auflösung der Gesellschaft führt.[56] Für die Verlegung des Sitzes einer SE, SCE oder EWIV gelten besondere Regeln nach Art. 8 SC-VO, §§ 12 ff. SEAG, Art. 7 SCE-VO, § 11 SCEAG, Art. 13, 14 EWIV-VO. Die Sitzverlegung **innerhalb des Unionsgebiets** hat nicht die Auflösung der Gesellschaft zur Folge.

VI. Zuständigkeit im Dispacheverfahren (Abs. 2)

Die Vorschrift übernimmt die bisher in § 149 FGG enthaltenen Regelungen zur örtlichen Zuständigkeit für die den Gerichten im Zusammenhang mit einer aufzumachenden Dispache übertragenen Aufgaben.[57] Sie gilt nicht nur für das **Dispacheverfahren** selbst,

---

[47] OLG Hamm Rpfleger 1968, 122.
[48] Hierzu Bahrenfuss/Steup § 376 Rn 5.
[49] Anders LG Köln DB 1979, 984; Jansen/Steder § 125 Rn 18.
[50] Im Ergebnis ähnlich OLG Düsseldorf FGPrax 2010, 85 = NJW-RR 2010, 107.
[51] Vgl. BayObLG FGPrax 2004, 133; OLG Brandenburg FGPrax 2005, 78; OLG Düsseldorf FGPrax 2001, 127; OLG München ZIP 2007, 2124; a. A. Frobenius DStR 2009, 487/492; Teichmann ZIP 2009, 393/402 ff., die diese verfahrensrechtliche Frage freilich nicht interessiert.
[52] BayObLG NJW-RR 1993, 43; OLG Düsseldorf FGPrax 2001, 127; Bassenge/Roth/K. Walter § 377 Rn 4; a. A. Frobenius DStR 2009, 487/492 ff.; Teichmann ZIP 2009, 393/402.
[53] EuGH ZIP 2009, 24 („Cartesio").
[54] BT-Drs. 16/6140 S. 29.
[55] BT-Drs. 16/6140 S. 29.
[56] Unklar Frobenius DStR 2009, 487/492.
[57] BT-Drs. 16/6308 S. 285.

sondern auch für die **Ernennung eines Dispacheurs** im Einzelfall nach § 375 Nr. 2 i. V. m. §§ 729 Abs. 1 HGB, 87 Abs. 2 S. 2 BinSchG. Zum Verfahren s. §§ 403 bis 409.

1. Örtliche Zuständigkeit

30   Örtlich zuständig ist das Gericht des Ortes, wo die **Verteilung der Havereischäden** geschieht. Das ist bei Seeschiffen der Bestimmungsort, und wenn dieser nicht erreicht wird, der Hafenort, wo die Reise endet (§ 727 HGB) oder wenigstens ein erheblicher Teil der Ladung gelöscht wird;[58] bei Binnenschiffen der Ort, wo die Reise endet (§ 86 BinSchG).[59]

31   Durch **Vereinbarung** sämtlicher Beteiligter über den Ort, an dem die Havereischäden verteilt werden sollen, kann die Zuständigkeit eines anderen AG begründet werden.[60] In der Praxis wird regelmäßig als Verteilungsort der Geschäftssitz des Dispacheurs vereinbart.[61] Eine darüber hinausgehende willkürliche Vereinbarung eines anderen Gerichtsstands ist allerdings unzulässig.[62]

32   § 23 d GVG gestattet den Landesregierungen durch Verordnung einem AG für die Bezirke mehrerer AG ganz oder teilweise die Zuständigkeit in Dispacheverfahren zuzuweisen. Die Ermächtigung kann auf die Landesjustizverwaltung delegiert werden. In Hamburg ist die Zuständigkeit beim Amtsgericht Hamburg konzentriert, § 1 Nr. 18 AmtsGZVO vom 1. 9. 1987.[63]

33   Die Länder Brandenburg, Mecklenburg-Vorpommern, Sachsen, Sachsen-Anhalt und Thüringen haben durch § 1 des Staatsvertrages vom 29. 8. 1994,[64] der am 1. 1. 1996 in Kraft getreten ist,[65] die gerichtlichen Aufgaben im Verfahren zur Aufmachung der Dispache für das Gebiet dieser Länder auf das AG Rostock übertragen.[66] Der **Staatsvertrag** ist weiterhin gültig, auch wenn § 23 d GVG keine § 376 Abs. 2 S. 3 entsprechende länderübergreifende Zuständigkeitsbestimmung vorsieht.[67]

2. Sachliche Zuständigkeit

34   Sachlich zuständig ist das **AG** nach § 23 a Abs. 1 Nr. 2, Abs. 2 Nr. 4 GVG. Es besteht keine Spezialzuständigkeit des Schifffahrtsgerichts nach BinSchVerfG;[68] eine solche kann auch nicht durch Vereinbarung begründet werden.[69]

3. Funktionelle Zuständigkeit

35   Die Verrichtungen, die den Gerichten nach § 375 Nr. 2 in Ansehung der nach dem HGB oder dem BinSchG aufzumachenden Dispache obliegen, sind dem **Richter** vorbehalten (§ 17 Nr. 2 a RPflG).[70] Hierzu zählt auch die Ernennung eines Dispacheurs für den Einzelfall.

4. Internationale Zuständigkeit

36   Aus § 105 folgt, dass die deutschen Gerichte international zuständig sind, wenn deren örtliche Zuständigkeit gegeben ist. Diese liegt jedoch nur vor, wenn es sich um eine nach

---

[58] KGJ 53, 103; Bassenge/Roth/K. Walter § 377 Rn 7; Jansen/Steder § 149 Rn 4.
[59] v. Waldstein/Holland § 86 BinSchG Rn 3.
[60] Bassenge/Roth/K. Walter § 377 Rn 7; Jansen/Steder § 149 Rn 5; a. A. Monse S. 6.
[61] v. Waldstein/Holland Anhang §§ 87, 88 BinSchG Rn 5.
[62] OLG Hamburg OLGR 44, 182; Bassenge/Roth/K. Walter § 377 Rn 7; Jansen/Steder § 149 Rn 5.
[63] VO über die Zuständigkeit des AG Hamburg in Zivil- und Handelssachen sowie für die Erledigung inländischer Rechtshilfeersuchen v. 1. 9. 1987 (HmbGVBl. S. 172), zul. geänd. am 20. 10. 2009 (HbgGVBl. S. 370, 371).
[64] ThürGVBl. 1995 S. 118.
[65] Vgl. ThürGVBl. 1996 S. 31.
[66] Bassenge/Roth/K. Walter § 376 Rn 4; Jansen/Steder § 149 Rn 6.
[67] Zustimmend BeckOK/Munzig § 376 FamFG Rn 8; § 377 FamFG Rn 12; a. A. Holzer § 377 Rn 7.
[68] v. Waldstein/Holland Anhang §§ 87, 88 BinSchG Rn 4; § 2 BinSchVerfG Rn 18 jeweils m. w. N.; a. A. OLG Karlsruhe, Beschl. v. 25. 3. 1994 – W 1/94 BSch.
[69] v. Waldstein/Holland Anhang §§ 87, 88 BinSchG Rn 4.
[70] BT-Drs. 16/6308 S. 323; Jansen/Steder § 149 Rn 7.

HGB oder BinSchG aufzumachende Dispache handelt. Im internationalen Schifffahrtsverkehr werden regelmäßig die **York-Antwerp-Rules** (YAR) vereinbart, die eine nur sekundäre Geltung des nationalen Rechts vorsehen. Wird eine Dispache daher nach den YAR aufgemacht, so besteht keine örtliche und damit auch keine internationale Zuständigkeit der deutschen Gerichte, um ein Dispacheverfahren nach Maßgabe der §§ 403 ff. durchzuführen, selbst wenn deutsches Recht sekundäre Anwendung finden sollte.[71]

VII. Zuständigkeit in Güterrechtsregistersachen (Abs. 3)

Die Vorschrift ist wortgleich mit § 1558 Abs. 1 BGB und wird aus **systematischen Gründen** im FamFG wiederholt. Wenig übersichtlich ist allerdings, dass die Konzentrationsregelung des § 1558 Abs. 2 BGB keinen Eingang in das FamFG gefunden hat und mit der Regelung des § 23 d GVG kollidiert. 37

1. Örtliche Zuständigkeit

Die Eintragungen in das Güterrechtsregister haben bei jedem AG zu erfolgen, in dessen Bezirk auch nur ein Ehegatte/Lebenspartner seinen gewöhnlichen Aufenthalt hat. Der Ort des gewöhnlichen Aufenthalts befindet sich dort, wo der Daseinsmittelpunkt einer Person liegt.[72] Haben die Ehegatten/Lebenspartner **mehrere gewöhnliche Aufenthalte,** so muss zum Schutz Dritter die Eintragung in allen örtlich zuständigen Registern vorgenommen werden, widrigenfalls diese materiell-rechtlich unwirksam ist.[73] Bei Verlegung des gewöhnlichen Aufenthalts, muss die Eintragung im Bezirk des nunmehr örtlich zuständigen AG wiederholt werden, § 1559 BGB (vgl. auch Art. 4 Abs. 2 EGHGB). Die Eintragung in ein örtlich unzuständiges Güterrechtsregister ist zwar wegen § 2 Abs. 3 (s. Rn 43) verfahrensrechtlich wirksam, kann aber nicht die materiellen Rechtswirkungen des § 1412 BGB herbeiführen. 38

Ist einer der Ehegatten/Lebenspartner **Kaufmann** und befindet sich seine Niederlassung nicht im Bezirk des für den gewöhnlichen Aufenthalt zuständigen Registergerichts, so muss die Eintragung auch in das Güterrechtsregister im Bezirk der Hauptniederlassung (vgl. Art. 4 Abs. 1 S. 2 EGHGB) erfolgen, wenn deren Wirkungen auch hinsichtlich des Handelsgewerbes eintreten sollen, Art. 4 Abs. 1 S. 1 EGHGB. 39

Während es § 1558 Abs. 2 BGB durch Anordnung der Landesjustizverwaltung gestattet, die Führung des Güterrechtsregisters für mehrere AG-Bezirke auf ein AG zu **konzentrieren,** verlangt der seinem Wortlaut nach ebenfalls einschlägige § 23 d GVG ein entsprechendes Tätigwerden der Landesregierungen und das Vorliegen eines sachlichen Grundes. § 1558 Abs. 2 BGB stellt als lex specialis eine abschließende Regelung dar, § 23 d GVG findet somit auf das Güterrechtsregister keine Anwendung. 40

2. Sachliche und funktionelle Zuständigkeit

Sachlich zuständig ist das AG nach § 23 a Abs. 1 Nr. 2, Abs. 2 Nr. 3 GVG. Das Güterrechtsregister wird vom **Rechtspfleger** geführt, § 3 Nr. 1 e RPflG (s. Rn 23). Die Ausführung der Eintragungen, Bekanntmachungen und Veröffentlichungen sowie die Erteilung von Abschriften, Bescheinigungen und Zeugnissen obliegt dem **Urkundsbeamten der Geschäftsstelle.** 41

3. Internationale Zuständigkeit

Hat keiner der Ehegatten/Lebenspartner seinen gewöhnlichen Aufenthalt im Inland, so besteht keine Zuständigkeit des Güterrechtsregisters.[74] Betrifft die Eintragung **ausländische Ehegatten/Lebenspartner,** so ist das deutsche Güterrechtsregister international zuständig 42

---

[71] Denkschrift S. 82; Monse S. 8; v. Waldstein/Holland Anhang §§ 87, 88 BinSchG Rn 4; a. A. OLG Hamburg VersR 1996, 393 m. w. N.; MünchKommZPO/Postler § 377 FamFG Rn 10; SBW/Nedden-Boeger Vor § 403 Rn 4, 5; Rabe Anh § 729 Rn 7; unklar BGH NJW-RR 1997, 22.
[72] Bumiller/Harders § 377 Rn 5.
[73] Bassenge/Roth/K. Walter § 377 Rn 10; MünchKommBGB/Kanzleiter § 1558 Rn 3.
[74] Jansen/Ries § 161 Rn 6; MünchKommBGB/Kanzleiter § 1558 Rn 2.

(§ 105), wenn auch nur ein Ehegatte/Lebenspartner seinen gewöhnlichen Aufenthalt im Inland hat.[75] Art. 16 Abs. 1 EGBGB behandelt den fremden gesetzlichen Güterstand wie einen vertragsmäßigen, den sich ein Dritter entsprechend § 1412 BGB nur entgegenhalten lassen muss, wenn er im deutschen Güterrechtsregister eingetragen ist.[76]

VIII. Geltung der allgemeinen Vorschriften (Abs. 4)

43 Ergänzend gelten die allgemeinen Vorschriften der §§ 2 ff. Ausdrücklich **unanwendbar** ist § 2 Abs. 1, weil diese Bestimmung für die Verfahren des Buches 5 nicht geeignet ist.[77] Daraus folgt, dass eine mehrfache örtliche Zuständigkeit in Registersachen und unternehmensrechtlichen Verfahren ausgeschlossen ist.[78] Dies ergibt sich für Kapitalgesellschaften schon daraus, dass die Figur eines Doppel- oder Mehrfachsitzes abzulehnen ist (s. Rn 13). Zu dem problematischen Fall einer Auslandsgesellschaft mit mehreren Zweigniederlassungen im Inland s. Rn 14. Die Vorschriften des § 2 Abs. 2 und Abs. 3 sowie § 3 und § 5 finden **uneingeschränkt Anwendung**.[79] Die Möglichkeit einer Abgabe nach § 4 erscheint insbesondere im Falle der Mehrfachzuständigkeit bei mehreren Zweigniederlassungen einer Auslandskapitalgesellschaft (s. Rn 14) denkbar.[80]

---

[75] MünchKommBGB/Siehr Art. 15 EGBGB Rn 144; Art. 16 EGBGB Rn 16.
[76] LG Aurich NJW 1991, 642; MünchKommBGB/Siehr Art. 16 EGBGB Rn 15, 21.
[77] BT-Drs. 16/6308 S. 285.
[78] MünchKommZPO/Krafka § 377 FamFG Rn 9; zustimmend BeckOK/Munzig § 377 FamFG Rn 17.
[79] Zustimmend BJS/Müther Vor §§ 376 f. Rn 6; BeckOK/Munzig § 377 FamFG Rn 18; a. A. Nedden-Boeger FGPrax 2010, 1.
[80] A. A. Bassenge/Roth/K. Walter § 377 Rn 10; Haußleiter/Schemmann § 377 Rn 2; SBW/Nedden-Boeger § 377 Rn 21.

Abschnitt 3. Registersachen

Unterabschnitt 1. Verfahren

Antragsrecht der Notare

378 (1) ¹Für Erklärungen gegenüber dem Register, die zu der Eintragung erforderlich sind und in öffentlicher oder öffentlich beglaubigter Form abgegeben werden, können sich die Beteiligten auch durch Personen vertreten lassen, die nicht nach § 10 Abs. 2 vertretungsberechtigt sind. ²Dies gilt auch für die Entgegennahme von Eintragungsmitteilungen und Verfügungen des Registers.

(2) Ist die zu einer Eintragung erforderliche Erklärung von einem Notar beurkundet oder beglaubigt, gilt dieser als ermächtigt, im Namen des zur Anmeldung Berechtigten die Eintragung zu beantragen.

I. Normzweck

Für die Vertretung im Registerverfahren gilt grundsätzlich § 10 (s. § 374 Rn 44). Die **1** durch § 10 Abs. 2 erheblich eingeschränkte Vertretungsbefugnis gilt nach § 378 Abs. 1 jedoch **nicht für Erklärungen gegenüber dem Register,** die zu einer Eintragung erforderlich sind und in **öffentlicher oder öffentlich beglaubigter Form** abgegeben werden müssen. Dies gilt auch für die Entgegennahme von Eintragungsmitteilungen und Verfügungen des Registers. Diese Vorschrift wurde erst durch Art. 8 des **Gesetzes zur Modernisierung von Verfahren im anwaltlichen und notariellen Berufsrecht,** zur Errichtung einer Schlichtungsstelle der Rechtsanwaltschaft sowie zur Änderung der Verwaltungsgerichtsordnung, der Finanzgerichtsordnung und kostenrechtlicher Vorschriften[1] in das FamFG eingefügt. Die Vorschrift soll die Erteilung von Registervollmachten erleichtern, damit insbesondere – wie bisher auch – bei Publikumsgesellschaften andere als die in § 10 Abs. 2 genannten Personen (z. B. ein Treuhänder) mit der Anmeldung zum Handelsregister bevollmächtigt werden können.[2]

Die Vorschrift stellt in Abs. 2 eine Vollmachtsvermutung für den Notar auf, der die zu **1a** einer Eintragung erforderliche Erklärung beurkundet oder beglaubigt hat. Hierdurch soll dem Notar die Vertretung der Urkundsbeteiligten im Eintragungsverfahren ermöglicht und der **Vollmachtsnachweis** erleichtert werden. Außerdem soll die Vertretung durch den Urkundsnotar eine korrekte Antragstellung gewährleisten.[3] Parallelvorschriften finden sich mit § 15 Abs. 2 GBO und § 25 Abs. 2 SchRegO für das Grundbuch- bzw. Schiffsregisterverfahren.[4] Hingegen ist die Vollmachtsvermutung in Personenstandssachen gem. § 71 FGG entfallen. Die Vorschrift entspricht § 129 S. 1 FGG.[5]

II. Vertretung im Registerverfahren

1. Anwendungsbereich und Anwendungsvoraussetzungen

Die Vorschrift gilt für **alle Registereintragungsverfahren** i. S. des § 374, nicht jedoch **2** für das unternehmensrechtliche Verfahren nach § 375, das Zwangs- und Ordnungsgeldverfahren nach §§ 388 ff. und das Löschungs- und Auflösungsverfahren nach §§ 392 ff. Sie findet außerdem nur auf solche Erklärungen Anwendung, die in öffentlich beglaubigter oder öffentlicher Urkunde **abgegeben werden müssen.** Vertretung durch beliebige, nicht zum Kreis der in § 10 Abs. 2 genannten Personen kommt also nur bei **Registeranmeldungen** in Betracht (§ 12 HGB; § 157 GenG; § 5 Abs. 2 PartGG; §§ 77, 1560 S. 2 BGB),

---

[1] Vgl. BT-Drs. 16/12717.
[2] Vgl. OLG Frankfurt FGPrax 2010, 305.
[3] Jansen/Steder § 129 Rn 4; MünchKommZPO/Krafka § 378 FamFG Rn 1.
[4] Jansen/Steder § 129 Rn 1.
[5] BT-Drs. 16/6308 S. 285.

nicht jedoch bei **sonstigen Verfahrenshandlungen** (z. B. Versicherungen gegenüber dem Registergericht, Unterzeichnung der Gesellschafterliste, Bekanntmachung von Änderungen des Aufsichtsrats oder die Beschwerdeeinlegung), denn diese bedürfen grundsätzlich nur der Schriftform. Trotz des missverständlichen Wortlauts der Norm ist diese teleologisch dahingehend zu reduzieren, dass die Vollmachtserweiterung nur bei solchen Erklärungen möglich ist, die **zwingend in öffentlicher oder öffentlich-beglaubigter Urkunde** abgegeben werden müssen; die freiwillige Beachtung dieser Form genügt (anders als im Rahmen des Abs. 2) nicht.[6] Die Vollmacht bedarf ihrerseits der öffentlichen Beglaubigung (s. § 374 Rn 47 f.).[7] Die Beurkundung bzw. Beglaubigung durch einen **ausländischen Notar** steht derjenigen durch einen deutschen Notar nicht gleich, da die Erweiterung der Vollmacht gerade mit der Prüfungs- und Belehrungspflicht des (deutschen) Notars gerechtfertigt wird, welche bei Beglaubigung durch einen ausländischen Notar nicht erwartet werden kann.[8] Das Gesetz stellt in Abs. 1 S. 2 klar, dass auch die Entgegennahme von **Eintragungsmitteilungen** (gemeint ist die Bekanntgabe der Eintragung nach § 383 Abs. 1) und **Verfügungen** des Gerichts (insbesondere von Zwischenverfügungen i. S. des § 382 Abs. 4) durch beliebige Vertreter erfolgen kann. Die Bekanntgabe eines Zurückweisungsbeschlusses kann nicht an den Vertreter erfolgen.[9] Zu weitergehenden Maßnahmen, insbesondere zur Beschwerdeeinlegung gegen eine Zwischenverfügung, ist der Bevollmächtigte aber nicht befugt, auch nicht zur Unterbevollmächtigung einer in § 10 Abs. 2 genannten Person.[10] Obwohl die **Rücknahme des Eintragungsantrags** nicht vom Gesetzeswortlaut erfasst wird, wird man auch hier die Bevollmächtigung einer beliebigen Person in erweiternder Auslegung von Abs. 1 zulassen können.[11]

2. Rechtsfolgen

3   Als Rechtsfolge suspendiert das Gesetz lediglich von dem Erfordernis, eine Person i. S. des § 10 Abs. 2 bevollmächtigen zu müssen. Die Vorschrift soll einem angeblich **praktischen Bedürfnis** nach Bevollmächtigung anderer als der in § 10 Abs. 2 genannten Personen dienen. Hintergrund der gesetzlichen Regelung dürfte sein, dass bei **Publikumsgesellschaften** (vor allem Publikums-KG) oftmals der Komplementär oder ein Treuhänder von den Kommanditisten bevollmächtigt werden, alle zur Registereintragung erforderlichen Erklärungen im Namen der Kommanditisten abgeben zu können.[12] Soweit aber der Komplementär bevollmächtigt wird, ist die Regelung des Abs. 1 überflüssig, denn dieser kann schon nach § 10 Abs. 2 Nr. 1 ohne weiteres von den Kommanditisten bevollmächtigt werden.

III. Vollmachtsvermutung für den Notar

1. Anwendungsbereich

4   Die Vollmachtsvermutung für den Notar gilt nunmehr unmittelbar für **alle Registerverfahren** i. S. des § 374.[13] Sie erfasst aber nicht unternehmensrechtliche Verfahren nach § 375, Zwangs- und Ordnungsgeldverfahren nach §§ 388 ff. sowie Löschungs- und Auflösungsverfahren nach §§ 392 ff. Anwendbar ist sie nur auf den **deutschen Notar**,[14] da nur diesem das typisierte Vertrauen in eine ordnungsgemäße Berufsausübung entgegengebracht wird. Dem deutschen Notar stehen der **Notarvertreter** (§ 39 BNotO) und der **Notariatsverwalter** (§§ 56 ff. BNotO) gleich.[15] Die Vertretungsbefugnis besteht für die gesamte

---

[6] So auch MünchKommZPO/Krafka § 378 FamFG Rn 2; a. A. BeckOK/Munzig § 378 FamFG Rn 6.
[7] Haußleiter/Schemmann § 378 Rn 4.
[8] A. A. BeckOK/Munzig § 378 FamFG Rn 7.
[9] So auch MünchKommZPO/Krafka § 378 FamFG Rn 2; a. A. BeckOK/Munzig § 378 FamFG Rn 7; Bumiller/Harders § 378 Rn 2.
[10] Anders Bumiller/Harders § 378 Rn 2.
[11] BeckOK/Munzig § 378 FamFG Rn 4; Bumiller/Harders § 378 Rn 2.
[12] Vgl. OLG Frankfurt FGPrax 2010, 305.
[13] Einschränkend für das Güterrechtsregister SBW/Nedden-Boeger § 378 Rn 29 ff.
[14] BayObLGZ 1969, 92; BayObLGZ 1961, 23; Haußleiter/Schemmann § 378 Rn 11; MünchKommZPO/Krafka § 378 FamFG Rn 6; zweifelnd Vossius NJW 2009, 3355/3356.
[15] Bumiller/Harders § 378 Rn 1; Jansen/Steder § 129 Rn 8.

Dauer der Amtsführung und endet mit dem Erlöschen des Amtes. Sie geht vom Notarvertreter auf den vertretenen Notar und vom Notariatsverwalter auf den Amtsnachfolger über.[16] Auch auf den **Amtsnachfolger** eines Notars, dessen Amt erloschen ist, geht die Vollmachtsvermutung über.[17] Sie gilt nicht für den Anwaltsnotar, der als Rechtsanwalt aufgetreten ist. Die Vollmachtsvermutung gilt auch nicht für Konsularbeamte.[18]

2. Anwendungsvoraussetzungen

a) Vorliegen einer zur Eintragung erforderlichen Erklärung. Grundvoraussetzung für die Anwendbarkeit des § 378 ist, dass es sich um eine „zu einer Eintragung erforderliche(n) Erklärung" handelt. Hierunter fallen unstreitig **alle Erklärungen**, die die **Grundlage der beantragten Registereintragung** bilden, also Gesellschafterbeschlüsse, Gesellschafter- und Unternehmensverträge,[19] Übernahmeerklärungen (§ 55 Abs. 1 GmbHG),[20] sowie sonstige Erklärungen, deren Inhalt eingetragen werden soll.[21] Der Notar, der den Gesellschaftsvertrag einer GmbH beurkundet hat, ist demzufolge berechtigt, die darin enthaltene abstrakte Vertretungsregelung,[22] die Befreiung des Geschäftsführers von den Beschränkungen der § 181 BGB[23] oder eine Satzungsänderung[24] (die höchstpersönlichen Versicherungen ausgenommen, s. Rn 11) im Namen der Geschäftsführer zur Eintragung ins Handelsregister anzumelden.

Mit der h. M. stellt aber auch die **Anmeldung** selbst eine Erklärung in diesem Sinne dar, gleichgültig, ob diese vom Notar beurkundet oder lediglich beglaubigt wurde.[25] Nur diese Auslegung entspricht den Parallelvorschriften des Grundbuch- und Schiffsregisterrechts, die die Vollmachtsvermutung ebenfalls an die bloße Beglaubigung der Eintragungsbewilligung knüpfen.[26] Nicht ausreichend ist, wenn Erklärungen und Urkunden, die lediglich **mittelbar** zur Eintragung erforderlich sind, notariell beurkundet oder beglaubigt sind, wie etwa beglaubigte Abschriften, Vollmachten oder Vertretungsnachweise.[27]

b) Beurkundung oder Beglaubigung der Erklärung. Die Beurkundung kann sowohl nach den §§ 6 ff. BeurkG als auch nach den §§ 36 ff. BeurkG erfolgt sein, bei der Beglaubigung muss es sich um eine nach § 129 BGB i. V. m. § 40 BeurkG handeln.[28] Es ist nicht erforderlich, dass nach materiellem Recht ein Beurkundungs- oder Beglaubigungserfordernis besteht, auch bei **freiwilliger Beurkundung** besteht die Vollmachtsvermutung.[29] Nicht ausreichend ist allerdings, dass der Notar die Erklärung nur vorbereitet, insbesondere entworfen hat.[30] Sind die zur Eintragung erforderlichen Erklärungen von unterschiedlichen Notaren beurkundet bzw. beglaubigt, so gelten diese hinsichtlich dieser Eintragung als **nebeneinander bevollmächtigt.**[31]

c) Keine Anmeldepflicht erforderlich. Durch die Neufassung der Vorschrift, wonach die Vollmachtsvermutung nicht nur im Namen des zur Anmeldung „Verpflichteten", sondern allgemein im Namen des zur Anmeldung „Berechtigten" besteht, ist klargestellt, dass die gesetzliche Vollmacht auch bei Eintragungen gilt, die nicht mittels Zwangsgeld erzwun-

---

[16] Jansen/Steder § 129 Rn 8, 10; die Beschränkung auf den Amtsnachfolger eines freiberuflichen Notars ist unzutreffend, vgl. § 22 LFGG-BW; so aber BJS/Müther § 378 Rn 5.
[17] Anders Jansen/Steder § 129 Rn 10.
[18] Haußleiter/Schemmann § 378 Rn 11.
[19] BayObLGZ 1970, 235/237.
[20] Haußleiter/Schemmann § 378 Rn 8.
[21] Schaub MittBayNot 1999, 539/543.
[22] LG München I MittBayNot 1975, 181 mit Anm. Amann.
[23] LG Weiden MittBayNot 1980, 174 mit Anm. Schmidt.
[24] BeckOK/Munzig § 378 FamFG Rn 14; DNotI-Report 2010, 112/113.
[25] KG NJW 1959, 1086; Krafka/Willer/Kühn Rn 123; MünchKommZPO/Krafka § 378 FamFG Rn 5; BeckOK/Munzig § 378 FamFG Rn 13, allerdings mit unzutreffender Darstellung des Streitstandes; a. A. Schaub MittBayNot 1999, 539/543.
[26] MünchKommZPO/Krafka § 378 FamFG Rn 5 unter zutreffender Berufung auf BT-Drs. 16/6308 S. 285.
[27] BJS/Müther § 378 Rn 7; Jansen/Steder § 129 Rn 17.
[28] Jansen/Steder § 129 Rn 16.
[29] BeckOK/Munzig § 378 FamFG Rn 15; Jansen/Steder § 129 Rn 15.
[30] MünchKommZPO/Krafka § 378 FamFG Rn 5.
[31] BeckOK/Munzig § 378 FamFG Rn 15; Jansen/Steder § 129 Rn 15.

gen werden können.[32] Die Vermutungswirkung des § 378 besteht somit auch, wenn **keine öffentlich-rechtliche Anmeldepflicht** besteht, wie bei der Anmeldung einer Ausgliederung nach dem UmwG.[33] Allerdings muss die Erklärung von einem **Berechtigten** stammen, der zum Zeitpunkt der Registereintragung noch Rechtsinhaber ist oder gesetzliche bzw. rechtsgeschäftliche Vertretungsmacht besitzt. Bestehen begründete Zweifel an der Berechtigung, so kann das Registergericht entsprechende Nachweise verlangen.[34]

3. Rechtsfolgen

9   **a) Nachweis und Widerlegung der Vollmachtsvermutung.** Zur Begründung der Vermutung genügt die Vorlage der von dem Notar beurkundeten oder beglaubigten Erklärung, die bloße Behauptung der Vollmachtsvermutung genügt allerdings nicht.[35] Das Registergericht ist nicht berechtigt, einen **Vollmachtsnachweis** zu verlangen,[36] § 11 findet keine Anwendung. Die Vollmachtsvermutung ist **formlos widerlegbar,**[37] sie kann durch Erklärung gegenüber dem Registergericht eingeschränkt oder ganz ausgeschlossen werden.[38] Ein dennoch vom Notar eingelegtes Rechtsmittel ist als unzulässig zu verwerfen.[39]

10   **b) Befugnis zur Antragstellung.** Von dem Notar, bei dem die gesetzlichen Voraussetzungen zutreffen, wird, wenn er den Eintragungsantrag stellt, **ohne Weiteres vermutet,** dass er von dem zur Anmeldung Verpflichteten zur Antragstellung ermächtigt ist. Die Antragstellung kann durch sog. **Eigenurkunde** des Notars erfolgen.[40] Der Notar handelt bei der Antragstellung auf Grund Amtes, nicht auf Grund Vertrags.[41] Die Vollmachtsvermutung begründet aber **kein eigenes Antragsrecht** des Notars.[42] Die Vertretungsbefugnis des Notars wird bezüglich aller Antragsberechtigten (widerleglich) vermutet, sie ist weder von ihrem Auftrag noch ihrem Einverständnis abhängig.[43] Es genügt die Beurkundung der Eintragungsgrundlage (z. B. des Gesellschafterbeschlusses über die Satzungsänderung), es ist nicht erforderlich, dass eine Erklärung der Anmeldeverpflichteten (z. B. nach § 78 GmbHG) beurkundet wurde.[44] Es ist daher möglich, dass mehrere Anträge nebeneinander, auch im Namen **unterschiedlicher Anmeldeberechtigter,** gestellt werden. Im Regelfall ist jedoch allein der durch den Notar gestellte Antrag maßgeblich.[45] Macht der Notar von der Ermächtigung im Namen verschiedener Beteiligter Gebrauch, so verhindert er dadurch einseitige Handlungen eines Beteiligten zum Nachteil anderer, z. B. die Rücknahme eines nur einseitig gestellten Antrags; insoweit hat ein gemäß § 378 gestellter Antrag auch den Zweck, die Beteiligten voreinander zu schützen.[46]

11   Die Vollmachtsvermutung gilt auch bei Anmeldungen, die zusätzlich eine Abgabe **höchstpersönlich vorzunehmender Erklärungen** erfordern, etwa die Versicherungen nach §§ 37 Abs. 1, Abs. 2, 81 Abs. 3, 266 Abs. 3 AktG; §§ 8 Abs. 2, Abs. 3, 39 Abs. 3, 57 Abs. 2, 57 i Abs. 1 S. 2, 58 Abs. 1 Nr. 4, 67 Abs. 4 GmbHG.[47] In diesem Fall erstreckt sich

---

[32] BT-Drs. 16/6308 S. 285; Bumiller/Harders § 378 Rn 2; MünchKommZPO/Krafka § 378 FamFG Rn 6.
[33] Anders noch BayObLG NJW-RR 2000, 990.
[34] Jansen/Steder § 129 Rn 26.
[35] Jansen/Steder § 129 Rn 25.
[36] Schaub MittBayNot 1999, 539/543.
[37] OLG Frankfurt NJW 1984, 620.
[38] BeckOK/Munzig § 378 FamFG Rn 19; MünchKommZPO/Krafka § 378 FamFG Rn 8; teilweise anders zu § 15 GBO OLG Jena Rpfleger 2002, 516; OLG Düsseldorf Rpfleger 2001, 124; ganz anders nunmehr SBW/Nedden-Boeger § 378 Rn 8: unwiderlegliche Fiktion.
[39] OLG Frankfurt NJW 1984, 620.
[40] OLG Schleswig DNotZ 2008, 709/711; MünchKommZPO/Krafka § 378 FamFG Rn 9.
[41] Jansen/Steder § 129 Rn 25.
[42] KG Rpfleger 1977, 309; NJW 1959, 1086; OLG Köln Rpfleger 1983, 159.
[43] Wie hier DNotI-Report 2010, 112/114; ebenso für § 15 GBO OLG Düsseldorf Rpfleger 1986, 368; OLG Köln Rpfleger 1986, 411; a. A. SBW/Nedden-Boeger § 378 Rn 16.
[44] OLG Karlsruhe GmbHR 2011, 308; DNotI-Report 2010, 112/114; Lutter/Hommelhoff/Bayer § 54 GmbHG Rn 2; a. A. Baumbach/Hueck/Zöllner § 54 GmbHG Rn 3.
[45] Jansen/Steder § 129 Rn 20.
[46] Bumiller/Harders § 378 Rn 4; Weber DNotZ 1964, 394 zu § 15 GBO.
[47] Bumiller/Harders § 378 Rn 2; Prütting/Helms/Maass § 378 Rn 9; a. A. BayObLG NJW 1987, 136.

die Vollmacht des Notars natürlich nur auf die Antragstellung, nicht aber auf die Abgabe der höchstpersönlichen Erklärung, diese kann aber formlos durch den Verpflichteten erfolgen.[48]

Die **Bekanntmachung** einer Eintragung richtet sich nach § 383 Abs. 1. Hat der Notar 12 die Anmeldung als Vertreter eingereicht, so ist die Eintragung sowohl ihm als auch den Beteiligten bekannt zu machen.[49] Hat der Notar als Bote (s. Rn 18) gehandelt, so ist er nur auf besonderen Antrag hin zu benachrichtigen.

c) Befugnis zur Antragsrücknahme. Zur Zurücknahme des **Antrages** oder der **Be-** 13 **schwerde** ist der Notar auf Grund von § 24 Abs. 3 BNotO ohne Vollmachtsvorlage berechtigt. Die vermutete Vollmacht bezieht sich auch auf die Befugnis, die von ihm gestellten Anträge zurückzunehmen. Die Rücknahmeerklärung muss mit Unterschrift und Amtssiegel des Notars versehen sein.[50] Bis zur Eintragung ist die Anmeldung frei zurücknehmbar, vgl. § 22 Abs. 1 S. 1.[51] Danach ist die Zurücknahme als neue Anmeldung, die ggf. wieder der Form der §§ 12 HGB, 77, 1560 S. 2 BGB bedarf, oder als Anregung zu einer Amtslöschung auszulegen.

d) Befugnis zur Beschwerdeführung. Aus der Ermächtigung zur Antragstellung 14 ergibt sich auch die Ermächtigung, gegen einen die Eintragung ablehnenden Beschluss oder gegen eine Zwischenverfügung ohne Vollmachtsnachweis **namens des Anmeldeberechtigten** Beschwerde nach §§ 58 ff. (bzw. Erinnerung im Falle des § 11 Abs. 2 RPflG) einzulegen.[52] Der Gebrauch der Wendung „lege ich Beschwerde ein" ist dabei ohne Bedeutung.[53] Aus der Beschwerdeschrift muss die Person des Beschwerdeführers ersichtlich sein.[54] Wird der Name des Beschwerdeführers nicht angegeben, so gilt die Beschwerde im Zweifel als im Namen **aller beschwerdebefugten** Anmeldeberechtigten eingelegt, für die der Notar tätig geworden ist.[55] Ein eigenes Beschwerderecht steht dem Notar nicht zu.[56] Wird der Notar allerdings in eigenen Rechten durch die Entscheidung des Registergerichts beeinträchtigt, z. B. bei Zurückweisung einer von diesem eingereichten Gesellschafterliste, kann er hiergegen im eigenen Namen Beschwerde erheben.[57] Das Beschwerdegericht hat die Anmeldung als Verfahrenshandlung selbstständig auszulegen, im Zweifel ist die Anmeldung so auszulegen, dass sie im Ergebnis Erfolg haben kann.[58]

Dem Notar, der **keinen Eintragungsantrag** zum Registergericht gestellt hat, steht die 15 Befugnis zur Beschwerdeeinlegung für den Beteiligten nicht zu, das Beschwerdegericht hat aber zu prüfen und nach freier Überzeugung darüber zu entscheiden, ob sich die Vollmacht des Notars aus sonstigen Umständen ergibt.[59]

e) Keine Befugnis zur Rechtsbeschwerdeführung. Zur Vertretung im Rechts- 16 beschwerdeverfahren vor dem BGH ist nur ein **beim BGH zugelassener Anwalt** befugt, § 10 Abs. 4 S. 1. Die in § 29 Abs. 1 S. 3 FGG enthaltene Ausnahme vom Anwaltszwang,

---

[48] Haußleiter/Schemmann § 378 Rn 14; MünchKommZPO/Krafka § 378 FamFG Rn 8; weitergehend OLG Köln NJW 1987, 135; Bumiller/Harders § 378 Rn 2; Winkler DNotZ 1986, 696, die eine gesetzliche bzw. rechtsgeschäftliche Vertretung für zulässig erachten; a. A. OLG München ZIP 2010, 1494/1495.
[49] Wie hier BeckOK/Munzig § 378 FamFG Rn 18; a. A. SBW/Nedden-Boeger § 378 Rn 27; Bekanntmachung erfolgt ausschließlich an den Notar.
[50] Bumiller/Harders § 378 Rn 4; Schaub MittBayNot 1999, 539, 544.
[51] Bumiller/Harders § 378 Rn 4; MünchKommZPO/Krafka § 378 FamFG Rn 10; van Venrooy GmbHR 2002, 701/709.
[52] BayObLGZ 1984, 29/31; MittBayNot 1986, 139; OLG Nürnberg MittBayNot 2010, 404; OLG Stuttgart NZG 2011, 29; Jansen/Steder § 129 Rn 30; Schaub MittBayNot 1999, 539/544.
[53] OLG Nürnberg MittBayNot 2010, 404/405; OLG Frankfurt DNotZ 1978, 750.
[54] BGH DNotZ 1953, 196; BayObLGZ 1984, 29/31; BayObLGZ 1978, 235/237; OLG Nürnberg MittBayNot 2010, 404/405.
[55] OLG Nürnberg MittBayNot 2010, 404/405; BeckRS 2011, 09102; OLG Zweibrücken MittRhNotK 2000, 440; Bumiller/Harders § 378 Rn 3; Jansen/Steder § 129 Rn 33, 38; MünchKommZPO/Krafka § 378 FamFG Rn 11.
[56] BayObLG NJW-RR 2000, 990; BayObLGZ 1984, 29/31; KG NJW 1959, 1086; OLG Karlsruhe GmbHR 2011, 308; OLG Köln OLGZ 1983, 267; OLG Hamm NJW-RR 2011, 59 = RNotZ 2011, 59; NJW-RR 2011, 541; OLG Nürnberg MittBayNot 2010, 404; BeckRS 2011, 09102.
[57] BGH ZIP 2011, 765; a. A. OLG Köln FGPrax 2010, 202/203.
[58] BayObLG NJW-RR 2000, 990.
[59] BayObLG NJW-RR 2002, 1189; NJW-RR 2001, 1479; Jansen/Steder § 129 Rn 34.

wenn der Notar den erstinstanzlichen Antrag gestellt hat, ist nicht übernommen worden.[60] Die Vertretung durch einen BGH-Anwalt stellt eine unverhältnismäßige und durch sachliche Gründe nicht zu rechtfertigende Erschwerung des Zugangs zu Gericht dar und ist deshalb im Registerverfahrensrecht **verfassungswidrig**. Die Vorschrift ist verfassungskonform so auszulegen, dass lediglich im Rahmen der mündlichen Verhandlung vor dem BGH ein BGH-Anwalt postulationsfähig ist. Zur Einlegung und Begründung der Rechtsbeschwerde gelten ausschließlich § 10 Abs. 1, 2, so dass diese auch von einem Notar eingelegt werden kann.[61]

16a **f) Güterrechtsregistersachen.** Die Vollmachtsvermutung gilt auch in Güterrechtsregistersachen uneingeschränkt. Entgegen der hM,[62] die die verfahrensrechtliche Natur des Antrags verkennt, müssen die Ehegatten/Lebenspartner **nicht zusätzlich einen ausdrücklichen Eintragungsantrag** gestellt oder den Notar hierzu gesondert bevollmächtigt haben. Wollen Sie, dass der Notar (vorerst) keine Eintragungsantrag stellt, können sie Abs. 2 abbedingen (s. Rn 9) oder dem Notar eine abweichende Weisung nach § 53 BeurkG erteilen. Für den Antrag des Notars gilt § 1560 S. 2 BGB nicht, es genügen eine Eigenurkunde analog § 24 Abs. 3 S. 2 BNotO und die Vorlage des Vertrags in begl Abschrift.[63]

4. Rechtsgeschäftliche Vollmachtserteilung

17 § 378 schließt nicht die Möglichkeit zusätzlicher **Bevollmächtigung** des Notars zur Verfahrensvertretung aus. In diesem Fall gilt § 10 Abs. 2 Nr. 3. Auch in diesem Fall ist vom Notar keine Vollmachtsvorlage zu verlangen, es sei denn, diese wird nach § 11 S. 3 von einem Beteiligten verlangt. Die dem Notar erteilte Vollmacht muss grundsätzlich nicht in öffentlich-beglaubigter Form erteilt sein, sofern nicht das materielle Recht (z. B. § 12 Abs. 1 S. 2 HGB) weitergehende Formerfordernisse aufstellt.

5. Handeln als Bote

18 Der Notar ist nicht gezwungen, von der gesetzlichen Vollmachtsvermutung Gebrauch zu machen, er kann eine Registeranmeldung auch als **Bote** übermitteln. Auch hierdurch genügt er seiner Amtspflicht zur Vollziehung nach § 53 BeurkG, die ohnehin nur dann besteht, wenn der Notar die Anmeldung nach §§ 6 ff. BeurkG beurkundet und nicht lediglich nach § 40 BeurkG beglaubigt hat.[64] Der Notar muss in diesem Fall **deutlich zum Ausdruck** bringen, in welcher Funktion er die Anmeldung einreicht. Eine Vorlage „zum Vollzug" oder „zur weiteren Veranlassung" geschieht im Zweifel als Bote,[65] umstritten ist, wie eine Vorlage „mit der Bitte, den gestellten Anträgen stattzugeben" auszulegen ist.[66] Die elektronische Registeranmeldung sieht die Möglichkeit vor, die Anmeldung ausdrücklich als Bote zu übermitteln. Im Zweifel ist daher bei elektronischer Registeranmeldung von einer Antragstellung nach § 378 auszugehen.[67]

Mitteilungspflichten der Behörden

379 (1) **Die Gerichte, die Staatsanwaltschaften, die Polizei- und Gemeindebehörden sowie die Notare haben die ihnen amtlich zur Kenntnis gelangenden Fälle einer unrichtigen, unvollständigen oder unterlassenen Anmeldung zum Handels-, Genossenschafts-, Vereins- oder Partnerschaftsregister dem Registergericht mitzuteilen.**

(2) ¹Die Finanzbehörden haben den Registergerichten Auskunft über die steuerlichen Verhältnisse von Kaufleuten oder Unternehmen, insbesondere auf dem Gebiet der Gewerbe- und Umsatzsteuer, zu erteilen, soweit diese Auskunft zur Verhütung un-

---

[60] Bumiller/Harders § 378 Rn 3.
[61] Anders die h. M., vgl. BeckOK/Munzig § 378 Rn 18.
[62] OLG Celle NJW-FER 2000, 109; OLG Köln MDR 1983, 490; BeckOK/Munzig § 378 FamFG Rn 2.
[63] Erman/Heinemann § 1560 Rn 2.
[64] MünchKommZPO/Krafka § 378 FamFG Rn 7.
[65] BJS/Müther § 378 Rn 10; Bumiller/Harders § 378 Rn 2.
[66] Vgl. Jansen/Steder § 129 Rn 22; für Botenstellung allerdings BGH DNotZ 1964, 435.
[67] A. A. SBW/Nedden-Boeger § 378 Rn 20.

richtiger Eintragungen im Handels- oder Partnerschaftsregister sowie zur Berichtigung, Vervollständigung oder Löschung von Eintragungen im Register benötigt wird.
²Die Auskünfte unterliegen nicht der Akteneinsicht (§ 13).

I. Normzweck

Die Vorschrift regelt Mitteilungs- und Auskunftspflichten bestimmter Behörden gegenüber den Registergerichten. Schon nach Art. 35 GG sind alle Behörden des Bundes und der Länder gegenseitig zur Rechts- und Amtshilfe verpflichtet. § 379 Abs. 1 geht darüber hinaus und verlangt ein selbstständiges Tätigwerden der dort genannten Dienststellen. § 379 Abs. 2 hingegen stellt eine gesetzliche Durchbrechung des Steuergeheimnisses gemäß § 30 Abs. 4 Nr. 2 AO dar. Durch diese Unterstützungspflichten soll eine **effektive, vollständige und richtige Registerführung** gewährleistet werden.[1] Insbesondere soll das Registergericht mit Hilfe dieser Informationen in die Lage versetzt werden, ein Zwangsgeld-, Löschungs- oder Auflösungsverfahren einleiten zu können.[2]

Inhaltlich entspricht die Norm den bisherigen §§ 125a, 147 Abs. 1 S. 2, 160b Abs. 1 S. 2 FGG, erweitert den Anwendungsbereich des Abs. 1 jedoch auf das Vereinsregister und den Anwendungsbereich des Abs. 2 auch auf Amtslöschungsverfahren nach § 394.[3]

II. Mitteilungspflicht nach Abs. 1

1. Allgemeines

Die Mitteilungspflicht nach Abs. 1 dient dazu, den Registergerichten die Durchführung ihrer Aufgaben zu erleichtern. Sie geht über die sich aus den allgemeinen Bestimmungen ergebenden Verpflichtungen zur Rechts- und Amtshilfe hinaus und verlangt ein **selbständiges Tätigwerden.**[4] Die Verpflichtung besteht nur gegenüber dem Handels-, Genossenschafts-, Partnerschafts- und Vereinsregister, angesichts des eindeutigen Wortlauts jedoch nicht gegenüber dem **Güterrechtsregister,**[5] obwohl auch dort eine amtswegige Löschung von unrichtigen Eintragungen denkbar ist.[6]

2. Mitteilungspflichtige Vorgänge

Mitteilungspflichten bestehen nur hinsichtlich solcher **Eintragungen**, deren Anmeldung mittels Zwangsgeld nach § 388 **erzwungen** oder nach §§ 394 ff. **von Amts wegen** vorgenommen werden können.[7] Soweit ein Vorgang nicht anmeldepflichtig ist oder nicht der Zwangslöschung unterliegt, besteht auch keine Mitteilungspflicht. Z. B. muss der Notar dem Handelsregister nicht von der Beurkundung eines GmbH-Gesellschaftsvertrags, wohl aber von der Beurkundung eines OHG-Gesellschaftsvertrags Mitteilung machen, wenn die vorgeschriebene Anmeldung unterbleibt.[8] Von besonderer praktischer Bedeutung ist die Mitteilung der inländischen Geschäftsanschrift von Kapitalgesellschaften, die seit 1. 11. 2008 im Handelsregister einzutragen ist.[9] **Keine Mitteilungspflicht** erwächst aus der bloßen Pflicht zur Vorlage oder Einreichung von Dokumenten oder Unterlagen i. S. des § 12 Abs. 2 HGB, da diese nicht den Inhalt des Registers berühren.[10] Deshalb führt auch die Einreichung einer neuen Gesellschafterliste nach § 40 Abs. 2 GmbHG nicht zu einer Mitteilungspflicht nach Abs. 1 (s. aber Rn 17).[11]

---

[1] MünchKommZPO/Krafka § 379 FamFG Rn 1.
[2] MünchKommZPO/Krafka § 379 FamFG Rn 1.
[3] BT-Drs. 16/6308 S. 285.
[4] Bumiller/Harders § 379 Rn 2.
[5] Bahrenfuss/Steup § 379 Rn 3; MünchKommZPO/Krafka § 379 FamFG Rn 3.
[6] Vgl. MünchKommBGB/Kanzleiter § 1560 Rn 9.
[7] MünchKommZPO/Krafka § 379 FamFG Rn 5.
[8] Jansen/Steder § 125a Rn 4.
[9] MünchKommZPO/Krafka § 379 FamFG Rn 3.
[10] MünchKommZPO/Krafka § 379 FamFG Rn 3.
[11] MünchKommZPO/Krafka § 379 FamFG Rn 3.

3. Mitteilungsverpflichtete Stellen

5   Zur Mitteilung verpflichtet sind die staatlichen Gerichte (nicht private Schiedsgerichte)[12] und Staatsanwaltschaften des Bundes und der Länder, vgl. hierzu Ziffer I/2 MiZi.[13] Unter **Polizeibehörden** sind alle staatlichen Verwaltungsbehörden des Bundes und der Länder zu verstehen.[14] **Gemeindebehörden** sind nicht bloß die Gemeinden, sondern alle kommunalen Behörden, vor allem die Kreise, Bezirke und kommunalen Zusammenschlüsse (z. B. Verwaltungsgemeinschaften und Zweckverbände).[15] Die Vorschrift ist mit Art. 84 Abs. 1 S. 7 GG vereinbar, denn sie stellt keine Aufgabenübertragung auf die Kommunen, sondern eine Konkretisierung der Pflicht zur Amtshilfe dar.[16] Die mitteilungspflichtigen Umstände müssen dem Amtsträger in Ausübung seiner Amtstätigkeit bekannt geworden sein, bloße private Kenntnis genügt nicht. Die auskunftsverpflichtete Stelle muss Kenntnis von der Unrichtigkeit, Unvollständigkeit oder dem Unterlassen der Anmeldung haben, bloße Verdachtsmomente genügen insoweit nicht.[17]

6   **Notare** sind ebenfalls auskunftspflichtig, Notariatsverwalter und Notarvertreter unterliegen denselben Pflichten. Diese können sich weder auf ihre Schweigepflicht nach § 18 BNotO noch auf § 51 BeurkG (vgl. § 51 Abs. 4 BeurkG) berufen.[18] Einen **Anwaltsnotar** trifft die Mitteilungspflicht nur hinsichtlich solcher Vorgänge, die ihm in Ausübung seiner amtlichen Eigenschaft als Notar bekannt geworden ist. Für die Abgrenzung der notariellen von der anwaltlichen Tätigkeit ist die Zweifelsregelung des § 24 Abs. 2 BNotO zu beachten. Auch wenn der Notar nach § 378 Abs. 2 zur Anmeldung ermächtigt wäre, besteht daneben die Anzeigepflicht nach § 379.[19]

4. Verstoß gegen die Mitteilungspflicht

7   Die Mitteilungspflicht besteht ausschließlich im öffentlichen Interesse und bezweckt keinen Individualschutz.[20] Amtshaftungsansprüche können daher nicht auf eine Verletzung gestützt werden. Gegen den seine Amtspflicht verletzenden Amtsträger kommen allerdings **Disziplinarmaßnahmen** oder eine **Dienstaufsichtsbeschwerde** in Betracht.[21]

III. Auskunftspflicht der Steuerbehörden nach Abs. 2

1. Allgemeines

8   Die Auskunftspflicht soll dem Handels- und Partnerschaftsregister die **korrekte Registerführung** erleichtern, soweit diese von Tatsachen abhängt, die den Finanzbehörden bekannt sind. Angesichts des eindeutigen Wortlauts besteht keine Auskunftspflicht gegenüber dem Genossenschafts- und Vereinsregister. Es handelt sich um eine gesetzliche Ausnahme vom Steuergeheimnis, § 30 Abs. 4 Nr. 2 AO. Die Auskunft setzt ein entsprechendes Ersuchen des Registergerichts voraus, eine Mitteilungspflicht kann sich aber aus Abs. 1 ergeben. Zur **Wahrung des Steuergeheimnisses** unterliegen die Auskünfte allerdings nicht der Akteneinsicht nach § 13, vgl. Abs. 2 S. 2. Von den Auskünften können daher auch keine Abschriften verlangt werden (§ 13 Abs. 3). Sie sind nicht zu den Registerakten zu nehmen, sondern in Sammelakten aufzubewahren. Sie dürfen nur von den mit der Registerführung und Kostenberechnung befassten Beamten eingesehen werden (§ 24 Abs. 6 AktO).[22]

---

[12] BeckOK/Munzig § 379 FamFG Rn 4.
[13] Anordnung über die Mitteilungen in Zivilsachen v. 29. 4. 1998 i. d. F. v. 25. 8. 2008, BAnz. S. 3428.
[14] Das Landesrecht kann den Kreis der mitteilungsverpflichteten Stellen nicht einschränken, so dass § 1 Nr. 4 BayPolAufgV unwirksam ist.
[15] MünchKommZPO/Krafka § 379 FamFG Rn 4.
[16] BT-Drs. 16/6308 S. 422 (Gegenäußerung der Bundesregierung) gegen BT-Drs. 16/6308 S. 392 (Stellungnahme des Bundesrats); anders wohl auch Bahrenfuss/Steup § 379 Rn 2.
[17] A. A. Haußleiter/Schemmann § 379 Rn 3.
[18] MünchKommZPO/Krafka § 379 FamFG Rn 4.
[19] Haußleiter/Schemmann § 379 Rn 3.
[20] MünchKommZPO/Krafka § 379 FamFG Rn 3.
[21] Prüttng/Helms/Maass § 379 Rn 3.
[22] MünchKommZPO/Krafka § 379 FamFG Rn 6.

2. Auskunftspflichtige Vorgänge

Die Auskunftspflicht besteht bezüglich **steuerrechtlicher Verhältnisse** von Kaufleuten oder Unternehmen, die für die Registerführung notwendig sind. Dabei sind die gewerbe- und umsatzsteuerlichen Verhältnisse nur beispielhaft genannt, soweit sich aus anderen steuerlichen Umständen (z. B. des Einkommen- und Körperschaftsteuerrechts) registererhebliche Umstände ergeben können, erstreckt sich die Auskunftspflicht auch hierauf.[23]

Mögliche Auskunftsersuchen kommen in Betracht zur Klärung, ob ein **Gewerbebetrieb** i. S. des § 1 Abs. 2 HGB vorliegt[24] oder ob die Löschung eines Rechtsträgers wegen **Vermögenslosigkeit** nach § 394 angezeigt ist.[25] Auch die Frage, ob die Löschung eines Rechtsträgers ohne Liquidationsverfahren mangels zu verteilenden Vermögens möglich ist, kann durch Auskunft beim Finanzamt geklärt werden.

3. Auskunftsverpflichtete Stellen

Zur Auskunft verpflichtet sind alle Finanzbehörden des Bundes und der Länder (§§ 1, 2 FVG), insbesondere die **Finanzämter,** aber auch die Oberfinanzdirektionen, Bundesfinanzdirektionen und Hauptzollämter, nicht aber die Finanzgerichte.[26] Für die letztgenannten verbleibt es bei der Mitteilungspflicht gem. Abs. 1.[27]

4. Verstoß gegen die Auskunftspflicht

Die Auskunftspflicht besteht allein im öffentlichen Interesse und bezweckt **keinen Individualrechtsschutz**, so dass eine Verletzung keine Amtshaftungsansprüche begründen kann. Die Auskunftsverweigerung kann nur im Wege der **Dienstaufsichtsbeschwerde** moniert werden, eine Anfechtungs- oder Leistungsklage im Finanzrechtsweg kommt nicht in Betracht.[28] Daneben sind **disziplinarrechtliche Maßnahmen** gegen die zu Unrecht verweigerte Auskunft denkbar.

IV. Weitere Mitteilungspflichten

Allgemein ist in Zivilsachen einschließlich der Angelegenheiten der freiwilligen Gerichtsbarkeit nach § 15 EGGVG[29] die Übermittlung personenbezogener Daten durch die **Gerichte** und **Staatsanwaltschaften** zulässig, wenn die Kenntnis der Daten aus der Sicht der übermittelnden Stelle erforderlich ist zur Berichtigung oder Ergänzung eines von einem Gericht geführten Registers oder Verzeichnisses, dessen Führung durch eine Rechtsvorschrift angeordnet ist, und wenn die Daten Gegenstand des Verfahrens sind.

Das **Nachlassgericht** hat dem Registergericht Mitteilung zu machen, wenn ihm aus Anlass der Erteilung eines Erbscheins, der Eröffnung eines Testaments oder Erbvertrags oder einer sonstigen Erbenermittlung bekannt wird, dass der Erblasser Inhaber eines Handelsgeschäfts, Gesellschafter einer Personenhandelsgesellschaft, Mitglied einer Partnerschaft oder einer Genossenschaft gewesen ist. Vgl. im Einzelnen Ziffer XVII/4 MiZi.

Besondere Mitteilungspflichten des **Insolvenzgerichts** bestehen nach § 31 InsO, wenn der Schuldner im Handels-, Genossenschafts-, Partnerschafts- oder Vereinsregister eingetragen ist. Auf diesem Weg soll die registerrechtliche Pflicht zur Eintragung der Insolvenzvermerke nach §§ 6, 32 HGB, §§ 16, 45 S. 3 VAG, § 102 GenG, § 2 Abs. 2 PartGG und § 75 BGB sichergestellt werden.[30] Einzelheiten zur Mitteilungspflicht finden sich in Ziffer XII a MiZi.

---

[23] MünchKommZPO/Krafka § 379 FamFG Rn 8.
[24] MünchKommZPO/Krafka § 379 FamFG Rn 6.
[25] BT-Drs. 16/6308 S. 285; MünchKommZPO/Krafka § 379 FamFG Rn 6.
[26] MünchKommZPO/Krafka § 379 FamFG Rn 7.
[27] BeckOK/Munzig § 379 FamFG Rn 13.
[28] Vgl. Kissel/Mayer § 159 Rn 22 f.
[29] Eingefügt mit Wirkung v. 1. 6. 1998 durch Justizmitteilungsgesetz v. 18. 6. 1997, BGBl. I S. 1430.
[30] MünchKommInsO/Schmahl § 31 Rn 2.

§ 380

16 Weitere Vorschriften über die Unterstützungspflicht **anderer Behörden** und **Gerichte** enthalten §§ 396, 398 AktG, §§ 30 Abs. 2, 43 Abs. 2 S. 1, 49 Abs. 1 S. 3, 87 Abs. 5 S. 2 VAG und §§ 22 m Abs. 1, 38 Abs. 1 S. 3, 42 S. 2 KWG.

17 Nach § 40 Abs. 2 S. 1 GmbHG haben **Notare,** die an einer Veränderung in den Personen der Gesellschafter „mitgewirkt" haben (gemeint ist vor allem durch Beurkundung einer Geschäftsanteilsabtretung nach § 15 Abs. 3 GmbHG), unverzüglich nach deren Wirksamwerden dem Registergericht eine neue Gesellschafterliste mit der Bescheinigung nach § 40 Abs. 2 S. 2 GmbHG einzureichen.[31] Die Verhängung eines Zwangsgeldes gegen den Notar zur Erfüllung dieser Pflicht kommt nicht in Betracht (vgl. Rn 7).[32]

V. Mitteilungspflichten des Registergerichts

18 Auch das Registergericht treffen die **allgemeinen Mitteilungspflichten** nach § 15 EGGVG, vor allem gegenüber den anderen Registergerichten und gegenüber dem Grundbuchamt. Weitere Mitteilungspflichten bestehen gegenüber den **berufsständischen Organen,** z. B. den Industrie- und Handelskammern, den Handwerkskammern sowie den Landwirtschaftskammern bzw. wenn eine solche nicht besteht, gegenüber den nach Landesrecht zuständigen Stellen (§ 37 HRV) und gegenüber den Kammern der freien Berufe (z. B. den Rechtsanwalts-, Patentanwalts- und Steuerberaterkammern, vgl. § 6 PRV). Diese Mitteilungspflichten sind zusammengefasst in Ziffer XXI/1 bis 6 MiZi.[33]

Beteiligung der berufsständischen Organe; Beschwerderecht

§ 380 (1) Die Registergerichte werden bei der Vermeidung unrichtiger Eintragungen, der Berichtigung und Vervollständigung des Handels- und Partnerschaftsregisters, der Löschung von Eintragungen in diesen Registern und beim Einschreiten gegen unzulässigen Firmengebrauch oder unzulässigen Gebrauch eines Partnerschaftsnamens von

1. den Organen des Handelsstandes,
2. den Organen des Handwerksstandes, soweit es sich um die Eintragung von Handwerkern handelt,
3. den Organen des land- und forstwirtschaftlichen Berufsstandes, soweit es sich um die Eintragung von Land- oder Forstwirten handelt,
4. den berufsständischen Organen der freien Berufe, soweit es sich um die Eintragung von Angehörigen dieser Berufe handelt,

(berufsständische Organe) unterstützt.

(2) ¹Das Gericht kann in zweifelhaften Fällen die berufsständischen Organe anhören, soweit dies zur Vornahme der gesetzlich vorgeschriebenen Eintragungen sowie zur Vermeidung unrichtiger Eintragungen in das Register erforderlich ist. ²Auf ihren Antrag sind die berufsständischen Organe als Beteiligte hinzuzuziehen.

(3) In Genossenschaftsregistersachen beschränkt sich die Anhörung nach Absatz 2 auf die Frage der Zulässigkeit des Firmengebrauchs.

(4) Soweit die berufsständischen Organe angehört wurden, ist ihnen die Entscheidung des Gerichts bekannt zu geben.

(5) Gegen einen Beschluss steht den berufsständischen Organen die Beschwerde zu.

Übersicht

	Rn
I. Normzweck	1
II. Verhältnis zum Registergericht	2
III. Berufsständische Organe (Abs. 1)	3
1. Organe des Handelsstandes (Nr. 1)	4
2. Organe des Handwerksstandes (Nr. 2)	6

---

[31] Ring/Grziwotz/Westphal § 40 GmbHG Rn 14 ff.
[32] OLG München DB 2009, 1395/1396.
[33] Vgl. Jansen/Steder § 130 Rn 24.

		Rn
3. Organe des land- und forstwirtschaftlichen Berufsstandes (Nr. 3)		10
4. Berufsständische Organe der freien Berufe (Nr. 4)		14
5. Mehrfache Zuständigkeit berufsständischer Organe		16
6. Keine berufsständischen Organe		18
IV. Unterstützungspflicht (Abs. 1)		20
1. Allgemeines		20
2. Umfang der Unterstützungspflicht		21
3. Art und Weise der Unterstützung		23
4. Ermittlungspflicht des Registergerichts		24
V. Antragsberechtigung		25
VI. Anhörung und Hinzuziehung (Abs. 2 und 3)		26
1. Allgemeines		26
2. Anhörung der berufsständischen Organe (Abs. 2 S. 1)		27
3. Hinzuziehung der berufsständischen Organe als „Muss"-Beteiligte (Abs. 2 S. 2)		30
4. Eingeschränkte Anhörung und Beteiligung der berufsständischen Organe in Genossenschaftsregistersachen (Abs. 3)		32
VII. Bekanntgabe von Entscheidungen an die berufsständischen Organe (Abs. 4)		33
VIII. Beschwerdeberechtigung		35
1. Allgemeines		35
2. Besondere Beschwerdeberechtigung		36
3. Eigene Beschwerdeberechtigung		37
4. Rechtsbeschwerde		38
IX. Bundesanstalt für Finanzdienstleistungsaufsicht		39
X. Kosten und Gebühren		40

I. Normzweck

Die Führung der in § 374 genannten Register ist wegen deren hoher Bedeutung für die privaten Rechte und Rechtsverhältnisse vom Gesetzgeber statt – wie früher – den Organen des Handelsstandes, dem AG als Organ der Rechtspflege zur Erledigung übertragen worden. Auch nach der Reform ist den berufsständischen Organen im Registerrecht weiterhin eine **besondere Stellung** zugewiesen, die sogar verfestigt worden ist.[1] Das Registergericht soll durch die Mitwirkung der berufsständischen Organe deren Sachkunde nutzbar machen, so dass eine richtige und vollständige Registerführung gewährleistet ist.[2] Zu diesem Zweck sind die berufsständischen Organe einerseits durch das öffentliche Recht zur Unterstützung des Gerichts verpflichtet (Abs. 1), andererseits aber zur Wahrnehmung ihrer öffentlichrechtlichen Aufgaben[3] berechtigt, sich am Verfahren durch Antragstellung, Anhörung und Entscheidungsbekanntgabe zu beteiligen und gegen Endentscheidungen des Gerichts Beschwerde einzulegen (vgl. Abs. 2 bis 5).[4]

II. Verhältnis zum Registergericht

Zwischen den berufsständischen Organen und dem Registergericht besteht ein **Kooperationsverhältnis.** Dem Registergericht soll die Unterstützungspflicht vor allem die Sachverhaltsermittlung erleichtern, da die berufsständischen Organe über besondere Sach- und Fachkenntnisse verfügen. Eine amtswegige Pflicht zur Anhörung und Beteiligung besteht nicht,[5] die berufsständischen Organe haben nur im Fall des Abs. 2 S. 2 auf ihren Antrag hin einen Anspruch auf Beteiligung. Das Gericht hat die Stellungnahmen, Mitteilungen und Auskünfte der berufsständischen Organe zur Kenntnis zu nehmen (vgl. § 37 Abs. 2), ist aber an diese nicht gebunden, sondern entscheidet stets nach seiner eigenen Überzeugung, § 37 Abs. 1.[6]

---

[1] MünchKommZPO/Krafka § 380 FamFG Rn 1.
[2] BayObLG FGPrax 1996, 235 = NJW 1996, 3217; Jansen/Steder § 126 Rn 1.
[3] BVerfGE 15, 235, 241 = NJW 1963, 195.
[4] BayObLG FGPrax 1996, 235 = NJW 1996, 3217.
[5] Insoweit zutreffend MünchKommZPO/Krafka § 380 FamFG Rn 5, allerdings mit unzutreffendem Hinweis auf § 4 PRV; denn auch diese Vorschrift stellt eine bloße „Soll"-Vorschrift dar.
[6] Ebenso MünchKommZPO/Krafka § 380 FamFG Rn 5.

III. Berufsständische Organe (Abs. 1)

3 Das Gesetz definiert in Abs. 1 den Begriff der berufsständischen Organe.[7] Alle dort nicht aufgeführten Organe oder Behörden, wie die Bundesanstalt für Finanzdienstleistungsaufsicht (BaFin s. Rn 39), sind keine berufsständischen Organe (s. Rn 18).

1. Organe des Handelsstandes (Nr. 1)

4 Organe des Handelsstandes sind nur noch die **Industrie- und Handelskammern**.[8] Ihre Rechtsgrundlage bildet das Gesetz zur vorläufigen Regelung des Rechts der Industrie- und Handelskammern v. 18. 12. 1956 (BGBl. I S. 920). Die Industrie- und Handelskammern sind Körperschaften des öffentlichen Rechts (§ 3 Abs. 1 IHK-G). Die im § 2 Abs. 1 IHK-G aufgeführten natürlichen Personen, Handelsgesellschaften, Personenmehrheiten und juristischen Personen des privaten und öffentlichen Rechts sind, soweit sie zur Gewerbesteuer veranlagt sind, kraft Gesetzes kammerzugehörig.[9] Die Industrie- und Handelskammern unterstehen der Aufsicht des Landes, in dem sie ihren Sitz haben (§ 11 Abs. 1 IHK-G). Sie haben u. a. durch Vorschläge, Gutachten und Berichte die Behörden zu unterstützen und zu beraten (§ 1 Abs. 1 IHK-G).

5 Die Bundesländer haben folgende **Ausführungsgesetze** zur Regelung der Rechtsverhältnisse der Industrie- und Handelskammern erlassen:
Baden-Württemberg: Gesetz über die Industrie- und Handelskammern in Baden-Württemberg (IHKG) v. 27. 1. 1958 (GBl. S. 77), zul. geänd. am 17. 6. 1997 (GBl. S. 278);
Bayern: Gesetz zur Ergänzung und Ausführung des IHK-G (AGIHKG) v. 25. 3. 1958 (GVBl. S. 40; Bay RS 701–1-W), zul. geänd. am 27. 11. 2007 (GVBl. S. 785);
Berlin: Gesetz über die Industrie- und Handelskammer zu Berlin (IHKG) v. 17. 10. 1957 (GVBl. S. 1636) i. d. F. v. 21. 3. 1967 (GVBl. S. 512), zul. geänd. am 22. 6. 1983 (GVBl. S. 933);
Brandenburg: Gesetz zur Ergänzung des Rechts der Industrie- und Handelskammern im Land Brandenburg (AGIHKG) v. 13. 9. 1991 (GVBl. I S. 440), zul. geänd. am 26. 11. 1998 (GVBl. I S. 218);
Bremen: Gesetz über die Industrie- und Handelskammern im Lande Bremen (IHKG) v. 6. 5. 1958 (Brem. GBl. S. 47), vgl. § 13 IHK-G;
Hamburg: Gesetz über die vorläufige Regelung der Rechtsverhältnisse der Handelskammer Hamburg v. 27. 2. 1956 (HmbGVBl. S. 21 = 70a der G u. VO der Stadt Hamburg), zul. geänd. am 1. 9. 2005 (HmbGVBl. S. 377, 380); vgl. § 13 IHK-G;
Hessen: Hessisches Ausführungsgesetz zur vorläufigen Regelung des Rechts der Industrie- und Handelskammern (HessIHKG) v. 6. 11. 1957 (GVBl. S. 147), zul. geänd. am 27. 2. 1998 (GVBl. S. 40);
Mecklenburg-Vorpommern: Gesetz über die Industrie- und Handelskammern für das Land Mecklenburg-Vorpommern (IHKG) v. 18. 2. 1992 (GVBl. M-V S. 98);
Niedersachsen: Niedersächsisches Ausführungsgesetz zum Bundesgesetz zur vorläufigen Regelung des Rechts der Industrie- und Handelskammern (AGIHKG) v. 20. 12. 1957 (Nds. GVBl. S. 136), zul. geänd. am 29. 5. 1995 (Nds. GVBl. S. 126);
Nordrhein-Westfalen: Gesetz über die Industrie- und Handelskammern im Lande Nordrhein-Westfalen (IHKG) v. 23. 7. 1957 (GV. NRW. S. 187, ber. S. 228), zul. geänd. am 9. 12. 2008 (GV. NRW. S. 778);
Rheinland-Pfalz: Landesgesetz zur Ergänzung und Ausführung des IHK-G (AGIHKG) v. 24. 2. 1958 (GVBl. S. 43), zul. geänd. am 12. 10. 1999 (GVBl. S. 325);
Saarland: Gesetz über die Industrie- und Handelskammer des Saarlandes (IHKG) v. 29. 3. 1960 (ABl. S. 261), zul. geänd. am 15. 2. 2006 (ABl. S. 474);

---

[7] Erst eingefügt durch den Rechtsausschuss des BT, vgl. BT-Drs. 16/9733 S. 298.
[8] OLG Rostock BeckRS 2011, 11276.
[9] Die Pflichtzugehörigkeit zu den Industrie- und Handelskammern ist mit dem GG vereinbar, BVerfG NVwZ 2002, 335.

Sachsen: Gesetz zur Ausführung und Ergänzung des Rechts der Industrie- und Handelskammern im Freistaat Sachsen (SächsIHKG) v. 18. 11. 1991 (SächsGVBl. S. 380), zul. geänd. am 5./23. 5. 2004 (SächsGVBl. S. 148, 156);
Sachsen-Anhalt: Gesetz über die Industrie- und Handelskammern in Sachsen-Anhalt (AGIHKG) v. 10. 6. 1991 (GVBl. LSA S. 103), zul. geänd. am 18. 11. 2005 (GVBl. LSA S. 698);
Schleswig-Holstein: Gesetz über die Industrie- und Handelskammern (IHKG) v. 24. 2. 1870 i. d. F. v. 31. 12. 1971 (GVOBl. S. 182), zul. geänd. am 12. 10. 2005 (GVOBl. S. 487);
Thüringen: Thüringer Ausführungsgesetz zum Gesetz zur vorläufigen Regelung des Rechts der Industrie- und Handelskammern (AGIHKG) v. 7. 12. 1993 (GVBl. S. 757).

Die Industrie- und Handelskammern sind nicht nur bei Eintragungen in das Handelsregister, sondern auch bei Eintragungen in das **Partnerschafts- und Genossenschaftsregister** unterstützend tätig.[10]

2. Organe des Handwerksstandes (Nr. 2)

Die **Rechtsgrundlage** für die Organe des Handwerkstandes bildet das Gesetz zur Ordnung des Handwerks (Handwerksordnung) v. 28. 12. 1965 (BGBl. 1966 S. 1) i. d. F. v. 24. 9. 1998 (BGBl. I S. 3074), zul. geänd. am 21. 12. 2008 (BGBl. I S. 2917). In Betracht kommen namentlich die Handwerkskammern, evtl. auch die Handwerksinnungen, Innungsverbände und Kreishandwerkerschaften.[11]

Die **Handwerkskammern** (§§ 90 bis 116 HandwO) sind Körperschaften des öffentlichen Rechts (§ 90 Abs. 1 HandwO). Ihre Aufgabe ist u. a., die Behörden in der Förderung des Handwerks durch Anregungen, Vorschläge und durch Erstattung von Gutachten zu unterstützen (§ 91 Abs. 1 Nr. 2 HandwO) sowie die Führung der Handwerksrolle (§ 91 Abs. 1 Nr. 3 i. V. m. § 6 HandwO), die deutlich vom Handelsregister unterschieden werden muss. Die Zuständigkeit der Organe des Handelsstandes ist auch gegeben, wenn der Handwerker-Kaufmann nicht in die Handwerksrolle eingetragen ist (s. §§ 6 ff. HandwO).[12]

Die **Handwerksinnungen** (§§ 52 bis 78 HandwO) und die **Kreishandwerkerschaft** (§§ 86 bis 89 HandwO) sind ebenfalls Körperschaften des öffentlichen Rechts (§§ 53, 89 Abs. 1 Nr. 1 HandwO). Sie haben u. a. die Aufgabe, über Angelegenheiten der in ihnen vertretenen Handwerke den Behörden Gutachten und Auskünfte zu erstatten (§§ 54 Abs. 1 Nr. 8, 87 Nr. 4 HandwO). Die **Landesinnungsverbände** und der **Bundesinnungsverband** (§§ 79 bis 85) sind juristische Personen des privaten Rechts. Ihnen obliegt ebenfalls die Aufgabe, den Behörden Anregungen und Vorschläge zu unterbreiten sowie auf Verlangen Gutachten zu erstatten (§ 81 Abs. 1 Nr. 3 HandwO).

Entgegen der h. M.[13] unterfallen nicht nur die Handwerkskammern, sondern auch die Handwerksinnungen und die Kreishandwerkerschaften den Bestimmungen des § 380.[14] Nur die Innungsverbände sind als juristische Personen des Privatrechts keine berufsständischen Organe i. S. der Vorschrift. In jedem Fall kann das Registergericht auch Handwerksinnungen, Kreishandwerkerschaften und Innungsverbände im Rahmen der **Amtsermittlung** nach § 26 oder als **Sachverständige** gutachtlich anhören.

3. Organe des land- und forstwirtschaftlichen Berufsstandes (Nr. 3)

Das Gesetz über die Kaufmannseigenschaft von Land- und Forstwirten v. 13. 5. 1976 (BGBl. I S. 1197) ermöglicht Land- und Forstwirten, sich mit ihrem land- oder forstwirtschaftlichen Unternehmen (nicht mehr wie früher mit ihrem Nebengewerbe, sondern auch mit ihrem Hauptunternehmen) in das Handelsregister eintragen zu lassen, sofern das Unternehmen nach Art und Umfang einen in kaufmännischer Weise eingerichteten Ge-

---

[10] BeckOK/Munzig § 380 FamFG Rn 14; zweifelnd Nedden-Boeger FGPrax 2009, 144/145.
[11] Jansen/Steder § 126 Rn 6.
[12] Bahrenfuss/Steup § 380 Rn 8; Jansen/Steder § 126 Rn 9.
[13] Bassenge/Roth/K. Walter § 380 Rn 2; Jansen/Steder § 126 Rn 8; MünchKommZPO/Krafka § 380 FamFG Rn 2.
[14] Zustimmend BeckOK/Munzig § 380 Rn 7.

schäftsbetrieb erfordert.[15] Dadurch wird den **Organen des land- und forstwirtschaftlichen Berufsstandes,** soweit es sich um die Eintragung von Land- und Forstwirten in das Handelsregister handelt, die **gleiche Stellung** eingeräumt wie den Organen des Handels- und Handwerksstandes.

11 Organe des land- und forstwirtschaftlichen Berufsstandes sind in erster Linie die **Landwirtschaftskammern.** Es handelt sich hierbei um Selbstverwaltungskörperschaften des öffentlichen Rechts (§ 1 Abs. 2 BremLwKG; § 1 Abs. 2 HmbLwKG; § 1 Abs. 2 Nds-LwKG; § 1 Abs. 2 RhPfLwKG; § 1 S. 2 Saarl. LwKG; § 1 S. 2 LwKG-SH), die u. a. die Aufgabe haben, Behörden und Gerichte durch Stellungnahmen und Gutachten zu unterstützen (§ 2 i BremLWKG; § 2 Abs. 1 S. 2 Nr. 5 HmbLwKG; § 2 Abs. 2 S. 1 Nr. 12 Nds-LwKG; § 2 Abs. 1 S. 1 e LwKG-NRW; § 3 Abs. 2 k RhPfLwKG; § 2 Abs. 1 S. 2 k Saarl. LwKG; § 2 Abs. 1 S. 4 LwKG-SH).

12 In folgenden Ländern bestehen Landwirtschaftskammern:
Bremen: Gesetz über die Landwirtschaftskammer Bremen v. 20. 3. 1956 (Brem. GVBl. S. 13);
Hamburg: Gesetz über die Landwirtschaftskammer Hamburg v. 4. 12. 1990 (Hmb-GVBl. S. 240), zul. geänd. am 11. 7. 2007 (HmbGVBl. S. 236, 238);
Niedersachsen: Gesetz über die Landwirtschaftskammer Niedersachsen v. 10. 10. 1986 (Nds. GVBl. S. 325) i. d. F. v. 10. 2. 2003 (Nds. GVBl. S. 61, ber. S. 176), zul. geänd. am 16. 11. 2007 (Nds. GVBl. S. 637);
Nordrhein-Westfalen: Gesetz über die Errichtung der Landwirtschaftskammer Nordrhein-Westfalen v. 11. 2. 1949 (GV. NW. S. 706), zul. geänd. am 9. 12. 2008 (GV. NRW. S. 771, ber. 2009 S. 14);
Rheinland-Pfalz: Landesgesetz über die Landwirtschaftskammer Rheinland-Pfalz v. 28. 7. 1970, (GVBl. S. 309), zul. geänd. am 21. 7. 2003 (GVBl. S. 211);
Saarland: Gesetz über die Landwirtschaftskammer für das Saarland v. 9. 7. 1956 (ABl. S. 1042) i. d. F. v. 22. 10. 1975 (ABl. S. 1150), zul. geänd. am 19. 11. 2008 (ABl. S. 1930);
Schleswig-Holstein: Gesetz über die Landwirtschaftskammer Schleswig-Holstein v. 4. 2. 1997 (GVOBl. S. 70) i. d. F. v. 26. 2. 2002 (GVOBl. S. 28), zul. geänd. am 11. 12. 2007 (GVOBl. S. 496).

13 Soweit nach Landesrecht keine Landwirtschaftskammer besteht, sind die nach **Landesrecht zuständigen Stellen** (vgl. § 37 Abs. 1 S. 1 Nr. 3 HRV) als berufsständisches Organ zu beteiligen. Das sind folgende Stellen:
Baden-Württemberg: die Landratsämter als untere Landwirtschaftsbehörden (in den Stadtkreisen die in § 29 Abs. 5 und 6 LLG bezeichneten Landratsämter), wenn es sich um ein landwirtschaftliches Unternehmen handelt, vgl. § 29 Abs. 1, Abs. 4 LLG v. 14. 3. 1972 (GBl. S. 74), zul. geänd. am 30. 11. 2010 (GBl. S. 989); die Landratsämter und in den Stadtkreisen die Gemeinden als untere Forstbehörden, wenn es sich um ein forstwirtschaftliches Unternehmen handelt, § 62 LWaldG v. 31. 8. 1995 (GBl. S. 685), zul. geänd. am 14. 10. 2008 (GBl. S. 367);
Bayern: der Bayerische Bauernverband, § 2 VO Nr. 106 über die Aufgaben des Bayerischen Bauernverbands v. 29. 10. 1946 (BayRS 7800–2-E);
Berlin: die Senatsverwaltung für Wirtschaft und Betriebe – Abteilung Ernährung, Landwirtschaft und Forsten;
Brandenburg: das Landesamt für Verbraucherschutz, Landwirtschaft und Flurordnung;
Hessen: das Landwirtschaftsamt für den Bereich der Landwirtschaft, der Regierungspräsident für den Bereich der Forstwirtschaft;
Mecklenburg-Vorpommern: die LMS Landwirtschaftsberatung Mecklenburg-Vorpommern/Schleswig-Holstein GmbH, Postfach 162, 18202 Bad Doberan;
Sachsen: das Landesamt für Umwelt, Landwirtschaft und Geologie, der Staatsbetrieb Sachsenforst sowie die Landratsämter und kreisfreien Städte als Landwirtschafts- und Forstbehörden;
Sachsen-Anhalt: die Ämter für Landwirtschaft, Flurneuordnung und Forsten;

---

[15] Hofmann NJW 1976, 1297.

Thüringen: die Ämter für Landwirtschaft bei landwirtschaftlichen Unternehmen, die Landesforstdirektion bei forstwirtschaftlichen Unternehmen.

4. Berufsständische Organe der freien Berufe (Nr. 4)

Die berufsständischen Organe der freien Berufe sind die jeweiligen **Berufskammern** (vgl. § 4 PRV), in denen die einzelnen Berufsangehörigen nach Landes- und Bundesrecht Zwangsmitglieder sind, beispielsweise die Ärzte- und Apothekerkammern,[16] Architekten- und Ingenieurkammern,[17] Rechtsanwaltskammern (§ 73 Abs. 2 Nr. 8 BRAO), Steuerberaterkammern (§ 76 Abs. 2 Nr. 7 StBerG), Wirtschaftsprüferkammern (§ 57 Abs. 2 Nr. 7 WPO). Fehlt es an einer solchen Berufskammer, so entfallen die Rechte und Pflichten nach § 380.

Durch die Reform ist klargestellt, dass die Berufskammern nicht nur für Eintragungen in das **Partnerschaftsregister,** sondern auch für Eintragungen in das **Handelsregister** Mitwirkungspflichten und Beteiligungsrechte haben.[18] Dies spielt vor allem für die Eintragung und Löschung von zur gemeinsamen Berufsausübung gegründeten Kapitalgesellschaften eine Rolle (vgl. §§ 59 c ff. BRAO; §§ 49 ff. StBerG; §§ 27 ff. WPO).

5. Mehrfache Zuständigkeit berufsständischer Organe

Soweit es sich um die Eintragung von Handwerkern, Land- und Forstwirten sowie freiberuflichen Kapitalgesellschaften ins Handelsregister handelt, sind neben den Organen des Handelsstandes auch die Organe des Handwerksstandes, des Berufsstands der Land- und Forstwirte sowie der berufsständischen Organe der freien Berufe und zwar beide **unabhängig voneinander,** zur Unterstützung des Registergerichts verpflichtet.[19] Diese berufsständischen Organe sind also ebenso wie die Industrie- und Handelskammer berechtigt und verpflichtet, zu den Eintragungsanträgen von Handwerkern, Land- und Forstwirten, Freiberuflern Stellung zu nehmen, gegebenenfalls auf Eintragungen hinzuwirken und zu diesem Zweck die erforderlichen Anträge zu stellen. Sie haben die Registergerichte bei der Verhütung unrichtiger Eintragungen, bei Berichtigung und Vervollständigung des Handelsregisters sowie beim Einschreiten gegen unzulässigen Firmengebrauch durch Erstattung von Gutachten und Auskünften zu unterstützen. Ihnen steht unabhängig von den Organen des Handelsstandes das sich aus § 380 Abs. 5 ergebende Beschwerderecht zu.

Zweckmäßig ist, wenn sich beide Organe über ihre **Stellungnahme verständigen.** Da das Registergericht an die Auffassung der beiden Organe nicht gebunden ist (s. Rn 2), besteht allerdings keine dahingehende Pflicht, eine einheitliche Stellungnahme abzugeben.[20]

6. Keine berufsständischen Organe

Keine berufsständischen Organe i. S. des § 380 Abs. 1 sind das Aufsichtsamt für Privatversicherung,[21] gewerbliche Verbände zur Wahrnehmung gemeinschaftlicher Interessen,[22] der Prüfungsverband der Genossenschaften,[23] die Stadt- und Gemeindeverwaltungen,[24] die früheren Fachgruppen der gewerblichen Wirtschaft,[25] die Bankaufsichtsbehör-

---

[16] Vgl. für Bayern das Heilberufe-Kammergesetz v. 6. 2. 2002 (GVBl. S. 43), zul. geänd. am 23. 4. 2008 (GVBl. S. 132).
[17] Vgl. für Bayern das Gesetz über die Bayerische Architektenkammer und die Bayerische Ingenieurkammer-Bau v. 9. 5. 2007 (GVBl. S. 308).
[18] BT-Drs. 16/6308 S. 285; so bereits zuvor die Rspr. BayObLG FGPrax 1996, 235 = NJW 1996, 3217; OLG Frankfurt NJW-RR 2001, 172.
[19] Jansen/Steder § 126 Rn 12; MünchKommZPO/Krafka § 380 FamFG Rn 3; Wellmann DNotZ 1953, 243; a. M. für alleinige Zuständigkeit der Organe des Handwerksstandes Schmidt BB 1953, 280.
[20] MünchKommZPO/Krafka § 380 FamFG Rn 3.
[21] KG RJA 7, 122.
[22] KG OLGE 12, 201.
[23] OLG Jena JW 1924, 1190.
[24] KG OLGE 17, 188.
[25] KG DFG 1939, 199; OLG München JFG 14, 186.

den,[26] auch nicht die (früheren) Bezirksstellen der Industrie- und Handelskammern,[27] ein Beamtenverband[28] oder eine Polizeidirektion.[29] Diese Organe sind daher nach Ermessen des Gerichts im Rahmen des § 26 anzuhören, ein Beschwerderecht besteht für diese Organe nur unter den Voraussetzungen des § 59.

19 Zur Stellung der **Finanzämter** s. die Kommentierung bei § 379. Zur Stellung der **Bundesanstalt für Finanzdienstleistungsaufsicht** s. Rn 39.

IV. Unterstützungspflicht (Abs. 1)
1. Allgemeines

20 Die Unterstützung der Registergerichte ist **Pflicht** der berufsständischen Organe und verlangt ein **eigenständiges Tätigwerden** ohne vorheriges Ersuchen seitens des Registergerichts.[30] Hierzu haben sich die berufsständischen Organe nach Tunlichkeit von solchen Vorgängen innerhalb ihres Bezirkes, auf Grund deren eine Tätigkeit des Registergerichts notwendig wird, Kenntnis zu verschaffen und dem Registergericht Mitteilung zu machen. Das Registergericht ist damit der Pflicht zu eigenen Ermittlungen nach § 26 nicht enthoben (s. Rn 24).[31]

2. Umfang der Unterstützungspflicht

21 Die Unterstützungspflicht besteht zunächst zur **Vermeidung unrichtiger Eintragungen im Handels- und Partnerschaftsregister,** ermöglicht also gestützt auf Abs. 2 die Einholung von Gutachten im Vorfeld einer Eintragung.[32] Weiterhin soll die Mitwirkungspflicht der **Berichtigung und Vervollständigung des Handels- und Partnerschaftsregisters** dienen, aus diesem Grund sind den berufsständischen Organen die Eintragungen generell mitzuteilen (§§ 37, 38 a Abs. 3 HRV, § 6 PRV) oder im Einzelfall bekannt zu geben (Abs. 4). Dabei haben die Organe nicht bloß auf die Herbeiführung gebotener Eintragungen hinzuwirken, sondern auch darauf, dass die Pflicht zur Einreichung von erforderlichen Urkunden und Schriftstücken beim Gericht und zur Bekanntmachung der Eintragungen durch das Gericht erfüllt wird.[33] Schließlich sollen die Berufsorgane bei **Löschungen** in diesen Registern und beim Einschreiten gegen **unzulässigen Firmengebrauch** oder **unzulässigen Gebrauch eines Partnerschaftsnamens** mithelfen. Damit die berufsständischen Organe dieser Aufgabe nachkommen können, sehen §§ 393 Abs. 1 S. 1, 394 Abs. 1 S. 1, 395 Abs. 1 S. 1, 399 Abs. 1 S. 1 entsprechende Antragsbefugnisse vor. Das Registergericht ist außerdem befugt, zur Ermittlung der für eine Notgeschäftsführung einer GmbH geeigneten und zur Amtsübernahme bereiten Person die berufsständischen Organe einzuschalten, bevor die Antragstellung mangels geeignetem Kandidaten abgelehnt wird.[34]

22 Eine eingeschränkte Unterstützungspflicht besteht im Rahmen der Eintragungen in das **Genossenschaftsregister,** vgl. Abs. 3 und §§ 394 Abs. 1 S. 1, 395 Abs. 1 S. 1, 397 Abs. 1 S. 1 und § 398 Abs. 1 S. 1 i. V. m. § 395 Abs. 1 S. 1. Gar keine Mitwirkungsrechte und -pflichten bestehen im Rahmen der Führung des **Vereins- und Güterrechtsregisters**.[35] Allerdings kann das Registergericht in **Vereinsregistersachen** nach § 9 Abs. 2 S. 2 VRV bei Zweifeln, ob es sich um einen nichtwirtschaftlichen Verein handelt, im Wege der Amtshilfe eine Stellungnahme der nach § 22 BGB zuständigen Verwaltungsbehörde oder der IHK oder einer anderen geeigneten Stelle einholen. In diesem Fall teilt das Registergericht dieser Stelle seine Entscheidung mit, wenn sie um Benachrichtigung gebeten hat, § 9 Abs. 2

---

[26] KG JFG 16, 364.
[27] KG JW 1932, 753.
[28] BayObLGZ 28, 479.
[29] BayObLG Recht 1908 Nr. 2875.
[30] BT-Drs. 16/6308 S. 285; Jansen/Steder § 126 Rn 24.
[31] KG NJW-RR 1997, 794.
[32] BT-Drs. 16/6308 S. 286; MünchKommZPO/Krafka § 380 FamFG Rn 1.
[33] Bumiller/Harders § 380 Rn 8; Jansen/Steder § 126 Rn 31.
[34] OLG Frankfurt FGPrax 2006, 81; OLG Hamm NJW-RR 1996, 996; BeckOK/Munzig § 380 FamFG Rn 15.
[35] Zustimmend BeckOK/Munzig § 380 FamFG Rn 4; anders offenbar BJS/Müther § 380 Rn 9.

S. 4 VRV. § 380 gilt ebenfalls nicht im Zusammenhang mit den **unternehmensrechtlichen Verfahren** gemäß § 375.

3. Art und Weise der Unterstützung

Über die Art und Weise der allgemeinen Unterstützungspflicht schweigt sich das Gesetz 23 mit Ausnahme der Anhörungs- und Hinzuziehungspflicht gemäß Abs. 2 und 3 in zweifelhaften Fällen aus. Gemäß § 387 Abs. 3 S. 1 können durch Rechtsverordnung **nähere Bestimmungen über die Mitwirkung** der berufsständischen Organe getroffen werden. Insbesondere können laufend oder in regelmäßigen Abständen die Registerdaten den berufsständischen Organen mitgeteilt werden, § 387 Abs. 3 S. 2. Diese Ermächtigung wird durch §§ 37 Abs. 1, 38a Abs. 3 HRV ausgefüllt, die vorsehen, dass jede Neuanlegung oder Änderung eines Registerblatts sowie die über Geschäftsräume und Unternehmensgegenstand gemachten Angaben den Industrie- und Handelskammern, den Handwerkskammern und den Landwirtschaftskammern oder den nach Landesrecht zuständigen Stellen mitzuteilen sind. § 6 PRV bestimmt, dass sämtliche Eintragungen in das Partnerschaftsregister der zuständigen Berufskammer mitzuteilen sind. Zur Sicherung des Datenschutzes dürfen die übermittelten personenbezogenen Daten von den berufsständischen Organen nur für die in § 380 genannten Zwecke verwendet werden, § 387 Abs. 3 S. 3. Das Gericht kann die berufsständischen Organe nicht zur Unterstützung zwingen, § 35 ist nicht einschlägig, es kommen allenfalls Maßnahmen der **Dienstaufsicht** in Betracht.[36]

4. Ermittlungspflicht des Registergerichts

Die Ermittlungspflicht des Registergerichts nach § 26 besteht neben der Unterstützungs- 24 pflicht der berufsständischen Organe fort.[37] An die Rechtsauffassung des berufsständischen Organs ist das Gericht in keinem Fall gebunden.[38] Das Gericht hat die Mitteilungen, Erkenntnisse, Anregungen, Gutachten, Stellungnahmen etc. der berufsständischen Organe zu berücksichtigen, insbesondere auf deren Anregungen (§ 24) **von Amts wegen die erforderlichen Ermittlungen** durchzuführen.[39] Die weitere Verfahrensgestaltung obliegt jedoch dem Registergericht nach eigenem Ermessen als eigene Aufgabe. So kann das Gericht einen Gewerbetreibenden nicht durch Zwangsgeld anhalten, der Industrie- und Handelskammer Auskünfte über Art und Umfang seines Geschäftsbetriebes zu geben, wenn er hierzu nicht bereit ist. Es muss alsdann eigene Ermittlungen anstellen und dem Beteiligten die Pflicht zur Auskunftserteilung auferlegen sowie notfalls die Erfüllung dieser Verpflichtung durch Festsetzung von Zwangsmitteln (§ 35) erzwingen.[40]

V. Antragsberechtigung

Ein ausdrückliches Antragsrecht räumt § 380, anders als § 126 FGG, den berufsständ- 25 ischen Organen nicht mehr ein. Etwaige „Anträge" sind somit im Eintragungsverfahren als Gegenanträge auf Zurückweisung von Eintragungen zu verstehen, die das Gericht im Rahmen seiner Entscheidung abwägen muss.[41] Im Zwangsgeldverfahren sind „Anträge" als **Anregungen** gemäß § 24 zu behandeln, die das Registergericht von Amts wegen aufgreifen muss (s. Rn 24) und entsprechend zu bescheiden hat.[42] Im **Löschungsverfahren** wurde das Anregungsrecht der berufsständischen Organe hingegen zu einem **echten Antragsrecht** ausgebaut, um auf diese Weise die Rechtsstellung dieser Organe ausdrücklich und zweifelsfrei zu regeln, vgl. §§ 394 Abs. 1 S. 1, 395 Abs. 1 S. 1, 397 Abs. 1 S. 1 und § 398 Abs. 1 S. 1 i. V. m. § 395 Abs. 1 S. 1.[43]

---

[36] Bahrenfuss/Steup § 380 Rn 12.
[37] BT-Drs. 16/6308 S. 285; KG NJW-RR 1997, 794; Jansen/Steder § 126 Rn 37.
[38] Bassenge/Roth/K. Walter § 380 Rn 9.
[39] Bumiller/Harders § 380 Rn 8.
[40] BayObLGZ 1967, 385; Bumiller/Harders § 380 Rn 8.
[41] OLG Hamm Rpfleger 1983, 116; BB 1964, 1197; Jansen/Steder § 126 Rn 42.
[42] Jansen/Steder § 126 Rn 42; BT-Drs. 16/6308 S. 285.
[43] Vgl. die Begründung des Rechtsausschusses BT-Drs. 16/9733 S. 298.

VI. Anhörung und Hinzuziehung (Abs. 2 und 3)

1. Allgemeines

26 Die Vorschrift regelt die Anhörung der berufsständischen Organe und deren Hinzuziehung als „Muss"-Beteiligte. Sie gilt für **alle Registerverfahren** einheitlich, also für das Eintragungs-, das Zwangsgeld- und das Löschungsverfahren.[44] Der unterschiedliche Wortlaut in Abs. 2 S. 1 und Abs. 1 ist insoweit ohne Bedeutung.[45]

2. Anhörung der berufsständischen Organe (Abs. 2 S. 1)

27 Das Registergericht hat lediglich in **zweifelhaften Fällen** eine Anhörung der berufsständischen Organe in Erwägung zu ziehen (vgl. auch § 4 S. 1 PRV). Solche zweifelhaften Fälle treten insbesondere bei der Frage einer zulässigen Firma bzw. eines zulässigen Partnerschaftsnamens auf. Allerdings kann das Registergericht nunmehr über das elektronische Handelsregister und das Unternehmensregister selbst bundesweit Ermittlungen zur **Unterscheidbarkeit der Firma** vornehmen.[46] Auch bei der Bewertung von Sacheinlagen, bei der Feststellung des Bestehens einer Zweigniederlassung sowie bei Umwandlungsvorgängen ergeben sich oft Zweifelsfragen, bei denen die Organe behilflich sein können.[47] Auch bei Bestellung eines Notgeschäftsführers etc. können die berufsständischen Organe zur Ermittlung einer geeigneten Person angehört werden, solange der Antragsteller selbst keine geeignete Person benennt.[48]

28 Selbst in zweifelhaften Fällen kann das Gericht nach seinem Ermessen **von einer Anhörung absehen.**[49] Die Vorschrift entspricht insoweit § 23 S. 2 HRV a. F. und dient der beschleunigten Verfahrenserledigung.[50] Sie erfordert umgekehrt, dass die Beteiligten sich im Vorfeld selbst hinreichend beraten haben, insbesondere die Zulässigkeit und Unterscheidbarkeit der von ihnen gewählten Firma bzw. des Partnerschaftsnamens geprüft haben.[51]

29 Für die Form und den Inhalt der Anhörung gelten die allgemeinen Vorschriften, diese kann also im Rahmen des **Freibeweisverfahrens** schriftlich, elektronisch, aber auch formlos, z. B. (fern-)mündlich, durchgeführt werden. Nur hinsichtlich der Einholung und Übermittlung einer Stellungnahme der Industrie- und Handelskammer schreibt § 23 S. 2 HRV zur Verfahrensbeschleunigung die **elektronische Form** vor. Es empfiehlt sich in jedem Fall, das Ergebnis der Anhörung aktenmäßig, also wenigstens durch Vermerk (§ 28 Abs. 4), zu dokumentieren.[52] Im Regelfall wird es sich bei der Einholung einer Stellungnahme bzw. eines Gutachtens nicht um einen förmlichen Sachverständigenbeweis i. S. des § 30 Abs. 1 i. V. m. §§ 402 ff. ZPO handeln.

3. Hinzuziehung der berufsständischen Organe als „Muss"-Beteiligte (Abs. 2 S. 2)

30 Die bloße Anhörung hat noch keine Beteiligtenstellung der berufsständischen Organe zur Folge, vgl. § 7 Abs. 6.[53] Deshalb räumt ihnen Abs. 2 S. 2 das Recht i. S. des § 7 Abs. 2 Nr. 2 ein, auf ihren Antrag hin am Verfahren beteiligt zu werden. Die berufsständischen Organe sind im Falle der Antragstellung zwingend als sog. **„Muss"-Beteiligte** hinzuziehen, das Gericht hat keinen Ermessensspielraum, wie im Rahmen des § 7 Abs. 3.[54] Betei-

---

[44] BT-Drs. 16/9733 S. 298; BeckOK/Munzig § 380 FamFG Rn 21; a. A. SBW/Nedden-Boeger § 380 Rn 24.
[45] Ebenso MünchKommZPO/Krafka § 380 FamFG Rn 6.
[46] Bumiller/Harders § 380 Rn 1.
[47] MünchKommZPO/Krafka § 380 FamFG Rn 4.
[48] OLG Hamm FGPrax 1996, 70.
[49] Bumiller/Harders § 380 Rn 10; MünchKommZPO/Krafka § 380 FamFG Rn 6; vgl. OLG Stuttgart FGPrax 2004, 40; a. A. Nedden-Boeger FGPrax 2009, 144/145.
[50] BT-Drs. 16/9733 S. 298.
[51] Giehl MittBayNot 1998, 293/302.
[52] MünchKommZPO/Krafka § 380 FamFG Rn 7.
[53] BT-Drs. 16/6308 S. 286.
[54] BT-Drs. 16/6308 S. 286; Bumiller/Harders § 380 Rn 10; insoweit unzutreffend MünchKommZPO/Krafka § 380 FamFG Rn 9.

ligen sich die Organe an einem Registerverfahren, so sind sie auch im anschließenden Erinnerungs- und Beschwerdeverfahren von Amts wegen zu beteiligen.[55]

Eine vorherige Anhörung nach Abs. 2 S. 1 ist nicht Voraussetzung für das Beteiligungsrecht nach Abs. 2 S. 2.[56] Für das Hinzuziehungsverfahren gelten § 7 Abs. 4 und 5, so dass das Registergericht die berufsständischen Organe **benachrichtigen** und über ihr Antragsrecht **belehren** muss, wenn ein zweifelhafter Fall i. S. des Abs. 2 vorliegt.[57] Lehnt das Gericht die Hinzuziehung ab, so ist hiergegen die **sofortige Beschwerde** nach den Bestimmungen der §§ 567 bis 572 ZPO eröffnet.

4. Eingeschränkte Anhörung und Beteiligung der berufsständischen Organe in Genossenschaftsregistersachen (Abs. 3)

In Genossenschaftsregistersachen sah § 147 FGG keine Anhörung der berufsständischen Organe vor. Der Gesetzgeber hat die Forderung des Schrifttums, die Erkenntnisse der berufsständischen Organe hinsichtlich des zulässigen Firmengebrauchs nutzbar zu machen,[58] aufgegriffen und sieht daher eine **beschränkte Anhörungs- und Beteiligungsmöglichkeit** vor.[59] Eine Anhörung und Beteiligung der berufsständischen Organe kommt nur in Bezug auf die Frage des zulässigen Firmengebrauchs in Betracht. In allen anderen Bereichen des Abs. 1 und Abs. 2 scheidet in Genossenschaftsregistersachen eine Anhörung und Beteiligung aus, auch wenn dies rechtspolitisch unbefriedigend sein mag.[60] Die gebotene Vorabkontrolle erfolgt durch die laufende Beratungs- und Prüfungspflicht des genossenschaftlichen Prüfungsverbands.[61] Die Anhörung nach Abs. 3 bezieht sich allerdings ausschließlich auf die berufsständischen Organe, nicht jedoch auf den zuständigen Prüfungsverband (s. Rn 18).[62]

VII. Bekanntgabe von Entscheidungen an die berufsständischen Organe (Abs. 4)

Soweit die berufsständischen Organe angehört worden sind, ist diesen die Entscheidung des Gerichts bekannt zu geben, unabhängig davon, ob diese auf ihren Antrag hin als Beteiligte am Verfahren hinzugezogen worden sind.[63] Nicht jede Anhörung im Rahmen der Sachverhaltsermittlung nach § 26 löst die Bekanntgabeverpflichtung aus, sondern **nur eine Anhörung nach Maßgabe des Abs. 2 oder 3**. Bekanntzugeben ist die Entscheidung des Gerichts i. S. des § 382. Die berufsständischen Organe erhalten also sowohl eine **Eintragungsmitteilung** nach §§ 382 Abs. 1, 383 Abs. 1, aber auch einen die Eintragung **ablehnenden Beschluss** (§ 382 Abs. 3) sowie eine **Zwischenverfügung** mitgeteilt (§ 382 Abs. 4).[64] Auch eine Aussetzung des Verfahrens nach § 381 ist den berufsständischen Organen bekannt zu machen. Eine teleologische Reduktion der Norm auf Fälle, in denen eine Beschwerdeberechtigung der berufsständischen Organe besteht, ist abzulehnen.[65]

Die **Form der Bekanntgabe** steht nach § 41 Abs. 1 S. 1 i. V. m. § 15 Abs. 2 grundsätzlich im Ermessen des Gerichts. Widerspricht die Entscheidung jedoch dem erkennbaren Willen des berufsständischen Organs, so muss der Beschluss förmlich durch Zustellung bekannt gegeben werden, § 41 Abs. 1 S. 2. Soweit ein Beschwerderecht besteht, muss der Beschluss mit einer Rechtsmittelbelehrung nach § 39 versehen sein.

---

[55] OLG Saarbrücken NJW-RR 1986, 464.
[56] Wie hier BeckOK/Munzig § 380 FamFG Rn 27; anders Bumiller/Harders § 380 Rn 10; Haußleiter/Schemmann § 380 Rn 10 unter Berufung auf BT-Drs. 16/6308 S. 286.
[57] So bereits zur alten Rechtslage OLG Stuttgart MDR 1983, 407.
[58] Vgl. Winkler 15. A. § 147 FGG Rn 5; abl. Jansen/Ries § 147 Rn 8.
[59] BT-Drs. 16/6308 S. 286.
[60] Kritisch MünchKommZPO/Krafka § 380 FamFG Rn 8.
[61] BeckOK/Munzig § 380 FamFG Rn 31.
[62] Unhaltbar BJS/Müther § 380 Rn 7.
[63] BT-Drs. 16/6308 S. 286; Bumiller/Harders § 380 Rn 12.
[64] MünchKommZPO/Krafka § 380 FamFG Rn 10.
[65] BeckOK/Munzig § 380 FamFG Rn 35; a. A. SBW/Nedden-Boeger § 380 Rn 35.

VIII. Beschwerdeberechtigung (Abs. 5)

1. Allgemeines

35 Den berufsständischen Organen steht das Recht zur Beschwerde bzw. im Falle des § 11 Abs. 2 RPflG das Recht der Erinnerung gegen Beschlüsse des Registergerichts zu. Hierunter fallen alle Entscheidungen des Registergerichts, die anfechtbar sind, insbesondere die Eintragung **ablehnende Beschlüsse** (§ 382 Abs. 3)[66] sowie **Zwischenverfügungen** (§ 382 Abs. 4).[67] Auch eine Aussetzung des Verfahrens nach § 381 ist mit der sofortigen Beschwerde nach § 21 Abs. 2 FamFG i. V. m. §§ 567 bis 572 ZPO durch die berufsständischen Organe anfechtbar.[68] Nicht anfechtbar ist die erfolgte Registereintragung, vgl. § 383 Abs. 3. Eine entsprechende Beschwerde ist als Anregung oder Antrag zur Einleitung eines Amtslöschungsverfahrens auszulegen.[69] Vor der Eintragung kann diese auch nicht mittels Vorbescheid angekündigt werden, um den berufsständischen Organen die Möglichkeit zur Beschwerde einzuräumen.[70] Das Beschwerderecht besteht auch im **Zwangsgeldverfahren** (§§ 388 ff.) und im **Löschungsverfahren** (§§ 393 ff.). Auch gegen einen den **Widerspruch** eines Beteiligten im Löschungsverfahren **zurückweisenden Beschluss** steht den berufsständischen Organen die Beschwerde zu.[71]

2. Besondere Beschwerdeberechtigung

36 Bei der Beschwerdeberechtigung des Abs. 5 handelt es sich um eine **besondere Berechtigung** i. S. des § 59 Abs. 3.[72] Das Beschwerderecht besteht also unabhängig davon, ob die berufsständischen Organe durch den Beschluss des Registergerichts i. S. des § 59 Abs. 1 unmittelbar betroffen sind und unabhängig davon, ob diese im ersten Rechtszug förmlich durch Hinzuziehung nach Abs. 2 S. 2 beteiligt worden sind.[73] Da die berufsständischen Organe über § 37 HRV, § 6 PRV auch bei Nichtbeteiligung von den erfolgten Registereintragungen benachrichtigt werden, ist die Behauptung unzutreffend, das Beschwerderecht könne nur bei einer förmlichen Beteiligtenstellung ausgeübt werden.[74] Lehnt das Registergericht die **Anregung** eines berufsständischen Organs auf Einleitung eines Zwangsgeldverfahrens ab, so ist dieses hiergegen beschwerdeberechtigt.[75] Steht den berufsständischen Organen ein eigenes Antragsrecht zu, wie im Falle der §§ 394 Abs. 1 S. 1, 395 Abs. 1 S. 1, 397 Abs. 1 S. 1 und § 398 Abs. 1 S. 1 i. V. m. § 395 Abs. 1 S. 1, so sind sie auch dann beschwerdebefugt,[76] wenn sie **keinen verfahrenseinleitenden Antrag** i. S. des § 58 Abs. 2 gestellt haben.[77] Die Vorschrift kann nicht über ihren Wortlaut hinaus auf andere Personen oder Stellen ausgeweitet werden.[78]

3. Eigenständige Beschwerdeberechtigung

37 Neben dem Beschwerderecht aus Abs. 5 kann eine Beschwerdeberechtigung der berufsständischen Organe wegen unmittelbarer Beeinträchtigung ihrer **eigenen Rechte** bestehen, § 59 Abs. 1.

---

[66] BJS/Müther § 380 Rn 11; MünchKommZPO/Krafka § 380 FamFG Rn 11; a. A. Bassenge/Roth/ K. Walter § 380 Rn 13; Bumiller/Harders § 380 Rn 14.
[67] MünchKommZPO/Krafka § 380 FamFG Rn 11.
[68] Ebenso MünchKommZPO/Krafka § 380 FamFG Rn 12.
[69] Bumiller/Harders § 380 Rn 14.
[70] BeckOK/Munzig § 380 FamFG Rn 39; anders SBW/Nedden-Boeger § 380 Rn 23, 38.
[71] Anders Bahrenfuss/Steup § 380 Rn 21; Bumiller/Harders § 380 Rn 14.
[72] BT-Drs. 16/6308 S. 204; MünchKommZPO/Krafka § 380 Rn 14.
[73] BT-Drs. 16/6308 S. 204; MünchKommZPO/Krafka § 380 Rn 14; anders Haußleiter/Schemmann § 380 Rn 10; Bumiller/Harders § 380 Rn 13.
[74] So aber MünchKommZPO/Krafka § 380 Rn 13.
[75] MünchKommZPO/Krafka § 380 FamFG Rn 14.
[76] BT-Drs. 16/9733 S. 298.
[77] OLG Frankfurt SpuRT 2011, 125; MünchKommZPO/Krafka § 380 FamFG Rn 14; unklar Bumiller/ Harders § 380 Rn 13.
[78] Vgl. OLG Düsseldorf FGPrax 2010, 105.

4. Rechtsbeschwerde

Abs. 5 gilt auch für die Einlegung der Rechtsbeschwerde. Die Einlegung kann **ohne** **38** **Einschaltung eines beim BGH zugelassenen Rechtsanwalts** erfolgen, da die Industrie- und Handelskammern, die Handwerkskammern, die Handwerksinnungen, die Landwirtschaftskammern sowie die Berufskammern Körperschaften des öffentlichen Rechts und damit Behörden i. S. § 10 Abs. 4 S. 2 sind.[79] Hat das OLG als Beschwerdegericht die Eintragung einer Gesellschaft angeordnet und ist diese erfolgt, ist die Rechtsbeschwerde mit dem Ziel der Löschung nicht mehr gegeben.[80]

IX. Bundesanstalt für Finanzdienstleistungsaufsicht

§ 43 Abs. 3 KWG berechtigt die Bundesanstalt für Finanzdienstleistungsaufsicht (**Ba-** **39** **Fin**) in Verfahren des Registergerichts, die sich auf die Eintragung oder Änderung der Rechtsverhältnisse oder der Firma von Kreditinstituten oder Unternehmen beziehen, die nach §§ 39 bis 41 KWG unzulässige Bezeichnungen verwenden, Anträge zu stellen und die nach dem FamFG zulässigen Rechtsmittel einzulegen. Gleiches gilt für die unzulässige Bezeichnung als Investmentgesellschaft oder Bausparkasse, vgl. § 3 Abs. 4 InvG und § 16 Abs. 3 BausparkassenG, die auf § 43 KWG verweisen.[81] Das Registergericht hat die Bundesanstalt nach § 7 Abs. 2 Nr. 2 am **Verfahren zu beteiligen,** wenn dieses von seinem Antragsrecht nach § 43 Abs. 3 KWG Gebrauch gemacht hat. Eine Pflicht des Registergerichts, die Bundesanstalt anzuhören oder sie von Maßnahmen nach § 43 Abs. 2 KWG zu unterrichten, besteht zwar nicht,[82] ist aber im Rahmen der Amtsermittlung nach § 26 angebracht. Gegen die Entscheidung des Registergerichts kann die Bundesanstalt die zulässigen Rechtsmittel, insbesondere Beschwerde nach § 58 gegen die Vornahme oder Ablehnung einer Amtslöschung, einlegen.[83]

X. Kosten und Gebühren

Über die **Gebührenfreiheit** bei Beteiligung der berufsständischen Organe s. § 87 Nr. 2 **40** KostO. Die Gebührenfreiheit bezieht sich nur auf die Tätigkeit im Rahmen des § 380. Insoweit besteht auch Auslagenfreiheit;[84] dagegen fallen ihnen die Auslagen der Zurückweisung einer von ihnen gemäß § 380 Abs. 5 erhobenen Beschwerde zur Last.[85] Den berufsständischen Organen kann die **Erstattung der Verfahrenskosten** nach § 81 Abs. 2 auferlegt werden, wenn sie nach Abs. 2 S. 2 am Verfahren beteiligt worden sind.[86] Auch bei bloßer Anhörung nach Abs. 2 S. 1 ohne formelle Beteiligung kommt eine Kostenerstattungspflicht nach § 81 Abs. 4 in Betracht, wenn eine unrichtige Stellungnahme auf grobem Verschulden des Organs beruhte.

Aussetzung des Verfahrens

381 [1]Das Registergericht kann, wenn die sonstigen Voraussetzungen des § 21 Abs. 1 vorliegen, das Verfahren auch aussetzen, wenn ein Rechtsstreit nicht anhängig ist. [2]Es hat in diesem Fall einem der Beteiligten eine Frist zur Erhebung der Klage zu bestimmen.

Übersicht

	Rn
I. Normzweck	1
II. Aussetzung des Verfahrens	3
1. Anwendungsbereich	3

---

[79] Bahrenfuss/Steup § 380 Rn 22.
[80] OLG Hamm DNotZ 1950, 63; a. A. Jansen/Steder § 126 Rn 56.
[81] BeckOK/Munzig § 380 Rn 45.
[82] VG Berlin BB 1986, 963; Jansen/Steder § 126 Rn 61.
[83] Vgl. OLG Düsseldorf Rpfleger 1977, 309; OLG Frankfurt Rpfleger 1982, 229.
[84] Korintenberg/Lappe § 87 Rn 4.
[85] Korintenberg/Lappe § 87 Rn 4; Jansen/Steder § 126 Rn 64.
[86] Vgl. OLG Oldenburg Rpfleger 1958, 381; Jansen/Steder § 126 Rn 65.

	Rn
2. Voraussetzungen	4
3. Prüfung des Gerichts	8
4. Entscheidung des Gerichts	11
5. Fristsetzung zur Verfahrenseinleitung	12
III. Rechtsmittel	17
IV. Aufhebung der Verfahrensaussetzung	18
V. Bindung des Registergerichts an die vorgreifliche Entscheidung	19
1. Grundsatz	19
2. Rechtsgestaltende Erklärungen	20
3. Verurteilung zur Abgabe einer Willenserklärung	22
4. Materielle Rechtskraft	23
5. Freigabeverfahren	24
6. Sonderbestimmung des § 16 HGB	26

I. Normzweck

1 Das Eintragungsverfahren hängt bisweilen von der Entscheidung umstrittener Vorfragen ab. Da das Registergericht über diese streitigen Rechtsverhältnisse als Organ der freiwilligen Gerichtsbarkeit nicht entscheiden kann, ermöglicht § 381 als Ausnahme vom Rechtspflegegewährleistungsanspruch die **Aussetzung des Verfahrens,** damit die Beteiligten das Bestehen oder Nichtbestehen dieses Rechtsverhältnisses in einem Zivil- oder Verwaltungsprozess bzw. in einem Rechtspflege- oder Verwaltungsverfahren klären lassen können.[1] Abweichend von der Grundnorm des § 21 Abs. 1 muss hierfür noch kein Rechtsstreit anhängig sein. Da der Rechtsverkehr auf eine baldige Verlautbarung des richtigen Registerinhalts vertraut,[2] hat das Gericht im Interesse der **Verfahrensbeschleunigung** den Beteiligten zwingend eine Frist zur Klageerhebung zu setzen.[3]

2 Die Vorschrift entspricht im Wesentlichen § 127 S. 2 FGG. Eine § 127 S. 1 FGG entsprechenden Norm war nicht mehr erforderlich, da sich die Möglichkeit zur Aussetzung nunmehr allgemein aus § 21 ergibt. Anders als nach bisheriger Rechtslage muss das Registergericht eine Frist zur Klageerhebung setzen, hat also **kein Ermessen** mehr, in begründeten Fällen hiervon abzusehen.

Soll ein vor dem 1. 9. 2009 eingeleitetes Verfahren ausgesetzt werden, so ist hierfür noch das **alte Verfahrensrecht** anwendbar, insbesondere die Aussetzungsentscheidung nicht nach den §§ 58 ff., sondern nach den § 19 FGG anfechtbar; dies gilt selbst dann, wenn das Registergericht seine Entscheidung (fälschlicherweise) auf § 381 stützt.[4] Allerdings wird man dem Beschwerdeführer nach dem **Meistbegünstigungsgrundsatz**,[5] z. B. bei einer unzutreffenden Rechtsmittelbelehrung, ein Wahlrecht hinsichtlich des Rechtsbehelfs zugestehen müssen.[6]

II. Aussetzung des Verfahrens

1. Anwendungsbereich

3 Die Vorschrift gilt für **alle Verfahren** in Handels-, Genossenschafts-, Partnerschafts-, Vereins- und Güterrechtsregistersachen, also nicht nur für das **Eintragungs-,** sondern auch für das **Zwangsgeld- und Amtslöschungsverfahren**.[7] Im Löschungsverfahren darf aber die Aussetzung nicht deshalb erfolgen, weil das beigebrachte Material nicht ausreicht, das Gericht hat hier nach § 26 zu verfahren. Es findet sowohl im ersten Rechtszug als auch im **Beschwerdeverfahren** Anwendung. **Unanwendbar** ist die Norm im Rahmen der **unternehmensrechtlichen Verfahren** nach § 375. Hier kommt allerdings eine Verfahrensaus-

---

[1] Jansen/Steder § 127 Rn 14.
[2] Jansen/Steder § 127 Rn 15.
[3] BT-Drs. 16/6308 S. 286.
[4] OLG Köln FGPrax 2010, 56.
[5] Zöller/Heßler Vor § 511 ZPO Rn 30, 31.
[6] Unzutreffend OLG Köln FGPrax 2010, 56.
[7] Bassenge/Roth/K. Walter § 381 Rn 2; Holzer § 381 Rn 3.

Aussetzung des Verfahrens 4–7 § 381

setzung nach der allgemeinen Bestimmung des § 21[8] oder im Dispacheverfahren nach der besonderen Vorschrift des § 407 in Betracht.

2. Voraussetzungen

Das Registergericht hat grundsätzlich die **Tat- und Rechtsfragen,** von denen die von 4 ihm zu treffende Verfügung abhängt, nach Anstellung der erforderlichen Ermittlungen selbst zu prüfen und zu entscheiden, § 26 (s. § 374 Rn 49).[9] Die Aussetzung des Registerverfahrens setzt daher nach § 21 Abs. 1 voraus, dass ein **wichtiger Grund** vorliegt. Ein solcher liegt insbesondere vor, wenn die Entscheidung ganz oder zum Teil vom Bestehen oder Nichtbestehen eines Rechtsverhältnisses abhängt, das den Gegenstand eines anderen Verfahrens bildet oder von einer Verwaltungsbehörde festzustellen ist **(Vorgreiflichkeit).**[10] Die Aussetzung kann auch erfolgen, wenn das streitige Rechtsverhältnis der Beurteilung in einem Verfahren der freiwilligen Gerichtsbarkeit, Schiedsgerichtsverfahren, Insolvenzverfahren, Strafverfahren, Verwaltungsgerichtsprozess, aber auch in einem Verwaltungsverfahren unterliegt.[11] **Andere wichtige Gründe,** wie z. B. der Tod eines Beteiligten oder seines Verfahrensbevollmächtigten, können für sich eine Aussetzung nach § 21 Abs. 1 rechtfertigen. § 381 betrifft nur den in § 21 Abs. 1 beispielhaft genannten Fall eines vorgreiflichen Rechtsverhältnisses.[12]

Die Vorgreiflichkeit muss **im Zeitpunkt der Entscheidung** des Registergerichts gege- 5 ben sein. Kann die Entscheidung ohne Rücksicht auf das streitige Rechtsverhältnis getroffen werden, so fehlt es an der Vorgreiflichkeit.[13] Im **Eintragungsverfahren** ist für eine Aussetzung kein Raum, solange eine ordnungsmäßige Anmeldung nicht vorliegt, z. B. die Anmeldung wegen eines Streits der Beteiligten unvollständig ist.[14] Dies ist auch dann der Fall, wenn eine firmenrechtlich unzulässige Firma angemeldet wird; eine Aussetzung des Anmeldeverfahrens bis zur Erledigung eines Firmenmissbrauchsverfahrens ist nicht geboten.[15] Es fehlt außerdem an einer Vorgreiflichkeit, wenn ein Eintragungsantrag bereits aus anderen (z. B. formellen) Gründen zurückzuweisen wäre.[16]

Es müssen **mehrere Beteiligte** vorhanden sein,[17] als solche kommen die berufsstän- 6 dischen Organe nach § 380 nicht in Betracht, selbst dort nicht, wo sie mit eigenem Antrags- und Beschwerderecht ausgestattet sind, denn sie handeln stets im öffentlichen Interesse, nicht als kontradiktorische Beteiligte.[18] Zwischen den Beteiligten müssen **Meinungsverschiedenheiten** über ein Rechtsverhältnis bestehen, für dessen Entscheidung der Rechtsweg offen steht, sei es über tatsächliche oder rechtliche Fragen. Ein Rechtsstreit braucht noch nicht anhängig zu sein (s. Rn 13). Eine **Identität** zwischen den Beteiligten des Registerverfahrens und den Parteien des streitigen Rechtsverhältnisses ist nicht erforderlich.[19]

Beispielsfälle der Abhängigkeit von der Beurteilung des streitigen Rechtsverhältnisses 7 sind:
- wenn ein Kaufmann eine bereits für einen anderen eingetragene **Firma anmeldet** und gegen dessen Widerspruch behauptet, dass dieser nicht berechtigt sei, die Firma zu gebrauchen;
- wenn der Erwerber eines Geschäftes die Firma des früheren Inhabers weiterführt und in dem auf Veranlassung des letzteren eingeleiteten **Zwangsgeldverfahren** geltend macht, er habe mit dem Geschäft zugleich die Firma erworben;

---

[8] BJS/Müther § 381 Rn 1; Bumiller/Harders § 381 Rn 1.
[9] KG WM 1967, 63; OLG Frankfurt Rpfleger 1979, 60; Scholz/Winter § 10 Rn 1.
[10] Jansen/Steder § 127 Rn 10.
[11] BayObLG Rpfleger 1988, 369; für analoge Anwendung Schmidt-Kessel/Müther § 16 HGB Rn 32; teilweise a. A. Jansen/Steder § 127 Rn 6, 7.
[12] Unverständlich daher BeckOK/Munzig § 381 Rn 8.
[13] Bumiller/Harders § 381 Rn 9.
[14] Jansen/Steder § 127 Rn 11.
[15] Bumiller/Harders § 381 Rn 8; a. A. BayObLG NJW-RR 1989, 100.
[16] BGH NJW 1990, 2747/2750.
[17] BayObLG Rpfleger 1988, 369; OLG Hamm JMBl.NW 1957, 203; a. A. Bahrenfuss/Steup § 381 Rn 4.
[18] BJS/Müther § 381 Rn 4.
[19] Jansen/Steder § 127 Rn 10.

- Zweifel über den Erfolg einer z. B. gegen einen Verschmelzungsbeschluss erhobenen **Anfechtungsklage;** ist die Anfechtungsklage zweifelsfrei ohne Erfolgsaussicht, ist das Registergericht nicht an der Eintragung gehindert, ist der Erfolg der Anfechtungsklage nicht als sicher anzusehen, hat es auszusetzen.[20]
- Streit über die **Wirksamkeit** von Hauptversammlungsbeschlüssen,[21] von sonstigen Gesellschafterbeschlüssen;
- Streit zwischen hälftig beteiligten Gesellschaftern einer GmbH über die **Vertretungsbefugnis** des einen Gesellschafters, der nicht mehr Geschäftsführer sei, weil ihn der andere aus wichtigem Grund abberufen habe;[22]
- Streit über den **Ausschluss** eines Gesellschafters oder Partners einer Personengesellschaft bzw. einer Partnerschaft;[23]
- Streit über das **Erbrecht** anmeldepflichtiger Erben;[24]
- Streit unter Ehegatten über die **Wirksamkeit eines Ehevertrags;**[25]
- Streit über die nach einem Gesellschaftsvertrag zur **Vertretung oder Abwicklung berechtigten Personen.**[26]

3. Prüfung des Gerichts

8 Die Aussetzung ergeht **von Amts wegen,** ggf. **auf Anregung** eines Verfahrensbeteiligten (§ 24 Abs. 1).[27] Das Gericht darf nicht nach freiem Belieben aussetzen, sondern hat nach pflichtgemäßem Ermessen die sachlichen Gründe zu erwägen, die für das Abwarten einer Entscheidung des Prozessgerichts sprechen.[28] Es hat insbesondere zu prüfen, ob ein streitiges Rechtsverhältnis **glaubhaft** gemacht ist. Der unbelegte Protest einer Person gegen eine Eintragung rechtfertigt die Aussetzung noch nicht. Wenn ein zur Eintragung angemeldeter Beschluss der Hauptversammlung einer Aktiengesellschaft im Prozessweg als ungültig angefochten ist, so kann das Registergericht die Verfügung über die Eintragung nur aus der in der Entscheidung zu begründenden Erwägung aussetzen, dass nach dem Streitstoff begründete Zweifel an der Gültigkeit des Beschlusses bestehen und die alsbaldige Eintragung wesentliche Interessen verletzen könnte.[29] Das Gericht hat aber auch selbst die Gültigkeit eines Gesellschafterbeschlusses nachzuprüfen.[30] Für eine Aussetzung kann sprechen, wenn im Prozessweg eine das Registergericht bindende Entscheidung ergehen wird.[31]

9 Vor der **Amtslöschung** einer Gesellschaft oder ihrer Beschlüsse als nichtig nach §§ 397, 398 wird wegen der Bedeutung dieser Eingriffe das Registergericht den Ausgang einer bereits anhängigen Nichtigkeits- oder Anfechtungsklage bzw. eines Freigabeverfahrens nach § 246 a AktG abwarten.[32]

10 Das Registergericht soll **grundsätzlich nicht aussetzen,** wenn im Interesse der Beteiligten eine sofortige Entscheidung geboten ist;[33] dies ist etwa der Fall, wenn die Haftungsregelung in § 176 HGB erhöhte Eile verlangt.[34] Bei Verfügungen, die **keinen Aufschub** dulden, darf das Registergericht das Verfahren nur aussetzen, wenn eine Entscheidung entweder nicht ohne schwierige, zeitraubende und umfangreiche Ermittlungen getroffen werden kann oder sie von zweifelhaften, in Rechtsprechung und Rechtslehre unterschiedlich beantworteten Rechtsfragen abhängt.[35] Ein generelles Aussetzungsverbot bei Eilbedürf-

---

[20] BGH NJW 1990, 2747/2750.
[21] BayObLGZ 1963, 15.
[22] OLG Köln BB 1995, 10.
[23] BJS/Müther § 381 Rn 4.
[24] Jansen/Steder § 127 Rn 9.
[25] Jansen/Steder § 127 Rn 9.
[26] Baums BB 1981, 262.
[27] Bumiller/Harders § 381 Rn 11.
[28] BayObLG Rpfleger 1983, 74; KG NJW 1967, 401/402; OLG Köln BB 1995, 10.
[29] Jansen/Steder § 127 Rn 18.
[30] Jansen/Steder § 127 Rn 16.
[31] Bassenge/Roth/K. Walter § 381 Rn 5.
[32] Jansen/Steder § 127 Rn 21, 22.
[33] BayObLG Rpfleger 1983, 74; Keilbach DNotZ 2001, 671/684.
[34] OLG Karlsruhe Rpfleger 1996, 461; MünchKommZPO/Krafka § 381 Rn 8.
[35] OLG Düsseldorf FGPrax 2009, 123/124.

tigkeit ist aber nicht anzuerkennen. Dies gilt insbesondere auch dann, wenn Gegenstand der Anmeldung der Wechsel der alleinigen gesetzlichen Vertreter einer Handelsgesellschaft ist.[36] Ist erkennbar, dass eine etwaige Klage keine ernsthaften Erfolgsaussichten hat, so ist von einer Aussetzung abzusehen.[37]

Hat das Registergericht das Verfahren zu Unrecht ausgesetzt und ist einem Beteiligten hierdurch ein Schaden, z. B. wegen verzögerter Eintragung, entstanden, so haftet hierfür das registerführende Bundesland nach **Amtshaftungsgrundsätzen**.[38] Da es sich jedoch um eine Ermessensentscheidung des Gerichts handelt, kommt eine schuldhafte Amtspflichtverletzung nur dann in Betracht, wenn die Aussetzung schlechthin ermessensfehlerhaft, also willkürlich war. **10a**

4. Entscheidung des Gerichts

Die Aussetzung ergeht durch **Beschluss** (§ 38), der zu begründen und mit einer Rechtsbehelfsbelehrung (§ 39) zu versehen ist. Der Beschluss muss schon wegen der Fristsetzung **bekannt gemacht** werden (§§ 15 Abs. 1, 41 Abs. 1 S. 1). Im Eintragungsverfahren muss der Beschluss förmlich zugestellt werden, da er erkennbar dem Willen des Antragstellers widerspricht, § 41 Abs. 1 S. 2.[39] Ansonsten erfolgt die Bekanntgabe nach Ermessen des Gerichts in der Form des § 15 Abs. 2. Mit seiner Bekanntgabe an denjenigen, dem die Frist gesetzt wird, wird der Beschluss **wirksam,** § 40 Abs. 1. **11**

5. Fristsetzung zur Verfahrenseinleitung

Ist ein Rechtsstreit **bereits anhängig,** so erfolgt die Aussetzung bis zu dessen Erledigung (s. Rn 18), einer Fristsetzung bedarf es in diesem Fall nicht, es gilt ausschließlich § 21.[40] Das Registergericht hat sich über den Fortgang des Prozesses/Verfahrens zu unterrichten. **12**

Ist ein Rechtsstreit **noch nicht anhängig,** so muss das Registergericht einem der Beteiligten, der als Kläger auftreten kann, z. B. dem Anmeldenden, eine Frist zur Erhebung der Klage setzen.[41] Welchen der Beteiligten es zur Verfahrenseinleitung auffordert, liegt im pflichtgemäßen Ermessen des Gerichts.[42] Es ist auch möglich, mehreren oder allen Beteiligten, die Verfahrenseinleitung aufzuerlegen,[43] sinnvoll erscheint dies jedoch nicht, da sonst die Gefahr sich einander kreuzender Verfahren besteht. Spätestens mit der Fristsetzung wird der Aufgeforderte zum Beteiligten, es ist daher unzutreffend, wenn behauptet wird, auch einem Nicht-Beteiligter des ausgesetzten Verfahrens könne die Verfahrenseinleitung aufgegeben werden.[44] Anders als nach alter Rechtslage kann das Gericht aber nicht nach seinem Ermessen von einer Fristsetzung Abstand nehmen. Die zwingende Fristsetzung dient der **Verfahrensbeschleunigung**.[45] **13**

Das Gericht hat nach pflichtgemäßem Ermessen eine **angemessene Frist** zu bestimmen.[46] Hierbei sind die Umstände des Einzelfalls zu berücksichtigen, insbesondere, ob die Verfahrenseinleitung besondere formelle oder materielle Voraussetzungen erfordert. Die Frist beginnt mit der Bekanntgabe des Beschlusses an den Beteiligten, der zur Verfahrenseinleitung aufgefordert wird, zu laufen, § 16 Abs. 1. Die Fristsetzung ist nicht selbstständig anfechtbar, so dass eine Fristverlängerung nur inzident durch Anfechtung der Aussetzungsentscheidung möglich ist.[47] Außerdem kann nach § 16 Abs. 2 FamFG i. V. m. § 224 ZPO die **Verkürzung oder Verlängerung der Frist** beantragt werden, eine Friständerung von **14**

---

[36] OLG Hamm FGPrax 1998, 190 = NJW-RR 1999, 761; Bumiller/Harders § 381 Rn 11.
[37] Bassenge/Roth/K. Walter § 381 Rn 5.
[38] Zu dieser Gefahr Ries NZG 2009, 654/656.
[39] MünchKommZPO/Krafka § 381 FamFG Rn 9.
[40] MünchKommZPO/Krafka § 381 FamFG Rn 3.
[41] OLG Hamm JMBl.NW. 1957, 203.
[42] BJS/Müther § 381 Rn 9.
[43] BJS/Müther § 381 Rn 9.
[44] So aber BeckOK/Munzig § 381 Rn 27; SBW/Nedden-Boeger § 381 Rn 18.
[45] BT-Drs. 16/6308 S. 286.
[46] MünchKommZPO/Krafka § 381 FamFG Rn 7 erachtet eine Frist unter vier Wochen als in der Regel unangemessen; hiergegen wiederum BeckOK/Munzig § 381 Rn 28.
[47] A. A. BeckOK/Munzig § 381 Rn 29: isolierte Anfechtung der Fristsetzung möglich.

15 Die ordnungsgemäße Einhaltung der Frist setzt die **Erhebung einer Klage** voraus, die geeignet ist, eine Klärung des streitigen Rechtsverhältnisses herbeizuführen, im Fall eines Streites über die Wirksamkeit von Beschlüssen der Mitgliederversammlung ist deshalb die Erhebung einer Klage vor dem Zivilgericht erforderlich, eine Klage vor dem Verwaltungsgericht genügt nicht.[49] Da das Verfahren zur Herbeiführung einer vorgreiflichen Behördenentscheidung ausgesetzt werden kann, muss das Gericht in diesem Fall einem der Beteiligten eine Frist zur Einleitung eines solchen **Verwaltungsverfahrens** setzen. Neben der Fristsetzung kann **kein weitergehender Zwang,** etwa durch Androhung und Festsetzung von Zwangsmitteln nach § 35, zur Einleitung oder zur Durchführung eines Rechtsstreits ausgeübt werden.[50]

Amts wegen kommt nur bei Vorliegen eines wichtigen Grundes in Betracht.[48] Über das Gesuch entscheidet das Gericht ohne mündliche Verhandlung (§ 225 Abs. 1 ZPO), die Ablehnung einer Fristverlängerung ist nicht anfechtbar, § 225 Abs. 3 ZPO.

16 Ergeht **keine Entscheidung** des Prozessgerichts bzw. der Verwaltungsbehörde, etwa weil keine Klage erhoben worden ist, so muss das Registergericht zwar nach § 26 eigene Ermittlungen anstellen, kann aber in Fällen, in denen eine Eintragung nur auf Anmeldung erfolgt, die Eintragung ablehnen, wenn eines der Anmeldungserfordernisse nicht nachgewiesen ist. In Fällen, in denen das Gericht von Amts wegen die Eintragung zu bewirken hat, muss es nun selbst über das streitige Rechtsverhältnis entscheiden.[51]

III. Rechtsmittel

17 Der Aussetzungsbeschluss ist als Zwischenentscheidung nach § 21 Abs. 2 mit der **sofortigen Beschwerde** entsprechend § 567 bis 572 ZPO anfechtbar, auch bei Entscheidung durch den Rechtspfleger.[52] Wird ein „Antrag" auf Aussetzung des Verfahrens durch Beschluss zurückgewiesen, so ist dieser nicht selbstständig anfechtbar.[53] Nur mittels einer statthaften Beschwerde gegen die Endentscheidung kann gerügt werden, dass eine Aussetzung hätte erfolgen müssen.[54] **Beschwerdeberechtigt** ist der Anmeldende als Antragsteller,[55] im Übrigen jeder, der durch die Aussetzung in seinem Recht beeinträchtigt ist.[56] Dem Mehrheitsgesellschafter einer GmbH steht gegen den Aussetzungsbeschluss kein eigenes Antrags- und Beschwerderecht zu.[57] Auch der Geschäftsführer einer GmbH, der von Amts wegen aus dem Handelsregister gelöscht werden soll, ist weder gegen den Aussetzungsbeschluss noch gegen dessen Aufhebung durch das Beschwerdegericht beschwerdebefugt.[58] **Beschwerdegegenstand** ist ausschließlich die Aussetzungsentscheidung, eine Entscheidung in der Sache selbst kann das Beschwerdegericht nicht treffen.[59] Das Beschwerdegericht prüft die Aussetzungsentscheidung umfänglich nach, insbesondere kann es eine eigene Ermessensentscheidung anstelle des Registergerichts treffen.[60] Unter den Voraussetzungen des § 574 ZPO findet die **Rechtsbeschwerde** zum BGH statt (s. § 58 Rn 92).[61]

---

[48] Weitergehend Haußleiter/Schemmann § 381 Rn 5.
[49] OLG Zweibrücken Rpfleger 1990, 77.
[50] BayObLG DNotZ 1997, 81/82 f.
[51] OLG Köln FGPrax 2010, 215; BayObLG DNotZ 1997, 81/82 f; OLG Zweibrücken Rpfleger 1990, 77.
[52] OLG Köln FGPrax 2010, 215.
[53] BJS/Müther § 381 Rn 12; anders BeckOK/Munzig § 381 FamFG Rn 31; Bumiller/Harders § 381 Rn 14.
[54] BJS/Müther § 381 Rn 12.
[55] KG NJW 1967, 401.
[56] A. A. BeckOK/Munzig § 381 FamFG Rn 31; MünchKommZPO/Krafka § 381 FamFG Rn 10, die übersehen, dass auch die sofortige Beschwerde eine eigene Beschwer fordert, vgl. Zöller/Heßler § 567 Rn 5, 6.
[57] OLG Hamm NJW-RR 1997, 1326.
[58] OLG München GmbHR 2005, 476.
[59] OLG Köln FGPrax 2010, 215; Bahrenfuss/Steup § 381 Rn 10.
[60] OLG Düsseldorf FGPrax 2009, 123/124.
[61] So wohl auch BeckOK/Munzig § 381 FamFG Rn 32; anders Bahrenfuss/Steup § 381 Rn 10: keine Rechtsbeschwerde mangels Verweisung auf die §§ 574 ff. ZPO.

IV. Aufhebung der Verfahrensaussetzung

Die Aussetzung des Verfahrens **endet,** wenn über das streitige Rechtsverhältnis rechts- 18
oder bestandskräftig entschieden ist, wenn die nach S. 2 gesetzte Frist fruchtlos verstrichen
ist[62] oder wenn das Gericht die Aussetzung aus anderen Gründen (z. B. zur Abhilfe der
sofortigen Beschwerde) aufhebt.[63] Das Registergericht kann seinen Beschluss jederzeit, auch
wenn ein Rechtsstreit anhängig ist oder anhängig gemacht wurde, ändern, also die Aussetzungsverfügung zurücknehmen und selbst in der Sache entscheiden.[64] Das Verfahren ist
alsdann **von Amts wegen** fortzusetzen.[65] Eine gegen die Aussetzungsverfügung erhobene
zunächst statthafte sofortige Beschwerde wird dann gegenstandslos und damit unzulässig.[66]
Mit der Wiederaufnahme des Verfahrens beginnen unterbrochene Fristen in vollem Umfang von neuem zu laufen, § 21 Abs. 1 S. 2 FamFG i. V. m. § 249 Abs. 1 ZPO.[67]

V. Bindung des Registergerichts an die vorgreifliche Entscheidungen

1. Grundsatz

Das Registergericht ist als Gericht der freiwilligen Gerichtsbarkeit bei der Beurteilung 19
streitiger Rechtsverhältnisse grundsätzlich frei und selbst an rechtskräftige Entscheidungen
des Prozessgerichts **nicht gebunden.**[68] Dies gilt sowohl in Fällen, in denen das Gericht das
Verfahren bis zur prozessgerichtlichen Entscheidung einer Vorfrage ausgesetzt hat, als auch
in sonstigen Fällen.[69]

2. Rechtsgestaltende Entscheidungen

Das Registergericht ist aber – wie jedermann – an **rechtsgestaltende Entscheidungen** 20
gebunden,[70] z. B. den Entzug der Vertretungsmacht oder der Gesellschafterstellung (§§ 117,
127, 140 HGB), die gerichtliche Auflösung einer OHG (§ 133 HGB), die Nichtigerklärung
einer AG, GmbH oder eG (§ 275 AktG; § 75 GmbHG; § 94 GenG) oder die Nichtigkeitserklärung eines Hauptversammlungsbeschlusses (§ 248 AktG). Einen Zwang zur Vornahme
einer Eintragung kann aber das Prozessgericht gegenüber dem Registergericht nicht ausüben.

Eine **Bindung an bestandskräftige, rechtsgestaltende Verwaltungsakte** ist ebenfalls 21
möglich, z. B. an die Entscheidung der Versicherungsaufsichtsbehörde, ob ein Versicherungsverein ein kleinerer ist (§ 53 Abs. 4 VAG) oder bezüglich der Untersagung des
Geschäftsbetriebs und der Ausübung der Geschäftsführung (§ 87 VAG).

3. Verurteilung zur Abgabe einer Willens-/Verfahrenserklärung

Wurde ein Beklagter rechtskräftig zur **Abgabe einer Willenserklärung,** z. B. zur 22
Anmeldung zum Handelsregister, verurteilt (§ 894 ZPO),[71] so darf das Registergericht das
Vorliegen einer Anmeldung nicht anzweifeln. Es hat allerdings zu prüfen, ob neben der
Anmeldung auch die weiteren sachlichen Voraussetzungen für die Eintragung vorliegen,
z. B. die Anmeldebefugnis.[72]

---

[62] BayObLG DNotZ 1997, 81; OLG Köln FGPrax 2010, 215; FGPrax 1995, 10; OLG Zweibrücken Rpfleger 1990, 77; Keilbach DNotZ 2001, 671/684.
[63] Jansen/Steder § 127 Rn 37.
[64] Ebenso Bahrenfuss/Steup § 381 Rn 12; BeckOK/Munzig § 381 Rn 24; anders Schmidt-Kessel/Leutner/Müther/Müther § 16 HGB Rn 28, der eine wesentliche Änderung der Sach- und Rechtslage nach § 48 Abs. 1 fordert.
[65] BayObLG DNotZ 1997, 81; OLG Zweibrücken Rpfleger 1990, 77.
[66] BayObLG DNotZ 1997, 81; OLG Köln FGPrax 2010, 215; FGPrax 1995, 10.
[67] BJS/Müther § 381 Rn 2.
[68] Jansen/Steder § 127 Rn 40.
[69] Jansen/Steder § 127 Rn 42.
[70] Jansen/Steder § 127 Rn 43.
[71] Jansen/Steder § 127 Rn 48.
[72] Jansen/Steder § 127 Rn 49.

4. Materielle Rechtskraft

23 Schließlich kann ein zwischen den Beteiligten in **materielle Rechtskraft** erwachsenes Leistungs- oder Feststellungsurteil auch das Registergericht binden, wenn alle Beteiligten mit den Parteien des Zivilrechtsstreits identisch sind.[73] Die Bindungswirkung kann jedoch entfallen, wenn dieser überwiegende öffentliche Belange, insbesondere eine ordnungsgemäße Registerführung, entgegenstehen oder das Urteil in evident rechtsmissbräuchlicher Absicht erstritten worden ist.[74]

5. Freigabeverfahren

24 Sind zu einer Registereintragung sog. Negativerklärungen erforderlich, insbesondere, dass gegen einen Beschluss der Gesellschafter keine Anfechtungsklage erhoben worden ist, so kann die Nichtabgabe dieser Erklärung zu einer Aussetzung des Verfahrens und in der Folge zu einer **faktischen Registersperre** führen.[75] Deshalb sehen §§ 319 Abs. 6 S. 1, 327e Abs. 2 AktG und §§ 16 Abs. 3 S. 1, 125, 198 Abs. 3 UmwG ein spezielles Freigabeverfahren vor. Auf Antrag eines Beteiligten kann das für die Anfechtungsklage zuständige Prozessgericht feststellen, dass die Erhebung der Klage der Eintragung nicht entgegensteht, weil sie unzulässig oder offensichtlich unbegründet ist (§ 319 Abs. 6 S. 3 Nr. 1 AktG und § 16 Abs. 3 S. 3 Nr. 1 UmwG), weil der Kläger nicht fristgerecht eine Mindestbeteiligung nachgewiesen hat (§ 319 Abs. 6 S. 3 Nr. 2 AktG und § 16 Abs. 3 S. 3 Nr. 2 UmwG) oder weil das alsbaldige Wirksamwerden des Hauptversammlungsbeschlusses bzw. der Umwandlung vorrangig erscheint (§ 319 Abs. 6 S. 3 Nr. 3 AktG und § 16 Abs. 3 S. 3 Nr. 3 UmwG). Dieser rechtskräftige Feststellungsbeschluss ersetzt die Negativerklärung, das Registergericht ist an diese Feststellung gebunden, hat aber die weiteren Eintragungsvoraussetzungen regulär zu überprüfen.[76] Erweist sich die Klage als begründet, so kann nicht Beseitigung der Eintragung verlangt werden, sondern nur Schadensersatz, vgl. §§ 319 Abs. 6 S. 11 AktG, 16 Abs. 3 S. 10 UmwG.

25 Noch weitergehend sieht § 246a AktG ein Freigabeverfahren vor, das die Klageerhebung gegen einen **Hauptversammlungsbeschluss** über eine Kapitalbeschaffungs- oder Kapitalherabsetzungsmaßnahme oder über einen Unternehmensvertrag als für das Registergericht unbeachtlich feststellt. Hierdurch soll eine zeitnahe Registereintragung bewirkt und die Eintragung mit Bestandskraft ausgestattet werden. Das Registergericht ist an den rechtskräftigen Feststellungsbeschluss gebunden, muss also die Aussetzung aufheben und über die Eintragung entscheiden.[77] Das Freigabeverfahren kann auch noch nach erfolgter Registereintragung eingeleitet werden, um die Feststellungswirkung des § 246a Abs. 1 AktG erreichen zu können.[78] Auch wenn die Nichtigkeitsklage gegen den Hauptversammlungsbeschluss erfolgreich sein sollte, wird die Registereintragung **nicht im Wege der Amtslöschung** nach § 398 beseitigt, vgl. § 242 Abs. 2 S. 5 2. Halbs. AktG. Die Kläger können lediglich Schadensersatzansprüche gegen die Gesellschaft richten, eine Beseitigung der Eintragung kann hierauf aber nicht gestützt werden, § 246a Abs. 4 AktG.

6. Sonderbestimmung des § 16 HGB

26 Eine wichtige Sonderregelung stellt § 16 HGB dar. Ist durch eine rechtskräftige oder **sonstige vollstreckbare Entscheidung** (auch einstweilige Verfügung) des Prozessgerichts gegen einen von mehreren bei der Vornahme der Anmeldung Beteiligten die Verpflichtung zur Mitwirkung bei der Anmeldung oder ein Rechtsverhältnis, bezüglich dessen eine Eintragung zu erfolgen hat, **festgestellt,** so genügt zur Eintragung die Anmeldung der übrigen

---

[73] OLG Hamm NJW-RR 2005, 767; OLG Stuttgart Rpfleger 1970, 283 (Identität zwischen Parteien des Rechtsstreits und Parteien des Anmeldeverfahrens); Jansen/Steder § 127 Rn 64; anders offenbar BJS/Müther § 381 Rn 15.
[74] Bassenge/Roth/K. Walter § 381 Rn 6; vgl. OLG Stuttgart OLGZ 1970, 419/421.
[75] Vgl. BGH NJW 1990, 2747; Hüffer § 319 Rn 15.
[76] Hüffer § 319 Rn 17.
[77] Hüffer § 246a Rn 5.
[78] OLG Celle ZIP 2008, 318; OLG Frankfurt ZIP 2008, 1966.

Beteiligten, § 16 Abs. 1 S. 1 HGB.[79] Das Registergericht hat also, wenn die sonstigen Voraussetzungen vorliegen, die Eintragung anzuordnen, auch wenn der Unterliegende nicht bei der Anmeldung mitwirkt. Mit der Anmeldung, die der Form des § 12 Abs. 1 HGB genügen muss, ist eine **Ausfertigung der Entscheidung** des Prozessgerichts dem Registergericht in der Form des § 12 Abs. 2 S. 2 2. Halbs. HGB einzureichen. Das Registergericht hat nur die Eintragungsfähigkeit, nicht die Berechtigung der Entscheidung nachzuprüfen.[80] Für die Eintragung ist § 18 S. 1 HRV zu beachten.

Wird die Entscheidung, auf Grund derer die Eintragung erfolgte, **aufgehoben,** so ist dies auf Antrag auch nur eines einzigen der Beteiligten einzutragen, § 16 Abs. 1 S. 2 HGB. Es genügt die Aufhebung der Vollstreckbarkeitserklärung (§ 717 Abs. 1 ZPO). Für die Eintragung ist § 18 S. 2 HRV zu beachten. **27**

Ist durch rechtskräftige oder vollstreckbare Entscheidung des Prozessgerichts die Vornahme einer Eintragung **für unzulässig erklärt,**[81] z.B. die Führung einer Firma untersagt oder der Beschluss einer Aktiengesellschaft für ungültig erklärt, so darf das Registergericht die Eintragung nicht vornehmen, wenn der obsiegende Teil widerspricht (§ 16 Abs. 2 HGB). Als vollstreckbare Entscheidung des Prozessgerichts ist auch eine einstweilige Verfügung anzusehen.[82] Einstweilige Verfügungen, die eine Eintragung für unzulässig erklären, binden das Registergericht aber nur, wenn es nach allgemeinen Grundsätzen auch an eine rechtskräftige Entscheidung des Prozessgerichts in der Hauptsache gebunden wäre.[83] Beispiele für eine solche Bindung sind: Verbot der Anmeldung eines Gesellschaftsbeschlusses über Umwandlung,[84] Verbot der Anmeldung eines Beschlusses einer AG über Abschluss eines Beherrschungs- und Gewinnabführungsvertrags der AG mit einer anderen AG (§ 291 AktG).[85] **28**

Der **Widerspruch** der obsiegenden Partei ist an keine Form oder Frist gebunden, er stellt insbesondere keine Anmeldung und keinen Widerspruch i.S. des § 393 oder § 407 dar.[86] Die Entscheidung ist dem Gericht allerdings in Ausfertigung vorzulegen. Der Widerspruch ist vom Registergericht ohne Ermessensspielraum zu beachten.[87] Nimmt das Gericht trotzdem eine Eintragung vor, so kann auch hiergegen nur mit der Anregung eines Amtslöschungsverfahrens vorgegangen werden.[88] Ein Widerspruch nach erfolgter Eintragung ist als Anregung auf Einleitung eines Amtslöschungsverfahrens auszulegen.[89] Daneben kommen bei einem schuldhaften Übergehen des Widerspruchs Amtshaftungsansprüche in Betracht. **29**

VI. Verbindung und Trennung von Verfahren

Im Rahmen von **Eintragungsverfahren** scheidet eine Verfahrensverbindung nach § 20 grundsätzlich aus, da die Registerakten für jedes Registerblatt getrennt zu führen sind.[90] Allerdings können mehrere Verfahren auch ohne einheitliche Aktenführung so miteinander verbunden werden, dass ein sachdienlicher Entscheidungseinklang hergestellt werden kann, z.B. bei der Prüfung der Firma einer Komplementär-GmbH und der unter ähnliche Firma auftretenden GmbH & Co. KG. Auch in **Zwangsgeld- und Amtslöschungsverfahren** kommt eine solche einheitliche Verfahrensführung in Betracht. Soweit zweckdienlich, können diese Verfahren auch wieder voneinander abgetrennt werden.

---

[79] Jansen/Steder § 127 Rn 50.
[80] Jansen/Steder § 127 Rn 56.
[81] Jansen/Steder § 127 Rn 59.
[82] LG Düsseldorf DB 1960, 172; LG Heilbronn AG 1971, 372.
[83] Baur ZGR 1972, 423.
[84] LG Düsseldorf DB 1960, 72.
[85] Baur ZGR 1972, 423.
[86] Jansen/Steder § 127 Rn 61.
[87] Jansen/Steder § 127 Rn 62.
[88] Jansen/Steder § 127 Rn 63.
[89] Bumiller/Harders § 381 Rn 17.
[90] Nedden-Boeger FGPrax 2010, 1/5.

Entscheidung über Eintragungsanträge

382 (1) ¹Das Registergericht gibt einem Eintragungsantrag durch die Eintragung in das Register statt. ²Die Eintragung wird mit ihrem Vollzug im Register wirksam.

(2) Die Eintragung soll den Tag, an welchem sie vollzogen worden ist, angeben; sie ist mit der Unterschrift oder der elektronischen Signatur des zuständigen Richters oder Beamten zu versehen.

(3) Die einen Eintragungsantrag ablehnende Entscheidung ergeht durch Beschluss.

(4) ¹Ist eine Anmeldung zur Eintragung in die in § 374 Nr. 1 bis 4 genannten Register unvollständig oder steht der Eintragung ein anderes durch den Antragsteller behebbares Hindernis entgegen, hat das Registergericht dem Antragsteller eine angemessene Frist zur Beseitigung des Hindernisses zu bestimmen. ²Die Entscheidung ist mit der Beschwerde anfechtbar.

Übersicht

	Rn
I. Normzweck	1
II. Eintragung in das Register (Abs. 1, 2)	3
1. Wesen der Eintragung	3
2. Eintragungsverfügung	4
3. Vollzug der Eintragung (Abs. 2)	5
4. Wirksamwerden der Eintragung (Abs. 1 S. 2)	11
5. Rechtswirkung der Eintragung	12
6. Bekanntgabe und Veröffentlichung der Eintragung	14
7. Anfechtbarkeit der Eintragung	15
III. Ablehnung der Eintragung (Abs. 3)	16
1. Allgemeines	16
2. Erlass des Ablehnungsbeschlusses	17
3. Bekanntgabe des Ablehnungsbeschlusses	18
4. Rechtsbehelfe	19
IV. Zwischenverfügung	20
1. Allgemeines	20
2. Anwendungsbereich	21
3. Vorliegen eines behebbaren Hindernisses	22
4. Erlass der Zwischenverfügung	25
5. Bekanntgabe der Zwischenverfügung	28
6. Rechtsbehelfe	29

I. Normzweck

1 Die Bestimmungen des Allgemeinen Teils passen nicht in jeder Hinsicht auf die Besonderheiten des Registerverfahrens.[1] Deshalb sieht der Allgemeine Teil Öffnungsklauseln vor, die abweichende Regelungen, insbesondere für das Registerrecht gestatten, vgl. §§ 38 Abs. 1 S. 2, 58 Abs. 1. § 382 dient der **Ausfüllung dieser registerrechtlichen Besonderheiten**.[2]

2 Abs. 1 enthält von §§ 38, 40 abweichende Sondervorschriften zur **Form der Entscheidung** und zu deren **Wirksamwerden**.[3] Abs. 2 entspricht dem bisherigen § 130 Abs. 1 FGG, berücksichtigt jedoch, dass die Registerführung vorwiegend elektronisch erfolgt.[4] Abs. 3 dient der Klarstellung, dass eine ablehnende Entscheidung durch Beschluss zu ergehen hat.[5] Abs. 4 enthält eine Ausnahme vom Grundsatz, wonach nur Endentscheidungen mit der Beschwerde anfechtbar sind (vgl. § 58) und überführt das bislang in §§ 25 Abs. 1

---

[1] Bumiller/Harders § 382 Rn 1.
[2] BT-Drs. 16/6308 S. 195.
[3] BT-Drs. 16/6308 S. 286.
[4] BT-Drs. 16/6308 S. 286; Bumiller/Harders § 382 Rn 1.
[5] BT-Drs. 16/6308 S. 286.

S. 3, 26 S. 2 HRV und § 9 Abs. 3 VRV normierte Institut der **Zwischenverfügung** in das FamFG.[6]

II. Eintragung in das Register (Abs. 1, 2)

1. Wesen der Eintragung

Die Eintragung ist der urkundliche **Abschluss des Eintragungsverfahrens** und stellt die Stattgabe der Registeranmeldung dar. Unter Eintragung ist nicht nur die Neueintragung, sondern auch die Änderung des Inhalts einer bestehenden Eintragung sowie die Löschung einer Eintragung zu verstehen, § 16 HRV.[7]

2. Eintragungsverfügung

Liegen die vom Registergericht zu prüfenden Eintragungsvoraussetzungen vor (s. § 374 Rn 50ff.), so hat es die Anmeldung durch Vornahme der beantragten Eintragung vorzunehmen. Abweichend von § 38 Abs. 1 S. 1 ergeht die Endentscheidung somit nicht durch Beschluss, sondern durch einen **tatsächlichen Rechtspflegeakt.** Bei der elektronischen Registerführung, die den Regelfall darstellt, kann der Richter bzw. Rechtspfleger die Eintragung ohne Weiteres selbst vornehmen.[8] Daneben besteht aber für den Richter bzw. Rechtspfleger auch die Möglichkeit, die Eintragung nicht selbst vorzunehmen, sondern zunächst zu verfügen und sodann vom Urkundsbeamten der Geschäftsstelle eintragen zu lassen, § 27 Abs. 1, 2 HRV, § 9 VRV. Die **Eintragungsverfügung** stellt eine rein gerichtsinterne Verfügung ohne Außenwirkung dar.[9] Sie ist deshalb nicht als Endentscheidung i. S. des § 58 anzusehen und somit unanfechtbar. Selbst wenn eine Eintragungsverfügung zu Informationszwecken, als eine Art Vorbescheid oder nur versehentlich an die Beteiligten bekannt gegeben werden sollte, so handelt es sich hierbei doch nur um eine bloß vorbereitende Verfahrensmaßnahme, die nach neuer Rechtslage **nicht mit der Beschwerde angefochten** werden kann.[10] Dies ergibt sich auch aus dem Umkehrschluss zu § 352 Abs. 1, der für die gerichtsinterne Entscheidung über die Erbscheinserteilung ausdrücklich die Beschlussform vorschreibt. Eine entsprechende Vorschrift fehlt im Registerverfahrensrecht.

3. Vollzug der Eintragung (Abs. 2)

Mit Ausnahme des Abs. 2, der nur den Abschluss der Eintragung behandelt, finden sich im Gesetz keine Vorgaben, wie die Registereintragung formell und inhaltlich vorzunehmen ist. Für den Aufbau und Inhalt der einzelnen Register finden sich in den **Registerverordnungen** entsprechende Muster, vgl. §§ 40ff. HRV (Abteilung A); §§ 43ff. HRV (Abteilung B); § 26 GenRegV; § 5 PRV und § 3 VRV.

Es besteht **keine Bindung** des Registergerichts an den **Wortlaut der Anmeldung,** vielmehr entscheidet das Gericht nach pflichtgemäßem Ermessen über den genauen Eintragungswortlaut.[11] Es wird dabei einerseits durch den elektronischen Rechtsverkehr determiniert, der strukturierte Anmeldefälle vorgibt und die von den Registergerichten zumeist übernommen werden. Das Fehlen entsprechender Textbausteine im Rahmen der elektronisch generierten Registeranmeldung und -eintragung rechtfertigt jedoch keine Antragszurückweisung oder Zwischenverfügung, das Registergericht muss den Eintragungswortlaut in diesem Fall eben selbst prüfen und die Eintragung ggf. händisch vornehmen.[12] Der **Eintragungsvorschlag** der Beteiligten, insbesondere eine besondere Gestaltung der Firma (z. B. durch Großbuchstaben oder Sonderzeichen), ist **zu berücksichtigen,** zumal die

---
[6] BT-Drs. 16/6308 S. 286; Bumiller/Harders § 382 Rn 1.
[7] MünchKommZPO/Krafka § 382 FamFG Rn 5.
[8] Holzer ZNotP 2008, 266, 267.
[9] OLG Hamm BB 1981, 260; OLGZ 1976, 392/393; OLG Stuttgart Rpfleger 1970, 283; a. A. Baums S. 167; ders. BB 1981, 262.
[10] A. A. Holzer ZNotP 2008, 266/271 f.
[11] OLG München ZIP 2010, 2147/2148.
[12] OLG Köln FGPrax 2004, 88; MünchKommZPO/Krafka § 382 FamFG Rn 6.

elektronische Registerführung die Wiedergabe derartiger Gestaltungen ohne Weiteres ermöglicht.[13]

7 Im Übrigen verpflichten § 12 S. 1 HRV und § 10 Abs. 1 VRV zu einer **deutlichen, klar verständlichen Eintragung** ohne Verweisung auf gesetzliche Vorschriften und ohne Verwendung von Abkürzungen.

8 Die Vorschrift des § 382 Abs. 2 entspricht § 48 SchRegO und § 44 GBO. Sie verlangt, dass die Eintragung den Tag, an dem sie vollzogen wurde angeben soll und mit der Unterschrift oder elektronischen Signatur des zuständigen Richters oder Beamten zu versehen ist. Die genaue Datierung ist insbesondere für konstitutiv wirkende Eintragungen von Bedeutung,[14] weshalb § 27 Abs. 4 HRV, § 10 Abs. 3 S. 1 VRV anordnen, dass bei jeder Eintragung der Tag der Eintragung anzugeben ist. Die Eintragung ist zu datieren vom Tag der **wirklichen Eintragung,** nicht vom Tage des Eingangs der Anmeldung; falls die Unterschrift nicht sofort erfolgt, ist der **Tag der Unterschrift** anzugeben. Der Beweis, dass der Tag der Eintragung unrichtig angegeben sei, ist zulässig.[15] Der Mangel der Datierung macht den Vermerk nicht unwirksam, Abs. 2 stellt eine reine Ordnungsvorschrift dar.[16]

9 Wenn der Richter oder Rechtspfleger die Eintragung selbst vornimmt, so ist er auch für die Unterschriftsleistung bzw. elektronische Signierung zuständig, §§ 27 Abs. 1, 28 HRV. Nimmt hingegen der Richter/Rechtspfleger die Eintragung nicht selber vor, so trägt sie der **Urkundsbeamte** der Geschäftsstelle auf Verfügung hin ein und unterschreibt bzw. signiert diese (§§ 27 Abs. 2, 28 HRV). Nach Abschluss der Eintragung ist deren Wirksamkeit i. S. des § 8a Abs. 1 HGB in geeigneter Weise zu überprüfen, vor allem auf ihre Richtigkeit, Vollständigkeit und Abrufbarkeit, §§ 27 Abs. 3 HRV, 27 Abs. 2 VRV. Der Mangel der Unterschrift oder der elektronischen Signatur macht die Eintragung nicht ungültig, da für den Rechtsverkehr nicht (auch nicht durch Einsichtnahme in das Register) nachprüfbar ist, ob der Richter, Rechtspfleger bzw. Urkundsbeamte die Eintragung tatsächlich mit seiner Unterschrift bzw. seiner elektronischen Signatur versehen hat.[17]

10 Dem Registergericht vorliegende Anträge brauchen grundsätzlich nicht in der Reihenfolge des Einlaufs erledigt zu werden,[18] denn im Registerrecht gibt es **keinen** den §§ 17, 45 GBO vergleichbaren **Vorrang der zeitlich früheren Anmeldung**.[19] Ausnahmen hiervon bestehen aber nach § 13h Abs. 2 HGB oder gemäß § 53 UmwG, die eine zwingende Reihenfolge der Behandlung von Eintragungsanträgen aufstellen. Soweit möglich, hat das Registergericht mehrere Anträge **gleichzeitig** zu vollziehen, z. B. die Abberufung und Neubestellung von Geschäftsführern uno actu einzutragen.[20] Handelt es sich bei der Anmeldung um teilbare und für sich selbst vollziehungsfähige Anträge, so kommt auch ein sog. **Teilvollzug** in Betracht, sofern dieser beantragt worden ist.[21] Kann die Anmeldung hingegen nur einheitlich vollzogen werden, so ist sie entweder nach Abs. 3 bei Vorliegen eines endgültigen Hindernisses zurückzuweisen, im Falle eines behebbaren Hindernisses mittels Zwischenverfügung die Möglichkeit zur Beseitigung zu gewähren, Abs. 4.

4. Wirksamwerden der Eintragung (Abs. 1 S. 2)

11 Abweichend von § 40 wird die Eintragung nicht erst mit ihrer Bekanntgabe oder Veröffentlichung, sondern **bereits mit ihrem Vollzug** (s. Rn 5 ff.) wirksam, Abs. 1 S. 2. Vollzogen ist die Eintragung beim papiergebundenen Vereins- und Güterrechtsregister, wenn

---

[13] LG München I MittBayNot 2009, 315; LG Berlin GmbHR 2004, 428; a. A. KG FGPrax 2000, 248; OLG München MittBayNot 2010, 489, 490 (kein Anspruch auf Verwendung von Großbuchstaben); OLG München BeckRS 2011, 08483 (kein Anspruch auf Verwendung hochgestellter Zahlen); MünchKomm ZPO/Krafka § 382 FamFG Rn 6.
[14] Beispiele bei Jansen/Steder § 130 Rn 9.
[15] Jansen/Steder § 130 Rn 7.
[16] Bahrenfuss/Steup § 382 Rn 6; Bumiller/Harders § 382 Rn 12; Jansen/Steder § 130 Rn 5.
[17] Bumiller/Harders § 382 Rn 12; Jansen/Steder § 130 Rn 10, 12; a. A. BeckOK/Munzig § 382 FamFG Rn 44.
[18] KG Recht 1930 Nr. 778.
[19] Bumiller/Harders § 382 Rn 12; MünchKommZPO/Krafka § 382 FamFG Rn 8.
[20] MünchKommZPO/Krafka § 382 FamFG Rn 8.
[21] Bumiller/Harders § 382 Rn 16; MünchKommZPO/Krafka § 382 FamFG Rn 8.

der Richter, Rechtspfleger bzw. Urkundsbeamte die Eintragung mit seiner Unterschrift abgeschlossen hat.[22] Für die elektronisch geführten Register bestimmen die spezielleren Normen des § 8a Abs. 1 HGB[23] und des § 55a Abs. 4 BGB,[24] dass die Eintragung wirksam wird, sobald sie in den für die Eintragung bestimmten **Datenspeicher aufgenommen** ist und auf Dauer **unverändert in lesbarer Form** wiedergegeben werden kann. Für die elektronisch geführten Register werden diese Vollzugsvoraussetzungen durch §§ 47 ff. HRV und §§ 18 ff. VRV konkretisiert.[25]

5. Rechtswirkung der Eintragung

Die Bedeutung der Eintragung ist verschieden, je nachdem ob die Eintragung **konstitutiv** oder **deklaratorisch** wirkt. In ersterem Fall hängt die Wirksamkeit von der Eintragung ab, so etwa bei einem Kaufmann oder einer OHG oder KG, die kein Handelsgewerbe im Sinne des § 1 Abs. 2[26] HGB betreiben (§§ 2, 105 Abs. 2 HGB) oder bei einer OHG oder KG, die nur eigenes Vermögen verwaltet (§ 105 Abs. 2 HGB), oder z.B. bei Gründung und Satzungsänderungen von Kapitalgesellschaften (§§ 41, 181 Abs. 3 AktG; §§ 11 Abs. 1, 54 Abs. 3 GmbHG). Im letzteren Fall ist die Wirksamkeit unabhängig von der Eintragung, z.B. wenn ein Einzelkaufmann, eine OHG oder KG ein Handelsgewerbe im Sinne des § 1 Abs. 2 HGB betreiben, bei der Bestellung eines Prokuristen (§ 48 HGB), eines Vorstands (§ 76 AktG) oder eines GmbH-Geschäftsführers (§ 35 GmbHG). Zu weiteren Fällen **konstitutiver Eintragungen** s. §§ 2, 123 HGB; §§ 41 Abs. 1, 52 Abs. 1, 181 Abs. 2, 278 Abs. 3, 294, 319 Abs. 7, 320a AktG; §§ 11, 54 Abs. 3 GmbHG; § 13 GenG; §§ 19, 20, 36, 53, 56, 78, 118, 131, 171, 202, 236, 247, 255, 266, 280, 288, 298, 304 UmwG.[27]

12

In verschiedenen Fällen werden **Haftungsbeschränkungen** des Handelsrechts erst mit der Eintragung im Register wirksam, so etwa die Haftungsbeschränkung der im Namen der GmbH Handelnden (§ 11 Abs. 2 GmbHG), der Kommanditisten (§ 176 HGB),[28] des Geschäftsübernehmers bei Ausschluss der Schuldenhaftung (§ 25 HGB), des in das Geschäft eine Einzelkaufmanns eintretenden Gesellschafters unter Ausschluss der Altschuldenhaftung (§ 28 HGB). Die **Verjährung** der Haftung der ausscheidenden Gesellschafter beginnt regelmäßig erst mit der Eintragung (§§ 159, 160 Abs. 1 S. 2 HGB). Die Eintragung ist jedoch nicht konstitutiv, so dass die Enthaftungsfrist auch zu laufen beginnt, wenn der Gläubiger Kenntnis vom Ausscheiden des Gesellschafters hatte.[29] Schließlich knüpft das **negative Publizitätsprinzip** des Handelsregisters (§ 15 Abs. 1 HGB) – zusammen mit der Veröffentlichung – ebenfalls an die Eintragung im Register an. Redliche Dritte müssen sich etwa die Entlassung eines Prokuristen bis zur Eintragung im Register nicht entgegenhalten lassen.[30] In einigen Fällen hat die Registereintragung sogar **Heilungswirkung** und beseitigt das Vorliegen formeller und materieller Mängel des zugrundeliegenden Eintragungsvorgangs. Zu nennen sind hier § 242 Abs. 1 und 2 AktG; §§ 20 Abs. 1 Nr. 4, Abs. 2, 131 Abs. 1 Nr. 4, Abs. 2, 202 Abs. 1 Nr. 3, Abs. 3 UmwG.[31] Eine besondere Bedeutung kommt der Eintragung nach Durchführung eines Freigabeverfahrens zu, § 246a Abs. 1 AktG. Wird gegen eine Kapitalmaßnahme Klage erhoben, so bleibt die Eintragungswirkung bestehen, wenn das Prozessgericht dies angeordnet hatte.

13

---

[22] Bumiller/Harders § 382 Rn 13; Kanzleiter DNotZ 1971, 453.
[23] BT-Drs. 16/6308 S. 286.
[24] Bumiller/Harders § 382 Rn 13.
[25] MünchKommZPO/Krafka § 382 FamFG Rn 10.
[26] Wenn ihr Unternehmen nach Art und Umfang einen in kaufmännischer Weise eingerichteten Geschäftsbetrieb nicht erfordert (§ 1 Abs. 2 HGB).
[27] Vgl. Drischler HRV S. 1.
[28] Dazu BGH NJW 1980, 54 und Hoffmann GmbHR 1970, 182.
[29] BGH NJW 2007, 3784.
[30] Bumiller/Harders § 382 Rn 2.
[31] Bahrenfuss/Steup § 382 Rn 15; MünchKommZPO/Krafka § 382 FamFG Rn 12 mit weiteren Bsp., die aber nur mittelbar mit der Registereintragung zusammenhängen.

6. Bekanntgabe und Veröffentlichung der Eintragung (§ 383 Abs. 1 und 2)

14 Die vollzogene Eintragung ist nach § 383 Abs. 1 den Beteiligten **bekannt zu geben,** sofern sie nicht auf die Bekanntgabe verzichtet haben. Außerdem sind nach § 383 Abs. 2 die Vorschriften über die **Veröffentlichung** von Registereintragungen zu beachten. S. zum ganzen die Kommentierung bei § 383.

7. Anfechtbarkeit der Eintragung (§ 383 Abs. 3)

15 Die Eintragung ist nach § 383 Abs. 3 **nicht mit Rechtsbehelfen,** insbesondere nicht mit der Beschwerde **anfechtbar.** Eine dennoch eingelegte „Beschwerde" ist vom Registergericht als Anregung nach § 24 zur Einleitung eines Amtslöschungsverfahrens nach § 395 zu behandeln (s. § 383 Rn 23).[32] Unberührt hiervon bleibt die Möglichkeit, im Wege der sog. **Fassungsbeschwerde** die Berichtigung oder Klarstellung einer Eintragung zu erreichen,[33] s. hierzu § 383 Rn 24.

III. Ablehnung der Eintragung (Abs. 3)

1. Allgemeines

16 Ein Eintragungsantrag kann abgelehnt werden, wenn die erforderlichen Eintragungsvoraussetzungen nicht vorliegen oder der Antragsteller binnen der ihm vom Gericht gesetzten Frist das behebbare Hindernis (Abs. 4) nicht beseitigt hat. Leidet die Anmeldung an einem nicht behebbaren Mangel, so kann das Registergericht den Antrag **umgehend zurückweisen.** Wegen seiner Pflicht zur Verfahrensleitung nach § 28 Abs. 1 und 2 muss das Gericht jedoch dem Antragsteller vor einer endgültigen Antragszurückweisung einen **Hinweis** auf die (kostengünstigere) Möglichkeit einer **Antragszurücknahme** nach § 22 geben.[34] Wird der Antrag zurückgewiesen, so kann auch nach Eintritt der formellen Rechtskraft eine inhaltsgleiche Anmeldung eingereicht werden.[35] Das **Rechtsschutzbedürfnis** für eine erneute Antragstellung fehlt allerdings dann, wenn sich keine Änderung der Sach- und Rechtslage ergeben hat.[36]

2. Erlass des Ablehnungsbeschlusses

17 Die Ablehnung der Eintragung ergeht regulär durch Beschluss nach § 38, der entsprechend zu **begründen** und mit einer **Rechtsbehelfsbelehrung** nach § 39 zu versehen ist. Der Beschluss wird mit seiner Bekanntgabe an den Antragsteller wirksam, § 40 Abs. 1. Eine Bekanntgabe an den Bevollmächtigten allein genügt nicht, vgl. § 383 Rn 5.

3. Bekanntgabe des Ablehnungsbeschlusses

18 Für die Bekanntgabe des Ablehnungsbeschlusses gelten ebenfalls die allgemeinen Bestimmungen. Die Bekanntgabe an den Antragsteller muss durch **förmliche Zustellung** geschehen, da die Zurückweisung der Anmeldung dem erklärten Willen des Anmeldenden widerspricht, § 41 Abs. 1 S. 2 und dieser Beschluss mit der Beschwerde nach § 58 anfechtbar ist.[37]

4. Rechtsbehelfe

19 Statthafter Rechtsbehelf gegen die Antragszurückweisung ist die **Beschwerde** nach § 58. **Beschwerdeberechtigt** ist grundsätzlich nur der Antragsteller, § 59 Abs. 2. S. ausführlich zur Beschwerdeberechtigung § 59 Rn 86 f. Die Vorschrift gilt entsprechend für die Anmel-

---

[32] MünchKommZPO/Krafka § 382 FamFG Rn 13.
[33] BT-Drs. 16/6308 S. 286; MünchKommZPO/Krafka § 382 FamFG Rn 14.
[34] OLG Düsseldorf FGPrax 2010, 247/248; a. A. Bahrenfuss/Steup § 382 Rn 16; MünchKommZPO/Krafka § 382 FamFG Rn 15.
[35] KG FGPrax 2005, 130.
[36] KG FGPrax 2005, 130; MünchKommZPO/Krafka § 382 FamFG Rn 15.
[37] MünchKommZPO/Krafka § 382 FamFG Rn 17.

dung einer Registereintragung, auch wenn mit dieser gerade kein begünstigender Beschluss angestrebt wird. Insofern ist § 59 Abs. 2 in Verbindung mit § 38 Abs. 1 S. 2 zu interpretieren.[38] Der Beschwerdewert nach § 61 Abs. 1 muss nicht erreicht sein, da keine vermögensrechtliche Sache vorliegt, jedenfalls ist von einem Beschwerdewert von mindestens 3000 € auszugehen. Unter den Voraussetzungen des § 70 steht dem Antragsteller schließlich gegen die Beschwerdeentscheidung noch die **Rechtsbeschwerde** zum BGH offen.

IV. Zwischenverfügung (Abs. 4)

1. Allgemeines

Das FamFG geht von dem Grundsatz aus, dass nur Endentscheidungen mit Rechtsbehelfen angreifbar sind, es sei denn, das Gesetz selbst gestattet ausnahmsweise die Anfechtbarkeit von bloßen Zwischenentscheidungen, § 58 Abs. 1. Solche bedeutsamen Ausnahmen stellen im Registerrecht die **Aussetzung** nach §§ 21, 381 und eben die **Zwischenverfügung** nach § 382 Abs. 4 dar.[39] Die Zwischenverfügung ist ein Institut, das es dem Antragsteller ermöglichen soll, etwaige Fehler und Mängel der Anmeldung vor einer endgültigen Antragszurückweisung zu beheben.[40] Dieses **Verbesserungsverfahren** ist aus rechtsstaatlicher Sicht geboten, um dem Verhältnismäßigkeitsgrundsatz zu genügen.[41] Die Vorschrift des Abs. 4 stellt endlich den gebotenen Gleichlauf mit dem Grundbuchverfahrensrecht (§ 17 GBO) her.[42]

20

2. Anwendungsbereich

Möglich ist der Erlass einer Zwischenverfügung nur bei **Eintragungen** in eines der in § 374 Nr. 1 bis 4 genannten Register, mithin in Handels-, Genossenschafts-, Partnerschafts- und Vereinsregistersachen. Es muss sich um ein Antragsverfahren handeln, in Amtsverfahren findet die Vorschrift keine Anwendung (vgl. § 384 Abs. 1).[43] Keine Zwischenverfügung kommt bei **bloßen Einreichungspflichten**, insbesondere zur Einreichung einer Gesellschafterliste nach § 40 GmbHG in Betracht.[44] Will das Registergericht die Einreichung einer anderen Gesellschafterliste erreichen, so kann es dies nur im Zwangsgeldverfahren nach §§ 388 ff. durchsetzen, es darf aber nicht die Einstellung der eingereichten Liste durch Zwischenverfügung oder Zurückweisungsbeschluss ablehnen.[45] Auch in **Güterrechtsregistersachen** scheidet der Erlass einer anfechtbaren Zwischenverfügung aus.[46] Möglich und geboten ist allerdings in diesen Fällen ein **richterlicher Hinweis** nach § 28 Abs. 1 und 2 zu einer korrekten Antragstellung bzw. Einreichung und zur Gewährung rechtlichen Gehörs.[47] Ein solcher rechtlicher Hinweis liegt insbesondere dann vor, wenn auf ein **unbehebbares Eintragungshindernis** hingewiesen wird.[48] Ein solcher Hinweis ist nicht selbstständig anfechtbar.[49]

21

---

[38] Ebenso MünchKommZPO/Krafka § 382 FamFG Rn 17; a. A. Nedden-Boeger FGPrax 2009, 143.
[39] MünchKommZPO/Krafka § 382 FamFG Rn 2.
[40] Zustimmend OLG Düsseldorf FGPrax 2010, 249.
[41] Zustimmend OLG Düsseldorf FGPrax 2010, 247.
[42] Bumiller/Harders § 382 Rn 15.
[43] OLG Hamm FGPrax 2010, 143.
[44] Anders (ohne Problembewusstsein) OLG Jena FGPrax 2010, 199; OLG München ZIP 2010, 2145/2146.
[45] So aber die obergerichtliche Rechtsprechung unter Verkennung der Tatsache, dass die Gesellschafterliste nicht in das Handelsregister eingetragen wird, vgl. OLG Jena FGPrax 2010, 199; OLG Hamm FGPrax 2010, 81; ZIP 2010, 1239; OLG Köln FGPrax 2010, 202; OLG München ZIP 2010, 2145.
[46] BJS/Müther § 382 Rn 5.
[47] OLG München NJW-RR 2007, 187; BayObLG FGPrax 2000, 39; Bumiller/Harders § 382 Rn 18.
[48] BayObLG FGPrax 2000, 39.
[49] BayObLG FGPrax 2000, 39; OLG München NJW-RR 2007, 187; OLG Brandenburg FGPrax 2011, 89; OLG Düsseldorf FGPrax 2010, 247; OLG Frankfurt BeckRS 2010, 19150; Bumiller/Harders § 382 Rn 18; im Ergebnis ebenso, wenn auch mit anderer Begründung BeckOK/Munzig § 382 FamFG Rn 58; a. A. Nedden-Boeger FGPrax 2009, 143; OLG Jena FGPrax 2010, 199; OLG München ZIP 2010, 2145 für die Einreichung der Gesellschafterliste nach § 40 GmbHG.

3. Vorliegen eines behebbaren Hindernisses

22 Voraussetzung für den Erlass einer Zwischenverfügung ist das Vorliegen eines behebbaren Hindernisses. Handelt es sich um **kein behebbares Hindernis,** sondern ein endgültiges, so darf keine Zwischenverfügung ergehen, vielmehr ist der Eintragungsantrag nach Abs. 3 abzulehnen,[50] wobei ein richterlicher Hinweis mit der Gelegenheit zur Stellungnahme und ggf. zur Antragsrücknahme geboten ist (s. Rn 16, 21). Ein solcher Hinweis stellt keine Zwischenverfügung dar.[51] Der Erlass einer Zwischenverfügung ist nicht statthaft, um die Einreichung einer anderweitig für erforderlich gehaltenen Anmeldung zu erreichen; insofern muss nach §§ 388 ff. verfahren werden.[52]

23 Das Gesetz nennt als typisches behebbares Hindernis die **unvollständige Anmeldung.** Eine solche liegt beispielsweise vor, wenn die Anmeldung nicht durch alle Anmeldeverpflichteten abgegeben wurde (vgl. § 78 GmbHG) oder wenn die Anmeldung inhaltlich unvollständig ist (z. B. eine abzugebende Versicherung, Angabe oder Erklärung fehlt). **Weitere behebbare Hindernisse,** die sich zwar nicht auf die Anmeldung selbst beziehen, liegen vor, wenn der Anmeldung zwingend beizufügende Unterlagen (noch) nicht mit eingereicht wurden, beispielsweise eine formgerechte Vollmacht zum Abschluss eines satzungsändernden Gesellschafterbeschlusses (§ 47 Abs. 3 GmbHG).[53] Hierzu gehört auch eine familien-, betreuungs- oder nachlassgerichtliche Genehmigung zu einem Rechtsgeschäft, das die Grundlage der Registereintragung bilden soll.[54] Eine Verfügung, dass dem Eintragungsantrag „in dieser Form" bzw. „in der gewünschten Formulierung" nicht entsprochen werden könne, ist im Zweifel als förmliche Zwischenverfügung auszulegen.[55]

24 Stellt sich eine Satzungsbestimmung oder ein Beschluss als **unwirksam** oder **anfechtbar** dar, so kann das Registergericht mittels Zwischenverfügung die Behebung dieses Mangels aufgeben, hat dieser jedoch die **Gesamtnichtigkeit** der Satzung oder des Beschlusses zur Folge, so kommt – ggf. nach vorherigem Hinweis (Rn 16) – nur die Ablehnung der Eintragung in Betracht.[56] Insbesondere kann das Gericht dem Antragsteller nicht mittels Zwischenverfügung aufgeben, einen anderen als den getroffenen Beschluss zu treffen.[57] Das Registergericht darf die Anmeldung nur **einheitlich vollziehen,** sofern es sich nicht um teilbare, für sich selbstständig vollziehbare Anmeldungen handelt.[58]

4. Erlass der Zwischenverfügung

25 Die Zwischenverfügung muss durch **Beschluss** (§ 38) ergehen, auch wenn es sich hierbei nicht um eine Endentscheidung handelt, ist sie einer solchen doch ausnahmsweise gleichgestellt und kann deshalb nicht wie eine verfahrensleitende Anordnung behandelt werden.[59] Daraus folgt auch, dass die Zwischenverfügung nach § 38 Abs. 3 S. 1 zu **begründen** ist und das beanstandete Hindernis sowie die möglichen Mittel zu dessen Behebung zu bezeichnen hat.[60] Das Registergericht ist gehalten, in der Zwischenverfügung **alle ersichtlichen Vollziehungshindernisse** aufzuführen.[61] Soweit auch die verbesserte An-

---

[50] BayObLG DNotZ 1995, 224; KG NotBZ 2010, 408; OLG Hamm RNotZ 2010, 595; ZIP 2011, 527; Bumiller/Harders § 382 Rn 16.
[51] BayObLG FGPrax 2000, 39; DNotZ 1995, 224; OLG Brandenburg FGPrax 2011, 89; OLG Düsseldorf FGPrax 2010, 247; OLG Frankfurt BeckRS 2010, 19150; OLG München NJW-RR 2007, 187; Bumiller/Harders § 382 Rn 18
[52] Bassenge/Roth/K. Walter § 382 Rn 35, 38.
[53] OLG Neustadt BB 1951, 768.
[54] OLG Frankfurt FGPrax 2008, 242; Bumiller/Harders § 382 Rn 16.
[55] OLG Düsseldorf FGPrax 2010, 86/87.
[56] OLG Oldenburg BB 1957, 416; Bumiller/Harders § 382 Rn 16; anders wohl BJS/Müther § 382 Rn 6, der in diesem Fall den Erlass einer Zwischenverfügung stets für unstatthaft hält.
[57] OLG Düsseldorf FGPrax 2010, 249.
[58] BayObLG Rpfleger 1988, 472; Rpfleger 1970, 398; Bumiller/Harders § 382 Rn 16.
[59] OLG Düsseldorf FGPrax 2010, 247; FGPrax 2010, 249; OLG Schleswig GmbHR 2011, 137 = ZIP 2011, 662; a. A. MünchKommZPO/Krafka § 382 FamFG Rn 18, 23; offengelassen von OLG Stuttgart FGPrax 2010, 255; FGPrax 2010, 257.
[60] BayObLG FGPrax 2000, 39; Bumiller/Harders § 382 Rn 15; Krafka/Willer Rn 167; a. A. Bassenge/Roth/K. Walter § 382 Rn 38; MünchKommZPO/Krafka § 382 FamFG Rn 23.
[61] Bahrenfuss/Steup § 382 Rn 17.

meldung nicht den gesetzlichen Anforderungen genügt, darf eine erneute Zwischenverfügung ergehen.

Das Registergericht hat dem Antragsteller eine **angemessene Frist** zur Beseitigung des 26 Eintragungshindernisses zu setzen. Die Fristlänge hängt von den Umständen des Einzelfalles ab, sie sollte berücksichtigen, ob es sich um Mängel handelt, die der Anmeldende selbst oder nur durch Mitwirkung Dritter (z. B. von Gerichten oder Behörden) beheben kann. Die Frist sollte **mindestens einen Monat** betragen.[62] Sie beginnt mit der Bekanntgabe (s. Rn 28) zu laufen, § 16 Abs. 1. Auf Antrag kann die Frist verlängert werden, § 16 Abs. 2 FamFG i. V. m. § 225 ZPO.[63] Eine Wiedereinsetzung in den vorigen Stand ist, da es sich nicht um eine gesetzliche Frist (§ 17 Abs. 1) handelt, nicht möglich und auch nicht entsprechend – wie im Zwangsgeld- und Amtslöschungsverfahren – geboten. Die Beschwerde gegen die Zwischenverfügung kann auch darauf gestützt werden, dass die gesetzte Frist zu kurz bemessen ist.

In jedem Fall muss die Zwischenverfügung mit einer **Rechtsbehelfsbelehrung** nach 27 § 39 versehen sein.[64] Mit ihrer Bekanntgabe an den Beteiligten wird die Zwischenverfügung **wirksam,** § 40 Abs. 1. Auch hier gilt, dass die Bekanntgabe an einen Bevollmächtigten allein nicht genügt.

5. Bekanntgabe der Zwischenverfügung

Für die Bekanntgabe des Ablehnungsbeschlusses gelten ebenfalls die allgemeinen Bestim- 28 mungen. Die Bekanntgabe an den Antragsteller muss durch **förmliche Zustellung** geschehen, da die Zwischenverfügung dem erklärten Willen des Anmeldenden auf sofortige Eintragung widerspricht, § 41 Abs. 1 S. 2 und die Zwischenverfügung mit der Beschwerde nach § 58 anfechtbar ist.[65]

6. Rechtsbehelfe

Statthafter Rechtsbehelf gegen die Zwischenverfügung ist nach Abs. 4 S. 2 die **Be-** 29 **schwerde** (§ 58). Dies stellt eine gesetzliche Ausnahme i. S. des § 58 Abs. 1 a. E. von dem Grundsatz dar, wonach Zwischenentscheidungen grundsätzlich nicht anfechtbar sein sollen. Damit wird die bisherige Praxis, wie sie in § 26 S. 2 HRV und § 9 Abs. 3 VRV ihren untergesetzlichen Niederschlag gefunden hat, endlich ordentlich kodifiziert. **Beschwerdeberechtigt** ist grundsätzlich – wie bei der Antragszurückweisung (s. Rn 19) – nur der Antragsteller, § 59 Abs. 2. S. ausführlich zur Beschwerdeberechtigung § 59 Rn 86. Der Beschwerdewert des § 61 Abs. 1 muss nicht erreicht sein, es liegt keine vermögensrechtliche Angelegenheit vor, jedenfalls ist von einem Regelwert von 3000 € auszugehen.[66] Die Beschwerde kann nur im Rahmen der Beschwerdefrist des § 63 Abs. 1 eingelegt werden.[67] Das Registergericht kann der Beschwerde abhelfen, § 68 Abs. 1 S. 1. Tut es dies nicht, so hat es die Sache dem Beschwerdegericht zur Entscheidung vorzulegen. Über die Abhilfe ist ebenfalls durch Beschluss zu entscheiden.[68] Beschwerdegegenstand ist nur das vom Registergericht behauptete Eintragungshindernis, das Beschwerdegericht kann also nicht in der Sache selbst entscheiden. Unter den engen Voraussetzungen des § 70 steht dem Antragsteller schließlich noch die **Rechtsbeschwerde** zum BGH offen.

---

[62] Bassenge/Roth/K. Walter § 382 Rn 38; Bumiller/Harders § 382 Rn 17.
[63] Zu eng MünchKommZPO/Krafka § 382 FamFG Rn 22.
[64] OLG Stuttgart FGPrax 2010, 255; FGPrax 2010, 257; Bassenge/Roth/K. Walter § 382 Rn 38; MünchKommZPO/Krafka § 382 FamFG Rn 23.
[65] OLG Stuttgart FGPrax 2010, 255; FGPrax 2010, 257; a. A. Krafka/Willer/Kühn Rn 168.
[66] Im Ergebnis ebenso Haußleiter/Schemmann § 382 Rn 10.
[67] SBW/Nedden-Boeger § 382 Rn 24, 27; a. A. Haußleiter/Schemmann § 382 Rn 17.
[68] OLG Düsseldorf FGPrax 2010, 247/248.

V. Einstweilige Anordnungen

30 Der Erlass einstweiliger Anordnungen (§§ 49 ff.) scheidet im Registerverfahren aus. Weder ist die Vornahme einer vorläufigen Eintragung oder Löschung vorstellbar, noch die einstweilige Androhung eines Zwangs- oder Ordnungsgelds sinnvoll.[69]

VI. Kosten

31 Die Gerichtsgebühren für die **Eintragung** einer angemeldeten Tatsache ergeben sich aus § 1 HRegGebV i. V. m. dem Gebührenverzeichnis. Wird eine Anmeldung zurückgenommen, so entstehen 120% der Eintragungsgebühr, § 3 Abs. 1 HRegGebV. Erfolgt die **Zurücknahme** bevor das Registergericht eine Zwischenverfügung erlassen hat, so beträgt die Gebühr 75% der Eintragungsgebühr, höchstens 250 €, § 3 Abs. 2 HRegGebV. Für die **Zurückweisung** der Anmeldung werden 170% der Eintragungsgebühr erhoben, § 4 Satz 1 HRegGebV.

Bekanntgabe; Anfechtbarkeit

383 (1) Die Eintragung ist den Beteiligten bekannt zu geben; auf die Bekanntgabe kann verzichtet werden.

(2) **Die Vorschriften über die Veröffentlichung von Eintragungen in das Register bleiben unberührt.**

(3) **Die Eintragung ist nicht anfechtbar.**

I. Normzweck

1 Die Vorschrift fasst die bisherige Rechtsauffassung zur Bekanntgabe, Veröffentlichung und Anfechtbarkeit einer erfolgten Eintragung zusammen und dient in erster Linie der **Klarstellung**.[1] Abs. 1 entspricht im Wesentlichen § 130 Abs. 2 FGG.[2] Abs. 2 soll die Allgemeinheit unabhängig von einer Registereinsicht über Änderungen in den Registern **informieren**.[3] Abs. 3 stellt klar, dass Registereintragungen unanfechtbar sind.

Die Vorschrift gilt für alle Register i. S. des § 374, sie erfasst grundsätzlich alle Eintragungen (also auch Löschungen), unabhängig davon, ob diese auf Anmeldung (Antrag) oder von Amts wegen (vgl. § 384 Abs. 1) erfolgen.

II. Bekanntgabe der Eintragung (Abs. 1)

1. Allgemeines

2 Da es sich bei der Registereintragung nicht um einen Beschluss handelt, so dass § 41 Abs. 1 S. 1 keine unmittelbare Anwendung finden kann,[4] stellt Abs. 1 klar, dass auch die Registereintragung den Beteiligten bekannt zu geben ist. Die Bekanntgabe wird vom **Urkundsbeamten** der Geschäftsstelle besorgt (s. § 377 Rn 26). Anders als im Rahmen von § 130 Abs. 2 FGG ist die Bekanntgabe nicht mehr als bloße „Soll"-Vorschrift ausgestaltet, hat also zwingend zu erfolgen. Dennoch handelt es sich bei der Bekanntgabe um eine **Ordnungsvorschrift,** deren Nichtbeachtung ohne rechtliche Folgen für die Wirksamkeit der Eintragung ist.[5] Eine Verletzung der Bekanntmachungspflicht kann jedoch zu Amtshaftungsansprüchen führen, wenn hierdurch einem Beteiligten ein Schaden entstanden ist.

---

[69] Nedden-Boeger FGPrax 2010, 1/5; a. A. Bahrenfuss/Steup § 392 Rn 33.
[1] Vgl. BT-Drs. 16/6308 S. 286.
[2] Bumiller/Harders § 383 Rn 1.
[3] Jansen/Steder § 130 Rn 25.
[4] Vgl. Jansen/Steder § 130 Rn 16; dass § 40 Abs. 1 nicht anwendbar ist, versteht sich von selbst und wird nicht in Abrede gestellt, s. § 382 Rn 11; unzutreffend daher Schmitt-Kessel/Müther § 10 HGB Rn 11 Fn. 14.
[5] MünchKommZPO/Krafka § 383 FamFG Rn 1.

2. Adressat der Bekanntgabe

Anders als nach alter Rechtslage, die nur die Bekanntmachung an den Antragsteller **3** vorsah, ist die Eintragung den Beteiligten bekannt zu geben. Dies sind in jedem Fall der **Antragsteller** (§ 7 Abs. 1) sowie die weiteren nach § 7 Abs. 2 und Abs. 3 **hinzugezogenen Beteiligten**.[6] Der Kreis der Beteiligten ist für jedes Eintragungsverfahren besonders zu ermitteln. So ist der Prokurist von der Eintragung der Prokura nicht zu benachrichtigen,[7] wohl aber der Geschäftsführer oder Vorstand, der eine gesetzlich vorgeschriebene Versicherung gegenüber dem Gericht abgegeben hat. Zum Begriff der Beteiligten s. § 374 Rn 44 ff.

Soweit ein **berufsständisches Organ** nach § 380 Abs. 2 oder Abs. 3 angehört worden **4** ist, ist ihm nach § 380 Abs. 4 die Entscheidung des Registergerichts mitzuteilen (s. § 380 Rn 33), im Falle der Registereintragung durch Benachrichtigung nach Abs. 1.[8] Bestimmte berufsständische Organe werden daneben nach § 37 HRV laufend über erfolgte Registereintragungen benachrichtigt (s. § 380 Rn 23).

Wird der Antrag von einem **Bevollmächtigten** gestellt, so ist neben dem vertretenen **5** Beteiligten auch diesem die Eintragung bekanntzumachen.[9] Hat ein **Notar** den Antrag aufgrund der Vollmachtsvermutung nach § 378 Abs. 2 gestellt, so erfolgt die Bekanntmachung an die Beteiligten und den Notar.[10] Hat der Notar die Anmeldung nur als Bote übermittelt (s. § 378 Rn 18), so muss der Beteiligte selbst benachrichtigt werden, der Notar erhält eine Vollzugsmitteilung nur auf gesonderten Antrag (s. § 378 Rn 12).

3. Inhalt der Bekanntgabe

Die Bekanntgabe enthält ausschließlich die Benachrichtigung (vgl. §§ 36 S. 1 HRV, 3 **6** Abs. 1 GenRegV, 13 Abs. 1 VRV) der Beteiligten, dass die beantragte Anmeldung in das Register eingetragen worden ist. Diese sog. **Vollzugsmitteilung** gibt weder die Eintragungsverfügung noch den vollständigen Registerinhalt wieder, sondern lediglich die durch die Eintragung verursachten Änderungen. Diese Bekanntgabe entfaltet Dritten gegenüber keine Publizitätswirkung, kann aber deren guten Glauben an den Bestand einer Eintragung zerstören. Die Erteilung einer Abschrift oder eines Ausdrucks aus dem Register muss ggf. zusätzlich nach § 385 beantragt werden.

4. Form der Bekanntgabe

Für die Bekanntgabe in Handels-, Genossenschafts-, Partnerschafts- und Vereinsregister- **7** sachen gelten § 38a Abs. 2 S. 1 HRV bzw. § 13 Abs. 3 VRV, so dass die maschinell erstellte Vollzugsmitteilung in der Regel **elektronisch** übermittelt wird, wenn deren Kenntnisnahme durch den Empfänger (z. B. den kraft Gesetzes oder kraft Vollmacht zur Vertretung berechtigten Notar) sichergestellt ist. In allen anderen Fällen, also in Güterrechtsregistersachen und bei Vollzugsmitteilungen, die unmittelbar an die Beteiligten gerichtet werden, gilt § 15 Abs. 2 entsprechend.[11] Das Gericht handelt in der Regel ermessensgerecht, wenn es die Benachrichtigung zur Post aufgibt (vgl. § 3 Abs. 2 GenRegV), da durch die Eintragungsmitteilung kein Fristlauf i. S. des § 15 Abs. 1 ausgelöst wird.

Soweit es sich bei der Benachrichtigung um einen Beschluss handelt, der einen Fristlauf, **8** z. B. den **Beginn der Beschwerdefrist** im Falle der Antragszurückweisung oder der Zwischenverfügung auslöst, bleibt § 15 Abs. 2 i. V. m. § 41 Abs. 1 S. 2 unberührt, vgl. §§ 38a Abs. 2 S. 2 HRV, 13 Abs. 4 VRV.[12]

---

[6] BT-Drs. 16/6308 S. 286.
[7] A. A. BJS/Müther § 383 Rn 2.
[8] BT-Drs. 16/6308 S. 286.
[9] OLG Stuttgart NJW 1974, 705.
[10] MünchKommZPO/Krafka § 383 FamFG Rn 3; a. A. BJS/Müther § 383 Rn 3: Bekanntgabe nur an den Notar.
[11] MünchKommZPO/Krafka § 383 FamFG Rn 2; Prütting/Helms/Maass § 383 Rn 3; anders BeckOK/Munzig § 383 FamFG Rn 12; Bumiller/Harders § 383 Rn 2; Nedden-Boeger FGPrax 2009, 143: es gilt § 15 Abs. 3.
[12] MünchKommZPO/Krafka § 383 FamFG Rn 2.

5. Verzicht auf Bekanntgabe

9 Die Beteiligten, an die die Bekanntgabe erfolgen soll, können auf die Bekanntmachung verzichten (Abs. 1 S. 2). Der Urkundsbeamte der Geschäftsstelle soll „in geeigneten Fällen" auf diese Verzichtsmöglichkeit hinweisen, § 36 S. 2 HRV, § 13 Abs. 1 S. 2 VRV. Im Hinblick auf § 839 Abs. 3 BGB empfiehlt es sich jedoch, nicht auf einen solchen Verzicht hinzuwirken, damit die Beteiligten Gelegenheit haben, die Vollständigkeit und Richtigkeit der Eintragung zu prüfen und ggf. Rechtsbehelfe einzulegen.[13] Der Verzicht kann **formlos** gegenüber dem Registergericht erklärt werden.

III. Veröffentlichung der Eintragung (Abs. 2)

1. Allgemeines

10 Unberührt bleiben nach Abs. 2 die spezialgesetzlichen Vorschriften, die eine Veröffentlichung der Eintragung vorsehen. Von einer Übernahme dieser Vorschriften in das FamFG wurde wegen deren angeblicher Vielgestaltigkeit und deren zu großen Umfangs abgesehen.[14] Veröffentlichung ist im Gegensatz zur Bekanntgabe, die individuell an die Verfahrensbeteiligten erfolgt, die **öffentliche Bekanntmachung** (vgl. § 10 HGB) der Eintragungen. Erst die Veröffentlichung ermöglicht dem Rechtsverkehr die Kenntnisnahme des Registerinhalts. Aus diesem Grund knüpft § 15 HGB für die Registerpublizität nicht an die Eintragung oder die Bekanntgabe der Eintragung, sondern an deren Veröffentlichung an.[15] Für das Vereins- und Güterrechtsregister, das nur eine eingeschränkte Veröffentlichungspflicht kennt, genügt hingegen die Eintragung in das jeweilige Register (vgl. §§ 68, 1412 Abs. 1 BGB).

11 Da die Veröffentlichung im **öffentlichen Interesse** besteht, können die Beteiligten weder auf diese verzichten noch den Zeitpunkt der Veröffentlichung (s. Rn 20) hinausschieben. Die fehlende oder unrichtige Bekanntmachung führt nicht zur Unwirksamkeit der Eintragung, hat aber nach § 15 Abs. 1 und Abs. 3 HGB materiell-rechtliche Wirkungen. Die Verletzung der Bekanntmachungspflicht kann zu **Amtshaftungsansprüchen** nach Art. 34 GG, § 839 BGB führen.[16]

2. Inhalt der Veröffentlichung

12 Die Bekanntmachung wird vom Richter bzw. Rechtspfleger selbst veranlasst, sofern er diese nicht durch den Urkundsbeamten der Geschäftsstelle verfügt, § 27 Abs. 1 HRV. Weicht der Wortlaut der öffentlichen Bekanntmachung von dem Wortlaut der Eintragung ab, so ist dieser **besonders zu verfügen,** § 27 Abs. 2 S. 2 HRV.

13 In **Handels- und Partnerschaftsregistersachen** werden die Eintragungen grundsätzlich ihrem ganzen Inhalt nach, soweit das Gesetz nichts anderes vorschreibt, veröffentlicht, § 10 S. 2 HGB i. V. m. § 5 Abs. 2 PartGG. Zu Kommanditisten sind keine Angaben in der Bekanntmachung der Eintragung zu machen, §§ 162 Abs. 2, 3, 175 S. 2 HGB. In **Genossenschaftsregistersachen** werden nach § 156 Abs. 1 S. 2 GenG i. V. m. § 10 HGB nur die Errichtung (§ 12 GenG), Satzungsänderungen (§ 16 Abs. 5 GenG), Vorstandsänderungen (§ 28 S. 3 GenG) und Prokuren (§ 41 Abs. 1 S. 3 GenG) veröffentlicht. In **Vereinsregistersachen** wird nur die Ersteintragung unter Angabe von Name, Sitz und Registernummer des Vereins veröffentlicht, nicht jedoch spätere Satzungs- und Vorstandsänderungen, §§ 66 Abs. 1 BGB, 14 VRV. In **Güterrechtsregistersachen** werden alle Eintragungen, auch spätere Änderungen, öffentlich durch schlagwortartige Bezeichnung bekannt gemacht, § 1562 Abs. 1 BGB.[17]

14 Von der Bekanntmachung des Eintragungsinhalts sehen einzelne Vorschriften Einschränkungen und Erweiterungen vor. **Überhaupt nicht bekannt** gemacht werden die Ein-

---

[13] MünchKommZPO/Krafka § 383 FamFG Rn 4.
[14] BT-Drs. 16/6308 S. 286.
[15] MünchKommZPO/Krafka § 383 FamFG Rn 5.
[16] MünchKommBGB/Reuter § 66 Rn 1.
[17] Erman/Heinemann § 1562 Rn 1; MünchKommZPO/Krafka § 383 FamFG Rn 7.

tragung der Eröffnung, Einstellung und Aufhebung eines **Insolvenzverfahrens,** der Sicherungsmaßnahmen nach § 21 Abs. 2 Nr. 1 und Nr. 2 InsO sowie deren Aufhebung, die Anordnung und Aufhebung der Eigenverwaltung und die Anordnung nach § 277 InsO sowie die Überwachung der Erfüllung eines Insolvenzplans und die Aufhebung der Überwachung, da diese Vorgänge bereits vom Insolvenzgericht bekannt gemacht werden, §§ 32 Abs. 2 S. 1 HGB, 102 Abs. 2 GenG.

Eingeschränkt bekannt gemacht wird die Eintragung einer Kommanditgesellschaft. Es erfolgen keine Angaben zu den Kommanditisten und zu deren Zahl, § 162 Abs. 2 HGB. Gleiches gilt für eine Erhöhung oder Herabsetzung der Kommanditeinlage, § 175 S. 2 HGB.

Zusätzlich bekannt zu machen sind, falls entsprechende Mitteilungen vorliegen, der **Unternehmensgegenstand** und die Lage der **Geschäftsräume** bzw. die **inländische Geschäftsanschrift,** § 34 S. 1 und 2 HRV. In der Bekanntmachung ist darauf hinzuweisen, dass keine Gewähr für die Richtigkeit dieser Angaben übernommen wird, § 34 S. 3 HRV. Bei der **Löschung einer Firma,** weil das Unternehmen keinen kaufmännischen Geschäftsbetrieb mehr erfordert, kann auf Antrag des Inhabers der Grund der Löschung erwähnt werden. Bei einem in die Handwerksrolle eingetragenen Unternehmen kann daneben auch auf die fortbestehende **Eintragung in der Handwerksrolle** hingewiesen werden, § 35 HRV.

Eine **erweiterte Bekanntmachung** besteht aus Gläubigerschutzgesichtspunkten nach §§ 225 Abs. 1 S. 2, 321 Abs. 1 S. 2 AktG und § 22 Abs. 1 S. 3 UmwG. Aufgrund europarechtlicher Vorgaben sehen § 61 S. 2 UmwG und § 111 S. 2 UmwG vor, dass das Registergericht in der Bekanntmachung darauf hinzuweisen hat, dass der Verschmelzungsvertrag vor Einberufung der Haupt- oder Vertreterversammlung beim Gericht eingereicht worden ist.

3. Form der Veröffentlichung

Die Veröffentlichungen der Eintragungen in das Handels-, Partnerschafts- und Genossenschaftsregister erfolgen in dem von der Landesjustizverwaltung bestimmten **Informations- und Kommunikationsmedium** (www.handelsregister.de und www.handelsregisterbekanntmachungen.de), §§ 10 S. 1 HGB, 5 Abs. 2 PartGG, 156 Abs. 1 S. 3 GenG. Zusätzlich werden diese Bekanntmachungen auch auf der Internetseite des Unternehmensregisters zugänglich gemacht, § 8 b Abs. 2 Nr. 1 bis 3 HGB. Eintragungen in das Vereins- und Güterrechtsregister werden in dem für seine Bekanntmachungen **bestimmten Blatt** veröffentlicht, §§ 66, 1562 BGB. Eintragungen über die Europäische Gesellschaft (SE), die Europäische Genossenschaft (SCE) und die Europäische wirtschaftliche Interessenvereinigung (EWIV) erfolgen außerdem im **Amtsblatt der Europäischen Union,** vgl. Art. 14, Art. 21 SE-VO i. V. m. § 5 SEAG; Art. 13, Art. 24 SCE-VO i. V. m. § 5 SCEAG; Art. 39 Abs. 2, Art. 11 EWIV-VO i. V. m. § 4 EWIV-AG.[18]

Die Bekanntmachung soll **knapp gefasst** und **leicht verständlich** sein (§ 33 Abs. 1 HRV), das Gericht und der Tag der Eintragung (§§ 33 Abs. 2 HRV, 14 S. 3 VRV) sowie der Tag der Bekanntmachung sind zu bezeichnen (§ 33 Abs. 3 S. 2 HRV), eine Unterschrift ist nicht erforderlich (§§ 33 Abs. 2 HRV, 14 S. 3 VRV). Soweit tunlich, soll das Muster nach Anlage 3 der HRV verwendet werden (§ 33 Abs. 3 S. 1 HRV).

4. Zeitpunkt der Veröffentlichung

Die Veröffentlichung ist **unverzüglich** zu veranlassen, § 32 HRV, § 4 GenRegV, § 14 S. 1 VRV. Die Bekanntmachung wird mit ihrer **nach Tagen geordneten** (§ 10 S. 1 HGB) Einrückung und Abrufbarkeit in das von der Landesjustizverwaltung bestimmte elektronische Informations- und Kommunikationssystem wirksam. Soweit – wie beim Vereins- und Güterrechtsregister der Fall – (noch) keine elektronische Verkündungsplattform besteht, wird die Bekanntmachung an dem Tag, an dem das letzte Bekanntmachungsblatt erschienen ist, wirksam.

---

[18] MünchKommZPO/Krafka § 383 FamFG Rn 9.

5. Sonstige Mitteilungspflichten

21 **Sonstige Mitteilungspflichten** bestehen insbesondere nach § 37 HRV und § 6 PRV gegenüber den berufsständischen Organen, gegenüber dem Amt für amtliche Veröffentlichungen der Europäischen Gemeinschaften in Luxemburg, gegenüber den Finanzbehörden, gegenüber den Verwaltungsbehörden und gegenüber anderen Registergerichten. Diese Mitteilungspflichten sind zusammengefasst in Ziffer XXI/1 bis 6 MiZi (s. auch § 379 Rn 18).[19]

IV. Unanfechtbarkeit der Eintragung (Abs. 3)

1. Allgemeines

22 Die **Eintragung** in das Register ist nicht mit Rechtsbehelfen anfechtbar, was Abs. 3 nunmehr ausdrücklich in Übereinstimmung mit der bisherigen Rechtslage klarstellend anordnet.[20] Die Wirkung der Eintragung als Grundlage der Registerpublizität muss endgültig eintreten und darf nicht durch eine Aufhebung im Beschwerdeverfahren rückgängig gemacht werden. Ansonsten wäre das Vertrauen in die Register für den Rechtsverkehr erheblich eingeschränkt.[21] Die Eintragung kann nur im Wege der **Amtslöschung** nach § 395 beseitigt werden.[22] Als Eintragung im Sinne der Vorschrift ist auch eine **Löschung** anzusehen.[23] Zur Unanfechtbarkeit der Eintragungsverfügung s. § 382 Rn 4.

2. Auslegung

23 Eine **Beschwerde** gegen eine Eintragung ist grundsätzlich nur mit dem Ziel statthaft, das Registergericht zur Einleitung eines Amtslöschungsverfahrens nach § 395 anzuweisen.[24] In der (unzulässigen) Beschwerde gegen eine Eintragung ist allerdings in der Regel die Anregung (§ 24) zur **Einleitung eines Amtslöschungsverfahrens** nach § 395 zu erblicken.[25] Lehnt das AG, bei dem die Beschwerde eingereicht werden muss (§ 64 Abs. 1), die Verfahrenseinleitung ab, so kann das OLG als Beschwerdegericht das AG zur Einleitung eines Amtslöschungsverfahrens anweisen.[26] Das Registergericht ist nach § 68 Abs. 1 verpflichtet, im Rahmen der Abhilfe über die Einleitung eines Amtslöschungsverfahrens zu entscheiden.[27]

3. Statthaftigkeit der Fassungsbeschwerde

24 Obgleich eine ausdrückliche gesetzliche Regelung fehlt, ist nach der Gesetzesbegründung die sog. **Fassungsbeschwerde** weiterhin zulässig.[28] Mit dieser wird nicht etwa der Inhalt einer Eintragung angefochten, sondern eine Verbesserung von deren Verständlichkeit im Interesse des Rechtsverkehrs erstrebt. Auf diesem Wege können etwa Namens-, Firmen- oder Datumsangaben sowie offensichtliche Unrichtigkeiten (§ 17 HRV) berichtigt oder die korrekte Verlautbarung rechtlicher Verhältnisse erreicht werden.[29] Man sollte diesen Rechts-

---

[19] Vgl. Jansen/Steder § 130 Rn 24.
[20] BT-Drs. 16/6308 S. 286; OLG Hamm FGPrax 2010, 322.
[21] MünchKommZPO/Krafka § 383 FamFG Rn 11.
[22] Einhellige Meinung vgl. BT-Drs. 16/6308 S. 286; BGH NJW 1966, 1813 mit Anm. Jansen; OLG Düsseldorf FGPrax 1999, 70; OLG Zweibrücken FGPrax 2002, 132.
[23] MünchKommZPO/Krafka § 383 FamFG Rn 10.
[24] Vgl. zur alten Rechtslage BayObLGZ 1991, 337/339; OLG Zweibrücken FGPrax 2002, 132.
[25] OLG Hamm FGPrax 2010, 322; OLG Köln BeckRS 2011, 07229; OLG München NJW-RR 2011, 622; MünchKommZPO/Krafka § 382 FamFG Rn 13; vgl. zur alten Rechtslage BayObLG NJW-RR 1986, 1161.
[26] OLG Hamm FGPrax 2010, 322.
[27] Krafka/Willer/Kühn Rn 2445.
[28] BT-Drs. 16/6308 S. 286; OLG München MittBayNot 2010, 489/490; Krafka/Willer/Kühn Rn 2442 ff.; für eine Klarstellung durch den Gesetzgeber plädiert Holzer § 383 Rn 10.
[29] BT-Drs. 16/6308 S. 286; OLG Hamm FGPrax 2010, 143; vgl. die Aufzählung typischer Fälle bei Holzer ZNotP 2008, 138/148 ff.; Bumiller/Harders § 383 Rn 5; MünchKommZPO/Krafka § 383 FamFG Rn 12.

behelf zutreffender als **Berichtigungsantrag** bezeichnen.[30] Dieser bedarf lediglich der Form des § 23, nicht aber der Form einer Registeranmeldung nach § 12 HGB, §§ 77, 1560 S. 2 BGB.[31] Der Antrag ist nur zulässig, wenn er auf eine Berichtigung oder Klarstellung in dem vorgenannten Sinn und nicht etwa auf eine inhaltliche Änderung gerichtet ist.[32] Liegen die Voraussetzungen für eine Berichtigung vor, so muss das Gericht die Eintragung vornehmen, es hat keinen Ermessensspielraum.[33] Wird dieser Antrag durch Beschluss zurückgewiesen, so ist gegen diese Endentscheidung die reguläre Beschwerde nach § 58 statthaft.

Von Amts wegen vorzunehmende Eintragungen

384 (1) **Auf Eintragungen von Amts wegen sind § 382 Abs. 1 Satz 2 und Abs. 2 sowie § 383 entsprechend anwendbar.**

(2) **Führt eine von Amts wegen einzutragende Tatsache zur Unrichtigkeit anderer in diesem Registerblatt eingetragener Tatsachen, ist dies von Amts wegen in geeigneter Weise kenntlich zu machen.**

I. Eintragungen von Amts wegen (Abs. 1)

1. Normzweck

Die Vorschrift erklärt die §§ 382 und 383 für von Amts wegen vorzunehmende Eintragungen für entsprechend anwendbar. Damit wird erstmals **klargestellt,** welche Verfahrensbestimmungen für amtswegige Eintragungen gelten. Nicht anwendbar ist § 382 Abs. 4, so dass der Erlass einer Zwischenverfügung in amtswegigen Verfahren ausscheidet.[1] 1

2. Allgemeines

Eintragungen in die Register erfolgen im Regelfall nur auf Antrag, der im Register- 2 verfahren auch als Anmeldung bezeichnet wird. Nur ausnahmsweise und nur in den vom **Gesetz ausdrücklich angeordneten Fällen** darf das Registergericht eine Eintragung von Amts wegen vornehmen. Unter Eintragungen sind auch Löschungen zu verstehen. Eingeleitet wird ein solches Verfahren regelmäßig von Amts wegen auf Anregung (§ 24) oder Mitteilung (§ 379) hin, es gelten die allgemeinen Vorschriften, § 12 HGB ist nicht anwendbar.[2] Das Gericht hat den Sachverhalt von Amts wegen zu ermitteln, § 26.[3] Da es sich bei einer Amtslöschung (s. §§ 393 ff.) um einen besonders **gravierenden Eingriff** in die privaten Rechte und Rechtsverhältnisse handelt,[4] scheidet eine analoge oder erweiternde Auslegung der Amtslöschungsbefugnisse aus.[5] Soweit eine gesetzliche Grundlage zur Vornahme einer amtswegigen Löschung nicht besteht, kann das Registergericht eine Löschung bei Vorliegen der sonstigen Voraussetzungen nur im Zwangsgeldverfahren durchsetzen.[6]

3. Beispiele

Die **wichtigsten von Amts wegen vorzunehmenden Eintragungen** sind 3
- die Löschung einer Firma bzw. eines Partnerschaftsnamens nach § 393;
- die Löschung vermögensloser Gesellschaften und Genossenschaften nach § 394;

---

[30] Zustimmend OLG München MittBayNot 2010, 489/490; BeckOK/Munzig § 383 Rn 31; MünchKommZPO/Krafka § 383 FamFG Rn 12 bezeichnet ihn als „Korrekturantrag"; wenig überzeugend Holzer ZNotP 2008, 138/139, der die Fassungsbeschwerde als eine „besondere Variante" der Beschwerde begreift.
[31] OLG Hamm FGPrax 2010, 143; OLG München MittBayNot 2010, 489/490.
[32] Zustimmend OLG Hamm FGPrax 2010, 143; OLG München MittBayNot 2010, 489/490; Bassenge/Roth/K. Walter § 383 Rn 4; Bumiller/Harders § 383 Rn 5; MünchKommZPO/Krafka § 383 FamFG Rn 12.
[33] OLG Hamm FGPrax 2010, 143/144.
[1] OLG Hamm FGPrax 2010, 143.
[2] Bassenge/Roth/K. Walter § 384 Rn 3.
[3] OLG Hamm FGPrax 2010, 143.
[4] Vgl. OLG Düsseldorf FGPrax 2006, 226.
[5] MünchKommZPO/Krafka § 384 FamFG Rn 1.
[6] MünchKommZPO/Krafka § 384 FamFG Rn 1.

- die Löschung unzulässiger Eintragungen nach § 395;
- die Löschung nichtiger Gesellschaften und Genossenschaften nach § 397;
- die Löschung nichtiger Beschlüsse nach § 398;
- die Eintragung der Auflösung einer Gesellschaft wegen Mangels der Satzung nach § 399;
- die Eintragung der Auflösung einer AG oder einer KGaA durch gerichtliches Urteil (§ 398 S. 2 AktG);
- die Eintragung des Entzugs der Rechtsfähigkeit eines Vereins nach Anzeige der zuständigen Behörde (§ 74 Abs. 3 BGB);
- die Eintragung des Verbots von Gesellschaften, Genossenschaften und Vereinen nach dem VereinsG;
- die Eintragung gerichtlich bestellter Geschäftsführer, Vorstände, Liquidatoren und Abwickler sowie die Eintragung von deren Abberufung (§§ 34 Abs. 4, 148 Abs. 2 HGB; § 266 Abs. 4 AktG; § 67 Abs. 4 GmbHG; § 67 BGB);
- Widerruf der Erlaubnis für den Geschäftsbetrieb eines VVaG (§ 87 Abs. 5 S. 2 VAG);
- Aufhebung oder Erlöschen der Erlaubnis ein Kreditinstitut zu betreiben (§ 38 Abs. 1 S. 3 KWG);
- die Eintragung aufgrund der Eröffnung von Insolvenzverfahren bzw. aufgrund der Ablehnung der Eröffnung mangels Masse (§ 31 InsO; §§ 32 S. 1, 143 Abs. 1 S. 3 HGB; § 75 BGB; § 263 S. 3 AktG; § 65 Abs. 1 S. 3 GmbHG; § 82 i. V. m. § 81a Abs. 1 Nr. 1 GenG);
- die Löschung des Rechtsträgers nach Sitzverlegung im bisherigen Register (§ 13h Abs. 2 S. 6 HGB, § 45 Abs. 2 S. 7 AktG);
- Erlöschen der Firma eines Einzelkaufmanns nach Ausgliederung des Unternehmens (§ 155 S. 2 UmwG).

4. Wirksamkeit der Eintragung

4   Die amtswegige Eintragung wird mit ihrem Vollzug im Register wirksam, § 382 Abs. 1 S. 2. Soweit die Amtseintragung lediglich **deklaratorische Bedeutung** hat, weil die Rechtswirkung schon mit Rechtskraft des Feststellungsbeschlusses nach § 399 Abs. 2 (vgl. § 60 Abs. 1 Nr. 6 GmbHG; § 262 Abs. 1 Nr. 5 AktG) oder mit der Bestandskraft der behördlichen Entscheidung eintritt, hat die Registereintragung lediglich im Rahmen der Publizitätswirkung nach § 15 HGB, §§ 68, 1412 BGB Bedeutung.[7]

5. Vollzug der Eintragung

5   Für den Vollzug der Eintragung ist § 382 Abs. 2 entsprechend anwendbar (s. § 382 Rn 5 ff.). Im Übrigen bestimmen die einzelnen **Registerverordnungen** für Amtsverfahren, dass Eintragungen mit dem Zusatz „von Amts wegen eingetragen" (§§ 19 Abs. 2 S. 1 HRV, 10 Abs. 4 S. 3 VRV) und Löschungen mit dem Zusatz „von Amts wegen gelöscht" (§§ 19 Abs. 1 HRV, 11 Abs. 3 VRV) zu versehen sind. Dies gilt nicht für die amtswegige Eintragung von Insolvenzeröffnungsvermerken etc. nach §§ 32 S. 1, 143 Abs. 1 S. 2 HGB (§§ 19 Abs. 2 S. 2 HRV, 10 Abs. 4 S. 4 VRV).

6. Bekanntgabe der Eintragung

6   Eine amtswegige Eintragung ist den Beteiligten entsprechend § 383 Abs. 1 bekannt zu geben (s. § 383 Rn 2 ff.). Der Kreis der Beteiligten bestimmt sich **nach Maßgabe von § 7 Abs. 2 Nr. 1** für das jeweilige Verfahren. Im Amtslöschungsverfahren nach §§ 393 ff. sind Beteiligte der betroffene Rechtsträger und seine organschaftlichen Vertreter (s. § 395 Rn 30). Im Falle der Eintragung eines Insolvenzvermerks nach § 32 HGB ist der Rechtsträger beteiligt, **nicht** aber der **Prokurist,** dessen entfallene Vertretungsmacht nach § 384 Abs. 2 berichtigt wird. Die Eintragung hat lediglich deklaratorischen Charakter und führt zu keiner weitergehenden Rechtsbeeinträchtigung des Prokuristen.[8]

---

[7] MünchKommZPO/Krafka § 384 FamFG Rn 5.
[8] Wie hier BeckOK/Munzig § 384 FamFG Rn 9; anders MünchKommZPO/Krafka § 384 FamFG Rn 7, der die Rechtsbeeinträchtigung mit der Publizitätswirkung des § 15 HGB begründet.

7. Veröffentlichung der Eintragung

Die amtswegige Eintragung ist ebenso wie eine auf Antrag erfolgende Eintragung zu veröffentlichen, § 383 Abs. 2. Es gelten die Ausführungen zu § 383 Rn 10 ff. Allerdings sind **Ausnahmebestimmungen** des materiellen Rechts zu beachten. So schließt § 32 Abs. 2 S. 1 HGB die öffentliche Bekanntmachung ausdrücklich aus, weil die Eröffnung des Insolvenzverfahrens bereits anderweitig nach §§ 9, 23 Abs. 1, 30 Abs. 1, 277 Abs. 3 S. 1 InsO veröffentlicht worden ist und eine nochmalige Veröffentlichung überflüssig erscheint.[9] Erfordert die Eintragung nach § 32 S. 1 HGB jedoch die Berichtigung anderer Eintragungen auf demselben Registerblatt nach Abs. 2, z. B. die Kennzeichnung des Erlöschens einer Prokura, so ist diese Berichtigung zu veröffentlichen.[10]

8. Unanfechtbarkeit der Eintragung

Eine amtswegige Eintragung ist mit Rechtsmitteln **nicht anfechtbar**, § 383 Abs. 3. Die mit der Eintragung einhergehende Publizitätswirkung soll zum Schutz des Rechtsverkehrs nicht durch eine nachträgliche Anfechtung und Rückgängigmachung der Eintragung entwertet werden. Deshalb sieht das Gesetz besondere Rechtsbehelfe, wie den Widerspruch im Löschungs- und Auflösungsverfahren bzw. die verwaltungsrechtlichen Rechtsbehelfe gegen behördliche Entscheidungen vor, mit denen eine amtswegige Eintragung im Vorfeld angefochten werden kann.[11] Soweit eine amtswegige Eintragung zu Unrecht erfolgt ist, kann eine entsprechende Beschwerde hiergegen als **Anregung zur Einleitung eines Löschungsverfahrens** nach § 395 ausgelegt werden.[12]

9. Kosten und Gebühren

Für die aus Anlass eines **Insolvenzverfahrens** von Amts wegen vorzunehmenden Eintragung werden nach § 87 Nr. 1 KostO keine Gebühren erhoben. Für die **Löschung unzulässiger Eintragungen nach § 395** werden ebenfalls keine Gebühren erhoben, § 88 Abs. 1 KostO. Etwaige Auslagen bleiben ebenfalls außer Ansatz.[13] In allen **Amtslöschungsverfahren** wird für die Zurückweisung des Widerspruchs gegen eine angedrohte Löschung in den Fällen der §§ 393 bis 398 und für die Zurückweisung des Widerspruchs gegen eine Aufforderung nach § 399 die doppelte Gebühr erhoben, § 88 Abs. 2 S. 1 KostO.

II. Berichtigung von Amts wegen (Abs. 2)

1. Normzweck

Abs. 2 entspricht inhaltlich § 144 c FGG,[14] der erst durch das Gesetz über elektronische Handelsregister und Genossenschaftsregister sowie über das Unternehmensregister (EHUG) v. 10. 11. 2006 (BGBl. I S. 2553) eingefügt worden war. Die Vorschrift bezweckt zum **Schutze der Allgemeinheit** eine Richtigstellung des Registers und dient mittelbar auch zur **Abwendung von Amtshaftungsansprüchen** wegen unrichtiger Registerführung.

2. Allgemeines

Eintragungen von Amts wegen erfolgen nur in den ausdrücklich vom Gesetz angeordneten Fällen (s. Rn 2) und haben meist nur einen deklaratorischen Inhalt. Dennoch besteht die Gefahr, dass eine amtswegige Eintragung im **Widerspruch zu anderen Eintragungen** auf demselben Registerblatt steht. Als Beispiel nennt der Gesetzgeber die amtswegige Eintragung der Eröffnung des Insolvenzverfahrens: die durch die Insolvenzeröffnung eintretende Auflösung der Kapitalgesellschaft führt dazu, dass an die Stelle der bisherigen Vertre-

---

[9] MünchKommZPO/Krafka § 384 FamFG Rn 8.
[10] MünchKommZPO/Krafka § 384 FamFG Rn 8.
[11] MünchKommZPO/Krafka § 384 FamFG Rn 9.
[12] KG FGPrax 2006, 225; OLG Düsseldorf NJW-RR 1999, 1053; MünchKommZPO/Krafka § 384 FamFG Rn 9.
[13] Anders Korintenberg/Lappe § 88 Rn 2.
[14] BT-Drs. 16/6308 S. 286.

tungsorgane die Liquidatoren treten, die eine möglicherweise abweichende Vertretungsberechtigung besitzen;[15] etwa erteilte Prokuren erlöschen automatisch mit der Eröffnung des Insolvenzverfahrens, § 117 Abs. 1 InsO.[16] Da das elektronische Handels- und Genossenschaftsregister sowie der aktuelle Ausdruck aus den elektronischen Registern keine chronologische, sondern eine aktuelle Darstellung des Registerinhalts aufweisen (vgl. § 30 a Abs. 4 S. 3 HRV), bestand die Gefahr, dass die kraft Gesetzes eintretenden Änderungen nicht erkenntlich sind und der Registerinhalt unrichtig wird.[17]

12   Die amtswegige Berichtigung nach Abs. 2 ist von der bloßen **Berichtigung** von Schreibfehlern und anderen **offensichtlichen Unrichtigkeiten** zu unterscheiden (vgl. §§ 17 HRV, 24 GenRegV, 12 VRV). Diese sind Ausdruck des allgemeinen Rechtsgrundsatzes, dass offensichtliche Unrichtigkeiten, die auf einem Versehen des Registergerichts beruhen, jederzeit korrigiert werden können, vgl. § 42. Wird ein Berichtigungsantrag zurückgewiesen, ist hiergegen die Beschwerde statthaft (sog. Fassungsbeschwerde, s. § 383 Rn 24).[18]

3. Vorliegen einer Eintragung von Amts wegen

13   Die Kenntlichmachungspflicht nach Abs. 2 besteht nur, wenn eine **amtswegige Eintragung bzw. Löschung vorangegangen** ist. In Betracht kommen hier vor allem Löschungen nach §§ 395, 397 ff. und Eintragungen von Insolvenzeröffnungen nach §§ 32 HGB, 65 Abs. 1 S. 2 GmbHG. Unerheblich ist, dass die Eintragung von einem Dritten angeregt oder von einem berufsständischen Organ beantragt worden ist.[19] Führt eine anmeldepflichtige Eintragung zur Unrichtigkeit einer anderen eingetragenen Tatsache, so muss diese nach §§ 388 ff. erzwungen werden.[20]

4. Unrichtigkeit desselben Registerblatts

14   Die amtswegige Eintragung muss zu einer Unrichtigkeit auf demselben Registerblatt führen. Es genügt, wenn erst die Amtseintragung zur Unrichtigkeit einer vorherigen Eintragung führt.[21] Nicht ausreichend ist allerdings, dass sich die Unrichtigkeit auf ein anderes Registerblatt auswirkt.[22] Solchen Unrichtigkeiten muss mittels Zwangsgeldverfahren oder durch ein weiteres Amtslöschungsverfahren begegnet werden.[23] Durch die Kenntlichmachung soll aber **keine Rückgängigmachung** etwaiger weiterer Eintragungen, die sich nachträglich als fehlerhaft erweisen, deren Unrichtigkeit aber nicht evident feststeht, einhergehen. Die Amtslöschung eines **ex tunc** amtsunfähigen GmbH-Geschäftsführers hat nicht die Kenntlichmachung aller von ihm beantragten Eintragungen als unrichtig zur Folge. Allenfalls ist die Einleitung eines weiteren Amtslöschungsverfahrens zu prüfen.[24]

5. Beispiele

15   Im Falle der Insolvenzeröffnung erlöschen kraft Gesetzes die erteilten **Prokuren**, § 117 Abs. 1 InsO.[25] Wird die Eröffnung des Insolvenzverfahrens mangels Masse abgelehnt, so ist die Gesellschaft kraft Gesetzes aufgelöst (vgl. z. B. §§ 60 Abs. 1 Nr. 5 GmbHG, 131 Abs. 2 HGB), an die Stelle der bisherigen Vertretungsorgane treten die **Liquidatoren** bzw. **Abwickler,** die kraft Gesetzes über eine andere allgemeine **Vertretungsberechtigung** verfügen können (vgl. z. B. §§ 150 Abs. 1 HGB, 68 Abs. 1 S. 2 GmbHG, 269 Abs. 2 S. 1 AktG).[26]

---

[15] BT-Drs. 16/960 S. 53; ebenso BGH NJW-RR 2007, 1261.
[16] BT-Drs. 16/960 S. 53.
[17] BT-Drs. 16/960 S. 54; MünchKommZPO/Krafka § 384 FamFG Rn 10; vgl. aber LG Leipzig ZIP 2007, 1381, das auf die Möglichkeit eines chronologischen Ausdrucks verweist.
[18] OLG Hamm FGPrax 2010, 143.
[19] Bassenge/Roth/K. Walter § 384 Rn 1
[20] BeckOK/Munzig § 384 Rn 13.
[21] MünchKommZPO/Krafka § 384 FamFG Rn 11.
[22] Bassenge/Roth/K. Walter § 384 Rn 4.
[23] BeckOK/Munzig § 384 Rn 14.
[24] Krafka/Willer/Kühn Rn 450 b; MünchKommZPO/Krafka § 384 FamFG Rn 12.
[25] BT-Drs. 16/960 S. 53; MünchKommZPO/Krafka § 384 FamFG Rn 13.
[26] Krafka/Willer/Kühn Rn 450 c, 450 d; MünchKommZPO/Krafka § 384 FamFG Rn 13, 14.

6. Art und Weise der Kenntlichmachung

Umstritten ist, auf welche Weise das Registergericht die Unrichtigkeit der Eintragungen **16** zu kennzeichnen hat.[27] Einigkeit herrscht lediglich insoweit, dass das Registergericht **keine Ermittlungspflicht** (§ 26) hinsichtlich der richtigen Eintragung trifft.[28] So hat es im Falle einer unrichtigen allgemeinen Vertretungsregelung keinesfalls die richtige Vertretungsregelung zu ermitteln, sondern lediglich zu kennzeichnen, dass die bisherige Eintragung unrichtig geworden ist.[29] Die Eintragung der richtigen Rechtslage ist notfalls im Zwangsgeldverfahren zu erzwingen.

Zum Teil wird vertreten, dass das Registergericht nur einen **negativen Hinweisver- 17 merk** eintragen dürfe, wonach die unrichtige Eintragung nicht mehr aktuell sei.[30] Ein solcher Vermerk ist nach gegenteiliger Auffassung missverständlich, so dass auch die Eintragung einer **positiven Berichtigung** möglich sei, z.B. durch Widergabe der allgemeinen gesetzlichen Vertretungsregelung und durch Eintragung der bisherigen Vertreter mit ihrer neuen Funktion (z. B. als Liquidator oder Abwickler).[31]

Mit Rücksichtnahme auf den Sinn und Zweck der Vorschrift, die in erster Linie das **18** Vertrauen des Rechtsverkehrs in die Richtigkeit der Register schützen soll, **scheidet eine positive Berichtigung** der Rechtslage **aus**, da das Registergericht nur in seltenen Fällen den richtigen Eintragungsinhalt kennt. Aus der weiteren Funktion der Berichtigung, nämlich etwaige Amtshaftungsansprüche gegen den Staat zu verhindern, kann man die Kenntlichmachung i. S. des Abs. 2 am ehesten mit dem **Widerspruch** nach § 53 GBO vergleichen, der ebenfalls keine positive Berichtigung ermöglicht. In jedem Fall ist die Eintragung mit dem Zusatz „von Amts wegen eingetragen" zu versehen (vgl. §§ 19 Abs. 2 S. 1 HRV, 10 Abs. 4 S. 3 VRV).

7. Verfahren

In seinem Anwendungsbereich verdrängt Abs. 2 nicht § 395, dieser bleibt weiterhin **19** anwendbar.[32] Es handelt sich bei Abs. 2 jedoch um ein **Annexverfahren,** das sich an eine amtswegige Eintragung anschließt,[33] so dass auf dessen Rechtsfolge im Hauptverfahren hingewiesen werden sollte. Die Berichtigung nach Abs. 2 erfolgt ebenfalls von Amts wegen, die Erzwingung mittels Zwangsgeld ist in diesem Fall ausgeschlossen.[34] Im Übrigen gelten für das Verfahren die Bestimmungen des Abs. 1 in gleicher Weise, so dass die Berichtigung den Beteiligten bekannt zu geben und zu veröffentlichen ist.[35]

8. Verletzung der Berichtigungspflicht

Unterlässt das Registergericht eine gebotene Berichtigung und entsteht hierdurch einem **20** Beteiligten ein Schaden, so kommt eine **Amtshaftung** nach Art. 34 GG, § 839 BGB in Betracht.

9. Kosten und Gebühren

Bei der Berichtigung nach Abs. 2 handelt es sich um ein **gebührenfreies Neben- 21 geschäft** (§ 35 KostO), für das auch dann keine Gebühren erhoben werden dürfen, wenn das Hauptgeschäft nach § 87 oder § 88 KostO gebührenfrei ist.

---

[27] Vgl. Bumiller/Harders § 384 Rn 3; MünchKommZPO/Krafka § 384 FamFG Rn 15.
[28] BT-Drs. 16/960 S. 54.
[29] Krafka/Willer/Kühn Rn 450 e.
[30] Bassenge/Roth/K. Walter § 384 Rn 4; Ries Rpfleger 2006, 233/236.
[31] Krafka/Willer/Kühn Rn 450 e, 450 f; MünchKommZPO/Krafka § 384 FamFG Rn 15; für eine positive Berichtigung, wenn keine weiteren Ermittlungen anzustellen sind und die Tatsache offenkundig ist BeckOK/Munzig § 384 FamFG Rn 17.
[32] Offengelassen von LG Leipzig ZIP 2007, 1381; anders MünchKommZPO/Krafka § 384 FamFG Rn 15.
[33] Anders BeckOK/Munzig § 384 FamFG Rn 16.
[34] LG Leipzig ZIP 2007, 1381.
[35] MünchKommZPO/Krafka § 384 FamFG Rn 16.

§ 385 1–4   Abschnitt 3. Registersachen

Einsicht in die Register

385 Die Einsicht in die in § 374 genannten Register sowie die zum jeweiligen Register eingereichten Dokumente bestimmt sich nach den besonderen registerrechtlichen Vorschriften sowie den aufgrund von § 387 erlassenen Rechtsverordnungen.

I. Normzweck

1   Die Vorschrift dient der **Klarstellung,** dass für die Einsicht in die in § 374 genannten Register sowie in die zu den Registern eingereichten Dokumente nicht die allgemeine Vorschrift des § 13 gilt, die nur ein eingeschränktes Recht auf Akteneinsicht gewährt,[1] sondern die „besonderen registerrechtlichen Vorschriften" des materiellen Rechts sowie ergänzend die hierzu aufgrund von § 387 ergangenen Rechtsverordnungen maßgeblich sind.[2] Eine **einheitliche Regelung** der Registereinsicht im FamFG ist wegen der Vielgestaltigkeit der Möglichkeit zur Einsichtnahme **unterblieben** und in den Detailregelungen der Spezialgesetze verblieben.[3] Diese Auffassung ist zu recht kritisiert worden, eine einheitliche Vorschrift für alle Register wäre sinnvoll und ohne großen Regelungsaufwand möglich gewesen.[4]

II. Einsichtnahme in die Register

1. Rechtsgrundlagen

2   Die Einsichtnahme in das **Handelsregister** regelt § 9 HGB, die Einsichtnahme in das **Genossenschafts- und Partnerschaftsregister** regeln § 156 Abs. 1 GenG bzw. § 5 Abs. 2 PartGG jeweils unter Verweisung auf § 9 HGB. Die Einsicht in das **Vereinsregister** ist in § 79 BGB normiert, die Einsicht in das **Güterrechtsregister** in § 1563 BGB. Ergänzende Vorschriften aufgrund der Ermächtigung des § 387 enthalten §§ 10, 30 ff., 52 f. HRV für das Handelsregister, die über § 1 GenRegV und § 1 PRV auch für das Genossenschafts- und Partnerschaftsregister gelten. Für das Vereinsregister finden sich Ausführungsbestimmungen in den §§ 16 f., 31 f., 33, 36 VRV.

2. Zuständigkeit

3   Für die Gewährung der Einsichtnahme in die einzelnen Register ist der **Urkundsbeamte** der Geschäftsstelle zuständig (§§ 10 HRV, 16 VRV; s. § 377 Rn 26),[5] sofern die Einsichtnahme nicht selbsttätig durch automatisierten Abruf erfolgt (s. Rn 11). Hat der Rechtspfleger anstelle des Urkundsbeamten gehandelt, so ist dies nach § 8 Abs. 5 RPflG unschädlich.[6] Wird die Einsichtnahme vom Urkundsbeamten verweigert, so ist hiergegen die Erinnerung statthaft, über die der Rechtspfleger entscheidet.[7] Erst gegen seine Entscheidung ist die **Beschwerde** nach § 58 eröffnet, § 29 Abs. 2 HRV.

3. Voraussetzung und Umfang der Einsichtnahme

4   Die Einsicht in das Handels-, Genossenschafts-, Partnerschafts- und Vereinsregister ist **jedermann,** ohne dass es des Nachweises eines berechtigten Interesses bedürfte,[8] gestattet (vgl. §§ 9 Abs. 1 HGB, 79 Abs. 1 BGB). Hilfskräfte (z. B. Angestellte eines Notars oder Rechtsanwalts) können also auch ohne besondere Bevollmächtigung die Register einsehen.[9]

---

[1] BJS/Müther § 375 Rn 1.
[2] BT-Drs. 16/6308 S. 287.
[3] BT-Drs. 16/6308 S. 287.
[4] MünchKommZPO/Krafka § 385 FamFG Rn 1; a. A. BeckOK/Munzig § 385 FamFG Rn 3.
[5] BGH NJW 1989, 2818.
[6] OLG Hamm FGPrax 2007, 34.
[7] OLG Hamm FGPrax 2007, 34/35; Bassenge/Roth/Roth § 4 RPflG Rn 17.
[8] OLG Hamm NJW-RR 1991, 1256; OLG Köln NJW-RR 1991, 1255; MünchKommBGB/Reuter § 79 Rn 2; MünchKommHGB/Krafka § 9 Rn 5.
[9] Schmidt-Kessel/Leutner § 9 HGB Rn 3.

Allerdings wird das Einsichtsrecht (insbesondere in die elektronisch geführten Register) **nicht schrankenlos** gewährt, wie sich aus § 9 Abs. 1 HGB und § 79 Abs. 3 BGB ergibt, wonach die Einsicht „nur zu Informationszwecken" gestattet ist bzw. verwendet werden darf. Ausgeschlossen werden soll hiermit die **rechtsmissbräuchliche Einsichtnahme,** die zur Verfolgung unlauterer oder rechtswidriger Zwecke dient,[10] wozu insbesondere die Einsicht zur Sabotage oder zur kommerziellen Auswertung der Registerdaten zu rechnen ist.[11] Das Informationsbedürfnis kann ein eigenes oder ein fremdes sein[12] und muss nicht nachgewiesen werden. Vielmehr trifft das Registergericht eine Begründungspflicht, wenn es die Einsichtnahme mangels Informationsbedürfnisses verwehren will.

Die gleichzeitige oder aufeinanderfolgende Einsicht in mehrere Register und Registerinhalte ist ebenso zulässig wie die **mehrfache Einsicht** desselben Registerblattes.[13] 5

Das umfassende Einsichtsrecht besteht, sobald die **Eintragung** in das Register **abgeschlossen** ist.[14] Davor kommt allenfalls eine Einsichtnahme in die eingereichten Dokumente (s. Rn 12 ff.) oder in die Registerakte nach Maßgabe des § 13 (s. Rn 21) in Betracht.[15] 6

4. Art und Weise der Einsichtnahme

Die **Präsenzeinsicht** in die Register wird auf der Geschäftsstelle des Registergerichts während der Dienststunden gewährt (§§ 10 Abs. 1 HRV, 16 Abs. 1 S. 1 VRV). Ein Anspruch auf telefonische Auskunft durch die Geschäftsstelle besteht nicht.[16] Sofern das Register noch in Papierform geführt wird (was nur noch teilweise beim Vereinsregister und umfassend beim Güterrechtsregister der Fall ist), geschieht die Einsicht durch Vorlage des Loseblatt-Registers. 7

Beim **elektronisch** geführten Handels-, Genossenschafts- und Partnerschaftsregister sowie beim Vereinsregister erfolgt die **Präsenzeinsicht** über ein EDV-Datensichtgerät oder einen aktuellen oder chronologischen Ausdruck (§§ 10 Abs. 2 S. 1 HRV, 31 S. 1 VRV). Die Selbstbenutzung des Datensichtgeräts kann dem Einsichtnehmenden gestattet werden (§§ 10 Abs. 2 S. 2 HRV, 31 S. 2 VRV). 8

Neben der Möglichkeit, sich vom Registergericht Abschriften und Ausdrucke aus den Registern erteilen zu lassen (s. Rn 10, 22), darf der Einsichtnehmende **selbst** Abschriften und Ablichtungen von der Einsichtnahme **herstellen.** Er darf hierzu auch technische Reproduktionsgeräte verwenden.[17] 9

Daneben besteht die Möglichkeit, sich die Einsicht durch **Übersendung** einer **einfachen** oder **beglaubigten Abschrift** aus dem Vereins- oder Güterrechtsregister (§ 17 VRV; für das Handelsregister gilt § 30 HRV) bzw. eines **einfachen** (§§ 30 a Abs. 1 HRV, 32 Abs. 1 VRV) oder **amtlichen Ausdrucks** (§§ 30 a Abs. 3 HRV, 32 Abs. 1, 2 VRV; dieser steht einer beglaubigten Abschrift gleich und fungiert als öffentliche Urkunde) aus dem elektronischen Handels-, Genossenschafts-, Partnerschafts- oder Vereinsregister gewähren zu lassen. Soweit der Antragsteller nicht ausdrücklich einen **chronologischen Ausdruck** verlangt, erhält er lediglich einen **aktuellen Ausdruck,** der die geröteten Eintragung nicht ausweist (§§ 30 a Abs. 4 S. 5, 6 HRV, 32 Abs. 3 VRV). Bei elektronischer Registerführung kann der Ausdruck auch **elektronisch übermittelt** werden, ggf. unter Hinzufügung einer qualifizierten elektronischen Signatur (§§ 30 a Abs. 5 HRV, 32 Abs. 4 VRV). 10

Schließlich können die Registerinhalte auch im Wege des **automatisierten Datenabrufs** eingesehen werden, § 9 Abs. 1 HGB i. V. m. §§ 52 f. HRV; § 79 Abs. 2 bis 5 BGB i. V. m. §§ 33, 36 VRV. Die Fertigung von Abdrucken ist zulässig, allerdings stehen die Abdrucke nicht den Ausdrucken des Registergerichts gleich, §§ 52 S. 2 HRV, 33 S. 2, 3 VRV. 11

---

[10] OLG Köln NJW-RR 1991, 1255.
[11] BT-Drs. 14/6855 S. 17; BT-Drs. 14/7348 S. 28; BGH NJW 1989, 2818; MünchKommZPO/Krafka § 385 FamFG Rn 2; a. A. OLG Hamm NJW-RR 1991, 1256; Bahrenfuss/Steup § 385 Rn 2; Schmidt-Kessel/Leutner § 9 HGB Rn 5.
[12] BT-Drs. 16/960 S. 42; BT-Drs. 14/7348 S. 28; Jansen/Steder § 125 Rn 146.
[13] OLG Köln NJW-RR 1991, 1255; Jansen/Steder § 125 Rn 147.
[14] MünchKommZPO/Krafka § 385 FamFG Rn 4.
[15] Krafka/Willer/Kühn Rn 52.
[16] Bahrenfuss/Steup § 385 Rn 7.
[17] OLG Dresden NJW 1997, 667; Jansen/Steder § 125 Rn 148.

III. Einsichtnahme in eingereichte Dokumente

1. Rechtsgrundlagen

12 Die Einsichtnahme in die zum **Handelsregister** eingereichten Dokumente regelt § 9 HGB, auf den wiederum § 156 Abs. 1 GenG bzw. § 5 Abs. 2 PartGG für das **Genossenschafts- und Partnerschaftsregister** verweisen. Die Einsicht in die zum **Vereinsregister** eingereichten Schriftstücke ist in § 79 BGB normiert, die Einsicht in die zum **Güterrechtsregister** eingereichten Schriftstücke, auf die in der Eintragung Bezug genommen wird, wird aus § 1563 BGB abgeleitet.[18] Ergänzende Vorschriften aufgrund der Ermächtigung des § 387 FamFG enthalten §§ 10, 30 ff., 52 f. HRV für das Handelsregister, die über § 1 GenRegV und § 1 PRV auch für das Genossenschafts- und Partnerschaftsregister gelten. Für das Vereinsregister finden sich Ausführungsbestimmungen in den §§ 16 f., 31 f., 33, 36 VRV.

2. Zuständigkeit

13 Für die Einsichtnahme in die zum Register eingereichten Dokumente ist ebenfalls der **Urkundsbeamte** der Geschäftsstelle zuständig.

3. Voraussetzung und Umfang der Einsichtnahme

14 Hinsichtlich des Einsichtsrechts sind die zum Register eingereichten Dokumente i. S. des § 9 Abs. 1 HGB bzw. des § 79 Abs. 1 BGB von anderen Unterlagen und Schriftstücken, die Aktenbestandteil geworden sind, abzugrenzen. Beim **Handels-, Genossenschafts- und Partnerschaftsregister** werden die eingereichten Dokumente, die jedermann einsehen kann, in den **Registerordner** (§ 9 HRV) eingestellt, während alle anderen Schriftstücke, Dokumente und Unterlagen in die **Registerakte** (§ 8 HRV) genommen werden. Die Registerakte kann nur unter den Voraussetzungen des § 13 eingesehen werden (s. Rn 21).

15 Für das **Vereinsregister** kann gleichermaßen verfahren werden, indem die eingereichten Schriftstücke in einem **besonderen Aktenband** zusammengefasst werden, während die übrigen Dokumente, die nur nach Maßgabe von § 13 eingesehen werden können (s. Rn 21), in der **Registerakte** geführt werden, vgl. § 7 Abs. 1 S. 1, 2 VRV. Zusätzlich ist ein alphabetisches Namensverzeichnis einzurichten (§ 1 Abs. 2 VRV), das elektronisch geführt werden kann, § 8 VRV.

16 **Beispiele** für Dokumente, die dem Einsichtsrecht nach §§ 9 Abs. 1 HGB, 79 Abs. 1 BGB unterliegen sind
- alle Unterlagen, die Grundlage eines mit der Eintragung abgeschlossenen Verfahrens sind, also Anmeldungen nebst den beigefügten Anlagen, wie Versicherungen der Geschäftsführer bzw. des Vorstandes, Beschlüsse, Übernahmeerklärungen, Umwandlungs- und Unternehmensverträge, Sachgründungsberichte,[19] Werthaltigkeitsnachweise, Einzahlungsnachweise,[20] Gründungsprüferberichte, Satzungen, Bilanzen, Erbscheine etc.;
- die Liste der Gesellschafter (§ 40 Abs. 1 GmbHG), die notariell bescheinigte Gesellschafterliste (§ 40 Abs. 2 GmbHG);[21]
- die Liste der Übernehmer von neuen Geschäftsanteilen (§ 57 Abs. 3 Nr. 2 GmbHG);
- die notariell bescheinigte Satzung nach § 54 Abs. 1 S. 2 GmbHG.

17 **Beispiele** für Dokumente, die nur mittels des **allgemeinen Akteneinsichtsrechts** nach § 13 eingesehen werden können, sind:
- Kostenrechnungen;
- Stellungnahmen der berufsständischen Organe;
- sonstiger Schriftwechsel (z. B. Zwischenverfügungen, Zwangsgeldandrohungen);
- Dokumente, die sich auf eine abgelehnte Eintragung beziehen.

---

[18] MünchKommBGB/Kanzleiter § 1563 Rn 1.
[19] Zustimmend BeckOK/Munzig § 385 FamFG Rn 8.
[20] OLG Hamm FGPrax 2007, 34/35.
[21] Melchior NotBZ 2009, 319.

Überhaupt **keine Einsicht** gewährt werden darf in die nach § 379 Abs. 2 eingeholten 18
Auskünfte bei den Finanzbehörden, vgl. § 379 Rn 8. In diese Unterlagen dürfen Dritte
wegen des Steuergeheimnisses überhaupt nicht einsehen. Auch der Betroffene selbst erhält
keine Einsicht, er ist vielmehr auf die Akteneinsicht bei der Finanzbehörde zu verweisen.

Hinsichtlich **Voraussetzungen** und **Umfang** der Einsichtnahme gelten die vorstehen- 19
den Ausführungen unter Rn 4 ff. entsprechend.

4. Art und Weise der Einsichtnahme

Für die Art und Weise der Einsichtnahme gelten die vorstehenden Ausführungen ent- 20
sprechend (vgl. § 10 Abs. 1, § 16 Abs. 1 VRV), s. Rn 7 ff. Insbesondere sind über das
Datensichtgerät bzw. den **automatisierten Datenabruf** auch der Inhalt des Register-
ordners und die nach § 9 Abs. 4 und Abs. 5 S. 2 HRV aufgenommenen Angaben und
eingereichten Übersetzungen zugänglich zu machen, § 10 Abs. 3 HRV. Soweit die eingereichten Dokumente noch nicht in elektronischer Form vorliegen, besteht ggf. ein Anspruch gegenüber dem Registergericht auf Übertragung des Papierdokuments in ein elektronisches Dokument, § 9 Abs. 2 HGB, Art. 61 Abs. 3 EGHGB.[22] Für das Vereinsregister
ergibt sich dies für die eingereichten Schriftstücke und das Namensverzeichnis aus § 16 S. 2,
§ 17 Abs. 2, §§ 26, 31, 33 VRV.

IV. Verhältnis zur Akteneinsicht nach § 13

In seinem Anwendungsbereich verdrängen die besonderen Einsichtsrechte das allgemeine 21
Akteneinsichtsrecht nach § 13. Für **alle übrigen Unterlagen, Dokumente und
Schriftstücke,** insbesondere für die Registerakte nach § 8 HRV und die in Rn 17 auf-
gezählten Beispiele, gilt jedoch § 13.[23] Die Beteiligten (§ 7) können die Akte einsehen, es
sei denn, schwerwiegende Interessen eines anderen Beteiligten stehen dem entgegen, § 13
Abs. 1. Dritte müssen ein **berechtigtes Interesse** zur Einsichtnahme glaubhaft machen,
§ 13 Abs. 2. Rechtsanwälten, Notaren oder anderen beteiligten Behörden können die
Akten auch in ihre Amts- oder Geschäftsräume überlassen werden, § 13 Abs. 4. Bei einem
Rechtsanwalt besteht hierauf aber nur ganz ausnahmsweise ein Anspruch, allerdings kann
die Versendung an ein AG an dessen Kanzleisitz geboten sein.[24] Im Übrigen wird auf die
Kommentierung zu § 13 verwiesen.

V. Abschriften aus dem Register

Wer Einsicht in ein Register nehmen darf, hat auch **Anspruch auf Erteilung** einer 22
Abschrift bzw. eines Ausdrucks, §§ 9 Abs. 4 HGB, 79 Abs. 1 S. 2 BGB, s. Rn 10. Wer
Anspruch auf Akteneinsicht nach § 13 Abs. 1 oder 2 hat, kann die Erteilung von Ausfer-
tigungen, Auszügen und Abschriften aus der Registerakte verlangen, § 13 Abs. 3.

VI. Kosten und Gebühren

Die **Präsenzeinsicht** in das Register oder die eingereichten Dokumente auf der Ge- 23
schäftsstelle ist **gebührenfrei**, § 90 KostO, auch die Einsicht mittels Datensichtgerät. Im
Falle des **automatisierten Abrufs** fällt für den Abruf pro Registerblatt eine Gebühr in
Höhe von 4,50 € und für den Abruf jeden Dokuments eine Gebühr in Höhe von 1,50 €
an, Nr. 400, 401 GV JVKostO.

Für die **Erteilung von Abschriften und Ausdrucken** aus den Registern fallen Gebüh- 24
ren nach Maßgabe des § 89 Abs. 1 KostO i. V. m. § 73 Abs. 1 bis 4 KostO an, so dass für
einfache Abschriften/Ausdrucke 10 €, für beglaubigte Abschriften/amtliche Ausdrucke
18 € und für elektronisch übermittelte Dateien 5 € bzw. bei beglaubigten Dateien 10 €
erhoben werden, § 89 Abs. 1 S. 2 KostO. Eine **Dokumentenpauschale** wird daneben
nicht erhoben.

---

[22] MünchKommHGB/Krafka § 9 Rn 15; MünchKommZPO/Krafka § 385 FamFG Rn 6.
[23] A. A. Nedden-Boeger FGPrax 2009, 143.
[24] OLG Dresden NJW 1997, 667; Nedden-Boeger FGPrax 2010, 1/4.

Bescheinigungen

386 Das Registergericht hat auf Verlangen eine Bescheinigung darüber zu erteilen, dass bezüglich des Gegenstandes einer Eintragung weitere Eintragungen in das Register nicht vorhanden sind oder dass eine bestimmte Eintragung in das Register nicht erfolgt ist.

I. Normzweck

1   Die Vorschrift regelt das sog. „Negativzeugnis" des Registergerichts und dient der **Erleichterung des Rechtsverkehrs**.[1] Sie ergänzt die Bestimmungen über die Registereinsicht, vgl. § 385.[2] Die Vorschrift übernimmt den Regelungsgehalt von § 9 Abs. 5 HGB sowie von § 162 FGG.[3]

II. Bedeutung des Negativzeugnisses

1. Geltungsbereich

2   Die Vorschrift gilt nunmehr **einheitlich** für das Handels-, Genossenschafts-, Partnerschafts-, Vereins- und Güterrechtsregister.[4] Die inhaltsgleiche Vorschrift des § 9 Abs. 5 HGB, auf den § 156 Abs. 1 GenG und § 5 Abs. 2 PartGG verweisen, ist überflüssig.[5]

2. Inhalt

3   Das Zeugnis nach § 386 hat nur den **negativen Inhalt**, dass bezüglich des Gegenstandes einer Eintragung (z. B. über die Vertretungsmacht eines gesetzlichen Vertreters oder eines Prokuristen, über die Besetzung des Vereinsvorstandes, über Beschränkung der Schlüsselgewalt) weitere (abändernde) Eintragungen nicht vorhanden sind (1. Alt., sog. **unselbstständiges Negativzeugnis**)[6] oder dass eine bestimmte Eintragung nicht erfolgt ist (2. Alt., sog. **selbstständiges Negativzeugnis**), z. B. eine solche, aus der sich ein Einspruch eines Ehegatten gegen den Betrieb eines Erwerbsgeschäftes durch den anderen Ehegatten ergibt, die Nichteintragung eines Insolvenzvermerks, die Nichteintragung einer bestimmten Gesellschaft oder eines bestimmten Vereins.[7] Die zum Register einzureichenden Dokumente und Unterlagen (z. B. die Gesellschafterliste) erfasst die Vorschrift nicht.[8] Die Zeugnisse sind namentlich geeignet zu Nachweisen gegenüber dem Grundbuchamt, so über das Bestehen eines Güterstandes (vgl. § 33 GBO). Eine Beschränkung der Erteilung hinsichtlich des Zweckes besteht aber nicht.

3. Anspruch auf Erteilung

4   Auf die Erteilung der Bescheinigungen besteht (anders als nach § 13) ein **Recht für jedermann** ohne Nachweis eines Interesses oder des Zweckes, zu dem er der Bescheinigung bedarf, also nicht bloß für Gesellschafter, Vereinsmitglieder, Ehegatten oder Gläubiger.[9] Eine Beschränkung des Anspruchs „zu Informationszwecken" (s. § 385 Rn 4) besteht nicht,[10] kann sich aber aus allgemeinen Gesichtspunkten (z. B. Rechtsmissbrauch) ergeben. Der Antrag auf Erteilung eines selbstständigen Negativzeugnisses (Rn 3) muss auf das Nichtvorhandensein einer **bestimmten** angemeldeten Tatsache oder Eintragung gerichtet sein.[11]

---

[1] Jansen/Ries § 162 Rn 1.
[2] Jansen/Ries § 162 Rn 1.
[3] BT-Drs. 16/6308 S. 287.
[4] BT-Drs. 16/6308 S. 287.
[5] Bumiller/Harders § 386 Rn 1; MünchKommZPO/Krafka § 386 Rn 1; a. A. Schmidt-Kessel/Leutner § 9 HGB Rn 29, der § 386 FamFG für bedeutungslos hält.
[6] SBW/Nedden-Boeger § 386 Rn 4.
[7] SBW/Nedden-Boeger § 386 Rn 3.
[8] BeckOK/Munzig § 386 FamFG Rn 7.
[9] Baumbach/Hopt § 9 Rn 9; Bumiller/Harders § 386 Rn 1.
[10] So aber BeckOK/Munzig § 386 FamFG Rn 5.
[11] Schmidt-Kessel/Leutner § 9 HGB Rn 30.

4. Beweiswert

Die Bescheinigungen genießen **keinen öffentlichen Glauben.** Insbesondere sind sie nicht mit der Publizitätswirkung des § 15 Abs. 3 HGB ausgestattet, können jedoch zum Nachweis der negativen Publizität nach § 15 Abs. 1 HGB nutzbar gemacht werden.[12] Allerdings erbringen sie als öffentliche Urkunden den **vollen Beweis** der darin bezeugten Tatsachen (§ 418 Abs. 1 ZPO), gegen deren Unrichtigkeit der Gegenbeweis (z. B. durch Vorlage eines anderslautenden Registerauszugs) erbracht werden muss.[13] Die Auffassung, wonach das Negativzeugnis den Beweis ersten Anscheins erbringe, ist falsch.[14] Für die Richtigkeit des Zeugnisses nach dem Inhalt des Registers haftet der ausstellende Rechtspfleger nach Amtshaftungsgrundsätzen. Bei Ausstellung der Bescheinigung sind noch nicht bearbeitete Anmeldungen oder bevorstehende Eintragungen, die die Richtigkeit der Bescheinigung beeinflussen würden, vom Gericht zu berücksichtigen.[15]

III. Erteilung des Negativzeugnisses

1. Zuständigkeit

Die Erteilung der Bescheinigung verfügt der **Rechtspfleger** (§ 3 Nr. 1 a, e, Nr. 2 d RPflG), der **Urkundsbeamte** der Geschäftsstelle fertigt sie aus, § 29 Abs. 1 Nr. 2 HRV i. V. m. § 1 GenRegV, §§ 1 PRV, 17 Abs. 1, 3 VRV.[16]

2. Form

Wird es in **Papierform** erteilt, so wird es unter Angabe von Ort und Datum vom Urkundsbeamten der Geschäftsstelle unterzeichnet und mit dem Gerichtssiegel versehen, §§ 31 HRV, 17 Abs. 3 VRV. Das Negativzeugnis kann aber auch in **elektronischer Form** erteilt werden (§ 126 a BGB), wobei hierfür die verfahrensrechtlichen Bestimmungen des § 14 Abs. 3 i. V. m. § 130 b ZPO maßgeblich sind. Der Urkundsbeamte muss am Ende des Dokuments seinen Namen hinzufügen und das Dokument mit einer qualifizierten elektronischen Signatur versehen.

IV. Zeugnisse positiven Inhalts (Positivzeugnisse)

Zeugnisse positiven Inhalts über erfolgte Eintragungen in die Register dürfen nur auf Grund **besonderer Vorschrift** erteilt werden, so nach § 69 BGB zum Nachweis, dass der Vorstand des Vereins aus den im Register eingetragenen Personen besteht, und nach § 33 Abs. 1 GBO (§ 40 SchRegO) zum Nachweis, dass zwischen Ehegatten Gütertrennung oder ein vertragsmäßiges Güterrecht besteht oder dass ein Gegenstand zum Vorbehaltsgut eines Ehegatten gehört. Zu nennen sind außerdem die Zeugnisse nach §§ 32 Abs. 1 S. 3 GBO, § 44 SchRegO und § 26 Abs. 2 GenG über die Vertretungsbefugnis bei Handelsgesellschaften, Genossenschaften, Partnerschaftsgesellschaften und Vereinen.[17]

Im Übrigen kann durch Abschriften bzw. elektronische Ausdrucke aus dem Register eine Bestätigung positiven Inhalts erlangt werden. Über das Recht der Abschrifterteilung s. § 9 Abs. 4 HGB i. V. m. § 156 Abs. 1 GenG; § 5 Abs. 2 PartGG; §§ 79, 1563 BGB. Die Erteilung von Abschriften und die Erstellung von Ausdrucken erfolgt durch den Urkundsbeamten der Geschäftsstelle. Das Recht auf Erteilung eines Positivzeugnisses steht **jedermann** zu.[18]

---

[12] SBW/Nedden-Boeger § 386 Rn 4, 11.
[13] MünchKommZPO/Krafka § 386 FamFG Rn 2; SBW/Nedden-Boeger § 386 Rn 10.
[14] So wohl auch BeckOK/Munzig § 386 FamFG Rn 4.
[15] Schmidt-Kessel/Leutner § 9 HGB Rn 30.
[16] Jansen/Ries § 162 Rn 7; a. A. Bumiller/Harders § 386 Rn 1: Zuständigkeit des Urkundsbeamten zur Entscheidung über die Erteilung des Zeugnisses in Handels-, Genossenschafts- und Partnerschaftsregistersachen.
[17] Bumiller/Harders § 386 Rn 3, der zurecht betont, dass diese Zeugnisse in Hinblick auf die Möglichkeit eines automatisierten Abrufs eigentlich entbehrlich sind; anders allerdings OLG Hamm DNotZ 2008, 530.
[18] Jansen/Ries § 162 Rn 6.

V. Notarbescheinigungen

10 Notare sind zuständig zur Erteilung von Bescheinigungen über eine **Vertretungsberechtigung** und über das Bestehen oder den Sitz einer juristischen Person sowie **sonstiger rechtserheblicher Umstände,** soweit sich diese Umstände aus einem Register i. S. des § 374 Nr. 1 bis 4[19] oder einem vergleichbaren ausländischen Register ergeben[20] (§ 21 Abs. 1 S. 1 Nr. 1 und 2 BNotO). Diese notariellen Bescheinigungen haben den gleichen Beweiswert wie ein Zeugnis des Registergerichts, §§ 21 Abs. 1 S. 2 BNotO, 32 Abs. 1 S. 1, 2 GBO, 44 S. 2 SchRegO. Die formellen Voraussetzungen ergeben sich aus § 21 Abs. 2 BNotO und § 39 BeurkG.[21]

VI. Kosten und Gebühren

11 Für die Erteilung des Negativ- oder Positivzeugnisses wird die Mindestgebühr in Höhe von 10 € erhoben, § 89 Abs. 2 KostO i. V. m. § 33 KostO. Daneben fällt keine Dokumentenpauschale an.[22] Für die Erteilung von Ablichtungen und Ausdrucken aus den Registern gilt § 73 Abs. 1 bis 4 KostO nach Maßgabe des § 89 Abs. 1 KostO. Die notarielle Vertretungsbescheinigung löst eine Gebühr von 12 €, die notarielle Bescheinigung sonstiger Registerumstände eine Gebühr von 25 € aus, § 150 Nr. 1 und 2 KostO.

Ermächtigungen

387 (1) ¹Die Landesregierungen werden ermächtigt, durch Rechtsverordnung zu bestimmen, dass die Daten des bei einem Gericht geführten Handels-, Genossenschafts-, Partnerschafts- oder Vereinsregisters auch bei anderen Amtsgerichten zur Einsicht und zur Erteilung von Ausdrucken zugänglich sind. ²Die Landesregierungen können diese Ermächtigung durch Rechtsverordnung auf die Landesjustizverwaltungen übertragen. ³Mehrere Länder können auch vereinbaren, dass die bei den Gerichten eines Landes geführten Registerdaten auch bei den Amtsgerichten des anderen Landes zur Einsicht und zur Erteilung von Ausdrucken zugänglich sind.

(2) ¹Das Bundesministerium der Justiz wird ermächtigt, durch Rechtsverordnung mit Zustimmung des Bundesrates die näheren Bestimmungen über die Einrichtung und Führung des Handels-, Genossenschafts- und Partnerschaftsregisters, die Übermittlung der Daten an das Unternehmensregister und die Aktenführung in Beschwerdeverfahren, die Einsicht in das Register, die Einzelheiten der elektronischen Übermittlung nach § 9 des Handelsgesetzbuchs und das Verfahren bei Anmeldungen, Eintragungen und Bekanntmachungen zu treffen. ²Dabei kann auch vorgeschrieben werden, dass das Geburtsdatum von in das Register einzutragenden Personen zur Eintragung anzumelden sowie die Anschrift der einzutragenden Unternehmen und Zweigniederlassungen bei dem Gericht einzureichen ist; soweit in der Rechtsverordnung solche Angaben vorgeschrieben werden, ist § 14 des Handelsgesetzbuchs entsprechend anzuwenden.

(3) ¹Durch Rechtsverordnung nach Absatz 2 können auch die näheren Bestimmungen über die Mitwirkung der in § 380 bezeichneten Organe im Verfahren vor den Registergerichten getroffen werden. ²Dabei kann insbesondere auch bestimmt werden, dass diesen Organen laufend oder in regelmäßigen Abständen die zur Erfüllung ihrer gesetzlichen Aufgaben erforderlichen Daten aus dem Handels- oder Partnerschaftsregister und den zu diesen Registern eingereichten Dokumenten mitgeteilt werden. ³Die mitzuteilenden Daten sind in der Rechtsverordnung festzulegen. ⁴Die Empfänger dürfen die übermittelten personenbezogenen Daten nur für den Zweck verwenden, zu dessen Erfüllung sie ihnen übermittelt worden sind.

(4) Des Weiteren können durch Rechtsverordnung nach Absatz 2 nähere Bestimmungen über die Einrichtung und Führung des Vereinsregisters, insbesondere über

---

[19] Nicht erfasst ist das Güterrechtsregister Bumiller/Harders § 386 Rn 3.
[20] OLG Schleswig FGPrax 2008, 217/218; BeckOK/Munzig § 386 FamFG Rn 11.
[21] Eylmann/Vaasen/Limmer § 21 BNotO Rn 13; § 39 BeurkG Rn 5.
[22] Korintenberg/Lappe § 89 Rn 16.

das Verfahren bei Anmeldungen, Eintragungen und Bekanntmachungen sowie über die Einsicht in das Register, und über die Aktenführung im Beschwerdeverfahren erlassen werden.

(5) Die elektronische Datenverarbeitung zur Führung des Handels-, Genossenschafts-, Partnerschafts- oder Vereinsregisters kann im Auftrag des zuständigen Gerichts auf den Anlagen einer anderen staatlichen Stelle oder auf den Anlagen eines Dritten vorgenommen werden, wenn die ordnungsgemäße Erledigung der Registersachen sichergestellt ist.

I. Normzweck

Die Vorschrift ermöglicht es der Exekutive, im Verordnungswege detaillierte Regelungen zur Einrichtung und Führung der einzelnen Register (mit Ausnahme des Güterrechtsregisters) zu erlassen, was die Auffindbarkeit und Verständlichkeit der relevanten Rechtsnormen erleichtert. Auf diesen **Ermächtigungsgrundlagen** sind die Handelsregisterverordnung (HRV), die Genossenschaftsregisterverordnung (GenRegV), die Partnerschaftsregisterverordnung (PRV) und die Vereinsregisterverordnung (VRV) ergangen. Es handelt sich bei diesen Verordnungen um **Gesetze im materiellen Sinne**, nicht etwa um bloße Verwaltungsvorschriften, so dass deren Verletzung mit der Beschwerde anfechtbar ist.[1] Eine Rechtsgrundlage zur Führung und Einrichtung des Güterrechtsregisters existiert hingegen nicht, die Bundesländer haben zum Teil Verwaltungsvorschriften erlassen (s. § 374 Rn 2).

In § 387 sind die bislang im Gesetz verstreut geregelten Ermächtigungsnormen der §§ 125, 147 Abs. 1 S. 1, 159 Abs. 1 S. 1, 160b Abs. 1 S. 2 FGG und § 55a Abs. 6 und Abs. 7 BGB zusammen gefasst.[2]

II. Zugänglichmachung der Registerdaten (Abs. 1)

Die Landesregierungen (bzw. die Landesjustizverwaltungen nach entsprechender Delegation, Abs. 1 S. 2) können durch Rechtsverordnung bestimmen, dass die Daten des bei einem AG geführten Handels-, Genossenschafts-, Partnerschafts- oder Vereinsregisters auch bei **anderen AG zur Einsicht und zur Erteilung von Ausdrucken zugänglich** sind. Diese Gestattungen sind vornehmlich in den noch zu § 125 FGG ergangenen Verordnungen enthalten (vgl. § 376 Rn 10).[3] Mehrere Bundesländer können eine entsprechende länderübergreifende Vereinbarung treffen, Abs. 1 S. 3.

III. Einrichtung und Führung des Handels-, Genossenschafts- und Partnerschaftsregisters (Abs. 2)

1. Allgemeines

Das BMJ kann mit Zustimmung des Bundesrats Rechtsverordnungen erlassen, die nähere Bestimmungen über die Einrichtung und Führung des Handels-, Genossenschafts- und Partnerschaftsregisters enthalten. Auf dieser Ermächtigungsgrundlage fußen die Verordnung über die Einrichtung und Führung des Handelsregisters (**Handelsregisterverordnung** – HRV) v. 12. 8. 1937 (RMBl. S. 515), die Verordnung über das Genossenschaftsregister (**Genossenschaftsregisterverordnung** – GenRegV) v. 11. 7. 1889, neugefasst durch Bekanntmachung v. 16. 10. 2006 (BGBl. I S. 2268) und die Verordnung über die Einrichtung und Führung des Partnerschaftsregisters (**Partnerschaftsregisterverordnung** – PRV) v. 16. 6. 1995 (BGBl. I S. 808).

2. Einrichtung und Führung der Register

Die Einrichtung des Handelsregisters ist in den §§ 2 bis 10 HRV geregelt, dessen Fürung in den §§ 12 bis 22 HRV. Grundlage für die Einteilung des Handelsregisters in die **Abteilungen A und B** bilden § 3 und §§ 39 ff. HRV, die Unterscheidung der **Registerakten**

---
[1] Bahrenfuss/Steup § 387 Rn 5; MünchKommZPO/Krafka § 387 FamFG Rn 2.
[2] BT-Drs. 16/6308 S. 287.
[3] Bumiller/Harders § 387 Rn 2.

von den **Registerordnern** findet sich in § 8 und § 9 HRV. Einzelheiten der **elektronischen Registerführung** ergeben sich aus § 7 und §§ 47 ff. HRV. Für das Genossenschafts- und das Partnerschaftsregister gelten diese Vorschriften entsprechend (§ 1 GenRegV; § 1 Abs. 1 PRV), nur hinsichtlich der Gestaltung der Registerblätter finden sich in § 25 GenRegV bzw. § 2 PRV **Sonderregelungen.**

3. Übermittlung von Daten an das Unternehmensregister

5   Das elektronisch geführte Unternehmensregister speist sich u. a. aus den Daten der Handels-, Genossenschafts- und Partnerschaftsregister, § 8 b Abs. 2 Nr. 1 bis 3 HGB. Zu diesem Zweck haben die Landesjustizverwaltungen die entsprechenden Daten an das Unternehmensregister zu übermitteln, § 8 b Abs. 3 S. 2 HGB. In Ausfüllung der Ermächtigungsnorm bestimmen die §§ 4 ff. der Verordnung über das Unternehmensregister (**Unternehmensregisterverordnung** – URV) v. 26. 2. 2007 (BGBl. I S. 217) die Einzelheiten.

4. Aktenführung in Beschwerdeverfahren

6   Besondere Bestimmungen zur Aktenführung in Beschwerdeverfahren enthält § 8 Abs. 3 S. 3 bis 5 HRV, die die Landesjustizverwaltungen ermächtigen, eine Transformierung von Papierdokumenten in **elektronische Dokumente** sowie deren weitere Behandlung zu regeln. Diese Bestimmungen gelten für das Genossenschafts- und Partnerschaftsregister entsprechend (§ 1 GenRegV, § 1 Abs. 1 PRV).

5. Einsicht in das Register

7   Spezielle Regelungen über die Registereinsicht finden sich in §§ 10, 52, 53 HRV bezüglich der **Präsenzeinsicht** und hinsichtlich des **automatisierten Datenabrufs.** Diese Bestimmungen gelten für das Genossenschafts- und Partnerschaftsregister entsprechend (§ 1 GenRegV, § 1 Abs. 1 PRV). Zur Registereinsicht s. die Kommentierung bei § 385.

6. Einzelheiten der elektronischen Übermittlung

8   Einzelheiten der elektronischen Übermittlung finden sich in § 38 a Abs. 2 und §§ 52, 53 HRV zur **Übermittlung von Benachrichtigungen** sowie zum Umfang und zur Protokollierung des **automatisierten Datenabrufs**. Diese Bestimmungen gelten für das Genossenschafts- und Partnerschaftsregister entsprechend (§ 1 GenRegV, § 1 Abs. 1 PRV).

7. Verfahren bei Anmeldungen, Eintragungen und Bekanntmachungen

9   Das BMJ kann in der Verordnung nach Abs. 2 insbesondere ausführliche Regelungen zum Verfahren bei Anmeldungen, Eintragungen und Bekanntmachungen erlassen. Von der **bundesgesetzlichen Verordnungskompetenz** zur Regelung des Verfahrens ist in den §§ 23 ff. und §§ 39 ff. HRV für das Handelsregister, in den §§ 6 bis 8, 15, 16, 18 und §§ 20 ff. GenRegV für das Genossenschaftsregister sowie in den §§ 3, 5, 7 PRV für das Partnerschaftsregister Gebrauch gemacht worden.[4] Nur soweit das BMJ von dieser Ermächtigung keinen Gebrauch gemacht hat, können die **Landesregierungen** (bzw. nach entsprechender Delegation auch die Landesjustizverwaltungen, § 8 a Abs. 2 S. 3 HGB) nach § 8 a Abs. 2 S. 1 und 2 HGB **nähere Bestimmungen** über die elektronische Führung des Handelsregisters, die elektronische Anmeldung, die elektronische Einreichung und Aufbewahrung von Dokumenten sowie über die Einzelheiten der Datenübermittlung und die Form der elektronischen Dokumente festlegen.[5]

8. Eintragung von Geburtsdaten

10 In den Registerverordnungen kann vorgeschrieben werden, dass auch die **Geburtsdaten** von in das Register einzutragenden natürlichen Personen angemeldet werden müssen. Ent-

---

[4] Vgl. MünchKommZPO/Krafka § 387 FamFG Rn 14 bis 16.
[5] Bahrenfuss/Steup § 387 Rn 5,

sprechende Vorschriften finden sich in §§ 24 Abs. 1 HRV, 18 Abs. 1 S. 3, Abs. 2 S. 2 GenRegV, 5 Abs. 3 S. 2 PRV. Die Formvorschrift des § 12 Abs. 1 S. 1 HGB ist zu beachten;[6] allerdings kann auch die Angabe des Geburtsdatums im Beglaubigungsvermerk des Notars (vgl. § 40 BeurkG) genügen. Die Angabe kann nach § 14 HGB i. V. m. §§ 388 ff. mittels **Zwangsgeld** durchgesetzt werden, Abs. 2 S. 2.

9. Anschriften der Unternehmen und Zweigniederlassungen

In den Registerverordnungen kann vorgesehen werden, dass bei einer Anmeldung auch **11** die Anschriften der Unternehmen und Zweigniederlassungen anzugeben sind. Die Angabe kann nach § 14 HGB i. V. m. §§ 388 ff. mittels **Zwangsgeld** durchgesetzt werden, Abs. 2 S. 2. Für Anmeldungen zum Handelsregister bestimmt daher § 24 Abs. 2 S. 1 und Abs. 2 HRV, dass die **Lage der Geschäftsräume** eines Unternehmens und einer Zweigniederlassung anzugeben sind. Dies gilt dann nicht, wenn die Lage der Geschäftsräume bereits als inländische Geschäftsanschrift zur Eintragung in das Handelsregister nach § 8 Abs. 4 Nr. 1 GmbHG, § 37 Abs. 3 Nr. 1 AktG, §§ 13 Abs. 1 S. 1, 13 d Abs. 2, 13 e Abs. 2 S. 3, §§ 29, 106 Abs. 2 Nr. 2 HGB angemeldet wird oder dort bereits eingetragen ist, § 24 Abs. 2 S. 2 HRV. Somit hat § 24 Abs. 2 HRV nur noch für **juristische Personen i. S. des § 33 HGB** sowie für **Änderungen** der inländischen Geschäftsanschrift einer **GmbH und AktG** Bedeutung sowie über die Verweisung in § 1 GenRegV für **Genossenschaften** und über die Verweisung in § 1 Abs. 1 PRV für **Partnerschaftsgesellschaften,** für die § 5 Abs. 2 PartGG ausdrücklich anordnet, dass eine inländische Geschäftsanschrift nicht in das Register eingetragen wird.

IV. Mitwirkung der berufsständischen Organe (Abs. 3)

Das BMJ kann durch Rechtsverordnung, die der Zustimmung des Bundesrats bedarf, **12** Ausführungsbestimmungen über die **Mitwirkungspflichten der berufsständischen Organe** gem. § 380 Abs. 1 erlassen, Abs. 3 S. 1. Insbesondere kann eine laufende oder in regelmäßigen Abständen erfolgende Benachrichtigung der berufsständischen Organe über die Eintragungen in das **Handels- und Partnerschaftsregister** und die dort eingereichten Dokumente erfolgen, Abs. 3 S. 2. Angesichts des Wortlauts und des eingeschränkten Mitwirkungsrechts der berufsständischen Organe (s. § 380 Rn 32) scheidet eine entsprechende Anwendung von § 37 HRV in **Genossenschaftsregistersachen** trotz der Verweisung in § 1 GenRegV aus.[7] Die Mitteilungen müssen den berufsständischen Organen zur Erfüllung ihrer gesetzlichen Aufgaben dienen. Da die berufsständischen Organe nur eingeschränkt an der Führung des Genossenschaftsregisters mitwirken, gilt zwar die Ermächtigung nach S. 1, nicht aber die nach S. 2 für das **Genossenschaftsregister;**[8] für das Vereins- und Güterrechtsregister gilt Abs. 3 gar nicht.

Sieht man von § 37 HRV und § 6 PRV ab (s. § 380 Rn 23), hat der Verordnungsgeber **13** bislang keinen Gebrauch von der Möglichkeit gemacht, die Mitwirkungspflichten der berufsständischen Organe detailliert festzulegen.[9] In der Rechtsverordnung müssen die mitzuteilenden Daten genau festgelegt werden, Abs. 3 S. 3. Unter diesem Aspekt sind § 37 HRV und § 6 PRV nur schwer mit dem **Bestimmtheitsgebot** zu vereinbaren.[10] Zur Gewährleistung des **Datenschutzes** dürfen personenbezogene Daten nur für die Zwecke verwendet werden, zu deren Erfüllung sie übermittelt worden sind, Abs. 3 S. 4.

V. Einrichtung und Führung des Vereinsregisters (Abs. 4)

Durch Rechtsverordnung des BMJ, die der Zustimmung des Bundesrats bedarf, können **14** Bestimmungen über die Einrichtung und Führung des Vereinsregisters getroffen werden. Dies ist mit Erlass der **Vereinsregisterverordnung** (VRV) v. 10. 2. 1999 (BGBl. I S. 147)

---

[6] MünchKommZPO/Krafka § 387 FamFG Rn 17.
[7] Ebenso BeckOK/Munzig § 387 FamFG Rn 11; a. A. Bahrenfuss/Steup § 387 Rn 10.
[8] Bumiller/Harders § 387 Rn 4.
[9] Jansen/Steder § 125 Rn 39.
[10] A. A. BeckOK/Munzig § 387 FamFG Rn 11.

geschehen. In die Verordnung können insbesondere Regelungen über das Verfahren bei Anmeldungen, Eintragungen und Bekanntmachungen sowie über die Registereinsicht vorgesehen werden. In Erweiterung der Vorläufernorm § 55 Abs. 7 BGB gestattet Abs. 4 auch, Bestimmungen über die Aktenführung im Beschwerdeverfahren zu treffen.[11] Die Möglichkeit, das Vereinsregister in elektronischer Form zu führen, ergibt sich aus § 55 a BGB. Die Landesregierungen bzw. bei entsprechender Delegation die Landesjustizverwaltungen können durch Rechtsverordnung bestimmen, dass und in welchem Umfang das Vereinsregister in maschineller Form als automatisierte Datei geführt wird, § 55 a Abs. 1 S. 1 und 3 BGB.

VI. Auslagerung der elektronischen Datenverarbeitung (Abs. 5)

15   Die elektronische Datenverarbeitung bei der Führung des Handels-, Genossenschafts-, Partnerschafts- und Vereinsregisters muss nicht beim jeweils registerführenden AG durchgeführt werden, sondern kann in dessen Auftrag von einer **anderen staatlichen Stelle**, also auch einer Verwaltungsbehörde, erledigt werden. Auf diesem Wege sollen die AG von der aufwändigen Beschaffung eigener Rechneranlagen entlastet werden.[12] Mit der Datenverarbeitung können auch Dritte betraut werden, d. h. neben **juristischen Personen des Privatrechts** nach der Gesetzesneufassung nunmehr auch **Personengesellschaften**.[13] Voraussetzung einer Delegation ist stets, dass die ordnungsgemäße Erledigung der Registersachen sichergestellt ist. Das bedeutet, dass ein mit der Datenverarbeitung beauftragter Privater im staatlichen Mehrheitsbesitz stehen muss, zum anderen, dass die Daten dem uneingeschränkten Zugriff des Gerichts unterliegen und der Eigentümer der Datenverarbeitungsanlage keinen Zugang zu den Daten hat (§ 47 Abs. 2, 3 HRV; § 37 Abs. 1, 2 VRV). Unter diesen Voraussetzungen begegnet die Delegation der Datenverarbeitung keinen Bedenken, registerführende Stelle ist weiterhin das AG, die mit der Datenverarbeitung betraute Stelle verrichtet bloß technische **Hilfstätigkeiten**.[14]

Unterabschnitt 2. Zwangsgeldverfahren

Androhung

388 (1) Sobald das Registergericht von einem Sachverhalt, der sein Einschreiten nach den §§ 14, 37 a Abs. 4 und § 125 a Abs. 2 des Handelsgesetzbuchs, auch in Verbindung mit § 5 Abs. 2 des Partnerschaftsgesellschaftsgesetzes, den §§ 407 und 408 des Aktiengesetzes, § 79 Abs. 1 des Gesetzes betreffend die Gesellschaften mit beschränkter Haftung, § 316 des Umwandlungsgesetzes oder § 12 des EWIV-Ausführungsgesetzes rechtfertigt, glaubhafte Kenntnis erhält, hat es dem Beteiligten unter Androhung eines Zwangsgeldes aufzugeben, innerhalb einer bestimmten Frist seiner gesetzlichen Verpflichtung nachzukommen oder die Unterlassung mittels Einspruchs zu rechtfertigen.

(2) In gleicher Weise kann das Registergericht gegen die Mitglieder des Vorstands eines Vereins oder dessen Liquidatoren vorgehen, um sie zur Befolgung der in § 78 des Bürgerlichen Gesetzbuchs genannten Vorschriften anzuhalten.

Übersicht

	Rn
I. Normzweck	1
II. Allgemeines	2
1. Rechtsnatur des Zwangsgeldverfahrens	2
2. Geltungsbereich	3
3. Abschließender Charakter	5
4. Verhältnis zum Löschungs- und Auflösungsverfahren	8
5. Auswirkungen der FamFG-Reform	9

---

[11] BT-Drs. 16/6308 S. 287.
[12] Jansen/Steder § 125 Rn 40.
[13] BT-Drs. 16/6308 S. 287.
[14] BJS/Müther § 387 Rn 8.

	Rn
III. Anwendungsfälle	10
1. Anmeldungen und Einreichungen zum Handelsregister, § 14 HGB	10
2. Angaben auf Geschäftsbriefen nach § 37 a Abs. 4 HGB	11
3. Angaben auf Geschäftsbriefen nach § 125 a Abs. 2 HGB	12
4. Verpflichtungen nach § 5 Abs. 2 PartGG	13
5. Verpflichtungen nach §§ 407, 408 AktG	14
6. Verpflichtungen nach § 79 GmbHG	16
7. Verpflichtungen nach § 316 UmwG	18
8. Verpflichtungen nach § 12 EWIV-AG	20
9. Verpflichtungen nach § 78 BGB	21
10. Verpflichtungen nach § 160 GenG	23
IV. Zwangsgeldverfahren	24
1. Zuständigkeit	24
2. Voraussetzung des gerichtlichen Einschreitens	25
3. Einleitung des Verfahrens	27
4. Beteiligte	28
V. Inhalt der Zwangsgeldandrohung	36
1. Bezeichnung der zu erfüllenden Verpflichtung	36
2. Fristbestimmung	37
3. Zwangsgeldandrohung	38
4. Bekanntgabe	39
VI. Rechtsbehelfe	40
VII. Änderung und Zurücknahme	45
VIII. Kosten und Gebühren	46

I. Normzweck

Die §§ 388 bis 391 enthalten die **verfahrensrechtlichen Ausführungsvorschriften** zu 1 den materiell-rechtlichen Bestimmungen der §§ 14, 37 a Abs. 4, 125 a Abs. 2 HGB (auch in Verbindung mit § 5 Abs. 2 PartGG und § 160 Abs. 2 GenG), §§ 407, 408 AktG, § 79 Abs. 1 GmbHG, § 316 UmwG sowie § 12 EWIV-AG und regeln das Verfahren der **Festsetzung von Zwangsgeld** zur Durchsetzung der gegenüber dem Registergericht bestehenden Pflichten.[1] Die praktische Bedeutung des Registerzwangsverfahrens ist – mit Ausnahme des Vereinsregisterrechts – gering, da die Registergerichte nur selten Kenntnis von zwangsgeldbewehrten Verstößen erlangen.[2]

II. Allgemeines

1. Rechtsnatur des Zwangsgeldverfahrens

Das Zwangsgeldverfahren ist ein besonderes **Rechtspflegeverfahren,** das der Durch- 2 setzung gewisser Pflichten gegenüber dem Registergericht dient, damit der öffentliche Glaube an die Register und gewisse Schriftstücke (insbesondere Geschäftsbriefe) geschützt wird. Damit besteht das Verfahren zwar vorwiegend, aber nicht ausschließlich, im öffentlichen Interesse. Auch wenn es keine Streitigkeiten privatrechtlicher Natur zum Gegenstand hat, so regelt es dennoch die privatrechtlichen Rechtsverhältnisse.[3] Das Zwangsgeld ist weder Ordnungs- noch Bußgeld, sondern ein Beugemittel eigener Art,[4] keinesfalls stellt es eine Strafe oder Sühne für begangenes Unrecht dar, weshalb es auch kein Verschulden des Verpflichteten voraussetzt.[5]

---

[1] Jansen/Steder § 132 Rn 1, 3.
[2] MünchKommZPO/Krafka § 388 FamFG Rn 2.
[3] Wie hier BeckOK/Munzig § 388 FamFG Rn 4; a.A. die h.M., die das Zwangsgeldverfahren als Justizverwaltungsverfahren begreift, vgl. MünchKommZPO/Krafka § 388 FamFG Rn 1; SBW/Nedden-Boeger Vor § 388 Rn 4.
[4] BayObLG Rpfleger 1985, 404; Jansen/Steder § 132 Rn 1, 2 m.w.N.
[5] Jansen/Steder § 132 Rn 2.

2. Geltungsbereich

3 Das Zwangsgeldverfahren findet aufgrund seiner systematischen Stellung grundsätzlich auf alle in § 374 genannten Register Anwendung, setzt allerdings wegen seiner Abhängigkeit vom materiellen Recht (s. Rn 1) eine **zwangsgeldbewehrte Registerpflicht** voraus. Für das **Handelsregister** ergibt sich die Statthaftigkeit des Zwangsgeldverfahrens aus § 388 Abs. 1, die entsprechende Geltung für das **Partnerschaftsregister** (bisher in § 160 b Abs. 1 S. 2 FGG enthalten) und für das **Vereinsregister** (Abs. 2; bisher in § 159 Abs. 1 S. 2 FGG enthalten) wurde ausdrücklich angeordnet.[6] Die Geltung für das **Genossenschaftsregister** und die Versicherungsvereine auf Gegenseitigkeit ergibt sich mittelbar über § 160 Abs. 2 GenG[7] bzw. § 16 VAG.[8] Über § 19 Abs. 2 SchRegO gilt das Zwangsgeldverfahren auch für die Anmeldungen zum **Schiffsregister.** Da es keine mit Zwangsgeld durchsetzbaren Pflichten im **Güterrechtsregisterverfahren** gibt,[9] läuft die Vorschrift insoweit leer. Unanwendbar ist der Registerzwang im **unternehmensrechtlichen Verfahren** (§ 375), hier gelten die allgemeinen Zwangs- und Vollstreckungsregeln, § 35, §§ 86 ff.[10]

4 Nach der Aufhebung von § 140 a FGG zum 1. 1. 2007 gehört die **Erzwingung von Publizitätspflichten,** insbesondere zur Offenlegung von Jahresabschlüssen, nicht mehr zur Aufgabe der Registergerichte. Allerdings kann und muss für Altfälle wegen Nichteinreichens von Jahresabschlüssen für vor dem 1. 1. 2006 begonnenen Geschäftsjahre noch ein Ordnungsgeld nach § 140 a FGG verhängt werden.[11] An die Stelle des registergerichtlichen Zwangs- und Ordnungsgeldverfahrens ist das Ordnungsgeldverfahren durch das Bundesamt der Justiz nach §§ 335, 340 o, 341 o HGB; § 21 S. 2 PublG getreten. Auch wenn es sich hierbei nicht mehr um ein Rechtspflegeverfahren, sondern um ein Justizverwaltungsverfahren handelt (vgl. § 335 Abs. 2 S. 2 HGB), erklärt § 335 Abs. 2 S. 1 HGB die Vorschriften über das Zwangsgeldverfahren teilweise für anwendbar.

3. Abschließender Charakter

5 In seinem Anwendungsbereich verdrängt das Zwangsgeldverfahren die **allgemeine Bestimmung des § 35,**[12] so dass die dort vorgesehenen zusätzlichen Zwangsmittel (z. B. unmittelbarer Zwang, Zwangshaft, Ersatzzwangshaft) nicht verhängt werden dürfen.[13] Hiervon zu unterscheiden ist die Verhängung eines Ordnungsgelds bei Nichterscheinen eines Beteiligten zu einem Termin trotz entsprechender Anordnung des Gerichts, § 33 Abs. 3.

6 Die Vorschriften über den Registerzwang sind **keiner ausdehnenden Auslegung** fähig.[14] Das Registergericht kann Zwangsgeld also nicht nach seinem Ermessen zur Erzwingung jeder beliebigen Handlung verhängen;[15] ein Zwangsgeldverfahren ist nur zulässig, wenn es vom Gesetz unmittelbar oder durch Verweisung auf §§ 14, 37 a Abs. 4 HGB ausdrücklich vorgesehen ist. Wegen der Verweisung auf § 14 HGB in § 387 Abs. 2 S. 2 2. Halbs. kommt ein Zwangsgeldverfahren auch bei im Verordnungswege ergangenen Anmeldepflichten in Betracht.[16] Entgegen der h. M.[17] scheidet eine analoge Anwendung des Zwangsgeldverfahrens auf Anmeldepflichten, die auf analoger Anwendung oder richterlicher Rechtsfortbildung beruhen, auch dort aus, wo sie erforderlich oder wünschenswert erscheint.[18]

---

[6] BT-Drs. 16/6308 S. 287.
[7] BT-Drs. 16/6308 S. 287.
[8] BJS/Müther § 388 Rn 12.
[9] Jansen/Steder § 132 Rn 9.
[10] Insoweit missverständlich Bahrenfuss/Steup § 388 Rn 4.
[11] OLG München ZIP 2008, 551.
[12] MünchKommZPO/Krafka § 388 FamFG Rn 1.
[13] Jansen/Steder § 132 Rn 2.
[14] BayObLG NJW 1986, 140; Jansen/Steder § 132 Rn 53.
[15] Jansen/Steder § 132 Rn 53.
[16] MünchKommZPO/Krafka § 388 FamFG Rn 4.
[17] Vgl. KG NJW-RR 1999, 1341; BeckOK/Munzig § 388 FamFG Rn 16; MünchKommZPO/Krafka § 388 FamFG Rn 1.
[18] Zustimmend Haußleiter/Schemmann § 388 Rn 1.

So kann z. B. im Falle des § 381 die Einleitung eines Verfahrens zur Klärung **vorgreiflicher Rechtsfragen** nicht erzwungen werden.[19] Auch für die **Erzwingung von Auskünften** im Rahmen der Amtsermittlung nach § 26 stellt § 388 keine Rechtsgrundlage dar,[20] die §§ 27 ff. sind insofern abschließend. Aufsichtsratsmitglieder können nicht auf Grund des § 111 Abs. 3 AktG zur Berufung einer Generalversammlung angehalten werden.[21] Ein Sonderprüfer kann nicht entsprechend § 145 AktG zur Einreichung seines Berichts an das Registergericht gezwungen werden.[22] Soll eine Firma deshalb gelöscht werden, weil eine Niederlassung überhaupt nicht bestanden hat, so findet nicht das Verfahren nach §§ 388 ff., sondern nach § 395 Anwendung.[23] Wird eine unzulässige Firma angemeldet, so darf das Gericht nicht die Anmeldung einer ordnungsgemäßen Firma erzwingen, sondern hat zunächst den Eintragungsantrag abzulehnen.[24] Das Gericht darf eine nicht zu bemängelnde Anmeldung zum Register nicht deshalb zurückweisen, um eine von ihm für erforderlich gehaltene sonstige Anmeldung herbeizuführen; nur die säumigen Anmeldepflichtigen sind zur Anmeldung anzuhalten.[25] Keinen Anlass zum Einschreiten bietet der Umstand, dass bei der Firma eines Einzelkaufmanns eine unrichtige Standesbezeichnung des Firmeninhabers eingetragen ist.[26] Unzulässig ist das Zwangsgeldverfahren gegen Prokuristen zur Anmeldung der Prokura[27] oder gegen Erben eines Einzelkaufmanns zur Anmeldung des Erlöschens der zu dessen Lebzeiten erloschenen Firma,[28] gegen die Gesellschafter einer GmbH, um eine Änderung der Firma zu erreichen.[29] Unzulässig ist es auch, einen Gewerbetreibenden durch **Zwangsgeld zur Auskunftserteilung** gegenüber der Industrie- und Handelskammer über Art und Umfang seines Geschäftsbetriebs anzuhalten[30] oder einem Beteiligten eine durch Zwangsgeld erzwingbare Verpflichtung zur Beantwortung von Fragen aufzuerlegen.[31]

4. Verhältnis zum Löschungs- und Auflösungsverfahren

Das Zwangsgeldverfahren und das Löschungs- bzw. Auflösungsverfahren nach §§ 393 bis 399 können **nebeneinander** durchgeführt werden. Allerdings hat das Registergericht vor einer Amtslöschung die Durchsetzung der Registerpflichten durch Zwangsgeldanordnung zu unternehmen.[32] Dies folgt nicht aus der Verfahrensökonomie oder dem Vorrang des Antragsverfahrens,[33] sondern aus dem Verhältnismäßigkeitsgrundsatz, der auch für das Registerverfahren gilt.[34]

5. Auswirkungen der FamFG-Reform

Die Reglungen des FGG zum Zwangsgeldverfahren (§§ 132 bis 139 FGG) sind inhaltlich weitgehend unverändert in das FamFG übernommen worden, es wurden **lediglich einige systematische Veränderungen** vorgenommen und die Vorschriften an die neue Gesetzesterminologie angepasst.[35] § 388 Abs. 1 entspricht § 132 Abs. 1 FGG. Eine § 132 Abs. 2 FGG entsprechende Vorschrift war nach Ansicht des Gesetzgebers entbehrlich, da sich die Unanfechtbarkeit der Zwangsgeldandrohung bereits daraus ergibt, dass es sich um

---

[19] BJS/Müther § 388 Rn 14; vgl. BayObLG DNotZ 1997, 81/82.
[20] Bumiller/Harders § 388 Rn 16.
[21] BayObLGZ 1968, 118; SBW/Nedden-Boeger § 388 Rn 5.
[22] BayObLG NJW 1986, 140.
[23] LG Aachen BB 1954, 74.
[24] BayObLG NJW 1973, 371.
[25] BayObLG DNotZ 1979, 109.
[26] KG OLGE 7, 342.
[27] BayObLG OLGZ 29, 301.
[28] KG JFG 3, 190.
[29] OLG Hamm DB 1979, 306.
[30] BayObLGZ 1967, 385.
[31] BayObLGZ 1978, 319.
[32] BayObLG NJW-RR 1986, 1362; OLG Frankfurt NJW-RR 1995, 298; a. A. BeckOK/Munzig § 388 FamFG Rn 7.
[33] So aber MünchKommZPO/Krafka § 388 FamFG Rn 5; MünchKommHGB/Krafka § 14 Rn 5.
[34] Insoweit zustimmend BeckOK/Munzig § 388 FamFG Rn 7.
[35] BT-Drs. 16/6308 S. 287.

keine Endentscheidung i. S. des § 58 Abs. 1 handelt.[36] Die Unanfechtbarkeit folgt auch aus einem Umkehrschluss zu § 35 Abs. 5.

III. Anwendungsfälle

1. Anmeldungen und Einreichungen zum Handelsregister, § 14 HGB

10 Auf Grund § 14 HGB (der für Versicherungsvereine auf Gegenseitigkeit entsprechend gilt, § 16 VAG) bestehen insbesondere folgende erzwingbare Anmelde- und Einreichungspflichten:

a) die Nichterfüllung der **Verpflichtung zu einer Anmeldung** zu den erzwingbaren Anmeldungen s. zB.

- Errichtung, Verlegung und Aufhebung einer **Zweigniederlassung** im Inland, §§ 13 Abs. 1, 3, 13 d–g, 33 Abs. 3 HGB;[37] jede Änderung der Person oder der Vertretungsbefugnis eines ständigen Vertreters (§ 13 e Abs. 3 S. 1 HGB), die Auflösung und Liquidation des ausländischen Rechtsträgers (§§ 13 f Abs. 5, 13 g Abs. 5 HGB);
- Firma, Ort und inländische Geschäftsanschrift eines **(Einzel-)Kaufmanns** (§ 29 HGB),[38] jede Firmenänderung und -aufhebung, jede Änderung des Orts der Hauptniederlassung und der inländischen Geschäftsanschrift (§§ 31, 13 h HGB);
- **Juristische Personen i. S. des § 33 HGB** mit Firma, Sitz, Gegenstand des Unternehmens, Mitgliedern des Vorstandes und ihre Vertretungsmacht (§§ 33 Abs. 2 S. 2, 13 h HGB) sowie diesbezügliche Änderungen oder Änderungen der Satzung und deren Auflösung sowie die Personen der Liquidatoren, ihre Vertretungsmacht, jeder Wechsel der Liquidatoren und von deren Vertretungsmacht (§ 34 Abs. 1 HGB);
- Erteilung und Erlöschen der **Prokura** (§§ 53 HGB, 42 Abs. 1 GenG);
- Errichtung einer **offenen Handelsgesellschaft** oder **Kommanditgesellschaft** (§ 161 Abs. 2 HGB) mit Namen, Vornamen, Geburtsdatum und Wohnort jeden Gesellschafters, der Firma, dem Sitz und der inländischen Geschäftsanschrift sowie der Vertretungsmacht der Gesellschafter (§ 106 HGB), im Falle einer Kommanditgesellschaft unter zusätzlicher Angabe des Betrags der von jedem Kommanditisten übernommenen Einlage (§ 162 Abs. 1 S. 1 HGB), schließlich jeder Änderung der Firma, des Sitzes, der inländischen Geschäftsanschrift oder des Gesellschafterbestandes sowie der Vertretungsmacht (§ 107 HGB) durch sämtliche Gesellschafter (§ 108 HGB);[39]
- Auflösung der **offenen Handelsgesellschaft** bzw. **Kommanditgesellschaft** (§ 161 Abs. 2 HGB) sowie Austritt eines Gesellschafters (§ 143 HGB),[40] die Fortsetzung der Gesellschaft (§ 144 Abs. 2 HGB), die Liquidatoren und ihre Vertretungsmacht sowie jede Änderung in deren Person oder Vertretungsmacht (§ 148 HGB), die Beendigung der Liquidation und das Erlöschen der Firma (§ 157 Abs. 1 HGB);
- bei einer **Aktiengesellschaft** bzw. einer **KGaA** (§ 278 Abs. 3 AktG): Änderung des Vorstands und der Vertretungsbefugnis seiner Mitglieder (§ 81 AktG) sowie der Stellvertreter (§ 94 AktG), Ausgabe von Bezugsaktien (§ 201 AktG), Durchführung einer ordentlichen (§ 227 AktG), einer vereinfachten Kapitalherabsetzung (§ 229 Abs. 3 AktG) oder einer Kapitalherabsetzung durch Einziehung von Aktien (§ 239 AktG), Auflösung der Gesellschaft (§ 263 S. 1 AktG), Personen der Abwickler, deren Vertretungsbefugnis und jede Änderung hierzu (§ 266 AktG), Schluss der Abwicklung (§ 273 AktG), Fortsetzung der Gesellschaft (§ 274 Abs. 3 AktG), Beendigung eines Unternehmensvertrags (§ 298 AktG), Beendigung einer Eingliederung (§ 327 Abs. 3 AktG), Ausschluss von Minderheitsaktionären (§ 327 e Abs. 1 S. 1 AktG); bei der **KGaA zusätzlich**: Person des

---

[36] BT-Drs. 16/6308 S. 287.
[37] OLG Frankfurt FGPrax 2008, 215: Die Übernahme der Komplementärstellung in einer nach deutschem Recht gegründeten KG durch eine nach englischem Recht wirksam gegründeten und registrierten Limited begründet keine mit Zwangsgeld durchsetzbare Pflicht zur Anmeldung einer inländischen Zweigniederlassung dieser Limited.
[38] Zur Anmeldung der inländischen Geschäftsanschrift s. OLG Schleswig FGPrax 2010, 208 und OLG Köln FGPrax 2010, 203.
[39] Dazu OLG Karlsruhe Rpfleger 1997, 438.
[40] S. BayObLG DNotZ 1979, 109; KG DNotZ 1955, 418.

persönlich haftenden Gesellschafters und dessen Vertretungsbefugnis (§ 282 AktG), Auflösung der Gesellschaft und Ausscheiden eines persönlich haftenden Gesellschafters (§ 289 Abs. 6 AktG);
- bei einer **SE**: Änderung der geschäftsführenden Direktoren und von deren Vertretungsbefugnis (§ 46 Abs. 1 S. 1, 2 SEAG);
- bei einer **GmbH** bzw. **Unternehmergesellschaft** (§ 5a GmbHG): Änderungen in den Personen der Geschäftsführer und die Beendigung von deren Vertretungsbefugnis (§ 39 GmbHG)[41], Auflösung der Gesellschaft (§ 65 GmbHG), Person der Liquidatoren, deren Vertretungsbefugnis und jede diesbezügliche Änderung (§ 67 GmbHG), Beendigung der Liquidation (§ 74 GmbHG);
- bei einer **Genossenschaft**: Errichtung und Änderung von Zweigniederlassungen (§ 14 GenG), Änderungen des Vorstands und der Vertretungsbefugnis (§ 28 GenG), Auflösung durch Beschluss der Generalversammlung (§ 78 Abs. 2 GenG), Auflösung durch Zeitablauf (§ 79 Abs. 2 GenG), Person der Liquidatoren, deren Vertretungsbefugnis und jede diesbezügliche Änderung sowie deren Zeichnung (§§ 84, 85 Abs. 2 GenG);
- bei einer **SCE**: Änderungen in der Person des Vorstands (§ 28 GenG) oder der geschäftsführenden Direktoren (§ 26 SCEAG) und deren Vertretungsbefugnis;
- bei einer **EWIV**: Anmeldung der in § 2 Abs. 3 EWIV-AG i. V. m. Art. 7, 10 EWIV-VO genannten Tatsachen;
- bei einem **VVaG**: Änderung des Vorstands und der Vertretungsbefugnis seiner Mitglieder sowie der Stellvertreter (§ 34 S. 2 VAG i. V. m. §§ 81, 94 AktG) Auflösung des Vereins (§ 45 S. 1 VAG), Personen der Abwickler, deren Vertretungsbefugnis und jede Änderung hierzu (§ 47 Abs. 3 S. 1 VAG i. V. m. § 266 AktG), Schluss der Abwicklung (§ 47 Abs. 3 S. 1 VAG i. V. m. § 273 AktG), Fortsetzung des Vereins (§ 49 VAG).

Wird dagegen eine unzulässige Firma angemeldet, so darf das Gericht nicht die Anmeldung einer ordnungsgemäßen Firma erzwingen, sondern hat zunächst den Eintragungsantrag abzulehnen.[42] Die **Herabsetzung einer Kommanditeinlage** nach § 175 S. 3 HGB kann mangels öffentlichen Interesses nicht erzwungen werden.[43] **Konstitutiv wirkende Eintragungen** sind grundsätzlich von der Anmeldepflicht ausgenommen, so dass beispielsweise die Anmeldung der Sitzverlegung einer AG sowie der Satzungsänderung einer GmbH nicht nach §§ 388 ff. erzwungen werden können, vgl. §§ 407 Abs. 2 AktG, 79 Abs. 2 GmbHG.[44] Die anfängliche oder nachträgliche **Unrichtigkeit oder Unzulässigkeit der Eintragung des Geschäftsführers** einer GmbH, etwa wegen Nichtigkeit der Geschäftsführerbestellung, ist kein die Anmeldepflicht nach § 39 GmbHG begründender Sachverhalt.[45] In solchem Fall darf das Registergericht daher nicht das Zwangsverfahren nach §§ 14 HGB, 388 FamFG betreiben, sondern ist auf das Amtslöschungsverfahren nach § 395 bzw. nach § 398 beschränkt (s. im Einzelnen § 395 Rn 7).

b) Nichterfüllung der **Verpflichtung zu einer Einreichung von Schriftstücken;** eine Einreichungspflicht besteht nur in den gesetzlich bestimmten Fällen; s. z. B.
- bei einer **inländischen Zweigniederlassung**: Einreichung der Satzung, ggf. in beglaubigter Übersetzung in die deutsche Sprache (§§ 13f Abs. 2 S. 1, 13g Abs. 2 S. 1 HGB);
- bei einer **Aktiengesellschaft** bzw. einer **KGaA** (§ 278 Abs. 3 i. V. m. § 283 Nr. 1 AktG): Mitteilung nach § 42 AktG, rechtskräftige Gerichtsentscheidung über die Zusammensetzung des Aufsichtsrats (§ 99 Abs. 5 AktG), Bekanntmachung über eine Änderung im Aufsichtsrat (§ 106 AktG), Einreichung einer öffentlich beglaubigten Abschrift der Hauptversammlungsniederschrift (§ 130 Abs. 5 AktG), rechtskräftige Gerichtsentscheidung über Auskunftsrecht eines Aktionärs (§ 132 Abs. 3 S. 1 i. V. m. § 99 Abs. 5 AktG), Einreichung des Prüfungsberichts durch die Sonderprüfer (§ 145 Abs. 6 S. 3 AktG), rechtskräftiges Urteil über Nichtigerklärung eines Hauptversammlungsbeschlusses (§ 248

---

[41] Dazu KG FGPrax 1999, 156.
[42] BayObLG NJW 1973, 371.
[43] MünchKommZPO/Krafka § 388 FamFG Rn 10.
[44] Schmidt-Kessel/Müther § 14 HGB Rn 6; BeckOK/Munzig § 388 FamFG Rn 11; unzutreffend Bahrenfuss/Steup § 388 Rn 6.
[45] KG FGPrax 1999, 156.

Abs. 1 S. 2 AktG), Klageschrift über die Erhebung einer Nichtigkeitsklage (§ 249 Abs. 1 S. 1 AktG), rechtskräftiges Urteil über Nichtigkeit der Wahl von Aufsichtsratsmitgliedern (§ 250 Abs. 3 S. 1 AktG), rechtskräftiges Anfechtungsurteil über die Wahl von Aufsichtsratsmitgliedern (§ 251 Abs. 3 AktG), rechtskräftiges Urteil über die Nichtigkeit des Beschlusses über die Verwendung des Bilanzgewinns (§ 253 Abs. 2 AktG), rechtskräftiges Urteil über die Anfechtung des Beschlusses über die Verwendung des Bilanzgewinns (§ 254 Abs. 2 S. 1 AktG), rechtskräftiges Urteil über die Anfechtung des Beschlusses über eine Kapitalerhöhung gegen Einlagen (§ 255 Abs. 3 AktG), Klageschrift über die Erhebung der Nichtigkeitsklage gegen den festgestellten Jahresabschluss (§ 256 Abs. 7 AktG), rechtskräftiges Urteil über die Anfechtung des Beschlusses über die Feststellung des Jahresabschlusses (§ 257 Abs. 2 S. 1 AktG), rechtskräftige Gerichtsentscheidung über die abschließenden Feststellungen eines Sonderprüfers (§ 260 Abs. 3 S. 1 AktG), Klageschrift und rechtskräftiges Urteil über die Nichtigerklärung der Gesellschaft (§ 275 Abs. 4 S. 2 AktG), Niederschrift des Beschlusses über Ausschließung von Minderheitsaktionären (§ 327 e Abs. 1 S. 2 AktG); **nicht mittels Registerzwang** kann die Einreichung des Gründungsberichts nach § 34 Abs. 3 AktG erreicht werden, vielmehr ist die Anmeldung auf Eintragung der Gesellschaft zurückzuweisen, wenn der Bericht nicht auf eine Zwischenverfügung hin vorgelegt wird;[46]

- bei einer **SE**: rechtskräftiges Urteil über die Nichtigkeit der Wahl von Verwaltungsratsmitgliedern (§ 31 Abs. 3 S. 1 SEAG), Bekanntmachung über eine Änderung im Verwaltungsrat (§ 106 AktG bzw. § 46 Abs. 1 S. 1, 3 SEAG);
- bei einer **GmbH** bzw. **Unternehmergesellschaft** (§ 5a GmbHG): Einreichung der Gesellschafterliste durch den Geschäftsführer (§ 40 Abs. 1 GmbHG[47]), Bekanntmachung über eine Änderung im Aufsichtsrat (§ 52 Abs. 2 S. 2 GmbHG), rechtskräftiges Urteil über die Nichtigerklärung der Gesellschaft (§ 75 Abs. 2 GmbHG i. V. m. § 248 Abs. 1 S. 2 GmbHG);
- bei einer **Genossenschaft**: Einreichung der Mitgliederliste (§ 32 GenG), rechtskräftiges Urteil über die Nichtigkeit eines Generalversammlungsbeschlusses (§ 51 Abs. 5 GenG);
- bei einer **EWIV**: die in § 2 Abs. 3 EWIV-AG i. V. m. Art. 7, 8 und 10 EWIV-VO genannten Unterlagen;
- bei einem **VVaG**: Bekanntmachung über eine Änderung im Aufsichtsrat (§ 35 Abs. 3 S. 1 VAG i. V. m. § 106 AktG), Einreichung rechtskräftiger Gerichtsentscheidungen (§ 36 S. 1, § 47 Abs. 3 S. 1 VAG);

c) Nichterfüllung der Verpflichtung, **bestimmte Angaben bei der Anmeldung** zu machen, wie z. B. des Geburtsdatums von im Handelsregister einzutragenden Personen, oder die Anschrift der einzutragenden Unternehmen und Zweigniederlassungen beim Gericht einzureichen, wenn dies durch Rechtsverordnung vorgeschrieben wird (§ 387 Abs. 2 S. 2; s. § 387 Rn 10 f.). Da die Anmeldung einer **Änderung des Namens** einer eingetragenen Person (z. B. infolge Heirat, Scheidung oder Annahme als Kind) weder in dieser Verordnung noch anderswo gesetzlich vorgeschrieben ist, kann diese nicht nach §§ 388 ff. erzwungen werden.[48]

2. Angaben auf Geschäftsbriefen von Einzelkaufleuten, § 37 a Abs. 4 HGB

11   Auf Grund von § 37a Abs. 4 HGB kann mit Zwangsgeld geahndet werden die **Nichterfüllung der Verpflichtung, auf allen Geschäftsbriefen** (auch E-Mails, Telefaxe und Homepages) des Kaufmanns, die an einen bestimmten Empfänger gerichtet sind, die Firma, die Bezeichnung „eingetragener Kaufmann", „eingetragene Kauffrau", „e. K.", „e. Kfm.", „e. Kfr." etc. (§ 19 Abs. 1 Nr. 1 HGB), den Ort der Handelsniederlassung, das Registergericht und die Handelsregisternummer anzugeben. Das einzelne Zwangsgeld darf den Betrag von 5000 € nicht übersteigen (§§ 37a Abs. 4 S. 2, 14 S. 2 HGB).

---

[46] Schmitt-Kessel/Müther § 14 HGB Rn 11; a. A. Prütting/Helms/Maass § 388 Rn 16.
[47] Dazu LG Saarbrücken Rpfleger 1972, 61.
[48] Schmitt-Kessel/Müther § 14 HGB Rn 8; a. A. Jansen/Steder § 125 Rn 89.

3. Angaben auf Geschäftsbriefen von Personengesellschaften, § 125 a Abs. 2 HGB

Nach dieser Vorschrift müssen **Personengesellschaften** auf allen **Geschäftsbriefen** 12 gleich welcher Form (also auch E-Mails), die an einen bestimmten Empfänger gerichtet sind und auf Bestellscheinen (§ 125 a Abs. 2 i. V. m. § 37 a Abs. 3 HGB) Rechtsform, Sitz, zuständiges Registergericht und Eintragungsnummer angeben, ferner die für die Gesellschafter gegebenenfalls nach § 35 a GmbHG oder § 80 AktG vorgeschriebenen Angaben machen. Dies gilt nicht für Mitteilungen oder Berichte, die im Rahmen einer bestehenden Geschäftsverbindung ergehen und für die üblicherweise Vordrucke verwendet werden. Die vertretungsberechtigten Gesellschafter oder deren organschaftliche Vertreter und Liquidatoren, die diese Vorschriften nicht befolgen, sind hierzu vom Registergericht durch Festsetzung von Zwangsgeld anzuhalten (§ 125 a Abs. 2 i. V. m. 37 a Abs. 4 HGB).[49] Das einzelne Zwangsgeld darf den Betrag von 5000 € nicht übersteigen.

4. Verpflichtungen nach § 5 Abs. 2 PartGG

Das Registergericht kann nach § 5 Abs. 2 PartGG i. V. m. § 14 HGB die Partner einer 13 **Partnerschaftsgesellschaft** zur Befolgung der Vorschriften über die Anmeldung und Einreichung von Unterlagen anhalten, und zwar hinsichtlich der Eintragung von Änderungen und der Liquidation. Die **Ersteintragung** der Partnerschaft hat hingegen konstitutive Wirkung, sie erfolgt nur auf Antrag und kann deshalb nicht erzwungen werden.[50] Mit Zwangsgeld zu belegen sind die anmeldepflichtigen Einzelpersonen, nicht die Partnerschaft. Für Angaben auf Geschäftsbriefen und Bestellscheinen der Partnerschaftsgesellschaft sind § 125 a Abs. 1 S. 1 und Abs. 2 HGB entsprechend anwendbar, § 7 Abs. 5 PartGG (s. Rn 12).[51]

5. Verpflichtungen nach §§ 407, 408 AktG

Mit Zwangsgeld belangt werden kann die Nichtbefolgung der den Mitgliedern des 14 Vorstands oder den Abwicklern einer **Aktiengesellschaft** und den persönlich haftenden Gesellschaftern oder den Abwicklern einer **Kommanditgesellschaft auf Aktien** (§ 278 Abs. 3 AktG) außer den Anmeldungen und Einreichungen (§ 14 HGB mit § 407 Abs. 1 S. 1 2. Halbs. AktG) obliegenden, nachstehend aufgeführten Verpflichtungen:[52]
- Auslegung des Nachgründungsvertrages zur Einsicht durch die Aktionäre und Erteilung von Abschriften an diese durch den Vorstand (§ 52 Abs. 2 S. 2 bis 4 AktG);
- Veräußerung bzw. Einziehung eigener Aktien (§ 71 AktG);
- Verpflichtung des Vorstands zur Anzeige von der Aushändigung oder Hinterlegung der an Stelle der für kraftlos erklärten Aktien ausgegebenen neuen Aktien an das Gericht (§ 73 Abs. 3 S. 2 AktG);
- Verpflichtung des Vorstands und der Abwickler zur Angabe des Namens der Vorstandsmitglieder und des Aufsichtsratsvorsitzenden sowie des Sitzes der Gesellschaft auf allen Geschäftsbriefen (§§ 80, 268 Abs. 4 AktG), entsprechendes gilt nach § 43 SEAG für die SE;
- Verpflichtung des Vorstands zur Berichterstattung an den Aufsichtsrat nach § 90 AktG;[53]
- Verpflichtung des Vorstands zur Stellung des Antrags auf Ergänzung des Aufsichtsrats bei dessen Beschlussunfähigkeit (§ 104 Abs. 1 AktG);[54]

---

[49] Ring/Grziwotz/Heinemann § 79 Rn 1, 2.
[50] Zutreffend Bahrenfuss/Steup § 388 Rn 3; a. A. Vorauflage; Krafka/Willer/Kühn Rn 2032.
[51] Bassenge/Roth/K. Walter § 388 Rn 2 mit zutreffendem Hinweis auf die insoweit unzureichende Verweisung auf § 5 Abs. 2 PartGG.
[52] Das Zwangsgeld richtet sich nur gegen die gesetzlichen Vertreter der Gesellschaft (Vorstandsmitglieder, Abwickler), nicht gegen den Aufsichtsrat als Ganzes oder einzelne seiner Mitglieder, BayObLGZ 1968, 118/122.
[53] Hierzu BayObLGZ 1968, 118: ein einzelnes Aufsichtsratsmitglied kann vom Vorstand der AG Bericht über eine Angelegenheit der Gesellschaft nur an den Aufsichtsrat, nicht an sich selbst verlangen; mit der Erstattung des Berichts an den Aufsichtsrat ist das Recht des einzelnen Mitglieds, den Bericht vom Vorstand zu verlangen, erloschen. Verweigert der Vorsitzende des Aufsichtsrats Mitgliedern desselben die Einsicht in einen Bericht, so kann er dazu nicht durch Zwangsgeld angehalten werden.
[54] AG Augsburg AG 1958, 39.

- Verpflichtung des Vorstands, dem Aufsichtsrat oder einzelnen Mitgliedern oder besonderen von ihm beauftragten Sachverständigen Einsicht und Prüfung der Bücher und Schriften der Gesellschaft sowie Prüfung der Vermögensgegenstände zu gestatten (§ 111 Abs. 2 AktG, auch § 313 Abs. 1 AktG);
- Verpflichtungen des Vorstands gegenüber Sonderprüfern nach Maßgabe des § 145 AktG, ferner zur Abschrifterteilung des Prüfungsberichts, zu dessen Vorlage an den Aufsichtsrat und zur Ankündigung in der Tagesordnung der nächsten Hauptversammlung (§ 145 Abs. 4 S. 3, 4 AktG);
- Verpflichtung des Vorstands, den Jahresabschluss, den Lagebericht und gegebenenfalls den Prüfungsbericht sowie den Vorschlag über die Verwendung des Bilanzgewinnes dem Aufsichtsrat vorzulegen (§ 170 AktG);
- Verpflichtung des Vorstands, den Aufsichtsrat unter Fristsetzung zur Zuleitung seines Prüfungsberichts anzuhalten (§ 171 Abs. 3 oder Abs. 4 AktG);
- Verpflichtung des Vorstands, die Hauptversammlung zur Entgegennahme des festgestellten Jahresabschlusses und des Lageberichts sowie zur Beschlussfassung über die Verwendung des Bilanzgewinnes oder zur Feststellung des Jahresabschlusses einzuberufen, sowie zur Auslegung der Vorlagen und Erteilung von Abschriften derselben (§ 175 AktG);
- Verpflichtung des Vorstands, den Vertrag über die Übertragung des ganzen Gesellschaftsvermögens zur Einsicht auszulegen und Abschriften hieraus zu erteilen (§ 179a Abs. 2 S. 1 bis 3 AktG);
- Verpflichtung des Vorstands, nach Eintragung des Beschlusses über die Kapitalerhöhung die Aktionäre zur Abholung der neuen Aktien aufzufordern und die Aufforderung in den Gesellschaftsblättern bekanntzumachen (§ 214 Abs. 1 AktG);
- Verpflichtung des Vorstands, die Erhebung der Anfechtungsklage gegen einen Hauptversammlungsbeschluss und den Termin zur mündlichen Verhandlung unverzüglich in den Gesellschaftsblättern bekanntzumachen (§ 246 Abs. 4 AktG; s. a. §§ 249 Abs. 1, 250 Abs. 3, 251 Abs. 3, 253 Abs. 2, 254 Abs. 2 S. 1, 256 Abs. 7, 257 Abs. 2 AktG);
- Verpflichtung der börsennotierten Gesellschaft, die Beendigung des Anfechtungsprozesses in den Gesellschaftsblättern bekannt zu machen (§ 248a AktG);
- Verpflichtung des Vorstands, die abschließenden Feststellungen der Sonderprüfer wegen unzulässiger Unterbewertung oder mangelhaftem Geschäftsbericht unverzüglich in den Gesellschaftsblättern bekanntzumachen (§ 259 Abs. 5 AktG);
- Verpflichtung der Abwickler zur Angabe der Namen aller Abwickler und des Aufsichtsratsvorsitzenden sowie des Sitzes der Gesellschaft auf allen Geschäftsbriefen (§ 268 Abs. 4 AktG);
- Verpflichtung der Abwickler zur Aufstellung der Eröffnungsbilanz, eines diese erläuternden Berichts und des Jahresabschlusses nebst Lagebericht (§ 270 Abs. 1 AktG; s. a. § 270 Abs. 2 und 3 AktG);
- Verpflichtung der Abwickler zur Aufbewahrung der Bücher und Schriften der Gesellschaft an einem vom Gericht bestimmten sicheren Ort nach Beendigung der Abwicklung (§ 273 Abs. 2 AktG);
- Verpflichtung des Vorstands nach Abschluss, Änderung eines Unternehmensvertrages zur Abschrifterteilung und Auslegung des Vertrages (§§ 293f, 293g Abs. 1 AktG);
- Verpflichtung des Vorstands zur Aufstellung eines Berichts über Beziehungen zu verbundenen Unternehmungen (§ 312 Abs. 1 AktG); Verpflichtung des Vorstands gegebenenfalls diesen Bericht gleichzeitig mit dem Jahresabschluss und dem Lagebericht dem Abschlussprüfer vorzulegen nebst den weiteren Verpflichtungen des Vorstands gegenüber dem Abschlussprüfer (§ 313 Abs. 1 AktG); Verpflichtung des Vorstands, den Bericht über die Beziehungen zu verbundenen Unternehmungen und gegebenenfalls den Prüfungsbericht des Abschlussprüfers zusammen mit den in § 170 AktG angegebenen Vorlagen dem Aufsichtsrat vorzulegen (§ 314 Abs. 1 AktG).

15 Die in § 407 Abs. 2 AktG aufgeführten Anmeldungen zum Handelsregister können **nicht durch Zwangsgeld erzwungen** werden.[55]

---

[55] Jansen/Steder § 132 Rn 36.

6. Verpflichtungen nach § 79 GmbHG

Nach §§ 35 a, 71 Abs. 5 GmbHG müssen auf allen **Geschäftsbriefen** (auch E-Mails) an bestimmte Empfänger und Bestellscheinen einer **GmbH** Rechtsform, Sitz, gegebenenfalls die Tatsache der Liquidation, Registergericht, Eintragungsnummer, Geschäftsführer bzw. Liquidatoren – bei Vorhandensein eines Aufsichtsrats Vor- und Familienname des Vorsitzenden – angegeben werden; dies gilt nicht für Mitteilungen oder Berichte, die im Rahmen einer bestehenden Geschäftsverbindung ergehen und für die üblicherweise Vordrucke verwendet werden. Werden Angaben über das Kapital der Gesellschaft gemacht, so müssen in jedem Falle das Stammkapital sowie, wenn nicht alle in Geld zu leistenden Einlagen eingezahlt sind, der Gesamtbetrag der ausstehenden Einlagen angegeben werden. Geschäftsführer und Liquidatoren, die diese Vorschriften nicht befolgen, sind hierzu vom Registergericht durch Festsetzung von Zwangsgeld anzuhalten (§ 79 Abs. 1 GmbHG). Das einzelne Zwangsgeld darf den Betrag von 5000 € nicht übersteigen.

Die Möglichkeit des Registergerichts, daneben ein Zwangsgeld wegen Nichterfüllung der nach § 14 HGB bestehenden Pflichten zu verhängen, bleibt unberührt, § 79 Abs. 1 S. 1 2. Halbs. GmbHG. Hinsichtlich der in § 79 Abs. 2 GmbHG bezeichneten Anmeldungen zum Handelsregister findet eine Verhängung von **Zwangsgeld nicht statt**.[56]

7. Verpflichtungen nach § 316 UmwG

Auf Grund § 316 UmwG sind Mitglieder eines Vertretungsorgans, vertretungsberechtigte Gesellschafter oder Abwickler, die §§ 13 Abs. 3 S. 3, 125 S. 1, 176 Abs. 1, 177 Abs. 1, 178 Abs. 1, 179 Abs. 1, 180 Abs. 1, 184 Abs. 1, 186 Abs. 1, 188 Abs. 1, § 189 Abs. 1 UmwG, jeweils i. V. m. § 13 Abs. 3 S. 3 UmwG, sowie § 193 Abs. 3 S. 2 UmwG zur **Einreichung bzw. Beifügung von Umwandlungsverträgen und -beschlüssen** nicht befolgen, hierzu von dem zuständigen Registergericht durch Festsetzung von Zwangsgeld anzuhalten; § 14 HGB bleibt unberührt. Das einzelne Zwangsgeld darf den Betrag von 5000 € nicht übersteigen.

Die **Anmeldung einer Umwandlung** zu dem zuständigen Register nach §§ 16 Abs. 1, 38, 122k Abs. 1, § 122l Abs. 1, 129, 137 Abs. 1 und 2, 176 Abs. 1, 177 Abs. 1, 178 Abs. 1, 179 Abs. 1, 180 Abs. 1, 184 Abs. 1, 186 Abs. 1, 188 Abs. 1, 189 Abs. 1, 198, 222, 235, 246, 254, 265, 278 Abs. 1, 286, 296 UmwG wird durch Festsetzung von Zwangsgeld **nicht erzwungen**, § 316 Abs. 2 UmwG. Aus demselben Gesichtspunkt kann auch die Einreichung etwaiger Prüfungsgutachten (§§ 86, 148 Abs. 2 UmwG) oder Anlagen (§§ 199, 223 UmwG) nicht erzwungen werden;[57] die Anmeldung ist vielmehr auf erfolglose Zwischenverfügung hin zurückzuweisen.

8. Verpflichtungen nach § 12 EWIV-AG

Auf Grund § 12 des Gesetzes zur Ausführung der EWG-Verordnung über die **Europäische Wirtschaftliche Interessenvereinigung** v. 14. 4. 1988 (EWIV-Ausführungsgesetz, BGBl. I S. 514) können folgende Verpflichtungen mit Zwangsgeld erzwungen werden: Geschäftsführer oder Abwickler, die Art. 25 der Verordnung über die Schaffung einer Europäischen Wirtschaftlichen Interessenvereinigung (EWIV)[58] nicht befolgen, sind hierzu vom Registergericht durch Festsetzung eines Zwangsgeldes anzuhalten; § 14 HGB bleibt unberührt. Das Zwangsgeld darf den Betrag von 5000 € nicht übersteigen. Gemäß Art. 25 EWIV-VO müssen Briefe, Bestellscheine und ähnliche Schriftstücke Angaben enthalten über den Namen der Vereinigung mit den Worten „Europäische Wirtschaftliche Interessenvereinigung" oder der Abkürzung „EWIV", Registerort und Registernummer, Anschrift der Vereinigung, gegebenenfalls die Angabe, dass die Geschäftsführer gemeinschaftlich handeln müssen, und gegebenenfalls die Angabe, dass sich die Vereinigung in Abwick-

---

[56] LG Stuttgart BB 1963, 1396 (keine Erzwingung einer den gesetzlichen Vorschriften entsprechenden Anmeldung gem. § 7 GmbHG); ausführlich Ring/Grziwotz/Heinemann § 79 Rn 6, 7.
[57] A. A. Bahrenfuss/Steup § 388 Rn 7.
[58] Jansen/Steder § 132 Rn 51, 52.

lung befindet. Bei Niederlassungen in einem anderen Mitgliedstaat müssen zusätzlich die entsprechenden Angaben für diese Niederlassung angegeben werden.

9. Verpflichtungen nach § 78 BGB (Abs. 2)

21 Gemäß § 78 BGB kann das Registergericht die Mitglieder des Vorstands bzw. die Liquidatoren eines **eingetragenen Vereins** zur Befolgung der Vorschriften des § 67 Abs. 1 BGB (Anmeldung von Änderungen des Vorstands), § 71 Abs. 1 BGB (Anmeldung von Satzungsänderungen), § 72 BGB (Einreichung eines Verzeichnisses der Vereinsmitglieder auf Verlangen des Gerichts), § 74 Abs. 2 BGB (Anmeldung der Auflösung des Vereins), § 75 Abs. 2 (Anmeldung der Fortsetzung des aufgelösten Vereins), § 76 BGB (Anmeldung der Liquidatoren) sowie einer von § 48 Abs. 3 BGB abweichenden Regelung ihrer Beschlussfassung durch den Vorstand bzw. die Liquidatoren, Anmeldung späterer Änderungen und erneute Bestellung, **durch Zwangsgeld anhalten.** Das Zwangsgeld beträgt für jede einzelne Maßnahme 5 bis 1000 € (Art. 6 Abs. 1 EGStGB).[59] Das Zwangsgeldverfahren richtet sich nur gegen die Vorstandsmitglieder (Liquidatoren), nicht gegen den Verein als solchen, es sind daher auch nur sie Beteiligte und nur diese einspruchs- und beschwerdeberechtigt.[60]

22 Eine Mitwirkung (Antrags- oder Beschwerderecht) der **berufsständischen Organe** ist ausgeschlossen. Das Registergericht ist bei Kenntnis von Verstößen gegen die Anmeldepflicht verpflichtet, gemäß § 78 BGB vorzugehen.[61] § 392 ist anzuwenden, wenn ein Verein einen ihm nicht zustehenden Namen gebraucht.[62]

10. Verpflichtungen nach § 160 GenG

23 Die erzwingbaren Verpflichtungen des Vorstands und der Liquidatoren von **Genossenschaften** sind in § 160 Abs. 1 GenG aufgeführt;[63] die allgemeinen Vorschriften des § 14 HGB finden keine Anwendung; für das Verfahren verweist aber § 160 Abs. 2 GenG auf §§ 388 ff. FamFG.[64] In Zwangsgeldverfahren gegen Vorstandsmitglieder und Liquidatoren ist auch die Genossenschaft einspruchs- und beschwerdeberechtigt.[65]

Zusätzlich zu den Anmelde- und Einreichungspflichten bestehen u. a. folgende **erzwingbare Verpflichtungen**: Angabe des Namens der Vorstandsmitglieder und des Aufsichtsratsvorsitzenden sowie der Rechtsform und des Sitzes der Gesellschaft, des Registergerichts und der Registernummer auf allen Geschäftsbriefen (§ 25 a GenG, die Vorschrift gilt entsprechend für die SCE, vgl. § 25 SCEAG), Führung der Mitgliederliste (§ 30 GenG), Gestattung der Einsichtnahme in die Bücher und Schriften durch die Prüfer (§ 57 Abs. 1 GenG), Vorlage des Jahresabschlusses (§ 33 Abs. 1 S. 2 GenG), Anfertigung einer Niederschrift über die Generalversammlung (§ 47 GenG), Bekanntmachung des Jahresabschlusses (§ 48 Abs. 3, Abs. 4 S. 4 GenG), Klageschrift über die Anfechtung von Beschlüssen des Generalversammlung (§ 51 Abs. 4 GenG), Bestellung eines Prüfungsverbands (§ 56 Abs. 2 GenG), Aufstellung einer Liquidationsbilanz und von Jahresabschlüssen durch die Liquidatoren (§ 89 GenG)[66] sowie bei Vorhandensein eines Aufsichtsrats Anhaltung des Vorstands bzw. der Liquidatoren zur Bestellung eines beschlussfähigen Aufsichtsrats binnen drei Monaten (§ 160 Abs. 1 S. 2 a. E. GenG).

---

[59] Jansen/Steder § 159 Rn 46.
[60] Jansen/Steder § 159 Rn 46.
[61] Jansen/Steder § 159 Rn 46.
[62] Jansen/Steder § 132 Rn 36.
[63] Bumiller/Harders § 388 Rn 13.
[64] Bumiller/Harders § 388 Rn 13.
[65] BGH NJW 1957, 1558; Bumiller/Harders § 388 Rn 13.
[66] BGH NJW 1957, 1558; BayObLGZ 1955, 197.

IV. Zwangsgeldverfahren

1. Zuständigkeit

Sachlich zuständig ist ausschließlich das Registergericht, also das AG (§ 23 a Abs. 1 **24** Nr. 2, Abs. 2 Nr. 3 GVG i. V. m. §§ 374, 388 Abs. 1 FamFG); das Beschwerdegericht ist auch im Beschwerdeverfahren nicht zur eigenständigen Zwangsgeldanordnung befugt, es kann aber das AG hierzu anweisen.[67] **Funktionell** zuständig ist der Rechtspfleger, § 3 Nr. 2 d RPflG, auch für die Durchführung des Einspruchsverfahrens nach § 390.[68] Die **örtliche Zuständigkeit** bestimmt sich nach § 377 Abs. 1, so dass das Registergericht zuständig ist, in dessen Bezirk sich die Niederlassung des Einzelkaufmanns bzw. der Sitz der Gesellschaft befindet. Dies gilt auch für Eintragungen, die sich ausschließlich auf eine inländische Zweigniederlassung beziehen.[69] Die inländischen Zweigniederlassungen ausländischer Rechtsträger sind in diesem Zusammenhang als Hauptniederlassung anzusehen.[70] Über mangelnde Zuständigkeit des OLG in der Beschwerdeinstanz zur Durchführung des Verfahrens nach den §§ 388 ff. s. unten Rn 41.

2. Voraussetzung des gerichtlichen Einschreitens

Das Registergericht muss **glaubhafte Kenntnis** von Tatsachen erhalten, auf Grund **25** deren die Verpflichtung zu einer der in Rn 10 ff. aufgezählten Handlungen besteht; gleichgültig ist, auf welchem Wege das Gericht diese Kenntnis erlangt hat, z. B. durch dritte Personen, durch Behörden i. S. des § 379, durch die berufsständischen Organe nach § 380, die gehalten sind, dem Gericht das tatsächliche Material zu unterbreiten, oder in sonstiger glaubhafter Weise.[71] Erforderlich ist also nicht volle Gewissheit;[72] das Registergericht soll nicht mit der Prüfung belastet werden, ob einem Gläubiger die von ihm behauptete Forderung tatsächlich zusteht.[73]

Eine **Verpflichtung des Registergerichts,** von sich aus nach derartigen Tatsachen zu **26** forschen, ist im Gesetz nicht enthalten. Eine solche Verpflichtung kann sich aber aus den Umständen ergeben. Wenn es von Tatsachen Kenntnis erlangt, die sein Einschreiten möglicherweise veranlassen, hat es von Amts wegen (§ 26) den Sachverhalt noch soweit aufzuklären, um sich schlüssig machen zu können, ob ein Zwangsgeldverfahren einzuleiten ist oder nicht.[74] Der volle Nachweis des wirklichen Sachverhaltes und die endgültige Entscheidung sind jedoch dem Einspruchsverfahren vorbehalten.[75] Da die Durchführung des Zwangsgeldverfahrens nicht von einem Antrag abhängt, ist die Zurücknahme eines gestellten Antrags auf die Einleitung und Durchführung des Verfahrens ohne Einfluss.[76] Unter den Voraussetzungen des § 381 kann das Verfahren ausgesetzt werden.

3. Einleitung des Verfahren

Bei Vorliegen der Voraussetzungen ist die **Einleitung** des Zwangsgeldverfahrens **Pflicht** **27** des Registergerichts; es steht nicht in seinem Ermessen, ob es vorgehen will oder nicht.[77] Es darf auch nicht unter Abstandnahme vom Zwangsgeldverfahren den zu einer Anmeldung Verpflichteten zur Vornahme der Handlung anweisen. Eine Anweisung ohne Zwangsgeldandrohung oder „bei Meidung eines Zwangsgeldes" hat keine selbstständige Bedeutung.

---

[67] Jansen/Steder § 132 Rn 60, 61.
[68] MünchKommZPO/Krafka § 388 FamFG Rn 19.
[69] MünchKommZPO/Krafka § 388 FamFG Rn 18.
[70] MünchKommZPO/Krafka § 388 FamFG Rn 18; SBW/Nedden-Boeger § 398 Rn 33.
[71] In Betracht kommt auch die Bundesanstalt für Finanzdienstleistungsaufsicht.
[72] Jansen/Steder § 132 Rn 70.
[73] OLG Düsseldorf FGPrax 1996, 195.
[74] Jansen/Steder § 132 Rn 70.
[75] OLG Frankfurt DNotZ 1979, 620; BayObLGZ 1978, 319/322; Jansen/Steder § 132 Rn 70.
[76] Ebenso BeckOK/Munzig § 388 FamFG Rn 18.
[77] OLG Hamm OLGZ 1989, 148, 150; Bassenge Rpfleger 1974, 174; BJS/Müther § 388 Rn 17.

4. Beteiligte

28 Die Beteiligten, gegen die sich das Verfahren zu richten hat, sind diejenigen Personen, denen das Gesetz die zu erzwingende Verpflichtung auferlegt hat; das Zwangsgeld ist also gegen den gesetzlichen Vertreter des Unternehmens, nicht gegen dieses selbst festzusetzen.[78] Das Zwangsgeldverfahren kann sich **nur gegen natürliche Personen** richten, die entweder die Gesellschaft gesetzlich vertreten oder die sonst kraft Gesetzes zur Anmeldung verpflichtet sind, also nie gegen die Gesellschaft als solche oder gegen ihren Vorstand als solchen, sondern nur gegen die einzelnen Vorstandsmitglieder.[79] Ist der Abwickler einer AG eine GmbH (s. § 265 Abs. 2 S. 2 AktG), so richtet sich das Zwangsgeldverfahren gegen deren gesetzlichen Vertreter.[80]

29 Kann eine Anmeldung oder eine sonstige erzwingbare Handlung nur von mehreren gemeinsam vorgenommen werden, so ist auch ein Zwangsgeldverfahren nicht gegen einzelne zulässig,[81] sofern alle ungehorsam sind.[82] Hat von **mehreren Anmeldepflichtigen** ein Teil seine Pflicht erfüllt, so sind nur die Säumigen zur Anmeldung anzuhalten.[83] So ist es auch nicht gegen stellvertretende Vorstandsmitglieder zulässig, solange sie nicht an Stelle der ordentlichen Mitglieder zum Handeln berufen sind.[84] Unzulässig ist auch das Zwangsgeldverfahren gegen Bevollmächtigte des Pflichtigen,[85] also auch gegen einen Prokuristen.[86]

30 Gegenüber **Aufsichtsratsmitgliedern** als solchen ist das Verfahren nach §§ 388 ff. nicht anwendbar, sondern nur, wenn sie Vorstandsmitglieder vertreten oder gemeinsam mit diesen zu einer Anmeldung verpflichtet sind (§ 105 AktG; § 30 Abs. 1 VAG).[87]

31 Gegen **öffentliche Körperschaften** kann – abgesehen von den Fällen des § 33 HGB[88] – grundsätzlich kein Zwangsgeldverfahren eingeleitet werden. Gegen einen **Notar** können mittels Zwangsgeld keine Amtspflichten erzwungen werden, auch nicht, soweit sie – wie im Rahmen des § 40 Abs. 2 GmbHG – auf Einreichung von Unterlagen zum Registergericht gerichtet sind.[89] Die Erfüllung der Amtspflicht kann nur von den am Beurkundungsverfahren beteiligten Personen unmittelbar gegenüber dem Notar verlangt werden.

32 Anmeldungen für eine inländische **Zweigniederlassung** eines **ausländischen Unternehmens** (s. §§ 13 d bis 13 g HGB) können nur erzwungen werden, wenn sich die anmeldepflichtigen Personen im Inland befinden.[90] Bei Zweigniederlassungen ausländischer Kapitalgesellschaften kann die zum **ständigen Vertreter** bestellte Person wegen ihrer Anmeldepflicht in Anspruch genommen werden.[91]

33 Im **Einspruchsverfahren und Beschwerdeverfahren** sind aber Beteiligte neben den Vorstandsmitgliedern, Geschäftsführern usw. auch die **Gesellschaft.**[92] Die Unterzeichnung des Einspruchs oder der Beschwerde mit der Gesellschaftsfirma genügt daher in der Regel. Ob eine nur von einem der Verpflichteten eingelegte Beschwerde ohne weiteres zugunsten der übrigen wirkt, ist nach den Verhältnissen des Einzelfalles zu entscheiden.[93]

34 Für **Geschäftsunfähige** und in der **Geschäftsfähigkeit Beschränkte** sind deren gesetzliche Vertreter verantwortlich. Zwangsgelder gegen Minderjährige, die nach § 112 BGB

---

[78] BayObLG FGPrax 2000, 74 = NJW-RR 2000, 771.
[79] Jansen/Steder § 132 Rn 90.
[80] KG JFG 10, 86.
[81] OLG Hamm JMBl.NW 1959, 32.
[82] Jansen/Steder § 132 Rn 90.
[83] BayObLG MittBayNot 1978, 115, für eine Zwischenverfügung ist dann kein Raum.
[84] KG KGJ 41, 123.
[85] Jansen/Steder § 132 Rn 91.
[86] BayObLG Rpfleger 1982, 289.
[87] BayObLGZ 1968, 118, 122; Bahrenfuss/Steup § 388 Rn 25.
[88] Jansen/Steder § 132 Rn 77.
[89] OLG München FGPrax 2009, 181; BeckOK/Munzig § 388 FamFG Rn 16; a. A. MünchKommZPO/Krafka § 388 FamFG Rn 22; ders. FGPrax 2010, 203.
[90] BayObLGZ 1978, 121/127; Jansen/Steder § 132 Rn 98.
[91] Michalski/Heyder § 79 Rn 15; Scholz/Winter § 79 Rn 19a; nach Art der Anmeldepflicht differenzierend Bahrenfuss/Steup § 388 Rn 26.
[92] BayObLGZ 1962, 107/111; BayObLGZ 1955, 197/198.
[93] BayObLGZ 1, 658.

zum selbständigen Betrieb eines Erwerbsgeschäfts ermächtigt sind, sind zulässig.[94] Ist über das Vermögen einer **Gesellschaft** das **Insolvenzverfahren** eröffnet, so ist der **Insolvenzverwalter** nur bezüglich im Zusammenhang mit der Verwaltung und Verwertung der Insolvenzmasse stehender Anmeldungen (z. B. Einstellung einer Zweigniederlassung, Firmenänderung nach Verwertung der Firma) verpflichtet.[95] Anmeldungen, die die Insolvenzmasse nicht berühren (z. B. Bestellung eines neuen Geschäftsführers oder Beschluss über eine Kapitalerhöhung), sind weiterhin von den Geschäftsführern, Vorständen, Liquidatoren und Abwicklern anzumelden.[96] Wird über das Vermögen eines **Einzelkaufmanns** oder des **Gesellschafters einer Personengesellschaft** das Insolvenzverfahren eröffnet, so hat der Insolvenzverwalter die erforderlichen Anmeldungen abzugeben.[97]

Nach **Ausscheiden des Anmeldeverpflichteten** als Vertretungsorgan darf das Zwangsgeld nicht mehr festgesetzt und vollstreckt werden.[98] Stirbt ein Beteiligter nach Einleitung des Zwangsgeldverfahrens, so endet das Verfahren;[99] gegen seinen Rechtsnachfolger ist es von neuem einzuleiten.[100]

V. Inhalt der Zwangsgeldandrohung

1. Bezeichnung der zu erfüllenden Verpflichtung

Die zu **erfüllenden Verpflichtungen** müssen so **hinreichend bestimmt wie möglich** bezeichnet werden, gegebenenfalls müssen von mehreren alle selbständigen Verpflichtungen, also die Handlung oder Unterlassung, die von dem Verpflichteten verlangt wird, benannt werden.[101] Weitere gesetzlich nicht gestattete Auflagen, wie Entfernung des Firmenschilds, Unterlassung der Standesbezeichnung als Kaufmann, dürfen in die Aufforderung nicht aufgenommen werden.[102] Es kann aber zur Erzwingung mehrerer selbständiger Verpflichtungen ein einheitliches Zwangsgeld angedroht werden.[103]

2. Fristbestimmung

Außerdem muss eine **Frist bestimmt werden,** innerhalb derer der Verpflichtete entweder die auferlegte Verpflichtung zu erfüllen oder die Nichterfüllung der Verpflichtung mittels Einspruchs zu rechtfertigen hat. Die alternative Auflage muss in der Aufforderung enthalten sein.[104] Fehlt der Hinweis auf die Möglichkeit des Einspruchs, so ist die Verfügung mangelhaft und deshalb auf Beschwerde oder Einspruch hin aufzuheben.[105] Die Frist ist so zu bemessen, dass die Verpflichtung innerhalb derselben bei Anwendung der im Verkehr erforderlichen Sorgfalt erfüllt werden kann.[106] Für die Anmeldung einer inländischen Geschäftsanschrift nach § 29 HGB ist eine Fristsetzung von vier Wochen als ausreichend anzusehen.[107] Bestimmung einer zu kurzen Frist begründet die Beschwerde nach § 391 (s. § 391 Rn 10). Sie muss so bemessen sein, dass die Erfüllung der Verpflichtung möglich ist.[108] Die Frist kann auf Antrag oder von Amts wegen verlängert werden, solange sie nicht abgelaufen ist, § 16 Abs. 2 FamFG i. V. m. § 224 Abs. 2 ZPO.[109] Die Ablehnung

---

[94] Jansen/Steder § 132 Rn 96.
[95] Ring/Grziwotz/Heinemann § 78 Rn 13; vgl. LG Essen ZIP 2009, 1583.
[96] Ring/Grziwotz/Heinemann § 78 Rn 13; zu weitgehend Bahrenfuss/Steup § 388 Rn 24.
[97] Vgl. BGH NJW 1981, 822; seine eigene Anschrift muss der Insolvenzverwalter aber nicht nach §§ 29, 31 Abs. 1 HGB zum Handelsregister anmelden, OLG Schleswig FGPrax 2010, 208.
[98] Michalski/Heyder § 79 Rn 16.
[99] Bassenge/Roth/K. Walter § 388 Rn 12.
[100] Jansen/Steder § 132 Rn 97.
[101] BayObLGZ 1978, 319/322; BayObLGZ 1967, 458; OLG Hamm JMBl.NW 1960, 22; Jansen/Steder § 132 Rn 100.
[102] Jansen/Steder § 132 Rn 102.
[103] BayObLGZ 1967, 458/463.
[104] Jansen/Steder § 132 Rn 100.
[105] OLG Hamm Rpfleger 1986, 390; BeckOK/Munzig § 388 FamFG Rn 28.
[106] BGHZ 135, 107 = NJW 1997, 1855; Jansen/Steder § 132 Rn 103.
[107] OLG Schleswig FGPrax 2010, 208/209.
[108] BGHZ 135, 107 = NJW 1997, 1855; OLG München JFG 22, 205.
[109] Wie hier BeckOK/Munzig § 388 FamFG Rn 33; Haußleiter/Schemmann § 388 Rn 10; anders SBW/Nedden-Boeger § 388 Rn 43: keine amtswegige Fristverlängerung möglich.

der Friständerung ist **unanfechtbar,** § 16 Abs. 2 FamFG i. V. m. § 225 Abs. 3 ZPO. Nach Ablauf ist eine Erstreckung mit Rücksicht auf § 389 ausgeschlossen.[110] Unzulässige Nachfristsetzung macht die Zwangsgeldandrohung nicht unwirksam.[111] Die Frist **beginnt** mit der Bekanntgabe (s. Rn 39) des Androhungsbeschlusses an den Beteiligten zu laufen, § 16 Abs. 1.

3. Zwangsgeldandrohung

38 Für den Fall, dass die gesetzliche Verpflichtung weder erfüllt noch Einspruch eingelegt wird, muss ein **Zwangsgeld angedroht** werden. Der Mangel der Zwangsgeldandrohung macht die Aufforderung wirkungslos (s. Rn 27). Das in Aussicht gestellte Zwangsgeld muss **zahlenmäßig bestimmt** werden, die Angabe eines Höchstbetrags genügt demgegenüber nicht.[112] Die Androhung „eines" Zwangsgeldes genügt nicht.[113] Es muss also den Umständen des Falles entsprechend unter Berücksichtigung der wirtschaftlichen Verhältnisse und/oder des Verschuldensgrads bemessen werden.[114] Das Zwangsgeld beträgt im Fall des Abs. 2 zwischen 5 und 1000 € (Art. 6 Abs. 1 EGStGB).[115] Es darf in den Fällen der §§ 14 S. 2, 37a Abs. 4 S. 2, 125a Abs. 2 HGB, § 407 Abs. 1 S. 2 AktG, § 79 Abs. 1 S. 2 GmbHG, § 160 Abs. 1 S. 3 GenG, § 316 Abs. 1 S. 2 UmwG, § 12 S. 2 EWIV-AG auf einen Betrag von 5 bis 5000 € festgestzt werden. Eine Umwandlung in Zwangshaft ist ausgeschlossen.

38a Die Androhung muss **nicht in Beschlussform** (§ 38) ergehen, es genügt eine verfahrensleitende Verfügung.[116] Diese muss jedoch zumindest mit der Unterschrift des Rechtspflegers versehen sein, es genügen weder eine bloße Paraphe noch ein Vermerk, dass das Schreiben maschinell erstellt wurde und ohne Unterschrift gültig sei.[117] In der Androhung ist aber nach § 39 über den statthaften Rechtsbehelf (Einspruch) zu belehren (s. Rn 40).[118] Fehlt die **Rechtsbehelfsbelehrung**, so kann dies die Wiedereinsetzung in den vorigen Stand rechtfertigen (s. § 390 Rn 13).

4. Bekanntgabe

39 Die **Zwangsgeldandrohung** ist wegen der Fristsetzung gemäß § 15 Abs. 1 bekannt zu geben. Die Bekanntgabe erfolgt nach Ermessen des Gerichts entweder durch förmliche Zustellung oder durch Aufgabe zur Post nach § 15 Abs. 2. Mit der Bekanntgabe wird die Androhung entsprechend § 40 Abs. 1 wirksam. Hat ein Beteiligter dem Gericht gegenüber zum Ausdruck gebracht, dass Zustellungen nur an einen Bevollmächtigten erfolgen sollen, so muss an den Bevollmächtigten zugestellt werden, andernfalls liegt keine wirksame Zustellung vor.[119]

VI. Rechtsbehelfe

40 Gegen die auf Grund des § 388 erlassene Verfügung sind die Beschwerde und damit auch die Erinnerung unzulässig.[120] Dies ergibt sich nach Wegfall des § 132 Abs. 2 FGG daraus, dass es sich bei der Zwangsgeldandrohung noch um keine Endentscheidung i. S. des § 58 handelt (s. oben Rn 9).[121] Erachtet sich der Betroffene zur Vornahme der ihm durch

---

[110] BayObLGZ 1967, 458/463; Jansen/Steder § 132 Rn 104.
[111] BayObLGZ 1967, 458/463; Jansen/Steder § 132 Rn 104.
[112] OLG Stuttgart OLGZ 1972, 368; Bahrenfuss/Steup § 388 Rn 32; a. A. wohl BeckOK/Munzig § 388 FamFG Rn 30, der Androhung „bis zu ... €" genügen lässt, wenn dieser Betrag voraussichtlich in Betracht kommt.
[113] OLG München JFG 15, 48.
[114] Bassenge/Roth/K. Walter § 388 Rn 9.
[115] BJS/Müther § 388 Rn 3.
[116] OLG Köln FGPrax 2010, 203; MünchKommZPO/Krafka § 388 FamFG Rn 23.
[117] OLG Köln FGPrax 2010, 203.
[118] Bassenge/Roth/K. Walter § 388 Rn 7; SBW/Nedden-Boeger § 388 Rn 40; a. A. Haußleiter/Schemmann § 388 Rn 11.
[119] OLG Zweibrücken Rpfleger 1974, 398.
[120] OLG Hamm Rpfleger 1986, 390.
[121] BT-Drs. 16/6308 S. 287; Bumiller/Harders § 388 Rn 28.

die Verfügung angesonnenen Handlung gesetzlich nicht für verpflichtet, so steht ihm nur der Weg des **Einspruchs** offen; erst gegen die im Einspruchsverfahren ergangene Verfügung ist die Beschwerde zulässig (§ 391). Zur Nachprüfung der sachlichen Rechtmäßigkeit des Erzwingungsverfahrens steht also zunächst nur der Einspruch zur Verfügung.[122] Der Einspruch darf auch nicht als Beschwerde behandelt werden,[123] eine unzulässige „Beschwerde" ist jedoch regelmäßig als Einspruch auszulegen.[124] Die Beschwerde ist auch nicht statthaft, wenn geltend gemacht wird, dass das Zwangsgeldverfahren überhaupt unzulässig sei.[125] Gegen eine ohne Zwangsgeldandrohung erfolgte Auflage findet kein Rechtsbehelf statt,[126] ebenso nicht gegen eine das Zwangsgeldverfahren vorbereitende Verfügung.[127] Auch gegen die mit der Androhung eines erneuten Zwangsgeldes verbundene Setzung einer erneuten Frist ist regelmäßig nicht die Beschwerde, sondern der Einspruch gegeben, über den das Registergericht zu entscheiden hat. Ist die Zwangsgeldfestsetzung mit erneuter Fristsetzung und Androhung eines erneuten Zwangsgeldes verbunden, so ist der Rechtsbehelf im Zweifel **sowohl als Beschwerde** gegen die Festsetzung des Zwangsgeldes als **auch als Einspruch** zu werten.[128]

41 Hat nach Ablehnung des Zwangsgeldverfahrens durch das Registergericht das **Beschwerdegericht** die Durchführung des Zwangsgeldverfahrens durch das Registergericht angeordnet, so ist auch nicht die Rechtsbeschwerde zulässig, sondern es ist nur der Einspruch gegen die auf Anordnung vom Registergericht zu erlassende Verfügung möglich.[129] Das Beschwerdegericht ist nicht zuständig, eine Verfügung nach § 388 selbst zu erlassen,[130] das Registergericht ist aber an die Entscheidung des Beschwerdegerichts gebunden, § 69 Abs. 1 S. 4.[131]

42 Gegen die Verfügung, durch die eine Anregung, gemäß §§ 388 ff. einzuschreiten, abgelehnt wird, steht die Beschwerde nicht bloß dem Anregenden, sondern **jedem zu, dessen individuelles Recht durch die Verfügung beeinträchtigt** ist (§ 59 Abs. 1), z.B. bei einer Verletzung des Namens oder der Firma.[132] Ein bloß berechtigtes Interesse an der Durchsetzung des Zwangsgelds genügt nicht,[133] deshalb ist ein Gläubiger, dem durch Mangel eines Eintrages im Handelsregister die Zwangsvollstreckung erschwert ist, nicht beschwerdeberechtigt;[134] eine Beeinträchtigung des Wettbewerbs gibt keine Beschwerderecht.[135] Ein Aktionär ist nicht in eigenen Rechten verletzt, wenn sich der Vorstand weigert, ein Protokoll zu errichten und zum Gericht einzureichen, wenn in der Hauptverhandlung keine Beschlüsse gefasst wurden.[136] Ausnahmsweise ist den berufsständischen Organen ein unbedingtes Beschwerderecht eingeräumt (§ 380 Abs. 5).[137]

43 Gegen seine Verfügung nach § 388 ist nicht die Erinnerung, sondern nur der **Einspruch** gegeben, über den ebenfalls der **Rechtspfleger** entscheidet.[138] Er trifft auch die Verfügung nach § 389. Gegen die Verwerfung des Einspruchs und die Festsetzung des Zwangsgeldes nach § 389 oder § 390 Abs. 5 findet die Beschwerde (§ 391 Abs. 1) statt.[139]

---

[122] Keidel Rpfleger 1955, 134.
[123] OLG Braunschweig JFG 5, 198.
[124] BayObLG FGPrax 2005, 36.
[125] BeckOK/Munzig § 388 FamFG Rn 35; MünchKommZPO/Krafka § 388 FamFG Rn 28; a. A. Bahrenfuss/Steup § 388 Rn 35.
[126] OLG Hamm JMBl.NW 1965, 117; BayObLG Rpfleger 1978, 59.
[127] OLG Hamm OLGZ 1965, 225.
[128] OLG Karlsruhe NJW-RR 2000, 411.
[129] OLG Hamm JMBl.NW 1957, 234; BeckOK/Munzig § 388 FamFG Rn 38; vgl. BayObLG FGPrax 2005, 36.
[130] MünchKommZPO/Krafka § 388 FamFG Rn 18.
[131] Bahrenfuss/Steup § 388 Rn 37.
[132] Haußleiter/Schemmann § 388 Rn 16; Schmidt-Kessel/Müther § 8 HGB Rn 192; § 14 HGB Rn 22; OLG Hamm BeckRS 2011, 11183; a. A. SBW/Nedden-Boeger § 388 Rn 56.
[133] Bahrenfuss/Steup § 388 Rn 36.
[134] Jansen/Steder § 132 Rn 116.
[135] Jansen/Steder § 132 Rn 116.
[136] OLG Hamm BeckRS 2011, 11183.
[137] MünchKommZPO/Krafka § 388 FamFG Rn 28.
[138] MünchKommZPO/Krafka § 388 FamFG Rn 19.
[139] BayObLGZ 1967, 458/462.

44 Gegen die **Ablehnung des Zwangsgeldverfahrens** durch den Rechtspfleger findet die Beschwerde statt, § 58. Ordnet hierauf das Beschwerdegericht die Durchführung des Zwangsgeldverfahrens durch den Rechtspfleger an, so ist gegen diese Entscheidung nicht die Rechtsbeschwerde gegeben;[140] es kann gegen die Verfügung des Rechtspflegers nur Einspruch eingelegt werden.

VII. Änderung und Zurücknahme

45 Eine Änderung und Zurücknahme der nach Abs. 1 erlassenen Verfügung durch das Registergericht ist **jederzeit** auch ohne Vorliegen der Voraussetzungen nach § 48 Abs. 1,[141] auch nach Erhebung des Einspruches, **zulässig**, weil es sich um eine bloß verfahrensleitende Maßnahme handelt.[142] Eine Aufhebung kommt insbesondere in Betracht, wenn die Verpflichtung erfüllt oder das Verfahren durch andere Ereignisse gegenstandslos wird[143] oder sich zeigt, dass die gerichtliche Aufforderung sich auf eine andere Handlung zu richten hat.[144] Auch die Zurücknahme der Verfügung ist den Beteiligten bekanntzumachen.[145] Wegen Änderung der bestimmten Frist s. oben Rn 37.

VIII. Kosten und Gebühren

46 Das Androhungsverfahren ist trotz Aufhebung des § 119 Abs. 4 KostO weiterhin **gebührenfrei**, wie sich aus dem Umkehrschluss zu § 119 Abs. 1 Nr. 1 KostO ergibt, der nur die Festsetzung, nicht aber die Androhung als gebührenpflichtige Angelegenheit aufführt. Eine Kostenentscheidung über die Erstattung notwendiger Aufwendungen eines Beteiligten nach §§ 80, 81 FamFG ist allenfalls dann denkbar, wenn ein Beschwerdeberechtigter sich bereits am Androhungsverfahren beteiligt hat. Rechtsanwaltsgebühren für die Rechtsverteidigung fallen nach Maßgabe der Nr. 3100 ff. VV RVG an.

Festsetzung

§ 389 (1) Wird innerhalb der bestimmten Frist weder der gesetzlichen Verpflichtung genügt noch Einspruch erhoben, ist das angedrohte Zwangsgeld durch Beschluss festzusetzen und zugleich die Aufforderung nach § 388 unter Androhung eines erneuten Zwangsgelds zu wiederholen.

(2) **Mit der Festsetzung des Zwangsgelds sind dem Beteiligten zugleich die Kosten des Verfahrens aufzuerlegen.**

(3) **In gleicher Weise ist fortzufahren, bis der gesetzlichen Verpflichtung genügt oder Einspruch erhoben wird.**

I. Normzweck

1 § 389 regelt das **Verfahren** für den Fall, dass innerhalb der bestimmten Frist die Anmeldepflicht weder erfüllt noch Einspruch eingelegt wird. Die Vorschrift entspricht in Abs. 1 und Abs. 3 dem bisherigen **§ 133 FGG**. Aus systematischen Gründen wurde die bislang in **§ 138 FGG** enthaltene Kostentragungsregelung in Abs. 2 aufgenommen.[1]

II. Voraussetzungen der Zwangsgeldfestsetzung

1. Keine oder verspätete Einspruchseinlegung

2 Voraussetzung der Zwangsgeldfestsetzung ist zunächst, dass entweder gar kein oder nur ein verspäteter Einspruch eingelegt wurde. Die **verspätete Einspruchseinlegung** kann die sofortige Verwerfung des Einspruchs, die nicht einmal notwendig ist,[2] Zwangsgeldfest-

---

[140] Ebenso Jansen/Steder § 132 Rn 117.
[141] MünchKommZPO/Krafka § 388 FamFG Rn 29.
[142] Bumiller/Harders § 388 Rn 18; a. A. Haußleiter/Schemmann § 388 Rn 18.
[143] Jansen/Steder § 132 Rn 118.
[144] OLG Hamm JMBl.NW 1960, 22.
[145] Zustimmend BeckOK/Munzig § 388 FamFG Rn 32.
[1] BT-Drs. 16/6308 S. 287.
[2] Jansen/Steder § 133 Rn 23.

setzung und erneute Zwangsgeldandrohung nur verhindern, wenn nach §§ 17 ff. Wiedereinsetzung zu gewähren ist.[3] Dem verspäteten Einspruch steht es gleich, wenn der eingelegte **Einspruch zurückgenommen** wird, ohne dass Erfüllung erfolgt (§ 390 Rn 18) oder wenn sich der Einspruch im Termin als **nicht form- und fristgerecht** eingelegt erweist (§ 390 Rn 18). Es kann aber auch bei verspätetem Einspruch von der Festsetzung abgesehen werden (s. Rn 8).[4]

2. Keine Erfüllung

Die **verspätete Erfüllung** oder der **nachträgliche Wegfall der Verpflichtung** (z. B. 3 durch Ausscheiden des Verpflichteten aus der organschaftlichen Funktion oder durch dessen Tod) hindern die noch nicht erfolgte Zwangsgeldfestsetzung, da das Zwangsgeld nur Zwangsmittel ist und der Zweck entfällt, sobald er erfüllt ist oder nicht mehr erfüllt werden kann.[5] Mit der verspäteten, aber vor Zwangsgeldfestsetzung erfolgten Erfüllung ist das Verfahren beendet, ohne dass es einer Aufhebung der Androhung nach § 388 Abs. 1 bedarf, ebenso wie bei rechtzeitiger Erfüllung.[6]

Wird die Verpflichtung **nach Erlass des Zwangsgeldfestsetzungsbeschlusses** erfüllt, 4 so ist das Registergericht gehalten, diesen Beschluss wegen veränderter Umstände aufzuheben, § 48 Abs. 1 findet zumindest entsprechende Anwendung.[7] Ein bereits bezahltes/beigetriebenes Zwangsgeld ist zu erstatten.[8]

Wird die aufgegebene Handlung erst **nach Rechtskraft der Zwangsgeldfestsetzung** 5 vorgenommen, so muss diese ebenfalls wegen veränderter Umstände aufgehoben werden, eine Beitreibung ist nicht mehr zulässig.[9] Das Beschwerdegericht hat den Festsetzungsbeschluss auch aufzuheben, wenn die Handlung vorgenommen und das Zwangsgeld bezahlt ist. Eine Erstattung des bezahlten/beigetriebenen Zwangsgelds kommt nach Rechtskraft der Festsetzung aber nicht mehr in Betracht.[10]

Die **Behauptung des Verpflichteten**, dass er erfüllt habe, ist kein Einspruch. Das 6 Registergericht hat selbstständig zu prüfen, ob erfüllt ist. Bejahendenfalls ist das Verfahren erledigt, andernfalls ist nach Abs. 1 zu verfahren.[11] Bei Verpflichtung **mehrerer Personen** ist zu prüfen, ob die Verpflichtung durch einen oder mehrere Pflichtige auch die übrigen befreit oder ob das Verfahren gegen die übrigen fortzusetzen ist.[12] Ist die auferlegte Anmeldepflicht **formell erfüllt**, entspricht sie aber nicht vollständig den gesetzlichen Erfordernissen (z. B. es ist zwar die Firma, aber nicht der Ort der Niederlassung angemeldet, § 29 HGB), so ist nicht das Zwangsgeld festzusetzen, sondern die unvollständige Anmeldung zurückzuweisen.[13] Gegen den Zurückweisungsbeschluss findet die Beschwerde (§ 382 Abs. 3), nicht der Einspruch statt. Ein irrtümlich eingelegter Einspruch ist als Beschwerde zu behandeln.

III. Festsetzung des Zwangsgelds und neuerliche Androhung (Abs. 1)

1. Allgemeines

Hat der Pflichtige die Verfahrenshandlung nicht erfüllt und auch keinen (rechtzeitigen) 7 Einspruch eingelegt, so ist das Zwangsgeld durch Beschluss (§ 38) innerhalb der angedroh-

---

[3] Jansen/Steder § 133 Rn 23.
[4] Jansen/Steder § 133 Rn 23.
[5] Bassenge/Roth/K. Walter § 388 Rn 12; BJS/Müther § 389 Rn 3.
[6] Bassenge/Roth/K. Walter § 389 Rn 9; BJS/Müther § 389 Rn 3; Keidel Rpfleger 1955, 242.
[7] Bahrenfuss/Steup § 389 Rn 6; MünchKommZPO/Krafka § 389 FamFG Rn 5, 7; SBW/Nedden-Boeger § 389 Rn 26; a. A. Bumiller/Harders § 389 Rn 2; BJS/Müther § 389 Rn 3.
[8] Bassenge/Roth/K. Walter § 389 Rn 10.
[9] BayObLGZ 1955, 124; Bahrenfuss/Steup § 389 Rn 6; Bassenge/Roth/K. Walter § 389 Rn 11; BeckOK/Munzig § 389 FamFG Rn 23; a. A. Bumiller/Harders § 389 Rn 2; Prütting/Helms/Maass § 389 Rn 7.
[10] Im Ergebnis ebenso Bahrenfuss/Steup § 389 Rn 6.
[11] Jansen/Steder § 133 Rn 2.
[12] Jansen/Steder § 133 Rn 5.
[13] MünchKommZPO/Krafka § 389 FamFG Rn 6; a. A. Bassenge/Roth/K. Walter § 389 Rn 1; Jansen/Steder § 133 Rn 3, wonach das Zwangsgeld festzusetzen ist, wenn der Mangel auch nach einem Hinweis nicht behoben wird.

ten Höchstgrenze **festzusetzen**[14] und die Verurteilung im Kostenpunkt nach Abs. 2 auszusprechen (s. Rn 10 ff.). Eine Überschreitung des angedrohten Zwangsgelds hat nicht die Nichtigkeit der Festsetzung zur Folge,[15] sondern muss mit der Beschwerde nach § 391 angefochten werden. **Zugleich** – zeitlich, aber nicht notwendig in demselben Beschluss[16] – ist eine **neue Aufforderung mit Zwangsgeldandrohung** gemäß § 388 Abs. 1 zu erlassen.[17] Diese neue Androhung muss also erneut eine angemessene Frist zur Einspruchseinlegung bestimmen und die Zwangsgeldhöhe, die höher oder niedriger als die des festgesetzten Zwangsgelds sein kann, festlegen.[18] Der Zwangsgeldfestsetzungsbeschluss und die Zwangsgeldandrohung sind jeweils mit einer Rechtsbehelfsbelehrung (§ 39) zu versehen. Der Beschluss ist nach § 41 Abs. 1 S. 2 förmlich zuzustellen und wird mit der Bekanntgabe an den Beteiligten wirksam, § 40 Abs. 1. Die erneut gesetzte Frist beginnt sofort mit der Zustellung der wiederholten Verfügung zu laufen.[19]

2. Absehen von der Zwangsgeldfestsetzung

8 Das Gericht kann von dem Verfahren nach Abs. 1 dann absehen, wenn es bei erneuter Prüfung oder infolge anderweitiger tatsächlicher Feststellungen oder auf Grund eines **verspätet eingelegten Einspruches** zu der Anschauung kommt, dass die nach § 388 erlassene Anordnung **ungerechtfertigt** war.[20] In diesem Falle darf es aber nicht schlechthin von der Zwangsgeldfestsetzung und Fortsetzung des Verfahrens absehen, sondern muss die nach § 388 ergangene Androhung durch Beschluss aufheben oder abändern und den Beteiligten diese Entscheidung nach § 15 bekannt geben.[21]

3. Beitreibung des Zwangsgelds

9 Das Zwangsgeld wird gemäß § 1 Abs. 1 Nr. 3 JBeitrO nach der **Justizbeitreibungsordnung** vollstreckt. Zur aufschiebenden Wirkung der Beschwerdeeinlegung s. Rn 16.

IV. Kostenentscheidung (Abs. 2)

1. Allgemeines

10 Bei Vorliegen der Voraussetzungen zur Zwangsgeldfestsetzung muss die **Kostentragungspflicht** des Beteiligten (Kostengrundentscheidung) angeordnet werden, sie liegt nicht wie nach § 390 Abs. 4 S. 2 die Zwangsgeldfestsetzung im Ermessen des Gerichts. Voraussetzung der zwingenden Kostenauferlegung ist, dass eine **Zwangsgeldfestsetzung** – entweder nach Abs. 1 oder nach durchgeführtem Einspruchsverfahren gemäß § 390 Abs. 4 S. 1 – erfolgt ist. Die bloße Einspruchsverwerfung genügt allein noch nicht, wenn nach § 390 Abs. 4 S. 2 von einer Zwangsgeldfestsetzung abgesehen wird.[22]

2. Nachholung

11 Hat das Registergericht den Erlass der Kostenentscheidung übersehen, so kann es diese **nachholen**.[23] Das Beschwerdegericht und das Rechtsbeschwerdegericht können bei Bestätigung der Zwangsgeldfestsetzung ebenfalls die Verurteilung in die Kosten nach Abs. 2 in der Beschwerdeentscheidung aussprechen.[24] Dagegen ist es nicht notwendig, bei Verwer-

---

[14] Ganz h. M., vgl. BeckOK/Munzig § 389 FamFG Rn 14; Bumiller/Harders § 389 Rn 4.
[15] Bassenge/Roth/K. Walter § 389 Rn 4.
[16] Zusammenfassung der beiden Entscheidungen in einem Beschluss ist möglich, wenn auch nicht zweckmäßig; a. A. Haußleiter/Schemmann § 389 Rn 1.
[17] MünchKommZPO/Krafka § 389 FamFG Rn 2.
[18] Bassenge/Roth/K. Walter § 389 Rn 5; BeckOK/Munzig § 389 FamFG Rn 16.
[19] BayObLGZ 1967, 458/463.
[20] MünchKommZPO/Krafka § 389 FamFG Rn 2, 4; Bassenge/Roth/K. Walter § 389 Rn 3; a. A. BJS/Müther § 389 Rn 5.
[21] MünchKommZPO/Krafka § 389 FamFG Rn 4; BeckOK/Munzig § 389 FamFG Rn 15.
[22] Bassenge/Roth/K. Walter § 389 Rn 6; BeckOK/Munzig § 389 FamFG Rn 19.
[23] Bahrenfuss/Steup § 389 Rn 17; Bassenge/Roth/K. Walter § 389 Rn 6; anders wohl BJS/Müther § 389 Rn 10.
[24] OLG Hamm Rpfleger 1955, 241; Jansen/Steder § 138 Rn 2.

fung oder Zurückweisung der Beschwerde, eine Entscheidung über die **Rechtsmittelkosten** (Gerichtskosten) des Beschwerdeverfahrens zu treffen. Eine solche Kostenauferlegung soll allerdings nach § 84 erfolgen.[25]

3. Kosten

Die Kostentragung betrifft – anders als nach bisheriger Rechtslage – nicht nur die auf das gerichtliche Verfahren entfallenden, sondern auch die einem Antragsteller entstandenen Kosten, vgl. §§ 80, 81.[26] Die Kostenentscheidung richtet sich gegen die Beteiligten, also bei einer juristischen Person gegen deren Vertreter, nicht aber gegen die Gesellschaft selbst.[27] Dieser ist Kostenschuldner im Sinne des § 3 Nr. 1 KostO.[28] 12

4. Aufhebung

Wird ein festgesetztes Zwangsgeld gemäß § 390 Abs. 6 **aufgehoben,** so ist zugleich die damit verbundene Verurteilung zur Kostentragung hinfällig und wieder aufzuheben.[29] Wird dagegen nach rechtskräftiger Zwangsgeldfestsetzung diese wegen **veränderter Umstände** aufgehoben, so bleibt die Verurteilung in die Kosten bestehen.[30] 13

5. Kostenhöhe

Die Höhe der Gerichtskosten ergibt sich aus § 119 Abs. 1 Nr. 1 KostO. Für jede Zwangsgeldfestsetzung wird eine Gebühr von jeweils **100 €** erhoben. Die Gebühr darf die Höhe des Zwangsgelds nicht übersteigen. Hinsichtlich der Auslagen s. §§ 136 ff. KostO. 14

V. Wiederholung des Verfahrens (Abs. 3)

Das Verfahren nach Abs. 1 und 2 ist solange zu wiederholen, bis der Beteiligte entweder erfüllt oder Einspruch einlegt. Es besteht **keine Höchstgrenze** für die Anzahl der Zwangsgeldfestsetzungen bzw. Androhungen und **kein Höchstmaß** der Summe der zu erkennenden Zwangsgelder. Dem Beteiligten steht gegen jede einzelne Zwangsgeldandrohung der Einspruch und gegen jede einzelne Zwangsgeldfestsetzung die Beschwerde zu, auch wenn beide entsprechend Abs. 1 in einer Verfügung getroffen werden. 15

VI. Rechtsbehelfe

Über die Beschwerde gegen die Zwangsgeldfestsetzung s. § 391. Sind die Zwangsgeldfestsetzung und die erneute Aufforderung in **einem Beschluss verbunden** (s. Rn 7), so richtet sich die Beschwerde nur gegen die erstere, während die letztere mit Einspruch anzufechten ist. In diesem Falle kann das Beschwerdegericht bis zur Entscheidung über den Einspruch, nicht aber das Registergericht bis zur Entscheidung über die Beschwerde nach § 21 aussetzen.[31] Die Beschwerdeeinlegung hat analog § 570 Abs. 1 ZPO **aufschiebende Wirkung** und hindert die Beitreibung bis zur Entscheidung über die Beschwerde.[32] 16

Die **Kostenentscheidung** nach Abs. 2 kann selbstständig mit der Beschwerde angefochten werden. Soweit der Beschwerdewert des § 61 Abs. 1 nicht erreicht wird und die Beschwerde nicht nach § 61 Abs. 2 zugelassen worden ist, ist die Beschwerde als Erinnerung nach § 11 Abs. 2 RPflG zu behandeln.[33] 17

---

[25] OLG Hamm BeckRS 2011, 11183; zustimmend BeckOK/Munzig § 389 FamFG Rn 11.
[26] Unklar Bahrenfuss/Steup § 389 Rn 16.
[27] Bumiller/Harders § 389 Rn 8; MünchKommZPO/Krafka § 389 FamFG Rn 3.
[28] MünchKommZPO/Krafka § 389 FamFG Rn 3.
[29] Bahrenfuss/Steup § 389 Rn 18.
[30] Bahrenfuss/Steup § 389 Rn 18; BeckOK/Munzig § 389 FamFG Rn 19; SBW/Nedden-Boeger § 389 Rn 26.
[31] Jansen/Steder § 133 Rn 29; a. A. OLG Schleswig FGPrax 2010, 208.
[32] Bumiller/Harders § 389 Rn 4; zustimmend Haußleiter/Schemmann § 389 Rn 9.
[33] SBW/Nedden-Boeger § 389 Rn 24.

Verfahren bei Einspruch

390 (1) Wird rechtzeitig Einspruch erhoben, soll das Gericht, wenn sich der Einspruch nicht ohne weiteres als begründet erweist, den Beteiligten zur Erörterung der Sache zu einem Termin laden.

(2) Das Gericht kann, auch wenn der Beteiligte zum Termin nicht erscheint, in der Sache entscheiden.

(3) Wird der Einspruch für begründet erachtet, ist die getroffene Entscheidung aufzuheben.

(4) ¹Andernfalls hat das Gericht den Einspruch durch Beschluss zu verwerfen und das angedrohte Zwangsgeld festzusetzen. ²Das Gericht kann, wenn die Umstände es rechtfertigen, von der Festsetzung eines Zwangsgelds absehen oder ein geringeres als das angedrohte Zwangsgeld festsetzen.

(5) ¹Im Fall der Verwerfung des Einspruchs hat das Gericht zugleich eine erneute Aufforderung nach § 388 zu erlassen. ²Die in dieser Entscheidung bestimmte Frist beginnt mit dem Eintritt der Rechtskraft der Verwerfung des Einspruchs.

(6) Wird im Fall des § 389 gegen die wiederholte Androhung Einspruch erhoben und dieser für begründet erachtet, kann das Gericht, wenn die Umstände es rechtfertigen, zugleich ein früher festgesetztes Zwangsgeld aufheben oder an dessen Stelle ein geringeres Zwangsgeld festsetzen.

Übersicht

	Rn
I. Normzweck	1
II. Einlegung des Einspruchs	3
III. Verfahren nach rechtzeitigem Einspruch (Abs. 1, Abs. 2)	6
1. Allgemeines	6
2. Offensichtlich begründeter Einspruch	8
3. Terminsbestimmung	9
4. Wiedereinsetzung in den vorigen Stand	12
5. Einspruchsverfahren (Abs. 2)	15
IV. Entscheidung über den Einspruch (Abs. 3 bis 5)	18
1. Allgemeines	18
2. Begründeter Einspruch (Abs. 3)	20
3. Unzulässiger Einspruch	22
4. Unbegründeter Einspruch (Abs. 4, Abs. 5)	23
5. Rechtsbehelfe	28
V. Einspruch gegen die wiederholte Androhung nach § 389 (Abs. 6)	29
1. Allgemeines	29
2. Pflichtgemäßes Ermessen	33
3. Kosten	34
4. Rechtsbehelfe	35
5. Aufhebung wegen veränderter Umstände	36

I. Normzweck

1 Gegen die Zwangsgeldandrohung findet keine Beschwerde, sondern das Einspruchsverfahren als **besonderer Rechtsbehelf** statt. Der Einspruch stellt kein Rechtsmittel dar, denn er wird nicht in einer höheren Instanz, sondern vor dem Registergericht verhandelt.[1] Er hat keine aufschiebende Wirkung, sondern führt dazu, dass das Zwangsgeldverfahren in einem Erörterungstermin erneut überprüft und ggf. fortgesetzt wird.[2]

2 Die Vorschrift fasst die bisher in §§ 134 bis 136 FGG enthaltenen Regelungen über das Einspruchsverfahren in einer Norm mit **geringfügigen Änderungen** zusammen.[3] Von einer besonderen Bestimmung über die Wiedereinsetzung in den vorigen Stand, wie sie

---

[1] MünchKommZPO/Krafka § 389 FamFG Rn 8; tendenziell anders BeckOK/Munzig § 390 FamFG Rn 2: Mitwirkungsobliegenheit des Beteiligten i. S. des § 27 Abs. 1 (zweifelhaft).
[2] MünchKommZPO/Krafka § 389 FamFG Rn 8.
[3] BT-Drs. 16/6308 S. 287.

II. Einlegung des Einspruchs

Der Einspruch bedarf keiner Form, kann also **schriftlich** zum Registergericht oder **mündlich** zum Protokoll des Rechtspflegers oder der Geschäftsstelle des Registergerichts erhoben werden, § 25 Abs. 1.[5] Sie kann auch zum Protokoll der Geschäftsstelle eines anderen AG erklärt werden; jedoch ist im letzteren Falle die Frist nur gewahrt, wenn das den Einspruch enthaltende Protokoll rechtzeitig beim Registergericht eingeht, § 25 Abs. 2 und 3.[6] Eine Einspruchsübermittlung per Telefax oder E-Mail ist ebenfalls statthaft. **Einspruchsberechtigt** sind der Adressat der Zwangsgeldandrohung, aber auch der hiervon betroffene Rechtsträger.[7] Richtet sich die Zwangsgeldandrohung gegen mehrere Anmeldeverpflichtete so kann der Einspruch eines Beteiligten dazu führen, dass das Gericht auch die Androhung gegenüber den nicht Einspruch einlegenden Beteiligten zu überprüfen hat, wenn die Androhungen auf demselben Rechtsgrund fußen.[8] **Nicht einspruchsberechtigt** sind die berufsständischen Organe, denn sie können unter keinen Umständen von der Zwangsgeldandrohung in eigenen Rechten betroffen sein.[9] Der Einspruch bedarf **keiner Begründung,** § 23 gilt nicht, auch nicht entsprechend.[10]

Er bedarf weder einer **Unterzeichnung**[11] noch einer ausdrücklichen **Bezeichnung** als Einspruch, wenn sich nur aus dem Inhalt der Erklärung der Wille des Erklärenden ergibt, die Aufforderung sei nicht gerechtfertigt, er wolle eine gerichtliche Prüfung und Entscheidung herbeiführen.[12] Durch Erklärung in der Beschwerdeinstanz kann dieser Wille nicht nachträglich klargestellt werden.[13] Wird lediglich eine Fristverlängerung erstrebt, so liegt kein Einspruch vor.[14] Die **unrichtige Bezeichnung** als Beschwerde schadet nicht, wenn nur die Einspruchsfrist gewahrt ist.[15]

Der Einspruch kann bis zur Rechtskraft der Endentscheidung **zurückgenommen** werden, nach Erlass der Endentscheidung müssen allerdings die übrigen Verfahrensbeteiligten der Antragsrücknahme zustimmen, § 22 Abs. 1.[16]

III. Verfahren nach rechtzeitigem Einspruch (Abs. 1, Abs. 2)

1. Allgemeines

Ist dieser rechtzeitig, das heißt innerhalb der nach § 388 Abs. 1 gerichtlich bestimmten Frist (s. § 388 Rn 37), eingelegt oder gegen die Fristversäumung Wiedereinsetzung (s. Rn 12 ff.) gewährt, so kann sich das Verfahren auf zweierlei Art entwickeln, entweder durch sofortige **Stattgabe des Einspruchs** oder durch **Anberaumung eines Verhandlungstermins.**

2. Offensichtlich begründeter Einspruch

Erachtet das Gericht den Einspruch **ohne Weiteres,** d. h. auf Grund des Sachverhaltes, wie er sich nach der Einspruchseinlegung und den allenfalls vorgelegten Belegen ergibt, für begründet (s. Rn 20), so nimmt es sofort den nach § 388 erlassenen Androhungsbeschluss zurück und hebt diesen nach Abs. 3 auf. Die Aufhebung erfolgt durch **Beschluss** (§ 38), der dem Verpflichteten bekannt zu geben ist, § 41 Abs. 1 S. 1 i. V. m. § 15 Abs. 1 und 2.[17] Ist das Verfahren auf Anregung eines **berufsständischen Organs** eingeleitet worden, so ist der Beschluss diesem wegen seines Beschwerderechts nach § 380 Abs. 5 bekanntzugeben, entweder nach Ermessen des Gerichts nach § 15 Abs. 2, soweit die Entscheidung aber dessen erklärten Willen widerspricht, mittels förmlicher Zustellung, § 41 Abs. 1 S. 2.

8   Gegen die Entscheidung ist die Beschwerde nach § 58 zulässig (§ 391 Rn 4).[18] Hebt das Beschwerdegericht die Entscheidung auf und ordnet es die Verhandlung über den Einspruch an, so ist gegen diesen Beschluss die **Rechtsbeschwerde nicht zulässig,** weil eine materielle Prüfung zunächst im Einspruchsverfahren zu erfolgen hat.[19]

3. Terminsbestimmung

9   Ist die Sachlage nicht zur sofortigen Entscheidung in einem dem Einspruchsführer günstigen Sinne reif, so soll ein Termin zur Erörterung der Sache mit den Beteiligten anberaumt werden. Die mündliche Verhandlung steht somit nach neuer Rechtslage ausdrücklich im **Ermessen des Gerichts.**[20] Da der Verhandlungstermin jedoch keine bloße Formalie darstellt, sondern der Gewährung rechtlichen Gehörs dient, kann von der Terminierung nur in **seltenen Ausnahmefällen** abgesehen werden.[21] Nicht ausreichend ist, dass der Einspruch offensichtlich unbegründet ist.[22] Die Beteiligten können auf die Terminsanberaumung auch verzichten,[23] jedoch kann das Gericht dies bei seiner Ermessensentscheidung berücksichtigen.[24]

10 Ist der Einspruch **ohne Termin** verworfen worden, so kann das Beschwerdegericht auf Beschwerde hin entweder das Registergericht zur Terminsbestimmung anweisen oder den Termin **selbst nachholen.**[25] Hat jedoch der Rechtspfleger den Einspruch nach Abhaltung des Termins verworfen, so ist auf Beschwerde eine Wiederholung des Termins nicht vorgeschrieben.[26]

11 Zu dem Termin sind die Beteiligten zu **laden.** Die Terminsbestimmung ist den Beteiligten nach § 15 Abs. 1, 2 bekannt zu geben.[27] Zwischen Ladung und Termin soll eine **angemessene Frist** liegen, § 32 Abs. 2. Eine **Terminsänderung** kann aus erheblichen Gründen, die glaubhaft zu machen sind, vom Gericht ohne mündliche Verhandlung angeordnet werden, § 32 Abs. 1 S. 2 FamFG i. V. m. § 227 Abs. 1, 2 ZPO. Die Entscheidung ist nicht anfechtbar, § 32 Abs. 1 S. 2 FamFG i. V. m. § 227 Abs. 4 S. 2 ZPO.[28]

4. Wiedereinsetzung in den vorigen Stand

12 Eine § 137 FGG entsprechende Vorschrift fehlt, weil die Gesetzesbegründung davon ausgeht, dass die Vorschriften der §§ 17 bis 19 eingreifen.[29] Dabei verkennt die Gesetzesbegründung, dass eine Wiedereinsetzung nach § 17 Abs. 1 nur bei Versäumung einer gesetzlichen Frist, nicht aber – wie im Fall des § 388 – bei Versäumung einer **gerichtlichen**

---

[17] Bassenge/Roth/K. Walter § 390 Rn 4; Bumiller/Harders § 390 Rn 2; a. A. Prütting/Helms/Maass § 390 Rn 3: Aufhebung durch Verfügung.
[18] A. A. Prütting/Helms/Maass § 390 Rn 4: unanfechtbare Verfügung.
[19] Bahrenfuss/Steup § 390 Rn 7.
[20] Bassenge/Roth/K. Walter § 390 Rn 5; a. A. BJS/Müther § 390 Rn 4; ebenso die alte Rechtslage, vgl. OLG Düsseldorf JMBl.NW 1960, 167.
[21] OLG Köln FGPrax 2010, 203.
[22] OLG Köln FGPrax 2010, 203; a.A Bahrenfuss/Steup § 390 Rn 8; Bumiller/Harders § 390 Rn 3.
[23] OLG Düsseldorf FGPrax 1998, 149; a. A. BeckOK/Munzig § 390 FamFG Rn 13; Bumiller/Harders § 390 Rn 3.
[24] In diese Richtung auch Bahrenfuss/Steup § 390 Rn 8.
[25] BayObLG FGPrax 1998, 233 = NJW 1999, 297; BJS/Müther § 390 Rn 5; a.A. MünchKommZPO/Krafka § 390 FamFG Rn 3.
[26] Jansen/Steder § 134 Rn 7.
[27] Bassenge/Roth/K. Walter § 390 Rn 5.
[28] Bassenge/Roth/K. Walter § 390 Rn 5.
[29] BT-Drs. 16/6308 S. 287.

gesetzten Frist eingreifen kann. Dennoch sind die Bestimmungen über die Wiedereinsetzung analog anwendbar.[30]

Die Wiedereinsetzung in den vorigen Stand findet nur gegen die **Versäumung der** **Einspruchsfrist,** nicht zum Zwecke der Nachholung der versäumten Auflage, auch nicht gegen die Versäumung des Einspruchstermins nach Abs. 1 statt.[31] **Rechtskraft des Zwangsgeldfestsetzungsbeschlusses** (§ 45) ist nicht Voraussetzung für die Zulässigkeit des Wiedereinsetzungsantrags. Auch der spätere Eintritt der Rechtskraft der Zwangsgeldfestsetzung macht den Antrag nicht gegenstandslos.[32] Wiedereinsetzung ist nur zu gewähren, wenn die Fristversäumung unverschuldet war, § 17 Abs. 1. War der Androhungsbeschluss ohne oder mit einer fehlerhaften **Rechtsbehelfsbelehrung** (§ 39) versehen, so wird das fehlende Verschulden an der Fristversäumung vermutet, § 17 Abs. 2.

Der **Antrag** auf Wiedereinsetzung ist beim Registergericht binnen **zwei Wochen** nach Wegfall des Hindernisses zu stellen, § 18 Abs. 1. Innerhalb der gleichen Frist ist der Einspruch nachzuholen, § 18 Abs. 3 S. 2. Der Wiedereinsetzungsgrund ist **glaubhaft** zu machen (§ 31), dies kann bei Antragstellung oder im Verfahren über den Antrag geschehen, § 18 Abs. 3 S. 1. **Nach Ablauf eines Jahres,** von dem Ende der versäumten Frist an gerechnet, kann die Wiedereinsetzung nicht mehr beantragt werden, § 18 Abs. 4. Über den Antrag entscheidet das **Registergericht** (Rechtspfleger). Wird Wiedereinsetzung gewährt, so ist ein rechtskräftiger Festsetzungsbeschluss **wirkungslos.**[33] Hinsichtlich der weiteren Einzelheiten des Wiedereinsetzungsverfahrens siehe die Kommentierung zu §§ 17 bis 19.

5. Einspruchsverfahren (Abs. 2)

Die Verhandlung ist **nicht öffentlich,** § 170 S. 1 GVG. Vertretung ist nach Maßgabe des § 10 möglich, das Gericht kann jedoch das **persönliche Erscheinen** anordnen (§ 33 Abs. 1) und mittels Ordnungsgeld erzwingen (§ 33 Abs. 3).[34] Sind durch weitere Amtsermittlungen, z. B. Gutachten, neue Gesichtspunkte zutage getreten, so ist den Beteiligten Gelegenheit zur Stellungnahme zu geben.[35] Setzt das Registergericht ein Zwangsgeld fest, **ohne einen erhobenen Einspruch zu beachten,** so ist der Zwangsgeldbeschluss aufzuheben und die Sache an das Registergericht zur Durchführung des Einspruchsverfahrens gemäß § 390 zurückzuverweisen.[36]

An das **Nichterscheinen der Beteiligten** im Termin sind Versäumnisfolgen nicht geknüpft; Folge ihres Nichterscheinens ist nicht die Einspruchsverwerfung. Das Gericht hat vielmehr, wenn Beteiligte trotz ordnungsmäßiger Ladung nicht erscheinen, von Amts wegen die zur Feststellung der Tatsachen erforderlichen Ermittlungen nach § 26 durchzuführen, wenn nötig, Beweise zu erheben. Auf Grund des Ergebnisses hat es nach Lage der Sache zu entscheiden.[37]

Der **Tod des Beteiligten** beendet das Verfahren, ebenso das Ausscheiden des Pflichtigen aus seiner Stellung, z. B. als Vorstandsmitglied oder Geschäftsführer.[38]

IV. Entscheidung über den Einspruch (Abs. 3 bis 5)

1. Allgemeines

Erweist sich der Einspruch als **nicht frist- oder formgerecht** eingelegt, so ist nach § 389 zu verfahren. Dasselbe gilt, wenn der Einspruch **zurückgenommen** wird; eine Entscheidung über den Einspruch erfolgt nicht, es ist so zu verfahren, als ob der Einspruch nicht

---

[30] Wie hier Bassenge/Roth/K. Walter § 391 Rn 1; BeckOK/Munzig § 390 FamFG Rn 8; zustimmend nunmehr Nedden-Boeger FGPrax 2010, 1/4.
[31] Bassenge/Roth § 137 Rn 1; Jansen/Steder § 137 Rn 1.
[32] Jansen/Steder § 137 Rn 6.
[33] Bassenge/Roth § 137 Rn 1; Jansen/Steder § 137 Rn 6.
[34] Bumiller/Harders § 390 Rn 4; MünchKommZPO/Krafka § 390 FamFG Rn 5.
[35] MünchKommZPO/Krafka § 390 FamFG Rn 5.
[36] OLG Hamm Rpfleger 1985, 302.
[37] BJS/Müther § 390 Rn 6.
[38] Bahrenfuss/Steup § 390 Rn 10.

eingelegt wäre.[39] Wird das fristgemäß eingelegte Rechtsmittel als „Beschwerde" bezeichnet, so ist es als Einspruch zu behandeln.[40]

19 Bei der Sachentscheidung über den Einspruch sind die Tat- und Rechtsfragen zu prüfen, von denen die zu treffende Verfügung abhängt, vorbehaltlich einer **Aussetzung** des Verfahrens nach § 21 oder § 381.[41] Bei dieser Entscheidung ist das Registergericht, wenn es das Verfahren nach § 388 erst auf Anordnung des Beschwerdegerichts eingeleitet hat, an die **Rechtsanschauung des Beschwerdegerichts** nach § 69 Abs. 1 S. 4 gebunden.[42]

2. Begründeter Einspruch (Abs. 3)

20 Die **Aufhebung** der nach § 388 erlassenen Verfügung muss erfolgen, wenn der **Einspruch** für **begründet** erachtet wird. Begründet ist der Einspruch, wenn die Verpflichtung erfüllt wurde oder wenn die Zwangsgeldandrohung formell oder materiell rechtswidrig ist, z. B. weil die vorzunehmende Handlung nicht hinreichend bestimmt ist, die gesetzte Frist zu kurz bemessen war, sich gegen den falschen Beteiligten richtet oder ohne gesetzliche Grundlage erlassen wurde.[43] Ist bereits ein Zwangsgeldfestsetzungsbeschluss ergangen, so ist dieser wegen veränderter Umstände aufzuheben.[44] Wird der aufgegebenen Verpflichtung zwar nach Erlass des Zwangsgeldfestsetzungsbeschlusses, jedoch zugleich mit der Einlegung der Beschwerde nachgekommen, so muss das Beschwerdegericht diesen Umstand als neue Tatsache berücksichtigen und die Zwangsgeldfestsetzung aufheben.[45] Auch wenn die Aufforderung **nur teilweise gerechtfertigt** war, wenn also das Registergericht über das Maß dessen, was es nach dem Gesetz verlangen durfte, hinausgegangen war, muss es den Beschluss aufheben; ebenso wenn von mehreren auferlegten Verpflichtungen nur eine zu Unrecht erfolgt ist.[46] Es bleibt dann nichts anderes übrig, als eine neue Aufforderung nach § 388 in beschränkter Weise zu erlassen.[47]

21 Die **Bekanntmachung der Aufhebung** erfolgt durch Beschluss nach § 38, der dem Verpflichteten und im Falle des § 380 Abs. 4 den berufsständischen Organen bekannt zu geben ist (§ 41 Abs. 1 S. 1 i. V. m. § 15 Abs. 1 und 2).[48] Widerspricht die Aufhebung dem erklärten Willen eines Beteiligten, ist sie diesem nach § 41 Abs. 1 S. 2 förmlich zuzustellen.[49] Über die außergerichtlichen Kosten kann eine Entscheidung nach §§ 80, 81 getroffen werden.[50] Gegen den Aufhebungsbeschluss findet nach Maßgabe des § 58 die Beschwerde statt.[51] Die **Beschwerdeberechtigung** bemisst sich nach §§ 59 Abs. 1, 380 Abs. 5 (s. Rn 7). Erachtet das Beschwerdegericht die Beschwerde für begründet, so hat es nach Abs. 4 den Einspruch zu verwerfen und das Zwangsgeld festzusetzen[52] und dem Registergericht die Erneuerung des Verfahrens nach § 388 aufzugeben.[53] Gegen die Entscheidung des Beschwerdegerichts findet unter den Voraussetzungen des § 70 die **Rechtsbeschwerde** statt.

3. Unzulässiger Einspruch

22 Der unzulässige Einspruch muss nicht durch gesonderten Beschluss zurückgewiesen werden, sondern wird durch die Zwangsgeldfestsetzung nach § 389 „verbeschieden".[54] Erlässt

---

[39] Bassenge/Roth § 133 Rn 2; Jansen/Steder § 133 Rn 23; a. A. SBW/Nedden-Boeger § 390 Rn 19.
[40] Jansen/Steder § 132 Rn 114.
[41] KG DNotZ 1955, 418; BeckOK/Munzig § 390 FamFG Rn 17.
[42] A. A. Jansen/Steder § 135 Rn 1.
[43] BJS/Müther § 390 Rn 3.
[44] KG Recht 1930 Nr. 903.
[45] BayObLG Rpfleger 1979, 215.
[46] BayObLGZ 1967, 458/464; Jansen/Steder § 135 Rn 3; a. A. Bassenge/Roth/K. Walter § 390 Rn 4; Holzer § 390 Rn 10: Teilaufhebung möglich.
[47] BayObLG NJW 1988, 2051.
[48] Bassenge/Roth/K. Walter § 390 Rn 6; Bumiller/Harders § 390 Rn 2; a. A. Prütting/Helms/Maass § 390 Rn 9: Aufhebung durch Verfügung.
[49] Bahrenfuss/Steup § 390 Rn 11.
[50] BeckOK/Munzig § 390 FamFG Rn 18.
[51] A. A. Prütting/Helms/Maass § 390 Rn 9: unanfechtbare Verfügung.
[52] Jansen/Steder § 135 Rn 7; Unger ZZP 41, 148.
[53] Jansen/Steder § 135 Rn 7.
[54] Anders Haußleiter/Schemmann § 390 Rn 3.

das Registergericht dennoch einen Zurückweisungsbeschluss, so ist hiergegen die **Beschwerde** nach § 58 eröffnet.[55]

4. Unbegründeter Einspruch (Abs. 4, Abs. 5)

Wird der Einspruch für nicht begründet erachtet, so hat das Gericht durch Beschluss (§ 38)
- in jedem Falle den Einspruch zu verwerfen (Abs. 4 S. 1) und gleichzeitig in derselben Verfügung,
- regelmäßig das angedrohte **Zwangsgeld festzusetzen** (Abs. 4 S. 1) und die **Kostenpflicht** des Verurteilten (§ 389 Abs. 2) auszusprechen,[56]
- in jedem Falle zugleich – zeitlich, nicht notwendig in demselben Beschluss – eine **erneute Verfügung** nach § 388 zu erlassen (Abs. 5 S. 1). Die in der Entscheidung bestimmte Frist beginnt erst mit Eintritt der Rechtskraft der Verwerfung des Einspruchs zu laufen (Abs. 5 S. 2), s. Rn 29. Es empfiehlt sich daher, die Frist als Zeitspanne nach Rechtskraft des Verwerfungsbeschlusses festzusetzen, und nicht etwa einen bestimmten Endtermin zu setzen.[57]

Eine **Ausnahme** ist nur hinsichtlich der Zwangsgeldfestsetzung zugelassen. Das Registergericht kann nach seinem Ermessen, wenn die Umstände es rechtfertigen, so wenn sich der Betroffene in gutem Glauben befindet und die Erfüllung der Auflage aus entschuldbaren Gründen unterlassen hat, z. B. wenn es sich um eine bestrittene Rechtsanschauung handelt, von der Zwangsgeldfestsetzung überhaupt absehen, womit auch die Verurteilung im Kostenpunkt entfällt, oder ein geringeres als das angedrohte Zwangsgeld festsetzen, Abs. 4 S. 2. Auch das Beschwerdegericht ist noch hierzu berechtigt. Eine **Entscheidung hinsichtlich des Zwangsgeldes** ist aber **immer zu treffen,** sie darf nicht stillschweigend übergangen werden.[58]

Eine Zwangsgeldfestsetzung setzt einen **ordnungsmäßigen Zwangsgeldandrohungsbeschluss** voraus.[59] Ist dieses Verfahren formungültig, z. B. infolge Nichtladung der Betroffenen zum Einspruchstermin, so darf bei rechtskräftiger Zwangsgeldandrohung eine Zwangsgeldfestsetzung nicht erfolgen. Das Gericht kann auch **ohne Einspruch** von der Zwangsgeldfestsetzung absehen, wenn die Umstände dies rechtfertigen.[60] Es hat dann aber die Androhung förmlich aufzuheben oder abzuändern (s. § 389 Rn 7).

Der Beschluss nach Abs. 4 ist, wenn nicht eine Bekanntmachung zu Protokoll an den Anwesenden erfolgt (§ 41 Abs. 2), dem Einspruchsführer **förmlich** nach § 41 Abs. 1 S. 2 **zuzustellen.**[61] Der Beschluss ist zu begründen, auch hinsichtlich einer abgelehnten Aufhebung bzw. Herabsetzung nach Abs. 4 S. 2, sofern diese angeregt wurde oder aufgrund des Tatsachenvortrags in Betracht kam.[62]

Für die Verwerfung des Einspruchs fällt **eine Gebühr** von 100 € (§ 119 Abs. 1 Nr. 2 KostO), für die Festsetzung des Zwangsgelds **eine weitere Gebühr** von 100 € (§ 119 Abs. 1 Nr. 1 KostO) an, die nebeneinander zu erheben sind.[63]

5. Rechtsbehelfe

Gegen die gesamte Verfügung hat der Betroffene zweierlei Rechtsbehelfe: gegen die Einspruchsverwerfung und gegen die Zwangsgeldfestsetzung die **Beschwerde,** ohne Beschränkung hinsichtlich der Beschwerdegründe, § 391 (s. dazu näher § 391 Rn 9), gegen die erneute Aufforderung und Zwangsgeldandrohung nur wieder den **Einspruch,** nicht

---

[55] SBW/Nedden-Boeger § 391 Rn 5; a. A. MünchKommZPO/Krafka § 390 FamFG Rn 7.
[56] Im Ergebnis ebenso Bahrenfuss/Steup § 390 Rn 14.
[57] So aber alternativ BeckOK/Munzig § 390 FamFG Rn 28.
[58] BayObLGZ 1970, 317; OLG Düsseldorf JMBl.NW 1960, 167; Jansen/Steder § 135 Rn 13.
[59] OLG Köln FGPrax 2010, 203.
[60] Bahrenfuss/Steup § 390 Rn 13; Bassenge/Roth/K. Walter § 389 Rn 3.
[61] Bahrenfuss/Steup § 390 Rn 15; Bassenge/Roth/K. Walter § 390 Rn 7.
[62] Bahrenfuss/Steup § 390 Rn 13.
[63] MünchKommZPO/Krafka § 390 FamFG Rn 8.

die Beschwerde.⁶⁴ Im Verfahren über den neuen Einspruch ist das Registergericht an seine frühere Rechtsanschauung nicht gebunden.⁶⁵

29 Die gesamte Verfügung wird mit der Bekanntmachung wirksam (§ 40). Die **Frist** für die Befolgung der erneuten Aufforderung oder der Einspruchseinlegung beginnt aber erst mit der **Rechtskraft** (§ 45) der Einspruchsverwerfung, das ist mit Ablauf von einem Monat seit der Zustellung an den Betroffenen (vgl. § 63 Abs. 1, Abs. 3), Abs. 5 S. 2.

V. Einspruch gegen die wiederholte Androhung nach § 389 (Abs. 6)

1. Allgemeines

30 Abs. 6 gestattet die Änderung des Beschlusses des Registergerichts durch Aufhebung der Zwangsgeldfestsetzung oder Ermäßigung des Zwangsgeldes. Nach Abs. 6 kann nicht bloß das Register-, sondern auch das **Beschwerdegericht** entscheiden.⁶⁶

31 Die **Änderungen sind zulässig,**
– wenn der **Einspruch** gegen eine wiederholte Verfügung für **begründet** erachtet wird, auch wenn die Gründe hierfür erst nach der Rechtskraft der früheren Zwangsgeldfestsetzung eingetreten sind;
– nur wenn diese wiederholte Verfügung wegen **nicht oder nicht rechtzeitig erfolgter Einspruchseinlegung nach § 389** erging, nicht dagegen, wenn sie mit der Einspruchsverwerfung nach Abs. 4 erlassen wurde.⁶⁷

32 Die **formelle Rechtskraft** (§ 45) der früheren Zwangsgeldfestsetzung hindert die Änderung nicht. Die Änderung ist zulässig, gleichviel ob die Beschwerdefrist abgelaufen oder die Beschwerde zurückgewiesen ist.⁶⁸ Die Rechtskraft braucht noch nicht eingetreten zu sein.⁶⁹

33 Die Änderung ist auch zulässig, wenn der Einspruch erst gegen die **dritte oder fernere Verfügung** erhoben ist, nach dem Ermessen des Gerichts hinsichtlich aller oder eines Teiles der ausgesprochenen Zwangsgelder.⁷⁰ Das Änderungsrecht ist aber insofern beschränkt, als eine Ausübung nur in Verbindung mit der Prüfung des Einspruchs gegen die **nach § 389, nicht auch nach Abs. 4 wiederholte Verfügung** gestattet ist.⁷¹

2. Pflichtgemäßes Ermessen

34 Die Änderung steht im pflichtgemäßen Ermessen des Gerichts, es hat **abzuwägen,** ob Umstände vorliegen, die die Aufhebung oder Ermäßigung des Zwangsgeldes rechtfertigen; das ist z. B. der Fall, wenn die Schuld an der Fristversäumung nicht den Beteiligten selbst, sondern seinen Vertreter trifft und deswegen die Wiedereinsetzung ausgeschlossen ist. Die Fristversäumung ist aber eine verschuldete, wenn der Beteiligte, der selbst außerstande ist, die verlangte Handlung vorzunehmen, nicht dafür gesorgt hat, dass dies durch eine andere Person rechtzeitig erfolgt.⁷² Die Entscheidung kann nur **zugleich,** also in Verbindung **mit der Einspruchsentscheidung** ergehen.⁷³ Ist das Zwangsgeld schon gezahlt oder beigetrieben, so ist es **zurückzuvergüten.**⁷⁴

3. Entscheidung, Kosten

35 Die Aufhebung oder Herabsetzung der früheren Zwangsgeldfestsetzung erfolgt durch **eigenständigen Beschluss**, der getrennt vom Einspruch gegen die Androhung bzw. von

---

⁶⁴ OLG Köln FGPrax 2010, 203.
⁶⁵ Bassenge/Roth/K. Walter § 390 Rn 8.
⁶⁶ OLG Schleswig FGPrax 2010, 208.
⁶⁷ Ebenso BayObLGZ 1967, 458/463; BayObLG Rpfleger 1955, 239; OLG Hamm OLGR 2003, 302; Bassenge/Roth/K. Walter § 390 Rn 9; a. A. Haußleiter/Schemmann § 390 Rn 8.
⁶⁸ OLG Schleswig FGPrax 2010, 208; a. A. Unger ZZP 41, 183.
⁶⁹ Jansen/Steder § 136 Rn 6.
⁷⁰ BayObLGZ 1955, 124.
⁷¹ BayObLGZ 1955, 124; OLG Hamm OLGR 2003, 302.
⁷² BayObLGZ 2, 776.
⁷³ Jansen/Steder § 136 Rn 8.
⁷⁴ Bassenge/Roth/K. Walter § 390 Rn 10; Jansen/Steder § 136 Rn 8; s. BayObLGZ 1955, 124/130.

der Beschwerde gegen die aktuelle Festsetzung zu bescheiden ist.[75] Mit der Aufhebung der Zwangsgeldfestsetzung ist auch die **Verurteilung im Kostenpunkt zurückzunehmen**, nicht aber bei einer bloßen Minderung des Zwangsgeldes.[76]

4. Rechtsbehelfe

Ist gegen die Zwangsgeldfestsetzung **Beschwerde** und **gleichzeitig** gegen die erneute Aufforderung **Einspruch** eingelegt, so ist die Beschwerde erledigt, wenn schon das Registergericht das Zwangsgeld zurücknimmt. Praktisch ist deshalb die Entscheidung über die Beschwerde bis zur Entscheidung über den Einspruch nach § 21 auszusetzen,[77] es sei denn, es steht eine reine Rechtsfrage inmitten, die keiner Tatsachenaufklärung mehr bedarf.[78] Gegen den Aufhebungs- bzw. Herabsetzungsbeschluss ist unter den allgemeinen Voraussetzungen der (Rechts-)**Beschwerdeweg**, wie gegen eine Aufhebung im Einspruchs- oder Beschwerdeverfahren eröffnet (s. § 390 Rn 21; § 391 Rn 12).

5. Aufhebung wegen veränderter Umstände

Durch Abs. 6 wird die allgemeine Berechtigung des Registergerichts, eine rechtskräftige Zwangsgeldfestsetzung **wegen veränderter Umstände** nach § 48 Abs. 1 (z. B. Erfüllung der Verpflichtung, Wegfall derselben) aufzuheben, nicht ausgeschlossen.[79] Dies gilt aber nicht, wenn solche Umstände erst nach Einziehung des Zwangsgeldes eingetreten sind.

Beschwerde

§ 391

(1) Der Beschluss, durch den das Zwangsgeld festgesetzt oder der Einspruch verworfen wird, ist mit der Beschwerde anfechtbar.

(2) **Ist das Zwangsgeld nach § 389 festgesetzt, kann die Beschwerde nicht darauf gestützt werden, dass die Androhung des Zwangsgelds nicht gerechtfertigt gewesen sei.**

I. Normzweck

Gegen einen Zwangsgeldfestsetzungsbeschluss ist nach den allgemeinen Vorschriften die sofortige Beschwerde nach § 35 Abs. 5 FamFG i. V. m. §§ 567 bis 572 ZPO der reguläre Rechtsbehelf. Die Vorschrift ordnet abweichend hiervon die **Statthaftigkeit der Beschwerde** nach § 58 an.[1] Dass gegen die Verwerfung des Einspruchs die Beschwerde stattfindet, dient hingegen lediglich der **Klarstellung**. In Abs. 2 werden schließlich die Beschwerdegründe gegen die Zwangsgeldfestsetzung beschränkt. Die Vorschrift entspricht im Wesentlichen § 139 FGG.

II. Allgemeines

1. Statthaftigkeit der Beschwerde

Durch Abs. 1 wird klargestellt, dass die Beschwerde gegen den Beschluss, durch den **ein Zwangsgeld festgesetzt** wird, statthaft ist, obwohl es sich hierbei nur um eine Zwischenentscheidung handelt, gegen die das Gesetz keine selbstständige Beschwerde gestattet, vgl. § 58. Gleichgültig ist, ob das Zwangsgeld gemäß § 389 Abs. 1, weil weder erfüllt noch Einspruch eingelegt wurde, oder gemäß § 390 Abs. 4 S. 1 nach durchgeführtem Einspruchs-

---

[75] BeckOK/Munzig § 390 FamFG Rn 36.
[76] Jansen/Steder § 136 Rn 8; zustimmend Haußleiter/Schemmann § 390 Rn 8; a. A. BeckOK/Munzig § 390 FamFG Rn 36.
[77] OLG Schleswig FGPrax 2010, 208; BayObLGZ 1978, 54/61; Keidel Rpfleger 1955, 134/135.
[78] OLG Schleswig FGPrax 2010, 208.
[79] BayObLGZ 1955, 124; OLG Hamm OLGR 2003, 302; Bumiller/Harders § 390 Rn 8.
[1] Bumiller/Harders § 391 Rn 1; a. A. BeckOK/Munzig § 391 FamFG Rn 1, der verkennt, dass auch der Registerzwang keinen Selbstzweck darstellt, sondern verfahrensleitend die Erfüllung öffentlich-rechtlicher Pflichten dient.

verfahren festgesetzt wurde. Die Beschwerde ist auch dann zulässig, wenn das Zwangsgeld schon gezahlt ist (s. Rn 6).

3   Gegen den Beschluss, mit dem der **Einspruch verworfen** wird, findet die Beschwerde ebenfalls statt, selbst dann wenn daneben kein Zwangsgeld gemäß § 390 Abs. 4 S. 2 festgesetzt wird.[2] Auch hier hat die Eröffnung des Beschwerdewegs klarstellende Bedeutung.

4   Die reguläre **Beschwerde** nach § 58 ff. findet außerdem gegen alle sonstigen Endentscheidungen statt. Insbesondere ist die Beschwerde gegen die Ablehnung der Einleitung des Verfahrens und gegen die Zurücknahme der Androhung nach § 388 sowie gegen den dem Einspruch im Zwangsgeldverfahren stattgebenden Beschluss zulässig.[3] Lagen die Voraussetzungen für ein Zwangsgeldverfahren nach §§ 388 ff. nicht vor, so kann, wenn das Registergericht unzulässigerweise eine **nicht im Zwangsgeldverfahren erzwingbare Handlung** unter Zwangsgeldandrohung verlangt hat, hiergegen – ohne die Beschränkung des Abs. 2 – Beschwerde eingelegt werden, und zwar auch, wenn die Einspruchsfrist versäumt ist oder wenn die Verfügung aus anderen Gründen nichtig ist.[4] Hat das Registergericht die Zwangsgeldfestsetzung allerdings (unberechtigterweise) auf § 35 Abs. 1 gestützt, so muss hiergegen mit der sofortigen Beschwerde nach § 35 Abs. 5 FamFG i. V. m. §§ 562 bis 572 ZPO vorgegangen werden. **Nicht isoliert anfechtbar** mit der Beschwerde sind die Ablehnung einer Entscheidung nach § 390 Abs. 4 S. 2 oder nach Abs. 6,[5] möglich ist aber eine Beschränkung der Beschwerde darauf, dass das Gericht sein Ermessen zur Aufhebung bzw. Herabsetzung des Zwangsgelds nicht pflichtgemäß ausgeübt hat (s. Rn 6). Die Entscheidung über eine **Wiedereinsetzung in den vorigen Stand** ist bei Stattgabe unanfechtbar (§ 19 Abs. 2),[6] bei Versagung mit der Beschwerde gegen die Zwangsgeldfestsetzung anfechtbar (§ 19 Abs. 3).[7]

2. Verhältnis zum Einspruch

5   Gegen die **Zwangsgeldandrohung** ist nicht die Beschwerde, sondern der Einspruch statthafter Rechtsbehelf, vgl. § 390. Wird gegen die Zwangsgeldfestsetzung Beschwerde und gegen die wiederholte Zwangsgeldandrohung nach § 389 Einspruch eingelegt, so hat der erfolgreiche Einspruch zur Folge, dass sich das **Beschwerdeverfahren erledigt,** wenn nach § 390 Abs. 6 auch die Zwangsgeldfestsetzung aufgehoben wird. Das Beschwerdegericht kann deshalb das Beschwerdeverfahren nach § 21 Abs. 1 bis zur Entscheidung über den **Einspruch aussetzen,** nicht aber umgekehrt das Registergericht den Einspruch bis zur Beschwerdeentscheidung aussetzen (s. § 389 Rn 16).

III. Gang des Beschwerdeverfahrens

1. Allgemeines

6   Für das Beschwerdeverfahren gelten die Vorschriften der §§ 58 ff. Zuständig für die Entscheidung über die Beschwerde ist das **OLG,** § 119 Abs. 1 Nr. 1 b i. V. m. § 23 a Abs. 2 Nr. 3 GVG. Es handelt sich um eine vermögensrechtliche Streitigkeit, unabhängig davon, welche Rechtsnatur der zu erzwingenden Handlung zukommt.[8] Die Beschwerde ist nur zulässig, wenn der Beschwerdewert (d. i. das festgesetzte Zwangsgeld) von 600 € überschritten ist (§ 61 Abs. 1)[9] oder wenn das Gericht die Beschwerde nach § 61 Abs. 2 zugelassen hat.[10] Die Beschwerdewertgrenze gilt ebenfalls bei Verwerfung des Einspruchs nach § 390 Abs. 4 S. 1, da Beschwerdegegenstand auch hier das festgesetzte Zwangsgeld ist.[11] Eine

---

[2] BJS/Müther § 391 Rn 3; Bumiller/Harders § 391 Rn 3.
[3] Vgl. Bassenge/Roth/K. Walter § 391 Rn 1; Bumiller/Harders § 391 Rn 3.
[4] OLG Hamm Rpfleger 1985, 302; OLGZ 1979, 1; BJS/Müther § 391 Rn 10.
[5] A. A. Bahrenfuss/Steup § 391 Rn 2; BeckOK/Munzig § 390 FamFG Rn 3.
[6] BJS/Müther § 389 Rn 5.
[7] Unklar BJS/Müther § 391 Rn 4; Bahrenfuss/Steup § 391 Rn 2.
[8] OLG Zweibrücken FGPrax 2010, 169.
[9] OLG Schleswig FGPrax 2010, 208; OLG Zweibrücken FGPrax 2010, 169; BJS/Müther § 389 Rn 8; § 391 Rn 2; a. A. Haußleiter/Schemmann § 391 Rn 4.
[10] OLG Köln FGPrax 2010, 203.
[11] A. A. BeckOK/Munzig § 391 FamFG Rn 10.

analoge Anwendung von § 35 Abs. 5 scheidet aus, es kommt nur die Rechtspflegererinnerung nach § 11 Abs. 2 RpflG in Betracht.[12] **Beschwerdeberechtigt** ist, wer durch den Zwangsgeldfestsetzungsbeschluss oder den Verwerfungsbeschluss unmittelbar in seinen Rechten beeinträchtigt ist, § 59 Abs. 1. Das sind neben der **natürlichen Person**, gegen die das Zwangsgeld festgesetzt wurde, auch die von diesen **vertretenen Gesellschaften, Genossenschaften und Vereine**.[13] Wird Zwangsgeld gegen den Geschäftsführer einer Komplementär-GmbH festgesetzt, sind sowohl der Geschäftsführer als auch die GmbH & Co. KG beschwerdeberechtigt.[14] Ein **Prokurist** kann sich gegen eine Zwangsgeldfestsetzung gegen seine Person, aber auch im Namen des Geschäftsherrn beschweren (vgl. § 49 Abs. 1 HGB),[15] nicht jedoch im Namen eines anmeldepflichtigen Gesellschafters, es sei denn, ihm wurde entsprechende Verfahrensvollmacht (§ 10) erteilt.[16] Wurde das Zwangsgeld gegen mehrere Personen festgesetzt, wirkt die Beschwerdeeinlegung nur zugunsten des jeweiligen Beschwerdeführers.[17] Die Beschwerde ist auch **nach Bezahlung des Zwangsgeldes** zulässig, da der Beschwerdeführer ein berechtigtes Interesse an der Feststellung der Rechtswidrigkeit des Beschlusses i. S. des § 62 Abs. 1, Abs. 2 Nr. 2 geltend machen kann.[18] Die Beschwerde **kann beschränkt eingelegt** werden, etwa im Falle der Einspruchsverwerfung nach § 390 Abs. 4 nur hinsichtlich der Zwangsgeldfestsetzung und darauf gestützt werden, dass das Gericht von seinem Ermessen nach § 390 Abs. 4 S. 2 keinen Gebrauch gemacht hat. In diesem Fall hat das Beschwerdegericht nicht nachzuprüfen, ob die materiellen Voraussetzungen für die Androhung eines Zwangsgelds vorlagen.[19]

Die Einlegung der Beschwerde hat **aufschiebende Wirkung.** Zwar fehlt eine § 24 **7** Abs. 1 FGG entsprechende Vorschrift, es entspricht jedoch einem allgemeinen Rechtsgedanken, der auch in § 35 Abs. 5 FamFG i. V. m. § 570 Abs. 1 ZPO zum Ausdruck kommt, dass die Beschwerde die Vollziehung eines Zwangsmittels hemmt.[20] Im Übrigen kann das Beschwerdegericht die Vollziehung des Beschlusses einstweilen aussetzen, § 64 Abs. 3.[21] Hinsichtlich der weiteren Einzelheiten zum Gang des Beschwerdeverfahrens wird auf die Kommentierung zu §§ 58 ff. verwiesen.

2. Beschränkung der Beschwerdegründe (Abs. 2)

Die Beschwerdegründe sind beschränkt bei der Beschwerde gegen eine Zwangsgeldfestsetzung, die nach § 389 wegen Fristversäumung erfolgte. Eine **unbeschränkte Nachprüfungspflicht** des Beschwerdegerichts auf alle materiellen und formellen Voraussetzungen besteht hingegen, wenn der Einspruch verworfen und die Zwangsgeldfestsetzung erst im Einspruchsverfahren nach § 390 Abs. 4 vorgenommen wurde.[22] **8**

Aus den §§ 388, 389 ergibt sich, dass die Verpflichtung, der Aufforderung nachzukommen, nur im Einspruchsverfahren bestritten werden kann.[23] Die Prüfung der **materiellen Voraussetzungen** der Zwangsgeldfestsetzung ist ausschließlich dem **Einspruchsverfahren** vorbehalten.[24] Jede Erörterung darüber ist in der Beschwerdeinstanz solange ausgeschlossen, als nicht ein Einspruchsverfahren vor dem Registergericht stattgefunden hat. Kann ein solches wegen Fristablaufs nicht mehr durchgeführt werden, ist der Beteiligte mit seinen materiellen Einwendungen gegen diese Zwangsgeldfestsetzung **endgültig präkludiert.** **9**

---

[12] SBW/Nedden-Boeger § 391 Rn 4; BJS/Müther § 389 Rn 9.
[13] BayObLGZ 1962, 107/110 f.; Prütting/Helms/Maass § 391 Rn 5.
[14] BayObLGZ 1987, 399/402; Prütting/Helms/Maass § 391 Rn 6.
[15] Bahrenfuss/Steup § 391 Rn 6; a. A. Prütting/Helms/Maass § 391 Rn 6.
[16] Bahrenfuss/Steup § 391 Rn 6.
[17] Bassenge/Roth/K. Walter § 391 Rn 2; BJS/Müther § 391 Rn 5.
[18] Bumiller/Harders § 391 Rn 3; MünchKommZPO/Krafka § 391 FamFG Rn 3; zur alten Rechtslage ebenso BayObLG Rpfleger 1974, 17; a. A. OLG Hamm OLGZ 1966, 484.
[19] Bassenge/Roth/K. Walter § 391 Rn 4; MünchKommZPO/Krafka § 391 FamFG Rn 4.
[20] Ebenso Bahrenfuss/Steup § 391 Rn 1, 11; Bumiller/Harders § 391 Rn 1; a. A. SBW/Nedden-Boeger § 391 Rn 22.
[21] Eine Pflicht zur Aussetzung annehmend BeckOK/Munzig § 391 FamFG Rn 17.
[22] OLG Köln FGPrax 2010, 203; BJS/Müther § 391 Rn 9; a. A. BeckOK/Munzig § 391 FamFG Rn 28.
[23] OLG Schleswig FGPrax 2010, 208; OLG Zweibrücken FGPrax 2010, 169; a. A. Bahrenfuss/Steup § 391 Rn 7.
[24] OLG Schleswig FGPrax 2010, 208; Keidel Rpfleger 1955, 134; LG Landau Rpfleger 1970, 244.

Die Beschwerde ist selbst dann zu verwerfen, wenn das Beschwerdegericht erkennt, dass die vom Registergericht erlassene Verfügung ungerechtfertigt ist.[25]

10 Die Beschwerde kann also nur darauf gestützt werden, dass das vorausgegangene **Verfahren fehlerhaft** gewesen sei,[26] also z. B., dass die Frist zu kurz bemessen gewesen sei,[27] nicht richtig berechnet oder falsch bekannt gemacht[28] oder dass sie nicht schuldhaft versäumt worden sei.[29] Die Fristversäumung ist aber eine schuldhafte, wenn der Beschwerdeführer die Handlung, zu deren Vornahme er selbst nicht imstande war, nicht rechtzeitig durch eine andere Person vornehmen ließ. Soweit dem Registergericht hinsichtlich der Frage, ob es dann, wenn weder die gesetzliche Verpflichtung erfüllt noch Einspruch erhoben ist, das Zwangsgeld festzusetzen hat oder nicht, ein Ermessensspielraum bleibt,[30] kann auch geprüft werden, ob ein **Ermessensmissbrauch** vorliegt.[31] Auch eine Nachprüfung der Höhe des festgesetzten Zwangsgeldes ist zulässig.[32] Setzt das Registergericht ein Zwangsgeld fest, ohne den Einspruch zu beachten, so ist eine Zwangsgeldfestsetzung nach § 389 gegeben. Auf die Beschwerde empfiehlt es sich, den Zwangsgeldfestsetzungsbeschluss aufzuheben und die Sache an das Registergericht zurückzuverweisen.[33]

3. Entscheidung des Gerichts

11 Das Beschwerdegericht gibt der Beschwerde statt, wenn die zu bewirkende Verpflichtung nicht (oder nicht mehr) besteht oder zwischenzeitlich erfüllt worden ist. Es erklärt den zurückgewiesenen **Einspruch für begründet** und **hebt den Zwangsgeldfestsetzungsbeschluss auf**, § 69 Abs. 1 S. 1, selbst wenn das Zwangsgeld schon gezahlt ist.[34] Das Beschwerdegericht kann, wenn es der Beschwerde gegen die Einspruchsverwerfung **nicht stattgibt**, nach § 390 Abs. 4 S. 2 und Abs. 6 die Zwangsgeldfestsetzung aufheben oder auf ein geringeres Zwangsgeld erkennen.[35] Mit jeder Aufhebung der Zwangsgeldfestsetzung, vom Fall des § 390 Abs. 4 S. 2 und Abs. 6 abgesehen, ist auch die nach §§ 389, 390 Abs. 5 erfolgte erneute Zwangsgeldandrohung zu beseitigen, obwohl sie für sich allein nicht anfechtbar ist.[36]

IV. Statthaftigkeit der Rechtsbeschwerde

12 Die **Rechtsbeschwerde** ist nur unter den Voraussetzungen des § 70 statthaft. Die Beschränkung der Beschwerdegründe nach Abs. 2 gilt auch für den BGH.[37] Wird die aufgegebene Verpflichtung nach Erlass des die Zwangsgeldfestsetzung bestätigenden Beschlusses des OLG erfüllt, so kann es diese neue Tatsache nicht berücksichtigen.[38] In diesem Fall hat das Registergericht die Zwangsgeldfestsetzung aufzuheben.

V. Kosten und Gebühren

13 Soweit das Beschwerdegericht das Zwangsgeld festsetzt oder die Beschwerde verwirft bzw. zurückweist, fällt hierfür eine Gebühr von jeweils 100 € an, § 119 Abs. 1 Nr. 1, 2 KostO. Die Vorschriften des § 131 Abs. 1 und 2 KostO werden hierdurch verdrängt.[39] Ob-

---

[25] OLG Schleswig FGPrax 2010, 208; KG NJW-RR 1999, 1341.
[26] OLG Hamm Rpfleger 1955, 241; JMBl.NW 1953, 185; LG Mannheim Rpfleger 1955, 132; s. a. LG Landau Rpfleger 1970, 244; BeckOK/Munzig § 391 FamFG Rn 34.
[27] LG Bonn NZG 2011, 476; Jansen/Steder § 139 Rn 7.
[28] Bumiller/Harders § 391 Rn 4.
[29] Bahrenfuss/Steup § 391 Rn 7; in diese Richtung auch LG Bonn NZG 2010, 193, wenn auch mit unzutreffender Begründung.
[30] Keidel Rpfleger 1955, 242.
[31] OLG Hamm Rpfleger 1955, 241.
[32] BJS/Müther § 391 Rn 8; Bumiller/Harders § 391 Rn 4.
[33] LG Landau Rpfleger 1955, 134; aber auch LG Mannheim Rpfleger 1955, 132 mit Anm. Keidel.
[34] OLG Hamm Rpfleger 1955, 241 mit Anm. Keidel; Bahrenfuss/Steup § 391 Rn 12.
[35] Bassenge/Roth/K. Walter § 391 Rn 5.
[36] Bassenge/Roth/K. Walter § 391 Rn 5.
[37] Bahrenfuss/Steup § 391 Rn 13; vgl. zur alten Rechtslage OLG Hamm Rpfleger 1955, 241.
[38] Bahrenfuss/Steup § 391 Rn 8; zur alten Rechtslage OLG Hamm Rpfleger 1955, 241 mit zust. Anm. Keidel.
[39] A. A. MünchKommZPO/Krafka § 391 FamFG Rn 13, der für Beschwerden, die sich nicht gegen die Zwangsgeldfestsetzung richten, § 131 Abs. 1 und 2 KostO anwendbar hält.

Verfahren bei unbefugtem Firmengebrauch

392 (1) Soll nach § 37 Abs. 1 des Handelsgesetzbuchs gegen eine Person eingeschritten werden, die eine ihr nicht zustehende Firma gebraucht, sind die §§ 388 bis 391 anzuwenden, wobei

1. dem Beteiligten unter Androhung eines Ordnungsgelds aufgegeben wird, sich des Gebrauchs der Firma zu enthalten oder binnen einer bestimmten Frist den Gebrauch der Firma mittels Einspruchs zu rechtfertigen;
2. das Ordnungsgeld festgesetzt wird, falls kein Einspruch erhoben oder der erhobene Einspruch rechtskräftig verworfen ist und der Beteiligte nach der Bekanntmachung des Beschlusses diesem zuwidergehandelt hat.

(2) Absatz 1 gilt entsprechend im Fall des unbefugten Gebrauchs des Namens einer Partnerschaft.

Übersicht

	Rn
I. Normzweck	1
II. Anwendungsbereich	3
III. Verhältnis zu anderen Verfahren	5
1. Zwangsgeldverfahren nach §§ 388 ff.	5
2. Firmenmissbrauchsverfahren nach § 37 Abs. 2 HGB	6
3. Löschungs- und Auflösungsverfahren nach §§ 393 ff.	7
IV. Voraussetzung des Einschreitens	8
1. Allgemeines	8
2. Firmengebrauch	9
3. Abgrenzung zur Geschäftsbezeichnung	11
4. Unbefugter Firmengebrauch	12
5. Absehen vom Einschreiten	17
V. Ordnungsgeldverfahren	19
1. Zuständigkeit	19
2. Verfahrenseinleitung	20
3. Beteiligte	21
4. Verbots- und Androhungsbeschluss	22
5. Festsetzung des Ordnungsgelds	25
6. Mangelnder Einspruch	28
7. Rechtzeitiger Einspruch	30
VI. Rechtsbehelfe	31
VII. Kosten und Gebühren	33
VIII. Anwendung des § 392 im Rahmen des § 43 Abs. 2 S. 2 2. Halbs. KWG	34

I. Normzweck

Wer eine ihm nicht zustehende Firma, das ist der Name, unter dem ein Kaufmann seine **1** Geschäfte betreibt und seine Unterschrift abgibt (§ 17 HGB), gebraucht, ist vom Registergericht zur Unterlassung des Gebrauchs dieser Firma durch Zwangsgeld anzuhalten (§ 37 Abs. 1 HGB). § 392 bildet die **verfahrensrechtliche Ausführungsvorschrift** hierzu. Ziel des Verfahrens ist die umfängliche Unterlassung des Gebrauchs einer unzulässigen Firma im Geschäftsverkehr. Kein Gegenstand des Verfahrens kann die Verpflichtung zur Verwendung einer bestimmten zulässigen Firma im Geschäftsverkehr sein.[1]

Die Vorschrift entspricht inhaltlich § 140 FGG, klargestellt wurde durch Abs. 2 lediglich, **2** dass sich die Vorschrift auch auf den **unbefugten Gebrauch des Namens einer Partnerschaftsgesellschaft,** die ja keine Firma tragen kann, erstreckt.[2]

---
[1] MünchKommZPO/Krafka § 392 FamFG Rn 1.
[2] BT-Drs. 16/6308 S. 288.

II. Anwendungsbereich

3 Die Vorschrift gilt für **Kaufleute** (§ 17 HGB), für **Handelsgesellschaften** (§ 19 HGB; § 4 GmbHG; §§ 4, 279 AktG; § 26a EGAktG;[3] § 3 SEAG; Art. 5 EWIV-VO), für **Genossenschaften** (§ 3 GenG), für **VVaG** (§ 18 Abs. 2 VAG), aber auch für **Nichtkaufleute, die GbR** sowie **Freiberufler** und die **Partnerschaftsgesellschaft** (§ 2 Abs. 2 PartGG), wenn die Firma den Eindruck eines vollkaufmännischen Geschäfts erweckt.[4] Der Verletzung einer Firma steht die Verletzung eines Partnerschaftsnamens nach Abs. 2 gleich. Gegen eingetragene und nicht eingetragene **Vereine** kann nach § 392 nur vorgegangen werden, wenn dieser eine ihm nicht zustehende Firma gebraucht, nicht jedoch wegen der Führung eines möglicherweise unrichtigen Namens.[5] Das Verfahren findet Anwendung, gleichgültig, ob die Firma im Handelsregister eingetragen ist oder nicht.

4 Für die unrechtmäßige Führung der Bezeichnung als „**Bank**" oder „**Sparkasse**" ordnet § 43 Abs. 2 S. 1 KWG die entsprechende Anwendung des § 392 an (s. ausführlich Rn 34).

III. Verhältnis zu anderen Verfahren

1. Zwangsgeldverfahren nach §§ 388 ff.

5 Gegen denjenigen, der eine Firma unbefugt gebraucht, ohne dass sie zur Eintragung gebracht ist, kann das Verfahren nach § 392 und dasjenige aus den §§ 388 ff. zur Erzwingung der Anmeldung der tatsächlich gebrauchten Firma **nebeneinander** eröffnet werden.[6] Eine Verbindung der beiden Verfahren kommt nach § 20 in Betracht.[7] Anders als das Zwangsgeldverfahren (s. § 388 Rn 2) stellt das Ordnungsgeldverfahren kein reines Beugemittel dar, sondern mit ihm werden auch repressive Zwecke verfolgt, so dass die Verhängung ein schuldhaftes Verhalten voraussetzt (s. Rn 25).[8] Wenn dann nach Erlass der Aufforderung der Anmeldepflichtige die vom Registergericht für unzulässig erachtete Firma zur Eintragung anmeldet und die Eintragung abgelehnt wird, ist das Verfahren aus § 392 auszusetzen (§ 21) und die Entscheidung in dem durch die §§ 388 ff. geregelten Einspruchsverfahren zu treffen.[9] Das Gericht darf eine als solche nicht zu bemängelnde Anmeldung zum Handelsregister nicht deshalb zurückweisen oder durch Zwischenverfügung beanstanden, um eine von ihm als erforderlich angesehene sonstige Anmeldung herbeizuführen.[10] Ebenso darf es die Eintragung des Eintritts und des Ausscheidens von Gesellschaftern nicht deshalb ablehnen, weil durch den Gesellschafterwechsel die eingetragene Firma unzulässig geworden ist.[11]

2. Firmenmissbrauchsverfahren nach § 37 Abs. 2 HGB

6 § 37 Abs. 2 S. 1 HGB gibt demjenigen, der in seinen Rechten dadurch verletzt wird, dass ein anderer seine Firma unbefugt gebraucht, das Recht der Klage auf Unterlassung des Gebrauchs der Firma. Nach § 37 Abs. 2 S. 2 HGB bleibt außerdem das Recht unberührt, Ersatz eines entstandenen Schadens zu verlangen. Diese vor dem ordentlichen Gericht zu verfolgenden privaten Ansprüche können **unabhängig und neben** einem Ordnungsgeldverfahren verfolgt werden. Das Registergericht kann nach § 381 i. V. m. § 21 das Ordnungsgeldverfahren bis zur Erledigung eines solchen Rechtsstreits aussetzen.[12] Eine Bindung an den Ausgang dieses Prozesses besteht nur unter den in § 381 Rn 23 benannten Voraussetzungen.

---

[3] Nach dieser Vorschrift gilt die Erlaubnis des Art. 22 EGHGB nicht mehr, wonach Firmen aus der Zeit vor dem 1. 1. 1900 ohne den Zusatz „Aktiengesellschaft" fortgeführt werden durften.
[4] OLG Hamm OLGZ 1968, 17; Jansen/Steder § 140 Rn 32.
[5] MünchKommZPO/Krafka § 392 FamFG Rn 2.
[6] Jansen/Steder § 140 Rn 29; a. A. Haußleiter/Schemmann § 392 Rn 9.
[7] Bahrenfuss/Steup § 392 Rn 18.
[8] BJS/Müther § 392 Rn 4.
[9] MünchKommZPO/Krafka § 392 FamFG Rn 4.
[10] OLG Hamm DNotZ 1978, 114.
[11] BGH NJW 1977, 1879.
[12] Bassenge/Roth/K. Walter § 392 Rn 5.

3. Löschungs- und Auflösungsverfahren nach §§ 393 ff.

Das Löschungs- und Auflösungsverfahren verfolgt andere Zwecke als das Ordnungsgeldverfahren, nämlich die Beseitigung einer unzulässigerweise im Register eingetragenen Firma. Beide Verfahren können daher **nebeneinander** eingeleitet werden und müssen bis zur Beseitigung der Störung bzw. der falschen Registereintragung parallel nebeneinander verfolgt werden.[13] Eine Bindungswirkung auf das jeweils andere Verfahren entfaltet eine dort getroffene Entscheidung nicht.[14]

IV. Voraussetzung des Einschreitens

1. Allgemeines

Voraussetzung des Einschreitens ist, dass jemand eine ihm nicht zustehende Firma gebraucht. Dass die **Firma eingetragen** ist, obwohl sie nicht hätte eingetragen werden dürfen, hindert das Einschreiten nicht, die Eintragung selbst stellt keinen schutzwürdigen Vertrauenstatbestand dar.[15] Auch ist das Eingetragensein keine Voraussetzung hierzu.[16]

2. Firmengebrauch

Unter **Gebrauch einer Firma** fallen alle Handlungen, aus denen sich der Wille ergibt, sich bei dem Betrieb eines Handelsgewerbes der Firma zu bedienen.[17] Der Gebrauch muss festgestellt sein, bloße Vermutungen, Vorbereitungsmaßnahmen oder Glaubhaftmachungen genügen nicht.[18] Firmengebrauch liegt vor in der Verwendung der Firma beim Abschluss von Handelsgeschäften und zur Abgabe von Unterschriften, bei Inseraten, auf Firmenschildern, in Geschäftsbriefen,[19] in E-Mails,[20] Geschäftsanzeigen, Fernsprechverzeichnissen, Internetseiten,[21] Anbringung einer Firmenaufschrift an Hauswänden eines Geschäftsgebäudes, über Ladeneingang, Rechnungen, Empfehlungskarten, Preislisten und Tüten.[22]

Gebrauch ist auch die **Aufrechterhaltung der Eintragung im Handelsregister.** Gegen den Inhaber der zu Unrecht noch eingetragenen Firma kann also nach § 392 vorgegangen werden, die Anmeldung der Löschung kann ihm aber nicht aufgegeben werden.[23] Ob jedoch allein die **Anmeldung einer Firma** ohne Hinzutreten weiterer Umstände schon als Gebrauch in diesem Sinn anzusehen ist,[24] erscheint sehr zweifelhaft, da gerade erst auf Grund der Anmeldung das Registergericht die Rechtmäßigkeit der Firmierung prüfen soll. Besteht der unbefugte Firmengebrauch allein in der Anmeldung beim Register, so ist es gerade Aufgabe des Registergerichts, die Unzulässigkeit durch die Ablehnung der Anmeldung festzustellen. Die gegenteilige Ansicht[25] führt zu der unzutreffenden Folgerung, dass grundsätzlich die Aussetzung des Anmeldeverfahrens bis zur Beendigung des Firmenmissbrauchsverfahrens geboten ist, was auch prozessökonomisch unzweckmäßig und schwerlich praktikabel ist, da dann das Registergericht die Zulässigkeit einer Firma nicht im Eintragungsverfahren selbst überprüft, sondern erst ein Firmenmissbrauchsverfahren einleitet und nach dessen Abschluss eine Entscheidung trifft.[26]

---

[13] BJS/Müther § 392 Rn 10; MünchKommZPO/Krafka § 392 FamFG Rn 6.
[14] Bassenge/Roth/K. Walter § 392 Rn 5.
[15] MünchKommZPO/Krafka § 392 FamFG Rn 2.
[16] OLG Hamm OLGZ 1979, 1/4.
[17] BayObLGZ 1972, 310/314; BayObLGZ 1960, 345/348; OLG Frankfurt Rpfleger 1974, 437; Jansen/Steder § 140 Rn 16.
[18] Bassenge/Roth/K. Walter § 392 Rn 4; MünchKommZPO/Krafka § 392 Rn 7; a. A. Bassenge Rpfleger 1974, 173.
[19] BayObLG Rpfleger 1992, 304.
[20] MünchKommZPO/Krafka § 392 FamFG Rn 7.
[21] Bassenge/Roth/K. Walter § 392 Rn 2.
[22] BayObLGZ 1960, 345/348; Jansen/Steder § 140 Rn 17.
[23] Jansen/Steder § 140 Rn 18.
[24] So BayObLG NJW-RR 1989, 100.
[25] So BayObLG NJW-RR 1989, 100.
[26] Ausführlich dazu Winkler DNotZ 1989, 245; zustimmend Prütting/Helms/Maass § 392 Rn 9; unklar Bahrenfuss/Steup § 392 Rn 6 einerseits Rn 20 andererseits.

3. Abgrenzung zur Geschäftsbezeichnung

11 Gegen Führung einer **Geschäftsbezeichnung** (§ 5 Abs. 1 MarkenG) oder Etablissementbezeichnung, die firmenähnlich ist und nicht im rechtsgeschäftlichen Verkehr verwendet wird, kann das Registergericht nicht auf Grund § 37 Abs. 1 HGB, § 392 einschreiten.[27] Die Grenzziehung ist im Einzelfall schwierig und beurteilt sich in erster Linie danach, ob die „Geschäftsbezeichnung" auch als Firma geführt werden dürfte und ob sich diese aus objektiver Sicht für den Rechtsverkehr als Name des unternehmensführenden Rechtsträgers darstellt.[28]

4. Unbefugter Firmengebrauch

12 **Unbefugt** ist der Gebrauch, wenn er eine Verletzung der Vorschriften über das Firmenrecht enthält. Hierzu gehören die §§ 17 bis 19, 21 bis 24 und 30 HGB sowie die Bestimmungen über die zulässigen Rechtsformzusätze (vgl. §§ 4, 5a Abs. 1 GmbHG; § 4 AktG; § 3 GenG; § 2 Abs. 1, § 11 Abs. 1 PartGG[29]). Sondervorschriften über Firmenrecht enthalten u. a. §§ 39, 40 KWG (s. Rn 34); § 16 Abs. 3 BausparkassenG; § 3 Abs. 1 InvG; § 20 UBGG; § 6 REIT-G; § 59k BRAO; §§ 43 Abs. 4, 53 Abs. 1, 161 Abs. 1 StBerG; §§ 31, 128 Abs. 2, 130 Abs. 2, 133 WPO; §§ 18, 36, 200 UmwG.

13 Wegen Verstoßes gegen Vorschriften **anderer Gesetze**, z. B. § 3 UWG; §§ 5, 15 MarkenG, und gegen gewerberechtliche Bestimmungen sowie wegen Verstoßes gegen vertragsmäßige Pflichten durch den Gebrauch einer Firma darf nicht nach § 392 vorgegangen werden.[30]

14 **Objektiv unbefugter Gebrauch** genügt, um das Einschreiten zu rechtfertigen; es ist weder Verschulden notwendig, noch schützt der gute Glaube.[31] Die Ordnungsgeldfestsetzung (Rn 25) erfordert aber ein Verschulden des Beteiligten.[32] Ob der unbefugte Gebrauch im Inland oder im Ausland stattfindet, ist gleichgültig.[33]

15 **Gegenstand des Einschreitens** bildet u. a.[34] die Verwendung unzulässiger Firmenzusätze (z. B. einer GmbH, die eine KG ist), Verstöße gegen die Vorschriften über die Firmenfortführung (s. §§ 22 ff. HGB), unzulässige Verwendung von Abkürzungen (s. aber Rn 18).

16 Das **Einschreiten wegen Täuschungsgefahr** ist auch zulässig, wenn diese erst durch späteres Unwahrwerden eines Firmenzusatzes eintritt,[35] dagegen nicht, wenn nach längerem unbeanstandetem Gebrauch sich der Sprachgebrauch, die Verkehrsauffassung oder die Gesetzesauslegung geändert haben.[36] Ein Einschreiten kann auch erfolgen bei zur Täuschung geeigneter Firmenaufmachung.[37] Die Eignung zur Irreführung muss vom Gericht nur berücksichtigt werden, wenn diese ersichtlich ist, § 18 Abs. 2 S. 2 HGB.[38]

5. Absehen vom Einschreiten

17 Von einem Einschreiten kann abgesehen werden, wenn die **privaten Interessen** an der Fortführung der Firma gegenüber dem öffentlichen Interesse an der Durchführung des Firmenrechts wesentlich überwiegen.[39] Eine alte besonders wertvolle Firma kann das Gericht daher trotz Widerspruchs zum Firmenrecht bestehen lassen, wenn sich aus der unzu-

---

[27] OLG Hamm JMBl.NW 1959, 136; OLG Karlsruhe/Freiburg BB 1968, 308; Jansen/Steder § 140 Rn 12.
[28] MünchKommZPO/Krafka § 392 FamFG Rn 8.
[29] Hierzu OLG Düsseldorf ZIP 2010, 282 mit abl. Anm. Lamsa EWiR 2010, 371.
[30] Prütting/Helms/Maass § 392 Rn 7.
[31] BJS/Müther § 392 Rn 6; Jansen/Steder § 140 Rn 26.
[32] KG OLGE 44, 181; MünchKommZPO/Krafka § 392 FamFG Rn 3.
[33] MünchKommZPO/Krafka § 392 FamFG Rn 7; a. A. OLG Karlsruhe WRP 1985, 104.
[34] Vgl. hierzu die Übersicht bei Jansen/Steder § 140 Rn 32.
[35] KG NJW 1965, 254; OLG Karlsruhe/Freiburg BB 1968, 308.
[36] OLG Celle JR 1952, 74; KG NJW 1965, 254.
[37] Müller JR 1957, 53.
[38] Bassenge/Roth/K. Walter § 392 Rn 3; Bahrenfuss/Steup § 392 Rn 10 mit zahlreichen Beispielen.
[39] KG NJW 1965, 254; OLG Zweibrücken OLGZ 1972, 391; Bassenge Rpfleger 1974, 175; krit. MünchKommZPO/Krafka § 392 FamFG Rn 11.

lässigen Firmenführung nur geringe Unzuträglichkeiten ergeben, durch ihre Verhinderung aber für den Inhaber unverhältnismäßige Nachteile entstehen würden.[40]

Auch der **einmalige Verstoß,** der keine Wiederholung besorgen lässt, rechtfertigt kein Einschreiten.[41] Eine verkürzte oder **schlagwortartige Firmenverwendung,** z.B. bei Werbemaßnahmen[42] oder innerhalb von Domains oder E-Mail-Adressen, stellt keinen unbefugten Gebrauch dar, da der Rechtsverkehr hier keine vollständige Bezeichnung erwartet.[43]

V. Ordnungsgeldverfahren

1. Zuständigkeit

Für das Verfahren nach § 392 einschließlich der Entscheidung über den Einspruch und die Ordnungsgeldfestsetzung ist das AG sachlich zuständig, funktionell durch den **Rechtspfleger,** § 3 Nr. 2 d RPflG. Die örtliche Zuständigkeit bestimmt sich nach § 377 Abs. 1 i. V. m. § 376. Ist der Rechtsträger nicht im Register eingetragen, ist das Gericht zuständig, in dessen Register die Firma einzutragen wäre.[44]

2. Verfahrenseinleitung

Das Verfahren wird **von Amts wegen** eingeleitet, zumeist auf Anregung (§ 24) oder Mitteilung (§ 379) Dritter oder der berufsständischen Organe (§ 380 Abs. 1). Die Einleitung setzt die Feststellung eines unbefugten Firmengebrauchs (s. Rn 9) voraus.[45] An eine rechtskräftige Entscheidung im Amtslöschungsverfahren ist das Registergericht im Firmenmissbrauchsverfahren gegen die gleiche Gesellschaft nicht gebunden.[46] Die Einleitung des Verfahrens nach § 392 darf auch nicht davon abhängig gemacht werden, ob ein etwaiges Amtslöschungsverfahren (§ 395) Erfolg haben könnte.[47]

3. Beteiligte

Verfahrensbeteiligter ist bei einem Firmenmissbrauch durch eine **natürliche Person** diese, bei Kaufleuten der **Inhaber** des Geschäfts. Wie im Zwangsgeldverfahren ist bei Gesellschaften, Genossenschaften und Partnerschaften nicht der Rechtsträger selbst als Adressat der Ordnungsgeldandrohung und -festsetzung beteiligt, sondern die jeweils vertretungsberechtigten **Organe** bzw. **Gesellschafter.** Allerdings wird durch das Verfahren auch das Recht des Rechtsträgers zur Firmen- bzw. Namensführung unmittelbar beeinträchtigt, so dass dieser nach § 7 Abs. 2 Nr. 1 ebenfalls zu beteiligen ist. Dies wird aber regelmäßig durch die Beteiligung des vertretungsberechtigten Organs/Gesellschafters gewährleistet sein.[48]

4. Verbots- und Androhungsbeschluss

Das Verfahren beginnt mit der Aufforderung an den Beteiligten,
- entweder sich des **Gebrauchs der Firma zu enthalten**
- oder binnen einer gerichtlich zu **bestimmenden Frist** (s. § 388 Rn 37) den Gebrauch der Firma mittels **Einspruchs** gegen den Beschluss zu rechtfertigen,
- verbunden mit der **Androhung eines Ordnungsgeldes** in bestimmter Höhe[49] für den Fall, dass der Gebrauch der Firma fortgesetzt und nicht innerhalb der Frist Einspruch eingelegt wird.

---

[40] BayObLGZ 1986, 150/154; KG NJW 1965, 254; OLG Zweibrücken OLGZ 1972, 392/395.
[41] BayObLG BB 1992, 943; Jansen/Steder § 140 Rn 20.
[42] OLG Hamm NJW-RR 1989, 549: Firmenaufkleber auf Pkw.
[43] MünchKommZPO/Krafka § 392 FamFG Rn 7.
[44] Bassenge/Roth/K. Walter § 392 Rn 6; SBW/Nedden-Boeger § 392 Rn 21.
[45] Jansen/Steder § 140 Rn 50.
[46] KG JW 1935, 3164; Bassenge/Roth/K. Walter § 392 Rn 5.
[47] KG NJW 1955, 1926; Jansen/Steder § 140 Rn 46.
[48] A. A. MünchKommZPO/Krafka § 392 FamFG Rn 14.
[49] BeckOK/Munzig § 392 Rn 30; a. A. Bahrenfuss/Steup § 392 Rn 26: Angabe des Höchstbetrags genügt.

23 Das Verbot und die Androhung des Ordnungsgelds ergehen ausweislich des Wortlauts in Abs. 1 Nr. 2 („nach Bekanntmachung des Beschlusses diesem zuwidergehandelt hat") und abweichend von der Zwangsgeldandrohung nach § 388 Abs. 1 (s. § 388 Rn 38 a) in Beschlussform (§ 38).[50] Dieser ist dem Beteiligten, gegen den er sich richtet, förmlich durch Zustellung bekannt zu geben, § 41 Abs. 1 S. 2. Das Verbot ist schon mit der **Bekanntmachung wirksam** (§ 40), nicht etwa mit Ablauf der gesetzten Einspruchsfrist.[51] Über die Möglichkeit, Einspruch einzulegen, ist zu belehren (§ 39).[52]

24 **Weitergehende Auflagen** dürfen in den Beschluss **nicht aufgenommen** werden; das Registergericht darf also insbesondere nicht Anmeldung der Löschung der Firma oder ihre Änderung[53] oder die Entfernung eines Firmenschildes verlangen,[54] auch darf nicht die Firmenführung in bestimmter Form angeordnet werden[55] oder eine Frist zur Unterlassung gesetzt werden.[56] Es darf auch nicht eine als solche nicht zu bemängelnde Anmeldung zurückweisen oder durch Zwischenverfügung beanstanden, um eine von ihm als erforderlich angesehene sonstige Anmeldung herbeizuführen; zu diesem Zweck muss es sich auf die einschlägigen Verfahren beschränken.[57] Das Registergericht darf daher die Eintragung des Eintritts und des Ausscheidens von Gesellschaftern einer OHG nicht deswegen ablehnen, weil durch den Gesellschafterwechsel die eingetragene Firma unzulässig geworden ist; vielmehr muss gegen die Verwendung der unzulässig gewordenen Firma nach § 37 Abs. 1 HGB, § 392 oder nach § 395 eingeschritten werden.[58] Das Registergericht kann immer nur gegen den Gebrauch der Firma im ganzen einschreiten, nicht gegen einen beanstandeten Firmenteil allein.[59] Hinweise über eine vom Registergericht für gesetzmäßig erachtete Firmenänderung sind nicht ausgeschlossen.[60]

5. Festsetzung des Ordnungsgelds

25 Abweichend von den Vorschriften der §§ 388 ff. ist hier **Voraussetzung der Ordnungsgeldfestsetzung** stets, dass der Beteiligte den Firmengebrauch fortsetzt. Wird also kein Einspruch eingelegt oder ist der eingelegte Einspruch rechtskräftig verworfen, so hat das Registergericht die angedrohte Strafe nicht sofort, insbesondere nicht schon in dem Beschluss, durch die der Einspruch verworfen wird,[61] sondern erst dann festzusetzen, wenn es erfährt, dass der Firmengebrauch fortdauert.[62] Das hat das Gericht, ehe es das Ordnungsgeld festsetzt, von Amts wegen (§ 26) festzustellen, glaubhafte Kenntnis genügt nicht. Das Gericht braucht aber nicht von Amts wegen zu forschen, ob der Firmengebrauch fortdauert, sondern kann die Mitteilung der Betroffenen abwarten oder sie hierzu nach § 27 anhalten. Die Zuwiderhandlung muss **schuldhaft,** also wenigstens fahrlässig, sein;[63] sie kann auch in einem Organisationsverschulden erblickt werden.[64] Schuldhaftes Verhalten eines Angestellten wird dem Verpflichteten aber nicht gem. § 278 Abs. 2 BGB zugerechnet.[65]

26 Das Gericht hat die Beteiligten vor der Ordnungsgeldfestsetzung **anzuhören;**[66] dabei kann aber nur darüber verhandelt werden, ob ein fortgesetzter Firmengebrauch vorliegt. Das Ordnungsgeld wird durch zu begründenden und mit Rechtsbehelfsbelehrung (§ 39) zu versehenden Beschluss (§ 38) festgesetzt, der dem Beteiligten nach § 41 Abs. 1 S. 2 förm-

---

[50] SBW/Nedden-Boeger § 392 Rn 31; a. A. BeckOK/Munzig § 392 Rn 27.
[51] Bahrenfuss/Steup § 392 Rn 26; MünchKommZPO/Krafka § 392 FamFG Rn 15.
[52] Bassenge/Roth/K. Walter § 392 Rn 8; BeckOK/Munzig § 392 Rn 28.
[53] BJS/Müther § 392 Rn 11.
[54] Jansen/Steder § 140 Rn 59.
[55] Jansen/Steder § 140 Rn 58.
[56] Bassenge/Roth/K. Walter § 392 Rn 8.
[57] KG Rpfleger 1965, 146; OLG Hamm Rpfleger 1977, 318.
[58] BGH NJW 1977, 1879.
[59] BayObLG FGPrax 1998, 233; Jansen/Steder § 140 Rn 58.
[60] Jansen/Steder § 140 Rn 58.
[61] Bumiller/Harders § 392 Rn 7.
[62] BayObLGZ 1986, 150/153; BayObLGZ 1967, 353/356.
[63] Jansen/Steder § 140 Rn 62.
[64] BeckOK/Munzig § 392 Rn 36.
[65] Bassenge/Roth/K. Walter § 392 Rn 10; vgl. OLG Frankfurt Rpfleger 1980, 345.
[66] BeckOK/Munzig § 392 Rn 39.

lich bekannt zu geben ist. Wegen der **Höhe des Ordnungsgeldes** s. Art. 6 Abs. 1 EGStGB: 5 bis 1000 €. Die Beitreibung erfolgt gem. § 1 Abs. 1 Nr. 3 JBeitrO. Eine Umwandlung in Ordnungshaft ist ausgeschlossen.[67] Entsprechend § 389 Abs. 2 sind dem Beteiligten die Verfahrenskosten aufzuerlegen.[68]

Bis zur **Ordnungsgeldfestsetzung** kann das Registergericht seinen Verbots- und Androhungsbeschluss ändern oder zurücknehmen.[69] Danach kommt eine Aufhebung der Festsetzung nach § 48 Abs. 1 nicht deshalb in Betracht, weil der Verpflichtete den unzulässigen Firmengebrauch eingestellt hat.[70] Das Registergericht kann aber bei Vorliegen besonderer Umstände gemäß § 390 Abs. 4 S. 2 und rechtzeitiger Einspruchseinlegung von der Festsetzung eines Ordnungsgeldes absehen.[71] Zahlungserleichterungen können nach Art. 7 EGStGB eingeräumt werden, die Verjährung richtet sich nach Art. 9 EGStGB.[72]

6. Mangelnder Einspruch

Wird kein Einspruch erhoben, so ist das Ordnungsgeld nach Rn 25 festzusetzen. Auch in diesem Fall kann das Registergericht von der Ordnungsgeldfestsetzung absehen, wenn dies den Umständen nach gerechtfertigt ist.[73] Bei **weiterem schuldhaften Zuwiderhandeln** kann die Ordnungsgeldfestsetzung wiederholt werden, ohne dass es erneuter Ordnungsgeldandrohung bedarf.[74] Das Ordnungsgeld muss sich aber im Rahmen der Androhung halten; bei Erhöhung muss eine neuerliche Androhung vorhergehen.[75]

Verspätete Einspruchseinlegung ist an sich unwirksam und hindert weder die Ordnungsgeldfestsetzung noch die erneute Ordnungsgeldandrohung, wenn nicht Wiedereinsetzung erfolgt. Wenn aber das Gericht dem Einspruch entnimmt, dass der Firmengebrauch kein unberechtigter ist, so wird es den Beschluss nach § 48 zurückziehen; eine materielle Prüfung des verspäteten Einspruchs ist daher notwendig.[76]

7. Rechtzeitiger Einspruch

Wird form- und fristgerecht Einspruch erhoben, so findet § 390 mit der Maßgabe Anwendung, dass im Falle der Einspruchsverwerfung das Ordnungsgeld nicht zugleich festzusetzen ist. Es kann erst **nach Rechtskraft der Einspruchsverwerfung** (vgl. § 45) und Feststellung, dass nach Bekanntmachung des Ordnungsgeldandrohungsbeschlusses eine Zuwiderhandlung erfolgt ist, festgesetzt werden.[77] Der Einspruch hat somit aufschiebende, nicht jedoch entschuldigende Wirkung.[78] Ein Verstoß gegen den Verbots- und Androhungsbeschluss **während des Einspruchsverfahrens** kann also durchaus nach dessen rechtskräftiger Zurückweisung durch Ordnungsgeldfestsetzung geahndet werden.[79] Der Erlass einer einstweiligen Anordnung kommt nicht in Frage, die §§ 49 ff. sind im Zwangs- und Ordnungsgeldverfahren nicht anwendbar.[80] Die Ordnungsgeldandrohung braucht nicht nach § 390 Abs. 5 wiederholt zu werden, sie wirkt ohne weiteres fort. Zum Einspruchsverfahren und zur Entscheidung des Gerichts s. § 390 Rn 6 ff.

---

[67] BeckOK/Munzig § 392 Rn 30.
[68] Bassenge/Roth/K. Walter § 392 Rn 10.
[69] BeckOK/Munzig § 392 Rn 32.
[70] Bahrenfuss/Steup § 392 Rn 34; MünchKommZPO/Krafka § 392 FamFG Rn 19.
[71] MünchKommZPO/Krafka § 392 FamFG Rn 18.
[72] Bahrenfuss/Steup § 392 Rn 30.
[73] Jansen/Steder § 140 Rn 62.
[74] MünchKommZPO/Krafka § 392 FamFG Rn 17.
[75] Bassenge/Roth/K. Walter § 392 Rn 10.
[76] Jansen/Steder § 140 Rn 67; differenzierend SBW/Nedden-Boeger § 392 Rn 51 f.
[77] MünchKommZPO/Krafka § 392 FamFG Rn 18; a. A. Haußleiter/Schemmann § 392 Rn 14.
[78] A. A. SBW/Nedden-Boeger § 392 Rn 36.
[79] A. A. Bahrenfuss/Steup § 392 Rn 33; BeckOK/Munzig § 392 FamFG Rn 38, der verkennt, dass eine Zuwiderhandlung gegen den Einspruchsverwerfungsbeschluss nicht denkbar ist, sondern Abs. 1 Nr. 2 eine Zuwiderhandlung gegen den Verbots- und Androhungsbeschluss meint.
[80] Nedden-Boeger FGPrax 2010, 1/5; a. A. Bahrenfuss/Steup § 392 Rn 33.

VI. Rechtsbehelfe

31 Gegen den **Verbots- und Androhungsbeschluss** ist die Beschwerde unzulässig, der Firmengebrauch kann nur im **Einspruchsverfahren** gerechtfertigt werden. Gegen die Ablehnung des Beschlusses haben die berufsständischen Organe das Beschwerderecht nach § 380 Abs. 5,[81] ebenso jeder in seinem Recht Beeinträchtigte, § 59 Abs. 1.[82] Erachtet das Registergericht den Einspruch für begründet und hebt es seinen Beschluss auf, so steht jedem Beeinträchtigten, insbesondere dem „Antragsteller", die Beschwerde zu. Haben das Beschwerdegericht oder der BGH die Einleitung des Firmenmissbrauchsverfahrens angeordnet, so ist das Registergericht bei Entscheidung über den Einspruch an die der Entscheidung des Beschwerdegerichts (Richters) zugrunde liegende Auffassung der Sach- und Rechtslage gem. § 69 Abs. 1 S. 4 gebunden.[83]

32 Gegen die **Ordnungsgeldfestsetzung** findet die **Beschwerde** statt, mit der aber Einspruchsgründe nicht geltend gemacht werden können (§ 391 Abs. 2).[84] Gestützt werden kann die Beschwerde auf Verfahrensfehler, den Einwand, dass keine schuldhafte Zuwiderhandlung vorlag oder dass das Ordnungsgeld zu hoch festgesetzt wurde.[85] Zum Beschwerdeverfahren s. die Kommentierung bei § 391.

VII. Kosten und Gebühren

33 Für die Festsetzung des Ordnungsgelds, die Verwerfung des Einspruchs sowie die Verwerfung oder Zurückweisung der Beschwerde bzw. Rechtsbeschwerde wird jeweils eine **Gebühr in Höhe von 100 €** erhoben, § 119 Abs. 1 KostO. Die Gebühr entsteht bei Verwerfung des Einspruchs auch dann, wenn das Ordnungsgeld noch nicht festgesetzt wurde, vgl. § 119 Abs. 1 Nr. 2 KostO.[86] § 131 Abs. 1 und 2 KostO sind nicht anwendbar. Auslagen können nach Maßgabe der §§ 136 f. KostO anfallen. Ist die Beschwerde erfolgreich, werden keine Gerichtskosten erhoben, § 131 Abs. 3 KostO.

VIII. Anwendung des § 392 im Rahmen des § 43 Abs. 2 S. 2 2. Halbs. KWG[87]

34 Führt ein Unternehmen eine Firma oder einen Firmenzusatz, deren Gebrauch nach §§ 39 bis 41 KWG unzulässig ist, so hat das Registergericht dieses Unternehmen zur **Unterlassung des Gebrauchs durch Ordnungsgelder** anzuhalten; § 392 gilt entsprechend (§ 43 Abs. 2 S. 1 KWG).[88] Da hiernach unzulässige Firmen und Firmenzusätze im Handelsregister (oder Genossenschaftsregister) bereits nach § 395 (s. § 395 Rn 52) von Amts wegen oder auf Antrag gelöscht werden können (§ 43 Abs. 2 S. 2 KWG), kommt diesen Maßnahmen Bedeutung vor allem bei Gebrauch einer solchen Firma oder eines solchen Zusatzes außerhalb des Registers (z. B. auf Briefköpfen, in E-Mails, auf Homepages) zu[89] oder bei Unternehmen, die nicht im Handelsregister oder Genossenschaftsregister eingetragen sind.[90] Für das Ordnungsgeldverfahren sind § 392 i. V. m. §§ 388 bis 391 maßgebend. Für die Mitwirkung der **Bundesanstalt für Finanzdienstleistungsaufsicht** (BaFin) gilt § 43 Abs. 3 KWG.[91] Der BaFin steht eine Antrags- oder Beschwerdeberechtigung nur soweit zu, als Kreditinstitute betroffen sind oder als es um den zulässigen Gebrauch der in den §§ 39, 40, 41 KWG genannten Bezeichnungen geht.[92] Die BaFin ist in diesem Fall stets beschwerdeberechtigt i. S. des § 59 Abs. 1.[93] Neben dem besonderen Verfahren nach § 43

---

[81] Bumiller/Harders § 392 Rn 5.
[82] Bahrenfuss/Steup § 392 Rn 37; zweifelnd BeckOK/Munzig § 392 Rn 51.
[83] Bahrenfuss/Steup § 392 Rn 38; anders zur alten Rechtslage KG NJW 1955, 1926.
[84] MünchKommZPO § 392 FamFG Rn 20.
[85] Bahrenfuss/Steup § 392 Rn 39.
[86] A. A. Bahrenfuss/Steup § 392 Rn 42; MünchKommZPO/Krafka § 392 FamFG Rn 21.
[87] BayObLG FGPrax 1998, 233 = NJW 1999, 297.
[88] Jansen/Steder § 142 Rn 90.
[89] Boos/Fischer § 43 Rn 11; Jansen/Steder § 142 Rn 90.
[90] Boos/Fischer § 43 Rn 11; a. M. Szagunn/Haug/Ergenzinger § 43 Rn 12.
[91] Boos/Fischer § 43 Rn 12; Jansen/Steder § 142 Rn 96.
[92] OLG Düsseldorf Rpfleger 1977, 309; OLG Frankfurt Rpfleger 1982, 229.
[93] Bahrenfuss/Steup § 392 Rn 21.

Abs. 2 S. 1 KWG ist auch ein Verfahren des Registergerichts nach § 37 Abs. 1 HGB mit §§ 392, 388 ff. zulässig.[94] Über die Bedeutung einer Entscheidung der BaFin nach § 42 KWG s. § 395 Rn 52. Für das Verfahren nach § 43 Abs. 2 S. 1 KWG i. V. m. § 392 ist der Rechtspfleger zuständig, § 3 Nr. 2 d RPflG, die Richterzuständigkeit nach § 17 Nr. 1 e RPflG bezieht sich nur auf die Löschung nach § 43 Abs. 2 S. 2 KWG.[95]

Unterabschnitt 3. Löschungs- und Auflösungsverfahren

Löschung einer Firma

393 (1) ¹Das Erlöschen einer Firma ist gemäß § 31 Abs. 2 des Handelsgesetzbuchs von Amts wegen oder auf Antrag der berufsständischen Organe in das Handelsregister einzutragen. ²Das Gericht hat den eingetragenen Inhaber der Firma oder dessen Rechtsnachfolger von der beabsichtigten Löschung zu benachrichtigen und ihm zugleich eine angemessene Frist zur Geltendmachung eines Widerspruchs zu bestimmen.
(2) Sind die bezeichneten Personen oder deren Aufenthalt nicht bekannt, erfolgt die Benachrichtigung und die Bestimmung der Frist durch Bekanntmachung in dem für die Bekanntmachung der Eintragungen in das Handelsregister bestimmten elektronischen Informations- und Kommunikationssystem nach § 10 des Handelsgesetzbuchs.
(3) ¹Das Gericht entscheidet durch Beschluss, wenn es einem Antrag auf Einleitung des Löschungsverfahrens nicht entspricht oder Widerspruch gegen die Löschung erhoben wird. ²Der Beschluss ist mit der Beschwerde anfechtbar.
(4) Mit der Zurückweisung eines Widerspruchs sind dem Beteiligten zugleich die Kosten des Widerspruchsverfahrens aufzuerlegen, soweit dies nicht unbillig ist.
(5) Die Löschung darf nur erfolgen, wenn kein Widerspruch erhoben oder wenn der den Widerspruch zurückweisende Beschluss rechtskräftig geworden ist.
(6) Die Absätze 1 bis 5 gelten entsprechend, wenn die Löschung des Namens einer Partnerschaft eingetragen werden soll.

Übersicht

	Rn
I. Normzweck	1
II. Allgemeines	3
1. Verhältnis zu anderen Vorschriften	5
2. Anwendungsbereich (Abs. 1, Abs. 6)	5
III. Erlöschen der Firma	7
1. Allgemeines	7
2. Erfolgloses Zwangsgeldverfahren	9
IV. Löschungsverfahren	10
1. Zuständigkeit	10
2. Einleitung des Verfahrens	11
3. Beteiligte	14
V. Inhalt der Löschungsankündigung	15
1. Ankündigung der Löschung	15
2. Fristbestimmung	16
3. Bekanntgabe	17
VI. Widerspruchsverfahren	19
1. Einlegung des Widerspruchs	19
2. Widerspruchsberechtigte	21
3. Wiedereinsetzung in den vorigen Stand	22
VII. Entscheidung über den Widerspruch	23
1. Allgemeines	23

---

[94] Jansen/Steder § 142 Rn 90.
[95] Jansen/Steder § 142 Rn 95; Dallmayer/Eickmann § 17 Rn 51.

		Rn
2. Stattgabe des Widerspruchs		24
3. Zurückweisung des Widerspruchs		25
VIII. Rechtsbehelfe		26
IX. Eintragung der Löschung		28
X. Aufhebung der Löschung		29
XI. Kosten und Gebühren		30

I. Normzweck

1 Das Erlöschen einer Firma ist nach § 31 Abs. 2 S. 1 i. V. m. Abs. 1 HGB zum Handels- bzw. Partnerschaftsregister (§ 2 Abs. 2 PartGG) anzumelden. Soweit eine Anmeldung mittels Zwangsgeld (s. § 388 Rn 10) nicht erreicht werden kann, sieht § 31 Abs. 2 S. 2 HGB die Eintragung des Erlöschens der Firma von Amts wegen vor. § 393 enthält hierzu besondere **Verfahrensvorschriften,** die den mit einer Amtslöschung verbundenen schwerwiegenden Eingriff rechtsstaatlich ausgestalten sollen.[1]

2 Die Norm entspricht **im Wesentlichen § 141 FGG,** ist jedoch in Hinblick auf die Bestimmungen des Allgemeinen Teils entsprechend angepasst worden.[2] Neu ist, dass das Löschungsverfahren auch auf Antrag der berufsständischen Organe eingeleitet werden kann, dass diesen gegen eine Nichteinleitung des Verfahrens die Beschwerde zusteht[3] und dass über die Kosten des erfolglosen Widerspruchsverfahrens zugleich mit der Zurückweisung zu entscheiden ist.

II. Allgemeines

1. Verhältnis zu anderen Vorschriften

3 Das Amtslöschungsverfahren ist gegenüber dem Zwangsgeldverfahren nach §§ 388 ff. **subsidiär.** Verspricht dieses jedoch keine Aussicht auf Erfolg oder wurde es erfolglos durchgeführt, muss eine amtswegige Löschung der erloschenen Firma möglich sein.

4 Gegenüber dem Amtslöschungsverfahren nach § 394 hat das Verfahren nach § 393 **zurückzutreten.**[4] Soweit die Voraussetzungen nach § 393 nicht vorliegen, kommt dennoch eine Löschung nach der allgemeinen Bestimmung des § 395 in Frage, etwa dann, wenn Kaufleute oder eine Gesellschaft ihren Geschäftsbetrieb nach der Eintragung nicht aufnehmen oder wenn eine Firma nachträglich unzulässig wird.[5]

2. Anwendungsbereich (Abs. 1, Abs. 6)

5 Die Vorschrift erfasst insbesondere **Einzelkaufleute** und **Personenhandelsgesellschaften** (OHG, KG), aber auch **juristische Personen** nach § 33 HGB. Dem Erlöschen der Firma ist das Erlöschen des Namens einer **Partnerschaftsgesellschaft** nach Abs. 6 gleichgestellt.

6 Die Firma einer **AG, KGaA, SE, GmbH, Genossenschaft, SCE** oder **EWIV** erlischt erst mit dem Erlöschen des Rechtsträgers selbst (vgl. § 273 AktG; § 74 GmbHG; § 2 Abs. 3 Nr. 6 EWIV-AG). In diesem Fall dürften regelmäßig die Voraussetzungen des § 394 vorliegen, die gegenüber der Löschung nach § 393 **Sperrwirkung** entfalten.[6] Bei den genannten Gesellschaften hat die Löschung nach § 393 allenfalls für **Zweigniederlassungen,** die eine eigene Firma führen, Bedeutung.[7]

---

[1] MünchKommZPO/Krafka § 393 FamFG Rn 1.
[2] BT-Drs. 16/6308 S. 288.
[3] BT-Drs. 16/9733 S. 298.
[4] MünchKommZPO/Krafka § 393 FamFG Rn 3.
[5] BeckOK/Munzig § 393 FamFG Rn 4.
[6] MünchKommZPO/Krafka § 393 FamFG Rn 3; a. A. Koller/Roth § 31 Rn 5; Baumbach/Hueck/Schulze-Osterloh § 74 Rn 5.
[7] MünchKommZPO/Krafka § 393 FamFG Rn 3.

III. Erlöschen der Firma

1. Allgemeines

Die Firma muss **erloschen** sein. Die Firma erlischt durch Beendigung des Geschäfts, mit vollständiger Aufgabe des kaufmännischen Unternehmens ohne weitere Abwicklungshandlungen,[8] nicht schon durch vorübergehende Einstellung des Geschäftsbetriebs (z. B. nach dem Tod des Inhabers),[9] aber z. B. durch **andauernden Nichtgebrauch.**[10] Die Eintragung des Erlöschens hat lediglich deklaratorische Bedeutung.[11] Die Firma eines **Einzelkaufmanns** erlischt auch bei Veräußerung des gesamten Geschäftsbetriebs ohne Firmenfortführung, wenn auch der Veräußerer die Firma nicht für ein neues Geschäft verwendet.[12] Sinkt der Umfang des Betriebs eines Einzelkaufmanns auf ein Kleingewerbe herab, so erlischt hierdurch noch nicht die Firma, vgl. § 2 S. 3 HGB.[13] Bei Ausgliederung eines einzelkaufmännischen Unternehmens ist das Erlöschen der Firma von Amts wegen einzutragen (§ 155 S. 2 UmwG), ohne dass es auf die Voraussetzungen des § 393 ankäme.[14] Die Firma einer **OHG oder KG** bzw. der Name einer **Partnerschaft** erlischt mit der Auflösung, falls nicht Liquidation eintritt. In diesem Fall ist das Erlöschen erst nach Beendigung der Liquidation anzumelden (§§ 157, 161 HGB; § 10 Abs. 1 PartGG).[15] Sie erlischt nicht, wenn sie ihr Handelsgewerbe aufgibt oder auf den Umfang eines Kleingewerbes beschränkt, denn auch eine bloß vermögensverwaltende Personengesellschaft darf eine Firma führen.[16] Die Firma einer **juristischen Person** des § 33 HGB erlischt wie beim Einzelkaufmann, z. B. mit Aufgabe des Geschäftsbetriebs. Bei Auflösung ist die Firma erst nach Abschluss der Abwicklung zu löschen.[17]

Bestritten ist, ob das **nachträgliche Unzulässigwerden** einer Firma dem Erlöschen gleichsteht.[18] Richtigerweise ist in diesem Fall nach § 395 zu verfahren.[19]

2. Erfolgloses Zwangsgeldverfahren

Die **Anmeldung zur Löschung** durch die hierzu Verpflichteten muss auf dem in § 14 HGB bezeichneten Wege, nämlich durch Zwangsgeld, **nicht zu erreichen** sein. Dies trifft zu, wenn die Verhängung von Zwangsgeld (§§ 388 ff.) wegen Widerstandes der Beteiligten nicht zum Ziel führt[20] oder wenn die anmeldepflichtige Person selbst oder deren Aufenthalt unbekannt ist, wenn sie sich im Ausland aufhält oder wenn sie gestorben ist und die Erben unbekannt sind, wenn die Gesellschaft vermögenslos ist.[21] Das Zwangsgeldverfahren muss nicht erfolglos eingeleitet werden, das Registergericht darf vielmehr unmittelbar nach § 393 vorgehen, wenn es nach pflichtgemäßem Ermessen davon überzeugt ist, dass ein Zwangsgeldverfahren keine Aussicht auf Erfolg bietet.[22] Eine veränderte Einschätzung zu den Erfolgsaussichten eines Zwangsgeldverfahrens macht das Löschungsverfahren nicht unzulässig. Nicht ausreichend ist, wenn der Verpflichtete aus Kostenersparnisgründen um Einleitung eines Löschungsverfahrens bittet.[23]

---

[8] BJS/Müther § 393 Rn 4; a. A. Bahrenfuss/Steup § 393 Rn 6; Prütting/Helms/Maass § 393 Rn 6.
[9] BayObLGZ 1967, 459; OLG Frankfurt Rpfleger 1982, 427; ausführlich Jansen/Steder § 141 Rn 5.
[10] BayObLGZ 1996, 459; BayObLG Rpfleger 1990, 56; Jansen/Steder § 141 Rn 8.
[11] BJS/Müther § 393 Rn 4.
[12] BayObLGZ 1971, 163 = NJW 1971, 1616; Bassenge/Roth/K. Walter § 393 Rn 2.
[13] Vgl. Prütting/Helms/Maass § 393 Rn 6.
[14] BJS/Müther § 393 Rn 3.
[15] Jansen/Steder § 141 Rn 15.
[16] Jansen/Steder § 141 Rn 7.
[17] Jansen/Steder § 141 Rn 25.
[18] Vgl. Jansen/Steder § 141 Rn 26 m. w. N.
[19] RGZ 169, 147; BJS/Müther § 393 Rn 4.
[20] Jansen/Steder § 141 Rn 28.
[21] OLG Stuttgart BB 1954, 74.
[22] Jansen/Steder § 141 Rn 30.
[23] BJS/Müther § 393 Rn 5.

IV. Löschungsverfahren

1. Zuständigkeit

10   **Sachlich** zuständig ist das AG, § 23 a Abs. 1 Nr. 1, Abs. 2 Nr. 3 GVG. Die **örtliche** Zuständigkeit bestimmt sich nach § 377 Abs. 1 i. V. m. § 376. Da es keine eigenständige Eintragung der Zweigniederlassung mehr gibt, ist das Registergericht am Ort der Hauptniederlassung auch für das Erlöschen einer Firma der Zweigniederlassung zuständig.[24] Hinsichtlich der Zweigniederlassung ausländischer Rechtsträger im Inland ist das Registergericht der Zweigniederlassung örtlich zuständig.[25] **Funktionell** zuständig ist der Rechtspfleger, § 3 Nr. 2 d RPflG, auch für das Widerspruchsverfahren.[26]

2. Einleitung des Verfahrens

11   Das Löschungsverfahren **muss von Amts wegen eingeleitet** werden, sobald für das Registergericht, evtl. durch geeignete Ermittlungen (§ 26), feststeht, dass die Annahme des Erlöschens einer eingetragenen Firma gerechtfertigt ist[27] und die vorstehend angeführten Voraussetzungen vorliegen. Es genügt nicht – wie im Rahmen von § 388 Abs. 1 – die glaubhafte Kenntnis von einem die Löschung rechtfertigenden Sachverhalt, vielmehr muss die Sachlage klar und eindeutig sein. Die tatsächlichen Voraussetzungen des Löschungstatbestandes müssen nach § 26 ermittelt und festgestellt sein, bevor eine Löschungsankündigung ergehen darf.[28] Eine Gewerbeabmeldung rechtfertigt für sich allein noch nicht die Verfahrenseinleitung.[29]

12   Die Verfahrenseinleitung kann durch Antrag nach § 23 beginnen. **Antragsberechtigt** sind nur die berufsständischen Organe nach § 380 Abs. 1. Lehnt das Gericht einen Antrag auf Löschung ab, so steht dem Antragsteller gegen den Ablehnungsbeschluss die Beschwerde nach § 58 offen, § 393 Abs. 3 S. 1.[30] Wird der Antrag zurückgenommen, endet auch das Verfahren, es sei denn, das Gericht nimmt dieses von Amts wegen auf.[31]

13   Im Übrigen erfolgt die Einleitung **von Amts wegen**. Gläubiger können die Löschung nach § 24 anregen. Im Falle der Ablehnung der Einleitung eines Löschungsverfahrens, der durch Beschluss erfolgt, können diese Personen durchaus beschwerdeberechtigt sein, wenn sie durch die Ablehnung in eigenen Rechten verletzt sind, § 59 Abs. 1.[32]

3. Beteiligte

14   Am Verfahren beteiligt sind der **Antragsteller** (§ 7 Abs. 1), also das berufsständische Organ sowie der von der Löschung **betroffene Rechtsträger** oder dessen Rechtsnachfolger, Abs. 1 i. V. m. § 7 Abs. 2 Nr. 1. Bei Kaufleuten sind die eingetragenen und die tatsächlichen Inhaber des Geschäfts beteiligt;[33] im Falle der Verpachtung sind Pächter und Verpächter zu beteiligen.[34] Bei juristischen Personen (§ 33 HGB), Partnerschaften und Personenhandelsgesellschaften (OHG und KG) diese selbst, letztere vertreten durch ihre Partner bzw. persönlich haftenden Gesellschafter. Da die Personenhandelsgesellschaft rechtsfähig ist, sind die **Kommanditisten** nicht am Verfahren zu beteiligen.[35] Unter dem **Rechtsnachfolger** ist sowohl der Erwerber des Geschäfts als auch der Erbe oder der Erwerber des

---

[24] BJS/Müther § 393 Rn 3.
[25] BeckOK/Munzig § 393 FamFG Rn 15.
[26] MünchKommZPO/Krafka § 393 FamFG Rn 7, 13.
[27] Jansen/Steder § 141 Rn 32.
[28] BayObLG Rpfleger 1958, 153; OLG Hamm Rpfleger 1973, 405; DNotZ 1971, 247; Bassenge Rpfleger 1974, 175.
[29] Bassenge/Roth/K. Walter § 393 Rn 6.
[30] BT-Drs. 16/9733 S. 6.
[31] So wohl auch BeckOK/Munzig § 393 FamFG Rn 13.
[32] Vgl. OLG Hamm FGPrax 2010, 322.
[33] Bahrenfuss/Steup § 393 Rn 14.
[34] Bahrenfuss/Steup § 393 Rn 14; a. A. Jansen/Steder § 141 Rn 36: nur der Pächter ist zu beteiligen.
[35] A. A. KG Rpfleger 1978, 323; Prütting/Helms/Maass § 393 Rn 15; MünchKommZPO/Krafka § 393 FamFG Rn 9.

Vermögens nach § 311 b Abs. 3 BGB zu verstehen. Ist die Firma bereits vor Eintritt des Erbfalls erloschen, so besteht keine Anmeldepflicht des Erben.[36] Es ist unmittelbar das Verfahren nach § 393 durchzuführen. Zu beteiligen ist außerdem ein Insolvenzverwalter, der über das Vermögen des Einzelkaufmanns bzw. der Gesellschaft oder der persönlich haftenden Gesellschafter bzw. Partner bestellt wurde.[37] Wurde das Verfahren von Amts wegen eingeleitet, können die berufsständischen Organe in zweifelhaften Fällen, sofern sie von ihrem Antragsrecht keinen Gebrauch machen, vom Gericht am Verfahren beteiligt werden, § 380 Abs. 2 S. 1 und 2. Nicht zu beteiligen ist die BaFin,[38] da § 43 Abs. 3 KWG deren Beteiligung nur in Verfahren, die die Eintragung, Änderung oder Firmierung von Unternehmen, die unzulässige Bezeichnungen i. S. der §§ 39 bis 41 KWG führen, betrifft. Das Verfahren nach § 393 erfasst keinen dieser Fälle.

V. Inhalt der Löschungsankündigung

1. Ankündigung der Löschung

Einen bestimmten Inhalt des Löschungsankündigungsschreibens setzt das Gesetz nicht voraus, dieses muss insbesondere nicht in Beschlussform ergehen. Die Verfügung muss **klar gehalten** sein. Sie muss die Ankündigung enthalten, dass die Firma gelöscht werden soll und darf sich nicht in einer bloßen Bezugnahme auf die gesetzlichen Vorschriften erschöpfen.[39] Über die Möglichkeit Widerspruch (s. Rn 19) einlegen zu können, ist nach § 39 zu belehren.[40] Die Löschungsankündigung kann jederzeit bis zur Eintragung der Löschung (Rn 28) wieder aufgehoben werden. **15**

2. Fristbestimmung

Außerdem muss eine **angemessene Frist bestimmt werden,** innerhalb derer gegen die beabsichtige Löschung Widerspruch eingelegt werden kann. Fehlt eine angemessene Fristbestimmung, so ist die Verfügung mangelhaft und deshalb auf Beschwerde hin aufzuheben. Die Frist ist so zu bemessen, dass die Beteiligten ausreichend Gelegenheit haben, Rechtsrat einzuholen. Eine Fristbemessung von **einem Monat,** wie im Fall des § 63 Abs. 1, dürfte regelmäßig als angemessen anzusehen sein,[41] auch eine Orientierung an der bisherigen Drei-Monats-Frist des § 141 Abs. 1 S. 2 FGG erscheint denkbar.[42] Die Frist kann auf Antrag oder von Amts wegen verlängert werden, solange sie nicht abgelaufen ist, § 16 Abs. 2 FamFG i. V. m. § 224 Abs. 2 ZPO.[43] Die Ablehnung der Friständerung ist **unanfechtbar,** § 16 Abs. 2 FamFG i. V. m. § 225 Abs. 3 ZPO. Die Frist **beginnt** mit der Bekanntgabe (s. Rn 17 ff.) der Löschungsankündigung, § 16 Abs. 1. **16**

3. Bekanntgabe

Die beabsichtigte Löschung ist dem Inhaber der Firma bzw. dessen Rechtsnachfolger, soweit ihre Person und ihr inländischer Aufenthalt bekannt sind (Abs. 2 S. 1), bekannt zu machen, Abs. 1. Das Gericht kann dabei nach **pflichtgemäßem Ermessen** wählen (§ 15 Abs. 2), ob es die Verfügung durch förmliche Zustellung (§§ 166 bis 195 ZPO), was vorzugswürdig ist, oder durch Aufgabe zur Post nach § 15 Abs. 2 bekanntgibt. **17**

Das Gericht kann die **öffentliche Bekanntmachung** in einem nach § 10 HGB bestimmten elektronischen Informations- und Kommunikationssystem anordnen, wenn die Person und ihr inländischer Aufenthalt unbekannt sind. Mit dem Datum der Bekanntmachung ist die Verfügung wirksam.[44] Ist die Löschungsankündigung nicht öffentlich bekannt **18**

---

[36] KG JW 1926, 1675; BJS/Müther § 393 Rn 5; a. A. Bahrenfuss/Steup § 393 Rn 10.
[37] BeckOK/Munzig § 393 FamFG Rn 20.
[38] A. A. BeckOK/Munzig § 393 FamFG Rn 16, 42.
[39] Jansen/Steder § 141 Rn 37.
[40] Heinemann FGPrax 2009 1/4; SBW/Nedden-Boeger § 393 Rn 36.
[41] MünchKommZPO/Krafka § 393 FamFG Rn 10.
[42] Ebenso SBW/Nedden-Boeger § 393 Rn 32; a. A. BJS/Müther § 393 Rn 7.
[43] Anders BayObLG Rpfleger 1978, 181; SBW/Nedden-Boeger § 393 Rn 35.
[44] Kritisch Bahrenfuss/Steup § 393 Rn 17.

gemacht worden, obwohl die Voraussetzungen des Abs. 2 vorlagen, ist die Löschung von Amts wegen rückgängig zu machen, da dann eine zwingende verfahrensrechtliche Voraussetzung für die Löschung nicht vorgelegen hat.[45]

VI. Widerspruchsverfahren

1. Einlegung des Widerspruchs

19 Der Widerspruch bedarf keiner Form, kann also **schriftlich** zum Registergericht oder **mündlich** zum Protokoll des Rechtspflegers oder der Geschäftsstelle des Registergerichts erhoben werden, § 25 Abs. 1. Er kann auch zum Protokoll der Geschäftsstelle eines anderen AG erklärt werden; jedoch ist im letzteren Falle die Frist nur gewahrt, wenn das den Widerspruch enthaltende Protokoll rechtzeitig beim Registergericht eingeht, § 25 Abs. 2 und 3.[46] Eine Widerspruchsübermittlung per Telefax oder E-Mail ist ebenfalls statthaft. Der Widerspruch bedarf **keiner Begründung.** Es bedarf keiner besonderen Wortwahl, Erklärungen eines Beteiligten, wonach er mit der beabsichtigten Löschung nicht einverstanden ist, sind als Widerspruch zu behandeln.[47]

20 Der Widerspruch kann bis zur Rechtskraft der Endentscheidung **zurückgenommen** werden, nach Erlass der Endentscheidung müssen allerdings die übrigen Verfahrensbeteiligten der Antragsrücknahme zustimmen, § 22 Abs. 1.

2. Widerspruchsberechtigte

21 Widerspruchsberechtigt ist der **Firmeninhaber** oder dessen Rechtsnachfolger, ggf. vertreten durch ihre vertretungsberechtigten Gesellschafter (nicht der **Kommanditist**[48]) oder den Insolvenzverwalter.[49] Nicht widerspruchberechtigt sind etwaige **Angestellte** oder Beschäftigte des Firmeninhabers.[50]

3. Wiedereinsetzung in den vorigen Stand

22 Eine **Wiedereinsetzung in den vorigen Stand** gegen die Versäumung der Widerspruchsfrist findet in entsprechender Anwendung der §§ 17 bis 19 statt.[51] Es ist nicht einzusehen, weshalb im Rahmen des § 390 eine analoge Anwendung der Wiedereinsetzungsregeln erfolgen soll, nicht aber im sehr viel schwerwiegenderen Löschungsverfahren.[52] Unberührt bleibt die Pflicht des Gerichts, einen nach Fristablauf eingelegten Widerspruch uneingeschränkt zu berücksichtigen.

VII. Entscheidung über den Widerspruch

1. Allgemeines

23 Das Gericht hat den Sachverhalt erneut **von Amts wegen** (§ 26) unter Berücksichtigung des Vorbringens der Gesellschaft und sonstiger Dritter, insbesondere der berufsständischen Organe, festzustellen. Die Durchführung eines Termins ist nicht zwingend geboten, aber zur ordnungsgemäßen Sachverhaltsaufklärung und zur Gewährung rechtlichen Gehörs ratsam, § 32.[53]

---

[45] MünchKommZPO/Krafka § 393 FamFG Rn 11; OLG Düsseldorf FGPrax 1998, 231; vgl. auch BayObLG NJW-RR 1998, 613.
[46] Bassenge/Roth/K. Walter § 393 Rn 11.
[47] BayObLG Rpfleger 1978, 181; Rpfleger 1978, 127; Bassenge/Roth/K. Walter § 393 Rn 10.
[48] A. A. Jansen/Steder § 141 Rn 45.
[49] Bumiller/Harders § 393 Rn 4.
[50] Jansen/Steder § 141 Rn 45; a. A. MünchKommZPO/Krafka § 393 FamFG Rn 12.
[51] MünchKommZPO/Krafka § 393 FamFG Rn 12; a. A. Bassenge/Roth/K. Walter § 393 Rn 11; SBW/Nedden-Boeger § 393 Rn 47; ders. FGPrax 2010, 1/4.
[52] A. A. Haußleiter/Schemmann § 393 Rn 15 mit wenig überzeugender Begründung.
[53] Prütting/Helms/Maass § 393 Rn 20.

2. Stattgabe des Widerspruchs

Die Löschung hat zu unterbleiben, wenn vor Eintragung der Löschung **glaubhaft** 24 gemacht wird (§ 29), dass die Firma noch nicht erloschen ist.[54] Die Glaubhaftmachung ist vom Registergericht auch noch nach rechtskräftiger Zurückweisung des Widerspruchs zu beachten.[55] Die Ablehnung der Löschung erfolgt durch zu begründenden Beschluss (§ 393 Abs. 3 S. 1), mit dem die Löschungsankündigung aufgehoben wird. Dieser Beschluss ist den Verfahrensbeteiligten bekannt zu geben, sofern er dem erklärten Willen eines Beteiligten (z. B. eines antragstellenden berufsständischen Organs) widerspricht, muss er an diesen förmlich zugestellt werden, § 41 Abs. 1 S. 2. Gegen die Ablehnung des Löschungsverfahrens nach § 393 Abs. 3 S. 2 ist die **Beschwerde** nach § 58 gegeben.

3. Zurückweisung des Widerspruchs

Hält das Gericht den Widerspruch für unzulässig (z. B. für verfristet) oder für unbe- 25 gründet, so weist es den Widerspruch ebenfalls durch zu begründenden Beschluss (§ 38) zurück und legt dem Widerspruchsführer, soweit dies nicht (z. B. wegen einer unsicheren oder unklaren Rechtslage) unbillig erscheint, zugleich die **Kosten** des Verfahrens auf, § 393 Abs. 4. Eine vom Regelfall abweichende Kostenauferlegung ist zu begründen.[56] Der Beschluss ist dem Widerspruchsführer in jedem Fall nach § 41 Abs. 1 S. 2 **förmlich zuzustellen.**

VIII. Rechtsbehelfe

Gegen die Ablehnung des Antrags auf Einleitung eines Löschungsverfahrens sowie gegen 26 den Beschluss über den Widerspruch sind die **Beschwerde** nach § 58 und ggf. die Rechtsbeschwerde nach § 70 statthaft, § 393 Abs. 3 S. 2. Beschwerdeberechtigt sind die **berufsständischen Organe,** wenn deren Antrag sofort oder im Widerspruchsverfahren zurückgewiesen wurde (§ 380 Abs. 5).[57] Im Falle der Zurückweisung des Widerspruchs ist der Widerspruchsführer beschwerdeberechtigt, aber auch derjenige, den die Löschung unmittelbar beeinträchtigt, also insbesondere der Rechtsträger der Firma. Aus einer bloßen Anregung auf Einleitung des Verfahrens (Rn 13) folgt grundsätzlich kein Beschwerderecht,[58] es sei denn der Dritte kann eine unmittelbare Verletzung des eigenen Firmen- oder Namensrechts rügen.[59]

Durch vorzeitige Löschung vor Abschluss des Beschwerdeverfahrens wird die Beschwer- 27 de **nicht unzulässig.**[60] Die Beschwerde kann aber nur zur Einleitung eines Amtslöschungsverfahrens führen (s. Rn 29).[61]

IX. Eintragung der Löschung

Die Löschung darf erst erfolgen, wenn entweder kein (fristgerechter) Widerspruch einge- 28 legt wurde oder den Widerspruch zurückweisende Beschluss **rechtskräftig** (§ 45) geworden ist, § 393 Abs. 5. Daher darf die Löschungsanordnung nicht in der den Widerspruch zurückweisenden Entscheidung ergehen.[62] Hiervon ist auch keine Ausnahme zuzulassen, wenn die Unbegründetheit des Widerspruchs aufgrund eines Urteils des Prozessgerichts „feststeht".[63] Erweist sich nach rechtskräftiger Zurückweisung des Widerspruchs, dass die Firma nicht erloschen ist, so ist von der Löschung abzusehen.[64] Bei Eintragung der

---

[54] KG JW 1926, 1675.
[55] OLG Schleswig FGPrax 2000, 160; Bumiller/Harders § 393 Rn 8.
[56] BJS/Müther § 393 Rn 9.
[57] Bumiller/Harders § 393 Rn 7.
[58] Bassenge/Roth/K. Walter § 393 Rn 15.
[59] Bahrenfuss/Steup § 393 Rn 23.
[60] BayObLGZ 33, 364; BayObLGZ 30, 242; OLG Schleswig FGPrax 2000, 160.
[61] OLG Schleswig FGPrax 2000, 160.
[62] OLG Hamm Rpfleger 1974, 198; Jansen/Steder § 141 Rn 57.
[63] MünchKommZPO/Krafka § 393 FamFG Rn 15; a. A. BayObLGZ 1989, 81; Jansen/Steder § 141 Rn 57.
[64] OLG Schleswig FGPrax 2000, 160; Jansen/Steder § 141 Rn 58.

Löschung ist auf die **gesetzliche Grundlage** hinzuweisen (§ 19 Abs. 2 HRV). Sie ist gemäß § 383 Abs. 1 bekannt zu geben und nach § 383 Abs. 2 FamFG i. V. m. § 10 HGB zu veröffentlichen.

X. Aufhebung der Löschung

29 Die vollzogene Löschung kann nachträglich nicht mehr (auch nicht nach § 48[65]) beseitigt werden (vgl. § 383 Abs. 3), sondern nur im Wege der Löschung nach § 395 und Wiedereintragung des Rechtsträgers erfolgen. Eine unzulässige Beschwerde gegen die Löschung kann in einen Antrag oder eine Anregung zur Einleitung des Amtslöschungsverfahrens nach § 395 **umgedeutet** werden.[66] Eine amtswegige Löschung der bereits vollzogenen Löschung kommt nur bei **Verletzung wesentlicher Verfahrensvorschriften** in Betracht, z. B. wenn die Löschungsankündigung dem gesetzlichen Vertreter der Gesellschaft nicht bekannt gegeben worden ist (Abs. 1 S. 2) oder wenn die gebotene öffentliche Bekanntmachung unterblieben ist (Abs. 2),[67] nicht aber schon dann, wenn sich nachträglich herausstellt, dass ein materieller Löschungsgrund nicht bestanden hat,[68] es sei denn, dass es sich um einen Eintragungsgegenstand handelt, bei dem der Eintragung nicht eine rechtsklarstellende, sondern eine rechtsbegründende Bedeutung zukommt.[69]

XI. Kosten und Gebühren

30 Für das Löschungsverfahren selbst werden keine Gebühren erhoben, sondern nur für die **Zurückweisung eines eingelegten Widerspruchs** oder für die **Verwerfung oder Zurückweisung der Beschwerde** gegen die Zurückweisung des Widerspruchs, § 88 Abs. 2 S. 1 und 2 KostO. Die Zurücknahme des Widerspruchs löst keine Gebühren aus, die Zurücknahme der Beschwerde fällt unter § 131 Abs. 1 Nr. 2 KostO. Erhoben wird eine **doppelte Gebühr** aus einem **Geschäftswert** von regelmäßig **3000 €**, § 88 Abs. 2 S. 3 KostO i. V. m. § 30 Abs. 2 S. 1 KostO.[70] Kostenschuldner ist der Widerspruchs- bzw. Beschwerdeführer, § 2 Nr. 1 KostO. Eine Kostenentscheidung ergeht nach § 393 Abs. 4, soweit dies nicht unbillig ist. Insbesondere können dem Widerspruchs- bzw. Beschwerdeführer also auch die Kosten der Rechtsverfolgung der anderen Verfahrensbeteiligten nach §§ 80 ff. auferlegt werden. Für die **Eintragung der Löschung** fallen keine Kosten nach der HRegGebV an, Vorb. 1 Abs. 4 GV-HRegGebV.[71]

Löschung vermögensloser Gesellschaften und Genossenschaften

§ 394 (1) ¹Eine Aktiengesellschaft, Kommanditgesellschaft auf Aktien, Gesellschaft mit beschränkter Haftung oder Genossenschaft, die kein Vermögen besitzt, kann von Amts wegen oder auf Antrag der Finanzbehörde oder der berufsständischen Organe gelöscht werden. ²Sie ist von Amts wegen zu löschen, wenn das Insolvenzverfahren über das Vermögen der Gesellschaft durchgeführt worden ist und keine Anhaltspunkte dafür vorliegen, dass die Gesellschaft noch Vermögen besitzt.

(2) ¹Das Gericht hat die Absicht der Löschung den gesetzlichen Vertretern der Gesellschaft oder Genossenschaft, soweit solche vorhanden sind und ihre Person und ihr inländischer Aufenthalt bekannt ist, bekannt zu machen und ihnen zugleich eine angemessene Frist zur Geltendmachung des Widerspruchs zu bestimmen. ²Auch wenn eine Pflicht zur Bekanntmachung und Fristbestimmung nach Satz 1 nicht besteht, kann das Gericht anordnen, dass die Bekanntmachung und die Bestimmung der Frist

---

[65] A. A. MünchKommZPO/Krafka § 393 FamFG Rn 15; Krafka/Willer/Kühn Rn 428.
[66] BayObLG Rpfleger 1978, 181; OLG Düsseldorf FGPrax 1998, 231; OLG Hamm NJW-RR 1993, 547; OLG Zweibrücken FGPrax 2002, 132; MünchKommZPO/Krafka § 393 FamFG Rn 17.
[67] MünchKommZPO/Krafka § 393 FamFG Rn 18.
[68] Jansen/Steder § 141 Rn 61; SBW/Nedden-Boeger § 393 Rn 69: a. A. Bahrenfuss/Steup § 393 Rn 28; MünchKommZPO/Krafka § 393 FamFG Rn 18.
[69] OLG Hamm OLGZ 1971, 475; Jansen/Steder § 141 Rn 61.
[70] Jansen/Steder § 141 Rn 64; Korintenberg/Lappe § 88 Rn 15.
[71] SBW/Nedden-Boeger § 393 Rn 72; Haußleiter/Schemmann § 393 Rn 23; a. A. Bahrenfuss/Steup § 393 Rn 29; Korintenberg/Lappe § 88 Rn 18.

durch Bekanntmachung in dem für die Bekanntmachung der Eintragungen in das Handelsregister bestimmten elektronischen Informations- und Kommunikationssystem nach § 10 des Handelsgesetzbuchs erfolgt; in diesem Fall ist jeder zur Erhebung des Widerspruchs berechtigt, der an der Unterlassung der Löschung ein berechtigtes Interesse hat. ³Vor der Löschung sind die in § 380 bezeichneten Organe, im Fall einer Genossenschaft der Prüfungsverband, zu hören.

(3) Für das weitere Verfahren gilt § 393 Abs. 3 bis 5 entsprechend.

(4) ¹Die Absätze 1 bis 3 sind entsprechend anzuwenden auf offene Handelsgesellschaften und Kommanditgesellschaften, bei denen keiner der persönlich haftenden Gesellschafter eine natürliche Person ist. ²Eine solche Gesellschaft kann jedoch nur gelöscht werden, wenn die für die Vermögenslosigkeit geforderten Voraussetzungen sowohl bei der Gesellschaft als auch bei den persönlich haftenden Gesellschaftern vorliegen. ³Die Sätze 1 und 2 gelten nicht, wenn zu den persönlich haftenden Gesellschaftern eine andere offene Handelsgesellschaft oder Kommanditgesellschaft gehört, bei der eine natürliche Person persönlich haftender Gesellschafter ist.

Übersicht

	Rn
I. Normzweck	1
II. Allgemeines	4
1. Verhältnis zu anderen Vorschriften	4
2. Anwendungsbereich (Abs. 1, Abs. 4)	5
III. Vermögenslosigkeit	7
1. Allgemeines	7
2. Personenhandelsgesellschaften nach Abs. 4	10
3. Unternehmergesellschaft	11
4. Genossenschaften	12
IV. Löschungsverfahren	13
1. Zuständigkeit	13
2. Einleitung des Verfahrens	14
3. Beteiligte	17
4. Anhörung	18
V. Inhalt der Löschungsankündigung	19
1. Ankündigung der Löschung	19
2. Fristbestimmung	20
3. Bekanntgabe	21
VI. Widerspruchsverfahren	23
1. Einlegung des Widerspruchs	23
2. Widerspruchsberechtigte	25
3. Wiedereinsetzung in den vorigen Stand	26
VII. Entscheidung über den Widerspruch	27
1. Allgemeines	27
2. Stattgabe des Widerspruchs	28
3. Zurückweisung des Widerspruchs	29
VIII. Rechtsbehelfe	30
IX. Eintragung der Löschung	31
X. Aufhebung der Löschung	33
XI. Nachtragsliquidation	35
XII. Kosten und Gebühren	42

I. Normzweck

Die Entfernung vermögensloser Gesellschaften aus dem Handelsregister liegt im **öffentlichen Interesse.** In den Fällen, in denen kein Aktivvermögen mehr vorhanden ist, besteht die Gesellschaft nur „auf dem Papier". Die Löschung erscheint dann unbedenklich, ja im Interesse des Rechtsverkehrs (Gläubigerschutz)[1] wie auch einer Bereinigung des Registers

---

[1] Baumbach/Hueck/Schulze-Osterloh/Zöllner § 77 GmbHG Anh. Rn 4.

dringend geboten. Demgemäß hat das Registergericht bei der Ausübung seines pflichtgemäßen Ermessens abzuwägen zwischen dem öffentlichen Interesse an der Entfernung der vermögenslosen Gesellschaft aus dem Register und dem Interesse der Gesellschafter am Fortbestand ihrer Gesellschaft.[2]

2 Die zwingende Löschung einer Gesellschaft **nach Durchführung eines Insolvenzverfahrens** gemäß Abs. 1 S. 2 beruht auf der Überlegung, dass im Regelfall davon ausgegangen werden kann, dass nach der Durchführung eines Insolvenzverfahrens kein Gesellschaftsvermögen mehr vorhanden ist. Für diesen Regelfall wollte der Gesetzgeber die Löschung der Gesellschaft im Handelsregister sicherstellen.[3] Da die Vermögenslosigkeit in diesen Fällen grundsätzlich vermutet wird (s. Rn 9a), hält sich der Ermittlungsaufwand des Gerichts in Grenzen, so dass die rechtspolitische Forderung nach einer Abschaffung des Verfahrens und der Begründung einer Anmeldepflicht des Insolvenzverwalters nicht zu überzeugen vermag.[4] Die Vorschrift kann nicht analog auf den umgekehrten Fall, dass sich nach Durchführung des Insolvenzverfahrens Anhaltspunkte für die Vermögenshaltigkeit des Rechtsträgers ergeben, angewandt werden.[5]

3 Die Vorschrift **entspricht** inhaltlich den bisherigen **§ 141 a und § 147 Abs. 1 S. 2, Abs. 2 FGG,**[6] die an die Stelle des durch die InsO aufgehobenen Gesetzes über die Auflösung und Löschung von Gesellschaften und Genossenschaften v. 9. 10. 1934 (LöschG) getreten sind. Das Gesetz sieht allerdings wieder – wie zuvor das LöschG – ein eigenes Antragsrecht der berufsständischen Organe vor.[7]

II. Allgemeines

1. Verhältnis zu anderen Vorschriften

4 Die Vorschrift genießt als lex specialis **Vorrang** gegenüber anderen Löschungsverfahren, insbesondere gegenüber § 393, der die Löschung einer erloschenen Firma ermöglicht.[8] Die Auflösungstatbestände nach Abweisung des Insolvenzverfahrens mangels Masse sind in §§ 60 Abs. 1 Nr. 5 GmbHG, 262 Abs. 1 Nr. 4 AktG, 81 a Nr. 1 GenG geregelt.

2. Anwendungsbereich (Abs. 1, Abs. 4)

5 Die Vorschrift gilt nicht nur für die **Aktiengesellschaft** (auch die **SE**), die **KGaA,** die **GmbH** (auch die **Unternehmergesellschaft** gem. § 5a GmbHG[9]) und die **Genossenschaft** (auch die **SCE**), sondern nach Abs. 4 S. 1 ebenfalls für eine Personenhandelsgesellschaft (OHG, KG), bei der **kein persönlich haftender Gesellschafter** eine **natürliche Person** ist. Auch die Haftung derartiger Gesellschaften ist auf ein bestimmtes Vermögen beschränkt. Ist dieses Vermögen tatsächlich nicht mehr vorhanden, muss so weit wie möglich verhindert werden, dass die Gesellschaften weiterhin am Geschäftsverkehr teilnehmen. Im Hinblick auf den Eröffnungsgrund der Überschuldung (§ 19 Abs. 3 InsO) und die Pflicht der Gesellschaftsorgane zum Insolvenzantrag (§§ 130a, 177a HGB) sind die von Abs. 4 erfassten Gesellschaften den Handelsgesellschaften mit Rechtspersönlichkeit gleichgestellt. Ist einer der Gesellschafter aber eine OHG oder KG und ist bei dieser wiederum ein persönlich haftender Gesellschafter eine natürliche Person, ist § 394 nicht anwendbar, Abs. 4 S. 3. Die Durchführung des Löschungsverfahrens ist auch möglich bei Gesellschaften, die sich in **Liquidation** befinden[10] oder bereits aufgelöst sind.[11]

---

[2] OLG Frankfurt Rpfleger 1978, 22 m. w. N.; OLG Düsseldorf GmbHR 2011, 311.
[3] Dazu BT-Drs. 12/3803 S. 70.
[4] So aber Schmitz-Vornmoor notar 2010, 206/207.
[5] OLG Celle NZG 2011, 464.
[6] BT-Drs. 16/6308 S. 288.
[7] BT-Drs. 16/9733 S. 298.
[8] MünchKommZPO/Krafka § 394 FamFG Rn 2.
[9] MünchKommZPO/Krafka § 394 FamFG Rn 3.
[10] BayObLG GmbHR 1985, 54; OLG Hamm JMBl.NW 1953, 185; AG Hamburg GmbHR 1953, 43.
[11] BayObLG FGPrax 1995, 46.

Die Auflösung einer **vermögenslosen OHG, KG oder Partnerschaftsgesellschaft**, 6
die nicht unter Abs. 4 fällt, kann nur über § 393 erreicht werden. Die Löschung eines
vermögenslosen Vereins ist nicht in entsprechender Anwendung des § 394 möglich,
sondern nur im Wege der Amtslöschung nach § 395. Ein Verein, der sämtliche Mitglieder
verliert, erlischt, ohne dass eine Liquidation stattfinden kann. Die Abwicklung obliegt einem nach § 1913 BGB zu bestellenden Pfleger.[12] Die **inländische Zweigniederlassung**
eines **ausländischen Rechtsträgers** kann nicht nach § 394 gelöscht werden, da die Aufzählung der dort genannten Rechtsträger abschließend ist.[13] Eine Löschung kommt allenfalls im Verfahren nach § 395 in Betracht.[14]

III. Vermögenslosigkeit

1. Allgemeines

Voraussetzung für die Löschung einer Gesellschaft ist ihre Vermögenslosigkeit im Zeit- 7
punkt der Löschungsanordnung.[15] Es ist nach Anhörung der berufsständischen Organe bzw.
im Fall einer Genossenschaft des Prüfungsverbands (Abs. 1 S. 3) in Anwendung von § 26
zu prüfen, ob die Gesellschaft nach der Auffassung eines **vernünftig denkenden Kaufmanns** ohne Aktivvermögen ist.[16] Wegen der schwerwiegenden Folgen der Löschung sind
die tatsächlichen Umstände, aus denen auf die Vermögenslosigkeit geschlossen werden
kann, besonders **genau und gewissenhaft** nach § 26 zu prüfen und festzustellen.[17] Seine
Überzeugung von der Vermögenslosigkeit einer Gesellschaft kann das Gericht nicht etwa
auf unterlassene Darlegungen des Geschäftsführers stützen; vielmehr muss diese Überzeugung auf ausreichenden Ermittlungen des Registergerichts und **positiver Feststellung** im
Einzelfall beruhen.[18] Die fehlende Vorlage von Kontoauszügen der Gesellschafterkonten im
Original rechtfertigt für sich noch keine Amtslöschung.[19] Erhebliche Steuerschulden und
eine fehlende Zahlungsmoral rechtfertigen für sich noch nicht die Annahme von Vermögenslosigkeit.[20] Auch die **Abweisung eines Antrags auf Eröffnung eines Insolvenzverfahrens mangels Masse** (§ 26 InsO) begründet für sich allein noch nicht die Vermögenslosigkeit,[21] wenn bekannt ist, dass die Gesellschaft noch über Grundbesitz verfügt,
der zwar über Wert belastet ist, der aber noch Abwicklungsmaßnahmen erfordert.[22]

Vermögenslosigkeit ist gegeben, wenn die Gesellschaft über **keine Vermögenswerte** 8
verfügt, die **für eine Gläubigerbefriedigung** oder eine Verteilung unter die Gesellschaft
in Betracht kommen.[23] Vermögenslosigkeit ist ein Zustand, aus dem die **Lebensunfähigkeit** der Gesellschaft hervorgeht.[24] Auch wenn sie nur ein verschwindend geringes Vermögen oder eine bloß formale Rechtsposition besitzt, darf eine Gesellschaft nicht gelöscht
werden.[25]

---

[12] BGH NJW 1996, 138; DB 1965, 1665.
[13] OLG Frankfurt NJW-RR 2011, 330.
[14] OLG Frankfurt NJW-RR 2011, 330/331.
[15] OLG Schleswig FGPrax 2000, 160; OLG Düsseldorf GmbHR 2011, 311.
[16] BayObLG FGPrax 1999, 114; OLG Düsseldorf FGPrax 1997, 36; GmbHR 2011, 311; OLG Jena Rpfleger 2010, 431; MünchKommZPO/Krafka § 394 FamFG Rn 4.
[17] BayObLG Rpfleger 1982, 384; OLG Düsseldorf FGPrax 1997, 36; GmbHR 2011, 311; OLG Jena Rpfleger 2010, 431; OLG Karlsruhe FGPrax 1999, 235.
[18] BayObLG GmbHR 1985, 54; OLG Düsseldorf GmbHR 2011, 311; FGPrax 2006, 226; FGPrax 1997, 36; OLG Frankfurt GmbHR 1983, 303; OLG Karlsruhe FGPrax 1999, 235; OLG Köln BeckRS 2011, 07229; a. A. BJS/Müther § 394 Rn 3.
[19] OLG Düsseldorf GmbHR 2011, 311.
[20] LG Marburg GmbHR 1987, 100; Krafka/Willer/Kühn Rn 432.
[21] Nach Ansicht des BGH NZG 2011, 26 mag jedoch eine „gewisse Wahrscheinlichkeit" für die Vermögenslosigkeit sprechen.
[22] OLG Frankfurt FGPrax 2006, 83.
[23] BayObLG FGPrax 1999, 114 = NJW-RR 1999, 1054; OLG Düsseldorf GmbHR 2011, 311; dazu auch Müther Rpfleger 1999, 10/12.
[24] BayObLG Rpfleger 1979, 313.
[25] BayObLG GmbHR 1985, 53; OLG Frankfurt GmbHR 1983, 271; Rpfleger 1978, 22; OLG Jena Rpfleger 2010, 431; OLG Karlsruhe FGPrax 1999, 235; MünchKommZPO/Krafka § 394 FamFG Rn 4; Prütting/Helms/Maaß § 394 Rn 15; a. A. Jansen/Steder § 141a Rn 15.

Keine Vermögenslosigkeit ist gegeben, wenn
- eine vermögende Gesellschaft lediglich gehindert ist, ihren Betrieb fortzusetzen;[26]
- sich die Gesellschaft einer **Schadensersatzforderung** im Rechtsverkehr berühmt;[27]
- wenn die Gesellschaft ernsthaft beabsichtigt, **Ansprüche geltend zu machen**, die nicht offensichtlich unbegründet oder wertlos sind;[28]
- wenn ein **urheberrechtliches Nutzungsrecht** oder ein **Leistungsschutzrecht** zum Vermögen der Gesellschaft zählen;[29]
- wenn ein **Guthaben** von 3000 € auf einem für die Gesellschaft gehaltenen Treuhandkonto besteht;[30]
- **Guthaben** von 3253,17 € auf einem Gesellschaftskonto;
- wenn die Gesellschaft im Besitz eines **vollstreckbaren Kostenanspruchs** oder eines sonstigen Anspruchs ist.[31]

9   **Vermögenslosigkeit** liegt hingegen vor, wenn
- nur eine unsichere Aussicht auf einen späteren Vermögenserwerb einer derzeit vermögenslosen GmbH vorliegt, andererseits eine der Verjährung unterliegende Beitragsforderung eines Sozialversicherungsträgers besteht;[32]
- wenn ein ohne jegliche Erläuterung vorgelegter Bankauszug über ein Habensaldo von etwa 250 € vorgelegt wird;[33]
- wenn einer Betriebserlaubnis für ein Heizhaus und hieraus resultierender Gewinne in Höhe von 1000 € entsprechende Gegenansprüche entgegenstehen;[34]
- wenn die Möglichkeit eines steuerlichen Verlustvortrags in Betracht kommt;[35]
- wenn das Steuerrechtsverhältnis noch nicht vollständig abgewickelt ist, der Betrieb aber ohne weiteres Vermögen eingestellt ist; ggf. ist nachträglich eine Nachtragsliquidation durchzuführen (s. Rn 39);[36]
- wenn eine GmbH als Beklagte an einem vermögensrechtlichen Prozess beteiligt ist; allerdings sind hier eingehende Ermittlungen geboten, ob nicht Vermögenswerte vorhanden sind, auf die der Kläger gegebenenfalls zurückgreifen will;[37]
- wenn die Gesellschaft nur noch über das Know-How als Teil des Firmen-Goodwill verfügt;[38]
- wenn die Gesellschaft noch über eine Internet-Domain verfügt;
- wenn die Gesellschaft der Vollstreckung eines Auskunftsanspruchs nach §§ 51 a, 51 b GmbHG ausgesetzt ist.[39]

9a   Nach **Durchführung eines Insolvenzverfahrens** (Abs. 1 S. 2) oder Einstellung des Insolvenzverfahrens nach Anzeige der Masseunzulänglichkeit (nicht aber bei Nichteröffnung oder Einstellung des Verfahrens wegen Masseunzulänglichkeit, s. Rn 7) ist regelmäßig von einer Vermögenslosigkeit des Rechtsträgers auszugehen.[40] Dennoch dürfen dem Registergericht keine Anhaltspunkte dafür vorliegen, dass die Gesellschaft noch über Vermögen verfügt. **Keine Vermögenlosigkeit** liegt in diesem Fall vor, wenn gem. § 198 InsO Beträge hinterlegt sind, wenn bereits ausgezahlte Beträge an die Insolvenzmasse zurückfließen oder wenn nachträglich Vermögensgegenstände auftauchen, die eine Nachtragsverteilung (§ 203 InsO) erforderlich machen.[41]

---

[26] OLG München DFG 1936, 218.
[27] BAG NJW 1988, 2637.
[28] BayObLG NJW-RR 1995, 103; KG FGPrax 2007, 237.
[29] Cranshaw jurisPR–InsR 20/2010 Anm. 5.
[30] OLG Frankfurt FGPrax 2006, 83.
[31] LG Berlin WM 1958, 882.
[32] OLG Saarbrücken JBlSaar 1960, 131.
[33] OLG Köln FGPrax 1995, 41 = NJW-RR 1994, 726.
[34] OLG Jena Rpfleger 2010, 431.
[35] Krafka/Willer/Kühn Rn 433.
[36] OLG Jena Rpfleger 2010, 431/432.
[37] BayObLG Rpfleger 1995, 419.
[38] OLG Frankfurt Rpfleger 1978, 22.
[39] BJS/Müther § 394 Rn 4.
[40] Bahrenfuss/Steup § 394 Rn 6: „Beweiserleichterung"; Prütting/Helms/Maass § 394 Rn 19.
[41] Prütting/Helms/Maass § 394 Rn 20.

2. Personenhandelsgesellschaften ohne natürliche Person als Vollhafter (Abs. 4 S. 2)

Nach Abs. 4 S. 2 müssen bei Personenhandelsgesellschaften (OHG, KG), bei der **kein persönlich haftender Gesellschafter** eine **natürliche Person** ist, die **Voraussetzungen der Löschung,** soweit sie sich auf die Vermögenslosigkeit beziehen, nicht nur bei der Gesellschaft, sondern auch bei den persönlich haftenden Gesellschaftern vorliegen. Es besteht kein Anlass, beispielsweise eine GmbH und Co. KG zu löschen, solange die GmbH noch Vermögen besitzt.[42] Die Löschung der Komplementär-GmbH ist auch bei deren Vermögenslosigkeit solange untunlich, als diese im Rahmen der Abwicklung der GmbH & Co. KG noch Mitwirkungsrechte und -pflichten wahrzunehmen hat.[43]

3. Unternehmergesellschaft

Auch die **Unternehmergesellschaft** (UG) als Unterform der GmbH ohne ein nach § 5 Abs. 1 GmbHG erforderliches Mindeststammkapital unterliegt mit Ausnahme der in § 5a GmbHG statuierten Besonderheiten den allgemeinen Vorschriften. Ergibt sich also, dass die UG bereits kurz nach ihrer Errichtung vermögenslos ist, so kann ein Verfahren nach § 394 eingeleitet werden.[44] Allerdings rechtfertigt allein eine Unterkapitalisierung bzw. Überschuldung noch nicht die Annahme von Vermögenslosigkeit, insbesondere wenn die UG weiterhin operativ tätig ist und über (wenn auch geringes) Aktivvermögen verfügt.[45]

4. Genossenschaft

Bei Feststellung der Vermögenslosigkeit einer Genossenschaft kann die **Haftpflicht** (Nachschusspflicht) der Genossen (§§ 2, 105 GenG) nicht als Vermögenswert berücksichtigt werden, wohl aber **nicht voll einbezahlte Geschäftsanteile** (§§ 7 Nr. 1, 50 GenG).[46]

IV. Löschungsverfahren

1. Zuständigkeit

Sachlich zuständig ist das AG, § 23a Abs. 1 Nr. 1, Abs. 2 Nr. 3 GVG. Die **örtliche** Zuständigkeit bestimmt sich nach § 377 Abs. 1 i. V. m. § 376. Die Löschung nach § 394 Abs. 1 ist dem Richter vorbehalten, § 17 Nr. 1e RPflG, soweit es sich um die Löschung einer **Aktiengesellschaft,** einer **KGaA** oder einer **GmbH** handelt. Landesrechtliche Regelungen über die Aufhebung des Richtervorbehalts nach § 19 Abs. 1 S. 1 Nr. 6 RPflG sind zu beachten (s. § 377 Rn 18). Die Löschung einer **Genossenschaft** und einer **Personenhandelsgesellschaft** i. S. des Abs. 4 obliegt hingegen dem **Rechtspfleger,** da der Richtervorbehalt insoweit nicht eingreift.[47]

2. Einleitung des Verfahrens

Das Löschungsverfahren bestimmt sich nach Abs. 2 und unterscheidet sich zum Teil von dem des § 393. Ist die Gesellschaft vermögenslos, steht die Einleitung des Löschungsverfahrens im **pflichtgemäßen Ermessen** des Gerichts, das das öffentliche und private Interesse abzuwägen hat.[48] Es kann nach der besonderen Lage des Einzelfalls auch von einer Löschung absehen (s. Rn 10).

Durch Abs. 1 S. 2 ist das Registergericht verpflichtet, von Amts wegen die Gesellschaft zu löschen, sobald es vom Insolvenzgericht über die **Durchführung des Insolvenzver-**

---

[42] Dazu BT-Drs. 12/3803 S. 71; MünchKommZPO/Krafka § 394 FamFG Rn 5.
[43] OLG Frankfurt FGPrax 2005, 269.
[44] MünchKommZPO/Krafka § 394 FamFG Rn 6.
[45] Ries NZG 2009, 654/656.
[46] Bumiller/Harders § 394 Rn 4.
[47] MünchKommZPO/Krafka § 394 FamFG Rn 10.
[48] BayObLG Rpfleger 1979, 313; OLG Frankfurt Rpfleger 1978, 22; OLG Karlsruhe FGPrax 1999, 235; OLG München BeckRS 2011, 13457; Bassenge/Roth/K. Walter § 394 Rn 8; Piorreck Rpfleger 1978, 157; a. A. Baumbach/Hueck/Schulze-Osterloh/Zöllner § 77 Anh. Rn 10; Seppelt BB 2010, 1395/1398.

fahrens unterrichtet worden ist (was durch die Mitteilungspflichten nach § 200 Abs. 2 S. 2, § 215 Abs. 1 S. 3 i. V. m. § 31 InsO gewährleistet wird) und keine Anhaltspunkte dafür vorliegen, dass die Gesellschaft noch Vermögen besitzt. Der Durchführung des Insolvenzverfahrens steht die Einstellung des Verfahrens nach Anzeige der Masseunzulänglichkeit gem. § 211 InsO im Gegensatz zur Nichteröffnung des Verfahrens wegen Masseunzulänglichkeit oder bei Einstellung mangels Masse nach § 207 InsO (s. Rn 7, 9 a) gleich.[49] In diesen Fällen steht dem Gericht **kein Ermessen** zu, es muss löschen.

15   Die Verfahrenseinleitung kann durch Antrag nach § 23 beginnen. **Antragsberechtigt** sind nur und ausschließlich die **Finanzbehörden**[50] und die **berufsständischen Organe** nach § 380 Abs. 1, nicht jedoch der genossenschaftliche Prüfungsverband, der lediglich nach Abs. 2 S. 3 anzuhören ist. Der Antrag des Finanzamts stellt keinen anfechtbaren Verwaltungsakt dar, so dass auch nicht im Wege einer einstweiligen Anordnung die Antragsrücknahme vor dem Finanzgericht erreicht werden kann.[51] Lehnt das Gericht einen Antrag auf Löschung ab, so steht dem Antragsteller hiergegen die **Beschwerde** nach § 58 offen, § 394 Abs. 3 i. V. m. § 393 Abs. 3 S. 1.

16   Im Übrigen erfolgt die Einleitung **von Amts wegen.** Aktionäre, Gläubiger und Mitglieder von Gesellschaftsorganen können die Löschung nach § 24 anregen.[52] Im Falle der Ablehnung der Einleitung eines Löschungsverfahrens, der durch Beschluss erfolgt, können diese Personen durchaus beschwerdeberechtigt sein, wenn sie durch die Ablehnung in eigenen Rechten verletzt sind, § 59 Abs. 1.[53] Auch ein nicht antragsberechtigter Dritter oder die Gesellschaft können durch die Verfahrenseinstellung des Gerichts in eigenen Rechten verletzt sein, z. B. wenn eine ordnungsgemäße Liquidation der Gesellschaft aus tatsächlichen Gründen ausscheidet.[54]

3. Beteiligte

17   Am Verfahren beteiligt sind der **Antragsteller** (§ 7 Abs. 1), also die Finanzbehörde oder das berufsständische Organ sowie der von der Löschung **betroffene Rechtsträger,** § 7 Abs. 2 Nr. 1. Für das Amtslöschungsverfahren einer GmbH als vermögenslos gilt die Gesellschaft als fortbestehend und wird von ihren bisherigen gesetzlichen Vertretern vertreten.[55] Soweit das Verfahren von Amts wegen eingeleitet wurde, können die berufsständischen Organe in zweifelhaften Fällen, sofern sie von ihrem Antragsrecht keinen Gebrauch machen, vom Gericht am Verfahren beteiligt werden, § 380 Abs. 2 S. 1 und 2.

4. Anhörung

18   Im Rahmen des Löschungsverfahrens sind nicht nur die Beteiligten zur Gewährung rechtlichen Gehörs anzuhören, sondern auch die **berufsständischen Organe** und bei Genossenschaften der **Prüfungsverband,** Abs. 2 S. 3. Daneben ist auch die Anhörung der Finanzbehörden ratsam.[56] Die unterlassene Anhörung der in Abs. 2 S. 3 genannten Organe stellt jedenfalls dann keinen wesentlichen Verfahrensmangel dar, wenn sich aus der Anhörung keine konkrete Umstände ergeben hätten, die gegen eine Vermögenslosigkeit gesprochen hätten.[57] Hingegen sind die Verfahrensbeteiligten, insbesondere der betroffene Rechtsträger anzuhören. Die Anhörung kann **nicht im Beschwerdeverfahren nachgeholt** werden,[58] das Beschwerdegericht hat die Sache an das Registergericht zur erneuten Verhandlung zurückverweisen, § 69 Abs. 1 S. 3. Wird dem Beteiligten in einem Lö-

---

[49] Bassenge/Roth/K. Walter § 394 Rn 4; weitergehend wohl Prütting/Helms/Maass § 394 Rn 17.
[50] Hierzu zählen nicht die kommunalen Steuerämter, Haußleiter/Schemmann § 394 Rn 7.
[51] Im Ergebnis ebenso SBW/Nedden-Boeger § 394 Rn 42; a. A. FG München BeckRS 2007, 26023467.
[52] MünchKommZPO/Krafka § 394 FamFG Rn 7.
[53] Anders offenbar BayObLG GmbHR 1969, 38; OLG München BeckRS 2011, 13457; MünchKommZPO/Krafka § 394 FamFG Rn 7.
[54] A. A. OLG München BeckRS 2011, 13457.
[55] BayObLG NJW-RR 1998, 613.
[56] BJS/Müther § 394 Rn 3; MünchKommZPO/Krafka § 394 FamFG Rn 14.
[57] KG FGPrax 2006, 225; a. A. Prütting/Helms/Maass § 394 Rn 31.
[58] KG FGPrax 2007, 184.

schungsverfahren nach Anhörung und eingelegtem Widerspruch mitgeteilt, dass das Verfahren eingestellt wurde, so bedarf es im Falle der erneuten Durchführung eines Löschungsverfahrens der **nochmaligen Anhörung**.[59]

V. Inhalt der Löschungsankündigung

1. Ankündigung der Löschung

Einen bestimmten Inhalt des Löschungsankündigungsschreibens setzt das Gesetz nicht voraus,[60] es muss insbesondere nicht in Beschlussform (§ 38) ergehen. Die Verfügung muss **klar gehalten** sein.[61] Sie muss die Ankündigung enthalten, dass die Gesellschaft wegen Vermögenslosigkeit gelöscht werden soll und sollte (muss aber nicht) einen Hinweis enthalten, wie der Nachweis des Vorhandenseins von Vermögen geführt werden kann.[62] Eine Angabe, woraus das Gericht auf eine Vermögenslosigkeit schließt und der Beifügung entsprechender Unterlagen bedarf es in keinem Fall,[63] auch wenn dies zur weiteren Sachverhaltsaufklärung ratsam sein kann.[64] Über die Möglichkeit, Widerspruch einlegen zu können, ist nach § 39 zu belehren.[65]

2. Fristbestimmung

Außerdem muss eine **angemessene Frist bestimmt werden,** innerhalb derer gegen die beabsichtige Löschung Widerspruch eingelegt werden kann. Fehlt eine angemessene Fristbestimmung, so ist die Verfügung mangelhaft und deshalb auf Beschwerde hin aufzuheben.[66] Die Frist ist so zu bemessen, dass die Beteiligten ausreichend Gelegenheit haben, Rechtsrat einzuholen und Nachweise über vorhandenes Vermögen des Rechtsträgers zu beschaffen. Eine Fristbemessung von **einem Monat** dürfte regelmäßig als angemessen anzusehen sein.[67] Die Frist kann auf Antrag oder von Amts wegen verlängert werden, solange sie nicht abgelaufen ist, § 16 Abs. 2 FamFG i. V. m. § 224 Abs. 2 ZPO. Die Ablehnung der Friständerung ist **unanfechtbar,** § 16 Abs. 2 FamFG i. V. m. § 225 Abs. 3 ZPO. Die Frist **beginnt** mit der Bekanntgabe (s. Rn 21 f.) der Löschungsankündigung, § 16 Abs. 1.

3. Bekanntgabe

Die beabsichtigte Löschung ist den **gesetzlichen Vertretern der Gesellschaft,** soweit solche vorhanden sind und ihre Person und ihr inländischer Aufenthalt bekannt sind, bekannt zu machen. Gesetzliche Vertreter sind bei der **Aktiengesellschaft** der Vorstand bzw. die Abwickler (s. aber auch Rn 22), bei der **GmbH** die Geschäftsführer bzw. Liquidatoren (s. aber auch Rn 22), bei der **Genossenschaft** die Vorstände bzw. Liquidatoren. Bei einer **OHG/KG** sind die persönlich haftenden Gesellschafter die Adressaten der Verfügung, diese wiederum vertreten durch ihre gesetzlichen Organe.[68] Das Gericht kann dabei nach pflichtgemäßem Ermessen wählen (§ 15 Abs. 2), ob es die Verfügung durch förmliche Zustellung (§§ 166 bis 195 ZPO) oder durch Aufgabe zur Post nach § 15 Abs. 2 bekanntgibt. Eine Ersatzzustellung der Löschungsankündigung an die gesetzlichen Vertreter der Gesellschaft durch Niederlegung zur Post unter deren Wohnanschrift ist nur wirksam, wenn die Gesellschaft kein besonderes Geschäftslokal hat.[69] Daran hat sich auch durch das neue Zustellungsrecht keine Änderung ergeben, allerdings kann nunmehr am Ort der Zustellung

---

[59] KG FGPrax 2007, 184.
[60] MünchKommZPO/Krafka § 394 FamFG Rn 11.
[61] KG DNotZ 1927, 120.
[62] KG FGPrax 2006, 225.
[63] KG FGPrax 2006, 225; a. A. OLG Köln BeckRS 2011, 07229 unter Bezugnahme auf § 37 Abs. 2.
[64] Jansen/Steder § 141 a Rn 45.
[65] Heinemann FGPrax 2009 1/4; SBW/Nedden-Boeger § 394 Rn 35.
[66] OLG Hamm Rpfleger 1986, 390.
[67] MünchKommZPO/Krafka § 394 FamFG Rn 13.
[68] Bassenge/Roth/K. Walter § 394 Rn 9.
[69] BayObLG NJW-RR 1998, 613.

die Verfügung nach § 181 ZPO ersatzweise zugestellt werden. Es genügt, wenn die Zustellung an die im Handelsregister eingetragene **inländische Geschäftsanschrift** erfolgt, § 35 Abs. 2 S. 3 GmbHG, § 78 Abs. 2 S. 3 AktG.

22 Das Gericht kann auch **öffentliche Bekanntmachung** in einem nach § 10 HGB bestimmten elektronischen Informations- und Kommunikationssystem anordnen. Ist der einzige Geschäftsführer unbekannten Aufenthalts, ist das Registergericht regelmäßig gehalten, die Löschungsabsicht zu veröffentlichen, ist eine GmbH führungslos, also ohne Geschäftsführer, so kann nach § 35 Abs. 1 S. 2 GmbH auch an alle Gesellschafter zugestellt werden. Bei einer Aktiengesellschaft ohne Vorstand kommt die Zustellung an alle Aufsichtsratsmitglieder in Betracht, § 78 Abs. 1 S. 2 AktG.[70] Die Zustellung der Löschungsankündigung an nur einen von mehreren Gesellschaftern reicht nicht aus, um die Gesellschaft am Löschungsverfahren ordnungsgemäß zu beteiligen.[71] Ist die Löschungsankündigung nicht zuvor dem gesetzlichen Vertreter ordnungsgemäß zugestellt worden, ist die Löschung von Amts wegen rückgängig zu machen, da dann eine zwingende verfahrensrechtliche Voraussetzung für die Löschung nicht vorgelegen hat.[72]

VI. Widerspruchsverfahren

1. Einlegung des Widerspruchs

23 Der Widerspruch bedarf keiner Form, kann also **schriftlich** zum Registergericht oder **mündlich** zum Protokoll des Rechtspflegers oder der Geschäftsstelle des Registergerichts erhoben werden, § 25 Abs. 1. Er kann auch zum Protokoll der Geschäftsstelle eines anderen AG erklärt werden; jedoch ist im letzteren Falle die Frist nur gewahrt, wenn das den Widerspruch enthaltende Protokoll rechtzeitig beim Registergericht eingeht, § 25 Abs. 2 und 3. Eine Widerspruchsübermittlung per Telefax oder E-Mail ist ebenfalls statthaft. Der Widerspruch bedarf **keiner Begründung.** Erklärungen eines Beteiligten, wonach er mit der beabsichtigten Löschung der Gesellschaft nicht einverstanden ist, sind als Widerspruch zu behandeln.[73]

24 Der Widerspruch kann bis zur Rechtskraft der Endentscheidung **zurückgenommen** werden, nach Erlass der Endentscheidung müssen allerdings die übrigen Verfahrensbeteiligten der Antragsrücknahme zustimmen, § 22 Abs. 1.

2. Widerspruchsberechtigte

25 Die **Gesellschaft,** vertreten durch ihren Vorstand, Geschäftsführer, Abwickler, Liquidator oder Insolvenzverwalter, ist berechtigt gegen die Ankündigung der Löschung Widerspruch einzulegen.[74] Das Widerspruchsrecht steht nicht nur den gesetzlichen Vertretern der Gesellschaft, sondern **allen** zu, die an der Unterlassung der Löschung ein **berechtigtes Interesse** haben, also auch den Gesellschaftern[75] und Gesellschaftsgläubigern, wenn die Löschungsankündigung **öffentlich bekannt gemacht** worden ist (s. Rn 22). Das Widerspruchsrecht Dritter, insbesondere von Gesellschaftsgläubigern besteht aber auch dann, wenn die Löschungsankündigung **nicht öffentlich bekannt gemacht** worden ist, sofern nur ein berechtigtes Interesse gegeben ist.[76] Das berechtigte Interesse muss nicht glaubhaft (§ 31) gemacht werden.[77] Aus der Widerspruchberechtigung folgt nicht automatisch eine Beschwerdeberechtigung i. S. des § 59 Abs. 1.[78]

---

[70] Ries NZG 2009, 654/656.
[71] BayObLG Rpfleger 1995, 419; zur Anhörungspflicht vgl. Müther Rpfleger 1999, 10.
[72] OLG Düsseldorf FGPrax 1999, 231; vgl. auch BayObLG NJW-RR 1998, 613.
[73] BayObLG Rpfleger 1978, 181.
[74] BayObLG FGPrax 1995, 203.
[75] BayObLG DNotZ 1995, 217.
[76] Vgl. BayObLG FGPrax 1995, 46.
[77] SBW/Nedden-Boeger § 394 Rn 45; a. A. BeckOK/Munzig § 394 FamFG Rn 38.
[78] BJS/Müther § 394 Rn 6; vgl. OLG Hamm FGPrax 2003, 185.

3. Wiedereinsetzung in den vorigen Stand

Eine **Wiedereinsetzung in den vorigen Stand** gegen die Versäumung der Widerspruchsfrist findet in entsprechender Anwendung der §§ 17 bis 19 statt.[79] Es ist nicht einzusehen, weshalb im Rahmen des § 390 eine analoge Anwendung der Wiedereinsetzungsregeln erfolgen soll, nicht aber im sehr viel schwerwiegenderen Löschungsverfahren (s. § 393 Rn 22).

VII. Entscheidung über den Widerspruch

1. Allgemeines

Das Gericht hat den Sachverhalt erneut **von Amts wegen** (§ 26) unter Berücksichtigung des Vorbringens der Gesellschaft und sonstiger Dritter, insbesondere der berufsständischen Organe und des Prüfungsverbands, festzustellen.[80] Im Übrigen bestimmt sich das Verfahren nach § 393 Abs. 3 bis 5 (vgl. Abs. 3).

2. Stattgabe des Widerspruchs

Die Löschung hat zu unterbleiben, wenn vor Eintragung der Löschung **glaubhaft** gemacht wird (§ 31), dass die Gesellschaft **nicht vermögenslos** ist. Die Glaubhaftmachung ist vom Registergericht auch noch nach rechtskräftiger Zurückweisung des Widerspruchs zu beachten.[81] Die Ablehnung der Löschung erfolgt durch zu begründenden Beschluss, § 394 Abs. 3 i. V. m. § 393 Abs. 3 S. 1, mit dem die Löschungsankündigung aufgehoben wird. Dieser Beschluss ist den Verfahrensbeteiligten bekannt zu geben, sofern er dem erklärten Willen eines Beteiligten (z. B. eines antragstellenden berufsständischen Organs) widerspricht, muss er an diesen förmlich zugestellt werden, § 41 Abs. 1 S. 2. Gegen die Ablehnung des Löschungsverfahrens nach § 393 Abs. 3 S. 2 ist die **Beschwerde** nach § 58 gegeben.

3. Zurückweisung des Widerspruchs

Hält das Gericht den Widerspruch für unbegründet, so weist es den Widerspruch ebenfalls durch zu begründenden Beschluss (§ 38) zurück und legt dem Widerspruchsführer, soweit dies nicht unbillig erscheint, zugleich die **Kosten** des Verfahrens auf, § 394 Abs. 3 i. V. m. § 393 Abs. 4. Der Beschluss ist dem Widerspruchsführer in jedem Fall nach § 41 Abs. 1 S. 2 **förmlich zuzustellen.**

VIII. Rechtsbehelfe

Gegen die Ablehnung des Antrags auf Einleitung eines Löschungsverfahrens sowie gegen den Beschluss über den Widerspruch sind die **Beschwerde** nach § 58 und ggf. die Rechtsbeschwerde nach § 70 statthaft, § 394 Abs. 3 i. V. m. § 393 Abs. 3 S. 2. Es gelten die Ausführungen zu § 393 Rn 26 f. entsprechend.

IX. Eintragung der Löschung

Die Löschung darf erst erfolgen, wenn entweder kein (fristgerechter) Widerspruch eingelegt wurde oder der den Widerspruch zurückweisende Beschluss **rechtskräftig** (§ 45) geworden ist, § 394 Abs. 3 i. V. m. § 393 Abs. 5. Zum Zeitpunkt der Vornahme der Löschung muss der Rechtsträger noch immer vermögenslos sein. Der **Tatbestand der Vermögenslosigkeit** muss auch im Handels- bzw. Genossenschaftsregister eingetragen werden.[82] Bei Eintragung der Löschung ist auf die **gesetzliche Grundlage** hinzuweisen (§ 19

---

[79] MünchKommZPO/Krafka § 394 FamFG Rn 16; a. A. Bassenge/Roth/K. Walter § 394 Rn 13; SBW/Nedden-Boeger § 394 Rn 48.
[80] OLG Düsseldorf GmbHR 2011, 311.
[81] OLG Köln FGPrax 1995, 41 = NJW-RR 1994, 726.
[82] BAG NJW 1988, 2637; Schmidt GmbHR 1994, 829/832.

Abs. 2 HRV). Sie ist gemäß § 383 Abs. 1 bekannt zu geben und nach § 383 Abs. 2 i. V. m. § 10 HGB zu veröffentlichen.

32 Mit der Löschung gilt die Gesellschaft als **aufgelöst** (§ 262 Abs. 1 Nr. 6, § 289 Abs. 2 Nr. 3 AktG; § 60 Abs. 1 Nr. 7 GmbHG; § 131 Abs. 2 Nr. 2, § 161 Abs. 2 HGB; § 81a Nr. 2 GenG) eine Abwicklung findet nicht statt;[83] die Gesellschaft wird als voll beendet angesehen, die Löschung hat aber keine rechtsgestaltende Wirkung.[84] Die Auflösung hat zur Folge, dass die gesetzlichen Vertreter der Gesellschaft die **Vertretungsbefugnis verlieren**,[85] erteilte (Prozess-)Vollmachten bleiben aber wirksam.[86] Die Eintragung im Handelsregister, die GmbH sei aufgelöst, führt grundsätzlich zum **Verlust der Rechts- und Parteifähigkeit**, so dass z.B. eine Klage gegen sie als unzulässig abzuweisen ist.[87] Der gelöschte Rechtsträger bleibt aber noch insoweit parteifähig als er von sich in Anspruch genommene Vermögensrechte durchsetzen oder vermögensrechtliche Ansprüche abwenden will (vgl. Rn 36).[88] Bei einem Aktivprozess reicht schon die bloße Tatsache, dass die Gesellschaft einen Vermögensanspruch geltend macht, bei einem Passivprozess ist die gelöschte Gesellschaft jedenfalls dann parteifähig, wenn der Kläger **substanziiert** behauptet, es sei bei der Gesellschaft noch Vermögen vorhanden.[89] Für die Parteifähigkeit einer gelöschten GmbH im Zwangsvollstreckungsverfahren genügt die Möglichkeit des Vorhandenseins von Gesellschaftsvermögen.[90] Ist die aufgelöste GmbH Komplementärin einer KG, so bewirkt die Auflösung der GmbH nicht auch die Auflösung der KG; die KG wird deshalb auch nach diesem Zeitpunkt nicht durch einen eigenen Liquidator, sondern durch den bisherigen Liquidator der Komplementär-GmbH vertreten.[91] Hatte die GmbH keinen Liquidator, so muss ein Prozesspfleger nach § 57 Abs. 1 ZPO oder ein Notgeschäftsführer nach § 29 BGB analog bestellt werden.[92] Ist aber auch die KG als mittlerweile vermögenslos gelöscht, so muss ein Kläger ein besonderes Rechtsschutzinteresse darlegen können, wenn er Feststellung begehrt, dass seine Ausschließung aus der nicht mehr existierenden KG unwirksam war.[93]

X. Aufhebung der Löschung

33 Die vollzogene Löschung kann nachträglich nicht mehr (auch nicht nach § 48) beseitigt werden, vgl. § 383 Abs. 3, § 384 Abs. 1, sondern nur im Wege der Löschung nach § 395 und Wiedereintragung des Rechtsträgers erfolgen. Eine amtswegige Löschung der bereits vollzogenen Löschung kommt nur bei **Verletzung wesentlicher Verfahrensvorschriften** in Betracht, z.B. wenn die Löschungsankündigung dem gesetzlichen Vertreter der Gesellschaft nicht bekannt gegeben worden ist (Abs. 2 S. 1)[94] oder wenn die gebotene öffentliche Bekanntmachung unterblieben ist (Abs. 2 S. 2), nicht aber schon dann, wenn sich nachträglich herausstellt, dass die Gesellschaft noch über Vermögen verfügt.[95] Ein Verstoß gegen die Anhörungspflicht des betroffenen Rechtsträgers stellt einen wesentlichen,[96] der Verstoß gegen die Anhörungspflicht nach Abs. 2 S. 3 jedoch keinen wesentlichen Verfahrensfehler dar.[97] Hat das Registergericht eine GmbH wegen Vermögenslosigkeit gelöscht, ohne zuvor über den fristgerecht erhobenen Widerspruch rechtskräftig entschieden zu haben, stellt dies

---

[83] OLG Düsseldorf Rpfleger 1995, 257; LG Hamburg GmbHR 1951, 94.
[84] Vgl. hierzu BGH NJW 1968, 297; OLG Düsseldorf GmbHR 1979, 227.
[85] KG WM 1964, 1057; OLG Hamm Rpfleger 1987, 251.
[86] BGH NJW-RR 1994, 542; BayObLG Rpfleger 2004, 707.
[87] BGH NZG 2011, 26; OLG Saarbrücken GmbHR 1992, 311.
[88] BGH NJW-RR 1994, 542; BAG NJW 1988, 2637; OLG Brandenburg BeckRS 2010, 12605.
[89] BGH NZG 2011, 26; a. A. BPatG BlPMZ 2009, 405; abl. Cranshaw jurisPR-InsR 11/2009 Anm. 3.
[90] OLG Frankfurt OLGZ 1979, 193; Rpfleger 1976, 329.
[91] OLG Frankfurt Rpfleger 1977, 138.
[92] BGH NZG 2011, 26.
[93] BGH NZG 2011, 26.
[94] OLG Düsseldorf FGPrax 1998, 231; OLG Hamm NJW-RR 1993, 547.
[95] OLG Frankfurt NJW-RR 1998, 612; GmbHR 1998, 893; OLG Düsseldorf FGPrax 1998, 231; DNotZ 1980, 170; s. a. OLG Zweibrücken FGPrax 2002, 132.
[96] KG FGPrax 2007, 184.
[97] KG FGPrax 2006, 225.

eine die Amtslöschung gemäß § 395 rechtfertigende Verletzung wesentlicher Verfahrensvorschriften dar.[98]

In einem solchen Fall ist erst nach der Amtslöschung der Löschung im Verfahren nach § 394 Abs. 3 S. 3 i. V. m. § 393 Abs. 3 zu prüfen, ob die Gesellschaft **tatsächlich vermögenslos** ist.[99] Gegen die Ablehnung des Löschungsverfahrens nach § 395 auf Löschung einer nach § 394 erfolgten Löschung einer Gesellschaft sind die ehemaligen Gesellschafter beschwerdeberechtigt.[100]

XI. Nachtragsliquidation

Stellt sich nachträglich heraus, dass der Rechtsträger doch noch über Vermögensgegenstände verfügte, so muss auch dieses Vermögen vom versehentlich zu früh gelöschten Rechtsträger liquidiert werden. Die Vorschriften über eine solche Nachtragsliquidation finden sich in § 66 Abs. 5 GmbHG, §§ 264 Abs. 2, 273 Abs. 4 AktG, § 83 Abs. 5 GenG, § 145 Abs. 3 HGB. Ergibt sich nach der Löschung, dass Vermögen vorhanden ist, so ist die Abwicklung durchzuführen und muss ein neuer Liquidator bestellt werden,[101] insoweit wird der **Fortbestand der Gesellschaft fingiert**.[102] Der Liquidator kann nur durch das Gericht, und zwar **funktionell** durch den Richter[103] bzw. bei Genossenschaften durch den Rechtspfleger (§ 17 Nr. 2 b) RPflG), nicht aber durch die Gesellschafterversammlung, bestellt werden.[104]

Macht eine wegen Vermögenslosigkeit gelöschte GmbH gegen einen Dritten durch Klageeinreichung Ansprüche geltend, so gilt sie für diesen Aktivprozess als parteifähig, weil darin die Behauptung liegt, noch Vermögen zu haben; zu ihrer gesetzlichen Vertretung hat das Gericht einen Nachtragsliquidator zu bestellen; es braucht nicht im Einzelnen zu prüfen, inwieweit die Klage Aussicht auf Erfolg hat.[105] Es genügt in der Regel, dass **greifbare Anhaltspunkte für die Berechtigung eines Anspruchs** vorhanden sind, dessen Realisierung verteilbares Vermögen der Gesellschaft ergibt; schwierige rechtliche und tatsächliche Fragen muss das Registergericht nicht abschließend entscheiden.[106] Um die durch die Löschung einer Gesellschaft begründete Vermutung ihrer Vermögenslosigkeit zu entkräften, muss ein Gläubiger **substantiiert die Tatsachen darlegen,** aus denen sich das Vorhandensein von Gesellschaftsvermögen ergeben soll.[107] Dies gilt auch, wenn mögliche Entschädigungsansprüche auf Grund der mit der ehemaligen DDR abgeschlossenen Staatsverträge anzumelden sind.[108] Für die Bejahung der Parteifähigkeit der wegen Vermögenslosigkeit von Amts wegen gelöschten GmbH, die auf Zahlung verklagt ist, genügt es dagegen, dass der Kläger das Vorhandensein von Vermögen behauptet.[109] Nicht ausreichend ist die einfache Behauptung unwirksamer Stammeinlagenleistung, diese muss konkret vorgetragen werden.[110] So ist auch dann zu verfahren, wenn sich nicht das Vorhandensein verteilungsbedürftigen Vermögens, sondern die Notwendigkeit sonstiger Abwicklungsmaßnahmen herausgestellt hat.[111] Auch ein Insolvenzverfahren ist möglich. Das Gericht hat auf Antrag der Beteiligten Abwickler zu ernennen.[112] Die Bestellung des Liquidators wird

---

[98] OLG Düsseldorf FGPrax 2006, 226
[99] OLG Zweibrücken FGPrax 2002, 132 im Anschluss an BayObLG DB 1978, 338; offen lassend OLG Köln BeckRS 2011, 07229.
[100] OLG Köln BeckRS 2011, 07229; KG Recht 1929 Nr. 792.
[101] OLG Köln Rpfleger 1976, 323; Piorreck Rpfleger 1978, 157.
[102] Vgl. BGH NJW 1968, 297; OLG Hamm Rpfleger 1987, 251; OLG Düsseldorf Rpfleger 1995, 257; a. A. Schmidt GmbHR 1988, 209/210.
[103] OLG Schleswig FGPrax 2000, 73 = NJW-RR 2000, 769; OLG Düsseldorf BeckRS 2011, 08122.
[104] BayObLG FGPrax 1998, 73 = NJW-RR 1998, 1333.
[105] BayObLG DNotZ 1994, 651; zum Prozess der im Handelsregister gelöschten GmbH ausführlich Senger, GmbHR 1994, 300.
[106] OLG Celle GmbHR 1997, 752.
[107] BayObLG GmbHR 1985, 55; OLG Frankfurt Rpfleger 1976, 329; vgl. OLG Stuttgart GmbHR 1994, 485.
[108] LG Frankfurt Rpfleger 1991, 23.
[109] LG Bonn NJW-RR 1998, 180.
[110] KG FGPrax 2007, 185.
[111] OLG Hamm NJW-RR 1987, 348.
[112] KG WM 1964, 1057; NJW 1957, 1722; LG Koblenz NJW 1949, 790.

bereits durch telefonische Bekanntgabe des Bestellungsbeschlusses an den Bestellten wirksam.[113] Gegen die Verfügung ist nach § 402 Abs. 1 die Beschwerde gegeben.[114]

37 Wird für eine nach durchgeführter Liquidation oder wegen Vermögenslosigkeit im Handelsregister gelöschte GmbH ein Liquidator ernannt, weil sich nachträglich das Vorhandensein von Vermögen herausgestellt hat, so ist ein früherer Liquidator oder Gesellschafter nicht zur Beschwerde mit der Begründung berechtigt, die Gesellschaft sei in Wahrheit vermögenslos.[115] Die Auswahl des Nachtragsliquidators steht im pflichtgemäßen Ermessen des Gerichts,[116] die früheren Geschäftsführer bzw. Liquidatoren sind zur Übernahme des Amtes nicht verpflichtet.[117] Durch die Ernennung eines **bestimmten Nachtragsliquidators** für eine ihrer Gesellschafterinnen (eine GmbH) ist eine Gesellschaft nicht beschwert.[118] Die Gesellschaft ist als in Liquidation befindlich wieder einzutragen; die Eintragung wirkt nur **deklaratorisch** und hat unter der **bisherigen Handelsregisternummer** zu erfolgen.[119] Ob dann, wenn kein Antrag auf Ernennung von Abwicklern gestellt wird, die allgemeine gesetzliche Regelung, z. B. § 66 GmbHG gilt, ist bestritten.[120] Die **Fortsetzung** der wiedereingetragenen Gesellschaft **als Erwerbsgesellschaft** ist als zulässig zu erachten, z. B. wenn das Vermögen den Mindestbetrag des Stammkapitals einer GmbH erreicht,[121] wenn mit der Verteilung des Gesellschaftsvermögens noch nicht begonnen ist und wenn ein entsprechender Fortsetzungsbeschluss der Gesellschaft vorliegt. Dagegen kann eine GmbH, die aufgelöst ist, weil ein Antrag auf Eröffnung des Insolvenzverfahrens mangels Masse rechtskräftig abgewiesen oder deren Vermögen vollständig nach Durchführung des Insolvenzverfahrens verteilt wurde, durch Gesellschafterbeschluss auch dann nicht mehr als werbende Gesellschaft fortgesetzt werden, wenn ihr neues Gesellschaftsvermögen zugeführt wird; das Registergericht ist an die rechtskräftige Entscheidung des Insolvenzgerichts gebunden.[122]

38 Hauptfall einer **Nachtragsliquidation** ist das nachträgliche Hervortreten von unverteiltem Vermögen der Gesellschaft. Daneben genügt aber die Notwendigkeit irgendwelcher **weiterer Abwicklungsmaßnahmen** analog § 273 Abs. 4 AktG, somit auch solcher, die ein verteilbares Vermögen gerade nicht voraussetzen.[123] Es kann ferner etwa die Beseitigung formaler Rechtspositionen erforderlich sein, z. B. weil die Gesellschaft noch an einem Hinterlegungsverfahren beteiligt oder weil noch eine Grundbucheintragung zu beseitigen ist.[124] Es genügt in solchen Fällen, dass Rechtsbeziehungen oder Tatsachen bekannt werden, die eine gesetzliche Vertretung der Gesellschaft verlangen.[125] Ausreichend kann auch das Erfordernis wegen Zwangsvollstreckung einer unvertretbaren Handlung (z. B. wegen Zeugniserteilung oder Ausfüllen von Arbeitspapieren) sein.[126] Andererseits reicht es für die Anordnung einer Nachtragsabwicklung nicht aus, dass ein Gläubiger noch Ansprüche gegen die vermögenslose Gesellschaft erhebt.

39 Hat eine gelöschte GmbH noch **steuerliche Pflichten** zu erfüllen, so ist auf Antrag der Steuerbehörde ein Nachtragsliquidator zu bestellen; der BFH vertritt in ständiger Rechtsprechung die Auffassung, dass eine GmbH trotz ihrer Löschung im Handelsregister steuerlich fortbesteht, wenn sie noch steuerliche Rechtspflichten zu erfüllen hat, wie etwa Dul-

---

[113] OLG Hamm Rpfleger 1987, 251.
[114] KG NJW 1957, 1722; OLG Schleswig FGPrax 2000, 73 = NJW-RR 2000, 769; LG Berlin JW 1937, 753; a. A. OLG Hamm Rpfleger 1987, 251.
[115] KG OLGZ 1982, 145.
[116] Bahrenfuss/Steup § 394 Rn 32; für eine Bestellung der früheren Geschäftsführer, Vorstände, Liquidatoren, Abwickler plädiert im Regelfall Krafka/Willer/Kühn Rn 438.
[117] KG FGPrax 2001, 86; FGPrax 2000, 155.
[118] OLG Schleswig FGPrax 2000, 73 = NJW-RR 2000, 769.
[119] OLG Düsseldorf DNotZ 1980, 170; Piorreck Rpfleger 1978, 157/160.
[120] Vgl. KG WM 1967, 283; WM 1964, 1057; BFH GmbHR 1968, 190; s. a. BGH NJW 1970, 1044, nach dem Abwickler nur durch das Gericht bestellt werden können.
[121] OLG Düsseldorf GmbHR 1979, 227; LG Hamburg GmbHR 1951, 94.
[122] BayObLG DNotZ 1995, 975; DNotZ 1994, 190; KG OLGZ 1994, 162; OLG Celle NZG 2011, 464; OLG Köln ZIP 2010, 1183 mit abl. Anm. Blasche EWiR 2010, 457/458.
[123] BGH NJW 1979, 1987; OLG Hamm DNotZ 1987, 249; OLG Frankfurt Rpfleger 1982, 290; OLG München ZIP 2009, 490.
[124] BayObLG DNotZ 1955, 292; OLG Bremen OLGZ 1984, 142.
[125] OLG Frankfurt Rpfleger 1982, 290.
[126] Krafka/Willer/Kühn Rn 437; vgl. KG FGPrax 2001, 86.

dung einer Betriebsprüfung oder Zustellung erforderlicher Steuerbescheide.[127] Darüber hinaus kann eine Betriebsprüfung auch zu Steuererstattungsansprüchen führen, insofern also verteilungsfähiges Vermögen ergeben.[128]

Hat das Registergericht für eine GmbH einen Nachtragsliquidator bestellt, so kann es nicht anordnen, dass die von ihm festgesetzte Vergütung wegen Vermögenslosigkeit der Gesellschaft durch die Gerichtskasse zu zahlen ist.[129] Zur Abgabe einer **Versicherung an Eides statt** für die gelöschte Gesellschaft ist deren letzter Geschäftsführer oder Liquidator verpflichtet. Die gerichtliche Bestellung eines Liquidators ist nicht erforderlich.[130] **40**

Eine Beseitigung der Löschung im Amtslöschungsverfahren nach § 395 ist nur möglich, wenn diese auf Grund Verletzung wesentlicher Verfahrensvorschriften eingetragen worden ist, nicht aber deshalb, weil sich nachträglich herausstellt,[131] dass noch Vermögen vorhanden ist (s. Rn 33). **41**

XII. Kosten und Gebühren

Für das Löschungsverfahren selbst werden keine Gebühren erhoben, sondern nur für die **Zurückweisung eines eingelegten Widerspruchs** oder für die **Verwerfung oder Zurückweisung der Beschwerde** gegen die Zurückweisung des Widerspruchs, § 88 Abs. 2 S. 1 und 2 KostO. Die Zurücknahme des Widerspruchs löst keine Gebühren aus, die Zurücknahme der Beschwerde fällt unter § 131 Abs. 1 Nr. 2 KostO. Erhoben wird eine **doppelte Gebühr** aus einem **Geschäftswert** von regelmäßig **3000 €**, § 88 Abs. 2 S. 3 i. V. m. § 30 Abs. 2 S. 1 KostO.[132] Kostenschuldner ist der Widerspruchs- bzw. Beschwerdeführer, § 2 Nr. 1 KostO. Eine Kostenentscheidung ergeht nach § 394 Abs. 3 i. V. m. § 393 Abs. 4, soweit dies nicht unbillig ist. Insbesondere können dem Widerspruchs- bzw. Beschwerdeführer also auch die Kosten der Rechtsverfolgung der anderen Verfahrensbeteiligten nach §§ 80 ff. auferlegt werden. Für die **Eintragung der Löschung** fallen keine Kosten nach der HRegGebV an, Vorb. 2 Abs. 4, Vorb. § 3 Abs. 4 GV-HRegGebV.[133] **42**

Löschung unzulässiger Eintragungen

§ 395

(1) ¹Ist eine Eintragung im Register wegen des Mangels einer wesentlichen Voraussetzung unzulässig, kann das Registergericht sie von Amts wegen oder auf Antrag der berufsständischen Organe löschen. ²Die Löschung geschieht durch Eintragung eines Vermerks.

(2) ¹Das Gericht hat den Beteiligten von der beabsichtigten Löschung zu benachrichtigen und ihm zugleich eine angemessene Frist zur Geltendmachung eines Widerspruchs zu bestimmen. ²§ 394 Abs. 2 Satz 1 und 2 gilt entsprechend.

(3) Für das weitere Verfahren gilt § 393 Abs. 3 bis 5 entsprechend.

Übersicht

	Rn
I. Normzweck	1
II. Anwendungsbereich	3
1. Allgemeines	3
2. Abgrenzung zu amtlichen Berichtigungen	5
III. Verhältnis zu anderen Verfahren	7
1. Verhältnis zu §§ 397, 398	7
2. Verhältnis zu § 399	8

---

[127] BFH GmbHR 1986, 401; BStBl. 1980 II S. 587; BayObLG GmbHR 1985, 55; OLG München ZIP 2009, 490; a. A. OLG Hamm FGPrax 1997, 33; Krafka/Willer/Kühn Rn 437.
[128] BayObLG Rpfleger 1983, 404.
[129] OLG Düsseldorf Rpfleger 1961, 302.
[130] OLG Frankfurt Rpfleger 1976, 329; Kirberger Rpfleger 1975, 341; a. A. OLG Frankfurt Rpfleger 1982, 290; OLG Stuttgart GmbHR 1994, 485; LG Berlin Rpfleger 1990, 374; Rpfleger 1975, 374.
[131] OLG Düsseldorf GmbHR 1979, 227; OLG Frankfurt GmbHR 1998, 893; GmbHR 1997, 1004.
[132] Korintenberg/Lappe § 88 Rn 15.
[133] SBW/Nedden-Boeger § 394 Rn 76; a. A. Korintenberg/Lappe § 88 Rn 18.

	Rn
3. Verhältnis zu § 392	9
4. Verhältnis zu § 48	10
IV. Unzulässigkeit der Eintragung	11
1. Allgemeines	11
2. Maßgeblicher Zeitpunkt	13
V. Wesentlicher Mangel	14
1. Allgemeines	14
2. Sachliche Mängel	15
3. Verfahrensmängel	17
4. Kausalität	18
5. Heilung des Mangels	19
6. Beispiele	20
a) Partnerschaftsregister	20
b) Vereinsregister	21
c) Güterrechtsregister	24
VI. Löschungsverfahren	25
1. Zuständigkeit	25
2. Einleitung des Verfahrens	26
3. Beteiligte	30
VII. Inhalt der Löschungsankündigung	32
1. Ankündigung der Löschung	32
2. Fristbestimmung	34
3. Bekanntgabe	35
VIII. Widerspruchsverfahren	37
1. Einlegung des Widerspruchs	37
2. Wiedereinsetzung in den vorigen Stand	39
IX. Entscheidung über den Widerspruch	40
1. Allgemeines	40
2. Stattgabe des Widerspruchs	41
3. Zurückweisung des Widerspruchs	42
X. Rechtsbehelfe	43
XI. Eintragung der Löschung	48
XII. Aufhebung der Löschung	50
XIII. Kosten und Gebühren	51
XIV. Löschung nach § 43 Abs. 2 KWG, nach § 3 Abs. 4 InvG und nach § 4 Abs. 3 VAG	52

I. Normzweck

1 Während im Anmeldeverfahren das Registergericht über weitgehende Prüfungsrechte und -pflichten verfügt, die das Ziel haben, zum Schutz des Rechtsverkehrs unrichtige Eintragungen im Handelsregister möglichst zu vermeiden, gilt für die erfolgte Eintragung der **Grundsatz der Erhaltung der Eintragung.** Die Eintragung bildet die Grundlage des materiell-rechtlichen Publizitätsprinzips und wird schon dadurch geschützt, dass sie nicht mit der Beschwerde anfechtbar ist (§ 383 Abs. 3). Das Löschungsverfahren ist ein **selbstständig ausgestaltetes Verfahren,** das nicht dazu dient, etwaige Fehler des Anmeldeverfahrens zu korrigieren. Die Löschung soll nicht bewirken, das Register von unwirksamen oder unrichtigen Eintragungen zu befreien, sondern, im öffentlichen Interesse erlassene Vorschriften durchzusetzen. Gegenüber der Anmeldung besteht daher ein stark eingeschränktes Prüfungsrecht des Registergerichts.[1] Andererseits besteht nur eine eingeschränkte Anmeldeverpflichtung der Beteiligten, unzulässige Eintragungen zur Löschung zu beantragen, so dass das Registergericht nicht im Zwangsgeldverfahren nach §§ 388 ff. einschreiten kann;[2] hier dient § 395 der sachlichen Berichtigung des Registers.[3]

---

[1] BayObLG DNotZ 1997, 81; GmbHR 1992, 304; OLG Zweibrücken FGPrax 2001, 125; GmbHR 1995, 723.
[2] Vgl. KG FGPrax 1999, 156.
[3] Prütting/Helms/Maass § 395 Rn 5.

Die Norm entspricht im Wesentlichen § 142 FGG. Sie stellt die **Grundnorm des** 2
Löschungsverfahrens für alle Registersachen dar und wird durch die speziellen Vorschriften der §§ 393, 394 und §§ 397 bis 399 ergänzt bzw. verdrängt. Durch die Neufassung wird klargestellt, dass auch Eintragungen, die erst nachträglich unzulässig geworden sind, gelöscht werden können.[4] Neu ist, dass das Löschungsverfahren auch auf Antrag der berufsständischen Organe eingeleitet werden kann, dass diesen gegen eine Nichteinleitung des Verfahrens die Beschwerde zusteht[5] und dass über die Kosten des erfolglosen Widerspruchsverfahrens zugleich mit der Zurückweisung zu entscheiden ist. Für **Übergangsfälle** ist nicht darauf abzustellen, zu welchem Zeitpunkt das Registergericht hätte einschreiten können oder müssen, sondern zu welchem Zeitpunkt das Gericht nach außen erkennbar (z. B. durch Erlass einer Verfügung) tätig werden wollte.[6]

II. Anwendungsbereich

1. Allgemeines

Die Vorschrift gilt für **alle Registersachen** i. S. des § 374, also für das Handels-, 3
Genossenschafts-, Partnerschafts-, Vereins- und Güterrechtsregister. Insbesondere kann auch die Löschung der inländischen Zweigniederlassung einer ausländischen Gesellschaft auf diese Vorschrift gestützt werden (s. Rn 13).[7] Unzulässige Eintragungen hinsichtlich einer EWIV kommen ebenfalls ausschließlich nach dieser Bestimmung in Betracht.

Die Vorschrift erfasst **unzulässige Eintragungen.** Die Eintragungen können konstitu- 4
tiver oder deklaratorischer Art sein.[8] Unerheblich ist, ob die Eintragung auf einer Anmeldung beruhte oder von Amts wegen erfolgt ist.[9] Als Eintragung im Sinne des § 395 ist auch eine Löschung anzusehen,[10] und zwar auch eine Löschung gemäß § 394;[11] ebenso Eintragungen, die auf Anweisung des Beschwerdegerichts getätigt wurden.[12] Es macht keinen Unterschied, ob die Unzulässigkeit auf einem Verstoß gegen Verfahrensvorschriften beruht oder ob die Registereintragung sachlich unrichtig ist.[13] Die Durchführung des Verfahrens nach § 395 ist auch notwendig, wenn die Unzulässigkeit der Eintragung durch Urteil des Prozessgerichts rechtskräftig festgestellt ist.[14] Keine Eintragungen stellen die zum Registergericht einzureichenden Listen, z. B. die Gesellschafterliste nach § 40 GmbHG oder die Liste der Aufsichtsratsmitglieder nach § 106 AktG dar.[15]

2. Abgrenzung zu amtlichen Berichtigungen

Schreibfehler, versehentliche Rötungen und sonstige **offenbare Unrichtigkeiten** kön- 5
nen nach §§ 17 HRV, 24 GenRegV und § 12 Abs. 2 VRV von Amts wegen berichtigt werden. Hierauf besteht ein Rechtsanspruch, der ggf. im Beschwerdeweg durchgesetzt werden kann.[16] Sonstige Unrichtigkeiten, Mehrdeutigkeit oder Missverständlichkeit können auch auf Antrag der Beteiligten im Rahmen einer sog. **Fassungsbeschwerde** (s. § 383 Rn 24) berichtigt werden.[17] Eine solche Änderung der Fassung der Eintragung im Register kann auch im Amtslöschungsverfahren erreicht werden, indem zugleich der Antrag gestellt werden kann, eine Eintragung entsprechend einer Anmeldung vorzunehmen.[18] Die Berichtigung ist den Beteiligten jeweils nach §§ 17 Abs. 2 S. 1 HRV, 12 Abs. 3 VRV bekannt-

---

[4] BT-Drs. 16/6308 S. 288.
[5] BT-Drs. 16/9733 S. 298.
[6] Nedden-Boeger FGPrax 2010, 1/7; Sternal FGPrax 2010, 61/62; a. A. OLG Stuttgart FGPrax 2010, 61.
[7] OLG Frankfurt NJW-RR 2011, 330/331; Krafka/Willer/Kühn Rn 337 c.
[8] Jansen/Steder § 142 Rn 12.
[9] BJS/Müther § 395 Rn 2.
[10] BayObLGZ 1956, 303; OLG Frankfurt BB 1977, 675; Jansen/Steder § 142 Rn 13.
[11] OLG Frankfurt OLGZ 1994, 39.
[12] BayObLGZ 1978, 121/126; Jansen/Steder § 142 Rn 11.
[13] Allgemein Jansen/Steder § 142 Rn 15.
[14] Jansen/Steder § 142 Rn 74; a. A. BayObLG Rpfleger 1989, 398.
[15] Haußleiter/Schemmann § 395 Rn 14.
[16] BJS/Müther § 395 Rn 15; Krafka/Willer/Kühn Rn 2443.
[17] S. hierzu Holzer ZNotP 2008, 138; Jansen/Steder § 142 Rn 108.
[18] BayObLG NJW-RR 1986, 1161; DNotZ 1985, 168.

zugeben. Während die offenbare Unrichtigkeit stets ein rein formales Versehen bei der Vornahme der Eintragungshandlung betrifft, werden im Löschungsverfahren Mängel materieller Art und des zu beobachtenden Verfahrens beseitigt.[19]

6   Die Berichtigung von Amts wegen nach § 384 Abs. 2 soll im Gegensatz zur Amtslöschung nach § 395 nicht eine unzulässige Eintragung beseitigen, sondern den Rechtsverkehr über die Unrichtigkeit einer Eintragung **informieren,** die auf eine vorgängige amtswegige Eintragung bzw. Löschung zurückzuführen ist. § 395 kann sowohl Ausgangspunkt einer Berichtigung nach § 384 Abs. 2 sein,[20] als auch Anlass zur Einleitung eines neuerlichen Verfahrens nach § 395 sein, um die bestehende Unrichtigkeit zu beseitigen.

III. Verhältnis zu anderen Verfahren

1. Verhältnis zu §§ 397, 398

7   Auf die in §§ 397, 398 besonders aufgeführten Eintragungen bezieht sich § 395 nicht; § 395 ist durch die §§ 397, 398, die die **spezielleren Vorschriften** sind, ausgeschlossen.[21] Er gilt also für die Gesellschaften und Beschlüsse, die in Abteilung A des Handelsregisters einzutragen sind, wie OHG, KG und die in § 33 HGB genannten juristischen Personen. Für die in §§ 397, 398 genannten Gesellschaften (AG, KGaA, GmbH, Genossenschaft) greift § 395 nur ein, wenn es sich nicht um die Löschung der Gesellschaft oder ihrer Beschlüsse handelt (s. § 398 Rn 4 f.).[22] Dagegen ist er anzuwenden auf die **sonstigen, nicht in §§ 397, 398 aufgeführten Eintragungen,** die sich auf die dort bezeichneten Gesellschaften beziehen. Das Registergericht ist also z. B. befugt, die den Gegenstand des Unternehmens einer GmbH betreffende Eintragung, soweit sie mit dem Inhalt des Gesellschaftsvertrages in Widerspruch steht, nach § 395 von Amts wegen zu löschen, während auf die Löschung der Gesellschaft als nichtig § 397 Anwendung findet.[23] § 395 ist anwendbar für die Löschung der Eintragung eines Geschäftsführers, der durch eine vermeintliche Gesellschafterversammlung bestellt wurde (Nicht- oder Scheinbeschluss, s. § 398 Rn 5)[24] oder der **nachträglich** wegen Verstoßes gegen § 6 Abs. 2 GmbHG, § 37 Abs. 2 AktG seine Befähigung zum Geschäftsführer verliert (s. § 398 Rn 4). Ist hingegen schon der **Gesellschafterbeschluss** über die Bestellung des Geschäftsführers bzw. Vorstands (auch des ersten!) wegen eines solchen Verstoßes nichtig, so ist § 398 als die speziellere Vorschrift einschlägig (s. § 398 Rn 11).[25] Stellt das Gericht vor Eintragung der Gesellschaft einen derartigen Mangel fest, so hat es die Eintragung der Gesellschaft bzw. des Geschäftsführers abzulehnen.[26] Ist der im Handelsregister eingetragene **Unternehmensvertrag** nichtig, so kann er nach § 395 gelöscht werden,[27] sind hingegen die ihm zugrundeliegenden Beschlüsse einer in § 398 genannten Gesellschaft nichtig, so ist das Verfahren nach § 398 lex specialis.

2. Verhältnis zu § 399

8   Die Vorschrift des § 399 verdrängt als **Spezialvorschrift** über die Beseitigung eines Mangels der Satzung bzw. des Gesellschaftsvertrags die allgemeine Norm des § 395.[28]

---

[19] MünchKommZPO/Krafka § 395 FamFG Rn 2.
[20] MünchKommZPO/Krafka § 395 FamFG Rn 3.
[21] BayObLG GmbHR 1992, 304; BayObLGZ 1989, 44/49; OLG Köln EWiR 2002, 157 mit Anm. Winkler; OLG Zweibrücken GmbHR 1995, 723; MünchKommZPO/Krafka § 395 FamFG Rn 4; van Venrooy GmbHR 2002, 701/710.
[22] MünchKommZPO/Krafka § 395 FamFG Rn 4.
[23] Jansen/Steder § 142 Rn 4 m. w. N.
[24] BayObLG GmbHR 1992, 304; BayObLGZ 1956, 303/311; Jansen/Steder § 142 Rn 4.
[25] BayObLG DNotZ 1997, 81; GmbHR 1992, 304; OLG München FGPrax 2010, 145; BJS/Müther § 398 Rn 2; Haußleiter/Schemmann § 395 Rn 2; Jansen/Steder § 144 Rn 27, 35; SBW/Nedden-Boeger § 395 Rn 55; a. A.: KG FGPrax 1999, 156; OLG Naumburg FGPrax 2000, 121; OLG Zweibrücken FGPrax 2001, 125 = NJW-RR 2001, 1689; MünchKommZPO/Krafka § 395 FamFG Rn 4; Prütting/Helms/Maass § 395 Rn 21; Melchior EWiR 2010, 420.
[26] OLG Hamm ZIP 2011, 527.
[27] Vgl. OLG Hamm FGPrax 2009, 231/232.
[28] BayObLG NJW-RR 1989, 867.

3. Verhältnis zu § 392

Das Verfahren nach § 395 unterscheidet sich von dem des § 392 in seiner Zielsetzung **9** darin, dass ersteres dem unrichtigen Verfahren des Registergerichts, letzteres dem Missbrauch der Beteiligten entgegentritt.[29] Beide Verfahren sind auch **nebeneinander zulässig;**[30] dies gilt bei Unzulässigkeit der eingetragenen Firma; die Wahl zwischen den Verfahren steht dem Registergericht zu.[31]

4. Verhältnis zu § 48

§ 395 ist eine Sondervorschrift gegenüber der Vorschrift des § 48; solange eine Eintragung in das Handelsregister nur verfügt ist, ist eine Änderung derselben als rein gerichtsinterne Verfügung zulässig.[32] Sobald aber die Eintragung bewirkt ist, ist die **Anwendung des § 48 ausgeschlossen** und sind für die Beseitigung der unrichtigen Eintragung, sofern sie unzulässig war, nur die Bestimmungen des § 395 maßgebend.[33]

5. Verhältnis zu §§ 388 ff.

Amtslöschungs- und Zwangsgeldverfahren bestehen regelmäßig nebeneinander, weil sie **10 a** andere Ziele verfolgen (s. § 388 Rn 8). Aus dem Verhältnismäßigkeitsgrundsatz folgt jedoch, dass vor einer Löschung die Registerpflichten mittels Zwangsgeld ausgeschöpft werden müssen (s. § 388 Rn 8). Soweit **keine Anmeldeverpflichtung** besteht, wie z. B. bei einer anfänglich oder nachträglich unwirksamen Geschäftsführerbestellung, kommt nur ein Verfahren nach § 395 bzw. den Spezialregelungen der §§ 397, 398 in Betracht.[34]

IV. Unzulässigkeit der Eintragung

1. Allgemeines

Voraussetzung der Löschung ist, dass die Eintragung in dem Zeitpunkt, in dem sie **11** erfolgte, unzulässig war oder nachträglich unzulässig geworden ist.[35] Unzulässig ist eine Eintragung, wenn sie erfolgt, **ohne dass das Gesetz sie erlaubt,** ferner, wenn das Gesetz die Eintragung **verbietet** oder wenn die Eintragung vorgenommen wird, **ohne** dass die vom Gesetz **geforderten Voraussetzungen** erfüllt sind.[36]

Auch eine **Löschung,** egal ob sie auf Antrag oder von Amts wegen vorgenommen **12** wurde, **gilt als Eintragung** und kann auf dem Wege des § 395 wieder gelöscht werden:[37] Ist eine Firma zu Unrecht im Handelsregister gelöscht, so kann die unzutreffende Löschung, die ihrerseits eine Eintragung darstellt, nach § 395 wiederum gelöscht und die Firma wieder eingetragen werden.[38] Dies ist etwa der Fall, wenn die Löschungsankündigung dem gesetzlichen Vertreter einer Gesellschaft nicht förmlich zugestellt worden ist[39] oder wenn die Löschung vor Rechtskraft der den Widerspruch zurückweisenden Verfügung, also vorzeitig erfolgt ist.[40] Dass die zu löschende Eintragung auf **Anordnung des Beschwerdegerichts** erfolgt war, steht dem Verfahren nach § 395 nicht entgegen, das Registergericht ist in diesem Verfahren an die Rechtsauffassung des OLG nicht gebunden.[41] Auch der Umstand,

---

[29] OLG Oldenburg NJW 1958, 26; Jansen/Steder § 142 Rn 3.
[30] Jansen/Steder § 142 Rn 3.
[31] Jansen NJW 1966, 1813/1814.
[32] SBW/Nedden-Boeger § 395 Rn 6.
[33] BJS/Müther § 395 Rn 1.
[34] KG FGPrax 1999, 156; kritisch BJS/Müther § 395 Rn 3.
[35] OLG Düsseldorf FGPrax 1999, 71; OLG Zweibrücken FGPrax 2002, 132; Rpfleger 2002, 83.
[36] Jansen/Steder § 142 Rn 15.
[37] BGH NJW 1979, 1987; BayObLG NJW-RR 2000, 1348; OLG Hamm FGPrax 2001, 210 = NJW-RR 2002, 324; OLG Zweibrücken Rpfleger 2002, 83; Bumiller/Harders § 395 Rn 8; MünchKommZPO/Krafka § 395 FamFG Rn 6.
[38] BayObLG Rpfleger 1983, 73; BayObLGZ 1978, 353/355; OLG Düsseldorf DNotZ 1980, 170.
[39] OLG Frankfurt NJW-RR 1998, 612; GmbHR 1998, 893.
[40] OLG Schleswig FGPrax 2000, 160.
[41] BayObLGZ 1978, 121/126.

dass die Eintragung auf Grund eines einwandfreien Verfahrens erfolgt ist, steht der Löschung nicht entgegen, wenn die Eintragung sachlich unrichtig ist.[42]

2. Maßgeblicher Zeitpunkt

13   Maßgeblicher Zeitpunkt für die Beurteilung, ob eine Eintragung unzulässig ist, ist das Moment der Löschung. Durch die im Vergleich zu § 142 FGG veränderte Wortwahl hat der Gesetzgeber klargestellt, dass das Löschungsverfahren auch zulässig ist, wenn die Eintragung erst **nachträglich unzulässig geworden** ist.[43] Entscheidend ist, dass die Eintragung in dem Zeitpunkt unzulässig ist, in dem über die Löschung wegen der Unzulässigkeit befunden wird.[44] Für sog. REIT-AG findet sich eine besondere Übergangsbestimmung in § 22 S. 2 REIT-G.[45] Weitere Übergangsvorschriften finden sich z. B. in § 11 Abs. 1 S. 3 PartGG[46] und Art. 22 EGHGB. Hauptanwendungsfall, der auch den Hintergrund für die Gesetzesänderung bildete, ist die Beseitigung der inländischen Zweigniederlassung eines ausländischen Rechtsträgers, der in seinem Heimatregister gelöscht wurde.[47] Eine solche Zweigniederlassung kann aber bereits dann gelöscht werden, wenn diese mangels entsprechender wirtschaftlicher Mittel nicht mehr unterhalten wird.[48] Wird durch rechtskräftiges, auch gegen die Gesellschaft wirkendes Urteil eines Zivilgerichts dem Geschäftsführer einer GmbH verboten, für diese eine Geschäftsführertätigkeit auszuüben, so erlischt seine Vertretungsmacht und ist seine Eintragung im Handelsregister deshalb von Amts wegen zu löschen.[49] Andererseits ist die Löschung wegen eines zurzeit der Vornahme der Eintragung vorhandenen Mangels nicht mehr zulässig, wenn der **Mangel inzwischen behoben** wurde[50] oder **geheilt** ist.[51] Auch wenn die Firmenbezeichnung zwar wegen Änderung der Verkehrsanschauung und der Rechtsauffassung unzulässig geworden ist, die Verhältnisse aber nicht wesentlich von den früheren abweichen,[52] oder ein schutzwürdiger Besitzstand gegeben ist,[53] scheidet eine Löschung zumindest mangels öffentlichen Interesses aus. Es geht nicht an, dass durch Löschung einer – nach Behebung des Mangels – ordnungsgemäßen Eintragung nicht ein wahrer, sondern fehlerhafter Registerzustand geschaffen wird. Es gilt der Grundsatz der materiellen Richtigkeit des Registers.[54] Hat das Registergericht, wenn auch versehentlich, eine Firma ohne Antrag gelöscht, so ist dieser Löschungsvermerk nicht wieder nach § 395 zu löschen, wenn die Firma tatsächlich erloschen ist.[55]

V. Wesentlicher Mangel

1. Allgemeines

14   Die Unzulässigkeit der Eintragung muss auf dem Mangel einer wesentlichen Voraussetzung der Eintragung beruhen. Ob ein **Mangel wesentlich** ist, hat das Registergericht nach Lage des Einzelfalles zu entscheiden.[56] Die Löschung darf nicht nur bei Verletzung wesentlicher Verfahrensvorschriften, sondern auch erfolgen, wenn sich die Unzulässigkeit der Eintragung aus **sachlichen Gründen** ergibt, also die Eintragung die materielle Rechtslage

---

[42] Jansen/Steder § 142 Rn 27.
[43] BT-Drs. 16/6308 S. 288; Bumiller/Harders § 395 Rn 11; vgl. auch BayObLG Rpfleger 1994, 419: BayObLGZ 1975, 332; KG NJW 1965, 254; OLG Frankfurt OLGZ 1979, 318/321.
[44] OLG Hamm GmbHR 2001, 819; OLGZ 1977, 54: Firmenzusatz einer eingetragenen Firma ist nachträglich unwahr geworden.
[45] BT-Drs. 16/4779 S. 35; hierzu LG Mannheim BeckRS 2008, 15908.
[46] Hierzu OLG Frankfurt NJW-RR 2006, 44.
[47] Vgl. BT-Drs. 16/6140, S. 73 und S. 79.
[48] Krafka/Willer/Kühn Rn 337 c.
[49] BayObLG NJW-RR 1989, 934.
[50] BayObLG FGPrax 1995, 172; Jansen/Steder § 142 Rn 34.
[51] MünchKommZPO/Krafka § 395 FamFG Rn 7.
[52] OLG Stuttgart NJW 1960, 1865; KG NJW 1965, 254.
[53] OLG Frankfurt WM 1979, 1048.
[54] BayObLG FGPrax 1995, 172; OLG Hamm FGPrax 2001, 210.
[55] BayObLG FGPrax 2001, 213 zur Auflösung der KG bei Übertragung der Gesellschaftsanteile des letzten Kommanditisten auf den einzigen Komplementär.
[56] BayObLG FGPrax 2002, 82.

unzutreffend wiedergibt.⁵⁷ Dabei kommt ein sachlicher Mangel sowohl bei deklaratorischen als auch bei konstitutiven Eintragungen in Betracht,⁵⁸ wobei letzterenfalls eine mögliche Heilung des Mangels (s. Rn 19) zu prüfen ist.

2. Sachliche Mängel

Wesentlich ist der sachliche Mangel, wenn eine Firma nicht den Vorschriften über die Firmenbildung entspricht,⁵⁹ wenn sie sich von den schon eingetragenen Firmen desselben Ortes⁶⁰ oder von einer gesetzlich geschützten Bezeichnung⁶¹ nicht deutlich unterscheidet, wenn das Handelsgewerbe, für das eine Firma eingetragen wurde, gar nicht betrieben wird,⁶² wenn die vom Anmeldenden behauptete Niederlassung nicht erfolgt ist,⁶³ wenn die Erteilung einer Handlungsvollmacht eingetragen wurde;⁶⁴ wenn die eingetragene Firma dem Eingetragenen nicht zusteht;⁶⁵ bei Verstoß gegen die Firmenwahrheit;⁶⁶ wenn eine Erbengemeinschaft als Gesellschafter einer offenen Handelsgesellschaft eingetragen wurde.⁶⁷ Ist eine eingetragene Firma wegen eines Zusatzes unzulässig, so kann sie von Amts wegen nur insgesamt gelöscht werden;⁶⁸ die Löschung des Zusatzes ist auch dann unzulässig, wenn der verbleibende Teil der Firma als zulässig ausreichen würde.⁶⁹ Die Eintragung der gerichtlichen Bestellung eines Liquidators einer OHG kann von Amts wegen nur gelöscht werden, wenn sie nichtig ist.⁷⁰ Ist eine Handelsgesellschaft, z. B. eine AG oder GmbH, nach Abschluss der Abwicklung gelöscht und stellt sich nachträglich heraus, dass weitere Abwicklungsmaßnahmen nötig sind, so kann die Löschung gelöscht und die frühere Eintragung (der Gesellschaft) wiederhergestellt werden (s. § 394 Rn 33).⁷¹ 15

Das Fehlen der nach **öffentlichem Recht erforderlichen Befugnis** zum Gewerbebetrieb ist kein Grund für eine Amtslöschung.⁷² Hiergegen muss die zuständige Behörde nach öffentlichem Recht (z. B. GewO, HandwO) einschreiten und die Einstellung des Betriebs durch Verwaltungsakt verfügen. Sofern dies erfolgreich geschehen ist, kann gegebenenfalls nach § 31 Abs. 2 S. 2 HGB i. V. m. § 393 FamFG das Erlöschen der Firma von Amts wegen eingetragen oder bei Kapitalgesellschaft nach § 397 vorgegangen werden.⁷³ 16

3. Verfahrensmängel

Dagegen darf eine Eintragung nicht schon deswegen gelöscht werden, weil die Vorschriften über die Form der Anmeldung (§ 12 HGB) nicht beachtet worden sind⁷⁴ oder weil die Anmeldung nicht von sämtlichen Gesellschaftern einer OHG oder KG getätigt wurde.⁷⁵ Unzulässig ist auch die Löschung einer Eintragung, wenn lediglich geltend gemacht wird, dass **Ordnungsvorschriften** oder Soll-Bestimmungen verletzt wurden⁷⁶ oder dass die auf 17

---

⁵⁷ Jansen/Steder § 142 Rn 15; MünchKommZPO/Krafka § 395 FamFG Rn 11.
⁵⁸ Krafka/Willer/Kühn Rn 442; a. A. BJS/Müther § 395 Rn 8: nur deklaratorische Eintragungen können zu einem sachlichen Mangel führen.
⁵⁹ OLG Hamm DNotZ 1967, 391; OLGZ 1967, 471/473; Jansen/Steder § 142 Rn 17.
⁶⁰ BGH NJW 1966, 1813 m. Anm. Jansen (zu § 30 Abs. 1 HGB).
⁶¹ So für die Bezeichnung „Lohnsteuerhilfeverein" (vgl. § 161 StBerG) und „Lohnsteuerhilfe-Verwaltungs-GmbH" OLG Frankfurt OLGZ 1979, 318.
⁶² Jansen/Steder § 142 Rn 18.
⁶³ LG Aachen BB 1954, 74.
⁶⁴ MünchKommZPO/Krafka § 395 FamFG Rn 6.
⁶⁵ Jansen/Steder § 142 Rn 17.
⁶⁶ BayObLG Rpfleger 1980, 18; BayObLGZ 1971, 329/333 (Amtslöschung einer täuschenden Firma); OLG Frankfurt OLGZ 1980, 295 (seit 110 Jahren eingetragene Firma); OLG Stuttgart FGPrax 2004, 40.
⁶⁷ KG KGJ 49, 109.
⁶⁸ BayObLG NJW 1972, 957; OLG Hamm NJW 1959, 1973; OLG Saarbrücken OLGZ 1976, 33/35.
⁶⁹ KG NJW 1955, 1926; Jansen/Steder § 142 Rn 17.
⁷⁰ Jansen/Steder § 142 Rn 31.
⁷¹ BayObLG NJW-RR 1998, 613; vgl. Jansen/Steder § 142 Rn 32 m. w. N.
⁷² OLG Zweibrücken GmbHR 1995, 723; Jansen/Steder § 142 Rn 24.
⁷³ OLG Zweibrücken GmbHR 1995, 723; MünchKommZPO/Krafka § 395 FamFG Rn 11.
⁷⁴ Jansen/Steder § 142 Rn 28.
⁷⁵ KG OLGZ 1965, 315/317; BayObLG RJA 16, 105; KG RJA 12, 60; Prütting/Helms/Maass § 395 Rn 16; a. A. BJS/Müther § 395 Rn 9; SBW/Nedden-Boeger § 395 Rn 38.
⁷⁶ Bassenge/Roth/K.Walter § 395 Rn 7; Prütting/Helms/Maass § 395 Rn 13.

die Eintragung gerichteten Erklärungen durch unrichtige Rechtsbelehrung des Gerichts beeinflusst worden sind[77] oder wenn sich im Fall des § 394 nachträglich herausstellt, dass die Gesellschaft noch über Vermögen verfügt; erforderlich ist vielmehr, dass **wesentliche Verfahrensvorschriften** nicht beachtet worden sind, wenn etwa die Löschungsankündigung dem gesetzlichen Vertreter der Gesellschaft nicht förmlich zugestellt worden ist[78] oder bei der Löschung wegen Vermögenslosigkeit keine Anhörung erfolgte.[79] Die Gesetzmäßigkeit der Bestellung eines Liquidators, abgesehen von der Nichtigkeit, ist nicht nachzuprüfen.[80] Nichtbeachtung der Bestimmung des § 58 Abs. 1 Nr. 1 GmbHG macht eine Amtslöschung des eingetragenen Kapitalherabsetzungsbeschlusses nicht in allen Fällen nötig.[81] Die Eintragung eines Richters oder Rechtspflegers, die dieser unter Verstoß gegen § 47 Abs. 1 ZPO vornimmt, stellt keinen wesentlichen Verfahrensmangel dar.[82] Wurde die Eintragung unter Verstoß gegen die funktionelle Zuständigkeit vom Rechtspfleger statt vom Richter vorgenommen, liegt aber ein wesentlicher Verfahrensverstoß vor.[83] Fehlt bei der Ersteintragung einer AG oder GmbH die Anmeldung durch alle Gründer, Vorstände, Aufsichtsräte bzw. Geschäftsführer, so liegt ein beachtlicher Verfahrensmangel vor.[84] Gleiches gilt, wenn die Erhöhung des Stammkapitals einer GmbH zu einem niedrigeren Betrag angemeldet und eingetragen wurde, als tatsächlich beschlossen.[85] Auch bei erheblichen Verfahrensmängeln kann die Löschung einer lediglich rechtsfeststellenden Eintragung des Erlöschens einer aufgelösten AG nicht verlangt werden, wenn die Gesellschaft im Zeitpunkt der Löschung durch das Registergericht vermögenslos war.[86]

4. Kausalität

18 Bei Verletzung einer **Verfahrensvorschrift** liegt ein Löschungsgrund nur vor, wenn diese auch ursächlich war für die Unzulässigkeit der Eintragung, also auf dieser beruht. Deshalb können **rechtsbegründende (konstitutive) Eintragungen** gelöscht werden, wenn sie unter Verletzung wesentlicher Verfahrensvorschriften erfolgen, weil dann die formelle Voraussetzung für die Rechtsänderung fehlt; bei **rechtsfeststellenden (deklaratorischen) Eintragungen** rechtfertigt ein Verfahrensmangel die Löschung nicht, wenn die Eintragung sachlich richtig ist.[87]

5. Heilung des Mangels

19 Die Löschung ist ausgeschlossen, wenn der ursprüngliche Mangel durch Nachholung oder durch Eintritt einer zutreffenden Sachlage inzwischen **geheilt** worden ist, was sich schon daraus ergibt, dass auf die Sach- und Rechtslage im Zeitpunkt der Löschung abzustellen ist.[88] **Heilungsvorschriften** finden sich beispielsweise in § 20 Abs. 1 Nr. 4, Abs. 2, § 131 Abs. 1 Nr. 4 Abs. 2 und § 202 Abs. 1 Nr. 3, Abs. 3 UmwG, die bei Eintragung des Umwandlungsbeschlusses von einer Heilung hierzu erforderlicher mangelhafter Erklärungen ausgehen.[89] Beruht die Eintragung auf einer rechtskräftigen Entscheidung des Prozess-

---

[77] KG RJA 16, 100.
[78] OLG Düsseldorf NJW-RR 1999, 1053; FGPrax 1998, 231; OLG Frankfurt NJW-RR 1998, 612; GmbHR 1998, 893.
[79] BayObLG NJW-RR 2000, 1348; GmbHR 1997, 1003; OLG Frankfurt NJW-RR 1998, 612; OLG Hamm NJW-RR 1993, 547.
[80] Jansen/Steder § 142 Rn 31.
[81] S. Richert Rpfleger 1954, 501.
[82] KG FGPrax 2009, 177.
[83] BJS/Müther § 395 Rn 9; a. A. Prütting/Helms/Maass § 395 Rn 16.
[84] Krafka/Willer/Kühn Rn 442.
[85] Krafka/Willer/Kühn Rn 442.
[86] OLG Düsseldorf NJW-RR 1988, 354.
[87] BayObLG NJW-RR 2004, 1555; FGPrax 2002, 82; KG OLGZ 1986, 296/299; OLG Düsseldorf FGPrax 1999, 71; OLG Zweibrücken FGPrax 2006, 229; van Venrooy GmbHR 2002, 701/710.
[88] MünchKommZPO/Krafka § 395 FamFG Rn 8.
[89] OLG Frankfurt NJW-RR 2003, 1122; MünchKommZPO/Krafka § 395 FamFG Rn 8; a. A. OLG München ZIP 2010, 927, das in „extremen Ausnahmefällen" eine Amtslöschung für möglich zu halten scheint.

gerichts innerhalb eines **Freigabeverfahrens** (§§ 246 a Abs. 1, 319 Abs. 6, 327 e Abs. 2 AktG), sind etwaige Nichtigkeitsgründe nicht mehr zu berücksichtigen, § 398 findet ausdrücklich keine Anwendung, § 242 Abs. 2 S. 5 AktG. Trotz Nichterwähnung verbietet sich aber auch ein Rückgriff auf § 395, denn dieser tritt vollständig hinter § 398 zurück, auch wenn dieser aufgrund gesetzlicher Anordnung unanwendbar ist.[90]

6. Beispiele

a) Partnerschaftsregister. Unzulässige Eintragungen bei einer Partnerschaftsgesellschaft 20 sind etwa der Fall, wenn diese ohne Anmeldung eingetragen wurde, wenn nicht alle oder nicht die richtigen Partner die Eintragung beantragt haben, der Gesellschaftsvertrag nicht den richtigen Inhalt (§ 3 Abs. 2 PartGG) oder die richtige Form (§ 3 Abs. 1 PartGG) hat, wenn der Name unzulässig gebildet wurde (§ 2 PartGG), zur Täuschung geeignet ist oder sich nicht deutlich genug von Gesellschaften des gleichen Orts unterscheidet (§ 2 Abs. 2 PartGG, § 30 HGB), ferner wenn die Betreibenden keinen freien Beruf im Sinn von § 1 Abs. 2 PartGG ausüben.[91]

b) Vereinsregister. Für das Vereinsregister kommt § 395 mangels vorrangiger Sonder- 21 regelungen besondere Bedeutung zu. Als **Mangel einer wesentlichen Voraussetzung** der Eintragungen ist es anzusehen, wenn ein Verein, dessen Zweck nach der Satzung auf einen wirtschaftlichen Geschäftsbetrieb gerichtet ist, eingetragen wurde (§§ 22, 55 BGB: **offene Rechtsformverfehlung**)[92] oder wenn der Verein nachträglich satzungswidrig in der Hauptsache einen wirtschaftlichen Geschäftsbetrieb führt (**verdeckte Rechtsformverfehlung**).[93] Löschung kommt außerdem in Betracht bei unwirksamer Gründung,[94] wenn ein Verein ohne Anmeldung eingetragen wurde,[95] wenn die Eintragung ohne Anmeldung durch alle oder nicht die richtigen Vorstandsmitglieder erfolgt ist,[96] wenn der Vorstand unzulässig gebildet ist,[97] wenn der Name des Vereins zu Täuschungen Anlass gibt,[98] wenn die Beschlussfassung über die Neuwahl eines Vorstands unwirksam ist,[99] wenn ein Vorstandsmitglied vom unzuständigen Vereinsorgans aus dem Verein ausgeschlossen wird,[100] wenn die Satzungsänderung nicht vom wirklichen Vorstand angemeldet ist, wenn die Satzung nicht den in § 57 Abs. 1 BGB vorgeschriebenen Inhalt hat,[101] wenn sich der Vereinsname von den Namen der am selben Ort oder in derselben Gemeinde bestehenden eingetragenen Vereine nicht deutlich unterscheidet (§ 57 Abs. 2 BGB),[102] wenn die Satzung gemäß §§ 134, 138 BGB nichtig ist,[103] wenn die Mitgliederversammlung, die einen satzungsändernden Beschluss gefasst hat, nicht ordnungsgemäß einberufen war.[104] Wenn nach Amtszeitablauf des Vorstands sich eine Wiederwahl nicht in angemessener Zeit ermitteln

---

[90] MünchKommZPO/Krafka § 395 FamFG Rn 8.
[91] Vgl. Bassenge/Roth/K. Walter § 395 Rn 4; Bumiller/Harders § 395 Rn 9.
[92] BayObLGZ 1984, 283/287; BayObLGZ 1978, 87; OLG Celle NJW-RR 1996, 1052; OLG Hamm Rpfleger 1981, 66; Hofmeister ZIP 2009, 161/165; Hornung Rpfleger 1974, 343.
[93] OLG Frankfurt SpuRT 2011, 125; Reuter NZG 2009, 1368/1372; Schöpflin Rpfleger 2010, 349/350; Wörle-Himmel/Endres DStR 2010, 759/762; anders zur alten Rechtslage, derzufolge nur die Entziehung der Rechtsfähigkeit durch die Verwaltungsbehörde gemäß §§ 43 Abs. 2, 44 Abs. 1 BGB a. F. in Betracht kam, KG Rpfleger 1993, 69; OLG Hamm OLGZ 1993, 24; Hofmeister ZIP 2009, 161/165; Keilbach DNotZ 2001, 671, 680.
[94] Jansen/Steder § 159 Rn 48.
[95] Bumiller/Harders § 395 Rn 10.
[96] BayObLGZ 1971, 266/ 270; Jansen/Steder § 159 Rn 50.
[97] BayObLG Rpfleger 1972, 400; NJW 1969, 1966; OLG Celle Rpfleger 1968, 282.
[98] BayObLG Rpfleger 1992, 354; Rpfleger 1975, 400; OLG Hamm Rpfleger 1978, 132; OLG Brandenburg NJW-RR 2011, 621; LG Traunstein Rpfleger 2008, 580/581; Keilbach DNotZ 2001, 671/674.
[99] LG Hildesheim NJW 1965, 2400.
[100] OLG Köln, FGPrax 2009, 82.
[101] Jansen/Steder § 159 Rn 50, die mit Recht die Möglichkeit, den Mangel zu beheben, hervorhebt.
[102] LG Bonn Rpfleger 1996, 463.
[103] KG NJW 1962, 1917; Jansen/Steder § 159 Rn 48.
[104] BayObLG Rpfleger 1973, 20; OLG Hamm DNotZ 1966, 56; OLG Köln Rpfleger 2009, 237; OLG Schleswig NJW 1960, 1862; Stöber Rpfleger 1967, 342, 344, der mit guten Gründen darlegt, dass der eingetragene Vorstand auch nach Ablauf seiner Amtszeit eine Mitgliederversammlung wirksam einberufen kann und zwar zur Vorstandswahl wie zur Beschlussfassung über die Satzungsänderung.

lässt, erfolgt die Amtslöschung des eingetragenen Vorstands.[105] Verstöße gegen Sollvorschriften, z.B. § 58 BGB, rechtfertigen die Löschung nicht; wohl aber ein Verstoß gegen § 59 Abs. 2.[106]

22   **Kein Mangel** im Sinne des § 395 ist die Tatsache, dass ein Nichtmitglied zum Vorstandsmitglied des Vereins gewählt und eingetragen ist,[107] auch nicht eine Satzungsbestimmung, wonach die Mitgliedschaft ruht, solange ein Mitglied gegen den Verein klagt oder das Schiedsgerichtsverfahren betreibt[108] oder die Abhaltung einer Mitgliederversammlung ohne vorherige Einberufung durch den Liquidator.[109] Das Amtslöschungsverfahren erledigt sich in der Hauptsache, wenn der durch Satzungsänderung gewählte neue Name in das Vereinsregister eingetragen wird.[110] Die Löschung einer Eintragung im Vereinsregister ist nicht mehr zulässig, wenn ein Mangel, der die Löschung gerechtfertigt hätte, beseitigt worden ist und somit nicht mehr besteht. Es geht nicht an, dass durch Löschung einer – nach Behebung des Mangels – ordnungsgemäßen Eintragung nicht ein wahrer, sondern fehlerhafter Registerzustand geschaffen wird. Es gilt der Grundsatz der materiellen Richtigkeit des Vereinsregisters.[111]

23   Ob die **Löschung einer unzulässigen Eintragung,** auch der unzulässigen Eintragung eines e. V., nach § 395 bewirkt werden muss, ist in das **pflichtgemäße Ermessen** des Gerichts gestellt.[112] Hierbei ist zu prüfen, ob ein schutzwürdiges Interesse Dritter oder öffentliche Interessen die Löschung nötig machen.[113] Dem Verein steht bis zur Löschung die Rechtsfähigkeit zu, auch wenn die Voraussetzungen für die Eintragung fehlten.[114] Über die Löschung verfügt nur das Registergericht, dem Prozessrichter steht die Prüfung der Rechtsfähigkeit nicht zu. Im erstinstanzlichen Verfahren auf Amtslöschung einer Eintragung im Vereinsregister darf die Löschung nicht durch einstweilige Anordnung verfügt werden.[115] Eine **Beschwerde gegen eine Eintragung** mit dem Ziel der Löschung ist unzulässig; zur Beseitigung ist nur der Weg des § 395 gegeben.[116]

24   **c) Güterrechtsregister.** Die Löschung eines Eintrags in das Güterrechtsregister **von Amts wegen** nach § 395 ist zulässig,[117] z.B. wenn die Eintragung inhaltlich unzulässig oder sachlich unrichtig ist, wenn das Gericht örtlich unzuständig ist,[118] wenn die Eintragung ohne Antrag oder auf Antrag eines nicht antragsberechtigten Ehegatten erfolgt ist;[119] dieser Mangel kann bis zur Löschung durch formgerechte Nachholung geheilt werden.[120] Die Eintragung eines Güterrechtsvertrags kann wegen Anfechtung oder Nichtigkeit desselben nach § 395 gelöscht werden.[121] Hat das FamG eine Erklärung nach § 1357 Abs. 2 S. 1 BGB aufgehoben, so kann eine Eintragung im Güterrechtsregister von Amts wegen gelöscht werden. Obwohl § 395 den berufsständischen Organen ein Antragsrecht einzuräumen scheint, gilt dieses nicht für Löschungen im Güterrechtsregister, diese können nur von Amts wegen erfolgen.

---

[105] Stöber Rpfleger 1967, 342/347.
[106] Umstritten s. Jansen/Steder § 159 Rn 51.
[107] OLG Stuttgart Rpfleger 1964, 70.
[108] BayObLG Rpfleger 1979, 15.
[109] OLG Zweibrücken FGPrax 2006, 229.
[110] OLG Hamm Rpfleger 1978, 132.
[111] BayObLG FGPrax 1995, 172.
[112] OLG Celle NJW-RR 1996, 1502; OLG Köln Rpfleger 2009, 237; FGPrax 2009, 82.
[113] BayObLG FGPrax 2002, 82; KG OLGZ 1967, 97/101; OLG Hamm OLGZ 1978, 428; OLG Köln Rpfleger 2009, 237.
[114] KG Rpfleger 2001, 35; Jansen/Steder § 159 Rn 52.
[115] BayObLG NJW-RR 1994, 870.
[116] BayObLG Rpfleger 1979, 15; zur Beschwerde gegen die Zurückweisung einer Anregung OLG Zweibrücken Rpfleger 2002, 315.
[117] BayObLGZ 1963, 45; Jansen/Ries § 161 Rn 22.
[118] Krafka/Willer/Kühn Rn 2343; a. A. SBW/Nedden-Boeger § 395 Rn 40
[119] Krafka/Willer/Kühn Rn 2343.
[120] Jansen/Ries § 161 Rn 22.
[121] Erman/Heinemann § 1560 Rn 4; a. A. KG DFG 1937, 61; Krafka/Willer/Kühn Rn 2344.

VI. Löschungsverfahren

1. Zuständigkeit

Sachlich zuständig ist ausschließlich das AG, § 23a Abs. 1 Nr. 1, Abs. 2 Nr. 3 GVG. **25** Die bislang in § 143 FGG enthaltene konkurrierende Zuständigkeit des LG wurde auf Intervention des Rechtsausschusses nicht in das FamFG übernommen und der hierfür vorgesehene § 376 ersatzlos gestrichen.[122] Hierdurch sollen Zuständigkeitsstreitigkeiten vermieden werden. Das LG kann die Beseitigung einer unzulässigen Eintragung gegenüber dem Registergericht anregen.[123] Die **örtliche** Zuständigkeit bestimmt sich nach § 377 Abs. 1 i. V. m. § 376. Insbesondere ist das Registergericht, bei dem eine inländische Zweigniederlassung einer ausländischen Gesellschaft eingetragen ist, für ein Löschungsverfahren dieser Zweigniederlassung zuständig. Bei **Sitzverlegung** obliegt dem Registergericht des neuen Sitzes die Nachprüfung der sich hierauf beziehenden Vorgänge und Eintragungen nach § 395.[124] Die Eintragung der Sitzverlegung darf aber nicht wegen einer „offensichtlich fehlerhaften" Voreintragung abgelehnt werden; erst nach Eintragung der Sitzverlegung kann das neue Registergericht diesbezüglich ein Verfahren nach § 395 einleiten.[125] Für das Verfahren nach § 395 ist der **Rechtspfleger** zuständig für Amtslöschungen im Handelsregister A, im Genossenschafts-, Vereins-, Partnerschafts- und Güterrechtsregister (§ 3 Nr. 2d, Nr. 1a, e RPflG), der **Richter** für Amtslöschungen im Handelsregister B, also sofern es sich um Löschungen von Kapitalgesellschaften handelt, auch für inländische Zweigniederlassungen ausländischer Kapitalgesellschaften (§ 17 Nr. 1e RPflG). Landesrechtliche Regelungen über die Aufhebung des Richtervorbehalts nach § 19 Abs. 1 S. 1 Nr. 6 RPflG sind zu beachten (s. § 377 Rn 18).

2. Einleitung des Verfahrens

Die Verfahrenseinleitung kann durch Antrag nach § 23 beginnen. **Antragsberechtigt** **26** sind nur die berufsständischen Organe nach § 380 Abs. 1.[126] Lehnt das Gericht einen Antrag auf Löschung ab, so steht dem Antragsteller hiergegen die Beschwerde nach § 58 offen, § 393 Abs. 3 S. 1.[127] Das gleich gilt, wenn kein förmlicher Antrag gestellt, sondern nur die Verfahrenseinleitung angeregt wurde.[128]

Im Übrigen erfolgt die Einleitung **von Amts wegen**. Dritte, insbesondere Gläubiger **27** oder Gesellschafter, Aktionäre, Genossen und Vereinsmitglieder können die Löschung nur nach § 24 anregen.[129] Anregungen dieser Art sind nicht Anmeldungen, sondern die Löschung erfolgt auch in diesen Fällen von Amts wegen;[130] solche Anregungen muss das Registergericht sachlich prüfen.[131] Demjenigen, der ein Verfahren nach § 395 angeregt hat, steht gegen die ablehnende Verfügung ein Beschwerderecht nach § 59 Abs. 1 nur zu, wenn er durch die Eintragung in einem ihm zustehenden sachlichen Recht verletzt wird,[132] etwa dem Vorstandsmitglied eines Vereins, das behauptet, als solches zu Unrecht im Register gelöscht worden zu sein.[133] Das wird auch anzunehmen sein, wenn das Gericht es entgegen § 24 Abs. 2 ablehnt, zu der Anregung sachlich Stellung zu nehmen.[134]

---

[122] BT-Drs. 16/9733 S. 298.
[123] BT-Drs. 16/9733 S. 298; MünchKommZPO/Krafka § 395 FamFG Rn 13.
[124] OLG Kassel DNotZ 1950, 104; OLG München ZIP 2011, 20/21.
[125] OLG München ZIP 2011, 20/21.
[126] Vgl. OLG Rostock BeckRS 2011, 11276.
[127] BT-Drs. 16/9733 S. 6.
[128] OLG Frankfurt SpuRT 2011, 125.
[129] OLG Düsseldorf FGPrax 2010, 105.
[130] BayObLGZ 1971, 329/331; OLG Köln Rpfleger 2002, 209; Jansen/Steder § 142 Rn 42.
[131] BayObLGZ 1955, 333/339; KG WM 1967, 83; OLG Frankfurt Rpfleger 1976, 213; OLG Hamm Rpfleger 1971, 402.
[132] OLG Köln BeckRS 2011, 07229; OLG Düsseldorf Rpfleger 1995, 257; OLG Hamm BB 1981, 260; OLGZ 1976, 396; a. A. OLG Düsseldorf FGPrax 2010, 105.
[133] BayObLG Rpfleger 1993, 347; OLG Hamm OLGZ 1971, 226.
[134] OLG Hamm FGPrax 2010, 322; BayObLG Rpfleger 1969, 56; a. A.: KG WM 1967, 83; Jansen/Steder § 142 Rn 64.

28 Auch wenn die Voraussetzungen für die Löschung vorliegen, ist das Registergericht zur Vornahme derselben **von Amts wegen** (§ 26) nur berechtigt, nicht verpflichtet. Die Löschung ist regelmäßig nur dann veranlasst, wenn das Fortbestehen der Eintragung **Schädigungen Berechtigter** zur Folge haben würde oder diese dem **öffentlichen Interesse** widerspricht.[135] Sie kann unterbleiben, wenn sie niemand nützt, aber schwere wirtschaftliche Nachteile für den Betroffenen mit sich bringt.[136] Die Fassung „kann" bedeutet, dass das Registergericht den Sachverhalt zu ermitteln, das Ergebnis seiner Ermittlungen pflichtgemäß zu würdigen[137] und nur bei völlig zweifels- und bedenkenfreier Sach- und Rechtslage die bestehende Eintragung zu löschen hat, im Übrigen aber dem Beteiligten eine von ihm gleichwohl für möglich gehaltene weitere Klarstellung im Prozessweg überlassen kann.[138] Würde auch nach Beweiserhebung keine vollständige Gewissheit der Unrichtigkeit bestehen oder wäre eine solche mit unverhältnismäßigem Aufwand verbunden, kann das Verfahren eingestellt werden.[139] Nach Eröffnung des Insolvenzverfahrens ist sie untunlich.[140]

29 Der Sachverhalt muss eine hinreichende Grundlage für die Annahme bilden, dass die Voraussetzungen des § 395 vorliegen;[141] gegebenenfalls hat das Gericht zunächst gemäß § 26 den Sachverhalt zu klären. Fraglich ist, ob das Löschungsverfahren einzuleiten ist, wenn die Entscheidung, ob ein Verstoß vorliegt, von der Beantwortung **streitiger Auslegungsfragen** abhängt. Nach einer Meinung darf die Löschung nur erfolgen, wenn die Unzulässigkeit der Eintragung rechtlich absolut zweifelsfrei ist; anderenfalls sei den Beteiligten die Klarstellung im Prozessweg zu überlassen.[142] Dabei wird aber übersehen, dass nicht in jedem Fall ein weiterer Beteiligter vorhanden ist, der an der Erhebung einer Klage nach § 37 Abs. 2 HGB gegen den Inhaber der beanstandeten Firma interessiert ist.[143] Von der Einleitung eines Amtslöschungsverfahrens ist daher nicht schon deshalb abzusehen, weil die Zulässigkeit der eingetragenen Firma rechtlich zweifelhaft ist;[144] die Einleitung steht vielmehr im pflichtgemäßen Ermessen des Gerichts.[145] Die Löschung selbst darf nur geschehen, wenn die Unzulässigkeit der betreffenden Eintragung nach Überprüfung aller hierfür maßgebenden Umstände ohne vernünftigen Zweifel zu bejahen ist.[146] So darf ein Unternehmensvertrag beim Drohen schwerer wirtschaftlicher Nachteile nicht vor rechtskräftiger Entscheidung des Anfechtungsprozesses gelöscht werden.[147]

3. Beteiligte

30 Am Verfahren beteiligt sind der **Antragsteller** (§ 7 Abs. 1), also die berufsständischen Organe sowie der von der Löschung **betroffene Rechtsträger** oder dessen Rechtsnachfolger, vgl. § 393 Abs. 1. Bei Kaufleuten sind die Inhaber des Geschäfts beteiligt, bei juristischen Personen (AG, KGaA, GmbH, Genossenschaft, Verein, Kaufleute i. S. des § 33 HGB) und Personenhandelsgesellschaften (OHG und KG) diese selbst, vertreten durch ihre gesetzlichen Vertreter. Soweit die Löschung eines **Gesellschafters, Geschäftsführers, Vorstands, Liquidators, Abwicklers oder Prokuristen** erfolgen soll, sind diese als unmittelbar von der Löschung Betroffene nach § 7 Abs. 2 Nr. 1 am Verfahren zu beteiligen. Soweit die Löschung eines Unternehmensvertrags Gegenstand des Verfahrens ist, ist

---

[135] BayObLG FGPrax 2002, 82; FGPrax 2001, 213; OLG Düsseldorf FGPrax 1998, 231; OLG Köln Rpfleger 2009, 238; OLG Naumburg FGPrax 2000, 121; OLG Zweibrücken FGPrax 2002, 132.
[136] OLG Hamm Rpfleger 1969, 350.
[137] BayObLG Rpfleger 1980, 18; OLG Hamm Rpfleger 1981, 66; MünchKommZPO/Krafka § 395 FamFG Rn 12.
[138] BayObLGZ 1989, 187; OLG Düsseldorf FGPrax 1997, 194 = NJW-RR 1998, 756; OLG Zweibrücken ZIP 1989, 241; NJW-RR 2004, 34.
[139] OLG Zweibrücken NJW-RR 2004, 34.
[140] OLG Hamm DNotZ 1950, 79.
[141] Jansen/Steder § 142 Rn 44.
[142] BayObLG Rpfleger 1958, 152; OLG Hamm DNotZ 1971, 247; OLGZ 1971, 226/228.
[143] Zustimmend Bahrenfuss/Steup § 395 Rn 21.
[144] OLG Hamm Rpfleger 1973, 405.
[145] BayObLGZ 1989, 187; Bassenge Rpfleger 1974, 173.
[146] BayObLG FGPrax 2002, 82.
[147] OLG Zweibrücken ZIP 1989, 241.

auch der **Vertragspartner** unmittelbar vom Ausgang des Verfahrens rechtlich beeinträchtigt, so dass er ebenfalls zu beteiligen ist.[148]

Da § 395 Abs. 2 S. 2 nicht auf § 394 Abs. 2 S. 3 verweist, müssen die **berufsständischen Organe** und bei Genossenschaften der **Prüfungsverband** nicht angehört werden.[149] Wurde das Verfahren von Amts wegen eingeleitet, können die berufsständischen Organe in zweifelhaften Fällen, sofern sie von ihrem Antragsrecht keinen Gebrauch machen, vom Gericht am Verfahren beteiligt werden, § 380 Abs. 2 S. 1 und 2.

VII. Inhalt der Löschungsankündigung

1. Ankündigung der Löschung

Einen bestimmten Inhalt des Löschungsankündigungsschreibens nach Abs. 2 S. 1 setzt das Gesetz nicht voraus. Die Verfügung muss **klar gehalten** sein und darf sich nicht in einer bloßen Bezugnahme auf die gesetzlichen Vorschriften erschöpfen. Sie muss zum Ausdruck bringen, dass die Löschung bestimmt erfolgen werde, wenn kein Widerspruch erfolgt oder durch den Widerspruch die Zulässigkeit der Eintragung nicht nachgewiesen wird.[150] Nicht hierher gehört eine bloße Meinungsäußerung des Registergerichts zu Firmierungsvorschlägen von Beteiligten, die nicht selbständig anfechtbar ist.[151] Über die Möglichkeit, Widerspruch einlegen zu können, ist zu belehren (§ 39).[152]

Das Löschungsverfahren darf nur bezüglich des in der Ankündigung bezeichneten Grundes erfolgen, andere Löschungsgründe können **nicht nachgeschoben** werden, sondern müssen in einem eigenen Verfahren geltend gemacht werden. Der auf Widerspruch hin ergehende Beschluss darf nur über das Angekündigte, nicht über die Löschung aus anderen Gründen entscheiden. Ankündigung der Beteiligten und Fristsetzung können unterbleiben, wenn alle Beteiligten mit der Löschung **einverstanden** sind.[153]

2. Fristbestimmung

Außerdem muss eine **angemessene Frist bestimmt werden,** innerhalb derer gegen die beabsichtige Löschung Widerspruch eingelegt werden kann, Abs. 2 S. 1. Fehlt eine angemessene Fristbestimmung, so ist die Verfügung mangelhaft und deshalb auf Beschwerde hin aufzuheben. Die Frist hat nicht nur den Zweck, den Beteiligten Gelegenheit zu geben, die Unzulässigkeit der Eintragung zu bestreiten; sie dient auch dazu, den Beteiligten die Möglichkeit einzuräumen, den Mangel zu beheben, auf dem die Unzulässigkeit beruht.[154] Auf Fristsetzung kann bei Löschung der bisherigen Einträge wegen Wiedereröffnung der Abwicklung verzichtet werden, wenn die früheren Abwickler zustimmen.[155] Sonst ist aber das Unterlassen der Fristsetzung für die Geltendmachung eines Widerspruchs ein wesentlicher Verfahrensmangel.[156] Eine Fristbemessung von **einem Monat,** wie im Fall des § 63 Abs. 1, dürfte regelmäßig als angemessen anzusehen sein.[157] Die Frist kann auf Antrag oder von Amts wegen verlängert werden, solange sie nicht abgelaufen ist, § 16 Abs. 2 i. V. m. § 224 Abs. 2 ZPO.[158] Die Ablehnung der Friständerung ist **unanfechtbar,** § 16 Abs. 2 i. V. m. § 225 Abs. 3 ZPO. Die Frist **beginnt** mit der Bekanntgabe (s. Rn 35 f.) der Löschungsankündigung, § 16 Abs. 1.

3. Bekanntgabe

Die beabsichtigte Löschung ist den Beteiligten bekannt zu geben, soweit solche vorhanden sind und ihre Person und ihr inländischer Aufenthalt bekannt sind, § 395 Abs. 2 S. 2

---

[148] MünchKommZPO/Krafka § 395 FamFG Rn 15.
[149] MünchKommZPO/Krafka § 395 FamFG Rn 17.
[150] KG RJA 15, 126.
[151] BayObLG Rpfleger 1975, 349; KG OLGZ 1965, 320; OLG Köln Rpfleger 1978, 21.
[152] Heinemann FGPrax 2009, 1/4; SBW/Nedden-Boeger § 395 Rn 94.
[153] BayObLG Rpfleger 1990, 200; Jansen/Steder § 142 Rn 72.
[154] OLG Stuttgart Rpfleger 1974, 199; Jansen NJW 1966, 1813.
[155] MünchKommZPO/Krafka § 395 FamFG Rn 14.
[156] Jansen/Steder § 142 Rn 55.
[157] MünchKommZPO/Krafka § 395 FamFG Rn 16.
[158] Anders BayObLG Rpfleger 1978, 181; SBW/Nedden-Boeger § 395 Rn 93.

i. V. m. § 394 Abs. 2 S. 1. Das Gericht kann dabei nach pflichtgemäßem Ermessen wählen (§ 15 Abs. 2), ob es die Verfügung durch förmliche Zustellung (§§ 166 bis 195 ZPO) oder durch Aufgabe zur Post nach § 15 Abs. 2 bekanntgibt. Gesellschaften, Genossenschaften und Vereine müssen ordnungsgemäß vertreten sein; bestehen Zweifel, ob ein organschaftlicher Vertreter vorhanden ist, so muss diese das Registergericht klären und notfalls einen Notgeschäftsführer bestellen.[159] Es genügt aber, wenn die Zustellung an die im Handelsregister eingetragene **inländische Geschäftsanschrift** erfolgt (§§ 35 Abs. 2 S. 3 GmbHG, 78 Abs. 2 S. 3 AktG).

36 Das Gericht kann die **öffentliche Bekanntmachung** in einem nach § 10 HGB bestimmten elektronischen Informations- und Kommunikationssystem anordnen, wenn die Person und ihr inländischer Aufenthalt unbekannt sind, § 395 Abs. 2 S. 2 i. V. m. § 394 Abs. 2 S. 2. Ist die Löschungsankündigung nicht öffentlich bekannt gemacht worden, obwohl die Voraussetzungen des Abs. 2 vorlagen, ist die Löschung von Amts wegen rückgängig zu machen, da dann eine zwingende verfahrensrechtliche Voraussetzung für die Löschung nicht vorgelegen hat.

VIII. Widerspruchsverfahren

1. Einlegung des Widerspruchs

37 Der Widerspruch bedarf keiner Form, kann also **schriftlich** zum Registergericht oder **mündlich** zum Protokoll des Rechtspflegers oder der Geschäftsstelle des Registergerichts erhoben werden, § 25 Abs. 1. Er kann auch zum Protokoll der Geschäftsstelle eines anderen AG erklärt werden; jedoch ist im letzteren Falle die Frist nur gewahrt, wenn das den Widerspruch enthaltende Protokoll rechtzeitig beim Registergericht eingeht, § 25 Abs. 2 und 3. Eine Widerspruchsübermittlung per Telefax oder E-Mail, sofern diese Möglichkeit zugelassen worden ist (vgl. §§ 14 Abs. 2, Abs. 4), ist ebenfalls statthaft. Der Widerspruch bedarf **keiner Begründung.** Erklärungen eines Beteiligten, wonach er mit der beabsichtigten Löschung nicht einverstanden ist, sind als Widerspruch zu behandeln.

38 Der Widerspruch kann bis zur Rechtskraft der Endentscheidung **zurückgenommen** werden, nach Erlass der Endentscheidung müssen allerdings die übrigen Verfahrensbeteiligten der Antragsrücknahme zustimmen, § 22 Abs. 1.

2. Wiedereinsetzung in den vorigen Stand

39 Eine **Wiedereinsetzung in den vorigen Stand** gegen die Versäumung der Widerspruchsfrist findet in entsprechender Anwendung der §§ 17 bis 19 statt. Es ist nicht einzusehen, weshalb im Rahmen des § 390 eine analoge Anwendung der Wiedereinsetzungsregeln erfolgen soll, nicht aber im sehr viel schwerwiegenderen Löschungsverfahren (s. § 393 Rn 22).

IX. Entscheidung über den Widerspruch

1. Allgemeines

40 Das Gericht hat den Sachverhalt erneut **von Amts wegen** (§ 26) unter Berücksichtigung des Vorbringens der Gesellschaft und sonstiger Dritter, insbesondere der berufsständischen Organe festzustellen. Die Durchführung eines Termins ist nicht zwingend geboten, aber zur ordnungsgemäßen Sachverhaltsaufklärung und zur Gewährung rechtlichen Gehörs ratsam, § 32.

2. Stattgabe des Widerspruchs

41 Die Löschung hat zu unterbleiben, wenn vor Eintragung der Löschung **glaubhaft** gemacht wird (§ 29), dass die Eintragung nicht unzulässig ist oder nicht unter Verletzung wesentlicher Vorschriften zustande kam. Die Glaubhaftmachung ist vom Registergericht auch

---

[159] BayObLG ZIP 1994, 1767; BayObLGZ 1981, 227/231; MünchKommZPO/Krafka § 395 FamFG Rn 15.

noch nach rechtskräftiger Zurückweisung des Widerspruchs zu beachten. Die Ablehnung der Löschung erfolgt durch zu begründenden Beschluss, § 395 Abs. 3 i. V. m. § 393 Abs. 3 S. 1, mit dem die Löschungsankündigung aufgehoben wird. Dieser Beschluss ist den Verfahrensbeteiligten bekannt zu geben, sofern er dem erklärten Willen eines Beteiligten (z. B. eines antragstellenden berufsständischen Organs) widerspricht, muss er an diesen förmlich zugestellt werden, § 41 Abs. 1 S. 2. Gegen die Ablehnung des Löschungsverfahrens nach § 395 Abs. 3 i. V. m. § 393 Abs. 3 S. 2 ist die **Beschwerde** nach § 58 gegeben.

3. Zurückweisung des Widerspruchs

Hält das Gericht den Widerspruch für unbegründet, so weist es den Widerspruch **42** ebenfalls durch zu begründenden Beschluss (§ 38) zurück und legt dem Widerspruchsführer, soweit dies nicht (z. B. wegen einer unsicheren oder unklaren Rechtslage) unbillig erscheint, zugleich die **Kosten** des Verfahrens auf, § 395 Abs. 3 i. V. m. § 393 Abs. 4. Der Beschluss ist dem Widerspruchsführer in jedem Fall nach § 41 Abs. 1 S. 2 **förmlich zuzustellen**.

X. Rechtsbehelfe

Gegen die Ablehnung des Antrags auf Einleitung eines Löschungsverfahrens sowie gegen **43** den Beschluss über den Widerspruch sind die **Beschwerde** nach § 58 und ggf. die Rechtsbeschwerde nach § 70 statthaft, § 395 Abs. 3 i. V. m. § 393 Abs. 3 S. 2. Beschwerdeberechtigt sind die **berufsständischen Organe,** wenn deren Antrag sofort oder im Widerspruchsverfahren zurückgewiesen wurde.[160] Sie sind auch dann beschwerdeberechtigt, wenn sie keinen förmlichen Antrag gestellt haben, sondern nur die Einleitung des Verfahrens angeregt haben.[161] Im Falle der Zurückweisung des Widerspruchs ist der Widerspruchsführer beschwerdeberechtigt, aber auch derjenige, den die Löschung unmittelbar beeinträchtigt, also insbesondere der Rechtsträger der Firma, bei einer Personengesellschaft die Gesellschaft selbst. Bei Ablehnung der Amtslöschung eines ausgeschiedenen Vereinsvorstands ist dieser beschwerdebefugt.[162]

Dem **einzelnen Gesellschafter** bzw. **Mitglied** steht in Registerangelegenheiten seiner **44** Gesellschaft/seines Vereins ein Beschwerderecht regelmäßig nicht zu; er muss vielmehr seine Rechte in der Gesellschafterversammlung durch Antragstellung oder Beschlussfassung in der Gesellschafter-/Mitgliederversammlung[163] oder im Weg der Anfechtungs- bzw. Feststellungsklage[164] ausüben. Ein Beschwerderecht ist nur gegeben, wenn der einzutragende Beschluss ein **Sonder- oder Individualrecht** des einzelnen Gesellschafters oder Mitglieds beeinträchtigt. Ebensowenig wie die Mitgliedschaft sind die aus dieser entspringenden allgemeinen Mitgliedschaftsrechte, insbesondere das Stimmrecht, Sonderrechte, weil diese Rechte den Mitgliedern gleichmäßig zustehen. Eine Rechtsbeeinträchtigung ist dagegen zu bejahen, wenn ein Gesellschafter, Aktionär oder Genosse die Löschung eines Beschlusses einer Gesellschafter-, Haupt-, Generalversammlung begehrt, gegen die er wegen eines Verstoßes gegen das Gesetz und die Satzung Widerspruch zu Protokoll erhoben hat und den er auch im Klageweg durch Anfechtungs- oder Feststellungsklage angreifen könnte.[165] Ein Vereinsmitglied ist beschwerdebefugt, wenn es gegen seinen Vereinsausschluss mit der Feststellungsklage vorgehen könnte.[166] Das Recht eines einzelnen Aktionärs oder Gesellschafters ist verletzt, wenn die Eintragung einer Kapitalerhöhung mangels einer wesentlichen Voraussetzung unzulässig ist.[167] Wer lediglich mittelbar, als Gesellschafter einer Gesell-

---

[160] Bumiller/Harders § 393 Rn 7.
[161] OLG Frankfurt SpuRT 2011, 125.
[162] BayObLG NJW-RR 1993, 698.
[163] OLG Hamm OLGZ 1976, 395; OLGZ 1971, 226.
[164] OLG Köln Rpfleger 2002, 209.
[165] KG WM 1967, 83.
[166] BayObLGZ 1989, 187/190; OLG Zweibrücken FGPrax 2002, 80/81.
[167] OLG Hamm OLGZ 1971, 226 (Beschwerderecht des Gesellschafters); OLG Karlsruhe OLGZ 1986, 155/156; Jansen/Steder § 142 Rn 62.

schaft an dem Rechtsträger beteiligt ist, kann keine eigene unmittelbare Beeinträchtigung geltend machen.[168]

45 Für **Dritte** gilt § 59 Abs. 2, so dass ohne eine Verletzung eines Namens- oder Firmenrechts oder eines ähnlichen Rechts kein Beschwerderecht besteht;[169] der Gläubiger der eingetragenen Firma ist nicht beschwerdeberechtigt;[170] die Verletzung von Wettbewerbsbestimmungen gibt kein Beschwerderecht.[171] Gegen die Ersteintragung eines Vereins steht einem Dritten nicht das Beschwerderecht mit dem Ziel der Einleitung eines Amtslöschungsverfahrens zu, wenn er lediglich die Sitten- oder Gesetzwidrigkeit des Vereinszwecks behauptet.[172] Weigert sich das Registergericht, sachlich zur Anregung (§ 24) auf Einleitung eines Löschungsverfahrens Stellung zu nehmen, kann hiergegen Beschwerde mit Ziel einer sachlichen Verbescheidung eingelegt werden (s. § 383 Rn 23).[173]

46 Durch vorzeitige Löschung vor Abschluss des Beschwerdeverfahrens wird die Beschwerde **nicht unzulässig**.[174] Diese bleibt wegen der Wiederholungsgefahr und wegen der gravierenden Grundrechtseingriffs als Fortsetzungsfeststellungsbeschwerde zulässig, § 62. Die Beschwerde kann aber nur zur Einleitung eines Amtslöschungsverfahrens führen (s. Rn 50).[175]

47 Hebt das **Beschwerdegericht** eine ablehnende Verfügung auf, so kann es die Löschung nicht selbst verfügen, sondern hat das Registergericht anzuweisen, das Verfahren einzuleiten, § 69 Abs. 1 S. 2. An die vom Beschwerdegericht seiner Entscheidung zugrunde gelegte Beurteilung der Rechtslage ist das Registergericht bei Entscheidung über den Widerspruch gebunden, § 69 Abs. 1 S. 4. Gegen den Beschluss des Beschwerdegerichts mit dem dieses das Registergericht anweist, ein Amtslöschungsverfahren einzuleiten, ist der Geschäftsführer einer GmbH, dessen Eintragung gelöscht werden soll, nicht beschwerdeberechtigt.[176]

XI. Eintragung der Löschung

48 Die Löschung darf erst erfolgen, wenn entweder kein (fristgerechter) Widerspruch eingelegt wurde oder der den Widerspruch zurückweisende Beschluss **rechtskräftig** (§ 45, evtl. auch durch Rechtsmittelverzicht aller Verfahrensbeteiligten) geworden ist, § 395 Abs. 3 i. V. m. § 393 Abs. 5. Daher darf die Löschungsanordnung nicht in der den Widerspruch zurückweisenden Entscheidung ergehen.[177] Die Löschung darf nicht vor diesem Zeitpunkt verfügt werden, auch nicht unter Aussetzung ihres Vollzuges.[178] Sie muss auch nicht unmittelbar nach Eintritt der Voraussetzungen erfolgen, sie kann auch nach §§ 381, 21 ausgesetzt werden.

49 Die Löschung erfolgt durch **Eintragung eines Vermerks** „von Amts wegen gelöscht", § 395 Abs. 1 S. 2 FamFG i. V. m. § 19 Abs. 1 HRV, § 11 Abs. 3 VRV, bloße Durchstreichung genügt nicht. Die unzulässige Eintragung muss vollständig, nicht bloß teilweise, gelöscht werden, die Abänderung der Eintragung ist nicht statthaft.[179] Sie ist gemäß § 383 Abs. 1 bekannt zu geben und nach § 383 Abs. 2 FamFG i. V. m. § 10 HGB zu veröffentlichen.

XII. Aufhebung der Löschung

50 Die vollzogene Löschung kann nachträglich nicht mehr (auch nicht nach § 48) beseitigt werden, vgl. § 383 Abs. 3, sondern nur im Wege einer erneuten Löschung nach § 395

---

[168] KG FGPrax 2007, 276.
[169] KG WM 1967, 83; OLG Frankfurt Rpfleger 1976, 213; Jansen/Steder § 142 Rn 59.
[170] OLG Düsseldorf FGPrax 2004, 135; Jansen/Steder § 142 Rn 60.
[171] Jansen/Steder § 142 Rn 60; a. A. OLG Hamm NJW-RR 2005, 767.
[172] OLG Hamm FGPrax 2005, 226.
[173] OLG Hamm FGPrax 2010, 322.
[174] OLG Düsseldorf FGPrax 2006, 226; OLG Schleswig FGPrax 2000, 160.
[175] OLG Schleswig FGPrax 2000, 160.
[176] OLG München GmbHR 2005, 476.
[177] OLG Hamm Rpfleger 1974, 198; Jansen/Steder § 141 Rn 57.
[178] KG JFG 9, 142/144.
[179] BayObLGZ 1971, 329/335; Bahrenfuss/Steup § 395 Rn 28.

Löschung unzulässiger Eintragungen

wieder beseitigt werden.[180] Löschungen, die gemäß §§ 395 ff. mangels Erhebung eines Widerspruchs erfolgt sind, können nur wegen **wesentlicher Verfahrensmängel**, nicht wegen Fehlens eines materiellen Löschungsgrundes beseitigt werden.[181] Eine unzulässige Beschwerde gegen die Löschung kann in einen Antrag oder eine Anregung zur Einleitung des Amtslöschungsverfahrens nach § 395 **umgedeutet** werden.

XIII. Kosten und Gebühren

Für das Löschungsverfahren selbst werden keine Gebühren erhoben, sondern nur für die **Zurückweisung eines eingelegten Widerspruchs** oder für die **Verwerfung oder Zurückweisung der Beschwerde** gegen die Zurückweisung des Widerspruchs, § 88 Abs. 2 S. 1 und 2 KostO. Die Zurücknahme des Widerspruchs löst keine Gebühren aus, die Zurücknahme der Beschwerde fällt unter § 131 Abs. 1 Nr. 2 KostO. Erhoben wird eine **doppelte Gebühr** aus einem **Geschäftswert** von regelmäßig **3000 €**, § 88 Abs. 2 S. 3 KostO i. V. m. § 30 Abs. 2 S. 1 KostO.[182] Kostenschuldner ist der Widerspruchs- bzw. Beschwerdeführer, § 2 Nr. 1 KostO. Eine Kostenentscheidung ergeht nach § 393 Abs. 4, soweit dies nicht unbillig ist. Insbesondere können dem Widerspruchs- bzw. Beschwerdeführer also auch die Kosten der Rechtsverfolgung der anderen Verfahrensbeteiligten nach §§ 80 ff. auferlegt werden. Für die **Eintragung der Löschung** fallen keine Kosten nach der HRegGebV an.[183]

XIV. Löschung nach § 43 Abs. 2 KWG, nach § 3 Abs. 4 InvG und nach § 4 Abs. 3 VAG

§ 43 Abs. 2 des KWG lässt die Anwendung des § 395 ausdrücklich für den Fall, dass ein Unternehmen eine Firma oder einen Firmenzusatz führt, deren Gebrauch nach § 39 bis 41 KWG unzulässig ist, unberührt. Es handelt sich um die Bezeichnungen „**Bank, Bankier**",[184] oder um Bezeichnungen, in denen diese Worte enthalten sind, wenn die Voraussetzungen des § 39 Abs. 1 KWG nicht gegeben sind, die Neuaufnahme der Bezeichnung „Volksbank" oder einer Bezeichnung, in der dieses Wort enthalten ist, durch Unternehmen, die nicht in der Rechtsform einer eingetragenen Genossenschaft betrieben werden und keinem Prüfungsverband angehören (§ 39 Abs. 2 KWG), ferner um die Bezeichnung „**Sparkasse**" oder eine Bezeichnung, in der dieses Wort enthalten ist, wenn die Voraussetzungen des § 40 Abs. 1 KWG nicht vorliegen, die Bezeichnung „**Bausparkasse**" (vgl. § 16 BausparkassenG) sowie die Bezeichnung „**Spar- und Darlehenskasse**", wenn die Voraussetzungen des § 40 Abs. 2 KWG nicht gegeben sind. Für Unternehmen, die die Worte „Bank, Bankier oder Sparkasse" in einem Zusammenhang führen, der den Anschein ausschließt, dass sie Bankgeschäfte betreiben, z. B. „Deutscher Sparkassenverlag GmbH", gelten aber §§ 39, 40 KWG nicht (§ 41 KWG).[185] Den gleichen Bezeichnungsschutz genießen über § 3 Abs. 4 InvG auch „**Kapitalanlagegesellschaften**", „**Investmentfonds**" oder „**Investmentgesellschaften**" (§ 3 Abs. 1 InvG) sowie die „**Investment-AG**" nach § 3 Abs. 2 InvG sowie über § 4 Abs. 3 VAG auch „**Versicherungen**", „**Versicherer**", „**Assekuranz**", „**Rückversicherung**" und „**Rückversicherer**" (§ 4 Abs. 1 VAG).[186] Ob ein Unternehmen zur Führung der in §§ 39, 40 KWG bzw. § 3 Abs. 1, 2 InvG genannten Bezeichnungen befugt ist, entscheidet in Zweifelsfällen die Bundesanstalt für Finanzdienstleistungsaufsicht; diese hat ihre Entscheidung dem Registergericht mitzuteilen (§ 42 S. 2 KWG). Bindend ist aber eine derartige Entscheidung für das Registergericht nicht; dies ergibt sich insbesondere aus § 4 S. 2 KWG, der ausdrücklich vorschreibt, dass die Entscheidungen des Bundesaufsichtsamts nur die Verwaltungsbehörden binden.[187]

---

[180] OLG Frankfurt BB 1977, 675.
[181] Jansen/Steder § 141 Rn 61.
[182] Jansen/Steder § 141 Rn 64; Korintenberg/Lappe § 88 Rn 15.
[183] A. A. Bahrenfuss/Steup § 395 Rn 33; Korintenberg/Lappe § 88 Rn 18.
[184] Jansen/Steder § 142 Rn 78.
[185] Jansen/Steder § 142 Rn 80.
[186] Hierzu OLG München FGPrax 2005, 227/228.
[187] BJS/Müther § 395 Rn 4; Boos/Fischer § 42 Rn 8; a. A. SBW/Nedden-Boeger § 395 Rn 43.

53　Bezeichnungen der angeführten Art, die ein Unternehmen entgegen §§ 39 bis 41 KWG als Firma oder Firmenzusatz führt, hat das Registergericht **von Amts wegen** zu löschen. Das Amtslöschungsverfahren betrifft nur die Führung der Firma nebst Zusätzen.[188] Das Registergericht wird hierbei auf den **Antrag** der BaFin[189] nach § 43 Abs. 3 KWG oder eines berufsständischen Organs (§ 380), auf Anregung eines Dritten oder von Amts wegen tätig.[190] Die Löschung steht auch hier im pflichtgemäßen Ermessen des Gerichts und ist angesichts des geänderten Wortlauts nicht mehr zwingend vorgeschrieben.[191] Soweit eine der Bezeichnungen als „Zusatz" geführt wird, ist auch eine Teillöschung zulässig.[192]

54　Für das **Verfahren** gilt § 395 uneingeschränkt. Es ist stets geboten, am Verfahren die BaFin zu beteiligen, auch wenn diese selbst keinen Antrag gestellt hat;[193] diese kann gegen die Entscheidung des Registergerichts die nach dem FamFG zulässigen Rechtsmittel einlegen (§ 43 Abs. 3 KWG).[194] Zur entsprechenden Anwendbarkeit von § 392 gemäß § 43 Abs. 2 S. 1 KWG s. die Kommentierung bei § 392 Rn 34.

396 (weggefallen)

Löschung nichtiger Gesellschaften und Genossenschaften

397 ¹Eine in das Handelsregister eingetragene Aktiengesellschaft oder Kommanditgesellschaft auf Aktien kann nach § 395 als nichtig gelöscht werden, wenn die Voraussetzungen vorliegen, unter denen nach den §§ 275 und 276 des Aktiengesetzes die Klage auf Nichtigerklärung erhoben werden kann. ²Das Gleiche gilt für eine in das Handelsregister eingetragene Gesellschaft mit beschränkter Haftung, wenn die Voraussetzungen vorliegen, unter denen nach den §§ 75 und 76 des Gesetzes betreffend die Gesellschaften mit beschränkter Haftung die Nichtigkeitsklage erhoben werden kann, sowie für eine in das Genossenschaftsregister eingetragene Genossenschaft, wenn die Voraussetzungen vorliegen, unter denen nach den §§ 94 und 95 des Genossenschaftsgesetzes die Nichtigkeitsklage erhoben werden kann.

Übersicht

	Rn
I. Normzweck	1
II. Allgemeines	3
1. Grundsatz der Erhaltung der Eintragungen	3
2. Verhältnis zu § 395	4
3. Verhältnis zu § 398	5
4. Verhältnis zu § 399	6
5. Anwendungsbereich	7
III. Nichtigkeitsgründe	8
1. Allgemeines	8
2. Nichtigkeit einer AG, KGaA oder GmbH	10
3. Nichtigkeit einer Genossenschaft	11
4. Heilung der Nichtigkeit	12
IV. Löschungsverfahren	16
1. Zuständigkeit	16
2. Einleitung des Verfahrens	17
3. Beteiligte	21
4. Weiterer Verfahrensablauf	22
V. Rechtsbehelfe	23
VI. Eintragung der Löschung	24

---

[188] OLG Karlsruhe Rpfleger 1995, 418.
[189] A. A. Bassenge/Roth § 142 Rn 15: bloße Anregung.
[190] Jansen/Steder § 142 Rn 87, 96.
[191] A. A. Bahrenfuss/Steup § 395 Rn 32; Boos/Fischer § 42 Rn 9.
[192] Jansen/Steder § 142 Rn 85; a. A. Nedden-Boeger FGPrax 2009, 143.
[193] Anders Jansen/Steder § 142 Rn 98.
[194] OLG Düsseldorf Rpfleger 1977, 309; OLG Frankfurt Rpfleger 1982, 229; Jansen/Steder § 142 Rn 101.

	Rn
VII. Aufhebung der Löschung	26
VIII. Kosten und Gebühren	27

I. Normzweck

Zweck der Bestimmung ist es, die Löschung von Gesellschaften und Beschlüssen nur in Ausnahmefällen zuzulassen. Die Vorschrift trägt dem Umstand Rechnung, dass die Eintragung von Gesellschaften und Beschlüssen weitreichende Folgen hat und nur schwer rückgängig zu machen ist. Sie schützt das **Vertrauen der Öffentlichkeit** in den Bestand der Gesellschaften und räumt diesem Vertrauen Vorrang ein vor den privaten Interessen einzelner Personen, die durch die Eintragung fehlerhafter Gesellschaften in ihren Rechten betroffen werden können.[1] Das Gesetz hat sich in §§ 275 AktG, 75 GmbHG, 397 bis 399 aus Gründen der Rechtssicherheit und des Vertrauensschutzes für den **Grundsatz der Erhaltung der Eintragung** entschieden. Diesem Schutzzweck würde es widersprechen, wenn man die Löschung wegen Verfahrensmängeln nach § 395 zuließe.[2]

1

Die Vorschrift entspricht weitgehend dem bisherigen § 144 Abs. 1 FGG, integriert wird außerdem der für Genossenschaften geltende § 147 Abs. 3 FGG. Auf die Normierung einer **Mindestfrist** zur Geltendmachung des Widerspruchs wird auch im Rahmen des § 397 verzichtet.[3]

2

II. Allgemeines

1. Grundsatz der Erhaltung der Eintragung

Während im Anmeldeverfahren das Registergericht weitgehende Prüfungsrechte und -pflichten hat, die das Ziel verfolgen, zum Schutz des Rechtsverkehrs unrichtige Eintragungen im Handelsregister möglichst zu vermeiden, gilt für die erfolgte Eintragung der **Grundsatz der Erhaltung der Eintragung**. § 397 findet Anwendung, wenn die Löschung einer der hier aufgeführten Gesellschaften erfolgen soll und beschränkt die Löschung auf die in § 397 genannten Gründe. Das Löschungsverfahren dient nicht zur Korrektur etwaiger Fehler des Anmeldeverfahrens.[4] Daraus ergibt sich ein gegenüber einer Anmeldung zur Eintragung stark eingeschränktes Prüfungsrecht des Registergerichts.

3

2. Verhältnis zu § 395

Soweit die Voraussetzungen des § 397 vorliegen, enthalten sie eine **abschließende Regelung,** so dass eine Löschung nicht über § 395 herbeigeführt werden kann. § 395 ist durch § 397, der die speziellere Vorschrift ist, ausgeschlossen.[5] Soll dagegen die Löschung sonstiger auf diese Gesellschaft bezogener Eintragungen erfolgen, so gilt § 395. Diese einschränkende Gesetzesauslegung ist mit Art. 19 Abs. 4 und Art. 14 Abs. 1 GG vereinbar.[6] Das Gesetz **erschwert die Löschung** der darin genannten Gesellschaften gegenüber sonstigen Eintragungen. Sie sollen nur unter den engen Voraussetzungen des § 397 gelöscht werden können, während die übrigen Eintragungen schon wegen Fehlens jeder „wesentlichen Voraussetzung" (§ 395) gelöscht werden können. Die allgemeine Vorschrift des § 395, nach der das Registergericht eine Eintragung im Handelsregister löschen kann, wenn sie „wegen Mangels einer wesentlichen Voraussetzung unzulässig war", gilt also für die Gesellschaften und Beschlüsse, die in Abteilung A des Handelsregisters einzutragen sind, wie OHG, KG, EWIV und die in § 33 HGB genannten juristischen Personen. Für die in § 397 genannten Gesell-

4

---

[1] Vgl. BGH NJW 1957, 19; KG FGPrax 2001, 31; OLG Frankfurt FGPrax 2002, 78.
[2] KG Rpfleger 2001, 135; OLG Hamm Rpfleger 1979, 308.
[3] BT-Drs. 16/6308 S. 288.
[4] BayObLG GmbHR 1992, 304; OLG Zweibrücken GmbHR 1995, 723.
[5] BayObLG GmbHR 1992, 304; OLG Frankfurt FGPrax 2002, 35; OLG Karlsruhe OLGZ 1986, 155; OLG Köln Rpfleger 2002, 209.
[6] OLG Karlsruhe Rpfleger 2001, 498 für Hauptversammlungsbeschlüsse.

schaften (AG, KGaA, GmbH und Genossenschaft) greift § 395 nur dann ein, wenn es sich nicht um die Löschung der Gesellschaften handelt.[7]

3. Verhältnis zu § 398

5 Es kann **gleichzeitig** das Löschungsverfahren hinsichtlich eines Gesellschafterbeschlusses nach § 398 und der Gesellschaft nach § 397 eingeleitet werden.[8]

4. Verhältnis zu § 399

6 § 397 und § 399 ergänzen sich in Hinblick auf die Löschung einer **AG, KGaA** oder **GmbH** gegenseitig. § 399 behandelt das Fehlen oder die Nichtigkeit von Bestimmungen über Firma, Sitz, Grund- oder Stammkapital, Aktien und Stammeinlagen und Vorstandsregelung dieser Gesellschaften und sieht ein besonderes **gerichtliches Verfahren** vor, in dem das Registergericht die Gesellschaft zur **Behebung des Mangels** durch Satzungsänderung auffordert. Dieses Verfahren endet, falls der Mangel nach Fristsetzung nicht behoben wird, mit der gerichtlichen Feststellung des Mangels der Satzung. Dies führt zur Auflösung der Gesellschaft. Während die Einleitung und Durchführung des Verfahrens gemäß § 397 dem pflichtgemäßen Ermessen des Gerichts obliegt, ist das Gericht bei Vorliegen der Voraussetzungen des § 399 verpflichtet, das darin vorgesehene Verfahren einzuleiten und nach Abschluss des Verfahrens die Verfügung über die Feststellung des Mangels zu erlassen. Aus Gründen der Verhältnismäßigkeit ist im Falle einer Überschneidung das Verfahren nach § 399 dem Verfahren nach § 397 vorzuziehen.[9] Für **Genossenschaften** gilt § 399 nicht, so dass es zu keiner Konkurrenz der Vorschriften kommen kann.[10]

5. Anwendungsbereich

7 Die §§ 275, 276, 278 Abs. 3 AktG, §§ 75, 76 GmbHG und §§ 94, 95 GenG sehen die Nichtigkeitserklärung einer **AG** (auch einer SE), **KGaA** (S. 1), einer **GmbH** (auch einer Unternehmergesellschaft) oder **Genossenschaft** (S. 2, auch einer SCE) im Weg der Nichtigkeitsklage unter bestimmten Voraussetzungen vor. Nach §§ 275 Abs. 4 AktG, § 75 Abs. 2 GmbHG, § 96 i.Vm. § 51 Abs. 5 S. 2 GenG ist das ergangene Urteil zum Handelsregister einzureichen und die Nichtigkeit der Gesellschaft auf Grund rechtskräftigen Urteils einzutragen. § 397 gestattet unter denselben Voraussetzungen, unter denen die Nichtigkeitsklage erhoben werden kann, die **Löschung** dieser Gesellschaften **von Amts wegen**. Beide Verfahren bestehen nebeneinander und können miteinander konkurrieren.[11] Für Vorgesellschaften stellen die genannten Nichtigkeitsgründe Eintragungshindernisse dar, so dass § 397 erst nach deren Eintragung als Vollrechtsträger anwendbar ist.[12]

III. Nichtigkeitsgründe

1. Allgemeines

8 Die Nichtigkeitsgründe nach §§ 275 Abs. 1 AktG, 75 Abs. 1 GmbHG bzw. §§ 94, 95 GenG sind **abschließend**. Die Beschränkung der Nichtigkeitsgründe, die die Existenz der juristischen Person berühren können, auf die dort genannten Fälle bedeutet, dass die Nichtigkeit **anderer Bestimmungen der Satzung oder des Statuts** auch nicht über § 139 BGB zur Nichtigkeit der Gesellschaft führen kann, mögen sie auch für die Gesellschafter noch so wesentlich gewesen sein. Die Anwendbarkeit des § 139 BGB ist deshalb für den Geltungsbereich der §§ 275 AktG, 75 GmbHG und §§ 94, 95 GenG ausgeschlos-

---

[7] Baums S. 109.
[8] Jansen/Steder § 144 Rn 8 m.w.N.
[9] A. A. Bahrenfuss/Steup § 397 Rn 12.
[10] MünchKommZPO/Krafka § 397 FamFG Rn 4.
[11] Baumbach/Hueck/Schulze-Osterloh/Zöllner § 77 Anh. Rn 26; MünchKommZPO/Krafka § 397 FamFG Rn 11; Scholz/Schmidt § 75 Rn 29.
[12] Bahrenfuss/Steup § 397 Rn 5.

sen; anderenfalls könnte die Nichtigkeit jeder beliebigen Bestimmung der Satzung über § 139 BGB zur Nichtigkeit der AG, GmbH oder Genossenschaft führen.[13]

Keine Löschungsgründe sind also etwa die Geschäftsunfähigkeit eines Gründers,[14] die Mitwirkung von weniger als fünf Gründern nach früherem Recht bei der AG, Mängel im Gründungsverfahren,[15] verschleierte Sachgründung,[16] Strohmanngründung,[17] Beteiligung einer ausländischen Gesellschaft, die zwar rechtmäßig im Ausland gegründet wurde, sodann aber ihren faktischen Verwaltungssitz nach Deutschland verlegt hat (sog. Auslandsscheingesellschaft),[18] Beurkundungsmängel,[19] fehlende Bevollmächtigung,[20] Verstöße gegen das öffentliche Recht, insbesondere das Fehlen einer öffentlich-rechtlichen Genehmigung.[21] Als nicht wesentliche Mängel gelten nach § 95 Abs. 1 GenG ausdrücklich die Bestimmungen über die Beurkundung der Beschlüsse der Generalversammlung und den Vorsitz in dieser. Soweit ein eingetragener Umwandlungsbeschluss Bestandskraft nach § 20 Abs. 2 UmwG entfaltet, scheidet auch eine Löschung nach § 397 aus.[22]

2. Nichtigkeit einer AG, KGaA oder GmbH

Die Löschung einer AG, KGaA oder GmbH kann hiernach erfolgen:
- wenn in der Satzung keine Bestimmung über die **Höhe des Grund- oder Stammkapitals** enthalten ist (§§ 23 Abs. 3 Nr. 3 AktG, 3 Abs. 1 Nr. 3 GmbHG).[23] Ist der Betrag zwar angegeben, die Bestimmung aber wegen Verstoßes gegen §§ 6, 7 AktG oder §§ 5, 5a Abs. 1 GmbHG nichtig, so greift nicht das Verfahren nach § 397, sondern nach § 399 ein.[24]
- wenn in der Satzung keine Bestimmung über den **Gegenstand des Unternehmens** enthalten ist (§§ 23 Abs. 3 Nr. 2 AktG, 3 Abs. 1 Nr. 2 GmbHG). Diese Bestimmung meint den Geschäftsbereich, in dem die Gesellschaft tätig werden soll;[25] unzureichende Individualisierung des Unternehmensgegenstands führt allerdings nicht zur Nichtigkeit, es sei denn es handelt sich hierbei um eine Scheinregelung (§ 117 BGB);[26]
- wenn die Bestimmungen der Satzung über den **Gegenstand des Unternehmens nichtig** sind, z. B. gegen eine gesetzliche Regelung (§ 134 BGB) oder die guten Sitten (§ 138 BGB) verstoßen;[27] bei einem nachträglichen Verstoß gegen ein erst nach Gründung in Kraft getretenes Gesetz ist die Löschung möglich, nicht jedoch bei einem bloßen Wandel der sittlichen Anschauungen; bei einer vollständigen Abweichung der tatsächlichen Geschäftstätigkeit vom Unternehmensgegenstand (z. B. einer verdeckten Vorratsgründung) liegt keine Nichtigkeit vor, § 397 darf auch nicht entsprechend angewendet werden.[28] Fehlt die zur Ausübung des Unternehmensgegenstands erforderliche öffentlich-rechtliche Genehmigung ist § 397 nicht einschlägig.[29]

---

[13] MünchKommZPO/Krafka § 397 FamFG Rn 5.
[14] KG GmbHR 2001, 33 zur Geschäftsunfähigkeit des alleinigen Gründungsgesellschafters bei Errichtung der GmbH.
[15] MünchKommZPO/Krafka § 397 FamFG Rn 5.
[16] Jansen/Steder § 144 Rn 24.
[17] BGH NJW 1960, 285; KG OLGZ 1968, 477; bei der GmbH nunmehr unproblematisch infolge Zulässigkeit der Einmann-GmbH.
[18] OLG Frankfurt FGPrax 2002, 78.
[19] Bassenge/Roth/K. Walter § 397 Rn 4; Winkler NJW 1974, 1034.
[20] KG OLGZ 1968, 477/482 ff.; Bahrenfuss/Steup § 397 Rn 18.
[21] Prütting/Helms/Maass § 397 Rn 12.
[22] OLG Hamburg RNotZ 2008, 37.
[23] MünchKommZPO/Krafka § 397 FamFG Rn 6.
[24] Prütting/Helms/Maass § 397 Rn 7.
[25] Vgl. OLG Düsseldorf DB 1970, 481.
[26] MünchKommZPO/Krafka § 397 FamFG Rn 7.
[27] BayObLG FGPrax 1996, 235 = NJW 1996, 3217; Jansen/Steder § 144 Rn 20; Winkler NJW 1970, 449.
[28] Bahrenfuss/Steup § 397 Rn 19; Rowedder/Zimmermann § 75 Rn 19; a. A. BJS/Müther § 397 Rn 4; MünchKommZPO/Krafka § 397 FamFG Rn 8.
[29] BJS/Müther § 397 Rn 4.

3. Nichtigkeit einer Genossenschaft oder SCE

11 Die Löschung einer Genossenschaft bzw. einer SCE (§ 10 Abs. 1 S. 1 SCE-AusführungsG) kann hiernach erfolgen:
- wenn im Statut eine der **wesentlichen Bestimmungen** fehlt, nämlich eine Bestimmung über die **Firma** und den **Sitz** der Genossenschaft, den **Gegenstand des Unternehmens**, die Form für die Berufung der Generalversammlung, die Form, in der die von der Genossenschaft ausgehenden Bekanntmachungen erfolgen, sowie über die öffentlichen Blätter, in die sie aufzunehmen sind (§ 6 GenG), über die Art der Haftpflicht der Genossen (beschränkte, unbeschränkte oder keine, §§ 6 Nr. 3, 119 GenG), über die Geschäftsanteile und die auf sie zu machenden Einzahlungen, die Bildung einer gesetzlichen Rücklage und die Art der Bildung (§ 7 Nr. 1, 2 GenG), über die Haftsumme der einzelnen Genossen (§ 6 Nr. 3 GenG);[30]
- wenn das Statut zwar die wesentlichen Bestimmungen enthält, wenn es aber ganz oder **in einer einzelnen dieser Bestimmungen nichtig** ist; letzteres ist der Fall, wenn die Firma nicht vom Gegenstand des Unternehmens entlehnt ist, wenn sie die auf die Haftpflicht der Genossen bezogene Bezeichnung nicht enthält (§ 2 GenG), wenn Namen von Genossen oder anderen Personen in die Firma aufgenommen sind (§ 3 GenG), wenn die Einzahlungen auf den Geschäftsanteil nicht zu mindestens ein Zehntel desselben nach Betrag und Zeit bestimmt sind (§ 7 Nr. 2 GenG), wenn die Haftsumme niedriger ist als der Geschäftsanteil (§ 119 GenG). § 397 ist auch anwendbar, wenn versehentlich ein Versicherungsverein auf Gegenseitigkeit in das Genossenschaftsregister eingetragen wurde.[31] Verfolgt eine Genossenschaft nach Eintragung im Genossenschaftsregister nur noch einen genossenschaftsfremden Unternehmenszweck, so kann sie allein deshalb nicht von Amts wegen gelöscht werden.[32]
- wenn der Sitz einer SCE nicht mehr im Unionsgebiet liegt (Art. 6 SCE-VO i. V. m. § 10 Abs. 1 S. 1 SCE-AG).[33]

4. Heilung der Nichtigkeit

12 Die Löschung kann von Amts wegen nicht mehr vorgenommen werden, wenn der Nichtigkeitsgrund geheilt worden ist. Bei **AG** und **KGaA** tritt die Heilung eines Mangels, der die Bestimmungen über den Gegenstand des Unternehmens betrifft (§ 276 AktG) ein, wenn dieser unter Berücksichtigung der Bestimmungen des AktG und der Satzung über Satzungsänderungen (§§ 179 ff., 278 AktG) durch einen entsprechenden in das Handelsregister eingetragenen Beschluss der Hauptversammlung behoben wurde.

13 Bei der **GmbH** wegen eines Mangels, der die Bestimmungen über den Gegenstand des Unternehmens betrifft (§ 76 GmbHG), erfolgt Heilung, wenn der Mangel durch einstimmigen, in das Handelsregister eingetragenen Beschluss der Versammlung der Gesellschafter (§§ 76, 53, 54 GmbHG) beseitigt wird.[34]

14 Bei der **Genossenschaft** gilt, dass wegen eines Mangels, der eine wesentliche Bestimmung des Statuts betrifft, die Löschung wegen Nichtigkeit nicht mehr erfolgen kann, wenn dieser durch einen den Vorschriften des GenG über Änderungen des Statuts entsprechenden Beschluss der Generalversammlung geheilt ist (§§ 95 Abs. 2 bis 4, 16 GenG).

15 Die Heilung eines an sich heilbaren Mangels ist auch nicht dadurch ausgeschlossen, dass die **Frist** für die Erhebung des **Widerspruchs abgelaufen** oder der Widerspruch **rechtskräftig zurückgewiesen** ist.[35] Die Heilung kann auch noch nach einem rechtskräftigen Nichtigkeitsurteil (§§ 275 AktG, 75 GmbHG)[36] und sogar noch nach Eintragung des Nichtigkeitsurteils auf Grund §§ 277 AktG, 75 GmbHG eintreten.[37] Die Zurückverwand-

---

[30] BGH NJW 1953, 258.
[31] KG KGJ 32 A, 164.
[32] BayObLG MDR 1985, 332.
[33] Bassenge/Roth/K. Walter § 397 Rn 5.
[34] Baumbach/Hueck/Schulze-Osterloh/Noack § 76 Rn 6.
[35] Bassenge/Roth/K. Walter § 397 Rn 3; Bumiller/Harders § 397 Rn 6; a. M. Cohn ZHR 82, 131.
[36] MünchKommAktG/Hüffer § 276 Rn 14.
[37] MünchKommAktG/Hüffer § 276 Rn 15.

lung einer für nichtig erklärten Gesellschaft dürfte somit zulässig sein, zumindest, wenn noch nicht mit der Abwicklung begonnen wurde.[38] Auf die Heilungsmöglichkeit hat das Registergericht ausdrücklich hinzuweisen, §§ 45 Abs. 2 HRV, 22 Abs. 1 GenRegV.

IV. Löschungsverfahren

1. Zuständigkeit

Sachlich zuständig ist das AG, § 23a Abs. 1 Nr. 1, Abs. 2 Nr. 3 GVG. Die **örtliche** 16 Zuständigkeit bestimmt sich nach § 377 Abs. 1 i. V. m. § 376. Nach erfolgter Sitzverlegung ist das Registergericht des neuen Sitzes zuständig (s. § 377 Rn 10).[39] Die Löschung nach § 397 ist dem Richter vorbehalten, § 17 Nr. 1e RPflG, soweit es sich um die Löschung einer **AG**, einer **KGaA** oder einer **GmbH** handelt. Landesrechtliche Regelungen über die Aufhebung des Richtervorbehalts nach § 19 Abs. 1 S. 1 Nr. 6 RPflG sind zu beachten (s. § 377 Rn 18). Die Löschung einer **Genossenschaft** (auch einer SCE) obliegt hingegen dem **Rechtspfleger,** da der Richtervorbehalt insoweit nicht eingreift.[40]

2. Einleitung des Verfahrens

Die Löschung auf Grund § 397 ist auch beim Vorliegen der Voraussetzungen nicht 17 Pflicht des Gerichts, vielmehr stehen Einleitung und Durchführung des Verfahrens im **pflichtgemäßen Ermessen** des Gerichts,[41] wobei das öffentliche Interesse zu beachten ist. Dies macht im jeweiligen Einzelfall eine Abwägung der durch die Mängel gefährdeten Interessen einerseits mit der durch die Löschung möglicherweise drohenden Vernichtung erheblicher Werte andererseits notwendig.[42] Beachtlich sind also die Interessen des Rechtsverkehrs, wozu auch diejenigen der Gläubiger und künftiger Aktionäre zählen, nicht jedoch die Interessen der gegenwärtigen Gesellschafter, Aktionäre und Genossen.[43] Das bedeutet, dass das Registergericht, auch wenn es einen unheilbaren Nichtigkeitsgrund nach § 275 AktG, § 75 GmbHG oder §§ 94, 95 GenG festgestellt hat, unter besonderen Umständen von der Einleitung eines Verfahrens absehen kann, etwa dann, wenn die Gesellschaft lange Zeit unbeanstandet existiert hat und die Löschung nur wirtschaftlichen Schaden bringen könnte.[44]

Die Verfahrenseinleitung kann auch durch Antrag nach § 23 beginnen, vgl. § 395 Abs. 1 18 S. 1. **Antragsberechtigt** sind nur und ausschließlich die berufsständischen Organe nach § 380 Abs. 1, nicht jedoch der genossenschaftliche Prüfungsverband.

Jedenfalls aber muss die Nichtigkeit **zweifelsfrei** feststehen und darf nicht von der 19 Entscheidung **streitiger Rechtsverhältnisse oder Rechtsfragen** abhängig sein.[45] Ergeben sich solche nach Einleitung des Verfahrens, so wird das Gericht von der Aussetzungsbefugnis nach §§ 21, 381 Gebrauch machen. Dass die Nichtigkeitsklage erhoben ist, stellt aber kein unbedingtes Hindernis der Löschung von Amts wegen dar.[46] An das die Nichtigkeit einer Gesellschaft aussprechende Urteil ist das Registergericht gebunden, das Verfahren ist ohne weitere Voraussetzungen erledigt.[47] **Abweisung der Nichtigkeitsklage** steht dem Löschungsverfahren nicht entgegen, es entfaltet keine Bindungswirkung, da die Amtslöschung im öffentlichen Interesse erfolgt.[48] Der **Ablauf der Klagefrist** des § 275 Abs. 3 AktG hindert nicht das Einschreiten nach § 397.

---

[38] Bassenge/Roth/K. Walter § 397 Rn 12; MünchKommAktG/Hüffer § 276 Rn 15.
[39] Bahrenfuss/Steup § 397 Rn 24.
[40] MünchKommZPO/Krafka § 397 FamFG Rn 10.
[41] MünchKommZPO/Krafka § 397 FamFG Rn 13; Bumiller/Harders § 397 Rn 9; a. A. Baumbach/Hueck/Schulze-Osterloh/Zöllner § 77 Anh. Rn 25; Hüffer § 275 Rn 32.
[42] MünchKommZPO/Krafka § 397 FamFG Rn 13.
[43] Bahrenfuss/Steup § 397 Rn 22.
[44] Bassenge/Roth/K. Walter § 397 Rn 7; vgl. KG JW 1938, 3048.
[45] BayObLG GmbHR 1992, 304.
[46] MünchKommZPO/Krafka § 397 FamFG Rn 11.
[47] Bassenge/Roth/K. Walter § 397 Rn 7; MünchKommAktG/Hüffer § 275 Rn 74.
[48] MünchKommZPO/Krafka § 397 FamFG Rn 16; MünchKommAktG/Hüffer § 275 Rn 74.

20 Das Recht zur Amtslöschung bezieht sich nicht nur auf Eintragungen, die bereits im **Zeitpunkt der Eintragung** nichtig waren, sondern auch auf solche, die erst **nachträglich** nichtig geworden sind.[49]

3. Beteiligte

21 Beteiligt an dem Verfahren ist die **Gesellschaft** bzw. **Genossenschaft** als solche, deren gesetzliche Vertreter, also der Vorstand oder die Abwickler der AG, die persönlich haftenden Gesellschafter der KGaA, die Geschäftsführer der GmbH, die Vorstandsmitglieder, die zu ihrer Vertretung berufen sind;[50] nur an diese müssen deshalb die erforderlichen Bekanntmachungen erfolgen. Die einzelnen Aktionäre, Gesellschafter, Genossen oder der Aufsichtsrat sind nicht beteiligt.[51] Die **berufsständischen Organe** sind im Falle der Antragstellung beteiligt (§ 7 Abs. 1), sonst können sie nur gemäß § 380 Abs. 2 in zweifelhaften Fällen beteiligt werden. Da § 397 und § 395 Abs. 2 S. 2 nicht auf § 394 Abs. 2 S. 3 verweist, müssen die **berufsständischen Organe** und bei Genossenschaften der **Prüfungsverband** nicht angehört werden. Deshalb erscheint eine Anhörung auch nicht regelmäßig geboten.[52]

4. Weiterer Verfahrensablauf

22 Das Verfahren ist das Gleiche, wie es für die Löschung sonstiger unzulässiger Eintragungen vorgeschrieben ist, § 395 Abs. 2 i. V. m. § 394 Abs. 2 S. 1 und 2 bzw. § 395 Abs. 3 i. V. m. § 393 Abs. 3 bis 5. Soll eine AG, eine SE, eine KGaA oder eine GmbH gelöscht werden, so ist, wenn der Mangel geheilt werden kann (s. Rn 12 ff.), hierauf ausdrücklich vom **Gericht hinzuweisen,** § 45 Abs. 2 HRV. Soll eine Genossenschaft oder eine SCE gelöscht werden, so ist ausdrücklich darauf hinzuweisen, dass der Mangel bis zur Löschung durch Beschluss der Generalversammlung nach §§ 95 Abs. 2 bis 4 GenG, 10 Abs. 1 S. 2 SCE-AG geheilt werden kann, § 22 Abs. 1 GenRegV.

Abweichend von der bisherigen Rechtslage, muss die in der einleitenden Verfügung für die Erhebung des Widerspruchs zu bestimmende Frist **nicht mehr mindestens drei Monate** betragen.[53] Die Frist muss **angemessen** sein, kann also auch weniger als drei Monate, sollte aber wenigstens einen Monat betragen (s. zur Frist § 395 Rn 34).[54] An die Drei-Jahres-Frist des § 275 Abs. 3 S. 1 AktG ist das Registergericht nicht gebunden; eine Löschung der Gesellschaft von Amts wegen nach § 397 wird durch den Zeitablauf nicht ausgeschlossen (§ 275 Abs. 3 S. 2 AktG). Vgl. im Übrigen zum Verfahren § 395 Rn 32 ff.[55]

V. Rechtsbehelfe

23 Gegen die Ablehnung des Antrags auf Einleitung eines Löschungsverfahrens sowie gegen den Beschluss über den Widerspruch sind die **Beschwerde** nach § 58 und ggf. die Rechtsbeschwerde nach § 70 statthaft, § 397 i. V. m. § 395 Abs. 3 i. V. m. § 393 Abs. 3 S. 2. Es gelten die Ausführungen zu § 393 Rn 26 f. entsprechend.

VI. Eintragung der Löschung

24 Die Löschung darf erst erfolgen, wenn entweder kein (fristgerechter) Widerspruch eingelegt wurde oder der den Widerspruch zurückweisende Beschluss **rechtskräftig** (§ 45) geworden ist (§ 397 i. V. m. § 395 Abs. 3 i. V. m. § 393 Abs. 5). Nach § 45 Abs. 2 S. 1 HRV und § 22 GenRegV erfolgt der Vollzug der Löschung durch Eintragung der Gesellschaft bzw. Genossenschaft „als nichtig", vgl. § 395 Abs. 1 S. 2. Bei Eintragung der Löschung ist auf die **gesetzliche Grundlage** hinzuweisen (§ 19 Abs. 2 HRV). Sie ist gemäß § 383

---

[49] BJS/Müther § 397 Rn 3.
[50] MünchKommZPO/Krafka § 397 FamFG Rn 16.
[51] Bassenge/Roth/K. Walter § 397 Rn 8.
[52] A. A. Prütting/Helms/Maass § 397 Rn 15.
[53] BT-Drs. 16/6308 S. 288.
[54] MünchKommZPO/Krafka § 397 FamFG Rn 17.
[55] S. a. Jansen/Steder § 144 Rn 46.

Abs. 1 bekannt zu geben und nach § 383 Abs. 2 FamFG i. V. m. § 10 HGB zu veröffentlichen.

Die **Wirkung der Amtslöschung** einer AG, KGaA bemisst sich nach §§ 277, 278 Abs. 3 AktG, einer GmbH nach § 77 GmbHG und einer Genossenschaft nach § 97 GenG. Ist die Nichtigkeit im Register eingetragen, so findet die Abwicklung nach den Vorschriften über die Abwicklung bei Auflösung statt.[56] Auch nach Eintragung der Nichtigkeit in das Register bleibt die Wirksamkeit der im Namen des Rechtsträgers mit Dritten vorgenommenen Rechtsgeschäfte unberührt (§§ 277 Abs. 2 AktG, 77 Abs. 2 GmbHG, 97 Abs. 2 GenG).[57] Die Gesellschafter bzw. Genossen haben die Einzahlung zu leisten, soweit es zur Erfüllung der eingegangenen Verbindlichkeiten erforderlich ist (§§ 277, 278 Abs. 3 AktG, § 77 GmbHG, § 97 Abs. 3 GenG).[58]

VII. Aufhebung der Löschung

Ist die Löschung unter **wesentlichen Verfahrensmängeln** erfolgt, so wird sie ihrerseits nach § 395 gelöscht, und die Gesellschaft wird, solange mit deren Abwicklung noch nicht begonnen wurde, wieder zur werbenden Gesellschaft.[59]

VIII. Kosten und Gebühren

Gerichtsgebühren fallen nach Maßgabe von § 88 Abs. 2 KostO für die **Zurückweisung eines eingelegten Widerspruchs** oder für die **Verwerfung oder Zurückweisung der Beschwerde** gegen die Zurückweisung des Widerspruchs an. Für die **Eintragung der Löschung** fallen keine Kosten nach der HRegGebV an, § 88 Abs. 1 KostO, vgl. auch Vorb. 2 Abs. 4 und Vorb. 3 Abs. 4 GV-HRegGebV.[60] Eine **Kostenentscheidung** ergeht nach § 397 i. V. m. § 395 Abs. 3 i. V. m. § 393 Abs. 4. Im Übrigen gelten die Ausführungen bei § 395 Rn 51 entsprechend.

Löschung nichtiger Beschlüsse

398

Ein in das Handelsregister eingetragener Beschluss der Hauptversammlung oder Versammlung der Gesellschafter einer der in § 397 bezeichneten Gesellschaften sowie ein in das Genossenschaftsregister eingetragener Beschluss der Generalversammlung einer Genossenschaft kann nach § 395 als nichtig gelöscht werden, wenn er durch seinen Inhalt zwingende gesetzliche Vorschriften verletzt und seine Beseitigung im öffentlichen Interesse erforderlich erscheint.

Übersicht

	Rn
I. Normzweck	1
II. Allgemeines	3
1. Grundsatz der Erhaltung der Eintragungen	3
2. Verhältnis zu § 395	4
3. Verhältnis zu § 397	6
4. Anwendungsbereich	7
III. Eingetragene Beschlüsse	9
1. Allgemeines	9
2. Nichtigkeit von Beschlüssen	11
3. Öffentliches Interesse an der Beseitigung	16
4. Heilung der Nichtigkeit	18

---

[56] Baumbach/Hueck/Schulze-Osterloh/Noack § 77 Rn 4; Bumiller/Harders § 397 Rn 8; MünchKomm-AktG/Hüffer § 277 Rn 7.
[57] Hönn ZHR 138 (1974), 50.
[58] Baumbach/Hueck/Schulze-Osterloh/Noack § 77 Rn 5; Bumiller/Harders § 397 Rn 8; MünchKomm-AktG/Hüffer § 277 Rn 9.
[59] Bassenge/Roth/K. Walter § 397 Rn 12; MünchKommZPO/Krafka § 397 FamFG Rn 19.
[60] A. A. Haußleiter/Schemmann § 397 Rn 13; Korintenberg/Lappe § 88 Rn 18.

	Rn
IV. Löschungsverfahren	19
1. Zuständigkeit	19
2. Einleitung des Verfahrens	20
3. Beteiligte	22
4. Weiterer Verfahrensablauf	25
V. Rechtsbehelfe	26
VI. Eintragung der Löschung	27
VII. Aufhebung der Löschung	29
VIII. Kosten und Gebühren	30

I. Normzweck

1　Zweck der Bestimmung ist es, die **Löschung von Beschlüssen nur in Ausnahmefällen** zuzulassen. Die Vorschrift trägt dem Umstand Rechnung, dass die Eintragung von Beschlüssen weitreichende Folgen hat und nur schwer rückgängig zu machen ist. Sie schützt das Vertrauen der Öffentlichkeit in den Bestand der Beschlüsse und räumt diesem Vertrauen Vorrang ein vor den privaten Interessen einzelner Personen, die durch die Eintragung fehlerhafter Beschlüsse in ihren Rechten betroffen werden können.[1]

2　Die Vorschrift entspricht weitgehend dem bisherigen § 144 Abs. 2 FGG, integriert wird außerdem der für Genossenschaften geltende § 147 Abs. 4 FGG. Auf die Normierung einer **Mindestfrist** zur Geltendmachung des Widerspruchs wird auch im Rahmen des § 398 verzichtet.[2]

II. Allgemeines

1. Grundsatz der Erhaltung der Eintragung

3　Während im Anmeldeverfahren das Registergericht weitgehende Prüfungsrechte und -pflichten hat, die das Ziel verfolgen, zum Schutz des Rechtsverkehrs unrichtige Eintragungen im Handelsregister möglichst zu vermeiden, gilt für die erfolgte Eintragung der **Grundsatz der Erhaltung der Eintragung** (s. § 397 Rn 3). § 398 findet Anwendung, wenn die Löschung einer der hier aufgeführten Gesellschaften erfolgen soll und beschränkt die Löschung auf die in § 398 genannten Gründe. Das Löschungsverfahren dient nicht zur Korrektur etwaiger Fehler des Anmeldeverfahrens.[3] Daraus ergibt sich ein gegenüber einer Anmeldung zur Eintragung stark eingeschränktes Prüfungsrecht des Registergerichts.[4]

2. Verhältnis zu § 395

4　Soweit die Voraussetzungen des § 398 vorliegen, enthalten sie eine **abschließende Regelung,** so dass eine Löschung nicht über § 395 herbeigeführt werden kann. Für die in § 398 genannten Gesellschaften genannten Gesellschaften (AG, KGaA, GmbH, Genossenschaft) greift § 395 nur dann ein, wenn es sich nicht um die Löschung der Gesellschaften oder ihrer Beschlüsse handelt.[5] Es wäre widersinnig, wenn ein Beschluss zwar inhaltlich nichtig ist, gemäß § 398 aber nicht gelöscht werden kann, ein anderer, unter Umständen gültiger Beschluss, jedoch wegen Fehlens einer wesentlichen Voraussetzung, etwa einer ordnungsgemäßen Anmeldung, gelöscht werden könnte. Deshalb lehnt die obergerichtliche Rechtsprechung zutreffend die Anwendbarkeit des § 395 auch bei wesentlichen (welche sind das?) Verfahrensmängeln ab.[6]

---

[1] Vgl. BGH NJW 1957, 19; KG FGPrax 2001, 31; OLG Frankfurt FGPrax 2002, 78; OLG Hamburg RNotZ 2004, 41.
[2] BT-Drs. 16/6308 S. 288.
[3] BayObLG GmbHR 1992, 304; OLG München FGPrax 2010, 145; OLG Zweibrücken GmbHR 1995, 723.
[4] OLG München FGPrax 2010, 145/146 = DNotZ 2010, 466.
[5] Baums S. 109.
[6] BayObLG GmbHR 1992, 304; OLG Köln Rpfleger 2002, 209; OLG Frankfurt FGPrax 2002, 78; OLG Hamm OLGZ 1979, 313/317; OLG Karlsruhe OLGZ 1986, 155/159; a. A. BVerfG (Kammerbeschluss)

Die Einschränkung des § 398 gilt aber nicht, wenn es sich um **Nicht- oder Scheinbeschlüsse** einer vermeintlichen Gesellschafterversammlung handelt, ein Beschluss als solcher aber gar nicht vorliegt;[7] hier greift § 395 unmittelbar ein, z. B. wenn die Eintragung eines Gesellschafters als Geschäftsführer gerade wegen **Nichtvorliegens eines dahingehenden Gesellschafterbeschlusses** von Amts wegen gelöscht werden soll (s. § 395 Rn 8).[8] Beruht eine (nachträglich) unzulässige Eintragung nicht auf einem nichtigen Beschluss, sondern aufgrund einer Veränderung der tatsächlichen Umstände, so greift die Sperrwirkung des § 398 ebenfalls nicht ein (s. § 395 Rn 8). Ein nachträglich bestrafter Geschäftsführer kann daher nach § 395 aus dem Register gelöscht werden.[9] Die in § 398 vorgesehene Privilegierung der Beschlüsse der Gesellschafterversammlung lässt sich nicht auf Beschlüsse ausdehnen, die von anderen Organen der Gesellschaft gefasst werden, § 398 ist daher z. B. auf **Aufsichtsratsbeschlüsse** nicht anwendbar.[10] Dagegen kann ein von allen Gesellschaftern einer GmbH geschlossener **Prozessvergleich** über die Auflösung der Gesellschaft beim Fehlen entgegenstehender Satzungsbestimmungen einem Gesellschafterbeschluss rechtlich gleichgeachtet werden.[11]

3. Verhältnis zu § 397

Es kann **gleichzeitig** das Löschungsverfahren hinsichtlich eines Gesellschafterbeschlusses nach § 398 und der Gesellschaft nach § 397 eingeleitet werden.[12]

4. Anwendungsbereich

Die Vorschrift greift nur bei der Löschung von Hauptversammlungs-, Gesellschafter- und Generalversammlungsbeschlüssen einer **AG** (auch einer SE), **KGaA**, einer **GmbH** (auch einer **Unternehmergesellschaft** nach § 5 a GmbHG[13]) oder einer **Genossenschaft** (auch einer SCE) ein. Für die Beschlüsse einer OHG, KG und die in § 33 HGB genannten juristischen Personen sowie von Vereinsversammlungen gilt die allgemeine Vorschrift des § 395.

Nach § 246 AktG kann ein Beschluss der Hauptversammlung wegen Verletzung des Gesetzes oder der Satzung durch Klage angefochten werden oder nach § 249 AktG durch **Klage die Nichtigkeit des Beschlusses** festgestellt werden. Die Bestimmungen des Aktienrechts gelten entsprechend für die GmbH.[14] § 51 GenG sieht die Möglichkeit einer Anfechtungsklage vor, die Vorschriften über die aktienrechtliche Nichtigkeitsklage werden ebenfalls entsprechend angewendet.[15] Beide Verfahren bestehen nebeneinander und können miteinander konkurrieren.[16]

III. Eingetragene Beschlüsse

1. Allgemeines

Ein Beschluss der Hauptversammlung einer AG, einer KGaA, der Versammlung der Gesellschafter einer GmbH oder der Generalversammlung einer Genossenschaft kann, wenn er

---

NJW-RR 2010, 1471; RGZ 80, 205/208; ablehnend gegen den Vorschlag Kiem/Graf von Hardenberg EWiR 2010, 308; Schockenhoff AG 2010, 436/441.
[7] Krafka/Willer/Kühn Rn 459; a. A. Bahrenfuss/Steup § 398 Rn 12 unter Berufung auf OLG Hamm OLGZ 1979, 313/317 und OLG Karlsruhe OLGZ 1986, 155/159, wo allerdings Nicht- bzw. Scheinbeschlüsse gar nicht behandelt werden
[8] BayObLG NJW-RR 1992, 295; BayObLGZ 1991, 337/342; OLG Köln Rpfleger 2002, 209; MünchKommZPO/Krafka § 398 FamFG Rn 6; van Venrooy GmbHR 2002, 701/710.
[9] OLG München NJW-RR 2011, 622; unzutreffend Melchior EWiR 2010, 420.
[10] Baums S. 149.
[11] Bahrenfuss/Steup § 398 Rn 4.
[12] Jansen/Steder § 144 Rn 8 m. w. N.
[13] MünchKommZPO/Krafka § 398 FamFG Rn 1.
[14] Wicke § 47 GmbHG Anh. Rn 1.
[15] BGH NJW 1982, 2558; Pöhlmann/Fandrich § 51 Rn 4.
[16] Baumbach/Hueck/Schulze-Osterloh/Zöllner § 77 Anh. Rn 26; MünchKommZPO/Krafka § 397 FamFG Rn 11; Scholz/Schmidt § 75 Rn 29.

in das Handels- bzw. Genossenschaftsregister eingetragen war, als nichtig **von Amts wegen** wieder gelöscht werden,[17] wenn der Beschluss durch seinen **Inhalt,** nicht durch die Art seines Zustandekommens,[18] **zwingende Vorschriften des Gesetzes** verletzt und wenn zugleich seine Beseitigung im **öffentlichen Interesse** erforderlich erscheint.

10   Wenn diese Voraussetzungen nicht vorliegen, kann ein Gesellschafterbeschluss auch nicht nach § 395 gelöscht werden.[19] Bloße **Anfechtbarkeit des Beschlusses** reicht nicht aus;[20] für die Geltendmachung der Nichtigkeit von Beschlüssen allgemein steht den Gesellschaftern bzw. Genossen das Anfechtungsverfahren zur Verfügung.[21] Es bleibt den zur Erhebung der Nichtigkeitsklage befugten Personen überlassen, ob sie ein Nichtigkeitsurteil erwirken und dadurch die Nichtigkeit im Handelsregister vermerken lassen.[22]

2. Nichtigkeit von Beschlüssen

11   Die Vorschriften über die Löschung von Beschlüssen der Hauptversammlung oder der Versammlung der Gesellschafter betreffen nicht nur Beschlüsse, die eine Änderung der Satzung (§§ 179 AktG, 16 GenG)[23] oder des Gesellschaftsvertrags (§ 53 GmbHG) zum Gegenstand haben, sondern auch solche über andere Angelegenheiten, sofern diese zur Zuständigkeit der Versammlung gehören und die Beschlüsse nach dem Gesetz der **Eintragung bedürfen,**[24] z. B. auch die Bestellung oder die Abberufung eines Geschäftsführers,[25] die Durchführung einer regulären Kapitalerhöhung[26] oder die Ausnutzung des genehmigten Kapitals.[27] Es kommt daher nicht darauf an, ob die Eintragung des Beschlusses rechtsbegründend (konstitutiv) oder nur deklaratorisch wirkt, wie etwa die Bestellung und Abberufung der Geschäftsführer oder die Auflösung der Gesellschaft.[28] Umgekehrt unterliegen Beschlüsse, die vor der Eintragung der Gesellschaft gefasst werden, also z. B. von der Vor-Gesellschaft getroffen werden, nicht § 398.[29]

12   Der Beschluss muss durch seinen Inhalt **zwingende Vorschriften des Gesetzes** verletzen.[30] Die Vorschrift überschneidet sich daher mit § 241 AktG. Beschlüsse, die nicht ordnungsgemäß zustande gekommen sind,[31] etwa weil die Einberufung (§ 241 Nr. 1 AktG) oder die Beurkundung (§ 241 Nr. 2 AktG) fehlerhaft sind,[32] werden von § 398 nicht erfasst. Für die kleine (nicht börsenzugelassene) AG ist die Einberufung und die Niederschrift erleichtert. Es genügt die Aufnahme einer vom Aufsichtsratsvorsitzenden zu unterzeichnenden Niederschrift, ausgenommen lediglich Beschlüsse, für die gesetzlich eine Dreiviertel- oder größere Mehrheit bestimmt ist, also sog. **Grundlagenbeschlüsse,** für die es beim Beurkundungszwang (§ 130 Abs. 1 AktG) verbleibt. Die Nichtigkeitsgründe des Aktienrechts werden auf die **GmbH** und die **Genossenschaft** entsprechend angewendet.[33] Von Bedeutung sind vor allem § 241 Nr. 3 und 4 AktG, wonach Beschlüsse dann nichtig

---

[17] Baums S. 109; Jansen/Steder § 144 Rn 27.
[18] BayObLGZ 1965, 303/310; OLG Köln Rpfleger 2002, 209; Jansen/Steder § 144 Rn 38; van Venrooy GmbHR 2002, 701/709; Winkler NJW 1974, 1034.
[19] OLG Karlsruhe Rpfleger 1986, 140; van Venrooy GmbHR 2002, 701/710; z. B. Kapitalerhöhungsbeschluss einer AG wegen Nichtigkeit der Zeichnungsscheine (KG RJA 3, 126).
[20] OLG Hamm NJW-RR 1994, 548; OLG Karlsruhe FGPrax 2001, 161.
[21] BayObLG GmbHR 1992, 304.
[22] Baums S. 110; Jansen/Steder § 144 Rn 44.
[23] Z. B. Kapitalerhöhung: OLG Frankfurt FGPrax 2002, 35.
[24] BayObLG Rpfleger 1983, 443; Jansen/Steder § 144 Rn 27.
[25] BayObLG DNotZ 1997, 81; GmbHR 1992, 304; OLG München FGPrax 2010, 145; BJS/Müther § 398 Rn 2; SBW/Nedden-Boeger § 395 Rn 55; a. A. OLG Zweibrücken FGPrax 2001, 125 = NJW-RR 2001, 1689; MünchKommZPO/Krafka § 398 FamFG Rn 3 mit unzutreffendem Hinweis auf die Prokuraerteilung; anders als bei der Geschäftsführerbestellung liegt dem Registergericht der Beschluss über die Bestellung des Prokuristen gerade nicht zur Prüfung vor.
[26] OLG Karlsruhe Rpfleger 1986, 140.
[27] OLG Frankfurt FGPrax 2002, 35.
[28] Vgl. Baums S. 119, 132; a. A. Däubler GmbHR 1968, 6.
[29] Jansen/Steder § 144 Rn 4.
[30] Winkler NJW 1974, 1034.
[31] OLG Hamm BB 1981, 259, 261 mit Anm. Baums.
[32] Bumiller/Harders § 398 Rn 3.
[33] BGH NJW 1982, 2558 (Genossenschaft); NJW 1962, 538 (GmbH).

sind, wenn sie mit dem Wesen der Gesellschaft bzw. Genossenschaft nicht zu vereinbaren sind oder durch ihren Inhalt Vorschriften verletzen, die ausschließlich oder überwiegend zum Schutz der Gläubiger der Gesellschaft oder sonst im öffentlichen Interesse gegeben sind, oder durch ihren Inhalt gegen die guten Sitten verstoßen.[34]

Ob eine Vorschrift zwingend oder dipositiv ist, ergibt sich regelmäßig aus ihrem Wortlaut. Es gehören hierher etwa die Vorschriften über das **Grund- bzw. Stammkapital** und seine **Erhaltung**, über den **Mindestnennbetrag** und die **Teilung von Aktien oder Stammeinlagen**, über das **Verbot der Rückzahlung von Einlagen** etc. (vgl. §§ 7, 8, 9, 57, 58, 66, 69, 72, 119, 150 AktG; §§ 5, 5a, 30, 31, 57c Abs. 2, 57j, 58a Abs. 3 GmbHG). Bei der Genossenschaft sind beispielsweise zwingend die Vorschriften über Firmenbildung (§ 3 GenG) und zur Aufkündigung der Genossen (§ 65 Abs. 2 GenG).[35] Nichtig ist auch ein Generalversammlungsbeschluss, in dem durch Mehrheitsentscheidung ein neuer Ausschließungsgrund geschaffen wird.[36] § 398 ist auch anwendbar auf **Umwandlungsbeschlüsse,** die wegen mangelnder Genehmigung schwebend unwirksam oder nichtig sind, ebenso auf **Eingliederungsbeschlüsse.**[37] Als zwingende Rechtsnormen kommen auch Vorschriften außerhalb des AktG, des GmbHG und des GenG in Betracht, beispielsweise die Vorschriften des Mitbestimmungsrechts (z. B. § 25 MitBestG).[38]

Mängel, die einen Beschluss nichtig machen, aber **nicht unter § 398 fallen,** liegen etwa vor bei nicht berechtigter Verfügung über Gläubigerrechte oder besondere Mitgliederrechte der Gesellschafter, bei Auferlegung einer Sonderpflicht ohne Zustimmung des Betroffenen oder bei Veränderung des Verhältnisses mehrerer Aktiengattungen zueinander ohne Sonderbeschluss der benachteiligten Aktionäre. In diesen Fällen ist die Geltendmachung der Nichtigkeit wegen der Verletzung ihrer Interessen den Beteiligten selbst überlassen.[39]

Mängel des Beschlusses, die **nicht gegen zwingende Vorschriften** verstoßen oder verfahrensrechtlicher Natur sind, rechtfertigen die Löschung nicht. Letztere liegen etwa vor, wenn die Versammlung nicht ordnungsgemäß einberufen oder beurkundet oder die Abstimmung nicht einwandfrei durchgeführt wurde,[40] wenn an der Abstimmung Personen teilgenommen haben, die nicht Mitglieder sind,[41] ebenso nicht, wenn ein Beschluss über Erhöhung des Geschäftsanteils und der Haftsumme nicht mit der erforderlichen Stimmenmehrheit gefasst wurde.[42] Ist aber nach dem Statut der Genossenschaft zur Beschlussfassung über die Auflösung die Anwesenheit eines Mindestbruchteils der Genossen erforderlich, diese aber bei der Beschlussfassung nicht erreicht, so kann der Beschluss als nichtig gelöscht werden.[43] Auch ein Verstoß des Beschlusses gegen **Bestimmungen der Satzung oder des Gesellschaftsvertrags** führt nicht zu einer Löschung nach § 398.[44] Deshalb ist keine Nichtigkeit gegeben bei satzungswidriger Einberufung der Versammlung, es sei denn, dass es sich nur um einen Scheinbeschluss handelt,[45] oder bei Abhaltung der Versammlung an einem anderen Ort als dem satzungsmäßigen Versammlungsort.[46] Solche Beschlüsse sind auch für das Registergericht vorläufig verbindlich und können regelmäßig nur durch eine Anfechtungs- bzw. Nichtigkeitsklage beseitigt werden.[47]

---

[34] BGH DNotZ 1957, 401.
[35] RGZ 140, 174.
[36] OLG Düsseldorf BB 1968, 1260.
[37] OLG Hamm NJW-RR 1994, 548; BB 1981, 259 mit Anm. Baums.
[38] MünchKommZPO/Krafka § 398 FamFG Rn 8.
[39] Baums S. 110.
[40] BayObLG GmbHR 1996, 441; GmbHR 1992, 304; OLG Köln Rpfleger 2002, 209.
[41] OLG Rostock RJA 4, 214.
[42] OLG Dresden JFG 3, 217.
[43] BGHZ 104, 66/69.
[44] Prütting/Helms/Maass § 398 Rn 4.
[45] BGH NJW 1955, 1917; Jansen/Steder § 147 Rn 46, 48.
[46] BayObLG NJW 1959, 485.
[47] BayObLG GmbHR 1996, 441; NJW-RR 1992, 295; OLG Frankfurt FGPrax 2002, 35; OLG München FGPrax 2010, 145.

3. Öffentliches Interesse an der Beseitigung

16 Die Beseitigung des Beschlusses muss im öffentlichen Interesse erforderlich sein. Dies hat das Registergericht nach Lage des Falles zu beurteilen.[48] Als öffentliches Interesse kommt regelmäßig **nicht das der Aktionäre, Gesellschafter und Genossen,** wohl aber das der Gesellschaftsgläubiger oder künftiger Gesellschafter in Frage.[49] Es muss den zur Erhebung der Nichtigkeitsklage befugten Personen überlassen bleiben, ob sie ein Nichtigkeitsurteil erwirken und dadurch die Nichtigkeit im Handelsregister vermerken lassen wollen.

17 Dieses „öffentliche Interesse" muss zur Verletzung einer zwingenden Vorschrift **kumulativ hinzutreten,** damit ein Beschluss gelöscht werden kann. Grundsätzlich ist zwar davon auszugehen, dass der Gesetzgeber die Nichtigkeit ohnehin auf gravierende Fälle beschränkt hat, so dass im Zweifel eine gewisse **Vermutung für die Löschungsbedürftigkeit** eines inhaltlich nichtigen Beschlusses spricht.[50] Die Meinung von Baums, das öffentliche Interesse an der Vernichtung des Beschlusses sei bereits durch die Verletzung der zwingenden Vorschrift begründet,[51] ist aber durch den Wortlaut des § 398 nicht gedeckt.[52]

4. Heilung der Nichtigkeit

18 Die Löschung ist ausgeschlossen, wenn der Mangel inzwischen durch einen eingetragenen Beschluss der Versammlung gemäß § 242 AktG geheilt ist.[53] Weitere **Heilungsvorschriften** finden sich in §§ 20 Abs. 1 Nr. 4, Abs. 2, 131 Abs. 1 Nr. 4 Abs. 2 und 202 Abs. 1 Nr. 3, Abs. 3 UmwG sowie § 34 Abs. 3 LwAnpG, die bei Eintragung des Umwandlungsbeschlusses von einer Heilung hierzu erforderlicher mangelhafter Erklärungen ausgehen.[54] Beruht die Eintragung auf einer rechtskräftigen Entscheidung des Prozessgerichts innerhalb eines **Freigabeverfahrens** (§ 3246a Abs. 1, 319 Abs. 6, 327e Abs. 2 AktG; § 16 Abs. 3 UmwG), kann die Beseitigung der Wirkung der Eintragung nicht mehr verlangt werden, §§ 246a Abs. 4 S. 2, 319 Abs. 6 S. 11, 327e Abs. 2 AktG, § 16 Abs. 3 S. 10 UmwG.[55] Der in § 242 Abs. 2 S. 5 AktG ausdrücklich vorgesehene Ausschluss von § 398 findet in den Fällen des § 319 Abs. 6, § 327e AktG entsprechende Anwendung.[56] Der Alauf der Frist des § 242 Abs. 2 AktG über die Geltendmachung der Nichtigkeit hindert jedoch das Einschreiten nach § 398 nicht (§ 242 Abs. 2 S. 3 AktG).[57] Ein längerer Zeitablauf kann allenfalls einem öffentlichen Interesse an der Beseitigung des Beschlusses entgegenstehen.[58]

IV. Löschungsverfahren

1. Zuständigkeit

19 **Sachlich** zuständig ist das AG, § 23a Abs. 1 Nr. 1, Abs. 2 Nr. 3 GVG. Die **örtliche** Zuständigkeit bestimmt sich nach § 377 Abs. 1 i. V. m. § 376. Die Löschung nach § 398 ist dem Richter vorbehalten, § 17 Nr. 1e RPflG, soweit es sich um die Löschung eines Beschlusses einer **AG,** einer **KGaA** oder einer **GmbH** handelt. Landesrechtliche Regelungen über die Aufhebung des Richtervorbehalts nach § 19 Abs. 1 S. 1 Nr. 6 RPflG sind zu beachten (s. § 377 Rn 18). Die Löschung des Beschlusses einer **Genossenschaft** obliegt hingegen dem **Rechtspfleger,** da der Richtervorbehalt insoweit nicht eingreift.

---

[48] Hierzu BayObLGZ 1956, 303/313.
[49] OLG Frankfurt FGPrax 2002, 35; OLG Karlsruhe OLGZ 1986, 155; Bassenge/Roth/K. Walter § 398 Rn 4.
[50] MünchKommZPO/Krafka § 398 FamFG Rn 9: Indiz für öffentliches Interesse an der Löschung.
[51] Baums S. 116.
[52] Wie hier MünchKommZPO/Krafka § 398 FamFG Rn 9.
[53] BayObLGZ 1956, 303/312.
[54] OLG Hamburg DNotZ 2009, 227; OLG Frankfurt NJW-RR 2003, 1122; Bassenge/Roth/K. Walter § 398 Rn 3; MünchKommZPO/Krafka § 398 FamFG Rn 5; a. A. OLG München ZIP 2010, 927, das in „extremen Ausnahmefällen" eine Amtslöschung für möglich zu halten scheint.
[55] Bahrenfuss/Steup § 398 Rn 15; MünchKommZPO/Krafka § 398 FamFG Rn 5.
[56] So wohl auch Lorenz/Pospiech BB 2010, 2515/2516; Schockenhoff AG 2010, 436/442.
[57] KG WM 1959, 733; MünchKommZPO/Krafka § 398 FamFG Rn 5.
[58] Jansen/Steder § 144 Rn 45.

2. Einleitung des Verfahrens

Die Löschung auf Grund § 398 ist auch beim Vorliegen der Voraussetzungen nicht **20** Pflicht des Gerichts, vielmehr stehen Einleitung und Durchführung des Verfahrens im **pflichtgemäßen Ermessen** des Gerichts, wobei ausdrücklich das öffentliche Interesse an der Beseitigung des Beschlusses zu beachten ist. Es gelten die Ausführungen zu § 397 Rn 17 entsprechend.[59]

Die Verfahrenseinleitung kann auch durch Antrag nach § 23 beginnen, vgl. § 395 Abs. 1 **21** S. 1. **Antragsberechtigt** sind nur und ausschließlich die berufsständischen Organe nach § 380 Abs. 1, nicht jedoch der genossenschaftliche Prüfungsverband.

3. Beteiligte

Beteiligt an dem Verfahren ist die **Gesellschaft** bzw. **Genossenschaft** als solche, deren **22** gesetzliche Vertreter, also der Vorstand oder die Abwickler der AG, die persönlich haftenden Gesellschafter der KGaA, die Geschäftsführer der GmbH, die Vorstandsmitglieder, die zu ihrer Vertretung berufen sind;[60] nur an diese müssen deshalb die erforderlichen Bekanntmachungen erfolgen.

Nur ausnahmsweise ist auch ein **Vertragspartner** der Gesellschaft verfahrensbeteiligt, **23** etwa wenn der Beschluss über die Zustimmung zu einem Unternehmensvertrag (§§ 293, 294 AktG) gelöscht werden soll. Die einzelnen **Aktionäre, Gesellschafter, Genossen** oder der **Aufsichtsrat** sind nicht beteiligt, diese müssen vielmehr in der Regel ihre Rechte durch Antragstellung oder Beschlussfassung in der Haupt-, Gesellschafter- oder Generalversammlung ausüben.[61] Ein Beschwerderecht ist nur gegeben, wenn der einzutragende Beschluss ein (Sonder-)Recht des einzelnen Gesellschafters oder Genossen beeinträchtigt, wie im Falle der Löschung eines Eingliederungsbeschlusses (§§ 319 ff. AktG) oder eines Beschlusses über die Ausschließung von Minderheitsaktionären (§ 327 e AktG). Ein aus dem Stimmrecht resultierendes Beschwerderecht wird dem einzelnen **Gesellschafter** oder **Genossen** nur zuerkannt, wenn er gegen einen in der Versammlung gefassten Beschluss Widerspruch zu Protokoll erklärt und demnächst eine entsprechende Anfechtungsklage erhoben hat.[62] Am Verfahren gegen die Ablehnung eines Amtslöschungsverfahrens für die Eintragung der Durchführung einer Kapitalerhöhung sind nicht nur die Inhaber aller Aktien beteiligt, sondern auch die Neuaktionäre, die ihre Rechtsstellung erst durch diese Handelsregistereintragung erhalten haben.[63] Der **Geschäftsführer** persönlich ist beteiligt, wenn die zu löschenden Beschlüsse unmittelbar in seine Rechtssphäre eingreifen, etwa wenn seine Organstellung als Geschäftsführer betroffen ist.[64]

Die **berufsständischen Organe** sind im Falle der Antragstellung beteiligt (§ 7 Abs. 1), **24** sonst können sie nur gemäß § 380 Abs. 2 in zweifelhaften Fällen beteiligt werden. Da § 397 und § 395 Abs. 2 S. 2 nicht auf § 394 Abs. 2 S. 3 verweist, müssen die **berufsständischen Organe** und bei Genossenschaften der **Prüfungsverband** nicht angehört werden.

4. Weiterer Verfahrensablauf

Das Verfahren entspricht demjenigen, das für die Löschung sonstiger unzulässiger Ein- **25** tragungen vorgeschrieben ist (§ 395 Abs. 2 i. V. m. § 394 Abs. 2 S. 1 und 2 bzw. § 395 Abs. 3 i. V. m. § 393 Abs. 3 bis 5). Abweichend von der bisherigen Rechtslage, muss die in der einleitenden Verfügung für die Erhebung des Widerspruchs zu bestimmende Frist **nicht mehr mindestens drei Monate** betragen.[65] Die Frist muss **angemessen** sein, kann also auch weniger als drei Monate, sollte aber wenigstens einen Monat betragen.[66] An die Drei-

---

[59] Vgl. MünchKommZPO/Krafka § 398 FamFG Rn 10.
[60] MünchKommZPO/Krafka § 397 FamFG Rn 16.
[61] OLG Hamm OLGZ 1976, 395; OLGZ 1971, 226.
[62] KG KGJ 37, 152/154; a. A. Jansen/Steder § 142 Rn 62.
[63] OLG Karlsruhe Rpfleger 1986, 140.
[64] BayObLG Rpfleger 1983, 443.
[65] BT-Drs. 16/6308 S. 288.
[66] MünchKommZPO/Krafka § 398 FamFG Rn 14.

Jahres-Frist des § 275 Abs. 3 S. 1 AktG ist das Registergericht nicht gebunden; eine Löschung der Gesellschaft von Amts wegen nach § 397 wird durch den Zeitablauf nicht ausgeschlossen (§ 275 Abs. 3 S. 2 AktG). Vgl. im Übrigen zum Verfahren § 395 Rn 37 ff.[67]

V. Rechtsbehelfe

26 Gegen die Ablehnung des Antrags auf Einleitung eines Löschungsverfahrens sowie gegen den Beschluss über den Widerspruch sind die **Beschwerde** nach § 58 und ggf. die **Rechtsbeschwerde** nach § 70 statthaft (§ 397 i. V. m. § 395 Abs. 3 i. V. m. § 393 Abs. 3 S. 2). Es gelten die Ausführungen zu § 393 Rn 16 f. entsprechend.

VI. Eintragung der Löschung

27 Die Löschung darf erst erfolgen, wenn entweder kein (fristgerechter) Widerspruch eingelegt wurde oder der den Widerspruch zurückweisende Beschluss **rechtskräftig** (§ 45) geworden ist (§ 398 i. V. m. § 395 Abs. 3 i. V. m. § 393 Abs. 5). Eine vorzeitige Löschung ist nur zulässig, wenn alle Beteiligten auf Rechtsmittel verzichtet haben.[68] Nach § 44 HRV und § 23 GenRegV erfolgt der Vollzug der Löschung durch Eintragung des Beschlusses „als nichtig", vgl. § 395 Abs. 1 S. 2. Bei Eintragung der Löschung ist auf die **gesetzliche Grundlage** hinzuweisen (§ 19 Abs. 2 HRV). Sie ist gemäß § 383 Abs. 1 bekannt zu geben und nach § 383 Abs. 2 i. V. m. § 10 HGB zu veröffentlichen.

28 Die Löschung vernichtet den Beschluss mit **Rückwirkung** vorbehaltlich des Schutzes Dritter nach § 15 HGB.[69] Die Rechtswirkung tritt auch dann ein, wenn die Löschung nach § 398 zu Unrecht angenommen wurde.[70] Die Löschung eines Beschlusses auf Grund rechtskräftiger Entscheidung hat dessen materielle Nichtigkeit zur Folge (§ 241 Nr. 6 AktG). Auch hier ist die Löschung ausgeschlossen, wenn der Mangel inzwischen durch einen eingetragenen Beschluss der Versammlung geheilt ist.[71]

VII. Aufhebung der Löschung

29 Ist die Löschung unter **wesentlichen Verfahrensmängeln** erfolgt, so wird sie ihrerseits nach § 395 gelöscht, und der Beschluss bzw. dessen Rechtswirkung wird wieder eingetragen.[72]

VIII. Kosten und Gebühren

30 Gerichtsgebühren fallen nach Maßgabe von § 88 Abs. 2 KostO für die **Zurückweisung** eines eingelegten **Widerspruchs** oder für die **Verwerfung oder Zurückweisung der Beschwerde** gegen die Zurückweisung des Widerspruchs an. Für die **Eintragung der Löschung** fallen keine Kosten nach der HRegGebV an, § 88 Abs. 1 KostO.[73] Eine **Kostenentscheidung** ergeht nach § 398 i. V. m. § 395 Abs. 3 i. V. m. § 393 Abs. 4. Im Übrigen gelten die Ausführungen bei § 395 Rn 51 entsprechend.

Auflösung wegen Mangels der Satzung

§ 399

(1) ¹Enthält die Satzung einer in das Handelsregister eingetragenen Aktiengesellschaft oder einer Kommanditgesellschaft auf Aktien eine der nach § 23 Abs. 3 Nr. 1, 4, 5 oder Nr. 6 des Aktiengesetzes wesentlichen Bestimmungen nicht oder ist eine dieser Bestimmungen oder die Bestimmung nach § 23 Abs. 3 Nr. 3 des Aktiengesetzes nichtig, hat das Registergericht die Gesellschaft von Amts wegen oder auf Antrag der berufsständischen Organe aufzufordern, innerhalb einer bestimmten

---

[67] S. auch Jansen/Steder § 144 Rn 46.
[68] Weitergehend MünchKommZPO/Krafka § 398 FamFG Rn 16.
[69] Bahrenfuss/Steup § 398 Rn 17; Bumiller/Harders § 398 Rn 6; MünchKommZPO/Krafka § 398 FamFG Rn 16.
[70] MünchKommZPO/Krafka § 398 FamFG Rn 17.
[71] BayObLGZ 1956, 303/312; Jansen/Steder § 144 Rn 55.
[72] Vgl. Jansen/Steder § 144 Rn 59.
[73] A. A. Korintenberg/Lappe § 88 Rn 18.

Auflösung wegen Mangels der Satzung §399

Frist eine Satzungsänderung, die den Mangel der Satzung behebt, zur Eintragung in das Handelsregister anzumelden oder die Unterlassung durch Widerspruch gegen die Aufforderung zu rechtfertigen. ²Das Gericht hat gleichzeitig darauf hinzuweisen, dass andernfalls ein nicht behobener Mangel im Sinne des Absatzes 2 festzustellen ist und dass die Gesellschaft dadurch nach § 262 Abs. 1 Nr. 5 oder § 289 Abs. 2 Nr. 2 des Aktiengesetzes aufgelöst wird.

(2) ¹Wird innerhalb der nach Absatz 1 bestimmten Frist weder der Aufforderung genügt noch Widerspruch erhoben oder ist ein Widerspruch zurückgewiesen worden, hat das Gericht den Mangel der Satzung festzustellen. ²Die Feststellung kann mit der Zurückweisung des Widerspruchs verbunden werden. ³Mit der Zurückweisung des Widerspruchs sind der Gesellschaft zugleich die Kosten des Widerspruchsverfahrens aufzuerlegen, soweit dies nicht unbillig ist.

(3) Der Beschluss, durch den eine Feststellung nach Absatz 2 getroffen, ein Antrag oder ein Widerspruch zurückgewiesen wird, ist mit der Beschwerde anfechtbar.

(4) Die Absätze 1 bis 3 gelten entsprechend, wenn der Gesellschaftsvertrag einer in das Handelsregister eingetragenen Gesellschaft mit beschränkter Haftung eine der nach § 3 Abs. 1 Nr. 1 oder Nr. 4 des Gesetzes betreffend die Gesellschaften mit beschränkter Haftung wesentlichen Bestimmungen nicht enthält oder eine dieser Bestimmungen oder die Bestimmung nach § 3 Abs. 1 Nr. 3 des Gesetzes betreffend die Gesellschaften mit beschränkter Haftung nichtig ist.

Übersicht

	Rn
I. Normzweck	1
II. Allgemeines	3
1. Verhältnis zu anderen Vorschriften	3
2. Anwendungsbereich (Abs. 1, Abs. 4)	5
III. Mängel der Satzung bzw. des Gesellschaftsvertrags	6
1. Allgemeines	6
2. Firma	9
3. Sitz	11
4. Grund- oder Stammkapital	12
5. Aktien oder Geschäftsanteile	13
6. Inhaber- oder Namensaktien	14
7. Anzahl der Vorstandsmitglieder	15
IV. Auflösungsverfahren	16
1. Zuständigkeit	16
2. Einleitung des Verfahrens	17
3. Beteiligte	20
V. Inhalt der Änderungsaufforderung	21
1. Aufforderung mit Hinweis auf Nichtigkeitsfeststellung	21
2. Fristbestimmung	22
3. Bekanntgabe	23
VI. Widerspruchsverfahren	24
1. Einlegung des Widerspruchs	24
2. Widerspruchsberechtigte	26
3. Wiedereinsetzung in den vorigen Stand	27
VII. Entscheidung über den Widerspruch	28
1. Allgemeines	28
2. Stattgabe des Widerspruchs	29
3. Zurückweisung des Widerspruchs	30
VIII. Feststellungsbeschluss (Abs. 2)	31
IX. Rechtsbehelfe (Abs. 3)	32
X. Eintragung der Auflösung	35
XI. Kosten und Gebühren	36

I. Normzweck

1 Die Vorschrift ergänzt § 397 und ermöglicht die Auflösung einer AG, einer KGaA oder einer GmbH bei Nichtbeseitigung der in § 399 genannten Mängel der Satzung bzw. des Gesellschaftsvertrags. Mit diesem Druckmittel des Registergerichts soll dem **öffentlichen Interesse** an der Einhaltung gewisser Mindestanforderungen einer Gesellschaftssatzung bzw. eines Gesellschaftsvertrags genügt werden.[1]

2 Die Vorschrift **entspricht** inhaltlich den bisherigen **§ 144 a FGG**[2] und wurde lediglich an die Terminologie des FamFG angepasst sowie um das Erfordernis einer Kostenentscheidung gemeinsam mit der Zurückweisung des Widerspruchs ergänzt.[3] Der Rechtsausschuss hat schließlich durch Änderung der Abs. 1 und 3 klargestellt, dass die berufsständischen Organe ein eigenes Antrags- und Beschwerderecht haben.[4]

II. Allgemeines

1. Verhältnis zu anderen Vorschriften

3 § 399 **verdrängt** in dem von ihm geregelten Bereich als **speziellere Vorschrift** regelmäßig das in § 395 vorgesehene Recht des Registergerichts zur **Amtslöschung unzulässiger Eintragungen**.[5]

4 Hingegen können die Verfahren nach § 397 und nach § 399 **nebeneinander** betrieben werden, da sie sowohl auf anderen Tatbestandsvoraussetzungen fußen als auch eine andere Rechtsfolge erstreben (s. § 397 Rn 6).[6] Unberührt bleibt ebenfalls die Möglichkeit, die Löschung einer unzulässigen Firma nach §§ 43 Abs. 2 KWG, 3 Abs. 4 InvG, 4 Abs. 3 VAG, 16 Abs. 3 BausparkassenG, 22 S. 2 REIT-G, 20 Abs. 2 S. 2 UBGG, 21 Abs. 1 WKBG zu betreiben.[7]

2. Anwendungsbereich (Abs. 1, Abs. 4)

5 Das Verfahren nach § 399 bezieht sich nur auf die **AG,** die **SE** (vgl. Art. 63 SE-VO), die **KGaA** (Abs. 1) und die **GmbH** (auch die **Unternehmergesellschaft** nach § 5 a GmbHG; Abs. 4) und ist nicht anwendbar auf Genossenschaften und auf Vereine. Für **Genossenschaften** stellt § 397 i. V. m. §§ 94, 95 GenG eine abschließende Sonderregelung für die Beseitigung von Satzungsmängeln dar, ein Rückgriff auf § 395 ist insoweit ausgeschlossen.[8] Bei gravierenden Satzungsmängeln eines **eingetragenen Vereins** oder einer **Partnerschaftsgesellschaft** kommt eine Löschung aufgrund von § 395 in Frage.[9]

III. Mängel der Satzung bzw. des Gesellschaftsvertrags

1. Allgemeines

6 Bei der **AG** und der **KGaA** bezieht sich das Verfahren nach Abs. 1 auf das Fehlen oder die Nichtigkeit einer der nach § 23 Abs. 3 Nr. 1, 4, 5 oder 6 AktG wesentlichen Bestimmungen der Satzung oder auf die Nichtigkeit der Bestimmungen nach § 23 Abs. 3 Nr. 3 AktG (mit § 278 Abs. 3 AktG). Bei der **GmbH** gilt das Verfahren nach Abs. 4 sinngemäß, wenn der Gesellschaftsvertrag eine der nach § 3 Abs. 1 Nr. 1 oder 4 GmbHG vorgeschriebenen Bestimmungen nicht enthält oder eine dieser Bestimmungen oder die Bestimmung nach § 3 Abs. 1 Nr. 3 GmbHG nichtig ist.

---

[1] Vgl. MünchKommZPO/Krafka § 399 FamFG Rn 1.
[2] BT-Drs. 16/6308 S. 289.
[3] BT-Drs. 16/6308 S. 289.
[4] BT-Drs. 16/9733 S. 298.
[5] BayObLG NJW-RR 1989, 867; KG Rpfleger 1991, 255; OLG Stuttgart BB 1982, 1194.
[6] MünchKommZPO/Krafka § 399 FamFG Rn 3.
[7] Jansen/Steder § 144 a Rn 4.
[8] MünchKommZPO/Krafka § 399 FamFG Rn 2.
[9] MünchKommZPO/Krafka § 399 FamFG Rn 2.

Stellt das Gericht **vor der Eintragung der Gesellschaft** einen derartigen Mangel der Satzung oder des Gesellschaftsvertrags fest, so hat es die Eintragung abzulehnen.[10] Wird der Mangel bei der Anmeldung **übersehen** oder tritt er erst **nachträglich** ein, z. B. im Rahmen einer ordentlichen Satzungsänderung, aber auch im Rahmen einer sog. faktischen Satzungsänderung,[11] so muss das Verfahren nach § 399 eingeleitet werden.[12] Dies ist jedenfalls dann anzunehmen, wenn es hinsichtlich der gesetzgeberischen Zielsetzung der vorgeschriebenen Satzungsregelung, wie etwa einem effektiven Gläubigerschutz, keinen Unterschied macht, ob die in der Satzung enthaltene Bestimmung von Anfang an rechtsgeschäftlich unwirksam war oder später aufgrund faktischen Verhaltens missachtet und daher irrelevant wird.[13]

Die Eintragung einer **zulässigen Satzungsänderung** darf das Gericht nicht deshalb ablehnen, weil es eine weitere Satzungsregelung für erforderlich hält. In diesem Fall hat es vielmehr das Verfahren auf Feststellung eines Satzungsmangels durchzuführen.[14]

2. Firma

Gemäß § 23 Abs. 3 Nr. 1 AktG muss die Satzung der AG (KGaA) die Firma der Gesellschaft bestimmen; ebenso schreibt § 3 Abs. 1 Nr. 1 GmbHG vor, dass der Gesellschaftsvertrag die Firma der Gesellschaft enthalten muss. Das **Fehlen der Firma** ist praktisch kaum, allenfalls im Rahmen von Satzungsneufassungen, denkbar.[15] **Nichtig** ist eine Firma, die nicht den gesetzlichen Vorschriften entspricht (z. B. § 4 AktG, §§ 4,[16] 5 a Abs. 1 GmbHG[17]), die gegen § 18 Abs. 2 HGB verstößt (die eingeschränkte Prüfungsbefugnis nach § 18 Abs. 2 S. 2 HGB ist zu beachten) oder die die §§ 22, 30 HGB verletzt.[18] Eine **nachträglich eingetretene Nichtigkeit** (z. B. bei Änderung des Unternehmensgegenstands) steht der ursprünglichen gleich.[19] Keine Nichtigkeit liegt vor, wenn die Firma Rechte Dritter verletzt.[20]

Neben dem Verfahren nach § 399 kann auch ein **Firmenmissbrauchsverfahren** nach § 37 Abs. 1 HGB, § 392 FamFG eingeleitet werden.[21] Ist zwar die in der Satzung bzw. im Gesellschaftsvertrag enthaltene Firma zulässig, verwendet die Gesellschaft im Rechtsverkehr aber nicht die im Register eingetragene Firma, z. B. ohne den nach § 5 a Abs. 1 GmbHG verbindlichen Zusatz „Unternehmergesellschaft (haftungsbeschränkt)", führt dies nicht zur Amtsauflösung nach § 399, da insoweit das Ordnungsgeldverfahren nach § 392 einschlägig ist.[22] Ist die Firma zulässig, allerdings **falsch im Register eingetragen,** so muss diese entweder bei Vorliegen einer offensichtlichen Unrichtigkeit berichtigt werden oder nach § 395 gelöscht werden.[23]

3. Sitz

Gemäß §§ 23 Abs. 3 Nr. 1 AktG, 3 Abs. 1 Nr. 1 GmbHG muss die Satzung den Sitz der Gesellschaft bestimmen. Das **Fehlen** einer Bestimmung über den Sitz oder die **Unzulässigkeit** der Bestimmung, z. B. ein statuarischer Sitz im Ausland oder ein Doppelsitz, stellen Mängel im Sinne des § 399 dar.[24] Auch die **nachträgliche Verlegung** des statuari-

---

[10] BGH NJW 2008, 2914; Bumiller/Harders § 399 Rn 1.
[11] BGH NJW 2008, 2914 gegen BayObLG NZG 2002, 828.
[12] BGH NJW 2008, 2914; MünchKommZPO/Krafka § 399 FamFG Rn 4, die allerdings von einer entsprechenden Anwendung des § 399 ausgehen.
[13] BGH NJW 2008, 2914.
[14] BayObLG Rpfleger 1997, 167.
[15] MünchKommZPO/Krafka § 399 FamFG Rn 5.
[16] OLG Köln OLGZ 1980, 309; Scholz/Winter § 60 Rn 25.
[17] MünchKommZPO/Krafka § 399 FamFG Rn 5.
[18] Jansen/Steder § 144 a Rn 7; zum Zusatz „Treuhand" BayObLGZ 1989, 44.
[19] BGH NJW 2008, 2914; Bumiller/Harders § 399 Rn 3; MünchKommZPO/Krafka § 399 FamFG Rn 5; a. A. BayObLG NJW-RR 1989, 367; DNotZ 1983, 195; Rpfleger 1979, 385; Bahrenfuss/Steup § 399 Rn 10.
[20] OLG Hamm NJW-RR 2005, 767/768; Bassenge/Roth/K. Walter § 399 Rn 2; BJS/Müther § 399 Rn 3.
[21] BJS/Müther § 399 Rn 3; Scholz/Winter § 60 Rn 25.
[22] MünchKommZPO/Krafka § 399 FamFG Rn 5.
[23] MünchKommZPO/Krafka § 399 FamFG Rn 5.
[24] Bahrenfuss/Steup § 399 Rn 11; Bumiller/Harders § 399 Rn 4.

schen Sitzes ins Ausland bewirkt die Nichtigkeit der Satzung, selbst wenn sie in das Register eingetragen sein sollte.[25] Liegt der **Sitz einer SE** nicht (mehr) innerhalb des Unionsgebiets, so stellt dies ebenfalls einen Mangel i. S. des § 262 Abs. 1 Nr. 5 AktG dar, der im Verfahren nach § 399 unter Beachtung der speziellen Vorschriften des § 52 SE-AG zu rügen ist. Nachträgliches Auseinanderfallen von satzungsmäßigem Sitz und tatsächlichem **Verwaltungssitz** bewirkt keine Nichtigkeit der Satzungsbestimmung über den Sitz, auch wenn sich der Verwaltungssitz im Ausland befindet, und führt daher nicht (mehr) zur Einleitung des Verfahrens nach § 399.[26] Fehlt die Angabe einer inländischen Geschäftsanschrift oder ist diese unzutreffend, so kann kein Verfahren nach § 399 eingeleitet werden,[27] wohl aber ein Zwangsgeldverfahren nach §§ 388 ff. bzw. eine Amtslöschung nach § 395.

4. Grund- oder Stammkapital

12   Gemäß § 23 Abs. 3 Nr. 3 AktG muss die Satzung die Höhe des Grundkapitals der AG (KGaA) und gemäß § 3 Abs. 1 Nr. 3 GmbHG das Stammkapital der GmbH bestimmen. Die Nichtigkeit der Bestimmungen kann sich aus §§ 6, 7 AktG, 5 Abs. 1, 5a Abs. 1 GmbHG ergeben, wenn das Grund- oder Stammkapital also nicht auf **volle Euro** (bzw. in Übergangsfällen auf volle DM, § 1 EGGmbHG, § 6 Abs. 2 AktG) lautet und **weniger als** 50 000 € (bei der AG), weniger als 25 000 € (bei der GmbH) oder weniger als 1 € je Gesellschafter (bei der Unternehmergesellschaft) beträgt. **Nach Eintragung** einer GmbH in das Register können bei einer Neufassung der Satzung die Angaben über die Stammeinlagen und die Person ihrer Übernehmer auch dann entfallen, wenn die Stammeinlagen noch nicht voll eingezahlt sind.[28] **Fehlt eine Bestimmung** über das Grund- oder Stammkapital von Anfang an, so liegt ein Nichtigkeitsgrund vor, der nach § 397 zu verfolgen ist (s. § 397 Rn 10).

5. Aktien oder Geschäftsanteile

13   Gemäß § 23 Abs. 3 Nr. 4 AktG muss die Satzung die Nennbeträge der Aktien und die Zahl der Aktien jeden Nennbetrags sowie, wenn mehrere Gattungen bestehen, die **Gattungen der Aktien** und die **Zahl der Aktien jeder Gattung** enthalten; nach § 3 Abs. 1 Nr. 4 GmbHG müssen im Gesellschaftsvertrag die **Zahl** und die **Nennbeträge der Geschäftsanteile,** die jeder Gesellschafter gegen Einlage auf das Stammkapital übernimmt, enthalten sein. Das Fehlen einer Bestimmung hierüber oder die Verletzung der Vorschriften der §§ 8, 11 AktG oder der Bestimmungen des § 5 Abs. 2 GmbHG über die Geschäftsanteile stellen Mängel im Sinne des § 399 dar.[29] Gleichfalls einen mit § 399 verfolgbaren Mangel stellt es dar, wenn die Summe der Nennbeträge aller Geschäftsanteile bei Gründung oder bei späterer Kapitalerhöhung bzw. Kapitalherabsetzung oder bei Einziehung nicht mit dem Stammkapital übereinstimmt, § 5 Abs. 3 S. 2 GmbHG.[30] Gleiches gilt, wenn die Summe der Nennbetragsaktien mit dem Gesamtnennbetrag der Aktien oder bei Stückaktien mit dem Produkt aus ihrer Zahl und dem auf die einzelnen Stückaktien entfallenden anteiligen Betrag nicht übereinstimmt.[31]

6. Inhaber- oder Namensaktien

14   Gemäß § 23 Abs. 3 Nr. 5 AktG muss die Satzung bestimmen, ob die Aktien auf den **Inhaber oder auf den Namen ausgestellt** werden. Fehlt eine solche Bestimmung, so ist dies ein Fall des § 399.

---

[25] MünchKommZPO/Krafka § 399 FamFG Rn 6.
[26] Behme BB 2010, 1679/1681; BayObLG Rpfleger 2002, 458; DNotZ 1983, 195; OLG Frankfurt DNotZ 1980, 121; MünchKommZPO/Krafka § 399 FamFG Rn 6; a. A. BGH NJW 2008, 2914 zur alten Rechtslage; überholt Bassenge/Roth/K. Walter § 399 Rn 2; Haußleiter/Schemmann § 399 Rn 4.
[27] So wohl auch Prütting/Helms/Maass § 399 Rn 13.
[28] BayObLG Rpfleger 1997, 167; a. A. OLG Hamm OLGZ 1984, 266.
[29] So wohl auch Prütting/Helms/Maass § 399 Rn 16; zur Angabe der ursprünglichen Geschäftsanteile bei Neufassung der GmbH-Satzung s. BayObLG Rpfleger 1997, 167; a. A. OLG Hamm Rpfleger 1984, 274.
[30] MünchKommZPO/Krafka § 399 FamFG Rn 7; vgl. LG Essen BB 2010, 2399 mit. Anm. Peitsmeyer.
[31] Jansen/Steder § 144a Rn 13.

7. Anzahl der Vorstandsmitglieder

Gemäß § 23 Abs. 3 Nr. 6 AktG muss die Satzung die **Zahl der Mitglieder des** 15 **Vorstands** oder die **Regeln** bestimmen, nach denen diese Zahl festgelegt wird. Fehlt eine solche Bestimmung, so ist dies ein Fall des § 399. Ausreichend ist, wenn die Satzung eine Höchst- oder Mindestanzahl der Vorstände festlegt[32] oder dem Aufsichtsrat die Bestimmung der Anzahl der Vorstandsmitglieder überlässt.[33] Im Falle einer faktischen Unterbesetzung der Vorstandsposten scheidet ein Verfahren nach § 399 aus.[34]

IV. Auflösungsverfahren

1. Zuständigkeit

Sachlich zuständig ist das AG, § 23 a Abs. 1 Nr. 1, Abs. 2 Nr. 3 GVG. Die **örtliche** 16 Zuständigkeit bestimmt sich nach § 377 Abs. 1 i. V. m. § 376. Nach Sitzverlegung ist das neue Registergericht zuständig (s. § 377 Rn 10).[35] Die Löschung nach § 399 ist dem **Richter** im gesamten Verfahren (also auch im Widerspruchsverfahren) vorbehalten, § 17 Nr. 1 f RPflG.[36] Landesrechtliche Regelungen über die Aufhebung des Richtervorbehalts nach § 19 Abs. 1 S. 1 Nr. 6 RPflG sind zu beachten (s. § 377 Rn 18).

2. Einleitung des Verfahrens

Das Registergericht wird **von Amts wegen** tätig.[37] Die Einleitung kann auch auf 17 **Antrag** (§ 23) eines berufsständischen Organs (§ 380 Abs. 1) geschehen. Andere Personen (wie Aktionäre, Gesellschafter oder Gläubiger) oder Behörden (z. B. die in § 379 genannten) können die Einleitung des Verfahrens nur nach § 24 **anregen.** Das Gericht hat in diesem Fall nach § 26 die Voraussetzungen für ein Einschreiten zu prüfen.[38]

Erlangt das Gericht die Überzeugung, dass das Verfahren aller Voraussicht nach zur Fest- 18 stellung des Mangels führt, wenn der Mangel nicht behoben wird, so hat es das Verfahren einzuleiten (s. Abs. 1 S. 1). Das Registergericht **muss** das Amtslöschungsverfahren **eröffnen**, wenn die Voraussetzungen dieser Bestimmung zweifelsfrei vorliegen;[39] ein Ermessen steht ihm insoweit und anders als nach §§ 394, 395, 397 oder § 398 nicht zu.[40]

Gegen die **Ablehnung des Antrags auf Verfahrenseinleitung** findet für den Antrag- 19 steller die Beschwerde statt, Abs. 3 i. V. m. § 59 Abs. 2. Dritte können gegen eine Nichteinleitung vorgehen, wenn sie hierdurch in **eigenen Rechten** beeinträchtigt werden, § 59 Abs. 1. Die Prüfung des Beschwerdegerichts ist darauf beschränkt, ob die Eintragung ein Recht des sich beschwerenden Dritten verletzt, sonstige Mängel i. S. des § 399, durch die Rechte des Dritten nicht beeinträchtigt werden, sind nicht zu berücksichtigen.[41]

3. Beteiligte

Am Verfahren beteiligt sind der **Antragsteller** (§ 7 Abs. 1), also das berufsständische 20 Organe sowie der von der Löschung **betroffene Rechtsträger** (§ 7 Abs. 2 Nr. 1), vertreten durch den Vorstand bzw. die Geschäftsführung. Soweit das Verfahren von Amts wegen eingeleitet wurde, können die berufsständischen Organe in zweifelhaften Fällen, sofern sie von ihrem Antragsrecht keinen Gebrauch machen, vom Gericht am Verfahren beteiligt werden, § 380 Abs. 2 S. 1 und 2. Eine Beteiligung Dritter (insbesondere von Aktio-

---

[32] LG Köln AG 1999, 137; Bahrenfuss/Steup § 399 Rn 16.
[33] MünchKommZPO/Krafka § 399 FamFG Rn 9
[34] Jansen/Steder § 144 a Rn 18.
[35] Bahrenfuss/Steup § 399 Rn 19.
[36] MünchKommZPO/Krafka § 399 FamFG Rn 12.
[37] Bumiller/Harders § 399 Rn 9.
[38] MünchKommZPO/Krafka § 399 FamFG Rn 11.
[39] BayObLG Rpfleger 1997, 167; KG Rpfleger 1991, 255.
[40] KG Rpfleger 1991, 255; Bumiller/Harders § 399 Rn 9; MünchKommZPO/Krafka § 399 FamFG Rn 1, 11.
[41] KG Rpfleger 1991, 255, vgl. auch OLG Zweibrücken NJW-RR 1991, 1509; Jansen/Steder § 144 a Rn 43.

nären, Gesellschaftern oder Gläubigern) kommt nur unter den Voraussetzungen des § 7 Abs. 2 Nr. 1 in Betracht.[42]

V. Inhalt der Änderungsaufforderung

1. Aufforderung mit Hinweis auf Nichtigkeitsfeststellung

21 Die Aufforderung nach Abs. 1 S. 1 muss den Mangel der Satzung oder des Gesellschaftsvertrags **klar bezeichnen** und die **Aufforderung** an die Gesellschaft enthalten, innerhalb einer bestimmten Frist eine Satzungsänderung, durch die der Mangel behoben wird, zur Eintragung ins Handelsregister anzumelden oder die Unterlassung durch Widerspruch gegen die Verfügung zu rechtfertigen. Schließlich muss die Aufforderung gleichzeitig den **Hinweis** darauf enthalten, dass ein nicht behobener Mangel nach § 399 Abs. 2 festzustellen ist und dass die Gesellschaft mit der Rechtskraft der Verfügung nach §§ 262 Abs. 1 Nr. 5, 289 Abs. 2 Nr. 2 AktG oder § 60 Abs. 1 Nr. 6 GmbHG aufgelöst ist. Der Hinweis darf sich nicht in der Wiedergabe der Gesetzesnormen erschöpfen, sondern muss den Wortlaut des Abs. 1 S. 2 und Abs. 2 wiederholen.[43] Die Aufforderung muss nicht in Beschlussform ergehen, auf die Möglichkeit, Widerspruch einzulegen, ist aber entsprechend § 39 hinzuweisen.[44]

2. Fristbestimmung

22 Auch wenn das Gesetz keine Vorgaben für die Fristbestimmung trifft, muss es sich doch um eine **angemessene Frist** handeln, innerhalb derer gegen die Aufforderung Widerspruch eingelegt werden kann. Fehlt eine angemessene Fristbestimmung, so ist die Verfügung mangelhaft und deshalb in einem späteren Beschwerdeverfahren aufzuheben.[45] Die Frist ist so zu bemessen, dass die Beteiligten ausreichend Gelegenheit haben, um eine Hauptversammlung bzw. Gesellschafterversammlung einzuberufen, um die erforderlichen Satzungsänderungen beschließen zu können. Eine Fristbemessung von **zwei bis drei Monaten** dürfte regelmäßig als angemessen anzusehen sein.[46] Die Frist kann auf Antrag oder von Amts wegen verlängert werden, solange sie nicht abgelaufen ist, § 16 Abs. 2 FamFG i. V. m. § 224 Abs. 2 ZPO.[47] Die Ablehnung der Friständerung ist **unanfechtbar**, § 16 Abs. 2 FamFG i. V. m. § 225 Abs. 3 ZPO. Die Frist **beginnt** mit der Bekanntgabe (s. Rn 23) der Löschungsankündigung, § 16 Abs. 1.

3. Bekanntgabe

23 Die Aufforderung ist den **gesetzlichen Vertretern der Gesellschaft** bekannt zu geben. Das Gericht kann dabei nach pflichtgemäßem Ermessen wählen (§ 15 Abs. 2), ob es die Verfügung durch förmliche Zustellung (§§ 166 bis 195 ZPO) oder durch Aufgabe zur Post nach § 15 Abs. 2 bekanntgibt. Es genügt, wenn die Zustellung an die im Handelsregister eingetragene **inländische Geschäftsanschrift** erfolgt (§ 35 Abs. 2 S. 3 GmbHG, § 78 Abs. 2 S. 3 AktG).[48]

VI. Widerspruchsverfahren

1. Einlegung des Widerspruchs

24 Der Widerspruch bedarf keiner Form, kann also **schriftlich** zum Registergericht oder **mündlich** zum Protokoll des Rechtspflegers oder der Geschäftsstelle des Registergerichts

---

[42] Gegen jedes Beteiligungsrecht wohl Bassenge/Roth/K. Walter § 399 Rn 5.
[43] MünchKommZPO/Krafka § 399 FamFG Rn 13.
[44] Heinemann FGPrax 2009, 1/4; SBW/Nedden-Boeger § 399 Rn 30.
[45] OLG Hamm Rpfleger 1986, 390.
[46] Nach Gesellschaftsform differenzierend MünchKommZPO/Krafka § 399 FamFG Rn 14; ähnlich SBW/Nedden-Boeger § 399 Rn 28; BJS/Müther § 399 Rn 4: mindestens 3 Monate.
[47] Bassenge/Roth/K. Walter § 399 Rn 7; a. A. SBW/Nedden-Boeger § 399 Rn 29.
[48] Anders wohl Bahrenfuss/Steup § 399 Rn 23, der die Bestellung eines Notvorstands oder Pflegers für erforderlich hält.

erhoben werden, § 25 Abs. 1. Er kann auch zum Protokoll der Geschäftsstelle eines anderen AG erklärt werden; jedoch ist im letzteren Falle die Frist nur gewahrt, wenn das den Widerspruch enthaltende Protokoll rechtzeitig beim Registergericht eingeht, § 25 Abs. 2 und 3. Eine Widerspruchsübermittlung per Telefax oder E-Mail, soweit diese Möglichkeit zugelassen worden ist (vgl. § 14 Abs. 2, Abs. 4), ist ebenfalls statthaft. Der Widerspruch bedarf **keiner Begründung.**

Der Widerspruch kann bis zur Rechtskraft der Endentscheidung **zurückgenommen** 25 werden, nach Erlass der Endentscheidung müssen allerdings die übrigen Verfahrensbeteiligten der Antragsrücknahme zustimmen, § 22 Abs. 1.

2. Widerspruchsberechtigte

Allein die **Gesellschaft,** vertreten durch ihren Vorstand, Geschäftsführer, Abwickler 26 oder Liquidator, ist berechtigt gegen die Androhung Widerspruch einzulegen.[49]

3. Wiedereinsetzung in den vorigen Stand

Eine Wiedereinsetzung in den vorigen Stand gegen die Versäumung der Widerspruchs- 27 frist findet in entsprechender Anwendung der §§ 17 bis 19 statt.[50] Es ist nicht einzusehen, weshalb im Rahmen des § 390 eine analoge Anwendung der Wiedereinsetzungsregeln erfolgen soll, nicht aber im sehr viel schwerwiegenderen Auflösungsverfahren (s. § 393 Rn 22).

VII. Entscheidung über den Widerspruch

1. Allgemeines

Das Gericht hat den Sachverhalt erneut **von Amts wegen** (§ 26) unter Berücksichtigung 28 des Vorbringens der Gesellschaft und sonstiger Dritter, insbesondere der berufsständischen Organe festzustellen. Auch ein verspäteter Widerspruch muss berücksichtigt werden, wenn der Feststellungsbeschluss nach Abs. 2 noch nicht erlassen ist.[51] Eine Terminierung ist nicht zwingend vorgesehen, zur Gewährung rechtlichen Gehörs jedoch ratsam, § 32.

2. Stattgabe des Widerspruchs

Stellt sich heraus, dass der Satzungsmangel entweder von Anfang an nicht bestand oder 29 im Laufe des Verfahrens behoben wurde, ist die Androhungsverfügung nach Abs. 1 durch zu begründenden Beschluss (§ 38) aufzuheben, wenn das Verfahren **auf Antrag** eines berufsständischen Organs eingeleitet wurde, weil damit zugleich dieser Antrag zurückgewiesen wird, Abs. 3. Dieser Beschluss ist den Verfahrensbeteiligten bekannt zu geben, sofern er dem erklärten Willen eines Beteiligten (z. B. des antragstellenden berufsständischen Organs) widerspricht, muss er diesem förmlich zugestellt werden, § 41 Abs. 1 S. 2. Die mit der Stattgabe des Widerspruchs verbundene inzidente Antragszurückweisung ist mit der **Beschwerde** nach § 58 anfechtbar, Abs. 3. Eine **von Amts wegen** eingeleitete Androhung bedarf hingegen (z. B. bei Behebung des Mangels) keiner förmlichen Aufhebung durch Beschluss, wie sich im Umkehrschluss aus § 393 Abs. 3 S. 1 ergibt.[52]

3. Zurückweisung des Widerspruchs

Hält das Gericht den Widerspruch für unbegründet, so weist es den Widerspruch durch 30 zu begründenden Beschluss (§ 38) zurück und legt dem Widerspruchsführer, soweit dies nicht unbillig erscheint, zugleich die **Kosten** des Verfahrens auf, § 399 Abs. 2 S. 3. Mit dem Zurückweisungsbeschluss kann der Feststellungsbeschluss nach Abs. 2 S. 1 verbunden

---

[49] Bassenge/Roth/K. Walter § 399 Rn 13; a. A. SBW/Nedden-Boeger § 399 Rn 34.
[50] MünchKommZPO/Krafka § 399 FamFG Rn 16; a. A. Bassenge/Roth/K. Walter § 399 Rn 12; SBW/Nedden-Boeger § 399 Rn 37.
[51] Jansen/Steder § 144 a Rn 36.
[52] Bassenge/Roth/K. Walter § 399 Rn 8; anders offenbar MünchKommZPO/Krafka § 399 FamFG Rn 16.

werden, Abs. 2 S. 2. Der Beschluss ist dem Widerspruchsführer in jedem Fall nach § 41 Abs. 1 S. 2 **förmlich zuzustellen.**

VIII. Feststellungsbeschluss

31 Das Gericht muss, also ohne dass ihm ein pflichtgemäßes Ermessen zustünde, den **Mangel der Satzung durch Beschluss feststellen,** wenn die Gesellschaft während der gesetzten Frist untätig geblieben ist, wenn die von ihr angemeldete Satzungsänderung vom Gericht als unzureichend abgelehnt oder wenn der Widerspruch zurückgewiesen worden ist (vgl. auch § 52 Abs. 2 SE-AG).[53] Ist die Verfügung nach Abs. 2 noch nicht erlassen, so ist die Behebung des Mangels nach Fristablauf oder ein verspäteter Widerspruch noch zu berücksichtigen. Nach Abs. 2 S. 2 kann die Feststellung des Mangels **mit der Zurückweisung des Widerspruchs verbunden** werden. Das Registergericht muss also nicht die Rechtskraft des Zurückweisungsbeschlusses abwarten, sondern kann sofort den Feststellungsbeschluss nach Abs. 2 S. 1 erlassen.[54] Dies ist sachgerecht, denn der Feststellungsbeschluss wird zwar schon mit Erlass wirksam, führt aber erst mit Eintritt der Rechtskraft (§ 45) zur Auflösung der Gesellschaft, vgl. §§ 262 Abs. 1 Nr. 5, 289 Abs. 2 Nr. 2 AktG, § 60 Abs. 1 Nr. 6 GmbHG. Der Feststellungsbeschluss ist der Gesellschaft förmlich durch Zustellung **bekannt zu geben,** § 41 Abs. 1 S. 2.

IX. Rechtsbehelfe

32 Gegen den Feststellungsbeschluss nach Abs. 2 S. 1 sowie gegen den Beschluss über die Zurückweisung eines Antrags auf Einleitung eines Auflösungsverfahrens sowie über die Zurückweisung des Widerspruchs sind die **Beschwerde** nach § 58 und ggf. die **Rechtsbeschwerde** nach § 70 statthaft, Abs. 3 (vgl. auch § 52 Abs. 3 SE-AG).

33 Sind die Zurückweisung des Widerspruchs und der Feststellungsbeschluss in einer **Verfügung miteinander verbunden,** so kann gegen beide zusammen, aber auch getrennt Beschwerde erhoben werden.[55] Im Zweifel ist die Erhebung der Beschwerde als Rechtsmittel gegen beide Beschlussgegenstände auszulegen. **Beschwerdeberechtigt** sind die Gesellschaft und im Falle der Antragszurückweisung die berufsständischen Organe nach § 380 Abs. 1. Dritte, insbesondere Aktionäre oder Gesellschafter, können nur bei eigener Rechtsbeeinträchtigung gegen den Feststellungsbeschluss mit der Beschwerde vorgehen (§ 59 Abs. 1), was nur ausnahmsweise der Fall sein dürfte.[56]

34 Das Beschwerdegericht entscheidet nach § 68 Abs. 3 völlig neu unter Berücksichtigung der **aktuellen Sach- und Rechtslage,** eine Präklusion (wie nach § 391 Abs. 2) ist nicht denkbar.[57] Das Beschwerde- und das Rechtsbeschwerdegericht haben eine nach dem Wirksamwerden des Beschlusses des Register- bzw. Beschwerdegerichts in das Handelsregister eingetragene Satzungsänderung zu berücksichtigen.[58] Das Registergericht kann der Beschwerde abhelfen, § 68 Abs. 1.

X. Eintragung der Auflösung

35 Mit der rechtskräftigen Feststellung des Mangels wird die Gesellschaft aufgelöst (§§ 262 Abs. 1 Nr. 5, 289 Abs. 2 Nr. 2 AktG, § 60 Abs. 1 Nr. 6 GmbHG), sie hat also rechtsgestaltenden Charakter. Die von Amts wegen erfolgende Eintragung ins Handelsregister hat nur **deklaratorische Bedeutung** (§§ 263 S. 2 AktG, 65 Abs. 1 S. 2, 3 GmbHG).[59] Das Registergericht kann seinen Beschluss auf die Zurückweisung des Widerspruchs und die

---

[53] Jansen/Steder § 144 a Rn 39.
[54] Bassenge/Roth/K. Walter § 399 Rn 15; Bumiller/Harders § 399 Rn 12.
[55] Die bei getrennter Anfechtung entstehenden rechtlichen Schwierigkeiten hebt Jansen/Steder § 144 a Rn 40, 49 hervor.
[56] Bassenge/Roth § 144 a Rn 5 mit Beispiel; Bahrenfuss/Steup § 399 Rn 32; MünchKommZPO/Krafka § 399 FamFG Rn 18.
[57] Bahrenfuss/Steup § 399 Rn 33; MünchKommZPO/Krafka § 399 FamFG Rn 18.
[58] BayObLG NJW-RR 2001, 1047; zweifelnd Jansen/Steder § 144 a Rn 47.
[59] BFH GmbHR 2001, 839; Kölner Komm/Kraft § 262 Rn 72; GK/Wiedemann § 262 Rn 38 c.

Feststellung des Mangels nicht ändern (§ 48).[60] Daher kann auch eine Behebung des Satzungsmangels **nach Rechtskraft** des Feststellungsbeschlusses die Auflösung der Gesellschaft nicht beseitigen, das Registergericht muss die Auflösung eintragen.[61] Nach Maßgabe des § 274 Abs. 1, 2 Nr. 2 Abs. 4 AktG kann die Gesellschaft aber fortgesetzt werden. Im GmbHG ist eine derartige Vorschrift zwar nicht enthalten, die Grundsätze für die AG gelten aber entsprechend.[62] Wird die Eintragung der Auflösung rechtswidrig **vor Eintritt der Rechtskraft** des Feststellungsbeschlusses vorgenommen, so ist sie nach § 395 von Amts wegen zu löschen, wenn die Beschwerde begründet ist.[63] Nach der Auflösung findet die **Abwicklung** statt (§§ 264 ff. AktG, 66 ff. GmbHG).

XI. Kosten und Gebühren

Für das Auflösungsverfahren selbst werden keine Gebühren erhoben,[64] sondern nur für die **Zurückweisung eines eingelegten Widerspruchs** oder für die **Verwerfung oder Zurückweisung der Beschwerde**, gegen die Zurückweisung des Widerspruchs, § 88 Abs. 2 S. 1 und 2 KostO. Die Zurücknahme des Widerspruchs löst keine Gebühren aus, die Zurücknahme der Beschwerde fällt unter § 131 Abs. 1 Nr. 2 KostO. Erhoben wird eine **doppelte Gebühr** aus einem **Geschäftswert** von regelmäßig **3000 €**, § 88 Abs. 2 S. 3 KostO i. V. m. § 30 Abs. 2 S. 1 KostO.[65] Für die Zurückweisung der Beschwerde gegen den Feststellungsbeschluss gilt § 131 Abs. 1 Nr. 1 KostO, nicht § 88 Abs. 2 S. 2 KostO.[66] Kostenschuldner ist der Widerspruchs- bzw. Beschwerdeführer, § 2 Nr. 1 KostO. Eine Kostenentscheidung ergeht nach § 399 Abs. 2 S. 3, soweit dies nicht unbillig ist. Insbesondere können dem Widerspruchs- bzw. Beschwerdeführer also auch die Kosten der Rechtsverfolgung der anderen Verfahrensbeteiligten nach §§ 80 ff. auferlegt werden. Für die **Eintragung der Auflösung** fallen Kosten nach der HRegGebV in Höhe von 70 € an, Nr. 2500 GV-HRegGebV.[67]

Unterabschnitt 4. Ergänzende Vorschriften für das Vereinsregister

Mitteilungspflichten

400 Das Gericht hat die Eintragung eines Vereins oder einer Satzungsänderung der zuständigen Verwaltungsbehörde mitzuteilen, wenn Anhaltspunkte bestehen, dass es sich um einen Ausländerverein oder eine organisatorische Einrichtung eines ausländischen Vereins nach den §§ 14 und 15 des Vereinsgesetzes handelt.

I. Normzweck

Die Vorschrift will nach Abschaffung des früheren Einspruchsverfahrens gegen die Eintragung eines Vereins (§§ 61 bis 63, 71 Abs. 2 BGB a. F.) gewährleisten, dass die Verwaltungsbehörde auch künftig über die Gründung oder Satzungsänderung von Ausländervereinen informiert wird, um auf diesem Wege die **öffentlich-rechtlichen Anmelde- und Mitteilungspflichten** nach §§ 19, 21 der VO zur Durchführung des VereinsG durchsetzen zu können. Außerdem soll die Mitteilungspflicht der Verwaltungsbehörde die Prüfung ermöglichen, ob es sich um einen Ausländerverein handelt, gegen den eine Beschlagnahme und die Einziehung von Forderungen und Sachen Dritter sowie ein **Verbotsverfahren** nach §§ 14, 15 VereinsG in Betracht kommt. Die Vorschrift ist Relikt eines obrigkeitsrechtlichen Verständnisses des Vereinsregisters und missbraucht das Registerver-

---

[60] Jansen/Steder § 144a Rn 56.
[61] MünchKommZPO/Krafka § 399 FamFG Rn 19.
[62] MünchKommZPO/Krafka § 399 FamFG Rn 20.
[63] MünchKommZPO/Krafka § 399 FamFG Rn 20.
[64] Korintenberg/Lappe § 88 Rn 23; a. A. Haußleiter/Schemmann § 399 Rn 15 (unzutreffend).
[65] Korintenberg/Lappe § 88 Rn 15.
[66] SBW/Nedden-Boeger § 399 Rn 66.
[67] Bahrenfuss/Steup § 399 Rn 35; Korintenberg/Lappe § 88 Rn 25; SBW/Nedden-Boeger § 399 Rn 67; a. A. Haußleiter/Schemmann § 399 Rn 15.

fahren in bedenklicher Weise für öffentlich-rechtliche Zwecke.[1] Inhaltlich übernimmt die Vorschrift unverändert den Regelungsgehalt des § 159 Abs. 2 FGG.[2]

II. Voraussetzungen der Mitteilungspflicht

1. Ausländerverein oder organisatorische Einrichtung eines ausländischen Vereins

2   **Ausländervereine** i. S. des § 14 Abs. 1 S. 1 VereinsG sind solche, deren Mitglieder oder Leiter sämtlich oder überwiegend Ausländer sind. Anhaltspunkte hierfür werden sich vor allem aus der von den Gründungsmitgliedern unterschriebenen Vereinssatzung und der Anmeldung zum Vereinsregister ergeben. **Keine Ausländervereine** sind aber solche, deren Mitglieder oder Leiter sämtlich oder überwiegend Staatsangehörige eines Mitgliedstaats der Europäischen Union sind, § 14 Abs. 1 S. 2 VereinsG.

3   **Ausländische Vereine** sind solche mit Sitz im Ausland, § 15 Abs. 1 S. 1 VereinsG. Bei dem im deutschen Vereinsregister eingetragenen Verein handelt es sich um die Einrichtung eines ausländischen Vereins, wenn dieser als Teil- oder Unterorganisation des ausländischen Vereins anzusehen ist. Anhaltspunkte hierfür werden sich vor allem aus der Vereinssatzung ergeben.

2. Mitteilungspflichtige Vorgänge

4   Die Mitteilungspflicht besteht nicht nur bei **Gründung** (§§ 21, 55 BGB) oder **Satzungsänderung** (§ 71 BGB), sondern auch dann, wenn sich bei einer **Vorstandsänderung, Auflösung oder sonstigen Registereintragung** neue Anhaltspunkte für das Vorliegen eines Ausländervereins ergeben. Dies kann insbesondere bei einer Änderung des Vorstands der Fall sein.[3]

3. Keine weitergehende Ermittlungspflicht des Gerichts

5   Ergeben sich aus den eingereichten Unterlagen Anhaltspunkte für einen Ausländerverein oder die Einrichtung eines ausländischen Vereins, so kann sich das Registergericht mit der Mitteilung an die Verwaltungsbehörde begnügen, auch wenn es **keine volle Gewissheit** über den Status des Vereins erlangen konnte.[4] Es besteht abweichend von § 26 keine weitergehende Ermittlungspflicht, weder darüber, ob es sich tatsächlich um einen Ausländerverein oder die Einrichtung eines ausländischen Vereins i. S. der §§ 14, 15 VereinsG handelt noch dahingehend, ob sich Anhaltspunkte für einen Verstoß gegen Art. 9 Abs. 2 GG i. V. m. § 3 Abs. 1 bzw. §§ 14, 15 VereinsG ergeben.[5] Diese Prüfung obliegt allein der zuständigen Verwaltungsbehörde.[6]

III. Inhalt der Mitteilung

6   Vom Registergericht mitzuteilen sind nur die Eintragung des Vereins oder dessen Satzungsänderung. Hierfür genügen die **Bezeichnung des Vereins,** seines **Sitzes** und der **Vereinsregisternummer** sowie die Tatsache der Satzungsänderung. Andere registererhebliche Tatsachen (z. B. die Personen des Vorstands) braucht das Gericht nicht zu melden.[7] **Adressat** der Mitteilung ist für ausländische Vereine und für Vereine, deren Organisation oder Tätigkeit sich über das Gebiet eines Bundeslandes hinaus erstreckt, der BMI (§ 3 Abs. 2 S. 1 Nr. 2 VereinsG), sonst die oberste Landesbehörde oder die nach Landesrecht zuständige Behörde (§ 3 Abs. 2 S. 1 Nr. 1 VereinsG).[8] In **Baden-Württemberg** sind Mit-

---

[1] Ähnlich MünchKommZPO/Krafka § 400 FamFG Rn 1.
[2] BT-Drs. 16/6308 S. 289.
[3] A. A. Haußleiter/Schemmann § 400 Rn 6.
[4] MünchKommZPO/Krafka § 400 FamFG Rn 2, 3.
[5] BT-Drs. 13/7489 S. 56 i. V. m. BT-Drs. 13/4709 S. 49.
[6] BT-Drs. 13/7489 S. 56 i. V. m. BT-Drs. 13/4709 S. 49.
[7] MünchKommZPO/Krafka § 400 FamFG Rn 1.
[8] Bahrenfuss/Steup § 400 Rn 5.

teilungen nach § 400 stets an die unteren Verwaltungsbehörden zu richten, § 2 Abs. 1 AGBGB.

IV. Mitteilungsverpflichteter

Zur Mitteilung verpflichtet ist – soweit nicht aufgrund der § 4 Abs. 2 Nr. 1, Abs. 3 RPflG oder § 5 RPflG ausnahmsweise eine funktionelle Zuständigkeit des Richters besteht – der **Rechtspfleger**, § 3 Nr. 1 a RPflG, niemals der Urkundsbeamte der Geschäftsstelle.

V. Verstoß gegen die Mitteilungspflicht

Die Mitteilungspflicht besteht ausschließlich im öffentlichen Interesse und bezweckt keinen Individualschutz. Amtshaftungsansprüche können daher nicht auf eine Verletzung gestützt werden. Gegen den seine Amtspflicht verletzenden Rechtspfleger kommen allerdings **Disziplinarmaßnahmen** in Betracht.

Entziehung der Rechtsfähigkeit

§ 401 Der Beschluss, durch den einem Verein nach § 73 des Bürgerlichen Gesetzbuchs die Rechtsfähigkeit entzogen wird, wird erst mit Rechtskraft wirksam.

I. Normzweck

Durch **rechtsgestaltende Verfügung** nach § 73 BGB kann das AG dem Verein die Rechtsfähigkeit entziehen, wenn die Zahl der Vereinsmitglieder unter drei herabsinkt. Wegen der einschneidenden Bedeutung für den Verein wird der Beschluss erst mit Rechtskraft wirksam.[1] Die Vorschrift stellt eine verfahrensrechtliche Ergänzung zu § 73 BGB dar.[2]

Die Vorschrift entspricht dem bisherigen § 160 a Abs. 2 S. 3 FGG.[3] Regelungen, die den bisherigen § 160 a Abs. 1 und Abs. 2 S. 1 und 2 FGG entsprechen, wurden nicht in das FamFG übernommen, da sich deren Regelungsgehalt aus den Bestimmungen des neuen Allgemeinen Teils ergeben.[4]

II. Entziehung der Rechtsfähigkeit mangels Mitgliedern

1. Materielle Voraussetzungen

Die Zahl der **Vereinsmitglieder muss unter drei herabgesunken** sein, also ein oder zwei Mitglieder betragen, das Unterschreiten der Anzahl von sieben Mitgliedern ist unschädlich. Sind gar keine Vereinsmitglieder mehr vorhanden, so erlischt der Verein, ohne dass eine Liquidation stattzufinden hat.[5] Die Abwicklung des Vermögens erfolgt in diesem Fall durch einen gemäß § 1913 BGB bestellten Pfleger. Der Verein kann nach § 395 von Amts wegen im Register gelöscht werden.[6] Zur Entziehung der Rechtsfähigkeit wegen Gemeinwohlgefährdung (§ 43 BGB) s. Rn 16 ff.

2. Zuständigkeit

Zuständig für die Entscheidung ist das AG, das das Vereinsregister des Vereins führt (§ 55 Abs. 1 BGB), dort der **Rechtspfleger**, § 3 Nr. 1 a RPflG.

---

[1] Jansen/Ries § 160 a Rn 2; vgl. BT-Drs. 16/6308 S. 289; auf den Aspekt der Rechtssicherheit abstellend BJS/Müther § 401 Rn 2.
[2] Jansen/Ries § 160 a Rn 15.
[3] BT-Drs. 16/6308 S. 289.
[4] BT-Drs. 16/6308 S. 289.
[5] BGHZ 19, 51/57 = NJW 1956, 138; BGH NZM 2005, 475; abl. SBW/Nedden-Boeger § 401 Rn 8.
[6] Bassenge/Roth/K. Walter § 401 Rn 1.

3. Verfahrenseinleitung

5   Das Verfahren wird auf **Antrag des Vorstands** (§ 23) eingeleitet, **von Amts wegen** erst, wenn der Vorstand den Antrag nicht binnen drei Monaten seit Herabsinken der Mitgliederzahl unter drei gestellt hat, § 73 BGB.[7] Die Antragstellung kann nicht durch Festsetzung von Zwangsgeld nach § 78 BGB erzwungen werden.[8]

4. Beteiligte

6   Am Verfahren ist zwingend der **Verein** zu beteiligen, § 7 Abs. 2 Nr. 1.[9] Ihm ist durch Anhörung des Vorstands rechtliches Gehör zu gewähren, § 73 BGB. Fehlt ein Vorstand, so hat das Amtsgericht von Amts wegen, somit ohne Antrag, nach § 29 BGB einen **Notvorstand** zu bestellen.[10]

5. Sachverhaltsermittlung

7   Das Gericht hat den Sachverhalt **von Amts wegen** zu ermitteln, § 26.[11] Dabei trifft den Vorstand eine besondere Mitwirkungslast (§ 27), da er auf Verlangen des Amtsgerichts diesem jederzeit eine Bescheinigung über die Anzahl der Mitglieder vorzulegen hat, § 72 BGB.

6. Entscheidung des Gerichts

8   Kann das AG aufgrund seiner Ermittlungen nicht mit der erforderlichen Sicherheit feststellen, dass die Mitgliederzahl unter drei herabgesunken ist, muss der Antrag des Vorstands **zurückgewiesen**[12] bzw. das von Amts wegen eingeleitete Verfahren **eingestellt** werden.[13] Ist die Frage der Mitgliedschaft in einem Zivilprozess anhängig, so ist das Verfahren nach § 21 Abs. 1 bis zur Klärung dieser Rechtsfrage **auszusetzen.**

9   Macht der Vorstand glaubhaft (§ 31), dass sich die Mitgliederzahl alsbald wieder auf drei erhöhen wird, so ist das Verfahren nach § 21 Abs. 1 für einen angemessenen Zeitraum auszusetzen. und dem Vorstand Gelegenheit zu geben, die **Erhöhung der Mitgliederzahl nachzuweisen.**

10 Die Entscheidung, dass dem Verein die Rechtsfähigkeit entzogen wird, ergeht durch zu begründenden **Beschluss,** der dem Verein nach § 41 Abs. 1 S. 2 i. V. m. § 15 Abs. 2 durch förmliche Zustellung **bekannt zu geben** ist.

7. Wirksamwerden der Entziehung

11 Die Entziehung der Rechtsfähigkeit wird abweichend vom Grundsatz des § 40 Abs. 1 erst mit **Eintritt der formellen Rechtskraft** (§ 45) wirksam. Bis zu diesem Zeitpunkt behält der Verein seine Rechtsfähigkeit.[14] Keine entsprechende Anwendung findet § 40 Abs. 2 S. 2, so dass die aufschiebende Wirkung nicht im Beschluss ausgesprochen werden muss.[15] Nach Eintritt der Rechtskraft ist die Entziehung der Rechtsfähigkeit von Amts wegen in das Vereinsregister einzutragen, § 74 Abs. 1 S. 1 BGB (vgl. § 3 S. 3 Nr. 4 b bb VRV).[16]

---

[7] Bumiller/Harders § 401 Rn 3; Jansen/Ries § 160 a Rn 18: unerheblich ist, wann das Gericht Kenntnis vom Herabsinken der Mitgliederzahl erhält.
[8] Jansen/Ries § 160 a Rn 18; a. A. Krafka/Willer/Kühn Rn 2278; unklar OLG Frankfurt Rpfleger 1992, 28.
[9] BayObLG NJW-RR 1989, 765.
[10] BayObLG NJW-RR 1989, 765; Jansen/Ries § 160 a Rn 19; krit. Bahrenfuss/Steup § 401 Rn 4.
[11] BayObLG NJW-RR 1989, 765; OLG Frankfurt Rpfleger 1992, 28.
[12] A. A. Bahrenfuss/Steup § 401 Rn 4, der bei Antragstellung durch den Vorstand dem Gericht keine Prüfungsbefugnis mehr zugesteht.
[13] OLG Frankfurt Rpfleger 1992, 28.
[14] Jansen/Ries § 160 a Rn 17.
[15] BJS/Müther § 401 Rn 1; den Ausspruch empfiehlt Prütting/Helms/Maass § 401 Rn 1.
[16] Krafka/Willer/Kühn Rn 2279.

8. Rechtsmittel

Gegen die Verfügung, durch die der Antrag des Vorstands endgültig zurückgewiesen wird, ist die **Beschwerde** nach § 58 eröffnet. **Beschwerdeberechtigt** ist nach § 59 Abs. 2 nur der Vorstand. Bei einer Einstellung des von Amts wegen eingeleiteten Verfahrens kommt eine Beschwerde nur in Betracht, wenn der Beschwerdeführer hierdurch unmittelbar in eigenen Rechten verletzt ist, § 58 Abs. 1. 12

Wird das Verfahren nach § 21 Abs. 1 ausgesetzt, so ist hiergegen die **sofortige Beschwerde** nach Maßgabe der §§ 567 bis 572 ZPO statthaft, § 21 Abs. 2. 13

Gegen die **Entziehungsverfügung** ist die Beschwerde nach § 58 statthaft. Die **Beschwerdeberechtigung** steht nicht den Vereinsmitgliedern, sondern nur dem Verein, vertreten durch den Vorstand, zu.[17] Das Beschwerderecht entfällt nicht deshalb, weil der Vorstand den Antrag gestellt hat.[18] Mit der Beschwerde kann auch geltend gemacht werden, dass die Mitgliederzahl nunmehr wieder auf drei gestiegen ist, § 68 Abs. 3.[19] 14

9. Kosten

Die Kosten für das Verfahren der Entziehung der Rechtsfähigkeit bestimmen sich nach § 121 KostO.[20] Die anschließende Eintragung in das Vereinsregister ist kostenfreies Nebengeschäft.[21] 15

III. Entziehung der Rechtsfähigkeit bzw. Löschung aus anderen Gründen

Einem Verein, dem die Rechtsfähigkeit verliehen wurde, kann außerdem die Rechtsfähigkeit entzogen werden, wenn er einen **satzungswidrigen Zweck** verfolgt, § 43 BGB. Zuständig ist die nach Landesrecht zuständige **Verwaltungsbehörde**, § 44 BGB.[22] Die Entscheidung der Verwaltungsbehörde ergeht durch Verwaltungsakt. Der Behörde steht trotz des Wortlauts der Norm kein Ermessensspielraum zu.[23] Die Entscheidung der Behörde muss im Verwaltungsrechtsweg (§ 40 Abs. 1 S. 1 VwGO) mit der **Anfechtungsklage** (§ 42 Abs. 1 VwGO), ggf. unter vorheriger Durchführung eines Widerspruchsverfahrens (§§ 68 ff. VwGO), angefochten werden. Das Registergericht hat die Entziehung der Rechtsfähigkeit **von Amts wegen auf Anzeige der Behörde** einzutragen, § 74 Abs. 1 BGB. Das Registergericht überprüft den Verwaltungsakt lediglich auf Nichtigkeitsgründe und daraufhin, ob er vollziehbar ist.[24] Die Eintragung ist unanfechtbar, § 383 Abs. 3. 16

Die weiteren in § 43 BGB a. F. enthaltenen Entziehungsgründe sind durch das Gesetz zur Erleichterung elektronischer Anmeldungen zum Vereinsregister und anderer vereinsrechtlicher Änderungen vom 24. 9. 2009[25] aufgehoben worden. Die systemwidrige Zuständigkeit der Verwaltungsbehörde anstelle des AG ist somit entfallen.[26] Die **Löschung eines Vereins** erfolgt nur noch nach der allgemeinen Bestimmung des § 395, z.B. wenn der Verein satzungswidrig einen wirtschaftlichen Zweck verfolgt.[27] Im Ergebnis ist das Registergericht nunmehr sowohl für die Fälle einer **offenen** als auch einer **verdeckten Rechtsformverletzung** (s. § 395 Rn 21) zuständig.[28] 17

---

[17] Krafka/Willer/Kühn Rn 2279.
[18] Jansen/Ries § 160 a Rn 22.
[19] Jansen/Ries § 160 a Rn 22.
[20] Jansen/Ries § 160 a Rn 25.
[21] Korintenberg/Lappe § 80 Rn 8.
[22] Vgl. die Nachweise der zuständigen Behörden bei MünchKommBGB/Reuter §§ 43, 44 Rn 14 Fn. 29.
[23] MünchKommBGB/Reuter §§ 43, 44 Rn 9, 11; K. Schmidt NJW 1998, 1124/1125; ähnlich BVerwG NJW 1998, 1166.
[24] LG Frankfurt NJW 1953, 1748; Jansen/Ries § 159 Rn 39.
[25] BGBl I S. 3145.
[26] BT-Drs. 16/13542 S. 14.
[27] BT-Drs. 16/13542 S. 14; Krafka/Willer/Kühn Rn 2280.
[28] Reuter NZG 2009, 1368/1372; Schöpflin Rpfleger 2010, 349/350; Wörle-Himmel/Endres DStR 2010, 759/762.

Abschnitt 4. Unternehmensrechtliche Verfahren

Anfechtbarkeit

402 (1) **Der Beschluss des Gerichts, durch den über Anträge nach § 375 entschieden wird, ist mit der Beschwerde anfechtbar.**

(2) **Eine Anfechtung des Beschlusses, durch den einem Antrag nach den §§ 522 und 729 Abs. 1 des Handelsgesetzbuchs sowie den §§ 11 und 87 Abs. 2 des Binnenschiffahrtsgesetzes stattgegeben wird, ist ausgeschlossen.**

(3) **Die Vorschriften des Handelsgesetzbuchs, des Aktiengesetzes und des Publizitätsgesetzes über die Beschwerde bleiben unberührt.**

I. Normzweck; Anwendungsbereich

1 Die unternehmensrechtlichen Verfahren haben mit Ausnahme des Dispacheverfahrens (§§ 403 bis 409) keine besondere Regelung erfahren, so dass insoweit die **allgemeinen Verfahrensvorschriften** gelten.[1] Die einzig spezifisch unternehmensrechtliche Vorschrift stellt § 402 dar. Abs. 1 und 2 behandeln die Anfechtbarkeit bzw. Unanfechtbarkeit von Beschlüssen. Abs. 3 erklärt die Spezialregelungen des HGB, AktG und PublG für vorrangig anwendbar.

2 Die Vorschrift ersetzt die bisherigen Regelungen in § 146 Abs. 2, 3 und § 148 FGG. Die Sondervorschrift des § 146 Abs. 1 FGG über die Anhörung des Antragsgegners konnte wegen der sich aus dem Allgemeinen Teil ergebenden Pflicht des Gerichts zur Gewährung rechtlichen Gehörs entfallen.[2]

3 Die Vorschrift findet Anwendung auf **alle unternehmensrechtlichen Verfahren** i. S. des § 375, gleichgültig ob diese nur auf Antrag oder auch von Amts wegen eingeleitet (s. Rn 4) werden.[3] Entsprechend anwendbar ist § 402 auf die Bestellung und Abberufung eines Abwicklers eines VVaG durch das Registergericht, § 47 Abs. 2 S. 2 VAG.

II. Verfahren

4 Für die unternehmensrechtlichen Verfahren gelten die Bestimmungen des Allgemeinen Teils[4] und die Zuständigkeitsbestimmungen der §§ 375 bis 377 (s. die Kommentierung dort). **Keine Anwendung** finden die Vorschriften über das Verfahren in Registersachen,[5] insbesondere § 380 über das Beteiligungs- und Beschwerderecht der berufsständischen Organe und § 381 über die Aussetzungsbefugnis des Gerichts gelten nicht.[6] Das Verfahren ist grundsätzlich nicht öffentlich, § 170 GVG.[7] Ob ein Verfahren nach § 375 nur **auf Antrag** oder auch **von Amts wegen** eingeleitet werden kann, ist für jeden Verfahrensgegenstand besonders zu ermitteln und ergibt sich im Regelfall aus den Bestimmungen des materiellen Rechts. Soweit ein Antrag erforderlich ist, gilt § 23. **Vertretung** ist nach Maßgabe der §§ 10 f. zulässig. Eine Antragsrücknahme oder Erledigungserklärung ist unter den Voraussetzungen des § 22 möglich.[8] Die Frage, wer als **Verfahrensbeteiligter** in Betracht kommt, entscheidet sich anhand § 7 und den einschlägigen materiellrechtlichen Regeln.[9] Soweit nicht der Verfahrensgegenstand entgegensteht, kann das Gericht eine **einstweilige Anordnung** erlassen, die §§ 49 ff. sind anwendbar.[10] Bei Zweckdienlichkeit

---

[1] Bumiller/Harders § 402 Rn 1.
[2] BT-Drs. 16/6308 S. 289.
[3] Jansen/Ries § 146 Rn 3.
[4] Vgl. Jänig/Leißring ZIP 2010, 110; Nedden-Boeger FGPrax 2010, 1.
[5] MünchKommZPO/Krafka § 375 FamFG Rn 2.
[6] Jansen/Ries § 146 Rn 2.
[7] Jänig/Leißring ZIP 2010, 110/115 f.
[8] Jänig/Leißring ZIP 2010, 110/115.
[9] Jänig/Leißring ZIP 2010, 110/113 f.; Nedden-Boeger FGPrax 2010, 1/3.
[10] Jänig/Leißring ZIP 2010, 110/116; Nedden-Boeger FGPrax 2010, 1/5; BeckOK/Munzig § 375 FamFG Rn 11.

können mehrere Verfahren miteinander **verbunden** oder voneinander **abgetrennt** werden, § 20; insbesondere in Verfahren über die Zusammensetzung des Aufsichtsrats nach § 104 AktG ist eine Verfahrensverbindung ratsam.[11] Entscheidungen ergehen in Beschlussform, die §§ 38 ff. sind anwendbar. Soweit die Entscheidung noch einer **Vollstreckung** bedarf, z. B. im Fall des § 166 Abs. 3 HGB (s. § 375 Rn 20), wird diese nach § 35, nicht etwa nach § 95 Abs. 1 Nr. 3 vollstreckt. Die gegenteilige Ansicht, die sich darauf beruft, dass nach § 35 nur verfahrensleitende Entscheidungen vollstreckt werden könnten,[12] verkennt, dass nach dem klaren Wortlaut der Vorschrift das Gericht die Vorlegung anordnet, wenn der Antrag begründet ist. Es wäre ein unbilliger Formalismus, den Antragsteller insoweit auf den Zwangsvollstreckungsweg zu verweisen. Soweit der Verfahrensgegenstand der Dispositionsbefugnis der Beteiligten unterliegt (z. B. bei der Gewährung von Dokumenteneinsicht), kommt ein **Vergleich** nach § 36 in Betracht. S. im Einzelnen die Kommentierung bei § 375.

III. Rechtsmittel (Abs. 1)

Mit Ausnahme der in Abs. 2 aufgezählten stattgebenden Entscheidungen (s. Rn 7), findet in allen unter § 375 fallenden Angelegenheiten gegen Endentscheidungen des AG die **Beschwerde** nach §§ 58 ff. statt, gleichviel, ob dem gestellten Antrag stattgegeben oder ob dieser abgelehnt wird. Der Beschwerdewert von 600 € muss aber überschritten sein, § 61 Abs. 1.[13] Über die Beschwerde entscheidet das OLG (§ 119 Abs. 1 Nr. 1 b GVG). Die **Beschwerdeberechtigung** richtet sich nach § 59 Abs. 1 (s. § 59 Rn 88),[14] bei Zurückweisung eines Antrags gilt § 59 Abs. 2, so dass nur der Antragsteller beschwerdeberechtigt ist. Bei einer Mehrheit von Antragsberechtigten ist jedoch beschwerdeberechtigt, wer einen Antrag im ersten Rechtszug hätte stellen können.[15] Gegen die Entscheidung des Beschwerdegerichts ist nach Maßgabe der §§ 70 ff. die **Rechtsbeschwerde** zum BGH (§ 133 GVG) statthaft. 5

Eine **Aussetzung** des Verfahrens kann mit der sofortigen Beschwerde nach §§ 567 bis 572 ZPO angefochten werden, § 21 Abs. 2 FamFG. **Keine** beschwerdefähige **Endentscheidung** stellt die Zurückweisung des Antrags auf Ausdehnung der Beweisaufnahme nach § 13 Abs. 2 BinSchG dar.[16] 6

IV. Ausschluss der Beschwerde (Abs. 2)

Der Beschwerde entzogen ist die dem Antrag stattgebende Entscheidung in den in Abs. 2 aufgeführten, ausschließlich dem See- und Binnenschifffahrtsrecht angehörenden Angelegenheiten der **Verklarung** (§§ 522 HGB, 11 BinSchG; s. § 375 Rn 27 ff.) und der **Bestellung eines Dispacheurs** für den Einzelfall (§ 729 Abs. 1 HGB, § 87 Abs. 2 BinSchG s. § 375 Rn 36). Gegen den **ablehnenden Beschluss** findet die Beschwerde statt. Gibt erst die Beschwerdeinstanz dem Antrag statt, so ist die Anfechtung der Entscheidung der Beschwerdeinstanz im Wege der Rechtsbeschwerde unstatthaft.[17] Gegen den stattgebenden Beschluss ist in den genannten Fällen nur die **Anhörungsrüge** nach § 44 zulässig, im Falle des § 11 BinSchG die Erinnerung nach § 11 Abs. 2 RPflG.[18] Eine **Aufhebung** der Verfügung durch das erstinstanzliche Gericht ist jedoch zulässig, wenn sich nach Ansicht des Gerichts die Sach- und Rechtslage wesentlich geändert hat, § 48 Abs. 1.[19] 7

---

[11] Nedden-Boeger FGPrax 2010, 1/5.
[12] So OLG München ZIP 2010, 1692; Schmidt-Kessel/Müther § 8 HGB Rn 255.
[13] OLG Hamm ZIP 2011, 372; Jänig/Leißring ZIP 2010, 110/117; a. A. BJS/Müther § 402 Rn 2.
[14] Vgl. OLG Hamm ZIP 2011, 372.
[15] Jänig/Leißring ZIP 2010, 110/117.
[16] Anders Jansen/Ries § 148 Rn 26.
[17] BJS/Müther § 402 Rn 4
[18] Bassenge/Roth/K. Walter § 402 Rn 3.
[19] BJS/Müther § 402 Rn 4.

V. Vorrangige Sonderregelungen (Abs. 3)

1. Allgemeines

8 Die im HGB, AktG und PublG enthaltenen Spezialregelungen über die Statthaftigkeit bzw. den Ausschluss der Beschwerde und Rechtsbeschwerde bleiben unberührt, haben also Vorrang. Dass die weiteren Sonderbestimmungen des SE-AG, UmwG, KWG, VAG, BörsG etc. keine Erwähnung gefunden haben, stellt ein bloßes Redaktionsversehen dar.[20] Im Übrigen finden aber die allgemeinen Bestimmungen auch auf diese Verfahrensgegenstände Anwendung,[21] sofern sich dort keine ausdrücklichen Sonderbestimmungen finden. Handelt es sich nicht um originär unternehmensrechtliche Verfahren, sondern werden die Vorschriften des FamFG nur für entsprechend anwendbar erklärt, ergibt sich die Statthaftigkeit von Rechtsbehelfen nicht aus Abs. 3, sondern unmittelbar aus diesen Sonderbestimmungen, wie z. B. § 335 Abs. 5 HGB; § 99 Abs. 3, § 132 Abs. 3 AktG, § 51 b S. 1 GmbHG.[22]

2. Ausschluss der Beschwerde

9 **Unanfechtbar** sind die Entscheidung nach § 35 Abs. 2 S. 2 AktG (Entscheidung von Meinungsverschiedenheiten zwischen Gründern und Gründungsprüfern) und die Genehmigung der Kraftloserklärung von Aktien (§ 73 Abs. 1 S. 4 2. Halbs. AktG), wenn die Genehmigung erteilt wird; gegen deren Ablehnung ist dagegen die Beschwerde, evtl. die Rechtsbeschwerde gegeben. Soweit die Beschwerde ausgeschlossen ist, kommt eine Anhörungsrüge nach § 44 in Betracht.

3. Ausschluss der Rechtsbeschwerde

10 Mit der **Beschwerde anfechtbar** ist die Entscheidung des AG, **nicht** aber mit der **Rechtsbeschwerde** die des Beschwerdegerichts in den Fällen der Festsetzung von Auslagen und der Vergütung für Gründungsprüfer, gerichtlich bestellte Vorstandsmitglieder, Aufsichtsratsmitglieder, Sonderprüfer, besondere Vertreter, Abschlussprüfer, Rechnungslegungsprüfer, Treuhänder, Sachwalter etc., vgl. § 318 Abs. 5 S. 3, 4 HGB; §§ 35 Abs. 3 S. 3, 85 Abs. 3 S. 3, 104 Abs. 6 S. 3, 142 Abs. 6 S. 3, 147 Abs. 2 S. 7, § 258 Abs. 5 S. 1 i. V. m. § 142 Abs. 6 S. 3, §§ 265 Abs. 4 S. 3, 273 Abs. 4 S. 2 i. V. m. § 265 Abs. 4 S. 3 AktG; § 293 c Abs. 1 S. 5 AktG i. V. m. § 318 Abs. 5 S. 3, 4 HGB; § 30 Abs. 4 S. 3 SE-AG; § 26 Abs. 4 S. 4 i. V. m. § 206 S. 3 UmwG; § 2 Abs. 3 S. 4 PublG i. V. m. § 142 Abs. 6 S. 3 AktG; §§ 2 c Abs. 2 S. 7, 45 a Abs. 2 S. 6 KWG; § 31 Abs. 4 S. 4 PfandBG; §§ 104 Abs. 2 S. 8, 104 u Abs. 2 S. 6 VAG; § 6 Abs. 4 S. 7 BörsG.

4. Statthaftigkeit der Beschwerde und der Rechtsbeschwerde

11 Gegen folgende Entscheidungen sind die **Beschwerde** und die **Rechtsbeschwerde** nach den allgemeinen Grundsätzen **statthaft**:
- § 33 Abs. 3 S. 3 AktG (Bestellung von Gründungsprüfern),
- § 85 Abs. 1 S. 2 AktG (Bestellung von Vorstandsmitgliedern für die AG),
- § 103 Abs. 3 S. 4 AktG (Abberufung von Aufsichtsratsmitgliedern der AG),
- § 104 Abs. 1 S. 5, Abs. 2 S. 4 AktG (Bestellung von Aufsichtsratsmitgliedern der AG),
- § 122 Abs. 3 S. 4 AktG (Ermächtigung einer Aktionärsminderheit zur Einberufung der Hauptversammlung),
- § 142 Abs. 5 S. 2 AktG (Bestellung von Sonderprüfern),
- § 147 Abs. 2 S. 4 AktG (Bestellung besonderer Vertreter zur Geltendmachung von Ersatzansprüchen),

---

[20] Zustimmend Jänig/Leißring ZIP 2010, 110/117.
[21] Jansen/Ries § 146 Rn 6.
[22] Übersehen von Bahrenfuss/Steup § 402 Rn 9, 10, 12, 13.

- § 183a Abs. 3 S. 4 AktG (Bestellung von Prüfern bei einer vereinfachten Sachkapitalerhöhung),
- § 258 Abs. 3 S. 2 AktG (Bestellung von Sonderprüfern),
- § 265 Abs. 3 S. 4 AktG (Bestellung und Abberufung von Abwicklern),
- § 270 Abs. 3 S. 2 AktG (Befreiung von der Prüfung des Jahresabschlusses und des Lageberichts),
- § 273 Abs. 5 AktG (Bestimmung des Aufbewahrungsorts für Bücher und Schriften der Gesellschaft, Einsichtgewährung, Neubestellung von Abwicklern),
- § 293c Abs. 2 AktG i. V. m. § 10 Abs. 4 S. 1 UmwG (Bestellung von Vertragsprüfern),
- § 315 S. 5 AktG (Bestellung von Sonderprüfern),
- § 327c Abs. 2 S. 4 i. V. m. § 293c Abs. 2 AktG i. V. m. § 10 Abs. 4 S. 1 UmwG (Bestellung von Prüfern einer Barabfindung),
- § 318 Abs. 3 S. 8, Abs. 4 S. 4 HGB (Bestellung von Abschlussprüfern),
- § 29 Abs. 3 S. 4 SE-AG (Abberufung von Verwaltungsratsmitgliedern),
- § 30 Abs. 1 S. 4, Abs. 2 S. 4 SE-AG (Bestellung von Verwaltungsratsmitgliedern),
- § 10 Abs. 4 S. 1 UmwG (Bestellung von Verschmelzungsprüfern),
- § 26 Abs. 1 S. 4 UmwG (Bestellung besonderer Vertreter zur Geltendmachung von Schadensersatz gegen Vertretungs- oder Aufsichtsorgane des übertragenden Rechtsträgers),
- §§ 2 Abs. 3 S. 3, 12 Abs. 3 S. 3 PublG (Bestellung von Rechnungslegungsprüfern).

VI. Kosten und Gebühren

Für die unternehmensrechtlichen Verfahren werden Gerichtsgebühren nach Maßgabe des § 121 KostO erhoben, soweit das materielle Recht keine Sonderregelungen statuiert (vgl. § 99 Abs. 6 AktG).[23] Die Gerichtsgebühren sind – zumindest in Hinblick auf die Bestellung eines Aufsichtsrats und eines Abschlussprüfers – mit der **EG-Gesellschaftssteuerrichtlinie** vereinbar.[24] Der **Geschäftswert** bestimmt sich nach § 30 KostO, wobei in vermögensrechtlichen Entscheidungen Abs. 1, in Personalentscheidungen Abs. 2 Anwendung findet.[25] Auf den Regelwert des § 99 Abs. 6 S. 7 AktG kann in aktienrechtlichen Personalentscheidungen zurückgegriffen werden.[26] Erhoben wird eine **doppelte Gebühr** für die Erledigung der Angelegenheit, d. h. die Vornahme des jeweiligen Geschäfts. Bei **Zurückweisung** und **Zurücknahme eines Antrags** richtet sich die Gebühr nach § 130 KostO. Wird bei Ernennung von Organen zusätzlich deren Vergütung festgesetzt, handelt es sich um ein gebührenfreies Nebengeschäft (§ 35 KostO).[27] **Kostenschuldner** ist im Falle eines Antragsverfahrens der Antragsteller, in Amtsverfahren derjenige, in dessen Interesse das Geschäft vorgenommen wurde, § 2 Nr. 5 KostO.

12

Das Gericht kann eine **Kostenlastentscheidung** nach § 81 treffen und dort auch die Erstattung außergerichtlicher Kosten anordnen. Eine solche Kostenentscheidung ist insbesondere in den unternehmensrechtlichen Verfahren angezeigt, die kontradiktorisch ausgestaltet sind.[28]

13

Weigerung des Dispacheurs

403 (1) Lehnt der Dispacheur den Auftrag eines Beteiligten zur Aufmachung der Dispache aus dem Grund ab, weil ein Fall der großen Haverei nicht vorliege, entscheidet über die Verpflichtung des Dispacheurs auf Antrag des Beteiligten das Gericht.

(2) **Der Beschluss ist mit der Beschwerde anfechtbar.**

---

[23] Zu den Anwendungsfällen s. Korintenberg/Hellstab § 121 Rn 4 bis 23.
[24] BayObLG FGPrax 2000, 129; OLG Zweibrücken FGPrax 2007, 99; anders OLG Karlsruhe Rpfleger 2001, 270 für die Bestellung eines Gründungsprüfers.
[25] BayObLG FGPrax 2000, 129; Korintenberg/Hellstab § 121 Rn 26.
[26] OLG Hamm ZIP 2011, 372.
[27] Korintenberg/Hellstab § 121 Rn 8.
[28] Vgl. OLG Hamm ZIP 2011, 372.

I. Normzweck

1 Die Vorschrift ermöglicht den Beteiligten einer großen Haverei (zum Begriff s. § 375 Rn 37) die **Aufmachung einer Dispache** (zum Begriff s. § 375 Rn 37) durch das Gericht zu erzwingen, wenn der Dispacheur diese mit der Begründung ablehnt, es läge kein Fall der großen Haverei vor. Sie dient damit einerseits dem Interesse der Schiffsgemeinschaft, andererseits betont sie die Selbständigkeit des Dispacheurs, der nicht von den Beteiligten, sondern nur vom Gericht zur Aufmachung der Dispache angehalten werden kann.[1]

2 Die Vorschrift entspricht dem bisherigen § 150 FGG.[2] Sie findet bei Weigerung des nach § 87 Abs. 1 BinSchG zur Anfertigung der Dispache verpflichteten Schiffers keine, auch keine entsprechende Anwendung, da hier jeder Beteiligte in der Lage ist, die Aufmachung der Dispache durch einen Dispacheur gemäß § 87 Abs. 2 BinSchG zu verlangen oder nach § 88 BinSchG selbst zu veranlassen.[3] Die Vorschrift soll im Zuge der Reform des Seehandelsrechts aufgehoben werden, vgl. RefE v. 5. 5. 2011.

II. Der Dispacheur

1. Ernennung des Dispacheurs

3 Die Dispacheure werden nach Maßgabe des Landesrechts von den zuständigen Behörden (in der Regel von den Industrie- und Handelskammern, vgl. z. B. § 3 Abs. 1 Nr. 4 HmbgIHKG) öffentlich als **ständige Dispacheure** („ein für allemal bestellter Dispacheur") bestellt, § 36 GewO. Der für den Seeverkehr bestellte Dispacheur ist auch für Havereifälle im Binnenschifffahrtsverkehr zuständig (vgl. § 87 Abs. 1 S. 2 BinSchG), nicht aber umgekehrt der für den Binnenschifffahrtsverkehr bestellte Dispacheur für den Seeverkehr.[4] Nur soweit ein solcher Dispacheur nicht vorhanden ist, wird er für den Einzelfall vom AG bestellt (§§ 729 Abs. 1 HGB, 87 Abs. 2 S. 2 BinSchG, s. § 375 Rn 36). Alle Beteiligten können sich in Ermangelung eines ständigen Dispacheurs auch auf einen solchen einigen.[5] Es ist geplant, die ständigen Dispacheure abzuschaffen, so dass der Dispacheur künftig nur für den Einzelfall durch das AG ernannt wird.

2. Stellung des Dispacheurs

4 Der Dispacheur ist der unparteiische[6] **öffentliche Sachverständige** zur Aufmachung der Dispache.[7] Er ist kein „öffentlich-rechtliches Organ zur Aufmachung von Havarienrechnungen"[8] und kein gerichtlicher Sachverständiger i. S. d. § 30 FamFG i. V. m. §§ 402, 404 Abs. 2 ZPO, selbst wenn er nur für einen einzelnen Fall vom Gericht bestellt wurde.[9] Er hat aber die Stellung eines Beliehenen[10] inne und wird aufgrund eines privatrechtlichen Geschäftsbesorgungsvertrags tätig, der nicht bloß zwischen dem „Auftraggeber" und dem Dispacheur wirkt, sondern Schutzwirkung zugunsten aller Beteiligten, die Interesse an Schiff und Ladung haben, entfaltet.[11] Er erhebt seine Gebühren nach dem (Hamburger) Regulativ für bestellte und beeidigte Dispacheure[12] und erzielt keine Einkünfte aus selbständiger Tätigkeit, sondern aus Gewerbebetrieb.[13] Der Kapitän, Reeder oder sonstige La-

---

[1] Monse S. 13.
[2] BT-Drs. 16/6308 S. 289.
[3] Denkschrift S. 79; Monse S. 20; Jansen/Steder § 150 Rn 6.
[4] Monse S. 9.
[5] Monse S. 9, 11.
[6] Denkschrift S. 82.
[7] Jansen/Steder § 150 Rn 1.
[8] BGH NJW-RR 1997, 22; Jansen/Steder § 150 Rn 1; Rabe § 729 HGB Rn 3; a. A. KG OLGE 12, 227; Monse S. 12, 25.
[9] KG OLGE 12, 227; Schlegelberger § 150 Rn 3.
[10] Anders/Gehle Rn 628.
[11] BGH NJW-RR 1997, 22; von Waldstein/Holland §§ 87, 88 BinSchG Rn 11; a. A. OLG Hamburg TranspR 1995, 445.
[12] Rabe § 727 HGB Rn 2; § 729 HGB Rn 2.
[13] BFH DStR 1993, 393.

dungsbeteiligte beauftragt den Dispacheur somit in Vertretung aller Beteiligten der Gefahrengemeinschaft einer Havarie.[14] Der zur Aufstellung der Dispache verpflichtete Schiffer oder der durch Einigung der Beteiligten bestimmte Dispacheur ist nicht Dispacheur i. S. der §§ 403 ff.[15]

3. Pflichten des Dispacheurs

Der Dispacheur ist nicht verpflichtet, dem Auftrag zur Aufmachung einer Dispache Folge zu leisten;[16] er hat das Recht, die Voraussetzungen für das Vorliegen der großen Haverei selbständig zu prüfen und hiernach die Aufmachung der Dispache zu verweigern. Zur Entscheidung über die Berechtigung der Ablehnung ist das AG berufen (§ 375 Nr. 2). Aus § 403 Abs. 1 ist aber auch nicht die Verpflichtung des Dispacheurs zur Ablehnung des Auftrags eines Beteiligten abzuleiten, wenn nach seiner Ansicht die Voraussetzungen der großen Haverei nicht vorliegen. Er kann die **Dispache unter Vorbehalt** aufstellen und es den Beteiligten überlassen, ob sie trotz der Zweifel, die hinsichtlich der Voraussetzungen der großen Haverei bestehen, die Dispache anerkennen wollen.[17] Eine solche „salvo iure" oder „for the consideration of the underwriters" aufgemachte Dispache ist zwar keine Grundlage für ein Verfahren nach §§ 403 ff., gleichwohl nicht unwirksam, sondern kann in einem Zivilprozess über die große Haverei als rechnerische Unterlage dienen.[18]

III. Beteiligte an der Dispache

Zur Beauftragung einer Dispache berechtigt und damit **Beteiligte** sind diejenigen, die einerseits den Havereischaden als Beitragspflicht zu tragen (§ 725 HGB), anderseits die Vergütung zu beanspruchen haben.

Das sind im **Seeverkehr:**
- der Schiffseigner (Reeder, § 484 HGB oder Ausrüster, § 510 HGB) oder -pächter;[19]
- der Eigentümer der Ladung (§ 725 Abs. 1 HGB),[20] auch der Absender von Postsachen;
- der Ladungsempfänger, der Befrachter, der Verfrachter (§ 725 Abs. 2 S. 1 HGB) und der Ablader;
- die Besatzung und die Reisenden nach Maßgabe von § 723 Abs. 2 HGB.[21]

An der Dispache im **Binnenschifffahrtsverkehr** sind beteiligt:
- der Schiffseigner (Ausrüster, §§ 1, 2 BinSchG) oder -pächter;[22]
- die Ladungsbeteiligten (§ 7 Abs. 2 BinSchG), Absender und Empfänger;[23]
- der Frachtführer;[24]
- die Besatzung und Reisenden nach Maßgabe von § 85 BinSchG i. V. m. § 723 Abs. 2 HGB.[25]

Keine Beteiligten sind der Berger hinsichtlich seines Bergelohns[26] und der Versicherer von Schiff und Ladung.[27] Der Versicherer kann zum Beteiligten werden, wenn ihm der Dispacheur – zu Recht oder Unrecht – eine Beitragspflicht auferlegt[28] oder wenn er im Weg der Rechtsnachfolge, insbesondere durch Abtretung, die Stellung eines Beteiligten an der großen Haverei ganz oder teilweise erlangt.[29] Letzteres tritt ein, wenn ein Beteiligter

---

[14] BGH NJW-RR 1997, 22.
[15] Bassenge/Roth/K. Walter § 403 Rn 2.
[16] Bassenge/Roth/K. Walter § 403 Rn 7; a. A. Bahrenfuss/Steup § 403 Rn 3.
[17] Denkschrift S. 79; OLG Hamburg OLGR 10, 324; Monse S. 19; Jansen/Steder § 150 Rn 5.
[18] Monse S. 19; a. A.: Jansen/Steder § 150 Rn 5; Rabe Anh § 729 Rn 10.
[19] Monse S. 14; Bahrenfuss/Steup § 403 Rn 4.
[20] Monse S. 14.
[21] Jansen/Steder § 150 Rn 3.
[22] BGH NJW 1959, 723; Monse S. 14
[23] BGH NJW 1959, 723; Jansen/Steder § 150 Rn 3.
[24] BGH NJW 1959, 723; Bassenge/Roth/K. Walter § 403 Rn 4; Jansen/Steder § 150 Rn 3.
[25] BGH NJW 1959, 723; Bassenge/Roth/K. Walter § 403 Rn 4; Jansen/Steder § 150 Rn 3.
[26] BGH NJW 1959, 723.
[27] BGH NJW 1977, 501; Bassenge/Roth/K. Walter § 403 Rn 4; Jansen/Steder § 150 Rn 4.
[28] KGJ 47, 15; Bahrenfuss/Steup § 403 Rn 4; Jansen/Steder § 150 Rn 4.
[29] Bassenge/Roth/K. Walter § 403 Rn 4; Jansen/Steder § 150 Rn 4.

seine Vergütungsansprüche an seinen Versicherer abtritt oder die Ansprüche auf diesen nach § 86 Abs. 1 S. 1 VVG übergehen.[30]

IV. Voraussetzung der gerichtlichen Entscheidung (Abs. 1)

1. Weigerung des Dispacheurs mangels großer Haverei

10 Die Entscheidung des Gerichts setzt voraus, dass der Dispacheur einen Auftrag zur Aufmachung der Dispache mit der Begründung abgelehnt hat, dass ein Fall großer Haverei nicht vorliege.

11 Zur Entscheidung über die **Weigerung aus anderen Gründen** ist das Gericht nicht befugt; ein entsprechender Antrag nach § 403 ist zurückzuweisen. In solchen Fällen kann nur die Beauftragung eines anderen Dispacheurs oder die gerichtliche Bestellung durch die Beteiligten betrieben werden.[31] Gleiches gilt, wenn der Dispacheur seine Weigerung nicht begründet. Gegen einen amtlich bestellten Dispacheur kann im Aufsichtswege nach Maßgabe des Landesrechts vorgegangen werden.[32]

2. Antrag

12 Das Gericht (zur Zuständigkeit s. § 377 Rn 29 ff.) entscheidet über die Weigerung des Dispacheurs nur auf Antrag nach § 23. Zu den formellen Voraussetzungen s. § 23. **Antragsberechtigt** ist nur derjenige Beteiligte (s. Rn 6), dessen Auftrag der Dispacheur abgelehnt hat. Andere Beteiligte sind nicht antragsberechtigt.[33]

3. Verfahren

13 Das Gericht hat **von Amts wegen** (§ 26) zu ermitteln, ob ein Fall großer Haverei vorliegt und danach zu entscheiden, ob die Weigerung des Dispacheurs berechtigt ist oder nicht. Für das Beweisverfahren gelten die §§ 27 ff.

4. Beteiligte am Verfahren nach § 403

14 Zum gerichtlichen Verfahren nach § 403 sind nicht etwa alle an der Dispache beteiligten Personen hinzuzuziehen,[34] sondern nur der **Antragsteller** nach § 7 Abs. 1 und der **Dispacheur** nach § 7 Abs. 2 Nr. 1,[35] da allein dieser durch die Entscheidung des Gerichts in seinen Rechten unmittelbar beeinträchtigt sein kann.

5. Entscheidung des Gerichts

15 Das Gericht entscheidet durch **Beschluss** nach § 38, der mit einer Rechtsbehelfsbelehrung nach § 39 zu versehen ist. Der Beschluss ist nur den am Verfahren Beteiligten, nicht etwa allen an der Dispache beteiligten Personen von Amts wegen bekannt zu geben, § 41 Abs. 1 S. 1.[36] Im Falle der Zurückweisung ist er dem Antragsteller, im Falle der Stattgabe dem Dispacheur förmlich zuzustellen, § 41 Abs. 1 S. 2. Mit **Bekanntgabe** ist der Beschluss wirksam, § 40 Abs. 1. Eine weitere Bedeutung, als die Weigerung des Dispacheurs auf ihre Berechtigung zu prüfen und ihn, wenn die Weigerung für nicht begründet befunden wird, zur Aufmachung der Dispache zu verpflichten, wenn sie dagegen für begründet erachtet wird, ihn vor dem Vorwurf, dass er sich seiner Verpflichtung ohne rechtfertigenden Grund entzogen habe, zu bewahren, hat die Entscheidung nicht. Eine materielle Rechtskraft über die Voraussetzungen der großen Haverei und für die von ihr berührten Streitfragen unter den Beteiligten kommt ihr nicht zu.[37]

---

[30] BGH NJW 1977, 501.
[31] Jansen/Steder § 150 Rn 6.
[32] Monse S. 18; Jansen/Steder § 150 Rn 6.
[33] Monse S. 15; Jansen/Steder § 150 Rn 7.
[34] Wie hier BeckOK/Munzig § 403 FamFG Rn 10; unklar Bumiller/Harders § 403 Rn 2.
[35] Ebenso Schlegelberger § 150 Rn 4.
[36] Bassenge/Roth/K. Walter § 403 Rn 9; a. A. Bumiller/Harders § 403 Rn 3.
[37] Monse S. 17; Rabe Anh § 729 HGB Rn 9.

V. Rechtsmittel (Abs. 2)

Gegen die Entscheidung über den Antrag findet die **Beschwerde** nach § 58 Abs. 1 statt, **16** gleichviel, ob er zurückgewiesen oder ob ihm stattgegeben worden ist. Beschwerdeberechtigt ist bei Zurückweisung des Antrags nur der Antragsteller (vgl. § 59 Abs. 2) bei Stattgabe nur der Dispacheur, vgl. § 59 Abs. 1.[38] Das Erreichen der Beschwerdesumme (§ 61 Abs. 1) ist nicht erforderlich.[39] Zur Zuständigkeit s. § 408 Rn 2.

VI. Zwangsmittel

Zwangsmittel, um den Dispacheur zur Befolgung der gerichtlichen Anordnung anzuhal- **17** ten, sind vom Gesetz nicht vorgesehen.[40] Auch § 35 ermöglicht **keine zwangsweise Durchsetzung** der gerichtlichen Feststellung, da dies mit der besonderen unabhängigen Stellung des Dispacheurs unvereinbar wäre. Das Gesetz vertraut darauf, dass sich der öffentlich bestellte Dispacheur schon mit Rücksicht auf seine Stellung der Entscheidung des Gerichts unterwerfen werde, zumal er sich schadensersatzpflichtig macht, wenn er die rechtskräftig festgestellte Verpflichtung, die Dispache aufzumachen, nicht erfüllt.[41] Weigert sich der vom Gericht bestellte Dispacheur, so muss das Gericht seine Bestellung zurücknehmen und einen anderen Dispacheur bestellen.[42]

VII. Kosten und Gebühren

Für die gerichtliche Entscheidung wird eine **volle Gebühr** erhoben, § 123 Abs. 1 S. 1 **18** KostO. Wird der Antrag vor einer Entscheidung zurückgenommen oder als unzulässig zurückgewiesen, so fällt nur die Gebühr nach § 130 KostO an.[43] Soweit eine Gebühr nach § 123 Abs. 1 KostO bereits für andere Tätigkeiten des Gerichts (z.B. Bestellung des Dispacheurs) angefallen ist, wird daneben keine weitere Gebühr nach § 123 Abs. 1 S. 1 bzw. § 130 KostO erhoben.[44] Der **Geschäftswert** bestimmt sich nach § 123 Abs. 1 S. 2 KostO, also nach dem Havarieschaden bzw. nach dem Wert des geretteten Guts, wenn dieser geringer ist. **Kostenschuldner** ist der Antragsteller (§ 2 Nr. 1 KostO), mehrere haften als Gesamtschuldner, § 5 Abs. 1 S. 1 KostO. Hat der Dispacheur die Aufmachung zu Unrecht verweigert, kann ihm das Gericht nach § 81 die Verfahrenskosten auferlegen.

Anwaltsgebühren fallen nach Maßgabe der Nr. 3100 ff. VV RVG an. **19**

Aushändigung von Schriftstücken; Einsichtsrecht

404 (1) Auf Antrag des Dispacheurs kann das Gericht einen Beteiligten verpflichten, dem Dispacheur die in seinem Besitz befindlichen Schriftstücke, zu deren Mitteilung er gesetzlich verpflichtet ist, auszuhändigen.

(2) ¹Der Dispacheur ist verpflichtet, jedem Beteiligten Einsicht in die Dispache zu gewähren und ihm auf Verlangen eine Abschrift gegen Erstattung der Kosten zu erteilen. ²Das Gleiche gilt, wenn die Dispache nach dem Binnenschifffahrtsgesetz von dem Schiffer aufgemacht worden ist, für diesen.

I. Normzweck

Jeder Beteiligte (s. § 403 Rn 6) hat die zur Aufstellung der Dispache erforderlichen **1** Urkunden, soweit sie zu seiner Verfügung stehen, insbesondere Frachtbriefe (§ 408 HGB), Ladescheine (§ 444 HGB), Chartepartien (§ 557 HGB), Konossemente (§§ 642 ff. HGB) und Fakturen dem Dispacheur mitzuteilen (§§ 87 Abs. 3 BinSchG, 729 Abs. 2 HGB).[1] Die

---

[38] Bumiller/Harders § 403 Rn 3; MünchKommZPO/Postler § 403 FamFG Rn 20.
[39] BJS/Müther § 403 Rn 7.
[40] So zu § 150 FGG: Denkschrift S. 78; Monse S. 18; Jansen/Steder § 150 Rn 12.
[41] Denkschrift S. 78; Jansen/Steder § 150 Rn 12.
[42] Monse S. 19.
[43] Korintenberg/Lappe § 123 Rn 5.
[44] Korintenberg/Lappe § 123 Rn 3, 5.
[1] Schlegelberger § 151 Rn 1.

Aufzählung ist nicht abschließend.[2] Zur beschleunigten und erleichterten Durchsetzung dieser Verpflichtung dient **Abs. 1**.[3] Die Vorschrift entspricht in ihrem Regelungsgehalt § 151 FGG.[4] Eine ausdrückliche Bestimmung, dass das Gericht die Aushändigung der genannten Urkunden an den Dispacheur durch Zwangsmittel durchsetzen kann, sieht die Vorschrift in Hinblick auf die allgemeine Regelung in § 35 nicht vor.[5] **Abs. 2** entspricht dem Regelungsgehalt des bisherigen § 152 FGG.[6] Das Recht auf Einsichtnahme setzt die Beteiligten in die Lage, vom Inhalt der Dispache Kenntnis zu nehmen, damit sie sich entschließen können, ob sie sich derselben unterwerfen oder Einwendungen gegen sie erheben wollen.[7]

II. Aushändigung von Schriftstücken an den Dispacheur (Abs. 1)

1. Herausgabepflicht

2   Die Herausgabepflicht setzt das Bestehen einer Mitteilungspflicht nach materiellem Recht (§§ 87 Abs. 3 BinSchG, 729 Abs. 2 HGB) voraus. Weiterhin muss sich der zur Mitteilung verpflichtete Beteiligte in **unmittelbarem Besitz** der erwähnten Schriftstücke befinden; erforderlich ist die tatsächliche Gewalt über die Schriftstücke (§§ 854, 855 BGB), mittelbarer Besitz genügt nicht (§ 868 BGB).[8]

2. Antrag

3   Das Zwangsgeldverfahren wird nur auf Antrag (§ 23) eingeleitet. **Antragsberechtigt** ist nur der amtlich bestellte Dispacheur, nicht auch der vertraglich von den Beteiligten bestimmte Dispacheur (s. § 403 Rn 3).[9] Im Binnenschifffahrtsrecht ist auch der Schiffer berechtigt, die Mitteilung der Urkunden zu verlangen. Ein Antragsrecht nach Abs. 1 hat der Schiffer allerdings nicht, da er sich jederzeit an einen Dispacheur, dem dieses Recht zusteht, wenden kann.[10]

4   In dem Antrag hat der Dispacheur den **Sachverhalt schlüssig mitzuteilen;** eine Verpflichtung zum Beweis oder zur Glaubhaftmachung, dass der Fall der großen Haverei gegeben sei, hat er nicht; es genügt, dass er dies bei der Antragstellung behauptet und im Allgemeinen darlegt.[11]

3. Verfahren

5   Das Gericht hat **von Amts wegen** (§ 26) die Voraussetzung der Verpflichtung zur Herausgabe der verlangten Urkunden zu prüfen, also insbesondere, ob die Dispache von einem hierzu Berechtigten beantragt ist (s. § 403 Rn 6) und ob der Beteiligte die Urkunde in seinem Besitze hat (s. Rn 2).[12] Hingegen prüft das Gericht nicht, ob tatsächlich ein Fall großer Haverei vorliegt.[13]

---

[2] MünchKommZPO/Postler § 404 FamFG Rn 3.
[3] Denkschrift S. 79; Monse S. 21.
[4] BT-Drs. 16/6308 S. 289.
[5] BT-Drs. 16/6308 S. 289.
[6] BT-Drs. 16/6308 S. 289.
[7] Denkschrift S. 79.
[8] MünchKommZPO/Postler § 404 FamFG Rn 4; a.A. BJS/Müther § 404 Rn 3; SBW/Nedden-Boeger § 404 Rn 5; BeckOK/Munzig § 404 Rn 5, ausgehend von der falschen Prämisse, es werde nach § 95 vollstreckt.
[9] MünchKommZPO/Postler § 404 FamFG Rn 5; a. A. SBW/Nedden-Boeger § 404 Rn 3.
[10] MünchKommZPO/Postler § 404 FamFG Rn 5; BJS/Müther § 404 Rn 4; Denkschrift S. 79; Monse S. 21.
[11] Schlegelberger § 151 Rn 2; Jansen/Steder § 151 Rn 3.
[12] Schlegelberger § 151 Rn 2.
[13] KG OLGE 12, 227; Jansen/Steder § 151 Rn 3; differenzierend Bassenge/Roth/K. Walter § 404 Rn 5; MünchKommZPO/Postler § 404 FamFG Rn 5; BJS/Müther § 404 Rn 4; für den Fall, dass eine große Haverei offensichtlich nicht vorliegt; a. A. Bahrenfuss/Steup § 404 Rn 4; Bumiller/Harders § 404 Rn 1.

Am Verfahren **zu beteiligen** sind der Dispacheur und derjenige, der zur Herausgabe 6
verpflichtet werden soll. Diesem ist insbesondere Gelegenheit zur Äußerung durch Gewährung rechtlichen Gehörs zu geben (vgl. § 37 Abs. 2).

4. Entscheidung des Gerichts

Das Gericht entscheidet nach seiner freien Überzeugung (§ 37 Abs. 1) durch **Beschluss** 7
(§ 38), der mit einer Rechtsmittelbelehrung zu versehen ist (§ 39). Dessen Wirksamwerden und Bekanntgabe richten sich nach §§ 40 Abs. 1, 41 Abs. 1 S. 1, 15. Erst wenn der Beteiligte der Aushändigungsaufforderung binnen einer angemessenen Frist (vgl. § 32 Abs. 2) nicht Folge leistet, kann das Gericht die Ablieferung durch Vollstreckung (s. Rn 9 f.) erzwingen.

5. Verstoß gegen die Aushändigungspflicht

Wer gegen die Pflicht zur Aushändigung verstößt, kann sich – unabhängig davon, ob das 8
Gericht die Ablieferung nach Abs. 1 angeordnet hat – nach § 823 Abs. 2 BGB **schadensersatzpflichtig** machen.[14] Kommt das Gericht seiner Amtspflicht nicht nach, so können Amtshaftungsansprüche nach Art. 34, § 839 BGB bestehen.

6. Vollstreckung der Entscheidung

Die Durchsetzung einer nach Abs. 1 angeordneten Aushändigungspflicht erfolgt im 9
Wege der regulären Vollstreckung von verfahrensleitenden Zwischenentscheidungen nach § 35.[15] Die Androhung der Zwangsmittel ordnet das Gericht nach **pflichtgemäßem Ermessen** von Amts wegen an; der Dispacheur kann die Androhung von Zwangsmitteln anregen (§ 24). Die Zwangsmittel, insbesondere die Verhängung eines Zwangsgeldes, können wiederholt angedroht und festgesetzt werden. In Betracht kommen folgende **Zwangsmittel:**

- Festsetzung eines Zwangsgeldes (§ 35 Abs. 1 S. 1), das mindestens 5 € betragen muss 10
  (Art. 6 Abs. 1 EGStGB) und den Betrag von 25 000 € (§ 35 Abs. 3 S. 1) nicht übersteigen darf;[16]
- Anordnung der Ersatzzwangshaft, wenn das Zwangsgeld nicht beigetrieben werden kann, § 35 Abs. 1 S. 2;
- Anordnung der Zwangshaft, wenn die Anordnung eines Zwangsgeldes keine Aussicht auf Erfolg verspricht, § 35 Abs. 1 S. 3;
- Herausgabevollstreckung neben oder anstelle der vorstehenden Maßnahmen, § 35 Abs. 4 S. 1 i. V. m. § 883 Abs. 1 ZPO; die Anwendung unmittelbaren Zwangs ist über § 35 Abs. 4 S. 2 i. V. m. §§ 887, 892, 758 Abs. 3 ZPO möglich;
- Abgabe einer eidesstattlichen Versicherung, wenn das herauszugebende Schriftstück nicht vorgefunden wird; § 35 Abs. 4 S. 1 i. V. m. § 883 Abs. 2 ZPO.

7. Rechtsmittel

Gegen den Beschluss, der die Verpflichtung zur Aushändigung von Schriftstücken anordnet, ist die **Beschwerde** nach § 58 eröffnet, § 408 Abs. 1 (s. § 408 Rn 6).[17] Werden 11
aufgrund des Beschlusses Zwangsmaßnahmen nach § 35 angeordnet, ist hiergegen die **sofortige Beschwerde** in entsprechender Anwendung der §§ 567 bis 572 ZPO eröffnet, § 35 Abs. 5 FamFG.[18] Die Einlegung der Beschwerde gegen eine Zwangsmaßnahme hat aufschiebende Wirkung (§ 570 Abs. 1 ZPO), auch hinsichtlich der Androhung von Zwangshaft. Lehnt das Gericht die Anordnung eines Aushändigungsbeschlusses oder von Zwangsmittel-

---

[14] Monse S. 25.
[15] BT-Drs. 16/6308 S. 289; Bassenge/Roth/K. Walter § 404 Rn 6; Bumiller/Harders § 404 Rn 1; Haußleiter/Schemmann § 404 Rn 3; a. A. BeckOK/Munzig § 404 FamFG Rn 13; SBW/Nedden-Boeger § 404 Rn 7: Vollstreckung nach § 95 Abs. 4.
[16] Anders Bahrenfuss/Steup § 404 Rn 5; Bumiller/Harders § 404 Rn 1: höchstens 1000 €.
[17] BT-Drs. 16/6308 S. 289.
[18] Bumiller/Harders § 404 Rn 1.

§ 405 Abschnitt 4. Unternehmensrechtliche Verfahren

maßnahmen ab, so steht hiergegen dem Dispacheur die Beschwerde nach § 58 zu (s. § 408 Rn 7). Sie ist begründet, wenn das Gericht von dem ihm eingeräumten Ermessen keinen sachgerechten Gebrauch gemacht hat.

III. Einsichtsrecht (Abs. 2)

1. Berechtigter

12   Berechtigt, Einsicht und Abschrift zu verlangen, ist **jeder Beteiligte** (§ 403 Rn 6) ohne Nachweis eines besonderen Interesses, § 13 findet keine Anwendung.[19] Das Recht erstreckt sich auch auf die Belege und Unterlagen, die der Dispache zugrunde liegen.[20]

2. Verpflichteter

13   Zur Einsichtgewährung und Abschrifterteilung sind der **Dispacheur** und der **Schiffer,**[21] der nach § 87 BinSchG die Dispache selbst aufgestellt hat, verpflichtet. Der Dispacheur bzw. Schiffer braucht die Einsicht nur in seinen Geschäftsräumen zu gewähren, zur Aushändigung oder Versendung ist er nicht verpflichtet.[22] Zur Erteilung von Abschriften ist er nur Zug um Zug gegen Erstattung der hierdurch entstandenen Kosten verpflichtet.[23]

3. Durchsetzung des Anspruchs

14   **Zwangsmittel** kann das Gericht gegen den Dispacheur bzw. Schiffer nach § 35 **nicht anordnen;** die Erfüllung kann von den Beteiligten nur im Wege der Klage oder der einstweiligen Verfügung nach den Vorschriften der ZPO erzwungen werden.[24] Auch kann nach Einleitung des Vermittlungsverfahrens Akteneinsicht nach § 405 Abs. 3 S. 2 und Erteilung von Abschriften nach § 13 Abs. 3 begehrt werden.[25] Die Verweigerung der Einsichtgewährung kann zu Schadensersatzansprüchen nach § 823 BGB gegen den Dispacheur bzw. den Schiffer führen.[26]

IV. Kosten und Gebühren

15   Für den Erlass des Aushändigungsbeschlusses werden **keine Gerichtskosten** erhoben. Für jede Anordnung von Zwangsmaßnahmen durch Beschluss nach § 35 wird eine **Festgebühr** von 15 € erhoben, § 119 Abs. 2 KostO.

16   Anwaltsgebühren fallen nach Maßgabe von Nr. 3100 ff. VV RVG an.

Termin; Ladung

405 (1) ¹Jeder Beteiligte ist befugt, bei dem Gericht eine mündliche Verhandlung über die von dem Dispacheur aufgemachte Dispache zu beantragen. ²In dem Antrag sind diejenigen Beteiligten zu bezeichnen, welche zu dem Verfahren hinzugezogen werden sollen.

(2) **Wird ein Antrag auf mündliche Verhandlung gestellt, hat das Gericht die Dispache und deren Unterlagen von dem Dispacheur einzuziehen und, wenn nicht offensichtlich die Voraussetzungen der großen Haverei fehlen, den Antragsteller sowie die von ihm bezeichneten Beteiligten zu einem Termin zu laden.**

---

[19] MünchKommZPO/Postler § 404 FamFG Rn 9; Jansen/Steder § 152 Rn 2; teilw. a. A. Bahrenfuss/Steup § 404 Rn 6: Rechtsschutzbedürfnis erforderlich.
[20] Bumiller/Harders § 404 Rn 2; Jansen/Steder § 152 Rn 1; a. A. Schlegelberger § 152 Rn 1: nur Einsichtrecht in Belege, kein Recht auf Abschriftenerteilung.
[21] Die Vorschrift des Abs. 2 Satz 2 soll mit der Reform des Seehandelsrechts aufgehoben werden, vgl. RefE v. 5. 5. 2011.
[22] Bumiller/Harders § 404 Rn 2; Jansen/Steder § 152 Rn 3.
[23] Bumiller/Harders § 404 Rn 2.
[24] Bassenge/Roth/K. Walter § 404 Rn 8; Bahrenfuss/Steup § 404 Rn 8; SBW/Nedden-Boeger § 404 Rn 12; a. A. MünchKommZPO/Postler § 404 FamFG Rn 12, der übersieht, dass das Gesetz dem AG – anders als in Abs. 1 – keine Durchsetzungsrechte einräumt.
[25] Bassenge/Roth/K. Walter § 404 Rn 8; Jansen/Steder § 152 Rn 4.
[26] Monse S. 31.

(3) ¹Die Ladung muss den Hinweis darauf enthalten, dass, wenn der Geladene weder in dem Termin erscheint noch vorher Widerspruch gegen die Dispache bei dem Gericht anmeldet, sein Einverständnis mit der Dispache angenommen wird. ²In der Ladung ist zu bemerken, dass die Dispache und deren Unterlagen auf der Geschäftsstelle eingesehen werden können.

(4) **Die Frist zwischen der Ladung und dem Termin muss mindestens zwei Wochen betragen.**

(5) ¹Erachtet das Gericht eine Vervollständigung der Unterlagen der Dispache für notwendig, hat es die Beibringung der erforderlichen Belege anzuordnen. ²§ 404 Abs. 1 gilt entsprechend.

Übersicht

	Rn
I. Normzweck	1
II. Antrag (Abs. 1)	5
1. Einleitung des Verfahrens; Antragsberechtigung	5
2. Form des Antrags	7
3. Inhalt des Antrags	8
III. Verfahrenseinleitung	11
1. Prüfung des Antrags (Abs. 2)	12
2. Verbindung mehrerer Anträge	15
3. Einziehung der Dispache und der weiteren Unterlagen (Abs. 2)	17
4. Anforderung weiterer Unterlagen (Abs. 5)	18
5. Terminsanberaumung	21
IV. Ladung (Abs. 2, 3)	22
1. Zu ladende Beteiligte (Abs. 2)	22
2. Inhalt der Ladung (Abs. 3)	23
3. Form der Ladung	25
4. Ladungsfrist (Abs. 4)	26
5. Einsichtsrecht	28
6. Erzwingung des Erscheinens	29
7. Terminsänderung und Terminsfortsetzung	30
V. Versäumnisfolgen	31
VI. Rechtsmittel	32
VII. Kosten und Gebühren	33

I. Normzweck

Das Gesetz sieht in den §§ 405 bis 409 ein gerichtliches Verfahren vor, in dem die von dem Dispacheur – nicht auch die von dem Schiffer selbst nach § 87 BinSchG[1] – aufgemachte Dispache (s. dazu § 375 Rn 37) entweder unverändert oder nach vorgängiger Berichtigung durch die Beteiligten (die dem Dispacheur selbst nicht zusteht),[2] **bestätigt** und mit der **Wirkung der Vollstreckbarkeit** ausgestattet wird.[3] Die Vorschriften finden nur auf die nach den Bestimmungen des HGB oder des BinSchG, nicht auf die auf Grund Rechtsgeschäfts oder „salvo iure" (also unter Vorbehalt) aufgemachte Dispache Anwendung.[4]

Neben dem Zweck, einen Vollstreckungstitel zu schaffen, dient das Verfahren auch dazu, durch Widerspruch gegen die Dispache möglichst unter **Vermeidung eines Prozesses** eine Änderung derselben herbeizuführen.[5] Aufgabe des Richters ist es, durch Vermittlung eine Einigung zwischen den Beteiligten zu erzielen.[6] Das Verfahren ähnelt dem Vermitt-

---

[1] Bahrenfuss/Steup § 405 Rn 3; Bassenge/Roth/K. Walter § 405 Rn 1; a. A. MünchKommZPO/Postler § 405 FamFG Rn 7.
[2] OLG Hamburg OLGE 6, 357.
[3] Denkschrift S. 79.
[4] BJS/Müther § 405 Rn 2; MünchKommZPO/Postler § 405 FamFG Rn 7; a. A. SBW/Nedden-Boeger § 405 Rn 5.
[5] Denkschrift S. 81.
[6] OLG Karlsruhe VersR 1999, 1261.

lungsverfahren in Auseinandersetzungssachen nach §§ 363 ff. und dem Verteilungsverfahren nach §§ 875 ff. ZPO.[7] Die Entscheidung etwaiger Streitpunkte gehört hingegen nicht zu den Aufgaben des Gerichts.[8]

3   Vor Einleitung eines Zivilprozesses zwischen den an der großen Havarie (s. dazu § 375 Rn 37) beteiligten Personen oder gegen einen Dritten muss kein Dispacheverfahren nach Maßgabe der §§ 405 ff. durchgeführt werden, es kann vielmehr **sofort Klage im streitigen Zivilprozess** erhoben werden.[9]

4   § 405 vereinigt die bisher in § 153 FGG und § 154 FGG enthaltenen Regelungen; die **Antragsverbindung** richtet sich nunmehr nach § 20.[10]

II. Antrag

1. Einleitung des Verfahrens; Antragsberechtigung

5   Das Verfahren wird nie von Amts wegen, sondern **nur auf Antrag** eingeleitet. Da durch den Antrag der Kreis der Beteiligten vom Antragsteller festgelegt wird, kommt dem Antrag eine bedeutsamere Rolle als in anderen Verfahren der freiwilligen Gerichtsbarkeit zu.[11]

6   **Antragsberechtigt** ist jeder an der Havarie Beteiligte (s. § 403 Rn 6) und deren Rechtsnachfolger, zu denen auch der Versicherer gehören kann (s. § 403 Rn 9). Dieser Personenkreis wird sich regelmäßig aus der Dispache selbst erschließen. Antragsberechtigt sind aber auch diejenigen, denen der Dispacheur zu Unrecht eine Beitragspflicht auferlegt hat[12] und diejenigen Personen, die vom Dispacheur zu Unrecht nicht als Vergütungsberechtigte aufgenommen worden sind.[13] Diese haben ihr Antragsrecht zumindest glaubhaft (§ 31) zu machen. Dem Dispacheur selbst steht kein Antragsrecht zu.[14] Das Antragsrecht entfällt nicht deshalb, weil sich die Beteiligten bereits außergerichtlich geeinigt hatten;[15] freilich können die Beteiligten vereinbaren, auf das Antragsrecht nach § 405 zu verzichten.[16]

2. Form und Frist des Antrags

7   Für die Form des Antrags gelten die allgemeinen Vorschriften, § 23 Abs. 1 S. 3 und § 25. Er kann sowohl **schriftlich** als auch zu **Protokoll der Geschäftsstelle** eingelegt werden. Einreichung mittels Telefax (§ 130 Nr. 6 ZPO analog) und mittels E-Mail, soweit diese Möglichkeit eröffnet worden ist (vgl. § 14 Abs. 2, Abs. 4 FamFG, 130a ZPO), ist zulässig (zu den Einzelheiten s. § 14 Rn 7 ff.). Der Antrag soll unterschrieben sein; fehlt eine Unterschrift, so ist der Antrag dennoch wirksam, wenn sich aus dem Dokument der Einreichungswille und die Urheberschaft des Antragstellers hinreichend sicher ergeben (s. dazu § 23 Rn 42). Eine Frist ist für den Antrag nicht vorgeschrieben.

3. Inhalt des Antrags

8   Neben dem Soll-Inhalt nach § 23 Abs. 1 S. 1 und 2, muss der Antrag das (ausdrückliche oder konkludente) **Verlangen gerichtlicher Verhandlung** über eine von einem Dispacheur aufgemachte Dispache, die **Bezeichnung** der fraglichen **Dispache** sowie die Bezeichnung derjenigen **Beteiligten,** deren Zuziehung zu dem Verfahren der Antragsteller wünscht, enthalten.[17]

---

[7] Monse S. 3.
[8] Denkschrift S. 81.
[9] OLG Karlsruhe VersR 1999, 1261.
[10] BT-Drs. 16/6308 S. 289.
[11] Monse S. 43.
[12] KGJ 47, 115; Jansen/Steder § 153 Rn 5.
[13] Monse S. 40; von Waldstein/Holland Anhang §§ 87, 88 BinSchG Rn 10; BeckOK/Munzig § 405 FamFG Rn 14; a. A. Bassenge/Roth/K. Walter § 405 Rn 3; Jansen/Steder § 153 Rn 6: kein Antragsrecht, sondern nur Möglichkeit, die Aufmachung einer anderen Dispache zu verlangen.
[14] MünchKommZPO/Postler § 405 FamFG Rn 3; Monse S. 41.
[15] Bassenge/Roth/K. Walter § 405 Rn 3; Jansen/Steder § 153 Rn 3.
[16] A. A. Monse S. 8.
[17] Jansen/Steder § 153 Rn 2.

Es sind nicht etwa alle nach Maßgabe des § 7 Abs. 2 an der Dispache Beteiligten (s. **9** § 403 Rn 6) hinzuzuziehen, sondern nur **diejenigen, deren Zuziehung der Antragsteller beantragt hat.** Der Antragsteller kann so das Verfahren auf die Beteiligten beschränken, mit denen eine außergerichtliche Einigung nicht zu erzielen war oder gegen die er alsbald einen Vollstreckungstitel erwirken will.[18] Beteiligte, die die Dispache anerkannt haben und von denen Leistung nach Maßgabe derselben erwartet werden kann, braucht der Antragsteller hingegen nicht durch Benennung zu beteiligen. Bis zum Ende der mündlichen Verhandlung können **weitere Beteiligte nachbenannt** werden, allerdings müssen diese ordnungsgemäß geladen werden (s. Rn 22 ff.).[19] **Fehlt** es an einer **Benennung** durch den Antragsteller, so hat das Gericht **alle materiell Beteiligten** zum Dispacheverfahren hinzuzuziehen.[20] Der Antragsteller kann durch seinen Antrag aber keine Personen in das Verfahren hineinziehen, die an der Dispache nicht materiell beteiligt sind.[21]

Das Gericht ist **nicht befugt,** über den Antrag hinaus andere als die von Antragsteller **10** benannten Personen als Beteiligte zum Verfahren **hinzuzuziehen.** Es steht diesen Beteiligten offen, ihrerseits Antrag nach § 405 zu stellen und so ihre Beteiligung nach einer Verfahrensverbindung (Rn 15) zu erreichen.[22]

III. Verfahrenseinleitung

1. Prüfung des Antrags

Bevor das Gericht einen Termin zur mündlichen Verhandlung anberaumt, hat es durch **11** vorherige Ermittlungen zu prüfen, ob der Antrag zulässig ist.[23]

Der Antrag ist als **unzulässig zurückzuweisen,** wenn die Voraussetzungen des gericht- **12** lichen Verfahrens überhaupt fehlen, nämlich,[24]
- wenn es an der internationalen Zuständigkeit des deutschen Gerichts fehlt (s. § 377 Rn 36);
- wenn dem Antragsteller die Berechtigung zu dem Antrag fehlt (Rn 6);
- wenn es sich nicht um eine von einem Dispacheur, sondern eine von einem Schiffer aufgemachte Dispache handelt (Rn 1);
- wenn es sich nicht um eine amtlich aufgemachte Dispache handelt, insbesondere weil der Dispacheur als reiner Schiedsgutachter gehandelt hat oder die Dispache unter Vorbehalt „salvo iure" aufgemacht hat (Rn 1);
- wenn es sich nicht um eine nach Maßgabe des HGB oder des BinSchG aufgemachte Dispache handelt.

Der Antrag ist außerdem nach Abs. 2 zurückzuweisen, wenn offensichtlich die **Voraus- 13 setzungen einer großen Haverei** und damit für ein Dispache-Bestätigungsverfahren **fehlen** (s. dazu § 375 Rn 37).[25] Bloße Zweifel daran rechtfertigen die Ablehnung nicht; ebenso wenig braucht das Gericht Ermittlungen nach § 26 hierüber anzustellen.[26] Stellt sich der Mangel erst im Lauf des Verfahrens heraus, so ist der Antrag nunmehr abzuweisen, jedenfalls die Bestätigung der Dispache abzulehnen (s. § 406 Rn 4).[27]

Der Antrag ist durch zu begründenden **Beschluss** (§ 38) zurückzuweisen, der dem **14** Antragsteller förmlich durch Zustellung bekannt zu geben ist, § 41 Abs. 1 S. 1, 2 i. V. m. § 15 Abs. 2 S. 1. Auch nachdem der Zurückweisungsbeschluss formell rechtskräftig geworden ist, kann erneut ein Dispacheverfahren beantragt werden.

---

[18] Denkschrift S. 80; Jansen/Steder § 153 Rn 2.
[19] MünchKommZPO/Postler § 405 FamFG Rn 5.
[20] Monse S. 44; a. A. BeckOK/Munzig § 405 FamFG Rn 13: Antrag unzulässig (zweifelhaft).
[21] KGJ 47, 115; Bassenge/Roth/K. Walter § 405 Rn 5.
[22] Ähnlich Monse S. 51.
[23] Ausführlich Monse S. 47.
[24] Bassenge/Roth/K. Walter § 405 Rn 7.
[25] OLG Karlsruhe BinSchiff 1999, Nr. 12, 79; MünchKommZPO/Postler § 405 FamFG Rn 10.
[26] Bassenge/Roth/K. Walter § 405 Rn 7; MünchKommZPO/Postler § 405 FamFG Rn 10.
[27] Bahrenfuss/Steup § 405 Rn 8; Jansen/Steder § 153 Rn 9.

2. Verbindung und Trennung mehrerer Anträge

15 Das Gesetz enthält keine Sonderregelung über die **Verbindung mehrerer Anträge** wie in § 153 Abs. 2 S. 2 FGG; vielmehr kann das Gericht nach § 20 mehrere Anträge verschiedener Beteiligter miteinander verbinden, wenn es dies für sachdienlich hält.[28] Die Verbindung steht im **Ermessen des Gerichts,** ein Recht darauf besteht nicht, daher ist auch keine Beschwerde gegen die Anordnung oder Ablehnung der Verbindung gegeben.[29] Die Verbindung kann vor der Terminsladung, aber auch noch nach der Terminsanberaumung erfolgen. Erfolgt die Verbindung vor der Ladung muss dem zu ladenden Beteiligten durch Übermittlung des Antrags (§ 23 Abs. 2) **mitgeteilt** werden, ob er nur **auf Antrag eines oder mehrerer Beteiligten** hinzugezogen worden ist. Da das Säumnisverfahren nur gegen die vom Antragsteller „bezeichneten Beteiligten" stattfindet, kann die Bestätigung der Dispache trotz Verfahrensverbindung u. U. nicht bezüglich aller an den mehreren Verfahren Beteiligten einheitlich erfolgen.[30]

16 Das Gericht kann ein nach § 20 verbundenes Verfahren auch wieder **trennen,** wenn es dies für sachdienlich erachtet.

3. Einziehung der Dispache und der weiteren Unterlagen (Abs. 2)

17 Die Einleitung des Verfahrens erfolgt durch Einziehung der Dispache und deren Unterlagen von dem Dispacheur. Gegen ihn können auch **Zwangsmittel** nach § 35 verhängt werden.[31] Daneben kann eine Ablieferung der Dispache an das Gericht vom Antragsteller im Prozesswege erzwungen werden.[32] Zur Schadensersatzpflicht des Dispacheurs bei Verweigerung der Herausgabe s. § 404 Rn 14.

4. Anforderung weiterer Unterlagen (Abs. 5)

18 Zur Vervollständigung der Unterlagen der Dispache hat das Gericht **von Amts wegen** (§ 26) vor einer Ladung der Beteiligten Sorge zu tragen. Das Gericht kann die Terminsanberaumung (Rn 21) davon abhängig machen, dass der Antragsteller weitere Unterlagen vorlegt.[33] Nach Abs. 5 muss auch verfahren werden, wenn sich im Lauf des Verfahrens das Fehlen von Belegen herausstellt. Die beschafften Unterlagen unterliegen ebenfalls dem Einsichtsrecht nach Abs. 3 S. 2 (Rn 28).[34]

19 Die Herausgabe der notwendigen Belege kann nicht bloß von dem Antragsteller und dem Dispacheur nach Abs. 2, sondern von **jedem, der sie in unmittelbarem Besitz hat** und nach materiellem Recht zu deren Mitteilung verpflichtet ist (vgl. § 404 Abs. 1), gefordert werden, auch wenn er nicht formell als Beteiligter an dem Verfahren hinzugezogen worden ist.[35] Die Herausgabe kann durch Zwangsmittel nach § 35 erzwungen werden, s. § 404 Rn 9.

20 Über Abs. 5 hinaus kann das Gericht nach § 26 von Amts wegen **weitere Ermittlungen** anstellen[36] und die Mitwirkung der Beteiligten hieran nach § 27 verlangen.

5. Terminsanberaumung

21 Steht keines der in Rn 12 erwähnten Hindernisse entgegen, so hat das Gericht einen Termin anzuberaumen und die Beteiligten zu diesem zu laden (s. Rn 22). Das Gericht hat **stets einen mündlichen Verhandlungstermin anzuordnen,** denn nur ein solcher entspricht dem Sinn und Zweck des Verfahrens, eine gütliche Vermittlung zwischen den Be-

---

[28] BT-Drs. 16/6308 S. 289.
[29] Bumiller/Harders § 405 Rn 3.
[30] Jansen/Steder § 153 Rn 16.
[31] Bassenge/Roth/K. Walter § 405 Rn 6; Bumiller/Harders § 405 Rn 3; a. A. BJS/Müther § 405 Rn 4.
[32] Monse S. 46.
[33] Bahrenfuss/Steup § 405 Rn 6; Jansen/Steder § 154 Rn 4; a. A. BJS/Müther § 405 Rn 8: Unterlagen müssen erst zum Termin vorliegen.
[34] Jansen/Steder § 154 Rn 4.
[35] Jansen/Steder § 154 Rn 2; a. A. Monse S. 47.
[36] Jansen/Steder § 154 Rn 6.

teiligten zu erzielen; § 32 Abs. 1 wird insoweit von Abs. 1 S. 1 als lex specialis verdrängt.[37] Keinesfalls hat es der Antragsteller in der Hand, auf die Anberaumung eines mündlichen Termins zu verzichten.[38]

IV. Ladung

1. Zu ladende Beteiligte

Zum anberaumten Termin (Rn 21) sind die Verfahrensbeteiligten zu laden. Zu ladende Beteiligte sind der **Antragsteller** und die **in dem Antrag bezeichneten Beteiligten** (Rn 9). Eine Ladung von in dem Antrag bezeichneten Personen, die gesetzlich nicht als Beteiligte zu erachten sind (Rn 9), ist nicht erforderlich.[39] Weitere als die in dem Antrag bezeichneten Personen dürfen nicht geladen werden.[40] Die **Zuziehung des Dispacheurs** ist nicht vorgeschrieben, aber nach § 26 zulässig und zweckmäßig,[41] er kommt aber nicht als Beteiligter in Betracht.[42] Ist ein ausländischer Staat zum Dispacheverfahren zugezogen, so ist die Bestätigung der Dispache gegen ihn unzulässig.[43]

2. Inhalt der Ladung

Die Ladung **muss enthalten**
- Mitteilung des Antrags nach Abs. 1 (vgl. § 23 Abs. 2);[44]
- genaue Bezeichnung des Antragstellers und der Dispache;[45]
- Gegenstand, Ort und Zeit der Verhandlung;[46]
- im Falle der Anordnung des persönlichen Erscheinens (Rn 29) der Hinweis auf die Folgen des Ausbleibens, § 33 Abs. 4;
- den Hinweis auf das Widerspruchsrecht (§ 406 Rn 7) und die Säumnisfolgen (Rn 31) bei Nichterscheinen im Termin (Abs. 3 S. 1);
- den Hinweis auf die Möglichkeit zur Einsichtnahme (Rn 28) der Dispache und deren Unterlagen auf der Geschäftsstelle (Abs. 3 S. 2).

Entspricht der Inhalt der Ladung nicht diesen Vorgaben, so ist die **Ladung unwirksam** und verhindert den Eintritt in die Verhandlung über die Dispache, wenn der Geladene nicht erscheint. Wird trotz des Mangels verhandelt, begründet dies die Beschwerde gegen den Bestätigungsbeschluss. Der Mangel wird aber durch die rechtskräftige Bestätigung der Dispache **geheilt**.[47]

3. Form der Ladung

Die Ladung erfolgt durch Bekanntgabe nach § 15 Abs. 1, entweder durch **förmliche Zustellung** oder durch **Aufgabe zur Post**, § 15 Abs. 2. Über die Art der Bekanntgabe entscheidet das Gericht nach pflichtgemäßem Ermessen.[48] Im Falle der Anordnung des persönlichen Erscheinens (s. Rn 23, 29) muss die Ladung durch Zustellung erfolgen, wenn das Erscheinen eines Beteiligten ungewiss ist, § 33 Abs. 2 S. 2.[49] Überhaupt ist wegen der hohen Bedeutung des Verhandlungstermins eine **förmliche Zustellung** nach §§ 166 ff. ZPO **in der Regel geboten**. Die öffentliche Zustellung nach § 185 ZPO zum Verhandlungstermin ist – anders als im Rahmen des § 365 Abs. 1 S. 2 – statthaft.

---

[37] Zustimmend BeckOK/Munzig § 405 FamFG Rn 24; anders BT-Drs. 16/6308 S. 289.
[38] Unzutreffend BT-Drs. 16/6308 S. 289.
[39] Jansen/Steder § 153 Rn 11.
[40] OLG Hamburg HansRGZ 1930, B 723; Bumiller/Harders § 405 Rn 3; Jansen/Steder § 153 Rn 10.
[41] Monse S. 52; a. A. SBW/Nedden-Boeger § 405 Rn 18.
[42] MünchKommZPO/Postler § 405 FamFG Rn 13; a. A. Bahrenfuss/Steup § 405 Rn 9.
[43] OLG Hamburg VerkehrsR 1925, 736.
[44] Monse S. 52.
[45] Monse S. 52; Schlegelberger § 153 Rn 4.
[46] Jansen/Steder § 153 Rn 13.
[47] Jansen/Steder § 153 Rn 14.
[48] BT-Drs. 16/6308 S. 182.
[49] BT-Drs. 16/6308 S. 191.

4. Ladungsfrist

26 Die Ladungsfrist muss **mindestens zwei Wochen** betragen. Sie beginnt mit Bekanntgabe (also Zustellung der Ladung) zu laufen (§ 16 Abs. 1) und berechnet sich nach § 16 Abs. 2 FamFG i. V. m. § 222 ZPO. Eine Verlängerung der Ladungsfrist ist nach Maßgabe des § 16 Abs. 2 FamFG i. V. m. §§ 224 Abs. 2 und 3, 225 ZPO möglich. Sämtliche Beteiligte können auf die Einhaltung der Ladungsfrist verzichten, allerdings treten dann die Säumnisfolgen (Rn 31) nicht ein.[50]

27 Bei **Nichteinhaltung** der gesetzlichen Ladungsfrist kann bei Nichterscheinen eines zu ladenden Beteiligten (Rn 22) nicht verhandelt werden und können die Säumnisfolgen nach Rn 31 nicht eintreten.[51] Das Gericht hat erneut unter Setzung einer angemessenen Frist zu einem Verhandlungstermin zu laden. Die Nichteinhaltung der Ladungsfrist kann mit der Beschwerde gegen den Bestätigungsbeschluss nach § 408 Abs. 1 gerügt werden.

5. Einsichtsrecht

28 Den Verfahrensbeteiligten steht unabhängig von den Voraussetzungen des § 13 das **unbedingte Recht auf Einsichtnahme** in die Dispache, deren Unterlagen und die zusätzlich vom Gericht nach Abs. 5 angeforderten Unterlagen zu.[52] Hierauf ist in der Ladung hinzuweisen (Rn 23), die Verletzung dieser Hinweispflicht begründet das Recht, die Verhandlung bis nach gewährter Einsicht zu verweigern. Hat der Beteiligte auf andere Weise Kenntnis vom Inhalt der Dispache und den Unterlagen erhalten, genügt dies nicht, um den Ladungsmangel zu heilen.[53] Abschriften von der Dispache und den Unterlagen können ebenfalls analog § 366 Abs. 3 S. 1 und nicht bloß nach Maßgabe des § 13 Abs. 3 i. V. m. Abs. 1, begehrt werden.[54] Vom Dispacheur kann Einsichtnahme und Abschriftenerteilung nach § 404 Abs. 2 nur solange verlangt werden, als diese noch nicht vom Gericht eingezogen worden sind.

6. Erzwingung des Erscheinens

29 Das Erscheinen zum Verhandlungstermin kann nicht mit Zwangsmitteln nach § 35 durchgesetzt werden, die Folgen des Ausbleibens werden abschließend durch Abs. 3 S. 1 und § 406 Abs. 1 geregelt. Hat das Gericht allerdings das **persönliche Erscheinen** nach § 33 angeordnet, so können die in § 33 Abs. 3 vorgesehenen Ordnungsmittel verhängt werden, sofern hierauf in der Ladung hingewiesen wurde (s. Rn 23). In der Regel ist jedoch von Ordnungsmitteln abzusehen, damit das Verfahren, ggf. als Säumnisverfahren, zügig durchgeführt werden kann.

7. Terminsänderung und Terminsfortsetzung

30 Die Vorschriften über die Ladungsfrist und den Inhalt der Ladung sind erneut zu befolgen, wenn aus irgendeinem Grund die Verhandlung in dem ersten anberaumten Termin nicht stattfinden kann und deshalb **Terminsverlegung** oder Anberaumung eines neuen Termins notwendig ist.[55] Eine **Terminsänderung** kann nur unter den Voraussetzungen des § 32 Abs. 1 FamFG i. V. m. § 227 Abs. 1 und 2 ZPO erreicht werden. Wird hingegen eine begonnene Verhandlung nicht in einem Termin zu Ende geführt und deshalb ein Termin zur **Fortsetzung der Verhandlung** bestimmt, so gilt ausschließlich § 32, so dass zwischen der Ladung (die nach § 41 Abs. 1 S. 1 auch durch Verlesen im letzten Termin bekanntgegeben werden kann) und dem Fortsetzungstermin eine angemessene Frist liegen muss, § 32 Abs. 2.

---

[50] Monse S. 54.
[51] Jansen/Steder § 153 Rn 14.
[52] Jansen/Steder § 153 Rn 13.
[53] A. A. MünchKommZPO/Postler § 406 FamFG Rn 6.
[54] Monse S. 55; a. A. Bassenge/Roth/K. Walter § 405 Rn 10.
[55] Bumiller/Harders § 405 Rn 3.

V. Versäumnisfolgen

Erscheint ein Geladener nicht im anberaumten Termin und erhebt er weder vorher noch im Termin Widerspruch (s. § 406 Rn 10) gegen die Dispache, so wird sein **Einverständnis** mit der Dispache so, wie sie der Dispacheur aufgemacht hat, als Versäumnisfolge **fingiert**. Das Einverständnis wird nicht nur gegenüber dem Antragsteller, sondern gegenüber allen Verfahrensbeteiligten unterstellt.[56] Von der Säumnisfolge nicht erfasst werden allerdings Berichtigungen der Dispache, auf die sich die Verfahrensbeteiligten erst im Rahmen des gerichtlichen Verfahrens geeinigt haben.[57] Eine Zustimmung hierzu kann nur im Prozesswege verfolgt werden. Keine Säumnisfolgen treten natürlich gegenüber solchen Dispache-Beteiligten ein, die nicht zum Verfahren hinzugezogen wurden.[58]

VI. Rechtsmittel

Gegen die **Zurückweisung des Antrags** steht nur dem Antragsteller nach § 408 Abs. 1 die Beschwerde nach § 58 zu (§ 59 Abs. 2), der das AG abhelfen kann (§ 68 Abs. 1). Wer nach Abs. 5 zur **Herausgabe weiterer Unterlagen aufgefordert** wird, kann hiergegen ebenfalls Beschwerde einlegen (s. § 408 Rn 6). Die **Eröffnung des Verfahrens** ist ebenfalls anfechtbar (s. § 408 Rn 3). Die Verbindung bzw. Trennung mehrerer Anträge (Rn 15) und die Ladung zum Verhandlungstermin sind als verfahrensleitende Maßnahmen nicht beschwerdefähig. Auch die Terminsbestimmung sowie eine Terminsänderung sind nicht anfechtbar, § 16 Abs. 2 FamFG i. V. m. § 225 Abs. 3 ZPO, § 32 Abs. 1 FamFG i. V. m. § 227 Abs. 4 S. 2 ZPO.

VII. Kosten und Gebühren

Für die antragsgemäße Anfertigung von Abschriften eingereichter Unterlagen fällt die **Dokumentenpauschale** nach § 136 Abs. 1 Nr. 1 KostO an, die für die Zustellung der Ladung anfallenden **Auslagen** können nach § 137 Abs. 1 Nr. 2a KostO erhoben werden. Anwaltsgebühren werden nach Maßgabe der Nr. 3100 ff. VV RVG erhoben.

Verfahren im Termin

406 (1) Wird im Termin ein Widerspruch gegen die Dispache nicht erhoben und ist ein solcher auch vorher nicht angemeldet, hat das Gericht die Dispache gegenüber den an dem Verfahren Beteiligten zu bestätigen.

(2) ¹Liegt ein Widerspruch vor, haben sich die Beteiligten, deren Rechte durch ihn betroffen werden, zu erklären. ²Wird der Widerspruch als begründet anerkannt oder kommt anderweitig eine Einigung zustande, ist die Dispache entsprechend zu berichtigen. ³Erledigt sich der Widerspruch nicht, so ist die Dispache insoweit zu bestätigen, als sie durch den Widerspruch nicht berührt wird.

(3) Werden durch den Widerspruch die Rechte eines in dem Termin nicht erschienenen Beteiligten betroffen, wird angenommen, dass dieser den Widerspruch nicht als begründet anerkennt.

I. Normzweck

Der Verhandlungstermin dient dazu, die **Verständigung** der am Verfahren beteiligten Personen über die Dispache **zu fördern** und, soweit eine solche nicht zu erreichen ist, deren baldige Erledigung auf dem Prozessweg zu gewährleisten.[1] Die Bestimmung entspricht inhaltlich § 155 FGG, wobei auf die Aufnahme eines § 155 Abs. 1 FGG entsprechenden Absatzes verzichtet wurde.[2]

---

[56] Monse S. 56; Jansen/Steder § 153 Rn 20.
[57] Monse S. 56; Jansen/Steder § 153 Rn 20.
[58] Monse S. 56; Schlegelberger § 153 Rn 5.
[1] Jansen/Steder § 155 Rn 1.
[2] BT-Drs. 16/6308 S. 289.

II. Verhandlungstermin, allgemeines Verfahren

2 Der Verhandlungstermin ist **nicht öffentlich,** vgl. § 170 Abs. 1 S. 1 GVG. Vor Eintritt in die Verhandlung ist festzustellen, ob alle an dem Verfahren Beteiligten (§ 405 Rn 22) form- und fristgerecht geladen (§ 405 Rn 23 ff.) sind.[3] Ein Mangel erfordert die erneute Anberaumung eines Termins und eine Ladung hierzu (§ 405 Rn 24, 27). In die Verhandlung ist auch mit einem einzigen Erschienenen einzutreten, wenn die übrigen Beteiligten ordnungsgemäß geladen worden sind.[4]

3 Für das Verfahren gilt **kein Anwaltszwang** (§ 10 Abs. 1), die Beteiligten können sich selbst oder durch einen geeigneten Bevollmächtigten vertreten lassen (§ 10 Abs. 2) oder mit einem Beistand erscheinen (§ 12), sofern nicht das Gericht das persönliche Erscheinen nach § 33 angeordnet hat.

4 Für die Verfahrensleitung und die Sachverhaltsermittlung gelten §§ 26 ff. Über den Termin ist nach § 28 Abs. 4 ein Vermerk zu fertigen. Das Gericht hat aus dem **gesamten Akteninhalt und der gesamten Verhandlung** (§ 37) darüber zu entscheiden, ob die Dispache zu bestätigen ist oder nicht.[5] Auch nach Verfahrenseinleitung und Eintritt in die Verhandlung kann das Gericht das Verfahren einstellen, wenn sich nachträglich Verfahrenshindernisse herausstellen, z. B. dass dem Antragsteller die Antragsberechtigung fehlt oder kein Fall der großen Haverei vorliegt.[6]

III. Verfahren ohne Widerspruch eines Beteiligten (Abs. 1)

5 Wurde vor dem Termin **kein Widerspruch** angemeldet und wird auch im Termin selbst von keinem der Beteiligten Widerspruch erhoben oder wird ein angemeldeter bzw. erhobener Widerspruch zurückgenommen (s. Rn 8), so hat das Gericht die Dispache, so wie sie vom Dispacheur aufgemacht worden ist, gegenüber allen am Verfahren Beteiligten zu bestätigen, Abs. 1 (s. Rn 15).[7] Das Einverständnis eines ordnungsgemäß geladenen Beteiligten, der nicht zum Termin erschienen ist und auch zuvor keinen Widerspruch angemeldet hat, wird dabei fingiert (s. § 405 Rn 31). Dies gilt auch, wenn zur Verhandlung kein Beteiligter, nicht einmal der Antragsteller, erscheint.[8] Der unterlassene Widerspruch hat außerdem zur Folge, dass der Beteiligte mit allen **Einwendungen** gegen die Dispache, die er durch Widerspruch hätte geltend machen können, **präkludiert** ist, vgl. § 408 Abs. 2 (s. § 408 Rn 12).[9] Eine Wiedereinsetzung in den vorigen Stand (§ 17) ist mangels gesetzlicher Befristung des Widerspruchs nicht möglich.[10]

IV. Verfahren bei Widerspruch eines Beteiligten

1. Rechtsnatur des Widerspruchs

6 Der Widerspruch ist ein Rechtsbehelf (vgl. § 39),[11] nämlich eine **Verfahrenserklärung,** in der zum Ausdruck gebracht wird, dass der Widersprechende mit der Bestätigung der Dispache in der vorliegenden Form nicht einverstanden ist. Er kann als Verfahrenshandlung nicht unter einer Bedingung oder Befristung stehen, allerdings zurückgenommen werden (s. Rn 8).

---

[3] Bassenge/Roth/K. Walter § 406 Rn 1; Jansen/Steder § 155 Rn 1.
[4] BJS/Müther § 406 Rn 2; Bumiller/Harders § 406 Rn 2.
[5] Schlegelberger § 155 Rn 1.
[6] Monse S. 61.
[7] Jansen/Steder § 155 Rn 2.
[8] OLG Hamburg HansRGZ 1930, B 723; Jansen/Steder § 155 Rn 2.
[9] Monse S. 57.
[10] Monse S. 64.
[11] Wie hier BeckOK/Munzig § 406 FamFG Rn 11; a. A. MünchKommZPO/Postler § 406 FamFG Rn 10 Fn 3; Haußleiter/Schemmann § 406 Rn 5: innerprozessualer Antrag.

2. Berechtigung zum Widerspruch

Zum Widerspruch ist **jeder Verfahrensbeteiligte,** nicht aber der Dispacheur berechtigt. 7 Auch der Antragsteller selbst kann zu dem Zweck das Verfahren beantragen, um seine Einwendungen gegen die Dispache geltend zu machen.[12] Will der **Antragsteller** gegen die Dispache Widerspruch anmelden, so muss er dies entweder ausdrücklich im Rahmen seines Antrags oder durch gesonderte Erklärung tun. Der Antrag selbst stellt noch keinen Widerspruch dar.[13]

3. Form und Frist des Widerspruchs

Er ist an **keine Form** gebunden, kann also mündlich im Termin, schriftlich (§ 25 8 Abs. 1), auch per Telefax (§ 130 Nr. 6 ZPO analog) oder E-Mail, soweit diese Möglichkeit eröffnet worden ist (vgl. §§ 14 Abs. 2, Abs. 4 FamFG, 130a ZPO), oder zu Protokoll der Geschäftsstelle (§ 25 Abs. 1 und 2, 3) erklärt werden. Er kann vor dem Termin oder im Termin (oder einem Folgetermin) **bis zum Schluss der letzten mündlichen Verhandlung** erhoben werden, soweit diesbezüglich noch keine Bestätigung vorliegt.[14] Der Widerspruch kann bis zum Ende der letzten mündlichen Verhandlung **zurückgenommen werden** und gilt dann als von Anfang an nicht erhoben.[15]

4. Inhalt des Widerspruchs

Der Widerspruch bedarf **keiner Begründung.**[16] Mit ihm können alle Einwendungen 9 gegen die materielle und rechnerische Richtigkeit der Dispache geltend gemacht werden.[17] Enthält der Widerspruch keine Begründung, so gilt die Dispache als in vollem Umfang angefochten.[18]

5. Wirkung des Widerspruchs

Durch einen vor dem Termin erhobenen Widerspruch wird der **Eintritt der Versäumnisfolgen** 10 (§ 405 Rn 31) **verhindert,** auch wenn der Widersprechende in dem Termin nicht erscheint. Auch über den schriftlichen Widerspruch ist nach Maßgabe des Abs. 2 zu verhandeln. Der Widerspruch ist der einzige Rechtsbehelf, mit dem von einem zu dem Verfahren zugezogenen Beteiligten die Berichtigung der Dispache herbeigeführt werden kann; die Einwendungen gegen sie gehen verloren, wenn sie nicht in der Form des Widerspruches geltend gemacht werden (s. Rn 5). Da die Erhebung des Widerspruchs Voraussetzung des Klagerechts nach § 407 ist, muss jeder durch die Dispache Beeinträchtigte den **Widerspruch selbst erheben,** auch wenn schon von anderer Seite der Widerspruch erhoben ist, oder sich dem Widerspruch eines Dritten anschließen, auch wenn dieselben Einwendungen bereits geltend gemacht worden sind.[19]

6. Erklärung der Beteiligten über den Widerspruch (Abs. 2, 3)

Ist Widerspruch erhoben, so haben sich die zugezogenen Beteiligten (§ 405 Rn 22), 11 deren Rechtslage bei Begründetheit des Widerspruchs eine ungünstigere wäre, zu erklären, Abs. 2 S. 1. Dies ist dann der Fall, wenn der begründete Widerspruch zu einer **Erhöhung von deren Beitragspflicht** oder einer **Verminderung von deren Vergütungsanspruch** führen würde.[20] Eine Erklärung der übrigen Beteiligten und des Dispacheurs ist unbeachtlich. Rechtsnachteile hat das Unterlassen der Erklärung nicht zur Folge, es hindert aber die

---

[12] Monse S. 59, 66.
[13] Bassenge/Roth/K. Walter § 406 Rn 2; Jansen/Steder § 155 Rn 3.
[14] OLG Hamburg HansRGZ 1931, B 659; SBW/Nedden-Boeger § 406 Rn 2, 6; a. A. Bassenge/Roth/K. Walter § 406 Rn 2: bis zum Erlass des Bestätigungsbeschlusses zulässig.
[15] Bassenge/Roth/K. Walter § 406 Rn 3; Monse S. 64.
[16] Bassenge/Roth/K. Walter § 406 Rn 2.
[17] Monse S. 58.
[18] Bassenge/Roth/K. Walter § 406 Rn 2; Jansen/Steder § 155 Rn 7.
[19] Monse S. 71; Jansen/Steder § 155 Rn 8 jeweils unter Berufung auf RGZ 26, 420.
[20] Monse S. 67.

12 Von einem **nicht erschienenen,** aber richtig geladenen Beteiligten wird angenommen, dass er den **Widerspruch nicht anerkenne** (Abs. 3). Dies korrespondiert mit der Fiktion des § 405 Abs. 3, dass er die Dispache so, wie sie aufgestellt ist, anerkenne. Auch gegen diesen muss der Widersprechende Klage nach § 407 Abs. 1 erheben (s. § 407 Rn 2).

V. Berichtigung der Dispache (Abs. 2 S. 2)

13 Wird der Widerspruch von den betroffenen Verfahrensbeteiligten anerkannt oder kommt zwischen den Beteiligten eine anderweitige **Einigung zustande,** so ist die Dispache vom Gericht entsprechend zu berichtigen. Diese Berichtigung kann im Anschluss an die Verhandlung oder in einem gesonderten Berichtigungstermin erfolgen.[23] Die Einigung der Beteiligten ist wie ein **Verfahrensvergleich** nach § 36 Abs. 2 in der gerichtlichen Protokollierungsform nach §§ 160 ff. ZPO aufzunehmen, die Vorschriften des BeurkG finden keine Anwendung.[24] Der Mangel der Form kann mit der Beschwerde nach § 408 gerügt werden. Mit der Rechtskraft der Bestätigung wird ein etwaiger materiell-rechtlicher **Formfehler nicht geheilt,** ein **Protokollierungsmangel** hingegen schon.[25] Nach allgemeinen Grundsätzen der Rechtsgeschäftslehre kann eine Einigung nur zwischen den erschienenen Beteiligten stattfinden.[26] Die nicht erschienenen Beteiligten können eine in ihrem Namen ohne Vertretungsmacht abgegebene Erklärung aber bis zur Bestätigung genehmigen, § 177 Abs. 1 BGB. Eine besondere Form (z. B. nach § 25) ist nicht erforderlich, § 182 Abs. 2 BGB.[27] Gegenüber nicht erschienenen Beteiligten wirkt die Einigung und Berichtigung der Dispache nur, wenn hierdurch deren Rechte nicht betroffen werden (arg. ex Abs. 3).[28]

VI. Bestätigung der Dispache

1. Allgemeines

14 Die Bestätigung ist eine **Rechtspflegeakt,** nämlich die Feststellung und Bezeugung, dass die Einigung und Berichtigung in einem ordnungsgemäßen Verfahren erfolgt und rechtswirksam ist.[29] Die Bestätigung erfolgt durch **Beschluss** (§ 38). Der Beschluss muss die Beteiligten, denen gegenüber er ergeht, genau bezeichnen. Soll der Beschluss gegenüber allen am Verfahren Beteiligten wirken, so ist dies im Beschluss zum Ausdruck zu bringen, einer erneuten Aufzählung aller Beteiligten in der Beschlussformel ist dann nicht erforderlich.[30] Die Zahlungsverpflichtungen ergeben sich unmittelbar aus der bestätigten Dispache und müssen nicht zusätzlich im Tenor des Beschlusses aufgeführt werden.[31] Zur Besonderheit bei mehreren Anträgen bzw. Widersprüchen s. Rn 17. Die **Bekanntgabe** des Beschlusses erfolgt nach § 41 Abs. 2 entweder durch Verlesen der Beschlussformel gegenüber den Anwesenden im Termin und schriftlicher Bekanntgabe oder nach § 41 Abs. 1 S. 1 i. V. m. § 15 durch schriftliche Mitteilung, wobei im Falle der Berichtigung der Dispache einem nicht erschienenen Beteiligten der Beschluss förmlich zuzustellen ist, § 41 Abs. 1 S. 2. Zur Wirksamkeit und Vollstreckung aus dem Bestätigungsbeschluss siehe § 409.

---

[21] Jansen/Steder § 155 Rn 7.
[22] Schlegelberger § 155 Rn 3.
[23] Ausführlich Monse S. 80.
[24] Wie hier Bahrenfuss/Steup § 406 Rn 9, 10; a. A. Bassenge/Roth/K. Walter § 406 Rn 6; Bumiller/Harders § 406 Rn 4: §§ 8 ff. BeurkG gelten; wieder anders MünchKommZPO/Postler § 406 FamFG Rn 18 und ihm folgend BeckOK/Munzig § 406 FamFG Rn 21: § 28 Abs. 4 gilt.
[25] MünchKommZPO/Postler § 406 FamFG Rn 18.
[26] Schlegelberger § 155 Rn 3.
[27] A. A. SBW/Nedden-Boeger § 406 Rn 12, 14.
[28] Monse S. 68; Schlegelberger § 155 Rn 3; a. A. Bahrenfuss/Steup § 406 Rn 11, der einen Widerspruch des Dritten fordert, aber eine Bestätigung durch das Gericht ablehnt.
[29] Ausführlich Monse S. 87.
[30] Monse S. 65.
[31] Anders BJS/Müther § 406 Rn 6; Haußleiter/Schemmann § 409 Rn 1.

2. Bestätigung ohne Widerspruch eines Beteiligten

Wenn ein Widerspruch nicht erhoben ist, ergeht der Bestätigungsbeschluss nach Abs. 1, **selbst wenn kein Beteiligter,** auch nicht der Antragsteller, in dem Termin **erschienen ist.**[32] Der Bestätigungsbeschluss entfaltet Wirksamkeit nur zwischen den Verfahrensbeteiligten (auch dem Antragsteller), nicht jedoch gegenüber den sonstigen an der Dispache Beteiligten, die aber nicht zum Verfahren hinzuzuziehen waren.[33]

3. Bestätigung nach Widerspruch eines Beteiligten

Wurde Widerspruch erhoben, ergeht der Bestätigungsbeschluss, wenn eine **vollständige Einigung** erzielt wurde, hinsichtlich der ganzen aufgestellten oder berichtigten Dispache, wenn sich die erhobenen Widersprüche nicht oder nicht vollständig erledigen ließen, **teilweise,**[34] nämlich insoweit, als die Dispache von dem Widerspruch nicht berührt ist oder auf Grund erzielter Einigung eine Berichtigung erfolgen konnte (Abs. 3).[35] Wenn die Dispache in zu weitem Umfang bestätigt wurde, kann die Beschwerde auf die mit dem Widerspruch geltend gemachten Einwendungen gestützt werden.[36] Hat sich der Widerspruch erst durch rechtskräftiges Urteil oder in anderer Weise nach § 407 Abs. 2 erledigt, so ergeht der Bestätigungsbeschluss nach Maßgabe der Berichtigung.

4. Bestätigung bei mehreren Anträgen oder nach Widerspruch mehrerer Beteiligter

Wurden mehrere Anträge mit unterschiedlich hinzugezogenen Verfahrensbeteiligten miteinander verbunden (s. § 405 Rn 15) oder wurde Widerspruch von mehreren Beteiligten erhoben, so können **mehrere Bestätigungsbeschlüsse** ergehen.[37] Werden die Bestätigungen in einem Beschluss zusammengefasst, so muss sich aus dem Beschluss eindeutig ergeben, welche Bestätigung gegenüber welchen Verfahrensbeteiligten Wirkung entfalten soll.[38]

5. Ausschluss der Bestätigung

Die Bestätigung ist (insoweit) ausgeschlossen, als und soweit eine **Einigung nicht zustande kommt** oder von dem Widerspruch **Nichterschienene betroffen sind,** die die Berichtigung nicht genehmigt haben (vgl. Rn 13) Auch gegen die letzteren ist von dem Widersprechenden nach § 407 Abs. 1 zu verfahren (s. § 407 Rn 2). Das Dispachegericht (siehe dazu 377 Rn 29 ff.) ist zu einer Entscheidung der offenen Streitpunkte nicht befugt.[39] Soweit nach Verhandlung über den Widerspruch eine Dispachebestätigung nicht erfolgt ist, können weitere Widersprüche erhoben werden. Gegen ihre Nichtberücksichtigung ist die Beschwerde zulässig.

6. Anspruch auf Bestätigung, Verzicht auf Bestätigung

Liegen die Voraussetzungen für eine Bestätigung vor, so besteht ein Anspruch auf Bestätigung. Das Gericht darf die **Bestätigung nur versagen, wenn Verfahrensfehler begangen worden sind.** Die Beteiligten brauchen die Einigung nicht bestätigen zu lassen, ein Verzicht auf die Bestätigung kann als Zurücknahme des Antrags ausgelegt werden. Die Einigung entfaltet in diesem Fall nur dann als vertragliche Vereinbarung Bindungswirkung, wenn die nach materiellem und formellem Recht erforderlichen Voraussetzungen gewahrt sind.

---

[32] OLG Hamburg HansRGZ 1930, B 723; Jansen/Steder § 155 Rn 2.
[33] Jansen/Steder § 155 Rn 4.
[34] KGJ 47, 115; 51, 137; BJS/Müther § 406 Rn 9; Jansen/Steder § 155 Rn 13.
[35] BJS/Müther § 406 Rn 10; Jansen/Steder § 155 Rn 4, 10.
[36] Jansen/Steder § 155 Rn 16.
[37] MünchKommZPO/Postler § 406 FamFG Rn 7.
[38] Jansen/Steder § 155 Rn 14.
[39] MünchKommZPO/Postler § 406 FamFG Rn 1.

VII. Rechtsmittel

20 Zu den Rechtsmitteln gegen den erteilten oder versagten Bestätigungsbeschluss siehe § 408.

VIII. Kosten und Gebühren

21 Die Gerichtsgebühren für die Verhandlung über die Dispache einschließlich der Bestätigung bestimmen sich nach § 123 Abs. 2 KostO. Es fällt eine **volle Gebühr** an, die auch die Gebühr für alle Bestätigungen der Dispache in einem Verfahren abgilt. Wird der Antrag vor einer Entscheidung zurückgenommen oder als unzulässig zurückgewiesen, so fällt nur die Gebühr nach § 130 KostO an.[40] Der **Geschäftswert** bestimmt sich nach § 123 Abs. 2 S. 2 KostO, also nach der Summe der Anteile, die an der Verhandlung Beteiligten an dem Schaden zu tragen haben. Zahlungspflichtig ist der Antragsteller, im Falle der Bestätigung haften aber die am Verfahren Beteiligten als Gesamtschuldner (§ 123 Abs. 2 S. 3). Bei den Gerichtskosten handelt es sich nicht um Auseinandersetzungskosten i. S. von § 706 Nr. 7 HGB.[41]

22 Über die Tragung der Kosten kann das Gericht von Amts wegen nach § 81 Abs. 1 eine **Kostentragungsentscheidung** im Bestätigungsbeschluss (vgl. § 82) treffen. Im Falle einer Einigung sind die Kosten wie bei einem Vergleich nach § 83 Abs. 1 zu verteilen. Das Landesrecht sieht teilweise spezielle Kostentragungsregelungen vor, so Art. 30 PrFGG, Art. 36 HessFGG.

23 Anwaltsgebühren werden nach Maßgabe der Nr. 3100 ff. VV RVG erhoben.

Verfolgung des Widerspruchs

§ 407 (1) ¹Soweit ein Widerspruch nicht nach § 406 Abs. 2 erledigt wird, hat ihn der Widersprechende durch Erhebung der Klage gegen diejenigen an dem Verfahren Beteiligten, deren Rechte durch den Widerspruch betroffen werden, zu verfolgen. ²Die §§ 878 und 879 der Zivilprozessordnung sind mit der Maßgabe entsprechend anzuwenden, dass das Gericht einem Beteiligten auf seinen Antrag, wenn erhebliche Gründe glaubhaft gemacht werden, die Frist zur Erhebung der Klage verlängern kann und dass an die Stelle der Ausführung des Verteilungsplans die Bestätigung der Dispache tritt.

(2) Ist der Widerspruch durch rechtskräftiges Urteil oder in anderer Weise erledigt, so wird die Dispache bestätigt, nachdem sie erforderlichenfalls von dem Amtsgericht nach Maßgabe der Erledigung der Einwendungen berichtigt ist.

I. Normzweck

1 Soweit sich der Widerspruch nicht durch Anerkennung oder gütliche Einigung der Beteiligten erledigt hat, zwingt die Vorschrift den Widersprechenden dazu, durch rechtzeitige Klageerhebung die Klärung seiner Einwendungen durch das Prozessgericht herbeizuführen. Hierdurch soll eine **schnelle Erledigung von Streitpunkten** erreicht werden.[1] Die Vorschrift entspricht dem bisherigen § 156 FGG.[2]

II. Erhebung der Widerspruchsklage (Abs. 1)

1. Allgemeines

2 Soweit sich der **Widerspruch nicht erledigt** hat, weil ein Beteiligter den Widerspruch ausdrücklich zurückgewiesen hat, sich ein durch den Widerspruch Betroffener nicht über diesen erklärt hat (s. § 406 Rn 11, 18) oder im Termin nicht erschienen ist (s. § 406 Rn 12, 18), muss der Widersprechende seinen Widerspruch **durch Klageerhebung** beim zustän-

---

[40] Korintenberg/Lappe § 123 Rn 11.
[41] Rabe Anh § 729 Rn 25; MünchKommZPO/Postler § 406 FamFG Rn 24.
[1] Denkschrift S. 81.
[2] BT-Drs. 16/6308 S. 289.

digen Gericht weiterverfolgen.[3] Das Verfahren richtet sich nach den entsprechend anwendbaren §§ 878, 879 ZPO, wobei diese Vorschriften gewisse Modifikationen erfahren.

2. Zuständigkeit für die Widerspruchsklage

Sachlich zuständig ist das **AG**, das mit der Sache als Dispachegericht befasst war. Soweit der Wert des Streitgegenstands, der sich nach dem Interesse des Klägers an der Änderung der Dispache bemisst, 5000 € übersteigt, ist das **LG** sachlich zuständig, §§ 23 Abs. 1 Nr. 1, 71 Abs. 1 GVG. Übersteigt keine von mehreren Widerspruchsklagen diesen Streitwert, so ist das AG zuständig, auch wenn die Summe der Streitgegenstände 5000 € übersteigt.[4] Gehört aber auch nur eine der Widerspruchsklagen zur Zuständigkeit des LG, so ist dieses für alle Klagen zuständig, § 879 Abs. 2 1. Halbs. ZPO, selbst wenn eine entsprechende Klage noch nicht oder nicht mehr anhängig ist.[5] Durch **Prorogation** können sämtliche bei den Widersprüchen Beteiligte (also Kläger und Beklagte) die Zuständigkeit des AG zur Entscheidung über alle Widersprüche vereinbaren (§ 879 Abs. 2 2. Halbs. 2 ZPO), nicht jedoch umgekehrt die Zuständigkeit des LG.[6]

Örtlich zuständig ist das AG, an dem sich auch das Dispachegericht befindet, im Falle der Zuständigkeit des LG, ist das LG örtlich zuständig, in dessen Bezirk sich das Dispachegericht befindet. Dies gilt selbst dann, wenn ein örtlich unzuständiges Gericht über die Dispache verhandelt hat.[7] Die örtliche Zuständigkeit ist ausschließlich und kann von den Beteiligten nicht abgeändert werden, § 802 ZPO analog.[8]

Funktionell zuständig ist beim AG die allgemeine Zivilabteilung. Beim LG ist die Sache auf Antrag des Klägers (§ 96 Abs. 1 GVG) oder eines Beklagten (§ 98 Abs. 1 GVG) vor der **Kammer für Handelssachen** zu verhandeln, da es sich um eine Handelssache i. S. des § 95 Abs. 1 Nr. 4 f GVG handelt.[9]

3. Klageerhebung

Die Klageerhebung erfolgt nach den allgemeinen zivilprozessualen Grundsätzen durch **Einreichung der Klageschrift** beim Gericht und deren **Zustellung an alle Beklagten**, §§ 253 Abs. 1, 270 ZPO. Vertretung durch einen Rechtsanwalt ist nur vor dem LG erforderlich, § 78 Abs. 1 S. 1 ZPO. Statthafte Klageart ist zunächst die **Feststellungsklage,** wonach der Widerspruch gegen die Dispache begründet sei. Denkbar ist auch eine **Leistungsklage,** mit der eine dem Widerspruch entsprechende Herabsetzung der Beitragspflicht oder Heraufsetzung des Vergütungsanspruchs begehrt wird.[10] Die Klage kann auch im Wege der Widerklage gegen eine bereits anhängige Klage erhoben werden.[11] Im Wege der Parteivereinbarung[12] oder der einseitigen Klageänderung[13] kann einer rechtshängigen Klage die Bedeutung einer Widerspruchsklage beigelegt werden.

Aktivlegitimiert ist der Widersprechende. Mehrere Widersprechende können gemeinsam klagen, wenn sie dieselbe Einwendung geltend machen.[14] Alle am Dispacheverfahren Beteiligte, die den Widerspruch nicht anerkannt haben oder im Verfahren nicht erschienen sind, müssen verklagt werden, wenn auch nicht notwendig in einem Prozess.[15] **Mehrere Beklagte** sind einfache Streitgenossen, § 61 ZPO.[16]

---

[3] Monse S. 72.
[4] Zöller/Stöber § 879 Rn 2.
[5] Jansen/Steder § 156 Rn 2; Zöller/Stöber § 879 Rn 2.
[6] Jansen/Steder § 156 Rn 2.
[7] Vgl. RGZ 52, 312/313; Zöller/Stöber § 879 Rn 1.
[8] Jansen/Steder § 156 Rn 2.
[9] Bassenge/Roth/K. Walter § 407 Rn 2; Jansen/Steder § 156 Rn 2.
[10] Bahrenfuss/Steup § 407 Rn 3; Bumiller/Harders § 407 Rn 3; a.A. BGH NJW 2001, 2477/8; MünchKommZPO/Postler § 407 FamFG Rn 15; von Waldstein/Holland Anhang §§ 87, 88 BinSchG Rn 19: Gestaltungsklage.
[11] Zöller/Stöber § 878 Rn 2.
[12] Zöller/Stöber § 878 Rn 2.
[13] Musielak/Becker § 878 Rn 4.
[14] Musielak/Becker § 878 Rn 4.
[15] Musielak/Becker § 878 Rn 4.
[16] MünchKommZPO/Postler § 407 FamFG Rn 17; Zöller/Stöber § 878 Rn 5.

8 Die Klage selbst unterliegt **keiner Ausschlussfrist,** sie kann also auch nach Ablauf der Nachweisfrist des Abs. 1 i. V. m. § 878 Abs. 1 ZPO noch erhoben werden, allerdings hindert sie dann nicht mehr die Bestätigung der Dispache.[17]

4. Frist zum Nachweis der Klageerhebung

9 Die Klageerhebung ist dem AG (Dispachegericht) unaufgefordert innerhalb einer gesetzlichen Frist von **einem Monat nachzuweisen** (§ 878 Abs. 1 S. 1 ZPO), es erfolgt keine Ermittlung von Amts wegen (§ 26).[18] Der Nachweis erfolgt schriftlich (§ 25 Abs. 1, Telefax genügt § 130 Nr. 6 ZPO analog), elektronisch, soweit diese Möglichkeit eröffnet worden ist (vgl. § 14 Abs. 2, Abs. 4 FamFG, 130a ZPO) oder zu Protokoll der Geschäftsstelle (§ 25). Soweit Dispache- und Prozessgericht identisch sind, genügt eine Bezugnahme auf die Prozessakten. Neben der **Prüfung der Fristwahrung** durch wirksame Klageeinreichung (s. Rn 6) hat das Gericht zu ermitteln, ob der Streitgegenstand der Klage der unerledigte Widerspruch ist und ob alle vom Widerspruch betroffenen Beteiligten verklagt worden sind.[19] Heilbare Mängel der Klage hat das Gericht nicht zu überprüfen.[20]

10 Zum Nachweis der Fristwahrung genügt der **Nachweis der Einreichung der Klage** sowie der **Zahlung des erforderlichen Prozesskostenvorschusses** (§ 12 GKG) vor Ablauf der Frist, es sei denn es liegt ein Fall des § 14 GKG vor.[21] Die Frist beginnt mit dem Tag des Termins der Verhandlung über die Dispache vor dem AG (§ 878 Abs. 1 S. 1 ZPO), dieser wird also gemäß § 16 Abs. 2 FamFG i. V. m. § 222 Abs. 1 ZPO i. V. m. § 187 Abs. 2 BGB mitgezählt.[22] Wurde der Widerspruch erst im Beschwerdeverfahren gegen den Bestätigungsbeschluss anerkannt, läuft die Nachweisfrist ab Zustellung der Beschwerdeentscheidung.[23] Für die Berechnung gelten über § 16 Abs. 2 FamFG die §§ 222, 224 Abs. 2 und 3, 225 ZPO. Eine **Wiedereinsetzung** gegen die Versäumung der Frist findet nicht statt, da es sich nicht um eine gesetzliche Frist i. S. des § 17 Abs. 1 handelt.[24] Nachweis der Klagezustellung nach Fristablauf genügt nicht.[25]

5. Verlängerung der Nachweisfrist

11 Die Nachweisfrist kann **durch Vereinbarung** aller am Dispacheverfahren Beteiligter verlängert werden.[26] Außerdem kann das Gericht abweichend von § 878 Abs. 1 ZPO die Frist auf Antrag des Widersprechenden bei Glaubhaftmachung (§ 31) wichtiger Gründe verlängern, jedoch nicht mehr, nachdem sie abgelaufen ist.[27] Gegen die Entscheidung über den Antrag auf Verlängerung findet **kein Rechtsbehelf** statt, vgl. § 16 Abs. 2 FamFG i. V. m. § 225 Abs. 3 ZPO.[28]

6. Folgen der Fristversäumung

12 Die Versäumung der gesetzlichen oder der verlängerten Frist hat zur Folge, dass das AG die Dispache **ohne Rücksicht auf den Widerspruch zu bestätigen hat** (§ 407 Abs. 1 S. 2 FamFG i. V. m. § 878 Abs. 1 S. 2 ZPO) und dass der Zwangsvollstreckung aus der

---

[17] Musielak/Becker § 878 Rn 4.
[18] Jansen/Steder § 156 Rn 5; a. A. Schlegelberger § 156 Rn 2.
[19] Bahrenfuss/Steup § 407 Rn 6; Jansen/Steder § 156 Rn 3; Musielak/Becker § 878 Rn 2.
[20] Bahrenfuss/Steup § 407 Rn 6; Jansen/Steder § 156 Rn 3.
[21] MünchKommZPO/Postler § 407 FamFG Rn 3; BeckOK/Munzig § 407 FamFG Rn 16; vgl. auch OLG Hamm NJW 1965, 825; Musielak/Becker § 878 Rn 2; Zöller/Stöber § 878 Rn 6; a. A. SBW/Nedden-Boeger § 407 Rn 6: Klageeinreichung genügt.
[22] Bahrenfuss/Steup § 407 Rn 5; Musielak/Becker § 878 Rn 2; Zöller/Stöber § 878 Rn 6; a. A. Bumiller/Harders § 407 Rn 3.
[23] Bahrenfuss/Steup § 407 Rn 5.
[24] Im Ergebnis ebenso Bahrenfuss/Steup § 407 Rn 5; BJS/Müther § 407 Rn 3; a. A. BeckOK/Munzig § 407 FamFG Rn 24; MünchKommZPO/Postler § 407 FamFG Rn 10.
[25] Bahrenfuss/Steup § 407 Rn 7; a. A. Bassenge/Roth/K. Walter § 407 Rn 3.
[26] Monse S. 74; a. A. BJS/Müther § 407 Rn 4; Jansen/Steder § 156 Rn 4.
[27] OLG Karlsruhe OLGE 3, 37; Bumiller/Harders § 407 Rn 3; Jansen/Steder § 156 Rn 4.
[28] MünchKommZPO/Postler § 407 FamFG Rn 8; a. A. Bahrenfuss/Steup § 407 Rn 5; Jansen/Steder § 156 Rn 4.

bestätigten Dispache nach § 409 Abs. 2, 3 im Verfahren der freiwilligen Gerichtsbarkeit ein Widerspruch nicht mehr entgegengesetzt werden kann.[29] Die Befugnis des Widersprechenden, ein besseres Recht gegen die von dem Widerspruch betroffenen Beteiligten im Weg der Klage geltend zu machen, wird durch die Versäumung der Frist und die Bestätigung der Dispache nicht ausgeschlossen (Abs. 1 S. 2 mit § 878 Abs. 2 ZPO). Insbesondere kann der Widersprechende nach der Bestätigung **Bereicherungsklage** erheben[30] bzw. die erhobene Widerspruchsklage entsprechend abändern.[31]

7. Ruhen des Dispacheverfahrens

13 Ist die Klageerhebung fristgerecht nachgewiesen, so ruht das Dispacheverfahren bis zur Erledigung des Widerspruchs (s. Rn 16), § 251 ZPO analog.[32] Das Verfahren kann (muss aber nicht) nach § 21 ausgesetzt werden.[33] Hiergegen ist die sofortige Beschwerde nach §§ 567 bis 572 ZPO statthaft, § 21 Abs. 2.

III. Entscheidung des Prozessgerichts

14 Der Kläger muss die Unrichtigkeit der Dispache behaupten und darlegen sowie notfalls beweisen, dass seine mit dem Widerspruch erhobenen Einwendungen begründet sind.[34] Das Prozessgericht entscheidet durch **Endurteil** nur über die Begründetheit des Widerspruchs, § 880 ZPO gilt nicht, auch nicht entsprechend.[35] Erscheint der Kläger nicht im Termin, so ergeht gegen ihn **Versäumnisurteil**, dass sein Widerspruch abzuweisen sei, § 881 ZPO findet keine Anwendung.[36] Das Gericht beurteilt auch, ob eine schiedsgutachterliche Schadensfeststellung innerhalb der Dispache offenkundig unbillig ist.[37] Mit der Widerspruchsklage kann der Anspruch auf Rückzahlung von Vorschüssen nicht verbunden werden.[38] Die Berichtigung und Bestätigung der Dispache erfolgt durch das zuständige AG (Dispachegericht) (s. Rn 18).

IV. Rechtsmittel

15 Gegen das Endurteil des Prozessgerichts sind die Rechtsmittel der **Berufung** und **Revision** nach Maßgabe der §§ 511, 542 ZPO statthaft.[39]

V. Verfahren nach Erledigung des Widerspruchs

1. Erledigung des Widerspruchs

16 Der Widerspruch und die Widerspruchsklage erledigen sich durch ein nachträgliches **Anerkenntnis des Widerspruchs** durch die beklagten Beteiligten, das keiner Form bedarf.[40] Die Erledigung kann weiterhin erfolgen durch **rechtskräftiges Urteil** über die Widerspruchsklage (Rn 14) oder in anderer Weise, nämlich durch **Klagerücknahme, Vergleich, Verzicht oder Anerkenntnis**.[41] Auch die **Versäumung der Nachweisfrist** führt zur Erledigung des Widerspruchs (Rn 14). Die Erledigung des Widerspruchs ist dem AG (Dispachegericht) nachzuweisen, es findet keine Amtsermittlung nach § 26 statt.[42]

---

[29] Schlegelberger § 156 Rn 1.
[30] OLG Hamburg HansRGZ 1932, B 35; Bassenge/Roth/K. Walter § 407 Rn 5; Jansen/Steder § 156 Rn 5.
[31] MünchKommZPO/Postler § 407 FamFG Rn 19; Zöller/Stöber § 878 Rn 16.
[32] Im Ergebnis ebenso Bassenge/Roth/K. Walter § 407 Rn 3.
[33] MünchKommZPO/Postler § 406 FamFG Rn 15; anders bei § 407 FamFG Rn 12.
[34] Monse S. 76.
[35] Jansen/Steder § 156 Rn 7.
[36] Monse S. 77.
[37] RGZ 147, 58.
[38] OLG Celle HRR 1934 Nr. 587.
[39] von Waldstein/Holland Anhang §§ 87, 88 BinSchG Rn 21.
[40] Jansen/Steder § 156 Rn 1.
[41] Bahrenfuss/Steup § 407 Rn 6; Jansen/Steder § 156 Rn 7.
[42] Jansen/Steder § 156 Rn 6; a. A. Monse S. 77, 81; Schlegelberger § 156 Rn 4.

2. Berichtigung der Dispache

17 Ergibt sich gemäß der Erledigung der Einwendungen die Notwendigkeit einer Berichtigung der Dispache,[43] so hat sie das Gericht von Amts wegen (§ 26) nach Feststellung der die Berichtigung bedingenden Verhältnisse vorzunehmen.[44] Die Berichtigung wird **nicht mit Widerspruch,** sondern mit der **Beschwerde** gegen die dermaßen bestätigte Dispache angefochten, § 409 Abs. 1.

3. Bestätigung der Dispache

18 Nach Erledigung des Widerspruchs ist die Dispache vom Dispachegericht von Amts wegen **ohne Anberaumung eines neuen Termins und ohne Anhörung der Beteiligten**[45] zu bestätigen, Abs. 2. Es gelten die Ausführungen zu § 406 Rn 14.

VI. Kosten und Gebühren

19 Für die Widerspruchsklage werden **Gerichtsgebühren** nach den allgemeinen Bestimmungen für das Prozessverfahren erster Instanz erhoben, Nr. 1210, 1211 KV GKG.[46] **Rechtsanwaltsgebühren** fallen nach Maßgabe der Nr. 3100 ff. VV RVG an.[47] Die im Dispacheverfahren anfallenden Rechtsanwaltskosten gehören nicht zu den im Widerspruchsprozess erstattungsfähigen Kosten.[48]

Beschwerde

408 (1) Der Beschluss, durch den ein nach § 405 gestellter Antrag auf gerichtliche Verhandlung zurückgewiesen, über die Bestätigung der Dispache entschieden oder ein Beteiligter nach § 404 zur Herausgabe von Schriftstücken verpflichtet wird, ist mit der Beschwerde anfechtbar.

(2) Einwendungen gegen die Dispache, die mittels Widerspruchs geltend zu machen sind, können nicht mit der Beschwerde geltend gemacht werden.

I. Normzweck

1 Nach Wegfall der einfachen Beschwerde führt die Vorschrift zu einer weitergehenden **Beschränkung des Beschwerderechts** und der zu berücksichtigenden Beschwerdegründe. Auf diese Weise wird das Verfahren weiter beschleunigt. Die Vorschrift entspricht in Abs. 2 dem bisherigen § 157 Abs. 2 FGG. In Abs. 1 wurde klargestellt, dass auch ein Beschluss nach § 404 Abs. 1 mit der Beschwerde anfechtbar ist,[1] obwohl es sich hierbei nur um eine Zwischenentscheidung handelt.

II. Statthaftigkeit der Beschwerde (Abs. 1)

1. Allgemeines

2 Die Beschwerde (§ 58) findet nur gegen die in Abs. 1 genannten Entscheidungen statt. Alle anderen End- und Zwischenentscheidungen des Gerichts, die nach bisheriger Rechtslage mit der einfachen Beschwerde anfechtbar waren,[2] sind nach neuer Rechtslage nicht mehr anfechtbar. Etwaige Verstöße gegen die Gewährung rechtlichen Gehörs können nur noch mit der **Anhörungsrüge** nach § 44 geltend gemacht werden (s. Rn 15). Über die Möglichkeit der Beschwerde ist eine Rechtsmittelbelehrung nach § 39 zu erteilen. **Beschwerdegericht** ist das OLG. Zur Einlegung und zum Gang des Beschwerdeverfahrens

---

[43] Hierzu Monse S. 79.
[44] Monse S. 77, 81; OLG Hamburg MDR 1966, 591.
[45] Jansen/Steder § 156 Rn 7; a. A. BJS/Müther § 407 Rn 6: Antrag erforderlich.
[46] Musielak/Becker § 878 Rn 11.
[47] Musielak/Becker § 878 Rn 10.
[48] von Waldstein/Holland Anhang §§ 87, 88 BinSchG Rn 23.
[1] BT-Drs. 16/6308 S. 289.
[2] Jansen/Steder § 157 Rn 2.

2. Beschwerde gegen die Verfahrenseröffnung

Trotz Nichterwähnung in § 408 findet die Beschwerde – wie bisher[4] – auch gegen die Entscheidung des Gerichts statt, das Verfahren zu eröffnen (z. B. durch den förmlichen Eröffnungsbeschluss oder die Ladung zum Termin, die Ladung als solche ist aber nicht anfechtbar, s. § 405 Rn 32). Dies ergibt sich aus § 402 Abs. 1 (s. § 402 Rn 5). Findet der **Verhandlungstermin** allerdings **vor der Entscheidung des Beschwerdegerichts** statt, muss sich der Beteiligte auch mit dem **Widerspruch** gegen die Verfahrenseinleitung zur Wehr setzen, da er sonst nur noch Beschwerde gegen den Bestätigungsbeschluss (Rn 12) einlegen kann.[5]

3. Beschwerde gegen die Antragszurückweisung

Wird der nach § 405 gestellte Antrag auf gerichtliche Verhandlung über die Dispache zurückgewiesen, etwa weil kein Fall der großen Haverei vorliegt (§ 405 Rn 13) oder dem Antragsteller die Antragsberechtigung (§ 405 Rn 6) fehlt, so ist hiergegen die Beschwerde statthaft. Ist der Antrag **rechtskräftig zurückgewiesen,** so steht dies einer erneuten Antragstellung nicht entgegen.[6]

4. Beschwerde gegen die Entscheidung über die Bestätigung

Die Verfügung, durch die über die nach den §§ 406, 407 Abs. 2 vorzunehmende Bestätigung der Dispache entschieden wird, gleichviel, ob die **Bestätigung erteilt oder ganz oder teilweise versagt** wird,[7] ist mit der Beschwerde anfechtbar. Über die Beschränkung der Anfechtungsgründe in diesen Fällen s. Rn 12.

5. Beschwerde gegen die Herausgabepflicht

Gegen den Beschluss, der die Verpflichtung zur Aushändigung von Schriftstücken an den Dispacheur nach § 404 Abs. 1 oder an das Gericht nach § 404 Abs. 5 anordnet, ist die Beschwerde nach § 58 eröffnet.[8] Es handelt sich hierbei um eine **systemwidrige Vorschrift,** denn gegen Zwischenentscheidungen sieht das FamFG entweder gar keine Rechtsmittel oder ausnahmsweise die sofortige Beschwerde entsprechend §§ 567 bis 572 ZPO vor, vgl. z. B. § 372 Abs. 1. Die einzelnen **Zwangsmaßnahmen,** die das Gericht aufgrund des Herausgabebeschlusses anordnen kann, sind nach § 35 Abs. 5 mit der sofortigen Beschwerde entsprechend §§ 567 bis 572 ZPO anfechtbar.[9]

Obwohl nach dem Wortlaut des Gesetzes eine Beschwerde gegen die Ablehnung des Gerichts, einen entsprechenden Herausgabebeschluss zu verfügen, nicht vorgesehen ist, muss man dem **Dispacheur** ein solches Beschwerderecht zubilligen, will man ihm die Erfüllung seiner Aufgaben nicht unnötig erschweren (§ 404 Rn 11).[10]

---

[3] BJS/Müther § 408 Rn 1; a. A. MünchKommZPO/Postler § 408 FamFG Rn 10: vermögensrechtliche Angelegenheit.
[4] Vgl. Jansen/Steder § 157 Rn 2; a. A. BeckOK/Munzig § 408 FamFG Rn 4; BJS/Müther § 408 Rn 3; MünchKommZPO/Postler § 408 FamFG Rn 5, der verkennt, dass hierdurch ein materiell-rechtlich Unbeteiligter in das Verfahren gezwungen werden kann ohne hiergegen Rechtsmittel einlegen zu können; ihn auf den Widerspruch oder die Beschwerde gegen den Bestätigungsbeschluss zu verweisen, ist mit Art. 103 Abs. 1 GG unvereinbar.
[5] Jansen/Steder § 157 Rn 2.
[6] Schlegelberger § 157 Rn 1.
[7] Schlegelberger § 157 Rn 2.
[8] BT-Drs. 16/6308 S. 289.
[9] Bahrenfuss/Steup § 408 Rn 3; Bumiller/Harders § 408 Rn 1.
[10] Ebenso Bassenge/Roth/K. Walter § 408 Rn 1; SBW/Nedden-Boeger § 408 Rn 4; a. A. BeckOK/Munzig § 408 FamFG Rn 12.

III. Beschwerdeberechtigung

1. Allgemeines

8 Die Beschwerdeberechtigung beurteilt sich nach der **allgemeinen Bestimmung** des § 59 und ist nicht auf die Verfahrensbeteiligten i. S. des § 409 Abs. 1 beschränkt (s. Rn 10). Beschwerdeberechtigt können somit auch an der Dispache materiell Beteiligte (§ 403 Rn 6) sein, auch wenn sie keine Verfahrensbeteiligte (§ 405 Rn 9, 22) waren.[11]

2. Beschwerdeberechtigung gegen die Antragszurückweisung und die Verfahrenseröffnung

9 Gegen die **Antragszurückweisung** ist **nur der Antragsteller** beschwerdeberechtigt, § 59 Abs. 2. Gegen die **Verfahrenseröffnung** ist jeder beschwerdeberechtigt, der durch sie in seinen Rechten unmittelbar beeinträchtigt sein könnte (§ 59 Abs. 1), insbesondere Dritte, die materiell-rechtlich nicht an der Dispache beteiligt sind.

3. Beschwerdeberechtigung gegen den Entscheidung über die Bestätigung

10 Beschwerdeberechtigt hinsichtlich der Bestätigung der Dispache sind nicht nur die zu dem Verfahren zugezogenen Beteiligten, sondern auch **jeder weitere an der Dispache Beteiligte** unter der Voraussetzung der **Beeinträchtigung seiner Rechte** (§ 59 Abs. 1).[12] Eine solche Beeinträchtigung ist nicht ohne weiteres dadurch ausgeschlossen, dass die bestätigte Dispache nach § 409 Abs. 1 nur für das gegenseitige Verhältnis der an dem Verfahren Beteiligten wirksam ist. Eine Rechtsbeeinträchtigung kann z. B. darin liegen, dass andere als die in § 405 Abs. 1 S. 2 bezeichneten Beteiligten zum Verfahren hinzugezogen worden sind oder dass in der bestätigten Dispache unberechtigterweise über Rechte solcher Beteiligter, die an dem Verfahren nicht teilgenommen haben, verfügt wird.[13] Ist die Dispache unter Übergehung eines nicht erledigten Widerspruchs zu Unrecht insgesamt bestätigt worden, so ist der **Widersprechende** beschwerdebefugt.[14] Wird ein Beteiligter in der Dispache zur Zahlung von Bergelohn an den Berger verurteilt, so steht ihm gegen eine solchermaßen bestätigte Dispache ebenfalls die Beschwerde zu.[15]

4. Beschwerdeberechtigung gegen die Herausgabepflicht

11 Gegen den Beschluss, der die Verpflichtung zur Aushändigung von Schriftstücken an den Dispacheur nach § 404 Abs. 1 oder an das Gericht nach § 405 Abs. 5 anordnet, ist nur derjenige beschwerdeberechtigt, den das Gericht die **Pflicht zur Aushändigung eines Schriftstücks auferlegt**. Lehnt das Gericht den Erlass einer solchen Herausgabeverfügung ab, so ist hiergegen **nur der Dispacheur** im Falle des § 404 Abs. 1 beschwerdebefugt, § 59 Abs. 2.

IV. Beschränkung der Beschwerdegründe (Abs. 2)

12 Die Anfechtung des Bestätigungsbeschlusses ist hinsichtlich der Beschwerdegründe auf solche **beschränkt**, die der Beschwerdeführer **nicht mit dem Widerspruch geltend machen konnte.** Nur mit dem Widerspruch können in erster Linie alle **materiellen Einwendungen** gegen die Dispache geltend gemacht werden, z. B. gegen die Art der Berechnung, gegen die unrichtige oder unvollständige Berücksichtigung oder Nichtberücksichtigung der für die Berechnung in Betracht kommenden Verhältnisse und gegen die Havariebeteiligung der zum Verfahren hinzugezogenen oder nicht hinzugezogenen Per-

---

[11] Bahrenfuss/Steup § 408 Rn 4; a. A. Bassenge/Roth/K. Walter § 408 Rn 2.
[12] Bahrenfuss/Steup § 408 Rn 4; MünchKommZPO/Postler § 408 FamFG Rn 7; BeckOK/Munzig § 408 FamFG Rn 10; a. A. Bassenge/Roth/K. Walter § 408 Rn 2; Haußleiter/Schemmann § 408 Rn 2; SBW/Nedden-Boeger § 408 Rn 2.
[13] KGJ 51, 137; Jansen/Steder § 157 Rn 5.
[14] KGJ 51, 137; Jansen/Steder § 155 Rn 16.
[15] Bumiller/Harders § 406 Rn 5.

sonen.[16] Aber auch **formelle Einwendungen,** die sich gegen die Voraussetzungen des Verfahrens als solches richten, müssen mit dem Widerspruch verfolgt werden.[17] Ist Widerspruch entweder nicht erhoben oder auf einzelne Punkte beschränkt worden, so ist eine Beschwerde, die sich auf dermaßen präkludierte Gründe stützt, zwar nicht unzulässig, wohl aber unbegründet.[18]

Nicht präkludiert ist der Beschwerdeführer mit solchen Beschwerdegründen, die den **Verfahrensgang selbst betreffen,** also insbesondere die Behauptung formeller Mängel des Verfahrens, mangelhafte Ladung und Bekanntmachung derselben, Nichteinhaltung der Ladungsfrist, mangelhafte Protokollierung der Einigung, ferner die Behauptung, dass die Dispache unzutreffend berichtigt[19] oder dass ein unerledigter Widerspruch, auch wenn er materielle Einwendungen betrifft,[20] im Bestätigungsbeschluss übergangen worden ist.[21] Mit der Beschwerde kann auch geltend gemacht werden, dass die Bestätigung zu Unrecht versagt wurde, obwohl sich der Widerspruch erledigt hatte.[22] 13

V. Wirkung der Aufhebung des Bestätigungsbeschlusses

Mit Rechtskraft der Beschwerdeentscheidung ist der Bestätigungsbeschluss mit Wirkung **für und gegen alle an ihm Beteiligten aufgehoben.** Durch die Aufhebung wird der Zustand vor Bestätigung wiederhergestellt. Das Verfahren ist, da es sich im Falle der Aufhebung der Bestätigung stets um einen wesentlichen Verfahrensmangel handeln wird, an das Gericht **zurückzuverweisen** (§ 69 Abs. 1 S. 3), damit dieses das Verfahren bei Mängeln, die das gesamte Verfahren betreffen, insgesamt wiederholen oder bei einzelnen Verfahrensmängeln die fehlerhafte Verfahrenshandlung nachholen kann. Soweit nicht die vollständige Wiederholung des Verfahrens geboten ist, bleiben die Beteiligten an ihre Einigung gebunden. 14

VI. Weitere Rechtsbehelfe

1. Anhörungsrüge

Die Anhörungsrüge kommt nur in Betracht, wenn gegen eine Entscheidung (vgl. § 44 Abs. 1 S. 2) **kein anderweitiger Rechtsbehelf** mehr gegeben ist und das Gericht das Recht auf **rechtliches Gehör verletzt** hat (§ 44 Abs. 1 S. 1 Nr. 1, Nr. 2). Denkbar ist die Anhörungsrüge daher insbesondere gegen eine Entscheidung über Zwischenentscheidungen sowie gegen die Beschwerdeentscheidung, wenn das OLG die Rechtsbeschwerde nicht nach § 70 Abs. 1 zugelassen hat, oder gegen die Entscheidungen des BGH als Rechtsbeschwerdeinstanz, vor allem einen Zurückweisungsbeschluss nach § 74 a. 15

2. Änderung und Wiederaufnahme des Verfahrens

Eine **Abänderung** des Bestätigungsbeschlusses (§ 48 Abs. 1) kommt **nicht Betracht,** denn es handelt sich um keine Endentscheidung mit Dauerwirkung. Eine **Wiederaufnahme** des Verfahrens nach § 48 Abs. 2 FamFG i. V. m. §§ 578 ff. ZPO ist **möglich,** nach Vollziehung der Bestätigung aber nur mit dem Ziel der Feststellung, dass die Bestätigung den Kläger in seinen Rechten verletzt hat, § 62 Abs. 1 analog. 16

Wirksamkeit; Vollstreckung

§ 409 (1) **Die Bestätigung der Dispache ist nur für das gegenseitige Verhältnis der an dem Verfahren Beteiligten wirksam.**

(2) **Der Bestätigungsbeschluss wird erst mit Rechtskraft wirksam.**

---

[16] KGJ 37, A 292; Jansen/Steder § 157 Rn 4.
[17] Jansen/Steder § 157 Rn 4.
[18] Bassenge/Roth/K. Walter § 408 Rn 3; a. A. Schlegelberger § 157 Rn 4.
[19] Bahrenfuss/Steup § 408 Rn 6; Jansen/Steder § 157 Rn 5.
[20] Monse S. 86.
[21] KGJ 51, 137; Jansen/Steder § 157 Rn 5.
[22] KGJ 47, 115; Bassenge/Roth/K. Walter § 408 Rn 3.

(3) ¹Für Klagen auf Erteilung der Vollstreckungsklausel sowie für Klagen, durch welche Einwendungen gegen die in der Dispache festgestellten Ansprüche geltend gemacht werden oder die bei der Erteilung der Vollstreckungsklausel als eingetreten angenommene Rechtsnachfolge bestritten wird, ist das Gericht zuständig, das die Dispache bestätigt hat. ²Gehört der Anspruch nicht vor die Amtsgerichte, sind die Klagen bei dem zuständigen Landgericht zu erheben.

I. Normzweck

1 Die Norm stellt zum einen klar, dass sich die Wirkung der bestätigten Dispache **nur auf die Verfahrensbeteiligten** (s. § 405 Rn 22) erstreckt, zum anderen dass der Bestätigungsbeschluss erst mit **Eintritt der Rechtskraft wirksam** wird. Insoweit entspricht die Vorschrift dem bisherigen § 158 FGG.[1] Anders als nach bisheriger Rechtslage ordnet das Gesetz nicht mehr ausdrücklich an, dass aus dem Bestätigungsbeschluss die Zwangsvollstreckung stattfindet. Aus Abs. 3 ergibt sich jedoch, dass der Gesetzgeber weiterhin von der Vollstreckbarkeit des Bestätigungsbeschlusses ausgeht.[2]

II. Formelle Rechtskraft des Bestätigungsbeschlusses (Abs. 2)

2 Abweichend vom Grundsatz des § 40 Abs. 1, wonach Beschlüsse mit ihrer Bekanntgabe an die Beteiligten wirksam werden, bestimmt Abs. 2, dass der Bestätigungsbeschluss erst **mit Eintritt der formellen Rechtskraft wirksam** wird. Formelle Rechtskraft tritt nach § 45 ein, wenn der Beschluss mit der Beschwerde nicht mehr anfechtbar ist. Erforderlich ist, dass der Beschluss für alle Beteiligten unanfechtbar geworden ist bzw. eine eingelegte Beschwerde rechtskräftig zurückgewiesen worden ist. Dabei ist zu beachten, dass die **Beschwerdefrist** für die Beteiligten jeweils mit der schriftlichen Bekanntgabe an den jeweiligen Beteiligten **gesondert zu laufen beginnt**, § 63 Abs. 3 S. 1 (zu den Einzelheiten s. § 63 Rn 20 ff.). Über den Eintritt der formellen Rechtskraft erteilt die Geschäftsstelle des AG, im Falle des Eintritts der Rechtskraft im Beschwerdeverfahren die Geschäftsstelle des OLG, ein **Rechtskraftzeugnis**, § 46.

III. Materielle Rechtskraft des Bestätigungsbeschlusses (Abs. 1)

1. Umfang der Rechtskraft

3 Da nicht alle an der großen Haverei und der Dispache materiell beteiligten Personen zum Vermittlungsverfahren über die Dispache hinzugezogen werden müssen, ordnet das Gesetz folgerichtig an, dass der Bestätigungsbeschluss auch nur **für und gegen die zum Verfahren hinzugezogenen Beteiligten** wirksam ist.[3] Insoweit ähnelt die Vorschrift den §§ 325 ff. ZPO.[4]

4 Umgekehrt ergeben sich aus der bestätigten Dispache für die zu den Verhandlungen **nicht zugezogenen Beteiligten weder Rechte noch Pflichten**.[5] Für diese bleibt die Dispache ein unverbindliches Sachverständigengutachten.[6] Sie können ihrerseits Verhandlung über die Dispache beantragen und in dem neuen Verfahren der Dispache widersprechen; in dem neuen Verfahren ist eine Änderung der früher bestätigten Dispache gegenüber den jetzigen Beteiligten möglich.[7]

2. Beseitigung der Rechtskraft

5 Die Rechtskraftwirkung des Abs. 1 kann durch **vertragliche Vereinbarung aller Beteiligten** beseitigt werden. Eine Beseitigung der Rechtskraft kommt auch durch Klage

---

[1] BT-Drs. 16/6308 S. 289.
[2] So auch BT-Drs. 16/6308 S. 289.
[3] Denkschrift S. 81.
[4] Bumiller/Harders § 409 Rn 1.
[5] MünchKommZPO/Postler § 406 FamFG Rn 3; Jansen/Steder § 155 Rn 4; § 158 Rn 1.
[6] Monse S. 89; Schlegelberger § 158 Rn 1.
[7] Jansen/Steder § 158 Rn 1.

gegen die materielle Wirksamkeit des Bestätigungsbeschlusses vor dem Prozessgericht in Betracht. Im Wege der **Feststellungsklage**[8] oder **Vollstreckungsgegenklage** (s. Rn 12) kann die materielle Unwirksamkeit des Beschlusses geltend gemacht werden. So erachtet der BGH einen Bestätigungsbeschluss für nichtig, in dem ein Beteiligter zur Zahlung des Bergelohnes an den Berger verurteilt wurde.[9] Mit Rechtskraft des Urteils entfällt die materielle Rechtskraft des Beschlusses. Um einer Vollziehung der Auseinandersetzung vorzubeugen, muss den Beteiligten bzw. dem Gericht die weitere Vollziehung im Wege der einstweiligen Verfügung untersagt werden.

3. Bindungswirkung

Von der materiellen Rechtskraftwirkung zwischen den Beteiligten ist die **Bindungswirkung** des Beschlusses zu unterscheiden. An den rechtskräftigen Beschluss ist das Dispachegericht gebunden, der Beschluss darf nicht nach § 48 Abs. 1 abgeändert oder aufgehoben werden (siehe § 408 Rn 16). Aber auch andere Gerichte und Behörden sind an die Feststellungen des Bestätigungsbeschlusses gebunden und müssen diesen beachten. Unberührt bleibt freilich die Befugnis der Beteiligten, die materielle Wirksamkeit des Beschlusses durch das **Prozessgericht** nachprüfen zu lassen (siehe Rn 5).

IV. Zwangsvollstreckung

1. Vollstreckungstitel

Anders als in § 158 Abs. 2 FGG findet sich keine dem § 371 Abs. 2 vergleichbare Vorschrift mehr, aus der sich ergibt, dass der Bestätigungsbeschluss einen Vollstreckungstitel darstellt. Der Gesetzgeber hat mit dieser Auslassung jedoch **keine Änderung der bestehenden Rechtslage** herbeiführen wollen,[10] wie sich auch aus Abs. 3 ergibt, der voraussetzt, dass aus dem Bestätigungsbeschluss die Zwangsvollstreckung betrieben werden kann.

2. Anwendbare Verfahrensvorschriften

Die Zwangsvollstreckung findet nach Maßgabe der **allgemeinen Bestimmungen** aus dem rechtskräftigen Beschluss statt, § 86 Abs. 1 Nr. 1, Abs. 2 FamFG und § 95 FamFG i. V. m. §§ 724 bis 793, 802 ZPO.[11] Die Zwangsvollstreckung kann nur für und gegen diejenigen Beteiligten erfolgen, denen gegenüber der Bestätigungsbeschluss Wirksamkeit nach Abs. 1 entfaltet. Aus dem Bestätigungsbeschluss muss sich deshalb eindeutig ergeben, wer Gläubiger und Schuldner der bestätigten Dispacheforderungen ist.[12]

3. Zuständigkeit zur Erteilung der vollstreckbaren Ausfertigung

Für die Erteilung einer Vollstreckungsklausel sind bei einer einfachen Klausel (§ 724 ZPO) der **Urkundsbeamte** des Dispachegerichts sowie bei einer qualifizierten Klausel (vgl. die Aufzählung in § 20 Nr. 12 RPflG) der **Rechtspfleger** zuständig. Dem Rechtspfleger obliegt auch die Erteilung einer weiteren vollstreckbaren Ausfertigung (§ 733 ZPO), sofern diese Aufgabe nicht entsprechend dem landesrechtlichen Vorbehalt dem Urkundsbeamten übertragen worden ist (vgl. § 36 b Abs. 1 Nr. 3 RPflG).

---

[8] BGH NJW 1959, 723.
[9] BGH NJW 1959, 723; Jansen/Steder § 155 Rn 17; gegen Nichtigkeit von Beschlüssen in derartigen Fällen aber zutreffend Habscheid NJW 1966, 1787, 1792; Bumiller/Harders § 406 Rn 5.
[10] Vgl. BT-Drs. 16/6308 S. 289; zu § 371 hat der Gesetzgeber auf Bitten des Bundesrat ausdrücklich klargestellt, dass es sich um einen Vollstreckungstitel handelt, vgl. BT-Drs. 16/6308 S. 391/422; ebenso BJS/Müther § 409 Rn 3.
[11] BT-Drs. 16/6308 S. 289; dies entspricht der alten Rechtslage vgl. Jansen/Steder § 158 Rn 4.
[12] Monse S. 93; Schlegelberger § 158 Rn 2.

V. Rechtsbehelfe (Abs. 3)

1. Klauselerteilung

10   Im Klauselerteilungsverfahren sind die allgemeinen Rechtsbehelfe gegeben. Gegen die **Nichterteilung der Klausel** durch den Rechtspfleger ist die **sofortige Beschwerde** nach § 567 ZPO bzw. bei Weigerung des Urkundsbeamten die **befristete Erinnerung** nach § 573 ZPO statthaft. Gegen die **Erteilung der Klausel** oder der weiteren vollstreckbaren Ausfertigung steht dem Schuldner die **Klauselerinnerung** nach Maßgabe der § 732 ZPO zu. Zuständig ist das Dispachegericht.[13]

11   Für die **Klage auf Erteilung der Vollstreckungsklausel** gilt § 731 ZPO, für die **Klage gegen deren Erteilung** § 768 ZPO. Sachlich und örtlich zuständig für diese Klagen ist das AG, das die Dispache bestätigt hat (Abs. 3 S. 1). Übersteigt der Streitgegenstand den Wert von 5000 €, so ist das LG, in dessen Bezirk das Dispachegericht seinen Sitz hat, sachlich und örtlich zuständig (Abs. 3 S. 2).[14] Es handelt sich jeweils um ausschließliche Zuständigkeiten, § 802 ZPO.[15] Funktionell zuständig ist beim AG die allgemeine Zivilabteilung, beim LG muss auf Antrag vor der Kammer für Handelssachen verhandelt werden (§§ 95 Abs. 1 Nr. 4 f, 96 Abs. 1, 98 Abs. 1 GVG).[16]

2. Vollstreckungsgegenklage

12   Daneben steht dem Schuldner gegen die Zwangsvollstreckung die Vollstreckungsgegenklage nach Maßgabe des § 767 ZPO zur Verfügung; zur Zuständigkeit s. Rn 11. Auf erhobene Einwendungen gegen den in der Dispache festgestellten Anspruch findet die **Präklusionsvorschrift** des § 767 Abs. 2 ZPO Anwendung, d. h. diese dürfen erst nach dem Schluss der letzten mündlichen Verhandlung, in der hätte Widerspruch erhoben werden können, entstanden sein.[17] Diese Beschränkung greift aber nur in Ansehung solcher Einwendungen Platz, zu deren Erledigung das Verfahren vor dem AG bestimmt ist. Die **materielle Unwirksamkeit der Einigung** (z. B. wegen einer Anfechtung wegen Irrtums, Drohung oder Täuschung) kann ohne Einschränkung geltend gemacht werden, ebenso der Mangel der Voraussetzungen der Dispache, z. B. das Nichtvorliegen einer großen Haverei.[18] Unberührt bleibt auch der Einwand, dass der dem Kläger zur Last fallende Havereibeitrag bereits vor der Einleitung des gerichtlichen Verfahrens bezahlt worden sei, denn der betreffende Beitrag war, der Zahlung ungeachtet, in die Dispache aufzunehmen. Die erfolgte Zahlung berührt daher die Richtigkeit der Dispache nicht.[19]

13   Auf die Vollstreckungsgegenklage findet § 95 Abs. 2 Anwendung (s. § 95 Rn 19). Die Entscheidung über die Klage ergeht durch **Beschluss,** das Verfahren richtet sich nach Abschnitt 3 des Allgemeinen Teils des FamFG.[20]

3. Feststellungs- und Bereicherungsklage

14   Auch nach der rechtskräftigen Bestätigung der Dispache und einer Vollstreckung hieraus kann im Wege der **Feststellungsklage** die Unwirksamkeit des Bestätigungsbeschlusses oder im Wege der **Leistungsklage** die ungerechtfertigte Bereicherung eines Beteiligten geltend gemacht werden (vgl. § 878 Abs. 2 ZPO). Auch hier gilt die besondere Zuständigkeitsregel (s. Rn 11).[21] Diese Klagen hindern freilich nicht die Vollstreckung aus dem Bestätigungsbeschluss.[22]

---

[13] Jansen/Steder § 158 Rn 6.
[14] Kritisch zur Zuständigkeit des LG, Nedden-Boeger FGPrax 2009, 144/150.
[15] BeckOK/Munzig § 409 FamFG Rn 5.
[16] Schlegelberger § 158 Rn 3.
[17] Bumiller/Harders § 409 Rn 3; Jansen/Steder § 158 Rn 8.
[18] Monse S. 95.
[19] Denkschrift S. 82; OLG Hamburg VersR 1996, 393.
[20] BT-Drs. 16/6308 S. 220.
[21] MünchKommZPO/Postler § 409 FamFG Rn 6.
[22] Monse S. 96.

Buch 6. Verfahren in weiteren Angelegenheiten der freiwilligen Gerichtsbarkeit

Weitere Angelegenheiten der freiwilligen Gerichtsbarkeit

410 Weitere Angelegenheiten der freiwilligen Gerichtsbarkeit sind

1. die Abgabe einer nicht vor dem Vollstreckungsgericht zu erklärenden eidesstattlichen Versicherung nach den §§ 259, 260, 2028 und 2057 des Bürgerlichen Gesetzbuchs,
2. die Ernennung, Beeidigung und Vernehmung des Sachverständigen in den Fällen, in denen jemand nach den Vorschriften des bürgerlichen Rechts den Zustand oder den Wert einer Sache durch einen Sachverständigen feststellen lassen kann,
3. die Bestellung des Verwahrers in den Fällen der §§ 432, 1217, 1281 und 2039 des Bürgerlichen Gesetzbuchs sowie in Festsetzung der von ihm beanspruchten Vergütung und seiner Aufwendungen,
4. eine abweichende Art des Pfandverkaufs im Fall des § 1246 Abs. 2 des Bürgerlichen Gesetzbuchs.

I. Normzweck

Im Buch 6 sind die weiteren Verfahren der freiwilligen Gerichtsbarkeit geregelt. § 410 enthält eine Definition der weiteren Verfahren, welcher in den §§ 411 bis 414 Verfahrensvorschriften folgen. **1**

II. Eidesstattliche Versicherung (Nr. 1)

1. Anwendungsbereich

Nr. 1 betrifft die **freiwillige Abgabe der eidesstattlichen Versicherung** nach den nach den §§ 259, 260, 2028 und § 2057 BGB. Wenn der Verpflichtete dazu **verurteilt** wurde ist sie grundsätzlich gem. § 889 ZPO vor dem Amtsgericht als Vollstreckungsgericht abzugeben. Ein streitiges Verfahren auf Abgabe einer eidesstattlichen Versicherung steht jedoch einer freiwilligen Abgabe, so lange kein vollstreckbares Urteil vorliegt, ebenso wenig entgegen wie ein Antrag auf Klageabweisung und das Bestreiten einer Pflicht zur Abgabe.[1] Sogar nach einem entsprechenden Urteil ist die freiwillige Abgabe noch möglich, wenn Gläubiger und Schuldner damit einverstanden sind.[2] Das Merkmal der Freiwilligkeit bedingt, dass die Abgabe gegen oder ohne den Willen des Auskunftsberechtigten nicht möglich ist.[3] **2**

2. Einzelfälle

Zur Abgabe der eidesstattlichen Versicherung kann verpflichtet sein, wer über eine Verwaltung **Rechnung legen** (§ 259 BGB) oder ein **Verzeichnis über den Bestand eines Inbegriffes von Gegenständen vorlegen** (§ 260 BGB) muss. Eine entsprechende Verpflichtung haben z. B.: der Auftragnehmer gegenüber dem Auftraggeber (§§ 666, 675 BGB), der Geschäftsführer ohne Auftrag gegenüber dem Geschäftsherrn (§ 681 BGB), der geschäftsführende Gesellschafter gegenüber der Gesellschaft oder der Gesamthand der übrigen Gesellschafter (§ 713 BGB), die Gesellschafter gegenüber dem ausgeschiedenen Mitgesellschafter (§ 740 BGB), ein Ehegatte gegenüber dem anderen (§ 1379 BGB), die Eltern gegenüber dem Familiengericht und dem Kind (§§ 1667, 1698 BGB, die Rechenschaftspflicht gegenüber dem Familiengericht gem. § 1667 BGB wird nicht nach § 35 vollstreckt s. § 35 Rn 9), der Vormund gegenüber dem Mündel (§§ 1890, 1891 BGB), der Pfleger **3**

---

[1] BayObLGZ 1953, 135; Jansen/von König § 163 Rn 17.
[2] MünchKommZPO/Zimmermann § 410 FamFG Rn 2; Jansen/von König § 163 Rn 17; s. zu dieser Fallgestaltung auch KG Rpfleger 1993, 84.
[3] MünchKommZPO/Zimmermann § 410 FamFG Rn 13.

gegenüber dem Pflegling (§§ 1915, 1890 BGB), der Erbe gegenüber den Nachlassgläubigern (§ 1978 BGB), der Erbschaftsbesitzer gegenüber dem Erben (§§ 2018, 2027 Abs. 1 BGB), der Vorerbe gegenüber dem Nacherben (§§ 2127, 2130 BGB), des Testamentsvollstrecker gegenüber dem Erben (§ 2218 BGB), der Erbe gegenüber dem Pflichtteilsberechtigten (§ 2314 BGB), derjenige, der einen unrichtigen Erbschein erlangt hat, gegenüber dem Erben (§ 2362 Abs. 2 BGB), der Erbschaftsverkäufer gegenüber dem Erbschaftskäufer (§ 2374 BGB), der Zwangsverwalter gegenüber Gläubiger und Schuldner (§ 154 ZVG), der Verwalter einer Wohnungseigentumsanlage gegenüber den Eigentümern (§§ 28 Abs. 4 WEG), der Unternehmer gegenüber dem Handelsvertreter (§ 87 c HGB), der Kommissionär gegenüber dem Kommittenten (§ 384 HGB), der Korrespondentreeder gegenüber der Reederei (§ 499 HGB) und der Kapitän gegenüber dem Reeder (§ 534 HGB).

4   Nr. 1 gilt außerdem für die eidesstattliche Versicherung bei der Auskunftpflicht des **Hausgenossen** gegenüber dem Erben gem. § 2028 BGB sowie bei der Auskunftspflicht des **Miterben** gegenüber den übrigen Erben über Zuwendungen gem. § 2057 BGB. Darüber hinaus kann sich aus dem Grundsatz von **Treu und Glauben**, § 242 BGB, bei Bestehen einer Sonderrechtsbeziehung eine Rechenschaftspflicht und damit letztlich eine Pflicht zur Abgabe der eidesstattlichen Versicherung hinsichtlich der Verwaltung fremden Vermögens oder der Besorgung fremder Angelegenheiten ergeben, wenn es das zugrunde liegende Rechtsverhältnis mit sich bringt, dass der Berechtigte in entschuldbarer Weise über Bestehen und Umfang seines Rechts im Ungewissen, der Verpflichtete hingegen in der Lage ist, unschwer solche Auskünfte zu erteilen.[4]

3. Verfahren, Kosten und Gebühren

5   Buch 1 ergänzende Verfahrensvorschriften finden sich in §§ 411 Abs. 1, 412 Nr. 1 und 413. Das Gericht, das die eidesstattliche Versicherung abnimmt, hat über die **Kostenpflicht** keine Entscheidung nach § 81 zu treffen.[5] Ein Erstattungsanspruch gegen den Gegner des Antragstellers nach § 261 Abs. 2 BGB ist ggf. durch Klage geltend zu machen.[6] Gegen die Ablehnung des Antrages ist die **Beschwerde**, § 58 Abs. 1, zulässig, nicht aber gegen die Terminsbestimmung und Ladung, § 58 Abs. 2. Für die **Gerichtsgebühren** gilt § 124 KostO.

III. Feststellung durch Sachverständige (Nr. 2)

1. Anwendungsbereich

6   Nr. 2 betrifft alle Fälle, in denen kraft ausdrücklicher bundesrechtlicher Vorschriften, also nicht nach Landesrecht,[7] die Feststellung des Zustandes oder Wertes einer Sache durch Sachverständige verlangt werden kann. Dagegen ist Nr. 2 nicht einschlägig, wenn es nicht um die Feststellung des Wertes einer einzelnen Sache, sondern eines auch Forderungen und Schulden umfassenden Vermögensinbegriffes geht, z. B. gem. den §§ 738, 1477 Abs. 2, § 1502 Abs. 1 BGB. In diesen Fällen kann die sachliche Zuständigkeit des AG auch durch Vereinbarung der Beteiligten nicht begründet werden – im Gegensatz zur örtlichen Zuständigkeit nach § 411 Abs. 2 bei vorliegender sachlicher Zuständigkeit.[8]

2. Einzelfälle

7   Die Feststellung des Zustandes oder Wertes einer Sache durch Sachverständige kann verlangt werden bei Feststellung des Zustandes der mit einem Nießbrauch belasteten Sache (§§ 1034, 1067, 1075 BGB), Feststellung des Wertes der Vermögensstände bei Ausgleich des Zugewinns (§ 1377 Abs. 2 BGB),[9] Feststellung des Zustandes von Sachen, die zu einer Erbschaft gehören auf Antrag des Vor- oder Nacherben (§ 2122 BGB) und Feststellung des

---

[4] BGHZ 10, 385/386; BGH NJW 1966, 117; Bumiller/Harders § 410 Rn 2; BJS/Löhnig § 410 Rn 3.
[5] LG Bochum Rpfleger 1994, 451 mit Anm. Meyer-Stolte; Bumiller/Harders § 410 Rn 5.
[6] LG Bochum Rpfleger 1994, 451 mit Anm. Meyer-Stolte; Jansen/von König § 163 Rn 23.
[7] Bumiller/Harders § 410 Rn 6.
[8] Bumiller/Harders § 410 Rn 6; BJS/Löhnig § 410 Rn 8.
[9] MünchKommZPO/Zimmermann § 410 FamFG Rn 17; BJS/Löhnig § 410 Rn 8; a. A. BeckOK/Munzig § 410 FamFG Rn 22.

Zustandes eines Schiffsfrachtgutes (§§ 610, 611 HGB). Allein die Ernennung des Sachverständigen durch das Gericht ist vorgesehen in den §§ 84 Abs. 2, 189 VVG.

3. Verfahren, Kosten und Gebühren

Buch 1 ergänzende Verfahrensvorschriften finden sich in §§ 411 Abs. 2, 412 Nr. 2 und 414. Es handelt sich um ein **Antragsverfahren**. Das Gericht **ernennt den Sachverständigen** (und beschränkt sich im Fall der §§ 84 Abs. 2, 189 VVG darauf). Für die **Beweiserhebung** gelten gem. § 30 Abs. 1 die §§ 402, 404–413 und 478 ff. ZPO. Die Erstattung eines schriftlichen Sachverständigengutachtens, § 411 Abs. 1 ZPO, ist grundsätzlich ausreichend.[10] Das Gericht kann das Erscheinen des Sachverständigen zur Erläuterung des Gutachtens anordnen, § 411 Abs. 2 ZPO. Dazu besteht Anlass, wenn das Gutachten unklar oder zweifelhaft ist.[11] Die Beeidigung des Sachverständigen richtet sich nach §§ 410, 478 ff. ZPO. Den Beteiligten (§ 412 Nr. 2) ist rechtliches Gehör zu gewähren. Das Sachverständigengutachten hat für die Beteiligten keine bindende Wirkung.[12]

Die **Beschwerde** ist gem. § 414 nur zulässig, wenn der Antrag abgelehnt wird, Einzelheiten s. § 414. Die **Gerichtsgebühren** richten sich nach § 120 Nr. 1 KostO. **Rechtsanwaltsgebühren** entstehen nach VV 3100 – ermäßigt gem. VV 3101 Nr. 3 – sowie nach VV 3104, wenn der Sachverständige vernommen wird (Beweisaufnahmetermin).

IV. Verwahrung (Nr. 3)

1. Anwendungsbereich

Nr. 3 betrifft folgende Fälle: Verwahrung der geschuldeten Sache bei Unteilbarkeit der Leistung und Mehrheit der Gläubiger, die nicht Gesamtgläubiger sind, auf Verlangen eines Gläubigers (§ 432 Abs. 1 BGB), Verwahrung des Pfandes wegen Verletzung der Rechte des Verpfänders durch den Pfandgläubiger auf Verlangen des Verpfänders (§ 1217 BGB), Verwahrung einer geschuldeten Sache beim Bestehen eines Pfandrechts an dem Anspruch auf deren Herausgabe auf Verlangen des Pfandgläubigers oder des ursprünglichen Gläubigers (§ 1281 BGB) und Verwahrung einer Sache, die Gegenstand einer zum Nachlass gehörenden Forderung ist beim Vorhandensein mehrerer Erben auf Verlangen eines Miterben (§ 2039 BGB). Voraussetzung der Ablieferungspflicht an einen gerichtlich zu bestellenden Verwahrer ist jeweils, dass sich die Sache nicht i. S. v. § 372 BGB, § 5 HinterlegungsO zur Hinterlegung eignet. Für die Bestellung eines Verwalters des Nießbrauchs gem. § 1052 BGB gilt Nr. 3 nicht; hierfür ist das Vollstreckungsgericht zuständig.[13]

2. Verfahren, Kosten und Gebühren

Buch 1 ergänzende Verfahrensvorschriften finden sich in §§ 411 Abs. 3 und 412 Nr. 3. Es handelt sich um ein **Antragsverfahren**. Den Beteiligten (§ 412 Nr. 3) ist rechtliches Gehör zu gewähren. Das Gericht **bestellt den Verwahrer**. Dabei prüft es nur, ob ein gesetzlicher Verwahrungsfall vorliegt, nicht aber, ob ein Ablieferungsanspruch besteht.[14] Die Ablieferung kann nicht nach § 35 durchgesetzt werden. Der Berechtigte muss Klage erheben. Das Gericht setzt ferner die **Vergütung** des Verwahrers fest, sofern nicht ein Verwahrungsvertrag, § 688 BGB, geschlossen wurde.[15] Im Unterschied zu § 165 FGG ist das Gericht auch befugt, die zu ersetzenden **Aufwendungen** festzusetzen. Die Festsetzung ist kein Vollstreckungstitel, bindet jedoch das Prozessgericht (s. § 95 Rn 6).[16] Die Endentscheidungen des Gerichts sind mit der **Beschwerde**, § 58, anfechtbar. Die ablehnende Entscheidung kann nur vom dadurch allein beschwerten, § 59 Abs. 1, Antragsteller ange-

---

[10] Jansen/von König § 164 Rn 7.
[11] Thomas/Putzo/Reichold § 411 Rn 5.
[12] Bumiller/Harders § 410 Rn 7.
[13] Palandt/Bassenge § 1052 Rn 1.
[14] MünchKommZPO/Zimmermann § 410 FamFG Rn 27.
[15] MünchKommZPO/Zimmermann § 410 FamFG Rn 25; a. A. BJS/Löhnig § 410 Rn 10.
[16] Jansen/von König § 165 Rn 4; a. A. MünchKommZPO/Zimmermann § 410 FamFG Rn 25; BeckOK/Munzig § 410 FamFG Rn 40.

fochten werden.[17] Der Verwahrer kann gegen die zu geringe Festsetzung von Vergütung und Aufwendungen Beschwerde einlegen, wenn der Beschwerdewert, § 61, erreicht oder die Beschwerde zugelassen ist.[18] Für die **Gerichtskosten** gilt § 120 Nr. 2 KostO.

V. Pfandverkauf (Nr. 4)

1. Anwendungsbereich

12 Wenn eine von den Vorschriften der §§ 1235 bis 1240 BGB abweichende Art des Pfandverkaufs nach billigem Ermessen den Interessen der Beteiligten entspricht, kann gem. § 1246 Abs. 1 BGB jeder von ihnen verlangen, dass der Verkauf in dieser Art erfolgt. Falls eine Einigung nicht zustande kommt entscheidet nach § 1246 Abs. 2 BGB das Gericht.

2. Entsprechende Anwendung

13 Wie § 166 FGG so gilt auch Nr. 4 entsprechend, wenn die Vorschriften über den Pfandverkauf aufgrund einer materiell-rechtlichen Verweisung Anwendung finden, weil es andernfalls in diesen Fällen an einer Zuständigkeitsbestimmung fehlen würde.[19] Damit ist Nr. 4 anwendbar auf den Verkauf eines gesetzlichen Pfandes (§ 1257 BGB, z. B. aufgrund des Pfandrechts nach den §§ 233, 562, 581 Abs. 2, 583, 592, 647, 704 BGB; §§ 397, 404, 441, 464, 475 b, 623, 674, 731, 751 HGB; §§ 89, 103 BinnSchG), den Verkauf eines gemeinschaftlichen Gegenstandes wegen Auflösung der Gemeinschaft (§ 753 BGB), den Verkauf eines zum Nachlass gehörigen Gegenstandes bei Mehrheit der Erben zur Auseinandersetzung (§ 2042 Abs. 2 mit § 753 BGB), den Verkauf eines Gegenstandes des kaufmännischen Zurückbehaltungsrechts (§ 371 HGB), den Verkauf des Kommissionsgutes zur Befriedigung des Kommissionärs (§ 398 HGB), sowie den Verkauf eines zur Insolvenzmasse gehörigen beweglichen Gegenstandes, an dem ein Gläubiger ein durch Rechtsgeschäft bestelltes Pfandrecht oder ein diesem gleichstehendes Recht beansprucht, durch den Verwalter (§ 166 InsO) auch nach Fristbestimmung durch das Insolvenzgericht gem. § 173 Abs. 2 InsO.[20]

3. Verfahren, Kosten und Gebühren

14 Buch 1 ergänzende Verfahrensvorschriften finden sich in §§ 411 Abs. 4 und 412 Nr. 4. Es handelt sich um ein **Antragsverfahren.** Voraussetzung ist gem. § 1245 Abs. 2 BGB die Pfandreife.[21] Ein Streit über das Recht zum Pfandverkauf unterfällt nicht Nr. 4.[22] Wenn dessen Voraussetzungen streitig sind ist der Antrag abzulehnen. Das Gericht muss ferner prüfen ob nicht eine wirksame Einigung im Sinne des § 1246 Abs. 1 BGB vorliegt.[23] Den Beteiligten (§ 412 Nr. 4) ist rechtliches Gehör zu gewähren. Liegen die Voraussetzungen des § 1246 Abs. 2 BGB vor, so entscheidet das Gericht über die **Art und Weise des Pfandverkaufs**, z. B. durch Anordnung des freihändigen Verkaufs.[24]

15 Der Beschluss wird mit Bekanntgabe **wirksam,** § 40 Abs. 1. Ab Wirksamkeit kann der Pfandverkauf erfolgen. Im Fall der **Beschwerde** kann das Beschwerdegericht die Vollziehung durch einstweilige Anordnung aussetzen, § 64 Abs. 3. Wenn der Pfandverkauf bereits erfolgt ist kommt die Feststellung einer Rechtsverletzung durch das Beschwerdegericht nur unter den Voraussetzungen des § 62 in Betracht. Für die **Gerichtsgebühren** gilt § 120 Nr. 3 KostO. **Rechtsanwaltsgebühren** entstehen nach VV 3100 – ermäßigt gem. VV 3101 Nr. 3 – sowie nach VV 3104.

---

[17] MünchKommZPO/Zimmermann § 410 FamFG Rn 29.
[18] MünchKommZPO/Zimmermann § 410 FamFG Rn 29; a. A. BeckOK/Munzig § 410 FamFG Rn 41.
[19] BayObLG Rpfleger 1983, 393.
[20] BeckOK/Munzig § 410 FamFG Rn 44; Staudinger/Wiegand § 1246 Rn 7; a. A. MünchKommZPO/Zimmermann § 410 FamFG Rn 32.
[21] MünchKommBGB/Damrau § 1246 Rn 5.
[22] MünchKommBGB/Damrau § 1246 Rn 5.
[23] MünchKommZPO/Zimmermann § 410 FamFG Rn 33.
[24] BayObLG Rpfleger 1983, 393.

Örtliche Zuständigkeit

§ 411 Örtliche Zuständigkeit

411 (1) ¹In Verfahren nach § 410 Nr. 1 ist das Gericht zuständig, in dessen Bezirk die Verpflichtung zur Auskunft, zur Rechnungslegung oder zur Vorlegung des Verzeichnisses zu erfüllen ist. ²Hat der Verpflichtete seinen Wohnsitz oder seinen Aufenthalt im Inland, kann er die Versicherung vor dem Amtsgericht des Wohnsitzes oder des Aufenthaltsorts abgeben.

(2) ¹In Verfahren nach § 410 Nr. 2 ist das Gericht zuständig, in dessen Bezirk sich die Sache befindet. ²Durch eine ausdrückliche Vereinbarung derjenigen, um deren Angelegenheit es sich handelt, kann die Zuständigkeit eines anderen Amtsgerichts begründet werden.

(3) In Verfahren nach § 410 Nr. 3 ist das Gericht zuständig, in dessen Bezirk sich die Sache befindet.

(4) In Verfahren nach § 410 Nr. 4 ist das Gericht zuständig, in dessen Bezirk das Pfand aufbewahrt wird.

I. Normzweck und Anwendungsbereich

1 § 411 regelt die **örtliche Zuständigkeit** für die in § 410 genannten weiteren Verfahren der freiwilligen Gerichtsbarkeit. Die **sachliche Zuständigkeit** richtet sich nach § 23a Abs. 1 Nr. 5 GVG, die **funktionelle Zuständigkeit** nach § 3 Nr. 1b RpflG. Damit ist für alle weiteren Verfahren der freiwilligen Gerichtsbarkeit der Rechtspfleger beim AG zuständig.

II. Örtliche Zuständigkeit in Verfahren nach § 410

1. Eidesstattliche Versicherung (Abs. 1)

2 Für die Abnahme der eidesstattlichen Versicherung gem. § 410 Nr. 1 ist das AG örtlich zuständig, in dessen Bezirk die Verpflichtung zur Auskunft, zur Rechnungslegung oder zur Vorlegung des Verzeichnisses zu erfüllen ist. Damit kommt es auf den **Erfüllungsort** nach bürgerlichem Recht an.[1] Der Verpflichtete, der seinen Wohnsitz oder seinen Aufenthalt im Inland hat, kann die Versicherung vor dem AG des Wohnsitzes oder des Aufenthaltsorts abgeben. Wenn der Antrag bei dem nach Abs. 1 S. 1 zuständigen Gericht gestellt wurde und sich der Verpflichtete für das AG des Wohnsitzes oder des Aufenthaltsorts entscheidet, ist das Verfahren dorthin gem. § 3 zu verweisen.[2]

2. Feststellung durch Sachverständige (Abs. 2)

3 Für die die Ernennung, Beeidigung und Vernehmung des Sachverständigen gem. § 410 Nr. 2 ist das AG zuständig, in dessen Bezirk sich die Sache befindet. Eine spätere Änderung des Ortes, an dem sich die Sache befindet, ist gem. § 2 Abs. 2 unerheblich. Wenn sich der Antrag auf mehrere Sachen bezieht, die sich in verschiedenen AG-Bezirken befinden, ist das zuerst mit der Sache befasste Gericht zuständig, § 2 Abs. 1.[3] Dasselbe gilt, wenn ein Grundstück zu begutachten ist, welches sich über mehrere AG-Bezirke erstreckt.

4 Durch eine ausdrückliche Vereinbarung derjenigen, um deren Angelegenheit es sich handelt, d. h. Antragsteller und Antragsgegner, kann die örtliche Zuständigkeit eines anderen AG begründet werden, Abs. 2 S. 2 (zur sachlichen Zuständigkeit s. § 410 Rn 6). Dasselbe gilt für die Zuständigkeit eines AG, wenn mehrere Gerichte zuständig sein können (s. Rn 3).[4]

3. Verwahrung (Abs. 3)

5 Für die Bestellung des Verwahrers sowie die Festsetzung der von ihm beanspruchten Vergütung und seiner Aufwendungen gem. § 410 Nr. 3 ist das Gericht zuständig, in dessen

---

[1] Zur früheren Rechtslage s. Jansen/von König § 163 Rn 14.
[2] BeckOK/Munzig § 411 FamFG Rn 5; a. A. MünchKommZPO/Zimmermann § 411 FamFG Rn 3.
[3] A. A. MünchKommZPO/Zimmermann § 411 FamFG Rn 4; BeckOK/Munzig § 411 FamFG Rn 7.
[4] BJS/Löhnig § 411 Rn 3.

Bezirk sich die zu verwahrende Sache befindet. Eine spätere Änderung des Ortes, an dem sich die Sache befindet, ist gem. § 2 Abs. 2 unerheblich. Wenn mehrere Sachen zu verwahren sind, die sich in verschiedenen AG-Bezirken befinden, ist das zuerst mit der Sache befasste Gericht zuständig, § 2 Abs. 1.[5] Auf den künftigen Verwahrungsort kommt es dagegen nicht an.[6] Im Unterschied zu Abs. 2 kann eine Zuständigkeit nicht vereinbart werden.

4. Pfandverkauf (Abs. 4)

6 Im Fall des Pfandverkaufs nach § 410 Nr. 4 ist das Gericht zuständig, in dessen Bezirk das Pfand aufbewahrt wird. Eine spätere Änderung des Ortes, an dem sich das Pfand befindet, ist gem. § 2 Abs. 2 unerheblich. Auf den Versteigerungsort kommt es dagegen nicht an. Im Unterschied zu Abs. 2 kann eine Zuständigkeit nicht vereinbart werden.

Beteiligte

412 **Als Beteiligte sind hinzuzuziehen:**
1. in Verfahren nach § 410 Nr. 1 derjenige, der zur Abgabe der eidesstattlichen Versicherung verpflichtet ist, und der Berechtigte;
2. in Verfahren nach § 410 Nr. 2 derjenige, der zum Sachverständigen ernannt werden soll, und der Gegner, soweit ein solcher vorhanden ist;
3. in Verfahren nach § 410 Nr. 3 derjenige, der zum Verwahrer bestellt werden soll, in den Fällen der §§ 432, 1281 und 2039 des Bürgerlichen Gesetzbuchs außerdem der Mitberechtigte, im Fall des § 1217 des Bürgerlichen Gesetzbuchs außerdem der Pfandgläubiger und in einem Verfahren, das die Festsetzung der Vergütung und der Auslagen des Verwahrers betrifft, dieser und die Gläubiger;
4. in Verfahren nach § 410 Nr. 4 der Eigentümer, der Pfandgläubiger und jeder, dessen Recht durch eine Veräußerung des Pfands erlöschen würde.

I. Normzweck und Anwendungsbereich

1 § 412 bestimmt, wer in den weiteren Verfahren der freiwilligen Gerichtsbarkeit gem. § 410 als Beteiligter hinzuziehen ist. Die in Nr. 1, 2 und 4 Genannten sind Beteiligte i. S. v. § 7 Abs. 2 Nr. 2. Die Aufzählung der Beteiligten ist – abgesehen von Nr. 3 hinsichtlich der durch das Verfahren unmittelbar Betroffenen i. S. v. § 7 Abs. 2 Nr. 1 (s. Rn 4) – nicht abschließend. § 7 bleibt im Übrigen anwendbar. Gem. § 7 Abs. 1 ist insbesondere der **Antragsteller** immer Beteiligter.[1]

II. Die hinzuzuziehenden Beteiligten

1. Eidesstattliche Versicherung (Nr. 1)

2 Im Verfahren zur Abnahme der eidesstattlichen Versicherung gem. § 410 Nr. 1 sind Beteiligte der zur Abgabe der eidesstattlichen Versicherung Verpflichtete und der Berechtigte. Zur Berechtigung s. § 413 Rn 2.

2. Feststellung durch Sachverständige (Nr. 2)

3 Im die Ernennung, Beeidigung und Vernehmung des Sachverständigen gem. § 410 Nr. 2 betreffenden Verfahren sind nach Nr. 2 derjenige, der zum Sachverständigen ernannt werden soll, und der Gegner, soweit ein solcher vorhanden ist, Beteiligte. Außerdem ist der Antragsteller nach § 7 Abs. 1 Beteiligter (s. Rn 1).

---

[5] A. A. BeckOK/Munzig § 411 FamFG Rn 9.
[6] Bumiller/Harders § 411 Rn 5.
[1] Bumiller/Harders § 412 vor Rn 1.

3. Verwahrung (Nr. 3)

Für die Verfahren, die die Bestellung des Verwahrers sowie die Festsetzung der von ihm beanspruchten Vergütung und seiner Aufwendungen gem. § 410 Nr. 3 betreffen, benennt Nr. 3 enumerativ den Kreis der durch das Verfahren unmittelbar Betroffenen i. S. v. § 7 Abs. 2 Nr. 1.[2] Im Übrigen ist § 7 weiterhin anwendbar, so dass auch der Antragsteller Beteiligter ist (s. Rn 1). Immer zu beteiligen ist die Person, die zum Verwahrer bestellt werden soll. Darüber hinaus sind zu beteiligen

- in den Fällen der §§ 432 BGB (mehrere Gläubiger einer unteilbaren Leistung), 1281 BGB (Leistung an Pfandgläubiger und Gläubiger vor Fälligkeit) und § 2039 BGB (Leistung an alle Miterben) der Mitberechtigte, d. h. der Gläubiger oder Miterbe, der die Bestellung des Verwahrers nicht beantragt hat,
- im Fall des § 1217 BGB (Verwahrung des Pfandes wegen Verletzung der Rechte des Verpfänders durch den Pfandgläubiger auf Verlangen des Verpfänders) neben dem antragstellenden Verpfänder der Pfandgläubiger,
- in Verfahren, die die Festsetzung der Vergütung und der Auslagen des Verwahrers betreffen, der antragstellende Verwahrer und die Gläubiger.

4. Pfandverkauf (Nr. 4)

Im Fall des Pfandverkaufs nach § 410 Nr. 4 sind der Eigentümer, der Pfandgläubiger und jeder, dessen Recht durch eine Veräußerung des Pfands gem. § 1245 Abs. 2 S. 2 BGB erlöschen würde, z. B. ein nachstehender Pfandgläubiger, zu beteiligen. Der persönliche Schuldner ist dagegen nicht Beteiligter.[3] Dasselbe gilt für den Verpfänder, falls er nicht der Eigentümer ist.[4]

Eidesstattliche Versicherung

413 [1]In Verfahren nach § 410 Nr. 1 kann sowohl der Verpflichtete als auch der Berechtigte die Abgabe der eidesstattlichen Versicherung beantragen. [2]Das Gericht hat das persönliche Erscheinen des Verpflichteten anzuordnen. [3]Die §§ 478 bis 480 und 483 der Zivilprozessordnung gelten entsprechend.

I. Normzweck und Anwendungsbereich

§ 413 enthält den Allgemeinen Teil ergänzende Verfahrensvorschriften für die Abgabe der eidesstattlichen Versicherung. Die in der Vorschrift in Bezug genommenen Vorschriften der ZPO lauten:

§ 478 ZPO Eidesleistung in Person

Der Eid muss von dem Schwurpflichtigen in Person geleistet werden.

§ 479 ZPO Eidesleistung vor beauftragtem oder ersuchtem Richter

(1) Das Prozessgericht kann anordnen, dass der Eid vor einem seiner Mitglieder oder vor einem anderen Gericht geleistet werde, wenn der Schwurpflichtige am Erscheinen vor dem Prozessgericht verhindert ist oder sich in großer Entfernung von dessen Sitz aufhält und die Leistung des Eides nach § 128 a Abs. 2 nicht stattfindet.

(2) Der Bundespräsident leistet den Eid in seiner Wohnung vor einem Mitglied des Prozessgerichts oder vor einem anderen Gericht.

---

[2] BT-Drs. 16/6308 S. 290; Bumiller/Harders § 412 Rn 3; a. A. BeckOK/Munzig § 412 FamFG Rn 6: § 7 Abs. 2 Nr. 2.
[3] Bumiller/Harders § 412 Rn 4.
[4] MünchKommZPO/Zimmermann § 412 FamFG Rn 6.

§ 480 ZPO Eidesbelehrung

Vor der Leistung des Eides hat der Richter den Schwurpflichtigen in angemessener Weise über die Bedeutung des Eides sowie darüber zu belehren, dass er den Eid mit religiöser oder ohne religiöse Beteuerung leisten kann.

§ 483 ZPO Eidesleistung sprach- oder hörbehinderter Personen

(1) Eine hör- oder sprachbehinderte Person leistet den Eid nach ihrer Wahl mittels Nachsprechens der Eidesformel, mittels Abschreibens und Unterschreibens der Eidesformel oder mit Hilfe einer die Verständigung ermöglichenden Person, die vom Gericht hinzuzuziehen ist. Das Gericht hat die geeigneten technischen Hilfsmittel bereitzustellen. Die hör- oder sprachbehinderte Person ist auf ihr Wahlrecht hinzuweisen.

(2) Das Gericht kann eine schriftliche Eidesleistung verlangen oder die Hinzuziehung einer die Verständigung ermöglichenden Person anordnen, wenn die hör- oder sprachbehinderte Person von ihrem Wahlrecht nach Absatz 1 keinen Gebrauch gemacht hat oder eine Eidesleistung in der nach Absatz 1 gewählten Form nicht oder nur mit unverhältnismäßigem Aufwand möglich ist.

II. Das Verfahren der eidesstattlichen Versicherung

1. Antragsberechtigung (S. 1)

Den Antrag auf Abgabe der eidesstattlichen Versicherung kann sowohl der Verpflichtete als auch der Berechtigte stellen. **Berechtigte** sind hinsichtlich der Auskunftspflicht des **Hausgenossen** nach § 2028 BGB auch der zur Verwaltung des Nachlasses berechtigte Testamentsvollstrecker, der Nachlassverwalter und der Nachlassinsolvenzverwalter,[1] hinsichtlich der Auskunftspflicht des **Miterben** über Zuwendungen gem. § 2057 BGB der Verwalter im Insolvenzverfahren eines Miterben, der Testamentsvollstrecker sofern ihm die Entrichtung der Vermächtnisse und Auflagen obliegt, die einem ausgleichsberechtigten Miterben auferlegt sind, sowie der Nachlassverwalter und -insolvenzverwalter ausnahmsweise bei Verbindlichkeiten, die nur einen Erbteil belasten.[2] Wenn der **Verpflichtete** den Antrag stellt muss er darlegen, dass der Berechtigte die Abgabe der eidesstattlichen Versicherung verlangt.[3]

2. Weiteres Verfahren (S. 2, 3)

Im Unterschied zu § 33 Abs. 1, wonach das persönliche Erscheinen angeordnet werden kann, ist zwingend das persönliche Erscheinen des Verpflichteten anzuordnen, weil dieser nach dem entsprechend anwendbaren § 478 ZPO die eidesstattliche Versicherung nur persönlich abgeben kann. Das Gericht prüft nicht, ob die Voraussetzungen für die Abgabe der eidesstattlichen Versicherung vorliegen. Für die Abgabe vor dem ersuchten Richter bzw. Rechtspfleger gilt § 479 ZPO (die Abgabe vor dem dort ebenfalls genannten beauftragten Richter kommt im Rechtspfleger-Verfahren vor dem AG nicht in Betracht), für die Eidesbelehrung § 480 ZPO und für die Abgabe durch hör- oder sprachbehinderte Personen § 483 ZPO. Zum weiteren Verfahren s. § 410 Rn 5.

Unanfechtbarkeit

414
Die Entscheidung, durch die in Verfahren nach § 410 Nr. 2 dem Antrag stattgegeben wird, ist nicht anfechtbar.

§ 414 schließt die Beschwerde gegen eine Entscheidung aus, durch die einem Antrag auf Ernennung, Beeidigung und Vernehmung des Sachverständigen nach § 410 Nr. 2 stattgegeben wird. Zulässig ist jedoch die **befristete Erinnerung** gem. § 11 Abs. 2 RPflG. Die bei Nichtabhilfe ergehende richterliche Entscheidung ist nicht anfechtbar. Gegen eine **ab-**

---

[1] BeckOK/Munzig § 413 FamFG Rn 2.
[2] Winkler 15. A. § 163 FGG Rn 6.
[3] BJS/Löhnig § 413 Rn 2.

lehnende Entscheidung über einen Antrag nach § 410 Nr. 2 ist die Beschwerde dagegen zulässig. Unberührt bleibt ferner das Recht zur **Ablehnung des Sachverständigen** gem. § 30 Abs. 1 i. V. m. § 406 Abs. 1 ZPO und zur sofortigen Beschwerde gem. § 406 Abs. 5 ZPO gegen einen Beschluss, durch den die Ablehnung für unbegründet erklärt wird.[1]

---

[1] MünchKommZPO/Zimmermann § 414 FamFG Rn 2; Bumiller/Harders § 414 Rn 1.

Buch 7. Verfahren in Freiheitsentziehungssachen

Freiheitsentziehungssachen

415 (1) Freiheitsentziehungssachen sind Verfahren, die die auf Grund von Bundesrecht angeordnete Freiheitsentziehung betreffen, soweit das Verfahren bundesrechtlich nicht abweichend geregelt ist.

(2) Eine Freiheitsentziehung liegt vor, wenn einer Person gegen ihren Willen oder im Zustand der Willenlosigkeit insbesondere in einer abgeschlossenen Einrichtung, wie einem Gewahrsamsraum oder einem abgeschlossenen Teil eines Krankenhauses, die Freiheit entzogen wird.

I. Anwendungsbereich

Die §§ 415 bis 432 integrieren das Verfahren in Freiheitsentziehungssachen in das FamFG und lösen die bisherige Regelung im Gesetz über das gerichtliche Verfahren bei Freiheitsentziehungen (FEVG) ab. Es handelt sich nach Abs. 1 der Vorschrift um gemeinsame Verfahrensregelungen, die für alle Freiheitsentziehungen (zum Begriff siehe Rn 3) gelten, die auf der Grundlage bundesrechtlicher Vorschriften anzuordnen sind, soweit dafür nicht vorrangige Regelungen (nämlich Haftmaßnahmen im Rahmen der Strafrechtspflege, Haftanordnungen nach der ZPO sowie die §§ 312 bis 339 FamFG) getroffen sind. Einen weiteren Anwendungsbereich erhalten die §§ 415 bis 432 dadurch, dass landesrechtliche Vorschriften durchweg auf die bundesrechtlichen Vorschriften über das Freiheitsentziehungsverfahren verweisen, soweit eine Freiheitsentziehung auf der Grundlage landesrechtlicher Vorschriften anzuordnen ist. Soweit einzelne landesrechtliche Regelungen infolge unterbliebener Anpassung weiterhin eine Verweisung auf das FEVG enthalten, kann diese nicht als dynamische Verweisung auf das jeweils geltende bundesrechtliche Freiheitsentziehungsverfahrensrecht (nunmehr also der §§ 415 bis 432 FamFG) ausgelegt werden; es bleibt dann bei der Anwendbarkeit des bisherigen Verfahrensrechts.[1]

Der Anwendungsbereich der Vorschriften gliedert sich im Wesentlichen in drei Abteilungen:
(1) In der Praxis im Vordergrund stehen die Freiheitsentziehungen im Aufenthalts- und Asylverfahrensrecht, nämlich die Zurückweisungshaft (§ 15 Abs. 6 AufenthG), die Zurückschiebungshaft nach § 57 Abs. 3 AufenthG, die Abschiebungshaft nach § 62 Abs. 1 und 2 AufenthG, Freiheitsentziehung zur Erzwingung der Vorführung nach § 82 Abs. 4 S. 3 AufenthG in Verbindung mit § 40 BPolG, die Verbringungshaft nach §§ 59 Abs. 2, 89 Abs. 2 AsylVfG.
(2) Den zweiten Bereich stellen mit Freiheitsentziehung verbundene Quarantänemaßnahmen nach § 30 Abs. 2 Infektionsschutzgesetz (IfSG) dar.
(3) Die dritte Abteilung bilden polizeiliche Ingewahrsamnahmen, deren Grundlage sich im Bundesrecht in § 40 BPolG, §§ 20 p, 21 Abs. 7 BKAG, § 23 Abs. 1 ZFdG und in den Polizeigesetzen der Länder finden, die durchweg auf die bundesrechtlichen Verfahrensvorschriften verweisen.

II. Begriff der Freiheitsentziehung (Abs. 2)

Die §§ 415 bis 432 dienen der gesetzlichen Umsetzung des Richtervorbehalts in Art. 104 Abs. 2 GG. § 415 Abs. 2 definiert den Begriff der Freiheitsentziehung deshalb in Übereinstimmung mit der zu Art. 104 Abs. 2 GG ergangenen Rechtsprechung im Sinne eines engen Begriffsverständnisses in Abgrenzung zu Freiheitsbeschränkungen, die nach Art. 104 Abs. 1 GG zu behandeln sind. Der Begriff der Unterbringung in § 312 ist in demselben Sinne zu verstehen (vgl. dort Rn 5). Entscheidendes Kriterium für eine Frei-

---
[1] BGH NJW 2011, 690 = NStZ-RR 2011, 154.

heitsentziehung ist die nicht nur kurzfristige Beschränkung der persönlichen Bewegungsfreiheit auf einen bestimmten Lebensraum.[2] Die Neufassung der Vorschrift nimmt mit der Formulierung „insbesondere in einer abgeschlossenen Einrichtung, wie einem Gewahrsamsraum oder einem abgeschlossenen Teil eines Krankenhauses" bewusst der bei spielhafte Beschreibung des Raumes vor, auf den der Aufenthalt des Betroffenen beschränkt wird. Die jetzige Formulierung hat nach der Begründung des Regierungsentwurfs[3] nur klarstellenden Charakter, ist jedoch nicht auf eine Verschiebung der Bedeutung des Begriffs der Freiheitsentziehung im Verhältnis zu demjenigen der Freiheitsbeschränkung (siehe dazu nachstehend Rn 4) gerichtet.[4] Die gewählte Formulierung soll nunmehr klarstellend auch polizeiliche Ingewahrsamnahmen in der Form der Verbringung Betroffener in eine Gefangenensammelstelle oder der Einkesselung einer Personengruppe begrifflich als Freiheitsentziehung erfassen,[5] während kurzfristige Maßnahmen polizeilichen unmittelbaren Zwangs weiterhin lediglich als Freiheitsbeschränkungen qualifiziert werden sollen.[6] Die räumliche Beschränkung des Aufenthalts muss jedoch auf der behördlichen Maßnahme beruhen. Keine Freiheitsentziehung eines Kindes liegt demgegenüber vor, wenn es sich bei seiner in Sicherungshaft genommenen Mutter in einer Mutter-Kind-Zelle befindet.[7]

4   Die Unterscheidung zwischen einer **Freiheitsbeschränkung** und einer Freiheitsentziehung ist gradueller Natur. Die Freiheitsentziehung ist die stärkste Form der Freiheitsbeschränkung. Die Abgrenzung erfolgt nach der Dauer und der Intensität des Eingriffs. Eine Freiheitsbeschränkung liegt vor, wenn jemand durch die öffentliche Gewalt gegen seinen Willen daran gehindert wird, einen Ort aufzusuchen oder sich dort aufzuhalten, der ihm an sich (tatsächlich und rechtlich) zugänglich ist. Der Tatbestand der Freiheitsentziehung kommt nur in Betracht, wenn die – tatsächlich und rechtlich an sich gegebene – körperliche Bewegungsfreiheit nach jeder Richtung hin aufgehoben wird.[8] Beispiele:

5   • Der erzwungene Aufenthalt eines Asylsuchenden im Transitbereich während des **Fluhafenverfahrens** nach § 18a AsylVfG ist nicht als Freiheitsentziehung zu behandeln.[9] Nach Abschluss des Flughafenverfahrens ist ein weiterer Aufenthalt des Ausländers im Transitbereich als Freiheitsentziehung zu qualifizieren und setzt deshalb eine richterliche Entscheidung voraus.[10]

6   • **Maßnahmen unmittelbaren Zwangs** zur Durchsetzung eines Verhaltens, zu dem der Betroffene verpflichtet ist, sind danach trotz der damit verbundenen Beeinträchtigung der körperlichen Bewegungsfreiheit nicht als Freiheitsentziehung zu bewerten. Dies gilt insbesondere für den Vollzug der Abschiebung einschließlich damit verbundener Wartezeiten im üblichen Rahmen.[11]

7   • Weder aus Wortlaut noch aus der Begründung der Vorschrift ergibt sich ein hinreichender Anhaltspunkt dafür, dass der Gesetzgeber entgegen der bisherigen Rechtsprechung die Fälle der **Direktabschiebung** als Freiheitsentziehung qualifizieren und damit dem Richtervorbehalt hat unterstellen wollen.[12] Ebenfalls nur um eine Freiheitsbeschränkung handelt es sich etwa bei einer Vorführung zu einer medizinischen Untersuchung[13] oder bei einem Festhalten zur Identitätsfeststellung. Eine auf solcher Grundlage getroffene Maßnahme kann sich gleichwohl zu einer Freiheitsentziehung entwickeln, wenn die Person in einem über den Zweck der Maßnahme hinausgehenden Umfang zeitlich festge-

---

[2] Grundlegend BGH FGPrax 2001, 40 = FamRZ 2001, 149; FamRZ 2008, 866 = BtPrax 2008, 115.
[3] BT-Drs. 16/6308 S. 290.
[4] A. A. Jennissen FGPrax 2009, 93.
[5] BVerfG NVwZ 2006, 579; KG NVwZ 2000, 468; OLG München NJW-RR 1997, 279.
[6] BT-Drs. 16/6308 S. 290.
[7] OLG München FGPrax 2009, 40.
[8] BVerfGE 105, 239 = NJW 2002, 3161.
[9] BVerfGE 94, 166 = NVwZ 1996, 678 Ziff. 113–116.
[10] OLG München FGPrax 2006, 44 = InfAuslR 2006, 139; Prütting/Helms/Jennissen § 415 Rn 26; Marschner/Volckart/Lesting § 415 FamFG Rn 7.
[11] BVerwG NJW 1982, 537; anders bei geplanter Abschiebung erst am Folgetag nach der Festnahme KG InfAuslR 2002, 315.
[12] Bahrenfuss/Grotkopp § 415 Rn 6; BJS/Heinze § 415 Rn 3; a. A. Jennissen FGPrax 2009, 93 sowie in Prütting/Helms § 415 Rn 23; Marschner/Volckart/Lesting § 415 FamFG Rn 7.
[13] BGH NJW 1982, 753.

Örtliche Zuständigkeit   1–3 § 416

halten wird. Dieser Bewertung steht nicht entgegen, dass in den Polizeigesetzen der Länder[14] verbreitet auch für den Fall der Vorführung und des Festhaltens zur Identitätsfeststellung die Erforderlichkeit der Herbeiführung einer richterlichen Entscheidung vorgesehen ist, sofern nicht – wie regelmäßig – anzunehmen ist, dass die Entscheidung des Richters erst nach Wegfall des Grundes der polizeilichen Maßnahmen ergehen würde.

Weiteres Begriffsmerkmal ist, dass die Freiheitsentziehung gegen den Willen oder im Zustand der Willenlosigkeit des Betroffenen erfolgt. Eine Freiheitsentziehung liegt nicht (mehr) vor, wenn der Betroffene in seine geschlossene Unterbringung einwilligt und dabei mit natürlichem Willen die Tragweite der Maßnahme zu erfassen vermag. Dies setzt voraus, dass der Betroffene sich ernsthaft und verlässlich mit der Freiheitsentziehung einverstanden erklärt.[15] Die Problematik der Tragfähigkeit einer Freiwilligkeitserklärung stellt sich im Verfahren nach den §§ 415 bis 432 praktisch nicht, weil sie allenfalls zur Beendigung der betreffenden behördlichen Maßnahme führen kann. 8

Örtliche Zuständigkeit

416 [1] Zuständig ist das Gericht, in dessen Bezirk die Person, der die Freiheit entzogen werden soll, ihren gewöhnlichen Aufenthalt hat, sonst das Gericht, in dessen Bezirk das Bedürfnis für die Freiheitsentziehung entsteht. [2] Befindet sich die Person bereits in Verwahrung einer abgeschlossenen Einrichtung, ist das Gericht zuständig, in dessen Bezirk die Einrichtung liegt.

I. Anwendungsbereich

Die Vorschrift regelt die örtliche Zuständigkeit in Freiheitsentziehungssachen. Sachlich übereinstimmend mit dem bisherigen § 4 Abs. 1 FEVG handelt es sich um eine Kombination zwischen einer allgemeinen Vorschrift (S. 1) und einer speziellen Regelung (S. 2). Zum Verhältnis der beiden Vorschriften zueinander vgl. Rn 11. Ergänzend gelten die §§ 2 bis 5. Dadurch ist klargestellt, dass es für die Beurteilung der örtlichen Zuständigkeit auf die Verhältnisse zu dem Zeitpunkt ankommt, in dem das Gericht mit der Sache befasst wird (§ 2 Abs. 1), und die Zuständigkeit durch die spätere Veränderung dieser Verhältnisse nicht berührt wird (§ 2 Abs. 2). 1

Dies gilt auch für ein Verfahren auf **Verlängerung der Haftanordnung** nach § 425 Abs. 3,[1] nicht jedoch wenn nach Ablauf der ursprünglich angeordneten Haftdauer[2] oder nach einem Scheitern einer begonnenen Luftabschiebung[3] über einen Antrag auf erneute Haftanordnung zu entscheiden ist. Die örtliche Zuständigkeit dauert insbesondere auch dann fort, wenn der Betroffene nach der Anordnung in eine Einrichtung **verlegt** wird, die in einem anderen Gerichtsbezirk gelegen ist. 2

Im Gegensatz zum bisherigen Recht[4] ist nunmehr eine allgemeine **Abgabemöglichkeit** nach § 4 eröffnet.[5] § 106 Abs. 2 S. 2 AufenthG stellt sich dazu wiederum als **Sondervorschrift** dar, in deren Anwendungsbereich die Möglichkeit einer Abgabe besteht, die das Gericht, in dessen Bezirk die Zurückweisungs- oder Abschiebungshaft vollzogen wird, bindet.[6] Diese Abgabemöglichkeit beschränkt sich aber auf den Fall, dass über eine **Fortdauer** der Haftanordnung zu entscheiden ist. Damit wird gezielt auf den verfahrensrechtlichen Begriff der Entscheidung über die Fortdauer der Freiheitsentziehung Bezug genommen, wie er in § 12 FEVG (jetzt in § 425 Abs. 3 als Verlängerung bezeichnet) verwendet 3

---

[14] Z. B. § 36 Abs. 1 PolG NW, Art. 18 Abs. 1 BayPAG, § 28 Abs. 1 Nr. 3 PolG BW, § 19 Abs. 1 NdsSOG.
[15] BayObLG FamRZ 1996, 1375; FamRZ 1998, 1329; OLG Hamburg NJW-RR 1992, 57.
[1] OLG Celle FGPrax 2007, 244; OLG München BeckRS 2007, 19007 = OLGR 2008, 144; FGPrax 2006, 280; FGPrax 2006, 185; OLG Zweibrücken FGPrax 2000, 212 zu § 12 FEVG; ebenso für § 416 FamFG: Bahrenfuss/Grotkopp § 425 Rn 6; Marschner/Volckart/Lesting § 416 FamFG Rn 1; Prütting/Helms/Jennissen § 416 Rn 3; a. A. MünchKommZPO/Wendtland § 416 Rn 8: Neubegründung der örtlichen Zuständigkeit.
[2] OLG München InfAuslR 2008, 171.
[3] OLG München FGPrax 2006, 233.
[4] § 46 FGG konnte auf Freiheitsentziehungssachen nicht angewendet werden.
[5] OLG Köln FGPrax 2010, 318.
[6] OLG Düsseldorf FGPrax 1995, 168.

wurde. Die Abgabemöglichkeit wurde unter Geltung des FEVG gerade deshalb eröffnet, weil § 12 FEVG die Anwendung des § 4 FEVG ausschloss und damit die örtliche Zuständigkeit des Gerichts fortbestehen ließ, das die Erstentscheidung getroffen hat (jetzt inhaltsgleich § 2 siehe oben).[7]

4   Die Abgabemöglichkeit nach § 106 Abs. 2 S. 2 AufenthG kann sich deshalb ausschließlich auf ein **Verlängerungsverfahren** nach § 425 Abs. 3 beziehen.[8] Denn nach erfolgter erstmaliger Haftanordnung kann das anordnende Gericht nur noch mit einer Aufhebung der Haftanordnung (§ 426) bzw. einer Aussetzung des Vollzugs (§ 424) befasst werden. Dementsprechend ist auch ein Beschluss des Erstgerichts, in dem die Sache gem. § 106 Abs. 2 S. 2 AufenthG an das Gericht des Haftortes abgegeben wird, so zu verstehen, dass die Abgabe nur das Verfahren über einen bereits gestellten oder künftig noch zu stellenden Verlängerungsantrag betrifft, während es für die Überprüfung der Erstentscheidung bei der bisherigen Zuständigkeit verbleibt.[9] Gleichwohl ist ein Abgabebeschluss als wirksam anzusehen, durch den das Verfahren gem. § 106 Abs. 2 S. 2 AufenthG aus Anlass eines Aufhebungsantrags (§ 426) an das Gericht des Haftortes abgegeben wird.[10] Für das FamFG dürften die dargestellten unterschiedlichen Standpunkte von geringerer Bedeutung bleiben, weil die allgemeine Vorschrift des § 4 auch im Freiheitsentziehungsverfahren gilt[11] und nunmehr auch eine Abgabe eines Folgeverfahrens in Bezug auf die Erstentscheidung ermöglicht. Ein wichtiger Grund dafür kann etwa dann bestehen, wenn der Betroffene vor der zu treffenden Entscheidung persönlich angehört werden soll.[12]

5   Dem Betroffenen muss vor der Abgabe das rechtliche Gehör gewährt werden (Art. 103 Abs. 1 GG). Der Rechtsschutz gegen eine Verletzung des rechtlichen Gehörs im Abgabeverfahren muss dem Betroffenen nach einer Entscheidung des BVerfG durch das Gericht gewährt werden, das über die Fortdauer der Freiheitsentziehung zu entscheiden hat.[13] Wie dieser Rechtsschutz für den Betroffenen konkret aussehen soll, bleibt allerdings in der Entscheidung des BVerfG unklar. Wenn das aufnehmende Gericht auf diese Weise quasi zum Rechtsmittelgericht für die unter Gehörverstoß zustande gekommene Entscheidung mutiert, muss ihm auch die Möglichkeit zu Gebote stehen, dem Betroffenen nachträglich das rechtliche Gehör zu gewähren und danach die Ermessensentscheidung in der Sache zu bestätigen. Genau dies hat im Ergebnis die vom BVerfG kritisierte Entscheidung des OLG Hamm angenommen.

II. Örtliche Zuständigkeit

1. Regelzuständigkeit

6   Die Regelzuständigkeit nach S. 1 der Vorschrift betrifft die Verfahrenskonstellation, in der eine Freiheitsentziehungsmaßnahme für einen Betroffenen beantragt wird, der sich noch in Freiheit befindet. Regelanknüpfungspunkt (1. Halbs.) für die örtliche Zuständigkeit ist in einer solchen Situation **der gewöhnliche Aufenthalt** des Betroffenen. Für dessen Bestimmung gelten die Erläuterungen zu § 272 Rn 3 entsprechend.

7   Daneben kommt nach Halbs. 2 als weiterer Anknüpfungspunkt der Ort in Betracht, an dem das **Bedürfnis für die Freiheitsentziehung,** also die Gefahrensituation besteht, der durch die Freiheitsentziehung begegnet werden soll. Das Verhältnis zum 1. Halbs. wird im Wortlaut der Vorschrift durch den Begriff „sonst" wenig präzise beschrieben. Die Begründung des Regierungsentwurfs[14] lässt erkennen, dass eine sachliche Änderung gegenüber der

---

[7] Siehe die Entscheidungen in Fn 1.
[8] A. A. OLG Oldenburg FGPrax 2010, 52; OLG München FGPrax 2009, 239 = InfAuslR 2009, 397; OLG Düsseldorf FGPrax 2007, 245 = InfAuslR 2007, 291; KG FGPrax 2006, 280.
[9] OLG Hamm Beschl. v. 21. 5. 2002 – 15 W 177/02 – unveröffentlicht.
[10] KG FGPrax 2006, 280; OLG Hamm BeckRS 2010, 18306.
[11] OLG Köln FGPrax 2010, 318; a. A. Bahrenfuss/Grotkopp § 416 Rn 9, der § 4 im Freiheitsentziehungsverfahren für unanwendbar hält.
[12] OLG Köln FGPrax 2010, 318.
[13] BVerfG InfAuslR 2009, 249.
[14] BT-Drs. 16/6308 S. 291.

bisherigen Vorschrift in § 4 Abs. 1 S. 1 FEVG nicht beabsichtigt ist, in der das Verhältnis beider Anknüpfungspunkte für die Zuständigkeit wie jetzt in §§ 272, 313 als echte Rangfolge so beschrieben ist, dass das Bedürfnis für die Freiheitsentziehung die Zuständigkeit nur hilfsweise zu begründen vermag, wenn ein gewöhnlicher Aufenthalt des Betroffenen im Inland nicht besteht oder nicht feststellbar ist. Konsequenz dieser Nachrangigkeit ist, dass für einen Betroffenen, der sich an einem anderen als seinem gewöhnlichen Aufenthaltsort aufhält, an seinem gegenwärtigen Aufenthaltsort trotz aktuell bestehenden Bedürfnisses eine Freiheitsentziehungsmaßnahme durch Entscheidung in der Hauptsache nicht getroffen werden darf.

Davon bleibt nach § 50 Abs. 2 S. 1 die Möglichkeit unberührt, wegen **besonderer** 8 **Dringlichkeit** am gegenwärtigen Aufenthaltsort des Betroffenen eine einstweilige Anordnung zu erlassen. Das weitere Verfahren muss nach § 50 Abs. 2 S. 2 der Vorschrift dann aber an das für den gewöhnlichen Aufenthaltsort des Betroffenen zuständige Gericht abgegeben werden, das jedoch nicht gehindert ist, seinerseits gem. § 4 das Verfahren aus wichtigem Grund an das Gericht des gegenwärtigen Aufenthalts des Betroffenen abzugeben. Der Gesetzgeber hat im Freiheitsentziehungsverfahrensrecht die Anwendung dieser allgemeinen Vorschriften für ausreichend erachtet und deshalb die Übernahme der Vorgängerregelung in § 4 Abs. 2 FEVG für entbehrlich erachtet.[15] Die Ergebnisse stimmen mit denjenigen überein, die sich im Unterbringungsverfahrensrecht aus den dort ausdrücklich getroffenen Regelungen der §§ 313 Abs. 2, 314 ableiten (vgl. § 313 Rn 7 bis 10).

2. Bereits bestehender Gewahrsam

S. 2 der Vorschrift trifft eine Spezialregelung, die die örtliche Zuständigkeit desjenigen 9 Amtsgerichts begründet, in dessen Bezirk die Einrichtung liegt, in deren Verwahrung sich der Betroffene bereits befindet. Grundlage der Vorschrift sind Gesichtspunkte der Zweckmäßigkeit. Die Regelung stimmt inhaltlich mit derjenigen des § 313 Abs. 3 S. 2 für das Verfahren über einen Antrag auf eine öffentlich-rechtliche Unterbringung nach Landesrecht überein. Beide Regelungen sind darauf gerichtet, den Rechtsschutz des Betroffenen im Fall einer richterlichen Eilentscheidung über eine Freiheitsentziehungsmaßnahme zu stärken, die am schnellsten und unter Berücksichtigung der regelmäßig durchzuführenden persönlichen Anhörung des Betroffenen am ehesten sachgerecht an dem Ort zu treffen ist, an dem sich der Betroffene zum Zeitpunkt der gerichtlichen Befassung unter den Bedingungen fortbestehender Freiheitsentziehung aufhält.[16]

Die Vorschrift betrifft auch den Fall, dass sich der Betroffene zum Zeitpunkt der Befas- 10 sung des Gerichts in einem **Polizeigewahrsam** (bspw. nach § 62 Abs. 4 AufenthG) befindet.[17] Diese Regelung ist insbesondere auch dann anzuwenden, wenn die Behörde, die zur einstweiligen Ingewahrsamnahme des Betroffenen berechtigt ist, selbst den Aufenthaltswechsel des Betroffenen herbeigeführt, also etwa seine Einlieferung in die geschlossene Abteilung eines Krankenhauses veranlasst hat. Dies gilt auch in den nicht seltenen Fällen, in denen der Betroffene nach seiner Festnahme in eine Einrichtung verbracht wird, die in einem anderen Gerichtsbezirk gelegen ist. Für die Bestimmung der örtlichen Zuständigkeit des Gerichts kommt es auf die Rechtmäßigkeit der behördlich veranlassten Maßnahme der vorläufigen Freiheitsentziehung nicht an. Einer effektiven Rechtsschutzgewährung würde es gerade entgegenwirken, wenn der Richter des Amtsgerichts des Festnahmeortes nach seiner Befassung mit der Sache dem Betroffenen zunächst hinterher reisen müsste, um nach seiner persönlichen Anhörung über eine Fortdauer der Freiheitsentziehung entscheiden zu können.[18] In diesem Sinne sind die in den Polizeigesetzen[19] getroffenen Regelungen zu verstehen, die für die richterliche Entscheidung über die Fortdauer einer polizeilichen Inge-

---

[15] BT-Drs. 16/6308 S. 291.
[16] OLG Hamm OLGR 2008, 808; FGPrax 2006, 183.
[17] OLG Düsseldorf FGPrax 1998, 200; OLG Frankfurt OLGZ 1992, 171; OLG Hamm InfAuslR 2007, 455.
[18] OLG Hamm FGPrax 2009, 35; FGPrax 2006, 183; a. A. OLG Köln FGPrax 2009, 189 = NJW 2009, 2688.
[19] Z. B. § 40 Abs. 2 S. 1 Bundespolizeigesetz, § 33 Abs. 2 S. 1 HSOG, § 19 Abs. 3 S. 1 Nds. SOG; § 36 Abs. 2 S. 1 PolG NW.

§ 417 1, 2　　　　　　　　　　　　　　　　　　Verfahren in Freiheitsentziehungssachen

wahrsamnahme die Zuständigkeit desjenigen Amtsgerichts begründen, in dessen Bezirk der Betroffene festgehalten wird.[20]

3. Verhältnis der Regelungen zueinander

11　S. 2 ist die speziellere Vorschrift gegenüber der Regelzuständigkeit nach S. 1. Der Zweck der Spezialvorschrift (vgl. Rn 9) spricht dafür, dass diese die allgemeine Vorschrift des S. 1 verdrängt. Die Begründung zum Regierungsentwurf sieht S. 2 „in der Regel" als vorrangig an[21] und greift zur Begründung auf Rechtsprechung zu der gleichlautenden Vorgängerregelung in § 4 Abs. 1 S. 2 FEVG zurück.[22] Diese Wendung lässt die Möglichkeit offen, dass neben der Spezialvorschrift auch die allgemeine Bestimmung des S. 1 angewandt werden kann. Dafür spricht zusätzlich, dass im Gegensatz zu § 313 Abs. 3 S. 2 die Zuständigkeit des Gewahrsamsortes ausdrücklich nicht als ausschließliche bezeichnet ist. Die Parallelität der beiden genannten Vorschriften mit ihrer abweichenden Wortfassung zwingt zu der Schlussfolgerung, dass eine Ausschließlichkeit der Spezialregelung nicht abschließend festgeschrieben werden sollte. Dann bleibt zweifelhaft, welches die Regelfälle sind, für die S. 2 eine vorrangige Zuständigkeit begründen soll. Für die Vorgängerregelung in § 4 Abs. 1 S. 2 FEVG wurde in der Rechtsprechung für den Fall einer Anstaltsunterbringung auf der Grundlage einer strafprozessualen Haftmaßnahme (bspw. Antrag auf Anordnung der Abschiebungshaft als Überhaft zu Straf- oder Untersuchungshaft) von einer parallelen Anwendbarkeit beider Gerichtsstände ausgegangen.[23] Bei dieser unklaren Regelung sollte die Praxis dem Gesichtspunkt der Zweckmäßigkeit dadurch Rechnung tragen, dass bereits bei Einleitung des Verfahrens dem Gerichtsstand des S. 2 der Vorrang gegeben wird.

Antrag

417　(1) Die Freiheitsentziehung darf das Gericht nur auf Antrag der zuständigen Verwaltungsbehörde anordnen.

(2) ¹Der Antrag ist zu begründen. ²Die Begründung hat folgende Tatsachen zu enthalten:
1. die Identität des Betroffenen,
2. den gewöhnlichen Aufenthaltsort des Betroffenen,
3. die Erforderlichkeit der Freiheitsentziehung,
4. die erforderliche Dauer der Freiheitsentziehung sowie
5. in Verfahren der Abschiebungs-, Zurückschiebungs- und Zurückweisungshaft die Verlassenspflicht des Betroffenen sowie die Voraussetzungen und die Durchführbarkeit der Abschiebung, Zurückschiebung und Zurückweisung.

³Die Behörde soll in Verfahren der Abschiebungshaft mit der Antragstellung die Akte des Betroffenen vorlegen.

I. Antrag der Verwaltungsbehörde (Abs. 1)

1. Inhalt des Antrags

1　Abs. 1 der Vorschrift sieht in Übereinstimmung mit dem bisherigen § 3 S. 1 FEVG vor, dass Freiheitsentziehungsverfahren ausnahmslos nur auf Antrag der zuständigen Behörde eingeleitet werden können. Es handelt sich um einen Anwendungsfall der allgemeinen Vorschrift des § 23 Abs. 1. Die verfahrensrechtliche Wirksamkeit des Antrags ist nicht zwingend von der nach § 23 Abs. 1 S. 4 erforderlichen Unterschrift abhängig.[1]

2　Auch der Erlass einer einstweiligen Anordnung (§ 427) bedarf eines darauf gerichteten Antrags der zuständigen Behörde (§ 51 Abs. 1 S. 1). Die Behörde sollte deshalb in jedem Fall, in dem sie eine sofortige Freiheitsentziehung des Betroffenen anstrebt, **hilfsweise**

---

[20] OLG Hamm FGPrax 2006, 183; a. A. OLG Köln FGPrax 2009, 189 = NJW 2009, 2688.
[21] BT-Drs. 16/6308 S. 291.
[22] OLG Hamm FGPrax 2006, 183.
[23] BayObLG NJW 1977, 2084; OLG Düsseldorf FGPrax 1998, 200.
[1] BGH FGPrax 2011, 41, 42 = InfAuslR 2011, 71.

ausdrücklich ergänzend den **Erlass einer einstweiligen Anordnung** gem. § 427 für den Fall beantragen, dass das Gericht sich wegen mangelnder Entscheidungsreife (bspw. wegen erforderlicher ergänzender Anhörungen) an einer instanzabschließenden Entscheidung über den Antrag gehindert sieht.

Wenn sich aus den Ausländerakten die Bevollmächtigung eines Rechtsanwalts durch den Betroffenen ergibt, sollte die Behörde dies dem Gericht ausdrücklich mitteilen, um so die Möglichkeit zu eröffnen, den Bevollmächtigten noch rechtzeitig von der Anhörung des Betroffenen benachrichtigen und eine sonst zu unumgängliche Vertagung der Anhörung (vgl. dazu § 420 Rn 8) vermeiden zu können.

Die Bedeutung des Antrags beschränkt sich indessen auf eine reine Verfahrensvoraussetzung, die im Laufe des Verfahrens jederzeit von Amts wegen zu überprüfen[2] ist und mit verfahrensrechtlicher Wirkung für die Zukunft nachgeholt werden kann.[3] Der Antrag der Behörde hat zwar darüber hinausgehend nicht die Bedeutung eines den Verfahrensgegenstand im Sinne des § 308 ZPO begrenzenden Sachantrags. Gleichwohl wird die Anordnung einer über den Antrag der Behörde hinausgehenden Dauer der Freiheitsentziehung für unzulässig gehalten, weil die Freiheitsentziehung in eigener Verantwortlichkeit von der zuständigen Verwaltungsbehörde vollzogen wird (§ 422 Abs. 3) und diese die Erforderlichkeit und Verhältnismäßigkeit der Dauer der Maßnahme sachgerecht einschätzen könne.[4] Ohne einen Antrag der Verwaltungsbehörde besteht keine Grundlage für eine gerichtliche Entscheidung. Gegenüber einem nicht gestellten, von dem Betroffenen lediglich erwarteten Antrag der Verwaltungsbehörde auf Anordnung der Haft ist die Gewährung von vorbeugendem Rechtsschutz in der Form eines Antrages auf Feststellung der Rechtswidrigkeit der künftigen Verhängung von Abschiebungshaft unzulässig, weil dafür kein anerkennenswertes Rechtsschutzbedürfnis besteht.[5]

Der Haftantrag der Behörde muss dem Betroffenen vor der persönlichen Anhörung nach § **420 FamFG** zugeleitet werden. Die Eröffnung des Haftantrags zu Beginn der Anhörung genügt nur, wenn der Sachverhalt einfach gelagert und der Betroffene auch unter Berücksichtigung einer etwaigen Überraschung ohne weiteres auskunftsfähig ist.[6] Der Haftantrag muss dem Betroffenen jedenfalls dann vor der Anhörung übermittelt werden, wenn er ohne vorherige Kenntnis des Antragsinhalts nicht in der Lage ist, zur Sachaufklärung beizutragen und seine Rechte wahrzunehmen. Ohne Gelegenheit dazu darf eine mehr als nur kurzfristige vorläufige Haftanordnung (§ 427) nicht ergehen.[7]

2. Örtliche Zuständigkeit der antragstellenden Verwaltungsbehörde

Nach gefestigter Rechtsprechung ist die örtliche Zuständigkeit der antragstellenden Verwaltungsbehörde im Freiheitsentziehungsverfahren zu überprüfen, weil die Zulässigkeit des Antrags von der Bejahung ihrer örtlichen Zuständigkeit abhängt.[8] Die Problematik tritt schwerpunktmäßig bei der Entscheidung über die Anordnung von Abschiebungshaft in Fallkonstellationen auf, in denen eine Ausländerbehörde ursprünglich durch die Bearbeitung der ausländer- bzw. asylverfahrensrechtlichen Angelegenheiten des Betroffenen zuständig geworden ist, der Betroffene sich dann aber von der ihm zugewiesenen Unterkunft entfernt hat, untergetaucht ist, zu einem späteren Zeitpunkt im Bezirk einer u. U. weit entfernt gelegenen anderen Ausländerbehörde wieder angetroffen wird und nunmehr aufenthaltsbeendende Maßnahmen einschließlich des Antrags auf Anordnung der Abschiebungshaft (§ 62 Abs. 2 S. 1 Nr. 2 AufenthG) zu treffen sind.

Die örtliche Zuständigkeit der Ausländerbehörden ist landesrechtlich geregelt. Einfach zu handhaben ist die Regelung in Nordrhein-Westfalen: Aufgrund der ordnungsbehördlichen

---

[2] BGH FGPrax 2010, 316; FGPrax 2010, 210; BayObLG FGPrax 1997, 117.
[3] BayObLG InfAuslR 1991, 345.
[4] BayObLG NVwZ 1994, 93; OLG München BeckRS 2006, 14739 = OLGR 2007, 105; OLG Rostock FGPrax 2007, 46.
[5] OLG Hamm InfAuslR 2007, 293 = OLGR 2007, 531.
[6] BGH FGPrax 2010, 154 = InfAuslR 2010, 246.
[7] BGH Beschl. v. 28. 4. 2011 – V ZB 118/10 = BeckRS 2011, 15315.
[8] BayObLG FGPrax 1997, 117; KG InfAuslR 2007, 17; FGPrax 1998, 157; OLG Hamm InfAuslR 2007, 455; OLG Karlsruhe FGPrax 2008, 228.

Sondervorschrift des § 4 OBG-NW ist örtlich zuständig diejenige Ausländerbehörde, in deren Bezirk sich ein Ausländer im Widerspruch zu ausländerrechtlichen Vorschriften aufhält, was insbesondere der Fall ist, wenn er bei vollziehbarer Ausreisepflicht nicht im Besitz einer Duldung ist.[9] Ein Aufenthalt des Betroffenen wird jedoch nicht bereits dadurch begründet, dass er im Rahmen des Dubliner Übereinkommens an einer Grenzstation den deutschen Behörden überstellt wird.[10]

8 Überwiegend knüpfen die landesrechtlichen Regelungen die Regelzuständigkeit der Ausländerbehörde indessen an den gewöhnlichen Aufenthaltsort bzw. den letzten gewöhnlichen Aufenthaltsort des Betroffenen an, die durch eine **Notzuständigkeit** der örtlich mit der Angelegenheit befassten Behörde für unaufschiebbare Maßnahmen ergänzt wird.[11] Eine Notzuständigkeit der örtlich mit der Sache befassten Behörde für die Antragstellung nach § 417 wird in der Rechtsprechung regelmäßig mit der Begründung versagt, die aufgrund der Regelzuständigkeit berufene auswärtige Behörde könne den Haftantrag mit Hilfe moderner Kommunikationsmittel auch unmittelbar bei dem örtlich zuständigen Amtsgericht stellen, insbesondere wenn sie auf demselben Weg auch die Behörde vor Ort über die bisherigen Vorgänge unterrichten müsse.[12] Sofern eine **Amtshilfe** im Zusammenhang mit dem Haftantrag überhaupt als zulässig angesehen wird,[13] scheitert ihre Zulässigkeit daran, dass die auswärtige Ausländerbehörde den Haftantrag auch selber stellen könne.[14]

9 Diese Fragen bedürfen keiner Vertiefung mehr, nachdem der BGH[15] unmittelbar aus § 62 Abs. 4 AufenthG die Befugnis der Behörde am Aufgriffsort abgeleitet hat, einen Haftantrag zu stellen. Der mit Wirkung vom 28. 8. 2007 eingeführte[16] § 62 Abs. 4 AufenthG gestattet der „für den Haftantrag zuständigen Behörde" bei Vorliegen eines Haftgrundes nach Abs. 2 S. 1 der Vorschrift die haftvorbereitende Ingewahrsamnahme des Betroffenen, wenn eine vorherige richterliche Entscheidung nicht eingeholt werden konnte; der Betroffene ist unverzüglich dem Richter zur Entscheidung über die Haftanordnung vorzuführen. § 62 Abs. 4 AufenthG bewertet die Ingewahrsamnahme des Betroffenen sowie den Haftantrag und die damit zusammenhängende Vorführung des Betroffenen erkennbar als einheitlichen Vorgang. Kommt man aber nicht umhin, die Ingewahrsamnahme und Vorführung des Betroffenen als unaufschiebbare Maßnahme zu bewerten,[17] so muss dies auch für den Haftantrag gelten. Denn sonst müsste § 62 Abs. 4 AufenthG weitgehend leer laufen, weil die vor Ort mit der Sache befasste Ausländerbehörde den Betroffenen nicht in Gewahrsam nehmen dürfte, da sie gerade nicht für den Haftantrag zuständig ist.

II. Begründung des verfahrenseinleitenden Antrags (Abs. 2)

1. Inhalt der Begründung (Abs. 2 S. 1 und 2)

10 a) **Allgemeines.** Abs. 2 S. 1 enthält eine Sondervorschrift zu § 23 Abs. 1, indem die Begründung hier als zwingendes Antragserfordernis ausgestaltet wird („ist zu begründen"). Abs. 2 S. 2 enthält eine ergänzende Auflistung derjenigen Tatsachen, die in der Begründung des Antrags behandelt werden müssen. Versteht man diese Vorschrift als Anleitung, so ist sie hilfreich, weil den antragsbefugten Verwaltungsbehörden nicht selten die forensische Erfahrung fehlt, um eine sachgerechte Begründung des Antrags zu formulieren. Missverständlich ist demgegenüber die Eingangsformulierung des Abs. 2 S. 2. Denn die Begründung des Antrags kann nicht „Tatsachen" zu bestimmten Themenkomplexen „enthalten", weil die

---

[9] OVG Münster NVwZ-RR 1998, 201; OLG Hamm InfAuslR 2007, 455; OLG Köln OLGR 2007, 796 = BeckRS 2007, 15848.
[10] OLG Köln FGPrax 2009, 137.
[11] Z. B. Baden-Württemberg § 4 AAZuVO; Bayern: § 5 ZustVAuslR; Berlin, Hessen und Sachsen-Anhalt: jeweils § 3 VwVfG.
[12] OLG Karlsruhe FGPrax 2008, 228; OLG München, Beschl. v. 28. 9. 2006 – 34 Wx 115/06 – bei Melchior Abschiebungshaft.
[13] Ablehnend OLG Frankfurt, Beschl. v. 13. 11. 1998 – 20 W 442/98 – zitiert nach juris; OLG München, Beschl. v. 28. 9. 2006 – 34 Wx 115/06 – bei Melchior Abschiebungshaft.
[14] OLG Karlsruhe FGPrax 2008, 228; OLG Köln FGPrax 2009, 137.
[15] FGPrax 2010, 156.
[16] Durch Gesetz v. 19. 8. 2007 (BGBl. I S. 1970).
[17] OLG München, Beschl. v. 28. 9. 2006 – 34 Wx 115/06 – bei Melchior Abschiebungshaft.

Feststellung der erforderlichen Tatsachen durch das Gericht (§§ 26, 37 Abs. 1) ersichtlich nicht beseitigt werden soll. Erwartet werden kann lediglich konkretisiertes Vorbringen der Behörde als Antragstellerin und Verfahrensbeteiligte, das dem Gericht ggf. aufgrund weiterer Ermittlungen die erforderlichen tatsächlichen Feststellungen ermöglicht. Die Begründung des Rechtsausschusses zu der von ihm veränderten Fassung der Vorschrift will das Begründungserfordernis als Voraussetzung für die Zulässigkeit des Antrags behandelt wissen.

Mängel der Begründung, die auch nach einem Hinweis des Gerichts nicht behoben werden, müssen danach zur Unzulässigkeit des Antrags führen.[18] Dafür kann im systematischen Zusammenhang mit § 23 Abs. 1 S. 1 sprechen, dass die Begründungspflicht dort ausdrücklich lediglich als Sollvorschrift ausgestaltet ist, um bei unzureichender Begründung eine Zurückweisung des Antrags als unzulässig zu vermeiden.[19] Die Verfahrensakten müssen entweder den vollständigen schriftlichen Haftantrag enthalten, oder die Antragsbegründung muss sich aus dem Protokoll über die Anhörung des Betroffenen ergeben.[20] Häufig wird jedoch eine unzureichende Begründung vom vollständigen Fehlen einer Begründung nur schwer abzugrenzen sein, zumal die nachstehend aufgezählten Themenbereiche bereits ausfüllungsbedürftige Begriffe („Erforderlichkeit der Freiheitsentziehung", „erforderliche Dauer der Freiheitsentziehung") enthalten. Eine Zurückweisung des Antrags kommt im Ergebnis nur dann in Betracht, wenn die Begründung zu den einzelnen Haftvoraussetzungen so lückenhaft ist, dass sie dem Gericht keine hinreichenden Anhaltspunkte für eine Aufklärung des Sachverhalts geben kann. Muss der Antrag aus diesem Grund zurückgewiesen werden, kann offen bleiben, ob die Zurückweisung „als unzulässig" erfolgt, weil Entscheidungen in Freiheitsentziehungssachen nicht in materielle Rechtskraft erwachsen können (vgl. § 330 Rn 4 a. E.).

b) Themenkomplexe. Im Hinblick auf die vorgeschriebene Begründung enthält S. 2 eine Auflistung folgender Themenkomplexe:

Die Identität des Betroffenen **(Nr. 1)** kann in Fällen der Abschiebungshaft häufig nur mit Hilfe einer erkennungsdienstlichen Behandlung festgestellt werden,[21] während die Zuordnung zu den von dem Betroffenen verwendeten (Alias-)Personalien zunächst ungewiss bleibt. Es reicht deshalb aus, wenn die Behörde auf die Ungewissheit der Personalangaben des Betroffenen hinweist und im Schwerpunkt ihrer Begründung darauf eingeht, inwieweit dieser Gesichtspunkt für den Bestand der Haftvoraussetzungen (in dem genannten Zusammenhang: Aussichten und Dauer für die Beschaffung von Heimreisepapieren) von Bedeutung ist.

Der gewöhnliche Aufenthalt des Betroffenen **(Nr. 2)** ist für die Beurteilung sowohl der Zuständigkeit des Gerichts (§ 416) als auch derjenigen der Behörde (siehe oben Rn 2) von Bedeutung. Vielfach wird ein gewöhnlicher Aufenthalt des Betroffenen unbekannt sein, etwa wenn ein bislang nicht registrierter Ausländer ohne Identitätspapiere angetroffen wird; dann reicht der Vortrag der Umstände aus, unter denen der Betroffene in Gewahrsam genommen worden ist.

Farblos ist der Titel „Erforderlichkeit der Freiheitsentziehung" **(Nr. 3)**. Denn es kann nicht ausreichen, dass Verwaltungsbehörde und Gericht die Freiheitsentziehung allgemein für erforderlich halten, sondern es kommt maßgebend auf die Feststellung der Voraussetzungen für die Anordnung der Freiheitsentziehung nach der jeweils einschlägigen gesetzlichen Vorschrift an. Für eine sachgerechte Begründung des Antrags ist deshalb von besonderer Bedeutung, dass die Behörde ihr tatsächliches Vorbringen an den gesetzlichen Voraussetzungen derjenigen Vorschrift orientiert, die ihrer Auffassung nach für die Anordnung der Freiheitsentziehung herangezogen werden soll. Für die Abschiebungshaft bedeutet dies insbesondere, dass etwa das Vorliegen einer der Haftgründe des § 62 Abs. 2 S. 1 AufenthG durch den Vortrag tatsächlicher Sachverhalte präzisiert oder bei der kleinen Sicherungshaft nach S. 2 der genannten Vorschrift nicht nur dargestellt wird, dass die kurzfristige Durchführung der Abschiebung des Betroffenen sichergestellt ist, sondern darüber hinaus kon-

---

[18] BGH FGPrax 2010, 316; so auch der Bericht des Rechtsausschusses BT-Drs. 16/9733 S. 299.
[19] BT-Drs. 16/6308 S. 185.
[20] BGH InfAuslR 2010, 359, 360.
[21] Siehe dazu BayObLG InfAuslR 1991, 345.

kretisiert wird, aufgrund welcher tatsächlicher Umstände eine Ermessensausübung des Gerichts im Hinblick auf die Anordnung dieser Haft angestrebt wird.

15 Die erforderliche Dauer der Freiheitsentziehung (**Nr. 4**) hängt mit der Erforderlichkeit der Freiheitsentziehung untrennbar zusammen. Die beantragte Dauer der Freiheitsentziehung muss unter Berücksichtigung des Grundsatzes der Verhältnismäßigkeit begründet werden. In Abschiebungshaftsachen müssen die besonderen gesetzlichen Voraussetzungen für einen drei bzw. sechs Monate überschreitenden Haftzeitraum (§ 62 Abs. 3 AufenthG) dargestellt werden.

16 **Nr. 5** enthält eine Sondervorschrift für Verfahren betreffend Abschiebungs-, Zurückschiebungs- und Zurückweisungshaft. In diesen Verfahren hat die Behörde zunächst die „Verlassenspflicht" des Betroffenen, also näher zu begründen, dass dem Betroffenen ein Aufenthaltsrecht im Bundesgebiet nicht zusteht. Die Begründung hat in erster Linie auf einen vollziehbaren Bescheid Bezug zu nehmen, wenn sich aus diesem die Ausreisepflicht des Betroffenen ergibt. Denn das Gericht der freiwilligen Gerichtsbarkeit ist nach anerkannter Auffassung an einen Verwaltungsakt der Behörde gebunden, der nach der grundgesetzlichen Kompetenzordnung einer gerichtlichen Kontrolle nur durch die Verwaltungsgerichte unterliegt.[22]

17 Folgt die Ausreisepflicht des Betroffenen unmittelbar aus gesetzlichen Vorschriften (etwa in Fällen unerlaubter Einreise), müssen die entsprechenden Umstände dargestellt werden.

18 Hat der Betroffene einen Asylantrag gestellt, muss näher begründet werden, warum dieser der Anordnung der Abschiebungshaft nicht entgegen steht (bspw. in den Fällen der §§ 14 Abs. 3, 71 Abs. 8 AsylVfG).

19 Missverständlich ist die weitere Formulierung in Nr. 5, die Behörde habe die Voraussetzungen der Abschiebung darzulegen. Damit sind die gesetzlichen Voraussetzungen der Zulässigkeit der Abschiebung gemeint, während die weiter erwähnte Durchführbarkeit der Abschiebung auf deren tatsächlichen Vollzug abzielt. Die Behörde wird aufgrund des zwingenden Charakters des Abs. 2 S. 2 in der Begründung ihres Antrags darstellen müssen, auf welcher Grundlage sie die Abschiebung des Betroffenen als rechtlich zulässig ansieht, insbesondere auf eine durch Bescheid ergangene vollziehbare Abschiebungsandrohung hinweisen müssen.[23]

20 Gleichwohl kann die Rechtmäßigkeit des Vollzugs der Abschiebung durch das Gericht der freiwilligen Gerichtsbarkeit nicht überprüft werden, weil dazu allein die Verwaltungsgerichte berufen sind.[24] Dies gilt insbesondere, wenn die Behörde es ablehnt, dem Betroffenen die von ihm begehrte Aufenthaltserlaubnis oder eine Duldung zu erteilen. Davon abweichend muss der Haftrichter bei der Anordnung von Sicherungshaft gemäß § 62 Abs. 2 S. 1 Nr. 1 AufenthG auch dann eigenverantwortlich prüfen, ob der Ausländer infolge unerlaubter Einreise vollziehbar ausreisepflichtig ist, wenn die zuständige Verwaltungsbehörde eine auf diesen Tatbestand gestützte, nicht bestandskräftige Zurückschiebungsverfügung erlassen hat.[25] Davon bleibt nach der neueren Rechtsprechung des BVerfG unberührt, dass das Gericht im Freiheitsentziehungsverfahren im Hinblick auf § 62 Abs. 2 S. 4 AufenthG eine Prognose zu treffen hat, ob innerhalb eines Haftzeitraumes von drei Monaten ein von dem Betroffenen bereits anhängig gemachtes Verfahren verwaltungsgerichtlichen Eilrechtsschutzes zur Anordnung eines Abschiebungsschutzes führen wird.[26] Im Hinblick auf diese Rechtsprechung wird die Behörde auf ein solches Verfahren hinweisen müssen, damit das Gericht seiner Prüfungspflicht gerecht werden kann.

21 Die tatsächliche Durchführbarkeit der Abschiebung ist für die Haftanordnung von Bedeutung, weil die Haft nur der Sicherung des Vollzugs der Abschiebung dienen darf. Ergibt sich aus der Darstellung der Behörde bzw. den in Bezug genommenen Unterlagen,

---

[22] BGH FGPrax 2010, 50; BayObLGZ 1993, 311/313; OLG Karlsruhe NVwZ 1993, 811/812; KG NVwZ 1997, 516.
[23] BGH FGPrax 2010, 316.
[24] BGH FGPrax 2010, 50; BayObLGZ 1993, 311/313; OLG Karlsruhe NVwZ 1993, 811/812; KG NVwZ 1997, 516.
[25] FGPrax 2010, 50 = InfAuslR 2010, 118.
[26] BVerfG InfAuslR 2009, 205; BGH NVwZ 2011, 127.

dass gegen den Betroffenen ein strafrechtliches Ermittlungsverfahren anhängig ist, muss dargelegt werden, dass das nach § 72 Abs. 4 Satz 1 AufenthG erforderliche Einvernehmen der Staatsanwaltschaft vorliegt.[27]

Auch wenn ein Haftzeitraum von zunächst bis zu drei Monaten angeordnet wird, muss das Gericht eine Prognose darüber treffen, ob die Abschiebung bei realistischer Betrachtung innerhalb dieser Zeit erfolgen kann. Zu der Feststellung, ob die Zurückschiebung innerhalb der angeordneten Haftdauer möglich ist, sind konkrete Angaben zum Ablauf des Verfahrens und eine Darstellung erforderlich, in welchem Zeitraum die einzelnen Schritte unter normalen Bedingungen durchlaufen werden können.[28] Für die Verlängerung der Haft für einen weiteren Zeitraum muss dargelegt werden, dass die Abschiebung innerhalb des ersten Zeitraumes aus Gründen, die der Betroffene zu vertreten hat, noch nicht durchgeführt werden konnte.[29]

2. Vorlage der Ausländerakten (Abs. 2 S. 3)

Nach Abs. 2 S. 3 der Vorschrift soll die Behörde in Abschiebungshaftsachen zusätzlich mit der Antragstellung ihre für den Betroffenen geführten Akten dem Gericht vorlegen. Diese vom Rechtsausschuss in das Gesetz eingefügte Regelung soll gewährleisten, dass sich aus den Ausländerakten ergebende weitere wesentliche Informationen für die gerichtliche Entscheidung des Einzelfalls verwertet werden können. Wenn solche Erkenntnisse nicht zu erwarten seien, könne die Behörde von der Übersendung ihrer Akten ausnahmsweise absehen. Es handelt sich nicht um eine Voraussetzung für die Zulässigkeit des Haftantrags.[30] Parallel dazu hat das BVerfG in zwei Kammerbeschlüssen ausgeführt, der Haftrichter sei regelmäßig verpflichtet, die Ausländerakten beizuziehen, um den hohen verfassungsrechtlichen Anforderungen an die eigenständige richterliche Aufklärung und Feststellung der relevanten Tatsachen gerecht zu werden.[31]

Die regelmäßige Erforderlichkeit der Beiziehung bzw. Vorlage der Ausländerakte des Betroffenen geht über dasjenige hinaus, was zur Gewährleistung eines effektiven Rechtsschutzes des Betroffenen erforderlich ist. Unzweifelhaft verpflichtet der Grundsatz der Amtsermittlung (§ 26) das Gericht, die Ausländerakten beizuziehen oder die Behörde zu entsprechendem Sachvortrag aufzufordern, wenn ein auch nur geringer Anhaltspunkt dafür besteht, dass sich aus diesen Akten weitergehende sachliche Informationen ergeben können, die für die Prüfung der materiellen Haftvoraussetzungen von Bedeutung sein können. In der weitaus überwiegenden Zahl der Verfahren, die die Anordnung von Abschiebungshaft betreffen, besteht ein Anhaltspunkt für die Erforderlichkeit der Verwertung der Ausländerakten indessen nicht, weil die Ausreisepflicht des Betroffenen aufgrund bindender Bescheide der Behörden oder einer unerlaubten Einreise des Betroffenen feststeht und lediglich das Gesamtverhalten des Betroffenen im Hinblick auf einen Haftgrund nach § 62 Abs. 2 S. 1 AufenthG zu würdigen ist. In diesen Regelfällen, in denen die auf einem bindenden Bescheid oder auf einer unerlaubten Einreise beruhende Ausreisepflicht des Betroffenen nicht zweifelhaft ist, dieser lediglich den Erwerb eines Aufenthaltsrechts durch behördliche Entscheidung anstrebt und insofern ggf. parallel verwaltungsgerichtlichen Eilrechtsschutz in Anspruch nimmt, führt die Vorlage der Behördenakten zu einer vermeidbaren Aufblähung des Freiheitsentziehungsverfahrens.

Mit der Vorlage der Behördenakten werden die dort dokumentierten Vorgänge nicht ohne weiteres Verfahrensstoff des Freiheitsentziehungsverfahrens (§ 37). Das Gericht hat die behördlichen Akten im Rahmen der Amtsermittlungspflicht (§ 26) nur insoweit auszuwerten wie dies für die Beurteilung der materiell-rechtlichen Voraussetzungen für die Haftanordnung von Bedeutung ist. Bereits die Begründung des Haftantrages wird einzelne Vorgänge aus den behördlichen Akten in Bezug nehmen müssen, soweit es um die Darstellung der Verlassenspflicht des Betroffenen und die Durchführbarkeit der Abschiebung

---

[27] BGH NVwZ 2010, 1511; FGPrax 2011, 144.
[28] BVerfG NJW 2009, 2659; BGH InfAuslR 2010, 361.
[29] BGH NJW 1996, 2797.
[30] BT-Drs. 16/9733 S. 299.
[31] BVerfG NVwZ 2008, 304; InfAuslR 2008, 358.

(Abs. 2 S. 2 Nr. 5) sowie um tatsächliche Feststellungen geht, die für die Beurteilung des Haftgrundes von Bedeutung sind (bspw. die Unerreichbarkeit des Ausländers infolge Untertauchens). Soweit in einzelnen Punkten Lücken oder Zweifel bestehen, kann das Gericht ergänzend einzelne Vorgänge aus den Behördenakten in das Freiheitsentziehungsverfahren einführen. Diese in Bezug genommenen oder vom Gericht aus den Behördenakten eingeführten Vorgänge müssen dem Betroffenen dann auch übersetzt werden (vgl. § 418 Rn 7).

26   Der Betroffene hat bei seiner persönlichen Anhörung Gelegenheit, von sich aus einzelne Vorgänge aus den Behördenakten anzusprechen, die aus seiner Sicht gegen die Haftanordnung sprechen können (bspw. die vielfach hervorgehobene regelmäßige Vorsprache bei der Ausländerbehörde). Zu diesem Zweck können die Behördenakten sogleich unter Hinzuziehung des Dolmetschers ausgewertet werden.

27   Beruht die Ausreisepflicht des Betroffenen auf einem bindenden behördlichen Bescheid und enthalten die Aktenvorgänge auch sonst keine Gesichtspunkte, die für die Beurteilung der Haftvoraussetzungen von Bedeutung sind, wird die Behörde von einer Vorlage ihrer Akten absehen dürfen. Die Begründung der Vorschrift durch den Rechtsausschuss, von der Vorlage der Behördenakten könne ausnahmsweise abgesehen werden, wenn diese im Einzelfall keine wesentlichen Informationen für die Entscheidung des Gerichts erwarten lassen,[32] lässt für eine solche Vorgehensweise durchaus Raum. Nach der Rechtsprechung des BGH[33] kann von der grundsätzlich notwendigen Vorlage der Ausländerakte nach § 417 Abs. 2 S. 3 abgesehen werden, wenn sich der festzustellende Sachverhalt aus den vorgelegten Teilen vollständig ergibt und die nicht vorgelegten Teile keine weiteren Erkenntnisse versprechen. Ohne Beiziehung der Akten oder Vorlage entsprechender Auszüge wird sich allerdings die Einhaltung des Beschleunigungsgebots bei einer in mehrmonatigem Abstand zur Haftanordnung getroffenen Beschwerdeentscheidung nicht feststellen lassen können.[34]

Beteiligte

418 (1) **Zu beteiligen sind die Person, der die Freiheit entzogen werden soll (Betroffener), und die Verwaltungsbehörde, die den Antrag auf Freiheitsentziehung gestellt hat.**

(2) **Der Verfahrenspfleger wird durch seine Bestellung als Beteiligter zum Verfahren hinzugezogen.**

(3) **Beteiligt werden können im Interessen des Betroffenen**
1. **dessen Ehegatte oder Lebenspartner, wenn die Ehegatten oder Lebenspartner nicht dauernd getrennt leben, sowie dessen Eltern und Kinder, wenn der Betroffene bei diesen lebt oder bei Einleitung des Verfahrens gelebt hat, die Pflegeeltern sowie**
2. **eine von ihm benannte Person seines Vertrauens.**

I. Anwendungsbereich und Normzweck

1   Die Vorschrift trifft eine nähere Regelung zur formellen Beteiligtenstellung im Freiheitsentziehungsverfahren. Angeknüpft wird an den Beteiligtenbegriff der allgemeinen Vorschrift des § 7 mit dem Ziel, die Beteiligtenstellung auf der formellen Ebene des Verfahrensrechts zu erfassen (vgl. dazu näher § 7 Rn 7). Die Vorschrift ist auf die Besonderheiten des Freiheitsentziehungsverfahrens ausgerichtet, schließt jedoch in Einzelpunkten eine ergänzende Anwendung des § 7 nicht aus. Abs. 1 betrifft die zwingende Beteiligung des Betroffenen und der antragstellenden Behörde, Abs. 2 die Beteiligung des für den Betroffenen bestellten Verfahrenspflegers, Abs. 3 die in das Ermessen des Gerichts gestellte Beteiligung weiterer Personen (Kann-Beteiligte im Sinne des § 7 Abs. 3). Die Beteiligtenfähigkeit ist im Freiheitsentziehungsverfahren (im Gegensatz zu den Bestimmungen in §§ 275, 316) nicht gesondert geregelt. Anwendbar ist deshalb die allgemeine Vorschrift des § 9.

---

[32] BT-Drs. 16/9733 S. 299.
[33] NVwZ 2010, 1318.
[34] BGH NVwZ 2010, 1575; NVwZ 2010, 1172.

II. Die Muss-Beteiligten

1. Der Betroffene

Der Betroffene ist bereits nach § 7 Abs. 2 Nr. 1 Beteiligter, weil er durch das Verfahren unmittelbar in seinen Rechten betroffen wird. Wohl aus Gründen der Übersichtlichkeit wird er in Abs. 1 der Vorschrift noch einmal ausdrücklich als zwingend zu beteiligen genannt.

2. Die Verwaltungsbehörde

Die Beteiligtenstellung der Verwaltungsbehörde ergibt sich bereits nach der allgemeinen Vorschrift des § 7 Abs. 1 zwingend daraus, dass sie den Antrag auf Anordnung der Freiheitsentziehung gestellt hat. Auch insoweit hat § 418 Abs. 1 nur deklaratorische Bedeutung.

3. Der Verfahrenspfleger

§ 418 Abs. 2 knüpft an die Bestellung als Verfahrenspfleger unmittelbar die Rechtsstellung eines Verfahrensbeteiligten, ohne dass es eines weiteren Verfahrensaktes bedarf (wie § 274 Abs. 2). Zur Rechtsstellung des Verfahrenspflegers siehe näher die Erläuterungen zu § 276 Rn 26 bis 28.

III. Die Kann-Beteiligten

In Abs. 3 wird von der in § 7 Abs. 3 vorgesehenen Möglichkeit Gebrauch gemacht, dass das Gericht fakultativ weitere Personen zum Verfahren hinzuziehen kann. Zu diesem Personenkreis gehören nach **Nr. 1** der Vorschrift zunächst die **nahen Angehörigen** des Betroffenen. Der Zweck der Vorschrift entspricht demjenigen des § 274 Abs. 4 (vgl. dort Rn 9). Während § 5 Abs. 3 FEVG bislang nur die Anhörung naher Angehöriger vorsah, nimmt § 418 Abs. 3 nunmehr eine weitere Formalisierung ihrer Hinzuziehung im Verfahren im Rahmen des Beteiligtenbegriffs vor.

Der **Kreis der Personen,** die nach Abs. 3 als Verfahrensbeteiligte hinzugezogen werden können, stimmt mit § 315 Abs. 4 überein. Es sind dies
– aus dem Kreis der Angehörigen **(Nr. 1)**
  – der nicht dauernd getrennt lebende Ehegatte oder Lebenspartner (im Sinne des LPartG)[1] des Betroffenen,
  – Eltern oder Kinder nur dann, wenn der Betroffene bei ihnen lebt oder bei Einleitung des Verfahrens gelebt hat,
  – schließlich für den (seltenen) Fall einer Freiheitsentziehungsmaßnahme für einen Minderjährigern auch die Pflegeeltern des Betroffenen;
– eine Person des Vertrauens **(Nr. 2),** die aber vom Betroffenen als solche benannt werden muss.

Die Beteiligung sämtlicher in Abs. 3 genannten Personen kann nur im Interesse des Betroffenen erfolgen. Zu dieser Einschränkung siehe die Erläuterungen bei § 274 Rn 17, zum Verfahren der Hinzuziehung § 274 Rn 18 bis 23.

IV. Maßnahmen zur verfahrensrechtlichen Gleichstellung des Betroffenen im Hinblick auf Sprachschwierigkeiten

Jeder Ausländer hat im Verfahren dieselben prozessualen Grundrechte sowie denselben Anspruch auf ein rechtsstaatliches Verfahren wie jeder Deutsche.[2] Daraus folgt zunächst, dass zur persönlichen Anhörung eines Ausländers, der die deutsche Sprache nicht versteht und/oder sich in der deutschen Sprache nicht auszudrücken vermag, ein Dolmetscher hinzuziehen ist (§ 185 GVG). Der Richter muss sich vergewissern, dass Betroffenen und

---
[1] Wohl missverstanden in der Entscheidung BGH NVwZ 2010, 1318, die die Vorschrift auch auf die Lebensgefährtin des Betroffenen anwenden will.
[2] BVerfGE 40, 95 = NJW 1975, 1597.

Dolmetscher in derselben Sprache miteinander kommunizieren. Er muss bei der persönlichen Anhörung des Betroffenen den Dolmetscher so einsetzen, dass ein Gespräch zwischen ihm und dem Betroffenen möglich wird. Er darf sich nicht darauf beschränken, Zuhörer eines Gesprächs zwischen dem Betroffenen und dem Dolmetscher zu sein.[3]

8 Fraglich ist, inwieweit darüber hinaus Ausprägungen der verfahrensrechtlichen Gewährleistungen aus Art. 6 Abs. 3 EMRK im Freiheitsentziehungsverfahren entsprechend anwendbar sind. Dies gilt insbesondere für lit. e) der Vorschrift. Danach muss jede angeklagte Person unentgeltliche Unterstützung durch einen Dolmetscher erhalten, wenn sie die Verhandlungssprache des Gerichts nicht versteht oder spricht. Eine unmittelbare Anwendung des Art. 6 EMRK scheidet ohnehin aus, weil die Vorschrift insgesamt nur die Verfahren über zivilrechtliche Ansprüche einerseits (Abs. 1) und Strafverfahren (Abs. 2 und 3) andererseits betrifft. Die Abschiebung als Verwaltungsmaßnahme liegt außerhalb des Anwendungsbereichs des Art. 6 EMRK.[4] Dies muss folglich auch für die Anordnung von Abschiebungshaft gelten, die lediglich wegen des Vorbehalts in Art. 104 Abs. 2 GG der richterlichen Entscheidung unterliegt. Aus der Entscheidung des BVerfG vom 27. 8. 2003[5] lässt sich entgegen einer verbreiteten Auffassung[6] nicht ableiten, dass Art. 6 Abs. 3 EMRK im Freiheitsentziehungsverfahren ohne weiteres entsprechend anzuwenden ist. Denn diese Entscheidung betrifft ausschließlich ein Strafverfahren und nimmt zu einer darüber hinaus greifenden Anwendung des Art. 6 Abs. 3 EMRK nicht ausdrücklich Stellung. Die für das Strafverfahren getroffene Entscheidung des BVerfG fordert gestützt auf das Diskriminierungsverbot des Art. 3 Abs. 3 S. 1 GG die Gewährung von Übersetzungshilfen für einen Ausländer, um ihn in die Lage zu versetzen, die ihn betreffenden wesentlichen Verfahrensvorgänge verstehen und sich im Verfahren verständlich machen zu können.[7] In diesem Zusammenhang hat das BVerfG dem Rechtsgedanken nach die Rechtsprechung des EGMR zu Art. 6 Abs. 3 lit. e EMRK herangezogen, wonach der Angeklagte, der die Verhandlungssprache des Gerichts nicht versteht oder sich nicht darin ausdrücken kann, Anspruch auf unentgeltlichen Beistand eines Dolmetschers hat, damit ihm sämtliche Schriftstücke und mündliche Erklärungen in dem gegen ihn geführten Verfahren übersetzt werden, auf deren Verständnis er angewiesen ist, um ein faires Verfahren zu haben.[8]

9 Es kommt daher lediglich eine vorsichtige Übertragung der zu Art. 6 Abs. 3 EMRK entwickelten Verfahrensgrundsätze in Betracht, die einerseits gewährleistet, dass der sprachunkundige Ausländer seine Rechte in dem Verfahren wahrnehmen kann, andererseits den Besonderheiten des Freiheitsentziehungsverfahrens Rechnung trägt. Nach der Rechtsprechung des EGMR hat sich zwar der nach Art. 6 Abs. 3 lit. e EMRK unentgeltlich zur Verfügung zu stellende Beistand eines Dolmetschers nicht nur auf die mündliche Verhandlung der Sache, sondern auch auf die schriftlichen Dokumente und Aussagen zu erstrecken, die der Angeklagte verstehen muss, „um in den Genuss eines fairen Verfahrens zu kommen".

10 Die Vorschrift geht jedoch nicht soweit, dass eine **schriftliche** Übersetzung des gesamten Beweismaterials oder amtlicher Schriftstücke des Verfahrens in allen Einzelheiten verlangt wird. Die Übersetzung muss so beschaffen sein, dass es dem Angeklagten ermöglicht wird, den ihm zur Last gelegten Fall zu kennen, sich selbst verteidigen und seine Darstellung der Ereignisse dem Gericht unterbreiten zu können. Dafür kann es ausreichen, wenn die Anklageschrift in der Hauptverhandlung übersetzt wird.[9] Bezogen auf die Verhältnisse im Freiheitsentziehungsverfahren wird es deshalb regelmäßig genügen, wenn im Termin zur persönlichen Anhörung des Betroffenen der Dolmetscher den Haftantrag der Behörde unter Hervorhebung der Umstände, aus denen die Behörde einen Haftgrund herleitet, einschließlich der in Bezug genommenen Vorgänge aus den vorgelegten Behördenakten (§ 417 Abs. 2 S. 3) übersetzt. Denn den Entscheidungen in Abschiebungshaftsachen liegen meist

---

[3] BGH FGPrax 2010, 153, 154.
[4] EGMR InfAuslR 2001, 109.
[5] NJW 2004, 50.
[6] OLG Celle StV 2005, 452; OLG München NJW-RR 2006, 1511; Meyer-Ladewig, Art. 6 Rn 96 b.
[7] BVerfGE 64, 135 = NJW 1983, 2762.
[8] EGMR NJW 1979, S. 1091, 1092.
[9] EGMR Urt. v. 19. 12. 1989 ÖJZ 1990, 412, 415 Kamasinski/Österreich.

wesentlich übersichtlichere Sachverhalte als in Strafsachen zugrunde. Der Betroffene wird nicht überfordert, wenn ihm bei seiner persönlichen Anhörung eröffnet wird, auf welche vielfach als typisch anzusehenden Gründe (etwa unerlaubte Einreise, Untertauchen) der Haftantrag gestützt wird und ihm dazu Gelegenheit zur Stellungnahme in seiner Heimatsprache gegeben wird. Einer zusätzlichen schriftlichen Übersetzung von Verfahrensdokumenten in die Heimatsprache des Betroffenen bedarf es dann nicht mehr.[10] Dies gilt auch für den Inhalt der vorgelegten Behördenakten.

Dem Betroffenen wird das Recht eingeräumt werden müssen, dass ihm die gerichtliche Entscheidung samt Rechtsmittelbelehrung in seine Heimatsprache übersetzt wird, um sich entscheiden zu können, ob ein Rechtsmittel eingelegt werden soll. Dafür kann es jedoch ausreichen, wenn der Beschluss des Gerichts dem anwesenden Betroffen mündlich verkündet und die Bekanntgabe nicht nur auf die Beschlussformel beschränkt wird (§ 41 Abs. 2 S. 1), sondern zugleich auch die wesentlichen Entscheidungsgründe mündlich eröffnet und samt Rechtsmittelbelehrung von dem Dolmetscher übersetzt werden.[11]

Aus dem Rechtsgedanken des Art. 6 Abs. 3 lit. e EMRK (unentgeltliche Unterstützung durch einen Dolmetscher) folgt zusätzlich, dass von der Erhebung von gerichtlichen Auslagen, die durch die Zuziehung eines Dolmetschers entstanden sind, gem. § 81 Abs. 1 S. 2 abzusehen ist.[12] Dem Betroffenen steht ferner in Anlehnung an die Entwicklung der Rechtsprechung im Strafverfahren[13] ein Anspruch auf Übernahme von Dolmetscherkosten für vorbereitende Gespräche mit seinem Rechtsanwalt zu, soweit dies im Rahmen der Verständigungsmöglichkeiten und im Umfang nach sachlich zwingend erforderlich ist. Der Anspruch ist nicht von der Bewilligung von Prozesskostenhilfe für den Betroffenen abhängig. Er hat einen Anspruch darauf, dass das Gericht der Hauptsache ihm nach sachlicher Prüfung der Erforderlichkeit vor einem solchen Gespräch eine Kostenzusage für die Zuziehung eines Dolmetschers erteilt.[14] Auch ohne vorherige Übernahmeerklärung kann der Anspruch im Kostenfestsetzungsverfahren geltend gemacht werden, unterliegt dann allerdings der Nachprüfung im Hinblick auf die sachliche Erforderlichkeit der Zuziehung eines Dolmetschers.[15]

Verfahrenspfleger

§ 419 (1) Das Gericht hat dem Betroffenen einen Verfahrenspfleger zu bestellen, wenn dies zur Wahrnehmung seiner Interessen erforderlich ist. Die Bestellung ist insbesondere erforderlich, wenn von einer Anhörung des Betroffenen abgesehen werden soll.

(2) Die Bestellung eines Verfahrenspflegers soll unterbleiben oder aufgehoben werden, wenn die Interessen des Betroffenen von einem Rechtsanwalt oder einem anderen geeigneten Verfahrensbevollmächtigten vertreten werden.

(3) Die Bestellung endet, wenn sie nicht vorher aufgehoben wird, mit der Rechtskraft des Beschlusses über die Freiheitsentziehung oder mit dem sonstigen Abschluss des Verfahrens.

(4) Die Bestellung eines Verfahrenspflegers oder deren Aufhebung sowie die Ablehnung einer derartigen Maßnahme sind nicht selbständig anfechtbar.

(5) Für die Vergütung und den Aufwendungsersatz des Verfahrenspflegers gilt § 277 entsprechend. Dem Verfahrenspfleger sind keine Kosten aufzuerlegen.

I. Normzweck

Die Vorschrift etabliert das Rechtsinstitut der Verfahrenspflegschaft in umfassender Form für das Freiheitsentziehungsverfahrensrecht. Sie knüpft an die bisherige Vorschrift in § 5

---

[10] BGH FGPrax 2010, 154, 156 = InfAuslR 2010, 246.
[11] Vgl. OLG Frankfurt NJW 2005, 299: Nach § 16 Abs. 3 FGG musste die zu übersetzende Bekanntgabe gegenüber Anwesenden zwingend auch die Begründung der Entscheidung der Entscheidung umfassen.
[12] BGH FGPrax 2010, 154, 156 = InfAuslR 2010, 246.
[13] BGHSt 46, 178 = NJW 2001, 309.
[14] OLG Celle StV 2005, 452; OLG München NJW-RR 2006, 1511.
[15] BVerfG NJW 2004, 50.

Abs. 2 S. 2 FEVG an, die ihrem Wortlaut nach allerdings auf einen sehr engen Anwendungsbereich, nämlich die Fälle beschränkt war, in denen ausnahmsweise von der persönlichen Anhörung des Betroffenen abgesehen werden durfte. Die Vorschrift wurde jedoch bereits bisher über ihren Wortlaut hinaus umfassend für anwendbar gehalten in den Fällen, in denen der Betroffene aus persönlichen Gründen zur Wahrnehmung seiner Interessen in dem Verfahren selbst nicht hinreichend in der Lage ist.[1] Diese Entwicklung nimmt § 419 auf und gestaltet die Verfahrenspflegschaft in Anlehnung an die parallelen Vorschriften im Betreuungs- und Unterbringungsverfahrensrecht (§§ 276, 317).

2 Der Normzweck der Vorschrift besteht ausschließlich in der Gewährleistung des rechtlichen Gehörs (Art. 103 Abs. 1 GG) für den Betroffenen: Diesem soll dort, wo er aus persönlichen Gründen seine Interessen selbst nicht mehr angemessen wahrnehmen kann, eine Person zur Seite gestellt werden, die aus der objektiven Sicht eines Dritten dafür Sorge trägt, dass die Vorstellungen und Interessen des Betroffenen in dem Verfahren zur Geltung gebracht werden können (vgl. § 276 Rn 2).

3 Das FamFG hat damit gleichzeitig einer an § 140 StPO angelehnten Lösung in der Form der Beiordnung eines „Pflichtanwalts" eine Absage erteilt.[2] Damit bleibt zugleich das Nebeneinander zwischen einer etwaigen Verfahrenspflegerbestellung und der anwaltlichen Vertretung des Betroffenen mit der Möglichkeit der Beiordnung des mandatierten Rechtsanwalts im Rahmen der Bewilligung von Verfahrenskostenhilfe (§§ 77, 78) bestehen. Der mittellose Betroffene, der nach seinen persönlichen Umständen zur Wahrnehmung seiner Interessen in dem Verfahren selbst in der Lage ist, bleibt deshalb darauf angewiesen, Verfahrenskostenhilfe nur erhalten zu können, wenn seine Rechtsverteidigung hinreichende Aussicht auf Erfolg bietet und er nach seinen persönlichen und wirtschaftlichen Verhältnissen die Anwaltskosten nicht tragen kann (§ 78 Abs. 1). Bereits nach bisheriger Rechtslage wurde der Verweis auf die Inanspruchnahme der Möglichkeit einer Anwaltsbeiordnung im Rahmen der Bewilligung von Prozesskostenhilfe als mit dem Gebot einer fairen Verfahrensführung für vereinbar gehalten.[3] Im Rahmen der in sich geschlossenen Neuregelung sowohl der Verfahrenskostenhilfe als auch der Verfahrenspflegschaft durch das FamFG soll eine weitergehende Möglichkeit der Anwaltsbeiordnung auch für Freiheitsentziehungssachen erkennbar ausgeschlossen werden.

II. Voraussetzungen der Bestellung eines Verfahrenspflegers

1. Grundnorm

4 Abs. 1 S. 1 der Vorschrift enthält die Grundnorm für die Bestellung eines Verfahrenspflegers. Die Bestellung hat zu erfolgen, wenn sie zur Wahrnehmung der Interessen des Betroffenen in dem Verfahren erforderlich ist. Die Formulierung bringt zum Ausdruck, dass die Bestellung zwingend zu erfolgen hat, ein Ermessen steht dem Gericht nicht zu. Die Ausgangslage für die Beurteilung der Erforderlichkeit im Einzelfall ist im Freiheitsentziehungsverfahrensrecht allerdings eine andere als im Betreuungs- und Unterbringungsrecht. Denn dort geht es um Maßnahmen, die wegen einer psychischen Erkrankung oder Behinderung des Betroffenen getroffen werden sollen, die aber zugleich auch seine Fähigkeit zur Wahrnehmung seiner Interessen in dem Verfahren beeinträchtigen können (vgl. § 276 Rn 3). Eine solche Überdeckung wird im Freiheitsentziehungsverfahren nur in den seltenen Fällen auftreten, in denen die Erforderlichkeit der Freiheitsentziehung speziell auf einer krankheitsbedingten Uneinsichtigkeit des Betroffenen beruht (etwa bei einer Maßnahme nach § 30 Abs. 2 IfSG). In den Fällen der Abschiebungshaft wird das Gericht demgegenüber im Regelfall von der uneingeschränkten Fähigkeit des Betroffenen zur Wahrnehmung seiner Interessen ausgehen können.[4]

---

[1] EGMR NJW 1992, 2945; Gusy NJW 1992, 457, 462; Marschner/Volckart § 5 FEVG Rn 8.
[2] Ebenso Marschner/Volckart/Lesting § 419 FamFG Rn 1; Bahrenfuss/Grotkopp § 419 Rn 1.
[3] BayObLG InfAuslR 2001, 343; InfAuslR 2001, 178.
[4] BT-Drucks. 16/6308 S. 291.

2. Regelbeispiel

Satz 2 ergänzt die Grundnorm durch ein Regelbeispiel, in dem die Bestellung eines **5** Verfahrenspflegers **zwingend** erforderlich ist. Es handelt sich um den Fall, dass nach § 420 Abs. 2 von der persönlichen Anhörung des Betroffenen abgesehen werden soll. Das Regelbeispiel ist damit zugleich Leitbild für die Erforderlichkeit der Bestellung eines Verfahrenspflegers im Rahmen der Grundnorm in allen anderen Fällen, in denen die Verfahrensgestaltung dazu führt, dass dem Betroffenen persönlich das rechtliche Gehör nicht vollständig gewährt werden kann. Der Bestellung eines Verfahrenspflegers ist deshalb entsprechend den im Betreuungsrecht entwickelten Grundsätzen auch dann zwingend erforderlich, wenn gem. § 423 davon abgesehen wird, dem Betroffenen die Gründe der gerichtlichen Entscheidung bekannt zu geben oder in entsprechender Anwendung der Vorschrift dem Betroffenen nicht der vollständigen Inhalt eines erstatteten Sachverständigengutachtens übergeben wird (vgl. näher § 276 Rn 6).

In den Fällen der Abschiebungshaft rechtfertigen sprachliche Verständigungsschwierig- **6** keiten allein die Bestellung eines Verfahrenspflegers nicht, diese müssen mit Hilfe der Zuziehung eines Dolmetschers im Anhörungstermin behoben werden (§ 185 GVG).[5] Die gegenteilige Auffassung[6] müsste dazu führen, dass in der überwiegenden Zahl der Verfahren betreffend die Anordnung von Abschiebungshaft allein wegen der Sprachschwierigkeiten des Betroffenen ohne weiteres ein Verfahrenspfleger bestellt werden müsste. Wird indessen bekannt (bspw. durch einen Hinweis der Justizvollzugsanstalt), dass der Betroffene ernsthaft in einer Weise erkrankt ist, die die Fähigkeit zur Wahrnehmung seiner Interessen als zweifelhaft erscheinen lässt, ist die Bestellung eines Verfahrenspflegers geboten.

3. Vorrang der Vertretung durch einen Verfahrensbevollmächtigten

Die Sollvorschrift des Abs. 2 ordnet das Absehen von der Pflegerbestellung bzw. deren **7** spätere Aufhebung an, wenn der Betroffene im Verfahren durch einen Rechtsanwalt oder einen anderen geeigneten Verfahrensbevollmächtigten vertreten wird. Wenn der Betroffene für seine Vertretung in dem Verfahren selbst Sorge trägt, besteht für die Bestellung eines Verfahrenspflegers kein Bedürfnis. Die Vertretung durch einen Rechtsanwalt hat deshalb auch dann Vorrang, wenn sie nur durch Beiordnung im Rahmen der Bewilligung von Verfahrenskostenhilfe (§§ 76, 78 Abs. 2) erfolgen kann. Die Beschränkung auf eine Sollvorschrift soll dem Gericht die Möglichkeit geben, in atypischen Fällen für eine ordnungsgemäße Vertretung des Betroffenen zu sorgen, wenn diese durch den von ihm bestellten Bevollmächtigten nicht gewährleistet erscheint, etwa bei einem häufigen Anwaltswechsel oder bei einem Interessenkonflikt (siehe § 276 Rn 15).

4. Auswahl der Person des Verfahrenspflegers

Die Auswahl der Person des Verfahrenspflegers steht im pflichtgemäßen Ermessen des **8** Gerichts. Eine nähere Vorschrift zur Ausübung dieses Ermessens enthält die gesetzliche Vorschrift nicht. In der Praxis wird regelmäßig nur die Bestellung eines Rechtsanwalts in Betracht kommen. Insbesondere in Abschiebungshaftsachen sind spezielle Rechtskenntnisse vor allem im Bereich der Haftvoraussetzungen erforderlich.

III. Bestellung des Verfahrenspflegers

Die Bestellung des Verfahrenspflegers erfolgt durch das Gericht in der Besetzung, die **9** auch zur Entscheidung in der Hauptsache berufen ist. Wegen der weiteren Einzelheiten der Form der Bestellung siehe die Erläuterungen bei § 276 Rn 21. Abs. 3 der Vorschrift regelt den Zeitraum der Wirksamkeit der Bestellung in Übereinstimmung mit den §§ 276 Abs. 5 und 317 Abs. 5: Die einmal erfolge Bestellung gilt bis zum Eintritt der Rechtskraft der Entscheidung oder bis zum sonstigen Abschluss des Verfahrens fort. Abgesehen von der Verfahrensbeendigung endet die Bestellung mit ihrer vorherigen Aufhebung durch das

---

[5] Prütting/Helms/Jennissen § 419 Rn 2; Bahrenfuss/Grotkopp § 419 Rn 2.
[6] Marschner/Volckart/Lesting § 419 FamFG Rn 3.

Gericht wegen veränderter Umstände, insbesondere anderweitiger Vertretung des Betroffenen durch einen geeigneten Verfahrensbevollmächtigten. Abs. 4 der Vorschrift schließt umfassend die selbständige Anfechtbarkeit der Entscheidungen über die Bestellung eines Verfahrenspflegers unabhängig von ihrem konkreten Inhalt aus (siehe dazu die ergänzenden Erläuterungen zu der inhaltsgleichen Vorschrift des § 276 Abs. 6, dort Rn 29).

IV. Rechtsstellung des Verfahrenspflegers

10   Die Rechtsstellung des Verfahrenspflegers unterliegt in Freiheitsentziehungssachen keinen Besonderheiten. Er wird mit seiner Bestellung gem. § 418 Abs. 2 selbständiger Verfahrensbeteiligter. Auf die weiteren Erläuterungen bei § 276 Rn 26 bis 28 wird verwiesen. § 419 Abs. 5 S. 1 verweist hinsichtlich des Anspruchs des Verfahrenspflegers auf Vergütung und Aufwendungsersatz auf die Regelung des § 277. S. 2 wiederholt die Regelung in § 276 Abs. 7, durch die eine Belastung des Verfahrenspflegers mit Verfahrenskosten ausnahmslos ausgeschlossen wird.

Anhörung; Vorführung

420 (1) **Das Gericht hat den Betroffenen vor der Anordnung der Freiheitsentziehung persönlich anzuhören. Erscheint er zu dem Anhörungstermin nicht, kann abweichend von § 33 Abs. 3 seine sofortige Vorführung angeordnet werden. Das Gericht entscheidet hierüber durch nicht anfechtbaren Beschluss.**

(2) **Die persönliche Anhörung des Betroffenen kann unterbleiben, wenn nach ärztlichem Gutachten hiervon erhebliche Nachteile für seine Gesundheit zu besorgen sind oder wenn er an einer übertragbaren Krankheit im Sinne des Infektionsschutzgesetzes leidet.**

(3) **Das Gericht hat die sonstigen Beteiligten anzuhören. Die Anhörung kann unterbleiben, wenn sie nicht ohne erhebliche Verzögerung oder nicht ohne unverhältnismäßige Kosten möglich ist.**

(4) **Die Freiheitsentziehung in einem abgeschlossenen Teil eines Krankenhauses darf nur nach Anhörung eines ärztlichen Sachverständigen angeordnet werden. Die Verwaltungsbehörde, die den Antrag auf Freiheitsentziehung gestellt hat, soll ihrem Antrag ein ärztliches Gutachten beifügen.**

I. Normzweck

1   Die Vorschrift regelt die Verfahrenshandlungen, die der abschließenden Entscheidung über die Anordnung der Freiheitsentziehung vorauszugehen haben. Im Vordergrund steht dabei die **persönliche Anhörung** des Betroffenen (Abs. 1 der Vorschrift). Die persönliche Anhörung dient nicht nur der Gewährung des rechtlichen Gehörs des Betroffenen. Ihr vorrangiger Zweck ist es, dem Richter einen unmittelbaren Eindruck von dem Betroffenen zu verschaffen und seine Kontrollfunktion im Hinblick auf das Vorliegen der gesetzlichen Voraussetzungen für die Freiheitsentziehung wahrnehmen zu können.[1] Die verfahrensrechtliche Gewährleistung der persönlichen Anhörung des Betroffenen hat eine zusätzliche verfassungsrechtliche Dimension. Nach Art. 104 Abs. 1 S. 1 GG darf die in Art. 2 Abs. 2 S. 2 GG gewährleistete Freiheit der Person nur aufgrund eines förmlichen Gesetzes und nur unter Beachtung der darin vorgeschriebenen Formen beschränkt werden. Art. 104 Abs. 1 GG verstärkt den Gesetzesvorbehalt in Art. 2 Abs. 2 S. 3 GG für alle Freiheitsbeschränkungen, indem er neben der Forderung nach einem förmlichen Gesetz die Pflicht, die sich aus diesem Gesetz ergebenden Formvorschriften zu beachten, zum Verfassungsgebot erhebt. Die mündliche Anhörung des Betroffenen vor der Entscheidung über die Freiheitsentziehung gehört zu den bedeutsamen Verfahrensgarantien, deren Beachtung Art. 104 Abs. 1 GG fordert und mit grundrechtlichem Schutz versieht, und ist Kernstück der Amtsermittlung im Freiheitsentziehungsverfahren. Das BVerfG hat klargestellt, dass dieser verfassungs-

---

[1] BVerfG NJW 2009, 2659; NJW 1990, 2309/2310; BVerfGE 58, 208 = NJW 1982, 691; OLG Hamm FGPrax 2001, 212/213; OLG Karlsruhe NJW-RR 2000, 1172, 1173; OLG München OLGR 2006, 113 = BeckRS 2005, 12822.

rechtliche Zusammenhang nicht nur für Unterbringungsverfahren (§ 312) gilt (siehe dazu § 319 Rn 1), sondern in derselben Weise auch Freiheitsentziehungsverfahren betrifft.[2]

Das Unterbleiben der verfahrensrechtlich gebotenen mündlichen Anhörung drückt wegen deren grundlegender Bedeutung einer gleichwohl angeordneten Freiheitsentziehung den Makel der Rechtswidrigkeit auf, der auch durch Nachholung der persönlichen Anhörung nicht getilgt werden kann.[3] Eine darauf beruhende Rechtswidrigkeit der Maßnahme kann auch nach Beendigung der Freiheitsentziehung Gegenstand eines Feststellungsantrags sein (siehe § 62 und die dortigen Erläuterungen). 2

Zwingend erforderlich ist die persönliche Anhörung des Betroffenen **vor** jeder instanzabschließenden Entscheidung, durch die eine Freiheitsentziehung angeordnet wird.[4] Dies folgt für § 420 mit Deutlichkeit zusätzlich aus dem Ablauf des Gesetzgebungsverfahrens. Der Rechtsausschuss hatte die Einfügung eines Absatzes 2 in § 420 vorgeschlagen, der es ermöglichen sollte, von der vorherigen Anhörung des Betroffenen abzusehen, wenn sie den Zweck der Haftanordnung gefährden würde; die Anhörung sei unverzüglich nachzuholen.[5] Diesen Vorschlag hat der Bundestag aufgrund eines weiteren Änderungsantrags aus dem Kreis der Abgeordneten[6] bewusst nicht übernommen. 3

Die Pflicht zur persönlichen Anhörung des Betroffenen gilt auch für jede Verlängerung der Freiheitsentziehung gem. § 425 Abs. 1.[7] Erforderlich ist eine persönliche Anhörung des Betroffenen ferner bei einer grundlegenden Umgestaltung der Haftanordnung, die zu einem zeitlich weiter hinausgeschobenen Hafteende führt, etwa bei einer zunächst im Anschluss an eine bestehende Untersuchungshaft angeordneten Abschiebungshaft, die später in einen im Anschluss an eine verbüßte Strafhaft zu vollziehenden Haftzeitraum umgewandelt wird.[8] Eine persönliche Anhörung ist im Verfahren auf Feststellung der Rechtswidrigkeit der Maßnahme nach ihrer Erledigung hingegen nicht zwingend erforderlich.[9] Zur persönlichen Anhörung im Aufhebungsverfahren siehe § 426 Rn 7; zur Wiederholung der persönlichen Anhörung im Beschwerdeverfahren vgl. § 68 Rn 59. 4

II. Durchführung der persönlichen Anhörung

1. Besetzung des Gerichts

Die persönliche Anhörung des Betroffenen ist grundsätzlich in der **Besetzung** mit dem bzw. den zur Entscheidung berufenen Richtern durchzuführen. Allerdings schließt § 420 im Gegensatz zu den Vorschriften der §§ 278 Abs. 3, 319 Abs. 4 die persönliche Anhörung des Betroffenen durch einen ersuchten Richter nicht aus. Eine solche Verfahrensweise kann deshalb nur dann unzulässig sein, wenn es für die Sachentscheidung auf den persönlichen Eindruck von dem Betroffenen ankommt.[10] Eine inhaltlich entsprechende Problematik stellt sich bei der Frage, ob Grundlage einer Beschwerdeentscheidung eine persönliche Anhörung des Betroffenen sein kann, die ein Mitglied der Zivilkammer des Landgerichts aufgrund Beauftragung durch den Spruchkörper durchgeführt hat. Der BGH[11] hat im letzteren Fall die Durchführung der Anhörung durch ein beauftragtes Kammermitglied für unbedenklich gehalten, indem er § 375 Abs. 1a ZPO über § 30 Abs. 2 für anwendbar erachtet und maßgebend darauf abgestellt hat, dass in der Sachentscheidung die Angaben des Betroffenen lediglich ihrem Inhalt nach verwertet und nicht auf Gesichtspunkte abge- 5

---

[2] BVerfG InfAuslR 2008, 308; InfAuslR 1996, 198 betr. die Anordnung von Abschiebungshaft.
[3] BVerfG Fn 1 sowie zuletzt insbesondere zu § 5 Abs. 1 S. 1 FEVG (jetzt: § 420 Abs. 1) InfAuslR 2008, 308, InfAuslR 2006, 462, InfAuslR 1996, 198; BGH InfAuslR 2010, 384; NVwZ 2010, 1318.
[4] BVerfG InfAuslR 1996, 198; BGH InfAuslR 2010, 384; NVwZ 2010, 1318.
[5] BT-Drs. 16/9733 S. 154.
[6] BT-Drs. 16/9831.
[7] OLG Köln FGPrax 2008, 136.
[8] OLG München NJW-RR 2006, 1505.
[9] OLG München FGPrax 2009, 38/40.
[10] Marschner/Volckart/Lesting § 420 FamFG Rn 2; Prütting/Helms/Jennissen § 420 Rn 4, MünchKomm-ZPO/Wendtland § 420 FamFG Rn 3 und SBW/Dodegge § 420 Rn 5 werten eine solche Verfahrensweise grundsätzlich als unzulässig.
[11] InfAuslR 2010, 384.

hoben worden ist, die nur mit einem unmittelbaren Eindruck von dem Verlauf der Anhörung sachgemäß hätten gewürdigt werden können.

6   Es bleiben indessen Zweifel, inwieweit in den alltäglichen Fällen, in denen aus dem Verhalten des Betroffenen Schlüsse auf eine etwaige Entziehungsabsicht (§ 62 Abs. 2 S. 1 Nr. 5 und Abs. 2 S. 3 AufenthG) gezogen werden müssen, die inhaltlichen Angaben des Betroffenen von seinem persönlichen Eindruck getrennt werden können, dessen Vermittlung der Zweck der persönlichen Anhörung gerade dient. Die Anhörung durch einen ersuchten oder beauftragten Richter bleibt deshalb eine verfahrensrechtliche Gratwanderung und sollte durch Abgabe des Verfahrens (§ 416 Rn 3) oder Übertragung der Sache auf den Einzelrichter (§ 68 Abs. 4) vermieden werden. Hinsichtlich der Zuziehung eines Dolmetschers zur Anhörung siehe § 418 Rn 7.

2. Anwesender Betroffener

7   Die persönliche Anhörung in Freiheitsentziehungssachen nach Abs. 1 besteht übereinstimmend mit § 278 Abs. 1 aus einem persönlichen, mündlichen Gespräch mit dem Betroffenen, in dem dieser Gelegenheit erhält, zu dem Antrag der Behörde und seiner Begründung Stellung zu nehmen und seine Sichtweise bestimmter Vorgänge darzustellen. Besondere Bedeutung gewinnt die persönliche Anhörung des Betroffenen etwa in Abschiebungshaftsachen, wenn es darum geht, aus konkreten äußeren Umständen des Einzelfalles den begründeten Verdacht auf einen Entziehungswillen im Sinne des § 62 Abs. 2 S. 1 Nr. 5 AufenthG zu schließen[12] oder umgekehrt bei Bestehen eines zwingenden Haftgrundes aus dem Verhalten den Schluss zu ziehen, dass er sich der Abschiebung offensichtlich nicht entziehen will (§ 62 Abs. 2 S. 3 AufenthG).[13] Eine unzureichende Durchdringungstiefe, die dazu führt, dass wesentliche für die Entscheidung bedeutsame Gesichtspunkte nicht angesprochen worden sind, begründet einen Verfahrensmangel im Bereich der Amtsermittlungspflicht (§ 26), rechtfertigt jedoch nicht die Annahme einer Nichtdurchführung der persönlichen Anhörung.[14]

8   Bei der Durchführung der Anhörung muss beachtet werden, dass der Betroffene einen Anspruch darauf hat, im Termin einen Beistand hinzuziehen (§ 12), insbesondere sich also durch einen Rechtsanwalt vertreten zu lassen. Ein Rechtsanwalt, der seine Bevollmächtigung bereits angezeigt hat, muss von dem Anhörungstermin benachrichtigt werden.[15] Dem Verfahrensbevollmächtigten muss unter denselben Voraussetzungen wie dem Betroffenen (vgl. § 417 Rn 5) der Haftantrag der Behörde abschriftlich übermittelt werden und ihm so Gelegenheit gegeben werden, den Haftantrag zu prüfen und sich mit seinem Verfahrensbevollmächtigten zu besprechen.[16] Dies gilt auch dann, wenn der Betroffene nach einer spontanen Ingewahrsamnahme durch die Behörde im Sinne des § 62 Abs. 4 AufenthG unverzüglich dem Richter vorgeführt wird. Erklärt der Betroffene bei seiner Anhörung, dass er Erklärungen nur im Beistand eines bestimmten Rechtsanwalts seines Vertrauens abgeben wolle, muss ihm diese Möglichkeit in einem weiteren Termin eingeräumt werden. Es bleibt dann nur die Möglichkeit, auf besonderen Antrag der Behörde (siehe dazu § 417 Rn 2) im Wege der einstweiligen Anordnung eine vorläufige Freiheitsentziehung (§ 427 Abs. 1) anzuordnen und einen Folgetermin anzuberaumen.[17]

3. Vorführung des Betroffenen

9   Die Erzwingung der Anwesenheit des Betroffenen durch Vorführung regelt nunmehr § 420 Abs. 1 S 2 inhaltlich übereinstimmend mit dem bisherigen § 5 Abs. 1 S. 2 FEVG. Voraussetzung der Vorführungsanordnung ist lediglich, dass der Betroffene zu dem Anhörungstermin nicht erscheint. Inhaltlich wird dabei entsprechend dem bisherigen Wortlaut

---

[12] Vgl. dazu BGH FGPrax 2000, 130.
[13] OLG Hamm NVwZ 2003, Beilage Nr. I 4, 27.
[14] BGH FGPrax 2010, 261 = InfAuslR 2010, 381.
[15] BGH Beschl. v. 28. 4. 2011 – V ZB 118/10 = BeckRS 2011, 15315; OLG München FGPrax 2006, 233; OLG Celle InfAuslR 1999, 462.
[16] BGH Beschl. v. 28. 4. 2011 – V ZB 118/10 = BeckRS 2011, 15315.
[17] Prütting/Helms/Jennissen § 420 Rn 7.

("auf Vorladung") vorausgesetzt, dass der Betroffene trotz ordnungsgemäßer Ladung zu dem Anhörungstermin nicht erschienen ist. Wegen der regelmäßig bestehenden Eilbedürftigkeit der Sache soll die Vorführung sofort angeordnet werden können, ohne das aufwendige Verfahren nach § 33 Abs. 3 durchführen zu müssen.[18] Die Vorführungsanordnung ist nach Abs. 1 S. 3 der Vorschrift selbständig nicht anfechtbar.

4. Untergetauchter Betroffener

Kann in Abschiebungshaftsachen der Betroffene nicht vorgeführt werden, weil er untergetaucht ist, so darf eine abschließende Haftanordnung nicht getroffen werden. Materiellrechtlich lässt allerdings § 62 Abs. 2 S. 1 Nr. 2 AufenthG eine Anordnung der Haft gerade auch im Falle des Untertauchens zu.[19] Verfahrensrechtlich wurde zunächst die Auffassung vertreten, gegen den untergetauchten Betroffenen könne auch abschließend die Abschiebungshaft angeordnet werden, wenn auch mit der Maßgabe, dass die persönliche Anhörung nach seiner Ergreifung unverzüglich nachzuholen ist. Die ohne Anhörung getroffene Haftanordnung stehe dann von vornherein unter dem Vorbehalt, dass die nachträgliche Anhörung keine neuen entscheidungserheblichen Tatsachen erbringt. Ergeben sich solche, sei das Amtsgericht befugt, die Haftanordnung aufzuheben oder zu ändern.[20] An dieser Auffassung kann nicht mehr festgehalten werden, nachdem das BVerfG entschieden hat,[21] dass ausnahmslos eine abschließende Haftanordnung nur nach persönlicher Anhörung des Betroffenen ergehen und ohne diese lediglich wegen Gefahr im Verzug eine einstweilige Anordnung (jetzt § 427 Abs. 2) erlassen werden darf.[22] Für § 420 wird diese Auffassung zusätzlich durch den Ablauf des Gesetzgebungsverfahrens gestützt (siehe Rn 1). Zum Erlass einer einstweiligen Anordnung gegen einen untergetauchten Betroffenen siehe näher § 427 Rn 6.

III. Unterbleiben der persönlichen Anhörung (Abs. 2)

Die Voraussetzungen, unter denen ausnahmsweise von einer persönlichen Anhörung des Betroffenen abgesehen werden kann, ergeben sich nunmehr aus Abs. 2 der Vorschrift. Danach kann eine persönliche Anhörung des Betroffenen zunächst dann unterbleiben, wenn hiervon erhebliche Nachteile für seine Gesundheit zu besorgen sind. Wegen der besonderen Bedeutung, die § 420 der persönlichen Anhörung des Betroffenen zumisst, muss die Vorschrift in derselben Weise wie im Betreuungsverfahrensrecht eng verstanden werden; auf § 278 Rn 19 bis 22 wird verwiesen. Nach § 420 Abs. 2 kann von einer persönlichen Anhörung des Betroffenen ferner dann abgesehen werden, wenn er an einer übertragbaren Krankheit im Sinne des IfSG leidet. Die Vorschrift stellt nur auf die Erkrankung als solche, jedoch nicht auch darauf ab, ob eine Anhörungsmöglichkeit besteht, die eine Krankheitsübertragung zuverlässig ausschließt. Die Vorschrift sollte gleichwohl nicht so angewandt werden, dass in Freiheitsentziehungssachen nach dem IfSG von einer persönlichen Anhörung des Betroffenen generell abgesehen wird. Vielmehr sollte in erster Linie in Zusammenarbeit mit der Behörde bzw. dem Krankenhaus nach einer praktischen Möglichkeit gesucht werden, den Betroffenen unter Ausschluss einer Übertragungsgefahr für den Richter gleichwohl anzuhören. In beiden Fällen des § 420 Abs. 2 darf von der Anhörung nur auf der Grundlage eines Sachverständigengutachtens abgesehen werden, in dem die Erkrankung bzw. die gesundheitlichen Gefahren durch eine Anhörung festzustellen sind. Diese Feststellungen werden regelmäßig Teil des nach § 420 Abs. 4 zu erstattenden Sachverständigengutachtens sein. Unterbleibt die persönliche Anhörung des Betroffenen auf der Grundlage des § 420 Abs. 2, muss diesem nach § 419 Abs. 1 S. 2 ein Verfahrenspfleger bestellt werden.

---

[18] BT-Drs. 16/6308 S. 292.
[19] BGH NJW 1993, 3069.
[20] BayObLGZ 1996, 180 = FGPrax 1996, 240; 1991, 72; OLG Frankfurt NVwZ-Beilage 1996, 38.
[21] InfAuslR 1996, 198/200.
[22] KG FGPrax 1997, 74; Marschner/Volckart/Lesting § 420 FamFG Rn 4; Prütting/Helms/Jennissen § 420 Rn 5; SBW/Dodegge § 420 Rn 10.

IV. Anhörung weiterer Beteiligter (Abs. 3)

12 Nach Abs. 3 S. 1 der Vorschrift hat das Gericht neben dem Betroffenen auch diejenigen Personen anzuhören, die nach § 418 Abs. 1 und 2 kraft Gesetzes Verfahrensbeteiligte sind oder vom Gericht nach § 418 Abs. 3 als Verfahrensbeteiligte hinzugezogen worden sind. In der zweiten Alternative handelt es sich insbesondere um nahe Angehörige des Betroffenen. In Abschiebungshaftsachen steht die **Anhörung des Ehegatten** eines verheirateten Betroffenen im Vordergrund. Die Gesetzesbegründung[23] geht nicht näher darauf ein, in welchem Verhältnis die Neuregelung zu der bisherigen Vorschrift des § 5 Abs. 3 S. 2 FEVG steht. Die dort vorgesehene Anhörung des Ehegatten wurde in der dazu ergangenen Rechtsprechung als zwingend angesehen und hatte wie diejenige des Betroffenen in mündlicher Form zu erfolgen.[24] Für die Neuregelung ist davon auszugehen, dass die Hinzuziehung eines Angehörigen des Betroffenen als Verfahrensbeteiligter gem. § 418 Abs. 3 nur einen Sinn ergibt, wenn diesem dann auch Gelegenheit zur Stellungnahme zum Verfahrensgegenstand gegeben wird. Nach der in § 420 gewählten Formulierung ist diese Anhörung jedoch nicht in dem Sinn formgebunden, dass sie notwendig mündlich in einem Anhörungstermin erfolgen muss.[25] Denn der Wortlaut der Vorschrift unterscheidet deutlich zwischen der persönlichen Anhörung des Betroffenen einerseits (Abs. 1 S. 1) und der (schlichten) Anhörung der weiteren Beteiligten (Abs. 3) andererseits. Diese Differenzierung verwendet das FamFG auch im Betreuungs- und Unterbringungsverfahrensrecht (§§ 279, 320).

13 Andererseits muss berücksichtigt werden, dass im Einzelfall die persönliche Anhörung eines nahen Angehörigen auch aus **Gebot der Amtsermittlung** sein kann (§ 26). Ist bspw. in einer Abschiebungshaftsache zu prüfen, inwieweit das Gewicht von Verdachtsgründen im Hinblick eine Entziehungsabsicht durch bestehende Bindungen des Betroffenen zu seinem Ehegatten beeinflusst wird, ist eine sachgerechte Abwägung ohne persönliche Anhörung auch des Ehegatten des Betroffenen kaum möglich.[26] Die Beurteilung wird sich deshalb unter der Neuregelung von einer formellen Sicht mehr auf eine Gewichtung der Umstände des Einzelfalls verlagern.[27] War bspw. in einer Abschiebungshaftsache der verheiratete Betroffene bereits längere Zeit untergetaucht und hat dabei von seinem Ehegatten getrennt gelebt, wird von einer persönlichen Anhörung des Ehegatten abgesehen werden können. Wie bisher (§ 5 Abs. 3 S. 4 FEVG) kann nach S. 2 der Vorschrift die Anhörung weiterer Beteiligter unterbleiben, wenn sie nicht ohne erhebliche Verzögerung oder nicht ohne unverhältnismäßige Kosten möglich ist. Die Übernahme dieser Vorschrift hat jedoch im Kontext der Beteiligungsvorschrift des § 418 Abs. 3 wenig Sinn, weil das Gericht in einer solchen Lage bereits von einer Hinzuziehung des Angehörigen des Betroffenen als Verfahrensbeteiligten wird absehen können.

V. Erforderlichkeit eines Sachverständigengutachtens

14 Abs. 4 der Vorschrift betrifft eine weitere Verfahrensvoraussetzung für eine Freiheitsentziehung in einem abgeschlossenen Teil eines Krankenhauses. Der Sache nach handelt es sich dabei um Verfahren nach dem IfSG. Die Freiheitsentziehung darf in diesen Fällen nach S. 1 nur „nach Anhörung" eines ärztlichen Sachverständigen angeordnet werden. Gemeint ist eine sachverständige Stellungnahme zu den sachlichen Voraussetzungen der Freiheitsentziehung (§ 30 Abs. 2 IfSG), die nicht notwendig mündlich, sondern auch schriftlich abgegeben werden kann (vgl. näher § 284 Rn 3). Das Sachverständigengutachten muss vom Gericht angefordert werden. Zwar hat nach S. 2 der Vorschrift bereits die Behörde ihrem Antrag ein ärztliches Gutachten beizufügen. Es handelt sich dabei um ein Begründungselement (§ 23 Abs. 1) für den Antrag auf Freiheitsentziehung. Dieses kann die An-

---

[23] BT-Drs. 16/6308 S. 292.
[24] KG FGPrax 1995, 83; OLG Celle InfAuslR 2005, 423; OLG Düsseldorf InfAuslR 1995, 208; OLG München AuAS 2006, 269.
[25] Marschner/Volckart/Lesting § 420 FamFG Rn 12; Prütting/Helms/Jennissen § 420 Rn 20.
[26] OLG Celle InfAuslR 2005, 423 zu § 5 Abs. 3 S. 2 FEVG
[27] A. A. Bahrenfuss/Grotkopp: Die Anhörung des Ehegatten sei unabhängig davon zwingend, ob sich die Erheblichkeit seiner Angaben erkennen lässt.

hörung des Sachverständigen durch das Gericht (S. 1) nicht ersetzen.[28] Das Gericht ist jedoch nicht gehindert, denselben Sachverständigen zu beauftragen, insbesondere wenn es sich um den leitenden Arzt der Einrichtung handelt, in der der Betroffene behandelt wird. Der Sachverständige kann dann in seinen Ausführungen auf sein bisheriges Gutachten Bezug nehmen und seine Stellungnahme auf den aktuellen Stand der Behandlung des Betroffenen beschränken.

Inhalt der Beschlussformel

421 Die Beschlussformel zur Anordnung einer Freiheitsentziehung enthält auch
1. die nähere Bezeichnung der Freiheitsentziehung sowie
2. den Zeitpunkt, zu dem die Freiheitsentziehung endet.

I. Normzweck

Die Vorschrift knüpft an die Regelung des § 323 an und beschränkt sich wie diese auf den Mindestinhalt des **Beschlusstenors**, hier der Entscheidung über die Anordnung einer Freiheitsentziehung. Die darüber hinaus erforderlichen Beschlusselemente leiten sich aus den Regelungen des Allgemeinen Teils des FamFG ab; siehe dazu die Erläuterungen bei § 286 Rn 2, 11 bis 14. Bei der Anordnung von Abschiebungshaft muss ferner die Benachrichtigungspflicht gegenüber der konsularischen Vertretung des Heimatlandes des Ausländers beachtet werden (vgl. dazu näher § 432 Rn 2). 1

II. Tenorierung des Beschlusses

1. Bezeichnung der Freiheitsentziehung

Der Beschlusstenor muss zunächst eine nähere Bezeichnung der Freiheitsentziehungsmaßnahme enthalten. Es muss deshalb deutlich werden, um welche Art der Freiheitsentziehungsmaßnahme im Sinne des § 415 es sich handelt. Klargestellt werden muss, in welcher Einrichtung die Freiheitsentziehung vollzogen werden soll, also etwa in einem geschlossenen Teil eines Krankenhauses (§ 30 Abs. 2 IfSG), als Fortdauer einer polizeilichen Ingewahrsamnahme oder als ausländerrechtliche Haftmaßnahme (vgl. § 415 Rn 2). Die Bezeichnung in Verbindung mit der in der Begründung der Entscheidung anzugebenden Rechtsgrundlage bindet die für den Vollzug der Freiheitsentziehung verantwortliche (§ 422 Abs. 3) Behörde. Dieser obliegt zwar die Auswahl der konkreten Einrichtung, in der die Freiheitsentziehung vollzogen werden soll. Sie ist aber gehindert, ohne erneute richterliche Entscheidung die Art der Freiheitsentziehungsmaßnahme gegen eine andere auszutauschen, etwa einen nach § 30 Abs. 2 IfSG untergebrachten Ausländer später in Abschiebungshaft zu nehmen. 2

2. Bestimmung der Dauer der Freiheitsentziehung

Nach Nr. 2 der Vorschrift muss das Gericht den Zeitpunkt feststellen, in dem die Freiheitsentziehungsmaßnahme endet. Der Betroffene muss mit Ablauf der Frist zwingend entlassen werden, sofern die Maßnahme nicht zuvor gem. § 425 Abs. 2 verlängert wird. Die Fortdauer der Freiheitsentziehung bedarf zwingend einer gerichtlichen Anordnung, sei es auch nur als einstweilige Anordnung nach § 427. Das Gericht muss die Dauer der Freiheitsentziehung so bestimmen, dass sie kalendermäßig festgestellt werden kann. Aus Gründen der Klarstellung vorzuziehen und in der Praxis weitgehend üblich ist die Bestimmung eines Kalendertages, an dem die genehmigte oder angeordnete Freiheitsentziehung endet. Diese Verfahrensweise ist insbesondere deshalb vorzuziehen, weil bei einer nach Wochen oder Monaten bestimmten Frist sich Unsicherheiten bei der Fristberechnung insbesondere im Hinblick auf den Fristbeginn ergeben können. Denn die Frist ist nach der allgemeinen Vorschrift des § 16 Abs. 1 beginnend mit der Bekanntgabe der Entscheidung zu berechnen, 3

---

[28] Marschner/Volckart/Lesting § 420 FamFG Rn 16.

die für den Leiter der Einrichtung, in der die Unterbringung vollzogen wird, ohne Auswertung des Akteninhalts nicht festgestellt werden kann.[1] Siehe zu den weiteren Einzelheiten zur Bemessung der Frist und zu ihrer Berechnung die Erläuterung bei § 425 Rn 3 bis 8.

III. Begründung des Beschlusses

4   Die Begründung des Beschlusses darf sich nicht in formelhaften Wendungen erschöpfen, sondern muss erkennen lassen, dass das Gericht die gesetzlichen Voraussetzungen der Freiheitsentziehung eingehend geprüft hat und seine Entscheidung auf hinreichenden tatsächlichen Feststellungen (§ 26) beruht. Insbesondere darf sich das Gericht in Abschiebungshaftsachen nicht mit der Feststellung eines Haftgrundes nach § 62 Abs. 2 AufenthG begnügen, sondern muss darüber hinaus nähere eigenständige Feststellungen dazu treffen, dass die Behörde mögliche haftvermeidende Vorbereitungen einer Abschiebung insbesondere während des Vollzugs einer anderweitigen Haft getroffen, nach der Haftanordnung die Abschiebung unter Wahrung des besonderen Beschleunigungsgebots betrieben und der Vollzug der Abschiebung innerhalb eines Zeitraumes von drei Monaten möglich ist (§ 62 Abs. 2 S. 4 AufenthG).[2]

Wirksamwerden von Beschlüssen

422 (1) **Der Beschluss, durch den eine Freiheitsentziehung angeordnet wird, wird mit Rechtskraft wirksam.**

(2) **Das Gericht kann die sofortige Wirksamkeit des Beschlusses anordnen. In diesem Fall wird er wirksam, wenn der Beschluss und die Anordnung der sofortigen Wirksamkeit**
1. **dem Betroffenen, der zuständigen Verwaltungsbehörde oder dem Verfahrenspfleger bekannt gegeben werden oder**
2. **der Geschäftsstelle des Gerichts zum Zweck der Bekanntgabe übergeben werden.**

Der Zeitpunkt der sofortigen Wirksamkeit ist auf dem Beschluss zu vermerken.

(3) **Der Beschluss, durch den eine Freiheitsentziehung angeordnet wird, wird von der zuständigen Verwaltungsbehörde vollzogen.**

(4) **Wird Zurückweisungshaft (§ 15 des Aufenthaltsgesetzes) oder Abschiebungshaft (§ 62 des Aufenthaltsgesetzes) im Wege der Amtshilfe in Justizvollzugsanstalten vollzogen, gelten die §§ 171, 173 bis 175 und 178 Abs. 3 des Strafvollzugsgesetzes entsprechend.**

I. Normzweck

1   Die Vorschrift entspricht inhaltlich dem bisherigen § 8 FEVG. Grundsätzlich wird danach als Sonderregelung zu § 40 Abs. 1 die Entscheidung über eine Freiheitsentziehungsmaßnahme erst mit Eintritt ihrer formellen Rechtskraft wirksam (Abs. 1). Gleichzeitig wird dem Gericht die Möglichkeit eröffnet, durch Anordnung der sofortigen Wirksamkeit (Abs. 2) einen sofortigen Vollzug der Freiheitsentziehungsmaßnahme herbeizuführen. Der Grundsatz, den Vollzug der Entscheidung bis zum Eintritt ihrer formellen Rechtkraft hinauszuschieben, dient der Gewährleistung des Rechtsschutzes des Betroffenen, geht jedoch an den materiell-rechtlichen Voraussetzungen für die Anordnung der Freiheitsentziehung vorbei, die im Hinblick auf die Intensität des Grundrechteingriffs jeweils einen solchen Grad der Gefährdung der zu schützenden Rechtsgüter voraussetzen, dass nach Einschätzung des entscheidenden Richters die Freiheitsentziehung auch sofort vollzogen werden muss.[1*] Sieht bspw. der Richter nach dem Ergebnis der Ermittlungen die durch konkrete Umstände belegte Gefahr gegeben, dass der Betroffene sich seiner Abschiebung

---

[1] Zur Umstellung der Bestimmung des Fristbeginns durch das FamFG gegenüber dem bisherigen Recht vgl. § 323 Rn 11.
[2] BVerfG NJW 2009, 2659, 2660; BGH FGPrax 2011, 41, 43 = InfAuslR 2011, 71, 73 f.
[1*] Zu der entsprechenden Situation im Unterbringungsverfahren vgl. § 324 Rn 1.

entziehen wird (§ 62 Abs. 2 S. 1 Nr. 5 AufenthG), so kann er die Abschiebungshaft nicht in der vom Gesetz vorgesehenen Regelform anordnen, weil damit gerechnet werden muss, dass der Betroffene den Zeitraum bis zum Eintritt der formellen Rechtskraft der Entscheidung nutzt, um seine Abschiebung zu vereiteln. Bei anderen Freiheitsentziehungsmaßnahmen (§ 30 Abs. 2 IfSG, Fortdauer polizeilichen Gewahrsams) liegen die Dinge im Kern gleich. Die in der Praxis nahezu ausnahmslos angeordnete sofortige Wirksamkeit der Entscheidung, durch die eine Freiheitsentziehungsmaßnahme angeordnet wird, ist deshalb nicht eine bedenkliche Ermessensausübung, sondern eine Konsequenz der materiell-rechtlichen Voraussetzungen der Entscheidung.

II. Grundsatz des Wirksamwerdens mit Rechtskraft (Abs. 1)

Nach dem Grundsatz des Abs. 1 wird der die Freiheitsentziehung anordnende Beschluss mit Eintritt seiner formellen Rechtskraft wirksam. Der Anwendungsbereich der Vorschrift betrifft sämtliche Entscheidungen, durch die eine Freiheitsentziehung angeordnet wird. Erfasst wird damit in Übereinstimmung mit der Vorgängerregelung in § 8 Abs. 1 S. 1 FEVG nur die positive Anordnung der Freiheitsentziehung, und zwar sowohl als Entscheidung in der Hauptsache als auch in der Form einer einstweiligen Anordnung (§ 427). Die Vorschrift ist demgegenüber nicht auf die Entscheidung anwendbar, durch die der Antrag der Behörde zurückgewiesen wird.[2] In diesem Punkt unterscheidet sich die Vorschrift von derjenigen des § 324 Abs. 1, die die Wirksamkeit sowohl der positiven wie der ablehnenden Entscheidung über die Genehmigung bzw. Anordnung einer Unterbringung vom Eintritt ihrer formellen Rechtskraft abhängig macht. Die Gründe, die den Gesetzgeber zu dieser unterschiedlichen Handhabung vergleichbarer Sachverhalte innerhalb desselben Gesetzes bewogen haben, bleiben im Dunkeln.[3]

Die praktischen Auswirkungen sind gering, zeigen sich indessen, wenn das Beschwerdegericht in Abänderung der erstinstanzlichen Entscheidung den Antrag der Behörde auf Anordnung der Freiheitsentziehung zurückweist. Die ablehnende Entscheidung des Beschwerdegerichts wird nach den §§ 69 Abs. 3, 40 Abs. 1 mit deren Bekanntgabe sofort wirksam, ohne dass es – im Gegensatz zum Anwendungsbereich des § 324[4] – der Anordnung der sofortigen Wirksamkeit der Entscheidung bedarf. Zu den Folgeproblemen beim Widerruf einer Aussetzung der Vollziehung vgl. § 424 Rn 9.

III. Wirksamwerden bei Anordnung der sofortigen Wirksamkeit (Abs. 2)

Abs. 2 S. 1 der Vorschrift stellt es in das Ermessen des Gerichts, die sofortige Wirksamkeit anzuordnen und auf diese Weise das Wirksamwerden seiner Entscheidung zeitlich vorzuverlegen. Zur Ausübung dieses Ermessens siehe Rn 1. Die Anordnung der sofortigen Wirksamkeit ist Teil der Sachentscheidung und muss durch Beschluss (§ 38) ausdrücklich getroffen werden. Zur Möglichkeit der Auslegung des Beschlusstenors im Hinblick auf die Anordnung der sofortigen Wirksamkeit siehe § 324 Rn 3.

Der nachfolgende **Satz 2** der Vorschrift regelt, wie im Fall der Anordnung der sofortigen Wirksamkeit der Beschluss des Gerichts wirksam wird. In diesem Zusammenhang erfasst **Nr. 1** der Vorschrift insbesondere die Verfahrenssituation einer persönlichen Anhörung des Betroffenen, die nach Auffassung des Gerichts zu dem Ergebnis der Anordnung einer sofort zu vollziehenden Freiheitsentziehung führt (siehe dazu bereits § 287 Rn 12, 13): Bereits durch Verlesen der die Anordnung der sofortigen Wirksamkeit umfassenden Beschlussformel (§ 41 Abs. 2 S. 1) gegenüber dem Betroffenen, seinem Verfahrenspfleger oder einem Vertreter der antragstellenden Behörde wird die Wirksamkeit der Entscheidung herbeigeführt. Ergänzend ermöglicht **Nr. 2** das Wirksamwerden durch Übergabe des Beschlusses an die Geschäftsstelle zum Zweck der Bekanntgabe. In allen Fällen muss eine schriftliche Bekanntgabe des vollständigen Beschlussinhalts an alle Beteiligten nachfolgen (§ 41 Abs. 2 S. 3), die die Beschwerdefrist erst in Lauf setzt (§ 63 Abs. 3).

---

[2] A. A. MünchKommZPO/Wendtland § 422 FamFG Rn 2.
[3] Die Begründung des Regierungsentwurfs (BT-Drs. 16/6308 S. 292) schweigt dazu.
[4] Vgl. § 324 Rn 2.

6   Schließlich muss im Fall der Anordnung der sofortigen Wirksamkeit der Urkundsbeamte der Geschäftsstelle nach **Abs. 2 S. 3** der Vorschrift den Zeitpunkt des Wirksamwerdens nach Maßgabe einer der beiden Varianten des Satzes 2 auf dem Beschluss vermerken.

IV. Vollzug der Freiheitsentziehung, Rechtsweg (Abs. 3 und 4)

7   **Abs. 3** der Vorschrift stellt klar, dass die angeordnete Freiheitsentziehung nicht durch die Justiz, sondern durch die antragstellende Behörde vollzogen wird. Diese bestimmt, ob, wann und wie lange innerhalb des zeitlichen Rahmens der gerichtlichen Anordnung die Freiheitsentziehung vollzogen werden soll.[5] Dementsprechend enthält § 422 wie bisher § 8 FEVG keine eigenständige Regelung des Rechtsverhältnisses zwischen dem Betroffenen und der Behörde während des Vollzugs der Freiheitsentziehung.

Lediglich **Abs. 4** der Vorschrift verweist für Fälle der Zurückweisungs- bzw. Abschiebungshaft (§§ 15, 62 AufenthG) auf die entsprechende Anwendung der §§ 171, 173 bis 175 und 178 Abs. 3 StVollzG, wenn diese Haftmaßnahme wie in den meisten Bundesländern im Wege der Amtshilfe **in Justizvollzugsanstalten vollzogen** wird. Einzelmaßnahmen des Vollzugs sind dann mit dem Antrag auf gerichtliche Entscheidung nach **§ 109 StVollzG** anfechtbar, über den eine Strafvollstreckungskammer des zuständigen Landgerichts zu entscheiden hat (§ 110 StVollzG). Über eine Aussetzung der Vollziehung auch in der Form einer Beurlaubung bis zu einer Woche ist demgegenüber aufgrund der abschließenden Sondervorschrift des § 424 Abs. 1 im Freiheitsentziehungsverfahren zu entscheiden (vgl. näher § 424 Rn 2). Eine Sonderregelung über zulässige Beschränkungen während einer Unterbringung nach § 30 Abs. 2 IfSG besteht in § 30 Abs. 3 IfSG.

8   Die gesetzliche Unterscheidung zwischen dem Verfahren der freiwilligen Gerichtsbarkeit, in dem eine Freiheitsentziehung angeordnet worden ist, und dem anschließenden **Verwaltungsvollzug in der Verantwortung der antragstellenden Behörde** führt im Grundsatz dazu, dass Einzelmaßnahmen des Vollzugs nicht Entscheidungsgegenstand des Freiheitsentziehungsverfahrens sein können. Sofern keine Sonderzuweisung besteht (siehe Rn 7), ist deshalb nach **§ 40 Abs. 1 VwGO** der Rechtsweg zu den Verwaltungsgerichten eröffnet. Vollzugsangelegenheiten sind konkrete Einzelmaßnahmen, die etwa die Unterbringung, den Schriftverkehr, die Gesundheitsfürsorge, Freizeitgestaltung oder Aufrechterhaltung von Sicherheit, Ordnung oder Disziplin, also die Art und Weise (das „Wie") des Vollzugs betreffen.[6]

9   Im Freiheitsentziehungsverfahren ist immer dann zu entscheiden, wenn es um den **Fortbestand der Freiheitsentziehung** als solche (das „Ob") geht, und zwar auch unter dem Aspekt einer nachträglichen Aufhebung nach § 426 im Hinblick auf einen etwaigen nachträglichen Wegfall ihrer Voraussetzungen.[7] Deshalb kann der Betroffene nicht im Rechtsweg zu den Verwaltungsgerichten einen Antrag verfolgen, die Behörde zu verpflichten, ihn aus der Abschiebungshaft zu entlassen bzw. ihren darauf gerichteten Antrag zurückzunehmen.[8]

Kommt es bei einer polizeilichen Ingewahrsamnahme nicht zu einer richterlichen Entscheidung über die Fortdauer der Maßnahme und ist nachträglich über die Rechtmäßigkeit der Maßnahme zu entscheiden (§ 62), so kann es allerdings geboten sein, zur Gewährleistung effektiven Rechtsschutzes (Art. 19 Abs. 4 GG) die Zuständigkeit des Gerichts der freiwilligen Gerichtsbarkeit **kraft Sachzusammenhangs** auch auf die Überprüfung des Vollzugs des Gewahrsams zu erstrecken;[9] siehe dazu näher bei § 428 Rn 9.

V. Ende der Wirksamkeit

1. Grundsatz

10 Die Wirksamkeit der Entscheidung, durch die eine Freiheitsentziehungsmaßnahme genehmigt oder angeordnet worden ist, endet mit Ablauf der in ihr bestimmten Frist für die

---

[5] BayObLG NJW 1975, 2147; BayObLG DÖV 1974, 641; OLG Frankfurt InfAuslR 1995, 11.
[6] OVG Bremen NVwZ-RR 2009, 38; VGH Mannheim Justiz 2007, 220; KG InfAuslR 1985, 9.
[7] OLG Zweibrücken InfAuslR 2008, 456 = BeckRS 2008, 17950.
[8] OVG Lüneburg InfAuslR 2007, 246; OVG Münster InfAuslR 2007, 110.
[9] BVerfG NVwZ 2006, 579.

Maßnahme (§ 425 Abs. 2) oder vorher durch nachträgliche Aufhebung der Maßnahme (§ 426 Abs. 1). Die gerichtliche Entscheidung wird aber auch dann wirkungslos, wenn die Freiheitsentziehung tatsächlich nicht mehr vollzogen wird unabhängig von dem Grund, der zur tatsächlichen Beendigung der Unterbringung geführt hat: Sowohl ein **Entweichen** des Betroffenen[10] als auch seine **Entlassung** führen zur Gegenstandslosigkeit der gerichtlichen Entscheidung. Diese bislang gefestigte Rechtsprechung[11] führt zu der Konsequenz, dass eine Fortsetzung der Freiheitsentziehung eine erneute gerichtliche Entscheidung erfordert, die die Voraussetzungen für die Fortdauer der Maßnahme aktuell feststellen muss. Die Erforderlichkeit der richterlichen Kontrolle der Voraussetzungen der Freiheitsentziehung kann es nicht zulassen, dass es der Behörde gestattet wird, den Betroffenen nach eigenem Ermessen zu entlassen und später wieder in die freiheitsentziehende Einrichtung zurückzubringen. Die verfahrensrechtliche Möglichkeit einer Aussetzung der Freiheitsentziehungsmaßnahme ist in § 424 sowohl in der Gewährung der Aussetzung als auch in ihrem Widerruf jeweils an eine gerichtliche Entscheidung gebunden (siehe im Einzelnen die Erläuterungen dort).

2. Sondervorschriften

Zwei gesetzliche Sondervorschriften regeln eine Beendigung der Freiheitsentziehung in der Weise, dass diese automatisch kraft Gesetzes eintritt, wenn die Voraussetzungen der jeweiligen Vorschrift gegeben sind. Es bedarf in diesen Fällen deshalb keiner Aufhebung der gerichtlichen Anordnung der Freiheitsentziehung. Vielmehr verliert die richterliche Haftanordnung ohne Weiteres ihre Wirksamkeit, so dass der Betroffene zwingend entlassen werden muss. Wird der Betroffene nicht entlassen, muss in einem ggf. noch anhängigen Beschwerdeverfahren gegen die Haftanordnung oder in einem Haftaufhebungsverfahren (§ 426) über die Beendigung der Haft entschieden werden.

a) § 14 Abs. 3 S. 3 AsylVfG. Nach dieser Vorschrift endet die Abschiebungshaft eines Betroffenen, der bei bereits bestehender Haft einen Asylantrag stellt, spätestens vier Wochen nach Eingang des Asylantrags bei dem Bundesamt, sofern nicht ein Wiederaufnahmeersuchen an einen Vertragsstaat der Schengen-Übereinkommen gerichtet worden ist oder vor Fristablauf der Asylantrag als unbeachtlich oder offensichtlich unbegründet abgelehnt wird. Der Bescheid des Bundesamtes muss dem Betroffenen bzw. seinem Bevollmächtigten vor Fristablauf bekanntgegeben worden sein.[12] Die Haftanordnung kann nicht wieder dadurch aufleben, dass nach Fristablauf ein Bescheid des Bundesamtes mit dem genannten Inhalt bekanntgegeben wird.[13] Die Frist ist sowohl von der Ausländerbehörde als auch der Justizvollzugsanstalt zu überwachen.[14]

b) § 62 Abs. 2 S. 5 AufenthG. Nach dieser Vorschrift bleibt die Sicherungshaft nach § 62 Abs. 2 S. 1 AufenthG im Falle des Scheiterns der Abschiebung nur dann bestehen, wenn dieses Scheitern von dem Betroffenen **zu vertreten** ist. Daraus folgt im Umkehrschluss, dass jede Haftanordnung bei einem Scheitern der Abschiebung unwirksam wird, es sei denn, der Betroffene hat das Scheitern zu vertreten.[15] Voraussetzung der Vorschrift ist, dass ein Abschiebungsversuch tatsächlich in Gang gesetzt worden ist, während eine Verlegung eines vorgesehenen Flugreisetermins zunächst aus organisatorischen Gründen nicht ausreicht.[16]

Ob ein Umstand, der zum Scheitern der Abschiebung geführt hat, von dem Betroffenen zu vertreten ist, sollte nach den Kriterien beurteilt werden, die im Rahmen des § 62 Abs. 2 S. 4 AufenthG für die Verzögerung der Abschiebung bereits anerkannt sind, also als eine

---

[10] Insoweit a. A. SBW/Dodegge § 422 Rn 11.
[11] BayObLGZ 1970, 197/202; OLG Hamm FGPrax 1999, 222 = FamRZ 2000, 1120; OLGZ 1970, 237; im Ausgangspunkt ebenso KG BeckRS 2005, 30366693 = OLGR 2006, 359.
[12] OLG Brandenburg FGPrax 2002, 278; OLG Düsseldorf Beschl. v. 17. 2. 2003 – 3 Wx 39/03 – zitiert nach Melchior Abschiebungshaft.
[13] OLG Saarbrücken FGPrax 2009, 283; OLG Köln FGPrax 2007, 297.
[14] OLG Köln FGPrax 2007, 297; OLG München Beschl. v. 2. 6. 2008 – 34 Wx 44/08 – zitiert nach Melchior Abschiebungshaft.
[15] OLG Frankfurt FGPrax 2009, 188; OLG Hamm OLGR 2009, 639 = BeckRS 2009, 20257; offen gelassen von BVerfG NVwZ 2011, 38.
[16] OLG München Beschl. v. 8. 10. 2009 – 34 Wx 64/09 – zit. nach juris.

Frage der Zurechnung, die nicht generell-abstrakt, sondern nach den Umständen des Einzelfalls zu beantworten ist.[17] Auf ein Verschulden des Betroffenen (wie etwa bei Widerstandshandlungen) kommt es deshalb nicht zwingend an. Deshalb können auch plötzlich auftretende oder geltend gemachte Krankheitssymptome dem Betroffenen zuzurechnen sein ebenso wie ein von ihm im Flughafenbereich gestellter Asylantrag, durch den sich die Behörde an dem weiteren Vollzug der Abschiebung einstweilen gehindert sieht, sofern dieser der Haftanordnung nicht entgegensteht (§§ 14 Abs. 3, 71 Abs. 8 AsylVfG).[18]

15 Ist das Scheitern der Abschiebung von der Behörde[19] oder von Dritten oder niemandem zu vertreten (bspw. fällt der geplante Flug ersatzlos aus oder muss wegen eines Defektes abgebrochen werden[20]), muss der Betroffene zwingend entlassen werden. Keinesfalls darf der Betroffene ohne eine Entscheidung des Gerichts im Hinblick auf einen in Aussicht genommen weiteren Abschiebungstermin in Haft gehalten werden. Der Behörde bleibt nach dem Scheitern der Abschiebung lediglich die Möglichkeit, den Betroffenen nach § 62 Abs. 4 AufenthG erneut in Gewahrsam zu nehmen und ihn dem nunmehr örtlich zuständigen Amtsgericht zur Entscheidung über einen weiteren Haftantrag vorzuführen. Verfahrensrechtlich ist ein solcher erneuter Haftantrag nicht ausgeschlossen. Materiell-rechtlich wird ein solcher Antrag keinen Erfolg haben können, wenn die Abschiebung aus Gründen scheitert, die von der Behörde zu vertreten sind, weil eine Verlängerung der Haft in einem solchen Fall unverhältnismäßig erscheint.[21] Ist das Scheitern der Abschiebung weder von dem Betroffenen noch von der Behörde zu vertreten, kommt eine erneute Haftanordnung durchaus in Betracht, wenn die bisherigen Haftgründe fortbestehen.

Absehen von der Bekanntgabe

423 Von der Bekanntgabe der Gründe eines Beschlusses an den Betroffenen kann abgesehen werden, wenn dies nach ärztlichem Zeugnis erforderlich ist, um erhebliche Nachteile für seine Gesundheit zu vermeiden.

I. Bekanntgabe der Entscheidung

1 Der Beschluss über den Antrag auf Anordnung der Freiheitsentziehung ist nach der allgemeinen Vorschrift des § 41 bekannt zu geben. Adressaten der Bekanntgabe sind diejenigen, die das Gericht gem. § 418 am Verfahren beteiligt hat.

II. Absehen von der Bekanntgabe

2 Von der Bekanntgabe der Gründe (nicht also auch der Beschlusselemente nach den §§ 38 Abs. 2, 421) an den Betroffenen kann nach § 423 abgesehen werden, wenn dies nach ärztlichem Zeugnis erforderlich ist, um erhebliche Nachteile für seine Gesundheit zu vermeiden. Die Vorschrift stimmt inhaltlich mit derjenigen des § 288 Abs. 1 überein; auf die Erläuterungen dort zu Rn 9 bis 11 wird verwiesen.

Aussetzung des Vollzugs

424 (1) ¹Das Gericht kann die Vollziehung der Freiheitsentziehung aussetzen. ²Es hat die Verwaltungsbehörde und den Leiter der Einrichtung vorher anzuhören. ³Für Aussetzungen bis zu einer Woche bedarf es keiner Entscheidung des Gerichts. ⁴Die Aussetzung kann mit Auflagen versehen werden.

(2) **Das Gericht kann die Aussetzung widerrufen, wenn der Betroffene eine Auflage nicht erfüllt oder sein Zustand dies erfordert.**

---

[17] BGH FGPrax 1996, 198 = NJW 1996, 2796.
[18] Vgl. die Fallkonstellation der Entscheidung OLG Düsseldorf FGPrax 2008, 89, in der über ein Vertretenmüssen des Betroffenen nicht zu entscheiden war.
[19] OLG Hamm, BeckRS 2009, 20257: Ein Behördenmitarbeiter vergisst bei der Abholung des Betroffenen dessen Heimreisepapiere in der JVA.
[20] OLG Frankfurt FGPrax 2009, 188.
[21] OLG Hamm, a. a. O.

I. Normzweck

Die Vorschrift ersetzt die bisherige Bestimmung des § 10 Abs. 3 FEVG, die lediglich die Möglichkeit einer „Beurlaubung" des Betroffenen durch das Gericht vorsah. Die Neufassung ist begrifflich bewusst an § 328 angelehnt[1] und sieht nunmehr vor, dass das Gericht die Vollziehung der Freiheitsentziehung ggf. durch die Verbindung mit Auflagen aussetzen kann (Abs. 1 S. 1 und 4). In diesem gewollten Gleichlauf der Vorschriften kommt deshalb dem Gericht nunmehr auch in Freiheitsentziehungssachen eine Entscheidungsbefugnis in einem Teilbereich der Vollziehung der Freiheitsentziehung zu, nämlich soweit es darum geht, ob bei fortbestehendem Anordnungsgrund unter Berücksichtigung des Grundsatzes der Verhältnismäßigkeit der weitere Vollzug der Maßnahme ausgesetzt werden kann. Es handelt sich der Sache nach um eine Entscheidung über haftverschonende Maßnahmen nach dem Vorbild des § 116 StPO.

Die Neufassung der Vorschrift weicht, ohne dass die Gesetzesbegründung[2] dies deutlich werden lässt, damit von der Konzeption der bisherigen Vorschrift des § 10 Abs. 3 FEVG in der Auslegung durch die Rechtsprechung ab. Danach wurde der gesamte Bereich der Vollziehung der angeordneten Freiheitsentziehung dem Verwaltungsvollzug zugeordnet. Das Gericht der freiwilligen Gerichtsbarkeit war demgegenüber auf die Entscheidung über die Anordnung der Freiheitsentziehung beschränkt, jedoch nicht befugt, den Vollzug der Freiheitsentziehung selbst wieder auszusetzen.[3] Diese Rechtsprechung kann unter Geltung des § 424 nicht fortgeführt werden, weil dem Gericht durch die neue Begriffsbildung in Anlehnung an § 116 StPO eine weitergehende Entscheidungsbefugnis eröffnet werden sollte.

Die Aussetzung der Vollziehung kann sowohl in einem gesonderten Verfahren angeordnet als auch sogleich mit der Anordnung der Freiheitsentziehung verbunden werden.[4] Deshalb kann auch das Beschwerdegericht unter Aufrechterhaltung der Anordnung der Maßnahme erstmals eine Aussetzung der Freiheitsentziehung anordnen.[5]

II. Behördliche und gerichtliche Aussetzung

1. Aussetzung bis zu einer Woche

Abs. 1 S. 3 behandelt nunmehr auch die Beurlaubung, nach deren Fristablauf die Freiheitsentziehung ohne weiteres fortzusetzen ist, als Aussetzung. Im Umfang bis zu einer Woche bedarf es dazu keiner gerichtlichen Entscheidung. Dies bedeutet, dass die antragstellende Behörde in diesem Umfang selbst eine Aussetzung gewähren kann. Die Behörde als Herrin des Verfahrens ist zwar allgemein befugt und bei Wegfall der Anordnungsvoraussetzungen verpflichtet, jederzeit die Entlassung des Betroffenen aus der Freiheitsentziehung zu veranlassen. Eine solche Entlassung führt indessen zum Verbrauch der gerichtlichen Anordnung mit der Folge, dass eine weitere Freiheitsentziehung eine erneute gerichtliche Entscheidung voraussetzt (vgl. § 425 Rn 3). Die Besonderheit im Falle des § 424 Abs. 1 S. 3 liegt deshalb darin, dass die befristete Aussetzung die gerichtliche Anordnung der Freiheitsentziehung fortbestehen lässt. Dies soll nur bei einer Aussetzung für einen beschränkten Zeitraum von einer Woche ermöglicht werden. Eine längere Aussetzung muss dem Gericht vorbehalten bleiben, weil sie zugleich Anlass zu der Prüfung gibt, ob die gesetzlichen Voraussetzungen für die Freiheitsentziehung weiterhin vorliegen und diese ggf. insgesamt nach § 426 aufzuheben ist. Deshalb ist von Bedeutung, dass die Behörde bei Bewilligung einer befristeten Aussetzung klarstellt, dass die Freiheitsentziehung nach Ablauf der Frist fortzusetzen ist.

Lehnt die Behörde eine befristete Aussetzung bis zu einer Woche ab, kann der Betroffene deren Ersetzung durch eine gerichtliche Entscheidung über eine Aussetzung nach § 424 beantragen. Nach bisherigem Recht wurde für die Anfechtung einer solchen ablehnenden

---

[1] BT-Drs. 16/6308 S. 293.
[2] BT-Drs. 16/6308 S. 293.
[3] BayObLG NJW 1975, 2147.
[4] AG Bremen InfAuslR 2009, 461.
[5] Marschner/Volckart/Lesting § 424 FamFG Rn 1; anders für das bisherige Recht BayObLG NJW 1975, 2147.

Entscheidung der Behörde der Verwaltungsrechtsweg für gegeben erachtet.[6] Nach § 424 ist demgegenüber nunmehr von einer umfassenden Entscheidungsbefugnis des Gerichts über eine Aussetzung der Freiheitsentziehung auszugehen.[7] Der Gesichtspunkt, dass nach Abs. 1 S. 3 eine gerichtliche Entscheidung bei einer bis zu einer Woche befristeten Aussetzung nicht erforderlich ist, schließt eine gerichtliche Entscheidung nicht aus, wenn eine solche Aussetzung von der Behörde abgelehnt wird. Auch der Sachzusammenhang mit der dem Gericht vorbehaltenen Entscheidung über eine weitergehende Aussetzung der Freiheitsentziehung spricht maßgebend für ein solches Verständnis der gesetzlichen Vorschrift.

2. Aussetzung der Vollziehung durch das Gericht (Abs. 1)

6   Nach Abs. 1 S. 1 der Vorschrift „kann" das Gericht die Vollziehung einer Freiheitsentziehung aussetzen. Die Aussetzung ist damit in das Ermessen des Gerichts gestellt.[8] Die Kriterien für diese Ermessenausübung können in Anlehnung an die §§ 328 FamFG, 116 StPO nur aus dem Grundsatz der Verhältnismäßigkeit entwickelt werden. Dabei muss berücksichtigt werden, dass eine Freiheitsentziehung – unabhängig von der Möglichkeit einer Aussetzung – nur angeordnet oder aufrecht erhalten werden darf, wenn ihre strengen Voraussetzungen auch weiterhin vorliegen. Eine Aussetzung der Vollziehung darf nicht dazu dienen, eine Freiheitsentziehung, deren strenge Voraussetzungen in Wahrheit nicht oder nicht mehr vorliegen, formal aufrecht zu erhalten, um auf den Betroffenen durch die Erteilung von Auflagen (Abs. 1 S. 4) und die Möglichkeit eines Widerrufs (Abs. 2 der Vorschrift) Druck auszuüben. Deshalb kann in der Praxis für die Möglichkeit einer Aussetzung der Vollziehung nur ein schmaler Anwendungsbereich bleiben. So wird bspw. in Abschiebungshaftsachen regelmäßig kein Raum für eine Aussetzung der Vollziehung unter Auflagen bestehen. Denn wenn das Gericht von einer Entziehungsabsicht des Betroffenen überzeugt ist (§ 62 Abs. 2 S. 1 Nr. 5 AufenthG), wird der Sicherungszweck der Haft einer Aussetzung entgegenstehen.[9] Anders kann es sich in Grenzfällen zwingender Haftgründe nach § 62 Abs. 2 S. 1 Nr. 1 und 2 AufenthG verhalten, in denen das Gericht sich zwar nicht davon überzeugen kann, dass sich der Betroffene der Abschiebung nicht entziehen will (§ 62 Abs. 2 S. 3 AufenthG), im Hinblick auf bestehende soziale Bindungen des Betroffenen und durch geeignete Auflagen die konkrete Entziehungsgefahr jedoch verringert werden kann.

3. Widerruf der Aussetzung (Abs. 2)

7   Abs. 2 der Vorschrift lässt den Widerruf der Aussetzung zu, wenn der Betroffene eine Auflage nicht erfüllt oder sein Zustand dies erfordert. Die Formulierung der Vorschrift folgt derjenigen in § 328 Abs. 2, ist aber bezogen auf die Vielgestaltigkeit von Freiheitsentziehungsmaßnahmen zu eng geschnitten. Der Zustand des Betroffenen – gemeint ist seine gesundheitliche Entwicklung – kann ein Widerrufgrund nur bei einer Freiheitsentziehung in einem abgeschlossenen Teil eines Krankenhauses sein. In anderen Fällen kann der mögliche Widerrufsgrund sich nicht auf die Nichterfüllung von Auflagen beschränken, zumal die Aussetzung der Vollziehung nicht notwendig mit der Erteilung von Auflagen verbunden werden muss (Abs. 1 S. 4 „kann"). Entscheidend muss in Anlehnung an § 116 Abs. 4 StPO allgemein sein, dass nachträglich Umstände eingetreten sind, die die bei der Aussetzung zugunsten des Betroffenen getroffene Prognoseentscheidung nicht mehr als gerechtfertigt erscheinen lassen.[10]

---

[6] LG Berlin InfAuslR 1999, 239; Marschner/Volckart § 10 FEVG Rn 3.
[7] A. A. Marschner/Volckart/Lesting § 424 FamFG Rn 3, SBW/Dodegge § 424 Rn 12, Bahrenfuss/Grotkopp § 424 Rn 2, Jennissen FGPrax 2009, 93/96 sowie in Prütting/Helms § 424 Rn 8, MünchKomm-ZPO/Wendtland § 424 FamFG Rn 5, die weiterhin den Verwaltungsrechtsweg für gegeben halten.
[8] Prütting/Helms/Jennissen § 424 Rn 2; MünchKommZPO/Wendtland § 424 FamFG Rn 4; a. A. Marschner/Volckart/Lesting § 424 FamFG Rn 2, SBW/Dodegge § 424 Rn 9, die von einer gebundenen Entscheidung an (ungeschriebene) tatbestandliche Voraussetzungen der Vorschrift ausgehen.
[9] BayObLGZ 1994, 155 = NVwZ 1994 Beilage 8, 64.
[10] Ebenso Marschner/Volckart/Lesting § 424 FamFG Rn 5.

4. Verfahren über Aussetzung und Widerruf

§ 424 enthält mit Ausnahme der Vorschrift in Abs. 1 S. 2 keine nähere Regelung über das Verfahren bei Aussetzung und Widerruf. Es handelt sich um eine Entscheidung, die im Rahmen des Freiheitsentziehungsverfahrens getroffen wird. Die besondere Verfahrensgarantie des § 420 ist in dem Verfahren auch dann nicht heranzuziehen, wenn eine Entscheidung zum Nachteil des Betroffenen getroffen wird (Ablehnung einer Aussetzung oder Widerruf einer Aussetzung). Denn es handelt sich nicht um eine Anordnung der Freiheitsentziehung, sondern um eine Folgeentscheidung zu einer bereits getroffenen Freiheitsentziehungsmaßnahme. Die sachlichen Voraussetzungen der zu treffenden Entscheidung sind im Rahmen der Amtsermittlungspflicht (§ 26) festzustellen. Lediglich für die Gewährung der Aussetzung der Vollziehung schreibt Abs. 1 S. 2 die Anhörung sowohl der Verwaltungsbehörde als auch des Leiters der Einrichtung zwingend vor. Vor einem Widerruf ist dem Betroffenen das rechtliche Gehör zu gewähren, regelmäßig wird seine persönliche Anhörung erforderlich sein.

5. Entscheidung des Gerichts; Beschwerde

Auf die Entscheidung, durch die die Aussetzung der Vollziehung widerrufen wird, ist § 422 entsprechend anzuwenden.[11] Allerdings beschränkt sich der Anwendungsbereich des § 422 auf die Anordnung einer Freiheitsentziehung (vgl. § 422 Rn 2), während der Widerruf lediglich die weitere Vollziehung der bereits angeordneten Freiheitsentziehung ermöglichen soll. Dieser Zusammenhang kann dafür sprechen, dass der Widerruf nur nach der allgemeinen Vorschrift des § 40 Abs. 1 durch Bekanntgabe an den Betroffenen wirksam werden kann.[12] Andererseits kann nicht angenommen werden, dass der Gesetzgeber dem Gericht die Möglichkeit einer wirksamen Widerrufsentscheidung gegenüber einem Betroffenen hat versagen wollen, der nach der Gewährung der Aussetzung untergetaucht ist und dem vor seinem Wiederaufgreifen eine gerichtliche Entscheidung nicht zugestellt werden kann. Einem solchen Ergebnis kann nur entgegengewirkt werden, indem der Widerruf der Aussetzung der erstmaligen Anordnung der Freiheitsentziehung gleichgestellt wird, zumal die Eingriffsintensität beider Entscheidungen für den Betroffenen dieselbe ist. Dies ermöglicht es dem Gericht, bei einem Widerruf der Aussetzung die sofortige Wirksamkeit der Entscheidung nach § 422 Abs. 2 anzuordnen und durch eine der dort genannten Möglichkeiten der Bekanntgabe den sofortigen Vollzug der Entscheidung herbeiführen zu können.

Die Entscheidung des Gerichts über die Gewährung bzw. Ablehnung einer Aussetzung bzw. über den Widerruf einer Aussetzung ist nach § 58 anfechtbar, weil es sich um eine instanzabschließende Entscheidung über diesen Verfahrensgegenstand handelt.[13] Für die Beschwerdebefugnis gilt § 429.

Dauer und Verlängerung der Freiheitsentziehung

425 (1) **In dem Beschluss, durch den eine Freiheitsentziehung angeordnet wird, ist eine Frist für die Freiheitsentziehung bis zur Höchstdauer eines Jahres zu bestimmen, soweit nicht in einem anderen Gesetz eine kürzere Höchstdauer der Freiheitsentziehung bestimmt ist.**

(2) ¹**Wird nicht innerhalb der Frist die Verlängerung der Freiheitsentziehung durch richterlichen Beschluss angeordnet, ist der Betroffene freizulassen.** ²**Dem Gericht ist die Freilassung mitzuteilen.**

(3) **Für die Verlängerung der Freiheitsentziehung gelten die Vorschriften über die erstmalige Anordnung entsprechend.**

---

[11] Marschner/Volckart/Lesting § 424 FamFG Rn 7.
[12] Prütting/Helms/Jennissen § 424 Rn 6.
[13] A. A. MünchKommZPO/Wendtland § 424 FamFG Rn 4.

I. Bestimmung der Dauer der Freiheitsentziehung

1   Abs. 1 der Vorschrift knüpft an die Regelung in § 421 Nr. 2 an, wonach das Gericht in seiner Entscheidung den Zeitpunkt zu bestimmen hat, zu dem die Freiheitsentziehungsmaßnahme endet. Die Befristung der Unterbringungsdauer zwingt das Gericht dazu, in bestimmten Zeitabständen die Erforderlichkeit der Fortdauer der Freiheitsentziehung aktuell zu überprüfen. In diesem Zusammenhang gibt § 425 Abs. 1 den zeitlichen Rahmen vor, innerhalb dessen das Gericht die Dauer der Freiheitsentziehung bestimmen kann. Abs. 1 sieht eine regelmäßige **Höchstfrist** von einem Jahr vor. Es handelt sich jedoch nur um eine Auffangregelung, die mit dem ausdrücklichen Hinweis auf den Vorrang spezialgesetzlicher Regelungen verbunden ist.[1] Für die Praxis von besonderer Bedeutung sind in diesem Zusammenhang die in § 62 Abs. 2 S. 4, Abs. 3 S. 1 und 2 AufenthG geregelten Voraussetzungen für die Anordnung von Abschiebungshaft, die über einen Zeitraum von drei bzw. sechs Monaten hinausgeht.

II. Tenorierung der Fristbestimmung (Abs. 1)

1. Allgemeines

2   Die **konkrete Bestimmung der Dauer der Freiheitsentziehung** ist Teil der Entscheidung und muss begründet werden (§ 38 Abs. 3). Der Leiter der Einrichtung muss auf der Grundlage der gerichtlichen Entscheidung das Ende der Dauer der Freiheitsentziehung berechnen, also den Tag bestimmen, an dem der Betroffene spätestens zu entlassen ist, wenn die Freiheitsentziehung nicht zuvor verlängert worden ist. Der grundgesetzlich garantierte Schutz der persönlichen Freiheit (Art. 2 Abs. 1, 104 GG) erfordert für Anordnung, Dauer und Vollzug einer Freiheitsentziehung eine klare und eindeutige Grundlage, dem durch die Formulierung in der gerichtlichen Entscheidung Rechnung getragen werden muss.[2]

2. Bezeichnung eines Kalendertages als Endzeitpunkt

3   Diesen Anforderungen wird hinreichend Rechnung getragen, wenn das Gericht entsprechend einer verbreiteten, nachdrücklich empfohlenen[3] Praxis in seiner Entscheidung den Kalendertag bestimmt, an dem die angeordnete Freiheitsentziehung endet. Eine Unterbrechung des so bestimmten Fristlaufs findet nicht statt. Wird der tatsächliche Vollzug der Unterbringung unterbrochen, etwa durch eine Entlassung, eine Aussetzung des Vollziehung oder eine anderweitige Freiheitsentziehung, so kann nicht etwa nach Eintritt des in der gerichtlichen Entscheidung bestimmten Endtermins quasi ein nicht verbrauchter Teil der Freiheitsentziehung noch nachträglich vollzogen werden.[4] Eine solche Unterbrechung des Fristlaufs ist im Gesetz nicht vorgesehen und widerspräche dem Sinn der Befristung, die erforderliche Dauer der Freiheitsentziehung sorgfältig zu bestimmen und nach deren Ablauf eine auf den aktuellen Zustand des Betroffenen bezogene Neuprüfung der Erforderlichkeit einer Verlängerung der Freiheitsentziehung zu gewährleisten. Dies gilt auch dann, wenn das Gericht einen Kalendertag als Endtermin in Kenntnis einer bereits anderweitig vollzogenen Freiheitsentziehung bestimmt hat. Sofern nicht eine entsprechende ausdrückliche Anordnung getroffen wird, kann eine solche Bestimmung nicht als Überhaft zu einer anderweitig vollzogenen Straf- oder Untersuchungshaft (siehe dazu näher Rn 4) verstanden werden.[5]

3. Bestimmung einer kalendermäßig zu berechnenden Frist (Überhaftfälle)

4   Wird die Frist nach Wochen oder Monaten bestimmt, so müssen Fristbeginn und Fristablauf nach § 16 berechnet werden. Fristbeginn ist also nach § 16 Abs. 1 die Bekanntgabe der Entscheidung. Bezogen auf die im Freiheitsentziehungsverfahren regelmäßig angeord-

---

[1] Bericht des Rechtsausschusses BT-Drs 16/9733 S. 299.
[2] BGHZ 109, 104 = NJW 1990, 1417.
[3] OLG Hamm OLGR 2007, 568.
[4] BGHZ 109, 104 = NJW 1990, 1417 unter Aufgabe von BGHZ 75, 375 = NJW 1980, 891; BayObLG NVwZ 1994 Beilage 8, 64; BayObLGZ 1998, 150; OLG Hamm NVwZ 1993, 814.
[5] OLG Hamm FGPrax 1995, 82 = NVwZ 1995, 825.

nete sofortige Wirksamkeit der Entscheidung ist dies derjenige Zeitpunkt, in dem die gerichtliche Entscheidung nach der zeitlich zuerst eingreifenden Tatbestandsalternative des § 422 Abs. 2 wirksam geworden ist (siehe dazu näher § 329 Rn 6). Die Berechnung der Frist erfolgt dann über die Verweisungskette in § 16 Abs. 2 FamFG, § 222 Abs. 1 ZPO, §§ 188 Abs. 2 S. 1, 187 Abs. 1 BGB. Danach endet die Frist mit dem Ablauf desjenigen Tages, der der Benennung oder seiner Zahl nach dem Tag entspricht, in dessen Verlauf die Frist begonnen hat.[6] Dies gilt auch dann, wenn Sicherungshaft (§ 62 Abs. 2 S. 1 AufenthG) gegen einen bereits untergetauchten Betroffenen angeordnet wird.[7]

Allerdings kann die Bestimmung einer kalendermäßig zu berechnenden Frist auch so getroffen werden, dass diese erst durch ein künftiges Ereignis in Lauf gesetzt wird. Auch in dieser Variante muss die Fristbestimmung insgesamt den Anforderungen einer klaren und eindeutigen Grundlage für die Dauer und den Vollzug der Freiheitsentziehung entsprechen.[8] Praktische Relevanz hat diese Art der Fristbestimmung insbesondere bei der Anordnung der Abschiebungshaft gegen einen Betroffenen, der sich bereits in Straf- oder Untersuchungshaft befindet. In der Rechtsprechung hat sich die Auffassung durchgesetzt, dass einem unabweisbaren Bedürfnis der Praxis dadurch Rechnung getragen werden kann, dass die Abschiebungshaft im Anschluss an eine im Zeitpunkt der Entscheidung bestehende Straf- oder Untersuchungshaft (als sog. Überhaft) angeordnet werden kann, weil mit Beendigung der bezeichneten Straf- bzw. Untersuchungshaft der Beginn der Abschiebungshaft in einer Weise feststeht, dass für deren Vollzug Zweifel nicht bestehen können.[9] Die verfahrensrechtliche Zulässigkeit einer solchen Haftzeitbestimmung setzt indessen weiter voraus, dass sie im Beschlusstenor ausdrücklich angeordnet wird, etwa durch die Bezeichnung „im Anschluss an die zur Zeit bestehende Untersuchungshaft" oder „als Überhaft zur derzeit bestehenden Untersuchungshaft" (siehe oben Rn 3 a. E.). Anknüpfungspunkt kann zudem nur eine solche anderweitige Haftmaßnahme sein, die zum Zeitpunkt der Anordnung der Abschiebungshaft bestanden hat und die das Gericht in seine Beurteilung, ob die Abschiebungshaft erforderlich ist, einbezogen hat.[10] Ist eine Abschiebungshaft zunächst nur im Anschluss an eine bestehende Untersuchungshaft angeordnet worden, so bewirkt eine spätere Abänderung der Entscheidung dergestalt, dass die Abschiebungshaft nunmehr im Anschluss an eine zwischenzeitlich verhängte Strafhaft zu vollziehen ist, eine grundlegende Umgestaltung der Haftanordnung mit einem zeitlich weiter hinausgeschobenen Haftende mit der Folge, dass ein förmliches Verlängerungsverfahren (Abs. 3 der Vorschrift) durchgeführt werden muss.[11] Befand sich etwa der Betroffene zum Zeitpunkt der erstinstanzlichen gerichtlichen Entscheidung in Untersuchungshaft, kann die Abschiebungshaft nicht etwa auch als Überhaft zu einer erwarteten, jedoch noch nicht verhängten Strafhaft des Betroffenen angeordnet werden.[12]

Von der verfahrensrechtlichen Zulässigkeit der Fristbestimmung zu unterscheiden ist die Frage, ob die materiell-rechtlichen Voraussetzungen für die Anordnung einer Freiheitsentziehung in der Form der Überhaft vorliegen. Befindet sich der Betroffene in Strafhaft, muss die Behörde vorrangig versuchen, in Zusammenarbeit mit der Staatsanwaltschaft bei einer nach § 456a Abs. 1 StPO zu treffenden Entscheidung den Entlassungstermin so festzulegen, dass der Betroffene unmittelbar aus der Strafhaft abgeschoben werden kann.[13] In gleicher Weise ist die Behörde verpflichtet, während einer bestehenden Untersuchungshaft des Betroffenen Vorbereitungen für seine Abschiebung zu treffen.[14]

Den Anforderungen der Rechtsprechung an die Eindeutigkeit der Fristbestimmung entspricht die Anordnung einer Abschiebungshaft gegen einen untergetauchten Ausländer,

---

[6] BayObLGZ 1998, 130; OLG Hamm FGPrax 1995, 82 = NVwZ 1995, 825.
[7] OLG Braunschweig InfAuslR 2009, 118.
[8] BGHZ 129, 383 = FGPrax 1995, 168.
[9] BGH FGPrax 2010, 154, 155 = InfAuslR 2010, 246; FGPrax 1995, 168; FGPrax 1995, 130; KG FGPrax 1995, 83; OLG Celle InfAuslR 2008, 136; OLG Frankfurt FGPrax 1995, 81.
[10] BGHZ 129, 383 = FGPrax 1995, 168; BayObLG InfAuslR 1992, 46.
[11] OLG München NJW-RR 2006, 1505.
[12] BGHZ 129, 383 = FGPrax 1995, 168; KG FGPrax 1995, 83.
[13] KG FGPrax 1995, 83; OLG Hamm OLGZ 1993, 175; OLG Karlsruhe InfAuslR 2007, 356.
[14] OLG Köln OLGR 2002, 364.

die im Anschluss an seine Ergreifung oder Inhaftierung zu vollziehen ist, nicht.[15] In solchen Fällen hilft nunmehr der Ausländerbehörde das Recht zur haftvorbereitenden Ingewahrsamnahme des Betroffenen bei seinem Wiederaufgreifen (§ 62 Abs. 4 AufenthG) weiter.

4. Berechnung von Höchstfristen

8   Die Berechnung der in der gerichtlichen Entscheidung ausgesprochenen Frist ist von der Frage der inhaltlichen Rechtmäßigkeit der Fristbestimmung zu unterscheiden. Schöpft das Gericht die Höchstfristen des § 425 Abs. 1 oder des § 62 Abs. 2 S. 2, Abs. 3 AufenthG bzw. bei einer einstweiligen Anordnung diejenige des § 427 Abs. 1 S. 2 aus, so muss durch die gerichtliche Entscheidung gewährleistet werden, dass diese Höchstfristen keinesfalls überschritten werden können. Dies ist praktikabel nur möglich, wenn das Gericht das Fristende auf einen Kalendertag bestimmt, der der Benennung oder der Zahl nach dem Kalendertag vorausgeht, an dem die Wirksamkeit der gerichtlichen Entscheidung eingetreten ist.[16]

III. Verfahren bei Fristablauf (Abs. 2)

9   Abs. 2 S. 1 der Vorschrift ordnet wie bisher § 9 Abs. 2 FEVG zur Klarstellung an, dass der Betroffene nach Ablauf der gerichtlich angeordneten Frist der Freiheitsentziehung zwingend von dem Leiter der Einrichtung zu entlassen ist, sofern nicht zuvor durch wirksamen Beschluss des Gerichts eine Verlängerung der Maßnahme angeordnet wird. Um eine entsprechende gerichtliche Kontrolle zu ermöglichen, schreibt Abs. 2 S 2 vor, dass das Gericht auch von einer solchen Regelentlassung nach Fristablauf zu unterrichten ist. Zu einer vorzeitigen Beendigung der Haft durch Ablauf der Frist des § 14 Abs. 3 S. 3 AsylVfG vgl. § 422 Rn 12.

IV. Verlängerung der Freiheitsentziehung

10   Nach Abs. 3 der Vorschrift gelten für die Verlängerung der Freiheitsentziehung die Vorschriften für die erstmalige Anordnung entsprechend. Das bedeutet, dass die Einleitung des Verfahrens eines **erneuten Antrags** der Behörde bedarf (§ 417). Die bisher in § 9 Abs. 1 FEVG vorgesehene Möglichkeit einer Verlängerung von Amts wegen ist in Konsequenz des Antragserfordernisses beseitigt worden.[17]

11   Im Übrigen sind sämtliche Verfahrensgarantien für die Erstentscheidung uneingeschränkt auch im Verlängerungsverfahren anzuwenden. Dies gilt insbesondere für die **zwingende persönliche Anhörung** des Betroffenen (§ 420). Im Hinblick darauf muss der Verlängerungsantrag von der Behörde rechtzeitig gestellt werden. Insbesondere kann die Kurzfristigkeit der Antragstellung nicht das Unterbleiben der persönlichen Anhörung des Betroffenen und in diesem Zusammenhang den Erlass einer einstweiligen Anordnung nach § 427 Abs. 2 rechtfertigen.[18]

12   Für das Verlängerungsverfahren bleibt die **örtliche Zuständigkeit** desjenigen Gerichts bestehen, das die erstmalige Entscheidung getroffen hat,[19] und zwar auch dann, wenn sich der Betroffene nunmehr in einer im Bezirk eines anderen Amtsgerichts gelegenen Einrichtung befindet. Dies folgt aus dem nunmehr in § 2 Abs. 2 ausdrücklich geregelten Grundsatz des Fortbestehens der einmal begründeten Zuständigkeit und der Abgabemöglichkeit nach § 4, die auch Freiheitsentziehungsverfahren einschließt. Für die Entscheidung über die Fortdauer von Zurückweisungs- oder Abschiebungshaft ist die **besondere Abgabemöglichkeit** nach § 106 Abs. 2 S. 2 AufenthG zu beachten (vgl. dazu näher § 416 Rn 3).

---

[15] KG FGPrax 1997, 74; OLG Frankfurt InfAuslR 1996, 144.
[16] OLG Hamm OLGR 2007, 568.
[17] BT-Drs. 16/6308 S. 293.
[18] OLG Düsseldorf InfAuslR 1996, 146 zu § 11 Abs. 2 S. 2 FEVG; Prütting/Helms/Jennissen § 425 Rn 16; Marschner/Volckart/Lesting § 425 FamFG Rn 8; Bahrenfuss/Grotkopp § 425 Rn 6.
[19] Marschner/Volckart/Lesting § 425 FamFG Rn 7.

Aufhebung

426 (1) ¹Der Beschluss, durch den eine Freiheitsentziehung angeordnet wird, ist vor Ablauf der nach § 425 Abs. 1 festgesetzten Frist von Amts wegen aufzuheben, wenn der Grund für die Freiheitsentziehung weggefallen ist. ²Vor der Aufhebung hat das Gericht die zuständige Verwaltungsbehörde anzuhören.

(2) ¹Die Beteiligten können die Aufhebung der Freiheitsentziehung beantragen. ²Das Gericht entscheidet über den Antrag durch Beschluss.

I. Anwendungsbereich und Normzweck

Die Vorschrift betrifft sämtliche Freiheitsentziehungsmaßnahmen im Sinne des § 415. **1** Die Regelung ist derjenigen des § 330 nachgebildet und will wie diese ein möglichst effektives Verfahren zur Verfügung stellen, um sicherzustellen, dass kein Betroffener länger als erforderlich in Freiheitsentziehung verbleibt (vgl. § 330 Rn 1). Stellt sich heraus, dass die Voraussetzungen für die Freiheitsentziehung weggefallen sind, hat deshalb das Gericht nach Abs. 1 der Vorschrift **von Amts wegen** unverzüglich die Maßnahme aufzuheben, ohne dass es eines Antrags des Betroffenen oder der Behörde bedarf. Der Rechtsausschuss[1] hat den Regierungsentwurf um die Regelung in Abs. 2 ergänzt. Dieser sieht ein förmliches Antragsrecht der Beteiligten auf Aufhebung der Freiheitsentziehung vor. Wird ein solcher Antrag gestellt, muss er durch das Gericht zwingend durch Beschluss beschieden werden. Dieses Antragsrecht soll die Rechtsposition der Verfahrensbeteiligten, insbesondere des Betroffenen, nach Anordnung der Freiheitsentziehung verstärken. Für den Inhalt der zu treffenden Entscheidung bleibt demgegenüber ohne Bedeutung, ob sie von Amts wegen getroffen wird oder auf einen förmlichen Antrag eines Beteiligten ergeht.

II. Gerichtliche Aufhebung der Anordnung der Freiheitsentziehung

1. Verhältnis des gerichtlichen Aufhebungsverfahrens zum Verwaltungsvollzug

Die antragstellende Behörde ist aufgrund des öffentlich-rechtlichen Verhältnisses zu dem **2** Betroffenen verpflichtet, während des Verwaltungsvollzugs in geeigneter Weise **eigenständig** den Fortbestand der gesetzlichen Voraussetzungen der Freiheitsentziehung zu überwachen. Dies gilt zunächst im Hinblick auf diejenigen gesetzlichen Vorschriften, die mit dem Eintritt ihrer Voraussetzungen kraft Gesetzes automatisch zur Beendigung der Freiheitsentziehung führen (§§ 14 Abs. 3 S. 3 AsylVfG, 62 Abs. 2 S. 5 AufenthG, vgl. dazu näher bei § 422 Rn 11 bis 15). Ergibt sich darüber hinaus ein Sachverhalt, aufgrund dessen sich für die Behörde der Schluss aufdrängen muss, dass die Voraussetzungen für die Freiheitsentziehung nicht mehr vorliegen, kann die Behörde sich nicht darauf beschränken, einen Antrag des Betroffenen auf Aufhebung der Freiheitsentziehung abzuwarten oder selbst dem Gericht eine Mitteilung zu machen, die ggf. im Rahmen der amtswegigen Entscheidung zur Aufhebung der Freiheitsentziehung führt. Vielmehr ist die Behörde verpflichtet, unverzüglich selbst für die Freilassung des Betroffenen zu sorgen[2] und das Gericht davon zu unterrichten.

Ergibt sich bspw. während des Vollzugs einer Abschiebungshaft, dass Heimreisepapiere **3** für den Betroffenen vor Ablauf der angeordneten Haftdauer nicht beschafft werden können und auch eine Verlängerung der Haft nicht in Betracht kommt, darf die Behörde nicht etwa den Betroffenen den verbleibenden Haftzeitraum „absitzen" lassen, sondern muss für seine unverzügliche Entlassung sorgen. Denn die Abschiebungshaft dient ausschließlich zur Sicherung der Durchführung der Abschiebung. Ist diese aus tatsächlichen Gründen ausgeschlossen, würde die Fortsetzung der Haft einen unzulässigen Sanktionscharakter annehmen.

Eine von der Behörde pflichtwidrig unterlassene Beendigung der Freiheitsentziehung **4** kann Gegenstand eines Antrags auf Feststellung der Rechtswidrigkeit des Vollzugs der Frei-

---
[1] Bericht des Rechtsausschusses BT-Drs. 16/9733 S. 299.
[2] OLG Düsseldorf NVwZ 1996 Beilage 1, 8; InfAuslR 2007, 454; OLG Zweibrücken InfAuslR 2008, 456; OLG München OLGR 2008, 107 = BeckRS 2007, 19006.

heitsentziehung für den davon betroffenen Zeitraum sein (siehe dazu näher die Erläuterungen zu § 62) sowie eine Kostenentscheidung zum Nachteil der Körperschaft nach sich ziehen, der die Behörde angehört (§ 430).

2. Verfahrensgegenstand des Aufhebungsverfahrens

5   Gegenstand der im Aufhebungsverfahren zu treffenden Entscheidung ist der Fortbestand der gesetzlichen Voraussetzungen der Freiheitsentziehung zum aktuellen Zeitpunkt. So selbstverständlich dies scheinen mag, bedarf es einer Klarstellung im Hinblick darauf, in welchem Verhältnis die im Aufhebungsverfahren zu treffende Entscheidung zu der Ursprungsentscheidung steht, durch die die Freiheitsentziehung angeordnet oder genehmigt worden ist. Der Wortlaut der Vorschrift kann Anknüpfungspunkt für die Auffassung sein, die Aufhebung der Maßnahme setze einen Wegfall ihrer Voraussetzungen, also den Eintritt neuer tatsächlicher Umstände voraus. Zu der Vorgängerregelung in § 10 FEVG ist die Auffassung vertreten worden, der Betroffene sei im Aufhebungsverfahren mit Einwendungen gegen die Rechtmäßigkeit der Ausgangsentscheidung ausgeschlossen, Prüfungsgegenstand seien nur neue tatsächliche Umstände, die nachträglich zum Wegfall der Voraussetzungen der Freiheitsentziehung geführt hätten.[3] Demgegenüber hat der BGH den Standpunkt vertreten, Verfahrensgegenstand der Aufhebungsentscheidung sei umfassend die Rechtmäßigkeit des Fortbestandes der Freiheitsentziehungsmaßnahme bezogen auf den Entscheidungszeitpunkt. Die Freiheitsentziehung ist nach dieser Auffassung auch dann zu beenden, wenn sich die Sachlage zwar nicht verändert hat, die erneute sachliche Prüfung jedoch zu dem Ergebnis führt, dass ein Grund für die Anordnung nicht bestanden hat und auch weiterhin nicht besteht. Auf diese Weise wird dem Zweck der Vorschrift Rechnung getragen, eine sachlich nicht gerechtfertigte Inhaftierung zur Verwirklichung der Freiheitsgarantien des Art. 104 GG umgehend zu beenden.

6   Eine Bindungswirkung an die im Ausgangsverfahren getroffene Entscheidung kann nicht angenommen werden, weil diese nur in formelle, nicht jedoch in materielle Rechtskraft erwachsen kann.[4] Eine davon zu unterscheidende Frage ist, ob der Betroffene ohne gegen die Ausgangsentscheidung ein Rechtsmittel einzulegen auch mit einem Aufhebungsantrag die Feststellung begehren kann, die Freiheitsentziehung sei von Beginn an zu Unrecht angeordnet worden (siehe dazu näher bei § 62 Rn 4 und 5).

3. Verfahrensgrundsätze

7   § 426 enthält mit Ausnahme der Bestimmung in S. 2 (siehe dazu nachstehend) keine besonderen Verfahrensvorschriften für die Vorbereitung einer Entscheidung über die Aufhebung einer Freiheitsentziehungsmaßnahme. Für das Aufhebungsverfahren bleibt die **örtliche Zuständigkeit** desjenigen Gerichts bestehen, das die erstmalige Entscheidung getroffen hat, und zwar auch dann, wenn sich der Betroffene nunmehr in einer im Bezirk eines anderen Amtsgerichts gelegenen Einrichtung befindet.[5] Dies folgt aus dem nunmehr in § 2 Abs. 2 ausdrücklich geregelten Grundsatz des Fortbestehens der einmal begründeten Zuständigkeit und der Abgabemöglichkeit nach § 4, die auch Freiheitsentziehungsverfahren einschließt (vgl. § 416 Rn 1). Die besonderen Verfahrensgarantien des § 420 sind in dem Verfahren auch dann nicht heranzuziehen, wenn durch Ablehnung einer Aufhebung eine Entscheidung zum Nachteil des Betroffenen getroffen wird. Denn es handelt sich nicht um die Anordnung einer Freiheitsentziehung (§ 420 Abs. 1), sondern um eine Folgeentscheidung zu einer bereits getroffenen Freiheitsentziehungsmaßnahme.

8   Die sachlichen Voraussetzungen der zu treffenden Entscheidung sind im Rahmen der **Amtsermittlungspflicht** (§ 26) festzustellen. Nach den Kriterien dieser Vorschrift ist auch

---

[3] KG OLGZ 1977, 161/164; OLG Düsseldorf, Beschl. v. 25. 9. 2002 – 3 Wx 296/02, Beschl. v. 16. 4. 2003 – 3 Wx 116/03; OLG Saarbrücken BeckRS 2007, 17525 = OLGR 2008, 193, 194.
[4] BGH NJW 2009, 299 in Übereinstimmung mit der überwiegenden Auffassung BayObLG Beschl. v. 3. 8. 2004 – 4Z BR 32/04; OLG Stuttgart FGPrax 1996, 40; OLG Celle NdsRpfl 2004, 16; OLG Frankfurt BeckRS 2005, 07640; Marschner/Volkart/Lesting § 426 FamFG Rn 2.
[5] OLG Schleswig SchlHA 2004, 131 zu § 10 FEVG; Marschner/Volkart/Lesting § 426 FamFG Rn 8; Bahrenfuss/Grotkopp § 426 Rn 5.

zu entscheiden, ob überhaupt in neue tatsächliche Ermittlungen im Hinblick auf das Vorliegen der Voraussetzungen der Freiheitsentziehung einzutreten ist. In diesem Rahmen kann das Gericht etwa einen von dem Betroffenen gestellten Aufhebungsantrag ohne weitere Sachverhaltsaufklärung ablehnen, wenn sich insgesamt unter Berücksichtigung der Ergebnisse der Ermittlungen im Ausgangsverfahren keine hinreichenden Anhaltspunkte dafür ergeben, dass die Voraussetzungen der Freiheitsentziehung nicht mehr gegeben sind.

Das Gericht hat allerdings nach S. 2 der Vorschrift zwingend vor einer Aufhebung die zuständige Verwaltungsbehörde **anzuhören**. In diesem Punkt weicht § 426 von § 330 S. 2 ab, der es im Unterbringungsverfahren ermöglicht, von einer Anhörung der zuständigen Behörde abzusehen, wenn diese zu einer nicht geringen Verzögerung des Verfahrens führen würde. Das Gericht wird, wenn es den Aufhebungsantrag für gerechtfertigt hält, der Behörde eine kurz bemessene Stellungnahmefrist setzen können. **9**

4. Entscheidung des Gerichts; Wirksamwerden; Beschwerde

Die Entscheidung des Gerichts kann dahin lauten, dass die Freiheitsentziehung aufgehoben oder dass die Aufhebung abgelehnt wird. Für die Bekanntgabe der Entscheidung gilt § 41. Die Aufhebung einer Freiheitsentziehung wird gem. § 40 Abs. 1 mit der Bekanntgabe an den Betroffenen wirksam. Die Sondervorschriften in § 422 Abs. 1 und 2 sind hier nicht anwendbar, weil es sich nicht um die Anordnung einer Freiheitsentziehung, sondern um deren Aufhebung handelt. Für die Einlegung eines Rechtsmittels gegen die gerichtliche Entscheidung gelten die allgemeinen Vorschriften sowie für die Beschwerdebefugnis § 429. Der Betroffene kann die Ablehnung einer Aufhebung ohne Einschränkung mit der Beschwerde anfechten.[6] Die umfassende Beschwerdebefugnis der Behörde nach § 429 Abs. 1 eröffnet ihr die Möglichkeit der Anfechtung einer Aufhebung der Freiheitsentziehung. **10**

Einstweilige Anordnung

427 (1) ¹Das Gericht kann durch einstweilige Anordnung eine vorläufige Freiheitsentziehung anordnen, wenn dringende Gründe für die Annahme bestehen, dass die Voraussetzungen für die Anordnung einer Freiheitsentziehung gegeben sind und ein dringendes Bedürfnis für ein sofortiges Tätigwerden besteht. ²Die vorläufige Freiheitsentziehung darf die Dauer von sechs Wochen nicht überschreiten.

(2) Bei Gefahr im Verzug kann das Gericht eine einstweilige Anordnung bereits vor der persönlichen Anhörung des Betroffenen sowie vor Bestellung und Anhörung des Verfahrenspflegers erlassen; die Verfahrenshandlungen sind unverzüglich nachzuholen.

I. Anwendungsbereich und Normzweck

Die Vorschrift ist in bewusster Anlehnung an die §§ 300 und 331 (einstweilige Anordnung im Betreuungs- und Unterbringungsverfahren) konzipiert.[1] Sie stellt sich im systematischen Zusammenhang des FamFG nunmehr als Sonderregelung zu dem Abschnitt der §§ 49 bis 57 des Allgemeinen Teils über den Erlass einer einstweiligen Anordnung dar. § 427 regelt die besonderen verfahrensrechtlichen Voraussetzungen für den Erlass einer einstweiligen Anordnung für sämtliche in § 415 genannten Freiheitsentziehungssachen. Ergänzend bleiben die Vorschriften des Allgemeinen Teils anwendbar. Dies betrifft insbesondere das Verhältnis zum Hauptsacheverfahren. Entgegen dem bisherigen Recht ist nunmehr nach § 51 Abs. 3 S. 1 das Verfahren der einstweiligen Anordnung ein im Verhältnis zum Verfahren in der Hauptsache selbständiges Verfahren, das auch kostenrechtlich selbständig abzurechnen ist (§ 51 Abs. 4). Der Erlass einer einstweiligen Anordnung bedarf eines förmlichen Antrags der zuständigen Behörde (§ 51 Abs. 1 S. 1), weil auch das Verfahren in der Hauptsache nur auf Antrag eingeleitet werden kann (§ 417 Abs. 1). Die Sonderregelung des § 427 bezweckt, dem Gericht ein Instrumentarium an die Hand zu geben, mit dem auch in Eilsituationen einer Gefahr für die geschützten Rechtsgüter effektiv be- **1**

---

[6] BGH NJW 2009, 299.
[1] BT-Drs. 16/6308 S. 293.

gegnet werden kann, gleichzeitig aber den Schutz des Betroffenen auch bei solchen Eilentscheidungen angemessen zu gewährleisten.

II. Voraussetzungen einer vorläufigen Freiheitsentziehung

1. Sachliche Voraussetzungen

2   Es müssen dringende Gründe für die Annahme bestehen, dass die Voraussetzungen für Anordnung einer Freiheitsentziehung gegeben sind (Abs. 1 S. 1 Nr. 1). Damit stellt die Vorschrift in Übereinstimmung mit § 49 Abs. 1 klar, dass die materiell-rechtlichen Voraussetzungen einer vorläufigen Unterbringung deckungsgleich sind mit denjenigen, die für die endgültige Maßnahme gelten.[2] Es gelten mit § 331 übereinstimmende Maßstäbe. Die sachlichen Voraussetzungen sind nach § 427 nicht etwa deshalb geringer, weil es sich um eine lediglich vorläufige Maßnahme handelt, die zudem nach Abs. 1 S. 2 auf einen verhältnismäßig kurzen Zeitraum von bis zu sechs Wochen befristet ist. § 427 beschränkt sich vielmehr darauf, dass eine vorläufige Freiheitsentziehungsmaßnahme bereits dann getroffen werden kann, wenn zwar die für den Erlass der endgültigen Maßnahme erforderlichen Ermittlungen, etwa eine weitergehende Sachverhaltsaufklärung, im Fall des § 420 Abs. 4 auch ein noch einzuholendes oder zu ergänzendes Sachverständigengutachten, noch nicht abgeschlossen sind, konkrete Umstände jedoch bei **summarischer Prüfung** mit erheblicher Wahrscheinlichkeit darauf hindeuten, dass die sachlichen Voraussetzungen für die Anordnung der Freiheitsentziehung vorliegen.[3] Diese Überzeugung muss das Gericht bei seiner summarischen Prüfung gewinnen und in der Begründung seiner Entscheidung (§ 38 Abs. 3) zum Ausdruck bringen. Die Begründung muss erkennen lassen, dass in Anwendung des Grundsatzes der Verhältnismäßigkeit eine konkrete Abwägung der Gefährdung mit dem Freiheitsgrundrecht des Betroffenen vorgenommen worden ist.[4] Dabei ist zu berücksichtigen, dass die gerichtliche Entscheidung sowohl hinsichtlich ihrer sachlichen Begründung als auch in Bezug auf das ihr zugrunde liegende Verfahren (siehe dazu Rn 4 bis 7) auch noch nach Erledigung der Unterbringung in der Hauptsache einer Überprüfung unterzogen werden kann (siehe dazu die Erläuterungen zu § 62).

3   Angepasst an die Formulierung in § 49 Abs. 1 ist nach Abs. 1 S. 1 weiter erforderlich, dass ein dringendes Bedürfnis für ein sofortiges Tätigwerden bestehen muss. Auch hier gelten dieselben Maßstäbe wie bei § 331: Es muss eine Gefährdungslage bestehen, die bereits vor Abschluss des Verfahrens in der Hauptsache zwingend die sofortige Freiheitsentziehung des Betroffenen erfordert.[5] In Abschiebungshaftsachen kann es sich insbesondere um eine Verfahrenssituation handeln, in der konkret greifbare Anhaltspunkte für eine Entziehungsabsicht des Betroffenen bestehen, eine abschließende Entscheidung in der Hauptsache jedoch aus verfahrensrechtlichen Gründen (bspw. Zuziehung eines Bevollmächtigten des Betroffenen, die Anhörung weiterer Beteiligter oder die Aufklärung einzelner Sachverhaltsdetails) noch nicht getroffen werden kann.[6] Der Erlass einer einstweiligen Anordnung eröffnet die Möglichkeit, sowohl einem dringenden Handlungsbedarf als auch den Anforderungen einer verfahrensrechtlich ordnungsgemäßen Vorbereitung der Entscheidung in der Hauptsache Rechnung tragen zu können.

2. Verfahrensrechtliche Voraussetzungen

4   Diese leiten sich mittelbar aus Abs. 2 der Vorschrift ab, der es in Fällen gesteigerter Dringlichkeit ermöglicht, von bestimmten Verfahrenshandlungen abzusehen. Zwingende Voraussetzung für den Erlass einer einstweiligen Anordnung nach Abs. 1 ist deshalb die **persönliche Anhörung des Betroffenen** (§ 420). Die Verfahrensgarantie der notwendi-

---

[2] OLG Zweibrücken FGPrax 2005, 137 zu § 70 h FGG.
[3] OLG Frankfurt InfAuslR 1998, 114 zu § 11 FEVG; BayObLG BtPrax 2004, 114; NJW-RR 2001, 654 = FamRZ 2001, 578; OLG Hamm FamRZ 2007, 227; OLG München RuP 2007, 195; OLG Zweibrücken FGPrax 2005, 137 zur einstweiligen Anordnung nach § 70 h FGG.
[4] BVerfG NJW 1998, 1774/1775; BayObLG BtPrax 2004, 114.
[5] BayObLG OLGR 2005, 117 = BeckRS 2004, 11014.
[6] BayObLG FGPrax 1997, 117, 118; Marschner/Volckart/Lesting § 427 FamFG Rn 4.

gen persönlichen Anhörung des Betroffenen hat im Rahmen des Freiheitsentziehungsverfahrens einen herausgehobenen Stellenwert (vgl. dazu näher § 420 Rn 1). § 427 will gewährleisten, dass diese Verfahrensgarantie auch im Verfahren auf Erlass einer einstweiligen Freiheitsentziehungsmaßnahme gewahrt bleibt. Von der persönlichen Anhörung des Betroffenen kann nur bei Gefahr im Verzug nach Abs. 2 der Vorschrift (siehe Rn 5) sowie auf der Grundlage der allgemeinen Vorschrift des § 34 Abs. 2 abgesehen werden. Die persönliche Anhörung des Betroffen durch einen ersuchten Richter ist wie bei der Entscheidung in der Hauptsache (vgl. § 420 Rn 5) zulässig. Wenn die Voraussetzungen des § 419 vorliegen, muss zudem vor Erlass einer einstweiligen Anordnung ein **Verfahrenspfleger bestellt und angehört** worden sein. Bei einer Freiheitsentziehung in einem abgeschlossenen Krankenhaus (§ 30 Abs. 2 IfSG) muss das nach § 420 Abs. 4 erforderliche Sachverständigengutachten vorliegen.

3. Einstweilige Anordnung bei Gefahr im Verzug

Abs. 2 S. 1 regelt in Übereinstimmung mit § 332 die einstweilige Anordnung bei gesteigerter Dringlichkeit. Der Kern der Regelung besteht darin, dass der Erlass einer einstweiligen Anordnung unter bestimmten Voraussetzungen bereits vor der persönlichen Anhörung des Betroffenen sowie der Anhörung eines zu bestellenden Verfahrenspflegers ergehen und die Durchführung dieser Verfahrenshandlungen auf den Zeitpunkt ihrer unverzüglichen Nachholung nach Erlass der einstweiligen Anordnung verschoben wird. Die Steigerung der Formulierung im Verhältnis zu Abs. 1 („dringendes Bedürfnis für ein sofortiges Tätigwerden") ist so zu verstehen, dass der Erlass der einstweiligen Anordnung so dringend erforderlich ist, dass nicht einmal die Durchführung einer persönlichen Anhörung des Betroffenen und die Anhörung eines etwa zu bestellenden Verfahrenspflegers abgewartet werden kann. Das Unterbleiben der persönlichen Anhörung des Betroffenen kann in diesem Zusammenhang nicht in der Weise gerechtfertigt werden, diese sei im Hinblick auf die organisatorischen Abläufe der von der Behörde geplanten Abschiebung nicht durchführbar. Denn die Wahrung grundrechtlich geschützter Verfahrensgarantien darf nicht zur Disposition behördlicher Abläufe gestellt werden.[7] Die Vorschrift hat praktische Bedeutung vor allem in Abschiebungshaftsachen. Zu unterscheiden sind folgende Verfahrenssituationen: 5

Ist der Aufenthalt des Betroffenen für die Behörde unbekannt, insbesondere also im Fall des **Untertauchens**, ist die spätere Ingewahrsamnahme des Betroffenen bei seinem Wiederaufgreifen nicht als **geplante Festnahme** zu bewerten, die einer vorherigen richterlichen Anordnung bedarf. Die Behörde ist in diesem Fall nach § 62 Abs. 4 AufenthG berechtigt, den Betroffenen in Gewahrsam zu nehmen und dem Richter zur Anhörung und Entscheidung über einen Antrag auf Anordnung der Abschiebungshaft vorzuführen.[8] Unter Berücksichtigung dieser durch § 62 Abs. 4 AufenthG eingeführten Befugnis der Behörde wird in der Rechtsprechung nunmehr die Erforderlichkeit des Erlasses einer einstweiligen Haftanordnung zum Zweck einer vorläufigen Festnahme des untergetauchten Betroffenen verneint.[9] Dasselbe gilt für andere Fallkonstellationen, in denen sich die Behörde aufgrund einer aktuellen Entwicklung, aufgrund deren sie die Haftvoraussetzungen als gegeben ansieht, spontan zur Ingewahrsamnahme des anwesenden Betroffenen entschließt. 6

Ist der **Aufenthalt** des Betroffenen **bekannt** oder wird in anderer Weise seine Festnahme konkret geplant, bedarf es dazu einer vorherigen vorläufigen richterlichen Haftanordnung. Dabei kommen insbesondere Fälle in Betracht, in denen die Behörde befürchtet, dass der Betroffene im Regelverfahren (§ 420 Abs. 1) die Ladung zu einem Anhörungstermin mit der Mitteilung des Haftantrags dazu nutzen wird, sich nunmehr der Abschiebung zu entziehen. Eine solche Sachlage kann im Einzelfall die Annahme von Gefahr im Verzug rechtfertigen,[10] muss jedoch in der gerichtlichen Entscheidung näher 7

---

[7] BVerfG InfAuslR 2006, 462.
[8] BVerfG NVwZ 2009, 1034 = InfAuslR 2009, 301.
[9] OLG Hamm InfAuslR 2010, 163; OLG Zweibrücken InfAuslR 2009, 399.
[10] BVerfG InfAuslR 2006, 462; Prütting/Helms/Jennissen § 427 Rn 11; Marschner/Volckart/Lesting § 427 FamFG Rn 5.

begründet werden.[11] Dafür kann nicht ausreichen, dass bei einer Vorladung eines Ausländers zur persönlichen Anhörung über einen Haftantrag der Behörde allgemein die Gefahr besteht, dass der Betroffene sich dem Verfahren durch Untertauchen entzieht.[12] In diesem Zusammenhang liegt es nahe, die sachlichen Anforderungen in Anlehnung an § 62 Abs. 4 S. 1 Nr. 3 AufenthG zu bestimmen. Das Recht der Behörde zu einer haftvorbereitenden Ingewahrsamnahme setzt danach den begründeten, also durch konkrete Anhaltspunkte gestützten Verdacht voraus, dass sich der Betroffene der Anordnung der Sicherungshaft entziehen will. Für eine einstweilige Anordnung, die demselben Zweck dient zu gewährleisten, dass der Betroffene für das weitere Verfahren zur Verfügung steht, in dem die Voraussetzungen der Freiheitsentziehung nach persönlicher Anhörung erst noch näher festgestellt werden müssen, können keine geringeren Anforderungen gelten.[13] Bspw. kann Gefahr im Verzug bejaht werden, wenn es der Behörde nach vorausgegangenen Falschangaben des Betroffenen gelingt, seine persönliche Identität festzustellen und für ihn Heimreisepapiere zu beschaffen. Umgekehrt wird Gefahr im Verzug nicht angenommen werden können, wenn die Behörde ohne konkrete Anhaltspunkte für eine Entziehungsabsicht lediglich Sicherungshaft nach § 62 Abs. 2 S. 2 AufenthG beantragt, zumal nach § 62 Abs. 4 S. 1 AufenthG in diesem Fall auch eine behördliche Ingewahrsamnahme ausgeschlossen ist.

8   Diejenigen Verfahrenshandlungen, von deren Durchführung das Gericht zunächst abgesehen hat, müssen gem. Abs. 2 S. 2 der Vorschrift nach Erlass der einstweiligen Anordnung unverzüglich nachgeholt werden. Im Vordergrund steht die **Nachholung** der persönlichen Anhörung des Betroffenen. Der Begriff der Unverzüglichkeit ist nach denselben Maßstäben wie bei § 332 zu bestimmen (vgl. dort Rn 2). Wird der Betroffene aufgrund einer einstweiligen Anordnung bis 14.00 Uhr festgenommen, muss er noch am selben Tag dem Richter vorgeführt werden.[14]

4. Bestimmung der Frist der Freiheitsentziehung

9   Für die Tenorierung der Frist der einstweilen angeordneten Freiheitsentziehung gelten dieselben Grundsätze wie bei der abschließenden Entscheidung in der Hauptsache (vgl. § 425 Rn 2 bis 4). Abs. 1 S. 2 sieht eine Höchstfrist von sechs Wochen vor. Für deren Berechnung gelten die Erläuterungen bei § 425 Rn 8 entsprechend.

5. Bekanntgabe und Wirksamkeit der einstweiligen Anordnung

10   Für die Bekanntgabe und die Wirksamkeit der einstweiligen Anordnung gelten gem. § 51 Abs. 2 S. 1 die Vorschriften für die in der Hauptsache zu treffende Entscheidung, hier also die § 422. Deshalb muss gem. § 422 Abs. 2 die sofortige Wirksamkeit der Entscheidung besonders angeordnet werden, wenn – wie regelmäßig bei einer einstweiligen Anordnung – die Entscheidung umgehend wirksam werden soll.

6. Rechtsmittel

11   Erlass und Ablehnung einer einstweiligen Freiheitsentziehungsmaßnahme sind nach den allgemeinen Vorschriften anfechtbar (§ 51 Abs. 2 S. 1). Die Rechtsmitteleinlegungsfrist ist gem. § 63 Abs. 2 Nr. 1 auf zwei Wochen verkürzt, wenn eine einstweilige Anordnung getroffen worden ist. Eine Rechtsbeschwerde ist nach § 70 Abs. 4 ausgeschlossen.[15] Daneben steht dem Betroffenen und seinem Verfahrenspfleger das Recht zu die gerichtliche Anordnung gegenüber der zuständigen Behörde zu beantragen, dass diese den Antrag auf Einleitung des Hauptsacheverfahrens stellt (§ 52 Abs. 2).

---

[11] KG InfAuslR 2009, 79.
[12] KG InfAuslR 2009, 79; InfAuslR 2008, 316.
[13] OLG Schleswig FGPrax 2008, 229: Fluchtgefahr.
[14] OLG Brandenburg InfAuslR 2011, 255.
[15] BGH FGPrax 2011, 148.

Verwaltungsmaßnahme; richterliche Prüfung

428 (1) ¹Bei jeder Verwaltungsmaßnahme, die eine Freiheitsentziehung darstellt und nicht auf richterlicher Anordnung beruht, hat die zuständige Verwaltungsbehörde die richterliche Entscheidung unverzüglich herbeizuführen. ²Ist die Freiheitsentziehung nicht bis zum Ablauf des ihr folgenden Tages durch richterliche Entscheidung angeordnet, ist der Betroffene freizulassen.

(2) Wird eine Maßnahme der Verwaltungsbehörde nach Absatz 1 Satz 1 angefochten, ist auch hierüber im gerichtlichen Verfahren nach den Vorschriften dieses Buches zu entscheiden.

I. Anwendungsbereich

Die Vorschrift stimmt wörtlich mit § 13 FEVG überein. Sie betrifft ausschließlich Freiheitsentziehungen, die ohne vorhergehende richterliche Anordnung durch Verwaltungsmaßnahmen herbeigeführt werden. Abs. 1 der Vorschrift regelt besondere Verhaltenspflichten der Behörde bei einer ohne richterliche Anordnung von ihr durchgeführten Freiheitsentziehung. Schwerpunkt der Vorschrift ist dessen Abs. 2, der eine Rechtswegregelung zur Überprüfung der Rechtmäßigkeit der behördlichen Freiheitsentziehung enthält.

II. Verfahren bei behördlicher Freiheitsentziehung (Abs. 1)

Abs. 1 der Vorschrift enthält keine eigenständige Ermächtigungsgrundlage für eine behördliche Freiheitsentziehung. Diese bedarf vielmehr einer spezialgesetzlichen Ermächtigungsgrundlage, die sich bspw. in § 62 Abs. 4 AufenthG sowie in den landesrechtlichen Regelungen über die polizeiliche Ingewahrsamnahme findet. Der Vorrang der vorherigen richterlichen Anordnung der Freiheitsentziehung (Art. 104 Abs. 2 S. 1 GG) wird dadurch jedoch nicht verdrängt. Vielmehr genügt eine nachträgliche richterliche Anordnung nur dann, wenn der mit der Freiheitsentziehung verfolgte verfassungsrechtlich zulässige Zweck nicht erreichbar wäre, sofern der Festnahme die richterliche Entscheidung vorausgehen müsste.[1] Die Regelung des Abs. 1 beschränkt sich auf das weitere Verfahren nach einer behördlichen Ingewahrsamnahme. Sie hat, indem sie die Regelungen der Freiheitsgarantie in Art. 104 Abs. 2 S. 2 und 3 GG wiederholt, im Kern nur deklaratorischen Charakter.

Die Behörde hat nach der Ingewahrsamnahme des Betroffenen zunächst unverzüglich die richterliche Entscheidung über die Fortdauer der Freiheitsentziehung herbeizuführen. Die Nachholung der richterlichen Entscheidung ist auch dann nicht entbehrlich, wenn der Freiheitsentzug vor Ablauf der Frist des Art. 104 Abs. 2 S. 3 GG (gleichlautend § 428 Abs. 1 S. 2) endet. Diese Vorschrift setzt dem Festhalten einer Person ohne richterliche Entscheidung mit dem Ende des auf das Ergreifen folgenden Tages eine äußerste Grenze, befreit aber nicht von der Verpflichtung, eine solche Entscheidung unverzüglich herbeizuführen.[2] Dies gilt auch dann, wenn die Ingewahrsamnahme zunächst wegen des Verdachts einer strafbaren Handlung (Art. 104 Abs. 3 S. 1 GG) erfolgt war.[3]

Unverzüglich bedeutet ohne jede nicht aus sachlichen Gründen gerechtfertigte Verzögerung. Nicht vermeidbar sind z.B. die Verzögerungen, die durch die Länge des Weges, Schwierigkeiten beim Transport, die notwendige Registrierung und Protokollierung, ein renitentes Verhalten des Festgenommenen oder vergleichbare Umstände bedingt sind.[4] Zur Gewährleistung der unverzüglichen Herbeiführung einer richterlichen Entscheidung muss die Gerichtsorganisation die Erreichbarkeit eines **Eildienstrichters** auch außerhalb der allgemeinen Dienstzeiten sicherstellen,[5] jedoch grundsätzlich nicht auch zur Nachtzeit im Sinne des § 104 Abs. 3 StPO, sofern dafür nicht ein konkreter Bedarf besteht, der über den Ausnahmefall hinausgeht.[6] Ein konkretes Bedürfnis für die Einrichtung eines auch nächt-

---

[1] BVerfGE 105, 239 = NJW 2002, 3161.
[2] BVerfGE 105, 239 = NJW 2002, 3161.
[3] BVerfG NJW-Spezial 2010, 24.
[4] BVerfGE 105, 239 = NJW 2002, 3161; NVwZ 2006, 579.
[5] BVerfGE 103, 142 = NJW 2001, 1121; OLG Celle FGPrax 2009, 87.
[6] BVerfG NJW 2004, 1442; NJW 2002, 3161.

lichen richterlichen Eildienstes hat das BVerfG als besonders „nahe liegend" bei bevorstehenden Massendemonstrationen mit zu erwartenden Masseningewahrsamnahmen bezeichnet.[7]

5 Die polizeirechtlichen Vorschriften (§ 40 Abs. 1 BPolG und die inhaltsgleichen Vorschriften des Landesrechts) konkretisieren den Begriff der Unverzüglichkeit im Hinblick auf die prognostische Beurteilung, die die Behörde vorzunehmen hat. Danach muss keine richterliche Entscheidung herbeigeführt werden, wenn anzunehmen ist, dass die Entscheidung erst nach Wegfall des Grundes der Maßnahme ergehen wird. Zweck dieser Vorschrift ist es, die Fortdauer einer Freiheitsentziehung über den durch den sachlichen Grund der Maßnahme gerechtfertigten Zeitraum hinaus zu verhindern; eine sachlich nicht mehr gerechtfertigte Freiheitsentziehung soll nicht durch eine Vorführung vor den Haftrichter verlängert werden.[8]

III. Rechtswegregelung (Abs. 2)

1. Zuständigkeit des Gerichts der freiwilligen Gerichtsbarkeit

6 Die gerichtliche Überprüfung einer behördlichen Freiheitsentziehung ist als öffentlich-rechtliche Streitigkeit zu bewerten, für die allgemein nach § 40 Abs. 1 S. 1 VwGO der Rechtsweg zu den Verwaltungsgerichten eröffnet ist. Ohne eine Sonderregelung ergäbe sich deshalb eine Rechtswegspaltung: Für die unverzüglich herbeizuführende richterliche Entscheidung über die Fortdauer der Freiheitsentziehung ist der Richter der ordentlichen Gerichtsbarkeit berufen (§ 23 a GVG), zuständig zur Entscheidung über die Rechtmäßigkeit einer vorgelagerten behördlichen Freiheitsentziehung wären demgegenüber die Verwaltungsgerichte. Eine solche Rechtswegspaltung soll vermieden werden, indem § 428 Abs. 2 den Richter der ordentlichen Gerichtsbarkeit auch zur Entscheidung über die Rechtmäßigkeit der behördlichen Freiheitsentziehung beruft.[9] Der tragende Gedanke der Vorschrift geht dahin, dass aus Gründen der Prozesswirtschaftlichkeit dem für den präventiven Rechtsschutz zuständigen Richter auch die Rechtmäßigkeitskontrolle übertragen sein soll, wenn ausnahmsweise die Verwaltungsbehörde ohne vorherige richterliche Entscheidung die Freiheitsentziehung bereits (vorläufig) angeordnet hat. Es entspricht einer sinnvollen Ordnung der Rechtswege, dass über einen einheitlichen Lebenssachverhalt möglichst nur in einem Rechtsweg entschieden wird. Der Haftrichter muss sich im Regelfalle mit der Sache befassen, weil er unverzüglich von der Behörde anzurufen ist. Er ist daher auch bezüglich der erwähnten nachträglichen Kontrolle für die Sache der „nächste" Richter.[10] Die Möglichkeit einer abweichenden Rechtswegregelung durch Bundesrecht sieht § 40 Abs. 1 S. 1 Halbs. 2 VwGO ausdrücklich vor, ergänzend in Abs. 1 S. 2 der Vorschrift auch für landesrechtliche Regelungen (siehe dazu nachstehend Rn 7 bis 9).

2. Anwendung des Abs. 2 im Bereich des Bundesrechts

7 Die Rechtmäßigkeit der behördlichen Freiheitsentziehung kann aus praktischen Gründen nur Gegenstand eines **Feststellungsantrags** sein. Denn entweder kommt es kurzfristig zu einer richterlichen Entscheidung über die Fortdauer der Freiheitsentziehung oder der Betroffene wird noch vor einer richterlichen Entscheidung in Freiheit entlassen. In beiden Fällen kann über die Rechtmäßigkeit der behördlichen Freiheitsentziehung nur im Wege einer Feststellung entschieden werden. Die Rechtswegzuständigkeit des Gerichts der freiwilligen Gerichtsbarkeit ist im Rahmen des Abs. 2 unabhängig davon begründet, ob dieses eine Sachentscheidung über die Fortdauer der Freiheitsentziehung getroffen hat bzw. mit einer solchen Entscheidung befasst worden ist. Der für die Begründung der Rechtswegzuständigkeit der ordentlichen Gerichte nach Abs. 2 maßgebende Grund des Sachzusammenhangs greift auch dann ein, wenn der Betroffene nach seiner Entlassung die Recht-

---

[7] BVerfG NVwZ 2006, 579 (Castor-Transport in Dannenberg).
[8] BVerfGE 105, 239 = NJW 2002, 3161; OLG München FGPrax 2009, 38 (Zeitraum von weniger als drei Stunden); OLG Rostock NVwZ-RR 2008, 173 (6 Stunden bei organisatorischen Schwierigkeiten infolge Masseningewahrsamnahmen).
[9] BT-Drs. 2/2322 S. 5 zur Vorgängerregelung in § 13 Abs. 2 FEVG.
[10] BVerwGE 62, 317 = NJW 1982, 536.

mäßigkeit der behördlichen Freiheitsentziehung lediglich noch isoliert mit einem Feststellungsantrag angreift.[11] Im Kern handelt es sich bei Abs. 2 um eine mit § 113 Abs. 1 S. 4 VwGO vergleichbare Regelung,[12] die die Möglichkeit der Überprüfung der Rechtmäßigkeit einer bereits erledigten behördlichen (Freiheitsentziehungs-)Maßnahme eröffnet. Das erforderliche Feststellungsinteresse des Betroffenen ist hier aus denselben Gründen zu bejahen, aus denen im Rahmen des § 62 (siehe dort Rn 11 bis 16) der Antrag auf Feststellung der Rechtswidrigkeit einer erledigten Freiheitsentziehung aufgrund richterlicher Anordnung zugelassen wird.[13]

Die Feststellung der Rechtswidrigkeit der behördlichen Freiheitsentziehung stellt einen **selbständigen Verfahrensgegenstand** dar, über den aufgrund entsprechender Antragstellung gesondert neben der Entscheidung über die Fortdauer der Freiheitsentziehung zu entscheiden ist.[14] Die gegenteilige Auffassung[15] wird damit begründet, es handele sich um unterschiedliche Erscheinungsformen einer einheitlichen Freiheitsentziehung. Dagegen spricht, dass trotz des Sachzusammenhangs beider Maßnahmen die Rechtmäßigkeit der behördlichen Freiheitsentziehung und diejenige der später angeordneten richterlichen Maßnahme durchaus unterschiedlich zu beurteilen sein können.[16] Das Beispiel der haftvorbereitenden behördlichen Ingewahrsamnahme des Betroffenen gem. § 62 Abs. 4 AufenthG zeigt dies deutlich: Die behördliche Maßnahme kann etwa dann rechtswidrig sein, wenn es sich um eine geplante Festnahme handelt, zu der eine vorherige richterliche Entscheidung hätte eingeholt werden können (S. 1 Nr. 2 der Vorschrift). Gleichwohl kann die anschließende richterliche Haftanordnung rechtmäßig sein, weil jedenfalls nunmehr ein Haftgrund nach § 62 Abs. 2 S. 1 AufenthG vorliegt.[17] Die richterliche Haftanordnung ist insbesondere nicht etwa deshalb ausgeschlossen, weil eine vorausgehende behördliche Ingewahrsamnahme des Betroffenen rechtswidrig war. Umgekehrt umfasst die richterliche Anordnung einer Haft nicht etwa zugleich die Feststellung, dass auch eine vorausgegangene behördliche Ingewahrsamnahme rechtmäßig gewesen sei.[18]

Die Sachprüfung hat sich zu erstrecken auf die Rechtmäßigkeit der Ingewahrsamnahme des Betroffenen[19] und die Unverzüglichkeit der Herbeiführung der richterlichen Entscheidung.[20] Inwieweit auch einzelne Maßnahmen oder die Art und Weise des behördlichen Vollzugs der Freiheitsentziehung insgesamt Gegenstand eines Feststellungsantrags sein können, ist noch nicht abschließend geklärt. Das BVerfG hat die Auslegung einer einfachgesetzlichen Vorschrift durch die Fachgerichte[21] mit dem Gebot der Gewährung effektiven Rechtsschutzes (Art. 19 Abs. 4 GG) für unvereinbar gehalten, die im Verfahren über einen Feststellungsantrag die tatsächliche Überprüfung näherer sachlicher Beanstandungen des Betroffenen gegen die Art und Weise des Vollzugs der Freiheitsentziehung ausschließt.[22] Die Art und Weise des Vollzugs der Freiheitsentziehung kann, wenn auf Grund einer Gesamtschau aller Umstände schwerwiegende Verstöße gegen verfassungsrechtlich geschützte Grundwerte vorliegen, dazu führen, dass die Maßnahme dem Grunde nach auch bei ursprünglicher Rechtmäßigkeit der Ingewahrsamnahme des Betroffenen rechtswidrig wird, wobei bloße Unbequemlichkeiten oder Beschwernisse die Rechtmäßigkeit der Ingewahr-

---

[11] BVerwGE 62, 317 = NJW 1982, 536; KG OLGR 2004, 410.
[12] OLG Schleswig NJOZ 2001, 1459 = OLGR 2001, 439.
[13] KG InfAuslR 2002, 315 = OLGR 2003, 174.
[14] OLG Braunschweig InfAuslR 2004, 166; OLG Celle InfAuslR 2004, 210; OLG Hamm FGPrax 2005, 90; OLG Schleswig NVwZ 2003, 1412; Marschner/Volckart/Lesting § 428 FamFG Rn 7; nach BGH 12. 5. 2011 – V ZB 135/10 = BeckRS 2011, 17819 ist eine Rechtsbeschwerde ausgeschlossen.
[15] OLG Köln NJW 2005, 3361; Bay. VGH Beschl. v. 24. 3. 2005 – 24 ZB 04 2787 –; Prütting/Helms/Jennissen § 429 Rn 3.
[16] OLG Hamm FGPrax 2005, 90.
[17] OLG Köln FGPrax 2005, 275 = InfAuslR 2005, 422.
[18] A. A. Bay. VGH Beschl. v. 24. 3. 2005 – 24 ZB 04 2787 –.
[19] OLG Braunschweig InfAuslR 2009, 118 hält in m. E. überzogener Weise im Fall des § 62 Abs. 4 AufenthG eine besondere Erklärung der Behörde für erforderlich, von ihrem Festnahmerecht Gebrauch machen zu wollen.
[20] OLG München FGPrax 2009, 38.
[21] OLG Celle NdsRpfl. 2004, 348 zu § 19 Abs. 2 Nds.SOG.
[22] BVerfG NVwZ 2006, 597.

samnahme jedoch nicht in Frage stellen.[23] Sieht man Abs. 2 als Sonderregelung zu § 113 Abs. 1 S. 4 VwGO (Rn 7), kann nicht ausgeschlossen werden, dass auch einzelne schwerwiegende Rechtsverletzungen während des Vollzugs isoliert und unabhängig von der Rechtmäßigkeit des Fortbestandes der behördlichen Freiheitsentziehung Gegenstand eines Feststellungsantrags sein können.

10 Die Anwendung des Abs. 2 setzt weiter voraus, dass es sich um eine **aufgrund Bundesrecht angeordnete Freiheitsentziehung** handelt (§ 415 Abs. 1). Das bedeutet aber lediglich, dass die richterliche Entscheidung über die Fortdauer der Freiheitsentziehung aufgrund bundesrechtlicher Vorschriften zu treffen ist, während die vorausgegangene behördliche Freiheitsentziehung durchaus auch auf landesrechtlichen Vorschriften beruhen kann.[24] Diese Sichtweise trägt dem Gesichtspunkt des Sachzusammenhangs Rechnung. Hat die Behörde bspw. einen Antrag auf Anordnung der Abschiebungshaft gestellt, wird die Zuständigkeit der ordentlichen Gerichte zur Entscheidung über eine haftvorbereitende behördliche Ingewahrsamnahme unabhängig davon begründet, ob deren Rechtmäßigkeit in dem Zeitraum von der Festnahme des Betroffenen bis zu seiner Vorführung zur Anhörung durch den Richter ggf. teilweise auch auf landesrechtliche Vorschriften gestützt werden konnte. Nachdem die Rechtmäßigkeit einer haftvorbereitenden Ingewahrsamnahme des Betroffenen nunmehr durch § 62 Abs. 4 AufenthG bundesrechtlich geregelt ist, kommt diesem Gesichtspunkt im Recht der Abschiebungshaft nunmehr eine geringere praktische Bedeutung zu. Diese Sichtweise greift auch dann durch, wenn die behördliche Freiheitsentziehung sich erledigt hat, ohne dass es noch zur Befassung des Richters mit der Entscheidung über die Fortdauer der Freiheitsentziehung gekommen ist, der Antrag auf Feststellung der Rechtswidrigkeit der behördlichen Maßnahme nunmehr also nur noch isoliert gestellt wird.[25] Ist die behördliche Ingewahrsamnahme also bspw. insgesamt darauf gerichtet, die Abschiebung des Betroffenen zu sichern, ist § 428 Abs. 2 anwendbar.

3. Anwendung des Abs. 2 im Bereich des Landesrechts

11 Abs. 2 ist unmittelbar nicht anwendbar bei behördlichen Freiheitsentziehungen, die ihre Grundlage ausschließlich im Landesrecht haben. Es handelt sich dabei im Wesentlichen um Fälle von Ingewahrsamnahmen auf polizeirechtlicher Grundlage, insbesondere bei Demonstrationen oder Großveranstaltungen. Die Polizeigesetze der Länder enthalten durchweg für die unverzüglich herbeizuführende Entscheidung des Amtsgerichts über die Fortdauer der Freiheitsentziehung eine Verweisung auf die gesetzlichen Vorschriften über das Freiheitsentziehungsverfahren, teilweise unter ausdrücklicher Bezugnahme auf das FamFG. Ob und inwieweit diese Verweisung auch § 428 Abs. 2 mit einschließt mit der Folge, dass insoweit der Rechtsweg zu der Verwaltungsgerichten gem. § 40 Abs. 1 S. 2 VwGO ausgeschlossen ist,[26] ist eine Frage der Auslegung des jeweiligen Landesrechts, die nicht zu einheitlichen Ergebnissen führt:

12 (a) Durch **ausdrückliche Regelungen** weist das Landesrecht Bayerns Art. 18 Abs. 2 S. 2 PAG), Niedersachsens (§ 19 Abs. 2 S. 1 SOG) und Berlins (§ 31 Abs. 3 ASOG) die Entscheidung über die nachträgliche Überprüfung der Rechtmäßigkeit der Freiheitsentziehung dem örtlich zuständigen AG zu. Damit ist auch für die isolierte Feststellung der Rechtswidrigkeit der Maßnahme der Rechtsweg zu den Gerichten der freiwilligen Gerichtsbarkeit eröffnet. Für den sachlichen Prüfungsgegenstand gelten die Erläuterungen bei Rn 9 entsprechend. Umgekehrt weist das hamburgische Landesrecht (§ 13 a Abs. 2 S. 4 SOG) die Entscheidung über eine nachträgliche Überprüfung der Rechtmäßigkeit einer Ingewahrsamnahme ausdrücklich den Verwaltungsgerichten zu.

13 (b) Das Recht der übrigen Länder begnügt sich mit einer allgemeinen Verweisung auf die Vorschriften über das Freiheitsentziehungsverfahren. Die Auslegung dieser Verweisung erfolgt nicht einheitlich: Für das Landesrecht Schleswig-Holsteins hat das OLG Schles-

---

[23] OLG Celle NdsRpfl. 2004, 348; OLG München FGPrax 2009, 38.
[24] BVerwGE 62, 317 = NJW 1982, 536; KG OLGR 2004, 410.
[25] BVerwGE a. a. O.; KG a. a. O.
[26] Gegen diese Ausgestaltung des Verfahrensrechts bestehen keine verfassungsrechtlichen Bedenken, BVerfG NVwZ 2006, 597.

wig[27] den Standpunkt eingenommen, die Verweisung in § 204 Abs. 6 LVwG in Verbindung mit § 181 Abs. 4 LVwG könne sinnvollerweise nur so ausgelegt werden, dass sie auch das Verfahren nach § 13 Abs. 2 FEVG umfassen solle. Maßgebend seien dafür auch im Rahmen der Anwendung des Landesrechts die Gründe der Prozesswirtschaftlichkeit, die der Vorschrift des § 13 Abs. 2 FEVG zugrunde liegen (siehe dazu Rn 6). Für die übrigen Bundesländer mit inhaltsgleicher Regelung wird demgegenüber die Auffassung vertreten, dass im Verfahren der freiwilligen Gerichtsbarkeit eine Entscheidung über die Rechtmäßigkeit der behördlichen Freiheitsentziehung nur zu treffen ist, wenn das Gericht auch mit der Herbeiführung einer Entscheidung über die Fortdauer der Freiheitsentziehung befasst wird, während es für die isolierte Überprüfung nach erledigter Maßnahme bei der allgemeinen Zuständigkeit der Verwaltungsgerichte verbleibe.[28] Vorzugswürdig erscheint die Auffassung des OLG Schleswig. Denn wenn bei Maßnahmen aufgrund Bundesrechts die Rechtswegzuweisung nach § 428 Abs. 2 auch für die isolierte Überprüfung der Rechtmäßigkeit einer bereits erledigten behördlichen Freiheitsentziehung gilt (siehe Rn 7), ist nur schwer erklärbar, warum dieselbe Vorschrift nicht soll angewandt werden können, wenn das Landesrecht auf sie als Teil des insgesamt in Bezug genommenen Freiheitsentziehungsverfahrensrechts verweist. Bei der Anpassung der landesrechtlichen Verweisungsvorschriften an das FamFG ist eine entsprechende Klarstellung bislang nicht erfolgt.

Ergänzende Vorschriften über die Beschwerde

429

(1) Das Recht der Beschwerde steht der zuständigen Behörde zu.

(2) Das Recht der Beschwerde steht im Interesse des Betroffenen

1. dessen Ehegatten oder Lebenspartner, wenn die Ehegatten oder Lebenspartner nicht dauernd getrennt leben, sowie dessen Eltern und Kindern, wenn der Betroffene bei diesen lebt oder bei Einleitung des Verfahrens gelebt hat, den Pflegeeltern sowie
2. einer von ihm benannten Person seines Vertrauens

zu, wenn sie im ersten Rechtszug beteiligt worden sind.

(3) Das Recht der Beschwerde steht dem Verfahrenspfleger zu.

(4) Befindet sich der Betroffene bereits in einer abgeschlossenen Einrichtung, kann die Beschwerde auch bei dem Gericht eingelegt werden, in dessen Bezirk die Einrichtung liegt.

I. Anwendungsbereich und Verhältnis zu den allgemeinen Vorschriften

Die Vorschrift betrifft aus dem Komplex der Voraussetzungen der Zulässigkeit einer Beschwerde gegen eine Entscheidung über eine Freiheitsentziehung ausschließlich die erforderliche Beschwerdebefugnis des Rechtsmittelführers. Im Ausgangspunkt unberührt bleibt dabei die allgemeine Vorschrift des § 59 Abs. 1, wonach nur derjenige beschwerdebefugt ist, der durch die angefochtene Entscheidung in eigenen subjektiven Rechten beeinträchtigt ist. § 429 **erweitert** diese Beschwerdebefugnis in der Weise, dass bestimmte Personen bzw. die zuständige Behörde für einzelne Entscheidungen unabhängig von der Beeinträchtigung eigener Rechte zur Einlegung des Rechtsmittels befugt sind. Die Feststellung der Beschwerdebefugnis kann deshalb eine parallele Prüfung sowohl unter dem Gesichtspunkt des § 59 Abs. 1 als auch einer Erweiterung nach § 429 erfordern. Für die Zulässigkeit der Beschwerde und den Gang des Beschwerdeverfahrens verbleibt es im Übrigen bei den allgemeinen Vorschriften der §§ 58 bis 69. 1

---

[27] OLGR 2001, 439 = NJOZ 2001, 1459; NVwZ 2002, Beilage Nr. I 3, 47.
[28] So VGH Kassel NJW 1984, 821 zu § 47 HessSOG; OVG Münster NJW 1990, 3224 zu § 14 PolG NW (jetzt gleichlautend § 36 PolG NW), OVG Bremen NVwZ-RR 1997, 474 zu § 16 BremPolG; ThürOVG DÖV 1999, 879 zu § 20 Abs. 2 ThürPAG; OVG Mecklenburg-Vorpommern NordÖR 2009, 24 zu § 56 Abs. 5 S. 4 SOG M-V; im Hinblick auf § 17 a Abs. 5 GVG offen gelassen VGH Mannheim NVwZ-RR 2005, 540.

II. Beschwerdebefugnis einzelner Personen bzw. der Betreuungsbehörde

1. Beschwerdebefugnis des Betroffenen

2   Der Betroffene wird in § 429 nicht ausdrücklich als beschwerdebefugt genannt, weil er ohnehin bereits nach § 59 Abs. 1 beschwerdebefugt ist, soweit er von einer Maßnahme der Freiheitsentziehung betroffen wird, sei es durch erstmalige Anordnung, Verlängerung oder Aufrechterhaltung durch Ablehnung einer Aufhebung. Nicht beeinträchtigt wird der Betroffene durch eine Entscheidung, durch die eine Freiheitsentziehungsmaßnahme abgelehnt oder eine solche Maßnahme aufgehoben wird.[1] Eine von ihm als nachteilig empfundene Begründung der Entscheidung kann allein eine Beschwer des Betroffenen nicht begründen (vgl. § 59 Rn 9, 10). Inwieweit der Betroffene nach einer Beendigung der Freiheitsentziehung die Feststellung der Rechtswidrigkeit einer in der Vergangenheit vollzogenen Maßnahme beantragen kann, ist eine aufgrund des § 62 zu lösende Fragestellung.

2. Beschwerdebefugnis des Verfahrenspflegers

3   Eine Beschwerdebefugnis des Verfahrenspflegers nach § 59 Abs. 1 wegen Beeinträchtigung eigener Rechte kommt praktisch nur im Verfahren nach den §§ 419 Abs. 5, 277 Abs. 6, 168 in Betracht, wenn ihm die beantragte Festsetzung einer Vergütung oder von Aufwendungsersatz versagt wird. § 429 **Abs. 3** eröffnet dem Verfahrenspfleger nunmehr ausdrücklich eine eigenständige **Beschwerdebefugnis, die sich aus seinem Amt als Verfahrenspfleger ableitet.** Die Vorschrift korrespondiert mit derjenigen des § 418 Abs. 2, durch die dem Verfahrenspfleger die verfahrensrechtliche Rechtsstellung eines selbständigen Verfahrensbeteiligten eingeräumt wird. Daraus folgt, dass die Beschwerdebefugnis des Verfahrenspflegers **auf den Umfang der Beschwer des Betroffenen durch die angefochtene Entscheidung beschränkt ist,** der Verfahrenspfleger also nur insoweit Beschwerde einlegen kann wie der Betroffene selbst ein Rechtsmittel erheben könnte. Der Verfahrenspfleger ist deshalb insbesondere nicht befugt, gegen die Ablehnung oder Aufhebung einer Freiheitsentziehungsmaßnahme Beschwerde einzulegen.[2] Zur näheren Begründung wird auf § 303 Rn 4 Bezug genommen.

3. Beschwerdebefugnis der zuständigen Behörde

4   § 429 Abs. 1 räumt als Spezialvorschrift im Sinne des § 59 Abs. 3 der zuständigen Behörde eine Beschwerdebefugnis ein. Die Beschwerdebefugnis folgt dem Antragsrecht der zuständigen Behörde nach § 417 Abs. 1. Eine Beschwerde der Behörde kommt nur bei einer ihr nachteiligen Entscheidung, also der Ablehnung des Antrags oder der Aufhebung der Freiheitsentziehung in Betracht. Wegen fehlenden Rechtsschutzbedürfnisses unzulässig wäre demgegenüber eine Beschwerde gegen die Anordnung einer Freiheitsentziehung oder die Ablehnung deren Aufhebung. Denn die Behörde hat es in der Hand, jederzeit die Freiheitsentziehung aus eigenem Entschluss zu beenden, weil sie bestimmt, ob, wann und wie lange innerhalb des zeitlichen Rahmens der gerichtlichen Anordnung die Freiheitsentziehung vollzogen werden soll (vgl. § 422 Rn 7).

4. Beschwerdebefugnis der Angehörigen des Betroffenen

5   **a) Allgemeine Grundsätze.** § 429 Abs. 2 behandelt die Beschwerdebefugnis der Angehörigen des Betroffenen und weiterer privilegierter Personen nur unter dem Aspekt einer von einer eigenen Rechtsbeeinträchtigung unabhängigen Beschwerdeberechtigung. Möglicher Verfahrensgegenstand der anzufechtenden Entscheidung kann nur die Anordnung sowie die Ablehnung der Aufhebung einer Freiheitsentziehungsmaßnahme sein. Denn ge-

---

[1] BayObLG FamRZ 2005, 834; BtPrax 2002, 165; OLG Frankfurt FGPrax 2000, 21 zum Unterbringungsrecht.
[2] BayObLG BtPrax 2002, 165; OLG Frankfurt FGPrax 2000, 21 = FamRZ 2000, 1446, jeweils in einer Unterbringungssache; a. A. BayObLG NJW-RR 1997, 967 in einer Betreuungssache allerdings ohne nähere Begründung zur angenommenen Zulässigkeit des Rechtsmittels.

gen die Ablehnung der Anordnung sowie der Aufhebung einer Freiheitsentziehungsmaßnahme ist allein die zuständige Behörde beschwerberechtigt, weil nur ihr das Antragsrecht zusteht (§ 59 Abs. 2). Die privilegierten Personen können von ihrer Beschwerdebefugnis zulässig nur im Interesse des Betroffenen Gebrauch machen. Zu dieser Einschränkung wird auf die Erläuterungen bei § 303 Rn 25 verwiesen. Die Beschwerdebefugnis besteht ferner nur dann, wenn die betreffende Person bereits im Verfahren erster Instanz als Verfahrensbeteiligter hinzugezogen war (siehe dazu näher § 303 Rn 26 bis 28).

b) Privilegierter Personenkreis. Abs. 2 privilegiert nur einen bestimmten Personenkreis, der mit § 418 Abs. 3 übereinstimmt. Privilegiert sind 6
– als Angehörige **(Nr. 1)**
 – der **Ehegatte** oder **Lebenspartner** (im Sinne des LPartG), sofern die Ehegatten oder Lebenspartner nicht dauernd getrennt leben.
 – **Eltern oder Kinder** nur dann, wenn der Betroffene bei ihnen lebt oder bei Einleitung des Verfahrens gelebt hat. Die darin liegende Beschränkung auf eine gelebte Beistandsgemeinschaft ist mit dem grundgesetzlichen Schutz der Familie (Art. 6 Abs. 1 GG) vereinbar.[3]
 – die **Pflegeeltern** des Betroffenen bei der Freiheitsentziehung eines Minderjährigen.
– eine **Person des Vertrauens (Nr. 2),** die aber vom Betroffenen als solche benannt werden muss.

III. Erleichterung für die Einlegung der Beschwerde

Die Beschwerde kann nach der allgemeinen Vorschrift des § 64 Abs. 1 nur bei dem 7 Amtsgericht eingelegt werden, dessen Entscheidung angefochten wird. § 429 Abs. 4 gestattet die Einlegung der Beschwerde auch bei dem Amtsgericht, in dessen Bezirk die Freiheitsentziehung vollzogen wird. Die Vorschrift ist nicht vollständig inhaltsgleich mit §§ 305, 336, weil die Erleichterung nicht auf die Person des Betroffenen beschränkt ist, sondern nach dem Wortlaut der Vorschrift von jedem Rechtsmittelführer genutzt werden kann.[4] Ob diese unterschiedliche Behandlung im Verhältnis zu anderen Freiheitsentziehungsmaßnahmen innerhalb desselben Gesetzes angemessen ist, mag zweifelhaft sein. Jedenfalls kann eine Beschwerde nicht als unzulässig behandelt werden, die von der nach dem Wortlaut der Vorschrift gegebenen Möglichkeit Gebrauch macht. Hinzuweisen ist auf folgende Abweichung: § 429 Abs. 4 setzt lediglich voraus, dass sich der Betroffene in einer „abgeschlossenen Einrichtung" befindet. Die Vorschrift setzt nicht voraus, dass in dieser Einrichtung eine Freiheitsentziehung im Sinne des § 415 vollzogen wird, vielmehr bleibt die rechtliche Grundlage dieser Freiheitsentziehung offen. Wird also bspw. eine Abschiebungshaft in der Form der Überhaft im Anschluss an eine gegenwärtige vollzogene Strafhaft angeordnet, so kann der Betroffene die Beschwerde auch bei dem Amtsgericht einlegen, in dessen Bezirk er aktuell die Strafhaft verbüßt.[5]

Auslagenersatz

430 Wird ein Antrag der Verwaltungsbehörde auf Freiheitsentziehung abgelehnt oder zurückgenommen und hat das Verfahren ergeben, dass ein begründeter Anlass zur Stellung des Antrags nicht vorlag, hat das Gericht die Auslagen des Betroffenen, soweit sie zur zweckentsprechenden Rechtsverfolgung notwendig waren, der Körperschaft aufzuerlegen, der die Verwaltungsbehörde angehört.

I. Normzweck und Anwendungsbereich

Die Vorschrift knüpft an die wortgleiche Vorgängerregelung in § 16 FEVG an. Die 1 Regelung beschränkt sich inhaltlich auf die Entscheidung darüber, ob unter den weiteren Voraussetzungen der Vorschrift **die Auslagen des Betroffenen**, regelmäßig also die Kosten seiner anwaltlichen Vertretung (VV zu § 2 Abs. 2 RVG Nr. 6300 bis 6303), dem

---
[3] OLG Schleswig BeckRS 2001, 30207077 = OLGR 2002, 190.
[4] Prütting/Helms/Jennissen § 429 Rn 15.
[5] Ebenso Marschner/Volckart/Lesting § 429 FamFG Rn 9.

Rechtsträger **der antragstellenden Behörde** aufzuerlegen sind. Die nach § 430 zu treffende Entscheidung ist bezogen auf ihren Verfahrensgegenstand zu unterscheiden

2 – von der Entscheidung über die **Gerichtskosten des Freiheitsentziehungsverfahrens**. Dafür ist in § 128 c KostO eine Sonderregelung getroffen: Nach Abs. 1 dieser Vorschrift wird eine volle Gebühr nach der KostO nur erhoben für die Entscheidung, durch die eine Freiheitsentziehung angeordnet, ihre Fortdauer angeordnet oder ein nicht von dem Betroffenen gestellter Aufhebungsantrag (§ 426) zurückgewiesen wird. Die **Gebühr** ist nunmehr[1] wertabhängig; der Wert ist nach § 30 Abs. 2 KostO, also regelmäßig auf 3000 €, zu bemessen (Abs. 2). Kostenschuldner auch der **Auslagen** ist der Betroffene, sofern das Gericht nicht einem anderen Verfahrensbeteiligten gem. § 81 Abs. 1 S. 1 die Kosten auferlegt (§ 128 c Abs. 3 S. 1 KostO) oder gem. § 81 Abs. 1 S. 2 die Nichterhebung von Kosten anordnet. Die Verwaltungsbehörde kann nicht als Kostenschuldner der Gebühr bestimmt werden (Abs. 3 S. 2). Das Gericht muss also im Fall der Zurückweisung des Antrags die entstandenen gerichtlichen Auslagen (etwa die Vergütung eines Sachverständigen oder eines Verfahrenspflegers) der Verwaltungsbehörde auferlegen; eine automatische Freistellung des Betroffenen von der Belastung mit solchen Auslagen bei Ablehnung des Antrags tritt – im Gegensatz zum Betreuungs- und Unterbringungsverfahren (§§ 96, 128 b KostO) – nicht ein. Aus dem Rechtsgedanken des Art. 6 Abs. 3 lit. e EMRK (unentgeltliche Unterstützung durch einen Dolmetscher) folgt zusätzlich, dass von der Erhebung von gerichtlichen Auslagen, die durch die Zuziehung eines Dolmetschers entstanden sind, gem. § 81 Abs. 1 S. 2 abzusehen ist.[2] In Abschiebungshaftsachen bleiben entstandene Gebühren regelmäßig gem. § 10 KostVfg außer Ansatz.

3 – von der Entscheidung über die **Kosten der Freiheitsentziehung**. Wer Kostenschuldner ist und in welchem Umfang diese Kosten zu erstatten sind, bestimmt jeweils das Gesetz, das die materiellen Voraussetzungen für die Anordnung der Freiheitsentziehung regelt, also etwa die §§ 66, 67 AufenthG für die Abschiebungshaft,[3] für Maßnahmen nach dem IfSG die §§ 16 Abs. 7, 69 Abs. 1 Nr. 7 IfSG.[4]

II. Voraussetzungen der Anordnung der Kostenerstattung

1. Verfahrensrechtliche Voraussetzungen

4 **a) Ablehnung oder Zurücknahme des Antrags.** Seinem Wortlaut nach setzt § 430 voraus, dass entweder der Antrag der Behörde abgelehnt worden ist oder diese ihren Antrag zurückgenommen hat. In der letzten Alternative kann nur eine Rücknahme vor Ergehen einer Sachentscheidung über den Antrag gemeint sein. Denn wenn bereits eine Freiheitsentziehung angeordnet und vollzogen worden ist, kommt eine Rücknahme des Antrags ohne zumindest gleichzeitige Entlassung des Betroffenen aus der Freiheitsentziehung nicht in Betracht, die bereits für sich allein zur Beendigung der Maßnahme und damit zur Erledigung der Hauptsache führt.

5 **b) Abgrenzungen.** Eine entsprechende Anwendung des § 430 in Fällen der **Erledigung der Hauptsache** kommt nicht in Betracht. Für § 16 FEVG war allerdings in der Rechtsprechung anerkannt, dass es sich um eine Spezialvorschrift gegenüber § 13 a FGG handelte,[5] die in entsprechender Anwendung auch im Fall der Erledigung der Hauptsache heranzuziehen war.[6] Denn die Beschränkung der Kostenerstattung auf Fälle, in denen für die Behörde ein begründeter Anlass zur Antragstellung nicht vorlag (siehe dazu näher Rn 7), musste inhaltlich in derselben Weise durchgreifen, wenn das Verfahren sich anderweitig durch Beendigung der Freiheitsentziehung, insbesondere aufgrund nachträglicher tatsächlicher Entwicklungen während eines Beschwerdeverfahrens, erledigte. Dementsprechend konsequent wurde § 16 FEVG auch in den Fällen angewandt, in denen der Betrof-

---

[1] Anders noch § 14 FEVG.
[2] BGH FGPrax 2010, 154, 156 = InfAuslR 2010, 246.
[3] Vgl. dazu BVerwG NVwZ 2005, 1433 = InfAuslR 2005, 480.
[4] Vgl. dazu OVG Münster, U. v. 5. 12. 2007 – 13 A 932/05 –.
[5] BGH NJW 1996, 466 = FGPrax 1996, 80.
[6] BayObLGZ 1979, 211; OLG Celle NdsRpfl. 2006, 62; OLG Karlsruhe Justiz 2001, 30.

fene nach einer Erledigung der Hauptsache den Antrag auf Feststellung der Rechtswidrigkeit der Freiheitsentziehung (jetzt: § 62) stellte.[7] Die Verengung des Beurteilungsrahmens auf den Zeitpunkt der ursprünglichen Antragstellung wurde in der weiteren Entwicklung der Rechtsprechung als unangemessen in den Fällen angesehen, in denen die Behörde einer späteren Entwicklung, die zu einer Veränderung der Beurteilung der Voraussetzungen der Freiheitsentziehung geführt hatte, nicht in angemessener Weise Rechnung getragen hat, sei es, dass diese Voraussetzungen zum Zeitpunkt eines von ihr selbst eingelegten Rechtsmittels nicht mehr vorlagen,[8] sei es, dass die Behörde zu einem begründeten Rechtsmittel des Betroffenen Anlass gegeben hatte, weil sie nicht von sich aus nach dem Wegfall ihrer Voraussetzungen die Freiheitsentziehung beendet hatte. § 16 FEVG wurde dann teilweise auf die Rechtsmitteleinlegung bzw. die unbegründete Aufrechterhaltung der Freiheitsentziehung angewandt,[9] teilweise wurde in solchen Verfahrenssituationen § 13a FGG unmittelbar herangezogen.[10] Solchen komplizierten Ableitungen bedarf es für § 430 trotz seines gegenüber § 16 FEVG unveränderten Wortlautes nicht mehr.

Im Rahmen des § 430 besteht indessen kein Bedürfnis mehr, diese Rechtsprechung **6** fortzuführen. Denn die allgemeine Vorschrift des § 83 Abs. 2 enthält eine ausdrückliche Regelung für die Kostenverteilung bei Erledigung der Hauptsache, indem auf die Grundregel des § 81 (Kostenentscheidung nach billigem Ermessen) verwiesen wird. Die Gesetzesbegründung bringt deutlich zum Ausdruck, dass im Falle der Erledigung der Hauptsache die allgemeinen Vorschriften der §§ 83 Abs. 2, 81 Anwendung finden sollen, mag auch die darin liegende Abweichung gegenüber der bisherigen Rechtsprechung zu § 16 FEVG nicht deutlich werden.[11] Für eine analoge Anwendung des § 430 in Fällen der Erledigung der Hauptsache fehlt dann aber eine hinreichende Grundlage.[12] Dies gilt insbesondere auch dann, wenn nach § 62 auf einen Antrag des Betroffenen die Rechtswidrigkeit der Maßnahme festgestellt wird.[13] Dabei handelt sich zwar um eine Entscheidung in der Hauptsache, die jedoch gerade an die Erledigung des ursprünglichen Verfahrensgegenstandes anknüpft.

Für die Anwendung des § 430 verbleibt danach in der Praxis nur ein sehr schmaler **7** Anwendungsbereich, weil die problematischen Fälle regelmäßig die Kostenentscheidung nach Eintritt der Erledigung der Hauptsache betreffen. Die Anwendung der Vorschriften des Allgemeinen Teils in diesen Fällen hat den Vorteil, dass die Ermessensentscheidung beweglicher an den konkreten Umständen des Einzelfalls orientiert und unter Billigkeitsgesichtspunkten auch eine teilweise, etwa zwischen den Instanzen differenzierende Erstattungsanordnung getroffen werden kann. Dabei sollte jedoch der Rechtsgedanke des § 430 auch bei einer Kostenentscheidung nach den allgemeinen Vorschriften der §§ 83 Abs. 2, 81 Abs. 1 angemessen berücksichtigt werden. Dieser Maßstab darf sich nicht dadurch zum Nachteil der Behörde verändern, dass diese, statt eine aufhebende Sachentscheidung des Gerichts abzuwarten, bei späterem Wegfall ihrer Voraussetzungen von sich die Freiheitsentziehung beendet und dadurch die Erledigung der Hauptsache herbeiführt.

§ 430 gilt ferner nicht für das Aufhebungsverfahren nach § 426,[14] für die Feststellung der **8** Rechtswidrigkeit einer behördlichen Ingewahrsamnahme (§ 428)[15] sowie für die Kosten eines verworfenen oder als unbegründet zurückgewiesenen Rechtsmittels (§ 84).[16]

---

[7] BayObLG OLGR 2002, 224 = BeckRS 2002, 30236961; InfAuslR 2003, 66; OLG Hamm FGPrax 2005, 49 = InfAuslR 2005, 114.
[8] BayObLGZ 1997, 338; KG InfAuslR 2000, 230; OLG Köln OLGR 2004, 126 = BeckRS 2004, 02988.
[9] OLG Hamm FGPrax 2005, 49 = InfAuslR 2005, 114.
[10] OLG Düsseldorf FGPrax 2004, 254 = InfAuslR 2004, 305; FGPrax 2004, 141 = InfAuslR 2004, 210.
[11] BT-Drs. 16/6308 S. 294.
[12] Ebenso Jennissen FGPrax 2009, 93/99 sowie in Prütting/Helms § 430 Rn 4; Marschner/Volckart/Lesting § 430 FamFG Rn 2.
[13] BGH FGPrax 2010, 212.
[14] BayObLG JurBüro 1999, 92.
[15] KG BeckRS 2004, 08256.
[16] BayObLG BeckRS 2004, 08256; JurBüro 1990, 483.

2. Sachliche Voraussetzungen

9 Die Kostenerstattung setzt nach § 430 weiter voraus, dass ein **begründeter Anlass zur Antragstellung** nicht vorgelegen hat. Maßgeblich für eine Anwendung dieser Norm ist nicht die objektive Sachlage, wie sie sich nach dem Ergebnis der durchgeführten Ermittlungen (§ 26) im Zeitpunkt seiner Entscheidung für das Gericht (ggf. erst bei der Entscheidung über eine Beschwerde) darstellt. Vielmehr kommt es für die Frage, ob begründeter Anlass für die Stellung eines Antrags bestanden hatte, darauf an, wie die Behörde den Sachverhalt zur Zeit der Antragstellung beurteilen durfte, wenn sie alle ihr zumutbaren Ermittlungen angestellt hätte; auf ein schuldhaftes Verhalten von Verwaltungsbediensteten kommt es nicht an.[17] Maßgebend ist danach, ob die Behörde nach den ihr zur Verfügung stehenden Erkenntnissen zu dem Zeitpunkt, zu dem sie sich zur Antragstellung entschlossen hat, vertretbar von dem Vorliegen der gesetzlichen Voraussetzungen der Freiheitsentziehung ausgehen durfte. Abzustellen ist dabei auf die Situation im konkreten Einzelfall, wobei auch der Zeitdruck einer kurzfristigen Bearbeitung durch eine berechtigte vorläufige behördliche Ingewahrsamnahme (§ 62 Abs. 4 AufenthG) berücksichtigt werden kann.

10 **Einzelgesichtspunkte:** Orientierungspunkt für das Maß der zu erwartenden Sorgfalt kann sein, ob die Begründung des gestellten Antrags den Anforderungen des § 417 Abs. 2 entspricht (vgl. dort Rn 12 bis 23). Kann sich das Gericht im Verfahren nicht die Überzeugung von den Voraussetzungen der Freiheitsentziehung bilden oder ergeben sich im weiteren Verlauf des Verfahrens Änderungen des Sachverhalts, die zum Wegfall der Voraussetzungen der Freiheitsentziehung führen, kann eine Kostenerstattung zum Nachteil der Behörde nicht getroffen werden.

11 Bspw. hat die Behörde berechtigten Anlass, einen Antrag auf Anordnung der Sicherungshaft zu stellen, wenn die Voraussetzungen eines der zwingenden Haftgründe nach § 62 Abs. 2 S. 1 Nr. 1 bis 4 AufenthG vorliegen. Kommt das Gericht nach persönlicher Anhörung und etwaigen weiteren Ermittlungen zu der Beurteilung, der Betroffene habe hinreichend glaubhaft gemacht, dass er sich nicht der Abschiebung entziehen wolle (§ 62 Abs. 2 S. 3 AufenthG), kann sich dieses Verfahrensergebnis nicht zum Nachteil der Behörde auswirken.

12 Ähnliches gilt etwa, wenn die Behörde die kleine Sicherungshaft nach § 62 Abs. 2 S. 2 AufenthG beantragt, nachdem die tatbestandlichen Voraussetzungen der Vorschrift vorliegen, und wenigstens im Ansatz in der Begründung ihres Antrags darlegt, aufgrund welcher tatsächlichen Gegebenheiten ihrer Auffassung nach die gerichtliche Ermessensausübung zur Anordnung dieser Haftmaßnahme führen soll. Genügt der Antrag diesen grundlegenden Anforderungen und wird die Freiheitsentziehung angeordnet, so kann ein abweichender Rechtsstandpunkt des (Rechts-) Beschwerdegerichts, der die Erforderlichkeit weitergehender tatsächlicher Ermittlungen begründet, nicht zu einer Kostenbelastung zum Nachteil der Behörde führen.[18]

13 Umgekehrt muss es sich kostenmäßig zum Nachteil der Behörde auswirken, wenn sie es unterlässt, den Betroffenen von sich aus zu entlassen, nachdem ein Sachverhalt eingetreten ist, der entweder kraft Gesetzes zur Beendigung der Freiheitsentziehung oder sich aufdrängend zum nachträglichen Wegfall ihrer Voraussetzungen geführt hat (vgl. dazu § 426 Rn 2). Bei anfänglich zu Recht beantragter und angeordneter Freiheitsentziehung rechtfertigt ein solches Versäumnis der Behörde ihre Belastung nur mit denjenigen außergerichtlichen Kosten des Betroffenen, die angefallen sind, nachdem er aus der Freiheitsentziehung hätte entlassen werden müssen.[19]

14 Führen Verfahrensfehler des Gerichts (bspw. unzureichende Anhörung oder Belehrung des Betroffenen, Verletzung seines Anspruchs auf rechtliches Gehör) zu der Feststellung (§ 62 Abs. 1), dass eine Haftmaßnahme zu Unrecht angeordnet oder aufrecht erhalten worden ist, kann darauf eine Kostenerstattungsanordnung zu Lasten der antragstellenden Behörde nicht gestützt werden. Die gegenteilige Auffassung des BGH[20] will für dieses Ergebnis

---

[17] BayObLG BayVBl 1999, 27; KG FGPrax 1998, 199; OLG Köln BeckRS 2004, 02988 = OLGR 2004, 126.
[18] OLG Hamm InfAuslR 2007, 159.
[19] OLG Hamm BeckRS 2009, 20257.
[20] FGPrax 2010, 212.

den Gedanken der Verwirklichung eines materiell-rechtlichen Entschädigungsanspruchs des Betroffenen aus Art. 5 Abs. 5 EMRK fruchtbar machen. Diese Auffassung begegnet jedoch Bedenken, weil dieser Entschädigungsanspruch sich gegen die Landeskasse richtet,[21] nicht jedoch gegen die Körperschaft, der die antragstellende Verwaltungsbehörde angehört (siehe nachfolgend Rn 15). Unabhängig davon erscheint es unter Billigkeitsgesichtspunkten nicht angemessen, dem Rechtsträger der antragstellenden Behörde eine Haftung für Kostenfolgen von Verfahrensfehlern des Gerichts aufzuerlegen. Zu einer möglichen Haftung der Staatskasse siehe nachstehend Rn 16.

3. Rechtsfolgen

Liegen die Voraussetzungen des § 430 vor, muss eine Kostenerstattung zwingend und in vollem Umfang angeordnet werden. Ein Ermessen steht dem Gericht nicht zu, wohl aber, wenn die Entscheidung im Fall der Eledigung der Hauptsache auf §§ 83 Abs. 2, 81 gestützt wird. Der Erstattungsanspruch richtet sich gegen die Körperschaft, der die antragstellende Verwaltungsbehörde angehört, nach dem jeweiligen Landesrecht also regelmäßig gegen den Kreis bzw. die Stadt. Die Festsetzung der Höhe des zu erstattenden Betrages erfolgt durch den Rechtspfleger gem. § 85 im Kostenfesetzungsverfahren nach den §§ 103 bis 107 ZPO.

4. Kostenerstattung durch die Staatskasse

Beruht die Anordnung oder die Fortdauer des Vollzugs der Freiheitsentziehung auf einem Verfahrensfehler des Gerichts (siehe dazu bereits Rn 14 a. E.), stellt sich die Frage, ob eine Kostenerstattungsanordnung gegen die Staatskasse ergehen kann. Für eine solche Anordnung enthält der Wortlaut des § 430 keine Grundlage.[22] Es besteht auch kein hinreichender Grund, die Möglichkeit zu einer solchen Kostenerstattung im Wege der Analogie (etwa zu §§ 307, 337 Abs. 1) zu eröffnen.[23] Die Gründe sind dafür deckungsgleich mit denjenigen, aus denen eine solche Analogie für das öffentliche-rechtliche Unterbringungsverfahren abgelehnt worden ist (vgl. näher § 337 Rn 9).

Mitteilung von Entscheidungen

431 [1]Für Mitteilungen von Entscheidungen gelten die §§ 308 und 311 entsprechend, wobei an die Stelle des Betreuers die Verwaltungsbehörde tritt. [2]Die Aufhebung einer Freiheitsentziehungsmaßnahme nach § 426 Satz 1 und die Aussetzung ihrer Vollziehung nach § 424 Abs. 1 Satz 1 sind dem Leiter der abgeschlossenen Einrichtung, in der sich der Betroffene befindet, mitzuteilen.

S. 1 der Vorschrift schafft eine gesetzliche Grundlage für Mitteilungen in Freiheitsentziehungssachen. Die Voraussetzungen für solche Mitteilungen, für eine Unterrichtungspflicht gegenüber dem Betroffenen, der Verwaltungsbehörde – diese tritt im Rahmen der entsprechenden Anwendung des § 308 Abs. 3 an die Stelle des Betreuers – oder dem Verfahrenspfleger sowie die Regeln für die weitere Behandlung der Mitteilungen ergeben sich aus den §§ 308 und 311, auf die S. 1 der Vorschrift verweist. Auf die Erläuterungen zu §§ 308 und 311 wird deshalb hier Bezug genommen.

Nach S. 2 der Vorschrift sind die Aufhebung einer Freiheitsentziehungsmaßnahme nach § 426 S. 1 und die Aussetzung der Vollziehung nach § 424 Abs. 1 S. 1 dem Leiter der Einrichtung, in sich der Betroffene befindet, mitzuteilen. Die besondere Mitteilungspflicht soll sicherstellen, dass der Leiter der Einrichtung von der Beendigung der gerichtlichen Unterbringungsmaßnahme sofort Kenntnis erhält und für die Entlassung des Betroffenen Sorge tragen kann.

---

[21] BGH NVwZ 2006, 960.
[22] So bereits OLG Celle InfAuslR 2005, 423; OLG Köln FGPrax 2008, 136 zu § 16 FEVG.
[23] Ebenso Prütting/Helms/Jennissen § 430 Rn 10; Marschner/Volckart/Lesting § 430 FamFG Rn 2.

Benachrichtigung von Angehörigen

432 Von der Anordnung der Freiheitsentziehung und deren Verlängerung hat das Gericht einen Angehörigen des Betroffenen oder eine Person seines Vertrauens unverzüglich zu benachrichtigen.

1. Benachrichtigung von Angehörigen

Die Vorschrift hat nur klarstellende Funktion. Sie wiederholt in einfachgesetzlicher Vorschrift die in Art. 104 Abs. 4 GG für das Verfahren bei Freiheitsentziehungen vorgeschriebene Benachrichtigungspflicht des Gerichts gegenüber einem Angehörigen oder einer Person des Vertrauens des Betroffenen. Wegen weiterer Einzelheiten wird auf die Erläuterungen zu § 339 verwiesen.

2. Benachrichtigung des Konsulats

Hat der Betroffene des Freiheitsentziehungsverfahrens eine ausländische Staatsangehörigkeit muss der funktionell zuständige Richter ergänzend Art. 36 Abs. 1 lit. b des Wiener Übereinkommens über konsularische Beziehungen (WÜK)[1] befolgen. Danach muss jeder Ausländer, der festgenommen wird, darüber belehrt werden, dass auf sein Verlangen die konsularische Vertretung seines Heimatstaates zu unterrichten ist, damit er deren Unterstützung in Anspruch nehmen kann. Diese Belehrungspflicht gilt nur gegenüber Angehörigen derjenigen Staaten, die dem Übereinkommen beigetreten sind. Ergänzend sind jedoch bilaterale Abkommen zu berücksichtigen.[2] Einzelheiten ergeben sich aus der sinngemäßen Anwendung von Nr. 135 der Richtlinien für den Verkehr mit dem Ausland in strafrechtlichen Angelegenheiten (RiVASt) und den landesrechtlichen Ausführungsbestimmungen.[3] Die Belehrung des Betroffenen, seine Reaktion hierauf und die unverzügliche Unterrichtung der konsularischen Vertretung (sofern verlangt) sind zu dokumentieren.[4] Eine Belehrung im Anschluss an die Haftanordnung anlässlich der Haftaufnahme reicht aus.[5] Unterbleibt dies, kann nicht festgestellt werden, dass die Verfahrensgarantien des Wiener Übereinkommens gewahrt worden sind.[6] Das BVerfG hat der Beachtung der Belehrungspflicht tragende Bedeutung für ein rechtsstaatlich faires Verfahren gegenüber einem Ausländer beigemessen.[7] Der BGH hat daraus die Konsequenz gezogen, dass die Nichtbefolgung der Verfahrensgarantien des Art. 36 WÜK einen grundlegenden Verfahrensmangel darstellt, der die Rechtswidrigkeit der Freiheitsentziehung zur Folge hat.[8] Ein solcher Verfahrensmangel wird nicht dadurch geheilt, dass die konsularische Vertretung im späteren Verlauf des Verfahrens Kenntnis von der Inhaftierung des Betroffenen erhält.[9]

---

[1] BGBl 1969 II S. 1585.
[2] BGH FGPrax 2010, 212.
[3] Vgl. etwa für Nordrhein-Westfalen RV d. JM v. 12. 3. 2009 (9360-III.20).
[4] BGH NVwZ 2011, 320 = InfAuslR 2011, 119.
[5] BGH FGPrax 2011, 41 = InfAuslR 2011, 71.
[6] BGH FGPrax 2011, 119.
[7] BVerfG NJW 2007, 499.
[8] FGPrax 2010, 212.
[9] BGH NVwZ 2011, 320 = InfAuslR 2011, 169.

Buch 8. Verfahren in Aufgebotssachen

Abschnitt 1. Allgemeine Verfahrensvorschriften

Aufgebotssachen

433 Aufgebotssachen sind Verfahren, in denen das Gericht öffentlich zur Anmeldung von Ansprüchen oder Rechten auffordert, mit der Wirkung, dass die Unterlassung der Anmeldung einen Rechtsnachteil zur Folge hat; sie finden nur in den durch Gesetz bestimmten Fällen statt.

I. Normzweck und Geschichte

1. Normzweck

Die Vorschrift definiert den Begriff des Aufgebots als ein Verfahren mit folgenden Elementen: (1) Gesetzliche Zulassung (vgl. § 12 EGZPO); die Zulassung muss aber nicht notwendig durch das FamFG erfolgt sein. (2) Aufforderung durch ein Gericht (private Aufgebote fallen somit nicht unter §§ 433 ff.; Rn 7). (3) Aufforderung zur Anmeldung von Ansprüchen oder Rechten. (4) Öffentlichkeit der Aufforderung. (5) Rechtsnachteil bei Unterlassung der Anmeldung. § 433 entspricht teilweise § 946 a. F. ZPO. 1

2. Ausgliederung des Aufgebots aus der ZPO

Das Aufgebotsverfahren war seit 1877 in der ZPO (§§ 946 bis 1024) geregelt, es wurde nun aus der ZPO herausgenommen und im FamFG geregelt. Grund für die Verschiebung war, dass es sich nicht um ein kontradiktorisches Verfahren des Zivilprozesses zwischen zwei Parteien handelt, in dem diese den Streitgegenstand bestimmen und in dem rechtskräftig über materielle Rechte entschieden wird, sondern ein nichtstreitiges rechtsgestaltendes Verfahren, das eher zur freiwilligen Gerichtsbarkeit gehört.¹ Das Aufgebotsverfahren bei Todeserklärungen (früher §§ 960 bis 976 ZPO) war bereits 1939 aus der ZPO herausgenommen worden und im Verschollenheitsgesetz als Verfahren der freiwilligen Gerichtsbarkeit geregelt worden (§ 13 Abs. 1 VerschG). 2

3. Schwerpunkte der Reform

Mit der Regelung des Aufgebots im FamFG waren Änderungen verbunden; so wurde der bisherige Aufgebotstermin abgeschafft, ein gewöhnliches Anmeldeverfahren tritt an dessen Stelle. Das Urteilsverfahren wurde beseitigt, es gibt daher kein in öffentlicher Sitzung erlassenes Ausschlussurteil (früher § 952 Abs. 1 ZPO) mehr. An dessen Stelle ist ein büromäßiges Beschlussverfahren getreten, bei dem keine Öffentlichkeit mehr besteht. Dafür ist nun allseits der Rechtspfleger zuständig (§ 3 RPflG), die bisherige teilweise Richterzuständigkeit (für „Urteile" notwendig) wurde gestrichen. Auch das Rechtsmittelrecht wurde geändert: bisher gab es gegen das Ausschlussurteil kein Rechtsmittel; das Urteil konnte nur mit einer Anfechtungsklage angegriffen werden (§ 957 a. F. ZPO). Der jetzige Ausschließungsbeschluss des Rechtspflegers ist dagegen mit befristeter Beschwerde (§§ 58 ff.) anfechtbar. Der Ausschließungsbeschluss wird öffentlich zugestellt (§ 468); dadurch wird eine Zustellung fingiert und es beginnt die kurze Frist für die Beschwerde (§ 63). Wird die Beschwerdefrist versäumt, kann gegebenenfalls Wiedereinsetzung gegen die Fristversäumung erfolgen (§ 17); bei schweren Verfahrensfehlern kommt eine Wiederaufnahme in Frage (§ 48 Abs. 2). 3

---

¹ BT-Drs. 16/6308 S. 171.

II. Aufgebotsverfahren

1. Im FamFG geregelte Aufgebotsverfahren

4   Ausschließung
- von Grundstückseigentümern (§§ 442 bis 445)
- von Schiffseigentümern (§ 446)
- von Grundpfandrechtsgläubigern (§§ 447 bis 451)
- von Schiffshypothekengläubigern (§ 452)
- anderer dinglich Berechtigter (§ 453)
- von Nachlassgläubigern (§§ 454 bis 463)
- von Gesamtgutsgläubigern (§ 464)
- von Schiffsgläubigern (§ 465)

Kraftloserklärung von Urkunden (§§ 466 bis 483).

2. Landesrechtliche Regelungen

5   In zahlreichen Fällen (vgl. § 484) können die Landesgesetze die Art der Veröffentlichung des Aufgebots und des Ausschließungsbeschlusses sowie die Aufgebotsfrist anders bestimmen, als es in den §§ 435, 437, 441 vorgeschrieben ist. Die Ermächtigung in § 11 EGZPO, wonach landesrechtliche Verfahren besonderer Art bestanden, für die die damaligen §§ 946 ff. ZPO nicht anwendbar waren, wurde durch das FGG-Reformgesetz aufgehoben.

3. Andere Aufgebotsverfahren

6   **a) Bundesrechtliche Regelungen.** Ausschließung eines unbekannten Berechtigten im Zwangsversteigerungs- oder Zwangsverwaltungsverfahren (§§ 138, 140, 141 ZVG). Grundpfandrechtsbriefe können in besonderen Fällen für kraftlos erklärt werden, wenn ihn der Berechtigte infolge Maßnahmen anderer Staaten (z. B. Enteignung) nicht in Händen hat.[2] Bei Verlust infolge Kriegseinwirkung etc. kann ein neuer Brief erteilt werden (§ 26 GBMaßnG). Eine Ausschließung unbekannter Eigentümer von restitutionsbefangenen DDR-Grundstücken ist nach § 15 GBBerG möglich.

7   **b) Außergerichtliche Aufgebote.**[3] Dazu gehören (1) das private Aufgebot der Nachlassgläubiger bei mehreren Erben nach § 2061 BGB; (2) das Aufgebot von Kraftfahrzeugbriefen nach § 25 Abs. 2 StVZO; (3) öffentliche Aufforderungen nach §§ 267 AktG, 82 Abs. 2 GenG, 65 Abs. 2 GmbHG; (4) die nach Landesrecht (Art. 102 Abs. 2 EGBGB) bei den jeweiligen Kreditinstituten zulässigen Aufgebote von Sparbüchern; (5) für Postsparbücher nach § 36 der Postbank-AGB.

III. Zuständigkeit

1. Sachliche Zuständigkeit

8   Sie ist in § 23a Abs. 1 Nr. 2 und Abs. 2 Nr. 7 GVG geregelt; zuständig ist das AG ohne Rücksicht auf die Höhe des Streitwerts.

2. Örtliche Zuständigkeit

9   Sie ist je nach Art des Aufgebots geregelt: § 442 Abs. 2 (Grundstückseigentümer), § 446 Abs. 2 (Schiffseigentümer), § 447 Abs. 2 (Grundpfandrechtsgläubiger), § 452 Abs. 2 (Schiffshypothekengläubiger), §§ 454 Abs. 2 (Nachlassgläubiger). Mehrfache örtliche Zuständigkeit: § 2. Verweisung bei Unzuständigkeit: § 3. Gerichtliche Bestimmung bei Zuständigkeitsstreit: § 5. Eine Konzentrationsermächtigung findet sich in § 23d n. F. GVG.

---

[2] Gesetz über die Kraftloserklärung von Hypotheken-, Grundschuld- und Rentenschuldbriefen vom 18. 4. 1950 (BGBl. I S. 88) mit späteren Änderungen.
[3] MünchKommZPO/Eickmann § 433 FamFG Rn 19.

3. Funktionelle Zuständigkeit

Sie liegt beim Rechtspfleger (§ 3 Nr. 1 c RPflG); der bisherige teilweise Richtervorbehalt (für Wahrnehmung des früheren Aufgebotstermins, Entscheidung durch Urteil, Anfechtungsverfahren) ist durch Aufhebung von § 20 Nr. 2 RPflG entfallen. Aufgebotsurteile gibt es nicht mehr.

Antrag; Inhalt des Aufgebots

434 (1) Das Aufgebotsverfahren wird nur auf Antrag eingeleitet.

(2) ¹Ist der Antrag zulässig, so hat das Gericht das Aufgebot zu erlassen. ²In das Aufgebot ist insbesondere aufzunehmen:
1. die Bezeichnung des Antragstellers;
2. die Aufforderung, die Ansprüche und Rechte bis zu einem bestimmten Zeitpunkt bei dem Gericht anzumelden (Anmeldezeitpunkt);
3. die Bezeichnung der Rechtsnachteile, die eintreten, wenn die Anmeldung unterbleibt.

1. Antragsverfahren

Abs. 1 stellt klar, dass ein Aufgebotsverfahren nicht von Amts wegen eingeleitet wird, sondern nur auf Antrag. Der Antrag kann schriftlich oder zu Protokoll der Geschäftsstelle erklärt werden (§ 25). Anwaltszwang besteht nicht (§ 10). Der notwendige Inhalt des Antrags ergibt sich jeweils aus den materiellrechtlichen Bestimmungen, sonst aus § 23. Die Regelung lehnt sich an den früheren § 947 ZPO an.

2. Verfahren

Das begonnene Verfahren selbst wird von Amts wegen weiterbetrieben (§ 26). Eine mündliche Verhandlung ist nicht vorgeschrieben. Eine Erörterung mit den Beteiligten in einem Termin ist aber zulässig (§ 32). Das Gericht kann sonstige nähere Ermittlungen anordnen (§ 439 Abs. 1).

3. Zulässigkeitsvoraussetzungen

a) Allgemeines. Auch die Zulässigkeit ist von Amts wegen zu prüfen. Wann der Antrag zulässig ist, sagt § 434 nicht. Zur Zulässigkeit gehört jedenfalls die Zuständigkeit des Gerichts, die gesetzliche Zulassung der gewählten Aufgebotsart, die Antragsberechtigung, der notwendige Inhalt des Antrags, gegebenenfalls die Vorlage bestimmter Unterlagen und Glaubhaftmachung.

b) Antragsberechtigung. Sie ist nicht in § 434, sondern bei den einzelnen Aufgebotsarten geregelt. Die Antragsberechtigung muss zur Zeit der Entscheidung vorliegen.[1] Beim Aufgebot des Eigentümers eines Grundstücks nennt § 443 die Antragsberechtigten, beim Aufgebot des Gläubigers von Grundpfandrechten § 448, beim Aufgebot von Nachlassgläubigern § 455 usw.

c) Mehrere Antragsberechtigte. Sind mehrere zur Stellung des Antrags berechtigt, dann müssen sie bei gleichartiger Antragsberechtigung und gesamthänderischer Berechtigung gemeinsam handeln. Bei mehreren Erben kann aber jeder Erbe allein handeln (§§ 455, 460). Mehrere Testamentsvollstrecker bzw. Nachlasspfleger können den Antrag jeweils allein stellen (§ 455 Abs. 2); hier liegt eine verschiedenartige Antragsberechtigung vor. Gehört ein Nachlass zum Gesamtgut einer Gütergemeinschaft, kann jeder Ehegatte allein den Antrag stellen (§ 462). Erbe und Erbschaftskäufer können jeweils getrennt den Antrag stellen (§ 463). War ein Grundstück im Falle des § 927 BGB im Eigenbesitz mehrerer Personen (§ 443), können sie das Aufgebot nur gemeinsam beantragen.[2] Stellt z. B. ein

---
[1] A. A. MünchKommZPO/Eickmann § 947 Rn 3 (zur Zeit der Antragstellung).
[2] MünchKommBGB/Kanzleiter § 927 Rn 5.

Miterbe den Aufgebotsantrag, kann (bis zum Erlass des Aufgebots) ein anderer Miterbe ebenfalls einen Antrag stellen. Das führt nicht zu neuen Fristen, hat nur Bedeutung für die Angabe des Antragstellers im Aufgebot und die Kostenschuldnerschaft. §§ 59 ff. ZPO sind nicht einschlägig, weil sich das Verfahren nicht mehr nach der ZPO richtet.

6 **d) Tod des Antragstellers.** Stirbt der Antragsteller nach Eingang seines Antrags oder wird über sein Vermögen das Insolvenzverfahren eröffnet, hat dies auf das begonnene Verfahren keinen Einfluss mehr, weil eine weitere Mitwirkung des Antragstellers nicht mehr erforderlich ist.[3] Eine Unterbrechung analog §§ 239 ff. ZPO entfällt, weil das Aufgebotsverfahren nicht mehr der ZPO zugeordnet ist und auch kein Aufgebotstermin mehr stattfindet.

4. Entscheidung des Gerichts

7 a) Ist der **Antrag mangelhaft** und eine Behebung möglich, dann hat das Gericht vor Antragszurückweisung dem Antragsteller Gelegenheit zu geben, den Antrag nachzubessern.[4]

8 b) Ist der **Antrag unzulässig,** ist er durch Beschluss zurückzuweisen (§ 38 Abs. 1, 2); eine Begründung ist erforderlich (§ 38 Abs. 3), ferner eine Rechtsbehelfsbelehrung (§ 39). Dagegen kann der Antragsteller befristete Beschwerde einlegen (§ 59 Abs. 2 FamFG; § 11 RPflG). Obwohl der Gesetzestext „nur" dem Antragsteller das Beschwerderecht einräumt, wird man (entsprechend der Rechtsprechung zu § 20 Abs. 2 FGG[5]) auch demjenigen sogleich ein Beschwerderecht geben müssen, der ebenfalls antragsberechtigt gewesen wäre, aber davon in erster Instanz keinen Gebrauch machte; eine andere Auslegung wäre prozessunökonomisch. Der zurückgewiesene Antrag kann mit besserer Begründung (und nun zulässig) jederzeit wiederholt werden.

9 c) In der **Antrag zulässig**, ergeht der Beschluss, der die **Ausschließung** anordnet. Der Beschluss ist nicht mit Beschwerde anfechtbar, nach Ansicht der Gesetzesbegründung[6] deshalb, weil es sich dabei um keine Endentscheidung im Sinne von § 38 Abs. 1 handle. Der Beschluss enthält insbesondere (Abs. 2):

10 (1) die Bezeichnung des Antragstellers bzw. der Antragsteller; bei Sachwaltern ist deren Funktion anzugeben (§ 455 Abs. 2: „Rechtsanwalt X als Testamentsvollstrecker …").

11 (2) den Anmeldezeitpunkt; die Mindestfrist ist in § 437 bestimmt (sechs Wochen); eine Höchstfrist ist beispielsweise in § 458 Abs. 2 angegeben. Besonderheiten ergeben sich aus § 471 Abs. 1, §§ 473 bis 476. Der frühere Aufgebotstermin ist gestrichen worden, steht deshalb nicht mehr im Beschluss.

12 (3) die Bezeichnung der Rechtsnachteile. Sie richten sich nach der Art des Aufgebots.

13 (4) Sonstiger Inhalt, z. B. die zusätzliche anderweitige öffentliche Bekanntmachung (§ 435).

5. Bekanntmachung

14 Der Zurückweisungsbeschluss ist dem Antragsteller zuzustellen (§ 41 Abs. 1 S. 2). Der Aufgebotsbeschluss ist dem Antragsteller und den bekannten Beteiligten (z. B. den von ihm angegebenen Nachlassgläubigern, § 456) bekannt zu geben (§ 412 Abs. 1 S. 1); eine Zustellung ist nur im Rahmen von § 41 Abs. 1 S. 2 erforderlich.

6. Kosten

15 Gerichtsgebühr § 128 d KostO (früher KV 1630 GKG); dazu kommen die Auslagen (§§ 136, 137 KostO). Der Anwalt erhält für die Vertretung im Aufgebotsverfahren eine Gebühr nach Nr. 3324 VV RVG; gegebenenfalls kann zusätzlich eine Terminsgebühr nach Nr. 3332 VV RVG anfallen. Die anwaltlichen Auslagen richten sich nach Nr. 7000 ff. VV RVG.

---

[3] MünchKommZPO/Eickmann § 434 FamFG Rn 6.
[4] MünchKommZPO/Eickmann § 434 FamFG Rn 14; Musielak/Ball § 947 Rn 4.
[5] BGH NJW 1963, 662; KG NJW-RR 1998, 1021; Jansen/Briesemeister § 20 Rn 36.
[6] BT-Drs. 16/6308 S. 294.

Öffentliche Bekanntmachung

435 (1) ¹**Die öffentliche Bekanntmachung des Aufgebots erfolgt durch Aushang an der Gerichtstafel und durch einmalige Veröffentlichung in dem elektronischen Bundesanzeiger, wenn nicht das Gesetz für den betreffenden Fall eine abweichende Anordnung getroffen hat.** ²Anstelle des Aushangs an der Gerichtstafel kann die öffentliche Bekanntmachung in einem elektronischen Informations- und Kommunikationssystem erfolgen, das im Gericht öffentlich zugänglich ist.

(2) **Das Gericht kann anordnen, das Aufgebot zusätzlich auf andere Weise zu veröffentlichen.**

I. Normzweck

Zweck der Norm ist die Regelung der öffentlichen Bekanntmachung des Aufgebots. Sonderregelungen des Bundes- und Landesrechts können dies in bestimmten Fällen anders anordnen, § 484. Die Regelung entspricht dem bisherigen § 948 ZPO.

II. Öffentliche Bekanntmachung

1. Art der Bekanntmachung

Sie erfolgt

(1) Nach besonderen gesetzlichen Regelungen (vgl. § 484). Wenn diese fehlen:

(2) durch Aushang des vollständigen Aufgebots (und nicht nur einer Benachrichtigung darüber, wie bei § 186 Abs. 2 ZPO) an der Gerichtstafel. Anstelle des Aushangs ist das Einstellen in ein elektronisches Informationssystem zulässig (Abs. 1 S. 2), falls es im Gericht öffentlich zugänglich ist. Eine solche Zugänglichkeit liegt nur vor, wenn jeder Interessent die Anzeige betrachten kann, ohne dass er einen Gerichtsbediensteten fragen muss, ohne dass dieser einen Computer einschalten muss, ohne dass der Leser Computerkenntnisse haben muss, um zur Anzeige zu gelangen. Vergleichbar ist etwa die elektronische Anzeige der Zugabfahrtszeiten in den Bahnhofshallen. Diese Regelung entspricht § 186 Abs. 2 ZPO (öffentliche Zustellung). Ist eine elektronische Gerichtstafel vorhanden, wird nicht ausgehängt, sondern die elektronische Tafel verwendet.

(3) Zusätzlich durch einmalige Veröffentlichung im elektronischen Bundesanzeiger des BMJ (zu finden über Suchmaschinen unter „eBundesanzeiger"). Dies ist eine verfassungsrechtlich problematische Regelung, weil sie bestimmte Kenntnisse beim Nutzer voraussetzt, die nicht (wie Lesen) allgemein vorhanden sind; ferner einen Internetzugang. Der gedruckte Bundesanzeiger dagegen konnte in der Bibliothek vieler öffentlicher Institutionen ohne Weiteres von jedem, der lesen kann, eingesehen werden.

(4) Der Rechtspfleger, der das Aufgebot erlässt, kann anordnen, dass das Aufgebot **mehrfach** im elektronischen Bundesanzeiger veröffentlicht wird und bzw. oder **zusätzlich in Tageszeitungen** veröffentlicht wird (Abs. 2). Diese Ermessensentscheidung ist pflichtgemäß zu treffen; die Veröffentlichung im Bundesanzeiger ist eine Fiktion, da die Beteiligten ihn nicht lesen. Je nach Sachlage, etwa bei Aufgeboten nach § 927 BGB, kann es daher zur Wahrung des rechtlichen Gehörs zwingend geboten sein, das Aufgebot zusätzlich in der Tageszeitung zu veröffentlichen.

2. Weitere Bekanntmachungen

Das Aufgebot ist dem Antragsteller formlos bekannt zu machen (§ 41 Abs. 1 S. 1); ebenso sonstigen Beteiligten.[1] Denjenigen Nachlassgläubigern, die der Antragsteller nach § 456 mitgeteilt hat, sollte das Aufgebot nicht nur mitgeteilt, sondern zugestellt werden, weil für sie die Anmeldefrist läuft.

---

[1] OLG Schleswig BeckRS 2010, 23566.

3. Verstöße

7 Wird die vorgeschriebene Form der Veröffentlichung nicht eingehalten, darf der Ausschließungsbeschluss nicht ergehen. Wird er trotzdem erlassen, kommt Wiedereinsetzung gegen die Versäumung der Anmeldefrist bzw. Wiederaufnahme des Verfahrens in Frage.

4. Zuständigkeit

8 Die Bekanntmachung wird vom Urkundsbeamten der Geschäftsstelle aufgrund der Verfügung des Rechtspflegers durchgeführt; in den Akten ist vom Urkundsbeamten zu vermerken, wann der Aushang erfolgte und wann er wieder abgenommen wurde sowie wann die Bekanntmachung im öffentlichen Bundesanzeiger erfolgte.

5. Kosten

9 Die Auslagen für die Veröffentlichungen schuldet der Antragsteller, § 2 KostO (früher § 22 GKG).

Gültigkeit der öffentlichen Bekanntmachung

436 Auf die Gültigkeit der öffentlichen Bekanntmachung hat es keinen Einfluss, wenn das Schriftstück von der Gerichtstafel oder das Dokument aus dem Informations- und Kommunikationssystem zu früh entfernt wurde oder wenn im Fall wiederholter Veröffentlichung die vorgeschriebenen Zwischenfristen nicht eingehalten sind.

I. Normzweck

1 Die Vorschrift, die dem früheren § 949 ZPO entspricht, will verhindern, dass ein Irrtum des Urkundsbeamten bei der Fristberechnung oder ein unbefugtes Abnehmen des Aufgebots von der Gerichtstafel die Bekanntmachung unwirksam machen. Der Schutz des Beteiligten wird dabei allerdings in bedenklicher Weise geringer bewertet als die Interessen des Gerichts.

II. Regelung

2 Das Nichteinhalten der vorgeschriebenen Aushangsfristen ist unschädlich. Zwischenfristen sind die Fristen zwischen den einzelnen Bekanntmachungen, wenn mehrfache Bekanntmachung vorgeschrieben ist. Die Aufgebotsfrist ist keine Zwischenfrist, die Fristen nach §§ 471 ff. ebenfalls nicht.

Aufgebotsfrist

437 Zwischen dem Tag, an dem das Aufgebot erstmalig in einem Informations- und Kommunikationssystem oder im elektronischen Bundesanzeiger veröffentlicht wird, und dem Anmeldezeitpunkt muss, wenn das Gesetz nicht eine abweichende Anordnung enthält, ein Zeitraum (Aufgebotsfrist) von mindestens sechs Wochen liegen.

I. Normzweck

1 § 437 schreibt eine Mindestfrist vor und bezeichnet sie als Aufgebotsfrist. Zweck der Regelung ist, die Chance für die Beteiligten zu erhöhen, vom Aufgebot Kenntnis zu erlangen. Die Vorschrift entspricht dem früheren § 950 ZPO.

II. Aufgebotsfrist

2 Nur die Mindestfrist ist geregelt. Die Vorschrift gilt nur subsidiär; §§ 483, 484 gestatten abweichende landesrechtliche Regelungen. Eine bundesrechtliche Sonderregelung findet sich z.B. in § 465 Abs. 5. Teils sind Höchstfristen bestimmt, so in § 458 Abs. 2.

Fristbeginn für die Mindestfrist ist die erste Veröffentlichung im elektronischen Bundesanzeiger bzw. in einem Informations- und Kommunikationssystem im Sinne von § 435 Abs. 1 S. 2. Der körperliche Aushang an der Gerichtstafel spielt für den Fristbeginn keine Rolle, hier kommt es nur auf das Einrücken in den elektronischen Bundesanzeiger an. Ohne Bedeutung ist ferner die Veröffentlichung in Tageszeitungen etc. im Sinne von § 435 Abs. 2. Fristende ist der „Anmeldezeitpunkt" (einen Aufgebotstermin gibt es nicht mehr).

Die Verletzung der Mindestfrist ist ohne nennenswerte Auswirkung, wie § 436 zeigt; die Regelung ist deshalb letztlich ohne Wert. **3**

Anmeldung nach dem Anmeldezeitpunkt

438 Eine Anmeldung, die nach dem Anmeldezeitpunkt, jedoch vor dem Erlass des Ausschließungsbeschlusses erfolgt, ist als rechtzeitig anzusehen.

1. Normzweck

Die Vorschrift regelt, dass verspätete Anmeldungen im genannten Fall als rechtzeitig **1** fingiert werden. Dahinter steckt ein allgemeiner Grundsatz der Prozessgesetze (vgl. § 331 Abs. 3 ZPO: verspätete Anzeige der Verteidigungsabsicht; § 694 ZPO: verspäteter Widerspruch). Die Regelung entspricht dem früheren § 951 ZPO.

2. Anmeldung

Wenn jemand gegenüber dem Gericht die Erklärung abgibt, dass ihm ein Recht zustehe, **2** das durch das Aufgebotsverfahren ausgeschlossen werden soll, liegt eine Anmeldung vor. Die Rechtsfolge ergibt sich aus § 440. Die Anmeldung ist eine Erwirkungshandlung in Form der sog. Prozesshandlung.[1] Deshalb muss ein Anmeldender die allgemeinen Prozesshandlungsvoraussetzungen erfüllen. Die Anmeldung muss **schriftlich** oder zu Protokoll der Geschäftsstelle erfolgen; sie soll unterschrieben sein (§ 23 Abs. 1 S. 4); bei fehlender Unterschrift ist durch Befragung des Antragstellers zu ermitteln (vgl. § 26), ob tatsächlich ein Antrag vorliegt oder nur ein unbeachtlicher Entwurf. Zu elektronisch übermittelten Anträgen vgl. § 14 Abs. 2. **Adressat** ist das Gericht, welches das Aufgebot erlassen hat. Es genügt deshalb nicht, wenn ein Gläubiger die Anmeldung schon früher im Nachlassverfahren gegenüber dem Nachlassgericht vornahm.

Eine **Begründung** muss die Anmeldung grundsätzlich nicht enthalten, es genügt die **3** bloße Rechtsbehauptung (so etwa beim Aufgebot eines Grundstückseigentümers, § 445). Jedoch gibt es Sonderregelungen (so muss der Nachlassgläubiger Gegenstand und Grund der Forderung angeben und gegebenenfalls Beweisstücke beifügen, § 459). Die Anmeldung muss ferner rechtzeitig erfolgen (§ 438).

3. Regelung der Rechtzeitigkeit

Die Anmeldung bis zum im Aufgebot angegebenen Anmeldezeitpunkt (§ 434 Abs. 2 **4** S. 2 Nr. 2) ist rechtzeitig, die Anmeldung bis zum Erlass des Ausschließungsbeschluss (das Ausschlussurteil gibt es nicht mehr) wird als rechtzeitig fingiert. Ein Aufgebotstermin findet nicht mehr statt, eine Anmeldung im Termin zu Protokoll der Sitzungsniederschrift ist deshalb nicht mehr möglich. „Erlassen" ist der Beschluss nicht schon mit Unterschrift des Rechtspflegers, sondern nach der Legaldefinition[2] in § 38 Abs. 3 S. 3 erst, wenn der fertig abgefasste und unterschriebene Beschluss an die Geschäftsstelle zur Veranlassung der Bekanntgabe übergeben worden ist. Auf die Rechtskraft kommt es nicht an.[3]

---
[1] MünchKommZPO/Eickmann § 438 FamFG Rn 2.
[2] BT-Drs. 16/6308 S. 195.
[3] Nach a. A. (MünchKommZPO/Eickmann § 438 FamFG Rn 7) ist entweder auf § 45 oder § 40 abzustellen.

Erlass des Ausschließungsbeschlusses; Beschwerde; Wiedereinsetzung und Wiederaufnahme

439 (1) Vor Erlass des Ausschließungsbeschlusses kann eine nähere Ermittlung, insbesondere die Versicherung der Wahrheit einer Behauptung des Antragstellers an Eides statt, angeordnet werden.

(2) Die Endentscheidung in Aufgebotssachen wird erst mit Rechtskraft wirksam.

(3) § 61 Abs. 1 ist nicht anzuwenden.

(4) ¹Die Vorschriften über die Wiedereinsetzung finden mit der Maßgabe Anwendung, dass die Frist, nach deren Ablauf die Wiedereinsetzung nicht mehr beantragt oder bewilligt werden kann, abweichend von § 18 Abs. 3 fünf Jahre beträgt. ²Die Vorschriften über die Wiederaufnahme finden mit der Maßgabe Anwendung, dass die Erhebung der Klagen nach Ablauf von zehn Jahren, von dem Tag der Rechtskraft des Ausschließungsbeschlusses an gerechnet, unstatthaft ist.

I. Normzweck

1   Die Vorschrift regelt lückenhaft und unsystematisch einzelne Verfahrensfragen. Abs. 1 entspricht dem früheren § 952 Abs. 3 ZPO. Nach früherem Recht gab es kein reguläres Rechtsmittel gegen das Ausschließungsurteil, nur eine spezielle Anfechtungsklage war möglich (§ 957 Abs. 2 ZPO a. F.), ferner Wiedereinsetzung (§§ 233 ff. ZPO), jedoch keine Wiederaufnahme. Mit Übernahme des Aufgebots aus der ZPO in die freiwillige Gerichtsbarkeit wurde das System geändert.

II. Das Verfahren

1. Verfahren vor Erlass des Ausschließungsbeschlusses

2   Der Antrag ist im Regelfall den übrigen Beteiligten zu übermitteln (§ 23 Abs. 2). Zeugenvernehmung kommt in Frage, ferner das Anfordern weiterer Unterlagen vom Antragsteller. Zulässig ist auch, vom Antragsteller zu verlangen, dass er zu Protokoll des Gerichts die Richtigkeit seiner Angaben eidesstattlich versichert. Die Regelung in **Abs. 1** überlässt es dem pflichtgemäßen Ermessen des Gerichts, ob es von Amts wegen Ermittlungen durchführt (vgl. § 26). Das kann vor und nach Erlass des Aufgebots erfolgen.

3   Der Antrag, das Aufgebot zu erlassen, beinhaltet den Antrag, später den Ausschließungsbeschluss zu erlassen; ein gesonderter Antrag nach Ablauf des Anmeldezeitpunkts ist also nicht erforderlich (einen Aufgebotstermin in öffentlicher Sitzung gibt es nicht mehr).

2. Der Ausschließungsbeschluss

4   Als Endentscheidung kommt in Frage: ein Beschluss, der bestimmte Personen ausschließt; oder ein Beschluss, der angemeldete Rechte vorbehält und im Übrigen ausschließt; oder eine Zurückweisung des Antrags. Der Beschluss lautet z. B.:

„*Folgenden Nachlassgläubigern werden ihre angemeldeten Forderungen gegen den Nachlass des am ... in ... verstorbenen X ... vorbehalten: a) dem A ...; b) dem B ...*

Die übrigen Nachlassgläubiger können, soweit nicht ihre Rechte nach dem Gesetz unberührt bleiben, unbeschadet des Rechts, vor den Verbindlichkeiten aus Pflichtteilsrechten, Vermächtnissen und Auflagen befriedigt zu werden, von den Erben nur insoweit Befriedigung verlangen, als sich nach Befriedigung der nicht ausgeschlossenen Gläubiger noch ein Überschuss ergibt.

Die Kosten hat der Antragsteller zu tragen."

3. Wirksamwerden der Endentscheidung

5   Das Aufgebot selbst ist keine Endentscheidung, sondern nur eine Zwischenentscheidung. Die Ausschließung ist eine Endentscheidung. Nach § 40 Abs. 1 wird ein Beschluss grundsätzlich wirksam mit Bekanntgabe an den Beteiligten, für den er seinem wesentlichen Inhalt nach bestimmt ist. Hiervon macht **Abs. 2** eine Ausnahme: die vorgenannten Endentscheidungen werden erst mit Rechtskraft wirksam. Das soll nach Meinung der Gesetzesbegrün-

dung[1] „dem rechtsgestaltenden Charakter des Ausschließungsbeschlusses Rechnung" tragen.

Rechtskraft tritt mit Ablauf der Rechtsmittelfrist ein (§ 45 FamFG). Wirksamwerden bedeutet, dass die rechtlichen Wirkungen eintreten, welche der Beschluss seinem Inhalt nach herbeiführen kann und soll.[2] Diese Wirkung besteht beim Ausschließungsbeschluss im Eintritt des angedrohten Rechtsnachteils.

4. Rechtsmittel

a) Befristete Beschwerde. Der Antragsteller, dessen Antrag zurückgewiesen wurde oder nur eingeschränkt entsprochen wurde, hat das Rechtsmittel der befristeten Beschwerde nach den allgemeinen Regeln (§§ 58 ff. FamFG; § 11 RPflG). Jemand, der seine Rechte angemeldet hat, kann befristete Beschwerde einlegen, wenn ihm im Ausschließungsbeschluss seine Rechte nicht vorbehalten wurden. Desgleichen kann ein Ausgeschlossener befristete Beschwerde einlegen.

Da § 61 Abs. 1 die Beschwerde nur dann für zulässig erachtet, wenn ein Beschwerdewert von 600,01 € oder mehr erreicht ist, was im Aufgebotsverfahren zu nicht nachvollziehbaren Berechungsproblemen führen würde, verzichtet **Abs. 3** auf diese Zulässigkeitsvoraussetzung.

b) Wiedereinsetzung. War jemand ohne sein Verschulden verhindert, die gesetzliche Frist für die Einlegung der befristeten Beschwerde (in der Regel ein Monat, § 63 Abs. 1; spätestens mit Ablauf von fünf Monaten nach Erlass des Beschlusses, § 63 Abs. 3) einzuhalten, ist ihm auf Antrag Wiedereinsetzung in den vorigen Stand zu gewähren (§ 17), wobei aber der Antrag binnen zwei Wochen nach Wegfall des Hindernisses zu stellen ist (§ 18 Abs. 1); ein stillschweigender Antrag kann vorliegen (§ 18 Abs. 2). Jedoch schränkt § 18 Abs. 3 die Möglichkeit der Wiedereinsetzung erheblich ein, weil grundsätzlich nach Ablauf eines Jahres, vom Ende der versäumten Frist an gerechnet, keine Wiedereinsetzung mehr bewilligt werden kann. **Abs. 4 S. 1** verlängert diese **Frist** auf **fünf Jahre**, weil in der Regel unbekannte Personen ausgeschlossen werden und diese Personen, wenn überhaupt, oft erst nach Jahren vom Ausschließungsbeschluss Kenntnis erlangen. Wenn jemand den elektronischen Bundesanzeiger nicht liest, weshalb er weder vom Aufgebot noch vom Ausschließungsbeschluss Kenntnis erlangt, dann ist das schuldlos. Er kann befristete Beschwerde gegen den Ausschließungsbeschluss einlegen und gegen die Fristversäumnis Wiedereinsetzung beantragen. Da Abs. 4 lapidar von der Wiedereinsetzung spricht, diese bei allen gesetzlichen Fristen statthaft ist (vgl. § 17), wird sie auch bei der Frist des § 438 möglich sein.[3]

c) Wiederaufnahme des Verfahrens. Ein mit rechtskräftigem Ausschließungsbeschluss beendetes Verfahren kann wieder aufgenommen werden; das richtet sich nach §§ 578 ff. ZPO (§ 48 Abs. 2). In Frage kommt die Nichtigkeitsklage (§ 579 ZPO) bzw. die Restitutionsklage (§ 580 ZPO). Die Voraussetzungen der Nichtigkeitsklage liegen praktisch nie vor. Allenfalls die Restitutionsklage wird in Frage kommen können, etwa der Fall des § 580 Nr. 7b ZPO (Auffinden oder Benutzungsmöglichkeit einer Urkunde, die eine dem Kläger günstigere Entscheidung herbeigeführt haben würde). Allerdings gestattet § 586 ZPO eine Klage nur, wenn sie binnen einem Monat ab Kenntnis vom Anfechtungsgrund erhoben wird; nach Ablauf von fünf Jahren, gerechnet ab Rechtskraft der „Urteils", sind die Klagen unstatthaft. **Abs. 4 S. 2** verdoppelt die **Frist** auf **zehn Jahre**, von dem Tag der Rechtskraft des Ausschließungsbeschlusses an gerechnet. Schon bisher betrug die Höchstfrist für die Anfechtungsklage zehn Jahre (§ 958 Abs. 2 ZPO a. F.). Jedoch ist die Wiederaufnahme nicht mehr auf in § 957 Abs. 2 ZPO a. F. genannten Fälle beschränkt. Soweit die Gesetzesbegründung behauptet,[4] eine Eingrenzung der Wiederaufnahme auf bestimmte Gründe entfalle, trifft dies aber nicht zu, weil entweder die Voraussetzungen des § 579 ZPO oder

---

[1] BT-Drs. 16/6308 S. 295.
[2] Vgl. BGH NJW 1955, 503.
[3] MünchKommZPO/Eickmann § 440 FamFG Rn 8.
[4] BT-Drs. 16/6308 S. 295.

des § 580 ZPO vorliegen müssen und diese letztlich noch enger als die früheren Anfechtungsgründe des § 957 Abs. 2 ZPO a. F. sind.

Wirkung einer Anmeldung

440 Bei einer Anmeldung, durch die das von dem Antragsteller zur Begründung des Antrags behauptete Recht bestritten wird, ist entweder das Aufgebotsverfahren bis zur endgültigen Entscheidung über das angemeldete Recht auszusetzen oder in dem Ausschließungsbeschluss das angemeldete Recht vorzubehalten.

I. Normzweck

1   Die Vorschrift unterscheidet zwischen zwei Anmeldungsarten. Sie entspricht dem früheren § 953 ZPO.

II. Arten der Anmeldung

1. Anmeldung ohne Rechtsbestreiten

2   Der Anmelder bestreitet hier kein Recht, behauptet auch kein eigenes Recht, sondern bestreitet Verfahrensvoraussetzungen oder rügt den Verfahrensgang[1] oder äußert sich zur Sache. So wäre es, wenn ein Dritter, der selbst nicht Nachlassgläubiger ist, auf ihm bekannte Nachlassgläubiger hinweist. Eine Anmeldung im engeren Sinn liegt vor. Das kann dann ein Anlass für das Gericht sein, nach § 439 Abs. 1 von Amts wegen zu ermitteln.

2. Echte Anmeldungen

3   **a) Nicht rechtsbestreitende Anmeldungen.** In Frage kommt eine Anmeldung, die das Recht des Antragstellers nicht ausschließt. Hier wird das behauptete Recht des Antragstellers nicht bestritten, § 440 ist dafür nicht einschlägig. So ist es z.B. beim Aufgebot von Nachlassgläubigern, wo der Antragsteller Gläubiger erkunden will und der Anmelder nur zum Ausdruck bringt, dass er eine Forderung gegen den Erben hat, was die Rechte des Antragstellers nicht beeinträchtigt. Meldet der Gläubiger nicht an, verliert er dadurch seine Forderung nicht, nur die Befriedigungschancen werden verringert (vgl. § 458).

4   **b) Rechtsbestreitende Anmeldungen** im Sinne von § 440 sind nur solche, bei denen das Recht des Antragstellers mit dem Recht des Anmelders kollidiert, wo nur eine der beiden Rechtsbehauptungen richtig sein kann.[2] So ist es z.B. beim Aufgebot des Grundstückseigentümers nach § 442, wenn sich der wahre Eigentümer meldet.

III. Entscheidungen des Gerichts

1. Entscheidung bei nicht rechtsbestreitenden Anmeldungen

5   Bei nicht rechtsbestreitenden Anmeldungen (Rn 2) führt eine wirksame rechtzeitige Anmeldung dazu, dass der Ausschließungsbeschluss mit Beschränkungen versehen wird. Eine Prüfung des materiellen Rechts findet im Ausschließungsverfahren nicht statt; es darf also nicht geprüft werden, ob die Forderung des Nachlassgläubigers tatsächlich besteht (das bleibt einem späteren Zivilprozess zwischen dem angeblichen Nachlassgläubiger und dem Erben überlassen). Beispiel eines Beschlusses, durch den Nachlassgläubiger ausgeschlossen wurden, vgl. § 460 Rn 5 und 7. Gegen den Beschluss kann der Anmelder befristete Beschwerde einlegen, §§ 58 ff. Er kann z.B. vortragen, es habe keine wirksame Anmeldung vorgelegen oder die angemeldete Forderung sei zweifelsfrei keine Nachlassverbindlichkeit.[3]

---

[1] MünchKommZPO/Eickmann § 440 FamFG Rn 2.
[2] MünchKommZPO/Eickmann § 440 FamFG Rn 4.
[3] MünchKommZPO/Eickmann § 440 FamFG Rn 6.

2. Entscheidung bei rechtsbestreitenden Anmeldungen

a) Allgemeines. Bei **rechtsbestreitenden Anmeldungen** stellt § 440 zwei Möglichkeiten in das Ermessen des Gerichts; das Ermessen ist pflichtgemäß auszuüben und im Beschwerdeverfahren nur beschränkt nachprüfbar.

b) Aussetzung des Verfahrens. Sie ist angebracht, wenn sich die Rechtsbehauptungen des Antragstellers und des Anmelders ausschließen, so wenn im Falle des § 927 BGB (§ 445) jeder behauptet, Eigentümer des Grundstücks zu sein. Durch die Aussetzung können die Beteiligten die materielle Rechtslage im ordentlichen Verfahren klären; denn im Aufgebotsverfahren wird die materielle Rechtslage nicht geklärt.[4] Streitgegenstand ist das angemeldete Recht, weil § 440 von der Entscheidung über das angemeldete Recht spricht. In der Regel ist der Anmelder Kläger, der Antragsteller Beklagter. In Frage kommt eine negative Feststellungsklage (§ 256 ZPO): *„Es wird festgestellt, dass der Beklagte nicht Eigentümer des Grundstücks Flurnummer ... ist"*. Ausgesetzt wird durch einen Beschluss (üblicherweise mit Fristsetzung für die Einreichung der Klage, wobei die Frist verlängerbar ist), mit Begründung (§ 38) und Rechtsbehelfsbelehrung (§ 39); nach § 41 formlos mitzuteilen bzw. zuzustellen. Statthaft ist die befristete Beschwerde (§§ 58 ff. FamFG; § 11 RPflG),[5] weil der Beschluss als Endentscheidung anzusehen ist. Im Beschwerdeverfahren darf die materielle Rechtslage nicht geklärt werden, sondern nur das Vorliegen der Verfahrensvoraussetzungen des Aufgebotsverfahrens, wie die Wirksamkeit der Anmeldung.

Siegt der Anmelder im Zivilprozess, wird durch Beschluss der Erlass des Ausschließungsbeschlusses abgelehnt, wenn er nicht zurückgenommen wird. Siegt der Antragsteller, ergeht ein Ausschließungsbeschluss ohne Vorbehalt.

c) Ausschließung mit Vorbehalt. In anderen Fällen ergeht ein Ausschließungsbeschluss, in dem das angemeldete Recht vorbehalten wird. Das hat keine weitere materiellrechtliche Bedeutung, der Anmelder erlangt kein neues Recht; der Vorbehalt besagt nur, dass die Rechte gegenüber dem Antragsteller gewahrt werden, falls sie bestehen.[6] Endgültige gerichtliche Klärung kann nur durch einen Zivilprozess erreicht werden. Für den Antragsteller ist gegen den Beschluss die befristete Beschwerde statthaft (§§ 58 ff. FamFG; § 11 RPflG), wobei nur das Nichtvorliegen der Verfahrensvoraussetzungen des Aufgebotsverfahrens, wie die Wirksamkeit der Anmeldung, überprüft werden kann, nicht die materielle Rechtslage.

Siegt der Anmelder im Zivilprozess, kann er sein Recht weiterverfolgen. Siegt der Antragsteller, wird er behandelt, als wäre zu seinen Gunsten ein Ausschließungsbeschluss ohne Vorbehalt ergangen.[7]

3. Kosten

Gerichtskosten werden für eine Anmeldung nicht angesetzt. Der Anwalt, der anmeldet, verdient soviel wie der Anwalt, der eine angemeldete Forderung bestreitet; vgl. Nr. 3324, 3332, 3337 VV RVG.

Öffentliche Zustellung des Ausschließungsbeschlusses

441 ¹Der Ausschließungsbeschluss ist öffentlich zuzustellen. ²Für die Durchführung der öffentlichen Zustellung gelten die §§ 186, 187, 188 der Zivilprozessordnung entsprechend.

I. Normzweck

Ein in öffentlicher Sitzung verkündetes Ausschlussurteil gibt es nicht mehr. Durch § 441 soll daher gesichert werden, dass der Ausgeschlossene theoretisch Kenntnis von seinem Rechtsnachteil erhalten kann. Die Regelung entspricht dem früheren § 956 ZPO.

---

[4] Vgl RGZ 67, 95/100.
[5] So ausdrücklich im früheren § 952 Abs. 4 ZPO.
[6] Vgl. BGH NJW 1980, 1521; Zöller/Geimer § 953 Rn 2.
[7] RGZ 67, 95/100; Zöller/Geimer § 953 Rn 2; MünchKommZPO/Eickmann § 440 FamFG Rn 12; a. A. Stein/Jonas/Schlosser § 953 Rn 2.

II. Öffentliche Zustellung

2 Sie erfolgt nicht nach § 185 ZPO, weil nicht nur der Aufenthaltsort des Ausgeschlossenen unbekannt ist, sondern die Person des Ausgeschlossenen. Deshalb verweist S. 2 auf §§ 186 bis 188 ZPO. Deshalb ist noch ein Beschluss nach § 186 Abs. 1 ZPO notwendig.[1] Mit Eintritt der Zustellungsfiktion des § 188 ZPO beginnt die Monatfrist für die befristete Beschwerde (§§ 58, 63). In der Regel tritt die Rechtskraft des Ausschließungsbeschlusses somit etwa zwei Monate nach Erlass des Beschlusses ein.[2]

3 Das Landesrecht kann andere Regelungen treffen (§ 484 Abs. 1). Davon ist umfangreich Gebrauch gemacht worden;[3] meist ist Anheften an der Gerichtstafel und Veröffentlichung im Amtsblatt vorgeschrieben.

---

[1] MünchKommZPO/Eickmann § 441 FamFG Rn 3.
[2] BT-Drucks. 16/6308.
[3] Übersicht bei MünchKommZPO/Eickmann § 446 FamFG Rn 10.

Abschnitt 2. Aufgebot des Eigentümers von Grundstücken, Schiffen und Schiffsbauwerken

Aufgebot des Grundstückseigentümers; örtliche Zuständigkeit

442 (1) **Für das Aufgebotsverfahren zur Ausschließung des Eigentümers eines Grundstücks nach § 927 des Bürgerlichen Gesetzbuchs gelten die nachfolgenden besonderen Vorschriften.**

(2) **Örtlich zuständig ist das Gericht, in dessen Bezirk das Grundstück belegen ist.**

I. Normzweck

Die Vorschrift regelt, mit welchem Verfahren ein Grundstückseigentümer mit seinem 1 Eigentum ausgeschlossen werden kann. Abs. 1 entspricht dem früheren § 977 ZPO, Abs. 2 dem früheren § 978 ZPO.

II. Das Verfahren des Aufgebots des Eigentümers von Grundstücken, Schiffen und Schiffsbauwerken

1. Verweisung auf die §§ 443 bis 445

Abs. 1 besagt, dass sich das Verfahren nach §§ 443 bis 445 richtet; ergänzend gelten selbst- 2 verständlich die allgemeinen Verfahrensvorschriften des Aufgebotsverfahrens (§§ 433 ff.) und die allgemeinen Vorschriften der §§ 1 ff.

2. Materielles Recht

Der Eigentümer eines Grundstücks kann mit seinem Eigentum in seltenen Fällen aus- 3 geschlossen werden. Voraussetzungen sind nach § 927 BGB:
- **Eigentum an einem Grundstück**; für Gebäudeeigentum in der ehemaligen DDR gilt 4 § 927 BGB nicht (Art. 233 § 4 Abs. 1 S. 1 EGBGB). Kein Aufgebot eines Kellerraums einer Eigentumswohnungsanlage.[1]
  – Ist der **wahre Eigentümer** oder ein früherer Eigentümer im Grundbuch eingetragen, ist nach § 927 Abs. 1 S. 3 BGB das Aufgebotsverfahren nur zulässig, wenn der wahre Eigentümer gestorben oder verschollen ist und seit 30 Jahren keine Eintragung im Grundbuch erfolgte, die der Zustimmung des Eigentümers bedurfte. Dem Tod steht das Erlöschen einer juristischen Person gleich;[2] solange sie nicht aufgelöst und ihre Organe feststellbar sind, ist also ein Aufgebot nicht zulässig.[3] Ist der Eigenbesitzer im Grundbuch eingetragen, ohne Eigentümer zu sein, hat er ohnehin nach 30 Jahren das Eigentum erworben (§ 900 BGB), ein Aufgebotsverfahren wäre daher dann unzulässig.
  – Ist **kein Eigentümer** oder ein „nach der Rechtsordnung nicht möglicher Eigentümer"[4] im Grundbuch eingetragen (solche Fälle sind kaum denkbar), besteht für das Aufgebotsverfahren diese Voraussetzung nicht. § 927 BGB ist auch auf nicht gebuchte Grundstücke anwendbar, die nach § 3 Abs. 2 GBO vom Buchungszwang befreit sind,[5] wie Strassengrundstücke; auf einen WEG-Kellerraum ist § 927 BGB anwendbar.[6]
- Das Grundstück ist seit mindestens 30 Jahren im **Eigenbesitz** eines anderen. Eigenbesitzer 5 ist, wer eine Sache als ihm gehörend besitzt (§ 872 BGB); nicht nur unmittelbarer Besitz kommt in Frage, sondern auch mittelbarer Besitz; nicht nur gutgläubiger, sondern auch bösgläubiger Eigenbesitz. Die subjektive Willensrichtung ist gegeben, wenn der Besitzer

---

[1] OLG München FGPrax 2010, 263.
[2] MünchKommZPO/Eickmann § 446 FamFG Rn 4.
[3] BGH MDR 2003, 924 (DDR-Grundstück).
[4] MünchKommZPO/Eickmann § 442 FamFG Rn 3; vgl. BGH WM 1978, 194.
[5] LG Mönchengladbach NJW-RR 2008, 466 mit Nachw.; streitig.
[6] Offen gelassen bei OLG München FGPrax 2010, 263.

die tatsächliche Sachherrschaft so ausüben will wie ein Eigentümer;[7] der Besitzer muss sich nicht für den Eigentümer halten, weshalb auch ein Dieb oder ein bösgläubiger Scheinerbe Eigenbesitzer sein kann. Solchen Eigenbesitz übt z. B. aus, wer ein Grundstück bewirtschaftet, Anbauten und Rohrdurchführungen veranlasst, es von einem anderen verwalten lässt. Ist bestritten, ob der Antragsteller Eigenbesitz hatte, kommt eine Feststellungsklage (§ 256 ZPO) in Betracht.[8] Für die Fristberechnung gelten nach § 927 Abs. 1 S. 2 BGB die §§ 937 ff. BGB entsprechend. Bei Rechtsnachfolge werden die Besitzzeiten von Rechtsvorgänger und Rechtsnachfolger zusammengerechnet (§ 943 BGB).[9]

3. Verfahren

6   Die Antragsberechtigung regelt § 443; den Antragsinhalt § 444; den Inhalt des Aufgebots § 445. Vor Erlass des Ausschließungsbeschlusses kann das Gericht eine nähere Ermittlung anordnen (§ 439). Das ist insbesondere deshalb geboten, weil hier das Eigentum verloren gehen kann, was an sich mit **Art 14 GG** kollidiert (beim Aufgebot der Nachlassgläubiger dagegen verlieren die Gläubiger ihre Forderung nicht). Ist ein Eigentümer im Grundbuch eingetragen, ist er Beteiligter (§ 7); ihm ist **rechtliches Gehör** zu gewähren. Lebt der eingetragene Eigentümer noch bzw. ist er nicht verschollen, ist ein Aufgebotsverfahren nicht zulässig,[10] weil der Grundbuchinhalt ggf. unter Mitwirkung dieses eingetragenen Eigentümers richtig gestellt werden kann.

7   Bei **DDR-Grundstücken** wurde vor der Wiedervereinigung oft die Aktualisierung des Grundbuchs unterlassen; fremde Grundstücke wurden oft in Besitz genommen, ohne dass der Grundstückseigentümer darüber informiert worden wäre; trotzdem ist aber § 927 BGB nicht erweiternd auszulegen.[11] Hilfreich waren hier das Zweite Vermögensrechtsänderungsgesetz vom 14. 6. 1992,[12] das Registerverfahrenbeschleunigungsgesetz vom 20. 12. 1993[13] und § 114 SachenRBerG vom 21. 9. 1994[14] (besonderes Aufgebotsverfahren zum Ausschluss von Miteigentumsanteilen nach § 459 ZGB).

8   Ist der eingetragene **Eigentümer gestorben,** verlangt zwar § 927 Abs. 1 S. 2 BGB für die Zulässigkeit des Aufgebots nicht, dass die Erben unbekannt sind;[15] selbst dann, wenn die Erben bekannt sind, wäre also ein Aufgebotsantrag zulässig. Der eingetragene Eigentümer bzw., wenn er verstorben ist, dessen Erben sind die Beteiligten des Verfahrens (§ 7). Es kann in einem solchen Fall keine Ausschließung erfolgen, bevor nicht die bekannten Erben angehört wurden; gegebenenfalls ist ihnen ein Abwesenheitspfleger zu bestellen, der sie vertritt. Bei unbekannten Erben hat das Aufgebotsgericht das Nachlassgericht nach § 1961 BGB zu veranlassen, durch einen Nachlasspfleger die unbekannten Erben suchen zu lassen (und gegebenenfalls das Staatserbrecht festzustellen). In solchen Fällen hätte ohnehin schon das Grundbuchamt das Nachlassgericht um Ermittlung des Erben des Eigentümers ersuchen müssen (§ 82 a S. 2 GBO).

9   Ähnlich verhält es sich bei einem **verschollenen Eigentümer.** Für die Zulässigkeit des Antrags genügt zwar die Glaubhaftmachung der Verschollenheit; aber für die Ausschließung ist in der Regel eine Todeserklärung erforderlich. Fälle, in denen bei Tod des eingetragenen Eigentümers in der Regel weitere Ermittlungen entbehrlich sind, sind diejenigen, in denen der gutgläubige Eigenbesitzer das Grundstück seinerzeit erwarb (und bezahlte), der Vertrag aber z. B. formunwirksam war, weshalb eine Umschreibung im Grundbuch nicht erfolgte und nicht mehr erfolgern kann; so ist es z. B., wenn Laien meinen, ein privatschriftlicher Grundstückskaufvertrag genüge und aus Kostengründen weder einen Notar noch das Grundbuchamt einschalten.

---

[7] BGH NJW 1986, 2438; MünchKommBGB/Joost § 872 Rn 3.
[8] LG Arnsberg NJOZ 2002, 2053.
[9] OLG Bamberg NJW 1966, 1413 (Erbfolge).
[10] BGH MDR 2003, 924.
[11] BGH MDR 2003, 924.
[12] BGBl. I S. 1257.
[13] BGBl. I S. 2182.
[14] BGBl. I S. 2457.
[15] LG Köln MittRhNotK 1985, 215; MünchKommBGB/Kanzleiter § 927 Rn 4.

Inhalt des Aufgebots §§ 443–445

4. Örtliche Zuständigkeit (Abs. 2)

Sie liegt nach Abs. 2 bei dem AG, in dessen Bezirk das Grundstück gelegen ist. Ein Zuständigkeitsstreit ist nicht möglich; er wäre nach § 5 zu erledigen. 10

Antragsberechtigter

443 Antragsberechtigt ist derjenige, der das Grundstück seit der in § 927 des Bürgerlichen Gesetzbuchs bestimmten Zeit im Eigenbesitz hat.

Antragsberechtigt ist ein Eigenbesitzer, der die Voraussetzungen des § 927 BGB erfüllt 1 (§ 442 Rn 3). Der Antrag kann erst nach Ablauf der 30 Jahre gestellt werden. Üben mehrere den Eigenbesitz aus, können nur alle gemeinsam den Antrag stellen.[1] Das Antragsrecht ist pfändbar;[2] nach Überweisung (§ 835 ZPO) kann auch der Pfandgläubiger den Antrag stellen.

Glaubhaftmachung

444 Der Antragsteller hat die zur Begründung des Antrags erforderlichen Tatsachen vor der Einleitung des Verfahrens glaubhaft zu machen.

I. Verfahrensfragen, Inhalt des Antrags

Das Aufgebotsverfahren wird nur auf Antrag eingeleitet (§ 434 Abs. 1). Wer antrags- 1 berechtigt ist, ergibt sich aus § 443. Anwaltszwang besteht nicht; doch kann sich der Antragsteller anwaltlich vertreten lassen (§ 10). Der Antragsteller ist Beteiligter (§ 7 Abs. 1). Die weiteren Beteiligten sind diejenigen, deren Rechte betroffen werden, also die wahren Eigentümer des Grundstücks. Der Antrag enthält die Bezeichnung des Antragstellers, die grundbuchmäßige Bezeichnung des Grundstücks und das Begehren, das Aufgebot sowie den Ausschließungsbeschluss zu erlassen. Ferner hat der Antragsteller den Sachverhalt zu schildern, vor allem die Tatsachen, aus denen vom Gericht der Schluss gezogen werden kann, seit mindestens 30 Jahren habe der Antragsteller das Grundstück in Eigenbesitz.

II. Glaubhaftmachung

§ 444, der dem früheren § 980 ZPO entspricht, verlangt ferner, dass der Antragsteller die 2 vorgetragenen Tatsachen glaubhaft macht; das geschieht durch Vorlage von Urkunden, anderen Unterlagen (wie Fotos), notfalls die eigene eidesstattliche Versicherung. Fehlt eine ausreichende Glaubhaftmachung, wird Nachbesserung verlangt. Andernfalls ist der Antrag als unzulässig zurückzuweisen, wenn er nicht zurückgenommen wird. Aus § 444 darf nicht der Schluss gezogen werden, mit der Glaubhaftmachung sei getan; es handelt sich um ein Verfahren mit Amtsermittlungsgrundsatz (vgl. § 439 Abs. 1), die Vernehmung von Zeugen zum Tatbestandsmerkmal „Eigenbesitz" kann geboten sein.

Inhalt des Aufgebots

445 In dem Aufgebot ist der bisherige Eigentümer aufzufordern, sein Recht spätestens zum Anmeldezeitpunkt anzumelden, widrigenfalls seine Ausschließung erfolgen werde.

I. Normzweck

Die Vorschrift regelt den Inhalt des Aufgebots. Sie entspricht dem früheren § 981 ZPO. 1

---

[1] MünchKommBGB/Kanzleiter § 927 Rn 5; a. A. MünchKommZPO/Eickmann § 434 FamFG Rn 4, wonach mehrere Antragsberechtigte „grundsätzlich selbständig" handeln.
[2] RGZ 76, 357.

II. Inhalt des Aufgebots

1. Inhalt der §§ 434 und 445

2   Das Aufgebot hat zunächst den allgemeinen Inhalt (§ 434), ferner den in § 445 vorgeschriebenen zusätzlichen Inhalt:
- Bezeichnung des Antragstellers;
- Aufforderung an den bisherigen Eigentümer (§ 445), die Ansprüche und Rechte bis zum Anmeldezeitpunkt beim Aufgebotsgericht zu einem bestimmten Aktenzeichen anzumelden;
- Bezeichnung der Rechtsnachteile, wenn die Anmeldung unterbleibt. Nach § 445 ist als Rechtsnachteil die „Ausschließung" anzugeben, was für Laien nicht verständlich ist. Anmeldefrist: § 437; durch Landesrecht ist die Frist teils auf 3 Monate verlängert. Die öffentliche Bekanntmachung ist in § 435 geregelt (Landesrecht vgl. § 441).

3   **Beispiel:** Frau … und Herr…(jeweils mit genauer Adresse und ggf. Angabe des Verfahrensbevollmächtigten) haben das Aufgebot zum Zwecke der Ausschließung des Eigentümers an dem Grundstück Gemarkung … Flurstück …, Dorfstraße 58, Gebäude und Freifläche, Größe 236 m² beantragt (§ 927 BGB). Für das im Grundbuch des Amtsgerichts … für …Blatt …, lfd. Nr. … des Bestandsverzeichnisses, kann der Eigentümer nicht ermittelt werden. Im Grundbuch ist in Abt. I als Eigentümer eingetragen: …. Der Eigentümer oder seine Rechtsnachfolger werden aufgefordert, Rechte an dem Grundstück bis spätestens …beim AG … (Ort, Straße) unter dem obigen Aktenzeichen anzumelden, da widrigenfalls die Ausschließung des Eigentümers erfolgt. – Eingetragen ist im Beispiel ein Nichteigentümer; § 891 BGB muss entkräftet werden.

2. Weiteres Verfahren

4
- Meldet **niemand** ein Recht an, dann ergeht nach Fristablauf und ggf. weiteren Ermittlungen (§ 439) ein Ausschließungsbeschluss (öffentliche Zustellung: § 441; Landesrecht: § 484).
- Meldet **ein Beteiligter** Eigentumsrechte an, wird nach §§ 440
  – entweder das Aufgebotsverfahren ausgesetzt und dem Antragsteller Gelegenheit gegeben, im Zivilprozess seine Rechte zu verfolgen. Ist beispielsweise der Eigenbesitz während mehr als 30 Jahren bestritten worden, kann der Antragsteller auf Feststellung klagen (§ 256 ZPO), dass er in der Zeit ab … Eigenbesitzer des Grundstücks … war;
  – oder dem Anmelder werden seine Rechte vorbehalten.

3. Ausschließung

5   Mit Rechtskraft des Ausschließungsbeschlusses wird der bisherige Eigentümer ausgeschlossen und das Grundstück herrenlos. Nicht ausgeschlossen ist, wessen Recht im Ausschließungsbeschluss vorbehalten wurde (der, dem Rechte vorbehalten wurden, kann im Zivilprozess über die Berechtigung des Vorbehalts nicht geltend machen, die Voraussetzungen für den Erlass eines Ausschließungsbeschlusses hätten nicht vorgelegen[1]) oder wer nach Einleitung des Aufgebotsverfahrens als Eigentümer im Grundbuch eingetragen wurde (§ 927 Abs. 3 BGB) oder zu wessen Gunsten ein Widerspruch eingetragen wurde.[2] Der Antragsteller des Ausschließungsbeschlusses, der ihn erwirkt hat, kann sich das **Grundstück aneignen** (§ 927 Abs. 2 BGB), indem er beim Grundbuchamt einen Eintragungsantrag stellt. Ob dieser formlos gestellt werden kann oder der notariellen Form bedarf, ist umstritten,[3] desgleichen ob eine Unbedenklichkeitserklärung des Finanzamts vorgelegt werden muss. Der Ausschließungsbeschluss unterliegt den gewöhnlichen Rechtsmitteln (§§ 58 ff.). Ist die Ausschließung rechtskräftig, steht dem bisherigen Eigentümer nach hM kein Anspruch aus Bereichungsrecht zu,[4] selbst wenn die Ausschließung sachlich unrichtig war.

---

[1] BGH NJW 1980, 1521.
[2] MünchKommBGB/Kanzleiter § 927 Rn 6.
[3] Nachweise bei MünchKommBGB/Kanzleiter § 927 Rn 7.
[4] MünchKommBGB/Kanzleiter § 927 Rn 8, zweifelhaft.

Aufgebot des Schiffseigentümers

446 (1) Für das Aufgebotsverfahren zur Ausschließung des Eigentümers eines eingetragenen Schiffes oder Schiffsbauwerks nach § 6 des Gesetzes über Rechte an eingetragenen Schiffen und Schiffsbauwerken (BGBl. III 403–4) gelten die §§ 443 bis 445 entsprechend.

(2) Örtlich zuständig ist das Gericht, bei dem das Register für das Schiff oder Schiffsbauwerk geführt wird.

I. Normzweck

Die Vorschrift regelt den Ausschluss des Eigentümers eines eingetragenen Schiffes ähnlich wie den Ausschluss eines Grundstückseigentümers. Deshalb gelten §§ 443 bis 445 entsprechend. § 446 entspricht dem früheren § 981 a BGB. 1

II. Ausschluss des Schiffseigentümers

1. § 6 des Schiffsrechtegesetzes (SchRG) lautet:

(1) Der Eigentümer eines Schiffs kann im Wege des Aufgebotsverfahrens mit seinem Recht ausgeschlossen werden, wenn das Schiff seit zehn Jahren im Eigenbesitz eines andern ist. Die Besitzzeit wird in gleicher Weise berechnet wie die Frist für die Ersitzung einer beweglichen Sache. Ist der Eigentümer im Schiffsregister eingetragen, so ist das Aufgebotsverfahren nur zulässig, wenn er gestorben oder verschollen ist und eine Eintragung in das Schiffsregister, die der Zustimmung des Eigentümers bedurfte, seit zehn Jahren nicht erfolgt ist. 2

(2) Wer den Ausschließungsbeschluss erwirkt hat, erlangt das Eigentum dadurch, dass er sich als Eigentümer in das Schiffsregister eintragen lässt.

(3) Ist vor dem Erlass des Ausschließungsbeschlusses ein Dritter als Eigentümer oder wegen des Eigentums eines Dritten ein Widerspruch gegen die Richtigkeit des Schiffsregisters eingetragen worden, so wirkt der Ausschließungsbeschluss nicht gegen den Dritten.

2. Regelungsinhalt

Eigenbesitz vgl. § 872 BGB. Besitzzeitberechnung: §§ 938 ff. BGB. Die Bestimmung gilt nur für die eingetragenen Schiffe und Schiffsbauwerke. Nicht eingetragene, aber eintragungsfähige Schiffe unterliegen dem Recht der beweglichen Sachen. Zu den Eintragungen, die einer Zustimmung des Eigentümers bedurft hätten, vgl. §§ 29, 30, 31, 32, 35 Schiffs-RegO. Schiffsbauwerke sind im Bau befindliche Schiffe; ein Schiff wird auf einer Werft gebaut. 3

3. Örtliche Zuständigkeit (Abs. 2)

Sie liegt bei dem Gericht, bei dem das Register für das Schiff bzw. Schiffsbauwerk geführt wird (Abs. 2). 4

4. Landesrechtliche Besonderheiten

Landesrechtliche Besonderheiten für Aufgebotsfrist und Ausschließung gibt es nicht. 5

Zimmermann

Abschnitt 3. Aufgebot des Gläubigers von Grund- und Schiffspfandrechten sowie des Berechtigten sonstiger dinglicher Rechte

Aufgebot des Grundpfandrechtsgläubigers, örtliche Zuständigkeit

447 (1) Für das Aufgebotsverfahren zur Ausschließung eines Hypotheken-, Grundschuld- oder Rentenschuldgläubigers aufgrund der §§ 1170 und 1171 des Bürgerlichen Gesetzbuchs gelten die nachfolgenden besonderen Vorschriften.

(2) Örtlich zuständig ist das Gericht, in dessen Bezirk das belastete Grundstück belegen ist.

I. Normzweck

1 §§ 447 ff. regeln das Aufgebot von Grundpfandrechtsgläubigern. Soll ein abhanden gekommener Brief für kraftlos erklärt werden, gelten hingegen §§ 466 ff. Für Pfandrechte an beweglichen Sachen gelten §§ 447 ff. nicht. Entsprechend anwendbar ist die Regelung auf das Aufgebot gegen den Nutzer nach § 18 SachenRBerG. Abs. 1 entspricht dem früheren § 982 ZPO, Abs. 2 dem früheren § 983 ZPO. Für den redlichen Eigentümer kann das Aufgebot sinnvoll sein, wenn er das Grundstück lastenfrei verkaufen will und er deshalb die gegenstandslose Belastung löschen lassen will.

II. Aufgebot des Grundpfandrechtsgläubigers

1. Materielles Recht

2 **a) § 1170 BGB.** Nach § 902 BGB unterliegen eingetragene Rechte nicht der Verjährung. Gleichwohl ermöglicht § 1170 BGB, dass eingetragene Gläubiger ihres dinglichen Rechts verlustig gehen, wenn sie sich zehn Jahre lang nicht um ihre Rechte gekümmert haben. Das ist eine befremdliche Vorschrift, weil es keine Pflicht gibt, sich um seine Rechte zu kümmern; allenfalls könnte der Vorteil dann dem Staat zustehen, aber nicht dem belasteten Eigentümer (wie dies § 1170 BGB aber anordnet). Im Lichte des Grundgesetzes (Art. 14 Abs. 1, 20 III und 103 Abs. 3 GG) muss deshalb der Inhaber des Grundpfandrechts möglichst geschützt werden und sein Recht auf Gehör vor Gericht (d. h. im Aufgebotsverfahren) gewährleistet werden.

3 Ist die Forderung bereits erloschen, so dass das dingliche Recht dem Eigentümer zusteht (§ 1163 Abs. 1 S. 2 BGB), und ist der eingetragene Gläubiger unbekannten Aufenthalts, dann kann ihm die Grundbuchberichtigungsklage (§ 894 BGB) öffentlich zugestellt (§ 185 ZPO) werden und so letztlich die Berichtigung des Grundbuchs erreicht werden; § 1170 BGB ist dann nicht heranzuziehen. § 1170 stellt das Aufgebotsverfahren aber auch dann zur Verfügung, wenn die Forderung zwar nicht erloschen, aber unsicher ist, wem das Grundpfandrecht zusteht.[1] Gemeint ist eine **Unbekanntheit der Person.** Ist der Gläubiger zwar namentlich bekannt, nicht aber sein **Aufenthalt,** genügt das nicht.[2] Denn nach der namentlich bekannten Person kann man forschen.[3] Ist die Person verstorben und sind die Erben des Grundstückseigentümers nicht bekannt, dann mag der Antragsteller anregen, dass das Nachlassgericht nach §§ 1960, 1961 BGB einen Nachlasspfleger bestellt und dieser die Erben sucht; gelingt das nicht, kommt es gegebenenfalls zur Feststellung des Staatserbrechts. An sich ist nur bei Briefhypotheken wegen der Möglichkeit des Rechtsüberganges nach § 1154 Abs. 1 BGB ein dauerndes und unbehebbares Unbekanntsein des Gläubigers denkbar.[4] Bei Buchrechten ist ein Unbekanntsein denkbar, wenn eine juristische

---

[1] BGH NJW-RR 2004, 664.
[2] BGH NJW-RR 2004, 664 (im Grundbuch war für eine Grundschuld über 150 000 DM eine Thailänderin eingetragen, die jetzt angeblich unbekannten Aufenthalts war); OLG Schleswig BeckRS 2010, 23566; a. A. LG Erfurt Rpfleger 1994, 310; LG Aachen NJW-RR 1998, 87.
[3] LG Köln MDR 2003, 473.
[4] MünchKommBGB/Eickmann § 1170 Rn 6.

Person als Gläubiger eingetragen ist, die nicht mehr existiert und für die auch keine Feststellungen zur Rechtsnachfolge möglich sind.⁵ Einen Sonderfall regelt § 6 Grundbuchbereinigungs G vom 20. 12. 1993:⁶ dort ist in besonderen Fällen ein Aufgebot zum Ausschluss von Rechten an Grundstücken ausdrücklich auch bei unbekanntem Aufenthalt des Gläubigers zugelassen, was ebenfalls zeigt, dass bei § 1170 BGB unbekannter Aufenthalt nicht genügt.

Ferner müssen bei § 1170 BGB seit der letzten, sich auf das Grundpfandrecht beziehenden Eintragung zehn Jahre verstrichen und das Recht darf innerhalb dieser Frist nicht vom Eigentümer in einer die Verjährung unterbrechenden Weise anerkannt worden sein.

b) § 1171 BGB. Hier muss der Gläubiger unbekannt sein (vgl. Rn 3), der Eigentümer muss eine Befriedigungs- bzw. Kündigungsberechtigung haben, der Betrag muss hinterlegt werden.

2. Verfahren

Der Inhalt des Antrags richtet sich nach §§ 23, 434. Wer Antragsberechtigter ist, ergibt sich aus § 448. Der Umfang der Glaubhaftmachung ist in §§ 449, 450 geregelt. **Örtlich zuständig** ist das AG, in dessen Bezirk das Grundstück belegen ist (Abs. 2). Wenn die mit demselben Recht belasteten Grundstücken in verschiedenen Amtsgerichtsbezirken liegen, half früher § 36 Abs. 1 Nr. 4 ZPO; der Fall ist jetzt in § 5 nicht mehr genannt. Funktionell zuständig ist der Rechtspfleger. Anwaltszwang besteht nicht.

3. Ausschließung

Durch den Ausschließungsbeschluss wird im Falle des § 1170 BGB nicht etwa festgestellt, dass das Grundpfandrecht (wegen Erlöschens der gesicherten Forderung) nicht mehr besteht, sondern nach § 1170 Abs. 2 BGB erwirbt der Eigentümer mit Erlass des Beschlusses das Grundpfandrecht. Die gesicherte Forderung erlischt nicht, sie kann aber natürlich nach allgemeinen Grundsätzen verjähren. Im Falle des § 1171 BGB gilt der Gläubiger mit Erlass des Beschlusses bzw. mit Hinterlegung als befriedigt. Taucht der Gläubiger auf, kann er sich noch an dem hinterlegten Betrag befriedigen. Nach Ablauf der 30 Jahre wird der hinterlegte Betrag an den Hinterleger zurückbezahlt (§ 1171 Abs. 3 2. Halbs. BGB; § 19 HinterlegungsO).

Antragsberechtigter

§ 448 (1) Antragsberechtigt ist der Eigentümer des belasteten Grundstücks.

(2) ¹Antragsberechtigt im Fall des § 1170 des Bürgerlichen Gesetzbuchs ist auch ein im Rang gleich- oder nachstehender Gläubiger, zu dessen Gunsten eine Vormerkung nach § 1179 des Bürgerlichen Gesetzbuchs eingetragen ist oder ein Anspruch nach § 1179a des Bürgerlichen Gesetzbuchs besteht. ²Bei einer Gesamthypothek, Gesamtgrundschuld oder Gesamtrentenschuld ist außerdem derjenige antragsberechtigt, der aufgrund eines im Rang gleich- oder nachstehenden Rechts Befriedigung aus einem der belasteten Grundstücke verlangen kann. Die Antragsberechtigung besteht nur, wenn der Gläubiger oder der sonstige Berechtigte für seinen Anspruch einen vollstreckbaren Schuldtitel erlangt hat.

1. Antrag

Das Aufgebot setzt einen Antrag voraus (§ 434 Abs. 1). Der Antrag hat den Antragsteller mit Anschrift zu nennen, gegebenenfalls seinen Verfahrensbevollmächtigten, die grundbuchmäßige Bezeichnung des Grundstücks, das Begehren des Aufgebots, den Sachvortrag sowie die in §§ 449 und 450 geforderten Glaubhaftmachungen.

---

⁵ BGH NJW-RR 2004, 664; Wenckstern DNotZ 1993, 547.
⁶ BGBl I S. 2182.

2. Antragsberechtigter

2 Einen zulässigen Antrag kann nur ein Antragsberechtigter stellen. Antragsberechtigt ist sowohl bei § 1170 BGB wie bei § 1171 BGB der Eigentümer des belasteten Grundstücks **(Abs. 1)**; Miteigentümer müssen den Antrag gemeinsam stellen. Bei einer Gesamthypothek ist jeder Eigentümer für sich antragsberechtigt. Das Antragstellerrecht ist pfändbar; nach Überweisung (§ 835 ZPO) kann auch der Pfandgläubiger den Antrag stellen.

3 **Abs. 2** erweitert den Kreis der Antragberechtigten im Falle des § 1170 BGB.

Glaubhaftmachung

449 Der Antragsteller hat vor der Einleitung des Verfahrens glaubhaft zu machen, dass der Gläubiger unbekannt ist.

I. Normzweck

1 Die Bestimmung, die dem früheren § 985 ZPO entspricht, regelt die Beweisanforderungen. Die bloße Behauptung des Antragstellers, der Gläubiger sei ihm unbekannt, genügt nicht. Andererseits ist ein Beweis kaum möglich; das Gesetz begnügt sich deshalb mit einem geringeren Beweismaß. Der Antragsteller muss die Unbekanntheit glaubhaft machen (§ 31), z. B. eidesstattlich versichern, damit – bei unwahrer Abgabe – wenigstens eine Strafbarkeit des Antragstellers in Frage kommt (§ 156 StGB).

II. Einzelheiten

2 Der Gläubiger bzw. sein Rechtsnachfolger muss **unbekannt** sein. Das muss zwar nicht bewiesen werden, aber jedenfalls glaubhaft gemacht werden. § 449 besagt nicht, dass dem Gericht weitere Ermittlungen oder das Verlangen weiteren Sachvortrags untersagt sind; das folgt schon aus § 450 Abs. 3 S. 2. Man wird die eidesstattliche Versicherung der bloßen Behauptung des Antragstellers, der Gläubiger sei ihm unbekannt, nicht genügen lassen können, weil er ein natürliches Interesse daran hat, den Gläubiger zu verschweigen bzw. nicht herauszubringen; der Antragsteller muss daher auch darlegen und beweisen, notfalls eidesstattlich versichern, welche Bemühungen er unternommen hat, die Person des Gläubigers zu ermitteln[1] (Unkenntnis des Aufenthalts allein genügt nicht[2]). Denn in § 449 steht nicht, dass der Gläubiger nur dem Antragsteller unbekannt sein muss (es fehlt das „ihm"), sondern die Unbekanntheit muss für jedermann bestehen. Der Antragsteller hat ferner die in § 450 angegebenen Tatsachen glaubhaft zu machen.

3 Bei einem **Buchrecht** (§ 1116 Abs. 2 BGB) kann der Gläubiger des Rechts nur der eingetragene Gläubiger oder dessen Erbe sein. Ist der eingetragene Gläubiger unbekannten Aufenthalts oder verschollen, besteht **kein Rechtsschutzbedürfnis** für ein Aufgebot;[3] denn hier kann ein Abwesenheitspfleger (§ 1911 BGB) bestellt werden, an den die geschuldete Leistung erbracht wird (der Pfleger hinterlegt den Betrag), woraufhin der Pfleger die Löschung bewilligt. Ebenso verhält es sich, wenn der eingetragene Gläubiger verstorben ist und die Erben dem Grundstückseigentümer unbekannt sind; hier ist eine Nachlasspflegschaft einzuleiten (§§ 1960, 1961 BGB). Kein Rechtsschutzbedürfnis für das Aufgebotsverfahren besteht ferner, wenn die allgemeinen Hinterlegungsvoraussetzungen (§§ 372 ff. BGB) gegeben sind, weil hier mit Befriedigungsfunktion hinterlegt werden kann (§ 378 BGB).

4 Die Glaubhaftmachung erfolgt notfalls durch eidesstattliche **Versicherung des Antragstellers** (§ 450 Abs. 3); vgl. § 31. Die Versicherung seines Verfahrensbevollmächtigten (Rechtsanwalt) genügt nicht. Hat der Antragsteller einen Vermögensbetreuer, kann dieser (§ 1896 BGB) mit dem entsprechenden Aufgabenkreis (vgl. § 1902 BGB) für ihn die eidesstattliche Versicherung abgeben. Der Bevollmächtigte (Vorsorgevollmacht etc.) dage-

---

[1] Zöller/Geimer § 449 FamFG Rn 1.
[2] BGH NJW-RR 2004, 664; OLG Schleswig BeckRS 2010, 23566 (Erblasser 1872 geboren); a. A. MünchKommZPO/Eickmann § 453 FamFG Rn 2.
[3] MünchKommZPO/Eickmann § 453 FamFG Rn 18; a. A. OLG Schleswig BeckRS 2010, 23566; Staudinger/Wolfsteiner § 1171 Rn 2.

gen kann die Versicherung nicht abgeben, weil es sich eine Wissenserklärung handelt und hier keine gewillkürte Stellvertretung möglich ist.

Die Abgabe erfolgt **gegenüber dem Aufgebotsgericht.** Sie kann schriftlich oder mündlich erfolgen, auch mit Telefax.[4] Sie muss eine eigene Darstellung des Antragstellers enthalten und darf sich nicht in einer Bezugnahme auf den anwaltlichen Schriftsatz erschöpfen.[5]

Die Versicherung ist **vor Erlass des Aufgebots** abzugeben; wird sie dem Antrag nicht beigefügt, ist der Antrag deshalb nicht unzulässig; der Antragsteller ist auf den Mangel hinzuweisen und es ist ihm Gelegenheit zu geben, nachzubessern.

Besondere Glaubhaftmachung

450 (1) Im Fall des § 1170 des Bürgerlichen Gesetzbuchs hat der Antragsteller vor der Einleitung des Verfahrens auch glaubhaft zu machen, dass eine das Aufgebot ausschließende Anerkennung des Rechts des Gläubigers nicht erfolgt ist.

(2) [1]Ist die Hypothek für die Forderung aus einer Schuldverschreibung auf den Inhaber bestellt oder der Grundschuld- oder Rentenschuldbrief auf den Inhaber ausgestellt, hat der Antragsteller glaubhaft zu machen, dass die Schuldverschreibung oder der Brief bis zum Ablauf der in § 801 des Bürgerlichen Gesetzbuchs bezeichneten Frist nicht vorgelegt und der Anspruch nicht gerichtlich geltend gemacht worden ist. [2]Ist die Vorlegung oder die gerichtliche Geltendmachung erfolgt, so ist die in Absatz 1 vorgeschriebene Glaubhaftmachung erforderlich.

(3) [1]Zur Glaubhaftmachung genügt in den Fällen der Absätze 1, 2 die Versicherung des Antragstellers an Eides statt. [2]Das Recht des Gerichts zur Anordnung anderweitiger Ermittlungen von Amts wegen wird hierdurch nicht berührt.

(4) **In dem Aufgebot ist als Rechtsnachteil anzudrohen, dass der Gläubiger mit seinem Recht ausgeschlossen werde.**

(5) **Wird das Aufgebot auf Antrag eines nach § 448 Abs. 2 Antragsberechtigten erlassen, so ist es dem Eigentümer des Grundstücks von Amts wegen mitzuteilen.**

I. Normzweck

Die Bestimmung, die dem früheren § 986 ZPO entspricht, ergänzt § 449.

II. Fälle der Glaubhaftmachung

1. Fälle des § 1170 BGB (Abs. 1)

Danach kann ein Hypothekengläubiger auf Antrag des Grundstückseigentümers mit seinem Recht unter bestimmten Voraussetzungen ausgeschlossen werden. Die Regelung ist auf **Grund- und Rentenschulden** entsprechend anwendbar (§ 1192 Abs. 1 BGB). Der Antragsteller hat glaubhaft zu machen:

- dass der Gläubiger unbekannt ist (§ 449); die Bemühungen des Antragstellers, die Person des Gläubigers festzustellen, müssen nachgewiesen werden. Unbekannter Aufenthalt allein genügt nicht.[1]
- den Ablauf der Zehnjahresfrist des § 1170 BGB; sie beginnt entweder mit kalendermäßiger Fälligkeit, oder mit der letzten sich auf das Grundpfandrecht beziehenden Eintragung oder mit der letzten das Gläubigerecht anerkennenden Eigentümerhandlung, der späteste Zeitpunkt ist maßgebend.[2] Bei „jederzeit fälligen" Grundschulden ist Fälligkeitszeitpunkt der Eintragungstag.
- dass eine das Aufgebot ausschließende Anerkennung des Rechts des Gläubigers nicht erfolgt ist (Abs. 1). Die abstrakte Wiederholung des Gesetzestextes in der eidesstattlichen Versicherung genügt nicht. Zu den Anerkennungshandlungen gehören Abschlagszah-

---

[4] BayObLG NJW 1996, 406.
[5] BGH NJW 1996, 1682; NJW 1988, 2045.
[1] BGH NJW-RR 2004, 664.
[2] KG Rpfleger 1970, 90.

lung, Zinszahlung, Stundungsgesuch, sonstiges Anerkenntnis. Ob eine Hinterlegung eine Anerkennungshandlung ist, ist streitig, aber zu bejahen.[3]

2. Fälle der Rechte gemäß §§ 1188, 1195 BGB (Abs. 2)

3 Hier hat der Antragsteller auch die Tatsachen nach Abs. 2 glaubhaft zu machen, also den Ablauf der Vorlegungsfrist und die fehlende Vorlegung bzw. fehlende gerichtliche Geltendmachung. Andernfalls muss glaubhaft gemacht werden, dass seitdem Verjährung eingetreten ist; vgl. § 801 BGB.

3. Fälle des § 1171 BGB

4 Hier hat der Antragsteller (Eigentümer) auch glaubhaft zu machen, dass er zur Befriedigung oder Kündigung berechtigt ist; ob dies der Fall ist, ergibt sich aus den im Grundbuch eingetragenen Vereinbarungen; fehlen sie, aus den gesetzlichen Regelungen (§§ 271, 489, 490, 1193 BGB). Der Antragsteller hat ferner die Hinterlegung des Betrages anzubieten (§ 451), muss die Zahlung aber erst leisten, nachdem das Aufgebot erlassen ist und bevor der Ausschließungsbeschluss erlassen wird (§ 451 Abs. 4).

III. Verfahren

1. Mittel der Glaubhaftmachung (Abs. 3)

5 Notfalls genügt die eidesstattliche Versicherung des Antragstellers **(Abs. 3 S. 1)**; vgl. dazu § 449 Rn 2. Das Gericht kann die Vorlage weiterer Unterlagen vom Antragsteller fordern, auch von Amts wegen selbst ermitteln (Abs. 3 S. 2). Vgl. dazu § 26.

2. Besonderer Inhalt des Aufgebots (Abs. 4)

6 Das Aufgebot hat den allgemeinen Inhalt des § 434 Abs. 2 S. 2 Nr. 1 und Nr. 2, nämlich die Angabe des Antragstellers und gegebenenfalls seines Verfahrensbevollmächtigten, die Aufforderung, Ansprüche und Rechte bis zu einem bestimmten Tag (Anmeldezeitpunkt) beim Aufgebotsgericht anzumelden. Als Rechtsnachteil ist anzudrohen, dass der Gläubiger mit seinem Recht ausgeschlossen werde (Abs. 4). Für die Art der Bekanntmachung des Aufgebots gilt teils Landesrecht.[4]

3. Ausschließungsbeschluss

7 Mit Erlass des Ausschließungsbeschlusses erwirbt der Grundstückseigentümer die Hypothek (§ 1170 Abs. 2 S. 1 BGB) als Eigentümergrundschuld (§ 1177 BGB). Der Eigentümer erwirbt die Hypothek lastenfrei;[5] Rechte Dritter (wie Nießbrauch) werden also von der Ausschließung erfasst. Der Berechtigte hätte sie im Aufgebotsverfahren anmelden müssen, dann hätten sie nach § 440 im Ausschließungsbeschluss vorbehalten werden müssen. Der dem Gläubiger erteilte Hypothekenbrief wird mit Erlass des Beschlusses ohne Aufgebot kraftlos (§ 1170 Abs. 2 S. 1 BGB). Der Ausschließungsbeschluss ist nach § 22 GBO Grundlage für die Grundbuchberichtigung. Die gesicherte Forderung bleibt unberührt,[6] für sie gelten die allgemeinen Regeln (Verjährung).

4. Mitteilungen (Abs. 5)

8 Hat der Eigentümer das Aufgebot beantragt, wird es ihm nach Erlass mitgeteilt. Hat eine andere Person, die nach § 448 Abs. 2 antragberechtigt ist, das Aufgebot beantragt, erfolgt die Mitteilung an den Antragsteller und an den Eigentümer (Abs. 5).

---

[3] A. A. MünchKommZPO/Eickmann § 447 FamFG Rn 5.
[4] Zusammengestellt bei MünchKommZPO/Eickmann § 442 FamFG Rn 10.
[5] KG OLGE 15, 379.
[6] KG OLGZ 1970, 323.

Verfahren bei Ausschluss mittels Hinterlegung

451 (1) Im Fall des § 1171 des Bürgerlichen Gesetzbuchs hat der Antragsteller vor der Einleitung des Verfahrens die Hinterlegung des dem Gläubiger gebührenden Betrages anzubieten.

(2) In dem Aufgebot ist als Rechtsnachteil anzudrohen, dass der Gläubiger nach der Hinterlegung des ihm gebührenden Betrages seine Befriedigung statt aus dem Grundstück nur noch aus dem hinterlegten Betrag verlangen könne und sein Recht auf diesen erlösche, wenn er sich nicht vor dem Ablauf von 30 Jahren nach dem Erlass des Ausschließungsbeschlusses bei der Hinterlegungsstelle melde.

(3) Hängt die Fälligkeit der Forderung von einer Kündigung ab, erweitert sich die Aufgebotsfrist um die Kündigungsfrist.

(4) Der Ausschließungsbeschluss darf erst dann erlassen werden, wenn die Hinterlegung erfolgt ist.

I. Normzweck

Die Vorschrift regelt Besonderheiten des Aufgebots im Falle des § 1171 BGB. Diese 1 Vorschrift gilt für Hypotheken, ist aber wegen § 1192 Abs. 1 BGB auf Grund- und Rentenschulden entsprechend anwendbar. § 451 entspricht dem früheren § 987 ZPO.

II. Erläuterungen

Im Falle des § 1171 BGB kann der unbekannte Gläubiger auf Antrag des Gläubigers 2 (§ 448 Abs. 1) durch ein Aufgebotsverfahren mit seinem Recht auch dann ausgeschlossen werden, wenn der Eigentümer zur Befriedigung des Gläubigers oder zur Kündigung berechtigt ist und den Betrag der Forderung unter Verzicht auf das Recht zur Rücknahme hinterlegt (obwohl die Frist des § 1170 BGB noch nicht abgelaufen ist). Abs. 1 bestimmt, dass der Antragsteller mit dem Aufgebotsantrag die Hinterlegung des geschuldeten Betrages einschließlich Zinsen bei der Hinterlegungsstelle des Amtsgerichts anzubieten hat, erst dann darf das Aufgebot erlassen werden. Die Hinterlegung von Zinsen (und evtl. Nebenleistungen) ist nur erforderlich, wenn der Zinssatz im Grundbuch eingetragen ist (§ 1171 S. 2 BGB); auch dann sind Zinsen nicht für eine frühere Zeit als das vierte Kalenderjahr vor dem Erlass des Ausschließungsbeschlusses zu hinterlegen. Erfolgt kein entsprechendes Hinterlegungsangebot, wird dem Antragsteller hier eine Frist gesetzt. Das Gericht prüft nach, ob der richtige Betrag angeboten wird, weshalb der Antragsteller eine Berechnung beifügen sollte. Zur „Unbekanntheit" des Gläubigers vgl. § 447 Rn 3. Unbekannter Aufenthalt genügt nicht. In diesem Falle muss der Eigentümer dem Gläubiger nach §§ 132 Abs. 2, 1141 Abs. 2 BGB kündigen und nach Hinterlegung Klage nach § 894 BGB erheben, wobei die öffentliche Zustellung der Klage (§ 185 ZPO) zu beantragen ist.[1]

Das Aufgebot hat den allgemeinen **Inhalt** (vgl. § 434), zusätzlich den in **Abs. 2** angege- 3 benen Inhalt.

Die **Aufgebotsfrist** verlängert sich im Falle des **Abs. 3** um die Kündigungsfrist; die 4 verlängerte Frist ist im Aufgebot anzugeben.

Der **Ausschließungsbeschluss** darf erst erlassen werden, wenn die erfolgte Hinterlegung 5 dem Gericht nachgewiesen ist **(Abs. 4)**. Mit Erlass des Beschlusses gilt der Gläubiger als befriedigt (§ 1171 Abs. 2 BGB) und der Hypothekenbrief wird kraftlos (er muss daher nicht gesondert aufgeboten werden). Schon zuvor kann die Befriedigung eingetreten sein, wenn auch die Hinterlegungsvoraussetzungen des § 372 BGB erfüllt waren; dann galt nämlich der Gläubiger bereits im Zeitpunkt der Hinterlegung als befriedigt (§ 378 BGB). Taucht der frühere Gläubiger (oder sein Rechtsnachfolger) wieder auf, kann er Befriedigung nur noch aus dem hinterlegten Betrag, nicht mehr aus dem Grundstück verlangen. Dieser Anspruch erlischt nach 30 Jahren (§ 1171 Abs. 3 BGB); dann kann der Hinterleger (bzw. sein Rechts-

---

[1] Palandt/Bassenge § 1171 Rn 2.

§ 452   Abschnitt 3. Aufgebot des Gläubigers von Grund- und Schiffspfandrechten

nachfolger) Rückzahlung des hinterlegten Betrages verlangen (Frist: § 19 HintO), obwohl er ursprünglich auf das Rücknahmerecht verzichtete (§ 1171 Abs. 3 BGB).

III. Besonderheiten in den neuen Bundesländern

6   Für Aufgebotsverfahren bezüglich der in den neuen Bundesländern nach dem Einigungsvertrag fortgeltenden Hypotheken des ZGB vgl. § 6 Abs. 1 a GBBerG (Text bei § 453 Rn 4 abgedruckt). Zum Erlöschen von dort vor dem 1. 7. 1990 bestellten Grundpfandrechten ohne Aufgebot, wenn der umgerechnete Nennwert nicht höher als 6000 Euro ist und ein entsprechender Betrag hinterlegt wird, vgl. § 10 GBBerG.

7   § 10 GBBerG lautet:

(1) Eine vor dem 1. Juli 1990 an einem Grundstück in dem in Artikel 3 des Einigungsvertrages genannten Gebiet bestellte Hypothek oder Grundschuld mit einem umgerechneten Nennbetrag von nicht mehr als 6000 Euro erlischt, wenn der Eigentümer des Grundstücks eine dem in Euro umgerechneten und um ein Drittel erhöhten Nennbetrag entsprechende Geldsumme zugunsten des jeweiligen Gläubigers unter Verzicht auf die Rücknahme hinterlegt hat; bei einer Höchstbetragshypothek entfällt die in Halbsatz 1 genannte Erhöhung des Nennbetrags. Satz 1 gilt für Rentenschulden und Reallasten entsprechend; anstelle des Nennbetrages tritt der für Rechte dieser Art im Verfahren nach dem Vermögensgesetz anzusetzende Ablösebetrag, der nicht zu erhöhen ist. Das Bundesministerium der Justiz wird ermächtigt, durch Rechtsverordnung anstelle der Hinterlegung andere Arten der Sicherheitsleistung zuzulassen.

(2) Die §§ 1 bis 3 gelten auch für die Berechnung des Nennbetrages des Grundpfandrechts.

(3) Der Eigentümer des Grundstücks kann von dem jeweiligen Gläubiger die Zustimmung zur Auszahlung des die geschuldete Summe übersteigenden Teils eines hinterlegten Betrages oder im Falle der Leistung einer anderen Sicherheit entsprechende Freigabe verlangen.

(4) Ein für das Grundpfandrecht erteilter Brief wird mit dem Zeitpunkt des Erlöschens des Rechts kraftlos. Das Kraftloswerden des Briefes ist entsprechend § 26 Abs. 3 Satz 2 des Gesetzes über Maßnahmen auf dem Gebiet des Grundbuchwesens vom 20. Dezember 1963 (BGBl. I S. 986, zuletzt geändert durch Artikel 3 Abs. 3 des Registerverfahrenbeschleunigungsgesetzes vom 20. Dezember 1993 (BGBl. I S. 2182), bekanntzumachen.

Aufgebot des Schiffshypothekengläubigers; örtliche Zuständigkeit

§ 452 (1) ¹Für das Aufgebotsverfahren zur Ausschließung eines Schiffshypothekengläubigers aufgrund der §§ 66 und 67 des Gesetzes über Rechte an eingetragenen Schiffen und Schiffsbauwerken (BGBl. III 403-4) gelten die §§ 448 bis 451 entsprechend. ²Anstelle der §§ 1170, 1171 und 1179 des Bürgerlichen Gesetzbuchs sind die §§ 66, 67, 58 des genannten Gesetzes anzuwenden.

(2) Örtlich zuständig ist das Gericht, bei dem das Register für das Schiff oder Schiffsbauwerk geführt wird.

I. Normzweck und Regelung

1   § 452 entspricht dem früheren § 987a ZPO. § 66 SchRG entspricht § 1170 BGB; § 67 SchRG entspricht § 1171 BGB. Abs. 2 regelt die örtliche Zuständigkeit. Ein Schiffsbauwerk ist ein im Bau befindliches Schiff. Die Vorschriften, auf die § 452 verweist, lauten:

§ 58 SchRG: Verpflichtet sich der Eigentümer einem anderen gegenüber, die Schiffshypothek löschen zu lassen, wenn die Forderung erlischt, so kann zur Sicherung des Anspruchs auf Löschung eine Vormerkung in das Schiffsregister eingetragen werden.

§ 66 SchRG: (1) Ist der Gläubiger unbekannt, so kann er im Wege des Aufgebotsverfahrens mit seinem Recht ausgeschlossen werden, wenn seit der letzten sich auf die Schiffshypothek beziehenden Eintragung in das Schiffsregister zehn Jahre verstrichen sind und das Recht des Gläubigers nicht innerhalb dieser Frist von dem Eigentümer in einer nach § 212 Abs. 1 Nr. 1 des Bürgerlichen Gesetzbuchs für den Neubeginn der Verjährung geeigneten Weise anerkannt worden ist. Besteht für die Forderung eine nach dem Kalender bestimmte Zahlungszeit, so beginnt die Frist nicht vor dem Ablauf des Zahlungstags.

(2) Mit der Rechtskraft des Ausschließungsbeschlusses erlischt die Schiffshypothek. § 57 Abs. 3 gilt auch in diesem Falle.

§ 67 SchRG: (1) Der unbekannte Gläubiger kann im Wege des Aufgebotsverfahrens mit seinem Recht auch dann ausgeschlossen werden, wenn der Eigentümer zur Befriedigung des Gläubigers oder zur Kündigung berechtigt ist und den Betrag der Forderung für den Gläubiger unter Verzicht auf das Recht zur Rücknahme hinterlegt. Die Hinterlegung von Zinsen ist nur erforderlich, wenn der Zinssatz im Schiffsregister eingetragen ist; Zinsen für eine frühere Zeit als das vierte Kalenderjahr vor der Rechtskraft des Ausschließungsbeschlusses sind nicht zu hinterlegen.

(2) Mit der Rechtskraft des Ausschließungsbeschlusses gilt der Gläubiger als befriedigt, sofern nicht nach den Vorschriften des Bürgerlichen Gesetzbuchs über die Hinterlegung die Befriedigung schon vorher eingetreten ist.

(3) Das Recht des Gläubigers auf den hinterlegten Betrag erlischt mit dem Ablauf von dreißig Jahren nach der Rechtskraft des Ausschließungsbeschlusses, wenn nicht der Gläubiger sich vorher bei der Hinterlegungsstelle meldet; der Hinterleger ist zur Rücknahme berechtigt, auch wenn er auf das Recht zur Rücknahme verzichtet hat

II. Wirkungen der Ausschließung

Die Schiffshypothek ist stets ein briefloses Recht. Sie erlischt nach § 66 Abs. 2 SchRG, doch kann der Eigentümer bis zur Löschung die Rangsteller wieder belegen (§ 67 Abs. 3 SchRG).

Aufgebot des Berechtigten bei Vormerkung, Vorkaufsrecht, Reallast

§ 453 (1) Die Vorschriften des § 447 Abs. 2, des § 448 Abs. 1, der §§ 449, 450 Abs. 1 bis 4 und der §§ 451, 452 gelten entsprechend für das Aufgebotsverfahren zu der in den §§ 887, 1104, 1112 des Bürgerlichen Gesetzbuchs, § 13 des Gesetzes über Rechte an eingetragenen Schiffen und Schiffsbauwerken (BGBl. III, 403-4) für die Vormerkung, das Vorkaufsrecht und die Reallast bestimmten Ausschließung des Berechtigten.

(2) ¹Antragsberechtigt ist auch, wer aufgrund eines im Range gleich- oder nachstehenden Rechts Befriedigung aus dem Grundstück oder dem Schiff oder Schiffsbauwerk verlangen kann, wenn er für seinen Anspruch einen vollstreckbaren Schuldtitel erlangt hat. ²Das Aufgebot ist dem Eigentümer des Grundstücks oder des Schiffes oder Schiffsbauwerks von Amts wegen mitzuteilen.

I. Normzweck

Die Vorschrift, die dem früheren § 988 ZPO entspricht, regelt das Aufgebot des Berechtigten bei Vormerkung, subjektiv-persönlich bestelltem Vorkaufsrecht und subjektiv-persönlich bestellter Reallast. Für die Vormerkung im Schiffsregister ist in §§ 13, 77 SchRG ein Aufgebot vorgesehen.

II. Regelung

Die Gläubiger der vorgenannten Rechte können unter den Voraussetzungen des § 1170 BGB ausgeschlossen werden, §§ 887, 1104, 1112 BGB. Voraussetzung ist jeweils u. a., dass der Gläubiger seiner Person nach unbekannt ist; dass nur sein Aufenthalt unbekannt ist, genügt nicht.[1] In den Fällen unbekannten Aufenthalts hilft meist eine Berichtigungsklage (§ 894 BGB), die öffentlich zuzustellen ist (§ 185 ZPO). Das **Verfahren** richtet sich nach den allgemeinen Regeln; da auf § 448 Abs. 2 nicht verwiesen wird, sind der Eigentümer des belasteten Grundstücks und die in § 453 Abs. 2 genannten Personen antragsberechtigt.

---

[1] BGH NJW-RR 2004, 664; a. A. MünchKommZPO/Eickmann § 447 FamFG Rn 2.

III. Neue Bundesländer

3 Für das Vorkaufsrecht gilt das Vorstehende. Für Nießbrauch, beschränkt-persönliche Dienstbarkeit und Mitbenutzungsrecht ist in den neuen Bundesländern ein Aufgebotsverfahren nach § 6 GBBerG zulässig, in den anderen Bundesländern ggf. nach Landesrecht (Bayern,[2] Nordrhein-Westfalen[3]).

4 **§ 6 GBBerG lautet:** (1) Ist bei einem Nießbrauch, einer beschränkten persönlichen Dienstbarkeit oder einem eingetragenen Mitbenutzungsrecht (Artikel 233 § 5 Abs. 1 des Einführungsgesetzes zum Bürgerlichen Gesetzbuche) der Begünstigte oder sein Aufenthalt unbekannt, so kann der Begünstigte im Wege des Aufgebotsverfahrens mit seinem Recht ausgeschlossen werden, wenn seit der letzten sich auf das Recht beziehenden Eintragung in das Grundbuch 30 Jahre verstrichen sind und das Recht nicht innerhalb dieser Frist von dem Eigentümer in einer nach § 212 Abs. 1 Nr. 1 des Bürgerlichen Gesetzbuchs für den Neubeginn der Verjährung geeigneten Weise anerkannt oder von einem Berechtigten ausgeübt worden ist. Satz 1 gilt entsprechend bei Dienstbarkeiten, die zugunsten des jeweiligen Eigentümers oder Besitzers eines Familienfideikommisses, einer Familienanwartschaft, eines Lehens, eines Stammgutes oder eines ähnlichen gebundenen Vermögens eingetragen sind, sowie bei Grunddienstbarkeiten, die zugunsten des jeweiligen Eigentümers eines Grundstücks eingetragen sind, dessen Grundakten vernichtet und nicht mehr wiederherzustellen sind.

(1 a) Soweit auf § 1170 des Bürgerlichen Gesetzbuchs verwiesen wird, ist diese Bestimmung auf die vor dem 3. Oktober 1990 begründeten Rechte auch dann anzuwenden, wenn der Aufenthalt des Gläubigers unbekannt ist. § 1104 Abs. 2 des Bürgerlichen Gesetzbuchs findet auf die vor dem 3. Oktober 1990 begründeten Vorkaufsrechte und Reallasten keine Anwendung.

(2) Für das Aufgebotsverfahren sind die besonderen Vorschriften der §§ 447 bis 450 des FamFG sinngemäß anzuwenden.

(3) Diese Vorschrift gilt nur in dem in Artikel 3 des Einigungsvertrages genannten Gebiet. Sie kann im übrigen Bundesgebiet durch Rechtsverordnung der Landesregierung in Kraft gesetzt werden.

---

[2] VO v. 6. 9. 1994 GVBl. 1994 S. 928 mit Änderungen.
[3] VO v. 13. 2. 2001 GVBl. 2001 S. 69.

Abschnitt 4. Aufgebot von Nachlassgläubigern

Aufgebot von Nachlassgläubigern; örtliche Zuständigkeit

454 (1) Für das Aufgebotsverfahren zur Ausschließung von Nachlassgläubigern aufgrund des § 1970 des Bürgerlichen Gesetzbuchs gelten die nachfolgenden besonderen Vorschriften.

(2) ¹Örtlich zuständig ist das Amtsgericht, dem die Angelegenheiten des Nachlassgerichts obliegen. ²Sind diese Angelegenheiten einer anderen Behörde als einem Amtsgericht übertragen, so ist das Amtsgericht zuständig, in dessen Bezirk die Nachlassbehörde ihren Sitz hat.

I. Normzweck

Nach § 1970 BGB können die Nachlassgläubiger im Wege des Aufgebotsverfahrens zur Anmeldung ihrer Forderungen aufgefordert werden. Damit sollen die Erben einen besseren Überblick über die Nachlassverbindlichkeiten erhalten können, um gegebenenfalls eine Haftungsbeschränkung durch Antrag auf Nachlassverwaltung oder Nachlassinsolvenz (§ 1975 BGB) herbeiführen zu können. Abs. 1 entspricht dem früheren § 989 ZPO, Abs. 2 dem früheren § 990 ZPO. **1**

II. Materielles Recht

1. Wirkungen des Aufgebotsverfahrens

Entgegen dem Wortlaut wird ein Nachlassgläubiger, der sich nicht meldet, nicht „ausgeschlossen"; er verliert seine Forderung dadurch nicht. Die Wirkungen des Aufgebotsverfahrens bestehen demgemäß nur in folgendem: **2**
- **Einrede.** Der Erbe kann die Befriedigung eines Nachlassgläubigers, der sich nicht gemeldet hat und demgemäß ausgeschlossen wurde, insoweit verweigern, als der Nachlass durch die Befriedigung der nicht ausgeschlossenen Gläubiger erschöpft ist (§ 1973 BGB); ist noch ein Überschuss vorhanden, ist er nach Bereicherungsgrundsätzen herauszugeben; ist kein Überschuss mehr vorhanden, erhalten die ausgeschlossenen Gläubiger später nichts mehr. Das ist nicht zu verwechseln mit der Dürftigkeitseinrede des § 1990 BGB.
- **Regress.** Ab Kenntnis von der Zahlungsunfähigkeit bzw. Überschuldung des Nachlasses hat der Erbe unverzüglich die Eröffnung des Nachlassinsolvenzverfahrens zu beantragen; andernfalls haftet er mit seinem Eigenvermögen (§ 1980 Abs. 1 BGB). Als Kenntnis gilt auch fahrlässige Unkenntnis (§ 1980 Abs. 2 S. 1 BGB). Als Fahrlässigkeit gilt es insbesondere, wenn der Erbe kein Aufgebot beantragt, obwohl er dazu Anlass gehabt hätte (§ 1980 Abs. 2 S. 2 BGB). Durch das Aufgebot beschränkt also der Erbe seine Haftung, weil sie ihn nur noch bei positiver Kenntnis trifft; er verringert die Gefahr, dass nicht befriedigte Nachlassgläubiger bei ihm Rückgriff nehmen.
- **Quotenhaftung.** Bei Miterben haftet ein Miterbe den Nachlassgläubigern auch nach Teilung des Nachlasses noch voll und nicht nur mit seiner Erbquote, weil grundsätzlich vor Teilung die Nachlassverbindlichkeiten zu befriedigen gewesen wären (§ 2046 BGB). Wenn aber ein Gläubiger im Aufgebotsverfahren „ausgeschlossen" wurde, dann haftet jeder Miterbe nur noch in Höhe seiner Erbquote (§ 2060 Nr. 1 BGB).
- **Schonfrist.** Hat der Erbe den Aufgebotsantrag innerhalb eines Jahres nach Annahme der Erbschaft gestellt und ist der Antrag zugelassen, ist der Erbe berechtigt, die Berichtigung einer Nachlassverbindlichkeit bis zur Beendigung des Aufgebotsverfahrens zu verweigern (§ 2015 Abs. 1 BGB).

2. Andere erbrechtliche Aufgebotsverfahren

a) § 1965 BGB. Vor Feststellung, dass ein anderer Erbe als der Fiskus nicht vorhanden ist, ist in der Regel eine öffentliche Aufforderung zur Anmeldung der Erbrechte erforder- **3**

lich. § 1965 Abs. 1 S. 1 BGB sagt dazu, dass sich die Art der Bekanntmachung und die Dauer der Anmeldefrist nach den für das Aufgebotsverfahren geltenden Vorschriften bestimmt. Auch hier erlischt ein Erbrecht nicht dadurch, dass sich der Beteiligte nicht meldet. Wird dem Staat nach Fristablauf ein Erbschein erteilt und taucht dann der Erbe auf, kann er die Einziehung des Erbscheins betreiben (§ 2361 BGB) und hat Anspruch gegen den Staat auf Herausgabe des Nachlasses (§§ 2018 ff. BGB).

4   **b) § 2358 Abs. 2 BGB.** Das Nachlassgericht kann eine öffentliche Aufforderung zur Anmeldung der anderen Personen zustehenden Erbrechte erlassen; die Art der Bekanntmachung und die Dauer der Anmeldungsfrist bestimmen sich nach den für das Aufgebotsverfahren geltenden Vorschriften.

5   **c) § 2061 BGB.** Jeder Miterbe kann die Nachlassgläubiger öffentlich auffordern, ihre Forderungen binnen sechs Monaten bei ihm oder bei dem Nachlassgericht anzumelden. Diese private Aufforderung ist im Bundesanzeiger zu veröffentlichen (§ 2061 Abs. 2 BGB). Damit tritt aber keine endgültig beschränkte Erbenhaftung ein. Wenn sich ein Gläubiger nicht meldet, wird nur die Haftung des Miterben auf seinen Anteil im Verhältnis der Erbquote beschränkt (§ 2061 Abs. 1 S. 2 BGB); wenn er sich meldet, bleibt die gesamtschuldnerische Haftung (§ 2058 BGB). Mit §§ 454 ff. hat das nichts zu tun.

III. Die Regelung des Abs. 1

6   Abs. 1 (entspricht dem früheren § 989 ZPO) bestimmt, dass sich die Einzelheiten des Verfahrens aus §§ 455 ff. ergeben; daneben gelten §§ 433 bis 441. Hinsichtlich der Nachlassverbindlichkeiten bzw. **Nachlassgläubiger** vgl. §§ 1967 bis 1969 BGB. Nicht dazu gehören Pfand- und Hypothekengläubiger; die in § 51 InsO genannten Gläubiger (§ 1971 BGB); Pflichtteilsberechtigte; Vermächtnisnehmer; Auflagebegünstigte (§ 1972 BGB); Gläubiger, denen der Erbe bereits unbeschränkt haftet (§§ 1994 Abs. 1 S. 2, 2006 Abs. 3 BGB); der Erbe selbst, soweit er Nachlassgläubiger ist.

IV. Zuständigkeit (Abs. 2)

7   Für das Aufgebotsverfahren ist grundsätzlich das AG zuständig, in dessen Bezirk der Erblasser seinen letzten Wohnsitz hatte **(S. 1).** Unklar ist, ob (wenn eine Regelung im Geschäftsverteilungsplan des AG fehlt) die allgemeine Zivilabteilung oder die **Nachlassabteilung** zuständig ist. Unter der Geltung von § 990 ZPO war dies umstritten; der jetzige Wortlaut entspricht dem früheren (bis auf eine sprachliche Modernisierung, „Angelegenheiten" statt „Verrichtungen"), die Streitfrage ist also nicht ausgeräumt. Für eine Zuständigkeit der Zivilabteilung spricht, dass in § 454 Abs. 2 steht „Amtsgericht" und nicht (wie etwa in § 2353 BGB) „Nachlassgericht";[1] auch gehörte früher strukturell der Erlass von Urteilen („Ausschlussurteil", §§ 952, 957 ZPO a. F.) nicht in den Bereich des Nachlassrichters. Jetzt ist nicht nur das Aufgebot, sondern auch der Ausschließungsbeschluss dem Rechtspfleger übertragen. § 994 Abs. 2 ZPO, der früher als Argument für die Zuständigkeit des Nachlassgerichts herangezogen wurde,[2] wurde nicht ins FamFG übernommen; die Ersatznorm (§ 15) hilft als Argument nicht weiter. Letztlich sprechen der sachliche Zusammenhang und die Tradition für die Zuständigkeit der Nachlassabteilung.[3]

8   Funktionell zuständig ist der **Rechtspfleger** (§ 3 Nr. 1c RPflG). Bei mehrfacher Zuständigkeit: § 2 Abs. 1. Bei unklarer Zuständigkeit: § 5. Das von einem örtlich unzuständigen Gericht erlassene Aufgebot ist trotzdem wirksam, § 2 Abs. 3.

9   **S. 2** betrifft **landesrechtliche Regelungen**; so sind etwa in Baden-Württemberg die Notariate als Nachlassgerichte tätig (§ 38 Bad.-Württ.LFGG). In diesen Fällen sind aber die Notariate nicht für das Aufgebotsverfahren zuständig, sondern das AG, in dessen Bezirk das Notariat seinen Sitz hat.

---

[1] LG Darmstadt Rpfleger 1996, 159; Horndasch/Viefhues/Heinemann § 342 Rn 15; Harder ZEV 2002, 90 mit Nachw.
[2] MünchKommBGB/Siegmann § 1970 Rn 3 mit Nachw.
[3] LG Köln MDR 2003, 714; MünchKommZPO/Eickmann § 464 FamFG Rn 5; a. A. Bahrenfuss/Schaal § 342 Rn 11.

V. Kosten

Die **gerichtliche Gebühr** für das Aufgebotsverfahren ergibt sich aus § 128 d KostO; es handelt sich um eine Verfahrensgebühr, die anfällt, gleichgültig wie das Verfahren ausgeht und sich auch bei Rücknahme des Antrag nicht ermäßigt. Kostenschuldner: §§ 2 ff. KostO. Fälligkeit: § 7 KostO. Vorschusspflicht bezüglich der Auslagen: § 8 KostO. Streitwert: Interesse des Antragstellers. Der **Anwalt** des Antragstellers erhält eine Verfahrensgebühr nach Nr. 3324 VV RVG, eine Terminsgebühr nach Nr. 3332 VV RVG, Ermäßigung der Gebühren im Falle Nr. 3337 VV RVG. Der Gegenstandswert richtet sich nach dem Interesse des Antragstellers, was sich nicht zwingend mit dem Wert der auszuschließenden Rechte deckt.[4]

Antragsberechtigter

455 (1) **Antragsberechtigt ist jeder Erbe, wenn er nicht für die Nachlassverbindlichkeiten unbeschränkt haftet.**

(2) **Zu dem Antrag sind auch ein Nachlasspfleger, Nachlassverwalter und ein Testamentsvollstrecker berechtigt, wenn ihnen die Verwaltung des Nachlasses zusteht.**

(3) **Der Erbe und der Testamentsvollstrecker können den Antrag erst nach der Annahme der Erbschaft stellen.**

I. Normzweck

Zweck des Aufgebots ist, dem Erben eine sichere Grundlage für die Entscheidung zu verschaffen, ob er seine beschränkte Haftung gerichtlich geltend machen soll (durch Antrag auf Nachlassinsolvenz, Nachlassverwaltung). Wenn der Erbe bereits allen Gläubigern gegenüber dass Recht der Haftungsbeschränkung verloren hat, ist dieser Zweck nicht mehr erreichbar, der Antrag also unzulässig. **Ausnahme bei mehreren Erben:** § 460 Abs. 2.

II. Antragsberechtigte

1. Erbe

Berechtigt, das Aufgebot nach § 1970 BGB zu beantragen, ist jeder Alleinerbe. **Miterben** können den Antrag gemeinsam stellen oder jeder Miterbe für sich (Abs. 1); ein Miterbe kann den Antrag auch gegen den Willen der anderen Miterben stellen. Der Antrag eines Miterben kommt den anderen Miterben zugute, § 460 Abs. 1. Auch der **Vorerbe** ist antragsberechtigt, ebenso der Nacherbe schon vor Eintritt des Nacherbfalls,[1] was aus § 461 folgt. Zur Haftung des Nacherben vgl. § 2144 BGB. Das vom Vorerben beantragte Aufgebot kommt ohne Weiteres auch dem Nacherben zugute (§ 461). Erweitert ist das Antragsrecht ferner, wenn eine Erbschaft in das **Gesamtgut** der Gütergemeinschaft fällt, § 462; außerdem beim **Erbschaftskäufer**, § 463. Vermächtnisnehmer, Auflagebegünstigte oder Gläubiger sind nicht antragsberechtigt. Zum Erfordernis eines Antrags vgl. § 434 Abs. 1; zum Antragsinhalt § 456 und ergänzend § 23; Antragsrücknahme: § 22.

Eine **Frist für den Antrag** besteht nicht. Das auf Antrag eines Nichtberechtigten angeordnete Aufgebot ist gleichwohl wirksam. Die Regelung in § 455 lehnt sich an § 991 ZPO an.

2. Noch keine unbeschränkte Haftung

a) Antragsrecht. Ein Erbe ist nur solange antragsberechtigt, als er nicht schon für die Nachlassverbindlichkeiten unbeschränkt haftet (Abs. 1); das ist bei Rn 8 der Fall.

b) Endgültige Beschränkung gegenüber allen Nachlassgläubigern. Der Erbe kann die Haftung gegenüber allen Nachlassgläubigern **endgültig** auf den Nachlass beschränken und also sein Privatvermögen schützen, wenn er Nachlassverwaltung beantragt und diese

---

[4] LG Hildesheim NJW 1964, 1232.
[1] Zöller/Geimer § 455 FamFG Rn 1.

angeordnet wird (§ 1975 BGB); oder wenn er ein Nachlassinsolvenzverfahren beantragt und dieses eröffnet wird.

6   **c) Vorläufige Beschränkung gegenüber allen Nachlassgläubigern.** Der Erbe kann die Haftung gegenüber allen Nachlassgläubigern **vorläufig** auf den Nachlass beschränken: durch die Dreimonatseinrede (§ 2014 BGB); oder durch die Einrede des Aufgebotsverfahrens (§ 2015 BGB); oder durch Dürftigkeitseinrede (§ 1990 BGB); oder durch die Einrede der Überschwerung (§§ 1992, 1990, 1991 BGB).

7   **d) Endgültige Beschränkung gegenüber einzelnen Nachlassgläubigern.** Der Erbe kann die Haftung gegenüber einzelnen Nachlassgläubigern **endgültig** auf den Nachlass beschränken und also sein Privatvermögen schützen durch: Ausschlusseinrede (§ 1973 BGB); Verschweigungseinrede (§ 1974 BGB); Erschöpfungseinrede (§ 1989 BGB); Vereinbarung der Haftungsbeschränkung mit dem Gläubiger.

8   **e) Unbeschränkte Haftung gegenüber allen Nachlassgläubigern.** Der Erbe haftet mit seinem Erbanteil und mit seinem Privatvermögen (d. h. unbeschränkt) für die Nachlassverbindlichkeiten gegenüber allen Gläubigern
– bei Versäumung der ihm gesetzten Inventarfrist (§ 1994 Abs. 1 S. 2 BGB). Der Erbe haftet unbeschränkt, wenn ihm auf Antrag eines Nachlassgläubigers vom Nachlassgericht eine Frist zur Erstellung eines Nachlassverzeichnisses (durch Nachlassgericht, Behörde oder Notar, §§ 2002, 2003 BGB) gesetzt wurde und der Erbe diese Frist verstreichen lässt.
– bei absichtlich falscher Errichtung eines Nachlassinventars (§ 2005 Abs. 1 S. 1 BGB).

9   **f) Unbeschränkte Haftung gegenüber einzelnen Nachlassgläubigern.** Der Erbe haftet mit seinem Erbanteil und mit seinem Privatvermögen (d. h. unbeschränkt) für die Nachlassverbindlichkeiten gegenüber einzelnen Nachlassgläubigern
• bei Verweigerung der eidesstattlichen Versicherung zum Nachlassinventar (§ 2006 Abs. 3 S. 1 BGB);
• wenn das Gericht den Haftungsvorbehalt nicht ins Urteil aufgenommen hat (§§ 780, 781, 785, 767 ZPO);
• bei Vereinbarung mit einem Nachlassgläubiger.[2]

3. Weitere Antragsberechtigte (Abs. 2)

10   **a) Nachlasspfleger,** sowohl die von Amts wegen ernannten (§ 1960 BGB) wie auch die auf Antrag eines Gläubigers ernannten (§ 1961 BGB), sind antragsberechtigt, aber nicht im eigenen Namen, sondern als Vertreter der unbekannten Erben. Weitere Voraussetzung ist nach Abs. 2, dass ihm die Verwaltung des Nachlasses zusteht. Es kommt also auch den Aufgabenkreis an, der dem Nachlasspfleger im Beschluss des Nachlassgerichts zugewiesen wurde. Wer nur den Aufgabenkreis „Ermittlung der Erben" hat, ist somit nicht antragsberechtigt; der Aufgabenkreis „Sicherung und Verwaltung des Nachlasses" berechtigt dagegen zum Antrag. Der Teil-Nachlasspfleger ist nur Vertreter einzelner Erben und daher so wie ein Miterbe antragsberechtigt.

11   **b) Nachlassverwalter** im Sinne der §§ 1975, 1981 BGB sind antragsberechtigt. Nach § 1985 BGB steht ihm die Verwaltung des Nachlasses zu. Der Nachlassverwalter ist Partei kraft Amts, in dieser Funktion stellt er den Antrag; nicht als Vertreter der Erben. Ein von den Erben durch Geschäftsbesorgungsvertrag bestellter privater „Nachlassverwalter" fällt nicht unter § 455 Abs. 2; er kann aber, je nach dem Umfang seiner Vollmacht, unter Umständen in Vertretung der Erben, das Aufgebot beantragen. Der Nachlassverwalter kann das Aufgebotsverfahren beantragen, obwohl der Erbe schon unbeschränkt haftet (Umkehrschluss aus § 454 Abs. 1).

12   **c) Testamentsvollstrecker** (§§ 2197 ff. BGB) sind antragsberechtigt, wenn ihnen die Verwaltung des Nachlasses zusteht (dazu § 2213 Abs. 1 S. 2 BGB). Der Testamentsvollstrecker ist Partei kraft Amts und stellt den Aufgebotsantrag in dieser Funktion, nicht als Vertreter der Erben. Die Verwaltung des Nachlasses steht ihm im Regelfall zu (§ 2205 S. 1

---

[2] RGZ 146, 343/346.

BGB). Der Erblasser könnte aber das Verwaltungsrecht beschränkt haben (§ 2208 BGB). Ein nur beaufsichtigender Testamentsvollstrecker (§ 2208 Abs. 2 BGB) hat kein Verwaltungsrecht. Ferner hat der Testamentsvollstrecker kein Verwaltungsrecht, wenn er das Amt noch nicht angenommen hat; wenn die Vollstreckung beendet ist; bezüglich der Gegenstände, die er den Erben zur freien Verfügung überlassen hatte (§ 2217 Abs. 1 S. 2 BGB); wenn Nachlassverwaltung angeordnet wurde (§§ 1981, 1984, 1985 BGB; dann hat der Verwalter das Antragsrecht). Der verwaltende Testamentsvollstrecker kann das Aufgebotsverfahren beantragen, obwohl der Erbe schon unbeschränkt haftet (Umkehrschluss aus § 454 Abs. 1).

Der Testamentsvollstrecker über eine Erbquote (z. B. Anteil der Tochter steht unter Testamentsvollstreckung, Anteil des Sohnes nicht) ist ähnlich wie ein Miterbe antragsberechtigt.

Steht dem Testamentsvollstrecker nur die Verwaltung einzelner Nachlassgegenstände zu, wird man ihn dagegen nicht für antragsberechtigt halten müssen (vgl. § 2208 Abs. 1 S. 2 BGB).

4. Antragsrecht ab Annahme der Erbschaft

Der Erbe bzw. Miterbe kann den Aufgebotsantrag erst ab Annahme der Erbschaft stellen **(Abs. 3)**. Die Annahme erfolgt ausdrücklich oder stillschweigend durch entsprechende Handlungen, notfalls durch Fristablauf (§§ 1943, 1944 BGB). Bis zur Annahme hat der Erbe die Möglichkeit der Ausschlagung; dann erübrigt sich ein Aufgebotsverfahren. Ein Aufgebotsverfahren zur Klärung, ob angenommen oder ausgeschlagen werden soll, gibt es also nicht. 13

Auch der verwaltende **Testamentsvollstrecker** kann nach Abs. 3 den Aufgebotsantrag erst ab Annahme der Erbschaft durch die Erben stellen; das Recht der Annahme bzw. Ausschlagung steht nur den Erben zu, nicht dem Testamentsvollstrecker. Ein Testamentsvollstrecker kann sein Amt auch schon annehmen (§ 2202 Abs. 1 BGB), obwohl die Erben die Erbschaft noch nicht angenommen haben. 14

Nachlasspfleger dagegen können den Aufgebotsantrag schon vor Annahme der Erbschaft durch die Erben stellen (Umkehrschluss aus Abs. 3). Nachlasspfleger haben grundsätzlich kein Recht, die Erbschaft in Vertretung der Erben anzunehmen; nach Annahme der Erbschaft durch die Erben kann ohnehin keine Nachlasspflegschaft mehr angeordnet werden (§ 1960 BGB). Wurde die Nachlasspflegschaft angeordnet und nehmen dann die Erben die Erbschaft an, fällt die Pflegschaft nicht automatisch weg; es ist noch ein Aufhebungsbeschluss des Nachlassgerichts erforderlich. Auch in dieser Zwischenzeit könnte der Pfleger noch den Aufgebotsantrag stellen, doch sollte er dies unterlassen. 15

Nachlassverwalter können den Aufgebotsantrag ebenfalls schon vor Annahme der Erbschaft durch die Erben stellen (Umkehrschluss aus Abs. 3); denn auch ein Nachlassgläubiger kann den Antrag auf Anordnung der Nachlassverwaltung stellen (§ 1981 Abs. 1 BGB). Der Nachlassverwalter kann das Aufgebot auch dann noch beantragen, wenn der Erbe bereits unbeschränkt haftet.[3] 16

Verzeichnis der Nachlassgläubiger

§ 456 Dem Antrag ist ein Verzeichnis der bekannten Nachlassgläubiger mit Angabe ihres Wohnorts beizufügen.

Das Aufgebotsverfahren wird nicht von Amts wegen eingeleitet, sondern nur auf Antrag (§ 434 Abs. 1). Der Antrag muss von einem Antragsberechtigten stammen (§ 455). Ein Verzeichnis der dem Antragsteller bekannten Nachlassgläubiger ist beizufügen, mit Angabe des Wohnortes (Ort, Strasse und Hausnummer), damit der Antrag gegebenenfalls zugestellt werden kann (§ 15). Der Wohnsitz ist nicht zwingend identisch mit dem Wohnort. Sind dem Antragsteller keine Gläubiger bekannt, hat er eine entsprechende Negativerklärung abzugeben. Fehlt das Verzeichnis, ist (nach Anmahnung) der Antrag als unzulässig abzuleh- 1

---

[3] OLG Colmar OLGE 19, 163.

nen. Wird ein Aufgebot erlassen, obwohl dem Antrag kein Gläubigerverzeichnis beigefügt wurde, ist es trotzdem wirksam. § 456 entspricht dem früheren § 992 ZPO.

2   Wenn mehrere Erben getrennte Anträge stellen, ist denkbar, dass ein Antragsteller andere ihm bekannte Nachlassgläubiger angibt als ein anderer Antragsteller. Da das Verfahren nur einheitlich erledigt werden kann (vgl. § 460), ist hier eine Aufklärung geboten, notfalls durch eine mündliche Erörterung (§ 32).

Nachlassinsolvenzverfahren

457 (1) **Das Aufgebot soll nicht erlassen werden, wenn die Eröffnung des Nachlassinsolvenzverfahrens beantragt ist.**

(2) **Durch die Eröffnung des Nachlassinsolvenzverfahrens wird das Aufgebotsverfahren beendet.**

1   Der Insolvenzantrag macht den Aufgebotsantrag nicht unzulässig. Die Eröffnung des Nachlassinsolvenzverfahrens beschränkt die Haftung des Erben für die Nachlassverbindlichkeiten (§ 1975 BGB); der Insolvenzantrag selbst hat noch nicht diese Wirkung. Ist demnächst mit Eröffnung zu rechnen, soll deshalb trotz Aufgebotsantrag kein Aufgebot mehr erlassen werden **(Abs. 1)**. Ein gleichwohl erlassenes Aufgebot ist aber wirksam. Die Anordnung der Nachlassverwaltung ist der Eröffnung des Nachlassinsolvenzverfahrens nicht gleichgestellt. Die Regelung entspricht dem früheren § 993 ZPO.

2   Ein Aufgebotsverfahren wird beendet, wenn das Nachlassinsolvenzverfahren eröffnet wird **(Abs. 2)**; denn die Eröffnung (gleichgültig auf wessen Antrag) führt zur Haftungsbeschränkung, so dass der Erbe nun keine Information mehr braucht, um zu entscheiden, ob er den Insolvenzantrag stellen soll oder nicht. Die Beendigung tritt kraft Gesetzes ein; sie sollte im Interesse der Aktenklarheit zumindest durch einen Aktenvermerk festgehalten werden. Eine Kostenentscheidung entfällt; der Antragsteller bleibt auf seinen Kosten sitzen. Wird das Insolvenzverfahren eingestellt, lebt zwar das alte Aufgebotsverfahren nicht wieder auf; ein neuer Aufgebotsantrag ist aber dann zulässig. Wird unter Verstoß gegen Abs. 2 ein Ausschließungsbeschluss erlassen, ist dagegen die Beschwerde (§§ 58 ff.) statthaft (früher: Anfechtungsklage nach § 957 Abs. 2 Nr. 1 ZPO).

Inhalt des Aufgebots; Aufgebotsfrist

458 (1) **In dem Aufgebot ist den Nachlassgläubigern, die sich nicht melden, als Rechtsnachteil anzudrohen, dass sie von dem Erben nur insoweit Befriedigung verlangen können, als sich nach Befriedigung der nicht ausgeschlossenen Gläubiger noch ein Überschuss ergibt; das Recht, vor den Verbindlichkeiten aus Pflichtteilsrechten, Vermächtnissen und Auflagen berücksichtigt zu werden, bleibt unberührt.**

(2) **Die Aufgebotsfrist soll höchstens sechs Monate betragen.**

1   **Abs. 1** regelt (in Ergänzung zu § 434) den Wortlaut des Aufgebots. Sind mehrere Erben (auch Vor- und Nacherbe, § 461) vorhanden, ist zusätzlich der Rechtsnachteil des § 460 Abs. 1 S. 2 anzudrohen. Textbeispiel bei § 460 Rn 5.

2   Die **Meldung** nützt einem Nachlassgläubiger nur dann, wenn sie beim Nachlassgericht eingeht. Auch wer in dem vom Antragsteller beigefügten Verzeichnis aufgeführt ist, sich aber nicht meldet, wird ausgeschlossen.[1] Die Meldung beim Antragsteller genügt nicht, ebenso wenig eine Meldung beim Nachlassverwalter oder beim Nachlassgericht außerhalb des Aufgebots;[2] notwendig ist eine Meldung im Aufgebotsverfahren. § 458 Abs. 1 entspricht dem früheren § 995 ZPO.

3   Das Aufgebot war nach der früheren Regelung (§ 994 Abs. 2 ZPO) den Nachlassgläubigern, die der Antragsteller angab und die sonst dem Nachlassgericht bekannt waren, von Amts wegen zuzustellen (Sollvorschrift); das hat die Neuregelung gestrichen im Hinblick auf § 15.[3] § 15 bestimmt aber nicht, dass der Aufgebotsbeschluss an diese Nachlass-

---
[1] Zöller/Geimer § 458 FamFG Rn 1.
[2] RG JW 1910, 713; OLG Karlsruhe OLGE 42, 22.
[3] BT-Drs. 16/6308 S. 296.

gläubiger zuzustellen ist, so dass sie häufig in dem Irrglauben, ihre Aufführung im Antrag des Antragstellers genüge, die Anmeldung unterlassen werden.

Die **Aufgebotsfrist** soll höchstens sechs Monate betragen **(Abs. 2)**; die Mindestfrist beträgt sechs Wochen (§ 437). Eine Überschreitung der Höchstfrist berechtigt nicht zur Beschwerde (§§ 58 ff.), weil nur eine Sollvorschrift verletzt wäre. Die Regelung entspricht dem früheren § 994 Abs. 1 ZPO. 4

Forderungsanmeldung

459 (1) ¹In der Anmeldung einer Forderung sind der Gegenstand und der Grund der Forderung anzugeben. ²Urkundliche Beweisstücke sind in Urschrift oder in Abschrift beizufügen.

(2) Das Gericht hat die Einsicht der Anmeldungen jedem zu gestatten, der ein rechtliches Interesse glaubhaft macht.

I. Inhalt der Anmeldung (Abs. 1)

Ein Nachlassgläubiger, der auf das Aufgebot hin seine Forderung beim Aufgebotsgericht anmeldet, hat „Gegenstand und Grund" anzugeben (Abs. 1). Diese Regelung entspricht dem früheren § 996 ZPO; ähnlich § 253 Abs. 2 Nr. 2 ZPO und § 174 InsO. Die Anmeldung hat schriftlich zu erfolgen, in deutscher Sprache. Gegenstand und Grund sind nicht zwei verschiedene Begriffe; gemeint ist, dass der Anmeldende den Sachverhalt (z. B. Kauf, Darlehen, Handwerkerdienstleistung), aus dem er seine Forderung herleitet, darlegen muss sowie den Betrag anzugeben hat, den er aus dem Nachlass fordert, gegebenenfalls auch die Zinsen. Fehlt die Angabe des Grundes, ist die Anmeldung unwirksam.[1] 1

Urkundliche Beweisstücke sind (falls vorhanden) beizufügen; das sind Verträge, Abrechnungen, Rechnungen, Kontoauszüge und sonstige Belege. Auf §§ 415 ff. ZPO kommt es insoweit nicht an. Beizufügen sind Urschriften oder Abschriften bzw. Kopien; die Kopien müssen nicht beglaubigt sein. Sind beim Antragsteller keine urkundlichen Beweisstücke vorhanden, hindert das die Anmeldung einer Forderung nicht. Denn im Prozess gegen den Erben wäre ein Beweis mit anderen Beweismitteln, z. B. Zeugenaussagen, möglich. 2

II. Einsichtsrecht (Abs. 2)

Jeder hat das Recht, die Anmeldungen beim Aufgebotsgericht einzusehen; er muss lediglich ein „rechtliches Interesse" glaubhaft machen (Abs. 2). Diese Regelung ähnelt § 357 Abs. 1 FamFG, § 12 Abs. 1 GBO. Gegenüber der engeren Einsichtsregelung in § 13 FamFG ist Abs. 2 lex specialis. Statt Einsicht kann auch die (kostenpflichtige) **Erteilung von Abschriften** oder die telefonische Information über die Anmeldungen in Frage kommen. **Ein rechtliches Interesse** ist mehr als ein berechtigtes Interesse, auch mehr als ein bloß wirtschaftliches Interesse. Ein rechtliches Interesse verlangt auch § 299 Abs. 2 ZPO für die Einsicht in Zivilprozessakten. Andererseits muss aber nicht ein Recht beeinträchtigt werden, wenn die Akteneinsicht versagt würde. Ein rechtliches Interesse wird man annehmen können, wenn der Einsicht Begehrende dadurch eine günstigere Gestaltung seiner Rechte und seiner Rechtstellung erwarten kann. Ein solches Interesse haben in der Regel der Antragsteller des Aufgebotsverfahrens; ein Gläubiger, der schon angemeldet hat; ein Gläubiger, der die Anmeldung erwägt; der Erbe, der bei Ausschlagung der Erbschaft (z. B. durch Anfechtung der Annahme) zum Zuge käme; ein Nacherbe. **Glaubhaftmachung** wird verlangt; das ist mehr als eine bloße Darlegung des rechtlichen Interesses und verlangt die Glaubhaftmachung von Umständen, aus denen sich erfahrungsgemäß ein rechtliches Interesse an der Einsicht ergibt. Die Gewährung der Einsicht ist **keine Ermessensentscheidung**, sondern Pflicht. 3

Gegen die Verweigerung oder Beschränkung der Einsicht bzw. der Erteilung von Kopien steht dem Antragsteller die **Beschwerde** zu (§ 58). Gegen die Gewährung der Akteneinsicht kann derjenige, der ein Interesse an der Gemeinhaltung seiner Anmeldung hat, 4

---

[1] OLG Stuttgart NJW 1962, 1018 zum Konkursrecht.

Beschwerde einlegen (§ 58), aber nur solange, als die Einsicht noch nicht gewährt ist; ab Einsicht ist kein Rechtsmittel mehr gegeben, weil die Einsicht nicht mehr rückgängig gemacht werden kann. Gegen die Ablehnung des Antrags eines Anwalts, die Akten an seine Anwaltskanzlei zu versenden oder ihm die Akten in die Kanzlei zu überlassen (§ 13 Abs. 4), ist allenfalls Dienstaufsichtsbeschwerde gegeben.

III. Kosten

5 Die **Einsicht (Abs. 2)** löst keine Gerichtsgebühr aus. Gebührenfrei ist auch die **Anmeldung einer Forderung** (§ 112 Abs. 1 Nr. 3 KostO ist nicht einschlägig). Der eine Forderung namens seines Mandanten anmeldende Anwalt erhält eine Verfahrensgebühr nach Nr. 3324 VV RVG, gegebenenfalls eine Terminsgebühr nach Nr. 3332 VV RVG, Ermäßigung der Gebühren im Falle Nr. 3337 VV RVG. Der Gegenstandswert richtet sich nach dem Interesse des Antragmelders; das ist aber nicht der Betrag, der angemeldet wird, sondern der Betrag, den der Anmelder zu erwarten hat.

Mehrheit von Erben

460 (1) ¹Sind mehrere Erben vorhanden, kommen der von einem Erben gestellte Antrag und der von ihm erwirkte Ausschließungsbeschluss auch den anderen Erben zustatten; die Vorschriften des Bürgerlichen Gesetzbuchs über die unbeschränkte Haftung bleiben unberührt. ²Als Rechtsnachteil ist den Nachlassgläubigern, die sich nicht melden, auch anzudrohen, dass jeder Erbe nach der Teilung des Nachlasses nur für den seinem Erbteil entsprechenden Teil der Verbindlichkeit haftet.

(2) Das Aufgebot mit Androhung des in Absatz 1 Satz 2 bestimmten Rechtsnachteils kann von jedem Erben auch dann beantragt werden, wenn er für die Nachlassverbindlichkeiten unbeschränkt haftet.

I. Mehrere Erben

1 Mehrere Erben sind vorhanden, wenn eine Erbengemeinschaft besteht; aber auch, wenn Vor- und Nacherben vorhanden sind (dies folgt aus § 461). § 460 besagt, dass nicht jeder der mehreren Erben einen eigenen Aufgebotsantrag stellen muss und dass die erfolgte Ausschließung allen Erben zugute kommt (Abs. 1 S. 1). Halbs. 2 stellt klar, dass durch Halbs. 1 eine Änderung der Vorschriften des BGB über die unbeschränkte Haftung nicht eintritt.

2 Der **Wortlaut des Aufgebots** ergibt sich aus § 434: Bezeichnung des Antragstellers; Aufforderung zur Anmeldung und Anmeldezeitpunkt. Ferner ist der Rechtsnachteil anzugeben; hier ist zu differenzieren:

3 (1) Ist ein **Alleinerbe** vorhanden, ergibt sich der anzudrohende Rechtsnachteil aus § 458 Abs. 1.

4 (2) Sind **mehrere Erben** vorhanden, ist nach **Abs. 1 S. 2** zusätzlich der Rechtsnachteil anzudrohen, dass jeder Erbe nach der Teilung des Nachlasses nur für den seinem Erbteil entsprechenden Teil der Verbindlichkeit haftet (dies folgt aus § 2060 Nr. 1 BGB).

5 Das Aufgebot lautet in diesem Fall **beispielsweise:**

„Frau Rechtsanwältin R, Antragstellerin, hat in der Eigenschaft als Nachlassverwalterin des am … in L verstorbenen X, zuletzt wohnhaft in L …, das Aufgebot zur Ausschließung der Nachlassgläubiger nach dem Verstorbenen beantragt.

Die Nachlassgläubiger werden aufgefordert, spätestens bis … (Wochentag, Datum) ihre Rechte anzumelden, da ansonsten ihre Ausschließung erfolgen kann.

Die Anmeldung muss an das Aufgebotsgericht (genaue Adresse …) zu dem obigen Aktenzeichen gerichtet werden. Die Anmeldung hat die Angabe des Gegenstandes und des Grundes der Forderung zu enthalten. Urkundliche Beweisstücke sind in Urschrift oder Abschrift beizufügen.

Nachlassgläubiger, die sich nicht melden, können – unbeschadet des Rechts, vor den Verbindlichkeiten aus Pflichtteilsrechten, Vermächtnissen und Auflagen berücksichtigt zu werden – von den Erben nur insoweit Befriedigung verlangen, als sich nach Befriedigung der nicht ausgeschlossenen

Gläubiger noch ein Überschuss ergibt. Auch haftet ihnen dann jeder Erbe nur für den seinen Erbteil entsprechenden Teil der Verbindlichkeiten."

II. Kleines Aufgebot

Nach § 455 Abs. 1 ist ein Erbe nur solange antragsberechtigt, als er für die Nachlassverbindlichkeiten noch unbeschränkt haftet. Haftet er bereits beschränkt, hat das Aufgebot keinen Sinn mehr, weil der Erbe nun keine Informationen mehr darüber braucht, ob er ein Haftungsbeschränkungsverfahren durchführen soll; deshalb wird ihm kein Aufgebot mehr erlaubt. Wenn mehrere Erben noch beschränkbar haften, ist dies ein Fall des Abs. 1: der Rechtsnachteil des ausgeschlossenen Gläubigers wird hier aber durch Abs. 1 S. 2 erweitert. **Abs. 2** bringt eine zusätzliche **spezielle Aufgebotsart,** die im BGB nicht vorgesehen ist.[1] Wenn die mehreren Erben bereits unbeschränkt haften, kann zwar das reguläre Aufgebot, das Gläubiger ausschließt, nicht mehr beantragt und erlassen werden. Aber der Antragsteller kann wenigstens (mit Wirkung für Miterben, die keinen Antrag gestellt haben) noch die Rechtswohltat des § 2060 Nr. 1 BGB herbeiführen, nämlich die Beschränkung der Haftung auf den Bruchteil der Forderung, der seiner Erbquote entspricht. Die Teilhaftung erfasst auch die in § 1972 BGB genannten Gläubiger; das heißt, dass die Pflichtteilsberechtigten, Vermächtnisnehmer und Auflageberechtigte ihren Forderungen im Aufgebotsverfahren anmelden müssen, sonst verlieren sie die gesamtschuldnerische Haftung aller Miterben (vgl. § 2058 BGB) und jeder Miterbe haftet nach der Teilung nur noch mit seiner Erbquote. Das Aufgebot enthält in diesem Falle nur den Rechtsnachteil der Teilhaftung. Es lautet **beispielsweise:** 6

„Herr R, Antragsteller, hat in der Eigenschaft als bereits unbeschränkt haftender Miterbe des am … in L verstorbenen X, zuletzt wohnhaft in L …, das Aufgebot zur Erlangung der Teilhaftung gegenüber den Nachlassgläubigern nach dem Verstorbenen beantragt. 7

Die Nachlassgläubiger (auch solche aus Pflichtteilsrechten, Vermächtnissen und Auflagen) werden aufgefordert, spätestens bis … (Wochentag, Datum) ihre Rechte anzumelden, da ansonsten ihre Ausschließung, aber nur bezüglich der vollen Haftung, erfolgen kann. Die Anmeldung muss an das Aufgebotsgericht (genaue Adresse …) zu den obigen Aktenzeichen gerichtet werden. Die Anmeldung hat die Angabe des Gegenstandes und des Grundes der Forderung zu enthalten. Urkundliche Beweisstücke sind in Urschrift oder Abschrift beizufügen. Nachlassgläubigern, die sich nicht melden, haftet jeder Erbe nur für den seinen Erbteil entsprechenden Teil der Verbindlichkeiten."

Nacherbfolge

461
Im Fall der Nacherbfolge ist § 460 Abs. 1 Satz 1 auf den Vorerben und den Nacherben entsprechend anzuwenden.

Die Regelung entspricht dem früheren § 998 ZPO. Der Nacherbe ist nicht Erbe des Vorerben, sondern des Erblassers. Vor- und Nacherben sind nicht Miterben, weil sie nicht gleichzeitig Erben des Erblassers sind. Es handelt sich aber um mehrere Erben, wobei jeder ein zeitlich beschränktes Erbrecht hat. Die Verweisung auf § 460 Abs. 1 S. 1 zeigt, dass der Nacherbe schon vor Eintritt des Nacherbfalls antragsberechtigt ist, obwohl er noch nicht für die Nachlassverbindlichkeiten haftet; die Verweisung stellt ferner klar, dass der vom Vorerben gestellte Antrag und der von ihm erwirkte Ausschließungsbeschluss auch dem Nacherben zugute kommt; sowie umgekehrt, dass der vom Nacherben gestellte Antrag und der von ihm erwirkte Ausschließungsbeschluss auch dem Vorerben zustatten kommt. Wurde V Vorerbe, hat er ein Aufgebot erwirkt und tritt dann der Nacherbfall ein, kommen die Aufgebotswirkungen auch dem Nacherben zugute. Hat der Nacherbe schon vor Eintritt des Nacherbfalls das Aufgebot erwirkt, kann sich der Vorerbe darauf berufen. 1

Auf **§ 460 Abs. 1 S. 2** ist nicht verwiesen, weil zwischen Vor- und Nacherben keine Teilung des Nachlasses erfolgt. 2

---

[1] MünchKommZPO/Eickmann § 1000 Rn 18.

Gütergemeinschaft

462 (1) ¹Gehört ein Nachlass zum Gesamtgut der Gütergemeinschaft, kann sowohl der Ehegatte, der Erbe ist, als auch der Ehegatte, der nicht Erbe ist, aber das Gesamtgut allein oder mit seinem Ehegatten gemeinschaftlich verwaltet, das Aufgebot beantragen, ohne dass die Zustimmung des anderen Ehegatten erforderlich ist. ²Die Ehegatten behalten diese Befugnis, wenn die Gütergemeinschaft endet.

(2) Der von einem Ehegatten gestellte Antrag und der von ihm erwirkte Ausschließungsbeschluss kommen auch dem anderen Ehegatten zustatten.

(3) **Die Absätze 1 und 2 finden auf Lebenspartnerschaften entsprechende Anwendung.**

1 Leben die Ehegatten im vertraglich vereinbarten Güterstand der Zugewinngemeinschaft (§§ 1415 ff. BGB), dann gehört zum Gesamtgut auch das Vermögen, das der Mann oder die Frau während der Gütergemeinschaft erwirbt (§ 1416 Abs. 1 S. 2 BGB), z. B. durch Erbschaft. Der Ehegatte, der Erbe wurde, kann das Aufgebot beantragen, auch ohne Zustimmung und sogar gegen den Widerspruch des anderen Ehegatten. Der Ehegatte, der nicht Erbe wurde, kann das Aufgebot allein beantragen, wenn er das Gesamtgut allein oder mit dem anderen Ehegatten gemeinschaftlich verwaltet. Der Ehegatte, der nicht Erbe wurde und das Gesamtgut nicht allein und mitverwaltet, hat dagegen kein Antragsrecht. Die Regelung entspricht dem früheren § 999 ZPO.

2 Der Antrag eines Ehegatten und der Ausschließungsbeschluss nützt auch dem Ehegatten, der selbst keinen Antrag gestellt hat (Abs. 2).

3 Leben die Ehegatten im Güterstand der Zugewinngemeinschaft, dann fällt eine Erbschaft nicht zwangsläufig in das Gesamtgut. Sie kann in das **Vorbehaltsgut** eines Ehegatten fallen, wenn der Erblasser durch letztwillige Verfügung bestimmt hat, dass der Nachlass Vorbehaltsgut sein soll (§ 1418 Abs. 2 Nr. 2 BGB). In diesem Falle ist § 462 nicht einschlägig. Jeder Ehegatte verwaltet das Vorbehaltsgut allein (§ 1418 Abs. 3 BGB) und hat daher allein das Recht, das Aufgebot zu beantragen.

4 Abs. 3 meint Lebenspartner im Sinne von § 1 LPartG, also nicht eine außereheliche Gemeinschaft von Mann und Frau.

Erbschaftskäufer

463 (1) ¹Hat der Erbe die Erbschaft verkauft, so können sowohl der Käufer als auch der Erbe das Aufgebot beantragen. ²Der von dem einen Teil gestellte Antrag und der von ihm erwirkte Ausschließungsbeschluss kommen, unbeschadet der Vorschriften des Bürgerlichen Gesetzbuchs über die unbeschränkte Haftung, auch dem anderen Teil zustatten.

(2) Diese Vorschriften gelten entsprechend, wenn jemand eine durch Vertrag erworbene Erbschaft verkauft oder sich zur Veräußerung einer ihm angefallenen oder anderweitig von ihm erworbenen Erbschaft in sonstiger Weise verpflichtet hat.

1 Erbschaftsverkauf: §§ 2371 ff. BGB. Der Käufer haftet neben dem Erben den Nachlassgläubigern als Gesamtschuldner (§ 2382 BGB); deshalb gibt ihm Abs. 1 ein Antragsrecht für das Aufgebot. Das Antragsrecht des verkaufenden Erben besteht daneben. Der Antrag des einen nützt dem anderen, das Aufgebot nützt beiden. Die Regelung entspricht dem früheren § 1000 ZPO.

2 Abs. 2 betrifft die Fälle des § 2385 BGB; eine dem Abs. 2 ähnliche Regelung enthält § 330 Abs. 3 InsO.

Aufgebot der Gesamtgutsgläubiger

464 § 454 Abs. 2 und die §§ 455 bis 459, 462 und 463 sind im Fall der fortgesetzten Gütergemeinschaft auf das Aufgebotsverfahren zur Ausschließung von Gesamtgutsgläubigern nach § 1489 Abs. 2 und § 1970 des Bürgerlichen Gesetzbuchs entsprechend anzuwenden.

Die Gütergemeinschaft wird durch Vertrag der Ehegatten begründet (§ 1415 BGB). Die Ehegatten können durch Vertrag vereinbaren, dass die Gütergemeinschaft nach dem Tod eines Ehegatten zwischen dem überlebenden Ehegatten und den gemeinschaftlichen Abkömmlingen fortgesetzt wird (§ 1483 Abs. 1 S. 1 BGB). Für die Gesamtgutsverbindlichkeiten der fortgesetzten Gütergemeinschaft haftet der überlebende Ehegatte persönlich (§ 1489 Abs. 1 BGB). In den Fällen des § 1489 Abs. 2 hat der Ehegatte aber die Möglichkeit der Haftungsbeschränkung zum Schutz gegen den Zugriff auf sein nicht zum Gesamtgut gehörendes Vermögen (Sondergut, Vorbehaltsgut).

Zur Klärung, ob ein Haftungsbeschränkungsverfahren (Gesamtgutsverwaltung, §§ 1975, 1981 bis 1988 BGB; Gesamtgutsinsolvenz, § 1975 BGB; § 332 InsO) betrieben werden soll, kann der überlebende Ehegatte das Aufgebot beantragen. Voraussetzung ist, dass der Ehegatte noch nicht unbeschränkt haftet (§§ 2005, 2006 BGB). Es gelten die Bestimmungen der Nachlassinsolvenz analog, wobei an die Stelle des Nachlasses das Gesamtgut in dem Bestand tritt, den es zur Zeit des Eintritts der fortgesetzten Gütergemeinschaft hat. §§ 454 Abs. 1, 460, 461 sind nicht anwendbar.

Abschnitt 5. Aufgebot der Schiffsgläubiger

Aufgebot der Schiffsgläubiger

465 (1) Für das Aufgebotsverfahren zur Ausschließung von Schiffsgläubigern aufgrund des § 110 des Binnenschifffahrtsgesetzes gelten die nachfolgenden Absätze.

(2) Örtlich zuständig ist das Gericht, in dessen Bezirk sich der Heimathafen oder der Heimatort des Schiffes befindet.

(3) Unterliegt das Schiff der Eintragung in das Schiffsregister, kann der Antrag erst nach der Eintragung der Veräußerung des Schiffes gestellt werden.

(4) Der Antragsteller hat die ihm bekannten Forderungen von Schiffsgläubigern anzugeben.

(5) Die Aufgebotsfrist muss mindestens drei Monate betragen.

(6) In dem Aufgebot ist den Schiffsgläubigern, die sich nicht melden, als Rechtsnachteil anzudrohen, dass ihre Pfandrechte erlöschen, wenn ihre Forderungen dem Antragsteller nicht bekannt sind.

I. Normzweck

1   Nach § 102 BinSchG gewähren die dort genannten Forderungen die Rechte eines „Schiffsgläubigers". Nach § 103 BinSchG haben die Schiffsgläubiger an dem Schiff nebst Zubehör ein Pfandrecht; das Pfandrecht ist gegen jeden dritten Besitzer des Schiffes verfolgbar. § 110 BinSchG besagt sodann: „Wird außer dem Fall der Zwangsversteigerung das Schiff veräußert, so ist der Erwerber berechtigt, die Ausschließung der unbekannten Schiffsgläubiger mit ihren Pfandrechten im Wege des Aufgebotsverfahrens zu beantragen". Bei freiwilliger Veräußerung eines Schiffes, das unter das BinSchG fällt, ist somit der Erwerber berechtigt, die unbekannten Schiffgläubiger im Sinne des § 102 BinSchG mit ihren Pfandrechten durch ein Aufgebot auszuschließen. Die Regelung entspricht dem früheren § 1002 ZPO. Für Seeschiffe gilt § 759 HGB (automatisches Erlöschen des Pfandrechts, wenn sich der Gläubiger über eine bestimmte Zeit verschweigt).

II. Das Verfahren des Aufgebots zur Ausschließung von Schiffsgläubigern

1. Zuständigkeit (Abs. 2)

2   Die Zuständigkeit ergibt sich aus Abs. 2; Heimatort ist der Ort, von dem aus die Schifffahrt mit dem Schiff betrieben wird (§ 6 BinSchG).

2. Antrag (Abs. 3, 4)

3   **Antragsberechtigt** ist nur der Erwerber des Schiffes. Der Antrag muss die Angaben nach § 434 enthalten, ferner die dem Antragsteller bekannten Gläubiger im Sinne von § 102 BinSchG angeben (mit Betrag, Rechtsgrund der Forderung, ladungsfähiger Adresse des Gläubigers); Abs. 4. Sind ihm keine Gläubiger bekannt, ist eine Negativerklärung erforderlich. Eine Verpflichtung, den Veräußerer des Schiffes nach diesen Gläubigern zu fragen, besteht nicht. Bei **registrierungspflichtigen Binnenschiffen** kann der Antrag erst nach Eintragung der Veräußerung des Schiffes gestellt werden (Abs. 3); wann ein Eigentümer verpflichtet ist, sein Schiff in das bei bestimmten Amtsgerichten geführte Schiffsregister eintragen zu lassen, ergibt sich aus § 10 Abs. 2 SchiffsRegO. Der Antrag ist dem Veräußerer wegen seiner Haftung nach § 113 BinSchG zuzustellen.

3. Aufgebotsfrist (Abs. 5)

4   Die Aufgebotsfrist beträgt mindestens drei Monate; wird sie unterschritten, ist Beschwerde möglich. Eine Höchstfrist gibt es nicht. Landesrechtliche Sonderregelungen sind möglich.

4. Wortlaut des Aufgebots (Abs. 6)

Der Wortlaut des Aufgebots ist in Abs. 6 geregelt. Angedroht wird das Erlöschen der Pfandrechte. Bei Forderungen, die dem Erwerber bekannt sind, tritt kein Erlöschen ein, auch wenn sich diese Schiffsgläubiger auf das Aufgebot hin nicht melden. Eine persönliche Haftung des Veräußerers regelt § 113 BinSchG: Soweit der Schiffseigner bei der Veräußerung des Schiffes den Erlös eingezogen hat, haftet er jedem Schiffsgläubiger, dessen Pfandrecht infolge eines nach § 110 eingeleiteten Aufgebotsverfahrens erloschen ist, in Höhe desjenigen Betrages persönlich, der sich bei einer Verteilung des eingezogenen Betrages nach der gesetzlichen Rangordnung ergibt. Vgl. ferner § 114 BinSchG (in bestimmten Fällen persönliche Haftung, wenn der Schiffseigner das Schiff zu einer neuen Reise aussendet).

Abschnitt 6. Aufgebot zur Kraftloserklärung von Urkunden

Örtliche Zuständigkeit

466 (1) ¹Für das Aufgebotsverfahren ist das Gericht örtlich zuständig, in dessen Bezirk der in der Urkunde bezeichnete Erfüllungsort liegt. ²Enthält die Urkunde eine solche Bezeichnung nicht, ist das Gericht örtlich zuständig, bei dem der Aussteller seinen allgemeinen Gerichtsstand hat, und in Ermangelung eines solchen Gerichts dasjenige, bei dem der Aussteller zur Zeit der Ausstellung seinen allgemeinen Gerichtsstand gehabt hat.

(2) Ist die Urkunde über ein im Grundbuch eingetragenes Recht ausgestellt, ist das Gericht der belegenen Sache ausschließlich örtlich zuständig.

(3) Wird das Aufgebot durch ein anderes als das nach dieser Vorschrift örtlich zuständige Gericht erlassen, ist das Aufgebot auch durch Aushang an der Gerichtstafel oder Einstellung in das Informationssystem des letzteren Gerichts öffentlich bekannt zu machen.

I. Normzweck

1   Abschnitt 6 enthält besondere Vorschriften für das Aufgebot zur Kraftloserklärung für Urkunden. Die mit dem FGG-RG verbundenen Änderungen des Aufgebotsverfahrens (s. § 433 Rn 2 und 3) gelten auch für das Aufgebot von Urkunden (s. dazu die Kommentierung zu den allgemeinen Verfahrensvorschriften in §§ 433 bis 441). Zur **Übergangsregelung** s. Art. 111. § 466 regelt die örtliche Zuständigkeit, zur sachlichen und funktionellen Zuständigkeit s. § 433 Rn 8 und 10. Wegen der Kosten s. § 478 Rn 4.

II. Anwendungsbereich

1. Grundsatz

2   Die Bestimmungen über die Kraftloserklärung von Urkunden finden sich nicht im FamFG, sondern in den die jeweiligen Urkunden betreffenden Gesetzen. Danach können bei Abhandenkommen oder Vernichtung (s. dazu Rn 11) im Wege des Aufgebotsverfahrens für kraftlos erklärt werden:

2. Aufbietbare Papiere

3   **a) Hypotheken-, Grundschuld- und Rentenschuldbriefe (§§ 1162, 1192 Abs. 1, 1199 BGB).** Dabei handelt es sich um die in der Praxis häufigsten Aufgebotsverfahren. Ergänzend gilt das Gesetz über die Kraftloserklärung von Hypotheken-, Grundschuld- und Rentenschuldbriefen in besonderen Fällen (s. Rn 11). Zu besonderen landesrechtlichen Regelungen s. § 484.

4   **b) Wechsel (Art. 90 WG).** Unerheblich ist, ob der Wechsel akzeptiert, protestiert, verfallen oder verjährt ist[1] oder ob es sich nur um ein Wechselblankett (zu den Wirkungen des Ausschließungsbeschlusses in diesem Fall s. § 479 Rn 2) handelt.

5   **c) Schecks (Art. 59 ScheckG).** Die Vorschrift gilt auch für Blankoschecks.[2] Nach h. M. ist Art. 59 ScheckG nicht anwendbar auf Euroscheckvordrucke oder -karten.[3] Für im Einzugsverkehr verloren gegangene Schecks haben die Kreditinstitute ein vereinfachtes Verfahren vereinbart. Einem Aufgebotsantrag fehlt in diesem Fall das Rechtsschutzbedürfnis.[4]

---

[1] Prütting/Helms/Maass Vor § 466 Rn 2; MünchKommZPO/Eickmann Vor §§ 466–484 FamFG Rn 1.
[2] BGH WM 1974, 558; MünchKommZPO/Eickmann §§ 466–484 FamFG Rn 2.
[3] Prütting/Helms/Maass Vor § 466 Rn 3; MünchKommZPO/Eickmann §§ 466–484 FamFG Rn 2; a. A. Zöller/Geimer § 466 FamFG Rn 1.
[4] MünchKommZPO/Eickmann §§ 466–484 FamFG Rn 2; Zöller/Geimer § 466 FamFG Rn 1.

d) **Schuldverschreibungen auf den Inhaber,** wenn nicht in der Urkunde das Gegenteil 6
bestimmt ist, § 799 Abs. 1 S. 1 BGB. Zu den Schuldverschreibungen auf den Inhaber zählen
Bankschuldverschreibungen, Industrieobligationen, öffentliche Anleihen, wenn sie verbrieft
und nicht nur im Schuldbuch eingetragen sind, Investmentzertifikate sowie auf den Inhaber
ausgestellte Lagerscheine und Lotterielose nach Ziehung.[5] Kraft Gesetzes gleichgestellt sind
Inhabergrundpfandrechtsbriefe, §§ 1195, 1199 BGB. Das Aufgebotsverfahren kann nicht
durchgeführt werden für Zins-, Renten und Gewinnanteilscheine und auf Sicht zahlbare
unverzinsliche Schuldverschreibungen, § 799 Abs. 1 S. 2 BGB, sowie für Inhaberkarten und
-marken, § 807 BGB. Zu besonderen landesrechtlichen Regelungen s. § 491.

e) **Qualifizierte Legitimationspapiere (§ 808 Abs. 2 BGB).** Zu den sog. hinkenden 7
Inhaberpapieren gehören insbesondere auf den Namen ausgestellte Fahr- und Flugscheine,
Pfandscheine und **Sparbücher.** Für Sparbücher ist aufgrund des landesrechtlichen Vorbehalts in Art. 102 Abs. 2 EGBGB häufig eine Sonderregelung vorgesehen, ferner kann das
Landesrecht abweichende Regelungen zum Verfahren treffen (Einzelheiten s. §§ 483 Rn 2,
491). Postsparbücher werden nach Ziffer 8 der Bedingungen für den Sparverkehr der
Deutschen Postbank AG von dieser neu ausgestellt, wenn der Verlust glaubhaft gemacht
wird. Die Postbank kann den Sparer auch auf das Aufgebotsverfahren verweisen.

f) **Kaufmännische Orderpapiere (§ 365 Abs. 2 HGB).** Dazu zählen kaufmännische 8
Anweisungen, § 363 Abs. 1 S. 1 HGB, und Verpflichtungsscheine, § 363 Abs. 1 S. 2
HGB, Transportversicherungspolicen, § 363 Abs. 2 HGB, Ladescheine, § 444 HGB, Lagerscheine, § 475 c HGB und Konnossemente, § 642 HGB.

g) **Aktien und Zwischenscheine (§ 72 AktG)** 9

h) **Schuldverschreibungen und Schatzanweisungen des Bundes** und des Reiches 10
wenn nicht in der Urkunde das Gegenteil bestimmt ist.[6] Durch einen ausländischen Staat
ausgestellte Urkunden, die als Akt iure imperii, d. h. als originärer Hoheitsakt des Staates, zu
qualifizieren sind, können nicht aufgeboten werden.[7]

III. Abhandenkommen, Vernichtung

Eine Urkunde ist abhanden gekommen, wenn der Inhaber den Besitz derart verloren hat, 11
dass er nicht mehr auf sie zugreifen und sie auch im Wege der Zwangsvollstreckung nicht
mehr erlangen kann.[8] Abzulehnen ist die engere, auf das Abhandenkommen i. S. v. § 935 BGB
abstellende Gegenauffassung,[9] weil es auf den Willen des Besitzers beim Verlust für das
Aufgebot nicht ankommen kann. Die **Vernichtung** setzt den völligen Substanzverlust oder
wenigstens eine solche Beschädigung voraus, die den wesentlichen Inhalt nicht mehr feststellen
lässt.[10] Nach §§ 1, 13 des Gesetzes über die Kraftloserklärung von Hypotheken-, Grundschuld- und Rentenschuldbriefen in besonderen Fällen (HypKrlosErklG v. 18. 4. 1950,
geändert durch Art. 58 FGG-RG) können diese Urkunden auch dann für kraftlos erklärt
werden, wenn sie zwar nicht abhanden gekommen oder vernichtet sind, sie jedoch von
demjenigen, der das Recht aus der Hypothek geltend machen kann, infolge einer im Geltungsbereich dieses Gesetzes nicht rechtswirksamen Maßnahme oder deswegen nicht in Besitz
genommen werden können, weil die Vollstreckung eines rechtskräftigen vollstreckbaren
Titels auf Herausgabe des Briefes außerhalb des Geltungsbereichs dieses Gesetzes zu Unrecht
verweigert wird. § 2 HypKrlosErklG verweist auf das Aufgebotsverfahren nach §§ 466 ff.

Die genannten Vorschriften des HypKrlosErklG lauten:

§ 1

(1) Ein Hypothekenbrief über eine Hypothek, mit der ein im Geltungsbereich dieses Gesetzes
belegenes Grundstück belastet ist, kann auch dann für kraftlos erklärt werden, wenn er zwar nicht

---

[5] MünchKommZPO/Eickmann §§ 466–484 FamFG Rn 3.
[6] Prütting/Helms/Maass Vor § 466 Rn 9.
[7] Zöller/Geimer § 466 FamFG Rn 4; SBW/Tschichoflos § 466 Rn 3.
[8] AG Bad Oeynhausen NJOZ 2004, 3942; MünchKommZPO/Eickmann §§ 466–484 FamFG Rn 9.
[9] So Prütting/Helms/Maass Vor § 466 Rn 12; Palandt/Sprau § 799 Rn 3.
[10] Prütting/Helms/Maass Vor § 466 Rn 12; MünchKommZPO/Eickmann §§ 466–484 FamFG Rn 10.

abhanden gekommen oder vernichtet ist, wenn er jedoch von demjenigen, der das Recht aus der Hypothek geltend machen kann, infolge einer im Geltungsbereich dieses Gesetzes nicht rechtswirksamen Maßnahme oder deswegen nicht in Besitz genommen werden kann, weil die Vollstreckung eines rechtskräftigen vollstreckbaren Titels auf Herausgabe des Briefes außerhalb des Geltungsbereichs dieses Gesetzes zu Unrecht verweigert wird.

(2) Dies gilt auch dann, wenn der persönliche Schuldner der durch die Hypothek gesicherten Forderung im Zeitpunkt der Maßnahme seinen Wohnsitz in dem Gebiet hatte, in dem die Maßnahme getroffen worden ist.

§ 2

Auf das Verfahren der Kraftloserklärung sind die für das Aufgebotsverfahren zum Zwecke der Kraftloserklärung von Hypothekenbriefen geltenden Vorschriften des Gesetzes über das Verfahren in Familiensachen und in den Angelegenheiten der freiwilligen Gerichtsbarkeit anzuwenden, soweit in diesem Gesetz nichts anderes bestimmt ist.

§ 13

Die Vorschriften dieses Gesetzes über Hypothekenbriefe gelten sinngemäß für Grundschuldbriefe und Rentenschuldbriefe.

IV. Örtliche Zuständigkeit

1. Erfüllungsort, Gerichtsstand (Abs. 1)

12   Maßgeblich ist nach Abs. 1 S. 1 zunächst der **Erfüllungsort.** Dieser muss sich nicht ausdrücklich aus der Urkunde ergeben. Es genügt, wenn der Erfüllungsort z. B. gem. § 269 BGB oder Art. 4 WG, bestimmbar ist.[11] Wenn der Erfüllungsort im **Ausland** liegt, ist nicht das AG Schöneberg zuständig, vielmehr kommt Abs. 1 S. 2 zur Anwendung.[12] Abs. 1 S. 2 gilt im Übrigen, wenn der Erfüllungsort nicht bestimmbar ist, oder mangels Verpflichtung, z. B. bei der Aktie, kein Erfüllungsort besteht. Maßgeblich ist dann der **allgemeine Gerichtsstand des Ausstellers,** hilfsweise dessen allgemeiner Gerichtsstand zum Zeitpunkt der Ausstellung. Allgemeiner Gerichtsstand ist der Gerichtstand i. S. v. §§ 12 ff ZPO.[13] Bei mehreren Gerichtsständen gilt weder § 35 ZPO[14] noch § 36 Abs. 1 Nr. 4 ZPO[15] entsprechend, weil keine Regelungslücke vorliegt, noch § 3 Abs. 2,[16] weil diese Vorschrift nur für die Verweisung bei Unzuständigkeit einschlägig ist, sondern § 2 Abs. 1. Zuständig ist das zuerst mit der Angelegenheit befasste Gericht. Damit hat der Antragsteller die Wahl unter den Gerichtsständen. Eine Veränderung des Gerichtsstands im Lauf des Verfahrens lässt die ursprüngliche örtliche Zuständigkeit unberührt, § 2 Abs. 2.[17]

2. Gericht der belegenen Sache (Abs. 2)

13   Eine Sonderregelung gilt gem. Abs. 2 für **Hypotheken-, Grund- und Rentenschuldbriefe.** Für das Aufgebotsverfahren ist das Gericht der belegenen Sache zuständig. Im Fall der Gesamthaftung mehrerer in verschiedenen Gerichtsbezirken belegener Grundstücke gab § 36 Abs. 1 Nr. 4 ZPO im Aufgebotsverfahren nach der ZPO die Möglichkeit der Gerichtsstandsbestimmung.[18] Da das FamFG eine entsprechende, den dinglichen Gerichtsstand betreffende Vorschrift nicht enthält, kommt eine originäre gerichtliche Bestimmung der Zuständigkeit nicht in Betracht. Es ist daher § 2 Abs. 1 anzuwenden.[19] Der Gerichts-

---

[11] MünchKommZPO/Eickmann §§ 466–484 FamFG Rn 11.
[12] BeckOK/Schlögel § 466 FamFG Rn 5.
[13] BeckOK/Schlögel § 466 FamFG Rn 6; BJS/Dutta § 466 Rn 3.
[14] So SBW/Tschichoflos § 466 Rn 4.
[15] Dafür OLG München FGPrax 2011, 156 für die Kraftloserklärung mehrerer Grundschuldbriefe, die eine Gesamtbriefgrundschuld über verschiedene Grundstücke in verschiedenen Amtsgerichtsbezirken betreffen.
[16] So MünchKommZPO/Eickmann §§ 466–484 FamFG Rn 13.
[17] Ebenso für das Aufgebotsverfahren nach der ZPO BayObLG BeckRS 2003, 30311517.
[18] BayObLG Rpfleger 1977, 448.
[19] BeckOK/Schlögel § 466 FamFG Rn 7; BJS/Dutta § 466 Rn 4.

stand kann nur bei einem Zuständigkeitsstreit gem. § 5 Abs. 1 Nr. 3 oder 4 bestimmt werden.

3. Sonderregelungen (Abs. 3)

Die Konzentrationsermächtigung aus **§ 23 d GVG** lässt es zu, auch die Aufgebotsverfahren für die Bezirke mehrerer Amtsgerichte bei einem AG zu konzentrieren.[20] Entsprechende Konzentrationsvorschriften finden sich in Art. 26 bayAGGVG und in § 27 bawü AGGVG. Danach sind für das Aufgebotsverfahren zum Zweck der Kraftloserklärung von Schuldverschreibungen bei Schuldverschreibungen des Freistaates Bayern das Amtsgericht München und bei Schuldverschreibungen des Landes Baden-Württemberg das Amtsgericht Stuttgart, sowie bei Schuldverschreibungen, die von einer dem Freistaat Bayern oder dem Land Baden-Württemberg angehörenden Körperschaft, Stiftung oder Anstalt des öffentlichen Rechts ausgestellt sind, das Amtsgericht, in dessen Bezirk die Körperschaft, Stiftung oder Anstalt ihren allgemeinen Gerichtsstand hat, ausschließlich zuständig. Wenn von der Konzentrationsermächtigung Gebrauch gemacht wird, hat das abweichend von Abs. 1 oder 2 zuständige Gericht das Aufgebot auch durch Aushang an der Gerichtstafel oder Einstellung in das Informationssystem des nach Abs. 1 oder 2 an und für sich zuständigen Gerichts öffentlich bekannt zu machen. Dasselbe gilt im Fall der Zuständigkeit aufgrund landesrechtlicher Vorschriften gem. **§ 491** für die Kraftloserklärung der dort bezeichneten Schuldverschreibungen auf den Inhaber bzw. hinkenden Inhaberpapiere. Eine besondere Zuständigkeit des AG Bad Homburg besteht für Aufgebotsverfahren, die Anleihen des Bundes sowie der früheren Bundesbahn und Bundespost betreffen gem. § 16 des Gesetzes v. 13. 2. 1924 (RGBl. S. 95) i. V. m. dem Gesetz v. 13. 7. 1948 (WiGBl. S. 73) und der VO v. 13. 12. 1949 (BGBl. 1950 I S. 1).

14

Antragsberechtigter

§ 467

(1) **Bei Papieren, die auf den Inhaber lauten oder die durch Indossament übertragen werden können und mit einem Blankoindossament versehen sind, ist der bisherige Inhaber des abhanden gekommenen oder vernichteten Papiers berechtigt, das Aufgebotsverfahren zu beantragen.**

(2) **Bei anderen Urkunden ist derjenige zur Stellung des Antrags berechtigt, der das Recht aus der Urkunde geltend machen kann.**

I. Normzweck und Anwendungsbereich

Die Vorschrift ist missverständlich gefasst, weil sie in Abs. 2 den Regelfall und in Abs. 1 den abweichenden Sonderfall regelt. § 467 wird für die Antragsberechtigung beim **Aufgebot hinkender Inhaberpapiere** in § 483 nicht in Bezug genommen. Die fehlende Verweisung betrifft jedoch nur Abs. 1. Antragsberechtigt ist daher in diesem Fall nach Abs. 2 die in der Urkunde genannte Person.[1] Hier hätte sich eine gesetzgeberische Klarstellung durch das FGG-RG angeboten.

1

II. Antragsberechtigung

Antragsberechtigt ist nach Abs. 2 grundsätzlich derjenige, der das Recht aus der Urkunde geltend machen kann. Die Antragsberechtigung folgt aus dem materiellen Recht. Es sind daher antragsberechtigt beim Aufgebot
- **eines Wechsels** der Inhaber, Art. 16 WG,
- **eines Schecks** der Inhaber, die ausdrücklich benannte Person oder der Indossator, Art. 5, 19 ScheckG,
- **eines kaufmännischen Orderpapiers** der legitimierte Inhaber, § 365 Abs. 1 HGB,
- **einen Grundpfandrechtsbriefs** der Inhaber des dinglichen Rechts, ggf. der Eigentümer oder persönliche Schuldner nach Rechtsübergang, §§ 1163, 1164 BGB, wenn ihm

2

---
[20] BT-Drs. 16/6308 S. 297.
[1] MünchKommZPO/Eickmann §§ 466–484 FamFG Rn 20.

der Grundschuldgläubiger den Grundpfandrechtsbrief nebst grundbuchtauglicher Löschungsbewilligung überlassen hat,[2] ferner kann der frühere Eigentümer weiter zur Führung des Aufgebotsverfahrens berechtigt bleiben, wenn er dem Erwerber gegenüber zur Kostenfreistellung verpflichtet ist.[3]
- bei Aktien die darin bezeichnete Person, § 10 AktG, für Inhaberaktien gilt Abs. 2 (s. Rn 3),
- bei kaufmännischen Orderpapieren der legitimierte Inhaber, § 365 Abs. 1 HGB,
- im Fall der **Pfändung und Überweisung** der Pfändungsgläubiger, § 836 Abs. 1 ZPO,
- im Fall der **Verpfändung** der Pfandgläubiger, § 1294 BGB.

3 Beim Aufgebot für **Inhaberpapiere und** Orderpapiere mit **Blankoindossament** ist gem. Abs. 1 der bisherige Inhaber unabhängig von seiner Legitimation antragsberechtigt.

Antragsbegründung

468 Der Antragsteller hat zur Begründung des Antrags
1. eine Abschrift der Urkunde beizubringen oder den wesentlichen Inhalt der Urkunde und alles anzugeben, was zu ihrer vollständigen Erkennbarkeit erforderlich ist;
2. den Verlust der Urkunde sowie diejenigen Tatsachen glaubhaft zu machen, von denen seine Berechtigung abhängt, das Aufgebotsverfahren zu beantragen sowie
3. die Versicherung der Wahrheit seiner Angaben an Eides statt anzubieten.

I. Normzweck und Anwendungsbereich

1 Die Vorschrift enthält spezielle Vorgaben für den Antrag im Aufgebotsverfahren zur Kraftloserklärung von Urkunden.

II. Form und notwendiger Inhalt des Antrages

2 Das Aufgebotsverfahren wird gem. § 434 Abs. 1 nur auf Antrag eingeleitet. Dessen Form richtet sich nach § 25 Abs. 1. Hinsichtlich der Begründung gilt nicht die Soll-Vorschrift des § 23 Abs. 1, sondern die strengere Bestimmung des § 468 („hat zur Begründung des Antrages …"). Daraus folgt, dass der Antrag zwingend den Anforderungen dieser Vorschrift entsprechend zu begründen ist. Der **Antrag** ist **zurückzuweisen,** wenn er den Anforderungen nicht entspricht.[1] Zuvor hat das Gericht dem Antragsteller jedoch gem. § 28 Abs. 2 aufzugeben, den Antrag zu ergänzen.

3 Nach Nr. 1 ist entweder eine **Abschrift der Urkunde** vorzulegen, die nicht beglaubigt sein muss,[2*] oder deren genaue Beschreibung. Bei Aktien ist die Aktiennummer anzugeben.[3*] Der Antragsteller kann zur Vorbereitung des Antrages vom Aussteller der Urkunde **Auskunft** verlangen. Die Auskunftspflicht beruht auf § 799 Abs. 2 BGB, § 72 Abs. 1 S. 2 AktG[4] oder mangels spezialgesetzlicher Regelung auf einer Nebenpflicht aus dem Begebungsvertrag. Der Verlust der Urkunde (s. § 466 Rn 11) und die Tatsachen, von denen die Antragsberechtigung des Antragstellers (s. § 467 Rn 2) abhängt, sind gem. Nr. 2 glaubhaft zu machen. Für die **Glaubhaftmachung** gilt § 31. Sofern zu diesem Zweck nicht bereits eine **eidesstattliche Versicherung** vorgelegt wird, ist diese nach Nr. 3 anzubieten. Die Abnahme steht im pflichtgemäßen Ermessen des Gerichts[5] und ist nur erforderlich, wenn die Glaubhaftmachung nicht ausreichend erscheint.

---

[2] KG NotBZ 2011, 99 = BeckRS 2010, 27965; OLG München FGPrax 2011, 47.
[3] OLG München FGPrax 2011, 47.
[1] BeckOK/Schlögel § 468 FamFG Rn 1; Zöller/Geimer § 468 FamFG Rn 1.
[2*] Zöller/Geimer § 468 FamFG Rn 1.
[3*] BGH NJW-RR 1990, 166/168.
[4] BGH NJW-RR 1990, 166/168.
[5] Baumbach/Hartmann § 468 FamFG Rn 3.

Wertpapiere mit Zinsscheinen §§ 469–471

Inhalt des Aufgebots

469 ¹In dem Aufgebot ist der Inhaber der Urkunde aufzufordern, seine Rechte bei dem Gericht bis zum Anmeldezeitpunkt anzumelden und die Urkunde vorzulegen. ²Als Rechtsnachteil ist anzudrohen, dass die Urkunde für kraftlos erklärt werde.

I. Normzweck und Anwendungsbereich

Die Vorschrift ergänzt § 434 Abs. 2 für das Aufgebotsverfahren zur Kraftloserklärung von Urkunden. Da ein Aufgebotstermin nicht vorgesehen ist, stellt § 469 auf den Anmeldezeitpunkt ab.[1] **1**

II. Inhalt des Aufgebots

Das Aufgebot muss zunächst die **Bezeichnung des Antragstellers** enthalten, § 434 Abs. 2 Nr. 1. Die Aufforderung zur Anmeldung von Ansprüchen und Rechten nach § 434 Abs. 2 Nr. 2 wird durch § 469 dahin ergänzt, dass die **Urkunde vorzulegen** ist. Bei Vorlage der Urkunde erledigt sich das Verfahren. Ein Streit über deren Echtheit ist nicht im Aufgebots- sondern im streitigen Verfahren auszutragen (s. § 477 Rn 2). Als Rechtsnachteil i. S. v. § 434 Abs. 2 Nr. 3 ist die **Kraftloserklärung** anzudrohen. Zuständig ist nach § 3 Nr. 1c RPflG der Rechtspfleger. Wegen der Kosten s. § 434 Rn 15. Das weitere Verfahren richtet sich nach §§ 435 ff., soweit sich aus den §§ 470 ff. keine Abweichungen ergeben. **2**

Ergänzende Bekanntmachung in besonderen Fällen

470 ¹Betrifft das Aufgebot ein auf den Inhaber lautendes Papier und ist in der Urkunde vermerkt oder in den Bestimmungen, unter denen die erforderliche staatliche Genehmigung erteilt worden ist, vorgeschrieben, dass die öffentliche Bekanntmachung durch bestimmte andere Blätter zu erfolgen habe, so muss die Bekanntmachung auch durch Veröffentlichung in diesen Blättern erfolgen. ²Das Gleiche gilt bei Schuldverschreibungen, die von einem deutschen Land oder früheren Bundesstaat ausgegeben sind, wenn die öffentliche Bekanntmachung durch bestimmte Blätter landesgesetzlich vorgeschrieben ist. ³Zusätzlich kann die öffentliche Bekanntmachung in einem von dem Gericht für Bekanntmachungen bestimmten elektronischen Informations- und Kommunikationssystem erfolgen.

§ 470 enthält von § 435 abweichende Bestimmungen über die Bekanntmachung der in S. 1 genannten auf den Inhaber lautenden Papiere und der in S. 2 genannten Schuldverschreibungen für den Fall, dass die öffentliche Bekanntmachung durch bestimmte Blätter vorgeschrieben ist. Dann muss diese auch, d. h. neben der Bekanntmachung gem. § 435 (s dazu § 435 Rn 2–5), in diesen Blättern erfolgen.[1*] Die öffentliche Bekanntmachung nach S. 3 kann zusätzlich, nicht aber wie gem. § 435 Abs. 1 S. 2 ersatzweise erfolgen. Wegen weiterer abweichender landesrechtlicher Vorschriften über die Bekanntmachung s. §§ 484 Rn 1. **1**

Wertpapiere mit Zinsscheinen

471 (1) **Bei Wertpapieren, für die von Zeit zu Zeit Zins-, Renten- oder Gewinnanteilscheine ausgegeben werden, ist der Anmeldezeitpunkt so zu bestimmen, dass bis zu dem Termin der erste einer seit der Zeit des glaubhaft gemachten Verlustes ausgegebenen Reihe von Zins-, Renten- oder Gewinnanteilscheinen fällig geworden ist und seit seiner Fälligkeit sechs Monate abgelaufen sind.**

(2) **Vor Erlass des Ausschließungsbeschlusses hat der Antragsteller ein nach Ablauf dieser sechsmonatigen Frist ausgestelltes Zeugnis der betreffenden Behörde, Kasse oder Anstalt beizubringen, dass die Urkunde seit der Zeit des glaubhaft gemachten**

---

[1] BT-Drs. 16/6308 S. 297.
[1*] BeckOK/Schlögel § 470 FamFG Rn 1; BJS/Dutta § 470 Rn 1.

§ 472 Abschnitt 6. Aufgebot zur Kraftloserklärung von Urkunden

Verlustes ihr zur Ausgabe neuer Scheine nicht vorgelegt sei und dass die neuen Scheine an einen anderen als den Antragsteller nicht ausgegeben seien.

I. Normzweck und Anwendungsbereich

1 Die §§ 471 bis 474 betreffen das Aufgebot von Wertpapieren, für die Zins-, Renten- oder Gewinnanteilscheine (im Folgenden: Zinsscheine) ausgegeben wurden. § 471 ist anwendbar, wenn **Zinsscheine für längstens 4 Jahre** ausgegeben wurden; andernfalls gilt § 472. Für das Aufgebotsverfahren von Wertpapieren, bei denen erneute Zinsscheine zwar erst 20 Jahre nach Erstverkauf ausgegeben werden, jedoch eine Registrierung der jeweils zur Einlösung vorgelegten Zinsscheine nicht erfolgt, richtet sich die Bestimmung des Anmeldezeitpunkts ebenfalls nach § 471.[1] Sind Zinsscheine für längstens 4 Jahre vorhanden und werden keine neuen mehr ausgegeben, ist § 474 einschlägig. Wenn nur die Stammurkunde verloren gegangen ist, gilt § 473.

II. Aufgebotsfrist (Abs. 1)

2 Das Aufgebot ist ab Verlust der Urkunde zulässig. Ausgehend vom glaubhaft gemachten Verlust ist nach dem Emissionsplan festzustellen, wann neue Zinsscheine ausgegeben werden und wann der erste Zinsschein fällig wird. Die Sechs-Monats-Frist beginnt mit dem derart bestimmten **Fälligkeitstag** zu laufen. Wenn die Aufgebotsfrist danach länger als ein Jahr wäre, ist das Aufgebot nach § 476 noch nicht zulässig.[2]

III. Zeugnis (Abs. 2)

3 Nach Ablauf der Sechs-Monats-Frist gem. Abs. 1 und vor Erlass des Ausschließungsbeschlusses muss der Antragsteller ein Zeugnis mit dem in Abs. 2 genannten Inhalt vorlegen. Dieses Zeugnis kann nur von einer Behörde, öffentlichen oder privaten Kasse oder Anstalt ausgestellt werden, nicht dagegen von einer Zahlstelle oder einem Emissionshaus.[3] Der Aussteller ist zur Mitwirkung nach § 799 Abs. 2 S. 1 BGB verpflichtet. Die Kosten des Zeugnisses hat der bisherige Inhaber zu tragen und vorzuschießen, § 799 Abs. 2 S. 2 BGB. Die unterbliebene Vorlage ist nicht geeignet, eine Beschwerde gem. § 439 zu begründen.[4] Zur Entbehrlichkeit des Zeugnisses im Fall der Zahlungssperre s. § 481.

Zinsscheine für mehr als vier Jahre

472 (1) ¹Bei Wertpapieren, für die Zins-, Renten- oder Gewinnanteilscheine zuletzt für einen längeren Zeitraum als vier Jahre ausgegeben sind, genügt es, wenn der Anmeldezeitpunkt so bestimmt wird, dass bis dahin seit der Zeit des glaubhaft gemachten Verlustes der zuletzt ausgegebenen Scheine solche für vier Jahre fällig geworden und seit der Fälligkeit des letzten derselben sechs Monate abgelaufen sind. ²Scheine für Zeitabschnitte, für die keine Zinsen, Renten oder Gewinnanteile gezahlt werden, kommen nicht in Betracht.

(2) ¹Vor Erlass des Ausschließungsbeschlusses hat der Antragsteller ein nach Ablauf dieser sechsmonatigen Frist ausgestelltes Zeugnis der betreffenden Behörde, Kasse oder Anstalt beizubringen, dass die für die bezeichneten vier Jahre und später fällig gewordenen Scheine ihr von einem anderen als dem Antragsteller nicht vorgelegt seien. ²Hat in der Zeit seit dem Erlass des Aufgebots eine Ausgabe neuer Scheine stattgefunden, so muss das Zeugnis auch die in § 471 Abs. 2 bezeichneten Angaben enthalten.

---

[1] OLG München NJW 1979, 2317 zu § 1010 ZPO.
[2] Bumiller/Harders § 471 Rn 3; Baumbach/Hartmann § 471 FamFG Rn 2; a. A. BeckOK/Schlögel § 471 FamFG Rn 4; Zöller/Geimer § 471 FamFG Rn 1.
[3] Baumbach/Hartmann § 471 FamFG Rn 3.
[4] Baumbach/Hartmann § 471 FamFG Rn 3.

I. Normzweck und Anwendungsbereich

Zu Normzweck und Anwendungsbereich der §§ 471 bis 474 s. § 471 Rn 1. Die **1** Vorschrift erleichtert das Aufgebot für den Fall, dass Zins-, Renten- oder Gewinnanteilscheine (im Folgenden: Zinsscheine) zuletzt für einen **längeren Zeitraum als vier Jahre** ausgegeben wurden. Fehlt es an einer Registrierung der jeweils zur Einlösung vorgelegten Zinsscheine, gilt § 471 (s. § 471 Rn 1).[1]

II. Aufgebotsfrist (Abs. 1)

Es muss nicht die Frist nach § 471 Abs. 1 (s. § 471 Rn 2) abgewartet werden. Der **2** Anmeldezeitpunkt i. S. v. § 434 Abs. 2 Nr. 2 ist so zu bestimmen, dass seit der Zeit des glaubhaft gemachten Verlustes bis zur Anmeldung **vier Jahrgänge fällig** geworden und seit der Fälligkeit des letzten Zinsscheins sechs Monate abgelaufen sind. Dabei zählen nach Abs. 1 S. 2 nur Zeitabschnitte, für die Zinsen gezahlt wurden. Wenn nur noch Zinsscheine für eine kürzere Zeit ausstehen, ist § 472 nicht anwendbar. In diesem Fall ist die Erneuerung abzuwarten.[2]

III. Zeugnis (Abs. 2)

Zum Zeugnis s. zunächst § 471 Rn 3. Das Zeugnis nach Abs. 2 betrifft den Vierjahres- **3** zeitraum gem. Abs. 1 und spätere Fälligkeitstermine. Wenn mangels Überwachung der Einlösung der Zinsscheine das Zeugnis nicht erteilt werden kann, ist § 472 nicht anwendbar. Das Aufgebot ist dann, falls § 473 nicht einschlägig ist, nur unter Beachtung der Fristen aus § 471 (s. § 471 Rn 2) oder, falls keine Zinsscheine mehr ausgegeben werden, § 474 (s. § 474 Rn 1) zulässig.[3]

Vorlegung der Zinsscheine

473 ¹Die §§ 470 und 471 sind insoweit nicht anzuwenden, als die Zins-, Renten- oder Gewinnanteilscheine, deren Fälligkeit nach diesen Vorschriften eingetreten sein muss, von dem Antragsteller vorgelegt werden. ²Der Vorlegung der Scheine steht es gleich, wenn das Zeugnis der betreffenden Behörde, Kasse oder Anstalt beigebracht wird, dass die fällig gewordenen Scheine ihr von dem Antragsteller vorgelegt worden seien.

Zu Normzweck und Anwendungsbereich der §§ 471 bis 474 s. § 471 Rn 1. § 473 **1** enthält eine Sonderregelung für den Fall, dass nur die Stammurkunde (Mantel) verloren gegangen ist und der Antragsteller die Zins-, Renten- oder Gewinnanteilscheine (im folgenden: Zinsscheine) vorlegen kann, deren **Fälligkeit nach §§ 471, 472 eingetreten** sein muss. Soweit § 473 auf die §§ 470 und 471 verweist, dürfte es sich um ein Redaktionsversehen handeln.[1*] Denn § 473 tritt an die Stelle von § 1012 ZPO a. F. Diese Vorschrift verwies auf die §§ 1010, 1011, denen wiederum die §§ 471 und 472 entsprechen.[2*] Vorzulegen sind also im Fall des § 471 sämtliche nach dem Verlust fällig gewordenen Zinsscheine und der erste Zinsschein der nachher ausgegebenen Reihe. Im Fall des § 472 sind die nach dem Verlust fällig werdenden Zinsscheine für 4 Jahre aus der beim Verlust laufenden Reihe vorzulegen.[3*] Der Vorlegung der **fällig gewordenen Zinsscheine** steht das **Zeugnis** nach S. 2 gleich. Die Aufgebotsfrist richtet sich in diesem Fall allein nach § 476.

---

[1] OLG München NJW 1979, 2317 zu § 1010 ZPO a. F.
[2] Baumbach/Hartmann § 472 FamFG Rn 1; MünchKommZPO/Eickmann §§ 466–484 FamFG Rn 31.
[3] Baumbach/Hartmann § 472 FamFG Rn 2; BJS/Dutta § 472 Rn 1.
[1*] Ebenso Prütting/Helms/Maass § 473 Rn 1; Bumiller/Harders § 473 Rn 1.
[2*] BT-Drs. 16/6308 S. 297.
[3*] SBW/Tschichoflos § 473 Rn 3.

Abgelaufene Ausgabe der Zinsscheine

474 Bei Wertpapieren, für die Zins-, Renten- oder Gewinnanteilscheine ausgegeben sind, aber nicht mehr ausgegeben werden, ist der Anmeldezeitpunkt so zu bestimmen, dass bis dahin seit der Fälligkeit des letzten ausgegebenen Scheines sechs Monate abgelaufen sind; das gilt nicht, wenn die Voraussetzungen der §§ 471 und 472 gegeben sind.

1   Zu Normzweck und Anwendungsbereich der §§ 471 bis 474 s. § 471 Rn 1. § 473 betrifft das Aufgebot von Wertpapieren für den Fall, dass neue Zins-, Renten- oder Gewinnanteilscheine (im Folgenden: Zinsscheine) nicht mehr ausgegeben werden und Zinsscheine für nicht mehr als vier Jahre vorhanden sind.[1] Der Antragsteller hat durch ein Zeugnis gem. §§ 471 Abs. 2, 472 Abs. 2 nachzuweisen, dass seit dem Verlust der Urkunde außer durch ihn keine Zinsscheine mehr vorgelegt wurden.[2] Der Anmeldezeitpunkt darf nicht vor Ablauf von sechs Monaten seit der Fälligkeit des letzten ausgegebenen Zinsscheins liegen.

Anmeldezeitpunkt bei bestimmter Fälligkeit

475 Ist in einer Schuldurkunde eine Verfallzeit angegeben, die zur Zeit der ersten Veröffentlichung des Aufgebots im elektronischen Bundesanzeiger noch nicht eingetreten ist, und sind die Voraussetzungen der §§ 471 bis 474 nicht gegeben, ist der Anmeldezeitpunkt so zu bestimmen, dass seit dem Verfalltag sechs Monate abgelaufen sind.

1   § 475 enthält eine Regelung des Aufgebots von Wertpapieren, die einen bestimmten Fälligkeitszeitpunkt enthalten. Es dürfen aber keine Zins-, Renten- oder Gewinnanteilscheine ausgegeben sein, denn in diesem Fall gelten die §§ 471 bis 474.[1*]

2   Unter § 475 fallen demnach z. B. Wechsel und Schatzanweisungen.[2*] Ist der Verfalltag zur Zeit der ersten Veröffentlichung des Aufgebots im elektronischen Bundesanzeiger noch nicht eingetreten, richtet sich die Frist nach § 475. Der Anmeldezeitpunkt darf nicht vor Ablauf von sechs Monaten nach dem Verfalltag liegen. Wenn die Aufgebotsfrist danach länger als ein Jahr wäre, ist das Aufgebot nach § 476 noch nicht zulässig.[3] War der Verfalltag dagegen bereits eingetreten, ist für die Frist allein § 476 maßgeblich.[4] Hinsichtlich des Aufgebots von Hypotheken-, Grundschuld- und Rentenschuldbriefen gem. §§ 1162, 1192 Abs. 1, 1199 BGB sind nach § 484 Abs. 2 abweichende landesrechtliche Regelungen möglich (s. § 484 Rn 1).

Aufgebotsfrist

476 Die Aufgebotsfrist soll höchstens ein Jahr betragen.

I. Normzweck und Anwendungsbereich

1   Die Vorschrift bestimmt die **Aufgebotsfrist für das Aufgebot zur Kraftloserklärung für Urkunden** und ergänzt § 437. § 476 verzichtet auf eine Mindestfrist, die gem. § 1015 ZPO a. F. sechs Monate betrug (zur Mindestfrist gem. § 437 und zu spezialgesetzlichen Mindestfristen s. Rn 2). Damit soll dem praktischen Erfordernis des Rechtsverkehrs einer zügigen Bewirkung der Lastenfreiheit von Urkunden, insbesondere einer zeitnahen Löschung von Grundpfandrechten, Rechnung getragen werden. Denn die lastenfreie Verschaffung von Eigentum wie eines von Kreditgebern geforderten Ranges im Grundbuch verzögerte sich aufgrund der bisherigen Mindestfrist erheblich.[1**]

---

[1] Prütting/Helms/Maass § 474 Rn 2.
[2] BJS/Dutta § 474 Rn 1.
[1*] BJS/Dutta § 475 Rn 1.
[2*] SBW/Tschichoflos § 475 Rn 2.
[3] Baumbach/Hartmann § 475 FamFG Rn 1; a. A. BeckOK/Schlögel § 475 FamFG Rn 1.
[4] MünchKommZPO/Eickmann §§ 466–484 FamFG Rn 34.
[1**] BT-Drs. 16/6308 S. 297.

II. Aufgebotsfrist

Die Aufgebotsfrist ist gem. § 437 die Frist, die zwischen dem Veröffentlichungstag und dem Anmeldezeitpunkt, § 434 Abs. 2 Nr. 2, liegt. Grundsätzlich ist neben der **Höchstfrist** von einem Jahr die **Mindestfrist** von 6 Wochen gem. § 437 zu beachten.[2] Weitere **Mindestfristen** sind vorgesehen in den §§ 471, 472, 474 und 475 (jeweils sechs Monate) sowie außerhalb des FamFG eine Frist von zwei Monaten nach Art. 59 Abs. 1 ScheckG und drei Monaten nach § 4 Abs. 3 HypKrlosErklG (s. § 466 Rn 11). Abweichende landesrechtliche Regelungen sind nach § 484 Abs. 2 für das Aufgebot von Hypotheken-, Grundschuld- und Rentenschuldbriefen gem. §§ 1162, 1192 Abs. 1, 1199 BGB möglich (s. § 484 Rn 1). 2

Die Aufgebotsfrist soll im Regelfall **kurz bemessen** sein, da die Gläubiger sich im elektronischen Bundesanzeiger über den Erlass des Aufgebots informieren können. Nur wenn im Einzelfall zu besorgen ist, dass etwaige Gläubiger ihre Rechte nicht kurzfristig anmelden können, kann das Gericht nach freiem Ermessen eine längere Frist bestimmen.[3] Die zulässige Höchstfrist beträgt ein Jahr. Bei einem Verstoß gegen § 476 ist die **Beschwerde** ohne Rücksicht auf den Beschwerdewert, § 439 Abs. 3, zulässig. 3

Anmeldung der Rechte

477 Meldet der Inhaber der Urkunde vor dem Erlass des Ausschließungsbeschlusses seine Rechte unter Vorlegung der Urkunde an, hat das Gericht den Antragsteller hiervon zu benachrichtigen und ihm innerhalb einer zu bestimmenden Frist die Möglichkeit zu geben, in die Urkunde Einsicht zu nehmen und eine Stellungnahme abzugeben.

Der Inhaber der Urkunde muss diese gem. §§ 469 S. 1 vorlegen (s. § 469 Rn 2). Allein die Anmeldung der Rechte gem. § 434 Abs. 2 Nr. 2 reicht nicht aus. Ausnahmsweise genügt die Anmeldung, wenn der Anmeldende vorträgt, er habe die Urkunde verloren.[1] 1

Wenn der Inhaber der Urkunde seine Rechte vor dem Erlass des Ausschließungsbeschlusses anmeldet und die Urkunde vorlegt und der Antragsteller die vorgelegte Urkunde als die verlorene anerkennt, ist das **Aufgebotsverfahren erledigt**.[2*] Falls er kein Anerkenntnis abgibt kann im Aufgebotsverfahren die Echtheit der Urkunde nicht geklärt werden. In diesem Fall ist das Verfahren gem. § 440 auszusetzen. Eine Entscheidung unter Vorbehalt des Rechts ist nicht sinnvoll, da es nur um das angemeldete Recht geht. Über die Echtheit der Urkunde und die an oder aus ihr geltend gemachten Rechte ist im ordentlichen Verfahren zu entscheiden.[3*] Dasselbe gilt im Fall der Anmeldung ohne Urkundenvorlage bei Verlust (s. Rn 1). Zur Wahrung rechtlichen Gehörs[4] ist der Antragsteller von einer Anmeldung unter Urkundenvorlage zu benachrichtigen. Ihm ist unter Bestimmung einer Frist **die Einsicht in die Urkunde auf der Geschäftsstelle**[5] (das gilt gem § 13 Abs. 4 Satz 2 auch für die Einsicht durch Rechtsanwälte und Notare, s. dazu § 13 Rn 59) zu ermöglichen und Gelegenheit zur Stellungnahme zu geben. 2

Ausschließungsbeschluss

478 (1) In dem Ausschließungsbeschluss ist die Urkunde für kraftlos zu erklären.

---

[2] BJS/Dutta § 476 Rn 1.
[3] BT-Drs. 16/6308 S. 297.
[1] AG Bad Oeynhausen NJOZ 2004, 3942; BJS/Dutta § 477 Rn 1.
[2*] MünchKommZPO/Eickmann §§ 466–484 FamFG Rn 40; Baumbach/Hartmann § 477 FamFG Rn 1; a. A. BeckOK/Schlögel § 477 FamFG Rn 3; BJS/Dutta § 477 Rn 3: Anerkenntnis ist Zurücknahme des Antrages.
[3*] MünchKommZPO/Eickmann §§ 466–484 FamFG Rn 39; BeckOK/Schlögel § 477 FamFG Rn 2; Baumbach/Hartmann § 477 FamFG Rn 1.; a. A. BJS/Dutta § 477 Rn 3: Klärung im Aufgebotsverfahren.
[4] BT-Drs. 16/6308 S. 298.
[5] MünchKommZPO/Eickmann §§ 466–484 FamFG Rn 41; Baumbach/Hartmann § 477 FamFG Rn 2.

§ 479　Abschnitt 6. Aufgebot zur Kraftloserklärung von Urkunden

(2) ¹Der Ausschließungsbeschluss ist seinem wesentlichen Inhalt nach durch Veröffentlichung im elektronischen Bundesanzeiger bekannt zu machen. ²§ 470 gilt entsprechend.

(3) **In gleicher Weise ist die auf eine Beschwerde ergangene Entscheidung bekannt zu machen, soweit durch sie die Kraftloserklärung aufgehoben wird.**

I. Normzweck und Anwendungsbereich

1 Die Vorschrift regelt den Inhalt und die Bekanntmachung des Ausschließungsbeschlusses aufgrund eines Aufgebots zur Kraftloserklärung für Urkunden (Abs. 1, 2) sowie die Bekanntmachung einer aufhebenden Beschwerdeentscheidung (Abs. 3). Abweichend bestimmt § 7 HypKrlosErklG für die in diesem Gesetz geregelten Verfahren (s. § 466 Rn 11), dass eine öffentliche Bekanntmachung nach Abs. 2 und 3 nicht erfolgt; die Vorschrift lautet:

§ 7
Eine öffentliche Bekanntmachung des Ausschließungsbeschlusses und der in § 478 Abs. 3 des Gesetzes über das Verfahren in Familiensachen und in den Angelegenheiten der freiwilligen Gerichtsbarkeit bezeichneten Entscheidung findet nicht statt.

II. Ausschließungsbeschluss (Abs. 1, 2)

2 Mit dem Ausschließungsbeschluss ist nur die aufgebotene Urkunde für kraftlos zu erklären. Ein Ausschluss unbekannter Dritter findet nicht statt.[1] Der Ausschließungsbeschluss ist seinem wesentlichen Inhalt nach durch Veröffentlichung im elektronischen Bundesanzeiger bekannt zu machen. Es findet nur eine einmalige Veröffentlichung statt, die öffentliche Zustellung nach § 441 ist darüber hinaus nicht erforderlich.[2] Wesentlicher Inhalt in diesem Sinne ist der **Tenor** des Beschlusses. Für § 470 unterfallende Urkunden gelten auch hinsichtlich des Ausschließungsbeschlusses die danach vorgesehenen Bekanntmachungsformen. Weitere Abweichungen können sich gem. §§ 483, 484 aus landesgesetzlichen Vorschriften für die dort genannten Urkunden ergeben (s. §§ 483 Rn 3 und 484 Rn 1).

III. Beschwerde (Abs. 3)

3 Wenn auf eine Beschwerde, § 439 Abs. 3, hin die Kraftloserklärung aufgehoben wird, gelten für die Bekanntmachung dieser Entscheidung die Ausführungen unter Rn 2 entsprechend.

IV. Kosten und Gebühren

4 Die Gerichtsgebühren richten sich nach § 128 d KostO. Rechtsanwaltsgebühren fallen an nach Nr. 3324 VV RVG (Verfahrensgebühr). Eine Terminsgebühr nach Nr. 3332 VV RVG entsteht nur, wenn ausnahmsweise ein Termin nach § 32 angesetzt wird. Der Anfall einer Terminsgebühr ohne Termin ist in Verfahren der freiwilligen Gerichtsbarkeit ausgeschlossen.[3] Für die Kosten des Beschwerdeverfahrens gelten § 131 KostO und Nr. 3200 ff. VV RVG.

Wirkung des Ausschließungsbeschlusses

479 (1) Derjenige, der den Ausschließungsbeschluss erwirkt hat, ist dem durch die Urkunde Verpflichteten gegenüber berechtigt, die Rechte aus der Urkunde geltend zu machen.

(2) **Wird der Ausschließungsbeschluss im Beschwerdeverfahren aufgehoben, bleiben die aufgrund des Ausschließungsbeschlusses von dem Verpflichteten bewirkten Leistungen auch Dritten, insbesondere dem Beschwerdeführer, gegenüber wirksam, es sei**

---
[1] BeckOK/Schlögel § 478 FamFG Rn 1; Baumbach/Hartmann § 478 FamFG Rn 1.
[2] Prütting/Helms/Maass § 478 Rn 3; Zöller/Geimer § 478 FamFG Rn 1; a. A. BeckOK/Schlögel § 478 FamFG Rn 1; BJS/Dutta § 478 Rn 2.
[3] OLG Koblenz FGPrax 2008, 178.

denn, dass der Verpflichtete zur Zeit der Leistung die Aufhebung des Ausschließungsbeschlusses gekannt hat.

I. Normzweck und Anwendungsbereich

Die Vorschrift regelt die Wirkung des Ausschließungsbeschlusses. Abs. 1 betrifft die Befugnisse des erfolgreichen Antragstellers gegenüber dem Verpflichteten. Abs. 2 regelt den Schutz des Verpflichteten im Fall der Aufhebung des Ausschließungsbeschlusses.

II. Wirkungen gegenüber dem Verpflichteten und Dritten (Abs. 1)

Der Ausschließungsbeschluss ersetzt für den Antragsteller **gegenüber dem Verpflichteten** den Besitz der aufgebotenen Urkunde.[1] Der Verpflichtete kann dem Antragsteller gegenüber nicht die Einrede der mangelnden Sachberechtigung zugunsten eines Besserberechtigten erheben.[2] Sofern Zahlung nur gegen Vorlage der Urkunde verlangt und diese zur Durchführung der Zwangsvollstreckung vorzulegen sowie im Fall der freiwilligen Leistung oder erfolgreichen Vollstreckung auszuhändigen ist, z. B. gem. Art. 47 ScheckG, tritt der Beschluss an die Stelle des Originals.[3] Ein gutgläubiger Erwerb des verbrieften Rechts ist ausgeschlossen. Der Beschluss hat jedoch **keine weitergehenden Wirkungen als das Original.** Der Antragsteller kann aus dem Beschluss nicht mehr Rechte herleiten, als ihm aus der Urkunde zustanden.[4] Daher wird der Formmangel eines aufgebotenen Wechselblanketts durch den Beschluss nicht ersetzt.[5]

Der Ausschließungsbeschluss hat keinen Einfluss auf **Rechte Dritter** aus oder an der Urkunde.[6] Der Beschluss berechtigt ferner nicht zur **Erteilung einer neuen Urkunde,** für welche allein das materielle Recht maßgeblich ist,[7] z. B. §§ 800 BGB, 73 Abs. 3 AktG, 67 GBO. Die Erteilung eines neuen Grundpfandrechtsbriefs gem. § 67 GBO ist im Fall des Erwerbs durch Abtretung gem. §§ 1154, 1155, 1192 BGB allein aufgrund des Ausschließungsbeschlusses nicht möglich. Auch das **Grundbuchamt** ist nicht Verpflichteter i. S. v. Abs. 1, sondern **Dritter.** Der Besitz des Beschlusses in Verbindung mit der Reihe von Abtretungserklärungen genügt nicht für die Anwendung des § 1155 BGB. Es muss nachgewiesen werden, dass eine Übergabe oder ein Übergabeersatz i. S. v. § 1154 Abs. 1 S. 1 BGB stattgefunden hat. Einem Antrag nach § 67 GBO kann daher in diesem Fall nur entsprochen werden, wenn dieser Nachweis geführt wird[8] oder der noch Eingetragene eine Berichtigungsbewilligung abgibt, worauf der Antragsteller aus dem der Abtretung zugrunde liegenden Rechtsgeschäft einen Anspruch haben dürfte.[9]

III. Schutz des Verpflichteten (Abs. 2)

Der Gesetzgeber hat ohne Notwendigkeit die Regelung aus § 1018 Abs. 2 ZPO a. F. uneingeschränkt übernommen. Der danach vorgesehene Schutz des Verpflichteten erwies sich als notwendig, weil das Ausschlussurteil gem. § 957 Abs. 1 ZPO a. F. mit Verkündung rechtskräftig wurde und nur in den Fällen des § 957 Abs. 2 ZPO a. F. angefochten werden konnte. Wenn das Ausschlussurteil aufgehoben wurde und der Verpflichtete bereits an den Antragsteller geleistet hatte, bedurfte er des Schutzes des § 1018 ZPO a. F., um eine doppelte Inanspruchnahme zu vermeiden. Diese Gefahr besteht jetzt im Regelfall nicht mehr, da der **Ausschließungsbeschluss gem. § 439 Abs. 2 erst mit Rechtskraft wirksam** wird (Einzelheiten s. § 439 Rn 6, 7), also vorher keine Rechtswirkungen entfalten kann,[10] und die Beschwerde den Eintritt der Rechtskraft gem. § 45 S. 2 hemmt. Abs. 2 ist

---

[1] BayObLG Rpfleger 1987, 363; Prütting/Helms/Maass § 479 Rn 2; BeckOK/Schlögel § 479 FamFG Rn 2.
[2] BGH WM 1958, 1332.
[3] OLG Stuttgart WM 1955, 1066; AG Aschaffenburg DGVZ 1992, 175.
[4] BeckOK/Schlögel § 479 FamFG Rn 2.
[5] OLG Hamm WM 1976, 198.
[6] BeckOK/Schlögel § 479 FamFG Rn 2; Baumbach/Hartmann § 479 FamFG Rn 1.
[7] Baumbach/Hartmann § 479 FamFG Rn 2.
[8] BayObLG NJW-RR 1988, 84.
[9] MünchKommZPO/Eickmann §§ 466–484 FamFG Rn 44; BeckOK/Schlögel § 479 Rn 3.
[10] A. A. MünchKommZPO/Eickmann §§ 466–484 FamFG Rn 45.

daher im Wege der **teleologischen Reduktion** nur auf denjenigen Verpflichteten anzuwenden, welcher den aufgrund der Beschwerde aufgehobenen **Ausschließungsbeschluss unverschuldet für rechtskräftig gehalten** und deshalb an den Antragsteller geleistet hat. Ein solcher Irrtum kann z.B. vorliegen, wenn zunächst ein Rechtskraftzeugnis (§ 46) erteilt und für eine nach Ablauf der Beschwerdefrist eingelegte Beschwerde Wiedereinsetzung (§ 19) gewährt wird, ein unrichtiges Rechtskraftzeugnis vorliegt oder der Verpflichtete über die Rechtskraft getäuscht wird. Nur dann braucht der Verpflichtete die Leistung nicht noch einmal an einen Dritten, insbesondere den Beschwerdeführer, zu erbringen.[11] Dagegen ist derjenige, der in Kenntnis der fehlenden Wirksamkeit des Ausschließungsbeschlusses bereits eine Leistung erbringt, nicht schutzwürdig, so dass Abs. 2 nicht anzuwenden ist auch wenn er keine Kenntnis von der Aufhebung des Ausschließungsbeschlusses hat.[12]

IV. Anspruch aus ungerechtfertigter Bereicherung

5   Wenn der Antragsteller nicht der Inhaber des verbrieften Rechts ist und der Verpflichtete an ihn nach Erlass eines Ausschließungsbeschlusses geleistet hat, kann der materiell Berechtigte gem. § 816 Abs. 2 BGB vom Antragsteller Herausgabe des Erlangten verlangen. Sofern der Beschluss zum Zeitpunkt der Leistung noch nicht gem. § 439 Abs. 2 mit Rechtskraft wirksam war und kein Fall des Abs. 2 (s. Rn 4) vorliegt, muss der materiell Berechtigte die Annahme der Leistung zuvor genehmigen. Im Fall des Abs. 2 sowie ab Wirksamkeit des Beschlusses ist der Anspruch aus § 816 Abs. 2 BGB unmittelbar, d. h. ohne dass eine Genehmigung erforderlich ist, gegeben. Denn das Aufgebotsverfahren nach §§ 466 ff. lässt die Rechte des materiell Berechtigten unberührt. Der Ausschließungsbeschluss gleicht nur den Besitzverlust aus.[13]

Zahlungssperre

§ 480 (1) ¹**Bezweckt das Aufgebotsverfahren die Kraftloserklärung eines auf den Inhaber lautenden Papiers, so hat das Gericht auf Antrag an den Aussteller sowie an die in dem Papier und die von dem Antragsteller bezeichneten Zahlstellen das Verbot zu erlassen, an den Inhaber des Papiers eine Leistung zu bewirken, insbesondere neue Zins-, Renten- oder Gewinnanteilscheine oder einen Erneuerungsschein auszugeben (Zahlungssperre).** ²**Mit dem Verbot ist die Benachrichtigung von der Einleitung des Aufgebotsverfahrens zu verbinden.** ³**Das Verbot ist in gleicher Weise wie das Aufgebot öffentlich bekannt zu machen.**

(2) **Ein Beschluss, durch den der Antrag auf Erlass einer Zahlungssperre zurückgewiesen wird, ist mit der sofortigen Beschwerde in entsprechender Anwendung der §§ 567 bis 572 der Zivilprozessordnung anfechtbar.**

(3) **Das an den Aussteller erlassene Verbot ist auch den Zahlstellen gegenüber wirksam, die nicht in dem Papier bezeichnet sind.**

(4) **Die Einlösung der vor dem Verbot ausgegebenen Zins-, Renten- oder Gewinnanteilscheine wird von dem Verbot nicht betroffen.**

I. Normzweck und Anwendungsbereich

1   Durch die Zahlungssperre soll derjenige, der ein Inhaberpapier verloren hat, davor geschützt werden, dass Leistungen an den Inhaber erfolgen. Eine Zahlungssperre kann angeordnet werden beim **Aufgebot von Inhaberpapieren,** d. h. Schuldverschreibungen auf den Inhaber, § 799 BGB (Einzelheiten s. § 466 Rn 6), Inhaberschecks nach Art 5 Abs. 2 ScheckG, Inhaberaktien nach § 10 Abs. 1 AktG, und auf den Inhaber lautenden Grundpfandrechtsbriefen, §§ 1195, 1199 BGB. Aufgrund der Verweisung in § 483 S. 1 gilt § 480 ferner für die hinkenden Inhaberpapiere nach § 808 BGB mit der Möglichkeit

---
[11] BeckOK/Schlögel § 479 FamFG Rn 5; BJS/Dutta § 479 Rn 4.
[12] A. A. Bumiller/Harders § 479 Rn 2: Der Verpflichtete kann schuldbefreiend leisten, wenn er die Aufhebung des Ausschließungsbeschlusses nicht kennt.
[13] MünchKommZPO/Eickmann §§ 466–484 FamFG Rn 46; BeckOK Hahne/Munzig § 479 FamFG Rn 6.

landesrechtlicher Abweichungen hinsichtlich der Bekanntmachung. Im Aufgebotsverfahren für Wechsel, Schecks (ausgenommen Inhaberschecks) und kaufmännische Orderpapiere kann eine Zahlungssperre auch bei Blankoindossierung nicht erlassen werden.[1] Der Schutz des Antragstellers wird in diesen Fällen dadurch erreicht, dass er, wenn er bis zur Kraftloserklärung Sicherheit bestellt, Leistung nach Maßgabe der Urkunde von dem Verpflichteten verlangen kann, §§ 365 Abs. 2 S. 2 HGB, Art. 90 Abs. 1 S. 2 WG und 59 Abs. 1 S. 3 ScheckG.[2]

II. Verfahren und Inhalt (Abs. 1)

Die Zahlungssperre wird nur **auf Antrag** erlassen. Die Antragsberechtigung stimmt mit derjenigen im Aufgebotsverfahren überein. Der Antrag kann mit dem Aufgebotsantrag oder auch später gestellt werden.[3] Der Antrag kann auch schon vor dem Aufgebotsantrag gestellt werden.[4] Dieser muss jedoch im Hinblick auf Abs. 1 Satz 2 bis zum Erlass des Verbots nachgeholt werden. Zuständig ist, wie für das gesamte Aufgebotsverfahren, der **Rechtspfleger,** § 3 Nr. 1c RPflG. Rechtliches Gehör braucht nicht gewährt zu werden, weil es keinen anzuhörenden Antragsgegner gibt. Damit kann die Zahlungssperre unmittelbar nach Eingang des Antrags erlassen werden. Ein Bedürfnis für den vorherigen Erlass einer einstweiligen Anordnung besteht nicht (s. § 51 Rn 2).[5] Gegenüber dem Aussteller wie den vom Antragsteller bezeichneten Zahlstellen ist durch **Beschluss**[6] das Verbot zu erlassen, an den Inhaber des Papiers eine Leistung zu bewirken, insbesondere neue Zins-, Renten- oder Gewinnanteilscheine oder einen Erneuerungsschein auszugeben. Dieses Verbot ist dem Antragsteller formlos bekanntzugeben. Auch wenn kein Rechtsbehelf gegeben ist (s. Rn 4), sollte der Beschluss im Hinblick auf dessen Wirkung (s. Rn 3) dem Aussteller und den Zahlstellen durch Zustellung gem. § 15 Abs. 2 S. 1, 1. Alt. bekannt gegeben werden.[7] Eine ablehnende Entscheidung ist dem Antragsteller wegen Abs. 2 nach § 41 Abs. 1 S. 2 zuzustellen. Die öffentliche Bekanntmachung erfolgt nach Abs. 1 S. 3 in derselben Weise wie diejenige des Aufgebots, s. §§ 435, 470, 483.

III. Wirkung (Abs. 3, 4)

Die Zahlungssperre wird, da sie nicht anfechtbar ist (Rn 4), mit Bekanntgabe, gegenüber den nicht bezeichneten Zahlstellen i. S. v. Abs. 3 mit öffentlicher Bekanntmachung, wirksam, § 40 Abs. 1.[8] Das Verbot ist ein richterliches Verfügungsverbot i. S. v. §§ 135, 136 BGB. Dagegen verstoßende Leistungen sind dem Antragsteller gegenüber unwirksam, wenn später ein Ausschließungsbeschluss ergeht.[9] Zugunsten des Leistungsempfängers wirkt bei gutem Glauben § 135 Abs. 2 BGB.[10] Das Verbot gilt gegenüber denjenigen, denen es bekannt gemacht wurde,[11] das an den Aussteller erlassene Verbot auch gegenüber den Zahlstellen, die nicht in dem Papier bezeichnet sind, Abs. 3. Nicht vom Verbot betroffen ist nach Abs. 4 die Einlösung der vor dem Verbot ausgegebenen Zins-, Renten- oder Gewinnanteilscheine. Die Zahlungssperre hemmt bei Schuldverschreibungen auf den Inhaber gem. § 802 BGB Beginn und Lauf der Vorlegungsfrist sowie der Verjährung. § 802 BGB ist hinsichtlich der Verjährung gem. § 808 Abs. 2 S. 3 BGB für hinkende Inhaberpapiere entsprechend anwendbar.

---

[1] Prütting/Helms/Maass § 480 Rn 3; Baumbach/Hartmann § 480 FamFG Rn 1.
[2] BeckOK/Schlögel § 480 FamFG Rn 1; BJS/Dutta § 480 Rn 4.
[3] MünchKommZPO/Eickmann §§ 466–484 FamFG Rn 49.
[4] BeckOK/Schlögel § 480 FamFG Rn 2; a. A. BJS/Dutta § 480 Rn 3.
[5] A. A. BJS/Dutta § 480 Rn 3.
[6] BeckOK/Schlögel § 480 Rn 3; Baumbach/Hartmann § 480 FamFG Rn 4.
[7] BeckOK/Schlögel § 480 Rn 3; Baumbach/Hartmann § 480 FamFG Rn 4; a. A. Zöller/Geimer § 480 FamFG Rn 1.
[8] BeckOK/Schlögel § 480 FamFG Rn 3; BJS/Dutta § 480 Rn 10.
[9] Prütting/Helms/Maass § 480 Rn 4; BeckOK/Schlögel § 480 FamFG Rn 4.
[10] BeckOK/Schlögel § 480 FamFG Rn 4.
[11] Baumbach/Hartmann § 480 FamFG Rn 2.

IV. Rechtsbehelfe

4 Abs. 2 sieht als Rechtsbehelf gegen den Beschluss, durch den der Antrag auf Erlass einer Zahlungssperre zurückgewiesen wird, die **sofortige Beschwerde** in entsprechender Anwendung der §§ 567 bis 572 ZPO (i. V. m. § 11 Abs. 1 RPflG) vor. Zur Bedeutung der Verweisung auf die §§ 567 bis 572 ZPO s. § 58 Rn 89. Die **Anordnung** einer Zahlungssperre ist **nicht anfechtbar**.[12]

V. Kosten und Gebühren

5 Besondere Gerichtsgebühren entstehen gem. § 128 d KostO nicht. Auch wenn der klarstellende Hinweis in § 16 Nr. 8 RVG durch Art. 47 Abs. 6 Nr. 5 d FGG-RG aufgehoben wurde, gelten das Aufgebotsverfahren und das Verfahren auf Erlass einer Zahlungssperre als ein Verfahren i. S. v. § 15 Abs. 1 RVG.[13] Die in § 478 Rn 4 genannten Gebühren entstehen daher nur einmal. Im Fall der Beschwerde richten sich die Gerichtskosten nach § 131 KostO und die Rechtsanwaltsgebühren nach Nr. 3500 VV RVG.

Entbehrlichkeit des Zeugnisses nach § 471 Abs. 2

481 Wird die Zahlungssperre angeordnet, bevor seit der Zeit des glaubhaft gemachten Verlustes Zins-, Renten- oder Gewinnanteilscheine ausgegeben worden sind, so ist die Beibringung des in § 471 Abs. 2 vorgeschriebenen Zeugnisses nicht erforderlich.

1 Aufgrund der Zahlungssperre dürfen gem. § 480 Abs. 1 S. 1 keine neuen Zins-, Renten- oder Gewinnanteilscheine ausgegeben werden. Wenn die Zahlungssperre angeordnet wurde, bevor seit Verlust der Urkunde solche Scheine ausgegeben wurden, müsste der Inhaber der aufgebotenen Urkunde die Urkunde gem. § 482 Abs. 1 S. 1 zunächst dem Gericht vorlegen, um die Aufhebung der Zahlungssperre zu erreichen. Falls er diese Vorlage unterlässt, ist davon auszugehen, dass er die Urkunde nicht in gutem Glauben erworben hat. Das zu seinem Schutz dienende Zeugnis gem. § 471 Abs. 2 ist daher nicht erforderlich.[1]

Aufhebung der Zahlungssperre

482 (1) ¹Wird das in Verlust gekommene Papier dem Gericht vorgelegt oder wird das Aufgebotsverfahren ohne Erlass eines Ausschließungsbeschlusses erledigt, so ist die Zahlungssperre von Amts wegen aufzuheben. ²Das Gleiche gilt, wenn die Zahlungssperre vor der Einleitung des Aufgebotsverfahrens angeordnet worden ist und die Einleitung nicht binnen sechs Monaten nach der Beseitigung des ihr entgegenstehenden Hindernisses beantragt wird. ³Ist das Aufgebot oder die Zahlungssperre öffentlich bekannt gemacht worden, so ist die Erledigung des Verfahrens oder die Aufhebung der Zahlungssperre von Amts wegen durch den elektronischen Bundesanzeiger bekannt zu machen.

(2) Wird das Papier vorgelegt, ist die Zahlungssperre erst aufzuheben, nachdem dem Antragsteller die Einsicht nach Maßgabe des § 477 gestattet worden ist.

(3) Der Beschluss, durch den die Zahlungssperre aufgehoben wird, ist mit der sofortigen Beschwerde in entsprechender Anwendung der §§ 567 bis 572 der Zivilprozessordnung anfechtbar.

I. Normzweck und Anwendungsbereich

1 § 482 regelt die **Aufhebung einer nach § 480 erlassenen Zahlungssperre**.

---

[12] BeckOK/Schlögel § 480 FamFG Rn 5; BJS/Dutta § 480 Rn 6.
[13] Ebenso wohl BJS/Dutta § 480 Rn 4.
[1] Prütting/Helms/Maass § 481 Rn 2; Zöller/Geimer § 481 Rn 1.

II. Vorlage des Papiers oder Erledigung (Abs. 1, 2)

Die Zahlungssperre ist aufzuheben, wenn die aufgebotene Urkunde vom Inhaber gem. § 477 vorgelegt wird, Abs. 1 S. 1. Die Aufhebung kann nur erfolgen, wenn nach Einschätzung des Gerichts die **Urkunde echt** ist, insbesondere wenn der Antragsteller die Echtheit anerkannt hat. Um die Echtheit prüfen zu können, ist ihm gem. § 477 Einsicht zu geben, Abs. 2. Das Gericht kann sich jedoch auch ohne Anerkenntnis von der Echtheit überzeugen.[1] Wenn das Gericht die Urkunde nicht für echt hält, unterbleibt die Aufhebung. Ein darauf gerichteter Antrag ist zurückzuweisen (s. Rn 3). Kann sich das Gericht kein abschließendes Urteil bilden, ist das Aufhebungsverfahren bis zu einer Entscheidung über die Echtheit im ordentlichen Verfahren in entsprechender Anwendung von § 440 auszusetzen (zum Verfahren s. § 440 Rn 7).[2] Eine **Erledigung** i. S. v. Abs. 1 S. 1 liegt bei Rücknahme oder Zurückweisung des Antrages vor.[3] Abs. 1 S. 2 hat keinen Anwendungsbereich, weil eine Zahlungssperre nicht vor dem Aufgebotsantrag erlassen wird (s. § 480 Rn 2).[4] Die Vorschrift beruht auf einem Redaktionsversehen. Wenn ein Ausschließungsbeschluss ergeht, braucht die Zahlungssperre nicht aufgehoben zu werden. Der Ausschließungsbeschluss tritt an die Stelle der Zahlungssperre.[5]

III. Aufhebung (Abs. 1)

Die Aufhebung erfolgt **von Amts wegen.** Ein Antrag des Vorlegenden ist jedoch möglich und zu bescheiden. Die Entscheidung über die Aufhebung erfolgt durch **Beschluss,**[6] der gem. § 38 Abs. 3 zu begründen und gem. § 39 mit einer Rechtsbehelfsbelehrung zu versehen ist. Der Erlass einer einstweiligen Anordnung ist nicht zulässig, weil damit die Hauptsache vorweggenommen würde (s. § 49 Rn 15). Die Aufhebung muss demjenigen, der das Zahlungsverbot beantragt hat, gem. § 41 Abs. 1 S. 2 zugestellt werden. Gegenüber Aussteller und Zahlstellen genügt die formlose Mitteilung, weil diese nicht beschwerdeberechtigt sind (s. Rn 4).[7] Die öffentliche Bekanntmachung ist nach Abs. 1 S. 3 nur erforderlich, wenn Aufgebot oder Zahlungssperre öffentlich bekannt gemacht wurden (s. § 480 Rn 2). Ein die Aufhebung ablehnender Beschluss ist demjenigen zuzustellen, der die Aufhebung beantragt hat.

IV. Rechtsbehelfe (Abs. 3), Kosten und Gebühren

Gegen den Beschluss, durch den die Zahlungssperre aufgehoben wird, ist die **sofortige Beschwerde** in entsprechender Anwendung der §§ 567 bis 572 ZPO (i. V. m. § 11 Abs. 1 RPflG), gegeben. Beschwerdeberechtigt ist nur derjenige, der die Zahlungssperre beantragt hat, nicht dagegen Aussteller und Zahlstellen. Zur Bedeutung der Verweisung auf die §§ 567 bis 572 ZPO s. § 58 Rn 89. Lehnt das Gericht einen Antrag auf Aufhebung ab ist die befristete Erinnerung gem. § 11 Abs. 2 RPflG zulässig, da Abs. 3 insoweit die Beschwerde nicht zulässt.[8] Wegen der Kosten und Gebühren gelten dieselben Grundsätze wie für die Anordnung der Zahlungssperre (s. § 480 Rn 5).

---

[1] BeckOK/Schlögel § 482 FamFG Rn 1; Baumbach/Hartmann § 482 FamFG Rn 1; a. A. MünchKommZPO/Eickmann §§ 466–484 FamFG Rn 51.
[2] BeckOK/Schlögel § 482 FamFG Rn 1; Baumbach/Hartmann § 482 FamFG Rn 1.
[3] BeckOK/Schlögel § 482 FamFG Rn 2; Baumbach/Hartmann § 482 FamFG Rn 2.
[4] BeckOK/Schlögel § 482 FamFG Rn 2; BJS/Dutta § 482 Rn 2; a. A. Bumiller/Harders § 482 Rn 2.
[5] BeckOK/Schlögel § 482 FamFG Rn 2; BJS/Dutta § 482 Rn 2.
[6] BeckOK/Schlögel § 482 FamFG Rn 3; Baumbach/Hartmann § 482 FamFG Rn 3.
[7] BeckOK/Schlögel § 482 FamFG Rn 3; a. A. Baumbach/Hartmann § 482 FamFG Rn 3: Zustellung.
[8] A. A. BeckOK/Schlögel § 482 FamFG Rn 4; Baumbach/Hartmann § 482 FamFG Rn 5: Beschwerde.

Hinkende Inhaberpapiere

483 ¹Bezweckt das Aufgebotsverfahren die Kraftloserklärung einer Urkunde der in § 808 des Bürgerlichen Gesetzbuchs bezeichneten Art, gelten § 466 Abs. 3, die §§ 470 und 478 Abs. 2 Satz 2 sowie die §§ 480 bis 482 entsprechend. ²Die Landesgesetze können über die Veröffentlichung des Aufgebots und der in § 478 Abs. 2, 3 und in den §§ 480, 482 vorgeschriebenen Bekanntmachungen sowie über die Aufgebotsfrist abweichende Vorschriften erlassen.

I. Normzweck und Anwendungsbereich

1   § 483 ordnet wie § 1023 ZPO a. F. zunächst in S. 1 für die hinkenden Inhaberpapiere die **entsprechende Geltung** der dort genannten Vorschriften über das Aufgebot von Urkunden an. Es besteht jedoch ein **doppelter landesrechtlicher Vorbehalt.** Nach Art. 102 Abs. 2 EGBGB bleiben die landesgesetzlichen Vorschriften, welche für die Kraftloserklärung der in § 808 BGB bezeichneten Urkunden ein anderes Verfahren als das Aufgebotsverfahren bestimmen, unberührt. § 483 S. 2 lässt darüber hinaus landesgesetzliche Regelungen über Veröffentlichung, Bekanntmachung und Aufgebotsfrist zu.

II. Landesrechtliche Vorbehalte nach Art. 102 Abs. 2 EGBGB

2   Nach Art. 102 Abs. 2 EGBGB können durch Landesrecht für die Kraftloserklärung nach § 808 BGB Verfahren außerhalb des gerichtlichen Aufgebotsverfahrens vorgesehen werden. Derartige Verfahren sind für von **Sparkassen ausgestellte Urkunden** (die genaue Bezeichnung der Urkunden ist in den einzelnen Gesetzen z. T. abweichend), insbesondere also Sparbücher, vorgesehen in den Ländern
- Baden-Württemberg, § 34 SpG
- Bayern, Art 33 AGBGB
- Hessen, § 13 SparkG
- Saarland, § 22 SSpG
- Schleswig-Holstein, § 23 SparkG und
- Thüringen, § 13 SpkVO.

Diese Verfahren treten neben das gerichtliche Aufgebotsverfahren, ohne dieses zu ersetzen. Überwiegend ist sogar vorgesehen, dass der Antragsteller auf das gerichtliche Aufgebotsverfahren verwiesen werden kann. Die landesrechtlichen Verfahren dienen allein der Entlastung der Gerichte und werden oft bevorzugt, weil sie i. d. R. kostengünstiger sind. Das gerichtliche Aufgebotsverfahren bleibt aber daneben zulässig.[1]

III. Landesrechtliche Vorbehalte nach § 483 S. 2

3   Von dem Vorbehalt nach S. 2 wurde in folgenden Ländern Gebrauch gemacht:
- Baden-Württemberg, § 26 AGGVG
- Bayern, Art. 27 AGGVG
- Berlin, § 7 AGZPO
- Bremen, § 2 AGZPO
- Niedersachsen, § 17 a AGBGB
- Nordrhein-Westfalen, § 57 JustG
- Rheinland-Pfalz, § 19 a LFGG
- Saarland, § 38 AGJusG und
- Schleswig-Holstein, § 7 AGZPO.

---

[1] Thalmann Rpfleger 2002, 191; a. A. MünchKommZPO/Eickmann §§ 466–484 FamFG Rn 8; differenzierend BeckOK/Schlögel § 483 FamFG Rn 2.

Vorbehalt für die Landesgesetzgebung

484 (1) **Bei Aufgeboten aufgrund der §§ 887, 927, 1104, 1112, 1162, 1170, 1171 des Bürgerlichen Gesetzbuchs, des § 110 des Binnenschifffahrtsgesetzes, der §§ 6, 13, 66, 67 des Gesetzes über Rechte an eingetragenen Schiffen und Schiffsbauwerken (BGBl. III 403-4) und der §§ 13, 66, 67 des Gesetzes über Rechte an Luftfahrzeugen können die Landesgesetze die Art der Veröffentlichung des Aufgebots und des Ausschließungsbeschlusses sowie die Aufgebotsfrist anders bestimmen als in den §§ 435, 437 und 441 vorgeschrieben ist.**

(2) **Bei Aufgeboten, die aufgrund des § 1162 des Bürgerlichen Gesetzbuchs ergehen, können die Landesgesetze die Art der Veröffentlichung des Aufgebots, des Ausschließungsbeschlusses und des in § 478 Abs. 2 und 3 bezeichneten Beschlusses sowie die Aufgebotsfrist auch anders bestimmen, als in den §§ 470, 475, 476 und 478 vorgeschrieben ist.**

1 § 484 enthält wie § 1023 ZPO a. F. einen landesrechtlichen Vorbehalt für die in Abs. 1 und 2 genannten Aufgebotsverfahren. Weitere landesrechtliche Vorbehalte finden sich in den §§ 483, 491. Zulässig sind abweichende Regelung für Veröffentlichung, und Aufgebotsfrist. Hiervon wurde, in unterschiedlichem Ausmaß, in folgenden Ländern Gebrauch gemacht:
- Baden-Württemberg, § 25 AGGVG
- Berlin, §§ 8, 9 AGZPO
- Bremen, § 2 AGZPO
- Niedersachsen, § 17 a AGBGB
- Nordrhein-Westfalen, § 58 JustG
- Rheinland-Pfalz, § 19 b LFGG
- Saarland, §§ 38, 39 AGJusG und
- Schleswig-Holstein, § 8 AGZPO.

Buch 9. Schlussvorschriften

Verhältnis zu anderen Gesetzen

485 Artikel 1 Abs. 2 und die Artikel 2 und 50 des Einführungsgesetzes zum Bürgerlichen Gesetzbuche sind entsprechend anzuwenden.

I. Grundlage

Die Vorschrift entspricht der Regelung in § 185 Abs. 2 FGG, die zeitgleich mit dem BGB, der ZPO und der GBO zum 1. 1. 1900 in Kraft getreten war. Die in ihr in Bezug genommenen Vorschriften des EGBGB lauten: 1

Artikel 1 [Inkrafttreten des BGB; Vorbehalt für Landesrecht]

(1) ...

(2) Soweit in dem Bürgerlichen Gesetzbuch oder in diesem Gesetz die Regelung den Landesgesetzen vorbehalten oder bestimmt ist, daß landesgesetzliche Vorschriften unberührt bleiben oder erlassen werden können, bleiben die bestehenden landesgesetzlichen Vorschriften in Kraft und können neue landesgesetzliche Vorschriften erlassen werden.

Artikel 2 [Begriff des Gesetzes]

Gesetz im Sinne des Bürgerlichen Gesetzbuchs und dieses Gesetzes ist jede Rechtsnorm.

Artikel 50 [Grundsatz]

Die Vorschriften der Reichsgesetze bleiben in Kraft. Sie treten jedoch insoweit außer Kraft, als sich aus dem Bürgerlichen Gesetzbuch oder aus diesem Gesetz die Aufhebung ergibt.

II. Normzweck und Regelung

Der Verweis auf die Vorschriften des EGBGB dient der Klarstellung,[1] dass 2
- auch im Bereich des FamFG der Gesetzesbegriff des Art. 2 EGBGB gilt; Gesetz im Sinne des Art. 2 EGBGB ist jede Rechtsnorm, also auch das Gewohnheitsrecht[2] und die Verordnungen im formellen Sinne, sofern sie Rechtssätze enthalten (Rechtsverordnungen), Entscheidungen der Verfassungsgerichte (s. § 31 BVerfGG; auch der Verfassungs- bzw. Staatsgerichtshöfe der Länder), die Staatsverträge des Bundes oder eines deutschen Landes (Art. 2 EGBGB), die allgemeinen Regeln des Völkerrechts, soweit sie durch einen Akt des Gesetzgebers innerstaatliche Geltung erlangen (Art. 25 GG), sowie die öffentlich-rechtlichen Satzungen.[3]
- die bestehenden landesgesetzlichen Vorschriften in Kraft bleiben und neue landesgesetzliche Vorschriften erlassen werden können, soweit im FamFG die Regelung den Landesgesetzen vorbehalten oder bestimmt ist, dass landesgesetzliche Vorschriften unberührt bleiben oder erlassen werden können (s. dazu § 486);[4]
- und Vorschriften alten Rechts, die Regelungen des FamFG betreffen, nur dann außer Kraft treten, wenn sie ausdrücklich aufgehoben worden sind.[5]

---

[1] Jansen/von König § 185 Rn 7 zu § 185 FGG.
[2] RGZ 75, 41; KG FamRZ 1964, 516; MünchKommBGB/Säcker Art. 2 EGBGB Rn 1; Palandt/Thorn Art. 2 EGBGB Rn 1; Staudinger/Merten Art. 2 EGBGB Rn 93 ff.
[3] KGJ 53, 203; Staudinger/Merten Art. 2 EGBGB Rn 31.
[4] Vgl. BVerfG NJW 1960, 1659.
[5] Vgl. Jansen/von König § 185 Rn 9 zu § 185 FGG.

§ 486 1, 2 Schlussvorschriften

Landesrechtliche Vorbehalte; Ergänzungs- und Ausführungsbestimmungen

486 (1) Soweit das Einführungsgesetz zum Bürgerlichen Gesetzbuche Rechtsgebiete der Landesgesetzgebung vorbehält, gilt dieser Vorbehalt auch für die entsprechenden Verfahrensvorschriften, soweit sie Gegenstand dieses Gesetzes sind.

(2) ¹Durch Landesgesetz können Vorschriften zur Ergänzung und Ausführung dieses Gesetzes, einschließlich der erforderlichen Übergangsvorschriften erlassen werden. ²Dies gilt auch, soweit keine Vorbehalte für die Landesgesetzgebung bestehen.

I. Normzweck

1   Während Abs. 2 der Landesgesetzgebung nur gestattet, Vorschriften zur Ergänzung und Ausführung des FamFG zu erlassen, erlaubt Abs. 1 auch abweichende Bestimmungen über das Verfahren innerhalb der nach den Vorschriften des EGBGB der Landesgesetzgebung vorbehaltenen Rechtsgebiete. Abs. 1 entspricht dem § 189 FGG, Abs. 2 dem § 200 FGG.

II. Landesrechtliche Vorbehalte im EGBGB für abweichende Regelungen (Abs. 1)

2   Nach Abs. 1 steht es der Landesgesetzgebung frei, das Verfahren selbständig und unabhängig von den Vorschriften des FamFG zu regeln, soweit nach den Vorschriften des EGBGB privatrechtliche Vorschriften der Landesgesetze in Kraft bleiben oder nach Art. 1 Abs. 2 EGBGB solche Vorschriften neu erlassen werden können. Landesrechtliche Vorbehalte in Rechtsgebieten, die Gegenstand des FamFG sind, enthält das EGBGB in zahlreichen Artikeln. Folgende haben noch praktische Bedeutung:

Artikel 64 [Anerbenrecht]

(1) Unberührt bleiben die landesgesetzlichen Vorschriften über das Anerbenrecht in Ansehung landwirtschaftlicher und forstwirtschaftlicher Grundstücke nebst deren Zubehör.

(2) Die Landesgesetze können das Recht des Erblassers, über das dem Anerbenrecht unterliegende Grundstück von Todes wegen zu verfügen, nicht beschränken.

Artikel 82 [Verfassung konzessionierter Vereine]

Unberührt bleiben die Vorschriften der Landesgesetze über die Verfassung solcher Vereine, deren Rechtsfähigkeit auf staatlicher Verleihung beruht.

Artikel 139 [Nachlaß einer verpflegten Person]

Unberührt bleiben die landesgesetzlichen Vorschriften, nach welchen dem Fiskus oder einer anderen juristischen Person in Ansehung des Nachlasses einer verpflegten oder unterstützten Person ein Erbrecht, ein Pflichtteilsanspruch oder ein Recht auf bestimmte Sachen zusteht.

Artikel 140 [Nachlaßverzeichnis]

Unberührt bleiben die landesgesetzlichen Vorschriften, nach welchen das Nachlaßgericht auch unter anderen als den in § 1960 Abs. 1 des Bürgerlichen Gesetzbuchs bezeichneten Voraussetzungen die Anfertigung eines Nachlaßverzeichnisses sowie bis zu dessen Vollendung die erforderlichen Sicherungsmaßregeln, insbesondere die Anlegung von Siegeln, von Amts wegen anordnen kann oder soll.

Artikel 144 [Beistandschaft für Vereine]

Die Landesgesetze können bestimmen, daß das Jugendamt die Beistandschaft mit Zustimmung des Elternteils auf einen rechtsfähigen Verein übertragen kann, dem dazu eine Erlaubnis nach § 54 des Achten Buches Sozialgesetzbuch erteilt worden ist.

Artikel 147 [Vormundschafts- und Nachlaßbehörden]

(1) Unberührt bleiben die landesgesetzlichen Vorschriften, nach welchen für die dem Betreuungsgericht oder dem Nachlaßgericht obliegenden Verrichtungen andere als gerichtliche Behörden zuständig sind.

(2) (weggefallen)

Artikel 148 [Zuständigkeit für Nachlaß-Inventar]

Die Landesgesetze können die Zuständigkeit des Nachlaßgerichts zur Aufnahme des Inventars ausschließen.

III. Landesrechtliche Ergänzungs- und Ausführungsbestimmungen (Abs. 2)

Abs. 2 gibt der Landesgesetzgebung, soweit das FamFG eine vollständige Regelung der von ihm behandelten Materien nicht vorgenommen hat, freien Raum zu ergänzenden Vorschriften und Ausführungsvorschriften. Von der ihnen im gleichlautenden § 200 FGG eingeräumten Möglichkeit haben folgende Länder für das FamFG Gebrauch gemacht:

Abdruck unter nachfolgender Rn

Baden-Württemberg: Bad.-Württ.LFGG vom 12. 2. 1975 (GBl. S. 116) in der ab 14. 8. 2010 bis 31. 12. 2017 gültigen Fassung, zuletzt geändert durch Gesetz vom 29. 7. 2010 (GBl. S. 555).	4
Bayern: BayAGGVG i. d. Fassung vom 1. 1. 1983 (BayRS Gliederungs-Nr. 300-1-1-J), zuletzt geändert durch § 1 des Gesetzes vom 23. 2. 2011 (GVBl. S. 112).	5
Berlin: Es gilt das Preußische FGG vom 21. 9. 1899 (GVBl. Berlin 1964, 1647), zuletzt geändert teilweise mit landesrechtlichen Besonderheiten.	6
Brandenburg: BbgGerNeuOG vom 14. 6. 1993 (GVBl. S. 198) und VO zur Übertragung der Ermächtigung nach § 82a Abs. 8 FGG vom 20. 11. 2008 (§ 82a Abs. 8 FGG entspricht § 347 Abs. 6 FamFG)	7
Bremen: Bremisches Gesetz über die Angelegenheiten der freiwilligen Gerichtsbarkeit vom 23. 6. 2009 – BremFGG – (GBl. S. 233).[1]	8
Hamburg: Hamburgisches Gesetz über die Angelegenheiten der freiwilligen Gerichtsbarkeit – HmbFGG – vom 16. 1. 1989 (GVBl. S. 5), zuletzt geändert durch Art. 1 des Gesetzes vom 30. 11. 2010 (HmbGVBl. S. 631).	9
Hessen: Hessisches Gesetz über die freiwillige Gerichtsbarkeit (Hess.FGG) vom 12. 4. 1954 (GVBl. S. 59) in der ab 1. 1. 2004 gültigen Fassung; Hessisches Ortsgerichtsgesetz vom 2. 4. 1980 (GVBl. S. 113).	10
Mecklenburg-Vorpommern: Gesetz zur Ausführung des Gerichtsstrukturgesetzes (Meck.-Vorp. GOrgG) vom 2. 6. 1992 (GVBl. S. 314).	11
Niedersachsen: Niedersächsisches Gesetz über die freiwillige Gerichtsbarkeit (Nds.FGG) i. d. F. vom 24. 2. 1971 (Nds.GVBl. S. 43), zuletzt geändert durch Art. 2 des Gesetzes vom 17. 12. 1998 (Nds.GVBl. S. 170), Art. 1 des Gesetzes vom 7. 10. 2010 (Nds.GVBl. Nr. 24/2010 S. 462) und Art. 3 des Gesetzes vom 8. 12. 2010 (Nds.GVBl. Nr. 30/2010 S. 553).	12
Nordrhein-Westfalen: JustG vom 26. 1. 2010 (GV. NRW. S. 30), das zum 1. 1. 2011 in Kraft getreten ist und das Preußische Gesetz über die freiwillige Gerichtsbarkeit vom 21. 9. 1899 abgelöst hat, welches gemäß Art. 2 Nr. 42 des Gesetzes zur Modernisierung und Bereinigung von Justizgesetzen im Land NRW aufgehoben worden ist (GV.NRW 2010 S. 30).	13

---

[1] Das BR AGFGG vom 12. 5. 1964 (GBl. S. 50) wurde durch Art. 7 des FamilienverfahrensG-AnpassungsG (GBl. S. 233) mit Wirkung vom 1. 9. 2009 aufgehoben.

Rheinland-Pfalz: Landesgesetz über die freiwillige Gerichtsbarkeit (LFGG) vom 12. 10. 1995 (GVBl. S. 421), zuletzt geändert durch Art. 16 des Gesetzes vom 22. 12. 2009 (GVBl. S. 413); LVO über die gerichtliche Zuständigkeit in Zivilsachen und Angelegenheiten der FG vom 22. 11. 1985 (GVBl. S. 267), zuletzt geändert durch die Landesverordnung vom 29. März 2001 (GVBl. S. 91), BS 301-6.	14
Saarland: Justizgesetze-Ausführungsgesetz (AGJusG) vom 5. 2. 1997 (Amtsbl. S. 258), zuletzt geändert durch Art. 1 ÄndG vom 19. 1. 2011 (Amtsbl. I S. 64).	15
Schleswig-Holstein: Es gilt – mit landesrechtlichen Besonderheiten – das Preußische FGG vom 21. 9. 1899 (PrGS S. 249), zuletzt geändert durch Art. 4 des Gesetzes zur Anpassung des SchlH LandesR an das FamFG vom 24. 9. 2009 (GVOBl. SchlH S. 633) und durch Art. 61 LandesVO zur Anpassung von Rechtsvorschriften an geänderte Zuständigkeiten der obersten Landesbehörden und geänderte Ressortbezeichnungen vom 8. 9. 2010 (GVOBl. SchlH S. 575).	6
Thüringen: ThürAGGVG vom 12. 10. 1993 (GVBl. S. 612), zuletzt geändert durch Gesetz vom 9. 9. 2010 (GVBl. S. 294), tritt gem. § 30 mWv 1. 1. 2014 außer Kraft.	16

Inwieweit die Landesgesetzgeber von Sachsen und Sachsen-Anhalt entsprechende Regelungen für das FamFG treffen, bleibt abzuwarten.

1. Baden-Württemberg

4 **Landesgesetz über die freiwillige Gerichtsbarkeit**[2]

Erster Abschnitt
Allgemeine Bestimmungen

§ 1 Behörden der freiwilligen Gerichtsbarkeit und ihre Zuständigkeit.

(1) Für die durch Bundesrecht den Gerichten übertragenen Angelegenheiten der freiwilligen Gerichtsbarkeit sind in dem in Absatz 2 und 3 bestimmten Umfang anstelle der Gerichte staatliche Notariate und Grundbuchämter zuständig.

(2) Die Notariate, nach Bildung der Abteilungen nur die Notariate, bei denen eine Abteilung Freiwillige Gerichtsbarkeit besteht, sind zuständig für Nachlaß- und Teilungssachen und für die besondere amtliche Verwahrung der Verfügungen von Todes wegen, im württembergischen Rechtsgebiet außerdem, soweit in § 37 nichts anderes bestimmt ist, für Betreuungssachen, Unterbringungssachen und betreuungsgerichtliche Zuweisungssachen.

(3) Die Grundbuchämter sind für die Führung der Grundbücher zuständig. Soweit das Justizministerium von der Ermächtigung in § 26 Abs. 6 Gebrauch gemacht hat, sind die betroffenen Amtsgerichte für die Führung der Grundbücher zuständig.

(4) [1] Badisches Rechtsgebiet ist der Bezirk des Oberlandesgerichts Karlsruhe mit Ausnahme des Bezirks des Amtsgerichts Maulbronn sowie der Stadtteile Schwenningen, Mühlhausen und Weigheim der Stadt Villingen-Schwenningen und des Gebiets der Gemeinde Tuningen. [2] Württembergisches Rechtsgebiet sind der Bezirk des Oberlandesgerichts Stuttgart sowie die in Satz 1 gesondert aufgeführten Teile des Bezirks des Oberlandesgerichts Karlsruhe.

§ 2 Sachliche Unabhängigkeit.

Die Notare bei den Notariaten (Notare im Landesdienst) sind bei der Wahrnehmung von Aufgaben der Rechtspflege sachlich unabhängig und nur dem Gesetz unterworfen.

§ 3 Beurkundungszuständigkeiten.

(1) [1] Für die Beurkundung von Rechtsvorgängen und für die anderen den Notaren in der Bundesnotarordnung auf dem Gebiet der vorsorgenden Rechtspflege übertragenen Aufgaben sind

---
[2] Vom 12. 2. 1975 (GBl. S. 116)

die Notare im Landesdienst zuständig. ²Sie üben diese Tätigkeit als unabhängige Träger eines öffentlichen Amts neben ihren Aufgaben nach § 17 Abs. 3 und § 29 aus.

(2) Im württembergischen Rechtsgebiet können Notare zur hauptberuflichen Amtsausübung und Anwaltsnotare, im badischen Rechtsgebiet können Notare zur hauptberuflichen Amtsausübung bestellt werden.

(3) Zur Beurkundung sind in dem durch § 32 bestimmten Umfang ferner die Ratschreiber befugt.

§ 4 Aufsicht.

(1) ¹Die Notariate und die Grundbuchämter stehen unter der Dienstaufsicht des Notars, des Präsidenten des Landgerichts, des Präsidenten des Oberlandesgerichts und des Justizministeriums. ²Erstreckt sich der Bezirk eines Grundbuchamts auf den Bezirk von mehr als einem Landgericht oder Oberlandesgericht, ist für die Dienstaufsicht der Sitz des Grundbuchamts maßgeblich.

(2) Ist das Notariat mit mehreren Notaren besetzt, so bestimmt das Justizministerium den aufsichtsführenden Notar. Die Aufsicht erstreckt sich nicht auf andere Notare.

(3) ¹Die Dienstaufsicht umfaßt im Bereich des § 3 Abs. 1 auch die Prüfung und Überwachung der Amtsführung der Notare. ²§ 93 Abs. 1 Satz 2 und 3, Abs. 2, Abs. 3 Satz 3, Abs. 4 Satz 1 und § 94 der Bundesnotarordnung finden entsprechende Anwendung.

(4) Das Justizministerium bestellt bei jedem Landgericht Richter, die den Präsidenten des Landgerichts bei seiner Aufsichtstätigkeit unterstützen.

(5) ¹Die Vorschriften der Absätze 1 und 4 gelten für die Tätigkeit der Ratschreiber sowie für die Mitwirkung der Gemeinden in Nachlaß- und Teilungssachen entsprechend. ²Die Aufsicht beschränkt sich unbeschadet von § 31 auf die Fachaufsicht; das Weisungsrecht ist unbeschränkt.

§ 5 Allgemeine Verfahrensvorschriften.

(1) Für die Angelegenheiten der freiwilligen Gerichtsbarkeit, die durch Landesgesetz den ordentlichen Gerichten, den Notariaten und den Grundbuchämtern übertragen sind, gelten die Vorschriften des Gesetzes über das Verfahren in Familiensachen und in den Angelegenheiten der freiwilligen Gerichtsbarkeit (FamFG) sowie des Gerichtsverfassungsgesetzes (GVG), soweit das Landesrecht nichts anderes bestimmt.

(2) Für alle den ordentlichen Gerichten, den Notariaten oder den Grundbuchämtern übertragenen Angelegenheiten der freiwilligen Gerichtsbarkeit gelten ergänzend, soweit nichts anderes bestimmt ist, die Vorschriften der §§ 6 bis 11.

§ 6 Besondere Zuständigkeiten.

(1) Über die Ausschließung und Ablehnung eines Notars im Landesdienst entscheidet das Landgericht.

(2) Ist in einem Verfahren bei einem Notariat die Androhung oder die Anordnung von Haft erforderlich, so ist insoweit das Amtsgericht zuständig.

§ 7 Mitwirkung der Urkundsbeamten, Gerichtsvollzieher und Gemeindebediensteten.

(1) Die Vorschrift des § 6 FamFG findet auch für die Mitwirkung eines Urkundsbeamten der Geschäftsstelle und eines Gemeindebediensteten, der mit der Erledigung der Aufgaben nach § 40 beauftragt ist, entsprechende Anwendung.

(2) ¹Verfügungen des Urkundsbeamten und des Gerichtsvollziehers sind mit der Erinnerung anfechtbar. ²Über eine Erinnerung gegen eine Verfügung des Urkundsbeamten beim Notariat oder beim Grundbuchamt entscheidet der Notar; § 33 findet entsprechende Anwendung.

§§ 8–10 (aufgehoben)

§ 11 Ausfertigungen und Abschriften.

(1) Ausfertigungen von Entscheidungen, Verfügungen und Zeugnissen erteilt die Geschäftsstelle.

(2) ¹Die Ausfertigung besteht in einer Abschrift der Urschrift, die mit dem Ausfertigungsvermerk versehen ist. ²Sie soll in der Überschrift als Ausfertigung bezeichnet sein. ³Der Ausfertigungsvermerk soll den Tag und den Ort der Erteilung angeben und die Übereinstimmung der Ausfertigung mit der Urschrift bestätigen. ⁴Er muß unterschrieben und mit Präge- oder Farbdrucksiegel (Siegel) versehen sein.

(3) Wird eine Ausfertigung nur auszugsweise erteilt, so soll im Ausfertigungsvermerk der Gegenstand des Auszugs angegeben und bezeugt werden, daß die Urkunde über diesen Gegenstand keine weiteren Bestimmungen enthält.

(4) Auf der Urschrift soll vermerkt werden, wem und an welchem Tage eine Ausfertigung erteilt worden ist.

(5) ¹Bei der Beglaubigung von Abschriften, Abdrucken, Ablichtungen und dergleichen (Abschriften) muß der Beglaubigungsvermerk die Übereinstimmung mit der Urkunde bezeugen. ²Im übrigen gelten die Absätze 2 und 3 entsprechend.

§ 12 Vernehmung und Beeidigung von Zeugen und Sachverständigen außerhalb eines anhängigen Verfahrens.

¹Die Amtsgerichte sind zuständig, außerhalb eines anhängigen Verfahrens die Aussagen von Zeugen und die Gutachten von Sachverständigen entgegenzunehmen sowie Eide und eidesstattliche Versicherungen dieser Personen abzunehmen, wenn hierfür ein berechtigtes Interesse glaubhaft gemacht wird. ²Ein Zwang darf auf die Zeugen und Sachverständigen nicht ausgeübt werden.

Zweiter Abschnitt
Notariate

§ 13 Einrichtung.

(1) In jedem Amtsgerichtsbezirk besteht mindestens ein Notariat.

(2) Das Justizministerium wird ermächtigt, durch Rechtsverordnung Notariate zu errichten oder aufzuheben oder den Bezirk oder den Sitz eines Notariats zu ändern, soweit dies zur Anpassung an Verwaltungs- oder Gerichtsbezirke oder im Interesse einer geordneten und leistungsfähigen Rechtspflege zweckmäßig ist.

§ 14 Unterbringungspflicht der Gemeinden des württembergischen Rechtsgebiets.

(1) ¹Die Gemeinden des württembergischen Rechtsgebiets sind verpflichtet, die erforderlichen Diensträume für die Notariate mit Einrichtungsgegenständen zur Verfügung zu stellen und die Diensträume zu reinigen, zu heizen und zu beleuchten. ²Die Verpflichtung umfasst auch die Bereitstellung einer den Vorgaben der Landesjustizverwaltung entsprechenden Verkabelung der Diensträume.

(2) Die Verpflichtung obliegt der Gemeinde am Sitz des Notariats.

§ 15 Siegel.

Die Notariate führen Siegel. Das Siegel des Notariats ist auch Siegel für das Amt des Notars nach § 3 Abs. 1.

§ 16 Sprechtage.

Die Notare sind verpflichtet, im Notariatsbezirk allgemeine Sprechtage einzurichten, soweit hierfür ein Bedürfnis besteht und die Gemeinde geeignete Räume zur Verfügung stellt.

§ 17 Besetzung und Gliederung.

(1) Die Notariate werden mit Notaren im Landesdienst besetzt. Außerdem werden ihnen die erforderlichen weiteren Beamten und Hilfskräfte zugeteilt.

(2) Zum Notar kann ernannt werden, wer die Befähigung zum Richteramt nach dem deutschen Richtergesetz oder die Befähigung zum Amt des Bezirksnotars erworben hat.

(3) ¹Bei den Notariaten werden nach Bedarf und zur Vorbereitung des flächendeckenden Übergangs zur Regelform des Notariats nach § 3 Abs. 1 der Bundesnotarordnung Abteilungen Freiwillige Gerichtsbarkeit und Abteilungen Beurkundung und vorsorgende Rechtspflege gebildet.

² Der Notar bei der Abteilung Freiwillige Gerichtsbarkeit ist für alle Aufgaben des Notariats zuständig, soweit sie nicht der Geschäftsstelle oder dem Urkundsbeamten der Geschäftsstelle übertragen sind; § 35 des Rechtspflegergesetzes und § 3 Abs. 1 dieses Gesetzes bleiben unberührt. ³ Der Notar bei der Abteilung Beurkundung und vorsorgende Rechtspflege ist für alle Aufgaben nach § 3 Abs. 1 Satz 1 zuständig. ⁴ Als Notar bei der Abteilung Beurkundung und vorsorgende Rechtspflege wird nur verwendet, wer die Bestellung zum Notar zur hauptberuflichen Amtsausübung anstrebt und nach seiner Persönlichkeit und seinen Leistungen für dieses Amt geeignet ist. ⁵ Bei der Einrichtung der Abteilungen Beurkundung und vorsorgende Rechtspflege findet § 4 der Bundesnotarordnung Anwendung.

(4) Unter den in Absatz 2 genannten Voraussetzungen können einem Richter oder Beamten die Aufgaben eines Notars auch übertragen werden, ohne daß er zum Notar ernannt wird (Notarvertreter).

§ 18 Geschäftsstelle.

(1) Bei jedem Notariat besteht eine Geschäftsstelle.

(2) ¹ Für die Aufgaben der Geschäftsstelle sind Urkundsbeamte zuständig. ² Der Notar kann diese Aufgaben selbst erledigen. ³ Er kann zu ihrer Erledigung verpflichtet werden.

§ 19 Geschäftsverteilung und Vertretung.

(1) ¹ Bei den mit mehreren Notaren besetzten Notariaten wird vom aufsichtsführenden Notar nach Anhörung der weiteren Notare ein Geschäftsverteilungsplan für eine bestimmte oder unbestimmte Zeit aufgestellt. ² Hierbei wird auch die Vertretung in Verhinderungsfällen geregelt. ³ Die Geschäftsverteilung umfaßt nicht die Amtstätigkeit des Notars nach § 3 Abs. 1.

(2) ¹ Notarvertreter stehen für die Anwendung des Absatzes 1 den Notaren gleich. Einem Notarvertreter wird ein Teil des Geschäftsbereichs eines Notars oder mehrerer Notare übertragen. ² Wird dem Notariat nur vorübergehend ein Notarvertreter zugeteilt, so kann das Justizministerium die Geschäftszuteilung regeln oder sie einem Notar für seinen Geschäftsbereich übertragen.

(3) ¹ Der Geschäftsverteilungsplan bedarf der Zustimmung des Präsidenten des Landgerichts. ² Dieser kann Änderungen vornehmen.

(4) ¹ Ist ein Notariat nur mit einem Notar oder Notarvertreter besetzt, so bestimmt der Präsident des Landgerichts für den Fall der Verhinderung einen Notar oder Notarvertreter des Landgerichtsbezirks zum Vertreter. ² Er hat diese Befugnis auch sonst, wenn er eine Regelung der Vertretung nach Absatz 1 nicht für ausreichend hält.

(5) Der nach dem Geschäftsverteilungsplan oder durch den Präsidenten des Landgerichts bestimmte Vertreter ist im Fall der Verhinderung eines Notars oder Notarvertreters auch Vertreter für die Amtstätigkeit nach § 3 Abs. 1.

(6) ¹ Sind einem Notariat Rechtspfleger zugeteilt, so sind auch deren Aufgaben durch Geschäftsverteilungsplan zu regeln. ² Absatz 2 Satz 2 und 3 und Absatz 3 gelten entsprechend.

(7) Die Gültigkeit der Handlung eines Notars oder Notarvertreters wird nicht dadurch berührt, daß die Handlung nach der Geschäftsverteilung oder der Vertretungsregelung von einem anderen Notar oder Notarvertreter wahrzunehmen gewesen wäre.

§ 20 Anwendung der Bundesnotarordnung.

¹ Für das Amt des Notars nach § 3 Abs. 1 finden die Vorschriften in § 14 (Allgemeine Berufspflicht), § 15 (Amtsverweigerung), § 16 (Ausschließung von der Amtsausübung), § 17 (Gebühren), § 18 (Pflicht zur Verschwiegenheit), § 28 (Pflicht zur Unabhängigkeit und Unparteilichkeit), § 29 Abs. 1 (Werbeverbot), § 30 Abs. 1 (Ausbildungspflicht) und in § 31 (Verhalten des Notars) der Bundesnotarordnung entsprechende Anwendung. ² Ferner gelten die besonderen Vorschriften der §§ 21 bis 24 der Bundesnotarordnung.

§ 21 Amtsbezirk des Notars.

¹ Amtsbezirk des Notars ist entsprechend dem Sitz des Notariats entweder das badische oder das württembergische Rechtsgebiet. ² Der Notar soll jedoch außerhalb des Notariatsbezirks nur tätig werden, wenn hierfür im Einzelfall ein Bedürfnis besteht. ³ Im übrigen gilt § 11 Abs. 2 und 3 der Bundesnotarordnung entsprechend.

§ 22 Amtswechsel.

(1) ¹Endet die Amtszeit des Notars bei einem Notariat, so sind die von ihm verwahrten Niederschriften, Bücher und Akten und die laufenden Amtsgeschäfte von seinem Nachfolger zu übernehmen. ²Der Nachfolger erteilt Ausfertigungen und Abschriften und gestattet die Einsicht der Niederschriften. ³Dies gilt auch bei einer vorläufigen Untersagung der Amtstätigkeit für deren Dauer.

(2) In den Fällen des Absatzes 1 kann, bis ein Notar neu bestellt ist oder der bereits bestellte Notar zur Amtsausübung wieder zugelassen wird, ein Notar oder Notarvertreter zur vorübergehenden Wahrnehmung der Amtsgeschäfte ermächtigt werden (Amtsverwalter).

§ 23 Nebentätigkeit.

Für Nebentätigkeiten der Notare gelten die beamtenrechtlichen Vorschriften.

§ 24 Hilfskräfte des Notars.

(1) ¹Der Notar kann für die Tätigkeit nach § 3 Abs. 1 selbst Hilfskräfte beschäftigen. ²Bei der Einstellung hat sie der Notar nach § 1 des Verpflichtungsgesetzes förmlich zu verpflichten. ³Hierbei ist auf die Bestimmungen in § 14 Abs. 4 und § 18 der Bundesnotarordnung besonders hinzuweisen.

(2) Unberührt bleibt die Verpflichtung des Landes, die erforderlichen Hilfskräfte zuzuteilen.

(3) Der Notar kann den beamteten Bediensteten im Notariat für die Mitwirkung bei Tätigkeiten, für die er einen Gebührenanteil erhält, einen angemessenen Teil dieser Gebührenanteile als freiwillige Leistung überlassen.

§ 25 Besondere Bestimmungen für den Notarvertreter.

(1) Die für die Notare geltenden Vorschriften dieses Gesetzes finden, soweit nichts anderes bestimmt ist, auch auf Notarvertreter Anwendung.

(2) ¹Der Notarvertreter ist für die in § 3 Abs. 1 bezeichneten Aufgaben Vertreter des Notars, dessen Geschäftsbereich er nach der Geschäftsverteilung zugeteilt ist. ²Seine Zuständigkeit ist nicht auf den Verhinderungsfall beschränkt, jedoch kann der Umfang seiner Tätigkeit nach § 3 Abs. 1 durch die für die Dienstaufsicht zuständigen Stellen eingeschränkt werden. ³§ 41 Abs. 2 (Verbot der Beurkundung) der Bundesnotarordnung findet entsprechende Anwendung.

(3) Die Urkunden des Notarvertreters werden bei den Urkunden des Notars verwahrt.

Dritter Abschnitt
Grundbuchämter und Grundbuchsachen

§ 26 Einrichtung

(1) In jeder Gemeinde besteht ein Grundbuchamt.

(2) Das Justizministerium wird ermächtigt, durch Rechtsverordnung
1. innerhalb einer Gemeinde mehrere Grundbuchämter zu errichten oder den Bezirk eines Grundbuchamts zu ändern, wenn dies für eine sachgerechte Erledigung der Geschäfte geboten ist,
2. Grundbuchämter aufzuheben und ihren Bezirk einem anderen Grundbuchamt zuzuweisen, sofern in einer Gemeinde keine geeigneten Räume oder kein geeigneter Ratschreiber zur Verfügung stehen oder die Aufhebung und Zuweisung aus anderen Gründen zu einer besseren Erledigung der Geschäfte führen.

(3) Zum Zwecke der Einführung des maschinell geführten Grundbuchs kann das Justizministerium durch Rechtsverordnung Grundbuchämter aufheben und ihren Bezirk einem anderen Grundbuchamt zuweisen, wenn das andere Grundbuchamt in einer Großen Kreisstadt oder in einer Gemeinde liegt, die Sitz eines Notariats oder einer ständigen Außenstelle eines Notariats ist.

(4) Von der Aufhebung und Zuweisung des Bezirks eines Grundbuchamts nach Absatz 3 wird abgesehen, wenn die Gemeinde, die Sitz des Grundbuchamts ist, die Voraussetzungen für eine Umstellung auf das maschinell geführte Grundbuch sicherstellt.

(5) Von der Zuweisung des Bezirks eines Grundbuchamts nach Absatz 3 wird abgesehen und der Bezirk dem Grundbuchamt in einer anderen Gemeinde desselben Notariatsbezirks zugewiesen, bei der die in Absatz 3 genannten Voraussetzungen nicht vorliegen, wenn die bisher für die

Unterbringung zuständige Gemeinde und die künftig hierfür zuständige Körperschaft dies beantragen und die Umstellung auf das maschinell geführte Grundbuch sichergestellt ist.

(6) Das Justizministerium wird ermächtigt, durch Rechtsverordnung Grundbuchämter aufzuheben und ihren Bezirk einem nach § 1 der Grundbuchordnung grundbuchführenden Amtsgericht zuzuweisen.

§ 27 Unterbringungspflicht der Gemeinden

(1) Gemeinden, die Sitz eines Grundbuchamts sind, haben die für das Grundbuchamt erforderlichen Diensträume mit Einrichtungsgegenständen zur Verfügung zu stellen und die Diensträume zu reinigen, zu heizen und zu beleuchten.

(2) Die Verpflichtung der Gemeinde umfasst die Bereitstellung einer den Vorgaben des Justizministeriums entsprechenden Verkabelung der Diensträume sowie
a) im badischen Rechtsgebiet die Bereitstellung von Schreibmaschinen und bei maschineller Grundbuchführung einer geeigneten Informations- und Kommunikationstechnik-Ausstattung (IuK-Ausstattung), die den Vorgaben des Justizministeriums entsprechen muss, sowie des Schrifttums und des Schreibbedarfs mit Ausnahme der amtlich eingeführten Vordrucke,
b) im württembergischen Rechtsgebiet bei Grundbuchämtern, die sich nicht am Sitz eines Notariats befinden, die Bereitstellung von Schreibmaschinen und bei maschineller Grundbuchführung einer geeigneten IuK-Ausstattung, die den Vorgaben des Justizministeriums entsprechen muss, sowie die Verwahrung von Vormundschafts- und Nachlassakten.

(3) Eine Gemeinde, in der das Grundbuchamt gemäß § 26 Abs. 3 oder 5 aufgehoben wird, bleibt vorbehaltlich einer abweichenden Anordnung des Justizministeriums zur ordnungsgemäßen Verwahrung der bisher dort in Papierform geführten Grundbücher und Grundakten, der Hilfsverzeichnisse und Geschäftsregister sowie der Vormundschafts- und Nachlassakten verpflichtet.

§ 28 Siegel

[1] Das Siegel des Notariats ist auch Siegel des Grundbuchamts. Sofern die Datenverarbeitung im Auftrag des zuständigen Grundbuchamtes auf den Anlagen einer anderen staatlichen Stelle oder auf den Anlagen einer juristischen Person des öffentlichen Rechts vorgenommen wird, führt die beauftragte andere staatliche Stelle oder juristische Person des öffentlichen Rechts das eigene Siegel. [2] In den Fällen des § 26 Abs. 6 ist das Siegel des Amtsgerichts das Siegel des Grundbuchamts.

§ 29 Besetzung und Gliederung

(1) [1] Die Notare und die Notarvertreter, nach Bildung der Abteilungen nur diejenigen bei der Abteilung Freiwillige Gerichtsbarkeit, sind zugleich Grundbuchbeamte für die zum Notariatsbezirk gehörenden Grundbuchämter. [2] Für die den Notariaten zugewiesenen Rechtspfleger bedarf die Bestellung zum Grundbuchbeamten einer besonderen Anordnung des Präsidenten des Oberlandesgerichts.

(2) [1] § 17 Abs. 3 Satz 2 und Abs. 4 gilt entsprechend. [2] Ist nach Bundesrecht der Richter oder Rechtspfleger gemeinsam mit einem Urkundsbeamten der Geschäftsstelle zuständig, so entfällt die Mitwirkung des Urkundsbeamten neben dem Notar oder Rechtspfleger.

§ 30 Sprechtage, Geschäftsstelle, Geschäftsverteilung und Vertretung

Für die Einrichtung von Sprechtagen in den Räumen des Grundbuchamts und für die Geschäftsstelle sowie für die Geschäftsverteilung und Vertretung gelten die §§ 16, 18 und 19 entsprechend.

§ 31 Bestellung und Abberufung des Ratschreibers

(1) [1] Jede Gemeinde, die Sitz eines Grundbuchamts ist, bestellt einen Ratschreiber; dies gilt nicht, wenn das Grundbuch von einem Amtsgericht geführt wird. [2] Für die Bestellung gilt § 58 Abs. 2 der Gemeindeordnung. Bestehen innerhalb einer Gemeinde mehrere Grundbuchämter, so kann für jedes Grundbuchamt ein weiterer Ratschreiber bestellt werden. [3] Im badischen Rechtsgebiet sind weitere Ratschreiber zu bestellen, soweit dies wegen der weitergehenden Zuständigkeit in Grundbuchsachen (§ 32 Abs. 2) erforderlich ist; § 153 Abs. 5 des Gerichtsverfassungsgesetzes bleibt unberührt. Für den Fall der Verhinderung ist die Vertretung zu regeln.

(2) ¹Für die in § 32 Abs. 4 genannte Befugnis können Ratschreiber auch in Gemeinden bestellt werden, die nicht Sitz eines Grundbuchamts sind, sowie in Ortsteilen, für die die Ortschaftsverfassung eingeführt ist. ²Dasselbe gilt, soweit ein besonderes Bedürfnis besteht, in Ortsteilen, für die die Bezirksverfassung eingeführt ist; die Bestellung der Ratschreiber bedarf in diesen Fällen der Zustimmung des Justizministeriums.

(3) ¹Die Ratschreiber und ihre Vertreter sollen mindestens die Befähigung zum mittleren Verwaltungs- oder Justizdienst haben. ²Erfüllen sie diese Voraussetzungen nicht, so bedürfen sie zur Aufnahme ihrer Tätigkeit der Zustimmung des die Aufsicht führenden Präsidenten des Landgerichts. ³Die Zustimmung darf nur erteilt werden, wenn die erforderliche Eignung nachgewiesen ist.

(4) ¹Der Präsident des Landgerichts hat den Ratschreiber seines Amtes zu entheben, wenn er die erforderliche Eignung nicht besitzt. ²Ist der Ratschreiber nur für einen Teil seiner Aufgaben ungeeignet, kann ihm seine Tätigkeit teilweise untersagt werden. ³Der Präsident des Landgerichts kann einstweilige Anordnungen treffen.

(5) ¹Der Ratschreiber und die Gemeinde sind vor einer Maßnahme nach Absatz 4 zu hören. ²Bei besonderer Eilbedürftigkeit kann die Anhörung vor Erlass einer einstweiligen Anordnung unterbleiben.

(6) ¹Der Ratschreiber kann auf seine Amtstätigkeit durch schriftliche Erklärung gegenüber dem Präsidenten des Landgerichts verzichten. ²Der Verzicht ist der Gemeinde und ihrer Aufsichtsbehörde mitzuteilen.

(7) Ist eine Maßnahme nach Absatz 4 ergangen oder hat der Ratschreiber auf seine Amtstätigkeit nach Absatz 6 verzichtet, ist die Neubestellung des Ratschreibers durch die Gemeinde unwirksam, sofern der Präsident des Landgerichts der Wiederbestellung nicht zuvor durch schriftlichen Bescheid zugestimmt hat.

§ 32 Aufgaben des Ratschreibers

(1) Der Ratschreiber ist in Vertretung des Grundbuchbeamten verpflichtet,
1. schriftliche Erklärungen für das Grundbuchamt entgegenzunehmen und, soweit vorgeschrieben, mit dem Eingangsvermerk zu versehen;
2. die Einsicht in das Grundbuch, in die Urkunden, auf die im Grundbuch verwiesen ist, und in die noch nicht erledigten Eintragungsanträge zu gestatten, sowie Abschriften zu erteilen und zu beglaubigen.

(2) Im badischen Rechtsgebiet ist der Ratschreiber zuständig
1. für die Aufgaben des Urkundsbeamten der Geschäftsstelle;
2. für die sonstigen Verrichtungen der Geschäftsstelle und des Kanzleidienstes;
3. für das Kosten-, Kassen- und Rechnungswesen.

(3) ¹Der Ratschreiber mit Befähigung zum höheren oder gehobenen Verwaltungs- oder Justizdienst ist für die zu seinem Grundbuchamtsbezirk gehörenden Grundstücke, Grundstücksteile und Miteigentumsanteile befugt, in Grundbuchangelegenheiten Erklärungen zu entwerfen und folgende Erklärungen zu beurkunden:
1. Kauf- und Tauschverträge sowie Vollmachten hierzu;
2. Bewilligungen, Zustimmungen und Anträge zur Eintragung oder Löschung von dinglichen Rechten, die nach den von ihm beurkundeten Verträgen zu bestellen oder zu beseitigen sind;
3. Auflassungen zu den von ihm beurkundeten Verträgen.
²Der Ratschreiber soll nur in einfach gelagerten Fällen tätig werden.

(4) ¹Der Ratschreiber ist allgemein befugt, Unterschriften und Abschriften öffentlich zu beglaubigen. ²Zur Beglaubigung eines Handzeichens ist er nicht befugt. ³Er soll ferner Unterschriften nicht beglaubigen, wenn die Urkunde zur Verwendung im Ausland bestimmt ist.

(5) Der Ratschreiber verwendet das Siegel der Gemeinde.

(6) Nach Ausführung eines Beurkundungsauftrags und der mit der Beurkundung verbundenen Geschäfte sind die Niederschriften des Ratschreibers vom Grundbuchamt aufzubewahren.

§ 33 Erinnerung gegen Entscheidungen des Ratschreibers

(1) Gegen die Entscheidungen des Ratschreibers ist die Erinnerung zulässig.

(2) ¹Der Ratschreiber kann der Erinnerung abhelfen. ²Erinnerungen, denen er nicht abhilft, legt er dem Notar vor.

(3) ¹Über die Erinnerung entscheidet der Notar. ²Gegen die Entscheidung des Notars ist das Rechtsmittel gegeben, das nach den allgemeinen verfahrensrechtlichen Vorschriften zulässig ist.

(4) Auf die Erinnerung sind im übrigen die Vorschriften über die Beschwerde sinngemäß anzuwenden.

(5) ¹Das Erinnerungsverfahren ist gebührenfrei. ²Eine Beschwerdegebühr wird nicht erhoben, wenn die Beschwerde vor einer gerichtlichen Verfügung zurückgenommen wird.

§ 34 Hilfskräfte des Grundbuchamts

Im badischen Rechtsgebiet haben die Gemeinden, die Sitz eines Grundbuchamts sind, soweit erforderlich, weitere geeignete Hilfskräfte zur Verfügung zu stellen.

§ 34a Übertragung von Verpflichtungen

(1) ¹Mit Zustimmung des Justizministeriums können Gemeinden desselben Notariatsbezirks die ihnen hinsichtlich des Grundbuchamts obliegenden Verpflichtungen auf eine Verwaltungsgemeinschaft (§§ 59 bis 61 der Gemeindeordnung), einen Zweckverband oder durch öffentlich-rechtliche Vereinbarung im Sinne des Gesetzes über kommunale Zusammenarbeit auf eine andere Gemeinde übertragen. ²Die Übertragung muss sämtliche Verpflichtungen umfassen.

(2) Im Falle des Absatzes 1 tritt die Körperschaft, der die dort genannten Verpflichtungen übertragen werden, auch in Bezug auf die Amtshaftung (§ 18 Abs. 4 des Landesjustizkostengesetzes) und in Bezug auf sämtliche Befugnisse und Rechte, die einer Gemeinde im Zusammenhang mit dem Grundbuchamt insbesondere auf Grund von § 18 Abs. 1 bis 3, §§ 20, 21 und 22 des Landesjustizkostengesetzes zustehen, an deren Stelle.

§ 35 Verfahren in Grundbuchsachen

(1) Für die Einrichtung und Führung des Grundbuchs gelten die Vorschriften der §§ 1 bis 93 der Grundbuchverfügung.

(2) ¹Für die dem Landesrecht nach §§ 136 und 143 Abs. 1 Satz 1 der Grundbuchordnung vorbehaltenen Bereiche des Grundbuchrechts gelten, soweit nichts anderes bestimmt ist, die bundesrechtlichen Vorschriften mit den sich aus diesem Gesetz ergebenden Abweichungen entsprechend. ²Für Bergwerke und Grundstücke der Privatbahnen werden besondere Grundbücher angelegt.

(3) ¹Das Justizministerium wird ermächtigt, durch Rechtsverordnung Vorschriften für die Einrichtung und Führung des Grundbuchs zu erlassen, soweit dies zur Anpassung an die landesrechtliche Regelung der sachlichen Zuständigkeit des Grundbuchamts und des Grundbuchbeamten erforderlich oder im Hinblick auf die Verwendung der bisher geführten Grundbuchvordrucke oder auf andere Besonderheiten des Landesgrundbuchrechts zweckmäßig ist. ²In der Rechtsverordnung kann auch bestimmt werden, daß für die Führung der Bahn- und Berggrundbücher nur eines von mehreren beteiligten Grundbuchämtern zuständig ist

Vierter Abschnitt
Betreuungssachen, Unterbringungssachen und betreuungsgerichtliche Zuweisungssachen

§ 36 Betreuungsgericht.

¹Betreuungsgericht ist im württembergischen Rechtsgebiet das Amtsgericht oder das Notariat. ²Das Notariat ist zuständig, soweit in § 37 nichts anderes bestimmt ist.

§ 37 Amtsgericht als Betreuungsgericht im württembergischen Rechtsgebiet

(1) Folgende Aufgaben des Betreuungsgerichts sind den Amtsgerichten vorbehalten:
1. die Genehmigung einer Freiheitsentziehung nach §§ 1800, 1906 und 1915 Abs. 1 BGB, die Anordnung einer Freiheitsentziehung auf Grund von §§ 1846, 1908i Abs. 1 Satz 1 BGB oder §§ 283, 284 FamFG, die Anordnung einer Vorführung nach § 278 Abs. 5 FamFG sowie alle Entscheidungen in Unterbringungssachen; dies gilt jeweils auch bei Unterbringung durch einen Bevollmächtigten,
2. die Anordnung, Erweiterung oder Aufhebung eines Einwilligungsvorbehalts sowie die Bestellung eines Betreuers oder Pflegers auf Grund dienstrechtlicher Vorschriften,

3. die nach § 1596 Abs. 1 Satz 3 Halbsatz 2 BGB und den §§ 1904, 1905 BGB erforderlichen Genehmigungen sowie die Anordnung einer Pflegschaft und die Bestellung eines Pflegers für einen Betreuten zur Entscheidung über die Ausübung des Zeugnisverweigerungsrechts bei Verhinderung des Betreuers,
4. der Erlass einer Maßregel in Bezug auf eine Untersuchung des Gesundheitszustandes, eine Heilbehandlung oder einen ärztlichen Eingriff nach § 1846 in Verbindung mit § 1908i Abs. 1 Satz 1 und nach § 1915 Abs. 1 BGB,
5. die Genehmigung nach § 6 des Gesetzes über die freiwillige Kastration und andere Behandlungsmethoden vom 15. August 1969 (BGBl. I S. 1143) und

(2) Die Gültigkeit der Handlung eines Amtsrichters als Betreuungsrichter wird nicht dadurch berührt, daß für die Handlung das Notariat zuständig gewesen wäre.

Fünfter Abschnitt
Nachlaß- und Teilungssachen

§ 38 Nachlaßgericht.

Nachlaßgericht ist das Notariat.

§ 39 Mitteilungen an das Nachlassgericht.

(1) ¹Der Standesbeamte, der den Tod einer Person beurkundet, hat den Sterbefall dem Nachlaßgericht seines Bezirks mitzuteilen. ¹Hatte der Verstorbene seinen letzten Wohnsitz oder gewöhnlichen Aufenthalt in einer anderen Gemeinde des Landes, so ist die Mitteilung über den Standesbeamten der anderen Gemeinde dem für diese zuständigen Nachlaßgericht zu übersenden.

(2) Einen Sterbefall außerhalb des Landes hat die Gemeinde, in der der Verstorbene seinen letzten Wohnsitz oder gewöhnlichen Aufenthalt hatte, dem Nachlaßgericht mitzuteilen, sobald der Tod amtlich bekannt wird.

(3) Hat der Verstorbene das 16. Lebensjahr nicht vollendet und wohnte er zuletzt bei seinen Eltern, so unterbleibt eine Mitteilung nach Absatz 1 und 2.

(4) ¹Jeder Standesbeamte hat auf Ersuchen des Nachlaßgerichts Personenstandsurkunden auf Grund seiner Personenstandsbücher zu erteilen. ²In den Fällen der Absätze 1 und 2 hat der Standesbeamte der Mitteilung des Sterbefalls auf Grund seiner Personenstandsbücher die Personenstandsurkunden anzuschließen, die für die Ermittlung der gesetzlichen Erben erforderlich sind.

§ 40 Mitwirkung der Gemeinde.

(1) ¹Die Gemeinde, in deren Gebiet der Verstorbene seinen Aufenthalt oder letzten Wohnsitz hatte, soll dem Nachlaßgericht unverzüglich die Tatsachen mitteilen, die für eine von Amts wegen vorzunehmende Tätigkeit Bedeutung haben können. ²Sind diese Tatsachen der Gemeinde nicht aus ihren Unterlagen oder sonst bekannt, so kann sie in ihrem Zuständigkeitsbereich eigene Erkundungen anstellen, soweit dies zur Feststellung der Erben oder zur Erfüllung ihrer Aufgaben nach Absatz 2 erforderlich ist. ³Auf die Verpflichtung zur Ablieferung eines eigenhändigen Testaments des Verstorbenen (§ 2259 Abs. 1 BGB) soll hingewiesen werden.

(2) ¹Bei Gefahr im Verzug hat die Gemeinde in ihrem Gebiet die nach § 1960 BGB zur Sicherung des Nachlasses erforderlichen Anordnungen, ausgenommen die Anordnung einer Nachlaßpflegschaft, zu treffen und auszuführen. ²Die Anordnungen sind unverzüglich dem Nachlaßgericht mitzuteilen. ³Das Nachlaßgericht kann die Anordnungen abändern oder aufheben.

(3) ¹Die Gemeinde hat nach den Anordnungen des Nachlaßgerichts bei der Aufnahme eines Nachlaßverzeichnisses mitzuwirken. ²Der Gemeinde kann vom Nachlaßgericht ebenso die Ausführung der Anordnung oder Aufhebung von Sicherungsmaßnahmen übertragen werden. ³Auf Verlangen des Nachlaßgerichts ist der Wert von Nachlaßgegenständen zu schätzen.

(4) Die bei der Mitwirkung der Gemeinde in Nachlaßsachen anfallenden Akten werden beim Nachlaßgericht verwahrt.

(5) ¹Gegen Verfügungen der Gemeinde nach Absatz 2 ist die Erinnerung zulässig. ²§ 33 ist mit der Maßgabe entsprechend anwendbar, daß anstelle des Notars das Nachlaßgericht tritt.

§ 41 Aufgaben des Nachlaßgerichts nach Landesrecht.

(1) [1] Das Nachlaßgericht hat Erben von Amts wegen zu ermitteln. [2] Hiervon kann abgesehen werden, wenn die Ermittlung mit unverhältnismäßigem Aufwand verbunden wäre oder der Nachlaß geringfügig ist.

(2) Die nach Absatz 1 ermittelten Erben sind von dem Erbfall und dem sie betreffenden Ermittlungsergebnis zu benachrichtigen, wenn dies ohne wesentliche Schwierigkeiten möglich und nicht anzunehmen ist, daß sie auf andere Weise Kenntnis erlangt haben.

(3) Das Nachlaßgericht soll bei Bedürfnis Erben, Pflichtteilsberechtigte und Vermächtnisnehmer auf Ansuchen über die erbrechtlichen Rechtswirkungen in angemessenem Umfang belehren.

(4) [1] Das Nachlaßgericht kann, sofern ein berechtigtes Interesse dargelegt wird, auf Antrag eines Erben die Anfertigung eines Nachlaßverzeichnisses anordnen. [2] Bis zur Fertigstellung des Verzeichnisses kann es die erforderlichen Sicherungsmaßregeln anordnen.

(5) [1] Das Nachlaßgericht kann die Aufnahme von Nachlaßverzeichnissen und Nachlaßinventaren einem Notar übertragen. [2] Für die Mitwirkung bei der Aufnahme eines Inventars nach § 2002 BGB und für die Aufnahme weiterer Verzeichnisse, bei welchen nach Bundesrecht die Aufnahme durch eine zuständige Behörde oder durch einen zuständigen Beamten oder Notar zu geschehen hat, sind nur die Notare zuständig.

(6) Das Nachlaßgericht soll den Verpflichteten bei der Aufnahme eines Vermögensverzeichnisses anläßlich eines Sterbefalls unterstützen.

§ 42 (aufgehoben)
§ 43 Teilungssachen.

Die Vorschriften des § 40 Abs. 3 bis 5 und des § 41 Abs. 4 und 5 finden auf Teilungssachen entsprechende Anwendung.

Sechster Abschnitt
Amtliche Gutachten über den Wert von Grundstücken

§ 44 Zuständigkeit.

(1) [1] Die Gutachterausschüsse nach dem Baugesetzbuch sind für die Wertermittlung von Grundstücken, grundstücksgleichen Rechten und Rechten an Grundstücken sowie von Grundstückszubehör allgemein zuständig. [2] Es kann ein Gutachten über den Verkehrswert oder einen anderen Wert verlangt werden.

(2) Das Gutachten ist auf Antrag von Gerichten oder Behörden zu erstatten oder auf Antrag von Personen, die ein berechtigtes Interesse nachweisen.

§ 45 Verfahren.

[1] Der Gutachterausschuß soll die für die Wertermittlung maßgeblichen Gesichtspunkte auf Verlangen schriftlich niederlegen. [2] Im übrigen finden auf das Verfahren des Gutachterausschusses die Vorschriften entsprechende Anwendung, die für seine Tätigkeit nach dem Baugesetzbuch gelten.

Siebter Abschnitt
Überleitungs- und Ergänzungsvorschriften

§ 46 Allgemeine Überleitungsvorschrift.

(1) An die Stelle der bisherigen Einrichtungen, Zuständigkeiten und Verfahrensvorschriften sowie an die Stelle von aufgehobenen Vorschriften, auf die in Gesetzen und Verordnungen verwiesen ist, treten die entsprechenden Einrichtungen, Zuständigkeiten und Vorschriften dieses Gesetzes, soweit sich aus diesem Abschnitt nichts anderes ergibt.

(2) Soweit in diesem Gesetz auf andere landesrechtliche oder bundesrechtliche Vorschriften verwiesen ist, gilt dies für deren jeweilige Fassung.

(3) [1] Die bisher von den Amtsgerichten in besondere amtliche Verwahrung genommenen Verfügungen von Todes wegen gehen in die Verwahrung des für den Wohnsitz des Erblassers zuständigen Notariats über. [2] Befindet sich im Bezirk des Amtsgerichts kein Wohnsitz, so ist das

Engelhardt

Notariat am Sitz des Amtsgerichts für die Verwahrung zuständig. [3] Maßgebend ist der Wohnsitz im Zeitpunkt der Annahme zur Verwahrung.

(4) [1] Sind einem Notariat Gemeinden verschiedener Landgerichtsbezirke zugeteilt, so steht die Dienstaufsicht nach § 4 allein dem Präsidenten des Landgerichts zu, in dessen Bezirk das Notariat seinen Sitz hat. [2] Dies gilt entsprechend für die Mitwirkung bei der Geschäftsverteilung und der Vertretungsregelung nach § 19 und § 30.

(5) § 31 Abs. 3 ist auf Ratschreiber, die beim Inkrafttreten des Gesetzes bereits bestellt sind, nicht anzuwenden.

(6) [1] Die bisher von den staatlichen Grundbuchämtern und Gemeinden nach Aufhebung des Grundbuchamts verwahrten Grundbücher und Grundakten, Servitutenbücher, Hilfsverzeichnisse, Geschäftsregister und vergleichbare Unterlagen des Grundbuchamts gehen, wenn das Justizministerium von der Ermächtigung nach § 26 Abs. 6 Gebrauch gemacht hat, in die Verwahrung des nunmehr grundbuchführenden Amtsgerichts über. [2] Sämtliche abzugebenden Akten sind termingerecht abholbereit zur Verfügung zu stellen. [3] Soweit ein Amtsgericht zur Grundbuchführung zuständig ist, gelten die bundesrechtlichen Vorschriften. [4] Soweit in diesem Gesetz den Notaren oder Gemeinden Aufgaben im Zusammenhang mit dem Grundbuchamt übertragen sind, gilt dies nicht im Fall der Anwendung des § 26 Abs. 6.

§ 47 Bisheriger Umfang der Notariate und Grundbuchämter.

(1) Die Notariate und Grundbuchämter bleiben in ihrem bisherigen Umfang unbeschadet des § 13 Abs. 2 und des § 26 Abs. 2 aufrechterhalten.

(2) [1] Das Justizministerium wird ermächtigt, durch Rechtsverordnung die Sitze und Bezirke der Notariate und Grundbuchämter zu umschreiben und bekanntzumachen. [2] Mit dem Inkrafttreten der Verordnung treten die bisher maßgebenden Vorschriften mit Ausnahme des § 26 Abs. 1 dieses Gesetzes außer Kraft.

§ 48 Überleitungsvorschriften für das badische Rechtsgebiet.

(1) Die im Zeitpunkt des Inkrafttretens bestellten Notariatsdienstverweser und Hilfsnotare sind Notarvertreter im Sinne dieses Gesetzes.

(2) Hat eine Gemeinde beim Inkrafttreten des Gesetzes für die in § 32 Abs. 2 genannten Aufgaben keinen Hilfsbeamten für das Grundbuchamt zu stellen, so finden die Vorschriften der §§ 31 und 32 keine Anwendung. § 31 Abs. 2 bleibt unberührt.

(3) [1] Die im Zeitpunkt des Inkrafttretens von den Amtsgerichten verwahrten Urkunden und Akten der Notariate und Notare gehen spätestens bis zum 31. Dezember 1979 in die Verwahrung der Notariate und Notare über. [2] Der Präsident des Oberlandesgerichts bestimmt durch Rechtsverordnung den Zeitpunkt der Übergabe der Urkunden und Akten, sobald die räumlichen Voraussetzungen für die Übernahme gegeben sind. [3] Bis zu dem nach Satz 2 bestimmten Zeitpunkt sind die bisher geltenden Bestimmungen über die Einsicht der Urkunden und Akten, die Erteilung der Ausfertigungen, Abschriften und Auszüge sowie die Erteilung von Rechtskraftzeugnissen weiter anzuwenden.

§ 49 Sonderbestimmungen und Überleitungsvorschriften für das württembergische Rechtsgebiet.

(1) In den Bezirken der Amtsgerichte Heilbronn und Stuttgart stehen die Aufsicht nach §§ 4, 31 Abs. 3 bis 7 und die Mitwirkung bei der Geschäftsverteilung und Vertretungsregelung nach § 19 und § 30 anstelle des Präsidenten des Landgerichts dem Präsidenten des Amtsgerichts zu; § 4 Abs. 4 gilt entsprechend.

(2) Die Notare erhalten für den Büroaufwand, soweit er nicht mit Geschäften verbunden ist, an denen dem Notar ein Gebührenanteil zusteht, einen pauschalen Kostenersatz, dessen Höhe und Zahlungsweise durch Verwaltungsvorschrift des Präsidenten des Oberlandesgerichts Stuttgart geregelt wird.

(3) Die bei Notariaten des württembergischen Rechtsgebiets bestehenden Geschäftsabteilungen werden aufgehoben.

(4) Die im Zeitpunkt des Inkrafttretens bei den Notariaten tätigen Hilfsnotare und selbständigen Gehilfen sind Notarvertreter im Sinne dieses Gesetzes.

(5) Die Niederschriften über die Beurkundungen der Ratschreiber werden auch für die vor dem Inkrafttreten dieses Gesetzes vorgenommenen Beurkundungen von den Grundbuchämtern verwahrt.

§ 50 Hohenzollerisches Rechtsgebiet.

(1) Im hohenzollerischen Rechtsgebiet wird auf den Gebieten des Notarrechts und der freiwilligen Gerichtsbarkeit, einschließlich des Grundbuchrechts, das im württembergischen Rechtsgebiet geltende Landes- und Bundesrecht eingeführt.

(2) Ratschreiber können in den Grundbuchamtsbezirken Gammertingen, Hechingen und Sigmaringen nur für die in § 32 Abs. 4 genannte Befugnis bestellt werden.

§ 51 *(aufgehoben)*

Achter Abschnitt
Änderung und Neubekanntmachung des Landesjustizkostengesetzes

Neunter Abschnitt
Schlussbestimmungen

§ 54 Aufhebungsvorschrift

(Aufhebungsanweisungen)

§ 55 Inkrafttreten.

Dieses Gesetz tritt am 1. Juli 1975 in Kraft, die §§ 13 Abs. 2, 26 Abs. 2, 35 Abs. 3 und § 50 Abs. 5 jedoch am Tage nach der Verkündung und § 52 Nr. 4 sowie die Entschädigungssätze nach § 52 Nr. 15 am 1. Januar 1975.

2. Bayern

Gesetz zur Ausführung des GVG und von Verfahrensgesetzen des Bundes (AGGVG)[3]

Erster Teil
Ausführung des Gerichtsverfassungsgesetzes

Abschnitt I
Gerichte

Art. 11 a Zuständigkeit des Oberlandesgerichts München.

Für die Entscheidung über die weiteren Beschwerden in Kostensachen, die der Kostenordnung unterliegen, ist das Oberlandesgericht München auch für die Bezirke der Oberlandesgerichte Nürnberg und Bamberg zuständig.

Art. 26 Aufgebotsverfahren bei Schuldverschreibungen.

Für das Aufgebotsverfahren zum Zweck der Kraftloserklärung von Schuldverschreibungen ist bei Schuldverschreibungen des Freistaates Bayern das Amtsgericht München, bei Schuldverschreibungen, die von einer dem Freistaat Bayern angehörenden Körperschaft, Stiftung oder Anstalt des öffentlichen Rechts ausgestellt sind, das Amtsgericht, bei welchem die Körperschaft, Stiftung oder Anstalt ihren allgemeinen Gerichtsstand hat, ausschließlich zuständig.

---

[3] BayRS IV, S. 483.

Zweiter Teil
Ausführung von Verfahrensgesetzen der streitigen Gerichtsbarkeit
Abschnitt I
Ausführung der Zivilprozeßordnung, der Insolvenzordnung und der Konkursordnung

Art. 27 Aufgebotsverfahren bei Namenspapieren mit Inhaberklausel sowie bei Hypotheken-, Grundschuld- und Rentenschuldbriefen.

(1) ¹In dem Aufgebotsverfahren zum Zweck der Kraftloserklärung einer Urkunde der in § 808 des Bürgerlichen Gesetzbuchs bezeichneten Art, für welche Zins- oder Rentenscheine nicht ausgegeben sind, sowie eines Hypotheken-, Grundschuld- oder Rentenschuldbriefs werden das Aufgebot und die Zahlungssperre durch Anheftung an die Gerichtstafel und durch einmalige Veröffentlichung in dem für die Bekanntmachungen des Gerichts bestimmten Blatt öffentlich bekanntgemacht. ²Das Gericht kann die Bekanntmachung in weiteren Blättern anordnen. ³Die Aufgebotsfrist muß mindestens drei Monate betragen. ⁴Sie beginnt mit der Veröffentlichung in dem für die Bekanntmachungen des Gerichts bestimmten Blatt. ⁵Die in § 478 Abs. 2 und 3 und in § 482 Abs. 1 des Gesetzes über das Verfahren in Familiensachen und in den Angelegenheiten der freiwilligen Gerichtsbarkeit (FamFG) und in vorgeschriebenen Bekanntmachungen erfolgen in dem für die Bekanntmachungen des Gerichts bestimmten Blatt.

(2) Auf Versicherungspolicen sowie auf Grundschuld- und Rentenschuldbriefe, die auf den Inhaber ausgestellt sind, finden diese Vorschriften keine Anwendung.

Art. 28 Öffentliche Bekanntmachung des Aufgebots.

(1) ¹Die in den §§ 442, 447, 453, 465 FamFG bezeichneten Aufgebote werden durch Anheftung an die Gerichtstafel und einmalige Veröffentlichung in dem für die Bekanntmachungen des Gerichts bestimmten Blatt öffentlich bekanntgemacht. ²Die Aufgebotsfrist beginnt mit der Veröffentlichung.

(2) Wird die öffentliche Bekanntmachung des wesentlichen Inhalts des Ausschlußurteils angeordnet, so erfolgt sie durch das in Absatz 1 bezeichnete Blatt.

Dritter Teil
Ausführung von Verfahrensgesetzen der freiwilligen Gerichtsbarkeit
Abschnitt I
Ausführung des Gesetzes über die Angelegenheiten der freiwilligen Gerichtsbarkeit

Art. 34 Allgemeine Verfahrensvorschriften.

¹Die Vorschriften der §§ 2 bis 110 FamFG und die Kostenordnung gelten, soweit nichts anderes bestimmt ist, auch für diejenigen Angelegenheiten der freiwilligen Gerichtsbarkeit, für welche die Vorschriften der Landesgesetze maßgebend sind. ²Eine Anfechtung der Entscheidungen des zuständigen Oberlandesgerichts als Beschwerdegericht findet nicht statt.

Art. 35 Mitteilung an das Nachlaßgericht.

(1) ¹Der Standesbeamte hat dem Amtsgericht, in dessen Bezirk er seinen Amtssitz hat, jeden Todesfall mitzuteilen, der ihm gemäß § 28 des Personenstandsgesetzes angezeigt wird. ²Das Staatsministerium des Innern kann im Einvernehmen mit dem Staatsministerium der Justiz und für Verbraucherschutz über die Ausführung der Mitteilungen allgemeine Anordnungen treffen. ³Ist das Amtsgericht, das die Mitteilung erhält, nicht als Nachlaßgericht zuständig, hat es die Todesanzeige an das Nachlaßgericht abzugeben.

(2) Einen Sterbefall außerhalb des Landes hat die Gemeinde, in der der Verstorbene seinen letzten Wohnsitz oder gewöhnlichen Aufenthalt hatte, dem Amtsgericht mitzuteilen, sobald der Tod amtlich bekannt wird.

(3) Das Amtsgericht hat dem zuständigen Nachlaßgericht jede rechtskräftige Todeserklärung oder Feststellung der Todeszeit mitzuteilen.

Art. 36 Nachlaßsicherung

(1) ¹Die Anlegung von Siegeln zur Sicherung eines Nachlasses, der sich nicht in der Gemeinde befindet, in der das zuständige Amtsgericht seinen Sitz hat, sowie die Entsiegelung können der Gemeinde übertragen werden. ²In dringenden Fällen hat die Gemeinde für die Sicherung des

Nachlasses vorläufig durch Anlegung von Siegeln zu sorgen; die getroffene Maßregel ist sofort dem Amtsgericht anzuzeigen.

(2) Im Rahmen des Nachlaßsicherungsverfahrens sind die Notare zuständig für

die Aufnahme von Nachlaßverzeichnissen,

die Anlegung und die Abnahme von Siegeln.

Art. 37 Ermittlung der Erben.

(1) ¹Das Nachlaßgericht hat die Erben von Amts wegen zu ermitteln. ²Die Ermittlung der Erben von Amts wegen unterbleibt, wenn zum Nachlaß kein Grundstück oder grundstücksgleiches Recht gehört und nach den Umständen des Falls anzunehmen ist, daß ein die Beerdigungskosten übersteigender Nachlaß nicht vorhanden ist.

(2) Das Nachlaßgericht soll die nach Absatz 1 ermittelten Erben von dem Erbfall und dem sie betreffenden Ermittlungsergebnis benachrichtigen, wenn dies ohne wesentliche Schwierigkeiten möglich und nicht anzunehmen ist, daß sie auf andere Weise Kenntnis erlangt haben.

(3) Gehört ein Grundstück oder ein grundstücksgleiches Recht zum Nachlaß, so hat das Nachlaßgericht unbeschadet des § 83 der Grundbuchordnung bei den Erben auf die Berichtigung des Grundbuchs hinzuwirken und einen von ihnen gestellten Antrag auf Grundbuchberichtigung an das Grundbuchamt weiterzuleiten.

Art. 38 Zuständigkeit für die Vermittlung der Auseinandersetzung.

(1) Für die Vermittlung der Auseinandersetzung eines Nachlasses oder des Gesamtguts einer aufgehobenen ehelichen oder fortgesetzten Gütergemeinschaft nach den §§ 363 bis 373 FamFG sind neben den Amtsgerichten die Notare zuständig.

(2) Der Antrag kann, sofern nicht die Beteiligten die Wahl eines anderen Notars vereinbaren, nur bei einem Notar gestellt werden, der im Bezirk des für die Vermittlung zuständigen Gerichts seinen Amtssitz hat.

(3) Wird der Antrag bei dem Amtsgericht gestellt, so soll dieses die Vermittlung nach der Ermittlung der Erben und der Feststellung der Teilungsmasse, sofern die Beteiligten die Wahl eines Notars vereinbaren, diesem, andernfalls einem Notar, der im Bezirk des Amtsgerichts seinen Amtssitz hat, überweisen.

(4) ¹Soweit dem Notar die Vermittlung obliegt, ist er für die Aufgaben zuständig, die nach den §§ 363, 365 bis 370 FamFG dem Amtsgericht zustehen. ²Bei den nach den Vorschriften der Zivilprozeßordnung erfolgenden Zustellungen obliegen ihm auch die Aufgaben des Urkundsbeamten der Geschäftsstelle. ³Der Notar ist auch für die Festsetzung der einem Beteiligten zu erstattenden Kosten zuständig.

Art. 39 Erteilung der in §§ 36 und 37 der Grundbuchordnung bezeichneten Zeugnisse und ähnlicher Bescheinigungen.

(1) ¹Hat das Nachlaßgericht einen Erbschein über das Erbrecht sämtlicher Erben oder ein Zeugnis über die Fortsetzung der Gütergemeinschaft erteilt, so ist der Notar, welcher die Auseinandersetzung vermittelt hat, auch für die Erteilung der in §§ 36 und 37 der Grundbuchordnung bezeichneten Zeugnisse zuständig. ²Andernfalls ist für die Erteilung der Zeugnisse nur das Nachlaßgericht zuständig.

(2) Für die Ausstellung der nach den Gesetzen über das Bundesschuldbuch oder das Staatsschuldbuch eines Landes beizubringenden Bescheinigung, daß der Rechtsnachfolger über die eingetragene Forderung zu verfügen berechtigt ist, ist auch der Notar zuständig, vor dem die Auseinandersetzung erfolgt ist.

3. Berlin und Schleswig-Holstein

Preußisches Gesetz über die freiwillige Gerichtsbarkeit vom 21. 9. 1899[4]

Berlin	Schleswig-Holstein
Erster Abschnitt Allgemeine Vorschriften	**Erster Abschnitt** Allgemeine Vorschriften
Art. 1 [Anwendbarkeit] [1] Die §§ 3, 4, 6, 14, der § 16 Abs. 2, 3 sowie die §§ 31 bis 33 des Gesetzes über die Angelegenheiten der freiwilligen Gerichtsbarkeit vom 17. Mai 1898 finden, unbeschadet der Vorschriften des Grundbuchrechts über die Ausschließung und Ablehnung der Gerichtspersonen in der Beschwerdeinstanz, Anwendung auf diejenigen Angelegenheiten der freiwilligen Gerichtsbarkeit, welche durch Landesgesetz den ordentlichen Gerichten übertragen sind. [2] Das gleiche gilt von den Vorschriften der §§ 8, 9 über die Gerichtssprache und die Dolmetscher und, soweit nicht entgegenstehende Vorschriften gegeben sind, von den Vorschriften der §§ 13, 15, des § 16 Abs. 1 und der §§ 17, 34.	**Art. 1 [Ordentlichen Gerichten übertragene Angelegenheiten]** Die Vorschriften des Gesetzes über das Verfahren in Familiensachen und in den Angelegenheiten der freiwilligen Gerichtsbarkeit vom 17. Dezember 2008 (BGBl. I S. 2586, 2587), zuletzt geändert durch Artikel 2 des Gesetzes vom 3. April 2009 (BGBl. I S. 700), finden Anwendung auf die Angelegenheiten der freiwilligen Gerichtsbarkeit, welche durch Landesgesetz den ordentlichen Gerichten übertragen sind.
Art. 2 [Zuziehung eines Urkundsbeamten] (1) Wirkt in einer Angelegenheit der freiwilligen Gerichtsbarkeit, die nicht in der Beurkundung eines Rechtsgeschäfts besteht, ein Urkundsbeamter der Geschäftsstelle mit, so finden auf ihn die Vorschriften der §§ 6, 7 des Gesetzes über die Angelegenheiten der freiwilligen Gerichtsbarkeit entsprechende Anwendung. (2) Die Zuziehung eines Urkundsbeamten der Geschäftsstelle kann in den Fällen, in welchen das Gesetz sie nicht vorschreibt, erfolgen, wenn sie zur sachgemäßen Erledigung des Geschäfts zweckmäßig ist.	**Art. 2 [Zuziehung eines Urkundsbeamten]** (1) [1] Wirkt in einer Angelegenheit der freiwilligen Gerichtsbarkeit, die nicht in der Beurkundung eines Rechtsgeschäfts besteht, ein Urkundsbeamter der Geschäftsstelle mit, so finden auf ihn die Vorschriften des § 6 des Gesetzes über das Verfahren in Familiensachen und in den Angelegenheiten der freiwilligen Gerichtsbarkeit entsprechende Anwendung. [2] Handlungen der Urkundsbeamtin oder des Urkundsbeamten der Geschäftsstelle sind nicht aus dem Grunde unwirksam, weil sie von einem örtlich unzuständigen oder von der Ausübung seines Amtes kraft Gesetzes ausgeschlossenen Urkundsbeamten vorgenommen worden sind. (2) Die Zuziehung eines Urkundsbeamten der Geschäftsstelle kann in den Fällen, in welchen das Gesetz sie nicht vorschreibt, erfolgen, wenn sie zur sachgemäßen Erledigung des Geschäfts zweckmäßig ist.
Art. 3 [Anfechtung] [1] Für die Anfechtung gerichtlicher Verfügungen in denjenigen Angelegenheiten der freiwilligen Gerichtsbarkeit, welche durch Landesgesetz den Gerichten übertragen sind, gelten die Vorschriften der Artikel 4 bis 7. [2] Die Vorschriften des Grundbuchrechts und des Gesetzes *betreffend das Pfandrecht an Privateisenbahnen und*	*Art. 3 bis 14 sind aufgehoben*

---

[4] PrGS S. 249.

Berlin	Schleswig-Holstein
Kleinbahnen etc. vom 19. August 1895 (GS. S. 499) bleiben unberührt.	

Berlin

Art. 4 [Beschwerde]
¹ Die gerichtlichen Verfügungen erster Instanz können im Wege der Beschwerde angefochten werden. ² Die Beschwerde findet nicht statt, soweit sie durch besondere gesetzliche Vorschrift ausgeschlossen ist. ³ Rechte Dritter, die auf Grund der angefochtenen Verfügung erworben sind, werden durch die Abänderung der Verfügung nicht beeinträchtigt.

Art. 5 [Sofortige Beschwerde]
Soweit nach besonderen gesetzlichen Vorschriften die Einlegung des Rechtsmittels gegen die Entscheidung erster Instanz an eine Frist gebunden ist, findet die sofortige Beschwerde statt.

Art. 6 [Zuständigkeit]
(1) Die Vorschriften der §§ 20 bis 27, 29 des Gesetzes über die Angelegenheiten der freiwilligen Gerichtsbarkeit finden entsprechende Anwendung.

(2) Über die Beschwerde gegen eine Verfügung, die das Amtsgericht erlassen hat, entscheidet das Landgericht, über die Beschwerde gegen eine Verfügung, die das Landgericht in erster Instanz erlassen hat, entscheidet das Kammergericht. ...

(3) Die Entscheidungen über Beschwerden erfolgen bei den Landgerichten durch eine Zivilkammer, bei dem Kammergericht durch einen Zivilsenat.

(4) Eine weitere Beschwerde findet nur statt, wenn das Amtsgericht die erste Instanz bildet.

Art. 7 [Weitere Beschwerde]
¹ Für die Entscheidung über das Rechtsmittel der weiteren Beschwerde ist das Kammergericht zuständig. ² ...

Art. 8 [aufgehoben]

Art. 9 [Verfahrenskosten]
(1) Sind an einer Angelegenheit der freiwilligen Gerichtsbarkeit mehrere Personen beteiligt, so kann das Gericht bei der von ihm zu treffenden Entscheidung auf Antrag einen Beteiligten verurteilen, diejenigen Kosten des Verfahrens ganz oder teilweise zu tragen, welche er durch ein unbegründetes Gesuch, einen unbegründeten Widerspruch oder eine unbegründete Beschwerde, durch vorzeitiges Anrufen des Gerichts, durch eine Versäumung oder durch grobes Verschulden veranlaßt hat.

Berlin	Schleswig-Holstein
(2) Zu den nach Absatz 1 zu erstattenden Kosten des Verfahrens gehören die Gebühren und Auslagen, welche durch die Zuziehung eines Rechtsanwalts entstanden sind, nur insoweit, als die Zuziehung nach dem Ermessen des Gerichts zur zweckentsprechenden Rechtsverfolgung oder Rechtsverteidigung notwendig war. **Art. 10 [Kostenfestsetzung]** (1) ¹Wird eine gerichtliche Festsetzung des Betrages der Kosten erforderlich, zu deren Erstattung ein Beteiligter auf Grund der Artikel 9, 16 verurteilt worden ist, so erfolgt sie durch das Gericht erster Instanz. ²Im Falle des § 1875 Abs. 1 des Bürgerlichen Gesetzbuchs erfolgt die Festsetzung durch den Vorsitzenden des Familienrats. (2) Zur Berücksichtigung eines Ansatzes genügt, daß er glaubhaft gemacht wird. **Art. 11 [Rechtsmittel gegen die Kostenfestsetzung]** (1) Findet gegen die Entscheidung in der Hauptsache die sofortige Beschwerde statt, so kann auch die Entscheidung über die Verpflichtung zur Tragung der Kosten sowie die Kostenfestsetzung nur mit der sofortigen Beschwerde angefochten werden. (2) Die Kostenfestsetzung kann selbständig mit der weiteren Beschwerde nur angefochten werden, wenn die Beschwerdesumme den Betrag von 25 Euro übersteigt. **Art. 12 [Wertberechnung]** ¹Ergeht nach der Kostenfestsetzung eine Entscheidung, die den Wert des Gegenstandes des Verfahrens festsetzt, so ist, falls diese Entscheidung von der Wertberechnung abweicht, welche der Kostenfestsetzung zugrunde liegt, auf Antrag die Kostenfestsetzung entsprechend abzuändern. ²Über den Antrag entscheidet das Gericht in erster Instanz. **Art. 13 [Abänderung der Kostenentscheidung]** Wird eine in betreff der Kosten ergangene Entscheidung abgeändert, so ist der Beteiligte auf Antrag zur Erstattung der ihm auf Grund der Entscheidung zuviel gezahlten Kosten zu verurteilen. **Art. 14 [Zwangsvollstreckung]** Aus der gerichtlichen Kostenfestsetzung sowie aus der Entscheidung, durch die ein Beteiligter zur Erstattung der ihm zuviel gezahlten Kosten verurteilt wird, findet die	

Berlin	Schleswig-Holstein
Zwangsvollstreckung nach den Vorschriften der Zivilprozessordnung statt.	
Art. 15 *[gegenstandslos]*	
Art. 16 [Verwaltungszwangsverfahren] (1)	**Art. 16 [Zwangsgeld]** (1) *[gegenstandslos]*
(2) Die zwangsweise Einziehung eines Zwangsgeldes erfolgt im Wege des Verwaltungszwangsverfahrens.	(2) Die zwangsweise Einziehung eines Zwangsgeldes erfolgt im Wege des Verwaltungszwangsverfahrens.
(3) *[aufgehoben]*	(3) Ein Zwangsgeld kann nicht in den Nachlaß des Verurteilten vollstreckt werden.
Art. 17 1 *[gegenstandslos]*	
Art. 18 [Ausfertigung gerichtlicher Verfügungen] Die Ausfertigungen gerichtlicher Verfügungen sind von dem Urkundsbeamten der Geschäftsstelle zu unterschreiben und mit dem Gerichtssiegel zu versehen.	
Zweiter Abschnitt Nachlaß- und Teilungssachen	**Zweiter Abschnitt** Nachlaß- und Teilungssachen
Art. 19 [Nachlasssicherung] ¹Erhalten die *Ortspolizei*behörden von einem Todesfall Kenntnis, bei welchem gerichtliche Maßregeln zur Sicherung des Nachlasses angezeigt erscheinen können, so sollen sie dem Amtsgericht, in dessen Bezirk der Todesfall eingetreten ist, Mitteilung machen. ²Der *Justizminister* und der *Minister des Innern* können diese Verpflichtung auf die *Gemeindebehörden* übertragen.	**Art. 19 [Mitteilungspflicht]** ¹Erhalten die örtlichen Ordnungsbehörden von einem Todesfalle Kenntnis, bei welchem gerichtliche Maßregeln zur Sicherung des Nachlasses angezeigt erscheinen können, so sollen sie dem Amtsgericht, in dessen Bezirke der Todesfall eingetreten ist, Mitteilung machen. ²Das Ministerium für Justiz, Gleichstellung und Integration und das Innenministerium können diese Verpflichtung auf die Gemeindebehörden übertragen.
Art. 20 [Sicherung der amtlichen Akten] (1) Nach dem Tode eines Beamten hat, unbeschadet der Zuständigkeit des Nachlaßgerichts, die Behörde, welcher der Verstorbene angehörte, oder die Aufsichtsbehörde für die Sicherung der amtlichen Akten und der sonstigen Sachen, deren Herausgabe aufgrund des Dienstverhältnisses verlangt werden kann, zu sorgen, soweit hierfür ein Bedürfnis besteht. (2) ¹Werden bei der Ausführung einer Maßregel, die das Gericht zur Sicherung eines Nachlasses angeordnet hat, Sachen der im Abs. 1 bezeichneten Art vorgefunden, so hat das Gericht die Behörde, welcher der Verstorbene angehörte, oder die Aufsichtsbehörde hiervon zu benachrichtigen und ihr zugleich von den Sicherungsmaßregeln, die in Ansehung dieser Sachen vorgenommen worden sind, Mitteilung zu machen. ²Der Behörde liegt es ob, das weitere zu veranlassen.	
Art. 21 [Überweisung an Notar] (1) Wird auf Grund der §§ 86, 99 des Gesetzes über die Angelegenheiten der freiwilligen Gerichtsbarkeit die Vermittlung der Auseinandersetzung nachgesucht, so kann das Amtsgericht auf Antrag eines Beteiligten die Vermittlung der Auseinandersetzung einem Notar überweisen, der seinen Amtssitz in dem Bezirk des vorgeordneten Landgerichts hat. (2) ¹Wird der Antrag vor dem ersten Verhandlungstermin von allen Beteiligten oder in diesem Termin von allen erschienenen Betei-	**Art. 21 [Vermittlung der Auseinandersetzung]** (1) Wird aufgrund der §§ 363, 373 des Gesetzes über das Verfahren in Familiensachen und in den Angelegenheiten der freiwilligen Gerichtsbarkeit die Vermittlung der Auseinandersetzung nachgesucht, so kann das Amtsgericht auf Antrag eines Beteiligten die Vermittlung der Auseinandersetzung einem Notar überweisen, der seinen Amtssitz in dem Bezirke des vorgeordneten Landgerichts hat. (2) ¹Wird der Antrag vor dem ersten Verhandlungstermine von allen Beteiligten oder in diesem Termine von allen erschienenen Be-

Berlin	Schleswig-Holstein
ligten gestellt, so hat ihm das Gericht stattzugeben. ²Einigen sich vor dem Termin alle Beteiligten oder in dem Termin alle erschienenen Beteiligten über einen bestimmten Notar, so hat das Gericht die Vermittlung der Auseinandersetzung diesem Notar zu überweisen, es sei denn, daß er an der Vermittlung rechtlich oder tatsächlich verhindert ist.	teiligten gestellt, so hat ihm das Gericht stattzugeben. ²Einigen sich vor dem Termin alle Beteiligten oder in dem Termin alle erschienenen Beteiligten über einen bestimmten Notar, so hat das Gericht die Vermittlung der Auseinandersetzung diesem Notar zu überweisen, es sei denn, daß er an der Vermittlung rechtlich oder tatsächlich verhindert ist.
(3) Gegen den Beschluß, durch welchen über die Überweisung entschieden wird, steht den Beteiligten die sofortige Beschwerde zu.	(3) Gegen den Beschluß, durch welchen über die Überweisung entschieden wird, steht den Beteiligten die sofortige Beschwerde zu.
(4) Ist der Überweisungsbeschluß rechtskräftig geworden, so hat ihn das Gericht mit den Akten unter Angabe des Tages, an welchem die Rechtskraft eingetreten ist, dem Notar zu übersenden.	(4) Ist der Überweisungsbeschluß rechtskräftig geworden, so hat ihn das Gericht mit den Akten unter Angabe des Tages, an welchem die Rechtskraft eingetreten ist, dem Notar zu übersenden.
Art. 22 [Überweisung ohne Antrag] (1) Ist der von dem Gericht ernannte Notar an der Vermittlung der Auseinandersetzung rechtlich oder tatsächlich verhindert, so finden auf die Überweisung an einen anderen Notar die Vorschriften des Artikels 21 mit der Maßgabe entsprechende Anwendung, daß die Überweisung auch ohne Antrag erfolgen kann und daß als erster Verhandlungstermin der erste von dem Gericht zur Fortsetzung der Verhandlung bestimmte Termin gilt.	**Art. 22 [Überweisung an einen anderen Notar]** (1) Ist der von dem Gericht ernannte Notar an der Vermittlung der Auseinandersetzung rechtlich oder tatsächlich verhindert, so finden auf die Überweisung an einen anderen Notar die Vorschriften des Artikels 21 mit der Maßgabe entsprechende Anwendung, daß die Überweisung auch ohne Antrag erfolgen kann und daß als erster Verhandlungstermin der erste von dem Gerichte zur Fortsetzung der Verhandlung bestimmte Termin gilt.
(2) Lehnt der Notar die Vermittlung der Auseinandersetzung ab, weil der ihm zustehende Vorschuß nicht gezahlt wird, so ist die Überweisung erledigt; die Überweisung an einen anderen Notar ist unzulässig.	(2) Lehnt der Notar die Vermittlung der Auseinandersetzung ab, weil der ihm zustehende Vorschuß nicht gezahlt wird, so ist die Überweisung erledigt; die Überweisung an einen anderen Notar ist unzulässig.
Art. 23 [Übergehen amtsgerichtlicher Verrichtungen] (1) Durch den Überweisungsbeschluß gehen auf den Notar die Verrichtungen über, die nach dem § 87 Abs. 2, den §§ 89 bis 91, dem § 93 Abs. 1, Abs. 2 Satz 1 sowie nach den §§ 94, 95 des Gesetzes über die Angelegenheiten der freiwilligen Gerichtsbarkeit dem Amtsgericht zustehen.	**Art. 23 [Übergang der Verrichtungen]** (1) Durch den Überweisungsbeschluß gehen auf den Notar die Verrichtungen über, die nach den §§ 365 und 366, dem § 368 Abs. 1 und 2 Satz 1 sowie nach den §§ 369 und 370 des Gesetzes über das Verfahren in Familiensachen und in den Angelegenheiten der freiwilligen Gerichtsbarkeit dem Amtsgerichte zustehen.
(2) ¹Die Bestätigung der Auseinandersetzung oder einer vorgängigen Vereinbarung erfolgt durch das Gericht. ²Die Vernehmung eines Zeugen oder eines Sachverständigen kann von dem Notar nur dann angeordnet werden, wenn die erschienenen Beteiligten über seine Vernehmung einverstanden sind. ³Auch ist nur das Gericht zuständig, über die Rechtmäßigkeit der Weigerung eines Zeugnisses oder der Abgabe eines Gutachtens und über die Entbindung von der Abgabe ei-	(2) ¹Die Bestätigung der Auseinandersetzung oder einer vorgängigen Vereinbarung erfolgt durch das Gericht. ²Die Vernehmung eines Zeugen oder eines Sachverständigen kann von dem Notar nur dann angeordnet werden, wenn die erschienenen Beteiligten über seine Vernehmung einverstanden sind. ³Auch ist nur das Gericht zuständig, über die Rechtmäßigkeit der Weigerung eines Zeugnisses oder der Abgabe eines Gutachtens und über die Entbindung von der Abgabe ei-

Berlin	Schleswig-Holstein
nes Gutachtens zu entscheiden; das gleiche gilt von der Festsetzung eines Ordnungsmittels und die Auferlegung der Kosten gegen einen Zeugen oder Sachverständigen, von der Anordnung der zwangsweisen Vorführung eines Zeugen sowie von der Aufhebung der gegen einen Zeugen oder Sachverständigen getroffenen Anordnungen.	nes Gutachtens zu entscheiden; das gleiche gilt von der Festsetzung eines Ordnungsmittels, der Auferlegung der Kosten gegen einen Zeugen oder Sachverständigen, von der Anordnung der zwangsweisen Vorführung eines Zeugen sowie von der Aufhebung der gegen einen Zeugen oder Sachverständigen getroffenen Anordnungen.
Art. 24 [Urkundsbeamter bei Überweisung] Soweit nach Artikel 23 an Stelle des Gerichts der Notar zuständig ist, tritt der Notar auch an die Stelle des Urkundsbeamten der Geschäftsstelle; an die Stelle der Geschäftsstelle treten die Geschäftsräume des Notars.	**Art. 24 [Zuständigkeit des Notars]** Soweit nach Artikel 23 an Stelle des Gerichts der Notar zuständig ist, tritt der Notar auch an die Stelle des Urkundsbeamten der Geschäftsstelle; an die Stelle der Geschäftsstelle treten die Geschäftsräume des Notars.

Art. 25 [Antrag auf Wiedereinsetzung in den vorigen Stand]
Der Antrag auf Wiedereinsetzung in den vorigen Stand kann bei dem Gericht oder dem Notar gestellt werden.

Berlin	Schleswig-Holstein
Art. 26 [Notarielle Verfügungen] (1) Auf die Bekanntmachung notarieller Verfügungen findet der § 16 Abs. 2 des Gesetzes über die freiwillige Gerichtsbarkeit entsprechende Anwendung.	**Art. 26 [Bekanntmachung notarieller Verfügungen]** (1) Auf die Bekanntmachung notarieller Verfügungen findet § 15 des Gesetzes über das Verfahren in Familiensachen und in den Angelegenheiten der freiwilligen Gerichtsbarkeit entsprechende Anwendung.
(2) [1] Soweit nach Absatz 1 die für die Zustellung von Amts wegen geltenden Vorschriften der Zivilprozessordnung maßgebend sind, tritt an die Stelle des Urkundsbeamten der Geschäftsstelle der Notar, an die Stelle des Gerichtswachtmeisters der Gerichtsvollzieher. [2] Der § 174 Abs. 1 der Zivilprozeßordnung bleibt außer Anwendung. [3] Bei einer Zustellung durch Aufgabe zur Post hat sich der Notar, wenn er nicht selbst das zuzustellende Schriftstück der Post übergibt, der Vermittlung eines Gerichtsvollziehers zu bedienen. [4] Die Bewilligung einer öffentlichen Zustellung kann nur durch das Gericht erfolgen; die Zustellung wird von dem Urkundsbeamten der Geschäftsstelle besorgt.	(2) [1] Soweit nach Abs. 1 die für die Zustellung von Amts wegen geltenden Vorschriften der Zivilprozeßordnung maßgebend sind, tritt an die Stelle des Urkundsbeamten der Geschäftsstelle der Notar, an die Stelle des Gerichtswachtmeisters der Gerichtsvollzieher. [2] Der § 174 Abs. 1 der Zivilprozeßordnung bleibt außer Anwendung. [3] Bei einer Zustellung durch Aufgabe zur Post hat sich der Notar, wenn er nicht selbst das zuzustellende Schriftstück der Post übergibt, der Vermittlung eines Gerichtsvollziehers zu bedienen. [4] Die Bewilligung einer öffentlichen Zustellung kann nur durch das Gericht erfolgen; die Zustellung wird von dem Urkundsbeamten der Geschäftsstelle besorgt.

Art. 27 [Abgabe der Schriftstücke]
Ist das Verfahren vor dem Notar erledigt, so hat dieser die in dem Verfahren entstandenen Schriftstücke zu den Gerichtsakten abzugeben.

Berlin	Schleswig-Holstein
Art. 28 [Kosten; Gebühren und Auslagen] (1) [1] Die Kosten des Verfahrens vor dem Gericht und des Verfahrens vor dem Notar fallen der Masse zur Last. [2] Die Gebühren und Auslagen eines Bevollmächtigten trägt der Machtgeber, die Kosten einer für das Auseinandersetzungsverfahren angeordneten Abwesenheitspflegschaft der abwesende Beteiligte, die durch eine Versäumnis verursachten Kosten der Säumige.	**Art. 28 [Kostenpflicht]** (1) [1] Die Kosten des Verfahrens vor dem Gericht und des Verfahrens vor dem Notar fallen der Masse zur Last. [2] Die Gebühren und Auslagen eines Bevollmächtigten trägt der Machtgeber, die Kosten einer für das Auseinandersetzungsverfahren angeordneten Abwesenheitspflegschaft der abwesende Beteiligte, die durch eine Versäumnis verursachten Kosten der Säumige.

§ 486 6   Schlussvorschriften

Berlin	Schleswig-Holstein
(2) Diese Vorschriften finden keine Anwendung, soweit in der Auseinandersetzungsurkunde ein anderes bestimmt ist.	(2) Diese Vorschriften finden keine Anwendung, soweit in der Auseinandersetzungsurkunde ein anderes bestimmt ist.
(3) Wer die Kosten der Beschwerdeinstanz zu tragen hat, bestimmt sich nach dem Inhalt der darüber ergangenen gerichtlichen Entscheidung.	(3) Wer die Kosten der Beschwerdeinstanz zu tragen hat, bestimmt sich nach dem Inhalte der darüber ergangenen gerichtlichen Entscheidung.
(4) Die Vorschriften der Artikel 9 bis 14 finden keine Anwendung.	(4) Die Vorschriften der Artikel 9 bis 14 finden keine Anwendung.
Dritter Abschnitt Vereins- und Güterrechtsregister Schiffsregister und Handelssachen	*Dritter Abschnitt (Art. 29 und 30) aufgehoben*
Art. 29 [Vereins- und Güterrechtsregister, Handels- und Schiffsregister] (1) Die näheren Bestimmungen über die Einrichtung und die Führung des Vereins- und des Güterrechtsregisters sowie des Handels- und des Schiffsregisters werden vom *Justizminister* getroffen. (2) *[aufgehoben]* (3) *[aufgehoben]*	
Art. 30 [Kostentragung] (1) Über die Verpflichtung zur Tragung der Kosten, die durch eine gerichtliche Verhandlung über die Bestätigung der Dispache entstehen, entscheidet das Gericht, vor dem die Verhandlung stattfindet; die Entscheidung erfolgt nur auf Antrag eines der an dem Verfahren Beteiligten. (2) ¹Die Kosten sind, unbeschadet der Vorschrift des Artikels 9, von den an dem Verfahren Beteiligten in dem Verhältnisse zu tragen, in welchem sie zu dem Havarieschaden beizutragen haben. ²Die den einzelnen Beteiligten entstandenen Kosten können, wenn die Umstände es rechtfertigen, gegeneinander aufgehoben werden. ³Soweit die Beteiligten eine abweichende Vereinbarung treffen, ist diese maßgebend. (3) Die Vorschriften der Artikel 10 bis 14 dieses Gesetzes und des § 158 Abs. 3 des Gesetzes über die Angelegenheiten der freiwilligen Gerichtsbarkeit finden entsprechende Anwendung.	
Vierter Abschnitt Gerichtliche und notarielle Urkunden Erster Titel Zuständigkeit	**Vierter Abschnitt** Gerichtliche und notarielle Urkunden Erster Titel Zuständigkeit
Art. 31 [Aufnahme von Urkunden der freiwilligen Gerichtsbarkeit] (1) ¹Für die Aufnahme von Urkunden der freiwilligen Gerichtsbarkeit sind die Amtsgerichte und die Notare zuständig. ²Die Zuständigkeit umfaßt die Befugnis zur öffentli-	**Art. 31 [Zuständigkeit]** (1) Für die Vornahme freiwilliger Versteigerungen, die Mitwirkung bei Abmarkungen sowie für die Aufnahme von Vermögensverzeichnissen sind die Amtsgerichte und die Notare zuständig.

Berlin	Schleswig-Holstein
chen Beurkundung von Rechtsgeschäften und von sonstigen Tatsachen. ³Sie erstreckt sich insbesondere auch auf die Vornahme freiwilliger Versteigerungen, auf die Mitwirkung bei Abmarkungen sowie auf die Aufnahme von Vermögensverzeichnissen.	
(2)	(2) *[aufgehoben]*
(3) Der *Justizminister* kann die Amtsgerichte anweisen, Versteigerungen nur unter bestimmten Voraussetzungen vorzunehmen.	(3) Das Ministerium für Justiz, Gleichstellung und Integration kann die Amtsgerichte anweisen, Versteigerungen nur unter bestimmten Voraussetzungen vorzunehmen.
Art. 32 [Aufnahme von Urkunden der freiwilligen Gerichtsbarkeit durch Andere] (1) Unberührt bleiben die Vorschriften, wonach die im Artikel 31 bezeichneten Handlungen der freiwilligen Gerichtsbarkeit auch von anderen Behörden oder mit öffentlichem Glauben versehenen Personen als den Amtsgerichten oder Notaren oder nur von solchen anderen Behörden oder Personen oder nur von dem örtlich zuständigen Amtsgericht vorgenommen werden können.	**Art. 32 [Ausnahmen]** (1) Unberührt bleiben die Vorschriften, wonach die im Artikel 31 bezeichneten Handlungen der freiwilligen Gerichtsbarkeit auch von anderen Behörden oder mit öffentlichem Glauben versehenen Personen als den Amtsgerichten oder Notaren oder nur von solchen anderen Behörden oder Personen oder nur von dem örtlich zuständigen Amtsgerichte vorgenommen werden können.
(2)	(2) Beglaubigte Abschriften oder Bescheinigungen aus den bei Gericht geführten oder verwahrten Akten und öffentlichen Büchern sollen die Notare in der Regel nicht erteilen.
Art. 33 [Freiwillige Versteigerung eines Grundstücks] (1) ¹Die Amtsgerichte und die Notare sollen die freiwillige Versteigerung eines Grundstücks nur vornehmen, wenn das Grundstück in ihrem Amtsbezirk belegen ist. ²Liegt das Grundstück in verschiedenen Amtsbezirken oder sollen mehrere Grundstücke, die in verschiedenen Amtsbezirken liegen, zusammen versteigert werden, so ist jedes Amtsgericht sowie jeder Notar, in dessen Amtsbezirk ein Teil des Grundstücks oder eines der Grundstücke liegt, zu der Versteigerung befugt.	**Art. 33 [Versteigerung von Grundstücken]** (1) ¹Die Amtsgerichte und die Notare sollen die freiwillige Versteigerung eines Grundstücks nur vornehmen, wenn das Grundstück in ihrem Amtsbezirke belegen ist. ²Liegt das Grundstück in verschiedenen Amtsbezirken oder sollen mehrere Grundstücke, die in verschiedenen Amtsbezirken liegen, zusammen versteigert werden, so ist jedes Amtsgericht sowie jeder Notar, in dessen Amtsbezirk ein Teil des Grundstücks oder eines der Grundstücke liegt, zu der Versteigerung befugt.
(2) Gehört das Grundstück zu einem Nachlaß oder zu einer ehelichen Gütergemeinschaft oder zu einer fortgesetzten Gütergemeinschaft, so darf die Versteigerung auch von dem Gericht vorgenommen werden, welches auf Grund der §§ 86 bis 89 des Gesetzes über die Angelegenheiten der freiwilligen Gerichtsbarkeit mit der Vermittlung der Auseinandersetzung befaßt ist; hat das Gericht die Vermittlung der Auseinandersetzung einem Notar übertragen, so ist an Stelle des Gerichts der Notar zuständig.	(2) Gehört das Grundstück zu einem Nachlaß oder zu einer ehelichen Gütergemeinschaft oder zu einer fortgesetzten Gütergemeinschaft, so darf die Versteigerung auch von dem Gerichte vorgenommen werden, welches aufgrund der §§ 363, 373 des Gesetzes über das Verfahren in Familiensachen und in den Angelegenheiten der freiwilligen Gerichtsbarkeit mit der Vermittlung der Auseinandersetzung befaßt ist; hat das Gericht die Vermittlung der Auseinandersetzung einem Notar zu übertragen, so ist an Stelle des Gerichts der Notar zuständig.

§ 486 6 Schlussvorschriften

Berlin	Schleswig-Holstein
Art. 34 [Beeidigung eines Sachverständigen] (1) *[aufgehoben]* (2) Das Amtsgericht kann für eine einzelne Angelegenheit einen Sachverständigen auch dann beeidigen, wenn alle bei dieser Angelegenheit beteiligten Personen darauf antragen und die Beeidigung nach dem Ermessen des Gerichts angemessen erscheint.	
Art. 35 und 36 [aufgehoben]	
Art. 37 [Beurkundung] ¹Eine Beurkundung, für die das Landgericht oder das Kammergericht zuständig ist, kann durch einen beauftragten oder ersuchten Richter erfolgen. ²Der Auftrag kann auch von dem Vorsitzenden der Kammer oder des Senats erteilt werden. ³Der beauftragte oder ersuchte Richter soll sich in der Urkunde als solcher bezeichnen.	**Art. 37 [Beurkundung]** ¹Eine Beurkundung, für die das Landgericht oder das Oberlandesgericht zuständig ist, kann durch einen beauftragten oder ersuchten Richter erfolgen. ²Der Auftrag kann auch von dem Vorsitzenden der Kammer oder des Senats erteilt werden. ³Der beauftragte oder ersuchte Richter soll sich in der Urkunde als solcher bezeichnen.
Art. 38 [Übertragung von Geschäften] (1) ¹Soweit die Urkundsbeamten der Geschäftsstellen oder die Gerichtsvollzieher auf Antrag der Beteiligten oder im Auftrag des Gerichts die im Artikel 31 Abs. 1 bezeichneten Geschäfte vornehmen können, ist das Amtsgericht befugt, die Ausführung eines Geschäfts, um dessen Vornahme es ersucht wird, dem Urkundsbeamten der Geschäftsstelle oder einem Gerichtsvollzieher zu übertragen. ²In gleicher Weise kann, soweit für die Aufnahme von Vermögensverzeichnissen, die öffentliche Versteigerung beweglicher Sachen sowie die öffentliche Verpachtung an den Meistbietenden die im siebenten Abschnitt bezeichneten Behörden oder Beamten zuständig sind, diesen die Ausführung eines Geschäfts, um dessen Vornahme das Amtsgericht ersucht wird, übertragen werden. (2) Die Aufnahme eines Vermögensverzeichnisses kann auch einem Notar übertragen werden. (3) Der *Justizminister* kann für solche Bezirke, in denen dazu ein Bedürfnis besteht, die Amtsgerichte ermächtigen, in den ihnen geeignet scheinenden Fällen mit der Vornahme und der Beurkundung einer freiwilligen Grundstücksversteigerung, die außerhalb der Gerichtsstelle erfolgen soll, einen Urkundsbeamten der Geschäftsstelle zu beauftragen; der Urkundsbeamte der Geschäftsstelle soll nur mit Zustimmung der Beteiligten beauftragt werden.	**Art. 38 [Übertragung von Aufgaben]** (1) ¹Soweit die Urkundsbeamten der Geschäftsstelle oder die Gerichtsvollzieher auf Antrag der Beteiligten oder im Auftrage des Gerichts die im Artikel 31 Abs. 1 bezeichneten Geschäfte vornehmen können, ist das Amtsgericht befugt, die Ausführung eines Geschäfts, um dessen Vornahme es ersucht wird, dem Urkundsbeamten der Geschäftsstelle oder einem Gerichtsvollzieher zu übertragen. ²In gleicher Weise kann, soweit für die Aufnahme von Vermögensverzeichnissen, die öffentliche Versteigerung beweglicher Sachen sowie die öffentliche Verpachtung an den Meistbietenden die im siebenten Abschnitte bezeichneten Behörden oder Beamten zuständig sind, diesen die Ausführung eines Geschäfts, um dessen Vornahme das Amtsgericht ersucht wird, übertragen werden. (2) Die Aufnahme eines Vermögensverzeichnisses kann auch einem Notar übertragen werden. (3) Das Ministerium für Justiz, Gleichstellung und Integration kann für solche Bezirke, in denen dazu ein Bedürfnis besteht, die Amtsgerichte ermächtigen, in den ihnen geeignet scheinenden Fällen mit der Vornahme und der Beurkundung einer freiwilligen Grundstücksversteigerung, die außerhalb der Gerichtsstelle erfolgen soll, einen Urkundsbeamten der Geschäftsstelle zu beauftragen; der Urkundsbeamte der Geschäftsstelle soll nur mit Zustimmung der Beteiligten beauftragt werden.
Art. 39 [aufgehoben]	

Berlin	Schleswig-Holstein
\multicolumn{2}{c}{Zweiter Titel}	

Zweiter Titel
Urkunden über Rechtsgeschäfte

Art. 40–41 [gegenstandslos]

Art. 42 [Urschrift]
Die Urschrift des gerichtlichen … Protokolls über die Beurkundung eines Rechtsgeschäfts bleibt in der Verwahrung des Gerichts …

Art. 43–52 [aufgehoben]

Berlin	Schleswig-Holstein
Dritter Titel Sonstige Urkunden	Dritter Titel Sonstige Urkunden
Art. 53 [aufgehoben]	**Art. 53 [Notarielle Urkunden]** [1] Für notarielle Urkunden über andere Gegenstände als Rechtsgeschäfte gelten die Vorschriften des Beurkundungsgesetzes vom 28. August 1969 (BGBl. I S. 1513). [2] Die gleichen Vorschriften finden auf gerichtliche Urkunden der bezeichneten Art Anwendung, soweit nicht die Beurkundung einen Teil eines anderen Verfahrens bildet.

Art. 54 bis 60 [aufgehoben bzw. gegenstandslos]

Art. 61 [Verwahrung der Urschriften]
(1) Die Urschriften der im Artikel 53 bezeichneten Urkunden sind, falls die Beurkundung in der Form eines Protokolls erfolgt ist, in der Verwahrung des Gerichts … zu belassen …….
(2) *[gegenstandslos]*

Art. 62 [gegenstandslos]

Vierter Titel
Äußerer Form und Vernichtung der Urkunden

Art. 63, 64 [aufgehoben bzw. gegenstandslos]

Berlin	Schleswig-Holstein
Art. 65 [Vernichtung gerichtlicher und notarieller Urkunden] Gerichtliche und notarielle Urkunden können nach Maßgabe der Anordnungen des *Justizministers* vernichtet werden.	

Fünfter Abschnitt
Verfahren bei der freiwilligen gerichtlichen Versteigerung von Grundstücken

Art. 66 [Beantragung]
(1) Wer die freiwillige gerichtliche Versteigerung eines Grundstücks beantragt, hat seine Befugnis zur Verfügung über das Grundstück dem Gerichte nachzuweisen.
(2) Der Richter soll, soweit die Beteiligten nicht ein anderes bestimmen, bei der Versteigerung nach den Vorschriften des Artikel 67 bis 74 verfahren.

Berlin	Schleswig-Holstein
Art. 67 [Versteigerungstermin] (1) [1] Der Versteigerungstermin soll erst bestimmt werden, nachdem ein das Grundstück betreffender neuester Auszug aus der *Grundsteuermutterrolle* und der *Gebäudesteuerrolle* beigebracht worden ist. [2] … [3] Wird das Grundbuch nicht bei dem Gericht geführt, welches die Versteigerung vornimmt, so soll auch eine beglaubigte Abschrift des Grundbuchblatts beigebracht werden.	**Art. 67 [Versteigerungstermin]** (1) [1] Der Versteigerungstermin soll erst bestimmt werden, nachdem ein das Grundstück betreffender neuester Auszug aus dem Liegenschaftsbuch und dem Gebäudebuch beigebracht worden ist. [2] …. [3] Wird das Grundbuch nicht bei dem Gerichte geführt, welches die Versteigerung vornimmt, so soll auch eine beglaubigte Abschrift des Grundbuchblatts beigebracht werden.

Berlin	Schleswig-Holstein
(2) ¹Der Zeitraum zwischen der Anberaumung des Termins und dem Termin soll, wenn nicht besondere Gründe vorliegen, nicht mehr als sechs Monate betragen. ²Zwischen der Bekanntmachung der Terminsbestimmung und dem Termin soll in der Regel ein Zeitraum von mindestens sechs Wochen liegen.	(2) ¹Der Zeitraum zwischen der Anberaumung des Termins und dem Termine soll, wenn nicht besondere Gründe vorliegen, nicht mehr als sechs Monate betragen. ²Zwischen der Bekanntmachung der Terminbestimmung und dem Termine soll in der Regel ein Zeitraum von mindestens sechs Wochen liegen.

Art. 68 [Form der Terminsbestimmung]
(1) Die Terminbestimmung soll enthalten:
1. die Bezeichnung des Grundstücks;
2. Zeit und Ort des Versteigerungstermins;
3. die Angabe, daß die Versteigerung eine freiwillige ist;
4. die Bezeichnung des eingetragenen Eigentümers sowie die Angabe des Grundbuchblatts und der Größe des Grundstücks.

(2) Sind vor der Bekanntmachung der Terminsbestimmung Versteigerungsbedingungen festgestellt, so soll in der Terminsbestimmung der Ort angegeben werden, wo die Versteigerungsbedingungen eingesehen werden können.

Art. 69 [Bekanntmachung der Terminsbestimmung]
¹Die Terminsbestimmung ist durch einmalige Einrückung in einem vom Gerichte zu bestimmendes Blatt öffentlich bekannt zu machen. ²Die Vorschriften des § 39 Abs. 2 und des § 40 des Gesetzes über die Zwangsversteigerung und die Zwangsverwaltung finden entsprechende Anwendung.

Art. 70 [Mitteilung an den Antragsteller]
Die Terminsbestimmung ist dem Antragsteller mitzuteilen.

Art. 71 [Einsicht in Grundbuchblatt]	Art. 71 [Einsicht]
(1) Die Einsicht der Abschrift des Grundbuchblatts sowie der Auszüge aus den *Steuerbüchern* ist jedem gestattet.	(1) Die Einsicht der Abschrift des Grundbuchblatts sowie der Auszüge aus den Liegenschafts- und Gebäudebüchern ist jedem gestattet.
(2) Das gleiche gilt von anderen das Grundstück betreffenden Nachweisungen, welche ein Beteiligter einreicht, insbesondere von Abschätzungen.	(2) Das gleiche gilt von anderen das Grundstück betreffenden Nachweisungen, welche ein Beteiligter einreicht insbesondere von Abschätzungen.

Art. 72 [Bekanntmachung der Versteigerungsbedingungen]
¹In dem Versteigerungstermine werden nach dem Aufrufe der Sache die Versteigerungsbedingungen, sofern ihre Feststellung nicht schon vorher erfolgt ist, festgestellt und diese sowie die das Grundstück betreffenden Nachweisungen bekannt gemacht. ²Hierauf fordert das Gericht zur Abgabe von Geboten auf.

Art. 73 [Hinterlegung]
Hat ein Bieter durch Hinterlegung von Geld oder Wertpapieren Sicherheit zu leisten, so gilt in dem Verhältnisse zwischen den Beteiligten die Übergabe an das Gericht als Hinterlegung.

Art. 74 [Gebotsfrist, Dauer der Versteigerung]
(1) ¹Zwischen der Aufforderung zur Abgabe von Geboten und dem Zeitpunkt, in welchem bezüglich sämtlicher zu versteigernder Grundstücke die Versteigerung geschlossen wird, soll mindestens eine Stunde liegen. ²Die Versteigerung soll so lange fortgesetzt werden, bis der Aufforderung des Gerichts ungeachtet ein Gebot nicht mehr abgegeben wird.

(2) Das Gericht hat das letzte Gebot mittels dreimaligen Aufrufs zu verkünden und den Antragsteller über den Zuschlag zu hören.

Art. 75 [Besondere Vorschriften]
Unberührt bleiben die besonderen Vorschriften, welche bei der Versteigerung der Grundstücke gewisser juristischer Personen zu beobachten sind.

Berlin	Schleswig-Holstein
Art. 76 [aufgehoben]	**Art. 76 [Bergwerkseigentum]** Auf die freiwillige gerichtliche Versteigerung eines Bergwerkseigentums, eines unbeweglichen Bergwerksanteils sowie einer selbständigen Kohlenabbau-Gerechtigkeit finden außer den Artikeln 33, 66 bis 75 dieses Gesetzes die Artikel 18, 20 des Ausführungsgesetzes zu dem Gesetz über die Zwangsversteigerung und die Zwangsverwaltung1 entsprechende Anwendung.
Sechster Abschnitt – Amtsstellung der Notare	
Art. 77–86 [gegenstandslos]	
Art. 87 [Siegelungen und Entsiegelungen] Die Notare sind zuständig, Siegelungen und Entsiegelungen im Auftrag des Gerichts ... vorzunehmen.	**Art. 87 [Zuständigkeit]** Die Notare sind zuständig, Siegelungen und Entsiegelungen im Auftrage des Gerichts oder des Konkursverwalters vorzunehmen.
Art. 88–103 [gegenstandslos]	
Siebenter Abschnitt – Besondere Gerichte. Mitwirkung der Gemeindebeamten in Angelegenheiten der freiwilligen Gerichtsbarkeit	
Art. 104–127 [gegenstandslos]	
Achter Abschnitt Schlussbestimmungen	**Achter Abschnitt** Schlussbestimmungen
Art. 128 [Verfahrensbestimmungen] Der *Justizminister* kann über das Verfahren bei der Aufnahme eines Vermögensverzeichnisses, insbesondere eines Nachlaßinventars, über das Verfahren bei der Sicherung eines Nachlasses sowie über das Verfahren bei einer aus einem anderen Anlaß erfolgenden Siegelung oder Entsiegelung allgemeine Bestimmungen treffen.	**Art. 128 [Erlass allgemeiner Bestimmungen]** Das Ministerium für Justiz, Gleichstellung und Integration kann über das Verfahren bei der Aufnahme eines Vermögensverzeichnisses, insbesondere eines Nachlaßinventars, über das Verfahren bei der Sicherung eines Nachlasses sowie über das Verfahren bei einer aus einem anderen Anlaß erfolgenden Siegelung oder Entsiegelung allgemeine Bestimmungen treffen.
Art. 129 bis 143 [gegenstandslos]	Art. 129 bis 141 [gegenstandslos]
	Art. 142 Die Berichtigung einer Eintragung in dem Standesregister erfolgt auch dann nach den Vorschriften des neuen Rechts, wenn die Eintragung aus der Zeit vor dem 1. Januar 1876 herrührt.
	Art. 143 [gegenstandslos]
Art. 144 [aufgehoben]	

Art. 145
(1) Dieses Gesetz tritt gleichzeitig mit dem Bürgerlichen Gesetzbuch in Kraft.
(2) [gegenstandslos]

4. Brandenburg:

a) Gesetz zur Neuordnung der ordentlichen Gerichtsbarkeit und zur Ausführung des Gerichtsverfassungsgesetzes im Land Brandenburg vom 14. Juni 1993
(Artikel 1 Brandenburgisches Gerichtsneuordnungsgesetz (BbgGerNeuOG)

Abschnitt 2
Ergänzende Zuständigkeitsregelungen

§ 9 Handels- und Genossenschaftsregister. Die Amtsgerichte am Sitz der Landgerichte sind für den gesamten Landgerichtsbezirk für die Führung der Handels- und Genossenschaftsregister zuständig.

§ 10 Gerichtsvollzieher. (1) Die Gerichtsvollzieher sind auch zuständig:
1. für die Aufnahme von Vermögensverzeichnissen und Inventaren im Auftrag des Gerichts,
2. für Siegelungen und Entsiegelungen im Auftrag des Gerichts,
3. für die Aufnahme von Wechsel- und Scheckprotesten,
4. für die Durchführung freiwilliger Versteigerungen von beweglichen Sachen und von Früchten, die vom Boden noch nicht getrennt sind,
5. für die Niederschrift über das tatsächliche Angebot einer Leistung oder das tatsächliche Angebot der geschuldeten Leistung,
6. für die Vollstreckung gerichtlicher Anordnungen nach § 33 Abs. 2 des Gesetzes über die Angelegenheiten der freiwilligen Gerichtsbarkeit.

(2) Gerichtsvollzieher können Aufträge zur freiwilligen Versteigerung nach ihrem Ermessen ablehnen.

(3) § 155 des Gerichtsverfassungsgesetzes gilt entsprechend.

b) VO zur Übertragung der Ermächtigung nach § 82 a Abs. 8 FGG vom 20. 11. 2008 (§ 82 a Abs. 8 FGG entspricht § 347 Abs. 6 FamFG)

§ 1 Übertragung der Ermächtigung.

Das für Justiz zuständige Mitglied der Landesregierung wird ermächtigt, im Einvernehmen mit dem für Inneres zuständigen Mitglied der Landesregierung Rechtsverordnungen nach § 82a Abs. 6 Satz 1 des Gesetzes über die Angelegenheiten der freiwilligen Gerichtsbarkeit in der im Bundesgesetzblatt Teil III, Gliederungsnummer 315-1, veröffentlichten bereinigten Fassung, das zuletzt durch Artikel 2 des Gesetzes vom 4. Juli 2008 (BGBl. I S. 1188) geändert worden ist, zu erlassen.

5. Bremen

Bremisches Gesetz über die Angelegenheiten der freiwilligen Gerichtsbarkeit vom 23. Juni 2009[5]

§ 1 Für die Angelegenheiten der freiwilligen Gerichtsbarkeit, die durch Landesgesetz den ordentlichen Gerichten übertragen sind, gelten die Bestimmungen des ersten Buches des Gesetzes über das Verfahren in Familiensachen und in den Angelegenheiten der freiwilligen Gerichtsbarkeit entsprechend, soweit nichts anderes bestimmt ist.

§ 2 Für die Angelegenheiten der freiwilligen Gerichtsbarkeit sind, soweit nichts anderes bestimmt ist, die Amtsgerichte zuständig.

§ 3 (1) [1]Das Oberlandesgericht entscheidet über die Beschwerde gegen eine Entscheidung, die das Landgericht in einer landesrechtlichen Angelegenheit der freiwilligen Gerichtsbarkeit erlassen hat. [2]Die weitere Beschwerde ist unzulässig.

(2) Entscheidet in einer landesrechtlichen Angelegenheit der freiwilligen Gerichtsbarkeit das Oberlandesgericht im ersten Rechtszug, so ist dessen Entscheidung unanfechtbar.

§ 4 [1]Werden bei einem Todesfall Umstände bekannt, die gerichtliche Maßnahmen zur Sicherung des Nachlasses angezeigt erscheinen lassen, so sollen die Standesbeamten und die Ortspolizeibehörden dies unverzüglich dem Amtsgericht mitteilen, in dessen Bezirk der Todesfall eingetreten ist. [2]Die Ortspolizeibehörden haben bei Gefahr im Verzuge die für die Sicherung des Nachlasses

---
[5] Brem.GBl. S. 233.

erforderlichen Maßnahmen zu treffen und die angeordneten Maßregeln dem Amtsgericht anzuzeigen.

§ 5 [1] Die Ortspolizeibehörden sind zur Unterstützung der Registergerichte verpflichtet. [2] Sie sollen das Registergericht benachrichtigen, wenn Sie von einer unrichtigen, unvollständigen oder unterlassenen Anmeldung zu einem gerichtlichen Register erfahren.

6. Hamburg

Hamburgisches Gesetz über die Angelegenheiten der freiwilligen Gerichtsbarkeit vom 16. Januar 1989[6]

§ 1 Die Ausfertigungen gerichtlicher Verfügungen und Beschlüsse sind von dem Urkundsbeamten der Geschäftsstelle zu unterschreiben und mit dem Gerichtssiegel zu versehen.

§ 2 Die Urschrift des gerichtlichen Protokolls über die Beurkundung eines Rechtsgeschäfts bleibt in der Verwahrung des Gerichts.

§ 3 [1] Die zuständigen Behörden haben jeden zu ihrer Kenntnis gelangenden Todesfall, bei dem gerichtliche Maßnahmen zur Sicherung des Nachlasses erforderlich erscheinen, dem Nachlassgericht, in dessen Bezirk der Todesfall eingetreten ist, sofort mitzuteilen. [2] Bei Gefahr im Verzug haben sie die für die Sicherung des Nachlasses erforderlichen Maßnahmen zu treffen und diese dem Nachlassgericht unverzüglich anzuzeigen.

§ 4 Das Hamburgische Gesetz über die Angelegenheiten der freiwilligen Gerichtsbarkeit vom 29. Dezember 1899 (Sammlung des bereinigten hamburgischen Landesrechts I 3212-d) wird in seiner geltenden Fassung aufgehoben.

7. Hessen

Hessisches Gesetz über die freiwillige Gerichtsbarkeit (Hess. FGG) vom 12. 4. 1954

Erster Abschnitt
Allgemeine Vorschriften

Erster Titel
Landesrechtliche Angelegenheiten der freiwilligen Gerichtsbarkeit

Art. 1 Ausdehnung bundesrechtlicher Vorschriften

Für die Angelegenheiten der freiwilligen Gerichtsbarkeit, die durch Landesgesetz den ordentlichen Gerichten übertragen sind, gelten die §§ 2 bis 27, 28 Absatz 1, 29, 30 Absatz 1 Satz 1 (jedoch ohne die Worte: „und bei dem Reichsgerichte") und 31 bis 34 des Gesetzes über die Angelegenheiten der freiwilligen Gerichtsbarkeit, soweit nichts anderes bestimmt ist.

Art. 2 Zu § 18 Absatz 1 FGG: Grenzen der Änderung von Verfügungen

Eine Verfügung, durch die die Genehmigung zu einem Rechtsgeschäft erteilt oder verweigert wird, kann insoweit nicht mehr geändert werden, als die Genehmigung oder Verweigerung einem Dritten gegenüber wirksam geworden ist.

Art. 3 Zu § 19 Absatz 2 FGG: Beschwerdeinstanz

Entscheidet im ersten Rechtszug das Landgericht, so ist Beschwerdegericht das Oberlandesgericht.

Art. 4 Zu § 22 Absatz 1 FGG: Umwandlung befristeter Rechtsmittel in sofortige Beschwerde

[1] Ist nach besonderer gesetzlicher Vorschrift die Einlegung des Rechtsmittels gegen die Entscheidungen des ersten Rechtszuges an eine Frist gebunden, so ist das zulässige Rechtsmittel die sofortige Beschwerde. [2] § 22 Absatz 1 des Gesetzes über die Angelegenheiten der freiwilligen Gerichtsbarkeit ist anzuwenden.

---

[6] HmbGVBl. 1989, S. 5/8, erlassen als Artikel 8 des Gesetzes vom 16. Januar 1989 (HmbGVBl. S. 5).

Art. 5 Zu § 27 FGG: Weitere Beschwerde

Die weitere Beschwerde ist nur zulässig, wenn das Amtsgericht Gericht des ersten Rechtszuges ist.

Art. 6 Zu § 32 FGG: Schutz von Rechten Dritter

Wird eine Verfügung geändert, die zu einem Rechtserwerb Dritter geführt hat, so ist dies auf den Rechtserwerb auch dann ohne Einfluss, wenn die besonderen Voraussetzungen für die Anwendung des § 32 des Gesetzes über die Angelegenheiten der freiwilligen Gerichtsbarkeit nicht gegeben sind.

Zweiter Titel
Ausführungs und Ergänzungsvorschriften

I. Weiterleitung von Schriftstücken an das zuständige Gericht

Art. 7 [Weiterleitung von Schriftstücken an das zuständige Gericht]

Anzeigen, Anträge und Erklärungen, die einem unzuständigen Gericht zugehen, sind unverzüglich an das zuständige Gericht weiterzuleiten, ebenso Anträge und Erklärungen, die der Urkundsbeamte der Geschäftsstelle eines unzuständigen Amtsgerichts aufgenommen hat.

II. Mitwirkung nichtrichterlicher Beamter

Art. 8 Ausschließung von der Amtstätigkeit

(1) Wirkt in einer Angelegenheit, die nicht in der Beurkundung eines Rechtsgeschäfts besteht, ein Urkundsbeamter der Geschäftsstelle mit, so sind auf ihn die §§ 6 und 7 des Gesetzes über die Angelegenheiten der freiwilligen Gerichtsbarkeit entsprechend anzuwenden.

(2) Auf einen Gerichtsvollzieher ist § 155 des Gerichtsverfassungsgesetzes entsprechend anzuwenden.

Art. 9 Zuziehen eines Urkundsbeamten

Soweit nichts anderes bestimmt ist, liegt es im Ermessen des Richters, einen Urkundsbeamten der Geschäftsstelle zuzuziehen.

III. Begründungszwang

Art. 10 [Begründungszwang]

Eine Verfügung, durch die ein Antrag oder ein Gesuch zurückgewiesen, eine Genehmigung versagt oder über Rechte der Beteiligten entschieden wird, ist mit Gründen zu versehen.

IV. Kostenwesen

Art. 11 Kostentragung durch Beteiligte

(1) [1] Sind an einer Angelegenheit mehrere Personen beteiligt, so kann das Gericht auf Antrag einem Beteiligten die Kosten des Verfahrens ganz oder teilweise auferlegen, die der Beteiligte durch ein unbegründetes Gesuch, einen unbegründeten Widerspruch oder eine unbegründete Beschwerde, durch vorzeitiges Anrufen des Gerichts, durch eine Versäumnis oder durch grobes Verschulden veranlaßt hat. [2] Der Antrag kann nicht mehr gestellt werden, wenn in der Hauptsache entschieden ist.

(2) Zu den nach Absatz 1 zu erstattenden Kosten des Verfahrens gehören die Gebühren und Auslagen eines Rechtsanwalts, soweit seine Zuziehung zur zweckentsprechenden Rechtsverfolgung oder Rechtsverteidigung angebracht war.

Art. 12 Kostentragung durch Beamte und Vertreter

[1] Einem Urkundsbeamten der Geschäftsstelle, gesetzlichen Vertreter, Rechtsanwalt und anderen Bevollmächtigten kann das Gericht auf Antrag oder von Amts wegen die Kosten auferlegen, die er durch grobes Verschulden veranlasst hat. [2] Vor der Entscheidung ist der Beteiligte zu hören.

Art. 13 Kostenentscheidung bei der Festsetzung eines Zwangsgeldes und anderen Vollstreckungsmaßnahmen

Wird ein Zwangsgeld verhängt oder eine andere Vollstreckungsmaßnahme angeordnet, so enthält die Entscheidung über die Kosten des Verfahrens auch die Entscheidung über die den anderen Beteiligten entstandenen Kosten.

Art. 14 Rückerstattung von Kosten

Wird eine Kostenentscheidung, auf Grund deren Kosten erstattet sind, zugunsten dessen, dem die Kosten auferlegt waren, geändert, so ist dem Empfänger auf Antrag aufzuerlegen, das zuviel Empfangene zurückzuerstatten.

Art. 15 Kostenfestsetzung

(1) [1]Wer einen durch gerichtliche Verfügung festgestellten Kostenerstattungsanspruch hat, kann Festsetzung der Kosten beantragen. [2]Für den Antrag und das Kostenfestsetzungsverfahren gelten die §§ 103 Absatz 2, 104 bis 106 der Zivilprozessordnung entsprechend.

(2) Die Beschwerde ist nur zulässig, wenn der Wert des Beschwerdegegenstandes 26 Euro übersteigt.

Art. 16 Änderung der Wertfestsetzung

Wird der Geschäftswert geändert, so ist der Kostenfestsetzungsbeschluss auf Antrag entsprechend zu ändern. § 107 Absatz 1 Satz 2, Absatz 2 und 3 der Zivilprozessordnung ist anzuwenden.

Art. 17 Vollstreckbarer Kostentitel

Die Zwangsvollstreckung nach der Zivilprozessordnung ist zulässig aus:
1. einem Kostenrückerstattungsbeschluss nach Artikel 14,
2. einem Kostenfestsetzungsbeschluss nach den Artikeln 15 und 16,
3. einer vormundschaftsgerichtlichen Verfügung nach § 1779 Absatz 3 Satz 2, auch in Verbindung mit § 1847 Satz 2, des Bürgerlichen Gesetzbuchs.

V. Vollziehung von Verfügungen

Art. 18 Vollziehung von Amts wegen

Soweit die Vollziehung einer gerichtlichen Verfügung nicht den Beteiligten überlassen ist, veranlasst das Gericht des ersten Rechtszuges von Amts wegen die Vollziehung.

Art. 19 Vollzugsorgane

(1) [1]Vollzugsorgan ist der Gerichtsvollzieher. [2]Das Gericht kann mit der Vollziehung einer von Amts wegen angeordneten Vollstreckungsmaßnahme auch einen Gerichtswachtmeister beauftragen.

(2) Auf das Verfahren und die Befugnisse der Vollzugsorgane ist die Zivilprozessordnung entsprechend anzuwenden.

Art. 20 Aufhebung einer Festsetzung von Zwangsgeld

Das Gericht kann ein festgesetztes Zwangsgeld aufheben, wenn der Betroffene sein Verhalten nachträglich genügend entschuldigt.

Art. 21 Beitreibung von Zwangsgeld

[1]Ein Zwangsgeld ist im Wege des Verwaltungszwangs nach den Vorschriften der Justizbeitreibungsordnung einzuziehen. [2]In den Nachlaß des Betroffenen darf nicht vollstreckt werden.

VI. Ausfertigung gerichtlicher Verfügungen

Art. 22 [Ausfertigung gerichtlicher Verfügungen]

Die Ausfertigung einer gerichtlichen Verfügung ist von dem Urkundsbeamten der Geschäftsstelle zu unterschreiben und mit dem Dienstsiegel zu versehen.

Zweiter Abschnitt
Nachlaß- und Teilungssachen

I. Sicherungsmaßnahmen nach dem Ableben von Bediensteten einer öffentlichen Behörde

Art. 23 [Sicherungsmaßnahmen nach dem Ableben von Bediensteten einer öffentlichen Behörde]

(1) Nach dem Tode des Bediensteten einer öffentlichen Behörde kann diese oder die Aufsichtsbehörde für die Sicherung der im Nachlass befindlichen amtlichen Schriftstücke und der sonstigen Werte sorgen, deren Herausgabe auf Grund des Dienstverhältnisses verlangt werden kann.

(2) Werden bei Ausführung einer von dem Nachlassgericht angeordneten Sicherungsmaßnahme Sachen der im Absatz 1 bezeichneten Art vorgefunden, so hat das Gericht die Behörde des Verstorbenen oder die Aufsichtsbehörde zu benachrichtigen und von den Sicherungsmaßnahmen Mitteilung zu machen.

II. Gerichtliche und notarielle Vermittlung der Auseinandersetzung

Art. 24 Zuständigkeit

(1) Zur Vermittlung der Auseinandersetzung eines Nachlasses oder des Gesamtguts einer ehelichen, lebenspartnerschaftlichen oder fortgesetzten Gütergemeinschaft sind auch die Notare zuständig.

(2) [1]Im Falle des Absatzes 1 tritt an die Stelle des Urkundsbeamten der Geschäftsstelle der Notar; Offenlegungs- oder Niederlegungslokal sind die Geschäftsräume des Notars. [2]Eine öffentliche Zustellung bewirkt nach ihrer Bewilligung durch das Gericht der Urkundsbeamte der Geschäftsstelle.

(3) Auch wenn ein Notar die Auseinandersetzung vermittelt, obliegt dem nach den §§ 86 Absatz 1 und 99 Absatz 2 des Gesetzes über die Angelegenheiten der freiwilligen Gerichtsbarkeit zuständigen Gericht:
1. die Bestellung eines Pflegers für einen abwesenden Beteiligten,
2. die Bewilligung einer öffentlichen Zustellung,
3. die Entscheidung über den Antrag eines Beteiligten auf Wiedereinsetzung in den vorigen Stand,
4. die Vernehmung eines Zeugen oder Sachverständigen auf Ersuchen des Notars, falls die erschienenen Beteiligten nicht mit der uneidlichen Vernehmung durch den Notar einverstanden sind,
5. die Entscheidung über die Verweigerung eines Zeugnisses oder Abgabe eines Gutachtens und die Entscheidung über die Befreiung von der Pflicht, ein Gutachten zu erstatten,
6. die Verurteilung eines Zeugen oder Sachverständigen zu Ordnungsmitteln und Kosten, die Anordnung der zwangsweisen Vorführung eines Zeugen und die Aufhebung der Anordnung gegen einen Zeugen oder Sachverständigen,
7. die Bestätigung einer Vereinbarung über vorbereitende Maßregeln oder der Auseinandersetzung, wenn ein Beteiligter nicht erschienen war und auch nicht nachträglich zugestimmt hat,
8. die Genehmigung nach § 97 Absatz 2 des Gesetzes über die Angelegenheiten der freiwilligen Gerichtsbarkeit.

Art. 25 Wiedereinsetzung in den vorigen Stand

Der Antrag auf Wiedereinsetzung in den vorigen Stand kann bei dem Gericht oder Notar gestellt werden.

Art. 26 Aufnahme eines amtlichen Verzeichnisses der Teilungsmaß

Das Gericht und der Notar, die mit der Vermittlung einer Auseinandersetzung befasst sind, können anordnen, dass ein amtliches Verzeichnis des Nachlasses oder des Gesamtguts einer ehelichen, lebenspartnerschaftlichen oder fortgesetzten Gütergemeinschaft aufzunehmen ist.

Art. 27 Bekanntmachung notarieller Verfügungen

(1) Auf die Bekanntmachung einer notariellen Verfügung ist § 16 Absatz 2 des Gesetzes über die Angelegenheiten der freiwilligen Gerichtsbarkeit entsprechend anzuwenden.

(2) [1]Soweit nach Absatz 1 die für die Zustellung von Amts wegen geltenden Vorschriften der Zivilprozessordnung maßgebend sind, tritt an die Stelle des Urkundsbeamten der Geschäftsstelle

der Notar, an die Stelle des Gerichtswachtmeisters der Gerichtsvollzieher. [2] § 174 Absatz 1 der Zivilprozessordnung ist nicht anzuwenden. [3] Bei einer Zustellung durch Aufgabe zur Post hat sich der Notar der Vermittlung eines Gerichtsvollziehers zu bedienen, wenn nicht er das zuzustellende Schriftstück der Post übergibt.

Art. 28 Überweisung des Verfahrens an einen anderen Notar

(1) Jeder Beteiligte kann beantragen, dass die Vermittlung der Auseinandersetzung einem anderen Notar überwiesen wird. Der Antrag muss spätestens im ersten Verhandlungstermin gestellt werden.

(2) [1] Über den Antrag entscheidet das Landgericht, in dessen Bezirk der zuerst beauftragte Notar seinen Amtssitz hat. [2] Das Landgericht hat die anderen Beteiligten zu hören.

(3) Die Entscheidung ist mit der sofortigen Beschwerde anfechtbar.

(4) Wird dem Antrag stattgegeben, so hat der Notar nach Rechtskraft des Beschlusses die Vorgänge dem von dem Gericht bestellten Notar zu übersenden.

Art. 29 Verkehr des Notars mit dem Gericht

(1) [1] Wird eine gerichtliche Entscheidung erforderlich (Artikel 24 Absatz 3), so hat der Notar die Vorgänge dem Gericht zu übersenden. [2] Von Verhandlungsprotokollen können Ausfertigungen übersandt werden.

(2) Bei der Rücksendung der Vorgänge hat das Gericht eine beglaubigte Abschrift seiner Entscheidung für den Notar beizufügen.

Art. 30 Verfahrenskosten

(1) [1] Im Auseinandersetzungsverfahren fallen die Kosten des Verfahrens der Masse zur Last. [2] Die Gebühren und Auslagen eines Bevollmächtigten trägt der Vollmachtgeber, die Kosten einer für das Auseinandersetzungsverfahren angeordneten Abwesenheitspflegschaft der Abwesende, die durch eine Versäumnis verursachten Kosten der Säumige.

(2) Absatz 1 ist nicht anzuwenden, wenn in dem Auseinandersetzungsvertrag etwas anderes bestimmt ist.

(3) Die Kosten der Beschwerde hat der zu tragen, dem sie das Gericht auferlegt.

(4) Artikel 11, 14 bis 17 sind nicht anzuwenden.

Dritter Abschnitt
Öffentliche Register, Handelssachen

Art. 31 Registerführung

Die näheren Bestimmungen über die Einrichtung und Führung des Vereins- und des Güterrechtsregisters trifft der Minister der Justiz.

Art. 32 Versendung öffentlicher Register

[1] Die bei dem Amtsgericht geführten Register dürfen nicht an Behörden und Beamte versandt werden. [2] Außerhalb der Diensträume soll ein Register nur auf Ersuchen des erkennenden Gerichts und nur durch einen Beamten des Registergerichts vorgelegt werden. [3] Dieser hat das Register alsdann sofort zurückzubringen.

Art. 33 Abschriften, Auszüge und Zeugnisse für Behörden

(1) Behörden sind Abschriften von den Eintragungen in die Register und von den zum Register eingereichten Schriftstücken sowie Auszüge und Zeugnisse auf Grund der Eintragungen und eingereichten Schriftstücke zu erteilen, wenn sie dies im amtlichen Interesse beantragen.

(2) …

Art. 34 Mitwirkung des Gemeindevorstandes und der Polizeibehörde

Der Gemeindevorstand und die Polizeibehörde sind verpflichtet, das Registergericht zu unterstützen, um unrichtige Eintragungen zu verhüten und eine Berichtigung oder Vervollständigung des Handelsregisters herbeizuführen.

Art. 35 Mitwirkung der Organe des Handelsstandes

(1) Die näheren Bestimmungen über die Mitwirkung der Organe des Handelsstandes bei der Führung des Handelsregisters nach § 126 des Gesetzes über die Angelegenheiten der freiwilligen Gerichtsbarkeit erläßt der Minister der Justiz.

(2) Vertretung des Handelsstandes im Sinne des § 25 Absatz 3 des Aktiengesetzes ist die zuständige Industrie- und Handelskammer.

Art. 36 Kosten der Dispache

(1) ¹Das Gericht, vor dem verhandelt worden ist, entscheidet auf Antrag darüber, wer die Kosten einer gerichtlichen Verhandlung über die Bestätigung der Dispache zu tragen hat. ²Der Antrag kann auch nach Beendigung des Verfahrens gestellt werden.

(2) ¹Die Kosten sind auf die Beteiligten in dem Verhältnis zu verteilen, in dem diese zu dem Havarieschaden beizutragen haben. ²Die den einzelnen Beteiligten entstandenen Kosten können gegeneinander aufgehoben werden, wenn die Umstände es rechtfertigen. ³Soweit die Beteiligten etwas Abweichendes vereinbart haben, ist dies maßgebend.

(3) § 158 Absatz 3 des Gesetzes über die Angelegenheiten der freiwilligen Gerichtsbarkeit und die Artikel 11, 14 bis 17 sind entsprechend anzuwenden.

Art. 37 Vereinssachen

Das Amtsgericht hat in dem für die Bekanntmachungen des Gerichts bestimmten Blatt auch die Eintragung der Auflösung und der Entziehung der Rechtsfähigkeit eines Vereins zu veröffentlichen.

Vierter Abschnitt
Urkundstätigkeit des Gerichts einschließlich des Urkundsbeamten und Gerichtsvollziehers

Erster Titel
Zuständigkeit

I. Zuständigkeit im allgemeinen

Art. 38

(1) ...

(2) Das Amtsgericht ist ferner zuständig, freiwillige Versteigerungen vorzunehmen, bei Abmarkungen mitzuwirken und Vermögensverzeichnisse aufzunehmen.

(3) Unberührt bleiben die Vorschriften, nach denen die in Absatz ... 2 bezeichneten Angelegenheiten der freiwilligen Gerichtsbarkeit auch von anderen Behörden oder mit öffentlichem Glauben versehen Personen als dem Amtsgericht oder Notar oder nur von solchen anderen Behörden oder Personen oder nur von dem örtlich zuständigen Amtsgericht vorgenommen werden können.

II. Zuständigkeit in bestimmten Fällen

Art. 39 Freiwillige Grundstücksversteigerung

(1) ¹Das Amtsgericht soll die freiwillige Versteigerung eines Grundstücks nur vornehmen, wenn das Grundstück in seinem Bezirk liegt. ²Liegt das Grundstück in verschiedenen Bezirken oder sollen mehrere Grundstücke, die in verschiedenen Bezirken liegen, zusammen versteigert werden, so ist jedes Amtsgericht, in dessen Bezirk ein Teil des Grundstücks oder eines der Grundstücke liegt, zur Versteigerung befugt.

(2) Gehört das Grundstück zu einem Nachlass oder zu dem Gesamtgut einer ehelichen oder fortgesetzten Gütergemeinschaft, so darf die Versteigerung auch das Gericht vornehmen, das mit der Vermittlung der Auseinandersetzung befasst ist.

Art. 40 Zuständigkeitsübertragung

Das Amtsgericht kann mit der Vornahme und der Beurkundung einer freiwilligen Grundstücksversteigerung außerhalb der Gerichtsstelle einen Urkundsbeamten der Geschäftsstelle beauftragen, wenn die Beteiligten zustimmen.

Art. 41 Vernehmung von Zeugen und Sachverständigen außerhalb eines anhängigen Verfahrens

¹ Das Amtsgericht kann außerhalb eines anhängigen Verfahrens Zeugen oder Sachverständige vernehmen, um lediglich die Aussage oder Abgabe des Gutachtens als Tatsache zu beurkunden, wenn ein berechtigtes Interesse vorliegt. ² Zeugen und Sachverständige können zur Aussage und Abgabe des Gutachtens nicht gezwungen werden. ³ Das Amtsgericht kann einen Sachverständigen beeidigen, wenn alle Beteiligten es beantragen.

(Art. 42)

Art. 43 Beurkundungen der Kollegialgerichte

¹ Eine Beurkundung, für die das Landgericht oder das Oberlandesgericht zuständig ist, kann ein beauftragter oder ersuchter Richter vornehmen. ² Der Auftrag kann auch von dem Vorsitzenden der Kammer oder des Senats erteilt werden. ³ Der Richter soll sich in der Urkunde als beauftragter oder ersuchter Richter bezeichnen.

Art. 44 Urkundsbeamter der Geschäftsstelle

(1) ¹ Der Urkundsbeamte der Geschäftsstelle des Amtsgerichts ist zuständig,
1. bis 4. ...
5. Siegelungen und Entsiegelungen vorzunehmen,
6. Bestandsverzeichnisse aufzunehmen.

² Die Tätigkeiten zu Nr. 5 und 6 soll der Urkundsbeamte nur auf Anordnung des Gerichts ausüben.

(2) ...

(3) ...

Art. 45 Gerichtsvollzieher

(1) Der Gerichtsvollzieher ist zuständig,
1. Wechsel- und Scheckproteste aufzunehmen,
2. freiwillige Versteigerungen von beweglichen Sachen und Früchten, die vom Boden noch nicht getrennt sind, durchzuführen,
3. im Auftrag des Gerichts oder des Insolvenzverwalters Bestandsverzeichnisse aufzunehmen,
4. im Auftrag des Gerichts öffentliche Verpachtungen an den Meistbietenden vorzunehmen,
5. im Auftrag des Gerichts oder des Insolvenzverwalters Siegelungen und Entsiegelungen vorzunehmen,
6. empfangsbedürftige Willenserklärungen unter Abwesenden auf Antrag eines Beteiligten bekanntzumachen und die Bekanntmachung einschließlich eines mit der Bekanntmachung etwa verbundenen tatsächlichen Leistungsanerbietens im Namen des Schuldners zu beurkunden,
7. Zustellungen, Aufforderungen und Vollstreckungen vorzunehmen, die ihm das Gericht aufträgt.

(2) Der Gerichtsvollzieher kann den Auftrag zu einer freiwilligen Versteigerung nach seinem Ermessen ablehnen.

(3) Die Zuständigkeit des Amtsgerichts für die in Absatz 1 Nr. 6 genannte Tätigkeit ist ausgeschlossen.

(4) Unberührt bleiben die Vorschriften, nach denen für die in dem Absatz 1 genannten Tätigkeiten auch andere Stellen zuständig sind.

Art. 46. Übertragung an andere zuständige Stellen

(1) Soweit der Urkundsbeamte der Geschäftsstelle oder der Gerichtsvollzieher zuständig ist, kann ihm das Amtsgericht die Ausführung eines Geschäfts übertragen.

(2) Die Aufnahme eines Vermögensverzeichnisses kann das Amtsgericht auch einem Notar übertragen.

(Art. 47 bis 72)

Zweiter Titel
Verfahren

IV. Verbleib von Urkunden

Art. 73 Verbleib der Urkunden

(1) Die Urschrift einer gerichtlichen Urkunde bleibt in der Verwahrung des Gerichts, soweit sie in der Form eines Protokolls verfasst ist.

(2) ...

(Art. 74 bis 82)

Art. 83 Vernichtung der Urkunden

Der Minister der Justiz bestimmt, ob und von wann ab frühestens gerichtliche Urkunden vernichtet werden dürfen.

Fünfter Abschnitt
Notare

I. Allgemeines

(Art. 84)

Art. 85 Siegelung

Der Notar ist zuständig, im Auftrag des Gerichts Siegelungen und Entsiegelungen im Rahmen eines Nachlasssicherungsverfahrens vorzunehmen.

II. Verfahren bei Ausübung der Urkundstätigkeit

Art. 86 Verweisung auf Vorschriften.

Auf die Urkundstätigkeit des Notars sind der Art. 38 Absatz 2, soweit er die Aufnahme von Nachlaßverzeichnissen und Nachlaßinventaren betrifft, sowie Artikel 39 entsprechend anzuwenden.

(Art. 87 bis 89)

Sechster Abschnitt
Urkundstätigkeit sonstiger Stellen

Art. 90 Zeugnisse über das geltende Recht

(1) Zeugnisse über das im Lande Hessen geltende Recht stellt die Justizverwaltung aus. Zuständig ist der Minister der Justiz.

(2) Der Minister der Justiz kann eine Justizbehörde oder ein Gericht mit der Ausstellung der Zeugnisse beauftragen.

Art. 91 Beglaubigung zum Zweck der Legalisation

Für die gerichtliche Beglaubigung amtlicher Unterschriften zum Zweck der Legalisation im diplomatischen Wege sind die Landgerichtspräsidenten, deren ständige Vertreter und die mit Zustimmung des Ministers der Justiz vom Landgerichtspräsidenten bestimmten Richter zuständig.

Art. 92 Erteilung von Ausfertigungen

Sind für die Aufnahme von Urkunden der freiwilligen Gerichtsbarkeit andere Stellen als Amtsgericht und Notar zuständig (Artikel 38), so verbleibt die Urschrift bei der beurkundenden Stelle; Ausfertigungen erteilt diese.

Siebenter Abschnitt
Verfahren bei der freiwilligen Versteigerung von Grundstücken

Art. 93 Antragsrecht. Verfahrensvorschriften als nachgiebiges Recht

(1) Wer die freiwillige Versteigerung eines Grundstücks beantragt, hat seine Verfügungsbefugnis nachzuweisen.

(2) Soweit die Beteiligten nichts anderes bestimmen, soll bei der Versteigerung nach den Artikeln 94 bis 102 verfahren werden.

Art. 94 Abschriften aus Steuerbuch und Grundbuch

Vor Anberaumung des Versteigerungstermins sollen der neueste Auszug aus dem Steuerbuch und, falls die Versteigerung nicht durch das Gericht erfolgt, bei dem das Grundbuch über das Grundstück geführt wird, auch eine beglaubigte Abschrift des Grundbuchblattes beigebracht werden.

Art. 95 Zeit der Terminsbestimmung

[1] Der Zeitraum zwischen der Anberaumung des Versteigerungstermins und dem Termin soll, wenn nicht besondere Gründe vorliegen, nicht mehr als sechs Monate betragen. [2] Zwischen der Bekanntmachung der Terminsbestimmung und dem Termin soll in der Regel ein Zeitraum von mindestens sechs Wochen liegen.

Art. 96 Inhalt der Terminsbestimmung

Die Terminsbestimmung soll enthalten:
1. die Bezeichnung des Grundstücks unter Angabe der Größe und des Grundbuchblattes,
2. die Bezeichnung des eingetragenen Eigentümers,
3. die Angabe, dass es sich um eine freiwillige Versteigerung handelt,
4. die Zeit und den Ort des Versteigerungstermins,
5. die Angabe des Ortes, wo die Versteigerungsbedingungen eingesehen werden können, falls vor der Bekanntmachung der Terminsbestimmung Versteigerungsbedingungen festgestellt worden sind.

Art. 97 Bekanntmachung der Terminsbestimmung

(1) [1] Die Terminsbestimmung soll in ortsüblicher Weise in der Gemeinde, in deren Bezirk das Grundstück liegt, sowie durch einmaliges Einrücken in das für Bekanntmachungen des bestimmte Blatt öffentlich bekannt gemacht werden. [2] Die §§ 39 Absatz 2 und 40 Absatz 2 des Gesetzes über die Zwangsversteigerung und die Zwangsverwaltung sind entsprechend anzuwenden.

(2) Dem Antragsteller soll die Terminsbestimmung besonders mitgeteilt werden.

Art. 98 Akteneinsicht

[1] Einsicht in die Abschrift des Grundbuchblattes sowie in die Auszüge aus den Steuerbüchern ist jedem gestattet. [2] Das gilt auch für andere das Grundstück betreffende Nachweisungen, die ein Beteiligter eingereicht hat, insbesondere für Schätzungen.

Art. 99. Verfahren im Termin

[1] Im Versteigerungstermin sollen nach dem Aufruf der Sache die Versteigerungsbedingungen festgestellt und diese sowie die das Grundstück betreffenden Nachweisungen bekannt gemacht werden. [2] Danach soll zur Abgabe von Geboten aufgefordert werden.

Art. 100 Sicherheitsleistung

Hat ein Bieter durch Hinterlegung von Geld oder Wertpapieren Sicherheit zu leisten, so gilt im Verhältnis zwischen Antragsteller und Bieter die Übergabe an den Versteigerungsbeamten als Hinterlegung.

Art. 101 Zurückweisung von Geboten

(1) Ein Gebot soll zurückgewiesen werden, wenn es unwirksam ist.

Engelhardt

(2) Bietet jemand für einen anderen als Vertreter oder ist das Gebot nur mit Zustimmung eines anderen oder einer Behörde wirksam, so soll es zurückgewiesen werden, sofern nicht die Vertretungsmacht oder die Zustimmung offenkundig ist oder sofort durch eine öffentliche oder öffentlich beglaubigte Urkunde nachgewiesen wird.

Art. 102 Mindestdauer der Versteigerung. Anhören des Antragstellers über den Zuschlag

(1) [1] Zwischen der Aufforderung zur Abgabe von Geboten und dem Zeitpunkt, in dem für alle zu versteigernden Grundstücke die Versteigerung geschlossen wird, soll mindestens eine Stunde liegen. [2] Die Versteigerung soll solange fortgesetzt werden, bis trotz Aufforderung kein Gebot mehr abgegeben wird.

(2) Das letzte Gebot soll mittels dreimaligen Aufschlags verkündet und der Antragsteller über den Zuschlag gehört werden.

Art. 103 Versteigerung von Gemeindegrundstücken

Unberührt bleiben die Vorschriften über die freiwillige Versteigerung von Grundstücken der Gemeinden und Gemeindeverbände.

Art. 104 Versteigerung von grundstücksgleichen Rechten

(1) Auf die freiwillige Versteigerung von Rechten, für welche die Vorschriften für Grundstücke gelten, sind die Artikel 39 und 93 bis 103 entsprechend anzuwenden.

(2) Für die freiwillige Versteigerung eines Bergwerkseigentums und eines unbeweglichen Bergwerksanteils gilt folgendes:
1. Dem Antrag ist eine bergbehördlich, gerichtlich oder notariell beglaubigte Abschrift der Verleihungsurkunde des Bergwerks beizufügen.
2. [1] Die Terminsbestimmung soll außer dem Grundbuchblatt den Namen des Bergwerks sowie die Mineralien, auf die das Bergwerkseigentum verliehen ist, beschreiben und bei der Versteigerung eines Bergwerksanteils auch die Zahl der Kuxe angeben, in die das Bergwerk geteilt ist. [2] Die Terminsbestimmung soll ferner die Feldgröße, den Kreis, in dem das Feld liegt, und die dem Werk zunächst gelegene Stadt angeben.

(3) Auf ein nach § 38 c des Allgemeinen Berggesetzes für das Land Hessen in der Fassung vom 10. November 1969 (GVBl. I S. 223) begründetes und nach § 149 des Bundesberggesetzes vom 13. August 1980 (BGBl. I S. 1310), zuletzt geändert durch Gesetz vom 12. Februar 1990 (BGBl. I S. 215), aufrechterhaltenes Gewinnungsrecht finden Abs. 1 und 2 entsprechende Anwendung.

Achter Abschnitt
Übergangs- und Schlußvorschriften

Art. 105 Ermächtigung des Ministers der Justiz

Der Minister der Justiz kann über das Verfahren bei der Aufnahme eines Vermögensverzeichnisses, insbesondere eines Nachlassinventars, über das Verfahren bei der Sicherung eines Nachlasses sowie über das Verfahren bei einer aus einem anderen Anlass erfolgenden Siegelung oder Entsiegelung allgemeine Bestimmungen treffen.

Art. 106 Verweisung auf aufgehobene Vorschriften

Soweit in Gesetzen auf Vorschriften verwiesen ist, die durch dieses Gesetz außer Kraft gesetzt werden, treten an deren Stelle die entsprechenden neuen Vorschriften.

Art. 107 Übergangsregelung für anhängige Verfahren

Auf ein zur Zeit des Inkrafttretens dieses Gesetzes anhängiges Verfahren finden die bisherigen Vorschriften Anwendung.

Art. 108 Aufhebung von Gesetzen

(1) Alle mit diesem Gesetz im Widerspruch stehenden Vorschriften treten vorbehaltlich der Absätze 2 und 3 und des Artikels 107 außer Kraft …

(2) ...

(3) Artikel 142 Absatz 1 des Hessischen Gesetzes, die Ausführung des Gesetzes über die Angelegenheiten der freiwilligen Gerichtsbarkeit betreffend, vom 18. Juli 1899 (Reg.-Bl. S. 287) bleibt weiter in folgender Fassung in Kraft:

Die Vorschriften des Bürgerlichen Gesetzbuches über den Erbschein sowie die auf den Erbschein bezüglichen Vorschriften des Gesetzes über die Angelegenheiten der freiwilligen Gerichtsbarkeit finden Anwendung, auch wenn der Erblasser vor dem 1. Januar 1900 gestorben ist.

Art. 109 Inkrafttreten

Dieses Gesetz tritt am 1. Juli 1954 in Kraft.

8. Mecklenburg-Vorpommern

Art. 1 des Gesetzes zur Ausführung des Gerichtsstrukturgesetzes und zur Änderung von Rechtsvorschriften – Gerichtsorganisationsgesetz (GOrgG) – vom 10. 6. 1992[7]

§ 10 Gerichtsvollzieher

(1) Die Gerichtsvollzieher sind außer für die Aufgaben, die ihnen durch Bundesrecht oder nach anderen Vorschriften des Landesrechts obliegen, für folgende Geschäfte zuständig:
1. Wechsel- und Scheckproteste aufzunehmen;
2. Siegelungen und Entsiegelungen im Auftrag des Gerichts vorzunehmen;
3. Vermögensverzeichnisse oder Inventare im Auftrag des Gerichts aufzunehmen;
4. freiwillige Versteigerungen von beweglichen Sachen und von Früchten, die vom Boden noch nicht getrennt sind, durchzuführen;
5. das tatsächliche Angebot einer Leistung zu beurkunden oder die geschuldete Leistung tatsächlich anzubieten;
6. gerichtliche Anordnungen nach § 33 Abs. 2 des Gesetzes über die Angelegenheiten der freiwilligen Gerichtsbarkeit zu vollstrecken.

(2) Die Gerichtsvollzieher können Aufträge zur freiwilligen Versteigerung nach ihrem Ermessen ablehnen.

(3) § 155 des Gerichtsverfassungsgesetzes gilt in den durch die Prozeßordnungen nicht geregelten Angelegenheiten entsprechend.

9. Niedersachsen

Niedersächsisches Gesetz über die freiwillige Gerichtsbarkeit (Nds. FGG) vom 24. Februar 1971.[8]

Erster Abschnitt
Allgemeine Vorschriften

Erster Titel
Ausführungs- und Ergänzungsvorschriften zu den allgemeinen Vorschriften des Reichsgesetzes über die Angelegenheiten der freiwilligen Gerichtsbarkeit

Art. 1 Zuständigkeit der Amtsgerichte

Für die Angelegenheiten der freiwilligen Gerichtsbarkeit sind, soweit nichts anderes bestimmt ist, die Amtsgerichte zuständig.

Art. 2 Zuziehung eines Urkundsbeamten der Geschäftsstelle

Bei Verhandlungen im Bereich der freiwilligen Gerichtsbarkeit kann der Richter einen Urkundsbeamten der Geschäftsstelle zuziehen, wenn er dies zur sachgemäßen Erledigung der Angelegenheit für zweckmäßig hält.

---

[7] GVOBl. S. 314.
[8] Nds.GVBl. 1971 S. 43.

Art. 3 Ausschließung des Urkundsbeamten der Geschäftsstelle und des Gerichtsvollziehers

(1) Für die Mitwirkung des Urkundsbeamten der Geschäftsstelle in einer Angelegenheit der freiwilligen Gerichtsbarkeit gelten die Vorschriften der §§ 6 und 7 des Gesetzes über die Angelegenheiten der freiwilligen Gerichtsbarkeit in der bis zum 31. August 2009 geltenden, im Bundesgesetzblatt Teil III, Gliederungsnummer 315–1, veröffentlichten bereinigten Fassung, zuletzt geändert durch Artikel 6 des Gesetzes vom 12. März 2009 (BGBl. I S. 470), und die §§ 3, 6 und 7 des Beurkundungsgesetzes entsprechend.

(2) Das gleiche gilt für die Mitwirkung eines Gerichtsvollziehers.

Art. 4 Begründung von Entscheidungen

Entscheidungen, durch die ein Antrag zurückgewiesen, eine Genehmigung versagt oder ein Beteiligter in anderer Weise ersichtlich beschwert wird, sind zu begründen.

Art. 5 Berichtigung

(1) [1] Das Gericht hat von Amts wegen oder auf Antrag Schreibfehler, Rechenfehler und ähnliche offenbare Unrichtigkeiten der Entscheidung durch Beschluß zu berichtigen. [2] Die Berichtigung ist auf der Entscheidung und ihren Ausfertigungen zu vermerken.

(2) Gegen den Beschluß, durch den ein Antrag auf Berichtigung zurückgewiesen wird, ist kein Rechtsmittel, gegen den Beschluß, der die Berichtigung ausspricht, ist die sofortige Beschwerde zulässig.

Art. 6 Vollstreckbare Kostentitel

(1) Die Zwangsvollstreckung nach den Bestimmungen der Zivilprozeßordnung findet statt:
1. aus einem Beschluß auf Festsetzung von Kosten gemäß § 13a des Gesetzes über die Angelegenheiten der freiwilligen Gerichtsbarkeit,
2. aus einer Festsetzung der Auslagen durch das Vormundschaftsgericht gemäß § 1779 Abs. 3 Satz 2 und gemäß § 1847 Satz 2 des Bürgerlichen Gesetzbuches,
3. aus einer Entscheidung über den Vergütungsanspruch des Vormunds, Betreuers, Pflegers oder Verwahrers gemäß §§ 1836, 1908i, 1915 des Bürgerlichen Gesetzbuches und § 165 des Gesetzes über die Angelegenheiten der freiwilligen Gerichtsbarkeit.

(2) Die Zwangsvollstreckung darf erst eine Woche nach Zustellung des Schuldtitels beginnen.

Zweiter Titel
Landesrechtliche Angelegenheiten der freiwilligen Gerichtsbarkeit

Art. 7 Allgemeiner Grundsatz

Für die Angelegenheiten der freiwilligen Gerichtsbarkeit, die durch Landesrecht den ordentlichen Gerichten übertragen sind, gelten die Vorschriften der §§ 2 bis 34 des Gesetzes über die Angelegenheiten der freiwilligen Gerichtsbarkeit sowie die Artikel 1 bis 6 dieses Gesetzes entsprechend, soweit nicht dieses Gesetz oder andere Vorschriften etwas Abweichendes bestimmen.

Art. 8 Änderung von Verfügungen

Wird die Genehmigung zu einem Rechtsgeschäft erteilt oder versagt, so kann diese Verfügung insoweit nicht mehr geändert werden, als sie einem Dritten gegenüber wirksam geworden ist.

Art. 9 Beschwerde

(1) Über die Beschwerde gegen eine Entscheidung, die das Landgericht in erster Instanz erlassen hat, entscheidet das Oberlandesgericht; die weitere Beschwerde ist unzulässig.

(2) Entscheidet im ersten Rechtszuge das Oberlandesgericht, so ist dessen Entscheidung unanfechtbar.

(3) Rechte Dritter werden durch eine Änderung der angefochtenen Entscheidung nicht berührt.

Zweiter Abschnitt
Nachlaß- und Teilungssachen

Erster Titel
Nachlasssachen

Art. 10 Mitteilungspflicht der Gemeinden

Werden bei einem Todesfall Umstände bekannt, die gerichtliche Maßnahmen zur Sicherung des Nachlasses angezeigt erscheinen lassen, so soll die Gemeinde dies unverzüglich dem Amtsgericht mitteilen, in dessen Bezirk der Todesfall eingetreten ist.

Art. 11 Vorläufige Maßnahmen der Gemeinden

¹ Bei Gefahr im Verzuge haben die Gemeinden die zur vorläufigen Sicherung eines Nachlasses erforderlichen Maßnahmen zu treffen. ² Die getroffenen Maßnahmen sind dem Amtsgericht des Bezirks mitzuteilen.

Art. 12 Benachrichtigung von Behörden

Werden bei Ausführung einer vom Nachlaßgericht angeordneten Sicherungsmaßnahme amtliche Schriftstücke oder sonstige Sachen vorgefunden, deren Herausgabe von einer Behörde verlangt werden kann, so hat das Gericht die zuständige Behörde hiervon und von der getroffenen Sicherungsmaßnahme zu benachrichtigen.

Art. 13 Zuständigkeit der Notare

Den Notaren kann die Aufnahme von Nachlaßverzeichnissen und Nachlaßinventaren sowie die Anlegung und Abnahme von Siegeln im Rahmen eines Nachlaßsicherungsverfahrens auch durch Anordnung des Nachlaßgerichts übertragen werden.

Zweiter Titel
Notarielle Vermittlung der Auseinandersetzung

Art. 14 Zuständigkeit

¹ Für die Vermittlung der Auseinandersetzung über einen Nachlaß und über das Gesamtgut einer Gütergemeinschaft oder fortgesetzten Gütergemeinschaft sind neben den Amtsgerichten auch die Notare zuständig. ² Für das Vermittlungsverfahren gelten die §§ 86 bis 99 des Gesetzes über die Angelegenheiten der freiwilligen Gerichtsbarkeit entsprechend, soweit nicht nachstehend etwas anderes bestimmt ist.

Art. 15 Dem Gericht vorbehaltene Aufgaben

(1) Folgende bei der Vermittlung notwendig werdende Tätigkeiten bleiben dem nach den §§ 86 Abs. 1 und 99 Abs. 2 des Gesetzes über die Angelegenheiten der freiwilligen Gerichtsbarkeit zuständigen Amtsgericht vorbehalten:
1. die Bestellung eines Pflegers für einen abwesenden Beteiligten,
2. die Bewilligung einer öffentlichen Zustellung,
3. die Entscheidung über den Antrag eines Beteiligten auf Wiedereinsetzung in den vorigen Stand,
4. die Vernehmung eines Zeugen oder Sachverständigen, falls die erschienenen Beteiligten nicht mit der uneidlichen Vernehmung durch den Notar einverstanden sind,
5. die Entscheidung über die Verweigerung eines Zeugnisses oder über die Weigerung, ein Gutachten abzugeben, und die Entscheidung über die Befreiung von der Pflicht, ein Gutachten zu erstatten,
6. die Festsetzung von Ordnungsmitteln gegen Zeugen und Sachverständige sowie die Anordnung, die durch ihr Ausbleiben oder ihre Weigerung verursachten Kosten zu zahlen, die Anordnung der zwangsweisen Vorführung eines Zeugen und die Aufhebung von derartigen gegen Zeugen und Sachverständige ergangenen Anordnungen,
7. die Genehmigung nach § 97 Abs. 2 des Gesetzes über die Angelegenheiten der freiwilligen Gerichtsbarkeit.

(2) ¹ Wird hiernach eine gerichtliche Tätigkeit notwendig, so übersendet der Notar die Vorgänge dem Gericht. ² Von einem Verhandlungsprotokoll ist statt der Urschrift eine Ausfertigung zu übersenden.

(3) Bei der Rücksendung der Vorgänge fügt das Gericht eine beglaubigte Abschrift seiner Entscheidung für den Notar bei.

Art. 16 Geschäftsstelle

Bei der Vermittlung tritt der Notar auch an die Stelle des Urkundsbeamten der Geschäftsstelle; an die Stelle der Geschäftsstelle treten die Geschäftsräume des Notars.

Art. 17 Wiedereinsetzung in den vorigen Stand

Der Antrag auf Wiedereinsetzung in den vorigen Stand kann bei dem Gericht oder dem Notar gestellt werden.

Art. 18 Bekanntmachung von Verfügungen

(1) Auf die Bekanntmachung notarieller Verfügungen ist § 16 Abs. 2 des Gesetzes über die Angelegenheiten der freiwilligen Gerichtsbarkeit entsprechend anzuwenden.

(2) [1] Soweit hiernach die für die Zustellung von Amts wegen geltenden Vorschriften der Zivilprozeßordnung maßgebend sind, tritt an die Stelle des Urkundsbeamten der Geschäftsstelle der Notar und an die Stelle des Gerichtswachtmeisters der Gerichtsvollzieher. [2] Die Vorschrift des § 174 Abs. 1 der Zivilprozeßordnung ist nicht anzuwenden. [3] Bei einer Zustellung durch Aufgabe zur Post hat sich der Notar, wenn er das zuzustellende Schriftstück nicht selbst der Post übergibt, der Hilfe eines Gerichtsvollziehers zu bedienen. [4] Die öffentliche Zustellung wird nach ihrer Bewilligung durch das Gericht (Artikel 15 Abs. 1 Nr. 2) von dem Urkundsbeamten der Geschäftsstelle besorgt.

Art. 19 Überweisung des Verfahrens an einen anderen Notar

(1) [1] Jeder Beteiligte kann beantragen, daß die Vermittlung der Auseinandersetzung einem anderen Notar oder dem Amtsgericht überwiesen wird. [2] Der Antrag muß spätestens im ersten Verhandlungstermin gestellt werden.

(2) [1] Über den Antrag entscheidet das Landgericht, in dessen Bezirk der zuerst beauftragte Notar seinen Amtssitz hat, endgültig. [2] Das Landgericht hat die anderen Beteiligten zu hören. [3] Es soll dem Antrag nur stattgeben, wenn dies aus besonderen Gründen im Interesse der Beteiligten liegt.

(3) Wird dem Antrag stattgegeben, so hat der Notar die Vorgänge dem von dem Landgericht bestellten Notar oder dem vom Landgericht bestimmten Amtsgericht zu übersenden.

Art. 20 Verfahrenskosten

(1) [1] Gerichtskosten des Auseinandersetzungsverfahrens fallen der Masse zur Last. [2] Die Kosten einer für das Auseinandersetzungsverfahren angeordneten Abwesenheitspflegschaft trägt der abwesende Beteiligte, die durch eine Versäumnis verursachten Kosten der Säumige, die Kosten einer erfolglosen Beschwerde der Beschwerdeführer.

(2) Seine außergerichtlichen Kosten trägt jeder an dem Auseinandersetzungsverfahren Beteiligte selbst.

(3) Diese Vorschriften gelten nicht, wenn in dem Auseinandersetzungsvertrage etwas anderes bestimmt ist.

Dritter Abschnitt
Abschnitt Grundbuchsachen

Art. 20 a Grundbuchverfahren

(1) Auf Rechte, für die nach Landesrecht die Vorschriften des Bürgerlichen Gesetzbuches über Grundstücke entsprechend gelten, sowie auf das Bergwerkseigentum sind die für Grundstücke und für Erbbaurechte geltenden Vorschriften der Grundbuchordnung entsprechend anzuwenden, soweit nicht dieses Gesetz etwas anderes bestimmt.

(2) Selbständige Gerechtigkeiten sowie vererbliche und veräußerliche Nutzungsrechte an Grundstücken (§ 18 des Niedersächsischen Ausführungsgesetzes zum Bürgerlichen Gesetzbuch) werden nur auf Antrag eines Berechtigten im Grundbuch eingetragen.

Art. 20 b Einrichtung und Führung der Grundbücher

Der Minister der Justiz wird ermächtigt, durch Verordnung die Einrichtung und Führung der Grundbücher über die in Art. 20a Abs. 1 genannten Rechte und das Bergwerkseigentum zu regeln.

Art. 20 c Bergwerkseigentum

Werden durch Eintragungen über die Verleihung, die Vereinigung, die Teilung sowie das Erlöschen von Bergwerkseigentum oder den Austausch von Teilen von Bergwerksfeldern Eintragungen über Hypotheken, Grundschulden oder Rentenschulden betroffen, so sind die §§ 41 bis 43 der Grundbuchordnung nicht anzuwenden. Das Grundbuchamt hat den Besitzer des Hypotheken-, Grundschuld- oder Rentenschuldbriefs anzuhalten, den Brief vorzulegen; wird dieser vorgelegt, so ist nach § 62 Abs. 1 sowie den §§ 69 und 70 Abs. 1 der Grundbuchordnung zu verfahren.

Art. 20 d Salzabbaugerechtigkeiten

(1) [1] Ist eine Salzabbaugerechtigkeit auf dem Grundbuchblatt des Grundstücks eingetragen, für das sie bestellt ist, so ist für sie von Amts wegen ein besonderes Grundbuchblatt anzulegen
1. bei einem Verfahren zur Beseitigung einer Doppelbuchung oder bei Unübersichtlichkeit aus anderen Gründen,
2. vor einer weiteren rechtsändernden Eintragung, die das Eigentum am Grundstück, das Recht an der Salzabbaugerechtigkeit oder auf ihnen ruhende Belastungen betrifft, mit Ausnahme der Löschung von Belastungen.

[2] Die Anlegung wird auf dem Blatt des Grundstücks vermerkt.

(2) Eine Salzabbaugerechtigkeit kann nur dann mit einer anderen vereinigt oder ihr als Bestandteil zugeschrieben werden, wenn die Gerechtigkeiten nach Bescheinigung der Bergbehörde zu einem einheitlichen Bau zusammengefaßt werden können.

(3) Die Vereinigung von Salzabbaugerechtigkeiten setzt weiter voraus, daß die Belastungen der einzelnen Gerechtigkeiten nach Einigung der Beteiligten über die Rangordnung auf das aus den Gerechtigkeiten gebildete Recht übertragen werden.

Art. 20 e Ritterschaftliche Kreditinstitute

Die satzungsmäßigen Vorschriften des Calenberger Kreditvereins (Calenberg-Göttingen-Grubenhagen-Hildesheim'scher Ritterschaftlicher Kreditverein) und des Ritterschaftlichen Kreditinstituts des Fürstentums Lüneburg über die Aufnahme, Eintragung und Löschung der Pfandbriefdarlehen bleiben für die vor dem 12. April 1990 vereinbarten Pfandbriefdarlehen in Kraft.

Vierter Abschnitt
Register- und Handelssachen

Art. 21 Registerführung

Die erforderlichen Verwaltungsvorschriften über die Einrichtung und Führung des Vereins- und des Güterrechtsregisters erläßt der Minister der Justiz.

Art. 22 Mitwirkung der Gemeindebehörden

Die Gemeindebehörden sind zur Unterstützung der Registergerichte verpflichtet; sie sollen das Registergericht benachrichtigen, wenn sie von einer unrichtigen, unvollständigen oder unterlassenen Anmeldung zu einem gerichtlichen Register erfahren.

Fünfter Abschnitt
Urkundstätigkeit der Gerichte und Gerichtsvollzieher

Art. 23 Vernehmung und Beeidigung von Zeugen und Sachverständigen außerhalb eines anhängigen Verfahrens

[1] Die Amtsgerichte können außerhalb eines anhängigen Verfahrens die Aussagen von Zeugen und die Gutachten von Sachverständigen beurkunden, wenn hierfür ein berechtigtes Interesse glaubhaft gemacht wird. [2] Die Zeugen und Sachverständigen können im Einverständnis aller

§ 486   12   Schlussvorschriften

Beteiligten auch beeidigt werden. ³Ein Zwang zur Zeugenaussage oder zur Abgabe des Gutachtens darf nicht ausgeübt werden.

Art. 24 Zuständigkeit des Urkundsbeamten der Geschäftsstelle

Der Urkundsbeamte der Geschäftsstelle des Amtsgerichts ist dafür zuständig:
1. Siegelungen und Entsiegelungen vorzunehmen,
2. Vermögensverzeichnisse aufzunehmen.

Art. 25 Zuständigkeit des Gerichtsvollziehers

(1) Der Gerichtsvollzieher ist dafür zuständig:
1. Wechsel- und Scheckproteste aufzunehmen,
2. freiwillige Versteigerungen beweglicher Sachen und vom Boden noch nicht getrennter Früchte durchzuführen,
3. im Auftrage des Gerichts oder des Insolvenzverwalters sowie in den gesetzlich vorgesehenen Fällen auch im Auftrage eines Beteiligten Vermögensverzeichnisse aufzunehmen oder bei ihrer Aufnahme mitzuwirken,
4. im Auftrage des Gerichts öffentliche Verpachtungen an den Meistbietenden vorzunehmen,
5. im Auftrage des Gerichts oder des Insolvenzverwalters Siegelungen und Entsiegelungen vorzunehmen,
6. das tatsächliche Angebot einer Leistung zu beurkunden.

(2) Der Gerichtsvollzieher kann den Auftrag zu einer freiwilligen Versteigerung nach seinem Ermessen ablehnen.

Art. 26 Verbleib der Urkunden

Die Urschrift einer gerichtlichen Urkunde, die in Form einer Niederschrift verfaßt ist, bleibt in der Verwahrung des Gerichts.

Art. 27 Vernichtung der Urkunden

Der Minister der Justiz bestimmt, ob und von welchem Zeitpunkt an gerichtliche Urkunden vernichtet werden dürfen.

Sechster Abschnitt
Verfahren bei der notariellen freiwilligen Versteigerung von Grundstücken

Art. 28 Allgemeines

Für die freiwillige Versteigerung von Grundstücken durch die Notare gelten, soweit der Antragsteller nichts anderes bestimmt, in Ergänzung der allgemeinen Beurkundungsvorschriften die folgenden Artikel 29 bis 38.

Art. 29 Örtliche Zuständigkeit

(1) ¹Die Notare sollen die freiwillige Versteigerung eines Grundstücks nur vornehmen, wenn das Grundstück in ihrem Amtsbezirk liegt. ²Liegt das Grundstück in verschiedenen Amtsbezirken oder sollen mehrere Grundstücke, die in verschiedenen Amtsbezirken liegen, zusammen versteigert werden, so ist jeder Notar, in dessen Bezirk ein Teil des Grundstücks oder eines der Grundstücke liegt, zur Versteigerung befugt.

(2) Gehört das Grundstück zu einem Nachlaß, einer Gütergemeinschaft oder einer fortgesetzten Gütergemeinschaft, so darf es auch von dem Notar versteigert werden, der mit der Vermittlung der Auseinandersetzung befaßt ist.

Art. 30 Nachweis der Verfügungsbefugnis

Wer die freiwillige Versteigerung eines Grundstücks beantragt, hat seine Verfügungsbefugnis nachzuweisen.

Art. 31 Abschriften aus Liegenschaftskataster und Grundbuch

Vor der Anberaumung des Versteigerungstermins sollen ein Auszug aus dem Liegenschaftskataster und eine beglaubigte Abschrift des Grundbuchblattes nach dem neuesten Stand beigebracht werden.

Art. 32 Zeitraum zwischen Terminsbestimmung und Termin

¹Der Zeitraum zwischen der Bestimmung des Versteigerungstermins und dem Termin selbst soll, wenn nicht besondere Gründe vorliegen, nicht mehr als sechs Monate betragen. ²Zwischen der Bekanntmachung der Terminsbestimmung und dem Termin soll in der Regel ein Zeitraum von mindestens sechs Wochen liegen.

Art. 33 Inhalt der Terminsbestimmung

(1) Die Terminsbestimmung soll enthalten:
1. die Bezeichnung des Grundstücks und die Angabe seiner Größe,
2. die Bezeichnung des eingetragenen Eigentümers und die Angabe des Grundbuchblattes,
3. Zeit und Ort des Versteigerungstermins,
4. die Angabe, daß es sich um eine freiwillige Versteigerung handelt.

(2) Sind vor der Bekanntmachung der Terminsbestimmung Versteigerungsbedingungen festgelegt worden, so soll in der Bekanntmachung angegeben werden, wo diese Bedingungen eingesehen werden können.

Art. 34 Bekanntmachung der Terminsbestimmung

(1) Die Terminsbestimmung soll in geeigneter Weise öffentlich bekanntgemacht werden.

(2) Dem Antragsteller soll die Terminsbestimmung besonders mitgeteilt werden.

Art. 35 Einsicht in die Unterlagen

¹Jedem ist die Einsicht in die Abschrift des Grundbuchblattes sowie in die Auszüge aus dem Liegenschaftskataster gestattet. ²Dasselbe gilt für andere das Grundstück betreffende Unterlagen, insbesondere Schätzungen, die dem Notar aus Anlaß des Versteigerungsverfahrens eingereicht worden sind.

Art. 36 Verfahren im Termin

(1) ¹In dem Versteigerungstermin werden nach dem Aufruf der Sache die Versteigerungsbedingungen festgelegt, sofern dies nicht schon vorher geschehen ist. ²Die Versteigerungsbedingungen und die das Grundstück betreffenden Unterlagen werden bekanntgemacht. ³Hierauf wird zur Abgabe von Geboten aufgefordert.

(2) ¹Die Versteigerungsbedingungen können bis zum Zuschlag geändert werden. ²Bis dahin kann auch der Versteigerungsantrag zurückgenommen werden.

Art. 37 Sicherheitsleistung

Hat ein Bieter durch Hinterlegung von Geld oder Wertpapieren Sicherheit zu leisten, so gilt die Übergabe an den Notar als Hinterlegung.

Art. 38 Abgabe von Geboten und Zuschlag

(1) ¹Zwischen der Aufforderung zur Abgabe von Geboten und dem Zeitpunkt, in dem für alle zu versteigernden Grundstücke die Versteigerung geschlossen wird, soll mindestens eine Stunde liegen. ²Die Versteigerung soll so lange fortgesetzt werden, bis trotz Aufforderung kein Gebot mehr abgegeben wird.

(2) ¹Das letzte Gebot soll dreimal aufgerufen werden. ²Der Zuschlag bedarf der Zustimmung des Antragstellers.

Art. 39 Versteigerung von grundstücksgleichen Rechten

(1) Auf die freiwillige Versteigerung von Rechten, für welche die Vorschriften für Grundstücke gelten, sind die Artikel 29 bis 38 entsprechend anzuwenden.

(2) Für die freiwillige Versteigerung eines Bergwerkseigentums und eines unbeweglichen Bergwerksanteils sowie einer selbständigen Salzabbaugerechtigkeit gilt folgendes:
1. Dem Antrag ist eine beglaubigte Abschrift der Verleihungsurkunde des Bergwerks oder, wenn der Antrag eine Salzabbaugerechtigkeit betrifft, eine beglaubigte Abschrift der Urkunden beizufügen, durch die die Gerechtigkeit vom Eigentum an dem Grundstück abgetrennt worden ist.
2. ¹Ist ein Bergwerkseigentum oder ein unbeweglicher Bergwerksanteil zu versteigern, so soll die Terminsbestimmung außer dem Grundbuchblatt das Bergwerk sowie die Mineralien, auf die das Bergwerkseigentum verliehen ist, bezeichnen und bei der Versteigerung eines Bergwerksanteils auch die Zahl der Kuxe angeben, in die das Bergwerk geteilt ist. ²Die Terminsbestimmung soll ferner die Feldgröße, den Landkreis und die Gemeinde angeben, in denen das Feld liegt. ³Diese Vorschrift findet auf Salzabbaugerechtigkeiten entsprechende Anwendung.

Siebenter Abschnitt
Übergangs- und Schlussbestimmungen

Art. 40 Übergangsregelung für anhängige Verfahren

Ein bei Inkrafttreten dieses Gesetzes anhängiges Verfahren wird nach den bisherigen Vorschriften zu Ende geführt.

Art. 41 Aufhebung von Vorschriften

(1) Alle mit diesem Gesetz in Widerspruch stehenden Vorschriften werden aufgehoben; insbesondere werden aufgehoben:
1. das braunschweigische Ausführungsgesetz zum Gesetz über die Angelegenheiten der freiwilligen Gerichtsbarkeit vom 12. Juni 1899 (Braunschw. GVS. S. 389) mit den Änderungen der Gesetze vom 8. April 1919 (Braunschw. GVS. S. 133), 21. Juni 1923 (Braunschw. GVS. S. 232) und 18. Juni 1932 (Braunschw. GVS. S. 87),
2. die §§ 61, 66 und 68 des braunschweigischen Ausführungsgesetzes zum Deutschen Gerichtsverfassungsgesetz vom 1. April 1879 (Braunschw. GVS. S. 131),
3. das oldenburgische Gesetz Nr. 78 zur Ausführung des Gesetzes über die Angelegenheiten der freiwilligen Gerichtsbarkeit vom 15. Mai 1899 (Old. GBl. S. 437) mit den Änderungen der Verordnung Nr. 105 vom 24. Dezember 1927 (Old. GBl. S. 541) und der Bekanntmachung Nr. 182 vom 2. Juli 1928 (Old. GBl. S. 871),
4. das Gesetz für das Herzogtum Oldenburg vom 15. Januar 1895, betreffend das Versteigerungswesen (Old. GBl. S. 593),
5. das Preußische Gesetz über die freiwillige Gerichtsbarkeit vom 21. September 1899 (Preuß. Gesetzsamml. S. 249) mit den Änderungen der Gesetze vom 18. März 1914 (Preuß. Gesetzsamml. S. 35), 8. Juni 1918 (Preuß. Gesetzsamml. S. 83), 23. Juni 1920 (Preuß. Gesetzsamml. S. 367) und 11. Januar 1932 (Preuß. Gesetzsamml. S. 31) sowie der Verordnung vom 9. Dezember 1927 (Preuß. (Gesetzsamml. S. 204),
6. die §§ 70, 74 und 76 des preußischen Ausführungsgesetzes zum Deutschen Gerichtsverfassungsgesetz vom 24. April 1878 (Preuß. Gesetzsamml. S. 230),
7. das schaumburg-lippische Ausführungsgesetz zum Reichsgesetz über die Angelegenheiten der freiwilligen Gerichtsbarkeit vom 16. August 1899 (Schaumb.-Lipp. LV. S. 127) mit den Änderungen des Gesetzes vom 20. März 1918 (Schaumb.-Lipp. LV. S. 374) und der Verordnung vom 24. Dezember 1927 (Schaumb.-Lipp. LV. S. 496),
8. die §§ 40 und 41 des schaumburg-lippischen Ausführungsgesetzes zum Deutschen Gerichtsverfassungsgesetzes vom 30. Juni 1879 (Schaumb.-Lipp. LV. S. 221),
9. das hamburgische Gesetz über die Angelegenheiten der freiwilligen Gerichtsbarkeit vom 29. Dezember 1899 (Hamb. Gesetzsamml. I S. 238) mit Ausnahme des § 11 und des § 25 Abs. 1.

(2) Soweit in gesetzlichen Bestimmungen auf Vorschriften verwiesen ist, die durch dieses Gesetz aufgehoben sind, treten an deren Stelle die ihnen entsprechenden neuen Vorschriften.

Art. 42 Inkrafttreten

Dieses Gesetz tritt am 1. Juli 1958 in Kraft.

10. Nordrhein Westfalen

Gesetz über die Justiz im Land Nordrhein-Westfalen (Justizgesetz Nordrhein-Westfalen – JustG NRW)[9]

Teil 1
Organisation der Rechtspflege

Kapitel 3
Beamtinnen und Beamte der Gerichte und Staatsanwaltschaft

Abschnitt 1
Rechtspflegerinnen und Rechtspfleger und Amtsanwältinnen und Amtsanwälte

§ 25 Übertragung landesrechtlicher Geschäfte auf die Rechtspflegerin oder den Rechtspfleger

(1) Der Rechtspflegerin oder dem Rechtspfleger werden folgende Geschäfte übertragen:
1. Aufgaben gemäß § 5 des Kirchenaustrittsgesetzes,
2. die Erteilung der Vollstreckungsklausel gemäß § 33 Absatz 2 des Schiedsamtsgesetzes,
3. die Geschäfte des Amtsgerichts gemäß §§ 78 bis 86 und § 129.

(2) Auf das Verfahren in den übertragenen Sachen sind die Vorschriften des Rechtspflegergesetzes entsprechend anzuwenden.

Abschnitt 2
Urkundsbeamte der Geschäftsstelle

§ 29 Weitere Aufgaben der Urkundsbeamten der Geschäftsstelle

Den Urkundsbeamten der Geschäftsstelle bei den Amtsgerichten werden folgende Aufgaben übertragen:
1. auf Anordnung des Gerichts Siegelungen, Entsiegelungen und Inventuren vorzunehmen;
2. in gerichtlichen Angelegenheiten, die nicht von den deutschen Prozessordnungen betroffen werden, Gesuche zu Protokoll zu nehmen und das Protokoll erforderlichenfalls der zuständigen Stelle zu übersenden;
3. in Schiffs- und Schiffbauregistersachen
   a) die Bekanntmachung der Eintragung,
   b) die Gestattung der Einsicht in die Registerakten,
   c) die Erteilung von Abschriften aus dem Register oder den Registerakten,
   d) die Beglaubigung von Abschriften,
   e) die Erteilung von Bescheinigungen und Zeugnissen mit Ausnahme der Schiffsurkunden an dritte Personen oder Stellen in den gesetzlich vorgesehenen Fällen.

Teil 2
Verfahrensrechtliche Bestimmungen

Kapitel 2
Ordentliche Gerichtsbarkeit

Abschnitt 2
Aufgebotsverfahren

§ 57 Aufgebotsverfahren bei Namenspapieren mit Inhaberklausel

(1) ¹In dem Aufgebotsverfahren zum Zwecke der Kraftloserklärung eines Namenspapiers mit Inhaberklausel (§ 808 des Bürgerlichen Gesetzbuchs) erfolgt die Veröffentlichung des Aufgebots und der in § 478 Absatz 2 und 3 und in den §§ 480 und 482 des Gesetzes über das Verfahren in Familiensachen und in den Angelegenheiten der freiwilligen Gerichtsbarkeit vorgeschriebenen Bekanntmachungen durch einmalige Veröffentlichung in dem elektronischen Bundesanzeiger und Aushang an der Gerichtstafel. ²Die Aufgebotsfrist muss mindestens drei Monate betragen. ³Sie beginnt mit der Veröffentlichung des Aufgebots; im Falle mehrerer Veröffentlichungen kommt es auf den Zeitpunkt der letzten Veröffentlichung an.(2) Das Gericht kann mit Rücksicht auf den Ortsgebrauch weitere Veröffentlichungen anordnen.

---

[9] GV. NRW. S. 30.

§ 58 Weitere Aufgebotsverfahren

(1) Bei Aufgeboten, die aufgrund des § 1162 des Bürgerlichen Gesetzbuchs ergehen, gilt § 57 für die Veröffentlichung des Aufgebots, des Ausschließungsbeschlusses und der in § 478 Absatz 3 des Gesetzes über das Verfahren in Familiensachen und in den Angelegenheiten der freiwilligen Gerichtsbarkeit bezeichneten Entscheidung entsprechend.

(2) ¹Bei Aufgeboten, die aufgrund der §§ 887, 927, 1104, 1112, 1170 und 1171 des Bürgerlichen Gesetzbuchs und des § 110 des Gesetzes betreffend die privatrechtlichen Verhältnisse der Binnenschifffahrt ergehen, gilt § 57 entsprechend. ²Dies gilt auch, soweit das Gericht die öffentliche Bekanntmachung des wesentlichen Inhalts des Ausschließungsbeschlusses anordnet.

§ 59 Landesrechtliche Aufgebotsverfahren

¹Bei Aufgebotsverfahren, deren Zulässigkeit auf landesgesetzlichen Vorschriften beruht, gilt § 57 entsprechend. ²Ist in diesen Fällen nach den bestehenden Vorschriften die Mitteilung des Aufgebots an bestimmte Personen erforderlich, so kann die Zustellung durch Aufgabe zur Post (§ 184 der Zivilprozessordnung) erfolgen.

Abschnitt 4
Ausführungsbestimmungen zum Gesetz über das Verfahren in Familiensachen und in den Angelegenheiten der freiwilligen Gerichtsbarkeit

§ 72 Anwendbarkeit von Vorschriften des Gesetzes über das Verfahren in Familiensachen und in den Angelegenheiten der freiwilligen Gerichtsbarkeit

Auf diejenigen Angelegenheiten der freiwilligen Gerichtsbarkeit, welche durch Landesgesetz den ordentlichen Gerichten übertragen sind, finden die Abschnitte 1 bis 3 und 6 des Buches 1 des Gesetzes über das Verfahren in Familiensachen und in den Angelegenheiten der freiwilligen Gerichtsbarkeit entsprechende Anwendung.

§ 73 Urkundsbeamter der Geschäftsstelle

(1) Handlungen des Urkundsbeamten der Geschäftsstelle sind nicht aus dem Grunde unwirksam, weil der Urkundsbeamte bei Vornahme der Handlung örtlich unzuständig oder von der Ausübung des Amtes kraft Gesetzes ausgeschlossen war.

(2) In Angelegenheiten der freiwilligen Gerichtsbarkeit kann die Zuziehung eines Urkundsbeamten der Geschäftsstelle in den Fällen, in welchen das Gesetz sie nicht vorschreibt, erfolgen, wenn sie zur sachgemäßen Erledigung des Geschäfts zweckmäßig ist.

§ 74 Rechtsmittel in landesrechtlichen Sachen

¹Für die Anfechtung gerichtlicher Entscheidungen in denjenigen Angelegenheiten der freiwilligen Gerichtsbarkeit, welche durch Landesgesetz den Gerichten übertragen sind, gelten die Vorschriften der §§ 75 und 76. ²Die Vorschriften des Grundbuchrechts bleiben unberührt.

§ 75 Beschwerde gegen Entscheidungen erster Instanz

(1) ¹Gegen im ersten Rechtszug ergangene Endentscheidungen der Amtsgerichte und Landgerichte findet, sofern gesetzlich nichts anderes bestimmt ist, die Beschwerde statt. Über die Beschwerde entscheidet das Oberlandesgericht. ²Rechte Dritter, die auf Grund der angefochtenen Entscheidung erworben sind, werden durch die Abänderung der Entscheidung nicht beeinträchtigt.

(2) Gegen im ersten Rechtszug durch das Oberlandesgericht erlassene Entscheidungen findet eine Beschwerde nicht statt.

§ 76 Beschwerdeverfahren

Die Vorschriften der §§ 58 Absätze 2, 59 bis 62, 63 Absatz 1 und 3, 64 bis 69 des Gesetzes über das Verfahren in Familiensachen und in den Angelegenheiten der freiwilligen Gerichtsbarkeit finden entsprechende Anwendung.

§ 77 Ausfertigungen gerichtlicher Entscheidungen

Die Ausfertigungen gerichtlicher Entscheidungen und Verfügungen sind von dem Urkundsbeamten der Geschäftsstelle zu unterschreiben und mit dem Gerichtssiegel zu versehen.

§ 78 Pflichten der Ordnungsbehörden

Erhalten die örtlichen Ordnungsbehörden von einem Todesfall Kenntnis, bei welchem gerichtliche Maßregeln zur Sicherung des Nachlasses angezeigt erscheinen können, so sollen sie dies dem Amtsgericht, in dessen Bezirk der Todesfall eingetreten ist, mitteilen.

§ 79 Tod einer Beamtin oder eines Beamten

(1) Nach dem Tode einer Beamtin oder eines Beamten hat, unbeschadet der Zuständigkeit des Nachlassgerichts, die Behörde, welcher die oder der Verstorbene angehörte, oder die Aufsichtsbehörde für die Sicherung der amtlichen Akten und der sonstigen Sachen, deren Herausgabe auf Grund des Dienstverhältnisses verlangt werden kann, zu sorgen, soweit hierfür ein Bedürfnis besteht.

(2) Werden bei der Ausführung einer Maßregel, die das Gericht zur Sicherung eines Nachlasses angeordnet hat, Sachen der in Absatz 1 bezeichneten Art vorgefunden, so hat das Gericht die Behörde, welcher die oder der Verstorbene angehörte, oder die Aufsichtsbehörde hiervon zu benachrichtigen und ihr zugleich die Sicherungsmaßregeln mitzuteilen.

§ 80 Überweisung an eine Notarin oder einen Notar

(1) Wird auf Grund der §§ 363, 373 des Gesetzes über das Verfahren in Familiensachen und in den Angelegenheiten der freiwilligen Gerichtsbarkeit die Vermittlung der Auseinandersetzung nachgesucht, so kann das Amtsgericht auf Antrag eines Beteiligten die Vermittlung der Auseinandersetzung einer Notarin oder einem Notar überweisen, die ihren oder der seinen Amtssitz in dem Landgerichtsbezirk hat, dem das Amtsgericht zugeordnet ist.

(2) Wird der Antrag vor dem ersten Verhandlungstermin von allen Beteiligten oder in diesem Termin von allen erschienenen Beteiligten gestellt, so hat ihm das Gericht stattzugeben. Einigen sich vor dem Termin alle Beteiligten oder in dem Termin alle erschienenen Beteiligten auf eine bestimmte Notarin oder einen bestimmten Notar, so hat das Gericht die Vermittlung der Auseinandersetzung dieser Person zu überweisen, es sei denn, dass sie an der Vermittlung rechtlich oder tatsächlich verhindert ist.

(3) Den Beschluss, durch welchen über die Überweisung entschieden wird, können die Beteiligten mit der Beschwerde anfechten.

(4) Ist der Überweisungsbeschluss rechtskräftig geworden, so hat ihn das Gericht mit den Akten unter Angabe des Tages, an welchem die Rechtskraft eingetreten ist, der Notarin oder dem Notar zu übersenden.

§ 81 Verhinderung der Notarin oder des Notars

(1) Ist die oder der von dem Gericht ernannte Notarin oder Notar an der Vermittlung der Auseinandersetzung rechtlich oder tatsächlich verhindert, so finden auf die Überweisung an eine andere Notarin oder einen anderen Notar die Vorschriften des § 80 mit der Maßgabe entsprechende Anwendung, dass die Überweisung auch ohne Antrag erfolgen kann und dass als erster Verhandlungstermin der erste von dem Gericht zur Fortsetzung der Verhandlung bestimmte Termin gilt.

(2) Lehnt die Notarin oder der Notar die Vermittlung der Auseinandersetzung ab, weil der ihr oder ihm zustehende Vorschuss nicht gezahlt wird, so ist die Überweisung erledigt; die Überweisung an eine andere Notarin oder einen anderen Notar ist unzulässig.

§ 82 Zuständigkeit der Notarin oder des Notars

(1) Durch den Überweisungsbeschluss gehen auf die Notarin oder den Notar die Verrichtungen über, die nach den §§ 28 und 29, den §§ 365 und 366, dem § 368 Absatz 1 und Absatz 2 Satz 1 sowie nach den §§ 369, 370 des Gesetzes über das Verfahren in Familiensachen und in den Angelegenheiten der freiwilligen Gerichtsbarkeit dem Amtsgericht zustehen.

(2) ¹Die Bestätigung der Auseinandersetzung oder einer vorgängigen Vereinbarung erfolgt durch das Gericht. ²Die Vernehmung einer Zeugin oder eines Zeugen oder einer oder eines Sach-

verständigen kann von der Notarin oder dem Notar nur dann angeordnet werden, wenn die erschienenen Beteiligten mit der Vernehmung einverstanden sind. ³Auch ist nur das Gericht zuständig, über die Rechtmäßigkeit der Weigerung eines Zeugnisses oder der Abgabe eines Gutachtens und über die Entbindung von der Abgabe eines Gutachtens zu entscheiden; das Gleiche gilt von der Festsetzung eines Ordnungsmittels und der Auferlegung der Kosten gegen eine Zeugin oder einen Zeugen oder eine Sachverständige oder einen Sachverständigen, von der Anordnung der zwangsweisen Vorführung einer Zeugin oder eines Zeugen sowie von der Aufhebung der gegen eine Zeugin oder einen Zeugen oder eine Sachverständige oder einen Sachverständigen getroffenen Anordnungen.

§ 83 Zuständigkeit der Notarin und des Notars an Stelle des Urkundsbeamten der Geschäftsstelle

Soweit nach § 82 an Stelle des Gerichts die Notarin oder der Notar zuständig ist, tritt sie oder er auch an die Stelle des Urkundsbeamten der Geschäftsstelle; an die Stelle der Geschäftsstelle treten die Geschäftsräume der Notarin oder des Notars.

§ 84 Antrag auf Wiedereinsetzung in den vorigen Stand

Der Antrag auf Wiedereinsetzung in den vorigen Stand nach § 367 des Gesetzes über das Verfahren in Familiensachen und in den Angelegenheiten der freiwilligen Gerichtsbarkeit kann bei dem Gericht oder der Notarin oder dem Notar gestellt werden.

§ 85 Bekanntmachung der Verfügungen

(1) Auf die Bekanntgabe notarieller Verfügungen findet § 41 Absatz 1 des Gesetzes über das Verfahren in Familiensachen und in den Angelegenheiten der freiwilligen Gerichtsbarkeit entsprechende Anwendung.

(2) ¹Soweit nach Absatz 1 die für die Zustellung von Amts wegen geltenden Vorschriften der Zivilprozessordnung maßgebend sind, tritt an die Stelle des Urkundsbeamten der Geschäftsstelle die Notarin oder der Notar, an die Stelle der Gerichtswachtmeisterin oder des Gerichtswachtmeisters die Gerichtsvollzieherin oder der Gerichtsvollzieher. ²§ 184 Absatz 1 der Zivilprozessordnung findet keine Anwendung. Bei einer Zustellung durch Aufgabe zur Post hat sich die Notarin oder der Notar, wenn sie oder er nicht selbst das zuzustellende Schriftstück der Post übergibt, der Vermittlung einer Gerichtsvollzieherin oder eines Gerichtsvollziehers zu bedienen. ³Die Bewilligung einer öffentlichen Zustellung kann nur durch das Gericht erfolgen; die Zustellung wird von dem Urkundsbeamten der Geschäftsstelle besorgt.

§ 86 Abgabe der Akten

Ist das Verfahren vor der Notarin oder dem Notar erledigt, so sind die in dem Verfahren entstandenen Schriftstücke zu den Gerichtsakten abzugeben.

§ 87 Zuständigkeit der Amtsgerichte für die Aufnahme von Urkunden und Vermögensverzeichnissen

(1) ¹Die Amtsgerichte sind für die Aufnahme von Urkunden in Angelegenheiten der freiwilligen Gerichtsbarkeit zuständig. ²Die Zuständigkeit umfasst die Befugnis zur Aufnahme von Vermögensverzeichnissen sowie zur öffentlichen Beurkundung von Rechtsgeschäften und von sonstigen Tatsachen.

(2) Die Vorschriften, wonach die in Absatz 1 bezeichneten Handlungen der freiwilligen Gerichtsbarkeit auch von anderen Behörden oder mit öffentlichem Glauben versehen Personen als den Amtsgerichten oder nur von dem örtlich zuständigen Amtsgericht vorgenommen werden können, bleiben unberührt.

§ 88 Beeidigung von Sachverständigen in einzelnen Angelegenheiten

Das Amtsgericht kann für eine einzelne Angelegenheit Sachverständige auch dann beeidigen, wenn alle bei der Angelegenheit beteiligten Personen dies beantragen und die Beeidigung nach dem Ermessen des Gerichts angemessen erscheint.

§ 89 Beurkundungen der Kollegialgerichte

¹Eine Beurkundung, für die das Landgericht oder das Oberlandesgericht zuständig ist, kann durch beauftragte oder ersuchte Richterinnen oder Richter erfolgen. ²Der Auftrag kann auch von der oder dem Vorsitzenden der Kammer oder des Senats erteilt werden. ³Die beauftragten oder ersuchten Richterinnen oder Richter sollen sich in der Urkunde als solche bezeichnen.

§ 90 Beauftragung anderer Beamtinnen oder Beamter

(1) Soweit die Urkundsbeamten der Geschäftsstelle oder die Gerichtsvollzieherinnen oder Gerichtsvollzieher auf Antrag der Beteiligten oder im Auftrag des Gerichts die in § 87 Absatz 1 Satz 1 bezeichneten Geschäfte vornehmen können, ist das Amtsgericht befugt, die Ausführung eines Geschäfts, um dessen Vornahme es ersucht wird, dem Urkundsbeamten der Geschäftsstelle oder einer Gerichtsvollzieherin oder einem Gerichtsvollzieher zu übertragen.

(2) Die Aufnahme eines Vermögensverzeichnisses kann auch einer Notarin oder einem Notar übertragen werden.

§ 91 Siegelung und Entsiegelung durch Notarinnen oder Notare

Die Notarinnen oder Notare sind zuständig, Siegelungen und Entsiegelungen im Auftrag des Gerichts vorzunehmen.

Teil 4
Justizkostenrecht

Kapitel 1
Gebührenbefreiung, Stundung und Erlass von Kosten

§ 122 Gebührenfreiheit

(1) Von der Zahlung von Gebühren, welche die ordentlichen Gerichte in Zivilsachen und die Justizverwaltungsbehörden erheben, sind befreit:
1. Kirchen, sonstige Religionsgemeinschaften und Weltanschauungsvereinigungen, die die Rechtsstellung einer Körperschaft des öffentlichen Rechts haben;
2. Gemeinden und Gemeindeverbände, soweit die Angelegenheit nicht ihre wirtschaftlichen Unternehmen betrifft;
3. Universitäten, Hochschulen, Fachhochschulen, Akademien und Forschungseinrichtungen, die die Rechtsstellung einer Körperschaft, Anstalt oder Stiftung des öffentlichen Rechts haben.

(2) Von der Zahlung der Gebühren nach der Kostenordnung und der Gebühren in Justizverwaltungsangelegenheiten sind Körperschaften, Vereinigungen und Stiftungen befreit, die gemeinnützigen oder mildtätigen Zwecken im Sinne des Steuerrechts dienen, soweit die Angelegenheit nicht einen steuerpflichtigen wirtschaftlichen Geschäftsbetrieb betrifft. Für die Teilnahme an Verfahren zum elektronischen Abruf aus dem Grundbuch und aus den elektronischen Registern gilt die Gebührenbefreiung nicht. Die steuerrechtliche Behandlung als gemeinnützig oder mildtätig ist durch eine Bescheinigung des Finanzamtes (Freistellungsbescheid oder sonstige Bestätigung) nachzuweisen.(3) Die Gebührenfreiheit nach den Absätzen 1 und 2 gilt auch für Beurkundungs- und Beglaubigungsgebühren, die Gebührenfreiheit nach Absatz 1 ferner für die Gebühren der Gerichtsvollzieherinnen oder Gerichtsvollzieher.(4) Folgende Vorschriften, durch die in den Verfahren und Angelegenheiten vor den ordentlichen Gerichten sowie in Justizverwaltungsangelegenheiten Kosten- und Gebührenfreiheit gewährt wird, bleiben aufrechterhalten:
1. § 1 Absatz 4 des Preußischen Gesetzes betreffend die Ergänzung der Gesetze über die Errichtung von Marksteinen vom 7. Oktober 1865, vom 7. April 1869 und vom 24. Mai 1901;
2. § 10 des Gesetzes über die Änderung beamtenrechtlicher Vorschriften und zur Anpassung des Landesrechts an die Vorschriften des Bundesgesetzes zur Regelung der Rechtsverhältnisse der unter Artikel 131 des Grundgesetzes fallenden Personen vom 11. Mai 1951 (BGBl. I S. 307) (Änderungs- und Anpassungsgesetz) vom 15. Dezember 1952 (GV. NRW. S. 423), zuletzt geändert durch das Beamtengesetz für das Land Nordrhein-Westfalen vom 15. Juni 1954 (GV. NRW. S. 237);
3. § 2 des Gesetzes über Gemeinheitsteilung und Reallastenablösung vom 28. November 1961 (GV. NRW. S. 319).

Teil 6
Schlussbestimmungen

§ 132 Dynamische Verweisung

Soweit die vorstehenden Bestimmungen auf bundesrechtliche Vorschriften verweisen, sind diese in der jeweils geltenden Fassung anzuwenden.

§ 133 Inkrafttreten, Berichtspflicht

(1) Dieses Gesetz tritt am 1. Januar 2011 in Kraft.

(2) Die Landesregierung berichtet dem Landtag bis zum 31. Dezember 2015 und danach alle fünf Jahre über die Erfahrung mit diesem Gesetz.

11. Rheinland-Pfalz

14 Landesgesetz über die freiwillige Gerichtsbarkeit (LFGG) vom 12. Oktober 1995.[10]

Erster Abschnitt
Allgemeine Bestimmungen

Erster Unterabschnitt
Ausführungs- und Ergänzungsbestimmungen zu Buch 1 des Gesetzes über das Verfahren in Familiensachen und in den Angelegenheiten der freiwilligen Gerichtsbarkeit

§ 1 Zuständigkeit der Amtsgerichte

Für die Angelegenheiten der freiwilligen Gerichtsbarkeit sind die Amtsgerichte zuständig, soweit keine anderweitige Zuständigkeit begründet ist.

§ 2 Ausschließung des Urkundsbeamten der Geschäftsstelle und des Gerichtsvollziehers

Soweit nichts anderes bestimmt ist, gelten für die Mitwirkung eines Urkundsbeamten der Geschäftsstelle oder eines Gerichtsvollziehers und § 2 Abs. 3 und § 6 des Gesetzes über das Verfahren in Familiensachen und in den Angelegenheiten der freiwilligen Gerichtsbarkeit (FamFG) entsprechend.

§ 3 Gerichtliche Entscheidung

(1) Eine Verfügung, durch die ein Antrag oder ein Gesuch zurückgewiesen, eine Genehmigung versagt oder in sonstiger Weise über Rechte der Beteiligten entschieden wird, ist mit Gründen zu versehen.

(2) [1]Schreibfehler, Rechenfehler und ähnliche offenbare Unrichtigkeiten in einer Verfügung hat das Gericht jederzeit auf Antrag oder von Amts wegen zu berichtigen. [2]Die Berichtigung wird auf der Verfügung und den Ausfertigungen vermerkt.

(3) Gegen die Verfügung, durch die der Antrag auf Berichtigung zurückgewiesen wird, findet kein Rechtsmittel, gegen die Verfügung, die eine Berichtigung ausspricht, findet sofortige Beschwerde statt.

§ 4 Vollstreckbare Kostentitel

Die Zwangsvollstreckung darf nur beginnen, wenn der Schuldtitel mindestens zwei Wochen vorher zugestellt ist.

§ 5 Anwendbarkeit der Zivilprozeßordnung auf die Vollstreckung gerichtlicher Verfügungen

Soweit nichts anderes bestimmt ist, sind auf die Vollstreckung gerichtlicher Verfügungen die Bestimmungen der Zivilprozeßordnung entsprechend anzuwenden.

---

[10] GVBl. S. 413.

§ 6 Vollstreckung von Amts wegen

Soweit die Vollstreckung einer gerichtlichen Verfügung nicht den Beteiligten überlassen ist, veranlaßt das Gericht des ersten Rechtszugs von Amts wegen die Vollstreckung.

§ 7 Ausfertigungen

Die Ausfertigung einer gerichtlichen Verfügung hat der Urkundsbeamte der Geschäftsstelle zu unterschreiben und mit Siegel oder Stempel zu versehen.

Zweiter Unterabschnitt
Landesrechtliche Angelegenheiten der freiwilligen Gerichtsbarkeit

§ 8 Allgemeine verfahrensrechtliche Bestimmungen

(1) Für die Angelegenheiten der freiwilligen Gerichtsbarkeit, die durch Landesrecht den ordentlichen Gerichten übertragen sind, gelten, soweit nichts anderes bestimmt ist, die §§ 2 bis 95 FamFG sowie die §§ 1 bis 7 dieses Gesetzes.

(2) Soweit nichts anderes bestimmt ist, entscheiden bei dem Landgericht eine Zivilkammer, bei dem Oberlandesgericht ein Zivilsenat.

§ 9 Grenzen der Änderung von Verfügungen

Eine Verfügung, durch die die Genehmigung zu einem Rechtsgeschäft erteilt oder verweigert wird, kann insoweit nicht mehr geändert werden, als die Genehmigung oder deren Verweigerung einem Dritten gegenüber wirksam geworden ist.

§ 10 Beschwerde

(1) Über die Beschwerde gegen eine Verfügung, die das Landgericht in erster Instanz erlassen hat, entscheidet das Pfälzische Oberlandesgericht Zweibrücken.

(2) Entscheidungen des Oberlandesgerichts sind unanfechtbar.

(3) Die besonderen Vorschriften des Grundbuchrechts bleiben unberührt.

Zweiter Abschnitt
Nachlaß- und Teilungssachen

§ 11 Mitteilung von Todesanzeigen

(1) [1] Der Standesbeamte hat dem Amtsgericht, in dessen Bezirk er seinen Amtssitz hat, jeden Todesfall anzuzeigen, der ihm gemäß § 28 des Personenstandsgesetzes angezeigt wird. [2] Ist dieses Amtsgericht nicht Nachlaßgericht, so hat es die Todesanzeige dem Nachlaßgericht zu übersenden.

(2) Das für das Personenstandswesen zuständige Ministerium kann im Benehmen mit dem für die Justiz zuständigen Ministerium allgemeine Verwaltungsvorschriften über die Erstattung der Anzeige erlassen.

(3) Eine Todeserklärung oder eine Feststellung der Todeszeit hat das Amtsgericht dem Nachlaßgericht mitzuteilen.

§ 12 Nachlaßsicherung

Erhalten die örtlichen Ordnungsbehörden oder die Polizeibehörden von einem Todesfall Kenntnis, bei dem gerichtliche Maßregeln zur Sicherung des Nachlasses angezeigt sein können, so sollen sie dem zuständigen Amtsgericht Mitteilung machen.

§ 13 Zuständigkeit der Notare

Den Notaren kann, unbeschadet des § 8 Abs. 2 und 3 des Landesgesetzes zur Ausführung des Gerichtsverfassungsgesetzes vom 6. November 1989 (GVBl. S. 225, BS 311-5) in der jeweils geltenden Fassung, die Aufnahme von Nachlaßverzeichnissen und Nachlaßinventaren sowie die Anlegung und Abnahme von Siegeln im Rahmen eines Nachlaßsicherungsverfahrens auch durch Anordnung des Nachlaßgerichts übertragen werden.

§ 14 Aufnahme eines amtlichen Verzeichnisses

Das Nachlaßgericht kann anordnen, daß ein amtliches Verzeichnis des Nachlasses oder des Gesamtgutes einer ehelichen oder fortgesetzten Gütergemeinschaft aufzunehmen ist, soweit dies zur zweckmäßigen Erledigung des Verfahrens über die Vermittlung der Auseinandersetzung notwendig erscheint.

§ 15 Verfahrenskosten

(1) ¹Im Verfahren über die Vermittlung der Auseinandersetzung eines Nachlasses oder des Gesamtgutes einer ehelichen oder fortgesetzten Gütergemeinschaft fallen die Kosten des Gerichts der Masse zur Last. ²Die Kosten einer für das Auseinandersetzungsverfahren angeordneten Abwesenheitspflegschaft hat der abwesende Beteiligte, die durch ein Versäumnis verursachten Kosten hat der Säumige zu tragen.

(2) Absatz 1 findet keine Anwendung, soweit in der Auseinandersetzungsurkunde etwas anderes bestimmt ist.

(3) Im Verfahren über die Beschwerde bestimmt sich die Kostentragungspflicht nach der gerichtlichen Entscheidung.

Dritter Abschnitt
Grundbuchsachen

§ 16 Grundbuchverfahren

Die sich auf Grundstücke und Erbbaurechte beziehenden Bestimmungen der Grundbuchordnung und dieses Gesetzes finden, soweit nicht ein anderes bestimmt ist, auf Bergwerkseigentum und auf Rechte, für welche nach Landesrecht die sich auf Grundstücke beziehenden Vorschriften gelten, entsprechende Anwendung.

§ 17 Anlegung besonderer Grundbuchblätter

¹Soweit nichts anderes bestimmt ist, erhalten Rechte, für welche nach Landesrecht die sich auf Grundstücke beziehenden Vorschriften gelten, ein Grundbuchblatt nur auf Antrag oder wenn das Recht veräußert oder belastet werden soll. ²Die Anlegung des besonderen Grundbuchblatts wird auf dem Blatt des Grundstücks vermerkt.

§ 18 Hypotheken-, Grundschuld- und Rentenschuldbriefe

¹Werden durch Eintragungen über die Verleihung oder das Erlöschen von Bergwerkseigentum oder über die Vereinigung, die Teilung oder den Austausch von Teilen von Bergwerksfeldern Eintragungen über Hypotheken, Grundschulden oder Rentenschulden betroffen, so sind die §§ 41 bis 43 der Grundbuchordnung nicht anzuwenden. ²Das Grundbuchamt hat den Besitzer des Hypotheken-, Grundschuld- oder Rentenschuldbriefs anzuhalten, den Brief vorzulegen; wird dieser vorgelegt, so ist nach § 62 Abs. 1 sowie den §§ 69 und 70 Abs. 1 der Grundbuchordnung zu verfahren.

Vierter Abschnitt
Sonstige öffentliche Register

§ 19 Registerführung

Die erforderlichen Verwaltungsvorschriften über die Einrichtung und Führung des Vereins- und des Güterrechtsregisters erläßt das für die Justiz zuständige Ministerium.

Fünfter Abschnitt
Aufgebotsverfahren

§ 19 a Aufgebotsverfahren zum Zwecke der Kraftloserklärung von Urkunden aufgrund der §§ 808 und 1162 des Bürgerlichen Gesetzbuches

(1) ¹Bei Aufgeboten aufgrund des § 808 Abs. 2 des Bürgerlichen Gesetzbuches tritt an die Stelle der in § 435 Abs. 1, § 478 Abs. 2 Satz 1 und Abs. 3, § 480 Abs. 1 Satz 3 und § 482 Abs. 1 Satz 3 FamFG genannten öffentlichen Bekanntmachung durch Veröffentlichung in dem elektro-

nischen Bundesanzeiger die öffentliche Bekanntmachung durch Veröffentlichung in dem für Bekanntmachungen des Gerichts bestimmten Blatt. ²Das Gleiche gilt, soweit die Anwendung der in Satz 1 genannten Vorschriften des Gesetzes über das Verfahren in Familiensachen und in den Angelegenheiten der freiwilligen Gerichtsbarkeit in Betracht kommt, bei Aufgeboten aufgrund des § 1162 des Bürgerlichen Gesetzbuches.

(2) ¹Die Aufgebotsfrist muss mindestens sechs Wochen betragen. Sie beginnt mit der ersten Veröffentlichung in dem für Bekanntmachungen des Gerichts bestimmten Blatt. ²Diese Veröffentlichung tritt im Falle des § 475 FamFG an die Stelle der Veröffentlichung in dem elektronischen Bundesanzeiger.

§ 19 b Aufgebotsverfahren in anderen Fällen

¹Bei Aufgeboten aufgrund der §§ 887, 927, 1104, 1112, 1170 und 1171 des Bürgerlichen Gesetzbuches, des § 110 des Binnenschifffahrtsgesetzes und der §§ 6, 13, 66 und 67 des Gesetzes über Rechte an eingetragenen Schiffen und Schiffsbauwerken tritt an die Stelle der in § 435 Abs. 1 FamFG genannten öffentlichen Bekanntmachung durch Veröffentlichung in dem elektronischen Bundesanzeiger die öffentliche Bekanntmachung durch Veröffentlichung in dem für Bekanntmachungen des Gerichts bestimmten Blatt. ²Die Aufgebotsfrist beginnt mit der ersten Veröffentlichung in diesem Blatt. ³Satz 1 gilt entsprechend für die Durchführung der öffentlichen Zustellung des Ausschließungsbeschlusses nach § 441 Satz 2 FamFG in Verbindung mit § 187 der Zivilprozessordnung.

Sechster Abschnitt
Übergangs- und Schlußbestimmungen

§§ 20 und 21 (Änderungsbestimmungen)

§ 22 Anhängige Verfahren

Ein bei Inkrafttreten dieses Gesetzes anhängiges Verfahren wird nach dem bisher geltenden Recht zu Ende geführt.

§ 23 Übergangsbestimmungen

(1) Artikel 12 Abs. 2 sowie die Artikel 13 und 14 des Ausführungsgesetzes zur Grundbuchordnung (für die Regierungsbezirke Koblenz [teilweise], Trier und Montabaur) vom 26. September 1899 (GVBl. 1968, Sondernummer S. 56), zuletzt geändert durch Artikel 2 Abs. 1 Nr. 1 des Gesetzes vom 5. Oktober 1990 (GVBl. S. 289), BS Anhang II P 3212–2, sind für anhängige und bis zum 31. Dezember 1997 beantragte Gemeinheitsteilungen sowie für noch bestehende Rentengüter weiterhin anzuwenden.

(2) Die Artikel 16 und 17 des Ausführungsgesetzes zur Grundbuchordnung (für die Regierungsbezirke Koblenz [teilweise], Trier und Montabaur) sind für die noch aufzulösenden Familienfideikommißgüter weiterhin anzuwenden.

(3) Soweit nach § 27 Abs. 2 des Landesgesetzes zur Ausführung des Bürgerlichen Gesetzbuchs vom 18. November 1976 (GVBl. S. 259, BS 400-1) für Rechte und Rechtsverhältnisse, die vor dessen Inkrafttreten entstanden sind, die bisherigen Vorschriften maßgebend bleiben, gelten auch die bisherigen landesrechtlichen Bestimmungen über das Grundbuchwesen fort.

§ 24 Inkrafttreten

Dieses Gesetz tritt am 1. Januar 1996 in Kraft.

12. Saarland

Gesetz zur Ausführung bundesrechtlicher Justizgesetze (AGJustG) vom 5. 2. 1997,[11] zuletzt geändert durch Art. 1 ÄndG vom 19. 1. 2011.[12]

---
[11] AmtsBl. S. 258.
[12] Amtsbl. I S. 64.

Kapitel 5
Ausführungsvorschriften zum Recht der Freiwilligen Gerichtsbarkeit

Erster Abschnitt
Ausführung des Gesetzes über die Angelegenheiten der freiwilligen Gerichtsbarkeit

§ 52 Allgemeine Verfahrensvorschriften

Die §§ 2 bis des Gesetzes über die Angelegenheiten der freiwilligen Gerichtsbarkeit und die Vorschriften der KostO gelten, sofern nichts anderes bestimmt ist, auch für diejenigen Angelegenheiten der freiwilligen Gerichtsbarkeit, die durch Landesgesetz den ordentlichen Gerichten übertragen sind.

Geltungszeitraum 31. 12. 2004 – 31. 12. 2015

§ 53 Mitteilungen an das Nachlaßgericht

(1) ¹Der Standesbeamte hat dem Amtsgericht, in dessen Bezirk er seinen Amtssitz hat, jeden Todesfall mitzuteilen, der ihm gemäß § 28 des Personenstandsgesetzes in der im Bundesgesetzblatt Teil III, Gliederungsnummer 211–1, veröffentlichten bereinigten Fassung, das zuletzt durch Artikel 12 des Gesetzes vom 17. Dezember 2008 (BGBl. I S. 2586) geändert worden ist, in seiner jeweils geltenden Fassung angezeigt wird. ²Das Ministerium für Inneres und Europaangelegenheiten kann im Einvernehmen mit dem Ministerium der Justiz über die Ausführung der Mitteilung allgemeine Anordnungen treffen. ³Ist das Amtsgericht, das die Mitteilung erhält, nicht das zuständige Nachlaßgericht, hat es die Todesanzeige an dieses weiterzuleiten.

(2) Einen Sterbefall außerhalb des Saarlandes hat die Gemeinde, in der die verstorbene Person ihren letzten Wohnsitz oder gewöhnlichen Aufenthalt hatte, dem Amtsgericht mitzuteilen, sobald sie vom Tod amtlich Kenntnis erlangt hat.

(3) Das Amtsgericht hat dem zuständigen Nachlaßgericht jede rechtskräftige Todeserklärung oder Feststellung der Todeszeit mitzuteilen.

Geltungszeitraum 31. 12. 2004 – 31. 12. 2015

§ 54 Nachlaßsicherung

(1) Werden bei einem Todesfall Umstände bekannt, die gerichtliche Maßnahmen zur Sicherung des Nachlasses angezeigt erscheinen lassen, soll die Gemeinde dies unverzüglich dem Amtsgericht mitteilen, in dessen Bezirk der Todesfall eingetreten ist.

(2) ¹Bei Gefahr im Verzuge hat die Gemeinde die zur vorläufigen Sicherung des Nachlasses erforderlichen Maßnahmen zu treffen. ²Sie hat davon unverzüglich das zuständige Amtsgericht zu benachrichtigen.

Geltungszeitraum 31. 12. 2004 – 31. 12. 2015

13. Thüringen

Thüringer Gesetz zur Ausführung des GVG (ThürAGGVG) vom 12. 10. 1993,[13] zuletzt geändert durch Art. 2 ÄndF vom 9. 9. 2010.[14]

§ 12 Aufgaben der Urkundsbeamten

(1) ¹Die Urkundsbeamten der Geschäftsstelle bei den Amtsgerichten sind zuständig, Siegelungen und Entsiegelungen vorzunehmen sowie Vermögensverzeichnisse aufzunehmen, die nach gesetzlicher Vorschrift dem Familien- oder Betreuungsgericht einzureichen sind. ²Sie sollen diese Aufgaben nur auf Anordnung des Richters oder des Rechtspflegers wahrnehmen.

(2) Den Urkundsbeamten der Geschäftsstelle bei den Amtsgerichten kann das Nachlaßgericht die Aufnahme des Inventars übertragen.

(3) Die Aufnahme eines Vermögensverzeichnisses nach Absatz 1 oder eines Inventars nach Absatz 2 soll nur angeordnet werden, wenn anzunehmen ist, daß der Wert des Vermögens oder des Nachlasses ohne Abzug der Schulden den Betrag von 10 000 Deutsche Mark oder 5000 Euro nicht oder nicht erheblich übersteigt.

---

[13] GVBl. S. 612.
[14] GVBl. S. 294.

§ 13 Zuständigkeiten der Gerichtsvollzieher

(1) Die Gerichtsvollzieher sind zuständig:
1. Wechsel- und Scheckproteste aufzunehmen,
2. freiwillige Versteigerungen von beweglichen Sachen und von Früchten, die vom Boden noch nicht getrennt sind, durchzuführen,
3. das tatsächliche Angebot einer Leistung zu beurkunden oder die geschuldete Leistung tatsächlich anzubieten,
4. Siegelungen und Entsiegelungen im Auftrag des Gerichts vorzunehmen,
5. Vermögensverzeichnisse oder Inventare im Auftrag des Gerichts aufzunehmen,
6. gerichtliche Anordnungen nach § 90 des Gesetzes über das Verfahren in Familiensachen und in den Angelegenheiten der freiwilligen Gerichtsbarkeit zu vollstrecken.

(2) Die Gerichtsvollzieher können Aufträge zur freiwilligen Versteigerung nach ihrem Ermessen ablehnen.

(3) § 155 des Gerichtsverfassungsgesetzes gilt in den Fällen des Absatzes 1 entsprechend.

Nachlassauseinandersetzung; Auseinandersetzung einer Gütergemeinschaft

487 (1) Unberührt bleiben die landesrechtlichen Vorschriften, nach denen
1. das Nachlassgericht die Auseinandersetzung eines Nachlasses von Amts wegen zu vermitteln hat, wenn diese nicht binnen einer bestimmten Frist erfolgt ist;
2. für die den Amtsgerichten nach § 373 obliegenden Aufgaben andere als gerichtliche Behörden zuständig sind;
3. in den Fällen der §§ 363 und 373 anstelle der Gerichte oder neben diesen Notare die Auseinandersetzung zu vermitteln haben.

(2) Auf die Auseinandersetzung nach Absatz 1 Nr. 1 sind die §§ 364 bis 372 anzuwenden.

I. Normzweck

Die Vorschrift hält in Abs. 1 Nr. 1 und Abs. 2, die dem früheren § 192 FGG entsprechen, landesrechtliche Vorschriften über eine von Amts wegen durchzuführende Auseinandersetzung des Nachlasses aufrecht. Abs. 1 Nr. 2 und 3 entsprechen dem früheren § 193 FGG. Sie ergänzen die Regelung des § 373 über die Auseinandersetzung einer Gütergemeinschaft und die Regelung des § 363 über die Auseinandersetzung einer Erbengemeinschaft. **1**

II. Nachlassauseinandersetzung von Amts wegen (Abs. 1 Nr. 1, Abs. 2)

Die Länder machen derzeit von der ihnen eingeräumten Möglichkeit, von Amts wegen ein Vermittlungsverfahren über die Auseinandersetzung zu ermöglichen, keinen Gebrauch. Von dem Vorbehalt hatten früher **Baden-Württemberg** (§§ 46, 47 LFGG 1975)[1] und **Bayern** (Art. 56 AGGVG 1981) Gebrauch gemacht, die landesrechtlichen Regelungen sind aber aufgehoben. Das Verfahren der amtlichen Vermittlung unterscheidet sich grundsätzlich von der Vermittlung nach §§ 363 ff. nur darin, dass erstere einen Antrag voraussetzt, während letztere von Amts wegen eingeleitet wird. Für das Verfahren gelten nach Abs. 2 die Regelungen der §§ 364 bis 372. **2**

III. Landesrechtliche Zuständigkeit für die Auseinandersetzung einer Nachlass- und Gütergemeinschaft (Abs. 1 Nr. 2, 3)

1. Auseinandersetzung einer Gütergemeinschaft (§ 373)

Aufgrund des Vorbehalts in Abs. 1 Nr. 2 und 3 kann landesrechtlich bestimmt werden, dass an Stelle der Gerichte auch andere Behörden oder die Notare für die Auseinandersetzung einer Gütergemeinschaft zuständig sind. Nr. 3 steht in Einklang mit § 20 Abs. 5 **3**

---
[1] Vgl. dazu Firsching/Graf Rn 4924.

§ 488 1

BNotO, wonach sich nach landesrechtlichen Vorschriften u. a. bestimmt, inwieweit Notare zur Vermittlung von Gesamtgutauseinandersetzungen zuständig sind. Welche Länder von dem Vorbehalt haben Gebrauch gemacht haben, ist in Rn 5 dargestellt.

2. Auseinandersetzung einer Erbengemeinschaft (§ 363)

4   Aufgrund des Vorbehalts in Abs. 1 Nr. 3 kann landesrechtlich bestimmt werden, dass an Stelle der Nachlassgerichte oder neben diesen die Notare für die Auseinandersetzung einer Gütergemeinschaft zuständig sind. Dies stellt gegenüber Art. 147 EGBGB (§ 486 Rn 2) eine Ausdehnung dar, wonach eine landesgesetzliche Zuständigkeit besteht, in Nachlasssachen andere als gerichtliche **Behörden** mit den Obliegenheiten des Nachlassgerichts zu betrauen.[2] Nr. 3 steht in Einklang mit § 20 Abs. 5 BNotO, wonach sich nach landesrechtlichen Vorschriften u. a. bestimmt, inwieweit Notare zur Vermittlung von Nachlassauseinandersetzungen zuständig sind (zu den badischen und württembergischen Besonderheiten s. §§ 114, 155 BNotO). Welche Länder von dem Vorbehalt haben Gebrauch gemacht haben, ist in Rn 5 dargestellt.

3. Landerechtliche Regelungen

5   Folgende Länder haben in ihren Landesgesetzen aufgrund des ihnen eingeräumten Vorbehalts Zuständigkeitsregelungen für die Vermittlung der Auseinandersetzung für das FamFG getroffen:
   Baden-Württemberg: Zuständigkeit des Notariats unter Mitwirkung der Gemeinde; § 1 Abs. 1, 2, §§ 38–43 LFGG (§ 486 Rn 4);[3]
   Bayern: Zuständigkeit des AG und der Notare; Art. 38 AGGVG (§ 486 Rn 5);
   Berlin und **Schleswig-Holstein:** Nach Art. 21 ff. PrFGG ist grundsätzlich das AG zuständig (§ 486 Rn 6); dieses kann auf Antrag eines Beteiligten die Vermittlung der Auseinandersetzung einem Notar überweisen;
   Hessen: Nach Art. 24 ff. HessFGG sind neben den Gerichten auch die Notare mit den sich aus Art. 24 Abs. 3 ergebenden Beschränkungen[4] zuständig (§ 486 Rn 10);
   Niedersachsen: Zuständigkeit der Gerichte und der Notare gemäß Art. 14 ff. Nds. FGG mit den sich aus Art. 15 ergebenden Beschränkungen (§ 486 Rn 12);
   Nordrhein-Westfalen Zuständigkeit der Gerichte und der Notare gemäß §§ 80 bis 82 JustGNRW, Kosten § 129 Abs. 1 JustG NRW (§ 486 Rn 13).

Verfahren vor landesgesetzlich zugelassenen Behörden

488 (1) Sind für die in § 1 genannten Angelegenheiten nach Landesgesetz andere als gerichtliche Behörden zuständig, gelten die Vorschriften des Buches 1 mit Ausnahme der §§ 6, 15 Abs. 2, der §§ 25, 41 Abs. 1 und des § 46 auch für diese Behörden.

(2) [1]Als nächsthöheres gemeinsames Gericht nach § 5 gilt das Gericht, welches das nächsthöhere gemeinsame Gericht für die Amtsgerichte ist, in deren Bezirk die Behörden ihren Sitz haben. [2]Durch Landesgesetz kann bestimmt werden, dass, wenn die Behörden in dem Bezirk desselben Amtsgerichts ihren Sitz haben, dieses als nächsthöheres gemeinsames Gericht zuständig ist.

(3) [1]Die Vorschriften des Gerichtsverfassungsgesetzes über die Gerichtssprache, die Verständigung mit dem Gericht sowie zur Rechtshilfe sind entsprechend anzuwenden. [2]Die Verpflichtung der Gerichte, Rechtshilfe zu leisten, bleibt unberührt.

I. Normzweck

1   Die Vorschrift regelt grundlegend, welche Verfahrensvorschriften für die Behörden anwendbar sind, denen durch Landesgesetz Aufgaben der freiwilligen Gerichtsbarkeit i. S. d.

---

[2] Staudinger/Mayer Art. 147 EGBGB Rn 16.
[3] Dazu Richter Rpfleger 1975, 417.
[4] Insbesondere ist dem Gericht die Bestätigung der Auseinandersetzung vorbehalten.

§ 1 übertragen worden sind. Der Landesgesetzgeber kann mit Angelegenheiten, die durch Bundesgesetz den Gerichten übertragen sind (§ 1), andere als gerichtliche Behörden betrauen auf Grund des Art. 147 EGBGB in Betreuungs- und Nachlasssachen (§ 486 Rn 2) sowie auf Grund des § 487 für die Auseinandersetzung einer Erben- und Gütergemeinschaft nach §§ 363 und 373. Die Regelung entspricht dem früheren § 194 FGG.

II. Das Verfahren vor Behörden, die nicht Gerichte sind

1. Anwendbare Vorschriften aus dem Allgemeinen Teil (Abs. 1)

Auch für die landesgesetzlich zur Erfüllung gerichtlicher Aufgaben zugelassenen Behörden gelten zur Wahrung einer einheitlichen Rechtsanwendung[1] im Grundsatz die allgemeinen Verfahrensvorschriften des 1. Buches, so z. B. die Vorschriften über das Beschwerdeverfahren, soweit die landesgesetzlichen Behörden Verfügungen erlassen.[2] Nur in einzelnen Beziehungen sind Abweichungen vorgesehen. Es gelten nach Abs. 1 nicht die Vorschriften
- über die Ausschließung und Ablehnung von Gerichtspersonen (§ 6),
- über die Bekanntgabe eines eine Termins- oder Fristbestimmung enthaltenden oder den Lauf einer Frist auslösenden Dokuments nach Maßgabe des § 15 Abs. 2,
- über Anträge und Erklärungen zur Niederschrift der Geschäftsstelle (§ 25),
- über die Bekanntgabe des Beschlusses nach § 41 Abs. 1 sowie
- über die Erteilung eines Rechtskraftzeugnisses nach § 46.

Als Behörden im Sinne der Vorschrift sind auch die Notare anzusehen (§ 487).[3] Dagegen gehört das Jugendamt nicht zu den durch § 488 den Gerichten gleichgestellten Behörden.[4]

2. Gemeinschaftliches oberes Gericht bei Ungewissheit oder Streit über die Zuständigkeit (Abs. 2)

Für die Fälle der gerichtlichen Bestimmung der Zuständigkeit nach § 5 – hierzu zählt gemäß § 5 Abs. 1 Nr. 5 auch die Abgabe aus wichtigem Grund nach § 4 – bestimmt Abs. 2, dass als gemeinschaftliches oberes Gericht für mehrere in Betracht kommende nichtrichterliche Behörden dasjenige Gericht gilt, welches das gemeinschaftliche obere Gericht für die AG ist, in deren Bezirk die Behörden ihren Sitz haben; es ist also gemeinschaftliches oberes Gericht dasjenige Gericht, welches es auch wäre, wenn an Stelle der nichtrichterlichen Behörden das AG des Bezirkes zuständig wäre.

Eine **Ausnahme** von dieser Regel kann nach Abs. 2 S. 2 durch die Landesgesetzgebung gemacht werden; als „gemeinschaftliches oberes Gericht" kann das AG bestimmt werden, in dessen Bezirk die Behörden ihren Sitz haben. Die Entscheidung des AG ist dann unanfechtbar, § 5 Abs. 3.

3. Anwendbare Vorschriften aus dem GVG (Abs. 3)

Nach Abs. 3 sind die Vorschriften des GVG über
- die Gerichtssprache (deutsch bzw. sorbisch, § 184),
- die Verständigung des Gerichts mit einer Peron, die der deutschen Sprache nicht mächtig ist, oder mit einer hör- oder sprachbehinderten Person (§§ 185 bis 191 a)
- die Rechtshilfe (§§ 156 bis 168 GVG)
entsprechend anzuwenden.

Durch Abs. 3 ist klargestellt, dass sowohl die Gerichte als auch die anderen Behörden, die in einem Land nach den bestehenden Vorbehalten zuständig sind, berechtigt sind, **Rechtshilfe** zu verlangen, und verpflichtet sind, solche zu leisten. Im Verkehr verschiedener Länder können die in einem Land zuständigen nichtrichterlichen Behörden auch die in einem anderen Land zuständigen nichtrichterlichen Behörden oder nach ihrer Wahl die AG um Rechtshilfe angehen, auch wenn diese in dem betreffenden Land zur Behandlung

---

[1] Jansen/von König § 194 Rn 2.
[2] BayObLGZ 1983, 101.
[3] BayObLGZ 1983, 101 zu §§ 193, 194 FGG.
[4] OLG Rostock JFG 3, 38.

derartiger Angelegenheiten nach dem Recht desselben nicht zuständig sind. Ebenso haben die zuständigen Gerichte die Wahl, ob sie die in einem Land zuständigen nichtrichterlichen Behörden um Rechtshilfe ersuchen wollen oder die AG.[5]

Rechtsmittel

489 (1) [1]Sind für die in § 1 genannten Angelegenheiten nach Landesgesetz anstelle der Gerichte Behörden zuständig, kann durch Landesgesetz bestimmt werden, dass für die Abänderung einer Entscheidung dieser Behörde das Amtsgericht zuständig ist, in dessen Bezirk die Behörde ihren Sitz hat. [2]Auf das Verfahren sind die §§ 59 bis 69 entsprechend anzuwenden.

(2) **Gegen die Entscheidung des Amtsgerichts findet die Beschwerde statt.**

I. Normzweck

1   Die Vorschrift gibt den Bundesländern die Möglichkeit, ergänzend eine unterste richterliche Instanz zu schaffen, wenn nach Landesgesetz nichtgerichtlichen Behörden Aufgaben in Betreuungs- oder Nachlasssachen auf Grund des Art. 147 EGBGB (§ 486 Rn 2) oder im Bereich der Auseinandersetzung einer Erben- und Gütergemeinschaft nach §§ 363 und 373 aufgrund des § 487 übertragen worden sind. Die Regelung entspricht dem früheren § 195 FGG. Dadurch soll der Verlust einer richterlichen Entscheidungsinstanz durch die abweichende landesrechtliche Zuständigkeitsregelung vermieden werden.[1]

II. Zuständiges Gericht für die Abänderung der Verfügung der nicht gerichtlichen Behörden

1. Überprüfung durch das Amtsgericht

2   Hat ein Bundesland von den Vorbehalten in Art. 147 EGBGB (§ 486 Rn 2) oder § 487 Gebrauch gemacht, andere als gerichtliche Behörden mit den dort genannten Aufgaben zu betrauen, dann kann es nach **Abs. 1 S. 1** landesgesetzlich die Bestimmung treffen, dass gegenüber den Verfügungen dieser nichtrichterlichen Behörden einschließlich der Notare, gleichviel ob sie ausschließlich oder neben den Amtsgerichten zuständig sind, zunächst eine unterste **richterliche Instanz,** die nicht eine Beschwerdeinstanz ist, geschaffen wird und zwar das AG, in dessen Bezirk die Behörde ihren Sitz hat. In diesem Fall ist dann vor Einlegung einer Beschwerde eine Entscheidung des AG, in dessen Bezirk die Behörde ihren Sitz hat, herbeizuführen.

3   Hinsichtlich des Verfahrens vor dem AG finden nach **Abs. 1 S. 2** die für die Beschwerde geltenden Vorschriften der §§ 59–60 Anwendung. Erst gegen die Entscheidung des AG ist in diesen Fällen nach **Abs. 2** die Beschwerde nach §§ 58 ff. zulässig.

2. Überprüfung durch das Beschwerdegericht

4   In den Bundesländern, die von dem Vorbehalt des § 489 keinen Gebrauch gemacht haben – und das sind derzeit alle –, ist gegen die Entscheidung der nichtgerichtlichen Behörden die Beschwerde zum Beschwerdegericht zulässig; dieses ist das LG in den Betreuungs-, Unterbringungs- und Freiheitsentziehungssachen und ansonsten das OLG.

Landesrechtliche Aufgebotsverfahren

490 Die Landesgesetze können bei Aufgeboten, deren Zulässigkeit auf landesgesetzlichen Vorschriften beruht, die Anwendung der Bestimmungen über das Aufgebotsverfahren ausschließen oder diese Bestimmungen durch andere Vorschriften ersetzen.

1   Die Vorschrift entspricht dem früheren § 11 EGZPO. Sie gibt den Landesgesetzgebern die Möglichkeit, das Aufgebotsverfahren bei den Aufgeboten zu regeln, deren Zulässigkeit

---

[5] RGZ 71, 303; RGZ 69, 271; OLG Karlsruhe Rpfleger 1994, 255.
[1] Staudinger/Mayer Art. 147 EGBGB Rn 18.

auf Landesgesetz beruht. Vgl. dazu Art. 26 bis 28 Bay AGGVG (§ 486 Rn 5); §§ 57 bis 59 JustG NRW (§ 486 Rn 13) und §§ 19a, 19b Rh-Pf. FGG (§ 486 Rn 14).

Landesrechtliche Vorbehalte bei Verfahren zur Kraftloserklärung von Urkunden

491 ¹Unberührt bleiben die landesgesetzlichen Vorschriften, durch die für das Aufgebotsverfahren zum Zweck der Kraftloserklärung von Schuldverschreibungen auf den Inhaber, die ein deutsches Land oder früherer Bundesstaat oder eine ihm angehörende Körperschaft, Stiftung oder Anstalt des öffentlichen Rechts ausgestellt oder für deren Bezahlung ein deutsches Land oder früherer Bundesstaat die Haftung übernommen hat, ein bestimmtes Amtsgericht für ausschließlich zuständig erklärt wird. ²Bezweckt das Aufgebot die Kraftloserklärung einer Urkunde der im § 808 des Bürgerlichen Gesetzbuchs bezeichneten Art, gilt Satz 1 entsprechend.

I. Normzweck

Die Vorschrift gibt dem Landesgesetzgeber die Möglichkeit, bei **öffentliche Anleihen** 1 abweichend von § 466 Abs. 1 das Aufgebotsverfahren bei einem AG zu konzentrieren, indem dieses für ausschließlich örtlich zuständig erklärt wird. Sie ergänzt bzgl. der hinkenden Inhaberpapiere § 483 S. 2, wonach abweichende Regelungen des Landesgesetzgebers für die Veröffentlichung, Bekanntmachung und die Aufgebotsfrist zulässig sind. S. 1 entspricht dem früheren § 1006 Abs. 3 ZPO, S. 2 dem früheren § 1023 S. 1 ZPO.

II. Anwendungsbereich

1. Inhaberschuldverschreibungen i. S. des § 793 BGB (S. 1)

Der landesrechtliche Vorbehalt gilt nach S. 1 für das in den §§ 466 ff. geregelte Verfahren zur Kraftloserklärung von Inhaberschuldverschreibungen der öffentlichen Hand. Vgl. dazu Rn 6 zu § 466. 2

2. Hinkende Inhaberpapiere i. S. des § 808 BGB (S. 2)

Nach S. 2 gilt der landesrechtliche Vorbehalt auch für das Verfahren nach § 483 zur 3 Kraftloserklärung hinkender Inhaberpapiere. Im Unterschied zu den Inhaberschuldverschreibungen ist der Gläubiger in der Urkunde benannt und der Schuldner nur zur Leistung berechtigt, nicht aber verpflichtet; die Urkunde hat nur deklaratorischen Charakter.[1] Wichtiger Anwendungsfall sind die Sparbücher.[2] Vgl. dazu Art. 26, 27 Bay AGGVG (§ 486 Rn 5); § 57 JustG NRW (§ 486 Rn 13) und § 19a Rh-Pf. FGG (§ 486 Rn 14). Hinsichtlich der dazu ergangenen landesrechtlichen Vorschriften wird auf die Kommentierung zu § 483 verwiesen.

---
[1] Palandt/Sprau § 808 Rn 1.
[2] BGH NJW-RR 1989, 1661.

Gesetz zur Reform des Verfahrens in Familiensachen und in den Angelegenheiten der freiwilligen Gerichtsbarkeit (FGG-RG)

– Auszug –

Übergangsvorschrift

111 (1) ¹Auf Verfahren, die bis zum Inkrafttreten des Gesetzes zur Reform des Verfahrens in Familiensachen und in den Angelegenheiten der freiwilligen Gerichtsbarkeit eingeleitet worden sind oder deren Einleitung bis zum Inkrafttreten des Gesetzes zur Reform des Verfahrens in Familiensachen und in den Angelegenheiten der freiwilligen Gerichtsbarkeit beantragt wurde, sind weiter die vor Inkrafttreten des Gesetzes zur Reform des Verfahrens in Familiensachen und in den Angelegenheiten der freiwilligen Gerichtsbarkeit geltenden Vorschriften anzuwenden. ²Auf Abänderungs-, Verlängerungs- und Aufhebungsverfahren finden die vor Inkrafttreten des Gesetzes zur Reform des Verfahrens in Familiensachen und in den Angelegenheiten der freiwilligen Gerichtsbarkeit geltenden Vorschriften Anwendung, wenn die Abänderungs-, Verlängerungs- und Aufhebungsverfahren bis zum Inkrafttreten des Gesetzes zur Reform des Verfahrens in Familiensachen und in den Angelegenheiten der freiwilligen Gerichtsbarkeit eingeleitet worden sind oder deren Einleitung bis zum Inkrafttreten des Gesetzes zur Reform des Verfahrens in Familiensachen und in den Angelegenheiten der freiwilligen Gerichtsbarkeit beantragt wurde.

(2) Jedes gerichtliche Verfahren, das mir einer Endentscheidung abgeschlossen wird, ist ein selbständiges Verfahren im Sinne des Absatzes 1 Satz 1.

(3) Abweichend von Absatz 1 Satz 1 sind auf Verfahren in Familiensachen, die am 1. September 2009 ausgesetzt sind oder nach dem 1. September 2009 ausgesetzt werden oder deren Ruhen am 1. September 2009 angeordnet ist oder nach dem 1. September 2009 angeordnet wird, die nach Inkrafttreten des Gesetzes zur Reform des Verfahrens in Familiensachen und in den Angelegenheiten der freiwilligen Gerichtsbarkeit geltenden Vorschriften anzuwenden.

(4) Abweichend von Absatz 1 Satz 1 sind auf Verfahren über den Versorgungsausgleich, die am 1. September 2009 vom Verbund abgetrennt sind oder nach dem 1. September 2009 abgetrennt werden, die nach Inkrafttreten des Gesetzes zur Reform des Verfahrens in Familiensachen und in den Angelegenheiten der freiwilligen Gerichtsbarkeit geltenden Vorschriften anzuwenden. Alle vom Verbund abgetrennten Folgesachen werden im Falle des Satzes 1 als selbständige Familiensachen fortgeführt.

(5) Abweichend von Absatz 1 Satz 1 sind auf Verfahren über den Versorgungsausgleich, in denen am 31. August 2010 im ersten Rechtszug noch keine Endentscheidung erlassen wurde, sowie die mit solchen Verfahren im Verbund stehenden Scheidungs- und Folgesachen ab dem 1. September 2010 die nach Inkrafttreten des Gesetzes zur Reform des Verfahrens in Familiensachen und in den Angelegenheiten der freiwilligen Gerichtsbarkeit geltenden Vorschriften anzuwenden.

I. Normzweck

Zweck des Art. 111 des am 17. 12. 2008 verkündeten FGG-RG[1] ist es, den Übergang vom alten auf das neue Recht zu regeln und so durch die Neuerung entstehende Schwierigkeiten bei der Frage des anwendbaren Rechts zu vermeiden. Das FamFG ist nach Art. 112 des FGG-RG am 1. 9. 2009 in Kraft getreten (zur Ausnahme hinsichtlich des § 376 Abs. 2 s. Art. 112 Rn 3, 4). Die Abs. 2 bis 5 sind eingefügt worden durch das VAStrRefG vom 3. 4. 2009.[2] Ziel der Vorschrift ist es, möglichst viele Verfahren dem neuen Verfahrensrecht zu unterstellen. 1

---

[1] BGBl. I S. 2585.
[2] BGBl. I S. 700.

II. Grundsatz; 1. Stichtag 1. 9. 2009 (Abs. 1, 2)

2 Abs. 1 enthält i. V. m. Abs. 2 die **Grundnorm** der Übergangsregelung. **Abs. 1** stellt den Grundsatz auf, dass der Zeitpunkt der Einleitung eines Verfahrens das entscheidende Kriterium für die Anwendung des bisherigen oder neuen Rechts darstellt, also alle am **Stichtag 1. 9. 2009** neu eingeleiteten Verfahren nach neuem Verfahrensrecht behandelt werden, während Altverfahren weiterhin nach bisherigem Recht abzuwickeln sind. Ein Verfahren i. S. d. Art. 111 schließt das gesamte Gerichtsverfahren **von der ersten bis zur letzten Instanz** ein, bedeutet also nicht ein Verfahren bis zum Abschluss einer Instanz; das Beschwerdeverfahren ist daher nicht ein selbständiges Verfahren (zu den Folgen s. Rn 4).[3] Für die Einleitung ist es unerheblich, ob das Verfahren von Amts wegen oder auf Antrag eingeleitet wird. Ein Amtsverfahren wird erst in dem Zeitpunkt eingeleitet, in dem für das Gericht von Amts wegen oder auf Anregung Anlass besteht, in eine sachliche Prüfung einzutreten.[4]

2a Gleichzeitig stellt Abs. 1 klar, dass das Abänderungs-, Verlängerungs- und Aufhebungsverfahren jeweils gegenüber dem Ursprungsverfahren ein eigenständiges Verfahren ist und damit auch für diese Verfahren der Stichtag 1. 9. 2009 gilt.[5] Das neue Recht ist somit anzuwenden:

- auf alle **erstmals eingeleiteten Verfahren,** die ab dem 1. 9. 2009 eingeleitet werden oder deren Einleitung ab dem 1. 9. 2009 beantragt wird;
- auf **Abänderungsverfahren** (z. B. Abänderung familiengerichtlicher Titel nach §§ 48 Abs. 1, 166, 230, 238 ff. FamFG oder § 1696 BGB), die ab dem 1. 9. 2009 eingeleitet werden oder deren Einleitung ab dem 1. 9. 2009 beantragt wird;
- auf **Verlängerungsverfahren,** die ab dem 1. 9. 2009 eingeleitet werden (z. B. Verlängerung der Betreuerbestellung nach § 295) oder deren Einleitung ab dem 1. 9. 2009 beantragt wird;
- auf **Aufhebungsverfahren,** die ab dem 1. 9. 2009 eingeleitet werden oder deren Einleitung ab dem 1. 9. 2009 beantragt wird.

3 Abs. 2 stellt klar, dass selbständige Verfahren i. S. d. Abs. 1 S. 1 nur Verfahren sind, die mit einer **Endentscheidung** abgeschlossen werden können. Endentscheidungen sind nach der **Legaldefinition** in § 38 Abs. 1 S. 1 die Entscheidungen, durch die der Verfahrensgegenstand ganz oder teilweise erledigt wird (vgl. § 38 Rn 4). Selbständige Verfahren, die mit einer Endentscheidung abschließen, sind z. B. **Kostenfestsetzungsverfahren,**[6] das **Vollstreckungsverfahren,**[7] Bei den sog. **Bestandsverfahren,** die nicht per se auf einen erledigenden Beschluss gerichtet und die bereits vor dem 1. 9. 2009 nach altem Recht eingerichtet worden sind, wie z. B. Vormundschaften (§ 151 Nr. 4) oder Pflegschaften (§ 151 Nr. 5) oder Betreuungen (§ 271), ist das neue Verfahrensrecht daher anzuwenden für alle in der Zeit ab dem 1. 9. 2009 eingeleiteten Verfahren, die eine im Rahmen der Vormundschaft, Pflegschaft oder Betreuung auftretende Frage zum Gegenstand haben, über die abschließend zu entscheiden ist (z. B. Genehmigung eines Rechtsgeschäfts, Abberufung des Vormunds, Genehmigung einer freiheitsentziehenden Unterbringung eines Minderjährigen oder Festsetzung der Vergütung des Vormunds nach § 168).

4 Wird daher vor dem 1. 9. 2009 ein Verfahren auf Erweiterung des Aufgabenkreises des **Betreuers** z. B. um die Wohnungsangelegenheiten eingeleitet und am 1. 9. 2009 oder später ein Verfahren auf Prüfung, ob im Rahmen der bestehenden Betreuung für Vermögensangelegenheiten ein Einwilligungsvorbehalt nach § 1903 BGB angeordnet werden soll, so handelt es sich, da beide Verfahren mit einer Endentscheidung abgeschlossen werden können, um zwei Verfahren (Abs. 2), für die unterschiedliches Verfahrensrecht gilt. Dies

---

[3] BGH NJW 2011, 386; NJW 2010, 238; KG FGPrax 2010, 104; OLG Hamm FGPrax 2009, 283; OLG Köln FGPrax 2009, 241; OLG Stuttgart FGPrax 2010, 59;
[4] OLG Schleswig FGPrax 2010, 109; a. A. OLG Stuttgart FGPrax 2010, 60 für eine von Amts vorzunehmende Verrichtung des Nachlassgerichts; OLG Stuttgart FGPrax 2010, 61 für die Einleitung eines Amtslöschungsverfahrens.
[5] BT-Drs. 16/9733 S. 305, 306.
[6] OLG Köln FGPrax 2010, 267
[7] OLG Karlsruhe NJW 2010, 1976; OLG Stuttgart FamRZ 2010, 1594.

wirkt sich insbesondere auf das Beschwerdeverfahren und dem dabei geltenden Instanzenzug aus (nicht befristete Beschwerde gegen die Erweiterung des Aufgabenkreises nach altem Recht; Instanzenzug nach altem Recht Vormundschaftsgericht-LG-OLG, nach neuem Recht Betreuungsgericht-LG-BGH). Wegen dieser Auswirkungen dürfte eine Verfahrensbindung nicht sachdienlich i. S. d. § 20 sein. Schon wegen des unterschiedlichen Beschwerderechtswegs empfiehlt es sich, für das neue Verfahren eine neue Akte anzulegen. In **Nachlasssachen** ist zu beachten, dass mehrere nacheinander eingehende unterschiedliche Erbscheinsanträge ein einziges Verfahren bilden, jedenfalls solange nicht über sie entschieden ist.[8] Beantragt der Miterbe A vor dem 1. 9. 2009 einen Teilerbschein, der ihn als Miterben zu $^1/_2$ Anteil nach dem Erblasser E ausweist, und der Miterbe B zu einem späteren Zeitpunkt ebenfalls einen Teilerbschein, der auch ihn als Miterben zu $^1/_2$ Anteil nach dem Erblasser E ausweist, so handelt es sich um ein Verfahren, das nach altem Verfahrensrecht zu entscheiden ist. Allerdings ist es für die Einleitung des Erbscheinverfahrens unerheblich, wann das Testament eröffnet worden ist.[9] In **Grundbuchsachen** kommt es bei Beschwerden, mit denen die Eintragung eines Amtswiderspruchs oder einer Amtslöschung nach § 53 Abs. 1 GBO gegen eine Eintragung begehrt wird, darauf an, wann das Amtsverfahren eingeleitet worden ist, nicht aber, wann die angegriffene Eintragung vorgenommen wurde.[10] Entsprechendes gilt in **Registersachen**.[11] Zur Rechtslage bei **einstweiligen Anordnungen** s. § 49 Rn 6.

Hinsichtlich der **Vollstreckungsverfahren** enthält die Übergangsvorschrift keine spezielle Regelung. Daher sind für die nach dem 1. 9. 2009 beantragten Vollstreckungsmaßnahmen, soweit sie sich nicht nach der ZPO richten, die neuen Vorschriften anzuwenden, weil Art. 111 insoweit keine Ausnahme enthält. Denn da als neue Verfahren selbst solche anzusehen sind, die sich auf die Abänderung, Verlängerung oder Aufhebung einer gerichtlichen Entscheidung beziehen und das neue Verfahrensrecht auch für die Wiederaufnahme oder ein sonstiges Weiterbetreiben des Verfahrens gelten soll, muss bei der Vollstreckung das gleiche gelten.

III. Besonderheiten bei wieder aufgenommenen oder sonst weiterbetriebenen Verfahren in Familiensachen (Abs. 3)

Abs. 3 erweitert den Anwendungsbereich der Fälle, auf die das neue Recht anzuwenden ist, für den Bereich der Familiensachen (§ 111 FamFG). Danach sind auch ausgesetzte oder sonst nicht betriebene Verfahren, die nach den Bestimmungen der Aktenordnung weggelegt wurden, dem neuen Recht unterworfen. Voraussetzung ist, dass das Verfahren nicht vor, sondern erst ab dem Stichtag 1. 9. 2009 wieder aufgenommen oder weiter betrieben wurde. Dies betrifft z. B. vorübergehend nicht betriebene Versorgungsausgleichsverfahren, die sich noch immer im Verbund mit einem Scheidungsverfahren befinden. Als nicht betrieben gelten nach § 7 AktO Verfahren, die seit über sechs Monaten nicht mehr betrieben werden.[12] Die Ausnahmeregelung des Abs. 3 gilt jedoch nur für Verfahren, die bereits vor dem 1. 9. 2009 Familiensachen waren und nicht erst durch das FamFG zu Familiensachen geworden sind, wie z. B. die Verfahren nach § 266 FamFG.[13]

Hintergrund dieser mit dem VAStrRefG eingefügten Regelung ist es insbesondere, dass in Scheidungsverfahren, die nach § 614 ZPO a. F. ausgesetzt, nach § 251 ZPO zum Ruhen gebracht oder sonst nicht weiterbetrieben und nach § 7 AktO weggelegt wurden, über viele Jahre hinweg nach dem alten Recht des Versorgungsausgleichs über die Verteilung von Rentenansprüchen zwischen den Eheleuten nach der Scheidung zu entscheiden wäre mit der Folge, dass die verfassungsrechtlich bedenkliche Barwertverordnung noch über viele

---

[8] So zutreffend (gegen die hier in der Vorauflage vertretene Auffassung) OLG Stuttgart FGPrax 2011, 50; Palandt/Weidlich § 2353 BGB, Rn 7.
[9] OLG München NJW-RR 2011, 157.
[10] OLG Hamm FGPrax 2009, 283; OLG München FGPrax 2010, 232; OLG Schleswig FGPrax 2010, 109.
[11] OLG Stuttgart FGPrax 2010, 61.
[12] Vgl. z. B. § 7 Abs. 3 lit. e der Aktenordnung des Niedersächsischen Ministeriums der Justiz.
[13] OLG Karlsruhe BeckRS 2011, 07160; Horndasch/Viefhues Art. 111 Rn 17; Kemper FPR 2010, 69/73; Wever FamRZ 2010, 237 Fn. 3.

Jahre hinweg weiterhin anzuwenden wäre und auch die Umrechnungsfaktoren zur Anpassung eines Anrechts an die Dynamik der gesetzlichen Rentenversicherung gemäß § 1587a Abs. 3 und 4 BGB noch lange fortzuführen wären. Dies könnte nach Auffassung des Gesetzgebers zu Problemen bei der Rechtsanwendung in den Altverfahren führen, weil diese auf Grund mangelnder Gewohnheit immer schwieriger würden, je länger der Stichtag des Inkrafttretens der Reform zurückliegt.[14]

IV. Besonderheiten in Versorgungsausgleichsverfahren (Abs. 4 und 5)

1. Vom Entscheidungsverbund abgetrennte Versorgungsausgleichsverfahren (Abs. 4)

8   Abs. 4 bezieht sich auf die nach § 628 ZPO vom Entscheidungsverbund abgetrennten Verfahren über den Versorgungsausgleich, über die das Amtsgericht vor dem 1. 9. 2009 noch nicht abschließend entschieden hat. Nach § 48 Abs. 2 Nr. 2 VersAusglG ist das ab dem 1. 9. 2009 geltende materielle Recht und Verfahrensrecht in Verfahren anzuwenden,[15] die nach dem 1. 9. 2009 abgetrennt oder ausgesetzt waren oder deren Ruhen angeordnet war. Diese Vorschrift ergänzt Art. 111 Abs. 4. Auch danach sind auf Verfahren über den Versorgungsausgleich, die am 1. 9. 2009 vom Verbund abgetrennt waren oder nach dem 1. 9. 2009 abgetrennt wurden, die nach dem Inkrafttreten dieses Gesetzes geltenden Vorschriften anzuwenden. Solche vom Verbund abgetrennten Folgesachen werden nach Abs. 4 S. 2 als selbständige Familiensachen fortgeführt.[16]

9   Ob diese Verfahren weiterhin als Folgesachen zu behandeln sind, ist in Rechtsprechung und Literatur umstritten.[17] Der BGH hat sich gegen die Ansicht gestellt, solche Verfahren seien trotz der Bezeichnung als selbständige Familiensachen noch als Folgesachen zu behandeln,[18] und sich der Auffassung angeschlossen, Abs. 4 löse für die als selbständige Familiensachen fortzuführenden früheren Folgesachen den Scheidungsverbund auf.[19] Der Wortlaut des Abs. 4, wonach bei einem Scheidungsverbund nach altem Recht abgetrennten Verfahren zum Versorgungsausgleich bei Wiederaufnahme nach dem 1. 9. 2009 als „selbständige Familiensachen" fortgeführt werden,[20] spreche eindeutig gegen eine Fortführung als Folgesache. Dafür spreche auch die Neuregelung des § 137 Abs. 5 FamFG, der ausdrücklich zwischen abgetrennten Folgesachen, die als solche fortgesetzt werden, und anderen Folgesachen, die als selbständige Verfahren fortgeführt werden, unterscheide. Dass Abs. 4 S. 2 für die Übergangsfälle eine Fortführung als selbständige Familiensachen anordne, schließe eine Fortführung als Folgesache aus.[21] Das hat u. a. folgende Konsequenzen:

10 **Gebührenrechtlich** sind diese Verfahren somit als neue Angelegenheiten zu behandeln. Für die Tätigkeit in dem abgetrennten und selbständigen Verfahren über den Versorgungsausgleich erhält ein Rechtsanwalt nach § 150 Abs. 5 S. 2 FamFG gesonderte Gebühren.[22] Allerdings ist zu berücksichtigen, ob der Rechtsanwalt bereits im Scheidungsverbund Gebühren aus dem Wert des Versorgungsausgleichs verdient und abgerechnet hat. Soweit diese Vergütung auf den Versorgungsausgleich angefallen war, muss sie sich der Rechtsanwalt nach § 15 Abs. 2 S. 1 RVG in der neuen selbständigen Familiensache anrechnen lassen. Denn nach § 21 Abs. 3 RVG handelt es sich bei der abgetrennten und der nunmehr selbständigen Folgesache um eine Angelegenheit.[23] Da in den Fällen, in denen der Versorgungsausgleich vom Scheidungsverbund nach altem Recht abgetrennt wurde und nach

---

[14] BT-Drs. 16/10144 S. 119; vgl. auch Borth BT-Drs. 16/10144.
[15] OLG Hamburg NJW-RR 2010, 1084; OLG Karlsruhe FamRZ 2010, 325.
[16] Schael FamRZ 2010, 2042.
[17] Vgl. hierzu Vogel FF 2011, 51/54 und FPR 2010, 31 ff.
[18] KG BeckRS 2010, 21459; OLG Brandenburg FamRZ 2011, 53; OLG Celle FamRZ 2011, 240; OLG Jena BeckRS 2010, 27992; OLG Naumburg BeckRS 2010, 23943; OLG Rostock FamRZ 2011, 223.
[19] BGH NJW 2011, 1141; OLG Dresden BeckRS 2010, 25742; OLG Hamburg BeckRS 2011, 04897; OLG Jena NJW-RR 2011, 225; OLG Naumburg BeckRS 2010, 21656; Götsche FamRZ 2009, 2047/2051; Kemper FPR 2010, 69/73; Keske FPR 2010, 78/85.
[20] Vgl. BT-Drs. 16/11903 S. 62.
[21] BGH NJW 2011, 1141.
[22] BGH NJW 2011, 1141; OLG Celle NJW 2010, 3791; Borth FamRZ 2010, 1210.
[23] BGH NJW 2011, 1141; OLG Celle NJW 2010, 3791.

neuem Recht als selbständige Familiensache fortzuführen ist, das Verfahren den Charakter als Folgesache verloren hat, entfällt auch die Erstreckung der Prozesskostenhilfe aus dem Scheidungsverbund gemäß § 624 Abs. 2 ZPO, so dass über eine beantragte Verfahrenskostenhilfe in dem selbständigen Verfahren neu entschieden werden muss.[24]

2. Zweiter Stichtag für alle Versorgungsausgleichssachen (Abs. 5)

Abs. 5 enthält als besonderen zweiten Stichtag den **1. 9. 2010.** Dieser zweite generelle Stichtag gilt für alle, also egal ob isoliert oder im Verbund stehende Verfahren über den Versorgungsausgleich, in denen am 31. 8. 2010 im ersten Rechtszug noch keine Endentscheidung (Rn 3) erlassen wurde, sowie die mit solchen Verfahren im Verbund stehenden Scheidungs- und Folgesachen. Für diese Verfahren ist ab dem 1. 9. 2010 ausschließlich das neue Recht anzuwenden; dies gilt daher auch für das Rechtsmittelrecht.[25] Damit soll gewährleistet werden, dass alle Versorgungsausgleichssachen innerhalb eines Jahres nach Inkrafttreten der Reform auf das neue Teilungssystem umgestellt werden.

Inkrafttreten; Außerkrafttreten

112

(1) Dieses Gesetz tritt, mit Ausnahme von Artikel 110a Abs. 2 und 3, am 1. September 2009 in Kraft; gleichzeitig treten das Gesetz über die Angelegenheiten der freiwilligen Gerichtsbarkeit in der im Bundesgesetzblatt Teil III, Gliederungsnummer 315-1, veröffentlichten bereinigten Fassung, zuletzt geändert durch Artikel 12 des Gesetzes vom 23. Oktober 2008 (BGBl. I S. 2026), und das Gesetz über das gerichtliche Verfahren bei Freiheitsentziehungen in der im Bundesgesetzblatt Teil III, Gliederungsnummer 316-1, veröffentlichten bereinigten Fassung, zuletzt geändert durch Artikel 6 Abs. 6 des Gesetzes vom 19. August 2007 (BGBl. I S. 1970), außer Kraft.

(2) Artikel 110a Abs. 2 und 3 tritt an dem Tag in Kraft, an dem das Gesetz zur Umsetzung des Haager Übereinkommens vom 13. Januar 2000 über den internationalen Schutz von Erwachsenen vom 17. März 2007 (BGBl. I S. 314) nach seinem Artikel 3 in Kraft tritt, wenn dieser Tag auf den 1. September 2009 fällt oder vor diesem Zeitpunkt liegt.

Das FGG-ReformG ist am 17. 12. 2008 im BGBl.[1] verkündet worden; das FamFG trat am 1. 9. 2009 in Kraft.

Art. 110a betrifft Änderungen aus Anlass des Inkrafttretens des Gesetzes zur Umsetzung des Haager Übereinkommens vom 13. 1. 2000 über den internationalen Schutz von Erwachsenen vom 17. 3. 2007 (vgl. § 104 Rn 2).[2] Das Umsetzungsgesetz ist am 23. 3. 2007 im BGBl. verkündet worden[3] und trat an dem Tag in Kraft, an dem das Haager Übereinkommen vom 13. 1. 2000 nach dessen Art. 57 in Kraft trat.[4] Dies war im Verhältnis zu Frankreich und Schottland der 1. 1. 2009.[5]

Zwei Besonderheiten sind zu beachten. Die eine betrifft **§ 376 Abs. 2 FamFG.** Denn das FGGRG ist in Art. 14 des ab 29. 5. 2009 geltenden Bilanzrechtsmodernisierungsgesetzes (BilMoG) v. 25. 5. 2009[6] dahin geändert worden, dass § 376 Abs. 2 abweichend von Artikel 112 Abs. 1 schon am 29. 5. 2009 in Kraft trat.

Die andere betrifft **§ 375 FamFG** und wiederum **§ 376 FamFG.** § 375 FamFG ist durch Art. 2 des Gesetzes „zur Neuregelung der Rechtsverhältnisse bei Schuldverschreibungen aus Gesamtemissionen und zur verbesserten Durchsetzbarkeit von Ansprüchen von

---

[24] BGH NJW 2011, 1141.
[25] Büte FF 2010, 279/281; Vogel FF 2011, 51/55.
[1] BGBl. I S. 2586.
[2] BGBl. I S. 314; vgl. dazu BT-Drs. 16/3250.
[3] BGBl. II S. 323.
[4] Vgl. hierzu BT-Drs. 16/9733 S. 305.
[5] Jayme/Hausmann Fn 2 zu dem unter Nr. 20 abgedruckten Abkommen; Staudinger/von Hein Vorb. zu Art. 24 EGBGB Rn 5 und 12.
[6] BGBl. I S. 1102.

Anlegern aus Falschberatung"[7] dahin geändert worden, dass der Nr. 15 ein Komma beigefügt und ergänzend eine Nr. 16 eingefügt worden ist. § 376 Abs. 1 und 2 S. 2 FamFG ist dahin geändert worden, dass die Wörter „§ 375 Nr. 1 und 3 bis 14" durch die Wörter „§ 375 Nummer 1, 3 bis 14 und 16" ersetzt werden. Diese Änderungen sind nach Art. 8 bereits am 1. 8. 2009 in Kraft getreten. Dies ist schwer vorstellbar, wenn der übrige Teil des Gesetzes erst am 1. 9. 2009 in Kraft trat.

---

[7] BGBl. I S. 2512.

Gesetz über Gerichtskosten in Familiensachen (FamGKG)

Vom 17. Dezember 2008

(BGBl. I S. 2586)

Zuletzt geändert durch Art. 14 G zur Umsetzung der DienstleistungsRL in der Justiz und zur Änd. weiterer Vorschriften vom 22. 12. 2010 (BGBl. I S. 2248)

Lfd. Nr.	Änderndes Gesetz	Datum	Fundstelle	Betroffen
1.	Art. 13 G zur Strukturreform des Versorgungsausgleichs	3. 4. 2009	BGBl. I S. 700	§ 50
2.	Art. 4 des G zur Änderung des Zugewinnausgleichs- und Vormundschaftsrechts	6. 7. 2009	BGBl. I S. 1696	Inhaltsübersicht, § 48
3.	Art. 3 Abs. 2 G zur Reform der Sachaufklärung in der Zwangsvollstreckung[1]	29. 7. 2009	BGBl. I S. 2258	Anl. 1
4.	Art. 8 G zur Modernisierung von Verfahren im anwaltlichen und notariellen Berufsrecht zur Errichtung einer Schlichtungsstelle der Rechtsanwalt-schaft sowie zur Änderung der VwGO, der FGO und sonstiger kostenrechtlicher Vorschriften	30. 7. 2009	BGBl. I S. 2449	§ 5 Nr. 3, § 57 Abs. 4
5.	Art. 14 G zur Umsetzung der DienstleistungsRL in der Justiz und zur Änd. weiterer Vorschriften	22. 12. 2010	BGBl. I S. 2248	Inhaltsübersicht, Anl. 1, §§ 62 a, 64

Einführung

I. Allgemeines

1. Überblick über das Kostenwesen

Das „Gesetz über Gerichtskosten in Familiensachen" (FamGKG) ist am 1. 9. 2009 in Kraft getreten. Damit gibt es neben GKG und KostO ein drittes Kostengesetz; ergänzt wird das System durch sonstige Kostengesetze im weiteren Sinn. Alle Regelungen wurden durch das FGG-RG geändert. Jedoch steht schon eine neue Reform des Kostenwesens bevor,[2] so dass das FamGKG nur für eine Übergangszeit Bedeutung haben wird. **1**

Das **GKG** (Gerichtskostengesetz) regelt die Kosten (Gebühren und Auslagen) für Verfahren nach der ZPO vor den ordentlichen Gerichten (§ 1 Abs. 1 Nr. 1 GKG) und in zahlreichen anderen Verfahren (§ 1 Abs. 1 S. 1 Nr. 2 bis Nr. 16 GKG). Es regelt auch das Mahnverfahren im Falle des § 113 Abs. 2 FamFG (Beispiel: Mahnverfahren wegen eines Unterhaltsrückstandes) und die Verfahren, soweit das Vollstreckungs- oder Arrestgericht zuständig ist (§ 1 Abs. 1 Nr. 1 GKG; § 1 S. 3 FamGKG). Vorrangig ist aber in solchen Fällen das FamGKG (§ 1 Abs. 1 S. 2 GKG). Die Auslagen sind in einem Kostenverzeichnis (Nr. 9000 ff. KV GKG) geregelt. **2**

Die **KostO** (Kostenordnung) befasst sich mit den Kosten in Angelegenheiten der freiwilligen Gerichtsbarkeit, die nicht vom FamGKG erfasst sind, wie die Gerichtskosten und Auslagen in Betreuungssachen (§§ 271 bis 311 FamFG; §§ 92 ff. KostO), Unterbringungssachen (§§ 312 bis 339 FamFG; § 128 b KostO), betreuungsrechtliche Zuweisungssachen (§ 340 FamFG; z. B. bestimmte Pflegschaften); Freiheitsentziehungssachen (§§ 415 bis 432 FamFG; § 128 c KostO), Nachlasssachen (§§ 345 bis 362 FamFG; §§ 106 ff. KostO), Teilungssachen (§§ 363 bis 373 FamFG), Registersachen und unternehmensrechtliche Verfahren (§§ 374 bis 409 FamFG), weitere Angelegenheiten der freiwilligen Gerichtsbarkeit **3**

---

[1] Diese Änderungen treten erst **mWv 1. 1. 2013** in Kraft und sind in kursiver Schrift berücksichtigt (betr. Anlage 1 Nr. 2008).
[2] BT-Drs. 16/6308 S. 164.

(§§ 410 bis 414 FamFG; § 124 KostO); Aufgebotssachen (§§ 433 bis 484 FamFG; § 128 d KostO). Zur KostO gibt es kein eigenes Kostenverzeichnis. In der nächsten Legislaturperiode soll die KostO grundlegend geändert werden.

4 Die KostO regelt auch die **Kosten der Notare** (§§ 140 bis 157 KostO).

5 Das **FamGKG** regelt die Gerichtskosten (Gebühren und Auslagen) in Familiensachen (definiert in § 111 FamFG; sowohl in Familienstreitsachen wie in gewöhnlichen Familiensachen); das sind: Ehesachen, Kindschaftssachen (§ 151 FamFG), Abstammungssachen (§ 169 FamFG), Adoptionssachen (§ 186 FamFG), Ehewohnungs- und Haushaltssachen (§ 200 FamFG), Gewaltschutzsachen (§ 210 FamFG), Versorgungsausgleichssachen (§ 217 FamFG), Unterhaltssachen (§ 231 FamFG), Güterrechtssachen (§ 261 FamFG), Lebenspartnerschaftssachen (§ 269 FamFG) sowie sonstige Familiensachen (§ 266 FamFG). Die Gebühr für die Arrestanordnung richtet sich nach Nr. 1420 KV FamGKG, die Gebühr für die Arrestvollziehung (z. B. die Pfändung) nach dem GKG bzw. GvKostG. Die Auslagen sind in einem Kostenverzeichnis (Nr. 2000 ff. KV FamGKG) geregelt.[3]

6 Das **JVEG** befasst sich mit der Vergütung von Sachverständigen, Dolmetschern, Übersetzern sowie der Entschädigung von Zeugen, ehrenamtlichen Richtern und Dritten. § 23 JVEG ist z. B. einschlägig, wenn im Verfahren nach dem FamFG eine förmliche Beweisaufnahme nach den Regeln der ZPO durchgeführt wird (§ 30 Abs. 1 FamFG) und hierbei Dritte aufgrund einer gerichtlichen Anordnung nach §§ 142 Abs. 1 S. 1, 144 Abs. 1 ZPO Urkunden und sonstige Unterlagen vorlegen müssen.

7 Das **RVG** (Rechtsanwaltsvergütungsgesetz) regelt die Gebühren und Auslagen der Rechtsanwälte (wichtig für §§ 80 ff., 85 FamFG, wo auf §§ 103 bis 107 ZPO verwiesen wird). Die Kosten der Notare sind dagegen in der KostO behandelt.

8 Das **GvKostG** befasst sich mit den Gebühren und Auslagen der Gerichtsvollzieher; das ist z. B. von Bedeutung für §§ 86 ff., 92 Abs. 2 FamFG.

9 Die **Justizverwaltungskostenordnung** befasst sich mit Gebühren für bestimmte Tätigkeiten der Justizverwaltung, z. B. Beglaubigungen, etwa der Gebühr für die Beglaubigung einer amtlichen Unterschrift für den Auslandsverkehr (Nr. 100 KV), der Prüfung von Rechtshilfeersuchen nach dem Ausland (Nr. 200 KV), der Feststellung nach § 107 FamFG (Nr. 204 KV; vgl. § 1 FamGKG), den Gebühren für den Abruf von Daten in Registerangelegenheiten (Nr. 400 KV), der Jahresgebühr für das Unternehmensregister (Nr. 500 KV), Bescheinigungen und schriftliche Auskünfte aus Akten (Nr. 700 KV; vgl. § 13 FamFG); Bescheinigung über die Beurkundungsbefugnis eines Justizbeamten bei Verwendung der Urkunde im Ausland (Nr. 701 KV), etwa wenn ein Erbschein im Ausland verwendet werden soll (sog. „internationaler Erbschein").

2. Rechtslage bis 31. 8. 2009

10 Bisher bestimmten sich die Gerichtskosten (Gebühren und Auslagen) in Ehesachen und bestimmten Lebenspartnerschaftssachen, in allen Folgesachen und in isolierten ZPO-Familiensachen nach dem GKG. Die Gerichtskosten in isolierten Familiensachen der freiwilligen Gerichtsbarkeit richteten sich hingegen nach der KostO. GKG und KostO haben eine verschiedene Struktur. Das GKG sah für Familiensachen in der Regel eine bestimmte Verfahrensgebühr vor, die auch anfällt, wenn keine Entscheidung ergeht (für das Scheidungsverfahren 2,0 Gebühren aus dem Streitwert; für isolierte Unterhalts- und Zugewinnprozesse 3,0 Gebühren aus dem Streitwert); die KostO dagegen setzt für einen Gebührenanfall in der Regel eine Entscheidung („Akt") des Gerichts voraus; altertümlich spricht man hier von Aktgebühren. Die Zweiteilung führte zu merkwürdigen Unterschieden: war das Sorgerecht Folgesache, hatte es nur einen Streitwert von 900 € (§ 48 Abs. 3 GKG a. F.), war es selbständige Familiensache hatte es einen Wert von 3000 € (§§ 94 Abs. 2 S. 1, 30 Abs. 2 KostO).

3. Konzept des FamGKG

11 Die Leitlinien des FamGKG sind nach Ansicht des Gesetzgebers:[4]

---

[3] Das FamGKG und das Kostenverzeichnis sind im Anschluss an diese Einführung abgedruckt.
[4] Otto/Klüsener/Killmann S. 16.

II. Überblick über die Regelungen des FamGKG

- Anlehnung an das GKG in Aufbau und Systematik.
- Weitgehende Umstellung von Aktgebühren (Rn 10) auf Verfahrensgebühren.
- Beibehaltung des Wertgebührensystems.
- Einheitliche Ermäßigungstatbestände bei den Verfahrensgebühren.
- Harmonisierung der Verfahrenswertbestimmungen.
- Wegfall des Interessenschuldners der KostO (§ 2 Nr. 2) für bestimmte Amtsverfahren.
- Einheitliche Gebührentabelle, was GKG und FamGKG betrifft; die Tabellenwerte der KostO weichen aber – wie bisher – davon ab.
- Aus politischen Gründen niedrigere Gebührensätze in den Kindschaftssachen als in den übrigen Familiensachen.

Konsequenz der mehrfachen Parallelregelung ist, dass es oft für denselben Vorgang drei Regelungen gibt: fällt die vom Gericht angefertigte Kopie unter das GKG kostet sie 0,50 € nach Nr. 9000 KV GKG; fällt sie unter das FamGKG kostet die Kopie ebensoviel, aber die richtige Kostenziffer ist Nr. 2000 KV FamGKG; fällt sie unter die KostO ist § 136 Abs. 2 KostO einschlägig, der Preis aber derselbe.

Nicht einfacher wird die Gesetzesanwendung auch dadurch, dass unnötig neue Bezeichnungen eingeführt wurden (statt Streitwert Verfahrenswert; statt Prozesskostenhilfe Verfahrenskostenhilfe; statt Verfahrenspfleger teils Verfahrensbeistand).

II. Überblick über die Regelungen des FamGKG

1. Allgemeine Vorschriften

Der Anwendungsbereich des FamGKG erstreckt sich auf Familiensachen (§ 111 FamFG) einschließlich der Vollstreckung durch das Familiengericht und das Verfahren vor dem OLG nach § 107 FamFG sowie einschlägige Beschwerden, wie § 1 FamGKG besagt.

Überschneidungen mit dem GKG gibt es beim Mahnverfahren (hier ist das GKG anzuwenden, § 1 S. 3 FamGKG). Erfolgen Vollstreckungshandlungen durch das Vollstreckungsgericht nach den Vorschriften der ZPO werden Gebühren nach dem GKG berechnet (Vorbem. 1.6 im FamGKG KV).

Ansprüche auf Kosten verjähren grundsätzlich in vier Jahren (§ 7 FamGKG). Hat die Gerichtskasse überhöhte Gebühren (etwa weil der Gegenstandswert überzogen war) gefordert und erfolgt nach mehrjährigem Rechtsstreit eine niedrigere Festsetzung, wird zwar die Überzahlung rückerstattet, aber ohne Zinsen (§ 7 Abs. 4 FamGKG).

2. Fälligkeit

In Ehesachen (§ 121 FamFG) und in selbständigen Familienstreitsachen (112 FamFG) wird die Verfahrensgebühr mit Einreichung der Antragsschrift bzw. der Rechtsmittelschrift fällig (§ 9 FamGKG). Im Verbundverfahren gilt die Fälligkeitsregelung nur bezüglich der Scheidung.[5] Sonstige Fälligkeiten regeln §§ 10, 11 FamGKG.

3. Vorschuss und Vorauszahlung

In Ehesachen (§ 121 FamFG) und in selbständigen Familienstreitsachen (112 FamFG) **soll** die Antragsschrift erst nach Zahlung der Verfahrensgebühr zugestellt werden (§ 14 FamGKG); das gilt nicht, wenn dem Antragsteller Verfahrenskostenhilfe (§ 76 FamFG) bzw. Prozesskostenhilfe (§ 114 ZPO) bewilligt wurde (§ 15 FamGKG). Für sonstige Familiensachen gilt § 14 Abs. 3 FamGKG: vor Gebührenzahlung **soll** das Gericht keine Handlung vornehmen. Die Vorschusspflicht für Auslagen regelt § 16 FamGKG; das spielt eine Rolle vor allem für Gutachten. Soweit aber eine Amtsermittlungspflicht besteht (§ 26 FamFG) und das Gericht in diesem Rahmen ein Gutachten (etwa in Sorgerechtsfällen) für erforderlich hält, kann die Handlung nicht vom Eingang eines Vorschusses abhängig gemacht werden;[6] § 16 Abs. 3 FamGKG ist daher missverständlich. Liegt aber das von Amts

---

[5] BT-Drs. 16/6308 S. 302.
[6] BGH NJW 2000, 743; MDR 1976, 396; OLG Koblenz FamRZ 2002, 685.

wegen eingeholte Gutachten vor, kann der dafür angefallene Betrag sogleich in Rechnung gestellt werden. § 16 Abs. 3 FamGKG, der § 17 Abs. 3 GKG und § 8 Abs. 1 S. 2 KostO entspricht, sagt übrigens nicht, welcher Beteiligte für die Auslagen vorschusspflichtig ist; eine beweispflichtige Personen gibt es im Bereich des Amtsermittlungsgrundsatzes nicht, so dass diejenigen als pflichtig anzusehen sind, an die sich die endgültige Kostenrechnung richten würde (z. B. jeder Ehegatte zu 1/2).

4. Kostenansatz

17 Der Kostenansatz wird hinsichtlich der Kosten erster Instanz vom Familiengericht vorgenommen, die Kosten eines Rechtsmittelverfahrens vom Rechtsmittelgericht (§ 18 FamGKG). Bei unrichtiger Sachbehandlung werden Kosten niedergeschlagen (§ 20 FamGKG); das entspricht § 21 GKG und § 16 KostO.

5. Kostenhaftung

18 In echten Antragsverfahren ist in der Regel der Antragsteller Kostenschuldner (§ 21 FamGKG). Da aber nach § 81 Abs. 1 S. 3 FamFG „in Familiensachen" immer über die Kosten zu entscheiden ist,[7] ist § 24 FamGKG wichtig: weiterer Kostenschuldner ist, wem vom Gericht die Kosten auferlegt wurden. Allerdings sind §§ 80 bis 86 FamFG in Ehesachen und Familienstreitsachen nicht anzuwenden (§ 113 Abs. 1 FamFG), was § 81 FamFG verschweigt. In diesen Angelegenheiten gilt die ZPO (§§ 91 ff. ZPO) bzw. vorrangig die Sonderregelungen im FamFG: Wird die Scheidung der Ehe ausgesprochen, sind die Kosten der Scheidungssache und der Folgesachen gegeneinander aufzuheben (§ 150 Abs. 1 FamFG); hinsichtlich der Folgesachen gilt das auch dann, wenn sie abgetrennt wurden (§ 150 Abs. 5 FamFG). Die Gerichtskosten werden also geteilt, die außergerichtlichen Kosten trägt jede Partei selbst. Bei Unbilligkeit kann das Gericht die Kosten in allen Fällen nach billigem Ermessen anderweitig verteilen (§ 150 Abs. 4 FamFG). Abweichend von §§ 91 ff. ZPO entscheidet das Gericht in Unterhaltssachen nach billigem Ermessen über die Verteilung der Kosten des Verfahrens auf die Beteiligten (§ 243 S. 1 FamFG).

19 Mehrere Kostenschuldner haften als **Gesamtschuldner** (§ 26 Abs. 1 FamGKG); das entspricht § 31 Abs. 1 GKG und § 5 Abs. 1 S. 1 KostO.

6. Gebührenvorschriften

20 Die Gebührentabelle (§ 28 FamGKG) gilt nur für Wertgebühren (die sich nach dem Streitwert/Verfahrenswert richten), nicht für Festgebühren; sie ist identisch mit der Tabelle des GKG; beide Tabellen weichen aber von der Tabelle der KostO ab. Erst die Anlage 2 zeigt unverschlüsselt, wie hoch eine Gebühr nach dem FamGKG ist. Nur in selbstständigen Familienstreitsachen (nicht in sonstigen Verfahren) kann eine **Verzögerungsgebühr** erhoben werden (§ 32 FamGKG; anfechtbar mit Beschwerde nach § 60 FamGKG), was § 38 GKG entspricht. In der Praxis wird (in Anwendung des Ermessens) keine solche Gebühr vom Gericht festgesetzt. Denn in Fällen, in denen das Gericht selbst das Verfahren verzögert, ist umgekehrt keine Gebührenermäßigung vorgesehen.

7. Wertvorschriften

21 Die Gebühren richten sich in der Regel nach dem Wert (Streitwert, Gegenstandswert; im FamGKG Verfahrenwert genannt), § 3 FamGKG; es gibt aber auch Festgebühren und Festwerte. Wertvorschriften enthalten die §§ 33 ff. FamGKG. Gibt es keine ausreichenden Anhaltspunkte für einen Wert und ist eine Wertgebühr anzusetzen, ist von 3000 € auszugehen (§ 42 Abs. 3 FamGKG; sog. **Auffangwert**). Die Höhe der einzelnen Gebühren und Auslagen ergibt sich aus dem Kostenverzeichnis zum FamGKG.

---

[7] Zur Kostenentscheidung im FamFG vgl. Zimmermann FamRZ 2009, 377.

II. Überblick über die Regelungen des FamGKG   22–27 **Anhang**

In fast allen Fällen gibt es eine Klausel, wonach das Gericht nach Ermessen höhere oder 22
niedrigere Werte als nachstehend angegeben ansetzen kann. In der Regel gilt:

Verfahrensgegenstand	Bewertung
Scheidung	3-faches Nettomonatseinkommen beider Ehegatten + Vermögenszuschlag, § 43 FamGKG
Elterliche Sorge	Im Verbund: 20% des Scheidungswerts, maximal 3000 €, § 44 Abs. 2 FamGKG Als isoliertes Verfahren: 3000 €, § 45 FamGKG
Umgangsrecht	Wie vor
Kindesherausgabe	Wie vor
Versorgungsausgleich	10% des Quartalseinkommens je Anrecht, § 50 FamGKG
Unterhalt	Jahresbetrag + Rückstände, § 51 FamGKG
Ehewohnung, Haushalt	2000 € bis 4000 €, § 48 FamGKG
Zugewinnausgleich	Geforderter Geldbetrag, § 35 FamGKG

a) Scheidung. Die Gerichtsgebühr für die Scheidung beträgt, wie bisher, 2,0 (Nr. 1110 23
KV FamGKG). § 43 FamGKG regelt den Streitwert wie bisher § 48 Abs. 3 GKG: In
Ehesachen ist der Verfahrenswert unter Berücksichtigung aller Umstände des Einzelfalls,
insbesondere des Umfangs und der Bedeutung der Sache und der Vermögens- und Einkommensverhältnisse der Ehegatten, nach Ermessen zu bestimmen. Der Wert darf nicht
unter 2000 € und nicht über 1 000 000 € angenommen werden. Für die Einkommensverhältnisse ist das in drei Monaten erzielte Nettoeinkommen der Ehegatten (und zwar bei
Beginn der Instanz, § 34 FamGKG) einzusetzen.

Im Regelfall spielen die „Umstände des Einzelfalls" keine Rolle, der Streitwert beträgt: 24
monatliches Nettoeinkommen beider Ehegatten mal drei. Das (und nicht der Mindeststreitwert von 2000 €) gilt auch, wenn beiden Ehegatten Verfahrenskostenhilfe bewilligt worden
ist.[8] Streitwerterhöhend kann sich in seltenen Fällen der überdurchschnittliche Umfang der
Sache auswirken, wie lange Dauer, umfangreiche Beweisaufnahme, Anwendung ausländischen Rechts. Dass eine Scheidung einverständlich war, rechtfertigt keinen Wertabschlag,[9]
weil das der Regelfall ist. Streitwerterhöhend wirkt sich immer das Vermögen der Eheleute
aus; die Formel ist umstritten.[10] Ausgangspunkt ist das Reinvermögen (also sind Schulden
abzuziehen). Als Freibetrag werden üblicherweise je Ehegatten 60 000 € und je Kind
30 000 € angesehen. Vom Rest werden 5%[11] bis 10%[12] dem Einkommensstreitwert hinzu
geschlagen.

Beispiel: Einkommen des Mannes 3500 € monatlich, der Frau 2500 € monatlich, kinder- 25
los; Einfamilienhaus im Wert von 300 000 € und Guthaben von 50 000 €; das ergibt einen
Streitwert von 18 000 € (3 × 3500 € + 2500 €) + Vermögenszuschlag 35 000 € (10% von
350 000 €), zusammen maximal 53 000 €, minimal zusammen nur 29 500 € (18 000 € + 5%
von 230 000 € = 11 500 €).

b) Verbundverfahren. Die Werte der einzelnen Folgesachen werden zum Wert der 26
Scheidung addiert (§ 44 Abs. 1 FamGKG; wie bisher), selbst wenn vermögensrechtliche
mit nichtvermögensrechtlichen Sachen zusammen treffen.

Beispiel: Einkommen des Mannes 3000 € monatlich netto, der Frau 1000 € netto 27
monatlich; kein nennenswertes Vermögen. Streitwert der Scheidung: 3000 € + 1000 € × 3
= 12 000 €. Im Versorgungsausgleich sind auszugleichen vier Anrechte (§ 50 FamGKG),

---

[8] BVerfG MDR 2005, 1373; OLG Nürnberg MDR 2006, 597.
[9] OLG Dresden FamRZ 2003, 1677; a. A. OLG Düsseldorf JurBüro 1999, 421.
[10] Vgl. Binz/Dörndorfer/Petzold/Zimmermann, § 48 Rn 12.
[11] OLG Karlsruhe JurBüro 1999, 421; OLG Koblenz JurBüro 2003, 475.
[12] OLG Düsseldorf FamRZ 1994, 250; OLG München JurBüro 1992, 350.

unterstellter Wert 4800 € (Rn 38). Es sind zwei Kinder vorhanden, bei denen die Übertragung des Sorgerechts auf die Mutter und Umgangsregelung beantragt wird. Wert der Kindschaftssache: Sorgerecht 20% von 12 000 €, also 2400 €. Wert der Umgangssache: 20% von 12 000 €, also 2400 €.

Scheidung	12 000 €.
Versorgungsausgleich	4800 €.
Sorgerecht	2400 €.
Umgangsrecht	2400 €.
Gesamter Streitwert	21 600 €.

28 **c) Wert einzelner Verfahren.** Abstammungssachen (§ 47 FamGKG): 1000 € bzw. 2000 €.

29 **Einstweilige Anordnungen:** § 41 FamGKG. Der Wert beträgt in der Regel 50% des Hauptsachewerts. Die Anhängigkeit einer parallelen Hauptsache bzw. eines Verfahrenskostenhilfeverfahrens ist nicht mehr Voraussetzung für den Erlass einer einstweiligen Anordnung.

30 **Elterliche Sorge, Umgangsrecht, Kinderherausgabe.** Im Verbundverfahren gilt § 44 Abs. 2 FamGKG: der bisherige Festwert von 900 € wurde geändert in einen Zuschlag. Der Wert beträgt jetzt 20% der Scheidung, maximal 3000 €, je Verfahrensgegenstand; auch bei zwei und mehr Kindern gibt es aber keinen doppelten oder mehrfachen Zuschlag.[13]

31 Beispiel: Scheidungswert 20 000 €, elterliche Sorge betrifft zwei Kinder: der Zuschlag wäre an sich 20% von 20 000 € × 2, er wird aber doppelt gedeckelt; der Streitwert der Verbundsache beträgt deshalb nur 23 000 €. Wird zusätzlich um das Umgangsrecht gestritten, erhöht sich der Wert um weitere 20%, maximal 3000 €.

32 **Im isolierten Verfahren:** der Wert beträgt je Verfahrensgegenstand 3000 €; alle Kinder zählen als **ein** Kind. §§ 44, 45 FamGKG.

33 **Haushaltssachen** (§ 48 Abs. 2 FamGKG): 2000 € bzw. 3000 €.

34 **Gewaltschutzsachen** (§ 49 FamGKG): 2000 € bzw. 3000 €.

35 **Unterhalt.** Es gilt § 51 FamGKG: In Unterhaltssachen, die Familienstreitsachen sind und wiederkehrende Leistungen betreffen, ist der für die ersten zwölf Monate nach Einreichung des Antrags geforderte Betrag maßgeblich, höchstens jedoch der Gesamtbetrag der geforderten Leistung (§ 51 Abs. 1 FamGKG). Bei Unterhaltsansprüchen nach den §§ 1612a bis 1612c BGB ist der sog. Mindestunterhalt nach der zu diesem Zeitpunkt maßgebenden Altersstufe zugrunde zu legen. Die bei Einreichung des Klageantrags fälligen Beträge werden dem Wert hinzugerechnet (§ 51 Abs. 2 S. 1 FamGKG). In Unterhaltssachen betreffend Bestimmung des Kindergeldberechtigten, bisher gebührenfrei, beträgt der Wert 300 € (§ 51 Abs. 3 FamGKG).

36 **Vermögensrechtliche Kindschaftssachen:** § 46 FamGKG.

37 **Versorgungsausgleich.** Es gilt § 50 FamFG:[14] Der Wert beträgt 10% des Nettoeinkommens beider Ehegatten in drei Monaten, allerdings je Anrecht, mindestens 1000 €. Verfahren über den Auskunftsanspruch: 500 € (§ 50 Abs. 2 FamGKG).

38 Beispiel: Einkommen des Mannes 3000 € monatlich netto, der Frau 1000 € monatlich, kinderlos; kein nennenswertes Vermögen. Streitwert der Scheidung: 3000 € + 1000 € × 3 = 12 000 €. Auszugleichen sind gesetzliche Rentenansprüche beider Ehegatten, Betriebsrente des Mannes und „Riester-Rente" des Mannes, also vier Anrechte. Jedes Anrecht hat einen Wert von 10% aus 12 000 €, also von 1200 €, der Versorgungsausgleich also bei vier Anrechten einen Wert von 4800 € (Kontrollrechnung: mindestens 1000 €). Es sind zwei Kinder vorhanden, bei denen die Übertragung des Sorgerechts auf die Mutter und Umgangsregelung beantragt wird. Wert der Kindschaftssache: Sorgerecht 20% von 12 000 €, also 2400 €. Wert der Umgangssache: 20% von 12 000 €, also 2400 €. Gesamter Streitwert also: 12 000 € + 4800 € + 2400 € + 2400 € = 21 600 €.

---

[13] BT-Drs. 16/6308 S. 306. Dadurch soll kinderreichen Eltern die Scheidung verbilligt werden (!).
[14] Geändert noch vor Inkrafttreten des FamFG durch das Gesetz zur Strukturreform des Versorgungsausgleichs vom 3. 4. 2009 (BGBl. I S. 700).

Wohnung: für Ehewohnungssachen gilt § 48 Abs. 1 FamGKG:[15] **39**
— Verfahren nach § 200 Abs. 1 Nr. 1 FamFG: 3000 €;
— Verfahren nach § 200 Abs. 1 Nr. 2 FamFG: 4000 €.

Zugewinnausgleich. Streitwert ist der geforderte Geldbetrag. Wird zugleich Stundung **40** bzw. Übertragung bestimmter Vermögensgegenstände verlangt, wird das durch Schätzung zu bewertende Stundungs- bzw. Übertragungsinteresse hinzugerechnet (§ 52 FamGKG).

8. Wertfestsetzung

Bei Anträgen soll der Wert angegeben werden (§ 53 FamGKG). Richtet sich die **41** Gerichtsgebühr nach dem Wert (also nicht bei Festgebühren) und ist Verfahrensgegenstand nicht nur ein bestimmter Geldbetrag, dann setzt das Gericht den Wert durch Beschluss vorläufig fest (§ 55 FamGKG), und zwar ohne Anhörung des Antragsgegners oder anderer Beteiligter; das entspricht § 62 GKG. Damit wird bezweckt, dass der Kostenbeamte die mit Einreichung fälligen Gebühren sofort berechnen und in Ansatz bringen kann. Ist der Zahlungspflichtige mit diesem Wert nicht einverstanden, kann er merkwürdigerweise die vorläufige Wertfestsetzung nicht anfechten, sondern muss abwarten, bis das Gericht durch einen (weiteren) Beschluss seine Tätigkeit (z. B. die Zustellung eines Antrags; eine Terminierung) von der aufgrund dieses Wertes erfolgten Gebührenzahlung abhängig macht (§ 55 Abs. 1 S. 2 FamGKG). Er kann auch zahlen und am Schluss die Streitwertfestsetzung mit der Beschwerde angreifen.

9. Erinnerung und Beschwerde gegen den Kostenansatz

Gegen den Kostenansatz (aufgrund dessen die Kostenrechnung aufgestellt wird) können **42** der Kostenschuldner sowie die Staatskasse Erinnerungen einlegen (§ 57 FamGKG; entspricht § 66 GKG). Gegen die Entscheidung des Familiengerichts über die Erinnerung findet die Beschwerde zum OLG (§ 119 GVG) nur statt, wenn der Beschwerdewert 200 € übersteigt oder die Beschwerde vom Familiengericht zugelassen wurde (§ 57 Abs. 2 FamFG). Das Verfahren vor dem OLG ist gerichtsgebührenfrei (§ 57 Abs. 8 S. 1 FamGKG), aber nicht auslagenfrei. Eine Erstattung von Anwaltsgebühren des Beschwerdeverfahrens findet nicht statt (§ 57 Abs. 8 S. 2 FamGKG). Gegen den Beschluss des OLG gibt es kein Rechtsmittel (§ 57 Abs. 7 FamFG), auch keine Rechtsbeschwerde zum BGH.

10. Beschwerde gegen die Festsetzung des Verfahrenswerts

Gegen den „Streitwertbeschluss" des Familiengerichts kann der Kostenschuldner bzw. **43** die Staatskasse Beschwerde einlegen (§ 59 FamGKG; entspricht § 68 GKG), aber nur, wenn der Beschwerdewert 200 € übersteigt (§ 59 Abs. 1 S. 1 FamGKG) oder die Beschwerde vom Familiengericht zugelassen wurde (§ 59 Abs. 1 S. 2 FamFG). Für die Beschwerde besteht eine Sperrfrist (§ 59 Abs. 1 S. 3 FamGKG); Wiedereinsetzung ist möglich (§ 59 Abs. 2 FamGKG); gegen die Ablehnung der Wiedereinsetzung durch das OLG gibt es kein Rechtsmittel.[16] Über die Beschwerde entscheidet das OLG (§ 119 GVG). Das Verfahren ist gerichtsgebührenfrei (§ 59 Abs. 3 S. 1 FamGKG), aber nicht auslagenfrei. Eine Erstattung von Anwaltsgebühren des Beschwerdeverfahrens findet nicht statt (§ 59 Abs. 3 FamGKG). Gegen den Beschluss des OLG gibt es keine Beschwerde zum BGH.

11. Verletzung rechtlichen Gehörs

In solchen Fällen sieht § 61 FamGKG ein Verfahren vor, vergleichbar mit § 69 a GKG. **44**

12. Übergangsrecht

Das – nachstehend abgedruckt – FamGKG trat am 1. 9. 2009 in Kraft. Zum Übergangs- **45** recht bestimmt § 63 FamGKG, dass auf Verfahren, die vor dem 1. 9. 2009 **anhängig**

---

[15] § 48 FamGKG wurde noch vor Inkrafttreten geändert durch das Gesetz zur Änderung des Zugewinnausgleichs- und Vormundschaftsrechts vom 6. 7. 2009 (BGBl. I S. 1696).
[16] BT-Drs. 16/6308 S. 308.

geworden sind, Kosten nach bisherigem Recht erhoben werden; das gilt nicht, wenn das Rechtsmittel ab dem 1. 9. 2009 eingelegt worden ist.

III. Kostenverzeichnis zum FamGKG

46 Es findet sich in der Anlage 1 zum FamGKG und ist gegliedert in Gebühren (Teil 1) und Auslagen (Teil 2) des Gerichts.

47 Ein Sonderfall der Auslagen sind die **Rechnungsgebühren** (§ 62 FamGKG; vergleichbar mit § 70 GKG und § 139 KostO). Legt der Vormund eine Vermögensabrechnung vor, dann dann kann der Rechtspfleger nach jeweiligem Landesrecht die Zahlen selbst nachrechnen oder einen „Rechnungsbeamten" damit beauftragen, der hierfür je Stunde 10 € bekommt, was der Mündel zu zahlen hat.

Inhaltsübersicht

Abschnitt 1 Allgemeine Vorschriften

- § 1 Geltungsbereich
- § 2 Kostenfreiheit
- § 3 Höhe der Kosten
- § 4 Umgangspflegschaft
- § 5 Lebenspartnerschaftssachen
- § 6 Verweisung, Abgabe, Fortführung einer Folgesache als selbständige Familiensache
- § 7 Verjährung, Verzinsung
- § 8 Elektronische Akte, elektronisches Dokument

Abschnitt 2 Fälligkeit

- § 9 Fälligkeit der Gebühren in Ehesachen und selbständigen Familienstreitsachen
- § 10 Fälligkeit bei Vormundschaften und Dauerpflegschaften
- § 11 Fälligkeit der Gebühren in sonstigen Fällen, Fälligkeit der Auslagen

Abschnitt 3 Vorschuss und Vorauszahlung

- § 12 Grundsatz
- § 13 Verfahren nach dem Internationalen Familienrechtsverfahrensgesetz
- § 14 Abhängigmachung
- § 15 Ausnahmen von der Abhängigmachung
- § 16 Auslagen
- § 17 Fortdauer der Vorschusspflicht

Abschnitt 4 Kostenansatz

- § 18 Kostenansatz
- § 19 Nachforderung
- § 20 Nichterhebung von Kosten wegen unrichtiger Sachbehandlung

Abschnitt 5 Kostenhaftung

- § 21 Kostenschuldner in Antragsverfahren, Vergleich
- § 22 Kosten bei Vormundschaft und Dauerpflegschaft
- § 23 Bestimmte sonstige Auslagen
- § 24 Weitere Fälle der Kostenhaftung
- § 25 Erlöschen der Zahlungspflicht
- § 26 Mehrere Kostenschuldner
- § 27 Haftung von Streitgenossen

Abschnitt 6 Gebührenvorschriften

- § 28 Wertgebühren
- § 29 Einmalige Erhebung der Gebühren
- § 30 Teile des Verfahrensgegenstands
- § 31 Zurückverweisung, Abänderung oder Aufhebung einer Entscheidung
- § 32 Verzögerung des Verfahrens

Abschnitt 7 Wertvorschriften

Unterabschnitt 1 Allgemeine Wertvorschriften

- § 33 Grundsatz
- § 34 Zeitpunkt der Wertberechnung
- § 35 Geldforderung

Abschnitt 1. Allgemeine Vorschriften **Anhang**

- § 36 Genehmigung einer Erklärung oder deren Ersetzung
- § 37 Früchte, Nutzungen, Zinsen und Kosten
- § 38 Stufenklageantrag
- § 39 Klage- und Widerklageantrag, Hilfsanspruch, wechselseitige Rechtsmittel, Aufrechnung
- § 40 Rechtsmittelverfahren
- § 41 Einstweilige Anordnung
- § 42 Auffangwert

Unterabschnitt 2 Besondere Wertvorschriften

- § 43 Ehesachen
- § 44 Verbund
- § 45 Bestimmte Kindschaftssachen
- § 46 Übrige Kindschaftssachen
- § 47 Abstammungssachen
- § 48 Ehewohnungs- und Haushaltssachen
- § 49 Gewaltschutzsachen
- § 50 Versorgungsausgleichssachen
- § 51 Unterhaltssachen
- § 52 Güterrechtssachen

Unterabschnitt 3 Wertfestsetzung

- § 53 Angabe des Werts
- § 54 Wertfestsetzung für die Zulässigkeit der Beschwerde
- § 55 Wertfestsetzung für die Gerichtsgebühren
- § 56 Schätzung des Werts

Abschnitt 8 Erinnerung und Beschwerde

- § 57 Erinnerung gegen den Kostenansatz, Beschwerde
- § 58 Beschwerde gegen die Anordnung einer Vorauszahlung
- § 59 Beschwerde gegen die Festsetzung des Verfahrenswerts
- § 60 Beschwerde gegen die Auferlegung einer Verzögerungsgebühr
- § 61 Abhilfe bei Verletzung des Anspruchs auf rechtliches Gehör

Abschnitt 9 Schluss- und Übergangsvorschriften

- § 62 Rechnungsgebühren
- § 62 a Bekanntmachung von Neufassungen
- § 63 Übergangsvorschrift
- § 64 Übergangsvorschrift für die Erhebung von Haftkosten

Anlage 1 (zu § 3 Absatz 2)

Anlage 2 (zu § 28 Absatz 1)

Abschnitt 1. Allgemeine Vorschriften

§ 1 Geltungsbereich

In Familiensachen einschließlich der Vollstreckung durch das Familiengericht und für Verfahren vor dem Oberlandesgericht nach § 107 des Gesetzes über das Verfahren in Familiensachen und in den Angelegenheiten der freiwilligen Gerichtsbarkeit werden Kosten (Gebühren und Auslagen) nur nach diesem Gesetz erhoben, soweit nichts anderes bestimmt ist. Dies gilt auch für Verfahren über eine Beschwerde, die mit einem Verfahren nach Satz 1 in Zusammenhang steht. Für das Mahnverfahren werden Kosten nach dem Gerichtskostengesetz erhoben.

§ 2 Kostenfreiheit

(1) Der Bund und die Länder sowie die nach Haushaltsplänen des Bundes oder eines Landes verwalteten öffentlichen Anstalten und Kassen sind von der Zahlung der Kosten befreit.

(2) Sonstige bundesrechtliche oder landesrechtliche Vorschriften, durch die eine sachliche oder persönliche Befreiung von Kosten gewährt ist, bleiben unberührt.

(3) Soweit jemandem, der von Kosten befreit ist, Kosten des Verfahrens auferlegt werden, sind Kosten nicht zu erheben; bereits erhobene Kosten sind zurückzuzahlen. Das Gleiche gilt, soweit ein von Kosten Befreiter Kosten des Verfahrens übernimmt.

§ 3 Höhe der Kosten

(1) Die Gebühren richten sich nach dem Wert des Verfahrensgegenstands (Verfahrenswert), soweit nichts anderes bestimmt ist.

(2) Kosten werden nach dem Kostenverzeichnis der Anlage 1 zu diesem Gesetz erhoben.

§ 4 Umgangspflegschaft

Die besonderen Vorschriften für die Dauerpflegschaft sind auf die Umgangspflegschaft nicht anzuwenden.

§ 5 Lebenspartnerschaftssachen

In Lebenspartnerschaftssachen nach § 269 des Gesetzes über das Verfahren in Familiensachen und in den Angelegenheiten der freiwilligen Gerichtsbarkeit sind für
1. Verfahren nach Absatz 1 Nr. 1 dieser Vorschrift die Vorschriften für das Verfahren auf Scheidung der Ehe,
2. Verfahren nach Absatz 1 Nr. 2 dieser Vorschrift die Vorschriften für das Verfahren auf Feststellung des Bestehens oder Nichtbestehens einer Ehe zwischen den Beteiligten,
3. Verfahren nach Absatz 1 Nr. 3 bis 12 dieser Vorschrift die Vorschriften für Familiensachen nach § 111 Nr. 2, 4, 5 und 7 bis 9 des Gesetzes über das Verfahren in Familiensachen und in den Angelegenheiten der freiwilligen Gerichtsbarkeit und
4. Verfahren nach den Absätzen 2 und 3 dieser Vorschrift die Vorschriften für sonstige Familiensachen nach § 111 Nr. 10 des Gesetzes über das Verfahren in Familiensachen und in den Angelegenheiten der freiwilligen Gerichtsbarkeit

entsprechend anzuwenden.

§ 6 Verweisung, Abgabe, Fortführung einer Folgesache als selbständige Familiensache

(1) Verweist ein erstinstanzliches Gericht oder ein Rechtsmittelgericht ein Verfahren an ein erstinstanzliches Gericht desselben oder eines anderen Zweiges der Gerichtsbarkeit, ist das frühere erstinstanzliche Verfahren als Teil des Verfahrens vor dem übernehmenden Gericht zu behandeln. Das Gleiche gilt, wenn die Sache an ein anderes Gericht abgegeben wird.

(2) Wird eine Folgesache als selbständige Familiensache fortgeführt, ist das frühere Verfahren als Teil der selbständigen Familiensache zu behandeln.

(3) Mehrkosten, die durch Anrufung eines Gerichts entstehen, zu dem der Rechtsweg nicht gegeben oder das für das Verfahren nicht zuständig ist, werden nur dann erhoben, wenn die Anrufung auf verschuldeter Unkenntnis der tatsächlichen oder rechtlichen Verhältnisse beruht. Die Entscheidung trifft das Gericht, an das verwiesen worden ist.

§ 7 Verjährung, Verzinsung

(1) Ansprüche auf Zahlung von Kosten verjähren in vier Jahren nach Ablauf des Kalenderjahres, in dem das Verfahren durch rechtskräftige Entscheidung über die Kosten, durch Vergleich oder in sonstiger Weise beendet ist. Bei Vormundschaften und Dauerpflegschaften beginnt die Verjährung mit der Fälligkeit der Kosten.

(2) Ansprüche auf Rückerstattung von Kosten verjähren in vier Jahren nach Ablauf des Kalenderjahres, in dem die Zahlung erfolgt ist. Die Verjährung beginnt jedoch nicht vor dem in Absatz 1 bezeichneten Zeitpunkt. Durch Einlegung eines Rechtsbehelfs mit dem Ziel der Rückerstattung wird die Verjährung wie durch Klageerhebung gehemmt.

(3) Auf die Verjährung sind die Vorschriften des Bürgerlichen Gesetzbuchs anzuwenden; die Verjährung wird nicht von Amts wegen berücksichtigt. Die Verjährung der Ansprüche auf Zahlung von Kosten beginnt auch durch die Aufforderung zur Zahlung oder durch eine dem Schuldner mitgeteilte Stundung erneut. Ist der Aufenthalt des Kostenschuldners unbekannt, genügt die Zustellung durch Aufgabe zur Post unter seiner letzten bekannten

Anschrift. Bei Kostenbeträgen unter 25 Euro beginnt die Verjährung weder erneut noch wird sie gehemmt.

(4) Ansprüche auf Zahlung und Rückerstattung von Kosten werden nicht verzinst.

§ 8 Elektronische Akte, elektronisches Dokument

(1) Die Vorschriften über die elektronische Akte und das gerichtliche elektronische Dokument für das Verfahren, in dem die Kosten anfallen, sind anzuwenden.

(2) Soweit für Anträge und Erklärungen in dem Verfahren, in dem die Kosten anfallen, die Aufzeichnung als elektronisches Dokument genügt, genügt diese Form auch für Anträge und Erklärungen nach diesem Gesetz. Die verantwortliche Person soll das Dokument mit einer qualifizierten elektronischen Signatur nach dem Signaturgesetz versehen. Ist ein übermitteltes elektronisches Dokument für das Gericht zur Bearbeitung nicht geeignet, ist dies dem Absender unter Angabe der geltenden technischen Rahmenbedingungen unverzüglich mitzuteilen.

(3) Ein elektronisches Dokument ist eingereicht, sobald die für den Empfang bestimmte Einrichtung des Gerichts es aufgezeichnet hat.

Abschnitt 2. Fälligkeit

§ 9 Fälligkeit der Gebühren in Ehesachen und selbständigen Familienstreitsachen

(1) In Ehesachen und in selbständigen Familienstreitsachen wird die Verfahrensgebühr mit der Einreichung der Antragsschrift, des Klageantrags, der Einspruchs- oder Rechtsmittelschrift oder mit der Abgabe der entsprechenden Erklärung zu Protokoll fällig.

(2) Soweit die Gebühr eine Entscheidung oder sonstige gerichtliche Handlung voraussetzt, wird sie mit dieser fällig.

§ 10 Fälligkeit bei Vormundschaften und Dauerpflegschaften

Bei Vormundschaften und bei Dauerpflegschaften werden die Gebühren nach den Nummern 1311 und 1312 des Kostenverzeichnisses erstmals bei Anordnung und später jeweils zu Beginn eines Kalenderjahres, Auslagen sofort nach ihrer Entstehung fällig.

§ 11 Fälligkeit der Gebühren in sonstigen Fällen, Fälligkeit der Auslagen

(1) Im Übrigen werden die Gebühren und die Auslagen fällig, wenn
1. eine unbedingte Entscheidung über die Kosten ergangen ist,
2. das Verfahren oder der Rechtszug durch Vergleich oder Zurücknahme beendet ist,
3. das Verfahren sechs Monate ruht oder sechs Monate nicht betrieben worden ist,
4. das Verfahren sechs Monate unterbrochen oder sechs Monate ausgesetzt war oder
5. das Verfahren durch anderweitige Erledigung beendet ist.

(2) Die Dokumentenpauschale sowie die Auslagen für die Versendung und die elektronische Übermittlung von Akten werden sofort nach ihrer Entstehung fällig.

Abschnitt 3. Vorschuss und Vorauszahlung

§ 12 Grundsatz

In weiterem Umfang als das Gesetz über das Verfahren in Familiensachen und in den Angelegenheiten der freiwilligen Gerichtsbarkeit, die Zivilprozessordnung und dieses Gesetz es gestatten, darf die Tätigkeit des Familiengerichts von der Sicherstellung oder Zahlung der Kosten nicht abhängig gemacht werden.

§ 13 Verfahren nach dem Internationalen Familienrechtsverfahrensgesetz

In Verfahren nach dem Internationalen Familienrechtsverfahrensgesetz sind die Vorschriften dieses Abschnitts nicht anzuwenden.

§ 14 Abhängigmachung

(1) In Ehesachen und selbständigen Familienstreitsachen soll die Antragsschrift oder der Klageantrag erst nach Zahlung der Gebühr für das Verfahren im Allgemeinen zugestellt werden. Wird der Antrag erweitert, soll vor Zahlung der Gebühr für das Verfahren im Allgemeinen keine gerichtliche Handlung vorgenommen werden; dies gilt auch in der Rechtsmittelinstanz.

(2) Absatz 1 gilt nicht für den Widerklageantrag.

(3) Im Übrigen soll in Verfahren, in denen der Antragsteller die Kosten schuldet (§ 21), vor Zahlung der Gebühr für das Verfahren im Allgemeinen keine gerichtliche Handlung vorgenommen werden.

§ 15 Ausnahmen von der Abhängigmachung

§ 14 gilt nicht,
1. soweit dem Antragsteller Verfahrens- oder Prozesskostenhilfe bewilligt ist,
2. wenn dem Antragsteller Gebührenfreiheit zusteht oder
3. wenn die beabsichtigte Rechtsverfolgung nicht aussichtslos oder mutwillig erscheint und wenn glaubhaft gemacht wird, dass
   a) dem Antragsteller die alsbaldige Zahlung der Kosten mit Rücksicht auf seine Vermögenslage oder aus sonstigen Gründen Schwierigkeiten bereiten würde oder
   b) eine Verzögerung dem Antragsteller einen nicht oder nur schwer zu ersetzenden Schaden bringen würde; zur Glaubhaftmachung genügt in diesem Fall die Erklärung des zum Bevollmächtigten bestellten Rechtsanwalts.

§ 16 Auslagen

(1) Wird die Vornahme einer Handlung, mit der Auslagen verbunden sind, beantragt, hat derjenige, der die Handlung beantragt hat, einen zur Deckung der Auslagen hinreichenden Vorschuss zu zahlen. Das Gericht soll die Vornahme einer Handlung, die nur auf Antrag vorzunehmen ist, von der vorherigen Zahlung abhängig machen.

(2) Die Herstellung und Überlassung von Dokumenten auf Antrag sowie die Versendung und die elektronische Übermittlung von Akten können von der vorherigen Zahlung eines die Auslagen deckenden Vorschusses abhängig gemacht werden.

(3) Bei Handlungen, die von Amts wegen vorgenommen werden, kann ein Vorschuss zur Deckung der Auslagen erhoben werden.

(4) Absatz 1 gilt nicht für die Anordnung einer Haft.

§ 17 Fortdauer der Vorschusspflicht

Die Verpflichtung zur Zahlung eines Vorschusses bleibt bestehen, auch wenn die Kosten des Verfahrens einem anderen auferlegt oder von einem anderen übernommen sind. § 26 Abs. 2 gilt entsprechend.

Abschnitt 4. Kostenansatz

§ 18 Kostenansatz

(1) Es werden angesetzt:
1. die Kosten des ersten Rechtszugs bei dem Gericht, bei dem das Verfahren im ersten Rechtszug anhängig ist oder zuletzt anhängig war,
2. die Kosten des Rechtsmittelverfahrens bei dem Rechtsmittelgericht.

Dies gilt auch dann, wenn die Kosten bei einem ersuchten Gericht entstanden sind.

(2) Die Dokumentenpauschale sowie die Auslagen für die Versendung und die elektronische Übermittlung von Akten werden bei der Stelle angesetzt, bei der sie entstanden sind.

(3) Der Kostenansatz kann im Verwaltungsweg berichtigt werden, solange nicht eine gerichtliche Entscheidung getroffen ist. Ergeht nach der gerichtlichen Entscheidung über den Kostenansatz eine Entscheidung, durch die der Verfahrenswert anders festgesetzt wird, kann der Kostenansatz ebenfalls berichtigt werden.

§ 19 Nachforderung

(1) Wegen eines unrichtigen Ansatzes dürfen Kosten nur nachgefordert werden, wenn der berichtigte Ansatz dem Zahlungspflichtigen vor Ablauf des nächsten Kalenderjahres nach Absendung der den Rechtszug abschließenden Kostenrechnung (Schlusskostenrechnung), bei Vormundschaften und Dauerpflegschaften der Jahresrechnung, mitgeteilt worden ist. Dies gilt nicht, wenn die Nachforderung auf vorsätzlich oder grob fahrlässig falschen Angaben des Kostenschuldners beruht oder wenn der ursprüngliche Kostenansatz unter einem bestimmten Vorbehalt erfolgt ist.

(2) Ist innerhalb der Frist des Absatzes 1 ein Rechtsbehelf in der Hauptsache oder wegen der Kosten eingelegt oder dem Zahlungspflichtigen mitgeteilt worden, dass ein Wertermittlungsverfahren eingeleitet ist, ist die Nachforderung bis zum Ablauf des nächsten Kalenderjahres nach Beendigung dieser Verfahren möglich.

(3) Ist der Wert gerichtlich festgesetzt worden, genügt es, wenn der berichtigte Ansatz dem Zahlungspflichtigen drei Monate nach der letzten Wertfestsetzung mitgeteilt worden ist.

§ 20 Nichterhebung von Kosten wegen unrichtiger Sachbehandlung

(1) Kosten, die bei richtiger Behandlung der Sache nicht entstanden wären, werden nicht erhoben. Das Gleiche gilt für Auslagen, die durch eine von Amts wegen veranlasste Verlegung eines Termins oder Vertagung einer Verhandlung entstanden sind. Für abweisende Entscheidungen sowie bei Zurücknahme eines Antrags kann von der Erhebung von Kosten abgesehen werden, wenn der Antrag auf unverschuldeter Unkenntnis der tatsächlichen oder rechtlichen Verhältnisse beruht.

(2) Die Entscheidung trifft das Gericht. Solange nicht das Gericht entschieden hat, können Anordnungen nach Absatz 1 im Verwaltungsweg erlassen werden. Eine im Verwaltungsweg getroffene Anordnung kann nur im Verwaltungsweg geändert werden.

Abschnitt 5. Kostenhaftung

§ 21 Kostenschuldner in Antragsverfahren, Vergleich

(1) In Verfahren, die nur durch Antrag eingeleitet werden, schuldet die Kosten, wer das Verfahren des Rechtszugs beantragt hat. Dies gilt nicht
1. für den ersten Rechtszug in Gewaltschutzsachen,
2. im Verfahren auf Erlass einer gerichtlichen Anordnung auf Rückgabe des Kindes oder über das Recht zum persönlichen Umgang nach dem Internationalen Familienrechtsverfahrensgesetz,
3. für einen Minderjährigen in Verfahren, die seine Person betreffen, und
4. für einen Verfahrensbeistand.

Im Verfahren, das gemäß § 700 Abs. 3 der Zivilprozessordnung dem Mahnverfahren folgt, schuldet die Kosten, wer den Vollstreckungsbescheid beantragt hat.

(2) Die Gebühr für den Abschluss eines gerichtlichen Vergleichs schuldet jeder, der an dem Abschluss beteiligt ist.

§ 22 Kosten bei Vormundschaft und Dauerpflegschaft

Die Kosten bei einer Vormundschaft oder Dauerpflegschaft schuldet der von der Maßnahme betroffene Minderjährige. Dies gilt nicht für Kosten, die das Gericht einem anderen auferlegt hat.

§ 23 Bestimmte sonstige Auslagen

(1) Die Dokumentenpauschale schuldet ferner, wer die Erteilung der Ausfertigungen, Ablichtungen oder Ausdrucke beantragt hat. Sind Ablichtungen oder Ausdrucke angefertigt worden, weil der Beteiligte es unterlassen hat, die erforderliche Zahl von Mehrfertigungen beizufügen, schuldet nur der Beteiligte die Dokumentenpauschale.

(2) Die Auslagen nach Nummer 2003 des Kostenverzeichnisses schuldet nur, wer die Versendung oder die elektronische Übermittlung der Akte beantragt hat.

(3) Im Verfahren auf Bewilligung von Verfahrens- oder Prozesskostenhilfe einschließlich des Verfahrens auf Bewilligung grenzüberschreitender Verfahrens- oder Prozesskostenhilfe ist der Antragsteller Schuldner der Auslagen, wenn der Antrag zurückgenommen oder von dem Gericht abgelehnt oder wenn die Übermittlung des Antrags von der Übermittlungsstelle oder das Ersuchen um Verfahrens- oder Prozesskostenhilfe von der Empfangsstelle abgelehnt wird.

§ 24 Weitere Fälle der Kostenhaftung

Die Kosten schuldet ferner,
1. wem durch gerichtliche Entscheidung die Kosten des Verfahrens auferlegt sind;
2. wer sie durch eine vor Gericht abgegebene oder dem Gericht mitgeteilte Erklärung oder in einem vor Gericht abgeschlossenen oder dem Gericht mitgeteilten Vergleich übernommen hat; dies gilt auch, wenn bei einem Vergleich ohne Bestimmung über die Kosten diese als von beiden Teilen je zur Hälfte übernommen anzusehen sind;
3. wer für die Kostenschuld eines anderen kraft Gesetzes haftet und
4. der Verpflichtete für die Kosten der Vollstreckung; dies gilt nicht für einen Minderjährigen in Verfahren, die seine Person betreffen.

§ 25 Erlöschen der Zahlungspflicht

Die durch gerichtliche Entscheidung begründete Verpflichtung zur Zahlung von Kosten erlischt, soweit die Entscheidung durch eine andere gerichtliche Entscheidung aufgehoben oder abgeändert wird. Soweit die Verpflichtung zur Zahlung von Kosten nur auf der aufgehobenen oder abgeänderten Entscheidung beruht hat, werden bereits gezahlte Kosten zurückerstattet.

§ 26 Mehrere Kostenschuldner

(1) Mehrere Kostenschuldner haften als Gesamtschuldner.

(2) Soweit ein Kostenschuldner aufgrund von § 24 Nr. 1 oder Nr. 2 (Erstschuldner) haftet, soll die Haftung eines anderen Kostenschuldners nur geltend gemacht werden, wenn eine Zwangsvollstreckung in das bewegliche Vermögen des ersteren erfolglos geblieben ist oder aussichtslos erscheint. Zahlungen des Erstschuldners mindern seine Haftung aufgrund anderer Vorschriften dieses Gesetzes auch dann in voller Höhe, wenn sich seine Haftung nur auf einen Teilbetrag bezieht.

(3) Soweit einem Kostenschuldner, der aufgrund von § 24 Nr. 1 haftet (Entscheidungsschuldner), Verfahrens- oder Prozesskostenhilfe bewilligt worden ist, darf die Haftung eines anderen Kostenschuldners nicht geltend gemacht werden; von diesem bereits erhobene Kosten sind zurückzuzahlen, soweit es sich nicht um eine Zahlung nach § 13 Abs. 1 und 3 des Justizvergütungs- und -entschädigungsgesetzes handelt und die Partei, der die Verfahrens- oder Prozesskostenhilfe bewilligt worden ist, der besonderen Vergütung zugestimmt hat. Die Haftung eines anderen Kostenschuldners darf auch nicht geltend gemacht werden, soweit dem Entscheidungsschuldner ein Betrag für die Reise zum Ort einer Verhandlung, Anhörung oder Untersuchung und für die Rückreise gewährt worden ist.

§ 27 Haftung von Streitgenossen

Streitgenossen haften als Gesamtschuldner, wenn die Kosten nicht durch gerichtliche Entscheidung unter sie verteilt sind. Soweit einen Streitgenossen nur Teile des Streitgegenstands betreffen, beschränkt sich seine Haftung als Gesamtschuldner auf den Betrag, der entstanden wäre, wenn das Verfahren nur diese Teile betroffen hätte.

Abschnitt 6. Gebührenvorschriften

§ 28 Wertgebühren

(1) Wenn sich die Gebühren nach dem Verfahrenswert richten, beträgt die Gebühr bei einem Verfahrenswert bis 300 Euro 25 Euro. Die Gebühr erhöht sich bei einem

Verfahrenswert bis ... Euro	für jeden angefangenen Betrag von weiteren ... Euro	um ... Euro
1500	300	10
5000	500	8
10000	1000	15
25000	3000	23
50000	5000	29
200000	15000	100
500000	30000	150
über 500000	50000	150

Eine Gebührentabelle für Verfahrenswerte bis 500 000 Euro ist diesem Gesetz als Anlage 2 beigefügt.

(2) Der Mindestbetrag einer Gebühr ist 10 Euro.

§ 29 Einmalige Erhebung der Gebühren

Die Gebühr für das Verfahren im Allgemeinen und die Gebühr für eine Entscheidung werden in jedem Rechtszug hinsichtlich eines jeden Teils des Verfahrensgegenstands nur einmal erhoben.

§ 30 Teile des Verfahrensgegenstands

(1) Für Handlungen, die einen Teil des Verfahrensgegenstands betreffen, sind die Gebühren nur nach dem Wert dieses Teils zu berechnen.

(2) Sind von einzelnen Wertteilen in demselben Rechtszug für gleiche Handlungen Gebühren zu berechnen, darf nicht mehr erhoben werden, als wenn die Gebühr von dem Gesamtbetrag der Wertteile zu berechnen wäre.

(3) Sind für Teile des Gegenstands verschiedene Gebührensätze anzuwenden, sind die Gebühren für die Teile gesondert zu berechnen; die aus dem Gesamtbetrag der Wertteile nach dem höchsten Gebührensatz berechnete Gebühr darf jedoch nicht überschritten werden.

§ 31 Zurückverweisung, Abänderung oder Aufhebung einer Entscheidung

(1) Wird eine Sache an ein Gericht eines unteren Rechtszugs zurückverwiesen, bildet das weitere Verfahren mit dem früheren Verfahren vor diesem Gericht einen Rechtszug im Sinne des § 29.

(2) Das Verfahren über eine Abänderung oder Aufhebung einer Entscheidung gilt als besonderes Verfahren, soweit im Kostenverzeichnis nichts anderes bestimmt ist. Dies gilt nicht für das Verfahren zur Überprüfung der Entscheidung nach § 166 Abs. 2 und 3 des Gesetzes über das Verfahren in Familiensachen und in den Angelegenheiten der freiwilligen Gerichtsbarkeit.

§ 32 Verzögerung des Verfahrens

Wird in einer selbständigen Familienstreitsache außer im Fall des § 335 der Zivilprozessordnung durch Verschulden eines Beteiligten oder seines Vertreters die Vertagung einer mündlichen Verhandlung oder die Anberaumung eines neuen Termins zur mündlichen Verhandlung nötig oder ist die Erledigung des Verfahrens durch nachträgliches Vorbringen von Angriffs- oder Verteidigungsmitteln, Beweismitteln oder Beweiseinreden, die früher vorgebracht werden konnten, verzögert worden, kann das Gericht dem Beteiligten von Amts wegen eine besondere Gebühr mit einem Gebührensatz von 1,0 auferlegen. Die Gebühr kann bis auf einen Gebührensatz von 0,3 ermäßigt werden. Dem Antragsteller, dem Antragsgegner oder dem Vertreter stehen der Nebenintervenient und sein Vertreter gleich.

Abschnitt 7. Wertvorschriften

Unterabschnitt 1. Allgemeine Wertvorschriften

§ 33 Grundsatz

(1) In demselben Verfahren und in demselben Rechtszug werden die Werte mehrerer Verfahrensgegenstände zusammengerechnet, soweit nichts anderes bestimmt ist. Ist mit einem nichtvermögensrechtlichen Anspruch ein aus ihm hergeleiteter vermögensrechtlicher Anspruch verbunden, ist nur ein Anspruch, und zwar der höhere, maßgebend.

(2) Der Verfahrenswert beträgt höchstens 30 Millionen Euro, soweit kein niedrigerer Höchstwert bestimmt ist.

§ 34 Zeitpunkt der Wertberechnung

Für die Wertberechnung ist der Zeitpunkt der den jeweiligen Verfahrensgegenstand betreffenden ersten Antragstellung in dem jeweiligen Rechtszug entscheidend. In Verfahren, die von Amts wegen eingeleitet werden, ist der Zeitpunkt der Fälligkeit der Gebühr maßgebend.

§ 35 Geldforderung

Ist Gegenstand des Verfahrens eine bezifferte Geldforderung, bemisst sich der Verfahrenswert nach deren Höhe, soweit nichts anderes bestimmt ist.

§ 36 Genehmigung einer Erklärung oder deren Ersetzung

(1) Wenn in einer vermögensrechtlichen Angelegenheit Gegenstand des Verfahrens die Genehmigung einer Erklärung oder deren Ersetzung ist, bemisst sich der Verfahrenswert nach dem Wert des zugrunde liegenden Geschäfts. § 18 Abs. 3, die §§ 19 bis 25, 39 Abs. 2, § 40 Abs. 2 und § 46 Abs. 4 der Kostenordnung gelten entsprechend.

(2) Mehrere Erklärungen, die denselben Gegenstand betreffen, insbesondere der Kauf und die Auflassung oder die Schulderklärung und die zur Hypothekenbestellung erforderlichen Erklärungen, sind als ein Verfahrensgegenstand zu bewerten.

(3) Der Wert beträgt in jedem Fall höchstens 1 Million Euro.

§ 37 Früchte, Nutzungen, Zinsen und Kosten

(1) Sind außer dem Hauptgegenstand des Verfahrens auch Früchte, Nutzungen, Zinsen oder Kosten betroffen, wird deren Wert nicht berücksichtigt.

(2) Soweit Früchte, Nutzungen, Zinsen oder Kosten ohne den Hauptgegenstand betroffen sind, ist deren Wert maßgebend, soweit er den Wert des Hauptgegenstands nicht übersteigt.

(3) Sind die Kosten des Verfahrens ohne den Hauptgegenstand betroffen, ist der Betrag der Kosten maßgebend, soweit er den Wert des Hauptgegenstands nicht übersteigt.

§ 38 Stufenklageantrag

Wird mit dem Klageantrag auf Rechnungslegung oder auf Vorlegung eines Vermögensverzeichnisses oder auf Abgabe einer eidesstattlichen Versicherung der Klageantrag auf

Herausgabe desjenigen verbunden, was der Antragsgegner aus dem zugrunde liegenden Rechtsverhältnis schuldet, ist für die Wertberechnung nur einer der verbundenen Ansprüche, und zwar der höhere, maßgebend.

§ 39 Klage- und Widerklageantrag, Hilfsanspruch, wechselseitige Rechtsmittel, Aufrechnung

(1) Mit einem Klage- und einem Widerklageantrag geltend gemachte Ansprüche, die nicht in getrennten Verfahren verhandelt werden, werden zusammengerechnet. Ein hilfsweise geltend gemachter Anspruch wird mit dem Hauptanspruch zusammengerechnet, soweit eine Entscheidung über ihn ergeht. Betreffen die Ansprüche im Fall des Satzes 1 oder des Satzes 2 denselben Gegenstand, ist nur der Wert des höheren Anspruchs maßgebend.

(2) Für wechselseitig eingelegte Rechtsmittel, die nicht in getrennten Verfahren verhandelt werden, ist Absatz 1 Satz 1 und 3 entsprechend anzuwenden.

(3) Macht ein Beteiligter hilfsweise die Aufrechnung mit einer bestrittenen Gegenforderung geltend, erhöht sich der Wert um den Wert der Gegenforderung, soweit eine der Rechtskraft fähige Entscheidung über sie ergeht.

(4) Bei einer Erledigung des Verfahrens durch Vergleich sind die Absätze 1 bis 3 entsprechend anzuwenden.

§ 40 Rechtsmittelverfahren

(1) Im Rechtsmittelverfahren bestimmt sich der Verfahrenswert nach den Anträgen des Rechtsmittelführers. Endet das Verfahren, ohne dass solche Anträge eingereicht werden, oder werden bei einer Rechtsbeschwerde innerhalb der Frist für die Begründung Anträge nicht eingereicht, ist die Beschwer maßgebend.

(2) Der Wert ist durch den Wert des Verfahrensgegenstands des ersten Rechtszugs begrenzt. Dies gilt nicht, soweit der Gegenstand erweitert wird.

(3) Im Verfahren über den Antrag auf Zulassung der Sprungrechtsbeschwerde ist Verfahrenswert der für das Rechtsmittelverfahren maßgebende Wert.

§ 41 Einstweilige Anordnung

Im Verfahren der einstweiligen Anordnung ist der Wert in der Regel unter Berücksichtigung der geringeren Bedeutung gegenüber der Hauptsache zu ermäßigen. Dabei ist von der Hälfte des für die Hauptsache bestimmten Werts auszugehen.

§ 42 Auffangwert

(1) Soweit in einer vermögensrechtlichen Angelegenheit der Verfahrenswert sich aus den Vorschriften dieses Gesetzes nicht ergibt und auch sonst nicht feststeht, ist er nach billigem Ermessen zu bestimmen.

(2) Soweit in einer nichtvermögensrechtlichen Angelegenheit der Verfahrenswert sich aus den Vorschriften dieses Gesetzes nicht ergibt, ist er unter Berücksichtigung aller Umstände des Einzelfalls, insbesondere des Umfangs und der Bedeutung der Sache und der Vermögens- und Einkommensverhältnisse der Beteiligten, nach billigem Ermessen zu bestimmen, jedoch nicht über 500 000 Euro.

(3) Bestehen in den Fällen der Absätze 1 und 2 keine genügenden Anhaltspunkte, ist von einem Wert von 3000 Euro auszugehen.

Unterabschnitt 2. Besondere Wertvorschriften

§ 43 Ehesachen

(1) In Ehesachen ist der Verfahrenswert unter Berücksichtigung aller Umstände des Einzelfalls, insbesondere des Umfangs und der Bedeutung der Sache und der Vermögens- und Einkommensverhältnisse der Ehegatten, nach Ermessen zu bestimmen. Der Wert darf nicht unter 2000 Euro und nicht über 1 Million Euro angenommen werden.

(2) Für die Einkommensverhältnisse ist das in drei Monaten erzielte Nettoeinkommen der Ehegatten einzusetzen.

§ 44 Verbund

(1) Die Scheidungssache und die Folgesachen gelten als ein Verfahren.

(2) Sind in § 137 Abs. 3 des Gesetzes über das Verfahren in Familiensachen und in den Angelegenheiten der freiwilligen Gerichtsbarkeit genannte Kindschaftssachen Folgesachen, erhöht sich der Verfahrenswert nach § 43 für jede Kindschaftssache um 20 Prozent, höchstens um jeweils 3000 Euro; eine Kindschaftssache ist auch dann als ein Gegenstand zu bewerten, wenn sie mehrere Kinder betrifft. Die Werte der übrigen Folgesachen werden hinzugerechnet. § 33 Abs. 1 Satz 2 ist nicht anzuwenden.

(3) Ist der Betrag, um den sich der Verfahrenswert der Ehesache erhöht (Absatz 2), nach den besonderen Umständen des Einzelfalls unbillig, kann das Gericht einen höheren oder einen niedrigeren Betrag berücksichtigen.

§ 45 Bestimmte Kindschaftssachen

(1) In einer Kindschaftssache, die
1. die Übertragung oder Entziehung der elterlichen Sorge oder eines Teils der elterlichen Sorge,
2. das Umgangsrecht einschließlich der Umgangspflegschaft oder
3. die Kindesherausgabe

betrifft, beträgt der Verfahrenswert 3000 Euro.

(2) Eine Kindschaftssache nach Absatz 1 ist auch dann als ein Gegenstand zu bewerten, wenn sie mehrere Kinder betrifft.

(3) Ist der nach Absatz 1 bestimmte Wert nach den besonderen Umständen des Einzelfalls unbillig, kann das Gericht einen höheren oder einen niedrigeren Wert festsetzen.

§ 46 Übrige Kindschaftssachen

(1) Wenn Gegenstand einer Kindschaftssache eine vermögensrechtliche Angelegenheit ist, gelten § 18 Abs. 3, die §§ 19 bis 25, 39 Abs. 2 und § 46 Abs. 4 der Kostenordnung entsprechend.

(2) Bei Pflegschaften für einzelne Rechtshandlungen bestimmt sich der Verfahrenswert nach dem Wert der Rechtshandlung. Bezieht sich die Pflegschaft auf eine gegenwärtige oder künftige Mitberechtigung, ermäßigt sich der Wert auf den Bruchteil, der dem Anteil der Mitberechtigung entspricht. Bei Gesamthandsverhältnissen ist der Anteil entsprechend der Beteiligung an dem Gesamthandvermögen zu bemessen.

(3) Der Wert beträgt in jedem Fall höchstens 1 Million Euro.

§ 47 Abstammungssachen

(1) In Abstammungssachen nach § 169 Nr. 1 und 4 des Gesetzes über das Verfahren in Familiensachen und in den Angelegenheiten der freiwilligen Gerichtsbarkeit beträgt der Verfahrenswert 2000 Euro, in den übrigen Abstammungssachen 1000 Euro.

(2) Ist der nach Absatz 1 bestimmte Wert nach den besonderen Umständen des Einzelfalls unbillig, kann das Gericht einen höheren oder einen niedrigeren Wert festsetzen.

§ 48 Ehewohnungs- und Haushaltssachen

(1) In Ehewohnungssachen nach § 200 Absatz 1 Nummer 1 des Gesetzes über das Verfahren in Familiensachen und in den Angelegenheiten der freiwilligen Gerichtsbarkeit beträgt der Verfahrenswert 3000 Euro, in Ehewohnungssachen nach § 200 Absatz 1 Nummer 2 des Gesetzes über das Verfahren in Familiensachen und in den Angelegenheiten der freiwilligen Gerichtsbarkeit 4000 Euro.

(2) In Haushaltssachen nach § 200 Absatz 2 Nummer 1 des Gesetzes über das Verfahren in Familiensachen und in den Angelegenheiten der freiwilligen Gerichtsbarkeit beträgt der Wert 2000 Euro, in Haushaltssachen nach § 200 Absatz 2 Nummer 2 des Gesetzes über das Verfahren in Familiensachen und in den Angelegenheiten der freiwilligen Gerichtsbarkeit 3000 Euro.

Abschnitt 7. Wertvorschriften **Anhang**

(3) Ist der nach den Absätzen 1 und 2 bestimmte Wert nach den besonderen Umständen des Einzelfalls unbillig, kann das Gericht einen höheren oder einen niedrigeren Wert festsetzen.

§ 49 Gewaltschutzsachen

(1) In Gewaltschutzsachen nach § 1 des Gewaltschutzgesetzes beträgt der Verfahrenswert 2000 Euro, in Gewaltschutzsachen nach § 2 des Gewaltschutzgesetzes 3000 Euro.

(2) Ist der nach Absatz 1 bestimmte Wert nach den besonderen Umständen des Einzelfalls unbillig, kann das Gericht einen höheren oder einen niedrigeren Wert festsetzen.

§ 50 Versorgungsausgleichssachen

(1) In Versorgungsausgleichssachen beträgt der Verfahrenswert für jedes Anrecht 10 Prozent, bei Ausgleichsansprüchen nach der Scheidung für jedes Anrecht 20 Prozent des in drei Monaten erzielten Nettoeinkommens der Ehegatten. Der Wert nach Satz 1 beträgt insgesamt mindestens 1000 Euro.

(2) In Verfahren über einen Auskunftsanspruch oder über die Abtretung von Versorgungsansprüchen beträgt der Verfahrenswert 500 Euro.

(3) Ist der nach den Absätzen 1 und 2 bestimmte Wert nach den besonderen Umständen des Einzelfalls unbillig, kann das Gericht einen höheren oder einen niedrigeren Wert festsetzen.

§ 51 Unterhaltssachen

(1) In Unterhaltssachen, die Familienstreitsachen sind und wiederkehrende Leistungen betreffen, ist der für die ersten zwölf Monate nach Einreichung des Klageantrags oder des Antrags geforderte Betrag maßgeblich, höchstens jedoch der Gesamtbetrag der geforderten Leistung. Bei Unterhaltsansprüchen nach den §§ 1612a bis 1612c des Bürgerlichen Gesetzbuchs ist dem Wert nach Satz 1 der Monatsbetrag des zum Zeitpunkt der Einreichung des Klageantrags oder des Antrags geltenden Mindestunterhalts nach der zu diesem Zeitpunkt maßgebenden Altersstufe zugrunde zu legen.

(2) Die bei Einreichung des Klageantrags fälligen Beträge werden dem Wert hinzugerechnet. Der Einreichung des Klageantrags steht die Einreichung eines Antrags auf Bewilligung der Prozesskostenhilfe gleich, wenn der Klageantrag alsbald nach Mitteilung der Entscheidung über den Antrag oder über eine alsbald eingelegte Beschwerde eingereicht wird. Die Sätze 1 und 2 sind im vereinfachten Verfahren zur Festsetzung von Unterhalt Minderjähriger entsprechend anzuwenden.

(3) In Unterhaltssachen, die nicht Familienstreitsachen sind, beträgt der Wert 300 Euro. Ist der Wert nach den besonderen Umständen des Einzelfalls unbillig, kann das Gericht einen höheren Wert festsetzen.

§ 52 Güterrechtssachen

Wird in einer Güterrechtssache, die Familienstreitsache ist, auch über einen Antrag nach § 1382 Abs. 5 oder nach § 1383 Abs. 3 des Bürgerlichen Gesetzbuchs entschieden, handelt es sich um ein Verfahren. Die Werte werden zusammengerechnet.

Unterabschnitt 3. Wertfestsetzung

§ 53 Angabe des Werts

Bei jedem Antrag ist der Verfahrenswert, wenn dieser nicht in einer bestimmten Geldsumme besteht, kein fester Wert bestimmt ist oder sich nicht aus früheren Anträgen ergibt, und nach Aufforderung auch der Wert eines Teils des Verfahrensgegenstands schriftlich oder zu Protokoll der Geschäftsstelle anzugeben. Die Angabe kann jederzeit berichtigt werden.

§ 54 Wertfestsetzung für die Zulässigkeit der Beschwerde

Ist der Wert für die Zulässigkeit der Beschwerde festgesetzt, ist die Festsetzung auch für die Berechnung der Gebühren maßgebend, soweit die Wertvorschriften dieses Gesetzes nicht von den Wertvorschriften des Verfahrensrechts abweichen.

Anhang

§ 55 Wertfestsetzung für die Gerichtsgebühren

(1) Sind Gebühren, die sich nach dem Verfahrenswert richten, mit der Einreichung des Klageantrags, des Antrags, der Einspruchs- oder der Rechtsmittelschrift oder mit der Abgabe der entsprechenden Erklärung zu Protokoll fällig, setzt das Gericht sogleich den Wert ohne Anhörung der Beteiligten durch Beschluss vorläufig fest, wenn Gegenstand des Verfahrens nicht eine bestimmte Geldsumme in Euro ist oder für den Regelfall kein fester Wert bestimmt ist. Einwendungen gegen die Höhe des festgesetzten Werts können nur im Verfahren über die Beschwerde gegen den Beschluss, durch den die Tätigkeit des Gerichts aufgrund dieses Gesetzes von der vorherigen Zahlung von Kosten abhängig gemacht wird, geltend gemacht werden.

(2) Soweit eine Entscheidung nach § 54 nicht ergeht oder nicht bindet, setzt das Gericht den Wert für die zu erhebenden Gebühren durch Beschluss fest, sobald eine Entscheidung über den gesamten Verfahrensgegenstand ergeht oder sich das Verfahren anderweitig erledigt.

(3) Die Festsetzung kann von dem Gericht, das sie getroffen hat, und, wenn das Verfahren wegen der Hauptsache oder wegen der Entscheidung über den Verfahrenswert, den Kostenansatz oder die Kostenfestsetzung in der Rechtsmittelinstanz schwebt, von dem Rechtsmittelgericht von Amts wegen geändert werden. Die Änderung ist nur innerhalb von sechs Monaten zulässig, nachdem die Entscheidung in der Hauptsache Rechtskraft erlangt oder das Verfahren sich anderweitig erledigt hat.

§ 56 Schätzung des Werts

Wird eine Abschätzung durch Sachverständige erforderlich, ist in dem Beschluss, durch den der Verfahrenswert festgesetzt wird (§ 55), über die Kosten der Abschätzung zu entscheiden. Diese Kosten können ganz oder teilweise dem Beteiligten auferlegt werden, welcher die Abschätzung durch Unterlassen der ihm obliegenden Wertangabe, durch unrichtige Angabe des Werts, durch unbegründetes Bestreiten des angegebenen Werts oder durch eine unbegründete Beschwerde veranlasst hat.

Abschnitt 8. Erinnerung und Beschwerde

§ 57 Erinnerung gegen den Kostenansatz, Beschwerde

(1) Über Erinnerungen des Kostenschuldners und der Staatskasse gegen den Kostenansatz entscheidet das Gericht, bei dem die Kosten angesetzt sind. War das Verfahren im ersten Rechtszug bei mehreren Gerichten anhängig, ist das Gericht, bei dem es zuletzt anhängig war, auch insoweit zuständig, als Kosten bei den anderen Gerichten angesetzt worden sind.

(2) Gegen die Entscheidung des Familiengerichts über die Erinnerung findet die Beschwerde statt, wenn der Wert des Beschwerdegegenstands 200 Euro übersteigt. Die Beschwerde ist auch zulässig, wenn sie das Familiengericht, das die angefochtene Entscheidung erlassen hat, wegen der grundsätzlichen Bedeutung der zur Entscheidung stehenden Frage in dem Beschluss zulässt.

(3) Soweit das Familiengericht die Beschwerde für zulässig und begründet hält, hat es ihr abzuhelfen; im Übrigen ist die Beschwerde unverzüglich dem Oberlandesgericht vorzulegen. Das Oberlandesgericht ist an die Zulassung der Beschwerde gebunden; die Nichtzulassung ist unanfechtbar.

(4) Anträge und Erklärungen können ohne Mitwirkung eines Rechtsanwalts schriftlich eingereicht oder zu Protokoll der Geschäftsstelle abgegeben werden; § 129a der Zivilprozessordnung gilt entsprechend. Für die Bevollmächtigung gelten die Regelungen des Gesetzes über das Verfahren in Familiensachen und in den Angelegenheiten der freiwilligen Gerichtsbarkeit entsprechend. Die Erinnerung ist bei dem Gericht einzulegen, das für die Entscheidung über die Erinnerung zuständig ist. Die Beschwerde ist bei dem Familiengericht einzulegen.

(5) Das Gericht entscheidet über die Erinnerung und die Beschwerde durch eines seiner Mitglieder als Einzelrichter. Der Einzelrichter überträgt das Verfahren dem Senat, wenn die

Sache besondere Schwierigkeiten tatsächlicher oder rechtlicher Art aufweist oder die Rechtssache grundsätzliche Bedeutung hat.

(6) Erinnerung und Beschwerde haben keine aufschiebende Wirkung. Das Gericht oder das Beschwerdegericht kann auf Antrag oder von Amts wegen die aufschiebende Wirkung ganz oder teilweise anordnen; ist nicht der Einzelrichter zur Entscheidung berufen, entscheidet der Vorsitzende des Gerichts.

(7) Entscheidungen des Oberlandesgerichts sind unanfechtbar.

(8) Die Verfahren sind gebührenfrei. Kosten werden nicht erstattet.

§ 58 Beschwerde gegen die Anordnung einer Vorauszahlung

(1) Gegen den Beschluss, durch den die Tätigkeit des Familiengerichts nur aufgrund dieses Gesetzes von der vorherigen Zahlung von Kosten abhängig gemacht wird, und wegen der Höhe des in diesem Fall im Voraus zu zahlenden Betrags findet stets die Beschwerde statt. § 57 Abs. 3, 4 Satz 1 und 4, Abs. 5, 7 und 8 ist entsprechend anzuwenden. Soweit sich der Beteiligte in dem Hauptsacheverfahren vor dem Familiengericht durch einen Bevollmächtigten vertreten lassen muss, gilt dies auch im Beschwerdeverfahren.

(2) Im Fall des § 16 Abs. 2 ist § 57 entsprechend anzuwenden.

§ 59 Beschwerde gegen die Festsetzung des Verfahrenswerts

(1) Gegen den Beschluss des Familiengerichts, durch den der Verfahrenswert für die Gerichtsgebühren festgesetzt worden ist (§ 55 Abs. 2), findet die Beschwerde statt, wenn der Wert des Beschwerdegegenstands 200 Euro übersteigt. Die Beschwerde findet auch statt, wenn sie das Familiengericht wegen der grundsätzlichen Bedeutung der zur Entscheidung stehenden Frage in dem Beschluss zulässt. Die Beschwerde ist nur zulässig, wenn sie innerhalb der in § 55 Abs. 3 Satz 2 bestimmten Frist eingelegt wird; ist der Verfahrenswert später als einen Monat vor Ablauf dieser Frist festgesetzt worden, kann sie noch innerhalb eines Monats nach Zustellung oder formloser Mitteilung des Festsetzungsbeschlusses eingelegt werden. Im Fall der formlosen Mitteilung gilt der Beschluss mit dem dritten Tag nach Aufgabe zur Post als bekannt gemacht. § 57 Abs. 3, 4 Satz 1, 2 und 4, Abs. 5 und 7 ist entsprechend anzuwenden.

(2) War der Beschwerdeführer ohne sein Verschulden verhindert, die Frist einzuhalten, ist ihm auf Antrag vom Oberlandesgericht Wiedereinsetzung in den vorigen Stand zu gewähren, wenn er die Beschwerde binnen zwei Wochen nach der Beseitigung des Hindernisses einlegt und die Tatsachen, welche die Wiedereinsetzung begründen, glaubhaft macht. Nach Ablauf eines Jahres, von dem Ende der versäumten Frist an gerechnet, kann die Wiedereinsetzung nicht mehr beantragt werden.

(3) Die Verfahren sind gebührenfrei. Kosten werden nicht erstattet.

§ 60 Beschwerde gegen die Auferlegung einer Verzögerungsgebühr

Gegen den Beschluss des Familiengerichts nach § 32 findet die Beschwerde statt, wenn der Wert des Beschwerdegegenstands 200 Euro übersteigt oder das Familiengericht die Beschwerde wegen der grundsätzlichen Bedeutung in dem Beschluss der zur Entscheidung stehenden Frage zugelassen hat. § 57 Abs. 3, 4 Satz 1, 2 und 4, Abs. 5, 7 und 8 ist entsprechend anzuwenden.

§ 61 Abhilfe bei Verletzung des Anspruchs auf rechtliches Gehör

(1) Auf die Rüge eines durch die Entscheidung beschwerten Beteiligten ist das Verfahren fortzuführen, wenn
1. ein Rechtsmittel oder ein anderer Rechtsbehelf gegen die Entscheidung nicht gegeben ist und
2. das Gericht den Anspruch dieses Beteiligten auf rechtliches Gehör in entscheidungserheblicher Weise verletzt hat.

(2) Die Rüge ist innerhalb von zwei Wochen nach Kenntnis von der Verletzung des rechtlichen Gehörs zu erheben; der Zeitpunkt der Kenntniserlangung ist glaubhaft zu machen. Nach Ablauf eines Jahres seit Bekanntmachung der angegriffenen Entscheidung kann die Rüge nicht mehr erhoben werden. Formlos mitgeteilte Entscheidungen gelten mit dem

dritten Tage nach Aufgabe zur Post als bekannt gemacht. Die Rüge ist bei dem Gericht zu erheben, dessen Entscheidung angegriffen wird; § 57 Abs. 4 Satz 1 und 2 gelten entsprechend. Die Rüge muss die angegriffene Entscheidung bezeichnen und das Vorliegen der in Absatz 1 Nr. 2 genannten Voraussetzungen darlegen.

(3) Den übrigen Beteiligten ist, soweit erforderlich, Gelegenheit zur Stellungnahme zu geben.

(4) Das Gericht hat von Amts wegen zu prüfen, ob die Rüge an sich statthaft und ob sie in der gesetzlichen Form und Frist erhoben ist. Mangelt es an einem dieser Erfordernisse, so ist die Rüge als unzulässig zu verwerfen. Ist die Rüge unbegründet, weist das Gericht sie zurück. Die Entscheidung ergeht durch unanfechtbaren Beschluss. Der Beschluss soll kurz begründet werden.

(5) Ist die Rüge begründet, so hilft ihr das Gericht ab, indem es das Verfahren fortführt, soweit dies aufgrund der Rüge geboten ist.

(6) Kosten werden nicht erstattet.

Abschnitt 9. Schluss- und Übergangsvorschriften

§ 62 Rechnungsgebühren

(1) In Vormundschafts- und Pflegschaftssachen werden für die Prüfung eingereichter Rechnungen, die durch einen dafür besonders bestellten Bediensteten (Rechnungsbeamten) vorgenommen wird, als Auslagen Rechnungsgebühren erhoben, die nach dem für die Arbeit erforderlichen Zeitaufwand bemessen werden. Sie betragen für jede Stunde 10 Euro. Die letzte, bereits begonnene Stunde wird voll gerechnet, wenn sie zu mehr als 30 Minuten für die Erbringung der Arbeit erforderlich war; anderenfalls sind 5 Euro zu erheben. Die Rechnungsgebühren werden nur neben der Gebühr nach Nummer 1311 des Kostenverzeichnisses und nur dann erhoben, wenn die nachgewiesenen Bruttoeinnahmen mehr als 1000 Euro für das Jahr betragen. Einnahmen aus dem Verkauf von Vermögensstücken rechnen nicht mit.

(2) Die Rechnungsgebühren setzt das Gericht, das den Rechnungsbeamten beauftragt hat, von Amts wegen fest. Gegen die Festsetzung durch das Familiengericht findet die Beschwerde statt, wenn der Wert des Beschwerdegegenstands 200 Euro übersteigt oder das Gericht, das die angefochtene Entscheidung erlassen hat, die Beschwerde wegen der grundsätzlichen Bedeutung der zur Entscheidung stehenden Frage in dem Beschluss zugelassen hat. § 57 Abs. 3 bis 8 gilt entsprechend. Beschwerdeberechtigt sind die Staatskasse und derjenige, der für die Rechnungsgebühren als Kostenschuldner in Anspruch genommen wird. § 61 gilt entsprechend.

§ 62a Bekanntmachung von Neufassungen

[1]Das Bundesministerium der Justiz kann nach Änderungen den Wortlaut des Gesetzes feststellen und als Neufassung im Bundesgesetzblatt bekannt machen. [2]Die Bekanntmachung muss auf diese Vorschrift Bezug nehmen und angeben
1. den Stichtag, zu dem der Wortlaut festgestellt wird,
2. die Änderungen seit der letzten Veröffentlichung des vollständigen Wortlauts im Bundesgesetzblatt sowie
3. das Inkrafttreten der Änderungen.

§ 63 Übergangsvorschrift

(1) In Verfahren, die vor dem Inkrafttreten einer Gesetzesänderung anhängig geworden sind, werden die Kosten nach bisherigem Recht erhoben. Dies gilt nicht im Verfahren über ein Rechtsmittel, das nach dem Inkrafttreten einer Gesetzesänderung eingelegt worden ist. Die Sätze 1 und 2 gelten auch, wenn Vorschriften geändert werden, auf die dieses Gesetz verweist.

(2) Bei Vormundschaften und bei Dauerpflegschaften gilt für Kosten, die vor dem Inkrafttreten einer Gesetzesänderung fällig geworden sind, das bisherige Recht.

§ 64 Übergangsvorschrift für die Erhebung von Haftkosten

Bis zum Erlass landesrechtlicher Vorschriften über die Höhe des Haftkostenbeitrags, der von einem Gefangenen zu erheben ist, sind die Nummern 2008 und 2009 des Kostenverzeichnisses in der bis zum 27. Dezember 2010 geltenden Fassung anzuwenden.

Kostenverzeichnis

Teil 1 Gebühren

Nr.	Gebührentatbestand	Gebühr oder Satz der Gebühr nach § 28 FamGKG
	Hauptabschnitt 1. Hauptsacheverfahren in Ehesachen einschließlich aller Folgesachen	
	Abschnitt 1. Erster Rechtszug	
1110	Verfahren im Allgemeinen	2,0

1111	Beendigung des Verfahrens hinsichtlich der Ehesache oder einer Folgesache durch
	1. Zurücknahme des Antrags
	   a) vor dem Schluss der mündlichen Verhandlung,
	   b) in den Fällen des § 128 Abs. 2 ZPO vor dem Zeitpunkt, der dem Schluss der mündlichen Verhandlung entspricht,
	   c) im Fall des § 331 Abs. 3 ZPO vor Ablauf des Tages, an dem die Endentscheidung der Geschäftsstelle übermittelt wird,
	2. Anerkenntnis- oder Verzichtsentscheidung oder Endentscheidung, die nach § 38 Abs. 4 Nr. 2 und 3 FamFG keine Begründung enthält oder nur deshalb eine Begründung enthält, weil zu erwarten ist, dass der Beschluss im Ausland geltend gemacht wird (§ 38 Abs. 5 Nr. 4 FamFG), mit Ausnahme der Endentscheidung in einer Scheidungssache,
	3. gerichtlichen Vergleich oder
	4. Erledigung in der Hauptsache, wenn keine Entscheidung über die Kosten ergeht oder die Entscheidung einer zuvor mitgeteilten Einigung über die Kostentragung oder einer Kostenübernahmeerklärung folgt,
	es sei denn, dass bereits eine andere Endentscheidung als eine der in Nummer 2 genannten Entscheidungen vorausgegangen ist:
	
	Die Gebühr 1110 ermäßigt sich auf ......
		0,5

	(1) Wird im Verbund nicht das gesamte Verfahren beendet, ist auf die beendete Ehesache und auf eine oder mehrere beendete Folgesachen § 44 FamGKG anzuwenden und die Gebühr nur insoweit zu ermäßigen. (2) Die Vervollständigung einer ohne Begründung hergestellten Endentscheidung (§ 38 Abs. 6 FamFG) steht der Ermäßigung nicht entgegen. (3) Die Gebühr ermäßigt sich auch, wenn mehrere Ermäßigungstatbestände erfüllt sind.	
	Abschnitt 2. Beschwerde gegen die Endentscheidung *Vorbemerkung 1.1.2:* Dieser Abschnitt ist auch anzuwenden, wenn sich die Beschwerde auf eine Folgesache beschränkt.	
1120	Verfahren im Allgemeinen	3,0
1121	Beendigung des gesamten Verfahrens durch Zurücknahme der Beschwerde oder des Antrags, bevor die Schrift zur Begründung der Beschwerde bei Gericht eingegangen ist: Die Gebühr 1120 ermäßigt sich auf	0,5
	Die Erledigung in der Hauptsache steht der Zurücknahme gleich, wenn keine Entscheidung über die Kosten ergeht oder die Entscheidung einer zuvor mitgeteilten Einigung über die Kostentragung oder einer Kostenübernahmeerklärung folgt.	

Nr.	Gebührentatbestand	Gebühr oder Satz der Gebühr nach § 28 FamGKG

1122	Beendigung des Verfahrens hinsichtlich der Ehesache oder einer Folgesache, wenn nicht Nummer 1121 erfüllt ist, durch
	1. Zurücknahme der Beschwerde oder des Antrags
	    a) vor dem Schluss der mündlichen Verhandlung oder,
	    b) falls eine mündliche Verhandlung nicht stattfindet, vor Ablauf des Tages, an dem die Endentscheidung der Geschäftsstelle übermittelt wird,
	2. Anerkenntnis- oder Verzichtsentscheidung,
	3. gerichtlichen Vergleich oder
	4. Erledigung in der Hauptsache, wenn keine Entscheidung über die Kosten ergeht oder die Entscheidung einer zuvor mitgeteilten Einigung über die Kostentragung oder einer Kostenübernahmeerklärung folgt,
	es sei denn, dass bereits eine andere als eine der in Nummer 2 genannten Endentscheidungen vorausgegangen ist:
	
	Die Gebühr 1120 ermäßigt sich auf ......
	
	(1) Wird im Verbund nicht das gesamte Verfahren beendet, ist auf die beendete Ehesache und auf eine oder mehrere beendete Folgesachen § 44 FamGKG anzuwenden und die Gebühr nur insoweit zu ermäßigen.
	
	(2) Die Gebühr ermäßigt sich auch, wenn mehrere Ermäßigungstatbestände erfüllt sind.
		1,0

	Abschnitt 3. Rechtsbeschwerde gegen die Endentscheidung *Vorbemerkung 1.1.3:* Dieser Abschnitt ist auch anzuwenden, wenn sich die Rechtsbeschwerde auf eine Folgesache beschränkt.	
1130	Verfahren im Allgemeinen	4,0
1131	Beendigung des gesamten Verfahrens durch Zurücknahme der Rechtsbeschwerde oder des Antrags, bevor die Schrift zur Begründung der Rechtsbeschwerde bei Gericht eingegangen ist: Die Gebühr 1130 ermäßigt sich auf ...... Die Erledigung in der Hauptsache steht der Zurücknahme gleich, wenn keine Entscheidung über die Kosten ergeht oder die Entscheidung einer zuvor mitgeteilten Einigung über die Kostentragung oder einer Kostenübernahmeerklärung folgt.	1,0
1132	Beendigung des Verfahrens hinsichtlich der Ehesache oder einer Folgesache durch Zurücknahme der Rechtsbeschwerde oder des Antrags vor Ablauf des Tages, an dem die Endentscheidung der Geschäftsstelle übermittelt wird, wenn nicht Nummer 1131 erfüllt ist: Die Gebühr 1130 ermäßigt sich auf ...... Wird im Verbund nicht das gesamte Verfahren beendet, ist auf die beendete Ehesache und auf eine oder mehrere beendete Folgesachen § 44 FamGKG anzuwenden und die Gebühr nur insoweit zu ermäßigen.	2,0
	Abschnitt 4. Zulassung der Sprungrechtsbeschwerde gegen die Endentscheidung	
1140	Verfahren über die Zulassung der Sprungrechtsbeschwerde: Soweit der Antrag abgelehnt wird	1,0
	Hauptabschnitt 2. Hauptsacheverfahren in selbständigen Familienstreitsachen *Abschnitt 1. Vereinfachtes Verfahren über den Unterhalt Minderjähriger* *Unterabschnitt 1. Erster Rechtszug*	
1210	Entscheidung über einen Antrag auf Festsetzung von Unterhalt nach § 249 Abs. 1 FamFG mit Ausnahme einer Festsetzung nach § 254 Satz 2 FamFG	0,5

Nr.	Gebührentatbestand	Gebühr oder Satz der Gebühr nach § 28 FamGKG
	Unterabschnitt 2. Beschwerde gegen die Endentscheidung	
1211	Verfahren über die Beschwerde nach § 256 FamFG gegen die Festsetzung von Unterhalt im vereinfachten Verfahren	1,0
1212	Beendigung des gesamten Verfahrens ohne Endentscheidung: Die Gebühr 1211 ermäßigt sich auf	0,5
	(1) Wenn die Entscheidung nicht durch Vorlesen der Entscheidungsformel bekannt gegeben worden ist, ermäßigt sich die Gebühr auch im Fall der Zurücknahme der Beschwerde vor Ablauf des Tages, an dem die Endentscheidung der Geschäftsstelle übermittelt wird.	
	(2) Eine Entscheidung über die Kosten steht der Ermäßigung nicht entgegen, wenn die Entscheidung einer zuvor mitgeteilten Einigung über die Kostentragung oder einer Kostenübernahmeerklärung folgt.	
	Unterabschnitt 3. Rechtsbeschwerde gegen die Endentscheidung	
1213	Verfahren im Allgemeinen	1,5
1214	Beendigung des gesamten Verfahrens durch Zurücknahme der Rechtsbeschwerde oder des Antrags, bevor die Schrift zur Begründung der Rechtsbeschwerde bei Gericht eingegangen ist: Die Gebühr 1213 ermäßigt sich auf	0,5
1215	Beendigung des gesamten Verfahrens durch Zurücknahme der Rechtsbeschwerde oder des Antrags vor Ablauf des Tages, an dem die Endentscheidung der Geschäftsstelle übermittelt wird, wenn nicht Nummer 1214 erfüllt ist: Die Gebühr 1213 ermäßigt sich auf	1,0
	Unterabschnitt 4. Zulassung der Sprungrechtsbeschwerde gegen die Endentscheidung	
1216	Verfahren über die Zulassung der Sprungrechtsbeschwerde: Soweit der Antrag abgelehnt wird	0,5
	Abschnitt 2. Verfahren im Übrigen	
	Unterabschnitt 1. Erster Rechtszug	
1220	Verfahren im Allgemeinen	3,0
	Soweit wegen desselben Verfahrensgegenstands ein Mahnverfahren vorausgegangen ist, entsteht die Gebühr mit dem Eingang der Akten beim Familiengericht, an das der Rechtsstreit nach Erhebung des Widerspruchs oder Einlegung des Einspruchs abgegeben wird; in diesem Fall wird eine Gebühr 1100 des Kostenverzeichnisses zum GKG nach dem Wert des Verfahrensgegenstands angerechnet, der in das Streitverfahren übergegangen ist.	

1221	Beendigung des gesamten Verfahrens durch
	1. Zurücknahme des Antrags
	   a) vor dem Schluss der mündlichen Verhandlung,
	   b) in den Fällen des § 128 Abs. 2 ZPO vor dem Zeitpunkt, der dem Schluss der mündlichen Verhandlung entspricht,
	   c) im Fall des § 331 Abs. 3 ZPO vor Ablauf des Tages, an dem die Endentscheidung der Geschäftsstelle übermittelt wird,
	wenn keine Entscheidung nach § 269 Abs. 3 Satz 3 ZPO über die Kosten ergeht oder die Entscheidung einer zuvor mitgeteilten Einigung über die Kostentragung oder einer Kostenübernahmeerklärung folgt,
	2. Anerkenntnis- oder Verzichtsentscheidung oder Endentscheidung, die nach § 38 Abs. 4 Nr. 2 oder 3 FamFG keine Begründung enthält oder nur deshalb eine Begründung enthält, weil zu erwarten ist, dass der Beschluss im Ausland geltend gemacht wird (§ 38 Abs. 5 Nr. 4 FamFG),
	3. gerichtlichen Vergleich oder	

Anhang

Gesetz über Gerichtskosten in Familiensachen

Nr.	Gebührentatbestand	Gebühr oder Satz der Gebühr nach § 28 FamGKG
	4. Erledigung in der Hauptsache, wenn keine Entscheidung über die Kosten ergeht oder die Entscheidung einer zuvor mitgeteilten Einigung über die Kostentragung oder einer Kostenübernahmeerklärung folgt, es sei denn, dass bereits eine andere Endentscheidung als eine der in Nummer 2 genannten Entscheidungen vorausgegangen ist:	
	Die Gebühr 1220 ermäßigt sich auf	1,0
	(1) Die Zurücknahme des Antrags auf Durchführung des streitigen Verfahrens (§ 696 Abs. 1 ZPO), des Widerspruchs gegen den Mahnbescheid oder des Einspruchs gegen den Vollstreckungsbescheid stehen der Zurücknahme des Antrags (Nummer 1) gleich.	
	(2) Die Vervollständigung einer ohne Begründung hergestellten Endentscheidung (§ 38 Abs. 6 FamFG) steht der Ermäßigung nicht entgegen.	
	(3) Die Gebühr ermäßigt sich auch, wenn mehrere Ermäßigungstatbestände erfüllt sind.	
	Unterabschnitt 2. Beschwerde gegen die Endentscheidung	
1222	Verfahren im Allgemeinen	4,0
1223	Beendigung des gesamten Verfahrens durch Zurücknahme der Beschwerde oder des Antrags, bevor die Schrift zur Begründung der Beschwerde bei Gericht eingegangen ist: Die Gebühr 1222 ermäßigt sich auf	1,0
	Die Erledigung in der Hauptsache steht der Zurücknahme gleich, wenn keine Entscheidung über die Kosten ergeht oder die Entscheidung einer zuvor mitgeteilten Einigung über die Kostentragung oder einer Kostenübernahmeerklärung folgt.	

1224	Beendigung des gesamten Verfahrens, wenn nicht Nummer 1223 erfüllt ist, durch
	1. Zurücknahme der Beschwerde oder des Antrags
	  a) vor dem Schluss der mündlichen Verhandlung oder,
	  b) falls eine mündliche Verhandlung nicht stattfindet, vor Ablauf des Tages, an dem die Endentscheidung der Geschäftsstelle übermittelt wird,
	2. Anerkenntnis- oder Verzichtsentscheidung,
	3. gerichtlichen Vergleich oder
	4. Erledigung in der Hauptsache, wenn keine Entscheidung über die Kosten ergeht oder die Entscheidung einer zuvor mitgeteilten Einigung über die Kostentragung oder einer Kostenübernahmeerklärung folgt, es sei denn, dass bereits eine andere Endentscheidung als eine der in Nummer 2 genannten Entscheidungen vorausgegangen ist:	

	Die Gebühr 1222 ermäßigt sich auf	2,0
	Die Gebühr ermäßigt sich auch, wenn mehrere Ermäßigungstatbestände erfüllt sind.	
	Unterabschnitt 3. Rechtsbeschwerde gegen die Endentscheidung	
1225	Verfahren im Allgemeinen	5,0
1226	Beendigung des gesamten Verfahrens durch Zurücknahme der Rechtsbeschwerde oder des Antrags, bevor die Schrift zur Begründung der Rechtsbeschwerde bei Gericht eingegangen ist: Die Gebühr 1225 ermäßigt sich auf	1,0
	Die Erledigung in der Hauptsache steht der Zurücknahme gleich, wenn keine Entscheidung über die Kosten ergeht oder die Entscheidung einer zuvor mitgeteilten Einigung über die Kostentragung oder einer Kostenübernahmeerklärung folgt.	
1227	Beendigung des gesamten Verfahrens durch Zurücknahme der Rechtsbeschwerde oder des Antrags vor Ablauf des Tages, an dem die Endent-	3,0

Kostenverzeichnis — Anhang

Nr.	Gebührentatbestand	Gebühr oder Satz der Gebühr nach § 28 FamGKG
	scheidung der Geschäftsstelle übermittelt wird, wenn nicht Nummer 1226 erfüllt ist: Die Gebühr 1225 ermäßigt sich auf	
	Unterabschnitt 4. Zulassung der Sprungrechtsbeschwerde gegen die Endentscheidung	
1228	Verfahren über die Zulassung der Sprungrechtsbeschwerde: soweit der Antrag abgelehnt wird	1,5
1229	Verfahren über die Zulassung der Sprungrechtsbeschwerde:	
	Soweit der Antrag zurückgenommen oder das Verfahren durch anderweitige Erledigung beendet wird	1,0
	Die Gebühr entsteht nicht, soweit die Sprungrechtsbeschwerde zugelassen wird.	
	Hauptabschnitt 3. Hauptsacheverfahren in selbständigen Familiensachen der freiwilligen Gerichtsbarkeit	
	Abschnitt 1. Kindschaftssachen	
	Vorbemerkung 1.3.1:	
	(1) Keine Gebühren werden erhoben für 1. die Pflegschaft für eine Leibesfrucht, 2. ein Verfahren, das die freiheitsentziehende Unterbringung eines Minderjährigen betrifft, und 3. ein Verfahren, das Aufgaben nach dem Jugendgerichtsgesetz betrifft.	
	(2) Von dem Minderjährigen werden Gebühren nach diesem Abschnitt nur erhoben, wenn sein Vermögen nach Abzug der Verbindlichkeiten mehr als 25 000 Euro beträgt; der in § 90 Abs. 2 Nr. 8 des Zwölften Buches Sozialgesetzbuch genannte Vermögenswert wird nicht mitgerechnet.	
	Unterabschnitt 1. Verfahren vor dem Familiengericht	
1310	Verfahrensgebühr	0,5
	(1) Die Gebühr entsteht nicht für Verfahren, die in den Rahmen einer Vormundschaft oder Pflegschaft fallen.	
	(2) Für die Umgangspflegschaft werden neben der Gebühr für das Verfahren, in dem diese angeordnet wird, keine besonderen Gebühren erhoben.	
1311	Jahresgebühr für jedes Kalenderjahr bei einer Vormundschaft oder Dauerpflegschaft, wenn nicht Nummer 1312 anzuwenden ist	5,00 EUR je angefangene 5000,00 EUR des zu berücksichtigenden Vermögens – mindestens 50,00 EUR
	(1) Für die Gebühr wird das Vermögen des von der Maßnahme betroffenen Minderjährigen nur berücksichtigt, soweit es nach Abzug der Verbindlichkeiten mehr als 25 000 Euro beträgt; der in § 90 Abs. 2 Nr. 8 des Zwölften Buches Sozialgesetzbuch genannte Vermögenswert wird nicht mitgerechnet. Ist Gegenstand der Maßnahme ein Teil des Vermögens, ist höchstens dieser Teil des Vermögens zu berücksichtigen.	
	(2) Für das bei Anordnung der Maßnahme oder bei der ersten Tätigkeit des Familiengerichts nach Eintritt der Vormundschaft laufende und das folgende Kalenderjahr wird nur eine Jahresgebühr erhoben.	
	(3) Erstreckt sich eine Maßnahme auf mehrere Minderjährige, wird die Gebühr für jeden Minderjährigen besonders erhoben.	
	(4) Geht eine Pflegschaft in eine Vormundschaft über, handelt es sich um ein einheitliches Verfahren.	
1312	Jahresgebühr für jedes Kalenderjahr bei einer Dauerpflegschaft, die nicht unmittelbar das Vermögen oder Teile des Vermögens zum Gegenstand hat	200,00 EUR – höchstens eine Gebühr 1311

Anhang

Gesetz über Gerichtskosten in Familiensachen

Nr.	Gebührentatbestand	Gebühr oder Satz der Gebühr nach § 28 FamGKG
1313	Verfahrensgebühr bei einer Pflegschaft für einzelne Rechtshandlungen	0,5 – höchstens eine Gebühr 1311
	(1) Bei einer Pflegschaft für mehrere Minderjährige wird die Gebühr nur einmal aus dem zusammengerechneten Wert erhoben. Minderjährige, von denen nach Vorbemerkung 1.3.1 Abs. 2 keine Gebühr zu erheben ist, sind nicht zu berücksichtigen. Höchstgebühr ist die Summe der für alle zu berücksichtigenden Minderjährigen jeweils maßgebenden Gebühr 1311.	
	(2) Als Höchstgebühr ist die Gebühr 1311 in der Höhe zugrunde zu legen, in der sie bei einer Vormundschaft entstehen würde.	
	(3) Die Gebühr wird nicht erhoben, wenn für den Minderjährigen eine Vormundschaft oder eine Dauerpflegschaft, die sich auf denselben Gegenstand bezieht, besteht.	
	Unterabschnitt 2. Beschwerde gegen die Endentscheidung	
1314	Verfahren im Allgemeinen	1,0
1315	Beendigung des gesamten Verfahrens ohne Endentscheidung: Die Gebühr 1314 ermäßigt sich auf	0,5
	(1) Wenn die Entscheidung nicht durch Vorlesen der Entscheidungsformel bekannt gegeben worden ist, ermäßigt sich die Gebühr auch im Fall der Zurücknahme der Beschwerde vor Ablauf des Tages, an dem die Endentscheidung der Geschäftsstelle übermittelt wird.	
	(2) Eine Entscheidung über die Kosten steht der Ermäßigung nicht entgegen, wenn die Entscheidung einer zuvor mitgeteilten Einigung über die Kostentragung oder einer Kostenübernahmeerklärung folgt.	
	Unterabschnitt 3. Rechtsbeschwerde gegen die Endentscheidung	
1316	Verfahren im Allgemeinen	1,5
1317	Beendigung des gesamten Verfahrens durch Zurücknahme der Rechtsbeschwerde oder des Antrags, bevor die Schrift zur Begründung der Beschwerde bei Gericht eingegangen ist: Die Gebühr 1316 ermäßigt sich auf	0,5
1318	Beendigung des gesamten Verfahrens durch Zurücknahme der Rechtsbeschwerde oder des Antrags vor Ablauf des Tages, an dem die Endentscheidung der Geschäftsstelle übermittelt wird, wenn nicht Nummer 1317 erfüllt ist: Die Gebühr 1316 ermäßigt sich auf	1,0
	Unterabschnitt 4. Zulassung der Sprungrechtsbeschwerde gegen die Endentscheidung	
1319	Verfahren über die Zulassung der Sprungrechtsbeschwerde: Soweit der Antrag abgelehnt wird	0,5
	Abschnitt 2. Übrige Familiensachen der freiwilligen Gerichtsbarkeit	
	Vorbemerkung 1.3.2:	
	(1) Dieser Abschnitt gilt für 1. Abstammungssachen, 2. Adoptionssachen, die einen Volljährigen betreffen, 3. Ehewohnungs- und Haushaltssachen, 4. Gewaltschutzsachen, 5. Versorgungsausgleichssachen sowie 6. Unterhaltssachen, Güterrechtssachen und sonstige Familiensachen (§ 111 Nr. 10 FamFG), die nicht Familienstreitsachen sind.	

Kostenverzeichnis **Anhang**

Nr.	Gebührentatbestand	Gebühr oder Satz der Gebühr nach § 28 FamGKG
	(2) In Adoptionssachen werden für Verfahren auf Ersetzung der Einwilligung zur Annahme als Kind neben den Gebühren für das Verfahren über die Annahme als Kind keine Gebühren erhoben.	
	Unterabschnitt 1. Erster Rechtszug	
1320	Verfahren im Allgemeinen	2,0
1321	Beendigung des gesamten Verfahrens 1. ohne Endentscheidung, 2. durch Zurücknahme des Antrags vor Ablauf des Tages, an dem die Endentscheidung der Geschäftsstelle übermittelt wird, wenn die Entscheidung nicht bereits durch Vorlesen der Entscheidungsformel bekannt gegeben worden ist, oder 3. wenn die Endentscheidung keine Begründung enthält oder nur deshalb eine Begründung enthält, weil zu erwarten ist, dass der Beschluss im Ausland geltend gemacht wird (§ 38 Abs. 5 Nr. 4 FamFG): Die Gebühr 1320 ermäßigt sich auf	0,5
	(1) Die Vervollständigung einer ohne Begründung hergestellten Endentscheidung (§ 38 Abs. 6 FamFG) steht der Ermäßigung nicht entgegen. (2) Die Gebühr ermäßigt sich auch, wenn mehrere Ermäßigungstatbestände erfüllt sind.	
	Unterabschnitt 2. Beschwerde gegen die Endentscheidung	
1322	Verfahren im Allgemeinen	3,0
1323	Beendigung des gesamten Verfahrens durch Zurücknahme der Beschwerde oder des Antrags, bevor die Schrift zur Begründung der Beschwerde bei Gericht eingegangen ist: Die Gebühr 1322 ermäßigt sich auf	0,5
1324	Beendigung des gesamten Verfahrens ohne Endentscheidung, wenn nicht Nummer 1323 erfüllt ist: Die Gebühr 1322 ermäßigt sich auf	1,0
	(1) Wenn die Entscheidung nicht durch Vorlesen der Entscheidungsformel bekannt gegeben worden ist, ermäßigt sich die Gebühr auch im Fall der Zurücknahme der Beschwerde vor Ablauf des Tages, an dem die Endentscheidung der Geschäftsstelle übermittelt wird. (2) Eine Entscheidung über die Kosten steht der Ermäßigung nicht entgegen, wenn die Entscheidung einer zuvor mitgeteilten Einigung über die Kostentragung oder einer Kostenübernahmeerklärung folgt.	
	Unterabschnitt 3. Rechtsbeschwerde gegen die Endentscheidung	
1325	Verfahren im Allgemeinen	4,0
1326	Beendigung des gesamten Verfahrens durch Zurücknahme der Rechtsbeschwerde oder des Antrags, bevor die Schrift zur Begründung der Beschwerde bei Gericht eingegangen ist: Die Gebühr 1325 ermäßigt sich auf	1,0
1327	Beendigung des gesamten Verfahrens durch Zurücknahme der Rechtsbeschwerde oder des Antrags vor Ablauf des Tages, an dem die Endentscheidung der Geschäftsstelle übermittelt wird, wenn nicht Nummer 1326 erfüllt ist: Die Gebühr 1325 ermäßigt sich auf	2,0
	Unterabschnitt 4. Zulassung der Sprungrechtsbeschwerde gegen die Endentscheidung	
1328	Verfahren über die Zulassung der Sprungrechtsbeschwerde: Soweit der Antrag abgelehnt wird	1,0

Anhang

Nr.	Gebührentatbestand	Gebühr oder Satz der Gebühr nach § 28 FamGKG
	Hauptabschnitt 4. Einstweiliger Rechtsschutz	
	Vorbemerkung 1.4:	
	Im Verfahren über den Erlass einer einstweiligen Anordnung und über deren Aufhebung oder Änderung werden die Gebühren nur einmal erhoben. Dies gilt entsprechend im Arrestverfahren.	
	Abschnitt 1. Einstweilige Anordnung in Kindschaftssachen	
	Unterabschnitt 1. Erster Rechtszug	
1410	Verfahren im Allgemeinen	0,3
	Die Gebühr entsteht nicht für Verfahren, die in den Rahmen einer Vormundschaft oder Pflegschaft fallen.	
	Unterabschnitt 2. Beschwerde gegen die Endentscheidung	
1411	Verfahren im Allgemeinen	0,5
1412	Beendigung des gesamten Verfahrens ohne Endentscheidung: Die Gebühr 1411 ermäßigt sich auf	0,3
	(1) Wenn die Entscheidung nicht durch Vorlesen der Entscheidungsformel bekannt gegeben worden ist, ermäßigt sich die Gebühr auch im Fall der Zurücknahme der Beschwerde vor Ablauf des Tages, an dem die Endentscheidung der Geschäftsstelle übermittelt wird.	
	(2) Eine Entscheidung über die Kosten steht der Ermäßigung nicht entgegen, wenn die Entscheidung einer zuvor mitgeteilten Einigung über die Kostentragung oder einer Kostenübernahmeerklärung folgt.	
	Abschnitt 2. Einstweilige Anordnung in den übrigen Familiensachen und Arrest	
	Vorbemerkung 1.4.2:	
	Dieser Abschnitt gilt für Familienstreitsachen und die in Vorbemerkung 1.3.2 genannten Verfahren.	
	Unterabschnitt 1. Erster Rechtszug	
1420	Verfahren im Allgemeinen	1,5
1421	Beendigung des gesamten Verfahrens ohne Endentscheidung: Die Gebühr 1420 ermäßigt sich auf	0,5
	(1) Wenn die Entscheidung nicht durch Vorlesen der Entscheidungsformel bekannt gegeben worden ist, ermäßigt sich die Gebühr auch im Fall der Zurücknahme des Antrags vor Ablauf des Tages, an dem die Endentscheidung der Geschäftsstelle übermittelt wird.	
	(2) Eine Entscheidung über die Kosten steht der Ermäßigung nicht entgegen, wenn die Entscheidung einer zuvor mitgeteilten Einigung über die Kostentragung oder einer Kostenübernahmeerklärung folgt.	
	Unterabschnitt 2. Beschwerde gegen die Endentscheidung	
1422	Verfahren im Allgemeinen	2,0
1423	Beendigung des gesamten Verfahrens durch Zurücknahme der Beschwerde oder des Antrags, bevor die Schrift zur Begründung der Beschwerde bei Gericht eingegangen ist: Die Gebühr 1422 ermäßigt sich auf	0,5
1424	Beendigung des gesamten Verfahrens ohne Endentscheidung, wenn nicht Nummer 1423 erfüllt ist: Die Gebühr 1422 ermäßigt sich auf	1,0

Nr.	Gebührentatbestand	Gebühr oder Satz der Gebühr nach § 28 FamGKG
	(1) Wenn die Entscheidung nicht durch Vorlesen der Entscheidungsformel bekannt gegeben worden ist, ermäßigt sich die Gebühr auch im Fall der Zurücknahme der Beschwerde vor Ablauf des Tages, an dem die Endentscheidung der Geschäftsstelle übermittelt wird.	
	(2) Eine Entscheidung über die Kosten steht der Ermäßigung nicht entgegen, wenn die Entscheidung einer zuvor mitgeteilten Einigung über die Kostentragung oder einer Kostenübernahmeerklärung folgt.	
	Hauptabschnitt 5. Besondere Gebühren	
1500	Abschluss eines gerichtlichen Vergleichs: Soweit der Wert des Vergleichsgegenstands den Wert des Verfahrensgegenstands übersteigt	0,25
	Die Gebühr entsteht nicht im Verfahren über die Prozess- oder Verfahrenskostenhilfe.	
1501	Auferlegung einer Gebühr nach § 32 FamGKG wegen Verzögerung des Verfahrens	wie vom Gericht bestimmt
1502	Anordnung von Zwangsmaßnahmen durch Beschluss nach § 35 FamFG:	
	je Anordnung	15,00 EUR
1503	Selbständiges Beweisverfahren	1,0
	Hauptabschnitt 6. Vollstreckung	
	Vorbemerkung 1.6:	
	Die Vorschriften dieses Hauptabschnitts gelten für die Vollstreckung nach Buch 1 Abschnitt 8 des FamFG, soweit das Familiengericht zuständig ist. Für Handlungen durch das Vollstreckungs- oder Arrestgericht werden Gebühren nach dem GKG erhoben.	
1600	Verfahren über den Antrag auf Erteilung einer weiteren vollstreckbaren Ausfertigung (§ 733 ZPO)	15,00 EUR
	Die Gebühr wird für jede weitere vollstreckbare Ausfertigung gesondert erhoben. Sind wegen desselben Anspruchs in einem Mahnverfahren gegen mehrere Personen gesonderte Vollstreckungsbescheide erlassen worden und werden hiervon gleichzeitig mehrere weitere vollstreckbare Ausfertigungen beantragt, wird die Gebühr nur einmal erhoben.	
1601	Anordnung der Vornahme einer vertretbaren Handlung durch einen Dritten	15,00 EUR
1602	Anordnung von Zwangs- oder Ordnungsmitteln:	
	je Anordnung	15,00 EUR
	Mehrere Anordnungen gelten als eine Anordnung, wenn sie dieselbe Verpflichtung betreffen. Dies gilt nicht, wenn Gegenstand der Verpflichtung die wiederholte Vornahme einer Handlung oder eine Unterlassung ist.	
1603	Verfahren zur Abnahme einer eidesstattlichen Versicherung (§ 94 FamFG)	30,00 EUR
	Die Gebühr entsteht mit der Anordnung des Gerichts, dass der Verpflichtete eine eidesstattliche Versicherung abzugeben hat, oder mit dem Eingang des Antrags des Berechtigten.	
	Hauptabschnitt 7. Verfahren mit Auslandsbezug	
	Abschnitt 1. Erster Rechtszug	
1710	Verfahren über Anträge auf	200,00 EUR

Anhang

Gesetz über Gerichtskosten in Familiensachen

Nr.	Gebührentatbestand	Gebühr oder Satz der Gebühr nach § 28 FamGKG
	1. Erlass einer gerichtlichen Anordnung auf Rückgabe des Kindes oder über das Recht zum persönlichen Umgang nach dem IntFamRVG, 2. Vollstreckbarerklärung ausländischer Titel, 3. Feststellung, ob die ausländische Entscheidung anzuerkennen ist, einschließlich der Anordnungen nach § 33 IntFamRVG zur Wiederherstellung des Sorgeverhältnisses, 4. Erteilung der Vollstreckungsklausel zu ausländischen Titeln und 5. Aufhebung oder Abänderung von Entscheidungen in den in den Nummern 2 bis 4 genannten Verfahren	
1711	Verfahren über den Antrag auf Ausstellung einer Bescheinigung nach § 56 AVAG oder § 48 IntFamRVG	10,00 EUR
1712	Verfahren über den Antrag auf Ausstellung einer Bestätigung nach § 1079 ZPO	15,00 EUR
1713	Verfahren nach § 3 Abs. 2 des Gesetzes zur Ausführung des Vertrags zwischen der Bundesrepublik Deutschland und der Republik Österreich vom 6. Juni 1959 über die gegenseitige Anerkennung und Vollstreckung von gerichtlichen Entscheidungen, Vergleichen und öffentlichen Urkunden in Zivil- und Handelssachen in der im Bundesgesetzblatt Teil III, Gliederungsnummer 319-12, veröffentlichten bereinigten Fassung, das zuletzt durch Artikel 23 des Gesetzes vom 27. Juli 2001 (BGBl. I S. 1887) geändert worden ist	50,00 EUR
1714	Verfahren über den Antrag nach § 107 Abs. 5, 6 und 8, § 108 Abs. 2 FamFG: Der Antrag wird zurückgewiesen	200,00 EUR
1715	Beendigung des gesamten Verfahrens durch Zurücknahme des Antrags vor Ablauf des Tages, an dem die Endentscheidung der Geschäftsstelle übermittelt wird, wenn die Entscheidung nicht bereits durch Vorlesen der Entscheidungsformel bekannt gegeben worden ist: Die Gebühr 1710 oder 1714 ermäßigt sich auf	75,00 EUR
	Abschnitt 2. Beschwerde und Rechtsbeschwerde gegen die Endentscheidung	
1720	Verfahren über die Beschwerde oder Rechtsbeschwerde in den in den Nummern 1710, 1713 und 1714 genannten Verfahren	300,00 EUR
1721	Beendigung des gesamten Verfahrens durch Zurücknahme der Beschwerde, der Rechtsbeschwerde oder des Antrags, bevor die Schrift zur Begründung der Beschwerde bei Gericht eingegangen ist: Die Gebühr 1720 ermäßigt sich auf	75,00 EUR
1722	Beendigung des gesamten Verfahrens ohne Endentscheidung, wenn nicht Nummer 1721 erfüllt ist: Die Gebühr 1720 ermäßigt sich auf	150,00 EUR
	(1) Wenn die Entscheidung nicht durch Vorlesen der Entscheidungsformel bekannt gegeben worden ist, ermäßigt sich die Gebühr auch im Fall der Zurücknahme der Beschwerde oder der Rechtsbeschwerde vor Ablauf des Tages, an dem die Endentscheidung der Geschäftsstelle übermittelt wird. (2) Eine Entscheidung über die Kosten steht der Ermäßigung nicht entgegen, wenn die Entscheidung einer zuvor mitgeteilten Einigung über die Kostentragung oder einer Kostenübernahmeerklärung folgt.	
1723	Verfahren über die Beschwerde in 1. den in den Nummern 1711 und 1712 genannten Verfahren, 2. Verfahren nach § 245 FamFG oder 3. Verfahren über die Berichtigung oder den Widerruf einer Bestätigung nach § 1079 ZPO: Die Beschwerde wird verworfen oder zurückgewiesen	50,00 EUR

Nr.	Gebührentatbestand	Gebühr oder Satz der Gebühr nach § 28 FamGKG
	Hauptabschnitt 8. Rüge wegen Verletzung des Anspruchs auf rechtliches Gehör	
1800	Verfahren über die Rüge wegen Verletzung des Anspruchs auf rechtliches Gehör (§ 44 FamFG): Die Rüge wird in vollem Umfang verworfen oder zurückgewiesen	50,00 EUR
	Hauptabschnitt 9. Rechtsmittel im Übrigen	
	Abschnitt 1. Sonstige Beschwerden	
1910	Verfahren über die Beschwerde in den Fällen des § 71 Abs. 2, § 91 a Abs. 2, § 99 Abs. 2, § 269 Abs. 5 oder § 494 a Abs. 2 Satz 2 ZPO	75,00 EUR
1911	Beendigung des gesamten Verfahrens ohne Endentscheidung: Die Gebühr 1910 ermäßigt sich auf ...... (1) Wenn die Entscheidung nicht durch Vorlesen der Entscheidungsformel bekannt gegeben worden ist, ermäßigt sich die Gebühr auch im Fall der Zurücknahme der Beschwerde vor Ablauf des Tages, an dem die Endentscheidung der Geschäftsstelle übermittelt wird. (2) Eine Entscheidung über die Kosten steht der Ermäßigung nicht entgegen, wenn die Entscheidung einer zuvor mitgeteilten Einigung über die Kostentragung oder einer Kostenübernahmeerklärung folgt.	50,00 EUR
1912	Verfahren über eine nicht besonders aufgeführte Beschwerde, die nicht nach anderen Vorschriften gebührenfrei ist: Die Beschwerde wird verworfen oder zurückgewiesen ...... Wird die Beschwerde nur teilweise verworfen oder zurückgewiesen, kann das Gericht die Gebühr nach billigem Ermessen auf die Hälfte ermäßigen oder bestimmen, dass eine Gebühr nicht zu erheben ist.	50,00 EUR
	Abschnitt 2. Sonstige Rechtsbeschwerden	
1920	Verfahren über die Rechtsbeschwerde in den Fällen von § 71 Abs. 1, § 91 a Abs. 1, § 99 Abs. 2, § 269 Abs. 4 oder § 494 a Abs. 2 Satz 2 ZPO	150,00 EUR
1921	Beendigung des gesamten Verfahrens durch Zurücknahme der Rechtsbeschwerde, bevor die Schrift zur Begründung der Rechtsbeschwerde bei Gericht eingegangen ist: Die Gebühr 1920 ermäßigt sich auf	50,00 EUR
1922	Beendigung des gesamten Verfahrens durch Zurücknahme der Rechtsbeschwerde oder des Antrags vor Ablauf des Tages, an dem die Endentscheidung der Geschäftsstelle übermittelt wird, wenn nicht Nummer 1921 erfüllt ist: Die Gebühr 1920 ermäßigt sich auf	75,00 EUR
1923	Verfahren über eine nicht besonders aufgeführte Rechtsbeschwerde, die nicht nach anderen Vorschriften gebührenfrei ist: Die Rechtsbeschwerde wird verworfen oder zurückgewiesen ...... Wird die Rechtsbeschwerde nur teilweise verworfen oder zurückgewiesen, kann das Gericht die Gebühr nach billigem Ermessen auf die Hälfte ermäßigen oder bestimmen, dass eine Gebühr nicht zu erheben ist.	100,00 EUR
1924	Beendigung des gesamten Verfahrens durch Zurücknahme der Rechtsbeschwerde oder des Antrags vor Ablauf des Tages, an dem die Endentscheidung der Geschäftsstelle übermittelt wird: Die Gebühr 1923 ermäßigt sich auf	50,00 EUR
	Abschnitt 3. Zulassung der Sprungrechtsbeschwerde in sonstigen Fällen	
1930	Verfahren über die Zulassung der Sprungrechtsbeschwerde in den nicht besonders aufgeführten Fällen: Wenn der Antrag abgelehnt wird	50,00 EUR

Anhang

Gesetz über Gerichtskosten in Familiensachen

Teil 2 Auslagen

Nr.	Anlagentatbestand	Höhe
	Vorbemerkung 2:	
	(1) Auslagen, die durch eine für begründet befundene Beschwerde entstanden sind, werden nicht erhoben, soweit das Beschwerdeverfahren gebührenfrei ist; dies gilt jedoch nicht, soweit das Beschwerdegericht die Kosten dem Gegner des Beschwerdeführers auferlegt hat.	
	(2) Sind Auslagen durch verschiedene Rechtssachen veranlasst, werden sie auf die mehreren Rechtssachen angemessen verteilt.	
	(3) In Kindschaftssachen werden von dem Minderjährigen Auslagen nur unter den in Vorbemerkung 1.3.1 Abs. 2 genannten Voraussetzungen erhoben. In den in Vorbemerkung 1.3.1 Abs. 1 genannten Verfahren werden keine Auslagen erhoben. Die Sätze 1 und 2 gelten nicht für die Auslagen 2013.	
	(4) Bei Handlungen durch das Vollstreckungs- oder Arrestgericht werden Auslagen nach dem GKG erhoben.	
2000	Pauschale für die Herstellung und Überlassung von Dokumenten: 1. Ausfertigungen, Ablichtungen und Ausdrucke, die auf Antrag angefertigt, per Telefax übermittelt oder angefertigt worden sind, weil ein Beteiligter es unterlassen hat, die erforderliche Zahl von Mehrfertigungen beizufügen, oder wenn per Telefax übermittelte Mehrfertigungen von der Empfangseinrichtung des Gerichts ausgedruckt werden: für die ersten 50 Seiten je Seite ...... für jede weitere Seite	0,50 EUR 0,15 EUR
	2. Überlassung von elektronisch gespeicherten Dateien anstelle der in Nummer 1 genannten Ausfertigungen, Ablichtungen und Ausdrucke: je Datei	2,50 EUR
	(1) Die Höhe der Dokumentenpauschale nach Nummer 1 ist in jedem Rechtszug, bei Vormundschaften und Dauerpflegschaften in jedem Kalenderjahr und für jeden Kostenschuldner nach § 23 Abs. 1 FamGKG gesondert zu berechnen; Gesamtschuldner gelten als ein Schuldner.	
	(2) Frei von der Dokumentenpauschale sind für jeden Beteiligten und seinen bevollmächtigten Vertreter jeweils 1. eine vollständige Ausfertigung oder Ablichtung oder ein vollständiger Ausdruck jeder gerichtlichen Entscheidung und jedes vor Gericht abgeschlossenen Vergleichs, 2. eine Ausfertigung ohne Begründung und 3. eine Ablichtung oder ein Ausdruck jeder Niederschrift über eine Sitzung. § 191a Abs. 1 Satz 2 GVG bleibt unberührt.	
2001	Auslagen für Telegramme	in voller Höhe
2002	Pauschale für Zustellungen mit Zustellungsurkunde, Einschreiben gegen Rückschein oder durch Justizbedienstete nach § 168 Abs. 1 ZPO je Zustellung	3,50 EUR
	Neben Gebühren, die sich nach dem Verfahrenswert richten, wird die Zustellungspauschale nur erhoben, soweit in einem Rechtszug mehr als 10 Zustellungen anfallen.	
2003	Pauschale für 1. die Versendung von Akten auf Antrag je Sendung	12,00 EUR
	2. die elektronische Übermittlung einer elektronisch geführten Akte auf Antrag	5,00 EUR
	Die Hin- und Rücksendung der Akten durch Gerichte gelten zusammen als eine Sendung.	
2004	Auslagen für öffentliche Bekanntmachungen 1. bei Veröffentlichung in einem elektronischen Informations- und Kommunikationssystem, wenn ein Entgelt nicht zu zahlen ist oder das	1,00 EUR

Nr.	Anlagentatbestand	Höhe
	Entgelt nicht für den Einzelfall oder ein einzelnes Verfahren berechnet wird: je Veröffentlichung pauschal	
	2. in sonstigen Fällen	in voller Höhe
2005	Nach dem JVEG zu zahlende Beträge	in voller Höhe
	(1) Die Beträge werden auch erhoben, wenn aus Gründen der Gegenseitigkeit, der Verwaltungsvereinfachung oder aus vergleichbaren Gründen keine Zahlungen zu leisten sind. Ist aufgrund des § 1 Abs. 2 Satz 2 JVEG keine Vergütung zu zahlen, ist der Betrag zu erheben, der ohne diese Vorschrift zu zahlen wäre.	
	(2) Auslagen für Übersetzer, die zur Erfüllung der Rechte blinder oder sehbehinderter Personen herangezogen werden (§ 191a Abs. 1 GVG) und für Gebärdensprachdolmetscher (§ 186 Abs. 1 GVG) werden nicht erhoben.	
2006	Bei Geschäften außerhalb der Gerichtsstelle	in voller Höhe
	1. die den Gerichtspersonen aufgrund gesetzlicher Vorschriften gewährte Vergütung (Reisekosten, Auslagenersatz) und die Auslagen für die Bereitstellung von Räumen	
	2. für den Einsatz von Dienstkraftfahrzeugen für jeden gefahrenen Kilometer	0,30 EUR
2007	Auslagen für	in voller Höhe
	1. die Beförderung von Personen	
	2. Zahlungen an mittellose Personen für die Reise zum Ort einer Verhandlung oder Anhörung und für die Rückreise	bis zur Höhe der nach dem JVEG an Zeugen zu zahlenden Beträge
2008	Kosten einer Zwangshaft, auch aufgrund eines Haftbefehls in entsprechender Anwendung des § 901 ZPO	in Höhe des Haftkostenbeitrags
	Maßgebend ist die Höhe des Haftkostenbeitrags, der nach Landesrecht von einem Gefangenen zu erheben ist.	
	Fassung ab 1. 1. 2013:	
2008	*Kosten einer Zwangshaft, auch aufgrund eines Haftbefehls in entsprechender Anwendung des § 802g ZPO ......*	*in Höhe des Haftkostenbeitrags*
	Maßgebend ist die Höhe des Haftkostenbeitrags, der nach Landesrecht von einem Gefangenen zu erheben ist.	
2009	Kosten einer Ordnungshaft	in Höhe des Haftkostenbeitrags
	Maßgebend ist die Höhe des Haftkostenbeitrags, der nach Landesrecht von einem Gefangenen zu erheben ist. Diese Kosten werden nur angesetzt, wenn der Haftkostenbeitrag auch von einem Gefangenen im Strafvollzug zu erheben wäre.	
2010	Nach dem Auslandskostengesetz zu zahlende Beträge	in voller Höhe
2011	Beträge, die inländischen Behörden, öffentlichen Einrichtungen oder Bediensteten als Ersatz für Auslagen der in den Nummern 2000 bis 2009 bezeichneten Art zustehen	begrenzt durch die Höchstsätze für die Auslagen 2000 bis 2009
	Die Beträge werden auch erhoben, wenn aus Gründen der Gegenseitigkeit, der Verwaltungsvereinfachung oder aus vergleichbaren Gründen keine Zahlungen zu leisten sind.	
2012	Beträge, die ausländischen Behörden, Einrichtungen oder Personen im Ausland zustehen, sowie Kosten des Rechtshilfeverkehrs mit dem Ausland	in voller Höhe
	Die Beträge werden auch erhoben, wenn aus Gründen der Gegenseitigkeit, der Verwaltungsvereinfachung oder aus vergleichbaren Gründen keine Zahlungen zu leisten sind.	
2013	An den Verfahrensbeistand zu zahlende Beträge	in voller Höhe

Anhang

Gesetz über Gerichtskosten in Familiensachen

Nr.	Anlagentatbestand	Höhe
	Die Beträge werden von dem Minderjährigen nur nach Maßgabe des § 1836 c BGB erhoben.	
2014	An den Umgangspfleger zu zahlende Beträge	in voller Höhe

Anlage 2

(zu § 28 Abs. 1)

Verfahrenswert bis ... EUR	Gebühr ... EUR	Verfahrenswert bis ... EUR	Gebühr ... EUR
300	25	40 000	398
600	35	45 000	427
900	45	50 000	456
1200	55	65 000	556
1500	65	80 000	656
2000	73	95 000	756
2500	81	110 000	856
3000	89	125 000	956
3500	97	140 000	1056
4000	105	155 000	1156
4500	113	170 000	1256
5000	121	185 000	1356
6000	136	200 000	1456
7000	151	230 000	1606
8000	166	260 000	1756
9000	181	290 000	1906
10 000	196	320 000	2056
13 000	219	350 000	2206
16 000	242	380 000	2356
19 000	265	410 000	2506
22 000	288	440 000	2656
25 000	311	470 000	2806
30 000	340	500 000	2956
35 000	369		

Sachverzeichnis

Beispiele: 56 1 = § 56 FamFG Randnummer 1; die Abkürzung **Einl** verweist auf die Einleitung vor § 1 FamFG, die Abkürzung **Art.** auf die Kommentierungen zum FGG-RG am Ende des Werkes, **Einf FamGKG** auf die Einführung zum FamGKG ebendort.

Abänderung
Durchführung einer – des Wertausgleichs bei der Scheidung **226**
einer Endentscheidung mit Dauerwirkung **48** 5 ff.
– Begriff der Endentscheidung **48** 5
– kein gesetzlicher Ausschluss der Abänderbarkeit **48** 9
– keine Familienstreitsache **48** 8
– Regelung eines Dauerzustands **48** 6
– Voraussetzungen der Änderungsentscheidung **48** 12 ff.
– Wirksamkeit und Wirkung von Änderungen **48** 21
– zuständiges Gericht des Abänderungsverfahrens **48** 18
von Entscheidungen in Kindschaftssachen **166**, s. auch Kindschaftssachen
des Festsetzungsbeschlusses im Verfahren der vereinfachten Minderjährigenunterhaltsfestsetzung **253** 12
gerichtlicher Entscheidungen in Unterhaltssachen **238**
unzulässige **48** 44
einer Vereinbarung über den Versorgungsausgleich **227** 4
im Verfahren bei Stundung der Ausgleichsforderung **264** 3
von Vergleichen und Urkunden in Unterhaltssachen **239**
und Wiederaufnahme **48**, s. auch Wiederaufnahme
Zulässigkeit einer – des Wertausgleichs bei Scheidung **225** 4
Abberufung
von Abwicklern **375** 57
von Aufsichtsratsmitgliedern **375** 46
von Liquidatoren
– einer Genossenschaft **375** 79
– einer GmbH **375** 71
– einer OHG und KG **375** 13
von Verwaltungsratsmitgliedern **375** 66
Abgabe
Adoptionssachen **4** 26
in Adoptionssachen **187** 9
bei Änderung des gewöhnlichen Aufenthalts in Betreuungssachen **273**
bei Anhängigkeit mehrerer Ehesachen **123**, s. Ehesachen
Anhörung der Beteiligten **4** 30
der Anträge und Erklärungen **25** 25
an ausländisches Gericht **97** 12
Betreuungssachen **4** 27
in Betreuungssachen **273**
– Abgabereife **273** 13
– Materielle Abgabevoraussetzungen **273** 5 ff.
– Verfahren **273** 20

Entscheidung über die – **4** 32
– funktionelle Zuständigkeit **4** 34
Freiheitentziehungssachen **4** 28 a
in Freiheitsentziehungssachen **416** 4
an das Gericht der Ehesache in Ehewohnungs- und Haushaltssachen **202** 2
an das Gericht der Ehesache in Güterrechtssachen **263** 2
an das Gericht der Ehesache in Kindschaftssachen **153**, s. Kindschaftssachen
an das Gericht der Ehesache in sonstigen Familiensachen **268** 2
an das Gericht der Ehesache in Unterhaltssachen **233**
Nachlasssachen **4** 28
Rechtsmittel **4** 40
Sondervorschriften für die – **4** 3
Übernahmebereitschaft des anderen Gerichts **4** 29
Umfang und Wirkung der **4** 37
der Unterbringungssache **314**
Unterbringungssachen **4** 27
in Unterbringungssachen
– Durchführung **314** 6
– Voraussetzungen **314** 3
Verfahren mit Auslandsbezug **97** 12
eines Verfahrens **4**
Voraussetzungen der **4** 6 ff.
wichtiger Grund für die – **4** 11 ff.
– allgemeine Grundsätze **4** 11
– Aufenthaltswechsel **4** 20
– Einzelfälle **4** 17 ff.
– Freiheitsstrafe **4** 23
– maßgebender Zeitpunkt **4** 16
– Sitz des Jugendgerichts **4** 24
– Wohl des Kindes **4** 17
Abhilfe
Abhilfe bei Verletzung rechtlichen Gehörs **44**, s. näher rechtliches Gehör
Abhilfeentscheidung **68** 9
– Bindungswirkung **68** 15
– Gründe bei Stattgabe **68** 12 a
– kein Verbot der reformatio in peius **68** 13
– keine Prüfung der Statthaftigkeit oder Zulässigkeit durch Erstgericht **68** 9 a
– Nichtabhilfe **68** 12 b
– Rechtsbehelfsbelehrung **68** 12 a
– Umfang der Abhilfe **68** 13
– Verfahren **68** 11
– Wirkungen **68** 20
Abhilfepflicht **68** 5
Ausschluss oder Beschränkung der Abhilfemöglichkeit **68** 24
– Betreuungs-, Unterbringungs- und Freiheitsentziehungssachen **68** 25
– Familiensachen **68** 24
– Nachlasssachen **68** 26

2545

Sachverzeichnis

fette Zahlen = §§ des FamFG

– Registersachen **68** 28
– sonstige Verfahren **68** 29
bei Beschwerdeeinlegung **68** 5 ff.
bei Rechtspflegererinnerung **Anh. 58** 6 ff.
Vorlage an das Beschwerdegericht **68** 31
Abhilfeentscheidung s. Abhilfe
Abkömmlinge
als Kann-Beteiligte in Betreuungssachen **274** 16
Ablehnung
des Dolmetschers **32** 37
des Sachverständigen **30** 101
Ablehnung einer Gerichtsperson 6 18 ff.
Ablehnungsgesuch **6** 40
Begründetheit **6** 24
Beispiele **6** 25 ff.
Beschwerdeverfahren **6** 55
Entscheidung über das Ablehnungsgesuch **6** 42
Entscheidung und Rechtsmittel **6** 52
Erledigung des Abelhnungsgesuchs **6** 57
Rechtspflegerablehnung **6** 50
Selbstablehnung **6** 61
unaufschiebbare Amtshandlungen **6** 57
Urkundsbeamte **6** 63
Verlust des Ablehnungsrechts **6** 38
Voraussetzungen der Ablehnung **6** 18
Ablehnung von Richtern
und Rechtsbeschwerde **72** 37
Ablieferungspflicht
von Testamenten **358** 2
Abschlussprüfer
Bestellung eines – **375** 22
Abschriften
Recht auf Erteilung in Nachlasssachen **357** 26
Absolute Rechtsbeschwerdegründe 72 30 ff.
Abstammung
Duldungspflicht zur Untersuchung **30** 40
Erzwingung der Untersuchung **30** 41
Untersuchung zur Feststellung der – **30** 39 ff.
Abstammungsgutachten
Verwendung von **177** 8
Abstammungssachen
Anhörung des Jugendamts **176** 2
Antrag in – **171**
ausschließliche Zuständigkeit **170** 4
Ausschluss der Abänderung **184**
Beschwerde in – **184** 4
Beteiligte **7** 37; **172** 2
– Eltern **172** 4
– Kinder **172** 3
– von Amts wegen zu Beteiligende **172** 2
Beteiligtenstellung des Jugendamts **176** 5
Definition **169** 2
eingeschränkte Amtsermittlung bei der Vaterschaftsanfechtung **177** 3
– Ausschluss anfechtungsfreundlicher Tatsachen **177** 3
– förmliche Beweisaufnahme **177** 7
– Verwendung eines Privatgutachtens **177** 8
ergänzende Vorschriften über die Beschwerde **184**
Erklärungen zur Niederschrift des Gerichts **180**
Erörterungstermin **175** 2
– persönliche Anhörung der Beteiligten **175** 4
gerichtliches Verfahren **169** 6 ff.
– ausschließliche Geltung des FamFG **169** 9
– Beiordnung eines Rechtsanwalts **169** 11

– Frage des Anwaltszwangs **169** 10
– funktionelle Zuständigkeit **169** 7
– Kosten und Gebühren **169** 12
– sachliche Zuständigkeit **169** 6
Inhalt des Beschlusses **182**
internationale Zuständigkeit **100** 3
Kosten bei Anfechtung der Vaterschaft **183**
Mehrheit von Verfahren **179**
örtliche Zuständigkeit **170** 2
postmortales Anfechtungsverfahren **169** 5
postmortales Feststellungsverfahren **169** 2
Sondervorschriften bzgl. Beschwerdeberechtigung **59** 49
Tod eines Beteiligten **181**
– verfahrensrechtliche Folgen **181** 2
Untersuchungen zur Feststellung der Abstammung **178**
– Aufdeckung einer Straftat **178** 14
– duldungspflichtige Personen **178** 11
– Erforderlichkeit **178** 10
– Sachverständigenkosten, Vorschuss **178** 22
– Umfang der Duldungspflicht **178** 10 ff.
– Zumutbarkeit **178** 12
– Zwangsmaßnahmen **178** 19
– Zwischenverfahren **178** 15
Verfahrensbeistand **174**
– Aufgaben **174** 5
– Aufwendungsersatz **174** 8
– Dauer der Bestellung **174** 7
– Erforderlichkeit der Bestellung **174** 4
– Voraussetzungen der Bestellung **174** 2 ff.
Verfahrenseinleitung durch Antrag **171**
Vertretung eines Kindes durch einen Beistand **173**
– Ausschluss der Vertretung durch Elternteil **173** 2
Vollstreckung in **96 a**
Wiederaufnahme des Verfahrens **185**
– Antragsbefugnis **185** 7
– Entscheidung des Gerichts, Verfahren **185** 14
– Kosten und Gebühren **185** 18
– neues Gutachtens als Restititionsgrund **185** 4
– zuständiges Gericht **185** 9
Wirksamkeit des Beschlusses **184**
Wirkung der Rechtskraft **184** 3
Abstimmungsleiter
Bestimmung auf Antrag **375** 99 b
Abtrennung
in Scheidungs- und Folgesachen **137** 25 ff.; **140**
– Antragserfordernis **140** 16
– bei Beteiligung weiterer Personen **140** 3
– Entscheidung **140** 17
– Fälle der Abtrennung einer Folgesache vom Verbund **140** 4 ff.
– Folgen der Abtrennung **140** 22
– Rechtsmittel gegen die Abtrennung **140** 20
– Verfahren **140** 16
Abwesenheitspfleger
Antragsberechtigung bei Erbscheinsantrag **352** 26
Voraussetzungen der Bestellung **364** 2
Abwesenheitspflegschaft
örtliche Zuständigkeit bei – **341** 2
Abwickler
Bestellung und Abberufung von – einer AG **375** 57
Adoption
in Lebenspartnerschaftssachen **269** 5
Adoptionsgeheimnis
und Akteneinsicht **13** 44

magere Zahlen = RdNrn der Anmerkungen   **Sachverzeichnis**

Adoptionssachen
Abgabe/Verweisung **187** 9
Anhörung der Beteiligten **192**
– Absehen von der Anhörung eines minderjährigen Beteiligten **192** 6
– Anhörungspflichten **192** 2
– Durchführung; Beschwerdeverfahren **192** 7
Anhörung des Jugendamts **194**
– Ausnahmen von der Anhörungspflicht **194** 3
– Bekanntmachung gerichtlicher Entscheidungen **194** 9
– einzelne Fälle der Anhörungspflicht **194** 2
– Verstoß gegen die Anhörungspflicht **194** 7
– zulässiges Jugendamt **194** 6
– Zweck und Inhalt **194** 4
Anhörung des Landesjugendamts **194**
Anwendung des Adoptionswirkungsgesetzes **199**
Bescheinigung über den Eintritt der Vormundschaft **190**
Beschluss in weiteren Verfahren **198**
– Beschluss über die Aufhebung der Adoption **198** 7
– Entscheidung über die Befreiung vom Eheverbot **198** 21
– Kosten und Gebühren **198** 27
– Verfahrensrecht **198** 12
Beschluss über die Annahme als Kind **197**
– ablehnender Beschluss **197** 28 f.
– Bekanntmachung **197** 17
– Eintritt der Wirksamkeit **197** 19
– Inhalt des Beschlusses **197** 11
– Kosten und Gebühren **197** 31
– Namensänderung **197** 15
– Prüfung vor dem Beschluss **197** 1 ff.
– Unabänderbarkeit **197** 25
– Unanfechtbarkeit **197** 21
Beschwerdeberechtigung **59** 71
Beschwerderecht des Jugendamts **194** 10
Beschwerderecht des Landesjugendamts **195** 6
Beteiligte **7** 38; **188**
– von Amts wegen zu Beteiligende **188** 2
fachliche Äußerung einer Adoptionsvermittlungsstelle **189**
– Folgen eines Verstoßes **189** 3
– Pflicht zur Einholung einer fachlichen Äußerung **189** 3
Fälle der Anhörungspflicht des Landesjugendamts **195** 4
gerichtliches Verfahren **186** 6 ff.
– ausschließliche Geltung des FamFG **186** 10
– funktionelle Zuständigkeit **186** 7
– Rechtsmittel **186** 15
– sachliche Zuständigkeit **186** 6
– sachliches Prüfungsverfahren **186** 11
internationale Zuständigkeit **101** 3
Kosten und Gebühren **186** 17
– Erwachsenenadoption **186** 18
– Minderjährigenadoption **186** 17
– Rechtsanwalt **186** 21
– Verfahrensbeistand **186** 22
– Verfahrenswert **186** 20
örtliche Zuständigkeit **187**
– Auffangzuständigkeit des AG Schöneberg **187** 9
– bei Inlandsadoptionen bei Anwendung ausländischer Sachvorschriften **187** 8
– Zuständigkeit des gewöhnlichen Aufenthalts **187** 2 ff.

sachlicher Geltungsbereich der – **186** 2
unzulässigkeit der Verbindung **193** 4
Unzulässigkeit der Verbindung **196**
Verfahrensbeistand **191**
– Aufgaben **191** 5
– Aufwendungsersatz **191** 8
– Dauer der Bestellung **191** 7
– Erforderlichkeit der Bestellung **191** 3
– Voraussetzungen der Bestellung **191** 2
Adoptionsvermittlungsstelle
gutachtliche Äußerung bei Annahme als Kind **189**
verfahrensrechtliche Stellung der – **189** 4
Adoptionswirkungsgesetz
Anwendung des – **199**
AG Schöneberg
Auffangzuständigkeit in Betreuungssachen **272** 5
Auffangzuständigkeit in Abstammungssachen **170** 3
Auffangzuständigkeit in Adoptionssachen **187** 9
örtliche Zuständigkeit **2** 8
örtliche Zuständigkeit in Nachlasssachen **343** 63
örtliche Zuständigkeit in Unterbringungssachen **313** 6
Verweisung an ein anderes Gericht in Nachlasssachen **343** 66
Verweisung durch das – **4** 7
AGGVG 486 5
AGJustG 486 15
AHK-Gesetz 98 12
Akteneinsicht 13
durch anwaltschaftlichen Vertreter **13** 57
Beglaubigungen **13** 62
durch Behörden **13** 46
– als Beteiligte **13** 46
– als Dritte **13** 47, 73
beigezogene Akten **13** 54 a
in beigezogene Akten anderer Gerichte und Behörden **13** 51
berechtigtes Interesse **13** 29
durch Bescheinigungen **13** 74
Beschwerde gegen Verweigerung, Gewährung **13** 69
durch Bevollmächtigte **13** 56
für Dritte **13** 26 ff.
– Einzelfälle **13** 39 ff.
in Ehescheidungsakten **13** 52
elektronische Akten **13** 53, 63
entgegenstehendes schwerwiegendes Interesse **13** 23
Entscheidung über – **13** 67
Ermessensabwägung **13** 34
durch Erteilung von Ausfertigungen, Auszügen und Abschriften **13** 61
durch Erteilung von Auskünften **13** 74
Gegenstand der – **13** 48
Gewährung von – an Dritte **13** 72
Glaubhaftmachung des berechtigten Interesses **13** 32
im Grundbuchverfahren **13** 18
in Kindesannahmesachen **13** 44
Kosten und Gebühren **13** 76
in Nachlass- und Teilungssachen **13** 11
in Nachlassakten **13** 41
in Nachlasssachen **357** 3
in Notariatsakten **13** 20
– notarielle Urkunden **13** 20
Ort und Zeit der Einsicht **13** 58
in Personenstandsachen **13** 19
Recht auf informationelle Selbstbestimmung **13** 33

2547

Sachverzeichnis

fette Zahlen = §§ des FamFG

Rechtsmittel **13** 64
in Registersachen **13** 16
schutzwürdige Interessen Beteiligter **13** 36
Sondervorschriften für die – **13** 8
durch Überlassung an Rechtsanwalt **13** 59
durch Übersendung an auswärtiges Amtsgericht **13** 60
Umfang und Ausgestaltung der – **13** 54 ff.
in Verbundverfahren **13** 10
Verfahrensbeteiligte **13** 21 ff.
in Verfahrenskostenhilfeakten **13** 9
Aktenverwahrung 349 25
Besonderheiten bei der Eröffnung von gemeinschaftlichen Testamenten **349** 22
Gebühr **349** 32
Aktien
Auflösung der Gesellschaft wegen Mangels der Satzung hinsichtl. Zahl und Gattung der – **399** 13
Aktiengesellschaft
Auflösung wegen Mangels der Satzung **399**
Erzwingung von Verpflichtungen nach dem AktG **388** 14
Aktienrecht
Verfahren in Registersachen **375** 39 ff.
Allgemeinkundige Tatsachen
und Beweiserhebung **29** 11
Altenheim
örtliche Zuständigkeit in Nachlasssachen **343** 41
Amtliche Auskunft 30 120
Amtliche Vermittlung 372 25
s. auch Erbauseinandersetzung
Amtliche Verwahrung
Ermittlungen nach 30 Jahren **351**
Amtsbetrieb
als Verfahrensgrundsatz in Verfahren der freiw. Gerichtsbarkeit **26** 11
Amtsermittlungsgrundsatz
Art der Ermittlungen **26** 37
Behandlung von „Beweisanträgen" **26** 22
im Beschwerdeverfahren **26** 82, s. auch Beschwerdeverfahren
im Beschwerdeverfahren „in entsprechender Anwendung der §§ 567 bis 570 ZPO" **26** 86
Beseitigung von Antragsmängeln **26** 49
Beweisaufnahme **26** 44
in Ehesachen **127** 4, s. Ehesachen
einstweilige Anordnung **51** 8
Einzelfälle zu Vorfragenprüfung **26** 61 ff.
Einzelfälle zum Umfang der notwendigen Ermittlungen **26** 74 ff.
Ermittlungspflicht bei beantragten einstweiligen/vorläufigen Anordnungen **26** 81
Ermittlungspflicht hinsichtlich des ausländischen Rechts **26** 26 ff.
Ermittlungspflichten im Verlauf des Verfahrens **26** 45 ff.
– Bindungswirkung von Entscheidungen aus dem öffentlichen Recht **26** 57
– Bindungswirkung von Entscheidungen der Zivilgerichte **26** 58
– Folgen fehlender Verfahrensvoraussetzungen **26** 51
– Prüfung der Verfahrensvoraussetzungen **26** 45
– Prüfung in der Rechtsmittelinstanz **26** 54
– Prüfung von Vorfragen **26** 56

– Verfahrensvoraussetzungen **26** 47
– zur Aufrechnung gestellter Forderung **26** 59
Ermittlungsumfang **26** 12 ff.
mehrfache Rechtshängigkeit **26** 50
Mitwirkung der Beteiligten **26** 20
Prinzip der materiellen Wahrheit **26** 12
im Rechtsbeschwerdeverfahren **26** 83
Rechtsfolgen unzureichender Ermittlungen **26** 35
Umfang der Amtsermittlungen **26** 12 ff.
Amtsermittlungspflicht
bei Aufhebung der Unterbringung **330** 6
in Betreuungssachen **294** 3
bei Verfahren über Aussetzung und Widerruf in Vollzugssachen **328** 5
Amtsgericht s. Betreuungsgericht, Familiengericht, Nachlassgericht, Registergericht
Amtshaftungsansprüche
bei unterlassener Bekanntgabe von Verfügungen von Todes wegen **348** 64
Amtshilfe
in Freiheitsentziehungssachen **417** 8
örtliche Zuständigkeit des Nachlassgerichts bei Ausschlagung **344** 44
Amtslöschung
in Registersachen **383** 22
Amtslöschungsverfahren
in Registersachen **383** 23
Amtspflichtverletzung
bei mangelhafter Ermittlung bei Eröffnung **351** 13
Amtsverfahren 51 1, 3
Verfahrenseinleitung durch Anregung **24** 4
Amtsverschwiegenheit 29 2, 24
förmliche Beweisaufnahme **30** 59
Amtsvormundschaft 190 2
Änderung gerichtlicher Entscheidungen
einstweilige Anordnung **54**
s. a. einstweilige Anordnung
Änderungsaufforderung
bei Auflösung wegen Mangels der Satzung **399** 21
Androhung
von Zwangsgeld in Registersachen **388** 2
Androhungsverfahren
Kosten des – in Registersachen **388** 46
Anerkenntnis, sofortiges
in Unterhaltssachen **243** 7
Anerkenntnisbeschluss
Familienstreitsachen **38** 18
Anerkennung
anderer ausländischer Entscheidungen
– Adoptionen **108** 20 ff.
– Änderung ausländischer Entscheidungen **108** 14
– Anerkennung als Vorfrage **108** 11
– Anerkennungsfeststellungsverfahren **108** 67
– Anerkennungshindernisse **109**
– – Fehlende Einlassungsmöglichkeit für einen Beteiligten **109** 5 ff.
– – Kollision mehrerer Entscheidungen **109** 14
– – Ordre public **109** 18
– – Zuständigkeitsmangel **109** 3
– ausländische Entmündigungen **108** 29
– Ausschluss der Anerkennung in Ehesachen **109** 26, s. Verfahren in Ehesachen
– Bedeutung der Anerkennung **108** 2
– betreuungsrechtliche Entscheidungen **108** 31
– bilaterale Staatsverträge **108** 54
– einzelne Fallgruppen **108** 15 ff.

magere Zahlen = RdNrn der Anmerkungen

Sachverzeichnis

– Erbscheine **108** 35
– Europarecht **108** 42
– in Lebenspartnerschaftssachen **109** 30
– multilaterale Anerkennungsverträge **108** 48
– nachlassgerichtliche Entscheidungen im Allgemeinen **108** 33
– sonstige ausländischen Entscheidungen; Unterhalt **109** 31
– Sorgerecht; Umgangsrecht; Kinderherausgabe **108** 15
– Testamentsvollstreckerzeugnisse **108** 38
– Todeserklärungen **108** 39
– Verbot der Nachprüfung **109** 34
– Vormundschaft, Pflegschaft **108** 28
– Wesen der Anerkennung **108** 2 ff.
– Zuständigkeit für die gerichtliche Klärung **108** 79
ausländischer Entscheidungen in Ehesachen **107**
– ausländischer Privatscheidungen **107** 13
– bindende Wirkung der Feststellung **107** 51
– Entscheidung über eine Ehe im Ausland **107** 8
– EuEheVO (EG) Nr. 2201/2003 **107** 5
– Heimatstaatscheidungen **107** 19
– keine Erfassung von gleichgeschlechtlichen Lebenspartnerschaften **107** 10
– Privatscheidung einer Ausländerehe im Inland **107** 15
– Rechtsbeschwerde zum BGH **107** 50
– Scheidungen aus EU-Mitgliedstaaten **107** 4
– Verfahren vor dem OLG
– – Antragsberechtigte **107** 41
– – Form und Inhalt des Antrags **107** 40
– – Frist **107** 45
– – Gerichtsgebühr **107** 49
– – Verfahren und Entscheidung **107** 47
– – Zuständigkeit **107** 39
– Verfahren vor der Landesjustizverwaltung **107** 21
– – Antrag auf gerichtl. Entscheidung **107** 25
– – Antragsberechtigte **107** 31
– – Bescheid der Landesjustizverwaltung **107** 35
– – örtliche Zuständigkeit **107** 22
– – Rechtsmittel gegen den Bescheid der Landesjustizverwaltung **107** 37
– – sachliche Zuständigkeit **107** 21
Anerkennungshindernisse s. Anerkennung
Anfangsermittlungen
bei Bestellung eines Verfahrensbeistands in Kindschaftssachen **158** 31
Anfechtbarkeit
der Bestellung eines Verfahrenspflegers **158** 43
einstweilige Anordnung in Betreuungssachen **300** 15
der fehlenden Entscheidung über die berufsmäßige Führung der Betreuung/Vormundschaft **168** 15
in unternehmensrechtlichen Verfahren **402** 1
– Kosten und Gebühren **402** 12
– Rechtsmittel **402** 5
– Verfahren **402** 4
– vorrangige Sonderregelungen **402** 8
Anfechtung
besondere örtliche Zuständigkeit bei Ausschlagung **344** 52
der Entscheidungen des Rechtspflegers **Einl.** 93; **Anh. 58** 2 ff.
der Vaterschaft **169** 2
Anfechtungsfrist
Vaterschaftsanfechtung **171** 20

Angehörige
Benachrichtigung von – in Unterbringungssachen **339**
Beschwerdebefugnis der – in Betreuungssachen **59** 76; **303** 18
Beschwerdebefugnis des – in Unterbringungssachen **335** 7
als Kann-Beteiligte in Betreuungssachen **274** 15
Angelegenheit, einheitliche
Beispiele **2** 21
Grundsatz **2** 20
Angelegenheiten, vermögensrechtliche
Begriff **61** 2
Angelegenheiten, verschiedene
Beispiele **2** 23
Angriffs- und Verteidigungsmittel
Begriff **115** 3
Zurückweisung von – in Ehe- und Familienstreitsachen **115** 1
Anhörung
bei Abgabe des Verfahrens **4** 30
von Auskunftspersonen **26** 41
von Behörden und Auskunftspersonen **33** 32
der Beteiligten **26** 38
der Beteiligten in Abstammungssachen **175** 4
der Beteiligten in Adoptionssachen **192**
der Betreuungsbehörde in Betreuungssachen **279** 4
des Betroffenen in Betreuungssachen **278** 1
des Betroffenen in Unterbringungssachen **319**
– Anhörung im Wege der Rechtshilfe **319** 7
– Durchführung der Anhörung **319** 4
– Inhalt **319** 5
– Unterbleiben der persönlichen Anhörung **319** 11
– Vorführung **319** 12
– Zeitpunkt **319** 6
Durchführung der – **33** 10
bei einstweiliger Anordnung in Betreuungssachen **300** 8
der Eltern in Kindschaftssachen **160**, s. auch Kindschaftssachen
der Eltern zur elterlichen Sorge und zum Umgangsrecht **128** 8
Festsetzung von Ordnungsmitteln zur Herausgabe von Personen/Regelung des Umgangs **92** 2
bei Genehmigung von ärztlichen Maßnahmen **298** 2
des gesetzlichen Vertreters **167** 9
des gesetzlichen Vertreters in Betreuungssachen **279**
des Jugendamts in Abstammungssachen **176** 2
des Jugendamts in Adoptionssachen **194**
des Jugendamts in Ehewohnungs- und Haushaltssachen **205** 2
des Jugendamts in Gewaltschutzsachen **213** 2
des Jugendamts in Kindschaftssachen **162**
des Kindes **159**, s. unter persönliche Anhörung des Kindes
des Kindes in Adoptionssachen **193** 2
des Landesjugendamtes in Adoptionssachen **195** 2
im Löschungsverfahren **394** 18
weiterer Personen bei Bestellung eines Betreuers **296** 6
persönliche s. dort
der Pflegeperson in Kindschaftssachen **161** 6, s. auch Kindschaftssachen
und rechtliches Gehör s. persönliche Anhörung
der sonstigen Beteiligten in Betreuungssachen **279** 3

2549

Sachverzeichnis

fette Zahlen = §§ des FamFG

der sonstigen Beteiligten in Unterbringungssachen **320** 2
weiterer Personen in Adoptionssachen **193** 4
der zuständigen Behörde in Unterbringungssachen **320** 3
Anhörung des Betroffenen
in Betreuungssachen s. dort
Anhörung, persönliche siehe persönliche Anhörung
Anhörungspflicht
des Jugendamts in Adoptionssachen **194** 2
des Jugendamts in Kindschaftssachen **162** 2
des Landesjugendamts in Adoptionssachen **195** 2
Anhörungsrüge 44; 61 37 a
Anwaltszwang **44** 29
Ausschlussfrist **44** 26
Begründung **44** 30
Beispiele der Gehörsverletzung **44** 39
Beschwer **44** 21
Einlegungsfrist **44** 22
Endentscheidung als Gegenstand der Rüge **44** 13
Entscheidung über die – **44** 41 ff.
– Gehörsgewährung **44** 48
– Prüfung der Begründetheit **44** 46
– Prüfung der Zulässigkeit **44** 44
– Verwerfung und Zurückweisung **44** 50
Form **44** 27
Fortführen des Verfahrens bei erfolgreicher Rüge **44** 53
Gehörsverletzung **44** 37
Kosten und Gebühren **44** 720
Verhältnis zur Verfassungsbeschwerde **44** 66
Voraussetzungen der Begründetheit **44** 37 ff.
Voraussetzungen der Statthaftigkeit **44** 3 ff.
Voraussetzungen der Zulässigkeit **44** 21 ff.
Anhörungsvermerk 28 24
Ankündigung der Löschung 393 18
Anmeldefrist
Versäumung der – **435** 7
Anmeldeverfahren 433 3
Anmeldezeitpunkt 434 11; **437** 2
Anmeldungen
nach Anmeldezeitpunkt **438** 4
Form **438** 2
in Registersachen **23** 57 ff.
Wirkung **440**
Annahme als Kind
Beschluss über die – **197**
siehe Adoptionssachen
Annahmeanordnung
bei Verfügungen von Todes wegen **346** 5
Annahmezeugnis
in Nachlasssachen **345** 61
Anordnung
einstweilige – **49**
– in Freiheitentziehungssachen **427**
– in Kindschaftssachen **157** 11
– in Unterbringungssachen **331**
persönliches Erscheinen **33** 3
persönliches Erscheinen der Eltern beim Erörterungsgespräch **157** 5
persönliches Erscheinen in Kindschaftssachen **155** 12
der Unterbringung in Betreuungssachen **284** 2
der Unterbringung zur Begutachtung in Betreuungssachen **284** 2
der Vorführung **33** 23

Anordnungsbeschluss
Anordnung der sofortigen Wirksamkeit **40** 51
Anregung
Unterrichtungspflicht **24** 6
des Verfahrens **24** 5
Verfahrenseinleitung bei Amtsverfahren **24** 4
Anscheinsbeweis 26 76; **29** 29 f.
Anschlussbeschwerde 66; 84 35; **145** 8 ff.
Akzessorietät **66** 21
Anschließung an eine Anschlussbeschwerde **66** 7
Anschließung gegen Kostenentscheidung **66** 8 b
Befristung von – in Scheidungs- und Folgesachen **145** 12
Entscheidung **66** 19
Form und Verfahren **66** 11
– Adressat der Anschlussbeschwerde **66** 12
– Einlegung **66** 15
– Form und Inhalt **66** 17
– Sachantrag und Begründung in Ehesachen und Familienstreitsachen **66** 17 a
– Verfahren **66** 18
keine eigene Beschwer erforderlich **66** 8 b
Kosten und Gebühren **66** 22
Kostenentscheidung **66** 20
Rücknahme der – **67** 22
Verzicht auf die – **67** 14
Voraussetzungen der Anschließung **66** 8
Zeitpunkt der Anschließung **66** 10
– Ehesachen und Familienstreitsachen **66** 10 a
– Familiensachen **66** 10 a
Zulässigkeit der Anschließung **66** 3
Anschlussrechtsbeschwerde 73 2 ff.
Frist und Form **73** 9 f.
Kosten und Gebühren **73** 15
Unselbständigkeit der – **73** 13
Voraussetzungen **73** 2
Antrag
Abgabe gegenüber dem zuständigen Gericht **25** 7 ff., s. a. Abgabe
Abgrenzung Amts- zu Antragsverfahren **23** 11
in Abstammungssachen **171**, s. Abstammungssachen
Adressat **25** 10
Amtsverfahren **23** 5
Angabe zum Versuch einer Mediation **23** 1 a
eines Angehörigen auf Hinzuziehung in Betreuungssachen **274** 21
Antragsberechtigung **23** 23
– in Aufgebotsverfahren **434** 4; **443** 1; **448** 2; **465** 3; **467** 2
– in Teilungssachen **373** 12
– in Vaterschaftsanfechtung **171** 4
Antragsverfahren **23** 7
Auslegung von Anträgen und Erklärungen **23** 46
Bedingte – oder Erklärungen **23** 45
Begründung **23** 39
im Beschwerdeverfahren **64** 34, s. Beschwerdeverfahren
im Dispacheverfahren **405** 5
in Ehesachen **124**
– Anhängigkeit und Rechtshängigkeit der Ehesache **124** 4
– Antragsschrift **124** 9
– Terminologie **124** 3
in Ehewohnungssachen **203** 6
Einreichung von – **25** 11
auf Erbscheinserteilung **352** 17 ff.

magere Zahlen = RdNrn der Anmerkungen

Sachverzeichnis

Feststellungsinteresse 23 37
Form 23 18
in Freiheitsentziehungssachen 417 1
Frist 23 20
in Haushaltssachen 203 2
Inhalt 23 38 ff.
Inhalt und Wirkungen der Anträge 23 45
keine Sanktionen bei mangelhafter Begründung 23 40 a
Mehrheit von Antragsberechtigten 23 30
Mindestinhalt 23 39
Mitteilung zu einer durchgeführten Mediation 23 40
zur Niederschrift der Geschäftsstelle 25 16 ff.
– Verpflichtung zur Entgegennahme 25 17
Rechtskraftzeugnis 46 7
Rechtsschutzbedürfnis 23 33
Rücknahme 23 54, s. Antragsrücknahme
als Sachantrag 23 13
Übermittlung an die übrigen Beteiligten 23 48
Unterschrift 23 42
im Verfahren der vereinfachten Minderjährigenunterhaltsfestsetzung 250 2 ff.
verfahrenseinleitender – 23 11 ff.
Verfahrensstandschaft 23 50 ff.
als Verfahrensvoraussetzung 23 11
Verwirkung des Antragsrechts 23 56
Verzicht auf das Antragsrecht 23 55
auf Wiedereinsetzung 18 5 ff., s. auch Wiedereinsetzung
Antragsberechtigung
bei Erbscheinsantrag 352 23
Rechtskraftzeugnis 46 8
im Verfahren in Teilungssachen 373 12
bei Vollzugsangelegenheiten in Unterbringungssachen 327 8
Antragsinhalt 23 38 ff.
in Abstammungssachen 171 3 ff.
im Aufgebotsverfahren der Nachlassgläubiger 456 2
im Aufgebotsverfahren der Schiffsgläubiger 465 5
in Haushaltssachen 203 2
Antragsrecht
in Registersachen 374 43
Antragsrücknahme 22 4 ff.
im Beschwerde- und Rechtsbeschwerdeverfahren 22 8
Erklärung 22 9
– Adressat 22 9
– Form 22 10
– Zustimmung der übrigen Beteiligten 22 13
Ermessenskriterien bei Kostenauferlegung 83 18
Kostenpflicht s. auch Kostenpflicht
Rücknahmeberechtigung 22 6
verfahrensrechtliche Wirkungen des – 22 16
Zeitpunkt der Rücknahme 22 7
Antragsschrift
in Ehesachen
– Inhalt 124 9
– Mängel 124 10
Inhalt der- in Scheidungs- und Folgesachen 133
in Scheidungs- und Folgesachen 133
– einvernehmliche Scheidung 133 10
– notwendiger Inhalt 133 4
– Terminologie 133 3
Antragsteller
im Verfahren auf Erteilung eines Erbscheins 345 4

Antragsverbund
Folgesachen 137 15
Anwaltszwang 64 50
für Ausgleichsansprüche nach der Scheidung 223 3
Ausnahmen des – in Familiensachen 114 16
drittinstanzlicher 114 11
in Ehe- und Folgesachen 114 4
Erklärung des Rechtsmittelverzichts 67 8
Folgen des – 114 13
in Güterrechtssachen 261 10
Kindschaftssachen 151 23
Rechtsbeschwerde 71 8
in selbständigen Familienstreitsachen 114 9
Suspendierung des – bei Zustimmung zur Scheidung 134 1
Umfang in Familiensachen 114 1
in Unterhaltssachen 231 20
in Vollstreckungsverfahren 114 10
anwendbares Recht
FGGRG Art. 111 2 ff.
Stichtag des 1. 9. 2009 für alle erstmals eingeleiteten Verfahren Art. 111 2 a
Anwendungsbereich
des FamFG 1 2 ff.
Anzeigepflicht s. Mitteilungspflichten
Apostille 107 27
Armenien
Deutsch-sowjetischer Konsularvertrag 343 55
Arrest
in Familienstreitsachen 119 9
ärztliches Zeugnis
bei Absehen von Bekanntgabe von Gründen in Unterbringungssachen 325
bei einstweiliger Anordnung einer vorläufigen Unterbringungsmaßnahme 331 3
bei einstweiliger Anordnung in Betreuungssachen 300 6
bei freiheitsentziehenden Maßnahmen in Unterbringungssachen 321 8
Inhalt 281 1
bei Verfahren über Aussetzung und Widerruf in Vollzugssachen 328 7
Aserbaidschan
Deutsch-sowjetischer Konsularvertrag 343 55
Asylbewerber
gewöhnlicher Aufenthalt 99 44
Aufenthalt s. gewöhnlicher Aufenthalt
Aufenthaltswechsel
als Abgabegrund 4 20
Aufenthaltszuständigkeit 98 15
in Abstammungssachen 100 5
in Adoptionssachen 101 7
in Betreuungs- und Unterbringungssachen 104 5
in Kindschaftssachen 99 43
in Lebenspartnerschaftssachen 103 4
bei der Pflegschaft für Erwachsene 104 5
in Versorgungsausgleichssachen 102 3
Auffangfrist 63 43, 43 a
Aufgebotssachen 433 ff.
Anmeldung des Aufgebots
– Arten 440 2
– Ausschließung mit Vorbehalt 440 9
– Aussetzung des Verfahrens 440 7
– echte Anmeldungen 440 3
– Entscheidungen des Gerichts 440 5
Anmeldung nach dem Anmeldezeitpunkt 438

2551

Sachverzeichnis

fette Zahlen = §§ des FamFG

Antragsverfahren **434** 1
– Antragsberechtigte **434** 4
– Bekanntmachung **434** 14
– Entscheidung des Gerichts **434** 7
– Kosten **434** 15
– Zulässigkeitsvoraussetzungen **434** 3
Aufgebot der Schiffsgläubiger
– Antragsberechtigung **465** 3
– Aufgebotsfrist **465** 4
– Aufgebotsverfahren zur Ausschließung **465** 2
– Wortlaut des Aufgebots **465** 5
– Zuständigkeit **465** 2
Aufgebot des Berechtigten bei Vormerkung **453** 2
Aufgebot des Grundpfandrechtsgläubigers **447** 2
– Antragsberechtigter **448** 1
– besondere Glaubhaftmachung **450** 2
– Glaubhaftmachung **449** 2
– Verfahren bei Ausschluss mittels Hinterlegung **451** 2
Aufgebot des Grundstückseigentümers **442** 2
– Antragsberechtigter **443** 1
– Glaubhaftmachung **444** 2
– Inhalt des Aufgebots **445** 2
– materielles Recht **442** 3
– örtliche Zuständigkeit **442** 10
– Verfahren **442** 6
Aufgebot des Schiffseigentümers **446** 3
Aufgebot des Schiffshypothekengläubigers **452** 1
Aufgebot von Nachlassgläubigern
– Antragsberechtigte **455** 2
– – Erbe **455** 2
– – Nachlasspfleger **455** 10
– – Nachlassverwalter **455** 11
– – Testamentsvollstrecker **455** 12
– Antragsrecht ab Annahme der Erbschaft **455** 13
– Aufgebot der Gesamtgutsgläubiger **464**
– Aufgebotsfrist **458** 4
– Einsichtsrecht in Anmeldungen **459** 3
– Erbschaftskäufe **463**
– Forderungsanmeldung **459** 1
– Gütergemeinschaft **462**
– Inhalt des Aufgebots **458** 1
– kleines Aufgebot **460** 6
– Kosten der Forderungsanmeldung **459** 5
– Mehrheit von Erben **460** 1
– Nacherbfolge **461**
– Nachlassinsolvenzverfahren **457**
– Verzeichnis der Nachlassgläubiger **456**
– Wirkung des Aufgebotsverfahrens **454** 2
– Zuständigkeit **454** 7
Aufgebotsfrist **437** 2
Aufgebotsverfahren im FamFG **433** 4
Ausschließungsbeschluss **439** 2 ff.
– öffentliche Zustellung **441** 2
– Rechtsmittel **439** 7
– Verfahren **439** 2
– Wirksamwerden der Entscheidung **439** 5
Bekanntmachung, öffentliche **435** 2
Gültigkeit der öffentlichen Bekanntmachung **436** 2
Kraftloserklärung von Urkunden
– abgelaufene Ausgabe der Zinsscheine **474**
– Abhandenkommen von Urkunden **466** 11
– Anmeldezeitpunkt bei bestimmter Fälligkeit von Schuldurkunden **475**
– Anmeldung der Rechte **477**
– Antragsbegründung **468** 2

– Antragsberechtigte **467** 2
– aufbietbare Papiere **466** 3
– Aufgebotsfrist **476** 2
– Ausschließungsbeschluss **478** 2
– – Wirkung **479** 2
– Inhaberpapiere, hinkende **483**
– Inhalt des Aufgebots **469** 2
– landesrechtliche Vorbehalte **484**
– örtliche Zuständigkeit **466** 12
– Vorlegung der Zinsscheine **473**
– Wertpapiere mit Zinsscheinen **471** 1
– Zahlungssperre **480**
– – Aufhebung **482** 3
– Zinsscheine für mehr als 4 Jahre **472**
Wirkung einer Anmeldung **440** 2
Zuständigkeit, funktionelle **433** 10
Zuständigkeit, örtliche **433** 9
Zuständigkeit, sachliche **433** 8
Aufgebotsverfahren
Gerichtsstand **2** 20 a
konkurrierende örtliche Zuständigkeit **2** 13
landesrechtliche **490**
s. a. Verschollenheitsgesetz
Aufhebung
der Adoption **198** 7 ff.
Ansprüche im Zusammenhang mit der – der Ehe **266** 13
des Bestätigungsbeschlusses **372** 24
des Einwilligungsvorbehalts bei Beschwerde in Betreuungssachen **306**
der Entscheidung in der einstweiligen Anordnungssache **54**, s. einstweilige Anordnung
der Lebenspartnerschaft **269** 3
der Löschung bei unzulässigen Eintragungen in Registersachen **395** 50
der Unterbringung **330**
Unterrichtung über die – einer Unterbringung **338** 2
Aufhebung der Ehe
Kosten **132**
Aufhebungsverfahren
in Unterbringungssachen **426**
Auflagen
in Ehewohnungs- und Haushaltssachen **206** 3
Auflassung
von Grundstücken im Auseinandersetzungsverfahren **371** 44
Auflösung
wegen Mängel der Satzung in Registersachen **399** 6
Auflösungsverfahren
bei Auflösung wegen Mangels der Satzung **399** 16 ff.
Verhältnis zum Zwangsgeldverfahren in Registersachen **388** 6
s. auch Löschungsverfahren
Aufsichtsrat
Abberufung von Mitgliedern des – **375** 46
Ergänzung des – **375** 48
Aufwendungen der Beteiligten
und Kostenerstattung **80** 22 ff.
nichterstattungsfähige Aufwendungen **80** 38
Rechtsanwaltskosten **80** 28
Reisekosten **80** 24
Zeitversäumnis der Beteiligten **80** 26
Aufwendungsersatz
Anspruch der Vormunds auf – aus der Staatskasse **168** 23

magere Zahlen = RdNrn der Anmerkungen

Sachverzeichnis

Einwendungen, Gegenforderungen bei Untreue des Vormunds **168** 20
Entscheidung des Prozessgerichts über – des Vormunds **168** 40
Festsetzung **168** 3
Festsetzung bei Tod des Mündels **168** 17
Festsetzungsentscheidung **168** 8
des Verfahrensbeistands in Kindschaftssachen **158** 45
des Verfahrenspflegers in Betreuungssachen **277**
des Verfahrenspflegers in Unterbringungssachen **318**
Augenschein
im Freibeweisverfahren **29** 19
Augenscheinsbeweis 30 33 ff.
Begriff **30** 33
Durchführung der Augenscheinseinnahme **30** 35
elektronisches Dokument als Gegenstand des Augenscheinsbeweises **30** 34
Herbeischaffung des Augenscheinsobjekts **30** 37
Auseinandersetzung
Einleitung des -verfahrens **365** 2
einer Gütergemeinschaft **373**
Wirkung der – **371**
Auseinandersetzungspfleger
Antragsberechtigung bei Erbscheinsantrag **352** 27
Auseinandersetzungsplan
in Teilungssachen **368** 5 ff.
– Bestätigungsbeschluss **368** 19
– Beurkundung des Plans **368** 17
– Form der Beurkundung der Auseinandersetzung **368** 43
– Inhalt **368** 8
– Inhalt der Beurkundung der Auseinandersetzung **368** 48
– Rechtskraft der Beurkundung **368** 54
– Rechtsmittel gegen Ablehnung der Bestätigung **368** 27
– Verfahren, wenn alle Beteiligten erschienen, erzieltes Einverständnis **368** 17
– Verfahren, wenn alle Beteiligten erschienen, kein Einverständnis **368** 15
– Verfahren, wenn niemand erschienen **368** 14
– Verfahren, wenn nur einzelne Beteiligte erschienen **368** 28
– Verhandlung über den Plan **368** 13
– Wirkung der Beurkundung der Auseinandersetzung **368** 54
– Zuständigkeit des Nachlassgerichts **368** 5
Verteilung durch das Los **369**
Auseinandersetzungsvertrag
keine Anfechtbarkeit durch Beschwerde **372** 25
Ausfertigung
des Beschlusses **38** 78 ff.; **42** 34 ff.
des Erbscheins **357** 26 ff.
Ausgleichsansprüche nach der Scheidung im Versorgungsausgleich 223
Ausgleichsforderung
einheitliche Entscheidung über – **265**
Auskunftsanspruch
materiellrechtlicher – im Unterhaltsrecht **235** 5 a
materiellrechtlicher – im Versorgungsausgleich **220** 3
im Scheidungsverbund **137** 12
Auskunftsperson
als Beteiligter im Verfahren auf Erteilung eines Erbscheins **345** 6
Auskunftspersonen
Befragung **29** 24

keine Pflicht zum Erscheinen vor Gericht **26** 43
persönliche Anhörung **33** 36
Sachverhaltsaufklärung im Wege der Amtsermittlung **26** 41
Auskunftspflicht
auskunftspflichtige Dritter **236** 4
verfahrensrechtliche – in Unterhaltssachen **235** 3
verfahrensrechtliche – in Versorgungsausgleichssachen **220** 3
Auskunftspflichten
der Steuerbehörden in Registersachen **379** 8
Auslagen
bei Beschluss über Zahlungen des Mündels **168** 8
Auslagenersatz
in Freiheitsentziehungssachen **430**
Ausland
Eröffnung der letztwilligen Verfügung im – **348** 72
Ausländer
Erblasser, örtliche Zuständigkeit **343** 69
Eröffnung der letztwilligen Verfügung eines – **348** 65
Nachlass eines – **343** 48
örtliche Zuständigkeit bei Nachlasssicherung **344** 22
örtliche Zuständigkeit in Nachlasssachen **343** 41
Ausländerakten
in Abschiebungshaftsachen **417** 23
Ausländerverein, ausländischer Verein 400 2
Ausländische Entscheidungen
Anerkennung **108**, s. Anerkennung
Anerkennung – in Ehesachen **107**
Vollstreckbarkeit **110**
– Anerkennungsfähigkeit als Voraussetzung der Vollstreckung **110** 17
– Beschluss über die – **110** 19
– – Entscheidung **110** 28
– – Verfahren **110** 27
– – Voraussetzungen **110** 25
– – Zuständigkeit **110** 24
– Voraussetzungen der Zwangsvollstreckung **110** 2
– Vorrang von Europarecht und Abkommen **110** 5 ff.
Ausländische juristische Personen 8 8
ausländisches Recht
bei Erbscheinserteilung **343** 96
Auslandsadoption 195 1
Anhörungspflicht des Landesjugendamts **195** 4
Auslandsbezug
bei Eröffnung letztwilliger Verfügungen **348** 65
Auslandszustellung 15 48 ff.
Aufgabe zur Post **15** 59
Ausführung der – **15** 55
Verkehr mit ausländischen Behörden **15** 57
Zustellungsbevollmächtigter **15** 59
Aussagegenehmigung
bei Amtsverschwiegenheit **30** 60
Ausschlagung
besondere örtliche Zuständigkeit **344** 44
besondere örtliche Zuständigkeit Anfechtung der – **344** 52
Ausschlagungserklärung
besondere örtliche Zuständigkeit **344** 44
Ausschließungsgründe
Gerichtspersonen **6** 10 ff.
Ausschluss von der Ausübung des Richteramtes 6 3 ff.

2553

Sachverzeichnis

fette Zahlen = §§ des FamFG

Ausschließungsgründe **6** 10 ff.
Folgen der Ausschließung **6** 17
Verletzung im Beschwerdeverfahren **6** 7
Vorbefasstheit **6** 9
Wesen der Ausschließung **6** 4
Ausschlussfrist
Wiedereinsetzung **18** 12
Ausschlussfristen
Vergütungsanspruch des Vormunds oder Betreuers **168** 18
Außergerichtliche Konfliktbeilegung 36 a
Allgemeines **36 a** 4
andere Verfahren **36 a** 7
außergerichtliche Kosten **36 a** 30
Aussetzung des Verfahrens **36 a** 17
– Konfliktbeilegung auf Initiative der Beteiligten **36 a** 18
– Konfliktbeilegung auf Vorschlag des Gerichts **36 a** 17
– Wirkung der Aussetzung **36 a** 19
Gerichtsgebühren **36 a** 29
gerichtsinterne Mediation **36 a** 8
– Abgrenzung zum Gütetermin **36 a** 9
– Nichtöffentlichkeit **36 a** 11
– rechtliche Stellung des richterlichen Mediators **36 a** 12
gerichtsnahe Mediation **36 a** 5
Kosten und Gebühren **36 a** 28 ff.
Kostenentscheidung **36 a** 28
Titulierung **36 a** 20
Verfahrenswert, Geschäftswert **36 a** 33
Vorgehen mangels Einigung **36 a** 25
Außergerichtliche Kosten
Berichtigungsverfahren **42** 50
Kostenerstattungsanordnung zu Lasten der Staatskasse bei außergerichtlichen Kosten **307** 10
Rechtsbeschwerde **70** 60
Rügeverfahren **44** 74
Sprungrechtsbeschwerde **75** 26
bei Vergleich **36** 55
außergerichtliche Streitbeilegung
Anordnung der Teilnahme an einem Informationsgespräch über – **156** 6
über Folgesachen **135**
– Informationsgespräch **135** 4
kein Vorschlag durchs Gericht in Gewaltschutzsachen **210** 7
Wiederaufnahme des Verfahrens in Kindschaftssachen **155** 16
außergerichtliche Vereinbarung
Begriff **366** 1
in Teilungssachen **366**
Außerkrafttreten
des FGG **Art. 112**
außerordentliche Beschwerde Anh. 58 56
außerordentliche Rechtsbehelfe Anh. 58 47 ff.
Aussetzung
Aufnahme des Verfahrens **21** 31
Aussetzungsverbot **21** 22
Auswirkungen auf Fristen **21** 25
Auswirkungen auf Verfahrenshandlungen **21** 29
Beendigung der – **21** 31
des Beschwerdeverfahrens **21** 34
Bindungswirkung der anderweitigen Entscheidung **21** 17

zur Durchführung einer gerichtsnahen oder gerichtsinternen Mediation **21** 12
Entscheidung über die – **21** 19
Ermessensentscheidung **21** 21
sofortige Beschwerde gegen Entscheidung über die – **21** 32
Sonderregelungen **21** 4
Stillstand des Verfahrens **21** 35
des Verfahrens **21**
– in Registersachen **381** 3 ff.
des Verfahrens bei außergerichtliche Konfliktbeilegung **36 a** 17
des Verfahrens bei Mediation **36 a** 17
des Verfahrens in Scheidungs- und Folgesachen **136**
– Aussetzungsantrag des Antragstellers **136** 6
– Verfahren, Rechtsmittel **136** 8
– von Amts wegen **136** 4
– Wiederholung und Dauer der Aussetzung **136** 7
des Verfahrens in Teilungssachen **370** 12
des Verfahrens in Versorgungsausgleichssachen **221** 6
des Verfahrens wegen Vorgreiflichkeit **1** 81
der Vollziehung der Freiheitsentziehung **424**
des Vollzugs einer öffentlich-rechtlichen Unterbringung **328** 2
Voraussetzungen **21** 8 ff.
bei Vorlage **21** 36
bei Vorlage an das BVerfG
– Unanfechtbarkeit des Vorlagebeschlusses **21** 53
– Vorlageberechtigung und -verpflichtung **21** 49
– Vorlagebeschluss **21** 51
– Vorlageverfahren **21** 56
bei Vorlage an das BVerfG bzw. an die Landesverfassungsgerichte **21** 47 ff.
bei Vorlage an den EuGH **21** 60 ff.
– Bindungswirkung der Vorabentscheidung des EuGH **21** 67
– Entscheidung über die Vorlage **21** 63
– Vorlageberechtigung **21** 62
– Vorlagepflicht der Instanzgerichte **21** 64
– Vorlageverfahren **21** 65
bei Vorlage an die Landesverfassungsgerichte **21** 59
aus wichtigem Grund **21** 9
– andere Fälle **21** 12
– Regelbeispiel **21** 9
– Tod eines Beteiligten **21** 12
– Vorgreiflichkeit eines anderen Verfahrens **21** 9
Wirkung der – **21** 24
AVAG
Vollstreckbarkeit ausländischer Entscheidungen **110** 6

Baden-Württemberg
Entscheidung über Erbscheinsanträge **352** 14
Landesgesetz über die freiwillige Gerichtsbarkeit vom 12. 2. 1975 **486** 4
Nachlassauseinandersetzung **487** 2
Notariat als Nachlassgericht **348** 44
sachliche Zuständigkeit in Nachlass- und Teilungssachen **343** 4
Vermittlung der Auseinandersetzung **487** 5
Zuständigkeit bei Erbscheinserteilung **352** 3
Zuständigkeit für die Inventarerrichtung **345** 135
Zuständigkeitsverteilung in Nachlasssachen **343** 87
BaFin
Antragberechtigung, Beteiligung in Registersachen **380** 39

magere Zahlen = RdNrn der Anmerkungen

Sachverzeichnis

BauGB
örtliche Zuständigkeit bei Abwesenheitspflegschaft **341** 3
Bayern
Gesetz zur Ausführung des GVG und von Verfahrensgesetzen des Bundes (AGGVG) **486** 5
Nachlassauseinandersetzung **487** 2
Vermittlung der Auseinandersetzung **487** 5
Zuständigkeit für die Inventarerrichtung **345** 135
BbgGerNeuOG 486 7
Bedingung, innerprozessuale
Antrag **23** 45
Beschwerdeeinlegung **64** 22
Beeidigung
Beteiligter **30** 117
Befangenheit s. Gerichtspersonen
Befragung, informelle
im Freibeweisverfahren **29** 22
Befristete Beschwerde
Beschwerde bei Verwendung von Verkehrsdaten **58** 73
Beschwerde in Therapieunterbringungssachen **58** 88 a
Beschwerde nach GBO und SchRegO **58** 77
Beschwerde nach IntFamRVG **58** 75
Beschwerde nach § 17 a GVG **58** 88
in Ehesachen und Familienstreitsachen **58** 71
Erstbeschwerde als Rechtsbeschwerde **58** 72
Notarbeschwerde **58** 80
Notarkostenbeschwerde **58** 86
sofortige Beschwerde nach VerschG **58** 74
Sonderformen der – **58** 71 ff.
im Verfahren in Teilungssachen **372** 10
Befristung
von Rechtsmittelerweiterung und Anschlussrechtsmittel in Scheidungs- und Folgesachen **145**
Vergleich über nachehelichen Unterhalt **239** 50 a
Begründung
Pflicht und Umfang **38** 62 f.
– Ausnahmen von der Begründungspflicht **38** 68
Rechtsfolgen fehlender Gründe **38** 73
Vervollständigung bei Geltendmachung im Ausland **38** 76
Begründung, fehlende
als Rechtsbeschwerdegrund **72** 42
Begründungspflicht 38 62
Ausnahmen von der – **38** 68
der Endentscheidung im Versorgungsausgleich **224** 7
Behörde
als Muss-Beteiligter in Unterbringungssachen **315** 6
Behörden
Akteneinsicht **13** 46
als Beistand **12** 9
Beteiligtenfähigkeit **8** 12
Einlegung der Rechtsbeschwerde **71** 11
Einsicht in eröffneten Verfügungen von Todes wegen **357** 5
Kostenerstattung **81** 36
landesgesetzlich zugelassene **488**
persönliche Anhörung **33** 32
Wiedereinsetzung **17** 38
Behördenprivileg 114 12
Beiordnung
eines Rechtsanwalt in Scheidungs- und Folgesachen **138**

eines Rechtsanwalts im Verfahrenskostenhilfeverfahren **78**, s. auch Verfahrenskostenhilfe
eines Rechtsanwalts in Abstammungssachen **169** 11
eines Rechtsanwalts in Kindschaftssachen **151** 24
Beistand 12
auftretungsbefugte Personen **12** 9
Begriff **12** 5
in Familiensachen (Beiordnung eines Anwalts) **12** 2
bei der Untersuchung durch den Sachverständigen **12** 7
in der Verhandlung **12** 4 ff.
Vertretung eines Kindes in Abstammungssachen **173**
Vertretung eines Kindes in Unterhaltssachen **234**
Zurückweisung **12** 12
Beistandschaft
Wesen und Zulässigkeit der – **12** 4
Bekanntgabe 15
durch Aufgabe zur Post **15** 67
– Bekanntgabefiktion **15** 68
– Verfahren; Nachweis **15** 69
– Widerlegung der Fiktion **15** 70
von Beschlüssen **41** 3 ff.
des Beschlusses in Betreuungssachen **288** 2 ff.
beschwerdefähiger Entscheidungen an Minderjährige **60** 21
besondere Form für einzelne Verfahren **41** 25
Dokumente mit Termins- oder Fristbestimmung **15** 4
der Eintragung in Registersachen **383** 2
der Entscheidung bei Sterilisation **297** 14
der eröffneten Verfügung **348** 41
Form und Frist bei Verfügungen von Todes wegen **348** 57
durch formlose Mitteilung **15** 74
von Gründen an Betroffenen in Unterbringungssachen
– Absehen von – **423**
von Gründen in Unterbringungssachen **325**
Heilung von Zustellungsmangeln **15** 71
in Kindschaftssachen **164**
an Notare **15** 10
Pflicht zur – **15** 4
schriftliche **41** 6
durch Verkündung **41** 13
Verzicht auf – **15** 9
Wahl der Form der – **15** 8
Wirksamwerden von Beschlüssen in Betreuungssachen **287** 4
durch Zustellung **15** 12 ff.
– Durchführung der Zustellung **15** 13
– Ersatzzustellung **15** 35 ff.
– öffentliche Zustellung **15** 61
– Ort der Zustellung **15** 34
– Zustellung an gesetzlichen Vertreter **15** 19
– Zustellung an rechtsgeschäftlich bestellte Vertreter **15** 22
– Zustellung an Verfahrensbevollmächtigte **15** 23
– Zustellung auf Betrieben der Beteiligten **15** 66
– Zustellung im Ausland **15** 48 ff.
– Zustellungsurkunde **15** 17
Bekanntgabefiktion 15 68
Bekanntmachung s. öffentliche Bekanntmachung
Belarus
Deutsch-sowjetischer Konsularvertrag **343** 55
Belegvorlageanspruch im Scheidungsverbund 137 12

Sachverzeichnis

fette Zahlen = §§ des FamFG

Belegvorlagepflicht Dritter
in Unterhaltssachen **236** 3
Belehrung
Verhängung von Ordnungsmitteln **89** 11
Belehrungspflicht siehe Rechtsbehelfsbelehrung
Benachrichtigung
von Angehörigen in Freiheitsentziehungssachen **432**
von Angehörigen in Unterbringungssachen **339**
Umfang der – bei Verfügungen von Todes wegen **348** 53
Berechtigtes Interesse
für Akteneinsicht **13** 29
Einzelfälle **13** 39
Berichtigung s. Beschluss
Berichtigungsantrag
in Registersachen **383** 24
Berichtigungsverfahren
von Beschlüssen **42** 29 ff.
Berlin
Preußisches Gesetz über die freiwillige Gerichtsbarkeit vom 21. 9. 1899 **486** 6
Vermittlung der Auseinandersetzung **487** 5
s. Schöneberg
Berufsbetreuer
Vordrucke für – in Betreuungssachen **292** 2
Berufskammer 380 14 f.
Berufsrichter Einl. 68
berufsständische Organe
Anhörung in Registersachen **380** 27
Antragsrecht in Registersachen **380** 25
Ausführungsbestimmungen über die Mitwirkungspflichten der – **387** 12
Begriff **380** 3 ff.
Bekanntgabe von Entscheidungen in Registersachen **380** 33
Beschwerdeberechtigung der – **380** 35
als Beteiligte in Registersachen **374** 46 b
Beteiligung in Registersachen **380**
Hinzuziehung in Registersachen **380** 30
keine – **380** 18
mehrfache Zuständigkeit **380** 16
Unterstützungspflicht in Registersachen **380** 20
Beschäftigte des Beteiligten
als Beistand **12** 9
Bescheinigung
über den Eintritt der Vormundschaft **190**
Bescheinigungen
in Registersachen **386**
Beschleunigungsgebot
einstweilige Anordnung **51** 20
in Kindschaftssachen **155** 2
Verhältnis zum Hinwirken auf einvernehmliche Lösung **155** 1 a
Beschluss
in Abstammungssachen **182**
Anordnung der sofortigen Wirksamkeit
– Anordnungsbeschluss **40** 51
– Einzelfälle **40** 55
über Aussetzung des Verfahrens in Teilungssachen **370** 13
Bekanntgabe des – **41** 6 ff.
– Absehen von der – der Gründe **41** 20
– Adressaten **41** 3
– Aktenvermerk **41** 17
– Aufgabe zur Post **41** 12
– Kind oder Mündel **41** 4 a

– Nachholung der Begründung **41** 19
– Rechtsfolgen fehlender oder unwirksamer Bekanntgabe **41** 23
– schriftliche **41** 6
– Sonderfälle **41** 25
– Sondervorschriften bei Bekanntgabe an Dritte **41** 5
– durch Verkündung **41** 13
– Zustellung **41** 8
Berichtigung des – **42**
– Begriff der offenbaren Unrichtigkeit **42** 3 ff.
– Entscheidung **42** 33
– Formel **42** 19
– Gegenstand der Berichtigung **42** 10 ff.
– Gründe **42** 24
– Kosten und Gebühren **42** 48
– Rechtsbehelfsbelehrung **42** 28
– Rechtsfolgen der – **42** 41
– Rechtsmittel **42** 36
– Rubrum **42** 16
– Sachverhaltsdarstellung **42** 23
– Unterschrift **42** 26
– Verfahren **42** 29
Beschlussarten **38** 9 ff.
– Anerkenntnisbeschluss **38** 18
– Teilbeschluss **38** 29
– Verbundbeschluss im Scheidungsverfahren **38** 37
– Versäumnisbeschluss **38** 14
– Verzichtsbeschluss **38** 20
– Vorbehaltsbeschluss **38** 23
– Zwischenbeschluss **38** 33
– Zwischenbeschluss über den Grund **38** 34
über Einziehung des Erbscheins **353** 8
Ergänzung des – **43**
– Entscheidung **43** 13
– Ergänzungsantrag **43** 10
– Kosten und Gebühren **43** 20
– Rechtsfolgen **43** 16
– Übergehen eines Antrags **43** 7
– Unterbleiben der Kostenentscheidung **43** 8
– Verfahren **43** 10
– Voraussetzungen der – **43** 3
Erlass **38** 88
in Familiensachen **116**
Festellung des Außerkrafttretens der einstweiligen Anordnung **56** 10
Form und Inhalt **38** 40 ff.
– Besonderheiten in Ehesachen/Familienstreitsachen **38** 48
– Bezeichnung der Beteiligten **38** 43
– Bezeichnung des Gerichts **38** 47
– Formel **38** 50
– Rubrum **38** 42
formelle Rechtskraft s. formelle Rechtskraft
Funktion des – im FamG-Verfahren **38** 2 ff.
Gründe
– Ausnahmen von der Begründungspflicht **38** 68
– Rechtsfolgen fehlender Gründe **38** 73
des Nachlassgerichts über Erbscheinsantrag **352** 93
Prüfung von Beschlüssen in Registersachen **374** 58
Sachverhaltsdarstellung im Bereich der freiw. Gerichtsbarkeit **38** 54
Sachverhaltsdarstellung; tatbestandliche Feststellungen in Ehesachen u. Familienstreitsachen **38** 59
Unterschrift **38** 78
– Anforderungen **38** 79

magere Zahlen = RdNrn der Anmerkungen

– Ersetzung **38** 81
– Rechtsfolgen fehlender Unterschrift **38** 84
– verkündeter Beschluss **38** 87
Wirksamwerden **40**
– Anordnung der sofortigen Wirksamkeit **40** 49
– Aufhebung der Beschränkung **40** 46
– Ausschließung der Befugnis **40** 46
– Begriff und Bedeutung der Wirksamkeit **40** 3 ff.
– Dauer der Rechtswirkungen **40** 14
– Eintritt der Wirksamkeit durch Bekanntgabe **40** 17 ff.
– Eintritt der Wirksamkeit mit Rechtskraft **40** 26
– Einzelfälle **40** 22
– Ermächtigung zum Betrieb eines Erwerbsgeschäfts **40** 32
– Ersetzung der Ermächtigung/Zustimmung; Einzelfälle **40** 38
– Genehmigung eines Rechtsgeschäfts **40** 27
– Genehmigung von Verfahrenshandlungen **40** 34
– Rechtsgeschäfte des gesetzlichen Vertreters; Einzelfälle **40** 28 f.
– Sondervorschriften **40** 47
– Umfang der Rechtswirkungen **40** 6
– Wirksamwerden der Rechtsmittelentscheidung **40** 63
Wirksamwerden von Beschlüssen bei Unterbringungsmaßnahmen **324**
Beschlussformel
in Abstammungssachen **182** 2 f.
Inhalt der – im Versorgungsausgleich **224** 8 ff.
Inhalt der – in Betreuungssachen **286**
Inhalt der – in Unterbringungssachen **323**
Beschränkt Geschäftsfähige
Verfahrensfähigkeit **9** 11
Beschwer
materielle **59** 6 ff.; **117** 27
Beschwerde
in Abstammungssachen **184** 4
Adressat der – **64** 4
– Beschwerdegericht **64** 4 a
– Einlegung beim unzuständigen Gericht **64** 7
– Familiensachen **64** 4 b
– Sonderregelungen **64** 6
Anfechtbarkeit von Entscheidungen **58** 16 ff.
– Endentscheidungen **58** 16
– Endentscheidungen; Einzelfälle **58** 18 ff.
– Entscheidungen in Nachlasssachen **58** 43
– Entscheidungen in Registersachen **58** 59
– gesetzlicher Ausschluss der selbständigen Anfechtung **58** 40
– sonstige Verrichtungen und Verlautbarungen **58** 41
– Vereinsregistersachen **58** 69
– Zwischenentscheidungen **58** 23
– Zwischenentscheidungen; Einzelfälle **58** 26 ff.
außergerichtliche Kosten **58** 118
Bedeutung der Beteiligtenstellung **7** 51
bedingte Einlegung **64** 21
befristete **58**, s. dort
Begründung **65**
– Beschränkung der Beschwerdegründe **65** 14
– Beschränkung der Zuständigkeitsprüfung **65** 16
– Bindungswirkung **65** 15
– neue Tatsachen und Beweise **65** 9 ff.
– neues Vorbringen in Ehe- und Familienstreitsachen **65** 12 a

Sachverzeichnis

– zeitliche Begrenzung des neuen Vorbringens **65** 12
– Zulassung neuer Tatsachen und Beweismittel **65** 10
Begründungsfrist **65** 5; **117** 7
Begründungspflicht **65** 3
gegen Beschluss im Vollstreckungsverfahren **87**
Beschränkung der – in Teilungssachen **372** 14
Beschwerdeentscheidung s. dort
Beschwerderecht s. Beschwerdeberechtigung
Beschwerdewert s. dort
durch den Betroffenen in Unterbringungssachen **336**
im Dispacheverfahren **408** 2
in Ehe- und Familienstreitsachen **117**
Einlegung als elektronisches Dokument **64** 20
Einlegung der – **64** 8 ff.
Einlegung zur Niederschrift der Geschäftsstelle **64** 13
Einlegung zur Niederschrift des Richters/Rechtspflegers **64** 18
Einreichung einer Beschwerdeschrift **64** 10
ergänzende Vorschriften über die – in Betreuungssachen **303**
ergänzende Vorschriften über die – in Unterbringungssachen **335**
nach Erledigung der Hauptsache
– Abhilfeentscheidung **62**
– Änderungen im Verfahrensablauf **62** 23
– Antrag auf Feststellung der Rechtswidrigkeit **62** 10
– berechtigtes Interesse an der Feststellung der Rechtswidrigkeit **62** 11
– Feststellungsentscheidung **62** 4
– Heilung von Mängeln **62** 24
– Rechtsmittel gegen die Entscheidung über den Feststellungsantrag **62** 40
– Regelbeispiele für berechtigtes Interesse **62** 13 ff.
– Sachentscheidung des Beschwerdegerichts über den Feststellungsantrag **62** 31
– Sachentscheidung des Rechtsbeschwerdegerichts über den Feststellungsantrag **62** 38
– Statthaftigkeit **62**
– Verfahrensgegenstand der Feststellungsentscheidung **62** 21 ff.
– Zeitpunkt der Erledigung **62** 7
nach FamGKG **58** 99
gegen den Festsetzungsbeschluss im Verfahren über die vereinfachte Minderjährigenunterhaltsfestsetzung **256**
im Firmenlöschungsverfahren **397** 23
Frist **63** 9 ff., s. Beschwerdefrist
Funktion und Ausgestaltung der befristeten – **58** 4
Gerichtsgebühren **58** 116
gesetzlicher Ausschluss der Anfechtbarkeit **58** 106
– Allgemeines **58** 106
– Einzelfälle **58** 107 f.
Grundsatz der Meistbegünstigung **58** 109
in Güterrechtssachen **261** 10
Kosten und Gebühren **58** 116
in Kostensachen **58** 95 ff.
nach KostO **58** 104
Möglichkeiten zur Einlegung **64** 8
in Registersachen **391**
Rücknahme der – **67** 15
– Beschränkung **67** 17
– Folge **67** 20
– Form **67** 18
– Kosten und Gebühren **67** 23

Sachverzeichnis

fette Zahlen = §§ des FamFG

– Kostentragung in Ehe- und Familienstreitsachen **67** 20
sofortige
– Allgemeines **58** 89
– Einzelfälle **58** 93
– entspr. §§ 567–572 ZPO **58** 89
– im Verfahren in Teilungssachen **372** 4
der Staatskasse in Betreuungssachen **304**
Statthaftigkeit **58**
Statthaftigkeit der – gegen Entscheidungen in unternehmensrechtlichen Verfahren **402** 11
des Untergebrachten in Betreuungssachen **305** 2
Verfahren s. auch Beschwerdeverfahren
Verfahrenswert; Geschäftswert **58** 119
gegen Versagung der Verfahrenskostenhilfe **76** 51 ff.
im Versorgungsausgleichsverfahren **228**
Verzicht auf die Einlegung der – **67** 3 ff.
– Bedingungsfeindlichkeit der Erklärung **67** 13
– Erklärung gegenüber anderen Beteiligten **67** 11
– Erklärung gegenüber dem Gericht **67** 7
Widerruf; Anfechtung; bedingte Rücknahme **67** 19
s. a. Rechtsbeschwerde
Beschwerdebefugnis
des Angehörigen in Unterbringungssachen **335** 7
des Betreuers in Unterbringungssachen **335** 4
der Betreuungsbehörde in Unterbringungssachen **335** 6
in Betreuungssachen **303** 3 ff.
– Angehörige des Betroffenen **303** 18
– Betreuer **303** 6
– Betreuungsbehörde **303** 13
– Betroffene **303** 3
– Dritter **303** 29
– im Interesse des Betroffenen **303** 25
– Verfahrenspfleger **303** 4
– Vorsorgebevollmächtigte **303** 11
des Betroffenen in Unterbringungssachen **335** 2
Dritter in Betreuungssachen **303** 29
des Jugendamtes in Gewaltschutzsachen **213** 4
der Staatskasse in Betreuungssachen **304**
– Beschwerdefrist **304** 6
– Erweiterung **304** 4
– Umfang der Beschwerdebefugnis **304** 2 f.
des Verfahrenspflegers in Unterbringungssachen **335** 3
des Vorsorgebevollmächtigten in Unterbringungssachen **335** 5
Beschwerdebegründung s. Beschwerde
Beschwerdeberechtigte 59
s. unter Beschwerderecht
Beschwerdeberechtigung 59
in Amtsverfahren **59** 3
im Antragsverfahren **59** 37 ff.
– bei antragsgemäßer Entscheidung **59** 44
– Antragskumulierung **59** 43
– bei Zurückweisung des Antrags **59** 37
in Antragsverfahren **59** 4
Begriff und Bedeutung der Beschwerdeberechtigung **59** 2
von Behörden **59** 55 ff.
– allg. Beschwerdeberechtigung; Einzelfälle **59** 65
– allgemeine Beschwerdeberechtigung **59** 64
– bes.Beschwerdeberechtigung; Einzelfälle **59** 56
– besondere Beschwerdeberechtigung **59** 55
in Betreuungssachen **59** 76
im Dispacheverfahren **408** 8

Einzelfälle einer – **59** 69 ff.
in Familiensachen
– in Adoptionssachen **59** 71
– in Kindschaftssachen **59** 70
– in Versorgungsausgleichssachen **59** 72
in Familiensachen der freiw. Gerichtsbarkeit **59** 70 ff.
Feststellung der Rechtsbeeinträchtigung **59** 15 ff.
– Amtsermittlungsgrundsatz **59** 15
– doppelrelevante Tatsachen **59** 20
– Feststellungslast **59** 17
– maßgeblicher Zeitpunkt **59** 19
– personale Zuordnung der Beeinträchtigung **59** 22
bei der Genehmigung eines Rechtsgeschäfts **59** 91
in Landwirtschaftssachen **59** 89
in Nachlasssachen **59** 77
– im Erbscheinsverfahren **59** 77
– bei der Nachlasspflegschaft **59** 83
– bei der Nachlassverwaltung **59** 85
– bei der Testamentsvollstreckung **59** 82
von Notaren **59** 66
in Personenstandssachen **59** 90
Rechtsbeeinträchtigung **59** 9 ff.
Rechtsbeschwerde **74** 6
in Registersachen **59** 86
Sondervorschriften
– Abstammungssachen **59** 49
– Aufgebotsverfahren zwecks Todeserklärung **59** 54
– Betreuungssachen **59** 50
– Freiheitsentziehungssachen **59** 53
– Nachlasssachen **59** 52
– Therapieunterbringungssachen **59** 54 a
– Unterbringungssachen **59** 51
Sondervorschriften (Überblick) **59** 48
in unternehmensrechtlichen Verfahren **59** 88
in Vereinssachen **59** 87
Versorgungsträger **59** 73
Beschwerdeentscheidung 69 4 ff.
Abfassung der – **69** 32
Begründungspflicht **69** 42 ff.
Bekanntgabe der – **69** 51
Bindungswirkung **69** 27
Divergenzvorlage an den Bundesgerichtshof **69** 17 a
Entscheidung über die Zulassung der Rechtsbeschwerde **69** 36
Kostenentscheidung **69** 39
Rechtsbehelfsbelehrung **69** 40
stattgebende Entscheidung **69** 9
Verbindung mit anderen Entscheidungen **69** 41
Verwerfung **69** 6
Wirksamwerden der – **69** 53
– Anordnung der sofortigen Wirksamkeit **69** 58
– Zeitpunkt **69** 53
Zurückverweisung an das Ausgangsgericht **69** 13
– Antrag **69** 15 d
– Beispiele wesentlicher Verfahrensmängel **69** 15 b
– Bindungswirkung zurückverweisender Entscheidungen **69** 27
– Entscheidung durch Beschluss **69** 17
– Kosten und Gebühren **69** 60
– ungenügende Begründung der Entscheidung als Verfahrensmangel **69** 15 a
– Zurückverweisung auf Antrag bei wesentlichem Verfahrensmangel **69** 15
– Zurückverweisung von Amts wegen **69** 14
Zurückweisung der Beschwerde als unbegründet **69** 8

magere Zahlen = RdNrn der Anmerkungen

Sachverzeichnis

Beschwerdefrist 63 9 ff.
Beginn bei Bekanntgabe von Beschlüssen 63 15
– Adressat der Bekanntgabe und Fristlauf 63 20
– Art der Bekanntgabe 63 18
– Bewirkung der Bekanntgabe 63 15 a
– fehlende oder fehlerhafte Bekanntgabe 63 27
– Fristlauf bei Bekanntgabe mangelhafter Beschlüsse 63 23
– Sonderregelungen für die Bekanntgabe 63 28
Beginn der – 63 15 ff.
Berechnung der – 63 30
für Beschwerde der Staatskasse in Betreuungssachen 304 6
Beschwerde gegen Beschluss zur Genehmigung eines Rechtsgeschäfts 63 14 b
Beschwerde gegen einstweilige Anordnung 63 14 a
Einlegung beim unzuständigen Gericht 63 41
Fristversäumung 63 48
Fristwahrung 63 33
fünfmonatige Auffangfrist 63 43
– Fristbeginn und Fristende bei der Fünfmonatsfrist 63 46
– Lauf der – in Ehe- und Familienstreitsachen 63 43 a
unterbliebene Bekanntgabe 63 43
Beschwerdeführer
Vertretung des – 64 50
Beschwerdeführungsbefugnis 59 26 ff.
Begriff 59 26
Beschwerdeführung im eigenen Namen 59 27
Beschwerdeführung im fremden Namen 59 30
– Betreuer 59 34
– Eltern 59 32
– gesetzlicher Vertreter 59 31
– Pfleger 59 33
– Verfahrenspfleger 59 36
– Vormund 59 35
gewillkürte Verfahrensstandschaft 59 29
bei Minderjährigen 60 2, s. Beschwerderecht Minderjähriger
Beschwerdegericht 68 35
Oberlandesgericht als – im Erbscheinsverfahren 352 6
Vorlage an das – im Abhilfeverfahren 68 31, s. auch Abhilfe
Beschwerderecht
der berufsständischen Organe 380 35
in Familiensachen
– in Ehewohnungs- und Haushaltssachen 205 4
des Jugendamtes in Adoptionssachen 194 10
des Jugendamtes in Kindschaftssachen 162 16; 176 7
des Landesjugendamtes in Adoptionssachen 195 6
Minderjähriger 60
– Beschwerdeführungsbefugnis 60 2
– – die Person betreffende Angelegenheiten 60 6
– – die Person betreffende Angelegenheiten; Einzelfälle 60 10
– – persönliche Voraussetzungen 60 13
– – sonstige Angelegenheiten 60 11
– – Umfang der – 60 16
– – vermögensrechtliche Angelegenheiten 60 9
selbständiges – bei mehreren Testamentsvollstrecker 355 33
Verwirkung des – 64 54
s. Beschwerdeberechtigung

Beschwerdeschrift 64 24 ff.
Form und Inhalt 64 24
qualifizierte elektronische Signatur 64 33
unrichtige Bezeichnung des Rechtsmittels 64 27
Unterschrift 64 29
weitere Formerfordernisse 64 28
Beschwerdesumme 61 21
Beschwerdeverfahren
Abhilfeverfahren 68 5 ff., s. auch Abhilfe
Absehen von mündlicher Verhandlung oder sonstigen Verfahrenshandlungen 68 57
Amtsermittlungen 68 56
und Amtsermittlungsgrundsatz 26 82
Anträge im –; Gegenstand des – 64 34 ff.
– in Amtsverfahren 64 37
– in Antragsverfahren 64 42
anwendbares Recht 68 50
Gang des – 68 40 ff.
Gewährung rechtlichen Gehörs 68 54
Gründe für Absehen von der Anhörung 68 59 a
maßgeblicher Zeitpunkt der Prüfung 68 48
Möglichkeit des Zurückweisungsbeschlusses in Ehe- und Familienstreitsachen 68 58 a
persönliche Anhörung 34 43
Prüfungsumfang 68 42
reformatio in peius im – 69 18
– Beispiele unzulässiger Schlechterstellung 69 25
– Beispiele zulässiger Schlechterstellung 69 23
in Registersachen 391 6
Übertragung auf den Einzelrichter 68 97
– Rückübertragung 68 105
– Verfahren 68 102
Umfang der Begründetheitsprüfung 68 86 ff.
– Beispielsfälle 68 90
– Prüfung von Ermessensentscheidungen 68 93
– Würdigung von Sachverständigengutachten 68 94
Zulässigkeitsprüfung 68 61 ff.
– Grundsatz der Meistbegünstigung 68 66
– Umfang der Ermittlungen 68 63
– Verwerfung 68 82
– Voraussetzungen 68 67 ff.
Beschwerdewert 61
Begriff 61 6
Berechnung 61 10
Beschwerdesumme 61 21
– bei Anfechtung der Kostenentscheidung 61 4, 4 a
Festsetzung 61 19
Versorgungsausgleichsachen 61 5
Besetzungsrüge
und Rechtsbeschwerde 72 34
Bestätigungsbeschluss
Bindung der Beteiligten 371 16
im Dispacheverfahren 409
Folgen der Aufhebung des – 372 24
formelle Rechtskraft 371 6
Landesrecht 366 79
rechtliche Bedeutung 371 9
Rechtsmittel gegen – 366 77
Rechtsmittel gegen den – 372 11 ff.
in Teilungssachen 371 3 ff.
bei Vereinbarung in Teilungssachen 366 69
Wirksamkeit des – im Dispacheverfahren 409 2
Wirkungen des – in Teilungssachen 366 78
Zwangsvollstreckung des – im Dispacheverfahren 409 7

2559

Sachverzeichnis

fette Zahlen = §§ des FamFG

Bestellung
von Abschlussprüfern in Registersachen **375** 22
eines Abwicklers **375** 57, 88
von Aufsichtsratsmitgliedern **375** 49
von besonderen Vertretern **375** 55
eines geschäftsführenden Direktors **375** 68
von geschäftsführenden Personen **375** 90
von Liquidatoren
– einer Genossenschaft **375** 79
– einer GmbH **375** 71
– einer OHG und KG **375** 13
von Nachtragsabwicklern **375** 62
eines Prüfers nach PublG **375** 82
eines Prüfverbandes **375** 78
eines Sachwalters bei Aufhebung der Erlaubnis im Pfandbriefgeschäft **375** 92
eines Sachwalters bei Insolvenzgefahr **375** 86
eines Treuhänders **375** 84, 89
eines Verfahrensbeistands **158**
des Verfahrenspflegers in Betreuungssachen **276** 19 ff.
eines Verfahrenspflegers in Betreuungssachen **276** 3 ff.
des Vorsitzenden der Versammlung **375** 54
Bestellungsurkunde
Inhalt der – in Betreuungssachen **290** 2
Bestimmung
des Amtsgerichts im vereinfachten Verfahren über den Unterhalt Minderjähriger **260**
Beteiligte 7
in Adoptionssachen **188**
in Angelegenheiten der freiwilligen Gerichtsbarkeit **412**
Anhörung der – **26** 38
Anhörungspflichten der – in Adoptionssachen **192** 2
Äußerungsrecht **37** 6
Bedeutung der Beteiligtenstellung für die Kostenentscheidung **7** 53
Begriff **Einl.** 30
– Beteiligter im formellen Sinn **7** 5
– Beteiligter im materiellen Sinn **7** 4
Beziehungsantrag im Verfahren auf Erteilung eines Erbscheins **345** 12
berufsständische Organe als – in Registersachen **374** 46
in Betreuungssachen **274** 2 ff.
Bezugsperson in Kindschaftssachen **161** 5
an der Dispache **403** 6
Ehegatten als – in Versorgungsausgleichssachen **219** 2
Jugendamt als – in Abstammungssachen **172** 4
Jugendamt als – in Ehewohnungs- und Haushaltssachen **204** 3
Jugendamt als – in Gewaltschutzsachen **212** 2
Jugendamt und Landesjugendamt als – in Adoptionssachen **188** 10
Kann-Beteiligte **7** 21 ff.
– Ablehnung eines Hinzuziehungsantrags **7** 33
– Hinzuziehung eines Beteiligten **7** 29
– Hinzuziehungsantrag **7** 22
– Hinzuziehungsentscheidung **7** 24
– Informations- und Belehrungspflichten des Gerichts bei Hinzuziehung **7** 25
– Rechtsmittel **7** 34
im Kindesannahmeverfahren **188** 2
Kostenverteilung **81** 28 ff., s. auch Kosten
im Löschungsverfahren **394** 17
Mitwirkungspflicht **27** 3 ff.
– Aufklärungs- und Ermittlungspflicht des Gerichts **27** 6
– Umfang der – **27** 3
– unterlassene zumutbare Mitwirkung **27** 6
– Verstoß gegen die – **27** 5
Muss-Beteiligte **7** 8 ff.
– Antragsteller **7** 9
– Behörden und Organe **7** 18
– Folgen der Nichtbeteiligung **7** 20
– unmittelbar Betroffene **7** 11
– Verfahrensbeistende für Kinder **7** 17
– Verfahrenspfleger **7** 16
in Nachlasssachen **345**
Nichtbeteiligte **7** 48
örtliche Zuständigkeit bei der Pflegschaft für unbekannte – **341** 4
persönliches Erscheinen **33**, s. auch persönliches Erscheinen
persönliches Erscheinen in Kindschaftssachen **155** 12
Pflegeperson in Kindschaftssachen **161** 2
Rechte der – **7** 49 ff.
– Beteiligung und rechtliches Gehör **7** 50
in Registersachen **374** 44 ff.
Säumnis der – in Ehesachen **130**
Säumnis von – im Verhandlungstermin im Auseinandersetzungsverfahren **366** 62 ff.
im Scheidungsverbund **137** 13; **139** 3 ff.
spezielle Vorschriften über Beteiligte **7** 35 ff.
bei Teilungssachen **363** 61 ff.
in Teilungssachen **370** 10
in Unterbringungssachen **315**
im Verfahren der vereinfachten Minderjährigenunterhaltsfestsetzung **249** 8
Vergleichsvorschlag **36** 31
im Versorgungsausgleichsverfahren **219**
Wahrheits- und Vollständigkeitspflicht **27** 9 ff.
weitere – im Verfahren auf Erteilung eines Erbscheins **345** 19 ff.
Beteiligtenermittlungspflicht
des Nachlassgerichts im Verfahren auf Erteilung eines Erbscheins **345** 17
Beteiligtenfähigkeit 8
Bedeutung der Beteiligtenfähigkeit **8** 3 ff.
Juristische Person **8** 7
Natürliche Person **8** 6
Beteiligtenöffentlichkeit
und Beweiserhebung **29** 23
Grundsatz der – der Beweisaufnahme **30** 28
Beteiligtenvernehmung 30 114 ff.
Anordnung der förmlichen –, Beeidigung **30** 119
Beeidigung **30** 117
gesetzliche Grundlagen **30** 115
Minderjähriger/Geschäftsunfähiger **30** 116
Verfahren **30** 116
Zulässigkeit **30** 114
Zwangsmaßnahmen **30** 93
Betreuer
Antragsberechtigung des – auf Nachlassauseinandersetzung **363** 57
Beschwerdebefugnis des – in Betreuungssachen **303** 6
Beschwerdebefugnis des – in Unterbringungssachen **335** 4
Beschwerdeberechtigung **59** 76

magere Zahlen = RdNrn der Anmerkungen

Bestellung eines neuen – 296 4
Bestellung eines weiteren – in Betreuungssachen 293 10
Entlassung eines – 296 1
als Muss-Beteiligte in Betreuungssachen 274 3
als Muss-Beteiligter in Unterbringungssachen 315 3
Verfahren nach Bestellung bei Eilmaßnahmen in Unterbringungssachen 334 5
Verpflichtung des – in Betreuungssachen 289 1
Zahlungen an den – in Betreuungssachen 292
Betreuerauswahl
wegen gesteigerter Dringlichkeit 301 5
Betreuerausweis
Bedeutung des – 290 1
Betreuerbestellung
vorläufige – in Betreuungssachen 300 4
Betreuerentlassung
bei einstweiliger Anordnung 300 19
Voraussetzungen der – 300 19
Betreuung
Aufhebung und Einschränkung der – 294 1
bei Erbscheinsantrag 352 21
Erweiterung der – in Betreuungssachen 293
Betreuungsbehörde Einl. 107
Anhörung der – in Betreuungssachen 279 4
Beschwerdebefugnis der – in Betreuungssachen 303 13
Beschwerdebefugnis der – in Unterbringungssachen 335 6
als Muss-Beteiligte in Betreuungssachen 274 9
persönliche Anhörung 33 35
Unterstützungspflicht der – bei Zuführung zur Unterbringung 326 2
Betreuungsgericht
Schaffung des – im FamFG **Einl.** 38
betreuungsrechtliche Genehmigung
Verfahren in anderen Entscheidungen in Betreuungssachen 299 5
Betreuungssachen
Abgabe bei Änderung des gewöhnlichen Aufenthalts 273
– Abgabereife 273 13
– Anwendungsfälle aus der Rechtsprechung 273 7
– Aufenthaltswechsel bei Heimaufenthal 273 7
– bei Bestellung mehrerer Betreuer 273 19
– Verfahren 273 20
– wichtiger Grund 273 5
Abgabe der Betreuung an ausländisches Gericht 104 8
Amtsermittlung 26 76
Anhörung der sonstigen Beteiligten 279 3
Anhörung des Betroffenen 278 1
– Durchführung der Anhörung 278 4 ff.
– Form 278 4
– Inhalt 278 18
– Unterbleiben der Anhörung 278 19
– Vorführung des Betroffenen 278 24
– Zeitpunkt 278 14
ärztliches Zeugnis 281
Aufhebung und Einschränkung der Betreuung 294 1
– Nachträgliche Einholung eines Gutachtens 294 8
– Überprüfungsfrist 294 12
Aufhebung und Einschränkung des Einwilligungsvorbehalts 294 1
Aufwendungsersatz eines ehrenamtlichen Verfahrenspflegers 277 3

Bekanntgabe des Beschlusses 288 2 ff.
– Adressaten 288 2
– Form 288 5
– Inhalt 288 8
Beschwerdebefugnis einzelner Personen bzw. der Betreuungsbehörde 303 3 ff.
Beschwerdeberechtigung 59 76
Bestellung eines neuen Betreuers 296 4
Bestellungsurkunde 290 2
Beteiligte **7** 42; **274**
– Durchführung der Hinzuziehung von Angehörigen 274 20
– Entscheidung über Hinzuziehungsantrag 274 23
– Hinzuziehung auf Antrag des Angehörigen 274 21
– Hinzuziehung von Amts wegen 274 20
– Kann-Beteiligte 274 15 ff.
– Muss-Beteiligte 274 2 ff.
– Verfahren der Hinzuziehung der Behörde 274 12
– Verfahren der Hinzuziehung von Angehörigen 274 18
Einholung eines Gutachtens 280
– Anfechtbarkeit der Beweisanordnung 280 15
– Anforderungen an das Sachverständigengutachten 280 16 ff.
– Auswahl des Sachverständigen 280 10
– Form des Gutachtens 280 21
– gerichtliche Überprüfung des Gutachtens 280 25
– Inhalt der Beweisanordnung 280 4
– Inhalt des Gutachtens 280 22
– Verfahren bei der Anordnung der Gutachtenerstattung 280 3 ff.
– Voraussetzungen der Beweisanordnung 280 3
einstweilige Anordnung 49 9; 300
einstweilige Anordnung bei gesteigerter Dringlichkeit 301
einstweilige Anordnung zur vorläufigen Betreuerbestellung
– Anfechtbarkeit 300 15
– Erlass 300 9
– Verhältnis zum Hauptsacheverfahren 300 10
– Voraussetzungen 300 4
einstweilige Anordnung zur vorläufigen Betreuerentlassung 300 19
– gerichtliche Entscheidung 300 22
– Voraussetzungen 300 19
Entbehrlichkeit eines Gutachtens 281
– Voraussetzungen 281 2
Entlassung des Betreuers 296 1
– Durchführung der persönlichen Anhörung 296 3
Erweiterung der Betreuung oder des Einwilligungsvorbehalts 293 1
– Bestellung eines weiteren Betreuers 293 10
– Verfahrenserleichterungen 293 2 ff.
– wesentliche und unwesentliche Erweiterungen 293 5
– zeitnahe Erweiterungen 293 7
funktionelle Zuständigkeit 272 11
Genehmigung des Gerichts bei ärztlichen Maßnahmen
– Rechtsmittel 298 14
– Verfahren zur Erteilung gem. § 1904 Abs. 1 BGB 298 2
– – Anhörungen 298 2
– – Sachverständigengutachten 298 3
– – Verfahrenspfleger; Wirksamwerden der Entscheidung 298 6

2561

Sachverzeichnis

fette Zahlen = §§ des FamFG

– Verfahren zur Erteilung gem. § 1904 Abs. 2 BGB **298** 7
– – Anhörung weiterer Personen **298** 10
– – Entscheidung des Gerichts **298** 13
– – fehlendes Einvernehmen zwischen Arzt und Betreuer **298** 7
– – persönliche Anhörung des Betroffenen **298** 9
– – Sachverständigengutachten **298** 12
– – zwingende Bestellung eines Verfahrenspflegers **298** 11
Genehmigung des Gerichts von ärztlichen Maßnahmen **298**
Gutachten des medizinischen Dienstes **282** 2
– Anforderungen an das – **282** 2
– Datenschutz **282** 7
– Verwertbarkeit **282** 2
Herausgabe einer Betreuungsverfügung **285**
Inhalt der Beschlussformel **286**
– Begründung **286** 11
– Beschlusstenor **286** 2
– Kostenentscheidung **286** 10
– Rechtsmittelbelehrung **286** 14
– Überprüfungsfrist **286** 7
internationale Zuständigkeit **104** 3; **272** 11
Kategorien **271** 2
Kosten in – **307**
Kostenerstattungsanordnung zu Lasten der Staatskasse **307** 2, 10
– Ausübung des Ermessens **307** 12
– Gegenstand der Erstattungsanordnung **307** 8
– Gerichtskosten **307** 9
– Voraussetzungen der Kostenerstattungsanordnung **307** 3
Mitteilungspflichten des Betreuungsgerichts **308** 3 ff.
– Adressaten der Mitteilung **308** 4
– Durchführung der Mitteilung **308** 13
– ergänzende Anwendung des § 19 bis 21 EGGVG **308** 12
– Gegenstand der Mitteilungspflicht **308** 3
– Rechtsmittel **308** 14
– sachliche Voraussetzungen **308** 5
– Unterrichtungspflicht **308** 9
örtliche Zuständigkeit **272**
– Anknüpfung an gewöhnlichen Aufenthalt **272** 3
– Auffangzuständigkeit des AG Schöneberg **272** 5
– für Eilmaßnahmen **272** 6
– – Abgabe bei Wechsel des gewöhnlichen Aufenthalts **272** 10
– bei Folgeentscheidungen **272** 2
– Ort des Auftretens des Fürsorgebedürfnisses **272** 4
sachliche Zuständigkeit **272** 11
Sondervorschriften bzgl. Beschwerdeberechtigung **59** 50
Sterilisation **297**
– Bekanntgabe der Entscheidung **297** 14
– einstweilige Aussetzung der Wirksamkeit **297** 13
– einzelne Verfahrenshandlungen **297** 4 ff.
– Entscheidung des Gerichts **297** 12
– Inhalt der Entscheidung **297** 12
– persönliche Anhörung des Betroffenen **297** 5
– Sachverständigengutachten **297** 9
– Wirksamwerden der Entscheidung **297** 13
Überprüfung der Betreuerauswahl **291**
– gerichtliches Verfahren und Entscheidung **291** 4
– sachliche Voraussetzungen **291** 3
– verfahrensrechtliche Voraussetzungen **291** 2

Unterbringung zur Begutachtung **284**
– Anfechtbarkeit der Entscheidung **284** 10
– Dauer der Anordnung **284** 6
– sachliche Voraussetzungen der Anordnung **284** 4
– verfahrensrechtliche Voraussetzungen der Anordnung **284** 2
– Wirkungen der Anordnung **284** 9
Verfahren in anderen Entscheidungen **299**
Verfahrensfähigkeit **275**
– Verfahrensbefugnisse des Betroffenen **275** 3
– Verfahrenshandlungen Dritter **275** 8
– Wirksamkeit von Verfahrenshandlungen des Betroffenen **275** 6
Verfahrenspfleger **276**
– Absehen von der Bestellung eines – **276** 9
– Anfechtung der Entscheidung über die Bestellung **276** 29
– Auswahl der Person des – **276** 16
– Beispiele aus der Rechtsprechung **276** 11
– Bestellung des – **276** 19 ff.
– Bestellung erforderlich **276** 11
– Form der Bestellung **276** 21
– Kostenentscheidung zu Lasten des – **276** 30
– Rechtsstellung des – **276** 26
– Regelbeispiele für zwingende Bestellung **276** 5
– Voraussetzungen der Bestellung eines – **276** 3 ff.
– Vorrang der Vertretung durch einen Verfahrensbevollmächtigten **276** 14
– Wesen der Aufgaben und Befugnisse **276** 27 f.
– Zeitpunkt der Bestellung **276** 19
– Zeitraum der Wirksamkeit der Bestellung **276** 23
Vergütung und Aufwendungsersatz des Verfahrenspflegers **277** 2 ff.
Vergütung und Aufwendungsersatz in Betreuungssachen
– Anspruch auf Vergütung **277** 8
– Besonderheiten bei Vergütung eines Anwalts **277** 9
– Festsetzung von Aufwendungsersatz und Vergütung **277** 12
– Vergütung, Aufwendungsersatz eines Mitarbeiters eines Betreuungsverein **277** 8
Verlängerung der Betreuung oder des Einwilligungsvorbehalts **295** 1
– Überprüfungsfrist **295** 3
Verpflichtung des Betreuers **289** 1
– Durchführung der – **289** 3
– Einführungsgespräch **289** 5
– zu verpflichtender Personenkreis **289** 2
Vorführung zur Untersuchung **283**
– Anfechtbarkeit der Anordnung **283** 9
– verfahrensrechtliche und sachliche Voraussetzungen der Anordnung **283** 7
– Vorführungsanordnung **283** 4
Wirksamwerden von Beschlüssen **287**
– Anordnung der sofortigen Wirksamkeit **287** 7
– – Gefahr im Verzug **287** 10
– – Verfahren **287** 12
– – Voraussetzungen **287** 7
– Bekanntgabe an den Betreuer **287** 4
Zahlungen an den Betreuer **292**
– Festsetzungsverfahren **292** 1
– Vordrücke für Berufsbetreuer **292** 2
Betreuungsverein
Beschwerdeberechtigung **59** 76

2562

magere Zahlen = RdNrn der Anmerkungen

Sachverzeichnis

Vergütung eines Mitarbeiters in Betreuungssachen **277** 8
Vergütung und Aufwendungsersatz in Betreuungssachen **277** 8
Betreuungsverfügung
Herausgabe einer – in Betreuungssachen **285**
Betroffene
Beschwerdebefugnis des – in Unterbringungssachen **335** 2
als Muss-Beteiligte in Betreuungssachen **274** 2
als Muss-Beteiligter in Unterbringungssachen **315** 2
Beugemittel 35 2, 46, 49, 67
Beurkundung
Form der – bei Auseinandersetzung **368** 43
Vereinbarung in Teilungssachen **366** 36
Beurkundungsgesetz Einl. 45
Beurteilungsermessen
und Rechtsbeschwerde **72** 15
Beurteilungsspielraum
für den Tatrichter **72** 19
Bevollmächtigte 10
Ausschluss der Vertretung **10** 10
Betrieb des Verfahrens durch Rechtsanwälte **10** 4
Einlegung der Beschwerde durch – **64** 51
Notare **10** 36
Personen mit Befähigung zum Richteramt **10** 35
Selbstbetrieb des Verfahrens **10** 3
Unzulässigkeit der Vertretung **10** 7
Vertretung durch Anwälte **10** 18 ff.
Vertretung durch bevollmächtigte Nichtanwälte **10** 25 ff.
Zurückweisung **10** 39
s. a. Vertretung
bewegliche Sachen
örtliche Zuständigkeit in Nachlasssachen **343** 71
Beweis
durch amtliche Auskunft **30** 120
durch Augenschein **30** 33 ff.
Beweislast s. Beweislast
Beweismittel s. Beweismittel
Beweiswürdigung s. Beweiswürdigung
im Erbscheinsverfahren **352** 65 ff.
Freibeweisverfahren **29** 18 ff.
durch Sachverständige **30** 81 ff.
Zeugenbeweis **30** 45 ff., s. a. dort
Beweisanordnung
Anfechtbarkeit der – **280** 15
Beweisaufnahme
Anordnung der – **30** 17
im Ausland **29** 6
Ausnahmen von Unmittelbarkeitsprinzip **30** 22
Beteiligtenöffentlichkeit **30** 28
Durchführung der förmlichen – **30** 16 ff.
Ermessen des Gerichts beim Umfang der – **30** 18
förmliche **30**
Gelegenheit zur Stellungnahme **30** 31
Heilung des Unmittelbarkeitsgrundsatzes **30** 26
Notwendigkeit einer förmlichen – **30** 3
– ausdrücklich bestrittene maßgebliche Tatsachen **30** 7
– bei ausdrücklichem Bestreiten **30** 11
– Bedeutung der Angelegenheit **30** 15
– gesetzlich vorgesehene Fälle **30** 6
– nach Art des Verfahrens **30** 14
– Schwere des Eingriffs **30** 15
– sonstige Fälle **30** 13

Unmittelbarkeit der – **30** 19
Verstoß gegen die Verschwiegenheitspflicht **30** 62
Wechsel in der Gerichtsbesetzung **30** 20
Beweiserhebung 29
Art der – **29** 16
Befragung von Auskunftspersonen **29** 24
Dokumentation des Ergebnisses der – **29** 25
Durchführung der – **29** 5 ff.
im Erbscheinsverfahren
– Feststellungslast für Ausschlagung, Verzicht **29** 60
– Feststellungslast für beanspruchtes Erbrecht **29** 57
– Feststellungslast für die Anfechtung **29** 61
– Feststellungslast für die Scheidungsvoraussetzungen **29** 63
– Feststellungslast für die Testierfähigkeit **29** 58
– Feststellungslast für die Wechselbezüglichkeit **29** 65
– Feststellungslast für Verlust/Veränderung des Testaments **29** 59
– Feststellungslast für Zuwendungen an Ehegatten **29** 64
– Feststellungslast im Erbscheinsverfahren **29** 56 ff.
Feststellungslast **29** 41
Freibeweisverfahren **29** 18 ff.
– Augenschein **29** 19
– Befragung, informelle **29** 22
– Beteiligtenöffentlichkeit **29** 23
– Polygraphentest **29** 22
– Sachverständigenbeweis **29** 19
– Zeugenbeweis **29** 19
Gegenbeweis **29** 14
pflichtgemäßes Ermessen **29** 7
Testierfähigkeit **29** 52
Verteilung der Feststellungslast **29** 43
Verwertung offenkundiger Tatsachen **29** 11
Beweislast
Beweisvereitelung und Feststellungslast **29** 45
im Erbscheinsverfahren **352** 103
Vereinbarungen über die Feststellungslast **29** 46
Beweismittel
im Erbscheinsverfahren **29** 47 ff.
im Freibeweisverfahren **29** 18
in Registersachen **374** 49
Beweisregel 29 32
Beweisvereitelung 29 45
Beweisverfahren
im Erbscheinsverfahren **29** 47 ff.
selbständiges **30** 121
Beweisvertrag 29 33
Beweiswürdigung 29 27 ff.
Beweis des ersten Anscheins **29** 29
Beweislast **29** 39 ff.
Beweisregeln und Beweisverträge **29** 32
in der Rechtsmittelinstanz **29** 36
Würdigung eines Sachverständigengutachtens **29** 34
Bezirksnotar
Entscheidung über Erbscheinsanträge **352** 14
Bezirksrevisor 10 24
Einlegung der Rechtsbeschwerde **71** 13
BGB-Gesellschaft
Beteiligtenfähigkeit **8** 9
Billigkeit
und Kostenpflicht **81** 50 ff.
Bindung
der Beteiligten bei Bestätigungsbeschluss **371** 16

2563

Sachverzeichnis

fette Zahlen = §§ des FamFG

strenge Bindung an Anträge im Erbscheinsverfahren **352** 106
Bindungswirkung
Abhilfeentscheidung **68** 15
Beschwerdeentscheidung **69** 27
bei Entscheidungen anderer Stellen für FamFG-Gerichte **1** 78
von Entscheidungen der FamFG-Gerichte **1** 72 ff.
bei Erbschein mit Auslandsbezug **343** 62
bei rechtsgestaltenden Entscheidungen **1** 73
bei Rechtswegverweisung **1** 54
Verweisung wegen Unzuständigkeit **3** 37
Blankoindossament 467 3
Blutgruppenuntersuchungen
in Abstammungssachen **178** 5
Börsengesetz
Verfahren nach dem – **375** 98
Brandenburg
Gesetz zur Neuordnung der ordentlichen Gerichtsbarkeit und zur Ausführung des GVG vom 14. 6. 1993 (BbgGerNeuOG) **486** 7
Bremen
Bremisches Gesetz über die Angelegenheiten der freiwilligen Gerichtsbarkeit vom 23. 6. 2009 **486** 8
Zuständigkeit für die Inventarerrichtung **345** 135
Brüssel II a–VO
Vorrang der – in Ehesachen **98** 2
Vorrang der – in Kindschaftssachen **99** 2
Bücher
Bestimmung über Verwahrung, Einsichtnahme der – einer AG **375** 60
Bestimmung über Verwahrung, Einsichtnahme der – einer Genossenschaft **375** 80
Bestimmung über Verwahrung, Einsichtnahme der – einer GmbH **375** 74
Verwahrung der – einer OHG und KG **375** 15
Bundesamt für Justiz 108 66; **110** 9
Bundesanzeiger 435 4 ff.; **476** 3
Bundesgerichtshof
Bindung an die Zulassung **70** 42
Divergenzvorlage an den – **69** 17 a
Einlegung der Rechtsbeschwerde **71** 2
Bundesnotarordnung Einl. 39 ff.
Bundesrecht
Freiheitsentziehungssachen **428** 7
Bürgermeister Einl. 109
Büropersonal
Verschulden als Wiedereinsetzungsgrund **17** 31

cessio legis von Unterhaltsansprüchen 231 12
Computerfax
Fristwahrung **63** 38; **71** 15

Datenschutz
bei Gutachten des medizinischen Dienstes **282** 7
Datenübermittlung
an Familien- oder Betreuungsgericht **22 a** 11
Dauer
der einstweiligen Anordnung in Unterbringungssachen **333**
der Freiheitsentziehung **421** 3; **425**
Delibationsverfahren 107 1; **108** 1
deutsch-iranisches Niederlassungsabkommen
Internationale Zuständigkeit **99** 3

Deutsche Demokratische Republik
örtliche Zuständigkeit in Nachlasssachen **343** 42
Zuständigkeit bei Erbscheinserteilung **352** 4
Deutsche Staatsangehörigkeit 98 8
Deutschen gleichgestellte Personen **98** 9 ff.
Dienstaufsichtsbeschwerde Anh. 58 24
diplomatische Mission
Exterritorialität – **1** 85
Dispache
Antrag **405** 5
– Antragsberechtigung **405** 6
– Form und Frist **405** 7
– Inhalt **405** 8
– Prüfung **405** 11
– Rechtsmittel bei Zurückweisung **405** 32
Aushändigung von Schriftstücken an den Dispacheur **404** 2
– Antrag **404** 3
– Entscheidung des Gerichts **404** 7
– Rechtsmittel **404** 11
– Verfahren **404** 5
– Vollstreckung **404** 9
Begriff **375** 38
Berichtigung der – **406** 13
Bestätigung der – **406** 14
Beteiligte an der – **403** 6
Einsichtsrecht der Beteiligte **404** 12
gerichtliche Entscheidung bei Ablehnung der – **403** 10
– Kosten und Gebühren **403** 18
– Rechtsmittel **403** 16
– Zwangsmittel **403** 17
Ladung **405** 22 ff.
– Erzwingung des Erscheinens **405** 29
– Form **405** 25
– Frist **405** 26
– Inhalt **405** 23
Termin; Ladung **405**
Verfahren bei der – **406** 2
Verfahren bei Widerspruch **406** 5
Verfahren ohne Widerspruch **406** 5
Verfahrenseinleitung **405** 11
Verfolgung des Widerspruchs **407**
Widerspruchsklage **407** 2
– Entscheidung des Prozessgerichts **407** 14
– Erhebung **407** 2
– Kosten und Gebühren **407** 19
– Rechtsmittel **407** 15
– Verfahren nach Erledigung **407** 16
Dispacheur
Aushändigung von Schriftstücken an – **404** 2
Ernennung des – **375** 36; **403** 3
Pflichten des – **403** 5
Stellung des – **403** 4
Weigerung des – in unternehmensrechtlichen Verfahren **403**
Dispacheverfahren
Beschränkung der Beschwerdegründe **408** 12
Beschwerde im – **408**
Beschwerdeberechtigung **408** 8
Bestätigungsbeschluss **409**
– formelle Rechtskraft **409** 2
– materielle Rechtskraft **409** 3
– Rechtsbehelfe **409** 10 ff.
– Zwangsvollstreckung **409** 7
Versäumnisfolgen in – **405** 31

magere Zahlen = RdNrn der Anmerkungen

Sachverzeichnis

weitere Rechtsbehelfe **408** 15
Wirkung der Aufhebung des Bestätigungsbeschlusses **408** 14
Zuständigkeit im **377** 29
– funktionelle **377** 35
– internationale **377** 36
– örtliche **377** 30
– sachliche **377** 34
Dispositionsmaxime 26 6
Dispositionsmöglichkeit
des überlebenden Ehegatten beim gemeinschaftlichen Testament **349** 14
Disziplinarmaßnahmen
bei Verstoß gegen Mitteilungspflichten in Vereinssachen **400** 8
DNA-Analyse
in Abstammungssachen **178** 4
Dokumentationspflicht
Verfahrensleitung **28** 19
Dolmetscher
in Freiheitsentziehungssachen **418** 7
Hinzuziehung **32** 34
doppelrelevante Tatsachen
Beschwerdeberechtigung **59** 20
Zulässigkeitsprüfung im Beschwerdeverfahren **68** 84
Doppelwohnsitz
besondere örtliche Zuständigkeit **344** 41
örtliche Zuständigkeit im Erbscheinsverfahren **352** 7
örtliche Zuständigkeit in Nachlasssachen **343** 43
Dringlichkeitsunterbringung
Inhalt der Beschlussformel **323** 8
Drittbetroffene
als Muss-Beteiligte in Betreuungssachen **274** 5
Dritter
Akteneinsicht für Nichtbeteiligte **13** 26 ff.
Beteiligung in Güterrechtssachen **261** 7
Durchsuchungsbeschluss, richterlicher 91
bei der Vollstreckung einer Herausgabeanordnung **91**

E-Mail
Fristwahrung **63** 40; **71** 16
EG-Übereinkommen
über Zuständigkeit und Vollstreckung gerichtl. Entscheidungen in Zivil- und Handelssachen (EuGVÜ) s. EuGVÜ
EG-Verordnungen
Nr. 44/2001 v. 22. 12. 2000 über die gerichtliche Zuständigkeit und die Anerkennung und Vollstreckung in Zivil- und Handelssachen s. EuGVVO
Nr. 1347/2000 v. 29. 5. 2000 über die Zuständigkeit und die Anerkennung von Entscheidungen in Ehesachen s. EuEheVO
Ehe
Ansprüche aus der – als sonstige Familiensache **266** 9
Ehe- und Familienstreitsachen
Absehen von Verfahrensschriften im Beschwerdeverfahren **117** 22
abweichende Terminologie **113** 17
Anfechtung der Kostenentscheidung **81** 84
Anwendung von Vorschriften der ZPO **113** 4 ff.
– Ausschluss von Vorschriften des FamFG **113** 4
– entsprechende Anwendung von ZPO-Vorschriften **113** 7 a
– Verfahrensgrundsätze der ZPO **113** 5

Begründung der Beschwerdeentscheidung **117** 23
Beschleunigungsgebot **113** 9
Einschränkung der Beteiligtenherrschaft in Ehesachen **113** 10
Lauf der Auffangfrist **63** 43 a
Rechtsmittelvorschriften **117** 3
Urkunden- und Wechselprozess und Mahnverfahren **113** 8
Versäumnisverfahren in der Beschwerdeinstanz **117** 20
Versäumnisverfahren in erster Instanz **117** 11
Vollstreckung
– Einstellung oder Beschränkung der Vollstreckung in den Fällen der §§ 707 Abs. 1, 719 Abs. 1 ZPO **120** 18
– Einstellung oder Beschränkung der Vollstreckung von Endentscheidungen **120** 13
– Kosten und Gebühren; Rechtsbehelfe **120** 20
– sofortige Vollstreckbarkeit von Endentscheidungen **120** 12
– Verfahrenskostenhilfe **120** 21
– Vollstreckungsverbot **120** 19
Wiedereinsetzung **117** 24
Zurückverweisung nach § 538 Abs. 2 ZPO **117** 19
Zurückweisung neuen Vorbringens in der Beschwerdebegründung **65** 12 a
Zurückweisungsbeschluss im Beschwerdeverfahren **68** 58 a
Ehegatten
als Beteiligte in Versorgungsausgleichssachen **219** 2
als Kann-Beteiligte in Betreuungssachen **274** 16
Ehesachen
Abgabe bei Anhängigkeit mehrerer Ehesachen **123**
– Abgabevoraussetzungen **123** 4
– Verfahren der Abgabe **123** 6
Anerkennung ausländischer Entscheidungen **109** 26
Anfechtung von Entscheidungen der Landesjustizverwaltung über die Anerkennung ausländischer Entscheidungen in Ehesachen **107** 37
Anhörung zur Ehesache
– Anordnung des persönlichen Erscheinens **128** 4
– getrennte persönliche Anhörung **128** 6
– persönliche Anhörung **128** 5
– Vernehmung der Ehegatten **128** 7
Anhörung zur elterlichen Sorge und zum Umgangsrecht **128** 8
Antrag **124** 9
Definition **121** 3
– Scheidungssachen **121** 3
– Verfahren auf Aufhebung der Ehe **121** 4
– Verfahren auf Feststellung des Bestehens einer Ehe **121** 5
eingeschränkte Amtsermittlung **127**
eingeschränkte Amtsermittlung in Scheidungs- und Aufhebungssachen **127** 5
Konkurrenz von Aufhebungs- und Scheidungsantrag **126** 7
Kosten bei Aufhebung der Ehe **132**
mehrere **126**
Mitwirkung der Verwaltungsbehörde oder dritter Personen in – **129**
örtliche Zuständigkeit **122** 3 ff.
Sachverhaltsdarstellung im Beschluss **38** 59
Säumnis der Beteiligten **130**
Verbindung mit anderen Verfahren **126** 5
Verbindung von **126** 4

2565

Sachverzeichnis

fette Zahlen = §§ des FamFG

Verfahren **121** 7
– Kosten und Gebühren **121** 9
Verfahrensfähigkeit 125
– beschränkt geschäftsfähiger Ehegatten **125** 4
– geschäftsunfähiger Ehegatten **125** 5
Versäumnisbeschluss **38** 17
Verzichtsbeschluss **38** 22
Vollstreckung **120** 4
vorrangiges Recht **98** 2 ff.
Ehescheidung s. Scheidung
Eheverbot
Befreiung vom – **198** 21
Ehewohnungs- und Haushaltssachen 200
Abgabe an das Gericht der Ehesache **202** 2
Anhörung des Jugendamts **205** 3
Antrag **203** 2
besondere Vorschriften in Haushaltssachen **206** 2
– absoluter Verzögerungsbegriff **206** 9
– eingeschränkte Amtsermittlung **206** 11
– Präklusion **206** 8
Beteiligte **7** 39; **204**
– Beteiligung des Jugendamts **204** 3
Durchführung der Entscheidung **209** 3
– Anordnung der Räumung **209** 3a
– Anordnungen zur Durchführung **209** 3
– Betretungsverbot **209** 4
– Herausgabe der Wohnungsschlüssel **209** 4
– Notwendigkeit der Herausgabeanordnung **209** 5
– Vollstreckung **209** 6a
– Vollstreckung vor der Zustellung **209** 7
– Wirksamkeit **209** 6
Ehewohnungssachen **200** 5 ff.
Erledigung der Hauptsache **22** 39
Erledigung des Verfahrens bei Tod eines Ehegatten **208** 1
Erörterungstermin **206**
als Folgesachen **137** 9
funktionelle Zuständigkeit **201** 2
Haushaltssachen **200** 11
örtliche Zuständigkeit **201** 2
– Gerichtsstände im Einzelnen **201** 3
Tod eines Ehegatten **208**
Verfahren, Kosten, Gebühren **200** 16
Zuständigkeitskonzentration **202** 1
Ehewohnungssachen
Beteiligte **7** 39
Vollstreckung in – **96** 5
Ehrenamtliche Richter Einl. 69
Unterschrift **38** 78, 78a
Eidesstattliche Versicherung
Abnahme der – in sonstigen Nachlassverfahren **345** 140 ff.
in Angelegenheiten der freiwilligen Gerichtsbarkeit **410** 2
im Erbscheinsverfahren **352** 54 ff.
zur Erzwingung der Ablieferung einer Verfügung von Todes wegen **358** 19
Form **31** 11
als Glaubhaftmachungsmittel **31** 11
bei Herausgabe von Personen **94**
bei Inventarerrichtung **361**
– Verfahren vor dem Nachlassgericht **361** 3 ff.
örtliche Zuständigkeit in Angelegenheiten der freiwilligen Gerichtsbarkeit **411** 2
Verfahren der – in Angelegenheiten der freiwilligen Gerichtsbarkeit **413**

Eigentümer
als Beteiligter in Ehewohnungs- und Haushaltssachen **204** 2
Eilmaßnahmen
örtliche Zuständigkeit bei – in Betreuungssachen **272** 6
örtliche Zuständigkeit bei Unterbringung **313** 7
Einführungsgespräch
in Betreuungssachen **289** 5
Eingangsstempel
Fristwahrung **63** 34
Einsicht
in eine letztwillige Verfügung **357** 2 ff.
Einsichtsrecht
Aushändigung von Schriftstücken an Beteiligten bei Dispache **404** 12
in die Dispache **405** 28
Einspruch
Reihenfolge der Rechtsbehelfe im Verbundverfahren **143** 4
in Scheidungs- und Folgesachen **143**
Verfahren bei – in Registersachen **390** 3 ff.
im Zwangsgeldverfahren, Firmenmissbrauchsverfahren **Anh. 58** 18
Einstweilige Anordnung
und Amtsermittlungspflicht **26** 81
Anfechtbarkeit der – in Betreuungssachen **300** 15
Anordnung mit Fristsetzung **52** 9
Arrest, Schadensersatz **49** 17
Aufhebung **52** 10
Aufhebung oder Änderung der Entscheidung **54**
– Antrag auf mündliche Verhandlung **54** 13
– Entscheidung durch Beschluss; Beschwerde **54** 10
– Entscheidungsgrundlagen und -umfang **54** 11
– Gründe für Aufhebung oder Änderung **54** 11
– Tenorierung **54** 14a
– Umfang und Folgen der Aufhebung oder Abänderung **54** 12
– Verfahren **54** 3 ff.
– Verhältnis zu anderen Rechtsbehelfen **54** 8
– Zuständigkeit **54** 6
Außerkrafttreten der – **56**
– im Besonderheiten in Antragsverfahren **56** 7
– Feststellung des Außerkrafttretens durch Beschluss **56** 10
– Folgen des Außerkrafttretens **56** 13
– weitere Tatbestände des Außerkrafttretens **56** 9
– bei Wirksamwerden einer anderen Regelung **56** 3
– Zuständigkeit **56** 11
durch das Beschwerdegericht **64** 57 ff.
– Änderung **64** 70
– Anfechtbarkeit **64** 71
– Einzelfälle **64** 65
– Entscheidung durch Spruchkörper **64** 59b
– Inhalt **64** 61
– kein förmlicher Antrag **64** 59a
– Kosten und Gebühren **64** 72
– Verfahren **64** 59
– Wirksamwerden und Dauer **64** 69
in Betreuungssachen **300**
bisherige Rechtslage **49** 1
Dauer der – in Betreuungssachen **302** 2
– Höchstfrist **302** 2
– Rechtsfolgen des Fristablaufs **302** 5
– Verlängerung der einstweiligen Anordnung **302** 3

magere Zahlen = RdNrn der Anmerkungen

Einleitung des Hauptsacheverfahrens **52**
– Amtsverfahren **52** 6
– Antragsverfahren **52** 8
– Voraussetzungen **52** 3
Entscheidung des Gerichts **49** 14
– keine Ermessensentscheidung **49** 14
– Verbot der Vorwegnahme der Hauptsache **49** 15
– zulässige Maßnahmen **49** 16
in Familiensachen **49** 8
in Freiheitsentziehungssachen **427**
Geltung für alle Verfahren nach dem FamFG **49** 7
bei gesteigerter Dringlichkeit in Betreuungssachen **301**
– Anhörung der Beteiligten **301** 4
– Betreuerauswahl **301** 5
– Nachholung von Verfahrenshandlungen **301** 4
bei gesteigerter Dringlichkeit in Unterbringungssachen **332**
in Gewaltschutzsachen **214** 2
bei Kindeswohlgefährdung **157** 11
in Kindschaftssachen **156** 11
Kosten, Vollstreckung, Rechtsbehelfe **49** 17
durch das Rechtsbeschwerdegericht **64** 58 b
Rechtsmittel in Familiensachen **57**
– Anfechtbarkeit bei elterlicher Sorge **57** 6
– Anfechtbarkeit bei Kindesherausgabe **57** 7
– Anfechtbarkeit bei Zuweisung der Wohnung **57** 10
– Anfechtbarkeit in Gewaltschutzsachen **57** 9
– Anfechtbarkeit in Unterbringungsverfahren **57** 6 a
– ausnahmsweise Anfechtbarkeit **57** 4
– Beschwerdeverfahren **57** 11
– Fallgruppen der Anfechtbarkeit **57** 6
– grundsätzliche Unanfechtbarkeit **57** 3
sonstige Verfahren der freiw. Gerichtsbarkeit **49** 9
summarische Prüfung der materiellen Rechtslage **49** 10
Übergangsregelung **49** 4
in Unterhaltssachen **246**
Verfahren **51**
– Amtsermittlung **51** 8
– Anhörung **51** 16
– Antrag **51** 2 ff.
– Begründung, Glaubhaftmachung **51** 6
– Beschleunigungsgebot **51** 20
– Beweiserhebung **51** 17
– in Ehewohnungs- und Haushaltssachen **51** 9
– einstweilige Anordnung und Hauptsacheverfahren **51** 23
– Entscheidung des Gerichts **51** 21
– Erforderlichkeit des Antrags **51** 2
– Form und Bestimmtheit des Antrags **51** 5
– in Gewaltschutzsachen **51** 10
– in Kindschaftssachen **51** 11
– Kosten und Gebühren **51** 26
– mündliche Verhandlung, Termin **51** 14
– Rücknahme des Antrags **51** 12
– weiteres Verfahren **51** 13 ff.
Vollstreckung **53**
– Aussetzung der – **55**
– Beschluss als Vollstreckungstitel **53** 2
– in Klausel in Ehesachen und Familiensache **53** 4
– Notwendigkeit der Klausel **53** 3
– vor Zustellung **53** 6
Voraussetzungen **49** 10

bei vorläufigen Unterbringungsmaßnahmen **331** 2
Zuständigkeit
– Abgabe an das Gericht der Ehesache **50** 7
– bei Anhängigkeit der Hauptsache **50** 4
– Antrag nach Beendigung des Hauptsacheverfahrens **50** 9
– bei Auseinanderfallen der Zuständigkeit **50** 8
– für Eilmaßnahmen **50** 10
– Handlungen eines unzuständigen Gerichts **50** 13
– des Hauptsachegericht bei isolierter eA **50** 3
– internationale Zuständigkeit **50** 5
Einstweilige Aussetzung
der Wirksamkeit der Entscheidung bei Sterilisation **297** 13
Einstweilige Maßregeln
bei Verfahren in Unterbringungssachen **334**
Eintragung
Ablehnung der – **382** 16
Bekanntgabe, Veröffentlichung der – **382** 14
eintragungsfähige Tatsachen
– in Genossenschaftsregistersachen **374** 21
– in Güterrechtsregistersachen **374** 33
– in Handelsregistersachen **374** 15
– in Partnerschaftsregistersachen **374** 26
– in Vereinsregistersachen **374** 30
Vollzug der – **382** 5
von Amts wegen vorzunehmende – in Registersachen **384** 2 ff.
Eintragungseinträge
in Registersachen **382**
Eintragungsverfügung
in Registersachen **382** 4
Eintragungsvoraussetzungen
Prüfung der – Registersachen **374** 51
Einvernehmen
in Kindschaftssachen **156** 2
Einverständnis
im Auseinandersetzungsverfahren **366** 26
des Betroffenen zur Verwertung von Gutachten des medizinischen Dienstes **282** 5
Einwilligungsvorbehalt
Aufhebung des – in Betreuungssachen **306**
– Behandlung durch das Beschwerdegericht **306** 3
– Rechtsfolgen der Aufhebung **306** 6
– Wirksambleiben von Rechtsgeschäften **306** 2
Aufhebung und Einschränkung des – in Betreuungssachen **294** 1
in Betreuungssachen **300** 4
Erweiterung des – in Betreuungssachen **293**
als Inhalt des Beschlusstenors in Betreuungssachen **286** 1
Mitteilung an die Meldebehörde in Betreuungssachen **309** 5
Verfahren zur Anordnung eines – als Betreuungssache **271** 3
Verlängerung des – **295** 1
Einzelkaufmann
örtliche Zuständigkeit
– in register- und handelsrechtlichen Verfahren **377** 4
in register- und unternehmensrechtlichen Verfahren **377** 4
Einzelrichter
Rückübertragung auf das Kollegialorgan **68** 105
Rückübertragung nach Durchführung einer Beweiserhebung **68** 107

2567

Sachverzeichnis

fette Zahlen = §§ des FamFG

Übertragung auf den – im Beschwerdeverfahren **68** 95 ff.
Zulassung der Rechtsbeschwerde durch den – **70** 33 f.
Einziehung
von Erbscheinen **353**
– Beschluss **353** 8
– Rechtsmittel **353** 15 ff.
– Voraussetzungen **353** 2 ff.
eines Erbscheins von Amts wegen **345** 148
Elektronische Akte 14
Akteneinsicht **13** 53
Datenträgerarchiv **14** 16
Elektronisches Gerichtsakte **14** 5
Elektronische Datenverarbeitung
Auslagerung der – in Registersachen **387** 15
Elektronische Gerichts- und Verwaltungspostfach (EGVP)
in Versorgungsausgleichssachen **229** 4
Elektronische Signatur s. elektronisches Dokument
Elektronischer Rechtsverkehr
in Versorgungsausgleichssachen **229** 1
Elektronisches Dokument 14
Berichtigungsbeschluss **42** 35
Beschwerdeeinlegung **64** 33
als Gegenstand des Augenscheinbeweises **30** 34
gerichtliches **14** 12
qualifizierte elektronische Signatur **14** 11
Risiko der fehlgeschlagenen Übermittlung **14** 10
Transfervermerk **14** 13
Übermittlung/Einreichung von Anträgen und Erklärungen als – **14** 7
Zeitpunkt der Einreichung **14** 9
Elterliche Sorge 151 4
in Lebenspartnerschaftssachen **269** 5
Eltern
Anhörung in Kindschaftssachen **160**
– Absehen von der Anhörung **160** 7
– Anhörung in Personensorgeverfahren **160** 2
– Anhörung in sonstigen Kindschaftssachen **160** 5
– erneute Anhörung im Beschwerdeverfahren **160** 15
– Nachholung der Anhörung **160** 10
– Sitzungsniederschrift **160** 11
– Übertragung der Anhörung auf Rechtspfleger **160** 12
– Verstoß gegen Anhörungspflicht **160** 18
– s. a. Kindschaftssachen
Antragsberechtigung des – auf Nachlassauseinandersetzung **363** 57
als Kann-Beteiligte in Betreuungssachen **274** 16
Eltern-Kind-Verhältnis
Feststellung **169** 2
Verfahren der vereinfachten Minderjährigenunterhaltsfestsetzung
– Zulässigkeitsvoraussetzung **250** 8
Empfangsbekenntnis
Zustellung gegen – **15** 30
EMRK
Menschenrechtsbeschwerde **Anh. 58** 62
Entschädigung
wegen unangemessener Verfahrensdauer **Anh. 58** 74 ff.
– Anspruchsgegner **Anh. 58** 75
– Entschädigungsgericht **Anh. 58** 76

– Feststellung einer konkretisierbaren Verzögerung **Anh. 58** 80
– Schadensfeststellung **Anh. 58** 83
– Verfahren **Anh. 58** 74
– Verhältnis zu anderen Rechtsbehelfen **Anh. 58** 87
Entscheidung
Äußerungsrecht der Beteiligten **37** 6
durch Beschluss **38**, s. näher Beschluss
Einschränkungen der freien Würdigung **37** 12
Endentscheidungen **38** 3
Feststellungsbeschluss **38** 10
formelle Entscheidungsgrundlage **37** 3
freie Überzeugungsbildung **37** 9
freie Würdigung **37** 10
Gestaltungsbeschluss **38** 10
Grundlage der – **37**
Leistungsbeschluss **38** 10
Neben- und Zwischenentscheidungen **38** 6
Entscheidungen
Mitteilung von – in Unterbringungssachen **338**
Erbauseinandersetzung
Antrag im Auseinandersetzungsverfahren **363** 36
Erbteilungsklage **363** 15
Vermittlungsverfahren **363** 1, 14
Erbe
als Beteiligte in Versorgungsausgleichssachen **219** 5
Kind als – **356** 2
Erbenermittlungspflicht
in Bayern und Baden-Württemberg **342** 7
Erbengemeinschaft
Beteiligtenfähigkeit **8** 13
Erbeserbe
Antragsberechtigung bei Erbscheinsantrag **352** 23
Erblasser
Kenntnis vom Tod des – **348** 7
Erbrecht
Fristbestimmungen im – **355** 17
Erbschaftskäufer
Antragsberechtigung bei Erbscheinsantrag **352** 32
Erbschaftssteuerfinanzamt
Mitteilungspflicht an – durch das Verwahrungsgericht **350** 11
Erbschaftsteuer
Durchführung der Besteuerung **342** 17
Erbschaftsteuerfinanzamt
Niederschrift über die Eröffnung von Verfügungen von Todes wegen **348** 39
Erbschein
ausländisches Recht bei Erbscheinserteilung **343** 96
Einziehung von – **343** 99
Inhalt des – **352** 108
keine Abänderung **48** 10
Kraftloserklärung **353** 28
für Lastenausgleichszwecke **343** 80
Richtervorbehalt bei der Erteilung von – **343** 95
Verfahren auf Erteilung **345** 3 ff.
Verfahren betr. – als Nachlassverfahren **342** 9
Zuständigkeit für Erteilung **352** 2 ff.
Erbscheinsantrag
Entscheidung über – **352**
Inhalt des – **352** 40
– Hilfsantrag **352** 42
als Sachantrag **23** 14
Zurückweisung des – **352** 133
Erbscheinseinziehung
und Beweiserhebung **29** 66

2568

magere Zahlen = RdNrn der Anmerkungen

Sachverzeichnis

Erbscheinserteilung
Verfahren des Nachlassgerichts **352** 64 ff.
Wirksamwerden **40** 24
Erbscheinsverfahren 352
Antrag auf Erbscheinserteilung **352** 17 ff.
ausländisches **352** 99
Beweislast **352** 103
Beweismittel und Beweisverfahren **29** 47 ff.
Darlegungs- und Beweislast des Antragstellers **29** 47
eidesstattliche Versicherung im – **352** 54 ff.
– Ermessen bei Erlass **352** 61
– Gegenstand der – **352** 55
einstweilige Anordnung durch Beschwerdegericht **64** 65
Entscheidung des Nachlassgerichts über Erbscheinsantrag **352** 93
Feststellungslast **352** 103
Glaubhaftmachung **352** 54
Grundsatz der strengen Antragsbindung **352** 106
Kosten im – **352** 159
örtliche Zuständigkeit im – **352** 7
Erbteilserwerber
Antragsberechtigung bei Erbscheinsantrag **352** 31
Antragsberechtigung des – auf Nachlassauseinandersetzung **363** 50
Erbteilungsvertrag 363 3
Erbvertrag
Ablieferungszwang **358** 4
Besonderheiten bei der Eröffnung eines – **349** 25
örtliche Zuständigkeit in Nachlasssachen **344** 12
Ergänzung s. Beschluss
Erinnerung
gegen die Entscheidung des Rechtspflegers: s. Rechtspflegererinnerung
gegen Entscheidung des Urkundsbeamten der Geschäftsstelle **Anh. 58** 12
gegen Entscheidungen des beauftragten oder ersuchten Richters **Anh. 58** 12
entspr. § 573 ZPO **Anh. 58** 12
Erklärung
Abgabe **25** 25 ff.
Einreichung von – **25** 11
Form **25** 11 ff.
zur Niederschrift der Geschäftsstelle **25** 16 ff.
zur Niederschrift des Gerichts in Abstammungssachen **180**
Erklärungen
Entgegennahme von – als Nachlassverfahren **342** 8
Erlass
Begriff **38** 88
Erledigung
im Amtsverfahren **22** 27
im Antragsverfahren **22** 28
einseitige Erledigungserklärung **22** 30
Feststellung der Erledigung von Amts wegen **22** 31
und Rechtsmittelverfahren **22** 32
übereinstimmende Erledigungserklärung **22** 29
Verfahren bei – **22** 26
des Verfahrens **22** 24
Erledigung der Hauptsache
Begriff **83** 11
Beispielsfälle **22** 35 ff.
in Ehewohnungs- und Haushaltssachen **22** 39
Ermessenskriterien bei Kostenauferlegung **83** 14
in Kindschaftssachen **22** 36
Kosten und Gebühren **22** 51

Kostenentscheidung **83** 12, s. auch Kostenpflicht
Kostenentscheidung bei – des Rechtsmittelverfahrens **84** 26
Kostenerstattungsanordnung zu Lasten der Staatskasse **307** 6
in Landwirtschaftssachen **22** 49
in Nachlass- und Teilungssachen **22** 44
in Personenstandssachen **22** 50
in Registersachen und unternehmensrechtlichen Verfahren **22** 46
Statthaftigkeit der Beschwerde nach – **62**
in Testamentsvollstreckerentlassungsverfahren **22** 45
bei Tod eines Ehegatten **131**
durch Tod eines Ehegatten
– Folgen der Erledigung **131** 8
– Kosten **131** 10
– Voraussetzungen **131** 4
durch Tod eines Ehegatten in Ehewohnungs- und Haushaltssachen **208** 1
in Unterbringungs- und Freiheitsentziehungssachen **22** 48
in Versorgungsausgleichssachen **22** 40
bei Vormundschaft/Pflegschaft/Betreuung **22** 41
Ermächtigungsgrundlagen
in Registersachen **387**
Ermessen
Ausübung durch Rechtsbeschwerdegericht **72** 8 ff.
bei Auswahl des Verfahrenspflegers in Unterbringungssachen **317** 6
bei Erlass der eidesstattlichen Versicherung im Erbscheinsverfahren **352** 61
Kostenerstattungsanordnung zu Lasten der Staatskasse **307** 12
bei Zuziehung weiterer Beteiligter im Erbscheinsverfahren **345** 32
Ermittlungen
von Amts wegen **26**
Behandlung von Beweisanträgen **26** 22
erforderliche **26** 16
Ermittlungspflicht bei Erlass einer einstweiligen Anordnung **26** 81
Ermittlungspflicht bezüglich ausländischen Rechts **26** 26 ff.
Freibeweis **26** 44
Mitwirkung der Beteiligten **26** 20
notwendige Ermittlungen in Betreuungs- und Unterbringungssachen **26** 76
notwendige Ermittlungen in Familien- und Vormundschaftssachen **26** 75
notwendige Ermittlungen in Freiheitsentziehungsverfahren **26** 79
notwendige Ermittlungen in Nachlasssachen **26** 77
notwendige Ermittlungen in Personenstandssachen **26** 80
notwendige Ermittlungen in Registersachen **26** 78
notwendige Ermittlungen in Verschollenheitssachen **26** 80
Umfang der – **26** 12 ff.
des Verwahrungsgerichts bei Eröffnung **351** 8
Ermittlungspflicht
des Registergerichts **380** 24
Ernennungsbeschluss
Wirkung des – **345** 44

Sachverzeichnis

fette Zahlen = §§ des FamFG

Eröffnung
Folgen der **348** 37
örtliche Zuständigkeit für die – einer letztwilligen Verfügung **344** 32 ff.
stille **350** 10
der Verfügung von Todes wegen durch ein anderes Gericht **350**
von Verfügungen von Todes wegen **342** 6; **348** 17 ff., s. auch Testamentseröffnung
Eröffnungsfrist
für Verfügungen von Todes wegen **351**
Eröffnungsprotokoll
Eröffnung von Verfügungen von Todes wegen **348** 34
Erörterungstermin
in Abstammungssachen **175** 2
in Ehewohnungs- und Haushaltssachen **207**
in Kindschaftssachen **155** 7
Ersatzansprüche
der Gesellschaft **375** 55
Ersatzbetreuung
keine Erweiterung der Betreuung **293** 12
Ersatzzustellung s. Zustellung
Erscheinen, persönliches s. persönliches Erscheinen
Erscheinungspflicht s. Zeuge
Ersetzungsbeschluss
in Adoptionssachen **198** 2
Erstattungsanordnung
Gegenstand der – bei Kosten in Betreuungssachen **307** 8
bei Kosten in Unterbringungssachen **337** 4
– gegen Rechtsträger der antragstellenden Behörde **337** 5
Erstversterbenden
Bekanntgabe der Verfügung von Todes wegen **349** 2 ff.
Erteilung
von Erbscheins- und sonstigen Ausfertigungen **357** 27 ff.
Erzwingung
der Ablieferung von Testamenten **358** 14 ff.
– Zwangsmaßnahmen **358** 22
EuEheVO
persönlicher Anwendungsbereich **99** 24
räumlicher Geltungsbereich **99** 20
sachlicher Anwendungsbereich **99** 25
Vorrang der – in Ehesachen **98** 2
Vorrang der – in Kindschaftssachen **99** 2
EuErbVO 108 37
EuGH-Vorabentscheidung
Bindungswirkung **21** 67
und Verfahrensaussetzung **21** 60
EuGVÜ 98 5
EuGVVO 98 5
Europäische Kommission 1 92
Europäischer Erbschein 108 37
Europäischer Gerichtshof für Menschenrechte 1 92
Europäisches Nachlasszeugnis 108 37
Europäisches Recht 108 42
Exequaturverfahren 108 1
Exterritorialität
Begriff **1** 82 ff.
nach deutschem Recht **1** 83
diplomatischer Missionen **1** 85
s. auch Immunität

FamFG
Änderung des Rechtsmittelsystems **Einl.** 35
Anwendungsbereich des – **1** 2 ff.
Der Weg zum – **Einl.** 11 ff.
Entstehung des – **Einl.** 1
Inhalt und Aufbau **Einl.** 16 ff.
Inkrafttreten des – **Art.** 112
neue Rechtslage, internationale Zuständigkeit **343** 51
Organe in Verfahren nach dem – **Einl.** 65 ff.
örtliche Zuständigkeit bei Abwesenheitspflegschaft **341** 3
Schrifttum zum – **Einl.** 114 ff.
Verhältnis zum Bundes- und Landesrecht **Einl.** 63
Ziele des – **Einl.** 26 ff.
FamGKG
Beschwerde gegen Festsetzung des Verfahrenswerts **Einf FamGKG** 43
Beschwerde nach – **58** 99
Erinnerung und Beschwerde gegen Kostenansatz **Einf FamGKG** 42
Gebühren für Scheidung **Einf FamGKG** 23
Gebühren für Verbundverfahren **Einf FamGKG** 26
Gebührenvorschriften **Einf FamGKG** 20
Konzept **Einf FamGKG** 11
Kostenansatz **Einf FamGKG** 17
Kostenhaftung **Einf FamGKG** 18
Kostenverzeichnis **Einf FamGKG** 46
Rechnungsgebühren **Einf FamGKG** 47
Überblick über die Regelungen **Einf FamGKG** 12
Übergangsrecht **Einf FamGKG** 45
Vorschuss und Vorauszahlung **Einf FamGKG** 16
Wert einzelner Verfahren **Einf FamGKG** 28
Wertfestsetzung **Einf FamGKG** 41
Wertvorschriften **Einf FamGKG** 21
Familienangehörige
als Beistand **12** 9
Vertretung durch – **10** 31
Familiengericht
Abteilungen für Familiensachen **111** 35
Allgemeines **111** 34
Besetzung des – **111** 36
Bildung von – **111** 37
örtliche Zuständigkeit **111** 54
sachliche Zuständigkeit **111** 53
Zuständigkeitserweiterung im FamFG **Einl.** 37
Familiensachen
Abhilfemöglichkeit **68** 24
Amtsermittlung **26** 75
Anerkennung ausländischer Entscheidungen **108** 15 ff.
Anwendungsbereich des FamFG **1** 2
Arrest in Familienstreitsachen **119** 9
Begriff **111** 4 ff.
– Arten von Familiensachen **111** 6
– keine Familiensachen **111** 18
– kraft materiellrechtlichen Sachzusammenhangs **111** 9
– kraft verfahrensrechtlichen Sachzusammenhangs **111** 10
– Qualifikation als Familiensache **111** 5
einstweilige Anordnung **49** 8
– in Familienstreitsachen **119** 4
einstweilige Anordnungen und Arrest **119**
Entscheidungsform

magere Zahlen = RdNrn der Anmerkungen **Sachverzeichnis**

– Anordnung der sofortigen Wirksamkeit in Familienstreitsachen **116** 9
– Anordnung der sofortigen Wirksamkeit in Unterhaltssachen **116** 10
– Begriff der Endentscheidung **116** 6
– Endentscheidung **116** 6 ff.
– Entscheidung durch Beschluss **116** 4
– Wirksamkeit einer Endentscheidung in Ehesachen **116** 7
– Wirksamkeit einer Endentscheidung in Familienstreitsachen **116** 8
Familiengericht **111** 34 ff., s. dort
Folgen des Anwaltszwangs **114** 13
Rechtsmittel in Ehe- und Familienstreitsachen
– Sachantrag, Begründung, Frist **117** 6 ff.
Rechtsmittelvorschriften in Ehe- und Familienstreitsachen **117** 3
Rechtsmittelvorschriften in sonstigen Familiensachen **117** 5
Rechtsweg **111** 53
sonstige **266**
– Abgabe der – an das Gericht der Ehesache **268** 2
– Ansprüche aus dem Eltern-Kind-Verhältnis **266** 17
– Ansprüche aus dem Umgangsrecht **266** 19
– Ansprüche aus der Ehe **266** 9
– Ansprüche im Zusammenhang mit Aufhebung der Ehe **266** 13
– Ansprüche im Zusammenhang mit einer Verlobung **266** 6
– Ansprüche im Zusammenhang mit Trennung oder Scheidung **266** 13
– Anwendung der ZPO in – **267** 3
– Ausnahmen **266** 20
– örtliche Zuständigkeit **267**
– Überblick der Verfahren nach § 266 Abs. 1 **266** 6 ff.
– Verfahren, Kosten und Gebühren **266** 25
Übergangsvorschrift **Art. 111** 6
Umfang des Anwaltszwangs **114** 1
Verfahren
– Anwendung des GVG **111** 34
– im Familiensachen als selbständige Verfahren **111** 21
– Familienstreitsachen **112**
– Grundsätze des familiengerichtlichen Verfahrens **111** 28
– selbständige Verfahren oder Verbund **111** 20
– im Verbund s. a. Verbund
– im Versorgungsausgleich s. a. Versorgungsausgleich
– Vorschriften im FamFG **111** 19
Verfahren in – **Einl.** 20
Verfahrensvorschriften im FamFG **111** 2
Vertretung durch einen Rechtsanwalt; Vollmacht **114**
Vollstreckung **120**
Wiederaufnahme **118**
Zurückweisung von Angriffs- und Verteidigungsmitteln **115**
Zuständigkeit
– funktionelle **111** 57
– internationale **111** 56
– Kosten und Gebühren **111** 58
– örtliche **111** 54
– sachliche **111** 53
– Zuständigkeitsrügen **111** 55
Zuständigkeitsstreit **111** 53 f.

Familiensenate 111 43
Familienstand
des Erblassers als ermittlungsbedürftiger Punkt im Erbscheinsverfahren **352** 77
Familienstreitfolgesachen
Einspruch gegen die Teilversäumnisentscheidung **142** 13
Teilversäumnisentscheidung **142** 12
Familienstreitsachen 112
Anerkenntnisbeschluss **38** 18
Arrest **119** 9
Beibringungsgrundsatz **113** 6
Dispositionsmaxime **113** 5
einstweilige Anordnung **119** 4
– entsprechende Anwendbarkeit des § 945 ZPO **119** 8
konkrete Bestimmung der – **112** 2
Mündlichkeitsgrundsatz **113** 7
Sachverhaltsdarstellung im Beschluss **38** 59
Verfahren der einstweiligen Anordnung in – **112** 4
Verfahren in – **112** 3
Versäumnisbeschluss **38** 14; **117** 20 a
Verzichtsbeschluss **38** 20
Vollstreckung **120** 9
Vorbehaltsbeschluss nach freiem Ermessen **38** 23
Fassungsbeschwerde
in Registersachen **383** 24
Feiertage, gesetzliche
und Fristberechnung **16** 20
Festsetzungsbeschluss 253
Beschwerde gegen – **256** 2
Festsetzungsverfahren
in Betreuungssachen **292** 1
Feststellungsbeschluss
bei Auflösung wegen Mangels der Satzung **399** 31
im Erbscheinsverfahren **352** 111 ff.
Feststellungslast
und Beweisführungslast **29** 39
und Beweislast **29** 39 ff.
Beweisvereitelung **29** 45
im Erbscheinsverfahren **29** 56 ff.
für Testierfähigkeit im Erbscheinsverfahren **352** 88
Vereinbarungen über die – **29** 46
Verteilung **29** 43
wechselbezügliche Verfügungen **29** 65
Zuwendungen zugunsten eines Ehegatten **29** 64
FGG
Anwendungsbereich des – **Einl.** 6
Außerkrafttreten des – **Art. 112**
Entstehung des – **Einl.** 1
Übergang FGGRG **Art. 111**
Firma
Auflösung wegen Mangels der Satzung **399** 9
Erlöschen der – **393** 7 ff.
Nichtgebrauch einer – **393** 7
Firmenmissbrauch
Begriff **392** 12
in Registersachen **392** 3
Firmenmissbrauchsverfahren 392 6
Fiskus, Finanzamt
Antragsberechtigung bei Erbscheinsantrag **352** 28
Flüchtlinge
örtliche Zuständigkeit in Nachlasssachen **343** 42
FlurberG
örtliche Zuständigkeit bei Abwesenheitspflegschaft **341** 3

2571

Sachverzeichnis

fette Zahlen = §§ des FamFG

Folgesachen 137 5 ff.
Anwendung ausländischen Rechts **137** 14
FGGRG Art. **111** 8
zulässige Arten von – **137** 6
Folgeverfahren
Wirkung der formellen Rechtskraft für – **45** 34
Wirkung der materiellen Rechtskraft für – **45** 33
Forderungsübergang, gesetzlicher 113 7
Form
Aufgebotsverfahren **438** 2
bei Bekanntgabe der letztwilligen Verfügung **348** 57
Formel
Abfassung **38** 50
Berichtigung **42** 19
Förmliche Beweisaufnahme s. Beweisaufnahme
Formulare
im vereinfachten Verfahren über Minderjährigenunterhalt **259**
Formularzwang
Erhebung von Einwendungen im vereinfachten Verfahren über Minderjährigenunterhalt **252** 10
bei der vereinfachten Minderjährigenunterhaltsfestsetzung **259** 2
im Versorgungsausgleich **220** 7
Fotokopie 348 24, 42
Eröffnung von Verfügungen von Todes wegen **348** 12
Übersendung einer – der letztwilligen Verfügung **348** 58
Freibeweis 26 44
Wahl des Beweisverfahrens **29** 16; **30** 3
s. a. Beweis
Freigabeverfahren
in Registersachen **381** 24
Freiheitsbeschränkungen 415 4
in Unterbringungssachen **323** 9
Freiheitsentziehungssachen 415 ff.
Absehen von der Bekanntgabe der Gründe eines Beschlusses **423**
Amtsermittlung **26** 69, 79
Anordnung
– Begründung des Beschlusses **421** 4
– einstweilige **427**
– gerichtliche Aufhebung **426** 2
– Inhalt der Beschlussformel **421**
– Verfahrensgrundsätze bei Aufhebung **426** 7
– Wirksamkeitsende von Entscheidungen **422** 10
– Wirksamwerden von Beschlüssen **422**
Antrag
– Anordnung der Kostenerstattung **430** 4
– Auslagenersatz **430**
Antrag der Verwaltungsbehörde **417** 1
Aufhebung **426**
Begriff der Freiheitsentziehung **415** 3
Begründung des verfahrenseinleitenden Antrags **417** 23
behördliche F. mit Grundlage im Bundesrecht **428** 7
behördliche F. mit Grundlage im Landesrecht **428** 11
Benachrichtigung von Angehörigen **432**
Berechnung von Höchstfristen **425** 8
Beschwerde
– Beschwerdebefugnis der Angehörigen des Betroffenen **429** 5
– Beschwerdebefugnis der zuständigen Behörde **429** 4

– Beschwerdebefugnis des Verfahrenspflegers **429** 3
– Beschwerdebefugnis einzelner Personen **429** 2
– Einlegung der Beschwerde **429** 7
– ergänzende Vorschriften **429**
Beteiligte **7** 45; **418**
– Kann-Beteiligte **418** 5
– Muss-Beteiligte **418** 2
– Sprachschwierigkeiten von Betroffenen **418** 7
Dauer **425** 1
einstweilige Anordnung bei Gefahr im Verzug **427** 5
– Bekanntgabe und Wirksamkeit **427** 10
– Rechtsmittel **427** 11
Erledigung der Hauptsache **22** 48
Maßnahmen unmittelbaren Zwangs **415** 6
Mitteilung von Entscheidungen **431**
persönliche Anhörung des Betroffenen **420** 1
– Anhörung weiterer Beteiligter **420** 12
– anwesender Betroffener **420** 7
– Besetzung des Gerichts **420** 5
– Durchführung der persönlichen Anhörung **420** 5 ff.
– Erforderlichkeit eines Sachverständigengutachtens **420** 14
– Unterbleiben der persönlichen Anhörung **420** 11
– untergetauchter Betroffener **420** 10
– Vorführung des Betroffenen **420** 9
Rechtsweg **422** 8
Rechtswegregelung **428** 6
Sondervorschriften bzgl. Beschwerdeberechtigung **59** 53
Tenorierung der Fristbestimmung **425** 2
Überhaftfälle **425** 4
Verfahren bei behördlicher F. **428** 2
Verfahren bei Fristablauf **425** 9
Verfahrenspfleger **419**
– Auswahl der Person **419** 8
– Rechtsstellung **419** 10
– Voraussetzung für Bestellung **419** 4
– Vorrang der Vertretung **419** 7
Verlängerung der Unterbringung **425** 10
Verwaltungsmaßnahmen **428** 1 ff.
Vollzug **422** 7
– Aussetzung **424**
– Widerruf der Aussetzung **424** 8
Voraussetzungen einer vorläufigen F. **427** 2
Vorführung des Betroffenen **420** 9
Vorlage der Ausländerakten **417** 23
Zuleitung des Haftantrags vor der Anhörung **417** 5
Zuständigkeit der antragstellenden Verwaltungsbehörde **417** 6
Zuständigkeit, örtliche **416**
– bereits bestehender Gewahrsam **416** 9
– Regelzuständigkeit **416** 6
Freiheitsstrafe
als Abgabegrund **4** 20
Freiwillige Gerichtsbarkeit
Angelegenheiten der – im FamFG **1** 4
Begriff **1** 10 ff.
Beteiligte in Angelegenheiten der – **412**
Feststellung durch Sachverständige **410** 6
im formellen Sinne **1** 13
Gesamtreform des Rechts der – **Einl.** 9
Grundsatz **1** 30
öffentlich-rechtliche Streitsachen **1** 41
örtliche Zuständigkeit **411** 1

magere Zahlen = RdNrn der Anmerkungen

Sachverzeichnis

Pfandverkauf als Angelegenheit der freiwilligen Gerichtsbarkeit **410** 12
privatrechtliche Streitsachen **1** 33
als Rechtsprechung **1** 19
Rechtwegverweisungen in der – **1** 48 ff.
und Schiedsgerichtsbarkeit **1** 23
Verfahren der – **410**
Verfahren kraft Sachzusammenhangs **1** 18
Verfahrensarten der – **1** 30 ff.
Verhältnis zur streitigen Gerichtsbarkeit **1** 46
Verwahrung als Angelegenheit der – **410** 10
Wesentliche Angelegenheiten der – **1** 24 ff.
Fremdrechtstestamentsvollstreckerzeugnis **354** 37
Frist 16
Änderung von Fristen **16** 29 ff.
– Antrag eines Beteiligten **16** 30
– Lauf der verlängerten Frist **16** 37
– Verfahren bei Friständerung **16** 30 ff.
Beginn bei Bekanntgabe von Beschlüssen **63** 15
Begriff **16** 3
bei Bekanntgabe der letztwilligen Verfügung **348** 57
Berechnung zur Einhaltung der Beschwerdefrist **63** 30
Beschwerde **63**
bei Bestimmung eines Testamentsvollstrecker **355** 2 ff.
Bestimmung oder Verlängerung bei Inventarfrist **345** 131
bei einstweiliger Anordnung in Betreuungssachen **302** 2
erbrechtliche **345** 115
für Eröffnung von Verfügungen von Todes wegen **351** 4 ff.
Fristbeginn **16** 8
Fristberechnung **16** 11 ff.
Fristende **16** 15
Fristlauf **16** 12
Fristwahrung bei Beschwerdefrist **63** 33
gerichtlich bestimmte **16** 5
gesetzliche **16** 4
gesetzlicher Feiertag **16** 20
Registeranmeldeverfahren **382** 16
Versäumung von Fristen **16** 25
Wahrung von Fristen **16** 25
Wiedereinsetzung in den vorigen Stand **16** 28
Wirkungen der Fristversäumung **16** 27
s. auch Fristberechnung, Höchstfrist
Fristberechnung s. Frist
Fristbestimmung
im Erbrecht **355** 17
bei Inventarfrist in Nachlasssachen **360** 4 ff.
Fristverlängerung
bei zulässiger Rechtsmittelerweiterung **145** 14
Fristversäumung
Belehrungspflicht des Empfangsgerichts s. Frist
in Teilungssachen **367** 1 ff.
Funktionelle Zuständigkeit s. Zuständigkeit, funktionelle
Fürsorge 1 30
Fürsorgemaßregeln
in Kindschaftssachen **152** 6
– Anzeigepflicht **152** 13
– Dauer der Zuständigkeit, Abgabe **152** 11
– funktionelle Zuständigkeit **152** 14

– örtliche Zuständigkeit **152** 10
– sachlich-rechtliche Bedeutung **152** 8
Fürsorgepflicht
des Empfangsgerichts bei Fristen **17** 28
Fürsorgezuständigkeit
in Betreuungs- und Unterbringungssachen **104** 6
bei der Pflegschaft für Erwachsene **104** 6

GBO
Beschwerde nach – **58** 77
Gebühren
Eröffnung der Verfügung von Todes wegen durch ein anderes Gericht **350** 13
Gebühren des Gerichts s. Gerichtsgebühren, Kosten
Geburtsanzeigen
Mitteilungspflicht des Standesamts **168 a** 2
Gefahr im Verzug 40 55, 62
Anordnung der sofortigen Wirksamkeit von Beschlüssen in Betreuungssachen **287** 10
Ausnahmen von der Anhörungspflicht in Kindschaftssachen **159** 13
einstweilige Anordnung bei gesteigerter Dringlichkeit in Unterbringungssachen **332** 1
gesteigerte Dringlichkeit in Betreuungssachen **301** 2
Nachholung der Anhörung der Eltern in Kindschaftssachen **160** 10
Gegenbetreuer
keine Bestellung eines weiteren Betreuers **293** 13
Gegenbeweis 29 14
Gegenstandslosigkeit
einer letztwilligen Verfügung **349** 11
Gegenvorstellung Anh. 58 48 ff.
Anwendungsfälle **Anh. 58** 48
Frage der Verfassungswidrigkeit der – **Anh. 58** 55
Verhältnis zur Verfassungsbeschwerde **Anh. 58** 53
Gehörsrüge s. rechtliches Gehör
Gehörsverletzung
Beispiele **44** 39
Gemeinschaftliches Testament
Besonderheiten bei der Eröffnung von – **349**
– Dispositionsmöglichkeit **349** 14
– Gegenstandslosigkeit **349** 11
– Trennbarkeit **349** 8
Genehmigung
des Betreuungsgerichts in Teilungssachen **371** 22
Prüfung von öffentlich-rechtlichen – in Registersachen **374** 60
Verfahrenshandlungen **40** 34
Genehmigung von Rechtsgeschäften
Beschwerdeberechtigung **59** 91
Genehmigungsentscheidung
Unabänderlichkeit der – **48** 31 ff.
Wirksamwerden **40** 27 ff.
Generalversammlung
Ermächtigung zur Einberufung der – **375** 76
genetischer Fingerabdruck
in Abstammungssachen **178** 4
Genfer Flüchtlingskonvention 98 10
Genossenschaft
örtliche Zuständigkeit
– in register- und handelsrechtlichen Verfahren **377** 6
Genossenschaftsrecht
Verfahren **375** 76

2573

Sachverzeichnis

fette Zahlen = §§ des FamFG

Genossenschaftsregister
Einrichtung und Führung **387** 3 ff.
Unterstützung der IHK bei Eintragungen **380** 5 a
Genossenschaftsregistersachen 374 18
Georgien
Deutsch-sowjetischer Konsularvertrag **343** 55
Gerichte
in Verfahren nach dem FamFG **Einl.** 65
s. a. Zuständigkeit
Gerichtsbarkeit s. Internationale Zuständigkeit
Gerichtsbefreite s. Immunität, Exterritorialität
Gerichtsgebühren
in Angelegenheiten der freiwilligen Gerichtsbarkeit **32** 54
Berichtigungsverfahren **42** 48
Beschwerde **58** 116
in Folgesachen der freiwilligen Gerichtsbarkeit **32** 56
Rechtsbeschwerde **70** 58
Rügeverfahren **44** 72
in selbständigen Familiensachen der freiwilligen Gerichtsbarkeit **32** 55
Sprungrechtsbeschwerde **75** 24
Vergleich **36** 53
Gerichtskosten
Absehen von Gerichtskostenerhebung **81** 18
Auferlegung **81** 12
in Familiensachen **Einf FamGKG**
Kostenerstattungsanordnung zu Lasten der Staatskasse **307** 9
Umfang der Kostenpflicht **80** 8 ff.
Gerichtskundige Tatsachen
und Beweiserhebung **29** 12
Gerichtspersonen
ablehnbare Personen **6** 2
Ablehnung **6** 18 ff.
Ablehnung beim Kollegialgericht **6** 42
Ablehnung eines Amtsrichters **6** 46
Ablehnung eines Rechtspflegers **6** 50
Ablehnungsantrag **6** 18
Ablehnungsbeispiele **6** 25 ff.
Ablehnungsgesuch **6** 40
Ausschließung **6** 3 ff.
Ausschließung und Ablehnung der – **6**
Ausschließungsfolgen **6** 17
Ausschließungsgründe **6** 10 ff.
Begründetheit der Ablehnung **6** 24
Entscheidung über das Ablehnungsgesuch **6** 42
Rechtsmittel gegen Ablehnungsgesuch **6** 55
Selbstablehnung **6** 61
Urkundsbeamte **6** 63
in Verfahren nach dem FamFG **Einl.** 67 ff.
Verlust des Ablehnungsrechts **6** 38
Gerichtssprache 32 33
Gerichtsstand s. Zuständigkeit, örtliche
Gerichtstafel 435 3; **466** 14
Gerichtsvollzieher Einl. 73
Befugnisse in der Zwangsvollstreckung **87** 13
Gesamtgut **344** 25, 28–30; **373** 8; **462** 1 ff.
Gegenstand des Auseinandersetzungsverfahrens **373** 3
Zeugnisse über die Auseinandersetzung **373** 14
Gesamthypothek 448 2
Gesamtschuldner 463 1
Geschäftsbezeichnung 392 11
Geschäftsfähigkeit
und Verfahrensfähigkeit **9** 7 ff.

Geschäftsstelle
Entgegennahme von Anträgen, Erklärungen **25** 17
der Gerichte **25** 16
Pflicht zur unverzüglichen Übermittlung der Niederschrift **25** 26
Geschäftsstellenvermerk 38 93
Geschäftswert
Festsetzung durch das Gericht **32** 59
Geschwister
als Kann-Beteiligte in Betreuungssachen **274** 16
Gesellschafter
Austritt eines – **374** 45
Eintragung von – in Registersachen **374** 44 b
Gesetzesunkenntnis
und Wiedereinsetzung in den vorigen Stand **17** 24
Gesetzlicher Vertreter
Anhörung **167** 9
Anhörung des – in Betreuungssachen **279**
Bestellung eines – in Verwaltungsverfahren bei betreuungsrechtlichen Zuweisungssachen **340** 6
Geständnis
Umfang der Amtsermittlungen **26** 15
gesteigerte Dringlichkeit
bei Verfahren in Unterbringungssachen **332**
Gewaltanwendung
gerichtliche Entscheidung bei – in Unterbringungssachen **326** 5
bei Zuführung zur Unterbringung **326** 3
Gewaltschutzsachen 210
Allgemeines **210** 1
Anhörung des Jugendamts **213** 2
Beteiligte **7** 40
– Beteiligung des Jugendamts **212** 2
Durchführung der Endentscheidung **215**
einstweilige Anordnung **214**
– Vollstreckung von Amts wegen **214** 5
– Vollstreckung vor der Zustellung **214** 7
– Voraussetzungen **214** 2
Mitteilung von Entscheidungen **216 a** 2
örtliche Zuständigkeit **211** 2
– Gerichtsstände im Einzelnen **211** 3
Verfahren in – **210** 7
– kein Hinwirken auf Einvernehmen **210** 7
– kein Vorschlag der Mediation **210** 7
Vollstreckung in – **96** 2
Vollstreckung vor Zustellung **216** 3
weitere Beteiligte **212** 3
Wirksamkeit **216** 2
Zuständigkeit des Familiengerichts für Schutzmaßnahmen **210** 2
Gewerbezentralregister 374 8
Gewerkschaften
Beteiligtenfähigkeit **8** 11
Gewinnanteilschein 471 1; **472** 1; **473** 1; **474** 1; **481** 1
Gewöhnlicher Aufenthalt 98 16
Begriff i. S. v. Art. 8 Abs. 1 EuEheVO **99** 15
gesetzliche Definition **99** 44
internationale Zuständigkeit **98** 16
internationale Zuständigkeit in Abstammungssachen **100** 5
internationale Zuständigkeit in Adoptionssachen **101** 7
internationale Zuständigkeit in Betreuungs- und Unterbringungssachen **104** 5

magere Zahlen = RdNrn der Anmerkungen **Sachverzeichnis**

internationale Zuständigkeit in Kindschaftssachen **99** 43
internationale Zuständigkeit in Lebenspartnerschaftssachen **103** 4
internationale Zuständigkeit in Versorgungsausgleichssachen **102** 3
örtliche Zuständigkeit **3** 6 ff.
örtliche Zuständigkeit in Betreuungssachen **272** 3
örtliche Zuständigkeit in Ehewohnungs- und Haushaltssachen **201** 6
örtliche Zuständigkeit in Unterbringungssachen **313** 4
örtliche Zuständigkeit in Unterhaltssachen **232** 8
örtliche Zuständigkeit in Versorgungsausgleichssachen **218** 4
Säugling **99** 46
als wichtiger Grund für die Abgabe in Betreuungssachen **273** 3
Glaubhaftmachung 31
des berechtigten Interesses bei Akteneinsicht **13** 32
Durchführung der – **31** 9
eidesstattliche Versicherung **31** 11
im Erbscheinsverfahren **352** 54
Mittel **31** 7
Notwendigkeit der – **31** 3
GmbH-Gesetz
Erzwingung von Verpflichtungen nach dem – **388** 16
Verfahren nach dem – **375** 71 ff.
GOrgG 486 11
GrdsVG
Rechtsschutz gegen Verwaltungsakte **Anh. 58** 42
Großeltern
als Kann-Beteiligte in Betreuungssachen **274** 16
Grundbuchordnung Einl. 53
örtliche Zuständigkeit bei Abwesenheitspflegschaft **341** 3
Grundbuchverfahren
Besonderheiten bei Akteneinsicht **13** 18
Gründe
Berichtigung von Beschlüssen **42** 24
Grundkapital
Auflösung wegen Mangels der Satzung **399** 12
Grundlagenbeschluss
bei Löschung nichtiger Beschlüsse **398** 12
Grundpfandrechtsgläubiger 447
Grundstück
Auflassung von – in Teilungssachen **371** 44
freiwillige Versteigerung **371** 49
Grundstückseigentümer
als Beteiligter in Ehewohnungs- und Haushaltssachen **204** 2
Gründungsprüfer
Bestellung von – **375** 39
Gutachten
Einholung eines – in Betreuungssachen **280**
Einholung eines – in Unterbringungssachen **321**
Erforderlichkeit in Freiheitsentziehungssachen **420** 14
Inhalt des – in Unterbringungssachen **321** 6
nachträgliche Einholung eines – in Betreuungssachen **294** 8
Verwendung eines Privatgutachtens **177** 8
Gütergemeinschaft 373
Auseinandersetzung einer – **373** 3
– landesrechtliche Vorschriften **487**

Beendigung einer – **373** 1
funktionelle Zuständigkeit zur Auseinandersetzung einer – **373** 7
örtliche Zuständigkeit bei der Auseinandersetzung der – **344** 25
örtliche Zuständigkeit zur Auseinandersetzung einer – **373** 8
sachliche Zuständigkeit zur Auseinandersetzung einer – **373** 6
s. Güterrechtssachen
Güterrecht
in Lebenspartnerschaftssachen **269** 9
s. a. Güterrechtssachen
Güterrechtsregistersachen 374 32
Zuständigkeit in **377** 37
– internationale **377** 42
– örtliche **377** 38
– sachliche und funktionelle **377** 41
Güterrechtssachen 261
Abgabe an das Gericht der Ehesache **263** 2
– Unanfechtbarkeit der Abgabe, Kosten **263** 4
– Verfahren **263** 3
Anwendung der ZPO in – **262** 5
Definition **261** 2
einheitliche Entscheidung über Ausgleichsforderung **265**
Entscheidung über die Ausgleichsforderung **264** 7
als Familienstreitfolgesachen **137** 10
örtliche Zuständigkeit **262**
Stundung der Ausgleichsforderung **264**
Übertragung von Vermögensgegenständen **264**
Verfahren betr. das eheliche Güterrecht **261** 2 ff.
– Ansprüche aus dem deutsch-französischen Wahlgüterstand **261** 6 a
– Ansprüche bei Eigentums- und Vermögensgemeinschaft **261** 6
– Ansprüche bei Gütergemeinschaft **261** 4
– Ansprüche bei Gütertrennung **261** 5
– Ansprüche bei Zugewinngemeinschaft **261** 3
– Anwaltszwang **261** 10
– ausländisches Güterrecht **261** 6 a
– Beschwerde gegen Endentscheidungen **261** 10
– Beteiligung Dritter **261** 7
– Einordnung als Familienstreitsachen **261** 10
– Kosten und Gebühren **261** 11
– Verfahren **261** 10
– vertragliche Ansprüche **261** 8
Verfahren nach § 261 Abs. 2 **261** 12 ff.
Güterstand
des Erblassers als ermittlungsbedürftiger Punkt im Erbscheinsverfahren **352** 78
Gütertrennung s. Güterrechtssachen

Haager Abkommen
Kindesentführung **99** 2
Minderjährigenschutzabkommen **99** 2
Übereinkommen über die Zustellung gerichtlicher und außergerichtlicher Schriftstücke im Ausland in Zivil- u. Handelssachen **99** 2
Haager Testamentsabkommen 343 57
Haager Übereinkommen über den internationalen Schutz Erwachsener (ErwSÜ) 104 2
Haftung
verschärfte Haftung in Unterhaltssachen **241**

2575

Sachverzeichnis

fette Zahlen = §§ des FamFG

Hamburg
Hamburgisches Gesetz über die Angelegenheiten der freiwilligen Gerichtsbarkeit vom 16. 1. 1989 **486** 9
Zuständigkeit für die Inventarerrichtung **345** 135
Handelsrecht
handelsrechtliche Verfahren **375** 9 ff.
s. a. Registersachen
Handelsregister
Einrichtung und Führung **387** 3 ff.
s. a. Registersachen
Handelsregistersachen 374 13
Handlungen, gerichtliche
Begriff **2** 32
Handlung des Richters oder Richterkollegiums **2** 35
Handlungen des Rechtspflegers **2** 35
Handlungen des Urkundsbeamten der Geschäftsstelle **2** 35
Handlungsermessen
und Rechtsbeschwerde **72** 10
Handwerksinnungen 380 8
Handwerkskammer 380 7
Handwerksrolle 374 8
Härte
Begriff der unzumutbaren – bei der Abtrennung in Scheidungs- und Folgesachen **140** 11
Hauptsache
Einleitung des -verfahrens **52**
– im Amtsverfahren **52** 6
– im Antragsverfahren **52** 8
– Voraussetzungen **52** 3
Erledigung der – **22** 24
Hauptversammlung
Ermächtigung zur Einberufung der – **375** 52
Hauptversammlungsbeschluss
im Freigabeverfahren **381** 25
Haushaltssachen s. Ehewohnungs- und Haushaltssachen
Hausratssachen s. Ehewohnungs- und Haushaltssachen
Haverei
Voraussetzung der Entscheidung bei Ablehnung der Dispache **403** 10
s. auch Dispache
Heilung
der Nichtigkeit bei Löschung nichtiger Gesellschaften und Genossenschaften **397** 12
von Zustellungsmängeln **15** 71
Herausgabeverpflichtung
als Zwangsmittel **35** 50 ff.
Herausgabevollstreckung
zur Erzwingung der Ablieferung Verfügungen von Todes wegen **358** 18
Hess. FGG 486 10
Hessen
Hessisches Gesetz über die freiwillige Gerichtsbarkeit vom 12. 4. 1954 (Hess. FGG) **486** 10
Vermittlung der Auseinandersetzung **487** 5
Zuständigkeit für die Inventarerrichtung **345** 135
Hinterlegungsschein
bei Verfügungen von Todes wegen **346** 11
Hinterlegungsstelle 451 2
Hinweis
des Gerichts bei Verfahren in Unterhaltssachen **235** 8
des Gerichts beim vereinfachten Verfahren über den Kindesunterhalt **251** 5

Hinweispflicht
Dokumentation des Hinweises **28** 19
Entscheidungserheblichkeit **28** 10
Erteilung eines Hinweises **28** 17
des Gerichts **28** 7 ff.
Umfang des Hinweises **28** 12
Verletzung der Hinwirkungs- oder Hinweispflicht **28** 23
Hinwirkungspflicht
des Gerichts **28** 4
auf sachdienliche Anträge **28** 15
HKEntfÜ
persönlicher Anwendungsbereich **99** 24
räumlicher Geltungsbereich **99** 21
sachlicher Anwendungsbereich **99** 25
s. Haager Übereinkommen
HLA-Gutachten
in Abstammungssachen **178** 7
Höchstfrist
Berechnung in Freiheitsentziehungssachen **425** 8
bei Dauer der einstweiligen Anordnung in Unterbringungssachen **333** 2
bei Dauer der Unterbringung **329** 4
bei einstweiliger Anordnung in Betreuungssachen **302** 2
Höferecht
im Erbscheinsverfahren **353** 36
Hoffolgezeugnis 357 29
Honorar s. Vergütung
Hypothek 447 3; **451** 5 f.; **454** 6; **475** 2

Immunität
konsularischer Vertretungen **1** 87
prozessuale **1** 82 ff.
s. auch Exterritorialität
Industrie- und Handelskammer 380 4 f.
Informationsgespräch
außergerichtliche Streitbeilegung über Folgesachen **135** 4
Inkrafttreten
des FamFG **Art. 112**
Innengenehmigung 40 28, 43
Insolvenz
Sachwalter bei – **375** 93
Insolvenzverwalter
Antragsberechtigung bei Erbscheinsantrag **352** 33
Instanzenzug
Abschaffung des – im Erbscheinsverfahren **352** 158
Internationale Zuständigkeit 3 29
in Abstammungssachen **100** 3
– Staatsangehörigkeitszuständigkeit **100** 4
in Adoptionssachen **101** 3
– Staatsangehörigkeitszuständigkeit **101** 6
in anderen Verfahren nach dem FamFG **105**
– Überblick **105** 2
im Anwendungsbereich des vorrangigen Rechts **99** 4
– Aufenthalt als Zuständigkeitsanknüpfung **99** 8
– Begriff gewöhnlicher Aufenthalt i. S. v. Art. 8 Abs. 1 EuEheVO **99** 15
– gewöhnlicher Aufenthalt des Kindes in Deutschland **99** 9
– gewöhnlicher Aufenthalt des Kindes nicht in Deutschland **99** 11
– Kindesentführungen **99** 17
– persönlicher Anwendungsbereich der EuEheVO **99** 24

magere Zahlen = RdNrn der Anmerkungen

Sachverzeichnis

– persönlicher Anwendungsbereich der HKEntfÜ **99** 24
– persönlicher Anwendungsbereich der KSÜ **99** 24
– persönlicher Anwendungsbereich der MSA **99** 24
– räumlicher Geltungsbereich der EuEheVO **99** 20
– räumlicher Geltungsbereich der HKEntfÜ **99** 21
– räumlicher Geltungsbereich der KSÜ **99** 22
– räumlicher Geltungsbereich der MSA **99** 23
– sachlicher Anwendungsbereich der EuEheVO **99** 24
– sachlicher Anwendungsbereich der HKEntfÜ **99** 25
– sachlicher Anwendungsbereich der KSÜ **99** 26
– sachlicher Anwendungsbereich der MSA **99** 26
– Staatsangehörigkeit des Kindes **99** 10
– Übersicht **99** 4
– Übersicht des sachlichen Anwendungsbereichs **99** 26
– Verhältnis der EuEheVO **99** 5
besondere Vorschriften **105** 7
in Betreuungs- und Unterbringungssachen **104** 3
in Betreuungssachen **272** 11
deutscher Gerichte in Ehesachen
– ein Ehegatte ist Deutscher **98** 7 ff.
– kein Ehegatte ist Deutscher **98** 15 ff.
deutsches Ehescheidungsgericht in Versorgungsausgleichssachen **102** 5
in Ehesachen **98** 7 ff.
einstweilige Anordnung **50** 5
Entscheidung über inländische Anrechte **102** 4
bei Erbscheinserteilung **352** 9
bei Eröffnung letztwilliger Verfügungen **348** 67
EuEheVO Nr. 2201/2003 **99** 2
in Familiensachen **111** 56
Folgen bei Verstößen gegen die – **2** 30 c
keine ausschließliche **106**
in Kindschaftssachen **99** 27 ff.
– Aufenthaltszuständigkeit **99** 43
– Fürsorgezuständigkeit **99** 47
– Staatsangehörigkeitszuständigkeit **99** 42
in Lebenspartnerschaftssachen **103** 3
in Nachlass- und Teilungssachen **105** 3
in Nachlasssachen **343** 48
perpetuatio fori **97** 8
bei Pflegschaft für Erwachsene **104** 3
Prüfung **97** 6
in Registersachen und unternehmensrechtlichen Angelegenheiten **377** 28
in unternehmensrechtlichen Verfahren **375** 6
Verbundverfahren **98** 22
in Versorgungsausgleichssachen **102** 3
in Vormundschaftssachen **99** 48
Interventionswirkung
Verhältnis zur materiellen Rechtskraft **45** 29
IntFamRVG
Beschwerde nach – **58** 75
Rechtsschutz gegen Verwaltungsakte **Anh. 58** 41
Vollstreckbarkeit ausländischer Entscheidungen **110** 6
Inventar
Zuständigkeit zur Einreichung des – **360** 12
Inventarerrichtung
eidesstattliche Versicherung bei – **361**
Zuständigkeit für – **345** 135
Inventarfrist
Bestimmung einer – **360**

Bestimmung und Verlängerung der – **345** 131 ff.
Rechtsmittel gegen Bestimmung der – **345** 136
Iran
Deutsch-iranisches Nachlassabkommen **343** 54
iudex a quo 64 4

Jugendamt Einl. 106
Anhörung des – in Abstammungssachen **176** 2
Anhörung des – in Adoptionssachen **194**
Anhörung des – in Ehewohnungs- und Haushaltssachen **205** 2
Anhörung des – in Gewaltschutzsachen **213** 2
Beschwerdebefugnis in Ehewohnungs- und Haushaltssachen **205** 4
Beschwerdebefugnis in Gewaltschutzsachen **213** 4
Beschwerderecht in Abstammungssachen **176** 7
Beschwerderecht in Adoptionssachen **194** 10
Beschwerderecht in Kindschaftssachen **162** 16
Bestellung des – als Beistand in Unterhaltssachen **234**
Beteiligtenstellung des – in Kindschaftssachen **162** 10, s. auch Kindschaftssachen
Beteiligung des – in Abstammungssachen **176** 5
Beteiligung des – in Adoptionssachen **188** 13
Beteiligung des – in Gewaltschutzsachen **212** 2
Beteiligung in Ehewohnungs- und Haushaltssachen **204** 3
Mitwirkung des – in Abstammungssachen **172** 4
Mitwirkung in Kindschaftssachen **162**
– Anhörung **162** 2 ff.
– Anhörungspflicht **162** 2
– Bekanntmachung gerichtlicher Entscheidungen **162** 15
– Beteiligtenstellung **162** 10
– Form und Zeit der Anhörung **162** 5
– Nachholung der Anhörung bei einstweiligen Anordnungen **162** 9
– s. a. Kindschaftssachen
persönliche Anhörung **33** 35
Unterstützung des Vollzugs durch das – **167** 10
Unterstützungspflicht bei Durchsetzung von Entscheidungen über die Herausgabe von Personen und Regelung des Umgangs **88** 8
Juristische Person
Beteiligtenfähigkeit **8** 7
örtliche Zuständigkeit
– in register- und handelsrechtlichen Verfahren **377** 5
Juristische Person des öffentlichen Rechts
als Beistand **12** 9
Einlegung der Rechtsbeschwerde **71** 11
JustG NRW **486** 13
Justizregister
Aufgabe und Zweck des – **374** 3
Zukunft der **374** 11
Justizverwaltungsakte 1 42
Rechtsschutz gegen – **Anh. 58** 29 ff.
– Anerkennung ausländischer Entscheidungen in Ehesachen **Anh. 58** 40
– Anfechtung nach § 30 a EGGVG **Anh. 58** 37
– Antrag nach § 23 EGGVG **Anh. 58** 30 ff.
– Eintragung in die Urheberrolle **Anh. 58** 45
– Verwaltungsakte nach dem GrdstVG **Anh. 58** 42
– Verwaltungsakte nach IntFamRVG **Anh. 58** 41
– Vorsorge- und Testamentregistersachen **Anh. 58** 46
Justizwachtmeister Einl. 74

2577

Sachverzeichnis

fette Zahlen = §§ des FamFG

Kapitalgesellschaft
Erstanmeldung einer – in Registersachen **374** 44 c
Kapitalmaßnahmen 374 45 b
Kasachstan
Deutsch-sowjetischer Konsularvertrag **343** 55
KG 8 10
Kind
Anhörungspflicht in Adoptionssachen **193** 2
Beteiligungs- und Verfahrensfähigkeit in Abstammungssachen **172** 3
als Erbe **356** 2
persönliche Anhörung des – **159** 4, s. auch Kindschaftssachen
Kindesentführung
internationale Zuständigkeit **99** 17
Kindesherausgabe
in Kindschaftssachen **151** 9
in Lebenspartnerschaftssachen **269** 5
Kindesunterhaltssachen
Abgabe anhängiger – **233** 3
Kindesunterhaltsstreitsachen
Zwangsvollstreckung in – **231** 27
Kindeswohl
Anwendung unmittelbaren Zwangs gegen ein Kind **90** 10
Kindeswohlgefährdung
Erörterung des – **157** 2
– getrennte Erörterung **157** 7
– Teilnahme des Kindes **157** 10
– Teilnehmer des Erörterungstermins **157** 5
Kindschaftssachen
Abänderung der Unterbringungsentscheidung **167** 13
Abänderung und Überprüfung von Entscheidungen und gerichtlich gebilligten Vergleichen **166**
– ablehnende Entscheidung **166** 5
– örtliche Zuständigkeit **166** 3
– stattgebende Entscheidung **166** 4
– von Amts wegen einzuleiten **166** 2
Abgabe an das Gericht der Ehesache **153**
– örtliche Zuständigkeit **153** 2
– Unanfechtbarkeit **153** 8
– Wirkung **153** 9
Amtsermittlung **26** 61
Anhörung der Eltern **160**
– Durchführung der Anhörung **160** 11 ff.
– Nachholung der Anhörung **160** 10
Anhörung des gesetzlichen Vertreters **167** 9
Anhörung des Kindes **159** 4
– Ausnahmen von der Anhörungspflicht **159** 11
– Durchführung der Anhörung **159** 14
Anordnung des persönlichen Erscheinen der Beteiligten **155** 12
anwendbare Vorschriften bei Unterbringung Minderjähriger **167** 2
Bekanntgabe der Entscheidung an das Kind **164** 2
– Absehen von der Bekanntgabe **164** 3
Beschluss über Zahlungen des Mündels **168**
– Festsetzung des Regressanspruchs gegen den Erben **168** 30
– förmliches Festsetzungsverfahren **168** 6
– funktionelle Zuständigkeit **168** 6
– gerichtliche Entscheidung über Auslagen und Vergütung **168** 8 ff.
– örtliche Zuständigkeit **168** 7
– Rechtsmittel **168** 33

– Rückgriffsanspruch des Staates gegen den Mündel **168** 23 f.
– Verbot der reformatio in peius **168** 37
– Voraussetzungender Festsetzung **168** 25 f.
– Zwangsvollstreckung **168** 39
Beschwerdeberechtigung **59** 70
Beteiligte **7** 36
einstweilige Anordnung bei Kindeswohlgefährdung **157** 11
Erledigung der Hauptsache **22** 36
Erörterung des Kindeswohlgefährdung **157** 2
Erörterungstermin **155** 7
– Anordnung persönlichen Erscheinens der Beteiligten **155** 12
– persönliche Anhörung eines Jugendamtsvertreters **155** 9
– Terminverlegung **155** 10
– Zeitpunkt **155** 8
als Folgesache **137** 11
Fristsetzung bei schriftlicher Begutachtung **163**
– Pflicht zur Fristsetzung **163** 4
– Verbot der Vernehmung der Kinder als Zeugen **163** 11
– Verhängung eines Ordnungsgeldes **163** 5
gerichtliches Verfahren **151** 17
– Anwaltszwang; Beiordnung eines Rechtsanwalts **151** 23
– ausschließliche Geltung des FamFG **151** 21
– Beteiligung und Verfahrensfähigkeit Kinder **151** 22
– Funktionelle Zuständigkeit **151** 18
– sachliche Zuständigkeit **151** 17
Hinwirken auf Einvernehmen **156** 2 ff.
– Einvernehmen der Beteiligten **156** 12
– Folgen der Nichtteilnahme an einem Informationsgespräch **156** 10
– gerichtliche Billigung **156** 13
– Herausgabe- und Umgangsregelung durch Vergleich **156** 11
– Hinweis auf Beratung durch Beratungsstellen **156** 5
– Informationsgespräch über Mediation **156** 6
– konsensuale Streitbeilegung als gesetzliches Ziel **156** 2 ff.
– Umgangsregelung durch einstweilige Anordnung **156** 15
Inhalt des Gutachtenauftrags **163**
Katalog der – **151** 3 ff.
Kindesherausgabe **151** 9
Kosten und Gebühren **151** 25
Kosten und Gebühren bzgl. der Unterbringungsentscheidung **167** 18
Mitteilungspflichten des Standesamts **168 a**
Mitwirkung der Pflegeperson **161**
– Anhörung der Pflegeperson **161** 6
– Hinzuziehung der Pflegeperson **161** 3
Mitwirkung des Jugendamts **162**
– Anhörung des Jugendamts **162** 2
– Anhörungspflicht **162** 2
– Bekanntmachung und Beschwerderecht **162** 15 f.
– Beteiligtenstellung des Jugendamts auf Antrag **162** 10
örtliche Zuständigkeit **152** 2
– Fürsorgemaßregeln **152** 10
– Fürsorgezuständigkeit **152** 7
– gewöhnlicher Aufenthalt des Kindes **152** 6

2578

magere Zahlen = RdNrn der Anmerkungen

– Zuständigkeitskonzentration bei Anhängigkeit der Ehesache **152** 3
Pflegschaft und Bestellung eines sonstigen Vertreters **151** 11
Rechtsmittel gegen die Unterbringungsentscheidung **167** 15
Umgangsrecht **151** 8
Unterbringung Minderjähriger **151** 14
Verfahrensbeistand **158**
– Aufgaben des – **158** 19 ff.
– Aufwendungsersatz und Vergütung **158** 45
– Beendigung der Bestellung **158** 44
– Entscheidung über Bestellung des – **158** 30 ff.
– Voraussetzungen der Bestellung **158** 3 ff.
Verfahrenswert **151** 27
Vermittlungsverfahren **165**
– Verfahren im Vermittlungstermin **165** 15 ff.
Vernehmung des Kindes **163**
Verweisung bei einseitiger Änderung des Aufenthalts des Kindes **154** 2
Vormundschaft **151** 10
Vorrang- und Beschleunigungsgebot **155** 2
vorrangiges Recht **99** 2
Wiederaufnahme des Verfahrens bei Mediation **155**
Kirchen
Beteiligtenfähigkeit **8** 11
Kirgisistan
Deutsch-sowjetischer Konsularvertrag **343** 55
Klauselerinnerung Anh. **58** 11
Kollisionsnormen **72** 54
Kommanditisten
Aufklärung des – **375** 18
Kommorientenvermutung **29** 51
Kompensation **58** 66
Kompetenzkonflikt
und Zuständigkeitsbestimmung **5** 19 ff.
Konfliktbeilegung s. auch Mediation
Konsul
Zuständigkeit deutscher – in Nachlasssachen **343** 106
Konsularbeamte Einl. 103
Konsularische Vertretung
Immunität – **1** 87
Kontinuität
Grundsatz der – **2** 29
Kontrollfunktion
des Handelsregisters **374** 4
Kosten
bei Akteneinsicht **13** 76
bei Anfechtung der Vaterschaft **183**
bei Aufhebung der Ehe **132**, s. Ehesachen
Auflösung wegen Mangels der Satzung **399** 36
Aufwendungen der Beteiligten **80** 22 ff.
Auseinandersetzung einer Gütergemeinschaft **373** 13
außergerichtliche Kosten **32** 57
Begriff **80** 4 ff.
– Gegenstand der Kostenentscheidung **80** 4
– notwendige Aufwendungen **80** 5
Berichtigung von Amts wegen in Registersachen **384** 21
Besonderheiten bei der Eröffnung von gemeinschaftlichen Testamenten **349** 31
Bestimmung oder Verlängerung bei Inventarfrist **345** 139
Beteiligung der berufsständischen Organe in Registersachen **380** 40

in Betreuungssachen **307**
Einsicht in die Register **385** 23
bei Einsicht in eröffneten Verfügungen von Todes wegen **357** 45
bei Einziehung oder Kraftloserklärung im Erbscheinsverfahren **353** 37
Entlassung eines Testamentsvollstreckers **345** 114
Entscheidung über Eintragungsanträge **382** 31
im Erbscheinsverfahren **352** 159
Ernennung eines Testamentsvollstreckers **345** 51
Erstattungsberechtigung Nichtbeteiligter **81** 79
Erteilung eines Testamentsvollstreckerzeugnisses **345** 64
Erteilung von Bescheinigungen **386** 11
gerichtliche Entscheidung bei Ablehnung der Dispache **403** 18
Gerichtsgebühren **32** 54
Gerichtskosten **80** 8 ff.
– Beitreibung **80** 21
– bundesrechtliche Sonderregelungen **80** 16
– FamGKG **80** 11
– Gebühren, Auslagen **80** 9
– GKG **80** 10
– Kostenbefreiungen **80** 18
– KostO **80** 12
– landesrechtliche Sonderregelungen **80** 17
Grundsatz der Kostenpflicht **81**
Kostenauferlegung auf einen Dritten **81** 69
– auferlegungsfähige Kosten **81** 77
– Dritte als Veranlasser **81** 71
– Ermessensentscheidung, rechtliches Gehör **81** 76
– Grobes Verschulden des Dritten **81** 75
– Tod des Dritten **81** 78
Kostenentscheidung **81** 3 ff.
– Absehen von Gerichtskostenerhebung **81** 18
– Anfechtung der – **81** 81
– Anfechtung in Ehe- und Familienstreitsachen **81** 84
– Auferlegung von Gerichtskosten **81** 12
– Bedeutung der Beteiligtenstellung **7** 53
– Beschwerde gegen die – **58** 95
– bei Eheaufhebung auf Antrag der Behörde oder einer dritten Person **132** 5
– Entscheidung über den Scheidungsantrag **142** 7
– bei erfolgreichem Antrag auf Eheaufhebung eines oder beider Ehegatten **132** 3
– Fälle der – **82** 3
– Geschäftswert **81** 25
– Inhalt **81** 8
– Inhalt des Beschlusstenors in Betreuungssachen **286** 10
– Kostenansatz **81** 23
– Kostenfestsetzung **81** 27
– Kostenvorschuss **81** 24
– zu Lasten des Verfahrenpflegers in Betreuungssachen **276** 30
– Nachholung der – **82** 6
– offenbare Unrichtigkeit **82** 8
– Pflicht zur – **81** 4
– Pflicht zur – in Familiensachen **81** 22
– Rechtsmittelkosten bei Erledigung der Hauptsache **84** 26
– unstatthafte – **81** 6
– in Unterhaltssachen **243**
– in Vaterschaftsanfechtungsverfahren **183**
– Vergleich **36** 52

2579

Sachverzeichnis fette Zahlen = §§ des FamFG

– Zeitpunkt der – **82; 82** 5
– bei Zurücknahme des Rechtsmittels **84** 19
– bei Zwangsgeldfestsetzung in Registersachen **389** 10
Kostenerstattung nach billigem Ermessen **81** 28 ff.
– Begriff des Beteiligten **81** 30
– Behörden als Beteiligte **81** 36
– Billigkeitsentscheidung **81** 44
– Ermessenskriterien **81** 48
– Kostenauferlegung auf die Beteiligten **81** 29
– Rechtsschutzbedürfnis **81** 42
Kostenfestsetzung **85** 4 ff.
– Änderung nach Geschäftswertfestsetzung **85** 19
– Antrag **85** 6
– Entscheidung **85** 8
– Kosten und Gebühren **85** 20
– Rechtsmittel gegen den Kostenfestsetzungsbeschluss **85** 13
– Titel **85** 4
– Verweisung auf Vorschriften der ZPO **85** 3
– Vollstreckung **85** 12
– Zuständigkeit des Rechtspflegers **85** 8
Kostenpflicht
– bei Antragsrücknahme **83** 16
– bei Erledigung der Hauptsache **83** 11
– Sondervorschriften **81** 80
– bei Vergleich **83** 3 ff.
– bei Vergleich, Erledigung und Rücknahme **83**
Löschung bei unzulässigen Eintragungen in Registersachen **395** 51
Löschung nichtiger Beschlüsse **398** 30
Löschung nichtiger Gesellschaften und Genossenschaften **397** 27
Löschung vermögensloser Gesellschaften und Genossenschaften **394** 42
bei minderjährigen Beteiligten **81** 66
Nachlasspflegschaft **345** 88
Nachlassverwaltung **345** 95; **359** 23
Rechtsanwaltskosten der Beteiligten **80** 28
– Gebührenhöhe **80** 31
– Gebührentatbestände **80** 29
– Gegenstandswert **80** 34
– gerichtliche Festsetzung **80** 37
– Notwendigkeit **80** 28
des Rechtsmittels **84**
– Anschlussrechtsmittel **84** 35
– Kostenentscheidung bei Erledigung der Hauptsache **84** 26
– Kostenentscheidung bei Zurücknahme des Rechtsmittels **84** 19
– Kostenerstattung bei erfolglosem Rechtsmittel **84** 12
– Kostenerstattung bei erfolgreichem Rechtsmittel **84** 8
– Pflicht zur Kostenentscheidung **84** 6
der Rechtswegverweisungen **1** 70
Regelbeispiele für Billigkeit **81** 50 ff.
– Anlass für das Verfahren durch grobes Verschulden **81** 51
– aussichtsloser Antrag **81** 57
– unwahre Angaben **81** 61
– Verletzung von Mitwirkungspflichten **81** 63
– Verstoß gegen Mediations- und Beratungsauflage **81** 65
Reisekosten der Beteiligten **80** 24
in Scheidungs- und Folgesachen **150**
sonstige Nachlassverfahren auf Antrag **345** 130

Teilungssachen **363** 95; **366** 80
Terminsgebühr **32** 57
der Testamentseröffnung **348** 82
bei Testamentsvollstreckung **355** 50
Umfang der Kostenpflicht **80**
in Unterbringungssachen **337**
in unternehmensrechtlichen Verfahren **375** 106
Verfahren auf Erteilung eines Erbscheins **345** 26
Verfahren bei unbefugtem Firmengebrauch **392** 33
Verwahrung von Verfügungen von Todes wegen **346** 22
Kostenentscheidung s. Kosten
Kostenerstattung siehe unter Kosten
Kostenerstattungsanspruch
materiellrechtlicher **80** 3
prozessualer **80** 3
Kostenfestsetzung 85
s. Kosten
Kostenordnung Einl. 58
Kostenwesen
in Familiensachen **FamGKG** 1 ff.
KostO
Beschwerde nach – **58** 104
Kraftloserklärung
von Aktien **375** 42
von Erbscheinen **353** 28
– Beschluss **353** 28
– Rechtsmittel **353** 32
von Urkunden
– landesrechtliche Vorbehalte **491**
Kraftlosigkeit des Zeugnisses 354 38 a
Krankenhaus
örtliche Zuständigkeit in Nachlasssachen **343** 41
Kreditwesengesetz
Verfahren nach dem – **375** 84
KSÜ
persönlicher Anwendungsbereich **99** 24
räumlicher Geltungsbereich **99** 22
sachlicher Anwendungsbereich **99** 26
s. Haager Übereinkommen

Ladung
im Auseinandersetzungsverfahren **365**
der Beteiligten **33** 7
im Dispacheverfahren **405** 22 ff.
persönliche – in der Beschwerdeinstanz **33** 25
bei persönlicher Anhörung **34** 33
Zeuge **30** 49
s. Termin
Ladungsfrist
im Auseinandersetzungsverfahren **365** 3
beim Termin **32** 13
land- und forstwirtschaftliche Betriebe
in Teilungssachen **363** 75
LandbeschG
örtliche Zuständigkeit bei Abwesenheitspflegschaft **341** 3
Landesgesetzgebung s. Justizverwaltungsakte
Landesjugendamt
Anhörungspflicht in Adoptionssachen **195** 2
Beteiligung in Adoptionssachen **188** 13
Landesrecht
Freiheitsentziehungssachen **428** 11
Vorschriften zur Unterbringung **167** 6
Landesrechtliche Vorbehalte 486
Aufgebotsverfahren **490**

magere Zahlen = RdNrn der Anmerkungen

bei Kraftloserklärung von Urkunden **491**
landesgesetzlich zugelassene Behörden **488**
Landwirtschaftsgericht
als Abteilung des Amtsgerichts **343** 27
Zuständigkeit bei Erbscheinserteilung **352** 5
Zuständigkeit in Nachlasssachen **343** 21
Landwirtschaftskammer 380 11
Landwirtschaftssachen
Amtsermittlung **26** 71
Beschwerdeberechtigung **59** 89
Erledigung der Hauptsache **22** 49
Landwirtschaftsverfahrensgesetz Einl. 57
Lastenausgleichszwecke
Erbschein für – **343** 80
lebenserhaltende Maßnahmen
Entscheidung des Gerichts bzgl. Abbruch von –
298 13
Lebenspartner
als Kann-Beteiligte in Betreuungssachen **274** 16
Lebenspartnerschaftssachen 112; 269
Anerkennung ausländischer Entscheidungen
109 30
anwendbare Vorschriften **270** 2
Definition **269** 2
internationale Zuständigkeit **103** 3
internationale Zuständigkeit in Verbundverfahren
103 6
sonstige **269** 11
Überblick der Verfahren nach § 269 Abs. 1 **269** 3 ff.
– Adoption **269** 5
– Aufhebung der Lebenspartnerschaft **269** 3
– elterliche Sorge **269** 5
– Feststellung des Bestehens oder Nichtbestehens
269 4
– Güterrecht **269** 9
– Kindesherausgabe **269** 5
– Kosten und Gebühren **269** 10
– Umgangsrecht **269** 5
– Unterhalt **269** 8
– Versorgungsausgleich **269** 7
– Wohnung und Haushalt **269** 6
s. auch Familienstreitsachen
Lebensversicherung 356 2
letztwillige Verfügung
Einsicht in – **346** 11
Gegenstandslosigkeit **349** 11
örtliche Zuständigkeit für die Eröffnung einer –
344 32 ff.
Verfahren bei Verwahrung – **346** 2
zum Begriff **348** 11
lex fori 97 7
LFGG 486 14
Liquidatoren
Abberufung von – einer OHG und KG **375** 13
Bestellung und Abberufung von – für eine Genossenschaft **375** 79
Ernennung von – einer GmbH **375** 9
Los
Verteilung durch – in Teilungssachen **369**
Löschung
nichtiger Beschlüsse **398**
nichtiger Gesellschaften und Genossenschaften **397**
unzulässiger Eintragungen in Registersachen **395**
vermögensloser Gesellschaften und Genossenschaften
394
s. auch Registersachen

Löschungsankündigung
in Registersachen **393** 15
bei unzulässigen Eintragungen in Registersachen
395 32
Löschungsbedürftigkeit
Vermutung für – bei Löschung nichtiger Beschlüsse
398 17
Löschungsverfahren
Beteiligte im – **394** 17
bei Löschung nichtiger Beschlüsse **398** 19
bei Löschung nichtiger Gesellschaften und Genossenschaften **397** 16 ff.
in Registersachen **393** 10 ff.
bei unzulässigen Eintragungen in Registersachen
395 25
Verhältnis zum Zwangsgeldverfahren in Registersachen **388** 6
bei vermögenslosen Gesellschaften und Genossenschaften **394** 7
Widerspruch im – **Anh. 58** 20
s. a. Registersachen

Mängel
Beispiel bei Löschung nichtiger Beschlüsse **398** 14 f.
einer Eintragung in Registersachen **395** 14 ff.
der Satzung in Registersachen **399** 6
Markenregister 374 9
maschinelle Bearbeitung
im vereinfachten Verfahren über Minderjährigenunterhalt **258**
Maßregeln
einstweilige – des Vormundschaftsgerichts in Betreuungssachen **300** 24
Mecklenburg-Vorpommern
Art. 1 des Gesetzes zur Ausführung des Gerichtsstrukturgesetzes und zur Änderung von Rechtsvorschriften – Gerichtsorganisationsgesetz
(GOrgG) – vom 10. 6. 1992 **486** 11
Zuständigkeit für die Inventarerrichtung **345** 135
Mediation 36 a
Angabe im Antrag **23** 1 a
Anordnung der Teilnahme an einem Informationsgespräch über – **156** 6
außergerichtliche Kosten **36 a** 30
Aussetzung des Verfahrens **36 a** 17
– Konfliktbeilegung auf Initiative der Beteiligten
36 a 18
– Konfliktbeilegung auf Vorschlag des Gerichts
36 a 17
– Wirkung der Aussetzung **36 a** 19
Gerichtsgebühren **36 a** 29
gerichtsinterne – **36 a** 8
gerichtsnahe – **36 a** 5
Kosten und Gebühren **36 a** 28 ff.
Kostenentscheidung **36 a** 28
Regelung, Normzweck **36 a** 1
Titulierung **36 a** 20
Umgangsregelung durch einstweilige Anordnung
156 17 f.
im Verfahren in Kindschaftssachen **156** 7
Verfahrenswert, Geschäftswert **36 a** 33
Verstoß gegen Mediationsauflage und Kostentragung
81 65
Vorgehen mangels Einigung **36 a** 25
Vorrang- und Beschleunigungsgebot, Kindeswohl
156 18

Sachverzeichnis

fette Zahlen = §§ des FamFG

Vorschlag durch Gericht in Gewaltschutzsachen **36 a** 8; **210** 7
Wiederaufnahme des Verfahrens in Kindschaftssachen **155** 16
medizinischer Dienst
Verwertbarkeit des Gutachtens des – in Betreuungssachen **282** 2
Meinungsverschiedenheit
zwischen Gründern und Prüfern **375** 41
zwischen mehreren Testamentsvollstreckern **355** 25 ff.
Meistbegünstigung
Begriff **58** 109
im Beschwerdeverfahren **68** 66
s. a. Beschwerde
Meldebehörde
Mitteilung an die – in Betreuungssachen **309** 5
Melderegister 374 8
Menschenrechtsbeschwerde Anh. 58 62
Mietwohnung
Kündigung der – **299** 6
Minderjährige
Ausübung des Zeugnisverweigerungsrechts **30** 63
Beschwerderecht **60**, s. Beschwerderecht
Beteiligungsfähigkeit beteiligter beschränkt geschäftsfähiger – **188** 10
Kostenpflicht **81** 66
Unterbringung **167** 2 ff., s. auch Kindschaftssachen
Mindestfrist
beim Aufgebot **476**
Mitgliederversammlung
Einberufung der – **375** 101
Mitteilungen
bei amtlicher Verwahrung von Verfügungen von Todes wegen **347** 1 a ff.
– Fassung ab dem 1. 1. 2012
– – Reform **347** 2 n
besondere – in Betreuungssachen **309**
über Einwendungen bei der vereinfachten Minderjährigenunterhaltsfestsetzung **254**
von Entscheidungen in Betreuungssachen **308**
von Entscheidungen in Freiheitsentziehungssachen **431**
von Entscheidungen in Gewaltschutzsachen **216 a** 2
von Entscheidungen in Unterbringungssachen **338**
an die Familien- und Betreuungsgerichte **22 a**
zur Strafverfolgung in Betreuungssachen **311**
bei Unterbringung **310**
Mitteilungsbefugnisse 22 a
Mitteilungspflichten 22 a; 22 a 4 ff.
bei amtlicher Verwahrung von Verfügungen von Todes wegen **347** 2 a
– Fassung ab dem 01. 01. 2012 **347** 5 n
in Betreuungssachen **308** 3 ff.
Einzelfälle **22 a** 10
der Gemeindebehörden in Registersachen **379** 5
in Nachlasssachen **356**
in Registersachen **379**
des Standesamts in Kindschaftssachen **168 a**
Tätigkeit des Familien- oder Betreuungsgerichts **22 a** 9
Übermittlung von personenbezogenen Daten **22 a** 11
Umfang der Pflicht **22 a** 7
bei Unterbringung **310** 2

in Vereinssachen **400**
des Verwahrungsgerichts nach Eröffnung **350** 11
Mitteilungsverpflichteter
in Vereinssachen **400** 7
Mittellosigkeit
und Wiedereinsetzung in den vorigen Stand **17** 21
Mitvollstrecker
als Beteiligter bei der Ernennung eines Testamentsvollstreckers **345** 31
Mitwirkung
des Jugendamts in Kindschaftssachen **162**, s. auch Kindschaftssachen
der Verwaltungsbehörde oder dritter Personen in Ehesachen **129**
Mitwirkungspflicht
Inhalt der Pflicht **27** 9
Pflicht zur Wahrhaftigkeit **27** 12
Verletzung der Pflicht **27** 13
Vollständigkeit **27** 10
Moldawien
Deutsch-sowjetischer Konsularvertrag **343** 55
Montan-Mitbestimmungsgesetz
Verfahren nach dem – **375** 83
MSA
persönlicher Anwendungsbereich **99** 23, 24
sachlicher Anwendungsbereich **99** 31 ff.
s. a. Haager Übereinkommen
Mündel
Tod des – und Festsetzung des Vergütungsanspruchs **168** 17
Muss-Beteiligte
in Betreuungssachen **274** 2 ff.
s. a. Beteiligte
Mutterschaft
Bestehen oder Nichtbestehen **169** 2

Nacherbe
Antragsberechtigung bei Erbscheinsantrag **352** 23
Nacherbfolge 461
Nachholung
von Verfahrenshandlungen bei einstweiliger Anordnung wg. gesteigerter Dringlichkeit **301** 2
Nachlass
örtliche Zuständigkeit bei der Sicherung des – **344** 13 ff.
Nachlass- und Teilungssachen
Beteiligte **7** 44
Nachlassauseinandersetzung
landesrechtliche Vorschriften **487**
Nachlassgericht
Beteiligtenermittlungspflicht im Verfahren auf Erteilung eines Erbscheins **345** 17
einzelne Tätigkeiten des – **343** 60
Eröffnungszuständigkeiten **350** 2
örtliche Zuständigkeit bei der Entscheidung über Erbscheinsanträge **352** 72
Vermittlungstätigkeit des – in Teilungssachen **363** 17
Nachlassgläubiger
Antragsberechtigung bei Erbscheinsantrag **352** 29
Beschwerdeberechtigung **59** 82
Nachlassinsolvenzverfahren 457
internationale Zuständigkeit **343** 61
Nachlasspfleger
Antragsberechtigung bei Erbscheinsantrag **352** 25
Nachlasspflegschaft
Beschwerdeberechtigung **59** 83

magere Zahlen = RdNrn der Anmerkungen

Sachverzeichnis

Beteiligte **345** 69
Einleitung von Amts wegen **345** 67
Kosten **345** 88
als Nachlassverfahren **342** 4
Rechtsmittel gegen Beschlüsse des Nachlassgerichts **345** 76
Verfahren, Entscheidung **345** 73
Vergütung des Nachlasspflegers **345** 75
Zuständigkeit **345** 71
Nachlasssachen
Abhilfemöglichkeit **68** 26
Amtsermittlung **26** 63, 77
Anfechtbarkeit von Entscheidungen **58** 43
Begriffsbestimmung **342**
Benachrichtigungen in – **342** 16
Beschwerdeberechtigung **59** 77
besondere örtliche Zuständigkeit **344**
– Auseinandersetzung des Gesamtguts **344** 25
– – materielles Recht **344** 26
– – örtliche Zuständigkeit **344** 30
– – sachliche Zuständigkeit **344** 27
– Entgegennahme einer Ausschlagungserklärung **344** 44
– – Anfechtung der Ausschlagung **344** 52
– – Ausschlagung **344** 44
– – Versendung der Niederschrift **344** 49
– Erbverträge **344** 12
– erneute amtliche Verwahrung gemeinschaftlicher Testamente **344** 10
– Sicherung des Nachlasses **344** 13 ff.
– – funktionelle Zuständigkeit **344** 23
– – Landesrecht **344** 19
– – materielles Recht **344** 13
– – Nachlass eines Ausländers **344** 22
– – Nachlass eines Beamten, Seemanns **344** 20 f.
– – Zuständigkeit für Sicherung **344** 14
– Verwahrung von Testamenten **344** 2 ff.
– – Berurkundung durch Konsularbeamten **344** 9
– – besondere amtliche Verwahrung **344** 4
– Zuständigkeit für die Eröffnung **344** 32 ff.
– – Ablauf der Eröffnung **344** 38
– – Auslandsbezug **344** 37
– – Baden-Württemberg **344** 34
– – Kosten **344** 39
– – Rechtsmittel **344** 42
– – Regelungszweck **344** 32
– – Streit über Zuständigkeit **344** 40
Besonderheiten bei Akteneinsicht **13** 11
Besonderheiten bei der Eröffnung von Erbverträgen **349** 25
Besonderheiten bei der Eröffnung von gemeinschaftlichen Testamenten **349**
– Bekanntgabe nach Tod des Erstversterbenden **349** 2 ff.
– – Dispositionsmöglichkeit des Überlebenden **349** 14
– – Gegenstandslosigkeit einer Verfügung **349** 11
– – teilweise Bekanntgabe **349** 5
– – Trennbarkeit einer Verfügung **349** 8
– – vollständige Bekanntgabe **349** 4
– Kosten **349** 31
– Rechtsmittel **349** 26
– – gegen Ablehnung der Eröffnung **349** 27
– – gegen beabsichtigte Eröffnung **349** 29
– – gegen erfolgte Eröffnung **349** 28
– Verfahren beim zweiten Erbfall **349** 24

– Verfahren nach Eröffnung und Bekanntgabe des Inhalts **349** 16
Bestimmung einer Inventarfrist **360**
– Verfahren **360** 4 ff.
– Zuständigkeit zur Inventareinreichung **360** 12
Beteiligte **345**
eidesstattliche Versicherung bei Inventareinreichung **361**
– Kosten **361** 21
– Verfahren der Abgabe der – **361** 12 ff.
– Verfahren vor dem Nachlassgericht **361** 3 ff.
– – Beteiligte **361** 4
– – Ladung **361** 10
– – Rechtsmittel **361** 11
– – Zuständigkeit **361** 3
Einsicht in eröffneten Verfügungen von Todes wegen **357**
– Erteilung von Erbscheins- und sonstigen Ausfertigungen **357** 27 ff.
– Gegenstand der Einsicht **357** 14
– Glaubhaftmachung **357** 13
– Kosten **357** 45
– Recht auf Abschriften **357** 26
– rechtliches Interesse **357** 8
– Rechtsmittel **357** 41
– durch Sachverständige **357** 25
– Umfang des Einsichtsrechts **357** 22
– Verhältnis zu anderen Vorschriften **357** 2 ff.
– durch Vertreter **357** 24
– Zuständigkeit **357** 7
einstweilige Anordnung **49** 9
einzelne Nachlassverfahren **342** 2 ff.
einzelne Tätigkeiten des Nachlassgerichts **343** 60
Einziehung oder Kraftloserklärung von Erbscheinen **353**
– Beschluss über Einziehung **353** 8
– – funktionelle Zuständigkeit **353** 10
– – Inhalt **353** 12
– – örtliche Zuständigkeit **353** 9
– – sachliche Zuständigkeit **353** 8
– – Verfahren **353** 11
– Höferecht **353** 36
– Kosten **353** 37
– Kraftloserklärung **353** 28
– Rechtsmittel **353** 15 ff.
– – Beschwerde gegen Ablehnung der Einziehung **353** 24
– – Beschwerde gegen Anordnung der Einziehung **353** 17
– Rechtsmittel bei Kraftloserklärung **353** 32
– Voraussetzungen **353** 2 ff.
Entscheidung über Erbscheinsanträge **352**
– Entscheidung durch Beschluss **352** 93
– – Bedeutung ausländischer Erbscheinsverfahren **352** 99
– – Beweislast **352** 103
– – Erteilung trotz Existenz anderes Erbscheins **352** 100
– – Inhalt des Erbscheins **352** 108
– – maßgeblicher Zeitpunkt **352** 94
– – strenge Antragsbindung **352** 106
– Erteilungsvoraussetzungen **352** 2 ff.
– – Antrag **352** 17
– – Antragsberechtigte **352** 23
– – Antragsinhalt **352** 40
– – Begründung des Antrags **352** 44

2583

Sachverzeichnis

fette Zahlen = §§ des FamFG

- – beizufügende Urkunden **352** 45
- – funktionelle Zuständigkeit **352** 10
- – Glaubhaftmachung durch eidesstattliche Versicherung **352** 54
- – internationale Zuständigkeit **352** 9
- – keine Frist **352** 18
- – örtliche Zuständigkeit **352** 7
- – Rechtsschutzbedürfnis **352** 22
- – sachliche Zuständigkeit **352** 2
- – Stellvertretung **352** 21
- – Verfügungen über das Antragsrecht **352** 36
- – Feststellungsbeschluss **352** 111
- – Ablösung des Vorbescheids im FamFG **352** 111
- – Beschlussformel bei streitiger Sache **352** 116 ff.
- – Beschlussformel bei unstreitiger Sache **352** 113
- – keine Erteilung durch einstweilige Anordnung **352** 129
- – Vollzugshandlungen **352** 130
- – keine materielle Rechtskraft **352** 39
- – Kosten **352** 159
- – Rechtsmittel **352** 135 ff.
- – Beschwedegericht; -verfahren **352** 152
- – Beschwerdeberechtigung **352** 150
- – Entscheidungen **352** 137 ff.
- – Rechtsbeschwerde **352** 158
- – Verfassungsbeschwerde **352** 158 a
- – Verfahren des Nachlassgerichts **352** 64 ff.
- – Beweisverfahren **352** 65
- – ermittlungsbedürftige Punkten **352** 72
- – Zurückweisung des Erbscheinsantrags **352** 133
- – Zwischenverfügung **352** 134
- Erledigung der Hauptsache **22** 44
- Ernennung eines Testamentsvollstreckers **345** 28 ff.
- – Ablehnung der Ernennung **345** 38
- – Auswahl des Testamentsvollstreckers **345** 42
- – Beteiligte **345** 30
- – – Testamentsvollstrecker **345** 30
- – – Zuziehung weiterer Beteiligter auf Antrag **345** 33
- – – Zuziehung weiterer Beteiligter von Amts wegen **345** 31
- – Bindungswirkung **345** 45
- – Entscheidung **345** 37
- – Ernennung und TV-Zeugnis **345** 44
- – Ernennungsersuchen des Erblassers **345** 29
- – Kosten **345** 51
- – materielles Recht **345** 28
- – Rechtsmittel gegen Ablehnung **345** 46
- – Rechtsmittel gegen Ernennung **345** 47
- – Verfahren **345** 36
- – Wirksamkeit trotz Beschwerde **345** 50
- Eröffnung der Verfügung von Todes wegen durch ein anderes Gericht **350**
- – Eröffnung durch das Verwahrungsgericht **350** 5
- – Eröffnungszuständigkeiten **350** 2
- – Gebühren **350** 13
- – Rechtsmittel **350** 12
- – weitere Zuständigkeiten des Verwahrungsgerichts **350** 7
- Eröffnung von Verfügungen von Todes wegen **348**
- – Begriff der letztwilligen Verfügung **348** 11
- – Eröffnung **348** 16 ff.
- – Fälle mit Auslandsbezug **348** 65 ff.
- – – Eröffnung im Ausland **348** 72
- – – Eröffnung letztwilliger Verfügung eines Ausländers **348** 65

- – internationale Zuständigkeit **348** 67
- – – Wohnsitz/Aufenthalt **348** 65 f.
- – Folgen **348** 37
- – funktionelle Zuständigkeit **348** 6
- – Kenntnis vom Tod des Erblassers **348** 7
- – Kosten **348** 82
- – Niederschrift **348** 34
- – örtliche Zuständigkeit **348** 4
- – Rechtsmittel **348** 78
- – Rückgabe **348** 74
- – sachliche Zuständigkeit **348** 3
- – schriftliche Bekanntgabe **348** 41
- – – Folgen unterlassener Bekanntmachung **348** 62
- – – Form und Frist **348** 57
- – – Personen, die zu benachrichtigen sind **348** 47
- – – Pflicht zur Benachrichtigung **348** 46
- – – Umfang der Benachrichtigung **348** 53
- – – unbekannte Beteiligte **348** 50
- – – Zuständigkeit **348** 42
- – Verbleib der Verfügung nach Eröffnung **348** 73
- – weitere Verwahrung **348** 73
- – Wesen der Eröffnung **348** 2
- – zu eröffnende Schriftstücke **348** 10 ff.
- – s. a. Testamentseröffnung
- Eröffnungsfrist für Verfügungen von Todes wegen **351**
- – Überprüfungsfrist **351** 4 ff.
- – – Ermittlungen **351** 8
- – – Folgen von Unterlassungen **351** 13
- – – Frist **351** 5
- – – Zuständigkeit **351** 4
- Erteilung eines Testamentsvollstreckerzeugnisses **345** 52 ff.
- – andere Zeugnisse **345** 60
- – Antrag **345** 53
- – Beteiligte **345** 54
- – – Testamentsvollstrecker **345** 54
- – – Zuziehung weiterer Beteiligter auf Antrag **345** 57
- – – Zuziehung weiterer Beteiligter von Amts wegen **345** 55
- – Kosten **345** 64
- – materielles Recht **345** 52
- – Verfahren **345** 59
- Information der potenziell Beteiligten **345** 147
- internationale Zuständigkeit **105** 3; **343** 48 ff.
- – mehrere Staatsangehörigkeiten **343** 59
- – Rechtslage nach dem FamFG **343** 51
- – Rechtslage nach dem FGG **343** 50
- – Staatenlose **343** 58
- – Staatsverträge **343** 52
- Landesrecht **342** 15
- Mitteilung über die Verwahrung von Verfügungen von Todes wegen **347** 1 a ff.
- – elektronische Mitteilungen **347** 13 a
- – erbrechtliche Protokolle **347** 10 a
- – Erbverträge **347** 7 a
- – Fassung ab dem 01. 01. 2012 **347** 1 n ff.
- – – elektronische Mitteilungen **347** 18 n
- – – Erbverträge **347** 11 n
- – – erfolgerelevante Urkunden **347** 14 n
- – – gemeinschaftliche Testamente **347** 8 n
- – – Mitteilungspflichten **347** 5 n
- – – Rechtsverordnungen der Länder **347** 17 n
- – – Weiterführung der alten Verzeichnisse **347** 16 n
- – gemeinschaftliche Testamente **347** 5 a

magere Zahlen = RdNrn der Anmerkungen

Sachverzeichnis

– Mitteilungspflichten 347 2a
– Rechtsverordnungen der Länder 347 12a
Mitteilungspflichten beim Vermögenserwerb eines Kinds 356
– Kind als Erbe 356 2
– Nachlasssicherung 356 9
Nachlassverfahren von Amts wegen 345 148
Nachlassverwaltung 359
– Anordnung über den Nachlass eines Ausländers 359 22
– Antrag eines Nachlassgläubigers auf Anordnung der – 359 17
– – Rechtsmittel 359 18
– – Verfahren 359 17
– – Kosten 359 23
– Verfahren auf Anordnung der – auf Antrag 359 5 ff.
– – Beteiligte 359 6
– – Entscheidung 359 9
– – gerichtliche Entscheidung auf Antrag des Erben 359 7
– – Prüfung von Amts wegen 359 8
– – Rechtsmittel 359 10
– – Zuständigkeit 359 5
örtliche Zuständigkeit 343; 343 36 ff.
– Aufenthalt 343 44 f.
– ausländischer Erblasser 343 69 ff.
– – Begriff des Nachlassgegenstands 343 71
– – Grundstücke 343 72
– – maßgeblicher Zeitpunkt 343 74
– – Staatenlose 343 69
– Begriff des Wohnsitzes 343 40
– deutscher Erblasser 343 63 ff.
– – AG Schöneberg 343 63
– – kein Wohnsitz/Aufenthalt im Inland 343 65
– – Verweisung an anderes Gericht 343 66
– Einzelfälle 343 41
– Erbscheine für Lastenausgleichszwecke 343 80
– mehrfacher Wohnsitz 343 43
– Prüfung von Amts wegen 343 39
– Sonderfälle 343 38
– Staatsangehörigkeit des Erblassers 343 37
– Wohnsitz bzw. Aufenthalt in ehemalig deutschen Gebieten 343 46
– Zuständigkeit deutscher Konsuln und des Schiffkapitäns 343 106
– Zuständigkeitsverteilung zwischen Richter und Rechtspfleger 343 83 ff.
– – Baden-Württemberg 343 87
– – Richtervorbehalte 343 90
– – sonstiges Landesrecht 343 89
– – Zuständigkeit des Rechtspflegers 343 100
– Zuständigkeitswechsel 343 75
sachliche Zuständigkeit nach Landesrecht 343 3 ff.
Sondervorschriften bzgl. Beschwerdeberechtigung 59 52
sonstige Nachlassverfahren auf Antrag 345 66, 146
– Abnahme der eidesstattlichen Versicherung 345 140 ff.
– – Beteiligte 345 143
– – Fall des § 2006 BGB 345 141
– – Fälle der §§ 259, 260, 2028 und 2057 BGB 345 142
– – Kosten 345 146
– – Ladung 345 144
– – Rechtsmittel 345 145

– Bestimmung erbrechtlicher Fristen 345 115 ff.
– – Anwendungsfälle 345 115
– – Beteiligte 345 123
– – Entscheidung 345 125
– – Kosten 345 130
– – Rechtsmittel 345 128
– Bestimmung oder Verlängerung bei Inventarfrist 345 131 ff.
– – Beteiligte 345 132
– – Entscheidung 345 134
– – Kosten 345 139
– – materielles Recht 345 131
– – Rechtsmittel 345 136
– – Zuständigkeit für die Inventarerrichtung 345 135
– Entlassung eines Testamentsvollstreckers 345 96
– – Antrag 345 97
– – Antragsberechtigung 345 98
– – Beteiligte 345 100
– – Kosten 345 114
– – materielles Recht 345 96
– – Rechtsmittel 345 112
– – Verfahren 345 102
– Nachlasspflegschaft 345 67 ff.
– Nachlassverwaltung 345 89 ff.
sonstige Zeugnisse 354
– Testamentsvollstreckerzeugnis 354 5 ff.
– – Antrag 354 5
– – Einziehung und Kraftloserklärung 354 38a
– – Entscheidung 354 18
– – Feststellungsbeschluss 354 20 f.
– – Inhalt 354 31
– – Rechtsmittel 354 40
– – Verfahren 354 11
sonstige Zeugnisse des Nachlassgerichts 345 27
Stundung des Pflichtteilsanspruchs 362
– Kosten 362 19
– nachträgliche Aufhebung oder Änderung der Stundungsentscheidung 362 18
– Rechtsmittel 362 16
– Verfahren und Entscheidung des Nachlassgerichts 362 4 ff.
– Verfahren und Entscheidung des Prozessgerichts 362 17
Testamentsvollstreckung 355
– Fristsetzungen 355 2 ff.
– Kosten 355 50
– Meinungsverschiedenheiten zwischen mehreren TV 355 25 ff.
– Rechtsmittel bzgl. Fristsetzungen 355 13
– selbständiges Beschwerderecht bei mehreren TV 355 33
– sonstige Entscheidungen 355 46
– sonstige Fristbestimmungen 355 17
Verfahren auf Erteilung eines Erbscheins 345 3 ff.
– Antragsteller als Beteiligter 345 4
– Beteiligtenermittlung des Nachlassgerichts 345 17
– Kosten 345 26
– materielles Recht 345 63
– Rechtsmittel gegen Beschluss über die Beiziehung 345 18
– Verhältnis zum Amtsermittlungsgrundsatz 345 9
– weitere als Beteiligte in Frage kommende Personen 345 19 ff.
– weitere Beteiligte 345 5
– Zeitpunkt der Beteiligung 345 8

Sachverzeichnis

fette Zahlen = §§ des FamFG

– Zuziehung weiterer Beteiligter auf Antrag **345** 12
– Zuziehung weiterer Beteiligter von Amts wegen **345** 6
Verfahren in – **342** 14
Verwahrung von Verfügungen von Todes wegen
– Einsicht in letztwillige Verfügung **346** 19
– Hinterlegungsschein **346** 11
– Kosten **346** 22
– Rechtsmittel **346** 21
– Rückgabe **346** 14
– Verfahren bei besonderer amtlicher Verwahrung **346**
– – Prüfungspflicht **346** 7
– – Verwahrung **346** 8
– – Zuständigkeit; Annahmeanordnung **346** 5
Zuständigkeit des Landwirtschaftsgerichts **343** 21
– örtliche **343** 32
– sachliche **343** 21
– Verfahren über Erteilung von Erbscheinen und Hoffolgezeugnissen **343** 33
Zwang zur Ablieferung von Testamenten **358**
– Anordnung der Ablieferung **358** 10
– eidesstattliche Versicherung über den Verbleib **358** 19
– Erzwingung der Ablieferung **358** 14
– Kosten **358** 33
– materiellrechtliche Regelungen zur Ablieferungspflicht **358** 2 ff.
– Rechtsmittel **358** 28
– Verfahren **358** 22
s. a. Nachlassverfahren, Nachlassverwaltung
Nachlasssicherung 356 9
funktionelle Zuständigkeit bei der – **344** 23
Nachlassverfahren
von Amts wegen **345** 148
Entgegennahme von Erklärungen **342** 8
bei Erbschein **342** 9
Ermittlung der Erben **342** 7
Eröffnung von Verfügungen von Todes wegen **342** 6, s. auch Testamentseröffnung
Nachlasspflegschaft **342** 4
Nachlassverwaltung **342** 10
Sicherung des Nachlasses **342** 4
sonstige Aufgaben **342** 11
bei Testamentsvollstreckerzeugnissen **342** 9
Testamentsvollstreckung **342** 9
Verwahrung von Testamenten **342** 3
Nachlassverwaltung 359
Anordnung vom Nachlassgericht **345** 89
Antragsberechtigte **345** 90
Beschwerdeberechtigung **59** 85
Beteiligte **345** 91
Kosten **345** 95
als Nachlassverfahren **342** 10
Rechtsmittel **345** 94
Verfahren **345** 92
Verfahren auf Anordnung der – **359** 5 ff.
Vergütung des Nachlassverwalters **345** 93
Nachlasszeugnis 108 37
Nachtbriefkasten
Fristwahrung **63** 36
Wiedereinsetzung in den vorigen Stand **17** 14
Nachtragsabwickler
Bestellung von **375** 62
Nachtragsliquidation
im Löschungsverfahren **394** 35

NATO-Streitkräfte
Rechtsverhältnisse der – **1** 93
Natürliche Person
Beteiligtenfähigkeit **8** 6
Nds. FGG 486 12
Negativattest 40 37
Genehmigung des Gerichts bei ärztlichen Maßnahmen **298** 8
Negativerklärung
in Registersachen **381** 24
Negativzeugnis
Kosten für die Erteilung **386** 11
in Registersachen **386** 2 ff.
– Anspruch auf Erteilung **386** 4
– Beweiswert **386** 5
– Erteilung **386** 6
– Inhalt **386** 3
Nicht rechtsfähige Vereine
Beteiligtenfähigkeit **8** 9
Nichtanwalt
Untersagung weiterer Vertretung **10** 41
Zurückweisung als Bevollmächtigter **10** 39
Nichtigkeitsgründe
bei Löschung nichtiger Gesellschaften und Genossenschaften **397** 8
Nichtöffentlichkeit
des Verfahrens **32** 23
Niedersachen
Vermittlung der Auseinandersetzung **487** 5
Zuständigkeit für die Inventarerrichtung **345** 135
Niedersachsen
Niedersächsisches Gesetz über die freiwillige Gerichtsbarkeit (Nds. FGG) vom 24. 2. 1971 **486** 12
Niederschrift
über die Eröffnung von Verfügungen von Todes wegen **348** 34
Form und Inhalt der – **25** 18
durch Richter oder Rechtspfleger **25** 24
Versendung der – über die Ausschlagung **344** 49
Nießbrauch
an Erbteil, Antragsberechtigung des – auf Nachlassauseinandersetzung **363** 55
Nordrhein-Westfalen
Gesetz über die Justiz im Land Nordrhein-Westfalen (Justizgesetz Nordrhein-Westfalen – JustG NRW) **486** 13
Vermittlung der Auseinandersetzung **487** 5
Notarbescheinigung 386 10
Notare Einl. 102
Antragsrecht in Registersachen s. näher Registersachen
Aufgaben der – **Einl.** 40
als Beistand **12** 9
Einlegung der Rechtsbeschwerde **71** 10
Notarbeschwerde **58** 80
Notarkostenbeschwerde **58** 86
Registersachen **378**
Vollmachtsnachweis **11** 7, siehe auch Verfahrensvollmacht
Notariat
als Nachlassgericht in Baden-Württemberg **343** 4; **348** 44
Notariatsakten
Akteneinsicht **13** 20
Notarkostensachen
Beschwerde in – **58** 86

2586

magere Zahlen = RdNrn der Anmerkungen

Sachverzeichnis

einstweilige Anordnung durch Beschwerdegericht 64 66
Notgeschäftsführer
Bestellung eines – 375 72
Bestellung von – 375 104
Notliquidatoren
Bestellung von – 375 104
Notvorstände
Bestellung von – 375 104
Notzuständigkeit 417 8

Oberlandesgericht
als Beschwerdegericht im Erbscheinsverfahren 352 6
Oberschrift
bei Eröffnung von Verfügungen von Todes wegen 348 13
obiter dictum 69 28
Offenkundige Tatsachen
und Beweiserhebung 29 11
öffentlich-rechtliche Streitsachen
in der freiwilligen Gerichtsbarkeit 1 41
Öffentliche Bekanntmachung
des Aufgebots 435 2
Aufgebotsfrist 437 2
Gültigkeit 436 2
öffentliches Interesse
an Beseitigkeit bei Löschung nichtiger Beschlüsse 398 16
Öffentlichkeit
Verletzung der Vorschriften über die – als Rechtsbeschwerdegrund 72 41
Offizialmaxime 26 7
Öffnungsklausel
Hinzuhiehung weiterer Beteiligten in Unterbringungssachen 315 9
OHG 8 10
OLG Zweibrücken 3 18; **64** 35
Ordnungsgeld
bei der Vollstreckung von Entscheidungen über die Herausgabe von Personen und die Regelung des Umgangs 89 13
Ordnungsgeldverfahren
in Registersachen 392 19 ff.
Ordnungshaft
bei der Vollstreckung von Entscheidungen über die Herausgabe von Personen und die Regelung des Umgangs 89 13
Ordnungsmittel
Ausbleiben des anzuhörenden Ehegatten 128 10
beim Ausbleiben eines Beteiligten 33 15
Vollstreckung 89
Ordnungswidrigkeiten
Mitteilung bei – in Betreuungssachen 311 2
Ordre public
Anerkennungshindernis ausländischer Entscheidungen 109 18
Kindschaftssachen 99 34
Organe
berufsständische 380 3 ff., s. näher berufsständische Organe
der freien Berufe 380 14
des Handelsstands 380 4 ff.
des Handwerksstandes 380 6
des land- und forstwirtschaftlichen Berufsstandes 380 10
in Verfahren nach dem FamFG **Einl.** 65 ff.

Organisationsverschulden
Wiedereinsetzung 17 31

Parteien
Beteiligtenfähigkeit 8 11
Partnerschaftsgesellschaftsgesetz
Verfahren nach dem – 375 99
Partnerschaftsregister
Einrichtung und Führung 387 3 ff.
Unterstützung der IHK bei Eintragungen 380 5 a
Partnerschaftsregistersachen 374 23
Patentrolle 374 9
Patientenverfügung
Stellungnahme im Gutachten hins. – 298 12
perpetuatio fori 2 28; **97** 8
internationale Zuständigkeit 2 28 a
örtliche Zuständigkeit 2 28
sachliche Zuständigkeit 2 28 a
Persien
Deutsch-persisches Nachlassabkommen 343 54
Personen mit Befähigung zum Richteramt
als Beistand 12 9
Personenbezogene Daten
Übermittlung 22 a 11
Personenhandelsgesellschaft
Eintragung von – in Registersachen 374 44
Personensorge
in Kindschaftssachen 151 6
Personenstandsgesetz Einl. 55
Personenstandsregister 374 9
Personenstandssachen
Amtsermittlung 26 72, 80
Beschwerdeberechtigung 59 90
Besonderheiten bei Akteneinsicht 13 19
Erledigung der Hauptsache 22 50
internationale Zuständigkeit 105 6
Persönliche Anhörung 34 20 ff.
Absehen von der – 34 39
in Abstammungssachen 34 26
bei Annahme als Kind 34 27
Ausbleiben des anzuhörenden Beteiligten 34 42
der Beteiligten in Abstammungssachen 175 4
in Betreuungssachen 34 28
des Betroffenen bei Sterilisation 297 5
bei einstweiliger Anordnung einer vorläufigen Unterbringungsmaßnahme 331 10
Einzelmaßnahmen zur Gehörsgewährung 34 12 ff.
bei Entlassung des Betreuers 296 3
erforderliche Anhörung 34 20
in Freiheitsentziehungssachen 34 30
eines Kindes 34 36
Ladung und Durchführung 34 33
in personenbezogenen Angelegenheiten 34 24 ff.
rechtliches Gehör 34 3 ff.
Rechtsfolgen unterlassener – 34 45
durch das Rechtsmittelgericht 34 43
im Sorgerechtsverfahren 34 25
in Unterbringungssachen 34 29
bei Verfahren über Aussetzung und Widerruf in Vollzugssachen 328 7
vorgeschriebene Anhörung 34 24
Persönliche Anhörung des Kindes
in Kindschaftssachen 159 4 ff.
– Anhörung von Kindern über 14 Jahren 159 4
– Anhörung von Kindern unter 14 Jahren 159 8
– Anwesenheit des Verfahrenspflegers 159 16

2587

Sachverzeichnis

fette Zahlen = §§ des FamFG

– Anwesenheit weiterer Personen **159** 17
– Ausnahmen von der Anhörungspflicht **159** 11
– Durchführung der Anhörung **159** 14
– Gestaltung der Anhörung **159** 18
– Kosten und Gebühren **159** 26
– Verfahrensfragen **159** 21
Persönliches Erscheinen
der Beteiligten **33**
der Beteiligten in Kindschaftssachen **155** 12
der Ehegatten in Ehesachen **128**
in Ehewohnungs- und Haushaltssachen **207** 2
Ordnungsmittel beim Ausbleiben des Beteiligten **33** 15
Sachdienlichkeit **33** 3
Sondervorschriften **33** 26
Pfandbriefgesetz
Verfahren nach dem – **375** 92
Pfandrecht
am Erbrecht **366** 35
der Schiffsgläubiger **465** 1, 5
Pfandrechtserwerber
Antragsberechtigung des – auf Nachlassauseinandersetzung **363** 51
Pfändungspfandgläubiger
Antragsberechtigung des – auf Nachlassauseinandersetzung **363** 52
Pfandverkauf
als Angelegenheit der freiwilligen Gerichtsbarkeit **410** 12
örtliche Zuständigkeit in Angelegenheiten der freiwilligen Gerichtsbarkeit **411** 6
Pflegeeltern
als Kann-Beteiligte in Betreuungssachen **274** 16
Pflegeperson
Mitwirkung der – in Kindschaftssachen **161**
Pfleger s. Verfahrenspfleger
Pflegerbestellung
Voraussetzungen der – im Auseinandersetzungsverfahren **364** 2
Pflegschaft
Abgabe der Pflegschaft an ausländisches Gericht **104** 8
Abgabe der Pflegschaft an ein ausländisches Gericht **99** 54
für abwesende Beteiligte im Auseinandersetzungsverfahren **364**
als betreuungsrechtliche Zuweisungssache **340** 2
für Erwachsene; internationale Zuständigkeit **104** 3
in Kindschaftssachen **151** 11
für unbekannte Beteiligte **341** 4
Pflichtteilsanspruch
Stundung des – **362**
Pflichtteilsberechtigte
Beschwerdeberechtigung **59** 82
Polygraphentest 29 22
Positivzeugnis
Kosten für die Erteilung **386** 11
in Registersachen **386** 8
Post Einl. 110
Präklusion 115 1
in Ehewohnungs- und Haushaltssachen **206** 8
in Unterhaltssachen **238** 51 ff.
Prioritätsprinzip
bei Zuständigkeitsbestimmung **5** 31
privatrechtliche Streitsachen
der freiwilligen Gerichtsbarkeit **1** 33

Privatscheidung 107 3, 13 ff.
Prokura
Erlöschen der – **374** 45 a
Prokurist
Eintragung von – in Registersachen **374** 44
Protokoll 32 40; **366**; **368**; **438** 2, 4
Abgabe einer eidesstattlichen Versicherung bei Inventareinrichtung **361** 12–15
Aussetzung bei Streit **370**
Prozessfähigkeit
von Ausländern **9** 29
bei Betreuung/Pflegschaft **9** 24
Prüfung von Amts wegen **9** 31
Prozesskostenhilfe s. Verfahrenskostenhilfe
Prozesskostenhilfebekanntmachung 76 23
Prozesspfleger 9 34 ff.
Prozessstandschaft s. Verfahrensstandschaft
Prozessvollmacht
in Verfahren der freiwilligen Gerichtsbarkeit **11** 17 ff.
Prüfungsbeschränkung
bei Entscheidung über den Rechtsweg **1** 67
Prüfungspflicht
bei Annahme zur Verwahrung von Verfügungen von Todes wegen **346** 7
Prüfungsverband
Bestellung eines – **375** 78
Prüfungsverfahren
Einleitung und Durchführung in Betreuungssachen **294** 2
Publizitätsfunktion
der Register **374** 3
Publizitätsgesetz
Verfahren nach dem – **375** 82

Reallast
Aufgebot **453**
Rechenfehler 42 9
Rechtliches Gehör
vor der Abgabe **416** 4
im Beschwerdeverfahren **68** 54
Einschränkung **34** 39
Einzelmaßnahmen zur Gehörsgewährung **34** 12
Inhalt und Umfang **34** 7
Kostenauferlegung auf einen Dritten **81** 76
in der persönlichen Anhörung **34** 3
Rüge bei Verletzung des Anspruchs auf – **44**
– Entscheidung über die Rüge **44** 41
– Fortführen des Verfahrens bei erfolgreicher Rüge **44** 53
– Rechtskraft und Vollstreckbarkeit nach Rügeerhebung **44** 62
– Verhältnis Rüge zur Verfassungsbeschwerde **44** 66
– Voraussetzungen der Begründetheit **44** 37 ff.
– Voraussetzungen der Statthaftigkeit **44** 3 ff.
– Voraussetzungen der Zulässigkeit **44** 21 ff.
s. a. Anhörungsrüge
Rechtliches Interesse
bei Einsicht in eröffneten Verfügungen von Todes wegen **357** 8
Rechtsakte EG 97 3
Rechtsantragsstelle 25 16
Rechtsanwalt
Beiordnung im Verfahrenskostenhilfeverfahren **78**
als Beistand **12** 9
Einlegung der Rechtsbeschwerde **71** 8

magere Zahlen = RdNrn der Anmerkungen

Sachverzeichnis

Erlöschen der Vollmacht **11** 29
Fortbestand der Prozessvollmacht **11** 26
Mangel der Vollmacht **11** 13
mehrere Prozessbevollmächtigte **11** 23
als Verfahrenspfleger in Betreuungssachen **277** 9
Vertretung durch – **10** 18 ff.
Vertretung in Familiensachen **114**
Vollmachtsnachweis **11** 6
Wiedereinsetzungsgründe bei Organisationsverschulden **17** 31 ff.
Wirkung der Prozessvollmacht **11** 24
Rechtsbehelfe
besonderer Art **Anh. 58** 21
im FamFG-Verfahren **Anh. 58** 1 ff.
Rechtsbehelfsbelehrung
Abhilfeentscheidung **68** 12 a
Berichtigung **42** 28
Beschwerdeentscheidung **69** 40
Einführung einer – im Zivilprozess **Einl.** 15 b
Entscheidungen, die von der Belehrungspflicht erfasst sind **39** 3
fehlende
– Wiedereinsetzungsgrund **17** 35
Festsetzungsbeschluss im vereinfachten Verfahren über Minderjährigenunterhalt **39** 13 a
Form und Inhalt **39** 10
bei mit einem Rechtmittel anfechtbaren Entscheidungen **39** 3
bei mit einem Rechtsbehelf anfechtbaren Entscheidungen **39** 6
Rechtsfolgen fehlender oder fehlerhafter Belehrung **39** 14
Verbundbeschluss **39** 13 a
Verfahrenskostenhilfebeschluss **39** 13 a
Rechtsbeschwerde 68 39
absolute Rechtsbeschwerdegründe **72** 30 ff.
– Besetzung des Gerichts **72** 31
– fehlende Begründung der Beschwerdeentscheidung **72** 42
– Mitwirkung eines abgelehnten Richters **72** 37
– Mitwirkung eines ausgeschlossenen Richters **72** 36
– Nicht vorschriftsmäßige Vertretung eines Beteiligten **72** 38
– Verletzung der Öffentlichkeitsvorschriften **72** 41
Ausschluss der – im Eilverfahren **70** 48
Ausschluss der – in unternehmensrechtlichen Verfahren **402** 10
Begründung **71** 25
– einer zulassungsfreien Rechtsbeschwerde **71** 45
– notwendiger Inhalt **71** 32
– Rüge rechtsfehlerhafter Tatsachenfeststellung **71** 41
Bekanntgabe der Rechtsbeschwerdeschrift an andere Beteiligten **71** 50
Einlegung **71** 2 ff.
Einlegung mit modernen Kommunikationsmitteln **71** 14
Einlegungsfrist **71** 5
Entscheidung des Rechtsbeschwerdegerichts **74** 62 ff.
– Absehen von einer Begründung **74** 97
– Aufhebung des Beschlusses und Zurückverweisung **74** 82
– Bindungswirkung der Zurückverweisung **74** 93
– eigene Sachentscheidung **74** 67
– Folgen der Zurückverweisung **74** 91

– Verschlechterungsverbot **74** 79
– Zurückweisung **74** 63
Entscheidung über die – **74**
– Antragsbindung **74** 14
– Anwendung der erstinstanzlichen Vorschriften **74** 59
– anzuwendendes Recht **74** 53
– Begründetheitsprüfung **74** 14 ff.
– Berücksichtigung neuer Tatsachen und Beweismittel **74** 35
– beschränkte Nachprüfung tatsächlicher Feststellungen **74** 26
– Rechtsbeschwerdeberechtigung **74** 6
– Rechtsschutzbedürfnis **74** 8
– Überprüfung hinsichtlich Verfahrensmängel **74** 19
– Unbegründetheit trotz Rechtsverletzung **74** 56
– Verwerfungsbeschluss **74** 11
– Vorabprüfung der Zulässigkeit **74** 2
– Vorliegen eines Zulassungsgrunds **74** 10
im Erbscheinsverfahren **352** 158
Frist und Form **71**
Funktion und Ausgestaltung der – **70** 4
Gründe der – **72**
– Ausschluss der Unzuständigkeitsrüge **72** 47
– Begriff der Rechtsverletzung **72** 5
– Bindung an Feststellungen zu ausländischem Recht **72** 53
– Prüfung der Anwendung unbestimmter Rechtsbegriffe **72** 17
– Prüfung der Anwendung von Denkgesetzen und Erfahrungssätzen **72** 22
– Rechtsverletzung **72** 2 ff.
– Überprüfung von Ermessensausübung **72** 8
– Ursächlichkeit der Rechtsverletzung **72** 25
– Verlust des Rügerechts bei Verfahrensfehlern **72** 51
Kosten und Gebühren **70** 58
notwendiger Inhalt der Rechtsbeschwerdeschrift **71** 17 ff.
Rechtsanwendungskontrolle **70** 6
in Registersachen **391** 13
Sondervorschriften **70** 49
Sprungrechtsbeschwerde s. dort
Statthaftigkeit der – **70**
zulassungsfreie – **70** 45
– Bereich der freiw. Gerichtsbarkeit **70** 45
– Betreuungs- und Unterbringungssachen **70** 46 a
– Betreuungssachen **70** 45 a
– Ehe- und Familienstreitsachen **70** 47
– Freiheitsentziehungssachen **70** 46
Zulassungsrechtsbeschwerde **70** 10 ff.
– Beschränkung **70** 38
– Bindung des BGH **70** 42
– Form und Inhalt **70** 35
– Unanfechtbarkeit **70** 41
– Zulassungsentscheidung **70** 32
– Zulassungsgründe **70** 20 ff.
Zurückweisungsbeschluss **74 a**
– Entscheidung **74 a** 10
– Unanfechtbarkeit **74 a** 12
– Verfahren **74 a** 6
– Voraussetzungen **74 a** 2
Rechtsbeschwerdeverfahren
und Amtsermittlungspflicht **26** 83
Rechtsdienstleistungsregister 374 8
Rechtsfähigkeit
Entziehung der Rechtsfähigkeit **401** 3 ff.

2589

Sachverzeichnis

fette Zahlen = §§ des FamFG

Rechtsfürsorge
Zuziehung weiterer Beteiligter im Erbscheinsverfahren **345** 7
s. auch Fürsorge

Rechtsgeschäft
Genehmigung eines – **40** 27
Gesetzlicher Vertreter **40** 28

Rechtsgeschäfte
Unabänderlichkeit des – bei Genehmigung vor dessen Abschluss **48** 35
wirksam bleibende **47**
– Aufhebung einer ungerechtfertigten Entscheidung **47** 10
– Beispiele **47** 4
– gerichtliche Ermächtigung, für andere rechtsgeschäftlich zu handeln **47** 5
– bei gerichtliche Ermächtigung, für sich selbst rechtsgeschäftlich zu handeln **47** 4
– Voraussetzungen des Wirksambleibens **47** 8
– Wirksamkeit der Entscheidung vor der Aufhebung **47** 8
– Wirkung der Aufhebung der gerichtlichen Entscheidung **47** 11

Rechtshilfe
bei einstweiliger Anordnung in Betreuungssachen **300** 8
Testamentseröffnung auf Ersuchen des Nachlassgerichts **348** 3

Rechtsirrtum
und Wiedereinsetzung in den vorigen Stand **17** 24

Rechtskraft
in Abstammungssachen **184** 2
in Ehesachen **116** 7
in Familienstreitsachen **116** 8; **145** 3 ff.
formelle – **45**
– Begriff und Bedeutung **45** 3
– Beschlüsse im Sinne des § **45** **45** 4
– des Bestätigungsbeschlusses in Teilungssachen **371** 6
– Eintritt bei an sich statthaftem Rechtsmittel **45** 12
– Eintritt bei nicht statthaftem Rechtsmittel **45** 8
– Hemmung der Rechtskraft **45** 12
– Rechtsbehelfe im Sinne des § **45** **45** 5
– Teilrechtskraft **45** 21
– Verwendung des Begriffs im FamFG **45** 2
– Wirkung der – für Folgeverfahren **45** 34
materielle – **45** 22 ff.
– Begriff und Bedeutung **45** 22
– Beispiele **45** 27
– Grundsätze der – in Verfahren der FG **45** 24
– Verhältnis zur Interventionswirkung **45** 29
– Verhältnis zur verfahrensinternen Bindungswirkung **45** 30
– Wirkung der – für Folgeverfaren **45** 33
des Scheidungsausspruchs **148** 3
in Versorgungsausgleichssachen **224** 3 ff.

Rechtskraftzeugnis 46; **113** 4
Bescheinigungen nach Art. 39 VO (EG) Nr. 2201/2003 **46** 11
Inhalt **46** 9
kein Notfristzeugnis **46** 10
Kosten und Gebühren **46** 13
Rechtsmittel **46** 12
Teilrechtskraftzeugnis **46** 9
Verfahren zur Erteilung
– Antrag; von Amts wegen **46** 7

– Antragsberechtigung **46** 8
– Ermittlungen **46** 6
– Voraussetzung **46** 3
– Zuständigkeit **46** 5

Rechtsmittel
Abgabe des Verfahrens **4** 40
Akteneinsicht **13** 64
Änderung des -systems im FamFG **Einl.** 35
Aufhebung der Unterbringung **330** 10
bei Aussetzung des Verfahrens
– in Registersachen **381** 17
Beiordnung eines Rechtsanwalts in Scheidungs- und Folgesachen **138** 7
Beispiele **84** 3
bei Beiziehungsantrag im Verfahren auf Erteilung eines Erbscheins **345** 18
bei Beschluss über Zahlungen des Mündels **168** 33
gegen Beschlüsse des Verwahrungsgerichts **350** 12
Beschwerde s. Beschwerde
bei besonderer örtlichen Zuständigkeit bei Testamentseröffnung **344** 42
Besonderheiten bei der Eröffnung von gemeinschaftlichen Testamenten **349** 26 ff.
gegen Bestätigungsbeschluss in Teilungssachen **366** 77
gegen Bestätigungsbeschlüsse **372** 11 ff.
gegen Bestimmung der Inventarfrist **345** 136
betreuungsrechtlichen Zuweisungssachen **340** 7
in betreuungsrechtlichen Zuweisungssachen **340** 7
in Ehe- und Familienstreitsachen **117**
bei Einsicht in eröffneten Verfügungen von Todes wegen **357** 41
einstweiligen Anordnung in Familiensachen **57**
bei Einziehung des Erbscheins **353** 15 ff.
gegen Entscheidung des Nachlassgerichts **352** 135 ff.
bei Entscheidung über den Rechtsweg **1** 63
gegen Entscheidung über die Verweisung **3** 41
Ernennung eines Testamentsvollstreckers **345** 46 ff.
bei Eröffnung von gemeinschaftlichen Testamenten **349** 26
bei Eröffnung von Verfügungen von Todes wegen **348** 78
Genehmigung des Gerichts bei ärztlichen Maßnahmen **298** 14
Kosten s. unter Kosten
gegen Kostenentscheidungen in Scheidungs- und Folgesachen **150** 17
Kostenerstattung **84** 8 ff., s. unter Kosten
bei Kraftloserklärung im Erbscheinsverfahren **353** 32
nach Landesgesetz zuständige Behörden **489**
bei Mitteilung von Entscheidungen in Betreuungssachen **308** 14
Nachlasspflegschaft **345** 76
Teilungssachen **363** 92
bei Testamentsvollstreckerzeugnis **354** 40
im Verfahren der einstweiligen Anordnung s. unter einstweilige Anordnung
im Verfahren in Teilungssachen **372** 2
bei Versagung der Verfahrenskostenhilfe **76** 51 ff.
Verwahrung von Verfügungen von Todes wegen **346** 21
bei Verweigerung des Rechtskraftzeugnisses **46** 12
gegen die Vollstreckung in Teilungssachen **371** 39
im Vollstreckungsverfahren **87** 14
vorläufigen Unterbringungsmaßnahmen durch einstweilige Anordnung **331** 18

2590

magere Zahlen = RdNrn der Anmerkungen

Sachverzeichnis

bei Zwangsmaßnahmen wegen Ablieferung Verfügungen von Todes wegen **358** 28
Rechtsmittelausschluss
bei Vorführung zur Untersuchung in Betreuungssachen **58** 30; **283** 9
Rechtsmittelbelehrung
Inhalt der Beschlussformel in Betreuungssachen **286** 14
s. Rechtsbehelfsbelehrung
Rechtsmittelerweiterung 145 7
Rechtspfleger
Anfechtung der Entscheidungen des – **Einl.** 93
Aufgaben des – **Einl.** 77 ff.
funktionelle Zuständigkeit bei Erbscheinserteilung **352** 10
Stellung des – **Einl.** 75
Übertragung auf – bei Erbschein **343** 98
Vorlagepflichten **Einl.** 84
Vornahme einer Niederschrift **25** 24
Zuständigkeit des – **343** 100 ff.
Zuständigkeit durch Einzelübertragung **Einl.** 81
Zuständigkeit durch Vollübertragung **Einl.** 78
Zuständigkeit durch Vorbehaltsübertragung **Einl.** 79
Zuständigkeitsüberschreitung **Einl.** 89
Zuständigkeitsverteilung in Nachlasssachen **343** 83 ff.
Rechtspflegererinnerung
nach § 11 Abs. 2 RPflG **Anh. 58** 2 ff.
Rechtspflegerrecht
Überblick über das – **Einl.** 75 ff.
Rechtsschutz
bei überlangen Verfahren **Anh. 58** 65 ff.
Rechtsschutzbedürfnis
bei Abänderung gerichtlicher Entscheidung in Unterhaltssachen **238** 18
bei Erbscheinsantrag **352** 22
Kostenentscheidung **81** 42
Rechtsverordnungen
in register- und unternehmensrechtlichen Verfahren **376** 10 ff.
Rechtswegverweisungen
Bindungswirkung **1** 54
in der freiwilligen Gerichtsbarkeit **1** 48 ff.
Kosten der – **1** 70
in Nebenverfahren **1** 68
Rechtsfolgen bei unrichtiger Verweisung **1** 58
Verfahren nach Verweisung **1** 56
Referendar Einl. 70
Refinanzierungsregister 374 8
reformatio in peius
Beschwerde gegen Beschluss über Zahlungen des Mündels **168** 37
Beschwerde in Ehe- und Familienstreitsachen **117** 18
im Beschwerdeverfahren **69** 18
im Rechtsbeschwerdeverfahren **74** 79
kein Verbot der – bei der Abhilfeentscheidung **68** 13
Register
Einsicht in die – **385**
Registerdaten
Zugänglichmachung der – **387** 2
Registereintragungsverfahren
Vertretung durch den Notar **378** 2
Registergericht
Kooperationsverhältnis mit den berufsständischen Organen **380** 2

Mitteilungspflichten in Registersachen **379** 18
Prüfungsrecht und Prüfungspflicht des – **374** 50 ff.
Registersachen 374
Abgrenzung der Register in § 374 zu anderen **374** 6
Abhilfemöglichkeit **68** 28
abweichende Festlegung der örtlichen Zuständigkeit
– einzelne Rechtsverordnungen **376** 10 ff.
– kraft Rechtsverordnung **376** 7
– kraft Staatsvertrags **376** 9
aktienrechtliche Verfahren **375** 39 ff.
– Abberufung der Mitglieder des Verwaltungsrats einer SE **375** 66
– Abberufung von Aufsichtsratsmitgliedern **375** 46
– Befreiung von der Abschlussprüfung **375** 59
– Bestellung besonderer Vertreter **375** 55
– Bestellung eines geschäftsführenden Direktors einer SE **375** 68
– Bestellung und Abberufung von Abwicklern **375** 57
– Bestellung von Gründungsprüfern **375** 39
– Bestellung von Nachtragsabwicklern **375** 62
– Bestellung von Sachkapitalerhöhungsprüfern **375** 56 a
– Bestellung von Vorstandsmitgliedern **375** 44
– Einberufung der Hauptversammlung einer SE **375** 64
– Ergänzung des Aufsichtsrats **375** 48
– Ergänzung des Verwaltungsrats einer SE **375** 67
– Ermächtigung zur Einberufung der Hauptversammlung **375** 52
– Kraftloserklärung von Aktien **375** 42
– Meinungsverschiedenheiten zwischen Gründern und Prüfern **375** 41
– Verwahrung der Bücher und Schriften, Gewährung der Einsichtnahme **375** 60
Amtsermittlung **26** 67, 78
Amtsverfahren **374** 36
Anfechtbarkeit von Entscheidungen **58** 59
Anhörung der berufsständischen Organe **380** 27
Anmeldungen in – **23** 57 ff.
– Anforderungen an der Anmeldung **23** 61
– Form **23** 60
– Verfahren **23** 63
Antragberechtigung, Beteiligung der BaFin **380** 39
Antragsberechtigung der berufsständischen Organe **380** 25
Antragsrecht der Notare **378**
– Vertretung im Registerverfahren **378** 2
– – Rechtsfolgen **378** 3
– – Voraussetzungen **378** 2
– – Vollmachtsvermutung für den Notar **378** 4
– – Befugnis zur Antragstellung **378** 10
– – Befugnis zur Beschwerdeführung **378** 14
– – Beurkundung oder Beglaubigung **378** 7
– – Handeln als Bote **378** 18
– – Rechtsfolgen **378** 9
– – rechtsgeschäftliche Vollmachtserteilung **378** 17
– – Voraussetzungen **378** 5
– – Vorliegen einer zur Eintragung erforderlichen Erklärung **378** 5
Antragsverfahren **374** 37
– Antragsrecht in – **374** 43
– Antragsteller als Beteiligte **374** 44 a
– Beteiligte **374** 44 ff.
– Beweismittel **374** 49

2591

Sachverzeichnis

fette Zahlen = §§ des FamFG

- Form der Anmeldung in – **374** 41
- Vertretung bei der Anmeldung **374** 47
- Zeitpunkt der Anmeldung in – **374** 38
- Zurücknahme des Antrags **374** 48

Auflösung wegen Mangels der Satzung **399**
- Auflösungsverfahren **399** 16 ff.
- Eintragung **399** 35
- Entscheidung über den Widerspruch **399** 28
- Feststellungsbeschluss **399** 31
- Inhalt der Änderungsaufforderung **399** 21
- Kosten und Gebühren **399** 36
- Mängel **399** 6 ff.
- Rechtsbehelfe **399** 32
- Widerspruchsverfahren **399** 24

Ausführungsbestimmungen über die Mitwirkungspflichten der berufsständischen Organe **387** 12

Auskunftspflicht der Steuerbehörden **379** 5
- auskunftspflichtige Vorgänge **379** 9
- auskunftsverpflichtete Stellen **379** 11
- Verstoß gegen die Auskunftspflicht **379** 12

Aussetzung des Verfahrens **381**
- Aufhebung der Verfahrensaussetzung **381** 18
- Bindung des Registergerichts **381** 19 ff.
- Entscheidung des Gerichts **381** 11
- Fristsetzung zur Verfahrenseinleitung **381** 12
- Prüfung des Gerichts **381** 8
- Rechtsmittel **381** 17
- Verbindung und Trennung von Verfahren **381** 30
- Voraussetzungen **381** 4

Bekanntgabe der Eintragung **383** 2
- Adressat **383** 3
- Form **383** 7
- Inhalt **383** 6
- Verzicht **383** 9

Bekanntgabe von Entscheidungen an die berufsständischen Organe **380** 33

Berichtigung von Amts wegen **384** 10
- Beispiele **384** 15
- Kosten **384** 21
- Verfahren **384** 19

Bescheinigungen **386**

Beschwerde **391** 2
- Beschwerdeverfahren **391** 6
- Kosten und Gebühren **391** 14
- Statthaftigkeit **391** 2
- Verhältnis zum Einspruch **391** 5

Beschwerdeberechtigung **59** 86

Beschwerdeberechtigung der berufsständischen Organe **380** 35

besondere Zuständigkeitsregelungen **376**

Besonderheiten bei Akteneinsicht **13** 16

Beteiligung der berufsständischen Organe **380**
- Kosten und Gebühren **380** 40

Bindung an rechtskräftige Gestaltungsurteile des Prozessgerichts **26** 67

Einsicht in die Register **385**
- Abschriften aus dem Register **385** 22
- Art und Weise **385** 7
- Kosten und Gebühren **385** 23
- Rechtsgrundlagen **385** 2
- Verhältnis zur Akteneinsicht **385** 21
- Voraussetzung und Umfang **385** 4
- Zuständigkeit **385** 3

Einsicht in eingereichte Dokumente **385** 12
- Art und Weise **385** 20
- Rechtsgrundlagen **385** 12
- Voraussetzung und Umfang **385** 14
- Zuständigkeit **385** 13

einzelne Registersachen **374** 13 ff.
- Genossenschaftsregistersachen **374** 18
- Güterrechtsregistersachen **374** 32
- Handelsregistersachen **374** 13
- Partnerschaftsregistersachen **374** 23
- Vereinsregistersachen **374** 28

Entscheidung **38** 8

Entscheidung über Eintragungsanträge **382**
- Ablehnung der Eintragung **382** 16
- Anfechtbarkeit **382** 15
- Bekanntgabe, Veröffentlichung der Eintragung **382** 14
- Eintragungsverfügung **382** 4
- keine einstweiligen Anordnungen **382** 30
- Kosten **382** 31
- Rechtsbehelfe gegen die Zwischenverfügung **382** 29
- Rechtswirkung der Eintragung **382** 12
- Vollzug der Eintragung **382** 5
- Wirksamwerden der Eintragung **382** 11
- Zwischenverfügung **382** 20

Erledigung der Hauptsache **22** 46

Ermächtigungsgrundlagen **387**

funktionelle Zuständigkeit **377** 17
- Rechtspfleger **377** 22
- Richter **377** 18
- Urkundsbeamten **377** 26

Geltung der allgemeinen Vorschriften hins. örtlicher Zuständigkeit **377** 43

genossenschaftsrechtliche Verfahren **375** 76 ff.
- Bestellung eines Prüfverbandes **375** 78
- Bestellung und Abberufung von Liquidatoren **375** 79
- Ermächtigung zur Einberufung der Generalversammlung **375** 76
- Ermächtigung zur Einberufung der Generalversammlung einer SCE **375** 81
- Verwahrung der Bücher und Schriften und Einsichtnahme **375** 80

handelsrechtliche Verfahren **375** 9 ff.
- Aufklärung des Kommanditisten **375** 18
- Aufklärung des stillen Gesellschafters **375** 21
- Bestellung eines Abschlussprüfers **375** 22
- Ernennung von Liquidatoren einer OHG, KG **375** 9
- Verwahrung Bücher und Papiere einer OHG, KG **375** 15

Hinzuziehung der berufsständischen Organe als Muss-Beteiligte **380** 30

internationale Zuständigkeit **377** 28

Katalog **374**

Konzentrierung der örtlichen Zuständigkeit **376** 4 ff.
- kraft Gesetzes **376** 4
- nach § 23 d GVG **376** 28
- nach § 1558 Abs. 2 BGB **376** 27
- kraft Rechtsverordnung **376** 5
- kraft Staatsvertrags **376** 6

Löschung einer Firma **393**
- Aufhebung **393** 29
- Eintragung **393** 28
- Entscheidung über den Widerspruch **393** 23
- Kosten und Gebühren **393** 30
- Löschungsankündigung **393** 15

magere Zahlen = RdNrn der Anmerkungen **Sachverzeichnis**

– Löschungsverfahren 393 10
– – Beteiligte 393 14
– – Einleitung 393 11
– – Zuständigkeit 393 10
– Rechtsbehelfe 393 26
– Widerspruchsverfahren 393 19
Löschung nichtiger Beschlüsse 398
– Aufhebung 398 29
– Beispiele von Mängeln 398 14 f.
– eingetragene Beschlüsse 398 9
– Eintragung 398 27
– Heilung 398 18
– Kosten und Gebühren 398 30
– Löschungsverfahren 398 19
– Nichtigkeit von Beschlüssen 398 11
– Rechtsbehelfe 398 26
Löschung nichtiger Gesellschaften und Genossenschaften 397
– Aufhebung 397 26
– Eintragung 397 24
– Heilung 397 12
– Kosten und Gebühren 397 27
– Löschungsverfahren 397 16 ff.
– Nichtigkeitsgründe 397 8
– Rechtsbehelfe 397 23
– Verhältnis zu anderen Verfahren 397 3 ff.
Löschung unzulässiger Eintragungen 395
– Aufhebung 395 50
– Beispiele unzulässiger Eintragungen 395 20 ff.
– Eintragung 395 48
– Entscheidung über den Widerspruch 395 40
– Heilung 395 19
– Inhalt der Löschungsankündigung 395 32
– Kosten und Gebühren 395 51
– Löschungsverfahren 395 25
– Rechtsbehelfe 395 43
– Unzulässigkeit der Eintragung 395 11
– Verhältnis zu anderen Verfahren 395 7
– wesentlicher Mängel 395 14
– Widerspruchsverfahren 395 37
Löschung vermögensloser Gesellschaften und Genossenschaften 394
– Aufhebung 394 33
– Eintragung 394 31
– Entscheidung über den Widerspruch 394 27
– Inhalt der Löschungsankündigung 394 19
– Kosten und Gebühren 394 42
– Löschungsverfahren 394 13
– Nachtragsliquidation 394 35
– Rechtsbehelfe 394 30
– Vermögenslosigkeit 394 7
– Widerspruchsverfahren 394 23
Mitteilungspflicht des Registergerichts 379 18
Mitteilungspflichten der Behörden 379
– mitteilungspflichtige Vorgänge 379 4
– mitteilungsverpflichtete Stellen 379 5
– Verstoß gegen die Mitteilungspflicht 379 7
Negativzeugnis 386 2 ff.
örtliche Zuständigkeit 377 2 ff.
Positivzeugnis 386 8
Prüfungsrecht und Prüfungspflicht des Registergerichts in – 374 50 ff.
– Nichtigkeits- und Unwirksamkeitsgründe in Satzungen 374 50 a
– Prüfung angemeldeter Tatsachen 374 56
– Prüfung der Eintragungsvoraussetzungen 374 51

– Prüfung von Beschlüssen 374 58
– Prüfung von öffentlich-rechtlichen Genehmigungen 374 60
sachliche Zuständigkeit 377 16
see- und schifffahrtsrechtliche Verfahren 375 27 ff.
– Aufmachung der Dispache 375 37
– Begriff der Dispache 375 38
– Bestimmung des Abreisetermins nach § 590 HGB 375 35
– Ernennung von Dispacheuren 375 36
– Verklarungsverfahren 375 27
sonstige Verfahren 375 100
Unanfechtbarkeit der Eintragung 383 22
unternehmensrechtliche Verfahren 375
– Anwendbarkeit der neuen Verfahrensregeln im FamFG 375 2 a
– funktionelle Zuständigkeit 375 5
– internationale Zuständigkeit 375 6
– örtliche Zuständigkeit 375 4
– sachliche Zuständigkeit 375 3
unternehmensrechtlichen Verfahren
– Kosten 375 106
Unterstützungspflicht der berufsständischen Organe 380 20
– Art und Weise der Unterstützung 380 23
– Ermittlungspflicht des Registergerichts 380 24
– Umfang der Unterstützungspflicht 380 21
Verfahren bei Einspruch 390 3 ff.
– Einlegung 390 3
– Einspruch gegen wiederholte Androhung 390 30
– Entscheidung über den Einspruch 390 18 ff.
– rechtzeitiger Einspruch 390 6
– Terminsbestimmung 390 9
– Wiedereinsetzung 390 12
Verfahren bei unbefugtem Firmengebrauch 392 3
– Kosten und Gebühren 392 33
– Ordnungsgeldverfahren 392 19 ff.
– Rechtsbehelfe gegen Verbots- und Androhungsbeschluss 392 31
– Verhältnis zu anderen Verfahren 392 5
– Voraussetzung des Einschreitens 392 8
Verfahren nach dem BörsG 375 98
Verfahren nach dem GmbHG 375 71 ff.
– Befreiung von der Abschlussprüfung 375 73
– Bestellung und Abberufung von Liquidatoren 375 71
– Verwahrung der Bücher und Schriften, Gewährung der Einsichtnahme 375 74
Verfahren nach dem KWG 375 84
– Bestellung eines Abwicklers 375 88
– Bestellung eines Sachwalters bei Insolvenzgefahr 375 86
– Bestellung eines Treuhänders 375 84, 89
– Bestellung von geschäftsführungs- und vertretungsbefugten Personen 375 90
Verfahren nach dem MontanMitBestG 375 83
Verfahren nach dem PartGG 375 99
Verfahren nach dem PfangBG 375 92
– Bestelllung eines Sachwalters bei Aufhebung der Erlaubnis 375 92
– Bestellung eines Sachwalters bei Insolvenz 375 93
– Rechtsstellung des Sachwalters 375 94
Verfahren nach dem PublG 375 82
Verfahren nach dem SchVG 375 99 a
Verfahren nach dem UmwG 375 69
Verfahren nach dem VAG 375 95

2593

Sachverzeichnis

fette Zahlen = §§ des FamFG

– Abwicklungsverfahren **375** 95
– Bestellung eines Treuhänders **375** 96
Veröffentlichung der Eintragung **383** 10
– Form **383** 18
– Inhalt **383** 12
– sonstige Mitteilungspflichten **383** 21
– Zeitpunkt **383** 20
von Amts wegen vorzunehmende Eintragungen **384** 2 ff.
– Beispiele **384** 3
– Bekanntgabe **384** 6
– Unanfechtbarkeit **384** 8
– Veröffentlichung **384** 7
– Vollzug **384** 5
– Wirksamkeit **384** 4
weitere Mitteilungspflichten der Behörden **379** 13
Zuständigkeit im Dispacheverfahren **377** 29
Zwangsgeldandrohung **388**
– Änderung und Zurücknahme **388** 45
– Bekanntgabe **388** 39
– Frist **388** 37
– Inhalt **388** 36
– Kosten und Gebühren **388** 46
– Rechtsbehelfe **388** 40
Zwangsgeldfestsetzung **389** 2
– Kostenentscheidung **389** 10
– neuerliche Androhung **389** 7
– Rechtsbehelfe **389** 16
– Voraussetzungen **389** 2
– Wiederholung des Verfahrens **389** 15
Zwangsgeldverfahren **388** 24 ff.
Registersperre
faktische **381** 24
Registrierungsort
internationale Zuständigkeit in Lebenspartnerschaftssachen **103** 5
Regressanspruchs
des Staates gegen den Betreuten **168** 23 f.
Reichserbhofrecht 343 25
ReparationsschädenG 343 81
Restitutionsantrag, -grund
in Abstammungssachen **185** 4
Rheinland-Pfalz
Landesgesetz über die freiwillige Gerichtsbarkeit (LFGG) vom 12. 10. 1995 **486** 14
Zuständigkeit bei Erbscheinserteilung **352** 5
Richter
rechtliche Stellung als Mediator **36 a** 12
Vornahme einer Niederschrift **25** 24
Zuständigkeitsverteilung in Nachlasssachen **343** 83 ff.
Richter im Ruhestand
als Bevollmächtigte **10** 35
als Verfahrensbeistand **12** 16
Richtervorbehalt
bei der Erteilung von Erbscheinen **343** 95
Zuständigkeitsverteilung in Nachlasssachen **343** 90
Richtervorbehalte
Aufhebung **Einl.** 79 a
Rubrum
Berichtigung **42** 16
Form und Inhalt des Beschlusses **38** 42
Rückgabe
von Verfügungen von Todes wegen aus amtlicher Verwahrung **346** 14
Rückgriffsanspruch
des Staates gegen den Betreuten **168** 23 f.

Rücknahme
der Beschwerde **67**, s. unter Beschwerde
des Scheidungsantrags **141** 3
Rügeverfahren 44 41 ff.
Ruhen
bei fehlender Einzahlung eines angeforderten Kostenvorschusses **21** 43
sofortige Beschwerde bei Streit über – des Verfahrens **21** 46
des Verfahrens **21** 41
Russische Förderation
Deutsch-sowjetischer Konsularvertrag **343** 55

Saarland
Gesetz zur Ausführung bundesrechtlicher Justizgesetze (AGJustG) vom 5. 2. 1997, zuletzt geänd. durch Art. 1 ÄndG vom 19. 1. 2011 **486** 15
Sachdienlichkeit
Begriff **32** 4
SachenRBerG
örtliche Zuständigkeit bei Abwesenheitspflegschaft **341** 3
Sachverhaltsaufklärung, unzureichende
fehlerhafte Tatsachenfeststellung des Beschwerdegerichts **74** 34
Sachverhaltsdarstellung
Berichtigung **42** 23
Sachverständige
Ablehnung **30** 101
– Entscheidung über Ablehnungsgesuch **30** 106
– Rechtsmittel **30** 107
– Verfahren **30** 103
Anhörung in Verfahren nach dem FamFG **26** 32
Anleitung des – durch das Gericht **30** 91
Auswahl **30** 86
Auswahl des – in Betreuungssachen **280** 10
Auswahl des – in Unterbringungssachen **321** 4
Beauftragung eines – für ausländisches Recht **26** 30
Einsicht in eröffneten Verfügungen von Todes wegen **357** 25
Erstattung des Gutachtens **30** 94
Feststellung durch – als Angelegenheit der freiwilligen Gerichtsbarkeit **410** 6
Hinwirken auf Einvernehmen **163** 2
– ergänzender Auftrag **163** 8
– Inhalt des Gutachtens **163** 7
neues Gutachten **30** 96
örtliche Zuständigkeit in Angelegenheiten der freiwilligen Gerichtsbarkeit **411** 3
Person des – **30** 84
Pflichten **30** 89
Qualifikation des – in Kindschaftssachen **167** 11
Qualifikation des – in Unterbringungsgutachten **167** 11
bei Überprüfung der Unterbringungsdauer **329** 3
Widersprüche innerhalb eines Gutachtens **30** 98
s. a. Sachverständigengutachten
Sachverständigenbeweis 30 81 ff.
Ablehnung von Sachverständigen **30** 101
Anleitung des Sachverständigen durch das Gericht **30** 91
Auswahl des Sachverständigen **30** 86
Erläuterung des Gutachtens im Termin **30** 95
im Freibeweisverfahren **29** 19
Gutachtenerstattung **30** 94
neues Gutachten **30** 96

2594

magere Zahlen = RdNrn der Anmerkungen

Sachverzeichnis

Person des Sachverständigen **30** 84
Sachverständigenpflichten **30** 89
Widersprüche im Gutachten **30** 98
Sachverständigengutachten
Anforderungen an – bei Betreuungssachen **280** 16 ff.
und Beweiswürdigung **29** 34
Entbehrlichkeit des – in Betreuungssachen **281** 2
bei Genehmigung von ärztlichen Maßnahmen **298** 3
gerichtliche Überprüfung des – **280** 25
bei lebenserhaltenden ärztlichen Maßnahmen **298** 12
bei Sterilisation **297** 9
Würdigung des Beschwerdegerichts **74** 33
Würdigung im Beschwerdeverfahren **68** 94
Sammelvermögen
örtliche Zuständigkeit bei Pflegschaft für – **341** 6
Satzung
Auflösung wegen Mangels der – **399**
Säugling
gewöhnlicher Aufenthalt **99** 46
Säumnis
von Beteiligten im Verhandlungstermin im Auseinandersetzungsverfahren **366** 62 ff.
der Beteiligten in Ehesachen **130**
– Entscheidungen gegen den Antragsgegner **130** 10
– Versäumnisentscheidung gegen den Antragsteller in erster Instanz **130** 4
– Versäumnisentscheidung gegen den Antragsteller in zweiter Instanz **130** 5
Dispache **405** 31
im unternehmensrechtlichen Verfahren **406** 10
Scharia-Gericht 107 14
Schätzungsermessen
und Rechtsbeschwerde **72** 9
Scheidung
Ansprüche im Zusammenhang mit der – **266** 13
einvernehmliche **133** 10
Zustimmung zur – **134**
– Form der – **134** 3
– materiellrechtliche Wirkung der – **134** 2
– Widerruf der – **134** 9
Scheidungs- und Folgesachen
Abweisung des Scheidungsantrags **142**
Antragsschrift in – **133** 3 ff.
Antragsverbund **137** 15
– Ablehnung der Einbeziehung in den Verbund **137** 22
– Anhängigkeit der Folgesache **137** 16
– Behandlung der Antragsschrift **137** 17
– Zeitpunkt der Anhängigkeit der Folgesache **137** 18
Arten der Anfechtung der Verbundentscheidung **145** 4
– Anschlussrechtsmittel **145** 8
– Hauptrechtsmittel, Hemmung der Rechtskraft **145** 4
– Rechtsmittelerweiterung **145** 7
– Teilanfechtung **145** 5
außergerichtliche Streitbeilegung über Folgesachen **135**
Aussetzung des Verfahrens **136**
Befristung von Rechtsmittelerweiterung und Anschlussrechtsmittel **145**
Beiordnung eines Rechtsanwalts **138**
– Beiordnung nach Anhörung **138** 4

– Rechtsmittel **138** 7
– Stellung des beigeordneten Rechtsanwalts **138** 8
Einbeziehung weiterer Beteiligter und dritter Personen **139** 3
– Beispiele **139** 3
– gerichtliche Einbeziehung **139** 6
einheitliche Endentscheidung **142**
Einspruch **143**
Erstreckung der Bewilligung von Prozesskostenhilfe **149**
erweiterte Aufhebung **147**
Folgen der Abtrennung von Folgesachen **137** 25
Folgen der Abweisung des Scheidungsantrags **142** 14
Kosten **150**
– Abweisung und Rücknahme eines Scheidungsantrags **150** 5
– anderweitige Kostenverteilung **150** 8
– Folgesachen außerhalb des Scheidungsverbundes **150** 10
– Kosten weiterer Beteiligter **150** 7
– Kostenaufhebung bei Scheidung **150** 4
– Rechtsmittel gegen Kostenentscheidungen **150** 17
– Rechtsmittelkosten im Scheidungsverbundverfahren **150** 12
Rücknahme des Scheidungsantrags **141**
Verbund durch Verweisung oder Abgabe **137** 24
Verbund von Scheidungs- und Folgesachen **137**
Verfahren **121** 8
Versäumnisentscheidung **142** 10
Verzicht auf Anschlussrechtsmittel **144**
Vollstreckung **120** 6
Widerruf der Zustimmung zur Scheidung **134** 9
Wirksamwerden von Entscheidungen in Folgesachen **148**
– Rechtskraft des Scheidungsausspruchs **148** 3
– Vollstreckbarkeit von Ehescheidung und Folgesachen **148** 6
Zurückverweisung **146**
– Absehen von der Zurückverweisung **146** 6
– Bindung an die Rechtsauffassung des Rechtsmittelgerichts **146** 5
– Verfahren bei Anfechtung der Zurückverweisung **146** 7
– Verfahren **146** 3
Zwangsverbund **137** 23
Scheidungsantrag
einheitliche Endentscheidung **142** 3
– Anordnung der sofortigen Wirksamkeit **142** 8
– Begründung **142** 6
– Kostenentscheidung **142** 7
Folgen der Abweisung des – **142** 14
Rücknahme des – **141** 3
– Fortführung von Folgesachen **141** 9
– Fortführung von Folgesachen als selbständige Familiensachen **141** 11
Zustimmung zur Rücknahme des – **134**
– Form der – **134** 7
Scheidungsverbund
Begriff **137** 3
Scheidungsverfahren
Verbundbeschluss **38** 37
Schiedsgerichtsbarkeit
und freiwillige Gerichtsbarkeit **1** 23
Schiffsbauwerke 446 3
Schiffseigentümer
Aufgebot **446**

2595

Sachverzeichnis

fette Zahlen = §§ des FamFG

Schiffsgläubiger
Aufgebot **465**
Schiffshypothekengläubiger
Aufgebot **452**
Schiffskapitän
Zuständigkeit deutscher – in Nachlasssachen **343** 106
Schleswig-Holstein
Preußisches Gesetz über die freiwillige Gerichtsbarkeit vom 21. 9. 1899 **486** 6
Vermittlung der Auseinandersetzung **487** 5
Schlussvorschriften 485 ff.
Auseinandersetzung einer Erbengemeinschaft **487** 4
Auseinandersetzung einer Gütergemeinschaft **487** 3
landesrechtliche Vorbehalte **486**
landesrechtliche Vorbehalte bei Verfahren zur Kraftloserklärung von Urkunden **491**
Nachlassauseinandersetzung **487**
Verfahren von landesgesetzlich zugelassenen Behörden **488**
– landesrechtliche Aufgebotsverfahren **490**
– Rechtsmittel **489**
Schreibfehler 42 6
Schriftlichkeit
bei Anträgen, Erklärungen **25** 11 ff.
Schriftstücke
Aushändigung von – in unternehmensrechtlichen Verfahren **404**
Schuldverschreibung 470 1; **491** 2 f.
Seemann
örtliche Zuständigkeit bei Nachlasssicherung des – **344** 21
Seerecht
Verfahren **375** 27 ff.
Selbstablehnung
einer Gerichtsperson **6** 61
Selbständiges Beweisverfahren 30 121
Anfechtung **30** 124
Grundsätze **30** 121
landesrechtliche Vorschriften **30** 126
Verfahren **30** 123
Selbstbindung
des Rechtsmittelgerichts **45** 32
SGB X
örtliche Zuständigkeit bei Abwesenheitspflegschaft **341** 3
Sicherung
des Nachlasses **344** 13 ff.
Signatur, elektronische s. Elektronisches Dokument
Sitz
Auflösung wegen Mangels der Satzung **399** 11
Sitzungspolizei 32 27
Sitzverlegung 377 11, 19, 28
Societas Europaea
Abberufung der Verwaltungsratsmitglieder einer – **375** 66
Einberufung der Hauptversammlung einer – **375** 64
Ergänzung des Verwaltungsrats einer – **375** 67
Sofortige Beschwerde s. Beschwerde
Sofortige Wirksamkeit
bei Beschlüssen in Unterbringungssachen **324** 3
Soldat
örtliche Zuständigkeit in Nachlasssachen **343** 41

Sorgerecht
Begriff nach Art. 2 Nr. 9 EuEheVO **99** 28
Sorgerechtsverfahren
Erledigung der Hauptsache **22** 36
in Sorgerechtsverfahren **22** 36
Sowjetunion
Deutsch-sowjetischer Konsularvertrag **343** 55
Sozietät als Testamentsvollstrecker 354 31; **355** 25
Spiegelbildprinzip 109 3
Sprungrechtsbeschwerde 75
Einwilligung der übrigen Beteiligten **75** 9
Entscheidung **75** 15
Kosten und Gebühren **75** 24
Rechtsfolgen **75** 18
Verfahren nach der Zulassung **75** 20
Zulassung durch das Rechtsbeschwerdegericht **75** 10
Zulassungsantrag **75** 6
Zulassungsverfahren **75** 5
s. Rechtsbeschwerde
Staatenlose 98 14
internationale Zuständigkeit in Nachlasssachen **343** 58
Staatsangehörigkeit
deutsche **98** 8
des Erblassers als ermittlungsbedürftiger Punkt im Erbscheinsverfahren **352** 76
mehrere – bei örtliche Zuständigkeit in Nachlasssachen **343** 59
örtliche Zuständigkeit in Nachlasssachen **344** 47
Staatsangehörigkeitszuständigkeit
in Abstammungssachen **100** 4
in Adoptionssachen **101** 6
in Betreuungs- und Unterbringungssachen **104** 4
in Kindschaftssachen **99** 42
bei der Pflegschaft für Erwachsene **104** 4
Staatskasse
Beschwerde der – in Betreuungssachen **304**
Kosten in Unterbringungssachen **337** 4
als Muss-Beteiligte in Betreuungssachen **274** 7
Tragung der Kosten in Betreuungssachen **307** 2
Vertreter der – als Kann-Beteiligte in Betreuungssachen **274** 24
Staatsverträge
in Nachlasssachen **343** 52 ff.
Stammkapital
Auflösung wegen Mangels der Satzung **399** 12
Stammurkunde (Mantel) **473** 1
Standesamt Einl. 108; **22 a** 10
Mitteilungspflichten in Kindschaftssachen **168 a** 2
Stellvertretung
bei Erbscheinsantrag **352** 21
Sterbehospiz
örtliche Zuständigkeit in Nachlasssachen **343** 41
Sterbeurkunde 343 39
Sterilisation 297 3
Steuerbehörde
Auskunftspflichten in Registersachen **379** 8
Stiefkindadoption 269 5
StPO
örtliche Zuständigkeit bei Abwesenheitspflegschaft **341** 3
Straftaten
Mitteilung bei – in Betreuungssachen **311** 2
Strafverfolgung
Mitteilung zur – in Betreuungssachen **311**

magere Zahlen = RdNrn der Anmerkungen

Sachverzeichnis

Streitbeilegung s. Konfliktbeilegung, Mediation
Streitpunkt
Begriff des – **370** 2
Streitverkündung 1 38
Strengbeweis 26 44
in Abstammungssachen **177** 7
Gebotenheit des – **30** 6
nach dem Freibeweis **30** 9
unbestimmter Rechtsbegriff **30** 8
bei unzureichender Sachaufklärung **30** 13
Wahl des Beweisverfahrens **29** 16; **30** 3
Stufenantrag
Geltendmachung von Unterhalt im Scheidungsverbund **137** 8 b
Verfahrenskostenhilfe **235** 14
Stundung
der Ausgleichsforderung in Güterrechtssachen **264**
des Pflichtteilsanspruchs **362** 2
– Verfahren und Entscheidung des Nachlassgerichts bei Stundung **362** 4 ff.
Subsidiaritätsprinzip 48 25

Tadschikistan
Deutsch-sowjetischer Konsularvertrag **343** 55
talaq
Verstoß gegen ordre public **109** 20
Tatsachen
aktenkundige – **29** 12
eintragungsfähige s. Eintragung
gerichtskundige **29** 12
offenkundige **29** 11
Verwertung offenkundiger **29** 11 ff.
Tatsachen, angemeldete
Prüfung – in Registersachen **374** 56
Tatsachenfeststellung
Rüge rechtsfehlerhafter – **71** 41
Teilanfechtung 145 5
Teilaussetzung
des Verfahrens in Teilungssachen **370** 19
Teildurchführung
des Verfahrens in Teilungssachen **370** 19
Teilentscheidung
Unzulässigkeit **142** 4
im Versorgungsausgleich **224** 5 a
Zulässigkeit **142** 3, 12
Teileröffnung
von Verfügungen von Todes wegen **348** 21
Teilfestsetzungsbeschluss 240 5 a
Teilrechtskraft 145 5; **224** 5 a
formelle Rechtskraft **45** 21
Teilrechtskraftzeugnis 46 9
Teilungssachen
Antrag **363**
Auseinandersetzung durch Erbteilungsvertrag **363** 3
Auseinandersetzung durch Testamentsvollstrecker **363** 10
Auseinandersetzung einer Gütergemeinschaft **373**
– Gegenstand des Verfahrens **373** 3
– Kosten **373** 13
– Verfahren **373** 11
– Zeugnisse **373** 14
– Zuständigkeit **373** 6
Auseinandersetzungsplan; Bestätigung **368**
außergerichtliche Vereinbarung **366**
Aussetzung bei Streit **370**
– Anfechtbarkeit des Beschlusses **370** 15

– Aussetzung des Verfahrens **370** 12
– Beschluss über Aussetzung **370** 13
– Beteiligte **370** 10
– Teilaussetzung und Teildurchführung **370** 19
– Verfahren bei Eintritt von Streitpunkten **370** 6 ff.
– Widerspruch **370** 11
Begriffsbestimmung **342**
Bestätigungsbeschluss **371** 3
– Genehmigung des Gerichts **371** 22
– Kosten **371** 28
– Mitteilungspflichten **371** 27
– Teilauseinandersetzung **371** 26
– Umfang der Bindung der Beteiligten **371** 16
Einleitung des Auseinandersetzungsverfahrens **365** 2 ff.
einzelne **342** 12
Erbteilungsklage **363** 15
Feststellung im Protokoll **370** 6
gerichtliche Zuweisung eines land- oder forstwirtschaftlichen Betriebs **363** 12
Grundstücken im Nachlass **371** 43
Kosten **363** 95
Ladung **365**
– Folgen des Ausbleibens **365** 16
– Form **365** 7
– Inhalt; Mängel **365** 10
– Ladungsfrist **365** 3 f.
– zu ladende Personen **365** 13
– Zwang zum Erscheinen **365** 15
Landesrecht **363** 14
örtliche Zuständigkeit **343**
Pflegschaft für abwesende Beteiligte **364**
– Ende der Pflegschaft **364** 16
– Ermessen des Nachlassgerichts **364** 8
– Kosten **364** 20
– Rechtsmittel **364** 19
– Umfang der Pflegschaft **364** 13
– Verwaltung des Erbanteils **364** 18
– Voraussetzungen der Pflegerbestellung **364** 2
– Zeitpunkt der Anordnung **364** 12
– Zuständigkeit **364** 9
Rechtsmittel **363** 92; **372**
Rechtsmittel gegen den Bestätigungsbeschluss **372** 11 ff.
– Beschränkung der Beschwerde **372** 14
– Beschwerdeberechtigung **372** 21
– Folgen der Aufhebung **372** 24
– Frist **372** 23
Sonderfall: Land- und Forstwirtschaftliche Betriebe **363** 75 ff.
– Abfindung der weichenden Erben **363** 82
– Ausschluss des Zuweisungsverfahrens **363** 79
– Einleitung des Zuweisungsverfahrens **363** 81
– Gegenstand des Zuweisungsverfahrens **363** 76
– Verfahren **363** 85
in Teilungssachen
– Verzögerung durch Notwendigkeit von Genehmigungen **368** 55
Teilungsversteigerung eines Grundstücks **363** 11
Vereinbarung und Auseinandersetzung **371**
Verfahren **363** 17 ff.
– Antrag **363** 36
– – Antragsberechtigung **363** 45 ff.
– – Ergänzung **363** 43
– – Form **363** 37

2597

Sachverzeichnis

fette Zahlen = §§ des FamFG

– – Inhalt **363** 38
– – Rücknahme **363** 44
– Ausschluss der Auseinandersetzung **363** 25 ff.
– Beteiligte **363** 61
– Entscheidung **363** 72
– Mehrheit von Erben **363** 24
– vermittelnde Tätigkeit des Nachlassgerichts **363** 17
– Zuständigkeit **363** 21
Vermittlung der Auseinandersetzung durch das Nachlassgericht **363** 14
Verteilung durch das Los **369**
– Antrag auf Bestellung eines Vertreters **369** 7
– gerichtliche Entscheidung **369** 9
– Kosten **369** 13
– Rechtsmittel gegen Ablehnung der Vertreterbestellung **369** 12
– Rechtsstellung des Vertreters **369** 10
– Voraussetzungen der Losziehung **369** 3
Vollstreckung einer bestätigten Vereinbarung in – **371** 29 ff.
vorbereitende Vereinbarungen **366** 5 ff.
– alle Beteiligten erschienen, Einigung erzielt **366** 12
– alle Beteiligten erschienen, keine Einigung **366** 11
– Anberaumung eines neuen Termins **366** 67
– Ausbleiben einzelner Beteiligter im Verhandlungstermin **366** 20
– Beispiele **366** 6
– Benachrichtigung der nicht erschienenen Beteiligten **366** 54
– Bestätigungsbeschluss **366** 69
– Beteiligte am Verhandlungstermin **366** 30
– Form der Beurkundung **366** 36
– Inhalt der Beurkundung **366** 42
– Kosten **366** 80
– nachträgliche Zustimmung nicht erschienener Beteiligter **366** 46
– Nichterscheinen im Verhandlungstermin **366** 51
– niemand im Verhandlungstermin erschienen **366** 10
– Säumnis von Beteiligten **366** 62
– Vereinbarungen über die Teilung selbst **366** 9
– Widerspruch gegen eine Vereinbarung **366** 32
Wiedereinsetzung in – **367** 2 ff.
– Entscheidung **367** 4
– Wirkung **367** 13
Teilungsversteigerung
eines Grundstücks in Teilungssachen **363** 11
Teilverweisung
bei Rechtswegverweisung **1** 52
Telebrief
Fristwahrung **63** 38
Telefax
Einlegung der Rechtsbeschwerde **71** 14
Fristwahrung **63** 38
Wiedereinsetzung in den vorigen Stand **17** 14
Termin
Anordnung von Ordnungsmaßnahmen **32** 31
Ausbleiben eines Beteiligten **32** 42
im Dispacheverfahren **405**
Durchführung des – **32** 23
in Folgesachen der freiwilligen Gerichtsbarkeit **32** 10
kein Rechtsmittel gegen sitzungspolizeiliche Maßnahmen **32** 32
Ladung **32** 13
– Adressat und Bekanntgabe **32** 14
– Inhalt **32** 15
– Ladungsfrist **32** 13

Ort **32** 16
in der Rechtmittelinstanz **32** 46
Sachdienlichkeit der Erörterung **32** 3
Sitzungspolizei **32** 27
Terminsänderung **32** 17
verfahrensrechtliche Bedeutung **32** 7
Vermerk, Protokoll **32** 40
Zulässigkeit von Ordnungsmaßnahmen **32** 28
Terminsgebühr s. Kosten
Territorialprinzip 97 9
Testament
Ablieferungszwang **358**
amtliche Verwahrung von – **344** 4
Anfechtung **29** 61
Beweiserhebung bei Verlust des – **29** 55
Beweiserhebung über Echtheit des – **29** 54
Fälschung des – im Erbscheinsverfahren **352** 90
Gutachten zur Testierfähigkeit **29** 53
örtliche Zuständigkeit bei Verwahrung von – **344** 2 ff.
Rechtzeitigkeit der Anfechtung **29** 62
Verlust oder Veränderung **29** 59
verschwundenes – im Erbscheinsverfahren **352** 79
widerrufenes **348** 14
Testamentsabschrift
Übersendung von – **349** 30
Testamentseröffnung
Begriff der – **348** 16 ff.
Bekanntgabe der eröffneten Verfügung **348** 41
Benachrichtigung Abwesender **348** 48
Eröffnung im Ausland **348** 72
Eröffnungsfrist bei amtlicher Verwahrung **351** 4 ff.
Folgen unterlassener Bekanntmachung **348** 62
Form und Frist der Bekanntgabe **348** 57
internationale Zuständigkeit **348** 67
Kosten **348** 82
mit Termin **348** 26
durch das Nachlassgericht **348**
Niederschrift **348** 34
ohne Termin **348** 23
Rechtsmittel **348** 78
Teileröffnung **348** 21
Umfang der Benachrichtigung **348** 53
Verbleib der Verfügung nach Eröffnung **348** 73
durch Verwahrungsgericht **350** 5
zu benachrichtigende Beteiligte **348** 49
zu eröffnende Schriftstücke **348** 10 ff.
– formunwirksame Schriftstücke **348** 13
– letztwillige Verfügungen **348** 11
– Original letztwilliger Verfügung **348** 15
– verwahrte Verfügungen **348** 10
– widerrufene Testamente **348** 14
Zuständigkeit bei der – **348** 3
Testamentsvollstrecker
Ablehnung der Ernennung **345** 38
Antragsberechtigung bei Erbscheinsantrag **352** 24
Antragsberechtigung des – auf Nachlassauseinandersetzung **363** 48
Auseinandersetzung durch – in Teilungssachen **363** 10
Auswahl des – **345** 42
Beschwerdeberechtigung **59** 76
als Beteiligter bei der Ernennung eines Testamentsvollstreckers **345** 30
Entlassung des – **345** 96 ff.
Ernennung des – **345** 28 ff.

magere Zahlen = RdNrn der Anmerkungen

Sachverzeichnis

Meinungsverschiedenheiten zwischen mehreren – 355 25 ff.
selbständiges Beschwerderecht bei mehreren – 355 33
Testamentsvollstreckerentlassungsverfahren
Erledigung der Hauptsache 22 45
Testamentsvollstreckerzeugnis 354 5 ff.
Erteilung des – **345** 52 ff.; **354** 21
Inhalt des – **354** 31 ff.
Rechtsmittel bei Entscheidung über – **354** 40
Richtervorbehalt bei der Erteilung von – **343** 97
Verfahren betr. – als Nachlassverfahren **342** 9
Testamentsvollstreckung 352; 355
Beschwerdeberechtigung 59 82
Fristsetzungen **355** 2 ff.
Kosten bei – **355** 50
als Nachlassverfahren **342** 9
Testamentwiderruf
bei Eröffnung von Verfügungen von Todes wegen **348** 14
Testierfähigkeit
Beweiserhebung **29** 52
des Erblassers als ermittlungsbedürftiger Punkt im Erbscheinsverfahren **352** 82
Zweifel **29** 58
s. Geschäftsfähigkeit
Testierwille
bei Eröffnung von Verfügungen von Todes wegen **348** 14
Therapieunterbringungssachen
Beschwerde in – **58** 88 a
einstweilige Anordnung durch das Beschwerdegericht **64** 58
Sondervorschriften bzgl. Beschwerdeberechtigung **59** 54 a
Thüringen
Thüringer Gesetz zur Ausführung des GVG (ThürAGGVG) vom 12. 10. 1993, zuletzt geänd. durch Art. 2 ÄndG vom 9. 9. 2010 **486** 16
Zuständigkeit für die Inventarerrichtung **345** 135
Titel
und Vollstreckung **86** 7 ff.
Titulierung
Mediation **36 a** 20
Tod
des Antragstellers im Abänderungsverfahren **226** 7
eines Beteiligten in Abstammungssachen **181**
eines Ehegatten **131**
eines Ehegatten in Ehewohnungs- und Haushaltssachen **208** 1
des Erblassers als ermittlungsbedürftiger Punkt im Erbscheinsverfahren **352** 73
Kostenauferlegung auf einen Dritten **81** 78
des Mündels und Festsetzung des Vergütungsanspruchs **168** 17
Todesanzeigen
Mitteilungspflicht des Standesamts **168 a** 2
Todeszeitpunkt
örtliche Zuständigkeit in Nachlasssachen **343** 39
Totalrevision
keine – bei Abänderung im Versorgungsausgleich **224** 10
Tragezeitgutachten
in Abstammungssachen **178** 9
Trennbarkeit
einer Verfügung von Todes wegen **349** 8

Treuhänder
Bestellung eines – nach dem KWG **375** 84
Türkei
Deutsch-türkisches Nachlassabkommen **343** 53
Übergangsvorschrift Art. 111
Besonderheiten bei wieder aufgenommenen oder weiterbetriebenen Verfahren in Familiensachen Art. 111 6
Besonderheiten in Versorgungsausgleichverfahren Art. 111 8
Überlange Verfahren
angemessene Verfahrensdauer **Anh. 58** 80
Rechtsschutz bei – **Anh. 58** 65
Übermittlungsverfahren
zwischen Gericht und Versorgungsträger **229** 2
Überprüfungsfrist
bei Aufhebung und Einschränkung der Betreuung **294** 12
bei Eröffnung von Verfügungen von Todes wegen **351** 4 ff.
bei Verfahren in Betreuungssachen **286** 7
bei Verlängerung der Betreuung **295** 3
Ukraine
Deutsch-sowjetischer Konsularvertrag **343** 55
Umgangsrecht
Begriff nach Art. 2 Nr. 10 EuEheVO **99** 28
in Kindschaftssachen **151** 8
in Lebenspartnerschaftssachen **269** 5
Umgangsregelung
durch einstweilige Anordnung in Kindschaftssachen
– Kosten **156** 25
– Rechtsmittel, Vollstreckung **156** 24
– Teilnahme an einer Mediation **156** 17 f.
– Voraussetzungen **156** 16
durch Vergleich in Kindschaftssachen **156** 11
Umwandlung 374 46
Umwandlungsgesetz
Verfahren nach dem – **375** 69
Unabänderlichkeit
bei Beteiligung von mehreren Kindern **48** 43
der Genehmigungsentscheidung betr. Rechtsgeschäfte **48** 31 ff.
– Wirksamwerden gegenüber Dritten **48** 34
– Zeitpunkt des Wirksamwerdens des Rechtsgeschäfts **48** 33
des Rechtsgeschäfts bei Genehmigung nach dessen Abschluss **48** 37
des Rechtsgeschäfts bei Genehmigung vor dessen Abschluss **48** 35
unanfechtbare Entscheidungen
Rechtsschutz gegen – **Anh. 58** 47 ff.
Unanfechtbarkeit
bei Bestimmung des Sachverständigen in Angelegenheiten der freiwilligen Gerichtsbarkeit **414**
Unbekannte Gläubiger 449 2; **450** 1
Unbestimmter Rechtsbegriff
Beispiele **72** 21
Prüfung der Anwendung – durch das Rechtsbeschwerdegericht **72** 17
Ungefragte Information 235 11
Unmittelbarer Zwang
in Abstammungssachen **96 a** 4
Anwendung – zur Durchsetzung eines Vollstreckungstitels zur Herausgabe von Personen und/oder zur Regelung des Umgangs **90**

2599

Sachverzeichnis

fette Zahlen = §§ des FamFG

Begriff **90** 2
Voraussetzungen der Anwendung – zur Herausgabe von Personen
– Durchführung **90** 8
Voraussetzungen der Anwendung – zur Herausgabe von Personen/Regelung des Umgangs **90** 3
– Entscheidung des Gerichts **90** 6
– Ermessensentscheidung **90** 5
– Verhältnismäßigkeitsgrundsatz **90** 3
Unmittelbarkeitsprinzip
Ausnahmen von – **30** 22
Unrichtigkeit
offenbare **42** 8
Untätigkeitsbeschwerde Anh. 58 65 ff.
Unterbrechung
sofortige Beschwerde gegen die Entscheidung über – **21** 40
des Verfahrens **21** 37
Unterbringung
Abänderung der Entscheidung **167** 13
als Abgabegrund **4** 25
anwendbare Vorschriften in Kindschaftssachen **167**; **167** 2 ff.
– Sonderregelung für das Verfahren **167** 7
– Überblick **167** 3
– Unterbringung psychisch Kranker nach Landesrecht **167** 5
– zivilrechtliche Unterbringung **167** 2
– s. a. Kindschaftssachen
Aufhebung der – **330**
zur Begutachtung bei Verfahren in Unterbringungssachen **322**
Kosten und Gebühren **167** 18
Minderjähriger **151** 14 f.
Mitteilung an den Leiter der Einrichtung **310** 2
öffentlich-rechtliche **312** 4
Rechtsmittel **167** 15
zivilrechtliche **312** 2
Zuführung des Betroffenen zur – **326** 2
Unterbringungsbedürfnis
örtliche Zuständigkeit des Gerichts des – **313** 5
Unterbringungsdauer
Bestimmung der – in Unterbringungssachen **323** 10
Unterbringungsmaßnahme
Bezeichnung der – in der Beschlussformel **323** 2
Unterbringungssachen 312
Abgabe **314**
– Durchführung **314** 6
Abgabe der –
– Voraussetzungen **314** 3
– Amtsermittlung **26** 76
Anhörung der sonstigen Beteiligten **320**
Aufhebung der Unterbringung **330**
– Amtsermittlungspflicht **330** 6
– Aufhebungsverfahren **330** 2
– Bekanntgabe; Mitteilungspflicht **330** 10
– Entscheidung des Gerichts **330** 10
– Rechtsmittel **330** 10
– Verfahrensgegenstand **330** 3
– Verfahrensgrundsätze **330** 5
Aussetzung des Vollzugs einer öffentlich-rechtlichen Unterbringung **328** 2
– Amtsermittlungspflicht **328** 5
– örtliche Zuständigkeit **328** 5
– Verfahren über Aussetzung und Widerruf **328** 4

– Widerruf der Aussetzung **328** 3
– Wirksamwerden der Entscheidung **328** 8
Begriff der Unterbringung **312** 5
Bekanntgabe von Gründen eines Beschlusses
– Absehen von – **325** 1
– Adressaten und Form **325** 2
Benachrichtigung von Angehörigen **339**
Beschwerde in – **336**
Beteiligte **7** 43; **315**
– Kann-Beteiligte **315** 7
– Kreis der Kann-Beteiligten **315** 8
– Muss-Beteiligte **315** 2 ff.
Dauer der einstweiligen Anordnung **333**
– Anhörung eines Sachverständigen **333** 11
– Antrag **333** 9
– Berechnung der Höchstfristen **333** 2
– erneute persönliche Anhörung des Betroffenen **333** 10
– Möglichkeit der mehrfachen Verlängerung **333** 3
– Voraussetzungen der Verlängerung **333** 9
Dauer und Verlängerung der Unterbringung **329**
– Auswahl des Sachverständigen **329** 12
– Berechnung der angeordneten Frist **329** 5
– Berechnung von Höchstfristen **329** 8
– Bestimmung der Dauer **329** 1
– Grundlage der Entscheidung zur Unterbringungsdauer **329** 2
– Höchstfrist **329** 4
– Verfahrensgrundsätze **329** 9
– Verlängerung der Unterbringung **329** 9 ff.
Einholung eines Gutachtens **321**
– Auswahl des Sachverständigen **321** 4
– Inhalt der Beweisanordnung **321** 2
– Inhalt des Gutachtens **321** 6
Einlegung der Beschwerde durch den Betroffenen **336**
Einleitung des Verfahrens **312** 6
einstweilige Anordnung **49** 9
einstweilige Anordnung bei gesteigerter Dringlichkeit **332**
– Gefahr im Verzug **332** 1
– Nachholung von Verfahrenshandlungen **332** 5
– richterlicher Eildienst **332** 3
einstweilige Maßregeln **334**
einstweiligen Maßregeln
– materiell-rechtliche Voraussetzungen **334** 2
– Verfahren nach Bestellung des Betreuers **334** 5
– verfahrensrechtliche Voraussetzungen **334** 3
ergänzende Vorschriften über die Beschwerde **335**
– Beschwerdebefugnis der Angehörigen **335** 7
– Beschwerdebefugnis der Betreuungsbehörde **335** 6
– Beschwerdebefugnis des Betreuers **335** 4
– Beschwerdebefugnis des Betroffenen **335** 2
– Beschwerdebefugnis des Verfahrenspflegers **335** 3
– Beschwerdebefugnis des Vorsorgebevollmächtigten **335** 5
Erledigung der Hauptsache **22** 48
Inhalt der Beschlussformel **323** 2 ff.
– Behandlungskonzept **323** 7
– besondere Anordnungen für den Vollzug der Unterbringung **323** 6 ff.
– Bestimmung der Unterbringungsdauer **323** 10
– Bezeichnung der Unterbringungsmaßnahme **323** 2
– Dringlichkeitsunterbringung **323** 8
– kalendermäßige Bestimmung **323** 11

magere Zahlen = RdNrn der Anmerkungen

- zivilrechtliche Unterbringung zur medizinischen Behandlung 323 7
- Zwangsbehandlung 323 6
internationale Zuständigkeit **104** 3
Kosten in – 337
- Erstattungsanordnung gegen den Rechtsträger 337 5
- – inhaltliche Voraussetzungen 337 7
- – Rechtsfolgen 337 8
- Erstattungsanordnung gegen die Staatskasse 337 4
- Gegenstand der Erstattungsanordnung 337 2
Mitteilung von Entscheidungen 338 1
Öffnungsklausel hins. weiterer Beteiligten in Unterbringungssachen 315 9
örtliche Zuständigkeit 313
- gegenseitige Unterrichtspflichten 313 14
örtliche Zuständigkeit bei öffentlich-rechtlicher Unterbringung
- ausschließliche – des Gerichts im Bezirk des Unterbringungsbedürfnisses 313 11
- bereits bestehende Unterbringung 313 12
örtliche Zuständigkeit bei zivilrechtlicher Unterbringung
- AG Schöneberg 313 6
- Eilmaßnahmen 313 7
- Gericht der bestehenden Betreuung 313 2
- Gericht des gewöhnlichen Aufenthalts 313 4
- Gericht des Unterbringungsbedürfnisses 313 5
Sondervorschriften bzgl. Beschwerdeberechtigung 59 51
Unterbringung nach Landesrecht **104** 11
Unterrichtung über die Aufhebung einer Unterbringung 338 2
Verfahrensfähigkeit 316
Verfahrenspfleger 317
- Absehen von der Bestellung 317 4
- Auswahl der Person des – 317 6
- Rechtstellung 317 9
- Vorrang der Vertretung durch einen Verfahrensbevollmächtigten 317 5
- Wirksamkeit der Bestellung 317 8
- Zeitpunkt der Bestellung 317 7
- zwingende Bestellung 317 3
Vollzugsangelegenheiten
- Antrag auf gerichtliche Entscheidung 327 4
- Antragsberechtigung 327 8
- Entscheidung des Gerichts 327 15
- örtliche Zuständigkeit 327 10
- Unanfechtbarkeit 327 16
- Verfahren des Gerichts 327 9
- Verfahrensgrundsätze 327 4 ff.
vorläufigen Unterbringungsmaßnahmen durch einstweilige Anordnung 331
- ärztliches Zeugnis 331 8
- Bekanntgabe, Wirksamkeit der einstweiligen Anordnung 331 16
- dringendes Bedürfnis für sofortiges Tätigwerden 331 7
- hinreichende Aufklärung des Sachverhalts 331 11
- persönliche Anhörung des Betroffenen 331 10
- Rechtsmittel 331 18
- sachliche Voraussetzungen 331 3
- summarische Prüfung 331 5
- Verfahrenspfleger 331 9
- verfahrensrechtliche Voraussetzungen 331 8 ff.

Sachverzeichnis

- Verhältnis zum Hauptsacheverfahren 331 17
- Zuziehung weiterer Beteiligter 331 15
Wirksamwerden von Beschlüssen 324
- Anordnung der sofortigen Wirksamkeit 324 3 f.
- Beendigung der Wirksamkeit aus tatsächlichen Gründen 324 5
- Beendigung der Wirksamkeit durch Fristablauf 324 5
- Eintritt der Rechtskraft 324 2
- keine probeweise Aussetzung der Unterbringung 324 6
Zuführung des Betroffenen zur Unterbringung 326
- Ermächtigung zur Gewaltanwendung 326 3
- Unterstützungspflicht der Betreuungsbehörde 326 2
Untergebrachte
Beschwerde des – in Betreuungssachen 305
Unterhalt
in Lebenspartnerschaftssachen 269 8
im Verfahren der vereinfachten Minderjährigenunterhaltsfestsetzung 249 16
Unterhalt Minderjähriger
vereinfachtes Verfahren 249
- Antrag 250 2 ff.
- Beschwerde 256
- besondere Verfahrensvorschriften 257
- Einwendungen des Antragsgegners 252
- Festsetzungsbeschluss 253
- – Vollstreckung 253 13
- Formulare 259
- Hinweise an den Antragsgegner 251 5
- Maßnahmen des Gerichts 251
- Mitteilungen über Einwendungen 254
- Sonderregelungen für maschinelle Bearbeitung 258
- streitiges Verfahren 255
- Verfahrensverbindung 250 17
- Zurückweisung des Antrags 250 13
s. auch Unterhaltsachen
Unterhaltssachen 231
Abänderung gerichtlicher Entscheidung 238
- abänderbare Hauptsacheentscheidung 238 8
- Abänderungsverlangen bei Rechtsbeschwerde 238 50
- Abgrenzung zum negativen Feststellungsantrag 238 44
- Abgrenzung zum Vollstreckungsabwehrantrag 238 38
- ausländische Entscheidung 238 11
- ausnahmsweise Berücksichtigung von Alttatsachen 238 62
- außergerichtliche Kosten 238 111
- Begründetheit der Abänderung 238 79 ff.
- Beispiele der Änderung der rechtlichen Verhältnisse 238 83
- Beweislast 238 87
- Darlegung bei Anerkenntnisbeschluss 238 26
- Darlegung bei Versäumnisbeschluss 238 27
- Darlegung wesentlicher Veränderung der Verhältnisse 238 21
- Entscheidung 238 91 ff.
- – Abänderungsbeschluss 238 101
- – Bindung an Ausgangsentscheidung 238 94
- – gegenläufige Abänderungsanträge 238 99
- – Rechtsmittel 238 104
- – Zuständigkeit 238 91

2601

Sachverzeichnis

fette Zahlen = §§ des FamFG

- Geltendmachung durch Widerantrag **238** 46
- Geltendmachung mit Beschwerde, Anschlussbeschwerde **238** 47
- Gerichtsgebühren **238** 110
- Identität der Beteiligten **238** 15
- Identität des Streitgegenstands **238** 12
- Rechtsschutzbedürfnis **238** 18
- rückwirkende Abänderung **238** 69
- Tatsachenpräklusion **238** 51 ff.
- Übergangsregelung zum UnterhaltsÄndG **238** 105
- – Einschränkung der Tatsachenpräklusion **238** 109
- – Vertrauensschutz **238** 106
- – Wesentlichkeitsprüfung **238** 106
- – Zumutbarkeitskontrolle **238** 106
- – Überschreiten der Wesentlichkeitsschwelle **238** 86
- Verfahrenswert **238** 112
- Verhältnis zu anderen Rechtsbehelfen **238** 31 ff.
- Zeitliche Zulässigkeit der Abänderung **238** 65 ff.
- Zulässigkeitsvoraussetzungen **238** 4 ff.

Abänderung von Entscheidungen zur Titulierung Minderjährigenunterhalt **240**
- Abgrenzung zum Antrag nach § 238 **240** 2
- Entscheidung **240** 13
- Kosten und Gebühren **240** 16
- Teilfestsetzungsbeschluss **240** 5 a
- zeitliche Zulässigkeit der Abänderung **240** 6
- Zulässigkeitsvoraussetzungen **240** 5

Abänderung von Vergleichen und Urkunden **239**
- Begründetheit des Abänderungsantrags **239** 41 ff.
- Beweislast **239** 46
- Darlegung eines Abänderungsgrundes **239** 18
- Entscheidung **239** 47 ff.
- – Abänderungsbeschluss **239** 57
- – Befristung **239** 50 a
- – gegenläufige Abänderungsanträge **239** 56
- – Grundlage und Umfang der Abänderung **239** 48
- – Rechtsmittel **239** 60
- – Zuständigkeit **239** 47
- gerichtlicher Vergleich **239** 2
- Identität der Beteiligten **239** 12
- Identität des Anspruchs **239** 13
- keine Tatsachenpräklusion **239** 33
- Kosten und Gebühren **239** 62
- Rechtsschutzbedürfnis **239** 17
- Übergangsregelung zum UnterhaltsÄndG **239** 61
- Verhältnis zu anderen Rechtsbehelfen **239** 26 ff.
- vollstreckbare Urkunde **239** 7
- Zulässigkeit der rückwirkenden Abänderung **239** 37
- Zulässigkeitsvoraussetzungen **239** 2 ff.

Abgabe an das Gericht der Ehesache **233**
- Verfahren, Kosten **233** 7

Abgabe anhängiger Kindesunterhaltssachen **233** 3
abgeleitete Ansprüche **231** 11
Änderung der früheren Gesetzeslage **231** 3
Anwaltszwang **231** 20
besondere Vorschriften für die einstweilige Anordnung **246**
- Zahlung eines Kostenvorschusses **246** 13 ff.
- – Verfahren, Außerkrafttreten, Rechtsbehelfe **246** 14
- – Voraussetzungen, Entscheidung **246** 13
- Zahlung von Unterhalt **246** 3 ff.
- – Außerkrafttreten, Aussetzung, Bereicherung **246** 8
- – Entscheidung **246** 7

- – Rechtsbehelfe **246** 12
- – Verfahren **246** 5
- – Voraussetzungen **246** 3

dynamisierte Unterhaltstitel zur Zwangsvollstreckung im Ausland **245**, s. auch vereinfachte Minderjährigenunterhaltsfestsetzung

Einstweilige Anordnung bei Feststellung der Vaterschaft **248**
- Vaterschaftsvermutung **248** 4
- Verfahren **248** 8
- Zahlung von Unterhalt, Sicherheitsleistung **248** 5

Einstweilige Anordnung vor Geburt des Kindes **247**
- Vaterschaftsvermutung **247** 3
- Verfahren **247** 7
- Zahlung von Unterhalt, Hinterlegung **247** 4

einstweilige Einstellung der Vollstreckung **242**
- Entscheidung **242** 7
- Kosten und Gebühren **242** 13
- Verfahrensvoraussetzungen **242** 2
- Zuständigkeit für – **242** 5

als Familiensachen der freiw. Gerichtsbarkeit **231** 13
als Familienstreitfolgesachen **137** 8

Kostenentscheidung **243**
- Anfechtung **243** 11
- Auskunft und Belegvorlage **243** 4
- nach billigem Ermessen **243** 2
- sofortiges Anerkenntnis **243** 7
- Verhältnis Obsiegen und Unterliegen **243** 3

örtliche Zuständigkeit **232**
- ausschließliche Zuständigkeit des Gerichts der Ehesache **232** 3
- ausschließliche Zuständigkeit des Gerichts des gewöhnlichen Aufenthalts **232** 8
- sonstige gerichtliche Zuständigkeiten **232** 10

Sonderregelungen für maschinelle Bearbeitung im vereinfachten Verfahren über Minderjährigenunterhalt **258**

streitiges Verfahren **255**
- Durchführung des – **255** 2
- Kosten und Gebühren **255** 8

übergeleitete Ansprüche **231** 12

Unterhalt bei Feststellung der Vaterschaft **237**
- ausschließliche örtliche Zuständigkeit **237** 4
- Höhe des verlangten Unterhalts **237** 5
- Vollstreckbarkeit **237** 9
- Wirksamwerden der Unterhaltsentscheidung **237** 8

unzulässiger Einwand der Volljährigkeit **244** 2

vereinfachtes Verfahren über Minderjährigenunterhalt
- Antrag **250**
- – notwendige Angaben **250** 3
- – Verbindung von Verfahren **250** 17
- – Zurückweisung des Antrags **250** 13
- Beschwerde **256**
- – Gründe **256** 6
- – Kostenentscheidung **256** 10
- – Verfahren, Kosten, Gebühren **256** 11
- – weitere Rechtsbehelfe **256** 12
- besondere Verfahrensvorschriften **257**
- Bestimmung des Amtsgerichts **260**
- Einwendungen des Antragsgegners **252**
- – eingeschränkter oder fehlender Leistungsfähigkeit **252** 9
- – Erfüllung **252** 8
- – Überblick der Einwendungen nach Abs. 1 **252** 3 ff.

2602

magere Zahlen = RdNrn der Anmerkungen

Sachverzeichnis

– Festsetzungsbeschluss **253**
– – Begründung **253** 9
– – Berichtigung, Abänderung **253** 12
– – Inhalt **253** 5
– – Verfahren **253** 3
– – Vollstreckung **253** 13
– – Voraussetzungen **253** 2
– Formulare **259**
– Maßnahmen des Gerichts **251**
– – Hinweise an den Antragsgegner **251** 5
– – Zustellung **251** 2
– Mitteilungen über Einwendungen **254**
– Statthaftigkeit **249**
– – Verfahren **249** 6 ff.
– – Verfahrenskostenhilfe **249** 12
– – Verfahrenswert, Kosten **249** 18
– – Zuständigkeit **249** 7
– Verfahren **252** 10
– – Behandlung von Einwendungen **252** 14
– – Formularzwang **252** 10
– – Kosten und Gebühren **252** 17
– – zeitliche Schranke für Einwendungen **252** 16
– Zuständigkeitskonzentration **260** 1
Verfahren betr. Ansprüche nach § 1615 l oder § 1615 m BGB **231** 10
Verfahren der durch Ehe begründeten Unterhaltspflicht **231** 9
– Lebenspartnerschaft **231** 9 a
Verfahren der durch Verwandtschaft begründeten Unterhaltspflicht **231** 4 ff.
– Elternunterhalt **231** 6
– Kindesunterhalt **231** 5
Verfahren in Unterhaltsstreitsachen **231** 22
Verfahrensarten **231** 14
verfahrensrechtliche Auskunfts- und Belegvorlagepflicht Dritter **236** 3
verfahrensrechtliche Auskunftspflicht der Beteiligten **235** 3
– Begriff der Auskunft **235** 5 c
– Frist **235** 5 d
– Fristsetzung **235** 7
– gerichtliche Anordnung der Auskunftserteilung **235** 5
– Hinweise des Gerichts **235** 8
– Inhalt des Auskunftspflicht **235** 5 a
– keine Rechtsbehelfe **235** 12
– keine Vollstreckung **235** 13
– Pflicht zur ungefragten Information **235** 11
– schriftliche Versicherung **235** 6
– Verfahrenstaktik, Verfahrenskostenhilfe **235** 14
verfahrensrechtliche Auskunftspflicht Dritter **236** 3
verschärfte Haftung **241**
Vertretung eines Kindes durch einen Beistand **234**
Vollstreckungsverfahren **231** 19, 27
vorrangiges Recht in – **98** 5
Unterhaltsstreitsachen
Anwaltszwang **231** 20 f.
Verfahren **231** 22
Verfahrenskostenhilfe **231** 25
Unterhaltstitel
Vollstreckung im Ausland **245**
unternehmensrechtliche Angelegenheiten
s. auch Registersachen
Unternehmensrechtliche Verfahren
Beschwerdeberechtigung **59** 88
Erledigung der Hauptsache **22** 46

Unternehmensregister **374** 7
Unternehmensvertrag
Eintragung oder Löschung in das Handelsregister **374** 46 a
Unterrichtung
über Aufhebung einer Unterbringung **338** 2
Unterrichtungspflicht
bei Entscheidungen in Betreuungssachen **308** 9
gegenseitige – der Gerichte bei Unterbringung **313** 14
Unterschrift
bei Eröffnung von Verfügungen von Todes wegen **348** 13
Ersetzung der – bei Verhinderung des Richters **38** 81
Inhalt des Antrags **23** 42
Untershaltssachen
Zwangsvollstreckung in Kindesunterhaltsstreitsachen **231** 27
Unterstützungspflicht
der Betreuungsbehörde bei Zuführung zur Unterbringung **326** 2
Untersuchung
zur Feststellung der Abstammung **178**
Vorführung zur – in Betreuungssachen **283**
Untersuchungsgrundsatz 26 10
Untrennbarkeit
letztwilliger Verfügungen von Ehegatten **349** 7, 12
Unzuständigkeit
des Gerichts
– Folgen gerichtlicher Handlungen bei – **2** 33
des Richters
– Verweisung bei – **3**
Verweisung wegen – **3** 32 ff.
– Bindungswirkung **3** 37
– Gewährung des rechtlichen Gehörs **3** 35
– Verfahren **3** 36
Urkunde
beizufügende – bei Erbscheinsantrag **352** 45
Urkundenbeweis **30** 108
Urkundensprache s. Fremdsprache
Urkundenbeweis 30 108
Aktenbeiziehung **30** 111
Verwertung von Zeugenaussagen im Wege des – **30** 112
Urkundsbeamte der Geschäftsstelle Einl. **72**
Ablehnung **6** 63
Anträge und Erklärungen in Unterhaltssachen **257** 2
Aufgaben des – **Einl.** 97
in Nachlasssachen **346** 8 f.
Weigerung des –, Antrag oder Erklärung entgegenzunehmen **25** 23
Zuständigkeit zur Erteilung eines Rechtskraftzeugnisses **46** 5
Urschrift letztwilliger Verfügungen 357 17, 19, 26, 31, 35, 37
Usbekistan
Deutsch-sowjetischer Konsularvertrag **343** 55

Vaterschaftsanfechtung
Antragsberechtigung **171** 4
behördliche Anfechtung **171** 9
eingeschränkte Amtsermittlung **177**
ergänzende Darlegungspflicht in Verfahren nach § 1600 Abs. 1 Nr. 1 bis 4 BGB **171** 4 ff.

Sachverzeichnis

fette Zahlen = §§ des FamFG

– Aufklärung von Amts wegen **171** 7
– Zeitpunkt der Kenntnisnahme **171** 6
– zweifelerweckende Tatsachen **171** 5
ergänzende Darlegungspflicht in Verfahren nach § 1600 Abs. 1 Nr. 5 BGB **171** 9 ff.
– Anfechtungsfrist **171** 20
– ausländerrechtliche Vorteile **171** 16
– missbräuchliche Vaterschaftsanerkennung **171** 16
– Voraussetzungen des behördlichen Anfechtungsrechts **171** 11
– Zeitpunkt der Kenntnisnahme **171** 20
förmliche Beweisaufnahme **177** 7
Kostenverteilung **183**
Mindestinhalt der Antragsschrift **171** 3
missbräuchliche Vaterschaftsanerkennung **171** 16
private Abstammungsgutachten **177** 8
Verfahrenseinleitung **171** 2
Vaterschaftsfeststellung
und Unterhalt **237**
Vaterschaftsvermutung
bei der einstweiligen Anordnung in Unterhaltssachen **248** 4
Verantwortung, elterliche
Begriff nach Art. 2 Nr. 7 EuEheVO, Art. 1 Abs. 2 KSÜ **99** 27
Verbindung
von Ehesachen **126**, s. auch Ehesachen, Verbund
im vereinfachten Verfahren über Minderjährigenunterhalt **250** 17
Verbindungsverbot
in Abstammungssachen **179** 3
in Adoptionssachen **196**
Verbund
von Scheidungs- und Folgesachen **137**
s. Scheidungsverbund
Verbundbeschluss
Begriff, Gegenstand **38** 37
Inhalt der Rechtsbehelfsbelehrung **39** 13 a
Verbundverfahren
Beteiligte **137** 13
internationale Zuständigkeit **98** 22
Verein
ausländischer **400**
Doppel- oder Mehrfachsitz **377** 12, 13
örtliche Zuständigkeit
– in register- und handelsrechtlichen Verfahren **377** 6
s. auch Vereinssachen
Vereinbarung
Bestätigung einer – in Teilungssachen **371**
Rechtskraft einer – im Vermittlungsverfahren **371**
Vollstreckung einer Auseinandersetzungsvereinbarung **371** 29 ff.
– anwendbare Vorschriften **371** 33
– Erteilung der vollstreckbaren Ausfertigung **371** 35
– Rechtsmittel, Einwendungen **371** 39
– Vollstreckungstitel **371** 29
Wirksamkeit einer – im Vermittlungsverfahren **371**
Wirkung der bestätigten – **371**
Vereinsregister
Beschwerdeberechtigung **59** 87
Einrichtung und Führung **387** 14
Vereinsregistersachen 374 28
Anfechtbarkeit von Entscheidungen **58** 69
Anmeldung durch Bevollmächtigte der Vorstandsmitglieder **374** 47 a

Vereinssachen
Entziehung der Rechtsfähigkeit **401** 3 ff.
– Kosten **401** 15
– Rechtsmittel **401** 12
– Voraussetzungen **401** 3
– Wirksamwerden **401** 11
Mitteilungspflichten **400**
– Inhalt der Mitteilung **400** 6
– Mitteilungsverpflichteter **400** 7
– Verstoß gegen die – **400** 8
– Voraussetzungen **400** 2
Verfahren
aktienrechtliche **375** 39 ff.
bei der Auseinandersetzung **373** 11
mit Auslandsbezug
– Ermittlungspflicht des deutschen Gerichts **97** 13
– Grundsatz der perpetuatio fori **97** 8
– Prinzip der lex fori **97** 7
– Prüfung der internationalen Zuständigkeit **97** 6
– Rechtshängigkeit beim ausländischem Gericht **97** 10
– Territorialitätsprinzip **97** 9
– Verweisung, Abgabe **97** 12
– Vorrang Rechtsakte der EG **97** 3
– Vorrang völkerrechtlicher Vereinbarungen **97** 2
– Zuständigkeitsvereinbarung **97** 11
Beendigung **22** 22
– übereinstimmende **22** 23
einstweilige Anordnung s. einstweilige Anordnung
Erledigung des – **22** 24, s. a. Erledigung des Verfahrens
in Familiensachen s. unter Familiensachen bzw. Folgesachen
in Gewaltschutzsachen **210** 7
handelsrechtliche **375** 9 ff., s. a. Registersachen
see- und schifffahrtsrechtliche **375** 27 ff.
unternehmensrechtliche – in Registersachen **375**
Wiederaufnahme **48** 22 ff.
bei der Zwangsvollstreckung **87**, s. Zwangsvollstreckung
Verfahrensarten
der freiwilligen Gerichtsbarkeit **1** 30 ff.
Verfahrensaussetzung
Aufhebung der –
– in Registersachen **381** 18
siehe Aussetzung
Verfahrensbefugnisse
des Betroffenen in Betreuungssachen **275** 3
Verfahrensbeistand
in Abstammungssachen **174** 4
in Adoptionssachen **191**
als Interessenvertreter des Kindes **10** 16
in Kindschaftssachen **158**
– Anordnung der Herausgabe oder des Verbleibens **158** 17
– Auferlegung von Verfahrenskosten **158** 51
– Aufgaben **158** 19 ff.
– Aufhebung der Bestellung **158** 40
– Aufwendungsersatz **158** 45
– Ausschluss oder Beschränkung des Umgangsrechts **158** 18
– Auswahlentscheidung **158** 32
– Beendigung der Bestellung **158** 44
– Begründung der Entscheidung **158** 38
– Entziehung der elterlichen Sorge **158** 13
– Erforderlichkeit der Bestellung **158** 7

magere Zahlen = RdNrn der Anmerkungen

– erheblicher Interessensgegensatz **158** 12
– Erhöhung der Pauschalvergütung **158** 49
– Feststellung der berufsmäßigen Führung **158** 34
– gerichtliche Entscheidung über Bestellung **158** 30
– Rechtsmittel gegen Bestellung **158** 43
– Rechtsstellung **158** 39
– Trennung des Kindes von der Obhutsperson **158** 15
– Vergütungsansprüche berufsmäßigen Verfahrensbeistands **158** 47
– Voraussetzungen der Bestellung **158** 3 ff.
– Wirkung der Bestellung **158** 39
– Zeitpunkt der Bestellung **158** 31
– zusätzliche Aufgaben durch gerichtliche Übertragung **158** 28
Verfahrensbeteiligte
Akteneinsicht **13** 21 ff.
Verfahrensbevollmächtigte
Vorrang der Vertretung in Unterbringungssachen **317** 5
s. a. Vertretung
Verfahrenseinleitung
im Dispacheverfahren **405** 11
Verfahrenserledigung siehe Erledigung der Hauptsache
Verfahrenserleichterungen
bei Erweiterung der Betreuung **293**
bei Verlängerung der Betreuung oder des Einwilligungsvorbehalts **295** 1
Verfahrensfähigkeit 9
Bedeutung der – **9** 3 ff.
in Betreuungssachen **275**
in Ehesachen **125**
in Kindschaftssachen **167** 8
Prüfung von Amts wegen **9** 5
spezielle Regelungen **9** 17
in Unterbringungssachen **316**
Unterscheidung von der Geschäftsfähigkeit **9** 4
verfahrensfähige Personen **9** 7 ff.
Verschuldenszurechnung **9** 22
Vertretung **9** 18
Verweisung auf Vorschriften der ZPO **9** 23 ff.
Verfahrensfortführung
bei erfolgreicher Rüge **44** 53
Verfahrensgenossen
einfache **23** 30
notwendige **23** 31
Verfahrensgrundsätze
Amtsbetrieb **26** 11
Beibringungs- und Untersuchungsgrundsatz **26** 10
Dispositions- und Offizialmaxime **26** 6
Inquisitionsmaxime **26** 10
Mitwirkungs- und Verfahrensförderungslast **26** 20
Verfahrenshandlungen
Dritter in Betreuungssachen **275** 8
Eintritt der Wirkungen von – **25** 27
Nachholung von – bei einstweiliger Anordnung in Unterbringungssachen **332** 5
Nachholung von – bei einstweiliger Anordnung wg. gesteigerter Dringlichkeit **301** 4
Wiederholung von – bei einstweiliger Anordnung in Betreuungssachen **302** 4
Wiederholung von – im Beschwerdeverfahren **68** 57
Wirksamkeit von – des Betroffenen in Betreuungssachen **275** 6
Wirksamwerden durch Genehmigung **40** 34

Sachverzeichnis

Verfahrenskostenhilfe
im Abstammungsverfahren **76** 19
Anhörung der anderen Beteiligten vor Bewilligung **77**
Antrag auf Bewilligung für beabsichtigte Beschwerde; Empfangszuständigkeit **76** 33 a
Auslandsfälle **76** 10
Begriff **76** 5
Begriff des Einkommens **76** 22
Beiordnung eines Rechtsanwalts **78**
– Anwaltswechsel **78** 28
– Auswahl des Anwalts **78** 20
– Beiordnungsverfahren **78** 20
– Betreuer, Verfahrenspfleger als Verfahrenskostenhilfe-Anwalt **78** 25
– Beweisanwalt **78** 36
– Einzelfälle **78** 8 ff.
– Notanwalt **78** 24
– ortsferne Anwälte **78** 30
– in Verfahren mit Anwaltszwang **78** 3
– in Verfahren ohne Anwaltszwang **78** 4
– Verkehrsanwalt **78** 37
– Wirkungen **78** 38
Beispiele des Vermögens **76** 24
Berechtigte **76** 7
für Beschwerde **76** 33
Einsatz von Einkommen und Vermögen **76** 19
Entscheidung **76** 50
im Erbscheinsverfahren **76** 19
Fälle der Gewährung von – **76** 8
Festsetzung und Änderungen der Monatsraten **76** 41
Grenzen der Bewilligung **76** 37
Prüfungsverfahren **76** 34
rechtliches Gehör **76** 34
Rechtsmittel **76** 51 ff.
– Antragsteller **76** 53
– Beschwerdeverfahren **76** 58
– Rechtsbeschwerde **70** 18; **76** 60
– Staatskasse **76** 56
– Verfahrensgegner **76** 57
für die Scheidungssache **149** 3
Scheinehe **149** 3
für sonstige Folgesachen **149** 7
Stufenantrag **235** 14
Tod eines Ehegatten **131** 12
Unterhaltssachen **235** 14
in Unterhaltsstreitsachen **231** 12, 25
im Verfahren der vereinfachten Minderjährigenunterhaltsfestsetzung **249** 12
für Versorgungsausgleichsfolgesachen **149** 6
Vollstreckung in Ehe- und Familienstreitsachen **120** 21
Voraussetzungen für Bewilligung **76** 11 ff.
– Antrag **76** 11
– Einzelfälle **76** 19
– hinreichende Erfolgsaussicht **76** 13
– keine Mutwilligkeit **76** 17
– keine vorherige Mediation erforderlich **76** 17
– parallele Rechtsverfolgung **76** 17 a
– Unaufbringbarkeit der Kosten **76** 12
und Wiedereinsetzung in den vorigen Stand **17** 21
Wiederholung des Antrags **76** 32
Wirkung der Bewilligung **76** 43
Verfahrenskostenhilfebeschluss
Inhalt der Rechtsbehelfsbelehrung **39** 13 a
Verfahrenskostenvorschuss 76 24 a

Sachverzeichnis

fette Zahlen = §§ des FamFG

Verfahrensleitung 28
Anfertigung eines Vermerks **28** 24
Erteilung eines Hinweises; Dokumentationspflicht **28** 17
Hinweispflicht des Gerichts **28** 7 ff.
Hinwirkungspflicht des Gerichts **28** 4
Hinwirkungspflicht des Gerichts auf sachdienliche Anträge **28** 15
Verletzung der Hinwirkungs- oder Hinweispflicht **28** 23
Verfahrenspfleger 9 34 ff.
Aufwendungsersatz eines ehrenamtlichen – in Betreuungssachen **277** 3
Beschwerdebefugnis des – in Betreuungssachen **303** 4
Beschwerdebefugnis des – in Unterbringungssachen **335** 3
Bestellung des – in Betreuungssachen **276** 19 ff.
Bestellung des – in Unterbringungssachen **317** 7
Bestellungsvoraussetzungen in Unterbringungssachen **317** 2 ff.
als Bevollmächtigter **10** 15
bei einstweiliger Anordnung einer vorläufigen Unterbringungsmaßnahme **331** 9
bei einstweiliger Anordnung in Betreuungssachen **300** 7
in Freiheitsentziehungssachen **419**
– Auswahl der Person **419** 8
– Rechtsstellung **419** 10
– Voraussetzung für Bestellung **419** 4
– Vorrang der Vertretung **419** 7
bei Genehmigung von ärztlichen Maßnahmen **298** 6
als Muss-Beteiligte in Betreuungssachen **274** 8
als Muss-Beteiligter in Unterbringungssachen **315** 5
Rechtsstellung des – in Betreuungssachen **276** 26
Rechtsstellung des – in Unterbringungssachen **317** 9
Vergütung und Aufwendungsersatz des – in Unterbringungssachen **318**
Vergütung und Aufwendungsersatz in Betreuungssachen **277** 2 ff.
– berufsmäßiger Verfahrenspfleger **277** 5 ff.
– ehrenamtlicher Verfahrenspfleger **277** 3
– Vergütungsanspruch **277** 6
zwingende Bestellung bei Genehmigung ärztlicher Maßnahmen **298** 11
Verfahrensstandschaft
Beendigung der gesetzlichen – **232** 27
gesetzliche **23** 50; **137** 8 a
gewillkürte **23** 52; **59** 29
Prüfung der – **23** 53
Verfahrenstrennung 20 8 ff.
Rechtsmittel **20** 11
Wirkung der Trennung **20** 10
Verfahrensunterbrechung siehe Unterbrechung
Verfahrensverbindung 20 4 ff.
in Abstammungssachen **179** 2
Rechtsmittel **20** 11
Registersachen **381** 30
im Verfahren der vereinfachten Minderjährigenunterhaltsfestsetzung **250** 17
Wirkung der Verbindung **20** 7
Verfahrensvollmacht 11 3 ff.
Beschränkung **11** 21
Einreichung und Nachreichung **11** 8
Erlöschen **11** 29
Mangel **11** 13

mehrere Prozessbevollmächtigte **11** 23
Nachweis der Erteilung **11** 5
Umfang **11** 18
Vollmachtloser Vertreter **11** 33
Wesen der – **11** 3
Wirkung **11** 24
Verfahrensvorschriften
bei betreuungsrechtlichen Zuweisungssachen **340** 5
Verfahrenswert
in Familiensachen **32** 60
Verfassungsbeschwerde Anh. 58 59
gegen die Entscheidung über Erbscheinsanträge **352** 158 a
Verfügung von Todes wegen
Eröffnung **348**, s. auch Testamentseröffnung
Eröffnung durch ein anderes Gericht **350**
Eröffnungsfrist **351**
Rückgabe von – aus amtlicher Verwahrung **346** 14
Verbleib nach Eröffnung **348** 73
Verwahrung von – **346**
Verfügungen
von Todes wegen: s. dort
Vergleich 36
Abänderung **36** 49
bedingter – **36** 7
Beendigung des Verfahrens durch – **Einl.** 32
Berichtigung **36** 40
– Begriff der Unrichtigkeit **36** 41
– Berichtigungspflicht **36** 42
– protokollierter Vergleich **36** 43
– Rechtsmittel **36** 45
– schriftlicher Vergleich **36** 44
Beurkundungswirkung **36** 12
Einigungsversuch des Gerichts **36** 19
feststellender Beschluss **36** 38
Form und Wirksamkeit **36** 22
in Kindschaftssachen **156** 11
Kostenentscheidung **36** 52
Kostenpflicht bei **83** 3 ff., s. auch Kostenpflicht
Kostentragung **83** 4
– außergerichtlicher Vergleich **83** 7
– Höhe der Kosten **83** 8
– Vergleich mit ausdrücklicher Kostenregelung **83** 4
– Vergleich ohne ausdrückliche Kostenregelung **83** 5
– Vergleich ohne Kostenregelung und Ausschluss des § **83 83** 6
protokollierter – **36** 24
Protokollierung durch Richtermediator **239** 3
schriftlicher – **36** 30
Streit um die Wirksamkeit **36** 46
Verfahrenswert, Geschäftswert **36** 58
Vergleichsvorschlag der Beteiligten **36** 31
Vergleichsvorschlag des Gerichts **36** 35
Vollstreckbarkeit **36** 51
Wesen und Wirkung **36** 4 ff.
Widerrufsvergleich **36** 8
Zulässigkeit **36** 15
– Amtsverfahren **36** 16
– Antragsverfahren **36** 17
Vergütung
Festsetzungsverfahren für Vormünder **168** 4
des Verfahrensbeistands in Kindschaftssachen **158** 46
des Verfahrenspflegers in Betreuungssachen **277**
des Verfahrenspflegers in Unterbringungssachen **318**

magere Zahlen = RdNrn der Anmerkungen	**Sachverzeichnis**

Verhältnismäßigkeitsgrundsatz
Anwendung unmittelbaren Zwangs zur Herausgabe von Personen/Regelung des Umgangs **90** 3
Verhandlungstermin
im Dispacheverfahren **406** 2
in Teilungssachen
– Säumnis von Beteiligten **366** 62
Verhinderung
des Richters **38** 81 ff.
Verjährung 450 3, 7
Vergütungsanspruch des Vormunds oder Betreuers **168** 19
Verklarung
eines Schiffsunfalles **375** 27
Verlängerung
von Fristen bei einstweiliger Anordnung in Betreuungssachen **302** 3
Verlobung
Ansprüche im Zusammenhang mit einer – **266** 6
Verlust
Glaubhaftmachung **466** 7
der Urkunde **466** 11; **468** 3
Vermerk
Bekanntgabe des Beschlusses **41** 17
Berichtigung **28** 31
der Berichtigung **42** 34
über die Beweisaufnahme **30** 30
des Datums der Übergabe oder Bekanntgabe der Beschlussformel **38** 93 ff.
zur Dokumentation des Ergebnisses der Beweiserhebung **29** 25 ff.
über Termine und persönliche Anhörungen **28** 24 ff.
Vermieter
als Beteiligter in Ehewohnungs- und Haushaltssachen **204** 2
Vermittlungsverfahren
in Kindschaftssachen **165**
– Anberaumung eines Vermittlungstermines **165** 9
– Antrag **165** 5
– Belehrungspflichten **165** 15
– Entscheidung des Gerichts **165** 6
– erfolgloses Vermittlungsverfahren **165** 19
– Hinwirken auf Einvernehmen **165** 16
– Kosten **165** 22
– Rechtsmittel **165** 8
– Terminsvermerk **165** 18
– Verfahren im Vermittlungstermin **165** 15 ff.
Verhältnis zu Vollstreckungsverfahren **92** 6
Vermögenserwerb
Mitteilungspflicht **356**
Vermögensgesetz 343 82
Vermögenssorge
in Kindschaftssachen **151** 7
Vernehmung
des Kindes **163**
Veröffentlichung
des Aufgebots **435; 437**
der Eintragung in Registersachen **383** 10
der Kraftloserklärung **353** 35
Versäumnisbeschluss
Ehesachen **38** 17
Familienstreitsachen **38** 14
Versäumnisentscheidung
in Scheidungs- und Folgesachen **142** 10
Versäumnisfolgen
im Dispacheverfahren **405** 31

VerschG 1 28; **26** 19, 64, 77, 80; **29** 44
Angelegenheit der freiwilligen Gerichtsbarkeit **1** 15
Gegenbeweis im Erbscheinsverfahren gegenüber Beschlüsse nach dem – **29** 51
sofortige Beschwerde **58** 74
Todeserklärungsverfahren nach dem – **29** 50
Verschlechterungsverbot 69 18, 25, 26, 29; **74** 79
Verschollene
Antragsberechtigung bei Erbscheinsantrag **352** 30
Verschulden
grobes – und Kostentragung **81** 51
Versicherung, eidesstattliche
eines Dritten als Beweismittel im Freibeweisverfahren **29** 21
im Scheidungsverbund **137** 12
Versicherung, schriftliche
im Unterhaltsverfahren **235** 6
Versicherungsaufsichtsgesetz
Verfahren nach dem – **375** 95
Versorgungsausgleich
in Lebenspartnerschaftssachen **269** 7
Versorgungsausgleichsfolgesachen 217 9
Versorgungsausgleichssachen
Abänderung **225**
– Vereinbarung über den Versorgungsausgleich **227** 4
Abänderungsverfahren
– Abänderungszeitpunkt **226** 6
– Antragsberechtigung **226** 2
– Antragszeitpunkt **226** 3
– Härteklausel **226** 4
Amtsermittlung **26** 62
Antragserfordernis für Ausgleichsansprüche nach der Scheidung **223** 2
– Anwaltszwang **223** 3
Ausgleichsansprüche nach der Scheidung **223**
Befugnis des Gerichts zur Auskunftseinholung **220** 4 ff.
Begründung der Endentscheidung **224** 7
Beschlussformel **224** 8
Beschwerdeberechtigung **59** 72
Beteiligte **7** 41; **219**
– Ehegatten als – **219** 2
– Hinterbliebene und Erben **219** 5
– Versorgungsträger als – **219** 3 f.
Definition **217** 3
Durchführung der externen Teilung **222**
– Ausübung von Wahlrechten **222** 4
– gerichtliche Festsetzung **222** 7
– Zulässigkeit der externen Teilung **222** 2
– Zustimmung des Versorgungsträgers **222** 6
elektronischer Rechtsverkehr zwischen den Familiengerichten und den Versorgungsträgern **229**
elektronisches Übermittlungsverfahren **229** 2
– Anforderungen **229** 4
– Beauftragung von Dritten **229** 3
– Nachweis der Zustellung **229** 11
– Pflicht zur Nutzung **229** 7
– Teilnahme **229** 2
– Zustellung von Entscheidungen **229** 10
Entscheidung über den Versorgungsausgleich **224** 2
– Begründung der Endentscheidung **224** 7
– Benennung nicht ausgeglichener Anrechte **224** 10
– Bezugnahme auf Wertausgleich bei Scheidung **224** 8b
– formelle Rechtskraft **224** 3

2607

Sachverzeichnis

fette Zahlen = §§ des FamFG

– negative Feststellung im Beschlussformel **224** 8
– Teilentscheidungen **224** 5a
– Tenorierung **224** 8a
– Wirksamkeit der Endentscheidung mit Rechtskraft **224** 3
Erledigung der Hauptsache **22** 40
Erörterung **221** 3
Erzwingung der Auskunftspflicht **220** 13f.
als Folgesachen **137** 7
Formularzwang **220** 7
internationale Zuständigkeit **102** 3
keine – **217** 7a
Kosten und Gebühren **217** 11
Mitteilungspflicht des Versorgungsträgers **220** 11
örtliche Zuständigkeit **218**
– ausschließliche Zuständigkeit des Gerichts der Ehesache **218** 3
– ausschließliche Zuständigkeit des Gerichts des gewöhnlichen Aufenthalts **218** 4
– nachrangige ausschließliche Zuständigkeiten **218** 5
Rechtskraft **224** 3ff.
selbständige **217** 9
sonstige Abänderungen **227**
Teilentscheidung **224** 5a
Teilrechtskraft **224** 5a
keine Totalrevision **224** 10
Verfahren **217** 8
Verfahrensaussetzung **221** 6
– Anfechtbarkeit der Entscheidung über die – **221** 12
– bei nicht anhängigem Rechtsstreit **221** 10
– Voraussetzung **221** 7
verfahrensrechtliche Auskunftspflicht **220**
– Auskunftseinholung durch das Gericht **220** 4
– Erzwingung der Auskunftspflicht **220** 13
– Formularzwang und seine Ausnahme **220** 7
– Mitwirkung gegenüber Versorgungsträgern **220** 9
Wahlrecht bei externer Teilung **222** 4ff.
Wartezeit **225** 8
Zulässigkeit der Beschwerde **228**
Zulässigkeit einer Abänderung des Wertausgleichs bei Scheidung **225**; **225** 7; **226**
– Begünstigungserfordernis **225** 9
– beschränkte Zulässigkeit **225** 2
– keine Totalrevision **225** 10
– Übersicht der Grenzwerte **225** 7
– Voraussetzungen **225** 4
– wesentliche Wertänderung **225** 7
Versorgungsausgleichsverfahren
Übergangsvorschrift **Art. 111** 8
zweiter Stichtag des 1. 9. 2009 **Art. 111** 11
Versorgungsträger
Beschwerdeberechtigung **59** 73
als Beteiligte in Versorgungsausgleichssachen **219** 3
Umfang der Mitteilungspflicht der – in Versorgungsausgleichssachen **220** 11
Verspätetes Vorbringen in Ehe- und Familienstreitsachen 115 4
Vertragspfandgläubiger
Antragsberechtigung des – auf Nachlassauseinandersetzung **363** 53
Vertrauensperson
in Betreuungs- und Unterbringungsverfahren **10** 17
als Kann-Beteiligte in Betreuungssachen **274** 16
Vertreter
Eintragung von – in Registersachen **374** 44

Vertreterverschulden
und Wiedereinsetzung in den vorigen Stand **17** 30
Vertretung
bei der Anmeldung in Registersachen **374** 47
durch Anwälte **10** 18ff.
Ausländer **9** 19
ausländischer Kinder **9** 19
Ausschluss der – **10** 10
Ausschluss sonstiger Personen von der – **10** 37
durch Behörden, juristische Personen des öffentlichen Rechts **10** 30
von Behörden und Vereinigungen **9** 20
durch Beschäftigte des Beteiligten **10** 28
betreuter Personen **9** 18
durch bevollmächtigte Nichtanwälte **10** 25ff.
durch Familienangehörige **10** 31
des Kindes durch Beistand in Abstammungssachen **173**
Lebenspartner **10** 32
Minderjähriger **9** 18
nichteheliche Kinder **9** 18
durch einen Rechtsanwalt in Familiensachen **114**
durch einen Verfahrensbevollmächtigte in Betreuungssachen **276** 14
verfahrensunfähiger Personen **9** 18
Zurückweisung von Nichtanwälten **10** 39
s. a. Bevollmächtigte
Verwahrung
amtliche – von Testamenten **344** 4
als Angelegenheit der freiwilligen Gerichtsbarkeit **410** 10
Mitteilung über die – von Verfügungen von Todes wegen **347** 1aff.
– Fassung ab dem 01. 01. 2012 **347** 5n
örtliche Zuständigkeit in Angelegenheiten der freiwilligen Gerichtsbarkeit **411** 5
Verwahrung, amtliche
Rückgabe von Verfügungen von Todes wegen aus der – **346** 14
von Verfügungen von Todes wegen **346** 3
Verwahrungsgericht
Mitteilungspflicht an Finanzamt **350** 11
weitere Zuständigkeiten des – **350** 7
Verwaltungsbehörde 129
Verweisung
bei einseitiger Änderung des Aufenthalts des Kindes **154** 2
Rechtsmittel gegen die Entscheidung über die – **3** 41
wegen Unzuständigkeit **3** 32ff.
bei Unzuständigkeit des Richters **3**
s. auch Unzuständigkeit
Verwirkung
des Beschwerderechts **64** 54
Vergütungsanspruch des Vormunds oder Betreuers **168** 20
Verzeichnis
Aufgebots- **458** 2
Nachlass- **356** 4ff.
Nachlassgläubiger **456** 1
Verzicht
auf Anschlussrechtsmittel in Scheidungs- und Folgesachen **144** 3
auf die Beschwerde **67**, s. Beschwerde
auf den Bestätigungsbeschluss in Teilungssachen **366** 70
Verzichtsbeschluss 38 20

magere Zahlen = RdNrn der Anmerkungen

Sachverzeichnis

Verzichtsbeschluss
Ehesachen 38 22
Familienstreitsachen 38 20
Verzögerungsbegriff
Präklusion in Ehewohnungs- und Haushaltssachen 206 9
Verzögerungsrüge Anh. 58 67
Videokonferenz
Erörterung im Wege der – 32 43
VO (EG) Nr. 2201/2203
Bescheinigungen 46 11
Vorrang der – in Ehesachen 98 2
Vorrang der – in Kindschaftssachen 99 2
Volljährigkeit
unzulässiger Einwand der – in Unterhaltssachen 244 5
Vollmacht 11 3 ff.
in Familiensachen 114 23
Verfahrensvollmacht 11
s. a. Verfahrensvollmacht
Vollmachtloser Vertreter 11 33
Vollständigkeitspflicht
Mitwirkung der Beteiligten 27 10
Vollstreckbarkeit 120 12; **148** 6
Vollstreckung
in Abstammungssachen 96 a
– Ausschluss der Probeentnahme 96 a 2
– unmittelbarer Zwang 96 a 4
einer Auseinandersetzungsvereinbarung 371 29 ff.
in Ehe- und Familienstreitsachen 120; 231 19, 27
in Ehewohnungs- und Haushaltssachen 209 7
einstweilige Anordnung 53
einstweilige Einstellung der – in Unterhaltssachen 242
einer einstweiligen Anordnung s. einstweilige Anordnung
der einstweiligen Anordnung in Gewaltschutzsachen 214 7
von Entscheidungen über die Herausgabe von Personen und die Regelung des Umgangs 88
– Anwendung unmittelbaren Zwangs zur Durchsetzung
– – Durchführung 90 8
– – Entscheidung des Gerichts als Voraussetzung 90 6
– – Gewalt gegen das Kind 90 9
– – eidesstattliche Versicherung 94
– – Einstellung der Vollstreckung 93
– – Anfechtbarkeit der Entscheidung 93 13
– – Entscheidung des Gerichts 93 7
– – entsprechende Anwendung der §§ 775 Nr. 1 und 2, 776 ZPO 93 14
– – Kosten 93 11
– – Verfahren und Form der Entscheidung 93 10
– – Voraussetzungen der Einstellung 93 2
– Ordnungsmittel 89
– – Anordnung von – 89 13
– Belehrung 89 11
– – Prüfungsumfang des Gerichts 89 5
– – Rechtsbehelfe, Aufhebung 89 20
– – Schuldhafte Zuwiderhandlung; Entlastungsbeweis 89 8
– – Verfahren; Kosten; Vollstreckung 89 16
– – Voraussetzungen der Anordnung von – 89 3
– richterlicher Durchsuchungsbeschluss 91
– – Duldungspflicht Dritter 91 6
– – Durchsuchung der Wohnung 91 2

– – Entbehrlichkeit 91 3
– – Verfahren 91 4
– Unterstützungspflicht des Jugendamtes 88 8
– Vollstreckungsverfahren 92
– – Kosten und Gebühren 92 4
– – Verhältnis zum Vermittlungsverfahren 92 6
– Zuständigkeit 88 4
des Festsetzungsbeschlusses im Verfahren der vereinfachten Minderjährigenunterhaltsfestsetzung 253 13
in Verfahren nach dem Gewaltschutzgesetz und in Ehewohnungssachen 96
s. auch Zwangsvollstreckung
Vollstreckungsabwehr 231 16
Vollstreckungsklausel 86 17
Kosten und Gebühren für die Erteilung der – 86 19
Zuständigkeit 86 18
s. a. Zwangsvollstreckung
Vollstreckungstitel 86
Arten 86 9 ff.
Übergangsregelung 86 6
Vollstreckbarkeit 86 15
Zeitpunkt des Wirksamwerdens 86 16
Vollstreckungsverbot 120 19
Vollstreckungsverfahren s. a. Zwangsvollstreckung
Vollzug
der Eintragung in Registersachen 382
Vollzugsangelegenheiten
in Freiheitsentziehungssachen 422 7
in Unterbringungssachen 327
– Entscheidung des Gerichts 327 15
– Unanfechtbarkeit 327 16
– Verfahren des Gerichts 327 9
Vollzugshandlungen
im Erbscheinsverfahren 352 130
Vorabentscheidung
bei Rechtswegverweisung 1 60
Vorbehaltsbeschluss
Familienstreitsachen 38 23
Vorbehaltsgut 462 3
Vorbereitende Vereinbarung
Art der – in Teilungssachen 366 5 ff.
Vorbescheid 38 7; **352** 123
Ablösung des – im FamFG 352 111
Vorerbe
Antragsberechtigung bei Erbscheinsantrag 352 23
Vorerbfolge 461
Vorfragenprüfung 26 56 ff.
in Freiheitsentziehungssachen 26 69
in Kindschaftssachen 26 61
in Nachlasssachen 26 63
in Pachtkreditsachen 26 71
in Personenstandssachen 26 72
in Registersachen 26 67
im Verfahren nach dem FamFG 26
in Versorgungsausgleichssachen 26 62
Vorführung
des Betroffenen in Betreuungssachen 278 24
des Betroffenen in Unterbringungssachen 319 12
zur Untersuchung in Unterbringungssachen 322
Vorführungsanordnung
in Betreuungssachen 283 4
Vorgreiflichkeit
Aussetzung des Verfahrens wegen – 1 81
Vorkaufsrecht
Aufgebot 453

2609

Sachverzeichnis

fette Zahlen = §§ des FamFG

Vorlagebeschluss
und Verfahrensaussetzung **21** 51
Vorlageverfahren
an den EuGH **21** 65
und Verfahrensaussetzung **21** 56
Vormerkung
Aufgebot **453**
Vormund
Entstehung des Vergütungsanspruchs **168** 38
Vormundschaft
Abgabe der Vormundschaft an ein ausländisches Gericht **99** 51
Bescheinigung über den Eintritt der – in Adoptionssachen **190**
Festsetzungsverfahren für Vergütung **168** 4
in Kindschaftssachen **151** 10
Vormundschaftsgericht
Genehmigung des – bei der Aufgabe der Mietwohnung **299** 6
bei Genehmigung von ärztlichen Maßnahmen **298**
Vorsorgebevollmächtigte
Beschwerdebefugnis der – in Betreuungssachen **59** 76; **303** 11
Beschwerdebefugnis des – in Unterbringungssachen **335** 5
als Muss-Beteiligte in Betreuungssachen **274** 4
als Muss-Beteiligter in Unterbringungssachen **315** 4
Vorsorgeregister, zentrales 374 10
Vorsorgeregistersachen
Rechtsschutz **Anh. 58** 46
Vorsorgevollmacht
Herausgabe der Abschrift einer – in Betreuungssachen **285**
Vorstand
Bestellung von Vorstandsmitgliedern **375** 44
Vorstandsmitglied
Auflösung wegen Mangels der Satzung **399** 15
VwVfG
örtliche Zuständigkeit bei Abwesenheitspflegschaft **341** 3

Wahlbehörde
Mitteilung an die – in Betreuungssachen **309** 1
Wahlgerichtsstand
in Unterhaltssachen **232** 11
Wahlgüterstand
deutsch-französischer **261** 6 a
Wahlrecht bei externer Teilung im Versorgungsausgleich 222 4 ff.
Wahrheitspflicht
Mitwirkung der Beteiligten **27** 12
Wechsel 475 2
Wertbeschwerde 61 6 ff.
Wertermittlungsanspruch im Scheidungsverbund 137 12
Wertpapier 472; **474** 1; **475** 1
Wesentlichkeitsschwelle
bei Abänderung gerichtlicher Entscheidung in Unterhaltssachen **238** 86
Widerruf
der Aussetzung des Vollzugseiner öffentlich-rechtlichen Unterbringung **328** 2
Zustimmung zur Scheidung **134** 9
Widerspruch
im Dispacheverfahren **406** 5
gegen Löschung unzulässiger Eintragungen im Handelsregister **395**
im Löschungsverfahren **Anh. 58** 20
in Teilungssachen **370** 11
gegen Vereinbarung in Teilungssachen **366** 32
gegen Verfügungen des Registergerichts zur Auflösung einer GmbH **394**
Widerspruchsklage
im Dispacheverfahren **407** 2 ff.
Widerspruchsverfahren
in Registersachen **393** 19
bei unzulässigen Eintragungen in Registersachen **395** 37
Wiederaufnahme
in Ehe- und Familienstreitsachen **118**
im Verfahren bei Stundung der Ausgleichsforderung **264** 3
des Verfahrens **21** 31; **48**; **48** 22 ff.
– Antrag, Frist, Form **48** 24
– Arten **48** 23
– Beibringungsgrundsatz **48** 28
– Rechtsmittel **48** 30
– Subsidiaritätsprinzip **48** 25
– Verfahrensvoraussetzungen **48** 23 ff.
– Wiederaufnahmegründe **48** 26
des Verfahrens in Abstammungssachen **185**
Wiedereinsetzung
Anfechtbarkeit der Entscheidung **19** 8
Antrag auf – **18** 5 ff.
– Adressat **18**
– Antragsfrist **18** 9
– Ausschlussfrist **18** 12
– Form **18** 5
für eine Behörde **17** 38
bei der Beschwerde in Ehe- und Familienstreitsachen **117** 21
Ehe- und Familienstreitsachen **117** 24
Einzelfälle **17** 17 ff.
Entscheidung über den Wiedereinsetzungsantrag **19** 3
bei Erkrankung **17** 32
bei fehlender oder fehlerhaften Rechtsbehelfsbelehrung **17** 35
bei dem Feststellungsbeschluss im Erbscheinsverfahren **352** 127
bei Fristversäumung **16** 28
Fürsorgepflicht des Empfangsgerichts **17** 28
bei gesetzlichen Fristen **17**
Glaubhaftmachung der Wiedereinsetzungsgründe **18** 14
materielle Voraussetzungen **17** 5 ff.
– Fristversäumung **17** 10
– ohne Verschulden **17** 12
– Ursächlichkeit **17** 16
bei Mittellosigkeit **17** 21
Nachholung der versäumten Rechtshandlung **18** 16
bei ordnungsgemäßer Telefax-Ausgangskontrolle **17** 34
bei persönlicher Verhinderung **17** 17
Rechtsbeschwerde zum BGH gegen ablehnende Entscheidung **19** 10
bei Rechtsirrtum, Unkenntnis des Gesetzes **17** 24
in Teilungssachen **367** 2 ff.
Überwachung von Fristen **17** 33
bei Unkenntnis/verspäteter Kenntnisnahme einer Entscheidung **17** 19

magere Zahlen = RdNrn der Anmerkungen

in die Versäumung der Antragsfrist **18** 13
Verschulden eines Vertreters **17** 30
zuständiges Gericht **19** 3
Wiederholungsgefahr
Regelbeispiel für berechtigtes Interesse **62** 19
Wiedervereinigung
Grundsatz der Kontinuität in Nachlasssachen **343** 77
Wirksamkeit
Anordnung der sofortigen – **40** 49 ff.; **116** 9, 10; **142** 8
des Bestätigungsbeschlusses im Dispacheverfahren **409** 2
von Entscheidungen in Folgesachen **148** 4
von Rechtsgeschäften bei Aufhebung des Einwilligungsvorbehalts **306** 2
Wohl des Kindes
wichtiger Grund für die Abgabe **4** 17
Wohnsitz 456 1
örtliche Zuständigkeit **3** 7
örtliche Zuständigkeit in Nachlasssachen **343** 40
Wohnungseigentümergemeinschaft
Beteiligtenfähigkeit **8** 9

Zahlstelle 480 2 f.
Zahlungssperre 480; 481; 482
Zeuge
Aussagepflicht **30** 58
als Beteiligter im Verfahren auf Erteilung eines Erbscheins **345** 6
Entschädigung eines – **30** 48
Erscheinungspflicht **30** 53
Erzwingung der Zeugenaussage **30** 73
Pflicht zur Eidesleistung **30** 77
Verstoß gegen die Erscheinungspflicht **30** 54
Zeugnisverweigerung
– Verfahren **30** 71
– s. a. Zeugnisverweigerungsrecht
Zeugenbeweis 30 45 ff.
Amtsverschwiegenheit **30** 59
Anfechtung von Maßnahmen **30** 56
Aussagebereitschaft von Minderjährigen **30** 64
Aussagepflicht **30** 58
berufliche Vertrauensstellung **30** 65
Eingriff in Privatsphäre Verstorbener **30** 69
Erscheinungspflicht der Zeugen **30** 53
Erzwingung einer Zeugenaussage **30** 73
im Freibeweisverfahren **29** 19
Grundsätze **30** 45
Ladung der Zeugen **30** 49
nachträgliche Entschuldigung **30** 55
Ordnungsgeld **30** 74
Pflicht zur Eidesleistung **30** 77
Sozialarbeiter **30** 66
Tätigkeit der Rechtspfleger **30** 57
Verschwiegenheitspflicht des Notars **30** 67
Verstöße gegen Erscheinungspflicht **30** 54
Zeugnisverweigerungsrecht **30** 61
Zeugnisse
über die Auseinandersetzung des Gesamtguts **373** 14
im Erbscheinsverfahren **354**
in Registersachen **386** 1 ff.
Zeugnisverweigerungsrecht
aufgrund besonderer beruflichen Vertrauensstellung **30** 65

Minderjähriger **30** 63
Pflicht zum Hinweis **30** 61
in Unterhaltssachen **236** 8 ff.
Zinsschein 472
Zugewinngemeinschaft s. Güterrechtssachen
Zulassungsbeschwerde 61
Bindung des Beschwerdegerichts **61** 41
Erforderlichkeit der Zulassung **61** 24
Voraussetzungen der Zulassung **61** 27
– Fortbildung des Rechts **61** 29
– grundsätzliche Bedeutung **61** 28
– Sicherung einer einheitlichen Rechtsprechung **61** 30
Zulassung nach Anhörungsrüge **61** 37 a
Zulassungsentscheidung **61** 33
Zurückverweisung
in Scheidungs- und Folgesachen **146**
Zurückweisung
der Rechtsbeschwerde **74** 63
des Erbscheinsantrags **352** 133
Zurückweisungsbeschluss
Ehe- und Familienstreitsachen **68** 58 a; **117** 10
bei Rechtsbeschwerde **74 a**
– Entscheidung **74 a** 10
– Verfahren **74 a** 6
– Voraussetzungen **74 a** 2
zuständige Behörde
Anhörung der – in Unterbringungssachen **320** 3
Zuständigkeit
des AG Berlin-Schöneberg in Abstammungssachen **170** 3
des AG Berlin-Schöneberg in Adoptionssachen **187** 9
des AG Berlin-Schöneberg in Betreuungssachen **272** 6
des AG Berlin-Schöneberg in Versorgungsausgleichssachen **218** 5
des AG Schöneberg in Nachlasssachen **343** 63
für den Erlass einer einstweiligen Anordnung **50**, s. näher einstweilige Anordnung
für Exterritoriale **3** 9
funktionelle **4** 34
– zur Auseinandersetzung einer Gütergemeinschaft **373** 7
– in Betreuungssachen **272** 11
– bei Entscheidung über die Abgabe **4** 34
– bei Erbscheinserteilung **352** 10
– Folgen bei Verstößen gegen die – **2** 30 b
– Kindschaftssachen **151** 18
– bei Mitteilung an die Meldebehörde in Betreuungssachen **309** 7
– bei Nachlasssicherung **344** 23
– in Registersachen und unternehmensrechtlichen Angelegenheiten **377** 17 ff.
– für seerechtliche Verklarungen **375** 28
– in unternehmensrechtlichen Verfahren **375** 5
gerichtliche Bestimmung der – **5**
internationale s. Internationale Zuständigkeit
örtliche **2**
– bei der Abänderung von Entscheidungen in Kindschaftssachen **166** 3
– in Abstammungssachen **170**
– in Adoptionssachen **187**
– in Angelegenheiten der freiwilligen Gerichtsbarkeit **411** 1
– Anknüpfungskriterien für die **3** 5 ff.

2611

Sachverzeichnis

fette Zahlen = §§ des FamFG

– zur Auseinandersetzung einer Gütergemeinschaft **373** 8
– bei Erbverträgen **344** 12
– besondere – in Nachlasssachen **344**
– in betreuungsrechtlichen Zuweisungssachen **341**
– in Betreuungssachen **272**
– in Ehesachen **122** 3 ff.
– in Ehewohnungs- und Haushaltssachen **201** 2
– einzelne Zuständigkeitsregelungen **3** 11 ff.
– bei Erbscheinserteilung **352** 7
– bei der Festsetzung bei Beschluss über Zahlungen des Mündels **168** 7
– Fortdauer der Zuständigkeit **2** 28; **3** 28
– in Gewaltschutzsachen **211** 2
– Grundsatz **3** 4
– in Güterrechtssachen **262**
– Handlung des örtlich unzuständigen Gerichts
– – Begriff der gerichtlichen Handlung **2** 32
– – Gerichtliche Handlungen **2** 35
– – Grundsatz **2** 30
– – Handlung des Rechtspflegers **2** 35
– – Handlung des Urkundsbeamten der Geschäftsstelle **2** 35
– – Handlungen **2** 32 ff.
– – Wirksamkeit der Handlung **2** 36
– in Kindschaftssachen **152** 2
– konkurrierende **2** 5, 9 ff.
– – in Adoptionssachen **2** 10
– – AG Schönefeld als Auffanggericht **2** 8
– – in Aufgebotsverfahren **2** 13
– – in Betreuungssachen **2** 10a
– – doppelrelevante Tatsachen **2** 7
– – in Gewaltschutzsachen **2** 10
– – in Nachlasssachen **2** 11
– – bei Sitzverlegung einer Personenhandelsgesellschaft **2** 12
– – Unanwendbarkeit bei ausschließlicher Zuständigkeit **2** 8
– – am Wohnsitz **2** 9
– in Nachlass- und Teilungssachen **343** 36 ff.
– bei öffentlich-rechtlicher Unterbringung **313** 9
– in register- und handelsrechtlichen Verfahren **377** 2 ff.
– für seerechtliche Verklarungen **375** 28
– in sonstige Familiensachen **267**
– Streit über das Befasstwerden **2** 27
– bei der Testamentseröffnung **348** 4
– in Unterhaltssachen **232**
– in unternehmensrechtlichen Verfahren **375** 4
– in Versorgungsausgleichssachen **218** 4
– in Vollzugsangelegenheiten in Unterbringungssachen **327** 10
– Wirkung des Befassens
– – Alleinzuständigkeit **2** 17
– – einheitliche Angelegenheit **2** 20
– – verschiedene Angelegenheiten **2** 23
– bei zivilrechtlicher Unterbringung **313** 2
– zuständiges Gericht **2** 14
sachliche **3** 19 ff.
– Allgemeines **3** 19
– Amtsgericht **3** 22
– zur Auseinandersetzung einer Gütergemeinschaft **373** 6
– in Betreuungssachen **272** 11
– Bundesgerichtshof **3** 28
– Folgen bei Verstößen gegen die – **2** 30 a

– gesetzliche Regelungen **3** 20
– Kindschaftssachen **151** 17
– Landgericht **3** 23
– in Nachlasssachen **343** 2
– Oberlandesgericht **3** 26
– OLG Zweibrücken **3** 18; **68** 35
– in Registersachen und unternehmensrechtlichen Angelegenheiten **377** 16
– für seerechtliche Verklarungen **375** 28
– in Teilungssachen **343** 2
– bei der Testamentseröffnung **348** 3
– in unternehmensrechtlichen Verfahren **375** 3
Streit über Z. **3** 39
Zuständigkeitsvereinbarung **3** 40
Zuständigkeiten
landesrechtliche **Einl.** 111
Zuständigkeitsbestimmung
Antragsverfahren **5** 33
Bestimmungsverfahren **5** 35
– Einleitung **5** 36
– Prüfungsumfang **5** 38
Entscheidung des Bestimmungsgerichts **5** 42
– Bestimmungsfall der Ungewissheit **5** 44
– Bestimmungsfall der Verhinderung des Gerichts **5** 43
– Bestimmungsfall des Streits über die Zuständigkeit **5** 45
– Bestimmungsfall im Abgabestreit **5** 47
gerichtliche **5** 6 ff.
bei Kompetenzkonflikt **5** 19 ff.
– negativer Zuständigkeitsstreit **5** 21
– positiver Zuständigkeitsstreit **5** 20
– Streit **5** 22
– Streit zwischen verschiedenen Gerichten/Behörden **5** 24
Kosten und Gebühren **5** 52
durch das nächsthöhere Gericht **5** 26
Prioritätsprinzip **5** 31
Rechtsmittel **5** 51
Streit über die Abgabe **5** 26
Streit zwischen den Beteiligten **5** 10
Streit zwischen Rechtspflegern **5** 9
Umfang und Wirkung der Bestimmung **5** 48
wegen Ungewissheit **5** 15
Verhinderung an der Ausübung der Gerichtsbarkeit
– Verhinderung aus rechtlichen Gründen **5** 13
– Verhinderung aus tatsächlichen Gründen **5** 14
zuständiges Bestimmungsgericht **5** 29
Zuständigkeitskonkurrenz 3 38
Zuständigkeitskonzentration 3 18
bei Anhängigkeit der Ehesache in Kindschaftssachen **152** 3
bei Anhängigkeit einer Ehesachen in Güterrechtssachen **262** 2
Ehewohnungs- und Haushaltssachen **202** 1
innerhalb des Familiengerichts **111** 34, 37
bei internationalen Streitigkeiten um Kinder **111** 41
OLG Zweibrücken **3** 18; **68** 35
in register- und unternehmensrechtlichen Verfahren **376** 4 ff.
in sonstigen Familiensachen **267** 2
im vereinfachten Verfahren in Minderjährigenunterhaltssachen **260** 1
Zuständigkeitsrüge 111 55
Zuständigkeitsstreit
Familiensachen **111** 53 f.

magere Zahlen = RdNrn der Anmerkungen

Sachverzeichnis

Zuständigkeitsüberschreitung
des Rechtspflegers **Einl.** 89
Zuständigkeitsvereinbarung 3 40
Verfahren mit Auslandsbezug **97** 11
Zuständigkeitsverteilung
zwischen Richter und Rechtspfleger in Nachlasssachen **343** 83 ff.
Zuständigkeitswechsel
bei örtlicher Zuständigkeit in Nachlasssachen **343** 75
Zustellung
Bekanntgabe durch Aufgabe zur Post **15** 67
– Auslandszustellungen **15** 68
– Eintritt der Wirkung der Bekanntgabe **15** 68
– Nachweise **15** 69
– Widerlegung der Bekanntgabefiktion **15** 70
Bekanntgabe von Dokumenten durch – **15** 12 ff.
– Aushändigung an der Geschäftsstelle **15** 28
– Durchführung der Zustellung **15** 13
– Einschreiben gegen Rückschein **15** 32
– Zustellung an gesetzlichen Vertreter **15** 19
– Zustellung an rechtsgeschäftlich bestellte Vertreter **15** 22
– Zustellung an Verfahrensbevollmächtigte **15** 23
– Zustellung gegen Empfangsbekenntnis **15** 30
– Zustellung von Amts wegen durch Geschäftsstelle **15** 27
– Zustellungsauftrag an Gerichtsvollzieher **15** 33
– Zustellungsurkunde **15** 17
Bekanntgabe von Dokumenten durch Z.
– Ersatzzustellung **15** 35
– Niederlegung **15** 45
– öffentliche Zustellung **15** 61
– Zustellung bei verweigerter Annahme **15** 42
– Zustellung durch Einlegen in den Briefkasten **15** 43
– Zustellung im Ausland **15** 48 ff.
von Entscheidungen an Versorgungsträger im Wege des Übermittlungsverfahrens **229** 10
Heilung von Zustellungsmängeln **15** 71
als Voraussetzung der Zwangsvollstreckung **87** 11
ZustErgG
Handlungen örtlich unzuständiger Gerichte **343** 47
Zustimmung
zur Scheidung und zur Rücknahme s. Scheidungs- und Folgesachen
Zuweisung
eines land- oder forstwirtschaftlichen Betriebs **363** 75 ff.
Zuweisungssachen
betreuungsrechtliche **340**
– Bestellung gesetzlichen Vertreters **340** 6
– Kategorien **340** 2 ff.
– örtliche Zuständigkeit **341**
– örtliche Zuständigkeit für die Abwesenheitspflegschaft **341** 2
– örtliche Zuständigkeit für unbekannte Beteiligte **341** 4
– Pflegschaft **340** 2
– Rechtsmittel **340** 7
– sonstige zugewiesene Verfahren **340** 4
– Überblick der Sonderfälle bei Abwesenheit **341** 3
– Verfahrensvorschriften **340** 5
– Vertreter **340** 3
Zuweisungsverfahren
Ausschluss des – in Teilungssachen **363** 79

Zuziehung
von weiteren Beteiligten bei Erteilung eines Erbscheins **345** 6
Zwang
zur Ablieferung von Testamenten **358**
Zwangsbehandlung
bei Unterbringung **323** 6
Zwangsgeld
zur Erzwingung der Ablieferung Verfügungen von Todes wegen **358** 16
Festsetzung **35** 34 ff.
Höhe **35** 42
Kosten bei Festsetzung **35** 44
nachträgliche Aufhebung der Festsetzung **35** 49
Rechtsmittel gegen Festsetzung **35** 66
Vollstreckung **35** 45
wiederholte Festsetzung **35** 48
Zwangsgeldandrohung
Inhalt der – **388** 36
Zwangsgeldfestsetzung
Kostenentscheidung bei – in Registersachen **389** 10
in Registersachen **389** 2
Zwangsgeldverfahren
in Registersachen **388** 2
– abschließender Charakter **388** 5
– Anwendungsfälle **388** 10
– Auswirkung der FamFG-Reform in Registersachen **388** 9
– Beteiligte **388** 28
– Einleitung des Verfahrens **388** 27
– Geltungsbereich **388** 3
– Verhältnis zum Löschungs- und Auflösungsverfahren **388** 8
– Voraussetzung des gerichtlichen Einschreitens **388** 25
– Zuständigkeit **388** 24 ff.
Zwangshaft
zur Erzwingung der Ablieferung Verfügungen von Todes wegen **358** 17
Zwangsmaßnahmen
in Abstammungssachen **178** 19
Verfahren bei – wegen Ablieferung Verfügungen von Todes wegen **358** 22
Zwangsmittel 35
Änderung der Anordnung **35** 18
Anordnung durch Richter, Rechtspfleger **35** 12
Belehrung über die Folgen der Zuwiderhandlung, Androhung **35** 13
– Form und Inhalt des Hinweises **35** 15
– Frist **35** 17
– Wiederholung des Hinweises **35** 16
Festsetzung des Zwangsgeldes
– Höhe des Zwangsgeldes **35** 42
– Kosten **35** 44
– Vollstreckung des Zwangsgeldes **35** 45
– wiederholte Festsetzung **35** 48
Formulierungsbeispiele **35** 62
gerichtliche Anordnung **35** 6
Herausgabe bestimmter bewegl. Sachen **35** 53
nicht erzwingbare Handlungen **35** 9
nicht vollstreckbare Akte **35** 19
Rechtsmittel **35** 65
Untersuchung zur Feststellung der Abstammung **30** 41
Unzulässigkeit aus verfassungsrechtlichen Gründen **35** 26

2613

Sachverzeichnis

fette Zahlen = §§ des FamFG

Unzulässigkeit wegen anderer gesetzlicher Bestimmungen **35** 22
Unzulässigkeit wegen Eingreifens von Ordnungsmitteln **35** 23
Verfahren, Anhörung des Schuldners **35** 60
Vergleich als gerichtliche Entscheidung **35** 10
Verhängung von Zwangshaft **35** 27
– Art und Weise der Haftvollstreckung **35** 33
– Dauer der Zwangshaft **35** 30
– Kosten **35** 32
– Modalitäten **35** 27
Verpflichtung zur Herausgabe einer Sache **35** 50 ff.
Vollzugsfähigkeit der gerichtlichen Anordnung **35** 19
Voraussetzungen im Allgemeinen **35** 6 ff.
Vornahme einer vertretbaren Sache **35** 58
Zwangsverbund
Scheidungs- und Folgesachen **137** 23
Zwangsvollstreckung
Anwendung der ZPO **95**
– Abgabe einer Willenserklärung **95** 17
– Ausschluss der Vollstreckung **95** 20
– wegen einer Geldforderung **95** 4
– Entscheidung durch Beschluss **95** 18
– Erzwingung von Duldungen und Unterlassungen **95** 15
– Herausgabe einer beweglichen oder unbeweglichen Sache **95** 8
– – Hausratsteilung bei Vollstreckung von Räumungstiteln **95** 10 a
– – Zwangsmittel neben oder anstelle der Herausgabevollstreckung **95** 10 b
– Kosten und Gebühren **95** 22

– Rechtsbehelfe **95** 19
– Vollstreckungsvoraussetzungen **95** 3
– Vornahme einer vertretbaren oder nicht vertretbaren Handlung **95** 11
im Ausland in Unterhaltssachen **245**
Befugnisse des Gerichtsvollziehers **87** 13
Beschwerde gegen Beschluss **87**
des Bestätigungsbeschlusses im Dispacheverfahren **409** 7
dynamisierter Unterhaltstitel im Ausland **245**
Kosten und Gebühren **87** 17
Rechtsmittel gegen Beschlüsse im Vollstreckungsverfahren **87** 14
Titel **86** 7 ff.
Verfahren **87**
– im Amtsverfahren **87** 3
– andere relevante Vorschriften für das Vollstreckungsverfahren **87** 10
– im Antragsverfahren **87** 7
– Vollstreckungsantrag **87** 9
Vollstreckungsklausel **86** 17
Zustellung **87** 11
Zweigniederlassung
örtliche Zuständigkeit
– in register- und handelsrechtlichen Verfahren **377** 12
Zwischenentscheidung 38 4 ff.
Berichtigung **42** 10
Bestellung eines Verfahrensbeistands in Kindschaftssachen **158** 35
Zwischenverfügung
im Erbscheinsverfahren **352** 134
in Registersachen **382** 20